Münchener Kommentar zum Handelsgesetzbuch

herausgegeben von

Dr. Ingo Drescher
Vorsitzender Richter am Bundesgerichtshof, Karlsruhe
Honorarprofessor an der Universität Tübingen

Dr. Dr. h.c. Holger Fleischer LL.M. (Univ. of Michigan), Dipl.-Kfm.
Direktor des Max-Planck-Instituts für ausländisches und internationales Privatrecht, Hamburg
Affiliate Professor der Bucerius Law School, Hamburg

Dr. Dr. h.c. mult. Karsten Schmidt
o. Professor em. an der Universität Bonn
Professor der Bucerius Law School, Hamburg

Band 1
§§ 1–104a

Die einzelnen Bände des Münchener Kommentars zum HGB

Band 1: Erstes Buch. Handelsstand
§§ 1–104a

Band 2: Zweites Buch. Handelsgesellschaften und stille Gesellschaft
Erster Abschnitt. Offene Handelsgesellschaft
§§ 105–160

Band 3: Zweites Buch. Handelsgesellschaften und stille Gesellschaft
Zweiter Abschnitt. Kommanditgesellschaft
Dritter Abschnitt. Stille Gesellschaft
§§ 161–237 Konzernrecht der Personengesellschaften

Band 4: Drittes Buch. Handelsbücher
§§ 238–342e

Band 5: Viertes Buch. Handelsgeschäfte
§§ 343–406, CISG

Band 6: Bankvertragsrecht Recht des Zahlungsverkehrs, Kapitalmarkt- und Wertpapiergeschäft, Ottawa-Übereinkommen über Internationales Factoring

Band 7: Transportrecht
§§ 407–619

Münchener Kommentar zum Handelsgesetzbuch

Band 1
Erstes Buch. Handelsstand
§§ 1–104a

Herausgegeben von

Dr. Ingo Drescher
Vorsitzender Richter am Bundesgerichtshof, Karlsruhe
Honorarprofessor an der Universität Tübingen

Dr. Dr. h.c. Holger Fleischer LL.M. (Univ. of Michigan), Dipl.-Kfm.
Direktor des Max-Planck-Instituts für ausländisches und internationales Privatrecht, Hamburg
Affiliate Professor an der Bucerius Law School, Hamburg

Dr. Dr. h.c. mult. Karsten Schmidt
o. Professor em. an der Universität Bonn
Professor der Bucerius Law School, Hamburg

Redakteur:

Dr. Dr. h.c. mult. Karsten Schmidt
o. Professor em. an der Universität Bonn
Professor der Bucerius Law School, Hamburg

5. Auflage 2021

C.H.BECK

Zitiervorschlag:
MüKoHGB/*Krebs* § 15 Rn. 25

www.beck.de

ISBN 978 3 406 75841 6

Druck und Bindung: Druckerei C.H. Beck Nördlingen
(Adresse wie Verlag)
Satz: Meta Systems Publishing & Printservices GmbH, Wustermark
Umschlaggestaltung: Druckerei C.H. Beck Nördlingen

CO_2 neutral
chbeck.de/nachhaltig

Gedruckt auf säurefreiem, alterungsbeständigem Papier
(hergestellt aus chlorfrei gebleichtem Zellstoff)

Die Bearbeiter des ersten Bandes

Dipl.-Kfm. Dr. iur. Andreas Heidinger
Deutsches Notarinstitut, Würzburg

Dr. Alexander Krafka
Notar in Landsberg am Lech
Honorarprofessor für Rechtssoziologie an der Universität Passau

Dr. Peter Krebs
o. Professor an der Universität Siegen

Dr. Dr. h.c. mult. Karsten Schmidt
o. Professor em. an der Universität Bonn
Professor der Bucerius Law School, Hamburg

Dr. Albin Ströbl
Rechtsanwalt in Frankfurt am Main

Dr. Jan Thiessen
Professor an der Humboldt-Universität zu Berlin

Dr. Gregor Thüsing LL.M. (Harvard)
Professor an der Universität Bonn

Verzeichnis der ausgeschiedenen Bearbeiter

Dr. Gunter Bokelmann: §§ 2–4, 6–14, 16–24 HGB: 1. Aufl. 1996
Prof. Dr. Gerrick v. Hoyningen-Huene: §§ 59–104: 1. Aufl. 1996, 2. Aufl. 2005, 3. Aufl. 2010, 4. Aufl. 2016
Prof. Dr. Manfred Lieb: §§ 5, 15, 25–37, 48–58 HGB: 1. Aufl. 1996; §§ 25–28 HGB: 2. Aufl. 2005

Im Einzelnen haben bearbeitet

Vorbemerkung	Dr. Dr. h.c. mult. Karsten Schmidt
§§ 1–6	Dr. Dr. h.c. mult. Karsten Schmidt
§§ 7–14	Dr. Alexander Krafka
§ 15	Dr. Peter Krebs
§§ 15a, 16	Dr. Alexander Krafka
§§ 17–24	Dr. Andreas Heidinger
§§ 25–28	Dr. Jan Thiessen
§ 29	Dr. Alexander Krafka
§ 30	Dr. Andreas Heidinger
§§ 31–36	Dr. Alexander Krafka
§§ 37, 37a	Dr. Peter Krebs
§§ 38–47b	(aufgehoben)
§§ 48–58	Dr. Peter Krebs
§§ 59–83	Dr. Gregor Thüsing
§§ 84–104	Dr. Albin Ströbl
§ 104a	Dr. Alexander Krafka
Sachverzeichnis	Dr. Martina Schulz

Vorwort zur 5. Auflage

Der Münchener Kommentar zum Handelsgesetzbuch ist unter der Devise angetreten, die handelsrechtliche Praxis und Wissenschaft als Element modernen Unternehmensrechts zu dokumentieren und das Handelsrecht in diesem Sinne fortzubilden. In den Dienst dieser Aufgabe stellen sich mit der fünften Auflage des Kommentars neben dem Gründungsherausgeber als weitere Herausgeber Herr Professor Dr. *Ingo Drescher*, Vorsitzender Richter am Bundesgerichtshof, sowie Herr Professor Dr. Dr. h.c. *Holger Fleischer*, LL.M. (University of Michigan), Direktor des Max-Planck-Instituts für ausländisches und internationales Privatrecht in Hamburg.

Die Kommentierung zeichnet nicht nur eine mehrjährige Rechtsentwicklung im HGB und seinen Nachbargesetzen sowie in der Rechtsanwendung nach. Mehr und mehr wird sie auch durch Richtlinienrecht geprägt, im Rahmen der Neuauflage von Band 1 namentlich durch die Mobilitätsrichtlinie (EU) 2014/50 und das Gesetz zur Umsetzung der EU-Mobilitätsrichtlinie vom 21.12.2015 (BGBl. 2015 I 2553) sowie durch das sog. Company Law Package (Richtlinie [EU] 2017/1132 vom 14.6.2017, zuletzt geändert durch die Richtlinie [EU] 2019/2021 vom 27.11.2019).

Neu zu kommentieren war der durch Gesetz vom 17.7.2017 (BGBl. 2017 I 2541) eingeführte § 10a über die Informationsrechte nach Art. 15 Datenschutz-Grundverordnung (EU) 2016/679 vom 27.4.2016.

Die sich verändernden Richtlinienvorgaben prägen auch die Ausführungen im Rahmen der materiellen Publizität des Handelsregisters nach § 15 HGB. Bedeutsames Rechtsprechungsrecht schlägt sich in den Haftungsregeln der §§ 25 ff. HGB nieder, so zB zur Veräußerung des eigenverwalteten Unternehmens in der Insolvenz (BGH NZG 2020, 318 = NZI 2020, 285) oder zur Erwerberhaftung für Subventionsrückzahlungsschulden (OVG Bautzen ZInsO 2019, 2007). Die Fortbildung der in § 56 HGB geregelten Vertretungsmacht wird zeitgemäß fortgeschrieben. Eingang in die allgemeinen Ausführungen zum Vertriebsrecht (Vor § 84) fand ein substantieller Abschnitt über die Bedeutung der Handelsvertreterrichtlinie (RL 86/653/EWG) für die Auslegung und Handhabung der §§ 84 ff. HGB (Vor § 84 Rn. 23 ff.) unter Einschluss der grundlegenden Folgerungen aus dem „Semen"-Urteil des EuGH vom 26.3.2009 (EuZW 2009, 304). Die in lebhafter Fortbildung begriffene Rechtsprechung zum Ausgleichsanspruch nach § 89b HGB ist ebenso aktualisiert wie das Vertriebs-Kartellrecht (Vor § 84 Rn. 26 ff.).

Aus dem Kreis der Verfasser ausgeschieden ist Herr Professor Dr. *Gerrick von Hoyningen-Huene*. Mit ihm hat ein prominenter Arbeitsrechtler nicht nur das Recht der Handlungsgehilfen und Handlungslehrlinge (§§ 59–83 HGB), sondern auch das vollständig andersartige Handelsvertreter- und Handelsmaklerrecht (§§ 84–104 HGB) für die Kommentierung systembildend erschlossen und über vier Auflagen fortgeschrieben. Für die Neubearbeitung konnten bezüglich der arbeitsrechtlichen Teile Herr Professor Dr. *Gregor Thüsing*, LL.M.(Harvard), Universität Bonn, und bezüglich des Rechts der Handelsvertreter und Handelsmakler Herr Rechtsanwalt Dr. *Albin Ströbl*, Frankfurt, als namhafte Sachkenner gewonnen werden. Herausgeber und Verlag sind zuversichtlich, dass die fünfte Auflage des Münchener Kommentars zum HGB das für Praxis und Wissenschaft mit dem Werk verbundene Versprechen auch für die Zukunft einlösen und die Rechtsentwicklung weiterhin mitgestalten wird.

Hamburg, November 2020 Prof. Dr. Karsten Schmidt

Inhaltsverzeichnis

Handelsgesetzbuch

Erstes Buch. Handelsstand

Verzeichnis der Abkürzungen und der abgekürzt zitierten Literatur

aA	anderer Ansicht; am Anfang
aaO	am angegebenen Ort
ABGB	Allgemeines Bürgerliches Gesetzbuch (Österreich)
Abh.	Abhandlungen
Abk.	Abkommen
abl.	ablehnend
ABl.	Amtsblatt
Abs.	Absatz
Abschn.	Abschnitt
Abt.	Abteilung
abw.	abweichend
AcP	Archiv für die civilistische Praxis (Zeitschrift)
ADHGB	Allgemeines Deutsches Handelsgesetzbuch von 1861
aE	am Ende
AE	Arbeitsrechtliche Entscheidungen
AEUV	Vertrag über die Arbeitsweise der Europäischen Union
aF	alte Fassung
AG	Aktiengesellschaft; Amtsgericht; Die Aktiengesellschaft (Zeitschrift)
AGB	Allgemeine Geschäftsbedingungen
AGBGB	Ausführungsgesetz zum BGB
AGG	Allgemeines Gleichbehandlungsgesetz
AHB	Allgemeine Versicherungsbedingungen für die Haftpflichtversicherung
AiB	Arbeitsrecht im Betrieb (Zeitschrift)
AIZ	Allgemeine Immobilien-Zeitung
AJP/PJA	Aktuelle juristische Praxis/Practique juridique actuelle (Zeitschrift)
AK-BGB/Bearbeiter	Alternativkommentar zum Bürgerlichen Gesetzbuch, hrsg. von Wassermann, 1979 ff.
AkDR	Akademie für Deutsches Recht
AktG	Aktiengesetz
ALB	Allgemeine Lagerbedingungen des Deutschen Möbeltransports
allgM	allgemeine Meinung
ALR	Allgemeines Landrecht für die Preußischen Staaten von 1794; American Law Reports
Alt.	Alternative
aM	anderer Meinung
amtl. Begr.	amtliche Begründung
ÄndG	Änderungsgesetz
ÄndVO	Änderungsverordnung
AnfG	Gesetz über die Anfechtung von Rechtshandlungen eines Schuldners außerhalb des Insolvenzverfahrens
Anh.	Anhang
Anl.	Anlage
Anm.	Anmerkung
AnwBl	Anwaltsblatt (Zeitschrift)
AO	Abgabenordnung
AöR	Archiv des öffentlichen Rechts
AP	Arbeitsrechtliche Praxis (Entscheidungssammlung 1950 ff.)
AR-Blattei	Arbeitsrechts-Blattei
ArbG	Arbeitsgericht
ArbGG	Arbeitsgerichtsgesetz
ArbNErfG	Arbeitnehmererfindungsgesetz
ArbPlSchG	Arbeitsplatzschutzgesetz
ArbRdGgw.	Das Arbeitsrecht der Gegenwart
ArbSch	Arbeitsschutz (Beilage zum Bundesarbeitsblatt)
ArbStoVO	Verordnung über gefährliche Arbeitsstoffe
ArbStVO	Verordnung über Arbeitsstätten
ArbZG	Arbeitszeitgesetz

Abkürzungs- und Literaturverzeichnis

Arch. .... Archiv
ArchBürgR .... Archiv für Bürgerliches Recht
arg. .... argumentum
ARGE .... Arbeitsgemeinschaft
Art. .... Artikel
AS .... Amtliche Sammlung der eidgenössischen Gesetze
ASiG .... Gesetz über Betriebsärzte, Sicherheitsbeamte und andere Fachkräfte für Arbeitssicherheit (Arbeitssicherheitsgesetz)
Assmann/Schneider/Mülbert/Bearbeiter .... Assmann/Schneider/Mülbert, Wertpapierhandelsgesetz, 7. Aufl. 2019
Assmann/Schütze/Buck-Heeb KapAnlR-HdB .... Assmann/Schütze/Buck-Heeb, Handbuch des Kapitalanlagerechts, 5. Aufl. 2020
AT .... allgemeiner Teil, außertariflich
AuA .... Arbeit und Arbeitsrecht (Zeitschrift)
AUB .... Allgemeine Unfallversicherungsbedingungen
Aufl. .... Auflage
Aufs. .... Aufsatz
AÜG .... Arbeitnehmerüberlassungsgesetz
AuR .... Arbeit und Recht (Zeitschrift)
ausf. .... ausführlich
AusfG .... Ausführungsgesetz
AusfVO .... Ausführungsverordnung
AVAG .... Gesetz zur Ausführung zwischenstaatlicher Verträge und zur Durchführung von Verordnungen und Abkommen der Europäischen Gemeinschaft auf dem Gebiet der Anerkennung und Vollstreckung in Zivil- und Handelssachen (Anerkennungs- und Vollstreckungsausführungsgesetz)
AVB .... Allgemeine Versicherungsbedingungen, Allgemeine Vertragsbestimmungen
AVE .... Allgemeinverbindlicherklärung
AVG .... Angestelltenversicherungsgesetz
AVV .... Allgemeine Verwaltungsvorschrift
AW .... Außenwirtschaft
AWD .... Außenwirtschaftsdienst des Betriebs-Beraters (Zeitschrift)
AWG .... Außenwirtschaftsgesetz
AWV .... Außenwirtschaftsverordnung
Az. .... Aktenzeichen

B .... Bundes-
BABl. .... Bundesarbeitsblatt
Bad., bad. .... Baden, badisch
BaFin .... Bundesanstalt für Finanzdienstleistungsaufsicht
BAG .... Bundesarbeitsgericht
BAGE .... Entscheidungen des Bundesarbeitsgerichts
BAnz. .... Bundesanzeiger
BAT .... Bundes-Angestelltentarif
Baumbach/Hefermehl/Casper .... Baumbach/Hefermehl/Casper, Wechselgesetz, Scheckgesetz, Recht der kartengestützten Zahlungen, 24. Aufl. 2020
Baumbach/Hopt/Bearbeiter .... Baumbach/Hopt, Handelsgesetzbuch, 39. Aufl. 2020
Baumbach/Hueck AktG Baumbach/Hueck, Aktiengesetz, 13. Aufl. 1968
Baumbach/Hueck/Bearbeiter .... Baumbach/Hueck, GmbHG, 22. Aufl. 2019
Baumbach/Lauterbach/Hartmann/Anders/Gehle/Bearbeiter .... Baumbach/Lauterbach/Hartmann/Anders/Gehle, Zivilprozessordnung, 79. Aufl. 2021
Baumgärtel/Laumen/Prütting/Bearbeiter .... Baumgärtel/Laumen/Prütting, Handbuch der Beweislast im Privatrecht, Kommentar, 4. Aufl. 2018
BauR .... Zeitschrift für das gesamte öffentliche und private Baurecht
Baur/Stürner .... Baur/Stürner, Sachenrecht, 18. Aufl. 2009
BauSpG .... Gesetz über Bausparkassen
Bay., bay. .... Bayern, bayerisch
BayObLG .... Bayerisches Oberstes Landesgericht

BayObLGZ	Amtliche Sammlung des Bayerischen Obersten Landgerichts in Zivilsachen
BayVBl.	Bayerische Verwaltungsblätter
BB	Betriebs-Berater (Zeitschrift)
BBankG	Gesetz über die deutsche Bundesbank
BBG	Bundesbeamtengesetz
BBiG	Berufsbildungsgesetz
BBK	Betrieb und Rechnungswesen: Buchführung, Bilanz, Kostenrechnung (Zeitschrift)
BBl.	Bundesblatt
B.Bl.	Betriebswirtschaftliche Blätter (Zeitschrift)
Bd. (Bde.)	Band (Bände)
BdB	Bundesverband deutscher Banken
BDSG	Bundesdatenschutzgesetz
Bearb., bearb.	Bearbeitung, Bearbeiter, bearbeitet
BeBiKo	Beck'scher Bilanz-Kommentar, hrsg. v. Grottel/Schmidt/Schubert/Winkeljohann, 12. Aufl. 2020
BeckHdB GmbH/Bearbeiter	Beck'sches Handbuch der GmbH, Gesellschaftsrecht, Steuerrecht, hrsg. v. U. Prinz, Winkeljohann, 5. Aufl. 2014
BeckHdB PersGes/Bearbeiter	Beck'sches Handbuch der Personengesellschaften, hrsg. v. Prinz, Hoffmann, 5. Aufl. 2020
BeckOGK	beck-online.GROSSKOMMENTAR
BeckOK HGB/Bearbeiter	Häublein/Hoffmann-Theinert, 29. Edition 15.7.2020
BeckRS	Entscheidungssammlung in Beck-Online (Jahr, Nummer)
BeckWirtRHdB/Bearbeiter	Pelka, Beck'sches Wirtschaftsrechts-Handbuch, 3. Aufl. 2008
BEEG	Gesetz zum Elterngeld und zur Elternzeit (Bundeselterngeld- und Elternzeitgesetz
Begr.	Begründung
Begr. Kropff	Textausgabe des Aktiengesetzes 1965 mit Begründungen und Berichten, 1965
Beih.	Beiheft
Beil.	Beilage
Bearbeiter in Beisel/Klumpp Unternehmenskauf	Beisel/Klumpp, Der Unternehmenskauf, 7. Aufl. 2016
Bek.	Bekanntmachung
Bem.	Bemerkung
ber.	berichtigt
bes.	besonders
bespr.	besprochen
Bespr.-Aufs.	Besprechungsaufsatz
bestr.	bestritten
betr.	betreffend, betreffs
BetrAVG	Gesetz zur Verbesserung der betrieblichen Altersversorgung (Betriebsrentengesetz)
BetrVG	Betriebsverfassungsgesetz
BetrVGWO	Erste Verordnung zur Durchführung des Betriebsverfassungsgesetzes (Wahlordnung)
BetrVR	Betriebsverfassungsrecht
BeurkG	Beurkundungsgesetz
bez.	bezüglich
BFA	Bankenfachausschuss des IDW
BfAI	Bundesstelle für Außenhandelsinformation
BFH	Bundesfinanzhof
BFH/NV	Sammlung amtlich nicht veröffentlichter Entscheidungen des Bundesfinanzhofs
BFHE	Sammlung der Entscheidungen und Gutachten des Bundesfinanzhofs
BFM	Bundesfinanzministerium
BFuP	Betriebswirtschaftliche Forschung und Praxis (Zeitschrift)
BG	Berufsgenossenschaft; (schweizerisches) Bundesgericht
BGB	Bürgerliches Gesetzbuch
BGBl.	Bundesgesetzblatt
BGE	Entscheidungen des Schweizerischen Bundesgerichts, Amtliche Sammlung

Abkürzungs- und Literaturverzeichnis

BGH	Bundesgerichtshof
BGHR	BGH-Rechtsprechung (Loseblattsammlung 1987 ff.)
BGHSt	Entscheidungen des Bundesgerichtshofs in Strafsachen
BGHWarn	Rechtsprechung des Bundesgerichtshofes in Zivilsachen – in der amtlichen Sammlung nicht enthaltene Entscheidungen (als Fortsetzung von WarnR)
BGHZ	Entscheidungen des Bundesgerichtshofes in Zivilsachen
BGleichG	Bundesgleichstellungsgesetz
BI/GF	Bankinformation und Genossenschaftsforum (Zeitschrift)
Binz/Sorg GmbH & Co. KG	Binz/Sorg, Die GmbH & Co. KG, 12. Aufl. 2018
BKartA	Bundeskartellamt
BKR	Zeitschrift für Bank- und Kapitalmarktrecht
Bl.	Blatt
BLHAG/Bearbeiter	Baumbach/Lauterbach/Hartmann/Anders/Gehle, Zivilprozessordnung, 79. Aufl. 2021
BlStSozArbR	Blätter für Steuerrecht, Sozialversicherung und Arbeitsrecht
Blümich/Bearbeiter	Blümich, EStG, KStG, GewStG, 5 Bände, hrsg. von Heuermann und Brandis, Loseblatt-Kommentar
BMF	Bundesminister der Finanzen
BMJ	Bundesminister der Justiz
BMWi	Bundesminister der Wirtschaft
BöhmsZ	Zeitschrift für internationales Privat- und Strafrecht, begr. von Böhm
BörsG	Börsengesetz
Bokelmann Firmenrecht	Bokelmann, Das Recht der Firmen und Geschäftsbezeichnungen, 5. Aufl. 2000
BPersVG	Bundespersonalvertretungsgesetz
BR	Bürgerliches Recht
BR-Drs.	Drucksachen des Deutschen Bundesrates
BRAO	Bundesrechtsanwaltsordnung
BRat	Bundesrat
Braun/Bearbeiter InsO	Braun, Insolvenzordnung, 8. Aufl. 2020
BRD	Bundesrepublik Deutschland
BRHP/Bearbeiter	Bamberger/Roth/Hau/Poseck, Kommentar zum Bürgerlichen Gesetzbuch, 4. Aufl. 2019
Brox/Henssler HandelsR	Brox/Henssler, Handelsrecht, 22. Aufl. 2016
BRTV	Bundesrahmentarifvertrag
BSG	Bundessozialgericht
BSGE	Entscheidungen des Bundessozialgerichts
BStBl.	Bundessteuerblatt
BT	Besonderer Teil
BT-Drs.	Drucksachen des Deutschen Bundestages
BTag	Bundestag
BuB	Bankrecht und Bankpraxis
Buchst.	Buchstabe
Bumiller/Harders/Schwamb FamFG	Bumiller/Harders/Schwamb, FamFG Freiwillige Gerichtsbarkeit, 12. Aufl. 2019
BBankG	Gesetz über die Deutsche Bundesbank
BUrlG	Bundesurlaubsgesetz
Busch's Arch.	Archiv für Theorie und Praxis des Allg. Dt. Handelsrechts
BuW	Betrieb und Wirtschaft (Zeitschrift)
BVerfG	Bundesverfassungsgericht
BVerfGE	Entscheidungen des Bundesverfassungsgerichts
BVerwG	Bundesverwaltungsgericht
BVerwGE	Entscheidungen des Bundesverwaltungsgerichts
BWNotZ	Zeitschrift des Notariats in Baden-Württemberg
BZ	Börsen-Zeitung
bzw.	beziehungsweise
ca.	circa
Canaris BankvertragsR	Canaris, Bankvertragsrecht, 1. Teil 4. Aufl. 2005, 2. Teil 4. Aufl. 1995
Canaris HandelsR	Canaris, Handelsrecht, 24. Aufl. 2006
Canaris Vertrauenshaftung	Canaris, Die Vertrauenshaftung im deutschen Privatrecht, 1971

Capelle/Canaris HandelsR .... Capelle/Canaris, Handelsrecht, 21. Aufl. 1989
c. i. c. .... culpa in contrahendo
CISG .... United Nations Convention on Contracts for the International Sale of Goods/ Übereinkommen der Vereinten Nationen über Verträge über den internationalen Warenkauf
Claussen BankR .... Claussen, Bank- und Börsenrecht, 5. Aufl. 2014
Clunet .... Clunet, Journal du droit international
CMLR .... Common Market Law Report
CMN .... Convention relative au contrat de transport de marchandises en navigation intérieure
CMR .... Convention relative au contrat de transport international de marchandises par route
Co. .... Company
Commandeur/Kleinebrink Betriebsübernahme .... Commandeur/Kleinebrink, Betriebs- und Firmenübernahme, 2. Aufl. 2002
COTIF .... Convention relative aux transports internationaux ferroviaires
CR .... Computer und Recht (Zeitschrift)

DAR .... Deutsches Autorecht (Zeitschrift)
DAX .... Deutscher Aktenindex
DB .... Der Betrieb (Zeitschrift)
DBW .... Die Betriebswirtschaft (Zeitschrift)
DepotG .... Depotgesetz
Der Konzern .... Der Konzern (Zeitschrift)
ders. .... derselbe
dgl. .... desgleichen; dergleichen
DGWR .... Deutsches Gemein- und Wirtschaftsrecht (Zeitschrift)
dh .... das heißt
Die Bank .... Die Bank (Zeitschrift)
dies. .... dieselbe(n)
diff. .... differenzierend
Dig. .... Digesten
DIHT .... Deutscher Industrie- und Handelstag
DiskE .... Diskussionsentwurf
Diss. .... Dissertation
DJ .... Deutsche Justiz (Zeitschrift)
DJT .... Deutscher Juristentag
DJZ .... Deutsche Juristenzeitung
DLK .... Der langfristige Kredit (Zeitschrift)
DM .... Deutsche Mark
DMBilG .... Gesetz über die Eröffnungsbilanz und die Kapitalneufestsetzung
DNotZ .... Deutsche Notar-Zeitschrift
Doc. .... Document (s)
Dok. .... Dokument
DöD .... Der öffentliche Dienst
DÖV .... Die öffentliche Verwaltung (Zeitschrift)
DR .... Deutsches Recht (Zeitschrift)
DRiZ .... Deutsche Richterzeitung
DRS .... Deutscher Rechnungslegungsstandard
DRSC .... Deutsche Rechnungslegungs Standards Commitee
DSR .... Deutscher Standardisierungsrat
DStR .... Deutsches Steuerrecht (Zeitschrift)
DStZ .... Deutsche Steuer-Zeitung
DSWR .... Datenverarbeitung, Steuer, Wirtschaft, Recht (Zeitschrift)
Dt.; dt. .... deutsch
DtZ .... Deutsch-deutsche Rechts-Zeitschrift
Düringer/Hachenburg/Bearbeiter .... Düringer/Hachenburg, Das Handelsgesetzbuch vom 10. Mai 1897, 3. Aufl. 1930–1935
DVBl. .... Deutsches Verwaltungsblatt (Zeitschrift)
DVO .... Durchführungsverordnung
DVWG .... Deutsche Verkehrswirtschaftliche Gesellschaft

DVZ	Deutsche Verkehrszeitung
DZWIR	Deutsche Zeitschrift für Wirtschafts- und Insolvenzrecht
E	Entwurf, Entscheidung (in der amtlichen Sammlung)
ebd.	ebenda
EBJS/Bearbeiter	Ebenroth/Boujong/Joost/Strohn, Handelsgesetzbuch, 4. Aufl. 2020
ecolex	ecolex (österreichische Zeitschrift)
Ed.	editor/edition
EDV	Elektronische Datenverarbeitung
EFZG	Gesetz über die Zahlung des Arbeitsentgelts an Feiertagen und im Krankheitsfall (Entgeltfortzahlungsgesetz)
EG	Einführungsgesetz; Europäische Gemeinschaft; Vertrag zur Gründung der Europäischen Gemeinschaft (aufgehoben)
eG	eingetragene Genossenschaft
EGBGB	Einführungsgesetz zum Bürgerlichen Gesetzbuch
EGG	(österr.) Erwerbsgesellschaftengesetz
EGHGB	Einführungsgesetz zum Handelsgesetzbuch
EGInsO	Einführungsgesetz zur Insolvenzordnung
Ehrenberg HandelsR-HdB	Ehrenbergs Handbuch des gesamten Handelsrechts mit Einschluß des Wechsel-, Scheck-, See- und Binnenschifffahrtsrechts, des Versicherungsrechts sowie des Post- und Telegraphenrechts, 1913–1928
EHUG	Gesetz über elektronische Handelsregister und Genossenschaftsregister sowie das Unternehmensregister vom 10.11.2006 (BGBl. I 2553)
Eidenmüller Ausl. KapGes.	Eidenmüller, Ausländische Kapitalgesellschaften im deutschen Recht, 2004
Einf.	Einführung
einhM	einhellige Meinung
Einl.	Einleitung
EK	Eigenkapital
Emde VertriebsR	Emde, Vertriebsrecht, 3. Aufl. 2014
Emmerich/Lange KartellR	Emmerich/Lange Kartellrecht, 14. Aufl. 2018
Emmerich/Habersack KonzernR	Emmerich/Habersack, Konzernrecht, 10. Aufl. 2013
Emmerich/Habersack Aktien-/GmbH-KonzernR	Emmerich/Habersack, Aktien- und GmbH-Konzernrecht, Kommentar, 9. Aufl. 2019
Endemann	Endemann, Das deutsche Handelsrecht, 4. Aufl. 1887
engl.	englisch
Ensthaler/Bearbeiter	s. GK-HGB/Bearbeiter
Entsch.	Entscheidung
entspr.	entsprechend
EPS	Entwurf eines Prüfungsstandards
ER	Einheitliche Richtlinien
ERA	Einheitliche Richtlinien und Gebräuche für Dokumenten-Akkreditive
ErfK/Bearbeiter	Erfurter Kommentar zum Arbeitsrecht, hrsg. v. Müller-Glöge, Preis, I. Schmidt, 20. Aufl. 2020
Erg.	Ergebnis, Ergänzung
Erl.	Erläuterungen; Erlass
Erman/Bearbeiter	Erman, Handkommentar zum Bürgerlichen Gesetzbuch, Band I und II, 16. Aufl. 2020
Esser/Schmidt SchuldR AT	Esser, Schuldrecht, Allgemeiner Teil, bearbeitet von Eike Schmidt, Band 1 8. Aufl. 1995, Band 2 8. Aufl. 2000
Esser/Weyers SchuldR BT	Esser, Schuldrecht, Besonderer Teil, bearbeitet von Weyers, Band 1 8. Aufl. 1995, Band 2 8. Aufl. 2000
EStG	Einkommensteuergesetz
etc	et cetera
EU	Europäische Union
EuG	Gericht erster Instanz der EU
EuGH	Europäischer Gerichtshof

EuGVO	Verordnung (EG) Nr. 44/2001 des Rates vom 22. Dezember 2000 über die gerichtliche Zuständigkeit und Anerkennung und Vollstreckung von Entscheidungen in Zivil- und Handelssachen (ABl. 2000 L 12, 1, ber. 2000 L 307, 28)
EuGVÜ	Übereinkommen über die gerichtliche Zuständigkeit und die Vollstreckung gerichtlicher Entscheidungen in Zivil- und Handelssachen
EuInsVO	Verordnung (EG) Nr. 1346/2000 des Rates vom 29.5.2000 über Insolvenzverfahren
EuR	Europarecht (Zeitschrift)
EurA	Europa-Archiv
EuZW	Europäische Zeitschrift für Wirtschaftsrecht
e. V.	eingetragener Verein
EvBl.	Evidenzblatt der Rechtsmittelentscheidungen
EVÜ	EG-Übereinkommen über das auf vertragliche Schuldverhältnisse anzuwendende Recht vom 19.6.1980
EWG	Europäische Wirtschaftsgemeinschaft
EWGV	Vertrag zur Gründung der Europäischen Wirtschaftsgemeinschaft vom 25.3.1957
EWiR	Entscheidungen zum Wirtschaftsrecht
EWIV	Europäische Wirtschaftliche Interessenvereinigung
EWR-Abk.	Abkommen über den europäischen Wirtschaftsraum
EWS	Europäisches Wirtschafts- und Steuerrecht (Zeitschrift)
EzA	Entscheidungssammlung zum Arbeitsrecht
EZB	Europäische Zentralbank
f., ff.	folgende (Singular, Plural)
FamFG	Gesetz über das Verfahren in Familiensachen und in den Angelegenheiten der freiwilligen Gerichtsbarkeit
FamGKG	Gesetz über Gerichtskosten in Familiensachen
FamRZ	Zeitschrift für das gesamte Familienrecht
FAZ	Frankfurter Allgemeine Zeitung
Fezer	Fezer, Markenrecht, 4. Aufl. 2009
FG	Fachgutachten; Festgabe
FGG	Gesetz über die Angelegenheiten der freiwilligen Gerichtsbarkeit, aufgehoben
FGPrax	Praxis der Freiwilligen Gerichtsbarkeit
Fikentscher/Heinemann SchuldR	Fikentscher/Heinemann, Schuldrecht, 11. Aufl. 2017
Fitting/Bearbeiter BetrVG	Fitting, Betriebsverfassungsgesetz, 30. Aufl. 2020
Flohr/Wauschkuhn	Flohr/Wauschkuhn, Vertriebsrecht, 2. Aufl. 2018
Flume BGB AT I 1 = Flume Personenges.	Flume, Allgemeiner Teil des Bürgerlichen Rechts, 1. Band, 1. Teil: Die Personengesellschaft, 1977
Flume BGB AT I 2 = Flume JurPerson	Flume, Allgemeiner Teil des Bürgerlichen Rechts, 1. Band, 2. Teil: Die juristische Person, 1983
Flume BGB AT II	Flume, Das Rechtsgeschäft, 2. Band, 4. Aufl. 1992
Fn.	Fußnote
FN	Fachnachrichten des Instituts der Wirtschaftsprüfer in Deutschland e. V.
FNA	Fundstellennachweis A. Beilage zum Bundesgesetzblatt Teil I
FNB	Fundstellennachweis B. Beilage zum Bundesgesetzblatt Teil II
FR	Finanz-Rundschau
franz.	französisch
FS	Festschrift
G	Gesetz
GAAP	Generally Accepted Accounting Principles
GAAS	Generally Accepted Auditing Standards
GATT	General Agreement on Tariffs and Trade
GBl.	Gesetzblatt
GBl. DDR	Gesetzblatt Deutsche Demokratische Republik
GBO	Grundbuchordnung
Geigel Haftpflichtprozess	Geigel, Der Haftpflichtprozess. Mit Einschluss des materiellen Haftpflichtrechts, hrsg. v. K. Haag, Handbuch, 28. Aufl. 2020
GenG	Genossenschaftsgesetz

GES .... Zeitschrift für Gesellschaftsrecht und angrenzendes Steuerrecht (österreichische Zeitschrift)
GesRZ .... Der Gesellschafter (österreichische Zeitschrift)
Geßler/Hefermehl/
Bearbeiter AktG .... Geßler/Hefermehl, Aktiengesetz, Kommentar, 1973–1994 (jetzt Münchener Kommentar zum Aktiengesetz)
GewA .... Gewerbe-Archiv
GewO .... Gewerbeordnung
GewStG .... Gewerbesteuergesetz
GG .... Grundgesetz
ggf. .... gegebenenfalls
v. Gierke/
Sandrock HandelsR ...... v. Gierke/Sandrock, Handels- und Wirtschaftsrecht I, Allgemeine Grundlagen. Der Kaufmann und sein Unternehmen, 9. Aufl. 1975
Giesler Praxis desVer-
triebsR .... Giesler, Praxis des Vertriebsrechts, 3. Aufl. 2018
GIW .... Gesetz über internationale Wirtschaftsverträge der Deutschen Demokratischen Republik
GK .... Gemeinschaftskommentar
GK-HGB/Bearbeiter .... Gemeinschaftskommentar zum Handelsgesetzbuch, Loseblatt, hrsg. v. Ensthaler, 8. Aufl. 2015
Glanegger/Güroff/
Kirnberger .... Glanegger/Güroff/Kirnberger Heidelberger Kommentar zum Handelsgesetzbuch, 7. Aufl. 2007
glA .... gleiche Ansicht
GmbH .... Gesellschaft mit beschränkter Haftung
GmbH & Co. KG .... Gesellschaft mit beschränkter Haftung und Compagnie (Kommanditgesellschaft)
GmbHG .... Gesetz betreffend die Gesellschaften mit beschränkter Haftung
GmbHR .... GmbH-Rundschau (Zeitschrift)
GMP .... Germelmann/Matthes/Prütting, Arbeitsgerichtsgesetz, 9. Aufl. 2017
GmS-OGB .... Gemeinsamer Senat der obersten Gerichtshöfe des Bundes
GoA .... Geschäftsführung ohne Auftrag; Grundsätze ordnungsgemäßer Abschlußprüfung
GoB .... Grundsätze ordnungsmäßiger Buchführung
GoDV .... Grundsätze für ordnungsgemäße Datenverarbeitung
Goette Neues GmbHR . Goette, Einführung in das neue GmbH-Recht, 2008
Goette/Habersack
MoMiG .... Goette/Habersack, Das MoMiG in Wissenschaft und Praxis, 2009
GoF .... Grundsätze ordnungsmäßiger Unternehmensführung
Gola/Bearbeiter .... Gola, Datenschutz-Grundverordnung: DS-GVO, 2. Aufl. 2018
Goldschmidt .... Goldschmidt L., Handbuch des Handelsrechts, Teil A, B, C, Nachdruck 1973
Bearbeiter in Gottwald/
Haas InsR-HdB .... Gottwald/Haas, Insolvenzrechts-Handbuch, 6. Aufl. 2020
GoU .... Grundlagen und Systemstruktur von Führungsgrundsätzen für die Unternehmensleitung
GoÜ .... Grundlagen und Systemstruktur von Führungsgrundsätzen für die Überwachung
grdl. .... grundlegend
grds. .... grundsätzlich
Großkomm .... Großkommentar
GroßkommAktG/
Bearbeiter .... Hirte/Mülbert/Roth (Hrsg.), Großkommentar zum Aktiengesetz, 5. Aufl.
GroßkommHGB/
Bearbeiter .... Handelsgesetzbuch, Großkommentar, begr. von Staub, weitergeführt von Mitgliedern des Reichsgerichts, 3. Aufl. 1967–1982 (ab 4. Aufl. s. Staub)
GroßkommUGB/
Bearbeiter .... Zib/Dellinger (Hrsg.), Unternehmensgesetzbuch, Großkommentar, 2010
GroßkommUWG/
Bearbeiter .... Großkommentar zum Gesetz gegen den unlauteren Wettbewerb mit Nebengesetzen, 3 Bände, hrsg. v. Teplitzky, Peifer, Leistner 2. Aufl. 2013
Grooterhorst Vollmach-
ten im Unternehmen .... Grooterhorst, Vollmachten im Unternehmen, 6. Aufl. 2014
GrSZ .... Großer Senat in Zivilsachen
Gruchot .... Beiträge zur Erläuterung des Deutschen Rechts, begründet von Gruchot

Grunewald GesR	Grunewald, Gesellschaftsrecht, 11. Aufl. 2020
GrünhutsZ	Zeitschrift für das Privat- und öffentliche Recht der Gegenwart, begr. von Grünhut
GRUR	Gewerblicher Rechtsschutz und Urheberrecht (Zeitschrift)
GRURAusl	Gewerblicher Rechtsschutz und Urheberrecht, Auslands- und internationaler Teil, 1952–1969
GS	Gedächtnisschrift; Gedenkschrift; Großer Senat
GuV	Gewinn- und Verlustrechnung
GVBl.	Gesetz- und Verordnungsblatt
GVG	Gerichtsverfassungsgesetz
GVÜ	Übereinkommen über die gerichtliche Zuständigkeit und die Vollstreckung gerichtlicher Entscheidungen in Zivil- und Handelssachen
GWB	Gesetz gegen Wettbewerbsbeschränkungen
GWR	Gesellschafts- und Wirtschaftsrecht
GwG	Gesetz über das Aufspüren von Gewinnen aus schweren Straftaten (Geldwäschegesetz)
hA	herrschende Ansicht
Habersack/Verse EuropGesR	Habersack/Verse, Europäisches Gesellschaftsrecht, 5. Aufl. 2019
Habilschr.	Habilitationsschrift
Hachenburg/Bearbeiter	Hachenburg, Gesetz betreffend die Gesellschaften mit beschränkter Haftung (GmbHG), Großkommentar, 8. Aufl. 1992
HAG	Heimarbeitsgesetz
HaKo-HGB/Bearbeiter	Heidel/Schall, HGB, Handkommentar, 3. Aufl. 2019
Halbbd.	Halbband
HandelsG	Handelsgericht
HansOLG	Hanseatisches Oberlandesgericht
HansRGZ	Hanseatische Rechts- und Gerichtszeitschrift
HansRZ	Hanseatische Rechtszeitschrift für Handel, Schifffahrt und Versicherung, Kolonial- und Auslandsbeziehungen
HAS	Handbuch des Arbeits- und Sozialrechts, hrsg. von Weiss/Gagel
HB	Handelsbilanz
HCL/Bearbeiter	Habersack/Casper/Löbbe, GmbHG – Gesetz betreffend die Gesellschaften, 3. Aufl. 2019
HdB AG/Bearbeiter	Nirk/Brenzing/Reuter/Bächle, Handbuch der Aktiengesellschaft. Gesellschaftsrecht, Steuerrecht, Arbeitsrecht, Loseblatt
HdB	Handbuch
HdB PersG/Bearbeiter	Westermann/Wertenbruch, Handbuch der Personengesellschaften, Loseblatt
HdWW	Handbuch der Wirtschaftswissenschaften
Heidel/Schall/Bearbeiter	Heidel/Schall, Handelsgesetzbuch, 3. Aufl. 2019
Henssler/Strohn/Bearbeiter	Henssler/Strohn, Gesellschaftsrecht, 4. Aufl. 2019
Hess.; hess.	Hessen; hessisch
Hesselmann/Tillmann/Mueller-Thuns GmbH & Co. KG-HdB	Hesselmann/Tillmann/Mueller-Thuns, Handbuch der GmbH & Co. KG, 22. Aufl. 2020
Heymann/Bearbeiter	Heymann, Handelsgesetzbuch (ohne Seerecht), Kommentar, 3. Aufl. 2020
HEZ	Höchstrichterliche Entscheidungen (Entscheidungssammlung)
HFA	Hauptfachausschuss
HFR	Höchstrichterliche Finanzrechtsprechung
HG	Handelsgericht
HGB	Handelsgesetzbuch
HGB-E	HGB-Entwurf
HGrG	Haushaltsgrundsätzegesetz
hins.	hinsichtlich
HK-HGB/Bearbeiter	Heidelberger Kommentar zum Handelsgesetzbuch, hrsg. v. Glanegger, Kirnberger, Kusterer, 7. Aufl. 2007
HK-InsO/Bearbeiter	Heidelberger Kommentar zur Insolvenzordnung, hrsg. v. Kayser/Thole, 7. Aufl. 2014
hL	herrschende Lehre
hM	herrschende Meinung
Hmb.; hmb.	Hamburg; hamburgisch

HmbK InsR/Bearbeiter .	Hamburger Kommentar zum Insolvenzrecht, hrsg. v. A. Schmidt, 7. Aufl. 2019
Hofmann HandelsR	Hofmann, Handelsrecht, 11. Aufl. 2002
Hopt VertrFormB	Hopt, Vertrags- und Formularbuch zum Handels-, Gesellschafts-, Bank- und Transportrecht, 4. Aufl. 2013
Hopt/Hehl GesR	Hopt/Hehl, Gesellschaftsrecht, 4. Aufl. 1996
Hopt/Mössle HandelsR .	Hopt/Mössle, Handels- und Gesellschaftsrecht, 2. Aufl. 1999
HPflG	Haftpflichtgesetz
HRefG	Handelsrechtsreformgesetz
HRR	Höchstrichterliche Rechtsprechung
Hrsg.; hrsg.	Herausgeber; herausgegeben
HRV	Verordnung über die Einrichtung und Führung des Handelsregisters (Handelsregisterverordnung)
Hs.	Halbsatz
Hübner HandelsR	Hübner, Handelsrecht, 5. Aufl. 2008
Hueck oHG	Alfred Hueck, Das Recht der offenen Handelsgesellschaft, 4. Aufl. 1971
Hueck/Canaris WertpapierR	Hueck/Canaris, Das Recht der Wertpapiere, Kommentar, 12. Aufl. 1986
Hüffer/Koch/Koch	Hüffer/Koch, Aktiengesetz, 14. Aufl. 2020
HV	Hauptversammlung
HVH	Handelsvertreter-Handbuch, hrsg. von Heinz Voß, 1969
HVR	Handelsvertreterrecht, Entscheidungen und Gutachten, hrsg. v. Forschungsverband für den Handelsvertreter- und Handelsmaklerberuf
HVuHM	Der Handelsvertreter und Handelsmakler (Zeitschrift)
HWiStR	Handwörterbuch des Wirtschafts- und Steuerstrafrechts, 1988
HWK/Bearbeiter	Henssler/Willemsen/Kalb, Arbeitsrecht, 9. Aufl. 2020
HzA	Handbuch zum Arbeitsrecht, hrsg. v, Stahlhacke
IAPS	International Auditing Practice Statements
IAS	International Accounting Standards
IASC	International Accounting Standards Commitee
IASC U. S. GAAP	The IASC-U. S. Comparison Project: A Report on the Similarities and Differences between IASC Standards and U. S. GAAP, hrsg. v. Bloomer, 1996
ICC	International Chamber of Commerce; Interstate Commerce Commission
idF	in der Fassung
idR	in der Regel
idS	in diesem Sinne
IDW	Institut der Wirtschaftsprüfer in Deutschland e. V.
iE	im Einzelnen
ieS	im engeren Sinne
IGH	Internationaler Gerichtshof
IHK	Industrie- und Handelskammer
IHR	Internationales Handelsrecht
Immenga/Mestmäcker/Bearbeiter	Immenga/Mestmäcker, Wettbewerbsrecht, 5. Bände, 6. Aufl.
insbes.	insbesondere
InsO	Insolvenzordnung
int.	international
InTeR	Zeitschrift zum Innovations- und Technikrecht
IntGesR	Internationales Gesellschaftsrecht
IntHK	Internationale Handelskammer
IntTranspZ	Internationale Transportzeitschrift
InvG	Investmentgesetz
InVo	Insolvenz & Vollstreckung (Zeitschrift)
IPR	Internationales Privatrecht
IPRax	Praxis des Internationalen Privat- und Verfahrensrechts (Zeitschrift)
IPRspr.	Makaro, Gamillscheg, Müller, Dierk, Kropholler, Die deutsche Rechtsprechung auf dem Gebiet des internationalen Privatrechts, 1952 ff.
iSd	im Sinne der/des
IStR	Internationales Steuerrecht (Zeitschrift)
ital.	italienisch
iÜ	im Übrigen
iVm	in Verbindung mit
iwS	im weiteren Sinne
JA	Juristische Arbeitsblätter (Zeitschrift); Jahresabschluss
JArbSchG	Gesetz zum Schutze der arbeitenden Jugend (Jugendarbeitsschutzgesetz)

Jauernig/Bearbeiter BGB	Jauernig, Bürgerliches Gesetzbuch, 17. Aufl. 2018
Jb.	Jahrbuch
JbfSozWiss	Jahrbuch für Sozialwissenschaften
JbFAStR	Jahrbuch der Fachanwälte für Steuerrecht
JbIntR	Jahrbuch für internationales Recht = Germ. YB. Int. L.
JBl.	(österr.) Juristische Blätter (Zeitschrift)
JbSchiedsgerichtsb	Jahrbuch für die Praxis der Schiedsgerichtsbarkeit
JfB	Jahrbuch für Betriebswirte (Zeitschrift)
JFG	Jahrbuch für Entscheidungen in Angelegenheiten der Freiwilligen Gerichtsbarkeit
Jg.	Jahrgang
Jh.	Jahrhundert
JherJb	Jherings Jahrbuch für die Dogmatik des bürgerlichen Rechts
JMBl.	Justizministerialblatt
JR	Juristische Rundschau (Zeitschrift)
jur.	juristisch
Jura	Jura (Zeitschrift)
JurA	Juristische Analysen
JurBl.	Juristische Blätter
JurBüro	Das juristische Büro (Zeitschrift)
JuS	Juristische Schulung (Zeitschrift)
JW	Juristische Wochenschrift
JZ	Juristenzeitung
KAGB	Kapitalanlagengesetzbuch
Kap.	Kapitel
KapGes.	Kapitalgesellschaft
Keidel/Bearbeiter FamFG	Keidel, FamFG; Kommentar zum Gesetz über das Verfahren in Familiensachen und die Angelegenheiten der freiwilligen Gerichtsbarkeit, 20. Aufl. 2020
KfW	Kreditanstalt für Wiederaufbau
Kfz	Kraftfahrzeug
KG	Kommanditgesellschaft; Kammergericht
KGaA	Kommanditgesellschaft auf Aktien
KGJ	Jahrbuch für Entscheidungen des Kammergerichts
Kirchhof/Söhn/Bearbeiter	Kirchhof/Söhn/Mellinghoff, Einkommensteuergesetz, Loseblatt-Kommentar
Klunzinger HandelsR	Klunzinger, Grundzüge des Handelsrechts, 14. Aufl. 2011
KO	Konkursordnung, aufgehoben
Köhler/Bornkamm/Feddersen/Bearbeiter UWG	Köhler/Bornkamm/Feddersen, Gesetz gegen den unlauteren Wettbewerb, 38. Aufl. 2020
KKRD/Bearbeiter	Koller/Kindler/Roth/Drüen, Handelsgesetzbuch, 9. Aufl. 2019
Kölner Komm AktG/Bearbeiter	Kölner Kommentar zum Aktiengesetz, hrsg. v. Zöllner/Noack, 3. Aufl. 2016
Kölner Komm UmwG/Bearbeiter	Kölner Kommentar zum Umwandlungsgesetz: UmwG 2009
Komm.	Kommentar
Konv.	Konvention
Konzern	Der Konzern (Zeitschrift)
KostO	Gesetz über die Kosten in Angelegenheiten der freiwilligen Gerichtsbarkeit (Kostenordnung)
KR/Bearbeiter	Gemeinschaftskommentar zum Kündigungsschutzgesetz und zu sonstigen kündigungsschutzrechtlichen Vorschriften, 11. Aufl. 2015
Krafka Einführung	Krafka, Einführung in das Registerrecht, 2. Aufl. 2008
Krafka RegisterR	Krafka, Registerrecht, 11. Aufl. 2019
KRG	Kontrollratsgesetz
krit.	kritisch
KritJ	Kritische Justiz
KritZsgesRechtsw	Kritische Zeitschrift für die gesamte Rechtswissenschaft
KrVjschr.	Kritische Vierteljahresschrift für Gesetzgebung und Rechtswissenschaft
KSchG	Kündigungsschutzgesetz
KStG	Körperschaftsteuergesetz

KTS	Zeitschrift für Insolvenzrecht (Konkurs, Treuhand, Sanierung)
Kübler/Assmann GesR	Kübler/Assmann, Gesellschaftsrecht, 6. Aufl. 2006
KurzKomm.	Kurzkommentar
Bearbeiter in Küstner/ ThumeVertriebsR-HdB I	Küstner/Thume, Handbuch des gesamten Vertriebsrechts Band 1: Das Recht des Handelsvertreters, 2016
Bearbeiter in Küstner/ Thume VertriebsR-HdB II	Küstner/Thume, Handbuch des gesamten Vertriebsrechts Band 2: Der Ausgleichsanspruch des Handelsvertreters, 2014
Bearbeiter in Küstner/ Thume VertriebsR-HdB III	Küstner/Thume, Handbuch des gesamten Vertriebsrechts Band 3: Besondere Vertriebsformen, 2014
KWG	Kreditwesengesetz
LAG	Landesarbeitsgericht
LAGE	Entscheidungen der Landesarbeitsgerichte
Larenz SchuldR AT	Larenz, Lehrbuch des Schuldrechts, Band I Allgemeiner Teil, 14. Aufl. 1987
Larenz/Canaris SchuldR BT II	Larenz/Canaris, Lehrbuch des Schuldrechts, Band II Besonderer Teil, 2. Halbband 13. Aufl. 1994
Lettl HandelsR	Lettl, Handelsrecht, 4. Aufl. 2018
Lfg.	Lieferung
LG	Landgericht
li. Sp.	linke Spalte
lit.	litera
Lit.	Literatur
LM	Nachschlagewerk des BGH, hrsg. v. Lindenmaier, Möhring u. a.
LMK	Kommentierte BGH-Rechtsprechung, Lindenmayer/Möhring
LöschG	Gesetz über die Auflösung und Löschung von Gesellschaften
Löwe/v. Westphalen/ Trinkner	Löwe/Graf v. Westphalen/Trinkner, Großkommentar zum AGB-Gesetz, 2. Aufl., Band 1 (1985), Band 2 (1983), Band 3 (1985)
LPVG	Landespersonalvertretungsgesetz
Ls.	Leitsatz
LSG	Landessozialgericht
Ltd.	Limited
Lutter/Hommelhoff/ Bearbeiter GmbHG	Lutter/Hommelhoff, GmbH-Gesetz, 20. Aufl. 2020
LZ	Leipziger Zeitschrift für Deutsches Recht
mablAnm	mit ablehnender Anmerkung
mÄnd	mit Änderung(en)
mAnm	mit Anmerkung
MarkenG	Markengesetz
Martinek Moderne Vertragstypen II	Martinek, Moderne Vertragstypen II, 1992
Bearbeiter in Martinek/ Semler/Flohr VertriebsR-HdB	Martinek/Semler/Flohr, Handbuch des Vertriebsrechts, 4. Aufl. 2016
Mat.	Materialien
Maunz/Dürig/ Bearbeiter GG	Maunz/Dürig, Grundgesetz, Loseblatt-Kommentar
MBl.	Ministerialblatt
MDR	Monatsschrift für Deutsches Recht
mE	meines Erachtens
Medicus/Lorenz SchuldR I	Medicus/Lorenz, Schuldrecht I, Allgemeiner Teil, 21. Aufl. 2015
Medicus/Lorenz SchuldR II	Medicus, Schuldrecht II, Besonderer Teil, 18. Aufl. 2018
Melchior/Schulte	Melchior/Schulte, Handelsregisterverordnung, 2003
Mestmäcker/Schweitzer EuWettbR	Mestmäcker/Schweitzer, Europäisches Wettbewerbsrecht 3. Aufl. 2014

MHdB ArbR/Bearbeiter ... Münchener Handbuch zum Arbeitsrecht, hrsg. v. Kiel/Lunk/Oetker, 4 Bände, 4. Aufl. 2019
MHdB GesR I/Bearbeiter ... Münchener Handbuch des Gesellschaftsrechts, Band 1: BGB-Gesellschaft, OHG, 5. Aufl. 2019
MHdB GesR II/Bearbeiter ... Münchener Handbuch des Gesellschaftsrechts, Band 2: Kommanditgesellschaft, 5. Aufl. 2019
MHdB GesR III/Bearbeiter ... Münchener Handbuch des Gesellschaftsrechts, Band 3: Gesellschaft mit beschränkter Haftung, 5. Aufl. 2018
MHdB GesR IV/Bearbeiter ... Münchener Handbuch des Gesellschaftsrechts, Band 4: Aktiengesellschaft, 5. Aufl. 2020
MHLS/Bearbeiter ... Michalski/Heidinger/Leible/Schmidt, Kommentar zum GmbHG, 2 Bde., 3. Aufl. 2017
Mio. ... Million(en)
MitbestErgG ... Gesetz zur Ergänzung des Gesetzes über die Mitbestimmung der Arbeitnehmer in den Aufsichtsräten und Vorständen der Unternehmen des Bergbaus und der Eisen und Stahl erzeugenden Industrie
MitbestG 1976 ... Mitbestimmungsgesetz vom 4.5.1976
Mitt. ... Mitteilung(en)
MittBl. ... Mitteilungsblatt
MittRhNotK ... Mitteilungen der Rheinischen Notarkammer
mkritAnm ... mit kritischer Anmerkung
m. Kurzkomm ... mit Kurzkommentar
MoMiG ... Gesetz zur Modernisierung des GmbH-Rechts und zur Bekämpfung von Missbräuchen vom 23.10.2008 (BGBl. 2008 I 2026)
MontanMitbestG ... Gesetz über die Mitbestimmung der Arbeitnehmer in den Aufsichtsräten und Vorständen der Unternehmen des Bergbaus und der Eisen und Stahl erzeugenden Industrie
Mot. ... Motive zum Entwurf eines BGB
MSF ... s. Martinek/Semler/Flohr VertriebsR-HdB
Mugdan ... Die gesamten Materialien zum Bürgerlichen Gesetzbuch für das deutsche Reich, hrsg. v. Mugdan, Band I–V, 1899
MüKoAktG/Bearbeiter AktG ... Münchener Kommentar zum Aktiengesetz, 7 Bände, hrsg. v. Goette/Habersack, 4. Aufl. 2014–2017; 5. Aufl. 2019
MüKoBGB/Bearbeiter BGB ... Münchener Kommentar zum Bürgerlichen Gesetzbuch, 13 Bände, hrsg. v. Säcker/Rixecker/Oetker/Limperg, 8. Aufl. 2018 ff.
MüKoFamFG/Bearbeiter ... Münchener Kommentar zum FamFG, 2 Bände, hrsg. v. Rauscher, 3. Aufl. 2019
MüKoGmbHG/Bearbeiter GmbHG ... Münchener Kommentar zum GmbHG, 3 Bände, hrsg. v. Fleischer/Goette, 3. Aufl. 2018/2019
MüKoInsO/Bearbeiter InsO ... Münchener Kommentar zur Insolvenzordnung, 5 Bände, hrsg. v. Kirchhof/Stürner/Schoppmeyer, 4. Aufl.
MüKoUWG/Bearbeiter UWG ... Münchener Kommentar zum Lauterkeitsrecht, 2 Bände, hrsg. v. Heermann/Schlingloff, 2. Aufl. 2014; Band 1 3. Aufl. 2020
MüKoZPO/Bearbeiter ZPO ... Münchener Kommentar zur Zivilprozessordnung, hrsg. v. Krüger/Rauscher, 5. Aufl. 2016/2017; 6. Aufl. 2020
MuSchG ... Mutterschutzgesetz
Musielak/Borth/Bearbeiter ... Musielak/Borth, Familiengerichtliches Verfahren, 6. Aufl. 2018
Musielak/Voit/Bearbeiter ... Musielak/Voit, Kommentar zur Zivilprozessordnung, 17. Aufl. 2020
mwN ... mit weiteren Nachweisen
mzN ... mit zahlreichen Nachweisen

Nachdr.	Nachdruck
nachf.	nachfolgend
Nachw.	Nachweis
NachwG	Gesetz über den Nachweis der für ein Arbeitsverhältnis geltenden wesentlichen Bestimmungen
NB	Neue Betriebswirtschaft (Zeitschrift)
Nbl.	Nachrichtenblatt
Nds.; nds.	Niedersachsen, niedersächsisch
NdsRpfl.	Niedersächsische Rechtspflege (Zeitschrift)
Neuner AT	Neuner, Allgemeiner Teil des Bürgerlichen Rechts, 12. Aufl. 2020
nF	neue Fassung; neue Folge
NHBG	Nachtragshaftungsbegrenzungsgesetz
NJ	Neue Justiz (Zeitschrift)
NJOZ	Neue Juristische Online-Zeitschrift
NJW	Neue Juristische Wochenschrift
NJW-RR	NJW-Rechtsprechungs-Report (Zivilrecht)
NK-ArbR	Boecken/Düwell/Diller/Hanau, Gesamtes Arbeitsrecht, 2016
no.	number; numéro
Nov.	Novelle
npor	Zeitschrift für das Recht der Non Profit Organisationen
Nr.	Nummer(n)
nrkr	nicht rechtskräftig
NRW	Nordrhein-Westfalen
NStZ	Neue Zeitschrift für Strafrecht
NVwZ	Neue Zeitschrift für Verwaltungsrecht
NVwZ-RR	Neue Zeitschrift für Verwaltungsrecht – Rechtsprechungs-Report
NWB	Neue Wirtschaftsbriefe
NZA	Neue Zeitschrift für Arbeits- und Sozialrecht
NZA-RR	Neue Zeitschrift für Arbeits- und Sozialrecht – Rechtsprechungs-Report
NZG	Neue Zeitschrift für Gesellschaftsrecht
NZI	Neue Zeitschrift für das Recht der Insolvenz und Sanierung
NZKart	Neue Zeitschrift für Kartellrecht
NZS	Neue Zeitschrift für Sozialrecht
NZV	Neue Zeitschrift für Verkehrsrecht
o.	oben
oa.	oben angegeben
oÄ	oder Ähnliches
ÖBA	Österreichisches Bankarchiv (Zeitschrift)
ObG	Obergericht
OECD	Organization of Economic Cooperation and Development
OEEC	Organisation für Europäische Wirtschaftliche Zusammenarbeit
Oetker HandelsR	Oetker, Handelsrecht, 8. Aufl. 2019
Oetker/Bearbeiter	Oetker, Kommentar zum Handelsgesetzbuch, 6. Aufl. 2019
OGH	Oberster Gerichtshof (Österreich)
OGH-BrZ	Oberster Gerichtshof für die Britische Zone
OGHZ	Entscheidungen des Obersten Gerichtshofes für die Britische Zone in Zivilsachen
OHG	offene Handelsgesellschaft
oJ	ohne Jahrgang
ÖJZ	Österreichische Juristenzeitung
OLG	Oberlandesgericht
OLGE	Die Rechtsprechung der Oberlandesgerichte auf dem Gebiet des Zivilrechts
OLGR	OLG-Report (Zeitschrift)
OLG-Rp.	OLG-Rechtsprechung Neue Länder
OLGRspr	Die Rechtsprechung der Oberlandesgerichte auf dem Gebiete des Zivilrechts, hrsg. v. Mugdan und Falkmann (1.1900–46.1928; aufgegangen in HRR)
OLGZ	Entscheidungen der Oberlandesgerichte in Zivilsachen
ORDO	ORDO, Jahrbuch für die Ordnung von Wirtschaft und Gesellschaft
öHGB	Österreichisches Handelsgesetzbuch
öRdW	(österr.) Recht der Wirtschaft
österr.	österreichisch
ÖstZöffR	Österreichische Zeitschrift für öffentliches Recht und Völkerrecht
oV	ohne Verfasser
OVG	Oberverwaltungsgericht
OWiG	Gesetz über Ordnungswidrigkeiten

Palandt/Bearbeiter	Palandt, Bürgerliches Gesetzbuch, 79. Aufl. 2020
Par.	Paragraph
PartGG	Gesetz über Partnerschaftsgesellschaften
PBefG	Personenbeförderungsgesetz
PersGes	Personengesellschaft
Pfeiffer Handelsgeschäfte-HdB	Pfeiffer, Handbuch der Handelsgeschäfte, 1999
preuß.	preußisch
PrABGB	Preußisches Ausführungsgesetz zum BGB
PrEnteigG	Preußisches Enteignungsgesetz
PrObTr.	Preußisches Obertribunal
PrObTrE	Entscheidungen des Preußischen Obertribunals
ProdHaftG	Gesetz über die Haftung für fehlerhafte Produkte (Produkthaftungsgesetz)
Prölss/Martin/Bearbeiter VVG	Prölss/Martin, Versicherungsvertragsgesetz, 30. Aufl. 2018
Prot.	Protokolle der Reichsberatungen zum BGB
Prot. z. ADHGB	Protokolle zum ADHGB
Prot. z. pr. HGB-Entwurf	Protokolle zum preußischen HGB-Entwurf
Prütting/Weller HandelsR	Prütting/Weller, Handels- und Gesellschaftsrecht, 10. Aufl. 2020
pVV	positive Vertragsverletzung
RA	Rechtsausschuss
RabelsZ	Rabels Zeitschrift für ausländisches und internationales Privatrecht
RAG	Reichsarbeitsgericht
RAGE	Entscheidungen des Reichsarbeitsgerichts
Raiser/Veil KapGesR	Raiser/Veil, Recht der Kapitalgesellschaften, 6. Aufl. 2015
RAnz.	Reichs- und preußischer Staatsanzeiger
RdA	Recht der Arbeit (Zeitschrift)
RdErl.	Runderlass
RDG	Gesetz über außergerichtliche Rechtsdienstleistungen (Rechtsdienstleistungsgesetz)
RdSchr.	Rundschreiben
RdW	Recht der Wirtschaft (Zeitschrift)
RE	Rechtsentscheid
Recht	Das Recht (Zeitschrift)
RefE	Referentenentwurf
RegE	Regierungsentwurf
Reichert/Bearbeiter GmbH & Co. KG	Reichert, GmbH & Co. KG, 7. Aufl. 2015
re. Sp.	rechte Spalte
RFH	Reichsfinanzhof
RFHE	Amtliche Sammlung der Entscheidungen des Reichsfinanzhofs
RG	Reichsgericht
RGBl.	Reichsgesetzblatt
RGRK/Bearbeiter	Das Bürgerliche Gesetzbuch mit besonderer Berücksichtigung der Rechtsprechung des Reichsgerichts und des Bundesgerichtshofes (Kommentar)
RGSt.	Entscheidungen des Reichsgerichts in Strafsachen
RGZ	Entscheidungen des Reichsgerichts in Zivilsachen
RIW	Recht der internationalen Wirtschaft (Zeitschrift)
RJA-E I	Entwurf eines Handelsgesetzbuchs für das Deutsche Reich. Aufgestellt im Reichs-Justizamt, Berlin 1895
RJA-E II	Entwurf eines Handelsgesetzbuchs mit Ausschluß des Seehandelsrechts. Aufgestellt im Reichs-Justizamt. Amtliche Ausgabe, Berlin 1896
rkr.	rechtskräftig
Rn.	Randnummer
Röhricht/Graf v. Westphalen/Haas/Bearbeiter	Röhricht/Graf v. Westphalen/Haas, Handelsgesetzbuch, 5. Aufl. 2019
ROHG	Reichsoberhandelsgericht, auch Entscheidungssammlung
Rom I-VO	Verordnung (EG) Nr. 593/2008 des Europäischen Parlaments und des Rates vom 17. Juni 2008 über das auf vertragliche Schuldverhältnisse anzuwendende Recht
Rom II-VO	Verordnung (EG) Nr. 864/2007 des Europäischen Parlaments und des Rates vom 11. Juli 2007 über das auf außervertragliche Schuldverhältnisse anzuwendende Recht

Roth/Altmeppen/ Bearbeiter	Roth/Altmeppen, Gesetz betreffend die Gesellschaften mit beschränkter Haftung (GmbH), 9. Aufl. 2019
Rowedder/Schmidt-Leithoff/Bearbeiter	Schmidt-Leithoff, Kommentar zum GmbH-Gesetz, 6. Aufl. 2017
RPflG	Rechtspflegergesetz
Rpfleger	Der Deutsche Rechtspfleger (Zeitschrift)
RRa	ReiseRecht aktuell (Zeitschrift)
r+s	recht und schaden (Zeitschrift)
Rs.	Rechtssache
Rspr.	Rechtsprechung
RT-Drs.	Reichstagsdrucksache
RT-Vorl.	Entwurf eines Handelsgesetzbuchs von 1897, Reichstags-Drucksache Nr. 632
RVG	Gesetz über die Vergütung der Rechtsanwältinnen und Rechtsanwälte (Rechtsanwaltsvergütungsgesetz)
RvglHWB	Rechtsvergleichendes Handwörterbuch für das Zivil- und Handelsrecht des In- und Auslandes
RVR	Rundschau für Vertreterrecht (Zeitschrift)
RWS-Dok.	RWS-Dokumentation
RWS-Skript	Kommunikationsforum Recht, Wirtschaft, Steuern
RWP	Rechts- und Wirtschaftspraxis (Loseblatt-Ausgabe)
S.	Seite; siehe; section
SaBl.	Sammelblatt für Rechtsvorschriften des Bundes und der Länder
SAE	Sammlung arbeitsrechtlicher Entscheidungen
Savigny	Savigny, System des heutigen römischen Rechts, Bd. I–VIII, 1840–49, 2. Neudruck 1981
Schaub ArbRFV-HdB	Schaub/Schrader/Straube/Vogelsang, Arbeitsrechtliches Formular- und Verfahrenshandbuch, 13. Aufl. 2019
Schaub ArbR-HdB	Schaub, Arbeitsrechts-Handbuch, hrsg. v. Ahrendt, Koch, Linck, Treber, Vogelsang, 18. Aufl. 2019
ScheckG	Scheckgesetz
Bearbeiter in Schimansky/Bunte/Lwowski BankR-HdB	Schimansky/Bunte/Lwowski, Bankrechts-Handbuch, 5. Aufl. 2017
Schlegelberger/ Bearbeiter	Schlegelberger, Handelsgesetzbuch, 5. Aufl. 1973–1992
SchlHA	Schleswig-Holsteinische Anzeigen (NF 1.1837 ff.)
Karsten Schmidt/Lutter/ Bearbeiter	Karsten Schmidt/Lutter, Aktiengesetz, 2 Bde., 4. Aufl. 2020
Karsten Schmidt GesR	Karsten Schmidt, Gesellschaftsrecht, 4. Aufl. 2002
Karsten Schmidt HandelsR	Karsten Schmidt, Handelsrecht, 6. Aufl. 2014
Karsten Schmidt/Bearbeiter InsO	Karsten Schmidt, Insolvenzordnung, 19. Aufl. 2016
L. Schmidt EStG	Schmidt, Einkommensteuergesetz, Kommentar, 39. Aufl. 2020
Schmidt-Kessel/Leutner/ Müther	Schmidt-Kessel/Leutner/Müther, Handelsregisterrecht: HandelsregisterR, 2010
Scholz/Bearbeiter	Scholz, Kommentar zum GmbH-Gesetz, 3 Bde., 12. Aufl. 2018
Schubert/Schmiedel/ Krampe	Schubert/Schmiedel/Krampe, Quellen zum Handelsgesetzbuch von 1897, Band I–III, 1986–1988
SchuldR	Schuldrecht
Schultze/Wauschkuhn/ Spenner/Dau/Kübler Der Vertragshändlervertrag	Schultze/Wauschkuhn/Spenner/Dau/Kübler/Bearbeiter, Der Vertragshändlervertrag, 5. Aufl. 2016
SE	Societas Europaea
SeuffA	Seufferts Archiv für Entscheidungen der obersten Gerichte in den deutschen Staaten
SG	Sozialgericht; Schmalenbach – Gesellschaft für Betriebswirtschaft e. V.
SGb	Die Sozialgerichtsbarkeit (Zeitschrift)
SGB	Sozialgesetzbuch
SJZ	Süddeutsche Juristenzeitung

Slg.	Sammlung der Rechtsprechung des Gerichtshofs der Europäischen Gemeinschaft und des Gerichts erster Instanz
Soergel/Bearbeiter BGB	SoergelBürgerliches Gesetzbuch (BGB) mit Einführungsgesetz und Nebengesetzen, Kommentar, 13. Aufl. 2011 ff.
sog.	sogenannt
Sonderbeil.	Sonderbeilage
Sp.	Spalte
SpkG	Sparkassengesetz
Spindler/Stilz/ Bearbeiter	Spindler/Stilz, Kommentar zum Aktiengesetz, 2 Bde., 4. Aufl. 2019; jetzt BeckOGK
st.	ständig
StAnpG	Steueranpassungsgesetz
Stanzl	Handelsrechtliche Entscheidungen des OGH Wien
Staub/Bearbeiter	Staub/Canaris/Habersack, Handelsgesetzbuch, Großkommentar, begr. von Staub, 15 Bände, 5. Aufl. 2009 ff.
Staub 14. Aufl.	Staubs Kommentar zum HGB, 14. Aufl. 1935
Staudinger/Bearbeiter	v. Staudinger, Kommentar zum Bürgerlichen Gesetzbuch
StB	Der Steuerberater (Zeitschrift)
StBerG	Steuerberatungsgesetz
Stbg	Die Steuerberatung (Zeitschrift)
StbJb.	Steuerberater-Jahrbuch
StBKongrRep	Steuerberaterkongreß-Report
Stein/Jonas/Bearbeiter	Stein/Jonas, Kommentar zur Zivilprozessordnung (ZPO)
stenogr.	stenographisch
StGB	Strafgesetzbuch
StPO	Strafprozessordnung
str.	strittig
Straube/Bearbeiter	Straube, Kommentar zum Handelsgesetzbuch, Band 1: 3. Aufl. 2003; Band 2: 2. Aufl. 2000
stRspr	ständige Rechtsprechung
StuB	Steuer- und Bilanzpraxis (Zeitschrift)
StückAG	Stückaktiengesetz
StuW	Steuer und Wirtschaft (Zeitschrift)
StV	Strafverteidiger (Zeitschrift)
Sudhoff/Bearbeiter Personengesellschaften	Sudhoff, Personengesellschaften, 8. Aufl. 2005
SZ	Entscheidungen des österreichischen Obersten Gerichtshofes in Zivilsachen
SZGerm.	Zeitschrift der Savigny-Stiftung für Rechtsgeschichte, Germanische Abteilung
TD	Transportdienst
Thomas/Putzo/ Bearbeiter	Thomas/Putzo, Zivilprozessordnung, 41. Aufl. 2020
Thüsing Europäisches Arbeitsrecht	Thüsing, Europäisches Arbeitsrecht, 3. Aufl. 2017
TranspR	Transportrecht (Zeitschrift)
Tz.	Textziffer
u.	und; unten; unter
ua	unter anderem
uÄ	und Ähnliches
UAbs.	Unterabsatz
uam	und andere mehr
Überbl.	Überblick
überwM	überwiegende Meinung
Übk.	Übereinkommen
UCC	Uniform Commercial Code
UGB	(österreichisches) Unternehmensgesetzbuch
Uhlenbruck/Bearbeiter	Uhlenbruck, Insolvenzordnung, 2 Bände, Band 1: 15. Aufl. 2019, Band 2: 14. Aufl. 2015
Ulmer Wertpapierrecht	Eugen Ulmer, Das Recht der Wertpapiere, 1938
Ulmer/Brandner/ Hensen/Bearbeiter	Ulmer/Brandner/Hensen, AGB-Recht, Kommentar, 12. Aufl. 2016
Ulmer/Schäfer	Ulmer/Schäfer, Gesellschaft bürgerlichen Rechts und Partnerschaftsgesellschaft: GbR PartG, 8. Aufl. 2021

UHL/Bearbeiter	Ulmer/Habersack/Löbbe, GmbHG, Großkommentar, 3 Bände, Bd. 1: 2. Aufl. 2013, Bd. 2: 2. Aufl. 2014, Bd. 3: 2. Aufl. 2016
umfangr.	umfangreich
UmwG	Umwandlungsgesetz
UmwStG	Umwandlungssteuergesetz
UN-Kaufrecht	s. CISG
unstr.	unstreitig
unveröff.	unveröffentlicht
unzutr.	unzutreffend
UR	Umsatzsteuer-Rundschau
Urt.	Urteil
usw	und so weiter
uU	unter Umständen
UWG	Gesetz gegen den unlauteren Wettbewerb
v.	von; vom; versus
VAG	Versicherungsaufsichtsgesetz
Verf.	Verfassung; Verfasser
Vertikal-GVO	Verordnung (EU) Nr. 330/2010 der Kommission vom 20. April 2010 über die Anwendung von Artikel 101 Absatz 3 des Vertrags über die Arbeitsweise der Europäischen Union auf Gruppen von vertikalen Vereinbarungen und abgestimmten Verhaltensweisen
Vertikal-LL	Leitlinien für vertikale Beschränkungen
VglO	Vergleichsordnung
Verh.	Verhandlung(en)
Verh. DJT	Verhandlungen des Deutschen Juristentages
VermBG	Gesetz zur Förderung der Vermögensbildung der Arbeitnehmer
Veröff.	Veröffentlichung
VersR	Versicherungsrecht, Juristische Rundschau für die Individualversicherung
VersW	Versicherungswirtschaft
Verw.	Verwaltung
VerwA	Verwaltungsarchiv
VerwG	Verwaltungsgericht
VerwGH	Verwaltungsgerichtshof
Vfg.	Verfügung
VG	Verwaltungsgericht
VGH	Verwaltungsgerichtshof
vgl.	vergleiche
vH	vom (von) Hundert
VO	Verordnung
VOB	Verdingungsordnung für Bauleistungen
Vol.	Volume
Vorb., Vorbem.	Vorbemerkung
VP	Die Versicherungspraxis
VRG	Gesetz zur Förderung von Vorruhestandsleistungen (Vorruhestandsgesetz)
vs.	versus
VVDStRL	Veröffentlichungen der Vereinigung der Deutschen Staatsrechtslehrer
VVaG	Versicherungsverein auf Gegenseitigkeit
VVG	Gesetz über den Versicherungsvertrag
VW	Versicherungswirtschaft (Zeitschrift)
VwGO	Verwaltungsgerichtsordnung
WarnR	Rechtsprechung des Reichsgerichts, hrsg. von Warneyer (Band und Nummer), ab 1961: Rechtsprechung des Bundesgerichtshofs in Zivilsachen
WBl.	Wirtschaftsrechtliche Blätter
Weitnauer/Boxberger/Anders/Bearbeiter	Weitnauer/Boxberger/Anders, KAGB, 2. Aufl. 2017
Wessel/Zwernemann/Kögel Firmengründung	Wessel/Zwernemann/Kögel, Die Firmengründung, 7. Aufl. 2001
Westermann	s. HdB PersG
Westphal	Westphal, Neues Handelsvertreterrecht, 1991
WG	Wechselgesetz
WHSS	Willemsen/Hohenstatt/Schweibert/Seibt, Umstrukturierung und Übertragung von Unternehmen, 5. Aufl. 2016
WiB	Wirtschaftsrechtliche Beratung (Zeitschrift)

Widmann/Mayer	Widmann/Mayer, Umwandlungsrecht, Loseblatt-Kommentar
Wiedemann GesR I (GesR II)	Wiedemann, Gesellschaftsrecht, Band 1, 1980; Band 2, 2004
Wiedemann KartellR-HdB	Wiedemann, Handbuch des Kartellrechts, 4. Aufl. 2020
Wieland Handelsrecht I, II	Wieland, Handelsrecht Band I und II, 1931
Wiener Kommentar UGB/Bearbeiter	Straube, Wiener Kommentar zum Unternehmensgesetzbuch, 4. Aufl. 2014
Windbichler	Windbichler, Gesellschaftsrecht, 24. Aufl. 2017
Winnefeld Bilanz-HdB	Winnefeld, Bilanz-Handbuch, 5. Aufl. 2015
WiR	Wirtschaftsrat; Wirtschaftsrecht (Zeitschrift)
WiRO	Wirtschaft und Recht in Osteuropa (Zeitschrift)
wistra	Zeitschrift für Wirtschafts- und Steuerstrafrecht
WM	Wertpapier-Mitteilungen, Zeitschrift für Wirtschafts- und Bankrecht (Zeitschrift)
Wolf/Lindacher/Pfeiffer/Bearbeiter	Wolf/Lindacher/Pfeiffer, AGB-Gesetz, Kommentar, 7. Aufl. 2020
WPg	Die Wirtschaftsprüfung (Zeitschrift)
WP-HdB	Institut der Wirtschaftsprüfer in Deutschland e. V., Wirtschaftsprüfer-Handbuch, Band I, 13. Aufl. 2006, Band II, 12. Aufl. 2003
WpHG	Wertpapierhandelsgesetz
WPK	Wirtschaftsprüferkammer
WPK-Mitt	Wirtschaftsprüferkammer-Mitteilungen (Zeitschrift)
WPO	Wirtschaftsprüferordnung
WpÜG	Wertpapiererwerbs- und Übernahmegesetz
WRP	Wettbewerb in Recht und Praxis (Zeitschrift)
WuB	Wirtschafts- und Bankrecht (Entscheidungssammlung)
Württ., württ.	Württemberg, württembergisch
WuSta	Wirtschaft und Statistik
WuW	Wirtschaft und Wettbewerb (Zeitschrift)
WuW/E	Wirtschaft und Wettbewerb – Entscheidungssammlung
zahlr.	zahlreich
ZAkDR	Zeitschrift der Akademie für Deutsches Recht
ZaöRV	Zeitschrift für ausländisches öffentliches Recht und Völkerrecht
zB	zum Beispiel
ZBB	Zeitschrift für Bankrecht und Bankwirtschaft
ZBlHR	Zentralblatt für Handelsrecht
ZdtRudtRWiss	Zeitschrift für deutsches Recht und deutsche Rechtswissenschaft
ZEuP	Zeitschrift für Europäisches Privatrecht
ZfA	Zeitschrift für Arbeitsrecht
ZfB	Zeitschrift für Betriebswirtschaft
ZfbF	Schmalenbachs Zeitschrift für betriebswirtschaftliche Forschung
ZfgG	Zeitschrift für das gesamte Genossenschaftswesen
ZfRV	Zeitschrift für Rechtsvergleichung (Österreich)
ZfV	Zeitschrift für Versicherungswesen
ZGB DDR	Zivilgesetzbuch der Deutschen Demokratischen Republik
ZgesKredW	Zeitschrift für das gesamte Kreditwesen
ZgesStaatsW	Zeitschrift für die gesamte Staatswissenschaft
ZGS	Zeitschrift für das gesamte Schuldrecht
ZGR	Zeitschrift für Unternehmens- und Gesellschaftsrecht
ZHR	Zeitschrift für das gesamte Handelsrecht und Wirtschaftsrecht
Ziemons/Binnewies AG-HdB	Ziemons/Binnewies, Handbuch der Aktiengesellschaft, Loseblatt
Ziff.	Ziffer(n)
ZInsO	Zeitschrift für das gesamte Insolvenzrecht
ZIntEisenb	Zeitschrift für den internationalen Eisenbahnverkehr
ZIP	Zeitschrift für Wirtschaftsrecht und Insolvenzpraxis
zit.	zitiert
ZJapR	Zeitschrift für Japanisches Recht
ZivG	Zivilgericht
ZKA	Zentraler Kreditausschuss
ZNotP	Zeitschrift für die NotarPraxis
Zöller/Bearbeiter	Zöller, Zivilprozessordnung, 33. Aufl. 2020

Zöllner WertpapierR	Zöllner, Wertpapierrecht, 15. Aufl. 2006
ZPO	Zivilprozessordnung
ZRG	Zeitschrift der Savigny-Stiftung für Rechtsgeschichte (germ. Abt. = germanische Abteilung; rom. Abt. = romanische Abteilung; kanon. Abt. = kanonistische Abteilung)
ZRI	Zeitschrift für Restrukturierung und Insolvenz
ZRP	Zeitschrift für Rechtspolitik
ZRvgl.	Zeitschrift für Rechtsvergleichung
zT	zum Teil
ZTR	Zeitschrift für Tarifrecht
zust.	zustimmend
zutr.	zutreffend
ZVersWiss	Zeitschrift für die gesamte Versicherungswissenschaft
ZVertriebsR	Zeitschrift für Vertriebsrecht
ZVG	Gesetz über die Zwangsversteigerung und Zwangsverwaltung
ZVglRWiss	Zeitschrift für vergleichende Rechtswissenschaft einschließlich des Rechts der Entwicklungsländer und der ethnologischen Rechtsforschung
ZVR	(österr.) Zeitschrift für Verkehrsrecht
ZZP	Zeitschrift für Zivilprozess

Handelsgesetzbuch

vom 10. Mai 1897 (RGBl. 1897, 219),
zuletzt geändert durch Gesetz vom 12. August 2020 (BGBl. 2020 I 1874)

Vorbemerkung (Vor § 1)

Schrifttum: *Adam,* Internationale Handelsschiedsgerichtsbarkeit, 1988; *Bärmann,* Ist internationales Handelsrecht kodifizierbar?, FS F. A. Mann, 1977, 547; *Baumann,* Strukturfragen des Handelsrechts, AcP 184 (1984), 45; *Berger,* International Economic Arbitration, 1993; *Berger,* Formalisierte oder „schleichende" Kodifizierung des transnationalen Wirtschaftsrechts. Zu den Methoden und praktischen Grundlagen der lex mercatoria, 1996; *Bergfeld,* Handelsrecht, in Coing, Handbuch der Quellen und Literatur der neueren europäischen Privatrechtsgeschichte, Bd. III/3, 1986, 2853; *Bonell,* Das UNIDROIT-Projekt für die Ausarbeitung von Regeln für internationale Handelsverträge, RabelsZ 56 (1992), 274; *F. Bydlinski,* Handels- oder Unternehmensrecht als Sonderprivatrecht, 1990 (dazu auch JR 1990, 233); *Castello,* Anknüpfungspunkte für die Anwendbarkeit vom Handelsrecht, 2000; *Cohn,* Warum hat und braucht der Handel ein besonderes Recht?, 1888; *Conradi,* Das Unternehmen im Handelsrecht, 1993; *Ebenroth,* Neue Lehr- und Lernbücher des Handelsrechts, ZHR 146 (1982), 509; *Ehrenbergs* Handbuch des Handelsrechts, 1918 ff.; *Ehricke,* Grundstrukturen und Probleme der lex mercatoria, JuS 1990, 967; *Emmerich/Fritsche,* Die lex mercatoria als durchsetzbares transnationales Handelsrecht und Weltgesellschaftsrecht, 2006; *Endemann,* Handbuch des deutschen Handels-, See- und Wechselrechts, 1881 ff.; *Goldschmidt,* Universalgerichte des Handelsrechts, 1892; *Heck,* Weshalb besteht ein von dem bürgerlichen Recht gesondertes Handelsrecht?, AcP 92 (1902), 438; *Heymann,* Die Beziehungen des Handelsrechts zum Zivilrecht, 1932; *Hopt,* Das Handelsrecht im Spiegel eines Großkommentars, ZHR 149 (1985), 447; *Horn,* Das Zivil- und Wirtschaftsrecht im neuen Bundesgebiet, 2. Aufl. 1993; *Horn,* Transnationales Handelsrecht: Zur Normqualität der lex mercatoria, FS Karsten Schmidt, 2009, 705; *Horn/Schmitthoff,* The Transnational Law of International commercial Transactions, 1982; *Kappus,* „Lex mercatoria" in Europa und Wiener UN-Kaufrechtskonvention, 1990; *Köbler,* Die Wissenschaft des gemeinen deutschen Handelsrechts, in Coing/Wilhelm (Hrsg.), Wissenschaft und Kodifikation des Privatrechts im 19. Jahrhundert, Bd. I, 1974; *Kramer,* Handelsgeschäfte – eine rechtsvergleichende Skizze zur rechtsgeschäftlichen Sonderbehandlung unternehmerischer Kontrahenten, FS Ostheim, 1990, 299; *Laband,* Das Verhältnis des Handelsrechts zum bürgerlichen Recht nach dem Entwurf eines revidierten HGB, DJZ 1896, 345; *Landwehr,* Die ZHR als Organ der Handelsrechtswissenschaft, ZHR 150 (1986), 39; *Langen,* Transnationales Handelsrecht, NJW 1969, 2229; *Lehmann,* Bürgerliches Recht und Handelsrecht, 1983; *Müller-Freienfels,* Zur „Selbständigkeit" des Handelsrechts, FS v. Caemmerer, 1978, 583; *Neuner,* Handelsrecht – Handelsgesetz – Grundgesetz, ZHR 157 (1993), 243; *Nussbaum,* Die Auflösung des Handelsrechtsbegriffs, ZHR 76 (1995), 325; *Raisch,* Geschichtliche Voraussetzungen, dogmatische Grundlagen und Sinnwandlung des Handelsrechts, 1965; *Raisch,* Unternehmensrecht I und II, 1973/1974; *Raisch,* Bedeutung und Wandlung des Kaufmannsbegriffs in der neueren Gesetzgebung, FS Ballerstedt, 1975, 443; *Raisch,* Zur Abgrenzung von Richterrecht und Gewohnheitsrecht im Zivil- und Handelsrecht, ZHR 150 (1986), 117; *Raisch,* Handels- oder Unternehmensrecht als Sonderprivatrecht?, ZHR 154 (1990), 210; *Recknagel,* Die Trennung von Zivil- und Handelsrecht, 1986; *Reymann,* Das Sonderprivatrecht der Handels- und Verbraucherverträge, 2009; *Scherner,* Modernisierung des Handelsrechts im 19. Jahrhundert, 1993; *Scherner,* Anfänge einer deutschen Handelsrechtswissenschaft, ZHR 136 (1972), 465; *Scherner/Willoweit,* Vom Gewerbe zum Unternehmen, 1982; *Karsten Schmidt,* Handelsrecht, 6. Aufl. 2014, §§ 1–4; *Karsten Schmidt,* Staub in „Staub's Kommentar". Exemplarisches zum Handelsrechtsbild eines Klassikers, FS Staub, 2006, 109; *Karsten Schmidt,* Das HGB und die Gegenwartsaufgaben des Handelsrechts, 1983; *Karsten Schmidt,* Vom Handelsrecht zum Unternehmens-Privatrecht?, JuS 1995, 249; *Karsten Schmidt,* Bemerkungen und Vorschläge zur Überarbeitung des Handelsgesetzbuchs, DB 1994, 515; *Karsten Schmidt,* Wozu noch Handelsrecht?, JurBl. 1995, 341; *Karsten Schmidt,* Woher – Wohin? ADHGB, HGB und die Besinnung auf den Kodifikationsgedanken, ZHR 161 (1997), 2; *Karsten Schmidt,* Der Entwurf eines Unternehmensgesetzbuchs – eine rechtspolitische Analyse, JurBl. 2004, 32; *Karsten Schmidt,* „Unternehmer" – „Kaufmann" – „Verbraucher", BB 2005, 837; *Karsten Schmidt,* Lex Mercatoria Allheilmittel? Rätsel? Chimäre?, in Murakami/Marutschke/Riesenhuber, Globalisierung und Recht, 2007, 153; *Karsten Schmidt,* Morgenröte des Unternehmensrechts? Ein Streifzug durch Wielands „Handelsrecht" von 1921 und 1931, Basler Juristische Mitteilungen (BJM) 2008, 61; *Karsten Schmidt,* Does Commercial Law Have a Future?, ZJaPR (Zeitschrift für japanisches Recht)/JJapL (Journal of Japanese Law), Sonderheft (Special Issue) 6/2012; *Karsten Schmidt,* Der Einzelunternehmer – Herausforderung des Handels- und Wirtschaftsrechts, JuS 2017, 809; *R. Schmitt,* Die Rechtsstellung der Kleingewerbetreibenden nach dem Handelsrechtsreformgesetz, 2003; *Schnelle,* Bremen und die Entstehung des ADHGB, 1992; *Schubert/Schmiedel/Krampe,* Quellen zum Handelsgesetzbuch, 1986–1988; *Schulze/Schulte-Nölke,* Die Schuldrechtsreform vor dem Hintergrund des Gemeinschaftsrechts, 2001; *Schwark,* Die Abgrenzung von Schuldrecht und Handelsrecht als legislatorisches Problem, in Kindermann, Studien zu einer Theorie der Gesetzgebung, 1982, 11; *Semler,* Vom Gesellschaftsrecht zum Unternehmensrecht, FS Raisch, 1995, 291; *Siems,* Kaufmannsbegriff und Rechtsfortbildung, 2003; *Stein,* Lex mercatoria. Realität und Theorie, 1995; *Thorn,* Der Unternehmer im Kollisionsrecht, FS Karsten Schmidt, 2009, 1561; *Vossius,* Noch einmal: Vom Handelsrecht zum Unternehmensprivatrecht?, JuS 1985, 936; *Wahle,* Handelsverkehr als Schrittmacher des Zivilrechts, FS Hefermehl, 1976, 1; *Weise,* Lex mercatoria – materielles Recht vor der internationalen Schiedsgerichtsbarkeit, 1990; *Weiss/Hermann,* Welthandelsrecht, 2003; *Wieacker,* Industriegesellschaft und Privatrechtsordnung, 1974; *Wolter,* Was ist heute Handelsrecht?, Jura 1988, 169; *Zöllner,* Wovon handelt das Handelsrecht?, ZGR 1983, 82.

Übersicht

I. Gegenstand und Bedeutung des Handelsrechts

1 **1. Handelsrecht als Sonderprivatrecht. a) Sonderprivatrecht der Kaufleute.** Das Handelsrecht wird gemeinhin als das Sonderprivatrecht der Kaufleute definiert.[1] Damit

[1] *Brox/Henssler* HandelsR § 1 Rn. 6; *Canaris* HandelsR § 1 Rn. 1; *v. Gierke/Sandrock* HandelsR I § 1 I; *Hofmann* HandelsR § 1 I; *Karsten Schmidt* HandelsR § 1 Rn. 1; *Wieland* HandelsR I § 8 I, II; Baumbach/

ist dreierlei gesagt: Handelsrecht ist Privatrecht (→ Rn. 2), Handelsrecht ist Sonderprivatrecht (→ Rn. 3, zur Kritik → Rn. 4), und zwar in Abhängigkeit vom Kaufmannsbegriff (→ Rn. 3; zur Kritik → Rn. 5 ff.).

Als **Privatrecht** gehört das Handelsrecht zu demjenigen Normenkreis, der als Zuord- 2
nungssubjekte oder Normadressaten nicht Träger hoheitlicher Gewalt voraussetzt (Subjekttheorie). Hierin unterscheidet es sich nicht vom allgemeinen Zivilrecht. Das schließt nicht aus, dass das HGB – wie übrigens auch das Bürgerliche Gesetzbuch (zB §§ 22, 43, 80, 1837 ff., 1666) – neben privatrechtlichen einzelne öffentlich-rechtliche Vorschriften enthält, so zB die §§ 8 ff., 37 Abs. 1, 238, 330 ff. Diese Bestimmungen gehören dem Sachzusammenhang nach in das HGB. Sie verstehen sich aber gleichsam nur als Appendixmasse des Handelsgesetzbuchs und ändern nichts daran, dass die Rechtsmaterie „Handelsrecht" dem Privatrecht zugehört.[2]

Sodann ist das Handelsrecht **Sonderprivatrecht:**[3] Es gilt nur für einen Ausschnitt 3
des Privatrechtsbereichs, nach herkömmlicher Lesart nur für Kaufleute (→ Rn. 1). In der Abgrenzung vom Bürgerlichen Recht folgt das HGB dem sog. subjektiven System (→ Rn. 16): Es unterstellt nicht besondere Sachverhalte (zB nur Handelsgeschäfte), sondern bestimmte Rechtssubjekte dem Handelsrecht: eben die „Kaufleute". Objektive Grenzen des Handelsrechts gegenüber dem allgemeinen Privatrecht ergeben sich nicht aus der allgemeinen Kategorisierung, sondern nur aus dem Inhalt der Handelsrechtsnormen: Was diese nicht regeln, richtet sich nach Bürgerlichem Recht (→ Rn. 17).

b) Berechtigung eines besonderen Handelsrechts. Die Existenzberechtigung eines 4
vom Zivilrecht geschiedenen Handelsrechts ist umstritten.[4] Unter den Civil Law Jurisdiktionen gibt es Länder wie die Schweiz, die niemals ein HGB eingeführt haben, was im Fall der Schweiz die Entstehung eines bemerkenswerten Standardlehrwerkes zum Handelsrecht nicht hindern konnte.[5] Andere Länder wie Italien oder Argentinien und neuerdings Tschechien haben ihre Handelsgesetzbücher abgeschafft.[6] Wieder andere nationale Gesetzgebungen, wie jüngst auch das am 1.7.2012 in Kraft getretene neue Handelsgesetzbuch der Türkei,[7] setzen auf eine umfassende Handelsgesetzgebung, deren Gegenstand wesentlich weiter reicht als derjenige des HGB. Handelsrecht als Gesetzesphänomen ist insofern historisch bedingt.[8] Historisch, dh durch den Stand der Gesetze erklärbar, ist auch die Kritik an den in Kraft befindlichen Handelsrechtskodifikationen, also zB am deutschen HGB von 1897. Die gegenüber dem HGB geübte hat zwei Quellen.[9] Die eine versteht sich aus der Position der Kritiker selbst, die zum Teil den Blick ganz auf die Vorschriften über Handelsgeschäfte (§§ 343 ff.) richten und aus dieser Perspektive nicht ohne Grund die Frage stellen, ob diese Modifikationen des Bürgerlichen Rechts nicht im Bürgerlichen Gesetzbuch selbst oder in zivilrechtlichen Nebengesetzen Platz finden können.[10] Die andere Quelle der

Hopt/*Hopt* Rn. 3; Heymann/*Horn* Einl. I Rn. 1; KKRD/*Roth* Einl. Rn. 1; Staub/*Oetker* Einl. Rn. 27; BeckOGK/*Servatius,* 15.7.2019, § 1 Rn. 3.

2 *Karsten Schmidt* HandelsR § 1 Rn. 2; dazu auch Heymann/*Horn* Einl. I Rn. 4.

3 *Canaris* HandelsR § 1 Rn. 10 ff.; *Karsten Schmidt* HandelsR § 1 Rn. 3; Heymann/*Horn* Einl. Rn. 3; Staub/*Oetker* Einl. Rn. 25; Oetker/*Oetker* Einl. Rn. 17; eingehend *Reymann,* Das Sonderprivatrecht der Handels- und Verbraucherverträge, 2009, 116 ff., 497 f.; *Bydlinski* FS Kastner, 1992, 71 ff.; *Preis* ZHR 158 (1994), 567 ff. mzN.

4 Vgl. als Exponenten der Kritik *Canaris* HandelsR § 1 Rn. 38 f.; *Müller-Freienfels* FS v. Caemmerer, 1978, 583; *Wiethölter* in Probleme der GmbH-Reform, 1970, 37 ff.

5 Gemeint ist das bemerkenswerte Lehrbuch von *Wieland,* Handelsrecht I, 1921; dazu *Karsten Schmidt* BJM 2008, 61 ff.

6 Vgl. auch die Angaben bei Heymann/*Horn* Einl. I Rn. 9; über die tschechische Privatrechtsreform vgl. *Bohata* WiRO 2014, 1 ff.

7 Zum Gesetzesentwurf *Tekinalp* in Atamer/Hopt, Kompatibilität des türkischen und europäischen Wirtschaftsrechts, 2009, 3 ff.; *Damar/Rösler* ZEuP 2011, 617.

8 Staub/*Oetker* Einl. Rn. 31.

9 Näher *Karsten Schmidt* HandelsR § 1 Rn. 9; *Karsten Schmidt,* Das HGB und die Gegenwartsaufgaben des Handelsrechts, 1983, 24 ff.; *Karsten Schmidt* ZJapR/JJapL 6/2012, 43 ff.

10 Charakteristisch *Canaris* HandelsR § 1 Rn. 38; *Müller-Freienfels* FS v. Caemmerer, 1978, 583; s. auch *Kramer* FS Ostheim, 1990, 319.

Kritik beruht auf der rechtspolitischen und rechtspraktischen Rückständigkeit des tradierten HGB-Textes und seiner Behandlung in der Lit.[11] Beide Aspekte geben zu denken, tragen aber nicht die Forderung nach einer Abschaffung des HGB[12] und schon gar nicht die Leugnung des Handelsrechts als einer spezifischen Rechtsmaterie.[13] Der erste Aspekt (Ersetzbarkeit von HGB-Normen durch Modifikationen des BGB) ist teilweise eine reine Frage der gesetzestechnischen Opportunität und lässt in der Tat daran zweifeln, ob die Verteilung der Vorschriften auf das BGB und die privatrechtlichen Sondergesetze einerseits und auf das HGB anderseits rundum geglückt ist. Diese Fragestellung spricht für eine kritische Durchmusterung vor allem des Vierten Buchs und seines Verhältnisses zum BGB sowie zu zahlreichen Sondergesetzen (näher → 4. Aufl. 2018, Vor § 343 Rn. 4 ff.). Der zweite Aspekt spricht für eine gesetzestechnische, theoretische und praktische Neubesinnung, wie sie auch hier propagiert wird (→ Rn. 6 ff., → Rn. 21). Ähnlich wie Verbraucherschutznormen könnten viele kaufmannsrechtliche Spezialnormen wie etwa die §§ 362, 366, 377 oder § 392 Abs. 2 ohne weiteres im BGB Platz finden. Doch ist dies nur eine Frage zweckmäßiger und systematisch sinngerechter Gesetzestechnik und nicht eine Existenzfrage für ein besonderes Handelsgesetzbuch oder gar Handelsrecht. Dasselbe gilt für die Frage, ob das den Handelsgesellschaften und der stillen Gesellschaft gewidmete Zweite Buch des HGB auf Einzelgesetze (wie bisher das AktG, GmbHG, GenG, PartGG etc.) oder in kodifizierter Form auf ein Gesellschaftengesetz ausgelagert werden könnte wie von 1966 bis 2000 in Frankreich[14] und ob das auch nach der Transportrechtsreform noch positivrechtlich zerrissene Transportrecht unter Einschluss des Fünften Buchs innerhalb oder außerhalb des HGB konsolidiert werden sollte (→ Rn. 42). Auch dies ist eine Zweckmäßigkeitsfrage und spricht nicht gegen die Sachgerechtigkeit eines für Unternehmen und nicht für alle Privatrechtssubjekte geltenden Sondergesetzes. Insbesondere das Vierte Buch eignet sich wenig für eine handelsrechtliche Sinnsuche.[15] Sonderbestimmungen für Unternehmen im Privatrecht sind außerhalb des Vertrags- und Gesellschaftsrechts jedenfalls im Bereich der Publizität und der Rechnungslegung kaum zu entbehren. Das sonderprivatrechtliche Anliegen des HGB kommt deshalb aus moderner Sicht im Ersten und Vierten Buch nachhaltiger als im Zweiten und Dritten Buch zum Ausdruck.[16] Wollte man die sich mit Handelsgesellschaften, mit der Publizität und den Rechnungslegungsgrundsätzen befassenden Bestimmungen auf Einzelgesetze auslagern (etwa auf ein Gesellschaftengesetz, eine Handelsregisterordnung oder ein Firmenbuch- und auf ein Rechnungslegungsgesetz), so ginge der für das moderne Handelsrecht zentrale Ansatz des „subjektiven Systems" (→ Rn. 16) verloren. Denkbar ist zwar auch dies, doch sollte die Gesetzgebung bemüht bleiben, rechtssystematische Sinneinheiten auch redaktionell zum Ausdruck gelangen zu lassen. Jedenfalls bleibt es dabei, dass Fragen der redaktionellen Gesetzestechnik (in welches Gesetz gehören sonderprivatrechtliche Rechtsnormen?) von Fragen der sachlichen Gewährleistung und Erneuerung des Handelsrechts und des Handelsgesetzbuchs (hat Handelsrecht einen sinnstiftenden Grundgedanken?) unterschieden werden müssen.

5 **2. Vom „Sonderprivatrecht der Kaufleute" zum „Außenprivatrecht der Unternehmen"? a) Umstrittene Neubesinnung.** Das Ziel der hiermit angemahnten

---

[11] Charakteristisch *Wiethölter* in Probleme der GmbH-Reform, 1970, 37 ff.

[12] Vgl. insoweit selbst *Canaris* HandelsR § 1 Rn. 39.

[13] *Karsten Schmidt* HandelsR § 1 Rn. 9 ff.; ausf. *Krejci/Karsten Schmidt,* Vom HGB zum Unternehmergesetz, 2002, 78 ff.; vgl. demgegenüber *Canaris* HandelsR § 1 Rn. 38, 45 ff.

[14] Loi Nr. 66-537 vom 24.7.1966; das Gesetz wurde durch Regierungsbeschluss Nr. 2000–912 vom 18.9.2000 aufgrund Gesetzes vom 16.12.1999 wieder in den Code de Commerce zurückgeführt. Die in Italien seit dem 1.1.2004 geltende Reform hat das Gesellschaftsrecht in den Codice Civile integriert; vgl. Rechtsverordnung Nr. 6 vom 17.1.2003 aufgrund des Ermächtigungsgesetzes Nr. 366 vom 3.10.2001.

[15] Dies zu *Canaris* HandelsR § 1 Rn. 38; krit. *Krejci/Karsten Schmidt,* Vom HGB zum Unternehmergesetz, 2002, 78; *Karsten Schmidt* in Schulze/Schulte-Nölke, Die Schuldrechtsreform vor dem Hintergrund des Gemeinschaftsrechts, 2001, 143 (144); *Karsten Schmidt* BB 2005, 840.

[16] *Karsten Schmidt* HandelsR § 1 Rn. 12; *Karsten Schmidt* BB 2005, 840.

Neubesinnung ist umstritten und **in einem dem geltenden HGB gewidmeten Kommentar** nur insoweit zu diskutieren, als dies für das Verständnis und die Anwendung des Gesetzes und handelsgewohnheitsrechtlicher Normen von Bedeutung ist.[17] Es kann also hier nicht um die Fortsetzung einer akademischen und rechtspolitischen Diskussion gehen, sondern nur um eine Klarstellung der Aspekte und der sich für die Rechtsanwendung ergebenden Fragen (zur analogen Anwendung handelsrechtlicher Normen → § 1 Rn. 4, → § 1 Rn. 85 ff.).

6 **b) Außenprivatrecht der Unternehmen.** Die Forderung des Verfassers *(Karsten Schmidt)* nach einem neuen Verständnis des Handelsrechts als „Außenprivatrecht der Unternehmen“[18] ist in zahlreichen Details bestätigt, nicht zuletzt wegen der Vielfalt der darin enthaltenen Aspekte, jedoch im Grundsätzlichen umstritten geblieben.[19] Die Vielfalt und Komplexität des Konzepts ist in der Diskussion weithin verkannt worden.[20] So geht es nicht nur um eine Kritik der zu engen §§ 1–7 (dann wäre dem Sinnwandel durch eine bloße Erweiterung des Kaufmannsbegriffs vollständig Rechnung zu tragen), folglich auch nicht nur um eine Ausdehnung des Handelsrechts auf Nichtkaufleute (→ § 1 Rn. 96 ff.).[21] Demgemäß steht im Mittelpunkt des unternehmensrechtlichen Ansatzes auch nicht dessen Konflikt mit „dem Gesetz“ (also dem Wortlaut des HGB).[22] Dieser ist nur Bestandteil und Konsequenz eines Konzepts, das nach dem Sinn und Zweck des handelsrechtlichen Sonderprivatrechts („Außenprivatrecht der Unternehmen“, → Rn. 7), nach dem maßgeblichen Zuordnungssubjekt („Unternehmensträger“, → Rn. 8) und nach der Stimmigkeit zwischen dem handelsrechtlichen und anderen Sonderprivatrechten (→ Rn. 11 f.) fragt.

7 **c) Sinn und Zweck.** Im Mittelpunkt der Lehre vom „Außenprivatrecht der Unternehmen“ steht mithin nicht der Bruch mit dem gesetzlichen Kaufmannsbegriff, sondern die Frage nach dem Sinn und Zweck des im HGB verankerten Sonderprivatrechts:[23] Es ist „Kaufmannsrecht“ nur in dem Sinne, dass der Normadressatenkreis vom historischen Gesetzgeber durch den Kaufmannsbegriff der §§ 1 ff. bestimmt und begrenzt worden ist.[24] Es ist „Außenprivatrecht der Unternehmen“ in dem Sinne, dass es Privatrecht (→ Rn. 2), und zwar Privatrecht für einen in §§ 1 ff. unvollkommen beschriebenen Kreis unternehmerischer Rechtssubjekte („Unternehmensträger“; → Rn. 8), jedoch kein auch die Innenbeziehungen (Organisationsrecht) voll umfassendes Sonderprivatrecht, sondern Sonderprivatrecht für die Außenbeziehungen ist.[25] Für diese Beziehungen zu Dritten („Handelsverkehr“)

[17] Ausführlicher *Karsten Schmidt* HandelsR § 2 Rn. 10 ff.; *Karsten Schmidt* JuS 1985, 249 ff.; *Karsten Schmidt* JurBl. 1995, 341 ff.; *Karsten Schmidt* JZ 2003, 585 ff.; *Karsten Schmidt* JurBl. 2004, 32.

[18] Zur Erläuterung vgl. → Rn. 5; s. auch Röhricht/von Westphalen/*Haas* Einl. Rn. 33.

[19] Vgl. nur *Canaris* HandelsR § 1 Rn. 23 ff.; *F. Bydlinski,* Handels- oder Unternehmensrecht als Sonderprivatrecht, 1990, 10 ff.; *Zöllner* in Harrer/Mader, Die HGB-Reform in Österreich, 2005, 1 (5 f.); Heymann/*Horn* Einl. I Rn. 17; KKRD/*Roth* Einl. Rn. 10; *Baumann* AcP 184 (1984), 45 ff.; *Hüffer* ZGR 1986, 619 f.; *Neuner* ZHR 157 (1993), 243 ff.; *Vossius* JuS 1985, 936 ff.; *Wolter* Jura 1988, 177; *Zöllner* ZGR 1983, 85 ff.

[20] Vgl. auch das Vorwort *Karsten Schmidt* HandelsR S. V; s. auch *Karsten Schmidt* HandelsR § 1 Rn. 12; *Karsten Schmidt* HandelsR § 2 Rn. 11; *Karsten Schmidt* HandelsR § 3 Rn. 2; *Karsten Schmidt* BB 2005, 837 (839).

[21] So aber repräsentativ *Canaris* HandelsR § 1 Rn. 24 ff.; *Siems,* Kaufmannsbegriff und Rechtsfortbildung, 2003, 147 ff.; *Neuner* ZHR 157 (1993), 243 ff. mwN; auch bei Oetker/*Oetker* Einl. Rn. 15, 16; Staub/*Oetker* Einl. Rn. 21, 22 wird dem „Kaufmann“ lediglich der „Unternehmer“ gegenübergestellt.

[22] Soviel zu *Neuner,* Die Rechtsfindung contra legem, 1992, 176.

[23] *Karsten Schmidt* HandelsR § 2 Rn. 11; *Karsten Schmidt* JurBl. 1995, 341 ff.; *Karsten Schmidt* JZ 2004, 585 ff.

[24] Nicht der „Kaufmannsbegriff“, sondern der positive Inhalt der §§ 1–7 ist deshalb das Problem jeder Ausdehnung von Handelsrechtsnormen de lege lata und de lege ferenda; der Begriff „Kaufmann“ besagt über den Sinn und Zweck des Sonderprivatrechts nicht mehr als Begriffe wie „Kauf“ und „Handel“, auf die das Handelsrecht schon längst nicht mehr beschränkt ist.

[25] *Karsten Schmidt* HandelsR § 1 Rn. 26; die §§ 59 ff. gehören deshalb nicht zum materiellen Handelsrecht, sondern in das Arbeitsrecht, *Karsten Schmidt* FS Söllner, 2000, 1047 ff.; dagegen ist das Recht der Rechnungslegung (Drittes Buch) in seinem Kern Außenprivatrecht der Unternehmen; Fragen der internen Bilanzfeststellungskompetenz sind Unternehmens-Innenrecht, also nicht eigentlich Handelsrecht, sondern Gesellschaftsrecht.

unterwirft das Handelsgesetzbuch die Träger von Unternehmen („Kaufleute") besonderen Regeln. Diese Deutung ist nicht, wie es die Kritik am Konzept eines „Außenprivatrechts der Unternehmen" zum Teil sehen will, Auflehnung gegen das positive Recht, sondern Erklärung des Handelsrechts als eines auch dem Gesetz zugrunde liegenden Konzepts.[26]

8 **aa) Rechtsfigur des Unternehmens.** Der Unternehmensbegriff im Sinne des hier vertretenen Konzepts löst den traditionellen Gewerbebegriff ab.[27] Das HGB verwendet die Begriffe „Handelsgeschäft" (§ 25 Abs. 1, § 27 Abs. 1), „Gewerbe" oder „Gewerbebetrieb" (§ 1 Abs. 2), spricht aber auch von „gewerblichen Unternehmen" (§ 2 Abs. 1), oder sogar vom „Unternehmen im Inland" (§ 1 Abs. 2) und von „Zweigniederlassungen von Unternehmen" (amtliche Überschrift von § 13). Gemeint ist damit durchweg derselbe Begriff: das gewerbliche „Handelsgeschäft". Dem haftet noch eine überkommene Begriffsbildung an. Merkmale des hier verwendeten Unternehmensbegriffs sind: Selbstständigkeit, anbietende Tätigkeit am Markt, deren Entgeltlichkeit sowie deren Planmäßigkeit.[28] Der traditionelle Begriff des Gewerbes (→ § 1 Rn. 19 ff.) ist aus dieser Sicht nichts als eine historisch bedingte Verengung des im 19. Jahrhundert noch nicht gebräuchlichen Unternehmensbegriffs.[29]

9 **bb) Rechtsfigur des Unternehmensträgers.** Als Subjekt steht im Mittelpunkt des Handelsrechts die Rechtsfigur des Unternehmensträgers (→ § 1 Rn. 9).[30] Das HGB spricht teils vom Kaufmann (zB § 17), teils vom Inhaber des Handelsgeschäfts (zB § 48 Abs. 1). Der „Unternehmensträger" als Rechtsfigur wurde 1980 in die HGB-Lit. eingeführt[31] und sodann von der handelsrechtlichen Rspr.[32] und Lit.[33] übernommen. Auch die Rechtsfigur des Unternehmensträgers ist zunächst keine contra-legem-Figur mit dem Ziel einer Missachtung der §§ 1 ff.,[34] sondern eine Abstraktion von der historischen Fixierung des noch auf den Begriff „Handelsgewerbe" zugeschnittenen Kaufmannsbegriffs. Sie verhält sich zum Begriff „Kaufmann" ähnlich wie der Begriff „Unternehmen" zu dem des „Gewerbes". Gleichzeitig bewegt sich aber die Rechtsfigur des Unternehmensträgers auf einer sich vom „Kaufmanns"-Begriff lösenden Abstraktionshöhe. Der Begriff „Unternehmensträger" besagt ein Vierfaches: (1) Hinsichtlich der Rechtssubjektivität besagt die Rechtsfigur des Unternehmensträgers, dass das Unternehmen als solches nicht rechtsfähig ist und dass die Rechtsordnung jedem Unternehmen ein solches Rechtssubjekt beigibt.[35] (2) Im Gegensatz zum Kaufmannsbegriff verdeutlicht der Begriff des Unternehmensträgers, dass die Qualität des Rechtsträgers als natürliche oder juristische Person im Ausgangspunkt ohne Belang, die mühsame Gleichstellung der Handelsgesellschaften in § 6 Abs. 1 also eine Banalität ist.[36] (3) Hinsichtlich der Zuordnungssubjektivität hilft die Rechtsfigur des Unternehmensträgers bei der Auffindung des richtigen Normadressaten (des „Kaufmanns"), wenn mehrere Rechtssubjekte (zB Verpächter und Pächter oder mehrere gesellschaftsrechtlich verbundene „Mit-

[26] Vgl. über Gesetzespositivismus und Handelsrecht *Karsten Schmidt* JZ 2003, 585; zum österreichischen UGB vgl. Wiener Kommentar UGB/*Straube* UGB § 1 Rn. 29 ff.

[27] Das Konzept geht zurück auf die Ausführungen bei *Karsten Schmidt* HandelsR, 1. Aufl. 1980, 6. Aufl. 2014, § 3.

[28] *Karsten Schmidt* HandelsR § 3 Rn. 8.

[29] *Karsten Schmidt* HandelsR § 3 Rn. 8; krit. Heymann/*Förster* § 1 Rn. 6.

[30] *Karsten Schmidt* HandelsR § 3 Rn. 44; *Karsten Schmidt* HandelsR § 4 Rn. 1 ff.; *Krejci/Karsten Schmidt,* Vom HGB zum Unternehmergesetz, 2002, 82 ff.

[31] *Karsten Schmidt* HandelsR, 1. Aufl. 1980; zusammenfassend *Krejci/Karsten Schmidt,* Vom HGB zum Unternehmergesetz, 2002, 82 ff.; der Begriff hatte zB bei *Rittner* bereits im Wirtschaftsrecht Verwendung gefunden.

[32] Vgl. nur BGH NJW 1982, 1647; 1984, 1186; LM BGB § 164 Nr. 67 = BB 1980, 653; NJW 1996, 1053 (1054); beiläufig auch BVerwG BeckRS 2018, 17730 Rn. 8.

[33] Vgl. nur Baumbach/Hopt/*Hopt* Rn. 33, 41; EBJS/*Kindler* Rn. 6; Heymann/*Horn* Einl. I Rn. 18 ff., teils jedoch distanziert; *Reiff,* Die Haftungsverfassungen nichtrechtsfähiger unternehmenstragender Verbände, 1996, 21 ff.

[34] Dies zu *Canaris* HandelsR § 1 Rn. 25.

[35] *Karsten Schmidt* HandelsR § 3 Rn. 44.

[36] Vgl. *Karsten Schmidt* HandelsR § 3 Rn. 44.

unternehmer“) mit dem Unternehmen verbunden sind (→ § 1 Rn. 28 ff.).[37] (4) Schließlich und endlich weist der Begriff des Unternehmensträgers allerdings auch über den angeblich das Zentrum des Handelsrechts bildenden „Kaufmannsbegriff“ hinaus:[38] Jeder Kaufmann – ausgenommen die nichtgewerblichen Formkaufleute (→ § 6 Rn. 9 f.) – ist Unternehmensträger, aber nicht jeder Unternehmensträger muss Kaufmann iSd §§ 1 ff sein. Insofern wirft der Begriff des Unternehmensträgers die Frage auf, ob die Kaufmannstatbestände des geltenden Rechts auch noch nach der HGB-Reform zu eng sind (→ § 1 Rn. 4, → § 1 Rn. 9) und ob das geltende Recht Analogien zum Handelsrecht für nichtkaufmännische Unternehmensträger zulässt (→ § 1 Rn. 96 ff.), ohne dass freilich der Begriff des Unternehmensträgers vorgäbe, selbst Antworten auf diese Frage zu liefern. Systembildend wirkt die Kategorie der Unternehmensträgerschaft aber auch, wenn man das HGB ganz konventionell auf den gesetzlich beschriebenen Kreis der Kaufleute beschränkt (→ § 25 Rn. 42 ff.; → Vor § 48 Rn. 48). Der Begriff impliziert also nicht notwendig eine mit den §§ 1 ff. unvereinbare Rechtsfortbildung contra legem, so bedeutsam er für eine Fortbildung des Unternehmensprivatrechts und für die Überwindung des tradierten Handelsrechts scheint.

d) Fazit. Das Fazit zum Streit um das „Außenprivatrecht der Unternehmen“ besteht 10
darin, dass die Besinnung auf den **Unternehmensträger als Zuordnungssubjekt des Handelsrechts** („Kaufmann“ iSv § 17, „Erwerber eines Handelsgeschäfts“ iSv § 25, „Inhaber des Handelsgeschäfts“ iSv § 48 etc) für die Handhabung der gesetzlichen HGB-Normen hilfreich und mit dem Gesetz vereinbar ist (→ § 1 Rn. 9, → § 1 Rn. 37). Die vom Verfasser in das Handelsrecht eingeführte Rechtsfigur (→ Rn. 9) ist in der Rspr. und Lit. für das Verständnis zahlreicher HGB-Normen aufgegriffen worden. Die umstrittene Erweiterung des Handelsrechts über die §§ 1 ff. hinaus (→ § 1 Rn. 4, → § 1 Rn. 96 ff.) ist damit nicht präjudiziert. Sie ist auch weder das einzige Anliegen der Lehre vom „Außenprivatrecht der Unternehmen“ (→ Rn. 6), noch bestimmt sie durchgehend die Richtung dieses auf die Praxis bezogenen Kommentars.

**3. Das Handelsrecht in der Privatrechtsordnung. a) Handelsrecht und Bürger- 11
liches Recht.** Handelsrecht und Bürgerliches Recht[39] sind ein Gegensatz nur in dem Sinne, dass Handelsrechtsregeln teils gegenüber dem BGB spezielle – und dann vorrangige –, teils andersartige Vorschriften enthalten. Vor allem die §§ 48 ff., §§ 343 ff. modifizieren als Spezialbestimmungen solche des BGB (→ Rn. 15). Demgegenüber sind etwa die Bestimmungen des Register-, Firmen- und Rechnungslegungsrechts (§§ 8 ff., §§ 17 ff., §§ 238 ff.) im BGB berechtigtermaßen ohne Parallele. Das schließt wiederum nicht aus, dass bei der Anwendung dieser Bestimmungen (zB bei der Bilanzierung von Vermögensgegenständen oder Verbindlichkeiten) BGB-Regeln zum Tragen kommen.

b) Handelsrecht und Verbraucherrecht. Handelsrecht und Verbraucherrecht schlie- 12
ßen einander nicht aus (vgl. → 4. Aufl. 2018, Vor § 343 Rn. 9; → 4. Aufl. 2018, § 345 Rn. 6 ff.).[40] Es verhält sich also nicht so, dass ein Handelsrechtsfall nicht auch zugleich ein Verbraucherrechtsfall sein könnte. Das Verbraucherrecht stellt nicht auf den Status des Verbrauchers als Nichtkaufmann ab, sondern auf den Abschluss eines Rechtsgeschäfts als Verbrauchergeschäft. Der scheinbar auf ein subjektives Sonderprivatrecht mit eigenem Normadressatenkreis abstellende Verbraucher- und Unternehmerbegriff ist in diesem Punkt missverständlich (§§ 13, 14 BGB).[41] **Verbraucher** ist nach **§ 13 BGB** eine natürliche Person, die ein Rechtsgeschäft zu einem Zweck abschließt, der weder ihrer gewerblichen noch

---

[37] *Karsten Schmidt* HandelsR § 4 Rn. 1.

[38] *Karsten Schmidt* HandelsR § 3 Rn. 44.

[39] Dazu *Bydlinski*, System und Prinzipien des Privatrechts, 1996; Baumbach/Hopt/*Hopt* Rn. 2; Heymann/*Horn* Einl. I Rn. 3; Oetker/*Oetker* Einl. Rn. 22 ff.; Staub/*Oetker* Einl. Rn. 25 ff.; *Karsten Schmidt* HandelsR § 1 Rn. 13; *Karsten Schmidt* BB 2005, 837 ff.

[40] Vgl. *Pfeiffer* in Schulze/Schulte-Nölke, Die Schuldrechtsreform vor dem Hintergrund des Gemeinschaftsrechts, 2001, 133 ff.; *Reymann*, Das Sonderprivatrecht der Handels- und Verbraucherverträge, 2009, 307 ff.; Heymann/*Horn* Einl. I Rn. 35.

[41] Dazu *Karsten Schmidt* BB 2005, 837 ff.; *Karsten Schmidt* JuS 2006, 1 ff.

ihrer selbstständigen beruflichen Tätigkeit zugerechnet werden kann. Genau genommen beschreibt also § 13 BGB nicht den Verbraucher als ein vom Unternehmer zu unterscheidendes Rechtssubjekt, sondern das Verbrauchergeschäft als ein den Verbraucherschutz begründendes Rechtsgeschäft. Dass ein Handelsgeschäft gleichzeitig Verbrauchergeschäft sein kann, zeigt § 345.[42] Sonderregeln für Handelsgeschäfte mit Verbrauchern enthalten im HGB namentlich die § 414 Abs. 3, § 449 Abs. 3, § 451a Abs. 2, § 451b Abs. 2 und 3, § 451g, § 455 Abs. 3, § 466 Abs. 4, § 468 Abs. 2 und 4, § 472 Abs. 1, § 475h.

13 **c) Handelsrecht und Unternehmensrecht.** Handelsrecht und Unternehmensrecht[43] sind schon deshalb nicht ein und dasselbe, weil neben gesellschaftsrechtlichen Vorschriften auch solche des Arbeits- und Mitbestimmungsrechts, wohl auch des Unternehmenssteuerrechts, dem Unternehmensrecht zugehören. Insbesondere **Handelsrecht und Gesellschaftsrecht** sind als Rechtsmaterien voneinander zu unterscheiden, doch überschneiden sich die Rechtsgebiete in der praktischen Rechtsanwendung:[44] Die wichtigsten Normadressaten des Handelsrechts sind die Handelsgesellschaften (§ 6). Das gilt vor allem für das Recht der Rechnungslegung (Drittes Buch). Auch die Systematik des HGB macht diese Zusammenhänge deutlich. Das Recht der Handels-Personengesellschaften (OHG und KG) sowie der stillen Gesellschaft ist im Zweiten Buch geregelt, womit der Bereich des Handelsgesetzbuchs über das reine Handelsrecht erheblich hinausgeht (→ Rn. 4).

14 **d) Handelsrecht und Wirtschaftsrecht.** Handelsrecht und Wirtschaftsrecht[45] sind unterschiedliche Materien.[46] Versteht man „Wirtschaftsrecht" umgangssprachlich als „Recht der Wirtschaft",[47] dann ist Handelsrecht ein Ausschnitt aus dem Wirtschaftsrecht. Als Rechtsdisziplin im wissenschaftlichen Sinne ist aber „Wirtschaftsrecht" nicht das ganze „Recht der Wirtschaft", sondern das Recht der Wirtschaftsordnung unter Einbeziehung insbesondere des Kartellrechts und des Kapitalmarktrechts.[48] Nach diesem Verständnis ist Handelsrecht nicht Bestandteil des Wirtschaftsrechts. Es gibt freilich Überschneidungen, so zB im Bereich der Wettbewerbsverbote, der Vertikalbindungen im Vertriebsrecht oder des Kontrahierungszwangs.

15 **e) Handelsrecht und Prozessrecht.** Über Handelsrecht und Prozessrecht[49] ist zunächst zu sagen, dass Handelsrecht materielles Privatrecht, nicht Verfahrensrecht ist. Prozessrechtliche Besonderheiten unter Einbeziehung der Schiedsgerichtsbarkeit sind bei → Rn. 18 und 55 ff. erläutert. Das schließt nicht aus, dass das HGB aus Gründen des Sachzusammenhangs auch prozessrechtliche Bestimmungen enthält (zB § 16, § 17 Abs. 2, § 124 Abs. 1, § 129 Abs. 4).

16 **4. Abgrenzung zum Zivilrecht. a) Objektives und subjektives System.** Die **historische Abgrenzung** ist durch verschiedenartige Methoden gekennzeichnet: durch den **Gegensatz zwischen dem „objektiven" und dem „subjektiven System".**[50] Das objektive System sucht das Handelsrecht als Sonderprivatrecht der Kaufleute durch den Begriff der Handelsgeschäfte abzugrenzen, das subjektive System durch Bestimmung der

---

42 Vgl. zur Problematik dieser Bestimmung *Karsten Schmidt* in Schulze/Schulte-Nölke, Die Schuldrechtsreform vor dem Hintergrund des Gemeinschaftsrechts, 2001, 143 ff.; *Karsten Schmidt* BB 2005, 837 (841).

43 Vgl. *Karsten Schmidt* HandelsR § 1 Rn. 23.

44 Dazu auch Heymann/*Horn* Einl. I Rn. 33.

45 *Karsten Schmidt* HandelsR § 1 Rn. 30.

46 Vgl. auch *Röhricht/Graf v. Westphalen/Haas* Einl. Rn. 53.

47 So zB *Brüggemeier* in Assmann/Brüggemeier/Hart/Jorges, Wirtschaftsrecht als Kritik des Privatrechts, 1980, 9 ff.

48 Vgl. nur *Karsten Schmidt* HandelsR § 1 Rn. 30; *Schwark,* Wirtschaftsrecht, 6. Aufl. 1986, Rn. 17 ff.

49 *Karsten Schmidt* HandelsR § 1 Rn. 32; *Röhricht/Graf v. Westphalen/Haas* Einl. Rn. 56.

50 Dazu *Karsten Schmidt* HandelsR § 1 Rn. 4, § 18 Rn. 10; *Karsten Schmidt,* Das HGB und die Gegenwartsaufgaben des Handelsrechts, 1983, 13 ff.; *Karsten Schmidt* BB 2005, 840; *R. Schmitt,* Die Rechtsstellung der Kleingewerbetreibenden nach dem HRefG, 2003, 11 ff.; Heymann/*Horn* Einl. I Rn. 10; *Röhricht/Graf. v. Westphalen/Haas* Einl. Rn. 7 ff.; grdl. *Raisch,* Geschichtliche Voraussetzungen, dogmatische Grundlagen und Sinnwandlung des Handelsrechts, 1965, 25 ff.; *Raisch* ZHR 150 (1986), 117 ff.

handelsrechtlichen Normadressaten. Das ADHGB (→ Rn. 21) ging noch vom objektiven System aus, indem es in Art. 271 ff. ADHGB die Handelsgeschäfte definierte und, hieran anschließend, in Art. 4 erst die Brücke zum Normadressatenkreis des HGB schlug: „Als Kaufmann im Sinne dieses Gesetzbuchs ist anzusehen, wer gewerbsmäßig Handelsgeschäfte betreibt." Auf dieser Verknüpfung des Kaufmannsbegriffs mit gesetzlich definierten Handelsgeschäften beruhte der Katalog des bis zur Handelsrechtsreform von 1998 geltenden § 1 Abs. 2 aF (ausführlicher noch → 1. Aufl. 1996, § 1 Rn. 55 ff.). Darunter fielen: (1) der Warenhandel, (2) die industrielle Lohnverarbeitung, (3) die Versicherungsgeschäfte, (4) die Bankgeschäfte, (5) die Transportgeschäfte, (6) Kommission-, Speditions- und Lagerhaltergeschäfte, (7) die Geschäfte der Handelsvertreter oder der Handelsmakler, (8) die Verlagsgeschäfte sowie die sonstigen Geschäfte des Buch- oder Kunsthandels und (9) die industriellen Druckereien. **Das geltende Recht** basiert auf dem subjektiven System (§ 1 Abs. 1: „wer ein Handelsgewerbe betreibt"). Solange aber der Katalog des § 1 Abs. 2 aF noch galt (dh bis zum HRefG 1998), war dieser Kaufmannsbegriff noch durch Reste des objektiven Systems verwässert.[51] Die Handelsrechtsreform von 1998 (→ Rn. 28) brachte insofern nicht nur eine Erweiterung des Kaufmannsbegriffs, sondern vor allem auch eine Klarstellung im Sinne des subjektiven Systems.

b) HGB und BGB. Das BGB gilt auch im Handelsrecht (→ Rn. 3). Nur soweit das HGB Sonderregeln enthält (zB §§ 48 ff., §§ 343 ff.), haben diese Vorrang (Art. 2 Abs. 1 EGHGB). Erhebliche Teile des HGB treten wegen ihres Regelungsgegenstands nicht in Konkurrenz zum BGB (zB §§ 8 ff., §§ 17 ff., §§ 238 ff.). Einzelne BGB-Vorschriften knüpfen für die Anwendbarkeit oder Nichtanwendbarkeit von Sondervorschriften auf Unternehmen oder Nichtunternehmen an Merkmale an, die sich von den Merkmalen der §§ 1 ff. ganz oder teilweise unterscheiden (§§ 13, 14 BGB; vgl. zB § 310 BGB, §§ 312 ff. BGB; §§ 355 ff. BGB; §§ 474 ff. BGB; §§ 499 ff. BGB; § 1822 BGB; dazu auch → § 1 Rn. 25 ff.). Insbesondere für den Anwendungsbereich des AGB-Rechts kommt es nicht mehr auf den Kaufmannsbegriff an (so früher § 24 AGBG),[52] sondern darauf, inwieweit AGB gegenüber einem Unternehmer verwendet werden (§ 310 BGB).[53] 17

c) Zivilrechtliche Nebengesetze und ZPO. Die zivilrechtlichen Nebengesetze und die ZPO sind auf Kaufleute gleichfalls anwendbar, soweit sich nicht aus besonderen Vorschriften ein anderes ergibt (zu § 310 BGB → Rn. 17). § 24 Nr. 1 AGBG verwies auf den Kaufmannsbegriff.[54] Die Abgrenzung der zivilprozessualen Handelssachen nach **§ 95 GVG** stellt teilweise auf den Kaufmannsbegriff ab (s. auch § 109 GVG über ehrenamtliche Handelsrichter). Auch **§ 38 Abs. 1 ZPO** knüpft bezüglich der Prorogationsfähigkeit bei den §§ 1 ff. an. Eigene Abgrenzungen enthalten insbesondere die folgenden Vorschriften: **§ 1 ProdHaftG** unterscheidet in Fällen der Sachbeschädigung danach, ob die beschädigte Sache ihrer Art nach gewöhnlich für den privaten Ge- oder Verbrauch bestimmt und hierzu von dem Geschädigten hauptsächlich verwendet worden ist.[55] Erkennbar folgen derartige Gesetze einem von §§ 1 ff. unabhängigen objektiven System, soweit sie nicht auf §§ 1 ff. verweisen. Einem gemischten System folgte § 53 Abs. 1 BörsG aF,[56] wo wegen der Termingeschäftsfähigkeit zunächst in § 53 Abs. 1 S. 1 BörsG aF darauf abgestellt wurde, ob die Vertragsparteien als Kaufleute in das Handelsregister oder in das Genossenschaftsregister 18

[51] Vgl. *Karsten Schmidt* JuS 1985, 254: „heimlicher Sieg des objektiven Systems"; zust. *R. Schmitt,* Die Rechtsstellung der Kleingewerbetreibenden nach dem HRefG, 2003, 11.

[52] Vgl. Palandt/*Heinrichs,* 57. Aufl. 1998, AGBG § 24 Rn. 10.

[53] Vgl. MüKoBGB/*Basedow* BGB § 310 Rn. 8; BeckOGK/*Richters/Friesen,* 1.2020, BGB § 310 Rn. 39.

[54] Dazu vgl. BGH NJW 1986, 842 (843); *Ulmer/Brandner/Hensen,* 7. Aufl. 1993, AGBG § 24 Rn. 6 f.; *Wolf/Horn/Lindacher* AGBG, 3. Aufl. 1994.

[55] Dazu MüKoBGB/*Wagner* ProdHaftG § 1 Rn. 1 ff.; *Foerste/Graf v. Westphalen,* Produkthaftungs-HdB, 3. Aufl. 2012; *Katzenmeier/Voigt,* Produkthaftungsgesetz, 7. Aufl. 2020; *Taschner/Frietsch,* Produkthaftungsgesetz und EG-Produkthaftungslinie, 2. Aufl. 1990.

[56] Dazu *H.-F. Müller* in Derleder/Knops/Bamberger, Deutsches und Europäisches Bank- und Kapitalmarktrecht, Bd. II, 3. Aufl. 2017, § 59 Rn. 3; Schwark/*Schwark,* Kapitalmarktrechts-Kommentar, 3. Aufl. 2004, WpHG Vor § 37d Rn. 31 ff.; *de Lousanoff* ZHR 159 (1995), 229 ff.

eingetragen waren oder nach § 36 aF oder wegen eines Auslandssitzes nicht eintragbar sind; den Kaufleuten gleichgestellt wurden in § 53 Abs. 1 S. 2 BörsG aF Personen, die zur Zeit des Geschäftsabschlusses oder früher gewerbsmäßig oder berufsmäßig Börsentermingeschäfte betrieben hatten oder zur Teilnahme am Börsenhandel dauernd zugelassen waren. Durch die Neuregelung der Finanztermingeschäfte im **WpHG** wurde das Konzept einer Börsentermingeschäftsfähigkeit aufgegeben. Vgl. zur Verbraucherschutzvorschrift des § 37d Abs. 4 WpHG aF → 2. Aufl. 2005, Rn. 18; die Vorschrift wurde aufgehoben durch das Finanzmarkt-RL-UG vom 16.7.2007 (BGBl. 2007 I 1330). Unterschieden wird nunmehr zwischen Privatkunden, professionellen Kunden und geeigneten Gegenparteien (§ 67 WpHG). **§ 2 Abs. 10 WpHG** spricht von Wertpapierdienstleistungsunternehmen und knüpft nicht an den Kaufmannsbegriff der §§ 1 ff. an, dessen Merkmale allerdings ausnahmslos gegeben sein werden.

II. Geschichte des Handelsrechts

19 **1. Bedeutung.** Die dem Gesetz vorausgegangene Geschichte ist in einen Kommentar nur insoweit einzubeziehen, als sie für sein **Verständnis und** seine **Auslegung** von Bedeutung ist. Dies ist allerdings gerade im HGB in erheblichem Maße der Fall.[57] Besonders augenfällig ist dies bei der Interpretation von Normen, die aus dem ADHGB herrühren, das noch nicht auf einer im räumlichen Gestaltungsbereich des Gesetzes mit diesem verzahnten allgemeinen Zivilrechtskodifikation (dem erst mit dem HGB in Kraft getretenen BGB) aufbauen konnte (→ Rn. 19).[58]

20 **2. Die Zeit bis 1899. a) Modernes Handelsrecht vor dem ADHGB.** Das moderne Handelsrecht vor dem ADHGB entwickelte sich zunächst in den Stadtrechten des Spätmittelalters und den sich überregional verbreitenden Handelsbräuchen.[59] Das gemeine Handelsrecht im 18. Jahrhundert fand eine schon weit fortgeschrittene Systematik des Handelsrechts vor.[60] Das Preußische ALR von 1794 enthielt bereits kodifiziertes Handelsrecht (§§ 475 ff. II 8 PrALR). Zu Beginn des 19. Jahrhunderts übernahm Baden den Code de Commerce von 1807, und einzelne Staaten erarbeiteten HGB-Entwürfe. Die Handelsrechtswissenschaft konnte hierauf sowie auf Dokumentationen der Handelsrechtspraxis aufbauen. Sie gelangte vor allem durch die Verdienste von Praktikern (zB *Heinrich Thöl*) und Wissenschaftlern wie *Levin Goldschmidt* (1829–1897) im Verlauf des 19. Jahrhunderts zur Blüte.

21 **b) Allgemeines Deutsches Handelsgesetzbuch.** Das Allgemeine Deutsche Handelsgesetzbuch **(ADHGB)** von 1861 wurde nach dem Scheitern der Paulskirchenverfassung und des von der Nationalversammlung ausgearbeiteten Handelsgesetzbuchs[61] von der Nürnberger HGB-Kommission erarbeitet und sodann als „Allgemeines" (dh inhaltsgleiches) Recht von den Einzelstaaten in Kraft gesetzt.[62] Die Protokolle der Kommission[63] sind ebenso wie die Rspr. des dem Reichsgericht vorausgegangenen Reichsoberhandelsgerichts[64] vielfach noch für die Auslegung von HGB-Bestimmungen von Interesse. Nicht wenige ADHGB-Vorschriften hatten auch Einfluss auf die Erarbeitung von Grundregeln, die, zB im Recht der Stellvertretung, heute als BGB-Normen gelten. Das ADHGB wurde mehrfach geändert, vor allem im Aktienrechtsteil durch die wichtigen Novellen von 1870[65]

---

[57] *Karsten Schmidt* HandelsR § 2 Rn. 6 ff. mwN.

[58] Während der Geltung des HGB in Österreich (1939–2006) war dies auch hier in gleichem Maße wie in Deutschland gewährleistet (Vierte VO zur Einführung handelsrechtlicher Vorschriften vom 24.12.1938); Texte noch bei Weilinger (Hrsg.), Kodex Handelsrecht, Stand 1994.

[59] Dazu Angaben bei Heymann/*Horn* Einl. VI Rn. 3 ff.

[60] Vgl. *Scherner* ZHR 136 (1972), 465 ff.

[61] *Baums,* Entwurf eines ADHGB 1848/49, 1982.

[62] Vgl. zum Folgenden *Karsten Schmidt* HandelsR § 2 Rn. 6.

[63] *Lutz,* Protokolle der Kommission zur Beratung eines ADHGB, 1858 ff.

[64] Dazu *Ogorek* ZHR 150 (1986), 87 ff.

[65] Dazu *Schubert* ZGR 1981, 285 ff.

und 1884.[66] Es galt unter der Reichsverfassung von 1871 als Reichsrecht fort (Reichsgesetz vom 16./22.4.1871, RGBl. 63, 97).

3. Das HGB und seine Geltung ab 1900. a) Verabschiedung 1897. Das HGB war nach im Jahr 1894 begonnenen Vorarbeiten im Jahr 1897 verabschiedet worden, also ein Jahr nach dem BGB.[67] Als eine wesentliche Aufgabe sahen es seine Verfasser an, die Handelsrechtsvorschriften mit dem BGB in Einklang zu bringen.[68] Das ist allerdings, wie die Einzelkommentierung verschiedentlich zeigt, nicht in jeder Hinsicht gelungen. **22**

b) Weitere Entwicklung. Wegen der weiteren Entwicklung ist auf → Rn. 27 ff. zu verweisen, wegen der Modernisierung der §§ 1 ff. im Jahr 1998 auf → § 1 Rn. 2 ff. Zur HGB-Reform in Österreich → Rn. 26; → § 1 Rn. 108 ff. **23**

III. Rechtsquellen des Handelsrechts

1. Das HGB. a) Inkrafttreten. Das Handelsgesetzbuch vom 10.5.1897 (RGBl. S. 219) trat gleichzeitig mit dem BGB am **1.1.1900** in Kraft (Art. 1 Abs. 1 EGHGB; → Rn. 29). Es löste damit das Allgemeine Deutsche Handelsgesetzbuch von 1861 ab, das durch Reichsgesetz vom 16./22.4.1871 (RGBl. S. 63, 87) Reichsrecht geworden war (Art. 3 EGHGB; → Rn. 19). Die zu inhaltlichen Bestimmungen des ADHGB ergangene Rspr. lässt sich auch für die Auslegung von HGB-Regeln verwenden, soweit nicht die HGB-Gesetzgebung von ihr abweichen wollte. Im Übrigen stellte der Erlass des HGB auch eine – nicht in jeder Hinsicht geglückte – Rechtsbereinigung im Hinblick auf das BGB dar (→ Rn. 22). **24**

b) Neues Bundesgebiet. Im neuen Bundesgebiet – also in Ost-Berlin und auf dem Boden der ehemaligen DDR – gilt das HGB in seinen nicht-seerechtlichen Teilen seit dem 1.7.1990.[69] Seit dem 3.10.1990 gilt das HGB gem. Art. 8 Einigungsvertrag im ganzen Bundesgebiet. Auf Altverträge aus der Zeit vor der Geltung von HGB und BGB würde teilweise weiterhin das Vertragsgesetz sowie das Gesetz über internationale Wirtschaftsverträge angewendet.[70] Die Neuordnung des Handelsrechts machte in der Praxis vielfache Vertragsanpassungen erforderlich.[71] **25**

c) Österreich. In Österreich[72] wurde das als „Allgemeines Handelsgesetzbuch" übernommene ADHGB (→ Rn. 22) im Jahr **1938** durch **Übernahme des Aktiengesetzes von 1937 und des Handelsgesetzbuchs** unter gleichzeitiger Anpassung an die vom HGB vorausgesetzten BGB-Normen durch Verordnungen übernommen (1.–4. EVO HGB, RGBl. 1938 S. 100, 389, 1428, 1999).[73] Nicht übernommen wurden die Abschnitte 6 und 7 des Ersten Buchs über Handlungsgehilfen, Handlungslehrlinge und Handelsvertreter. Der österreichische Handelsgesetzgeber ist mit besonderer Deutlichkeit dem in Deutschland im allgemeinen Handelsrecht weniger konsequent als im Gesellschaftsrecht verfolgten **Zug zur Auslagerung auf Einzelgesetze** (→ Rn. 4) gefolgt: Neben den gesellschaftsrechtlichen Spezialgesetzen (AktG, GmbHG, GenG, UmwG, EGG = Erwerbsgesellschaftengesetz) und den Sonderregeln im Transport-, Versicherungs- und Wertpapierrecht hat die österreichi- **26**

---

66 Materialien bei *Schubert/Hommelhoff,* Hundert Jahre modernes Aktienrecht, 1985.
67 Dazu *Karsten Schmidt* HandelsR § 2 Rn. 7.
68 Materialien bei *Schubert/Schmiedel/Krampe,* Quellen zum Handelsgesetzbuch, 1986–1988.
69 § 16 DDR-MantelG (Inkraftsetzungsgesetz vom 21.6.1990, GBl. 1990 I 357) zum Staatsvertrag über die Währungs-, Wirtschafts- und Sozialunion vom 18.5.1990 (BGBl. 1990 II 537) vgl. Heymann/*Horn* Einl. II Rn. 21; Textabdruck bei *Horn,* RWS-Dokumentation I, Das Zivil- und Wirtschaftsrecht der DDR, 1990, Nr. 1.7.
70 BGH NJW 1993, 259; ZIP 1992, 1797; DtZ 1993, 211.
71 Heymann/*Horn* Einl. II Rn. 14 f. mwN; vgl. zu den Folgen des Zusammenbruchs des DDR-Staatssozialismus auch Heymann/*Horn* Einl. VI Rn. 36.
72 Eingehend *Straube,* Kommentar zum HGB, 3. Aufl. 2003, öHGB § 1 Rn. 26 ff.; Überblick bei *Krejci* Reformkommentar, Einführung.
73 Texte bei *Doralt,* Kodex Unternehmensrecht, 59. Aufl. 2020.

sche Gesetzgebung folgende besonders wichtige Spezialgesetze erlassen: das **Firmenbuchgesetz** von 1991 (öBGBl. S. 10), das **Handelsvertretergesetz** von 1993 (öBGBl. S. 88) und das **Angestelltengesetz** vom 11.5.1921 (öBGBl. Nr. 292). Alle Gesetze wurden seither mehrfach geändert. Seit nahezu zwei Jahrzehnten ist eine große **Handelsrechtsreform in Österreich** abgeschlossen (→ § 1 Rn. 103 ff. über die Änderungen beim Kaufmannsbegriff).[74] Im Jahr 2003 lag der ministerielle Entwurf eines Unternehmensgesetzbuchs vor.[75] Seit 2006 gilt das durch das Handelsrechts-Änderungsgesetz vom 23.10.2005 verabschiedete **Unternehmensgesetzbuch (UGB).** Obwohl dieses in erheblichen Zeilen als ein umformuliertes HGB angelegt ist, hat diese Neukodifikation eine stärkere **Loslösung des österreichischen Handelsrechts vom HGB** zur Folge (Literaturangaben bei → § 1 Rn. 104). Der vorliegende Kommentar geht bei einzelnen Vorschriften vergleichend auf die UGB-Regeln ein.

27 **d) Änderungen des HGB.** Die Änderungen des HGB seit 1900 sind hier nicht im Einzelnen aufzuzählen.[76] Die Vorgeschichte einzelner Normen wird, soweit für deren Anwendung erheblich, jeweils an Ort und Stelle erläutert. Von **grundsätzlicher Bedeutung** sind namentlich folgende Änderungen: die Herausnahme des Aktienrechts durch das AktG 1937 (RGBl. 1937 I S. 107), das Gesetz über die Kaufmannseigenschaft von Handwerkern von 1953 (BGBl. 1953 I 106), das Handelsvertretergesetz von 1953 (BGBl. 1953 I S. 771), die Änderung des § 15 durch das Erste Richtliniengesetz von 1969 (BGBl. 1969 I 1513), das Gesetz über die Kaufmannseigenschaft von Land- und Forstwirten und den Ausgleichsanspruch des Handelsvertreters von 1976 (BGBl. 1976 I 1197), die GmbH-Novelle von 1980 (BGBl. 1980 I 2355), das Bilanzrichtliniengesetz vom 19.12.1985 (BGBl. 1985 I 2355), die Handelsvertreternovelle von 1989 (BGBl. 1989 I 1910), das Bankbilanzrichtliniengesetz von 1990 (BGBl. 1990 I 2570) und das Nachhaftungsbegrenzungsgesetz von 1994 (BGBl. 1994 I 560), das Versicherungsbilanzrichtliniengesetz von 1994 (BGBl. 1994 I 1377), das Einführungsgesetz zur InsO von 1994 (BGBl. 1994 I 2927), das Kapitalaufnahmeerleichterungsgesetz von 1998 (BGBl. 1998 I 707), das Gesetz zur Kontrolle und Transparenz im Unternehmensbereich von 1998 (BGBl. 1998 I 786), das Handelsrechtsreformgesetz von 1998 (BGBl. 1998 I 1474), das Transportrechtsreformgesetz von 1998 (BGBl. 1998 I 1578), das Kapitalgesellschaften & Co.-Richtliniengesetz von 2000 (BGBl. 2000 I 154), das Namensaktiengesetz von 2001 (BGBl. 2001 I 123), das Gesetz zur Anpassung der Formvorschriften an den modernen Rechtsgeschäftsverkehr von 2001 (BGBl. 2001 I 1542), das Gesetz zur Modernisierung des Schuldrechts von 2001 (BGBl. 2001 I 3138), das Gesetz über elektronische Register und Justizkosten für Telekommunikation von 2001 (BGBl. 2001 I 3422), das 4. Finanzmarktförderungsgesetz von 2002 (BGBl. 2002 I 2010), das Gesetz über Transparenz und Publizität im Unternehmensbereich von 2002 (BGBl. 2002 I 2681), das 3. Gesetz zur Änderung der Gewerbeordnung und sonstiger gewerberechtlicher Vorschriften von 2002 (BGBl. 2002 I 3412), die 8. Zuständigkeitsanpassungsverordnung von 2003 (BGBl. 2003 I 2304), das Wirtschaftsprüfungsexamens-Reformgesetz von 2004 (BGBl. 2004 I 2446), das Gesetz zur Harmonisierung des Haftungsrechts im Luftverkehr von 2004 (BGBl. 2004 I 550), das 1. Gesetz zur Harmonisierung der Justiz von 2004 (BGBl. 2004 I 2198), das Gesetz zur Einführung internationaler Rechnungslegungsstandards zur Sicherung der Qualität der Abschlussprüfung von 2004 (BGBl. 2004 I 3166), das Gesetz zur Anpassung von Verjährungsvorschriften an das SchuldRModG von 2004 (BGBl. 2004 I 3214), das Gesetz zur Kontrolle von Unternehmensabschlüssen von 2004 (BGBl. 2004 I 3408), das Gesetz über die Offenlegung der Vorstandsvergütungen von

[74] Dazu *P. Bydlinski* JurBl. 1998, 405; *Krejci/Karsten Schmidt,* Vom HGB zum Unternehmergesetz, 2002; *Roth/Fitz* JBl. 2002, 409; *Schauer* FS 100 Jahre Wirtschaftsuniversität, 1998, 39; *Schauer* JurBl. 2004, 31; *Karsten Schmidt* JurBl. 2003, 32 f.; *Takacz* SW I (1977), 161; *Winkler,* Kaufmann – quo vadis?, Wien 1998.

[75] BMJ JMZ 10 000 K/27-I.3/2003; dazu noch → 2. Aufl. 2005, Rn. 26.

[76] Vgl. bis 1981 Staub/*Brüggemann,* 4. Aufl. 1995, Einl. Rn. 21; neuere Änderungen bei Baumbach/Hopt/*Hopt* Rn. 13–15; Heymann/*Horn* Einl. II Rn. 8 f.; Oetker/*Oetker* Einl. Rn. 2 ff.

2005 (BGBl. 2005 I 2267), das Gesetz zur Umsetzung der RL 2004/25/EG betreffend Übernahmeangebote von 2006 (BGBl. 2006 I 1426), das Gesetz über elektronische Handelsregister und Genossenschaftsregister sowie das Unternehmensregister von 2006 (BGBl. 2006 I 2553), das Gesetz zur Umsetzung der RL 2004/109/EG zur Harmonisierung der Transparenzanforderungen in Bezug auf Informationen über Emittenten, deren Wertpapiere zum Handel auf einem geregelten Markt zugelassen sind, von 2007 (BGBl. 2007 I 10), das Gesetz zur Reform des Versicherungsvertragsrechts von 2007 (BGBl. 2007 I 2631), das Gesetz zur Begrenzung der mit Finanzinvestitionen verbundenen Risiken von 2008 (BGBl. 2008 I 1666), das Gesetz zur Modernisierung des GmbH-Rechts und zur Bekämpfung von Missbräuchen von 2008 (BGBl. 2008 I 2026), das Gesetz zur Reform des Verfahrens in Familiensachen und in den Angelegenheiten der freiwilligen Gerichtsbarkeit von 2008 (BGBl. 2008 I 2586), das Gesetz zur Modernisierung des Bilanzrechts von 2009 (BGBl. 2009 I 1102), das Gesetz zur Umsetzung der Aktionärsrechte-RL von 2009 (BGBl. 2009 I 2479), das Gesetz zur Neuregelung der Rechtsverhältnisse bei Schuldverschreibungen aus Gesamtemissionen und zur verbesserten Durchsetzbarkeit von Ansprüchen von Anlegern aus Falschberatung von 2009 (BGBl. 2009 I 2512), das Gesetz zur Umsetzung der aufsichtsrechtlichen Vorschriften der Zahlungsdienste-RL von 2009 (BGBl. 2009 I 1506), das Gesetz zur Angemessenheit der Vorstandsvergütung von 2009 (BGBl. 2009 I 2509), das Gesetz zur Umsetzung der 2. E-Geld-RL von 2011 (BGBl. 2011 I 288), das Gesetz zur Änderung von Vorschriften über Verkündung und Bekanntmachungen von 2011 (BGBl. 2011 I 3044), das Gesetz zur Umsetzung der RL 2012/6/EU über den Jahresabschluss von Gesellschaften bestimmter Rechtsformen hinsichtlich Kleinstbetrieben von 2012 (BGBl. 2012 I 2751), das Gesetz zur Reform des Seehandelsrechts von 2013 (BGBl. 2013 I 831), das Gesetz zur Umsetzung der RL 2011/61/EU über die Verwalter alternativer Investmentfonds von 2013 (BGBl. 2013 I 1981), das Gesetz zur Änderung des HGB von 2013 (BGBl. 2013 I 3746), das Gesetz zur Umsetzung der RL 2013/36/EU über den Zugang zur Tätigkeit von Kreditinstituten und die Beaufsichtigung von Kreditinstituten und Wertpapierfirmen und zur Anpassung an die VO (EU) 575/2013 von 2013 (BGBl. 2013 I 3395), das Gesetz zur Anpassung von Gesetzen auf dem Gebiet des Finanzmarktes von 2014 (BGBl. 2014 I 934), das Gesetz zur Umsetzung der RL 2012/17/EU in Bezug auf die Verknüpfung von Zentral-, Handels- und Gesellschaftsregistern in der EU von 2014 (BGBl. 2014 I 2409), das Gesetz zur Modernisierung der Finanzaufsicht über Versicherungen von 2015 (BGBl. 2015 I 434), das Gesetz zur Umsetzung der RL 2013/34/EU über den Jahresabschluss und damit verbundene Berichte von Unternehmen bestimmter Rechtsformen – Bilanz-RL-UG – von 2015 (BGBl. 2015 I 1245), die 10. Zuständigkeitsanpassungsverordnung von 2015 (BGBl. 2015 I 1474), das Gesetz zur Umsetzung der Transparenz-RL-ÄndRL von 2015 (BGBl. 2015 I 2029) die Aktienrechtsnovelle 2015/2016 (BGBl. 2015 I 2656), die Abschlussprüfungsreformgesetze von 2016 (BGBl. 2016 I 518, 1142), das 1. Finanzmarktnovellierungsgesetz von 2016 (BGBl. 2016 I 1514), das 2. CSR-RL-UG von 2017 (BGBl. 2017 I 802), das Gesetz zur Erleichterung der Bewältigung von Konzerninsolvenzen von 2017 (BGBl. 2017 I 866), das 2. Finanzmarktnovellierungsgesetz von 2017 (BGBl. 2017 I 1693), das Gesetz zur Einführung der elektronischen Akte in der Justiz und zur Erweiterung des elektronischen Rechtsverkehrs von 2017 (BGBl. 2017 I 2208), das Gesetz zur Umsetzung der 2. Zahlungsdienste-RL von 2017 (BGBl. 2017 I 2446), das Gesetz zur Ausübung von Optionen der Prospekt-VO von 2018 (BGBl. 2018 I 1102), Gesetz zur weiteren Ausführung der Prospekt-VO von 2019 (BGBl. 2019 I 1002) das Gesetz zur Umsetzung der 2. Aktionärsrechte-RL von 2019 (BGBl. 2019 I 2637), die 11. Zuständigkeitsanpassungsverordnung von 2020 (BGBl. 2020 I 1328) sowie das Gesetz zur weiteren Umsetzung der Transparenzrichtlinie-Änderungsrichtlinie von 2020 (BGBl. 2020 I 1874).

e) Handelsrechtsreform 1998. Das Handelsrechtsreformgesetz[77] vom 22.6.1998 **28**
(BGBl. 1998 I 1471) hat mit der **Erweiterung des Kaufmannsbegriffs** (→ § 1 Rn. 2)

[77] Dazu *Lieb*, Die Reform des Handelsstandes und der Personengesellschaften, 1999; *Ring*, Das neue Handelsrecht, 1999; *Bülow/Artz* JuS 1998, 680; *P. Bydlinski* ZIP 1998, 1969; *Körber* Jura 1998, 452; *Karsten Schmidt* NJW 1998, 2161.

vor allem das **Recht der Personengesellschaften verändert** (vgl. → 1. Aufl. 1996, § 105 Rn. 33 ff.) und mit der **Änderung des Firmenrechts** (§§ 18 ff.) zu einer Modernisierung der Unternehmenspublizität beigetragen. Im Übrigen sind die wichtigsten **Modernisierungen des HGB** im Recht der **Rechnungslegung**[78] (§§ 238 ff.) und in der **Transportrechtsreform**[79] zu erblicken (→ 4. Aufl. 2020, Einl. vor § 407 Rn. 11 ff.).

29 **2. EGHGB.** Das Einführungsgesetz zum HGB (EGHGB) vom 10.5.1897 (RGBl. 1897 S. 437) wurde zuletzt geändert durch Gesetz vom 16.6.2020 (BGBl. 2020 I 1245). Auf den Abdruck wird verzichtet (zum Wortlaut s. zB Schönfelder, Deutsche Gesetze, Nr. 50a).

30 **3. Andere Gesetze und Verordnungen. a) Gesetze.** Die Fülle der außerhalb des HGB anzuwendenden Vorschriften lässt eine Aufzählung an dieser Stelle wenig sinnvoll erscheinen.[80] Das gilt zunächst für die zahlreichen formellen Gesetze wie das **BGB** (→ Rn. 11, → Rn. 17), das **FamFG** (→ § 8 Rn. 2; → § 8 Rn. 9; → § 8 Rn. 15; → 3. Aufl. 2010, § 8 Rn. 18 f., → 3. Aufl. 2010, § 8 Rn. 21 ff.; → 3. Aufl. 2010, § 8 Rn. 78 ff.), oder die **ZPO** (→ Rn. 15) oder das **Depotgesetz** (dazu Bd. VI). Auf das **Wechselgesetz** nimmt § 365 wegen des Indossaments bei den kaufmännischen Orderpapieren ausdrücklich Bezug. Für **Österreich** werden besonders hervorgehoben: das **Firmenbuchgesetz** von 1991 (öBGBl. S. 10 mit Änderungen 1993, S. 458 und 694), das **Handelsvertretergesetz** von 1993 (öBGBl. S. 88) und das **Angestelltengesetz** von 1921 (öBGBl. Nr. 292) mit zahlreichen Änderungen (→ Rn. 26). Auch das UN-Kaufrecht (CISG) hat seine Hauptbedeutung im gewerblichen transnationalen Handel.

31 **b) Rechtsverordnungen.** Rechtsverordnungen sind Gesetze im materiellen Sinne. Für den Bereich des Handelsrechts sind hervorzuheben: Die **Handelsregisterverordnung** (zu ihr → § 8 Rn. 24) wurde aufgrund von § 387 Abs. 2 FamFG (damals § 125 Abs. 3 FGG) erlassen (DJ 1937, 1251) und mehrfach durch Bundesverordnungen geändert (hieß bis zu der Verordnung vom 11.12.2001 (BGBl. 2001 I 3688 „Handelsregisterverfügung"; vgl. → 1. Aufl. 1996, Rn. 28). Eine Änderung der Rechtsquellenqualität war mit dieser klarstellenden Bezeichnungsänderung nicht verbunden.

32 **4. Handelsgewohnheitsrecht. a) Gewohnheitsrecht als Rechtsquelle.** Gewohnheitsrecht wird in der Praxis als Gesetz im materiellen Sinne, also als Rechtsquelle anerkannt.[81] Handelsgewohnheitsrecht ist im Gegensatz zu den bloßen Handelsbräuchen (→ Rn. 34) unmittelbar bindender Bestandteil des geltenden materiellen Handelsrechts. Als Gewohnheitsrecht anerkannt wird eine Übung, die von einem Rechtsgeltungswillen der betroffenen Rechtskreise getragen ist. Soweit der Inhalt einer solchen Regel handelsrechtlicher Art ist, kann man von Handelsgewohnheitsrecht sprechen. Es ist als Gesetz im materiellen Sinne von den Gerichten festzustellen und anzuwenden (ausführlicher → 4. Aufl. 2018, § 346 Rn. 16). Nach § 293 ZPO kann Gewohnheitsrecht, soweit es dem Gericht unbekannt ist, dem Freibeweis unterliegen. Zur sog. lex mercatoria → Rn. 36.

33 **b) Richterliche Rechtsfortbildung.** Nicht ohne weiteres gleichzustellen ist entgegen verbreiteter Ansicht die richterliche Rechtsfortbildung (dazu auch → 4. Aufl. 2018, § 346 Rn. 17).[82] Als sog. Richterrecht kann sich eine Rspr. als Gewohnheitsrecht verfestigen, aber sie stellt als solche nicht ohne weiteres Gewohnheitsrecht dar. Soweit dies nicht der Fall ist, genießt die Praxis der Gerichte nicht Geltung als Rechtsquelle. Auch eine stRspr kann „richtig" oder in dem Sinne „unrichtig" sein, dass sie der Kritik de lege lata und ggf. auch der Korrektur kraft besserer Einsicht unterliegt. Auch die Instanzgerichte können

---

78 Namentlich durch das BilMoG vom 25.5.2009 (BGBl. 2009 I 1102).

79 Gesetz vom 25.6.1998 (BGBl. 1998 I 1588, ber. BGBl. 1999 I 42).

80 Überblick bei Oetker/*Oetker* Einl. R. 31 ff.

81 *Karsten Schmidt* HandelsR § 1 Rn. 46 mwN; seither Heymann/*Horn* Einl. II Rn. 4; Oetker/*Oetker* Einl. Rn. 27; Staub/*Oetker* Einl. Rn. 37.

82 *Karsten Schmidt* HandelsR § 1 Rn. 47 mwN zum Streitstand; Erfahrungsbericht über Grenzen der Rechtsfortbildung bei *Bergmann* FS Seibert, 2019, 59 ff.

deshalb von einer höchstrichterlichen Rspr. abweichen, sofern bessere Einsicht diese Rspr. als mit dem geltenden Recht unvereinbar erkennen lässt. Hat sich dagegen eine bestimmte Rspr. zu Gewohnheitsrecht vertieft, so kann diese Gewohnheitsrechtsgeltung nur durch Aufgabe des Rechtsgeltungswillens wieder beseitigt werden. Aber auch ohne gewohnheitsrechtliche Rechtsgeltung kann eine stRspr Vertrauensschutz begründen, der ihre rückwirkende Korrektur ausschließt.[83]

5. Regeln unter Gesetzesrang: Handelsbräuche und AGB. a) Handelsbräuche. 34
Keine Rechtsnormen sind Handelsbräuche.[84] Sie unterliegen der tatsächlichen Feststellung durch die Gerichte und sind von ihnen gem. § 346 zu beachten (→ § 346 Rn. 1 ff.). Für die Feststellung von Handelsbräuchen bedient sich die Praxis eines Merkblatts des Deutschen Industrie- und Handelstags (→ 4. Aufl. 2018, § 346 Rn. 27, 171 ff.). Aus Handelsbräuchen kann sich Gewohnheitsrecht entwickeln (→ 4. Aufl. 2018, § 346 Rn. 16). Als **Klauselrecht** kodifizierte Handelsbräuche stellen das Handelsrecht vor neue Rechtsquellenprobleme (→ § 346 Rn. 1 ff.). Insbesondere gilt dies für „Trade Terms" und Incoterms (→ 4. Aufl. 2018, § 346 Rn. 108 ff.).

b) AGB. AGB haben keine Normqualität.[85] Das gilt auch für die von der ICC doku- 35
mentierten **Handelsklauseln** (zu ihnen → Rn. 51), die allerdings gleichfalls die Rechtsquellenlehre vor schwierige Fragen stellen (→ 4. Aufl. 2018, § 346 Rn. 50 ff.). Besondere Regeln gelten für Bedingungen, die vom Gesetz- oder Verordnungsgeber für verbindlich erklärt worden sind, vgl. § 39 EnWG vom 7.7.2005 (BGBl. 2005 I 1970) idF des Gesetzes vom 9.12.2006 (BGBl. 2006 I 2833). Zur Geltung der §§ 305 ff. BGB unter Kaufleuten vgl. § 310 BGB, der die Inhaltskontrolle nach § 307 BGB auch bei beiderseitigen Handelsgeschäften nicht ausschließt. Die Bedeutung von AGB für die Anwendung handelsrechtlicher Bestimmungen wird im Kommentar jeweils im Sachzusammenhang erläutert. Allgemeine Grundlagen des Rechts der AGB im Handelsverkehr sind erläutert in der → 4. Aufl. 2018, Vor § 343 Rn. 28 ff.

6. Lex mercatoria und Unidroit-Prinzipien für Internationale Handelsver- 36
träge. a) Lex mercatoria. Der unscharfe Begriff der lex mercatoria bezeichnet teils die Rechtsvereinheitlichung im Handel, teils die nicht-staatliche einheitliche Handelsrechtsordnung im internationalen Handelsrecht (vgl. auch → 4. Aufl. 2018, Vor § 343 Rn. 40; → 4. Aufl. 2018, § 346 Rn. 18).[86] Die Diskussion um die lex mercatoria ist zum größten Teil eine Diskussion um ein autonomes, auf dem Konsens der Rechtsgemeinschaft basierendes **Welthandelsrecht.** Die Rechtsgeltung einer solchen lex mercatoria ist umstritten.[87]

83 BGHZ 154, 370 = NJW 2003, 1803 zu § 130; dazu *Langenbucher* JZ 2003, 1132 ff.

84 Eingehend *Karsten Schmidt* HandelsR § 1 Rn. 48 mwN.

85 Eingehend *Karsten Schmidt* HandelsR § 1 Rn. 64; Heymann/*Horn* Einl. II Rn. 7.

86 Dazu *Berger,* Formalisierte oder „schleichende" Kodifizierung des transnationalen Wirtschaftsrechts, 1996; *Berger* RIW 2002, 256; *Dasser,* Internationale Schiedsgerichtsbarkeit und lex mercatoria, 1989; *Berger* in Zimmermann, Globalisierung und Entstaatlichung des Rechts, Bd. II, 2008, 129 ff.; *Böckstiegel* FS Beitzke, 1979, 443 (456 ff.); *Brödermann* IWZR 2019, 7; *Fletcher/Cremona/Mistelis,* Foundations and Perspectives of International Trade Law, 2001; *Horn* FS K. Schmidt, 2009, 705 ff.; *Ipsen,* Private Normenordnung als transnationales Recht, 2009, 66 ff.; *Kappus,* „Lex mercatoria" in Europa und Wiener UN-Kaufrechtskonvention, 1990; *Ipsen,* Private Normenordnung als transnationales Recht?, 2009, 65 ff.; *Lieckweg,* Das Recht der Weltgesellschaft: systemtheoretische Perspektiven auf die Globalisierung des Rechts am Beispiel der Lex Mercatoria, 2003; *Mertens* RabelsZ 56 (1992), 219; *Mertens* FS Odersky, 1996, 857; *Karsten Schmidt* in Murakami/Marutschke/Riesenhuber, Globalisierung und Recht, 2007, 154 ff.; *Stein,* Lex Mercatoria, 1995; *Weise,* Lex mercatoria. Materielles Recht vor der internationalen Handelsschiedsgerichtsbarkeit, 1990; *v. Bar/Mankowski,* Internationales Privatrecht, Bd. I, 2. Aufl. 2003, § 2 Rn. 72 ff.; Heymann/*Horn* Einl. III Rn. 25, 35; *Kegel/Schurig,* Internationales Privatrecht, 9. Aufl. 2004, § 1 IX 2 d; *Martiny* in Reithmann/Martiny, Internationales Vertragsrecht, 8. Aufl. 2015 2.40 ff.; *Berger* JZ 1999, 369; *Drobnig* FS 75 Jahre Max-Planck-Institut, 2001, 745; *Herber* IHR 2003, 1; *Zumbansen* RabelsZ 67 (2003), 637; *Weick* ZfS 2012, 584.

87 Zusammenfassend MüKoZPO/*Adolphsen* EuÜ Art VII Rn. 13; krit. etwa *Kegel/Schurig,* Internationales Privatrecht, 9. Aufl. 2004, § 1 IX 2 d; *v. Bar/Mankowski,* Internationales Privatrecht, Bd. I, 2. Aufl. 2003, § 2 Rn. 72 ff.; *Herber* IHR 2003, 1; s. auch OGH Wien KTS 1983, 666 (669) m. krit. Anm. *Schlosser*; Oetker/*Oetker* Einl. Rn. 42; Staub/*Oetker* Einl. Rn. 59.

Sie ist für jeden als Bestandteil der lex mercatoria postulierten Grundsatz je einzeln zu prüfen und basiert nicht so sehr auf einem der Rechtsquellenlehre innewohnenden „Überbau" der Rechtsgeltung und der Normenhierarchie wie vielmehr auf der empirischen Prävalenz und internationalen Anerkennung autonomer Handelsrechtsregeln.[88]

37 **b) Grundregeln für Internationale Handelsverträge.** Im Jahr 1994 hat das Unidroit-Institut in Rom (Institut international pour l'unification du droit privé) nach langjährigen Vorbereitungen den offiziellen Text der „Grundregeln für Internationale Handelsverträge" vorgelegt.[89] Zehn Jahre später, im April 2004, folgte die Neuauflage.[90] Für den Europäischen Bereich kommen die „Principles of European Contract Law" der „(Lando)Commission on European Contract Law" hinzu.[91] Die Rechtsquelleneigenschaft dieser Grundsätze bedarf noch der Klärung. Transnationales Kaufvertragsrecht hatte man sich von dem 2011 vorgelegten, 2014 zurückgezogenen Kommissionsvorschlag für ein Gemeinsames Europäisches Kaufrecht[92] versprochen.

IV. Grundzüge des HGB

38 **1. Grundgedanken.** Als Charakteristika handelsrechtlicher Normen gelten:[93] die **Internationalität des Handelsrechts,** die sich vor allem in der früheren und immer noch zunehmenden Verbreitung internationalen Einheitsrechts sowie in der Bedeutung internationaler Handelsbräuche und Handelsklauseln niederschlägt; die **Einfachheit und Schnelligkeit** der Herstellung und Abwicklung von Rechtsverhältnissen, die sich vor allem im Verzicht auf schützende Formerfordernisse, in der Zurechnung des Schweigens, im raschen Verlust von Gewährleistungsansprüchen und im Verzicht auf sonstige schützende Normen niederschlägt; das Bestreben nach **Rechtsklarheit, Publizität und Vertrauensschutz,** zB durch weit gezogene, nicht beliebig beschränkbare Vertretungsregelungen, durch die Öffentlichkeit von Handelsregister und Rechnungslegung sowie durch eine Ausdehnung des gutgläubigen Warenerwerbs gegenüber dem BGB. Diese Grundgedanken werden bei der Einzelkommentierung als Richtlinie der teleologischen Norminterpretation gebührende Berücksichtigung finden.

39 **2. Der Aufbau des HGB. a) Erstes Buch.** Das Erste Buch enthält unter der veralteten, jedoch selbst in der Reform von 1998 noch belassenen, Überschrift „Handelsstand" Regelungen über den Kaufmannsbegriff (§§ 1 ff.), das Handelsregister (§§ 8 ff.), die Firma (§§ 17 ff.), Prokura und Handlungsvollmacht (§§ 48 ff.), Handlungsgehilfen (§§ 59 ff.), Handelsvertreter (§§ 84 ff.), Handelsmakler (§§ 93 ff.). Die Regelungen über Handlungsgehilfen gehören aus heutiger Sicht in das Arbeitsrecht und sind Fremdkörper im HGB.[94] Die Vorschriften über Handelsvertreter und Handelsmakler gehören der Sache nach zu den Handelsgeschäften, denn hier ist nicht das kaufmännische Unternehmen geregelt, sondern geregelt sind Rechtsverhältnisse: der Handelsvertretervertrag und der Handelsmaklervertrag.[95]

---

[88] Vgl. *Berger,* Formalisierte oder „schleichende" Kodifizierung des transnationalen Wirtschaftsrechts, 1996, passim; *Stein,* Lex Mercatoria, 1995, passim.

[89] Unidroit, Principes relatifs aux contrats du commerce international, 1994 = Principles of International Commercial Contracts, 1994; dazu *Grundmann* FS Rolland, 1999, 145 (154 ff.); *Basedow* FS Drobnig, 1998, 19 ff.

[90] Unidroit, Principes relatifs aux contrats du commerce international, 2004 = Principles of International Commercial Contracts, 2004; vgl. dazu *Bonell* Uniform Law Review 2004, 5; *Brödermann* RIW 2004, 721; *Heutger* ZEuP 2003, 448; *Schilf* IHR 2004, 236; *Zimmermann* ZEuP 2005, 264.

[91] Belege bei *Kegel/Schurig,* Internationales Privatrecht, 9. Aufl. 2004, § 1 IX c.

[92] KOM(2011) 635; dazu Oetker/*Oetker* Einl. Rn. 62 ff.

[93] *Canaris* HandelsR § 1 Rn. 14 ff.; Heymann/*Horn* Einl. I Rn. 30; *Karsten Schmidt* HandelsR § 1 Rn. 70 ff. mwN.

[94] *Karsten Schmidt* HandelsR § 17 Rn. 1; *Karsten Schmidt* FS Söllner, 2000, 1047 ff.

[95] Vgl. *Karsten Schmidt* HandelsR § 17 Rn. 40; *Karsten Schmidt* HandelsR § 26 Rn. 1; *Karsten Schmidt* HandelsR § 27 Rn. 1; dagegen aber *Sandrock* FS Raisch, 1995, 167 ff.

b) Zweites Buch. Das Zweite Buch enthält die „Handelsgesellschaften und stille Gesellschaft". Als **Handelsgesellschaften** sind nur die OHG (§§ 105 ff.) und die KG (§§ 161 ff.) geregelt, während die Kapitalgesellschaften im AktG bzw. GmbHG besondere Regelungen gefunden haben. Die **stille Gesellschaft** war bis zum Bilanzrichtliniengesetz von 1985 (→ Rn. 27) in §§ 335 ff. und ist seither in §§ 230 ff. geregelt. Sie ist nach der Terminologie des Gesetzes nicht Handelsgesellschaft und ist als bloße Innengesellschaft nicht Kaufmann iSv § 6 (vgl. (→ 4. Aufl. 2019, § 230 Rn. 7 ff.). Wesentliche Änderungen brachte das Gesetz zur Modernisierung des GmbH-Rechts und zur Bekämpfung von Missbräuchen von 2008 (→ Rn. 27) mit sich: geändert wurden die §§ 106, 107, 130a, 130b und 177a; die §§ 129a, 172a über Gesellschafterdarlehen wurden gestrichen (vgl. stattdessen §§ 39, 44a, 135, 143 InsO). Zum Übergangsrecht vgl. Art. 103d EGInsO sowie Art. 65 EGHGB (→ Rn. 29). Im Zuge der **Reform des Rechts der Personengesellschaften** ist im Anschluss an den **Mauracher Entwurf** von 2020 mit weiteren Neuregelungen zu rechnen.[96] 40

c) Drittes Buch. Das Dritte Buch mit dem veralteten Titel **„Handelsbücher"** enthält seit dem Bilanzrichtliniengesetz von 1985 (→ Rn. 27) das Recht der Rechnungslegung mit Vorschriften für alle Kaufleute (§§ 238 ff.), ergänzende Vorschriften für Kapitalgesellschaften (§§ 264 ff.), eingetragene Genossenschaften (§§ 336 ff.) und Unternehmen bestimmter Geschäftszweige (§§ 340 ff.).[97] Das Recht der Konzernrechnungslegung ist in §§ 290 ff. enthalten. Seit der **Bilanzrechtsreform von 1985** ist das Recht der Rechnungslegung in Bewegung geblieben. Durch Gesetz vom 20.4.1998 (BGBl. 1998 I 707) wurde gem. § 292a aF die Konzernrechnungslegung internationaler Unternehmensgruppen nach internationalen Rechnungslegungsstandards zugelassen (IAS/IFRS, US GAAP). Aufgrund der RL 90/65/EWG hat das KapCoRiLiG vom 24.2.2000 (BGBl. 2000 I 154) die **Kapitalgesellschaft und Co.** den für Kapitalgesellschaften geltenden Regeln unterworfen. Durch das Bilanzrechtsreformgesetz – BilReG – (BGBl. 2005 I 3166) und das Bilanzkontrollgesetz – BilKoG (BGBl. 2005 I 3408) wurde das Recht der Rechnungslegung im Jahr **2005** neuerlich reformiert. Umfassende Änderungen erfuhr das Recht der Rechnungslegung durch das **Bilanzrechtsmodernisierungsgesetz** – BilMoG – von **2009** (BGBl. 2009 I 1102). Ziel der Reform war es, im HGB eine gleichwertige, aber kostengünstigere Alternative zu den internationalen Standards zu bieten. Im Zuge der Vereinfachung wurden kleine Einzelkaufleute weitgehend von den Buchführungs- und Bilanzierungspflichten der §§ 238 ff. entbunden. Am 23.7.2015 trat **Bilanzrichtlinie-Umsetzungsgesetz** (BilRUG) vom 17.7.2015 (BGBl. 2015 I 1245) in Kraft. Band IV der → 4. Aufl. 2020 hat das Recht der Rechnungslegung auf den im Jahr 2020 erreichten Stand gebracht (Übergangsrecht hierzu in Art. 75 ff. EGHGB). 41

d) Viertes Buch. Die **„Handelsgeschäfte"** sind im Vierten Buch nur fragmentarisch und weitgehend in Abhängigkeit von der Anschauungswelt des 19. Jahrhunderts geregelt (Kommentierung in Bd. V und VII).[98] Neben den auch das Kontokorrentrecht enthaltenden allgemeinen Vorschriften (§§ 343 ff.) finden sich Bestimmungen über den Handelskauf (§§ 373 ff.), die Kommission (§§ 383 ff.), das Frachtgeschäft (§§ 407 ff.), das Speditionsgeschäft (§§ 453 ff.) und das Lagergeschäft (§§ 467 ff.). Die §§ 84 ff., §§ 93 ff. hätten sinnvollerweise gleichfalls in das Vierte Buch gehört (→ Rn. 39). Die HGB-Vorschriften zum Transportrecht waren für die Praxis lange Zeit weitgehend durch Sonderregelungen (BinSchG, EVO, GüKG, KVO aF) verdrängt. Durch das **Transportrechtsreformgesetz** vom 42

[96] Entwurf der Expertenkommission des BMJV vom 20.4.2020, https://www.bmjv.de/SharedDocs/Downloads/DE/News/PM/Modernisierung_PersonengesellschaftsR.html (zuletzt abgerufen am 15.7.2020); dazu *Schäfer* ZIP ZIP 2020, 1149; *Bachmann* NZG 2020, 612.

[97] Einführend *Karsten Schmidt* HandelsR § 15; Materialien: *Biener/Bernecke,* Bilanzrichtlinien-Gesetz, 1986; *Helmrich,* Bilanzrichtlinien-Gesetz, 1986; zur Bedeutung der Bilanzrechtsreform vgl. *Schulze-Osterloh* ZHR 150 (1986), 403 ff. (532 ff.).

[98] Vgl. *Karsten Schmidt* HandelsR § 18 Rn. 4.

25.6.1998 (BGBl. 1998 I 1588)[99] wurden die meisten der in diesen Gesetzen enthaltenen transportrechtlichen Sonderbestimmungen aufgehoben und die §§ 407–452d (Frachtgeschäft) und §§ 453–466 (Speditionsgeschäft) vollständig neu gefasst (näher → 4. Aufl. 2020, Einl. vor § 407 Rn. 11 ff.). Die geltenden HGB-Normen zum Frachtgeschäft stellen weitgehend allgemeine und keine beförderungsmittelspezifischen Regeln auf. Die Besonderheiten des sog. multimodalen Transports sind in den §§ 452–452d berücksichtigt. Bis 1998 überhaupt nicht im HGB enthalten war das Recht der Luftbeförderung (LuftVG, Warschauer Abkommen [heute: Montrealer Übereinkommen – MÜ],[100] IATA-Bedingungen).[101] Das Transportrechtsreformgesetz hat auch die transportrechtlichen Bestimmungen des LuftVG modifiziert und in das HGB integriert. Die allgemeinen Lehren und besonderen Einzelregelungen des Transportrechts werden in diesem Kommentar einer geschlossenen Behandlung zugeführt (Bd. VII, → 4. Aufl. 2020, § 407 Rn. 1 ff.).

43 **e) Fünftes Buch.** Das Fünfte Buch (Seehandel) enthielt eine historisch gewachsene Spezialmaterie,[102] die sich durch gemein seerechtliche Kommentare erschließen ließ (→ 1. Aufl. 2000, Bd. 7a enthielt noch eine Zusammenfassung des Seetransportrechts).[103] Seit der vollständigen Neufassung durch das **Seerechtsreformgesetz** von 2013 (→ 4. Aufl. 2020, Einl. vor § 407 Rn. 30 ff.) ist das Seehandelsrecht in den vorliegenden Kommentar einbezogen (§§ 476 ff.).

44 **3. Internationalisierung. a) Positives Handelsrecht.** Das HGB hat in starkem Maße an der europäischen **Rechtsvereinheitlichung** auf der Basis von Richtlinien teilgenommen.[104] Hervorzuheben sind: das Gesetz zur Durchführung der 1. RL zur Koordinierung des Gesellschaftsrechts vom 15.8.1969 (BGBl. 1969 I 1146), durch das vor allem § 15 geändert wurde; die Neuaufnahme des Dritten Buchs in das HGB durch das Bilanzrichtliniengesetz vom 19.12.1985 (BGBl. 1985 I 2355); das Gesetz zur Durchführung der RL zur Koordinierung des Rechts der Handelsvertreter vom 23.10.1989 (BGBl. 1989 I 1910); das Bankbilanzrichtlinie-Gesetz vom 30.11.1990 (BGBl. 1990 I 2570); das Gesetz zur Durchführung der 11. Gesellschaftsrechtlichen RL EG vom 22.7.1993 (BGBl. 1993 I 1282), das vor allem die §§ 13 ff. betraf; das Bilanzrechtsreformgesetz vom 4.12.2004 (BGBl. 2004 I 3166), das Gesetz zur Modernisierung des Bilanzrechts vom 26.5.2009 (BGBl. 2009 I 1102), das Gesetz zur Umsetzung der aufsichtsrechtlichen Vorschriften der Zahlungsdienste-RL vom 25.6.2009 (BGBl. 2009 I 1506), das Gesetz zur Umsetzung der Aktionärsrechte-RL vom 30.7.2009 (BGBl. 2009 I 2479), das Gesetz zur Umsetzung der Zweiten E-Geld-RL vom 1.3.2011 (BGBl. 2011 I 288), das Gesetz zur Umsetzung der RL 2012/6/EU über den Jahresabschluss von Gesellschaften bestimmter Rechtsformen hinsichtlich Kleinstbetrieben vom 20.12.2012 (BGBl. 2012 I 2751), das Gesetz zur Umsetzung der RL 2011/61/EU über die Verwalter alternativer Investmentfonds vom 4.7.2013 (BGBl. 2013 I 1981), das Gesetz zur Umsetzung der RL 2013/36/EU über den Zugang zur Tätigkeit von Kreditinstituten und die Beaufsichtigung von Kreditinstituten und Wertpapierfirmen vom 28.8.2013 (BGBl. 2013 I 3395). Zu weiteren RL-Umsetzungen aus jüngerer Zeit → Rn. 27.

---

99 Vgl. dazu *Herber* NJW 1998, 3297 ff.

100 Dazu *Ruhwedel* TranspR 2001, 189 ff.; *Karsten Schmidt* HandelsR § 32; vgl. Gesetz zu dem Übereinkommen vom 28.5.1999 zur Vereinheitlichung bestimmter Vorschriften über die Beförderung im internationalen Luftverkehr (MontÜG) vom 6.4.2004 (BGBl. 2004 II 458).

101 Einführend *Karsten Schmidt* HandelsR § 32 Rn. 126 f.; eingehend *Ruhwedel,* Der Luftbeförderungsvertrag, 3. Aufl. 1998; grdl. zum allgemeinen Transportrecht *Basedow,* Der Transportvertrag, 1987.

102 Einführend *Karsten Schmidt* HandelsR § 32 Rn. 84 ff.

103 Vgl. zum früheren Recht namentlich *Abraham,* Das Seerecht, 4. Aufl. 1974; *Herber,* Seehandelsrecht, 1999; *Puttfarken,* Seehandelsrecht, 1997; *Rabe/Bahnsen,* Seehandelsrecht, 5. Aufl. 2018; *Schaps/Abraham,* Das Seerecht der Bundesrepublik Deutschland, 4. Aufl. 1978; *Schlegelberger/Liesecke,* Seehandelsrecht, 2. Aufl. 1964.

104 Umfassende Dokumentation bei *Lutter/Bayer/J. Schmidt,* Europäisches Unternehmens- und Kapitalmarktrecht, 6. Aufl. 2018; *Grundmann,* Europäisches Gesellschaftsrecht, 2. Aufl. 2011; *Habersack/Verse,* Europäisches Gesellschaftsrecht, 5. Aufl. 2019; *Schwarz,* Europäisches Gesellschaftsrecht, 2000.

Die Vereinheitlichung geschieht auf der Basis von Richtlinien durch den europäischen Gesetzgeber. Nichtumsetzung in nationales Recht kann nach dem Francovich-Urteil des EuGH[105] Schadensersatzansprüche gegen den säumigen EU-Mitgliedstaat begründen. **Noch nicht in deutsches Recht umgesetzt** sind die RL (EU) 2019/771 vom 20.5.2019 über bestimmte Aspekte des Warenkaufs (ABl. EU 2019 L 136, 28) sowie die RL (EU) 2019/770 vom 20.5.2019 über bestimmte vertragsrechtliche Aspekte der Bereitstellung digitaler Inhalte und digitaler Dienstleistungen (ABl. EU 2019 L 136, 1). **45**

Rechtsvereinheitlichung außerhalb der EU beruht in der Regel auf zwischenstaatlichen Konferenzen und Abkommen. Sie hat insbesondere auf dem Gebiet des Kaufrechts (UN-Kaufrecht) sowie vor allem des Transportrechts zu internationalem Einheitsrecht geführt (CMR, COTIF, WA, jetzt MÜ uam), sich jedoch nur partiell im Text des HGB niedergeschlagen, so insbesondere im Vierten und Fünften Buch. Auf diese Sonderregeln wird jeweils im Sachzusammenhang eingegangen. Die United Nation Convention on **C**ontracts for the **I**nternational **S**ale of **G**oods **(CISG)** wird in Band V erläutert. Über die **Institutionen des internationalen Handelsverkehrs** → Rn. 49 ff., speziell über UNCITRAL → Rn. 52. **46**

b) Sonstige Rechtsangleichung. Eine mindestens gleichwertige Bedeutung hat die Angleichung des Handelsrechts durch internationales Handelsgewohnheitsrecht, lex mercatoria (→ Rn. 36), Handelsklauseln und Handelsbräuche (→ § 346 Rn. 1 ff.) sowie internationale Verhaltensrichtlinien (codes of conduct).[106] Die Tragweite dieser Globalisierung der Handelsrechtspraxis ist aus veröffentlichten Gerichtsentscheidungen nur beschränkt ablesbar, da sie sich vor allem in der nicht-forensischen Handels- und Streiterledigungspraxis und in der Schiedsgerichtsbarkeit widerspiegelt. **47**

c) Handelskollisionsrecht. Das Handelskollisionsrecht als **Bestandteil des Internationalen Privatrechts** gibt Auskunft über das bei grenzüberschreitenden Sachverhalten anwendbare Recht.[107] Ein alle Rechtsfragen umfassendes allgemeines Sonderkollisionsrecht für Unternehmen besteht nicht.[108] Für das Recht der Handelsgeschäfte gelten im Umfang des Art. 12 Rom I-VO[109] hauptsächlich die **Art. 3 ff. Rom I-VO,**[110] soweit nicht besondere Abkommensregeln Vorrang haben.[111] Die Kaufmannseigenschaft als Status und die Eintragung in das Handelsregister bestimmen sich für Unternehmen mit Sitz in Deutschland nach deutschem Recht,[112] ebenso die etwa für das UmwG maßgebliche Rechtsform.[113] Dies schließt jedoch, soweit die Kaufmannseigenschaft Voraussetzung für andere Rechtsfolgen ist, eine Maßgeblichkeit der einzelnen Sachnorm und der von ihr vorausgesetzten Kaufmannsqualität, zB bei der Anwendung von Form- oder Schuldvertragsvorschriften, **48**

[105] EuGH Slg. 1991, I-5357 = EuZW 1991, 758 = NJW 1992, 165; stRspr; vgl. EuGH Slg. 1996, I-1029 = NJW 1996, 1267; Slg. 2000, I-5123 = NJW 2001, 3401; NJW-RR 2004, 564.

[106] Dazu Heymann/*Horn* Einl. III Rn. 31 ff.; *Horn/Schmitthoff*, The Transnational Law of International Commercial Transactions, 1982; *Martiny* in Reithmann/Martiny, Internationales Vertragsrecht, 8. Aufl. 2015, Rn. 1.2; *Sandrock*, Handbuch der internationalen Vertragsgestaltung, 1980; *Graf v. Westphalen,* Rechtsprobleme der Exportfinanzierung, 3. Aufl. 1987.

[107] Dazu EBJS/*Kindler* Vor § 1 Rn. 74 ff.; EBJS/*Reuschle* Anh. § 17 Internationales Firmenrecht Rn. 1; Heymann/*Horn* Einl. III Rn. 4 ff.; Oetker/*Oetker* Einl. Rn. 66 ff.; Staub/*Oetker* Einl. Rn. 77 ff.; Reithmann/Martiny/*Martiny*, Internationales Vertragsrecht, 8. Aufl. 2015, Rn. 2.1 ff.

[108] Vgl. EBJS/*Kindler* Vor § 1 Rn. 76; Heymann/*Horn* Einl. III Rn. 5; nur auf Vertragsverhältnisse zielt die Annahme eines entstehenden Sonderkollisionsrechts für Unternehmer bei *Thorn* FS Karsten Schmidt, 2009, 1561 ff.

[109] Dazu MüKoBGB/*Spellenberg,* 7. Aufl. 2018, Rom I-VO Art. 12 Rn. 55.

[110] Dazu Heymann/*Horn* Einl. III Rn. 6; *Brödermann* NJW 2010, 807 ff.

[111] Baumbach/Hopt/*Hopt* Rn. 24; EBJS/*Kindler* Rn. 77; KKRD/*Roth* Einl. Rn. 23; Oetker/*Oetker* Einl. Rn. 68 f.; Staub/*Oetker* Einl. Rn. 81 f.

[112] *Hagenguth,* Die Anknüpfung der Kaufmannseigenschaft im IPR, 1981, 256 ff.; Baumbach/Hopt/*Hopt* Einl. Rn. 24; Baumbach/Hopt/*Hopt* § 1 Rn. 55; MüKoBGB/*Kindler,* 7. Aufl. 2018, IntGesR Rn. 199 ff.; Palandt/*Thorn* Rom I-VO; Staub/*Brüggemann,* 4. Aufl. 1995, Rn. 30; hM; s. auch OLG Naumburg WM 1994, 906 (interlokaler Fall); aA *Martiny* in Reithmann/Martiny, Internationales Vertragsrecht, Rn. 3.136 mwN auch zur hM.

[113] Dazu MüKoBGB/*Kindler,* 7. Aufl. 2018, IntGesR Rn. 855 ff.

nicht aus (die Einordnung als Kaufmann folgt dann dem Wirkungsstatut).[114] Dem tradierten Konzept entspricht hinsichtlich der sog. Anerkennung von Handelsgesellschaften als Rechtsträger die sog. **Sitztheorie.**[115] Von ihr ging die deutsche Rspr. aus;[116] sie wurde aufgrund der Daily-Mail-Entscheidung des EuGH als europarechtskonform angesehen.[117] Das hat sich jedenfalls hinsichtlich des Zuzugs von Handelsgesellschaften ausländischen, jedoch europäischen Rechts durch die Entscheidungen **„Centros", „Überseering"** und **„Inspire Art"** des **EuGH grundlegend geändert.**[118] Dagegen wird für den Wegzug von Gesellschaften noch die Sitztheorie angewandt.[119] Die Folgerungen im Einzelnen sind noch umstritten. Auf → § 1 Rn. 40, → § 13d Rn. 5 ff. wird verwiesen, ebenso auf Kommentierungen der Rom I-VO.

V. Institutionen des Handelsverkehrs

49 Die Institutionen und Gremien des Handelsverkehrs sind zahlreich und vielfältig. Als für die HGB-Kommentierung besonders bedeutsam werden hier einzelne herausgestellt.

50 **1. Industrie- und Handelskammern.** Die Industrie- und Handelskammern (in den Hansestädten Bremen und Hamburg: Handelskammern) sind Selbstverwaltungsorganisationen der Wirtschaft und als Körperschaften des öffentlichen Rechts mit Zwangsmitgliedschaft organisiert. Neben vielfältigen anderen Aufgaben unterstützen sie die Registergerichte nach **§ 380 FamFG** bei der Verhütung bzw. Berichtigung unrichtiger Handelsregistereintragungen (näher → § 8 Rn. 22) und erstatteten Gutachten über Handelsbräuche (→ 4. Aufl. 2018, § 346 Rn. 1 ff.). Rechtsgrundlage sind das Bundesgesetz zur vorläufigen Regelung des Rechts der Industrie- und Handelskammern **(IHKG)** vom 18.12.1956 (BGBl. 1956 I 920) sowie die Ausführungsgesetze der Länder.[120] Soweit Handwerker und Landwirte Kaufleute sind (→ § 1 Rn. 5; → § 3 Rn. 1 ff.), ist auch auf die **Handwerks- und Landwirtschaftskammern** hinzuweisen, die gleichfalls die Registergerichte nach § 380 FamFG unterstützen.

51 **2. Internationale Handelskammer.** Die Internationale Handelskammer (ICC = International Chamber of Commerce) wurde 1919 gegründet und hat ihren Sitz in Paris. Neben vielfältigen Aufgaben im internationalen Handel sind vor allem folgende für die Handelsrechtspraxis besonders bedeutsame Klauselwerke der Internationalen Handelskammer hervorzuheben: die **Incoterms 2010** (International Commercial Terms; vgl. → 4. Aufl. 2018, § 346 Rn. 108 ff.),[121] als Handelsklauseln, auf die im Zusammenhang mit

---

[114] Vgl. OLG Düsseldorf NJW-RR 1995, 1184; zu § 14 BGB vgl. BGH NJW 2004, 3039 (3040); Oetker/*Körber* § 1 Rn. 9; generalisierend *van Venrooy,* Die Anknüpfung der Kaufmannseigenschaft im deutschen IPR, 1985; gegen dessen allgemeine Folgerungen freilich mit Recht *Ebenroth* ZHR 149 (1985), 704; eingehend Oetker/*Oetker* Einl. Rn. 70 f. = Staub/*Oetker* Einl. Rn. 87 f.; vgl. auch *Martiny* in Reithmann/Martiny, Internationales Vertragsrecht, Rn. 3135.

[115] Vgl. → 1. Aufl. 1996, Rn. 44.

[116] BGHZ 51, 27 = NJW 1969, 188; BGHZ 53, 383 (386) = NJW 1970, 1187; BGHZ 78, 318 (334) = BGHZ 97, 269 (271) = NJW 1986, 2194 (2195); BayObLGZ 1986, 61 (67); OLG München RIW 1992, 674 (675).

[117] EuGH Slg. 1988, 5483 = JZ 1988, 384; dazu krit. *Knobbe-Keuk* ZHR 154 (1990), 325 ff.; *Meilicke* RIW 1990, 449; *Sack* JuS 1990, 352.

[118] EuGH Slg. 1999, I-1459 = NJW 1999, 2027 – Centros; Slg. 2002, I-9919 = NJW 2002, 3614 – Überseering; Slg. 2003, I-10155 = NJW 2004, 3331 – Inspire Art; dazu *Hirte/Bücker,* Grenzüberschreitende Gesellschaften, 2005; *Lutter/Bayer/J. Schmidt,* Europäisches Unternehmens- und Kapitalmarktrecht, 6. Aufl. 2018, Rn. 7.19 ff.; MüKoBGB/*Kindler,* 7. Aufl. 2018, IntGesR Rn. 117 ff.; *Riegger* ZGR 2004, 510.

[119] EuGH Slg. 2008, I-9641 = NJW 2009, 569 – Cartesio; dazu *Lutter/Bayer/J. Schmidt,* Europäisches Unternehmens- und Kapitalmarktrecht, 6. Aufl. 2018, Rn. 7.36 ff.; MüKoBGB/*Kindler,* 7. Aufl. 2018, IntGesR Rn. 131 ff.

[120] Texte und Kommentierungen bei *Junge/Jahn/Wernicke,* Industrie- und Handelskammergesetz, 8. Aufl. 2020.

[121] Dazu Baumbach/Hopt/*Hopt* Anh. 6; *Bredow/Seiffert,* Incoterms 2000, 2000; *Piltz* RIW 2000, 485 ff.; *Ramberg,* ICC Guide to Incoterms 2000, 1999; *Wörlen/Metzler/Müller,* Handelsklauseln im nationalen und internationalen Warenverkehr, 1997; vgl. auch *Eisemann/Melis,* Incoterms 1990.

dem Handelskauf hinzuweisen sein wird, die **ERA 600** (2007) (Einheitliche Richtlinien und Gebräuche für Dokumenten-Akkreditive = Uniform customs and practice for documentary credits) nebst **el.ERA** (Anhang zu den ERA 600 für die Vorlage elektronischer Dokumente)[122] und die **ERI 522** (1995) (Einheitliche Richtlinien für Inkassi = Uniform rules for collections).[123] Diese Klauselwerke werden, soweit erforderlich, im jeweiligen Sachzusammenhang in die Kommentierung einbezogen (vgl. → 4. Aufl. 2019, Bankvertragsrecht Teil 1 H 63 ff., I 3 ff.).

3. UN, WTO, IWF. a) UN. Die **United Nations Commission on International Trade Law** (UNCITRAL) und die **United Nations Conference on Trade and Development** (UNCTAD) sind Sonderorganisationen der UN-Generalversammlung.[124] UNCITRAL fördert vor allem durch Gesetzesentwürfe die internationale Rechtsvereinheitlichung (zB UN-Kaufrecht, Transportrecht, Schiedsvertragsrecht), und UNCTAD hat vor allem durch die Formulierung von Verhaltenskodizes Einfluss auf die Handelsrechtspraxis genommen. Einzelheiten werden, soweit erforderlich, im Kommentar jeweils an Ort und Stelle dargestellt. 52

b) WTO/GATT. Auf die Errichtung eines Weltwirtschaftssystems zielt das **General Agreement on Tariffs and Trade** (GATT), dessen unmittelbare innerstaatliche Anwendbarkeit allerdings nicht allgemein anerkannt ist und dessen Verhaltenskodizes zunächst auf die Mitgliedstaaten zielen.[125] Das GATT ist seit 1995 Bestandteil der **World Trade Organization** (WTO). 53

c) IWF. Erhebliche unmittelbare Bedeutung für die internationale Handelsrechtspraxis hat das **Übereinkommen über den Internationalen Währungsfonds** (IWF), insbesondere die devisenrechtliche Regelung in Art. VIII Abschnitt 2 lit. b IWF.[126] 54

VI. Prozessrecht

1. Gerichtsstandsvereinbarungen, Schiedsgerichtsvereinbarungen. a) Gerichtsstandsvereinbarungen. Nach **§ 38 Abs. 1 ZPO** können Kaufleute (§ 1 Abs. 2, § 2, § 3 Abs. 2, § 5 sowie nach § 6 Handelsgesellschaften) durch Gerichtsstandsvereinbarung die Zuständigkeit eines an sich unzuständigen Gerichts vereinbaren. Auch eine Vereinbarung über den Erfüllungsort einer Schuld begründet nach **§ 29 Abs. 2 ZPO** die Zuständigkeit, wenn die Vertragsparteien Kaufleute sind.[127] Eine Gerichtsstandsvereinbarung kann außer der prozessualen Zuständigkeitsregelung auch die schadensersatzbewehrte Verpflichtung enthalten, die betreffende Sache nicht vor ein vereinbarungswidriges Gericht zu bringen.[128] 55

b) Schiedsgerichtsvereinbarungen. Das **10. Buch der ZPO** wurde durch das Schiedsverfahrensgesetz vom 22.12.1997 (BGBl. 1997 I 3224) weitgehend neu gefasst.[129] Die Vorschriften lehnen sich an das UNCITRAL-Modellgesetz über die internationale Handelsschiedsgerichtsbarkeit an und gelten für internationale wie für nationale, für Zivil- 56

---

122 Dazu Baumbach/Hopt/*Hopt* Anh. 11; *Nielsen,* Neue Richtlinien für Dokumenten-Akkreditive, 1995; *Schütze,* Das Dokumentenakkreditiv im internationalen Handelsverkehr, 6. Aufl. 2008.

123 Dazu Baumbach/Hopt/*Hopt* Anh. 12; BankR-HdB/*Fischer,* 5. Aufl. 2017, § 119 Rn. 1 ff.

124 *Herdegen,* Internationales Wirtschaftsrecht, 12. Aufl. 2020, § 4 Rn. 23.

125 Dazu *Beise,* Die Welthandelsorganisation (WTO), 2001; *Stoll/Schorkopf,* WTO-Welthandelsordnung und Welthandelsrecht, 2002; *Weiß/Herrmann/Ohler,* Welthandelsrecht, 2. Aufl. 2007.

126 Dazu *Ebenroth,* Banking on the Act of State, 1985; *Ebke,* Devisenrecht, 1991; *Gold,* The Fund Agreement in the Courts, Bd. II, 1982; *Hahn,* Währungsrecht, 1990; *F. A. Mann,* The Legal Aspect of Money, 5. Aufl. 1992; Staudinger/*Karsten Schmidt,* 1997, BGB Vor § 244 Rn. E 36 ff. mzN.

127 Vgl. Kommentare zu §§ 29, 38 ZPO; *Stöve,* Gerichtsstandsvereinbarungen nach Handelsbrauch, Art. 17 EuGVÜ und § 38 ZPO, 1993; *Kröll* ZZP 113 (2000), 135 ff.

128 BGHZ 223, 269 = NJW 2020, 399 = JuS 2020, 363 *(Karsten Schmidt)* = JZ 2020, 797 m. abl. Anm. *Mäsch.*

129 Vgl. dazu *Raeschke-Kessler/Berger,* Recht und Praxis des Schiedsverfahrens, 4. Aufl. 2015; *Schwab/Walter,* Schiedsgerichtsbarkeit, 7. Aufl. 2005; *Habscheid* JZ 1998, 445; *Lörcher* DB 1998, 245; *Karsten Schmidt* ZHR 162 (1998), 253; *Trittmann* ZGR 1999, 340; s. auch Baumbach/Hopt/*Hopt* Rn. 88 ff.

wie für Handelsschiedsgerichtsverfahren gleichermaßen.[130] Die Handelsschiedsgerichtsbarkeit ist zu einem großen Teil durch Musterschiedsordnungen institutionalisiert, die durch den von den Parteien zu vereinbarenden Schiedsvertrag für verbindlich erklärt werden. Hervorzuheben ist etwa die Hamburger Freundschaftliche Arbitrage (Handelskammer Hamburg)[131] und die DIS-Schiedsgerichtsordnung (Fassung von 2018) sowie die DIS-Schlichtungsordnung (Fassung von 2002) der Deutschen Institution für Schiedsgerichtsbarkeit e.V. in Köln.[132]

57 **2. Kammern für Handelssachen.** Nach § 93 GVG werden bei den Landgerichten Kammern für Handelssachen gebildet, die nach § 94 GVG an die Stelle der Zivilkammern treten, wenn dies in der Klageschrift **beantragt** wird (§ 96 Abs. 1 GVG).[133] Der Katalog der Handelssachen ist **gesetzlich festgelegt;** durch Gerichtsstandsvereinbarung kann die Zuständigkeit der Kammer für Handelssachen nicht festgelegt werden.[134] Um eine Handelssache handelt es sich nach **§ 95 Abs. 1 GVG** bei Klagen

1. gegen einen Kaufmann iSd HGB, sofern er in das Handelsregister oder Genossenschaftsregister eingetragen ist oder auf Grund einer gesetzlichen Sonderregelung für juristische Personen des öffentlichen Rechts nicht eingetragen zu werden braucht, aus Geschäften, die für beide Teile Handelsgeschäfte sind;
2. aus einem Wechsel iSd WG oder aus einer der im § 363 bezeichneten Urkunden;
3. auf Grund des ScheckG;
4. aus einem der nachstehend bezeichneten Rechtsverhältnisse:
   a) aus dem Rechtsverhältnis zwischen den Mitgliedern einer Handelsgesellschaft oder Genossenschaft oder zwischen dieser und ihren Mitgliedern oder zwischen dem stillen Gesellschafter und dem Inhaber des Handelsgeschäfts, sowohl während des Bestehens als auch nach Auflösung des Gesellschaftsverhältnisses, und aus dem Rechtsverhältnis zwischen den Vorstehern oder den Liquidatoren einer Handelsgesellschaft oder Genossenschaft und der Gesellschaft oder deren Mitgliedern;
   b) aus dem Rechtsverhältnis, welches das Recht zum Gebrauch der Handelsfirma betrifft;
   c) den Rechtsverhältnissen, die sich auf den Schutz der Marken und sonstigen Kennzeichen sowie der eingetragenen Designs beziehen;
   d) aus dem Rechtsverhältnis, das durch den Erwerb eines bestehenden Handelsgeschäfts unter Lebenden zwischen dem bisherigen Inhaber und dem Erwerber entsteht;
   e) aus dem Rechtsverhältnis zwischen einem Dritten und dem, der wegen mangelnden Nachweises der Prokura oder Handlungsvollmacht haftet;
   f) aus den Rechtsverhältnissen des Seerechts, insbesondere aus denen, die sich auf die Reederei, auf die Rechte und Pflichten des Reeders oder Schiffseigners, des Korrespondentreeders und der Schiffsbesatzung, auf die Haverei, auf den Schadensersatz im Falle des Zusammenstoßes von Schiffen, auf die Bergung und auf die Ansprüche der Schiffsgläubiger beziehen;
5. auf Grund des UWG;
6. aus den §§ 9, 10, 11, 14, 15 WpPG oder den §§ 20–22 VermAnlG.

58 Handelssachen nach **§ 95 Abs. 2 GVG** sind ferner

1. die Rechtsstreitigkeiten, in denen sich die Zuständigkeit des LG nach § 246 Abs. 3 S. 1 AktG, § 396 Abs. 1 S. 2 AktG, § 51 Abs. 3 S. 3 GenG oder § 81 Abs. 1 S. 2 GenG, § 87 GWB, es sei denn, es handelt sich um kartellrechtliche Auskunfts- oder Schadensersatzansprüche, und § 13 Abs. 4 VSchDG richtet,
2. die in § 71 Abs. 2 Nr. 4 lit. b bis f GVG genannten Verfahren.

---

130 Vgl. Kommentare zu §§ 1025 ff. ZPO.
131 Dazu *Schröder* FS Glossner, 1994, 317 ff.
132 Dazu *Bredow* FS Glossner, 1994, 51 ff.
133 Dazu *Schulz* JuS 2005, 909 ff.
134 BGHZ 55, 313 (317) = NJW 1971, 755; MüKoZPO/*Zimmermann* GVG § 95 Rn. 1; als zulässig gilt dagegen die vereinbarte Zuständigkeit der Zivilkammer an Stelle der Kammer für Handelssachen.

3. Internationale Gerichtszuständigkeit und Vollstreckung. a) Brüssel Ia-VO. Zivil- und Handelssachen gegen einen Beklagten, der seinen Wohnsitz bzw. seinen satzungsmäßigen Sitz, seine Hauptverwaltung oder seine Hauptniederlassung (Art. 63 Brüssel Ia-VO) in einem Mitgliedstaat der EU hat, werden nach **Art. 4 Brüssel Ia-VO** (bis 2014: Art. 2 Brüssel I-VO) ohne Rücksicht auf die Staatsangehörigkeit vor den Gerichten dieses Mitgliedstaats ausgeklagt.[135] Haben Parteien, von denen mindestens eine ihren Wohnsitz im Hoheitsgebiet eines Mitgliedstaats hat, vereinbart, dass ein Gericht oder die Gerichte eines Mitgliedstaats entscheiden soll, so sind unter den näheren Voraussetzungen des Art. 25 Brüssel Ia-VO (bis 2014: Art. 23 Brüssel I-VO) die Gerichte dieses Mitgliedstaates zuständig. Die **Vollstreckung** eines in einem Mitgliedstaat ergangenen Urteils erfolgt nach Maßgabe des **Art. 39 Brüssel Ia-VO.** Eines besonderen Verfahrens der Vollstreckbarerklärung nach Art. 38 ff. Brüssel I-VO bedarf es nicht mehr.[136] 59

b) Internationale Zuständigkeit. Im Übrigen richtet sich die internationale Gerichtsbarkeit und Vollstreckung nach den allgemeinen Grundsätzen. Das heißt: Die internationale Zuständigkeit deutscher Zivilgerichte bestimmt sich in Analogie zu den Gerichtsstandregelungen, soweit nicht besondere gesetzliche (zB § 23 ZPO) oder staatsvertragliche Regeln bestehen.[137] Die Anerkennung und Vollstreckung deutscher Urteile in den Mitgliedstaaten der EU ist geregelt in **Art. 36 ff. Brüssel Ia-VO** (bis 2014: Art. 33 ff., 38 ff. Brüssel I-VO).[138] Die **Anerkennung ausländischer Urteile** in Deutschland ist in **§ 328 ZPO** geregelt, ihre Vollstreckbarkeit in §§ 722, 723 ZPO. 60

4. Internationale Schiedsgerichtsbarkeit. a) Ad-hoc-Schiedsgerichte und institutionelle Schiedsgerichte. Im Rahmen der Internationalen Schiedsgerichtsbarkeit ist die Unterscheidung zwischen ad-hoc-Schiedsgerichten und institutionellen Schiedsgerichten von großer Bedeutung.[139] Gegenstand der institutionellen Schiedsgerichtsbarkeit und damit in der Regel auch Gegenstand des auf sie bezogenen Schiedsvertrags sind Schiedsgerichtsordnungen – zB die DIS-Schiedsgerichtsordnung der Deutschen Institution für Schiedsgerichtsbarkeit e.V., die ICC-Schiedsgerichtsordnung der Internationalen Handelskammer und die UNCITRAL-Schiedsgerichtsordnung –, wegen deren Wortlauts auf die einschlägigen Handbücher und Kommentare verwiesen wird.[140] 61

---

135 Dazu eingehend *Geimer,* Internationales Zivilprozessrecht, 8. Aufl. 2020; Thomas/Putzo/*Hüßtege* ZPO, 21. Aufl. 2020, Brüssel Ia-VO; *Geimer/Schütze,* Europäisches Zivilverfahrensrecht, 4. Aufl. 2020, Brüssel Ia-VO; *Burgstaller/Neumayr,* Internationales Zivilverfahrensrecht, 2016; *Linke/Hau,* Internationales Zivilverfahrensrecht, 7. Aufl. 2018; Peter G. Mayr (Hrsg.), Handbuch des europäischen Zivilverfahrensrechts, 2017; *Rauscher,* Europäisches Zivilprozess- und Kollisionsrecht, 5. Aufl. 2020; Zöller/*Geimer* EU-Verordnungen. Noch zur Brüssel I-VO (bis 2015): *Hess/Pfeiffer/Schlosser,* The Brussels I-Regulation (EC) No. 44/2001, 2008; *Kropholler/v. Hein,* Europäisches Zivilprozessrecht, 9. Aufl. 2011; *Schlosser/Hess,* EU-Zivilprozessrecht, 4. Aufl. 2015; *Nagel/Gottwald,* Internationales Zivilprozessrecht, 7. Aufl. 2013; vgl. ferner *Leipold* in Gottwald/Greger/Prütting, Dogmatische Grundfragen des Zivilprozesses im geeinten Europa, 2000, 51.

136 Dazu MüKoZPO/*Gottwald* ZPO § 722 Rn. 5 f.

137 Vgl. nur Zöller/*Geimer* ZPO § 1 Rn. 8; Zöller/*Geimer* Internationales Zivilprozessrecht Rn. 38 ff.

138 Dazu *Kropholler/v. Hein,* Europäisches Zivilprozessrecht, 9. Aufl. 2011, Brüssel I-VO Vor Art. 33 und Brüssel I-VO Art. 38; *Nagel/Gottwald,* Internationales Zivilprozessrecht, 7. Aufl. 2013, § 12; zur Einbeziehung Dänemarks vgl. MüKoZPO/*Gottwald* Brüssel Ia-VO Vor Art. 1 Rn. 23; zur Neufassung 2015 (Brüssel Ia-VO) Zöller/*Geimer* ZPO Anh. I.

139 Heymann/*Horn* Einl. IV Rn. 15 ff.; MüKoZPO/*Münch* ZPO Vor § 1025 Rn. 17 f.; *Böckstiegel/Kröll/Nacimiento,* Arbitration in Germany, 2. Aufl. 2014; *Franke* FS Glossner, 1994, 119 ff.; *Schoser* FS Glossner, 1994, 319 ff.; *Swoboda* FS Glossner, 1994, 447 ff.; *Glossner* FS Trinkner, 1995, 555 ff.

140 ZB *Aden,* Internationale Handelsschiedsgerichtsbarkeit, 2. Aufl. 2003; *Berger,* Internationale Wirtschaftsschiedsgerichtsbarkeit, 1992; *Berger,* Private Dispute Resolution in International Business Law, 2015; *Böckstiegel/Kröll/Nacimiento,* Arbitration in Germany, 2. Aufl. 2014; *Born,* International Commercial Arbitration, 2. Aufl. 2014; *Conrad/Münch/Black-Branch,* International Commercial Arbitration, 2013; *Gottwald* FS Coester-Waltjen, 2015, 389; *Habscheid* RIW 1998, 421; *Hußlein-Stich,* Das UNCITRAL-Modellgesetz über die internationale Handelsschiedsgerichtsbarkeit, 1990; *Krause/Bozenhardt,* Internationale Handelsschiedsgerichtsbarkeit, 1990; *Kreindler* RIW 2002, 249; *Schäfer/Verbist/Imhoos,* Die ICC Schiedsgerichtsordnung in der Praxis, 2000; *Schwab/Walter,* Schiedsgerichtsbarkeit, 7. Aufl. 2005; *Törggler/Moos/Schäfer/Wong,* Handbuch Schiedsgerichtsbarkeit Deutschland/Österreich/Schweiz, 2017; *Wong,* The Culture of International Arbitration, 2017.

62 **b) Internationaler Schiedsvertrag.** Der internationale Schiedsvertrag unterliegt als Prozessvertrag Regeln, die mit denen des materiellen Internationalen Privatrechts nicht identisch, jedoch weitgehend inhaltsgleich sind.[141] Handelt es sich um eine satzungsmäßige Schiedsklausel (§ 1066 ZPO), so teilt diese hinsichtlich der Anknüpfung das Schicksal der Satzung. Von der Anknüpfung hinsichtlich des Schiedsvertrags ist die Wahl des vom Schiedsgericht anzuwendenden Rechts zu unterscheiden, denn die Rechtswahl ist eine Frage teils des Internationalen Prozessrechts, teils und vor allem des Internationalen Privatrechts.[142]

63 **c) Schiedsvergleiche.** Schiedsvergleiche in internationalen Schiedsgerichtssachen können, soweit deutsches Prozessrecht Anwendung findet, nach § 1053 Abs. 4 S. 1 ZPO **für vollstreckbar erklärt** werden, doch werden Schiedsvergleiche im Ausland teils wie Schiedssprüche behandelt, teils überhaupt nicht als Vollstreckungstitel anerkannt,[143] weshalb in der Praxis zum Teil ein Schiedsspruch mit vereinbartem Inhalt vorgezogen wird.[144]

64 **d) Vollstreckung von Schiedssprüchen.** Die Vollstreckung von Schiedssprüchen der internationalen Schiedsgerichtsbarkeit ist weitgehend im UN-Übereinkommen über die Anerkennung und Vollstreckung ausländischer Schiedssprüche **(UNÜ)** geregelt.[145] Im Übrigen gilt für die Vollstreckung ausländischer Schiedssprüche in Deutschland **§ 1061 ZPO,** wonach ausländische Schiedssprüche für vollstreckbar erklärt werden können.

[141] *Degenhardt,* Das UNCITRAL-Modell über die internationale Handelsschiedsgerichtsbarkeit und nationales Recht, 2003; *Geimer,* Internationales Zivilprozessrecht, 8. Aufl. 2020, Rn. 3783 ff.; *Schwab/Walter,* Schiedsgerichtsbarkeit, 7. Aufl. 2005, Kap. 43; vgl. *Hausmann* in Reithmann/Martiny, Internationales Vertragsrecht, 8. Aufl. 2015, Rn. 8.181 ff.

[142] Dazu etwa MüKoZPO/*Münch* ZPO § 1051 Rn. 13 ff.; Zöller/*Geimer* ZPO § 1051 Rn. 1 ff.

[143] Dazu *Aden,* Internationale Handelsschiedsgerichtsbarkeit, 2. Aufl. 2003, 367 f.; *Krause/Bozenhardt,* Internationale Handelsschiedsgerichtsbarkeit, 1990, 75 f.

[144] *Berger,* Internationale Wirtschaftsschiedsgerichtsbarkeit, 1992, 405 ff.; *Frische,* Verfahrenswirkungen, Rechtskraft, internationale Anerkennung und Vollstreckung von Prozessvergleichen und Schiedssprüchen mit vereinbartem Wortlaut, 2005, 243 ff.; s. auch *Raeschke-Kessler* FS Glossner, 1994, 263 ff.

[145] Dazu Heymann/*Horn* Einl. IV Rn. 34 ff.; *Berger,* Internationale Wirtschaftsschiedsgerichtsbarkeit, 1992, 515 ff.; MüKoZPO/*Adolphsen* Anh. 2 ZPO § 1061: EuÜ; *Wolff,* New York Convention Commentary, 2012; Zöller/*Geimer* ZPO Anh. § 1061.

Erstes Buch. Handelsstand

Erster Abschnitt. Kaufleute

§ 1 [Istkaufmann]

(1) Kaufmann im Sinne dieses Gesetzbuchs ist, wer ein Handelsgewerbe betreibt.

(2) Handelsgewerbe ist jeder Gewerbebetrieb, es sei denn, daß das Unternehmen nach Art oder Umfang einen in kaufmännischer Weise eingerichteten Geschäftsbetrieb nicht erfordert.

Schrifttum: *Ansgar Becker,* Die Entwicklung des Kaufmannsbegriffs im Sinne eines übergeordneten Abgrenzungskriteriums für den Anwendungsbereich handelsrechtlicher Vorschriften, 2004; *Bülow/Artz,* Neues Handelsrecht, JuS 1998, 680; *P. Bydlinski,* Zentrale Änderungen des HGB durch das Handelsrechtsreformgesetz, ZIP 1998, 1169; *Heinemann,* Handelsrecht im System des Privatrechts, FS Fikentscher, 1998, 349; *Henssler,* Gewerbe, Kaufmann und Unternehmen, ZHR 161 (1997), 13; *Hüttemann,* Non Profit-Organisationen als Kaufleute, FS Wulf Henning Roth, 2015, 241; *Kaiser,* Reformen des Kaufmannsbegriffs – Verunsicherung des Handelsverkehrs, JZ 1999, 495; *Kögel,* Der nach Art und Umfang in kaufmännischer Weise eingerichtete Geschäftsbetrieb – eine unbekannte Größe, DB 1998, 1802; *Körber,* Änderungen im Handels- und Gesellschaftsrecht durch das Handelsrechtsreformgesetz, Jura 1998, 452; *Kort,* Zum Begriff des Kaufmanns im deutschen und französischen Handelsrecht, AcP 193 (1993), 453; *Kort,* Kriterien für das Betreiben eines Handelsgewerbes i.S.v. § 1 Abs. 2 HGB, DB 2019, 771; *Lieb,* Die Reform des Handelsstandes und der Personengesellschaften, 1999; *Lieb,* Probleme des neuen Kaufmannsbegriffs, NJW 1999, 35; *v. Olshausen,* Fragwürdige Redeweisen im Handelsrechtsreformgesetz, JZ 1998, 717; *Petersen,* Kaufmannsbegriff und Kaufmannseigenschaft nach dem HGB, Jura 2005, 831; *Petig/Freisfeld,* Die Kaufmannseigenschaft, JuS 2008, 770; *Pfeiffer,* Handbuch der Handelsgeschäfte, 1999; *Priester,* Handelsrechtsreformgesetz – Schwerpunkte aus notarieller Sicht, DNotZ 1998, 691; *Raisch,* Zur Analogie handelsrechtlicher Normen, FS Stimpel, 1985, 29; *Raisch,* Freie Berufe und Handelsrecht, FS Rittner, 1991, 471; *Ring,* Das neue Handelsrecht, 1999; *Ring,* Kaufmannsbegriff und Handelsrechtsreform, BuW 1996, 826; *Karsten Schmidt,* HGB-Reform im Regierungsentwurf, ZIP 1997, 909; *Karsten Schmidt,* Das Handelsrechtsreformgesetz, NJW 1998, 2161; *Karsten Schmidt,* „Konstitutive" und „deklaratorische" Eintragungen nach §§ 1 ff. HGB, ZHR 163 (1999), 87; *Karsten Schmidt,* Personengesellschaften als Formkaufleute, FS Kreutz, 2009, 837; *Schulze-Osterloh,* Der Wechsel der Eintragungsgrundlagen der Kaufmannseigenschaft (§§ 1, 2, 105 Abs. 2 HGB) und der Anwendungsbereich des § 5 HGB, ZIP 2007, 2390; *Siems,* Der personelle Anwendungsbereich des Handelsrechts nach dem Handelsrechtsreformgesetz, 1999; *Steisslinger,* Der Gewerbebegriff im Handels- und Steuerrecht, 1989; *Treber,* Der Kaufmann als Rechtsbegriff im Handels- und Verbraucherrecht, AcP 199 (1999), 525; *van Venrooy,* Die Anknüpfung des Kaufmannsbegriffs im deutschen Internationalen Privatrecht, 1985; *Zimmer,* Der nicht eingetragene Kaufmann: Ein „eingetragener Kaufmann" im Sinne des § 19 Abs. 1 Nr. 1 HGB?, ZIP 1998, 2050.

Übersicht

I. Grundlagen

1 **1. Kaufleute als Normadressaten des Handelsrechts. a) Abs. 1 als Zentralnorm.** Nach dem **subjektiven System des HGB** (→ Vor § 1 Rn. 16) bestimmt der Kaufmannsbegriff den Kreis genuiner **Normadressaten des HGB.** Die Qualifikation eines Rechtsträgers als Kaufmann funktioniert wie eine Verweisung auf die Normen dieses Gesetzes. Zur Bestimmung des Kaufmannsbegriffs verweist Abs. 1 auf den Begriff des Handelsgewerbes. Dazu ist korrigierend zu bemerken: Es gibt Rechtsträger – nämlich die sog. Formkaufleute –, die kraft Rechtsform als Kaufleute dem HGB unterstellt sind, auch wenn sie kein Handelsgewerbe betreiben (→ § 6 Rn. 9 f.). Es gibt gewerblich tätige Rechtsträger, die als Kleingewerbetreibende nach § 2 HGB oder als Land- oder Forstwirte nach § 3 nur

durch Eintragung im Handelsregister handelsgewerbliche Qualität und damit Kaufmannseigenschaft erwerben können (im Einzelnen → § 2 Rn. 1 ff.; → § 3 Rn. 1 ff.). Dennoch unterstehen nichteingetragene Kleingewerbetreibende, obwohl sie keine Kaufleute im Sinne des HGB sind, teilweise dem HGB (→ § 2 Rn. 27 ff.).

b) Handelsrechtsreform 1998. aa) Rechtslage bis 1998. Vor der Handelsrechtsreform war der Kaufmannstatbestand überaus kompliziert geregelt. Ohne Handelsregistereintragung kaufmännisch waren nur die unter einen in **§ 1 Abs. 2 aF** aufgezählten **Katalog** fallenden Gewerbebetriebe (→ Vor § 1 Rn. 16). Handelte es sich bei einem unter den Katalog fallenden Unternehmen um ein Kleingewerbe, so war dieser Unternehmensträger nach § 4 aF sog. „Minderkaufmann" (Wortlaut → § 4 Rn. 2). Alle anderen Unternehmen, selbst wenn es sich um Großunternehmen handelte, konnten als sog. „Sollkaufleute" nach § 2 aF Kaufmannseigenschaft nur durch eine, allerdings obligatorische, Eintragung im Handelsregister erlangen (Wortlaut → § 4 aF Rn. 2). Kleinunternehmen waren eintragungsunfähig (→ Rn. 5), gleich ob sie unter den Katalog des § 1 aF fielen (dann § 4 aF) oder nicht (dann § 2 aF). Fakultativ war die Eintragung der land- und forstwirtschaftlichen Unternehmen bzw. ihrer Nebenbetriebe (als sog. „Kannkaufleute" nach § 3 aF). Dieser in der → 1. Aufl. 1996, § 1 Rn. 9, 28–95 erläuterte Rechtszustand war kompliziert und unbefriedigend (auch → Rn. 5).[1] 2

bb) HRefG 1998. Geändert wurde dieser Rechtszustand durch das Handelsrechtsreformgesetz vom 22.6.1998 (→ Vor § 1 Rn. 28).[2] Die Bedeutung dieses Gesetzes für die Kaufmannseigenschaft ist im Wesentlichen die folgende: Jedes gewerbliche Unternehmen, das nicht Kleinunternehmen ist, ist ohne weiteres handelsgewerblich, fällt also unter den Kaufmannsbegriff **(§ 1 Abs. 2).** Die Eintragung ist in diesem Fall obligatorisch **(§ 29),** aber nur „deklaratorisch", dh sie begründet nicht die ohnehin schon bestehende Kaufmannseigenschaft (→ Rn. 6). Der hiermit verbundene Verzicht auf letzte Rechtssicherheit – es gibt kaufmännische Unternehmen auch ohne Registereintragung – wird durch die rechtspolitische Geradlinigkeit der neuen Regelung kompensiert (→ Rn. 5). **Kleinunternehmen** (§ 2) und Unternehmen der **Land- und Forstwirtschaft** (§ 3) erwerben die Kaufmannseigenschaft dagegen als sog. „Kannkaufleute" nur durch Eintragung in das Handelsregister. Diese Eintragungen sind nach § 2 S. 2 bzw. § 3 Abs. 2 fakultativ, und sie wirken, weil die Kaufmannseigenschaft begründend, „konstitutiv" (→ § 2 Rn. 11; → § 3 Rn. 21). Minderkaufleute (§ 4 aF) gibt es nicht mehr, wohl aber finden bestimmte Vorschriften des HGB auch auf nicht eingetragene Kleinunternehmer Anwendung (§ 84 Abs. 4, § 93 Abs. 3, § 383 Abs. 2, § 407 Abs. 3 S. 2, § 467 Abs. 3 S. 2, § 481 Abs. 3 S. 2, § 553 Abs. 3 S. 2, § 557 Abs. 3 S. 2). Als Auffangregel gilt **§ 5:** Wer zu Unrecht als Kaufmann im Handelsregister eingetragen ist, gilt gleichfalls als Kaufmann (str.; enger die hM; → § 5 Rn. 21). Dies ist die **gesetzliche Systematik.** Die **praktische Anwendung** kehrt diese Systematik um:[3] Praktiker prüfen zuerst, ob ein Rechtsträger als Handelsgesellschaft (§ 6) oder sonst (§ 5) im Handelsregister steht und bereits deshalb Kaufmann ist (→ § 5 Rn. 3; → § 5 Rn. 13). Für die Kaufmannseigenschaft eingetragener Gesellschaften oder eingetragener Einzelkaufleute ist § 1 deshalb ohne Bedeutung (auch → Rn. 6). Fehlt die Eintragung oder geht es um die Eintragungspflicht, so wird geprüft, ob ein Unternehmen nach § 1 vorliegt (auch → Rn. 6). 3

cc) Weitergehende Vorschläge. Rechtspolitisch weitergehende Vorschläge – namentlich des Verfassers *(Karsten Schmidt)* – gerichtet auf Einbeziehung aller – auch der freiberuflichen – Unternehmen,[4] was eine Verschiedenbehandlung großer und kleiner 4

---

1 → 1. Aufl. 1996, § 1 Rn. 1, 116 mwN; zur Reform → 1. Aufl. 1996, § 1 Rn. 116 ff.; vgl. auch Begr. RegE zum HRefG, BT-Drs. 13/8444, 22.

2 Zur Vorgeschichte dieser Reform vgl. → 1. Aufl. 1996, § 1 Rn. 116 ff.

3 So jetzt auch EBJS/*Kindler* Rn. 10 f.; Oetker/*Körber* Rn. 7; Röhricht/Graf v. Westphalen/Haas/*Ries* Rn. 3: Systematik der §§ 1 ff. sei „geradezu irreführend".

4 *Karsten Schmidt* DB 1994, 515 ff.

Unternehmen nicht ausgeschlossen hätte, hat die Gesetzgebung nicht aufgegriffen.[5] Das HGB hat es vielmehr bei dem (die freien Berufe ausschließenden) Gewerbebegriff (→ Rn. 19 ff.) belassen,[6] ebenso bei der Sonderbehandlung der Land- und Forstwirtschaft in § 3 (kritisch → § 3 Rn. 4).[7] Der Vorschlag aus dem auf das traditionelle Berufsbild der Gewerbetreibenden zugeschnittenen HGB ein Unternehmensgesetzbuch zu machen,[8] wurde damit nicht mit der gebotenen Konsequenz aufgegriffen (nur sehr eingeschränkt auch in dem österreichischen „Unternehmensgesetzbuch" von 2005; → Rn. 104 ff.).[9] Immerhin ist zu bemerken, dass das HGB einem modernen Unternehmensrecht seit 1998 näher kommt als zuvor. Als bloße „Reform des Handelsstandes und der Personengesellschaften"[10] ist die Handelsrechtsmodernisierung von 1998 nicht hinlänglich beschrieben. Auch schließt die Neukonzeption der §§ 1 ff. Überlegungen über die analoge Anwendung einzelner HGB-Regeln auf nichtkaufmännische Unternehmen nicht aus (→ Rn. 85 ff.).

5 **2. Systematik von Gewerbe und Eintragung. a) Kaufleute kraft Gewerbebetriebs („Istkaufleute") und Kaufleute kraft fakultativer und konstitutiver Eintragung („Kannkaufleute").** Das geltende Recht unterscheidet nicht mehr, wie bis 1998, zwischen den sprachlich ungenügend gegeneinander abgegrenzten Gruppen der „Istkaufleute (Musskaufleute)", „Sollkaufleute", „Kannkaufleute" und „Minderkaufleute", sondern es unterscheidet außer den bei **§ 6** zu besprechenden **Formkaufleuten** nur noch **Kaufleute kraft Gewerbetriebs nach § 1 Abs. 2** (in der hergebrachten Terminologie: **„Istkaufleute"**) und **Kaufleute kraft fakultativer Eintragung nach § 2 und § 3** (in der hergebrachten Terminologie: **„Kannkaufleute"**), zu denen auch die unter § 105 Abs. 2 fallende „Kann-oHG" bzw. „Kann-KG" zählen. Bei den unter § 1 Abs. 2 fallenden Unternehmen wirkt die **Handelsregistereintragung** „deklaratorisch" (ist also nicht Voraussetzung für den Erwerb der Kaufmannseigenschaft). Bei den unter § 2 oder § 3 fallenden Unternehmen wirkt die Eintragung, weil für die Kaufmannseigenschaft unerlässlich, konstitutiv (→ § 2 Rn. 11; → § 3 Rn. 21). Ein gewerbliches Unternehmen, das nicht Kleinunternehmen iSv § 2 ist (→ § 2 Rn. 10) und auch nicht land- oder forstwirtschaftliches Unternehmen ist (→ § 3 Rn. 9 ff.), ist nach § 1 Abs. 2 ohne weiteres (kraft Gewerbebetriebs) kaufmännisch („Vollunternehmen" iSv → Rn. 68). Gleiches galt **bis 1998** (→ Rn. 2) nur für die im Katalog des § 1 Abs. 2 aF (→ Rn. 105) aufgezählten Gewerbezweige, zB für den Warenhandel.[11] Andere gewerbliche Unternehmen konnten dagegen unter den Voraussetzungen des jetzigen Abs. 2 (Erfordernis kaufmännischer Einrichtungen) Kaufmannseigenschaft nur durch konstitutive, aber obligatorische Eintragung erlangen (§ 2 aF). Außerhalb des in § 1 aF enthaltenen Katalogs bestimmter Gewerbezweige konnte es keine Kaufmannseigenschaft ohne Eintragung geben (Wortlaut des § 2 aF → § 4 Rn. 2). Der HGB-Gesetzgeber von 1897 hatte diese Regelung aus Sorge um die Rechtssicherheit eingeführt.[12] Der Preis für die gewonnene Rechtssicherheit bestand darin, dass der Kaufmannsbegriff viele Unternehmen mangels Eintragung nicht erfasste, selbst wenn sie kaufmännischer Einrichtungen bedurften und deshalb gesetzeswidrig nicht eingetragen waren (Kritik in der → 1. Aufl. 1996, Rn. 1 ff.). **Seit 1998** unterliegen alle unter Abs. 2 fallenden Unternehmen einerseits der Eintragungspflicht (§ 29), unterstehen aber auch ohne Eintragung als Kaufleute dem Han-

---

5 Begr. RegE zum HRefG, BT-Drs. 13/8449, 23.

6 Begr. RegE zum HRefG, BT-Drs. 13/8449, 24 ff.; *Canaris* HandelsR § 1 Rn. 42; Heymann/*Förster* Rn. 6; krit. *Krejci/Karsten Schmidt,* Vom HGB zum Unternehmergesetz, 2002, 92 f.; *Karsten Schmidt* JZ 2003, 585 (589 f.); *Karsten Schmidt* JurBl. 2004, 31.

7 Begr. RegE zum HRefG, BT-Drs. 13/8449, 34; krit. *Krejci/Karsten Schmidt,* Vom HGB zum Unternehmergesetz, 2002, 91 f.; *Karsten Schmidt* JZ 2003, 590; *Karsten Schmidt* JurBl. 2004, 31.

8 *Karsten Schmidt* DB 1994, 515 ff.; vgl. auch für Österreich *Karsten Schmidt* JurBl. 2003, 137 ff.; *Karsten Schmidt* JurBl. 2004, 31 ff.

9 Vgl. Baumbach/Hopt/*Hopt* Rn. 4; *Siems,* Kaufmannsbegriff und Rechtsfortbildung, 2003, 14 ff.; *Treber* AcP 199 (1999), 536 ff.

10 So der Titel der von *Lieb* herausgegebenen Schrift, 1999.

11 Dazu → 1. Aufl. 1996, § 1 Rn. 55–95; Kritik der aF auch noch bei EBJS/*Kindler* Vor § 1 Rn. 14 ff.

12 Denkschrift zu dem Entwurf eines HGB, 1896, 13 f.

delsrecht. Die Eintragung wirkt also bei diesen Unternehmen nur noch deklaratorisch (→ Rn. 6, → Rn. 78). Der hierin liegende Verzicht auf Rechtssicherheit wird zum Teil kritisiert,[13] indes zu Unrecht:[14] Die Praxis zu § 2 aF hat gezeigt, dass die Nicht-Kaufmannseigenschaft bei fehlender Eintragung immer wieder zu unbefriedigenden Zufallsergebnissen führte und keinen Gewinn an effektiver Rechtssicherheit brachte.[15] Das beredteste Beispiel hierfür war das Bankrottstrafrecht, wo durch eine besondere Norm (seit 1985 § 262 aF, zuvor § 47b aF) dafür gesorgt werden musste, dass Gewerbetreibende auch ohne Eintragung, also als Nichtkaufleute, den kaufmännischen Rechnungslegungspflichten unterlagen. Man hatte also auf die von Kritikern vermisste Rechtssicherheit ausgerechnet im Bilanz- und im Strafrecht schon vor 1998 aus wohlerwogenen rechtspolitischen Erwägungen verzichtet, also gerade dort, wo Rechtssicherheit herkömmlich besonders groß geschrieben wurde. Doch ist die verbleibende Rechtsunsicherheit im Grenzbereich der Kleingewerblichkeit eher hinzunehmen als rechtspolitische Defizite im Bereich der nichteingetragenen Vollunternehmen.

b) Deklaratorische und konstitutive Eintragung. Der **Unterschied** zwischen der „deklaratorischen" Registereintragung im Fall des § 1 und der „konstitutiven" Eintragung im Fall der § 2 und § 3 (→ Rn. 3) wirkt sich nicht im registerrechtlichen Anmeldungsverfahren aus, sondern **nur im materiellen Recht,** und zwar **nur bei fehlender Eintragung:** Ist ein Unternehmen nicht im Handelsregister eingetragen, so kann es kaufmännisch nur unter den Voraussetzungen des Abs. 2 sein (zu den Merkmalen → Rn. 13 ff., → Rn. 27 ff.). Der Tatbestand des Abs. 2 ist allerdings auch für das Handelsregister von Bedeutung insofern, als die deklaratorische Eintragung nach § 29 obligatorisch ist und **Gegenstand des Registerzwangs** sein kann (→ Rn. 11). Ist aber ein Unternehmen im Handelsregister eingetragen, so ist es in jedem Fall kaufmännisch; darauf, ob es nach § 1, nach § 2 oder nach § 3 eingetragen ist, kommt es dann nicht an, weil es einen materiellen Unterschied zwischen diesen Eintragungen nicht gibt (→ § 2 Rn. 18).[16] Die **Unterscheidung zwischen § 1, § 2 und § 3** spielt **bei einem eingetragenen Unternehmen** nicht für die Kaufmannseigenschaft, sondern **nur im Löschungsverfahren** wieder eine Rolle (→ Rn. 8; → § 2 Rn. 20 ff.; → § 3 Rn. 31). Das wird von großen Teilen der Lit. bestritten[17] und nimmt sich zunächst verwunderlich aus, weil ja die Konstitutivwirkung rechtsändernde Kraft hat und diese rechtsändernde Kraft der nur „deklaratorischen" Eintragung fehlt. Deshalb – so dieser Teil der Lit. – müsse es zunächst darauf ankommen, ob das Unternehmen unter § 1 Abs. 2 fällt oder unter §§ 2, 3. In diesem letzteren Fall komme es darauf an, ob die Registeranmeldung eine Option für die Kaufmannseigenschaft zum Ausdruck bringe und ob das Unternehmen auch wirklich „nach § 2" oder „nach § 3" (konstitutiv) eingetragen sei. Aber diese Überlegungen sind denkfehlerhaft und praxisfern, weil die vollzogene Eintragung jede Prüfung, ob ein Fall des § 1 oder § 2 oder § 3 vorliegt, überflüssig macht (→ § 2 Rn. 18; → § 3 Rn. 24 f.). Die Anmeldung eines Unternehmens zur Eintragung im Handelsregister hat als Verfahrenshandlung keinen unterschiedlichen Inhalt je nachdem, ob der Anmeldende oder das Registergericht von einem Anwendungsfall des § 1, § 2 oder § 3 ausgeht (→ § 2 Rn. 14). Zu Unrecht glaubt die in der Lit. überwiegende Gegenmeinung, bei einem eingetragenen Unternehmen darauf abstellen zu müssen, ob der als Kaufmann Eingetragene die Kaufmannseigenschaft nach § 1 kraft Gesetzes erworben oder nach § 2 6

[13] Vgl. *Oetker* HandelsR § 2 Rn. 39; *Krebs* DB 1996, 2015 (2017); *Lieb* NJW 1999, 35; *Kaiser* JZ 1994, 497 ff.; abwartend Röhricht/Graf v. Westphalen/Haas/*Ries* Rn. 132 ff.; Röhricht/Graf v. Westphalen/Haas/*Ries* § 2 Rn. 12.

[14] Zusammenfassend *Karsten Schmidt* JZ 2003, 585 (587 f.).

[15] Vgl. *Karsten Schmidt* HandelsR, 4. Aufl. 1994, § 3 I, § 3 II 3, § 10 V.

[16] *Karsten Schmidt* HandelsR § 10 Rn. 67 ff.; *Karsten Schmidt* NJW 1998, 2161; *Karsten Schmidt* ZHR 163 (1999), 91 ff.; *Karsten Schmidt* JZ 2003, 585 (588); zust. EBJS/*Kindler* § 2 Rn. 14 f.; *Treber* AcP 199 (1999), 582.

[17] AA namentlich *Canaris* HandelsR § 3 Rn. 19 ff.; *Oetker* HandelsR § 2 Rn. 32 f.; Baumbach/Hopt/*Hopt* § 2 Rn. 3; KKRD/*Roth* § 2 Rn. 5; Röhricht/Graf v. Westphalen/Haas/*Ries* § 2 Rn. 10, 12; *Lieb* NJW 1999, 36; *Petersen* Jura 2005, 831 f.

bzw. § 3 „gewählt" hat (dagegen → § 2 Rn. 18; → § 3 Rn. 25). Sie führt über den Umweg des § 5 zu demselben Ergebnis (→ § 5 Rn. 14), doch ist dieser Um- und Ausweg schwerfällig und überflüssig (→ § 5 Rn. 14).

7 **3. Beginn und Ende der Kaufmannseigenschaft. a) Beginn.** Im Gegensatz zu den Fällen der § 2 und § 3 hängt der Beginn der Kaufmannseigenschaft nach **Abs. 2** nicht von der Registereintragung, sondern von dem **Beginn der gewerblichen Tätigkeit** ab (zum Gewerbebegriff → Rn. 27 ff.). Die bloße Planung oder die bloße Errichtung einer Handelsgesellschaft durch Gesellschaftsvertrag genügt nicht, ebenso wenig der Abschluss von Rechtsgeschäften, die sich in der Planung des Unternehmens erschöpfen (zB die Einholung von betriebswirtschaftlichen Gutachten oder von Vertragsentwürfen).[18] Ausreichend sind aber Vorbereitungsgeschäfte, dh Rechtsgeschäfte oder geschäftsähnliche Handlungen, die bereits im Außenverhältnis der Ingangsetzung der gewerblichen Tätigkeit dienen, zB durch Geschäftsraummiete, Arbeitsverträge, Werbungsaufträge etc (vgl. auch → 4. Aufl. 2016, § 123 Rn. 9).[19] Es brauchen also noch keine gewerblichen Außengeschäfte im Rahmen des betreffenden Handelsgewerbes getätigt worden zu sein (→ 4. Aufl. 2016, § 123 Rn. 9). Auch braucht die im Unternehmen angelegte Größenordnung (Erforderlichkeit kaufmännischer Einrichtungen) noch nicht erreicht zu sein.[20] Wie sich aus → Rn. 6 ergibt, spielen diese Überlegungen allerdings **nur bei einem nicht eingetragenen Unternehmen** eine Rolle. Bei einem **eingetragenen Unternehmen** bedarf es nicht der Prüfung, ob die Eintragung im Zeitpunkt ihres Vollzugs konstitutiv oder deklaratorisch gewirkt hat. Entscheidend ist der tatsächliche, nicht der später in das Handelsregister eingetragene Geschäftsbeginn (→ Rn. 6). Vom Beginn der Kaufmannseigenschaft (bezogen auf das Unternehmen) ist der **Übergang der Kaufmannseigenschaft** auf einen neuen Rechtsträger zu unterscheiden. Diese kann kraft Universalsukzession übergehen (der Alleinerbe eines Einzelkaufmanns wird automatisch zum Kaufmann)[21] oder durch Übernahme (insbesondere im Fall eines asset deal).[22]

8 **b) Ende.** Auch die **Beendigung des Handelsgewerbes** tritt im Fall des § 1 grundsätzlich nicht durch Eintragung („Die Firma ist erloschen") ein: Die Löschung im Handelsregister genügt nur, um eine auf § 2 oder § 3 gegründete Kaufmannseigenschaft zu beendigen (→ § 2 Rn. 22; → § 3 Rn. 31). Eine Kaufmannseigenschaft nach Abs. 2 erlischt, wenn der im Handelsregister nicht eingetragene **Betrieb eingestellt oder auf eine nichtgewerbliche, zB freiberufliche, Tätigkeit umgestellt** wird (anders nach der hier vertretenen Ansicht bei fortbestehender Eintragung; → § 5 Rn. 6, → § 5 Rn. 10).[23] **Nicht** ohne weiteres ausreichend ist die bloße **Auflösung einer Handelsgesellschaft.** Die Abwicklung eines kaufmännischen Unternehmens kann noch handelsgewerbliche Tätigkeit sein,[24] solange sie nicht zu bloßer Vermögensverwaltung wird (über Personengesellschaften → 4. Aufl. 2016, § 156 Rn. 7 ff.).[25] Eine bloß vorübergehende Stilllegung ist noch keine

---

[18] EBJS/*Kindler* Rn. 40; Heymann/*Förster* Rn. 83; Staub/*Oetker* Rn. 45.

[19] BGHZ 10, 91 (96) = NJW 1953, 1217 (1218); BGHZ 32, 307 (311) = WM 1959, 161 (164); BGH BB 2004, 1358 = ZIP 2004, 1208; RG JW 1930, 829 (831); DR 1941, 1943 (1944) mAnm *Barz*; BFHE 176, 346 (348); EBJS/*Kindler* Rn. 40; Heymann/*Förster* Rn. 83; KKRD/*Roth* Rn. 25; Oetker/*Körber* Rn. 108; L. Schmidt/*Wacker* EStG § 15 Rn. 129; vgl. demgegenüber zur Gewerbesteuer BFH BStBl. 1998 II 478.

[20] Röhricht/Graf v. Westphalen/Haas/*Ries* Rn. 139.

[21] Oetker/*Körber* Rn. 112; aA Baumbach/Hopt/*Hopt* Rn. 36: Kaufmannseigenschaft erst durch Fortführung.

[22] Vgl. Röhricht/Graf v. Westphalen/Haas/*Röhricht* Rn. 140.

[23] Baumbach/Hopt/*Hopt* Rn. 52; Heymann/*Förster* Rn. 84.

[24] EBJS/*Kindler* Rn. 41; Heymann/*Förster* Rn. 84; BFH BStBl. 1979 II 89; Oetker/*Körber* Rn. 110; Röhricht/Graf v. Westphalen/Haas/*Ries* Rn. 141; L. Schmidt/*Wacker* EStG § 15 Rn. 133; vgl. BayObLG NJW-RR 2000, 1700; anders auch hier das Gewerbesteuerrecht.

[25] Vgl. zur Abgrenzung sinngemäß BGHZ 74, 273 = NJW 1979, 1650; BFHE 141, 405 (428) = DB 1984, 2383 (2386); BFHE 146, 115 (119 f.) = DB 1986, 1263 (1264); BFHE 165, 521 (523) = DB 1992, 251; L. Schmidt/*Wacker* EStG § 15 Rn. 50.

Betriebseinstellung.[26] Die **Löschung im Handelsregister** ist also **nicht ausreichend,** um die Kaufmannseigenschaft nach Abs. 2 zu beenden. Sie ist **aber erforderlich,** wenn das Unternehmen im Handelsregister eingetragen ist. Anderenfalls wird sich aus § 2, § 3 oder § 5 ergeben, dass die Kaufmannseigenschaft fortbesteht (→ § 2 Rn. 5 ff.; → § 5 Rn. 14 f.). Nach der hier bei → § 5 Rn. 6, → § 5 Rn. 10 vertretenen Auffassung ist auf jeden als Kaufmann eingetragenen Rechtsträger mindestens § 5 analog anzuwenden (str.). Ist eine **Gesellschaft als OHG oder KG eingetragen,** so ist sie in jedem Fall Handelsgesellschaft (→ § 6 Rn. 4) und behält diesen Status selbst im Fall ihrer Auflösung bis zum Abschluss der Liquidation (→ 4. Aufl. 2016, § 156 Rn. 8). Die Gesellschaft wird also nicht schon gelöscht, wenn die gewerbliche Tätigkeit beendet und der Gewerbebetrieb eingestellt ist (→ 4. Aufl. 2016, § 157 Rn. 10). **Kapitalgesellschaften und eingetragene Genossenschaften** (→ § 6 Rn. 9 f.) bleiben bis zu ihrer Löschung im Handels- oder Genossenschaftsregister Kaufleute kraft Rechtsform. Nach hM führt der **Tod eines Einzelkaufmanns** zum Fortfall der Kaufmannseigenschaft.[27] Bezogen auf den Verstorbenen ist dies eine Selbstverständlichkeit (wer nicht rechtsfähig ist, kann nicht Kaufmann sein), bezüglich des Unternehmens dagegen ein Missverständnis. Das Unternehmen bleibt kaufmännisch; nur die Kaufmannseigenschaft geht mit der Unternehmensträgerschaft auf den (die) Erben über (→ Rn. 7 aE, auch → Rn. 52).[28] Die **Eröffnung des Insolvenzverfahrens** über das Vermögen des Kaufmanns führt nicht zur Beendigung seiner Kaufmannseigenschaft (zur Anwendung von Handelsrecht im Insolvenzverfahren auch → Rn. 63).[29]

4. Unternehmensträger als Zurechnungssubjekt. Kaufmann und damit Normadressat des Handelsgesetzbuchs kann – von den nichtgewerblichen Handelsgesellschaften als Formkaufleuten abgesehen – nur sein, wer Träger eines Unternehmens ist (→ Rn. 37 ff.; zur Rechtsfigur des Unternehmensträgers auch → Vor § 1 Rn. 9 f.). Die 1980 in die Handelsrechtsliteratur eingeführte **Rechtsfigur des Unternehmensträgers**[30] hat Aufnahme in die Rspr.[31] und Lit. zum HGB[32] gefunden. Sie wird nicht selten mit der vom Verfasser gleichfalls seit Jahrzehnten verfochtenen Ausdehnung des Handelsrechts auf nichtkaufmännische Unternehmen in direkte Verbindung gebracht.[33] Richtig ist, dass die Rechtsfigur des Unternehmensträgers den Blick dafür schärfen kann und auch soll, dass die Maßgeblichkeit handelsrechtlicher Normen nicht beim klassischen Kaufmannsbegriff enden muss (→ Vor § 1 Rn. 5 ff.). Indes geht es bei der Verwendung des Rechtsbegriffs „Unternehmensträger" in erster Linie nicht um die von der hM (noch) nicht akzeptierte Ausdehnung des Handelsrechts: Es geht um die **Bewältigung eines Zurechnungsproblems,**[34] denn wenn ein (kaufmännisches) Unternehmen vorhanden ist, ist Kaufmann, **wer das Gewerbe betreibt** (→ Rn. 37 ff.). Dieses notwendige Zurechnungssubjekt wird als Unternehmensträger bezeichnet.[35] Er ist im Handelsregister als Inhaber des handelsgewerblichen Unternehmens kenntlich zu machen (§ 29), und wenn er das Unternehmen überträgt oder vererbt, gelten die §§ 25 ff. usw. Der Unternehmensträger ist, sofern das Unternehmen handelsgewerblicher Art ist (Abs. 1), das **Zurechnungssubjekt des Handelsrechts,** in der Redeweise des 9

[26] Heymann/*Förster* Rn. 85; Röhricht/Graf. v. Westphalen/Haas/*Ries* Rn. 141.

[27] Vgl. etwa Oetker/*Körber* Rn. 110; Röhricht/Graf. v. Westphalen/Haas/*Ries* Rn. 141.

[28] Das gilt auch in den Fällen der §§ 2 und 3, weil das Unternehmen(!) eingetragen ist.

[29] Baumbach/Hopt/*Hopt* Rn. 47, 52; Kilger/*Karsten Schmidt,* Insolvenzgesetze, 17. Aufl. 1997, § 6 KO Anm. 3a; aA RG JW 1902, 186.

[30] *Karsten Schmidt* HandelsR, 1. Aufl. 1980; jetzt *Karsten Schmidt* HandelsR § 3 Rn. 40 ff., 44 ff.; *Karsten Schmidt* HandelsR § 4 Rn. 1 ff.

[31] Vgl. nur BGH NJW 1982, 1647; 1984, 1186 mAnm *Karsten Schmidt*; BGH NJW 1992, 912 mAnm *Karsten Schmidt* ZGR 1992, 621; BGH NJW 1996, 1053 (1054).

[32] Vgl. nur Baumbach/Hopt/*Hopt* Vor § 1 Rn. 41; EBJS/*Reuschle* § 17 Rn. 5; Heymann/*Horn* Vor § 1 Rn. I 20 und V 4, 6; Röhricht/Graf v. Westphalen/Haas/*Ries* Rn. 73; *Reiff,* Die Haftungsverfassungen nichtrechtsfähiger unternehmenstragender Verbände, 1996, 21 ff.

[33] So wohl *Canaris* HandelsR § 1 Rn. 24 ff.

[34] Näher *Karsten Schmidt* HandelsR § 3 Rn. 43.

[35] *Karsten Schmidt* HandelsR § 4 Rn. 52 ff.

HGB also der Kaufmann (→ Rn. 37). Bedeutung hat die Rechtsfigur aber auch über das Handelsrecht hinaus (zB im Recht der Freien Berufe).

II. Bedeutung der Abs. 1 und 2

10 **1. Abs. 1 als Grundnorm. a) Wer ein Handelsgewerbe betreibt (Abs. 1).** Kaufmann im Sinne des HGB ist, wer ein Handelsgewerbe betreibt (Abs. 1). Diese auf den „Handelsstand" (Erstes Buch) gemünzte Begriffsbestimmung ist nicht nur veraltet, sondern auch ungenau. Kaufmann ist zunächst (und im praktischen Leben mehr und mehr) jede Handelsgesellschaft, auf die nach § 6 Abs. 1 die in betreff der Kaufleute geltenden Vorschriften gleichfalls Anwendung finden (→ Rn. 3). Unter den Handelsgesellschaften befinden sich die sog. Formkaufleute, nämlich die im Handelsregister eingetragenen Aktiengesellschaften (§ 3 AktG), die Kommanditgesellschaften auf Aktien (§§ 3, 278 AktG), Gesellschaften mit beschränkter Haftung (§ 13 Abs. 3 GmbHG), eingetragene Genossenschaften (§ 17 Abs. 2 GenG) und Europäische Wirtschaftliche Interessenvereinigungen (§ 1 EWIVAG). Diese Rechtsträger sind Kaufleute, ohne dass es auf den Betrieb eines Handelsgewerbes ankäme (näher → § 6 Rn. 9 ff.). Ob seit der HGB-Reform von 1998 für die eingetragene OHG oder KG aufgrund von § 105 Abs. 2 dasselbe gilt, ist umstritten (zur eingetragenen OHG oder KG als Formkaufmann → § 6 Rn. 17; → 4. Aufl. 2016, § 105 Rn. 9, 41; abl. die hM). Nach der hier vertretenen Auffassung gilt für alle anderen im Handelsregister eingetragenen Rechtsträger im Ergebnis dasselbe: Sie alle sind Kaufleute, ohne dass es auf ihre handelsgewerbliche Tätigkeit ankommt (→ § 5 Rn. 21; anders die hM). In der **Praxis** steht deshalb nicht das Handelsgewerbe, sondern die **Eintragung** im Handelsregister im Vordergrund (→ Rn. 3).

11 **b) Bedeutung des Handelsgewerbes.** Gleichwohl bleibt der Begriff des Handelsgewerbes ein zentraler Begriff. Er entscheidet vor allem über folgende Fragen: über die **Eintragungspflicht** (§§ 1, 29) bzw. über die **Zulässigkeit einer Eintragung im Handelsregister** (§ 2 und § 3), außerdem über die **Kaufmannseigenschaft eines nicht eingetragenen Unternehmens** (Abs. 2).

12 **c) Wer das Gewerbe betreibt.** Es kommt darauf an, wer das Gewerbe betreibt. Das ist der Unternehmensträger und nur er (zur Erläuterung dieses Begriffs → Rn. 10, → Rn. 37). Der Unternehmensträger wird unter den Voraussetzungen der §§ 1 ff. als Kaufmann im Handelsregister eingetragen. Er und nur er ist unter den Voraussetzungen des Abs. 2 auch ohne Eintragung Kaufmann (→ Rn. 37).

13 **2. Abs. 2 als Definition der Kaufleute kraft Gewerbebetriebs. a) Bedeutung des Abs. 2.** Die Bedeutung des Abs. 2 wurde bei → Rn. 5, → Rn. 11 verdeutlicht. Für jeden Gewerbebetrieb gilt Handelsrecht, es sei denn, dass das Unternehmen nach Art und Umfang einen in kaufmännischer Weise eingerichteten Geschäftsbetrieb nicht erfordert. Die Bedeutung der Bestimmung ist eine dreifache: Wenn es an der Eintragung eines Unternehmens fehlt, kann sich **erstens** aus Abs. 2 ergeben, dass das Unternehmen gleichwohl kaufmännisch ist (zur rechtspolitischen Beurteilung → Rn. 5). **Zweitens** ist ein auf § 29 gestützter Eintragungszwang nur zulässig, wenn der Tatbestand des Abs. 2 erfüllt ist (→ Rn. 68 ff.). Schließlich ist, **drittens,** ein Antrag auf Löschung im Handelsregister ohne Einstellung des Unternehmens nur zulässig, wenn das Unternehmen die Voraussetzungen des § 2 nicht erfüllt, also nicht vertragspflichtig ist (→ § 2 Rn. 21). Dagegen spielt Abs. 2 keine Rolle für die materielle Rechtslage, wenn das Unternehmen im Handelsregister eingetragen ist, denn dann ist es allemal kaufmännisch (→ Rn. 6). Deshalb hat Abs. 2 in der Praxis (wo zuerst auf die Eintragung geblickt wird) nicht die diesem Tatbestand in der akademischen Lehre (in der Abs. 2 vielfach als angeblicher Grundtatbestand dargestellt wird) häufig zugeschriebene Bedeutung: Abs. 2 wird nur im Eintragungsverfahren vom Registergericht und bei nicht eingetragenen Unternehmen geprüft (→ Rn. 3, → Rn. 6). Für den materiellrechtlichen Status eines eingetragenen Unternehmens ist Abs. 2 ohne Bedeutung.

b) Verhältnis zu anderen Bestimmungen. aa) Abs. 2 und § 2. Die Bestimmungen schließen einander aus. Auch dies spielt aber nur eine Rolle, soweit es um das Eintragungs- und Löschungsverfahren bzw. um die Kaufmannseigenschaft eines im Handelsregister nicht eingetragenen Unternehmens geht (→ Rn. 7, → Rn. 13 f.). Für die materiellrechtliche Beurteilung eines im Handelsregister eingetragenen Unternehmens ist die Unterscheidung ohne Bedeutung, ohne dass es darauf ankommt, ob die Eintragung auf § 1 oder auf § 2 gestützt worden ist (auch → Rn. 6, → Rn. 13; → § 2 Rn. 11).[36] Die in der akademischen Lit. dominierende Gegenansicht ist theoretisch überkonstruiert und praktisch inakzeptabel (→ Rn. 6; → § 2 Rn. 18). 14

bb) Abs. 2 und § 3. Auch diese Bestimmungen schließen einander aus (vgl. § 3 Abs. 1). Wiederum spielt dies aber nur im Hinblick auf die Anmeldungspflicht nach § 29 und bei der Prüfung der Kaufmannseigenschaft eines nicht eingetragenen Unternehmens eine Rolle.[37] Für die Kaufmannseigenschaft eines eingetragenen Unternehmens ist auch der Gegensatz von § 1 Abs. 2 und § 3 unbedeutend, ohne dass es darauf ankäme, ob die Eintragung zu Recht oder zu Unrecht auf die §§ 1, 29 oder auf § 3 Abs. 2 gestützt worden ist (→ § 3 Rn. 25).[38] 15

cc) Abs. 2 und § 5. Ein unter Abs. 2 fallendes Unternehmen ist ohne Weiteres ein Handelsgewerbe. Der Tatbestand, dass das unter der Firma betriebene Gewerbe kein Handelsgewerbe ist (§ 5), kann dann nicht vorliegen. Allerdings führen die §§ 1, 2, 3 und § 5 im Verein dazu, dass bei einem eingetragenen Unternehmen die Zugehörigkeit zu den Unternehmen nach Abs. 2 keine Rolle mehr spielt (→ Rn. 3, → Rn. 6). Praktiker blicken zuerst auf die Eintragung im Handelsregister, nicht auf Abs. 2 (→ Rn. 3).[39] 16

dd) Abs. 2 und § 6. Eine unter Abs. 2 fallende Personengesellschaft ist ohne weiteres Handelsgesellschaft, nämlich offene Handelsgesellschaft oder Kommanditgesellschaft, und als Handelsgesellschaft Kaufmann nach **§ 6 Abs. 1,** ohne dass es auf die Eintragung ankäme (→ § 6 Rn. 4; näher → § 123 Rn. 1 ff.). Ist allerdings die Gesellschaft eingetragen, so kehrt sich die Schlussfolgerung in der Praxis um: Die OHG bzw. KG ist Kaufmann nach § 6 Abs. 1, ohne dass es noch darauf ankäme, ob sie unter Abs. 2 fällt (→ § 6 Rn. 4).[40] Umgekehrt sperrt **§ 6 Abs. 2** den Abs. 2: Eine Gesellschaft oder Genossenschaft, die nach § 6 Abs. 2 Kaufmann kraft Rechtsform ist (§§ 3, 278 Abs. 2 AktG, § 13 Abs. 3 GmbHG, § 17 Abs. 2 GenG), untersteht nach § 6 ohne weiteres dem Handelsrecht. Ob sie unter Abs. 2 fällt oder kaufmännischer Einrichtungen nicht bedarf, wird nicht geprüft. 17

ee) Abs. 2 und § 15. Umstritten ist, ob auf die Kaufmannseigenschaft nach Abs. 2 die Regeln des § 15 Anwendung finden. Diese Vorschrift gilt für Eintragungen, die obligatorisch sind und nur deklaratorische Wirkung haben (zu § 15 Abs. 1 → § 15 Rn. 29; teilweise abweichend für § 15 Abs. 3 → § 15 Rn. 91). Die Eintragung eines unter Abs. 2 fallenden Unternehmens ist obligatorisch (→ Rn. 5) und zugleich lediglich deklaratorisch (→ Rn. 5). Gleichwohl ist zweifelhaft, ob die Kaufmannseigenschaft des Unternehmens als sog. Primärtatsache unter § 15 Abs. 1 fallen kann (→ § 15 Rn. 35 ff.). Richtig scheint: § 15 Abs. 3 ist ohne Interesse, weil der als Kaufmann Eingetragene ohne weiteres als Kaufmann gilt (→ § 5 Rn. 10). Es kann also nur darum gehen, ob ein eintragungspflichtiger, aber nicht eingetragener Gewerbetreibender nach § 15 Abs. 1 zu seinem Nachteil wie ein Nichtkaufmann behandelt werden kann (→ § 15 Rn. 20). 18

---

36 *Karsten Schmidt* ZHR 163 (1999), 91 ff.; aA *Canaris* HandelsR § 3 Rn. 19 ff.; *Oetker* HandelsR § 2 Rn. 32 f.; Baumbach/Hopt/*Hopt* § 2 Rn. 3; KKRD/*Roth* § 2 Rn. 5; Röhricht/v. Westphalen/Haas/*Röhricht* § 2 Rn. 10, 12; *Lieb* NJW 1999, 36; *Petersen* Jura 2005, 831.

37 *Karsten Schmidt* NJW 1998, 2163.

38 *Karsten Schmidt* ZHR 163 (1999), 94; aA *Canaris* HandelsR § 3 Rn. 19 ff.; *Oetker* HandelsR § 2 Rn. 32 f.; Baumbach/Hopt/*Hopt* § 2 Rn. 3; KKRD/*Roth* § 2 Rn. 5; Röhricht/v. Westphalen/Haas/*Röhricht* § 2 Rn. 10, 12; *Lieb* NJW 1999, 36; *Petersen* Jura 2005, 831.

39 *Karsten Schmidt* HandelsR § 10 Rn. 11 ff.

40 *Karsten Schmidt* ZHR 163 (1999), 94.

III. Das Handelsgewerbe als Gewerbe

19 **1. Unternehmen und Gewerbe. a) Unternehmen.** Grundfiguren des Handelsrechts sind nach der hier vertretenen Auffassung das Unternehmen und der Unternehmensträger (→ Vor § 1 Rn. 5 ff.). Das Handelsgesetzbuch setzt, bedingt durch die Erfahrungswelt des 19. Jahrhunderts, enger an:[41] Es spricht selbst noch nach der Handelsrechtsreform von 1998 nur vereinzelt von Unternehmen (vgl. Abs. 2; früher § 2 aF). In der Regel setzt es an Stelle dieses Begriffs die engeren Begriffe „Handelsgewerbe" (§ 1 Abs. 1) bzw. „Handelsgeschäft" (zB §§ 25 ff.)[42] und an die Stelle des Unternehmensträgers den Begriff des Kaufmanns (zB § 1 Abs. 1, § 17). Das ändert nichts an der Brauchbarkeit und praktischen Bedeutung der Begriffe Unternehmen und Unternehmensträger, die sich mittlerweile auch in der Rspr. eingebürgert haben (→ Rn. 9), sondern resultiert nur aus dem engeren Ansatz des Gesetzes: Das „Handelsgewerbe" oder „Handelsgeschäft" ist das kaufmännische Unternehmen; der „Kaufmann" ist der Träger eines kaufmännischen Unternehmens (→ Rn. 9). Die vom HGB verwendeten Begriffe „Gewerbe" und „Kaufmann" sind Segmente der weiteren Begriffe „Unternehmen" und „Unternehmensträger" (→ Vor § 1 Rn. 8 f.).

20 **b) Verhältnis des Gewerbebegriffs zum handelsrechtlichen Unternehmensbegriff. aa) Bedeutung.** Die Bedeutung der Kategorien Unternehmen und Gewerbe im Handelsrecht ist umstritten (→ Vor § 1 Rn. 5 ff.).[43] Während noch vielfach die Meinung vertreten wird, dass der in Abs. 1 zugrunde gelegte Gewerbebegriff für die Praxis geklärt, der Unternehmensbegriff dagegen ein unklarer und für die Kategorienbildung im Handelsrecht ungeeigneter Posten ist,[44] ist richtigerweise zu sagen:[45] Beide Begriffe decken sich weitgehend, nur enthält der Gewerbebegriff, weil er die künstlerischen, wissenschaftlichen und freien Berufe ausnimmt (→ Rn. 32 ff.), eine verwässernde Einengung. Diese führt zu Abgrenzungsschwierigkeiten, die dem Unternehmensbegriff fremd sind, und über ihre rechtspolitische[46] wie auch methodische[47] Berechtigung bestehen aus heutiger Sicht Zweifel.[48] Für den handelsrechtlichen **Unternehmensbegriff** sind folgende nach → Rn. 27 ff. auch für den Gewerbebegriff **unentbehrliche Merkmale** erforderlich und zugleich ausreichend: erstens die Selbstständigkeit, zweitens die anbietende entgeltliche rechtsgeschäftliche Tätigkeit am Markt sowie, drittens, deren Planmäßigkeit und Ausrichtung auf Dauer.[49]

21 **bb) Typusabgrenzung des Gewerbes.** Die Typusabgrenzung des Gewerbes bringt eine spezifische, historisch zu erklärende Schwierigkeit des Gewerbebegriffs mit sich. Für den Unternehmensbegriff (→ Rn. 20) kommt es nicht auf Unterschiede zwischen Gewerbe, Handwerk, Handel, Urproduktion und Freien Berufen an. Aus der Sicht des Gewerbebegriffs ist die Situation komplizierter: **Handwerk und Gewerbe** schließen einander nicht aus; der Gewerbebegriff ist der umfassendere, so dass jeder Handwerksbetrieb auch ein Gewerbebetrieb ist;[50] zur Frage, inwieweit er kaufmännisch ist, → Rn. 70 ff., → § 2 Rn. 11 ff. **Freier Beruf und Gewerbe** schließen einander aus; die freiberufliche Praxis oder Kanzlei, das Atelier etc ist nicht gewerblich (→ Rn. 32 ff.). Allerdings gibt es berufliche Tätigkeiten, die iSd § 18 EStG, § 1 PartGG freiberuflich und trotzdem iSv § 1 gewerblich sind (→ Rn. 36). Die Terminologie ist also uneinheitlich. Die Gewerblichkeit

---

41 Vgl. *Scherner/Willoweit,* Vom Gewerbe zum Unternehmen, 1982.

42 Im Gegensatz zu den „Handelsgeschäften" der §§ 343 ff.

43 Eingehend *Krejci/Karsten Schmidt,* Vom HGB zum Unternehmergesetz, 2002, 85 ff.; *Steisslinger,* Der Gewerbebegriff im Handels- und Steuerrecht, 1989; L. Schmidt/*Wacker* EStG § 15 Rn. 8 ff.

44 Vgl. *Zöllner* ZGR 1983, 84 f.; *Zöllner* in Harrer/Mader, HGB-Reform in Österreich, 2005, 1 (5); ähnlich noch Heymann/*Förster* Rn. 6.

45 *Karsten Schmidt* HandelsR § 9 Rn. 17.

46 *Karsten Schmidt* HandelsR § 3 Rn. 4 ff.; *Karsten Schmidt* HandelsR § 9 Rn. 13; *Krejci/Karsten Schmidt,* Vom HGB zum Unternehmergesetz, 2002, 85 ff.

47 Vgl. aus steuerrechtlicher Sicht *Mössner* FS Kruse, 2001, 161 ff.; *Weber-Grellet* FS Beisse, 1997, 551 ff.

48 AA *Canaris* HandelsR § 2 Rn. 8 ff.

49 *Karsten Schmidt* HandelsR § 3 Rn. 8. Vgl. zur „modernen Definition" des Gewerbebegriffs Röhricht/Graf v. Westphalen/Haas/*Ries* Rn. 24.

50 Vgl. nur Staub/*Brüggemann,* 4. Aufl. 1995, Vor § 1 Rn. 11 ff.

der **Urproduktion** wird für das Handelsrecht nicht mehr ernsthaft bezweifelt.[51] Früher entgegenstehende Auffassungen sind spätestens seit der Änderung des § 3 durch das Gesetz über die Kaufmannseigenschaft von Land- und Forstwirten vom 13.5.1976 (→ § 3 Rn. 2) positivrechtlich überholt (vgl. demgegenüber noch die Unterscheidung der § 15 Abs. 1, 2 und § 13 EStG). Die irreführende Formulierung des § 3 Abs. 1 hat zwar die Diskussion darüber nicht verstummen lassen, ob Land- und Forstwirte keine Gewerbetreibenden und nur aufgrund der Verweisung in § 3 Abs. 2 durch fakultative Eintragung dem Recht der Gewerbetreibenden zu unterstellen sind.[52] Richtigerweise setzt aber die Anwendung der §§ 1–3 die Gewerbeeigenschaft voraus, und § 3 Abs. 1 besagt nur, dass Land- und Forstwirte nicht ipso iure Kaufleute kraft Gewerbebetriebs (§ 1 Abs. 2), sondern nur Kaufleute kraft Eintragung sein können (→ § 3 Rn. 1). Auch die nicht-landwirtschaftliche und nicht-forstwirtschaftliche Urproduktion ist im handelsrechtlichen Sinne gewerbliche Tätigkeit (vgl. insoweit auch § 15 Abs. 1 Nr. 1 EStG).[53]

2. Uneinheitlichkeit des Gewerbebegriffs. Es gibt im geltenden Recht keinen einheitlichen Gewerbebegriff. Vielmehr ist dieser Begriff in den unterschiedlichen Rechtsgebieten zwar ähnlich, aber, bedingt durch unterschiedliche Normzwecke, doch unterschiedlich definiert.[54] 22

a) Gewerbebegriff des Gewerberechts. Der Gewerbebegriff des Gewerberechts umfasst eine selbstständige, erlaubte, auf Dauer ausgeübte und auf Gewinnerzielung gerichtete Tätigkeit unter Ausschluss der freien (auch: wissenschaftlichen und künstlerischen) Berufe.[55] Er zielt auf Erfassung derjenigen Tätigkeiten, deren Zulässigkeit gewerbe- bzw. handwerksrechtlichen Vorschriften (Anmeldung, Genehmigung, Eintragung in die Handwerksrolle etc) unterliegt. Dienstleistungen, die eine „höhere Bildung", insbesondere eine Universitätsausbildung, erfordern, fallen nicht unter diesen Gewerbebegriff.[56] Mit dem Gewerbebegriff des Steuerrechts ist die gewerberechtliche Begriffsbildung nicht identisch.[57] 23

b) Steuerrechtlicher Gewerbebegriff. Der steuerrechtliche Gewerbebegriff nach § 15 Abs. 1 S. 1 Nr. 1 und Abs. 2 EStG sowie § 2 Abs. 1 S. 1 GewStG soll die gewerblichen Einkünfte unter Steuergesichtspunkten abgrenzen und ist mit dem Gewerbebegriff anderer Gesetze nicht deckungsgleich.[58] Nach § 15 Abs. 2 S. 1 EStG ist Gewerbebetrieb jede selbstständige, nachhaltige Betätigung, die mit Gewinnabsicht unternommen wird und sich als Beteiligung am allgemeinen wirtschaftlichen Verkehr darstellt, wenn die Betätigung weder als Ausübung von Land- und Forstwirtschaft noch als Ausübung eines freien Berufs noch als eine andere selbstständige Arbeit im Sinne des Einkommensteuerrechts anzusehen ist.[59] Das nach § 15 Abs. 2 S. 1 EStG unentbehrliche Merkmal der Gewinnerzielungsabsicht beruht auf dem Gedanken, dass positive und negative Einkünfte nur dann vom Staat einkommensteuerrechtlich 24

---

[51] Vgl. nur Staub/*Oetker* § 3 Rn. 1, 7; s. aber noch *v. Gierke/Sandrock* HandelsR I § 1 I 1 a: „nicht Kaufmann im wirtschaftlichen Sinne"; vgl. auch zu § 3 noch EBJS/*Kindler* Rn. 3: „Fiktion des Handelsgewerbes".

[52] *Hofmann* NJW 1976, 1297 f.; dagegen *Karsten Schmidt* HandelsR § 10 Rn. 75 ff.; Staub/*Oetker* § 3 Rn. 1; *v. Olshausen* ZHR 141 (1977), 73 (97 ff.).

[53] So auch Staub/*Oetker* § 3 Rn. 14.

[54] Vgl. BVerwG NJW 1977, 772; zum Folgenden vgl. jetzt übereinstimmend EBJS/*Kindler* Rn. 17 ff.; Heymann/*Förster* Rn. 7 ff.

[55] BVerwGE 3, 178 (180) = NJW 1956, 1004; BVerwGE 14, 125 = GewA 1962, 212; BVerwGE 19, 61 (62) = GewA 1964, 255; BVerwG GewA 1976, 293; 1988, 123; 1993, 196; 1995, 152; 2008, 301; NJW 2013, 2214 (2215); 1977, 77 f.; VGH Mannheim GewA 1988, 370; OVG Lüneburg GewA 2012, 361; OVG Münster GewA 2012, 209; OLG Düsseldorf GewA 1979, 125 = NJW 1979, 327; OLG Stuttgart GewA 1988, 330.

[56] BVerwGE 78, 6 = NVwZ 1988, 56 = GewA 1987, 331.

[57] BVerwG NJW 1977, 772.

[58] BFHE 104, 321 (323) = BStBl. 1972 II 360; Baumbach/Hopt/*Hopt* Rn. 11; EBJS/*Kindler* Rn. 19; Röhricht/Graf v. Westphalen/Haas/*Ries* Rn. 20; *Steißlinger,* Der Gewerbebegriff im Handels- und Steuerrecht, 1989; L. Schmidt/*Wacker* EStG § 15 Rn. 9.

[59] Näher *Knobbe-Keuk,* Bilanz- und Unternehmenssteuerrecht, 9. Aufl. 1993, § 9 II 2; L. Schmidt/*Wacker* EStG § 15 Rn. 8 ff.

erfasst werden sollen, wenn die Absicht besteht, auf Dauer gesehen nachhaltig Überschüsse zu erzielen.[60] Das Merkmal ist spezifisch ertragsteuerlich induziert und lässt nicht darauf schließen, dass es ohne Gewinnerzielungsabsicht kein Gewerbe im steuerlichen Sinne geben könnte (vgl. nämlich § 14 AO und § 2 Abs. 1 UStG). Private Vermögensverwaltung scheidet aus dem steuerrechtlichen Gewerbebegriff aus,[61] während die Gewerbeeigenschaft einer verpachtenden Besitzgesellschaft bei der Betriebsaufspaltung ein steuerrechtliches Problem geblieben ist.[62] Nicht zu den Einkünften aus Gewerbebetrieb rechnet das Steuerrecht die in § 18 EStG aufgezählten Einkünfte aus „selbstständiger", insbesondere freiberuflicher Arbeit.

25 **c) Gewerbebegriff im BGB.** Im BGB kommt der Gewerbebegriff nur vereinzelt vor (§ 14 Abs. 1 BGB, § 98 Nr. 1 BGB, § 269 Abs. 2 BGB, § 270 Abs. 2 BGB, § 701 BGB, § 845 BGB, § 1822 Nr. 4 BGB, § 1835 Abs. 3 BGB). Dem handelsrechtlichen Gewerbebegriff ähnelte der Gewerbebegriff des vormaligen BGB-Verjährungsrechts vor der Schuldrechtsreform von 2002 (§ 196 Abs. 1 Nr. 1 BGB aF).[63] Als Gewerbebetrieb im Sinne dieser Bestimmung wurde ein berufsmäßiger Geschäftsbetrieb angesehen, der von der Absicht dauernder Gewinnerzielung beherrscht wird.[64] Freiberufler wie Ärzte und Steuerberater wurden auch hier ausgenommen,[65] ebenso Künstler.[66] Diese Einengung war allerdings weitgehend folgenlos, weil die klassischen Freiberufler in § 196 Abs. 1 Nr. 14 und 15 BGB aF erfasst waren und weitere (zB Architekten) den gewerblichen Dienstleistern (§ 196 Abs. 1 Nr. 7 BGB aF) zugeschlagen wurden.[67] Auch hier schied bloße Vermögensverwaltung aus.[68] Die völlig veraltete Kasuistik des § 196 BGB aF ist mit der Schuldrechtsmodernisierung von 2002 gefallen und hatte auch zuvor keine systembildende Bedeutung.

26 **d) Handelsrechtlicher Gewerbebegriff.** Der handelsrechtliche Gewerbebegriff zielt darauf, die Normadressaten des HGB, soweit nicht eingetragene Handelsgesellschaften (§ 6), abzugrenzen (→ Rn. 1). Gewerbe iSd Abs. 1 ist nach der unterschiedlich formulierenden Rspr. jede selbstständige und berufsmäßige wirtschaftliche, nicht künstlerische, wissenschaftliche oder freiberufliche Tätigkeit, die auf Gewinnerzielung durch einen auf Dauer gerichteten Geschäftsbetrieb zielt.[69] Es wird zu zeigen sein, dass das Merkmal der Gewinnerzielungsabsicht richtigerweise veraltet und entbehrlich (→ Rn. 31). Entscheidend sind die Merkmale der Selbstständigkeit, des Angebots am Markt, der Entgeltlichkeit und der planmäßigen Dauer (→ Rn. 27 ff.).[70]

27 **3. Gewerbebegriff des Abs. 1. a) Selbständigkeit.** Nur eine selbstständige Tätigkeit ist Unternehmenstätigkeit und damit auch Ausübung eines Gewerbes.[71] Für den Fall

---

[60] BFHE 141, 405 (435) (GrS) = BStBl. 1984 II S. 751 (766); krit. *Seeger* FS L. Schmidt, 1993, 37 ff.

[61] BFHE 141, 405 (427 f.) (GrS) = BStBl. 1984 II S. 751 (762); BFHE 165, 498 (501) = BStBl. 1992 II S. 143 (144); BFHE 167, 401 (403) = BStBl. 1992 II S. 1007 (1008); L. Schmidt/*Wacker* EStG § 15 Rn. 46 ff.

[62] Bejahend BFHE 145, 401 (403 f.) = BStBl. 1986 II S. 296 (297); eingehend L. Schmidt/*Wacker* EStG § 15 Rn. 800 ff.; abl. *Knobbe-Keuk,* Bilanz- und Unternehmenssteuerrecht, 9. Aufl. 1993, § 9 II 2 d.

[63] Vgl. auch EBJS/*Kindler* Rn. 17; Heymann/*Förster* Rn. 11 ff.; Röhricht/Graf v. Westphalen/Haas/*Ries* Rn. 21.

[64] BGHZ 33, 321 (324) = NJW 1961, 725 (726); BGHZ 49, 258 (260) = NJW 1968, 639; BGHZ 53, 222 (223) = NJW 1970, 938 (939); BGHZ 57, 191 (199) = NJW 1972, 95 (98); BGHZ 63, 32 (33) = NJW 1974, 1462 (1463); BGHZ 74, 273 (276) = NJW 1979, 1650; BGHZ 95, 155 (157) = NJW 1985, 3063; stRspr; wie hier jetzt EBJS/*Kindler* Rn. 16.

[65] BGHZ 86, 313 (320) = NJW 1983, 1050 (1052) für Ärzte; OLG Celle DB 1977, 1505 für Steuerberater; wie hier jetzt EBJS/*Kindler* Rn. 16.

[66] RGZ 75, 52 (53); wie hier jetzt EBJS/*Kindler* Rn. 16.

[67] Vgl. für Architekten BGHZ 59, 163 (165).

[68] BGHZ 74, 273 (277 f.) = NJW 1979, 1650 f.; wie hier jetzt EBJS/*Kindler* Rn. 16.

[69] Vgl. nur BGHZ 63, 32 (33) = NJW 1974, 1462; BAG NJW 1988, 222; Baumbach/Hopt/*Hopt* Rn. 12; EBJS/*Kindler* Rn. 20 ff.; Heymann/*Förster* Rn. 19 f.; KKRD/*Roth* Rn. 3 ff.; Röhricht/Graf v. Westphalen/Haas/*Ries* Rn. 23; Oetker/*Körber* Rn. 12; Staub/*Oetker* Rn. 14 ff.

[70] *Karsten Schmidt* HandelsR § 8 Rn. 17 ff.

[71] *Karsten Schmidt* HandelsR § 8 Rn. 18; Baumbach/Hopt/*Hopt* Rn. 14; Heymann/*Förster* Rn. 20; EBJS/*Kindler* Rn. 21; KKRD/*Roth* Rn. 5; Röhricht/Graf v. Westphalen/Haas/*Röhricht* Rn. 25; Staub/*Oetker* § 1 Rn. 18; Wiener Kommentar UGB/*Straube* UGB § 1 Rn. 56.

des Handelsvertreters hebt § 84 Abs. 2 dies besonders hervor (insofern → § 84 Rn. 137 ff.). Die Selbstständigkeit unterscheidet den Gewerbetreibenden vom Arbeitnehmer.[72] Das bedeutet zunächst, dass **Handelsgesellschaften und alle sonstigen nichtnatürlichen Unternehmensträger** konstitutionell selbstständig sind. Das Merkmal der Selbstständigkeit ist für sie, weil notwendig vorhanden, ohne besondere Bedeutung.[73] Insbesondere kommt es nicht auf die wirtschaftliche Unabhängigkeit an: Auch eine unter Konzernleitung stehende Gesellschaft (§§ 17, 18 AktG) und auch eine existentiell von einem anderen Unternehmen abhängige Gesellschaft (§ 20 Abs. 1 GWB) ist im Sinne des Gewerbebegriffs selbstständig. **Natürliche Personen** sind selbstständig, wenn und soweit sie planmäßig und entgeltlich Leistungen anbieten und keine Arbeitnehmer sind. Auch bei ihnen kommt es nicht auf die wirtschaftliche, sondern nur auf die rechtliche Selbstständigkeit an (näher → § 84 Rn. 58).[74] Auch ein Einfirmen-Handelsvertreter (§ 92a; näher → § 92 Rn. 1 ff.) ist selbstständig im Sinne des Gewerbebegriffs (die durch § 5 Abs. 3 ArbGG begründete besondere Zuständigkeit der Arbeitsgerichte steht nicht entgegen, sondern beruht geradezu darauf, dass es sich nach Handelsrecht um Gewerbetreibende handelt). Die vielzitierte **sog. Scheinselbstständigkeit**[75] zB bei natürlichen Personen als Franchisenehmern, Kommissionsagenten, Transportunternehmern oder freien Mitarbeitern[76] schließt, soweit sie nur die Zuständigkeit der Arbeitsgerichte begründet, die Selbstständigkeit im Sinne des Gewerbebegriffs nicht aus.[77] Solange nicht die Arbeitnehmermerkmale gegeben sind, können also auch die sog. Scheinselbstständigen als Kleingewerbetreibende nach § 2 in das Handelsregister eingetragen werden. Die Abhängigkeit im Sinne des Arbeitnehmerbegriffs ist eine intern-organisatorische Unselbstständigkeit und Weisungsabhängigkeit,[78] die sich insbesondere bei folgenden Merkmalen zeigt: bei der Wahl des Arbeitsplatzes,[79] bei der Bestimmung der Arbeitszeiten,[80] bei der Diensteinteilung[81] und bei Urlaubsplänen.[82] Nebenberuflichkeit spricht nicht zwingend für Abhängigkeit (vgl. auch § 92b).[83] Es entscheidet nicht in erster Linie die Bezeichnung des Vertrags oder der Inhalt der getroffenen Vereinbarungen, sondern die tatsächliche Durchführung des Vertragsverhältnisses[84] in wertender Betrachtung.[85] Nach § 84 Abs. 1 S. 2 ist selbstständig, wer im Wesentlichen frei seine Tätigkeit gestalten und seine Arbeitszeit bestimmen kann (→ § 84 Rn. 29 ff.). Als Indiz für Selbständigkeit im Sinne des Gewerbebegriffs im Gegensatz zum Arbeitnehmerbegriff wird ferner die Tragung von Unterneh-

---

72 BAGE 18, 87 = DB 1966, 546; KKRD/*Roth* § 84 Rn. 3 unter b.

73 Vgl. auch *Emde,* Die Handelsvertreter-GmbH, 1994, 89 ff.; zust. Heymann/*Stöber* § 84 Rn. 28; Oetker/*Körber* Rn. 15.

74 KG JFG 18, 308 (311); Staub/*Oetker* Rn. 19.

75 Dazu etwa Röhricht/Graf v. Westphalen/Haas/*Ries* Rn. 26, 76; *Pfeiffer,* Handbuch der Handelsgeschäfte, 1999, § 1 Rn. 68; *Berndt* BB 1998, 894 ff.; *Griebeling* RdA 1998, 208 ff.; *Hopt* FS Medicus, 1999, 235 = DB 1998, 863; *Horn/Henssler* ZIP 1998, 589 ff.; *Hromadka* NZA 1997, 1249 ff.; *Hromadka* DB 1998, 195; *Hümmerich* NJW 1948, 2625; *Kretschmer* RdA 1997, 327 ff.; *Patschke* GewA 2003, 22 ff.; *Reinecke* ZIP 1998, 581 ff.; *Reiserer* BB 1998, 1258 ff.; *Reiserer* NJW 2003, 182 ff.; *Reiserer* BB 2003, 1557 ff.; *Reiserer* DStR 2003, 292 ff.; *Rolfs* NZA 2003, 65; *Steisslinger* DStR 2000, 1694 ff.; *Wank* DB 1992, 90 ff.

76 Vgl. insbes. zum Franchising BAG DB 1997, 2127 = ZIP 1997, 1714; BGH NJW 1999, 218 = ZIP 1998, 2104; über Frachtführer BAG DB 1998, 624; BGH AP ArbGG 1979 § 5 Nr. 37; zur Abgrenzung vgl. BGH NJW 1999, 648 = ZIP 1998, 2176 – Frachtführerfall.

77 Vgl. nachdrücklich Heymann/*Förster* Rn. 20; *Horn/Henssler* ZIP 1998, 589 ff.; *Hromadka* DB 1998, 195 ff.; *Reinecke* ZIP 1998, 581 ff.; *Patschke* GewA 2003, 22 ff.; zust. Oetker/*Körber* Rn. 13; Röhricht/Graf v. Westphalen/Haas/*Ries* Rn. 26; aA wohl *Wank* in BMAS, Empirische Befunde zur „Scheinselbstständigkeit", 1997, 74 ff.

78 *Vogelsang* in Schaub, ArbR-HdB, 18. Aufl. 2019, § 8 Rn. 21 ff.; MHdB ArbR/*Schneider,* 4. Aufl. 2018, § 18 Rn. 16 ff.

79 BAG AP BGB § 611 Abhängigkeit Nr. 17; Nr. 24; Nr. 45; Nr. 152.

80 BAG AP BGB § 611 Abhängigkeit Nr. 1; Nr. 3; Nr. 18; Nr. 21; Nr. 152.

81 Vgl. BAG AP BGB § 611 Abhängigkeit Nr. 68.

82 Vgl. BAG DB 1998, 624 (625).

83 BAG AP BGB § 611 Abhängigkeit Nr. 61.

84 BAG AP BGB § 611 Abhängigkeit Nr. 73 mAnm *Mohr.*

85 BAG AP § 611 Abhängigkeit Nr. 152.

merrisiko angesehen.[86] Regelmäßig kann es aber nur um das Unternehmerrisiko im Außenverhältnis gehen. Über dieses entscheidet in erster Linie die Frage, ob sich die agierende Person durch Unternehmensgeschäfte im Außenverhältnis selbst verpflichtet (vgl. auch → Rn. 53 ff.).[87] Handelsvertreter (§ 84) und Handelsmakler (§ 93) sind selbständige Gewerbetreibende nicht bloß durch die von ihnen vermittelten oder abgeschlossenen Ausführungsgeschäfte, sondern (auch) im Verhältnis zu ihren Auftraggebern.[88] Wer im Innenverhältnis von der Haftung freigestellt ist (zB durch Treuhandvertrag, Verlustausgleichszusage, Patronatserklärung), kann gleichwohl selbstständig im Sinne des Gewerbebegriffs sein. Die neben der Selbständigkeit oder an ihrer Stelle oft hervorgehobene „Berufsmäßigkeit"[89] ist ein fragwürdiges, eigenständiger Bedeutung entbehrendes Merkmal.[90] Sie spielt nur im Rahmen der Planmäßigkeit und Dauer eine Rolle (→ Rn. 30).

28 **b) Anbietende Tätigkeit am Markt.** Eine anbietende Tätigkeit am Markt ist erforderlich.[91] Dazu gehört zunächst das **Angebot von Waren oder Leistungen** (Werkleistungen, Dienstleistungen).[92] Bloße Bedarfsdeckung genügt nicht. Wer nur nachfragt, ist nicht Gewerbetreibender, sondern Verbraucher.[93] An einem **Markt** muss angeboten werden. Dieser kann eng, kann sogar monopolistisch sein. Auch die Belieferung oder Bedienung nur eines Großabnehmers – zB einer Supermarktkette, eines Industrieunternehmens oder der öffentlichen Hand – kann anbietende Tätigkeit an einem Markt sein. Unentbehrlich ist aber eine **Marktgegenseite.** Eine Selbstversorgungseinrichtung, die ausschließlich eigenen Mitgliedern mitgliedschaftsbezogene Leistungen anbietet, ist nicht gewerblich tätig **(reines Mitgliedergeschäft).**[94] Allerdings kann sich, wenn der Kreis der Berechtigten als Marktgegenseite erscheint, auch ein „innerer Markt" innerhalb einer Verkaufsorganisation entwickeln.[95] Dafür spricht es, wenn keine Selbstversorgungseinrichtung, sondern nur ein selektiver Markt geschaffen wird (Beispiele: Kaufstätte oder Sportstätte mit Berechtigungsausweis, sog. Buchclub etc).[96] Bei einer Bau-Arbeitsgemeinschaft (ARGE) kommt es darauf an, ob diese Gesellschaft nur die anbietenden Tätigkeiten der beteiligten Gesellschaften kooperativ organisiert oder ob sie selbst als Anbieterin der gemeinschaftlich erarbeiteten Ware oder Leistung tätig ist.[97] Reine **Vermögensverwaltung** in eigener Sache[98] genügt nicht für Gewerblichkeit (arg. § 105 Abs. 2).[99] Das Kriterium liegt nicht in der „spezifischen Risikostruktur",[100] sondern in der Art und Weise des unternehmerischen Auftretens am Markt. Rein quantitative Kriterien wie die sog. „Drei-

---

[86] BAGE 18, 87 (102 ff.) = DB 1966, 546 (548).

[87] Missverständlich Baumbach/Hopt/*Hopt* Rn. 14.

[88] Das ist wohl auch gemeint bei Baumbach/Hopt/*Hopt* Rn. 14.

[89] BGHZ 74, 273 = NJW 1979, 1650 zu § 196 BGB; s. auch Baumbach/Hopt/*Hopt* Rn. 13.

[90] *Karsten Schmidt* HandelsR § 9 Rn. 20; zust. *Canaris* HandelsR § 2 Rn. 15; KKRD/*Roth* Rn. 7; Oetker/*Körber* Rn. 24 f.; Röhricht/Graf v. Westphalen/Haas/*Ries* Rn. 72; Staub/*Oetker* Rn. 43.

[91] *Karsten Schmidt* HandelsR § 9 Rn. 26 f.; EBJS/*Kindler* Rn. 22; Heymann/*Förster* Rn. 23; KKRD/*Roth* Rn. 6; Röhricht/Graf v. Westphalen/Haas/*Ries* Rn. 33.

[92] *Karsten Schmidt* HandelsR § 9 Rn. 26 f.; diese Formel hat sich durchgesetzt; vgl. für viele jetzt Staub/*Oetker* Rn. 22.

[93] *Karsten Schmidt* HandelsR § 9 Rn. 26 f.; Baumbach/Hopt/*Hopt* Rn. 17; Oetker/*Körber* Rn. 19; der Verbraucherbegriff des § 13 BGB ist nicht konstitutioneller Art, sondern bezieht sich auf das konkrete Geschäft; vgl. *Karsten Schmidt* JuS 2006, 1.

[94] *Karsten Schmidt* HandelsR § 9 Rn. 31; wie hier jetzt Oetker/*Körber* Rn. 20; Röhricht/Graf v. Westphalen/Haas/*Ries* Rn. 33.

[95] *Karsten Schmidt* HandelsR § 9 Rn. 31; Röhricht/Graf v. Westphalen/Haas/*Ries* Rn. 33.

[96] *Karsten Schmidt* HandelsR § 9 Rn. 31.

[97] *Karsten Schmidt* DB 2003, 703; bedenklich OLG Dresden DB 2003, 713; OLG Frankfurt NJOZ 2005, 2583.

[98] Anders naturgemäß bei Vermögensverwaltung als Dienstleistung für Dritte; vgl. insbes. zur Vermögensverwaltung für fremde Rechnung Röhricht/Graf v. Westphalen/Haas/*Ries* Rn. 43.

[99] BGHZ 74, 273 = NJW 1979, 1650 zu § 196 BGB; Baumbach/Hopt/*Hopt* Rn. 17; EBJS/*Kindler* Rn. 32; KKRD/*Roth* Rn. 7a; Oetker/*Körber* Rn. 22; Röhricht/Graf v. Westphalen/Haas/*Ries* Rn. 34; Staub/*Oetker* Rn. 23; vgl. auch BFHE 141, 427 = DB 1984, 2383 (2386); L. Schmidt/*Wacker* EStG § 15 Rn. 46 ff.

[100] So aber EBJS/*Kindler* Rn. 35; dagegen Oetker/*Körber* Rn. 25; wie hier auch Röhricht/Graf. v. Westphalen/Haas/*Ries* Rn. 37, 39.

Objekte-Grenze" bei der Verwertung nutzbarer Objekte (zB Immobilien) taugen nur als Indizien und Faustregeln.[101] Nicht gewerblich ist deshalb die private Spekulation mit Wertpapieren, Geld- oder Sachwerten für eigene Rechnung.[102] Bloße **Holdingfunktionen** begründen deshalb keine gewerbliche Tätigkeit.[103] Das gilt nicht nur für eine bloß verwaltende, sondern auch für eine konzernleitende Holding. Komplikationen ergeben sich bei der **Betriebsaufspaltung:** Ist ein Unternehmen derart aufgespalten, dass es mit dem von einer Besitzgesellschaft verpachteten Anlagevermögen von einer sog. Betriebsgesellschaft geführt wird, so ist zwar die Betriebsgesellschaft gewerblich tätig, nicht aber die Besitzgesellschaft;[104] der für das Steuerrecht maßgebliche „einheitliche geschäftliche Betätigungswille"[105] macht die Besitzgesellschaft handelsrechtlich nicht zu einem gewerblichen Unternehmen.[106] Bloße **Grundstücks-Eigenverwaltung** ist nicht gewerblich, auch dann nicht, wenn sie „kaufmännisch" organisiert ist.[107] Das gilt grundsätzlich auch für die **Vermietung eigenen Wohnraums.**[108] Die Unterhaltung eines Büros, das „in kaufmännischer Weise eingerichtet" ist (vgl. Abs. 2), ersetzt die fehlende Unternehmenstätigkeit nicht.[109] Eine **Personengesellschaft zum Halten und Verwalten von Grundeigentum** ist deshalb, sofern nicht gem. § 105 Abs. 2 im Handelsregister eingetragen (→ 4. Aufl. 2016, § 105 Rn. 55 ff.), Gesellschaft Bürgerlichen Rechts, nicht Handelsgesellschaft.[110] Klare Begriffsmerkmale fehlen. Der Aufruf zu einer „umfassende(n) Gesamtwürdigung"[111] ist ein Eingeständnis dieser Unschärfe. Eine formale „Drei-Objekt-Grenze", an der nach steuerlichen Grundsätzen der gewerbliche Grundstückshandel beginnen soll,[112] ist handelsrechtlich nicht anzuerkennen. Wohl aber kann eine **vermietende oder verpachtende Tätigkeit,** sofern an einem Markt betrieben, durchaus gewerblicher Art sein, wenn sie marktgerichtet und iSv → Rn. 30 planmäßig betrieben wird,[113] denn die Leistung des Vermieters oder Verpächters ist eine werthaltige anbietende Leistung. Nicht nur der gewerbliche Zwischenvermieter, sondern auch ein Grundeigentümer, Eigentümer eines Fahrzeugs- oder Maschinenparks etc, dessen Vermietungstätigkeit (Leasing!) über die bloße Eigentumsnutzung hinausgeht, kann gewerblich iSv Abs. 1 handeln. Eindeutig ist dies der Fall, wenn eine vermietete Tätigkeit durch häufigen Mieterwechsel Züge des Beherbergungsgewerbes gewinnt.[114]

---

[101] Dazu BFHE 197, 240 = NJW 2002, 1518; Heymann/Förster Rn. 25.

[102] Ähnlich EBJS/*Kindler* Rn. 22; Oetker/*Körber* Rn. 23.

[103] Ungenau (auf § 1 Abs. 2 abstellend) *Stephan* in Lutter/Bayer, Holding-HdB, 5. Aufl. 2015, § 3 Rn. 3.9; vgl. anders als hier auch Baumbach/Hopt/*Hopt* Rn. 18: Holdingtätigkeit als (Handels-)Gewerbe.

[104] BGH WM 1962, 10 (12); NJW-RR 1990, 798; NJW 2006, 3486; OLG Hamm DB 1993, 1816 = NJW 1994, 392; *Karsten Schmidt* HandelsR § 9 Rn. 27; *Karsten Schmidt* DB 1988, 897 ff.; HK-HGB/*Ruß* § 1 Rn. 36; KKRD/*Roth* Rn. 6; Oetker/*Körber* Rn. 23; Röhricht/Graf v. Westphalen/Haas/*Ries* Rn. 45; s. auch für Unterverpachtung OLG Koblenz DB 1996, 136; aA OLG München NJW 1988, 1036 (1037); LG Nürnberg-Fürth BB 1980, 1549; LG Heidelberg BB 1982, 142 mAnm *Theil*; Baumbach/Hopt/*Hopt* Rn. 18; *Hopt* ZGR 1987, 169 ff.; diff. *Bentler,* Das Gesellschaftsrecht der Betriebsaufspaltung, 1986, 49 ff.

[105] BFHE 103, 440 (444); 131, 388 (390); 148, 65 (66) = DB 1987, 137; BFHE 183, 100 = DB 1997, 1646; BFHE 202, 535 = DB 2003, 1431; BFHE 229, 433 = DB 2010, 1384; L. Schmidt/*Wacker* EStG § 15 Rn. 820.

[106] *Karsten Schmidt* HandelsR § 9 Rn. 27; zust. *Canaris* HandelsR § 2 Rn. 5; HK-HGB/*Ruß* Rn. 36; aA *Brandmüller,* Die Betriebsaufspaltung nach Handels- und Steuerrecht, 7. Aufl. 1997, Rn. B 6; Felix (Hrsg.), Kölner HdB der Betriebsaufspaltung und Betriebsverpachtung, 4. Aufl. 1979; *Fichtelmann,* Betriebsaufspaltung im Steuerrecht, 7. Aufl. 1991, 39 f.; *Söffing/Micker,* Die Betriebsaufspaltung, 7. Aufl. 2018; *Hopt* ZGR 1987, 170 f.; sympathisierend L. Schmidt/*Wacker* EStG § 15 Rn. 805.

[107] OLG Frankfurt MDR 1979, 1027.

[108] Baumbach/Hopt/*Hopt* Rn. 17.

[109] Heymann/*Förster* Rn. 24.

[110] Vgl. BGH NJW 1982, 170 = WM 1981, 1334; *Karsten Schmidt* AcP 182 (1982), 482 ff.; *Karsten Schmidt* ZIP 1998, 2 ff.; gegen Zulässigkeit bloßer Verwaltung als Gesellschaftszweck OLG Düsseldorf DNotZ 1973, 91; BB 1973, 1325.

[111] Oetker/*Körber* Rn. 25; s. auch BFHE 197, 240 = NJW 2002, 1518.

[112] BFHE 178, 86 = DB 1995, 18 (92); BFHE 197, 240 = DB 2002, 616; BFHE 200, 293 = DB 2003, 246; L. Schmidt/*Wacker* EStG § 15 Rn. 48.

[113] Ähnlich wohl Heymann/*Förster* Rn. 24; KKRD/*Roth* Rn. 7.

[114] Vgl. auch BFH BFH/NV 2003, 152 betr. Vermietung an Asylbewerber; L. Schmidt/*Wacker* EStG § 15 Rn. 82.

Die Gewerblichkeit bedarf aber in jedem Fall der Prüfung. Die Tatsache allein, dass für die Verwaltung von Anteilen (Holding), von Betriebsvermögen (Betriebsaufspaltung) oder von Grundbesitz ein auf kaufmännische Einrichtungen (Abs. 2) hindeutender Organisationsaufwand betrieben werden muss, ersetzt entgegen einer verbreiteten Auffassung nicht die Voraussetzungen des Gewerbebetriebs, denn Abs. 2 spricht von der Qualifikation eines Gewerbes als *Handels*gewerbe und setzt einen Gewerbebetrieb voraus.[115] Zu der ganz anderen Frage, welche Gesellschaften als **nichtgewerbliche Handelsgesellschaften gem. § 105 Abs. 2** eingetragen werden können, vgl. → 4. Aufl. 2016, § 105 Rn. 55 ff.

29 **c) Rechtsgeschäftliche Angebote.** Rechtsgeschäftlicher Art müssen die anbietenden Tätigkeiten sein, wobei es nicht auf die Erfüllung durch Rechtsgeschäft ankommt (Lieferungen sind rechtsgeschäftlicher, Dienst- und Werkleistungen tatsächlicher Art), sondern auf das Grundgeschäft (Kauf, Dienstvertrag, Werkvertrag etc).[116] Die Tätigkeit muss **privatrechtlich** sein, dh privatrechtliche Vertragsschlüsse anbieten. Die öffentlich-rechtliche Tätigkeit der früheren Bundespost war deshalb nicht gewerblich.[117] Dasselbe gilt nach wie vor für gebührenpflichtige Staatstätigkeiten in Rechtsformen des öffentlichen Rechts.[118] Eine solche Tätigkeit wird nicht schon dadurch eine handelsrechtliche, dass eine Behörde oder eine sonstige öffentlich-rechtliche Einrichtung nach kaufmännischen Gesichtspunkten geführt und im Geschäftsverkehr aktiv wird.[119] Aber das schließt nicht aus, dass ein diese Art Leistungen erbringendes Unternehmen bezüglich anderer privatrechtlicher Leistungen gewerbetreibend tätig ist (zB eine öffentlich-rechtliche Rundfunkanstalt bezüglich der Werbesendungen).[120] Auf die **Wirksamkeit der einzelnen Geschäfte** (etwa auf einen Verstoß gegen § 134 BGB oder § 138 BGB) kommt es nach richtiger Auffassung **nicht** an.[121] Ebenso wenig ist eine Durchsetzbarkeit der aus den einzelnen Rechtsgeschäften resultierenden Ansprüche erforderlich.[122] Die aus der Gegenauffassung resultierenden Schwierigkeiten bei Ehemaklern bzw. Partnerschaftsvermittlern (Unklagbarkeit des Ehemaklerlohnes nach § 656 Abs. 1 BGB)[123] sind überholte Scheinprobleme: Ehevermittler sind Gewerbetreibende.[124] Auch eine etwa erforderliche und fehlende öffentlich-rechtliche Erlaubnis hindert nach § 7 nicht die Gewerblichkeit der Betätigung (näher → § 7 Rn. 1). Selbst eine als solche verbotene unternehmerische Tätigkeit kann gewerblich und damit auch kaufmännisch sein.[125]

30 **d) Planmäßigkeit und Ausrichtung auf Dauer.** Planmäßigkeit und Ausrichtung auf Dauer ist erforderlich.[126] Das Merkmal deckt sich weitgehend mit dem in der Lit. vertretenen, häufig mit dem der Selbstständigkeit vermischten Merkmal der sog. Berufsmäßigkeit.[127] Diese besondere Berufsmäßigkeit ist kein neben der Selbstständigkeit und Planmäßigkeit erforderli-

[115] Vgl. zu § 2 aF *Karsten Schmidt* DB 1988, 898; vgl. auch BFHE 79, 366 = DB 1964, 868.
[116] *Karsten Schmidt* HandelsR § 9 Rn. 32.
[117] Vgl. statt vieler Staub/*Brüggemann,* 4. Aufl. 1995, Rn. 15.
[118] Ausf. Röhricht/Graf v. Westphalen/Haas/*Ries* Rn. 51 ff.
[119] In dieser Richtung allerdings EBJS/*Kindler* Rn. 30.
[120] EBJS/*Kindler* Rn. 30.
[121] *Canaris* HandelsR § 2 Rn. 13; *Karsten Schmidt* HandelsR § 9 Rn. 32; Baumbach/Hopt/*Hopt* Rn. 21; EBJS/*Kindler* Rn. 31; KKRD/*Roth* Rn. 11; Oetker/*Körber* Rn. 27; Staub/*Oetker* Rn. 41; einschr. Heymann/*Förster* Rn. 31; Röhricht/Graf v. Westphalen/Haas/*Ries* Rn. 57: „wertende Betrachtung"; aA OLG Frankfurt NJW 1955, 716; HK-HGB/*Ruß* Rn. 38; Staub/*Brüggemann,* 4. Aufl. 1995, Rn. 17; unklar Heymann/*Förster* Rn. 31 f.
[122] AA Heymann/*Förster* Rn. 31; HK-HGB/*Ruß* Rn. 38; Staub/*Brüggemann,* 4. Aufl. 1995, Rn. 17.
[123] BayObLGZ 1972, 106 (107) = NJW 1972, 1327; OLG Frankfurt NJW 1955, 716; Staub/*Brüggemann,* 4. Aufl. 1995, Rn. 17; s. auch Heymann/*Förster* Rn. 31 f. mit wenig tragfähiger Argumentation aus § 17 Abs. 2.
[124] *Karsten Schmidt* HandelsR § 9 Rn. 33; Baumbach/Hopt/*Hopt* Rn. 21; HK-HGB/*Ruß* Rn. 38; Röhricht/Graf v. Westphalen/Haas/*Ries* Rn. 57; *John* JR 1977, 563.
[125] *Karsten Schmidt* HandelsR § 9 Rn. 35; aA Staub/*Oetker* Rn. 40 ff. mwN.
[126] Näher *Karsten Schmidt* HandelsR § 9 Rn. 36; EBJS/*Kindler* Rn. 23;Heymann/Förster Rn. 21; KKRD/*Roth* Rn. 7; Röhricht/Graf v. Westphalen/Haas/*Ries* Rn. 27; Staub/*Oetker* Rn. 20.
[127] Dazu Baumbach/Hopt/*Hopt* Rn. 13; *Hopt* ZGR 1987, 172 ff.

ches selbstständiges Merkmal.[128] Die Finanzrechtsprechung spricht von Nachhaltigkeit der Gewerbeausübung (vgl. § 15 Abs. 2 S. 1 EStG),[129] aber der Begriff der Gewerblichkeit nach § 1 setzt in puncto Planmäßigkeit und Dauer mehr voraus als die ertragsteuerlich maßgebende Nachhaltigkeit. Der Grund besteht darin, dass handelsrechtliche Gewerblichkeit das **Vorhandensein eines Unternehmens** und damit **ein Mindestmaß an Kontinuität** verlangt. Eine ununterbrochene Tätigkeit wird hierfür nicht vorausgesetzt.[130] Ebenso wenig muss die Tätigkeit unbefristet sein.[131] Es muss sich auch nicht um die Haupteinnahmequelle des Gewerbetreibenden handeln.[132] Nicht ausreichend sind aber bloße Spontanleistungen (Einzelverkäufe oder Einzeldienstleistungen). **Abgrenzungskriterium** muss die Frage sein, ob durch die, sei es auch unterbrochene oder unbedeutende, anbietende Tätigkeit eine Kontinuität der Unternehmensträgerschaft entwickelt wird.[133] Die Parzellierung und sukzessive Veräußerung eines Objekts, zB im Fall ererbten Grundbesitzes, ist nicht gewerbsmäßig.[134] Die gewerbsmäßige Planmäßigkeit muss auf Wiederholung angelegt sein. Die Wiederholung als solche spricht indiziell, aber nicht zwingend für Gewerbsmäßigkeit.[135] Als Faustregel gilt vor allem bei Immobilien eine „Drei-Objekte-Grenze" (→ Rn. 28).[136] Ein Werksangehöriger, der alljährlich den ihm zustehenden Jahreswagen verkauft, handelt nicht gewerbsmäßig. Anders zB, wenn er auch die Wagen von Betriebskollegen systematisch in Kommission nimmt. Nicht gewerbsmäßig sind auch gelegentliche soziale Veranstaltungen, für die ein Eintrittsentgelt oÄ verlangt wird (Schulsportfest, Jubiläumsball, Weihnachtstombola etc), es sei denn, ein kommerzieller Dauerveranstalter nimmt sich ihrer planmäßig an. Dagegen kann zB die planmäßige und fortdauernde Vergabe von kostenpflichtigen Eintrittskarten durch Sportvereine, Museumsvereine etc gewerblich sein (str.).[137] Darauf, ob der Gewerbebetrieb nach öffentlichem Recht erlaubt oder verboten ist, kommt es für den Gewerbebegriff nicht an (→ Rn. 38).[138] Das folgt schon aus § 7.[139] Zu der ganz anderen Frage, inwieweit die Eintragung in das Handelsregister von der öffentlich-rechtlichen Zulässigkeit abhängig gemacht werden kann, → § 7 Rn. 6. Ebenso wenig kommt es auf Art und Umfang der Geschäftstätigkeit an, sofern nur die Planmäßigkeit und Dauerausrichtung gegeben ist (vgl. Abs. 2).[140]

e) Entgeltlichkeit. Schließlich ist Entgeltlichkeit zu verlangen.[141] Herkömmlich wird **31**
stattdessen auf die **Gewinnerzielungsabsicht** abgestellt.[142] Das Steuerrecht weist in unter-

---

128 *Canaris* HandelsR § 2 Rn. 15; *Karsten Schmidt* HandelsR § 9 Rn. 20.

129 BFHE 145, 33 (36) = DB 1986, 1370 (1371); BFHE 187, 526 = BB 1999, 1468; BFHE 237, 286 = DB 2012, 965; L. Schmidt/*Wacker* EStG § 15 Rn. 17.

130 RGZ 130, 233 (235) für Saisonbetrieb; Baumbach/Hopt/*Hopt* Rn. 13; Heymann/*Förster* Rn. 21; *Straube,* Kommentar zum HGB, 3. Aufl. 2003, öHGB § 1 Rn. 5.

131 BFHE 188, 397 = DB 1999, 1682; Röhricht/Graf v. Westphalen/Haas/*Ries* Rn. 31; Staub/*Oetker* Rn. 21.

132 RG JW 1906, 396; OLG Frankfurt NJW-RR 1991, 243 (246).

133 Die → 1. Aufl. 1997, Rn. 30 hatte undeutlich auf „unternehmerische Aktivität" abgestellt; dem zust. EBJS/*Kindler* Rn. 25.

134 EBJS/*Kindler* Rn. 25; Heymann/*Förster* Rn. 25; Röhricht/Graf v. Westphalen/Haas/*Ries* Rn. 30.

135 Vgl. (tendenziell strenger) zum Begriff der Nachhaltigkeit im Steuerrecht L. Schmidt/*Wacker* EStG § 15 Rn. 17.

136 Dazu BFHE 197, 240 = NJW 2002, 1518; Heymann/*Förster* Rn. 25.

137 Zust. EBJS/*Kindler* Rn. 25; *Hüttemann* FS Wulf-Henning Roth, 2015, 241 (254 ff., 257).

138 *Karsten Schmidt* HandelsR § 9 Rn. 35; EBJS/*Kindler* Rn. 31; einschr. Baumbach/Hopt/*Hopt* Rn. 21; Heymann/*Förster* Rn. 31 f.; aA HK-HGB/*Ruß* Rn. 38; *Kort* AcP 193 (1993), 453 (458).

139 Gegen Relevanz des § 7 allerdings Heymann/*Förster* Rn. 32.

140 Ähnlich EBJS/*Kindler* Rn. 24.

141 So seit der 1. Aufl. 1980 *Karsten Schmidt* HandelsR § 9 Rn. 37; jetzt hM; vgl. nur EBJS/*Kindler* Rn. 27; Heymann/*Förster* Rn. 30; Oetker/*Körber* Rn. 29; Röhricht/Graf v. Westphalen/Haas/*Ries* Rn. 48; Staub/*Oetker* Rn. 39; ähnlich Baumbach/Hopt/*Hopt* Rn. 16; s. auch Wiener Kommentar UGB/*Straube* UGB § 1 Rn. 67.

142 BGHZ 33, 321 (325); 49, 258 (260); 53, 222 (223); 63, 32 (33); 66, 48 (49); 83, 382 (386); 95, 155 (157) = NJW 1985, 3063; RGZ 38, 18 (20); 66, 48 (51); 116, 227 (229); 132, 367 (372); 138, 6 (16); OLG Düsseldorf NJW-RR 2003, 1120; *Brox/Henssler* HandelsR Rn. 28; GK-HGB/*Ensthaler* Rn. 9; HK-HGB/*Ruß* Rn. 33; *Pfeiffer,* Handbuch der Handelsgeschäfte, 1999, § 1 Rn. 64; Schlegelberger/*Hildebrandt/Steckhan* Rn. 24; Staub/*Brüggemann,* 4. Aufl. 1995, Rn. 9; *Straube,* Kommentar zum HGB, 3. Aufl. 2003, öHGB § 1 Rn. 6 ff.

schiedliche Richtungen (vgl. § 2 Abs. 1 S. 2 UStG vs. § 15 Abs. 2 EStG). Mehr und mehr **verzichtet** aber die handelsrechtliche Lit. auf das Merkmal der Gewinnerzielungsabsicht.[143] Die Frage spielt vor allem bei öffentlichen Versorgungsunternehmen eine Rolle,[144] außerdem bei karitativer oder sonst gemeinnütziger Tätigkeit,[145] aber auch zB bei defizitär geführten Unternehmen, zB Konzerntöchtern.[146] Die Beschränkung auf Unternehmen mit Gewinnerzielungsabsicht ist betriebswirtschaftlich überholt und teleologisch – dh bezogen auf den Anwendungskreis des Handelsrechts – nicht begründbar (zur Sonderbehandlung nach § 15 Abs. 2 EStG → Rn. 24).[147] Sie hat zu juristischen Scheinproblemen, Ausflüchten und Scheinbegründungen geführt, beispielsweise zu der Annahme, dass zwischen „Gewinnerzielung" und „Gewinnmaximierung" unterschieden werden müsse.[148] Von der vormals als Sondervermögen der Bundesrepublik betriebenen Deutschen Bundesbahn, deren Kaufmannseigenschaft zu Unrecht vielfach verneint worden war, heißt es in dem zu § 196 BGB aF ergangenen Urteil,[149] sie sei „nach der Gesamtkonzeption ihrer Betriebsführung auf die Erzielung laufender Einnahmen, also das Erreichen eines wirtschaftlichen Ergebnisses, ausgerichtet", und dies müsse ausreichen.[150] Das Streben nach „Gewinnmaximierung" sei nicht erforderlich. Kein Kaufmann verliere seinen handelsrechtlichen Status dadurch, dass sein Betrieb mit Verlust arbeite. Dem ist im Ergebnis zuzustimmen. Doch liegt der ganze Gedankengang neben der Sache. Subjektivierende Merkmale wie diese sind nicht am Platze. Es gibt **kein gesetzliches Erfordernis der Gewinnerzielungsabsicht.**[151] Allein entscheidend ist, dass ein als Vergütung ernst gemeintes – nicht notwendig kostendeckendes – Entgelt verlangt wird. Soweit verobjektivierend auf die Unternehmensführung nach betriebswirtschaftlichen Grundsätzen abgestellt und aus diesem Grund auf das Gewinnstreben verzichtet wird,[152] ist dem der Sache nach zuzustimmen, nur handelt es sich hierbei um Merkmale, die sich beim Erfordernis der planmäßigen anbietenden Leistung niederschlagen (→ Rn. 26). Als Restbestand für das Merkmal der Gewinnerzielungsabsicht taugt dieses Kriterium nicht. Es ist durch das der **Entgeltlichkeit** zu ersetzen. Deshalb sind insbesondere die Sparkassenunternehmen auch insoweit gewerbsmäßig, als sie nach Landesgesetzen ohne Gewinnerzielungsabsicht betrieben werden.[153] Dasselbe galt für die Deutsche Bundesbahn als Sondervermögen des Bundes (die heutige Bahn AG ist Formkaufmann nach § 6).[154] Auch karitative Einrichtungen handeln gewerblich, soweit sie planmäßig gegen ein echtes (nicht notwendig kostendeckendes) Entgelt werthafte Leistungen anbieten.[155]

32 **f) Ausnahme: wissenschaftliche, künstlerische oder freiberufliche Tätigkeit.** Kein Gewerbe ist die wissenschaftliche, künstlerische oder freiberufliche Tätigkeit.[156] Dies

[143] *Canaris* HandelsR § 2 Rn. 14; *v. Gierke/Sandrock* HandelsR I § 6 II 5; *Karsten Schmidt* HandelsR § 9 Rn. 37 (seit der 1. Aufl. 1980); Baumbach/Hopt/*Hopt* Rn. 16; Heymann/*Förster* Rn. 30, 12; KKRD/*Roth* Rn. 10; Röhricht/Graf v. Westphalen/Haas/*Ries* Rn. 50; *Hüttemann* FS Wulf-Henning Roth, 2015, 241 (246 ff.); zögernd noch *Hopt* ZGR 1987, 172 ff.; grdl. *Raisch,* Geschichtliche Voraussetzungen, 1965, 186 ff.; vgl. auch *Raisch* FS Rittner, 1991, 474 ff.

[144] BGHZ 53, 222; 83, 382; 95, 155 = NJW 1985, 3063; dazu auch KKRD/*Roth* Rn. 9; Oetker/*Körber* Rn. 31 f.

[145] Eingehend über Non-profit-Unternehmen *Hüttemann* FS Wulf-Henning Roth, 2015, 241 ff.

[146] *Karsten Schmidt* HandelsR § 9 Rn. 38.

[147] Vgl. (seit der 1. Aufl. 1980) *Karsten Schmidt* HandelsR § 9 Rn. 37; jetzt wohl hM; vgl. ausf. EBJS/*Kindler* Rn. 26 ff.; Oetker/*Körber* Rn. 28 f.; Röhricht/Graf v. Westphalen/Haas/*Ries* Rn. 48–50; Staub/*Oetker* Rn. 33.

[148] BGHZ 95, 155 (158) = NJW 1985, 3063 (3064).

[149] BGHZ 95, 155 = NJW 1985, 3063.

[150] Referierend KKRD/*Roth* Rn. 9; ausf. Röhricht/Graf v. Westphalen/Haas/*Ries* Rn. 48 ff.

[151] So auch OLG München NJW 1988, 1036 (1037); OLG Dresden NJW-RR 2003, 257.

[152] Baumbach/Hopt/*Hopt* Rn. 16; *Hopt* ZGR 1987, 172 ff.; *Kort* AcP 193 (1993), 454 (457 f.).

[153] Vgl. auch Heymann/*Förster* Rn. 28 m. Fn. 94; s. aber noch BGH BB 1980, 480; RGZ 115, 311 (318 f.).

[154] → 1. Aufl. 1996, Vor § 1 Rn. 23; → 1. Aufl. 1999, ErgBd. Rn. 27.

[155] *Hüttemann* FS Wulf-Henning Roth, 2015, 241 (246, 251 ff.); enger Oetker/*Körber* Rn. 33; Röhricht/Graf v. Westphalen/Haas/*Ries* Rn. 49.

[156] Vgl. statt aller *Canaris* HandelsR § 2 Rn. 8 ff.; Baumbach/Hopt/*Hopt* Rn. 19; EBJS/*Kindler* Rn. 38; Heymann/*Förster* Rn. 33 ff.; Oetker/*Körber* Rn. 35; Röhricht/Graf v. Westphalen/Haas/*Ries* Rn. 58 ff.; Staub/*Oetker* Rn. 27 ff.; *Straube,* Kommentar zum HGB, 3. Aufl. 2003, öHGB § 1 Rn. 14 ff.; *Karsten Schmidt*

macht den entscheidenden Unterschied und die entscheidende Unklarheit des Gewerbebegriffs gegenüber dem handelsrechtlichen Unternehmensbegriff aus (→ Rn. 20).[157] Die Einbeziehung aller, insbesondere auch der freiberuflichen, Unternehmen in das Handelsrecht ist zwar vom Verfasser in der rechtspolitischen Diskussion gefordert,[158] aber in der Gesetzgebung nicht aufgegriffen worden[159] und selbst im österreichischen UGB nicht uneingeschränkt verwirklicht (vgl. den Wortlaut des § 4 UGB bei → Rn. 107). Diese gesetzgeberische Entscheidung, die (wie die Schaffung des PartGG) nicht zuletzt auf dem sachfremden Gesichtspunkt der Sorge der Freiberufler vor der Gewerbesteuer beruht, verdient **Kritik.**[160] Sie ist indes von der rechtsanwendenden Praxis zu respektieren (Beispiel: keine Eintragung einer Partnerschaftsgesellschaft als Gewerbetreibender im Handelsregister).[161] Soweit einzelne Handelsrechtsnormen Ausdruck allgemeinen Unternehmensrechts sind, kann dieses rechtspolitische Defizit allerdings durch deren analoge Anwendung ausgeglichen werden (→ Rn. 85 ff.; str.).

aa) Leitbilder. Was wissenschaftlich, künstlerisch oder freiberuflich ist, kann nur nach tradierten Leitbildern bestimmt werden.[162] Eine Ausdehnung dieses nichtgewerblichen Bereichs entgegen den herkömmlichen Leitbildern wäre nur scheinbar modern, der Sache nach aber als Zurückdrängung des Handelsrechts ein historischer Rückfall. Maßgebend muss der Schwerpunkt der Leistung sein (→ Rn. 35). Die wohl **hM** stellt auf die **Verkehrsanschauung** ab.[163] Allerdings ist die Verkehrsanschauung materiell unergiebig, kann ihrerseits vielmehr nur über vorgegebene Kriterien entscheiden. Auch ist die Verkehrsanschauung hinsichtlich des Katalogs der freien Berufe ein trügerisches Indiz. Über ihn entscheidet nicht die lebende Verkehrsanschauung, sondern die **Tradition.**[164] Materielle Merkmale wie Kreativität und Höchstpersönlichkeit[165] halten nicht. Es gibt Gewerbetreibende (zB Instrumentenbauer, Designer oder Restaurateure), von denen in dieser Hinsicht mehr erwartet wird als von manchem Freiberufler. Nicht ausreichend ist, dass es für die im Unternehmen zu erbringenden Leistungen wissenschaftlicher Erkenntnisse (Beispiele: Chemiebetrieb, wissenschaftliche Zeitschrift), künstlerischer Fähigkeiten (Beispiele: Filmindustrie, Theater, Bildwerbung) oder freiberuflichen Rates (Beispiele: Medizinbedarf, Finanzdienstleistungen) bedarf. Insbesondere die akademische Ausbildung gibt nicht den Ausschlag (über Apotheker als Gewerbetreibende → Rn. 34). Über den **Katalog der freien Berufe** → Rn. 34. Als **wissenschaftliche Tätigkeit** kann nur die ursprüngliche wissenschaftliche Schöpfung und Ausarbeitung, insbesondere das Angebot von individuellen Erfindungen oder Forschungsergebnissen, etwa in Form von Formeln, Erfindungen, Gutachten, Manuskripten, Vorträgen angesehen werden. Die bloße Befassung mit wissenschaftlichen Stoffen im Rahmen von Informations- und Dienstleistungen (zB Wissenschaftsjournalismus, Verlagswesen, High-Tech-Produktion) genügt nicht. Auch als **künstlerische Tätigkeit** kann nicht jede urheberrechtlich geschützte Herstellung, Darbietung und Verbreitung von Werken der Literatur, der Musik oder der bildenden Kunst verstanden werden, sondern nur eine auf künstlerischer Höhe angesiedelte, nach tradierter Verkehrs- 33

HandelsR § 9 Rn. 21 f.; eingehend *Michalski,* Das Gesellschafts- und Kartellrecht der freien Berufe, 1989; *Taupitz,* Die Standesordnungen der freien Berufe, 1991; krit. *Raisch* FS Rittner, 1991, 480 f.

157 *Karsten Schmidt* HandelsR § 3 Rn. 10; *Karsten Schmidt* JuS 1985, 255; *Karsten Schmidt* DB 1994, 517; *Karsten Schmidt* JBl. 2003, 139.

158 *Karsten Schmidt* DB 1994, 515 ff., vgl. auch *Krejci/Karsten Schmidt,* Vom HGB zum Unternehmergesetz, 2002, 81 f.; *Reymann,* Das Sonderprivatrecht der Handels- und Verbraucherverträge, 2009, 365 ff.

159 Begr. RegE zum HRefG, BT-Drs. 13/8444, 34.

160 *Krejci/Karsten Schmidt,* Vom HGB zum Unternehmergesetz, 2002, 10 ff.; 90 ff.; *P. Bydlinski* ZIP 1998, 1173; *Karsten Schmidt* ZIP 1997, 909; *Karsten Schmidt* NJW 1998, 2192; *Karsten Schmidt* JZ 2003, 585 (589 f.); relativistisch dagegen *Canaris* HandelsR § 2 Rn. 9.

161 Baumbach/Hopt/*Hopt* Rn. 19; ähnlich Staub/*Oetker* Rn. 35; unklar KKRD/*Roth* Rn. 13b.

162 Dazu bereits → 1. Aufl. 1996, Vor § 1 Rn. 25; ähnlich jetzt Staub/*Oetker* Rn. 31 f.; vgl. auch BVerfGE 120, 1 (33) = NVwZ 2008, 1102 (1105); zu § 4 UGB vgl. Wiener Kommentar UGB/*Straube/Rauter* UGB § 4 Rn. 9 ff.

163 Vgl. EBJS/*Kindler* Rn. 39; KKRD/*Roth* Rn. 13a; Röhricht/Graf v. Westphalen/Haas/*Ries* Rn. 60.

164 Zusammenfassend KKRD/*Roth* Rn. 13.

165 EBJS/*Kindler* Rn. 39; KKRD/*Roth* Rn. 13b.

auffassung nicht-gewerbliche Produktion oder Ausübung künstlerischer Leistungen. Werbetexter, beliebig austauschbare Musikgruppen und Designer können iSv Abs. 1 durchaus als gewerbliche Anbieter eingestuft werden,[166] ebenso das sog. Kunstgewerbe.[167] Dasselbe sollte entgegen noch vorherrschender Auffassung für den Kunst- und Musikunterricht gelten, jedenfalls soweit es sich nicht im engsten Sinne um Meisterkurse handelt. Dieser ist trotz der persönlichen Tätigkeit (soweit nicht unselbstständiger Bestandteil der eigenen künstlerischen Tätigkeit) gewerblich.[168] **Pädagogische Tätigkeit** ist, sofern planmäßig, entgeltlich und selbstständig betrieben, gewerblich.[169] Eine Privatschule oder ein privates Repetitorium ist ein Gewerbebetrieb, ebenso die Veranstaltung von kommerziellen Fortbildungs-„Seminaren" für die Berufspraxis oder von entgeltlichen „Selbsterfahrungsveranstaltungen" etc. Die **steuerliche Behandlung** dieser Berufsgruppen als freiberuflich (→ Rn. 36) ändert daran nichts.

34 **bb) Beschränkung auf einen positivrechtlichen Kanon.** Was die gleichfalls nur aus der Tradition erklärliche **Sonderstellung der freien Berufe** anlangt, so sollten aus dem handelsrechtlichen Gewerbebegriff nur die traditionell **kammergebundenen** oder ihnen berufsrechtlich gleichgestellten Berufe ausgeklammert werden:[170] Ärzte,[171] Zahnärzte,[172] Tierärzte,[173] Architekten,[174] Notare,[175] Rechtsanwälte,[176] Patentanwälte,[177] Steuerberater,[178] Wirtschaftsprüfer.[179] Auch Heilpraktiker sind zu den freien Berufen gerechnet worden,[180] ebenso Vermessungsingenieure (zweifelhaft).[181] Nicht durchgesetzt hat sich die Einbeziehung auch von EDV-Technikern und Softwareentwicklern.[182] Im Einzelnen kann die Abgrenzung nur aus der **historischen Entwicklung** der freien Berufe erklärt werden (zur Nicht-Maßgeblichkeit des § 18 EStG → Rn. 36). Keine Gefolgschaft verdient die immer noch vertretene Auffassung, es komme für die Freiberuflichkeit auf höchstpersönliche und angeblich nicht aus Erwerbsstreben erbrachte höhere und deshalb als nicht-gewerblich zu qualifizierende Leistungen an.[183] Die „höhere Weihe" gibt nicht den Ausschlag. Das Orgelbauunternehmen ist genauso gewerblich wie die Autowerkstatt. Auch die akademische Ausbildung gibt nicht den Ausschlag. Nicht zu den freien Berufen, sondern zu den Gewerbetreibenden gehören die **Apotheker.** Sie sind Kaufleute nach Abs. 2.[184]

35 **cc) Mischtätigkeiten.** Bei Mischtätigkeiten (Arzt betreibt ein Sanatorium oder Seniorenheim, Architekt eine Grundstücksverwaltung, Rechtsanwalt ein Repetitorium) lässt die hM den **Schwerpunkt** der Tätigkeit entscheiden.[185] Dem ist nur teilweise zu folgen: Zunächst ist

[166] Krit. zu dieser Einengung aber Röhricht/Graf v. Westphalen/Haas/*Ries* Rn. 61.
[167] Eingehend zur österreichischen Praxis Wiener Kommentar UGB/*Straube* UGB § 4 Rn. 14.
[168] So jetzt auch KKRD/*Roth* Rn. 14.
[169] So jetzt auch KKRD/*Roth* Rn. 14.
[170] BayObLG NJW-RR 2002, 968.
[171] BGHZ 33, 321 (325) = NJW 1961, 725 (276); BGHZ 86, 313 (320) = NJW 1983, 1050 (1052) zu § 196 BGB; s. auch § 1 Abs. 2 BÄrzteO.
[172] § 1 Abs. 4 ZahnheilkundeG.
[173] § 1 Abs. 2 TierärzteO.
[174] BGH WM 1979, 559.
[175] § 2 S. 3 BNotO; dazu Schippel/*Bracker,* BNotO, 9. Aufl. 2011, BNotO § 1 Rn. 13.
[176] BGHZ 33, 321 (325) = NJW 1961, 725 (726); BGHZ 72, 282 (287) = NJW 1979, 430 (431) zu § 196 BGB; vgl. auch § 2 Abs. 2 BRAO.
[177] § 2 Abs. 2 PAO.
[178] BGHZ 72, 322 (324) = NJW 1979, 429; vgl. § 32 Abs. 2 StBerG.
[179] § 1 Abs. 2 S. 2 WPO; BGHZ 94, 65 (69) = NJW 1985, 1844 (1845).
[180] AA BGHZ 144, 86 (88) = NJW 2000, 1940 (1941); LG Tübingen NJW 1983, 2093 zu § 196 BGB. Zur Kasuistik Oetker/*Körber* Rn. 40 f.; BeckOGK/*Servatius,* 15.7.2019, Rn. 35 ff.
[181] BGHZ 97, 243 (245); BayObLG NJW-RR 2002, 968.
[182] Dafür *Maier* NJW 1986, 1912; *Hackenberg* DB 2004, 459 mit einem Überblick über die Rspr. der FGe; aA Baumbach/Hopt/*Hopt* Rn. 19; vgl. auch BayObLG NJW-RR 2002, 968.
[183] Vgl. für diese hM KKRD/*Roth* Rn. 13b f.
[184] *Maier* NJW 1986, 1912; Baumbach/Hopt/*Hopt* Rn. 19; KKRD/*Roth* Rn. 15.
[185] BGH GmbHR 2011, 1036 (1037) = ZIP 2011, 1664 (1665); BayObLG NZG 2002, 718; OLG Bamberg OLGR 2003 356 (357); EBJS/*Kindler* Rn. 39; Heidel/Schall/*Keßler* Rn. 24; Oetker/*Körber* Rn. 46; KKRM/*Roth,* 5. Aufl. 2005, Rn. 15 mwN; s. auch BGH GmbHR 2014, 1194 mAnm *Römermann* = ZIP 2014, 2030 (2031); unklar Staub/*Oetker* Rn. 33.

klar, dass es auf **berufsprägende** und nicht auf nur vereinzelt ausgeübte **Tätigkeiten** ankommt.[186] Soweit sich die berufsprägenden Tätigkeiten sachlich trennen lassen (zB ärztliche Versorgung und stationäre Unterbringung, Solistentätigkeit und Musikschule, Rechtsanwaltskanzlei und Repetitorium), können **freiberufliche und gewerbliche selbstständige Tätigkeit nebeneinander** bestehen. Wo dies nicht der Fall ist, entscheidet der **Schwerpunkt.** So tritt der seiner Art nach nicht-freiberufliche Teil dann hinter dem freiberuflichen Teil zurück, wenn er seinem Zweck nach in den Dienst der freiberuflichen Hauptleistung gestellt ist. Beispielsweise ist ein Dialysezentrum oder ein Sanatorium mit echter Krankenhausfunktion (Rehabilitationszentrum) nicht-gewerblich, eine Seniorenpension mit medizinischer Betreuung dagegen gewerblich. Die Trennbarkeit des gewerblichen vom nichtgewerblichen Leistungsteil unterliegt teilweise der unternehmerischen Gestaltung.[187] Ein Krankenhaus mit Belegbetten für niedergelassene Ärzte, das gegenüber den Patienten selbstständig abrechnet, ist insoweit ein Gewerbebetrieb. Ebenso kann es sein, wenn das Krankenhaus (oder zB ein Dialysezentrum) von den Ärzten selbst betrieben, die reine Krankenhausleistung aber von der medizinischen Betreuung getrennt wird. Das Krankenhausunternehmen kann (und muss ggf.) in einem solchen Fall in das Handelsregister eingetragen werden. Das OLG Düsseldorf[188] ordnet die Krankenhaustätigkeit sogar generell als gewerblich (nicht-freiberuflich) ein. Als die Eintragung in das Handelsregister zulassende **Spezialvorschriften** sieht der BGH[189] die **§ 49 Abs. 2 StBerG, § 27 Abs. 2 WPO an.**[190] Danach können Steuerberatungs- und Wirtschaftsprüfungsgesellschaften mit, wenn auch untergeordneter, Treuhandtätigkeit als Personengesellschaften (oHG bzw. KG) in das Handelsregister eintragen werden (→ 4. Aufl. 2016, § 105 Rn. 59 ff.).[191] An den Ausführungen über die Kaufmannseigenschaft bei Mischtätigkeiten ändert diese Entscheidung im Grundsatz nichts.

dd) Unmaßgeblichkeit von § 18 EStG, § 1 PartGG. Einen **weiteren Begriff** der freien Berufe, der in § 1 Abs. 2 PartGG übernommen wurde, enthält § 18 Abs. 1 EStG. 36
Danach gehören zu den freien Berufen die Tätigkeiten der „Ärzte, Zahnärzte, Tierärzte, Heilpraktiker, Krankengymnasten, Hebammen, Heilmasseure, Diplom-Psychologen, Mitglieder der Rechtsanwaltskammern, Patentanwälte, Wirtschaftsprüfer, Steuerberater, beratenden Volks- und Betriebswirte, vereidigten Buchprüfer (vereidigte Buchrevisoren), Steuerbevollmächtigten, Ingenieure, Architekten, Handelschemiker, Lotsen, hauptberuflichen Sachverständigen, Journalisten, Bildberichterstatter, Dolmetscher, Übersetzer und ähnlicher Berufe sowie der Wissenschaftler, Künstler, Schriftsteller, Lehrer und Erzieher". Die rein steuerlich bedingte Sonderbehandlung **besagt für das Handelsrecht nichts.**[192] Wäre es anders, so müssten zB Privatschulen, Fahrschulen, Tanzschulen oder ein Pressebildservice aus dem handelsrechtlichen Gewerbebegriff ausscheiden. Dem könnte nicht gefolgt werden. Unternehmen der in § 18 Abs. 1 EStG aufgezählten Art sind im handelsrechtlichen Sinne gewerbliche Unternehmen, soweit sie nicht künstlerischer, wissenschaftlicher oder freiberuflicher Art iSv → Rn. 32 f. sind. Sie können deshalb in das Handelsregister eingetragen werden, und zwar auch als gewerbetreibende OHG oder KG nach § 105 Abs. 1, § 161 Abs. 1.[193] Eine **andere Frage** ist, ob eine **eingetragene Partnerschaftsgesellschaft** dem HGB unterstellt werden kann, wenn Gegenstand des Unternehmens eine Tätigkeit ist, die unter den Katalog von § 18 Abs. 1 EStG, § 1 Abs. 2 PartGG, aber nicht unter den traditio-

---

[186] Insofern ähnlich Heymann/*Förster* Rn. 41; Röhricht/Graf v. Westphalen/Haas/*Ries* Rn. 60.
[187] Ähnlich wohl Baumbach/Hopt/*Hopt* Rn. 20.
[188] OLG Düsseldorf NJW-RR 2003, 1120.
[189] BGH GmbHR 2014, 1194 mAnm *Römermann* = ZIP 2014, 2030.
[190] Kritik bei *Karsten Schmidt* ZIP 2014, 2226 ff.
[191] Vgl. *Karsten Schmidt* ZIP 2014, 2226 ff.; *Tersteegen* NZG 2010, 651 (652); ihm folgend Oetker/*Lieder* § 105 Rn. 20 f. und *Potsch* NZG 2012, 329 (331) hatten bei untergeordneter Treuhandtätigkeit die Eintragbarkeit verneint.
[192] Dazu BayObLG NJW-RR 2002, 968; *Karsten Schmidt* HandelsR § 9 Rn. 23; Baumbach/Hopt/*Hopt* Rn. 19; EBJS/*Kindler* Rn. 39; KKRD/*Roth* Rn. 13a; *Canaris* HandelsR § 2 Rn. 10; aA Oetker/*Körber* Rn. 39.
[193] Explizit aA Oetker/*Körber* Rn. 39; Staub/*Oetker* Rn. 31.

nellen Katalog der freien Berufe fällt (Privatschule, Fahrschule, Tanzschule etc). Diese Frage ist zu verneinen. Nach **§ 1 Abs. 1 S. 2 PartGG** übt die eingetragene Partnerschaft per definitionem kein Handelsgewerbe aus.[194] Sie wird in das Partnerschaftsregister (§ 4 PartGG), nicht in das Handelsregister eingetragen. In diesem Sinne muss das HGB die Sonderstellung der Partnerschaftsgesellschaft respektieren.[195] Die Partnerschaftsgesellschaft ist **„negativer Formkaufmann"** (→ § 6 Rn. 8).[196] Nach § 2 Abs. 2 PartGG, § 4 Abs. 1 PartGG, § 5 Abs. 2 PartGG, § 6 Abs. 3 PartGG, § 7 Abs. 2, 3, 5 PartGG, § 8 Abs. 1 PartGG, § 9 Abs. 1 PartGG, § 10 Abs. 2 PartGG sind aber die folgenden Bestimmungen aus dem HGB entsprechend anzuwenden: §§ 8–12, 13, 13d, 13h, 14–16, 18 Abs. 2, § 19 Abs. 3 und 4, §§ 21, 22 Abs. 1, §§ 23, 24, 30, 31 Abs. 2, §§ 32, 37, § 106 Abs. 1, 108, 110–116 Abs. 2, §§ 117–119, 124, 125 Abs. 1, 2 und 4, § 125a Abs. 1 S. 1, Abs. 2, §§ 126, 127, 129, 130, 131–144, 159, 160. Nicht verwiesen wird im PartGG auf das Recht der Handelsgeschäfte. Hier stellt sich die bei → Rn. 85 ff. aufgeworfene Analogiefrage: Auch auf die nach § 1 Abs. 1 S. 2 PartGG nicht-gewerblichen Partnerschaften können (und sollten nach der hier vertretenen Auffassung) Handelsrechtsnormen nach den bei → Rn. 85 ff. entwickelten Regeln unter Umständen lückenfüllend analog angewendet werden.[197] Dadurch wird eine höchst fragwürdige legislatorische Methode des Partnerschaftsgesetzgebers[198] im Einklang mit dem HGB neutralisiert, denn es kann nicht die Aufgabe des EStG und des Partnerschaftsgesetzes sein, Gesellschaften, die iSv Abs. 1 Gewerbebetriebe führen, vom Geltungsbereich des HGB auszunehmen. Für Partnerschaftsgesellschaften, die schon iSv Abs. 1 kein Gewerbe betreiben (→ Rn. 33) gelten die Ausführungen bei → Rn. 32 aE.

IV. Unternehmensträgerschaft: „wer ein Handelsgewerbe betreibt"

37 **1. Grundlagen.** Kaufmann ist, **wer das Handelsgewerbe betreibt.** Hier liegt die praktische Bedeutung der Rechtsfigur des Unternehmensträgers (→ Rn. 9; Vor § 1 Rn. 9): Jedem Unternehmen ist ein **Unternehmensträger als Zurechnungssubjekt** der unternehmerischen Rechte und Pflichten zugeordnet.[199] Der Unternehmensträger – und nur er – kann Gewerbetreibender und unter den Voraussetzungen der §§ 1 ff. Kaufmann sein (zur Sonderbehandlung der sog. Formkaufleute → § 6 Rn. 9). Dasselbe besagt die gebräuchliche Formulierung: Kaufmann ist der **„Betreiber des Handelsgewerbes"**, also derjenige, in dessen Namen das Gewerbe betrieben wird und in dessen Person deshalb die unternehmerischen Rechte und Pflichten entstehen.[200] Im Einzelnen ist vieles streitig.

38 **2. Wer kann „ein Handelsgewerbe betreiben"? a) Natürliche Personen. Jede natürliche Person** kann Unternehmensträger und damit Kaufmann sein.[201] Auf die Geschäftsfähigkeit kommt es hierfür ebenso wenig an wie auf die deutsche Staatsangehörigkeit und das Vorhandensein aller staatsbürgerlichen Rechte. Geschäftsunfähige[202] können ebenso Träger eines Unternehmens sein wie Personen, die etwa wegen einer Freiheitsstrafe nicht in der Lage oder der aufgrund rechtskräftiger Verurteilung rechtlich nicht befugt sind, das Gewerbe selbst auszuüben. Die Fähigkeit, Inhaber eines handelsgewerblichen Unternehmens zu sein, schließt nicht die Erlaubnis der betreffenden Tätigkeit ein (→ Rn. 30), die fehlende Erlaubnis hindert nicht die (unerlaubte) Kaufmannseigenschaft. Die natürliche

194 Dazu MüKoBGB/*Schäfer* PartGG § 1 Rn. 15 f.; MWHLW/*Lenz* PartGG § 1 Rn. 107.
195 Vgl. auch KKRD/*Roth* Rn. 13a ff.
196 Zust. zB Baumbach/Hopt/*Hopt* Rn. 19; Heidel/Schall/*Keßler* § 6 Rn. 1; Röhricht/Graf v. Westphalen/Haas/*Ries* Rn. 70 Fn. 4.
197 *Karsten Schmidt* NJW 1995, 3; vgl. jetzt auch KKRD/*Roth* Rn. 38b.
198 Dazu *Karsten Schmidt* ZIP 1993, 637 f.; *Karsten Schmidt* NJW 1995, 3.
199 *Karsten Schmidt* HandelsR § 3 Rn. 44; *Karsten Schmidt* HandelsR § 5 Rn. 1; zust. Heymann/*Förster* Rn. 53.
200 Baumbach/Hopt/*Hopt* Rn. 30; EBJS/*Kindler* Rn. 58; KKRD/*Roth* Rn. 17; Röhricht/Graf v. Westphalen/Haas/*Ries* Rn. 73; Staub/*Oetker* Rn. 52 f.
201 *Karsten Schmidt* HandelsR § 4 Rn. 24; Baumbach/Hopt/*Hopt* Rn. 30; EBJS/*Kindler* Rn. 60; KKRD/*Roth* Rn. 26a; Oetker/*Körber* Rn. 64; Staub/*Oetker* Rn. 56.
202 Dazu eingehend Heymann/*Förster* Rn. 55; Oetker/*Körber* Rn. 65 ff.; *Kunz* ZblJugR 1981, 490.

Person als Kaufmann kann **mehrere selbstständige Gewerbebetriebe** nebeneinander führen.[203] Das unterscheidet sie insbesondere von den Handelsgesellschaften, die zwar auch faktisch getrennte Teilbetriebe führen können, deren Kaufmannseigenschaft und Gegenstand des Unternehmens aber ungeteilt ist (auch → Rn. 44). Nicht nur in dieser Hinsicht erweist sich die Unternehmensträgerschaft der natürlichen Person – scheinbar der einfache Grundtyp der im Gesetz mit dem „Kaufmanns"-Begriff beschriebenen Unternehmensträgerschaft – als Quelle diffiziler unternehmensrechtlicher Probleme.[204]

Die **Ausübung der Unternehmerrechte** hängt von dem allgemeinen Rechtsstatus 39
der natürlichen Person ab. Im **Fall fehlender Vollgeschäftsfähigkeit** sind insbesondere die §§ 106 ff., 1629, 1629a, 1643, 1793, 1821 ff., 1902, 1908i BGB zu beachten (auch → Rn. 56).[205] Zum Minderjährigen-Haftungsbeschränkungsgesetz und zu § 1629a BGB im Besonderen auch → Rn. 52. Betreibt ein Minderjähriger ohne die erforderliche Genehmigung (§ 112 BGB) im eigenen Namen ein Handelsgewerbe, so ist er nach hM nicht Kaufmann.[206] Richtig scheint: Die Genehmigung nach § 112 BGB betrifft die Wirksamkeit von Rechtsgeschäften, nicht den Unternehmerstatus. Als Träger des Unternehmens ist der Minderjährige Kaufmann, selbst wenn die eingegangenen Geschäfte unwirksam sind.[207]

b) Juristische Personen. Jede juristische Person kann Trägerin eines Unternehmens 40
und damit Kaufmann sein. Das gilt für juristische Personen des öffentlichen Rechts ebenso wie für juristische Personen des Privatrechts.[208] In Betracht kommen in erster Linie die **Kapitalgesellschaften** (AG, KGaA, GmbH, SE). Auch die **werdende juristische Person** – Vor-AG, Vor-GmbH, Vorgenossenschaft, Vor-Verein – kann bereits Trägerin eines Unternehmens und damit Kaufmann sein.[209] Kaufmann kraft Rechtsform ist sie dagegen noch nicht (→ § 6 Rn. 12). Es kommt vor ihrer Eintragung vielmehr auf die Voraussetzungen des § 1 an. Eine **Gesellschaft ausländischen Rechts** kann Trägerin eines Inlandsunternehmens sein, soweit sie internationalprivatrechtlich im Inland „anerkannt" wird. Seit der durch die Urteile „Centros",[210] „Überseering"[211] und „Inspire Art"[212] bestimmten Praxis des **EuGH** ist die Tätigkeit einer Auslandsgesellschaft zum Betrieb eines Inlandsunternehmens zu bejahen.[213] Zur Frage, inwieweit die Inlandstätigkeit der Auslandsgesellschaft dem Recht der Zweigniederlassung unterliegt, → § 13d Rn. 11 ff.; zur Firmierung → § 19 Rn. 46.

Wie bei den natürlichen Personen (→ Rn. 38) ist auch bei den juristischen Personen 41
die **öffentlich-rechtliche Erlaubnis** der gewerblichen Tätigkeit **nicht Voraussetzung der Unternehmensträgerschaft.** Das gilt auch für die wirtschaftliche Betätigung von **juristischen Personen des BGB und des öffentlichen Rechts.** So kann die gewerbliche oder sonst unternehmerische **Tätigkeit eines Vereins** im Rahmen der §§ 21, 22 BGB vereinsrechtlich ein Eintragungshindernis sein, soweit nicht das „Nebenzweckprivileg" oder die Gemeinnützigkeit des Vereins die Eintragung in das Vereinsregister zulässt.[214] Die Unter-

---

203 Vgl. *Karsten Schmidt* HandelsR § 12 Rn. 68; Baumbach/Hopt/*Hopt* Rn. 29; HK-HGB/*Ruß* Rn. 3.

204 *Karsten Schmidt* JuS 2017, 809 ff.

205 Vgl. auch Baumbach/Hopt/*Hopt* Rn. 31 ff.

206 So BayObLGZ 1972, 108 = NJW 1972, 1327; Baumbach/Hopt/*Hopt* Rn. 33; EBJS/*Kindler* Rn. 66; Heymann/*Förster* Rn. 55; Röhricht/Graf v. Westphalen/Haas/*Ries* Rn. 89.

207 *Karsten Schmidt* HandelsR § 4 Rn. 6; zust. Oetker/*Körber* Rn. 68.

208 Baumbach/Hopt/*Hopt* Rn. 27; *Karsten Schmidt* HandelsR § 4 Rn. 11.

209 BayObLGZ 1965, 294 (311) = NJW 1965, 2254 (2257); Heymann/*Förster* Rn. 57; Scholz/*Karsten Schmidt* GmbHG § 11 Rn. 36; *Karsten Schmidt* HandelsR § 4 Rn. 14; *Karsten Schmidt* JZ 1973, 303 f.; aA zu Unrecht OLG Düsseldorf NJW-RR 1999, 615.

210 EuGH Slg. 1999, I-1459 = NJW 1999, 2027 – Centros.

211 EuGH Slg. 2002, I-9919 = NJW 2002, 3614 – Überseering.

212 EuGH Slg. 2003, I-10155 = NJW 2003, 3331 – Inspire Art.

213 Dazu statt vieler *Hirte/Bücker,* Grenzüberschreitende Gesellschaften, 2. Aufl. 2006; *Lutter,* Europäische Auslandsgesellschaften in Deutschland, 2005; *Zimmer* NJW 2003, 3585; *Zimmer* ZHR 168 (2004), 355.

214 Dazu BGHZ 85, 84 (88 ff.) = NJW 1983, 569 (570 f.) – ADAC; BGHZ 215, 69 = NJW 2017, 1943; *Hemmerich,* Möglichkeiten und Grenzen wirtschaftlicher Betätigung von Idealvereinen, 1982; *Karsten Schmidt* GesR § 23 III 1; *Karsten Schmidt,* Verbandszweck und Rechtsfähigkeit im Vereinsrecht, 1984; MüKoBGB/*Leuschner* BGB §§ 21, 22 Rn. 5 ff., 26 ff.; *Karsten Schmidt* ZGR 1975, 478; *Sack* ZGR 1974, 179.

nehmensträgerschaft einer **Stiftung** konnte nach herkömmlicher Anschauung, sofern Haupt- und nicht bloß Nebenzweck, deren Genehmigung entgegenstehen.[215] Für das seit dem 1.9.2002 geltende Stiftungsrecht[216] ist der Unternehmensbetrieb kein Anerkennungshindernis, solange nur keine „Selbstzweckstiftung" vorliegt.[217] Vor allem den Gemeinden und Gemeindeverbänden sind durch das Kommunalrecht Grenzen der unternehmerischen Eigentätigkeit gesetzt.[218] Alle diese Einschränkungen ändern aber nichts an der Fähigkeit der juristischen Person zur (wenn auch ggf. unerlaubten) Unternehmensträgerschaft.

42 **Keine juristische Person** und nicht fähig, Unternehmensträger und damit Kaufmann zu sein, **ist der Konzern.**[219] Der Konzern ist nach § 18 AktG keine als Rechtsubjekt konsolidierte Einheit, sondern nur eine qualifizierte Variante der verbundenen, je rechtlich selbstständigen Unternehmen nach §§ 15 ff. AktG (auch → Rn. 64). Nur die einzelnen im Konzern verbundenen Rechtsträger („Unternehmen") können Unternehmensträger und damit Kaufleute sein. Der Konzern ist es nicht. Die konzerntypische Segmentierung der Unternehmen endet im Fall einer Verschmelzung konzernzugehöriger Gesellschaften miteinander (§§ 2 ff. UmwG).

43 **c) Rechtsfähige Personengesellschaften und „nichtrechtsfähige Vereine".** Als sog. Gesamthandsgemeinschaften werden herkömmlich sehr heterogene Gebilde bezeichnet:[220] einerseits die „Gesamthandsgesellschaften (OHG, KG, EWIV, Freiberufliche Partnerschaft, Außengesellschaft bürgerlichen Rechts und nichtrechtsfähiger Verein), anderseits Gütergemeinschaft, Erbengemeinschaft (→ Rn. 51 ff.). Bezüglich der **„Gesamthandsgesellschaften"** ist seit der Rechtsfortbildung im Recht der Außen-Personengesellschaft und der damit verbundenen Rechtsfähigkeit dieser Gesellschaften die Kategorisierung als „Gesamthandsgesellschaft" zweifelhaft geworden (→ 4. Aufl. 2016, § 105 Rn. 7).[221] Die folgende Systematik bedient sich deshalb der in § 14 Abs. 1 BGB verwendeten Bezeichnung als **rechtsfähige Personengesellschaften.**

44 **Offene Handelsgesellschaft und Kommanditgesellschaft** sind Handelsgesellschaften (vgl. Überschrift Zweites Buch). Als Handelsgesellschaften sind sie notwendig Kaufleute nach § 6 Abs. 1. Es macht daher keinen Unterschied, ob die Gesellschaft im Handelsregister eingetragen (und dann nach der hier vertretenen Auffassung Kaufmann kraft Rechtsform) oder nach Abs. 2 handelsgewerblich und deshalb bereits ohne Eintragung Handelsgesellschaft ist. Das gilt auch für die GmbH & Co. KG. Zur Frage, ob auch die Gesellschafter Kaufleute sind, → Rn. 67.

45 Die **Außengesellschaft bürgerlichen Rechts** kann Trägerin eines Unternehmens (zB einer freiberuflichen Gemeinschaftspraxis oder einer Sozietät), auch eines gewerblichen Unternehmens (zB eines kleinen Handwerksbetriebs) sein.[222] Kaufmann kann sie aus Rechtsgründen nicht sein. Der Gesellschaft ist zwar eine die Kaufmannseigenschaft begründende Unternehmenstätigkeit weder tatsächlich noch rechtlich verwehrt. Sobald das Unternehmen kaufmännisch ist, wird eine solche Gesellschaft aber kraft Rechtsformzwangs zur OHG bzw.

---

215 Vgl. nur Soergel/*Neuhoff* BGB Vor § 80 Rn. 70; eingehend *Berndt,* Stiftung und Unternehmen, 1986; *Kronke,* Stiftungstypus und Unternehmensträgerstiftung, 1988; *Weimar/Geitzhaus/Delp* BB 1986, 1999.

216 Gesetz zur Modernisierung des Stiftungsrechts vom 15.7.2002, BGBl. 2002 I 2634; dazu *Andrick/Suerbaum* NJW 2002, 2905.

217 Vgl. Erman/*Wiese* BGB Vor § 80 Rn. 26 ff.; ausf. *Richter* in v. Campenhausen/Richter, Stiftungsrechts-Handbuch, 5. Aufl. 2018, § 12 Rn. 136 ff.; *Römer/Spiegel* in v. Campenhausen/Richter, Stiftungsrechts-Handbuch, 5. Aufl. 2018, § 37 Rn. 316 ff.; MüKoBGB/*Weitemeyer* BGB § 80 Rn. 200 ff.

218 *Zeiss,* Das Recht der gemeindlichen Eigenbetriebe, 4. Aufl. 1993; *Suerbaum* in Ehlers/Fehling/Pünder, Besonderes Verwaltungsrecht, 4. Aufl. 2019, § 16 Rn. 52 ff.

219 *Karsten Schmidt* HandelsR § 4 Rn. 19; Baumbach/Hopt/*Hopt* Rn. 31; Heymann/*Förster* Rn. 57.

220 Vgl. → 1. Aufl. 1996, § 1 Rn. 34; → 1. Aufl. 1996, Rn. 38; eingehend *Karsten Schmidt* JZ 1973, 229 ff.; weitgehend ähnlich Staub/*Oetker* Rn. 63 ff.

221 *Karsten Schmidt* GesR § 8 I 3; *Karsten Schmidt* AcP 209 (2009), 181 (196 ff.).

222 *Karsten Schmidt* HandelsR § 4 Rn. 16; *Karsten Schmidt* GesR § 58 V; EBJS/*Kindler* Rn. 73; Heymann/*Förster* Rn. 61; eingehend *Breuninger,* Die BGB-Gesellschaft als Rechtssubjekt im Wirtschaftsverkehr, 1991; vgl. demgegenüber verwaltungsrechtlich OVG Lüneburg GewA 2009, 32: kein tauglicher Adressat einer Gewerbeuntersagung.

KG (vgl. → 4. Aufl. 2016, § 123 Rn. 1 ff.). Die Konsequenz ist: In den Fällen des § 1 Abs. 2 wird die Gesellschaft ipso iure zur Handelsgesellschaft, sobald ihr Unternehmen nach Art und Umfang einen in kaufmännischer Weise eingerichteten Geschäftsbetrieb erfordert. In Fällen der §§ 2 und 3 wird das in Personengesellschaft betriebene Unternehmen in Form einer Gesellschaft bürgerlichen Rechts geführt, solange die Eintragung nicht vorgenommen ist; ist die Gesellschaft eingetragen worden, so ist sie nach §§ 2, 3, 5 kraft konstitutiver Eintragung kaufmännisch, jedoch nicht mehr als BGB-Gesellschaft, sondern als Handelsgesellschaft. Die Möglichkeit, dass eine BGB-Gesellschaft, weil ihr Gewerbe „minderkaufmännisch" war, unter Beibehaltung ihrer Rechtsform ein („Minder"-)Handelsgewerbe betrieb, ist mit der Streichung des § 4 aF entfallen (→ § 4 Rn. 1 ff.).

Ob **der nichtrechtsfähige Verein** (§ 54 BGB) wie der rechtsfähige Verein ein Unter- 46
nehmen betreiben kann, ist deshalb umstritten, weil sein Verhältnis zur Gesellschaft bürgerlichen Rechts wenig geklärt ist.[223] Ein in der Rechtsform des nichtrechtsfähigen Vereins betriebenes Gewerbe wird regelmäßig nur ein Kleingewerbe sein.[224] Durch Betrieb eines Handelsgewerbes würde sich der nichtrechtsfähige Verein zwangsweise in eine OHG bzw. KG verwandeln,[225] es sei denn, er bleibt aufgrund des „Nebenzweckprivilegs" ein nichtwirtschaftlicher Verein.[226]

Die **Europäische Wirtschaftliche Interessenvereinigung (EWIV)** könnte, weil 47
rechtsfähige Personengesellschaft, konstitutionell als Trägerin eines Unternehmens, zB eines grenzüberschreitenden Gemeinschaftsunternehmens, und somit als Kaufmann taugen, doch ist ihr die gewerbliche Betätigung nicht gestattet (Art. 3 Abs. 2 EWIV-VO). Deshalb gibt es hier keine Überschneidungen mit OHG oder KG (→ 4. Aufl. 2016, § 105 Rn. 20).

Die **Freiberufliche Partnerschaft** ist notwendig Trägerin eines von den Partnern 48
gemeinschaftlich betriebenen Unternehmens, doch ist sie ex definitione nicht gewerblich (§ 1 Abs. 1 S. 2 PartGG), also nicht kaufmännisch (→ Rn. 36). Sie ist „negativer Formkaufmann" (→ § 6 Rn. 8). Da der Freiberuflerbegriff im Handelsrecht enger ist als derjenige nach § 1 PartGG (→ Rn. 36), kann allerdings eine eintragungsfähige, jedoch (noch) nicht eingetragene Partnerschaft handelsgewerblich tätig sein (vgl. auch → 4. Aufl. 2016, § 105 Rn. 20).

Die **Partenreederei** nach § 489 Abs. 1 aF, mit der ein mehreren Personen gemein- 49
schaftlich zustehendes Schiff von ihnen zum Erwerb für die Seefahrt für gemeinschaftliche Rechnung betrieben wird, ist durch das Seerechtsänderungsgesetz von 2013 als Rechtsform für Neugründungen **abgeschafft** (→ 4. Aufl. 2020, § 476 Rn. 2).[227] Sie konnte nach hM nicht Kaufmann sein und nicht in das Handelsregister eingetragen werden.[228] Richtigerweise sind **(verbleibende) Partenreedereien** als Handelspersonengesellschaften nach § 6 Abs. 1 einzuordnen.[229]

Keine Außengesellschaft, sondern Innengesellschaft und damit **kein Kaufmann ist die** 50
stille Gesellschaft nach §§ 230 ff. (→ 4. Aufl. 2019, § 230 Rn. 10).[230] Das gilt auch für die unterschiedlichen Varianten der atypischen stillen Gesellschaft unter Einschluss der

---

223 Dazu *Karsten Schmidt* GesR § 25 I 2; *Reiff,* Die Haftungsverfassungen nichtrechtsfähiger unternehmenstragender Verbände, 1996, 55 ff.; *Schöpflin,* Der nichtrechtsfähige Verein, 2003, 154 ff.; EBJS/*Kindler* Rn. 74.

224 Vgl. zu §§ 1 ff. aF *Karsten Schmidt* JZ 1973, 301.

225 *Karsten Schmidt* GesR § 25 I 2 b; *Karsten Schmidt,* Zur Stellung der OHG im System der Handelsgesellschaften, 1972, 212 ff., 231 ff.; *Reiff,* Die Haftungsverfassungen unternehmenstragender Verbände, 1986, 88–94; EBJS/*Kindler* Rn. 74; Heymann/*Förster* Rn. 62; Staub/*Oetker* Rn. 70; aA *Schöpflin,* Der nichtrechtsfähige Verein, 2003, 198 ff. (wegen der körperschaftlichen Verfassung).

226 Vgl. zu §§ 1 ff. aF *Karsten Schmidt* JZ 1973, 301; Heymann/*Förster* Rn. 56; *Karsten Schmidt* ZGR 1975, 483.

227 *Karsten Schmidt* HandelsR § 4 Rn. 17; MüKoBGB/*Karsten Schmidt* BGB § 1008 Rn. 38 mwN.

228 MHdB GesR I/*Weipert,* 5. Aufl. 2019, § 87 Rn. 30; *Herber,* Seehandelsrecht, 1999, § 16; *Rabe,* Seehandelsrecht, 4. Aufl. 2000, § 489 Rn. 3; *Ruhwedel,* Die Partenreederei, 1973, 159; EBJS/*Kindler* Rn. 75; Oetker/*Körber* Rn. 79; iErg auch Staub/*Oetker* Rn. 73 ff.

229 *Karsten Schmidt,* Die Partenreederei als Handelsgesellschaft, 1985, 41 ff., 99 ff.; *Kaempe* MDR 1982, 975.

230 *Karsten Schmidt* HandelsR § 4 Rn. 22.

„GmbH & Still", obgleich diese in Anlehnung an die GmbH & Co. KG konzipiert ist (→ 4. Aufl. 2019, § 230 Rn. 87 ff.). Bei der stillen Gesellschaft ist Kaufmann der in § 230 sog. „andere", der das Handelsgewerbe betreibt (also der „Geschäftsinhaber"). Im Fall einer „GmbH & Still" ist dies die GmbH.

51 **d) Gütergemeinschaft?** Ehegatten in Gütergemeinschaft (§§ 1415 ff. BGB) können nach hM ein Unternehmen gemeinsam „in Gütergemeinschaft", also ohne Bildung von Vorbehaltsgut, führen.[231] Da aber der Gütergemeinschaft die für die Unternehmensträgerschaft erforderliche Rechtsfähigkeit und Repräsentationsverfassung fehlt, wird man die Ehegatten dann selbst als Kaufleute anzusehen haben: beide in ihrer Verbundenheit, wenn sie das Gesamtgut gemeinsam verwalten, nur einen Ehegatten, wenn er das Gesamtgut allein verwaltet.[232] Entsprechend lautet dann die Eintragung im Handelsregister. Wegen des Firmenzusatzes → § 19 Rn. 43. Dass die Führung eines Unternehmens in Gütergemeinschaft den Anforderungen des HGB entspricht, ist allerdings stark zu bezweifeln.[233] Jedenfalls ist eine solche Gestaltung unzweckmäßig und selten.

52 **e) Erbengemeinschaft?** Umstritten ist, ob die Erbengemeinschaft als Gesamthand Trägerin eines ererbten Unternehmens sein kann (auch → Rn. 43).[234] Die Erbengemeinschaft nach einem Einzelkaufmann ist **mit dem Todesfall** ipso iure, dh ohne weiteres Zutun (Annahme der Erbschaft, Aufnahme der Geschäfte oÄ) Kaufmann, solange das Unternehmen nicht eingestellt oder auf einen neuen Unternehmensträger – einen Miterben, eine von den Erben gebildete Handelsgesellschaft, einen dritten Erwerber – überführt worden ist.[235] **Nicht möglich** ist die **Unternehmens-Neugründung** durch die Erbengemeinschaft oder der **Hinzuerwerb eines** von der Erbengemeinschaft zu führenden **Unternehmens.**[236] Die Erbengemeinschaft wandelt sich auch durch längere Fortführung des Unternehmens nicht ipso facto in eine Handelsgesellschaft um.[237] Die vereinfachende Hypothese, dass eine Fortführung über drei Monate hinaus (§ 27 Abs. 2) ohne weiteres eine OHG entstehen lässt,[238] hat sich nicht durchgesetzt und brächte auch Schwierigkeiten bezüglich des Unternehmensvermögens mit sich. Eine echte Alternative zur hM, die allerdings soweit ersichtlich bisher nicht vertreten wird, bestünde darin, dass schon mit dem Erbfall ipso iure eine OHG unter den Miterben entsteht, die in Rechtsanalogie zu § 27 Abs. 2, § 139 Abs. 4 die Haftung binnen dreier Monate mit ex-tunc-Wirkung beschränken können.[239] Die Praxis begnügt sich einstweilen mit der Unternehmensfortführung in Erbengemeinschaft. Diese ist allerdings keine Quasi-Handelsgesellschaft mit fungiblen Anteilen und kann nicht im Wege einer Erbteilsübertragung (§ 2033 BGB) durch Nicht-

---

231 BayObLGZ 1991, 283 = NJW-RR 1992, 33; Baumbach/Hopt/*Hopt* Rn. 48; EBJS/*Kindler* Rn. 76; Heymann/*Förster* Rn. 63; Staub/*Oetker* Rn. 75; *Gernhuber/Coester-Waltjen,* Familienrecht, 7. Aufl. 2020, § 38 Rn. 18–20; BeckOK BGB/*Siede/Spernath* BGB § 1416 Rn. 4; Erman/*Heinemann* BGB § 1416 Rn. 3; MüKoBGB/*Münch* BGB § 1416 Rn. 8; Staudinger/*Thiele,* 2018, BGB § 1416 Rn. 16.

232 Vgl. BayObLG DB 1978, 933; BayObLGZ 1991, 283 = NJW-RR 1992, 33; *Karsten Schmidt* HandelsR § 4 Rn. 31; BeckOK BGB/*Siede/Spernath* BGB § 1416 Rn. 4; Baumbach/Hopt/*Hopt* Rn. 48; EBJS/*Kindler* Rn. 76; Oetker/*Körber* Rn. 81.

233 *Karsten Schmidt* HandelsR § 4 Rn. 31.

234 Dazu mwN BeckOK BGB/*Lohmann* BGB § 2032 Rn. 17; Baumbach/Hopt/*Hopt* Rn. 37; EBJS/*Kindler* Rn. 77; Heymann/*Förster* Rn. 64 f.; KKRD/*Roth* Rn. 22; Oetker/*Körber* Rn. 82; Staub/*Oetker* Rn. 76 f.; *Karsten Schmidt* HandelsR § 4 Rn. 25 ff.; *Karsten Schmidt* NJW 1985, 2785; *Hohensee,* Die unternehmenstragende Erbengemeinschaft, 1994; *Damrau* NJW 1985, 2236; *Hüffer* ZGR 1986, 603; *Strothmann* ZGR 1985, 969; *Bringer* ZErb 2006, 39; Verf. behält sich weitere Prüfung vor.

235 *Karsten Schmidt* ZHR 157 (1993), 610.

236 Baumbach/Hopt/*Hopt* Rn. 37.

237 BGHZ 92, 259 = NJW 1985, 136; Baumbach/Hopt/*Hopt* Rn. 38; EBJS/*Kindler* Rn. 77; Heymann/*Förster* Rn. 64; Oetker/*Körber* Rn. 82; *Karsten Schmidt* HandelsR § 4 Rn. 28; *Karsten Schmidt* NJW 1985, 2785; Staub/*Oetker* Rn. 76; aA OGH Wien GesRZ 1986, 150; 1991, 42 (43); krit. auch *Dauner-Lieb,* Unternehmen in Sondervermögen, 1998, 506 ff.

238 Dafür *R. Fischer* ZHR 144 (1980), 1 (10 ff.).

239 Verf. wird dieser Frage besonders nachgehen.

Erben fortgesetzt werden.[240] Eine Ausgliederung des Unternehmens auf eine Handelsgesellschaft analog §§ 152 ff. UmwG ist nach dem Wortlaut des UmwG ausgeschlossen (§ 1 Abs. 2 UmwG; bedenklich!). In das Handelsregister werden die Miterben „in Erbengemeinschaft“ eingetragen.[241] Die Haftungsfolgen ergeben sich aus § 27 (→ § 27 Rn. 1 ff.). Wegen der persönlichen Haftung der Miterben ist auf das Urteil BGHZ 92, 259 zu verweisen.[242] Aufgrund von BVerfGE 72, 155 = NJW 1986, 1859 sind Minderjährige nunmehr geschützt durch das **Minderjährigen-Haftungsbeschränkungsgesetz** von 1998.[243] Der Fragenkreis ist charakteristisch für die den Tod überdauernden Zuordnungs- und Zurechnungsprobleme beim Einzelkaufmann. Mit dem Bedeutungsschwund der einzelkaufmännischen Organisationsform wird das Problem für die Praxis in den Hintergrund treten.

3. Zurechnungsfrage: Wer betreibt das Handelsgewerbe? a) Grundsatz. Von der abstrakten Frage, wer Träger des Unternehmens und damit handelsrechtliches Zurechnungssubjekt sein kann, ist die **konkrete Frage** zu unterscheiden, wer im Einzelfall Träger des Unternehmens und damit handelsrechtliches Zuordnungssubjekt ist. Diese Frage ist **nicht organisationsrechtlich** aufgrund des Innenverhältnisses unter beteiligten Rechtsträgern zu entscheiden (dann wäre eventuell eine Muttergesellschaft als Trägerin eines Tochterunternehmens anzusehen oder ein Treugeber als Träger eines Treuhandunternehmens). Die Frage ist auch **nicht nach dem Ertragsinteresse** zu entscheiden (dann wäre im Fall der Unternehmenstreuhand der Treugeber und nicht der Treuhandunternehmer Kaufmann). Die Begriffe Unternehmensträger und Kaufmann stellen auf diese Kriterien nicht ab. Vielmehr entscheidet über die Unternehmensträgerschaft die **Zuweisung der unternehmerischen Rechte, Pflichten und Rechtsverhältnisse im Außenverhältnis.**[244] 53

Unternehmensträger ist **derjenige Rechtsträger, in dessen Namen der Gewerbebetrieb geführt wird** (→ Rn. 37). Das ist in Standardfällen ganz einfach festzustellen (zB ist im Fall einer GmbH diese selbst Kaufmann, nicht der Geschäftsführer oder die bzw. der Gesellschafter; auch → Rn. 66). Es kommt nicht darauf an, wem das unternehmerische Anlagevermögen gehört.[245] Besteht ein **Nießbrauch** am Unternehmen (vgl. § 22 Abs. 2; dazu → § 22 Rn. 110 f.; → 4. Aufl. 2019, Vor § 230 Rn. 8 ff.), so ist nicht der Eigentümer des Anlagevermögens Unternehmensträger und damit Kaufmann, sondern Kaufmann ist der Nießbraucher.[246] Anders kann es sich bei Quotennießbrauch verhalten, wenn der Nießbraucher nur an den Erträgen beteiligt ist, aber nicht nach außen als Unternehmer auftreten darf.[247] Ist das Unternehmen gepachtet, so wird es vom **Pächter** im eigenen Namen betrieben, so dass dieser, nicht der Verpächter, Unternehmensträger ist.[248] Das gilt auch im Fall der partiarischen Pacht, bei der der Verpächter schuldrechtlich an den Erträgen beteiligt ist. Von der Unternehmenspacht und vom Unternehmensnießbrauch zu unterscheiden ist 54

---

240 Vgl. KG DB 1998, 2591; Baumbach/Hopt/*Hopt* Rn. 37.

241 Baumbach/Hopt/*Hopt* Rn. 37; Heymann/*Förster* Rn. 45; Oetker/*Körber* Rn. 82; *Ann,* Die Erbengemeinschaft, 2001, 309 ff.

242 BGHZ 92, 259 = JZ 1985, 243 mAnm *John* = NJW 1985, 136 mAnm *Karsten Schmidt;* nur wegen der Minderjährigenhaftung wurde dieses Urteil aufgehoben durch BVerfGE 72, 155 = NJW 1986, 1859.

243 Gesetz zur Beschränkung der Haftung Minderjähriger (Minderjährigenhaftungsbeschränkungsgesetz – MHbeG) vom 25.8.1998, BGBl. 1998 I 2487; vgl. dazu *Stürner* GS Lüderitz, 2000, 789; *Coester* FS Lorenz, 2001, 113; *Karsten Schmidt* FS Derleder, 2005, 601; *Behnke* NJW 1998, 3078; *Muscheler* WM 1998, 409 ff.; *Habersack* FamRZ 1999, 1; *Grunewald* ZIP 1999, 597; *Karsten Schmidt* JuS 2004, 361.

244 *Karsten Schmidt* HandelsR § 4 Rn. 2; s. auch EBJS/*Kindler* Rn. 78; Heymann/*Förster* Rn. 66 ff.; *Kort* AcP 193 (1993), 453 (458).

245 Ein überholter Ausnahmefall ist der Reederbegriff des § 480, der deshalb durch den Begriff des Ausrüsters korrigiert werden muss (§ 477).

246 BGH NJW 1975, 210 = JuS 1975, 331 *(Karsten Schmidt);Karsten Schmidt* HandelsR § 4 Rn. 59; Baumbach/Hopt/*Hopt* Rn. 30; EBJS/*Kindler* Rn. 83; Heymann/*Förster* Rn. 72; KKRD/*Roth* Rn. 18; Staub/*Oetker* Rn. 85; *Lohr,* Der Nießbrauch an Unternehmen und Unternehmensanteilen, 1989, 41 ff.

247 BayObLGZ 1973, 168; KG OLGZ 1965, 315 (317); Baumbach/Hopt/*Hopt* Rn. 30; EBJS/*Kindler* Rn. 83; Heymann/*Förster* Rn. 72; Röhricht/Graf v. Westphalen/Haas/*Ries* Rn. 84.

248 BGHZ 23, 307 (312); KG RJA 11, 36 (37); OLG Köln NJW 1963, 541; Baumbach/Hopt/*Hopt* Rn. 30; Heymann/*Förster* Rn. 72; KKRD/*Roth* Rn. 18; Oetker/*Körber* Rn. 86; Röhricht/Graf v. Westphalen/Haas/*Ries* Rn. 84; Staub/*Oetker* Rn. 85.

das bloße Gebrauchsrecht an Gegenständen des Anlagevermögens (Geschäftsraummiete, Anpachtung einer oder Nießbrauch an einer Kiesgrube, Patentlizenz usw). Auch wer als **Vertragshändler, Franchisenehmer, Kommissionsagent** oder **Handelsvertreter** in ein fremdes Vertriebssystem eingebunden ist, betreibt, weil er eigene Leistungen im eigenen Namen anbietet,[249] selbst ein Gewerbe (nur eben nicht das des Vorlieferanten, Franchisegebers, Auftraggebers usw).[250] Darauf, für wessen Rechnung ein Unternehmen betrieben wird, kommt es nicht an. Bei der **Treuhand** am Unternehmen ist der Treuhänder und nicht der Treugeber Kaufmann.[251] Denn der Treuhänder betreibt das Unternehmen im eigenen Namen, wenn auch für Rechnung des Treugebers (Verwaltungstreuhand). Das gilt auch dann, wenn der Treuhänder (gewerberechtlich zulässig oder unzulässig) ein sog. Strohmann, also eine vorgeschobene Person ist.[252] **Gewinnbeteiligungsrechte** eines Dritten machen diesen nicht zum Kaufmann (vgl. zB zum stillen Gesellschafter → 3. Aufl. 2010, Rn. 67; → 4. Aufl. 2019, Vor § 230 Rn. 94. Ebenso wenig kommt es – entgegen einer tradierten, jedoch nur auf das Außenverhältnis zugeschnittenen Formulierung – auf **das unternehmerische Risiko** an.[253] Nur wer dieses Risiko unmittelbar, dh **im Außenverhältnis,** trägt, ist Träger des Unternehmens. Verlustausgleichspflichten oder Liquiditätsgarantien, die von einem Dritten (zB von einem herrschenden Unternehmen) gegeben werden, machen diesen Dritten nicht zum Träger des Unternehmens (auch zum Konzern → Rn. 64).

55 **Organmitglieder** und **Mitarbeiter** – auch leitende Angestellte – sind in dieser Eigenschaft **keine Kaufleute** im Sinne des HGB.[254] Selbst wenn sie als **Vorstandsmitglieder** oder **Geschäftsführer** das Unternehmen leiten, ist die von ihnen geführte Gesellschaft Kaufmann, nicht der Unternehmensleiter (→ Rn. 66).[255] Auch **Prokuristen** (§§ 48 ff.) oder **Handlungsbevollmächtigte** (§ 54) sind in dieser Eigenschaft **nicht Kaufleute.**[256] Sie handeln als Stellvertreter iSv § 164 BGB im Namen des Kaufmanns, sind aber selbst nicht Unternehmensträger, also nicht Kaufleute.

56 **b) Gesetzliche Vertretung.** Wer als Träger des Unternehmens gesetzlich vertreten (→ Rn. 38 f.) wird, ist selbst Gewerbetreibender und ggf. Kaufmann. Das gilt zunächst für die durch Organe vertretenen **Handelsgesellschaften** (→ Rn. 56), gilt aber auch für **gesetzlich vertretene nicht voll geschäftsfähige Personen** (zu ihrer Kaufmannseigenschaft → Rn. 38 f.).[257] Die gesetzlichen Vertreter selbst sind, weil im Namen der Minderjährigen handelnd, nicht Kaufleute.[258] Wegen der Haftung des Minderjährigen für die vom gesetzlichen Vertreter eingegangenen Unternehmensverbindlichkeiten und der Haftungsbeschränkung ist an das aufgrund der Entscheidung BVerfGE 72, 155 = NJW 1986, 1859 ergangene Minderjährigenhaftungsbeschränkungsgesetz (§ 1629a BGB) zu erinnern (→ Rn. 52).

---

[249] Auch der Handelsvertreter handelt insofern im eigenen Namen, die scheinbare Ausnahme beim Abschlussvertreter (vgl., inzwischen entschärft, EBJS/*Kindler* Rn. 80) beruht auf einem Missverständnis: Statusbegründend ist als anbietende Leistung des Handelsvertreters die Dienstleistung gegenüber dem Unternehmer, nicht die Vertriebsleistung gegenüber dem Abnehmer des vertriebenen Produkts; *Karsten Schmidt* HandelsR § 27 Rn. 8; s. auch Oetker/*Körber* Rn. 87.

[250] Vgl. OLG Schleswig NJW-RR 1987, 220 betr. Franchising; Baumbach/Hopt/*Hopt* Rn. 30; Heymann/*Förster* Rn. 72.

[251] RGZ 99, 158 (159); OLG Hamm DNotZ 1964, 421 (423); OLG Koblenz BB 1999, 2399; *Karsten Schmidt* HandelsR § 4 Rn. 61; Baumbach/Hopt/*Hopt* Rn. 30, 31; HK-HGB/*Ruß* Rn. 10; Heymann/*Förster* Rn. 82; Oetker/*Körber* Rn. 93; Röhricht/Graf v. Westphalen/Haas/*Ries* Rn. 78.

[252] Baumbach/Hopt/*Hopt* Rn. 30; Oetker/*Körber* Rn. 93; Röhricht/Graf v. Westphalen/Haas/*Ries* Rn. 79; *Wassner* ZGR 1973, 434 ff. (aber für Kaufmannseigenschaft auch des Hintermanns).

[253] So aber Wiener Kommentar UGB/*Straube* UGB § 1 Rn. 25.

[254] Baumbach/Hopt/*Hopt* Rn. 31; EBJS/*Kindler* Rn. 80; Heymann/*Förster* Rn. 68; Oetker/*Körber* Rn. 88; Röhricht/Graf v. Westphalen/Haas/*Ries* Rn. 74 ff.; Staub/*Oetker* Rn. 86.

[255] BGH WM 1986, 939 = ZIP 1986, 1457; Baumbach/Hopt/*Hopt* Rn. 31.

[256] Baumbach/Hopt/*Hopt* Rn. 31; EBJS/*Kindler* Rn. 80; vgl. auch BGHSt 29, 187 (190 f.) = NJW 1980, 1585.

[257] Vgl. Baumbach/Hopt/*Hopt* Rn. 31 f.; EBJS/*Kindler* Rn. 80.

[258] Dazu auch Baumbach/Hopt/*Hopt* Rn. 31 f.; EBJS/*Kindler* Rn. 80; Oetker/*Körber* Rn. 93.

c) Testamentsvollstrecker, Insolvenzverwalter. Umstritten ist, inwieweit Testamentsvollstrecker und Insolvenzverwalter hinsichtlich des Nachlasses oder der Insolvenzmasse eines Einzelkaufmanns Kaufleute sein können. Die Schwierigkeit der Frage hängt damit zusammen, dass beide **nach hM sog. Amtstreuhänder** sind, die eine Vermögensmasse (Nachlass bzw. Masse) im eigenen Namen für Rechnung der Erben bzw. des Insolvenzschuldners verwalten.[259] 57

aa) Testamentsvollstrecker? Die Kaufmannseigenschaft des Testamentsvollstreckers steht nur ernstlich zur Debatte, wenn es sich um die **Testamentsvollstreckung nach einem Einzelkaufmann,** nicht nach einem Gesellschafter, handelt (zur Testamentsvollstreckung am Gesellschaftsanteil vgl. → 4. Aufl. 2016, § 139 Rn. 43 ff.). Die Zulässigkeit einer solchen Testamentsvollstreckung wird vereinzelt (wie die Testamentsvollstreckung am Anteil eines OHG-Gesellschafters oder Komplementärs; → 4. Aufl. 2016, § 139 Rn. 46 f.) grundsätzlich in Zweifel gezogen (→ § 27 Rn. 18 ff.).[260] Die Schwierigkeit liegt aber im Wesentlichen in der Zurechnung sowie in den Haftungsproblemen:[261] Einerseits kann der Nachlass nicht durch die Einsetzung eines Testamentsvollstreckers eine isolierte Haftungsmasse ohne persönliche Haftung verwandelt werden; auf der anderen Seite kann der Testamentsvollstrecker nicht ohne Zustimmung des oder der Erben befugt sein, deren persönliche Haftung für Unternehmensgeschäfte zu begründen. 58

Dies sind – jenseits aller rechtsdogmatischen Konstruktionsprobleme – **die von der hM angebotenen Lösungen:**[262] Der Testamentsvollstrecker kann das Unternehmen im eigenen Namen treuhänderisch für Rechnung des oder der Erben führen und ist dann selbst Kaufmann **(Treuhandlösung).**[263] Er wird als Kaufmann mit Testamentsvollstreckervermerk in das Handelsregister eingetragen.[264] Im Außenverhältnis haftet für die vom Testamentsvollstrecker begründeten Neuverbindlichkeiten dieser selbst als treuhänderischer Unternehmer.[265] Der Testamentsvollstrecker wird aber nicht, wie bei der Vollrechtstreuhand (→ Rn. 54), auch Eigentümer des Geschäftsvermögens und Inhaber der dazu gehörenden Forderungen.[266] Im Innenverhältnis kann er Vorschuss und Aufwendungsersatz aus dem Nachlass verlangen (§§ 2218, 669 f. BGB). Ohne eigene Haftung kann der Testamentsvollstrecker das Unternehmen nur fortführen, wenn ihn der Erbe oder die Erben hierzu bevollmächtigen **(Vollmachtlösung).**[267] Dann ist der Erbe bzw. die Erbengemeinschaft als Kaufmann in das Handelsregister einzutragen, und die vom Testamentsvollstrecker begründeten Neuverbindlichkeiten lassen nicht nur den Nachlass, sondern auch den oder die Erben persönlich haften.[268] Ob die Erben durch testamentarische Auflagen zur Vollmachterteilung verpflichtet werden können, wird 59

---

[259] Vgl. für den Testamentsvollstrecker BGHZ 13, 203 (205 f.); RGZ 56, 327 (330); 61, 139 (145); 76, 125; Staudinger/*Reimann,* 2016, BGB § 2205 Rn. 147 ff.; für den Insolvenzverwalter BGHZ 24, 393 (396); 32, 114 (118); 44, 1 (4); 49, 11 (16); 68, 16 (17); 88, 331 (334); RGZ 29, 29; stRspr; *Bork,* Einführung in das Insolvenzrecht, 9. Aufl. 2019, Rn. 73 ff.; *Häsemeyer,* Insolvenzrecht, 4. Aufl. 2007, Rn. 15.06; EBJS/*Kindler* Rn. 81.

[260] *Dauner-Lieb,* Unternehmen in Sondervermögen, 1998, 312 ff., 326 ff.

[261] Vgl. zum Folgenden *Karsten Schmidt* HandelsR § 4 Rn. 70.

[262] Vgl. zu diesen Lösungen BGHZ 12, 101 (102) = NJW 1954, 636; BGH NJW 1975, 54; RGZ 132, 138 (142); MüKoBGB/*Zimmermann* BGB § 2205 Rn. 24 ff.; Staudinger/*Reimann,* 2016, BGB § 2205 Rn. 147 ff.

[263] BGHZ 12, 101 (102) = NJW 1954, 636; BGH NJW 1975, 54; RGZ 132, 138 (142); Baumbach/Hopt/*Hopt* Rn. 42; EBJS/*Kindler* Rn. 90; Heymann/*Förster* Rn. 77; KKRD/*Roth* Rn. 21; Oetker/*Körber* Rn. 99; Röhricht/Graf v. Westphalen/Haas/*Ries* Rn. 80; Staub/*Oetker* Rn. 88; *Schiemann* FS Medicus, 1999, 526 ff.

[264] RGZ 132, 138 (143); Baumbach/Hopt/*Hopt* Rn. 42.

[265] Staudinger/*Reimann,* 2016, BGB § 2205 Rn. 141 ff.

[266] So aber *John* BB 1980, 760; abl. *Dauner-Lieb,* Unternehmen in Sondervermögen, 1998, 283 ff.; *Lorz,* Testamentsvollstreckung und Unternehmensrecht, 1995, 79 ff.; *Muscheler,* Die Haftungsordnung der Testamentsvollstreckung, 1994, 331 ff.

[267] Baumbach/Hopt/*Hopt* Rn. 41; EBJS/*Kindler* Rn. 91; Heymann/*Förster* Rn. 78; Röhricht/Graf v. Westphalen/Haas/*Ries* Rn. 81; Staub/*Oetker* Rn. 88; Staudinger/*Reimann,* 2016, BGB § 2205 Rn. 153.

[268] Staudinger/*Reimann,* 2016, BGB § 2205 Rn. 155; KKRD/*Roth* Rn. 21.

aber mit Recht bezweifelt.[269] Schließlich verbietet es das Gesetz nicht, dass der Testamentsvollstrecker das Unternehmen aus der Testamentsvollstreckung freigibt und damit dem Erben die Möglichkeit gibt, es im eigenen Namen unter eigener Haftung bzw. unter Gründung einer Handelsgesellschaft fortzuführen **(Freigabelösung).**[270] Der Testamentsvollstrecker kann diese Freigabe nach hM nicht einseitig widerrufen, um dem Erblasserwillen nachzukommen, kann angeblich in einem solchen Fall nur nach § 812 BGB die Wiedereinräumung seiner Verwaltungsberechtigung verlangen (zweifelhaft).[271]

60 Fürsprecher findet inzwischen auch die vor Jahrzehnten von *Fritz Baur* vorgeschlagene **„echte Testamentsvollstreckerlösung"**, nach der der Erbe (die Erbengemeinschaft) Kaufmann ist, das Unternehmen jedoch ohne persönliche Haftung vom Testamentsvollstrecker als Amtstreuhänder fortgeführt wird.[272]

61 **Stellungnahme:**[273] Insgesamt ist die Rechtskonstruktion der Amtstreuhänderschaft unbefriedigend, so dass über die hM noch nicht das letzte Wort gesprochen sein dürfte.[274] Da die Rechte und Pflichten im Ergebnis dem Nachlass zugeordnet werden sollen, spräche viel für eine gesetzliche Vertreterlösung, die in den Ergebnissen der echten Testamentsvollstreckerlösung nahe käme. In den praktischen Ergebnissen wird es aber vorerst bei der hM sein Bewenden haben. Die Vertreterlösung würde den bzw. die Erben zu Gläubigern und Schuldnern der Handelsgeschäfte machen und würde die Frage aufwerfen, ob die Erben nach allgemeinen Grundsätzen unbeschränkt haften (obwohl ihnen die Herrschaft entzogen ist) oder ob sie mangels Steuerungsmöglichkeit nur mit dem Nachlass haften (obwohl dies zu einer unternehmensrechtlich inakzeptablen Haftungsbeschränkung führt). Die Schwierigkeiten sind charakteristisch für die den Tod überdauernden Zuordnungs- und Zurechnungsprobleme beim Einzelkaufmann (→ Rn. 38; zur Erbengemeinschaft auch → Rn. 52). Sie werden in dem Maße vermieden, in dem schon zu Lebzeiten Handelsgesellschaften gegründet oder die Erben einer testamentarischen Gesellschaftsgründungsklausel unterworfen werden.

62 **bb) Insolvenzverwalter?** Der Insolvenzverwalter im Insolvenzverfahren über das Vermögen eines Einzelhandelskaufmanns (bzw. im Insolvenzverfahren über seinen Nachlass) oder einer Handelsgesellschaft wird von der **hM** einerseits als ein im eigenen Namen handelnder Amtstreuhänder angesehen, jedoch anderseits nicht als Kaufmann.[275] Das Letztere überzeugt sowohl in praktischer als auch in rechtsdogmatischer Hinsicht. Auch hier zeigt sich die bei → Rn. 38 angemerkte unternehmensrechtliche Sperrigkeit der Einzelunternehmerschaft. Nicht überzeugend ist die von der hM angenommene, in der **Amtstheorie** gründende Rechtskonstruktion. Den **Vorzug** verdient folgende Überlegung:[276] Der Insol-

---

[269] Vgl. auch *Dauner-Lieb,* Unternehmen in Sondervermögen, 1998, 276 ff.; *Lorz,* Testamentsvollstreckung und Unternehmensrecht, 1995, 53 ff.

[270] Baumbach/Hopt/*Hopt* Rn. 43; EBJS/*Kindler* Rn. 92; Heymann/*Förster* Rn. 79; Staub/*Oetker* Rn. 79.

[271] Vgl. EBJS/*Kindler* Rn. 92 mit Hinweis auf BGHZ 12, 100 (105) = NJW 1954, 636 (637); BGHZ 24, 106 (109) = NJW 1957, 1026; so auch Heymann/*Förster* Rn. 79.

[272] *Baur* FS Dölle, Bd. I, 1963, 249 ff.; LG Konstanz NJW-RR 1990, 716 f.; *Canaris* HandelsR § 9 Rn. 37; Baumbach/Hopt/*Hopt* Rn. 44; *Muscheler,* Die Haftungsordnung der Testamentsvollstreckung, 1994, 389 ff.; *Schiemann* FS Medicus, 1999, 526 ff.; *Weidlich* NJW 2011, 641; sympathisierend Heymann/*Förster* Rn. 81; abl. aber *Karsten Schmidt* HandelsR § 4 Rn. 76; EBJS/*Kindler* Rn. 89; Oetker/*Körber* Rn. 96; unentschieden KKRD/*Roth* Rn. 21; zum Ganzen auch *Bartsch,* Der (unternehmens-)verwaltende Testamentsvollstrecker und seine Haftung, 2010, 109 ff.

[273] Vgl. auch *Karsten Schmidt* HandelsR § 4 Rn. 76.

[274] Vieles spricht, wie bei der Insolvenzverwaltung, für eine gesetzliche Vertretung; auch dann wird es aber ohne persönliche Haftung neben der Haftung des Nachlassers nicht abgehen, und diese wird den Verwalter treffen (so im praktischen Ergebnis die Treuhandlösung), sofern nicht die Erben sie übernehmen (so im Ergebnis die Vollmachtlösung).

[275] BGH NJW 1987, 1940; Baumbach/Hopt/*Hopt* Rn. 47; EBJS/*Kindler* Rn. 81; Heymann/*Förster* Rn. 71; KKRD/*Roth* Rn. 20; Staub/*Oetker* Rn. 82; Überblick bei HmbKommInsR/*Kuleisa* InsO § 80 Rn. 31; Jaeger/*Henckel* InsO § 80 Rn. 67.

[276] Vgl. *Karsten Schmidt* HandelsR § 4 Rn. 67; Kilger/*Karsten Schmidt,* Insolvenzgesetze, 17. Aufl. 1997, § 6 KO Anm. 5e; zust. KKRD/*Roth* Rn. 20; *Rosenberg/Schwab/Gottwald* Zivilprozessrecht, 18. Aufl. 2018, § 40 Rn. 14; s. auch Thomas/Putzo/*Hüßtege* ZPO § 51 Rn. 29: „der neuen Vertretertheorie gebührt eigentlich der Vorzug".

venzverwalter ist entgegen der hM nicht als ein im eigenen Namen handelnder – ggf. das Unternehmen im eigenen Namen führender – Amtstreuhänder einzuordnen, sondern als gesetzlicher Vertreter; im Fall einer insolventen Handelsgesellschaft ist er deren Zwangsliquidator.[277] **Kaufmann ist der** vom Insolvenzverwalter mit Bezug auf die Masse gesetzlich vertretene **Schuldner,** sei es als Einzelkaufmann, sei es als Handelsgesellschaft.[278] Nur durch die Amtstheorie erklärlich und überflüssig sind deshalb die Schwierigkeiten, die sich der BGH[279] mit der **Anwendung von Handelsrecht im Insolvenzverfahren** gemacht hat. Auf Rechtsgeschäfte, die der Verwalter in der Insolvenz eines Kaufmanns bzw. einer Handelsgesellschaft vornimmt, findet Handelsrecht Anwendung, weil es auf die – vom BGH vermisste – Kaufmannseigenschaft des Verwalters nicht ankommt (vgl. auch → 4. Aufl. 2018, § 343 Rn. 11).

Die **Zurechnungsprobleme** sind unterschiedlich schwierig in der Insolvenz einer **63** Handelsgesellschaft und in der Insolvenz eines Einzelkaufmanns (→ Rn. 38 aE). In der **Insolvenz einer Handelsgesellschaft** gibt es nach der hier vertretenen, wenn auch nicht vorherrschenden Auffassung kein massefreies Vermögen (zum Meinungsbild → 4. Aufl. 2016, § 158 Rn. 43 mN). Schuldnerin und Unternehmensträgerin („Kaufmann") ist auch im Insolvenzverfahren die Gesellschaft, die nach der hier vertretenen Auffassung vom Insolvenzvertreter vertreten wird (→ Rn. 63; → 4. Aufl. 2016, Anh. § 158 Rn. 45). Eine persönliche Gesellschafterhaftung für vom Verwalter eingegangene Masseschulden gibt es nicht (→ 4. Aufl. 2016, § 128 Rn. 80 f.; → 4. Aufl. 2016, Anh. § 158 Rn. 47). In der **Insolvenz eines Einzelunternehmers** ist dieser – und wiederum nicht der Insolvenzverwalter – Unternehmensträger und Kaufmann (→ Rn. 62). Der insolvente Einzelunternehmer haftet für die vom Verwalter eingegangenen Masseschulden nicht unbeschränkt, sondern nur mit der Masse.[280] Die rechtspolitischen Probleme, die bei der Testamentsvollstreckung einer Haftungsbeschränkung entgegenstehen (→ Rn. 58 ff.), werden durch das Verfahren bei Masseunzulänglichkeit (§§ 208 ff. InsO) aufgefangen. Eine **Freigabelösung** (→ Rn. 59) ist auch hier möglich und seit 2007 gesetzlich in **§ 35 Abs. 2 InsO** geregelt:[281] Übt der Schuldner eine selbstständige Tätigkeit aus oder beabsichtigt er, demnächst eine solche Tätigkeit auszuüben, hat der Insolvenzverwalter ihm gegenüber zu erklären, ob Vermögen aus der selbstständigen Tätigkeit zur Insolvenzmasse gehört und ob Ansprüche aus dieser Tätigkeit im Insolvenzverfahren geltend gemacht werden können (§ 35 Abs. 2 S. 1 InsO). Auf Antrag des Gläubigerausschusses oder, wenn ein solcher nicht bestellt ist, der Gläubigerversammlung ordnet das Insolvenzgericht die Unwirksamkeit der Erklärung an (§ 35 Abs. 2 S. 3 InsO). Im Fall einer Freigabe des Unternehmens führt der insolvente Unternehmer das Unternehmen in eigenem Namen weiter. Der Schuldner muss dann nach § 35 Abs. 2 S. 2 InsO, § 295 Abs. 2 InsO einen fiktiven Dienstlohn an die Masse abführen. Nicht gesetzlich geregelt und zu verneinen ist, ob der Schuldner in diesem Fall zugunsten seiner Geschäftspartner Masseverbindlichkeiten begründen kann.[282] Gründet er ohne Freigabe ein **neues Unternehmen,** so ist er mit **diesem** gleichfalls Einzelkaufmann.[283] Er kann aber ohne Freigabe von Massegegenständen die Verbindlichkeiten nicht begleichen.[284]

---

277 *Karsten Schmidt* HandelsR § 4 Rn. 67; *Karsten Schmidt* HandelsR § 10 Rn. 126; *Karsten Schmidt,* Wege zum Insolvenzrecht der Unternehmen, 1990, 106 ff.; *Karsten Schmidt* KTS 1984, 345 ff.; *Karsten Schmidt* NJW 1987, 1905 ff.; *Karsten Schmidt* 1995, 912 ff.; Kilger/*Karsten Schmidt,* Insolvenzgesetze, 17. Aufl. 1997 § 6 KO Anm. 5e.

278 Vgl. *Karsten Schmidt* HandelsR § 4 Rn. 67; richtig auch Staub/*Oetker* Rn. 82.

279 BGH NJW 1987, 1940.

280 Vgl. *v. Olshausen* ZIP 2002, 237.

281 Vgl. Gesetz vom 1.7.2007, BGBl. 2007 I 509; dazu *Karsten Schmidt* HandelsR § 4 Rn. 69; Uhlenbruck/*Hirte/Praß* InsO § 35 Rn. 90 ff.; *Smid* DZWiR 2008, 133; *Wischemeyer* ZInsO 2009, 937.

282 Vgl. BGHZ 192, 322 = NJW 2012, 1361 = JuS 2013, 174 *(Karsten Schmidt)*; HmbKommInsR/*Lüdtke* InsO § 35 Rn. 281; HK-InsO/*Ries* InsO § 35 Rn. 81.

283 BFH DB 2000, 2050; vgl. über die Massezugehörigkeit von Einnahmen auch BGH EWiR 2003, 593 *(Tetzlaff)* = KTS 2003, 488.

284 *Karsten Schmidt* FS Kruse, 2001, 680 ff.; aA *Maus* ZIP 2004, 389 ff.

64 **d) Konzern, Betriebsaufspaltung.** Der Konzern als Unternehmensgruppe ist als solcher kein tauglicher Unternehmensträger (→ Rn. 42). Demgemäß ist im **Recht der verbundenen Unternehmen (Konzernrecht)** für jede der gem. §§ 15 ff. AktG verbundenen Gesellschaften festzustellen, ob sie Trägerin eines Unternehmens und welches konzernzugehörigen Unternehmens ist (→ Rn. 42). Auch hier kommt es darauf an, welche Gesellschaft welche Unternehmensgeschäfte im eigenen Namen abschließt. Ein herrschendes Unternehmen (§§ 17, 18 Abs. 1 AktG) ist nicht schon kraft Konzernleitungsmacht Inhaber der abhängigen Unternehmen (→ Rn. 42). Auch eine etwa vorhandene Verlustdeckungspflicht (§ 302 AktG) betrifft nur das Innenverhältnis.

65 Bei der **Betriebsaufspaltung** (→ Rn. 28) ist die Betriebsgesellschaft Kaufmann. Zur Frage, ob auch die Besitzgesellschaft gewerblich tätig ist, → Rn. 28. Bei der **GmbH & Co. KG** ist die Kommanditgesellschaft und nur sie Trägerin des Unternehmens (→ Rn. 44). In ihrem Namen werden die Handelsgeschäfte abgeschlossen. Die Komplementär-GmbH ist als bloße Komplementärin der unternehmenstragenden KG nicht selbst Unternehmensträgerin; dem Handelsrecht untersteht sie allerdings als Formkaufmann nach § 13 Abs. 3 GmbHG (→ § 6 Rn. 9).

66 **e) Gesellschaften und Gesellschafter.** Bei Handelsgesellschaften ist **nur die Gesellschaft** Kaufmann (§ 6), nicht der Unternehmensleiter und nicht der einzelne Gesellschafter.[285] Das ist jetzt hM, allerdings teilweise noch umstritten. **Kein Kaufmann** ist zunächst der **Vorstand einer AG oder Genossenschaft oder der Geschäftsführer einer GmbH** (→ Rn. 55).[286] Diese Leitungsorgane sind zwar innerhalb der Gesellschaft für die Erfüllung kaufmännischer Pflichten verantwortlich, sind aber – weil selbst nicht Unternehmensträger – nicht Kaufleute im Sinne des HGB. Auch die **Aktionäre, Genossen oder GmbH-Gesellschafter** sind als solche **nicht Kaufleute.**[287] Nicht einmal bei der Einpersonengesellschaft ist deren alleiniger Gesellschafter in dieser Eigenschaft Kaufmann.[288] Dasselbe gilt für den **Komplementär einer KGaA** (sinngemäß → Rn. 102). Dies alles gilt auch für einen Gesellschafter, der mehrere Unternehmen beherrscht und deshalb nach der (hier nicht zu hinterfragenden) Rspr. des BGH[289] Unternehmen im konzernrechtlichen Sinne ist. Denn diese Rspr. beruht nicht auf eigener Unternehmensträgerschaft des herrschenden Gesellschafters, sondern ausschließlich auf konzernrechtlicher Zurechnung. Wenn trotzdem – zB bei formfreien Bürgschaften – handelsrechtliche Regeln auf derartige „Unternehmer" (analog) angewendet werden können (→ Rn. 85 ff.), so beruht auch dies nicht auf ihrer Kaufmannseigenschaft gem. Abs. 1, sondern auf bloßer Zurechnung.

67 Umstritten ist die Frage bei den **Handelspersonengesellschaften.** Fest steht, dass eine solche Gesellschaft Kaufmann ist (§ 6 Abs. 1), aber die Kaufmannseigenschaft der (unbeschränkt haftenden) Gesellschafter ist umstritten. Nach **wohl noch hM** sind die **Gesellschafter einer OHG** und die **Komplementäre** in der KG Kaufleute;[290] abgelehnt wird

[285] BGHZ 121, 224 = NJW 1993, 1126 = JuS 1993, 598 *(Karsten Schmidt)* = JZ 1993, 1005 mAnm *Vollkommer/Gleußner*; BGH NJW-RR 1987, 42 = ZIP 1986, 1417; NJW-RR 1991, 757 = WM 1991, 536; OLG Düsseldorf NJW-RR 1995, 93 (94); LG Oldenburg NJW-RR 1996, 286 (287); *Karsten Schmidt* HandelsR § 4 Rn. 55 f.; Baumbach/Hopt/*Hopt* Rn. 50.

[286] BGHZ 104, 95 (98) = NJW 1988, 1908 (1909); BGH NJW 1996, 1467 (1468); OLG Düsseldorf NJW-RR 1995, 93 (94); LG Oldenburg NJW-RR 1996, 286 (287); Baumbach/Hopt/*Hopt* Rn. 31; vgl. auch BVerwG NJW 1977, 1250.

[287] Vgl. nur BGHZ 121, 224 = JuS 1993, 598 *(Karsten Schmidt)* = JZ 1993, 1005 mAnm *Vollkommer/Gleußner*; LG Oldenburg NJW-RR 1996, 286 (287); KKRD/*Roth* Rn. 23.

[288] BGHZ 5, 133 (134) = NJW 1952, 623; BGH WM 1986, 939 = ZIP 1986, 1457; LG Oldenburg NJW-RR 1996, 286 (287); EBJS/*Kindler* Rn. 85; Heymann/*Förster* Rn. 68.

[289] BGHZ 95, 330 (334 ff.) = NJW 1986, 188 (189 f.) – Autokran; BGHZ 115, 187 (189 ff.) = NJW 1991, 3142 (3143 ff.) – Video; BGHZ 122, 123 = NJW 1993, 1200 – TBB; BGH NJW 1994, 446 mAnm *Karsten Schmidt*.

[290] BGHZ 34, 293 (296 f.) = NJW 1961, 1022; BGHZ 45, 282 (284) = NJW 1966, 1960 (1961); BGH NJW 1960, 1852 (1853); BB 1968, 1053; OLG Karlsruhe DB 1991, 903 mAnm *Karsten Schmidt* = NJW 1991, 493; *Canaris* HandelsR § 2 Rn. 20; *Oetker* HandelsR § 2 Rn. 22; EBJS/*Kindler* Rn. 86; HK-HGB/*Ruß* Rn. 21; Heymann/*Förster* Rn. 69; Röhricht/Graf v. Westphalen/Haas/*Ries* Rn. 75; *Petersen* Jura 2005, 831 (832); vgl. auch OVG Saarlouis NJW 1992, 2846.

dagegen die Kaufmannseigenschaft des Kommanditisten.[291] Diese Ansicht basiert auf der Annahme, dass Personengesellschafter als Mitunternehmer (§ 15 EStG) ohne weiteres Kaufleute sind, soweit sie nicht als Kommanditisten von der organschaftlichen Vertretung der Gesellschaft (und von der zwingend unbeschränkten Haftung) ausgeschlossen sind. Hinter dieser Auffassung verbirgt sich ein **überholtes Rechtsbild der OHG und KG** und eine Vernachlässigung der durch § 124 unterstrichenen Verselbstständigung der Handelsgesellschaften als organisierter Unternehmensträger.[292] Richtigerweise ist auch in diesen Fällen **die Handelsgesellschaft und nur sie** Kaufmann iSd §§ 1 ff. (→ 4. Aufl. 2016, § 105 Rn. 14).[293] Die **Kaufmannseigenschaft der Gesellschafter** (auch der persönlich haftenden Gesellschafter) ist ebenso **zu verneinen** wie bei einer Körperschaft. Weder die organschaftliche Leitungsmacht (§§ 114 f., 125 f.) noch die Haftung (§§ 128 ff.) macht die OHG-Gesellschafter bzw. Komplementäre zu Kaufleuten. Auch ihre Eintragung in das Handelsregister (§§ 106, 107, 143, 162) beruht nicht auf der Kaufmannseigenschaft der Gesellschafter, sondern deren Identität gehört – anders als bei den Kapitalgesellschaften – zu den Merkmalen der Gesellschaft und wird aus diesem Grunde eingetragen und im Fall der persönlich haftenden Gesellschafter auch bekannt gemacht. Kaufmann ist und bleibt ausschließlich die Gesellschaft als Trägerin des Unternehmens (zu der ganz anderen Frage einer analogen Anwendung von Handelsrecht auf geschäftsleitende Gesellschafter → Rn. 96 ff.). **Bei der stillen Gesellschaft** ist immer nur der „andere", der iSv § 230 „das Handelsgewerbe betreibt", Kaufmann, also zB bei einer „GmbH & Still" nur die unternehmenstragende GmbH (→ 4. Aufl. 2019, § 230 Rn. 10). Der stille Gesellschafter ist im Sinne des HGB als solcher niemals Gewerbetreibender.[294] Er ist es auch dann nicht, wenn er steuerlich als „atypischer stiller Gesellschafter" und Mitunternehmer iSv § 15 EStG angesehen wird (→ 4. Aufl. 2019, § 230 Rn. 1 ff.).

V. Negative Abgrenzung: Sonderbehandlung der kleingewerblichen, landwirtschaftlichen und forstwirtschaftlichen Unternehmen

1. Abgrenzungsformel. a) § 1 Abs. 2. Das Gesetz unterscheidet zwischen Unter- 68
nehmen, die nach Art und Umfang einen in kaufmännischer Weise eingerichteten Geschäftsbetrieb erfordern (vgl. § 1 Abs. 2) und solchen, die nach Art oder Umfang einen solchen Geschäftsbetrieb nicht erfordern (sie werden durch Abs. 2 dem § 2 zugewiesen).[295] Hinsichtlich der ersten Gruppe wird hier schlagwortartig und unter Verzicht auf sprachliche Genauigkeit von **„Voll"-Gewerbebetrieben** gesprochen (die keine Großunternehmen sein müssen), hinsichtlich der zweiten Gruppe von „kleinen" oder **„Kleingewerbebetrieben"** (auch → § 2 Rn. 10). Nur die ersten fallen unter Abs. 2. Die Unterscheidung war, wenn auch mit anderen Rechtsfolgen, schon in der bis 1998 geltenden Fassung des HGB angelegt (§ 2 aF und § 4 aF; Wortlaut → § 4 Rn. 2). Um zu den „Voll"-Gewerbebetrieben

---

[291] BGHZ 45, 282 (284) = NJW 1966, 1960 (1961); BGH NJW 1980, 1572 (1574); 1982, 569 (570); RGSt 69, 65 (67 f.); RG HRR 1934 Nr. 143; *Canaris* HandelsR § 2 Rn. 21; *Oetker* HandelsR § 2 Rn. 22; Baumbach/Hopt/*Roth* § 105 Rn. 19; EBJS/*Kindler* Rn. 86; KKRD/*Roth* Rn. 23; Röhricht/Graf v. Westphalen/Haas/*Ries* Rn. 75; Heymann/*Förster* Rn. 70; *Petersen* Jura 2005, 831 (832); aA Staub/*Brüggemann*, 4. Aufl. 1995, Rn. 35; *Ballerstedt* JuS 1963, 259.

[292] Diese funktionelle Sicht hat mit einem begriffsjuristischen Zirkelschluss nichts zu tun (aA *Canaris* HandelsR § 2 Rn. 20); die angeblich bloße Teilrechtsfähigkeit der Handels-Personengesellschaften (vgl. Heymann/*Förster* Rn. 69) ist ihrerseits nur ein Begriffsargument; auch der Hinweis auf § 28 HGB (Heymann/*Förster* Rn. 69: der nach Hinzutritt des Dritten forthaftende Kaufmann müsse doch Kaufmann bleiben) verfängt nicht, denn der vormalige Einzelkaufmann unterliegt nach § 28 Abs. 3 nur noch einer zeitlich begrenzten Nachhaftung.

[293] *Karsten Schmidt* HandelsR § 4 Rn. 55; *Karsten Schmidt* ZIP 1986, 1510; *Karsten Schmidt* DB 1989, 2315; Schlegelberger/*Karsten Schmidt* § 105 Rn. 13; Staub/*Schäfer* § 105 Rn. 79; jetzt wohl hM; vgl. Baumbach/Hopt/*Roth* § 105 Rn. 19 ff.; EBJS/*Wertenbruch* § 105 Rn. 182; KKRD/*Roth* Rn. 23; Oetker/*Körber* Rn. 90; Staub/*Oetker* Rn. 67; vgl. zuvor bereits *Landwehr* JZ 1967, 198; *Lieb* DB 1967, 759; *Zöllner* DB 1964, 796 f.; alle mwN.

[294] Baumbach/Hopt/*Hopt* Rn. 50; Baumbach/Hopt/*Roth* § 230 Rn. 6; Staub/*Oetker* Rn. 84.

[295] Eingehend *Karsten Schmidt* HandelsR § 10 Rn. 56 ff.

zu gehören, muss das Unternehmen nach Art und (!) Umfang kaufmännischer Einrichtungen bedürfen; bedarf es ihrer nach Art oder (!) Umfang nicht, so ist es ein Kleingewerbebetrieb. Von einem solchen sagt § 1 Abs. 2 im Gegenschluss, dass es kein Handelsgewerbe „ist". Aber nach **§ 2** „gilt" es als Handelsgewerbe, wenn die Firma im Handelsregister eingetragen ist. Diese auf eine Fiktion hindeutende Terminologie hat wenig Bedeutung (str., → § 2 Rn. 17). Sie besagt nur: Der Kleingewerbetreibende ist Kaufmann nur kraft konstitutiver Eintragung (→ § 2 Rn. 3). Die Sonderbehandlung der Kleingewerbetreibenden ist rechtspolitisch umstritten, richtigerweise aber zu begrüßen (→ § 2 Rn. 4).

69 **b) § 2 und § 3.** Nicht nur die **Kleingewerbetreibenden** unterliegen einer Sonderbehandlung (§ 1 Abs. 2). Nach § 3 sind auch die **Unternehmen der Land- und Forstwirtschaft** nur kraft konstitutiver Eintragung dem Handelsrecht unterworfen (→ § 3 Rn. 1). Das gilt auch für diejenigen Unternehmen der Land- und Forstwirtschaft, die kaufmännischer Einrichtungen bedürfen. § 3 Abs. 1 bringt dies missverständlich mit den Worten zum Ausdruck, dass „§ 1 keine Anwendung" findet (→ § 3 Rn. 6). Diese Sonderbehandlung vermag allerdings – anders als diejenige der Kleingewerbetreibenden – rechtspolitisch nicht zu überzeugen (→ § 3 Rn. 4).

70 **2. Notwendigkeit kaufmännischer Einrichtungen. a) Abgrenzung.** Der **Begriff** der kaufmännischen Einrichtungen wird üblicherweise nicht definiert. Er ist nicht gegenständlich, sondern **funktionell** und **organisatorisch** zu verstehen. Es geht darum, ob das Unternehmen eine spezifisch kaufmännische Einrichtung und Organisation der Abläufe benötigt. Beispiele für kaufmännische Einrichtungen sind insbesondere: die kaufmännische Buchführung, Inventarisierung und Rechnungslegung. Weniger klare Merkmale sind die kaufmännische Organisation des Unternehmens (Archivierung der Korrespondenz, EDV, Lohnbuchhaltung).

71 **Keine kaufmännischen Einrichtungen** iSv Abs. 2 sind: die kaufmännische Firma,[296] die kaufmännische Stellvertretung (§§ 48 ff.)[297] und die kaufmännische Haftung.[298] Die Anwendbarkeit dieser Regeln ist nicht Voraussetzung, sondern Folge der Kaufmannseigenschaft. Die kaufmännische Firma ist nichts anderes als eine handelsrechtlich qualifizierte Geschäftsbezeichnung und unterscheidet sich von der Geschäftsbezeichnung eines freiberuflichen oder kleingewerblichen Unternehmens nur dadurch, dass für sie die strengen Regeln der §§ 18 ff. gelten.[299] Prokura oder Handlungsvollmacht nach §§ 48 ff. stehen zwar nur dem Kaufmann offen (→ § 48 Rn. 17 f.), sind aber selbst nicht Merkmale eines kaufmännisch eingerichteten Geschäftsbetriebs. Auch die Eintragung im Handelsregister ist kein den vollgewerbebetriebbegründendes und zur Eintragungspflicht nach § 29 führendes Merkmal. Wohl allerdings kann sie die Kaufmannseigenschaft herbeiführen (→ § 2 Rn. 17 ff.; → § 3 Rn. 24 ff.; → § 5 Rn. 31 ff.).

72 **b) Notwendigkeit.** Nicht das Vorhandensein, sondern die **Notwendigkeit kaufmännischer Einrichtungen** gibt den Ausschlag. Hierbei kommt die Rechtsanwendung nicht ganz ohne Zirkelschluss aus,[300] denn wenn der Geschäftsbetrieb diese Einrichtungen iSv Abs. 2 erfordert, dann sind sie nach §§ 238, 240, 242 auch vorgeschrieben, weil ein kaufmännischer Gewerbebetrieb vorliegt. Das Verhältnis ist so aufzufassen: Im Tatbestand setzt Abs. 2 voraus, dass **kaufmännische Einrichtungen betriebswirtschaftlich erforderlich** sind. Ist dies der Fall und ist deshalb das Unternehmen kaufmännischer Art, so sind Buchführung und Rechnungslegung auch rechtlich geboten (→ § 2 Rn. 4).[301] Hierfür wird auf eine Gesamtwürdigung der Verhältnisse des einzelnen Unternehmens abgestellt,

---

296 So aber Baumbach/Hopt/*Hopt* Rn. 23; EBJS/*Kindler* Rn. 46; Oetker/*Körber* Rn. 50.

297 So aber Baumbach/Hopt/*Hopt* Rn. 23; EBJS/*Kindler* Rn. 46.

298 So aber Baumbach/Hopt/*Hopt* Rn. 23.

299 Ausf. *R. Schmitt,* Die Rechtsstellung der Kleingewerbetreibenden nach dem HRefG, 2003, 196 ff.

300 *Karsten Schmidt* HandelsR § 10 Rn. 57; eingehend *Siems,* Kaufmannsbegriff und Rechtsfortbildung, 2003, 45 ff.; s. auch Heymann/*Förster* Rn. 46 aE; Röhricht/Graf v. Westphalen/Haas/*Ries* Rn. 106 f.

301 AG Aschaffenburg GewA 1972, 214.

insbesondere auf die Zahl der Beschäftigten, den Umsatz, die Vielfalt der erbrachten Leistungen und Geschäftsbeziehungen, das Anlage- und Betriebskapital, das Kreditbedürfnis und die Teilnahme am Kreditkartenverkehr (bisher wurde hervorgehoben: Wechselverkehr).[302] Auch die Überregionalität oder Internationalität der Unternehmenstätigkeit kann für die Notwendigkeit kaufmännischer Einrichtungen sprechen.[303] Keiner dieser Gesichtspunkte entscheidet sich für sich allein. Das **Gesamtbild** des Unternehmens entscheidet.[304] Das Vorhandensein der kaufmännischen Einrichtungen ist ein Indiz dafür, dass sie auch erforderlich sind.[305] Das gilt allerdings nicht für eine rein steuerlich induzierte Dokumentation von Einnahmen und Ausgaben oder für die Beauftragung eines Steuerberaters.[306]

c) Art und Umfang. Nur wenn das Unternehmen nach Art **und** (!) Umfang kauf- 73
männischer Einrichtungen bedarf, fällt es unter Abs. 2 (→ Rn. 59). Es handelt sich um **kumulative Erfordernisse.** Deshalb scheidet ein Unternehmen für die Kaufmannseigenschaft gem. § 1 aus und kann kaufmännisch nur kraft Rechtsform (§ 6) bzw. kraft Eintragung als kleingewerbliches Unternehmen (§ 2) sein, wenn es nach Art **oder** Umfang kaufmännischer Einrichtungen nicht bedarf (so erklärte sich die Oder-Formulierung in § 2 aF und § 4 aF). Beispielsweise genügt bei ganz einfachen Abläufen ein großer Umsatz noch nicht ohne weiteres, um das Unternehmen zum vollgewerblichen Unternehmen zu machen.[307] Vorschlägen, das Merkmal der erforderlichen kaufmännischen Einrichtungen aus Rechtssicherheitsgründen durch starre Umsatzgrenzen zu ersetzen,[308] oder sie unter Zuhilfenahme weiterer Daten zu schematisieren,[309] ist der Gesetzgeber mit Recht nicht gefolgt.[310] Hieran geübte Kritik[311] geht an den Realitäten vorbei (auch → § 2 Rn. 4).[312] Eine Öffnung des Kaufmannsbegriffs für alle gewerblichen Unternehmen ohne Rücksicht auf deren Eintragung hätte die unvermeidlichen Unschärfen der Merkmale Selbstständigkeit und Planmäßigkeit bei der Abgrenzung des Gewerbebegriffs (→ Rn. 27, → Rn. 30) nur noch spürbarer gemacht, denn diese Unschärfen treten fast nur bei nichtangemeldeten Kleinunternehmen auf.[313] Die bei im Handelsregister nicht eingetragenen Rechtsträgern unvermeidliche Rechtsunsicherheit ist vom Gesetzgeber in Abs. 2 auf das erträglichste Maß reduziert.

d) Kasuistik.[314] Erforderlichkeit wurde bejaht: bei Maklern und Handelsvertretern 74
mit Umsatz ab 100.000 Euro;[315] bei Fachhandelsgeschäften mit Umsatz über 100.000 Euro und Warenbestand über 50.000 Euro;[316] bei Notwendigkeit komplizierter Abrechnungen trotz geringen Umsatzes.[317] Da aber der Umfang allein nicht den Ausschlag gibt (→ Rn. 73) und der Umsatz nur eines von mehreren Typusmerkmalen ist, besteht unter Umständen

---

302 BGH BB 1960, 917 = WM 1960, 935; Baumbach/Hopt/*Hopt* Rn. 23.
303 OLG Dresden NJW-RR 2002, 33 (34).
304 BGH BB 1960, 917 = WM 1960, 935; WM 1966, 194 (195); BayObLG NJW 1985, 983; OLG Frankfurt BB 1968, 335; OLG Celle BB 1983, 658; OLG Dresden NJW-RR 2002, 33; *Karsten Schmidt* HandelsR § 10 Rn. 58; Baumbach/Hopt/*Hopt* Rn. 23; Staub/*Oetker* Rn. 99 ff.; Röhricht/Graf v. Westphalen/Haas/*Ries* Rn. 107.
305 BGH BB 1960, 917; OLG Stuttgart OLGZ 1974, 132 (133); OLG Frankfurt BB 1983, 335; OLG Celle BB 1983, 659; Baumbach/Hopt/*Hopt* Rn. 23; EBJS/*Kindler* Rn. 47; Röhricht/Graf v. Westphalen/Haas/*Ries* Rn. 106.
306 OLG Celle MDR 1974, 235; EBJS/*Kindler* Rn. 47.
307 OLG Celle NJW 1963, 540; OLG Stuttgart OLGZ 1974, 132; *Karsten Schmidt* HandelsR § 10 Rn. 59.
308 ZB *Heinemann* FS Fikentscher, 1998, 377.
309 Vgl. *Siems,* Kaufmannsbegriff und Rechtsfortbildung, 2003, 56 ff.
310 BT-Drs. 13/8444, 47 f.; dazu näher *Karsten Schmidt* ZIP 1997, 909 (912).
311 Vgl. nur Baumbach/Hopt/*Hopt* Rn. 3; *Kaiser* JZ 1999, 495.
312 Vgl. *Krejci/Karsten Schmidt,* Vom HGB zum Unternehmergesetz, 2002, 96 ff.; *Karsten Schmidt* JZ 2003, 585 (587 f.); *Karsten Schmidt* JurBl. 2003, 141.
313 Vgl. *Krejci/Karsten Schmidt,* Vom HGB zum Unternehmergesetz, 2002, 96 ff.; *Karsten Schmidt* JZ 2003, 585 (587 f.); *Karsten Schmidt* JurBl. 2003, 141.
314 Vgl. auch Baumbach/Hopt/*Hopt* Rn. 24; Heymann/*Förster* Rn. 48 ff.; KKRD/*Roth* Rn. 45; Röhricht/Graf v. Westphalen/Haas/*Ries* Rn. 111 ff.; *Kort* DB 2019, 771 ff.
315 OLG Frankfurt BB 1983, 335.
316 Vgl. OLG Koblenz BB 1988, 2408.
317 OLG Hamm DB 1969, 386 betr. Optiker.

auch trotz großen Umsatzes keine Erforderlichkeit bei einfacher Abrechnung.[318] Ein Umsatz von über 500.000 Euro p.a. dürfte allerdings eine Widerlegung der Vermutung des Abs. 2 in der Regel ausschließen.[319]

75 **3. Beweislast. a) Vermutung für den Tatbestand eines Vollgewerbebetriebs.** Unter den Voraussetzungen der → Rn. 27 ff. (Gewerbe) besteht eine Vermutung für den Tatbestand eines Vollgewerbebetriebs.[320] Dies folgt aus der Negativformulierung des Abs. 2: Nur wenn das Unternehmen nach Art oder Umfang einen in kaufmännischer Weise eingerichteten Geschäftsbetrieb nicht erfordert, fällt es unter Abs. 2.

76 **b) Anwendungsbereich der Beweislastregelung.** Die Beweislastregelung spielt eine Rolle vor allem im **Zivilprozess.** Nach ihr richtet sich die formelle und materielle Darlegungs- und Beweislast. Wer Rechtsfolgen darauf stützt, dass ein Gewerbebetrieb nach Art oder Umfang kaufmännische Einrichtungen nicht erfordert, muss die belegenden Fakten darlegen und im Streitfall beweisen. Das gilt nicht nur zu Lasten des Gewerbetreibenden, sondern auch zu Lasten eines Dritten, der die Kaufmannseigenschaft des Gewerbetreibenden bestreitet.[321] Zur Frage, welchen Einfluss hier § 15 hat, → Rn. 77. Zweifelhaft ist die Bedeutung der Beweislastverteilung im **Registerverfahren.** Sie wird von der hM abgelehnt.[322] Dem ist entgegenzuhalten:[323] Wenn Abs. 2 dazu führt, dass sich ein Unternehmen an das HGB-Firmenrecht halten muss, wird es auch eintragungspflichtig sein. Zwar führt der Amtsermittlungsgrundsatz (§ 26 FamFG) dazu, dass eine formelle Darlegungslast der Beteiligten nicht besteht. Wohl aber besteht eine materielle Beweislast im Fall eines non liquet. Diesen Fall entscheidet das Gesetz in dem Sinne, dass nach Abs. 2 von einem Vollgewerbebetrieb auszugehen ist, sofern nicht Fakten festgestellt sind, die das Gewerbe als klein erkennen lassen.[324] Im Hinblick auf Abs. 2 wird das Registergericht nicht ohne besonderen Anlass Ermittlungen über die Größe des Gewerbebetriebs anstellen.[325] Das spielt vor allem im Eintragungserzwingungsverfahren nach § 29 eine Rolle, außerdem im Löschungsverfahren, weil eine Löschung nach § 2 S. 3 nur bei feststehender Kleingewerblichkeit stattfinden kann.

77 **c) Modifikation durch § 15?** Umstritten ist, welche Bedeutung **§ 15** in diesem Zusammenhang hat. **§ 15 Abs. 2** ist für eingetragene Unternehmen **funktionslos** (→ § 5 Rn. 10). Soweit ausnahmsweise die Vermutung des Abs. 2 dem auf eigener Kaufmannseigenschaft bestehenden, selbst nicht eingetragenen Gewerbetreibenden zum Vorteil gereicht (→ Rn. 76), stellt sich die Frage, ob er aufgrund von **§ 15 Abs. 1** zusätzlich darlegen und im Streitfall beweisen muss, dass der Dritte die die Kaufmannseigenschaft begründenden

---

318 Kantine: KG NJW 1959, 1829; OLG Celle BB 1963, 324; Süßwarengroßhandel: OLG Karlsruhe BB 1963, 324; Handwerksbetrieb: OLG Celle BB-Beil. 12/1975, 4 f.

319 Vgl. Röhricht/Graf v. Westphalen/Haas/*Ries* Rn. 112; s. allerdings OLG Dresden NJW-RR 2002, 33: Jahresumsatz von 500.000 DM nicht ohne weiteres ausreichend (iErg wurde die Kaufmannseigenschaft aber bejaht); s. auch KKRD/*Roth* Rn. 45 aE.

320 Begr. RegE zum HRefG, BT-Drs. 13/8444, 48; BayObLG BeckRS 2004, 503; OLG Karlsruhe MDR 2002, 1269; LG Karlsruhe DB 2002, 40; *Canaris* HandelsR § 3 Rn. 11; *Karsten Schmidt* HandelsR § 10 Rn. 56; *R. Schmitt,* Die Rechtsstellung der Kleingewerbetreibenden nach dem HRefG, 2003, 59 ff.; *Siems,* Der personelle Anwendungsbereich des Handelsrechts nach dem Handelsrechtsreformgesetz, 1999, 60 ff.; Baumbach/Hopt/*Hopt* Rn. 25; EBJS/*Kindler* Rn. 43; KKRD/*Roth* Rn. 46; Röhricht/Graf v. Westphalen/Haas/*Ries* Rn. 119 ff.

321 Vgl. statt vieler KKRD/*Roth* Rn. 46.

322 Abl. zB *Canaris* HandelsR § 3 Rn. 23; *Canaris* HandelsR § 4 Rn. 21; *R. Schmitt,* Die Rechtsstellung der Kleingewerbetreibenden nach dem HRefG, 2003, 69; EBJS/*Kindler* Rn. 44.

323 Vgl. auch *Karsten Schmidt* HandelsR § 10 Rn. 56.

324 So schon → 1. Aufl. 1999, ErgBd. Rn. 64; zust. Baumbach/Hopt/*Hopt* Rn. 25; KKRD/*Roth* Rn. 46; Röhricht/Graf v. Westphalen/Haas/*Ries* Rn. 123; ausf. und iErg wie hier *v. Olshausen* Rpfleger 2001, 53 (55 f.).

325 So Röhricht/Graf v. Westphalen/Haas/*Ries* Rn. 124; in diesem Punkt wohl aA *v. Olshausen* Rpfleger 2001, 53 (56).

Tatsachen kannte. Das ist im Grundsatz zu bejahen.[326] Die deklaratorische Eintragung als Kaufmann nach Abs. 1 unterliegt der negativen Publizität nach § 15 Abs. 1 (→ Rn. 18, → Rn. 79; str.; → § 15 Rn. 20, → § 15 Rn. 63).[327] Dagegen hat **§ 15 Abs. 3,** bezüglich dessen dieselbe Frage gestellt wird,[328] nach der hier vertretenen Ansicht im Bereich des § 1 keinen Anwendungsbereich, weil ein zu Unrecht als Kaufmann eingetragener Rechtsträger aufgrund des erweitert anzuwendenden § 5 ausnahmslos Kaufmann kraft Eintragung ist (→ § 5 Rn. 23).

VI. Rechtsfolgen

1. Rechtsfolgen der Kaufmannseigenschaft nach Abs. 2. a) Grundsatz. Ein 78
unter Abs. 2 fallendes Unternehmen unterliegt in vollem Umfang dem Handelsrecht. Eine unter Abs. 2 fallende Personengesellschaft ist ohne weiteres handelsrechtliche OHG bzw. KG (vgl. auch → 4. Aufl. 2016, § 123 Rn. 1 ff.). Das Unternehmen unterliegt der Eintragungspflicht nach § 29 und damit dem Registerzwang nach § 14. Die **Eintragung** eines unter § 1 fallenden Kaufmanns hat nur **deklaratorische Wirkung.** Ist das Unternehmen nicht im Handelsregister eingetragen, so unterliegt es unter den in § 1 beschriebenen Voraussetzungen gleichwohl dem Handelsrecht (→ Rn. 5), jedoch müssen die Merkmale des Abs. 2 stets aufs Neue geprüft werden (→ Rn. 6). Das gilt auch für das Firmenrecht. Die ernsthaft diskutierte Frage, ob ein nichteingetragener Einzelkaufmann unter den Voraussetzungen des Abs. 2 nach § 19 als „eingetragener Kaufmann" firmieren darf oder muss,[329] ist rein akademisch (auch → § 19 Rn. 11). Rechtmäßig handelt ein solcher Kaufmann selbstverständlich nur, wenn er sich an das Firmenrecht *und* an die registerrechtliche Anmeldungspflicht hält. Hat der Kaufmann die Anmeldung gem. § 29 versäumt, so unterliegt er deshalb dem Registerzwang und entgeht diesem auch nicht durch Annahme einer den Tatsachen entsprechenden Firma (etwa als „einzutragender Einzelkaufmann").

b) Negative Publizität nach § 15 Abs. 1. Die Kaufmannseigenschaft nach Abs. 2 ist, 79
wie sich aus § 29 ergibt, eine in das Handelsregister einzutragende Tatsache. Da das Gesetz bei § 15 Abs. 1 entgegen der in der → 1. Aufl. 1996, § 15 Rn. 17 von *Lieb* noch vertretenen Auffassung nicht zwischen „Primärtatsachen" und „Sekundärtatsachen" unterscheidet (so jetzt auch → § 15 Rn. 37),[330] unterliegt auch die deklaratorische Eintragung der Kaufmannseigenschaft nach § 29 den Grundsätzen der negativen Publizität (→ Rn. 77).[331] Zur Bedeutung des § 15 für die Beweislastverteilung vgl. gleichfalls → Rn. 77.

2. Rechtsfolgen bei Verneinung des Abs. 2. a) Eintragbarkeit. Liegt kein ge- 80
werbliches Unternehmen vor (→ Rn. 13, → Rn. 19), so fehlt es an der Kaufmannseigenschaft und auch an der Eintragungsfähigkeit (zum Erwerb der Kaufmannseigenschaft durch gleichwohl erfolgte Eintragung vgl. → § 5 Rn. 21 f.). Liegt zwar ein gewerbliches Unternehmen, aber entgegen der Vermutung des Abs. 2 nur ein **Kleinhandelsgewerbe** iSv § 2 vor, so kann nach **§ 2** Kaufmannseigenschaft durch **fakultative Eintragung** in das Handelsregister erworben werden. Ist das Unternehmen eingetragen, so ist es bis zu seiner Löschung in gleicher Weise dem Handelsrecht unterworfen wie ein unter § 1 fallendes Unternehmen (→ § 2 Rn. 17). Dasselbe gilt gem. § 3 für ein land- oder forstwirtschaftliches

---

326 Vgl. mit Unterschieden im Detail → 1. Aufl. 1999, ErgBd. Rn. 67; *Karsten Schmidt* HandelsR § 14 Rn. 26; Röhricht/Graf v. Westphalen/Haas/*Ries* Rn. 121 mwN; *Mönkemöller* JuS 2002, 30 (31).

327 Begr. RegE zum HRefG, BT-Drs. 13/8444, 48; dazu → 1. Aufl. 1999, ErgBd. Rn. 67; *Canaris* HandelsR § 5 Rn. 9; *Karsten Schmidt* HandelsR § 14 Rn. 22; Baumbach/Hopt/*Hopt* Rn. 25; Heymann/*Förster* Rn. 43, § 15 Rn. 20; HK-HGB/*Ruß* Rn. 48; KKRD/*Roth* § 1 Rn. 46; KKRD/*Roth* § 15 Rn. 5; Röhricht/Graf v. Westphalen/Haas/*Ries* Rn. 121; Staub/*Oetker* Rn. 104; *Bülow/Artz* JuS 1998, 680 f.; *R. Schmitt,* Die Rechtsstellung der Kleingewerbetreibenden nach dem HRefG, 2003, 64; *R. Schmitt* WiB 1997, 1114; krit. *Lieb* NJW 1999, 36.

328 Röhricht/Graf v. Westphalen/Haas/*Ries* Rn. 122.

329 *Zimmer* ZIP 1998, 2050 ff.

330 Vgl. *Karsten Schmidt* HandelsR § 14 Rn. 26.

331 HK-HGB/*Ruß* Rn. 48; KKRD/*Roth* § 15 Rn. 5; Staub/*Oetker* Rn. 104; *Canaris* HandelsR § 5 Rn. 9.

Unternehmen (→ § 3 Rn. 24). Ein nichtgewerbliches Unternehmen kann nur als Gesellschaft in das Handelsregister eingetragen werden: als Formkaufmann (→ § 6 Rn. 9 ff.) oder nach § 105 Abs. 2 S. 2 als vermögensverwaltende Personengesellschaft (zu den umstrittenen Voraussetzungen → 4. Aufl. 2016, § 105 Rn. 55 ff.).

81 **b) Rechtslage bei fehlender Eintragung.** Eine **direkte Anwendung von Handelsrecht** auf die weder eingetragenen noch unter Abs. 2 fallenden Unternehmen ist im Gesetz **nur ausnahmsweise** angeordnet, und zwar nur für Unternehmen nach § 2 (§ 84 Abs. 4, § 93 Abs. 3, § 383 Abs. 2, § 407 Abs. 3, § 453 Abs. 3, § 467 Abs. 3, § 481 Abs. 3 S. 2, § 553 Abs. 3 S. 2, § 557 Abs. 3 S. 2). Dazu → § 2 Rn. 27. Zur Frage, ob Handelsrechtsnormen analog anwendbar sein können, → Rn. 85 ff.

82 **3. Nachträgliches Herabsinken auf kleingewerbliches Niveau.** Sinkt ein zunächst die Merkmale des Abs. 2 erfüllendes Unternehmen auf kleingewerbliches Niveau ab, erfordert es also nach Art oder Umfang nicht mehr einen in kaufmännischer Weise eingerichteten Geschäftsbetrieb, so ist zu unterscheiden:

83 **a) Nicht eingetragenes Unternehmen.** Ein nicht eingetragenes Unternehmen verliert durch diese Veränderung die Kaufmannseigenschaft. Der Anmeldungszwang nach § 29 entfällt. Das Unternehmen kann Kaufmannseigenschaft nur noch nach § 2 S. 2 erwerben (→ § 2 Rn. 11). Es unterliegt handelsrechtlichen Bestimmungen im Rahmen der § 84 Abs. 4, § 93 Abs. 3, § 382 Abs. 2 S. 1, § 383 Abs. 2 S. 2, § 407 Abs. 2, § 453 Abs. 3, § 467 Abs. 3, § 481 Abs. 3 S. 2, § 553 Abs. 3 S. 2, § 557 Abs. 3 S. 2 (→ § 2 Rn. 27). Zur Frage der analogen Anwendung handelsrechtlicher Regeln → Rn. 85 ff.

84 **b) Eingetragenes Unternehmen.** Ein eingetragenes Unternehmen **bleibt für die Dauer der Eintragung kaufmännisch.** Das ist im Ergebnis unstreitig. Zu konstatieren ist allerdings ein verwunderlicher **Streit über die Begründung.** Nach der wohl hM beruht die Kaufmannseigenschaft nunmehr nur noch auf § 5, weil die Eintragung nicht mehr durch § 1 gedeckt ist und es an einer Ausübung der Option für die Eintragung als Kaufmann nach § 2 fehlt.[332] Diese Auffassung könnte praktische Bedeutung bezüglich der Buchführungspflicht nach § 238 haben (→ § 5 Rn. 36). Vertreten wird auch, die Eintragung sei nunmehr als unrichtig zu löschen, aber der Widerspruch des Eingetragenen gegen eine Amtslöschung könne als Eintragungsantrag nach § 2 gewertet werden.[333] Wieder andere sehen darin, dass es der Eingetragene trotz des Herabsinkens seines Gewerbes bei der Eintragung belässt, eine nachträgliche Ausübung des Wahlrechts nach § 2, sodass der Eingetragene nunmehr Kaufmann nach § 2 sei.[334] **Stellungnahme** (→ § 2 Rn. 13 f.; → § 5 Rn. 14):[335] Die ganze Diskussion ist ebenso überflüssig wie mühsam. Sie basiert auf zwei unrichtigen Prämissen. Die erste Prämisse besteht in der Annahme, dass eine Anmeldung und Eintragung nach § 1 nicht die Kaufmannseigenschaft nach § 2 herbeiführen könne (→ § 2 Rn. 11). Damit wird verkannt, dass die Anmeldungen aller unter § 1, § 2 oder § 3 fallenden Unternehmen artgleich sind (→ § 2 Rn. 14). Die zweite unrichtige Annahme besteht in der Betrachtung der Eintragung als Ereignis statt als Zustand. Der für die Kaufmannseigenschaft nach § 2 erforderliche Registerzustand („das Eingetragensein") hängt nicht davon ab, ob die der Eintragung vorausgegangene Anmeldung auf § 1, § 2 oder § 3 gestützt war. Deshalb ändert sich an der Kaufmannseigenschaft des eingetragenen Unternehmens nur deren rechtliche Grundlage (§ 2 statt § 1). Im praktischen Ergebnis ändert sich nur, dass der Eingetragene im Fall eines kleingewerblichen Unternehmens nach § 2 S. 3 seine Löschung beantragen und die Kaufmannseigenschaft aufgeben kann. Für § 105 Abs. 2 gilt nichts anderes.

[332] *Canaris* HandelsR § 3 Rn. 22; *Oetker* HandelsR § 2 Rn. 31 ff.; KKRD/*Roth* Rn. 25; Röhricht/Graf v. Westphalen/Haas/*Ries* Rn. 143; *Lieb* NJW 1999, 36; *Weller/Prütting* HandelsR Rn. 110.

[333] *R. Schmitt,* Die Rechtsstellung der Kleingewerbetreibenden nach dem HRefG, 2003, 89 ff. mwN.

[334] *Schön* DB 1998, 1176.

[335] *Karsten Schmidt* HandelsR § 10 Rn. 27, 68; *Karsten Schmidt* ZHR 163 (1999), 87; s. auch Oetker/*Körber* Rn. 115; EBJS/*Kindler* § 2 Rn. 12 ff.; *Treber* AcP 199 (1999), 525; *Raisch* FS Stimpel, 1985, 29, 36 ff.

4. Analoge Anwendung von Handelsrecht auf nicht-kaufmännische Unternehmen? a) Problembereich. Für das **bis 1998** geltende Recht wurde die entsprechende Anwendung handelsrechtlicher Normen auf nicht-kaufmännische Unternehmen hier in weitem Umfang propagiert (→ 1. Aufl. 1996, Rn. 96–125; → 1. Aufl. 1999, ErgBd. Rn. 70–85). Diese Analogie zielte besonders, aber keineswegs ausschließlich, auf die unter § 2 aF fallenden, kaufmännischer Einrichtungen bedürfenden, jedoch im Katalog des § 1 aF (→ Vor § 1 Rn. 16) nicht enthaltenen und nicht im Handelsregister eingetragenen Unternehmen, beispielweise nicht eingetragene Bauunternehmen oder Dienstleister, denen nach altem Recht die Kaufmannseigenschaft selbst dann fehlte, wenn kaufmännische Einrichtungen erforderlich und meistens auch vorhanden waren.[336] Diese Unternehmen waren zwar zum Erwerb der Kaufmannseigenschaft durch Anmeldung und Eintragung verpflichtet, waren aber ohne diese Eintragung **keine Kaufleute;** die zu ihrem Betrieb errichteten **Gesellschaften bürgerlichen Rechts** wurden bis zur Jahrhundertwende nicht als rechtsfähig angesehen und nicht der analogen Anwendung des OHG-Rechts unterworfen (auch → § 2 Rn. 1; → § 4 Rn. 6). Die Nicht-Anwendung von Handelsrecht auf diese Unternehmen musste rechtspolitisch Anstoß erregen. Diese wichtigen Beispiele des hier verfochtenen Analogieerfordernisses haben sich teils durch unmittelbare Anwendung des Handelsrechts erledigt, weil diese Unternehmen nach dem geltenden § 1 auch ohne Eintragung kaufmännisch sind (→ Rn. 6), teils haben sie sich dadurch erledigt, dass der BGH seit BGHZ 142, 315 = NJW 1999, 3483 und BGHZ 146 341 = NJW 2001, 1056 die analoge Anwendung von OHG-Recht auf nicht-kaufmännische Außengesellschaften anerkannt hat (→ Rn. 93). Das Analogiebedürfnis ist damit abgeschwächt, und die Rechtfertigung der analogen Anwendung ist nach der auf Modernisierung des Kaufmannsbegriffs zielenden Handelsrechtsreform nicht mehr so einfach zu rechtfertigen wie unter der bis 1998 geltenden Gesetzeslage. Aber erledigt hat sich die Frage nicht.[337] Auch der Tatbestand des Scheinkaufmanns, der gar zu oft als Korrektiv eingesetzt wurde (→ Anh. § 5 Rn. 4) kann die Frage nicht aus der Welt schaffen, weil er die typische Analogieproblematik nicht trifft (Freiberufler treten zB typischerweise nicht als Scheinkaufleute auf). 85

Seit 1998 stellt sich die Analogiefrage nur noch bei den **nichtgewerblichen Unternehmen** mit wissenschaftlicher, künstlerischer oder freiberuflicher Tätigkeit (→ Rn. 32 ff.) oder auf **nichteingetragene Unternehmen nach §§ 2, 3.** Bei den ersteren ist zu bedenken, dass der Gesetzgeber sie bewusst, wenn auch in rechtspolitisch zweifelhafter Weise, vom Kaufmannsbegriff ausgenommen hat (→ Rn. 4), bei den letzteren ist zu fragen, ob sich die analoge Anwendung von HGB-Regeln mit der diesen Unternehmen eingeräumten Option, also der Wahlfreiheit zwischen Handelsrecht und Nicht-Handelsrecht verträgt und ob nicht die bei → Rn. 81 aufgezählten Sonderbestimmungen zu einem Gegenschluss gegen die Anwendung von Handelsrecht zwingen. Dazu ist zu bemerken: Hinsichtlich der nichtgewerblichen Unternehmen (insbesondere Freiberufler) hat es der Gesetzgeber bei dem bis 1998 bestehenden Rechtszustand belassen, woraus sich kein generelles Analogieverbot ergibt; und hinsichtlich der nichteingetragenen Kleingewerbetreibenden hat der Gesetzgeber selbst einen Analogiebedarf geschaffen, weil die nur punktuellen Anwendungsfälle in § 84 Abs. 4, § 93 Abs. 3, § 383 Abs. 2, § 407 Abs. 3, § 453 Abs. 3, § 467 Abs. 3, § 481 Abs. 3 S. 2, § 553 Abs. 3 S. 2, § 557 Abs. 3 S. 2 zu kurz greifen.[338] Aus dem Gesetz ergibt sich nur, welche Bestimmungen von jeder Anwendung auf nichteingetragene Kleingewerbetreibende ausgeschlossen sind, nämlich die §§ 348–350 (auch → § 2 Rn. 28). 86

Stellungnahme: Fortdauerndes Analogiebedürfnis. Die Handelsrechtsreform hat das rechtspolitische Analogiebedürfnis verringert und den Rechtfertigungsbedarf für die 87

336 Vgl. dazu noch → 1. Aufl. 1996, § 1 Rn. 99.

337 Dazu *Karsten Schmidt* HandelsR § 2 Rn. 12 ff., 16; vorsichtige Annäherung bei Baumbach/Hopt/*Hopt* Rn. 10; Heymann/*Förster* Rn. 5; KKRD/*Roth* Rn. 38 ff.; krit. *Canaris* HandelsR § 1 Rn. 24 ff.

338 *Karsten Schmidt* HandelsR § 2 Rn. 38 ff.; *R. Schmitt,* Die Rechtsstellung der Kleingewerbetreibenden nach dem HRefG, 2003, 185 ff.; s. auch KKRD/*Roth* Rn. 38a f.; rechtspolitische Kritik bei *Krebs* DB 1996, 2015; *Karsten Schmidt* NJW 1998, 2163 f.; *R. Schmitt* WiB 1997, 1115.

Analogie erhöht. Sie hat das Analogiebedürfnis verlagert, aber nicht im Kern beseitigt.[339] Teilweise wurden sogar neue Analogiebedürfnisse geschaffen, zB hinsichtlich der nicht eingetragenen Warenhändler (früher Minderkaufleute nach § 4 aF) bezüglich des § 56 (→ § 56 Rn. 9 f.).[340]

88 **b) Unterscheidung nach Rechtsquellen.** Für **Handelsgewohnheitsrecht** und **Handelsbräuche** gilt nach wie vor, dass hier **kein Analogieproblem** auftritt, denn Gewohnheitsrechtsregeln und Handelsbräuche bestimmen ihren Geltungsbereich selbst.[341] Das gilt insbesondere für die Regeln über das „kaufmännische" Bestätigungsschreiben, die durchaus auch für Freiberufler gelten können (→ 4. Aufl. 2018, § 346 Rn. 12). Sie gelten für jeden Unternehmer, von dem die Einhaltung dieser Grundsätze (nämlich die Prüfung des Bestätigungsschreibens und ggf. der unverzügliche Widerruf) im Rechtsverkehr erwartet wird (näher → 4. Aufl. 2018, § 346 Rn. 154).

89 **Dispositives Handelsvertragsrecht** – zB die Auslegungsregeln des HGB (§§ 354, 355 Abs. 3, §§ 358–361) – wird gleichfalls kaum Probleme aufwerfen, weil es sich nicht um objektivierten Gesetzgeberwillen, sondern um typisierten Parteiwillen handelt.[342] So hat der BGH mehrfach das Prinzip der Einzelvertretung (§ 125) auch auf die Gesellschaft bürgerlichen Rechts angewandt, obwohl das Gesetz bei dieser von der Gesamtvertretung ausgeht (§ 714 BGB), und niemand hat dies als verbotene Analogie handelsrechtlicher Normen bezeichnet.[343] Es handelt sich hierbei um Regeln der Vertragsauslegung, die vom typischen Parteiwillen im Unternehmensverkehr und nicht vom Kaufmannsbegriff der §§ 1 ff. abhängen.

90 Das **Problem** liegt allein **bei zwingenden oder sonst vom Parteiwillen unabhängigen Gesetzesvorschriften.** Nur in diesen zahlenmäßig weniger häufigen, jedoch nicht unwichtigen Fällen ist die Analogiediskussion auch eine Diskussion für die Praxis.[344] Die Zulässigkeit einer solchen Analogie wird noch überwiegend verneint.[345] Formal lässt sich für diese ablehnende Grundsatzposition vortragen, dass Rechtsfortbildung contra legem unzulässig ist und dass es in Anbetracht des klar abgegrenzten Kaufmannsbegriffs an einer Gesetzeslücke fehlt. Indes ist die Feststellung von Lücken im Gesetz ihrerseits eine teleologische Aufgabe,[346] der Normadressatenkreis des HGB angesichts des vielfachen Wandels der Normsituation eben doch lückenhaft (→ Rn. 85 f.).[347] Er ist es sogar nach der Reform des § 1 geblieben, weil der Gesetzgeber am Gewerbebegriff festgehalten und die Freiberufler vom Kaufmannsbegriff ausgenommen hat (→ Rn. 28 ff.). Im einzelnen kann die Analogiefrage nur unter Rücksichtnahme auf den **Normzweck und Schutzcharakter der einzelnen Handelsrechtsnormen** bejaht oder verneint werden: Es gibt Vorschriften, die auf Kaufleute beschränkt bleiben müssen, und andere, die auf andere, zB freiberufliche, Unternehmensträger ausdehnbar sind, jedoch nur teilweise auf Kleingewerbetreibende.

91 **c) Katalog analogiefähiger Normen.** Ein abschließender Katalog analogiefähiger Normen kann nicht aufgestellt werden. Nach gegenwärtigem Erfahrungsstand gilt, bezogen auf das HGB, Folgendes:[348]

---

[339] Vgl. schon → 1. Aufl. 1999, ErgBd. Rn. 70 ff.; *Karsten Schmidt* HandelsR § 2 Rn. 16; *R. Schmitt,* Die Rechtsstellung der Kleingewerbetreibenden nach dem HRefG, 2003, 185 ff.; KKRD/*Roth* Einl. Rn. 13, 38b; Oetker/*Körber* Rn. 115.

[340] Vgl. *Karsten Schmidt* HandelsR § 16 Rn. 128.

[341] Vgl. → 1. Aufl. 1996, § 1 Rn. 101; *Karsten Schmidt* HandelsR § 2 Rn. 16; ausf. seither *R. Schmitt,* Die Rechtsstellung der Kleingewerbetreibenden nach dem HRefG, 2003, 280 ff.

[342] *Karsten Schmidt* HandelsR § 2 Rn. 30.

[343] BGH BB 1971, 973 = NJW 1971, 1698; BB 1972, 61 = WM 1972, 21; s. auch BGH NJW 1982, 2495; dazu Palandt/*Sprau* BGB Vor § 709 Rn. 5.

[344] *Karsten Schmidt* HandelsR § 2 Rn. 31 ff.; *Karsten Schmidt* JurBl. 1995, 345.

[345] Vgl. nur *Canaris* HandelsR § 1 Rn. 24 ff., jedoch mit Konzessionen bei Rn. 25; abl. auch *Reymann,* Das Sonderprivatrecht der Handels- und Verbraucherverträge, 2009, 312 ff.

[346] *Canaris,* Die Feststellung von Lücken im Gesetz, 2. Aufl. 1983, 31 ff., 71 ff., 93 ff.

[347] AA *Canaris* HandelsR § 1 Rn. 24 ff.; *Neuner* ZHR 157 (1993), 243 (257 ff.).

[348] Vgl. auch *Karsten Schmidt* HandelsR § 2 Rn. 31 ff., dort auch zur Analogiefähigkeit anderer, außerhalb des HGB geregelter Kaufmanns-Normen.

Erstes Buch: Die §§ 8 ff. (Handelsregister) sind auf Kaufleute beschränkt. Dasselbe gilt für §§ 17 ff. (Handelsfirma), was nicht ausschließt, dass sich die Namen nichtkaufmännischer, zB freiberuflicher, Unternehmen am gesetzlichen Firmenrecht ausrichten (vgl. auch § 2 Abs. 2 PartGG; zum streitigen Problem der „firmenähnlichen Geschäftsbezeichnungen" → § 17 Rn. 39 f.).[349] Die §§ 25 und 28 sind richtigerweise keine Firmenvorschriften und deshalb entgegen hergebrachter Auffassung auf die Übertragung nichtkaufmännischer Unternehmen analog anwendbar (zum Streitstand → § 25 Rn. 32 ff., → § 28 Rn. 13 ff.).[350] Nur für Kaufleute gelten die Vorschriften der §§ 48 ff. über die Prokura (ausdrücklich noch § 4 Abs. 1 aF: Nichtanwendung auf „Minderkaufleute"), die §§ 54 ff. (Handlungsvollmacht) dagegen für alle Unternehmensträger; insbesondere gilt § 56 analog für nichteingetragene Kleingewerbetreibende (→ § 56 Rn. 9 f.).[351] Für die §§ 59 ff. (Handlungsgehilfen) wird sich die Analogiefrage nicht stellen. Für die §§ 84 ff., §§ 93 ff. ist sie gesetzlich geklärt (§ 84 Abs. 3, § 93 Abs. 3). 92

Zweites Buch: Die analoge Anwendung einzelner Vorschriften der §§ 105 ff. auf unternehmenstragende **Gesellschaften bürgerlichen Rechts** wird in Band II behandelt (→ 4. Aufl. 2016, § 105 Rn. 275).[352] Sie ist in § 2 EWIVAG und in §§ 6–10 PartGG für die EWIV und die Freiberufliche Partnerschaft teilweise ausdrücklich angeordnet. Für die Gesellschaft bürgerlichen Rechts hat sich die analoge Anwendung jedenfalls des OHG-Außenrechts in der Rspr. weitgehend durchgesetzt.[353] Zur Reform → Vor § 1 Rn. 40. 93

Drittes Buch: Die §§ 238 ff. (Handelsbücher) gelten für Kaufleute (§ 238). Auf die Erläuterung dieser Bestimmungen wird verwiesen. 94

Viertes Buch: Verwiesen wird zunächst auf die Kommentierung in Band V (→ 4. Aufl. 2018, § 343 Rn. 17 f.).[354] Die Ausdehnung von Handelsbräuchen (§ 346) wurde bei → Rn. 88 behandelt. Für § 347 stellt sich das Problem nicht (der objektive Fahrlässigkeitsmaßstab des § 276 BGB führt zu denselben Ergebnissen wie § 347). Die §§ 348–350 sind nicht auf nichteingetragene Kleingewerbetreibende anwendbar (§ 383 Abs. 2, § 407 Abs. 3, § 453 Abs. 3, § 467 Abs. 3, § 481 Abs. 3 S. 2, § 553 Abs. 3 S. 2, § 557 Abs. 3 S. 2), doch schließt dies eine analoge Anwendung auf Freiberufler quasikaufmännischer Art und Größe (Privatkrankenhaus, Architekturbüro, Anwalts- oder Wirtschaftsprüfersozietät etc) nicht aus (→ 4. Aufl. 2018, § 348 Rn. 8).[355] Zweifelhaft ist die Analogie bei §§ 352, 353 (gesetzlicher Zins). § 354a, der auf die Unternehmensfinanzierung abstellt, sollte auf alle Unternehmer angewendet werden (→ 4. Aufl. 2018, § 354a Rn. 8). Analogiefähig sind die §§ 355 ff. (Beispiel: Kontokorrent zwischen kooperierenden Freiberuflern).[356] Auch § 362 (Schweigen auf einen Antrag) kann auf freiberufliche Unternehmen analog angewendet werden (→ 4. Aufl. 2018, § 362 Rn. 17),[357] ebenso §§ 366 (gutgläubiger Erwerb),[358] 369 (kaufmännisches Zurückbehaltungsrecht).[359] Das Recht der Kommissionäre (§ 383 Abs. 2), Spediteure (§ 453 Abs. 3), Lagerhalter (§ 467 Abs. 3), Frachtführer (§ 407 Abs. 3), Verfrachter beim Stückgutfrachtvertrag (§ 481 Abs. 3 S. 2), Mieter beim Schiffsmietvertrag (§ 553 Abs. 3 S. 2) und Zeitcharterer (§ 557 Abs. 3 S. 2) gilt kraft spezialgesetzlicher Ausdehnung auch für nichteingetragene Kleingewerbetreibende. 95

---

349 *Karsten Schmidt* HandelsR § 12 Rn. 29; vermittelnd jetzt KKRD/*Roth* Rn. 38b; umfassend dazu *R. Schmitt,* Die Rechtsstellung der Kleingewerbetreibenden nach dem HRefG, 2003, 207 ff.

350 *Karsten Schmidt* HandelsR § 8 Rn. 16 ff.; zum Streitstand vgl. *Karsten Schmidt* ZGR 2014, 844 ff.; *R. Schmitt,* Die Rechtsstellung der Kleingewerbetreibenden nach dem HRefG, 2003, 237 ff.

351 *Karsten Schmidt* HandelsR § 16 Rn. 97; ausf. *R. Schmitt,* Die Rechtsstellung der Kleingewerbetreibenden nach dem HRefG, 2003, 255 ff.

352 Vgl. *Karsten Schmidt* GesR § 58 V.2.

353 Abl. *Canaris* ZGR 2004, 69 ff.

354 Ausf. *Canaris* HandelsR § 21 Rn. 2 ff.; *R. Schmitt,* Die Rechtsstellung der Kleingewerbetreibenden nach dem HRefG, 2003, 273 ff.

355 Zum Ganzen *Karsten Schmidt* HandelsR § 18 Rn. 11; Streitstand bei KKRD/*Roth* Rn. 38b.

356 *Karsten Schmidt* HandelsR § 21 Rn. 10.

357 *Karsten Schmidt* HandelsR § 19 Rn. 43.

358 *Karsten Schmidt* HandelsR § 23 Rn. 12.

359 *Karsten Schmidt* HandelsR § 22 Rn. 45.

96 **5. Analoge Anwendung auf kaufmännische Nicht-Unternehmensträger (Geschäftsleiter und Gesellschafter)? a) Fragestellung.** Von einer anderen Seite her bedürfen Handelsrechtsnormen der analogen Anwendung, soweit sie kaufmännische Verantwortlichkeitsmaßstäbe formulieren: Der HGB-Gesetzgeber ging noch vom Paradigma des Einzelkaufmanns aus, also von der Unternehmensträgerschaft natürlicher Personen. Auf diese sind die Verhaltensvorschriften und Regeln des rechtsgeschäftlichen Selbstschutzes zugeschnitten. In einer weitgehend von Handelsgesellschaften beherrschten Unternehmensrealität stellt sich die Frage, ob diese Sonderbehandlung geschäftskundiger Personen im HGB leer laufen soll, wenn an Stelle eines Einzelkaufmanns Geschäftsführer oder geschäftsführende Gesellschafter einer Handelsgesellschaft auftreten. Die Frage spielt vor allem dann eine Rolle, wenn man mit der hier vertretenen Auffassung alle Handelsgesellschafter aus dem Kaufmannsbegriff herausnimmt (→ Rn. 67) und wenn man den Insolvenzverwalter eines Handelsunternehmens nur als dessen Leitungsorgan ansieht (→ Rn. 62).

97 **b) Methode.** Des geschilderten Problems kann die Rechtsanwendung auf unterschiedliche Weise Herr werden. Denkbar wäre, bei den in Frage stehenden Normen einen von §§ 1 ff. abweichenden „soziologischen Kaufmannsbegriff" zugrunde zu legen, dem alle kaufmännisch tätigen Personen einschließlich des sog. Managements unterfielen.[360] Da es indes um ein Normanwendungsproblem und nicht um eine neue Kaufmannsdefinition geht, verdient eine normative Methode den Vorzug: Jede in Frage kommende Bestimmung ist darauf zu prüfen, ob sie außer auf Unternehmensträger (also auf Kaufleute iSv §§ 1 ff.) auch auf Geschäftsführungsorgane und/oder Gesellschafter passt.[361]

98 **c) Statusnormen und Normen über Handelsgeschäfte.** In Anwendung der geschilderten Methode wird zwischen sog. Statusnormen und Normen, die sich auf Handelsgeschäfte beziehen, unterschieden (→ 4. Aufl. 2016, § 105 Rn. 15 ff.; → 4. Aufl. 2018, § 343 Rn. 19).[362]

99 Zur **Sorgfalt eines ordentlichen Kaufmanns** (§ 347) ist nicht nur der Einzelkaufmann, sondern jeder Unternehmensleiter verpflichtet (vgl. auch für das Innenverhältnis unter Einschluss der Business Judgment Rule § 93 Abs. 1 S. 1 AktG, § 43 Abs. 1 GmbHG). Das gilt auch für die geschäftsführenden und vertretungsberechtigten Gesellschafter einer Personengesellschaft.

100 Die **§§ 349, 350** (keine Einrede der Vorausklage, Formfreiheit von Bürgschaft, Schuldversprechen und Schuldanerkenntnis) gelten nach der hier vertretenen Auffassung nicht nur für den Einzelkaufmann, sondern auch für einen geschäftsleitenden Gesellschafter. Gibt er ein Bürgschaftsversprechen im Namen der Gesellschaft ab, so gelten die §§ 349, 350 unmittelbar; verbürgt er sich im eigenen Namen, so sollten die Bestimmungen analog angewandt werden (→ 4. Aufl. 2018, § 349 Rn. 5; → 4. Aufl. 2018, § 350 Rn. 9). Doch hat sich dies in der Rspr. vorerst nicht durchgesetzt.[363] Bleibt es dabei, so müssen die Vorschriften aber konsequenterweise auch bei unbeschränkt haftenden Personengesellschaftern außer Betracht bleiben. Auf die Erläuterung zu §§ 349, 350 wird wegen des Streitstands verwiesen (→ 4. Aufl. § 349 Rn. 1 ff.; → § 350 Rn. 1 ff.).

101 **§ 367 Abs. 1** (Einschränkung des gutgläubigen Erwerbs abhanden gekommener Inhaberpapiere) gilt gleichfalls nicht nur für den Einzelkaufmann oder für die erwerbende Handelsgesellschaft, sondern analog für den Fall, dass der geschäftsleitende Gesellschafter im

[360] Vgl. *Schäch,* Die kaufmannsähnlichen Personen als Ergänzung zum normierten Kaufmannsbegriff, 1989, 78; krit. *Karsten Schmidt* HandelsR § 2 Rn. 15.

[361] *Karsten Schmidt* HandelsR § 18 Rn. 34 ff.; *Karsten Schmidt* ZIP 1986, 1510 ff.; im Grundsatz zust. *Canaris* HandelsR § 2 Rn. 20 f.; Staub/*Schäfer* § 105 Rn. 79 ff.; vgl. auch Baumbach/Hopt/*Roth* § 105 Rn. 22; Schlegelberger/*Karsten Schmidt* § 105 Rn. 14 ff.; krit. mwN EBJS/*Wertenbruch* § 105 Rn. 186.

[362] Vgl. bereits Schlegelberger/*Karsten Schmidt* § 105 Rn. 14 ff. in Anlehnung an Staub/*Ulmer,* 4. Aufl. 1987, § 105 Rn. 79 ff.

[363] BGH WM 1986, 939 = ZIP 1986, 1457; auch iErg anders BGHZ 121, 224 = JR 1993, 318 mAnm *Karsten Schmidt* = JZ 1993, 1005 mAnm *Vollkommer/Gleußner* = NJW 1993, 126; BGH NJW 1996, 1467 (1468); 2006, 431 (432 f.); OLG Düsseldorf NJW-RR 1996, 93; LG Oldenburg NJW-RR 1996, 286 (287); s. auch KKRD/*Roth* Rn. 23 aE (s. aber auch KKRD/*Roth* § 350 Rn. 5).

eigenen Namen derartige Papiere erwirbt. § 367 Abs. 1 sollte darüber hinaus auch für angestellte Unternehmensleiter analog angewandt werden.

d) Subjektive Voraussetzungen der analogen Anwendung. Die genauen Voraussetzungen, unter denen HGB-Normen angewandt werden können, sind noch nicht ausdiskutiert. Allgemein passen die Bestimmungen auf unbeschränkt haftende Gesellschafter, die nach der – hier freilich abgelehnten – traditionellen Sichtweise sogar selbst Kaufleute sind (→ Rn. 67).[364] Außer OHG-Gesellschaftern und KG-Komplementären sind dies auch die Komplementäre einer KGaA. Daneben kommen alle geschäftsführenden Gesellschafter – zB geschäftsleitende Kommanditisten und Gesellschafter-Geschäftsführer einer GmbH – in Betracht.[365] Die Geschäftsführereigenschaft allein wird, sofern sich nicht der Geschäftsführer zugleich wie ein (Mit-)Inhaber geriert, nicht genügen. **102**

Die Diskussion über diese Einzelfragen wird vorerst dadurch behindert, dass sich die Rspr. des Grundsatzproblems noch nicht angenommen hat und die Anwendung von Handelsrechtsnormen, soweit einem Gesellschafter nicht die Berufung auf seine fehlende Kaufmannseigenschaft nach § 242 BGB versagt ist, kaum in Erwägung gezogen hat.[366] **103**

VII. Kaufmannsbegriff und Handelsrechtsreform in Österreich

Schrifttum: *P. Bydlinski,* Die Reform des deutschen Handelsgesetzbuchs: Vorbild für Österreich?, JBl. 1998, 405; *Harrer/Macher,* Die HGB-Reform in Österreich, 2005; *Kalss/Schauer/Winner,* Allgemeines Unternehmensrecht, 2011; *Krejci/Karsten Schmidt,* Vom HGB zum Unternehmergesetz, 2002; *Krejci,* Unternehmensrecht, 5. Aufl. 2013; *Krejci,* Reformkommentar UGB und ABGB, 2007; *Krejci,* Gesellschaftsrechtliche Neuerungen des UGB, JBl. 2004, 10; *Krejci,* Unternehmensgesetzbuch statt HGB. Skizzen zur österreichischen Handelsrechtsreform, ZHR 2006, 113; *Roth/Fitz,* Eckdaten einer österreichischen HGB-Reform, JBl. 2002, 409; *Schauer,* Das Sondervertragsrecht der Unternehmer im UGB, JBl. 2004, 23; *Karsten Schmidt,* Zum Stand der HGB-Reform, JBl. 2003, 137; *Karsten Schmidt,* Der Entwurf eines Unternehmensgesetzbuchs – eine rechtspolitische Analyse, JBl. 2004, 31; *Straube,* Wiener Kommentar zum Unternehmensgesetzbuch, 2009 ff.; *Torggler,* Abschied vom Handelsrecht?, 2005; *Winkler,* Kaufmann quo vadis, 1999; *Zib/Dellinger,* Großkommentar zum UGB, 2010 ff.

1. Gesetzesstand bis 2006. a) Geltung des HGB in Österreich. Die Einführung des deutschen HGB in Österreich erfolgte durch Verordnungen vom 14.10. und 24.12.1938[367] (→ Vor § 1 Rn. 26). Die **§§ 1 ff. öHGB** waren nur geringfügig an Besonderheiten und Änderungen des österreichischen Rechts angepasst, insbesondere an die Ersetzung des Handelsregisters durch ein Firmenbuch und die Herausnahme des Handelsvertreterrechts aus dem HGB (Handelsvertretergesetz von 1993). Im Übrigen entsprachen die Bestimmungen weitgehend der **Urfassung des HGB,** also dem in Deutschland bis 1998 geltenden Rechtszustand. Dieses Recht ist auf vor dem 31.12.2006 gegründete offene Handelsgesellschaften und Kommanditgesellschaften sowie auf vor dem 31.12.2006 eingegangene Handelsgeschäfte teilweise noch anzuwenden (§ 907 Abs. 2 und 18 UGB). **104**

b) Gesetzeswortlaut. Zum Gesetzeswortlaut der §§ 1–7 öHGB aF → 2. Aufl. 2005, Rn. 105. Wegen etwaiger Altfälle wird hierauf verwiesen. **105**

2. Geltendes Unternehmensgesetzbuch (UGB). a) Allgemeines. Seit dem 1.1.2007 gilt in Österreich das **Bundesgesetz über besondere zivilrechtliche Vorschriften für Unternehmen (Unternehmensgesetzbuch – UGB).** Grundlage ist das Handelsrechts-Änderungsgesetz vom 22.9.2005 (öBGBl. I Nr. 2005/120). Zuvor hatte nach langjährigen Vorarbeiten das **Bundesministerium für Justiz** im Jahr 2003 den **Entwurf eines** **106**

---

[364] Vgl. aber Staub/*Schäfer* § 105 Rn. 80: geschäftsleitende Gesellschafter.

[365] Vgl. Schlegelberger/*Karsten Schmidt* § 105 Rn. 16; s. auch *P. Bydlinski,* Die Bürgschaft im österreichischen und deutschen Handels-, Gesellschafts- und Wirtschaftsrecht, 1991, 28 ff.; enger *Canaris* HandelsR § 2 Rn. 21.

[366] Charakteristisch BGHZ 121, 224 = JR 1993, 318 mAnm *Karsten Schmidt* = JZ 1993, 1005 mAnm *Vollkommer/Gleußner* = NJW 1993, 1126; OLG Düsseldorf NJW-RR 1995, 93; LG Oldenburg NJW-RR 1996, 286 (287).

[367] Deutsches RGBl. 1938 I 1428, RGBl. 1938 I 1999.

Handelsrechts-Änderungsgesetzes vorgelegt.[368] Dieser sah bereits eine vollständige Überarbeitung des Handelsgesetzbuchs zu einem **Unternehmensgesetzbuch (UGB)** vor. Durch das **Gesetz von 2005** wurde sodann das öHGB durch das UGB ersetzt. Dieses trägt bis heute viele Züge des HGB, unterscheidet sich aber von dem 1998 reformierten deutschen HGB durch einen weitaus stärkeren unternehmensrechtlichen Zug. Das UGB wird im vorliegenden Kommentar an den jeweils relevanten Stellen aufgegriffen.

107 **b) Wortlaut.** Die §§ 1–6 UGB enthalten folgende Regelungen:

§ 1 UGB Unternehmer und Unternehmen

(1) Unternehmer ist, wer ein Unternehmen betreibt.

(2) Ein Unternehmen ist jede auf Dauer angelegte Organisation selbständiger wirtschaftlicher Tätigkeit, mag sie auch nicht auf Gewinn gerichtet sein.

(3) Soweit in der Folge der Begriff des Unternehmers verwendet wird, erfasst er Unternehmerinnen und Unternehmer gleichermaßen.

§ 2 UGB Unternehmer kraft Rechtsform

Aktiengesellschaften, Gesellschaften mit beschränkter Haftung, Erwerbs- und Wirtschaftsgenossenschaften, Versicherungsvereine auf Gegenseitigkeit, Sparkassen, Europäische wirtschaftliche Interessenvereinigungen (EWIV), Europäische Gesellschaften (SE) und Europäische Genossenschaften (SCE) sind Unternehmer kraft Rechtsform.

§ 3 UGB Unternehmer kraft Eintragung

Personen, die zu Unrecht ins Firmenbuch eingetragen sind und unter ihrer Firma handeln, gelten als Unternehmer kraft Eintragung.

§ 4 UGB Anwendungsbereich des Ersten Buches, Wahlmöglichkeit

(1) Das erste Buch ist auf Unternehmer im Sinn der §§ 1 bis 3 anzuwenden.

(2) Angehörige der freien Berufe sind von der Anwendung der folgenden Abschnitte des Ersten Buches ausgenommen. Sie können sich jedoch durch Eintragung in das Firmenbuch freiwillig dem Ersten Buch unterstellen, sofern dem keine berufsrechtlichen Sonderbestimmungen entgegenstehen.

(3) Auch Land- und Forstwirte sind von der Anwendung der folgenden Abschnitte des Ersten Buches ausgenommen. Sie können sich mit ihrem Unternehmen oder mit einem zu ihrer Land- oder Forstwirtschaft zählenden Nebengewerbe in das Firmenbuch eintragen lassen und damit ebenfalls freiwillig dem Ersten Buch unterstellen.

§ 5 UGB Anwendungsbereich der weiteren Bücher

Der Anwendungsbereich des Zweiten Buches ergibt sich für offene Gesellschaften aus § 105, für Kommanditgesellschaften aus § 161 und für stille Gesellschaften aus § 179. Der Anwendungsbereich des Dritten Buches ergibt sich aus § 189, der des Vierten Buches aus § 343, für dessen Achten Abschnitt aber aus § 455, und der des Fünften Buches aus den §§ 1 bis 3.

§ 6 UGB Öffentlichrechtliche Bestimmungen

Durch Vorschriften des öffentlichen Rechtes, nach denen die Befugnis zur unternehmerischen Tätigkeit ausgeschlossen oder von gewissen Voraussetzungen abhängig gemacht ist, wird die Anwendung dieses Gesetzbuchs nicht berührt.

108 **c) Rechtspolitische Beurteilung.** Die Modernisierung des Handelsrechts in Österreich ist zu begrüßen (auch → Vor § 1 Rn. 26).[369] Sie geht in ihrer Tragweite über die

[368] JMZ 10 000/27-I.3/2003; näher noch → 2. Aufl. 2005, Rn. 108 ff.

[369] *Karsten Schmidt* HandelsR § 9 Rn. 41; eingehend *Karsten Schmidt* JurBl. 2004, 31 ff.

deutsche Handelsrechtsreform von 1998 deutlich hinaus, hinterlässt allerdings ein zwiespältiges Bild insofern, als das UGB teilweise energisch, teilweise zaghaft vorausschreitet und teilweise nur alte HGB-Bestimmungen umbenennt. Im Bereich der §§ 1–6 UGB finden sich **erhebliche Verbesserungen.** Insbesondere wird klargestellt, dass jede als Kaufmann eingetragene Person für die Dauer der Eintragung Kaufmann ist (vgl. demgegenüber den in Deutschland ausgetragenen Meinungsstreit bei → § 5 Rn. 21 ff.). In § 2 UGB vermisst man die offene (Handels-)Gesellschaft und die Kommanditgesellschaft unter den Formkaufleuten, obwohl sie zu jedem erlaubten Zweck gegründet und eingetragen werden können (§ 105 S. 3 UGB; → 4. Aufl. 2016, § 105 Rn. 278). Zaghaft ist auch immer noch die Behandlung der freien Berufe und der Landwirtschaft in § 4 Abs. 2 und 3 UGB (auch → § 1 Rn. 32, → § 3 Rn. 44).

§ 2 [Kannkaufmann]

[1]Ein gewerbliches Unternehmen, dessen Gewerbebetrieb nicht schon nach § 1 Abs. 2 Handelsgewerbe ist, gilt als Handelsgewerbe im Sinne dieses Gesetzbuchs, wenn die Firma des Unternehmens in das Handelsregister eingetragen ist. [2]Der Unternehmer ist berechtigt, aber nicht verpflichtet, die Eintragung nach den für die Eintragung kaufmännischer Firmen geltenden Vorschriften herbeizuführen. [3]Ist die Eintragung erfolgt, so findet eine Löschung der Firma auch auf Antrag des Unternehmers statt, sofern nicht die Voraussetzung des § 1 Abs. 2 eingetreten ist.

Schrifttum: s. § 1; *Greitemann,* Wirtschaftliche Gegebenheiten als Anhaltspunkte für die Reichweite von § 2 HGB, FS Möhring, 1965, 43; *Mönkemöller,* Die „Kleingewerbetreibenden" nach neuem Kaufmannsrecht, JuS 2002, 30; *Karsten Schmidt,* „Deklaratorische" und „konstitutive" Registereintragungen nach §§ 1 f. HGB, ZHR 136 (1999), 87.

Übersicht

I. Grundlagen

1 **1. Normzweck und Vorgeschichte. a) Rechtslage bis 1998.** Kleingewerbliche Unternehmen, dh solche, die iSv § 1 Abs. 2 keiner kaufmännischen Einrichtungen bedürfen (→ § 1 Rn. 68 ff.), waren bis 1998 nicht registerfähig.[1] Fielen sie unter den Katalog des § 1 Abs. 2 aF, so handelte es sich um minderkaufmännische Unternehmen (→ § 4 aF Rn. 1 ff.).[2] Passten sie nicht in den Katalog des § 1 Abs. 2 aF, so waren sie nach § 2 aF nicht eintragungsfähig und konnten die Kaufmannseigenschaft nicht durch rechtmäßige Eintragung erwerben (Wortlaut → § 4 aF Rn. 1).[3] Die handelsrechtliche Rechtslage der gewerblichen Kleinunternehmer war demnach bis 1998 die folgende: Waren sie unberechtigterweise im Handelsregister eingetragen, so unterlagen sie nach § 5 aF in vollem Umfang dem Handelsrecht.[4] Waren sie, wie es nach damaligem Gesetzesstand richtig war, nicht im Handelsregister eingetragen, so war weiter zu unterscheiden: Fielen sie unter den Katalog des § 1 aF, so waren sie Minderkaufleute nach § 4 iVm § 1 Abs. 2 aF und unterlagen dem Handelsrecht, soweit sich nicht aus § 4 Abs. 2 aF (Eintragbarkeit, Firma, Prokura) und aus § 351 aF (Nichtanwendung der §§ 348 ff.) ein anderes ergab.[5] Kleinunternehmen in anderen als den unter § 1 Abs. 2 aF abschließend aufgezählten Geschäftszweigen waren, sofern nicht eingetragen, nichtkaufmännisch und konnten allenfalls unter den engen bei → Rn. 19 genannten Voraussetzungen handelsrechtlichen Regeln unterworfen sein.[6] Beispielsweise wurden kleine „Warenhandwerker" als Minderkaufleute (§§ 1, 4 aF) und damit vollständig anders behandelt als kleine „Lohnhandwerker" (Nichtkaufleute nach § 2 aF).[7] Gemeinsam war ihnen nur die Eintragungsunfähigkeit und die Anwendung des § 5 im Fall gesetzeswidriger Eintragung. Im Zustand gesetzmäßiger Nicht-Eintragung wurden diese Unternehmen dagegen unterschiedlich behandelt. Einheitlich (nämlich als Gesellschaften bürgerlichen Rechts) behandelt wurden nur zu einem solchen Betrieb gegründete Personengesellschaften (→ § 1 Rn. 85). Dieser Rechtszustand wurde mit Recht als unausgewogen kritisiert.[8]

2 **b) Geltendes Recht.** Das **Handelsrechtsreformgesetz von 1998** (→ § 1 Rn. 3) hat allen kleingewerblichen Unternehmen eine **Eintragungsoption** eingeräumt. **Kleingewerbliche Unternehmer,** die bis 1998 nicht eintragungsfähig waren, sind nunmehr sog. **Kannkaufleute:**[9] Kaufleute kraft fakultativer Eintragung (→ Rn. 5). Einerseits wollte das Reformgesetz vermeiden, dass alle Kleingewerbetreibenden durch Gleichstellung mit den Kaufleuten nach § 1 Abs. 2 ohne weiteres dem für sie nicht gewohnten Handelsrecht unterstellt werden.[10] Anderseits hatte sich eine Eintragungsoption vor allem im Bereich der kleingewerblichen Personengesellschaften als unentbehrlich erwiesen. Schon der Referentenentwurf des Handelsrechtsreformgesetzes hatte die Öffnung des Handelsregisters für diese Gesellschaften vorgesehen (daraus erklärt sich die aufgrund von § 2 nF überflüssig gewordene erste Variante des § 105 Abs. 2 S. 1).[11] Viel spricht für die Annahme, dass schon vor 1998 manche kleingewerbliche Personengesellschaft eingetragen und aufgrund von § 5 als Han-

---

1 Vgl. → 1. Aufl. 1996, Rn. 4 ff. *(Bokelmann);* → 1. Aufl. 1996, § 4 Rn. 20 f.; ausf. *Ansgar Becker,* Die Entwicklung des Kaufmannsbegriffs im Sinne eines übergeordneten Abgrenzungskriteriums für den persönlichen Anwendungsbereich handelsrechtlicher Vorschriften, 2004, 126 ff.; *R. Schmitt,* Die Rechtsstellung der Kleingewerbetreibenden nach dem HRefG, 2003, 33 ff.

2 Vgl. → 1. Aufl. 1996, § 1 Rn. 58 *(Karsten Schmidt).*

3 Vgl. → 1. Aufl. 1996, Rn. 4 ff. *(Bokelmann).*

4 Vgl. → 1. Aufl. 1996, Rn. 12 *(Bokelmann);* → 1. Aufl. 1996, § 5 Rn. 1 *(Lieb).*

5 Vgl. → 1. Aufl. 1996, § 4 Rn. 8 ff. *(Bokelmann).*

6 Dazu vgl. → 1. Aufl. 1996, § 1 Rn. 99 ff. *(Karsten Schmidt).*

7 Vgl. → 1. Aufl. 1996, Rn. 2; → 1. Aufl. 1996, § 4 Rn. 2 *(Bokelmann).*

8 Vgl. → 1. Aufl. 1996, § 1 Rn. 116 ff. *(Karsten Schmidt);* verfassungsrechtliche Bedenken gegen das alte Recht bei *Neuner* ZHR 157 (1993), 243 ff.

9 *Karsten Schmidt* HandelsR § 10 Rn. 64; s. auch *Becker,* Die Entwicklung des Kaufmannsbegriffs im Sinne eines übergeordneten Abgrenzungskriteriums für den persönlichen Anwendungsbereich handelsrechtlicher Vorschriften, 2004, 152 f.

10 Vgl. Begr. RegE zum HRefG, BT-Drs. 13/8444, 28.

11 Vgl. auch Begr. RegE zum HRefG, BT-Drs. 13/8444, 40.

delsgesellschaften anzusehen war, ohne dass die gesetzlich bestimmte Eintragungsunfähigkeit beim Handelsregister kontrolliert und bemerkt worden wäre. Diesen Zustand sollte § 105 Abs. 2 legalisieren. Diese zunächst auf Gesellschaften beschränkte, daher bei § 105 platzierte, Regelung wurde sodann im Regierungsentwurf auf kleingewerbliche Einzelunternehmer erstreckt.[12] Das geschah offenbar mehr aus Gründen der Konsequenz als aus dringender rechtspolitischer Notwendigkeit. Die **Hauptbedeutung** der Eintragung nach § 2 S. 1 wird auch in Zukunft **im Gesellschaftsrecht,** nämlich bei der Eintragung einer kleingewerblichen Personengesellschaft als OHG oder KG mit den daran hängenden Rechtsfolgen liegen (zu § 105 Abs. 2 → 4. Aufl. 2016, § 105 Rn. 50 ff.).

2. Rechtspraktische und rechtspolitische Bedeutung. a) Nichteingetragene 3
und eingetragene kleingewerbliche Unternehmen. Im Gegensatz zu § 1 Abs. 2 ist **nach geltendem Recht** für Unternehmen, deren Gewerbebetrieb kaufmännischer Einrichtungen nicht bedarf, streng **zwischen nichteingetragenen und eingetragenen Unternehmen zu unterscheiden.** Eingetragene Kleingewerbetreibende unterfallen dem Kaufmannsbegriff (→ Rn. 17, → Rn. 24: die Eintragung wirkt „konstitutiv"). Nicht eingetragene Kleingewerbetreibende sind keine Kaufleute und unterliegen nur in beschränktem Umfang handelsrechtlichen Regeln (→ Rn. 27 f.; → § 1 Rn. 81). Praktisch bedeutet dies, dass die Frage, ob ein Unternehmen kaufmännischer Einrichtungen bedarf oder nicht **(§ 1 Abs. 2),** für die Beurteilung seiner kaufmännischen Qualität **nur bei nicht eingetragenen Unternehmen von Bedeutung** ist (→ § 1 Rn. 6).

b) Rechtspolitische Bedeutung. Die Bestimmung stellt gegenüber den §§ 2 und 4 4
aF (→ Rn. 1) eine klare Verbesserung dar.[13] Es kommt nicht mehr darauf an, ob der Gewerbebetrieb unter den Katalog des § 1 Abs. 2 aF fällt (zu diesem Katalog den alten Gesetzeswortlaut bei → § 1 Rn. 102), sondern nur noch auf die Gegensätze **Kleinunternehmen/Vollunternehmen** und **eingetragen/nicht eingetragen.** In diesem Rahmen werden kleingewerbliche Unternehmen einander gleich behandelt: als Kaufleute, wenn sie eingetragen sind (§ 2), als Nicht-Kaufleute, wenn sie nicht eingetragen sind (§ 1 Abs. 2 nF). Umstritten blieb, ob die gesetzliche Behandlung der kleingewerblichen Unternehmen inhaltlich überzeugt. Richtigerweise sollte dem Gesetz in dieser Hinsicht ein gutes Zeugnis ausgestellt werden.[14] Das bisweilen kritisierte Manko fehlender Rechtssicherheit[15] trifft nur die nicht eingetragenen Unternehmen. Und die bisweilen kritisierte Ungleichbehandlung der unter § 1 und unter § 2 fallenden Unternehmen[16] ist durchaus angebracht, zumal gerade im kleingewerblichen Bereich die Abgrenzungsschwierigkeiten des Gewerbebegriffs (→ § 1 Rn. 5) besonders prekär sind.[17] Es ist deshalb richtig, wenn das Gesetz für die Kaufmannseigenschaft eines solchen Unternehmens die Eintragung verlangt. Wer ein Kleinunternehmen zur Eintragung anmeldet, demonstriert damit zugleich das im Kleinbereich oft zweifelhafte Vorliegen aller Merkmale der Gewerblichkeit.[18] Das ist ein Beitrag zur Rechtssicherheit. Die gleichfalls artikulierte Kritik, dass sich die Informationsfunktion des Handelsregisters verändert habe, weil sich aus der Registrierung nichts mehr über die Größe des Unternehmens ablesen lasse,[19] resultiert ausschließlich aus einem (nachlassenden) Gewöhnungseffekt der §§ 2, 4 a.F. Es ist nicht die Aufgabe von Abteilung A des Handelsregisters, etwas über die Größe des eingetragenen Unternehmens auszusagen, auch wenn dies bis 1998 so gewesen sein mag. Die Eintragung eines Kleinunternehmens besagt, dass dieses dem Handelsrecht

---

12 Begr. RegE zum HRefG, BR-Drs. 13/8444, 31.

13 *Karsten Schmidt* HandelsR § 10 Rn. 9; *Karsten Schmidt* NJW 1998, 2162 f.; s. auch Heymann/*Förster* Rn. 3; zur Herkunft der Neuregelung vgl. *Siems,* Kaufmannsbegriff und Rechtsfortbildung, 2003, 69 unter Bezugnahme auf den Entwurf bei *Karsten Schmidt* DB 1994, 517.

14 Dazu *Karsten Schmidt* JZ 2003, 585 (587 f.); *Karsten Schmidt* JurBl. 2004, 34 f.

15 *Kaiser* JZ 1999, 495 ff.; dem zust. Oetker/*Körber* Rn. 10; s. auch *Dreher* in Lieb, Reform des Handelsrechts und der Personengesellschaften, 1999, 9; *Krebs* DB 1996, 2015.

16 Vgl. zum entgegengesetzten Reformentwurf in Österreich *Karsten Schmidt* JurBl. 2004, 34 f.

17 *Krejci/Karsten Schmidt,* Vom HGB zum Unternehmergesetz, 2002, 93 ff.

18 *Karsten Schmidt* JZ 2003, 585 (587); *Karsten Schmidt* JurBl. 2004, 35.

19 *R. Schmitt,* Die Rechtsstellung der Kleingewerbetreibenden nach dem HRefG, 2003, 112.

unterliegt. Das hat sich durch die Reform von 1998 nicht geändert, ergibt sich jetzt aber aus § 2, nicht mehr bloß aus § 5.

5 **3. Verhältnis zu anderen Bestimmungen. a) § 1.** § 1 Abs. 2 und § 2 schließen einander aus (→ § 1 Rn. 14). Das bedeutet indes nicht, dass die Eintragung eines Unternehmens nach § 1 Abs. 2, § 29 einen anderen Gegenstand hätte als eine Eintragung nach § 2.[20] Die Konstitutivwirkung der Eintragung nach § 2 (→ Rn. 3) im Gegensatz zu der deklaratorischen Wirkung nach § 1 (→ § 1 Rn. 78) fällt nur ins Gewicht, solange es an der Eintragung fehlt (→ § 1 Rn. 6).[21] Auch ein in der Annahme einer Eintragungspflicht nach §§ 1, 29 angemeldetes und eingetragenes Unternehmen kann, sofern in Wahrheit kleingewerblich, kaufmännisch nach § 2 S. 1 sein (zur praktisch unbedeutenden Streitfrage, ob stattdessen § 5 anwendbar ist, → Rn. 7).[22] Ob der Tatbestand des § 1 Abs. 2 oder des § 2 gegeben ist, spielt überhaupt nur noch im Verfahren des Registerzwangs und im Löschungsverfahren eine Rolle, denn ein unter § 1 fallendes Unternehmen muss eingetragen bzw. darf nicht gelöscht werden. Im Zustand der Eintragung interessiert das nicht. Materiellrechtlich unterliegt das eingetragene Unternehmen dem Handelsrecht, ohne dass es insofern noch darauf ankäme, ob die Eintragung zu Recht oder zu Unrecht auf § 1 oder auf § 2 gestützt war (→ Rn. 18).[23] Die Kaufmannseigenschaft beruht jedenfalls auf zulässiger, nicht auf unberechtigter Eintragung (und deshalb nicht auf § 5).[24]

6 **b) § 3.** Die §§ 2 und 3 schließen einander gleichfalls aus (→ § 3 Rn. 7).[25] Für vollgewerbliche Betriebe der **Land- oder Forstwirtschaft** gilt § 3, für kleingewerbliche Betriebe § 2 (→ § 3 Rn. 7). Missverständliche Formulierungen in der Regierungsbegründung haben zu der Annahme geführt, der Gesetzgeber habe land- und forstwirtschaftlichen Kleinbetrieben durch eine abschließende Regelung in § 3 die Eintragungsfähigkeit versagen wollen.[26] Aber § 3 bestimmt nur, dass land- und forstwirtschaftliche Unternehmen, die nach Art und Umfang einen in kaufmännischer Weise eingerichteten Geschäftsbetrieb erfordern (§ 3 Abs. 2), gleichwohl nicht automatisch (§ 1 Abs. 2), sondern nur kraft fakultativer Eintragung (§ 3 Abs. 2) zum Handelsgewerbe werden, entsprechende **Personengesellschaften** also nur kraft konstitutiver Eintragung Handelsgesellschaften nach §§ 105, 161 sein können (→ § 3 Rn. 24). Von **land- und forstwirtschaftlichen Kleinunternehmen** handelt § 3 nicht (→ § 3 Rn. 7). Sie fallen, obgleich gewerblich (→ § 3 Rn. 2, → § 3 Rn. 10), nicht unter § 3 (→ § 3 Rn. 20), sondern unter **§ 2** (→ § 3 Rn. 7). Ist ein solches Unternehmen eingetragen, so ist es nach S. 1 kaufmännisch, ohne dass es einer Heranziehung des § 5 bedürfte. Für seine Löschung gilt dann § 2 S. 3, nicht § 3 Abs. 2 (→ § 3 Rn. 7, → § 3 Rn. 27).

---

20 *Karsten Schmidt* ZHR 163 (1999), 91 f.; zust. EBJS/*Kindler* Rn. 15.

21 *Karsten Schmidt* HandelsR § 10 Rn. 27, 68; *Karsten Schmidt* NJW 1998, 2161; *Karsten Schmidt* ZHR 163 (1999), 91 f.; *Karsten Schmidt* JZ 2003, 585; zust. EBJS/*Kindler* Rn. 37; *Treber* AcP 199 (1999), 582; aA *Canaris* HandelsR § 3 Rn. 21, 59; Baumbach/Hopt/*Hopt* Rn. 4; KKRD/*Roth* Rn. 3; Röhricht/Graf v. Westphalen/Haas/*Ries* Rn. 9 ff.; *Hofmann* HandelsR S. 27; *R. Schmitt,* Die Rechtsstellung der Kleingewerbetreibenden nach dem HRefG, 2003, 88 f., 95; *Siems,* Kaufmannsbegriff und Rechtsfortbildung, 2003, 80 ff., 118 f.; *Lieb* NJW 1999, 36.

22 *Karsten Schmidt* HandelsR § 10 Rn. 27, 68; *Karsten Schmidt* NJW 1998, 2162 f.; *Karsten Schmidt* ZHR 163 (1999), 93 ff.; zust. *Jung* HandelsR Kap. 2 Rn. 27; EBJS/*Kindler* Rn. 15; Oetker/*Körber* Rn. 11 f.; *Treber* AcP 199 (1999), 582 f.; ähnlich wohl *Hohmeister* NJW 2000, 1921; aA *Canaris* HandelsR § 3 Rn. 21; *Hofmann* HandelsR S. 27; *Oetker* HandelsR § 2 Rn. 31 ff.; *Weller/Prütting* HandelsR § 4 Rn. 106; Baumbach/Hopt/*Hopt* Rn. 4; KKRD/*Roth* Rn. 3; Röhricht/Graf v. Westphalen/Haas/*Ries* Rn. 10 ff.; Staub/*Oetker* Rn. 24; *R. Schmitt,* Die Rechtsstellung der Kleingewerbetreibenden nach dem HRefG, 2003, 95; *Siems,* Kaufmannsbegriff und Rechtsfortbildung, 2003, 118 f.; *Lieb* NJW 1999, 36; *Hüttemann/Meinert* BB 2007, 1436 f.; *Petig/Freisfeld* JuS 2008, 770 (771 f.).

23 Vgl. zum Streitstand vorige Fn.

24 Vgl. zum Streitstand vorige Fn.

25 *Ring,* Das neue Handelsrecht, 1999, § 2 Rn. 46; *Karsten Schmidt* ZHR 163 (1999), 93 f.

26 Vgl. nur KKRD/*Roth* § 3 Rn. 1; Heymann/*Förster* Rn. 4; Heymann/*Förster* § 3 Rn. 5, 16; Röhricht/Graf v. Westphalen/Haas/*Ries* § 3 Rn. 20 f.; *Hohmeister* NJW 2002, 1922; krit. *v. Olshausen* JZ 1998, 717 ff.

c) § 5. Das Verhältnis zu § 5 ist **umstritten.** Es wird die Auffassung vertreten, dass ein aufgrund §§ 1, 29 eingetragenes, in Wahrheit aber nur kleingewerbliches Unternehmen weder nach § 1 kaufmännisch ist (weil es am Tatbestand fehlt) noch nach § 2 (weil nicht für die „Kannkaufmannseigenschaft" optiert wurde).[27] Demgemäß käme § 5 zum Zuge (so auch noch → 1. Aufl. 1999, ErgBd. § 5 Rn. 2). Grundlage des Meinungsstreits ist ein unterschiedliches Bild von der durch § 2 angebotenen Eintragungsoption (→ Rn. 11) und, hiermit verbunden, des der Eintragung nach § 2 zugrunde liegenden Antrags (→ Rn. 13 ff.). Richtig scheint (→ Rn. 5): **Jedes kleingewerbliche im Handelsregister eingetragene Unternehmen** fällt unter S. 1 und **ist** aufgrund dieser Regelung **kaufmännisch** (→ Rn. 5). Es bedarf hierfür keines Rückgriffs auf § 5 (→ § 5 Rn. 14). Zu Unrecht wird der hier vertretenen Auffassung entgegengehalten, sie dehne den § 2 auf Kosten des § 5 contra legem aus.[28] Es geht nur darum, § 2 auf einfache Weise beim Wort zu nehmen. Wo diese Bestimmung ausreicht, ist für eine Anwendung des § 5 weder Anlass noch Raum. Relevant ist nur der Streit, ob § 5 über den Wortlaut hinaus Anwendung finden kann, wenn ein nach § 2 eingetragenes Unternehmen nicht gewerblicher Art ist oder wenn es am Unternehmenstatbestand ganz fehlt. Das wird hier entgegen der hM bejaht (→ § 5 Rn. 23).[29] 7

d) § 105 Abs. 2. Nur bei Personengesellschaften bedarf das Verhältnis zu § 105 Abs. 2 der Diskussion. Die **erste Variante** des § 105 Abs. 2 S. 1 (eingetragene Gesellschaft, deren Gewerbebetrieb nicht schon nach § 1 Abs. 2 Handelsgewerbe ist) ist überflüssig. Sie stellt nur die Anwendung des § 2 auf die offene Handelsgesellschaft und gem. § 161 Abs. 2 auch auf die Kommanditgesellschaft klar (→ Rn. 2).[30] Bei der Entstehung des Handelsrechtsreformgesetzes erwies sich zwar § 105 Abs. 2 gleichsam als Mutter des neuen § 2 (→ Rn. 2), aber in systematischer Hinsicht ist § 2 nunmehr die Grundnorm zu dieser Variante des § 105 Abs. 2. Auch das Gesetz sieht § 2 nicht als durch § 105 Abs. 2 verdrängt an (vgl. § 123 Abs. 2). Die erste Variante des § 105 Abs. 2 ist deshalb nach der gegenwärtigen Systematik des Gesetzes entbehrlich (→ 4. Aufl. 2016, § 105 Rn. 54). Die **zweite Variante** des § 105 Abs. 2 (Gesellschaft, die nur eigenes Vermögen verwaltet) ist ein selbständiger Tatbestand (→ § 6 Rn. 4; zur umstrittenen Auslegung dieser Bestimmung vgl. im Einzelnen (→ 4. Aufl. 2016, § 105 Rn. 55 ff.). Dass § 2 S. 2 und 3 in § 105 Abs. 2 S. 1 nur für entsprechend anwendbar erklärt wird, beruht auf dieser zweiten Variante. 8

II. Der Tatbestand

1. Gewerbliche Unternehmen. Wegen des Gewerbebegriffs ist auf → § 1 Rn. 27 ff. zu verweisen. Zugrunde liegt der Unternehmensbegriff iSv → § 1 Rn. 19 ff. Beide Begriffe unterscheiden sich nicht bei § 1 und bei § 2.[31] Nur ein gewerbliches Unternehmen kann nach § 2 eingetragen werden. Die Bestimmung gestattet demgemäß nicht die Eintragung eines Nicht-Unternehmers (zB im Fall bloßer Vermögensverwaltung) oder eines Freiberuflers.[32] Zu den Gewerbetreibenden gehören allerdings auch die sog. arbeitnehmerähnlichen gewerbetreibenden Personen (→ § 1 Rn. 27), deren Eintragung vor 1998 kaum in Betracht kam, eben weil sie nur kleingewerblich sind. Zu der ganz anderen Frage, ob die Eintragung eines nichtgewerblichen Rechtsträgers nach bzw. analog § 5 die Kaufmannseigenschaft her- 9

27 So etwa *Canaris* HandelsR § 3 Rn. 21; *Hofmann* HandelsR S. 27; *Oetker* HandelsR § 2 Rn. 31 ff.; *Weller/Prütting* HandelsR § 4 Rn. 106; Baumbach/Hopt/*Hopt* Rn. 4; KKRD/*Roth* Rn. 3; Röhricht/Graf v. Westphalen/Haas/*Ries* Rn. 10; Staub/*Oetker* Rn. 24; *R. Schmitt,* Die Rechtsstellung der Kleingewerbetreibenden nach dem HRefG, 2003, 95; *Siems,* Kaufmannsbegriff und Rechtsfortbildung, 2003, 118 f.; *Lieb* NJW 1999, 36; *Hüttemann/Meinert* BB 2007, 1436 f.; *Petig/Freisfeld* JuS 2008, 770 (771 f.).

28 So namentlich *Canaris* HandelsR § 3 Rn. 56; *Oetker* HandelsR § 2 Rn. 33 Fn. 89; *Petersen* Jura 2005, 831 f.; dazu aber *Karsten Schmidt* JZ 2003, 585 (588) Fn. 51.

29 Bejahend *Karsten Schmidt* HandelsR § 10 Rn. 29 f.; *Karsten Schmidt* ZHR 163 (1999), 96.

30 Von einer den § 2 verdrängenden Spezialität sollte man bei dessen überflüssiger Wiederholung in § 105 Abs. 2 nicht sprechen; praktische Bedeutung hat diese Frage nicht.

31 AA offenbar *Siems,* Kaufmannsbegriff und Rechtsfortbildung, 2003, 77 ff.

32 Heymann/*Förster* Rn. 5.

beiführen und zB aus einer Gesellschaft bürgerlichen Rechts eine OHG bzw. KG machen kann, → Rn. 17, → § 5 Rn. 21 ff.

10 **2. Kleingewerbe.** Das Schlagwort vom Kleingewerbe ist ungenau. Es wird vom Gesetz nicht verwendet, ebenso wie der Ausdruck Vollunternehmen (→ § 1 Rn. 5) im Gesetz nicht vorkommt. S. 1 setzt voraus, dass das Gewerbe nicht schon nach § 1 Abs. 2 Handelsgewerbe ist, also **kein Vollgewerbebetrieb** iSv → § 1 Rn. 68 ff. ist. Es kommt darauf an, dass das Unternehmen nach Art oder Umfang einen in kaufmännischer Weise eingerichteten Gewerbebetrieb nicht erfordert. Wegen dieses Merkmals → § 1 Rn. 13 ff. Im Gegensatz zu § 1 Abs. 2 enthält S. 1 keine gegen ein Kleingewerbe sprechende Vermutung. Es bedarf ihrer nicht, denn S. 1 spricht von der Anmeldungsbefugnis. Diese aber besteht eben wegen des Abs. 1 unabhängig davon, ob das Unternehmen unter § 1 fällt (und damit anmeldungspflichtig ist) oder ob ein Fall des § 2 vorliegt (und damit bloße Anmeldungs*befugnis*). Bei fehlender Eintragung entscheidet, zB im Zivilprozess, die Vermutung des § 1 Abs. 2 (zu ihr → § 1 Rn. 76). Für die Dauer der Eintragung ist ohne Belang, ob diese auf § 1 oder auf § 2 beruht (→ Rn. 14; allerdings str.). Nur im Löschungsverfahren kommt es auf S. 3 an (→ Rn. 20 ff.).

III. Eintragungsoption, Eintragung, Löschung

11 **1. Eintragungsoption (S. 2).** Wer unter § 2 fällt, ist nach S. 2 berechtigt, aber nicht verpflichtet, die Eintragung nach den für die Eintragung kaufmännischer Firmen geltenden Vorschriften (§ 29 und HRV) herbeizuführen. Wer unter § 2 fällt, ist deshalb **sog. Kannkaufmann** (→ Rn. 2). Diese Option wird durch Anmeldung zur Eintragung im Handelsregister ausgeübt.[33] Die hierin liegende **Wahlmöglichkeit des Kleingewerbetreibenden** wird allerdings in ihrer rechtlichen Tragweite vielfach missverstanden. Einer besonderen, auf Erwerb der Kaufmannseigenschaft zielenden Erklärung bedarf es von Rechts wegen nicht (→ Rn. 13 f.; zu Unrecht bestritten). Denn **das sog. Optionsrecht** (→ Rn. 2) ist nur als Angebot des Gesetzgebers an die kleingewerbliche Praxis im Allgemeinen zu begreifen, nicht in dem Sinne, dass sich jeder Kleingewerbetreibende explizit für oder gegen die freiwillige Unterwerfung unter das HGB erklären muss. Die Rechtsfolge des S. 1 (Kaufmannseigenschaft) kraft Eintragung) fragt nicht nach dem Eintragungsvorgang (auch → Rn. 14), sondern nur nach dem **Zustand des Eingetragenseins.**[34] Deshalb ist das kleingewerbliche eingetragene Unternehmen gem. § 2 kaufmännisch auch dann, wenn bei der Anmeldung zu Recht oder zu Unrecht von einer Eintragungspflicht gem. §§ 1 Abs. 2, 29 ausgegangen wurde.[35] Solange es um den Kaufmannstatus und nicht um die Löschung des eingetragenen Unternehmens geht, wird mit anderen Worten nicht danach gefragt, ob es unter § 1 oder unter § 2 fällt (oder im Zeitpunkt der Anmeldung fiel) und ob die Anmeldung im Wissen um die Anwendbarkeit des § 2 erfolgt ist (→ Rn. 18; → § 1 Rn. 6).[36] Das gilt auch im Fall einer Personengesellschaft. Deren Qualifikation als OHG oder KG ist begründet, wenn die Gesellschaft in das Handelsregister eingetragen „ist" (vgl. S. 1 und ergänzend § 123 Abs. 2), ohne dass es im Außenverhältnis darauf ankäme, ob durch besonderen Beschluss die Option gem. § 2 ausgeübt wurde. Diese Einschätzung des geltenden Rechts ist sowohl in positivrechtlicher als auch in rechtspraktischer Hinsicht allein akzeptabel.[37] Sie steht auch mit dem sog. Optionsrecht des Kleingewerbetreibenden im Einklang.[38] Er kann die Löschung im Handelsregister betreiben, indem er geltend macht,

---

33 *Karsten Schmidt* ZHR 163 (1999), 91 f.

34 Dazu *Karsten Schmidt* ZHR 163 (1999), 88; undeutlich *Mönkemöller* JuS 2002, 30 (33).

35 *Karsten Schmidt* HandelsR § 10 Rn. 27, 68; *Karsten Schmidt* ZHR 163 (1999), 93 ff.; zust. *Jung* HandelsR § 2 Rn. 27; EBJS/*Kindler* Rn. 15; Oetker/*Körber* Rn. 11 f., 15, 18; *Treber* AcP 199 (1999), 522 ff.; *Mönkemöller* JuS 2002, 30 (33); aA *Canaris* HandelsR § 3 Rn. 21; Baumbach/Hopt/*Hopt* Rn. 4; KKRD/*Roth* Rn. 3; Röhricht/Graf v. Westphalen/Haas/*Ries* Rn. 10; Röhricht/Graf v. Westphalen/Haas/*Ries* § 1 Rn. 132 ff.; *Lieb* NJW 1999, 36.

36 Vgl. zum Streitstand vorige Fn.

37 AA *Canaris* HandelsR § 3 Rn. 21: „untragbare praktische Ergebnisse".

38 AA *Canaris* HandelsR § 3 Rn. 21: „eklatante Verletzung des Prinzips der Privatautonomie, die wohl geradezu mit deren verfassungsrechtlicher Gewährleistung unvereinbar wäre".

dass das Unternehmen nach Art oder Umfang einen in kaufmännischer Weise eingerichteten Geschäftsbetrieb nicht erfordert (vgl. S. 3 und dazu → Rn. 22).

2. Eintragungsverfahren. a) § 29, ergänzt durch § 24 HRV. Für die Anmeldung gilt § 29 (ergänzt durch § 24 HRV) mit der Maßgabe, dass keine Anmeldepflicht besteht (→ Rn. 11). Mit der Anmeldung braucht nicht die besondere Erklärung verbunden zu werden, die Kaufmannseigenschaft nach § 2 zu erwerben, vielmehr ist die Anmeldung wie im Fall des § 1 reine Verfahrenshandlung (str.; → Rn. 13). Hat der Anmeldende zu erkennen gegeben, dass er das Unternehmen nach §§ 1, 29 für eintragungspflichtig hält, so kann ihn das Registergericht im Fall des § 2 darauf hinweisen, dass eine solche Notwendigkeit nicht besteht.[39] Das Gericht muss dies aber nicht tun, weil es im Eintragungsverfahren überhaupt nicht zu prüfen braucht, ob das gewerbliche Unternehmen unter § 1 oder unter § 2 fällt; das Registergericht muss vielmehr nur die Eintragungsfähigkeit prüfen.[40] Es bedarf deshalb auch keiner Auslegung der „nach §§ 1, 29" erfolgten Anmeldung, keiner Eventualanmeldung „auch nach § 2" und keiner Auswechselung der Anmeldung, wenn ein nach §§ 1, 29 angemeldetes Unternehmen in Wahrheit unter § 2 fällt (→ Rn. 14).[41] Im Übrigen gelten die Ausführungen bei → § 29 Rn. 6 ff. 12

b) Anmeldung. aa) Rechtsnatur. Die Registeranmeldung ist **reine Verfahrenshandlung.**[42] Sie richtet sich nach §§ 24 ff. HRV. Die Rechtsnatur der Registeranmeldung als reine Verfahrenshandlung wird von einer in der Lit. wohl immer noch vorherrschenden **Gegenansicht** bestritten. Nach ihr hat die Registeranmeldung eine Doppelnatur und besteht gleichzeitig aus der Verfahrenshandlung und der Ausübung des sich aus § 2 ergebenden Optionsrechts.[43] Der Erwerb der Kaufmannseigenschaft nach § 2 wird nach dieser Auffassung nicht durch das bloße Faktum einer Eintragung des kleingewerblichen Unternehmens herbeigeführt, sondern er beruht auf der Ausübung des Optionsrechts durch den Träger des kleingewerblichen Unternehmens.[44] Die Ausübung des Wahlrechts durch Vornahme der Registeranmeldung gilt dieser Literaturansicht als eine vom Formalakt des Eintragungsantrags zu trennende, wenn auch mit ihm regelmäßig einhergehende, Willenserklärung.[45] Wo zwar ein Eintragungsantrag vorliegt, es aber an der Ausübung des Optionsrechts mangelt, kommt ein Erwerb der Kaufmannseigenschaft nach § 2 in den Augen dieser Auffassung nicht in Betracht (auch → Rn. 18).[46] Die Kaufmannseigenschaft eines derart Eingetragenen kann nach dieser Ansicht nur auf § 5 beruhen und nicht auf § 2 (→ Rn. 7). Dem ist aus den bei → Rn. 18 dargelegten Gründen nicht zu folgen. 13

bb) Gleichartigkeit jeder Registeranmeldung. Die Registeranmeldung eines unter § 2 fallenden Unternehmens unterscheidet sich qualitativ nicht von einer auf § 1, auf § 3 oder auf § 105 Abs. 2 gestützten Anmeldung.[47] Die Anmeldung erschöpft sich in dem 14

---

39 *Karsten Schmidt* ZHR 163 (1999), 92.

40 *Karsten Schmidt* ZHR 163 (1999), 92 f.; s. auch Heymann/*Förster* Rn. 11; *Schulze-Osterloh* ZIP 2007, 2390 (2391).

41 AA *Lieb* NJW 1999, 36.

42 *Karsten Schmidt* HandelsR § 10 Rn. 27, 68; *Karsten Schmidt* NJW 1998, 1261 (1263); *Karsten Schmidt* ZHR 163 (1999), 91 ff.; zust. *Jung* HandelsR § 6 Rn. 26 f.; EBJS/*Kindler* Rn. 15; Heymann/*Förster* Rn. 10; Oetker/*Körber* Rn. 12; *Treber* AcP 199 (1999), 583.

43 *Canaris* HandelsR § 3 Rn. 19 ff.; *Oetker* HandelsR § 2 Rn. 33; *Siems,* Der personelle Anwendungsbereich des Handelsrechts nach dem Handelsrechtsreformgesetz, 1999, 79; *Siems,* Kaufmannsbegriff und Rechtsfortbildung, 2003, 85 ff.; *R. Schmitt,* Die Rechtsstellung der Kleingewerbetreibenden nach dem HRefG, 2003, 81; Baumbach/Hopt/*Hopt* Rn. 4; KKRD/*Roth* Rn. 3; Röhricht/Graf v. Westphalen/Haas/*Ries* Rn. 10; Röhricht/Graf v. Westphalen/Haas/*Ries* § 1 Rn. 132 ff.; Staub/*Oetker* Rn. 10 f.; *Lieb* NJW 1999, 36.

44 *Canaris* HandelsR § 3 Rn. 21; *Siems,* Kaufmannsbegriff und Rechtsfortbildung, 2003, 87 ff.; Baumbach/Hopt/*Hopt* Rn. 4.

45 *Canaris* HandelsR § 3 Rn. 21; *Siems,* Kaufmannsbegriff und Rechtsfortbildung, 2003, 89 ff.

46 *Canaris* HandelsR § 3 Rn. 21; *Siems,* Kaufmannsbegriff und Rechtsfortbildung, 2003, 86 f.

47 *Karsten Schmidt* HandelsR § 10 Rn. 27, 68; *Karsten Schmidt* NJW 1998, 1261 (1263); *Karsten Schmidt* ZHR 163 (1999), 92 ff.; *Treber* AcP 199 (1999), 583; zust. *Jung* HandelsR § 6 Rn. 26 f.; EBJS/*Kindler* Rn. 15; Oetker/*Körber* Rn. 15; insoweit auch *R. Schmitt,* Die Rechtsstellung der Kleingewerbetreibenden nach dem HRefG, 2003, 81.

Begehren, in das Handelsregister eingetragen zu werden (→ Rn. 13). Auch dies ist allerdings bestritten. Die in der Lit. wohl auch insofern noch vorherrschende Gegenauffassung gelangt aufgrund der Einschätzung der Anmeldung als Ausübung des bei → Rn. 11 dargestellten Optionsrechts zu der Einschätzung, dass Anmeldungen nach § 29 iVm § 1, § 2, § 3 oder § 105 Abs. 2 Anmeldungen unterschiedlicher Qualität sind.[48] Diese Auffassung muss sich auch mit der Frage befassen, ob das Registergericht bei einer ohne explizite Berufung auf § 1, § 2 oder § 3 eingegangenen Anmeldung das Unternehmen eintragen darf ohne durch Zwischenverfügung die offen gelassene Rechtsgrundlage vorab zu klären.[49] Doch ist dies alles ein Scheinproblem, und die Rechtswirklichkeit kennt solche Zwischenverfügungen auch nicht. Keine Gefolgschaft verdient auch die in der Literatur vertretene Auffassung, nach der ein auf § 2 gestützter Eintragungsantrag zurückzuweisen ist, wenn zwar ein Kleinunternehmen vorliegt, dieses aber land- oder forstwirtschaftlicher Art ist (→ Rn. 6, → § 3 Rn. 6).

15 **cc) Anmeldeberechtigung.** Anmeldeberechtigt ist der **Kleingewerbetreibende.** Im Fall einer **Personengesellschaft** ist die Anmeldung von sämtlichen Gesellschaftern zu bewirken (§ 108 Abs. 1; dazu → § 108 Rn. 1 ff.). Auch dies ist reines Verfahrensrecht. Eines Umwandlungsbeschlusses (GbR in OHG oder KG) bedarf es für den Erwerb der Kaufmannseigenschaft nicht (→ 4. Aufl. 2016, § 105 Rn. 66: nur im Innenverhältnis).[50] Im Fall einer nicht unter § 6 fallenden juristischen Person ergibt sich die Anmeldezuständigkeit aus deren Verfassung (zB Stiftungsvorstand).

16 **c) Eintragung.** Die Eintragung erfolgt in Abteilung A des Handelsregisters. Einen auf § 2 oder auf die Ausübung des Optionsrechts hinweisenden Zusatz enthält sie nicht. Die Eintragung ist deshalb nicht von anderer Qualität als eine auf § 1, § 3 oder § 105 Abs. 2 beruhende Eintragung (zur Anmeldung → Rn. 14).[51] Nur die ihr vom Gesetz beigegebene Eintragungswirkung (→ Rn. 17) ist eine andere als im Fall der bloß „deklaratorischen" Eintragungswirkung des § 1.

17 **3. Eintragungswirkung. a) Erwerb der Kaufmannseigenschaft (S. 1).** Der im Handelsregister eingetragene Kleinunternehmer ist Kaufmann. Die Eintragung wirkt (sofern es sich wirklich nur um ein kleingewerbliches Unternehmen handelt) **konstitutiv** (→ Rn. 24). Das kleingewerbliche Unternehmen „gilt (nach S. 1) als Handelsgewerbe". Diese etwas ungeschickte Wendung markiert keine Fiktion,[52] sondern sie erklärt den Eingetragenen zum **Kaufmann im Sinne des HGB.**[53] Eine **als OHG oder KG eingetragene Gesellschaft** ist aufgrund der Eintragung **Handelsgesellschaft** iSv § 6 (→ § 123 Rn. 6).

18 **b) Unabhängig von der bewussten Optionsrechtsausübung.** S. 1 verlangt nur das Vorhandensein eines kleingewerblichen Unternehmens und dessen Eintragung. Darauf, ob der Eingetragene (bzw. ob jeder Gesellschafter) die Eintragung auf § 2 gestützt und demgemäß für die Anwendung von Handelsrecht optiert hat, kommt es in Konsequenz der bei → Rn. 11 ff. dargelegten Grundsätze nicht an.[54] Die in der Lit. wohl immer noch vorherr-

---

[48] *Canaris* HandelsR § 3 Rn. 23; *Oetker* HandelsR § 2 Rn. 33; *R. Schmitt,* Die Rechtsstellung der Kleingewerbetreibenden nach dem HRefG, 2003, 80 ff.; *Siems,* Kaufmannsbegriff und Rechtsfortbildung, 2003, 85 ff.; Baumbach/Hopt/*Hopt* Rn. 4; KKRD/*Roth* Rn. 3 (s. aber KKRD/*Roth* § 1 Rn. 46); Röhricht/Graf v. Westphalen/Haas/*Ries* Rn. 10; Röhricht/Graf v. Westphalen/Haas/*Ries* § 1 Rn. 138.

[49] Ausf. (mit richtigem Ergebnis) Röhricht/Graf v. Westphalen/Haas/*Ries* Rn. 15; Röhricht/Graf v. Westphalen/Haas/*Ries* § 1 Rn. 138.

[50] *Karsten Schmidt* ZHR 163 (1999), 92; aA *Schön* DB 1998, 1174 f.

[51] *Karsten Schmidt* ZHR 163 (1999), 93 f.

[52] So aber *R. Schmitt,* Die Rechtsstellung der Kleingewerbetreibenden nach dem HRefG, 2003, 108; *Siems,* Kaufmannsbegriff und Rechtsfortbildung, 2003, 83; EBJS/*Kindler* Rn. 1; EBJS/*Kindler* § 1 Rn. 2; Staub/*Oetker* Rn. 25.

[53] Wie hier Heymann/*Förster* Rn. 18.

[54] *Karsten Schmidt* HandelsR § 10 Rn. 27, 68; *Karsten Schmidt* ZHR 163 (1999), 93 ff.; *Jung* HandelsR § 2 Rn. 27; EBJS/*Kindler* Rn. 15; Oetker/*Körber* Rn. 11 f., 18; *Treber* AcP 199 (1999), 582 f.

schende **Gegenansicht**[55] beruht auf der bei → Rn. 13 f. abgelehnten Annahme, dass der Erwerb der Kaufmannseigenschaft gem. § 2 von der gezielten Ausübung des bei → Rn. 11 geschilderten Optionsrechts abhängt. Diese Auffassung ist nicht nur praxisfern, sondern sie ist auch rechtsdogmatisch verfehlt.[56] Sie vermengt das in S. 2 ausgesprochene Optionsrecht mit den **Voraussetzungen der Kaufmannseigenschaft.** Diese sind dem Gesetz zu entnehmen, nicht einem Gestaltungsrecht des Kleinunternehmers. Niemand ist Kaufmann kraft Rechtsgeschäfts. **Jeder Kaufmanntatbestand nach §§ 1–6 ist ein gesetzlicher.** Und der Tatbestand des § 2 setzt nach S. 1 nun einmal nichts weiter voraus als das Vorhandensein eines kleingewerblichen Unternehmens und dessen Eintragung. Es kommt deshalb auch nicht darauf an, ob der Eintragungsantrag in dem Willen gestellt worden ist, die Kaufmannseigenschaft gem. § 2 zu erwerben.

c) Unabhängig vom Vorliegen eines wirksamen Antrags. Richtigerweise kommt 19
es für die Wirkung des § 2 nicht einmal auf einen wirksamen Eintragungsantrag an.[57] Die **entgegenstehende hM** verzichtet nur bei § 5 auf das Vorhandensein eines wirksamen Eintragungsantrags (→ § 5 Rn. 20). Aber auch bei § 2 ist zu unterscheiden zwischen der Frage, ob die Eintragung zur Kaufmannseigenschaft führt und ob ihre Vornahme berechtigt ist. Für die Rechtsfolgen des § 2 genügt nach S. 1 der **Tatbestand des Eingetragenseins** (→ Rn. 11). Von einer „unwirksamen Eintragung“,[58] die keine Anerkennung verdient, wäre allenfalls in dem theoretischen Fall zu sprechen, in dem die Eintragung durch Urkundenfälschung und nicht vom Handelsregister (Amtsgericht) vorgenommen worden ist. Das Fehlen einer bewussten Optionsrechtsausübung (→ Rn. 18) oder eines wirksamen Antrags macht die Eintragung als Registertatbestand nicht „unwirksam“.[59] Ist ein Unternehmen ohne wirksamen Antrag eingetragen worden, so kann nach § 395 FamFG ein Löschungsverfahren in Gang gesetzt werden. Liegt ein eintragungsfähiges Unternehmen vor, so kann der Eingetragene, indem er der Löschung widerspricht (§ 395 Abs. 2 FamFG) und hierdurch den Mangel beseitigt, die Löschung verhindern. Umgekehrt kann jeder zu Recht oder zu Unrecht Eingetragene unter den Voraussetzungen des S. 3 jederzeit die eigene Löschung beantragen (→ Rn. 20 ff.). Kein Fall für die Amtslöschung liegt dagegen vor, wenn der Eingetragene die Eintragung beantragt hat, wenn auch ohne den Willen, das Optionsrecht nach S. 2 auszuüben. Denn auch hier gilt wieder: Der Eintragungsantrag nach § 2 ist nicht von anderer Qualität als der Eintragungsantrag nach § 1 oder § 3 (→ Rn. 14).[60] Die in der Lit. vorherrschende Gegenauffassung ist rechtsdogmatisch unbegründet und rechtspraktisch überkompliziert (→ Rn. 5, → Rn. 12, → Rn. 18).

4. Löschung. Es ist zu unterscheiden zwischen der **Amtslöschung** nach § 395 FamFG 20
(→ Rn. 19) und der **Löschung auf Antrag** nach S. 3. Nach **S. 3** findet eine Löschung der Firma, sofern nicht die Voraussetzungen des § 1 Abs. 2 eingetreten sind, auch auf Antrag des Unternehmers statt.[61] Das ist anders als im Fall des § 3 (→ § 3 Rn. 27). Im Verfahren der Löschung kommt es, anders als im Eintragungsverfahren (→ Rn. 11 ff.), auf den Unterschied zwischen § 1, § 2 und § 3 an. Im Einzelnen bedeutet dies:

---

55 AA *Canaris* HandelsR § 3 Rn. 19; *Lettl* HandelsR § 2 Rn. 39; *Weller/Prütting* HandelsR Rn. 106; Baumbach/Hopt/*Hopt* Rn. 4; KKRD/*Roth* Rn. 3; Röhricht/Graf v. Westphalen/Haas/*Ries* Rn. 12, 21; Staub/*Oetker* Rn. 24; *R. Schmitt,* Die Rechtsstellung der Kleingewerbetreibenden nach dem HRefG, 2003, 95; *Siems,* Kaufmannsbegriff und Rechtsfortbildung, 2003, 89; *Lieb* NJW 1999, 36.

56 Genau umgekehrt der ua von *Canaris* und *Oetker* HandelsR erhobene Vorwurf, die hier vertretene Auffassung sei eine „Uminterpretation“ des § 2.

57 AA *Canaris* HandelsR § 3 Rn. 19; *Weller/Prütting* HandelsR Rn. 106; Baumbach/Hopt/*Hopt* Rn. 4; KKRD/*Roth* Rn. 3; Röhricht/Graf v. Westphalen/Haas/*Ries* Rn. 12, 21; Staub/*Oetker* Rn. 24; *R. Schmitt,* Die Rechtsstellung der Kleingewerbetreibenden nach dem HRefG, 2003, 95; *Siems,* Kaufmannsbegriff und Rechtsfortbildung, 2003, 89; *Lieb* NJW 1999, 36.

58 So einschr. Röhricht/Graf v. Westphalen/Haas/*Ries* Rn. 21.

59 So aber Röhricht/Graf v. Westphalen/Haas/*Ries* Rn. 21.

60 AA *Canaris* HandelsR § 3 Rn. 19; Baumbach/Hopt/*Hopt* Rn. 4; KKRD/*Roth* Rn. 3; Röhricht/Graf v. Westphalen/Haas/*Ries* Rn. 12, 21; Staub/*Oetker* Rn. 24; *R. Schmitt,* Die Rechtsstellung der Kleingewerbetreibenden nach dem HRefG, 2003, 95; *Siems,* Kaufmannsbegriff und Rechtsfortbildung, 2003, 89; *Lieb* NJW 1999, 36.

61 EBJS/*Kindler* Rn. 20 ff.

21 **a) Fall des § 1 Abs. 2.** Bei einem Unternehmen, das von Anfang an oder nachträglich die Voraussetzungen des § 1 Abs. 2 nicht (mehr) erfüllt, also nicht (mehr) eintragungspflichtig ist, findet eine Löschung unter den bei → § 31 Rn. 11 geschilderten Voraussetzungen in dem dort dargestellten Verfahren statt. Ein Löschungsantrag nach S. 3 ist ausgeschlossen (vgl. Wortlaut des S. 3). Zur Frage, ob die Vermutung des § 1 Abs. 2 auch im Registerverfahren eingreift, → § 1 Rn. 76. Auch ein Unternehmen, das vormals berechtigterweise als Kleinunternehmen nach § 2 eingetragen worden ist, kann nur dann nach S. 3 gelöscht werden, wenn es immer noch nicht unter § 1 Abs. 2 fällt. Eine Löschung findet auch dann nicht statt, wenn das Unternehmen als nur vermeintliches Kleinunternehmen in Wahrheit von vornherein nach § 1 eintragungspflichtig war.

22 **b) Fall des § 2.** Bei einem (nach wie vor) unter § 2 fallenden, dh gegenwärtig nur kleingewerblichen Unternehmen kann die Löschung nach S. 3 beantragt werden (zur Frage, ob hierfür die Vermutung des § 1 Abs. 2 widerlegt werden muss, wiederum → § 1 Rn. 76). Antragsbefugt ist „der Unternehmer" (Gesetzeswortlaut), also der Kaufmann, bei einer juristischen Person deren Vertretungsorgan, bei einer Personengesellschaft grundsätzlich die Gesellschaftergesamtheit (→ § 108 Rn. 1 ff.). Hat ohne wirksamen Antrag eine Löschung stattgefunden, so kann dieser Fehler nach § 395 FamFG durch „Löschung der Löschung" berichtigt werden.[62]

23 **c) Fall des § 3.** Bei einem Unternehmen der Land- oder Forstwirtschaft gilt S. 3 (nur), wenn dieses Unternehmen gegenwärtig kleingewerblich ist (zur Anwendung des § 2 in diesem Bereich → Rn. 6). Ist dies nicht der Fall, so gilt § 3 Abs. 2 (Löschung nur nach den allgemeinen Vorschriften), ohne dass es darauf ankommt, ob die Eintragung ursprünglich auf § 2 oder auf § 3 gestützt war.

IV. Materiellrechtliche Rechtslage der kleingewerblichen Unternehmen

24 **1. Eingetragenes Unternehmen (S. 1). a) Konstitutivwirkung.** Die Eintragung im Handelsregister (nicht die vom Anmeldenden rechtskräftig ausgeübte „Wahl") hat kraft Gesetzes konstitutive Wirkung (→ Rn. 17 f.). Ist das kleingewerbliche Unternehmen eingetragen, so „gilt" es nach S. 1 als Handelsgewerbe (→ Rn. 17). Der Eingetragene ist Kaufmann. Darauf, ob die Eintragung (berechtigterweise, ursprünglich berechtigterweise oder unberechtigterweise) auf § 2 gestützt war, kommt es nicht an (→ Rn. 5, → Rn. 12, → Rn. 14). Handelt es sich um eine Personengesellschaft, so ist diese OHG bzw. KG (vgl. § 105 Abs. 2).

25 **b) Folgen für die Rechtsanwendung.** Es gelten die **Vorschriften des HGB,** insbesondere auch des Dritten Buchs über die Rechnungslegung (→ § 238 Rn. 1 ff.), seit dem BilMoG 2009 allerdings mit der sich aus **§ 241a** für Einzelkaufleute ergebenden Einschränkung. Es gelten die Regeln des Vierten Buchs über Handelsgeschäfte (→ § 343 Rn. 1 ff.). Es gelten auch diejenigen Bestimmungen, die bis 1998 nur auf „Vollkaufleute" und nicht auf kleingewerbliche „Minderkaufleute" angewendet wurden (§§ 348 ff.).[63] Wegen der Bestimmungen über Unternehmer außerhalb des HGB, insbesondere für den Unternehmerbegriff nach § 14 BGB, → Vor § 1 Rn. 17.

26 **2. Nichteingetragenes Unternehmen. a) Fehlende Kaufmannseigenschaft.** Ein nichteingetragenes kleingewerbliches Unternehmen ist nicht kaufmännisch. In Anbetracht der Vermutung des § 1 Abs. 2 gilt dies, wenn ein Unternehmen nicht im Handelsregister eingetragen ist und unstreitig oder bewiesen ist, dass es kaufmännischer Einrichtungen nicht bedarf. Unter diesen Voraussetzungen ist eine zum Betrieb des Unternehmens eingegangene Personengesellschaft Gesellschaft bürgerlichen Rechts, nicht OHG oder KG (vgl. auch → § 123 Rn. 1 ff.). Die Geschäftsbezeichnung eines solchen Unternehmens ist keine Firma iSv § 17 (→ § 17 Rn. 19).[64] Allerdings können unzulässige Geschäftsbezeichnungen nach § 37

---

62 *R. Schmitt,* Die Rechtsstellung der Kleingewerbetreibenden nach dem HRefG, 2003, 99.

63 *R. Schmitt,* Die Rechtsstellung der Kleingewerbetreibenden nach dem HRefG, 2003, 102; aA wohl *Siems,* Kaufmannsbegriff und Rechtsfortbildung, 2003, 84.

64 Vgl. *R. Schmitt,* Die Rechtsstellung der Kleingewerbetreibenden nach dem HRefG, 2003, 196 ff., 204 ff.

bekämpft werden (→ § 37 Rn. 8).[65] Im **Fall der Löschung** (→ Rn. 19 ff.) endet, sofern nicht die Löschung wegen § 1 unzulässig ist (die Kleingewerblichkeit also zu Unrecht angenommen wurde) die Kaufmannseigenschaft ex nunc mit der Löschungseintragung. Ein Vertrauensschutz nach § 15 Abs. 1 bis zur Bekanntmachung ist abzulehnen,[66] denn die Löschung eines nicht eintragungspflichtigen Unternehmens ist keine eintragungspflichtige Tatsache.

b) Ausdrückliche Geltung einzelner HGB-Regeln. Kraft positivrechtlicher Anordnung sind auf nichteingetragene kleingewerbliche Unternehmen die folgenden Bestimmungen anzuwenden:[67] das Handelsvertreterrecht **(§ 84 Abs. 4),** das Handelsmaklerrecht **(§ 93 Abs. 3),** im Fall der Kommission die §§ 383–406 **(§ 383 Abs. 2 S. 1)** sowie für das Kommissions- und Ausführungsgeschäft die §§ 343–372 mit Ausnahme der §§ 348–350 **(§ 383 Abs. 2 S. 2),** im Fall des Frachtgeschäfts die §§ 407–450 sowie die §§ 342–372 mit Ausnahme der §§ 348–350 **(§ 407 Abs. 3),** desgleichen im Fall des Speditionsgeschäfts **(§ 453 Abs. 3),** des Lagergeschäfts **(§ 467 Abs. 3),** des Stückgutfrachtvertrags **(§ 481 Abs. 3),** des Schiffsmietvertrags **(§ 553 Abs. 3)** und des Zeitchartervertrags **(§ 557 Abs. 3).**[68] 27

c) Analoge Anwendung weiterer HGB-Regeln? Umstritten ist die analoge Anwendung sonstiger handelsrechtlicher Regeln (auch → § 1 Rn. 85 ff.). Sie kann nur unter Berücksichtigung der gesetzgeberischen Entscheidung beurteilt werden, wonach eine generelle Anwendung von HGB-Normen mangels Kaufmannseigenschaft ausscheidet. Auch ergibt sich im Gegenschluss aus dem bei → Rn. 27 mitgeteilten Katalog anwendbarer Bestimmungen, dass der Schutz der nichtkaufmännischen Kleingewerbetreibenden jedenfalls eine analoge Anwendung der §§ 348–350 ausschließt. Im Übrigen bedarf die analoge Anwendung einzelner HGB-Regeln einer detaillierten Prüfung.[69] In Betracht kommen zB: § 25,[70] § 28,[71] § 56,[72] § 354a,[73] § 362,[74] § 366[75] und § 377.[76] Die 28

---

[65] Näher *R. Schmitt,* Die Rechtsstellung der Kleingewerbetreibenden nach dem HRefG, 2003, 226 ff.; KKRD/*Roth* § 17 Rn. 8.

[66] Vgl. GK-HGB/*Ensthaler* Rn. 18; aA Oetker/*Körber* Rn. 28; Röhricht/Graf v. Westphalen/Haas/*Ries* Rn. 24.

[67] Ausf. *R. Schmitt,* Die Rechtsstellung der Kleingewerbetreibenden nach dem HRefG, 2003, 114 ff.

[68] Näher *R. Schmitt,* Die Rechtsstellung der Kleingewerbetreibenden nach dem HRefG, 2003, 179 ff., 208 ff., 220 ff.; *Siems,* Kaufmannsbegriff und Rechtsfortbildung, 2003, 210 ff.

[69] Vgl. auch *Karsten Schmidt* HandelsR § 10 Rn. 72; insoweit ähnlich *R. Schmitt,* Die Rechtsstellung der Kleingewerbetreibenden nach dem HRefG, 2003, 196 ff.

[70] Vgl. *Karsten Schmidt* HandelsR § 8 Rn. 1; *Karsten Schmidt* ZHR 145 (1981), 2; vgl. auch zum alten Recht Staub/*Hüffer,* 4. Aufl. 1993, Rn. 84 f.; aA *Canaris* HandelsR § 7 Rn. 20; KKRD/*Roth* § 1 Rn. 38b; Oetker/*Vossler* § 25 Rn. 13; Röhricht/Graf v. Westphalen/Haas/*Ries* § 25 Rn. 2; krit. auch → 1. Aufl. 1996, § 25 Rn. 28 ff. *(Lieb).*

[71] *Karsten Schmidt* HandelsR § 8 Rn. 87; *Karsten Schmidt* NJW 2003, 1903; *Karsten Schmidt* BB 2004, 785 mwN; MüKoBGB/*Schäfer* BGB § 714 Rn. 75; einschr. *R. Schmitt,* Die Rechtsstellung der Kleingewerbetreibenden nach dem HRefG, 2003, 249 ff.; BGHZ 31, 397 (400) = NJW 1960, 400; BGHZ 143, 314 (317 f.) = NJW 2000, 1193; BGH WM 1972, 21 (22); BB 2003, 1081 für Freiberufler; OLG Düsseldorf ZIP 2002, 616 (619); s. auch Staub/*Burgard* § 28 Rn. 20 ff.: anwendbar bei kleingewerblichen und deshalb eintragungsfähigen Gesellschaften; aA *Canaris* HandelsR § 7 Rn. 88; EBJS/*Reuschle* § 28 Rn. 16; Heymann/*Förster* § 28 Rn. 18; KKRD/*Roth* § 28 Rn. 5; Oetker/*Vossler* § 28 Rn. 11; *Römermann* BB 2003, 1086.

[72] *Canaris* HandelsR § 14 Rn. 10; *Karsten Schmidt* HandelsR § 16 Rn. 128; *Karsten Schmidt* NJW 1998, 2164; *R. Schmitt,* Die Rechtsstellung der Kleingewerbetreibenden nach dem HRefG, 2003, 255; Baumbach/Hopt/*Hopt* § 56 Rn. 1; Röhricht/Graf v. Westphalen/Haas/*Wagner/Wöstmann* § 56 Rn. 4 f.; einschr. *Siems,* Kaufmannsbegriff und Rechtsfortbildung, 2003, 212.

[73] Vgl. → 4. Aufl. 2018, § 354a Rn. 8; *Karsten Schmidt* HandelsR § 18 Rn. 73; *R. Schmitt,* Die Rechtsstellung der Kleingewerbetreibenden nach dem HRefG, 2003, 291 f.

[74] *Karsten Schmidt* HandelsR § 19 Rn. 43; *R. Schmitt,* Die Rechtsstellung der Kleingewerbetreibenden nach dem HRefG, 2003, 293 ff.

[75] *Karsten Schmidt* HandelsR § 23 Rn. 11; *Karsten Schmidt* NJW 1998, 2163; *R. Schmitt,* Die Rechtsstellung der Kleingewerbetreibenden nach dem HRefG, 2003, 297.

[76] *Karsten Schmidt* HandelsR § 29 Rn. 43; *R. Schmitt,* Die Rechtsstellung der Kleingewerbetreibenden nach dem HRefG, 2003, 298 ff.

Frage bedarf in Anbetracht der bisher begrenzten Erfahrungen mit dem erst zwanzig Jahre lang geltenden Recht noch der Diskussion (auch → § 25 Rn. 32 ff., → § 28 Rn. 13 ff., → § 56 Rn. 9 f., → 4. Aufl. 2018, § 354a Rn. 8, → 4. Aufl. 2018, § 362 Rn. 17, → 4. Aufl. 2018, § 366 Rn. 26 ff.). Wie insbesondere das Beispiel des § 56 zeigt, geht es nicht an, diese Analogiediskussion als durch die Reform von 1998 definitiv abgeschnitten zu betrachten.

29 **d) Kleingewerbetreibende als Scheinkaufleute.** Handelsrecht ist auch ohne Registereintragung anwendbar, wenn der Tatbestand des Scheinkaufmanns verwirklicht ist. Der praktische Anwendungsbereich dieses Tatbestands ist allerdings eng (vgl. → Anh. § 5 Rn. 1 ff.).

30 **e) Geltung von Regelungen außerhalb des HGB.** Der Kleingewerbetreibende ist, er sei eingetragen oder nicht, Unternehmer iSv § 14 BGB.[77] Wegen der Rechtsfolgen → § 1 Rn. 78 ff.

§ 3 [Land- und Forstwirtschaft; Kannkaufmann]

(1) Auf den Betrieb der Land- und Forstwirtschaft finden die Vorschriften des § 1 keine Anwendung.

(2) Für ein land- oder forstwirtschaftliches Unternehmen, das nach Art und Umfang einen in kaufmännischer Weise eingerichteten Geschäftsbetrieb erfordert, gilt § 2 mit der Maßgabe, daß nach Eintragung in das Handelsregister eine Löschung der Firma nur nach den allgemeinen Vorschriften stattfindet, welche für die Löschung kaufmännischer Firmen gelten.

(3) Ist mit dem Betrieb der Land- oder Forstwirtschaft ein Unternehmen verbunden, das nur ein Nebengewerbe des land- oder forstwirtschaftlichen Unternehmens darstellt, so finden auf das im Nebengewerbe betriebene Unternehmen die Vorschriften der Absätze 1 und 2 entsprechende Anwendung.

Schrifttum: s. bei § 1 und § 2; *Hofmann,* Die Kaufmannseigenschaft von Land- und Forstwirten, NJW 1976, 1297; *Hofmann,* Die Reformbedürftigkeit des neuen § 3 HGB, NJW 1976, 1830; *Kornblum,* Vom Bauern zum Kaufmann, FS Ekkehart Kaufmann, 1993, 193; *v. Olshausen,* Die Kaufmannseigenschaft der Land- und Forstwirte, ZHR 141 (1977), 73; *v. Olshausen,* Aufstieg und Ausstieg eines eingetragenen Kleinbauern, die Beweislastregel des § 1 Abs. 2 HGB und die Übergangsvorschrift Art. 38 Abs. 1 EGHGB, Rpfleger 2001, 53; *Raisch,* Vereinigungen zum Betrieb land- und forstwirtschaftlicher Unternehmen, BB 1969, 1361; *Steding,* Landwirtschaftsbetrieb – Unternehmer nach BGB und/oder Kaufmann nach HGB?, NL-BzAR (Neue Landwirtschaft – Briefe zum Agrarrecht) 2004, 440.

Übersicht

[77] Vgl. nur *R. Schmitt,* Die Rechtsstellung der Kleingewerbetreibenden nach dem HRefG, 2003, 161; Oetker/*Körber* Rn. 33; Erman/*Saenger* BGB § 14 Rn. 2; MüKoBGB/*Micklitz* BGB § 14 Rn. 33.

I. Grundlagen

1. Normzweck. Die Vorschrift gestattet in ihrem **Abs. 2** den Unternehmen der Land- und Forstwirtschaft den Einstieg in das Handelsrecht durch fakultative Eintragung (sog. **Kannkaufmann**). Dasselbe gilt für das Nebengewerbe der Land- und Forstwirtschaft (Abs. 3). Die Bestimmung ist als ein Privileg aufzufassen.[1] Die in § 3 geregelten Unternehmen sind selbst dann, wenn sie die Merkmale des § 1 erfüllen, der zwangsweisen Unterstellung unter das Handelsrecht und der Anmeldepflicht nach § 29 entzogen (Abs. 1). Sie können aber durch Anmeldung und Eintragung für die Anwendung von Handelsrecht optieren. Die **Hauptbedeutung** dieser Option liegt **im Gesellschaftsrecht:** Eine sich mit Land- oder Forstwirtschaft befassende Personengesellschaft kann nach § 3 Abs. 2, § 105 Abs. 1, § 161 Abs. 1 als Handelsgesellschaft, in der Praxis meist als (GmbH & Co.-)KG, eingetragen werden.[2] Solange dies nicht geschehen ist, ist sie Gesellschaft bürgerlichen Rechts. 1

2. Entstehungsgeschichte. a) 1897–1998. Das ADHGB enthielt keine dem § 3 entsprechende Bestimmung. Die noch von den Handelsgeschäften (§§ 343 ff.) herrührende Kaufmannsdefinition des ADHGB (objektives System) machte eine solche Sonderregelung nicht erforderlich. § 3 beruht auf dem HGB von 1897 und wurde zum Schutz der Land- und Forstwirte vor dem als gefährlich eingeschätzten Handelsrecht in der Annahme eingeführt, das Betreiben von Land- und Forstwirtschaft sei gemäß der Natur der Sache etwas anderes als ein Handelsgewerbe.[3] Ein Großteil des Schrifttums verneinte sogar noch die Gewerblichkeit der Land- oder Forstwirtschaft (→ § 1 Rn. 4 f.).[4] Doch kam es auf die Frage seinerzeit allenfalls an, wenn ein land- oder forstwirtschaftliches Unternehmen unberechtigterweise im Handelsregister eingetragen war (vgl. zur umstrittenen Bedeutung des Gewerbebegriffs bei der Anwendung des § 5 → § 5 Rn. 29). Im Grundsatz waren diese Betriebe bis 1976 dem Handelsrecht vollständig entzogen.[5] Sie fielen weder unter § 1 noch waren sie als kannkaufmännische Unternehmen eintragungsfähig. Nur für die einem land- oder forstwirtschaftlichen Unternehmen beigegebenen Nebenbetriebe (jetzt Abs. 3) galt eine dem gegenwärtigen Abs. 3 entsprechende Regelung.[6] Durch das **Gesetz über die** 2

[1] *Karsten Schmidt* HandelsR § 10 Rn. 78; *Krejci/Karsten Schmidt,* Vom HGB zum Unternehmergesetz, 2002, 90 ff.; EBJS/*Kindler* Rn. 1.
[2] *Karsten Schmidt* HandelsR § 10 Rn. 79.
[3] Denkschrift zu dem Entwurf eines HGB, 1896, 14 f.
[4] Charakteristisch etwa Düringer/*Hachenburg* Anm. 2; *Ritter* HGB, 1910, Anm. 4; *Wieland* HandelsR I, 1924, 134; vgl. auch noch *Hofmann* NJW 1976, 1297 f.
[5] § 3 Abs. 1 aF; dazu vgl. → 1. Aufl. 1997, Rn. 2; s. auch *Raisch* BB 1969, 1361 ff.
[6] § 3 Abs. 2 aF; dazu vgl. → 1. Aufl. 1997, Rn. 2.

Kaufmannseigenschaft der Land- und Forstwirte vom 13.5.1976 (BGBl. 1976 I 1197) wurden die gegenwärtigen Abs. 1–3 eingeführt.[7] Der Land- oder Forstwirt wurde zum sog. Kannkaufmann, womit insbesondere der Weg in die (GmbH & Co.-)KG für die Unternehmen der Land- und Forstwirtschaft frei war (→ Rn. 1).

3 **b) Reform 1998.** Das Handelsrechtsreformgesetz von 1998 (→ § 1 Rn. 2) hat den Abs. 2 in Anpassung an § 1 Abs. 2 neu gefasst. Sachliche Unterschiede ergeben sich nicht hieraus, sondern aus der Neufassung des § 2 (→ § 2 Rn. 2). Auf eine konsequente Beseitigung des Abs. 1 hat der Gesetzgeber verzichtet, obwohl er die im Schrifttum geforderte Abschaffung eines Sonderrechts für Land- und Forstwirte als „rechtssystematisch durchaus konsequent" angesehen hätte.[8] Die Beibehaltung des § 3 erklärt sich deshalb weniger aus sachlicher Überzeugung als aus einem Beharrungsvermögen, das der Gesetzgeber nicht zuletzt damit gerechtfertigt hat, dass eine Beseitigung des Privilegs (→ Rn. 1) „auch von den betroffenen berufsständischen Vertretungen nicht gefordert(!)" werde.[9]

4 **c) Rechtspolitische Kritik.** Die Sonderbehandlung der Land- und Forstwirtschaft im Gesetz ist **nicht überzeugend.**[10] Sie schreibt eine rechtspolitische Einschätzung der Land- und Forstwirtschaft aus dem 19. Jahrhundert ohne innere Berechtigung fort. Diese hatte zunächst darin bestanden, dass die Land- und Forstwirtschaft vom Gewerbe getrennt und deshalb als nicht kaufmannfähig eingeschätzt wurde.[11] Die seit 1976 geltende Privilegierung hatte im Wesentlichen gesellschaftsrechtliche Hintergründe. Nach der von 1900 bis 1976 geltenden Rechtslage war den land- und forstwirtschaftlichen Unternehmen der Weg aus der BGB-Gesellschaft in die Rechtsform der OHG oder KG und damit vor allem in die GmbH & Co. KG versperrt.[12] Aus diesen (und nicht aus genuin handelsrechtlichen) Gründen machte der Gesetzgeber aus den damaligen Nichtkaufleuten des § 3 aF im Jahr 1976 Kannkaufleute (→ Rn. 2). Dieses berufsspezifische Privileg war seinerzeit gleichsam die Kehrseite des Katalogs des § 1 aF: So, wie es Berufsgruppen gab, die kraft ihres Gewerbes automatisch Kaufleute waren (§ 1 aF), gab es nach § 3 Berufsgruppen, die frei über ihre Unterstellung unter das Handelsrecht entscheiden konnten. Das Privileg ist eine **unsachgemäße Sonderbehandlung,** besonders nachdem die Reform von 1998 jedes Gewerbe, wenn es die Größenmerkmale des geltenden § 1 erfüllt, als kaufmännisch behandelt, ohne nach Berufsgruppen zu differenzieren. Die Beibehaltung des Privilegs lässt sich als bloßes Zugeständnis gegenüber der privilegierten Berufsgruppe nicht rechtfertigen (zur Frage der analogen Anwendung von Handelsrecht → § 1 Rn. 85 ff.). Zur Rechtslage in **Österreich** → § 1 Rn. 103 ff.

5 **3. Verhältnis zu anderen Bestimmungen. a) Kapitalgesellschafts- und Genossenschaftsrecht (§ 6).** § 3 findet keine Anwendung auf land- und forstwirtschaftliche Unternehmen, die in der Rechtsform der AG, der KGaA, der GmbH oder der eingetragenen Genossenschaft geführt werden. Hier beruht die Kaufmannseigenschaft auf §§ 3 Abs. 1 AktG, § 278 Abs. 3 AktG, § 13 Abs. 3 GmbHG, § 17 Abs. 2 GenG (→ § 6 Rn. 9).

6 **b) § 1.** Nach § 3 Abs. 1 finden die Vorschriften des § 1 keine Anwendung. Diese Formulierung ist missverständlich. Sie bezieht sich nur auf § 1 Abs. 2. § 1 Abs. 1 findet Anwendung.[13] Insbesondere liegt auch in den Fällen des § 3 ein Gewerbebetrieb vor.[14] Die

[7] Dazu *Hofmann* NJW 1976, 1297; *Hofmann* NJW 1976, 1830; *v. Olshausen* ZHR 141 (1977), 73 (93); *Raisch* FS Ballerstedt, 1975, 443 (451 ff.).

[8] Begr. RegE zum HRefG, BT-Drs. 13/8444, 32 unter Bezugnahme auf *Karsten Schmidt* DB 1994, 517.

[9] Begr. RegE zum HRefG, BT-Drs. 13/8444, 34.

[10] Vgl. *Karsten Schmidt* HandelsR § 10 Rn. 83; *Krejci/Karsten Schmidt,* Vom HGB zum Unternehmergesetz, 2002, 90 ff., 113; *Karsten Schmidt* JZ 2003, 585 (589); zust. Staub/*Oetker* Rn. 5 reserviert Heymann/*Förster* Rn. 5.

[11] Dazu *Raisch* FS Ballerstedt, 1975, 443 (451 ff.).

[12] Vgl. § 3 Abs. 1 aF; dazu vgl. → 1. Aufl. 1997, Rn. 4.

[13] *Karsten Schmidt* HandelsR § 10 Rn. 82; Baumbach/Hopt/*Hopt* Rn. 3; EBJS/*Kindler* Rn. 32; s. aber Heymann/*Förster* Rn. 5.

[14] BGHZ 33, 321 = NJW 1961, 1204; BGH NJW 1966, 1403 mAnm *Teplitzky,* beide zu § 196; *Canaris* HandelsR § 3 Rn. 30; Baumbach/Hopt/*Hopt* Rn. 3; EBJS/*Kindler* Rn. 3; *v. Olshausen* ZHR 141 (1977),

immer noch anzutreffende Gegenansicht (→ Rn. 4)[15] beruht auf überholten Vorstellungen (auch → § 1 Rn. 4). § 3 Abs. 2 HGB besagt für die Fälle des § 3 Abs. 1 und 3, dass die unter § 3 fallenden Unternehmen kaufmännisch sind, wenn sie im Handelsregister eingetragen und hierdurch handelsgewerblich sind. Daraus ergibt sich zweifelsfrei, dass § 3 die Gewerblichkeit des land- und forstwirtschaftlichen Unternehmens voraussetzt (die Eintragung fügt nur das *Handels*gewerbe hinzu). **Nicht anwendbar** ist dagegen **§ 1 Abs. 2,** wonach (auch) ein land- und forstwirtschaftlicher Gewerbebetrieb ohne Rücksicht auf seine Eintragung dem Handelsrecht unterstehen müsste, sofern er nicht kleingewerblich ist.[16] Aber selbst in dieser Hinsicht ist Abs. 1 missverständlich. Die in § 1 Abs. 2 angelegte Unterscheidung von Vollunternehmen und Kannunternehmen spielt auch im Rahmen des § 3 eine Rolle (→ Rn. 7).

c) § 2. Diese Bestimmung bleibt unberührt (→ § 2 Rn. 6).[17] Nur für land- und forst- 7
wirtschaftliche Unternehmen, die nicht kleingewerblich sind, enthalten Abs. 1 (Unanwendbarkeit des § 1 Abs. 2) und Abs. 2 (modifizierte Anwendung des § 2) Sonderregeln (→ Rn. 19). Damit stellt sich die dem alten Recht unbekannte **Frage, ob auch land- und forstwirtschaftliche Kleinbetriebe nach § 2 eintragungsfähig sind.** Sie ist zu bejahen (→ Rn. 20).[18] Da auch ein land- und forstwirtschaftlicher Betrieb gewerblich ist (→ Rn. 6), gilt für Kleinbetriebe § 2 (→ § 3 Rn. 6). Die umstrittene Frage ist nach der hier vertretenen Auffassung **im Eintragungsverfahren ohne praktische Bedeutung,** denn eintragungsfähig ist auch der Kleinbetrieb (anders diejenigen, die jede Anwendung des § 2 auf land- und forstwirtschaftliche Unternehmen ablehnen), und die Anmeldungen nach § 3 oder nach § 2 sind gleichwertig (→ § 1 Rn. 14). Aber für die **Löschung** gelten unterschiedliche Regeln. Sie richtet sich bei einem Kleinbetrieb nach § 2 Abs. 2, also ohne die Beschränkung des § 3 Abs. 2 (→ § 2 Rn. 6). Das gilt auch, wenn das Unternehmen im Zeitpunkt der Eintragung unter § 3 fiel oder irrig nach § 3 statt nach § 2 eingetragen wurde (→ Rn. 19).

d) § 5. Diese Bestimmung spielt einerseits bei allen eingetragenen Unternehmen inso- 8
fern eine Rolle, als § 5 dem Rechtsanwender jede weitere Prüfung der Eintragungsfähigkeit und der Kaufmannseigenschaft erspart (→ § 5 Rn. 13). Auf der anderen Seite bleibt für den Wortlaut des § 5 im Geltungsbereich des § 3 kein direkter Anwendungsbereich mehr, weil dies die Eintragungsunfähigkeit eines Gewerbebetriebs voraussetzen würde (auch → § 5 Rn. 22). Nach einer in der Lit. vorherrschenden Ansicht kommt allerdings § 5 zum Zuge, wenn ein objektiv unter § 3 fallendes, aber nach § 1 (oder § 2) angemeldetes Unternehmen eingetragen ist (dazu auch → § 2 Rn. 13; → § 5 Rn. 14). Dem ist aus den bei → Rn. 7, → § 2 Rn. 7, → § 2 Rn. 18 dargestellten Gründen zu widersprechen

73 (98 f.); *Karsten Schmidt* ZHR 163 (1999), 90 mwN; *Karsten Schmidt* HandelsR § 10 Rn. 78; *R. Schmitt,* Die Rechtsstellung der Kleingewerbetreibenden nach dem HRefG, 2003, 77; nur referierend Oetker/*Körber* Rn. 3.

[15] Vgl. *Ring,* Das neue Handelsrecht, 1999, § 2 Rn. 47; *Hofmann* NJW 1976, 1297 f.; s. auch Begr. RegE zum HRefG, BT-Drs. 13/8444, 33 f.

[16] *Canaris* HandelsR § 3 Rn. 29; *Karsten Schmidt* HandelsR § 10 Rn. 82; Baumbauch/Hopt/*Hopt* Rn. 3; Oetker/*Körber* Rn. 3.

[17] Vgl. *Canaris* HandelsR § 3 Rn. 36; *Ring,* Das neue Handelsrecht, 1999, § 2 Rn. 46; *Karsten Schmidt* HandelsR § 10 Rn. 82; *Karsten Schmidt* ZHR 163 (1999), 91; zust. *R. Schmitt,* Die Rechtsstellung der Kleingewerbetreibenden nach dem HRefG, 2003, 78 f.; *Siems,* Der personelle Anwendungsbereich des Handelsrechts nach dem Handelsrechtsreformgesetz, 1999, 84 ff.; Baumbach/Hopt/*Hopt* Rn. 2; EBJS/*Kindler* Rn. 25, 34; Oetker/*Körber* Rn. 5; *Pfeiffer,* Handbuch der Handelsgeschäfte, 1999, § 1 Rn. 127; iErg auch *v. Olshausen* Rpfleger 2001, 53; aA KKRD/*Roth* Rn. 3; Heymann/*Förster* Rn. 16; Heymann/*Förster* § 2 Rn. 4; Röhricht/Graf v. Westphalen/Haas/*Ries* Rn. 19 f.; *Hohmeister* NJW 2002, 1921 f.; die Annahme *v. Olshausens* JZ 1998, 717 ff., der Gesetzgeber habe dies anders gewollt und die Ausformulierung im Gesetz bringe das lediglich nicht zum Ausdruck, ist nicht gerechtfertigt; das Gesetz ist klar; nur die Regierungsbegründung, wonach (gemeint ist: für § 3) alles beim alten bleiben soll, ist in Bezug auf § 2 missverständlich und von *v. Olshausen* missverstanden worden.

[18] Vgl. auch Baumbach/Hopt/*Hopt* Rn. 2; EBJS/*Kindler* Rn. 25, 34; Oetker/*Körber* Rn. 4 f.; aA KKRD/*Roth* Rn. 3; Heymann/*Förster* Rn. 14; Staub/*Oetker* Rn. 34 ff.

(→ Rn. 25 f.). Richtig ist nur, dass § 5 die Prüfung, ob ein eingetragenes Unternehmen unter § 1, § 2 oder § 3 fällt, regelmäßig überflüssig macht (→ § 5 Rn. 13).

II. Das land- oder forstwirtschaftliche Hauptgewerbe

9 **1. Tatbestand. a) Land- und Forstwirtschaft.** Eine gesetzliche Definition fehlt (vgl. dagegen § 585 Abs. 1 S. 2 BGB: Landwirtschaft als Bodenbewirtschaftung und die mit der Bodennutzung verbundene Tierhaltung, um pflanzliche oder tierische Erzeugnisse zu gewinnen, sowie die gartenbauliche Erzeugung). Land- und Forstwirtschaft iSv § 3 sind zu definieren als gewerbliche Tätigkeiten, die unter Ausnutzung des Bodens die Gewinnung und Verwertung pflanzlicher und tierischer Rohstoffe zum Gegenstand haben.[19] Dazu gehören folgende Merkmale:

10 **aa) Gewerbebegriff und Unternehmensträgerschaft.** Da der „Betrieb der Land- und Forstwirtschaft" gewerblich ist (→ Rn. 2), müssen sämtliche Voraussetzungen des Gewerbebegriffs erfüllt sein (→ § 1 Rn. 27 ff.). Die Anwendung des § 3 betrifft stets (nur) den Unternehmensträger (→ § 1 Rn. 37 ff.), also zB die den Hof (oder die Forstwirtschaft) betreibende Gesellschaft, den Inhaber, Nießbraucher oder Pächter.[20]

11 **bb) Erzeugung und Verwertung pflanzlicher oder tierischer Rohstoffe.** Auf sie kommt es an.[21] Sonstige Urproduktion (zB die Förderung von Bodenbestandteilen wie Kies, Stein, Schiefer, Torf, Lehm, Öl, Bernstein oder Wasser) fällt nicht unter § 3.[22] Nutzpflanzen und Zierpflanzen stehen einander gleich.[23] Die Verwertung kann in der Verarbeitung, in der sonstigen Verwendung oder im Verkauf bestehen.[24]

12 **cc) Bodennutzung.** Bodennutzung ist unentbehrlich.[25] Die Erzeugung organischer Rohstoffe ohne Bodennutzung (zB ausschließlich mit zugekauftem Futter oder in Labors) genügt nicht. Nicht entscheidend und vor allem nicht ausreichend ist die für die Land- und Forstwirtschaft zweifellos charakteristische Abhängigkeit von Umwelt- und Wetterbedingungen.[26] Gewächshausproduktion kann landwirtschaftlich sein, selbst wenn das Erdreich in Behältern für die Kultivierung genutzt wird.[27] Die Bodennutzung muss auch nicht „biologisch rein" sein.

13 **dd) Gemischte Betriebe.** Gemischte Betriebe werden nach dem **Schwerpunkt des Gewerbes** beurteilt.[28] Dabei kommt es auf die das Gewerbe prägenden Merkmale an.[29] Branchenübliche Zukäufe hindern nicht die Annahme einer Bodennutzung.[30] Eine geteilte Betrachtung von Betriebseinheiten kommt im Bereich der Absätze 1 und 2 nicht in Betracht. Sie ist dem Abs. 3 vorbehalten (→ Rn. 30 ff.).

---

[19] Vgl. *Karsten Schmidt* HandelsR § 10 Rn. 84; Baumbach/Hopt/*Hopt* Rn. 4; EBJS/*Kindler* Rn. 7; KKRD/*Roth* Rn. 2; Oetker/*Körber* Rn. 7 ff.; Röhricht/Graf v. Westphalen/Haas/*Ries* Rn. 4; Staub/*Oetker* Rn. 11, 16.

[20] Vgl. sinngemäß auch Baumbach/Hopt/*Hopt* Rn. 4 unter c.

[21] Baumbach/Hopt/*Hopt* Rn. 4; EBJS/*Kindler* Rn. 12; KKRD/*Roth* Rn. 2; Röhricht/Graf v. Westphalen/Haas/*Ries* Rn. 5, 7.

[22] Vgl. auch steuerrechtlich BFH BB 2008, 1222.

[23] Baumbach/Hopt/*Hopt* Rn. 4; EBJS/*Kindler* Rn. 13; KKRD/*Roth* Rn. 2; Röhricht/Graf v. Westphalen/Haas/*Ries* Rn. 8; Staub/*Oetker* Rn. 12; aA noch Staub/*Brüggemann*, 4. Aufl. 1995, Rn. 4, 6.

[24] Baumbach/Hopt/*Hopt* Rn. 4; EBJS/*Kindler* Rn. 14; Heymann/*Förster* Rn. 7; Röhricht/Graf v. Westphalen/Haas/*Ries* Rn. 9; Staub/*Oetker* Rn. 12.

[25] *Karsten Schmidt* HandelsR § 10 Rn. 85; Baumbach/Hopt/*Hopt* Rn. 4; EBJS/*Kindler* Rn. 8; KKRD/*Roth* Rn. 2; Oetker/*Körber* Rn. 8; Röhricht/Graf v. Westphalen/Haas/*Ries* Rn. 5; Staub/*Oetker* Rn. 11.

[26] AA offenbar EBJS/*Kindler* Rn. 7.

[27] Vgl. Heymann/*Förster* Rn. 9; Oetker/*Körber* Rn. 8 mit Hinweis auf BGHZ 134, 146 = NJW 1997, 664 (zu § 1 HöfeO).

[28] Baumbach/Hopt/*Hopt* Rn. 5; Heymann/*Förster* Rn. 10; KKRD/*Roth* § 3 Rn. 2, § 1 Rn. 24.

[29] Baumbach/Hopt/*Hopt* Rn. 5; Heymann/*Förster* Rn. 10; KKRD/*Roth* § 3 Rn. 2, § 1 Rn. 24.

[30] OLG Hamm RdL 65, 204.

b) Abgrenzungsbeispiele Landwirtschaft. Unter die Landwirtschaft fällt der **Anbau** von Getreide, Gemüse, Obst, Hopfen, Wein, Tabak, Kartoffeln, Salatpflanzen und Rüben, überhaupt Acker-, Weide- und Wiesenbau. Ebenso sind **Handelsgärtnereien,** die eigene Produkte (Gewürzpflanzen, Heilpflanzen, Arzneikräuter, Zierpflanzen, Gartenbauerzeugnisse überhaupt) anbauen und verkaufen, der Landwirtschaft zuzuordnen.[31] Die **Viehzucht** ist nur dann der Landwirtschaft zuzuordnen, wenn sie auf Bodennutzung beruht. Eine Mast- oder Geflügelfarm, die das verfütterte Futter ankauft, fällt nicht unter § 3.[32] Auch ein **Umgestaltungsbetrieb** (Bearbeiterbetrieb), zB die Verarbeitung von Weinreben zu Wein oder von Milch zu Butter oder von Getreide zu Mehl, ist als ein landwirtschaftlicher nur einzuordnen, sofern es sich um eigene Produkte handelt.[33] Die **Imkerei** wird, obwohl nicht primär Nutzung eigenen betrieblichen Bodens, typusmäßig zur Landwirtschaft gerechnet.[34] 14

Nicht zur Landwirtschaft gehören zB: die **Gewinnung von nicht pflanzlichen, anorganischen Rohstoffen** wie Kies, Lehm, Löss (Heilerde), Erdgas, Erdöl (auch durch Fracking), Wasser, Mineralien, Sand oder Torf (möglich ist insoweit aber ein Nebenbetrieb, → Rn. 33 f.).[35] Auch die **Fischereiwirtschaft** (Hochseefischerei-, Küstenfischerei- und Binnenfischereibetriebe, einschließlich der Fischzuchtbetriebe) ist mangels Bodennutzung nicht Landwirtschaft,[36] ebenso nicht die **Tier- oder Vogelzucht,** sowie die bloße Tiermast mit gekauftem Futter.[37] Keine Landwirtschaft liegt vor, wo es an der typisch landwirtschaftlichen Produktion fehlt (also bei bloßen Heimatmuseen, Reiterhöfen, Tierpensionen usw). Der bloße **Handel** mit landwirtschaftlichen Erzeugnissen (zB Viehhandel) fällt nicht unter den Begriff der Landwirtschaft. Nicht zur Landwirtschaft gehört auch die bloße Dienstleistung für landwirtschaftliche Gewerbe, auch wenn sie unmittelbar dem landwirtschaftlichen Gewerbe dient (zB Aussaat, Ernte, Kelterei, Mähdrusch, Molkerei). 15

c) Abgrenzungsbeispiele Forstwirtschaft. Zur Forstwirtschaft rechnen: die auf **Holzgewinnung** und **Walderhaltung** gerichtete Wirtschaftstätigkeit.[38] **Baumschulen** gehören dazu.[39] 16

Nicht hierzu zählt der gewerbsmäßige Ankauf von Wäldern zum Abholzen, zB als Bauerwartungsland.[40] Nicht hierzu gehört auch das bloße Halten von Parks und Grünanlagen. 17

d) Abgrenzung bei Gärtnereien. Umstritten ist die Einordnung der sog. **Handelsgärtnereien.** Eine ältere Auffassung wollte Handelsgärtnereien und Baumschulen aufgrund der Verkehrsanschauung streng von der Land- und Forstwirtschaft unterscheiden.[41] Das entspricht nicht dem Gesetz und dasselbe gilt für die Unterscheidung zwischen (landwirtschaftlicher) Nutzpflanzenzucht und (kaufmännischer) Zierpflanzenzucht.[42] Durchgesetzt hat sich die Auffassung, nach der es darauf ankommt, ob die Gärtnerei durch Eigenanbau 18

---

31 Baumbach/Hopt/*Hopt* Rn. 4; KKRD/*Roth* Rn. 2; einschr. Staub/*Oetker* Rn. 12.

32 Baumbach/Hopt/*Hopt* Rn. 4; EBJS/*Kindler* Rn. 8; Heymann/*Förster* Rn. 7; KKRD/*Roth* Rn. 2; Oetker/*Körber* Rn. 9.

33 Baumbach/Hopt/*Hopt* Rn. 4; Heymann/*Förster* Rn. 7; Oetker/*Körber* Rn. 12; Staub/*Oetker* Rn. 15.

34 Baumbach/Hopt/*Hopt* Rn. 4; EBJS/*Kindler* Rn. 8; KKRD/*Roth* Rn. 2; Oetker/*Körber* Rn. 8; Staub/*Oetker* Rn. 13.

35 Wie hier Heymann/*Förster* Rn. 7; Staub/*Oetker* Rn. 14.

36 Baumbach/Hopt/*Hopt* Rn. 4; EBJS/*Kindler* Rn. 8; KKRD/*Roth* Rn. 2; Röhricht/Graf v. Westphalen/Haas/*Ries* Rn. 5; Staub/*Oetker* Rn. 13.

37 EBJS/*Kindler* Rn. 8; Koller/Kindler/Roth/Morck/*Roth* Rn. 2; Röhricht/Graf v. Westphalen/Haas/*Ries* Rn. 5.

38 EBJS/*Kindler* Rn. 15; allgM.

39 Baumbach/Hopt/*Hopt* Rn. 4; EBJS/*Kindler* Rn. 15; Staub/*Oetker* Rn. 12; s. auch Heymann/*Förster* Rn. 11.

40 EBJS/*Kindler* Rn. 15; Oetker/*Körber* Rn. 15; Staub/*Oetker* Rn. 16.

41 So zB Ehrenbergs HdB/*Ehrenberg* Bd. II, § 5 I d; *Müller-Erzbach* HandelsR, 2./3. Aufl. 1928, 61; *Wieland* HandelsR I, 1921, 81 Fn. 119.

42 Vgl. Heymann/*Förster* Rn. 9 mit Hinweis auf OLG Düsseldorf NJW-RR 1993, 1125 (1127).

geprägt ist (dann § 3) oder durch Ankauf und Verkauf (dann § 1).[43] Gewächshausproduktion schadet nicht (→ Rn. 12).

19 **2. Unterschied zwischen Voll- und Kleinbetrieben. a) Vollbetriebe.** Da § 2 nach der richtigen Auffassung unberührt bleibt (→ Rn. 7), gilt § 3 nur für die hier sog. Vollbetriebe (vgl. → § 1 Rn. 68). Abs. 2 setzt voraus, dass das Unternehmen einen in kaufmännischer Weise eingerichteten Geschäftsbetrieb erfordert. Nur in diesem Fall gelten die bei → Rn. 21 ff. dargestellten Grundsätze. Wegen der Abgrenzung zwischen Vollbetrieben und Kleinbetrieben → § 1 Rn. 68 ff. Da die Frage nicht im Zivilprozess, sondern nur im Registerverfahren zu prüfen ist, hat der Gesetzgeber die Beweislastregel des § 1 Abs. 2 nicht in den § 3 übernommen.[44] Im Hinblick auf die Überlegung bei → § 1 Rn. 76 dürfte aber doch ein schmaler Anwendungsbereich vorhanden sein, wenn ein Löschungsantrag statt auf den Schlusssatz von Abs. 2 auf § 2 S. 3 gestützt wird.

20 **b) Kleinbetriebe.** Für ein kleingewerbliches landwirtschaftliches Unternehmen, das nach Art oder Umfang einen in kaufmännischer Weise eingerichteten Geschäftsbetrieb nicht erfordert, gilt **§ 2** (→ Rn. 7; str.). Im Eintragungsverfahren ist die Frage ohne Belang, weil die Eintragungsoption in beiden Fällen besteht. Das Registergericht braucht im Fall der Anmeldung eines land- oder forstwirtschaftlichen Unternehmens nicht zu prüfen, ob es dieses nach § 3 oder nach § 2 einträgt (str.; → Rn. 23).[45] Ihm genügt die in beiden Fällen gegebene Eintragungsfähigkeit des Unternehmens (anders die bei → Rn. 21 behandelte Literaturmeinung). Deshalb ist weder eine Auslegung der Registeranmeldung am Platze (Anmeldung nach § 3 oder nach § 2?)[46] noch eine auf Klärung hinwirkende Zwischenverfügung des Registergerichts nach § 28 Abs. 2 FamFG, § 382 Abs. 4 FamFG.[47] Erst wenn die Löschung der Eintragung beantragt wird, kommt es darauf an, ob der Tatbestand des § 3 oder des § 2 erfüllt ist, und zwar bezogen auf den Löschungszeitpunkt, nicht den Eintragungszeitpunkt.[48] Eine Löschung unter den erleichterten Voraussetzungen des § 2 S. 3 kommt nur in Betracht, wenn das Unternehmen im Löschungszeitpunkt einen in kaufmännischer Weise eingerichteten Geschäftsbetrieb nicht oder nicht mehr erfordert. Wiederum kommt es nicht darauf an, ob der Eintragungsantrag auf § 3, § 2 oder § 1 gestützt war (→ Rn. 25).[49] Zur Frage, ob das Vorhandensein eines Vollbetriebs vermutet wird, → Rn. 19.

21 **3. Eintragungsoption, Anmeldung und Eintragung. a) Eintragungsoption.** Da auf § 2 S. 2 verwiesen wird, besteht eine Berechtigung, aber keine Verpflichtung, das Unternehmen zur Eintragung im Handelsregister anzumelden. In diesem Sinne kann von einem **Wahlrecht** gesprochen werden (sinngemäß → § 2 Rn. 11). Die herrschende Literaturmeinung geht davon aus, dass auch die Eintragungswirkung nach Abs. 2 in jedem Einzelfall von der Ausübung dieses Optionsrechts abhängt (→ Rn. 22). Dem wird hier nicht gefolgt und sollte auch von der Praxis nicht gefolgt werden (→ Rn. 25).

22 **b) Anmeldung.** Die Anmeldung ist **reine Verfahrenshandlung** nach §§ 23 ff. HRV.[50] Eine materiellrechtliche Willenserklärung in dem Sinne, dass der Anmeldende sich bzw. die Gesellschaft dem Handelsrecht unterstellt, ist darin nicht enthalten (ausführlich → § 2 Rn. 11 ff.).[51] Die in der akademischen Lit. wohl vorherrschende Gegenauffassung

---

[43] OLG Kiel OLGE 21, 366; OLG Düsseldorf NJW-RR 1993, 1125; Baumbach/Hopt/*Hopt* Rn. 4; EBJS/*Kindler* Rn. 14; Heymann/*Förster* Rn. 9; Oetker/*Körber* Rn. 13; Staub/*Oetker* Rn. 12; *Karsten Schmidt* HandelsR § 10 Rn. 82; vgl. auch zum landpachtrechtlichen Höfebegriff BGHZ 134, 146 (149).

[44] *Karsten Schmidt* NJW 1998, 2163; Röhricht/Graf v. Westphalen/Haas/*Ries* Rn. 31.

[45] *Karsten Schmidt* HandelsR § 10 Rn. 82; *Karsten Schmidt* ZHR 163 (1999), 87 (91 f.).

[46] So aber KKRD/*Roth* § 2 Rn. 3.

[47] So aber KKRD/*Roth* § 2 Rn. 3; unklar Baumbach/Hopt/*Hopt* § 2 Rn. 7 (evtl. Hinweispflicht).

[48] *Karsten Schmidt* ZHR 163 (1999), 87 (93).

[49] Auch hier wieder anders die hM.

[50] Ebd. *Karsten Schmidt* ZHR 163 (1999), 87 (92); aA *Lieb* NJW 1999, 63.

[51] So bereits → 1. Aufl. 1999, ErgBd. Rn. 15; *Karsten Schmidt* ZHR 163 (1999), 92.

gibt der Anmeldung eine materiellrechtliche Erklärungswirkung bei.[52] Ihr ist aus den bei → § 2 Rn. 13 dargestellten Gründen nicht zu folgen. Der Anmeldungsinhalt ergibt sich sinngemäß aus § 29 HGB und aus § 24 HRV. Das folgt aus der Verweisung auf des Abs. 2 § 2 S. 2, der seinerseits die Verweisung enthält („nach den für die Eintragung kaufmännischer Firmen geltenden Vorschriften"). Ob das Unternehmen unter § 3 oder in Wahrheit unter § 1 oder unter § 2 fällt, braucht das Registergericht nicht zu prüfen, denn es handelt sich nicht um Anmeldungen verschiedener Art (→ § 2 Rn. 14), und eintragungsfähig ist das Unternehmen in beiden Fällen (→ Rn. 20).[53] Die Zuordnung des eingetragenen Unternehmens unter § 3 oder §§ 1 oder 2 spielt deshalb erst im Löschungsverfahren eine Rolle (→ Rn. 20; → § 2 Rn. 20 ff.). Eine Rücknahme der Anmeldung ist bis zur Eintragung zulässig.[54] Die Bindung nach Abs. 2 tritt erst mit der Eintragung ein (→ Rn. 27).

c) Eintragung. Die Eintragung erfolgt nach den allgemeinen Grundsätzen. Ein Zusatz, 23
aus dem sich ergibt, dass die Eintragung gem. Abs. 2 erfolgt ist, ist weder erforderlich noch auch nur zulässig. Denn diese Eintragung ist nicht von anderer Qualität als eine nach § 2 erfolgende Eintragung (sinngemäß → § 2 Rn. 14).

4. Rechtsfolgen der Eintragung. a) Kaufmannseigenschaft. aa) Konstitutive 24
Eintragung. Die Eintragung wirkt konstitutiv. Sie bewirkt den Erwerb der Kaufmannseigenschaft mit den bei → § 2 Rn. 17, → § 2 Rn. 25 dargestellten Rechtsfolgen. Wird eine die Merkmale des Abs. 2 erfüllende Gesellschaft als OHG oder KG in das Handelsregister eingetragen, so bewirkt die Eintragung den Formwechsel aus der Rechtsform der BGB-Gesellschaft in die einer Handelsgesellschaft (näher → 4. Aufl. 2016, § 123 Rn. 4, → 4. Aufl. 2016, § 123 Rn. 6). Voraussetzung ist, dass ein unter Abs. 2 fallendes Unternehmen vorliegt und dass dieses eingetragen ist. Aufgrund der bei → § 5 Rn. 31 festgestellten Konstitutivwirkung jeder Eintragung kommt es nach vollzogener Eintragung materiellrechtlich nicht einmal mehr darauf an, ob der Tatbestand des Abs. 2 im Zeitpunkt der Eintragung erfüllt war.

bb) Unmaßgeblichkeit eines aktuellen Optionswillens. Es kommt für den Erwerb 25
der Kaufmannseigenschaft nicht darauf an, ob die Anmeldung und Eintragung des land- oder forstwirtschaftlichen Unternehmens in dem Bewusstsein erfolgt ist, hierdurch die Kaufmannseigenschaft nach § 3 herbeizuführen (anders auch hier die bei → Rn. 21 f. abgelehnte Literaturansicht). Auch eine auf § 1 oder § 2 gestützte Eintragung hat die Folgen des § 3, wenn es sich objektiv um ein land- oder forstwirtschaftliches nicht kleingewerbliches Unternehmen handelt (→ § 1 Rn. 6; → § 2 Rn. 14).[55] Auch im Fall der Eintragung einer OHG oder KG kommt es nicht darauf an, ob die Gesellschafter mit der Anmeldung bewusst für die Kaufmannseigenschaft aufgrund von Abs. 2 optiert und einen entsprechenden Beschluss gefasst oder zu Unrecht eine Eintragungspflicht nach §§ 1, 29 angenommen haben (auch dies ist str.). Letztlich ist die Frage außerhalb des Registerverfahrens kaum von Belang, weil die Gegenansicht § 5 anwendet (→ § 5 Rn. 14).

cc) Unmaßgeblichkeit der Anmeldung. Wie bei § 2 (→ § 2 Rn. 19) ist sogar noch 26
einen Schritt weiter zu gehen. Nicht nur die Intention der Antragsteller bei ihrem Eintragungsantrag ist für die Eintragungswirkung belanglos (→ Rn. 25), sondern es kommt nach der Eintragung auf diesen Antrag dann überhaupt nicht mehr an.[56] Die Kaufmannseigen-

[52] Vgl. speziell für § 3 *Canaris* HandelsR § 3 Rn. 32; *Siems,* Kaufmannsbegriff und Rechtsfortbildung, 2003, 85 f.; Baumbach/Hopt/*Hopt* Rn. 7; KKRD/*Roth* Rn. 3 mit Verweisung auf § 2 Rn. 3; Röhricht/Graf v. Westphalen/Haas/*Ries* Rn. 28, 31 ff.; *Lieb* NJW 1999, 63.

[53] *Karsten Schmidt* HandelsR § 10 Rn. 78; *Karsten Schmidt* ZHR 163 (1999), 92; aA etwa *Canaris* HandelsR § 3 Rn. 32, 34; Baumbach/Hopt/*Hopt* Rn. 7; KKRD/*Roth* Rn. 3; *Lieb* NJW 1999, 36.

[54] → 1. Aufl. 1996, § 3 Rn. 9 *(Bokelmann); v. Olshausen* ZHR 141 (1977), 73 (102 ff.).

[55] *Karsten Schmidt* ZHR 163 (1999), 94; ebenso Oetker/*Körber* Rn. 18; aA Röhricht/Graf v. Westphalen/Haas/*Ries* Rn. 28; *Lieb* NJW 1999, 36.

[56] AA *Canaris* HandelsR § 3 Rn. 32; Baumbach/Hopt/*Hopt* Rn. 7; KKRD/*Roth* Rn. 3; Röhricht/Graf v. Westphalen/Haas/*Ries* Rn. 28.

schaft nach Abs. 2 setzt nur das Vorhandensein eines unter Abs. 1 fallenden Unternehmens und dessen Eintragung als Rechtszustand voraus (vgl. sinngemäß → § 2 Rn. 11). Eine Eintragung ohne Antrag ist zwar formell unzulässig und nicht bestandskräftig (§ 395 FamFG; zuvor § 142 FGG), ist aber als registergerichtlicher Rechtsakt nicht unwirksam. Selbst in dem rein hypothetischen Fall eines vollständig fehlenden Antrags wäre die Kaufmannseigenschaft gegeben, und zwar nach § 3, nicht erst nach dem subsidiären § 5 (anders hM). Die Frage ist für die Dauer der Eintragung aber ohne praktische Relevanz, weil für der Sachverhalt unrealistisch ist und hM das richtige Ergebnis (Kaufmannseigenschaft auch durch unberechtigte Eintragung) aus § 5 folgert (→ § 5 Rn. 14).

27 **b) Bindung. aa) Allgemeines.** Mit der Eintragung tritt eine **Bindungswirkung** ein. **Abs. 2** drückt das mit den Worten aus, dass eine Löschung nur nach den allgemeinen Vorschriften stattfindet. Die Optionswirkung ist, anders als nach § 2 S. 3, endgültig. Diese Bindungswirkung tritt mit der Eintragung ein (bis dahin ist die Anmeldung widerruflich).[57] Wertungsmäßig knüpft aber die Bindung (im Gegensatz zur Kaufmannseigenschaft) an den Tatbestand der Anmeldung an. Wiederum ist aber nicht entscheidend, ob der Eingetragene eine Anmeldung rechtskundig nach § 3 oder in Fehleinschätzung der Rechtslage nach § 1 oder § 2 vornehmen wollte.[58] Solange das eingetragene Unternehmen land- oder forstwirtschaftlicher Art ist und nach Art und Umfang einen in kaufmännischer Weise eingerichteten Geschäftsbetrieb erfordert, gilt die Rechtsfolge des Abs. 2. Außer in dem unwahrscheinlichen Fall, dass keinerlei Anmeldung vorlag (→ Rn. 26), kann eine **Löschung** nur beantragt werden, wenn das Unternehmen eingestellt wird **(§ 31 Abs. 2)** oder wenn es zum Kleinunternehmen abgesunken ist und jetzt (vielleicht gar in Wahrheit von Anfang an) nach Art oder Umfang kaufmännischer Einrichtungen nicht (mehr) bedarf **(§ 2).** Unstreitig ist der erste Fall **(Einstellung des Unternehmens).** Dann ist kein eintragungsfähiges Unternehmen mehr vorhanden. Im zweiten, umstrittenen Fall **(Kleinunternehmen)** fällt das Unternehmen statt unter Abs. 2 unter den durch § 3 nicht ausgeschlossenen § 2 (→ Rn. 7). Es ist dann zwar eintragungsfähig geblieben (§ 2 S. 2), kann aber auf Antrag gelöscht werden, auch wenn es weiterbetrieben wird (§ 2 S. 3).[59] Fällt das Unternehmen, weil nicht (mehr) land- oder forstwirtschaftlich, objektiv unter **§ 1** (Beispiel: Umwandlung eines Bauernhofs in ein Reiterhotel), so kann es gleichfalls nur nach den allgemeinen Vorschriften gelöscht werden (→ § 1 Rn. 8). Aber das beruht nicht auf Abs. 2, sondern auf § 1. Darauf, ob das Unternehmen „nach § 3", „nach § 2" oder „nach § 1" angemeldet ist, kommt es entgegen der bei → Rn. 25 abgelehnten Literaturansicht bei all dem nicht an.

28 **bb) Bindung des Rechtsnachfolgers.** Die nach **Abs. 2** eingetretene Bindung (→ Rn. 27) gilt auch für einen Rechtsnachfolger.[60] Die durch Eintragung herbeigeführte Rechtswahl ist nicht subjektbezogen, sondern unternehmensbezogen.[61] Der Rechtsnachfolger kann ihr entgegen der wohl hM auch nicht ausweichen, indem er auf die Fortführung der bisherigen Firma verzichtet.[62] Der nach § 3 eingetragene Land- oder Forstwirt kann deshalb auch nicht dadurch gegen die Kaufmannseigenschaft des Unternehmens optieren, dass er dieses in eine Gesellschaft bürgerlichen Rechts einbringt und die Löschung im Handelsregister beantragt (die Gesellschaft wird Handelsgesellschaft). Anders verhält es sich, wenn das eingetragene Unternehmen auf kleingewerbliches Niveau nach § 2 abgesunken (oder in Wahrheit von Anfang an kleingewerblich gewesen) ist (→ Rn. 27). Auch wenn

[57] Vgl. insoweit wie hier etwa *Canaris* HandelsR § 3 Rn. 34; Röhricht/Graf v. Westphalen/Haas/*Ries* Rn. 29.

[58] Vgl. EBJS/*Kindler* Rn. 28 (mit Verweisung auf § 2 Rn. 12 ff., 16 ff.).

[59] Für Amtslöschung, weil den Unternehmen die Eintragungsoption nach § 2 versperrt sei, Heymann/*Förster* Rn. 18; KKRD/*Roth* Rn. 8.

[60] Dazu → 1. Aufl. 1996, § 3 Rn. 11 *(Bokelmann); Karsten Schmidt* HandelsR, § 10 Rn. 102; Baumbach/Hopt/*Hopt* Rn. 9; EBJS/*Kindler* Rn. 31; *v. Olshausen* ZHR 141 (1977), 73 (119); heute hM.

[61] *Karsten Schmidt* HandelsR § 10 Rn. 102.

[62] Vgl. *Karsten Schmidt* HandelsR § 10 Rn. 102; aA → 1. Aufl. 1997, § 3 Rn. 11 *(Bokelmann);* Baumbach/Hopt/*Hopt* Rn. 9; EBJS/*Kindler* Rn. 31; KKRD/*Roth* Rn. 7; Oetker/*Körber* Rn. 23; Röhricht/Graf v. Westphalen/Haas/*Ries* Rn. 34.

der Rechtsnachfolger den erworbenen Betrieb mit einem eigenen unter § 3 fallenden, aber nicht eingetragenen Unternehmen zusammenlegt, kann er ausnahmsweise neu für oder gegen die Kaufmannseigenschaft optieren.[63]

5. Rechtsfolgen bei Nichteintragung. a) Keine Kaufmannseigenschaft. Wird von der nach § 3 zulässigen, aber nicht vorgeschriebenen Anmeldung und Eintragung kein Gebrauch gemacht, so ist das land- oder forstwirtschaftliche Unternehmen kein Handelsgewerbe iSd HGB.[64] Auch die § 84 Abs. 4, § 93 Abs. 3, § 383 Abs. 2, § 407 Abs. 3 S. 2, § 453 Abs. 3 S. 2, § 467 Abs. 3 S. 2, § 481 Abs. 3 S. 2, § 553 Abs. 3 S. 2, § 557 Abs. 3 S. 2 beziehen bei fehlender Eintragung zwar die Kannkaufleute nach § 2 ein, nicht aber die Kannkaufleute nach § 3.[65] **HGB-Normen** können **allenfalls analog anwendbar** sein (zu dieser umstrittenen Frage → § 1 Rn. 85 ff., → § 2 Rn. 28). Im Hinblick auf die rechtspolitische Kritik an § 3 (→ Rn. 4) liegen solche Analogien rechtspolitisch besonders nahe, aber das positive Recht macht die Analogiebildung schwer. Von Fall zu Fall kann ein nicht eingetragener land- oder forstwirtschaftlicher Betrieb allerdings den Tatbestand des Scheinkaufmanns erfüllen (Anh. § 5), zB wenn er eine OHG- oder KG-Firma führt oder auf Geschäftsbriefen eine Eintragung ins Handelsregister vortäuscht. 29

b) Keine Verfristung oder Verwirkung des Optionsrechts. Auch langjähriger Verzicht auf die Eintragung oder deren Verhinderung durch Rücknahme eines Eintragungsantrags hindert nicht die Stellung eines Eintragungsantrags. Die Berechtigung, sich durch Eintragungsantrag dem Handelsrecht zu unterstellen, ist ein berufsbezogenes Privileg (→ Rn. 1), nicht ein der Erschöpfung unterliegendes individuelles Recht. 30

c) Löschung. Eine Löschung im Handelsregister lässt – ob berechtigt oder unberechtigt – die Kaufmannseigenschaft entfallen, sofern das Unternehmen unter § 3 oder unter § 2 und nicht unter § 1 fällt.[66] Ist die Löschung verfahrensfehlerhaft erfolgt, so ist das Unternehmen von Amts wegen wieder einzutragen.[67] 31

III. Nebengewerbliche Unternehmen

1. Normzweck des Abs. 3. Nach Abs. 3 ist (auch) das Nebengewerbe eines land- oder forstwirtschaftlichen Unternehmens „kannkaufmännisch“ und kann durch fakultative Registeranmeldung dem Handelsrecht unterstellt werden. Die Normsituation des Abs. 3 war von 1900 bis 1976 eine andere als heute (→ Rn. 2). Vor 1976 eröffnete Abs. 3 (damals als Abs. 2) den Land- und Forstwirten bezüglich des Nebengewerbes die ihnen sonst verschlossene Eintragung im Handelsregister. Seit 1998 (→ Rn. 3) hat sich dieser Normzweck erledigt. Die **Bedeutung** des Abs. 3 ist nunmehr eine doppelte:[68] **Erstens** lässt Abs. 3 den nicht land- oder forstwirtschaftlichen Nebenbetrieb am Privileg des § 3 teilhaben.[69] **Zweitens** gestattet Abs. 3 die separate Optionsausübung für das Nebengewerbe. 32

2. Tatbestand des Nebengewerbes. a) Voraussetzungen. Der Tatbestand des Abs. 3 setzt dreierlei voraus:[70] (1) ein selbstständiges nicht als Teil des land- oder forstwirtschaftlichen Hauptbetriebs geführtes Unternehmen; (2) die innere Verbundenheit beider Unternehmen und die Abhängigkeit des Nebengewerbes vom land- oder forstwirtschaftlichen Unternehmen; (3) die Identität des Inhabers (nicht ausreichend also: die genossenschaftsähnliche Kooperation unter mehreren selbstständigen Land- oder Forstwirten). 33

---

63 *Karsten Schmidt* HandelsR § 10 Rn. 102.

64 Vgl. nur Heymann/*Förster* Rn. 25; Röhricht/Graf v. Westphalen/Haas/*Ries* Rn. 17.

65 Vgl. EBJS/*Kindler* Rn. 39; Oetker/*Körber* Rn. 37.

66 Baumbach/Hopt/*Hopt* Rn. 8.

67 Baumbach/Hopt/*Hopt* Rn. 8.

68 EBJS/*Kindler* Rn. 16.

69 EBJS/*Kindler* Rn. 16.

70 *Karsten Schmidt* HandelsR § 10 Rn. 92 f.; EBJS/*Kindler* Rn. 16 ff.; Heymann/*Förster* Rn. 19 ff.; KKRD/*Roth* Rn. 5; Oetker/*Körber* Rn. 30 ff.; Röhricht/Graf v. Westphalen/Haas/*Röhricht* Rn. 10 ff.; Staub/*Oetker* Rn. 18 ff.

34 **b) Kasuistik. aa) Klassische Beispiele.** Klassische Beispiele sind Betriebe, die **Produkte des Hauptbetriebes** weiterverarbeiten, ohne selbst Bestandteile der Land- und Forstwirtschaft zu sein: Brauereien, Branntweinbrennereien, Obstwein-, Essig- und Tafelwasserfabrikation, Gerbereien, Meiereien, Schlachtereien und Fleischfabriken oder Mühlen, sofern nicht überwiegend von dritter Seite bezogene Rohstoffe verarbeitet werden. Gleiches gilt für Nebenbetriebe, die **organische Bestandteile des Grund und Bodens des Hauptbetriebs ausbeuten** wie Kiesgruben, Steinbrüche, Sand- und Lehmgewinnung, Tongräberei, Ziegelbetriebe, Zement- und Tonröhrenfabrikation. Als **Nebenbetriebe der Forstwirtschaft** werden etwa Sägewerke und Holzhandlungen genannt. In all diesen Fällen ergibt sich die Qualifikation als bloßer Nebenbetrieb aus der Nutzung des Bodens bzw. der spezifisch land- oder forstwirtschaftlichen Leistung. Eine von einem Landwirt etwa betriebene Ziegelei und Zementdachsteinfabrik bleibt auch dann Nebengewerbe, wenn sie einen größeren Umsatz erbringt als die Landwirtschaft.

35 **bb) Zweifelhafte Beispiele.** Zweifelhafte Beispiele sind diejenigen Gewerbe, die sich an die Land- und Forstwirtschaft anlehnen, ohne mit der Bodennutzung direkt verbunden zu sein, zB Stallvermietungen oder Reiterhöfe. Man wird darauf abstellen müssen, ob das Gesicht des Unternehmens in das Berufsbild des § 3 passt.

36 **cc) Keine Anwendungsfälle.** Nebenbetriebe, deren Zusammenhang mit der Land- oder Forstwirtschaft nur auf Herkommen oder auf individueller Willkür und nicht auf der Bodennutzung beruht, fallen nicht unter Abs. 3. Das gilt zB für Gastwirtschaften, Beherbergungsleistungen, Ausbildungsstätten, Tierheime, für Antikhöfe, Kunstgalerien, Fahrschulen, Fahrzeug- und Pferdevermietungen, Kioske, Post- oder Lottoannahmestellen etc.[71] Solche Unternehmen fallen unter § 1 bzw. (häufiger) unter § 2.

37 **3. Rechtslage des Nebengewerbes. a) Keine Kaufmannseigenschaft ohne Eintragung.** Nach Abs. 3 iVm Abs. 1 findet § 1 Abs. 2 auch hier keine Anwendung (→ Rn. 6). Das bedeutet: Auch wenn das nebengewerbliche Unternehmen für sich alle Merkmale des § 1 Abs. 2 erfüllt, ist es ohne Eintragung nicht kaufmännisch. Es besteht keine Anmeldepflicht nach § 29.

38 **b) Kaufmannseigenschaft ab Eintragung.** Nach Abs. 3 iVm Abs. 2 findet § 2 mit der Maßgabe Anwendung, dass das Nebengewerbe fakultativ eingetragen werden kann, aber nur in den bei → Rn. 16 geschilderten Grenzen gelöscht werden kann. Das bedeutet: Es kann nur wieder gelöscht werden, wenn es kleingewerblich (geworden) ist oder wenn es eingestellt worden ist.

39 **c) Unterscheidung von Haupt- und Nebengewerbe.** Die Eintragung von Haupt- und Nebengewerbe wird nach Abs. 2 und Abs. 3 getrennt, dh voneinander unabhängig. geprüft. Es kann also jeweils getrennt für die Eintragung optiert werden. Auch die Löschung und ihre Zulässigkeit wird für das Haupt- und das Nebenunternehmen getrennt geprüft.

40 **4. Strukturänderungen. a) Hinzuerwerb eines Nebenbetriebs.** Abs. 3 gilt auch, wenn ein Land- oder Forstwirt einen die Merkmale des Abs. 3 erfüllenden nicht eingetragenen Betrieb hinzuerwirbt. Selbstverständlich gilt dies nur für den sog. asset deal, nicht für den Hinzuerwerb der Anteile an einer Handelsgesellschaft, denn dann fehlt es an der Identität von Betrieb und Betreiber (zur Bezogenheit des § 3 auf den Träger des Unternehmens → Rn. 10). Doch kommt es nicht auf einen Erwerb zu Eigentum an (→ § 1 Rn. 54). Hinzupachtung des Nebenbetriebs reicht aus.[72]

41 **b) Veräußerung eines Nebenbetriebs.** Das Privileg des Abs. 3 gilt nur, solange die bei → Rn. 33 genannte Verbindung anhält. Wird der Nebenbetrieb ohne den Hauptbetrieb

---

71 So jetzt auch Oetker/*Körber* Rn. 32.
72 Heymann/*Förster* Rn. 23.

(sonst → Rn. 28) veräußert oder in eine eigene Gesellschaft eingebracht, so unterfällt er den allgemeinen Regeln.[73]

c) Aufgabe der Land- oder Forstwirtschaft. Dasselbe gilt, wenn das land- oder forstwirtschaftliche Unternehmen eingestellt und nur noch das bisherige Nebengewerbe fortgeführt wird. Dann gelten die Regeln des § 1 bzw. § 2. 42

IV. Rechtslage in Österreich

1. Bis 2006. In Österreich galt seit 1938 (→ Vor § 1 Rn. 26) § 3 in der ursprünglichen, nur redaktionell dem Firmenbuchgesetz angepassten Fassung von 1897 (Wortlaut → 2. Aufl. 2005, Rn. 43). Er kann noch für **Altfälle** relevant sein (→ § 1 Rn. 104). 43

2. Reform. a) § 4 Abs. 3 UGB. Das seit 2007 geltende **Unternehmensgesetzbuch** (→ § 1 Rn. 106 f.) hat das Recht wenig geändert (Kritik bei → § 1 Rn. 108). Zum Wortlaut des **§ 4 Abs. 3 UGB** → § 1 Rn. 107. 44

b) Rechtspolitische Kritik. Das UGB bringt das Recht der Land- und Forstwirte auf den Stand des deutschen Gesetzes über die Kaufmannseigenschaft der Land- und Forstwirte von 1976 (→ Rn. 2). Die am geltenden deutschen Recht geübte Kritik (→ Rn. 4) gilt auch hier.[74] Ein das Privileg rechtfertigender Grundgedanke ist nicht zu erkennen. 45

§ 4 aF *[aufgehoben]*

Übersicht

I. Systematik und Bedeutung

Die seit 1.7.1998 **außer Kraft** getretene Bestimmung hat nur noch Bedeutung für Altfälle (→ Rn. 10), für das **Verständnis älterer Entscheidungen** (→ Rn. 11) sowie für das **Verständnis der Reform von 1998** (→ § 1 Rn. 2). § 4 aF nahm Kleinunternehmer, die nach dem in § 1 Abs. 2 aF enthaltenen Katalog (→ Vor § 1 Rn. 16) aufgrund des Gegenstands ihres Gewerbes ohne weiteres unter den Kaufmannsbegriff gefallen wären, vom Handelsrecht teilweise wieder aus (zur Kommentierung → 1. Aufl. 1996, § 4 Rn. 1 ff.; Hinweis → Vor § 1 Rn. 16). **„Minderkaufleute"** nach § 4 aF waren Gewerbetreibende, deren Unternehmen alle Merkmale des § 1 erfüllten, aber nach Art oder Umfang einen in kaufmännischer Weise eingerichteten Geschäftsbetrieb nicht erforderten. Die Bestimmung trat neben § 2 aF. Diese Bestimmung nahm die Kleingewerbetreibenden, die nicht in den Katalog des § 1 aF fielen, vollständig vom Kaufmannsbegriff aus. 1

Die bis 1998 geltenden Vorschriften lauteten: 2

[73] Baumbach/Hopt/*Hopt* Rn. 12.
[74] *Karsten Schmidt* JBl. 2004, 31.

§ 2 aF [Kannkaufmann]
Ein handwerkliches oder ein sonstiges gewerbliches Unternehmen, dessen Gewerbebetrieb nicht schon nach § 1 Abs. 2 als Handelsgewerbe gilt, das jedoch nach Art und Umfang einen in kaufmännischer Weise eingerichteten Geschäftsbetrieb erfordert, gilt als Handelsgewerbe im Sinn dieses Gesetzbuchs, sofern die Firma des Unternehmens in das Handelsregister eingetragen worden ist. Der Unternehmer ist verpflichtet, die Eintragung nach den für die Eintragung kaufmännischer Firmen geltenden Vorschriften herbeizuführen.

§ 4 aF [Minderkaufmann]
(1) Die Vorschriften über die Firmen, die Handelsbücher und die Prokura finden keine Anwendung auf Personen, deren Gewerbebetrieb nach Art oder Umfang einen in kaufmännischer Weise eingerichteten Geschäftsbetrieb nicht erfordert.
(2) Durch eine Vereinigung zum Betrieb eines Gewerbes, auf welches die bezeichneten Vorschriften keine Anwendung finden, kann eine offene Handelsgesellschaft oder eine Kommanditgesellschaft nicht begründet werden.

§ 351 aF [Minderkaufleute]
Die Vorschriften der §§ 348 bis 350 finden auf die in § 4 bezeichneten Gewerbetreibenden keine Anwendung.

II. Behandlung der Kleingewerbetreibenden bis 1998

3 Aus den Bestimmungen ergab sich folgende Behandlung der Gewerbetreibenden, deren Unternehmen nach Art oder Umfang[1] kaufmännische Einrichtungen nicht erfordert:

4 **1. Eintragungsunfähigkeit.** Diese Unternehmen waren der Eintragung in das Handelsregister unfähig.[2] Die Eintragung war damit unzulässig. Gleichwohl war zwischen nicht eingetragenen und (zu Unrecht) eingetragenen Unternehmen zu unterscheiden.

5 **2. Eingetragene Kleinunternehmen.** War ein Kleinunternehmen (zu Unrecht!) im Handelsregister eingetragen, so unterlag es bis zur Löschung nach **§ 5** dem HGB.[3] Es kam nicht darauf an, ob das Unternehmen den Regeln der §§ 1, 4 aF oder des § 2 aF unterlag. Ebenso wenig kam es darauf an, ob die Eintragung anfänglich unzulässig war, oder ob das Unternehmen erst nachträglich kleingewerblich geworden war. Heute folgt die Kaufmannseigenschaft eines solchen Unternehmens ohne weiteres aus § 2 (→ § 2 Rn. 24).

6 **3. Nichteingetragene Kleinunternehmen nach § 4 aF.** Für ein unter § 4 aF fallendes nicht eingetragenes Unternehmen galten folgende Bestimmungen nicht: die §§ 17–37 aF (Firmenrecht),[4] die §§ 8 ff. (Handelsregister),[5] die §§ 48–53 (Prokura), die §§ 348–350 (Vertragsstrafenherabsetzung, Einrede der Vorausklage, Schriftform).[6] Die wichtigste Rechtsfolge war gesellschaftsrechtlicher Art: Nach §§ 105, 161 aF war eine „minderkaufmännische" Personengesellschaft nicht OHG oder KG, sondern stets Gesellschaft bürgerlichen Rechts.[7] Die Folgen waren gravierend, weil die damalige Rspr. eine solche Gesellschaft noch nicht als parteifähig anerkannte und sie noch nicht dem analog anzuwendenden OHG-Recht unterwarf (→ § 1 Rn. 85; zur nunmehrigen Praxis → 4. Aufl. 2016, § 105 Rn. 275). Im Übrigen unterlagen die unter § 4 aF fallenden Kleinunternehmen als „Minderkaufleute" dem Handelsrecht.

[1] Die unterschiedliche Formulierung (bei § 2 aF „und", bei § 4 aF „oder") beruht ausschließlich darauf, dass § 2 HGB aF positiv formuliert war („gilt als Handelsgewerbe"), § 4 HGB aF dagegen negativ („finden keine Anwendung"); vgl. → 1. Aufl. 1996, § 2 Rn. 5; → 1. Aufl. 1996, § 4 Rn. 3 *(Bokelmann).*
[2] → 1. Aufl. 1996, § 2 Rn. 3; → 1. Aufl. 1996, § 4 Rn. 8 *(Bokelmann).*
[3] → 1. Aufl. 1996, § 5 Rn. 1 *(Lieb).*
[4] Wohl allerdings konnte gegen den sog. Minderkaufmann nach § 37 eingeschritten werden; vgl. → 1. Aufl. 1996, § 4 Rn. 9 *(Bokelmann);* die analoge Anwendbarkeit der §§ 25, 28 war str.
[5] Die Nichtanwendung wurde daraus gefolgert, dass nur Firmen eintragbar sind, vgl. → 1. Aufl. 1996, § 4 Rn. 8 *(Bokelmann).*
[6] → 1. Aufl. 1996, § 4 Rn. 1 *(Bokelmann).*
[7] → 1. Aufl. 1996, § 4 Rn. 18 *(Bokelmann).*

4. Nichteingetragene Kleinunternehmen nach § 2 aF. Im Gegensatz zu den unter § 4 aF fallenden Unternehmen waren diese Unternehmen nach dem Gesetzestext vom HGB vollständig ausgenommen (zum Problem der analogen Anwendung wiederum → § 1 Rn. 85 ff.).[8] Eine unter § 2 fallende Personengesellschaft konnte, sofern sie nicht rechtswidrig eingetragen war (§ 5), nach §§ 105, 123, 161 aF nicht OHG oder KG sein.[9] Wiederum war diese Folge besonders weittragend, weil die Rspr. des 20. Jahrhunderts diese Gesellschaften als parteiunfähig ansah und sie noch nicht dem analog anzuwendenden OHG-Recht unterwarf (zur nunmehrigen Praxis → 4. Aufl. 2016, § 105 Rn. 275). Der rechtspolitische Hauptfehler des § 2 aF lag aber nicht bei den Kleinunternehmen. Er lag vielmehr darin, dass selbst ein nicht unter den Katalog des § 1 aF fallendes Vollunternehmen, das der Eintragungspflicht unterlag, ohne Eintragung nicht als kaufmännisch galt. 7

III. Beseitigung der Bestimmungen und Übergangsrecht

1. Streichung der §§ 4 und 351. Durch Art. 3 Nr. 4 und 41 HRefG 1998 sind die § 4 und § 351 beseitigt worden. § 2 wurde nicht gestrichen, aber substantiell geändert. Die Änderungen traten am 1.7.1998 in Kraft (Art. 29 HRefG vom 22.6.1998, BGBl. 1998 I 1474). 8

2. § 2 nF. Die früheren Minderkaufleute (§ 4 aF) sind ebenso wie die vormals nach § 2 aF nicht eintragbaren Kleingewerbetreibenden seit dem HRefG 1998 Kannkaufleute nach § 2. Sind sie im Handelsregister eingetragen, so unterliegen sie dem HGB (→ § 2 Rn. 2). Nach § 105 Abs. 2, § 161 Abs. 2 S. 1 können auch kleingewerbliche Personengesellschaften als OHG bzw. KG im Handelsregister eingetragen werden (→ § 2 Rn. 8; → 4. Aufl. 2016, § 105 Rn. 40). Ist ein kleingewerbliches Unternehmen nicht im Handelsregister eingetragen, so sind nach dem Wortlaut des HGB nur einzelne Bestimmungen auf dieses Unternehmen anwendbar (vgl. § 84 Abs. 4, § 93 Abs. 3, § 383 Abs. 2, § 407 Abs. 3 S. 2, § 467 Abs. 3 S. 2, § 481 Abs. 3 S. 2, § 553 Abs. 3 S. 2, § 557 Abs. 3 S. 2; → § 2 Rn. 27). Zur umstrittenen Anwendung des § 56 → § 56 Rn. 10 ff. Zum Analogieproblem allgemein → Vor § 1 Rn. 5 ff., → § 1 Rn. 85 ff. 9

3. Übergangsrecht. a) Automatischer Statuswechsel. Altunternehmen aus der Zeit vor 1998 unterliegen ohne weiteres dem neuen Recht (vgl. Art. 38 ff. EGHGB; → Vor § 1 Rn. 29). Insofern bedarf es der Anwendung des alten Rechts nur noch für die Beurteilung der bis zum 30.6.1998 geltenden Rechtslage. 10

b) Heranziehung alter Entscheidungen. Die §§ 2, 4, 351 aF sind für das Verständnis älterer Gerichtsentscheidungen noch von Bedeutung, zB im Recht der Gesellschaft bürgerlichen Rechts sowie bei der (nur) analogen Anwendung von HGB-Regeln (→ § 1 Rn. 85). 11

IV. Rechtslage in Österreich

1. Bis 2006. In Österreich waren § 4 aF sowie § 351 aF (→ Rn. 2) bis zum Inkrafttreten des UGB noch in Geltung. 12

2. UGB. Das Unternehmensgesetzbuch (UGB) erfasst mit seinem Unternehmensbegriff in § 1 UGB auch Kleinunternehmen (→ Vor § 1 Rn. 26; → § 1 Rn. 104 ff.). Im Gegensatz zur Entwurfsfassung[10] setzt die Kaufmannseigenschaft nicht die Eintragung voraus. Unternehmen mit Jahresumsatzerlösen von nicht mehr als 700.000 Euro sind aber von der Pflicht zur kaufmännischen Rechnungslegung (§ 189 Abs. 1 Nr. 3 UGB) und zur Registeranmeldung (§ 8 UGB) befreit. 13

---

8 → 1. Aufl. 1996, § 2 Rn. 8 *(Bokelmann)*: Eintragung wirkte konstitutiv.

9 Vgl. Schlegelberger/*Karsten Schmidt* § 123 Rn. 4, 11.

10 Zur Kritik an diesem Konzept → 2. Aufl. 2005, Rn. 13; *Karsten Schmidt* JurBl. 2004, 31.

§ 5 [Kaufmann kraft Eintragung]

Ist eine Firma im Handelsregister eingetragen, so kann gegenüber demjenigen, welcher sich auf die Eintragung beruft, nicht geltend gemacht werden, daß das unter der Firma betriebene Gewerbe kein Handelsgewerbe sei.

Schrifttum: s. auch bei §§ 1, 2 und § 15; *Axer,* Abstrakte Kausalität – ein Grundsatz des Handelsrechts?, 1986; *Canaris,* Handelsrecht, 24. Aufl. 2006, § 3; *Canaris,* Die Vertrauenshaftung im deutschen Privatrecht, 1971, 181; *Ehrenberg,* Rechtssicherheit und Verkehrssicherheit mit besonderer Rücksicht auf das Handelsregister, JherJb 47 (1905), 273; *Ehrenberg* in Ehrenbergs HdB II, 1918; *Göppert,* Eintragungen in das Handelsregister von besonderer Eigenart, 1934; *Hohmeister,* Die Bedeutungen des § 5 HGB seit der Handelsrechtsreform, NJW 2000, 1921; *Hüttemann/Meinert,* Zur handelsrechtlichen Buchführungspflicht des Kaufmanns kraft Eintragung, BB 2007, 1436; *John,* Fiktionswirkung oder Schutz typisierten Vertrauens durch das Handelsregister, ZHR 140 (1976), 236; *Merkt,* Unternehmenspublizität, 2001; *Prausnitz,* Rechtsschein und Wirklichkeit im Handelsregister, ZHR 96 (1931), 10; *Schirrmeister,* Der Kaufmannsbegriff: Die Bedeutung des Firmeneintrags für den Erwerb der Kaufmannseigenschaft, ZHR 49 (1900), 29; *Karsten Schmidt,* Handelsrecht, 6. Aufl. 2014, § 10; *Karsten Schmidt,* Gilt § 5 HGB auch im „Urheberrechtsverkehr"?, DB 1972, 959; *Karsten Schmidt,* Fünf Jahre „neues Handelsrecht", JZ 2003, 585; *Siems,* Der personale Anwendungsbereich des Handelsrechts nach dem Handelsrechtsreformgesetz, 1999; *M. Wolff,* Über einige Grundbegriffe des Handelsrechts, FS v. Gierke, Bd. II, 1910, 115, 138.

Übersicht

I. Grundlagen

1 **1. Normzweck. a) Verkehrsschutz.** Die Bestimmung dient der Rechtssicherheit und dem Verkehrsschutz. Sie soll dafür sorgen, dass ein als Kaufmann eingetragener Rechtsträger während der Dauer seiner Eintragung auch als Kaufmann im Rechtssinne behandelt

wird, gleich ob die Eintragung zu Recht oder zu Unrecht erfolgt ist.[1] Damit schafft die Bestimmung Rechtssicherheit auch für den Eingetragenen selbst (→ Rn. 32).[2]

b) Keine Rechtsscheinbestimmung. Die Bestimmung ist, obgleich Verkehrsschutznorm, **keine Vertrauensschutznorm.**[3] Das verwundert nur auf den ersten Blick und wird erklärbar, wenn man eine Gleichsetzung von Verkehrsschutz und Vertrauensschutz (Rechtsscheinschutz) vermeidet. Als **Verkehrsschutznorm** soll § 5 dafür sorgen, dass sich der Rechtsverkehr unter Einschluss des Eingetragenen selbst auf die Richtigkeit der Eintragung verlassen, ihr also generell „vertrauen", kann. Aber dieses Vertrauen ist nicht Tatbestandsmerkmal des § 5, seine Prüfung im Einzelfall also entbehrlich (→ Rn. 26). Deshalb ist die bei BGHZ 32, 307 = NJW 1960, 1664 für den Fall des § 5 verwendete Formel vom „Scheinkaufmann" als missverständlich anzusehen (zum Scheinkaufmann → Anh. § 5 Rn. 13, → Anh. § 5 Rn. 16 ff.). 2

c) Kompensation des unsicheren Kaufmannsbegriffs. Die Bestimmung kompensiert Unsicherheiten des Kaufmannsbegriffs. Diese durch die Handelsrechtsreform von 1998 beträchtlich reduzierten Unsicherheiten müssen bei nicht eingetragenen Rechtsträgern hingenommen werden, nicht aber bei eingetragenen Kaufleuten. § 5 sorgt für eine **Konstitutivwirkung jeder (auch der unberechtigten) Registereintragung als Kaufmann** (→ Rn. 7). Der **Begriff der Konstitutivwirkung** ist mit Bezug auf § 5 nicht in dem gebräuchlichen Sinn zu verstehen, dass ohne Eintragung keine Kaufmannseigenschaft bestehen kann, denn er zielt allein auf den Fall der Eintragung, nicht der Nicht-Eintragung. Die Eintragung wirkt nach der allgemeinen Lesart im Fall des § 1 deklaratorisch (→ § 1 Rn. 6), dagegen in den Fällen der §§ 2 und 3 konstitutiv (→ § 2 Rn. 3; → § 3 Rn. 24). Deshalb kommt es für die Kaufmannseigenschaft eines nicht eingetragenen Unternehmens in jedem dieser Fälle auf die Merkmale des § 1 bzw. des § 2 bzw. des § 3 an. **Spätestens mit der Eintragung muss diese Rechtsunsicherheit enden.** Dies gewährleistet die auf § 5 beruhende, teils nur bestärkende **Konstitutivwirkung jeder Eintragung als Kaufmann.** Sie sorgt dafür, dass das als kaufmännisch eingetragene Unternehmen unabhängig von der Erfüllung der Tatbestandsvoraussetzungen der §§ 1–3 als kaufmännisch angesehen wird. Der Effekt des § 5 besteht also darin, dass es auf die Erfüllung der in §§ 1–3 geregelten materiellen Voraussetzungen bei einem als Kaufmann eingetragenen Rechtsträger nicht ankommt (auch nicht in dem Sinne, dass im Fall eines eingetragenen Kaufmanns die §§ 1–3 vor jedem Blick auf § 5 penibel durchgeprüft werden müssen; → Rn. 6).[4] 3

2. Historische und rechtspolitische Entwicklungen. a) Schaffung im Jahr 1897. 4
Die Bestimmung ist ohne Vorgängerin im ADHGB. Nach dem bis 1899 geltenden Recht kam es für die Kaufmannseigenschaft ausschließlich auf das Vorliegen eines kaufmännischen Gewerbebetriebs und nicht auf die Eintragung an (Art. 4, 85, 150, 271 f. ADHGB). Die bloße Eintragung konnte die materiellen Voraussetzungen des Kaufmannsbegriffs nicht ersetzen.[5] Für Verkehrsschutz konnten nur ungeschriebene Rechtsscheinregeln sorgen.[6] Die Einführung des Handelsgesetzbuchs gab Gelegenheit, diesen Verkehrsschutz zu formalisieren. Die mit dem HGB von 1897 neu eingeführte Unterscheidung von „Vollkaufleuten" und „Minderkaufleuten" (§§ 1, 4 aF) sowie die zur Kaufmannseigenschaft durch Eintragung führende, aber Kleinunternehmer ausschließende Generalklausel des § 2 aF (Wortlaut → § 4 Rn. 2) ließ die Frage entstehen, wie die Rechtslage derjenigen Gewerbetreibenden sei, die

---

1 → 1. Aufl. 1996, Rn. 1 *(Lieb); Karsten Schmidt* HandelsR § 10 Rn. 26.

2 KKRD/*Roth* Rn. 1.

3 BGH NJW 1982, 45 = JuS 1982, 142 *(Karsten Schmidt); Axer,* Abstrakte Kausalität – ein Grundsatz des Handelsrechts?, 1986, 71 ff.; *Merkt,* Unternehmenspublizität, 2001, 237 ff.; *Canaris* HandelsR § 3 Rn. 51; *Karsten Schmidt* HandelsR § 10 Rn. 26; Baumbach/Hopt/*Hopt* Rn. 1; EBJS/*Kindler* Rn. 3; Heymann/*Förster* Rn. 1; KKRD/*Roth* Rn. 2; Röhricht/Graf v. Westphalen/Haas/*Ries* Rn. 27; Staub/*Oetker* Rn. 2.

4 *Karsten Schmidt* HandelsR § 10 Rn. 26; *Karsten Schmidt* ZHR 163 (1999), 95.

5 Denkschrift in *Schubert/Schmiedel/Krampe,* Quellen zum Handelsgesetzbuch, 1986–1988, II/2, 962; *Schirrmeister* ZHR 49 (1900), 29.

6 Angaben bei EBJS/*Kindler* Rn. 5.

in vermeintlicher Erfüllung der Merkmale des § 1 aF oder § 2 aF eingetragen, aber als Kleinunternehmer objektiv eintragungsunfähig waren (vgl. zur Eintragungsunfähigkeit nach altem Recht → § 4 Rn. 4). Bis 1976 waren auch land- und forstwirtschaftliche Betriebe nach § 3 aF nicht eintragungsfähig (→ § 3 Rn. 2). Um diesem seinerzeit neu aufgetretenen Bedürfnis nach Rechtssicherheit zu genügen, schuf der Gesetzgeber von 1897 den § 5.[7]

5 **b) Änderung durch die Handelsrechtsreform 1998.** Bis 1998 konnte nach § 5 „nicht geltend gemacht werden, dass das unter der Firma betriebene Gewerbe kein Handelsgewerbe sei *oder dass es zu den in § 4 bezeichneten Betrieben gehöre*". Dieser Schlussteil beruhte auf § 4 aF, wonach Kleingewerbetreibende, sofern ihr Gewerbe unter den Katalog des § 1 aF fiel, zwar Kaufleute, aber nur eintragungsunfähige sog. Minderkaufleute waren (→ § 4 Rn. 1 ff. zu § 4 aF). Auch dies konnte nach § 5 aF nicht geltend gemacht werden, wenn das Unternehmen unberechtigterweise (→ § 4 Rn. 4) im Handelsregister eingetragen war.[8] Dieser Zusatz ist mit dem Wegfall des § 4 aF überflüssig geworden. Er wurde durch Art. 3 Nr. 5 HRefG im Jahr 1998 gestrichen.

6 **c) Wandel der Normsituation durch das Handelsrechtsreformgesetz 1998.** Historischer Ausgangspunkt des § 5 HGB war eine Normsituation, nach der es Gewerbetreibende gab, die aufgrund der §§ 2–4 aF nicht eintragungsfähig, unter Umständen aber trotzdem eingetragen waren. Dieses Anliegen hat sich durch das Handelsrechtsreformgesetz von 1998 erledigt, denn nunmehr ist jeder Gewerbetreibende mindestens Kannkaufmann, also eintragungsfähig (→ § 2 Rn. 2; → § 3 Rn. 1). Damit ist das Interesse an § 5, beschränkt man sich auf den Wortlaut der Bestimmung, heute mehr akademischer als rechtspolitischer Art.[9] Es ist umstritten, ob § 5 seinem Wortlaut nach überhaupt noch einen Anwendungsbereich hat. Das hängt von der ihrerseits umstrittenen Frage ab, ob es eingetragene Unternehmen gibt, die als Gewerbetreibende die Merkmale der §§ 1, 2 oder 3 erfüllen und gleichwohl zu Unrecht eingetragen sind, weil der Antrag auf einer unrichtigen Einordnung der Bestimmung beruht (→ § 1 Rn. 84; → § 2 Rn. 18; → § 3 Rn. 22; → § 3 Rn. 25 f.). Das wird von dem wohl noch überwiegenden Teil der Lit. bejaht (auch → Rn. 14),[10] womit der Anwendungsbereich des § 5 zwar auf seltene Fälle beschränkt, aber nicht grundsätzlich in Frage gestellt wäre. Richtigerweise ist die Frage zu verneinen, so dass es Fälle für eine wortgetreue Anwendung des § 5 nicht mehr gibt (→ Rn. 22).[11] Von dieser Frage ist die andere zu unterscheiden, ob es einen Anwendungsbereich für eine erweiterte bzw. analoge Anwendung des § 5 gibt. Das wird hier bejaht (→ Rn. 23 ff.). Schließlich bleibt § 5 für die Rechtsanwendung insofern interessant, als die Vorschrift die nähere Prüfung der §§ 1 ff. bei eingetragenen Unternehmen für die Praxis entbehrlich macht (→ Rn. 13): **Eingetragene Unternehmen sind ausnahmslos kaufmännisch,** ohne dass gefragt wird, auf welcher Rechtsgrundlage sie eingetragen und mit welcher Intention sie angemeldet sind (str.).

7 **3. Normstruktur. a) Konstitutivität der Eintragung.** Die Bestimmung enthält einen rein objektiven **Tatbestand** und knüpft daran eine **Rechtsfolge,** die dahin beschrieben wird, es könne „nicht geltend gemacht werden, dass das unter der Firma betriebene Gewerbe kein Handelsgewerbe sei". Was das normtheoretisch bedeutet, ist Gegenstand

---

[7] Vgl. Denkschrift in *Schubert/Schmiedel/Krampe,* Quellen zum Handelsgesetzbuch, 1986–1988, II 2, 963.

[8] Dazu → 1. Aufl. 1996, Rn. 1 *(Lieb).*

[9] *Karsten Schmidt* HandelsR § 10 Rn. 27; *Karsten Schmidt* ZHR 163 (1999), 95; s. auch Heymann/*Förster* Rn. 4; *Hohmeister* NJW 2000, 1921 (1922).

[10] *Canaris* HandelsR § 3 Rn. 49; *Oetker* HandelsR § 2 Rn. 53; *R. Schmitt,* Die Rechtsstellung der Kleingewerbetreibenden nach dem HRefG, 2003, 110 f.; Baumbach/Hopt/*Hopt* Rn. 2; KKRD/*Roth* Rn. 1; Röhricht/Graf v. Westphalen/Haas/*Ries* Rn. 12 f.; *Lieb* NJW 1999, 35 ff.; einschr. (bedeutsam bei fehlendem Eintragungsantrag) EBJS/*Kindler* Rn. 16; Oetker/*Körber* Rn. 9.

[11] *Karsten Schmidt* HandelsR § 10 Rn. 27; *Karsten Schmidt* ZHR 163 (1999), 95 f.; *Karsten Schmidt* JZ 2003, 585 (588 f.); zust. *Jung* HandelsR § 2 Rn. 26 f.; s. auch *P. Bydlinski* ZIP 1998, 1172; *Mönkemöller* JuS 2002, 33 f.; einschr. wiederum EBJS/*Kindler* Rn. 16; Heymann/*Förster* Rn. 4; Oetker/*Körber* Rn. 9; *Schulze-Osterloh* ZIP 2007, 2390 (2395): Restbedeutung bei fehlendem Eintragungsantrag.

eines praktisch nahezu folgelosen,[12] für das Verständnis der Bestimmung allerdings nicht belanglosen Streits.

8 **aa) Scheinkaufmann?** Nur noch selten wird der Eingetragene als „eingetragener Scheinkaufmann" (im Gegensatz zu dem in Anhang nach § 5 behandelten sog. nicht eingetragenen Scheinkaufmann) bezeichnet.[13] Diese früher verbreitete Einordnung ist mindestens missverständlich, denn um Rechtsschein geht es nicht (→ Rn. 2, → Rn. 26).

9 **bb) Fiktivkaufmann?** Vorherrschend ist die Bezeichnung des Eingetragenen als Fiktivkaufmann[14] bzw. – inhaltlich gleichbedeutend – die Einordnung des § 5 als einer gesetzlichen Fiktion.[15] Diese Einordnung stützt sich auf den Gesetzeswortlaut („kann nicht geltend gemacht werden") und auf den Gedanken, dass die nach den Merkmalen des § 1 bzw. § 2 bzw. § 3 objektiv fehlende Kaufmannseigenschaft durch § 5 fingiert werde. Hervorgehoben wird allerdings auch, dass § 5 dem Wortlaut nach gar nicht die Kaufmannseigenschaft des eingetragenen Unternehmensträgers, sondern die Handelsgewerblichkeit des Unternehmens fingiert.[16] Die Fiktion bezieht sich nach dieser Auffassung auf die fehlenden Merkmale des § 1 oder des § 2 oder des § 3. Der Eingetragene ist (!) Kaufmann, weil die Voraussetzung eines Handelsgewerbes fingiert wird.

10 **cc) Stellungnahme: § 5 als Bestandteil eines normativen Kaufmannsbegriffs.**[17] Die Einordnung des § 5 als Fiktion ist im Rechtssinne nicht eigentlich falsch, aber nutzlos und der Behandlung von Fällen nicht förderlich. Sie geht davon aus, dass der Kaufmannsbegriff in erster Linie der Anschauung entnommen und, wo in der Wirklichkeit nicht vorhanden, durch die unberechtigte Eintragung gem. § 5 fingiert wird. Diese empirische Sicht ist aber nicht die des Gesetzes und noch weniger die der Praxis. Der Kaufmannsbegriff des HGB ist nicht ein Begriff aus der Welt der Tatsachen, sondern ein Rechtsbegriff.[18] So, wie einerseits das Handelsrecht als Sonderprivatrecht der Kaufleute (→ Vor § 1 Rn. 1) an den Kaufmannsbegriff anschließt, lässt sich deshalb umgekehrt sagen: Jedes Rechtssubjekt, das nach dem Wortlaut der §§ 1–6 dem Handelsrecht unterliegt, ist (!) im Rechtssinne Kaufmann. Indem § 5 den Eingetragenen dem Handelsrecht unterwirft, erklärt ihn die Bestimmung also zum **Kaufmann kraft Eintragung.**[19] Zu der Einordnung des § 5 als Fiktionsnorm (→ Rn. 9) besteht damit kein sachlicher Unterschied.[20] Eine gesetzliche Fiktion ist nichts als eine Norminhaltsformulierung, die objektiv fehlende Merkmale einer Bezugsnorm (hier: der §§ 1–3) durch vorhandene Merkmale (hier: die Eintragung) ersetzt. § 5 fingiert also nicht die Kaufmannseigenschaft, sondern die Bestimmung verzichtet für den Kaufmannstatbestand auf eine Prüfung der Merkmale der in den §§ 1–3 aufgestellten Voraussetzungen der Eintragung. Auf der Rechtsfolgenseite statuiert damit § 5 den **Tatbestand eines Kaufmanns kraft konstitutiver Eintragung.**[21] Der Eingetragene ist als

---

[12] Richtig Baumbach/Hopt/*Hopt* Rn. 1.

[13] So noch BGHZ 32, 307 = NJW 1960, 1664; *v. Gierke/Sandrock* HandelsR I § 12 II; *Hofmann* HandelsR unter B III 1; *A. Hueck* ArchBürgR 43 (1919), 422; *Prausnitz* ZHR 96 (1931), 10 (24); *Nickel* JA 1980, 567.

[14] → 1. Aufl. 1996, Rn. 3 *(Lieb)*; *Hübner* HandelsR Rn. 62; Baumbach/Hopt/*Hopt* Rn. 1; EBJS/*Kindler* Rn. 2, 27; KKRD/*Roth* Rn. 2; Oetker/*Körber* Rn. 17; nach Staub/*Oetker* Rn. 3 wird nicht die Kaufmannseigenschaft, sondern das Handelsgewerbe fingiert(?).

[15] *Canaris* HandelsR § 3 Rn. 52; *Bülow/Artz* HandelsR Rn. 91 ff.

[16] Nicht die Kaufmannseigenschaft, sondern der Tatbestand des § 1 („die Handelsgewerblichkeit") wird fingiert nach EBJS/*Kindler* Rn. 27.

[17] *Karsten Schmidt* HandelsR § 10 Rn. 26; *Karsten Schmidt* JuS 1977, 212; ähnlich Heidel/Schall/*Keßler* Rn. 2.

[18] Vgl. *Karsten Schmidt* HandelsR § 10 Rn. 26; *Karsten Schmidt* JuS 1977, 212.

[19] Vgl. *Karsten Schmidt* HandelsR § 10 Rn. 26; *Karsten Schmidt* JuS 1977, 212; der Sache nach zust. *Weller/Prütting* HandelsR Rn. 109 ff.; *Brox/Henssler* HandelsR Rn. 54 ff.; Heymann/*Förster* Rn. 9 f.; Staub/*Hüffer*, 4. Aufl. 1993, Rn. 82.

[20] Insofern wie hier wohl → 1. Aufl. 1996, Rn. 3 *(Lieb)*: Die vom Verf. vertretene Auffassung sei „zumindest missverständlich, aber wohl auch unschädlich".

[21] Vgl. *Karsten Schmidt* HandelsR § 10 Rn. 26.

„Kaufmann kraft formalen Rechts“[22] Normadressat des HGB. Fehlt es objektiv an den Voraussetzungen der §§ 1–3 (zur praktischen Relevanz solcher Fälle → Rn. 14), so ist der Eingetragene zwar nur „Kaufmann ohne das Recht, dies zu bleiben“.[23] Und er untersteht dem Handelsrecht auch nur mit Bezug auf die in → Rn. 31 ff. bezeichneten Rechtsfolgen. Aber es bedarf keiner Fiktion, um diese Einschränkungen juristisch einzuordnen,[24] so wenig wie umgekehrt die Einordnung als Fiktion die Begrenzung der Rechtsfolgen leichter erklärlich macht.[25]

11 **b) Auswirkung auf die Prüfungsmethode.** Die theoretische Einordnung des § 5 ist nicht ohne Auswirkungen auf den praktischen **Umgang mit der Bestimmung bei der Prüfung der Kaufmannseigenschaft.**

12 **aa) Konventionelle Prüfung.** Nach schulmäßig-konventioneller Prüfungsmethode wird die Kaufmannseigenschaft zunächst nach §§ 1–3 durchgeprüft und erst danach § 5 herangezogen.[26] Es wird dann geprüft, ob das Fehlen der nach §§ 1–3 für die Kaufmannseigenschaft erforderlichen Merkmale „nicht geltend gemacht“ werden kann (vgl. Wortlaut). Dieser Methode folgt die systematische Tatbestandsbeschreibung in → Rn. 18 ff. Sie führt bei der Einzelprüfung zu einer Subsidiarität des § 5 gegenüber den §§ 1–3 und zu unnötigen Prüfungsschritten.

13 **bb) Praxisgerechte Prüfung.** Erkennt man die Bedeutung des § 5 darin, dass das Gesetz aus Gründen des Verkehrsschutzes (→ Rn. 1 ff.) für eine Konstitutivwirkung jeder Eintragung als Kaufmann sorgt (→ Rn. 3), so erscheint § 5 als ein Basis einer sog. Doppelwirkung im Recht:[27] Wer als Kaufmann im Handelsregister eintragen ist, mag zu Recht oder zu Unrecht eingetragen sein. Da nach § 5 die Eintragung die Kaufmannseigenschaft sichert, braucht im Anwendungsbereich der Bestimmung (→ Rn. 18 ff.) in praktischen Fällen nicht erst geprüft zu werden, ob die Merkmale der §§ 1–3 objektiv vorhanden sind oder ob sie nach § 5 „fingiert“ werden (→ Rn. 31; → § 1 Rn. 3). Ebenso wenig bedarf der Prüfung, ob der Fall einer nach allgemeinen Regeln deklaratorischen (§ 1) oder konstitutiv wirkenden Eintragung vorliegt (§§ 2, 3). Vielmehr verläuft, wenn die **Anwendung von Handelsrecht auf ein eingetragenes Unternehmen** in Frage steht, die **Prüfung auf** folgende **ganz einfache Weise** (kompliziert ist nur die akademische Auseinandersetzung mit der abweichenden hM):[28] Ein unter **§ 6 Abs. 2** fallender Rechtsträger wird schon aufgrund dieser Bestimmung als (Form-)Kaufmann behandelt (→ § 6 Rn. 9), und das gilt nach der hier vertretenen, insoweit nicht vorherrschenden, Meinung auch für eine als OHG oder KG eingetragene Gesellschaft (→ Rn. 15; str.). Jeder andere als Kaufmann eingetragene Rechtsträger ist im Hinblick auf § 5 jedenfalls Kaufmann kraft Eintragung (→ Rn. 3, → Rn. 23 ff.; str.). Auf die einzelnen Voraussetzungen der §§ 1–3 kommt es formellrechtlich im Eintragungs-, Registerzwangs- oder Löschungsverfahren an (→ § 12 Rn. 1 ff.; → § 14 Rn. 1 ff.; → § 29 Rn. 1 ff.), materiellrechtlich dagegen nur, wenn die Eintragung fehlt. Für die Unterstellung eines eingetragenen Unternehmens unter das HGB sind diese Merkmale im Hinblick auf § 5 ohne Belang. Nur wegen spezieller Rechtsfolgen der Kaufmannseigenschaft ist dann immer noch zu prüfen, ob für diese Rechtsfolgen (zB im Straf- oder Steuerrecht) die Kaufmannseigenschaft nach § 5 genügt (→ Rn. 38 ff.) oder ob hierfür trotz der Eintragung ausnahmsweise die Kaufmannseigenschaft nach §§ 1–3 geprüft werden muss.

---

[22] *Wieland* HandelsR I, 1921, 123.

[23] Ehrenbergs HdB/*Ehrenberg* Bd. II § 10 II B 3; *M. Wolff* FS v. Gierke, Bd. II, 1910, 138 ff.

[24] *Karsten Schmidt* HandelsR § 10 Rn. 26; aA *Canaris* HandelsR § 3 Rn. 52; KKRD/*Roth* Rn. 2; der Hinweis, dass das Straf- und Registerrecht von den Wirkungen des § 5 ausgenommen ist, zwingt entgegen *Canaris* und *Roth* nicht zur Einschätzung als Fiktion.

[25] Charakteristisch für diese Schwierigkeiten EBJS/*Kindler* Rn. 28, 41: „teleologische Reduktion der Fiktion“.

[26] Charakteristisch Baumbach/Hopt/*Hopt* Rn. 2.

[27] Vgl. zu dieser Rechtsfigur grdl. *Kipp* FS v. Martitz, 1911, 211 ff.

[28] *Karsten Schmidt* HandelsR § 10 Rn. 11.

4. Verhältnis zu anderen Bestimmungen. a) §§ 1–3. Die Prüfung des § 5 in praktischen Fällen kann ohne vorherigen Rückgriff auf die §§ 1–3 erfolgen (→ Rn. 13). Sieht man § 5 mit der tradierten Betrachtungsweise gegenüber den §§ 1–3 als normlogisch nachrangig an (→ Rn. 12), so stellt sich die Frage, ob es der Bestimmung seit der Reform von 1998 überhaupt noch bedarf (→ Rn. 6). Dies wäre für die Fälle der §§ 1–3 konsequenterweise zu verneinen (→ Rn. 6). Die in der Lit. hM bestreitet diese Konsequenz allerdings in der Annahme, dass § 5 zum Zuge kommt, wenn ein objektiv unter § 2 oder unter § 3 fallendes Unternehmen in der Annahme, es falle unter § 1, angemeldet und eingetragen worden ist.[29] Mangels freiwilliger Option für das Handelsrecht fehle es im **Fall einer fehlgehenden Registeranmeldung** an einem wirksamen, für die Kaufmannseigenschaft nach § 2 bzw. § 3 erforderlichen Eintragungsantrag (→ § 2 Rn. 14; → § 3 Rn. 22; → § 3 Rn. 25 f.). Die Kaufmannseigenschaft könne dann nur auf einer unberechtigten Eintragung und damit auf § 5 beruhen. Dieser Umweg wird hier als irrig, überflüssig und praxisfremd abgelehnt (→ § 2 Rn. 18; → § 3 Rn. 25).[30] Vertreten wird auch, § 5 komme zum Zuge, wenn ein nach § 1 richtig eingetragenes Unternehmen **nachträglich kleingewerblich** wird und eingetragen bleibt, denn wiederum fehle die für die Kaufmannseigenschaft (→ § 2 Rn. 21) erforderliche Optionsausübung.[31] Auch dieser Standpunkt ist abzulehnen (→ § 2 Rn. 24).[32] Die hM redet, indem sie zwischen Eintragungen nach § 1, § 2 und § 3 unterscheidet und dem Eintragungsantrag in den Fällen der §§ 2 und 3 materiellrechtliche Bedeutung beimisst, **Scheinprobleme** herbei, um sie sodann mit § 5 zu lösen.[33] **Die Praxis weiß** (→ Rn. 13): Wenn und solange ein objektiv unter § 2 oder § 3 fallendes Unternehmen im Handelsregister eingetragen ist, ist es kaufmännisch nach § 2 bzw. § 3, gleichgültig, ob die vielleicht lange zurückliegende Anmeldung auf eine Eintragung nach § 2 bzw. § 3 zielte (→ § 2 Rn. 18; → § 3 Rn. 25). Die Annahme, der Eingetragene könne in diesen Fällen Kaufmann weder nach § 1 noch nach § 2 noch nach § 3, folglich nur „Fiktivkaufmann" sein, ist theoretisch wie auch praktisch wertlos. Die Eintragung eines existierenden gewerblichen Unternehmens kann in Anbetracht des § 5 niemals materiell unrichtig sein. 14

b) § 6 und § 105 Abs. 2. Neben **§ 6** hat § 5 keine Bedeutung. Eine eingetragene Handelsgesellschaft ist Kaufmann nach § 6 Abs. 1. Das gilt insbesondere, aber nicht nur (→ § 6 Rn. 17) für die unter § 6 Abs. 2 fallenden Körperschaften.[34] Das Verhältnis zu **§ 105 Abs. 2 S. 1** muss für die hM kompliziert sein: Für die erste Variante des § 105 Abs. 2 (kleingewerbliche Gesellschaft) tritt für sie die bei → Rn. 14 diskutierte Frage auf (Anwendung des § 5, wenn eine BGB-Gesellschaft als vermeintliche OHG angemeldet und eingetragen worden ist?). Für die zweite Variante (vermögensverwaltende Gesellschaft) muss sich die hM die Frage vorlegen, ob eine als vermeintlich handelsgewerbliche, nach richtiger 15

---

[29] So etwa → 1. Aufl. 1999, ErgBd. Rn. 2 *(Lieb)*; *Siems,* Der personelle Anwendungsbereich des Handelsrechts nach dem Handelsrechtsreformgesetz, 1999, 119; *R. Schmitt,* Die Rechtsstellung der Kleingewerbetreibenden nach dem HRefG, 2003, 95 f.; *Brox/Henssler* HandelsR Rn. 57; *Canaris* HandelsR § 3 Rn. 49, 54, 56; *Lettl* HandelsR § 2 Rn. 39, 55; *Oetker* HandelsR § 2 Rn. 34; *Weller/Prütting* HandelsR Rn. 106, 110; Baumbach/Hopt/*Hopt* Rn. 2; KKRD/*Roth* Rn. 1; Röhricht/Graf v. Westphalen/Haas/*Ries* Rn. 5–10, 21; Staub/*Oetker* Rn. 4; *Lieb* NJW 1999, 36.

[30] *Karsten Schmidt* HandelsR § 10 Rn. 27, 68; *Karsten Schmidt* ZHR 163 (1999), 96; *Karsten Schmidt* JZ 2003, 585 (588 f.); zust. *Bülow/Artz* HandelsR Rn. 96; *Jung* HandelsR § 2 Rn. 27; EBJS/*Kindler* Rn. 12 ff.; *Treber* AcP 199 (1999), 582 f.; s. auch *P. Bydlinski* ZIP 1998, 1172; *Körber* Jura 1998, 453 f.; *Hohmeister* NJW 2000, 1921 f.; *Mönkemöller* JuS 2002, 33.

[31] → 1. Aufl. 1999, ErgBd. Rn. 3 *(Lieb)*; *Brox/Henssler* HandelsR Rn. 57; *Canaris* HandelsR § 3 Rn. 22, 49; *Lettl* HandelsR § 2 Rn. 39, 55; *Oetker* HandelsR § 2 Rn. 31 ff.; *Weller/Prütting* HandelsR Rn. 106, 110; KKRD/*Roth* Rn. 1; Röhricht/Graf v. Westphalen/Haas/*Ries* Rn. 6 f., Staub/*Oetker* Rn. 4; *Lieb* NJW 1999, 36.

[32] Vgl. auch *Schulze-Osterloh* ZIP 2007, 2390 (2394).

[33] Genau umgekehrt der Vorwurf von *Canaris* HandelsR § 3 Rn. 49 f.: Es gehe nicht an, den „praktischen Anwendungsbereich" des § 5 durch eine „extensive Handhabung" des § 2 zu „beseitigen"; ebenso *Petersen* Jura 2005, 831 f.: Die hier vertretene Auffassung sei „methodologisch bedenklich", denn sie verstoße „gegen den anerkannten Grundsatz der Methodenlehre (!) …, dass Vorschriften tunlichst nicht so auszulegen sind, dass sie ihren Anwendungsbereich verlieren".

[34] Insoweit wie hier Baumbach/Hopt/*Hopt* Rn. 2; Röhricht/Graf v. Westphalen/Haas/*Ries* Rn. 28.

Einschätzung dagegen vermögensverwaltende Personengesellschaft durch Eintragung wenigstens nach §§ 5, 105 zur Handelsgesellschaft wird. Auch wenn eine Personengesellschaft als vermögensverwaltend angemeldet und eingetragen worden ist, obwohl sie die Erfordernisse des § 105 Abs. 2 nicht erfüllt, tritt für die hM die Frage auf, ob diese Gesellschaft wenigstens nach §§ 5, 105 Abs. 2 Handelsgesellschaft ist. Hier wird es darauf ankommen, ob das Fehlen eines Gewerbebetriebs die Anwendung des § 5 hindert (→ Rn. 21 f.). Auch dies sind aber nur von der hM unnötigerweise herbeigeredete **Scheinprobleme.** Die **hier vertretene Lösung** ist wiederum **einfach:** Jede Außen-Personengesellschaft ist aufgrund § 105 Abs. 1 und 2 eintragbar (→ 4. Aufl. 2016, § 105 Rn. 60 ff.), und jede als OHG oder KG eingetragene Gesellschaft ist Handelsgesellschaft nach § 6 Abs. 1 (→ § 6 Rn. 17).[35] Des § 5 bedarf es dann ebenso wenig wie bei einer eingetragenen Kapitalgesellschaft.[36]

16 **c) Verhältnis zu § 15.** Ob § 15 auf die „Primärtatsache" der Kaufmannseigenschaft überhaupt anwendbar ist, ist umstritten (→ § 15 Rn. 19, → § 15 Rn. 63). Da § 5 kein Rechtsscheintatbestand ist, hat die Bestimmung jedenfalls Vorrang vor § 15.[37] Für die hM kann § 15 Abs. 1 oder 3 zum Zuge kommen, wenn ein eingetragenes Unternehmen nicht (nicht mehr) gewerblicher Art ist oder wenn der eingetragene Rechtsträger überhaupt kein Unternehmen betreibt (→ Rn. 21). Nach der hier vertretenen Auffassung kommt dann bereits § 5 zum Zuge (→ Rn. 24 f., 29). Ein Fall des § 15 Abs. 1 bzw. Abs. 3 liegt aber zB vor, wenn nicht die kaufmännische Qualität des eingetragenen Unternehmens in Rede steht, sondern die Frage, wer Träger dieses Unternehmens ist, zB nach einer Unternehmensveräußerung.[38]

17 **d) Verhältnis zum Scheinkaufmann-Tatbestand.** Der in § 5 geregelte Kaufmann kraft Eintragung (→ Rn. 10) ist klar vom sog. Scheinkaufmann zu unterscheiden (vgl. zu diesem eingehend Anh. § 5). Dieser sehr problematische Rechtsscheintatbestand hat Nachrang nach § 5.[39] Denn nach dieser Bestimmung ist der Eingetragene Kaufmann im Sinne des HGB (→ Rn. 10). Hieraus ergibt sich: Der Tatbestand des Scheinkaufmanns ist von Bedeutung, wenn es an der Eintragung fehlt,[40] nach der hier nicht geteilten hM auch dann, wenn es an einem Gewerbe fehlt (aber → Rn. 24 f.).[41]

II. Tatbestandsvoraussetzungen

18 **1. Vorhandensein des eingetragenen Rechtssubjekts.** § 5 setzt voraus, dass der mit einer Firma als Unternehmensträger (→ § 1 Rn. 9) eingetragene Rechtsträger existiert.[42] Ein nicht vorhandenes Rechtssubjekt kann nicht nach § 5 durch Eintragung zum Kaufmann werden. Die → 1. Aufl. 1996, Rn. 10 *(Lieb)* hatte daraus ein Erfordernis der Personenidentität abgeleitet.[43] Aber die Zurechnung zu einem vorhandenen Rechtsträger genügt.[44] So kann der Erbe nach § 5 kaufmännisch sein, wenn der Erblasser noch mit der Firma eingetragen ist. Im Fall einer eingetragenen Gesellschaft genügt eine gewollte Mitunternehmerschaft unter den Gesellschaftern, um die Gesellschaft als Rechtsträgerin zum Entstehen zu bringen (→ 4. Aufl. 2016, § 105 Rn. 30). Fehlt es an einer Mehrzahl von Personengesellschaftern, so ist die verbleibende Person Einzelunternehmer (→ 4. Aufl. 2016, § 105 Rn. 24; → 4. Aufl.

---

[35] Eingehend *Karsten Schmidt* FS Kreutz, 2009, 837 ff.
[36] Inkonsequent Oetker/*Körber* Rn. 6, 11.
[37] *Karsten Schmidt* HandelsR § 10 Rn. 28; KKRD/*Roth* Rn. 10; Oetker/*Körber* Rn. 7.
[38] Insoweit wie hier Oetker/*Körber* Rn. 15.
[39] EBJS/*Kindler* Rn. 4; KKRD/*Roth* Rn. 10; Oetker/*Körber* Rn. 8.
[40] *Canaris* HandelsR § 6 Rn. 9.
[41] So ausdrücklich KKRD/*Roth* Rn. 9: es sei der „Schutz des Rechtsverkehrs über § 15 bzw. die allgemeinen Rechtsscheingrundsätze zu bevorzugen".
[42] Mit dem Gewerbebegriff wird dies vermischt bei Baumbach/Hopt/*Hopt* Rn. 5.
[43] So auch Oetker/*Körber* Rn. 15; dagegen Baumbach/Hopt/*Hopt* Rn. 3.
[44] IErg wie hier Oetker/*Körber* Rn. 15.

2016, § 131 Rn. 7; → 4. Aufl. 2016, § 145 Rn. 33). Dieser Person als Gesamtrechtsnachfolger ist dann auch die Eintragung der nicht mehr vorhandenen Gesellschaft zuzurechnen.

2. Eintragung der Firma im Handelsregister. a) Eintragung als Unternehmensträger. Die Eintragung im Handelsregister ist unentbehrlich.[45] Ob die **Eintragung der Firma** als Tatbestandserfordernis eine eigenständige Bedeutung hat, ist umstritten.[46] Da die Firma nur der Unternehmensname ist (§ 17) und das Unternehmen unter diesem Namen angemeldet (§ 29) und eingetragen wird (§ 40 HRV), scheint das Erfordernis einer „Eintragung der Firma" in der Tat nichtssagend. Vor allem kommt es nicht auf die firmenrechtliche Zulässigkeit der Eintragung an.[47] Gemeint ist: Das **Unternehmen** muss selbst **als kaufmännisch eingetragen** sein. Nur wer als Träger eines wirklichen oder vermeintlichen Unternehmens eingetragen worden bzw. Rechtsnachfolger des dergestalt eingetragenen Rechtsträgers ist, kann nach § 5 Kaufmann sein.[48] Irgendeine andere Eintragung (zB als Gesellschafter, vgl. § 106 Abs. 2, oder als Prokurist nach § 53 oder als Geschäftsführer nach § 39 GmbHG) genügt nicht.[49] Insofern geht das Gesetz mit Recht davon aus, dass für die nach § 5 relevante Eintragung die Firma als Eintragungsgegenstand maßgeblich ist. Mehr als diese Selbstverständlichkeit ist mit diesem Merkmal nicht gemeint. 19

b) Anmeldung unbedeutend. Ohne Bedeutung ist, ob die Eintragung aufgrund einer Registeranmeldung zustande gekommen ist[50] und ob eine etwa vorhandene Anmeldung rechtswirksam war.[51] Dies ist der Grund, weshalb die hier abgelehnte Literaturauffassung – und zwar überflüssigerweise (→ Rn. 14) – den § 5 zur Anwendung bringt, wenn ein objektiv unter § 2 oder § 3 fallendes Unternehmen in der Annahme angemeldet worden ist, dieses Unternehmen falle unter § 1 (→ Rn. 14). Richtigerweise ist ein solches Unternehmen, sobald eingetragen, ohne weiteres nach § 2 bzw. § 3 als kaufmännisch anzusehen (→ § 2 Rn. 18; → § 3 Rn. 25). § 5 kommt nicht zum Zuge. 20

3. Gewerbe erforderlich? a) Herrschende Auffassung. Unentbehrliche Voraussetzung für § 5 ist nach dem Wortlaut des Gesetzes („das unter der Firma betriebene Gewerbe") das **Vorhandensein eines Gewerbebetriebs.**[52] Es käme deshalb auf die bei → § 1 Rn. 27 ff. dargestellten Erfordernisse an. Ein Unternehmen der Land- oder Forstwirtschaft genügt.[53] Immer muss es sich nach dieser hM aber um ein gewerbliches Unternehmen handeln.[54] BGHZ 32, 307 = NJW 1960, 1664 sagt ausdrücklich: „Das Vorliegen eines Unternehmens genügt insoweit nicht." Insbesondere auf ein freiberufliches, aber (zu Unrecht) im Handelsregister eingetragenes Unternehmen (ein in Grenzbereichen nicht bloß theoretischer Fall!) wird deshalb § 5 von der hM nicht angewendet.[55] Verlangt wird außerdem, dass dieser Gewerbebetrieb von der im Handelsregister eingetragenen Person betrieben 21

---

45 Baumbach/Hopt/*Hopt* Rn. 3; EBJS/*Kindler* Rn. 17; Heymann/*Förster* Rn. 5; Oetker/*Körber* Rn. 13; Röhricht/Graf v. Westphalen/Haas/*Ries* Rn. 14.

46 Verneinend EBJS/*Kindler* Rn. 18; Oetker/*Körber* Rn. 13 f.

47 Vgl. für viele Heymann/*Förster* Rn. 5.

48 AA wohl Baumbach/Hopt/*Hopt* Rn. 3.

49 OLG Düsseldorf NJW-RR 1995, 93 (94).

50 *Canaris* HandelsR § 3 Rn. 53; Baumbach/Hopt/*Hopt* Rn. 4; EBJS/*Kindler* Rn. 16; Heymann/*Förster* Rn. 5; KKRD/*Roth* Rn. 6; Oetker/*Körber* Rn. 13; *v. Olshausen* ZHR 141 (1977), 73 (109 f.).

51 KKRD/*Roth* Rn. 6.

52 BGHZ 33, 307 (313) = NJW 1960, 1664; BAG NJW 1988, 222 (223); *Brox/Henssler* HandelsR Rn. 56; *Canaris* HandelsR § 3 Rn. 55; *Hübner* HandelsR Rn. 64; *Jung* HandelsR § 2 Rn. 28; *Lettl* HandelsR § 2 Rn. 58; *R. Schmitt,* Die Rechtsstellung der Kleingewerbetreibenden nach dem HRefG, 2003, 97; Baumbach/Hopt/*Hopt* Rn. 2, 5; EBJS/*Kindler* Rn. 20, 32; Heidel/Schall/*Keßler* Rn. 3, 8; Heymann/*Förster* Rn. 6; KKRD/*Roth* Rn. 3; Oetker/*Körber* Rn. 10, 12; Röhricht/Graf v. Westphalen/Haas/*Ries* Rn. 15, 34; Staub/*Oetker* Rn. 8; *Hüttemann/Meinert* BB 2007, 1436 f.

53 Heymann/*Förster* Rn. 6; Röhricht/Graf v. Westphalen/Haas/*Ries* Rn. 18; KKRD/*Roth* Rn. 3.

54 Insoweit teilweise anders Oetker/*Körber* Rn. 11: auch vermögensverwaltende Tätigkeit. Indes: der Umweg über § 105 Abs. 2 führt nicht zu § 5.

55 Baumbach/Hopt/*Hopt* Rn. 2 mit irreführendem Ausschluss sogar der Kleingewerbetreibenden; EBJS/*Kindler* Rn. 20; Oetker/*Körber* Rn. 10.

wird (sonst § 15 Abs. 3).[56] Vollends ausgeschlossen ist die Anwendung des § 5 nach hM, wenn überhaupt keine unternehmerische, sondern eine andere, zB vermögensverwaltende,[57] Tätigkeit entfaltet wird.[58] Für die Beschränkung auf gewerbliche Unternehmen wird neben dem Gesetzeswortlaut geltend gemacht, dass § 5 nur für den Fall eines eingetragenen, aber eigentlich eintragsunfähigen Gewerbes geschaffen sei.[59] Unbestreitbar wurde dieser Wortlaut im HGB von 1897 nicht unabsichtlich gewählt, denn es ging dem Gesetzgeber seinerzeit um die Kaufmannseigenschaft kleingewerbetreibender, aber gleichwohl – damals unzulässigerweise – eingetragener Unternehmen (→ Rn. 4). Vollends außer Betracht bleibt nach der hM eine Ausdehnung des § 5 auf jeden – auch den vollends unternehmenslosen – eingetragenen Rechtsträger.[60]

22 **b) Kritik.** Die **hM** war bereits vor der Handelsrechtsreform von 1998 **unbefriedigend.**[61] Dem Gesetzgeber von 1897 lag es entwicklungsbedingt noch fern, statt vom „Gewerbebetrieb" vom eingetragenen „Unternehmen" zu sprechen.[62] Richtig ist allerdings, dass die Bestimmung seinerzeit auf landwirtschaftliche Betriebe und gewerbliche Kleinunternehmen ausgerichtet war, die eingetragen waren, obwohl ihre Eintragungsfähigkeit aufgrund von § 3 aF (→ § 3 Rn. 2) bzw. aufgrund der schwer abgrenzbaren §§ 2 und 4 aF (Wortlaut → § 4 Rn. 2) hätte verneint werden müssen (→ Rn. 4). Mehr und mehr stellte sich aber heraus, dass die Zugehörigkeit eines Unternehmens zum Begriff des Gewerbebetriebs in Grenzfällen ebenso schwer feststellbar ist wie seine Größe. Das Bedürfnis nach Rechtsklarheit wenigstens bei eingetragenen Unternehmen erwies sich deshalb im Grenzbereich zwischen Gewerbebetrieben und freien Berufen (→ § 1 Rn. 32) bereits vor 1998 als ebenso unentbehrlich wie bei der Grenzziehung zwischen eintragungsfähigen Voll- und eintragungsunfähigen Kleingewerbebetrieben. Schon vor 1998 bedurfte deshalb § 5 der rechtsfortbildenden **Ausdehnung auf eingetragene Nicht-Gewerbebetriebe.**[63] Dieses Rechtsfortbildungsbedürfnis ist durch die Handelsrechtsreform von 1998 noch gewachsen, weil für § 5 bei wortlautgetreuem Verständnis kein Anwendungsbereich mehr geblieben ist (→ Rn. 6). Das Bedürfnis, einer Rechtsunsicherheit hinsichtlich der Eintragungsfähigkeit durch Konstitutivwirkung der Eintragung zu begegnen (→ Rn. 4), hat sich vollends von den Merkmalen des § 1 Abs. 2 wegbewegt, denn nunmehr ist jedes Gewerbe nach §§ 1–3 eintragbar, ohne dass § 5 zum Zuge käme. Dieser **Wandel der Normsituation** (→ Rn. 6) hat das **Rechtsfortbildungsbedürfnis** ebenso wie die **Legimitation dieser Rechtsfortbildung** noch erweitert.[64]

23 **c) Rechtsfortbildung. aa) Anwendung auf alle eingetragenen Unternehmen (erste Stufe der Rechtsfortbildung)?** Im Lichte der Ausführungen von → Rn. 6 ist für „Gewerbe" der im Jahr 1897 noch ungebräuchliche Begriff „Unternehmen" zu lesen.[65] § 5 besagt dann: **Jedes im Handelsregister eingetragene Unternehmen ist im Rechtssinne kaufmännisch.** Insbesondere ein Unternehmen, das nach → § 1 Rn. 32 ff. freibe-

[56] → 1. Aufl. 1996, Rn. 10 *(Lieb)*; OLG Düsseldorf NJW-RR 1995, 93 (94); Baumbach/Hopt/*Hopt* Rn. 3; EBJS/*Kindler* Rn. 25; Heymann/*Förster* Rn. 7; KKRD/*Roth* Rn. 5; Röhricht/Graf v. Westphalen/Haas/*Ries* Rn. 3; Staub/*Oetker* Rn. 8.

[57] Insofern allerdings für Anwendung des § 5 Oetker/*Körber* Rn. 11.

[58] Vgl. insofern selbst Oetker/*Körber* Rn. 12; hM.

[59] Vgl. gegen *Verf.* zB *Canaris* HandelsR § 3 Rn. 56; Baumbach/Hopt/*Hopt* Rn. 5; EBJS/*Kindler* Rn. 21; Heymann/*Förster* Rn. 6; KKRD/*Roth* Rn. 3 – aber zögernd KKRD/*Roth* Rn. 9; Röhricht/Graf v. Westphalen/Haas/*Ries* Rn. 13, 16.

[60] Vgl. gegen *Verf.* zB *Canaris* HandelsR § 3 Rn. 56; Baumbach/Hopt/*Hopt* Rn. 5; EBJS/*Kindler* Rn. 21, 25; Oetker/*Körber* Rn. 12; Röhricht/Graf v. Westphalen/Haas/*Ries* Rn. 13, 16, 35.

[61] *Karsten Schmidt* HandelsR, 1. Aufl. 1980 bis 4. Aufl. 1994, § 10 III 2.

[62] Vgl. zur Herausbildung des Unternehmensbegriffs im 20. Jh. *Karsten Schmidt* HandelsR § 3 Rn. 2.

[63] Vgl. *Karsten Schmidt* HandelsR § 3 Rn. 2.

[64] Zusammenfassend *Karsten Schmidt* JZ 2003, 585 (589).

[65] *Karsten Schmidt* HandelsR § 10 Rn. 30; *Karsten Schmidt* ZHR 163 (1999), 96 f.; *Karsten Schmidt* JZ 2003, 585 (589); zust. *Siems,* Der personelle Anwendungsbereich des Handelsrechts nach dem Handelsrechtsreformgesetz, 1999, 117; *Siems,* Kaufmannsbegriff und Rechtsfortbildung, 2003, 122 f.; bemerkenswert bereits *Wieland* HandelsR, 1921, 124.

ruflich und deshalb nicht gewerblich ist, ist im Fall seiner Eintragung nach § 5 kaufmännisch.[66] Ob das Unternehmen gewerblich oder nichtgewerblich und ob es groß oder klein ist, wird zwar im Eintragungs- oder Löschungsverfahren geprüft. Für die handelsrechtliche Beurteilung eines eingetragenen Unternehmens ist die Frage dagegen schon nach §§ 1–3 ohne Belang, denn ein eingetragenes Unternehmen ist kaufmännisch, ohne dass es auf seine Einordnung unter die §§ 1–3 ankommt (→ § 1 Rn. 6; → § 2 Rn. 17 ff.; → § 3 Rn. 24 ff.). Allerdings lehnt die hM diese praxisgerechte Auffassung bisher hartnäckig ab.[67]

bb) Anwendung auf alle als Kaufleute eingetragenen Rechtsträger (zweite Stufe der Rechtsfortbildung)? Noch unkonventioneller ist die (analoge) Anwendung des § 5 auf alle als Kaufleute eingetragenen Rechtssubjekte. Diese **radikale Erweiterung des Anwendungsbereichs** wird hier vertreten.[68] Erst wenn dieser zweite Rechtsfortbildungsschritt getan ist, erfüllt § 5 heute noch die ihm vom HGB-Gesetzgeber zugedachte rechtssichernde Funktion. Da diese Folge selbst mit dem teleologisch fortgebildeten Gesetzeswortlaut (→ Rn. 23) nicht mehr zur Deckung gebracht werden kann, wird man insofern allerdings nicht von einer erweiternden, sondern nur von einer analogen Anwendung sprechen können,[69] was aber im Ergebnis keinen Unterschied macht. Die hM lehnt diese Folgerung konsequent ab.[70] Teilweise wird nicht einmal ein rechtspolitisches Bedürfnis für eine Anwendung des § 5 in diesem Bereich anerkannt.[71] Vereinzelt wird als Kompromiss eine Erstreckung des § 5 auf vermögensverwaltende und aus diesem Grunde nicht gewerbliche Unternehmen angeboten.[72] Was dies bedeuten würde, wäre genauer zu untersuchen. Folgt man der hier vertretenen weiten Auslegung des § 105 Abs. 2 (→ 4. Aufl. 2016, § 105 Rn. 58 ff.; → § 6 Rn. 17), so liefe auch dieser Ansatz auf eine Anwendung des § 5 auf alle als Kaufleute eingetragenen Rechtssubjekte, also auf die hier vertretene Lösung hinaus (ist aber schwerlich in diesem Sinne gemeint). Doch taugt § 105 Abs. 2 als Grundlage einer Modernisierung des § 5 nicht. § 105 Abs. 2 will die Eintragungsfähigkeit von Personengesellschaften als Handelsgesellschaften erweitern. Der Normzweck ist ein anderer als der des § 5. Insgesamt bleibt die auf § 105 Abs. 2 gestützte Kompromissansicht nur insofern bemerkenswert, als sie den durch die Reform von 1998 herbeigeführten Wandel der Normsituation zur Kenntnis nimmt, den sie allerdings nur im Sonderfall des § 105 Abs. 2 erkennt.[73] Deshalb greift der auf die Vermögensverwaltung begrenzte Rechtsfortbildungsschritt auch im Ergebnis zu kurz. Jeder eingetragene Rechtsträger ist zu erfassen, damit § 5 seinem Normzweck gerecht wird. 24

d) Zusammenfassung. Während die **hM** § 5 nur auf **eingetragene Gewerbetreibende** anwendet (→ Rn. 21), ist aufgrund der hier vertretenen **Rechtsfortbildung** nicht nur **jedes eingetragene Unternehmen** (→ Rn. 23 = erster Schritt, sondern darüber hinaus **jeder als Kaufmann eingetragene Rechtsträger** erfasst (→ Rn. 24 = zweiter Schritt) und damit **Kaufmann kraft formellen Rechts.**[74] Es kommt nicht darauf an, ob ein vorhandenes Unternehmen (noch) gewerblicher Art ist (teleologische Extension des § 5), und es kommt nicht einmal darauf an, ob der Eingetragene überhaupt (noch) ein Unternehmen betreibt (analoge Anwendung des § 5). Die diese Fortbildung noch **ablehnende hM** muss für § 5 nicht nur das Vorhandensein eines eingetragenen Unternehmens, 25

---

[66] *Karsten Schmidt* HandelsR § 10 Rn. 30.

[67] *Brox/Henssler* HandelsR Rn. 58; *Canaris* HandelsR § 3 Rn. 56; Baumbach/Hopt/*Hopt* Rn. 2; EBJS/*Kindler* Rn. 20 f.; KKRD/*Roth* Rn. 9; Röhricht/Graf v. Westphalen/Haas/*Ries* Rn. 15 ff.

[68] Dafür *Karsten Schmidt* HandelsR § 10 Rn. 32; *Karsten Schmidt* ZIP 1997, 914; *Karsten Schmidt* NJW 1998, 2164; *Karsten Schmidt* ZHR 163 (1999), 97 f.; *Karsten Schmidt* JZ 2003, 585 (589).

[69] *Karsten Schmidt* HandelsR § 10 Rn. 32.

[70] Baumbach/Hopt/*Hopt* Rn. 2 f.; EBJS/*Kindler* Rn. 21; Heymann/*Förster* Rn. 6; KKRD/*Roth* Rn. 9; Oetker/*Körber* Rn. 12; Röhricht/Graf v. Westphalen/Haas/*Ries* Rn. 13.

[71] Vgl. → 1. Aufl. 1996, Rn. 5 *(Lieb)*: „nicht ersichtlich, worauf sich die Kaufmannseigenschaft noch soll auswirken können".

[72] EBJS/*Kindler* Rn. 23 f.

[73] Vgl. EBJS/*Kindler* Rn. 23 mit Berufung auf *Schön* DB 1998, 1175.

[74] *Karsten Schmidt* ZIP 2014, 2226 (2229).

sondern auch dessen Gewerblichkeit prüfen. Und wo es hieran fehlt, muss die hM auf § 15 Abs. 1 oder 3 (→ Rn. 16), hilfsweise auf den problematischen Tatbestand des Kaufmanns kraft Rechtsscheins ausweichen (zu diesem Tatbestand → Anh. § 5 Rn. 1 ff.). Diese Lösungen sind provisorisch.

26 **4. Entbehrliche Merkmale. a) Entbehrlichkeit des Rechtsscheins.** Nicht erforderlich ist ein Rechtsschein (→ Rn. 2). Deshalb kommt es auch weder auf dessen **Veranlassung** an (zur **Anmeldung** → Rn. 20) noch auf ein **Vertrauen** und dessen **Kausalität** (→ Rn. 2).[75] Demgemäß kommt § 5 **auch zu Lasten nicht Geschäftsfähiger** zum Zuge.[76] **Kenntnis der wahren Verhältnisse** („böser Glaube“) **schadet nicht.**[77] Grundsätzlich steht dann auch § 242 BGB der Wirkung des § 5 nicht entgegen. Die Bestimmung wirkt **auch zugunsten des Eingetragenen** (→ Rn. 32).

27 **b) Entbehrlichkeit der Bekanntmachung.** Nicht erforderlich ist eine Bekanntmachung der Registereintragung.[78] Dadurch unterscheidet sich der allein auf die Konstitutivwirkung der Registereintragung bezogene § 5 insbesondere von den Vertrauensschutzbestimmungen des § 15.

28 **c) Entbehrlichkeit des Sich-Berufens.** Nicht erforderlich ist entgegen dem unklaren Gesetzeswortlaut ein Sich-Berufen auf § 5.[79] Die Bestimmung wirkt ipso iure (→ Rn. 31). Sie macht den eingetragenen Rechtsträger zum Kaufmann im Rechtssinne (→ Rn. 10). Im Prozess wird § 5 von Amts wegen beachtet.[80]

29 **d) Entbehrlichkeit des Gewerbebetriebs.** Zur Entbehrlichkeit des Gewerbebetriebs **entgegen der hM** → Rn. 22 ff.

30 **5. Vorschlag einer Neufassung.** Im Hinblick auf die Schwierigkeit, der historischen und praktischen Aufgabe der Bestimmung im Einklang mit der hM (→ Rn. 21) gerecht zu werden, wird hier eine **Wortlautänderung** vorgeschlagen.[81] Der Schlussteil könnte beispielsweise den Wortlaut erhalten: „…, dass die Voraussetzungen eines Handelsgewerbes nicht vorliegen.“ Ziel der Änderung wäre die Klarstellung, dass jeder als Kaufmann eingetragene Rechtsträger (für die Dauer der Eintragung) Kaufmann im Rechtssinne ist.

III. Rechtsfolgen

31 **1. Grundsätzliches. a) Kaufmann kraft Eintragung.** Die Vorschrift ist Bestandteil des gesetzlichen Kaufmannsbegriffs. Sie wirkt ipso iure und ist im Prozess von Amts wegen zu berücksichtigen (→ Rn. 28). Es ist umstritten, ob die Bestimmung die Kaufmannseigenschaft fingiert (→ Rn. 9) oder nur das Merkmal der Handelsgewerblichkeit.[82] Irgendwelche Klärung kann von dieser Diskussion nicht erwartet werden.[83] Richtigerweise ist der Eingetragene für die Belange des Rechtsverkehrs Kaufmann (→ Rn. 10). Sinnvoll und notwendig ist allein eine Diskussion darüber, für welche Rechtsfolgen die Kaufmannseigenschaft zählt (→ Rn. 34 ff.).

32 **b) Wirkungen in persönlicher Hinsicht.** In persönlicher Hinsicht wirkt die Eintragung für und gegen jedermann.[84] Insbesondere wirkt § 5 nicht nur zugunsten, sondern

[75] Baumbach/Hopt/*Hopt* Rn. 3; KKRD/*Roth* Rn. 6, 8; Oetker/*Körber* Rn. 13.
[76] *Canaris* HandelsR § 3 Rn. 53; Baumbach/Hopt/*Hopt* Rn. 4 f.; KKRD/*Roth* Rn. 8; Oetker/*Körber* Rn. 8; *v. Olshausen* ZHR 141 (1977), 73 (109 f.).
[77] AllgM; KKRD/*Roth* Rn. 8.
[78] Baumbach/Hopt/*Hopt* Rn. 3.
[79] *Canaris* HandelsR § 3 Rn. 59; *Karsten Schmidt* HandelsR § 10 Rn. 36; Oetker/*Körber* Rn. 16; Staub/*Oetker* Rn. 15.
[80] Vgl. Baumbach/Hopt/*Hopt* Rn. 4; KKRD/*Roth* Rn. 6; aA *Jung* HandelsR § 6 Rn. 30; einschr. *Oetker* HandelsR § 2 Rn. 56; Oetker/*Körber* Rn. 16.
[81] *Karsten Schmidt* ZIP 2014, 2226 (2229).
[82] Für Letzteres EBJS/*Kindler* Rn. 27 f.
[83] Vgl. auch Röhricht/Graf v. Westphalen/Haas/*Ries* Rn. 27.
[84] Baumbach/Hopt/*Hopt* Rn. 6; KKRD/*Roth* Rn. 8.

auch zu Lasten Dritter.[85] § 5 wirkt damit auch nicht nur zu Lasten, sondern auch zugunsten des Eingetragenen selbst.[86] **Zeitlich** wirkt § 5 für die Dauer der Eintragung.[87]

c) Sachlicher Umfang der Rechtsfolgen. Der sachliche Umfang der Rechtsfolgen darf nicht begriffsjuristisch abgeleitet und fixiert werden (etwa aus der Einordnung als Nicht-Rechtsscheinnorm oder als Fiktion oder als Kaufmanntatbestand kraft Eintragung). Erkennt man der Eintragung Konstitutivwirkung zu (→ Rn. 7) und erklärt man den eingetragenen Rechtsträger zum Kaufmann im Rechtssinne (→ Rn. 10), so spricht dies zwar zunächst dafür, alle Rechtsfolgen der Kaufmanntatbestände anzuwenden. Nicht zu vergessen ist aber, dass der Kaufmannsbegriff **Zweckbegriff** und wie eine Verweisung funktioniert (→ § 1 Rn. 1), die im Fall des § 5 **auf den Normzweck zu begrenzen** ist. Entscheidend sein muss das **Verkehrsschutzanliegen** der Bestimmung (→ Rn. 1). 33

2. Erfasste Rechtsfolgen. a) HGB-Normen. aa) Erstes Buch. Als Bestimmungen des Ersten Buchs sind insbesondere hervorzuheben: § 15, §§ 17–37a (Firmenrecht), §§ 48 ff. (Prokura und Handlungsvollmacht), §§ 84 ff. (Handelsvertreterrecht, vgl. allerdings ohnedies § 84 Abs. 2). Das formelle **Registerrecht** findet Anwendung. Aber das Registerrecht muss selbstverständlich darauf Rücksicht nehmen, dass der unter § 5 fallende Kaufmann zu Unrecht eingetragen sein kann. Ob die Eintragung zu löschen ist, folgt aus § 395 FamFG und aus den §§ 1–3. Im Registerverfahren kann deshalb durchaus geltend gemacht werden, dass ein eintragungsfähiges oder eintragungspflichtiges gewerbliches Unternehmen nicht vorliegt.[88] Hinsichtlich der Angaben auf Geschäftsbriefen (§ 37a) hat das Registergericht, ehe es Zwangsmaßnahmen ergreift, zuvor zu prüfen, ob es stattdessen auf Löschung im Handelsregister hinwirken soll.[89] 34

bb) Zweites Buch. Handelt es sich um eine **als OHG oder KG eingetragene Personengesellschaft,** so sind die Bestimmungen des Zweiten Buchs anzuwenden.[90] Nach der hier vertretenen Auffassung folgt dies seit 1998 aber bereits aus § 6 iVm § 105 Abs. 2, weil jede als OHG oder KG eingetragene Außengesellschaft Handelsgesellschaft nach § 6 Abs. 1 ist (→ Rn. 15; → § 6 Rn. 17; → 4. Aufl. 2016, § 105 Rn. 38 ff.; str.). Auch die Regeln über die **stille Gesellschaft** sind auf die Beteiligung an einem iSv § 5 eingetragenen Unternehmen unmittelbar anwendbar (→ 4. Aufl. 2019, § 230 Rn. 21). 35

cc) Drittes Buch. Umstritten ist, ob die Pflicht zur **Buchführung** und zur **Führung von Handelsbüchern** für die nach § 5 eingetragenen Kaufleute gilt. Nach **hM** ist die Buchführungspflicht **nicht** von § 5 erfasst.[91] Eine Gegenansicht bejaht die Buchführungspflicht.[92] Die Frage kann nicht ohne Zusammenhang mit der Vorfrage beantwortet werden, welche Fälle unter § 5 fallen (→ Rn. 21 ff.). Lässt man mit der in diesem Punkt **hM** und im Einklang mit dem Gesetzeswortlaut nur Gewerbetreibende unter § 5 fallen (→ Rn. 21), die gewissermaßen als falsche Kaufmannskategorie eingetragen sind (→ § 1 Rn. 6; → § 2 Rn. 13; → § 3 Rn. 21 f.), so wird man in puncto Rechnungslegungspflicht der Gegenansicht zu folgen haben (also die Buchführungspflicht bejahen!).[93] Richtigerweise sind aber 36

---

[85] BGH NJW 1982, 45 = JuS 1982, 142 *(Karsten Schmidt); Karsten Schmidt* HandelsR § 10 Rn. 35; Baumbach/Hopt/*Hopt* Rn. 6; EBJS/*Kindler* Rn. 30.

[86] Röhricht/Graf v. Westphalen/Haas/*Ries* Rn. 27; allgM.

[87] Baumbach/Hopt/*Hopt* Rn. 7; EBJS/*Kindler* Rn. 31; Röhricht/Graf v. Westphalen/Haas/*Ries* Rn. 32.

[88] Baumbach/Hopt/*Hopt* Rn. 1; EBJS/*Kindler* Rn. 42; KKRD/*Roth* Rn. 2; Röhricht/Graf v. Westphalen/Haas/*Ries* Rn. 39.

[89] Richtig iErg EBJS/*Kindler* Rn. 44.

[90] Das war vor der Einführung des § 105 Abs. 2 aus § 5 zu folgern; vgl. BGH NJW 1982, 45 = JuS 1982, 142; so immer noch EBJS/*Kindler* Rn. 35; Heymann/*Förster* Rn. 10; KKRD/*Roth* Rn. 7; Röhricht/Graf v. Westphalen/Haas/*Ries* Rn. 29.

[91] So etwa OLG Celle NJW 1968, 2119 (2120); *Canaris* HandelsR § 3 Rn. 57; Baumbach/Hopt/*Hopt* Rn. 6; Heidel/Schall/*Keßler* Rn. 10; EBJS/*Kindler* Rn. 45; Heymann/*Förster* Rn. 14; Oetker/*Körber* Rn. 28.

[92] *Hüttemann/Meinert* BB 2007, 1436 (1438 ff.); s. auch *Karsten Schmidt* HandelsR § 10 Rn. 40.

[93] Das sehen *Petig/Freisfeld* JuS 2008, 770 (771).

diese Fälle schon von den §§ 1–3 erfasst (→ § 2 Rn. 5; → § 3 Rn. 25).[94] Für das Ergebnis der hM wurde in den Vorauflagen geltend gemacht, dass nach der hier vertretenen Auffassung für § 5 keinen Gewerbebetrieb verlangt und dass gerade die Eintragung Nichtgewerbetreibender den Hauptanwendungsbereich des § 5 ausmacht (→ Rn. 22 ff.). In Anbetracht des Normzwecks (→ Rn. 33) wurde hieraus gefolgert: Nur eingetragene Handelsgesellschaften und eingetragene Gewerbetreibende unterliegen der Rechnungslegung nach dem Dritten Buch, nicht andere als Kaufleute eingetragene Rechtsträger (natürliche Personen und juristische Personen nach § 33). Doch ist diese Einschränkung wenig konsequent und im Ergebnis folgenlos.[95] Das spricht für eine Buchführungspflicht der nach § 5 Eingetragenen. Für natürliche Personen ist die Frage seit dem BilMoG 2009 durch **§ 241a** entschärft.[96]

37 **dd) Viertes Buch.** Anzuwenden sind zunächst die **Rechtsnormen über Handelsgeschäfte des Kaufmanns** (vgl. → 4. Aufl. 2018, § 343 Rn. 9), insbesondere die §§ 348, 350, 352, 353, 362, 366, 369, 377.[97] **Nicht** ohne weiteres anzuwenden ist **§ 14 BGB** (Unternehmerbegriff). Das wird bei → Rn. 38 ausgeführt. Auf den Gegensatz zwischen Verbraucher (§ 13 BGB) und Unternehmer (§ 14 BGB) kommt es verschiedentlich **auch im HGB** an (§ 449 Abs. 1 S. 1, § 451a Abs. 2, § 451b Abs. 2 und 3, § 451g Abs. 1, § 451h Abs. 1, § 455 Abs. 3, § 468 Abs. 2, § 472 Abs. 1 S. 2, § 475h). Hier ist auf § 14 BGB abzustellen. Die Eintragung im Handelsregister ersetzt diese Merkmale nicht (→ Rn. 38).

38 **b) BGB-Normen. aa) Unternehmerbegriff?** Die **§§ 13 und 14 BGB** sind keine reinen Statusnormen, sondern sie stellen darauf ab, ob ein Rechtsgeschäft der gewerblichen oder sonst selbstständigen Tätigkeit zugerechnet werden kann.[98] Deshalb kann, auch wer nicht im Handelsregister eingetragen ist, unter den Unternehmerbegriff des § 14 BGB fallen (→ Vor § 1 Rn. 12). Umgekehrt können auch die Geschäfte einer iSv § 5 eingetragenen Person Verbrauchergeschäfte sein, wenn sie nicht in Ausübung einer gewerblichen oder selbstständigen Tätigkeit abgeschlossen worden sind.[99]

39 **bb) Vertragsschuldverhältnisse.** Soweit es auf den Kaufmannsbegriff ankommt (→ Rn. 37), genügt Kaufmannseigenschaft nach § 5. Die Vertragsfreiheit gestattet den Vertragsparteien abweichende Abreden. Missverständlich wird deshalb § 5 zum Teil als dispositiv bezeichnet.[100]

40 **cc) Gesetzliche Schuldverhältnisse.** Auch im Bereich der gesetzlichen Schuldverhältnisse (zB § 812 BGB) gilt § 5.[101] § 5 betrifft aber nur die Kaufmannseigenschaft, nicht zB die Deliktsfähigkeit.[102]

41 **dd) Unrechtsverkehr?** Soweit es im privaten „Unrechtsverkehr" auf die Kaufmannseigenschaft ankommt, ist § 5 gleichfalls anwendbar.[103] Das wird allerdings bestritten.[104] Die Frage spielte eine erhebliche Rolle, solange der BGH eine Anwendung des § 31 BGB bei Nicht-Handelsgesellschaften ablehnte.[105] Auf dieser Grundlage konnte § 5 die Anwendung

[94] Insofern hat das hier diskutierte Verhältnis zwischen § 5 und den § 2 und § 3 doch eine praktische Komponente.
[95] Für Anwendung des § 248 deshalb iErg *Karsten Schmidt* HandelsR § 10 Rn. 40.
[96] Für Ausdehnung auf Personengesellschaften *Karsten Schmidt* ZHR 177 (2013), 712 (728 f.).
[97] EBJS/*Kindler* Rn. 34, 40; Röhricht/Graf v. Westphalen/Haas/*Ries* Rn. 29.
[98] *Karsten Schmidt* HandelsR § 1 Rn. 19; *Karsten Schmidt* JuS 2006, 1 (3).
[99] Dazu Erman/*Saenger* BGB § 14 Rn. 2; MüKoBGB/*Micklitz* BGB § 14 Rn. 33; *Karsten Schmidt* BB 2005, 837 ff.
[100] → 1. Aufl. 1996, Rn. 2 *(Lieb)*; Baumbach/Hopt/*Hopt* Rn. 6.
[101] Baumbach/Hopt/*Hopt* Rn. 6; EBJS/*Kindler* Rn. 37 ff.; Oetker/*Körber* Rn. 25: „vorzugswürdige Gegenauffassung").
[102] Baumbach/Hopt/*Hopt* Rn. 5.
[103] *Karsten Schmidt* HandelsR § 10 Rn. 42; *Karsten Schmidt* DB 1972, 959; Baumbach/Hopt/*Hopt* Rn. 6; KKRD/*Roth* Rn. 8; Oetker/*Körber* Rn. 25; Staub/*Brüggemann,* 4. Aufl. 1995, Rn. 20.
[104] AA *Canaris* HandelsR § 3 Rn. 58; unentschieden Baumbach/Hopt/*Hopt* Rn. 6; einschr. – nur im Zusammenhang mit Unternehmenstätigkeit – Staub/*Oetker* Rn. 21.
[105] So noch BGHZ 45, 311 = NJW 1966, 1867.

des § 31 BGB jedenfalls auf unberechtigterweise im Handelsregister eingetragene Gesellschaften sicherstellen (was praktisch bedeutete: der Einwand unberechtigter Eintragung war im Prozess unerheblich). Seit dem Urteil BGHZ 154, 88 = NJW 2003, 1445 hat sich das Problem erledigt: § 31 BGB wird auf BGB-Außengesellschaften angewendet.

c) Verfahrensrecht. Der als Kaufmann Eingetragene kann unter seiner Firma klagen 42 und verklagt werden (§ 17 Abs. 2).[106] Wer Kaufmann nach § 5 ist, ist nach **§ 38 ZPO** prorogationsbefugt, kann also wirksam einen Gerichtsstand vereinbaren.[107] Bis zum Jahr 2000 spielte auch die Frage eine Rolle, ob eine nach der damaligen BGH-Praxis nichthandelsgewerbliche Personengesellschaft parteifähig war, wenn sie als OHG oder KG im Handelsregister eingetragen war.[108] Seit der BGH[109] die **Parteifähigkeit** auch der Außen-BGB-Gesellschaft anerkannt hat, spielt § 5 hier keine Rolle mehr.[110] Dasselbe gilt für die **Insolvenzrechtsfähigkeit** (§ 11 InsO: GbR genügt). Für die Abgrenzung zwischen **Regelinsolvenzverfahren** und Verbraucherinsolvenzverfahren (§ 304 InsO) kommt es nicht auf die Eintragung im Handelsregister an.

d) Öffentliches Recht. aa) Bilanz- und Steuerrecht. Wegen des Rechts der han- 43 delsrechtlichen Rechnungslegung ist hinzuweisen auf → Rn. 36. Für das Steuerrecht hat § 5 keine Bedeutung.[111] Das Steuerrecht knüpft an die Begriffe „Gewerbe" oder „Unternehmen" an (→ § 1 Rn. 24). Auch § 140 AO begründet für unberechtigtermaßen eingetragene Unternehmen keine steuerrechtliche Buchführungspflicht.[112] Allerdings kann dem Handelsregistereintrag eine Indizwirkung für das Vorhandensein eines gewerblichen Unternehmens zukommen.[113] Diese gilt dann für jede Eintragung, also auch für Fälle des § 5.[114] Aber auf § 5 beruht diese Rechtsfolge nicht.

bb) Verwaltungsrecht. Das Verwaltungsrecht knüpft nicht an den Kaufmannsbegriff 44 an, sondern zB an Begriffe wie Gewerbetreibender oder Betreiber. Die Registereintragung ist hierfür ohne Bedeutung.[115] Sie mag bei der Sachverhaltsermittlung eine Indizwirkung haben, mehr aber nicht.

cc) Strafrecht, insbesondere Steuerstrafrecht. Dem (Steuer-)Strafrecht unterliegt 45 nicht als Kaufmann, wer zu Unrecht eingetragen ist.[116]

3. Löschung. § 5 war ursprünglich auf Gewerbetreibende bezogen, die aufgrund der 46 §§ 2–4 aF nicht eintragungsfähig und trotzdem eingetragen waren (→ Rn. 4). Da § 5 die Prüfung im Registerverfahren nicht hindert (→ Rn. 34), galt die Eintragungsunfähigkeit nicht als durch § 5 geheilt. Die Eintragung war deshalb zu löschen: unter den Voraussetzungen des heutigen § 395 FamFG von Amts wegen,[117] sonst auf Antrag, notfalls im Wege des Registerzwangs (heute §§ 388 ff. FamFG). Nach geltendem Recht ist jeder Gewerbebetrieb eintragungsfähig (→ Rn. 6). Nach der hier vertretenen Ansicht kann aber § 5 angewandt werden auf alle Unternehmen, die eingetragen, aber nicht eintragungsfähig sind (→ Rn. 23), außerdem auch auf eingetragene Rechtsträger, die mangels Unternehmenstätigkeit nicht eintragungsfähig sind (→ Rn. 24). In diesen Fällen bleibt es bei der alten

[106] EBJS/*Kindler* Rn. 36; KKRD/*Roth* Rn. 8.
[107] EBJS/*Kindler* Rn. 36; Staub/*Oetker* Rn. 19; Stein/Jonas/*Bork* ZPO § 38 Rn. 10; s. auch MüKoZPO/*Patzina* ZPO § 38 Rn. 15: Handelsrecht maßgeblich.
[108] Vgl. BGH NJW 1982, 45; EBJS/*Kindler* Rn. 36.
[109] BGHZ 146, 341 = NJW 2001, 1056 – Arge Weißes Ross.
[110] Vgl. aber noch KKRD/*Roth* Rn. 8.
[111] EBJS/*Kindler* Rn. 47; Heymann/*Förster* Rn. 15; Oetker/*Körber* Rn. 29; Röhricht/Graf v. Westphalen/Haas/*Ries* Rn. 40; *Hüttemann/Meinert* BB 2007, 1436 (1440 f.).
[112] Vgl. *Hüttemann/Meinert* BB 2007, 1436 (1440 f.).
[113] Vgl. EBJS/*Kindler* Rn. 47 mit Hinweis auf *Priester* DNotZ 1998, 691 (694).
[114] AA EBJS/*Kindler* Rn. 47.
[115] Baumbach/Hopt/*Hopt* Rn. 6; EBJS/*Kindler* Rn. 46; Heymann/*Förster* Rn. 15.
[116] *Karsten Schmidt* HandelsR § 10 Rn. 44; Baumbach/Hopt/*Hopt* Rn. 6; EBJS/*Kindler* Rn. 48; Röhricht/Graf v. Westphalen/Haas/*Ries* Rn. 40; Staub/*Oetker* Rn. 22; *Hüttemann/Meinert* BB 2007, 1436 (1441).
[117] BayObLG NJW 1985, 928; EBJS/*Kindler* Rn. 42.

Formel vom „Kaufmann ohne das Recht, Kaufmann zu bleiben" (→ Rn. 10). Es ist insoweit auch nach geltendem Recht noch für die Löschung der Registereintragung zu sorgen (→ Rn. 34).

IV. Rechtslage in Österreich

47 **1. Rechtslage bis 2006.** Für **Altfälle** gilt § 5 in Österreich in seiner in Deutschland bis 1998 geltenden Fassung (Wortlaut noch in der → 2. Aufl. 2005, Rn. 46).

48 **2. Geltendes Recht.** Nach **§ 3 UGB** (→ § 1 Rn. 107) gelten Personen, die zu Unrecht ins Firmenbuch eingetragen sind und unter ihrer Firma handeln, als Unternehmer kraft Eintragung. Die Regelung stellt diejenigen Rechtsfolgen klar, die nach der hier vertretenen Auffassung bereits Rechtsfortbildungsergebnisse des § 5 sind. Das gilt auch für die allgemeine Wirkung der Bestimmung nach → Rn. 10, → Rn. 13, obgleich der explizite Hinweis des § 3 UGB auf die unberechtigte Eintragung auf die Notwendigkeit hinzudeuten scheint, die §§ 1 f. UGB vorab durchzuprüfen. Die Praxis wird aus Gründen der Sachgerechtigkeit auch in Österreich nach der bei → Rn. 13 empfohlenen Methode verfahren.

Anh. § 5: Der Kaufmann kraft Rechtsscheins

Schrifttum: *Canaris,* Vertrauenshaftung, 1971, 180 ff.; *A. Hueck,* Der Scheinkaufmann, ArchBürgR 43 (1919), 415; *Limbach,* Die Lehre vom Scheinkaufmann, ZHR 134 (1970), 289; *Nickel,* Der Scheinkaufmann, JA 1980, 566; *v. Olshausen,* Wider den Scheinkaufmann des ungeschriebenen Rechts, FS Raisch, 1995, 147; *Schäch,* Die kaufmannsähnlichen Personen als Ergänzung zum normierten Kaufmannsbegriff, 1989, 196 ff.

Übersicht

I. Generalia

1 **1. Bedeutung und Genealogie des Rechtsinstituts. a)** ***Staubs*** **Lehre vom Scheinkaufmann.** Die Lehre vom Scheinkaufmann basiert auf folgendem, noch auf der Basis der §§ 1–4 aF formulierten Satz:[1] *„Wer im Rechtsverkehr als Kaufmann auftritt, gilt als Kaufmann, und wer im Rechtsverkehr als Vollkaufmann auftritt, gilt als Vollkaufmann."* Dieser so einleuchtend klingende Satz war bis 1980[2] in der Lit. weithin akzeptiert.[3] Inzwischen ist

[1] *Staub,* 6./7. Aufl. 1900, Rn. 1; näher dazu *Karsten Schmidt* FS Staub, 2006, 109 (116 ff.).

[2] Kritik begründet bei *Karsten Schmidt* HandelsR, 1. Aufl. 1980, § 10 Rn. 114 f.; Versuch einer rechtssoziologischen Abgrenzung bei *Limbach* ZHR 134 (1970), 289 ff.

[3] Zur RG-Rspr. vgl. Heymann/*Förster* Rn. 18.

die fast allgemeine Akzeptanz dieser Lehrmeinung einer gleichfalls fast allgemeinen Skepsis gewichen (→ Rn. 4).[4] Gleichwohl wird das Rechtsinstitut des Scheinkaufmanns bis heute als Bestandteil des geltenden Rechts kommentiert.[5] Dem ist im Grundsatz zuzustimmen. Doch sind Bedeutung und Geltungsbereich des Rechtsinstituts jahrzehntelang überschätzt worden. Der zweite Halbsatz des von *Staub* formulierten Grundsatzes hat sich mit der Handelsrechtsreform erledigt (Streichung des § 4 aF), der erste kommt nur selten zum Zuge.

b) Von einer Lehrmeinung zum Gewohnheitsrechtssatz? Die Lehre vom Scheinkaufmann wird als Bestandteil der allgemeinen Rechtsscheinlehre diskutiert.[6] Das ist richtig (→ Rn. 3). Als bindender Rechtssatz des geltenden Rechts verdient sie aber nur Anerkennung, soweit sie als Gewohnheitsrechtssatz akzeptiert werden kann, und damit in wesentlich engeren als den im Gefolge von *Staub* lange Zeit angenommenen Grenzen (→ Rn. 4 ff.). 2

Der **Normzweck des Gewohnheitsrechtssatzes** ist Teil der allgemeinen Vertrauenshaftung. Es geht bei der Lehre vom Scheinkaufmann um die **Anwendung von Handelsrecht auf Nichtkaufleute aufgrund zurechenbaren Rechtsscheins.**[7] Charakteristisch für diese Rechtsscheinhaftung sind ihre Voraussetzung und ihre Rechtsfolgen: Scheinkaufmann kann nur sein, wer nach dem HGB dem Handelsrecht nicht unterliegt, sich aber den Anschein handelsgewerblicher Tätigkeit zurechnen lassen muss. Folge der Scheinkaufmannregel ist die **Anwendung von Handelsrecht zu Lasten (nicht auch zugunsten) des Scheinkaufmanns** und nur **zugunsten vertrauender Dritter** (nicht also mit Wirkung für und gegen jedermann). 3

c) Kritik und Begrenzung des Scheinkaufmann-Tatbestands. Die am Rechtsinstitut der sog. Scheinkaufmannschaft zu übende **methodische Kritik** hat eine mehrfache Grundlage:[8] Zum einen hat der Scheinkaufmanntatbestand vielfach dazu gedient, die notwendige, aber von der hM standhaft abgelehnte Ausdehnung des Handelsrechts auf andere als die in §§ 1 ff. bezeichneten Unternehmensträger (→ § 1 Rn. 19 ff.)[9] zu substituieren und damit die Rückständigkeit des Gesetzesrechts sowie Defizite des anerkannten Rechtsfortbildungsstandards zu kaschieren.[10] Insbesondere die lange Zeit abgelehnte analoge Anwendung von OHG-Recht auf Gesellschaften bürgerlichen Rechts (zur Änderung dieser Rechtspraxis → 4. Aufl. 2016, § 105 Rn. 275) bewog die Rspr. immer wieder zur Behandlung von BGB-Außengesellschaften als Schein-Handelsgesellschaften (zum gegenwärtigen Stand aber → Rn. 11).[11] Auch außerhalb des Gesellschaftsrechts wurden Rechtsfortbildungsdefizite durch Behandlung von Unternehmen als scheinkaufmännisch ausgeglichen.[12] Dieses Segment der Rspr. und Lit. über den Scheinkaufmann versteht sich als uneingestandene Rechtsfortbildung und sollte durch Analogien zum Handelsrecht abgelöst werden (→ § 1 Rn. 85 ff.). Der Bereich dieser Analogien hat durch die Verbesserung der §§ 1 ff. durch die Handelsrechtsreform an Bedeutung abgenommen. Zum anderen wurde in echten Rechtsscheinfällen nicht selten voreilig mit dem Scheinkaufmann-Tatbestand operiert, etwa wenn schon die Verwendung einer den firmenrechtlichen Bestimmungen der §§ 18 ff. aF 4

[4] Vgl. nur → 1. Aufl. 1996, § 15 Rn. 84 *(Lieb)*; *Canaris* HandelsR § 6 Rn. 7 f.; *Karsten Schmidt* HandelsR § 10 Rn. 114 f.; Staub/*Oetker* § 5 Rn. 25; *v. Olshausen* FS Raisch, 1995, 147 ff.

[5] Baumbach/Hopt/*Hopt* § 5 Rn. 9 ff.; EBJS/*Kindler* § 5 Rn. 49 ff.; Heymann/*Förster* § 5 Rn. 1; KKRD/*Roth* § 15 Rn. 39 f.; Röhricht/Graf v. Westphalen/Haas/*Ries* Rn. 1 ff.; Staub/*Oetker* Rn. 24 ff.

[6] BGH NJW 1966, 1915 (1916); *Canaris* HandelsR § 6 Rn. 8; *Canaris* Vertrauenshaftung S. 180 f.; *Hübner* HandelsR Rn. 68; Baumbach/Hopt/*Hopt* § 5 Rn. 9; EBJS/*Kindler* § 5 Rn. 50; Röhricht/Graf v. Westphalen/Haas/*Ries* Rn. 1; Staub/*Oetker* Rn. 25.

[7] *Canaris* HandelsR § 6 Rn. 8.

[8] *Karsten Schmidt* HandelsR § 10 Rn. 114 ff.; *Karsten Schmidt* FS Staub, 2006, 109 (116 ff.).

[9] *Karsten Schmidt* HandelsR § 2 Rn. 10 ff.; *Karsten Schmidt* FS Staub, 2006, 109 (118 f.).

[10] Kritik bei *Karsten Schmidt* HandelsR § 10 Rn. 123 ff.

[11] BGHZ 61, 59 = NJW 1973, 1691 betr. Wechselrechtsfähigkeit; BGHZ 113, 216 = NJW 1991, 922 betr. Insolvenzrechtsfähigkeit; BGH NJW 1980, 784 betr. Parteifähigkeit; diese Entscheidungen sind überholt; vgl. zur Wechsel- und Scheckfähigkeit BGHZ 146, 358 = NJW 2001, 1601; zur Parteifähigkeit BGHZ 146, 341 = NJW 2001, 1056; zur Insolvenzrechtsfähigkeit § 11 InsO.

[12] BGH NJW 1987, 1940 betr. kaufmännisches Bestätigungsschreiben und Insolvenzverwaltung.

entsprechenden Geschäftsbezeichnung als ausreichend angesehen wurde.[13] Ein solcher Tatbestand rechtfertigt aber noch nicht die Anwendung von Handelsrecht kraft Rechtsscheins (→ Rn. 17 ff.).[14]

5 **Konsequenz** dieser Kritik ist eine **Reduktion des Scheinkaufmann-Tatbestands,** nicht seine generelle Ablehnung. Die Fälle kaschierter Rechtsfortbildung sollten als solche offengelegt und vom Rechtsscheintatbestand des Scheinkaufmanns getrennt werden (schon → Rn. 4). Verbleibende Rechtsscheinfälle sollten auf Tatbestände begrenzt werden, bei denen fehlende Merkmale des gesetzlichen Kaufmannsbegriffs nicht durch Rechtsfortbildung ersetzt, sondern nur zugunsten gutgläubiger Dritter fingiert werden können.[15] Es kann sich deshalb beim Scheinkaufmann nur noch um einen eng zu handhabenden subsidiären Tatbestand handeln (→ Rn. 12).

6 **d) Wandel der Normsituation.** Abgesehen von den methodischen Schwächen des Scheinkaufmanntatbestands ist in mehrfacher Hinsicht ein Wandel der Normsituation zu bemerken: Zum einen hat die **Handelsrechtsreform von 1998** zahlreiche Fälle in das Handelsrecht einbezogen, denen nach dem bis 1998 geltenden Recht nur mit einer analogen Anwendung von Handelsrecht oder mit Rechtsscheinüberlegungen beizukommen war. Insoweit hat der Gesetzgeber Überlegungen über die ungeschriebene Ausdehnung des HGB entbehrlich gemacht (insbesondere die „nichteingetragenen Sollkaufleute" im Bereich von § 2 aF [Wortlaut → § 4 Rn. 2] sind seither durch § 1 Abs. 2 dem Handelsrecht unterstellt; → § 1 Rn. 1). Zum anderen hat die **Bereitschaft der Praxis,** Handelsrecht analog anzuwenden, vor allem im Recht der Personengesellschaften zugenommen (zur Anwendung von OHG-Recht auf BGB-Gesellschaften → § 1 Rn. 45; → 4. Aufl. 2016, § 105 Rn. 275). Die Entwicklung bestätigt damit die hier angenommene Restriktion der Scheinkaufmanntatbestände.

7 **2. Systematik. a) Scheinunternehmer, Scheingesellschaft, Scheingesellschafter und Scheinkaufmann.** Zwischen diesen Tatbeständen ist zu unterscheiden.[16]

8 **aa) Scheinunternehmer.** Scheinunternehmer ist, wer sich als Träger eines Unternehmens geriert, das entweder nicht existiert oder dessen Träger er nicht ist.[17] Ein solches Auftreten kann eine Vertrauenshaftung begründen, kraft derer der Scheinunternehmer wie ein Unternehmensträger behandelt wird.[18] So kann es sich etwa verhalten, wenn ein bisheriger Einzelunternehmer die Übertragung seines Unternehmens oder dessen Einbringung in eine Handelsgesellschaft verschweigt[19] oder wenn sich ein Geschäftsführer oder Prokurist als Inhaber des Gewerbes ausgibt.[20] Nach BGH NJW 2005, 1045 kann ein Scheinunternehmer unter den Unternehmerbegriff des § 14 BGB fallen und den Schutz des Verbraucherrechts (vgl. § 13 BGB) verlieren. Ob dann das Unternehmen als kaufmännisch behandelt wird, ist eine Frage des (Schein-)Kaufmannsbegriffs (→ Rn. 11).

9 **bb) Scheingesellschaft.** Eine Scheingesellschaft ist eine in Wahrheit nicht und nur scheinbar bestehende Gesellschaft.[21] Der Fall der Scheingesellschaft ist von dem einer fehlerhaften Gesellschaft zu unterscheiden, denn diese ist vorhanden, wenn auch auf fehlerhafter Satzungs- oder Vertragsgrundlage (→ 4. Aufl. 2016, § 105 Rn. 258). Der Tatbestand der Scheingesellschaft ist selten. Er gehört in den Bereich der Rechtsscheinhaftung. Im Gegensatz zum Scheinkaufmann-Tatbestand wirkt der Tatbestand der Scheingesellschaft nicht

---

13 Vgl. nur BGHZ 22, 234 (237 f.); OLG Frankfurt BB 1974, 1366 (1367).

14 Kritik bei *Karsten Schmidt* HandelsR § 10 Rn. 131.

15 Auch hierzu *Karsten Schmidt* HandelsR § 10 Rn. 113 ff.

16 Systematik nach *Karsten Schmidt* § 10 Rn. 116 ff.; übereinstimmende Systematik seither bei *Canaris* HandelsR § 6 Rn. 27; Oetker/*Körber* Rn. 35; Röhricht/Graf v. Westphalen/Haas/*Ries* Rn. 16.

17 *Karsten Schmidt* HandelsR § 10 Rn. 117.

18 Vgl. BGHZ 62, 216 = JZ 1975, 323; BAG BB 1979, 1036 = NJW 1979, 2267 Ls.

19 BGHZ 62, 216 = JZ 1975, 323; BGHZ 64, 11 = NJW 1975, 1166 = JR 1975, 459 mAnm *Karsten Schmidt;* OLG Hamm NJW-RR 1995, 418; *Karsten Schmidt* HandelsR § 4 Rn. 96.

20 Vgl. zur Abgrenzung OLG Düsseldorf NJW-RR 1995, 93.

21 *Karsten Schmidt* HandelsR § 10 Rn. 120 f.

gegen diese selbst (sie ist nicht vorhanden), wohl aber ggf. gegen deren vermeintliche Gesellschafter und Organe (→ Rn. 10). Ob die Scheingesellschaft insofern dann auch als Handelsgesellschaft behandelt wird, ist eine Frage des (Schein-)Kaufmannsbegriffs.

cc) Scheingesellschafter. Scheingesellschafter ist, wer entgegen den wirklichen Verhältnissen den Anschein erweckt oder unterhält, er sei (persönlich haftender) Gesellschafter einer (vorhandenen oder nicht vorhandenen) Gesellschaft.[22] Der Scheingesellschafter kann, wenn ein Dritter im Vertrauen auf seine Gesellschaftereigenschaft mit der Gesellschaft Geschäfte abschließt, hierfür kraft Rechtsscheins haften.[23] Die Gesellschaft muss für den Haftungstatbestand nicht in jedem Fall existieren. Eine Scheingesellschaft (→ Rn. 9) kann genügen. Der Scheinsozius einer vorhandenen Gesellschaft kann umgekehrt auch durch rechtsgeschäftliches, nach BGHZ 172, 169 = NJW 2007, 2490 auch durch deliktisches Handeln Gesellschaftsverbindlichkeiten begründen. Das ADHGB ließ jede Person als Scheingesellschafter haften, deren Name in der Firma verwendet wird (vgl. Art. 168, 257 ADHGB). Das ist nicht mehr geltendes Recht (vgl. besonders zu Kommandistennamen in der Firma → § 18 Rn. 105; OLG Zweibrücken ZIP 2006, 1772). Nach BGHZ 146, 341 = NJW 2001, 1056 reicht die bloße Verwendung des Namens in der Geschäftsbezeichnung nicht ohne weiteres aus, um einen Nichtgesellschafter als Scheingesellschafter haften zu lassen. Wegen der Einzelheiten ist auf die Kommentierung zu § 105 zu verweisen (→ 4. Aufl. 2016, § 105 Rn. 260). 10

dd) Scheinkaufmann. Als Scheinkaufmann ist demgegenüber nur zu bezeichnen, wer gegenüber vertrauenden Dritten als Unternehmer dem Handelsrecht unterstellt wird, weil er den Anschein erweckt, dass ein vorhandenes oder nicht einmal vorhandenes Unternehmen die Voraussetzungen der §§ 1 ff. erfüllt.[24] Der Scheinkaufmann ist entweder Unternehmer (dann kann sich der Rechtsschein nur auf die Merkmale der kaufmännischen Qualifikation nach §§ 1 ff. beziehen) oder bloß Schein-Unternehmer (wenn auch das Unternehmen selbst nur dem Anschein nach vorhanden ist). Handelt es sich bei dem Scheinkaufmann um eine Personengesellschaft, so ist dies eine BGB-Gesellschaft oder Partnerschaftsgesellschaft, die als **Schein-Handelsgesellschaft** (Schein-OHG oder Schein-KG) dem HGB unterstellt wird (→ 4. Aufl. 2016, § 105 Rn. 259). 11

b) Verhältnis zu anderen Tatbeständen. aa) §§ 1 ff. Im Verhältnis zu den §§ 1 ff. besteht Subsidiarität.[25] Soweit aufgrund der §§ 1–6 Handelsrecht anzuwenden ist, bedarf es nicht des Scheinkaufmann-Tatbestands. Nichts anderes gilt aber entgegen der Praxis früherer Jahrzehnte (→ Rn. 4) auch für die Anwendung von OHG-Recht auf Außengesellschaften bürgerlichen Rechts (→ 4. Aufl. 2016, § 105 Rn. 275). Überhaupt hat die analoge Anwendung von Handelsrecht (→ § 1 Rn. 85 ff.) Vorrang vor der Anwendung des Scheinkaufmanntatbestands (→ Rn. 5). 12

bb) § 5. Auch § 5 hat Vorrang.[26] Dieser Vorrang löst kein Konkurrenzproblem, sondern ein Tatbestandsproblem. Der Tatbestand des § 5 lässt die Frage der Scheinkaufmannseigenschaft nicht aufkommen. Die Bestimmung ist kein Rechtsscheintatbestand (→ § 5 Rn. 2) und nach der hier vertretenen Auffassung auch keine bloße Fiktion (→ § 5 Rn. 10). Sie wirkt nicht nur gegen, sondern auch für den Eingetragenen und stets auch für und gegen jeden Dritten (→ § 5 Rn. 32). Nach der hier vertretenen weiten Handhabung des § 5 (→ § 5 Rn. 23 f.) bedeutet das im Ergebnis: Wer unberechtigterweise als Träger eines Unternehmens im Handelsregister eingetragen ist, ist ausnahmslos Kaufmann nach § 5, nicht bloß Scheinkaufmann. 13

---

22 *Karsten Schmidt* HandelsR § 10 Rn. 122; s. jetzt auch *Canaris* HandelsR § 6 Rn. 27.

23 BGHZ 17, 13 = NJW 1955, 985; RG JW 1898, 163; BGH NZG 2012, 221 = ZIP 2012, 369; *Karsten Schmidt* HandelsR § 10 Rn. 122.

24 *Karsten Schmidt* HandelsR § 10 Rn. 123; ebenso jetzt Oetker/*Körber* Rn. 35.

25 EBJS/*Kindler* § 5 Rn. 52; Staub/*Oetker* § 5 Rn. 26.

26 *Canaris* HandelsR § 6 Rn. 9.

14 **cc) § 15.** Nach hM hat § 15 Vorrang (so auch → § 15 Rn. 111).[27] § 15 hat allerdings im Bereich des § 5 keinen und im Bereich der Scheinkaufleute keinen nennenswerten Anwendungsbereich (auch → § 5 Rn. 16; sehr str.; näher → § 15 Rn. 19). Wer zu Unrecht (noch) im Handelsregister eingetragen und dementsprechend bekannt gemacht ist, unterliegt dem Handelsrecht nach § 5, nicht gem. § 15 und erst recht nicht als bloßer Scheinkaufmann.[28] Nach der hier vertretenen weiten Auslegung (→ § 5 Rn. 23 f.) gilt § 5, wenn ein Nichtkaufmann unrichtig als Kaufmann im Handelsregister eingetragen oder nicht gelöscht ist. § 15 käme deshalb nur in dem theoretischen Fall zum Zuge, dass eine Löschung noch nicht bekanntgemacht (§ 15 Abs. 1) oder eine gar nicht vorhandene Eintragung bekanntgemacht ist (§ 15 Abs. 3). Im Zusammenhang mit dem Scheinkaufmann-Tatbestand interessiert allein **§ 15 Abs. 2** und damit die Frage: Kann, wenn der Fortfall der Kaufmannseigenschaft richtig im Handelsregister eingetragen und richtig bekanntgemacht ist, trotzdem der Rechtsschein der Kaufmannseigenschaft zum Zuge kommen? Das ist zu bejahen.[29] Konkreter Rechtsschein kann stärker sein als die rechtsscheinhemmende Wirkung des § 15 Abs. 2 (→ § 15 Rn. 79 ff.). Dazu gehört beispielsweise die Weiterverwendung unrichtig gewordener Firmenbögen (→ Rn. 18). Doch ist dies kein Beispiel für eine Anwendung des § 15, sondern ein Anwendungsfall des Scheinkaufmann-Tatbestands. So bleibt für § 15 nur der Fall, dass ein kaufmännisches Unternehmen (§ 1 Abs. 2) zunächst ohne Eintragung betrieben und die Einstellung oder Verkleinerung dieses Unternehmens nicht eingetragen und bekanntgemacht worden ist. Zur Frage, ob dieser Fall trotz fehlender Voreintragung unter § 15 Abs. 1 fällt, → § 15 Rn. 39 f.

15 **dd) Sonstige Tatbestände der Vertrauenshaftung.** Obwohl Bestandteil der allgemeinen Rechtsscheinlehre (→ Rn. 3) muss doch der Scheinkaufmann-Tatbestand von sonstigen handels- und gesellschaftsrechtlichen Tatbeständen der Rechtsscheinzurechnung unterschieden werden.[30] Nur wer kraft Rechtsschein als Kaufmann behandelt wird, ist Scheinkaufmann. Hiervon zu unterscheiden ist zB die Vertrauenshaftung des Vertreters ohne Vertretungsmacht (§ 179 BGB) oder eines Vertreters, der wegen fehlenden Hinweises auf eine Haftungsbeschränkung neben dem Unternehmensträger (zB der GmbH oder GmbH & Co. KG) für deren Verbindlichkeit einzustehen hat (→ § 19 Rn. 35; → § 37a Rn. 15).

II. Tatbestand und Rechtsfolgen

16 **1. Tatbestand. a) Nichtkaufmännischer Rechtsträger.** Scheinkaufmann kann nur ein vorhandener Rechtsträger sein, denn es geht darum, einen nichtkaufmännischen Rechtsträger wie einen Kaufmann zu behandeln (demgegenüber zur Scheingesellschaft → Rn. 9). Der Rechtsträger kann natürliche Person, Körperschaft oder Personengesellschaft sein (zur Bedeutung des letzten Falls → Rn. 11). Dagegen ist der Tatbestand der Scheingesellschaft vom Scheinkaufmanntatbestand zu unterscheiden (→ Rn. 9). Der vorhandene Rechtsträger darf, wenn der Tatbestand des Scheinkaufmanns zum Zuge kommen soll, nicht Kaufmann sein (vgl. → Rn. 12: Subsidiarität des Tatbestands).[31] Nach der hier vertretenen extensiven bzw. analogen Anwendung des § 5 bedeutet dies, dass der Tatbestand des Scheinkaufmanns bei im Handelsregister eingetragenen Rechtsträgern nicht zum Zuge kommt (nämlich → § 5 Rn. 22 ff.). Die hM muss bei eingetragenen Nichtgewerbetreibenden auf den Tatbestand des Scheinkaufmanns zurückgreifen. Als Scheinkaufleute in Betracht kommen im Wesentlichen nichteingetragene Rechtsträger, die als „Vollgewerbebetrieb

[27] *Canaris* HandelsR § 6 Rn. 10; Baumbach/Hopt/*Hopt* § 15 Rn. 3; EBJS/*Kindler* § 5 Rn. 52; Oetker/*Körber* Rn. 34.

[28] Nur iErg wie hier *Canaris* HandelsR § 6 Rn. 10: Subsidiarität des Scheinkaufmannstatbestands auch gegenüber § 15.

[29] Wie hier jetzt Oetker/*Körber* Rn. 34.

[30] Das ist versäumt bei Baumbach/Hopt/*Hopt* § 5 Rn. 10.

[31] EBJS/*Kindler* § 5 Rn. 52.

(→ § 1 Rn. 68) auftreten, obwohl sie unter § 2 oder § 3 fallen oder überhaupt kein Gewerbe betreiben.[32]

17 **b) Objektiver Rechtsscheintatbestand.** Der objektive Rechtsscheintatbestand besteht im Auftreten als Kaufmann.[33] Eine Schwierigkeit besteht darin, dass der Kaufmanntatbestand des HGB keine volle Entsprechung in der Welt der Tatsachen findet (auch → § 5 Rn. 10).[34] In einfachen Worten formuliert, ist deshalb nicht ohne weiteres festzustellen, wie man das macht: „sich als Kaufmann gerieren". Es kommt darauf an, dass eine dem HGB entsprechenden Kaufmannseigenschaft simuliert wird: Dazu gehört ein vorhandenes oder seinerseits nur vermeintliches gewerbliches Unternehmen (→ Rn. 11) sowie der Anschein, dass dieses Unternehmen gewerblicher Art ist und kaufmännischer Einrichtungen bedarf. Insofern umfasst der Scheinkaufmann-Tatbestand **zwei Varianten,** die auch zusammentreffen könnten (→ Rn. 11):[35] (1) das Auftreten eines Nicht-Unternehmensträgers als Träger eines (vorhandenen oder nicht vorhandenen) Unternehmens[36] und (2) das Auftreten des Trägers eines nichtkaufmännischen Unternehmens als kaufmännisch.[37]

18 **Ausreichend** ist demgemäß **beispielsweise** die ausdrückliche Erklärung, Kaufmann im Rechtssinne(!) zu sein,[38] insbesondere die Behauptung, im Handelsregister eingetragen zu sein. Gleichermaßen gehört hierher die Verwendung eines der in § 19, § 4 AktG, § 4 GmbHG vorgeschriebenen Rechtsformzusätze.[39] Überhaupt begründet die Verwendung eines zwingend auf die Handelsgewerblichkeit hindeutenden Rechtsformzusatzes einen entsprechenden Rechtsschein (zB OHG, KG oder auch e. K. bzw. e. Kfr.).[40] Auch wer einen Bevollmächtigten „ppa" zeichnen lässt (vgl. § 51), geriert sich als Kaufmann im Rechtssinne.[41] Die Simulation eines Vollunternehmens durch Größenmerkmale („Fabrik", „Industries", „Europäische …", „Norddeutsche …", „Süddeutsche …", „Berliner …") genügt, wenn der Rechtsverkehr auf den Tatbestand des § 1 Abs. 2 schließen muss (nicht ausreichend deshalb „Berliner Kleinkunstbühne").

19 **Einzelfallabhängig** ist, ob die **Inanspruchnahme kaufmännischer Einrichtungen** ausreicht.[42] Nicht ausreichend ist in der Regel die Verwendung einer dem § 18 entsprechenden Firma (→ Rn. 20) ohne einen handelsrechtlichen Firmenzusatz (→ Rn. 18). Der bisweilen diskutierte Fall, dass ein kaufmännisch eingerichteter Geschäftsbetrieb vorhanden, aber nicht erforderlich ist,[43] dürfte im Rechtsverkehr keine praktische Bedeutung haben[44] und begründet keine Scheinkaufmannseigenschaft, sofern nicht eine nicht vorhandene Größe vorgespiegelt wird.[45] Die Verwendung kaufmännischer Bestätigungsschreiben kann die Scheinkaufmannseigenschaft begründen,[46] doch ist Vorsicht geboten, weil Bestätigungsschreiben auch im Unternehmensverkehr von Nichtkaufleuten benutzt werden können

32 Vgl. näher EBJS/*Kindler* § 5 Rn. 54.
33 Vgl. näher EBJS/*Kindler* § 5 Rn. 56 f.; Oetker/*Körber* Rn. 37; Röhricht/Graf v. Westphalen/Haas/*Ries* Rn. 2 ff.
34 *Karsten Schmidt* HandelsR § 10 Rn. 131.
35 Wie hier jetzt Oetker/*Körber* Rn. 37 ff.
36 Beispiel: OLG Hamm NJW-RR 1995, 418 zur Rechtsscheinhaftung des Unternehmensveräußerers als Scheinunternehmer.
37 Beispiel BGH NJW 1980, 784 (785) zum Auftreten einer GbR als „Kommanditgesellschaft".
38 *Canaris* HandelsR § 6 Rn. 11; *Karsten Schmidt* HandelsR § 10 Rn. 131; EBJS/*Kindler* § 5 Rn. 56; Oetker/*Körber* Rn. 38.
39 Wie hier jetzt Oetker/*Körber* Rn. 38.
40 Baumbach/Hopt/*Hopt* § 5 Rn. 10; EBJS/*Kindler* § 5 Rn. 74; Röhricht/Graf v. Westphalen/Haas/*Ries* Rn. 11; Staub/*Oetker* § 5 Rn. 28 f.; charakteristisch etwa BGHZ 61, 59 = NJW 1973, 1691 – die Entscheidung ist allerdings im Ansatz überholt, seitdem der BGH die Wechselrechtsfähigkeit auch der BGB-Gesellschaft anerkennt und deshalb den Rechtsschein nicht mehr benötigt.
41 *Karsten Schmidt* HandelsR § 10 Rn. 131; KKRD/*Roth* § 15 Rn. 46; Oetker/*Körber* Rn. 41; Röhricht/Graf v. Westphalen/Haas/*Ries* Rn. 7.
42 Näher EBJS/*Kindler* § 5 Rn. 59 f.; Oetker/*Körber* Rn. 43.
43 EBJS/*Kindler* § 5 Rn. 64.
44 So wohl auch *Canaris* HandelsR § 6 Rn. 17.
45 Überzeugend Röhricht/Graf v. Westphalen/Haas/*Ries* Rn. 8.
46 BGH NJW 1987, 1940 (aber in unrichtiger Anwendung auf Insolvenzverwalter).

(→ 4. Aufl. 2018, § 346 Rn. 154). Die Eintragung im Branchen-Telefonbuch kann zwar Vorspiegelung eines vielleicht nicht vorhandenen Unternehmens sein, begründet aber nicht ohne Weiteres die speziell handelsrechtliche Eigenschaft als Scheinkaufmann.[47] Dasselbe gilt für die Angabe einer „Firmenadresse“.[48] Stets kommt es darauf an, dass der Rechtsverkehr auf eine kaufmännische Unternehmerstellung schließen müsste.

20 **In der Regel nicht ausreichend** ist die untechnische Verwendung der Berufsbezeichnung „Kaufmann“,[49] denn diese Bezeichnung deutet in der Alltagssprache nur auf eine kaufmännische Berufsausübung, nicht auf Unternehmensträgerschaft hin. Auch die von einem AGB-Verwender untergeschobene Versicherung, „Kaufmann“ zu sein, reicht in der Regel nicht aus.[50] Nicht ausreichend ist die Verwendung einer den Anforderungen des § 18 genügenden Geschäftsbezeichnung ohne kaufmännischen Rechtsformzusatz.[51] Auch das Zeichen „&“ in einer Geschäftsbezeichnung macht aus dieser noch nicht die Schein-Firma eines Scheinkaufmanns.[52] Ebenso wenig genügt die Verwendung von Kommunikationstechniken, die üblicherweise auf Kaufmannseigenschaft schließen lassen (AGB, früher auch Postfächer, Telegrammadressen, Frankiermaschinen).[53] Nicht ausreichend ist auch die Vornahme einzelner Rechtsakte in einer nur dem Kaufmann eröffneten Form, zB die Abgabe mündlicher Bürgschaftserklärungen[54] oder der Abschluss einer Gerichtsstandsvereinbarung.[55] Wollte man dies anders sehen, so liefe der den Nichtkaufleuten zugedachte Schutz durch Formvorschriften leer.

21 **c) Zurechnung des Rechtsscheins.** Entscheidend ist, dass der als Scheinkaufmann zu behandelnde Rechtsträger den Rechtsschein veranlasst oder gekannt und geduldet hat.[56] Unkenntnis von der fehlenden Kaufmannseigenschaft entlastet den Scheinkaufmann nicht.[57] Eigenes Tun oder Dulden ist nicht notwendig erforderlich, sofern die Zurechnungsvoraussetzungen gegeben sind (Beispiele: Erklärung eines Gesellschaftsorgans oder eines Prokuristen).[58] Der Zurechnungstatbestand ist nicht rechtsgeschäftlicher Art, folglich nicht durch Anfechtung behebbar.[59] Bei nicht oder nicht voll geschäftsfähigen Personen ist eine Zurechnung nicht ausgeschlossen.[60] Zwar genügt in der Regel nicht das scheinkaufmännische Handeln des Minderjährigen selbst,[61] wohl aber die Zurechnung von Vertreterverhalten (gesetzliche Vertreter, Prokuristen etc).[62] Ggf. schützt aber die Haftungsbeschränkung nach § 1629a BGB.

22 **d) Schutzwürdigkeit des Dritten.** Der Dritte muss **gutgläubig** sein. Positive Kenntnis oder grob fahrlässige Unkenntnis von der fehlenden Kaufmannseigenschaft macht ihn bösgläubig.[63] Nichts anderes bedeutet im Ergebnis das Kriterium der eine Schutzwürdigkeit

---

47 *Karsten Schmidt* HandelsR § 10 Rn. 131; Röhricht/Graf v. Westphalen/Haas/*Ries* Rn. 7.

48 Röhricht/Graf v. Westphalen/Haas/*Ries* Rn. 7; Staub/*Oetker* § 5 Rn. 29.

49 OLG Düsseldorf NJW-RR 1995, 93; *Karsten Schmidt* HandelsR § 10 Rn. 131; Oetker/*Körber* Rn. 39; jetzt wohl auch Röhricht/Graf v. Westphalen/Haas/*Ries* Rn. 15.

50 EBJS/*Kindler* § 5 Rn. 58.

51 *Canaris* HandelsR § 6 Rn. 14; *Karsten Schmidt* HandelsR § 10 Rn. 131; Baumbach/Hopt/*Hopt* § 5 Rn. 10; Röhricht/Graf v. Westphalen/Haas/*Ries* Rn. 9 f.; viel zu streng BGHZ 22, 234 (237 f.); OLG Frankfurt BB 1974, 1366 (1367); bedenklich auch EBJS/*Kindler* § 5 Rn. 60.

52 *Karsten Schmidt* HandelsR § 10 Rn. 131; Oetker/*Körber* Rn. 42.

53 *Canaris* HandelsR § 6 Rn. 17; Röhricht/Graf v. Westphalen/Haas/*Ries* Rn. 7.

54 OLG Düsseldorf NJW-RR 1995, 93 (94).

55 Nach LG Freiburg NJW-RR 1999, 1505 kann sogar eine kaufmännisch tätige Gesellschaft trotz Prorogationsvereinbarung „Schein-Nichtkaufmann“ sein.

56 Vgl. BGH NJW 1962, 2196 (2197 f.); EBJS/*Kindler* § 5 Rn. 66; KKRD/*Roth* § 15 Rn. 53; Röhricht/Graf v. Westphalen/Haas/*Ries* Rn. 27; Staub/*Oetker* § 5 Rn. 32.

57 *Canaris* HandelsR § 6 Rn. 20.

58 So wohl auch Röhricht/Graf v. Westphalen/Haas/*Ries* Rn. 27 ff.

59 HM; vgl. nur Baumbach/Hopt/*Hopt* § 5 Rn. 11; Röhricht/Graf v. Westphalen/Haas/*Ries* Rn. 30.

60 *Karsten Schmidt* HandelsR § 10 Rn. 136; *Karsten Schmidt* JuS 1990, 517 ff.; aA Baumbach/Hopt/*Hopt* § 5 Rn. 11; EBJS/*Kindler* § 5 Rn. 68.

61 Röhricht/Graf v. Westphalen/Haas/*Ries* Rn. 29; Staub/*Oetker* § 5 Rn. 33.

62 Vgl. auch Röhricht/Graf v. Westphalen/Haas/*Ries* Rn. 29; Staub/*Oetker* § 5 Rn. 33.

63 *Karsten Schmidt* HandelsR § 10 Rn. 138; EBJS/*Kindler* Rn. 71 f.; Oetker/*Körber* Rn. 48; Röhricht/Graf v. Westphalen/Haas/*Ries* Rn. 31.

ausschließenden „Evidenz".[64] Umstritten ist, ob bereits einfache Fahrlässigkeit als schädlich angesehen werden kann.[65] Man wird die Frage verneinen müssen, weil und wenn der objektive Tatbestand des Sich-als-Kaufmann-Gerierens auf massive Vertrauenssignale begrenzt wird.[66] In der Lit. wird die Bedeutung der Frage ebenso überschätzt wie herkömmlich die Tragweite des Scheinkaufmann-Tatbestands überschätzt wurde. Insbesondere ist der Scheinkaufmann-Tatbestand nicht schon dann ausgeschlossen, wenn der Rechtsschein durch Einsicht des Handelsregisters hätte zerstört werden können.[67]

e) Dispositionszusammenhang. Der Dritte muss im Vertrauen auf die Kaufmannsei- 23
genschaft Entschließungen rechtsgeschäftlicher oder tatsächlicher Art vorgenommen haben.[68] An die psychologische Seite (Kenntnis des Rechtsscheintatbestands und Kausalität des Vertrauens) sollten keine übertriebenen Anforderungen gestellt werden.[69] Es genügt, dass der Dritte aufgrund des Rechtsscheintatbestands keine Bedenken erkennt und bei Kenntnis des wahren Sachverhalts typischerweise mit einer anderen Entscheidung zu rechnen gewesen wäre.[70]

f) Beweislast. Der vertrauende Dritte trägt die Beweislast sowohl für den objektiven 24
als auch für den subjektiven Tatbestand des Vertrauensschutzes als auch für den Zurechnungszusammenhang.[71] Der gute Glaube des Dritten wird allerdings vermutet, wenn der objektive Vertrauenstatbestand feststeht.[72] Ein Teil der Lit. will die Beweislast auch in puncto Kausalität zu Lasten des potentiellen Scheinkaufmanns umkehren und ihm die Darlegung und den Beweis aufbürden, dass der Dritte bei Kenntnis des wahren Sachverhalts ebenso gehandelt, insbesondere ebenso kontrahiert hätte.[73] Das ist schwerlich zumutbar und obendrein überflüssig, wenn man nicht übertriebene Anforderungen an den Dispositionszusammenhang stellt.

2. Rechtsfolgen. a) Anwendung des Handelsrechts. Der Scheinkaufmann wird im 25
Rahmen des zurechenbaren Rechtsscheins und des Dispositionszusammenhangs hinsichtlich der privatrechtlichen Regeln des Geschäftsverkehrs wie ein Kaufmann behandelt.[74] Das gilt auch für die Verdrängung zivilrechtlicher Schutzvorschriften.[75] Insbesondere kann die Prorogation gem. § 38 Abs. 1 ZPO durch einen Scheinkaufmann wirksam sein.[76] Dies alles gilt nicht nur für scheinkaufmännisch agierende Freiberufler oder Gewerbetreibende,[77] sondern für alle Scheinkaufleute iSd → Rn. 16 ff.[78] Die Anwendung dieser Bestimmungen ist insbesondere nicht auf den Fall arglistiger Vorspiegelung der Kaufmannseigenschaft beschränkt.[79]

---

64 Dafür *Canaris* HandelsR § 6 Rn. 71.
65 So zB Baumbach/Hopt/*Hopt* § 5 Rn. 12; unentschieden Oetker/*Körber* Rn. 48.
66 *Karsten Schmidt* HandelsR § 10 Rn. 138.
67 EBJS/*Kindler* Rn. 73.
68 Baumbach/Hopt/*Hopt* § 5 Rn. 13; Röhricht/Graf v. Westphalen/Haas/*Ries* Rn. 33; Staub/*Oetker* § 5 Rn. 39.
69 *Karsten Schmidt* HandelsR § 10 Rn. 139 mit Hinweis auf BGHZ 61, 59 = NJW 1973, 1691; dazu *Canaris* NJW 1974, 455; *Karsten Schmidt* JZ 1974, 219.
70 *Karsten Schmidt* HandelsR § 10 Rn. 139 mit Hinweis auf BGHZ 61, 59 = NJW 1973, 1691; dazu *Canaris* NJW 1974, 455; *Karsten Schmidt* JZ 1974, 219.
71 *Canaris* HandelsR § 6 Rn. 76; *Hübner* HandelsR Rn. 73; Oetker/*Körber* Rn. 52; Röhricht/Graf v. Westphalen/Haas/*Ries* Rn. 34.
72 Vgl. nur *Canaris* HandelsR § 6 Rn. 72; Baumbach/Hopt/*Hopt* § 5 Rn. 12; Oetker/*Körber* Rn. 53.
73 Vgl. nur *Hübner* HandelsR Rn. 74.
74 *Karsten Schmidt* HandelsR § 10 Rn. 141; EBJS/*Kindler* § 5 Rn. 80.
75 Vgl. *Karsten Schmidt* HandelsR § 10 Rn. 141; EBJS/*Kindler* § 5 Rn. 81; Röhricht/Graf v. Westphalen/Haas/*Ries* Rn. 43 ff.
76 OLG Frankfurt BB 1974, 1366; Musielak/Voit/*Heinrich* ZPO § 38 Rn. 10; Zöller/*Vollkommer* ZPO § 38 Rn. 18, gegen die früher vertretene Ansicht.
77 So aber *Canaris* HandelsR § 6 Rn. 23 ff.; EBJS/*Kindler* § 5 Rn. 81–83.
78 *Karsten Schmidt* HandelsR § 10 Rn. 141 ff.; Röhricht/Graf v. Westphalen/Haas/*Ries* Rn. 43 f.
79 AA Staub/*Brüggemann*, 4. Aufl. 1995, Rn. 45.

26 **b) Wirkung zu Lasten des Scheinkaufmanns.** Der Rechtsscheintatbestand wirkt niemals zu Gunsten, sondern nur zu Lasten des Scheinkaufmanns.[80] Eine Anwendung zugunsten des Scheinkaufmanns und zu Lasten eines Dritten kommt nur unter den engen Voraussetzungen des Missbrauchseinwands nach § 242 BGB in Betracht.[81] Über die Wirkung zugunsten Dritter → Rn. 32.

27 Nach **hM** besteht ein **Wahlrecht des Dritten:**[82] Er soll entscheiden dürfen, ob die handelsrechtlichen Grundsätze zum Zuge kommen oder nicht. Nur in Fällen typischer Verkehrserheblichkeit soll dieses Wahlrecht entfallen.[83] Das Wahlrecht gilt als unteilbar[84] und lässt nach hM keine Folgen zu, durch die sich der Vertrauende besser stellen würde als bei Richtigkeit des Fiktivsachverhalts.[85] **Dieser hM ist nicht zu folgen.** Eine Disposition über den Rechtsscheintatbestand in dem Sinne, dass etwa vorprozessual oder auf Befragen des Richters in endgültig verbindlicher Weise über die Rechtsscheinfolgen verfügt würde, ist reine Theorie und nicht einmal als Theorie akzeptabel. Das vermeintliche Wahlrecht erschöpft sich in prozessualer Strategie. Es wird durch den Sachvortrag der Parteien im Prozess ausgeübt. Ergeben sich aus diesem die Voraussetzungen des Rechtsscheinschutzes, so hängt dieser Schutz nicht davon ab, ob der vertrauende Dritte den Rechtsscheinschutz „gewählt" oder diesen Schutz abgelehnt hat. Insbesondere gibt es weder ein Recht noch eine Pflicht des Gerichts, den vertrauenden Dritten über die Ausübung des Wahlrechts zu befragen.

28 **c) Subjektive und objektive Grenzen. aa) Subjektive Grenzen.** Der Scheinkaufmanntatbestand wirkt nicht erga omnes, sondern nur zu Gunsten des individuell Vertrauenden. Ganz anders als im Fall des § 5 begründet der Vertrauenstatbestand deshalb keine Kaufmannseigenschaft. Der Rechtsscheinschutz setzt vielmehr die fehlende Kaufmannseigenschaft voraus.

29 **bb) Dauer des Vertrauenstatbestands.** Nur bezogen auf ein Verhalten während der Zurechnungsdauer wirkt der Rechtsscheintatbestand.[86] Erst nachträglich erlangte Kenntnis von der Nicht-Kaufmannseigenschaft schadet dem Dritten allerdings nicht.

30 **cc) Sonstige objektive Grenzen.** Auch für die Dauer des Rechtsscheins wird der Scheinkaufmann nicht in jeder Hinsicht einem Kaufmann gleichgestellt. Vielmehr geht es immer nur um die Anwendung bestimmter Tatbestände zugunsten individueller gutgläubiger Dritter im Rahmen des bei → Rn. 23 beschriebenen Dispositionszusammenhangs. Insofern wirkt der „Scheinkaufmann"-Tatbestand nicht wie der Tatbestand des Formkaufmanns (→ § 6 Rn. 1 ff.), des Kaufmanns kraft Eintragung (§§ 2, 3, 5) oder des Kaufmanns kraft Gewerbebetriebs (§ 1) statusbegründend, sondern er kommt nur bei der Anwendung einzelner Normen zugunsten einzelner Verkehrsteilnehmer zum Zuge.[87]

31 **d) Praktische Beispiele.** Anwendungsbeispiele sind nicht mehr viele zu nennen, weil der sich hinter der Praxis zum sog. Scheinkaufmann verbergende Rechtsfortbildungsbedarf vor allem im Personengesellschaftsrecht anderweitig gedeckt ist. Angewandt werden zB die Regeln über das Schweigen im Rechtsverkehr (→ 4. Aufl. 2018, § 362 Rn. 17), insbesondere über das Schweigen auf ein kaufmännisches Bestätigungsschreiben (→ 4. Aufl. 2018, § 346 Rn. 154). Gerade die letzteren setzen aber richtigerweise gar

---

80 *Karsten Schmidt* HandelsR § 10 Rn. 144; EBJS/*Kindler* § 5 Rn. 87; Heymann/Förster § 5 Rn. 21.

81 Zur Bedeutung des § 242 BGB vgl. ausf. EBJS/*Kindler* § 5 Rn. 84.

82 *Canaris* HandelsR § 6 Rn. 81; Baumbach/Hopt/*Hopt* Rn. 15; EBJS/*Kindler* § 5 Rn. 80; Heymann/Förster § 5 Rn. 21; KKRD/*Roth* § 15 Rn. 58; Röhricht/Graf v. Westphalen/Haas/*Ries* Rn. 35, 42; iErg auch Staub/*Oetker* § 5 Rn. 41.

83 Baumbach/Hopt/*Hopt* Rn. 15.

84 EBJS/*Kindler* § 5 Rn. 80; s. auch Staub/*Oetker* § 5 Rn. 42: „Unteilbarkeit des Rechtsscheintatbestandes".

85 BGHZ 61, 59 (66) = NJW 1973, 1691; *Canaris* HandelsR § 6 Rn. 82; EBJS/*Kindler* § 5 Rn. 80; Röhricht/Graf v. Westphalen/Haas/*Ries* Rn. 42.

86 *Karsten Schmidt* HandelsR § 10 Rn. 145.

87 Vgl. auch Oetker/*Körber* Rn. 57: Der Scheinkaufmann sei „kein Kaufmann kraft Rechtsscheins"; vgl. demgegenüber zur Unteilbarkeit des Tatbestands Staub/*Oetker* § 5 Rn. 42.

nicht die Kaufmannseigenschaft voraus, sondern nur die Teilnahme am kaufmännischen Rechtsverkehr (→ 4. Aufl. 2018, § 346 Rn. 154). Den Scheinkaufmann trifft auch zB die Rügelast nach § 377 (→ 4. Aufl. 2018, § 377 Rn. 8 ff.).

Umstritten ist, ob ein Scheinkaufmann einen gutgläubigen Erwerb iSv **§ 366** einleiten 32 kann (→ 4. Aufl. 2018, § 366 Rn. 28 f.). In der Lit. wird diese Frage größtenteils bejaht.[88] Wegen der Drittwirkung des gutgläubigen Erwerbs gegen den wahren Berechtigten wird dagegen die Ausdehnung des § 366 auf Scheinkaufleute von der Gegenansicht zum Teil als über die Rechtswirkungen der allgemeinen Vertrauensschutzlehre hinausgehend verneint.[89] Der BGH hat die Frage unentschieden gelassen.[90] Richtig ist, dass der Scheinkaufmann-Tatbestand nur zu Lasten des Scheinkaufmanns geht und nicht zu Lasten Dritter (→ Rn. 26). Der gutgläubige Erwerb geht aber zu Lasten des wahren Berechtigten. Erkennt man, dass der Rechtssatz vom Scheinkaufmann, soweit er nach → Rn. 16 ff. Anerkennung verdient, Gewohnheitsrechtsgeltung hat (→ Rn. 2 f.), so handelt es sich um eine dem § 366 immanente Rechtsfrage. Die Diskussion verdeckt insoweit ein dem § 366 immanentes Problem: die Frage der Anwendbarkeit des § 366 auf alle Unternehmensträger und auf Veräußerungsgeschäfte im allgemeinen Unternehmensverkehr.[91] Bezogen auf die Kaufmannseigenschaft des Veräußerers geht es insofern richtigerweise nicht um einen Gutglaubensschutz, sondern um den objektiven Anwendungsbereich des § 366.

III. Der sog. Schein-Nichtkaufmann

1. Herrschende Meinung. a) Tatbestand. Gegenstück zum Tatbestand des Schein- 33 kaufmanns ist nach hM der **Tatbestand des Schein-Nichtkaufmanns** (zu diesem auch → § 15 Rn. 111 f.).[92] Es handelt sich um den Fall, dass ein Rechtsträger, der Kaufmann iSd §§ 1 ff. ist, einen die objektiv vorhandene Kaufmannseigenschaft verdeckenden Rechtsschein setzt.[93] Gedacht wird etwa daran, dass einem kaufmännischen Käufer verschwiegen wird, dass ein beiderseitiger Handelskauf vorliegt (vgl. § 377), weshalb der Käufer die Rügefrist des § 377 in dem Glauben, es bedürfe keiner Rüge, versäumt.[94] Gedacht wird ferner an den Fall, dass ein scheinbarer Nichtkaufmann eine Gerichtsstandsvereinbarung trifft und sich ein Vertragspartner darauf einrichtet, dass diese Gerichtsstandsvereinbarung nicht wirksam getroffen werden kann.[95]

b) Sachverhaltsgestaltungen. Sachverhaltsgestaltungen lassen sich in vielfacher Weise 34 denken. In Betracht käme etwa die ausdrückliche Behauptung, Nichtunternehmer zu sein, oder die absichtliche Nichtverwendung vorgeschriebener Geschäftsbriefe, um den Kaufmannsstatus zu verdecken.

c) Herrschende Meinung. Die hM schreibt dem Tatbestand des Schein-Nichtkauf- 35 manns eine Rechtsregel zu, nach der der sich als Nichtkaufmann gerierende Kaufmann kraft Rechtsscheins zu seinem Nachteil wie ein Nicht-Kaufmann behandelt wird. Beispielsweise soll sich eine OHG oder KG, wenn sie sich als Gesellschaft bürgerlichen Rechts ausgegeben hat, nicht auf eine in ihren AGB enthaltene Gerichtsstandsvereinbarung (§ 38 ZPO) berufen dürfen.[96] Soweit es (nur) um die Nicht-Eintragung im Handelsregister geht,

---

88 So iErg *Canaris* HandelsR § 6 Rn. 26; *Hübner* HandelsR Rn. 78; Röhricht/Graf v. Westphalen/Haas/*Ries* Rn. 47; Staub/*Oetker* § 5 Rn. 47.

89 OLG Düsseldorf NJW-RR 1999, 615 = JuS 1999, 921 *(Karsten Schmidt)*; *Karsten Schmidt* HandelsR § 23 Rn. 11; Baumbach/Hopt/*Hopt* § 366 Rn. 4; EBJS/*Lettl* § 366 Rn. 4; Röhricht/Graf v. Westphalen/Haas/*Steimle/Dornieden* § 366 Rn. 3.

90 Unentschieden BGH NJW 1999, 426.

91 *Karsten Schmidt* HandelsR § 23 Rn. 11.

92 *Canaris* HandelsR § 6 Rn. 18 f.; EBJS/*Kindler* § 5 Rn. 89 ff.; Röhricht/Graf v. Westphalen/Haas/*Ries* Rn. 13.

93 LG Freiburg NJW-RR 1995, 1505; EBJS/*Kindler* § 5 Rn. 89; Röhricht/Graf v. Westphalen/Haas/*Ries* Rn. 13.

94 Anders *Canaris* HandelsR § 6 Rn. 18, der eine fehlerhafte Firma nicht für ausreichend hält.

95 LG Freiburg NJW-RR 1999, 1505.

96 LG Freiburg NJW-RR 1999, 1505.

wird allerdings auf den Vorrang des § 15 Abs. 1 verwiesen und auf die Frage, ob diese Bestimmung auch auf eintragungsbedürftige sog. Primär-Tatsachen anzuwenden ist (→ § 15 Rn. 35 ff.).[97]

36 **2. Eigene Ansicht. a) Kritik der hM.** Schon für den Tatbestand des sog. Scheinkaufmanns wurde hier festgestellt, dass er nicht, wie der Kaufmannsbegriff, einen handelsrechtlichen Status begründet, sondern lediglich die situative Anwendung einzelner handelsrechtlicher Normen im Verhältnis zu einzelnen Dritten rechtfertigt (→ Rn. 19). Noch deutlicher ist diese Besonderheit bei dem Tatbestand des sog. Schein-Nichtkaufmanns:[98] Es geht hierbei nur um eine **Anwendung des § 242 BGB** in dem Sinne, dass sich gegenüber vertrauenden Dritten auf einzelne Rechtsvorteile der Kaufmannseigenschaft nicht berufen kann, wer durch Erklärungen oder durch erklärungsgleiches Tun oder Unterlassen in zurechenbarer Weise den Eindruck erweckt, er sei Nicht-Unternehmer bzw. Nicht-Kaufmann.[99]

37 **b) Fazit.** Eine besondere Rechtsfigur des Schein-Nichtkaufmanns verdient keine Anerkennung.[100] Hatte sich schon die *Staub*'sche Lehre vom Scheinkaufmann als eine Hypertrophie mit ausufernden Folgen erwiesen, so mochte dies noch als eine in das HGB-Sonderprivatrecht (vor allem aus dem lange Zeit rückständigen BGB-Gesellschaftsrecht in das Recht der OHG!) verweisende Rechtsfigur tragbar sein. Für die singuläre Nichtanwendung von Handelsrecht wegen dissimilierter Kaufmannseigenschaft bedarf es einer solchen akademischen Rechtsfigur nicht.

§ 6 [Handelsgesellschaften; Formkaufmann]

(1) Die in betreff der Kaufleute gegebenen Vorschriften finden auch auf die Handelsgesellschaften Anwendung.

(2) Die Rechte und Pflichten eines Vereins, dem das Gesetz ohne Rücksicht auf den Gegenstand des Unternehmens die Eigenschaft eines Kaufmanns beilegt, bleiben unberührt, auch wenn die Voraussetzungen des § 1 Abs. 2 nicht vorliegen.

Schrifttum: s. § 1.

Übersicht

[97] Für Überflüssigkeit der ganzen Rechtsfigur aus diesem Grund Staub/*Oetker* § 5 Rn. 53.
[98] *Karsten Schmidt* HandelsR § 10 Rn. 14.
[99] In diesem Sinne auch LG Freiburg NJW-RR 1999, 1505.
[100] *Karsten Schmidt* HandelsR § 10 Rn. 147; zust. Oetker/*Körber* Rn. 63.

I. Normzweck und HGB-Reform

1. Normzweck. Die Bestimmung hat insgesamt nur deklaratorischen Charakter. **Abs. 1** bezieht sich auf die unter Abs. 2 fallenden Handelsgesellschaften sowie OHG und KG und stellt klar: Die Handelsgesellschaften sind Kaufleute. Den auf natürliche Personen als Kaufleute und nicht auf Unternehmensträger im Allgemeinen ausgerichteten Gesetzesverfassern des 19. Jahrhunderts (→ § 1 Rn. 10) schien diese Klarstellung notwendig. **Abs. 2** beschreibt nur die formkaufmännischen Körperschaften und stellt ebenfalls klar: Formkaufleute sind immer Kaufleute; die Einschränkung des § 1 Abs. 2 gilt für sie nicht.[1] 1

2. Handelsrechtsreformgesetz. Durch das **Handelsrechtsreformgesetz** von 1998 (→ § 1 Rn. 2) ist Abs. 2 neu gefasst worden (Art. 3 Nr. 6 HRefG). Die Bestimmung hatte unter Bezugnahme auf die frühere Regelung über den sog. Minderkaufmann (§ 4 aF) bis 1998 gelautet: „Die Rechte und Pflichten eines Vereins, dem das Gesetz ohne Rücksicht auf den Gegenstand des Unternehmens die Eigenschaft eines Kaufmanns beilegt, werden durch die Vorschrift des § 4 Abs. 1 nicht berührt." Diese Klarstellung war nach altem Recht notwendig, weil das HGB bis 1998 neben den einzutragenden Vollkaufleuten auch die nicht eintragungsfähigen Minderkaufleute kannte. Nach nunmehr geltendem Recht ist nicht nur der Hinweis auf § 4 aF, sondern der ganze Abs. 2 überflüssig, denn er unterstreicht nur, was in § 3 Abs. 1 AktG, § 13 Abs. 3 GmbHG, § 17 Abs. 2 GenG steht:[2] Diese Gesellschaften gelten kraft Rechtsform als Handelsgesellschaften und damit als Kaufleute, dh (wie in § 3 Abs. 1 AktG zusätzlich betont wird), auch wenn der Gegenstand des Unternehmens nicht im Betrieb eines Handelsgewerbes besteht. 2

II. Handelsgesellschaften (Abs. 1)

1. Erfasste Rechtsträger. a) Handelsgesellschaften. Handelsgesellschaften iSv Abs. 1 sind zum einen die Personenhandelsgesellschaften OHG und KG, zum anderen die AG, KGaA und GmbH als anerkannte Formkaufleute (→ Rn. 9 ff.).[3] Handelsgesellschaften sind formal nur solche Gesellschaften, die in das **Handelsregister** eingetragen werden. Die eingetragene Genossenschaft wäre danach nicht Handelsgesellschaft, weil sie nicht in das Handelsregister, sondern in das **Genossenschaftsregister** eingetragen wird.[4] Jedenfalls aber gelten die Genossenschaften nach § 17 Abs. 2 GenG als Kaufleute im Sinne des HGB, (→ Rn. 4). Ähnlich verhält es sich nach § 172 VAG mit den Versicherungsvereinen auf Gegenseitigkeit gem. §§ 171 ff. VAG (→ Rn. 11). Zur EWIV → Rn. 15. 3

b) Bedeutung der Eintragung. Eine im Handelsregister als OHG, KG, AG, KGaA oder GmbH **eingetragene Gesellschaft** ist immer Handelsgesellschaft und damit immer nach Abs. 1 dem Handelsrecht unterworfen. Das ergibt sich im Fall einer **AG, KGaA** 4

1 *Karsten Schmidt* HandelsR § 10 Rn. 20; Baumbach/Hopt/*Hopt* Rn. 6; EBJS/*Kindler* Rn. 1; KKRD/*Roth* Rn. 6; Röhricht/Graf v. Westphalen/Haas/*Ries* Rn. 1.

2 Bloße Klarstellung; vgl. *Karsten Schmidt* HandelsR § 10 Rn. 16; EBJS/*Kindler* Rn. 26; Heymann/*Förster* Rn. 3.

3 *Karsten Schmidt* HandelsR § 10 Rn. 20; *Karsten Schmidt* JuS 1985, 416 (417); *Hopt/Mössle* Rn. 115; Baumbach/Hopt/*Hopt* Rn. 1; KKRD/*Roth* Rn. 2; Staub/*Oetker* Rn. 6 mit der unzutr. Annahme, hier werde dies für die GmbH & Co. KG verneint.

4 Baumbach/Hopt/*Hopt* Rn. 1; Heymann/*Förster* Rn. 6; Röhricht/Graf v. Westphalen/Haas/*Ries* Rn. 7; Staub/*Oetker* Rn. 10.

oder GmbH aus §§ 3, 278 Abs. 3 AktG, § 13 Abs. 3 GmbHG und gilt auch für die „Unternehmergesellschaft haftungsbeschränkt" nach § 5a GmbHG. Die eingetragene **SE** ist ebenfalls Kaufmann kraft Rechtsform (Art. 3 Abs. 1 SE-VO, § 3 AktG).[5] Nichts anderes gilt, obwohl sie keine Handelsgesellschaft ist (→ Rn. 3), für die **eingetragene Genossenschaft** (§ 17 Abs. 2 GenG). Für die **OHG oder KG** ergibt sich bei weiter Auslegung aus § 105 Abs. 2, dass jede unter dieser Rechtsreform in das Handelsregister eingetragene Gesellschaft ohne weiteres Handelsgesellschaft kraft Eintragung ist (sehr str.; → Rn. 17, → 4. Aufl. 2016, § 105 Rn. 59, → 4. Aufl. 2016, § 105 Rn. 42; aber für die Gegenansicht folgt aus § 5 dasselbe; → § 5 Rn. 15).[6] Doch ist dies nicht hM (vgl. → 4. Aufl. 2016, § 105 Rn. 55 ff.). Nach ihr richtet sich die Kaufmannseigenschaft einer Personengesellschaft – auch einer GmbH & Co. KG (→ Rn. 18) – nach den durch §§ 1–5 und 123 vorgegebenen Merkmalen.[7] Nur für Steuerberatungs- und Wirtschaftsprüfungsgesellschaften, die nach § 49 Abs. 2 StBerG, § 27 Abs. 2 WPO als Handelsgesellschaften (typischerweise als GmbH & Co. KG) anerkannt sind, erkennt die hM eine Ausnahme an (kritisch → 4. Aufl. 2016, § 105 Rn. 59 ff.).[8] Zur EWIV → Rn. 15.

5 Eine **im Handelsregister nicht eingetragene Gesellschaft** kann als **OHG oder KG** Handelsgesellschaft nach § 1, § 105 Abs. 1, § 123 Abs. 2, § 161 sein, wenn sie ohne vorherige Eintragung mit den Geschäften begonnen hat (§ 123 Abs. 2), es sei denn, dass das gewerbliche Unternehmen nach Art oder Umfang einen in kaufmännischer Weise eingerichteten Geschäftsbetrieb nicht erfordert (§ 1 Abs. 2). Im Einzelnen → 4. Aufl. 2016, § 123 Rn. 8 ff.

6 **2. Nicht erfasste Gesellschaften. a) Innengesellschaften.** Innengesellschaften sind niemals Handelsgesellschaften. Das gilt namentlich für die stille Gesellschaft (→ 4. Aufl. 2019, § 230 Rn. 10 f.), für die Unterbeteiligungsgesellschaft (→ 4. Aufl. 2019, § 230 Rn. 194) und für die BGB-Innengesellschaft.

7 **b) BGB-Außengesellschaften.** Keine Handelsgesellschaften sind auch **die BGB-Außengesellschaft und der nichtrechtsfähige Verein** (zu ihrer Fähigkeit, Unternehmensträger zu sein, → § 1 Rn. 45 f.). Ihre Rechtsform ist geradezu Ausdruck fehlender Kaufmannseigenschaft. Sobald sie die Voraussetzungen des § 1 erfüllen oder in das Handelsregister eingetragen werden, wandeln sie sich in offene Handelsgesellschaften oder Kommanditgesellschaften um. Zur Frage, inwieweit Handelsrecht analog angewendet werden kann, → § 1 Rn. 85 ff.

8 **c) Partnerschaftsgesellschaften.** Nicht von § 6 erfasst ist die Partnerschaftsgesellschaft. Sie ist, obwohl als Berufsausübungsgesellschaft Trägerin eines Unternehmens (§ 1 Abs. 1 S. 1 PartGG), kraft ausdrücklicher gesetzlicher Anordnung dem Handelsrecht entzogen (§ 1 Abs. 1 S. 2 PartGG „Sie übt kein Handelsgewerbe aus."). Sie ist also gewissermaßen ein **„negativer Formkaufmann"** (→ § 1 Rn. 48). Die Frage ist nicht ohne praktische Bedeutung. Sie spielt nicht nur bei gesetzeswidrig in das Handelsregister eingetragenen Partnerschaftsgesellschaften eine Rolle, vielmehr können nach § 1 Abs. 2 PartGG auch handelsgewerblich tätige Gesellschaften in das Partnerschaftsregister eingetragen werden, sofern sie den Freiberuflerbegriff des § 1 Abs. 2 PartGG erfüllen (zum Auseinanderfallen der Begriffe → § 1 Rn. 36). Zur analogen Anwendung von Handelsrecht auch → § 1 Rn. 85 ff.

III. Formkaufleute (Abs. 2)

9 **1. Formkaufmännische Körperschaften. a) Erfasste Rechtsträger.** „Vereine", also Körperschaften, denen das Gesetz ohne Rücksicht auf den Gegenstand des Unterneh-

[5] So auch, gestützt auf Art. 16 Abs. 1 SE-VO, § 3 SEAG, Oetker/*Körber* Rn. 19.
[6] *Karsten Schmidt* HandelsR § 10 Rn. 20 ff.; *Karsten Schmidt* FS Kreutz, 2009, 837 ff.
[7] Vgl. statt vieler Röhricht/Graf v. Westphalen/Haas/*Ries* Rn. 3.
[8] BGHZ 202, 92 = NJW 2015, 61; krit. dazu *Karsten Schmidt* ZIP 2014, 2226 ff.

mens allein kraft Rechtsform die Eigenschaft eines Kaufmanns beigibt, sind die AG (§ 3 AktG), die KGaA (§ 278 Abs. 3 AktG), die GmbH (§ 13 Abs. 3 GmbHG) und die eG (§ 17 Abs. 2 GenG). Auch die in den neuen Bundesländern beim Rat des Kreises eingetragenen landwirtschaftlichen Produktionsgenossenschaften (LPG) waren nach der Wiederherstellung der staatlichen Einheit ab 3.10.1990 automatisch (Voll-)Kaufleute kraft Rechtsform.[9] Die Formkaufmannseigenschaft gilt, wie Abs. 2 klarstellt, unabhängig davon, ob der Geschäftsbetrieb kaufmännischer Einrichtungen bedarf. Es kommt nicht einmal darauf an, ob die Gesellschaft überhaupt ein Gewerbe oder auch nur ein Unternehmen betreibt.[10] Selbst ideelle oder gemeinnützige Zwecke stehen der Kaufmannseigenschaft nicht im Wege.[11]

b) Bedeutung der Eintragung. Diese Körperschaften sind unabhängig von Zweck und Gegenstand der Gesellschaft Kaufleute *ab Eintragung* (§ 41 Abs. 1 AktG, § 278 AktG, § 11 Abs. 1 GmbHG, § 13 GenG). Vor der Eintragung in das Handels- oder Genossenschaftsregister ist auch eine förmlich errichtete AG, KGaA, GmbH oder Genossenschaft nur Vorgesellschaft bzw. Vorgenossenschaft iSv → Rn. 12. 10

2. Nicht von Abs. 2 erfasste Körperschaften. a) Der Versicherungsverein auf Gegenseitigkeit als Sonderfall. Nicht Formkaufmann ist der Versicherungsverein auf Gegenseitigkeit.[12] Nach § 172 VAG (bis 31.12.2015: § 16 VAG aF) gelten aber die Vorschriften des Ersten Buchs, des Ersten Abschnitts des Dritten Buchs und des Vierten Buchs des Handelsgesetzbuchs über Kaufleute „außer den §§ 1–7“ entsprechend, soweit das VAG nichts anderes vorschreibt. Zu den kleineren Vereinen s. § 210 VAG (bis 31.12.2015: § 53 VAG aF). 11

b) Vorgesellschaften. Keine Formkaufleute sind **Vor-GmbH, Vor-AG** und **Vorgenossenschaft,** also die errichtete, aber noch nicht eingetragene Kapitalgesellschaft oder Genossenschaft.[13] Zwar handelt es sich insoweit bereits um körperschaftlich strukturierte Gebilde, die den Gründungsvorschriften und dem Recht der später rechtsfähigen GmbH, AG oder eG, wenn auch mit Ausnahme der bereits die Eintragung voraussetzenden Vorschriften, unterstehen.[14] Die Vorgesellschaft kann auch schon persönlich haftende Gesellschafterin einer Personenhandelsgesellschaft sein[15] und **als Komplementärin** in das Handelsregister Abteilung A (HRA) etwa unter der Firma der zukünftigen GmbH mit dem Zusatz „in Gründung“ eingetragen werden (auch → § 21 Rn. 7).[16] Eine Eintragung iSv → Rn. 10, nämlich eine Dokumentation der Gesellschaft als Rechtsträgerin, liegt damit aber noch nicht vor. Die Vorgesellschaft ist **nicht Kaufmann kraft Rechtsform** und kann nicht als solche (dh ohne Verwandlung in eine formkaufmännische AG oder GmbH) in das Handelsregister (Abteilung B) eingetragen werden.[17] Die Vorgesellschaft ist allerdings fähig, Trägerin eines Unternehmens zu sein (→ § 1 Rn. 40). Betreibt sie bereits ein kaufmännisches Unternehmen, so ist sie nach § 1 Kaufmann im Sinne des HGB und ihr kommt auch Firmenschutz insbesondere nach § 37 Abs. 2 zu.[18] Betreibt die Vorgesellschaft noch kein kaufmännisches Unternehmen, gewährt ihr die wohl noch hM zwar Namensschutz, ver- 12

---

9 BGH NJW-RR 2006, 1267.

10 Baumbach/Hopt/*Hopt* Rn. 3; EBJS/*Kindler* Rn. 15; Staub/*Oetker* Rn. 24.

11 BGHZ 66, 48 (49) = NJW 1976, 514; BAGE 3, 321 (324); Röhricht/Graf v. Westphalen/Haas/*Ries* Rn. 8; Scholz/*Bitter* GmbHG § 13 Rn. 47.

12 Vgl. Oetker/*Körber* Rn. 14; näher Staub/*Oetker* Rn. 25.

13 *Karsten Schmidt* GesR § 11 II; *Karsten Schmidt* HandelsR § 10 Rn. 19; EBJS/*Kindler* Rn. 17; Oetker/*Körber* Rn. 10.

14 BGHZ 21, 242 (246); 51, 30 (32); 80, 212 (214); vgl. auch Habersack/Casper/Löbbe/*Ulmer/Habersack* GmbHG § 11 Rn. 10; Scholz/*Karsten Schmidt* GmbHG § 11 Rn. 37.

15 BGHZ 80, 129 (132) = NJW 1981, 1373 (1374).

16 BGH NJW 1985, 736 (737); *Ulmer* ZGR 1981, 593 (617).

17 Vgl. schon → 1. Aufl. 1996, Rn. 12 *(Bokelmann).*

18 Rowedder/Schmidt-Leithoff/*Schmidt-Leithoff* GmbHG § 11 Rn. 76; Habersack/Casper/Löbbe/*Heinrich* GmbHG § 4 Rn. 82.

neint aber den Schutz nach § 37.[19] Das ist bedenklich. Mit der Satzungserrichtung steht die Firma der AG, KGaA, GmbH oder Genossenschaft bereits fest, auch wenn sie noch nicht iSv § 17 firmenmäßig gebraucht wird. Firmenschutz nach § 37 ist auch solchen Vorgesellschaften zuzubilligen, die noch nicht kaufmännisch tätig sind. Denn die Vorschrift setzt nicht voraus, dass der Verletzte in einem Firmenführungsrecht verletzt ist (→ § 37 Rn. 6 ff.).[20] § 37 schützt den Namen und die Firma.[21]

13 **c) Eingetragene Vereine und Körperschaften öffentlichen Rechts.** Nicht unter Abs. 2 fallen diejenigen juristischen Personen, deren Eintragung nach § 33 Abs. 1 mit Rücksicht auf den Gegenstand oder auf die Art oder den Umfang ihres Gewerbebetriebs zu erfolgen hat (im Einzelnen → § 33 Rn. 1 ff.). Zur Fähigkeit dieser Gebilde, Träger eines Unternehmens zu sein, → § 1 Rn. 41. Kaufmannseigenschaft erlangen diese juristischen Personen nach §§ 1–5, nicht nach § 6 Abs. 2.

14 **d) Auslandsgesellschaften?** Sub specie Kaufmannseigenschaft wenig geklärt ist noch die Behandlung von Gesellschaften ausländischen Rechts mit Sitz im Inland.[22] Viel spricht dafür, eine Auslandskapitalgesellschaft insofern wie eine Inlandsgesellschaft zu behandeln, also als Kaufmann kraft Rechtsform. Doch stellt das geltende HGB-Recht dies nicht sicher. Die Eintragung im deutschen Handelsregister basiert in der Regel auf §§ 13d, 13e und versteht sich nicht als Eintragung eines formkaufmännischen Rechtssubjekts, sondern nur als Dokumentation der inländischen Niederlassung (→ § 13d Rn. 11). Die Frage der Formkaufmannseigenschaft dürfte so lange nicht praktisch werden, wie Auslandsgesellschaften im Inland für kaufmännische Zwecke verwendet werden. Dagegen wirft eine Verwendung einer solchen Gesellschaft für rein vermögensverwaltende Zwecke oder als bloße Vorratsgesellschaft im Inland die hier gestellte Frage auf.

IV. Formkaufmännische Personengesellschaften

15 **1. Die EWIV. a) Formkaufmann.** Formkaufmann ist auch die **(deutsche) EWIV,**[23] wenngleich in einer für das deutsche Recht untypischen Art. Sie entsteht im Innenverhältnis durch den Abschluss eines Vertrags zwischen den Gründern zur Errichtung der Vereinigung. Zur wirksamen Errichtung im Außenverhältnis ist weiterhin die **Eintragung der Vereinigung** in ein von den Mitgliedstaaten bestimmtes Register nach **Art. 1 Abs. 1 S. 2 EWIV-VO, Art. 6 EWIV-VO** und **Art. 39 Abs. 1 EWIV-VO**[24] erforderlich. Nach dem insoweit subsidiär geltenden § 1 EWIVAG[25] sind auf die EWIV, soweit nicht die EWIV-VO oder das EWIVAG gilt, „im übrigen entsprechend die für eine offene Handelsgesellschaft geltenden Vorschriften anzuwenden; die Vereinigung gilt als Handelsgesellschaft im Sinne des Handelsgesetzbuchs". Die EWIV ist daher unabhängig von dem Gegenstand und dem Umfang ihrer Tätigkeit ebenso wie die AG, KGaA, GmbH, eG Formkaufmann.[26] Die EWIV, auf

[19] Lutter/Hommelhoff/*Bayer* GmbHG § 4 Rn. 42; Habersack/Casper/Löbbe/*Heinrich* GmbHG § 4 Rn. 81 ff.; *Rittner,* Die werdende Juristische Person, 1973, 353; iErg auch BGHZ 120, 103 (106 f.) = NJW 1993, 459 (460) = LM § 12 Nr. 60 mAnm *Bokelmann.*

[20] *Karsten Schmidt* HandelsR § 12 Rn. 136; *Karsten Schmidt* GmbHR 1987, 77 (81); Baumbach/Hueck/*Fastrich* GmbHG § 4 Rn. 18; MHLS/*Mock* GmbHG § 4 Rn. 57; *Flume* FS Gessler, 1971, 3 (37).

[21] Scholz/*Karsten Schmidt* GmbHG § 11 Rn. 38.

[22] Vgl. zu ihnen auch MüKoBGB/*Kindler* IntGesR Rn. 199 ff.; *Lutter/Bayer/Jessica Schmidt,* Europäisches Unternehmens- und Kapitalmarktrecht, 6. Aufl. 2018, § 4; Heymann/*Förster* Rn. 5.

[23] LG Bonn EuZW 1993, 550 (551); *Zettel* DRiZ 1990, 161 (169); *Müller-Gugenberger* NJW 1989, 1449 (1453); *Canaris* HandelsR § 3 Rn. 46; *Karsten Schmidt* HandelsR § 10 Rn. 23; EBJS/*Kindler* Rn. 18; Heymann/*Förster* Rn. 5; KKRD/*Roth* Rn. 4; Baumbach/Hopt/*Hopt* Rn. 6; wohl auch *Ganske,* Das Recht der Europäischen wirtschaftlichen Interessenvereinigung, 1988, 24.

[24] VO (EWG) 2137/85 des Rates der Europäischen Gemeinschaften vom 25.7.1985 über die Schaffung einer Europäischen Wirtschaftlichen Interessenvereinigung, ABl. EG 1985 L 199, 1. Nach Art. 288 Abs. 2 AEUV unmittelbar anwendbar.

[25] Gesetz zur Ausführung der EWG-Verordnung über die Europäische Wirtschaftliche Interessenvereinigung vom 14.4.1988, BGBl. 1988 I 514.

[26] Vgl. auch EBJS/*Kindler* Rn. 19.

die nach § 1 EWIVAG subsidiär OHG-Recht Anwendung findet, wird gem. § 3 Abs. 2 HRV folgerichtig in Abteilung A des Handelsregisters (ebenso wie auch die OHG und die KG) eingetragen. Für die Eintragung zuständig ist nach § 2 Abs. 1 EWIVAG das Gericht, in dessen Bezirk die EWIV ihren „im Gründungsvertrag genannten Sitz" hat; nicht maßgebend ist daher entgegen § 106 Abs. 1 der tatsächliche Ort der Geschäftsführung (vgl. zur Anmeldung der EWIV im Übrigen → 1. Aufl. 1996, Rn. 14).

b) Bedeutung der Eintragung. Die Eintragung hat konstitutive Wirkung (vgl. auch → 4. Aufl. 2016, § 123 Rn. 1). Nach Art. 1 Abs. 2 EWIV-VO kommt der Vereinigung nämlich erst „von der Eintragung nach Art. 6 an" die Fähigkeit zu, im eigenen Namen Träger von Rechten und Pflichten jeder Art zu sein, Verträge zu schließen oder andere Rechtshandlungen vorzunehmen und vor Gericht zu stehen.[27] Die → 1. Aufl. 1996, Rn. 16 *(Bokelmann)* folgerte hieraus, dass der Gesellschaft vor der Eintragung die Rechtsträgerschaft fehle[28] und dass sie die Kaufmannseigenschaft selbst dann erst mit der Eintragung erwerben könne, wenn eine EWIV mit dem Sitz in der Bundesrepublik ein Handelsgewerbe iSv § 1 Abs. 2 betreibt.[29] Insoweit gleiche die EWIV den Kapitalgesellschaften des deutschen Rechts.[30] Diesem Standpunkt ist nicht zu folgen. Die EWIV kann schon vor ihrer Eintragung Rechtsträgerin sein (vgl. sinngemäß → 4. Aufl. 2016, § 123 Rn. 3). Würde sie unzulässigerweise ein Handelsgewerbe nach § 1 betreiben, so wäre sie kraft Rechtsformzwangs (→ 4. Aufl. 2016, § 105 Rn. 10, → 4. Aufl. 2016, § 105 Rn. 31) bereits Kaufmann. Große praktische Bedeutung hat die Frage nicht. 16

2. Eingetragene Handelspersonengesellschaften. a) Streitstand. Umstritten ist, ob auch Handelspersonengesellschaften, nämlich OHG und KG, Formkaufleute sind. Die Frage war vor 1998 klar zu verneinen.[31] Auf Abs. 2 kann eine Formkaufmannseigenschaft der OHG oder KG nicht ohne weiteres gestützt werden. Seit der Einführung des § 105 Abs. 2 durch das Handelsrechtsreformgesetz von 1998 ist aber richtigerweise **jede als OHG oder KG eingetragene Gesellschaft Handelsgesellschaft iSv Abs. 1** (→ Rn. 4; s. auch → 4. Aufl. 2016, § 105 Rn. 9, → 4. Aufl. 2016, § 105 Rn. 42).[32] Von der hM wird dies zu Unrecht bestritten.[33] Dazu ist zu bemerken, dass die OHG oder KG nicht anders als eine Kapitalgesellschaft (→ Rn. 10, → Rn. 12) selbstverständlich **erst ab Eintragung** Kaufleute kraft Rechtsform sein können. Die Frage ist im Ergebnis von geringer Bedeutung, weil die hM auf § 5 ausweichen kann. Im Wesentlichen hängt die Frage von der Auslegung des § 105 Abs. 2 ab. Legt man die Bestimmung in dem hier bei → 4. Aufl. 2016, § 105 Rn. 60 ff. vertretenen weiten Sinn aus, so ist jede Außenpersonengesellschaft als OHG bzw. KG eintragungsfähig, jede als OHG oder KG eingetragene Gesellschaft also ohne weiteres Handelsgesellschaft nach Abs. 1. Der Umweg über § 5 ist damit überflüssig (auch → § 5 Rn. 15). 17

b) GmbH & Co. KG. Die Kapitalgesellschaft (oder Auslandsgesellschaft) & Co. KG[34] ist als Kommanditgesellschaft eine Personenhandelsgesellschaft und deshalb kein „Verein" iSv Abs. 2; sie ist nach hergebrachter Auffassung auch nach ihrer Eintragung keine Handels- 18

---

27 Vgl. auch *Gloria/Karbowski* WM 1990, 1313 (1321).

28 → 1. Aufl. 1996, Rn. 14 *(Bokelmann)*.

29 *Ganske,* Das Recht der Europäischen wirtschaftlichen Interessenvereinigung, 1988, 41; *Ganske* DB-Beil. Heft 20/1985, 4 Fn. 50; *Hartard,* Die Europäische wirtschaftliche Interessenvereinigung, 1991, 18 f.

30 *Meyer-Landrut,* Die Europäische Wirtschaftliche Interessenvereinigung, 1988, 125.

31 Vgl. → 1. Aufl. 1996, Rn. 4 *(Bokelmann)*.

32 *Karsten Schmidt* HandelsR § 10 Rn. 20; zuerst *Karsten Schmidt* DB 1998, 61; *Karsten Schmidt* NJW 1998, 2161 (2165 f.); *Karsten Schmidt* ZHR 163 (1999), 87 (89 f.); ausf. *Karsten Schmidt* FS Kreutz, 2009, 837 ff. (also nicht „neuerdings", wie nach Einschätzung von Staub/*Oetker* Fn. 34); zust. in Bezug auf Vermögensverwaltungsgesellschaften *Canaris* HandelsR § 3 Rn. 46; sympathisierend wohl auch (aber mit der die hM charakterisierenden Umständlichkeit) EBJS/*Kindler* Rn. 10.

33 Vgl. *Siems,* Kaufmannsbegriff und Rechtsfortbildung, 2003, 125 f.; Baumbach/Hopt/*Hopt* Rn. 7; EBJS/*Kindler* Rn. 9 ff.; KKRD/*Roth* Rn. 6; Röhricht/Graf v. Westphalen/Haas/*Ries* Rn. 3; *Canaris* HandelsR § 3 Rn. 46.

34 Zu anderen Formen der „Kapitalgesellschaft & Co." (AG & Co., Stiftung & Co.) vgl. *Binz/Sorg,* Die GmbH & Co. KG, 11. Aufl. 2010, § 1 Rn. 14 ff.; *Karsten Schmidt* GesR § 56 I 1.

gesellschaft kraft Rechtsform (Formkaufmann).[35] Entscheidend ist nicht, dass die Komplementär-GmbH selbst als (haftender) Gesellschafter Formkaufmann ist (→ Rn. 8),[36] es geht vielmehr um die **Kaufmannseigenschaft der KG.**[37] Die KG setzte bis 1998 einen vollkaufmännischen Gewerbebetrieb nach § 1 aF voraus, beziehungsweise es mussten die Voraussetzungen des § 2 aF (ganz ausnahmsweise des § 3) erfüllt sein.[38] Noch heute versagt die hM der GmbH & Co. die Formkaufmannseigenschaft.[39] Nach der hier vertretenen Auffassung gilt die bei → Rn. 17 dargestellte Regel: Jede GmbH & Co. KG ist eintragbar und, sobald sie als Kommanditgesellschaft eingetragen ist, Handelsgesellschaft, ohne dass es auf die Voraussetzungen der §§ 1 ff. noch ankäme. In diesem Sinne ist also auch die GmbH & Co. KG Formkaufmann.[40]

V. Anwendung kaufmännischer Vorschriften

19 Das Handelsrecht des HGB findet Anwendung, dh das **gesamte Handelsrecht** einschließlich des Rechts der Handelsgeschäfte, also nicht etwa nur die §§ 1–5.[41] Alle von einer Handelsgesellschaft (einschließlich der Formkaufleute) im Außenverhältnis vorgenommenen Geschäfte sind Handelsgeschäfte iSd §§ 343 ff. (→ Rn. 22). Im Übrigen wird auf → Rn. 10 verwiesen.

20 **1. Erstes Buch.** Anwendbar sind alle Bestimmungen des Ersten Buchs, ergänzt durch rechtsformspezifische Spezialvorschriften (zB über Firmen und Geschäftsbriefe). Auch wenn eine eingetragene Handelsgesellschaft oder Genossenschaft kein Handelsgewerbe iSd §§ 1–3 betreibt, sind daher Arbeitnehmer der Gesellschaft, die zur Leistung qualifizierter Dienste gegen Entgelt angestellt sind, trotzdem Handlungsgehilfen nach § 59, obwohl § 59 von der Anstellung „in einem Handelsgewerbe" ausgeht (→ § 59 Rn. 92).[42] Sie kann daher auch ohne Einschränkung Prokuristen und Handlungsbevollmächtigte bestellen. Die Vereinbarung eines Wettbewerbsverbots mit einem Handlungsgehilfen ist nur wirksam, wenn die gesetzlichen Voraussetzungen der §§ 74 ff. erfüllt sind.[43]

21 **2. Drittes Buch.** Das Bilanzrecht der Handelsgesellschaften ist von deren Zweck und Tätigkeit unabhängig, dies allerdings unbeschadet der bilanzrechtlichen Unterschiede zwischen den Größenklassen (vgl. § 267).

22 **3. Viertes Buch.** Alle von einer Handelsgesellschaft (einschließlich der Formkaufleute) im Außenverhältnis vorgenommenen Geschäfte sind Handelsgeschäfte iSd §§ 343 ff.,[44] ohne dass es auf die Vermutung des § 344 für ein Handelsgeschäft ankommt (→ 4. Aufl. 2018, § 343 Rn. 9; → 4. Aufl. 2018, § 344 Rn. 2).[45] Die Handelsgesellschaft kennt kein „Privatleben" (→ Rn. 19).

23 **4. Vorschriften außerhalb des HGB.** Soweit Gesetze auf die Unternehmerqualität nach § 14 BGB abstellen, genügt hierfür das Vorhandensein einer Handelsgesellschaft nicht

[35] *Binz/Sorg*, Die GmbH & Co. KG, 12. Aufl. 2018, § 3 Rn. 61; Oetker/*Körber* Rn. 5; Staub/*Oetker* Rn. 26; *Karsten Schmidt* JuS 1985, 416 (417); aA *Raiser/Veil*, Recht der Kapitalgesellschaften, 6. Aufl. 2015, § 1 Rn. 1 ff. für Kapitalgesellschaft; *Veismann* BB 1970, 1159; *Schulze-Osterloh* NJW 1983, 1281 (1284 ff.); dagegen *Karsten Schmidt* GmbHR 1984, 272 (275 ff.).

[36] BayObLGZ 1984, 273.

[37] *Karsten Schmidt* HandelsR § 10 Rn. 16.

[38] BayObLGZ 1984, 273 (276) = NJW 1985, 982 = JuS 1985, 416 mAnm *Karsten Schmidt*; *Jurkat* GmbHR 1983, 224 (228).

[39] Vgl. Baumbach/Hopt/*Hopt* Rn. 7; EBJS/*Kindler* Rn. 3; Heymann/*Förster* Rn. 10; Oetker/*Körber* Rn. 5; Röhricht/Graf v. Westphalen/Haas/*Ries* Rn. 10.

[40] Zusammenfassend *Karsten Schmidt* FS Kreutz, 2009, 837 (848 ff.).

[41] BAGE 3, 321 (324) mwN; Heymann/*Förster* Rn. 7.

[42] BAGE 3, 321; 10, 76 (81); 18, 104 (108).

[43] BAGE 18, 104 (109).

[44] Heymann/*Förster* Rn. 7; Staub/*Oetker* Rn. 21; Baumbach/Hopt/*Hopt* Rn. 4; *Karsten Schmidt* HandelsR § 18 Rn. 15 ff.

[45] EBJS/*Kindler* Rn. 21; Heymann/*Förster* Rn. 7; Röhricht/Graf v. Westphalen/Haas/*Ries* Rn. 8; Staub/*Ulmer* § 105 Rn. 44.

ohne weiteres (→ Vor § 1 Rn. 17). Jeweils für die Einzelnorm zu entscheiden ist, ob die Grundsätze des § 6 auch dann gelten, wenn eine Norm außerhalb des HGB auf die Kaufmannseigenschaft beziehungsweise auf den Gewerbebetrieb abstellt.[46] Für eine GmbH, die kein Gewerbe betrieb (Olympia-GmbH), hatte der BGH in Bezug auf die vierjährige Verjährung des § 196 Abs. 2 BGB aF entschieden,[47] das in § 196 Abs. 1 Nr. 1 BGB aF erwähnte Merkmal des „Gewerbebetriebes" werde gesetzlich fingiert (§ 13 Abs. 3 GmbHG, § 6 HGB) und die GmbH müsse als Folge dieser Fiktion in Kauf nehmen, dass die gegen sie gerichteten Ansprüche den Ansprüchen gleichgestellt werden, die gegenüber einem Vollkaufmann bestehen, der tatsächlich ein Handelsgewerbe betreibt.[48] Seit außerhalb des HGB die Gegenüberstellung von Kaufleuten und Nichtkaufleuten weitgehend dem Gegensatz von Unternehmer (§ 14 BGB) und Verbraucher (§ 13 BGB) gewichen ist, tritt die Bedeutung dieser Frage zurück.

VI. Rechtslage in Österreich

1. Rechtslage bis 2006. Für Altfälle gilt in Österreich § 6 in der noch vor der deutschen Reform von 1998 geltenden Fassung. 24

2. Geltendes Recht. Nach **§ 2 UGB** sind Aktiengesellschaften, Gesellschaften mit beschränkter Haftung, Erwerbs- und Wirtschaftsgenossenschaften, Versicherungsvereine auf Gegenseitigkeit, Sparkassen, EWIV, SE und SCE Unternehmer kraft Rechtsform. Aber nach **§ 105 S. 3 UGB** kann eine offene Gesellschaft und damit nach § 161 Abs. 2 UGB auch eine Kommanditgesellschaft jeden erlaubten Zweck einschließlich freiberuflicher und land- und forstwirtschaftlicher Tätigkeit haben und wird dann mit der Eintragung in das Firmenbuch (§ 123 Abs. 1 HGB) Handelsgesellschaft kraft Eintragung (§ 3 UGB). Sie ist in diesem Sinne Formkaufmann (§ 5 UGB-Entwurf bezeichnete sie noch als Unternehmer kraft Rechtsform). 25

§ 7 [Kaufmannseigenschaft und öffentliches Recht]

Durch die Vorschriften des öffentlichen Rechtes, nach welchen die Befugnis zum Gewerbebetrieb ausgeschlossen oder von gewissen Voraussetzungen abhängig gemacht ist, wird die Anwendung der die Kaufleute betreffenden Vorschriften dieses Gesetzbuchs nicht berührt.

Schrifttum: *Krafka,* Registerrecht, 11. Aufl. 2019; *Krafka,* Einführung in das Registerrecht, 2. Aufl. 2008; *Leitzen,* Öffentlich-rechtliche Genehmigungen in GmbH-Registerverfahren nach dem MoMiG, GmbHR 2009, 480; *Winkler,* Das Verhältnis zwischen Handwerksrolle und Handelsregister – Gedanken zum Beschluss des BGH vom 9.11.1987, ZGR 1989, 107.

I. Bedeutung der Vorschrift

1. Unabhängigkeit des Handelsrechts vom öffentlichen Recht. Im Regelfall ist die Anwendung der Kaufmannsvorschriften des HGB unabhängig von öffentlich-rechtlichen Beschränkungen der Gewerbetätigkeit. Solche Verbote und Einschränkungen stehen der Kaufmannseigenschaft somit nicht entgegen. Daher fehlt es auch bei der Eintragung eines Gewerbebetriebes diesbezüglich an der Prüfungskompetenz des Registergerichts.[1] Ob etwa Vorschriften der GewO, der HwO, des ApoG, des BImschG, des GastG, des VAG und des 1

[46] Zum Kaufmannsbegriff in anderen Gesetzen eingehend Staub/*Oetker* Einl. Rn. 47 ff.; insgesamt abl. EBJS/*Kindler* Rn. 22.
[47] BGHZ 66, 48 (50) mzN = NJW 1976, 514; iErg ebenso BGHZ 49, 258 (263) = NJW 1968, 639.
[48] → 1. Aufl. 1996, Rn. 10 *(Bokelmann)* mit Hinweis auf *Karsten Schmidt* HandelsR, 4. Aufl. 1994, § 10 II 2a.
[1] OLG Frankfurt FGPrax 2019, 74; *Karsten Schmidt* HandelsR § 9 Rn. 35; Oetker/*Körber* Rn. 4; EBJS/*Kindler* Rn. 9; Röhricht/Graf v. Westphalen/Haas/*Ries* Rn. 4; Heymann/*Förster* Rn. 6.

WaffG erfüllt sind, ist für das Registergericht daher irrelevant[2] (zu Ausnahmen → Rn. 4 ff.) und allein von den Sicherheitsbehörden im Rahmen ihrer Zuständigkeiten zu kontrollieren. Die Voraussetzungen für die Anwendbarkeit des HGB in möglichst großem Umfang sollen im Interesse der Rechtssicherheit und Rechtsklarheit durch einen formalisierten Kaufmannsbegriff gewährleistet werden.[3] Insoweit schließt § 7 an die vorhergehenden § 5 und § 6 an.[4] Eine Ausnahme hiervon bilden nur die gesetzlichen Vorschriften, die abweichend von § 7 ausdrücklich einen entsprechenden Vorrang des öffentlichen Rechts anordnen, wie zum Beispiel bei Kreditinstituten nach § 43 Abs. 1 KWG oder bei der angeordneten Prüfung der Inhabilitätsvorschriften der Organe von Kapitalgesellschaften (zB § 6 Abs. 2 GmbHG, § 76 Abs. 3 S. 2 Nr. 2 AktG).

2 **2. Verbotsgesetze (§ 134 BGB).** Hiervon zu trennen ist die Frage, ob der Abschluss eines Geschäfts, das gegen öffentlich-rechtliche Bestimmungen verstößt, zu dessen Nichtigkeit führt. Insoweit ist nicht § 7 HGB, sondern die allgemeine auf Rechtsgeschäfte bezogene Vorschrift des § 134 BGB einschlägig. Aus dem Sinn der jeweiligen öffentlich-rechtlichen Norm folgt, ob es sich um ein Verbotsgesetz iSv § 134 BGB handelt; bei der entsprechenden Einordnung spielt § 7 somit keine Rolle. Unabhängig davon, ob dies der Fall ist, bleibt es daher bei der vorliegenden Kaufmannseigenschaft. Zudem ist an die Funktion des Handelsregisters als ein der „Öffentlichkeit zugängliches Verzeichnis der tatsächlich betriebenen kaufmännischen Unternehmungen"[5] zu erinnern. Über die Erfüllung öffentlich-rechtlicher Erfordernisse gibt das Register somit im Umfang von § 7 keine Auskunft (→ Rn. 3).[6] Die Frage der Kaufmannseigenschaft beantwortet sich nach den §§ 1–6 und hat nichts damit zu tun, ob von dem betroffenen Rechtsträger getätigte Geschäfte wirksam sind. Es gibt keinen Grund, hiervon dann eine Ausnahme zu machen, wenn das gesamte Gewerbe gesetzes- oder sittenwidrig ist, wie etwa bei Tätigkeiten im Rahmen des Handels mit Betäubungsmitteln oder bei systematischen Steuer- oder Zollverstößen.[7] Für dahin gehende Überwachungstätigkeiten ist das Registergericht funktional ungeeignet. Allein die dafür zuständigen Polizei- und Sicherheitsbehörden sind hierfür verantwortlich.

3 **3. Registerverfahren.** Für das Handelsregister (§§ 8 ff.) lässt sich aus § 7 die allgemeine Wertung entnehmen, dass entsprechende Eintragungsverfahren von sonstigen öffentlich-rechtlichen Maßgaben unabhängig sind. Damit ist klargestellt, dass es nicht zu den Aufgaben des Registergerichts gehört, zu prüfen, ob eingetragene oder einzutragende Rechtsträger die für sie einschlägigen verwaltungsrechtlichen Vorgaben erfüllen, soweit nicht kraft Gesetzes ein entsprechender Prüfungsauftrag besteht.[8] Insoweit ist die Prüfungskompetenz des Registergerichts beschränkt.[9] Somit bedarf es weder für eine Ersteintragung (→ Rn. 4 ff.), noch für spätere Eintragungen[10] – wie zum Beispiel einer Sitzverlegung,[11] der Erteilung einer Prokura durch einen Apotheker entgegen § 7 ApoG[12] oder der Übergabe einer Apotheke[13] – der Vor-

2 BGH NZG 2017, 1226; OLG Frankfurt FGPrax 2019, 74; OLG Celle BB 1972, 145; KG NJW 1958, 1827; OLG Braunschweig Rpfleger 1977, 363; *Canaris* HandelsR § 2 Rn. 13; *Karsten Schmidt* HandelsR § 9 Rn. 35; Oetker/*Körber* Rn. 4; Röhricht/Graf v. Westphalen/Haas/*Ries* Rn. 4; Baumbach/Hopt/*Hopt* Rn. 3; KKRD/*Roth* Rn. 2.

3 BGH NZG 2017, 1226; OLG Frankfurt FGPrax 2019, 74; OLGZ 1983, 416 = WM 1983, 1247; BayObLGZ 1978, 44; Oetker/*Körber* Rn. 1; EBJS/*Kindler* Rn. 1; BeckOK HGB/Schwartze Rn. 1; Heymann/*Förster* Rn. 1.

4 OLG Braunschweig Rpfleger 1977, 363 (364); Oetker/*Körber* Rn. 1.

5 OLG Celle BB 1972, 145; OLG Braunschweig Rpfleger 1977, 363; KG NJW 1958, 1827 (1828); OLG Frankfurt OLGZ 1983, 25 (27).

6 Staub/*Oetker* Rn. 11 ff.; vgl. Röhricht/Graf v. Westphalen/Haas/*Ries* Rn. 1.

7 AA Baumbach/Hopt/*Hopt* Rn. 2; BeckOK HGB/*Schwartze* Rn. 4.

8 OLG Frankfurt FGPrax 2019, 74; *Krafka* Einführung RegisterR Rn. 48; BeckOGK/*Schmidt* Rn. 9; Oetker/*Körber* Rn. 4; BeckOK HGB/*Schwartze* Rn. 5; Heymann/*Förster* Rn. 7; KKRD/*Roth* Rn. 2.

9 OLG Frankfurt NZG 2019, 346 (347).

10 BGH NZG 2017, 1226; LG Augsburg NZG 2009, 195.

11 Vgl. LG Augsburg NZG 2009, 195 = Rpfleger 2008, 367.

12 BGH NZG 2017, 1226.

13 Vgl. Gutachten des Deutschen Notarinstituts DNotIR 2011, 177.

lage gewerberechtlicher Nachweise, wie etwa der öffentlich-rechtlichen Anmeldung des Gewerbes oder erforderlicher staatlicher Genehmigungen. Daher kommt auch bei einem bestandskräftigen gewerberechtlichen Verbot der konkret ausgeübten Tätigkeit eine Amtslöschung nach §§ 393, 395 FamFG nicht in Betracht.[14] Ebenso ist die Einhaltung ausländerrechtlicher Vorschriften bei der Bestellung von organschaftlichen Vertretern von Kapitalgesellschaften bei deren Eintragung vom Registergericht nicht zu kontrollieren.[15]

II. Einzelheiten

1. AG, KGaA, GmbH, eG. Auch für die Errichtung einer AG, KGaA, GmbH oder eG ist es zur Eintragung in das Handels- oder Genossenschaftsregister nicht erforderlich, das Vorliegen einschlägiger staatlicher Genehmigungen nachzuweisen.[16] Das Registergericht übt insoweit keine ordnungsbehördlichen Kontrollaufgaben aus. Ausnahmsweise ist das Erfordernis einer Vorlage von Nachweisen im Rahmen der Prüfung nach § 18 Abs. 2 nur dann denkbar, wenn die Verwendung eines bestimmten Firmenbestandteils von einer entsprechenden staatlichen Genehmigung abhängt.[17] Im Übrigen führt aber das Fehlen einer für die Ausübung des angegebenen Unternehmensgegenstands nötigen Genehmigung mangels damit verbundener Verbotswirkung nach § 134 BGB nicht unmittelbar zur Nichtigkeit der entsprechenden Satzungsbestimmung, so dass die Eröffnung eines Löschungsverfahren von Amts wegen nach § 397 FamFG nicht allein aus diesem Grund in Betracht kommt; vielmehr kann sich erst aufgrund weiterer gewerberechtlicher Maßnahmen nach der damit ggf. verbundenen Einstellung des Gewerbebetriebs ein Verfahren nach § 31 Abs. 2 S. 2 iVm § 393 FamFG anschließen. 4

Anders ist die Rechtslage nur dann, wenn das Handels- oder Gesellschaftsrechts unmittelbar an verwaltungsrechtliche Vorschriften anknüpft. Dies ist insbesondere bei der Fähigkeit, eine Organstellung einer GmbH oder AG ausfüllen zu können, der Fall (§ 6 Abs. 2 GmbHG, § 76 Abs. 3 S. 2 Nr. 2 AktG). Darf die betroffene Person ein Gewerbe oder einen Gewerbezweig nicht ausüben, der mit dem Unternehmensgegenstand der Gesellschaft übereinstimmt, so kann er nicht deren Geschäftsführer oder Vorstandsmitglied sein. Dies hat zur Folge, dass er – wenn ein solcher Umstand später eintritt – sein Amt mit diesem Ereignis verliert und von Amts wegen gem. § 395 FamFG aus dem Handelsregister zu löschen ist.[18] 5

2. Juristische Personen des § 33. Die Grundsätze der → Rn. 3 finden ferner für juristische Personen nach § 33 (zum Anwendungsbereich von § 33 → § 33 Rn. 2 ff.) Anwendung, so dass vom Registergericht keine Prüfung der öffentlich-rechtlichen Erfordernisse vorzunehmen ist. Dies gilt auch für etwaige kommunalrechtliche Genehmigungen, die landesrechtlich vorgeschrieben sind.[19] 6

3. Einzelkaufmann, Personenhandelsgesellschaft einschließlich GmbH & Co. KG. Nach der **früheren Rspr.** und einem Teil der Lehre zufolge darf bei Einzelkaufleuten und Personenhandelsgesellschaften ausnahmsweise dann keine Registereintragung erfolgen, wenn unzweifelhaft ohne weitere Ermittlungen feststeht, dass der Kaufmann bzw. die Gesellschaft zufolge nicht behebbarer Hindernisse im öffentlich-rechtlichen Genehmigungsverfahren faktisch keine gewerbliche Tätigkeit ausüben kann[20] und die Unzulässigkeit des Gewerbebetriebes nicht behebbar ist.[21] Das soll etwa dann der Fall sein, wenn die zuständige 7

---

[14] OLG Frankfurt FGPrax 2019, 74.

[15] OLG Zweibrücken FGPrax 2010, 319; OLG München FGPrax 2010, 88 = Rpfleger 2010, 270; OLG Düsseldorf FGPrax 2009, 178; *Krafka* RegisterR Rn. 958 mwN.

[16] Zur Rechtslage vor Inkrafttreten des MoMiG am 1.11.2008 → 2. Aufl. 2005 § 7 Rn. 4; wie hier BeckOGK/*Schmidt* Rn. 11; aA Oetker/*Körber* Rn. 10; Röhricht/Graf v. Westphalen/Haas/*Ries* Rn. 5; BeckOK HGB/*Schwartze* Rn. 8 in Bezug auf eG unter Bezugnahme auf § 11a Abs. 2 GenG.

[17] Vgl. *Leitzen* GmbHR 2009, 480 (482); Baumbach/Hopt/*Hopt* Rn. 5.

[18] OLG Karlsruhe FGPrax 2014, 127; KG NZG 2012, 430.

[19] BeckOGK/*Schmidt* Rn. 14; aA *Leitzen* GmbHR 2009, 480 (482).

[20] BayObLGZ 1982, 153 (158).

[21] OLG Frankfurt OLGZ 1983, 25 (28); *Karsten Schmidt* HandelsR § 9 Rn. 35; Baumbach/Hopt/*Hopt* Rn. 2.

Behörde jegliche gewerbliche Tätigkeit bestandskräftig untersagt hat.[22] Das Registergericht muss nach dieser Auffassung die Eintragung des betroffenen Rechtsträger unterlassen, da die Gesellschaft nicht Bestand haben kann, sie nach ihrer Eintragung also sofort wieder zu löschen wäre, so dass insoweit die registerführende Stelle zur Prüfung berechtigt und verpflichtet ist.[23] Die überwiegende Lit. und nunmehr ausdrücklich auch der **BGH**[24] **lehnen diese Auffassung zu Recht ab,** da kein Grund besteht, die gem. § 7 vorgegebene gesetzliche Konzeption einer grundsätzlich strikten Trennung zwischen öffentlichem und privatem Wirtschaftsrecht partiell zu unterlaufen.[25] Es gibt mithin keine ungeschriebene Ausnahme von § 7 für den Fall des Vorliegens „unzweifelhafter" öffentlich-rechtlicher Hindernisse.[26]

8 **4. Zweigniederlassungen ausländischer Rechtsträger.** Ähnlich wie in → Rn. 7 beschrieben, stellt sich bei der Eintragung inländischer Zweigniederlassungen ausländischer Rechtsträger im deutschen Handelsregister nach §§ 13d ff. die Frage, ob ein gewerberechtliches Verbot gegen den einzigen inländischen Repräsentanten des Unternehmens zur Folge hat, dass die Zweigniederlassung nicht eingetragen werden darf. Hierzu vertritt der **BGH** die Auffassung, „dass es nicht rechtens sein könne, dass eine im Inland vom Geschäftsführeramt ausgeschlossene Person über eine Zweigniederlassung einer (Schein-)Auslandsgesellschaft ihre Geschäfte im Inland weiter betreibt".[27] Diese Auffassung – der die Lit. zum Teil unkritisch folgt[28] – überdehnt den Aufgabenbereich des Registergerichts und missversteht die Funktionsweise des Handelsregisters, indem es im Wege eines unmittelbaren Durchgriffs ordnungsbehördlichen Maßnahmen unter Außerachtlassung des § 7 unmittelbaren Einfluss auf die handelsrechtliche Lage beimisst. Gleichwohl war sie das Vorbild der Ende 2008 eingefügten Bestimmungen des § 13e Abs. 3 S. 2 (→ § 13e Rn. 11 ff.).

9 **5. Privatrechtliche Beschränkungen.** Es ist nicht die Aufgabe des Registergerichts, die Einhaltung privatrechtlicher Beschränkungen zu überprüfen (zB gesetzliche oder vertragliche Wettbewerbsverbote). Dies obliegt vielmehr den jeweiligen Beteiligten.[29]

III. Rechtslage in Österreich

10 Für das österreichische Unternehmens- und Handelsrecht sieht § 6 UGB nahezu wortgleich wie § 7 vor, dass die Anwendung des UGB nicht durch Vorschriften des öffentlichen Rechts berührt wird, nach denen die Befugnis zur unternehmerischen Tätigkeit ausgeschlossen oder von gewissen Voraussetzungen abhängig gemacht ist.

---

[22] Anders OLG Frankfurt OLGZ 1983, 416 (418); *Winkler* ZGR 1989, 107 (123).

[23] Zur Prüfungskompetenz *Karsten Schmidt* HandelsR § 9 Rn. 35; Oetker/*Körber* Rn. 4.

[24] BGH NZG 2017, 1226 (1228); dem folgend nun OLG Frankfurt FGPrax 2019, 74.

[25] Vgl. BeckOGK/*Schmidt* Rn. 21; Staub/*Oetker* Rn. 13 f.; EBJS/*Kindler* Rn. 6; Oetker/*Körber* Rn. 11; BeckOK HGB/*Schwartze* Rn. 3; KKRD/*Roth* Rn. 2; Röhricht/Graf v. Westphalen/Haas/*Ries* Rn. 4; *Krafka* Einführung RegisterR Rn. 49.

[26] BGH NZG 2017, 1226 (1228).

[27] BGHZ 172, 200 Rn. 11 = NJW 2007, 2328.

[28] Vgl. Oetker/*Körber* Rn. 8.

[29] S. KG JW 1936, 941 (943); Staub/*Oetker* Rn. 17; EBJS/*Kindler* Rn. 4; Oetker/*Körber* Rn. 5; BeckOK HGB/*Schwartze* Rn. 2; Röhricht/Graf v. Westphalen/Haas/*Röhricht* Rn. 6; Heymann/*Förster* Rn. 8.

Zweiter Abschnitt. Handelsregister; Unternehmensregister

§ 8 [Handelsregister]

(1) Das Handelsregister wird von den Gerichten elektronisch geführt.

(2) Andere Datensammlungen dürfen nicht unter Verwendung oder Beifügung der Bezeichnung „Handelsregister" in den Verkehr gebracht werden.

Schrifttum: *Bärwaldt,* Befreiung vom Verbot des Selbstkontrahierens, Rpfleger 1990, 102; *Baums,* Eintragung und Löschung von Gesellschafterbeschlüssen, 1981; *Bokelmann,* Der Einblick in das Handelsregister, DStR 1991, 945; *Bormann/Stelmaszczyk,* Digitalisierung des Gesellschaftsrechts nach dem EU-Company Law Package, NZG 2019, 601; *Bühler,* Die Befreiung des Geschäftsführers der GmbH von § 181 BGB, DNotZ 1983, 588; *Fleischhauer/Wochner,* Handelsregisterrecht, 4. Aufl. 2019; *Hauschild,* § 181 BGB im Gesellschaftsrecht – eine heilige Kuh auf verlorenem Posten?, ZIP 2014, 954; *Kilian,* EU-Richtlinie zur Verknüpfung der Handelsregister verabschiedet, FGPrax 2012, 185; *Knechtel/Reichelt/Zib,* Europäisches Handelsregister – Gesellschaftsrechtliche Perspektiven, Gemeinschaftsrechtliche Vorgaben, Handelsregister in Europa, 2000; *Kögel,* Aktuelle Handelsrechts-Entwicklung im europäischen Spannungsfeld, Rpfleger 2001, 277; *Krafka,* Registerrecht, 11. Aufl. 2019; *Krafka,* Einführung in das Registerrecht, 2. Aufl. 2008; *Krafka,* Zwischenruf zur Zwischenverfügung in Registersachen, NZG 2019, 9; *Krafka/Heinemann,* Die Prüfung auf Eintragungsfähigkeit durch den Notar für das Registergericht und das Grundbuchamt, Rpfleger 2017, 661; *Kramm,* Handelsregisterrecht, 1998; *Leitzen,* Das registergerichtliche Recht zur Prüfung von GmbH-Gesellschafterbeschlüssen, Rpfleger 2010, 245; *Lieder,* Digitalisierung des europäischen Unternehmensrechts, NZG 2018, 1081; *Lindemeier,* Die Eintragung des Nießbrauchs am Kommanditanteil im Handelsregister, RNotZ 2001, 155; *Lutter,* Die Eintragung anfechtbarer Hauptversammlungsbeschlüsse im Handelsregister, NJW 1969, 1873; *Melchior,* Handelsregisteranmeldungen und EHUG – Was ist neu?, NotBZ 2006, 409; *Menold,* Das materielle Prüfungsrecht des Handelsregisterrichters, Diss. Tübingen 1966; *Merkt,* Unternehmenspublizität, 2001; *Müther,* Zur Nichtigkeit führende Fehler bei der Einberufung der GmbH-Gesellschafterversammlung, GmbHR 2000, 966; *Müther,* Die Rechtsprechung des EuGH und der Einfluss auf das deutsche Handelsregisterwesen, Rpfleger 2000, 316; *Müther,* Das Handelsregister in der Praxis, 2. Aufl. 2007; *Nedden-Boeger,* Das neue Registerrecht, FGPrax 2007, 1; *Nedden-Boeger,* Die Ungereimtheiten der FGG-Reform – eine kritische Bestandsaufnahme aus registerrechtlicher Sicht, FGPrax 2009, 144; *Nedden-Boeger,* Die Anwendung des Allgemeinen Teils des FamFG in Registersachen und in unternehmensrechtlichen Verfahren, FGPrax 2010, 1; *Noack,* Das EHUG ist beschlossen – elektronische Handels- und Unternehmensregister ab 2007, NZG 2006, 801; *Noack,* Das neue Gesetz über elektronische Handels- und Unternehmensregister, 2007; *Reithmann,* Die Aufgaben öffentlicher Register, DNotZ 1979, 67; *Ries,* Die europaweite Verknüpfung der Handelsregister – Chancen und Risiken, ZIP 2013, 866; *Roth,* Handelsregistereintragung einer Testamentsvollstreckung bei Tod des Kommanditisten, NZG 2012, 499; *Säcker,* Inhaltskontrolle von Satzungen mitbestimmter Unternehmen durch das Registergericht, FS Stimpel, 1985, 867; *Schemmann,* Die Neufassung der ersten gesellschaftsrechtlichen Richtlinie, GPR 2003/2004, 92; *Karsten Schmidt,* Register-Unfähigkeit der GmbH & Still, NZG 2014, 881; *Karsten Schmidt,* Handelsregisterpublizität und Kommanditistenhaftung, ZIP 2002, 413; *Scholz,* Die Einführung elektronischer Handelsregister im Europarecht, EuZW 2004, 172; *Schroeder/Oppermann,* Die Eintragungsfähigkeit der Generalvollmacht im Handelsregister, JZ 2007, 176; *Seibert/Decker,* Das Gesetz über elektronische Handelsregister und Genossenschaftsregister sowie das Unternehmensregister (EHUG) – Der „Big Bang" im Recht der Unternehmenspublizität, DB 2006, 2446; *Simon,* Die nur teilweise Befreiung vom Selbstkontrahierungsverbot und das Handelsregister, GmbHR 1999, 588; *Terbrack,* Kommanditistenwechsel und Sonderrechtsnachfolgevermerk, Rpfleger 2003, 105; *Ulmer,* Abschied vom Vorbelastungsverbot im Gründungsstadium der GmbH – Gelöste und ungelöste Fragen zum Recht der Vor-GmbH und der Vor-GmbH & Co. KG, ZGR 1981, 593; *Ulmer,* Testamentsvollstreckung am Kommanditanteil, NJW 1990, 73; *Vossius,* Gesellschaftsrecht und Freiwillige Gerichtsbarkeit, ZGR 2009, 366; *Wachter,* Bestellung von Nicht-EU-Ausländern zu GmbH-Geschäftsführern, MittBayNot 1999, 534; *Willer/Krafka,* Die elektronische Einreichung von Handelsregisteranmeldungen aus Sicht der Registerpraxis, DNotZ 2006, 885; *Willer/Krafka,* Anregungen zu einer international zeitgemäßen Anwendung des § 181 BGB im Gesellschaftsrecht, NZG 2006, 495.

Übersicht

I. Ursprung und Entwicklung des Handelsregisters

1 **1. Ursprung des Handelsregisters.** Das Handelsregister ist eine traditionsreiche Einrichtung. Die mittelalterlichen Gilderollen dienten vorwiegend internen Zwecken, indem die jeweilige Zugehörigkeit zur Gilde in ihnen festgehalten wurde.[1] Amtliche, dem Handelsregister entsprechende öffentliche Register, die auch den Schutz des Publikums bezweckten, sind dagegen in Deutschland erst seit dem 18. Jahrhundert nachzuweisen, also nachdem die

[1] Ehrenberg HandelsR-HdB/*Rehme* Bd. I S. 157; *v. Gierke/Sandrock* HandelsR § 11 I; *Merkt,* Unternehmenspublizität, 2001, 35 ff.; *Kramm,* Handelsregisterrecht, 1998, 20 ff.; *Bokelmann* DStR 1991, 945.

Übertragbarkeit der Firma anerkannt war und Firmen nicht selten unvollständig oder unwahr geführt wurden.[2] Es entstanden Gesellschaftsregister, Vollmachtsregister und, vereinzelt in Süddeutschland und der Schweiz, vollständige Firmenbücher, aus denen sich auch die Firma des Einzelkaufmanns ergab.[3] Nicht die Gilderollen, mögen sich ihnen auch erste Ansätze entnehmen lassen,[4] sondern die **Gesellschafts- und Vollmachtsregister,** Firmen- und Prokurenbücher und die Verzeichnisse wechselfähiger Personen waren Wegbereiter des Handelsregisters in Deutschland.[5]

Das **ADHGB** von 1861, seit 1871 als Reichsgesetz, enthielt in Art. 12–14 ADHGB erstmals allgemeine Vorschriften über das Handelsregister. Bei jedem Handelsgericht war ein öffentliches Handelsregister zu führen (Art. 12 ADHGB). Nach Art. 13 ADHGB waren die Eintragungen in das Handelsregister in öffentlichen Blättern (Art. 14 ADHGB) ohne Verzug bekannt zu machen. Diese „Regelung" des Registerrechts durch das ADHGB war bruchstückhaft. Die genannten Vorschriften beschränkten sich auf wenige Rahmenbestimmungen; im Übrigen griff für das Verfahrensrecht die Regelungskompetenz der Einzelstaaten ein. Die Art. 12–14 ADHGB waren jedoch Vorbild für das Registerrecht des HGB,[6] sodass die §§ 8 ff. wiederum keine entsprechende vollständige Kodifikation enthalten. Auch heute noch sind daher weitere registerrechtliche Regelungen verteilt auf eine Vielzahl spezieller handels- und gesellschaftsrechtlicher Vorschriften und insbesondere in Buch 5 des FamFG (§§ 374 ff. FamFG) eingeordnet worden. 2

2. Europarechtliche Einflüsse und Reformen. In Bezug auf Kapitalgesellschaften (GmbH, AG und KGaA) findet das Handelsregisterrecht seit Ende der 1960er Jahre seine Grundlage in den Vorschriften der 1968 verkündeten europäischen **Publizitäts-RL** (früher RL 2009/101/EG),[7] die zwischenzeitlich mehrfach geändert und nunmehr als Art. 14 ff. GesR-RL (ursprünglich RL 68/151/EWG, bereits im Jahr 2009 novelliert als RL 2009/101/EG) in Kraft sind. Demgemäß müssen wesentliche Angaben und Urkunden dieser Rechtsträger durch Hinterlegung oder Registereintragung offen gelegt werden[8] (Art. 16 GesR-RL). Umfasst sind hiervon insbesondere der Errichtungsakt und die Satzung, Änderungen dieser Akte, die Bestellung, Vertretungsbefugnis und das Ausscheiden von organschaftlichen Vertretern, die Sitzverlegung und die Auflösung der Gesellschaft (vgl. Art. 14 GesR-RL). Tiefgreifende Reformen des Registerrechts fanden mit dem Gesetz zur Neuregelung des Kaufmanns- und Firmenrechts und zur Änderung anderer handels- und gesellschaftsrechtlicher Vorschriften (HRefG) vom 22.6.1998 (BGBl. 1998 I 1474), durch die Vorbereitung der elektronischen Verfahrensabwicklung durch das Gesetz über elektronische Register und Justizkosten für Telekommunikation (ERJuKoG) vom 10.12.2001 (BGBl. 2001 I 3422), erneut im Rahmen der Umsetzung der damals novellierten Publizitäts-RL zur endgültigen Etablierung des elektronischen Registerverkehrs Ende 2006 durch das Gesetz über elektronische Handelsregister und Genossenschaftsregister sowie das Unternehmensregister (EHUG) vom 10.11.2006 (BGBl. 2006 I 2553) und schließlich im Jahr 2008 durch das Gesetz zur Modernisierung des GmbH-Rechts und zur Bekämpfung von Missbräuchen (MoMiG) vom 23.10.2008 (BGBl. 2008 I 2026) statt. In Bezug auf Kapitalgesellschaften (GmbH, AG und KGaA) wurden mit der am 1.1.2007 in Kraft getretenen Reform die Vorgaben der 2003 geänderten damaligen RL 2003/58/EG (Publizitäts-RL 2003) umgesetzt. Die Neufassung der ursprünglichen RL 68/151/EWG beruhte auf den im Rahmen der SLIM-Initiative („Simpler Legislation for the Internal Market") der Europä- 3

[2] Ehrenberg HandelsR-HdB/*Rehme* Bd. I S. 214 mit älterer Literaturangabe; *Rintelen,* Untersuchungen über die Entwicklung des Handelsregisters, Beilageheft zu ZHR 75 (1914), 104 f.

[3] *Müller-Erzbach,* Deutsches Handelsrecht, 2. und 3. Aufl. 1928, Kap. 17 II.

[4] *Merkt,* Unternehmenspublizität, 2001, 44 ff.; Baumbach/Hopt/*Hopt* Rn. 1.

[5] *Rintelen,* Untersuchungen über die Entwicklung des Handelsregisters, Beilageheft zu ZHR 75 (1914), 104 (111); Staub/*Koch* Rn. 4.

[6] *v. Gierke/Sandrock* HandelsR § 11 I.

[7] Zur Reformierung der früheren RL 68/151/EWG im Jahre 2003 vgl. *Scholz* EuZW 2004, 172.

[8] Zu europarechtlichen Fragen des Handelsregisterrechts vgl. *Knechtel/Reichelt/Zib,* Europäisches Handelsregister, 2000; *Müther* Rpfleger 2000, 316; *Kögel* Rpfleger 2001, 277.

ischen Kommission entwickelten Vorschlägen zur Vereinfachung der Offenlegungspflichten betroffener Unternehmen. Der rechtliche und technische Aufwand zur Umsetzung der Richtliniennovelle war erheblich und wurde vorweg von den Mitgliedstaaten augenscheinlich unterschätzt.[9] Mit der über das Unternehmensregister vernetzt erfolgenden elektronischen Handelsregisterführung werden nunmehr die Anforderungen aus Art. 16 Abs. 1 und Abs. 3 UAbs. 3 GesR-RL erfüllt. Mit der RL 2012/1/EU[10] wurde ferner das europäische System der Registervernetzung eingeführt. Die entsprechende Umsetzung findet in Deutschland vor allem im Rahmen des § 9b statt. Weiterer Änderungsbedarf ergibt sich aus dem im Sommer 2019 verabschiedeten Company Law Package der EU,[11] das aus zwei Richtlinien besteht (RL (EU) 2019/1151 und RL (EU) 2019/2121), die einige Änderungen der GesR-RL mit sich bringen. Aus allgemeiner registerrechtlicher Sicht besonders gravierend ist der Wegfall des obligatorischen Bekanntmachungserfordernisses in Art. 16 GesR-RL und die grenzüberschreitende Verknüpfung von Eintragungen in Haupt- und Zweigniederlassungsregister in Art. 30a GesR-RL idF der RL (EU) 2019/1151. Ferner ist in Art. 13j GesR-RL, der durch RL (EU) 2019/1151 mWv 31.7.2019 eingefügt wurde, geregelt, dass es in bestimmten Fällen möglich sein muss, die erforderlichen Dokumente und Anträge online einzureichen.

II. Funktionen des Handelsregisters

4 **1. Information und Publizität. a) Publizitätsfunktion.** Das Handelsregister dient einerseits als Sammlung der im Rechtsverkehr wesentlichen Unternehmensdaten, auf die Dritte ungehindert und möglichst effektiv zu Informationszwecken zugreifen können (§ 9). Andererseits verhilft es aufgrund seiner Verkehrsschutzfunktion (§ 15) auch auf materiellrechtlicher Ebene dazu, den eingetragenen Rechtsträgern und etwaigen Gläubigern Klarheit vor allem über die **Existenz, Vertretungs- und Haftungsverhältnisse** des eingetragenen Unternehmens zu schaffen.[12] Dem Handelsregister kommt in diesem Sinne unbestritten Publizitätsfunktion zu.[13] Aufgabe der Publizität ist es, gerade „schwächere" Rechtsverkehrsteilnehmer zu schützen, indem sie sich jederzeit ohne professionelle Hilfe auf vertrauenswürdige Weise Zugang zu den insoweit relevanten Daten verschaffen können. Im Sinne der Schutzaufgaben des Staates sichert das Register damit die kostengünstige Versorgung mit Unternehmensinformationen, die nicht zuletzt auch Verbrauchern und Arbeitnehmern zugutekommen.[14]

5 Das Handelsregister hat zur Erreichung dieses Ziels die Aufgabe, klar,[15] zuverlässig und – soweit vorgeschrieben – vollständig und lückenlos[16] Auskunft über die **Tatsachen und Rechtsverhältnisse der Kaufleute und Handelsgesellschaften,** soweit diese Verhältnisse für den Rechtsverkehr von besonderer Bedeutung sind, zu geben.[17] Sämtliche Verhältnisse der eingetragenen Rechtsträger können der Öffentlichkeit allerdings nicht mitgeteilt werden. Das Handelsregister vermag schon deshalb kein absolut lückenloses Bild zu

---

[9] *Schemmann* in Fleischhauer/Wochner, Handelsregisterrecht, 4. Aufl. 2019, Teil C Rn. 35.

[10] Dazu *Kilian* FGPrax 2012, 185; *Ries* ZIP 2013, 866.

[11] Vgl. die Richtlinienvorschläge der Europäischen Kommission, COM(2018) 239 und COM(2018) 241; hierzu *Bormann/Stelmaszczyk* NZG 2019, 601; *Teichmann* NZG 2019, 341; *Lieder* NZG 2018, 1081; zum Vorschlag der erforderlichen Durchführungs-VO siehe *Schmidt* EuZW 2020, 683.

[12] *Krafka* RegisterR Rn. 1; Staub/*Koch* Rn. 1; zust. BGH NJW 2015, 2116 Rn. 18; ebenso OLG München FGPrax 2016, 263; OLG München FGPrax 2016, 165.

[13] Vgl. BGH NJW 2015, 2116; EBJS/*Schaub* Rn. 44; Röhricht/Graf v. Westphalen/Haas/*Ries* Rn. 2; Heymann/*Förster* Rn. 9; umfassend zur Unternehmenspublizität *Merkt,* Unternehmenspublizität, 2001, 35 ff., zur Registerpublizität insbes. 84 ff., 133 ff., 314 f.; *Krafka* Einführung RegisterR Rn. 71 ff.; zu den Aufgaben öffentlicher Register vgl. *Reithmann* DNotZ 1979, 67.

[14] *Ries* ZIP 2013, 866 (869).

[15] BGHZ 191, 84 = FGPrax 2012, 26; OLG München FGPrax 2012, 37.

[16] BGH NJW 2015, 2116.

[17] BGH NJW 1998, 1071 = FGPrax 1998, 68; NJW 1992, 1452; OLG München NZG 2012, 429; Rpfleger 2012, 32; RNotZ 2011, 365; OLG Hamm FGPrax 2011, 138; BayObLGZ 1978, 182 (186); 1977, 76 (78); 1973, 168 (170).

bieten,[18] weil es sonst unübersichtlich würde und seine Aufgabe dann nicht mehr erfüllen könnte.[19] Die Einsicht in ausländische Register lehrt, dass ein Überangebot an Daten – etwa des Umfangs einer Vollmacht, kasuistisch negativ und positiv abgegrenzt – schnelle und verständliche Information, wie sie das Handelsregister bieten soll, unmöglich macht. Der vom **BGH** in seiner Entscheidung zur Eintragung eines Testamentsvollstreckervermerks an einem Kommanditanteil[20] geäußerten Ansicht, das Handelsregister habe auch die Aufgabe, sonstige Rechtsverhältnisse darzustellen, die auf die Vertretung des Rechtsträgers keinen Einfluss, sondern nur **interne Bedeutung** haben, ist daher vehement zu widersprechen. Eine Übertragung dieser Meinung auf weitere Fälle würde die soeben beschriebene Gefahr einer grenzenlosen und am Ende dysfunktionalen Ausweitung des Registerinhalts mit sich bringen. Es ist – wie beschrieben – nicht Aufgabe des Registers, ein gänzlich lückenloses Bild über die – auch nur im Innenverhältnis relevanten – Verhältnisse des eingetragenen Rechtsträgers zu geben.[21]

b) Informationsfunktion. Die der Offenlegung unterliegenden Informationen sind 6 jedermann zugänglich, weil die Einsicht in das Handelsregister auch ohne den Nachweis eines berechtigten Interesses zu Informationszwecken erlaubt ist (§ 9 Abs. 1; anders bei der Grundbucheinsicht, § 12 GBO). Gem. § 10 werden die Eintragungen elektronisch bekannt gemacht. In diesem Sinne kommt der Registereintragung, vor allem nach der Umstellung auf elektronische Datenhaltung und deren Abrufbarkeit per Internetverbindung aufgrund der entsprechenden Dokumentierung und Offenlegung unmittelbare Informationsfunktion zu.

c) Verkehrsschutz. Das Handelsregister dient im weit verstandenen Sinn dem Ver- 7 kehrsschutz.[22] Hierunter fällt jedenfalls der Schutz des Rechtsverkehrs, der den Gläubigerschutz einschließt.[23] Doch besteht das Handelsregister nicht nur des Publikums wegen. Es dient beispielsweise durch Offenlegung der Beendigung von Haftungs- und Vertretungsverhältnissen (vgl. § 53 Abs. 3, § 159 Abs. 2, § 160 Abs. 1) auch den Interessen des eingetragenen Kaufmanns und der Handelsgesellschaft (§ 6), was ursprünglich sogar alleiniger Zweck der Register (Firmen-, Gesellschafts- und Prokurenregister, → Rn. 1) war.[24] So greift etwa § 5 zugunsten von jedermann, und zwar auch des Eingetragenen selbst, ein.[25] Das Handelsregister offenbart mithin wichtige Rechtsverhältnisse des Kaufmanns im Interesse des Publikums und in seinem eigenen Interesse.[26] Um dies einheitlich und dauerhaft zu erreichen ist der Eingriff in bereits erfolgte Eintragungen im Handelsregister ausgeschlossen, da andernfalls der Öffentlichkeit zu verschiedenen Zeitpunkten unterschiedliche Angaben zur identischen Tatsache präsentiert würden. Rückwirkende Veränderungen des registrierten Datenbestands sind daher im Handelsregister aus Gründen des Verkehrsschutzes unmöglich.[27]

d) Abstrakte Vergleichbarkeit des Registerinhalts. Gemäß dieser Aufgabenstel- 8 lung müssen die Registereintragungen abstrakt vergleichbar sein,[28] dh über jeden Kaufmann

---

18 OLG München FGPrax 2016, 263; OLG Köln FGPrax 2014, 220; BayObLGZ 1980, 195 (198); 1971, 55 (56); insoweit zutr. auch RGZ 132, 138 (140).

19 OLG München FGPrax 2016, 263; OLG Düsseldorf FGPrax 2010, 85 = NZG 2009, 1355; OLG Hamburg NZG 2009, 957 = GmbHR 2009, 252 (255) mAnm *Mohr;* KGJ 30 A 32, 35; KGJ 29 A 213, 217; Oetker/*Preuß* Rn. 23; EBJS/*Schaub* Rn. 45; Heymann/*Förster* Rn. 10; *Krafka* RegisterR Rn. 88.

20 BGH NJW-RR 2012, 730 = GWR 2012, 178 mAnm *Krafka;* s. auch *Roth* NZG 2012, 499.

21 Vgl. *Krafka* RegisterR Rn. 85; ebenso OLG München FGPrax 2016, 263.

22 *Karsten Schmidt* HandelsR § 13 Rn. 1; *Merkt,* Unternehmenspublizität, 2001, 229 ff.

23 BGHZ 56, 97 (104) = NJW 1971, 1355.

24 Ehrenberg HandelsR-HdB/*Ehrenberg* Bd. I S. 531 f.; vgl. *Merkt,* Unternehmenspublizität, 2001, 39.

25 RGZ 50, 150 (154).

26 *v. Gierke/Sandrock* HandelsR § 11 I; *Menold,* Das materielle Prüfungsrecht des Handelsregisterrichters, 1966, 150; *Krafka* Einführung RegisterR Rn. 71 ff.

27 BGH NJW 2015, 2116.

28 OLG Hamburg NZG 2009, 957 = GmbHR 2009, 252 mAnm *Mohr;* BayObLGZ DNotZ 1988, 515; *Krafka* Einführung RegisterR Rn. 302; Staub/*Koch* Rn. 31.

und jede Gesellschaft jeweils gleiche Angaben enthalten. So ist nach § 29 jeder Kaufmann verpflichtet, seine Firma und den Ort seiner Handelsniederlassung samt inländischer Geschäftsanschrift zur Eintragung in das Handelsregister anzumelden. Anzumelden und einzutragen sind nach § 31 Änderung und Erlöschen der Firma, Verlegung der Niederlassung oder der inländischen Geschäftsanschrift und ein Inhaberwechsel. Zu den einzutragenden Grunddaten des Kaufmanns zählen auch Erteilung und Erlöschen der Prokura (§ 53). Schwierigkeiten bereitet die Beantwortung der Frage, ob und unter welchen Voraussetzungen auch solche Umstände in das Register aufzunehmen sind, deren Eintragung das Gesetz nicht ausdrücklich vorsieht (näher → Rn. 37 ff.).

9 Soweit es sich ausnahmsweise um **Umstände** handelt, **die nicht eintragungspflichtig, wohl aber eintragungsfähig** (→ Rn. 36) **sind** (zB Ausschluss der Haftungsübernahme des Erwerbers bei Firmenfortführung nach § 25 Abs. 2), liefert das Handelsregister bei vergleichbarem Ausgangssachverhalt (Veräußerer und Erwerber vereinbaren im Fall der Firmenfortführung die Nichthaftung des Erwerbers) scheinbar dann unterschiedliche Informationen, wenn in einem Fall die Eintragung (der Nichthaftung nach § 25 Abs. 2) betrieben wird, in dem anderen aber nicht. Doch trifft das deshalb nicht zu, weil die bloße Vereinbarung im Innenverhältnis, der Erwerber solle für die Verbindlichkeiten des Veräußerers nicht haften, noch nicht zum Ausschluss der Haftung des Erwerbers im Außenverhältnis führt. Erst wenn die haftungsausschließende Vereinbarung zur Eintragung in das Handelsregister unverzüglich angemeldet und in angemessenem Zeitabstand eingetragen und bekannt gemacht wird, tritt der Haftungsausschluss gegenüber allen Gläubigern ein, den dann das Register für jeden vergleichbaren Fall ausweist. Auch insoweit (Haftungsausschluss) enthält das Handelsregister mithin stets gleiche Angaben über den Kaufmann. Entsprechendes gilt etwa für § 28 Abs. 2. Es ist also nicht so, dass eintragungsfähige Umstände, die nicht eintragungspflichtig sind, zu unterschiedlichen Informationen des Publikums führen, je nachdem, ob die Eintragung herbeigeführt wird oder nicht. Denn erst die Eintragung (uU in Verbindung mit der Bekanntmachung) lässt die Rechtsposition mit konstitutiver Wirkung entstehen.

10 **2. Kontrollfunktion. a) Überblick.** Zu Unrecht nahm man früher an, das Handelsregister weise nicht Tatsachen und Rechtsverhältnisse aus, sondern gebe nur den Inhalt der Anmeldung wieder[29] und dem Registerrichter stünde lediglich ein **formelles Prüfungsrecht** zu, so dass er nicht auch die Richtigkeit der angemeldeten Tatsachen und die Rechtswirksamkeit des Angemeldeten prüfen dürfe. Das Kammergericht merkte demgegenüber schon bald an, der Registerrichter müsse einen als gesetzwidrig erkannten Beschluss nicht in das Handelsregister eintragen und ihm hierdurch Wirksamkeit verleihen.[30] Auch billigte es später innerhalb bestimmter Grenzen dem Registerrichter ein **materielles Prüfungsrecht** zu, das allerdings dann nicht zum Tragen kommen sollte, wenn eine Bestimmung nur den Schutz eines Verbandsmitglieds und nicht auch dritter Personen bezweckte.[31] Heute ist allgemein anerkannt und wird nur noch gelegentlich in Bezug auf Detailfragen darüber gestritten, dass das **Registergericht berechtigt und verpflichtet** ist, **in formeller und materieller Hinsicht zu prüfen** (→ Rn. 68 ff.).[32] So hat das Gericht zB vor der Eintra-

29 RGSt 18, 179; RGZ 1, 242 (244).

30 KGJ 8, 12, 16.

31 KGJ 12, 37 (40); 31 A 158, 159; 34 A 136, 140 f.; 35 A 162, 166 jeweils zu der Frage, ob der Registerrichter die Eintragung nur anfechtbarer aber nicht angefochtener Beschlüsse verweigern darf (→ Rn. 84 ff.).

32 RGZ 127, 153 (156); 140, 174 (181); 148, 175 (187); BGH NJW 1977, 1879 (1880); WM 1981, 400; 1987, 502 (503); KGJ 30 A 109, 114; 35 A 178, 179; 39 A 122; BayObLGZ 1974, 479; 1978, 282; BayObLG GmbHR 1982, 210; BB 1985, 545; OLG Köln GmbHR 1982, 187; OLG Stuttgart GmbHR 1967, 232; OLG Hamburg BB 1984, 1763; Röhricht/Graf v. Westphalen/Haas/*Ries* Rn. 4; Baumbach/Hopt/*Hopt* Rn. 8; Oetker/*Preuß* Rn. 5, 97 ff.; EBJS/*Schaub* Rn. 136 ff.; Heymann/*Förster* Rn. 46 ff.; *Krafka* Einführung RegisterR Rn. 280 ff.; stark einschr. *Menold,* Das materielle Prüfungsrecht des Handelsregisterrichters, 1966, 150; zusammenfassend 203; *Baums,* Eintragung und Löschung von Gesellschafterbeschlüssen, 1981, 21 ff., 70, 107 f.

gung etwaige zugrunde liegende Gesellschafterbeschlüsse auf Nichtigkeitsgründe hin zu untersuchen.[33] Allerdings befasst sich das Registergericht in der Regel mit der sachlichen Richtigkeit der einzutragenden Tatsache nur dann, wenn im Einzelfall begründete Zweifel oder erhebliche Bedenken bestehen, ob die angemeldeten Tatsache zutreffend angemeldet wurde (→ Rn. 70 ff.).[34]

b) Kontrolle im Hinblick auf die Publizität der Eintragung. Unrichtige Eintragungen sind im Hinblick auf die Publizitätsfunktion des Handelsregisters durch Kontrollmaßnahmen des Registergerichts zu verhindern: auf das Handelsregister muss Verlass sein. Das Registergericht hat darüber zu wachen, dass Erklärungen von Firmeninhabern, die den gesetzlichen Erfordernissen nicht entsprechen, nicht in das Handelsregister übernommen werden.[35] Damit korrespondiert die **Amtspflicht des Registerrichters und -rechtspflegers,** unrichtige Eintragungen vom Register fernzuhalten und entsprechende Anmeldungen auch dann nicht zu vollziehen, wenn durch die Eintragung eine Heilung des vorliegenden Fehlers eintreten würde.[36] Zudem haben nach § 379 Abs. 1 FamFG die Gerichte, die Beamten der Staatsanwaltschaft, die Polizei- und Gemeindebehörden sowie die Notare dem Registergericht von den zu ihrer amtlichen Kenntnis gelangenden Fällen einer unrichtigen, unvollständigen oder unterlassenen Anmeldung zum Handelsregister Mitteilung zu machen. Zudem sind Anmeldungen zur Eintragung in das Handelsregister von einem Notar einer formellen Vorprüfung zu unterziehen und erst anschließend einzureichen (§ 378 Abs. 3 FamFG).[37] Es ist daher unzweifelhaft, dass das Registergericht für die sachliche Richtigkeit der Eintragungen zu sorgen hat, was ohne entsprechende Kontrollbefugnisse nicht möglich ist. 11

Die Auffassung, dass die registerliche Publizitätsfunktion der Annahme einer materiellen Prüfung durch das Gericht entgegenstehe, ist unzutreffend. Der Schutz des Rechtsverkehrs vor unrichtigen Eintragungen (→ Rn. 11) steht über den Interessen des Anmeldenden an einer zügigen Eintragung.[38] Das Gericht muss daher in rechtlicher Hinsicht prüfen, ob das zur Eintragung Angemeldete eintragungsfähig ist und ob die mitgeteilten Tatsachen die erstrebte Eintragung rechtfertigen.[39] Der Ansatz, die sachliche Richtigkeit des Handelsregisters sei der Öffentlichkeit deshalb gleichgültig, weil eine Rechtsscheinhaftung eingreife,[40] geht fehl, da mangels Konditionalzusammenhangs beider Umstände weder der dogmatische Ausgangspunkt zutreffend gewählt ist, noch der funktionalen Zielsetzung des Handelsregister Rechnung getragen wird. 12

Das Registergericht darf und muss ggf. die angemeldeten Tatsachen materiell prüfen, jedoch gilt dies im Einzelfall nicht uneingeschränkt. Die Eintragung ist grundsätzlich nur davon abhängig, dass bestimmte Voraussetzungen vorliegen, die sich zum Teil – ausdrücklich oder dem Sinn nach – aus dem Gesetz ergeben, zum Teil von Rspr. und Lehre entwickelt worden sind. Das Gericht hat diese Eintragungsvoraussetzungen – und nur sie – zu ermitteln und pflichtgemäß zu prüfen, ob sie vorliegen.[41] Grundlage der Prüfung ist, ohne dass es weiterer Begründung bedarf, die selbstverständliche Pflicht des Gerichts, die Vorschriften und Grundsätze des materiellen Rechts zu beachten. Eine ausdrückliche gesetzliche Anordnung der Prüfung ist nicht erforderlich. Die Frage nach formeller und materieller **Prüfungs-** 13

[33] Oetker/*Preuß* Rn. 109; ausf. hierzu *Krafka* RegisterR Rn. 1025 ff.; *Müther,* Das Handelsregister in der Praxis, § 6 Rn. 121 ff.; *Leitzen* Rpfleger 2010, 245.
[34] BGHZ 113, 335 (352) = NJW 1991, 1754; KG Rpfleger 1998, 474 = MittBayNot 1998, 453; BayObLGZ 1981, 266; BayObLGZ 1977, 256 = DNotZ 1978, 172; BayObLGZ 1973, 168 = NJW 1973, 2068; *Krafka* RegisterR Rn. 159.
[35] RGZ 127, 154 (156).
[36] Vgl. RGZ 140, 174 (184).
[37] Hierzu *Krafka/Heinemann* Rpfleger 2017, 661.
[38] Anders aber *Menold,* Das materielle Prüfungsrecht des Handelsregisterrichters, 1966, 151, 157, 173 f.
[39] BayObLGZ 1981, 266 (269); vgl. auch OLG Hamburg DNotZ 1950, 472 (473).
[40] So *Menold,* Das materielle Prüfungsrecht des Handelsregisterrichters, 1966, 136.
[41] *Baums,* Eintragung und Löschung von Gesellschafterbeschlüssen, 1981, 18, 20, 27, 106; *Säcker* FS Stimpel, 1985, 867 (879).

kompetenz des Registergerichts ist daher identisch mit der Frage nach den Eintragungsvoraussetzungen.[42] Nach zutreffender Auffassung lässt sich dieses Ergebnis darüber hinaus auf die allgemeine Pflicht zur Amtsermittlung in sämtlichen Verfahren der freiwilligen Gerichtsbarkeit gem. § 26 FamFG und auf den Grundsatz der Gesetzmäßigkeit der Verwaltung stützen.[43]

14 **c) Kontrolle als Selbstzweck des Registerverfahrens.** Die materielle Prüfung kann der Publizitätsfunktion des Handelsregisters dienen, um die Wahrheit der Eintragung zu gewährleisten. Zugleich ist sie **eine Form staatlicher Kontrolle,** um zB im Sinne des Systems der Normativbestimmungen[44] die Einhaltung der zwingenden gesetzlichen Gründungsvoraussetzungen von juristischen Personen zu sichern (→ Rn. 15). Die Kontrolle greift hier nicht nur bei eintragungspflichtigen Tatsachen (etwa Firma, Sitz, Unternehmensgegenstand) ein, sondern will unabhängig davon, was von dem Geprüften zufolge der Eintragung ausdrücklich Aufnahme in das Handelsregister findet, den Gründungsvorgang als solchen wertend nachvollziehen. Das Registergericht darf daher seine Prüfung nicht auf die nach den § 10 GmbHG bzw. §§ 39, 40 AktG eintragungs- und veröffentlichungspflichtigen Umstände beschränken, sondern hat im Umfang des § 9c GmbHG bzw. § 38 AktG auch weitere Satzungsbestimmungen einzubeziehen, sofern diese gläubigerschützende oder solche Vorschriften verletzten, die sonst im öffentlichen Interesse sind oder welche die Nichtigkeit der gesamten Satzung zur Folge haben. Dieser Prüfung steht nicht etwa entgegen, dass der Gesellschaftsvertrag als solcher nicht in das Handelsregister eingetragen wird.[45] Erfasst wird danach grundsätzlich die Gesamtheit der zwingend vorgeschriebenen Gründungsvoraussetzungen einer GmbH bzw. AG, somit im gesetzlich angeordneten Umfang insbesondere die Sicherstellung der Kapitalaufbringung (§§ 7–9 GmbHG; §§ 36a, 37 AktG).

15 Die GmbH und die AG als Kapitalgesellschaften erwerben die Rechtsfähigkeit durch Eintragung in das Handelsregister. Insoweit sieht § 38 Abs. 1 AktG vor, dass das Gericht vor der Eintragung zu prüfen hat, ob die Gesellschaft ordnungsgemäß errichtet und angemeldet ist. Der entsprechende § 9c Abs. 1 GmbHG ordnet zwar nicht ausdrücklich eine gerichtliche Prüfung an, geht jedoch inzident von einer solchen aus. Die Vorschriften sind **Ausfluss des für rechtsfähige Verbände geltenden Normativsystems,** das demnach mehr bedeutet als Verleihung der Rechtsfähigkeit durch Eintragung anstelle von Konzession. Der Verband muss nicht nur registriert werden, sondern bestimmte Mindestanforderungen als Voraussetzung der Eintragung erfüllen. Erst wenn ihr Vorliegen zufolge gerichtlicher Prüfung gesichert ist, erfolgt die Eintragung, welche das Entstehen der Kapitalgesellschaft bewirkt.[46] Im Hinblick auf die Folgen der Eintragung – die im Übrigen die Geltendmachung von Gründungsmängeln weitgehend ausschließt – für Gründer und Dritte muss das Registergericht die Eintragungsvoraussetzungen im Rahmen des gesetzlichen Umfangs intensiv und besonders sorgfältig prüfen. Dem Registergericht kommt insoweit die Stellung einer Rechtsaufsichtsbehörde[47] zu; ausgeübt wird öffentliche Wirtschaftskontrolle.[48] Für das Gründungsrecht der Kapitalgesellschaften lässt sich feststellen, dass das Registerverfahren der Freiwilligen Gerichtsbarkeit der verwaltungsmäßigen Staatsaufsicht über die Zulassung bestimmter Unternehmen zum Geschäftsbetrieb (Bank und Versicherungswirtschaft) teilweise funktional vergleichbar ist. Das wiederum ist von Bedeutung, wenn die Gründungsprüfung unzulänglich war und daher Staatshaftungsansprüche denkbar sind.

---

[42] Vgl. *Baums,* Eintragung und Löschung von Gesellschafterbeschlüssen, 1981, 106; ebenso BeckOK HGB/*Müther* Rn. 35.

[43] *Krafka* RegisterR Rn. 153; *Müther,* Das Handelsregister in der Praxis, § 1 Rn. 37; den Grundsatz der Gesetzmäßigkeit der Verwaltung betonen Baumbach/Hopt/*Hopt* Rn. 8; KKRD/*Roth* Rn. 23; vgl. auch EBJS/*Schaub* Rn. 136.

[44] Hierzu *Karsten Schmidt* GesR § 8 II 5.

[45] BayObLGZ 1982, 368 (371).

[46] *Karsten Schmidt* GesR § 8 II 5 b.

[47] *Wiedemann* GesR-I, § 4 II 1 c: „Wirtschaftsaufsichtsbehörde“; vgl. *Vossius* ZGR 2009, 365 (374 ff.).

[48] *Lutter* NJW 1969, 1873 (1876); vgl. auch *Menold,* Das materielle Prüfungsrecht des Handelsregisterrichters, 1966, 160, 161: „Wirtschaftsverwaltung und Wirtschaftskontrolle“.

16 Der Kontrolle in dem dargestellten Umfang unterliegt nicht nur der Gründungsvorgang selbst. Ebenso unterliegen zur Eintragung angemeldete Satzungsänderungen der Eintragungskontrolle durch das Registergericht, soweit das Gesetz dies nicht ausdrücklich einschränkt.

17 Ein **Einschreiten des Registergerichts von Amts wegen** kommt nur vereinzelt bei Vorliegen bestimmter, gesetzlich vorgegebener Umstände in Betracht, so etwa in den Fällen der § 14, § 31 Abs. 2 S. 2, § 37 Abs. 1 HGB, §§ 407, 408 AktG, § 384 Abs. 2 FamFG, §§ 393 ff. FamFG. Es übt auch insoweit öffentliche Wirtschaftskontrolle aus (→ Rn. 15), die dazu führen kann, dass unrichtige oder unrichtig gewordene Registereinträge korrigiert, dh die „Funktionsfähigkeit des Registers als Vertrauensgrundlage"[49] wiederhergestellt wird. Das muss aber nicht so sein. § 37 Abs. 1 etwa will eine korrekte Firmenführung durchsetzen und greift auch dann ein, wenn eine von der Registereintragung abweichende Firma verwendet wird; schreitet das Registergericht ein, übt es zwar Wirtschaftskontrolle aus, doch bedarf das Register keiner Korrektur, weil es richtig ist. Ist dagegen eine ursprünglich zulässige Firma nachträglich unwahr geworden und wird im Rahmen eines Firmenmissbrauchsverfahrens nach § 37 Abs. 1 HGB, § 392 FamFG die Firma in zulässiger Weise geändert, so hat die Kontrolle auch dazu geführt, dass das Register wieder richtig geworden ist. Wird die Firma nicht geändert, so ist ihre Löschung nach § 395 FamFG angezeigt.[50] Die Löschung nach § 395 FamFG ist nach dem nunmehr eindeutigen Wortlaut der Vorschrift auch dann zulässig, wenn die Firma erst nachträglich unzulässig wurde.[51] Die Funktionsfähigkeit des Registers als Vertrauensgrundlage ist also auch dann gesichert, wenn das Firmenmissbrauchsverfahren keinen Erfolg hat. Im Übrigen wird auf die Erläuterungen zu § 37 verwiesen (→ § 37 Rn. 1 ff.).

III. Das Registergericht und das Handelsregister

18 **1. Sachliche Zuständigkeit. a) Zuständigkeit der Amtsgerichte.** Das Handelsregister wird nach Abs. 1 von den Gerichten geführt und nicht von der inneren Verwaltung. Dies erfolgt vor allem im Hinblick auf die Bedeutung des Handelsregisters und insbesondere die Notwendigkeit der Prüfung in formeller und materieller Hinsicht durch eine unabhängige Einrichtung (→ Rn. 14 ff.). Bei der Registerführung handelt sich zwar um Akte der Rechtspflege, nicht aber um materielle Rspr. Im Sinne der Gewaltenteilung finden dennoch Art. 97 GG, Art. 101 Abs. 1 GG und Art. 103 GG Anwendung,[52] auch wenn das Spruchrichterprivileg des § 839 Abs. 2 BGB nicht gilt.[53]

19 Die Registerführung zählt gem. § 374 Nr. 1 FamFG zu den Registersachen nach den §§ 374 ff. FamFG. Sachlich zuständig sind nach § 23a Abs. 2 Nr. 3 und Nr. 4 GVG die Amtsgerichte. Die seit Beginn der 1990er Jahren angestellten Überlegungen zur Auslagerung der Registerführung auf die Industrie- und Handelskammern[54] (→ 2. Aufl. 2005, Rn. 16a) wurden nach der flächendeckenden Etablierung der elektronischen gerichtlichen Registerführung aufgrund der damals novellierten Publizitäts-RL zum 1.1.2007 nicht mehr weiter verfolgt. Nach Auffassung der Bundesregierung hat sich jedenfalls die gerichtliche Registerführung „insgesamt bewährt".[55]

20 **b) Unternehmensregister.** Neben das Handelsregister ist seit 1.1.2007 das Unternehmensregister (§ 8b) getreten, das als einheitliches Informationsportal den mittelbaren Zugriff unter anderem auf die Eintragungen in das Handelsregister und deren Bekanntmachungen ermöglicht (s. § 8b Abs. 2 Nr. 1). Ferner erlaubt es die Einsichtnahme in eine Vielzahl weiterer unternehmensbezogener Daten und Unterlagen, die früher nicht in geordneter

---

49 *Lutter* NJW 1969, 1873 (1876).
50 OLG Hamm OLGZ 1979, 1 (4).
51 Vgl. bereits früher RGZ 169, 147 (152).
52 BeckOK HGB/*Müther* Rn. 30.
53 Vgl. BGH NJW 2003, 3052.
54 Vgl. zuletzt BR-Drs. 325/03; BT-Drs. 15/1890.
55 BT-Drs. 16/960, 38.

Form zentralisiert bereitgehalten wurden. Diese grenzüberschreitend abrufbare Bündelung von Daten ist für jeden an diesen Informationen Interessierten zugänglich, insbesondere auch für Gläubiger, Investoren und potenzielle Geschäftspartner. Im Sinne des Art. 16 Abs. 1 GesR-RL (→ Rn. 3) ist damit für jede im Handelsregister eingetragene Gesellschaft „eine Akte" virtuell angelegt, die in komfortabler Weise abrufbare Daten zur Verfügung stellt.

21 **c) Transparenzregister.** Völlig anderen Zwecken, nämlich allein zur Erfassung und Zugänglichmachung von Angaben über wirtschaftlich Berechtigte iSd § 3 GwG, dient das damit dem geldwäscherechtlichen Kontext zuzuordnende Transparenzregister (§§ 18 ff. GwG), das in Ausführung der in § 25 Abs. 1 GwG von der „Bundesanzeiger Verlag GmbH" mit Sitz in Köln als Beliehener geführt wird.[56] Der einzige Berührungspunkt mit dem Handelsregister besteht in der Zugänglichkeit der Eintragungen und bestimmter zum Handelsregister eingereichter Dokumente (insbesondere Gesellschafterlisten von Gesellschaften mit beschränkter Haftung) über die Internetseite des Transparenzregisters (§ 22 Abs. 1 Nr. 4 und 5 GwG).

22 **d) Private Informationsdienste.** Neben dem amtlichen Handelsregister existiert eine Vielzahl von gewerblich geführten Informationsverzeichnissen (→ § 9 Rn. 12), auf deren Eintragungen und Bekanntmachungen die Vorschriften des HGB, vor allem § 15, keine Anwendung finden. Insbesondere im Fall der Gründung von Kapitalgesellschaften betätigt sich das Registergericht im Sinne eines präventiven Gläubigerschutzes als Wirtschaftsaufsichtsbehörde. Es liegt auf der Hand, dass eine solche Funktion von privaten Unternehmen nicht ausgeübt werden kann und auch durch die bloße Wiedergabe von erfolgten Eintragungen nicht ausgeübt wird. Durch Abs. 2 ist es diesen Anbietern ausdrücklich verboten, die Bezeichnung „Handelsregister" zu führen (→ Rn. 93 ff.)

23 **2. Örtliche Zuständigkeit.** Die örtliche Zuständigkeit des Registergerichts ist eine ausschließliche. Sie ist nunmehr zentral in § 376 Abs. 1 FamFG allgemein für alle Registersachen einheitlich geregelt. Örtlich zuständig ist damit das Amtsgericht, in dessen Bezirk sich die **Niederlassung** (Hauptniederlassung) des Einzelkaufmanns oder der Sitz der Handelsgesellschaft befindet. Bei Personenhandelsgesellschaften (OHG und KG) ist mit **Sitz** immer der Ort der tatsächlichen Geschäftsführung gemeint, der auch dann maßgebend ist, wenn der Gesellschaftsvertrag anderes bestimmt und im Handelsregister anderes eingetragen ist, wobei ab Eintragung im Handelsregister das Gericht des dort registrierten Sitzes zuständig ist.[57] Die Zuständigkeit für die Eintragung von **Zweigniederlassungen** folgt aus § 13 und §§ 13d ff. Die unzutreffend eingereichte Anmeldung ist gem. § 3 Abs. 1 FamFG an das örtlich zuständige Gericht zu verweisen.[58]

24 Nach § 376 Abs. 1 FamFG ist für die Führung des Registers das **Amtsgericht am Sitz eines Landgerichts** für dessen gesamten Bezirk zuständig. Allerdings kann die Führung des Registers durch Rechtsverordnung anderen oder zusätzlichen Gerichten übertragen werden (§ 376 Abs. 2 FamFG), wovon einzelne Bundesländer Gebrauch gemacht haben.[59]

25 **3. Funktionelle Zuständigkeit.** Nach § 3 Nr. 2 lit. d RPflG sind Geschäfte in Handelssachen grundsätzlich dem **Rechtspfleger** übertragen. Die dem **Richter** vorbehaltenen Geschäfte zählt § 17 RPflG ausdrücklich auf, wobei § 19 Abs. 1 S. 1 Nr. 5 RPflG den Bundesländern im Wege einer Öffnungsklausel die weitergehende Übertragung auf Rechtspfleger ermöglicht. Von dieser Übertragungsmöglichkeit haben bislang Baden-Württemberg, Niedersachsen, Rheinland-Pfalz und Thüringen Gebrauch gemacht. Die Vermutung spricht mithin für die Zuständigkeit des Rechtspflegers.[60] Der Rechtspfleger entscheidet uneingeschränkt über Anträge und Anmeldungen auf Eintragung in das Handelsregister

---

[56] Transparenzregisterbeleihungsverordnung (TBelV) vom 27.6.2017, BGBl. 2017 I 1938.

[57] *Nedden-Boeger* FGPrax 2009, 144 (145).

[58] Keidel/*Heinemann* FamFG § 377 Rn. 43; aA *Nedden-Boeger* FGPrax 2010, 1.

[59] Vgl. die Übersicht in Keidel/*Heinemann* FamFG § 376 Rn. 10 ff.; *Krafka* RegisterR Rn. 13.

[60] MüKoFamFG/*Krafka* FamFG§ 376 Rn. 4; *Krafka* RegisterR Rn. 21; Röhricht/Graf v. Westphalen/Haas/*Ries* Rn. 14; Staub/*Koch* Rn. 16; EBJS/*Schaub* Rn. 16; Oetker/*Preuß* Rn. 75.

Abteilung A (näher → Rn. 30), über Eintragungen in das Genossenschafts-, Partnerschafts- und Vereinsregister und über Anträge und Anmeldungen auf Eintragung in das Handelsregister Abteilung B, soweit sie nicht in § 17 Abs. 1 RPflG dem Richter vorbehalten sind (zB die Eintragung der AG, KGaA, GmbH, VVaG und die Eintragung von Satzungsänderungen dieser Gesellschaften). Die Aufgaben des **Urkundsbeamten der Geschäftsstelle** ergeben sich aus § 29 HRV.

Ein **Verstoß** gegen die funktionelle Zuständigkeit ist bedeutungslos, sofern ein Richter die Tätigkeit eines Rechtspflegers wahrgenommen hat (§ 8 Abs. 1 RPflG). Erledigt hingegen der Rechtspfleger Geschäfte aus der Richterzuständigkeit, sind diese nach § 8 Abs. 4 RPflG unwirksam. Eine Beschwerde ist in diesem Fall unabhängig von der sachlichen Richtigkeit der Entscheidung und ggf. entgegen § 65 Abs. 4 FamFG erfolgreich,[61] wenn sie statthaft ist, was gem. § 383 Abs. 3 FamFG bei Registereintragungen allerdings nicht der Fall wäre. Daher ist eine zu Unrecht durch den Rechtspfleger vorgenommene Eintragung nicht nichtig, sondern allenfalls, soweit sie nicht deklaratorisch und den Tatsachen entsprechend sachlich richtig ist, im Verfahren nach § 395 FamFG von Amts wegen zu beseitigen. 26

4. Mitteilungs- und Mitwirkungspflichten Dritter. Nach § 380 FamFG sind die berufsständischen Organe (Industrie- und Handelskammern, Handwerkskammern und die Organe des land- und forstwirtschaftlichen Berufsstandes) verpflichtet, die Registergerichte in Handelsregistersachen zu unterstützen, und zwar bei der Vermeidung unrichtiger Eintragungen, bei der Berichtigung und Vervollständigung des Handelsregisters und beim Vorgehen gegen unzulässigen Firmengebrauch. Den genannten Organen steht hierbei ein eigenes Beschwerderecht zu (§ 380 Abs. 5 FamFG). Die Unterstützung ist Pflicht der Organe, sie müssen insoweit von Amts wegen tätig werden, auch ohne ausdrückliches Ersuchen des Registergerichts.[62] 27

Nach § 379 FamFG haben Gerichte, Beamte der Staatsanwaltschaft, Polizei- und Gemeindebehörden sowie Notare dem Registergericht von einer unrichtigen, unvollständigen oder unterlassenen Anmeldung zum Handelsregister Mitteilung zu machen, sofern sie amtlich hiervon Kenntnis erlangt haben. Die Steuerbehörden haben unter den Voraussetzungen von § 379 Abs. 2 FamFG dem Registergericht Auskunft zu erteilen, die aber nicht der Akteneinsicht unterliegt. Ferner haben Notare die Aufgabe einer formellen Vorprüfung der Anmeldungen zur Eintragung in das Handelsregister und sind zentrale Stelle zu deren elektronischer Einreichung (§ 378 Abs. 3 FamFG). 28

5. Handelsregister. a) Rechtsgrundlagen. Die §§ 8–16 enthalten keine vollständige Regelung des Registerrechts. § 15 kommt materiell-rechtliche Bedeutung zu, während die Verfahrensvorschriften der §§ 8–14 und 16 durch die §§ 1 ff.[63] und insbesondere §§ 374 ff. FamFG ergänzt werden. Die Einrichtung und Führung des Handelsregisters regelt die **Handelsregisterverordnung** (HRV), ursprünglich vom 12.8.1937,[64] die seinerzeit noch unter dem Titel „Handelsregisterverfügung" an die Stelle der bisherigen von den Ländern erlassenen unterschiedlichen Bestimmungen trat. Als Rechtsverordnung enthält sie nicht lediglich Verwaltungsvorschriften, sondern vielmehr formellrechtlich verbindliche Regelungen.[65] 29

b) Abteilungen des Handelsregisters. Nach § 3 HRV besteht das Handelsregister aus zwei Abteilungen. In die Abteilung A (HRA) werden die Einzelkaufleute, die in den § 33 bezeichneten juristischen Personen sowie die offenen Handelsgesellschaften, die Kommanditgesellschaften und die Europäischen wirtschaftlichen Interessenvereinigungen einge- 30

---

61 OLG Düsseldorf FGPrax 2011, 158.
62 Keidel/*Heinemann* FamFG § 380 Rn. 20.
63 Zur Anwendung des Allgemeinen Teils des FamFG auf Registerverfahren *Nedden-Boeger* FGPrax 2010, 1.
64 RMBl. S. 515, BGBl. III 315–320, abgedruckt in → Anh. § 8.
65 OLG Hamm OLGZ 1967, 333 (340 f.); *Bokelmann* DStR 1991, 945.

tragen. In Abteilung B (HRB) werden eingetragen die Aktiengesellschaften, die Kommanditgesellschaften auf Aktien, die Gesellschaften mit beschränkter Haftung, die Europäischen Gesellschaften (SE) mit Sitz im Inland und die Versicherungsvereine auf Gegenseitigkeit.

31 **6. Weitere Rechtsträgerregister.** Neben dem Handelsregister bestehen für eingetragene Genossenschaften, für Partnerschaftsgesellschaften und für eingetragene Vereine jeweils eigene Register.[66] Im Einzelnen ähneln sowohl Genossenschafts- als auch Partnerschafts- und Vereinsregister dem Handelsregister, was nicht zuletzt aufgrund der vielfältigen Möglichkeiten rechtsformübergreifender Umwandlungsmaßnahmen nach den Bestimmungen des UmwG erforderlich ist. Mit Einführung des Unternehmensregisters (§ 8b) hat der Gesetzgeber zwar die Gelegenheit genutzt, um eine einheitliche Einsichtsplattform einzurichten, es aber bedauerlicherweise versäumt, alle Rechtsträger in einem einheitlichen Register zusammenzuführen.

IV. Eintragungsfähige Tatsachen

32 **1. Überblick. a) Eintragung von Tatsachen und Rechtsverhältnissen.** Was im Einzelnen eintragungsfähig ist, regelt in erster Linie das Gesetz, indem es bestimmte Umstände für eintragungs- und anmeldepflichtig erklärt oder vereinzelt dem Kaufmann die Möglichkeit bietet, die Eintragung herbeizuführen, ohne ihn hierzu aber zu verpflichten. Generell wird von den „eintragungsfähigen Tatsachen" gesprochen, worunter allerdings nicht nur tatsächliche Umstände, sondern auch Rechtsverhältnisse zu verstehen sind, wie sie sich aus der rechtlichen Beurteilung tatsächlicher Vorgänge ergeben. Die Feststellung zB, dass eine Aktiengesellschaft vorliegt, enthält bereits eine umfassende rechtliche Bewertung tatsächlicher Vorgänge. Rspr. und Lehre haben nach anfänglichem Zögern den vom Gesetz vorgesehenen Kreis der eintragungsfähigen Tatsachen erweitert, wobei verschiedene Detailfragen noch einer endgültigen Klärung zugeführt werden müssen (→ Rn. 37 ff.). Fehlt es an der Eintragungsfähigkeit, ist die Anmeldung zurückzuweisen.[67] Wird dennoch eingetragen, so findet § 15 Abs. 3 keine Anwendung.

33 **b) Offenlegung wesentlicher Daten.** Das Handelsregister soll über wichtige Rechtstatsachen und damit über die wesentlichen Unternehmensdaten Auskunft geben, insbesondere zur **Existenz** sowie zur **Vertretungs- und Haftungslage** der eingetragenen Rechtsträger. Nicht alles, was für den Rechts- und Handelsverkehr bedeutsam ist, wird daher in das Handelsregister eingetragen (→ Rn. 5).[68] Für die GmbH lässt sich zB aus der Handelsregistereintragung selbst nichts über Mitgliedschaft und Beteiligungsverhältnisse entnehmen; erst aus der gem. § 40 GmbHG eingereichten Gesellschafterliste ist dies ersichtlich. Der Gesetzgeber ist zu Recht bei der Festlegung der Umstände, die er in das Handelsregister eingetragen wissen will, zurückhaltend, damit der Registerstand nicht unübersichtlich wird und aus sich heraus verständlich bleibt.

34 **c) Registerrechtliche Terminologie.** Terminologisch stehen nach überbrachtem Verständnis den nichteintragungsfähigen Tatsachen die eintragungsfähigen gegenüber, die ihrerseits in die eintragungspflichtigen und die nur eintragungsfähigen untergliedert werden.[69] Die Unterscheidung zwischen eintragungsunfähigen, eintragungsfähigen und eintragungspflichtigen Tatsachen[70] begründet indessen für die Verpflichtung des Registergerichts zum Vollzug oder zur Zurückweisung entsprechender Anmeldungen keinen Unterschied (aber → Rn. 36).

---

[66] Dazu umfassend *Krafka* RegisterR Rn. 88.

[67] KG FGPrax 2014, 217 = NZG 2014, 668; OLG Düsseldorf FGPrax 2010, 85 = NZG 2009, 1355; OLG Hamburg NZG 2009, 957 = GmbHR 2009, 252 mAnm *Mohr;* BayObLG DNotZ 1988, 515 (516); Staub/*Koch* Rn. 32.

[68] Näher *Canaris* HandelsR§ 4 Rn. 8; *Karsten Schmidt* HandelsR § 13 Rn. 8; *Krafka* Einführung RegisterR S. 60 ff.

[69] Baumbach/Hopt/*Hopt* Rn. 5.

[70] *Karsten Schmidt* HandelsR § 13 Rn. 8.

2. Eintragungspflichtige Tatsachen. Etwa die §§ 29, 31, 33, § 34 Abs. 1, §§ 53, 106, 107, 143, 148, 150, 157, 162 und Sondergesetze (zB §§ 39, 65 Abs. 1 GmbHG, § 81 Abs. 1 AktG) begründen **Anmeldepflichten,** deren Erfüllung nach § 14 durch das Registergericht zu erzwingen ist. Wurde ordnungsgemäß angemeldet, so muss – besteht kein Eintragungshindernis – eingetragen werden (Eintragungspflicht). 35

3. Die nur eintragungsfähigen Tatsachen. Hier besteht keine nach § 14 erzwingbare Anmeldepflicht. Das Gesetz sieht aber die Eintragung vor, sofern eine Anmeldung erfolgt (§ 2 S. 2, § 3 Abs. 2 und 3, § 25 Abs. 2, § 28 Abs. 2). Ist ordnungsgemäß angemeldet worden, so erlaubt das Gesetz nicht nur die Eintragung, vielmehr muss in diesem Fall das Registergericht eintragen. Danach sind alle eintragungsfähigen Tatsachen auch „eintragungspflichtig" in dem Sinne, als das Gericht die Pflicht hat, die entsprechende freiwillig erfolgte Anmeldung zu vollziehen. Es wäre daher entgegen der gebräuchlichen Terminologie richtiger, darauf abzustellen, ob ein eintragungsfähiger Umstand gem. § 14 eine **erzwingbar anmeldepflichtige Tatsache** ist oder nicht. Ebenso sind Anmeldung von Kapitalgesellschaften und von Änderungen des Gesellschaftsvertrages nach § 54 GmbHG oder der Satzung nach § 181 AktG nicht erzwingbar anmeldepflichtig. 36

4. Eintragungsfähigkeit von Tatsachen ohne ausdrückliche gesetzliche Bestimmung. a) Überblick. Die Gerichte entschieden zunächst nahezu ausnahmslos, in das Handelsregister seien nur die im Gesetz bezeichneten Tatsachen einzutragen.[71] Zur Begründung diente Art. 12 ADHGB, nach dem in das Handelsregister die „angeordneten Eintragungen" aufzunehmen waren, was später auch für das HGB gelten sollte. Selbst bei nachträglichen Veränderungen der im Handelsregister vermerkten Personalien (Name, Wohnort) hielt man zwar die Eintragung der Veränderung für zulässig, verneinte aber die Befugnis des Registergerichts, die Anmeldungen solcher Veränderungen zu erzwingen.[72] Die Lehre folgte überwiegend dieser Auffassung: der Kreis der eintragungsfähigen Tatsachen sei geschlossen und könne weder durch den Willen der beteiligten Personen noch durch das Registergericht erweitert werden.[73] Später aber erlaubten RG und KG die Eintragung weiterer Tatsachen dann, wenn Sinn und Zweck des Handelsregisters dies erfordern.[74] Seitdem werden überwiegend auch solche Tatsachen zur Eintragung zugelassen, für deren Eintragung nach **Sinn und Zweck des Handelsregisters,** die eingetragenen Rechtsverhältnisse so wiederzugeben, wie sie sich nach der von den Beteiligten gewollten und mit der Rechtsordnung zu vereinbarenden Sachlage darstellen, auch aus Sicht des Rechtsverkehrs ein sachliches Bedürfnis besteht.[75] 37

b) Stellungnahme. Es trifft zu, dass der Kreis der in das Handelsregister einzutragenden Tatsachen nur ein beschränkter sein kann (→ Rn. 4 f., → Rn. 33). Richtig ist auch, dass das Gesetz wertend positiv bestimmt, was einzutragen ist. Dennoch ist – wie die beschriebene aktuelle Auffassung in der Rspr. zutreffend annimmt – die Auswahl des Gesetzes keine abschließende. Es ist jeweils auf Sinn und Zweck des Registers abzustellen und stets zu prüfen, ob die **Eintragung** nicht genannter Umstände im Interesse des Rechtsverkehrs bzw. der eingetragenen Rechtsträger (→ Rn. 7) **dringend geboten und unumgänglich** ist. Die positivistische Begrenzung auf die Zuordnung durch den Gesetzgeber ohne eine Möglichkeit der Erweiterung kann der Funktion des Registers dagegen nicht gerecht werden. Andererseits ist im Hinblick auf die **strenge Formalisierung des Regis-** 38

[71] RGZ 85, 138; 132, 138; KGJ 25 A 250; 29 A 91; 35 A 152.
[72] KGJ 29 A 213; 30 B 32, 33 f.; aA seinerzeit BayObLGZ 20, 63 (64).
[73] Ehrenberg HandelsR-HdB/*Ehrenberg* Bd. I S. 530.
[74] RG DNotZ 1944, 195 (196) = WM 1964, 1130; KG DR 1943, 981 (982); vgl. auch Baumbach/Hopt/*Hopt* Rn. 5.
[75] KG FGPrax 2014, 217; OLG Düsseldorf FGPrax 2010, 85 = NZG 2009, 1355: „unabweisbares Bedürfnis"; OLG München FGPrax 2009, 231; OLG Hamm FGPrax 2007, 138; KG FGPrax 1995, 202 = NJW-RR 1996, 227; BayObLGZ 1987, 449 (452); 1978, 182 (185 f.); OLG Hamburg BB 1986, 1255; OLG Frankfurt BB 1984, 238 (239); vgl. auch BGHZ 87, 59 (61 f.) = NJW 1983, 1676; BGHZ 105, 324 (344) = NJW 1989, 295; BGH NJW 1998, 1071 = FGPrax 1998, 68.

terrechts bei der Ausweitung der Eintragungsmöglichkeiten Zurückhaltung geboten[76] und die Eintragungsfähigkeit dahingehend zu konkretisieren, dass sie sich nach allgemeinen Grundsätzen nur durch Auslegung gesetzlicher Vorschriften, durch Analogie oder richterliche Rechtsfortbildung ergeben kann. Diese Eingrenzung[77] findet sich auch in der Rspr. des **BGH.**[78] Eine Beschränkung auf Eintragungen mit lediglich deklaratorischer Wirkung ist dagegen aus registerrechtlicher Sicht nicht angezeigt, da sich hierfür weder gesetzliche Anhaltspunkte noch pragmatische Gründe anführen lassen. Zusammenfassend gilt also, dass, soweit die Sicherheit des Rechtsverkehrs die konstitutive Eintragung in das Handelsregister unabweisbar macht, eine solche zu bejahen ist.[79] Stets ist bei der Zulassung weiterer, nicht ausdrücklich durch Gesetz statuierter Registereintragungen allerdings darauf zu achten, dass das Handelsregister hierdurch nicht unübersichtlich wird oder zu Missverständnissen führen kann.[80]

39 **c) Eintragungsfähigkeit und Anmeldepflicht. aa) Erzwingbar anmeldepflichtige Tatsachen.** Tatsachen und Rechtsverhältnisse sind auch ohne ausdrückliche gesetzliche Bestimmung eintragungsfähig, wenn Sinn und Zweck die Eintragung verlangen, also – wie beschrieben (→ Rn. 37 f.) – ein „dringendes Bedürfnis" besteht, eine Tatsache in das Handelsregister aufzunehmen und die weiteren in → Rn. 38 genannten Voraussetzungen vorliegen. Erfolgt aber die Eintragung hier ausnahmsweise und zufolge eines dringenden Bedürfnisses, können die Anmeldung und damit auch die Eintragung nicht stets frei disponibel sein.[81] Es ist vielmehr zu differenzieren: Handelt es sich um **Eintragungen mit deklaratorischer Wirkung,** die bereits eingetretene Rechtstatsachen bekunden, besteht eine nach § 14 erzwingbare Anmelde- und entsprechend eine Eintragungspflicht (aber → Rn. 41). Dabei sind Tatsachen auch ohne entsprechende Voreintragung zu registrieren, wie etwa das Ausscheiden eines bislang nicht als solchen eingetragenen organschaftlichen Vertreters.[82] Ferner hat etwa der **BGH** entschieden, die generelle Befreiung eines GmbH-Geschäftsführers vom Verbot der In-Sich-Geschäfte (§ 181 BGB) sei eine eintragungspflichtige Tatsache.[83] Er hat, europarechtskonform auslegend (näher → Rn. 50), § 10 Abs. 1 S. 2 GmbHG in Bezug genommen, wonach auf entsprechende Anmeldung hin (§ 8 Abs. 4 Nr. 2 GmbHG) in das Handelsregister einzutragen ist, welche Vertretungsbefugnis die Geschäftsführer haben; entsprechend § 39 Abs. 1 GmbHG ist zudem auch jede spätere Veränderung der Vertretungsmacht erzwingbar anmelde- und eintragungspflichtig.[84]

40 Nicht zu folgen ist daher der Gegenauffassung des OLG Hamm,[85] der zufolge der Umstand einer Befreiung von den Beschränkungen des § 181 BGB bei GmbH-Geschäfts-

---

76 Ebenso KG NZG 2014, 668 = RNotZ 2014, 452; OLG München FGPrax 2012, 37; OLG Hamburg NZG 2009, 957 = GmbHR 2009, 252 mAnm *Mohr;* Staub/*Koch* Rn. 45 f.; s. auch OLG Düsseldorf FGPrax 2010, 85 = NZG 2009, 1355; OLG München FGPrax 2009, 231.

77 Oetker/*Preuß* Rn. 23; EBJS/*Schaub* Rn. 67; Röhricht/Graf v. Westphalen/Haas/*Ries* Rn. 18; Heymann/*Förster* Rn. 20 f.; KKRD/*Roth* Rn. 8; zust. auch *Canaris* HandelsR § 4 Rn. 10; Staub/*Koch* Rn. 46 bezüglich einer Einzelanalogie zu einer bestimmten Norm, nicht aber hinsichtlich richterlicher Rechtsfortbildung.

78 BGH NJW 1998, 1071 = FGPrax 1998, 68; NJW 1992, 1452 = DNotZ 1993, 176 (180); mit etwas verschobener Schwerpunktsetzung BGH NJW-RR 2012, 730 = GWR 2012, 178 mAnm *Krafka* (→ Rn. 65); dem folgend OLG Oldenburg FGPrax 2015, 166.

79 BGH NJW 1992, 1452 = DNotZ 1993, 176 (180); vgl. auch BGHZ 105, 324 (338, 343 ff.) = NJW 1989, 295.

80 BGH NJW 1998, 1071 = FGPrax 1998, 68; OLG München FGPrax 2016, 263; OLG Düsseldorf FGPrax 2010, 85 = NZG 2009, 1355; OLG Hamburg NZG 2009, 957 = GmbHR 2009, 252 mAnm *Mohr;* OLG Hamm FGPrax 2007, 138; *Krafka* RegisterR Rn. 88.

81 Für Anmeldepflicht Staub/*Koch* Rn. 48; wohl auch Baumbach/Hopt/*Hopt* Rn. 5; Heymann/*Förster* Rn. 18: „kein Ermessen".

82 OLG Köln FGPrax 2015, 165; *Krafka* RegisterR Rn. 1088a.

83 BGHZ 87, 59 (60 f.) = NJW 1983, 1676; vgl. auch OLG Düsseldorf FGPrax 2010, 86; BayObLGZ 1980, 195 (200 f.); OLG Hamburg BB 1986, 1255.

84 Lutter/Hommelhoff/*Kleindiek* GmbHG § 39 Rn. 4; Baumbach/Hueck/*Zöllner/Noack* GmbHG § 39 Rn. 2 unter Verweisung auf OLG Frankfurt GmbHR 2006, 764.

85 OLG Hamm BB 1983, 858.

führern zwar eintragungsfähig, nicht aber erzwingbar anmeldepflichtig sein soll. Die Begründung dieser Meinung, das Gesetz ordne eine solche Eintragung nicht ausdrücklich an, geht fehl, da eine entsprechende Verpflichtung sich einerseits – wie beschrieben – mittelbar aus § 8 Abs. 4 Nr. 2 GmbHG ergibt und im Übrigen auch auf anderen Rechtsgründen beruhen kann (→ Rn. 38).

bb) Nicht erzwingbar anmeldepflichtige Tatsachen. Eine weitere Kategorie bilden die zwar eintragungsfähigen, nicht aber erzwingbar anmeldepflichtigen Tatsachen (→ Rn. 36). Sie scheinen auf den ersten Blick über die vom Gesetz zur Verfügung gestellten Fälle hinaus nicht erweiterbar zu sein, zumal es sich hierbei regelmäßig um solche Eintragungen handelt, deren Herbeiführung die zugrunde liegende Tatsache erst wirksam zustande bringt, mithin konstitutive Wirkung hat. 41

Allerdings sind auch diesbezüglich Registereintragungen ohne ausdrückliche gesetzliche Anordnung denkbar. Wie bereits für § 3 Abs. 2 und 3, § 25 Abs. 2 und § 28 Abs. 2 festgestellt (→ Rn. 9), erhält das Publikum in jeweils gleichen Fällen die gleiche Information, weil erst die Eintragung bzw. Eintragung und Bekanntmachung die jeweilige Rechtsfolge entstehen lässt, so dass nach der freiwilligen Anmeldung die Handelsregistereintragungen vergleichbar sind. Das „dringende Bedürfnis" (→ Rn. 38) für eine solche Eintragung, die das Gesetz nicht ausdrücklich anbietet, ist auch hier erforderlich. Nur ist der maßgebliche Zeitpunkt ein anderer. Das Bedürfnis wird nämlich erst dann aktuell, wenn die freigestellte Anmeldung zur Eintragung tatsächlich erfolgt und keine Norm existiert, die für diesen Fall die Eintragung in das Handelsregister ausdrücklich vorsieht. 42

Beispielhaft für diese Fallgruppe ist die Rspr. des **BGH** zur Wirksamkeit von **Beherrschungs- und Gewinnabführungsverträgen zwischen Gesellschaften mit beschränkter Haftung:**[86] Nach hM statuiert § 54 GmbHG für Änderungen des Gesellschaftsvertrags keine erzwingbare Anmeldepflicht zur Eintragung in das Handelsregister. Zwar hat die Abänderung nach § 54 Abs. 3 GmbHG keine rechtliche Wirkung, ehe sie in das Handelsregister eingetragen worden ist, doch bleibt es der Gesellschaft überlassen, ob überhaupt angemeldet wird (§§ 54, 79 Abs. 2 GmbHG). Entsprechendes gilt für Satzungsänderungen bei Aktiengesellschaften (§§ 181, 407 Abs. 2 AktG). Erfolgt jeweils die Anmeldung zur Eintragung in das Handelsregister, muss das Registergericht allerdings eintragen, weil erst die Eintragung der Abänderung rechtliche Wirksamkeit verleiht. Für den Fall eines Beherrschungs- und Gewinnabführungsvertrags zwischen zwei Gesellschaften mit beschränkter Haftung hat der BGH entschieden, dass dieser Vertrag nur dann wirksam ist, wenn die Gesellschafterversammlungen der beherrschten und der beherrschenden Gesellschaft dem Unternehmensvertrag zustimmen und seine **Eintragung in das Handelsregister der beherrschten Gesellschaft** erfolgt.[87] Die Eintragungsfähigkeit hat er aus der entsprechenden Anwendung von § 54 Abs. 3 GmbHG im Hinblick auf Inhalt und Wirkungen des Unternehmensvertrags hergeleitet, der in den Gesellschaftszweck, die Zuständigkeitskompetenz der Gesellschafter und ihr Gewinnbezugsrecht eingreift und „satzungsgleich die rechtliche Grundstruktur der sich der Beherrschung unterstellenden GmbH ändert". Ebenso wie die Änderung des Gesellschaftsvertrags bedarf daher der Zustimmungsbeschluss der beherrschten Gesellschaft notarieller Beurkundung (§ 53 Abs. 2 GmbHG) und ist „in Übereinstimmung mit den für den Gründungsvorgang geltenden Vorschriften über Handelsregisterkontrolle und Handelsregisterpublizität" zur Wirksamkeit die Eintragung in das Handelsregister erforderlich.[88] Für die Anmeldung des Unternehmensvertrags zur Eintragung in das Handelsregister gilt ebenso wie für die Anmeldung einer Satzungsänderung, die ebenso auf eine konstitutiv wirkende, die Rechtsänderung erst herbeiführende Eintragung gerichtet sind (§ 54 Abs. 1 S. 1 GmbHG),[89] **keine erzwingbare** 43

[86] BGHZ 105, 324 = NJW 1989, 295; BGHZ 116, 37 = NJW 1992, 505.
[87] BGHZ 105, 324 = NJW 1989, 295; vgl. auch BGHZ 116, 37 (43 ff.) = NJW 1992, 505.
[88] BGHZ 105, 324 (338) = NJW 1989, 295; vgl. Oetker/*Preuß* Rn. 43; EBJS/*Schaub* Rn. 106; Röhricht/Graf v. Westphalen/Haas/*Ries* Rn. 27; Heymann/*Förster* Rn. 25.
[89] Vgl. auch BGHZ 116, 37 (43 f.) = NJW 1992, 505.

Anmeldepflicht (vgl. § 79 Abs. 2 GmbHG).[90] Es handelt sich insoweit um eine zwar eintragungsfähige, aber nicht erzwingbar anmeldepflichtige Tatsache (→ Rn. 31). Wird angemeldet, ist nach Sinn und Zweck des Registers die Eintragung des Unternehmensvertrags, die erst zu seinem Wirksamwerden führt, im Interesse des Rechtsverkehrs und des eingetragenen Rechtsträgers dringend geboten und unumgänglich (→ Rn. 33).

44 Diese Grundsätze (→ Rn. 43) gelten auch dann, wenn der Unternehmensvertrag zwischen einer Aktiengesellschaft als herrschender und einer GmbH als abhängiger Gesellschaft abgeschlossen worden ist.[91] Um die Zahl der einzutragenden Tatsachen allerdings nicht ausufern zu lassen, ist andererseits der Unternehmensvertrag in Form eines Teilgewinnabführungsvertrags, zB im Sinne einer stillen Gesellschaft und damit als reine Innenbeziehung,[92] einer GmbH nicht im Handelsregister eintragungsfähig.[93] Ebenso sind Unternehmensverträge bei beherrschten Personenhandelsgesellschaften nicht eintragbar,[94] da bei ihnen – im Unterschied zu Kapitalgesellschaften – eine Änderung des Gesellschaftsvertrags (sofern sie nicht Firma, Sitz oder allgemeine organschaftliche Vertretungsregelungen betrifft) nicht im Handelsregister eingetragen wird und daher keine mit § 54 GmbHG vergleichbare normative Grundlage besteht.

45 **5. Beispiele für eintragungsfähige Tatsachen ohne ausdrückliche gesetzliche Bestimmung. a) Gesetzlich nicht genannte Titel und Berufsbezeichnungen.** Titel wie „Präsident", „Generaldirektor", „Sprecher der Geschäftsführung" oder „Vorstandssprecher", für die es keine gesetzliche Grundlage gibt, sind nicht im Handelsregister eintragungsfähig.[95] Keinesfalls dürfen gesetzlich unzulässige Berufsbezeichnungen wie „Diplom-Detektiv" eingetragen werden.[96] Eine Ausnahme in Bezug auf Organstellungen sehen lediglich § 43 Nr. 4 lit. b HRV für die Bezeichnung des Vorstandsvorsitzenden einer AG oder SE vor. Im Übrigen haben Tätigkeitsangaben bei Registereintragungen grundsätzlich vollständig zu unterbleiben. Die Berufsbezeichnung „Steuerberater" und „Wirtschaftsprüfer" des Organträgers oder Prokuristen einer Steuerberatungs- bzw. Wirtschaftsprüfungsgesellschaft ist hingegen auf Wunsch in das Handelsregister einzutragen, da nach den einschlägigen Bestimmungen (§ 43 StBerG; § 18 WPO) im beruflichen Verkehr die Berufsbezeichnung „Steuerberater" bzw. „Wirtschaftsprüfer" geführt werden muss.[97] Allerdings gelten für den entsprechenden Vermerk der Berufsbezeichnung mangels gesetzlich angeordneter Eintragungspflicht die Vorschriften des § 15 nicht.

46 **b) Nachträgliche Veränderung von im Handelsregister eingetragenen Personalien.** Die nachträgliche Veränderung von im Handelsregister eingetragenen Personalien (zB nach § 106 Abs. 2 S. 1 Name, Vorname, Wohnort) ist eintragungsfähig, obwohl das Gesetz hierüber nichts besagt. Dies ergibt sich aus dem Zweck des Handelsregisters, das **richtige Auskunft über die eingetragenen Verhältnisse** geben soll. Ob derartige Veränderungen auch gem. § 14 erzwingbar anmeldepflichtig (→ Rn. 36) sind, wird unterschiedlich beurteilt.[98] Das KG und das OLG Hamburg[99] haben sich gegen eine erzwingbare Anmeldepflicht unter Hinweis auf das Fehlen einer entsprechenden gesetzlichen Vorschrift ausgesprochen. Dem ist nur eingeschränkt zu folgen. Die Verpflichtung zur Anmeldung

---

[90] BGHZ 105, 324 (328) = NJW 1989, 295.
[91] BGH DNotZ 1993, 176 (177) mAnm *Lüttmann.*
[92] BGHZ 156, 38 = NJW 2003, 3412.
[93] KG FGPrax 2014, 217 = NZG 2014, 668; OLG München DNotZ 2011, 949; BayObLG FGPrax 2003, 133 = GmbHR 2003, 534 mAnm *Weigl*; dazu *Karsten Schmidt* NZG 2014, 881; ebenso EBJS/*Schaub* Rn. 107; Röhricht/Graf v. Westphalen/Haas/*Ries* Rn. 24; Heymann/*Förster* Rn. 25.
[94] OLG Köln FGPrax 2019, 265; OLG München RNotZ 2011, 365; BeckOK HGB/*Müther* Rn. 13; *Krafka* RegisterR Rn. 104.
[95] OLG München NZG 2012, 429 mAnm *Ries*; GWR 2012, 206; KGJ 20 A 269 für den Titel „Generaldirektor"; Staub/*Koch* Rn. 73.
[96] BayObLG MDR 1971, 307.
[97] LG Augsburg BB 1989, 1074.
[98] Näher zum seinerzeitigen Stand *Bondi* JW 1928, 201.
[99] KGJ 29 A 213; 30 B 32; offen in KGJ 20 A 269; OLG Hamburg RJA 9, 180.

beinhaltet dem Sinn des Registers entsprechend auch die begleitende Pflicht, spätere Veränderungen der zuvor zur Eintragung in das Handelsregister angemeldeten Personalien anzuzeigen.[100] Mit einem nicht mehr zutreffenden Registereintrag ist niemandem gedient. Allerdings reicht es unter teleologischer Reduktion der entsprechenden Anmeldevorschriften aus, wenn die jeweilige Veränderung unter Beifügung aussagekräftiger Nachweise (zB beglaubigte Abschrift der Personenstandsurkunde, Meldebescheinigung, notarielle Bescheinigung gem. § 21 BNotO; → § 9 Rn. 25) von der betroffenen Person in der Form des § 12 eingereicht werden.[101]

Das Grundrecht auf **informationelle Selbstbestimmung**[102] kann es im Einzelfall erforderlich machen, eine nachträgliche Änderung der persönlichen Angaben im Handelsregister zu ermöglichen. Allerdings ist eine rückwirkende Veränderung bereits eingetragener Tatsachen zur im öffentlichen Interesse gebotenen Wahrung der Registerstabilität ausgeschlossen (→ § 8a Rn. 1). Denkbar wäre also lediglich eine Umschreibung des gesamten Registerblatts entsprechend § 21 HRV, was allerdings nichts daran ändert, dass unter Rückgriff auf den historischen Registerausdruck auch die veralteten Eintragungen noch ersichtlich sind. Insbesondere im Fall einer Geschlechtsangleichung nach den Bestimmungen des bisherigen Transsexuellengesetzes kann es allerdings geboten sein, bei der Vortragung der neuen Personalien im Übergangstext nicht die Personenkontinuität neutral darzustellen und die als Nachweis vorgelegten Dokumente nicht in den allgemein einsehbaren Registerordner einzustellen.[103] 47

c) Gestattung des Selbstkontrahierens. aa) Erzwingbare Anmeldepflicht. Die vormals hM, die annahm, eine Befreiung von den Beschränkungen des § 181 BGB (Selbstkontrahieren und Mehrfachvertretung) könne nicht in das Handelsregister eingetragen werden,[104] wird seit langem nicht mehr vertreten.[105] Die generelle Befugnis eines GmbH-Geschäftsführers – das Verbot des § 181 BGB gilt (noch)[106] mit Außenwirkung[107] auch für die Organe juristischer Personen[108] –, die Gesellschaft bei allen Rechtsgeschäften mit sich selbst oder als Vertreter eines Dritten uneingeschränkt zu vertreten, ist nach allgemeiner Auffassung anzumelden und in das Handelsregister einzutragen.[109] Es besteht in diesem Sinne eine nach § 14 **erzwingbare Anmeldepflicht** (→ Rn. 39).[110] 48

Die Eintragung der Befreiung von den Beschränkungen des § 181 BGB im Handelsregister[111] ist auch deshalb erforderlich, weil die Vertretung einer Gesellschaft im Fall der Interessenkollision **in den nationalen Rechten unterschiedlich geregelt ist.**[112] Der Angehörige eines EU-Mitgliedstaates wird in der Regel allenfalls die Rechtsvorschriften des eigenen Staates und nicht die der anderen Mitgliedstaaten kennen.[113] 49

---

[100] BayObLGZ 1920, 63 (64); Baumbach/Hopt/*Hopt* Rn. 5.

[101] *Krafka* RegisterR Rn. 182; Staub/*Koch* Rn. 72; anders – nur anmelde- und eintragungsfähig, aber nicht erzwingbar – EBJS/*Schaub* Rn. 122.

[102] BVerfGE 65, 1.

[103] BGH NJW 2015, 2116; Vorinstanz: OLG Schleswig FGPrax 2014, 178.

[104] BGHZ 33, 189 (192) = NJW 1960, 2285 (2286); OLG Karlsruhe GmbHR 1964, 78.

[105] Einzige Ausnahme ist *Altmeppen* Anm. zu OLG Stuttgart DNotZ 2008, 303.

[106] S. die bemerkenswerte Anregung zur Änderung der Rechtsansicht hierzu von *Hauschild* ZIP 2014, 954, der den knappen Einwurf von *Willer/Krafka* NZG 2006, 495 aufgreift.

[107] Krit. hierzu *Hauschild* ZIP 2014, 954; *Willer/Krafka* NZG 2006, 495.

[108] BGHZ 56, 97 (101) = NJW 1971, 1355; BGHZ 58, 115 (120) = NJW 1972, 623; BGHZ 91, 334 = NJW 1984, 2085.

[109] BGHZ 87, 59 (60 f.) = NJW 1983, 1676; OLG Düsseldorf FGPrax 2010, 86; OLG Stuttgart FGPrax 2008, 83 = NZG 2008, 36 = DNotZ 2008, 303 mAnm *Altmeppen;* OLG Köln NJW-RR 1996, 1382; OLG Düsseldorf FGPrax 1995, 42 = GmbHR 1995, 51; OLG Frankfurt BB 1983, 146; BayObLGZ 1979, 182; 1980, 209 (215); *Krafka* RegisterR Rn. 996 ff.; Staub/*Koch* Rn. 54 ff.; Röhricht/Graf v. Westphalen/Haas/*Ries* Rn. 25; EBJS/*Schaub* Rn. 77; Oetker/*Preuß* Rn. 37 f.

[110] BGHZ 87, 59 (60) = NJW 1983, 1676; *Bühler* DNotZ 1983, 588 (593 f.).

[111] Zu Formulierungsbeispielen *Krafka* RegisterR Rn. 1001 f.

[112] BayObLGZ 1979, 182 (185); s. auch *Willer/Krafka* NZG 2006, 495.

[113] EuGH Slg. 1974, 1201 (1207) = BB 1974, 1500.

50 **bb) Gesellschaften mit beschränkter Haftung.** Nach § 10 Abs. 1 S. 2 GmbHG[114] ist in das Handelsregister einzutragen, welche Vertretungsbefugnis die Geschäftsführer einer GmbH haben. Zwar ist gem. Art. 14 lit. d Ziff. i GesR-RL (→ Rn. 3) nur offenzulegen, „ob die zur Vertretung der Gesellschaft befugten Personen die Gesellschaft allein oder nur gemeinschaftlich vertreten können". Doch ist die sich aus § 10 Abs. 1 S. 2 GmbHG ergebende Eintragungspflicht nicht auf diese Angaben beschränkt. Erforderlich ist vielmehr eine **europarechtskonforme Auslegung.**[115] Die Richtlinie soll, wie der EuGH[116] formuliert hat, die Rechtssicherheit in den Beziehungen zwischen der Gesellschaft und Dritten im Hinblick auf eine Intensivierung des Geschäftsverkehrs zwischen den Mitgliedstaaten nach der Schaffung des Gemeinsamen Marktes gewährleisten. Jedermann soll aus dem Handelsregister selbst ersehen können, welche Vertretungsbefugnis den für die Gesellschaft Handelnden zusteht. Da „alle einschlägigen Angaben ausdrücklich" im Register aufgeführt werden müssen,[117] ist auch die Befreiung vom Verbot der In-Sich-Geschäfte, die sich als Erweiterung des Umfangs der Vertretungsmacht darstellt,[118] einzutragen. Der Rechtsverkehr und damit zugleich die Gläubiger[119] werden davor gewarnt, dass die organschaftliche Vertretungsbefugnis erweitert ist, Vermögen zwischen Gesellschaft und Gesellschafter verlagert sowie „die rechtliche Zuordnung bewusst unklar gehalten werden kann"[120] und es dem Geschäftsführer möglich ist, Vermögenswerte kurzfristig und unerkennbar dem Zugriff Dritter zu entziehen.[121]

51 Die **generelle Befreiung** eines GmbH-Geschäftsführers von den Beschränkungen des § 181 BGB ist stets in das Handelsregister anzumelden und einzutragen (→ Rn. 48 f.). Das gilt ebenso für die partielle, **eingeschränkte Befreiung** (zB für eine bestimmte Art von Rechtsgeschäften wie etwa bestimmte Grundstücksgeschäfte, für Rechtsgeschäfte mit einzelnen Dritten, für die Befreiung unter der Einschränkung, dass sie nicht mehr für Geschäfte ab einem bestimmten Wert gilt).[122] Einzutragen sind dann unter genauer Bezeichnung des Umfangs all die Befreiungen, denen Bedeutung über den Einzelfall hinaus auch für künftige Geschäfte zukommt, wobei der Umfang der Befreiung ohne Belang für die Eintragungspflicht ist.[123] Ausgenommen ist nur die Befreiung für ein einziges Rechtsgeschäft[124] oder auch für mehrere konkrete Rechtsgeschäfte. Es trifft zwar nicht zu, dass das Gesetz in das Handelsregister nur typisierte und umfassende Vertretungsregelungen aufnehmen will.[125] Richtig ist allerdings, dass die Informationskapazität des Handelsregisters begrenzt ist und im Fall erheblicher Erweiterungen die Gefahr zumindest teilweiser Unübersichtlichkeit besteht, was wiederum mit der Funktion des Registers unvereinbar wäre. In der Rechtspraxis wird die Befreiung in der Regel in vollem Umfang gewährt, so dass differenzierende Befreiungen die seltene Ausnahme darstellen.

52 Auflösend **bedingte und befristete Vertretungsregelungen** und **-befugnisse** können im Handelsregister auch dann nur als derzeit geltende und damit als unbedingte eingetragen werden, wenn der Eintritt der Bedingung oder Befristung aus dem Handelsregister folgt oder offenkundig ist,[126] da das Register nur aktuell relevante Informationen enthält

[114] Eingefügt durch Art. 3 Gesetz zur Durchführung der Ersten Richtlinie des Rates der Europäischen Gemeinschaften zur Koordinierung des Gesellschaftsrechts vom 15.8.1969, BGBl. 1969 I 1146.
[115] BGHZ 87, 59 (61) = NJW 1983, 1676.
[116] EuGH Slg. 1974, 1201 (1207) = BB 1974, 1500.
[117] EuGH Slg. 1974, 1201 (1207) = BB 1974, 1500.
[118] BGHZ 87, 59 (62) = NJW 1983, 1676; *Bühler* DNotZ 1983, 588 (593).
[119] BGHZ 56, 97 (104) = NJW 1971, 1355; BGHZ 87, 59 (62) = NJW 1983, 1676; BayObLGZ 1979, 182 (185); krit. insoweit *Bühler* DNotZ 1983, 588 (593).
[120] BGHZ 87, 59 (62) = NJW 1983, 1676.
[121] OLG Frankfurt BB 1983, 146 (147); OLG Düsseldorf FGPrax 2010, 86.
[122] OLG Düsseldorf FGPrax 2010, 86; OLG Düsseldorf FGPrax 1995, 42 = GmbHR 1995, 51; *Simon* GmbHR 1999, 588.
[123] *Bühler* DNotZ 1983, 588 (593); *Bärwaldt* Rpfleger 1990, 102.
[124] *Bühler* DNotZ 1983, 588 (593).
[125] So aber LG Berlin Rpfleger 1981, 310.
[126] Staub/*Koch* Rn. 53; Oetker/*Preuß* Rn. 22; EBJS/*Schaub* Rn. 75; Röhricht/Graf v. Westphalen/Haas/*Ries* Rn. 25.

und es daher Sache der Beteiligten ist, ggf. nicht mehr bestehende Befugnisse zur Löschung anzumelden. Ebenso können bloße Befreiungsmöglichkeiten im Rahmen von Öffnungsklauseln des GmbH-Gesellschaftsvertrags[127] nicht im Handelsregister eingetragen werden. Die Ermächtigung der Gesellschafterversammlung, durch Beschluss einzelne oder mehrere Geschäftsführer von den Beschränkungen des § 181 BGB zu befreien, ist daher nicht im Handelsregister zu vermerken.[128] Erst die tatsächliche Befreiung konkreter Geschäftsführer ist in diesem Fall zur Eintragung anzumelden. Denn nach § 8 Abs. 4 Nr. 2 GmbHG und § 10 Abs. 1 S. 2 GmbHG ist anzumelden und einzutragen, welche Vertretungsbefugnis die Geschäftsführer *haben,* nicht aber, welche Befugnis sie *haben können.*[129]

Die **Eintragung im Handelsregister** muss immer so gestaltet werden, dass sich die Zulässigkeit des Selbstkontrahierens bzw. der Mehrfachvertretung vollständig aus dem Handelsregister ergibt. Daher kann nicht eingetragen werden, dass der Geschäftsführer dann von den Beschränkungen des § 181 BGB befreit sein soll, wenn er alleiniger Gesellschafter ist. Denn das Handelsregister schweigt über die Zahl der Gesellschafter einer GmbH, und etwa dem Gericht vorliegende oder eingereichte Dokumente (vgl. § 40 GmbHG) genügen nicht, da die Eintragung aus sich heraus ohne Beiziehung weiterer Unterlagen verständlich sein muss.[130] Entsprechendes gilt für die Befreiung für Geschäfte zwischen Mutter- und Tochtergesellschaften oder gegenüber nahen Angehörigen von Gesellschaftern. Die angeführten Satzungsbestimmungen haben nur als allgemeine Regelungen Bestand. Wird gegenüber dem Registergericht der Nachweis geführt, dass der Geschäftsführer auch alleiniger Gesellschafter ist oder im Fall der → Rn. 52 die Gesellschafterversammlung einen Geschäftsführer von den Beschränkungen des § 181 befreit hat, ist dies antragsgemäß, allerdings ohne Bedingungsvorbehalt, in das Handelsregister einzutragen.[131] 53

cc) Aktiengesellschaften. Für die Befreiung von Vorstandsmitgliedern einer Aktiengesellschaft gelten diese Grundsätze entsprechend. Allerdings kommt aufgrund der Sondervorschrift des § 112 AktG[132] eine Befreiung des Vorstands von den Beschränkungen des § 181 BGB nur hinsichtlich des Verbots der Mehrfachvertretung, nicht aber vom Verbot des Selbstkontrahierens in Betracht. 54

dd) Personenhandelsgesellschaften, Prokuristen. Auch für den vertretungsberechtigten Gesellschafter einer Personenhandelsgesellschaft ist die Befreiung vom Verbot des Selbstkontrahierens in das Handelsregister einzutragen.[133] Die Anmeldung einer derart abstrakten Befreiung ist also ggf. nach § 14 zu erzwingen. Bei der Erweiterung der organschaftlichen Vertretungsmacht durch Gestattung von In-Sich-Geschäften wird dem Schutzbedürfnis des Rechtsverkehrs nur dann genügt, wenn die abstrakte Erlaubnis – und zwar immer – offen gelegt wird. Die Befreiung muss, ebenso wie bei dem Geschäftsführer der GmbH (→ Rn. 50 ff.), auch bei den Personenhandelsgesellschaften dem Handelsregister zu entnehmen sein. Ebenso ist die dem **Prokuristen** in dieser Eigenschaft erteilte Befreiung vom Verbot des Selbstkontrahierens eintragungsfähig und eintragungspflichtig.[134] 55

---

[127] S. KG FGPrax 2006, 170.

[128] OLG Hamm MittRhNotK 1996, 426 = DB 1996, 2272; OLG Frankfurt OLGZ 1994, 288; GmbHR 1988, 65; 1984, 184 = DB 1984, 42; OLG Karlsruhe BB 1984, 238; *Krafka* RegisterR Rn. 998; offengelassen von BayObLGZ 1982, 41 = BB 1982, 577.

[129] OLG Hamm MittRhNotK 1996, 426 = DB 1996, 2272; OLG Frankfurt OLGZ 1994, 288; GmbHR 1988, 65; 1984, 184 = DB 1984, 42.

[130] BGHZ 87, 59 (63) = NJW 1983, 1676; OLG Frankfurt BB 1984, 238 (239).

[131] So iErg BayObLG Rpfleger 1982, 188 (189) aE; aA BGHZ 87, 59 (62) = NJW 1983, 1676.

[132] Zur Anwendung auf die Bestellung von Geschäftsführern bei Tochtergesellschaften s. OLG München FGPrax 2012, 175.

[133] Vgl. für den Komplementär der KG OLG Frankfurt FGPrax 2006, 273 = Rpfleger 2007, 31; OLG Hamburg DNotZ 1986, 571 = BB 1986, 1255; EBJS/*Hillmann* § 125 Rn. 53; *Krafka* RegisterR Rn. 612; OLG Hamm MittRhNotK 1983, 92 = MDR 1983, 673 – aber mit der Einschränkung, dass keine erzwingbare Anmeldungspflicht besteht; LG Augsburg Rpfleger 1983, 28; aA LG Berlin Rpfleger 1982, 427 mit der nicht zutr. Begr., das Gesetz lasse die Eintragung nicht zu.

[134] BayObLGZ 1980, 195 (201); OLG Hamm MDR 1983, 673, aber mit der Maßgabe, dass keine Eintragungspflicht besteht, sich zu Unrecht auf BayObLGZ 1980, 195 beziehend; Staub/*Koch* Rn. 63.

56 **ee) Kapitalgesellschaft & Co. KG.** Für die Befreiung von den Beschränkungen des § 181 BGB sind bei einer **GmbH & Co. KG** (→ 4. Aufl. 2019, § 161 Rn. 45 ff.) Besonderheiten zu beachten, da in diesem Fall nicht nur etwaige Komplementäre, sondern zudem deren Geschäftsführer seitens der Kommanditgesellschaft befreit werden können.[135] Auch in diesem Fall müssen sich die Vertretungsverhältnisse aus dem jeweiligen Registerblatt ohne Heranziehung sonstiger Umstände ergeben, so dass nach zutreffender Auffassung die Eintragung im Register der KG nur vorsehen kann, dass sämtliche Geschäftsführer der konkret zu bezeichnenden Komplementär-GmbH von den Beschränkungen des § 181 BGB gegenüber der KG befreit sind.[136] Bei Vorliegen einer **AG & Co. KG** kommt § 112 AktG (→ Rn. 54) nicht zur Anwendung, so dass die Befreiung der Vorstandsmitglieder der konkret bezeichneten Komplementär-AG seitens der KG vom Verbot der Mehrfachvertretung und vom Verbot des Selbstkontrahierens erteilt werden kann. Da sich die Vertretungsverhältnisse einer Kommanditgesellschaft nach deutschem Recht bestimmen, kann auch eine ausländische Kapitalgesellschaft als Komplementärin und ihre organschaftlichen Vertreter von den Beschränkungen des § 181 BGB befreit werden und eine entsprechende Eintragung im Handelsregister erfolgen.[137]

57 **ff) Zweigniederlassungen ausländischer Rechtsträger.** Bei ausländischen Rechtsträgern bestehen für deren organschaftliche Vertreter nach den jeweils einschlägigen Vorschriften zwar unter Umständen ähnliche Beschränkungen, jedoch wirken diese nicht – so wie dies bei § 181 BGB der Fall ist – generell im Außenverhältnis.[138] Da zudem das deutsche Vertretungsrecht insoweit nicht anwendbar ist, scheidet die Möglichkeit entsprechender Eintragungen im deutschen Handelsregister aus (→ § 13g Rn. 3). Denkbar ist jedoch die Eintragung einer entsprechenden Befreiung bei etwaigen ständigen Vertretern iSd § 13e Abs. 2 S. 5 Nr. 3 (→ § 13e Rn. 18), da insoweit als Vollmachtsstatut das deutsche Recht gilt.

58 **d) Eintragung der Prokura mit „Immobiliarklausel".** Die dem Prokuristen im Fall des § 49 Abs. 2 erteilte Befugnis zur Veräußerung und Belastung von Grundstücken ist als Erweiterung der Vertretungsbefugnis Inhalt der Prokura und nicht eine neben der Prokura erteilte besondere Vollmacht.[139] Darüber, ob die Erweiterung einzutragen ist, schweigt das Gesetz. Doch muss nach außen hin sichtbar gemacht werden, dass die gesetzliche Regelbefugnis erweitert worden ist.[140] Es handelt sich daher um eine nach § 14 erzwingbare anmelde- und eintragungspflichtige Tatsache.[141]

59 **e) Fortsetzung der aufgelösten OHG oder KG.** Die hM geht davon aus, dass bei Abwicklung einer aufgelösten OHG oder KG entsprechend den §§ 134, 139, 144 während der Liquidation (oder der anderen Auseinandersetzung nach § 158) bis zur Vollbeendigung durch einstimmigen Fortsetzungsbeschluss ihrer Gesellschafter – der Gesellschaftsvertrag kann auch einen Mehrheitsbeschluss genügen lassen – diese wieder zur werbenden Gesellschaft werden kann[142] (→ 4. Aufl. 2016, § 145 Rn. 70 ff.). Die Fortsetzung der Gesellschaft ist von allen Gesellschaftern entsprechend § 144 Abs. 2 anzumelden[143] (→ 4. Aufl. 2016, § 144 Rn. 14). Denn es liegt im öffentlichen Interesse, die Rückumwandlung einer Liquidationsgesellschaft in eine werbende Gesellschaft stets, und nicht nur im Fall der Auflösung durch Insolvenz gem. § 144, zu offenbaren. Ist die Anmeldung erfolgt, wird nach § 40

[135] OLG Frankfurt FGPrax 2006, 273 = Rpfleger 2007, 31; OLG Düsseldorf FGPrax 2005, 8.
[136] BayObLGZ 2000, 106 = MittBayNot 2000, 330; BayObLG MittBayNot 2000, 241; BayObLGZ 1999, 349 = NJW-RR 2000, 562.
[137] OLG Frankfurt FGPrax 2006, 273.
[138] Vgl. *Willer/Krafka* NZG 2006, 495.
[139] Vgl. KG RJA 9, 159, 162.
[140] BayObLGZ 1971, 55 (56) = NJW 1971, 810 m. eingehenden Nachw.; Baumbach/Hopt/*Hopt* Rn. 4; *Canaris* HandelsR § 4 Rn. 9; *Krafka* RegisterR Rn. 368.
[141] EBJS/*Schaub* Rn. 113; EBJS/*Weber* § 49 Rn. 18; *Krafka* RegisterR Rn. 368.
[142] RGZ 106, 63 (67); BGHZ 1, 324 (327); *Krafka* RegisterR Rn. 682.
[143] *Krafka* RegisterR Rn. 683.

Nr. 5 lit. b HRV im Handelsregister eingetragen, dass die Gesellschafter die Fortsetzung der Gesellschaft beschlossen haben und die Gesellschaft als Erwerbsgesellschaft weiterbetrieben wird.

f) Vor-GmbH & Co. KG. Eine Vor-GmbH kann persönlich haftende Gesellschafterin seiner KG sein, obwohl vor Eintragung in der Regel die kapitalmäßigen Eintragungsvoraussetzungen durch das Registergericht noch nicht geprüft sind[144] (vgl. → 3. Aufl. 2012, § 161 Rn. 57). Aus der Komplementärfähigkeit der Vor-GmbH (→ 4. Aufl. 2016, § 105 Rn. 86) folgt, dass sie auch als persönlich haftende Gesellschafterin einer Personenhandelsgesellschaft in das Handelsregister Abteilung A eingetragen werden kann,[145] und zwar richtigerweise nicht zusatzlos unter dem Namen der späteren GmbH, sondern mit dem Zusatz „in Gründung".[146] Wird die GmbH später selbst im Handelsregister Abteilung B eingetragen, so ist die Komplementär-Angabe in Abteilung A des Registers bei der KG auf Antrag der Beteiligten zu „berichtigen", damit der nicht mehr zutreffende Zusatz „in Gründung" entfällt.[147] 60

g) Ausländische Kapitalgesellschaft & Co. KG. Teilweise wurde vertreten, dass in Abteilung A bei der ausländischen Komplementärin auch deren Vertretungsberechtigte und der Umfang ihrer Vertretungsmacht einzutragen sind. Das BayObLG wendet insoweit § 33 Abs. 2 S. 2 analog an,[148] während *Grothe* die heutige Vorschrift des § 13d (Zweigniederlassungen von Gesellschaftern mit ausländischem Sitz; anzumelden ist danach auch die Zusammensetzung des Vorstands und die Vertretungsbefugnis der Vorstandsmitglieder) als analogiefähige Norm einsetzt[149] (vgl. allgemein zur Komplementärfähigkeit ausländischer juristischer Personen → 4. Aufl. 2016, § 105 Rn. 89). Nach zutreffender Auffassung ist diese Ansicht jedoch abzulehnen (→ § 33 Rn. 7). Zur Befreiung der Komplementärin und ihrer organschaftlichen Vertreter von den Beschränkungen des § 181 BGB → Rn. 56. 61

h) Sonstige anmelde- und eintragungspflichtige Tatsachen. aa) Abgeleitete Firma eines Einzelkaufmanns. Bei der Eintragung der abgeleiteten Firma eines Einzelkaufmanns sind, wenn die Firma bisher nicht im Handelsregister eingetragen war, die der Firmenfortführung zugrundeliegenden Rechtsvorgänge in der Spalte „Rechtsverhältnisse" einzutragen.[150] So müssen in diesem Fall zugleich die Firma (§ 29) und der Inhaberwechsel als Fortführung (§ 31) sowie ggf. eine Änderung der Firma angemeldet und in das Register eingetragen werden. 62

bb) Rechtsnachfolge bei Kommanditanteilen. Ist ein Kommanditanteil durch Gesamtrechtsnachfolge auf einen neuen Kommanditisten übergegangen, so ist im Handelsregister ein besonderer, auf die Rechtsnachfolge hinweisender Vermerk einzutragen, ebenso im Fall der Sonderrechtsnachfolge. Nach Auffassung des **BGH** setzt im Fall der Sonderrechtsnachfolge die entsprechende Eintragung kraft Gewohnheitsrechts im Regelfall als Beweismittel im Rahmen der gebotenen Sachverhaltsklärung von Amts wegen nach § 26 FamFG eine Versicherung des Komplementärs und des ausscheidenden Gesellschafters voraus, dass der Ausscheidende für die von ihm aufgegebenen Rechte keine Abfindung gewährt oder versprochen erhalten hat (aA → 4. Aufl. 2019, § 162 Rn. 16).[151] 63

---

144 BGHZ 80, 129 = NJW 1981, 1373.
145 BGH NJW 1985, 736 (737).
146 BGH NJW 1985, 736 (737) (anders noch BGHZ 45, 338 [348] für die Grundbucheintragung); *Ulmer* ZGR 1981, 593 (617); *Krafka* RegisterR Rn. 818.
147 *Ulmer* ZGR 1981, 593 (617); *Krafka* RegisterR Rn. 818.
148 BayObLGZ 1986, 61 (72).
149 *Grothe,* Die „ausländische Kapitalgesellschaft & Co.", 1989, 260 ff.; ebenso EBJS/*Schaub* Rn. 76; Heymann/*Förster* Rn. 24; vgl. auch *Bokelmann* DStR 1991, 945 (951).
150 BayObLGZ 1978, 182 (185 f.).
151 BGH NZG 2006, 15 = DNotZ 2006, 135; s. ferner RG DNotZ 1944, 195 (196) = WM 1964, 1130; BayObLGZ 1977, 76; OLG Köln DNotZ 1953, 435; s. auch OLG Hamm FGPrax 2005, 39; OLG Köln FGPrax 2004, 88; *Terbrack* Rpfleger 2003, 105; *Karsten Schmidt* ZIP 2002, 413 (417).

64 **6. Nicht eintragungsfähige Tatsachen.** Nicht im Handelsregister eintragbar sind unter anderem der **Unternehmensgegenstand einer OHG oder KG**[152] sowie eine rechtsgeschäftliche Vertretungsmacht, die einem Kommanditisten kraft gesellschaftsvertraglicher Vereinbarung einzuräumen ist,[153] ein **Nacherbenvermerk** (→ § 12 Rn. 55)[154] und nach hM die Anordnung einer Testamentsvollstreckung bei einem einzelkaufmännischen Unternehmen.[155] Als Inhaber einzutragen ist der Testamentsvollstrecker jedoch ohne Offenlegung dieser Tatsache dann, wenn er das Handelsgeschäft im eigenen Namen führt.[156] Hinsichtlich der Beteiligung eines persönlich haftenden Gesellschafters einer OHG oder KG ist die Testamentsvollstreckung unzulässig, so dass ein entsprechender Vermerk im Handelsregister nicht möglich ist.[157]

65 Der grundsätzlichen Zulässigkeit der **Testamentsvollstreckung über einen Kommanditanteil**[158] Rechnung tragend hält der BGH[159] einen entsprechenden Vermerk im Handelsregister für zulässig.[160] Dieser Auffassung ist auch weiterhin zu widersprechen, da die dafür angeführten Gründe (im Innenverhältnis bedeutsam, Ersichtlichkeit der Haftung von Gesellschaftern – nicht aber des eingetragenen Rechtsträgers selbst (!) und Darstellung von Personen, die auf die Geschicke der Gesellschaft Einfluss nehmen) aus Sicht der formalen Registerpublizität nicht überzeugen können. Sie bergen vielmehr die Gefahr, dass das Handelsregister generell mit Eintragungen überfrachtet wird, die zwar aus dem Sachen- und Grundbuchrecht bekannt sind, aber mit den speziellen Fragen der unternehmerischen Registerpublizität – die sich auf Existenz, Vertretung und Haftungsverhältnis des jeweils eingetragenen Rechtsträgers beschränkt – nichts zu tun haben. Daher ist die Ansicht, dass die **Bestellung eines Nießbrauchs an einer Kommanditbeteiligung** ebenfalls im Handelsregister eintragbar ist,[161] gleichfalls abzulehnen,[162] da der Nießbraucher weder Gesellschafter wird, noch Dritten gegenüber haftet (vgl. → 4. Aufl. 2019, Vor § 230 Rn. 16). Insgesamt ist daran festzuhalten, dass es zur Bejahung der Eintragungsfähigkeit nicht genügt, dass die Eintragung für Dritte von wirtschaftlichem oder rechtlichem Interesse ist.[163]

66 Nicht eintragungsfähig ist auch die **gesetzliche Vertretung eines Minderjährigen** und die Anordnung eines Einwilligungsvorbehalts des unter **Betreuung** stehenden Firmeninhabers gem. § 1903 Abs. 1 BGB,[164] **güterrechtliche Beschränkungen**[165] und Beschränkungen der Vertretungsmacht einzelner Miterben bei ungeteilter Erbengemeinschaft.[166] Nach hM sind auch **handelsrechtliche Vollmachten außer der Prokura** nicht eintragungsfähig,[167] und zwar auch dann nicht, wenn etwa eine Handlungsvoll-

[152] KG JW 1934, 1730; EBJS/*Schaub* Rn. 75; Röhricht/Graf v. Westphalen/Haas/*Ries* Rn. 24; Staub/*Koch* Rn. 51; Baumbach/Hopt/*Hopt* Rn. 5.
[153] OLG Frankfurt FGPrax 2006, 82; Staub/*Koch* Rn. 51; aA EBJS/*Weipert* § 170 Rn. 11.
[154] OLG München JFG 22, 89; EBJS/*Schaub* Rn. 75; Staub/*Koch* Rn. 50; Baumbach/Hopt/*Hopt* Rn. 5.
[155] RGZ 132, 138.
[156] RGZ 132, 138 (142); BGHZ 12, 100 (102).
[157] RGZ 170, 392 (394); BGHZ 24, 106 (112 f.).
[158] BGHZ 108, 187.
[159] BGH NJW-RR 2012, 730 = GWR 2012, 178 mAnm *Krafka.*
[160] Abl. KG FGPrax 1995, 202 = NJW-RR 1996, 228; *Krafka* RegisterR Rn. 104, 769; KKRD/*Roth* Rn. 10; befürwortend Staub/*Koch* Rn. 68; Baumbach/Hopt/*Hopt* Rn. 5; EBJS/*Schaub* Rn. 127; *Ulmer* NJW 1990, 73 (82); *D. Mayer* ZIP 1990, 978.
[161] OLG Oldenburg FGPrax 2015, 166; OLG Stuttgart NZG 2013, 432; LG Köln RNotZ 2001, 170; KKRD/*Koller* § 105 Rn. 22; *Lindemeier* RNotZ 2001, 155.
[162] Zutr. OLG Köln FGPrax 2019, 265; OLG München FGPrax 2016, 263; wie hier EBJS/*Schaub* Rn. 126a; Baumbach/Hopt/*Roth* § 105 Rn. 44; Staub/*Koch* Rn. 51; *Krafka* RegisterR Rn. 770.
[163] KG FGPrax 2014, 217; OLG München ZIP 2011, 811; aA OLG Oldenburg FGPrax 2015, 166.
[164] KKRD/*Roth* Rn. 10; Staub/*Koch* Rn. 50.
[165] RG JW 1906, 405; EBJS/Schaub Rn. 75; Röhricht/Graf v. Westphalen/Haas/*Ries* Rn. 24; Baumbach/Hopt/*Hopt* Rn. 5.
[166] KG RJA 9, 159; 15, 51.
[167] KGJ 29 A 91; KG RJA 9, 159, 162; Röhricht/Graf v. Westphalen/Haas/*Ries* Rn. 24; Oetker/*Preuß* Rn. 51; EBJS/*Schaub* Rn. 75; Röhricht/Graf v. Westphalen/Haas/*Ries* Rn. 24; KKRD/*Roth* Rn. 10; *Müther,* Das Handelsregister in der Praxis, § 11 Rn. 3.

macht zur gemeinsamen Vertretung mit einem Prokuristen berechtigt.[168] Zur Erhaltung einer klaren Abgrenzung zwischen der publizitätsfähigen Prokura und der nicht registerlich eintragbaren Handlungsvollmacht ist der hM zuzustimmen, dass auch ein Generalbevollmächtigter nicht eingetragen werden kann, da es insoweit an einer planwidrigen Regelungslücke fehlt und der Begriff der „Generalvollmacht" nicht gesetzlich bestimmt und daher deren Umfang in der Praxis höchst unterschiedlich ausgestaltet ist.[169] Nicht eintragungsfähig ist auch die Bestimmung im Gesellschaftsvertrag einer KG, dass mehrere Kommanditisten ihre Rechte nur durch einen gemeinsamen Vertreter wahrnehmen können.[170] Ebenso kann die dem deutschen Gesellschaftsrecht unbekannte Figur eines „Sprechers der Geschäftsführung" nicht im Handelsregister einer GmbH eingetragen werden.[171]

Im Rahmen des § 25 Abs. 2 erfolgt die Eintragung des Haftungsausschlusses nur im Register des die Firma fortführenden Rechtsträgers, da allein dieser von der drohenden Haftungsübernahme betroffen ist; gleiches gilt für den Vermerk nach § 28 Abs. 2. Entsprechend ist ein zusätzlicher derartiger Vermerk im Register des die Firma Übertragenden nicht eintragungsfähig.[172] Ebenso ist die Eintragung eines Unternehmensvertrags (Beherrschungs- und Gewinnabführungsvertrag, → Rn. 43) nur im Register des beherrschten Rechtsträgers vorzunehmen, mangels Rechtsfolgen aber nicht auch im Register des herrschenden Unternehmens.[173] Ebenso wenig ist die wiederholte Leistung einer Bareinlage zur Heilung einer verdeckten Sacheinlage bei einer GmbH im Handelsregister eintragbar.[174] 67

V. Prüfung durch das Registergericht

1. Prüfung der formellen Voraussetzungen. Das Registergericht ist berechtigt und verpflichtet, sämtliche Eintragungsvoraussetzungen in formeller und materieller Hinsicht zu prüfen (→ Rn. 10). Aufgrund der allgemeinen Pflicht, ein ordnungsgemäßes Verfahren zu gewährleisten, muss zunächst die Einhaltung der formellen Voraussetzungen untersucht werden. Insoweit setzen Eintragungen im Handelsregister in der Regel eine entsprechende Anmeldung voraus, da nur ausnahmsweise Eintragungen von Amts wegen vorgenommen werden (auch → Rn. 17).[175] Das Registergericht hat ferner seine **sachliche und örtliche Zuständigkeit** (→ Rn. 18 ff.) festzustellen[176] und zu prüfen, ob die zur Anmeldung verpflichteten oder berechtigten Personen angemeldet haben, ob die Anmeldung alle erforderlichen Angaben und Erklärungen (zB nach § 8 Abs. 2–4 GmbHG, § 16 Abs. 2 UmwG) enthält, ob die Vertretungsmacht eines Vertreters bei der Anmeldung nachgewiesen ist, ob die **Form der Anmeldung** nach § 12 Abs. 1 S. 1 und seiner Vollmacht zur Anmeldung nach § 12 Abs. 1 S. 2 gewahrt ist und schließlich, ob für den Rechtsnachfolger eines Beteiligten die Rechtsnachfolge gem. § 12 Abs. 1 S. 4 dargetan ist.[177] Ferner muss die **angemeldete Tatsache eintragungsfähig** sein (→ Rn. 32 ff.). Fehlt es hieran, so ist die Eintragung abzulehnen.[178] 68

---

[168] KG RJA 17, 102.
[169] OLG Hamburg NZG 2009, 957 = GmbHR 2009, 252 mAnm *Mohr;* OLG Frankfurt GmbHR 2005, 266; EBJS/*Weber* Vor § 48 Rn. 7; EBJS/*Weber* § 53 Rn. 2; Staub/*Koch* Rn. 70; *Krafka* Einführung RegisterR Rn. 212; aA *Canaris* HandelsR § 4 Rn. 11; Baumbach/Hopt/*Hopt* Rn. 5; *Schroeder/Oppermann* JZ 2007, 176.
[170] OLG Hamm MDR 1952, 549.
[171] OLG München NZG 2012, 429.
[172] *Krafka* RegisterR Rn. 556.
[173] LG Frankfurt GmbHR 1997, 75; AG Duisburg BB 1993, 1452; EBJS/*Schaub* Rn. 106; *Krafka* RegisterR Rn. 1111; *Müther,* Das Handelsregister in der Praxis, § 12 Rn. 8; aA LG Düsseldorf RNotZ 2001, 171 mAnm *Dorsemagen;* LG Bonn MittRhNotK 2000, 78; MittBayNot 1993, 110; wohl ebenfalls OLG Celle NZG 2015, 644 mAnm *Enders* NZG 2015, 624.
[174] OLG München NZG 2013, 347.
[175] Staub/*Koch* Rn. 78; *Krafka* RegisterR Rn. 400 ff.; Keidel/*Heinemann* FamFG § 374 Rn. 37.
[176] *Krafka* RegisterR Rn. 155; EBJS/*Schaub* Rn. 134.
[177] OLG Bremen FGPrax 2014, 219; *Krafka* RegisterR Rn. 155; EBJS/*Schaub* Rn. 134.
[178] RGZ 85, 138 (141); KGJ 29 A 213, 217; 35 A 152, 154.

69 Zu prüfen ist ferner, ob alle der Anmeldung beizufügenden **Dokumente** (Gesellschaftsvertrag, Beschlüsse, Liste der Gesellschafter etc) in gehöriger Form gem. § 12 Abs. 2 S. 1 eingereicht wurden.[179] Schließlich ist Gegenstand der Prüfung in formeller Hinsicht die Erteilung und das Wirksamwerden einer unter Umständen erforderlichen familien- oder betreuungsgerichtlichen Genehmigung.[180]

70 **2. Prüfung der Eintragungsvoraussetzungen in materieller Hinsicht. a) Allgemeines.** Das Registergericht muss die Eintragungsvoraussetzungen für eine begehrte Eintragung ermitteln und prüfen, ob sie tatsächlich vorliegen. Denn die Frage nach formeller und materieller Prüfungskompetenz des Registergerichts ist identisch mit der Frage der **Feststellung der Eintragungsvoraussetzungen** (→ Rn. 13), so dass der Prüfungsumfang nicht davon abhängt, ob die Eintragung deklaratorisch oder konstitutiv wirkt.[181] Da Prüfungsrecht und Prüfungspflicht einander entsprechen, kann zwischen beiden nicht differenziert werden. Das Prüfungsrecht geht somit nicht weiter als die Prüfungspflicht.[182] Naturgemäß kann der Registerrichter de facto alles näher untersuchen und niemand ihn daran hindern, den Gesellschaftsvertrag einer Kapitalgesellschaft mehr oder minder intensiv zu lesen. Allerdings ist letztlich allein maßgeblich, auf welche Gründe die Ablehnung des gestellten Eintragungsantrags gestützt werden kann. Denn die rechtlich relevante Prüfungskompetenz, auf die es maßgeblich ankommt, ist erst überschritten, wenn das Registergericht mehr als die gesetzlich vorgeschriebenen erforderlichen Eintragungsvoraussetzungen prüft *und* hiervon die Eintragung im Register abhängig macht. Die Prüfungspflicht des Registergerichts vermindert sich im Übrigen nicht deswegen, weil ein Notar eingeschaltet ist, der in eigener Verantwortung die rechtliche Wirksamkeit der von ihm beurkundeten Erklärungen zu prüfen (§ 378 Abs. 3 FamFG) und Zweifel ausdrücklich zu vermerken hat (§ 17 Abs. 2 BeurkG). Vielmehr hat der Gesetzgeber gerade in diesen Fällen die – gem. § 9c Abs. 3 GmbHG und § 38 Abs. 2 AktG beschränkte – Kontrolle der zugrunde liegenden Tatsachen durch das Registergericht vorgesehen.

71 **b) Gegenstand der Prüfung.** Die registergerichtliche Kontrolle umfasst **Rechtmäßigkeit und inhaltliche Richtigkeit des Eintragungsgegenstandes.** Die wirtschaftliche Sinnhaftigkeit und Zweckmäßigkeitserwägungen sind nicht Gegenstand der Prüfung.[183] Das Gericht muss dagegen etwa prüfen, ob ein einzutragender Beschluss sachlich-rechtlich Bestand hat, da eine Eintragung nichtiger Beschlüsse zu unterbleiben hat.[184] Der Grund hierfür liegt in der über die Wiedergabe des bloßen Inhalts der Anmeldung hinausgehenden verkehrsschützenden Funktion des Handelsregisters (→ Rn. 7, → Rn. 10). Zum Schutz des Rechtsverkehrs sollen daher unrichtige Eintragungen vermieden werden (zum Umfang der Prüfung → Rn. 83 ff.).

72 Schweigt das Gesetz über die Prüfungspflicht, gebietet es aber die Anmeldung einer Tatsache zur Eintragung in das Handelsregister, so ist Eintragungsvoraussetzung jedenfalls die **sachliche Richtigkeit der Anmeldung,** die der Prüfung durch das Registergericht unterliegt (→ Rn. 11). Umstände, welche die sachliche Richtigkeit nicht berühren, haben dagegen außer Betracht zu bleiben. Beispielhaft lässt sich dies an der nach § 53 erfolgenden Anmeldung und Eintragung der Erteilung einer Prokura demonstrieren: Die registerliche Vorgabe geht dahin, dass die Prokura eingetragen werden muss, wenn sie besteht, dh nach außen wirksam ist.[185] Soweit im Fall einer GmbH nach § 46 Nr. 7

---

179 Vgl. näher EBJS/*Schaub* Rn. 129; *Krafka* RegisterR Rn. 155.

180 OLG Frankfurt NZG 2008, 749.

181 OLG Hamm DNotZ 2001, 959; KG FGPrax 1997, 154; *Krafka* RegisterR Rn. 153; aA Staub/*Koch* Rn. 87 ff.

182 Bericht RA, BT-Drs. 8/3908 S. 72; OLG Köln NJW 1989, 173; Staub/*Koch* Rn. 93; Oetker/*Preuß* Rn. 87; EBJS/*Schaub* Rn. 134; BeckOK HGB/*Müther* Rn. 35.

183 BayObLGZ 1982, 368 (373); Staub/*Koch* Rn. 83; Oetker/*Preuß* Rn. 89; EBJS/*Schaub* Rn. 144 f.; Röhricht/Graf v. Westphalen/Haas/*Ries* Rn. 39.

184 BayObLG BB 1991, 2103 f.; OLG Hamburg BB 1984, 1763 (1764).

185 RGZ 134, 303 (307); KG JW 1925, 268 (269); BGHZ 62, 166 (169).

GmbHG die Gesellschafterversammlung über die Bestellung der Prokuristen bestimmt, betrifft dies lediglich das Innenverhältnis; die Prokura selbst erteilt dagegen der Geschäftsführer als vertretungsberechtigtes Organ (§ 35 GmbHG). Die Erteilung ist daher nach der hM auch dann wirksam, wenn ein Gesellschafterbeschluss fehlt.[186] Entsprechendes gilt für die Aktiengesellschaft: Der Vorstand bestellt die Prokuristen. Zwar kann die Satzung die Prokuraerteilung an die Zustimmung des Aufsichtsrates binden (§ 111 Abs. 4 S. 2 AktG). Doch kommt dem nur Bedeutung für das Innenverhältnis zu, so dass auch ohne Zustimmung die Prokura wirksam erteilt wird. Das Registergericht hat daher im Regelfall nicht zu prüfen, ob die Zustimmung vorliegt.[187] Anders stellt sich die Rechtslage nur dar, wenn Anhaltspunkte dafür vorliegen, dass die organschaftliche Vertretungsmacht missbraucht worden ist. In diesem Fall muss das Registergericht weitere Ermittlungen anstellen, weil die Prokuraerteilung wegen Missbrauchs der Vertretungsmacht seitens des handelnden Organträgers unwirksam sein kann.[188]

c) Umfang der Prüfung. Die Prüfung erstreckt sich auf reine Tatsachen und auf die 73
Wirksamkeit von Rechtshandlungen oder Rechtsverhältnissen[189] und ist unabhängig davon, ob die beantragte Eintragung deklaratorische oder konstitutive Wirkung hat.[190] Sie braucht dem Registergericht jedoch nicht die volle Überzeugung oder Gewissheit für das Vorliegen der Eintragungsvoraussetzungen zu verschaffen. Es genügt zunächst, dass das Registergericht die **Plausibilität der Anmeldung** untersucht, das heißt prüft, ob die begehrte Eintragung schlüssig dargelegt und nach der Lebens- und Geschäftserfahrung des Gerichts in sich glaubwürdig ist.[191] Soll zB eine GmbH eingetragen werden, sind die der Anmeldung nach § 8 GmbHG beizufügenden Dokumente und Versicherungen zu prüfen. Zeigen sich keine **konkreten Anhaltspunkte** für sachliche Unrichtigkeiten oder rechtliche Bedenken an der Ordnungsmäßigkeit der Errichtung der Gesellschaft, so hat das Registergericht die Eintragung vorzunehmen.[192] Nicht richtig wäre es, die strengen Maßstäbe des Zivilprozesses anzulegen (§ 286 ZPO) und „persönliche Gewissheit"[193] des Registergerichts zu fordern. Es geht im Registerverfahren nicht um die Überzeugung des Gerichts, sondern allein um die Abwesenheit von substantiierten Zweifeln am Vorliegen der angemeldeten Tatsachen, da die Registertätigkeit der Verwaltungstätigkeit angenähert ist und es somit genügt „nach der für das Verwaltungshandeln geltenden Wahrscheinlichkeitsregel, dass als Ergebnis der Prüfung **kein sachlich berechtigter Anlass zu Zweifeln** an der ordnungsgemäßen Errichtung und Anmeldung der Gesellschaft und am Vorliegen der sonstigen Eintragungsvoraussetzungen besteht".[194] Weitere Ermittlungen sind also immer, aber nur dann anzustellen, wenn aufgrund konkreter Anhaltspunkte Anlass zu sachlich berechtigten Zweifeln gegeben ist.[195]

Die Beteiligten haben einen **Anspruch auf unverzügliche Eintragung,** wenn die 74
Prüfung des Registergerichts keine Anhaltspunkte für Mängel der Anmeldung oder der einzutragenden Tatsachen ergibt (§ 25 Abs. 1 S. 2 HRV). Überspannt das Registergericht sein Ermittlungsrecht und verzögert sich dadurch das Eintragungsverfahren unnötig, so kann dies Ansprüche aus Amtshaftung begründen (Art. 34 GG, § 839 BGB).

---

[186] RGZ 86, 262 (265); Baumbach/Hueck/*Zöllner* GmbHG § 46 Rn. 52; vgl. Oetker/*Preuß* Rn. 88; Lutter/Hommelhoff/*Bayer* GmbHG § 46 Rn. 32.

[187] BGHZ 62, 166 (169).

[188] Lutter/Hommelhoff/*Bayer* GmbHG § 46 Rn. 32; aA Baumbach/Hueck/*Zöllner* GmbHG § 46 Rn. 55.

[189] *Baums,* Eintragung und Löschung von Gesellschafterbeschlüssen, 1981, 17 ff.

[190] OLG Hamm NZG 2002, 340 = Rpfleger 2002, 32; OLG Köln GmbHR 1990, 82 = Rpfleger 1990, 170; *Krafka* Einführung RegisterR Rn. 288.

[191] Staub/*Koch* Rn. 86; *Krafka* RegisterR Rn. 159; vgl. zB OLG Düsseldorf MittRhNotK 1996, 136 = GmbHR 1995, 592.

[192] RGZ 140, 174 (181); BayObLG GmbHR 1982, 210 (211).

[193] BGHZ 53, 245 (256) für den Zivilprozess.

[194] Hachenburg/*Ulmer* GmbHG § 9c Rn. 11.

[195] Vgl. BGHZ 113, 335 = NJW 1991, 1754; BGH NJW 1952, 742; RGZ 140, 174; KG FGPrax 2012, 122; KG Rpfleger 1998, 474; BayObLGZ 1981, 266; *Krafka* Einführung RegisterR Rn. 287 ff.

75 Eine **genauere Prüfung und Sachverhaltsaufklärung** ist geboten, wenn die Plausibilitätsprüfung Zweifel am Vorliegen der Eintragungsvoraussetzungen hervorruft.[196] Entsprechende Zweifel müssen allerdings im Einzelfall auf konkreten Anhaltspunkten beruhen, die dafür sprechen, dass sachliche Unstimmigkeiten vorliegen. Die sodann anzustellenden Amtsermittlungen erfolgen gem. § 26 FamFG. Von dem zur Mitwirkung verpflichteten eingetragenen Rechtsträger kann zusätzliche Sachverhaltsaufklärung und die Ergänzung der Angaben und Unterlagen verlangt werden. Gegebenenfalls kann in Zweifelsfällen die Einholung eines Gutachtens der Industrie- und Handelskammer in Betracht kommen (§ 380 FamFG). Stets sind unnötige Verfahrensverzögerungen oder Kostenbelastungen im Hinblick auf das zu beachtende Interesse der Beteiligten an möglichst baldiger Eintragung zu vermeiden. Generell allerdings ist es nicht Sache des Registerverfahrens, verwickelte Rechtsverhältnisse oder zweifelhafte Rechtsfragen zu klären. Eine Pflicht zur Amtsermittlung besteht vielmehr nach § 26 FamFG nur dann, wenn – so der BGH[197] – begründete Zweifel an der Richtigkeit der mitgeteilten Tatsachen bestehen (→ Rn. 73) oder die formellen Mindestanforderungen für die beantragte Eintragung nicht erfüllt sind (→ Rn. 68).

76 Zur **Gewährung rechtlichen Gehörs** (Art. 103 Abs. 1 GG), muss das Registergericht den Beteiligten offenbaren, aus welchem Grund es eine Eintragungsvoraussetzung für zweifelhaft erachtet und ggf. im Wege einer Zwischenverfügung gem. § 382 Abs. 4 FamFG weitere Unterlagen anfordern.[198] Weshalb und in welchem Umfang Bedenken bestehen, ist auch deshalb offenzulegen, weil es sich insoweit um eine beschwerdefähige Entscheidung (§ 382 Abs. 4 S. 2 FamFG) handelt (→ Rn. 89).

77 **d) Grenzen der registergerichtlichen Prüfung. aa) Allgemeines.** Die Prüfungskompetenz des Registergerichts erfährt ihre Rechtfertigung und Begrenzung durch die Normen des formellen und materiellen Rechts. Mehr als sie voraussetzen, darf auch das Registergericht nicht fordern. Hält das Registergericht etwa eine Satzungsbestimmung nur für unangemessen, nicht aber für unwirksam, so darf es deshalb die Eintragung der Gesellschaft nicht ablehnen, ebenso dann nicht, wenn eine Regelung einen möglichen Konflikt voraussichtlich nicht interessengerecht wird lösen können.

78 **bb) Firmenzulässigkeit.** Ist die Firma ordnungsgemäß gebildet und täuscht sie nicht iSv § 18 Abs. 2, kann die Eintragung nicht mit der Begründung abgelehnt werden, sie sei gewählt worden, um Verwechslungen mit der ähnlichen Firma eines bekannten Unternehmens herbeizuführen und hiervon zu profitieren. Denn der Schutz vor unlauterem Wettbewerb (§ 3a UWG) oder von Marken (§§ 14, 15 MarkenG) ist nicht Gegenstand des Eintragungsverfahrens einer Firma in das Handelsregister.[199] Es steht nicht im Ermessen des Gerichts, über die für die Eintragung relevanten Umstände hinaus zu prüfen und zu ermitteln.[200]

79 **cc) Kapitalgesellschaften.** Verletzt ein Gesellschaftsvertrag oder eine Satzung zwingendes Recht nicht, so ist das Registergericht auch nicht berechtigt, eine Anmeldung mit der Begründung zurückzuweisen oder zu beanstanden, eine Bestimmung sei unzweckmäßig oder bedenklich.[201] Der Grundsatz der Vertragsfreiheit würde sonst beeinträchtigt[202] und in unzulässiger Weise in den grundrechtlich geschützten Bereich der Vereinigungsfreiheit nach Art. 9 Abs. 1 GG eingegriffen.[203] Der Schutz des Grundrechts umfasst auch für Vereinigungen „die Selbstbestimmung über die eigene Organisation, das Verfahren ihrer Willens-

[196] *Krafka* RegisterR Rn. 159; Oetker/*Preuß* Rn. 98; Röhricht/Graf v. Westphalen/Haas/*Ries* Rn. 35; Heymann/*Förster* Rn. 51.
[197] BGH FGPrax 2011, 238.
[198] Keidel/*Heinemann* FamFG § 382 Rn. 20 ff.; *Vossius* ZGR 2009, 366 (405 ff.).
[199] RGZ 127, 77 (81).
[200] KGJ 35 A 178, 180.
[201] OLG Köln NJW 1992, 1048; BayObLG BB 1993, 88; BayObLGZ 1982, 368; OLG Stuttgart GmbHR 1967, 232; *Groß* Rpfleger 1976, 235 (237).
[202] OLG Köln GmbHR 1982, 187 (188).
[203] BayObLGZ 1982, 368 (373).

bildung und die Führung ihrer Geschäfte".[204] Die Vereinigungsfreiheit umfasst insbesondere das Recht der Mitglieder zur Ausgestaltung ihrer gegenseitigen Rechtsbeziehungen. Erst recht kann die Eintragung nicht von einer redaktionellen Verbesserung der Satzung abhängig gemacht werden.[205]

Unter Berücksichtigung der eingeschränkten Prüfungskompetenz des Gerichts bei der 80
Gründung von Kapitalgesellschaften (§ 9c Abs. 3 GmbHG; § 38 Abs. 2 AktG) trifft es im Ansatzpunkt zu, dass das Registergericht einen Gesellschaftsvertrag nur auf die zwingenden gesetzlichen Anforderungen an seine Wirksamkeit überprüfen darf, nicht dagegen auf inhaltliche Klarheit.[206] Anderes gilt nur dann, wenn die Unklarheiten über das interne Verhältnis der Gesellschafter hinaus außenstehende Dritte in wichtigen Punkten (etwa Vertretungsmacht der Organe oder Kapitalbasis) irreführen können und dadurch gläubigerschützende oder sonst im öffentlichen Interesse bestehende Vorschriften verletzt sein können (s. § 9c Abs. 2 Nr. 2 GmbHG).[207]

dd) Wirtschaftskraft. Das Registergericht hat auch keine wirtschaftlichen Erwägun- 81
gen anzustellen und darf sich daher nicht mit den wirtschaftlichen und finanziellen Unternehmensgrundlagen beschäftigen. Entspricht das Stamm- bzw. Grundkapital den gesetzlichen Mindestanforderungen, ist es dem Gericht nicht gestattet zu prüfen, ob dieses Kapital ausreicht, um das Unternehmen entsprechend dem Gegenstand des Unternehmens zu betreiben.[208] Das Täuschungsverbot des § 18 Abs. 2 ist nicht angesprochen, weil sich aus der Firma unmittelbar nichts über das Kapital der Gesellschaft ergibt, jedermann damit rechnen muss, dass die Gesellschaft mit dem zulässig geringsten Kapital gegründet worden ist, und nach Einführung der Unternehmergesellschaft (haftungsbeschränkt) also bereits bei Eintragung der Gesellschaft nach Abzug der Gründungskosten ggf. gar kein Haftkapital vorhanden ist. Eine vormals hierzu vertretene Gegenmeinung, die diesen Grundsatz zwar im Prinzip anerkannte, aber von einem „ungeschriebenen Verbot eindeutiger materieller Unterkapitalisierung" ausging,[209] ist angesichts dieser im Zuge des MoMiG (→ Rn. 3) eingeführten Gründungsmöglichkeit einer „kapitallosen Kapitalgesellschaft" mit dem geltendem Recht nicht mehr in Einklang zu bringen. Das Gesetz forderte schon zuvor keine am Bedarf gemessene Kapitalausstattung, sondern nur einen durch Satzung und Handelsregister betragsmäßig genau festgelegten Vermögensfonds.[210]

ee) Ausländer als Organmitglieder. Bei der Bestellung eines Ausländers als 82
Geschäftsführer einer GmbH oder als Vorstandsmitglied einer AG ist umstritten, ob seitens des Registergerichts zu prüfen ist, ob dieser ausländerrechtlich die Möglichkeit hat, jederzeit in das Inland einzureisen. Während verschiedene Obergerichte eine solche Kontrolle bisweilen befürwortet haben,[211] geht die hM zutreffend davon aus, dass eine derartige ausländerpolizeiliche Kontrolle insbesondere unter Berücksichtigung des § 7 nicht in den Aufgabenkreis des Registergerichts fällt.[212]

---

[204] BVerfGE 50, 290 (354).

[205] OLG Köln GmbHR 1982, 187.

[206] OLG Köln GmbHR 1982, 187 (188); BayObLG BB 1985, 545 (546); aA *Groß* Rpfleger 1983, 213 (216): widersprüchliche und unklare Regelungen des Gesellschaftsvertrages sind vor der Eintragung zu bereinigen.

[207] BayObLG BB 1993, 88; BayObLGZ 1971, 242; Lutter/Hommelhoff/*Bayer* GmbHG § 9c Rn. 8 ff.

[208] KG OLGRspr. 24, 112; OLG Braunschweig OLGRspr. 43, 294; Staub/*Koch* Rn. 102.

[209] Hachenburg/*Ulmer* GmbHG § 9c Rn. 31; vgl. auch *Wiedemann* GesR I § 10 IV 3.

[210] BGHZ 31, 258 (268); 68, 312 (319); 76, 326 (334); KG JW 1924, 1178.

[211] OLG Zweibrücken NZG 2001, 857 = GmbHR 2001, 435 (aufgegeben in FGPrax 2010, 310); OLG Köln MittBayNot 1999, 394; OLG Hamm ZIP 1999, 1919.

[212] OLG München FGPrax 2010, 88 = Rpfleger 2010, 270; OLG Düsseldorf FGPrax 2009, 178; OLG Dresden GmbHR 2003, 537 mAnm *Wachter;* OLG Frankfurt FGPrax 2001, 124 = NotBZ 2001, 233 mAnm *Wachter;* OLG Celle DB 1977, 993; OLG Düsseldorf GmbHR 1978, 110; Lutter/Hommelhoff/*Kleindiek* GmbHG § 6 Rn. 15; *Krafka* RegisterR Rn. 958; *Krafka* Einführung RegisterR Rn. 51; *Wachter* MittBayNot 1999, 534.

83 **3. Gründungsprüfung bei Kapitalgesellschaften.** Die Prüfungskompetenzen ergeben sich aus dem für rechtsfähige Verbände geltenden Normativsystem. Insoweit wird auf → Rn. 15 Bezug genommen. Die Eintragungsvoraussetzungen sind hier besonders sorgfältig zu prüfen, wobei der **Sicherstellung der Kapitalaufbringung** herausragende Bedeutung zukommt. Gleichwohl ist im Sinne einer Beschleunigung des Registerverfahrens bei der Ersteintragung einer Kapitalgesellschaft der Gegenstand der Prüfung durch das HRefG im Jahr 1998 eingegrenzt worden (vgl. § 9c Abs. 3 GmbHG, § 38 Abs. 2 AktG). Im Zuge des MoMiG (→ § 8 Rn. 3) wurde zudem im Jahr 2008 unter Berücksichtigung des § 7 die bislang systemfremde Prüfung öffentlich-rechtlicher Genehmigungspflichten im Zusammenhang mit der Gründung einer Kapitalgesellschaft und der Errichtung einer inländischen Zweigniederlassung einer ausländischen Kapitalgesellschaft abgeschafft.

84 **4. Prüfung von Hauptversammlungsbeschlüssen.** Nach § 181 Abs. 3 AktG wird eine Satzungsänderung erst wirksam, wenn sie in das Handelsregister eingetragen worden ist. Indem das Gesetz auf die Eintragung und nicht auf die Beschlussfassung abstellt, gibt es zu erkennen, dass das Registergericht kontrollieren und insbesondere auf die Einhaltung der Normativbestimmungen achten soll.[213] Die Rechtslage ist insoweit der bei Gründung der juristischen Person vergleichbar. Ist der satzungsändernde Beschluss nichtig, muss das Registergericht die Eintragung verweigern,[214] insbesondere auch dann, wenn erst die Eintragung nach § 242 Abs. 1 AktG zur Heilung führen würde. Das gilt ebenso für schwebend unwirksame Hauptversammlungsbeschlüsse (zB § 179 Abs. 3 AktG, § 180 AktG), wenn die Zustimmung verweigert bzw. auf gerichtliche Zwischenverfügung hin nicht fristgemäß beigebracht wird.[215]

85 **Bezüglich anfechtbarer Hauptversammlungsbeschlüsse** gilt Folgendes: Ist Anfechtungsklage erhoben worden, kann das Registergericht im Regelfall nach pflichtgemäßem Ermessen entscheiden, ob es die Eintragung vornimmt, die Anmeldung zurückweist oder nach § 21 Abs. 1 FamFG bis zur rechtskräftigen Erledigung des Anfechtungsprozesses aussetzt.[216] Die Aussetzung muss sorgfältig bedacht werden; sie darf nicht schematisch gehandhabt werden, sondern nur bei besonders triftigen und im Einzelnen darzulegenden sachlichen Gründen anzuordnen,[217] da sie im Hinblick auf den Zeitverlust nicht selten im Ergebnis einer Ablehnung der Eintragung gleichkommt. Das Gericht hat hierbei die Sach- und Rechtslage grundsätzlich selbstständig zu prüfen und dabei auch eigene Ermittlungen anzustellen.[218] Läuft die Anfechtungsfrist noch, kann das Registergericht deren Ende abwarten und die Eintragung nach § 381 S. 1 FamFG aussetzen. Ist eine Anfechtungsklage angekündigt, kann das Registergericht auch nach § 381 S. 2 FamFG Frist zur Klageerhebung setzen. Nach rechtskräftiger Entscheidung über die Anfechtungsklage ist das Registergericht an ein der Anfechtungsklage stattgebendes Urteil des Prozessgerichts gebunden. Das rechtskräftige Gestaltungsurteil hat Einfluss auf die materielle Rechtslage und verändert sie, indem es den angegriffenen Beschluss für nichtig erklärt (§ 248 Abs. 1 AktG).

86 Hat das Prozessgericht auf **Abweisung der Anfechtungsklage** entschieden, ist das Registergericht – anders als bei einer erfolgreichen Anfechtungsklage, die zur Nichtigkeit des Beschlusses führt (vgl. § 248 Abs. 1 S. 1 AktG) – hieran nicht gebunden.[219] Es kann anders entscheiden als das Prozessgericht, weil die Eintragung des von dem Kläger erfolglos angegriffenen Hauptversammlungsbeschlusses nicht nur die Interessen des unterlegenen Klägers und der Gesellschaft, sondern jedenfalls auch die Belange anderer Aktionäre betrifft. Das Registergericht hat insoweit die gleiche Prüfungspflicht wie in dem Fall, dass eine

[213] *Bokelmann* DB 1994, 1341 (1342).

[214] KG FGPrax 2016, 17; OLG Hamburg OLGZ 1984, 307; BayObLGZ 1972, 126; MüKoAktG/*Stein* AktG § 181 Rn. 42 f.; BeckOGK/*Holzborn* AktG § 181 Rn. 23; Hüffer/Koch/*Koch* AktG § 181 Rn. 14.

[215] Hüffer/Koch/*Koch* AktG § 181 Rn. 14; MüKoAktG/*Stein* AktG § 181 Rn. 44.

[216] BGHZ 112, 9 (25) = NJW 1990, 2747; MüKoAktG/*Stein* AktG § 181 Rn. 51.

[217] OLG München FGPrax 2018, 166; OLG Zweibrücken FGPrax 2016, 121; OLG Zweibrücken NZG 2013, 107; OLG Hamm FGPrax 1998, 190.

[218] OLG Zweibrücken FGPrax 2016, 121.

[219] MüKoAktG/*Hüffer* AktG § 248 Rn. 35.

Anfechtungsklage überhaupt nicht erhoben worden ist. Dem Gericht kommt die Aufgabe einer Rechtsaufsichtsbehörde (→ Rn. 15) zu, und es darf rechtswidrigen Beschlüssen nicht dadurch zur Wirksamkeit verhelfen, dass es sie mit konstitutiver Wirkung in das Register einträgt.[220] Die Eintragung ist auf jeden Fall dann abzulehnen, wenn Vorschriften verletzt worden sind, die auch im öffentlichen Interesse oder im Interesse der Gläubiger erlassen worden sind (bei ausschließlichem oder überwiegendem öffentlichen Interesse tritt in der Regel Nichtigkeit ein).[221] Umstritten ist, ob auch die Interessen gegenwärtiger oder zukünftiger Aktionäre insoweit zu berücksichtigen sind.[222] „Evidente Rechtsmängel" jedenfalls hindern die Eintragung.[223] Stellt das Registergericht einen solchen Mangel fest, darf es auch dann nicht eintragen, wenn das Prozessgericht die **Anfechtungsklage wegen Rechtsmissbrauchs abgewiesen** hat.[224] Sonderregelungen enthalten insoweit § 246a AktG (s. zudem § 319 Abs. 6 AktG, § 327e Abs. 2 AktG) und § 16 Abs. 3 UmwG in Bezug auf bestimmte Beschlussgegenstände, insbesondere Zustimmungsbeschlüsse im Rahmen von Umwandlungsmaßnahmen. Im Bereich der registerrechtlichen Prüfung kommt es im Übrigen auf die Motive des Aktionärs nicht an. Wäre überhaupt keine Anfechtungsklage erhoben worden, hätte der Registerrichter zufolge eines evidenten Rechtsmangels die Eintragung verweigert. Das kann auch dann nicht anders sein, wenn einer an sich begründeten Anfechtungsklage im Hinblick auf die Motivation des Anfechtungsklägers der Erfolg versagt blieb.

5. Prüfung von Beschlüssen der GmbH-Gesellschafterversammlung. Ähnlich 87
wie Hauptversammlungsbeschlüsse sind Beschlüsse der Gesellschafterversammlung einer GmbH durch das Registergericht nur eingeschränkt auf deren materielle Wirksamkeit hin zu überprüfen. Eintragungsvoraussetzung ist auch hier, dass die der angemeldeten Tatsache zugrunde liegenden Beschlüsse nicht nichtig sind.[225] Lediglich anfechtbare Beschlüsse dürfen hingegen nicht beanstandet werden.[226] Nach den allgemeinen registerrechtlichen Grundsätzen (→ Rn. 73 ff.) ist die Beschlussfassung nur dann näher zu überprüfen, wenn das Gericht insbesondere aufgrund des Akteninhalts oder der unschlüssigen Darlegung des Antragstellers begründete Zweifel hat.

Streitig ist hierzu die Frage, ob das Registergericht berechtigt ist, nachzuprüfen, ob die 88
an der Beschlussfassung teilnehmenden Personen tatsächlich befugt waren, das Stimmrecht auszuüben. Ausgangspunkt ist hierzu der Umstand, dass auch im Recht der GmbH entsprechend § 241 Nr. 1 AktG ein gefasster Beschluss nichtig ist, wenn einzelne Gesellschafter nicht ordnungsgemäß zur Versammlung geladen wurden.[227] Im Fall einer Vollversammlung liegt es danach nahe anzunehmen, dass der gefasste Beschluss nichtig ist, wenn die abstimmenden Personen nicht tatsächlich mit allen Gesellschaftern identisch sind oder diese ordnungsgemäß vertreten haben. In diesem Zusammenhang ist von entscheidender Bedeutung, dass gem. **§ 16 Abs. 1 S. 1 GmbHG** gegenüber der Gesellschaft grundsätzlich derjenige als Gesellschafter gilt, der als Inhaber des jeweiligen Geschäftsanteils in der Liste der Gesellschafter eingetragen ist, die zuletzt im Handelsregister aufgenommen, also in den Register-

---

220 Hüffer/Koch/*Koch* AktG § 181 Rn. 15, 17; MüKoAktG/*Stein* AktG § 181 Rn. 52; vgl. OLG Köln NJW-RR 1993, 223 = Rpfleger 1993, 71.

221 Grdl. *Lutter* NJW 1969, 1873 (1878); s. auch OLG Hamburg OLGZ 1994, 42; BeckOGK/*Holzborn* AktG § 181 Rn. 26.

222 So *Baums*, Eintragung und Löschung von Gesellschafterbeschlüssen, 1981, 65; *Bokelmann* DB 1994, 1341 (1344).

223 GroßkommAktG/*Wiedemann* AktG § 181 Rn. 25; *Karsten Schmidt* GesR § 28 IV 5 g: Eintragungsverbot für den Fall, dass die Rechtswidrigkeit des Beschlusses „manifest" ist.

224 *Bokelmann* DB 1994, 1341 (1346).

225 KG FGPrax 2016, 17.

226 OLG Stuttgart FGPrax 2012, 40; OLG Köln BB 1993, 318; MittRhNotK 1981, 286; BayObLG DB 1972, 1015; vgl. auch OLG München NZG 2010, 515; Oetker/*Preuß* Rn. 112; Keidel/*Heinemann* FamFG § 374 Rn. 59.

227 BGHZ 87, 1 (3); OLG München FGPrax 2009, 127; OLG München GmbHR 2000, 486 (488); BayObLG GmbHR 1999, 985; *Leitzen* Rpfleger 2010, 245 (247); *Müther* GmbHR 2000, 966 (968); Lutter/Hommelhoff/*Bayer* GmbHG Anh. § 47 Rn. 12.

ordner nach § 9 HRV eingestellt wurde.[228] Ausreichend ist gem. § 16 Abs. 1 S. 2 GmbHG, dass unverzüglich nach der Beschlussfassung – unter Umständen also auch erst als Reaktion auf eine entsprechende Beanstandung des Beschlusses durch das Registergericht – eine aktualisierte Gesellschafterliste in das Handelsregister aufgenommen wird. Aufgrund der eingeschränkten Erkenntnisquellen des Registergerichts sind danach weitere Ermittlungen nur dann veranlasst, wenn die bei der konkreten Beschlussfassung abstimmenden Personen nicht mit denjenigen der aktuellen Gesellschafterliste identisch sind. Zweifel des Gerichts sind durch Anforderung einer neuen Gesellschafterliste auszuräumen, die sodann durch die Geschäftsführer oder den Notar, der die bislang unberücksichtigt gebliebenen Änderungen beurkundet hat, erstellt wird (§ 40 GmbHG). Hingegen kann das Gericht nicht verlangen, dass beglaubigte Abschriften oder Ausfertigungen der Urkunden über die entsprechenden Geschäftsanteilsübertragungen vorgelegt werden,[229] da die Gesellschaft nicht zu deren Dokumentation und Verwahrung verpflichtet ist.

VI. Entscheidungen des Registergerichts und ihre Anfechtung

89 **1. Entscheidungsmöglichkeiten.** Für das Gericht bestehen in Registersachen mehrere **Möglichkeiten einer Entscheidung,**[230] die nach § 25 Abs. 1 HRV unverzüglich nach Eingang der Antragstellung zu ergehen hat. Hat der Richter bzw. Rechtspfleger keine Beanstandungen, so hat er die Eintragung zu verfügen oder gem. § 27 Abs. 1 HRV selbst vorzunehmen. Mit Vornahme der Eintragung ist das entsprechende Verfahren beendet, ohne dass es eines dahin gehenden Beschlusses bedarf (§ 382 Abs. 1 FamFG). Bestehen nicht behebbare Eintragungshindernisse – ist zB eine Tatsache nicht eintragungsfähig –, wird er die Eintragung nach § 382 Abs. 3 FamFG unter Angabe der Gründe durch Beschluss (§§ 38 ff. FamFG) ablehnen. Nach § 382 Abs. 4 FamFG kann zur Behebung von Beanstandungen eine Frist gesetzt werden, wenn eine Anmeldung zur Eintragung unvollständig ist oder der Eintragung ein sonstiges Hindernis entgegensteht. Eine derartige **Zwischenverfügung** darf aber nur ergehen, wenn ein Mangel behebbar ist.[231] Ist ein Eintragungsantrag seinem Inhalt nach nicht vollziehbar, muss er sogleich zurückgewiesen werden.[232] Schließlich kann das Eintragungsverfahren unter den Voraussetzungen von § 21 Abs. 1 FamFG oder § 381 FamFG ausgesetzt werden (→ Rn. 85).

90 **2. Bestandsschutz für Eintragungen.** Ist eine Eintragung oder Löschung bereits vollzogen, genießt sie auch dann erhöhten Bestandsschutz, wenn sie nur deklaratorischer Natur ist. Eine Beschwerde ist in diesen Fällen unzulässig (§ 383 Abs. 3 FamFG).[233] Ist die Eintragung vorgenommen worden, kann in der Beschwerde gegen die Eintragung allerdings die Anregung (§ 24 Abs. 1 FamFG) zu einem Amtslöschungsverfahren nach § 395 FamFG liegen.[234] Ferner zeigen die Vorschriften der §§ 397, 398 FamFG, dass eingetragene Kapitalgesellschaften und deren Beschlüsse einem noch weiter erhöhtem Bestandsschutz unterliegen. Stets ist zu beachten, dass aus Publizitätsgründen die rückwirkende Beseitigung einer vorgenommenen Eintragung im Handelsregister ausgeschlossen ist.[235]

---

[228] Vgl. OLG Bremen GmbHR 2012, 687; OLG Zweibrücken NZG 2012, 471.

[229] So aber entgegen der in der → 2. Aufl. 2010, § 8 Rn. 77 vertretenen Auffassung zur Rechtslage vor dem 1.11.2008, dem Inkrafttreten der Änderungen des § 16 GmbHG durch das MoMiG bereits *Müther,* Das Handelsregister in der Praxis, § 6 Rn. 85.

[230] Hierzu *Krafka* Einführung RegisterR Rn. 300 ff.

[231] Vgl. näher hierzu *Krafka* NZG 2019, 9.

[232] OLG Schleswig FGPrax 2012, 212; OLG Stuttgart FGPrax 2011, 312; OLG Hamm FGPrax 2006, 276; BayObLGZ 1987, 449 (451 f.) = DNotZ 1988, 515; OLG Hamm Rpfleger 1990, 426 f. mAnm *Buchberger;* Staub/*Koch* Rn. 32.

[233] Vgl. jedoch zur sog. Fassungsbeschwerde OLG Düsseldorf FGPrax 2014, 174 = NZG 2015, 202; OLG München MittBayNot 2010, 489; MüKoFamFG/*Krafka* FamFG § 383 Rn. 12; *Krafka* RegisterR Rn. 2442 ff.; Keidel/*Heinemann* FamFG § 383 Rn. 24.

[234] OLG Köln FGPrax 2004, 88; OLG Hamm OLGZ 1967, 471.

[235] BGH NJW 2015, 2126.

3. Rechtsmittelfähige Entscheidungen. Rechtsmittelfähig ist die Ablehnung des Eintragungsantrags durch Beschluss (§ 382 Abs. 3 FamFG, §§ 58 ff. FamFG), ebenso eine Zwischenverfügung, die Beanstandungen enthält oder weitere Unterlagen anfordert (§ 382 Abs. 4 S. 2 FamFG). Die Aussetzungsverfügung nach § 21 Abs. 1 FamFG unterliegt gem. § 21 Abs. 2 FamFG der sofortigen Beschwerde nach den Bestimmungen der §§ 567–572 ZPO. 91

4. Statthaftes Rechtsmittel. Gegen Entscheidungen des Richters oder des Rechtspflegers (§ 11 Abs. 1 RPflG) ist innerhalb der Frist des § 63 FamFG von einem Monat die Beschwerde gegeben (§ 58 Abs. 1 FamFG), über die nach § 119 Abs. 1 Nr. 1 lit. b GVG das Oberlandesgericht entscheidet. In diesem Rahmen ist bei der Begründetheit der Beschwerde (§ 68 FamFG) auch ein Verstoß gegen die HRV zu beachten. Gegen dessen Entscheidung steht unter den Voraussetzungen der §§ 70 ff. FamFG über die Möglichkeit der Rechtsbeschwerde der Weg zum BGH offen. 92

VII. Schutz für die Bezeichnung „Handelsregister"

1. Anlass der Schutzbestimmung. Die elektronische Registerführung nach Abs. 1 ermöglicht über das Einsichtsrecht nach § 9 Abs. 1 jeder interessierten Person den einfachen Zugang zu einer Vielzahl von Unternehmensinformationen. Die Möglichkeit der „Zweitverwertung" dieser Daten steht damit einheitlich auch professionellen Informationsdienstleistern offen. Der Gesetzgeber wollte auf dem entsprechenden Markt bewusst den Wettbewerb in der Erwartung intensivieren, letztendlich um geringere Informationsbeschaffungs- und Transaktionskosten zu bewirken und eine verbesserte Markttransparenz zu erzielen.[236] 93

Die unmittelbare Folge einer stärkeren Verbreitung der Unternehmensdaten in gewerblich geführten Informationsverzeichnissen und Datensammlungen (→ Rn. 22) ist die Gefahr, dass etwaige Informationsadressaten nicht sicher unterscheiden können, ob sie das gerichtliche Handelsregister und die Bekanntmachungen der dort erfolgten Eintragungen (§ 10) einsehen oder nur ein gewerbliches „Zweitregister". Da bei Nutzung eines Letzteren § 15 keine Anwendung findet,[237] ist von entscheidender Bedeutung, mögliche Missverständnisse darüber, welche Rechtsfolgen das zur Einsichtnahme gewählte Register hat, bei potenziellen Dritten von vornherein auszuschließen. 94

2. Auswirkungen. a) Geschützte Bezeichnung. Die erforderliche Unterscheidbarkeit von gerichtlichem Register und gewerblichen Datensammlungen kann nur gewährleistet werden, indem die Bezeichnung „Handelsregister" für das nach §§ 8 ff. geführte Verzeichnis reserviert ist. Auch eine Voraus- oder Hintanstellung dieses Wortes als Zusatz zur gewählten Bezeichnung und andere Wortverbindungen, die objektive Täuschungseignung aufweisen, sind untersagt, da nur so der intendierte Schutz erreichbar ist. Die Begründung des Regierungsentwurfs des EHUG (→ Rn. 3) führt aus, dass auch ohne Abs. 2 regelmäßig ein Verstoß gegen § 5 UWG anzunehmen ist und § 3 UWG einschlägig sein kann.[238] Mittels der Regelung in Abs. 2 wird nunmehr als marktverhaltensregelnde Vorschrift iSd § 3a UWG (bis 2015: § 4 Nr. 11 UWG aF) darüber hinaus ein zusätzlicher Schutz erreicht.[239] Die identische Sicherheit wird ferner den Bezeichnungen „Genossenschaftsregister" (§ 10 Abs. 3 GenG) und „Partnerschaftsregister" (§ 5 Abs. 2 PartGG) zuteil. Entgegen den ursprünglichen Planungen der Bundesregierung[240] traten die genannten Schutzvorschriften ohne längere Übergangsfrist am 1.1.2007 in Kraft. 95

b) Untersagte Handlungen. Untersagt ist an sich ausschließlich das Inverkehrbringen einer entsprechenden Datensammlung unter der geschützten Bezeichnung, somit grundsätz- 96

---

236 BT-Drs. 16/960, 36.
237 BT-Drs. 16/960, 38; Oetker/*Preuß* Rn. 164.
238 BT-Drs. 16/960, 38, s. auch KKRD/*Roth* Rn. 30.
239 Vgl. Oetker/*Preuß* Rn. 166; Staub/*Koch* Rn. 26; Röhricht/Graf v. Westphalen/Haas/*Ries* Rn. 65; Heymann/*Förster* Rn. 84.
240 S. BT-Drs. 16/960, 72; Stellungnahme BR, BT-Drs. 16/960, 88.

lich nicht darauf gerichtete Vorbereitungshandlungen. Allerdings muss eine an die Öffentlichkeit gerichtete Erklärung, künftig eine Datensammlung unter einer Bezeichnung einzurichten, die nach Abs. 2 untersagt ist, dem Inverkehrbringen gleichgestellt werden, um zu vermeiden, dass spätere Nutzer dieser Einrichtung dem Irrtum unterliegen, sie hätten es mit einem dem Handelsregister vergleichbaren Verzeichnis zu tun.

97 **c) Durchsetzung des Verbots.** Bei Vorliegen einer untersagten Handlung besteht nach § 8 UWG die Möglichkeit, Beseitigung und Unterlassen zu verlangen. Ferner besteht gem. §§ 9, 12 ff. UWG ein Anspruch auf Schadensersatz. Die Durchsetzung erfolgt bei den ordentlichen Gerichten.[241] Irregeführten Nutzern kann insbesondere bei der Verbreitung unrichtiger oder veralteter Informationen ferner ein Anspruch auf Schadensersatz nach § 823 Abs. 2 BGB zustehen, da eine Einbeziehung auch dieser Sachverhalte im Sinne einer effektiven Umsetzung des Normzwecks geboten ist.[242] Zudem sind mit derartigen Anbietern abgeschlossene Verträge zur Übermittlung oder Beschaffung von Handelsregisterinformationen nach § 134 BGB nichtig.[243]

98 **3. Kein besonderer Schutz für die Bezeichnung „Unternehmensregister".** Für eine über den Schutz nach § 5 UWG hinausgehende Reservierung der Bezeichnung „Unternehmensregister" hat die Bundesregierung keinen Bedarf gesehen.[244] Das hierfür angeführte Argument, dass § 15 auf das Unternehmensregister keine Anwendung findet, trifft jedoch nicht zu, da mittelbar gem. § 8b Abs. 2 Nr. 1 auf den relevanten Datenbestand der Bekanntmachungen von Handelsregistereintragungen zugegriffen wird (→ § 8b Rn. 3).

VIII. Rechtslage in Österreich

99 In Österreich wird nur – anstelle der verschiedenen Register in Deutschland (Handels-, Genossenschafts- und Partnerschaftsregister) – ein gemeinsames Rechtsträgerregister als „Firmenbuch" von den Gerichten geführt (§ 7 UGB). Für das Eintragungsverfahren wurde der in Deutschland weiterhin zersplitterte registerrechtliche Normenkomplex im HGB, FamFG und HRV überwunden und in einem zusammenhängenden Firmenbuchgesetz (FBG) integriert. Dort finden sich insbesondere Vorschriften über die vorzunehmenden Eintragungen (§§ 1 ff. FBG), über das Verfahren (§§ 15 ff. FBG) und zur Löschung vermögensloser Rechtsträger (§§ 39 ff. FBG). Im Firmenbuch registriert werden gem. § 2 FBG Einzelunternehmer, offene Gesellschaften, Kommanditgesellschaften, Aktiengesellschaften, Gesellschaften mit beschränkter Haftung, Erwerbs- und Wirtschaftsgenossenschaften, Versicherungsvereine auf Gegenseitigkeit, Sparkassen, Privatstiftungen, EWIV, SE und SCE, sowie sonstige Rechtsträger, deren Eintragung gesetzlich vorgesehen ist.

Anhang § 8: HRV

Verordnung über die Einrichtung und Führung des Handelsregisters (Handelsregisterverordnung – HRV)

vom 12.8.1937 (DJ S. 1251),

zuletzt geändert durch Gesetz vom 20.11.2019 (BGBl. 2019 I 1724)

I. Einrichtung des Handelsregisters. Örtliche und sachliche Zuständigkeit

§ 1 Zuständigkeit des Amtsgerichts

Soweit nicht nach § 376 Abs. 2 des Gesetzes über das Verfahren in Familiensachen und in den Angelegenheiten der freiwilligen Gerichtsbarkeit etwas Abweichendes geregelt ist, führt

241 KKRD/*Roth* Rn. 32; Oetker/*Preuß* Rn. 166.
242 Zust. Staub/*Koch* Rn. 30; Oetker/*Preuß* Rn. 165.
243 Ebenso Staub/*Koch* Rn. 29 unter Berücksichtigung teleologischer Gesichtspunkte.
244 BT-Drs. 16/960, 39; zust. Staub/*Koch* § 8b Rn. 13.

jedes Amtsgericht, in dessen Bezirk ein Landgericht seinen Sitz hat, für den Bezirk dieses Landgerichts ein Handelsregister.

§ 2 *(aufgehoben)*

§ 3 [Einrichtung des Registers]

(1) Das Handelsregister besteht aus zwei Abteilungen.

(2) In die Abteilung A werden eingetragen die Einzelkaufleute, die in dem § 33 des Handelsgesetzbuchs bezeichneten juristischen Personen sowie die offenen Handelsgesellschaften, die Kommanditgesellschaften und die Europäischen wirtschaftlichen Interessenvereinigungen.

(3) In die Abteilung B werden eingetragen die Aktiengesellschaften, die SE, die Kommanditgesellschaften auf Aktien, die Gesellschaften mit beschränkter Haftung und die Versicherungsvereine auf Gegenseitigkeit.

§ 4 [Zuständigkeit des Richters und Urkundsbeamten]

[1]Für die Erledigung der Geschäfte des Registergerichts ist der Richter zuständig. [2]Soweit die Erledigung der Geschäfte nach dieser Verordnung dem Urkundsbeamten der Geschäftsstelle übertragen ist, gelten die §§ 5 bis 8 des Rechtspflegergesetzes in Bezug auf den Urkundsbeamten der Geschäftsstelle entsprechend.

§§ 5, 6 *(aufgehoben)*

§ 7 Elektronische Führung des Handelsregisters

[1]Die Register einschließlich der Registerordner werden elektronisch geführt. [2]§ 8a Abs. 2 des Handelsgesetzbuchs bleibt unberührt.

§ 8 Registerakten

(1) [1]Für jedes Registerblatt (§ 13) werden Akten gebildet. [2]Zu den Registerakten gehören auch die Schriften oder Dokumente über solche gerichtlichen Handlungen, die, ohne auf eine Registereintragung abzuzielen, mit den in dem Register vermerkten rechtlichen Verhältnissen in Zusammenhang stehen.

(2) [1]Wird ein Schriftstück, das in Papierform zur Registerakte einzureichen war, zurückgegeben, so wird eine beglaubigte Abschrift zurückbehalten. [2]Ist das Schriftstück in anderen Akten des Amtsgerichts enthalten, so ist eine beglaubigte Abschrift zu den Registerakten zu nehmen. [3]In den Abschriften und Übertragungen können die Teile des Schriftstückes, die für die Führung des Handelsregisters ohne Bedeutung sind, weggelassen werden, wenn hiervon Verwirrung nicht zu besorgen ist. [4]In Zweifelsfällen bestimmt der Richter den Umfang der Abschrift, sonst der Urkundsbeamte der Geschäftsstelle.

(3) [1]Die Landesjustizverwaltung kann bestimmen, dass die Registerakten ab einem bestimmten Zeitpunkt elektronisch geführt werden. [2]Nach diesem Zeitpunkt eingereichte Schriftstücke sind zur Ersetzung der Urschrift in ein elektronisches Dokument zu übertragen und in dieser Form zur elektronisch geführten Registerakte zu nehmen, soweit die Anordnung der Landesjustizverwaltung nichts anderes bestimmt; § 9 Abs. 3 und 4 gilt entsprechend. [3]Im Fall einer Beschwerde sind in Papierform eingereichte Schriftstücke mindestens bis zum rechtskräftigen Abschluss des Beschwerdeverfahrens aufzubewahren, wenn sie für die Durchführung des Beschwerdeverfahrens notwendig sind und das Beschwerdegericht keinen Zugriff auf die elektronisch geführte Registerakte hat. [4]Das Registergericht hat in diesem Fall von ausschließlich elektronisch vorliegenden Dokumenten Ausdrucke für das Beschwerdegericht zu fertigen, soweit dies zur Durchführung des Beschwerdeverfahrens notwendig ist; § 298 Absatz 3 der Zivilprozessordnung gilt entsprechend. [5]Die Ausdrucke sind mindestens bis zum rechtskräftigen Abschluss des Beschwerdeverfahrens aufzubewahren.

§ 9 Registerordner

(1) [1]Die zum Handelsregister eingereichten und nach § 9 Abs. 1 des Handelsgesetzbuchs der unbeschränkten Einsicht unterliegenden Dokumente werden für jedes Registerblatt (§ 13) in

einen dafür bestimmten Registerordner aufgenommen. [2]Sie sind in der zeitlichen Folge ihres Eingangs und nach der Art des jeweiligen Dokuments abrufbar zu halten. [3]Ein Widerspruch gegen eine Eintragung in der Gesellschafterliste (§ 16 Abs. 3 Satz 3 des Gesetzes betreffend die Gesellschaften mit beschränkter Haftung) ist der Gesellschafterliste zuzuordnen und zudem besonders hervorzuheben. [4]Die in einer Amtssprache der Europäischen Union übermittelten Übersetzungen (§ 11 des Handelsgesetzbuchs) sind den jeweiligen Ursprungsdokumenten zuzuordnen. [5]Wird ein aktualisiertes Dokument eingereicht, ist kenntlich zu machen, dass die für eine frühere Fassung eingereichte Übersetzung nicht dem aktualisierten Stand des Dokuments entspricht.

(2) [1]Schriftstücke, die vor dem 1. Januar 2007 eingereicht worden sind, können zur Ersetzung der Urschrift in ein elektronisches Dokument übertragen und in dieser Form in den Registerordner übernommen werden. [2]Sie sind in den Registerordner zu übernehmen, sobald ein Antrag auf Übertragung in ein elektronisches Dokument (Artikel 61 Abs. 3 des Einführungsgesetzes zum Handelsgesetzbuch) oder auf elektronische Übermittlung (§ 9 Abs. 2 des Handelsgesetzbuchs) vorliegt.

(3) [1]Wird ein Schriftstück, das in Papierform zum Registerordner einzureichen war, zurückgegeben, so wird es zuvor in ein elektronisches Dokument übertragen und in dieser Form in den Registerordner übernommen. [2]Die Rückgabe wird im Registerordner vermerkt. [3]Ist das Schriftstück in anderen Akten des Amtsgerichts enthalten, so wird eine elektronische Aufzeichnung hiervon in dem Registerordner gespeichert. [4]Bei der Speicherung können die Teile des Schriftstückes, die für die Führung des Handelsregisters ohne Bedeutung sind, weggelassen werden, sofern hiervon Verwirrung nicht zu besorgen ist. [5]Den Umfang der Speicherung bestimmt der Urkundsbeamte der Geschäftsstelle, in Zweifelsfällen der Richter.

(4) [1]Wird ein Schriftstück in ein elektronisches Dokument übertragen und in dieser Form in den Registerordner übernommen, ist zu vermerken, ob das Schriftstück eine Urschrift, eine einfache oder beglaubigte Abschrift, eine Ablichtung oder eine Ausfertigung ist; Durchstreichungen, Änderungen, Einschaltungen, Radierungen oder andere Mängel des Schriftstückes sollen in dem Vermerk angegeben werden. [2]Ein Vermerk kann unterbleiben, soweit die in Satz 1 genannten Tatsachen aus dem elektronischen Dokument eindeutig ersichtlich sind.

(5) [1]Wiedergaben von Schriftstücken, die nach § 8a Abs. 3 oder Abs. 4 des Handelsgesetzbuchs in der bis zum Inkrafttreten des Gesetzes über elektronische Handelsregister und Genossenschaftsregister sowie das Unternehmensregister vom 10. November 2006 (BGBl. I 2553) am 1. Januar 2007 geltenden Fassung auf einem Bildträger oder einem anderen Datenträger gespeichert wurden, können in den Registerordner übernommen werden. [2]Dabei sind im Fall der Speicherung nach § 8a Abs. 3 des Handelsgesetzbuchs in der in Satz 1 genannten Fassung auch die Angaben aus dem nach § 8a Abs. 3 Satz 2 des Handelsgesetzbuchs in der in Satz 1 genannten Fassung gefertigten Nachweis in den Registerordner zu übernehmen. [3]Im Fall der Einreichung nach § 8a Abs. 4 des Handelsgesetzbuchs in der in Satz 1 genannten Fassung ist zu vermerken, dass das Dokument aufgrund des § 8a Abs. 4 des Handelsgesetzbuchs in der in Satz 1 genannten Fassung als einfache Wiedergabe auf einem Datenträger eingereicht wurde.

(6) [1]Im Fall einer Beschwerde hat das Registergericht von den im Registerordner gespeicherten Dokumenten Ausdrucke für das Beschwerdegericht zu fertigen, soweit dies zur Durchführung des Beschwerdeverfahrens notwendig ist; § 298 Absatz 3 der Zivilprozessordnung gilt entsprechend. [2]Die Ausdrucke sind mindestens bis zum rechtskräftigen Abschluss des Beschwerdeverfahrens aufzubewahren.

§ 10 Einsichtnahme

(1) Die Einsicht in das Register und in die zum Register eingereichten Dokumente ist auf der Geschäftsstelle des Registergerichts während der Dienststunden zu ermöglichen.

(2) [1]Die Einsicht in das elektronische Registerblatt erfolgt über ein Datensichtgerät oder durch Einsicht in einen aktuellen oder chronologischen Ausdruck. [2]Dem Einsichtnehmenden kann gestattet werden, das Registerblatt selbst auf dem Bildschirm des Datensichtgerätes aufzurufen, wenn technisch sichergestellt ist, dass der Abruf von Daten die nach § 9 Abs. 1 des Handelsgesetzbuchs zulässige Einsicht nicht überschreitet und Veränderungen an dem Inhalt des Handelsregisters nicht vorgenommen werden können.

(3) Über das Datensichtgerät ist auch der Inhalt des Registerordners einschließlich der nach § 9 Abs. 4 oder Abs. 5 Satz 2 aufgenommenen Angaben und der eingereichten Übersetzungen zugänglich zu machen.

§ 11 *(aufgehoben)*

II. Führung des Handelsregisters

§ 12 Form der Eintragungen

[1]Die Eintragungen sind deutlich, klar verständlich sowie in der Regel ohne Verweis auf gesetzliche Vorschriften und ohne Abkürzung herzustellen. [2]Aus dem Register darf nichts durch technische Eingriffe oder sonstige Maßnahmen entfernt werden.

§ 13 [Registerblatt]

(1) Jeder Einzelkaufmann, jede juristische Person sowie jede Handelsgesellschaft ist unter einer in derselben Abteilung fortlaufenden Nummer (Registerblatt) in das Register einzutragen.

(2) [1]Wenn ein Amtsgericht das Register für mehrere Amtsgerichtsbezirke führt, können auf Anordnung der Landesjustizverwaltung die fortlaufenden Nummern für einzelne Amtsgerichtsbezirke je gesondert geführt werden. [2]In diesem Fall sind die fortlaufenden Nummern der jeweiligen Amtsgerichtsbezirke durch den Zusatz eines Ortskennzeichens unterscheidbar zu halten. [3]Nähere Anordnungen hierüber trifft die Landesjustizverwaltung.

(3) [1]Wird die Firma geändert, so ist dies auf demselben Registerblatt einzutragen. [2]Bei einer Umwandlung ist der übernehmende, neu gegründete Rechtsträger oder Rechtsträger neuer Rechtsform stets auf ein neues Registerblatt einzutragen.

(4) Die zur Offenlegung in einer Amtssprache der Europäischen Union übermittelten Übersetzungen von Eintragungen (§ 11 des Handelsgesetzbuchs) sind dem Registerblatt und der jeweiligen Eintragung zuzuordnen.

§ 14 [Laufende Nummern, Trennung von Eintragungen]

(1) Jede Eintragung ist mit einer laufenden Nummer zu versehen und mittels eines alle Spalten des Registers durchschneidenden Querstrichs von der folgenden Eintragung zu trennen.

(2) Werden mehrere Eintragungen gleichzeitig vorgenommen, so erhalten sie nur eine laufende Nummer.

§ 15 Übersetzungen

[1]War eine frühere Eintragung in einer Amtssprache der Europäischen Union zugänglich gemacht worden (§ 11 des Handelsgesetzbuchs), so ist mit der Eintragung kenntlich zu machen, dass die Übersetzung nicht mehr dem aktuellen Stand der Registereintragung entspricht. [2]Die Kenntlichmachung ist zu entfernen, sobald eine aktualisierte Übersetzung eingereicht wird.

§ 16 [Änderungen und Löschungen]

(1) [1]Änderungen des Inhalts einer Eintragung sowie Löschungen sind unter einer neuen laufenden Nummer einzutragen. [2]Eine Eintragung, die durch eine spätere Eintragung ihre Bedeutung verloren hat, ist nach Anordnung des Richters rot zu unterstreichen. [3]Mit der Eintragung selbst ist auch der Vermerk über ihre Löschung rot zu unterstreichen.

(2) Eintragungen oder Vermerke, die rot zu unterstreichen oder rot zu durchkreuzen sind, können anstelle durch Rötung auch auf andere eindeutige Weise als gegenstandslos kenntlich gemacht werden.

(3) [1]Ein Teil einer Eintragung darf nur gerötet oder auf andere eindeutige Weise als gegenstandslos kenntlich gemacht werden, wenn die Verständlichkeit der Eintragung und des aktu-

ellen Ausdrucks nicht beeinträchtigt wird. [2]Andernfalls ist die betroffene Eintragung insgesamt zu röten und ihr noch gültiger Teil in verständlicher Form zu wiederholen.

§ 16a Kennzeichnung bestimmter Eintragungen

Diejenigen Eintragungen, die lediglich andere Eintragungen wiederholen, erläutern oder begründen und daher nach § 30a Abs. 4 Satz 4 nicht in den aktuellen Ausdruck einfließen, sind grau zu hinterlegen oder es ist auf andere Weise sicherzustellen, dass diese Eintragungen nicht in den aktuellen Ausdruck übernommen werden.

§ 17 [Berichtigungen]

(1) [1]Schreibversehen und ähnliche offenbare Unrichtigkeiten in einer Eintragung können durch den Richter oder nach Anordnung des Richters in Form einer neuen Eintragung oder auf andere eindeutige Weise berichtigt werden. [2]Die Berichtigung ist als solche kenntlich zu machen.

(2) [1]Die Berichtigung nach Absatz 1 ist den Beteiligten bekanntzugeben. [2]Die öffentliche Bekanntmachung kann unterbleiben, wenn die Berichtigung einen offensichtlich unwesentlichen Punkt der Eintragung betrifft.

(3) [1]Eine versehentlich vorgenommene Rötung oder Kenntlichmachung nach § 16 oder § 16a ist zu löschen oder auf andere eindeutige Weise zu beseitigen. [2]Die Löschung oder sonstige Beseitigung ist zu vermerken.

§ 18 [Eintragung aufgrund Entscheidung des Prozessgerichts]

[1]Erfolgt eine Eintragung auf Grund einer rechtskräftigen oder vollstreckbaren Entscheidung des Prozeßgerichts, so ist dies bei der Eintragung im Register unter Angabe des Prozessgerichts, des Datums und des Aktenzeichens der Entscheidung zu vermerken. [2]Eine Aufhebung der Entscheidung ist in dieselbe Spalte des Registers einzutragen.

§ 19 [Löschung von Amts wegen]

(1) Soll eine Eintragung von Amts wegen gelöscht werden, weil sie mangels einer wesentlichen Voraussetzung unzulässig ist, so erfolgt die Löschung durch Eintragung des Vermerks „Von Amts wegen gelöscht".

(2) [1]Hat in sonstigen Fällen eine Eintragung von Amts wegen zu erfolgen, so hat sie den Hinweis auf die gesetzliche Grundlage und einen Vermerk „Von Amts wegen eingetragen" zu enthalten. [2]Dies gilt nicht für die Eintragung der Vermerke über die Eröffnung, die Einstellung oder Aufhebung des Insolvenzverfahrens, die Aufhebung des Eröffnungsbeschlusses, die Anordnung der Eigenverwaltung durch den Schuldner und deren Aufhebung, die Anordnung der Zustimmungsbedürftigkeit bestimmter Rechtsgeschäfte des Schuldners nach § 277 der Insolvenzordnung sowie die sonstigen in § 32 des Handelsgesetzbuchs vorgesehenen Vermerke.

§ 19a *(aufgehoben)*

§ 20 [Verlegung von Firmen]

[1]Wird die Hauptniederlassung eines Einzelkaufmanns, einer juristischen Person oder der Sitz einer Handelsgesellschaft oder die Zweigniederlassung eines Unternehmens mit Sitz oder Hauptniederlassung im Ausland aus dem Bezirke des Registergerichts verlegt, so ist erst bei Eingang der Nachricht von der Eintragung in das Register des neuen Registergerichts (§ 13h Abs. 2 Satz 5 des Handelsgesetzbuchs; § 45 Abs. 2 Satz 6 des Aktiengesetzes) die Verlegung auf dem bisherigen Registerblatt in der Spalte 2 und in der Spalte „Rechtsverhältnisse" zu vermerken; § 22 ist entsprechend anzuwenden. [2]Auf dem bisherigen Registerblatt ist bei der jeweiligen Eintragung auf das Registerblatt des neuen Registergerichts zu verweisen und umgekehrt.

§ 21 Umschreibung eines Registerblatts

(1) [1]Ist das Registerblatt unübersichtlich geworden, so sind die noch gültigen Eintragungen unter einer neuen oder unter derselben Nummer auf ein neues Registerblatt umzuschreiben. [2]Dabei kann auch von dem ursprünglichen Text der Eintragung abgewichen werden, soweit der Inhalt der Eintragung dadurch nicht verändert wird. [3]Auf jedem Registerblatt ist auf das andere zu verweisen, auch wenn es bei derselben Nummer verbleibt.

(2) Die Zusammenfassung und Übertragung ist den Beteiligten unter Mitteilung von dem Inhalt der neuen Eintragung und gegebenenfalls der neuen Nummer bekannt zu machen.

(3) Bestehen Zweifel über die Art oder den Umfang der Übertragung, so sind die Beteiligten vorher zu hören.

§ 22 Gegenstandslosigkeit aller Eintragungen

(1) [1]Sämtliche Seiten des Registerblatts sind zu röten oder rot zu durchkreuzen, wenn alle Eintragungen gegenstandslos geworden sind. [2]Das Registerblatt erhält einen Vermerk, der es als „geschlossen" kennzeichnet.

(2) [1]Geschlossene Registerblätter sollen weiterhin, auch in der Form von Ausdrucken, wiedergabefähig oder lesbar bleiben. [2]Die Datenträger für geschlossene Registerblätter können auch bei der für die Archivierung von Handelsregisterblättern zuständigen Stelle verfügbar gehalten werden, soweit landesrechtliche Vorschriften nicht entgegenstehen.

III. Verfahren bei Anmeldung, Eintragung und Bekanntmachung

§ 23 [Sorge für Eintragungen; Organe des Handelsstandes]

[1]Das Gericht hat dafür Sorge zu tragen, dass die gesetzlich vorgeschriebenen Eintragungen in das Register erfolgen. [2]Die Stellungnahme der Organe des Handelsstandes gemäß § 380 Abs. 2 des Gesetzes über das Verfahren in Familiensachen und in den Angelegenheiten der freiwilligen Gerichtsbarkeit soll elektronisch eingeholt und übermittelt werden.

§ 24 [Inhalt der Anmeldung]

(1) Werden natürliche Personen zur Eintragung in das Handelsregister angemeldet (insbesondere als Kaufleute, Gesellschafter, Prokuristen, Vorstandsmitglieder, Mitglieder des Leitungsorgans, geschäftsführende Direktoren, Geschäftsführer, Abwickler), so ist in der Anmeldung deren Geburtsdatum anzugeben.

(2) [1]Bei der Anmeldung ist die Lage der Geschäftsräume anzugeben. [2]Dies gilt nicht, wenn die Lage der Geschäftsräume als inländische Geschäftsanschrift zur Eintragung in das Handelsregister angemeldet wird oder bereits in das Handelsregister eingetragen worden ist. [3]Eine Änderung der Lage der Geschäftsräume ist dem Registergericht unverzüglich mitzuteilen; Satz 2 gilt entsprechend.

(3) Absatz 2 gilt für die Anmeldung einer Zweigniederlassung und die Änderung der Lage ihrer Geschäftsräume entsprechend.

(4) Es ist darauf hinzuwirken, daß bei den Anmeldungen auch der Unternehmensgegenstand, soweit er sich nicht aus der Firma ergibt, angegeben wird.

§ 25 [Entscheidung über die Eintragung, Bekanntmachung]

(1) [1]Auf die Anmeldung zur Eintragung, auf Gesuche und Anträge entscheidet der Richter. [2]Über die Eintragung ist unverzüglich nach Eingang der Anmeldung bei Gericht zu entscheiden. [3]Ist eine Anmeldung zur Eintragung in das Handelsregister unvollständig oder steht der Eintragung ein durch den Antragsteller behebbares Hindernis entgegen, so hat der Richter unverzüglich zu verfügen; liegt ein nach § 23 einzuholendes Gutachten bis dahin nicht vor, so ist dies dem Antragsteller unverzüglich mitzuteilen. [4]Der Richter entscheidet auch über die erforderlichen Bekanntmachungen.

(2) Der Richter ist für die Eintragung auch dann zuständig, wenn sie vom Beschwerdegericht oder nach § 395 des Gesetzes über das Verfahren in Familiensachen und in den Angelegenheiten der freiwilligen Gerichtsbarkeit verfügt ist.

§ 26 Änderung eingetragener Angaben

Die Änderung eingetragener Angaben ist, unbeschadet des § 25 Absatz 1 Satz 2, in der Regel innerhalb von 21 Tagen nach Eingang der vollständigen Anmeldung oder im Fall eines durch den Antragsteller behebbaren Eintragungshindernisses innerhalb von 21 Tagen nach dessen Behebung einzutragen und bekannt zu machen.

§ 27 Vornahme der Eintragung, Wortlaut der Bekanntmachung

(1) Der Richter nimmt die Eintragung und Bekanntmachung entweder selbst vor oder er verfügt die Eintragung und die Bekanntmachung durch den Urkundsbeamten der Geschäftsstelle.

(2) [1]Nimmt der Richter die Eintragung nicht selbst vor, so hat er in der Eintragungsverfügung den genauen Wortlaut der Eintragung sowie die Eintragungsstelle im Register samt aller zur Eintragung erforderlichen Merkmale festzustellen. [2]Der Wortlaut der öffentlichen Bekanntmachung ist besonders zu verfügen, wenn er von dem der Eintragung abweicht. [3]Der Urkundsbeamte der Geschäftsstelle hat die Ausführung der Eintragungsverfügung zu veranlassen, die Eintragung zu signieren und die verfügten Bekanntmachungen herbeizuführen.

(3) [1]Die Wirksamkeit der Eintragung (§ 8a Abs. 1 des Handelsgesetzbuchs) ist in geeigneter Weise zu überprüfen. [2]Die eintragende Person soll die Eintragung auf ihre Richtigkeit und Vollständigkeit sowie ihre Abrufbarkeit aus dem Datenspeicher (§ 48) prüfen.

(4) Bei jeder Eintragung ist der Tag der Eintragung anzugeben.

§ 28 Elektronische Signatur

[1]Der Richter oder im Fall des § 27 Abs. 2 der Urkundsbeamte der Geschäftsstelle setzt der Eintragung seinen Nachnamen hinzu und signiert beides elektronisch. [2]Im Übrigen gilt § 75 der Grundbuchverfügung entsprechend.

§ 29 [Obliegenheiten des Urkundsbeamten]

(1) Der Urkundsbeamte der Geschäftsstelle ist zuständig:

1. für die Erteilung von Abschriften oder Ausdrucken oder die elektronische Übermittlung der Eintragungen und der zum Register eingereichten Schriftstücke und Dokumente; wird eine auszugsweise Abschrift, ein auszugsweiser Ausdruck oder eine auszugsweise elektronische Übermittlung beantragt, so entscheidet bei Zweifeln über den Umfang des Auszugs der Richter;
2. für die Beglaubigung und die Erteilung oder elektronische Übermittlung von Bescheinigungen nach § 9 Abs. 5 des Handelsgesetzbuchs;
3. für die Eintragung der in § 32 des Handelsgesetzbuchs vorgesehenen Vermerke im Zusammenhang mit einem Insolvenzverfahren;
4. für die Eintragung der inländischen Geschäftsanschrift.

(2) [1]Wird die Änderung einer Entscheidung des Urkundsbeamten der Geschäftsstelle verlangt, so entscheidet, wenn dieser dem Verlangen nicht entspricht, der Richter. [2]Die Beschwerde ist erst gegen seine Entscheidung gegeben.

§ 30 [Abschriften]

(1) [1]Einfache Abschriften der in Papierform vorhandenen Registerblätter und Schriftstücke sind mit dem Vermerk: „Gefertigt am …" abzuschließen. [2]Der Vermerk ist nicht zu unterzeichnen.

(2) [1]Die Beglaubigung einer Abschrift geschieht durch einen unter die Abschrift zu setzenden Vermerk, der die Übereinstimmung mit der Hauptschrift bezeugt. [2]Der Beglaubigungsver-

merk muß Ort und Tag der Ausstellung enthalten, von dem Urkundsbeamten der Geschäftsstelle unterschrieben und mit Siegel oder Stempel versehen sein.

(3) [1]Soll aus dem Handelsregister eine auszugsweise Abschrift erteilt werden, so sind in die Abschrift die Eintragungen aufzunehmen, die den Gegenstand betreffen, auf den sich der Auszug beziehen soll. [2]In dem Beglaubigungsvermerk ist der Gegenstand anzugeben und zu bezeugen, daß weitere ihn betreffende Eintragungen in dem Register nicht enthalten sind.

(4) [1]Werden beglaubigte Abschriften der zum Register eingereichten Schriftstücke oder der eingereichten Wiedergaben von Schriftstücken (§ 8a Abs. 4 des Handelsgesetzbuchs in der bis zum Inkrafttreten des Gesetzes über elektronische Handelsregister und Genossenschaftsregister sowie das Unternehmensregister am 1. Januar 2007 geltenden Fassung) beantragt, so ist in dem Beglaubigungsvermerk ersichtlich zu machen, ob die Hauptschrift eine Urschrift, eine Wiedergabe auf einem Bildträger oder auf anderen Datenträgern, eine einfache oder beglaubigte Abschrift, eine Ablichtung oder eine Ausfertigung ist; ist die Hauptschrift eine Wiedergabe auf einem Bildträger oder auf anderen Datenträgern, eine beglaubigte Abschrift, eine beglaubigte Ablichtung oder eine Ausfertigung, so ist der nach § 8a Abs. 3 Satz 2 des Handelsgesetzbuchs in der bis zum Inkrafttreten des Gesetzes über elektronische Handelsregister und Genossenschaftsregister sowie das Unternehmensregister am 1. Januar 2007 geltenden Fassung angefertigte schriftliche Nachweis über die inhaltliche Übereinstimmung der Wiedergabe mit der Urschrift, der Beglaubigungsvermerk oder der Ausfertigungsvermerk in die beglaubigte Abschrift aufzunehmen. [2]Durchstreichungen, Änderungen, Einschaltungen, Radierungen oder andere Mängel einer von den Beteiligten eingereichten Schrift sollen in dem Vermerk angegeben werden.

(5) [1]Die Bestätigung oder Ergänzung früher gefertigter Abschriften ist zulässig. [2]Eine Ergänzung einer früher erteilten Abschrift soll unterbleiben, wenn die Ergänzung gegenüber der Erteilung einer Abschrift durch Ablichtung einen unverhältnismäßigen Arbeitsaufwand, insbesondere erhebliche oder zeitraubende Schreibarbeiten erfordern würde; andere Versagungsgründe bleiben unberührt.

§ 30a Ausdrucke

(1) [1]Ausdrucke aus dem Registerblatt (§ 9 Abs. 4 des Handelsgesetzbuchs) sind mit der Aufschrift „Ausdruck" oder „Amtlicher Ausdruck", dem Datum der letzten Eintragung und dem Datum des Abrufs der Daten aus dem Handelsregister zu versehen. [2]Sie sind nicht zu unterschreiben.

(2) [1]Ausdrucke aus dem Registerordner sind mit der Aufschrift „Ausdruck" oder „Amtlicher Ausdruck", dem Datum der Einstellung des Dokuments in den Registerordner, dem Datum des Abrufs aus dem Registerordner und den nach § 9 Abs. 4 oder Abs. 5 Satz 2 aufgenommenen Angaben zu versehen. [2]Sie sind nicht zu unterschreiben.

(3) [1]Der amtliche Ausdruck ist darüber hinaus mit Ort und Tag der Ausstellung, dem Vermerk, dass der Ausdruck den Inhalt des Handelsregisters oder einen Inhalt des Registerordners bezeugt, sowie dem Namen des erstellenden Urkundsbeamten der Geschäftsstelle und mit einem Dienstsiegel zu versehen. [2]Anstelle der Siegelung kann maschinell ein Abdruck des Dienstsiegels eingedruckt sein oder aufgedruckt werden; in beiden Fällen muss unter der Aufschrift „Amtlicher Ausdruck" der Vermerk „Dieser Ausdruck wird nicht unterschrieben und gilt als beglaubigte Abschrift." aufgedruckt sein oder werden.

(4) [1]Ausdrucke aus dem Registerblatt werden als chronologischer oder aktueller Ausdruck erteilt. [2]Der chronologische Ausdruck gibt alle Eintragungen des Registerblatts wieder. [3]Der aktuelle Ausdruck enthält den letzten Stand der Eintragungen. [4]Nicht in den aktuellen Ausdruck aufgenommen werden diejenigen Eintragungen, die gerötet oder auf andere Weise nach § 16 als gegenstandslos kenntlich gemacht sind, die nach § 16a gekennzeichneten Eintragungen sowie die Angaben in den Spalten § 40 (HR A) Nr. 6 Buchstabe b und § 43 (HR B) Nr. 7 Buchstabe b. [5]Die Art des Ausdrucks bestimmt der Antragsteller. [6]Soweit nicht ausdrücklich etwas anderes beantragt ist, wird ein aktueller Ausdruck erteilt. [7]Aktuelle Ausdrucke können statt in spaltenweiser Wiedergabe auch als fortlaufender Text erstellt werden.

(5) [1]Ausdrucke können dem Antragsteller auch elektronisch übermittelt werden. [2]Die elektronische Übermittlung amtlicher Ausdrucke erfolgt unter Verwendung einer qualifizierten elektronischen Signatur.

(6) § 30 Abs. 3 gilt entsprechend.

§ 31 [Ausfertigungen]

[1]Ausfertigungen der Bescheinigungen und Zeugnisse sind von dem Urkundsbeamten der Geschäftsstelle unter Angabe des Ortes und Tages zu unterschreiben und mit dem Gerichtssiegel oder Stempel zu versehen. [2]Bescheinigungen und Zeugnisse können auch in elektronischer Form (§ 126a des Bürgerlichen Gesetzbuchs) übermittelt werden.

§ 32 [Veröffentlichung]

Die Veröffentlichung der Eintragung ist unverzüglich zu veranlassen.

§ 33 [Form der Bekanntmachungen]

(1) Die öffentlichen Bekanntmachungen sollen knapp gefaßt und leicht verständlich sein.

(2) In den Bekanntmachungen ist das Gericht und der Tag der Eintragung zu bezeichnen, einer Unterschrift bedarf es nicht.

(3) [1]Die Bekanntmachungen sind tunlichst nach dem anliegenden Muster abzufassen (Anlage 3). [2]Der Tag der Bekanntmachung ist durch die bekannt machende Stelle beizufügen.

§ 34 [Besondere Angaben in der Bekanntmachung]

[1]In den Bekanntmachungen sind, falls entsprechende Mitteilungen vorliegen, auch der Unternehmensgegenstand, soweit er sich nicht aus der Firma ergibt, und die Lage der Geschäftsräume anzugeben. [2]Ist eine inländische Geschäftsanschrift eingetragen, so ist diese anstelle der Lage der Geschäftsräume anzugeben. [3]Es ist in den Bekanntmachungen darauf hinzuweisen, daß die in Satz 1 genannten Angaben ohne Gewähr für die Richtigkeit erfolgen.

§ 34a Veröffentlichungen im Amtsblatt der Europäischen Union

Die Pflichten zur Veröffentlichung im Amtsblatt der Europäischen Union und die Mitteilungspflichten gegenüber dem Amt für amtliche Veröffentlichungen der Europäischen Union nach der Verordnung (EWG) Nr. 2137/85 des Rates vom 25. Juli 1985 über die Schaffung einer Europäischen wirtschaftlichen Interessenvereinigung (EWIV) (ABl. EG Nr. L 199 S. 1) sowie der Verordnung (EG) Nr. 2157/2001 des Rates vom 8. Oktober 2001 über das Statut der Europäischen Gesellschaft (SE) (ABl. EG Nr. L 294 S. 1) bleiben unberührt.

§ 35 [Angabe des Löschungsgrundes]

[1]Wird eine Firma im Handelsregister gelöscht, weil das Unternehmen nach Art oder Umfang einen in kaufmännischer Weise eingerichteten Geschäftsbetrieb nicht erfordert, so kann auf Antrag des Inhabers in der Bekanntmachung der Grund der Löschung erwähnt werden. [2]Handelt es sich um einen Handwerker, der bereits in die Handwerksrolle eingetragen ist, so kann neben der Angabe des Grundes der Löschung in der Bekanntmachung auch auf diese Eintragung hingewiesen werden.

§ 36 [Benachrichtigungen]

[1]Der Urkundsbeamte der Geschäftsstelle unterschreibt die Mitteilungen. [2]In geeigneten Fällen ist darauf hinzuweisen, daß auf die Bekanntgabe verzichtet werden kann (§ 383 Abs. 1 Satz 1 des Gesetzes über das Verfahren in Familiensachen und in den Angelegenheiten der freiwilligen Gerichtsbarkeit).

§ 37 Mitteilungen an andere Stellen

(1) [1]Das Gericht hat jede Neuanlegung und jede Änderung eines Registerblatts
1. der Industrie- und Handelskammer,
2. der Handwerkskammer, wenn es sich um ein handwerkliches Unternehmen handelt oder handeln kann, und

3. der Landwirtschaftskammer, wenn es sich um ein land- oder forstwirtschaftliches Unternehmen handelt oder handeln kann, oder, wenn eine Landwirtschaftskammer nicht besteht, der nach Landesrecht zuständigen Stelle

mitzuteilen. [2]Die über Geschäftsräume und Unternehmensgegenstand gemachten Angaben sind ebenfalls mitzuteilen.

(2) Soweit in anderen Rechtsvorschriften oder durch besondere Anordnung der Landesjustizverwaltung eine Benachrichtigung weiterer Stellen vorgesehen ist, bleiben diese Vorschriften unberührt.

§ 38 [Anfragen bei anderen Registergerichten]

Gehört ein Ort oder eine Gemeinde zu den Bezirken verschiedener Registergerichte, so hat jedes Registergericht vor der Eintragung einer neuen Firma oder vor der Eintragung von Änderungen einer Firma bei den anderen beteiligten Registergerichten anzufragen, ob gegen die Eintragung im Hinblick auf § 30 des Handelsgesetzbuches Bedenken bestehen.

§ 38a [Maschinelle Verfügungen und Benachrichtigungen]

(1) [1]Gerichtliche Verfügungen und Benachrichtigungen an Beteiligte, die maschinell erstellt werden, brauchen nicht unterschrieben zu werden. [2]In diesem Fall muß anstelle der Unterschrift auf dem Schreiben der Vermerk „Dieses Schreiben ist maschinell erstellt und auch ohne Unterschrift wirksam." angebracht sein. [3]Die Verfügung muß den Verfasser mit Funktionsbezeichnung erkennen lassen.

(2) [1]Die in Absatz 1 bezeichneten maschinell zu erstellenden Schreiben können, wenn die Kenntnisnahme durch den Empfänger allgemein sichergestellt ist, auch durch Bildschirmmitteilung oder in anderer Weise elektronisch übermittelt werden. [2]§ 15 des Gesetzes über das Verfahren in Familiensachen und in den Angelegenheiten der freiwilligen Gerichtsbarkeit bleibt unberührt.

(3) Für die Texte für die öffentliche Bekanntmachung der Eintragungen sowie für Mitteilungen nach § 37 und Anfragen nach § 38 gelten die Absätze 1 und 2 entsprechend.

IV. Sondervorschriften für die Abteilungen A und B

§ 39 [Trennung, Muster]

Die Abteilungen A und B werden in getrennten Registern nach den beigegebenen Mustern geführt.

Abteilung A

§ 40 Inhalt der Eintragungen in Abteilung A

In Abteilung A des Handelsregisters sind die nachfolgenden Angaben einzutragen:
1. In Spalte 1 ist die laufende Nummer der die Firma betreffenden Eintragungen einzutragen.
2. In Spalte 2 sind
   a) unter Buchstabe a die Firma;
   b) unter Buchstabe b der Ort der Niederlassung oder der Sitz, bei Einzelkaufleuten und Personenhandelsgesellschaften die inländische Geschäftsanschrift sowie die Errichtung oder Aufhebung von Zweigniederlassungen, und zwar unter Angabe des Ortes einschließlich der Postleitzahl, der inländischen Geschäftsanschrift und, falls der Firma für eine Zweigniederlassung ein Zusatz beigefügt ist, unter Angabe dieses Zusatzes;
   c) unter Buchstabe c bei Europäischen wirtschaftlichen Interessenvereinigungen und bei juristischen Personen der Gegenstand des Unternehmens

   und die sich jeweils darauf beziehenden Änderungen anzugeben.
3. [1]In Spalte 3 sind
   a) unter Buchstabe a die allgemeine Regelung zur Vertretung des Rechtsträgers durch die persönlich haftenden Gesellschafter, die Geschäftsführer, die Mitglieder des Vorstandes,

bei Kreditinstituten die gerichtlich bestellten vertretungsbefugten Personen sowie die Abwickler oder Liquidatoren, und

b) unter Buchstabe b der Einzelkaufmann, bei Handelsgesellschaften die persönlich haftenden Gesellschafter, bei Europäischen wirtschaftlichen Interessenvereinigungen die Geschäftsführer, bei juristischen Personen die Mitglieder des Vorstandes und deren Stellvertreter, bei Kreditinstituten die gerichtlich bestellten vertretungsberechtigten Personen, die Abwickler oder Liquidatoren unter der Bezeichnung als solche, bei ausländischen Versicherungsunternehmen die nach § 106 Abs. 3 des Versicherungsaufsichtsgesetzes bestellten Hauptbevollmächtigten sowie bei einer Zweigstelle eines Unternehmens mit Sitz in einem anderen Staat, die Bankgeschäfte in dem in § 1 Abs. 1 des Gesetzes über das Kreditwesen bezeichneten Umfang betreibt, die nach § 53 Abs. 2 Nr. 1 des Gesetzes über das Kreditwesen bestellten Geschäftsleiter jeweils mit Familiennamen, Vornamen, Geburtsdatum und Wohnort oder gegebenenfalls mit Firma, Rechtsform, Sitz oder Niederlassung

und die jeweils sich darauf beziehenden Änderungen anzugeben. [2]Weicht die Vertretungsbefugnis der in Spalte 3 unter Buchstabe b einzutragenden Personen im Einzelfall von den Angaben in Spalte 3 unter Buchstabe a ab, so ist diese besondere Vertretungsbefugnis bei den jeweiligen Personen zu vermerken.

4. In Spalte 4 sind die die Prokura betreffenden Angaben einschließlich Familienname, Vorname, Geburtsdatum und Wohnort der Prokuristen und die sich jeweils darauf beziehenden Änderungen einzutragen.
5. In Spalte 5 sind anzugeben
   a) unter Buchstabe a die Rechtsform sowie bei juristischen Personen das Datum der Erstellung und jede Änderung der Satzung; bei der Eintragung genügt, soweit sie nicht die Änderung der einzutragenden Angaben betrifft, eine allgemeine Bezeichnung des Gegenstands der Änderung; dabei ist in der Spalte 6 unter Buchstabe b auf die beim Gericht eingereichten Urkunden sowie auf die Stelle der Akten, bei der die Urkunden sich befinden, zu verweisen;
   b) unter Buchstabe b
      aa) die besonderen Bestimmungen des Gründungsvertrages oder der Satzung über die Zeitdauer der Europäischen wirtschaftlichen Interessenvereinigung oder juristischen Person sowie alle sich hierauf beziehenden Änderungen;
      bb) die Eröffnung, Einstellung und Aufhebung des Insolvenzverfahrens sowie die Aufhebung des Eröffnungsbeschlusses; die Bestellung eines vorläufigen Insolvenzverwalters unter den Voraussetzungen des § 32 Abs. 1 Satz 2 Nr. 2 des Handelsgesetzbuchs sowie die Aufhebung einer derartigen Sicherungsmaßnahme; die Anordnung der Eigenverwaltung durch den Schuldner und deren Aufhebung sowie die Anordnung der Zustimmungsbedürftigkeit bestimmter Rechtsgeschäfte des Schuldners nach § 277 der Insolvenzordnung; die Überwachung der Erfüllung eines Insolvenzplans und die Aufhebung der Überwachung;
      cc) die Klausel über die Haftungsbefreiung eines Mitglieds der Europäischen wirtschaftlichen Interessenvereinigung für die vor seinem Beitritt entstandenen Verbindlichkeiten;
      dd) die Auflösung, Fortsetzung und die Nichtigkeit der Gesellschaft, Europäischen wirtschaftlichen Interessenvereinigung oder juristischen Person; der Schluss der Abwicklung der Europäischen wirtschaftlichen Interessenvereinigung; das Erlöschen der Firma, die Löschung einer Gesellschaft, Europäischen wirtschaftlichen Interessenvereinigung oder juristischen Person sowie Löschungen von Amts wegen;
      ee) Eintragungen nach dem Umwandlungsgesetz;
      ff) im Fall des Erwerbs eines Handelsgeschäfts bei Fortführung unter der bisherigen Firma eine von § 25 Abs. 1 des Handelsgesetzbuchs abweichende Vereinbarung;
      gg) beim Eintritt eines persönlich haftenden Gesellschafters oder eines Kommanditisten in das Geschäft eines Einzelkaufmanns eine von § 28 Abs. 1 des Handelsgesetzbuchs abweichende Vereinbarung;
   c) unter Buchstabe c Familienname, Vorname, Geburtsdatum und Wohnort oder gegebenenfalls Firma, Rechtsform, Sitz oder Niederlassung und der Betrag der Einlage jedes Kommanditisten einer Kommanditgesellschaft sowie bei der Europäischen wirtschaftlichen Interessenvereinigung die Mitglieder mit Familiennamen, Vornamen, Geburtsdatum und Wohnort oder gegebenenfalls mit Firma, Rechtsform, Sitz oder Niederlassung

und die sich jeweils darauf beziehenden Änderungen.
6. In Spalte 6 sind unter Buchstabe a der Tag der Eintragung, unter Buchstabe b sonstige Bemerkungen einzutragen.
7. Enthält eine Eintragung die Nennung eines in ein öffentliches Register eingetragenen Rechtsträgers, so sind Art und Ort des Registers sowie die Registernummer dieses Rechtsträgers mit zu vermerken.

§ 41 [Änderung der Firma, Neueintragung, Verweisungen]

(1) [1]Wird bei dem Eintritt eines persönlich haftenden Gesellschafters oder eines Kommanditisten in das Geschäft eines Einzelkaufmanns oder bei dem Eintritt eines Gesellschafters in eine bestehende Gesellschaft die bisherige Firma nicht fortgeführt und die neue Firma unter einer neuen Nummer auf einem anderen Registerblatt eingetragen, so ist der Eintritt in Spalte 5 des Registers bei der bisherigen und bei der neuen Firma zu vermerken. [2]Dasselbe gilt von einer von § 28 Abs. 1 des Handelsgesetzbuchs abweichenden Vereinbarung.

(2) Auf jedem Registerblatt ist auf das andere in Spalte „Bemerkungen" zu verweisen.

§ 42 [Übergang eines Handelsgeschäfts, Verweisungen]

[1]Wird zum Handelsregister angemeldet, daß das Handelsgeschäft eines Einzelkaufmanns, einer juristischen Person, einer offenen Handelsgesellschaft oder einer Kommanditgesellschaft auf eine in Abteilung B eingetragene Handelsgesellschaft mit dem Recht zur Fortführung der Firma übergegangen ist, so sind die das Handelsgeschäft betreffenden Eintragungen in Abteilung A des Registers rot zu unterstreichen. [2]Wird von dem Erwerber die Fortführung der Firma angemeldet, so ist bei der Eintragung in Abteilung B auf das bisherige Registerblatt in der Spalte „Bemerkungen" zu verweisen und umgekehrt.

Abteilung B

§ 43 Inhalt der Eintragungen in Abteilung B

In Abteilung B des Handelsregisters sind die nachfolgenden Angaben einzutragen:
1. In Spalte 1 ist die laufende Nummer der die Gesellschaft betreffenden Eintragung einzutragen.
2. In Spalte 2 sind
   a) unter Buchstabe a die Firma;
   b) unter Buchstabe b der Ort der Niederlassung oder der Sitz, bei Aktiengesellschaften, bei einer SE, bei Kommanditgesellschaften auf Aktien und Gesellschaften mit beschränkter Haftung die inländische Geschäftsanschrift sowie gegebenenfalls Familienname und Vorname oder Firma und Rechtsform sowie inländische Anschrift einer für Willenserklärungen und Zustellungen empfangsberechtigten Person, sowie die Errichtung oder Aufhebung von Zweigniederlassungen, und zwar unter Angabe des Ortes einschließlich der Postleitzahl, der inländischen Geschäftsanschrift und, falls der Firma für eine Zweigniederlassung ein Zusatz beigefügt ist, unter Angabe dieses Zusatzes;
   c) unter Buchstabe c der Gegenstand des Unternehmens

   und die sich jeweils darauf beziehenden Änderungen anzugeben.
3. In Spalte 3 sind bei Aktiengesellschaften, bei einer SE und bei Kommanditgesellschaften auf Aktien die jeweils aktuellen Beträge der Höhe des Grundkapitals, bei Gesellschaften mit beschränkter Haftung die Höhe des Stammkapitals und bei Versicherungsvereinen auf Gegenseitigkeit die Höhe des Gründungsfonds anzugeben.
4. [1]In Spalte 4 sind
   a) unter Buchstabe a die allgemeine Regelung zur Vertretung des Rechtsträgers durch die Mitglieder des Vorstandes, des Leitungsorgans, die geschäftsführenden Direktoren, die persönlich haftenden Gesellschafter sowie bei Kreditinstituten die gerichtlich bestellten vertretungsbefugten Personen, die Geschäftsführer, die Abwickler oder Liquidatoren und
   b) unter Buchstabe b bei Aktiengesellschaften und Versicherungsvereinen auf Gegenseitigkeit die Mitglieder des Vorstandes und ihre Stellvertreter (bei Aktiengesell-

schaften unter besonderer Bezeichnung des Vorsitzenden), bei einer SE die Mitglieder des Leitungsorgans und ihre Stellvertreter (unter besonderer Bezeichnung ihres Vorsitzenden) oder die geschäftsführenden Direktoren, bei Kommanditgesellschaften auf Aktien die persönlich haftenden Gesellschafter, bei Kreditinstituten die gerichtlich bestellten vertretungsbefugten Personen, bei Gesellschaften mit beschränkter Haftung die Geschäftsführer und ihre Stellvertreter, ferner die Abwickler oder Liquidatoren unter der Bezeichnung als solcher, jeweils mit Familiennamen, Vornamen, Geburtsdatum und Wohnort oder gegebenenfalls mit Firma, Rechtsform, Sitz oder Niederlassung

und die jeweils sich darauf beziehenden Änderungen anzugeben. [2]Weicht die Vertretungsbefugnis der in Spalte 4 unter Buchstabe b einzutragenden Personen im Einzelfall von den Angaben in Spalte 4 unter Buchstabe a ab, so ist diese besondere Vertretungsbefugnis bei den jeweiligen Personen zu vermerken. [3]Ebenfalls in Spalte 4 unter Buchstabe b sind bei ausländischen Versicherungsunternehmen die nach § 106 Abs. 3 des Versicherungsaufsichtsgesetzes bestellten Hauptbevollmächtigten, bei einer Zweigstelle eines Unternehmens mit Sitz in einem anderen Staat, die Bankgeschäfte in dem in § 1 Abs. 1 des Gesetzes über das Kreditwesen bezeichneten Umfang betreibt, die nach § 53 Abs. 2 Nr. 1 des Gesetzes über das Kreditwesen bestellten Geschäftsleiter sowie bei einer Zweigniederlassung einer Aktiengesellschaft, SE oder Gesellschaft mit beschränkter Haftung mit Sitz im Ausland die ständigen Vertreter nach § 13e Abs. 2 Satz 5 Nr. 3 des Handelsgesetzbuchs jeweils mit Familiennamen, Vornamen, Geburtsdatum und Wohnort unter Angabe ihrer Befugnisse zu vermerken.

5. In Spalte 5 sind die die Prokura betreffenden Eintragungen einschließlich Familienname, Vorname, Geburtsdatum und Wohnort der Prokuristen sowie die jeweils sich darauf beziehenden Änderungen anzugeben.
6. In Spalte 6 sind anzugeben
   a) unter Buchstabe a die Rechtsform und der Tag der Feststellung der Satzung oder des Abschlusses des Gesellschaftsvertrages; jede Änderung der Satzung oder des Gesellschaftsvertrages; bei der Eintragung genügt, soweit nicht die Änderung die einzutragenden Angaben betrifft, eine allgemeine Bezeichnung des Gegenstands der Änderung;
   b) unter Buchstabe b neben den entsprechend für die Abteilung A in § 40 Nr. 5 Buchstabe b Doppelbuchstabe bb einzutragenden Angaben:
      aa) die besonderen Bestimmungen der Satzung oder des Gesellschaftsvertrages über die Zeitdauer der Gesellschaft oder des Versicherungsvereins auf Gegenseitigkeit;
      bb) eine Eingliederung einschließlich der Firma der Hauptgesellschaft sowie das Ende der Eingliederung, sein Grund und sein Zeitpunkt;
      cc) das Bestehen und die Art von Unternehmensverträgen einschließlich des Namens des anderen Vertragsteils, beim Bestehen einer Vielzahl von Teilgewinnabführungsverträgen alternativ anstelle des Namens des anderen Vertragsteils eine Bezeichnung, die den jeweiligen Teilgewinnabführungsvertrag konkret bestimmt, außerdem die Änderung des Unternehmensvertrages sowie seine Beendigung unter Angabe des Grundes und des Zeitpunktes;
      dd) die Auflösung, die Fortsetzung und die Nichtigkeit der Gesellschaft oder des Versicherungsvereins auf Gegenseitigkeit;
      ee) Eintragungen nach dem Umwandlungsgesetz und dem Sanierungs- und Abwicklungsgesetz;
      ff) das Erlöschen der Firma, die Löschung einer Aktiengesellschaft, SE, Kommanditgesellschaft auf Aktien, Gesellschaft mit beschränkter Haftung oder eines Versicherungsvereins auf Gegenseitigkeit sowie Löschungen von Amts wegen;
      gg) das Bestehen eines bedingten Kapitals unter Angabe des Beschlusses der Hauptversammlung und der Höhe des bedingten Kapitals;
      hh) das Bestehen eines genehmigten Kapitals unter Angabe des Beschlusses der Hauptversammlung oder Gesellschafterversammlung, der Höhe des genehmigten Kapitals und des Zeitpunktes, bis zu dem die Ermächtigung besteht;
      ii) bei Investmentaktiengesellschaften das in der Satzung festgelegte Mindestkapital und Höchstkapital (§ 105 Abs. 1 des Investmentgesetzes);
      jj) der Beschluss einer Übertragung von Aktien gegen Barabfindung (§ 327a des Aktiengesetzes) unter Angabe des Tages des Beschlusses;

kk) der Abschluss eines Nachgründungsvertrages unter Angabe des Zeitpunktes des Vertragsschlusses und des Zustimmungsbeschlusses der Hauptversammlung sowie der oder die Vertragspartner der Gesellschaft;

ll) bei Versicherungsvereinen auf Gegenseitigkeit der Tag, an dem der Geschäftsbetrieb erlaubt worden ist

und die sich jeweils darauf beziehenden Änderungen.

7. Die Verwendung der Spalte 7 richtet sich nach den Vorschriften über die Benutzung der Spalte 6 der Abteilung A.
8. § 40 Nr. 7 gilt entsprechend.

§ 44 [Eintragungen von Urteilen über Nichtigkeitserklärungen und Verfügungen über Löschungen]

Urteile, durch die ein in das Register eingetragener Beschluß der Hauptversammlung einer Aktiengesellschaft, SE, Kommanditgesellschaft auf Aktien oder der Gesellschafterversammlung einer Gesellschaft mit beschränkter Haftung rechtskräftig für nichtig erklärt ist, sowie die nach § 398 des Gesetzes über das Verfahren in Familiensachen und in den Angelegenheiten der freiwilligen Gerichtsbarkeit verfügte Löschung eines Beschlusses sind in einem Vermerk, der den Beschluß als nichtig bezeichnet, in diejenigen Spalten des Registerblatts einzutragen, in die der Beschluß eingetragen war.

§ 45 [Löschung einer Gesellschaft wegen Nichtigkeit, Benachrichtigung über Heilung eines Mangels]

(1) Soll eine Aktiengesellschaft, eine SE, eine Kommanditgesellschaft auf Aktien oder eine Gesellschaft mit beschränkter Haftung als nichtig gelöscht werden, so ist, wenn der Mangel geheilt werden kann, in der nach § 395 Abs. 2, § 397 des Gesetzes über das Verfahren in Familiensachen und in den Angelegenheiten der freiwilligen Gerichtsbarkeit ergehenden Benachrichtigung auf diese Möglichkeit ausdrücklich hinzuweisen.

(2) [1]Die Löschung erfolgt durch Eintragung eines Vermerks, der die Gesellschaft als nichtig bezeichnet. [2]Gleiches gilt, wenn die Gesellschaft durch rechtskräftiges Urteil für nichtig erklärt ist.

§ 46 [Verweisung bei Firmenänderung]

Wird bei einer in Abteilung B eingetragenen Handelsgesellschaft die Änderung der Firma zum Handelsregister angemeldet, weil das Geschäft mit dem Recht zur Fortführung der Firma auf einen Einzelkaufmann, eine juristische Person oder eine Handelsgesellschaft übertragen worden ist, und wird von dem Erwerber die Fortführung der Firma angemeldet, so ist bei der Eintragung in die Spalte „Bemerkungen" auf das bisherige Registerblatt zu verweisen und umgekehrt.

IVa. Vorschriften für das elektronisch geführte Handelsregister

1. Einrichtung des elektronisch geführten Handelsregisters

§ 47 Grundsatz

(1) [1]Bei der elektronischen Führung des Handelsregisters muss gewährleistet sein, dass

1. die Grundsätze einer ordnungsgemäßen Datenverarbeitung eingehalten, insbesondere Vorkehrungen gegen einen Datenverlust getroffen sowie die erforderlichen Kopien der Datenbestände mindestens tagesaktuell gehalten und die originären Datenbestände sowie deren Kopien sicher aufbewahrt werden,
2. die vorzunehmenden Eintragungen alsbald in einen Datenspeicher aufgenommen und auf Dauer inhaltlich unverändert in lesbarer Form wiedergegeben werden können,
3. die nach den Artikeln 24, 25 und 32 der Verordnung (EU) 2016/679 erforderlichen Anforderungen erfüllt sind, soweit es um personenbezogene Daten geht.

[2]Die Dokumente sind in inhaltlich unveränderbarer Form zu speichern.

(2) Wird die Datenverarbeitung im Auftrag des zuständigen Amtsgerichts auf den Anlagen einer anderen staatlichen Stelle oder eines Dritten vorgenommen (§ 387 Abs. 5 des Gesetzes über das Verfahren in Familiensachen und in den Angelegenheiten der freiwilligen Gerichtsbarkeit), so muss sichergestellt sein, dass Eintragungen in das Handelsregister und der Abruf von Daten hieraus nur erfolgen, wenn dies von dem zuständigen Gericht verfügt worden oder sonst zulässig ist.

(3) Die Verarbeitung der Registerdaten auf Anlagen, die nicht im Eigentum der anderen staatlichen Stelle oder des Dritten stehen, ist nur zulässig, wenn gewährleistet ist, dass die Daten dem uneingeschränkten Zugriff des zuständigen Gerichts unterliegen und der Eigentümer der Anlage keinen Zugang zu den Daten hat.

§ 48 Begriff des elektronisch geführten Handelsregisters

[1]Bei dem elektronisch geführten Handelsregister ist der in den dafür bestimmten Datenspeicher aufgenommene und auf Dauer unverändert in lesbarer Form wiedergabefähige Inhalt des Registerblattes (§ 13 Abs. 1) das Handelsregister. [2]Die Bestimmung des Datenspeichers nach Satz 1 kann durch Verfügung der nach Landesrecht zuständigen Stelle geändert werden, wenn dies dazu dient, die Erhaltung und die Abrufbarkeit der Daten sicherzustellen oder zu verbessern, und die Daten dabei nicht verändert werden.

§ 49 Anforderungen an Anlagen und Programme; Sicherung der Anlagen, Programme und Daten

(1) Hinsichtlich der Anforderungen an die für das elektronisch geführte Handelsregister verwendeten Anlagen und Programme, deren Sicherung sowie der Sicherung der Daten gelten die §§ 64 bis 66 der Grundbuchverfügung entsprechend.

(2) Das eingesetzte Datenverarbeitungssystem soll innerhalb eines jeden Landes einheitlich sein und mit den in den anderen Ländern eingesetzten Systemen verbunden werden können.

§ 50 Gestaltung des elektronisch geführten Handelsregisters

(1) [1]Der Inhalt des elektronisch geführten Handelsregisters muß auf dem Bildschirm und in Ausdrucken entsprechend den beigegebenen Mustern (Anlagen 4 und 5) sichtbar gemacht werden können. [2]Der letzte Stand aller noch nicht gegenstandslos gewordenen Eintragungen (aktueller Registerinhalt) kann statt in spaltenweiser Wiedergabe auch als fortlaufender Text nach den Mustern in Anlage 6 und 7 sichtbar gemacht werden.

(2) Der Inhalt geschlossener Registerblätter, die nicht für die elektronische Registerführung umgeschrieben wurden, muss entsprechend den beigegebenen Mustern (Anlagen 1 und 2 in der bis zum Inkrafttreten des Gesetzes über elektronische Handelsregister und Genossenschaftsregister sowie das Unternehmensregister am 1. Januar 2007 geltenden Fassung dieser Verordnung) auf dem Bildschirm und in Ausdrucken sichtbar gemacht werden können, wenn nicht die letzte Eintragung in das Registerblatt vor dem 1. Januar 1997 erfolgte.

2. Anlegung des elektronisch geführten Registerblatts

§ 51 Anlegung des elektronisch geführten Registerblatts durch Umschreibung

Ein bisher in Papierform geführtes Registerblatt kann für die elektronische Führung nach den §§ 51, 52 und 54 in der bis zum Inkrafttreten des Gesetzes über elektronische Handelsregister und Genossenschaftsregister sowie das Unternehmensregister am 1. Januar 2007 geltenden Fassung dieser Verordnung umgeschrieben werden.

3. Automatisierter Abruf von Daten

§ 52 Umfang des automatisierten Datenabrufs

[1]Umfang und Voraussetzungen des Abrufs im automatisierten Verfahren einschließlich des Rechts, von den abgerufenen Daten Abdrucke zu fertigen, bestimmen sich nach § 9 Abs. 1 des Handelsgesetzbuchs. [2]Abdrucke stehen den Ausdrucken (§ 30a) nicht gleich.

§ 53 Protokollierung der Abrufe

(1) [1]Für die Sicherung der ordnungsgemäßen Datenverarbeitung und für die Abrechnung der Kosten des Abrufs werden alle Abrufe durch die zuständige Stelle protokolliert. [2]Im Protokoll dürfen nur das Gericht, die Nummer des Registerblatts, die abrufende Person oder Stelle, ein Geschäfts-, Aktenzeichen oder eine sonstige Kennung des Abrufs, der Zeitpunkt des Abrufs sowie die für die Durchführung des Abrufs verwendeten Daten gespeichert werden.

(2) [1]Die protokollierten Daten dürfen nur für die in Absatz 1 Satz 1 genannten Zwecke verwendet werden. [2]Sie sind durch geeignete Vorkehrungen gegen zweckfremde Nutzung und gegen sonstigen Missbrauch zu schützen.

(3) [1]Die nach Absatz 1 gefertigten Protokolle werden vier Jahre nach Ablauf des Kalenderjahres, in dem die Zahlung der Kosten erfolgt ist, vernichtet. [2]Im Fall der Einlegung eines Rechtsbehelfs mit dem Ziel der Rückerstattung verlängert sich die Aufbewahrungsfrist jeweils um den Zeitraum von der Einlegung bis zur abschließenden Entscheidung über den Rechtsbehelf.

4. Ersatzregister und Ersatzmaßnahmen

§ 54 Ersatzregister und Ersatzmaßnahmen

(1) [1]Ist die Vornahme von Eintragungen in das elektronisch geführte Handelsregister vorübergehend nicht möglich, so können auf Anordnung der nach Landesrecht zuständigen Stelle Eintragungen ohne Vergabe einer neuen Nummer in einem Ersatzregister in Papierform vorgenommen werden, wenn hiervon Verwirrung nicht zu besorgen ist. [2]Sie sollen in das elektronisch geführte Handelsregister übernommen werden, sobald dies wieder möglich ist. [3]Auf die erneute Übernahme sind die Vorschriften über die Anlegung des maschinell geführten Registerblatts in der bis zum Inkrafttreten des Gesetzes über elektronische Handelsregister und Genossenschaftsregister sowie das Unternehmensregister am 1. Januar 2007 geltenden Fassung dieser Verordnung entsprechend anzuwenden.

(2) Für die Einrichtung und Führung der Ersatzregister nach Absatz 1 gelten § 17 Abs. 2 und die Bestimmungen des Abschnitts IV dieser Verordnung sowie die Bestimmungen der Abschnitte I bis III in der bis zum Inkrafttreten des Gesetzes über elektronische Handelsregister und Genossenschaftsregister sowie das Unternehmensregister am 1. Januar 2007 geltenden Fassung dieser Verordnung.

(3) [1]Können elektronische Anmeldungen und Dokumente vorübergehend nicht entgegengenommen werden, so kann die nach Landesrecht zuständige Stelle anordnen, dass Anmeldungen und Dokumente auch in Papierform zum Handelsregister eingereicht werden können. [2]Die aufgrund einer Anordnung nach Satz 1 eingereichten Schriftstücke sind unverzüglich in elektronische Dokumente zu übertragen.

Anlagen

(nicht abgedruckt)

§ 8a Eintragungen in das Handelsregister; Verordnungsermächtigung

(1) Eine Eintragung in das Handelsregister wird wirksam, sobald sie in den für die Handelsregistereintragungen bestimmten Datenspeicher aufgenommen ist und auf Dauer inhaltlich unverändert in lesbarer Form wiedergegeben werden kann.

(2) [1]Die Landesregierungen werden ermächtigt, durch Rechtsverordnung nähere Bestimmungen über die elektronische Führung des Handelsregisters, die elektronische Anmeldung, die elektronische Einreichung von Dokumenten sowie deren Aufbewahrung zu treffen, soweit nicht durch das Bundesministerium der Justiz und für Verbraucherschutz nach § 387 Abs. 2 des Gesetzes über das Verfahren in Familiensachen und in den Angelegenheiten der freiwilligen Gerichtsbarkeit entsprechende Vorschriften erlassen werden. [2]Dabei können sie auch Einzelheiten der Datenübermittlung regeln sowie die Form zu übermittelnder elektronischer Dokumente festlegen, um die Eignung für die Bearbeitung durch das Gericht sicherzustellen. [3]Die Landesregierungen können die Ermächtigung durch Rechtsverordnung auf die Landesjustizverwaltungen übertragen.

Schrifttum: s. § 8.

I. Elektronische Registereintragungen

1 Wie bis 1.1.2007 vor Inkrafttreten des EHUG (→ § 8 Rn. 3) in § 8a Abs. 2 aF ist in § 8a Abs. 1 näher geregelt, wann eine Eintragung im Handelsregister wirksam wird. Die vormals im Handelsgesetzbuch selbst enthaltenen näheren technischen Maßgaben sind auf der Grundlage des § 387 Abs. 2 FamFG nunmehr in §§ 47 ff. HRV näher bestimmt. Danach muss als Mindestanforderung gewährleistet sein, dass die Registerdaten gegen Verlust und unberechtigten Zugriff geschützt sind. Außerdem muss die jederzeitige Wiedergabemöglichkeit garantiert sein.[1] Die unveränderte Wiedergabemöglichkeit impliziert, dass die verwendeten Programme eine **spätere Veränderung** erfolgter Eintragungen **ausschließt.** Nur so kann die fortwirkende und für die Transparenz sowie Verlässlichkeit des Handelsregisters entscheidende Richtigkeit und Vollständigkeit des Registers sichergestellt werden.[2]

2 In Ergänzung zu § 382 Abs. 1 S. 2 FamFG, wonach eine Eintragung im Register „mit ihrem Vollzug im Register wirksam ist", konkretisiert § 8a Abs. 1 eben diesen Begriff des „Vollzugs". Mit diesem Vollzug wird zugleich iSd § 382 Abs. 1 S. 1 FamFG der darauf gerichtete Eintragungsantrag – also die entsprechende „Anmeldung zur Eintragung in das Handelsregister" – erledigt. Das „Handelsregister" ist sodann gem. § 47 S. 1 HRV der in den dafür bestimmten Datenspeicher aufgenommene und auf Dauer unverändert in lesbarer Form wiedergabefähige Inhalt des Registerblattes.

3 Die jeweilige Eintragung kann im Register von dem Richter oder Rechtspfleger selbst vorgenommen werden, ohne dass es einer entsprechenden Verfügung und deren Vollzug durch den Urkundsbeamten bedarf (§ 27 Abs. 1 HRV). Allerdings wird die Eintragung nicht schon mit der Eingabe der Daten und Aufnahme in den für das Handelsregister bestimmten Speicher wirksam. Maßgebend ist vielmehr der Zeitpunkt, in dem die **Eintragung dauerhaft inhaltlich unverändert in lesbarer Form wiedergegeben werden kann.** Die Daten müssen gespeichert sein *und* wieder abgerufen werden können.[3] Entsprechend § 129 Abs. 1 S. 2 GBO müssen die technischen Voraussetzungen dafür vorliegen, dass konkret nach einer Eingabe etwa durch eine Bestätigungsanzeige festgestellt werden kann, ob den Anforderungen von Abs. 1 genügt ist (§ 27 Abs. 3 HRV). Bei der Eintragung ist gem. § 27 Abs. 4 HRV der Tag ihrer Vornahme anzugeben; die Angabe der genauen Uhrzeit ist nicht möglich.[4] Fehlt bei der Eintragung das Datum, ist sie trotzdem wirksam.[5]

---

[1] EBJS/*Schaub* Rn. 1.

[2] BGH NJW 2015, 2116; Vorinstanz: OLG Schleswig FGPrax 2014, 178; vgl. auch BT-Drs. 18/12611, 68.

[3] Vgl. Begr. RegE, BT-Drs. 12/5553, 101; s. BeckOGK/*Beurskens* Rn. 5; Oetker/*Preuß* Rn. 3; BeckOK HGB/*Müther* Rn. 1; Röhricht/Graf v. Westphalen/Haas/*Ries* Rn. 2; Heymann/Förster Rn. 9 f.

[4] BeckOGK/*Beurskens* Rn. 17; BeckOK HGB/*Müther* Rn. 3.

[5] BeckOK HGB/*Müther* Rn. 3.

II. Ausgestaltung des Registerverfahrens

1. Zuständigkeit der Länder. Die bis 31.12.2006 geltende Vorschrift des § 8a Abs. 5 aF wurde in erweiterter Fassung in Abs. 2 aufgenommen. Danach ist es Sache der Bundesländer, die Einzelheiten der elektronischen Registerführung, Antragstellung und Antragsübermittlung zu regeln. Dies hängt mit dem Umstand zusammen, dass auch in sonstigen Bereichen des Registerwesens den Ländern die Kompetenz zur näheren Ausgestaltung zugeordnet wurde (s. etwa § 9 Abs. 1 S. 2, § 10 S. 1 sowie § 387 Abs. 1 FamFG). Um eine weitgehend bundeseinheitliche Ausgestaltung zu erreichen, haben sich die Länder bereits im Jahr 2002 auf die Einführung einheitlicher Standards geeinigt,[6] die mit Wirkung zum 1.1.2016 an die Anforderungen des Gesetzes zur Förderung des elektronischen Rechtsverkehrs mit den Gerichten vom 10.10.2013 (BGBl. 2013 I 3786) angepasst wurden. 4

2. Zuständigkeit des Bundes. Darüber hinaus besteht angesichts des grenzüberschreitenden Rechts- und Geschäftsverkehrs ein besonderer Bedarf an der bundeseinheitlichen Ausgestaltung der Registerführung. Dem entspricht die Ermächtigung des § 387 Abs. 2 S. 1 FamFG, auf deren Grundlage die Vorschriften der HRV (→ Anh. II § 8), insbesondere §§ 47–54 HRV beruhen. Dort finden sich bundeseinheitlich geltende nähere Bestimmungen über die Einrichtung und Führung des Handelsregisters, insbesondere zu seiner Gestaltung und Handhabung. 5

3. Elektronische Registerführung. Die Möglichkeit einer Ausgestaltung der elektronischen Registerführung durch die Länder nach Abs. 2 beschränkt sich auf die Regelung der technischen Einzelheiten und betrifft somit nicht den Inhalt und die Form der Registereintragungen, die bundeseinheitlich vorrangig durch die Vorschriften der HRV näher bestimmt werden.[7] Eine auch nur partielle Abweichung von dieser einheitlichen Ausgestaltung wäre dagegen der bundesweiten Nutzbarkeit des Handelsregisters abträglich. Zu erwarten ist vielmehr, dass die elektronische Registerführung faktisch zu einer weitgehenden Vereinheitlichung der bei den Eintragungen verwendeten Texte führt, so dass sich gleiche Rechtsvorgänge in identischen Eintragungen widerspiegeln.[8] 6

4. Elektronische Anmeldung. Die praxisrelevanten Details für die Vornahme einer elektronischen Anmeldung (§ 12 Abs. 1 S. 1) sind durch die Länder mittels Rechtsverordnung zu bestimmen. Dazu zählt insbesondere die Festlegung der zuständigen Stelle für die Entgegennahme elektronischer Anmeldungen (→ § 12 Rn. 26). Für die Frage der Einhaltung einer bestimmten Form ist § 12 maßgeblich. Nur subsidiär können die Bundesländer für die Einreichung und Übermittlung von sonstigen Erklärungen ergänzende Regelungen treffen und beispielsweise nicht nur für die versendeten Dokumente, sondern auch für die Übermittlung selbst die Verwendung einer qualifizierten elektronischen Signatur vorsehen (→ Rn. 8). 7

5. Einreichung von Anmeldungen, Dokumenten und deren Aufbewahrung. 8
Die Einreichung von Anmeldungen und sonstigen Dokumenten erfolgt über die von den Ländern festgelegten Stellen, wobei Notare hierbei das besondere Notarpostfach und Rechtsanwälte das besondere Anwaltspostfach verwenden. Ergänzend zu § 12 können hierbei die Länder die Einreichung auch an die Verwendung einer qualifizierten elektronischen Signatur binden.[9] Im Übrigen sind die Länder nach § 8a Abs. 2 berechtigt, Regelungen zur Ersatzeinreichung, insbesondere bei technischen Störungen, zu treffen, um im konkreten Fall auch in solchen Situationen die Registerführung aufrecht erhalten zu können.[10]

6. Datenübermittlung und Form von Dokumenten. Um die Weiterbearbeitung 9
der eingereichten Dokumente und deren Verwendbarkeit im Registersystem zu gewährleis-

6 S. BT-Drs. 16/960, 39.
7 BT-Drs. 16/960, 73.
8 *Willer/Krafka* DNotZ 2006, 885.
9 Vgl. § 2 Abs. 3 BayERVV Ju v. 15.12.2006, GVBl. 2006, 1084.
10 Zum Beispiel in § 3 und § 10 BayERVV Ju v. 15.12.2006, GVBl. 2006, 1084.

ten, muss ein bestimmtes Datenformat vorgeschrieben werden. Hierzu sehen die Ausführungsvorschriften der Länder vor, dass die übermittelten Dokumente eines der zugelassenen Formate in einer für das Gericht bearbeitbaren Version aufweisen müssen.[11] Als Formate sind zugelassen ASCII als reiner Text, Unicode, Microsoft RTF, Adobe PDF, XML, TIFF und Microsoft Word, soweit keine aktiven Komponenten verwendet werden.

10 Naturgemäß müssen die übermittelten Dokumente die Weiterbearbeitung durch das registerführende Gericht ermöglichen. Dies ist insbesondere dann nicht gewährleistet, wenn die fragliche Datei virenbehaftet ist, so dass sie in diesem Fall ohne weiteres zurückgewiesen werden kann. Dies gilt ebenso für Fälle anzunehmender Datensabotage oder der Einschleusung von Programmen.

§ 8b Unternehmensregister

(1) Das Unternehmensregister wird vorbehaltlich einer Regelung nach § 9a Abs. 1 vom Bundesministerium der Justiz und für Verbraucherschutz elektronisch geführt.

(2) Über die Internetseite des Unternehmensregisters sind zugänglich:
1. **Eintragungen im Handelsregister und deren Bekanntmachung und zum Handelsregister eingereichte Dokumente;**
2. **Eintragungen im Genossenschaftsregister und deren Bekanntmachung und zum Genossenschaftsregister eingereichte Dokumente;**
3. **Eintragungen im Partnerschaftsregister und deren Bekanntmachung und zum Partnerschaftsregister eingereichte Dokumente;**
4. **Unterlagen der Rechnungslegung nach den §§ 325 und 339 sowie Unterlagen nach § 341w, soweit sie bekannt gemacht wurden;**
5. **gesellschaftsrechtliche Bekanntmachungen im Bundesanzeiger;**
6. **im Aktionärsforum veröffentlichte Eintragungen nach § 127a des Aktiengesetzes;**
7. **Veröffentlichungen von Unternehmen nach dem Wertpapierhandelsgesetz oder dem Vermögensanlagengesetz im Bundesanzeiger, von Bietern, Gesellschaften, Vorständen und Aufsichtsräten nach dem Wertpapiererwerbs- und Übernahmegesetz im Bundesanzeiger sowie Veröffentlichungen nach der Börsenzulassungs-Verordnung im Bundesanzeiger;**
8. **Bekanntmachungen und Veröffentlichungen von Kapitalverwaltungsgesellschaften und extern verwalteten Investmentgesellschaften nach dem Kapitalanlagegesetzbuch, dem Investmentgesetz und dem Investmentsteuergesetz im Bundesanzeiger;**
9. **Veröffentlichungen und sonstige der Öffentlichkeit zur Verfügung gestellte Informationen nach den §§ 5, 26 Absatz 1 und 2, § 40 Absatz 1, den §§ 41, 46 Absatz 2, den §§ 50, 51 Absatz 2, § 114 Absatz 1 bis § 116 Absatz 2, den §§ 117, 118 Absatz 4 und § 127 des Wertpapierhandelsgesetzes, sofern die Veröffentlichung nicht bereits über Nummer 4 oder Nummer 7 in das Unternehmensregister eingestellt wird;**
10. **Mitteilungen über kapitalmarktrechtliche Veröffentlichungen an die Bundesanstalt für Finanzdienstleistungsaufsicht, sofern die Veröffentlichung selbst nicht bereits über Nummer 7 oder Nummer 9 in das Unternehmensregister eingestellt wird;**
11. **Bekanntmachungen der Insolvenzgerichte nach § 9 der Insolvenzordnung, ausgenommen Verfahren nach dem Zehnten Teil der Insolvenzordnung.**

(3) [1]Zur Einstellung in das Unternehmensregister sind dem Unternehmensregister zu übermitteln:

[11] S. etwa § 2 Abs. 4 BayERVV Ju v. 15.12.2006, GVBl. 2006, 1084.

1. die Daten nach Absatz 2 Nr. 4 bis 8 und die nach § 326 Absatz 2 von einer Kleinstkapitalgesellschaft hinterlegten Bilanzen durch den Betreiber des Bundesanzeigers;
2. die Daten nach Absatz 2 Nr. 9 und 10 durch den jeweils Veröffentlichungspflichtigen oder den von ihm mit der Veranlassung der Veröffentlichung beauftragten Dritten.

[2]Die Landesjustizverwaltungen übermitteln die Daten nach Absatz 2 Nr. 1 bis 3 und 11 zum Unternehmensregister, soweit die Übermittlung für die Eröffnung eines Zugangs zu den Originaldaten über die Internetseite des Unternehmensregisters erforderlich ist. [3]Die Bundesanstalt für Finanzdienstleistungsaufsicht überwacht die Übermittlung der Veröffentlichungen und der sonstigen der Öffentlichkeit zur Verfügung gestellten Informationen nach den §§ 5, 26 Absatz 1 und 2, § 40 Absatz 1, den §§ 41, 46 Absatz 2, den §§ 50, 51 Absatz 2, § 114 Absatz 1 bis § 116 Absatz 2, den §§ 117, 118 Absatz 4 und § 127 des Wertpapierhandelsgesetzes an das Unternehmensregister zur Speicherung und kann Anordnungen treffen, die zu ihrer Durchsetzung geeignet und erforderlich sind. [4]Die Bundesanstalt kann die gebotene Übermittlung der in Satz 3 genannten Veröffentlichungen, der Öffentlichkeit zur Verfügung gestellten Informationen und Mitteilung *[richtig wohl: Mitteilungen]* auf Kosten des Pflichtigen vornehmen, wenn die Übermittlungspflicht nicht, nicht richtig, nicht vollständig oder nicht in der vorgeschriebenen Weise erfüllt wird. [5]Für die Überwachungstätigkeit der Bundesanstalt gelten § 6 Absatz 3 Satz 1 und 3, Absatz 15 und 16, die §§ 13, 18 und 21 des Wertpapierhandelsgesetzes entsprechend.

(4) [1]Die Führung des Unternehmensregisters schließt die Erteilung von Ausdrucken sowie die Beglaubigung entsprechend § 9 Abs. 3 und 4 hinsichtlich der im Unternehmensregister gespeicherten Unterlagen der Rechnungslegung im Sinn des Absatzes 2 Nr. 4 ein. [2]Gleiches gilt für die elektronische Übermittlung von zum Handelsregister eingereichten Schriftstücken nach § 9 Abs. 2, soweit sich der Antrag auf Unterlagen der Rechnungslegung im Sinn des Absatzes 2 Nr. 4 bezieht; § 9 Abs. 3 gilt entsprechend.

Schrifttum: *Beurskens,* Das Unternehmensregister, in Noack, Das neue Gesetz über elektronische Handels- und Unternehmensregister, 2007, 97; *Liebscher/Scharff,* Das Gesetz über elektronische Handelsregister und Genossenschaftsregister sowie das Unternehmensregister, NJW 2006, 3745; *Nedden-Boeger,* Das neue Registerrecht, FGPrax 2007, 1; *Noack,* Das EHUG ist beschlossen – elektronische Handels- und Unternehmensregister ab 2007, NZG 2006, 801; *Seibert/Decker,* Das Gesetz über elektronische Handelsregister und Genossenschaftsregister sowie das Unternehmensregister (EHUG) – Der „Big Bang" im Recht der Unternehmenspublizität, DB 2006, 2446.

Übersicht

I. Einrichtung des Unternehmensregisters

1 **1. Anlass der Errichtung.** Das Handelsregister erfüllt die Aufgabe, dem Rechtsverkehr verbindliche Auskunft über den Bestand, die Vertretungs- und die Haftungssituation der eingetragenen Rechtsträger zu geben. Für den Adressatenkreis sind darüber hinaus weitere Informationen von Interesse, die von den Unternehmen ohnehin kraft Gesetzes an verschiedenen anderen Stellen, insbesondere oftmals im elektronisch geführten Bundesanzeiger, vorzuhalten sind. Das Ziel des – durch das EHUG (→ § 8 Rn. 3) zum 1.1.2007 eingeführten – Unternehmensregisters ist es, all diese Informationen mit den herkömmlichen registerlichen Eintragungen und Bekanntmachungen zu vernetzen und über ein einheitliches Portal zugänglich zu machen,[1] um damit die bisherige zersplitterte Informationslage zu harmonisieren. Damit wird eine zentrale Forderung des Abschlussberichts der „Regierungskommission Corporate Governance“ aus dem Jahr 2001 umgesetzt.[2] Das Unternehmensregister ist ein wichtiges Instrument zur Stärkung von Transparenz und Publizität im privaten Wirtschaftsverkehr. Es wird vermutet, es könne damit auch zur „Stärkung des Standorts Deutschland“ beitragen, da es Investoren den leichteren Zugang zu erforderlichen Unterlagen bei der Vorbereitung ihrer Entscheidungen eröffnet.[3]

2 **2. Bedeutung des Unternehmensregisters.** Die im Jahr 2003 erfolgte Novellierung der ursprünglichen Publizitäts-RL 1968 durch die RL 2003/58/EG (→ § 8 Rn. 3) verlangt die elektronische Zugänglichkeit verschiedener Unternehmensinformationen „in einer Akte“ (vgl. Art. 16 Abs. 1 und 3 GesR-RL). Nach der Auslagerung der Publizität der Rechnungslegung von den Registergerichten auf den Betreiber des Bundesanzeigers (§ 325 Abs. 1) kann dies nur erreicht werden, indem die entsprechenden Daten über eine zentrale Plattform vernetzt werden. In Deutschland geschieht dies durch das Unternehmensregister. Darüber hinaus erfüllt das Unternehmensregister die Funktion des amtlich bestellten Systems „für die Speicherung vorgeschriebener Informationen“ gem. Art. 21 Abs. 2 Transparenz-RL.[4] Allerdings ist das Unternehmensregister nicht mit den herkömmlichen Justizregistern (Handels-, Genossenschafts-, Partnerschafts- und Vereinsregister) vergleichbar,[5] weil es sich zum Teil auf die Bereitstellung einer Datenzugangsmöglichkeit im Sinne eines Portals beschränkt.[6] Gleichwohl ist seine primäre Funktion die Speicherung und Zugänglichmachung von Unternehmensinformationen, nicht deren Verbreitung.[7] Die Hauptschwäche des Unternehmensregisters ist hierbei allerdings das **Fehlen von Altdaten,** da eine Datenerfassung erst **seit 1.1.2007** erfolgt. Mit Ausnahme der Justizregistereintragungen sind Informationen aus der Zeit davor über das Unternehmensregister nicht erhältlich.[8] Die Einsichtnahme in das Unternehmensregister ist im Übrigen in § 9 Abs. 6 S. 1 geregelt.

1 BT-Drs. 16/960, 34; vgl. BeckOGK/*Beurskens* Rn. 2.
2 BT-Drs. 16/960, 39 unter Bezugnahme auf den genannten Bericht v. 10.7.2001, BT-Drs. 14/7515, Rn. 252.
3 Vgl. *Liebscher/Scharff* NJW 2006, 3475 (3476).
4 Richtlinie 2004/109/EG v.15.12.2004 (ABl. EU L 390 S. 38); vgl. *Seibert/Decker* DB 2006, 2446 (2449).
5 *Nedden-Boeger* FGPrax 2007, 1 (5).
6 BeckOGK/*Beurskens* Rn. 2; Staub/*Koch* Rn. 1 f.; EBJS/*Schaub* Rn. 3; Oetker/*Preuß* Rn. 1.
7 BeckOGK/*Beurskens* Rn. 2; *Beurskens* in Noack, Das neue Gesetz über elektronische Handels- und Unternehmensregister, 2007, 97.
8 BeckOGK/*Beurskens* Rn. 2; *Beurskens* in Noack, Das neue Gesetz über elektronische Handels- und Unternehmensregister, 2007, 98 f.

3. Registerpublizität. Für die Rechtsanwendung ist zu beachten, dass die Bekanntmachung der Eintragungen im Handelsregister Teil des Unternehmensregisterinhalts sind (Abs. 2 Nr. 1) und daher mittelbar auch der Anwendungsbereich des § 15 eröffnet wird.[9] Dies gilt jedenfalls dann, wenn das Unternehmensregister so betrieben wird, dass es als Portal nur den Zugriff auf den Originaldatenbestand der erfolgten Bekanntmachungen ermöglicht und damit keine eigenständigen Datensätze zur Einsicht liefert. Gleichwohl kommt es im Rahmen des § 15 bei der fehlschlagenden oder verzögerten Zugriffsmöglichkeit über das Unternehmensregister nur auf die tatsächliche Bekanntmachung nach § 10 an.[10] 3

II. Führung des Unternehmensregisters

1. Begriff der Registerführung. Das Unternehmensregister enthält als Zugangsportal, mit Ausnahme der kapitalmarktrechtlichen Informationen nach Abs. 2 Nr. 9 und 10, keine eigenständig gespeicherten Daten im Sinn von Eintragungen, sondern leitet lediglich zu den vermittelten Daten weiter und kann daher als „Sammelregister" oder als „Metaregister" bezeichnet werden,[11] dem eine Art „Navigationsfunktion"[12] zukommen soll. Die Registerführung beschränkt sich dem entsprechend auf die Einrichtung eines zentralen Zugangs und die Erstellung und Pflege der Zugriffsverbindung auf die jeweiligen Unternehmensinformationen. Um dies gewährleisten zu können, werden die einzelnen Stellen, die mit den zu veröffentlichenden Daten unmittelbar befasst sind, verpflichtet, diese Daten dem Betreiber des Unternehmensregisters zur Verfügung zu stellen (Abs. 3). Die Führung des Registers umfasst im Übrigen auch die Erstellung von Ausdrucken und ggf. deren Beglaubigung der dort gespiegelt gespeicherten Unterlagen der Rechnungslegung (Abs. 4). Nähere Bestimmungen zur Führung des Unternehmensregisters wurden nach § 9a Abs. 3 durch die URV getroffen (→ § 9a Rn. 8 ff.). 4

2. Übertragung der Führung. Nach Abs. 1 wird das Unternehmensregister grundsätzlich in bundeseigener Verwaltung betrieben. Die Aufgabe wurde zwar formal dem BMJV als Herausgeber des Bundesanzeigers zugewiesen, allerdings mit der Möglichkeit der Beleihung eines privatrechtlichen Rechtsträgers nach § 9a. Noch vor Inkrafttreten des § 8b zum 1.1.2007 wurde im Dezember 2006 die Führung des Unternehmensregisters durch eine entsprechende Verordnung auf die „Bundesanzeiger Verlagsgesellschaft mit beschränkter Haftung" mit Sitz in Köln übertragen (Verordnung über die Übertragung der Führung des Unternehmensregisters – URFüÜbertrVO – vom 15.12.2006, BGBl. 2006 I 3202). Im Januar 2015 wurde die Delegation durch VO vom 14.1.2015 (BGBl. 2015 I 16) um zehn Jahre bis 31.12.2026 verlängert. 5

3. Datenzugang über Internet. Die zentrale elektronische Zugänglichkeit der mittels des Unternehmensregisters abrufbaren Daten erfolgt über das Internet. Gesetzlich vorgeschrieben ist die exakte Adresse nicht. Verwendet wird derzeit die Bezeichnung „www.unternehmensregister.de", unter der das Register erreichbar sein muss (§ 1 Abs. 3 URV). Der Datenzugang kann auch mittelbar erfolgen, indem über das genannte Portal lediglich eine Weiterverweisung aufgenommen wird, mit der Möglichkeit eines unmittelbaren Zugriffs auf die fraglichen Originaldokumente bzw. -daten.[13] Es bedarf also – mit Ausnahme der nach Abs. 4 S. 1 bezeichneten Unterlagen der Rechnungslegung gem. Abs. 2 Nr. 4 und der originär dem Unternehmensregister einzureichenden kapitalmarktrechtlichen 6

---

[9] BeckOGK/*Beurskens* Rn. 39; Oetker/*Preuß* Rn. 2; EBJS/*Schaub* Rn. 4; *Nedden-Boeger* FGPrax 2007, 1 (5); aA BeckOK HGB/*Müther* Rn. 2.

[10] *Beurskens* in Noack, Das neue Gesetz über elektronische Handels- und Unternehmensregister, 2007, 98.

[11] Oetker/*Preuß* Rn. 1; *Noack* NZG 2006, 801 (802); zu den verschiedenen Realisierungsmöglichkeiten *Beurskens* in Noack, Das neue Gesetz über elektronische Handels- und Unternehmensregister, 2007, 100.

[12] Staub/*Koch* Rn. 2; BeckOGK/*Beurskens* Rn. 3: „einheitlicher Zugang".

[13] BT-Drs. 16/960, 40.

Daten nach Abs. 2 Nr. 9 und 10 – keiner Speicherung dieser Daten im Unternehmensregister selbst.

7 **4. Finanzierung des Unternehmensregisters.** Das Register wird durch Beiträge der einzelnen Unternehmen finanziert. Diese betragen regelmäßig pro Jahr 3 Euro für kleine und mittlere Unternehmen und 6 Euro für große Unternehmen entsprechend den Größenklassen nach § 326 HGB (GV 1120, 1121 JVKostG). Nur in besonderen Ausnahmefällen beträgt die Jahresgebühr 30 Euro (vgl. GV 1122 JVKostG).

III. Inhalt des Unternehmensregisters

8 **1. Allgemeines.** Die über das Unternehmensregister verfügbaren Daten sind in Abs. 2 vorerst abschließend bestimmt. Die Aufzählung wurde aber durch den Gesetzgeber von Beginn an als erweiterbar erkannt und kurze Zeit nach der Errichtung bereits mehrfach ergänzt (Art. 5 Nr. 1 lit. a TUG). Es darf damit gerechnet werden, dass mittels Gesetzesänderungen der Bestand des Unternehmensregisters um relevante Daten erweitert wird.[14] Die über das Unternehmensregister abrufbaren Informationen müssen zumindest in deutscher Sprache verfügbar sein, können darüber hinaus aber zusätzlich als Übersetzung in einer anderen Amtssprache der Europäischen Union eingereicht werden (§ 1 Abs. 1 S. 4 URV).

9 **2. Registereintragungen und Registerbekanntmachungen.** Gem. Abs. 2 Nr. 1–3 sind die Eintragungen im Handels-, Genossenschafts- und Partnerschaftsregister sowie deren Bekanntmachungen und die zum Register eingereichten Dokumente Inhalt des Unternehmensregisters. Ausreichend hierfür ist, dass über die Internetseite des Unternehmensregisters der Zugang zu diesen Daten ermöglicht wird, sodass keine Doppelung oder Spiegelung der Informationen erforderlich ist. Technisch erfolgt die Vernetzung indem die Landesjustizverwaltungen dem Betreiber des Unternehmensregisters für den Aufbau einer den konkreten Abruf ermöglichenden Suchfunktion die Indexdaten (insbesondere Aktenzeichen, Firma und Sitz) des Rechtsträgers übermitteln (Abs. 3 S. 2). Da somit über das Portal des Unternehmensregisters unter anderem auf die Originalbekanntmachungen der Eintragungen zugegriffen werden kann, findet insoweit auch § 15 Anwendung (→ Rn. 3).

10 **3. Unterlagen der Rechnungslegung.** Nach Abs. 2 Nr. 4 sind die Unterlagen der Rechnungslegung nach den § 325 und § 339 sowie Unterlagen nach § 341w, soweit sie bekannt gemacht wurden. Entsprechendes gilt für Unterlagen, für die auf diese Vorschriften verwiesen wird, wie dies bei § 325a, § 340l Abs. 2 sowie §§ 9 und 15 PublG der Fall ist. Die Begründung des Regierungsentwurfs beschreibt, dass die Anzeige des Datums und der Fundstelle der Bekanntmachung im Bundesanzeiger ausreicht, sodass die Rechnungslegungsunterlagen nicht doppelt vorgehalten werden müssen und auch nicht im Wege einer Direktverweisung unmittelbar gezeigt werden, sondern nur mittelbar aufgefunden werden können.[15] Angesichts der eindeutigen Bestimmung des Art. 16 Abs. 1 und 2 GesR-RL (früher Art. 3 Abs. 3 Publizitäts-RL) ist dem zu widersprechen. Danach ist es erforderlich, dass die Urkunden in der „einen" Akte zu hinterlegen sind oder die entsprechenden Informationen unmittelbar in das Register eingetragen werden, also deren Inhalt unmittelbar eingesehen werden kann und nicht nur mittelbar die Fundstelle der Unterlagen bei einer anderen Stelle mitgeteilt wird, so dass eine weitere Recherche erforderlich ist. Dafür spricht auch die Regelung in Abs. 4 S. 1, die implizit von einer Speicherung der Unterlagen der Rechnungslegung – und nicht nur ihrer Grunddaten samt Verweisung – im Unternehmensregister ausgeht.

11 **4. Gesellschaftsrechtliche Bekanntmachungen. a) Bekanntmachungen im Gesellschaftsblatt.** Bekanntmachungen von Gesellschaften mit beschränkter Haftung und Aktiengesellschaften erfolgen nach § 12 GmbHG und § 25 AktG im Bundesanzeiger. Dies

[14] BT-Drs. 16/960, 40; krit. zur derzeitigen Auswahl an Informationen *Beurskens* in Noack, Das neue Gesetz über elektronische Handels- und Unternehmensregister, 2007, 105 f.

[15] BT-Drs. 16/960, 40.

gilt bei einer GmbH für die Auflösung durch Beschluss (§ 65 Abs. 2 GmbHG) und bei Kapitalherabsetzungen (§ 58 Abs. 1 Nr. 1 GmbHG). Für Aktiengesellschaften sind beispielsweise § 20 Abs. 6 AktG, § 64 Abs. 2 AktG, § 97 Abs. 1 AktG, § 121 Abs. 3 AktG und § 306 Abs. 2 AktG einschlägig. Die Gesetzesbegründung erwähnt, dass auch Bekanntmachungen von Genossenschaften im Bundesanzeiger unter Abs. 2 Nr. 5 fallen.[16] Da anders als im Bereich der GmbH und AG bei eingetragenen Genossenschaften keine gesetzliche Anordnung des Bundesanzeigers als Gesellschaftsblatt besteht, würde dies aber nur für solche Genossenschaften zutreffen, die eine entsprechende satzungsmäßige Bestimmung haben.[17] Diese wenig erfreuliche Inkonsequenz ließe sich nur durch Einfügung einer Parallelvorschrift zu § 12 GmbHG im GenG beseitigen.

b) Aktionärsforum. Im Aktionärsforum veröffentlichte Eintragungen nach § 127a AktG sind nach Abs. 2 Nr. 6 gleichfalls Inhalt des Unternehmensregisters. Dies gilt sowohl für Aufforderungen nach § 127a Abs. 1 AktG als auch für Stellungnahmen der Gesellschaft zu Aufforderungen nach § 127a Abs. 4 AktG. 12

c) Kapitalverwaltungs- und Investmentgesellschaften. Als weiterer Fall gesellschaftsrechtlicher Bekanntmachungen sind in Abs. 2 Nr. 8 die Bekanntmachungen von Kapitalverwaltungsgesellschaften und Investmentgesellschaften nach den Vorschriften des KAGB, des früheren InvG und des InvStG im Bundesanzeiger genannt. 13

5. Wertpapierhandelsgesetz und Börsenzulassungs-Verordnung. Veröffentlichungen und Informationen von Unternehmen nach dem WpHG und der BörsZulV im Bundesanzeiger (vgl. etwa §§ 49, 51 WpHG und § 63 WpHG) sind nach Abs. 2 Nr. 7 in das Unternehmensregister aufzunehmen. Dies gilt insbesondere für Insiderinformationen (§ 26 Abs. 1 WpHG) und director's dealings (§ 26 Abs. 2 WpHG). 14

6. Weitere kapitalmarktrechtliche Veröffentlichungen. Mittels Abs. 2 Nr. 9 werden in Übereinstimmung mit der Transparenz-RL (RL 2004/109/EG) verschiedene kapitalmarktrechtliche Veröffentlichungen zentral an die Öffentlichkeit verbreitet. Zudem sind nach Abs. 2 Nr. 10 die Mitteilungen über kapitalmarktrechtliche Veröffentlichungen an die Bundesanstalt für Finanzdienstleistungsaufsicht in das Unternehmensregister einzustellen. Erfasst werden hiervon insbesondere Mitteilungen nach § 14 Abs. 3 S. 1 WpPG. Bemerkenswert hieran ist, dass diese Daten nicht – wie nahe liegend – von der Bundesanstalt für Finanzdienstleistungsaufsicht an das Unternehmensregister weitergeleitet werden, sondern von dem betroffenen Informationspflichtigen selbst einzureichen sind (näher → Rn. 18). Gerade bei der Einstellung der kapitalmarktrechtlichen Veröffentlichungen zeigt sich die Schwäche des Fehlens von Altdaten (→ Rn. 2) vor allem bei Beteiligungsmeldungen besonders deutlich,[18] zumal die in § 12 URV vorgesehene Löschungsfrist von zehn Jahren die Intransparenz noch verschärft.[19] 15

7. Insolvenzrechtliche Bekanntmachungen. Gem. Abs. 2 Nr. 11 sind die Bekanntmachungen nach § 9 InsO mit Ausnahme der Verbraucherinsolvenzverfahren (Zehnter Teil der Insolvenzordnung) in das Unternehmensregister aufzunehmen. Im Sinne der Marktaustrittspublizität ist damit sichergestellt, dass auch insoweit bedeutsame Unternehmensinformationen zentral über ein einheitliches Zugangsportal abgerufen werden können. Insbesondere unter Berücksichtigung der Vorschrift des § 32 Abs. 2 ist dies von unmittelbarer Bedeutung. Nähere Bestimmungen über die öffentliche Bekanntmachung nach § 9 InsO 16

---

16 BT-Drs. 16/960, 40.

17 Da § 156 GenG nur die Bekanntmachung von Eintragungen erfasst, nicht aber die sonstigen gesellschaftsrechtlichen Bekanntmachungen (vgl. etwa § 6 Nr. 5 GenG, § 46 Abs. 1 GenG und § 90 Abs. 1 GenG), ist die Bezugnahme von KKRD/*Roth* Rn. 5 auf diese Vorschrift nicht zutr.

18 BeckOGK/*Beurskens* Rn. 6; *Beurskens* in Noack, Das neue Gesetz über elektronische Handels- und Unternehmensregister, 2007, 99.

19 BeckOGK/*Beurskens* Rn. 6.

enthält die nach dieser Vorschrift ergangene InsIntBekV,[20] die nach § 4a InsIntBekV entsprechend für den Datenabruf über das Unternehmensregister gilt.

IV. Datenübermittlung

17 **1. Allgemeines.** Die einzelnen in das Unternehmensregister einzustellenden Daten nach Abs. 2 Nr. 1–8 und 11 werden gem. Abs. 3, soweit dies für einen mittelbaren Zugriff erforderlich ist, von den Stellen, bei denen sie ursprünglich erfasst werden, an den Betreiber des Registers weitergereicht. Zur erleichterten Abwicklung erledigt allerdings die Vernetzung mit den Daten aus dem Handels-, Genossenschafts- und Partnerschaftsregister die jeweilige Landesjustizverwaltung anstelle der einzelnen Registergerichte (s. Abs. 3 S. 2). Im Übrigen erfolgt die Vermittlung durch den Betreiber des Bundesanzeigers (Abs. 3 S. 1 Nr. 1), der kraft Beleihung derzeit mit dem Betreiber des Unternehmensregisters identisch ist (→ Rn. 5 und → § 9a Rn. 1), und durch den jeweils Veröffentlichungspflichtigen (Abs. 3 S. 1 Nr. 2).

18 Letzteres betrifft nur die in Abs. 2 Nr. 9 und Nr. 10 beschriebenen Daten (Abs. 3 S. 1 Nr. 2). Kommen die Pflichtigen der direkten Übermittlung an das Unternehmensregister nicht nach, kann die Bundesanstalt für Finanzdienstleistungen, die nach Abs. 3 S. 3 den entsprechenden Informationsfluss zu überwachen hat, ihrerseits die noch fehlenden Daten an das Unternehmensregister weiterleiten (Abs. 3 S. 4). Die Doppelung dieser Mitteilungspflicht an die Bundesanstalt und das Unternehmensregister ist wenig sinnvoll. Sie sollte zur Vermeidung unnötigen bürokratischen Aufwands künftig durch eine direkte elektronische Weitermeldung der Bundesanstalt an das Register ersetzt werden.[21] Ferner stellt die vorsätzlich oder leichtfertig unrichtige oder unvollständige Übermittlung der Daten nach Abs. 3 S. 1 Nr. 1 eine Ordnungswidrigkeit nach § 104a dar, die mit einer Geldbuße bis zu 200.000 Euro geahndet werden kann.

19 **2. Art und Umfang der Übermittlung.** Nähere Bestimmungen über die Art und den Umfang der Datenübermittlung an das Unternehmensregister enthalten die Bestimmungen der §§ 4 ff. URV.[22] In der Regel erfolgt die Übermittlung danach über Datenfernübertragung (§ 4 S. 1 URV) und nur ausnahmsweise im Fall der Informationen nach Abs. 2 Nr. 9 und Nr. 10 in Absprache mit dem Registerbetreiber durch Telefax.

V. Löschung von Daten

20 Die Löschung von Daten aus dem Unternehmensregister erfolgt entweder automatisch durch Entfernung aus der Informationsquelle, auf welche durch das Register nur weiterverwiesen wird. Im Übrigen sieht § 12 Abs. 2 URV vor, dass die Daten nach § 8b Abs. 2 Nr. 4–8 dann zu löschen sind, wenn sie nicht mehr im Bundesanzeiger zugänglich sind, und Daten nach § 8b Abs. 2 Nr. 9 und Nr. 10 zehn Jahre lang zugänglich zu halten und dann zu löschen sind. Diese Zehn-Jahres-Frist kann sich insbesondere bei auf längere Zeit zutreffend bleibenden Beteiligungsmitteilungen als zu kurz erweisen und im Einzelfall sogar zu einer Verschleierung der tatsächlichen Machtverhältnisse führen.[23]

VI. Erstellung von Ausdrucken

21 Hinsichtlich der Unterlagen der Rechnungslegung ist das Unternehmensregister die „eine Akte" iSd Art. 16 Abs. 1 GesR-RL (früher Art. 3 Abs. 1 Publizitäts-RL). Daher muss es nach Art. 16a Abs. 1 GesR-RL (früher Art. 3 Abs. 4 Publizitäts-RL) gewährleistet sein, dass für Einsichtnehmende auf Antrag eine Kopie dieser Unterlagen erhältlich ist und sie

---

[20] Verordnung zu öffentlichen Bekanntmachungen in Insolvenzverfahren im Internet vom 12.2.2002 (BGBl. 2002 I 677).

[21] So zu Recht *Noack* NZG 2006, 801 (804), der von einem „klaren Fall für den Nationalen Normenkontrollrat" spricht; ebenso Staub/*Koch* Rn. 51.

[22] Unternehmensregisterverordnung (URV) vom 26.2.2007 (BGBl. 2007 I 217).

[23] *Beurskens* in Noack, Das neue Gesetz über elektronische Handels- und Unternehmensregister, 2007, 99.

ggf. auch elektronisch und beglaubigt zur Verfügung gestellt wird. Die Umsetzung dieser Anforderungen ist die Funktion des Abs. 4.

Darüber hinaus sollte mit dieser Vorschrift die Zuständigkeit der Übertragung von der Papierform in die elektronische Form bei den vor oder nach dem 1.1.2007 eingereichten Unterlagen der Rechnungslegung von den Registergerichten auf den Betreiber des Unternehmensregisters verlagert werden.[24] Zur Erfüllung dieser Verpflichtung wurde dem Betreiber des Unternehmensregisters als Beliehenem in Ausfüllung der Ermächtigung des § 9a Abs. 1 S. 3 das Recht zur Führung eines Dienstsiegels zugestanden (§ 2 URFüÜbertrVO). 22

§ 9 Einsichtnahme in das Handelsregister und das Unternehmensregister

(1) [1]Die Einsichtnahme in das Handelsregister sowie in die zum Handelsregister eingereichten Dokumente ist jedem zu Informationszwecken gestattet. [2]Die Landesjustizverwaltungen bestimmen das elektronische Informations- und Kommunikationssystem, über das die Daten aus den Handelsregistern abrufbar sind, und sind für die Abwicklung des elektronischen Abrufverfahrens zuständig. [3]Die Landesregierung kann die Zuständigkeit durch Rechtsverordnung abweichend regeln; sie kann diese Ermächtigung durch Rechtsverordnung auf die Landesjustizverwaltung übertragen. [4]Die Länder können ein länderübergreifendes, zentrales elektronisches Informations- und Kommunikationssystem bestimmen. [5]Sie können auch eine Übertragung der Abwicklungsaufgaben auf die zuständige Stelle eines anderen Landes sowie mit dem Betreiber des Unternehmensregisters eine Übertragung der Abwicklungsaufgaben auf das Unternehmensregister vereinbaren.

(2) Sind Dokumente nur in Papierform vorhanden, kann die elektronische Übermittlung nur für solche Schriftstücke verlangt werden, die weniger als zehn Jahre vor dem Zeitpunkt der Antragstellung zum Handelsregister eingereicht wurden.

(3) [1]Die Übereinstimmung der übermittelten Daten mit dem Inhalt des Handelsregisters und den zum Handelsregister eingereichten Dokumenten wird auf Antrag durch das Gericht beglaubigt. [2]Dafür ist eine qualifizierte elektronische Signatur zu verwenden.

(4) [1]Von den Eintragungen und den eingereichten Dokumenten kann ein Ausdruck verlangt werden. [2]Von den zum Handelsregister eingereichten Schriftstücken, die nur in Papierform vorliegen, kann eine Abschrift gefordert werden. [3]Die Abschrift ist von der Geschäftsstelle zu beglaubigen und der Ausdruck als amtlicher Ausdruck zu fertigen, wenn nicht auf die Beglaubigung verzichtet wird.

(5) Das Gericht hat auf Verlangen eine Bescheinigung darüber zu erteilen, dass bezüglich des Gegenstandes einer Eintragung weitere Eintragungen nicht vorhanden sind oder dass eine bestimmte Eintragung nicht erfolgt ist.

(6) [1]Für die Einsichtnahme in das Unternehmensregister gilt Absatz 1 Satz 1 entsprechend. [2]Anträge nach den Absätzen 2 bis 5 können auch über das Unternehmensregister an das Gericht vermittelt werden. [3]Die Einsichtnahme in die Bilanz einer Kleinstkapitalgesellschaft (§ 267a), die von dem Recht nach § 326 Absatz 2 Gebrauch gemacht hat, erfolgt nur auf Antrag durch Übermittlung einer Kopie.

Schrifttum: *Baums,* Bericht der Regierungskommission Corporate Governance, 2001; *Bokelmann,* Der Einblick in das Handelsregister, DStR 1991, 945; *Göttlich,* Notar-Bescheinigungen in Handelsregistersachen, JurBüro 1970, 105; *Hirte,* Kommerzielle Nutzung des Handelsregisters, CR 1990, 631; *Kassau,* Das Recht auf kommerzielle Nutzung des Handelsregisters, 1998; *Koch/Rudzio,* Die Beweiskraft des Handelsregisters nach seiner Modernisierung, ZZP 122 (2009), 37; *Kollhosser,* Handelsregister und private Datenbanken, NJW

[24] BT-Drs. 16/2781, 79.

1988, 2409; *Nedden-Boeger,* Das neue Registerrecht, FGPrax 2007, 1; *Melchior/Schulte,* Die Vertretungsbescheinigung nach § 21 BNotO in der Handelsregisterpraxis, NotBZ 2003, 344.

Übersicht

I. Allgemeines

1 **1. Öffentlichkeit des Handelsregisters.** Die Vorschrift, die auch für das Genossenschaftsregister (§ 156 Abs. 1 GenG) und für das Partnerschaftsregister (§ 5 Abs. 2 PartGG) gilt, gewährt ohne weitere Voraussetzungen jedermann zu Informationszwecken das Recht auf Einsicht in das Register und in die zu ihm eingereichten Dokumente sowie das Recht auf Übermittlung von Abschriften. Hieraus folgt in Verbindung mit der Bekanntmachung nach § 10 die **Öffentlichkeit des Handelsregisters,** die ihre Grundlage in Bezug auf Kapitalgesellschaften in Art. 16 Abs. 4 GesR-RL (früher Art. 3 Abs. 4 Publizitäts-RL) findet. Auch nach der Ende 2001 durch das Gesetz über elektronische Register und Justizkosten für Telekommunikation v. 10.12.2001 (BGBl. 2001 I 3422) erfolgten Einfügung des Zusatzes, dass die Einsichtnahme jedem lediglich „zu Informationszwecken" gestattet ist, bleibt die Funktion des Abs. 1 sehr weit gefasst.[1] Früher formulierte Art. 12 Abs. 2 S. 1 ADHGB ausdrücklich: Das Handelsregister ist öffentlich.[2] Zu den Grenzen des Einsichtsrechts → Rn. 6 f., → Rn. 10 f. Verfassungsrechtlichen Bedenken begegnet diese Regelung angesichts ihrer durch den intendierten Gläubigerschutz gerechtfertigten verhältnismäßigen Ausgestaltung weder unter dem Gesichtspunkt des Rechts auf informationelle Selbstbestimmung (Art. 2 Abs. 1 GG), noch unter Berücksichtigung der Berufsfreiheit (Art. 12 Abs. 1 GG).[3]

2 **2. Keine Pflicht zur Einsichtnahme.** Das Recht auf Einsichtnahme in das Register und in Schriftstücke begründet **keine Pflicht zur Einsichtnahme.** Umgekehrt schadet bei im Handelsregister eingetragenen und bekannt gemachten Tatsachen das Unterlassen der dann für einen Kaufmann allgemein gebotenen Registerüberprüfung durch Registereinsicht

[1] BT-Drs. 14/6855, 17; Oetker/*Preuß* Rn. 2; KKRD/*Roth* Rn. 1.

[2] Näher *Karsten Schmidt* HandelsR § 13 Rn. 30; *Canaris* HandelsR § 4 Rn. 2; EBJS/*Schaub* Rn. 1; Röhricht/Graf v. Westphalen/Haas/*Ries* Rn. 1; Heymann/*Förster* Rn. 1.

[3] Staub/*Koch* Rn. 4.

ausnahmsweise dann nicht, wenn spezielle Vertrauenstatbestände den Registerinhalt zurücktreten lassen. Wer etwa im Verlauf einer ständigen, länger andauernden Geschäftsverbindung seine Haftung beschränkt (Umwandlung einer OHG in eine GmbH & Co. KG; die persönlich haftenden Gesellschafter werden Kommanditisten) und trotzdem so auftritt, als habe sich nichts geändert, der verhindert es geradezu, dass der Geschäftspartner nochmals das Handelsregister einsieht.[4]

3. Erforderlichkeit der Neuregelung. Die Umstellung des Registerverfahrens auf die elektronische Form durch das EHUG (→ § 8 Rn. 3) hatte vor allem zur Folge, dass nunmehr auch Einsichtnahmen in den Daten- und Dokumentenbestand des Handelsregisters auf elektronischem Weg durchgeführt werden müssen. Die Möglichkeit hierfür war bis zur Änderung durch das EHUG zum 1.1.2007 in § 9a aF als Sonderfall zur körperlichen Einsicht des Registerblatts nach § 9 aF geregelt. Nunmehr sieht § 9 Abs. 1 als Standardfall die Festlegung eines elektronischen Informations- und Kommunikationsmediums vor, über das die Daten aus dem Handelsregister abrufbar sind. 3

4. Inhalt der Neufassung. a) Wege der Einsichtnahme. Abs. 1 S. 1 enthält gegenüber dem Stand vor dem 1.1.2007 keine sachliche Änderung und beschreibt die „eingereichten Schriftstücke" nach dem Medienwechsel gem. § 12 zutreffend als „Dokumente". Die Festlegung des Informations- und Kommunikationssystems, über welches in elektronischer Weise die Einsichtnahme in das Handelsregister abgewickelt wird, ist Sache der einzelnen Bundesländer (Abs. 1 S. 2), die sich allerdings im Sinne einer möglichst effektiven Umsetzung der Registerpublizität auf eine einheitliche Plattform geeinigt haben[5] (vgl. Abs. 1 S. 4), die im Internet unter der Adresse „www.handelsregister.de" zu erreichen ist (Abs. 1). Unabhängig davon ist eine einheitliche und bundesweite Suche über das Unternehmensregister (vgl. § 8b) eröffnet. Ferner verbleibt stets die Möglichkeit einer Einsichtnahme in der Geschäftsstelle des Registergerichts nach § 10 HRV. 4

b) Abwicklung über das Unternehmensregister. Abs. 1 S. 5 eröffnet die Möglichkeit, die Abwicklung der Registereinsichten über den Betreiber des Unternehmensregisters vorzunehmen. Die derzeit teilweise bestehende redundante dreifache Abrufmöglichkeit des Registerdatenbestands über die Landesjustizverwaltung, über die zentrale Länderplattform und über das Unternehmensregister kann so langfristig gesehen auf einen einzigen relevanten Informationskanal beschränkt werden. Entsprechend ist bereits durch Abs. 6 S. 2 festgelegt, dass auch sonstige Anträge auf Einsichtnahme und Daten- oder Abschriftenübermittlung nach Abs. 2–5 über das Unternehmensregister an das Registergericht vermittelt werden können. Damit ließe sich der Auskunftsverkehr für das Handels-, Genossenschafts- und Partnerschaftsregister vollständig über die Internetseite des Unternehmensregisters abwickeln. 5

II. Recht auf Einsicht

1. Umfang. Das Einsichtsrecht steht jedem zu, ohne dass ein berechtigtes Interesse glaubhaft gemacht werden muss, wie es § 13 Abs. 2 FamFG allgemein für die freiwillige Gerichtsbarkeit vorsieht. Die Einsicht erstreckt sich auf das Handelsregister und die „zum Handelsregister eingereichten" Dokumente wie Anmeldungen (§ 12 Abs. 1 S. 1) samt beigefügten Anlagen (zB § 37 Abs. 4 AktG, § 8 Abs. 1 GmbHG) einschließlich etwaiger angeforderter Einzahlungsbelege für Stamm- oder Grundkapital,[6] ferner Gesellschaftsverträge, Gesellschafter- und Hauptversammlungsbeschlüsse, Satzungen, Listen der Gesellschafter nach § 40 GmbHG oder Unternehmensverträge.[7] Unter den zum Handelsregister einge- 6

---

4 BGH NJW 1972, 1418 (1419); BB 1976, 1479 (1480).

5 *Nedden-Boeger* FGPrax 2007, 1.

6 OLG Hamm FGPrax 2007, 34.

7 BeckOGK/*Beurskens* Rn. 19; Staub/*Koch* Rn. 6; Baumbach/Hopt/*Hopt* Rn. 1; Röhricht/Graf v. Westphalen/Haas/*Ries* Rn. 3; Oetker/*Preuß* Rn. 3.

reichten Dokumenten sind nicht nur solche zu verstehen, deren Einreichung durch besondere handelsrechtliche Vorschriften angeordnet ist, sondern auch alle Belege und Unterlagen der Eintragung wie beispielsweise Erbscheine nach früheren Firmeninhabern.[8] Abs. 1 erfasst auch Niederschriften des Registergerichts über vor ihm abgegebene Erklärungen.[9] Abs. 1 und 2 begründen einklagbare **subjektive öffentliche Rechte,**[10] die entgegen früherer Meinung nicht unlauter,[11] jedenfalls aber nicht rechtsmissbräuchlich eingesetzt werden dürfen (näher → Rn. 11).[12]

7 Die **Entscheidung** über die Einsicht im Sinne der Erteilung von Abschriften oder Ausdrucken oder der elektronischen Übermittlung der Eintragungen oder eingereichter Dokumente trifft gem. § 29 Abs. 1 Nr. 1 Hs. 1 HRV der Urkundsbeamte der Geschäftsstelle. Wird nur ein Auszug einer Abschrift, eines Ausdrucks oder einer elektronischen Übermittlung verlangt, hat nach § 29 Abs. 1 Nr. 1 Hs. 2 HRV der Richter ebenso zu entscheiden, wie nach § 29 Abs. 2 HRV bei einem Rechtsmittel gegen die Entscheidung des Urkundsbeamten.

8 **2. Registerordner und Registerakte.** Das Registergericht nimmt die nach Abs. 1 der Einsicht durch jedermann zugänglichen, auf elektronischem Weg gem. § 12 Abs. 2 S. 1 eingereichten Dokumente in den Registerordner der betreffenden Handelsregisterakte auf (§ 9 Abs. 1 HRV), während in die ggf. in Papierform zu führende Registerakte gem. § 8 HRV alle nicht der unbeschränkten Einsicht zugänglichen Dokumente gehören, wie Verfügungen des Gerichts und sonstige Entscheidungen, Erinnerungen, Belegblätter, Kostenrechnungen, gutachtliche Äußerungen der berufsständischen Organe (§ 380 FamFG) und sonstiger Schriftwechsel aller Art. Das allgemeine Einsichtsrecht nach Abs. 1 bezieht sich ebenso wenig auf Unterlagen aus den grundsätzlich mit eigenen Akten ausgestatteten unternehmensrechtlichen Verfahren nach § 375 FamFG oder Schriftstücke aus Zwangsgeldverfahren wie auf die Dokumente noch nicht eingetragener Rechtsträger, insbesondere also solcher im Gründungsstadium.[13]

9 **3. Einsichtnahme nach § 13 Abs. 2 FamFG.** Erlaubt Abs. 1 nicht die unbeschränkte Einsicht in bestimmte Schriftstücke, weil diese den Registerakten und nicht dem Registerordner zuzurechnen sind (→ Rn. 8), gilt § 13 Abs. 2 FamFG. Ein **berechtigtes Interesse** an der Einsichtnahme ist dann glaubhaft zu machen. Das berechtigte Interesse ist zu bejahen, wenn nach vernünftigen Erwägungen ein der Sachlage nach gerechtfertigtes Interesse vorliegt, das wirtschaftlicher, wissenschaftlicher oder auch tatsächlicher Art sein kann,[14] wie etwa dann, wenn ein Gläubiger Informationen zur Löschung des Rechtsträgers wegen Vermögenslosigkeit erlangen möchte.[15] Dabei sind insbesondere Geheimhaltungsinteressen der Betroffenen zu berücksichtigen,[16] wobei deren vorherige Anhörung nicht zwingend erforderlich ist. Zur **Glaubhaftmachung** kann der Antragsteller nach § 31 Abs. 1 FamFG zur Versicherung an Eides statt zugelassen werden. Nach § 379 Abs. 2 FamFG unterliegen allerdings Auskünfte der Steuerbehörden nicht der Akteneinsicht nach § 13 Abs. 2 FamFG. Im Fall der Ablehnung der Einsichtnahme steht dem Antragsteller die Möglichkeit der Beschwerde (§ 58 Abs. 1 FamFG) offen.

10 **4. Grenzen der Berechtigung nach Abs. 1.** Die Befugnis nach Abs. 1 ist im Sinne einer effektiven Publizität großzügig zu handhaben. Die Einsicht ist nicht auf einzelne

---

[8] KGJ 42 A 146; Staub/*Koch* Rn. 5.
[9] RJA 2, 70; Staub/*Koch* Rn. 5; Baumbach/Hopt/*Hopt* Rn. 1.
[10] Ebenso BeckOGK/*Beurskens* Rn. 3.
[11] So aber KG JW 1932, 1661.
[12] *Kollhosser* NJW 1988, 2409 (2410, 2413); Oetker/*Preuß* Rn. 2; Staub/*Koch* Rn. 17 ff.
[13] OLG Celle GmbHR 2007, 938; BeckOK HGB/*Müther* Rn. 3.
[14] Keidel/*Sternal* FamFG § 13 Rn. 29 ff.; BeckOGK/*Beurskens* Rn. 20 und 28; BayObLGZ 1954, 310 (314); 1959, 420 (424); KG FGPrax 2019, 214; BayObLG FamRZ 1998, 638 (639); OLG Frankfurt NJW-RR 1997, 581 (582).
[15] KG FGPrax 2019, 214.
[16] OLG Hamm ZUM-RD 2013, 455; KG NJW-RR 2011, 1025; BeckOGK/*Beurskens* Rn. 30; BeckOK HGB/*Müther* Rn. 3.1.

Eintragungen beschränkt. Gleichzeitig oder nacheinander kann die Erteilung von Ausdrucken für mehrere Firmen beantragt werden. Der Darlegung eines Interesses oder gar eines berechtigten Interesses bedarf es nicht. Das Gesetz fordert auch keine sachlichen oder persönlichen Voraussetzungen für die Einsicht.

Die **Grenze** ist – wie die Formulierung „zu Informationszwecken" klar stellt – die **Verfolgung eines unlauteren, rechtswidrigen Zweckes.**[17] Die Einsicht muss verweigert werden, wenn **offenkundig** ist, dass das Einsichtsrecht missbraucht werden soll.[18] Davon kann jedenfalls dann nicht ausgegangen werden, wenn der Antragsteller in beschränkter Zahl Handelsregisterauszüge begehrt, um sie kommerziell im Rahmen eines Wirtschaftsinformationsdienstes zu verwerten.[19] Es gibt kein Verbot, Handelsregistereintragungen abzufragen, auszuwerten und gewerblich zu nutzen.[20] Auch das BDSG steht insoweit nicht entgegen.[21] Nach Auffassung des BGH ist das Recht auf Einsicht in das Handelsregister weit gefasst und berechtigt auch zur Durchsicht großer Teile oder sogar des ganzen Registers; die Dokumentation durch selbst gefertigte Abschriften „gegebenenfalls unter Zuhilfenahme technischer Reproduktionsgeräte" soll ebenfalls gestattet sein.[22] Unabhängig von dieser Einschätzung des BGH besteht nach der im Jahr 2001 erfolgten Einfügung des Zusatzes „zu Informationszwecken" (→ Rn. 1) **kein allgemeines Recht zur kommerziellen Auswertung** von Daten des Handelsregisters. 11

5. Private Informationsdienste. Die neben dem Handelsregister gewerblich geführten privaten Informationsdienste und die „Zweitregister" der Industrie- und Handelskammern[23] haben keine amtliche Funktion. Sie informieren lediglich über Eintragungen im Handelsregister[24] und damit über vorangegangene Entscheidungen der Registergerichte, die zu formeller und materieller Prüfung des angemeldeten Vorgangs verpflichtet sind (→ § 8 Rn. 68 ff.). Angesichts der erheblichen Modernisierung der Registerführung unter Umstellung auf elektronische Medien kann nunmehr eine **effektive Registerpublizität ohne Mithilfe „gewerblicher Nebenregister"** verwirklicht werden. Mit der zutreffenden Feststellung, dass „jede Publizität nur so gut wie ihre Verbreitung" ist,[25] wird das derzeitige Einsichtsregime dieser Aufgabenstellung ausreichend gerecht. Eine zunehmende Vermarktung des Registerwesens durch nicht regulierte gewerbliche „Nebenregister" hätte keineswegs eine Förderung der Publizitätszwecke des Handelsregisters,[26] sondern eher eine Verunsicherung des Rechtsverkehrs zur Folge und könnte insbesondere im Rahmen der Verpflichtung zur Erhaltung eines verlässlichen Registerwesens (Art. 3 Abs. 1 Publizitäts-RL) Fragen der europarechtskonformen Ausgestaltung des Einsichtsrechts aufwerfen.[27] Zu Recht hat der Gesetzgeber daher den Begriff des „Handelsregisters" aufgewertet und durch entsprechende Monopolisierung in § 8 Abs. 2 einem besonderen Schutz unterstellt. 12

III. Vorgang der Einsichtnahme

1. Allgemeines. a) Elektronische Übermittlung. Für eine Einsichtnahme in den Bestand der Eintragungen und in seit dem 1.1.2007 erfolgte Einreichungen gilt die Möglichkeit einer elektronischen Übermittlung (§ 30a Abs. 5 HRV), die auf Antrag durch das Gericht unter Verwendung einer qualifizierten elektronischen Signatur nach der eIDAS-VO zu beglaubigen ist (Abs. 3, → Rn. 17). Für Dokumente aus dem Papierzeitalter stellt 13

17 OLG Köln NJW-RR 1991, 1255 (1256).
18 *Kollhosser* NJW 1988, 2409 (2413); Staub/*Koch* Rn. 17; Oetker/*Preuß* Rn. 2.
19 OLG Hamm NJW-RR 1991, 1256 (1257).
20 OLG Köln NJW-RR 1991, 1255 (1256); BeckOGK/*Beurskens* Rn. 13.
21 OLG Köln NJW-RR 1991, 1255 (1256).
22 BGHZ 108, 32 (36) = NJW 1989, 2818 = EWiR § 9 HGB 1/89, 899 (*Junker*); aA Begr. RegE des ERJuKoG zur Änderung des § 9 Abs. 1, BT-Drs. 14/6855, 17.
23 Vgl. auch *Hirte* CR 1990, 631 (635).
24 Vgl. auch *Kollhosser* NJW 1988, 2409 (2414).
25 *Hopt* ZGR 1980, 225 (251); vgl. *Karsten Schmidt* HandelsR § 13 Rn. 12.
26 So aber BeckOGK/*Beurskens* Rn. 6; Staub/*Koch* Rn. 21.
27 AA BeckOGK/*Beurskens* Rn. 16.

sich hingegen die Frage, ob eine Verpflichtung zum Medienwechsel besteht (Abs. 2, hierzu → Rn. 16). Bei der Einsichtnahme im Wege des automatisierten Datenabrufs werden nach § 53 HRV die Abrufe zur Sicherung der ordnungsgemäßen Datenverarbeitung und für die Kostenabrechnung protokolliert. Vier Jahre nach Ablauf des Kalenderjahres, in dem die Kostenzahlung erfolgt ist, muss das Protokoll vernichtet werden (§ 53 Abs. 3 HRV).

14 **b) Ausdrucke (Abs. 4).** Von den Eintragungen und den elektronischen Dokumenten kann stets ein Ausdruck verlangt werden (Abs. 4 S. 1), der nur auf Antrag als amtlicher Ausdruck erteilt wird (Abs. 4 S. 3). Hierbei wird aus dem Register regelmäßig ein „aktueller Ausdruck" gefertigt, der nur den letzten Stand der Eintragungen wiedergibt (§ 30a Abs. 4 S. 3 HRV). Wiederum nur auf gesonderten Antrag (vgl. § 30a Abs. 4 S. 6 HRV) ergeht der Ausdruck als „chronologischer Ausdruck", der alle – und somit auch ggf. überholte gelöschte – Eintragungen wiedergibt (§ 30a Abs. 3 S. 2 HRV). Sofern Dokumente bei dem Registergericht nur in Papierform vorhanden sind, kann hiervon zumindest eine Abschrift verlangt werden (Abs. 4 S. 2), die auf Antrag zu beglaubigen ist (Abs. 4 S. 3).

15 Abs. 4 S. 1 und S. 2 setzen die Vorgabe aus Art. 16a Abs. 1 GesR-RL um, wonach vollständige oder auszugsweise Kopien aus dem Handelsregister und eingereichten Dokumenten auch auf Papier erhältlich sein müssen. Abs. 4 S. 3 kommt den Anforderungen des Art. 16a Abs. 1 UAbs. 2 S. 1 GesR-RL nach.

16 **2. Pflicht zum Medienwechsel.** Gem. Abs. 2 sind eingereichte Papierdokumente auf Verlangen in elektronischer Form zu übermitteln und entsprechend zuvor in dieses Medium zu versetzen, wenn die Einreichung des fraglichen Schriftstücks vor weniger als zehn Jahren stattgefunden hat (in Umsetzung des Art. 16a Abs. 1 UAbs. 4 S. 2 GesR-RL). Dies steht im Einklang mit der europarechtlichen Vorgabe des Art. 16a Abs. 1 UAbs. 2 GesR-RL. Die für die Übertragung zu verlangende Gebühr beträgt je angefangene Seite 2 Euro und mindestens 25 Euro (GV 5007 HRegGebV). Die Übermittlung erfolgt entweder durch Darstellung auf dem Bildschirm des Benutzers oder durch Übersendung des Dokuments.[28] Von Dokumenten, die vor mehr als zehn Jahren vor der Antragstellung eingereicht wurden, kann nur eine Abschrift nach Abs. 4 S. 2 verlangt werden.

17 **3. Beglaubigung.** Die Beglaubigung nach Abs. 3 beschränkt sich auf die Übereinstimmung der übermittelten Daten mit den Eintragungen im Handelsregister oder den eingereichten Dokumenten.[29] Naturgemäß ist eine inhaltliche Richtigkeit dieser Umstände allenfalls bei nicht beseitigbaren konstitutiv wirkenden Eintragungen denkbar. Während S. 1 der Vorschrift der Umsetzung des Art. 16a Abs. 3 GesR-RL dient, setzt S. 2 die Bestimmung des Art. 16a Abs. 4 GesR-RL um.[30] Zuständig für die Beglaubigung einer Abschrift oder die Erstellung eines amtlichen Ausdrucks ist nach Abs. 4 S. 3 ausschließlich die Geschäftsstelle des Gerichts, bei dem das betroffene Handelsregister geführt wird, nicht also ein Notar, der allenfalls eine Registerbescheinigung nach § 21 BNotO erstellen (→ Rn. 25) oder einen Vermerk nach § 39 BeurkG über die durch ihn erfolgte elektronische Einsicht anfertigen kann.[31]

18 **4. Gebühren.** Für die Einsicht werden Gebühren nach der HRegGebV berechnet. Für den Abruf von Daten aus dem Register fällt hierbei je Registerblatt ein Betrag von 4,50 Euro an, ebenso bei einem Abruf von Dokumenten, die zum Register eingereicht wurden, je Dokument ein Betrag von 4,50 Euro (s. Nr. 400 und 401 des Gebührenverzeichnisses zur HRegGebV). Eine Rechtsgrundlage für einen Anspruch auf gebührenfreie Nutzung des automatisierten Datenabrufs besteht weder für Krankenkassen noch für die Presse.[32]

---

[28] BT-Drs. 16/960, 42.
[29] Staub/*Koch* Rn. 31; Röhricht/Graf v. Westphalen/Haas/*Ries* Rn. 11; Oetker/*Preuß* Rn. 9; EBJS/*Schaub* Rn. 15.
[30] S. BT-Drs. 16/960, 42.
[31] S. Gutachten des Deutschen Notarinstituts DNotIR 2014, 81.
[32] OLG Hamm FGPrax 2008, 122 = Rpfleger 2008, 367; BeckOGK/*Beurskens* Rn. 40.

IV. Keine Erteilung von positiven Zeugnissen

Nach § 9 Abs. 3 aF war bis 31.12.2006 die Möglichkeit vorgesehen, vom Registergericht ein positives Zeugnis darüber zu erhalten, wer Inhaber der eingetragenen Firma eines Einzelkaufmanns und wer zur Vertretung des Einzelkaufmanns oder einer Handelsgesellschaft befugt ist. Nach Auffassung des Gesetzgebers besteht hierfür allerdings angesichts der unmittelbaren elektronischen Einsichtnahme kein Bedarf mehr.[33] Gegebenenfalls kann im Übrigen auch weiterhin eine entsprechende notarielle Bescheinigung im Rahmen des § 21 BNotO erstellt werden (→ Rn. 25). 19

V. Negativattest nach Abs. 5

1. Allgemeines. *Jedermann* hat nach Abs. 5 und entsprechend auch nach § 386 FamFG das Recht, von dem Registergericht ohne Darlegung oder Glaubhaftmachung eines berechtigten Interesses eine Bescheinigung zu erhalten, dass bezüglich des Gegenstandes einer erfolgten Eintragung weitere Eintragungen, etwa einschränkender oder ergänzender Art, *nicht* vorhanden sind oder dass eine bestimmte Eintragung *nicht* erfolgt ist. Die Bescheinigung bezieht sich immer darauf, dass bestimmte **zulässige** weitere Eintragungen nicht vorhanden sind. Die Beweiswirkung entspricht der des Zeugnisses nach Abs. 3. Bedeutung kommt der gerichtlichen Negativbescheinigung im Hinblick auf die negative Registerpublizität nach § 15 Abs. 1 zu. Bescheinigungen nach Abs. 5 sind nur bezüglich der dort genannten Gegenstände zulässig. Über andere Eintragungen im Handelsregister oder über zum Handelsregister eingereichte Dokumente dürfen Bescheinigungen nicht erteilt werden. Ansonsten genügen in der Regel amtliche Ausdrucke, um den Interessen der Beteiligten gerecht zu werden. Für den Grundbuchverkehr sind zudem §§ 32, 34 GBO einschlägig. 20

2. Beweiswirkung des Zeugnisses. Das Zeugnis nach Abs. 3 dient vor allem dem Nachweis gegenüber Behörden. Die Einordnung der Nachweiswirkung ist ebenso umstritten wie die Beweiswirkung der Handelsregistereintragung selbst. Zum Teil wird angenommen, es werde lediglich der Beweis des ersten Anscheins, der erschüttert werden könne, erbracht und eine Umkehrung der Beweislast finde nicht statt.[34] Letzteres ist richtig. Im Hinblick auf die Prüfungspflicht des Registergerichts auch in materieller Hinsicht[35] (→ § 8 Rn. 68 ff.) ist davon auszugehen, dass der Handelsregisterauszug und das Zeugnis im Prozess als Beweismittel dienen. Das Zeugnis begründet den vollen Beweis der in ihm bezeugten Tatsachen (§ 418 Abs. 1 ZPO), doch ist der Beweis der Unrichtigkeit nach § 418 Abs. 2 ZPO zulässig.[36] In der Regel wird die Eintragung zutreffen, so dass zu Recht der Begriff des prima-facie-Beweises verwendet wird.[37] 21

3. Zuständigkeit, Form. Zuständig für die Erteilung von Zeugnissen ist der Urkundsbeamte der Geschäftsstelle (§ 29 Abs. 1 Nr. 2 HRV). Die Form des Zeugnisses behandelt § 31 HRV. 22

VI. Auskünfte des Registergerichts

Zu allgemeinen Auskünften an Privatpersonen über den Inhalt des Handelsregisters ist das Gericht nicht verpflichtet. § 9 grenzt die Verpflichtungen des Registergerichts insoweit ein.[38] Dagegen kann es zweckmäßig sein, bei nicht alltäglichen schwierigen Anmeldungen die Rechtsmeinung des Registergerichts vor Einleitung des Eintragungsverfahrens zu erfragen. Insoweit handelt es sich aber um unverbindliche Rechtsmeinungen des Gerichts, gegen die es keine Beschwerde gibt.[39] Sind die Beteiligten anderer Auffassung, müssen sie das 23

33 Vgl. BT-Drs. 16/960, 75.
34 Baumbach/Hopt/*Hopt* Rn. 4.
35 *Canaris* HandelsR § 4 Rn. 21.
36 Vgl. Keidel/*Heinemann* FamFG § 386 Rn. 5; Oetker/*Preuß* Rn. 17.
37 KKRD/*Roth* Rn. 7; *Koch/Rudzio* ZZP 122 (2009), 37.
38 BeckOGK/*Beurskens* Rn. 33; Staub/*Koch* Rn. 45.
39 BeckOGK/*Beurskens* Rn. 34.

Verfahren durch eine entsprechende Registeranmeldung in Gang setzen und gegen die sodann ergehende zurückweisende gerichtliche Entscheidung vorgehen.

24 Gegenüber Behörden und Gerichten können sich Auskunftspflichten (§ 161 StPO) oder Mitteilungsverpflichtungen ergeben, insbesondere im Rahmen der allgemeinen Rechts- und Amtshilfe (vgl. etwa §§ 93, 111 AO).

VII. Notarbescheinigung

25 Gem. **§ 21 Abs. 1 BNotO** sind Notare berechtigt, Bescheinigungen über eine Vertretungsberechtigung sowie über das Bestehen oder den Sitz einer juristischen Person oder Handelsgesellschaft, über Firmenänderungen, Umwandlungen oder sonstige rechtserhebliche Umstände auszustellen, sofern sich diese aus einer Handelsregistereintragung oder der Eintragung in einem ähnlichen Register (Vereins-, Genossenschafts- oder Partnerschaftsregister) ergibt und der Notar zuvor das Register oder eine beglaubigte Registerabschrift eingesehen hat. Der Notar hat in der Bescheinigung den Tag der Einsichtnahme in das Register oder den Tag der Ausstellung der Abschrift anzugeben. Die Bescheinigung hat die gleiche Beweiskraft wie ein Zeugnis des Registergerichts (§ 21 Abs. 1 S. 2 BNotO).[40] Das **Handelsregister** kann der Notar nach § 9 unmittelbar durch Zugriff auf den Datenbestand des Registers einsehen. Ist dem Notar der eigene Zugriff auf den registerlichen Datenbestand nicht möglich, so hat er sich einen amtlichen Ausdruck (§ 30a Abs. 3 HRV) zu verschaffen. Die Vorlage eines nach Abs. 1 gefertigten Abdrucks genügt zur Erstellung einer Bescheinigung nach § 21 Abs. 1 BNotO auch dann nicht, wenn ein anderer Notar die Übereinstimmung des Ausdrucks mit dem von ihm festgestellten Registerinhalt bestätigt. Dieses Verfahren wird den Anforderungen des § 21 Abs. 2 BNotO nicht gerecht, welche zwingend die Einsichtnahme des Registers oder die Vorlage einer beglaubigten Abschrift fordern. Letzteres ist allerdings in diesem Fall nicht erfüllt, da der nach § 9a erstellte Abdruck einem Ausdruck nicht gleich steht (§ 52 S. 2 HRV).

VIII. Einsichtnahme in das Unternehmensregister

26 **1. Allgemeines.** Die Einsichtnahme in das Unternehmensregister ist in Abs. 6 durch eine Verweisung auf Abs. 1 S. 1 geregelt. Auch für sie gilt damit die Einschränkung, dass eine Einsicht nur „zu Informationszwecken gestattet" ist (→ Rn. 6 f.). Die konkrete Einsichtnahme ist nach § 13 Abs. 1 URV nur über das Internet möglich, und hier zumindest über die Internetadresse „www.unternehmensregister.de" (§ 1 Abs. 3 URV). Der Nutzer muss sich vorher nur dann gem. § 3 URV registrieren lassen, wenn er auf Eintragungen im Handels-, Genossenschafts- oder Partnerschaftsregister zugreifen will (§ 13 Abs. 1 S. 2 URV). Eine Beschränkung dieser unmittelbaren Einsichtnahme gilt gem. Abs. 6 S. 3 für Bilanzen von Kleinstkapitalgesellschaften, die nach § 326 Abs. 2 nicht veröffentlicht, sondern hinterlegt wurden. In diese wird Einsicht nur auf Antrag und nur durch kostenpflichtige Zusendung einer Kopie gewährt.[41]

27 **2. Europarechtskonformität.** Mit der Einrichtung einer zentralen bundesweiten Suchfunktion auch für Eintragungen im Handelsregister (s. § 14 URV) ist jedenfalls über das Unternehmensregister die Vorgabe des Art. 16 Abs. 4 UAbs. 2 GesR-RL umgesetzt, die derartige Recherchemöglichkeiten voraussetzt.

28 **3. Gebühren.** Die Einsichtnahme in den Datenbestand des Unternehmensregisters ist gebührenfrei, mit Ausnahme des Zugriffs auf die Eintragungen im Handels-, Genossenschafts- und Partnerschaftsregister. Hierfür fallen letztlich nur vermittelt über den Betreiber des Unternehmensregisters dieselben Kosten an, wie sie bei einer unmittelbaren Einsicht in das jeweilige Justizregister anfallen würden.

---

[40] Zu Notarbescheinigungen in Handelsregistersachen vgl. *Melchior/Schulte* NotBZ 2003, 344; *Göttlich* JurBüro 1970, 105; Staub/*Koch* Rn. 44.

[41] Vgl. BT-Drs. 17/11292, 16.

IX. Rechtslage in Österreich

Die Einsichtnahme in das Firmenbuch (→ § 8 Rn. 99) richtet sich nach § 9 UGB und ist damit wie im Rahmen des § 9 in Deutschland jedermann gestattet. Dies gilt ebenso für die Einsichtnahme in eingereichte Schriftstücke. Nach den Bestimmungen des Firmenbuchgesetzes (FBG) erfolgt die Einsicht durch Ausdrucke (§ 33 FBG), nach Maßgabe der technischen und personellen Möglichkeiten mittels automationsgestützter Datenübermittlung (§ 34 FBG), wobei österreichische Notare verpflichtet sind, in ihrer Amtskanzlei die Voraussetzungen für eine elektronische Firmenbuchabfrage zu schaffen und jedermann iSd § 9 UGB Einsicht in das Firmenbuch zu gewähren haben (§ 35 FBG). 29

§ 9a Übertragung der Führung des Unternehmensregisters; Verordnungsermächtigung

(1) [1]Das Bundesministerium der Justiz und für Verbraucherschutz wird ermächtigt, durch Rechtsverordnung mit Zustimmung des Bundesrates einer juristischen Person des Privatrechts die Aufgaben nach § 8b Abs. 1 zu übertragen. [2]Der Beliehene erlangt die Stellung einer Justizbehörde des Bundes. [3]Zur Erstellung von Beglaubigungen führt der Beliehene ein Dienstsiegel; nähere Einzelheiten hierzu können in der Rechtsverordnung nach Satz 1 geregelt werden. [4]Die Dauer der Beleihung ist zu befristen; sie soll fünf Jahre nicht unterschreiten; Kündigungsrechte aus wichtigem Grund sind vorzusehen. [5]Eine juristische Person des Privatrechts darf nur beliehen werden, wenn sie grundlegende Erfahrungen mit der Veröffentlichung von kapitalmarktrechtlichen Informationen und gerichtlichen Mitteilungen, insbesondere Handelsregisterdaten, hat und ihr eine ausreichende technische und finanzielle Ausstattung zur Verfügung steht, die die Gewähr für den langfristigen und sicheren Betrieb des Unternehmensregisters bietet.

(2) [1]Das Bundesministerium der Justiz und für Verbraucherschutz wird ermächtigt, durch Rechtsverordnung mit Zustimmung des Bundesrates Einzelheiten der Datenübermittlung zwischen den Behörden der Länder und dem Unternehmensregister einschließlich Vorgaben über Datenformate zu regeln. [2]Abweichungen von den Verfahrensregelungen durch Landesrecht sind ausgeschlossen.

(3) [1]Das Bundesministerium der Justiz und für Verbraucherschutz wird ermächtigt, durch Rechtsverordnung ohne Zustimmung des Bundesrates die technischen Einzelheiten zu Aufbau und Führung des Unternehmensregisters, Einzelheiten der Datenübermittlung einschließlich Vorgaben über Datenformate, die nicht unter Absatz 2 fallen, Löschungsfristen für die im Unternehmensregister gespeicherten Daten, Überwachungsrechte der Bundesanstalt für Finanzdienstleistungsaufsicht gegenüber dem Unternehmensregister hinsichtlich der Übermittlung, Einstellung, Verwaltung, Verarbeitung und des Abrufs kapitalmarktrechtlicher Daten einschließlich der Zusammenarbeit mit amtlich bestellten Speicherungssystemen anderer Mitgliedstaaten der Europäischen Union oder anderer Vertragsstaaten des Abkommens über den Europäischen Wirtschaftsraum im Rahmen des Aufbaus eines europaweiten Netzwerks zwischen den Speicherungssystemen, die Zulässigkeit sowie Art und Umfang von Auskunftsdienstleistungen mit den im Unternehmensregister gespeicherten Daten, die über die mit der Führung des Unternehmensregisters verbundenen Aufgaben nach diesem Gesetz hinausgehen, zu regeln. [2]Soweit Regelungen getroffen werden, die kapitalmarktrechtliche Daten berühren, ist die Rechtsverordnung nach Satz 1 im Einvernehmen mit dem Bundesministerium der Finanzen zu erlassen. [3]Die Rechtsverordnung nach Satz 1 hat dem schutzwürdigen Interesse der Unternehmen am Ausschluss einer zweckändernden Verwendung der im Register gespeicherten Daten angemessen Rechnung zu tragen.

Übersicht

I. Übertragung der Führung des Unternehmensregisters

1 **1. Beleihungsmöglichkeit.** Die Möglichkeit der Auslagerung der Registerführung stand hinsichtlich des Unternehmensregisters im Gesetzgebungsverfahren dieser durch das EHUG (→ § 8 Rn. 3) eingeführten Vorschrift außer Streit und wurde bereits mit Einführung des Unternehmensregisters vollzogen, so dass das BMJV entgegen der Formulierung des § 8b Abs. 1 zu keiner Zeit hierfür verantwortlich war. Vielmehr wurde von der in dieser Vorschrift in Bezug genommenen Möglichkeit einer Delegation der Registerführung nach Abs. 1 noch im Dezember 2006 durch URFüÜbertrVO (→ § 8b Rn. 5) Gebrauch gemacht (→ Rn. 5). Irritationen gab es während des Gesetzgebungsverfahrens nur zur Frage, ob die Beleihung durch Gesetz erfolgen muss oder Gegenstand einer Rechtsverordnung sein kann.[1] Insoweit verwies die Bundesregierung insbesondere auf die bisherige Staatspraxis, nach der ein Vorgehen, wie es nunmehr auch Abs. 1 vorsieht, bereits in anderen Fällen stattgefunden hat.[2]

2 **2. Voraussetzungen der Beleihung. a) Allgemeines.** Für die Beleihung einer juristischen Person des Privatrechts gibt Abs. 1 detaillierte Anforderungen vor, deren Erfüllung Voraussetzung für eine entsprechende Auslagerung der Registerführung ist. Im Ergebnis muss die ausgewählte Person Gewähr dafür leisten, dass die Registerführung dauerhaft funktionsfähig ist und zur Erzielung der gewünschten Publizität sicher und effektiv wahrgenommen wird. Hierfür werden tätigkeitsbezogene und organisationsbezogene Anforderungen gestellt, die ein möglichst hohes Maß an voraussichtlicher Qualitätssicherung bieten sollen. Zudem muss die Beleihung für eine Mindestzeit von fünf Jahren erfolgen (Abs. 1 S. 4), um dem Registerbetreiber Sicherheit hinsichtlich der von ihm vorzunehmenden Investitionen zu geben.[3] Die Einschätzung des Vorliegens dieser Voraussetzungen unterliegt dem sachgerechten Ermessen des Verordnungsgebers.

3 **b) Tätigkeitsbezogene Kriterien.** Als tätigkeitsbezogene Voraussetzung sieht Abs. 1 S. 5 das Vorliegen grundlegender Erfahrungen mit der Veröffentlichung von kapitalmarktrechtlichen Informationen und gerichtlichen Mitteilungen vor. In Betracht kommen daher nur Unternehmen, die mit derartigen Tätigkeiten kraft gesetzlicher oder behördlicher Anordnung bereits seit einigen Jahren vertraut sind oder gleichfalls seit längerem solche Dienste freiwillig erbracht haben.[4] In letzterem Fall sind „grundlegende Erfahrungen" nur dann zu bejahen, wenn die entsprechende Publikation flächendeckend zumindest bundesweit vorgenommen wurde.

[1] S. dazu die Auffassung des BR in BT-Drs. 16/960, 75 f. einerseits und der BReg. in BT-Drs. 16/960, 90 f. andererseits; vgl. ferner Staub/*Koch* Rn. 3.
[2] BT-Drs. 16/960, 90 f.
[3] BT-Drs. 16/960, 43.
[4] Zweifelnd BeckOGK/*Beurskens* Rn. 5.

c) Organisationsbezogene Kriterien. Ein weiteres, organisationsbezogenes Merkmal ist nach Abs. 1 S. 5 das Vorhandensein einer ausreichenden technischen und finanziellen Ausstattung. Da das Unternehmensregister mit seiner vernetzten Zugriffsmöglichkeit auf die Eintragungen und Bekanntmachungen des Handelsregisters die Umsetzung von Art. 16 Abs. 1 und 4 UAbs. 3 GesR-RL darstellt, muss auch hinsichtlich der sachlichen Ausstattung gewährleistet sein, dass der Betrieb des Registers dauerhaft – das heißt zumindest für die Dauer der Beleihung[5] und somit wenigstens für die nächsten fünf Jahre (Abs. 1 S. 4) – und sicher stattfinden wird. 4

3. Vornahme der Beleihung. Die Beleihung nach Abs. 1 S. 1 ist erstmals durch die URFüÜbertrVO vom 15.12.2006 (BGBl. 2006 I 3202) erfolgt. Sie wurde durch Verordnung vom 14.1.2015 (BGBl. 2015 I 16) bis 31.12.2026 verlängert (→ § 8b Rn. 5). Beliehener ist somit seit Errichtung des Unternehmensregister zum 1.1.2007 die „Bundesanzeiger Verlagsgesellschaft mit beschränkter Haftung" mit Sitz in Köln (§ 1 URFüÜbertrVO), ohne dass zuvor eine öffentliche Ausschreibung vorgenommen wurde.[6] Unter Berücksichtigung des Abs. 1 S. 4 wurde die Beleihung unter Vereinbarung besonderer Kündigungsrechte ausgesprochen (§§ 3, 4 URFüÜbertrVO). Eine Kündigung durch das BMJV ist danach insbesondere dann möglich, wenn das Verhalten des Beliehenen geeignet ist, das Ansehen der Bundesrepublik Deutschland oder eines der Länder zu schädigen, wenn die personelle oder sachliche Ausstattung oder die Betriebsabläufe nicht mehr Gewähr für einen ordnungsgemäßen Betrieb des Registers bieten oder die Überschuldung des Beliehenen droht. Dem korrespondiert auch ohne ausdrückliche Anordnung eine entsprechende Aufsichtspflicht des BMJV. 5

4. Durchführung der Beleihung. Gem. Abs. 1 S. 2 erlangt der Beliehene die Stellung einer Justizbehörde des Bundes. Er erhält vom BMJV nach Abs. 3 ein Dienstsiegel (→ § 8b Rn. 22; § 2 URFüÜbertrVO). Für Gebührenforderungen des Beliehenen gilt die JBeitrO; Vollstreckungsbehörde ist das Bundesamt für Justiz (§ 2 Abs. 2 JBeitrO). 6

II. Weitere Verordnungsermächtigungen

1. Datenübermittlung der Länder an das Unternehmensregister. Im Gesetzgebungsverfahren lag ein Hauptaugenmerk der Bundesländer darauf, die Übermittlung der Daten aus den Justizregistern (Handels-, Genossenschafts- und Partnerschaftsregister) so auszugestalten, dass diese nicht doppelt oder gespiegelt zum Inhalt des Unternehmensregisters werden, sondern nur die für eine nähere Suche erforderlichen Indexdaten geliefert werden. Ein Zugriff auf die einzelnen Justizregistereintragungen sollte durch das Unternehmensregister lediglich vermittelt werden (s. § 1 Abs. 2 URV). Aus diesem Grund besteht das Bedürfnis, die Datenübermittlung von den Landesjustizverwaltungen hinsichtlich dieser in § 8b Abs. 3 S. 2 genannten Indexdaten (zB Firma, Sitz, Registernummer, vgl. im Einzelnen §§ 6 ff. URV) näher zu regeln. Im Einzelnen wurde hierzu in § 5 URV vorgesehen, dass die entsprechenden Daten zumindest täglich aktualisiert zu übermitteln sind. 7

2. Einzelheiten der Unternehmensregisterführung. a) Allgemeines. Zur Entlastung des Gesetzestextes wurden im Einklang mit dem bereits im Rahmen der Führung anderer Register praktizierten Verfahren detaillierte Regelungen einer Verordnung überlassen (Abs. 3). Gegenstand der hierfür ergangenen Unternehmensregisterverordnung (URV) vom 26.2.2007 (BGBl. 2007 I 217) ist darüber hinaus auch die Datenübermittlung der Landesjustizverwaltungen nach Abs. 2 (→ Rn. 7). 8

b) Registeraufbau und -führung. Das Unternehmensregister besteht zum einen in geringem Maße aus eigenständig dort vorgehaltenen Informationen, namentlich nur hinsichtlich der in § 8b Abs. 2 Nr. 9 und 10 genannten Veröffentlichungen insbesondere nach den Bestimmungen des WpHG. Zum anderen wird der Datenfluss hinsichtlich der in § 8b Abs. 2 9

[5] Ebenso BeckOGK/*Beurskens* Rn. 6.

[6] Vgl. BeckOK HGB/*Müther* Rn. 2; zu Recht kritisch daher *Clausnitzer/Blatt* GmbHR 2006, 1303 (1304) und *Kuntze/Kaufhold* GmbHR 2009, 73 (78).

Nr. 4–8 durch den – derzeit mit dem Beliehenen personenidentischen – Betreiber des Bundesanzeigers gewährleistet (§ 10 URV). Im Übrigen wird der Zugriff auf die Eintragungen und Bekanntmachungen der Landesjustizverwaltungen nach § 8b Abs. 2 Nr. 1–3 und 11 nur vermittelt (§ 1 Abs. 2 URV), ohne dass eine gespiegelte Speicherung durch das Unternehmensregister erfolgt.[7] Vorgeschrieben ist die Zugänglichkeit des Unternehmensregisters im Internet (§ 1 Abs. 1 URV), und zwar zumindest unter der Adresse „www.unternehmensregister.de" (§ 1 Abs. 3 URV). Weitere Regelungen enthalten § 2 URV für die Sicherheit des Registerbetriebs, § 3 URV für die Registrierung von Nutzern, § 12 Abs. 1 URV hinsichtlich der Zugänglichkeit der Daten und § 14 URV bezüglich der Suche im Register.

10 **c) Datenübermittlung.** Nach Abs. 3 kann durch Rechtsverordnung die Datenübermittlung einschließlich der Vorgaben über Datenformate geregelt werden. Hierzu sieht § 4 S. 1 URV grundsätzlich die Datenfernübertragung als Übermittlungsweg vor. Nur für die gem. § 8b Abs. 2 Nr. 9 und 10 von den Informationspflichtigen direkt dem Unternehmensregister zu verschaffenden Daten kann ausnahmsweise die Übermittlung durch Telefax gestattet werden (§ 4 S. 2 URV). Detaillierte Regelungen enthalten hierzu im Übrigen §§ 5–11 URV.

11 **d) Löschungsfristen.** Für die im Register gespeicherten Daten sieht § 12 Abs. 2 URV vor, dass die Löschung – vorbehaltlich gesetzlicher Löschungsregelungen – in Bezug auf die in § 8b Abs. 2 Nr. 4–8 genannten Daten vorzunehmen ist, sobald diese nicht mehr im Bundesanzeiger zugänglich sind. Die nach § 8b Abs. 2 Nr. 9 und 10 direkt an das Unternehmensregister gesandten Daten sind für zehn Jahre zugänglich zu halten und dann zu löschen. Für die Löschung der übrigen Daten aus den Justizregistern (§ 8b Abs. 2 Nr. 1–3) und für die Insolvenzbekanntmachungen (§ 8b Abs. 2 Nr. 11) sind ggf. die hierfür bestehenden Löschungsfristen einschlägig.

12 **3. Überwachungsrechte der Bundesanstalt für Finanzdienstleistungsaufsicht.** Die Befugnisse der BaFin gegenüber dem Unternehmensregister können in der genauen Beschreibung des Abs. 3 insbesondere hinsichtlich der Übermittlung, Einstellung, Verwaltung, Verarbeitung und des Abrufs kapitalmarktrechtlicher Daten näher durch Verordnung geregelt werden. Diese Möglichkeit wurde durch § 16 URV umgesetzt. Dies gilt auch für die Zusammenarbeit zum Aufbau eines europaweiten Netzwerks zwischen den nationalen Speicherungssystemen.

13 **4. Auskunftsdienstleistungen.** Der Betreiber des Unternehmensregisters darf die dort gespeicherten Daten für Auskunftsleistungen verwenden, die mit der Registerführung in keinem Zusammenhang stehen. Ihm wird damit die Möglichkeit eingeräumt, diese Daten an interessierte Dritte zu Vermarktungszwecken weiterzugeben. Im Einklang mit der Ermächtigung des Abs. 3 wurde diese Berechtigung auf die in § 8b Abs. 2 Nr. 4–8 genannten Daten beschränkt (§ 15 Abs. 1 URV). Da diese Informationen ohnehin über den Betreiber des Bundesanzeigers allgemein zugänglich sind, ist die entsprechende gewerbliche Datenverwertung aus Sicht des Gesetz- und Verordnungsgebers unbedenklich. Der Vorbehalt des Abs. 3 S. 3 dient der Wahrung des Grundrechtes auf informationelle Selbstbestimmung.[8] Ferner sind die Bestimmungen der europäischen PSI-RL[9] einschlägig, sodass auch interessierten Dritten die entsprechenden Daten für eigene Vermarktungszwecke zur Verfügung gestellt werden müssen.

§ 9b Europäisches System der Registervernetzung; Verordnungsermächtigung

(1) [1]Die Eintragungen im Handelsregister und die zum Handelsregister eingereichten Dokumente sowie die Unterlagen der Rechnungslegung nach § 325 sind,

[7] Dies war nach BT-Drs. 16/960, 91 der ausdrückliche Wunsch der Länder.

[8] BT-Drs. 16/960, 43.

[9] RL 2003/98/EG über die Weiterverwendung von Informationen des öffentlichen Sektors vom 17.11.2003, ABl. EG 2003 L 245, 90.

soweit sie Kapitalgesellschaften betreffen oder Zweigniederlassungen von Kapitalgesellschaften, die dem Recht eines anderen Mitgliedstaates der Europäischen Union oder eines anderen Vertragsstaates des Abkommens über den Europäischen Wirtschaftsraum unterliegen, auch über das Europäische Justizportal zugänglich. [2]Hierzu übermitteln die Landesjustizverwaltungen die Daten des Handelsregisters und der Betreiber des Unternehmensregisters übermittelt die Daten der Rechnungslegungsunterlagen jeweils an die zentrale Europäische Plattform nach Artikel 4a Absatz 1 der Richtlinie 2009/101/EG des Europäischen Parlaments und des Rates vom 16. September 2009 zur Koordinierung der Schutzbestimmungen, die in den Mitgliedstaaten den Gesellschaften im Sinne des Artikels 54 Absatz 2 des Vertrags im Interesse der Gesellschafter sowie Dritter vorgeschrieben sind, um diese Bestimmungen gleichwertig zu gestalten (ABl. L 258 vom 1.10.2009, S. 11), die zuletzt durch die Richtlinie 2013/24/EU (ABl. L 158 vom 10.6.2013, S. 365) geändert worden ist, soweit die Übermittlung für die Eröffnung eines Zugangs zu den Originaldaten über den Suchdienst auf der Internetseite des Europäischen Justizportals erforderlich ist.

(2) [1]Das Registergericht, bei dem das Registerblatt einer Kapitalgesellschaft oder Zweigniederlassung einer Kapitalgesellschaft im Sinne des Absatzes 1 Satz 1 geführt wird, nimmt am Informationsaustausch zwischen den Registern über die zentrale Europäische Plattform teil. [2]Den Kapitalgesellschaften und Zweigniederlassungen von Kapitalgesellschaften im Sinne des Absatzes 1 Satz 1 ist zu diesem Zweck eine einheitliche europäische Kennung zuzuordnen. [3]Das Registergericht übermittelt nach Maßgabe der folgenden Absätze an die zentrale Europäische Plattform die Information über

1. **die Eintragung der Eröffnung, Einstellung oder Aufhebung eines Insolvenzverfahrens über das Vermögen der Gesellschaft,**
2. **die Eintragung der Auflösung der Gesellschaft und die Eintragung über den Schluss der Liquidation oder Abwicklung oder über die Fortsetzung der Gesellschaft,**
3. **die Löschung der Gesellschaft sowie**
4. **das Wirksamwerden einer Verschmelzung nach § 122a des Umwandlungsgesetzes.**

(3) [1]Die Landesjustizverwaltungen bestimmen das elektronische Informations- und Kommunikationssystem, über das die Daten aus dem Handelsregister zugänglich gemacht (Absatz 1) und im Rahmen des Informationsaustauschs zwischen den Registern übermittelt und empfangen werden (Absatz 2), und sie sind, vorbehaltlich der Zuständigkeit des Betreibers des Unternehmensregisters nach Absatz 1 Satz 2, für die Abwicklung des Datenverkehrs nach den Absätzen 1 und 2 zuständig. [2]§ 9 Absatz 1 Satz 3 bis 5 gilt entsprechend.

(4) Das Bundesministerium der Justiz und für Verbraucherschutz wird ermächtigt, durch Rechtsverordnung mit Zustimmung des Bundesrates die erforderlichen Bestimmungen zu treffen über

1. **Struktur, Zuordnung und Verwendung der einheitlichen europäischen Kennung,**
2. **den Umfang der Mitteilungspflicht im Rahmen des Informationsaustauschs zwischen den Registern und die Liste der dabei zu übermittelnden Daten,**
3. **die Einzelheiten des elektronischen Datenverkehrs nach den Absätzen 1 und 2 einschließlich Vorgaben über Datenformate und Zahlungsmodalitäten sowie**
4. **den Zeitpunkt der erstmaligen Datenübermittlung.**

Schrifttum: *Kilian,* EU-Richtlinie zur Verknüpfung der Handelsregister verabschiedet, FGPrax 2012, 185; *Ries,* Die europaweite Verknüpfung der Handelsregister – Risiken und Chancen, ZIP 2013, 866.

Übersicht

I. Europarechtlicher Hintergrund

1 **1. Allgemeine Bemerkungen.** Die Vorschrift dient der Umsetzung der durch die mittlerweile in der allgemeinen GesR-RL aufgegangene Änderungs-RL 2012/17/EU beschlossenen **europaweiten Verknüpfung von Zentral-, Handels- und Gesellschaftsregistern.** Die erforderliche redaktionelle Anpassung – in der Vorschrift genannt wird noch die vormalige neu bekanntgemachte Publizitäts-RL (RL 2009/101/EG), die als **Art. 13 ff. GesR-RL** weitergelten – steht noch aus. Ausgangspunkt für den seinerzeit erkannten Regelungsbedarf war der Umstand, dass bei der zunehmenden Nutzung der gesellschaftsrechtlichen Möglichkeiten des Binnenmarkts ein ebenfalls zunehmender Bedarf für einen grenzüberschreitenden Zugang zu Unternehmensinformationen entsteht. Dieser kann allerdings aus Sicht des Europäischen Parlaments und des Rates nur erfüllt werden, wenn einerseits in Form eines Europäischen Justizportals ein europaweiter Zugang zu aktuellen und vertrauenswürdigen Informationen über Unternehmen zur Verfügung gestellt wird und andererseits über eine zentrale Europäische Plattform die Interoperabilität im Sinne einer wechselseitigen Zusammenarbeit gewährleistet ist, so dass über diese Plattform eine elektronische Kommunikation zwischen den nationalen Registern möglich ist.

2 In diesem Sinne verfolgt die GesR-RL zusammenfassend **drei Ziele:** Zum Ersten die Verbesserung des grenzüberschreitenden Zugangs zu Unternehmensinformationen, zum Zweiten die Gewährleistung aktueller Informationen der Register von Zweigniederlassungen und zum Dritten die genaue Festlegung von Kanälen für die Kommunikation zwischen Registern bei grenzüberschreitenden Eintragungsverfahren (früher Erwägungsgrund 29 RL 2012/17/EU). Hierbei setzt die RL 2012/17/EU, wie in dem durch diese Richtlinie geschaffenen heutigen Art. 22 Abs. 2 GesR-RL ersichtlich, als **System der Registervernetzung** auf drei verschiedene Instrumente: einerseits auf die nationalen Register der Mitgliedstaaten – in Deutschland also auf das Handelsregister –, ferner auf das Europäische Justizportal (→ Rn. 4 f.) und zum Dritten auf die zentrale Europäische Plattform (→ Rn. 6 f.). Dieses System ist in der Durchführungs-VO (EU) 2015/884 der Kommission vereinfachend als **„BRIS“ (Business Registers Interconnection System“)** bezeichnet

3 Ein wesentlicher Kritikpunkt, der aus der Praxis bereits im Gesetzgebungsverfahren zur Umsetzung der ersten Stufe der Registervernetzung vorgebracht wurde,[1] ist der **Anwendungsbereich** der Richtlinie, der sich durch seine Novellierung der Publizitäts-RL und der Zweigniederlassungs-RL auf Kapitalgesellschaften (in Deutschland nur GmbH, AG, KGaA und SE) und deren ausländische Zweigniederlassungen **beschränkt.**[2] Damit bleiben nicht nur außereuropäische Gesellschaften unberücksichtigt, sondern zugleich der gesamte Bereich der Personenhandelsgesellschaften.

[1] Vgl. BR-Drs. 227/14, 7.
[2] BeckOGK/*Beurskens* Rn. 10.

2. Europäisches Justizportal. Mit dem Europäischen Justizportal (https://e-justice.europa.eu) wird der Öffentlichkeit ein Instrument für den einfachen Zugang zu grenzüberschreitenden Unternehmensinformationen in die Hand gegeben.[3] Wie in Art. 18 Abs. 1 GesR-RL und in Art. 29 Abs. 3 GesR-RL vorgesehen, müssen die Urkunden und Angaben, die nach den Vorschriften dieser Richtlinien offenzulegen sind, über das System der Registervernetzung öffentlich gemacht werden. Das Justizportal zielt dabei nicht auf die Schaffung einer zentralen Registerdatenbank ab (früher Erwägungsgrund 10 RL 2012/17/EU), sondern soll lediglich den Zugriff auf die einzelnen nationalen Register ermöglichen und gleicht damit nach seiner Funktionsweise dem deutschen Unternehmensregister. 4

Der wichtigste Mechanismus des Europäischen Justizportals wird daher voraussichtlich die Einrichtung eines **„Suchdienstes"** sein (vgl. dazu Art. 18 Abs. 3 GesR-RL). Dabei sollen die Grunddaten der betroffenen Rechtsträger (Name, Rechtsform und Sitz samt Mitgliedstaat sowie Eintragungsnummer) **kostenlos zugänglich** sein (Art. 19 Abs. 2 GesR-RL). Die Bundesregierung hat erwartet, dass hierfür nicht die Übermittlung der Originaldaten erforderlich sein wird, sondern – letztlich wie beim Unternehmensregister gem. § 8b – über Indexdaten der Zugang zu den nationalen Originaldatenbanken eröffnet werden kann.[4] Ferner sollen durch das Portal zugleich auch grundlegende Informationen über den jeweiligen Stellenwert von Urkunden und Angaben verfügbar gemacht werden (Art. 17 GesR-RL; früher Erwägungsgrund 12 RL 2012/17/EU). Für das deutsche Registerrecht genügt insoweit eine nähere Beschreibung der §§ 15, 11 Abs. 2 durch die Bundesregierung.[5] 5

3. Zentrale Europäische Plattform. Die zentrale europäische Plattform (Art. 22 ff. GesR-RL) dient der Interoperabilität der einzelnen nationalen Register und damit dem institutionalisierten Austausch wichtiger Informationen grenzüberschreitend gesellschaftsrechtlich organisierter Rechtsträger. Einrichtung, Weiterentwicklung, Wartung und Betrieb der Plattform ist in finanzieller Hinsicht **Sache der Union** (vgl. Art. 25 GesR-RL), wobei eine Co-Finanzierung aus Gebühren für den Zugang zu dem System der Registervernetzung – sprich dem Betrieb der nationalen Register und dem Europäischen Justizportal – ausdrücklich für möglich erklärt wird (Art. 25 Abs. 2 S. 1 GesR-RL). Von einer europaweiten Vereinheitlichung der geführten Register wurde hingegen bewusst abgesehen, da deren Ausgestaltung und Funktionsweise zu unterschiedlich sind, so dass dies politisch nicht durchsetzbar ist (vgl. Erwägungsgrund 11 GesR-RL).[6] 6

Organisatorisch hat die Kommission zu entscheiden, ob sie die Plattform selbst entwickeln und betreiben möchte oder ob sie die Erfüllung dieser Aufgaben einem Dritten überlässt (Art. 23 Abs. 1 GesR-RL). Entschließt sie sich zur **Auslagerung auf einen Dritten,** hat sie jedenfalls genaue Vorschriften für das Betriebsmanagement der Plattform zu erlassen und den Betrieb der Plattform zu überwachen (s. im Einzelnen Art. 23 Abs. 3 GesR-RL). An dieser Auslagerungsmöglichkeit wurde Kritik geübt und vor allem gefordert, dass die Organisation der Plattform auf jeden Fall öffentlich-rechtlich sein müsse.[7] Die dafür vorgebrachten Gründe, nämlich die Gewährleistung der Kommunikations- und Datensicherheit sowie der Richtigkeitsgewähr wirken zwar aus deutscher Perspektive gewichtig, sind jedoch aus übergeordneter europarechtlicher Perspektive nicht zwingend, zumal Art. 23 Abs. 3 GesR-RL nähere Anforderungen an das Betriebsmanagement der Plattform vorgibt. Im Übrigen wurde auch in Deutschland die Führung des Unternehmensregisters kraft Beleihung einer juristischen Person des Privatrechts übertragen. 7

II. Die deutschen Durchführungsvorschriften

1. Allgemeines. Im Einzelnen realisiert § 9b die erste Stufe des Systems der Registervernetzung, indem auf nationaler Grundlage die Voraussetzungen für die Zusammenarbeit 8

[3] So BR-Drs. 227/14, 4.
[4] BR-Drs. 227/14, 7; s. auch Oetker/*Preuß* Rn. 3.
[5] BR-Drs. 227/14, 8; ebenso Oetker/*Preuß* Rn. 4.
[6] Vgl. Oetker/*Preuß* Rn. 1.
[7] *Kilian* FGPrax 2012, 185 (187).

mit dem Europäischen Justizportal und der zentralen europäischen Plattform geschaffen werden.

9 **2. Zugänglichkeit von Registerdaten.** Abs. 1 S. 1 eröffnet die durch Art. 18 Abs. 1 GesR-RL (früher Publizitäts-RL) und Art. 29 Abs. 3 GesR-RL (früher Zweigniederlassungs-RL) vorausgesetzte Möglichkeit, über das Europäische Justizportal auf die Eintragungen in Bezug auf Kapitalgesellschaften und inländische Zweigniederlassungen europäischer Kapitalgesellschaften auf die sie betreffenden Registereintragungen und die zu deren Handelsregister eingereichten Dokumenten sowie auf die Unterlagen der Rechnungslegung (§ 325) zugreifen zu können. Damit besteht nach Inbetriebnahme des Portals eine weitere Möglichkeit des Zugriffs auf den Inhalt des deutschen Handelsregisters der aufgrund des mehrsprachigen Betriebs (vgl. Art. 17 Abs. 3 GesR-RL) und insbesondere des europaweiten kostenlosen Suchdienstes anhand der unternehmensbezogenen Basisdaten (Name, Sitz und Rechtsform der Gesellschaft samt Eintragungsnummer) ein voraussichtlich effektiver Zugang sein wird und der vor allem im grenzüberschreitenden Rechtsverkehr hilfreich sein kann.

10 Die Realisierung des Zugangs hängt maßgeblich vom Funktionieren des Suchdienstes des Europäischen Justizportals (vgl. Art. 18 Abs. 3 GesR-RL) ab. Um diesen effektiv betreiben zu können, sieht Abs. 2 S. 1 vor, dass die erforderlichen Daten von den Betreibern des Handels- und des Unternehmensregisters insoweit übermittelt werden, als es zum Betrieb des Suchdienstes erforderlich ist.

11 **3. Informationsaustausch mit der zentralen Europäischen Plattform. a) Informationsaustausch.** Ein wesentliches Ziel der Richtlinie zur Vernetzung der europäischen Register war es, den Datenaustausch zwischen den Registern zu verbessern, insbesondere damit die Aktualität der Zweigniederlassungsregister gewährleistet werden kann (→ Rn. 2). Dies erreicht Abs. 2 S. 1, indem es das Registergericht einer Kapitalgesellschaft sowie das der Zweigniederlassung eines europäischen Rechtsträgers zur Teilnahme am automatisierten Informationsaustausch über die zentrale europäische Plattform verpflichtet. Die Vorschrift setzt damit zugleich Art. 18 und 20 GesR-RL in das deutsche Recht um. Anpassungsbedarf besteht insoweit allenfalls zur Umsetzung des 2019 geschaffenen **Art. 30a GesR-RL** zur weitergehend verbesserten Anpassung des Inhalts von Haupt- und Zweigniederlassungsregister. Die zentrale Europäische Plattform ist hierbei **kein eigenständiges Register,** sondern lediglich das nicht öffentliche Instrument zum Datenaustausch zwischen den registerführenden Stellen verschiedener EU-Mitgliedstaaten.

12 **b) Einheitliche europäische Kennung.** Die in Abs. 2 S. 2 genannte „einheitliche europäische Kennung" ist – wie dies ausdrücklich in den Erwägungsgründen der RL 2012/17/EU beschrieben wurde – kein Ersatz für die weiterhin aktuelle **nationale Registernummer** nach § 13 HRV, sondern eine nur für den Verkehr der Register untereinander relevante Kennzahl.[8] Es ist daher nicht vorgesehen, dass diese Kennung auf Geschäftsbriefen und Bestellscheinen der Gesellschaft angegeben werden muss (vgl. § 37a). Nähere Regelungen zur Struktur, Zuordnung und Verwendung der Kennung sind in der Verordnung nach Abs. 3 zu treffen, während die Bestimmungen über die technischen Anforderungen zur Kommunikation zwischen den Registern mittels dieser Kennung als Durchführungsrechtsakt nach Art. 24 lit. h GesR-RL die Europäische Kommission zu bestimmen hat. Erforderlich ist die einheitliche europäische Kennung, um die Interoperabilität der verschiedenen Register zu gewährleisten. Vorgeschrieben ist sie etwa in den Art. 16 Abs. 1 GesR-RL und Art. 29 Abs. 4 GesR-RL.

13 **c) Zu übermittelnde Daten.** In Übereinstimmung mit Art. 20 Abs. 1 GesR-RL und Art. 20 Abs. 1 GesR-RL beschreibt Abs. 2 S. 3, welche einzelnen Informationen an die zentrale Europäische Plattform weiterzuleiten sind. Generell geht es dabei um die Eröffnung und Beendigung von Verfahren zur Abwicklung oder Insolvenz der Gesellschaft sowie über

[8] Vgl. *Kilian* FGPrax 2012, 185; *Ries* ZIP 2013, 866 (869); Oetker/*Preuß* Rn. 7.

die Auflösung, Fortsetzung oder Löschung der Gesellschaft. Ebenso sind Informationen über das Wirksamwerden einer grenzüberschreitenden Verschmelzung nach § 122a UmwG weiterzuleiten. Im Detail handelt es sich um die Information über die Eröffnung, Einstellung oder Aufhebung eines Insolvenzverfahrens über das Vermögen der Gesellschaft (§ 6 Abs. 1, § 32 Abs. 1 S. 1 und S. 2 Nr. 1 und 4), die Auflösung der Gesellschaft (§ 65 GmbHG, §§ 263, 289 AktG), den Schluss der Liquidation oder Abwicklung (§ 74 Abs. 1 S. 1 GmbHG, § 273 Abs. 1 S. 1 AktG, § 274 AktG iVm § 278 Abs. 3 AktG), die Löschung der Gesellschaft (§§ 394–397 FamFG; § 74 Abs. 1 S. 2 GmbHG, § 273 Abs. 1 S. 2 AktG iVm § 278 Abs. 3 AktG). Eine genaue Liste der zu übertragenden Daten wird im Übrigen als Durchführungsrechtsakt gem. Art. 24 lit. d GesR-RL von der Europäischen Kommission zu erlassen sein. Dazu ist ferner in Abs. 4 Nr. 2 die Möglichkeit des Erlasses einer Rechtsverordnung vorgesehen.

Welche Schlüsse das Registergericht der inländischen Zweigniederlassung einer europä- 14
ischen Gesellschaft zeiht, bleibt diesem überlassen. Die Richtlinie gibt lediglich vor, dass es im Fall einer Löschung „ohne unangemessene Verzögerung" gleichfalls für die Löschung der Zweigniederlassung sorgen muss (Art. 34 Abs. 2 S. 2 GesR-RL). Das Registergericht hat je nach Verlässlichkeit der übermittelten Information zu entscheiden, ob es im Verfahren nach § 395 FamFG die Löschung von Amts wegen vornimmt oder nach § 14 die dafür grundsätzlich erforderliche Anmeldung durch Zwangsmittel erwirken will. Letzteres liegt allerdings dann fern, wenn – wie es wohl im Regelfall sein wird – nicht damit gerechnet werden darf, dass im Inland noch organschaftliche Vertreter der Gesellschaft angetroffen werden können.

4. Übermittlung und Empfang von Daten. Mit Abs. 3 bleibt es den Ländern über- 15
lassen, einen Weg zur Teilnahme am System der Registervernetzung zu finden. Denkbar wäre es jedenfalls, dafür das bereits existierende Registerportal (→ § 9 Rn. 4) als Ausgangspunkt für den Datenaustausch mit der zentralen europäischen Plattform zu verwenden. Durch den Verweis in Abs. 3 S. 2 auf § 9 Abs. 1 S. 3–5 besteht im Übrigen auch die Möglichkeit, den Informationsaustausch durch den Betreiber des Unternehmensregisters durchführen zu lassen.[9]

5. Verordnungsermächtigung. Die Verordnungsermächtigung des Abs. 4 gibt die 16
Möglichkeit, in einer abschließenden Stufe nach Vorliegen der Durchführungsrechtsakte der Kommission gem. Art. 24 GesR-RL (früher Art. 4c Publizitäts-RL) die Einzelheiten des Datenabrufs nach Abs. 1 und des Informationsaustauschs zwischen den Registern nach Abs. 2 zu regeln.

6. Gebühren für den Datenabruf. Für den Datenabruf aus dem nationalen Register 17
spielt es keine Rolle, über welchen Zugangskanal die entsprechenden Informationen abgerufen werden. Ob dies direkt aus dem durch das jeweilige Bundesland geführte Register, über das einheitliche Registerportal der Länder, über das Unternehmensregister oder – künftig – über das Europäische Justizportal erfolgt, ist auch hinsichtlich der dafür anfallenden Gebühren ohne Bedeutung. Daher fallen stets die allgemeinen Gebühren hierfür an, die sich aus KV 1124, 1140 und 1141 JVKostG ergeben. Lediglich die Nutzung des Suchdienstes (→ Rn. 5), der allerdings nur die Basisangaben von Name, Sitz, Rechtsform und Eintragungsnummer der Gesellschaft wiedergibt, ist kostenlos.

III. Durchführungsakte der Kommission

Die tatsächliche Realisierung des Systems der Registervernetzung verlangt sowohl den 18
Betrieb der zentralen Europäischen Plattform, als auch die Zurverfügungstellung des Europäischen Justizportals. Die Zuständigkeiten zur Ausfüllung der dazu noch bestehenden Regelungslücken wurden in Art. 23 f. GesR-RL und Art. 163 GesR-RL der Kommission

---

[9] Vgl. BR-Drs. 227/14, 9.

übertragen. Wie beschrieben, kann hierbei insbesondere die Entwicklung und der Betrieb der zentralen Europäischen Plattform auf einen Dritten ausgelagert werden (→ Rn. 7).

19 Gem. Art. 24 GesR-RL – der sachlich ebenfalls ursprünglich durch die RL 2012/17/EU eingeführt wurde (→ Rn. 16) – hat die Kommission im Wege von „Durchführungsrechtsakten" eine Vielzahl von Festlegungen zu treffen, bevor das System der Registervernetzung faktisch in Gang gesetzt werden kann. Dazu zählen zum Beispiel die technischen Anforderungen zur Festlegung der elektronischen Kommunikationsmethoden, die Beschreibung der IT-Mindestsicherheitsstandards, die genaue Liste der zwischen den Registern zu übertragenden Daten, die Anforderungen an die Formatstrukturen für den Datenaustausch und die Kriterien für den vom Portal angebotenen Suchdienst in allen Amtssprachen der Europäischen Union (vgl. zu Letzterem Art. 18 Abs. 3 GesR-RL). Diese Festlegung technischer Spezifikationen und Verfahren für das System der Registervernetzung ist mit der Durchführungs-VO (EU) 2015/884 der Kommission vom 8.6.2015 (ABl. EU 2015 L 144, 1) erfolgt.

IV. Weiterer Fortgang der Registervernetzung

20 Nach Erlass der in Art. 24 GesR-RL beschriebenen Durchführungsrechtsakte sind wiederum die Mitgliedstaaten verpflichtet, innerhalb von weiteren zwei Jahren die Voraussetzungen dafür zu schaffen, dass über das System der Registervernetzung – insbesondere also über das Europäische Justizportal – die öffentliche Zugänglichkeit von Registereintragungen und eingereichten Dokumenten sowie Unterlagen der Rechnungslegung gewährleistet ist (vgl. Art. 5 Abs. 2 RL 2012/17/EU iVm Art. 18 Abs. 1 GesR-RL). Dasselbe gilt für die zentrale Europäische Plattform und die tatsächliche Bereitstellung von Informationen iSd § 9b Abs. 2 S. 3 und damit zur Gewährleistung der Interoperabilität des Handelsregisters mit allen anderen vergleichbaren Registern der EU gem. Art. 22 Abs. 3–5 GesR-RL. Unter Berücksichtigung des auf Kapitalgesellschaften und deren Zweigniederlassungen beschränkten Anwendungsbereichs des europäischen Systems der Registervernetzung hat die Bundesregierung im Übrigen in Aussicht gestellt, sich „zu gegebener Zeit für eine Ausdehnung des europarechtlichen Rahmens für die Registerverknüpfung" einzusetzen.[10]

§ 10 Bekanntmachung der Eintragungen

[1]Das Gericht macht die Eintragungen in das Handelsregister in dem von der Landesjustizverwaltung bestimmten elektronischen Informations- und Kommunikationssystem in der zeitlichen Folge ihrer Eintragung nach Tagen geordnet bekannt; § 9 Abs. 1 Satz 4 und 5 gilt entsprechend. [2]Soweit nicht ein Gesetz etwas anderes vorschreibt, werden die Eintragungen ihrem ganzen Inhalt nach veröffentlicht.

Schrifttum: *Dauner-Lieb/Linke,* Digital gleich optional?!, DB 2006, 767; *Spindler,* Abschied vom Papier? Das Gesetz über elektronische Handelsregister und Genossenschaftsregister sowie das Unternehmensregister, WM 2006, 109.

Übersicht

[10] BR-Drs. 227/14, 7.

I. Allgemeines

1. Zweck der Bekanntmachung. Dem Handelsregister kommt **Publizitätsfunktion** zu, die in dessen Anwendungsbereich durch die entsprechenden Vorschriften der europäischen GesR-RL (Art. 13 ff. GesR-RL, in Deutschland anwendbar auf AG, KGaA und GmbH, Art. 1 GesR-RL) zwingend vorgegeben ist. Es gibt Auskunft über Tatsachen und wichtige Rechtsverhältnisse der Kaufleute und Handelsgesellschaften (näher → § 8 Rn. 4 ff.).[1] Nach § 9 Abs. 1 ist jedermann zu Informationszwecken die per Online-Abruf mögliche Einsicht in das Handelsregister gestattet. § 10 verstärkt bisher die Publizitätswirkung: Die Eintragungen sind von Amts wegen öffentlich bekanntzumachen, ohne dass der Antragsteller die Möglichkeit hätte, hierauf zu verzichten.[2] Im Übrigen stellt der Gesetzgeber – entsprechend den früheren, inzwischen aber geänderten europäischen Vorgaben der ursprünglichen Publizitäts-RL (vgl. früher Art. 3 Abs. 5 und 6 Publizitäts-RL, in Deutschland anwendbar auf AG, KGaA und GmbH, → Rn. 4) – bezüglich der Rechtsfolgen in der Regel auf die Bekanntmachung und nicht nur auf die Eintragung ab (→ § 15 Rn. 1 ff.). Terminologisch verfahren Gesetz- und Verordnungsgeber nicht stets einheitlich, sondern verwenden für den nach § 10 vorzunehmenden Vorgang entweder die Bezeichnung „Veröffentlichung" (s. etwa § 32 HRV) oder „öffentliche Bekanntmachung" (so zB § 33 Abs. 1 HRV) bzw. auch nur „Bekanntmachung" (vgl. § 19 Abs. 3 UmwG). 1

2. Nationale Grundlagen. a) Rechtliche Diskussion. Die bis zum Inkrafttreten des EHUG (→ § 8 Rn. 3) am 1.1.2007 bestehende Regelung des § 10 war seit langem umstritten, insbesondere die Bindung an das Printmedium des Bundesanzeigers (→ 2. Aufl. 2005, § 10 Rn. 11). Die zudem vorgesehene Veröffentlichung in einem weiteren durch das jeweilige Registergericht festgelegten Blatt wurde vielfach als ungerechtfertigte Quersubventionierung der Printmedienunternehmen aufgefasst.[3] In der politischen Debatte[4] konnte sich die Auffassung durchsetzen, dass die Registereintragung und deren Bekanntmachung lediglich zwei Seiten derselben Medaille sind und sich nur in der Darstellungsart unterscheiden, nämlich im Fall der Eintragung im Register unternehmensbezogen und im Fall der Bekanntmachung chronologisch aufbereitet werden.[5] Mit der **obligatorischen elektronischen Registerführung** nach § 8 Abs. 1 steht nunmehr außer Frage, dass auch die Bekanntmachung zumindest elektronisch zu erfolgen hat. Die Kosten für die Bekanntmachung betragen somit für die Beteiligten nur noch 1 Euro. 2

1 BayObLGZ 1973, 168 (170); 1977, 76 (78); 1978, 182 (186); *Karsten Schmidt* HandelsR § 13 Rn. 1.

2 Staub/*Koch* Rn. 17; EBJS/*Schaub* Rn. 1; Oetker/*Preuß* Rn. 3; BeckOK HGB/*Müther* Rn. 8; Baumbach/Hopt/*Hopt* Rn. 1.

3 Vgl. die Darstellungen von *Dauner-Lieb/Linke* DB 2006, 767 und *Spindler* WM 2006, 109, die allerdings jeweils für eine Beibehaltung der archaischen Papierbekanntmachung plädierten.

4 Beispielsweise in der 54. Sitzung des BT am 28.9.2006, Stenografischer Bericht Plenar-Prot. 16/54, 5260 ff.; s. ferner die Darstellung bei *Liebscher/Scharff* NJW 2006, 3745 (34747 f.); *Noack* NZG 2006, 801 (803).

5 BT-Drs. 16/960, 44.

3 **b) Politischer Kompromiss.** Der rechtlich wenig ergiebige politische Kompromiss[6] führte für einen **Übergangszeitraum** von zwei Jahren, also bis 31.12.2008 zur **Parallelveröffentlichung** einerseits nach § 10 in der neuen Fassung in elektronischer Form und andererseits in „einem anderen Blatt", also in nur einem Printmedium[7] nach § 10 in der bis zum 1.1.2007 geltenden Fassung nach Art. 61 Abs. 4 EGHGB aF. Die Papierveröffentlichung hatte jedoch gem. Art. 61 Abs. 4 S. 4 EGHGB aF für die Frage der Registerpublizität (§ 15, § 25 Abs. 2, § 27 Abs. 1, § 28 Abs. 2) keine rechtliche Bedeutung mehr.

4 **3. Europarechtliche Grundlagen.** Die Bekanntmachung für Handelsregisterdaten war für bestimmte Rechtsformen durch die in der bis 2019 geltenden Fassung des Art. 16 Abs. 5 GesR-RL zwingend vorgegeben, wobei das Amtsblatt in elektronischer Form geführt werden konnte. Darüber hinaus ermöglichte Art. 16 Abs. 5 UAbs. 2 GesR-RL aF die Ersetzung des Amtsblatts durch ein Bekanntmachungssystem, mit dem die Informationen chronologisch geordnet über eine zentrale elektronische Plattform zugänglich gemacht werden. Die seit 2019 im Zuge des **Company Law Package der EU** zur Digitalisierung erlassene **RL (EU) 2019/1151** und die geltende Fassung des Art. 16 Abs. 3 GesR-RL sehen nunmehr vor, dass für die Publizitätswirkungen allein auf die öffentliche Zugänglichmachung im Register abgestellt wird. Dies geschieht im deutschen Handelsregister in der Regel durch die Vornahme der Eintragung, ist aber richtlinienkonform auch durch die Zugänglichmachung der bei dem Registergericht hinterlegten Dokumente und Informationen möglich. Zudem erlaubt Art. 16 Abs. 3 GesR-RL die Beibehaltung der in § 10 vorgesehenen Bekanntmachung, wenn sichergestellt ist, dass diese vom Registerstand nicht abweicht. Rechtliche Bedeutung hat die Bekanntmachung allerdings nicht mehr, so dass § 15 entsprechend anzupassen ist. Der Sinn der weiteren Beibehaltung einer eigenständigen Bekanntmachung neben der gleichfalls elektronisch einsehbaren Eintragung wäre nunmehr vor allem darin zu erkennen, dass – im Gegensatz zum Zugriff auf die Handelsregistereintragungen – die Bekanntmachung ohne weitere Gebühren einsehbar ist. Gleichwohl wird damit zu rechnen sein, dass eine separate Bekanntmachung neben der Eintragung im Register künftig entfällt.[8]

II. Inhalt der Bekanntmachung

5 **1. Grundsatz.** Im Regelfall werden nach S. 2 die Eintragungen im Handelsregister ihrem **ganzen Inhalt nach** veröffentlicht, das heißt die Bekanntmachung muss den vollen Wortlaut der registerlichen Eintragung enthalten. Nach § 33 Abs. 1 HRV sollen die öffentlichen Bekanntmachungen knapp gefasst und leicht verständlich sein. Da die Bekanntmachung nur in Ausnahmefällen von der Eintragung abweichen darf (→ Rn. 6), sollte daher schon bei der Eintragung auf eine entsprechend passende Formulierung geachtet werden, wobei sich insbesondere zur Erzielung vergleichbarer Eintragungen die Verwendung von Standardtexten bewährt hat.[9] Ist beispielsweise der Gegenstand des Unternehmens einer GmbH so gefasst, dass der „Kernbereich" der Geschäftstätigkeit erkennbar wird,[10] sollte das Registergericht überflüssige Bestandteile des in der Satzung festgelegten Unternehmensgegenstandes bei der Eintragung fortlassen, so etwa die Leerformel, die Gesellschaft könne „alle Geschäfte tätigen, die dem Unternehmenszweck förderlich und dienlich seien und sich an Unternehmen mit gleichem oder ähnlichem Geschäftszweck beteiligen".[11] Der

[6] S. die Ausführungen in BT-Drs. 16/960, 44 (Bundesregierung), BT-Drs. 16/960, 76 f. (Bundesrat) und BT-Drs. 16/960, 91 (Gegenäußerung der Bundesregierung).
[7] Nicht mehr also in mehreren, s. OLG Köln FGPrax 2007, 144.
[8] BeckOGK/*Beurskens* Rn. 9.
[9] Vgl. *Krafka* RegisterR Rn. 172 ff.; Staub/*Koch* Rn. 7 spricht zu Recht von einer „Vorwirkung" des § 33 Abs. 1 HRV für den Eintragungsinhalt.
[10] BGH BB 1981, 450; vgl. auch BayObLG NZG 2003, 482 = Rpfleger 2003, 301; OLG Köln OLGZ 1981, 428 (430).
[11] BayObLG GmbHR 1994, 60 = EWiR § 3 GmbHG 1/94, 155 *(Bokelmann)*; vgl. auch *Krafka* RegisterR Rn. 930; aA OLG Köln OLGZ 1981, 428 (430): da es sich um nicht eintragungsfähige Tatsachen handele, sei die Anmeldung zurückzuweisen; für die Eintragung auch nichtssagender Zusätze: LG Bielefeld RNotZ 2001, 594.

bekannt zu machende Text wird nur dann durch den Registerführenden per Verfügung festgelegt, wenn er von der Eintragung abweicht (→ Rn. 6).

2. Ausnahmen. a) Eintragung ohne Bekanntmachung. Bei Kommanditgesellschaften unterbleiben nach § 162 Abs. 2 und 3 jegliche Bekanntmachungen zu den Eintragungen der Kommanditisten. Nach der Gesetzesänderung im Jahr 2001 durch das Gesetz zur Namensaktie und zur Erleichterung der Stimmrechtsausübung (NaStraG) vom 18.1.2001 (BGBl. 2001 I 123) wird bei der Bekanntmachung der Eintragung einer KG nunmehr weder die Zahl der Kommanditisten noch deren Name, Geburtsdatum und Wohnort sowie der Betrag ihrer Einlagen angegeben (vgl. → 3. Aufl. 2012, § 162 Rn. 8 ff.). Ein weiteres Beispiel bietet § 175 S. 2 (keine Bekanntmachung der Erhöhung oder Herabsetzung einer Kommanditeinlage). In Fällen dieser Art ist ggf. nach § 27 Abs. 2 S. 2 HRV der Wortlaut der aufgrund weiterer angemeldeter Tatsachen erforderlichen öffentlichen Bekanntmachung besonders zu verfügen, da er von der Eintragung abweicht. 6

b) Weitergehende Bekanntmachung. Teilweise sieht das Gesetz vor, dass neben der vorzunehmenden Eintragung weitere Umstände oder sogar ohne jede Eintragung Hinweise bekannt zu machen sind, so zum Beispiel in den Fällen der § 303 Abs. 1 S. 2 AktG sowie § 321 Abs. 1 S. 2 AktG und bei Umwandlungsmaßnahmen nach § 22 Abs. 1 S. 3, § 61 S. 2, § 111 S. 2 UmwG, § 201 UmwG. Der entsprechend zu veröffentlichende Hinweis des Registergerichts soll regelmäßig der Implementierung effektiven Gläubigerschutzes dienen. Ferner sieht § 34a HRV in Umsetzung der jeweils europarechtlichen Vorgaben für die europäischen Rechtsformen der EWIV und der SE eine Veröffentlichung im Amtsblatt der Europäischen Union vor. 7

c) Bekanntmachung ohne Eintragung. Nach § 34 HRV sind bei der Veröffentlichung der Eintragung von Firmen auch der **Unternehmensgegenstand** und die **Lage der Geschäftsräume** öffentlich bekannt zu machen, falls nicht – wie dies bezüglich des Unternehmensgegenstands bei Kapitalgesellschaften und generell hinsichtlich der stets im Handelsregister einzutragenden inländischen Geschäftsanschrift (s. § 29) der Fall ist – ohnehin entsprechende Eintragungen im Register erfolgen. Voraussetzung für die Bekanntmachung ist, dass diesbezügliche Mitteilungen der Beteiligten vorliegen, worauf des Gericht nach § 24 Abs. 2 und 4 HRV hinzuwirken hat. Aus der Veröffentlichung muss sich sodann ergeben, dass es sich um die Bekanntmachung einer in das Register nicht eingetragenen Tatsache handelt („als nicht eingetragen wird veröffentlicht:"), die ohne Gewähr für die Richtigkeit mitgeteilt wird (§ 34 S. 3 HRV). 8

d) Insolvenzvermerke. Insolvenzvermerke sind von Amts wegen nach § 32 in das Handelsregister einzutragen. Allerdings unterbleibt in diesem Fall eine öffentliche Bekanntmachung dieser Eintragungen durch das Registergericht (§ 32 Abs. 2), weil bereits das Insolvenzgericht eine entsprechende Bekanntmachung veranlasst[12] (zB nach § 9 Abs. 1 InsO iVm § 30 Abs. 1 InsO sowie § 23 Abs. 1 InsO, § 200 Abs. 2 InsO, § 215 Abs. 1 InsO, §§ 267, 268 Abs. 2 InsO, § 277 Abs. 3 InsO). Hat das Registergericht unter Verletzung von § 32 Abs. 2 den Insolvenzvermerk dennoch veröffentlicht, so muss es ggf. die Aufhebung der bekannt gemachten Maßnahme ebenfalls veröffentlichen.[13] Unberührt bleibt jedoch stets die Eintragung und Bekanntmachung von Folgetatsachen, die durch die jeweiligen Maßnahme des Insolvenzgerichts eintreten (zB Auflösung der betroffenen Gesellschaft, Änderung der Vertretungsbefugnis, Erlöschen von Prokuren, → § 32 Rn. 7 f., → § 32 Rn. 12). 9

III. Verfahren und Veröffentlichungssystem

1. Verfahren. Das Vorgehen des Registergerichts bei Bekanntmachungen ist in den §§ 25, 27 HRV und §§ 32–34 HRV geregelt. Die Bekanntmachungen erfolgen von Amts 10

[12] S. Staub/*Koch* Rn. 8.
[13] LG Köln Rpfleger 1974, 266.

wegen, müssen also nicht von den Beteiligten beantragt werden.[14] Zuständig ist teils der Richter, teils der Rechtspfleger (§ 3 Nr. 2 lit. d RPflG, § 17 RPflG). Nach § 25 Abs. 1 HRV entscheidet der Richter über die erforderlichen Bekanntmachungen und der Urkundsbeamte der Geschäftsstelle hat nach § 28 HRV die verfügten Bekanntmachungen herbeizuführen. § 32 HRV bestimmt, dass die Veröffentlichung der Eintragungen **unverzüglich** zu veranlassen ist. Das ist im Hinblick auf die Bedeutung der Bekanntmachung für die Rechtsfolgen auch dringend geboten (→ Rn. 14 ff.). Ein Verstoß gegen das Gebot von § 32 HRV kann Amtshaftungsansprüche auslösen.[15] Die Bekanntmachungen haben im Übrigen unter Berücksichtigung der europarechtlichen Vorgabe (→ Rn. 4) nach S. 1 Hs. 1 „in der zeitlichen Folge ihrer Eintragung nach Tagen geordnet" zu erfolgen.

11 **2. Veröffentlichungssystem. a) Zuständigkeit der Länder.** Die Festlegung des zwingend elektronischen Informations- und Kommunikationssystems, über das die Bekanntmachungen abzuwickeln sind, ist Sache der Landesjustizverwaltungen. Die Länder können hierfür eine übereinstimmend einheitliche Internetadresse wählen (S. 1 Hs. 2), insbesondere – wie bislang geschehen – die Adresse „www.handelsregister.de".[16]

12 **b) Zentrale Plattform.** Die Umsetzung der Option des bisherigen Art. 16 Abs. 5 UAbs. 2 GesR-RL hängt davon ab, dass eine zentrale elektronische Plattform bereitgestellt wird, über welche die Bekanntmachungen zugänglich sind. Für die Länder besteht nach S. 1 Hs. 2 aufgrund des Verweises auf § 9 Abs. 1 S. 4 und 5 zwar die Möglichkeit, selbst ein solches Zugangsportal einzurichten. Hiervon darf aber die Bekanntmachungskonzeption nicht abhängen, da die europarechtlichen Vorgaben nicht unter dem Vorbehalt der jeweils mitgliedstaatlichen föderalen Ordnung stehen. Allerdings sind die genannten Maßgaben der vormaligen Publizitätsrichtlinie auf jeden Fall über die Einsichtnahme in das zentrale Unternehmensregister erfüllt, über das gem. § 8b Abs. 2 Nr. 1 auch auf die Bekanntmachungen der Handelsregistereintragungen Zugriff genommen werden kann.

13 **3. Fehlende Ausführungsvorschriften.** Bislang fehlen bundeseinheitliche (gesetzliche oder untergesetzliche) Vorschriften, die nähere Regelungen zur Ausgestaltung des elektronischen Bekanntmachungswesens vorsehen. Dies ist umso erstaunlicher, als in anderen Bereichen, etwa für die bereits seit 2002 in elektronischer Form erfolgenden Insolvenzbekanntmachungen ein entsprechendes Regelungswerk in Form der InsIntBekV[17] vorhanden ist und § 387 Abs. 2 FamFG ausdrücklich die Möglichkeit vorsieht, im Verordnungsweg nähere Vorschriften für die Registerbekanntmachungen zu treffen. Für Fragen der Datensicherheit und des Schutzes vor Missbrauch ist einstweilen auf die einschlägigen Bestimmungen in § 2 dieser Verordnung als Mindeststandard zurückzugreifen, zumal nach § 4a der Verordnung deren einschlägige Vorschriften ohnehin entsprechend für den Datenabruf der Insolvenzinformationen über das Unternehmensregister (vgl. § 8b Abs. 2 Nr. 11) gelten. Mangels ausdrücklicher Anordnung fehlen allerdings Bestimmungen über Löschungsfristen, so dass bislang die elektronischen Handelsregisterbekanntmachungen ohne zeitliches Ende zum Datenabruf zur Verfügung gestellt werden müssen.

IV. Zeitpunkt der Bekanntmachung

14 **1. Bewirken der Bekanntmachung.** Im Gegensatz zur bis zum 31.12.2006 geltenden Vorschrift des § 10 Abs. 2 aF lässt sich dem Gesetz für elektronische Bekanntmachungen keine Aussage mehr darüber entnehmen, wann die Bekanntmachung erfolgt ist. Angesichts der technischen Abrufmöglichkeiten und der nahezu verzögerungslosen Weiterleitung der

---

[14] EBJS/*Schaub* Rn. 18; BeckOK HGB/*Müther* Rn. 8.

[15] Staub/*Koch* Rn. 19; EBJS/*Schaub* Rn. 14; BeckOK HGB/*Müther* Rn. 9; Röhricht/Graf v. Westphalen/Haas/*Ries* Rn. 7.

[16] Für Bayern s. JMinBl. 2006 S. 189: http://www.handelsregister.de; vgl. Staub/*Koch* Rn. 15; Oetker/*Preuß* Rn. 7.

[17] Verordnung zu öffentlichen Bekanntmachungen in Insolvenzverfahren im Internet vom 12.2.2002 (BGBl. 2002 I 677).

Eintragungsinformationen an das Veröffentlichungssystem wurde hierfür offensichtlich kein Bedürfnis mehr gesehen. In anderem Zusammenhang spricht § 9 Abs. 1 S. 3 InsO für die elektronische Veröffentlichung von insolvenzrechtlichen Informationen von der „Bewirkung" der Bekanntmachung. Dies wird verordnungsmäßig (→ Rn. 13) dahingehend konkretisiert, dass die Veröffentlichungen unversehrt, vollständig und aktuell sein müssen. Diese Mindestanforderungen wird man entsprechend auch an die Bekanntmachungen im Rahmen des § 10 fordern und mit deren Erfüllung im Einzelfall die entsprechende Veröffentlichung als bewirkt ansehen können.

2. Wegfall der Bekanntmachung. Nachträgliche Umstände bewirken nicht den 15 rückwirkenden Wegfall der Bekanntmachung. Eine nachträgliche Löschung der Bekanntmachungsdaten hat daher ebenso wie ein etwaiges vorübergehendes Abrufhindernis auf den Umstand der erfolgten Veröffentlichung grundsätzlich keinen Einfluss. Allenfalls kann sich im konkreten Fall ein Dritter, der die Möglichkeit eines entsprechenden Abrufs erfolglos versucht hat zu nutzen, unter Umständen aufgrund allgemeiner Rechtsscheingrundsätze auf das Fortbestehen der Rechtslage berufen, die unter Außerachtlassung der nicht abrufbar bekannt gemachten Tatsache bestehen würde. Gegebenenfalls kommt sodann eine entsprechende Staatshaftung in Betracht (→ Rn. 20).

V. Wirkungen der Bekanntmachung und unrichtige Bekanntmachungen

1. Eintragung oder Bekanntmachung. Von dem Zeitpunkt der Bekanntmachung 16 (→ Rn. 14) ist der Zeitpunkt zu unterscheiden, in dem die **Rechtswirkungen** der bekannt gemachten Tatsache eintreten. Teilweise sind die Rechtsfolgen bereits mit der vollzogenen Eintragung verbunden und treten somit unabhängig von der nachfolgenden Bekanntmachung ein (§§ 2, 3 HGB, § 41 Abs. 1 AktG, §§ 11, 13 GmbHG). Lediglich in Bezug auf Fragen der positiven und negativen Publizität im Rahmen des § 15 ist allein der Zeitpunkt der bewirkten Bekanntmachung maßgeblich. Im Anwendungsbereich der vormaligen Publizitätsrichtlinie (AG, KGaA, GmbH) hat diese Bezugnahme auf die amtliche Veröffentlichung eine europarechtliche Grundlage (vgl. Art. 16 Abs. 5 GesR-RL, anwendbar auf AG, KGaA und GmbH). Ebenso kann das Gesetz für den Beginn von **Ausschluss- und Verjährungsfristen** entweder an den Zeitpunkt der Bekanntmachung (s. § 225 Abs. 1 S. 1 AktG) oder an den Zeitpunkt der zugrunde liegenden Registereintragung anknüpfen (vgl. § 159 Abs. 2, § 160 Abs. 1 S. 2).

2. Registeranmeldung. Die Handelsregisterpublizität wird zwar primär durch Eintra- 17 gung und Bekanntmachung erzielt, jedoch genügt teilweise für die Rechtswahrung bereits die Rechtzeitigkeit der Anmeldung. So erfordert die Wirksamkeit eines Haftungsausschlusses nach § 25 Abs. 2, dass dieser unverzüglich nach der Geschäftsübernahme angemeldet wird und Eintragung und Bekanntmachung in angemessener Zeit nachfolgen.[18] Entsprechendes gilt für die § 27 Abs. 1 und § 28 Abs. 2.

3. Unrichtige Bekanntmachung. Ist eine einzutragende Tatsache unrichtig bekannt 18 gemacht worden, so kann sich nach § 15 Abs. 3 ein Dritter demjenigen gegenüber, in dessen Angelegenheiten die Tatsache einzutragen war, auf die bekannt gemachte Tatsache berufen, es sei denn, dass er die Unrichtigkeit kannte (eingehend → § 15 Rn. 84 ff.).

VI. Mitteilung der Eintragungen an Beteiligte und Behörden

1. Mitteilung an den Antragsteller. Nach der Ordnungsvorschrift des **§ 383 Abs. 1** 19 **FamFG** ist jede Eintragung dem Antragsteller formlos mitzuteilen. Ihre Nichtbeachtung berührt die Wirksamkeit der öffentlichen Bekanntmachung nach § 10 nicht, kann aber unter Umständen haftungsbegründend wirken (→ Rn. 20). Bei Stellung des Antrags durch einen

[18] BGHZ 29, 1 (6); OLG Hamm FGPrax 1999, 67; BayObLG NZG 2003, 482 = DNotZ 2003, 453; OLG Düsseldorf FGPrax 2003, 233.

Bevollmächtigten ist ihm die Eintragung mitzuteilen.[19] Bei Antragstellung eines Notars nach § 378 Abs. 2 FamFG ist die Mitteilung an diesen zu senden, auch wenn der Antrag zugleich durch einen Beteiligten auch eigenen Namens gestellt wurde. Der Antragsteller kann auf Mitteilung an ihn, anders als bei der öffentlichen Bekanntmachung (→ Rn. 1), verzichten (§ 383 Abs. 1 Hs. 2 FamFG). Hiervon sollte er aus den in → Rn. 20 genannten Gründen keinen Gebrauch machen. Denn die Mitteilung setzt den Antragsteller in die Lage, die Richtigkeit der Eintragung zu überprüfen und die Berichtigung von Fehlern zu veranlassen, um den Eintritt eines Schadens zu verhindern, beziehungsweise ihn gering zu halten.

20 **2. Staatshaftung.** Zwar zählt die unverzügliche und richtige Mitteilung zu den Pflichten des Registerrichters und des Rechtspflegers. Eine Verletzung dieser Pflicht kann nach **§ 839 BGB iVm Art. 34 GG** den Staat und auch bei Rückgriff den Richter oder Rechtspfleger zum Schadensersatz verpflichten.[20] Doch ist Voraussetzung des Schadensersatzanspruchs, dass es der Geschädigte ohne Verschulden unterlassen hat, den Schaden durch Einlegung eines Rechtsmittels, wozu auch ein Hinweis auf die falsche Veröffentlichung gehören kann, abzuwenden.

21 **3. Mitteilung an andere Stellen.** Neben der Veröffentlichung und der Mitteilung der Eintragung an den Antragsteller hat das Registergericht bestimmte Eintragungen zusätzlich anderen Stellen und Behörden mitzuteilen. Mitteilungspflichten ergeben sich etwa aus den § 13c Abs. 3 S. 1 und § 13h Abs. 2 S. 1. Zahlreiche Mitteilungspflichten ergeben sich aus den Bestimmungen des UmwG, wenn an einem Umwandlungsvorgang unterschiedliche Bearbeiter oder verschiedene Registergerichte tätig sind (vgl. zB § 19 Abs. 2 UmwG, § 130 Abs. 2 UmwG). Ferner ist auf die umfangreichen Mitteilungspflichten nach § 37 HRV an die Industrie- und Handelskammern und die Zusammenstellung von Mitteilungen in Handels-, Partnerschafts-, Genossenschafts- und Vereinsregistersachen in der Anordnung über Mitteilungen in Zivilsachen (MiZi) – dort insbesondere auf Abschnitt XXI – hinzuweisen. Ferner bleiben weitere Bekanntmachungspflichten, insbesondere im Rahmen der Eintragung europäischer Rechtsträger, durch § 10 unberührt (vgl. § 34a HRV).

VII. Rechtslage in Österreich

22 In Österreich sind Eintragungen im Firmenbuch (→ § 8 Rn. 99) und sonstige vom Firmenbuchgericht vorzunehmende Veröffentlichungen in der Ediktsdatei und im Amtsblatt zur Wiener Zeitung bekannt zu machen (§ 10 Abs. 1 UGB).

§ 10a Anwendung der Verordnung (EU) 2016/679

(1) [1]Das Auskunftsrecht nach Artikel 15 Absatz 1 und das Recht auf Erhalt einer Kopie nach Artikel 15 Absatz 3 der Verordnung (EU) 679/2016 des Europäischen Parlaments und des Rates vom 27. April 2016 zum Schutz natürlicher Personen bei der Verarbeitung personenbezogener Daten, zum freien Datenverkehr und zur Aufhebung der Richtlinie 95/46/EG (Datenschutz-Grundverordnung) (ABl. L 119 vom 4.5.2016, S. 1; L 314 vom 22.11.2016, S. 72) wird dadurch erfüllt, dass die betroffene Person Einsicht in das Handelsregister und in die zum Handelsregister eingereichten Dokumente sowie in das für die Bekanntmachungen der Eintragungen bestimmte elektronische Informations- und Kommunikationssystem nehmen kann. [2]Eine Information der betroffenen Person über konkrete Empfänger, gegenüber denen die im Register, in Bekanntmachungen der Eintragungen oder in zum Register einzureichenden Dokumenten enthaltenen personenbezogenen Daten offengelegt werden, erfolgt nicht.

[19] OLG Stuttgart OLGZ 1974, 113 = NJW 1974, 705.
[20] Keidel/*Heinemann* FamFG § 383 Rn. 2; Oetker/*Preuß* Rn. 13.

(2) Hinsichtlich der im Handelsregister, in Bekanntmachungen der Eintragungen oder in zum Handelsregister einzureichenden Dokumenten enthaltenen personenbezogenen Daten kann das Recht auf Berichtigung nach Artikel 16 der Verordnung (EU) 2016/679 nur unter den Voraussetzungen ausgeübt werden, die in den §§ 393 bis 395 und §§ 397 bis 399 des Gesetzes über das Verfahren in Familiensachen und in den Angelegenheiten der Freiwilligen Gerichtsbarkeit sowie der Rechtsverordnung nach § 387 Absatz 2 des Gesetzes über das Verfahren in Familiensachen und in den Angelegenheiten der Freiwilligen Gerichtsbarkeit für eine Löschung oder Berichtigung vorgesehen sind.

(3) Das Widerspruchsrecht gemäß Artikel 21 der Verordnung (EU) 2016/679 findet in Bezug auf die im Handelsregister, in Bekanntmachungen der Eintragungen oder in zum Handelsregister einzureichenden Dokumenten enthaltenen personenbezogenen Daten keine Anwendung.

Schrifttum: *Ebner,* Die Löschung nach der DSGVO und das Firmenbuch, ecolex 2018, 43.

Übersicht

I. Allgemeines

1 Die Erhebung, Erfassung, Speicherung und Offenlegung der für die Registerführung relevanten personenbezogenen Daten unterliegt gem. Art. 2 DS-GVO grundsätzlich der Anwendung der in der Vorschrift genannten europäischen DS-GVO. Dies gilt für alle im Handelsregister eingetragenen Daten ebenso wie für die daraus generierten Bekanntmachungen und die in den zum Register eingereichten Dokumenten enthaltenen Angaben. Allerdings wurde schon vor Inkrafttreten der DS-GVO mit § 10a eine Bestimmung geschaffen,[1] die im Interesse der Sicherheit und Leichtigkeit des Rechtsverkehrs[2] dafür sorgt, dass das Verfahren in Handelsregistersachen und der Betrieb des Registers weiterhin und ohne Störung durch individualrechtliche Datenschutzkomplikationen fortgeführt werden kann. Der Gesetzgeber hat damit von der ihm in Art. 23 DS-GVO verliehenen **Kompetenz zur Beschränkung** der in der bezeichneten Verordnung vorgesehenen Rechte Gebrauch gemacht und hatte hierbei nicht zuletzt auch die grundrechtlichen Anforderungen aus Art. 8 GRCh zu berücksichtigen. Zur Rechtfertigung der Beschränkungen beruft sich die Begründung des Gesetzesentwurfs auf den „Schutz sonstiger wichtiger Ziele des allgemeinen öffentlichen Interesses" (Art. 23 Abs. 1 lit. e DS-GVO) sowie auf Erwägungsgrund 73, in welchem das „Führen öffentlicher Register" ausdrücklich als solches Interesse erwähnt ist. Insofern verfolgen die datenschutzrechtlich als Einschränkung zu sehenden Regelungen des § 10a legitime Zwecke, müssen darüber hinaus aber den Wesensgehalt der Grundrechte und -freiheiten berücksichtigen und letztendlich als notwendig und verhältnismäßig anzusehen sein. Insoweit ist auch zu berücksichtigen, dass im Register nur vergleichsweise wenige –

[1] Eingefügt durch Art. 7 Nr. 1 DS-GVO und in Kraft getreten zusammen mit der DS-GVO am 25.5.2018 (aA ohne Nachweis KKRD/*Roth* Rn. 1: in Kraft getreten bereits am 25.7.2017) gemäß Art. 31 Abs. 4 DS-GVO jeweils des „Gesetzes zur Änderung des Bundesversorgungsgesetzes und anderer Vorschriften" vom 17.7.2017 (BGBl. 2017 I 2541).

[2] Ebenso KKRD/*Roth* Rn. 1.

wenn auch zentrale – personenbezogene Daten (Name, Geburtsdatum, Wohnort) offengelegt werden.[3] Schließlich leuchtet die „Abstimmung“[4] oder etwas ehrlicher das Zurücktreten des Datenschutzes gegenüber den registerrechtlichen Erfordernissen insbesondere unter Berücksichtigung der auch europarechtlich fundierten Publizitätsvorschriften ein.

2 Der **Anwendungsbereich** der Vorschrift erstreckt sich über das Handelsregister hinaus mittels der entsprechenden Verweisungsvorschriften auch auf das Genossenschafts- und das Partnerschaftsregister (§ 156 Abs. 1 S. 1 GenG, § 5 Abs. 2 PartGG). Eine ausdrückliche Anwendungsvorschrift für das Vereinsregister fehlt, zumal dort eine Bekanntmachung der Eintragungen iSd § 10 nicht erfolgt. Soweit allerdings etwaige Datenschutzrechte auch dort in Betracht kämen, ist § 10a insoweit entsprechend anzuwenden, da die Vorschrift unter Berücksichtigung ihrer Begründung[5] erkennen lässt, dass sie allgemein die Sicherheit und Leichtigkeit der Führung aller Rechtsträgerregister – und damit auch des Vereinsregisters – gewährleisten soll.

II. Auskunftsrecht und Recht auf Erhalt einer Kopie

3 Indem jedermann zu Informationszwecken, also auch den betroffenen Personen gem. § 9 Abs. 1 **Einsichtnahme** in das Handelsregister, die eingereichten Dokumente und ohne weiteres kostenfrei in die öffentlichen Bekanntmachungen (§ 10) gewährt wird, bedarf es keiner darüber hinausgehenden Möglichkeit, Auskunft über die verarbeiteten personenbezogenen Daten verlangen zu können. Daher ist eine nähere Regelung zur Umsetzung des in Art. 15 Abs. 1 DS-GVO vorgesehenen Auskunftsrechts unnötig, so dass das europarechtliche Auskunftsrecht insoweit nicht eingeschränkt, sondern durch die gewährleisteten Einsichtsmöglichkeiten realisiert wird.[6] Dies gilt nicht nur für die Einsichtnahme in das Register und die dort eingereichten Dokumente, sondern darüber hinaus auch durch die ohne weiteres bestehende Zugänglichkeit der Bekanntmachungen iSd § 10 S. 1.[7] Im Übrigen wird durch § 10a Abs. 1 Satz 2 das Auskunftsrecht über die Empfänger der personenbezogenen Daten ausgeschlossen, da die Einsichtnahme keine vorherige Registrierung erfordert. Unter Berücksichtigung des Interesses an schneller Information und die grenzüberschreitende Nutzung wäre dies auch kaum zumutbar.[8]

4 Allerdings sieht Art. 15 DS-GVO darüber hinaus ein Recht auf Auskunft über eine Vielzahl weiterer Informationen vor und insbesondere das Recht auf Erhalt einer **Kopie der personenbezogenen Daten.** Dies schränkt Abs. 1 S. 1 unter Verweis auf die Gelegenheit der beschriebenen Einsichtnahme ein. Zur Begründung wird zutreffend angeführt, dass eine personenbezogene Suche im vorhandenen Registerbestand – also etwa das Auffinden der Daten eines nur namentlich bekannten Geschäftsführers ohne Kenntnis der Gesellschaft, für die er tätig ist – aus technischen Gründen derzeit nicht möglich ist.[9] Ferner wird auf die Möglichkeit aufmerksam gemacht, die Betroffenen zum Beispiel durch ein Merkblatt, das auf dem gemeinsamen Länderregisterportal zur Verfügung gestellt werden kann, auf die in Art. 15 Abs. 1 DS-GVO vorgesehenen Informationen – also etwa die Verarbeitungszwecke, die Kategorien der verarbeiteten Daten, die (unbegrenzte!) Dauer der Datenspeicherung und das Bestehen von Berichtigungs- und Löschungsansprüchen (→ Rn. 6 ff.) – allgemein hinzuweisen.[10]

III. Information der betroffenen Person

5 Gemäß Art. 15 Abs. 1 lit. c DS-GVO kann die betroffene Person verlangen, darüber informiert zu werden, welchen konkreten Empfängern personenbezogene Daten offen-

[3] Vgl. BT-Drs. 18/12611, 74; KKRD/*Roth* Rn. 1.
[4] So Oetker/*Preuß* Rn. 2.
[5] BT-Drs. 18/12611, 67.
[6] Ebenso Oetker/*Preuß* Rn. 3.
[7] Insoweit unzutr. Oetker/*Preuß*, die auf § 9 Abs. 1 S. 2 abstellt, der allerdings – im Gegensatz zu § 10 S. 1 – nicht die von § 10a Abs. 1 in Bezug genommenen Bekanntmachungen betrifft.
[8] BeckOGK/*Beurskens* Rn. 7.
[9] BT-Drs. 18/12611, 68; KKRD/*Roth* Rn. 2.
[10] BT-Drs. 18/12611, 68.

gelegt worden sind. Angesichts des potenziell weltweit offenen Empfängerkreises der Registerdatenpublizität und der konkret teils millionenfach erfolgenden Abfrage einzelner Daten bestimmt[11] Abs. 1 S. 2 im Sinne der Erhaltung der Funktionalität der Registerführung, dass eine dahingehende Information des Betroffenen schon aus rein praktischen Gründen[12] – nämlich der Unmöglichkeit einer entsprechend sinnvollen Dokumentation – nicht erfolgt. In der Gesetzesbegründung wird im Übrigen darauf verwiesen, dass die Möglichkeit bestehe, die Betroffenen in allgemeiner Form, etwa durch ein Merkblatt auf dem gemeinsamen Länderregisterportal auf die für Dritte unbeschränkte Abrufbarkeit der Daten hinzuweisen.[13]

IV. Recht auf Berichtigung

1. Allgemeines. Für das **Berichtigungs- und Vervollständigungsrecht** gem. 6
Art. 16 DS-GVO verweist Abs. 2 auf die Löschungsvorschriften der §§ 393–395 FamFG und §§ 397–399 FamFG von Amts wegen sowie durch eine mittelbare Bezugnahme auf die Vorschriften des § 17 HRV und des § 24 GenRegV. Damit unterstellt die Vorschrift, dass für die Korrektur der eingereichten, eingetragenen und bekanntgemachten Daten gemäß den genannten verfahrensrechtlichen Vorgaben für den Betroffenen ein entsprechender **Berichtigungsanspruch** besteht. Zutreffenderweise hat der Gesetzgeber hierbei das Berichtigungsrecht insoweit beschränkt, als eine rückwirkende Beseitigung von Registerdaten ausgeschlossen ist. Stets muss aus Gründen der Registerpublizität zumindest technisch weiterhin feststellbar sein, welche Eintragungen und Bekanntmachungen in welchem Zeitraum veröffentlicht waren.[14]

2. Berichtigung unrichtiger Daten. Veränderungen der im Handelsregister einge- 7
tragenen Daten – wie etwa der Name einer im Handelsregister eingetragenen Person oder deren Wohnort – führen dazu, dass sich die dahingehende Korrektur der Eintragung samt etwaiger Bekanntmachung durch Vornahme der entsprechenden **Anmeldung** gem. § 12 Abs. 1 realisieren. Dasselbe gilt in Bezug auf die Änderung weiterer im Register dargestellter Umstände und für die Daten, die in den zum Handelsregister eingereichten **Dokumenten,** zum Beispiel Gesellschafterlisten von Gesellschaften mit beschränkter Haftung, enthalten sind, weil insoweit die Einreichung eines entsprechend korrigierten Dokuments genügt. Hierfür bedarf es daher keiner besonderen Umsetzung zur individuellen Durchsetzung des Berichtigungsanspruchs gem. Art. 16 DS-GVO.

War hingegen die im Handelsregister vorgenommene Eintragung von Anfang an 8
sachlich falsch – handelt es sich also iSd DS-GVO um „unrichtige personenbezogene Daten" – so besteht im Rahmen der Vorgaben des Publizitätsgrundsatzes in seiner Ausprägung des Prinzips der Eintragungserhaltung nur eine eingeschränkte Beseitigungsmöglichkeit. Insoweit sieht vor allem **§ 395 FamFG** die Möglichkeit vor, sachlich unrichtige Eintragungen zukunftsbezogen zu löschen, wobei für die Beseitigung nichtiger Kapitalgesellschaften und deren Beschlüsse in §§ 397, 398 FamFG grundsätzlich vorrangige Vorschriften mit weiteren einschränkenden Voraussetzungen bestehen. Insoweit erzeugt die in Abs. 2 erfolgte Verweisung als „Recht" des Betroffenen nicht nur die ohnehin bestehende Eröffnung einer ermessensgerechten Entscheidung, sondern reduziert ggf. dieses Ermessen des Registergerichts insoweit, als ein durchsetzbarer **Anspruch auf Vornahme der Löschung** besteht. Zu berücksichtigen ist allerdings, dass damit lediglich die unrichtige Eintragung entfernt und nur insoweit negativ „berichtigt" wird. Keineswegs wird damit die ggf. richtige Angabe positiv durch Vornahme der zutreffenden Eintragung „berichtigt". Hierfür bedarf es vielmehr der – ohne

[11] Unverständlich KKRD/*Roth* Rn. 2, der meint, es handle sich bei Abs. 1 S. 2 um eine „Klarstellung" (wovon?).
[12] Oetker/*Preuß* Rn. 4.
[13] BT-Drs. 18/12611, 68.
[14] BT-Drs. 18/12611, 68.

weiteres bestehenden Möglichkeit der – Vornahme einer Anmeldung zur Eintragung der entsprechenden Tatsache in das Register (§ 12 Abs. 1).[15]

9 Dagegen verwirrt unnötigerweise die Bezugnahme in Abs. 2 auf die Löschungsvorschriften der **§§ 393, 394 FamFG.**[16] In diesen Fällen Löschungen von Amts wegen fehlt es gerade an einer Mitwirkung der Betroffenen, so dass sie sich kaum als Realisierung von deren Berichtigungsanspruch erklären lässt. Allenfalls dann, wenn nur einzelne Beteiligte oder andere eingetragene Personen – wie etwa Prokuristen – auf „Berichtigung" durch Löschung des Rechtsträgers im Register bestehen, mag die gesetzliche Verweisungsvorschrift Sinn machen, wobei in diesen Fällen bereits mit einem Vorgehen nach § 395 FamFG durch Beseitigung lediglich dieser einzelnen Eintragung zur Durchsetzung des Berichtigungsanspruchs Abhilfe geschaffen werden kann.

10 Im Übrigen ist zu beachten, dass mit den gem. § 395 FamFG vorgenommenen Berichtigungen keine rückwirkende Berichtigung der **Eintragung,** die nur nach Maßgabe des § 16 HRV für die Zukunft berichtigt wird,[17] und der ursprünglichen **Bekanntmachung** verbunden ist. Vielmehr erfolgen eine neue Eintragung und eine weitere Bekanntmachung der Löschung, die damit als Berichtigung der ursprünglich bekannt gemachten Daten fungiert. Der bisherige unzutreffend Registerstand bleibt also aus Publizitätsgründen stets weiter erkennbar und ein vollständiges Löschung im Sinne einer rückwirkenden Beseitigung einer Eintragung samt etwaiger Bekanntmachung auf datenschutzrechtlicher Grundlage zurecht im Sinne der Gewährleistung der Funktionalität des Registers ausgeschlossen. Insbesondere bleibt damit das Vorliegen einer nachträglichen Änderung oder Löschung weiterhin transparent erkennbar.[18]

11 **3. Berichtigung offenbarer Unrichtigkeiten.** Für die Berichtigung von Schreibfehlern, versehentlichen Löschungen und sonstigen offenbaren Unrichtigkeiten verweist Abs. 2 auf die Vorschriften der § 17 HRV und § 24 GenRegV und verschafft damit dem Betroffenen einen unmittelbaren **Anspruch auf Berichtigung** des entsprechenden Datenbestands. Insoweit verdichtet sich das ggf. bestehende Ermessen des Registerführenden auf die vom Betroffenen durchsetzbare Verpflichtung nicht nur zur Vornahme der Korrektur (§ 17 Abs. 1 HRV), sondern auch auf Durchführung der öffentlichen Bekanntmachung (§ 17 Abs. 2 HRV), auch wenn aus Sicht des Registergerichts nur ein „offensichtlich unwesentlicher Punkt der Eintragung" betroffen ist.

V. Widerspruchsrecht

12 Das Widerspruchsrecht nach Art. 21 DS-GVO gegen eine Verarbeitung personenbezogener Daten, die auf der Grundlage des Art. 6 Abs. 1 lit. e oder f DS-GVO erfolgt, gilt gem. Abs. 3 nicht für die im Handelsregister eingereichten Dokumente oder Eintragungsbekanntmachungen enthaltende Daten. Diese Einschränkung ist im Hinblick auf die **Publizitätsfunktion des Handelsregisters** funktional unabdingbar, da andernfalls die Vorhaltung eines stabilen Datenbestands nicht gewährleistet wäre, was allerdings die zwingende Grundprämisse des Vertrauensschutzes staatlicher Rechtsträgerregister darstellt. Die Gesetzesbegründung stellt in diesem Sinne zu Recht fest, dass der Grundsatz der Datenerhaltung den Kern des registerrechtlichen Publizitätsprinzips darstellt, dem das Widerspruchsrecht nach Art. 21 DS-GVO diametral widerspricht.[19]

---

15 Unklar insoweit KKRD/*Roth* Rn. 3, der meint, der Berichtigungsanspruch werde allein durch eine etwaige Schreibfehlerberichtigung von Amts wegen realisiert und hierzu auf „Art. 17 und 19 HRV" (richtig §§ 17 und 19 HRV), Bezug nimmt, ohne die Bestimmung des § 395 FamFG, auf die Abs. 2 ausdrücklich verweist, zu behandeln.

16 Ähnlich Oetker/*Preuß* Rn. 5, die wohlwollend konstatiert, dass nicht jedes der genannten Verfahren „von Relevanz sein dürfte".

17 Ebenso Oetker/*Preuß* Rn. 6.

18 Oetker/*Preuß* Rn. 6.

19 BT-Drs. 18/12611, 68; Oetker/*Preuß* Rn. 7; ähnlich BeckOK HGB/*Müther* Rn. 4: „passt nicht in das Handelsregistersystem".

VI. Weitere Rechte gemäß DS-GVO

Für die weiteren Datenschutzrechte, die aus der DS-GVO folgen, bedurfte es für die Führung der staatlichen Rechtsträgerregister keiner ausdrücklichen gesetzlichen Regelung, da sie bereits aufgrund der in der Verordnung selbst enthaltenen Bestimmungen insoweit beschränkt sind oder eingeschränkt werden dürfen. 13

Das für das Registerwesen aufgrund der fortdauernden Transparenz- und Beweisfunktion unpassende Recht auf Löschung nicht mehr notwendiger personenbezogener Daten **(„Vergessenwerden")**[20] gem. Art. 17 Abs. 1 DS-GVO findet insoweit bereits aufgrund der Ausnahmevorschrift des Art. 17 Abs. 3 lit. b DS-GVO keine Anwendung.[21] Ebenso besteht kein Recht auf **Einschränkung der Datenverarbeitung** gem. Art. 18 Abs. 1 DS-GVO[22] und ebenso kein Recht auf **Datenübertragbarkeit** (Art. 20 Abs. 1 DS-GVO), da die Registerführung aus Gründung wichtiger öffentlicher Interessen erfolgt (vgl. Art. 18 Abs. 2 DS-GVO und Art. 20 Abs. 3 S. 2 DS-GVO). Im Übrigen wäre aus Sicht der Gesetzesbegründung insbesondere angesichts der großen Datenmenge die Erfüllung der **Mitteilungspflicht** nach Art. 19 DS-GVO mit unverhältnismäßigem Aufwand verbunden, so dass sie bereits aus immanenten Gründen hinfällig ist.[23] 14

VII. Rechtslage in Österreich

Mangels vergleichbarer Vorschrift im FGB oder im UGB war in Österreich zunächst unklar, inwieweit die Rechte gemäß der DS-GVO auch in Firmenbuchsachen gelten.[24] Mit Inkrafttreten der DS-GVO wurde allerdings § 84 Gerichtsorganisationsgesetz geschaffen, der in vergleichbarer Weise auf die „verfahrensrechtlichen Vorschriften" und mithin auf §§ 10, 26 FBG zur Löschung und Berichtigung von Firmenbucheintragungen verweist. Ebenso gelten in Bezug auf die weiteren Rechte der DS-GVO die in → Rn. 14 dargestellten Beschränkungen. 15

§ 11 Offenlegung in der Amtssprache eines Mitgliedstaats der Europäischen Union

(1) ¹Die zum Handelsregister einzureichenden Dokumente sowie der Inhalt einer Eintragung können zusätzlich in jeder Amtssprache eines Mitgliedstaats der Europäischen Union übermittelt werden. ²Auf die Übersetzungen ist in geeigneter Weise hinzuweisen. ³§ 9 ist entsprechend anwendbar.

(2) Im Fall der Abweichung der Originalfassung von einer eingereichten Übersetzung kann letztere einem Dritten nicht entgegengehalten werden; dieser kann sich jedoch auf die eingereichte Übersetzung berufen, es sei denn, der Eingetragene weist nach, dass dem Dritten die Originalfassung bekannt war.

Schrifttum: *Nedden-Boeger,* Das neue Registerrecht, FGPrax 2007, 1; *Schemmann,* Die Neufassung der ersten gesellschaftsrechtlichen Richtlinie, GPR 2003/2004, 92; *Scholz,* Die Einführung elektronischer Handelsregister in Europa, EuZW 2004, 172; *Seibert/Decker,* Das Gesetz über elektronische Handelsregister und Genossenschaftsregister sowie das Unternehmensregister (EHUG) – Der „Big Bang" im Recht der Unternehmenspublizität, DB 2006, 2446.

Übersicht

[20] Dazu BVerfG NJW 2020, 300; 2020, 314.
[21] BT-Drs. 18/12611, 69; BeckOGK/*Beurskens* Rn. 15; Gola/*Nolte/Werkmeister* DS-GVO Art. 17 Rn. 46.
[22] BeckOGK/*Beurskens* Rn. 16.
[23] BT-Drs. 18/12611, 69.
[24] *Ebner* ecolex 2018, 43.

I. Grundlagen

1 **1. Europarechtliche Sprachenregelung.** Art. 21 Abs. 2 UAbs. 1 GesR-RL (→ § 8 Rn. 3) sieht vor, dass zusätzlich zur Offenlegung in der jeweils angeordneten Sprache des Mitgliedstaates die Möglichkeit bestehen muss, die zum Register einzureichenden Urkunden und Angaben auch in einer anderen europäischen Amtssprache offenzulegen.[1] Ziel dieser Regelung ist es, den grenzüberschreitenden Zugang zu Unternehmensinformationen zu erleichtern, ohne jedoch die Mitgliedstaaten oder die Gewerbetreibenden zur Erstellung von Übersetzungen zu verpflichten. Für den Fall einer Abweichung dieser freiwilligen Übersetzung von den offen gelegten Ursprungsdokumenten statuiert Art. 21 Abs. 4 GesR-RL einen Gutglaubensschutz (→ Rn. 9 ff.). Ob das Ziel der Vorschrift damit im Ergebnis effektiv erreicht wird, darf bezweifelt werden, da der betroffene Rechtsträger durch Einreichung einer Übersetzung eine mit Publizitätswirkungen versehene Risikoquelle erzeugt. Jedes Unternehmen wird daher diese Gefahren mit dem allenfalls vermuteten Imagevorteil eines international wirkenden Registerauftritts abwägen müssen.[2]

2 **2. Umsetzung im deutschen Recht.** Die Gerichtssprache ist auch für das Handelsregister deutsch (§ 184 GVG). Dies gilt entsprechend für die zum Handelsregister einzureichenden Dokumente, die Abs. 2 als „Originalfassung" bezeichnet. Die durch das EHUG (→ § 8 Rn. 3) mit Wirkung zum 1.1.2007 eingeführte Vorschrift erlaubt durch Abs. 1 freiwillig die Einreichung von Übersetzungen des Inhalts der Handelsregistereintragungen bzw. der eingereichten Dokumente in jeder Amtssprache der Europäischen Union (Bulgarisch, Dänisch, Deutsch, Englisch [auch nach dem Brexit als Amtssprache in Irland und Malta],[3] Estnisch, Finnisch, Französisch, Griechisch, Irisch, Italienisch, Kroatisch, Lettisch, Litauisch, Maltesisch, Niederländisch, Polnisch, Portugiesisch, Rumänisch, Schwedisch, Slowakisch, Slowenisch, Spanisch, Tschechisch und Ungarisch). Die Möglichkeit auch andere Sprachen (zB Arabisch, Chinesisch [Mandarin], Japanisch, Russisch oder Türkisch) zuzulassen (vgl. Art. 21 Abs. 3 GesR-RL), wurde durch den deutschen Gesetzgeber nicht genutzt. In zweifacher Hinsicht geht allerdings die deutsche Umsetzungsvorschrift über die Richtlinienvorgabe hinaus: Einerseits eröffnet sie die Übersetzungsmöglichkeit nicht nur den unter die Publizitätsrichtlinie fallenden Kapitalgesellschaften, sondern allen im Handelsregister eingetragenen Rechtsträgern. Zum anderen beschränkt sie die Übersetzungsmöglichkeit nicht auf die zum Handelsregister eingereichten Dokumente, sondern erlaubt auch die Übersetzung des Registerinhalts selbst, also der Registereintragungen.[4] Ferner wird in § 325 Abs. 6 auf § 11 verwiesen, so dass auch die Unterlagen der Rechnungslegung zusätzlich in einer Amtssprache der EU eingereicht werden können.

II. Offenlegung einer Übersetzung

3 **1. Erstellung.** Die Erstellung der Übersetzung ist freiwillig und ausschließlich Sache des offenlegenden Unternehmens. Dieses entscheidet also darüber, welche Dokumente oder Daten als Übersetzung eingereicht werden. Auch können nur einzelne Dokumente oder nur der Registerinhalt übersetzt sein. Eine Vorlage der Übersetzung von Auszügen der

---

1 BeckOGK/*Beurskens* Rn. 1.
2 *Schemmann* GPR 2003/2004, 92 (94); *Nedden-Boeger* FGPrax 2007, 1 (3); Staub/*Koch* Rn. 2.
3 BeckOGK/*Beurskens* Rn. 3.
4 BT-Drs. 16/960, 44.

Dokumente oder nur von Teilen des Registerinhalts ist gleichfalls möglich,[5] sofern die nicht übersetzten Teile in der Originalsprache aufgeführt sind, sodass keine Missverständnisse über den Gesamtinhalt des Dokuments oder des Registerblattes auftreten können. Die Möglichkeit, die Einreichung einer Übersetzung nach § 14 durch Festsetzung eines Zwangsgelds zu erreichen, besteht – aufgrund der beschriebenen Freiwilligkeit – naturgemäß nicht.

2. Einreichung. Die Einreichung der Übersetzung erfolgt nach § 12 Abs. 2. Da es sich nicht um eine Anmeldung zur Eintragung handelt, sondern allenfalls um die Übersetzung einer solchen oder eines anderen Dokuments, ist § 12 Abs. 1 S. 1 nicht einschlägig. Zudem ist die Übersetzung nicht notariell zu beurkunden und auch nicht als öffentlich beglaubigte Abschrift einzureichen. Daher genügt die Übermittlung als einfache Aufzeichnung gem. § 12 Abs. 2 S. 2 Hs. 1. 4

3. Beglaubigung. Nach den Vorgaben der Art. 14 ff. GesR-RL (früher Publizitäts-RL) steht es den Mitgliedstaaten offen, eine Beglaubigung der Übersetzung zu verlangen. In § 11 wurde von dieser Möglichkeit kein Gebrauch gemacht,[6] da der Gesetzgeber davon ausging, dass angesichts der Gutglaubensregelung des Abs. 2 das einreichende Unternehmen im eigenen Interesse selbst große Sorgfalt auf die Erstellung einer korrekten Übersetzung legen wird.[7] Insbesondere wurde damit auf die verpflichtende Einschaltung eines beeidigten Übersetzers gem. § 142 Abs. 3 ZPO verzichtet. 5

4. Einsichtnahme. In Umsetzung der Verpflichtung aus Art. 21 Abs. 2 UAbs. 2 GesR-RL eröffnet Abs. 1 S. 3 den uneingeschränkten Zugang zur eingereichten Übersetzung im Rahmen der Einsichtnahme nach § 9. Darüber hinaus muss nach Abs. 2 S. 2 im Register in geeigneter Weise auf das Vorliegen einer Übersetzung hingewiesen werden. Die Begründung des Regierungsentwurfs schlägt hierfür beispielhaft die Verwendung eines Flaggensymbols oder des Landesnamens in der jeweiligen Landessprache vor.[8] 6

5. Vorgehen des Registergerichts. Das Registergericht hat keine Pflicht, die eingereichte Übersetzung inhaltlich zu überprüfen.[9] Ein Zurückweisungsrecht wird nur dann in Betracht kommen, wenn die Übersetzung offensichtlich unrichtig ist oder erkennbar in einer unzulässigen Sprache verfasst wurde. Im Übrigen hat das Gericht die Übersetzung in den online einsehbaren Registerordner (§ 9 HRV) einzustellen und damit allgemein zugänglich zu machen. Die Übersetzung muss technisch dem dazugehörigen Registerblatt und der jeweils betroffenen Eintragung zugeordnet werden (§ 13 Abs. 4 HRV). Eine Bekanntmachung der Übersetzung oder eines Hinweises auf ihr Vorliegen nach § 10 erfolgt nicht.[10] Da die Publizitätsrichtlinie dazu keine Vorgabe macht, ist dies europarechtlich unbedenklich.[11] 7

Nach § 15 HRV ist bei Vorliegen einer Übersetzung des Registerinhalts im Fall späterer Eintragungen kenntlich zu machen, dass die bisher vorliegende Übersetzung nicht mehr den aktuellen Registerstand wiedergibt. Diese Kennzeichnung hat zu entfallen, sobald erneut eine aktualisierte Übersetzung eingereicht wird (§ 15 S. 2 HRV). Als derartige Kenntlichmachung soll es genügen, wenn ersichtlich wird, dass sich die Übersetzung auf einen bestimmten Stand, insbesondere ein exaktes Datum bezieht und erkennbar ist, dass das Register später geändert wurde.[12] Dies wird in der Registerpraxis regelmäßig automatisiert erfolgen.[13] Die Erstellung einer neuen Übersetzung ist wiederum freiwillig und ggf. durch 8

---

5 KKRD/*Roth* Rn. 2.

6 Oetker/*Preuß* Rn. 4; BeckOK HGB/*Müther* Rn. 2.

7 BT-Drs. 16/960, 45; s. auch BeckOGK/*Beurskens* Rn. 6.

8 BT-Drs. 16/960, 45; BeckOGK/*Beurskens* Rn. 12.

9 BT-Drs. 16/960, 44; Staub/*Koch* Rn. 8; EBJS/*Schaub* Rn. 5.

10 Vgl. Staub/*Koch* Rn. 10; EBJS/*Schaub* Rn. 6; Oetker/*Preuß* Rn. 6; BeckOK HGB/*Müther* Rn. 1; KKRD/*Roth* Rn. 2.

11 BeckOGK/*Beurskens* Rn. 9; Staub/*Koch* Rn. 11; BeckOK HGB/Müther Rn. 3; aA Schmidt-Kessel/Leutner/Müther/*Schmidt-Kessel*, Handelsregisterrecht, HGB § 11 Rn. 9.

12 BT-Drs. 16/960, 58.

13 *Nedden-Boeger* FGPrax 2007, 1 (3).

den eingetragenen Rechtsträger einzureichen. Das Registergericht hat keine Verpflichtung zur Pflege der eingereichten Übersetzungen.

III. Publizitätsfolgen

9 **1. Gutglaubensschutz für Dritte.** Mit Abs. 2 wird die Vorgabe des Art. 21 Abs. 4 GesR-RL erfüllt. Die Vorschrift war erforderlich, da § 15 die Abweichung verschiedener zum Handelsregister eingereichter Dokumente voneinander nicht erfasst. Dem einreichenden Unternehmen kann eine unrichtige Übersetzung keinesfalls zum Vorteil gereichen. Daher sieht Abs. 2 S. 1 vor, dass sich der Unternehmer nicht auf die falsche Übersetzung berufen kann, sondern ausschließlich der deutsche Text maßgeblich ist.

10 Dagegen steht es jedem Dritten offen, sich auf den unrichtigen Inhalt der Übersetzung zu berufen (Abs. 2 Hs. 2). Da die Einreichung freiwillig ist, muss der jeweilige Rechtsträger sich am Inhalt der Übersetzung festhalten lassen. Wie im Rahmen des § 15 kommt es hierbei nicht darauf an, ob der Dritte die Übersetzung kannte. Es handelt sich also auch hier um einen Fall des abstrakten Vertrauensschutzes.[14] Bei Vorliegen mehrerer Übersetzungen (zB Englisch, Französisch und Russisch) kann sich daher der Dritte auf die falsche Fassung auch dann berufen, wenn die anderen Varianten zutreffende Übersetzungen sind.[15] Dritter im Sinne dieser Vorschrift ist allerdings nicht, wer dem „Lager des Rechtsträgers" zugerechnet werden kann. Insbesondere Aktionäre oder Mitgesellschafter fallen daher nicht in den Schutzbereich des Abs. 2.[16]

11 **2. Entkräftung durch den Betroffenen.** Dem eingetragenen Rechtsträger steht allenfalls die Möglichkeit offen, zu beweisen, dass dem Dritten, der sich auf die falsche Übersetzung beruft, die Originalfassung bekannt war (Abs. 2 Hs. 2). Die Darlegungs- und Beweislast für diesen Gegenbeweis trägt der Eingetragene. Hierbei wird man für die Entkräftung des guten Glaubens nicht allein die Kenntnis von der Existenz der Originalfassung genügen lassen,[17] da diese Kenntnis stets demjenigen zu unterstellen ist, der um die Tatsache weiß, dass er lediglich die Übersetzung einer Originalfassung kennt. Vielmehr muss der Eingetragene nachweisen, dass dem Dritten auch der Inhalt der übersetzten Originaldaten bekannt ist, weil nur aufgrund des damit vorliegenden Widerspruchs der abstrakte gute Glaube an die Richtigkeit der Übersetzung erschüttert sein kann. Hierzu bedarf es zudem des Nachweises, dass der Dritte die Originalfassung in sprachlicher Hinsicht auch inhaltlich hat verstehen können.[18] Der abstrakte Gutglaubensschutz kann also nur mit der konkreten Kenntnis des wahren Inhalts der Eintragung oder des Originaldokuments widerlegt werden.[19]

§ 12 Anmeldungen zur Eintragung und Einreichungen

(1) [1]Anmeldungen zur Eintragung in das Handelsregister sind elektronisch in öffentlich beglaubigter Form einzureichen. [2]Die gleiche Form ist für eine Vollmacht zur Anmeldung erforderlich. [3]Anstelle der Vollmacht kann die Bescheinigung eines Notars nach § 21 Absatz 3 der Bundesnotarordnung eingereicht werden. [4]Rechtsnachfolger eines Beteiligten haben die Rechtsnachfolge soweit tunlich durch öffentliche Urkunden nachzuweisen.

(2) [1]Dokumente sind elektronisch einzureichen. [2]Ist eine Urschrift oder eine einfache Abschrift einzureichen oder ist für das Dokument die Schriftform bestimmt, genügt die Übermittlung einer elektronischen Aufzeichnung; ist ein notariell beur-

---

14 BeckOGK/*Beurskens* Rn. 24; Staub/*Koch* Rn. 19; KKRD/*Roth* Rn. 3; Oetker/*Preuß* Rn. 9.
15 *Schemmann* GPR 2003/2004, 92 (94); ebenso KKRD/*Roth* Rn. 3.
16 *Scholz* EuZW 2004, 172 (176); BeckOGK/*Beurskens* Rn. 19; Staub/*Koch* Rn. 16.
17 So aber KKRD/*Roth* Rn. 3; wie hier dagegen Oetker/*Preuß* Rn. 10.
18 *Nedden-Boeger* FGPrax 2007, 1 (3); Staub/*Koch* Rn. 18.
19 AA ohne Begr. EBJS/*Schaub* Rn. 10.

kundetes Dokument oder eine öffentlich beglaubigte Abschrift einzureichen, so ist ein mit einem einfachen elektronischen Zeugnis (§ 39a des Beurkundungsgesetzes) versehenes Dokument zu übermitteln.

Schrifttum: *Ammon,* Die Anmeldung zum Handelsregister, DStR 1993, 1025; *Apfelbaum/Bettendorf,* Die elektronische beglaubigte Abschrift im Handelsregisterverkehr, RNotZ 2007, 89; *Auer,* Die antizipierte Anmeldung bei der GmbH, DNotZ 2000, 498; *Bandehzadeh,* Zur Zulässigkeit gesellschaftsvertraglicher Handelsregistervollmachten bei Personenhandelsgesellschaften, DB 2003, 1663; *Böcker,* Anmeldung einer in der Zukunft liegenden Geschäftsführerbestellung, MittRhNotK 2000, 61; *Bokelmann,* Der Einblick in das Handelsregister, DStR 1991, 945; *Bormann/Apfelbaum,* Der Einfluss signaturrechtlicher Anforderungen auf die Wirksamkeit der elektronischen notariellen Urkunde, RNotZ 2007, 15; *Britz,* Noch einmal: Anmeldung einer in der Zukunft liegenden Geschäftsführerbestellung, MittRhNotK 2000, 197; *Gassen,* Die Form der elektronischen Notarurkunde, RNotZ 2007, 142; *Gustavus,* Die Vollmacht zu Handelsregisteranmeldungen bei Personengesellschaften und Gesellschaften mit beschränkter Haftung, GmbHR 1978, 219; *Heneweer,* Das Erfordernis öffentlicher Beglaubigung im Handelsregisterverkehr (§ 12 HGB), FGPrax 2004, 259; *Jeep/Wiedemann,* Die Praxis der notariellen Registeranmeldung, NJW 2007, 2439; *Joost,* Die Vertretungsmacht des Prokuristen für Anmeldungen zum Handelsregister, ZIP 1992, 463; *Krafka,* Registerrechtliche Neuerungen durch das FamFG, NZG 2009, 650; *Krafka/Heinemann,* Die Prüfung auf Eintragungsfähigkeit durch den Notar für das Registergericht und das Grundbuchamt, Rpfleger 2017, 661; *Melchior,* Handelsregisteranmeldung und EHUG – Was ist neu?, NotBZ 2006, 409; *Müther,* Das Handelsregister in der Praxis, 2. Aufl. 2007; *Nedden-Boeger,* Die Anwendung des Allgemeinen Teils des FamFG in Registersachen und in unternehmensrechtlichen Verfahren, FGPrax 2010, 1; *Nedden-Boeger,* Das neue Registerrecht, FGPrax 2007, 1; *Noack,* Das EHUG ist beschlossen – elektronische Handels- und Unternehmensregister ab 2007, NZG 2006, 801; *Noack,* Das neue elektronische Handels- und Unternehmensregister, 2007; *Renaud/Heinsen,* Die Vertretungsbefugnis des Prokuristen für Anmeldungen zum Handelsregister bei einer GmbH und einer GmbH & Co. KG, GmbHR 2008, 687; *Ries,* Praxis- und Formularbuch zum Registerrecht, 4. Auflage 2019; *Ries,* Das Handelsregister nach dem Inkrafttreten des EHUG, Rpfleger 2007, 252; *Schlotter/Reiser,* Ein Jahr EHUG – die ersten Praxiserfahrungen, BB 2008, 118; *Schmitz,* Das Europäische Nachlasszeugnis, RNotZ 2017, 269; *Schwerin,* Die Behandlung der Urschrift einer Handelsregisteranmeldung nach Einführung des elektronischen Registerverkehrs durch das EHUG, RNotZ 2007, 27; *Seibert/Decker,* Das Gesetz über elektronische Handelsregister und Genossenschaftsregister sowie das Unternehmensregister (EHUG) – Der „Big Bang" im Recht der Unternehmenspublizität, DB 2006, 2446; *Terbrack,* Kommanditistenwechsel und Sonderrechtsnachfolgevermerk, Rpfleger 2003, 105; *Vossius,* Gesellschaftsrecht und Freiwillige Gerichtsbarkeit, ZGR 2009, 366; *Waldner,* Handelsregisteranmeldungen auf Vorrat, ZNotP 2000, 188; *Willer/Krafka,* Die elektronische Einreichung von Handelsregisteranmeldungen aus Sicht der Registerpraxis, DNotZ 2006, 885.

Übersicht

I. Anmeldung zur Eintragung in das Handelsregister

1 **1. Eintragungen im Handelsregister.** Dem Handelsregister kommt in besonderer Weise Publizitätsfunktion zu (→ § 8 Rn. 1 ff.). Um die darin enthaltenen Informationen jedermann zugänglich zu machen, ist die Einsicht in das Handelsregister – anders als im Fall des Grundbuchs (§ 12 GBO) – ohne den Nachweis eines berechtigten Interesses zu Informationszwecken erlaubt (§ 9 Abs. 1). Das Handelsregister enthält bewusst nur besonders wichtige Verhältnisse der Kaufleute und Handelsgesellschaften,[1] da es sonst unübersichtlich würde und seine Aufgabe der raschen und verständlichen Information nicht erfüllen könnte.[2] Diese Überlegung ist insbesondere für die Beantwortung der Frage wichtig, ob ausnahmsweise auch Eintragungen erfolgen dürfen, die das Gesetz nicht vorsieht (→ Rn. 8).

2 Die Formvorschrift des § 12 Abs. 1 S. 1 findet nur **Anwendung** bei „Anmeldungen zur Eintragung in das Register", folglich dann nicht, wenn eine bestimmte Tatsache nur anzumelden oder in der Anmeldung anzugeben ist, eine korrespondierende Eintragung im Register jedoch unterbleibt, wie in den Fällen des § 24 Abs. 4 HRV (Angabe des Unternehmensgegenstands bei Einzelkaufleuten und Personengesellschaften), § 107 Abs. 1 AktG (Aufsichtsratsvorsitzender einer AG) und § 42 AktG (Alleinaktionär einer AG).

3 **2. Anmeldung. a) Eintragungen von Amts wegen und auf Antrag.** Nur vereinzelt erfolgen Eintragungen in das Handelsregister ohne Anmeldung **von Amts wegen.** Kann die Anmeldung des Erlöschens einer eingetragenen Firma durch die hierzu Verpflichteten nicht durch die Festsetzung von Zwangsgeld nach § 14 herbeigeführt werden, so hat zB das Gericht das Erlöschen von Amts wegen einzutragen (§ 31 Abs. 2 S. 2). Bestimmte Maßnahmen des Insolvenzgerichts sind nach § 32 von Amts wegen in das Handelsregister einzutragen. Ferner ist auf die § 34 Abs. 4 und 5, § 148 Abs. 2 und die §§ 393 ff. FamFG hinzuweisen.

4 Im Übrigen werden Eintragungen und Löschungen regelmäßig nur **auf Antrag** vorgenommen. So ist nach § 29 jeder Kaufmann verpflichtet, seine Firma und den Ort samt inländischer Geschäftsanschrift seiner Handelsniederlassung zur Eintragung in das Handelsregister anzumelden. Anzumelden sind nach § 31 Abs. 1 ferner entsprechende Änderungen

[1] BGH NJW 1998 = FGPrax 1998, 68; OLG München NZG 2012, 429; Rpfleger 2012, 32; RNotZ 2011, 365; BayObLGZ 1971, 55 (56); 1977, 76 (78); 1978, 182 (186); 1980, 195 (198); näher *Ammon* DStR 1993, 1025 f. und *Bokelmann* DStR 1991, 945 (948); mit veränderter Gewichtung allerdings BGH NJW-RR 2012, 730 = GWR 2012, 178 mAnm *Krafka*.

[2] OLG Düsseldorf FGPrax 2010, 85 = NZG 2009, 1355; OLG Hamburg NZG 2009, 957 = GmbHR 2009, 252; KGJ 29 A 213, 217; 30 A 32, 35; *Krafka* RegisterR Rn. 88.

und das Erlöschen der Firma. Zu den einzutragenden Grunddaten zählen auch Erteilung und Erlöschen der Prokura (§ 53 Abs. 1 und 3). Weiter begründen unter anderem die §§ 13, 33, § 34 Abs. 1, §§ 106, 107, 143, § 144 Abs. 2, §§ 148, 150, 157, 162 und § 175 Anmeldepflichten. Ist angemeldet worden, so muss – besteht kein Eintragungshindernis – eingetragen werden (Eintragungspflicht).[3]

b) Rechtsnatur der Anmeldung. Ihrer Rechtsnatur nach ist die Anmeldung jedenfalls **kein Rechtsgeschäft.**[4] Sie ist vielmehr eine **verfahrensrechtliche Erklärung** (→ Rn. 6) und kann daher im Gegensatz zu zugegangenen rechtsgeschäftlichen Willenserklärungen bis zum Vollzug der Eintragung durch Antragsrücknahme frei widerrufen werden (→ Rn. 23).[5] § 181 BGB findet auf solche Erklärungen weder bei gesetzlichen noch bei rechtsgeschäftlichen Vertretern Anwendung.[6] Eine Anfechtung der Anmeldung nach den §§ 119 ff. BGB ist nicht möglich,[7] kann aber ebenso wie ein „Rücktritt“[8] als Widerruf zu verstehen sein und ist daher vor Vollzug der Eintragung durch das Registergericht zu beachten. Im Übrigen sind in bestimmtem Umfang die Vorschriften über Rechtsgeschäfte entsprechend anwendbar (→ Rn. 6). 5

Die Anmeldung ist in erster Linie und stets ein **verfahrensrechtlicher Antrag** auf Vornahme einer Eintragung in das Handelsregister,[9] also eine Erklärung gegenüber dem Gericht, für den unter Verdrängung der allgemeinen Vorschrift des § 23 FamFG die jeweils einschlägigen handels- und gesellschaftsrechtlichen Sonderregelungen gelten und der zugleich Grundlage der beantragten Registereintragung ist. Daneben kommt der Anmeldung in verschiedenen Bereichen **materiell-rechtliche Bedeutung** zu (Gründungsrecht der Kapitalgesellschaften, Versicherungen nach § 8 Abs. 2 GmbHG, Erklärungen und Versicherungen nach § 37 AktG, Kaufmannseigenschaft nach den §§ 2, 3) und kann – wie etwa im Fall der Amtsniederlegung – auch genuin materiell-rechtliche Erklärungen beinhalten.[10] Ihr wird demgemäß zum Teil eine Doppelrolle[11] beigelegt und die Anmeldung als nicht rechtsgeschäftlicher Organisationsakt mit dem Zweck, das Registerverfahren einzuleiten,[12] aufgefasst. Das BayObLG schließlich sah in der Anmeldung „eine Art Garantieerklärung“: das Registergericht müsse darauf vertrauen können, dass angemeldete Tatsachen inhaltlich richtig sind.[13] Der BGH hat zu Recht festgestellt, dass eine derartige Annahme im Gesetz keine Stütze findet.[14] Zutreffend lässt sich die beschriebene „Doppelnatur“ damit erklären, dass es sich bei der Registeranmeldung um eine Erklärung handelt, die regelmäßig eine plausible Darstellung der zugrunde liegenden materiell-rechtlichen Tatsachen als Beweismittel „des ersten Anscheins“ für das Registergericht enthält.[15] 6

Die Anmeldung wendet sich als Verfahrenshandlung an das Registergericht. Sie ist empfangsbedürftige Erklärung und wird entsprechend § 130 Abs. 1 S. 1 BGB erst durch 7

---

3 *Bokelmann* DStR 1991, 945 (948).

4 So aber Schlegelberger/*Hildebrandt/Steckhan* Rn. 10; hiergegen EBJS/*Schaub* Rn. 29 und Röhricht/Graf v. Westphalen/Haas/*Ries* Rn. 2. Staub/*Koch* Rn. 10 ordnet Anmeldungen für konstitutiv wirkenden Eintragungen als „geschäftsähnliche Handlungen“ ein, ohne daraus praktische Konsequenzen abzuleiten.

5 KG OLGRspr. 43, 204 (205); BayObLG DNotZ 1993, 197 = GmbHR 1992, 672; Staub/*Koch* Rn. 15 und 21 ff.; Baumbach/Hopt/*Hopt* Rn. 2; KKRD/*Roth* Rn. 2.

6 BayObLGZ 1970, 133 = NJW 1970, 1796; BayObLGZ 1977, 76 = DNotZ 1977, 683.

7 Staub/*Koch* Rn. 15; Baumbach/Hopt/*Hopt* Rn. 2; Oetker/*Preuß* Rn. 8; EBJS/*Schaub* Rn. 34; BeckOK HGB/*Müther* Rn. 1.

8 BayObLG DB 1990, 168; DNotZ 1993, 197 = GmbHR 1992, 672.

9 BayObLGZ 1978, 282 (284); 1984, 29 (31); 1985, 82 (83); 1986, 253 (257); 1989, 34 (37); OLG Hamm OLGZ 1981, 419 (423); *Ammon* DStR 1993, 1025 (1026); *Krafka* Einführung RegisterR Rn. 227 f.

10 KG FGPrax 2019, 17.

11 BeckOK HGB/*Müther* Rn. 3; EBJS/*Schaub* Rn. 29; krit. hierzu *Krafka* Einführung RegisterR Rn. 230.

12 Staub/*Koch* Rn. 12.

13 BayObLGZ 1982, 198 (202) für rechtsbekundende Eintragung; ebenso DNotZ 1975, 230 (232); zu rechtsändernden Eintragungen vgl. BayObLGZ 1985, 82 (87).

14 BGHZ 116, 190 (198) = NJW 1992, 975.

15 *Krafka* Einführung RegisterR Rn. 230.

Eingang beim Registergericht wirksam,[16] wobei die Zuleitung an den zentralen Server genügt, ohne dass es auf die interne Weiterleitung an das zuständige Registergericht ankommt, auf die der Antragsteller keinen Einfluss nehmen kann. Für die Wirksamkeit der Anmeldung ist es somit ohne Bedeutung, ob die angemeldete Tatsache im Zeitpunkt der Unterschriftsleistung oder Errichtung des notariellen Beglaubigungsvermerks bereits vorliegt.[17] Vorbehaltlich zulässiger Bedingungen und Befristungen (→ Rn. 10) ist hierfür allein der Zeitpunkt des Zugangs der Anmeldung entscheidend. Ebenfalls entsprechend anwendbar ist § 130 Abs. 2 BGB.[18] Auch die Vorschriften über die Geschäftsfähigkeit (§§ 104 ff. BGB) finden gem. § 9 Abs. 1 FamFG Anwendung, wenn die Fähigkeit zur Abgabe der Anmeldung zu beurteilen ist.[19]

8 **3. Inhalt und Klarheit der Anmeldung.** Was angemeldet werden muss oder angemeldet werden darf, ergibt sich aus den entsprechenden Vorschriften, die über die Eintragungsfähigkeit einer Tatsache oder eines Rechtsverhältnisses mit oder ohne Anmeldepflicht bestimmen.[20] Insoweit wird auf → § 8 Rn. 32 ff. Bezug genommen. Rspr. und Lehre haben (→ § 8 Rn. 45 ff.) den ausdrücklich gesetzlich bestimmten Kreis der eintragungsfähigen Tatsachen erweitert, was in Bezug auf einzelne Detailfragen umstritten ist. Sorgfältige Prüfung ist hier geboten, weil die Anmeldung zurückzuweisen ist, wenn es an der Eintragungsfähigkeit fehlt,[21] das heißt das Gesetz die Eintragungsfähigkeit nicht ausdrücklich gestattet und auch Sinn und Zweck des Handelsregisters nicht zwingend die Eintragung gebieten. Werden nicht eintragungsfähige Tatsachen eingetragen, so hat die Eintragung keine Rechtswirkungen. Insbesondere greift in diesem Fall § 15 Abs. 3 nicht ein.

9 Die Anmeldung muss in der Regel **keine bestimmten Formulierungen des Gesetzes** („Eintritt", „Ausscheiden", vgl. § 162 Abs. 3) übernehmen[22] und ist generell durch das Registergericht auslegbar,[23] was in aller Regel so zu geschehen hat, dass sie Erfolg hat.[24] Doch genügt eine Anmeldung dann nicht, wenn sie die einzutragende Veränderung in den Rechtsverhältnissen einer Gesellschaft nicht so eindeutig ausdrückt, dass das Gericht keine Zweifel haben kann, was in das Handelsregister eingetragen werden soll.[25] Wird etwa der Gesellschaftsvertrag einer GmbH in einzelnen Punkten geändert, so kann es ausreichen, dass lediglich die Abänderung als solche angemeldet und auf die zusammen mit der Anmeldung eingereichten Urkunden über die Änderung Bezug genommen wird (§ 54 Abs. 2 S. 1 GmbHG). Anders ist aber dann zu verfahren, wenn die Änderung nach § 10 Abs. 1 und Abs. 2 GmbHG in das Handelsregister einzutragende Tatsachen und Rechtsverhältnisse betrifft (Firma, Sitz der Gesellschaft, Gegenstand des Unternehmens, Vertretungsbefugnis

---

16 KG FGPrax 2014, 171; OLG Hamm OLGZ 1981, 419 (423); vgl. auch BayObLG ZIP 2003, 2361 = GmbHR 2003, 1956; Staub/*Koch* Rn. 16; Oetker/*Preuß* Rn. 8; EBJS/*Schaub* Rn. 30; KKRD/*Roth* Rn. 2.

17 *Bärwaldt* GmbHR 2000, 412; *Waldner* ZNotP 2000, 188; *Auer* DNotZ 2000, 498; *Britz* MittRhNotK 2000, 197 (200); *Ries,* Praxis- und Formularbuch zum Registerrecht, 4. Aufl. 2019, Rn. 37 ff.; aA OLG Düsseldorf DNotZ 2000, 529 = GmbHR 2000, 232; *Böcker* MittRhNotK 2000, 61 will auf den Zeitpunkt der Abgabe der Erklärung abstellen.

18 OLG Dresden OLGRspr. 4, 22: auch eine dem Registergericht gegenüber abzugebende Erklärung wird nicht dadurch unwirksam, dass der Erklärende nach der Abgabe stirbt.

19 BGHZ 35, 1 (4) und BayObLGZ 1952, 17 (20) für Verfahren der freiwilligen Gerichtsbarkeit allg.; EBJS/*Schaub* Rn. 31; KKRD/*Roth* Rn. 2.

20 *Bokelmann* DStR 1991, 945 (948); Staub/*Koch* Rn. 17.

21 OLG Düsseldorf FGPrax 2010, 85 = NZG 2009, 1355; OLG Hamburg NZG 2009, 957 = GmbHR 2009, 252; BayObLG DNotZ 1988, 515.

22 KG FGPrax 2019, 17; OLG Hamm FGPrax 2005, 39; BayObLG DNotZ 1978, 661; BayObLGZ 1970, 317 = DNotZ 1971, 191; LG Krefeld MittRhNotK 1989, 275; Staub/*Koch* Rn. 17; Röhricht/Graf v. Westphalen/Haas/*Ries* Rn. 4; Oetker/*Preuß* Rn. 21; EBJS/*Schaub* Rn. 38.

23 Vgl zuletzt KG FGPrax 2019, 70; KG FGPrax 2019, 19; KG FGPrax 2019, 19.

24 KG FGPrax 2019, 19 (20); OLG Nürnberg FGPrax 2015, 22; BayObLG NJW-RR 2000, 990; BeckOK HGB/*Müther* Rn. 7; vgl. auch BayObLGZ 1994, 102 = DStR 1994, 871; zur Auslegungsfähigkeit auch KG FGPrax 2019, 17.

25 BayObLGZ 1985, 82 (85) = DB 1985, 1223; BayObLG DNotZ 1978, 661 f.; vgl. auch BayObLG Rpfleger 1970, 228.

der Geschäftsführer etc). Solche Änderungen sind in der Anmeldung konkret, wenn auch nur schlagwortartig zu bezeichnen.[26] Das gilt auch dann, wenn der Gesellschaftsvertrag insgesamt im Wege der vollständigen Neufassung geändert worden ist. Für die Personenhandelsgesellschaften schreiben die § 107, § 161 Abs. 2 ausdrücklich die konkrete Anmeldung bei Änderung der Firma, des Sitzes, der Vertretungsbefugnis und des Eintritts eines neuen Gesellschafters vor.

4. Bedingungen und Befristungen. Nach hM können Registeranmeldungen als Verfahrensanträge weder unter **Bedingungen** noch befristet (§§ 158 ff. BGB) erklärt werden.[27] Für Rechtsbedingungen gilt dieses Verbot jedoch ebenso wenig wie für die Abhängigkeit der beantragten Eintragung von innerverfahrensmäßigen Voraussetzungen. So können beispielsweise mehrere Eintragungsanträge unproblematisch dergestalt miteinander verbunden werden, dass sie nur gemeinsam vollzogen werden sollen. Insoweit ist der Rechtsgedanke des § 16 Abs. 2 GBO als Grundsatz des Verfahrensrechts der freiwilligen Gerichtsbarkeit auch im Registerrecht anwendbar. Ebenso kann bei mehreren angemeldeten Tatsachen der Vollzug nur teilweise oder in einer bestimmten Reihenfolge beantragt werden,[28] sofern nicht die früher einzutragende Tatsache auf der später zu vollziehenden Anmeldung aufbaut. Im Übrigen bestehen auch gegen zeitnahe **Befristungen** entgegen der hM keine grundlegenden Bedenken.[29] Auch wenn dem Registergericht ein festes Datum für den Vollzug einer Anmeldung nicht verbindlich vorgegeben werden kann, besteht die Möglichkeit eines vorweggenommenen Eintragungsantrags, wenn die eingereichte Anmeldung im Zeitpunkt ihres Eingangs nur aufgrund der Befristung nicht vollziehbar ist und nach Eintritt des Datums sämtliche Eintragungsvoraussetzungen gegeben sind. Die Zurückweisung des Antrags aufgrund seiner Befristung würde in diesem Fall dem Gebot einer ökonomischen und effektiven Verfahrensabhandlung nicht gerecht werden. Dies gilt allerdings nur bei zeitnahen Befristungen. In diesem Rahmen sind neben den verfahrensrechtlichen Voraussetzungen auch die publizitätsrechtlichen Vorschriften, insbesondere die des § 15 Abs. 2, heranzuziehen. Dem entsprechend sind unter den beschriebenen Voraussetzungen Registeranmeldungen unter einer Befristung von bis zu fünfzehn Tagen verfahrensrechtlich zulässig. So kann zB eine Änderung der Geschäftsführung (§ 39 GmbHG) zum 31.12. bereits am 16.12. angemeldet werden, sofern der Eintragungsantrag von Personen unterzeichnet ist, die bereits zu diesem Zeitpunkt und auch nach Fristablauf, also am 1.1. anmeldebefugt sind. Der Vollzug der Anmeldung durch Vornahme der entsprechenden Eintragung ist in diesen Fällen nach allgemeinen Grundsätzen allerdings erst nach Vorliegen der angemeldeten Tatsache gestattet, im Beispielsfall also nach dem 1.1. 10

II. Form der Anmeldung

1. Neuregelung der Form- und Einreichungspflichten. a) Umsetzung europarechtlicher Anforderungen. Die obligatorische Umstellung auf die elektronische Registerführung durch das EHUG (→ § 8 Rn. 3) hatte mit 1.1.2007 zur Folge, dass nunmehr auch Antragstellungen auf elektronischem Weg zu erfolgen haben. Diese Anforderung des Art. 16 Abs. 3 UAbs. 2 GesR-RL dient nicht nur der Nutzung moderner Kommunikationsmittel, sondern vor allem der vereinfachten Dokumenten- und Datenübernahme durch das Registergericht. Zur Umsetzung dieser Grundlage wäre es ausreichend gewesen, den Unternehmen einen direkten elektronischen Kommunikationsweg zu eröffnen, auf dem sie 11

[26] BGH NJW 1987, 3191 = DNotZ 1988, 182; OLG Frankfurt FGPrax 2003, 282; OLG Hamm FGPrax 2001, 250; OLG Düsseldorf NJW-RR 1999, 400; BayObLGZ 1985, 82 (86) = DB 1985, 1223; BayObLGZ 1978, 282 (286); zum Vereinsregister ebenso OLG Nürnberg FGPrax 2014, 272.

[27] OLG Düsseldorf FGPrax 2000, 72 = DNotZ 2000, 529; BayObLG DNotZ 1993, 197 = GmbHR 1992, 672; Staub/*Koch* Rn. 20; Baumbach/Hopt/*Hopt* Rn. 2; Oetker/*Preuß* Rn. 9; Röhricht/Graf v. Westphalen/Haas/*Ries* Rn. 2; EBJS/*Schaub* Rn. 33.

[28] Oetker/*Preuß* Rn. 9; EBJS/*Schaub* Rn. 33.

[29] Vgl. *Krafka* RegisterR Rn. 78, 172; aA Staub/*Koch* Rn. 20, der ein gesetzlich nicht vorgesehenes Vorgehen anhand „informeller Absprachen" für vorzugswürdig hält.

ihre Unterlagen an die registerführende Stelle übermitteln können. Der deutsche Gesetzgeber hat es gleichwohl unter Inkaufnahme erheblichen technischen Entwicklungsaufwands dabei belassen, die Antragstellung nur unter Einschaltung eines Notars zu ermöglichen. Hierfür spricht angesichts der Registerpublizität und ihren einschneidenden Folgen neben der Gewährleistung der Authentizität der Erklärung auch die wesentliche Filter- und Entlastungsfunktion der notariellen Mitwirkung für die Registergerichte.[30] Ferner wird durch den Notar als Intermediär regelmäßig gewährleistet, dass die Erklärung willentlich und ohne Zwang abgegeben wird.

12 **b) Vorprüfung und Einreichung.** Mit Inkrafttreten des § 378 Abs. 3 FamFG Mitte 2017 ist nunmehr eine zwingende Vorprüfung der Anmeldung auf Eintragungsfähigkeit durch einen deutschen Notar vorgesehen. Diese äußerst formal gehaltene Kontrolle beschränkt die Handlungsbefugnisse des Registergerichts in keiner Weise. Entsprechend ist die Vorlage eines – gesetzlich nicht vorgesehenen – entsprechenden notariellen Prüfvermerks nicht Voraussetzung für das registerliche Eintragungsverfahren.[31] Ferner bestimmt § 378 Abs. 3 S. 2 FamFG dass Anmeldungen zur Eintragung in das Handelsregister durch einen (deutschen) Notar einzureichen sind.

13 **2. Formpflicht. a) Anwendungsbereich.** Wie beschrieben (→ Rn. 1) fallen nur Anmeldungen zur Eintragung in das Handelsregister unter Abs. 1 S. 1. Nicht dieser Form bedürfen daher Anmeldungen, die keine Eintragung nach sich ziehen, sonstige Erklärungen gegenüber dem Gericht sowie die Einreichung von sonstigen Dokumenten, auch wenn sie naturgemäß nach Abs. 2 S. 1 auf elektronischem Weg einzureichen sind.

14 **b) Öffentliche Beglaubigung.** Die Anordnung des Abs. 1 S. 1, dass Anmeldungen zur Eintragung „elektronisch in öffentlich beglaubigter Form einzureichen sind" kann nach dem derzeitigen Verfahrensrecht nur dahingehend verstanden werden, dass wie bis 1.1.2007 zunächst eine entsprechende papiergebundene Anmeldungserklärung erstellt wird, zu welcher die Unterschriften der anmeldenden Personen öffentlich beglaubigt sein müssen.[32] Die Erklärung muss damit grundsätzlich schriftlich abgefasst und die Unterschrift des Anmeldenden von einem Notar beglaubigt werden (§ 129 Abs. 1 S. 1 BGB, §§ 39, 40 BeurkG, § 20 Abs. 1 BNotO). Aus dem Beglaubigungsvermerk muss sich der Vollzug oder die Anerkennung der Unterschrift bei einem **Notar** ergeben; auch muss der Vermerk die Person bezeichnen, welche die Unterschrift vollzogen oder anerkannt hat, und Unterschrift und Siegel des Notars enthalten (§§ 39, 40 Abs. 1 und 3 BeurkG). Für die Unterzeichnung der Anmeldung nach Abs. 1 ist es unter Berücksichtigung des in § 129 Abs. 1 S. 2 BGB für das materielle Zivilrecht niedergelegten Grundsatzes auch im Registerverfahren ausreichend, wenn ein Handzeichen des Ausstellers notariell beglaubigt wird.[33] Der Notar muss ferner eine **Identitätsprüfung** desjenigen, dessen Unterschrift beglaubigt werden soll, vornehmen (vgl. § 26 DONot). § 12 bezweckt iVm §§ 40, 41 BeurkG, eindeutig Gewissheit über die Person des Anmeldenden bzw. des Vollmachtgebers zu verschaffen.

15 Die nachträgliche Ergänzung des Textes einer beglaubigten Registeranmeldung durch spätere Einschaltungen zerstört zwar nicht die Wahrung der geforderten gesetzlichen Form. Solche späteren Änderungen können aber den Beweiswert der vorgelegten Erklärung mindern und damit ein verstärktes Prüfungsrecht des Registergerichts in Bezug auf die zur Eintragung angemeldeten Umstände begründen.[34] Es unterliegt letztlich der freien Beweis-

---

[30] Ausführlich *Vossius* ZGR 2009, 366 (381 f.); *Heneweer* FGPrax 2004, 259; *Apfelbaum/Bettendorf* RNotZ 2007, 89 (93).

[31] Ausf. mwN *Krafka/Heinemann* Rpfleger 2017, 661.

[32] Oetker/*Preuß* Rn. 28; BeckOK HGB/*Müther* Rn. 9; *Apfelbaum/Bettendorf* RNotZ 2007, 89 (92); aA *Jeep/Wiedemann* NJW 2007, 2439 (2442) und Staub/*Koch* Rn. 27 leider jeweils ohne Beschreibung der dafür erforderlichen Vorgehensweise und deren Vereinbarkeit mit den beurkundungsrechtlichen Verfahrensvorgaben.

[33] OLG Hamm DNotZ 2001, 956 = Rpfleger 2001, 553.

[34] OLG München FGPrax 2010, 252; *Krafka* RegisterR Rn. 81; *Böttcher* NJW 2014, 978 (982) und KG FGPrax 2013, 8 für das Grundbuchverfahren.

würdigung des Registergerichts, ob die Ergänzung des Textes von dem oder zumindest mit dem Willen des Anmeldenden vorgenommen wurde. Eine erneute formwahrende Erklärung wird man allerdings nur dann verlangen können, wenn – was überaus selten sein dürfte – sichere Anhaltspunkte dafür bestehen, dass die Änderungen oder Ergänzungen nicht vom Anmeldenden stammen.

Im **Ausland** kann eine Unterschriftsbeglaubigung in der für § 12 Abs. 1 S. 1 formwahrenden Art auf jeden Fall durch ein deutsches Konsulat oder eine deutsche Botschaft vorgenommen werden (§ 10 KonsularG). Im Übrigen genügt die amtliche Beglaubigung oder Beurkundung einer ausländischen Stelle nur dann, wenn sie der deutschen Amtshandlung funktional gleichwertig ist.[35] Davon ist auszugehen, wenn die ausländische Amtsperson nach Vorbildung und Stellung im Rechtsleben, insbesondere auch bezüglich der Haftung und dem Standesrecht, insbesondere dem Disziplinarrecht, eine dem deutschen Notar vergleichbare Tätigkeit ausübt und für die Errichtung der Urkunde ein Verfahren zu beachten hat, das in den Grundzügen dem deutschen Beurkundungsverfahren gleichkommt. Vergleichbar sind danach das schweizerische,[36] österreichische,[37] niederländische[38] und das englische Notariat.[39] 16

c) Formersetzende Urkunden. Der in Abs. 1 für eine Anmeldung zum Handelsregister vorgeschriebenen Form wurde zu Zeiten des Papierverkehrs bereits genügt, wenn die – nicht zu lange Zeit vor der Einreichung erstellte – **beglaubigte Abschrift** der öffentlich beglaubigten Anmeldungserklärung bei dem Registergericht eingereicht wird;[40] dies gilt bei Anfertigung einer elektronischen Aufzeichnung naturgemäß ebenso. Entsprechend wird die Form einer Vollmacht zur Anmeldung (Abs. 1 S. 2) durch Vorlage einer beglaubigten Abschrift der öffentlich beglaubigten Vollmachtserklärung gewahrt. Nach § 129 Abs. 2 BGB wird im Übrigen die öffentliche Beglaubigung durch die **notarielle Beurkundung** der Erklärung ersetzt. Ebenso ist der Notar befugt, eine von ihm selbst beglaubigte Erklärung als bevollmächtigter Vertreter durch eine **Eigenurkunde** zu berichtigen, zu ergänzen oder den registerrechtlichen Erfordernissen anzupassen.[41] Auch der gerichtlich protokollierte Vergleich ersetzt die öffentliche Beglaubigung (§ 127a BGB). Schließlich bedarf es bei einer Anmeldung zum Handelsregister, die eine juristische Person des öffentlichen Rechts in einer von ihr als öffentlicher Behörde ausgestellten öffentlichen Urkunde einreicht, keiner öffentlichen Beglaubigung.[42] 17

3. Elektronische Form. a) Medienwechsel. Das auf diesem Weg hergestellte Original der Papieranmeldung kann jedoch dem Registergericht nicht mehr eingereicht werden, sondern verbleibt regelmäßig bei dem beglaubigenden Notar.[43] In einem, sich nun anschließenden, zweiten Schritt muss gem. Abs. 2 S. 2 Hs. 2 das Papierdokument durch einen deutschen Notar unter Berücksichtigung des § 39a BeurkG in die elektronische Form überführt werden.[44] Grund hierfür ist, dass eine unmittelbare öffentliche Beglaubigung in elektronischer Form nicht denkbar ist, da nach geltendem Recht nur die Beglaubigung von Unterschriften vorgesehen ist, nicht aber von elektronischen Signaturen.[45] Schließlich ist 18

[35] BGH NJW 2014, 2026; BGHZ 80, 76 = NJW 1981, 1160; BeckOK HGB/*Müther* Rn. 11.
[36] BGH NJW 2014, 2026; NJW-RR 1989, 1259; OLG München NZG 1998, 156.
[37] BayObLGZ 1977, 242 = NJW 1978, 500.
[38] OLG Düsseldorf NJW 1989, 2200.
[39] LG Augsburg NJW-RR 1997, 420.
[40] OLG Karlsruhe MittBayNot 2015, 426; BayObLGZ 1975, 137 (140 f.); *Ammon* DStR 1993, 1025 (1027); Staub/*Koch* Rn. 26; Baumbach/Hopt/*Hopt* Rn. 1.
[41] BGHZ 78, 36 zu § 29 GBO, was aber allg. in Verfahren der freiwilligen Gerichtsbarkeit gilt; *Ammon* DStR 1993, 1025 (1027); s. auch OLG Oldenburg FGPrax 2011, 311.
[42] OLG Stuttgart FGPrax 2009, 129; OLG Düsseldorf MittRhNotK 1997, 436; BayObLGZ 1975, 227; Röhricht/Graf v. Westphalen/Haas/*Ries* Rn. 7.
[43] *Schwerin* RNotZ 2007, 27 (28).
[44] S. *Apfelbaum/Bettendorf* RNotZ 2007, 89 (90, 93); *Bormann/Apfelbaum* RNotZ 2007, 15 (18); *Melchior* NotBZ 2006, 409 (410 f.); *Willer/Krafka* DNotZ 2006, 885 (886).
[45] *Apfelbaum/Bettendorf* RNotZ 2007, 89 (93); Oetker/*Preuß* Rn. 28.

in einem abschließenden Verfahrensschritt die hergestellte elektronische Urkunde an das Registergericht auf elektronischem Weg zu übermitteln. Ferner sind auch die mit einzureichenden sonstigen Unterlagen nach Abs. 2 S. 1 in elektronischer Form einzureichen. Diese Dokumente sind zum großen Teil zur Online-Einsichtnahme in den Registerordner (§ 9 HRV) einzustellen. Würde das Gesetz die papierförmige Übermittlung gestatten, müssten die Gerichte diese Unterlagen digitalisieren, was einen zusätzlichen Arbeitsaufwand bei der Justiz zur Folge hätte, der auf diesem Weg auf die einreichenden Stellen ausgelagert wird.[46]

19 **b) Einzelheiten. aa) Vermerk nach § 39a BeurkG.** Als elektronisches Äquivalent der bisher zumindest einzureichenden beglaubigten Abschrift der Originalanmeldungserklärung verlangt Abs. 2 S. 2 Hs. 2 die Beifügung eines elektronischen Zeugnisses nach § 39a BeurkG.[47] Bei Übersetzung der Beglaubigung in ein elektronisches Medium steht hierbei die qualifizierte elektronische Signatur des Notars für seine eigenhändige Unterschrift.[48] Der gem. § 39a S. 4 BeurkG erforderliche Nachweis der Notareigenschaft kann durch ein Attribut der Notareigenschaft als Bestandteil des qualifizierten Zertifikats erbracht werden. Dieses Attribut ist der Beifügung des Siegels vergleichbar.[49] Durch dieses Vorgehen ist gewährleistet, dass mittels eines verlässlichen Verfahrens jede spätere Datenveränderung sichtbar gemacht wird.[50] Die Authentizität des Dokuments ist daher der einer notariell beglaubigten Papierurkunde vergleichbar. Für die wirksame Beglaubigung nach § 39a BeurkG kommt es hierbei allein auf den Vermerk der inhaltlichen Übereinstimmung, die qualifizierte elektronische Signatur und den Nachweis der Notareigenschaft an, also nicht darauf, ob im Textvermerk das Datum und der Name des Notars visuell erkennbar sind.[51]

20 **bb) Herstellung der Aufzeichnung.** Die mit dem elektronischen Vermerk zu versehende Aufzeichnung der Originalerklärung muss inhaltlich mit dieser übereinstimmen. Nicht gefordert ist allerdings, dass es sich um eine fotomechanische Kopie handelt, die im Wege eines Scanvorgangs hergestellt wurde, da im Gegensatz zum Wortlaut des Abs. 2 S. 2 Hs. 1 im Rahmen des Hs. 2 dieser Vorschrift keine „Aufzeichnung" (→ Rn. 58), sondern lediglich ein „Dokument" erforderlich ist. Damit besteht insbesondere die Möglichkeit „Leseabschriften" direkt durch einen Vorgang der Datenverarbeitung zu generieren, indem das Notarsiegel nur dem Ort nach bezeichnet (locum sigulum, kurz „l.s.") und die Unterschrift angedeutet wird (gezeichnet, kurz „gez.", samt Namen). Entscheidend ist damit allein die inhaltliche Übereinstimmung, ohne dass es auf den Weg der Aufzeichnungsherstellung ankommt.[52] Die Zulässigkeit dieses Verfahrens wird durch die Begründung des ursprünglichen Gesetzesentwurfs bestätigt, der als Hauptgrund der Namenszeichnungsabschaffung das Missbrauchsrisiko der Unterschriftspräsentation per Online-Abruf nennt.[53]

21 **cc) Übergangs- und Ausnahmeregelungen.** Nach Art. 61 Abs. 1 EGHGB aF konnten die Landesregierungen durch Rechtsverordnung bestimmen, dass Anmeldungen und Dokumente bis 31.12.2009 auch in Papierform zum Handelsregister eingereicht werden konnten. Da zugleich bereits die Möglichkeit der elektronischen Übermittlung offenstand, war mit dieser Option kein Verstoß gegen Art. 3 Abs. 3 Hs. 2 Publizitäts-RL (heute Art. 16, 16a GesR-RL) verbunden. Liegt ein Systemausfall vor, so kann ausnahmsweise nach § 54 Abs. 3 HRV gemäß den Anordnungen der nach Landesrecht zuständigen Stellen die Einreichung in Papierform zulässig sein, insbesondere zur Wahrung etwaiger Einreichungsfristen (→ Rn. 27).

---

46 S. BT-Drs. 16/960, 45; *Liebscher/Scharff* NJW 2006, 3475 (3476); *Seibert/Decker* DB 2006, 2446 (2447).
47 BT-Drs. 16/960, 45.
48 *Gassen* RNotZ 2007, 142 (146).
49 *Gassen* RNotZ 2007, 142 (147); *Apfelbaum/Bettendorf* RNotZ 2007, 89 (91).
50 *Bormann/Apfelbaum* RNotZ 2007, 15 (16).
51 *Apfelbaum/Bettendorf* RNotZ 2007, 89 (96).
52 *Apfelbaum/Bettendorf* RNotZ 2007, 89 (94 f.); ebenso LG Chemnitz RNotZ 2007, 165.
53 BT-Drs. 16/960, 47; *Apfelbaum/Bettendorf* RNotZ 2007, 89 (95).

c) Keine Beweiswertherabsetzung. Dass auf dem elektronischen Weg nicht mehr die Urschrift der Anmeldungserklärung, sondern nur noch eine elektronisch hergestellte beglaubigte Abschrift eingereicht wird, ist keine Herabsetzung des bis 1.1.2007 geltenden Qualitätsstandards, da bereits damals die Einreichung einer papiergebundenen beglaubigten Abschrift der Ursprungserklärung als ausreichend angesehen wurde (→ 2. Aufl. 2005, § 12 Rn. 13). Die Vorlage der Urschrift diente hauptsächlich zur Hinterlegung der geleisteten Namenszeichnung. Mit deren Abschaffung ist mit Inkrafttreten der Neufassung zum 1.1.2007 ein plausibler Grund für dieses Erfordernis entfallen. 22

4. Widerruf der Anmeldung. Ein Widerruf der Anmeldung ist bis zur Eintragung frei möglich (→ Rn. 5) und nicht formbedürftig. Wird der Widerruf aber zurückgenommen (Widerruf des Widerrufs), besteht insoweit Formzwang, weil es sich in der Sache um eine neue und damit der Formvorschrift des § 12 unterfallende Anmeldung handelt.[54] Die Rücknahme selbst muss hierbei nicht gem. Abs. 2 zwingend elektronisch, sondern kann auch durch einen einreichenden Notar in Papierform vorgenommen werden.[55] 23

III. Elektronische Einreichung

1. Allgemeines. Die nach Abs. 1 S. 1 erstellte Anmeldung ist auf elektronischem Weg bei dem Registergericht einzureichen.[56] Hierfür sehen die landesrechtlichen Verordnungen nach § 8a Abs. 2 S. 1 nähere Bestimmungen vor. Danach ist die Übermittlung per E-Mail oder der Versand von Datenträgern (CD-ROM, USB-Stick) nicht gestattet.[57] Zu verwenden ist entsprechend den einzelnen landesrechtlichen Vorschriften vielmehr die jeweils angeordnete Kommunikationsform. 24

2. Datenaufbereitung. Eine der wesentlichen Zielsetzungen der Einführung des elektronischen Registerverkehrs ist die vereinfachte Datenverarbeitung durch das Registergericht. Da bereits seit längerer Zeit die Anmeldungserklärungen in der Regel im Wege der elektronischen Datenverarbeitung erstellt wurden, ist die Datenvorerfassung nunmehr weitgehend von der Justiz auf den einreichenden Notar ausgelagert. Hierzu wurden im Einzelnen seitens der Landesjustizverwaltungen und der Bundesnotarkammer Programme entwickelt, die eine einheitliche Aufbereitung der Daten zur unmittelbaren Weiterbearbeitung vorsehen. Im Ergebnis wird damit aller Voraussicht nach eine weitgehende Standardisierung der übermittelten Daten und letztlich auch der daraus hervorgehenden Registereintragungen erzielt,[58] die aus Sicht der Informationsadressaten die Transparenz und Verständlichkeit des Handelsregisters erhöht. 25

3. Zugang. Für die Frage des Zugangs der Anmeldung ist maßgeblich darauf abzustellen, wann die Übermittlung an die seitens der Landesjustizverwaltung benannte Stelle abgeschlossen ist. Erfolgt die Entgegennahme der elektronischen Post über einen zentralen Server im Sinne einer gemeinsamen datenverarbeitenden Stelle, so ist für den Zugang die Übermittlung an diese Stelle entscheidend, nicht deren Weiterleitung an das jeweils zuständige Registergericht, da der Antragsteller auf diese abschließende Zuleitung keinen Einfluss nehmen kann. Im Ergebnis ist damit bei Zwischenschaltung eines derartigen Rechenzentrums trotz der vermeintlich schnelleren elektronischen Übermittlung eine Mediatisierung des Übermittlungsweges verbunden, die gegenüber der früheren Papierübermittlung auch mit zeitlichen Verzögerungen verbunden sein kann.[59] 26

4. Wiedereinsetzung. Für einzelne Vorgänge sind hinsichtlich der Antragstellung für die Registereintragung Fristen zu wahren. Insbesondere gilt dies für die Eintragung von 27

---

54 BayObLGZ 1966, 337 (341); KG OLGRspr. 43, 299 (301); *Ammon* DStR 1993, 1025 (1027); *Krafka* RegisterR Rn. 83.

55 OLG Frankfurt NZG 2013, 626.

56 Hierzu näher *Willer/Krafka* DNotZ 2006, 885; *Krafka* RegisterR Rn. 137 ff.

57 Staub/*Koch* Rn. 32.

58 *Willer/Krafka* DNotZ 2006, 885 und *Krafka* RegisterR Rn. 137 ff.

59 Sehr krit. auch *Ries* Rpfleger 2007, 252.

Verschmelzungen und Spaltungen (vgl. § 17 Abs. 2 S. 4 UmwG) sowie für Kapitalerhöhungen aus Gesellschaftsmitteln (s. zB § 57f Abs. 1 S. 2 GmbHG). Wird die angeordnete Frist versäumt, sehen die gesetzlichen Bestimmungen eine Wiedereinsetzung in den vorigen Stand nicht vor;[60] insbesondere findet § 17 FamFG keine Anwendung.[61] Allerdings steht es den Ländern frei, gem. § 8a Abs. 2 zu bestimmen, wie vorzugehen ist, wenn die elektronische Datenübermittlung, insbesondere aufgrund technischer Störungen, vorübergehend nicht möglich ist. Für diesen Fall kann auch eine Wiedereinsetzung vorgesehen werden.[62] Zwingend erforderlich ist dies jedenfalls dann nicht, wenn auch die nicht formgerecht übermittelte Anmeldung zum Beispiel per Telefax bei dem zuständigen Gericht zugeht, sofern man dies für die Fristwahrung als ausreichend ansieht.[63]

IV. Vertretung bei der Anmeldung

28 **1. Vollmacht. a) Allgemeines.** Grundsätzlich ist die Anmeldung zum Handelsregister durch einen Bevollmächtigten möglich (zu Ausnahmen → Rn. 35 ff.). Das ergibt sich aus §§ 10, 378 FamFG, und auch Abs. 1 S. 2 setzt die Wahrnehmung der Anmeldepflicht durch einen rechtsgeschäftlichen Vertreter voraus.[64] Die **Erteilung** der Vollmacht erfolgt entsprechend § 167 Abs. 1 BGB durch Erklärung gegenüber dem zu Bevollmächtigenden oder gegenüber dem Registergericht.[65] Maßgeblicher **Zeitpunkt** für das Bestehen der Vertretungsmacht ist gemäß den allgemeinen bürgerlich-rechtlichen Regeln derjenige der Abgabe der Registeranmeldung.[66] Die Vollmacht kann Spezialvollmacht zur Handelsregisteranmeldung oder **Generalvollmacht** sein,[67] sofern sich aus ihr nach den allgemeinen Auslegungsregeln ergibt, dass sie auch Handelsregisteranmeldungen der getätigten Art erfasst.[68] So deckt zB eine Vollmacht, die zur Anmeldung des Eintritts in eine Gesellschaft sowie etwaiger Veränderungen bei der Gesellschaft einschließlich der Übertragung von Kommanditanteilen ermächtigt, nicht die Anmeldung der Erhöhung der Einlagen der Vollmachtgeber.[69] Hingegen ist der früher vereinzelt in der obergerichtlichen Rspr. vertretenen Auffassung, die Vollmacht müsse zumindest einzelne anzumeldende Vorgänge beispielhaft der Art nach bezeichnen,[70] nicht zuzustimmen. Eine derartige Beschränkung beruht weder auf einer gesetzlichen Grundlage, noch ist sie zum Schutz des Vollmachtgebers angezeigt.[71] Ausreichend kann daher auch eine Vorsorgevollmacht[72] oder eine Handlungsvollmacht (§ 54 HGB) – letzteres zumindest für die Änderung der inländischen Geschäftsanschrift[73] – sein. Zusammenfassend beschrieben, ist bei der Auslegung einer Vollmacht zwar nicht kleinlich, wohl aber zurückhaltend vorzugehen, damit der gebotenen Rechtssicherheit des formalisierten Registerverfahrens Rechnung getragen wird.[74] Nur in diesem Sinne stimmt die in

[60] *Krafka* RegisterR Rn. 1178.
[61] *Nedden-Boeger* FGPrax 2010, 1 (4).
[62] S. etwa § 10 BayERVV v. 15.12.2006, GVBl. S. 1084; vgl. *Schlotter/Reiser* BB 2008, 118 (121 f.).
[63] Wie dies machen: OLG Schleswig FGPrax 2007, 283; OLG Jena MittBayNot 2003, 303; dem folgend *Krafka* RegisterR Rn. 79, 82.
[64] BGHZ 116, 190 (197) = NJW 1992, 975.
[65] KG FGPrax 2014, 171.
[66] OLG Karlsruhe MittBayNot 2015, 426; OLG Zweibrücken FGPrax 2014, 83; *Krafka* RegisterR Rn. 110.
[67] OLG Düsseldorf FGPrax 2014, 172; LG Frankfurt BB 1972, 512; *Ammon* DStR 1993, 1025 (1027); Staub/*Koch* Rn. 37; Baumbach/Hopt/*Hopt* Rn. 3.
[68] Vgl. *Gustavus* GmbHR 1978, 219 (220 ff.); zur Auslegung einer weit gefassten Registervollmacht vgl. BayObLG Rpfleger 2004, 292; s. auch OLG Düsseldorf FGPrax 2014, 172; 2013, 180.
[69] LG Berlin Rpfleger 1975, 365 f.; zur Auslegung einer Registervollmacht s. KG FGPrax 2005, 173.
[70] BayObLG WM 1978, 70; OLG Frankfurt BB 1973, 722.
[71] Ähnlich *Bandehzadeh* DB 2003, 1663.
[72] OLG Frankfurt ZEV 2013, 686; OLG Karlsruhe RNotZ 2013, 561; BeckOK HGB/*Müther* Rn. 15.
[73] KG NZG 2014, 150.
[74] S. OLG Düsseldorf FGPrax 2014, 172; 2013, 180; OLG Frankfurt FGPrax 2010, 305; OLG Schleswig FGPrax 2010, 147; KG FGPrax 2005, 173.

der Rspr. vertretene Ansicht, im Zweifel davon auszugehen, dass, soweit der größere Umfang der Vollmacht nicht feststellbar ist, nur der geringere Umfang gilt.[75]

b) Trans- und postmortale Vollmachten. Reicht die dem Umfang nach genügende Vollmacht über den Tod hinaus, kann der Bevollmächtigte nach dem Ableben des Vollmachtgebers Anmeldungen zum Handelsregister vornehmen, ohne einen Erbschein vorlegen zu müssen. Der Bevollmächtigte vertritt nach dem Tod des Vollmachtgebers diesbezüglich dessen Erben, die ihrerseits die Vollmacht jederzeit widerrufen können.[76] Allerdings kann der Eintritt des Erben oder Erbeserben eines Kommanditisten aufgrund einer postmortalen Vollmacht nicht zur Eintragung in das Handelsregister angemeldet werden, da es sich insoweit um eine originäre Anmeldepflicht des Eintretenden handelt.[77] Zudem ist der Nachweis der Erbfolge gem. Abs. 2 erforderlich, da die Vollmacht diesen nicht ersetzt.[78] 29

c) Prokura. Der Umfang der Prokura ergibt sich aus § 49. Nicht umfasst sind danach Geschäfte, welche die Grundlagen des „eigenen" Handelsgeschäfts und damit auch das „eigene" Handelsregister betreffen.[79] Dazu gehört das Erlöschen der Vertretungsbefugnis eines Geschäftsführers bei einer im Register eingetragenen GmbH[80] und ebenso die Änderung ihrer im Handelsregister eingetragenen inländischen Geschäftsanschrift.[81] Auch zur Anmeldung der eigenen Vertretungsberechtigung ist ein Prokurist jedenfalls ohne Beibringung seines Bestellungsnachweises nicht berechtigt.[82] Insoweit ist der Prokurist nicht befugt, Anmeldungen zum Handelsregister ohne zusätzliche formgerechte Vollmacht vorzunehmen. **Grundlagenentscheidungen trifft der Prinzipal.** Ist dagegen nicht das „eigene" Unternehmen betroffen, entspricht es der hM, dass der Prokurist im Rahmen seiner Vollmacht nach § 49 auch Beteiligungen für das von ihm vertretene Handelsgeschäft erwerben kann,[83] ebenso wie er befugt ist, andere Unternehmen und Beteiligungen an solchen zu halten oder aufzugeben. Ist der anmeldepflichtige Vorgang aber von § 49 Abs. 1 gedeckt, so ist kein Grund ersichtlich, dem Prokuristen nicht auch die Anmeldung zu erlauben.[84] Betrifft die Anmeldung etwa eine Gesellschaft, an der die von dem Prokuristen vertretene Gesellschaft als Kommanditistin beteiligt ist, ist die Anmeldung durch den Prokuristen ohne Weiteres möglich.[85] 30

2. Bevollmächtigte. a) Allgemeines. Bevollmächtigt werden können natürliche und juristische **Personen.** Da letztere nicht selbst handlungsfähig sind, sind die Vollmachten als den gesetzlichen Vertretern (in vertretungsberechtigter Zahl) erteilt anzusehen.[86] Im Übrigen kann eine „Registervollmacht" auch **im Zuge des Abschlusses oder der Änderung eines Gesellschaftsvertrags** erteilt werden. Die Vollmacht ist dann allerdings nicht materieller Satzungsinhalt, sondern weiterhin als isoliert zu betrachtende individuelle Erklärung des jeweils konkret zustimmenden Gesellschafters einzuordnen, die dementsprechend weder nicht zustimmende Gesellschafter noch Einzelrechtsnachfolger bindet.[87] Gegen eine derar- 31

---

75 OLG Düsseldorf FGPrax 2014, 172; KG OLGZ 1976, 29.

76 RGZ 88, 345 (350); 106, 185 (187); OLG Hamburg DNotZ 1967, 30 (31); MDR 1974, 1022.

77 Ebenso OLG München FGPrax 2018, 73.

78 KG FGPrax 2003, 42 = Rpfleger 2003, 197.

79 LG Berlin Rpfleger 1973, 173 (174); *Renaud/Heinsen* GmbHR 2008, 687.

80 OLG Düsseldorf NZG 2012, 1223.

81 KG FGPrax 2016, 213; OLG Karlsruhe NZG 2014, 1346; *Krafka* RegisterR Rn. 342; aA KG NZG 2014, 150.

82 Noch strenger insoweit OLG Frankfurt FGPrax 2005, 135.

83 LG Koblenz Rpfleger 1973, 307; Staub/*Koch* Rn. 39.

84 BGHZ 116, 190 (199) = NJW 1992, 975 = LM Nr. 1 mAnm *Bokelmann; Canaris* HandelsR § 14 Rn. 15; *Joost* ZIP 1992, 463 (465); Baumbach/Hopt/*Hopt* § 49 Rn. 2; aA BayObLGZ 1982, 198 (201); BayObLG BB 1974, 1089 (1090); vgl. auch OLG Colmar KGJ 47 A 242.

85 BGHZ 116, 190 = NJW 1992, 975.

86 BayObLGZ 1975, 137 (140); EBJS/*Schaub* Rn. 68.

87 Unzutr., da den vorhandenen formalen Satzungszusammenhang mit der fehlenden materiellen Satzungsnatur verwechselnd, ist die seitens OLG Schleswig FGPrax 2003, 232 = NZG 2003, 830 und *Bandehzadeh* DB 2003, 1663 vertretene Gegenansicht.

tige gesellschaftsvertragliche Verpflichtung zur Erteilung einer entsprechenden Registervollmacht sprechen keine durchgreifenden Bedenken.[88] Wird im Übrigen eine Vollmacht unter einer aufschiebenden Bedingung erteilt, so ist auch der Bedingungseintritt in der Form des Abs. 1 S. 1 und S. 2 nachzuweisen.[89]

32 **b) Beschränkungen.** In Registersachen gelten für Bevollmächtigte die allgemeinen Beschränkungen für Bevollmächtigte in Verfahren der freiwilligen Gerichtsbarkeit des § 10 FamFG gem. § 378 Abs. 1 FamFG nur sehr eingeschränkt. Als Vertreter kommen danach nicht nur Rechtsanwälte (§ 10 Abs. 2 S. 1 FamFG), Notare (§ 10 Abs. 2 S. 2 Nr. 3 FamFG) sowie Beschäftigte des Beteiligten (§ 10 Abs. 2 S. 2 Nr. 1 FamFG), volljährige Familienangehörige, Personen mit Befähigung zum Richteramt und andere Beteiligte, wenn die Vertretung nicht im Zusammenhang mit einer entgeltlichen Tätigkeit steht (§ 10 Abs. 2 Nr. 2 FamFG), in Betracht, sondern jedenfalls bei Erklärungen im Zusammenhang mit einer Registereintragung jedermann, insbesondere also auch gewerblich tätige Beteiligte.[90]

33 **3. Änderung der Verfahrenspraxis. a) Publikumsgesellschaften.** Bei Publikumskommanditgesellschaften stand die übliche Praxis der Bevollmächtigung des persönlich haftenden Gesellschafters durch die übrigen Kommanditisten infolge der Neufassung der Vertretungsregelungen in der freiwilligen Gerichtsbarkeit im FamFG zunächst in Frage. Zwar ist auch der Komplementär anmeldeverpflichtet (§ 108 HGB), so dass grundsätzlich die Voraussetzungen des § 10 Abs. 2 Nr. 2 FamFG erfüllt sind, wenn der Vertreter keine gesonderte Vergütung für die Wahrnehmung dieser Aufgabe erhält. Allerdings besteht in der Regel ein „Zusammenhang mit einer entgeltlichen Tätigkeit", sofern der Komplementär von den vertretenen Kommanditisten oder der betroffenen Kommanditgesellschaft ein Entgelt für seine Verwaltungstätigkeiten erhält und zu diesen Aufgaben auch die Pflege des Registerstands der KG unter Ausübung der entsprechenden Vollmachten zählt.[91] Mit Inkrafttreten des insoweit die Vorschrift des § 10 FamFG für unanwendbar erklärenden § 378 Abs. 1 FamFG kann allerdings die bislang geübte Rechtspraxis bedenkenlos fortgeführt werden.[92]

34 **b) Probleme bei Dauervollmachten.** Unterschiede zur bis zum 1.1.2007 bestehenden Rechtslage ergeben sich in Bezug auf solche Vollmachten, die bis dahin in Urschrift bei den Registerakten hinterlegt wurden. An sich hat das Registergericht die formellen Eintragungsvoraussetzungen, und damit auch das Vorliegen der Antragsberechtigung, uneingeschränkt zu überprüfen (→ § 8 Rn. 68). In materieller Hinsicht ist allerdings anerkannt, dass das Registergericht nach dem Grundsatz der Amtsermittlung (§ 26 FamFG) nähere Nachforschungen nur dann anzustellen hat, wenn begründeter Anlass zu Zweifeln gegeben ist (→ § 8 Rn. 68 ff.). Für bereits bei einer früheren Anmeldung nach Abs. 2 S. 2 Hs. 2 übermittelte Vollmachten, auf die in der späteren Anmeldung Bezug genommen wird, ist ein solcher Zweifel an ihrem Fortbestand dann unberechtigt, wenn ihr Fehlen die spätere Beseitigung der Eintragung nicht hindern würde. Da vorbehaltlich ausdrücklicher Heilungsvorschriften (s. etwa § 20 UmwG) konstitutiv wirkende Eintragungen auch bei Verfahrensverstößen nach § 395 FamFG gelöscht werden können, ist somit nur bei deklaratorisch wirkenden Eintragungen der wiederholte Nachweis des Vollmachtsfortbestands in der Form des Abs. 2 S. 2 Hs. 2 zu führen. Für die Registerpraxis führt dies zur unerfreulichen Konsequenz, dass – insbesondere bei marginalen Änderungen bezüglich der Kommanditisten – im Regelfall alle Vollmachten erneut in elektronischer Form nachgewiesen werden müssten. Zur Vermeidung dieses Ergebnisses sind Gesetzgeber bzw. Rspr. bei der Ausfüllung des Rahmens der Amtsermittlung nach § 26 FamFG berufen, praktikable Lösungen dieser Prob-

---

[88] BGH NJW 2006, 2854.
[89] OLG Schleswig NZG 2010 = FGPrax 2010, 147; *Krafka* RegisterR Rn. 109.
[90] Näher zu § 378 Abs. 1 FamFG *Meyer/Bormann* RNotZ 2009, 370.
[91] Vgl. *Krafka* NZG 2009, 650 zum Rechtsstand vor Inkrafttreten des § 378 Abs. 1 FamFG.
[92] Vgl. *Meyer/Bormann* RNotZ 2009, 370.

lematik zu finden.[93] Eine Lösung dieses Problems hat der Gesetzgeber mit **Abs. 1 S. 3** und § 21 Abs. 3 BNotO gefunden. Danach genügt anstelle der Zusendung der Vollmacht eine Bestätigung des Notars, in welcher er bescheinigt, dass ihm eine entsprechende Vollmachtsurkunde in öffentlicher oder öffentlich beglaubigter Form vorlag. Damit übernimmt der Notar die Verantwortung für das Bestehen einer ausreichenden Vertretungsmacht, ohne dass dies materiell-rechtliche Konsequenzen hat.[94]

4. Höchstpersönliche Erklärungen. a) Allgemeines. Zum Teil schreibt das Gesetz bei Kapitalgesellschaften die Anmeldung zum Handelsregister durch die Vertretungsberechtigten nicht nur in vertretungsberechtigter Zahl vor. Anmelden müssen dann „sämtliche" oder „alle" Mitglieder des Organs (der Organe), wie etwa bei der Anmeldung der Aktiengesellschaft nach § 36 AktG oder der GmbH nach §§ 7, 78 GmbHG. Mit der Anmeldung ist jeweils eine die Leistung von Vermögenseinlagen betreffende Versicherung nach § 37 Abs. 1 AktG oder § 8 Abs. 2 GmbHG abzugeben. Für ihre Richtigkeit sind die Anmeldenden verantwortlich und ggf. schadensersatzpflichtig (§§ 46, 48 AktG, § 9a GmbHG), wie sie auch strafrechtlich zur Verantwortung gezogen werden können (§ 399 AktG, § 82 GmbHG). Im Hinblick insbesondere auf die persönliche Verantwortlichkeit für die Kapitalaufbringung schließt die hM in den genannten Fällen die Anmeldung durch einen Bevollmächtigten aus.[95] Nach zutreffender Ansicht ist hingegen zu differenzieren und aufgrund der Anknüpfung strafrechtlicher Folgen nur die genannte **Versicherungserklärung als höchstpersönliche Handlung** einzuordnen.[96] Die Herleitung der Höchstpersönlichkeit aus der notwendigen Mitwirkung aller Organmitglieder ist hingegen nicht zwingend, weil auch die Anmeldungen in nur vertretungsberechtigter Zahl durch Bevollmächtigte im Hinblick auf abzugebende Versicherungen und Erklärungen und drohende Bestrafung ausgeschlossen sein kann. 35

b) Änderung des Stammkapitals. Entsprechendes (→ Rn. 35) gilt für die Anmeldung und Versicherungserklärung bei Stammkapitalerhöhungen nach § 57 Abs. 1 GmbHG[97] bzw. nach § 57i Abs. 1 GmbHG und diejenige bei Stammkapitalherabsetzungen nach § 58 Abs. 1 Nr. 3 GmbHG (vgl. § 78 Abs. 1 GmbHG, § 82 Abs. 1 GmbHG). Bevollmächtigung ist auch hier nur in Bezug auf die abzugebenden Versicherungen und Erklärungen (§ 57 Abs. 2 GmbHG, § 57i Abs. 1 S. 2 GmbHG, § 58 Abs. 1 Nr. 4 GmbHG) aufgrund der strafrechtlichen Konsequenzen ausgeschlossen. 36

c) Änderung des Grundkapitals. Die Anmeldung über die **Erhöhung** des Grundkapitals und die Durchführung der Erhöhung erfolgen bei der Aktiengesellschaft durch den Vorstand und den Vorsitzenden des Aufsichtsrats (§ 184 Abs. 1 GmbHG, § 188 Abs. 1 AktG). Anzumelden haben daher nur so viele Vorstandsmitglieder, wie sie die Satzung zur Vertretung der Gesellschaft festgelegt hat[98] und nicht, wie früher im ADHGB und HGB für die Anmeldung der Durchführung vorgeschrieben, sämtliche Mitglieder des Vorstands und des Aufsichtsrats. Auch hier ist in Bezug auf die abzugebenden Versicherungserklärungen (§ 184 Abs. 2 AktG, § 188 Abs. 2 S. 1 AktG) eine Abgabe durch Bevollmächtigte aufgrund der möglichen strafrechtlichen Folgen nach § 399 Abs. 1 Nr. 4 AktG nicht zulässig. Darüber hinausgehend fordert die hM,[99] dass auch die Anmeldungserklärung als solche 37

---

[93] Vgl. *Jeep/Wiedemann* NJW 2007, 2439 (2445); Röhricht/Graf v. Westphalen/Haas/*Ries* Rn. 10; Staub/*Koch* Rn. 46; Oetker/*Preuß* Rn. 51.

[94] EBJS/*Schaub* Rn. 105.

[95] BayObLGZ 1986, 203 (205) = NJW 1987, 136; BayObLGZ 1986, 454 (457); *Gustavus* GmbHR 1978, 219 (225); Staub/*Koch* Rn. 43; Hüffer/Koch/*Koch* AktG § 36 Rn. 4.

[96] OLG Köln NJW 1987, 135 f. (offengelassen von BGHZ 116, 190 [200] = NJW 1992, 975); Oetker/*Preuß* Rn. 43; *Krafka* RegisterR Rn. 109, 942; *Winkler* DNotZ 1986, 696 ff.; allg. hierzu *Krafka* Einführung RegisterR Rn. 262 ff.

[97] Hierzu BayObLGZ 1986, 203 (206); *Gustavus* GmbHR 1978, 219 (225).

[98] AllgM, vgl. GroßkommAktG/*Wiedemann* AktG § 184 Rn. 10; Kölner Komm AktG/*Lutter* AktG § 184 Rn. 5.

[99] Vgl. Hüffer/Koch/*Koch* AktG § 184 Rn. 3; Hüffer/Koch/*Koch* § 188 Rn. 2.

höchstpersönlich abzugeben ist (→ Rn. 35). Da nach § 399 Abs. 1 Nr. 4 AktG für falsche Angaben nach § 184 Abs. 2 AktG und § 188 Abs. 2 S. 1 AktG nur Mitglieder des Vorstands und des Aufsichtsrats verantwortlich sind, ist auch bei an sich erlaubter unechter Gesamtvertretung (§ 78 Abs. 3 AktG) die **Mitwirkung eines Prokuristen nicht gestattet.**[100] Zwar gelten bei der unechten Gesamtvertretung die gesetzlichen Einschränkungen der Prokura für die Mitwirkung des Prokuristen an der gesetzlichen Vertretung der Gesellschaft nicht.[101] Doch wird dadurch der Prokurist nicht selbst zum gesetzlichen Vertreter.

38 Für die Anmeldung einer **Kapitalerhöhung aus Gesellschaftsmitteln** (§§ 207, 210 AktG) gelten im Hinblick auf die strafrechtliche Verantwortlichkeit nach § 210 Abs. 1 S. 2 GmbHG, § 399 Abs. 2 AktG und die Verweisung in § 207 Abs. 2 AktG auf § 184 Abs. 1 AktG die Ausführungen in → Rn. 35 entsprechend: keine Abgabe von Versicherungserklärungen durch Bevollmächtigte und keine Mitwirkung eines Prokuristen bei unechter Gesamtvertretung.

39 **d) Kommanditanteilsübertragungen.** Umstritten ist die Höchstpersönlichkeit der „Abfindungserklärung" bei der Registeranmeldung einer Sonderrechtsnachfolge bei Kommanditbeteiligungen. Sofern man mit der vom BGH bestätigten hM[102] eine solche Erklärung darüber, dass der ausgeschiedene Mitgesellschafter keine Leistungen aus dem Gesellschaftsvermögen erhalten hat, als Beweismittel im Rahmen der registergerichtlichen Amtsermittlung (§ 26 FamFG) für erforderlich hält (ablehnend → 4. Aufl. 2019, § 162 Rn. 13 *[Grunewald]*), kann mangels strafrechtlicher Konsequenzen einer unzutreffenden Versicherung nicht davon ausgegangen werden, diese sei von den Gesellschaftern höchstpersönlich abzugeben.[103]

40 **5. Einreichung bei Gericht.** Auch die Vertreter der Auffassung der höchstpersönlich vorzunehmenden Anmeldeerklärungen gehen davon aus, dass der Zugang der Erklärung beim Handelsregister ggf. durch Vertreter oder Boten bewirkt werden kann,[104] namentlich auch durch den die Anmeldeerklärung beurkundenden oder beglaubigenden Notar (§ 53 BeurkG).[105] Bezüglich der Anmeldung durch den Notar und der für den Regelfall bestehenden Vollmachtsvermutung nach § 378 Abs. 2 FamFG wird auf → Rn. 42 ff. verwiesen.

41 **6. Form.** Abs. 1 S. 2 schreibt für die Vollmacht in Abweichung von der Regel des § 167 Abs. 2 BGB,[106] nach der die Vollmacht nicht der Form bedarf, welche für das Rechtsgeschäft bestimmt ist, die gleiche Form wie für die Anmeldung selbst vor, also die öffentliche Beglaubigung (Abs. 1). Maßgeblich ist demgemäß § 129 BGB iVm §§ 39, 40 BeurkG (→ Rn. 14), wobei auch eine die öffentliche Beglaubigung ersetzende Urkunde genügt (→ Rn. 17) und im Rahmen einer Bescheinigung des Notars gem. Abs. 1 S. 3 die Vorlage ganz entfallen kann (→ Rn. 34). Die öffentliche Beglaubigung der Vollmacht dient, ebenso wie die der Anmeldung, der **Identitätsprüfung.** Ist die Vollmacht für einen Mitgesellschafter mit dem Gesellschaftsvertrag einer Personenhandelsgesellschaft verbunden worden (→ Rn. 31, → Rn. 33), so muss dessen Unterzeichnung in öffentlich beglaubigter Form nachgewiesen sein.[107] Wenn dem Registergericht aufgrund früherer Anmeldungen beglaubigte Abschriften einer öffentlich beglaubigten, unwiderruflich und über den Tod hinaus

---

100 EBJS/*Schaub* Rn. 103; aA KG JW 1938, 3121; Hüffer/Koch/*Koch* AktG § 184 Rn. 3; Hüffer/Koch/*Koch* § 188 Rn. 2.

101 BGHZ 13, 61 (64); 62, 166 (170).

102 BGH NZG 2006, 15 = DNotZ 2006, 135; RG DNotZ 1944, 195 (206) = WM 1964, 1131 (1133); OLG Oldenburg NJW-RR 1991, 292 = DNotZ 1992, 186; OLG Zweibrücken MittBayNot 2000, 440 = Rpfleger 2002, 156; *U. Huber* ZGR 1984, 146; *Terbrack* Rpfleger 2003, 105.

103 *Waldner* Rpfleger 2002, 156; *Terbrack* Rpfleger 2003, 105; *Krafka* RegisterR Rn. 750; BeckOK HGB/*Müther* Rn. 14; EBJS/*Schaub* Rn. 104; aA KG FGPrax 2009, 177; OLG Zweibrücken MittBayNot 2000, 440 = Rpfleger 2002, 156; OLG Oldenburg NJW-RR 1991, 292 = DNotZ 1992, 186.

104 Vgl. nur Baumbach/Hueck/*Fastrich* GmbHG § 7 Rn. 3.

105 Hüffer/Koch/*Koch* AktG § 36 Rn. 4.

106 Dies verkennt KG FGPrax 2014, 171 (172).

107 OLG Frankfurt BB 1973, 722.

erteilten Vollmacht zur Vornahme aller erforderlichen Anmeldungen vorliegen, so darf bei späteren Anmeldungen der Nachweis des Fortbestands der Vollmacht nur verlangt werden, wenn Anhaltspunkte für einen Widerruf ggf. aus wichtigem Grund vorliegen.[108]

7. Anmeldung durch den Notar. a) Voraussetzungen. Ist die zu einer Eintragung erforderliche Erklärung von einem inländischen Notar – oder, ohne weiteren beizubringenden Nachweis, durch einen Notarvertreter[109] – beurkundet oder beglaubigt, so gilt dieser nach **§ 378 Abs. 2 S. 1 FamFG** als ermächtigt, im Namen des zur Anmeldung Berechtigten (also nicht etwa im eigenen Namen; näher → Rn. 45), die Eintragung zu beantragen. Unter der „zu einer Eintragung erforderlichen Erklärung" sind nicht nur materiell-rechtliche Eintragungsgrundlagen zu verstehen (Gesellschaftsverträge, Beschlüsse oder Erklärungen, deren Inhalt eingetragen werden soll),[110] sondern auch die Registeranmeldung selbst, die ebenfalls als verfahrensbeginnender Akt zwingende Voraussetzung der Eintragung ist.[111] Liegen die Voraussetzungen des § 378 Abs. 2 S. 1 FamFG vor, muss der Notar zu erkennen geben, ob er von diesem Recht Gebrauch macht oder ob er nur als **Erklärungsbote** tätig wird (§ 53 BeurkG). 42

Die Vorgängervorschrift des § 378 Abs. 2 FamFG, nämlich § 129 FGG aF, war nach der abzulehnenden hM (→ 2. Aufl. 2005, § 12 Rn. 26) dann **nicht anwendbar,** wenn nur ein Recht, aber keine Verpflichtung zur Anmeldung besteht, mithin § 14 nicht anwendbar ist.[112] Seit der am 1.9.2009 in Kraft getretenen Novellierung nimmt die Vorschrift auf die zur Anmeldung „Berechtigten" anstelle der hierzu „Verpflichteten" Bezug und hat den Meinungsstreit damit zugunsten der pragmatischeren seinerzeitigen Mindermeinung entschieden.[113] Stets bestand Einigkeit darüber, dass mangels gegenteiliger Anhaltspunkte in der Regel von der Erfahrungstatsache ausgegangen werden kann, dass ein Notar im Hinblick auf seine Stellung als Organ der vorsorgenden Rechtspflege nicht ohne Vollmacht handelt.[114] 43

b) Rechtsfolgen. Wie sich aus dem Wortlaut von § 378 Abs. 2 S. 1 FamFG ergibt, begründet die Ermächtigung **kein eigenes Antragsrecht des Notars;** er kann die Eintragung nur namens des zur Anmeldung Verpflichteten verlangen.[115] Ebenso kann der Notar nur namens des Anmeldepflichtigen Erinnerung oder Beschwerde einlegen[116] und den Antrag und Rechtsbehelfe zurücknehmen (§ 24 Abs. 3 BNotO). § 378 Abs. 2 S. 1 FamFG („gilt dieser als ermächtigt") begründet für den Notar die gesetzliche Vermutung, von dem Anmeldepflichtigen zur Stellung des Antrags bevollmächtigt zu sein. Der Notar ist somit der Verpflichtung zur Vorlage eines Nachweises der Vollmacht (etwa in der Form von Abs. 1 S. 2) enthoben.[117] Entsprechend darf das Registergericht keinen Nachweis einer Vollmacht verlangen. Doch kann auch die vermutete Vollmacht eingeschränkt und das Bestehen dieser im Grunde fingierten Vollmacht formlos durch einfache Erklärung des vertretenen Beteiligten gegenüber dem Gericht widerlegt werden.[118] Bei einer Antragstellung zufolge § 378 44

108 BayObLGZ 1975, 137 (142).
109 OLG Hamm NZG 2011, 77.
110 OLG Dresden OLGRspr. 33, 5 (6); BayObLGZ 1970, 235 (237); LG München I DNotZ 1976, 682.
111 Staub/*Koch* Rn. 49; *Krafka* RegisterR Rn. 123 BeckOK HGB/*Müther* Rn. 21; Oetker/*Preuß* Rn. 46; *Ries,* Praxis- und Formularbuch zum Registerrecht, 4. Aufl. 2019, Rn. 108 hinsichtlich HRA-Anmeldungen; ebenso nunmehr EBJS/*Schaub* Rn. 108.
112 BayObLG NZG 2000, 1232 = MittRhNotK 2000, 173; BayObLGZ 1986, 203 = NJW 1987, 126: BayObLG Rpfleger 1978, 143; KG OLGZ 1969, 501 (502).
113 S. OLG Oldenburg FGPrax 2011, 311; dazu *Krafka* GWR 2011, 471 und *Ising* NZG 2012, 289.
114 BayObLG NZG 2000, 1232 = MittRhNotK 2000, 173; BayObLGZ 1976, 230 (233); bestätigt von BayObLG Rpfleger 1978, 143.
115 KG Rpfleger 1977, 309; NJW 1959, 1086 (1087); Staub/*Koch* Rn. 48; aA EBJS/*Schaub* Rn. 109, der als Grundlage hierfür auf § 53 BeurkG abstellt.
116 OLG Hamm FGPrax 2011, 32; OLG Zweibrücken MittRhNotK 2000, 440; BayObLGZ 1957, 279 (281); 1959, 196 (197); KG Rpfleger 1977, 309.
117 *Jansen* DNotZ 1964, 707 (708); vgl. auch RGZ 110, 356 (360); KGJ 44 A 170, 172 f.; OLG Frankfurt Rpfleger 1978, 411.
118 OLG Frankfurt NJW 1984, 620; KGJ 24 A 91, 94; *Jansen,* 2. Aufl. 1970, FGG § 13 Rn. 45.

Abs. 2 FamFG handelt der Notar aufgrund seiner amtlichen Stellung, nicht aufgrund Vertrags.[119]

45 Die **Vollmachtsvermutung** des § 378 Abs. 2 FamFG **scheidet naturgemäß bei Erklärungen, die höchstpersönlich erfolgen müssen** und damit vertretungsfeindlich sind (→ Rn. 32 ff.), **aus.** Auch im öffentlichen Recht wurzelnde Vollzugsvollmachten unterliegen den Einschränkungen der rechtsgeschäftlichen Vollmacht, so dass der Notar nicht mit der Anmeldung notwendigerweise einhergehende Versicherungen und Erklärungen höchstpersönlicher Art abgeben kann.[120] Im Übrigen darf er allerdings die Anmeldung jederzeit als Erklärungsgebote – wie im Übrigen auch sonst jeder Dritte – einreichen (→ Rn. 37).

46 **8. Organschaftliche Vertretung. a) Allgemeines.** Die Handelsgesellschaften (OHG, KG, EWIV, GmbH, AG, KGaA, SE) und Partnerschaftsgesellschaften sowie Genossenschaften und Vereine können nur durch ihre Organe handeln. Deren notwendige Vertretungsbefugnis bei einer Anmeldung ergibt sich zwingend aus dem Gesetz. Im Falle der Anmeldung durch eine Gesellschaft bürgerlichen Rechts (vgl. § 162 Abs. 1 S. 2) ist der Vertretungsnachweis gem. Abs. 2 in öffentlich beglaubigter Form zu führen, sofern nicht alle Gesellschafter die Anmeldung in der Form des Abs. 1 abgeben. Ist mit der Anmeldung eine höchstpersönliche Handlung verbunden (→ Rn. 35 ff.), müssen zwangsläufig die Organe als Repräsentanten der Gesellschaft die entsprechenden Erklärungen abgeben. Die Frage nach der Zulässigkeit der Vertretung stellt sich insoweit nicht. Sie würde es nur dann – und wäre zu verneinen –, wenn durch das Organ Dritte bevollmächtigt werden sollen.

47 **b) Unechte Gesamtvertretung.** Nach ganz hM sind Anmeldungen zum Handelsregister auch in unechter Gesamtvertretung (§ 78 Abs. 3 AktG: Vorstandsmitglied und Prokurist, entsprechend bei der GmbH Geschäftsführer und Prokurist; für die Personenhandelsgesellschaften vgl. § 125 Abs. 3) zulässig. Insoweit gelten die normalerweise eingreifenden gesetzlichen Einschränkungen der Prokura (→ Rn. 30) nicht. Denn der mitwirkende Prokurist wird nicht als rechtsgeschäftlicher Vertreter tätig sondern als organschaftliche „Kontrollperson".[121] Doch ist unechte Gesamtvertretung dann ausgeschlossen (→ Rn. 37), wenn das Gesetz mit der Anmeldung zwingend Versicherungen oder Erklärungen fordert, die strafbewehrt sind (näher → Rn. 35 ff.).

48 **c) Nachweis der Vertretungsmacht.** Der Nachweis der Vertretungsmacht wird für Handelsgesellschaften durch eine beglaubigte Abschrift des Handelsregisters bzw. einen amtlichen Ausdruck gem. § 9 Abs. 3 (beglaubigter Handelsregisterauszug). Ein Nachweis muss entsprechend dem Gedanken des § 32 Abs. 2 GBO dann nicht geführt werden, wenn das Register, in das eingetragen werden soll, über die Vertretungsverhältnisse bereits Auskunft gibt; es genügt dann eine Bezugnahme auf das Register.[122] Gem. § 21 Abs. 1 und 2 BNotO dürfen auch Notare Bescheinigungen über eine Vertretungsberechtigung ausstellen, sofern sich diese aus einer Eintragung im Handelsregister oder in einem ähnlichen Register (Genossenschafts-, Partnerschafts- oder Vereinsregister) ergibt. Zu beachten ist, dass im Eintragungsverfahren aufgrund der Verpflichtung zur Amtsermittlung (§ 26 FamFG) das Registergericht nicht im Sinne der Publizitätswirkungen des § 15 an den Registerinhalt des vertretenen Rechtsträgers gebunden ist.[123]

49 **9. Gesetzliche Vertretung.** Gesetzliche Vertreter, zum Beispiel eines minderjährigen Gesellschafters einer Personenhandelsgesellschaft, können namens des Vertretenen Anmeldungen zur Eintragung in das Handelsregister vornehmen. Sind sie selbst Gesellschafter, können sie im eigenen Namen als Mitgesellschafter und zugleich im Namen des Vertretenen

119 RGZ 93, 68 (70 f.); KG NJW 1959, 295 (296).
120 Oetker/*Preuß* Rn. 48; anders *Winkler* DNotZ 1986, 696 (698).
121 Vgl. *Krafka*, Gestaltungsformen der Gesamtprokura, 2003, 229 f. mN.
122 Ebenso Staub/*Koch* Rn. 55.
123 OLG Schleswig FGPrax 1998, 150; ebenso wohl auch OLG München FGPrax 2009, 127 (129); teilweise abweichend hiervon OLG Frankfurt FGPrax 2005, 135.

anmelden; die §§ 181, 1795 BGB finden keine Anwendung (→ Rn. 5).[124] Zu dem alleinigen **Verwaltungs- und Verfügungsrecht des Insolvenzverwalters** (§ 80 InsO) zählt grundsätzlich auch die Befugnis, Eintragungen, die das zur Masse gehörende Vermögen betreffen zum Handelsregister anzumelden.[125] Änderungen in der Geschäftsführung einer insolventen GmbH während des Insolvenzverfahrens betreffen jedoch nicht die Insolvenzmasse, so dass diesbezügliche Anmeldungen durch die organschaftlichen Vertreter vorzunehmen sind;[126] dasselbe gilt bei der Anmeldung einer Erhöhung des Stammkapitals.[127] Auch **Testamentsvollstrecker und Nachlassverwalter** sind anmeldebefugt. Nachzuweisen ist die Berechtigung des Insolvenzverwalters durch die Vorlage einer beglaubigten Abschrift seiner Bestellungsurkunde (§ 56 Abs. 2 S. 1 InsO); der Testamentsvollstrecker legitimiert sich durch das Testamentsvollstreckerzeugnis[128] (§ 2368 BGB). Ist eine **Genehmigung des Familien- oder Betreuungsgerichts** erforderlich, muss deren Wirksamkeit nachgewiesen werden.[129]

V. Nachweis der Rechtsnachfolge

1. Zweck der Vorschrift. Nach **Abs. 1 S. 4** haben die Rechtsnachfolger eines Beteiligten die Rechtsnachfolge soweit tunlich durch öffentliche Urkunden nachzuweisen. Zweck der Vorschrift ist es, nach Möglichkeit sicherzustellen, dass Anmeldungen nur von den tatsächlich berechtigten Personen vorgenommen werden. 50

2. Nachweis durch öffentliche Urkunden. Öffentliche Urkunden sind nach § 415 Abs. 1 ZPO Urkunden, die von einer Behörde innerhalb der Grenzen ihrer Amtsbefugnisse oder von einer mit öffentlichem Glauben versehenen Person innerhalb des ihr zugewiesenen Geschäftskreises in der vorgeschriebenen Form aufgenommen sind. Öffentliche Beglaubigung nur der Unterschrift reicht nicht aus. Nach Abs. 2 S. 2 Hs. 2 sind entsprechende Nachweise grundsätzlich als elektronische Aufzeichnung, versehen mit einem Zeugnis nach § 39a BeurkG einzureichen.[130] 51

3. Ausnahmen. Erforderlich ist der Nachweis durch öffentliche Urkunden nur soweit tunlich. Das ist zum einen dann nicht der Fall, wenn sich die Rechtsnachfolge bereits aus den Registerakten selbst oder den Nachlassakten ergibt, die bei demselben Gericht geführt werden. Der Anmeldepflichtige braucht dann nur auf diese Akten Bezug zu nehmen, die das Registergericht einsieht und die sich daraus ergebende Nachfolge in den Registerakten vermerkt.[131] Zum anderen ist ein Nachweis durch öffentliche Urkunden untunlich, wenn die Beschaffung der öffentlichen Urkunde schwierig und nur mit langen Verzögerungen möglich ist. Um die Eintragung nicht über Gebühr hinauszuzögern, kann es etwa geboten sein, unter Heranziehung des Rechtsgedankens des § 35 Abs. 1 GBO ein öffentliches Testament zusammen mit dem Eröffnungsprotokoll genügen zu lassen[132] oder ganz ausnahmsweise Beteiligte zur Versicherung an Eides Statt zuzulassen (§ 31 Abs. 1 FamFG). Hat etwa das Registergericht zum Nachweis der Rechtsnachfolge die Nachlassakten eines anderen Gerichts beigezogen, in denen sich ein nur für Grundbuchzwecke erteilter Erbschein befindet, so hat dieser Erbschein trotz des kostenrechtlichen Vermerks volle Beweiskraft. Denn 52

---

124 BayObLGZ 1977, 76 = DNotZ 1977, 683; BayObLGZ 1970, 133 = NJW 1970, 1796 = DNotZ 1971, 107 (108).

125 BGH FGPrax 2015, 64; OLG Rostock Rpfleger 2003, 444; OLG Köln FGPrax 2001, 214; zur Befugnis des Konkursverwalters RGZ 71, 38; OLG Düsseldorf MDR 1970, 425; BayObLGZ 1963, 19 (23).

126 OLG Rostock Rpfleger 2003, 444.

127 BayObLG NZG 2004, 58 = BB 2004, 797.

128 So ausdrücklich OLG Düsseldrof FGPrax 2017, 255.

129 OLG Frankfurt NZG 2008, 749; KGJ 34 A 49 und A 89; 38 A 62; EBJS/*Schaub* Rn. 127.

130 Zum Erbschein s. BT-Drs. 16/960, 45.

131 OLG Hamm Rpfleger 1986, 139 (140); BayObLG Rpfleger 1983, 442; KGJ 20 A 289; BeckOK HGB/*Müther* Rn. 25; Baumbach/Hopt/*Hopt* Rn. 5; vgl. Oetker/*Preuß* Rn. 56.

132 KG FGPrax 2018, 213; OLG Bremen FGPrax 2014, 219; KG FGPrax 2007, 91; FGPrax 2000, 249 = MittRhNotK 2000, 397; OLG Hamburg NJW 1966, 986; *Krafka* RegisterR Rn. 128.

er stellt einen Vollerbschein iSv § 2353 BGB dar;[133] der kostenrechtliche Vermerk berührt die Gültigkeit und Wirksamkeit des Erbscheins nicht.[134]

53 **4. Nachweis der Erbfolge.** In der Praxis am häufigsten ist die Rechtsnachfolge im Fall des Todes darzulegen.[135] Der Erbgang war hier im Papierverkehr in der Regel durch Vorlage einer **Ausfertigung des Erbscheins** nachzuweisen.[136] Eine beglaubigte Abschrift des Erbscheins genügte dagegen angesichts der Möglichkeit einer zwischenzeitlichen Einziehung des Erbscheins nicht. Im Verkehr wird die Urschrift durch die Ausfertigung ersetzt, deren Vorlegung dieselben Wirkungen hat wie die der Urschrift, die im Übrigen bei dem Gericht verbleibt. Wird der Erbschein wegen Unrichtigkeit nach § 2361 BGB eingezogen, so betrifft das die Urschrift und sämtliche Ausfertigungen. Demzufolge bietet eine vorgelegte beglaubigte Abschrift keine Sicherheit dafür, dass der Erbschein nicht bereits eingezogen und damit kraftlos geworden ist.[137] Aufgrund der durch Abs. 2 S. 1 nunmehr geforderten elektronischen Einreichung kommt allerdings die Übersendung der papierförmigen Ausfertigung von Erbscheinen und Testamentsvollstreckerzeugnissen nicht mehr in Betracht. Damit besteht die Gefahr, dass im Zeitraum zwischen der Erstellung der elektronischen Aufzeichnung der Ausfertigung und der Eintragung beispielsweise der Erbschein eingezogen oder für kraftlos erklärt wurde. Die Regierungsbegründung hält daher die Einreichung einer „zeitnah" erstellten und elektronisch beglaubigten Aufzeichnung für erforderlich und ausreichend.[138] Hierfür wird man regelmäßig den Zeitrahmen von bis zu einer Woche als akzeptabel erachten können. Dasselbe gilt – trotz nur befristeter Gültigkeitsdauer – für die Vorlage eines **Europäischen Nachlasszeugnisses** (vgl. Art. 69 EuErbVO).[139]

54 Keinesfalls ist das Registergericht verpflichtet, Nachlassakten anderer Gerichte beizuziehen und bei zweifelhafter Rechtslage sich aus den Testamentsakten selbst ein Urteil über die Rechtsnachfolge zu bilden.[140] Entsprechend hat das Registergericht – wie auch das Grundbuchamt bei der Anwendung von § 35 GBO[141] – keine eigenen Tatsachenermittlungen zur Feststellung der Rechtsnachfolge anzustellen. Die gerichtliche Nachprüfung der Erbfolge fällt, besteht auch nur der geringste Zweifel, in die Kompetenz des Nachlassgerichts und nicht des Registergerichts. Im Übrigen kann nach pflichtgemäßem Ermessen des Registergerichts die Vorlage einer beglaubigten Abschrift einer **notariell beurkundeten Verfügung von Todes wegen** samt entsprechender Eröffnungsniederschrift des Nachlassgerichts ausreichen, wenn keine Auslegungsschwierigkeiten bestehen. Keinesfalls genügt für den Nachweis der Erbfolge die Vorlage eines Testamentsvollstreckerzeugnisses, da dieses keine Zeugniskraft in Bezug auf die Rechtsstellung der Erben entfaltet.[142]

55 **5. Nachweis bei Nacherbfolge.** Im Fall der Vor- und Nacherbfolge rückt der Vorerbe in vollem Umfang wie ein Erbe (§ 2100 BGB) in die Gesellschafterstellung des Erblassers ein. Er ist Eigentümer des Nachlasses und kann grundsätzlich über einen Gesellschaftsanteil nach Maßgabe von § 2112 BGB als einen zur Erbschaft gehörenden Gegenstand verfügen[143] und er entscheidet auch über die Fortführung eines im Nachlass befindlichen Handelsgeschäfts. Führt er fort, erfolgen die Anmeldungen zum Handelsregister durch ihn und eventu-

---

[133] BayObLG Rpfleger 1983, 442.
[134] OLG Frankfurt Rpfleger 1994, 67 (68); BayObLG Rpfleger 1983, 442 (443); BayObLGZ 1952, 67; KG Rpfleger 1981, 497.
[135] S. OLG Hamm Rpfleger 1986, 139 (140); BayObLG Rpfleger 1977, 321; Baumbach/Hopt/*Hopt* Rn. 5.
[136] OLG Köln FGPrax 2005, 41 = Rpfleger 2005, 145; KG FGPrax 2000, 249 = MittRhNotK 2000, 397; OLG Hamm Rpfleger 1986, 139 = MittRhNotK 1986, 128.
[137] KGJ 26 A 92; OLGRspr. 6, 479.
[138] BT-Drs. 16/960, 45.
[139] *Schmitz* RNotZ 2017, 269 (285).
[140] OLG Bremen FGPrax 2014, 219.
[141] Vgl. OLG München DNotZ 2013, 440; KG FamRZ 2013, 1073; BeckOK HGB/*Müther* Rn. 27.
[142] OLG Köln FGPrax 2005, 41; KG FGPrax 2003, 42; 2000, 249 = MittRhNotK 2000, 397; Staub/*Koch* Rn. 63.
[143] BGHZ 78, 177 (182).

elle Mitgesellschafter ohne Mitwirkung des Nacherben,[144] der auch nicht im Handelsregister – anders als im Grundbuch (Nacherbenvermerk nach § 51 GBO, ebenso § 54 SchRegO) – vermerkt wird.[145] Bei Eintritt der Nacherbfolge melden der Vorerbe (beziehungsweise dessen Rechtsnachfolger), der Nacherbe und die übrigen Gesellschafter die Nacherbfolge unter Nachweis gem. Abs. 2 S. 2 an.[146] Vorzulegen ist ein die Nacherbfolge ausweisender Erbschein hinsichtlich der Erbfolge des ursprünglichen Erblassers. Allein die Beibringung des für den Vorerben erteilten Erbscheins samt Nachweisen über den Eintritt der Nacherbfolge genügt nicht.[147]

VI. Einreichung von Dokumenten

1. Allgemeines. Nach Abs. 2 S. 1 sind Dokumente bei dem Registergericht elektronisch einzureichen. Diese Anordnung gilt neben der Registeranmeldung für alle einzureichenden Unterlagen, insbesondere also für Dokumente, die nach § 9 Abs. 1 der unbeschränkten Einsichtnahme durch Dritte unterliegen und daher in den zwingend elektronisch geführten Registerordner (§ 9 HRV) einzustellen sind. Darüber hinaus gilt die Anforderung auch für sonstige Dokumente, sofern auf Abs. 2 verwiesen wird, wie insbesondere im Rahmen der GmbH nach § 8 Abs. 5 GmbHG und der AG nach § 37 Abs. 5 AktG. Damit sind beispielsweise auch Erklärungen und Listen nach § 40 Abs. 1 GmbHG und § 42 AktG sowie § 106 AktG elektronisch zu übermitteln. Die ausdrücklichen Verweisungen in diesen Gesetzen lassen fraglich erscheinen, ob auch sonstige Unterlagen, die nach § 8 HRV zu den regulären Registerakten zu nehmen sind, elektronisch eingereicht werden müssen. Dafür, dass Abs. 2 S. 1 ohne Einschränkung gilt, spricht neben seinem weit gefassten Wortlaut insbesondere der Umstand, dass auch die Registerakten nach Anordnung der Landesjustizverwaltung elektronisch geführt werden (§ 8 Abs. 3 HRV).[148] 56

Mit der Generalklausel des Abs. 2 S. 2 wollte der Gesetzgeber unter anderem erreichen, dass die Formulierungen der zahlreichen Spezialgesetze, die vorerst noch nicht an den elektronischen Registerverkehr angeglichen wurden, „nach und nach bei passender Gelegenheit auf elektronische Einreichung" umgestellt werden können.[149] 57

2. Einfache Aufzeichnungen. a) Allgemeines. Das Gesetz beschreibt nicht näher, was eine elektronische Aufzeichnung nach Abs. 2 S. 2 Hs. 1 ist. Zutreffend wird man darunter eine Form verstehen, die es ermöglicht, Dokumente inhaltlich unverändert (s. § 47 Abs. 1 S. 2 HRV) zur Ablage im Registerordner zu speichern.[150] Über diese Qualität sagt der Begriff der Textform (§ 126b BGB) nichts aus, so dass davon auszugehen ist, dass der Gesetzgeber bewusst die neuartige Bezeichnung „einfache Aufzeichnung" gewählt hat.[151] Ausreichend ist eine einfache Aufzeichnung in den Fällen, in denen eine Urschrift oder eine einfache Abschrift einzureichen oder für das Dokument die Schriftform bestimmt ist. Der in der Gleichsetzung von Ur- und Abschrift liegende Wertungswiderspruch wurde vom Gesetzgeber in Kauf genommen (→ Rn. 61). 58

b) Herstellung der Aufzeichnung. Der reguläre Weg zur Herstellung der einfachen Aufzeichnung ist das Einscannen des Papierdokuments. Die Herstellung einer Leseabschrift nach dem in → Rn. 20 beschriebenen Verfahren genügt dagegen nicht, da unter dem Begriff der „Aufzeichnung" ein optisch identisches Bild der Papierurkunde zu verstehen 59

---

144 Palandt/*Weidlich* BGB § 2112 Rn. 6.

145 OLG München JFG 22, 89; Staub/*Koch* Rn. 67; Palandt/*Weidlich* BGB Einf. vor § 2100 Rn. 17; MüKoBGB/*Grunsky* BGB § 2100 Rn. 38.

146 EBJS/*Schaub* Rn. 165; Palandt/*Weidlich* BGB § 2112 Rn. 6.

147 BGHZ 84, 126 = NJW 1982, 2499; Staub/*Koch* Rn. 68; EBJS/*Schaub* Rn. 164.

148 In den Ländern des Entwicklungsverbunds AUREG, insbesondere also in Berlin, werden auch die Registerakten bereits seit 1.1.2007 elektronisch geführt, s. *Melchior* NotBZ 2006, 409 (414) Fn. 37.

149 BT-Drs. 16/960, 46.

150 So Oetker/*Preuß* Rn. 74.

151 *Noack* NZG 2006, 801 (802).

ist.[152] Dagegen steht es den Beteiligten naturgemäß offen, die höherwertige Form nach Abs. 2 S. 2 Hs. 2 zu wählen (→ Rn. 62) und hierbei eine elektronisch beglaubigte Leseabschrift einzureichen.[153]

60 **c) Einzelfälle.** Gesetzlich vorgesehen ist die Anwendung des Abs. 2 S. 2 Hs. 1 zB in § 8 Abs. 1 Nr. 3 GmbHG, § 40 Abs. 1 S. 1 GmbHG,[154] § 130 Abs. 5 Hs. 2 AktG, § 188 Abs. 3 Nr. 1 AktG und § 199 Hs. 2 UmwG. Sieht eine Vorschrift (zB § 39 Abs. 2 GmbHG) wahlweise die Einreichung einer Urschrift (Abs. 2 S. 2 Hs. 1) oder einer öffentlich beglaubigten Abschrift (Abs. 2 S. 2 Hs. 2) vor, so genügt die Einreichung in geringerer Form, mithin also ohne Beifügung eines Vermerks nach § 39a BeurkG.[155]

61 **d) Beweiswertherabsetzung.** Die in Abs. 2 S. 2 Hs. 1 vorgesehene Einreichung einfacher Aufzeichnungen setzt die Anforderungen an die Qualität der vorzulegenden Dokumente herab, indem Urschriften und einfache Abschriften, also Kopien der Urschrift, gleich behandelt werden. Grund des Verzichts auf eine qualifizierte elektronische Signatur für diese Dokumente war die Vermeidung neuen Bürokratieaufwands für die Unternehmen im Zuge der Umstellung auf den elektronischen Registerverkehr.[156]

62 **3. Aufzeichnung mit Signatur. a) Allgemeines.** Das Gesetz schreibt für bestimmte Unterlagen vor, dass sie mit einem Zeugnis nach § 39a BeurkG versehen sein müssen (Abs. 2 S. 2 Hs. 2). Dies ist nur dann der Fall, wenn kraft Gesetzes zwingend[157] ein notariell beurkundetes Dokument oder eine öffentlich beglaubigte Abschrift einzureichen ist. In erster Linie sind damit die Fälle in Bezug genommen, die ausdrücklich die Einreichung entsprechender Dokumente vorsehen (zB § 12 Abs. 1 S. 1 HGB, § 37 Abs. 4 Nr. 1 AktG, § 130 Abs. 5 Hs. 1 AktG, § 181 Abs. 1 S. 2 AktG, § 8 Abs. 1 Nr. 1 GmbHG, § 54 Abs. 1 S. 2 GmbHG, § 199 Hs. 1 UmwG). Auch dann, wenn nur aufgrund allgemeiner Registerpraxis der Inhalt einer notariell beurkundeten Erklärung nachzuweisen ist, wie zB im Fall der Anmeldung einer Gesellschaftsvertragsänderung bei einer GmbH die Fassung des entsprechenden Gesellschafterbeschlusses,[158] ist Abs. 2 S. 2 Hs. 2 anzuwenden und somit die Anbringung eines Vermerks nach § 39a BeurkG bei dem eingereichten Dokument zu verlangen.

63 **b) Einzelbeglaubigung.** Erforderlich ist in diesem Fall stets die elektronische Beglaubigung jedes einzelnen eingereichten Dokuments. Auch wenn für die elektronische Übermittlung der Nachricht an die virtuelle Poststelle der Justiz gleichfalls die Anbringung einer qualifizierten elektronischen Signatur erforderlich ist (→ § 8a Rn. 5), genügt diese nicht den Anforderungen des § 39a BeurkG bezüglich der in dieser Nachricht übermittelten Dokumente, da der erforderliche Textvermerk zur inhaltlichen Übereinstimmung fehlt.

64 **c) Verhältnis zu Hs. 1.** Die Anordnung des Abs. 2 S. 2 Hs. 2 enthält kein Verbot, auch Dokumente, die unter Hs. 1 dieser Vorschrift fallen, mit einem Vermerk nach § 39a BeurkG zu versehen.[159] Erkennbare Vorteile sind damit allerdings nicht verbunden, sofern nicht die Vorlage von Abbildungen der Originalunterschriften vermieden werden soll, indem nur eine Leseabschrift des einzureichenden Dokuments vorgelegt wird (→ Rn. 59).

VII. Rechtslage in Österreich

65 Für Anmeldungen zur Eintragung in das Firmenbuch (→ § 8 Rn. 99) sieht § 11 UGB eine der Vorschrift des § 12 Abs. 1 entsprechende Regelung vor. Eingeschränkt wird das

[152] *Apfelbaum/Bettendorf* RNotZ 2007, 89 (97); Staub/*Koch* Rn. 72.
[153] Ebenso OLG Düsseldorf NZG 2012, 957; s.a. OLG Düsseldorf FGPrax 2020, 178; BeckOK HGB/*Müther* Rn. 31.
[154] KG FGPrax 2011, 242.
[155] Ebenso OLG Jena RNotZ 2011, 121.
[156] *Seibert/Decker* DB 2006, 2446 (2447).
[157] So ausdrücklich BT-Drs. 16/960, 46.
[158] *Krafka* RegisterR Rn. 1020.
[159] *Seibert/Decker* DB 2006, 2446 (2447) weisen zu Recht auf das Wort „genügt" in Abs. 2 S. 1 Hs. 1 hin.

Erfordernis einer beglaubigten Form gem. § 11 FBG für die Anmeldung der für Zustellungen maßgeblichen Geschäftsanschrift, den Geschäftszweig, die Mitglieder samt Vorsitzendem und Stellvertreter des Aufsichtsrats, sowie die Gesellschafter einer Gesellschaft mit beschränkter Haftung, deren Stammeinlagen oder die darauf geleisteten Einzahlungen. Nach § 1 ERV 2006[160] können alle Eingaben und Beilagen elektronisch eingebracht werden. Nähere Einzelheiten für das Firmenbuchverfahren ergeben sich hierzu aus §§ 5 und 8a ERV 2006.

§ 13 Zweigniederlassungen von Unternehmen mit Sitz im Inland

(1) [1]Die Errichtung einer Zweigniederlassung ist von einem Einzelkaufmann oder einer juristischen Person beim Gericht der Hauptniederlassung, von einer Handelsgesellschaft beim Gericht des Sitzes der Gesellschaft, unter Angabe des Ortes und der inländischen Geschäftsanschrift der Zweigniederlassung und des Zusatzes, falls der Firma der Zweigniederlassung ein solcher beigefügt wird, zur Eintragung anzumelden. [2]In gleicher Weise sind spätere Änderungen der die Zweigniederlassung betreffenden einzutragenden Tatsachen anzumelden.

(2) Das zuständige Gericht trägt die Zweigniederlassung auf dem Registerblatt der Hauptniederlassung oder des Sitzes unter Angabe des Ortes sowie der inländischen Geschäftsanschrift der Zweigniederlassung und des Zusatzes, falls der Firma der Zweigniederlassung ein solcher beigefügt ist, ein, es sei denn, die Zweigniederlassung ist offensichtlich nicht errichtet worden.

(3) Die Absätze 1 und 2 gelten entsprechend für die Aufhebung der Zweigniederlassung.

Schrifttum: *Bokelmann,* Die Veräußerung einer Zweigniederlassung mit abgeleiteter Firma, GmbHR 1978, 265; *Bokelmann,* Nochmals: Die Veräußerung einer Zweigniederlassung mit abgeleiteter Firma, GmbHR 1982, 153; *Hahnefeld,* Neue Regelungen zur Offenlegung bei Zweigniederlassungen, DStR 1993, 1596; *Kindler,* Neue Offenlegungspflichten für Zweigniederlassungen ausländischer Kapitalgesellschaften, NJW 1993, 3301; *Kindler,* Niederlassungsfreiheit für Scheinauslandsgesellschaften?, NJW 1999, 1993; *Köbler,* Rechtsfragen der Zweigniederlassung, BB 1969, 845; *Koch,* Freie Sitzwahl für Personenhandelsgesellschaften, ZHR 173 (2009), 101; *Kögel,* Gründung einer ausländischen Briefkastenfirma: Wann ist eine Zweigniederlassung in Deutschland eine Zweigniederlassung?, DB 2004, 1763; *Kögel,* Firmenbildung von Zweigniederlassungen in- und ausländischer Unternehmen, Rpfleger 1993, 8; *Richert,* Die möglichen Formen für mehrere gleichartige Handelsgeschäfte desselben Kaufmanns, Rpfleger 1956, 270; *Seibert,* Neuordnung des Rechts der Zweigniederlassung im HGB, DB 1993, 1705; *Tersteegen,* Kollisionsrechtliche Behandlung ausländischer Kapitalgesellschaften im Inland, 2002; *Woite,* Grundbucheintragungen für Zweigniederlassungen, NJW 1970, 548; *Zimmer/Naendrup,* Das Cartesio-Urteil des EuGH: Rück- oder Fortschritt für das internationale Gesellschaftsrecht?, NJW 2009, 545.

Schrifttum zum Mehrfachsitz: *Borsch,* Die Zulässigkeit des inländischen Doppelsitzes für Gesellschaften mbH, GmbHR 2003, 258; *Katschinski,* Die Begründung eines Doppelsitzes bei Verschmelzung, ZIP 1997, 620.

Übersicht

[160] Verordnung der Bundesministerin für Justiz über den elektronischen Rechtsverkehr, öst. BGBl. 2005 II 481.

I. Allgemeines

1 **1. Anwendungsbereich des Registerrechts der Zweigniederlassungen.** Zum 1.1.2007 wurde mit Inkrafttreten des EHUG (→ § 8 Rn. 3) die registerrechtliche Behandlung von Zweigniederlassungen vollständig reformiert. Die bis dahin für jede Zweigniederlassung eines inländischen Rechtsträgers geführten eigenständigen Registerblätter wurden gem. Art. 61 Abs. 6 S. 1 EGHGB aF zum 31.12.2006 geschlossen. Nunmehr sind Zweigniederlassungen nur noch im Register der Hauptniederlassung bzw. des Sitzes zu vermerken. Entsprechend wurden die Bestimmungen der §§ 13a, 13b und 13c aF aufgehoben. Diese Vereinfachung vermeidet die früheren Abstimmungsschwierigkeiten zwischen den verschiedenen Gerichten und ist mit keinem Publizitätsverlust verbunden, da aufgrund der Möglichkeit bundesweiter elektronischer Suchabfragen jede Zweigniederlassung auch dann auffindbar ist, wenn nur ihre Firma oder ihr Ort, nicht aber diejenigen der Hauptniederlassung bekannt ist.[1] Bereits zuvor wurde im Zuge der Umsetzung der damaligen europäischen Zweigniederlassungs-RL[2] – die erneut am 16.6.2012 durch Art. 1 RL 2012/17/EU novelliert wurde und nunmehr als Art. 28 ff. GesR-RL in Kraft ist – das Recht der Zweigniederlassungen 1993 durch das Gesetz zur Durchführung der Elften gesellschaftsrechtlichen Richtlinie des Rates der Europäischen Gemeinschaften vom 22.7.1993 (BGBl. 1993 I 1282) umfassend neu gestaltet. Neben der Umsetzung der Richtlinie in deutsches Recht wurden dabei die entsprechenden **handelsregisterrechtlichen Vorschriften im HGB weitgehend konzentriert;** als Sondervorschrift blieb lediglich § 59 GmbHG erhalten. Im Jahr 2001 folgte schließlich eine Änderung der Bekanntmachungsregelungen durch das Gesetz zur Namensaktie und zur Erleichterung der Stimmrechtsausübung (NaStraG) vom 18.1.2001 (BGBl. 2001 I 123). Zuvor war zuletzt 1937 das Recht der Zweigniederlassungen Gegenstand einer umfangreichen Novellierung durch das Gesetz vom 10.8.1937 (RGBl. 1937 I 897).[3] Die §§ 13 ff. beziehen sich – auch nach der Neuregelung – fast ausschließlich auf das registerrechtliche Verfahren und nicht auf das materielle Recht und etwaige prozessuale Bedeutungen der Zweigniederlassung. Das materielle Entstehen und die Aufhebung einer Zweigniederlassung sind rein tatsächliche Vorgänge, da den entsprechenden Eintragun-

---

[1] BT-Drs. 16/2781, 80.

[2] Elfte RL 89/666/EWG über die Offenlegung von Zweigniederlassungen, die in einem Mitgliedstaat von Gesellschaften bestimmter Rechtsformen errichtet wurden, die dem Recht eines anderen Mitgliedstaates unterliegen vom 21.12.1989 (ABl. EG 1989 L 395, 36).

[3] Begr. abgedruckt in JW 1937, 1302.

gen im Handelsregister nur **deklaratorische Bedeutung** zukommt.[4] Zur weiter verbesserten Publizitäts- und Kontrollfunktion (→ § 8 Rn. 4 ff.) des Handelsregisters auch in Bezug auf die Zweigniederlassungen ist nunmehr die Eintragung der inländischen Geschäftsanschrift der Zweigniederlassung vorgesehen (eingeführt zum 1.11.2008 durch das MoMiG, → § 8 Rn. 3). Die §§ 13 ff. gelten gem. § 172 S. 1 VAG auch für Versicherungsvereine auf Gegenseitigkeit und entsprechend gem. § 14 GenG auch für eingetragene Genossenschaften.

2. Regelungskomplexe der §§ 13 ff. Zu beachten ist, dass die Regelungen des **§ 13** hinsichtlich der inländischen Zweigniederlassungen inländischer Unternehmen einerseits und diejenigen der **§§ 13d–13g** bezüglich der inländischen Zweigniederlassungen ausländischer Unternehmen auf der anderen Seite in sich geschlossene isolierte Regelungskomplexe darstellen.[5] Sie ergänzen einander bei der Auslegung nicht.[6] Die Vorschriften der §§ 13d–13g über die Zweigniederlassungen ausländischer Unternehmen enthalten den überwiegenden Teil der Durchführungsbestimmungen zur früheren Zweigniederlassungs-RL (→ Rn. 1); anzuwenden sind insoweit die Regeln über die Auslegung angeglichenen, richtliniengebundenen innerstaatlichen Rechts. Übergangsvorschriften zur Richtlinienumsetzung finden sich in Art. 34 EGHGB. Aus Publizitätsgründen ist bedauerlich, dass bisher keine Möglichkeit bestand, ausländische Zweigniederlassungen inländischer Unternehmen in das deutsche Handelsregister eintragen zu lassen.[7] Die Änderung der **europarechtlichen Vorgaben zur Digitalisierung** durch die **RL (EU) 2019/1151** sieht allerdings in Art. 28a Abs. 7 GesR-RL vor, dass zumindest in ihrem Anwendungsbereich das Registergericht der Hauptniederlassung auf entsprechende Mitteilung des ausländischen Registers (vgl. § 9b) hin „die Information" – also der Umstand des Bestehens der Zweigniederlassung im Ausland – unverzüglich in seinem Register zu verzeichnen hat. Entsprechend ist mit einer dahingehenden Anpassung der §§ 13 ff. und der Behebung dieses bisherigen Publizitätsdefizits demnächst zu rechnen. 2

3. Publizitätsaspekte. In publizitätsrechtlicher Hinsicht wird der Regelungskomplex der §§ 13d ff. durch die Vorschrift des **§ 15 Abs. 4** vervollständigt (→ § 15 Rn. 105 f.), wonach im Geschäftsverkehr mit einer im Register eingetragenen Zweigniederlassung eines ausländischen Unternehmens nur die Eintragungen und Bekanntmachungen des Gerichts der Zweigniederlassung maßgeblich sind. 3

II. Niederlassung, Hauptniederlassung, Zweigniederlassung

1. Überblick. a) Europarechtliche Grundlagen. Weder § 13 noch die Vorschriften der früheren Zweigniederlassungs-RL bzw. der GesR-RL (→ Rn. 1) oder das europäische Primärrecht in Art. 49 AEUV geben eine Begriffsbestimmung der Zweigniederlassung. In Vorbereitungsdokumenten zur früheren Zweigniederlassungs-RL hatte sich die Kommission mit einer Entscheidung des EuGH beschäftigt, ohne dass die dortige Definition aber später in die Richtlinie aufgenommen wurde. In jenem Urteil vom 22.11.1978[8] heißt es, mit dem Begriff der Zweigniederlassung sei „ein Mittelpunkt geschäftlicher Tätigkeit gemeint, der auf Dauer als Außenstelle eines Stammhauses hervortritt, eine Geschäftsführung hat und sachlich so ausgestattet ist, dass er in der Weise Geschäfte mit Dritten betreiben kann, dass diese, obgleich sie wissen, dass möglicherweise ein Rechtsverhältnis mit dem im Ausland ansässigen Stammhaus begründet wird, sich nicht unmittelbar an dieses zu wenden brauchen, sondern Geschäfte an dem Mittelpunkt geschäftlicher Tätigkeit abschließen können, der dessen Außenstelle ist". 4

---

4 Staub/*Koch* Rn. 55; EBJS/*Pentz* Rn. 5; OLG München NZG 2006, 513; KG FGPrax 2004, 45.

5 Baumbach/Hopt/*Hopt* Rn. 2.

6 *Seibert* DB 1993, 1705; BeckOGK/*Schaal* Rn. 6; KKRD/*Roth* Rn. 2; EBJS/*Pentz* Rn. 17; BeckOK HGB/*Müther* § 13d Rn. 3.

7 OLG Düsseldorf FGPrax 2010, 85 = NZG 2009, 1355; s. auch Oetker/*Preuß* Rn. 4.

8 EuGH Slg. 1978, 2183 (2193) = RIW 1979, 56 (58) – Somafer; vgl. auch Slg. 1976, 1497 (1509) – de Bloos; Slg. 1981, 819 (828) – Blanckaert.

5 Unter **Berücksichtigung der sekundären Niederlassungsfreiheit** nach Art. 49 AEUV ist diese Bestimmung mittlerweile in verschiedener Hinsicht korrigiert worden. So wird einerseits bei gemeinschaftsrechtlich relevanten Sachverhalten nicht mehr gefordert, dass sich es sich bei der Zweigniederlassung um die „Außenstelle eines Stammhauses" handelt. Denkbar ist vielmehr, dass sich das „Stammhaus" auf die Innehabung eines ausländischen Satzungssitzes beschränkt und sämtliche geschäftlichen Aktivitäten durch die Zweigniederlassung im Inland erfolgen.[9] Nur im Fall einer Gesellschaft mit statutarischem Sitz in einem Nichtmitgliedstaat ist zu fordern, dass sich iSd Art. 54 AEUV zumindest die Hauptniederlassung der Gesellschaft in einem Mitgliedstaat befindet, da sonst das Kriterium der Ansässigkeit[10] im Rahmen der sekundären Niederlassungsfreiheit, die letztlich der Begründung einer Zweigniederlassung zugrunde liegt, nicht erfüllt ist. Bei der Handhabung des Zweigniederlassungsbegriffs ist im gemeinschaftsrechtlichen Kontext stets zu beachten, dass zur Sicherung des Niederlassungsrechts im registerrechtlichen Kontext eine weite Auslegung des Begriffs der Zweigniederlassung geboten ist.[11] Der handelsrechtliche Zweigniederlassungsbegriff hat insoweit erhebliche Korrekturen erfahren, obwohl sich seine ursprünglichen Tatbestandsmerkmale nicht geändert haben.[12]

6 **b) Unterschiedliche Begriffsverwendungen.** In verschiedenen Gesetzen und Zusammenhängen ist der **Begriff der Niederlassung (Handelsniederlassung)** von Bedeutung, wie etwa in den § 13, § 30 Abs. 3, § 50 Abs. 3 und § 126 Abs. 3, sowie außerhalb des HGB zB in § 21 ZPO, den § 7 Abs. 3 BGB und § 269 Abs. 2 BGB. Der Begriff wird aber nicht einheitlich verwandt und es ist auch nicht zutreffend, stets Niederlassung und Hauptniederlassung gleichzusetzen. Für den Gerichtsstand nach § 21 ZPO (besonderer fakultativer Gerichtsstand der Niederlassung) etwa genügt unter bestimmten Voraussetzungen der Ort, an dem das Gewerbe als Zweigniederlassung ausgeübt wird.[13] Aus Sinn und Zweck der jeweiligen Norm ist daher zu entnehmen, ob nur die Hauptniederlassung oder auch die Zweigniederlassung oder nur diese (§ 13, § 50 Abs. 3, § 126 Abs. 3) gemeint ist.[14]

7 **c) Haupt- und Zweigniederlassung. aa) Hauptniederlassung und Sitz.** Als Hauptniederlassung des Einzelkaufmanns ist der räumliche Mittelpunkt des Unternehmens zu begreifen, der sich wiederum danach richtet, von wo aus die Geschäfte dauerhaft geleitet werden (Ort der Geschäftsleitung).[15] Hauptniederlassung ist das leitende Hauptgeschäft, der „örtliche Mittelpunkt für den gesamten kaufmännischen Betrieb".[16] Das Gesetz unterscheidet aber nur bei dem Einzelkaufmann und den juristischen Personen des § 33 zwischen Haupt- und Zweigniederlassung (Abs. 1). Soweit in Bezug auf diese Personengruppe die Niederlassung (Handelsniederlassung) angeführt wird, wie etwa in § 29, ist registerrechtlich regelmäßig die Hauptniederlassung gemeint, sofern sich aus dem Gesetz nicht ausnahmsweise wie bei den § 13, § 50 Abs. 3 und § 126 Abs. 3 anderes ergibt (→ Rn. 6). Dagegen ist bei den Handelsgesellschaften zwischen dem Sitz der Gesellschaft und der Zweigniederlassung zu unterscheiden. Der Gesellschaftssitz entspricht hier der Hauptniederlassung, wobei aber die Sitzbestimmung zum Teil anderen Regeln folgt als die Bestimmung der Hauptniederlassung (→ Rn. 29 ff.).

8 **bb) Zweigniederlassung.** Die Zweigniederlassung (Filiale) ihrerseits nimmt eine **Zwischenstellung** ein und widersetzt sich bis zu einem gewissen Grad den Anforderungen

[9] EuGH Slg. 1986, 2382 (2388) – Segers; Slg. 1999, I-1459 = NJW 1999, 2027 – Centros; NJW 2003, 3331 – Inspire Art; s. *Tersteegen,* Kollisionsrechtliche Behandlung ausländischer Kapitalgesellschaften im Inland, 2002, 136 ff., 150.
[10] *Kindler* NJW 1999, 1993 (2000).
[11] EuGH Slg. 1999, I-1459 = NJW 1999, 2027 – Centros; *Tersteegen,* Kollisionsrechtliche Behandlung ausländischer Kapitalgesellschaften im Inland, 2002, 136 ff.; *Kögel* DB 2004, 1763.
[12] *Seibert* GmbHR 1992, 738; *Kindler* NJW 1993, 3301 (3303); s. auch BeckOGK/*Schaal* Rn. 8.
[13] BeckOK ZPO/*Toussaint* ZPO § 21 Rn. 9.
[14] BeckOK HGB/*Müther* Rn. 1; KKRD/*Roth* Rn. 4.
[15] BeckOGK/*Schaal* Rn. 9; EBJS/*Pentz* Rn. 20.
[16] RG Das Recht 1912 Nr. 2094.

der Rechtssicherheit nach einer jeden Zweifel ausschließenden Begriffsbestimmung.[17] Ein Kaufmann kann am gleichen Ort oder an verschiedenen Orten Niederlassungen betreiben. Sie können in ihrem Aufbau voneinander ganz unabhängig und als selbstständige Handelsgeschäfte anzusehen sein (N.N. betreibt bei räumlicher und sachlicher Trennung einerseits ein Antiquariat und andererseits den Handel mit Möbeln). Es handelt sich hier um verschiedene Hauptniederlassungen desselben Kaufmanns, die rechtlich genauso zu behandeln sind, als hätten sie verschiedene Inhaber. Andererseits ist es möglich, dass ein Kaufmann oder eine Handelsgesellschaft die Verkaufstätigkeit so organisiert, dass diese statt an einer Stelle an mehreren Orten stattfindet (Läden werden in verschiedenen Stadtteilen unterhalten). Fehlt den Verkaufsstellen eine über die Ermächtigung zum Verkauf hinausgehende Selbstständigkeit, ist von untergeordneten Abteilungen des Hauptgeschäfts auszugehen, die sich von anderen Abteilungen nur dadurch unterscheiden, dass sie sich räumlich an einer anderen Stelle befinden.

Zwischen dem Betrieb mehrerer Hauptniederlassungen durch denselben Inhaber und 9 dem Betrieb einer Handelsniederlassung mit mehreren Verkaufsstellen oder unselbstständigen Betriebsabteilungen ist die **Zweigniederlassung** anzusiedeln. Sie darf sich nicht als untergeordnete und unselbstständige Abteilung des Hauptgeschäfts darstellen, sondern als **weiterer Mittelpunkt des Geschäfts,** als „abgezweigte Stelle", von der aus für das Unternehmen wesentliche Geschäfte selbstständig erledigt werden. Die Zweigniederlassung muss so organisiert sein, dass sie aufgrund ihres Geschäftsbetriebs beim Wegfall der Hauptniederlassung zufolge selbstständiger Veräußerung der Zweigniederlassung als eigenständige Handelsniederlassung fortbestehen könnte.[18]

cc) Unterscheidungskriterien. Die Zweigniederlassung muss (zu Einzelheiten 10 → Rn. 11 ff.) – um nicht unselbstständige Betriebsabteilung zu sein – **von der Hauptniederlassung räumlich getrennt** sein. Sie muss ferner **Geschäfte** des Kaufmanns bzw. der Gesellschaft unter seiner bzw. ihrer Leitung **nicht nur vorübergehend selbstständig abschließen** und entsprechend **sachlich** (getrennte Buchführung und eigenes Bankkonto, wenngleich rechtlich keine selbstständigen Forderungen und Verpflichtungen begründet werden können) **und personell** (Entschließungsfreiheit des Leiters mit entsprechenden rechtlichen Befugnissen im Außenverhältnis) **organisiert** sein.[19] Die Zweigniederlassung der AG oder der GmbH braucht dagegen nicht leitungsabhängig zu sein (→ Rn. 31).

2. Zweigniederlassungen von Einzelkaufleuten und Handelsgesellschaften. 11 **a) Die einzelnen Merkmale. aa) Räumliche Selbstständigkeit.** Haupt- und Zweigniederlassung können nicht in denselben Räumen betrieben werden. Die insoweit erforderliche räumliche Selbstständigkeit (räumliche Trennung) erlaubt es dem Kaufmann aber, die Zweigniederlassung in derselben politischen Gemeinde („an demselben Ort") wie die Hauptniederlassung anzusiedeln,[20] sofern alle übrigen Merkmale der Zweigniederlassung gegeben sind.

bb) Organisatorische Selbstständigkeit. Die Zweigniederlassung muss auch sonst 12 gegenüber der Hauptniederlassung eine gewisse Selbstständigkeit aufweisen,[21] wobei dem Unternehmensträger stets ein weiter organisatorischer Spielraum einzuräumen ist.[22] So hat das Reichsgericht die selbstständige Veräußerung der Zweigniederlassung zugelassen und

---

17 Vgl. *Karsten Schmidt* HandelsR § 3 Rn. 31.

18 ROHG 14, 401 (402); 17, 312 (318 ff.); RGZ 2, 386 (388 ff.); KGJ 27 A 210, 211; 28 A 208, 209; BayObLGZ 1979, 159 (162); vgl. auch BGH NJW 1972, 1859 (1860); Staub/*Koch* Rn. 29; KKRD/*Roth* Rn. 6; EBJS/*Pentz* Rn. 25.

19 Staub/*Koch* Rn. 25 ff.; Baumbach/Hopt/*Hopt* Rn. 3; KKRD/*Roth* Rn. 6; EBJS/*Pentz* Rn. 25.

20 KG JW 1929, 671 (672) m. zust. Anm. *Cohn* unter Aufgabe von KGJ 27 A 210; 28 A 208 und KG OLGRspr. 45, 97; Staub/*Koch* Rn. 27; Baumbach/Hopt/*Hopt* Rn. 3; Oetker/*Preuß* Rn. 38; BeckOK HGB/*Müther* Rn. 4; KKRD/*Roth* Rn. 6.

21 OLG Frankfurt FGPrax 2008, 215; *Karsten Schmidt* HandelsR § 3 Rn. 33; *Richert* Rpfleger 1956, 270 (271).

22 *Karsten Schmidt* HandelsR § 3 Rn. 31.

sich gegen die Meinung des Kammergerichts gewandt, durch eine solche Veräußerung werde das einheitliche Handelsunternehmen in unzulässiger Weise auseinander gerissen. „Die Zweigniederlassung besitzt schon in der Hand des Inhabers der Hauptniederlassung notwendig eine gewisse Selbständigkeit. Sie ist schon hier ein abgesonderter Teil des Gesamtunternehmens, in dem, räumlich getrennt von der Hauptniederlassung, Geschäfte geschlossen werden".[23] In RGZ 50, 428 (429 f.) stellte das RG darauf ab, dass von der Zweigniederlassung aus selbstständig Geschäfte gemacht werden, „und zwar nicht bloß nebensächliche oder nach genau gegebenen Anweisungen schematisch zu erledigende, sondern auch für das Geschäft wesentliche, mit einer gewissen Freiheit der Entschließung für den Leiter". Der Leiter muss jedenfalls nach außen anders als ein bloßer Ladenverkäufer selbstständig auftreten dürfen, mag er auch im Innenverhältnis an die Weisungen des Prinzipals gebunden sein.[24]

13 **cc) Leiter der Zweigniederlassung.** Der Leiter der Zweigniederlassung wird in der Regel zumindest Handlungsvollmacht haben. Eine ihm erteilte Prokura kann auf die Zweigniederlassung beschränkt sein (Filialprokura), sofern die Voraussetzungen des § 50 Abs. 3 vorliegen. Die beschränkte Vertretungsmacht einer solchen Filialprokura ist im Register ausdrücklich als solche darzustellen.

14 **dd) Bankkonto und Buchführung?** Die Zweigniederlassung wird regelmäßig über ein eigenes Bankkonto verfügen und der gesonderten Buchführung unterliegen. Um ein begriffsnotwendiges Merkmal handelt es sich in Anbetracht der zunehmenden unternehmensinternen Zentralisierung derartiger Einrichtungen entgegen der hM nicht mehr.[25] Daran ändert auch das in § 289 Abs. 2 S. 1 Nr. 3 enthaltene Erfordernis, in einem Lagebericht auf bestehende Zweigniederlassungen einzugehen, nichts. Allerdings wird man zur Abgrenzung von bloßen Verkaufsstellen fordern müssen, dass die diesen Unternehmensteil betreffenden Zahlungseingänge und -ausgänge zumindest gesondert ausweisbar sind,[26] was in aller Regel einen eigenständigen Forderungseinzug voraussetzt.[27] Insbesondere kommt es jedoch nicht darauf an, wo etwaige Bücher der Zweigniederlassung geführt werden. Dass sich Haupt- und Zweigniederlassung untereinander wie verschiedene Kaufleute behandeln,[28] kann somit nicht gefordert werden. Ausreichend ist vielmehr die durchführbare Möglichkeit einer sofortigen Abtrennung der Zweigniederlassung als eigenständiges Unternehmen, das im Fall der Veräußerung ohne die Hauptniederlassung als selbständiges Geschäft weitergeführt werden könnte (→ Rn. 9).

15 **ee) Art und Dauer der Tätigkeit.** Die Tätigkeit der Zweigniederlassung muss Geschäfte erfassen, die das Wesen des Unternehmens ausmachen. Es darf sich nicht nur um Hilfsgeschäfte handeln, die der Vorbereitung, Vermittlung oder Ausführung der Hauptgeschäfte des Unternehmens dienen (→ Rn. 12).[29] Keine Zweigniederlassung sind daher Speicher, Empfangnahme- und Aushändigungsstellen,[30] Warenlager, Kassen, Bahnhöfe,[31] Verkaufsstellen und offene Läden, bloße Fabrikationsbetriebe ohne Verkauf, Ingenieurbüros von Bauunternehmen und Generalagenturen von Versicherungsgesellschaften, die nicht mit einem besonderen Geschäftsvermögen ausgestattet, sondern nur Vermittlungsstellen

---

23 RGZ 77, 60 (63).

24 KGJ 27 A 210, 211; 28 A 208, 209; KG OLGRspr. 45, 97 (98); *Karsten Schmidt* HandelsR § 3 Rn. 33; *Richert* Rpfleger 1956, 270 (271); Staub/*Koch* Rn. 26; Oetker/*Preuß* Rn. 48.

25 Wie hier Oetker/*Preuß* Rn. 42; BeckOK HGB/*Müther* Rn. 5; Baumbach/Hopt/*Hopt* Rn. 3; *Krafka* RegisterR Rn. 295; aA noch BayObLGZ 1992, 59; 1979, 159 (161 f.) m. eingehenden Nachw.; *Karsten Schmidt* HandelsR § 3 Rn. 33; EBJS/*Pentz* Rn. 25.

26 BGH NJW 1972, 1859 (1860); BeckOGK/*Schaal* Rn. 30; KKRD/*Roth* Rn. 6.

27 OLG München NZG 2011, 157 = Rpfleger 2011, 90; *Krafka* RegisterR Rn. 293; aA BeckOGK/*Schaal* Rn. 30.

28 So noch BayObLGZ 1979, 159 (162); wie hier dagegen Oetker/*Preuß* Rn. 42.

29 ROHG 14, 401 (402); RGZ 77, 60 (64).

30 RGZ 44, 361 (362); KG OLGRspr. 27, 297.

31 RGZ 2, 386 (389).

zwischen dem Kundenkreis und der Versicherungsgesellschaft sind. Die selbstständige Tätigkeit muss auf Dauer ausgerichtet sein,[32] also nicht nur für die Zeit einer Messe. Die Zweigniederlassung eines Kaufmanns muss naturgemäß nicht nach Art und Umfang einen kaufmännisch eingerichteten Geschäftsbetrieb erfordern (§ 1 Abs. 2), jedoch müssen bezüglich deren Tätigkeit die Voraussetzungen eines Gewerbebetriebs erfüllt sein, da andernfalls die isolierte Fortführung als kaufmännisches Unternehmen nach § 2 ausgeschlossen wäre.

ff) Kein eigenes Rechtssubjekt. Obwohl die Zweigniederlassung eine gewisse Selbstständigkeit aufweist, handelt es sich nur um einen **von dem Unternehmen abhängigen abgezweigten Unternehmensteil ohne eigene Rechtspersönlichkeit,** der im Prozess nicht Partei sein kann (→ Rn. 19 f.) und der Hauptniederlassung des Einzelkaufmanns oder der Personengesellschaften nachgeordnet ist. Die Leitung liegt intern bei der Hauptniederlassung.[33] Hauptgeschäft und Zweigniederlassung bilden daher einen einheitlichen Geschäftsbetrieb,[34] der dem Inhaber des Unternehmens als Träger der Rechte und Pflichten, und zwar auch aus dem Betrieb der Zweigniederlassung, zuzuordnen ist[35] und der somit im Prozess die Parteistellung einnimmt.[36] 16

b) Entstehung und Auflösung der Zweigniederlassung. Die Errichtung der Zweigniederlassung ist ein tatsächlicher Vorgang.[37] Zur Errichtung zählt alles, was konkret zur Eröffnung der Zweigniederlassung nötig ist, sei es, dass ein neuer Geschäftsbetrieb eingerichtet oder ein bereits bestehender von einem anderen Unternehmensträger erworben wird. Die nachfolgende Eintragung in das Handelsregister hat nach allgemeiner Meinung nur **deklaratorische Bedeutung.**[38] Die Errichtung fällt bei einer Aktiengesellschaft als Organisationsmaßnahme, sofern die Satzung nichts anderes bestimmt, in die Verwaltungszuständigkeit des Vorstands.[39] Nach § 111 Abs. 4 AktG kann aber die Zustimmung des Aufsichtsrats erforderlich sein.[40] 17

Die **Aufhebung der Zweigniederlassung** ist ebenfalls tatsächlicher Art. Auch hier kommt der Eintragung der Löschung nicht rechtsbegründende Wirkung zu. Die Aufhebung geschieht durch Beendigung des Geschäftsbetriebes der Zweigniederlassung – eine nur vorübergehende Einstellung schadet aber nicht – oder dadurch, dass der Zweigniederlassung eines ihrer wesentlichen Merkmale, wie etwa die erforderliche Selbstständigkeit, verloren geht. 18

c) Rechtliche Qualifizierung der Zweigniederlassung. aa) Keine eigene Rechtsperson. Der Zweigniederlassung ist als solche, im Gegensatz zur Tochtergesellschaft, kein eigenes Rechtssubjekt (→ Rn. 16). Das gilt auch dann, wenn die Zweigniederlassung eines inländischen Unternehmens im Ausland liegt oder es sich um die inländische Zweigniederlassung eines ausländischen Unternehmens handelt.[41] Zwischen Hauptniederlassung und Filiale oder den Zweigniederlassungen untereinander können im Rechtssinne keine Forderungen oder Verbindlichkeiten entstehen. Eingezahltes Geld gehört nicht der Hauptniederlassung oder der Filiale, sondern dem „sie umspannenden Rechtssubjekt".[42] Das von der nach hM geforderte Merkmal einer gesonderten Buchführung für die Zweigniederlassung 19

---

32 KGJ 5, 22; OLGRspr. 11, 375.
33 *Köbler* BB 1969, 845.
34 RGZ 77, 60 (63); 107, 44 (45 f.); BGHZ 4, 62 (65); OGHZ 2, 143 (145); OGH NJW 1949, 71; KGJ 5, 22 (23); *Richert* Rpfleger 1956, 270 (271); *Köbler* BB 1969, 845.
35 RGZ 96, 161 (163); 108, 265 (267).
36 *Karsten Schmidt* HandelsR § 3 Rn. 36; Staub/*Koch* Rn. 80; Baumbach/*Hopt* Rn. 4; Oetker/*Preuß* Rn. 26.
37 BayObLGZ 1992, 59 (60); BeckOGK/*Schaal* Rn. 38; Staub/*Koch* Rn. 55; KKRD/*Roth* Rn. 7; EBJS/*Pentz* Rn. 5 und 31; Oetker/*Preuß* Rn. 35.
38 S. zB BayObLGZ 1979, 159 (163); Staub/*Koch* Rn. 55.
39 BayObLGZ 1992, 59 (60); Hüffer/Koch/*Koch* Rn. 7.
40 Hüffer/Koch/*Koch* Rn. 7.
41 RGZ 96, 161 f.; 107, 44 (45 f.); 108, 265 (267); 116, 330 (332); 130, 23 (25); 38, 403 (406); OLG Bremen NZG 2013, 144; OLG Hamburg OLGRspr. 15, 172; BeckOK HGB/*Müther* Rn. 7; Baumbach/Hopt/*Hopt* Rn. 4; vgl. BGH NJW 2003, 1672.
42 OGH NJW 1949, 712.

(→ Rn. 14) steht dem nicht entgegen, da auch nach dieser Auffassung derartige Buchungen nicht selbstständige Forderungen und Verpflichtungen der Zweigniederlassung ausweisen, sondern nur den Umfang der Geschäfte der Zweigniederlassung im Verhältnis zum Gesamtunternehmen dokumentieren. Dies wird deutlich, wenn die Buchung zentral erfolgt und die Geschäfte der Zweigniederlassung nur gesondert ausgewiesen werden.[43]

20 **bb) Keine Rechts- und Parteifähigkeit.** Die Zweigniederlassung ist nicht rechtsfähig (→ Rn. 16) und kann nicht selbst Partei eines Rechtsstreits sein. Doch kann der Unternehmensträger, geht es um die Zweigniederlassung betreffende Rechtsverhältnisse, unter der Firma der Zweigniederlassung klagen und verklagt werden.[44] Hat die Klage einen Bezug zum Geschäftsbetrieb der Filiale,[45] wie es § 21 ZPO als fakultativer Gerichtsstand der Niederlassung (→ Rn. 6) voraussetzt, darf die gegen den Unternehmer unter der Firma der Zweigniederlassung erhobene Klage auch an der im Handelsregister eingetragenen inländischen Geschäftsanschrift der Zweigniederlassung zugestellt werden.[46] Für Aktivprozesse des Unternehmers kann sich die örtliche Zuständigkeit des Gerichts der Zweigniederlassung aus § 29 ZPO iVm § 269 Abs. 2 BGB ergeben. Für das Mahnverfahren ist jedoch zu beachten, dass ausschließlich das Gericht am Sitz der den Antrag stellenden Gesellschaft zuständig ist (vgl. § 689 Abs. 1 ZPO, § 17 ZPO).[47] Im Übrigen fällt im Fall der Insolvenz des Rechtsträgers auch das der Zweigniederlassung zugeordnete Vermögen in die Masse, da es nicht den Charakter eines Sondervermögens aufweist.[48]

21 **cc) Grundbuch- und Registerfähigkeit?** Die Zweigniederlassung ist aufgrund ihrer fehlenden Rechtsfähigkeit nicht grundbuchfähig. Der Einzelkaufmann kann auch nicht als Träger des Unternehmens im **Grundbuch** unter der Firma der Zweigniederlassung eingetragen werden.[49] Denn nach § 15 GBV dürfen Einzelkaufleute als natürliche Personen nur mit ihrem Namen (Vor- und Familiennamen) eingetragen werden. Anders verhält es sich bei Rechtsträgern, die außer der Firma keinen anderen Namen haben, wie zB bei der OHG, KG, GmbH und AG. Führt hier die Zweigniederlassung eine von der Hauptniederlassung abweichende Firma, so bildet diese Firma für den Geschäftskreis der Zweigniederlassung ihren einzigen Namen.[50] Erwirbt die Zweigniederlassung unter diesem Namen für den Unternehmensträger oder werden der Zweigniederlassung intern Grundstücksrechte zugeordnet, so kann die Eintragung im Grundbuch unter der Firma der Zweigniederlassung erfolgen,[51] und zwar auch bei inländischen Zweigniederlassungen ausländischer Rechtsträger.[52] Umschreibungen von der Firma der Hauptniederlassung auf die Firma der Zweigniederlassung sind im Wege der Berichtigung nach § 22 GBO möglich, weil der Berechtigte, also der Rechtsträger, sich nicht ändert.[53]

22 Im **Handelsregister** kann dagegen der jeweilige Rechtsträger nicht in Form einer Zweigniederlassung als Beteiligter an einem anderen Rechtsträger vorgetragen werden. Würde zB die Zweigniederlassung als Kommanditistin im Register einer KG vermerkt werden, bestünde sonst die Gefahr, dass Dritte dieser Eintragung unberechtigterweise glauben entnehmen zu können, die Haftung sei auf das Vermögen der Zweigniederlassung

[43] Hierzu BGH NJW 1972, 1859 (1860).
[44] OGHZ 2, 143 (145 f.); BGHZ 4, 62 (65) für die GmbH: richtige Beklagte war die „X GmbH in H. unter der Firma ihrer Zweigniederlassung X GmbH Überlandwerk F. in F."; BeckOGK/*Schaal* Rn. 50; *Karsten Schmidt* HandelsR § 3 Rn. 37; Staub/*Koch* Rn. 80; KKRD/*Roth* Rn. 10; Oetker/*Preuß* Rn. 26.
[45] Vgl. BGH NJW 1975, 2142.
[46] Vgl. zur Zustellung im Geschäftslokal der Zweigniederlassung RGZ 109, 265 (267); BGHZ 4, 62 (65).
[47] BGH NJW 1998, 1322; EBJS/*Pentz* Rn. 64; Oetker/*Preuß* Rn. 27; BeckOK HGB/*Müther* Rn. 9.
[48] Staub/*Koch* Rn. 79; EBJS/*Pentz* Rn. 64; Oetker/*Preuß* Rn. 28; BeckOK HGB/*Müther* Rn. 7.
[49] Ebenso BeckOGK/*Schaal* Rn. 56.
[50] RGZ 62, 7 (10).
[51] OLG Dresden OLGRspr. 9, 351; KGJ 32 A 199, 201; LG Bonn NJW 1970, 570; *Woite* NJW 1970, 548; EBJS/*Pentz* Rn. 69.
[52] OLG München NZG 2013, 558.
[53] KG JW 1937, 1743 (1744); Staub/*Koch* Rn. 81; Baumbach/Hopt/*Hopt* Rn. 4; EBJS/*Pentz* Rn. 65; Oetker/*Preuß* Rn. 29.

beschränkt.[54] Dieselben Grundsätze gelten bei der Errichtung einer „Zweigniederlassung der Zweigniederlassung", sodass in diesem Fall registerrechtlich eine gewöhnliche Zweigniederlassung des Kaufmannes bzw. der Handelsgesellschaft vorliegt.[55] Dass in den – nicht näher bestimmten – Verkehrskreisen „kein Zweifel über die Tatsache" bestehe, „dass nicht die Zweigniederlassung, sondern die Gesellschaft als Unternehmensträgerin die Rechtsinhaberin der Beteiligung ist",[56] erscheint ohne empirisch gehaltvolle Überprüfung als reine Behauptung, zumal kein Bedürfnis der Praxis dafür spricht, eine andere als die bisher nach allgemeiner Ansicht zutreffende Praxis zu eröffnen.

d) Firma der Zweigniederlassung. aa) Allgemeines. Hauptgeschäft und Zweigniederlassung bilden einen einheitlichen Geschäftsbetrieb (→ Rn. 16). Die Firma der Zweigniederlassung **kann** daher **mit der der Hauptniederlassung identisch sein,** mithin völlig gleich lauten. Ein Zusatz, der die Zweigniederlassung als solche charakterisiert, ist also nicht zwingend erforderlich.[57] Die Firmen müssen aber nicht identisch sein, was sich schon aus den § 30 Abs. 3, § 50 Abs. 3 und § 126 Abs. 3 ergibt. Besteht an dem Ort oder in der Gemeinde, wo eine Zweigniederlassung errichtet wird, bereits eine gleiche eingetragene Firma, so ist der Firma der Zweigniederlassung nach § 30 Abs. 3 ein Zusatz beizufügen, durch den sie sich von der bereits eingetragenen Firma deutlich unterscheidet. Ein Zusatz ist ausnahmsweise auch dann erforderlich, wenn eine Prokura auf den Betrieb einer Zweigniederlassung mit Wirkung gegenüber Dritten beschränkt werden soll. § 50 Abs. 3 S. 2 erlaubt hier für die Firma der Zweigniederlassung einen Zusatz, der sie als Firma der Zweigniederlassung ausweist („Filiale", „Zweigniederlassung", jeweils hinzugefügt der Ort der Zweigniederlassung). Für § 30 Abs. 3 dagegen genügt dies allein nicht. Der Zusatz muss hier vielmehr deutlich die Firma der Hauptniederlassung zu erkennen geben.[58] 23

bb) Verschiedene Firma der Zweigniederlassung. Während man früher annahm, die Firmen von Zweig- und Hauptniederlassung müssten übereinstimmen und es seien nur Zusätze gestattet, welche die Firmenidentität nicht aufheben,[59] wurde später nicht nur die Verschiedenheit im Zusatz, sondern auch im Firmenkern gestattet.[60] Erlaubt sind somit **verschiedene Firmen** unter der Voraussetzung, dass klar erkennbar wird, dass es sich um die Firma einer Zweigniederlassung handelt *und* die Firma der Hauptniederlassung deutlich zu erkennen ist[61] (zB „Gregor Samsa Zweigniederlassung der Lesser & Co. OHG, Berlin"). Dies gilt unter Berücksichtigung des Grundsatzes der Firmenwahrheit (§ 18 Abs. 2) auch seit Inkrafttreten des Handelsrechtsreformgesetzes im Jahre 1998.[62] Weicht die Firma der Zweigniederlassung nicht von derjenigen der Hauptniederlassung ab, so erfasst im Fall der Änderung der Firma der Hauptniederlassung die Änderung infolge der rechtlichen Unselbständigkeit der Zweigniederlassung automatisch auch die Firma der Zweigniederlassung. Das gilt auch für Handelsgesellschaften.[63] 24

cc) Besonderheiten bei Kapitalgesellschaften. Die Firma der Zweigniederlassung bedarf nur dann keiner Aufnahme in die Satzung der betroffenen Kapitalgesellschaft, wenn sie mit der Firma der Hauptniederlassung identisch ist oder diese lediglich mit einem Filialzusatz versehen ist, also nur auf die Eigenschaft als Zweigniederlassung an einem bestimmten 25

---

[54] OLG Celle NJW-RR 2000 = NZG 2000, 701; Oetker/*Preuß* Rn. 22; aA OLG Bremen NZG 2013, 144; offen OLG Braunschweig FGPrax 2020, 175.

[55] Staub/*Koch* Rn. 24; EBJS/*Pentz* Rn. 37.

[56] So das OLG Bremen NZG 2013, 144.

[57] RGZ 113, 213 (218) = JW 1926, 1961; BayObLGZ 1992, 59 (61); Staub/*Koch* Rn. 84; *Karsten Schmidt* HandelsR § 12 Rn. 83.

[58] *Kirstein* Rpfleger 1965, 131 (135); vgl. auch *Kögel* Rpfleger 1993, 8; KKRD/*Roth* Rn. 7.

[59] RGZ 114, 318 (320); KGJ 40 A 64, 65 mN.

[60] *Karsten Schmidt* HandelsR § 12 Rn. 81.

[61] BayObLGZ 1992, 59 (62); *Kirstein* Rpfleger 1965, 131 (135); BeckOGK/*Schaal* Rn. 60; Staub/*Koch* Rn. 85.

[62] Baumbach/Hopt/*Hopt* Rn. 7; *Karsten Schmidt* HandelsR § 12 Rn. 81; *Krafka* RegisterR Rn. 270; aA KKRD/*Roth* Rn. 8.

[63] BayObLGZ 1990, 151 (159).

Ort hinweist. Bei einer abweichenden Bildung der Firma der Zweigniederlassung dagegen muss die Firma der Zweigniederlassung ebenso wie die der Hauptniederlassung in die Satzung aufgenommen oder später durch Satzungsänderung gebildet werden.[64] Die Abänderung einer solchen Firma, die im Geschäftskreis der Zweigniederlassung den Namen der Gesellschaft darstellt, ist nur im Wege der Satzungsänderung möglich.[65]

26 **e) Vervielfältigung der abgeleiteten Firma bei abgesonderter Veräußerung von Hauptniederlassung und Zweigniederlassung.** Unter den Voraussetzungen der §§ 22, 24 darf das Handelsgeschäft unter der bisherigen Firma fortgeführt werden. In der Zustimmung des früheren Geschäftsinhabers beziehungsweise ausgeschiedenen Gesellschafters zur Firmenfortführung liegt zugleich auch die Ermächtigung, neue Zweigniederlassungen zu errichten und die fortgeführte Firma auch für die Zweigniederlassungen zu verwenden.[66] Umstritten ist aber, ob die Ermächtigung eine Weiterveräußerung nur der von dem Erwerber errichteten Zweigniederlassung mit der abgeleiteten Firma als selbstständiges Geschäft deckt. Denn wird nur die unter der abgeleiteten Firma betriebene Zweigniederlassung allein ohne die Hauptniederlassung oder werden Hauptniederlassung und Zweigniederlassung an verschiedene Erwerber veräußert und damit verselbstständigt, so tritt eine Vervielfältigung der Firma ein.

27 Rechtlich ist die **getrennte Veräußerung von Haupt- und Zweigniederlassung** möglich. Durch die Veräußerung werden „die bisher in der Hand desselben Geschäftsinhabers vereinigten Teile eines Handelsunternehmens selbständige Geschäfte“[67] und dürfen unter der bisherigen Firma – unter Wegfall des Zusatzes „Zweigniederlassung“ – weitergeführt werden.[68] Ebenso können Haupt- und Zweigniederlassung jeweils mit der alten Firma an **verschiedene Erwerber** weiterveräußert werden. Voraussetzung ist nur, dass nicht allein der „Name der Zweigniederlassung“ ohne ihr Vermögen erworben wird (§ 23).[69] Wie auch sonst ist es für die Zweigniederlassung nicht gestattet, eine Firma von dem im Betrieb befindlichen Handelsgeschäft „wegzuverkaufen“ und allein mit ihr Handel zu treiben.[70] Für den Einzelkaufmann und die Personenhandelsgesellschaft lehnt es die hM zu Recht ab, dass derjenige, der in die Fortführung der Firma einwilligt, auch mit einer beliebigen Vervielfältigung der Firma und einer hierdurch erhöhten Gefahr des Missbrauchs einverstanden ist.[71] Das Gesetz selbst trägt dem in den § 22 und § 24 Rechnung, indem es die Fortführung der Firma von der Einwilligung des Namensträgers abhängig macht.

28 Stellt dagegen ein Gesellschafter seinen Namen freiwillig zum Gebrauch im Handelsverkehr zur Verfügung, so bedarf er nicht des Schutzes des § 24 Abs. 2, und zwar auch nicht bei einer GmbH mit vorwiegend personenrechtlichen Zügen.[72] Gleichwohl ist **eine Vervielfältigung der Personenfirma einer GmbH** durch getrennte Veräußerung einer Zweigniederlassung auf einen neuen Rechtsträger wegen Verletzung des Namensrechts des Namengebers nach § 12 BGB ohne dessen besondere Erlaubnis nicht gestattet.[73]

29 **3. Sitz der Handelsgesellschaft. a) Personenhandelsgesellschaften.** Bei Handelsgesellschaften spricht das Gesetz nicht von der Niederlassung (Hauptniederlassung), sondern

64 BayObLGZ 1990, 151 (158); 1992, 59 (63); KGJ 40 A 64, 66; LG München I Rpfleger 1992, 163; BeckOGK/*Schaal* Rn. 63; Hüffer/Koch/*Koch* AktG § 23 Rn. 20; KKRD/*Roth* Rn. 2; aA *Dirksen-Volkers* BB 1993, 598 (599).
65 LG München I Rpfleger 1992, 163; BayObLGZ 1990, 151 (158); 1992, 59 (63).
66 RGZ 87, 94 (95); *Karsten Schmidt* HandelsR § 12 Rn. 85.
67 RGZ 77, 60 (64).
68 *Bokelmann* GmbHR 1978, 265; *Bokelmann* GmbHR 1982, 153.
69 Baumbach/Hopt/*Hopt* § 22 Rn. 4, 21; Baumbach/Hopt/*Hopt* § 23 Rn. 1.
70 RGZ 110, 422 (426).
71 RGZ 67, 94 (95); 104, 341 (343); *Karsten Schmidt* HandelsR § 12 Rn. 85.
72 BGHZ 58, 322 (326); 85, 221; Baumbach/Hopt/*Hopt* § 24 Rn. 12; aA EBJS/*Reuschle* § 24 Rn. 4 ff.
73 BGH BB 1980, 1658 = WM 1980, 1360; zust. *Canaris* HandelsR § 10 Rn. 32; Baumbach/Hopt/*Hopt* § 22 Rn. 5; Staub/*Burgard* § 22 Rn. 75; zweifelnd *Karsten Schmidt* HandelsR § 12 Rn. 85; aA OLG Frankfurt MDR 1980, 316; OLG Düsseldorf GRUR 1978, 716; *Bokelmann* GmbHR 1978, 265; *Bokelmann* GmbHR 1982, 153.

von dem Sitz (→ Rn. 7). OHG und KG sind bei dem Gericht anzumelden, in dessen Bezirk sie ihren Sitz haben (§ 106 Abs. 1, § 161 Abs. 2). Der Sitz ist hier der Ort der tatsächlichen Geschäftsführung (vgl. → 4. Aufl. 2016, § 106 Rn. 26), der auch dann maßgebend ist, wenn der Gesellschaftsvertrag anderes bestimmt und im Handelsregister anderes eingetragen ist.[74] Insoweit stimmt die Ermittlung des Sitzes bei den Personenhandelsgesellschaften mit der Festlegung der Hauptniederlassung des Einzelkaufmanns überein (→ Rn. 6).

b) Kapitalgesellschaften. Im Gegensatz hierzu ist bei GmbH, AG und KGaA für die Festlegung des Sitzes die Satzung bzw. der Gesellschaftsvertrag maßgebend (§ 5 Abs. 1 AktG, § 3 Abs. 1 Nr. 1 GmbHG). Erforderlich ist danach lediglich ein im Inland gelegener Ort, ohne dass sich dort tatsächlich geschäftliche Einrichtungen des Unternehmens befinden müssen. Die Zustellbarkeit von Erklärungen sichert in diesen Fällen § 15a. Daher bleibt der Satzungssitz auch dann der „Sitz" der Gesellschaft, wenn der tatsächliche Ort der Geschäftsleitung im Sinne des effektiven Verwaltungssitzes innerhalb Deutschlands oder ins Ausland verlagert wird. Die tatsächlichen Verhältnisse haben hierauf also keinen Einfluss.[75] 30

Der Satzungssitz ist in diesem Sinne also stets der Sitz der Gesellschaft (die „Hauptniederlassung"). Allen anderen selbstständigen Niederlassungen kommt allenfalls die Rolle von Zweigniederlassungen zu. Unter nur eingeschränkter Möglichkeit der Sitzwahl war man bislang überwiegend der Auffassung, dass dies auch dann so ist, wenn die Geschäftsleitung faktisch von einer registermäßigen Zweigniederlassung aus erfolgt.[76] Damit ergäbe sich allerdings mittelbar die Pflicht, einen effektiven Verwaltungssitz stets als Zweigniederlassung anzumelden, wenn er sich vom Satzungssitz unterscheidet.[77] Da dieses Ergebnis mit der Konzeption der freien Sitzwahl, der Pflicht zur Anmeldung einer inländischen Geschäftsanschrift mit den in § 15a vorgesehenen Konsequenzen und der Möglichkeit einer – im Register nicht darstellbaren (→ Rn. 2) – Verlagerung der Geschäftsleitung ins Ausland nicht in Einklang zu bringen ist,[78] muss insoweit § 13 teleologisch reduziert werden, als die vom Satzungssitz abweichende Hauptniederlassung einer inländischen Kapitalgesellschaft nicht als deren Zweigniederlassung anzusehen ist.[79] 31

c) Kein ausländischer Satzungssitz. Eine deutsche Kapitalgesellschaft kann kraft der zwingenden Zuständigkeitsanknüpfungen (vgl. § 7 Abs. 1 GmbHG) ihren satzungsmäßigen Sitz nicht im Ausland haben.[80] Die primärrechtliche Niederlassungsfreiheit (Art. 49, 54 AEUV) und das damit verbundene Beschränkungsverbot haben – wie der EuGH in der Rechtssache „Cartesio" entschieden hat – hierauf keinen Einfluss.[81] Nach der Entscheidung des EuGH in der Rechtssache „Überseering"[82] und deren Umsetzung durch die deutsche höchstrichterliche Rspr.[83] ist dagegen bei der Verlagerung des tatsächlichen Verwaltungssitzes über die Grenze in einen anderen Mitgliedstaat der Zuzugsstaat dazu verpflichtet, die Rechts- und Parteifähigkeit des Rechtsträgers nach dem Recht des Wegzugsstaats anzuerkennen. Stets bleibt jedoch auch nach Auffassung der Gründungstheorie für die Zuordnung des anwendbaren Rechts der satzungsmäßige Sitz maßgeblich. Davon unberührt bleibt die kraft europarechtlicher Vorgaben mögliche – und aufgrund der 2019 eingefügten Vorschrif- 32

[74] BGH BB 1957, 799; MDR 1969, 662; KG FGPrax 2012, 172 mAnm *Heinemann*; aA im Sinne eines freien Wahlrechtsrechts hinsichtlich des Sitzes Staub/*Koch* Rn. 44; *Koch* ZHR 173 (2009), 101.

[75] Teilweise abw. BeckOGK/*Schaal* Rn. 17.

[76] OLG Frankfurt OLGZ 1979, 309 = DNotZ 1980, 121; BayObLG Rpfleger 1981, 308; Hüffer/Koch/*Koch* AktG § 5 Rn. 3.

[77] So unter Berufung auf die Gesetzgebungsmaterialien tatsächlich Staub/*Koch* Rn. 39.

[78] Vgl. BT-Drs. 16/6140, 29.

[79] AA Staub/*Koch* Rn. 39.

[80] OLG München FGPrax 2008, 38; OLG Brandenburg FGPrax 2005, 78; BayObLGZ 2004, 25 = FGPrax 2004, 133.

[81] EuGH NJW 2009, 569 = NZG 2009, 61 – Cartesio; hierzu *Zimmer/Naendrup* NJW 2009, 545.

[82] EuGH Slg. 2002, I-9919 = NJW 2002, 3614 – Überseering.

[83] BGH NJW 2003, 1461.

ten der Art. 86a ff. GesR-RL in nationales Recht umzusetzende – grenzüberschreitende Sitzverlegung bei gleichzeitiger Umwandlung in ein Rechtssubjekt ausländischen Rechts.[84]

33 **d) Fehlen und Nichtigkeit der Sitzbestimmung.** Fehlt die Angabe des Sitzes in der Satzung oder ist dessen Bestimmung nichtig (zB Begründung eines unzulässigen Mehrfachsitzes, Benennung eines ausländischen Satzungssitzes), so ist die entsprechende Anmeldung gem. § 382 Abs. 3 FamFG zurückzuweisen. Ist trotzdem eine dahin gehende Eintragung im Handelsregister erfolgt, scheidet zwar eine Nichtigkeitsklage aus, weil eine solche für diesen Fall im Gesetz nicht vorgesehen ist, jedoch hat das Registergericht das Verfahren nach § 399 FamFG auf Amtsauflösung der Gesellschaft einzuleiten.[85]

34 **e) Nachträgliches Auseinanderfallen von satzungsmäßigem und tatsächlichem Sitz.** Die Frage, ob ein nachträgliches Auseinanderfallen von Satzungssitz und Verwaltungssitz bei einer Kapitalgesellschaft ein Amtsauflösungsverfahren nach § 399 FamFG rechtfertigt, hat sich unmittelbar nach ihrer Entscheidung durch den BGH[86] durch Inkrafttreten der Änderungen des GmbHG und des AktG und die damit durch das MoMiG (→ § 8 Rn. 3) zum 1.11.2008 eingeführte willkürliche Sitzwahl erledigt.

35 **4. Mehrfachsitz. a) Zulässigkeit.** Vor dem Ende des 2. Weltkriegs wurde einhellig vertreten, jede Gesellschaft könne nur einen Sitz haben.[87] Nach dem 8.5.1945 trugen Registergerichte in den damaligen Westzonen Sitzverlegungen von juristischen Personen allerdings ein, ohne dass die alte Sitzeintragung gelöscht war. Eine Anmeldung der Sitzverlegung war jenseits der Oder-Neiße-Grenze und im vormaligen Ostpreußen wegen Funktionsunfähigkeit der zuständigen Registergerichte nicht möglich.[88] Bei Sitzverlegungen aus der damaligen Ostzone wurde ein neuer Sitz eingetragen, wenn das bisher zuständige Registergericht nicht mehr existent war oder nach hiesigem Recht die Voraussetzungen für eine Sitzverlegung vorlagen, das in der seinerzeitigen Ostzone geltende Recht aber diese Möglichkeit verneinte. Diese durch die Kriegsfolgen bedingten Doppelsitze sind von der Rspr. fast immer[89] und von der Lehre überwiegend gebilligt worden. Auch unterschiedliche Währungs- und Devisengesetze haben zur Zulassung von Doppelsitzen in Berlin und Westdeutschland geführt.[90] Ob im Hinblick auf die geänderten politischen und rechtlichen Verhältnisse, den Beitritt der neuen Bundesländer sowie unter Berücksichtigung der amtlichen Begründung zu § 5 AktG 1965[91] und die nicht unbeachtlichen registerrechtlichen Probleme[92] nunmehr ein Mehrfachsitz **im Regelfall ausgeschlossen** oder zumindest nur in ganz außergewöhnlichen Fällen zuzulassen ist,[93] wird unterschiedlich beurteilt. Nur vereinzelt wurde dagegen vertreten, Mehrfachsitze seien aus verfassungsrechtlichen Gründen allgemein und uneingeschränkt erlaubt.[94]

36 Zu folgen ist der restriktiven Ansicht, die einen Mehrfachsitz allenfalls in extrem seltenen Ausnahmefällen zulässt (ebenso → 4. Aufl. 2016, § 106 Rn. 27). So kann fast nur noch bei grenzüberschreitenden Unternehmen die Notwendigkeit des doppelten Sitzes auftreten,[95] kaum aber bei Verschmelzungen von Unternehmen mit unterschiedlichen

[84] EuGH NJW 2017, 3639 – Polbud; EuGH NJW 2012, 2715 – VALE.
[85] Vgl. BayObLG Rpfleger 1981, 308 = BB 1981, 870; s. MüKoFamFG/*Krafka* FamFG § 399 Rn. 6.
[86] BGH NJW 2008, 2914 = NZG 2008, 707.
[87] *Müller-Erzbach,* Deutsches Handelsrecht, 2. und 3. Aufl. 1928, Kap. 34a XI.
[88] Eingehend BayObLGZ 1985, 111 (113).
[89] Vgl. BayObLGZ 1962, 107 = NJW 1962, 1014; OLG Stuttgart NJW 1953, 748 f.; KG BB 1973, 1001; anders vorher KG MDR 1950, 740 f.
[90] BayObLGZ 1985, 111 (113 f.); für Zulässigkeit des zweiten Sitzes in Berlin KG BB 1973, 1001; vgl. auch BayObLGZ 1962, 107 (111).
[91] Vgl. BayObLGZ 1985, 111 (115 f.).
[92] Vgl. etwa KG BB 1973, 1001 f. und BayObLGZ 1962, 107 (112 ff.).
[93] BayObLGZ 1985, 111; 115, 118 = NJW-RR 1986, 31 (32): die Verschmelzung zweier Gesellschaften soll kein solcher Fall sein; aA *Barz* AG 1972, 1 (4) unter VIII; ebenfalls restriktiv MüKoAktG/*Heider* AktG § 5 Rn. 41 ff.; *Katschinski* ZIP 1997, 620; LG Frankfurt DB 1973, 2237.
[94] *Borsch* GmbHR 2003, 258.
[95] Hüffer/Koch/*Koch* AktG § 5 Rn. 10.

besonders traditionsreichen Sitzen, da auch in diesem Fall die Begründung einer Zweigniederlassung zumutbar erscheint.[96]

37 Die Frage des Mehrfachsitzes ist hauptsächlich für die Aktiengesellschaft diskutiert und ausgetragen worden. Sie stellt sich aber entsprechend für die GmbH und die Personenhandelsgesellschaften und auch für die Hauptniederlassung des Einzelkaufmanns.[97]

38 **b) Registerrechtliche Behandlung.** Diese ist, da es an einer gesetzlichen Regelung fehlt, von besonderen Schwierigkeiten geprägt. Die Gesellschaft ist in das Handelsregister aller Sitzgerichte einzutragen. Die zuständigen Registergerichte sind unabhängig voneinander, so dass jedes von ihnen das selbstständige Recht und die Pflicht hat, die Anmeldungen in formeller und sachlicher Hinsicht zu prüfen.[98] Widersprüchliche Entscheidungen sind mithin möglich. Da sämtliche Register zusammen als *das* Handelsregister einzustufen sind, treten die konstitutiven Wirkungen der Eintragung erst mit Vollzug der letzten Eintragung ein.[99] Das gilt auch für die Publizitätswirkung von Eintragung und Bekanntmachung nach § 15 Abs. 2. Auch wenn es auf den Zeitpunkt der **Anmeldung** zur Eintragung in das Handelsregister ankommt (etwa bei § 57e Abs. 1 GmbHG), entscheidet der Zeitpunkt der letzten Anmeldung.[100] Zur Vermeidung dieser Schwierigkeiten ist zu erwägen, fakultativ in analoger Anwendung des § 13e Abs. 5 dem jeweiligen Rechtsträger die Möglichkeit zu geben, ein zentrales Sitzgericht zu bestimmen.

III. Registerpublizität bei Zweigniederlassungen inländischer Unternehmen im Inland

39 **1. Allgemeines.** Die Errichtung der Zweigniederlassung ist ein **von der Eintragung im Handelsregister nicht abhängiger tatsächlicher Vorgang** (→ Rn. 17). § 13 enthält Vorschriften über die Registerpublizität im Inland errichteter Zweigniederlassungen deutscher Unternehmen (einzelkaufmännische Unternehmen und juristische Personen des § 33, Personenhandels- und Kapitalgesellschaften). Insoweit hat die Neuregelung (→ Rn. 1) die bisherige Rechtslage unverändert gelassen.

40 **2. Anmeldung. a) Grundsatz.** Abs. 1 S. 1 verpflichtet im Sinne einer öffentlich-rechtlichen Anmeldepflicht zur Anmeldung der erfolgten Errichtung der Zweigniederlassung zwecks Eintragung in das Handelsregister. Wird der Verpflichtung nicht gefolgt, ist die Anmeldung durch Festsetzung von Zwangsgeld nach § 14 zu erwirken. Zuständig ist das Gericht der Hauptniederlassung bzw. bei Gesellschaften das Gericht des Satzungssitzes (vgl. § 377 Abs. 1 FamFG). Die **Statuierung einer erzwingbaren Anmeldepflicht ist** angesichts der unscharfen Ausgestaltung des Tatbestands der Zweigniederlassung aus systematischen Gründen **wenig überzeugend.** Der Umstand, dass ggf. im Erzwingungsverfahren in aufwändiger Weise erst festgestellt werden muss, ob überhaupt eine Zweigniederlassung vorliegt, widerspricht dem Grundsatz einer effektiven Ausgestaltung des Registerverfahrens und führt faktisch dazu, dass in der Regel Maßnahmen, die von Amts wegen erfolgen, aufgrund des zu befürchtenden unnützen Aufwands unterbleiben und in der Praxis die Anmeldung letztlich zur Disposition des Rechtsträgers steht.

41 **b) Inhalt der Anmeldung.** Inhaltlich muss die Anmeldung neben der Tatsache der Errichtung einer Zweigniederlassung deren Ort samt inländischer Geschäftsanschrift und unter Umständen eine von der Zweigniederlassung geführte abweichende Firma enthalten. Wie im Rahmen des § 29 muss dabei die inländische Geschäftsanschrift die postalische Erreichbarkeit sichern, ohne dass sich an diesem Ort tatsächlich die Geschäftsräume der Zweigniederlassung befinden müssen.

---

96 AA für die Krupp-Hoesch AG mit Sitz in Essen und Dortmund LG Essen ZIP 2001, 1632.

97 Baumbach/Hopt/*Hopt* Rn. 1.

98 BayObLGZ 1962, 107 (112 f.) = NJW 1962, 1014; OLG Celle Rpfleger 1963, 354; OLG Hamm Rpfleger 1965, 120; KG BB 1973, 1001; Staub/*Koch* Rn. 76.

99 LG Hamburg DB 1973, 2237.

100 Anders KG BB 1973, 1001 (1002).

42 **c) Anmeldepflichtige Personen.** Anmeldepflichtig sind der Einzelkaufmann, für OHG und KG die Gesellschafter, für AG und KGaA der Vorstand beziehungsweise persönlich haftende Gesellschafter, für die GmbH der Geschäftsführer und bei anderen juristischen Personen das Vertretungsorgan. Ausreichend ist stets das Handeln in vertretungsberechtigter Zahl, bei unechter Gesamtvertretung unter Umständen auch unter Mitwirkung eines Prokuristen. Der Grund hierfür ist, dass bei der Anmeldung wie auch bei der Errichtung der Zweigniederlassung eine Geschäftsführungshandlung vorliegt, für die beispielsweise nicht die Beschränkungen des § 108 einschlägig sind.[101] Die Anmeldung allein durch Prokuristen ist nicht möglich, da die Anmeldung durch den Geschäftsherrn selbst durch Abs. 1 vorausgesetzt wird. Zudem wird es sich in der Regel um ein Grundlagengeschäft handeln, das von der Prokura nicht mehr umfasst ist.[102]

43 **d) Form der Anmeldung.** Die Anmeldung bedarf der Form des § 12 und ist elektronisch einzureichen, wobei die Anmeldung der Hauptniederlassung nach § 29 und die der Zweigniederlassung nach § 13 gleichzeitig erfolgen können. Örtlich zuständig für die Entgegennahme der Anmeldung, wie auch für die Eintragung der Zweigniederlassung, ist nach Abs. 1 S. 1 für den Einzelkaufmann und die juristischen Personen das Registergericht der Hauptniederlassung, für Handelsgesellschaften das Gericht ihres Sitzes.

44 **3. Prüfung durch das Gericht.** Die Prüfung des Registergerichts beschränkt sich bei inländischen Rechtsträgern darauf, die beantragte Eintragung nur dann zu versagen, wenn offensichtlich ist, dass die angemeldete Niederlassung nicht errichtet wurde (Abs. 2). Damit ist das Gericht auf eine Missbrauchskontrolle beschränkt. Der standardmäßigen Einholung eines Gutachtens der zuständigen Industrie- und Handelskammer zur Frage, ob eine Zweigniederlassung vorliegt, bedarf es daher nicht mehr.[103] Abgeschafft wurde ferner die vormalige Firmenüberprüfung nach § 30 HGB, die aus der Sicht des Gesetzgebers angesichts ihrer geringen praktischen Bedeutung bei Zweigniederlassungen und dem mit ihr verbundenen Aufwand entbehrlich ist.[104]

45 **4. Eintragung und Bekanntmachung.** Nach § 40 Nr. 2 lit. b HRV und § 43 Nr. 2 lit. b HRV ist jeweils in Spalte 2 von Abteilung A oder B des Handelsregisters der Hauptniederlassung die Errichtung von Zweigniederlassungen durch Vornahme einer entsprechenden Eintragung gem. **Abs. 2** zu vermerken, und zwar unter Angabe des Ortes samt Postleitzahl sowie der inländischen Geschäftsanschrift der Zweigniederlassung und, falls der Firma für eine Zweigniederlassung ein Zusatz beigefügt ist, unter Angabe dieses Zusatzes. Die Eintragung wird der gem. § 10 veröffentlicht.

46 **5. Änderungen bei bestehenden Zweigniederlassungen.** Nach Abs. 1 S. 2 sind Änderungen der im Handelsregister hinsichtlich einer vermerkten Zweigniederlassung eingetragenen Umstände (Ort der Zweigniederlassung, inländische Geschäftsanschrift oder abweichende Firmierung) ihrerseits zur Eintragung in das Register anzumelden. Durch diese gleichfalls nach § 14 erzwingbare Anmeldepflicht soll die Aktualisierung der Registerdaten gesichert werden.

IV. Aufhebung von Zweigniederlassungen inländischer Unternehmen im Inland

47 Nach **Abs. 3** gelten die Vorschriften über die Errichtung einer Zweigniederlassung sinngemäß für ihre Aufhebung. Die Löschung ist bei dem Registergericht der Hauptniederlassung oder des Sitzes anzumelden. Dieses vermerkt danach in Spalte 2 Unterspalte b (§ 40 Nr. 2 und § 43 Nr. 2 HRV) die Aufhebung der Zweigniederlassung im Handelsregister und

---

[101] S. Oetker/*Preuß* Rn. 47; *Krafka* RegisterR Rn. 296.
[102] Vgl. BeckOGK/*Schaal* Rn. 92; BeckOK HGB/*Müther* Rn. 13; *Krafka* RegisterR Rn. 296; aA Staub/*Koch* Rn. 59; Oetker/*Preuß* Rn. 48.
[103] *Krafka* RegisterR Rn. 299.
[104] BT-Drs. 16/2781, 80.

rötet dabei zugleich diesen und den früheren Vermerk über die Eintragung der Zweigniederlassung (§ 16 Abs. 1 HRV).

Das **Zwangsgeldverfahren** nach § 14 zur Erzwingung der Anmeldung der Aufhebung der Zweigniederlassung kann nur vom **Registergericht der Hauptniederlassung** oder des **Sitzes** als dem ausschließlich zuständigen Gericht eingeleitet und durchgeführt werden,[105] weil die Anmeldung und Eintragung der Aufhebung der Zweigniederlassung nur bei dem Gericht der Hauptniederlassung möglich ist (§ 377 FamFG). 48

V. Rechtslage in Österreich

Wie im deutschen Recht erfolgt in Österreich die Eintragung einer Zweigniederlassung eines inländischen Rechtsträgers im Firmenbuch (→ § 8 Rn. 99) nur in dessen Register, also ohne Anlegung eines eigenständigen Hauptbuchs (§ 3 Abs. 1 Nr. 6 FBG). 49

§§ 13a–13c *(aufgehoben)*

§ 13d Sitz oder Hauptniederlassung im Ausland

(1) Befindet sich die Hauptniederlassung eines Einzelkaufmanns oder einer juristischen Person oder der Sitz einer Handelsgesellschaft im Ausland, so haben alle eine inländische Zweigniederlassung betreffenden Anmeldungen, Einreichungen und Eintragungen bei dem Gericht zu erfolgen, in dessen Bezirk die Zweigniederlassung besteht.

(2) Die Eintragung der Errichtung der Zweigniederlassung hat auch den Ort und die inländische Geschäftsanschrift der Zweigniederlassung zu enthalten; ist der Firma der Zweigniederlassung ein Zusatz beigefügt, so ist auch dieser einzutragen.

(3) Im übrigen gelten für die Anmeldungen, Einreichungen, Eintragungen, Bekanntmachungen und Änderungen einzutragender Tatsachen, die die Zweigniederlassung eines Einzelkaufmanns, einer Handelsgesellschaft oder einer juristischen Person mit Ausnahme von Aktiengesellschaften, Kommanditgesellschaften auf Aktien und Gesellschaften mit beschränkter Haftung betreffen, die Vorschriften für Hauptniederlassungen oder Niederlassungen am Sitz der Gesellschaft sinngemäß, soweit nicht das ausländische Recht Abweichungen nötig macht.

Schrifttum: *Altmeppen,* Schutz vor europäischen Kapitalgesellschaften, NJW 2004, 97; *Behrens,* Das Internationale Gesellschaftsrecht nach dem Überseering-Urteil des EuGH und den Schlussanträgen zu Inspire Art, IPRax 2003, 193; *Bönner,* Zweigniederlassungen ausländischer Gesellschaften in der notariellen Praxis, RNotZ 2015, 253; *Bokelmann,* Das Recht der Firmen und Geschäftsbezeichnungen, 5. Aufl. 2000; *Bokelmann,* Die Gründung von Zweigniederlassungen ausländischer Gesellschaften in Deutschland und das deutsche Firmenrecht unter besonderer Berücksichtigung des EWG-Vertrages, DB 1990, 1021; *Bokelmann,* Zur Entwicklung des Deutschen Firmenrechts unter den Aspekten des EG-Vertrages, ZGR 1994, 325; *Hirsch/Britain,* Artfully Inspired – Werden deutsche Gesellschaften englisch?, NZG 2003, 1100; *Holzborn/Israel,* Internationale Handelsregisterpraxis, NJW 2003, 3014; *Kindler,* „Inspire Art" – Aus Luxemburg nichts Neues zum internationalen Gesellschaftsrecht, NZG 2003, 1086; *Kindler,* Auf dem Weg zur europäischen Briefkastengesellschaft?, NJW 2003, 1073; *Kindler,* Neue Offenlegungspflichten für Zweigniederlassungen ausländischer Kapitalgesellschaften, NJW 1993, 3301; *Kögel,* Gründung einer ausländischen Briefkastenfirma: Wann ist eine Zweigniederlassung in Deutschland eine Zweigniederlassung?, DB 2004, 1763; *Kögel,* Firmenbildung von Zweigniederlassungen in- und ausländischer Unternehmen, Rpfleger 1993, 8; *Kühn/Krafka,* Die Handelsregistereintragung auf die Zweigniederlassung beschränkter Prokuren bei ausländischen Kapitalgesellschaften, NZG 2011, 209; *Rehberg* in Eidenmüller, Ausländische Kapitalgesellschaften im deutschen Recht, 2004, § 5; *Rinne,* Zweigniederlassungen ausländischer Unternehmen im deutschen Kollisions- und Sachrecht, 1998; *Karsten Schmidt* in Lutter, Europäische Auslandsgesellschaften in Deutschland, 2005; *Seibert,* Die Umsetzung der Zweigniederlassungsrichtlinie der EG in deutsches Recht, GmbHR 1992, 738; *Seibert,* Neuordnung des Rechts der Zweigniederlassung im HGB, DB 1993, 1705; *Süß,* Häufige Probleme mit Zweigniederlassungen englischer Limited

[105] KG DR 1939, 1453 (1454).

Companies, DNotZ 2005, 180; *Tersteegen,* Kollisionsrechtliche Behandlung ausländischer Kapitalgesellschaften im Inland, 2002; *Ulmer,* Schutzinstrumente gegen die Gefahren aus der Geschäftstätigkeit inländischer Zweigniederlassungen von Kapitalgesellschaften mit fiktivem Auslandssitz, JZ 1999, 662; *Wachter,* Existenz- und Vertretungsnachweise bei der englischen Private Limited Company, DB 2004, 2795; *Wachter,* Auswirkungen des EuGH-Urteils in Sachen Inspire Art Ltd. auf Beratungspraxis und Gesetzgebung, GmbHR 2004, 88.

Übersicht

I. Überblick

1 **1. Norminhalt.** § 13d von 1993 (→ § 13 Rn. 1) geht in seiner heutigen Fassung auf die ursprüngliche europäische Zweigniederlassungs-RL (RL 89/666/EWG; nunmehr **Art. 29 ff. GesR-RL**) zurück. Er enthält allgemeine Vorschriften, die – mit der Einschränkung in Abs. 3 – für alle Zweigniederlassungen des Einzelkaufmanns oder von Unternehmen gelten, sofern sich deren Hauptniederlassung oder Sitz im Ausland befinden. Die offizielle Überschrift wurde 1998 (vgl. Art. 3 HRefG) entsprechend der an der ursprünglichen Fassung „Sitz der Hauptniederlassung im Ausland" geäußerten Kritik[1] korrigiert. § 13e enthält ergänzende Bestimmungen für Zweigniederlassungen von Kapitalgesellschaften mit Sitz im Ausland; die § 13f und § 13g ergänzen ihrerseits § 13e bezüglich der Zweigniederlassungen von AG und GmbH mit Auslandssitz. Verschiedene Änderungen zur verbesserten Publizität der Zweigniederlassungen erfolgten im Zuge des EHUG (→ § 8 Rn. 3) und des MoMiG (→ § 8 Rn. 3). Weitere Änderungen stehen zur notwendigen **Anpassung an die Digitalisierung** an die durch die **RL (EU) 2019/1151** geänderten europarechtlichen Vorgaben an. Danach ist insbesondere vorzusehen, dass die Errichtung und Eintragung der Zweigniederlassung im europäischen Rahmen vollständig online, also ohne persönliche Anwesenheit des Antragstellers bei einer Behörde – insbesondere bei einem Notar – möglich sein muss (Art. 28a GesR-RL). Zudem ist über das System der Registervernetzung (vgl. § 9b) sicherzustellen, dass im Register der Zweigniederlassung eingetragene Angaben, die aufgrund einer im Hauptniederlassungsregister vorgenommenen Änderung unrichtig sind, aufgrund entsprechender Mitteilungen aktualisiert werden (Art. 30a GesR-RL).

2 **2. Normzweck.** § 13d regelt das **registerrechtliche Verfahren** für inländische Zweigniederlassungen ausländischer Unternehmen. Die Vorschrift ist mithin nicht selbst Kollisionsnorm, sondern vielmehr fremdenrechtliche Sachnorm.[2] Kollisionsrechtliche Fra-

[1] *Kindler* NJW 1993, 3301 (3304) Fn. 40; Baumbach/Hopt/*Hopt* Rn. 1.

[2] *Rinne,* Zweigniederlassungen ausländischer Unternehmen im deutschen Kollisions- und Sachrecht, 1998, 55; Staub/*Koch* Rn. 2; BeckOK HGB/*Müther* Rn. 1; Baumbach/Hopt/*Hopt* Rn. 1; Röhricht/Graf v. Westphalen/Haas/*Ries* Rn. 3.

gen, wie etwa die des Gesellschaftsstatuts, sind im Vorfeld zu klären, während § 13d erst anschließend zur Anwendung kommt. Für das Registerverfahren gilt deutsches Recht als **lex fori.**[3] Die Eintragung der Zweigniederlassung ist – wie auch die Eintragung bei inländischen Unternehmen – nur **deklaratorisch.**[4] Nicht Gegenstand des § 13d sind ausländische Zweigniederlassungen deutscher Rechtsträger. Insoweit findet das jeweils einschlägige Recht des Staates Anwendung, in dem sich die entsprechende Niederlassung befindet. Auch wenn dies der Vorschrift selbst nur unvollständig entnommen werden kann, ist Sinn der Regelung dass die inländische Zweigniederlassung den Registerstand der ausländischen Hauptniederlassung möglichst identisch wiedergibt.[5] Die Regelung des § 15 Abs. 4 bezweckt dagegen lediglich den Verkehrsschutz für den Fall einer gleichwohl denkbaren Abweichung.

3. Systematik. § 13 (Zweigniederlassungen inländischer Unternehmen) einerseits und 3 **§§ 13d–13g** (Zweigniederlassungen ausländischer Unternehmen) andererseits bilden jeweils für sich **geschlossene Regelungskomplexe,** die nicht aufeinander verweisen und auch nicht wechselseitig zur Auslegung herangezogen werden können (→ § 13 Rn. 2). Die Bezeichnung „ausländisches Unternehmen" hat sich zwar etabliert, ist jedoch nicht exakt. Angesprochen ist nicht die Staatsangehörigkeit des Inhabers, sondern die Lage des satzungsmäßigen Sitzes bzw. der Hauptniederlassung des Rechtsträgers.[6] Auch ein deutscher Staatsangehöriger kann, betreibt und leitet er die Geschäfte dauerhaft im Ausland und ist das Unternehmen dort registriert, ein ausländisches Unternehmen führen.

4. Fallvarianten. Ausländische Unternehmen können im Inland durch unselbstständige **Agenturen,** registerlich einzutragende **Zweigniederlassungen** oder durch selbstständige **Tochtergesellschaften** präsent sein (vgl. Art. 49 AEUV). Bis Ende der 1990er Jahre haben sowohl ausländische wie deutsche Unternehmen ihre Niederlassungen in anderen Staaten überwiegend als selbstständige Tochtergesellschaften und nicht als Zweigniederlassungen gegründet.[7] Ob das Konzernhaftungsrecht in der heutigen Form und nicht sicher einschätzbare Durchgriffsrisiken hieran etwas ändern werden,[8] bleibt trotz der seit 2003 zunächst sprunghaften Zunahme inländischer Zweigniederlassungen ausländischer Unternehmen im Zuge der Rspr. des EuGH (→ Rn. 7 f.) weiterhin abzuwarten. An das Bestehen einer (Zweig-)Niederlassung wird sowohl in völkerrechtlichen Abkommen (Art. 10 lit. a CISG), als auch im Internationalen Privat- und Zivilverfahrensrecht angeknüpft (Art. 23 Abs. 1 S. 2 Rom II-VO, Art. 7 Nr. 5 Brüssel Ia-VO). 4

II. Ausländische Unternehmen und inländische Zweigniederlassungen

1. Hauptniederlassung oder Sitz im Ausland. Maßgebend ist, ob sich die Haupt- 5 niederlassung oder der Sitz des Unternehmens im Ausland befindet und ob der Rechtsträger dort rechtsfähig ist,[9] was der Anmeldende bei Kapitalgesellschaften dem Registergericht gegenüber nachzuweisen hat (§ 13e Abs. 2 S. 2). Wird in dem betreffenden Staat ein Handelsregister geführt, genügt in der Regel die Vorlage eines Registerauszuges in öffentlich beglaubigter und legalisierter oder apostillierter Form samt beglaubigter deutscher Übersetzung (→ Rn. 7). Fehlt – wie etwa in den USA – ein Handelsregister, kann die Gründungs-

---

3 BGHZ 172, 200 = NJW 2007, 2328; OLG Hamm FGPrax 2011, 138; FGPrax 2008, 167 = DNotZ 2008, 630; OLG Jena FGPrax 2006, 127 = NZG 2006, 434; OLG Hamm FGPrax 2006, 276; KG FGPrax 2004, 45 = NZG 2004, 49; BayObLGZ 1973, 209; BeckOGK/*Schaal* Rn. 12; Staub/*Koch* Rn. 47; Oetker/*Preuß* Rn. 2; EBJS/*Pentz* Rn. 16; BeckOK HGB/*Müther* Rn. 2; KKRD/*Roth* Rn. 2.

4 OLG Frankfurt FGPrax 2008, 165; OLG München Rpfleger 2006, 84; KG FGPrax 2004, 45 = NZG 2004, 49; Staub/*Koch* Rn. 19; BeckOK HGB/*Müther* Rn. 16; *Bönner* RNotZ 2015, 253 (254).

5 OLG Braunschweig FGPrax 2020, 175.

6 EBJS/*Pentz* Rn. 10; Oetker/*Preuß* Rn. 8; BeckOK HGB/*Müther* Rn. 11.

7 *Kindler* NJW 1993, 3301 (3302); *Seibert* GmbHR 1992, 738 (379) mit Zahlen.

8 Vgl. *Altmeppen* NJW 2004, 97; *Wachter* GmbHR 2004, 88; *Hirsch/Britain* NZG 2003, 1100; *Kindler* NZG 2003, 1086; s. auch Staub/*Koch* Rn. 35 ff.

9 BayObLG IPRax 1999, 364; BeckOGK/*Schaal* Rn. 14; Staub/*Koch* Rn. 20.

urkunde des Rechtsträgers herangezogen werden. Oftmals geben Bescheinigungen von Behörden des betreffenden Staates oder des deutschen Konsulats und auch Erklärungen eines ausländischen Notars in der gehörigen Form (Apostille oder Legalisation) einen ausreichenden Nachweis über die Existenz und Rechtsform des Unternehmens. Die Rspr. hat beispielsweise für eine „private limited company" nach englischem Recht als Nachweis für deren Existenz die Vorlage ihrer Gründungsbescheinigung (certificate of incorporation) ausreichen lassen,[10] ebenso bei US-amerikanischen Kapitalgesellschaften.[11]

6 **a) Registrierung im Ausland.** Nach Art. 16 Abs. 1 GesR-RL sind die europäischen Mitgliedstaaten (einschließlich der EWR-Staaten Island, Liechtenstein und Norwegen)[12] verpflichtet, zumindest für Kapitalgesellschaften ein Handels- oder Gesellschaftsregister zu führen; für Einzelkaufleute und Personenhandelsgesellschaften besteht eine entsprechende Verpflichtung nicht. Auch bei Vorliegen einer Eintragung ist Vorsicht geboten, weil die Register untereinander erheblich differieren und sie mit dem inländischen Handelsregister meist nicht vergleichbar sind.[13] Die Register werden nur teilweise bei den Gerichten geführt (Frankreich, Luxemburg, Belgien und Griechenland), in anderen Staaten von Verwaltungsbehörden.[14] Wann eine Eintragung in das Handelsregister vorzunehmen ist, welche Angaben dieses enthält und wie intensiv die Registerbehörden in den Mitgliedstaaten Firmenanmeldungen prüfen, ist sehr unterschiedlich geregelt.

7 Gleichwohl genügen als Nachweis der Existenz die in → Rn. 5 bezeichneten Dokumente, sofern nicht berechtigte Zweifel des Registergerichts an der Richtigkeit der vorgelegten Urkunden bestehen, so dass weitere Ermittlungen (§ 26 FamFG) angezeigt sind. Bei Unternehmen mit **satzungsmäßigem Sitz** in einem anderen EU- oder EWR-Mitgliedstaat spielt es keine Rolle, ob sich in diesem Staat auch der effektive Verwaltungssitz des Unternehmens befindet, da dieser Umstand für die kollisionsrechtliche Einordnung des Rechtsträgers sowie für die Frage der Errichtung einer Zweigniederlassung aus Gründen der europarechtlichen Niederlassungsfreiheit (Art. 49, 54 AEUV) irrelevant ist.[15] Dasselbe gilt aufgrund eines völkerrechtlichen Vertrages bei Gesellschaften mit Satzungssitz in den USA.[16] Nach Auffassung des BGH gilt gegenüber sonstigen Drittstaaten, insbesondere der Schweiz, allerdings weiterhin die Sitztheorie, so dass aus deutscher Sicht für das Gesellschaftsstatut das Recht des Staates anzuwenden ist, in welchem sich der effektive Verwaltungssitz befindet.[17]

8 Wurde eine ausländische Gesellschaft dort als solche wirksam errichtet, ist sie in Deutschland, sofern nicht der ordre public entgegensteht (Art. 6 EGBGB), **ohne besonderes Anerkennungsverfahren** als rechtsfähig anerkannt.[18] So kann etwa eine Gesellschaft mit Satzungssitz in Großbritannien eine inländische Zweigniederlassung gründen, um das ausschließlich in Deutschland befindliche Gesellschaftsvermögen zu verwalten oder sonst tätig zu werden.[19] Das Gesellschaftsstatut entscheidet über die Rechtsfähigkeit und deren Umfang. Billigt es dem betreffenden Gebilde überhaupt keine Rechtsfähigkeit zu, gilt dies

[10] BayObLGZ 1985, 272 (276); umfassend hierzu *Wachter* DB 2004, 2795; s. auch OLG Zweibrücken DNotZ 2008, 795 zur Entbehrlichkeit des Nachweises gesetzlich angeordneter Vertretungsregelungen.

[11] OLG Köln FGPrax 2013, 74.

[12] Vgl. Anh. XXII zu Art. 77 EWR-Abkommen (BGBl. 1993 II 267).

[13] S. *Holzborn/Israel* NJW 2003, 3014; *Kassau,* Das Recht auf kommerzielle Nutzung des Handelsregisters, 1998, 243 ff.

[14] Vgl. *Holzborn/Israel* NJW 2003, 3014; *Doris Möller* EWS 1993, 22.

[15] EuGH Slg. 1999, I-1459 = NJW 1999, 2027 – Centros; Slg. 2002, I-9919 = NJW 2002, 3614 – Überseering; NJW 2003, 3331 – Inspire Art; für das deutsche Recht ebenso BGH NJW 2003, 1461; 2005, 3351; Palandt/*Thorn* EGBGB Anh. Art. 12 Rn. 6 ff.; speziell zur Errichtung inländischer Zweigniederlassungen KG FGPrax 2004, 45 = NZG 2004, 49; OLG Zweibrücken 2003, 135 = NZG 2003, 537; OLG Celle GmbHR 2003, 532.

[16] BGH NJW 2003, 1607; DNotZ 2005, 141 mAnm *Thölke;* s. Art XXV FrHSchV D-USA Freundschafts-, Handels- und Schifffahrtsvertrages vom 29.10.1954 (BGBl. 1956 II 487).

[17] BGHZ 178, 192 = NJW 2009, 289 mAnm *Kieninger.*

[18] BGHZ 25, 134 (144); RGZ 83, 367 (369); 159, 33 (46).

[19] BayObLGZ 1985, 272 (280).

auch im Inland. Bei der Einordnung als AG oder GmbH (→ Rn. 9) ist die Bejahung der Rechtsfähigkeit nach ausländischem Recht zwingendes Kriterium.[20]

9 **b) Bestimmung der ausländischen Gesellschaftsform.** Das später bei Eintragung der inländischen Zweigniederlassung des ausländischen Unternehmens anzuwendende deutsche Registerrecht unterscheidet zwischen den Abteilung A und B des Handelsregisters (→ § 8 Rn. 30). In die Abteilung A werden die Einzelkaufleute, die in § 33 bezeichneten juristischen Personen, die EWIV sowie die OHG und die KG eingetragen. In Abteilung B finden die Aktiengesellschaften, die Kommanditgesellschaften auf Aktien, die Gesellschaften mit beschränkter Haftung, die Europäischen Gesellschaften (SE) und die Versicherungsvereine auf Gegenseitigkeit Aufnahme. Genossenschaften werden in das Genossenschaftsregister, Partnerschaftsgesellschaften in das Partnerschaftsregister eingetragen. Das gilt jeweils ebenso für die den verschiedenen Rechtsträgern zuzuordnenden Zweigniederlassungen. Nicht ausreichend ist daher die allgemeine Feststellung, es handele sich um ein „ausländisches Unternehmen". Denn ob überhaupt in ein inländisches Register einzutragen ist und wenn ja in welches (Handelsregister, Genossenschaftsregister, Partnerschaftsregister) und in welche Registerabteilung, hängt von der Vergleichbarkeit mit den deutschen Unternehmensformen ab.

10 Bei der rechtsvergleichenden **Qualifikation** ist die ausländische Bezeichnung der Rechtsträgerform nicht ausschlaggebend, wenngleich diese Indiz für die rechtliche Einordnung sein kann. Sachlich sind die Organisationsstruktur, die Haftungs- und Vermögensverhältnisse und weitere typenbestimmende Merkmale zu vergleichen. Nicht erforderlich ist die Übereinstimmung in allen Punkten, das Vorliegen bzw. die Ähnlichkeit der Hauptmerkmale reicht aus.[21] Dabei ist großzügig zu verfahren; die Höhe des Stamm- bzw. Grundkapitals kann erheblich differieren.[22] Hat das ausländische Unternehmen seinen Sitz im EU-Ausland, ergibt sich die Entsprechung zur deutschen GmbH richtliniengebunden aus Art. 29 und Anhang II GesR-RL, welche die vergleichbaren Gesellschaftsformen aufzählt. Im Übrigen wird auf → § 13e Rn. 5 ff. verwiesen.

11 Für Personenhandelsgesellschaften werden danach als vergleichbar zu deutschen Rechtsformen angesehen:

Mit einer OHG vergleichbar sind: *Belgien:* vennootschap onder firma (VOF)/societe en nom collectif (SNC); *Bosnien-Herzegovina:* drustvo s neograni enom solidarnom odgovornos u (d.n.o.); *Brasilien:* Sociedade em Comandita Simples; *Dänemark:* interessentskab (I/S); *Estland:* täisühing; *Finnland:* avoin yhtiö (Ay)/öppet bolag; *Frankreich:* société en nom collectif (SNC); *Indien:* Partnership; *Indonesien:* Persekutuan Perdata (PP); *Iran:* Sherkat Tazamoni; *Irland:* partnership. the unlimited company; *Island:* sameignarfélag (sf.); *Italien:* societa in nome collettivo (S. n. c.); *Japan:* gõmei-kaisha oder gõmei-gaisha; *Süd-Korea:* hapmyoung hoesa; *Kroatien:* javno trgova ko društvo; *Lettland:* pilnsabiedrība; *Liechtenstein:* offene Handelsgesellschaft; *Litauen:* tikrosios ūkines bendrijos; *Luxemburg:* société en nom collectif; *Malta:* Partnership en nom collectif; *Niederlande:* vennootschap onder firma; *Norwegen:* ansvarlig selskap (ANS); *Österreich:* offene Gesellschaft; Polen: spółka jawna (sp.j.); *Portugal:* socicdade em nome colectivo; *Rumänien:* societate în nume colectiv (a. n. c.); *Schweden:* handelsbolag; *Slowakei:* verejná obchodná spoločnosf; *Slowenien:* družba z neomejeno odgovornostjo; *Spanien:* sociedad colectiva; *Tschechische Republik:* veřejna obchodni společnost (v. o. s.); *USA:* General Partnership; *Vereinigtes Königreich:* partnership. the unlimited company.
Einer KG vergleichbar sind: *Belgien:* gewone commanditaire vennootschap (Comm. V)/société en commandite simple (SCS); *Bosnien-Herzegovina:* komanditno drušrvo (k.d.); *Brasilien:* Sociedade em Nome Coletivo; *Dänemark:* kommanditselskab (K/S); *Estland:* usaldusühing; *Finnland:* kommandiittiyhtiö (Ky)/kommanditbolag (Kb); *Frankreich:* société en cornmandite simple (SCS); *Indonesien:* Persekutuan Kornanditer; *Iran:* Sherkat Mokhtalet Gheyr Sahami; *Irland:* the limited partnership; *Island:* samlagsfélag; *Italien:* societa in accomandita semplice (S. a. s.); *Japan:* gõshi-kaisha oder gõshi-gaisha; *Süd-Korea:* hapja hoesa; *Kroatien:* komanditno društvo; *Lettland:* komanditsabicdrība; *Liechtenstein:* Kommanditgesellschaft; *Litauen:* kornanditines ükinės bendrijos; *Luxemburg:* societe en commandite simple; *Malta:* Partnership en commandite with capital that is not divided into shares; *Niederlande:* de commanditaire vennootschap; *Norwegen:* kommandittselskap (KS); *Österreich:* Kommanditgesellschaft; *Polen:* spółka komandytowa (sp.k.); *Portugal:* sociedade em comandita simples; *Rumänien:* societate în comandită simplă (s. c. s.); *Slowakei:* komanditná spoločnos; *Slowenien:* komanditna družba; *Schwe-*

[20] Vgl. BeckOGK/*Schaal* Rn. 15 ff.; Oetker/*Preuß* Rn. 12.
[21] Vgl. Staub/*Koch* Rn. 10 f.
[22] BayObLGZ 1985, 272 (282); vgl. zur Einordnung GmbH oder AG Hüffer/Koch/*Koch* § 13e Rn. 2.

den: kommanditbolag; *Spanien:* sociedad en comandita simplel; *Tschechische Republik:* komanditní společnost, družstvo; *USA:* Limited Partnership; *Vereinigtes Königreich:* limited partnership.

12 **2. Die inländische Zweigniederlassung des ausländischen Unternehmens. a) Begriff und Errichtung.** Begriff und Errichtung der Zweigniederlassung richten sich grundsätzlich nach deutschem Recht,[23] für dessen Auslegung in deren Anwendungsbereich allerdings auch **europäisches Primär- und Sekundärrecht** heranzuziehen ist. Die Errichtung einer Zweigniederlassung ist stets ein rein tatsächlicher Vorgang (→ § 13 Rn. 17). Der Eintragung im Handelsregister kommt somit keine rechtsbegründende, sondern lediglich **deklaratorische Wirkung** zu.[24] Die Zweigniederlassung muss zwar eine gewisse Selbstständigkeit aufweisen (räumlich getrennter Unternehmensteil; Organisation in der Weise, dass sie aufgrund ihres Geschäftsbetriebs beim Wegfall der Hauptniederlassung als eigene Handelsniederlassung fortbestehen könnte), doch kommt ihr im Gegensatz zur Tochtergesellschaft niemals eigene Rechtspersönlichkeit zu (→ § 13 Rn. 19 f.). Denn es handelt sich um einen von dem Unternehmen abhängigen („abgezweigten") Unternehmensteil, der auch im Prozess nicht Partei sein kann (aber → § 13 Rn. 20) und der der Hauptniederlassung nachgeordnet ist (→ § 13 Rn. 16). Ein allein der Zweigniederlassung zur Verfügung stehendes Geschäftsvermögen im Sinne eines Dotationskapitals ist nicht erforderlich.[25] Die Zuordnung einer Zweigniederlassung ist auch insoweit abhängig, als der jeweilige Rechtsträger im Wege der Substitution einer bestimmten inländischen Rechtsform zugeordnet werden muss, um feststellen zu können, in welches inländische Register einzutragen ist.[26] Für das registerrechtliche Verfahren gilt grundsätzlich – soweit nicht das ausländische Recht Abweichungen nötig macht (Abs. 3) – deutsches Registerrecht als lex fori (→ Rn. 2). Für einen ausländischen Rechtsträger besteht stets die Möglichkeit, im Inland mehrere Zweigniederlassungen zu errichten, für die jeweils getrennt die materiell-rechtlichen und verfahrensrechtlichen Voraussetzungen zu prüfen sind (§ 13e Abs. 5).[27]

13 **b) Europarechtliche Einflüsse.** Im Rahmen der europarechtlichen Vorschriften wird die Zweigniederlassung bezeichnet als „ein Mittelpunkt geschäftlicher Tätigkeit, der auf Dauer als Außenstelle eines Stammhauses hervortritt, eine Geschäftsführung hat und sachlich so ausgestattet ist, dass er in der Weise Geschäfte mit Dritten betreiben kann, dass diese, obgleich sie wissen, dass möglicherweise ein Rechtsverhältnis mit dem im Ausland ansässigen Stammhaus begründet wird, sich nicht unmittelbar an dieses zu wenden brauchen, sondern Geschäfte an dem Mittelpunkt geschäftlicher Tätigkeit abschließen können, der dessen Außenstelle ist".[28] Die deutsche Begriffsbestimmung des § 13 steht mit dieser Beschreibung im Einklang.[29] Ergänzend nimmt der EuGH an, dass ein Staatsangehöriger eines Mitgliedstaates unter Ausübung der **Niederlassungsfreiheit der Art. 49, 54 AEUV** berechtigt ist, eine Gesellschaft nach dem Recht des Staates zu gründen, das ihm die größte Freiheit lässt, um sodann in einem anderen Mitgliedstaat eine Zweigniederlassung dieser Gesellschaft zu errichten.[30] Dies gilt auch dann, wenn die Gesellschaft im Gründungs- bzw. Satzungssitzstaat keine geschäftliche Tätigkeit entfaltet und ihre Tätigkeit ausschließlich oder hauptsächlich im Mitgliedstaat ihrer Zweigniederlassung ausübt.[31] An diese Auffassung sind die deutschen

[23] BayObLG KGJ 35 A 354.

[24] OLG Frankfurt FGPrax 2008, 165; OLG München NZG 2006, 513; KG FGPrax 2004, 45; *Rinne,* Zweigniederlassungen ausländischer Unternehmen im deutschen Kollisions- und Sachrecht, 1998, 89 mwN; Staub/*Koch* Rn. 19.

[25] *Rinne,* Zweigniederlassungen ausländischer Unternehmen im deutschen Kollisions- und Sachrecht, 1998, 90 f.

[26] BayObLGZ 1985, 272 (282).

[27] OLG Schleswig NZG 2007, 918.

[28] EuGH Slg. 1978, 2183 (2193) = RIW 1979, 56 – Somafer.

[29] EBJS/*Pentz* § 13e Rn. 7; *Seibert* GmbHR 1992, 738; aA *Kögel* DB 2004, 1763.

[30] EuGH Slg. 1999, I-1459 Rn. 27 = NJW 1999, 2027 – Centros; NJW 2003, 3331 Rn. 138 – Inspire Art.

[31] EuGH Slg. 1999, I-1459 Rn. 29 = NJW 1999, 2027 – Centros; NJW 2003, 3331 Rn. 139 – Inspire Art.

Registergerichte gebunden, so dass auch in derartigen Fällen sog. Scheinauslandsgesellschaften mit bloßem Satzungssitz in einem anderen europäischen Mitgliedstaat berechtigt sind, Zweigniederlassungen im Inland zu begründen, ohne ihren Status als Gesellschaft nach dem Recht des Gründungsstaates zu verlieren.[32]

c) Rechtsverhältnisse der Zweigniederlassung. Die materiell-rechtlichen Rechtsverhältnisse der Zweigniederlassung dagegen richten sich nach dem ausländischen Recht der Gesellschaft, weil der Zweigniederlassung keine eigene Rechtspersönlichkeit zukommt und sie nur ein abhängiger Unternehmensteil ist (→ Rn. 10). Die Rechtsverhältnisse der Zweigniederlassung bestimmen sich demgemäß grundsätzlich nach dem **ausländischen Gesellschaftsstatut,** dem auch der Unternehmensträger untersteht.[33] Über die Rechtsverhältnisse des Einzelkaufmanns entscheidet dessen Personalstatut. Das Registergericht hat hierbei nach § 26 FamFG den Inhalt des ausländischen Rechts – unter Umständen unter Heranziehung eines Sachverständigen in Freibeweisverfahren (vgl. § 30 FamFG) – selbst zu ermitteln.[34] Im Übrigen gilt für die Zweigniederlassung ausländischer Rechtsträger etwa in Bezug auf ihre Grundbuch- und Registerfähigkeit nichts anderes als für deutsche Rechtsträger (→ § 13 Rn. 21 f.). In Bezug auf genuin deutsche Vollmachten – wie etwa der Erteilung einer auf die inländische Zweigniederlassung beschränkte Prokura – gilt als Wirkungsstatut das deutsche Recht.[35] 14

Der maßgebende Anknüpfungspunkt für das Gesellschaftsstatut ist noch nicht gesetzlich geregelt. Auszugehen ist davon, dass das **Gesellschaftsstatut im Prinzip ein einheitliches** ist; möglichst alle gesellschaftsrechtlichen Verhältnisse sind nach ihm zu bestimmen, sofern sich nicht zwingend Ausnahmen ergeben. Nach dem ausländischen Gesellschaftsstatut richten sich somit unter anderem die Rechtsfähigkeit und ihre Grenzen, die Parteifähigkeit, Wechsel- und Scheckfähigkeit, die Kapitalgrundlagen (Kapitalausstattung, Aktienarten, Kapitalerhöhung und Kapitalherabsetzung, Ausschluss des Bezugsrechts), das interne Organisationsrecht und der Umfang der organschaftlichen Vertretungsmacht,[36] die Firma (zur Firma der Zweigniederlassung → Rn. 18) und die jeweilige Kompetenz der Gesellschaftsorgane in Verbindung mit ausländischen Wirksamkeitsvoraussetzungen. Fordert das ausländische Recht für eine Satzungsänderung nicht die Eintragung in das Handelsregister als Wirksamkeitsvoraussetzung, kommt es nur auf die wirksame Beschlussfassung an. Die Satzungsänderung ist jedoch zur Eintragung in das inländische Handelsregister der Zweigniederlassung – der dann aber nur noch deklaratorische Bedeutung zukommt – anzumelden (§ 13f Abs. 4, § 13g Abs. 4). 15

d) Ausnahmen von der Geltung des Gesellschaftsstatuts bzw. Personalstatuts. Das Gesellschaftsstatut (Personalstatut des Einzelkaufmannes) entscheidet nicht über die **Kaufmannseigenschaft** oder die Eigenschaft als Handelsgesellschaft iSv § 6. Maßgeblich ist insoweit das deutsche Recht, das heißt vor allem die § 1 und § 6. Ebenso ist für die **registerrechtliche Behandlung** der inländischen Zweigniederlassung eines ausländischen Unternehmens (Prüfung der Eintragungsvoraussetzungen; Registrierung; Bekanntmachung) deutsches Registerrecht anzuwenden (→ Rn. 2). 16

Die **europarechtlichen Vorschriften** der früheren Zweigniederlassungs-RL (heute GesR-RL, → § 13 Rn. 1) spielen insoweit keine Rolle, als es sich um einen Einzelkaufmann, eine Personenhandelsgesellschaft oder eine juristische Person mit Ausnahme der Kapitalgesellschaften (vergleichbare der AG, KGaA oder GmbH) handelt. Denn die GesR-RL enthält lediglich Vorschriften über die Offenlegung von inländischen Zweigniederlas- 17

---

32 KG FGPrax 2004, 45 = NZG 2004, 49; OLG Zweibrücken 2003, 135 = NZG 2003, 537; OLG Celle GmbHR 2003, 532; LG Trier NZG 2003, 778.

33 *Rinne,* Zweigniederlassungen ausländischer Unternehmen im deutschen Kollisions- und Sachrecht, 1998, 44 ff.; Oetker/*Preuß* Rn. 28; s. auch Staub/*Koch* Rn. 20 ff.

34 BeckOK HGB/*Müther* Rn. 4.

35 Näher dazu *Kühn/Krafka* NZG 2011, 209.

36 S. OLG München FGPrax 2006, 174; Palandt/*Thorn* EGBGB Art. 12 Rn. 13.

sungen ausländischer Kapitalgesellschaften.[37] Die übrigen Rechtsträger fallen daher nicht in den persönlichen Anwendungsbereich der GesR-RL,[38] so dass allenfalls europäische primärrechtliche Wertungen (zB Niederlassungsfreiheit Art. 49, 54 AEUV) Einfluss auf die nationale Rechtsanwendung entfalten können.

18 Gesellschaftsstatut oder Personalstatut entscheiden ferner nicht über die **Buchführungs- und Bilanzierungspflicht** der Zweigniederlassung; vielmehr sind die Vorschriften des deutschen Rechts maßgebend. Die Behandlung von **Prokura und Handlungsvollmacht** – und damit auch die Einordnung der Vertretungsmacht eines ständigen Vertreters nach § 13e Abs. 2 S. 5 Nr. 3 – richtet sich nach dem Vollmachtsstatut,[39] somit regelmäßig ebenfalls nach deutschem Recht.

19 **3. Firma der Zweigniederlassung. a) Anwendbares Recht.** Die Firma als Handelsname des ausländischen Unternehmens bestimmt sich bei dem Einzelkaufmann nach dem Personalstatut, bei den Personenhandelsgesellschaften und den Kapitalgesellschaften nach den jeweiligen Sachnormen des Gesellschaftsstatuts[40] (→ Rn. 15 ff.). Die Firma der ausländischen Gesellschaft und die der inländischen Zweigniederlassung sind beide Gegenstand der Prüfung durch das inländische Registergericht. Die Prüfungsmaßstäbe differieren jedoch (→ Rn. 19 f.).

20 **b) Prüfung durch das Registergericht.** Nach den §§ 13d–13g ist die inländische Zweigniederlassung eines ausländischen Unternehmens wie eine Hauptniederlassung zu behandeln. Das deutsche Registergericht hat daher alle Voraussetzungen der Eintragung festzustellen. Enthält die ausländische Firma der Öffentlichkeit nicht verständliche (zB chinesische oder arabische) Schriftzeichen, müssen diese in die lateinische Schrift übertragen werden. Zu prüfen sind sodann auch die nach ausländischem Recht zu beurteilenden Eintragungsvoraussetzungen, zB die wirksame Gründung der ausländischen Gesellschaft, die im Inland die Zweigniederlassung errichtet. Es ist daher auch die **Zulässigkeit der ausländischen Firma** nach ausländischem Recht zu untersuchen.[41] Allerdings sind weitergehende Prüfungen durch das Registergericht insoweit nicht angezeigt, wenn die jeweilige Firma durch die aufgrund des ausländischen Satzungssitzes zuständige ausländische Stelle ordnungsgemäß in das dort geführte staatliche Handelsregister eingetragen wurde und dies in der vorgeschriebenen Form nachgewiesen wird. Angesichts der 1998 erfolgten weitgehenden Liberalisierung des inländischen Firmenrechts wird eine nach ihrem Sitzrecht zulässige ausländische Firma nur in Ausnahmefällen mit dem inländischen ordre public (Art. 6 EGBGB), zB unter dem Gesichtspunkt des Irreführungsverbotes (§ 18 Abs. 2) oder fehlender Unterscheidbarkeit (§ 18 Abs. 1) in Konflikt geraten können (→ Vor § 17 Rn. 36).[42]

21 Für die sich anschließende Prüfung des Registergerichts, ob auch die **Firma der Zweigniederlassung,** die ggf. mit der ausländischen Firma identisch ist, keinen Bedenken begegnet, gilt – als das Recht des „Sitzes der Zweigniederlassung" – das im Einzelfall europarechtskonform anzuwendende *deutsche Recht.*[43] Zu prüfen ist, ob die nach ausländischem Recht zulässige Firma nach den Regeln des inländischen Firmenrechts zur Bildung der Firma der Zweigniederlassung benutzt werden kann. Die Firmen dürfen gleich sein,

[37] Näher *Seibert* GmbHR 1992, 738 f.
[38] *Kindler* NJW 1993, 3301 (3303).
[39] OLG München FGPrax 2006, 174; OLG Hamm FGPrax 2006, 276; BGHZ 43, 21 (26).
[40] OLG Frankfurt FGPrax 2008, 165; *Tersteegen,* Kollisionsrechtliche Behandlung ausländischer Kapitalgesellschaften im Inland, 2002, 225; *Rehberg* in Eidenmüller Ausl. KapGes. § 5 Rn. 28; hinsichtlich des namensrechtlichen Teils der Firma zust. *Karsten Schmidt* in Lutter, Europäische Auslandsgesellschaften in Deutschland, 2005, 27; Staub/*Koch* Rn. 21; aA *Kindler* NJW 2003, 1073 (1079), der für Gesellschaften mit Verwaltungssitz im Inland deutsches Firmenrecht zur Anwendung bringen will; ebenso BeckOK HGB/*Müther* Rn. 19.
[41] Näher *Bokelmann* DB 1990, 1021 (1022 f.); *Bokelmann* ZGR 1994, 325 (329 f.); Staub/*Koch* Rn. 24.
[42] Baumbach/Hopt/*Hopt* § 17 Rn. 49; s. auch BayObLGZ 1986, 61; LG Hagen NJW 1973, 2162.
[43] KG FGPrax 2008, 35 = NZG 2008, 80; OLG München NZG 2007, 824 = GmbHR 2007, 855; KG FGPrax 2004, 248 = NJW-RR 2004, 976; Oetker/*Preuß* Rn. 30; *Rehberg* in Eidenmüller Ausl. KapGes. § 5 Rn. 44.

können sich aber selbst im Firmenkern unterscheiden, sofern nur die Eigenschaft als Zweigniederlassung und auch die Firma der Hauptniederlassung bzw. des Sitzes in der Firma der Zweigniederlassung deutlich erkennbar werden (→ § 13 Rn. 23 ff.). Anders als bei der Firma der Zweigniederlassung eines inländischen Unternehmens (→ § 13 Rn. 23) wurde ursprünglich davon ausgegangen, dass auch bei Firmenidentität des ausländischen Unternehmens mit der inländischen Zweigniederlassung der Firma der letzteren ein Zusatz beigefügt werden muss, der zum Ausdruck bringt, dass es sich um die Firma einer Zweigniederlassung eines ausländischen Rechtsträgers handelt.[44] Nach hM darf im Übrigen die Firma der inländischen Zweigniederlassung eines ausländischen Unternehmens nicht den Grundsatz der Firmenwahrheit und Firmenklarheit verletzen.[45] Zur Begründung wird auf den ordre public (Art. 6 EGBGB) und darauf abgestellt, dass andernfalls ausländische Firmen bevorzugt würden.[46] Bei einem Verstoß gegen § 18 wird vertreten, dass die Firma der Zweigniederlassung unzulässig ist und die Eintragung der Zweigniederlassung abgelehnt werden muss.[47] Das ist im Hinblick auf die europarechtlich vorgegebene sekundäre **Niederlassungsfreiheit** (Art. 49, 54 AEUV) bedenklich, weil im Ergebnis das einem ausländischen Unternehmen zustehende Recht, seine Firma im europäischen Ausland zu führen, genommen würde, und so mittelbar die Befugnis, sich im Inland niederzulassen, eingeschränkt wird. Da die Niederlassungsfreiheit maßgeblich auch dadurch verwirklicht wird, unter derselben Firma im gesamten europäischen Raum tätig zu sein, ist daher vielmehr davon auszugehen, dass ausländische Rechtsträger ihre Firma grundsätzlich unverändert und ohne Zusätze auch für im Inland eingerichtete Zweigniederlassungen verwenden dürfen[48] (zu Modifikationen → Rn. 22 f.).

c) Beifügung eines Rechtsformzusatzes. aa) Verwechslungsfähige ausländische Rechtsformzusätze. Dieser Grundsatz der unveränderten Übernahme ausländischer Firmen ist in Bezug auf die durch das inländische Firmenrecht verlangte Beifügung eines aussagekräftigen Rechtsformzusatzes (§ 19 Abs. 1) zu modifizieren. So ist insbesondere bei einem Rechtsformzusatz, der mit einem gleich lautenden inländischen verwechselt werden kann (zB schweizerische AG, österreichische GesmbH), eine Firmenanpassung für die im Inland auftretende Zweigniederlassung geboten, weil sich Kapitalausstattung und Vermögensstruktur der verschiedenen Rechtsordnungen erheblich voneinander unterscheiden.[49] In diesem Fall ist es unter Berücksichtigung des § 18 Abs. 2 daher erforderlich, dass der Firma der Zweigniederlassung entnommen werden kann, welchem Gesellschaftsstatut der Rechtsträger unterliegt. Dies kann entweder ausdrücklich geschehen („KAV Kapitalanlagevermittlung AG nach schweizerischem Recht“)[50] oder durch Aufnahme des allgemein bekannten ausländischen Sitzortes („KAV Kapitalanlagevermittlung AG – Zürich/Schweiz“) ist. 22

bb) Im Inland unbekannte ausländische Rechtsformzusätze. Ist der ausländische Rechtsformzusatz in Deutschland unbekannt (zB „plc“ für eine englische public limited company oder „EHF“ für eine isländische Gesellschaft mit beschränkter Haftung), so ist es neben der unveränderten Übernahme dieser fremdsprachlichen Kurzform[51] nur dann 23

---

44 S. Begr. RegE eines Gesetzes zur Durchführung der Elften Richtlinie des Rates der Europäischen Gemeinschaften (→ § 13 Rn. 1), BT-Drs. 12/3908, 15; Baumbach/Hopt/*Hopt* Rn. 4.

45 BayObLGZ 1986, 61 (64); vgl. KKRD/*Roth* Rn. 7.

46 KGJ 42, 159 (161).

47 OLG München NZG 2011, 157; OLG Frankfurt FGPrax 2008, 165; KG Rpfleger 2007, 85; OLG München NZG 2007, 824 = GmbHR 2007, 855; Staub/*Koch* Rn. 72; Oetker/*Preuß* Rn. 36; Baumbach/Hopt/*Hopt* Rn. 4.

48 Ebenso OLG Düsseldorf FGPrax 2017, 119; OLG Hamm FGPrax 2008, 262; s. Staub/*Koch* Rn. 25 mwN.

49 Vgl. LG Hagen NJW 1973, 2162 für eine AG in Vaduz; EBJS/*Reuschle* Anh. § 17 Rn. 25; *Bokelmann,* Das Recht der Firmen und Geschäftsbezeichnungen, 5. Aufl. 2000, Rn. 374a.

50 *Kögel* Rpfleger 1993, 8 (10).

51 *Bokelmann,* Das Recht der Firmen und Geschäftsbezeichnungen, 5. Aufl. 2000, Rn. 429; *Kögel* Rpfleger 1993, 8 (9).

erforderlich, dass in der Firma der Zweigniederlassung die ausländische Herkunft offen gelegt wird, wenn die Stellung des Rechtsformzusatzes Anlass zu Zweifeln gibt, ob der Verkehr ihn als solchen zutreffend erkennen kann. Dies dürfte etwa dann der Fall sein, wenn der Zusatz in mehreren Buchstabenkombinationen „versteckt" wird (zB bei „PA SA Sanchez GUB") oder bei den verwendeten Buchstabenfolgen keine eindeutige Zuordnung möglich ist (zB bei „EPE Laxness Kft" erfüllt EPE die griechische und Kft die ungarische Herkunftsfirmierung). Hierfür genügt allerdings die Aufnahme des Zusatzes „Zweigniederlassung Deutschland", da diese in ausreichender Weise auf den gegebenen internationalen Bezug aufmerksam macht (zB „EPE Laxness EHF Zweigniederlassung Deutschland"). Alternativ kann auch in diesem Fall durch Aufnahme des allgemein zuordenbaren Sitzortes auf die anzuwendende Rechtsordnung hingewiesen werden (zB „Laxness EHF – Reykjavik"). In dieser Fallgruppe ist es allerdings nicht gestattet, einen erläuternden Zusatz beizufügen, der das Substitutionsergebnis darstellt (zB „GmbH nach isländischem Recht"), da eine solche Ergänzung der Zweigniederlassungsfirma durch Aufnahme des deutschen Rechtsformzusatzes „GmbH" ihrerseits irreführend wirken würde und daher nach § 18 Abs. 2 untersagt ist.[52] Sieht das ausländische Recht keinen Rechtsformzusatz vor, so ist das anzuwendende Recht entweder ausdrücklich in Bezug zu nehmen (zB mit dem Zusatz „Gesellschaft jordanischen Rechts") oder durch Aufnahme des Sitzortes offen zu legen (zB durch den Zusatz „mit dem Sitz in Nanking/Volksrepublik China").[53] Ist die betreffende ausländische Rechtsform dem deutschen Recht nicht bekannt, etwa als Mischform zwischen Kapital- und Personenhandelsgesellschaft, ist ebenfalls auf diese Weise auf die ausländische Herkunft hinzuweisen. In allen übrigen Fällen kann die ausländische Firma unverändert auch im Inland als Firma der Zweigniederlassung verwendet werden.[54]

24 **cc) Europarechtskonforme Anwendung.** Die in → Rn. 23 beschriebene Modifizierung des Grundsatzes der europaweit einheitlichen Firmenführung begegnet keinen primärrechtlichen Bedenken. Zwar handelt es sich um eine Beschränkung der Niederlassungsfreiheit nach Art. 49, 54 AEUV, die jedoch geringfügig ist, nicht in das interne Organisationsgefüge des Rechtsträgers eingreift und zur Sicherung des gebotenen Gläubigerschutzes im Inland geeignet und verhältnismäßig ist.[55] Dagegen greift die Auffassung, dass der ausländische Rechtsträger im Inland stets und unabhängig von dessen Verwechslungseignung (→ Rn. 21) mit einem ausgeschriebenen und ggf. übersetzten Rechtsformzusatz auftreten muss, dem das Herkunftsland zu entnehmen ist,[56] ungerechtfertigt weit in die europarechtlich vorgegebene Niederlassungsfreiheit ein.

III. Verfahren

25 **1. Prüfung und anzuwendendes Recht.** Für das Verfahren gilt **deutsches Registerrecht** als **lex fori** (→ Rn. 2).[57] Zuständig ist das Gericht am Ort der Zweigniederlassung (vgl. Abs. 1). Die inländische Zweigniederlassung ist so zu behandeln, als ob sie eine Hauptniederlassung oder Niederlassung am Sitz der Gesellschaft wäre (Abs. 3). Die Anmeldung der Zweigniederlassung ist daher im Wesentlichen wie die einer inländischen Hauptnieder-

---

52 Ebenso Oetker/*Preuß* Rn. 37.

53 Ähnlich EBJS/*Reuschle* Anh. § 17 Rn. 30, der allerdings den Zusatz „Gesellschaft ausländischen Rechts" für „in der Regel" ausreichend hält.

54 Vgl. EBJS/*Reuschle* Anh. § 17 Rn. 25; weitgehend für die unveränderte Verwendung von ausländischen Rechtsformzusätzen Staub/*Koch* Rn. 28.

55 *Tersteegen,* Kollisionsrechtliche Behandlung ausländischer Kapitalgesellschaften im Inland, 2002, 225; *Rehberg* in Eidenmüller Ausl. KapGes. § 5 Rn. 62; aA *Karsten Schmidt* in Lutter, Europäische Auslandsgesellschaften in Deutschland, 2005, 39 f.

56 *Kindler* NJW 2003, 1073 (1079); *Ulmer* JZ 1999, 662 (663); *Bokelmann,* Das Recht der Firmen und Geschäftsbezeichnungen, 5. Aufl. 2000, Rn. 429; *Kögel* Rpfleger 1993, 8 (9).

57 OLG Hamm FGPrax 2008, 167 = DNotZ 2008, 630; OLG Jena FGPrax 2006, 127 = NZG 2006, 434; KG FGPrax 2004, 45 = NZG 2004, 49; BayObLGZ 1973, 209; Staub/*Koch* Rn. 47; EBJS/*Pentz* Rn. 16; KKRD/*Roth* Rn. 2.

lassung vorzunehmen und zu prüfen[58] (→ Rn. 20), was sich daraus erklärt, dass das ausländische Unternehmen in keinem **inländischen Register** eingetragen ist und daher bislang registerrechtlich nicht überprüft werden konnte.[59] Durch das Registergericht ist auch die wirksame Gründung der ausländischen Gesellschaft anhand der nach ausländischem Recht zu beurteilenden Eintragungsvoraussetzungen festzustellen,[60] wobei auf die entsprechenden Eintragungen und Entscheidungen im Staat des Satzungssitzes abzustellen ist (→ Rn. 20), da die Zweigniederlassung im Inland grundsätzlich ein Abbild der ausländischen Hauptniederlassung abgeben soll (→ Rn. 2); Eintragungen von anderen ausländischen Zweigniederlassungen in weiteren Drittstaaten haben hingegen keine „indizielle" Bedeutung.[61] Zu ermitteln ist ferner, ob die Zweigniederlassung errichtet und die Unterscheidbarkeit der Firma iSv § 30 gegeben ist. Dass sich die Hauptniederlassung oder der Satzungssitz der Gesellschaft im Ausland befinden, hat der Anmeldende nachzuweisen (→ Rn. 5 ff.).

26 Die Vorschriften für Hauptniederlassungen oder Niederlassungen am Sitz der Gesellschaft gelten aber nur insoweit sinngemäß, als nicht **das ausländische Recht Abweichungen nötig macht** (Abs. 3). Dem Registergericht ist es daher verwehrt, in die von dem ausländischen Recht festgelegten Verhältnisse des Unternehmens einzugreifen und die Entstehungsvoraussetzungen und Struktur der ausländischen Gesellschaft zu beeinflussen. Ein auch nur mittelbar wirkender Anpassungszwang darf nicht ausgeübt werden.[62] Im Übrigen gelten nach Abs. 3 und § 13f und § 13g für die Anmeldung und Eintragung von Zweigniederlassungen ausländischer Kapitalgesellschaften (vergleichbar einer AG, KGaA, GmbH) die dort angeführten Besonderheiten.

27 **2. Anmeldungen und Einreichungen.** Sie haben nach Abs. 1 bei dem Gericht zu erfolgen, in dessen Bezirk die Zweigniederlassung liegt.[63] Die Anmeldepflicht besteht, sobald die Zweigniederlassung errichtet ist. Der Inhalt der Anmeldung ergibt sich aus Abs. 1 und mittelbar aus Abs. 2. Die Form bestimmt sich nach § 12, anzumelden ist in deutscher Sprache (§ 184 GVG). Dokumente sind entsprechend § 13f Abs. 2 S. 1 und § 13g Abs. 2 S. 1 in beglaubigter Übersetzung einzureichen, wobei ausreichend ist, dass die übersetzende Person in einem deutschen Bundesland gerichtlich bestellt ist.[64] Auf die Sprachkenntnisse des Registerführenden kommt es naturgemäß nicht an, da die eingereichten Dokumente zur Einsichtnahme auch Dritten, möglicherweise nicht Fremdsprachenkundigen zur Verfügung zu stellen sind (vgl. im Übrigen die Wertung des § 11).[65] Ungenauigkeiten bei der Übersetzung rechtfertigen hierbei weitere Nachforschungen oder gar die Zurückweisung des Antrags nur, wenn sie nicht durch eigene Kenntnisse des Gerichts behoben werden können.[66] Anmeldepflichtig ist der Einzelkaufmann, bei den juristischen Personen des § 33 die Mitglieder des Vorstandes und bei den Personenhandelsgesellschaften die Gesellschafter, und zwar jeweils in vertretungsberechtigter Zahl. Letzteres erscheint im Hinblick auf § 13e Abs. 2 S. 1 gerechtfertigt, der für die Kapitalgesellschaften nicht mehr wie früher § 44 Abs. 1 S. 1 AktG aF die Anmeldung durch sämtliche Vorstandsmitglieder vorschreibt.[67] Der ständige Vertreter der Zweigniederlassung ist nur im Rahmen des § 13e Abs. 4, also für die Eintragung eines Insolvenzvermerks, anmeldebefugt.

28 Generell **anzumelden** und **einzutragen** sind Änderungen bei den organschaftlichen Vertretern des ausländischen Rechtsträgers[68] und entsprechend § 13h ebenso die Verlegung

---

[58] BayObLGZ 1985, 272 (278).
[59] Vgl. auch BayObLGZ 1986, 351 (355).
[60] Staub/*Koch* Rn. 65; Baumbach/Hopt/*Hopt* Rn. 1.
[61] BayObLGZ 1985, 272 (281 f.).
[62] BayObLGZ 1986, 351 (356); Baumbach/Hopt/*Hopt* Rn. 6.
[63] Hierzu OLG Schleswig Rpfleger 2007, 666.
[64] OLG Hamm FGPrax 2008, 167 = DNotZ 2008, 630.
[65] Nicht überzeugend daher OLG Schleswig FGPrax 2012, 127.
[66] OLG Hamm FGPrax 2008, 167 = DNotZ 2008, 630.
[67] Oetker/*Preuß* Rn. 39; aA Staub/*Koch* Rn. 58, der sich zu Unrecht auf die Neufassung der Vorschrift durch das MoMiG beruft; KKRD/*Roth* Rn. 6.
[68] KG FGPrax 2012, 171; BeckOK HGB/*Müther* Rn. 21.

der Zweigniederlassung im Inland.[69] Erlischt die Hauptniederlassung im Ausland, so fällt auch die Zweigniederlassung im Inland weg, die sodann von Amts wegen nach § 395 FamFG zu löschen ist.[70] Zur Wahrung des Abbildcharakters der Zweigniederlassung hinsichtlich der ausländischen Hauptniederlassung (→ Rn. 2) ist hinsichtlich solcher Umstände, die den Rechtsträger selbst und nicht nur die inländische Zweigniederlassung betreffen, ggf. ein Nachweis über die entsprechende Publizierung im ausländischen Heimatregister beizubringen. Bei der Ermittlung von Änderungen soll im Rahmen der europäischen Registervernetzung bei Kapitalgesellschaften die geplanten Vorschriften des § 13e Abs. 4 (→ § 13e Rn. 3) helfen.

29 **3. Eintragung und Bekanntmachung.** Auch hier gilt wieder der Grundsatz, dass die Zweigniederlassung wie eine Hauptniederlassung zu behandeln ist; allerdings wirkt – wie im Rahmen des § 13 Abs. 1 (→ § 13 Rn. 17) – die Ersteintragung der Zweigniederlassung unabhängig von der Rechtsform des Unternehmensträgers lediglich **deklaratorisch** (→ Rn. 12). Daher ist durch das Registergericht – anders als bei Zweigniederlassungen inländischer Rechtsträger – positiv zu prüfen, ob die Zweigniederlassung im Inland tatsächlich errichtet wurde.[71] Eintragungen und Bekanntmachungen erfolgen nach den für Hauptniederlassungen geltenden Grundsätzen. Nach Abs. 2 hat die Eintragung auch den Ort der Zweigniederlassung und eine inländische Geschäftsanschrift zu enthalten sowie ggf. einen der Firma der Zweigniederlassung beigefügten Zusatz, was auch nach § 10 bekanntzumachen ist. Die Bekanntmachung muss den Inhalt der Eintragung unter Beachtung der § 33 HRV und § 34 HRV wiedergeben. Nach § 43 HRV sind in Spalte 6 des Handelsregisters Abteilung B bei ausländischen Versicherungsunternehmen die gem. § 106 Abs. 3 VAG bestellten Hauptbevollmächtigten mit Vornamen, Familiennamen, Geburtsdatum und Wohnort einzutragen. Bei einer Zweigstelle eines Unternehmens mit Sitz in einem anderen Staat, die Bankgeschäfte in dem in § 1 Abs. 1 KWG bezeichneten Umfang betreibt, sind die gem. § 53 Abs. 2 Nr. 1 KWG bestellten Geschäftsleiter mit Vornamen, Familiennamen, Geburtsdatum und Wohnort ebenfalls in Spalte 6 des Handelsregisters Abteilung B einzutragen.

IV. Rechtslage in Österreich

30 Anstelle der komplizierten Vorschriften der §§ 13d–13g sieht das österreichische Recht lediglich in der übersichtlich gefassten Regelung des § 12 UGB die Eintragung inländischer Zweigniederlassungen ausländischer Rechtsträger vor. Der nähere Inhalt der anzumeldenden und einzutragenden Umstände ergibt sich aus den Bestimmungen des Firmenbuchgesetzes.

§ 13e Zweigniederlassungen von Kapitalgesellschaften mit Sitz im Ausland

(1) Für Zweigniederlassungen von Aktiengesellschaften und Gesellschaften mit beschränkter Haftung mit Sitz im Ausland gelten ergänzend zu § 13d die folgenden Vorschriften.

(2) [1]Die Errichtung einer Zweigniederlassung einer Aktiengesellschaft ist durch den Vorstand, die Errichtung einer Zweigniederlassung einer Gesellschaft mit beschränkter Haftung ist durch die Geschäftsführer zur Eintragung in das Handelsregister anzumelden. [2]Bei der Anmeldung ist das Bestehen der Gesellschaft als solcher nachzuweisen. [3]Die Anmeldung hat auch eine inländische Geschäftsanschrift und den Gegenstand der Zweigniederlassung zu enthalten. [4]Daneben kann eine Person, die für Willenserklärungen und Zustellungen an die Gesellschaft empfangsberechtigt ist, mit einer inländischen Anschrift zur Eintragung in das Han-

69 OLG München NZG 2011, 117; BeckOK HGB/*Müther* Rn. 22.
70 KG FGPrax 2012, 230; BeckOK HGB/*Müther* Rn. 23; s. näher *Krafka* RegisterR Rn. 337a.
71 OLG Karlsruhe NZG 2012, 553; *Krafka* RegisterR Rn. 326.

delsregister angemeldet werden; Dritten gegenüber gilt die Empfangsberechtigung als fortbestehend, bis sie im Handelsregister gelöscht und die Löschung bekannt gemacht worden ist, es sei denn, dass die fehlende Empfangsberechtigung dem Dritten bekannt war. [5]In der Anmeldung sind ferner anzugeben

1. **das Register, bei dem die Gesellschaft geführt wird, und die Nummer des Registereintrags, sofern das Recht des Staates, in dem die Gesellschaft ihren Sitz hat, eine Registereintragung vorsieht;**
2. **die Rechtsform der Gesellschaft;**
3. **die Personen, die befugt sind, als ständige Vertreter für die Tätigkeit der Zweigniederlassung die Gesellschaft gerichtlich und außergerichtlich zu vertreten, unter Angabe ihrer Befugnisse;**
4. **wenn die Gesellschaft nicht dem Recht eines Mitgliedstaates der Europäischen Union oder eines anderen Vertragsstaates des Abkommens über den Europäischen Wirtschaftsraum unterliegt, das Recht des Staates, dem die Gesellschaft unterliegt.**

(3) [1]Die in Absatz 2 Satz 5 Nr. 3 genannten Personen haben jede Änderung dieser Personen oder der Vertretungsbefugnis einer dieser Personen zur Eintragung in das Handelsregister anzumelden. [2]Für die gesetzlichen Vertreter der Gesellschaft gelten in Bezug auf die Zweigniederlassung § 76 Abs. 3 Satz 2 und 3 des Aktiengesetzes sowie § 6 Abs. 2 Satz 2 und 3 des Gesetzes betreffend die Gesellschaften mit beschränkter Haftung entsprechend.

(3a) [1]An die in Absatz 2 Satz 5 Nr. 3 genannten Personen als Vertreter der Gesellschaft können unter der im Handelsregister eingetragenen inländischen Geschäftsanschrift der Zweigniederlassung Willenserklärungen abgegeben und Schriftstücke zugestellt werden. [2]Unabhängig hiervon können die Abgabe und die Zustellung auch unter der eingetragenen Anschrift der empfangsberechtigten Person nach Absatz 2 Satz 4 erfolgen.

(4) Die in Absatz 2 Satz 5 Nr. 3 genannten Personen oder, wenn solche nicht angemeldet sind, die gesetzlichen Vertreter der Gesellschaft haben die Eröffnung oder die Ablehnung der Eröffnung eines Insolvenzverfahrens oder ähnlichen Verfahrens über das Vermögen der Gesellschaft zur Eintragung in das Handelsregister anzumelden.

(5) [1]Errichtet eine Gesellschaft mehrere Zweigniederlassungen im Inland, so brauchen die Satzung oder der Gesellschaftsvertrag sowie deren Änderungen nach Wahl der Gesellschaft nur zum Handelsregister einer dieser Zweigniederlassungen eingereicht zu werden. [2]In diesem Fall haben die nach Absatz 2 Satz 1 Anmeldepflichtigen zur Eintragung in den Handelsregistern der übrigen Zweigniederlassungen anzumelden, welches Register die Gesellschaft gewählt hat und unter welcher Nummer die Zweigniederlassung eingetragen ist.

(6) Die Landesjustizverwaltungen stellen sicher, dass die Daten einer Kapitalgesellschaft mit Sitz im Ausland, die im Rahmen des Europäischen Systems der Registervernetzung (§ 9b) empfangen werden, an das Registergericht weitergeleitet werden, das für eine inländische Zweigniederlassung dieser Gesellschaft zuständig ist.

Schrifttum: s. § 13d; *Bauer/Großerichter,* Zur Durchsetzung deutscher Bestellungshindernisse von Geschäftsleitern gegenüber ausländischen Gesellschaften, NZG 2008, 253; *Bönner,* Zweigniederlassungen ausländischer Gesellschaften in der notariellen Praxis, RNotZ 2015, 253; *Heidinger,* Der „ständige Vertreter" der Zweigniederlassung einer ausländischen Kapitalgesellschaft, MittBayNot 1998, 72; *Klose-Mokroß,* Die Eintragung der Zweigniederlassung einer englischen „private limited company" in das deutsche Handelsregister, DStR 2005, 971 und DStR 2005, 1013; *Plesse,* Neuregelung des Rechts der Offenlegung von Zweigniederlassungen, DStR 1993, 133; *Schall,* Nochmals: In-Sich-Geschäfte bei englischen private limited companies, NZG 2006,

54; *Schmidt,* Innovation durch „Innoventif"?, NZG 2006, 899; *Steffek,* Zustellungen und Zugang von Willenserklärungen nach dem Regierungsentwurf zum MoMiG – Inhalt und Bedeutung der Änderungen für GmbHs, AGs und ausländische Kapitalgesellschaften, BB 2007, 2077; *Willer/Krafka,* Anregungen zu einer international zeitgemäßen Anwendung des § 181 BGB im Gesellschaftsrecht, NZG 2006, 495.

Übersicht

I. Allgemeines

1 **1. Überblick und Normzweck.** § 13e enthält in den Abs. 2–4 gemeinsame Anmeldeerfordernisse für Zweigniederlassungen von Kapitalgesellschaften, die ihren Sitz im Ausland haben. Als Sitz der Kapitalgesellschaft ist dabei zumindest im europäischen Rechtsraum der Satzungssitz zu verstehen, da ein hiervon abweichender effektiver Verwaltungssitz keinen Statutenwechsel bewirkt (→ § 13d Rn. 7). Geregelt ist durch § 13e insbesondere die **registerrechtliche Behandlung** der inländischen Zweigniederlassung. Die angestrebte **Publizität der Gesellschaftsverhältnisse**[1] ist hier von besonderer Bedeutung, weil die ausländische Gesellschaft, deren Teil die inländische Zweigniederlassung ist und auf deren Rechtsverhältnisse es entscheidend ankommen kann (→ § 13d Rn. 12 f.), als solche nicht in einem inländischen Register eingetragen wird. Im Zusammenhang mit der Anmeldung einer inländischen Zweigniederlassung prüft daher das Registergericht zum einen anhand der Angaben die wirksame Gründung der ausländischen Gesellschaft (→ § 13d Rn. 20, → § 13d Rn. 25), zum anderen erfährt das inländische Publikum wichtige Daten der ausländischen Gesellschaft. Denn nach den § 13f Abs. 3, § 13g Abs. 3 sind auch die Angaben nach Abs. 2 S. 3–5 in das inländische Register der Zweigniederlassung einzutragen. Die Vorschrift beruht maßgeblich auf den Bestimmungen der ursprünglichen europäischen Zweigniederlassungs-RL (früher RL 89/666/EWG), die – nunmehr als **Art. 30 GesR-RL** in Kraft – den Kreis der offenzulegenden Tatsachen abschließend[2] beschreibt.

2 **2. Änderungen im Jahr 2008.** Durch das MoMiG (→ § 8 Rn. 3) wurde die Vorschrift teilweise neu gefasst. Dabei wurde der vormals erforderliche Nachweis staatlicher Genehmigungen für den Betrieb der Zweigniederlassung zur Verfahrensvereinfachung ersatzlos gestrichen. Im Gegenzug eingeführt wurde das zwingende Erfordernis der Eintra-

[1] Hüffer/Koch/*Koch* Rn. 1.
[2] Insoweit auf den Harmonisierungszweck der RL abstellend EuGH NJW 2003, 3331 Rn. 69 – Inspire Art.

gung einer inländischen Geschäftsanschrift im Handelsregister (Abs. 2 S. 3) und die freiwillige Möglichkeit der Eintragung einer empfangsberechtigten Person (Abs. 2 S. 4, → Rn. 13 f.). Mit Abs. 3a wurde eine neue Regelung vor allem zur Erleichterung der Zustellung geschaffen. Darüber hinaus wurde eine allgemeine Vertretungsbeschränkung für gesetzliche Vertreter ausländischer Kapitalgesellschaften statuiert (Abs. 3 S. 2, → Rn. 11 ff.).

3. Änderung zur Richtlinienumsetzung. Im Rahmen der Umsetzung der 2012 neu geschaffenen Bestimmungen, die nun als Art. 20 und 33 f. GesR-RL in Kraft sind, ist es erforderlich, dass die Landesjustizverwaltungen sicher stellen, dass die Daten einer Kapitalgesellschaft mit Sitz im Ausland, die im Rahmen des Europäischen Systems der Registervernetzung empfangen werden, an das Registergericht weitergeleitet werden, das für eine inländische Zweigniederlassung dieser Gesellschaft zuständig ist.[3] Die Weiterleitung, die von den Ländern gem. Abs. 6 technisch zu bewerkstelligen ist, gibt dem Registergericht die Möglichkeit, sodann entweder eine erforderliche Anmeldung nach § 14 zu erzwingen oder eine etwa erforderliche Löschung von Amts wegen einer nunmehr unrichtigen Eintragung nach § 395 FamFG zu veranlassen. Ziel der Regelung ist es, den Gleichlauf des Inhalts von ausländischem Heimatregister mit dem inländischem Zweigniederlassungsregister besser als bisher zu gewährleisten. Im Übrigen sieht § 9b vor, dass über das Europäische Justizportal als zentrale europäische Plattform bestimmte Informationen über europäische Kapitalgesellschaften ausgetauscht werden, wie etwa Insolvenzmaßnahmen, Auflösungen, Löschungen und grenzüberschreitende Verschmelzungen. 3

II. Die einzelnen Offenlegungspflichten für ausländische Kapitalgesellschaften

1. Erfasste Rechtsformen. a) Gesetzeswortlaut. Abs. 1 nennt ausdrücklich nur die **Aktiengesellschaft** und die **Gesellschaft mit beschränkter Haftung.** Als Kapitalgesellschaft im Sinne der amtlichen Überschrift des § 13e ist aber – wie sich aus § 13f Abs. 7 ergibt – zudem die Kommanditgesellschaft auf Aktien einzuordnen. Auch die meisten europäischen Rechte ordnen die KGaA als Kapitalgesellschaft ein.[4] Die KGaA ist eine Mischform von AG und KG mit Schwerpunkt im Aktienrecht.[5] § 13e erfasst daher entgegen der ursprünglichen Begründung zum Regierungsentwurf[6] auch die **KGaA.**[7] 4

b) Vergleichbare ausländische Rechtsformen. Abs. 1 spricht von Zweigniederlassungen von Aktiengesellschaften und Gesellschaften mit beschränkter Haftung mit Sitz im Ausland. Gemeint sind aber im Sinne der amtlichen Überschrift inländische Zweigniederlassungen derartiger ausländischer Gesellschaften, die eine der AG, KGaA oder GmbH vergleichbare Rechtsform haben. Das Registergericht muss also prüfen, ob die ausländische Gesellschaft der inländischen AG, KGaA oder GmbH verwandte Strukturen aufweist.[8] Hat das ausländische Unternehmen seinen **Sitz in einem EU- oder EWR-Mitgliedstaat,** darf das Gericht aber nicht wie sonst, also bei Gesellschaften aus Drittstaaten, rechtsvergleichend qualifizieren (→ § 13d Rn. 9 f.). Denn Art. 29 GesR-RL verweist insoweit auf Anh. II GesR-RL. Daraus ergeben sich im Hinblick auf die Richtliniengebundenheit (→ § 13 Rn. 2) zwingend die der AG, KGaA und GmbH entsprechenden Gesellschaften der übrigen Mitgliedstaaten mit vergleichbarer Rechtsform. 5

aa) „Gesellschaften mit beschränkter Haftung". Danach – sowie unter Berücksichtigung weiterer vergleichender Betrachtungen – sind unter anderem folgende ausländische Rechtsformen der GmbH deutschen Rechts als iSd Abs. 1 vergleichbar anzusehen: 6

---

3 Vgl. BR-Drs. 227/14 vom 30.5.2014.
4 *Kindler* NJW 1993, 3301 (3303).
5 Hüffer/Koch/*Koch* AktG § 278 Rn. 1, 3.
6 BT-Drs. 12/3908, 15.
7 Staub/*Koch* Rn. 1; Oetker/*Preuß* Rn. 10; Baumbach/Hopt/*Hopt* Rn. 1; *Kindler* NJW 1993, 3301 (3303); KKRD/*Roth* Rn. 2.
8 Begr. RegE, BT-Drs. 12/3908, 15; Staub/*Koch* Rn. 6; Baumbach/Hopt/*Hopt* Rn. 3.

Albanien (Shoqeri Pergjegjesi te Kufizuar, ShPK); *Andorra* (Societat Limitada, SL); *Argentinien* (Sociedad de Responsabilidad Limitada, S. R. L.); *Belarus* (Obscestvah s Organicennoj Otvetsvennostju, OOO); *Belgien* (Société de Personnes à Responsabilité Limitée, S. P. R.L./Personenvennootschap met Beperkte Aansprakelijkheid, B. V. B.A.); *Bosnien und Herzegowina* (Drustva sa Ogranicenom Odgovornoscu, DOO); *Brasilien* (Sociedade por Quotas de Responsabilidade Limitada, Sociedade Limitada); *Bulgarien* (Drouzhestvo Organichena Otvogornost, OOD bzw. EOOD); *China* (Equity Joint Venture, EJV); *Dänemark* (Anpartsselskab, ApS); *Estland* (Osaühing, OÜ); *Finnland* (Ósakeyhtsó, ÓoyÓ/Aktiebolag, AB); *Frankreich* (Société à Responsabilité Limitée, S. A. R.L.); *Griechenland* (Etairia Periorismenis Evthinis, EPE); *Großbritannien* (Private Company Limited by Shares, Ltd.[9]); *Irland* (Private Company Limited by Shares); *Island* (Einkahlutafélag, Ehf); *Italien* (società a responsabilità limitata, S. R. L.); *Japan* (GmbH); *Kroatien* (Drustvo s Organicenom Odgovornonoscu, DOO); *Lettland* (Sabiedriba Ierobezotu Atbildibu, SIA); *Liechtenstein* (Gesellschaft mit beschränkter Haftung, GmbH); *Litauen* (Uzdaroji Akcinë Bendrovë, UAB); *Luxemburg* (Société à Responsabilité Limitée, S. A. R.L.); *Malta* (Limited Liability Company, LTD); *Mazedonien* (Drustvo so Ogranicena Odgovornost, DOO); *Mexiko* (GmbH); *Moldawien* (Socitate cu Raspundere Limitata, SRL); *Niederlande* (Besloten Vennootschap met Beperkte Aansprakelijkheid, B. V.); *Norwegen* (Aksjeselskap, AS); *Österreich* (Gesellschaft mit beschränkter Haftung, GmbH) *Polen* (Spólka z Ograniczonâ Odpowiedzialno^{3}ciâ, Sp. z. o. o.); *Portugal* (Sociedade de Responsabilidade Limitada por Quotas, L.da.); *Rumänien* (Societate cu Raspundere Limitata, SRL); *Russland* (Obscestvah Organicenoj Otvetstvennostju, OOO); *San Marino* (Società a Resposabilitata Limitatà, S. r. l.); *Schweden* (Aktiebolag, AB); *Schweiz* (Gesellschaft mit beschränkter Haftung, GmbH/Société à Responsabilité limitée, S. A. R.L.); *Serbien-Montenegro* (Drustvo sa Ogranicenom Odgovornoscu, DOO); *Slowakei* (spolecnost' s Rucením Obmedzeným, spol. s. r. o.); *Slowenien* (Druzba z Omejeno Odgovornostjo, D. O. O.); *Spanien* (Sociedad de Responsabilidad Limitada; SRL oder SL); *Südkorea* (GmbH); *Tschechische Republik* (Spolecnost s Rucením Omezeným, spol. s. r. o.); *Türkei* (Limited Sirketi, Ltd.Sti.); *Ukraine* (Towarystvo s Obmeshenoju Vidpovidal'nistju, TOO); *Ungarn* (Korlátolt Feleösségü Társaság, Kft); *Vereinigte Staaten von Amerika* (Limited Liability Company, LLC); *Zypern* (Etairia Periorismenis Evthinis, EPE).

7 **bb) „Aktiengesellschaften" und „Kommanditgesellschaften auf Aktien".** Unter Berücksichtigung vergleichender Betrachtungen sind zudem beispielsweise folgende ausländische Rechtsformen der AG deutschen Rechts als iSd Abs. 1 vergleichbar anzusehen:[10]

Belgien (Naamloze Vennootschap N. V./Société Anonyme, S. A.); *Brasilien* (Companhia/Sociedad Anonima); *Bulgarien* (akzionerno druzestvo); *Dänemark* (Aktieselskabet, A/S); *Estland* (aktiaselts, AS); *Finnland* (Osakeyhtiö/Aktiebolag); *Frankreich* (Société Anonime, S. A.); *Griechenland* (Anonimi Etairia, AE/SA); *Großbritannien* (Public Company Limited by Shares, Plc); *Irland* (Public Company Limited by Shares, Plc); *Italien* (Società per Azioni, S. p. a.); *Japan* (Kabushik-kaischa); *Kroatien* (Dionicko drustvo, d. d.); *Lettland* (akciiu sabiedriba, AS); *Liechtenstein* (Aktiengesellschaft, AG); *Luxemburg* (Société Anonyme, SA); *Malaysia* (Berhad); *Malta* (kumpanija pubblika); *Mexiko* (Sociedad Anonima); *Niederlande* (Naamloze Vennootschap, N. V.); *Norwegen* (Aksjeselskap, A/S); *Österreich* (Aktiengesellschaft, AG); *Panama* (Sociedad Anonima); *Paraguay* (sociedad anonima); *Polen* (Spólka akcyjna, S. A.); *Portugal* (Sociedade Anonima de Responsibilidade Limitada, CSA); *Rumänien* (societate pe actiuni); *Russland* (Otkrytoje akzionernoje oschtschestwo, OAO und zakrytoe akzionernoe oschtschestwo, ZAO); *Schweden* (Aktiebolag, AB); *Schweiz* (Aktiengesellschaft, AG/Société Anonime, SA); *Slowakei* (akciová spolocnost); *Slowenien* (delniska druzba); *Spanien* (Sociedad Anónima, SA); *Südkorea* (chusik-hoesa); *Tschechische Republik* (Akciova spolecnost, a. s.); *Türkei* (Anonim Sirket); *Ungarn* (részvénytársaság, Rt); *Venezuela* (compañía anónima); *Vereinigte Staaten von Amerika* (Public Corporation, inc./corp.).

8 Ferner kommen gemäß den Bestimmungen der GesR-RL (früher Publizitäts-RL) folgende ausländische Rechtsformen als der KGaA vergleichbar in Betracht:[11]

Belgien (commanditaire vennootschap op aandelen Comm.VA/société en commandite par actions SCA); *Bulgarien* (командитво дружество с акции); *Dänemark* (kommanditaktieselskab); *Frankreich* (société en commandite par actions SCA); *Griechenland* (ετερόρρυθμη κατά μετοχές εταιρία); *Italien* (società in accomandita per azioni S.a.p.a.); *Island* (samlagsféla); *Lettland* (kommanditsabiedr ba); *Luxemburg* (société en commandite par actions SCA); *Polen* (spółka komandytowo-akcyjna); *Portugal* (sociedade em comandita por acções); *Rumänien* (societate în comandită pe acțiuni); *Slowenien*: (komaditna delniška družba); *Spanien* (la sociedad comanditaria por acciones).

9 **2. Anmeldung und Ersteintragung der Zweigniederlassung. a) Anmeldeberechtigte Personen und Nachweise.** Abs. 2 S. 1 erlaubt nunmehr[12] die Anmeldung der

---

[9] S. OLG Frankfurt FGPrax 2006, 126; KG FGPrax 2004, 45.

[10] Vgl. Staub/*Koch* Rn. 10 f.; EBJS/*Pentz* Rn. 12 ff.; Oetker/*Preuß* Rn. 12 f.

[11] Vgl. BeckOK HGB/*Müther* Rn. 3.1.

[12] Anders früher für die AG § 44 Abs. 1 S. 1 AktG aF (alle Vorstandsmitglieder) und für die GmbH BayObLGZ 1985, 272 (277): sämtliche Geschäftsführer.

Errichtung der Zweigniederlassung durch Vorstandsmitglieder bzw. Geschäftsführer in vertretungsberechtigter Zahl. Zu berücksichtigen ist, dass nach der Vorschrift des Abs. 3 S. 2 nur solche Personen die Anmeldung abgeben können, die in ihrer Person die gesetzlichen Eignungsanforderungen für organschaftlicher Vertreter vergleichbarer inländischer Rechtsträger erfüllen (→ Rn. 12 ff.). Da es sich allerdings um keine höchst persönliche Erklärung handelt (→ § 13g Rn. 4), kann sie durch einzelne Organmitglieder in Stellvertretung für alle anderen abgegeben werden, so dass es nicht zwangsläufig der Mitwirkung aller organschaftlichen Vertreter des ausländischen Rechtsträgers bedarf.[13] Nach Abs. 2 S. 2 muss im Übrigen gegenüber dem Registergericht das Bestehen der Gesellschaft nachgewiesen werden (→ § 13d Rn. 5 ff.). Zum Nachweis der Vertretungsmacht anmeldender Organmitglieder besteht in der Rspr. eine ausgeprägte Meinungsvielfalt, insbesondere zum englischen Recht.[14] Ein Nachweis im Sinne der Beschlussfassung der Anteilsinhaber oder gar die Bestätigung einer weiteren Person – bei einer private limited company englischen Rechts etwa des Company Secretary – des betroffenen Rechtsträgers zur Errichtung der Zweigniederlassung in Deutschland ist nicht zu führen.[15] Dagegen sind ständige Vertreter iSd Abs. 2 S. 5 Nr. 3 nur im Rahmen der Abs. 3 und 4 zu Registeranmeldungen vertretungsberechtigt und somit nicht zur Ersteintragung einer Zweigniederlassung.[16]

b) Anmeldung und Eintragung. Nach Abs. 2 S. 3 muss die Anmeldung der Zweigniederlassung eine inländische Geschäftsanschrift und den ähnlich wie den satzungsmäßig bei deutschen Kapitalgesellschaften anzugebenden, ausreichend konkretisierten und individualisierten[17] Gegenstand der Zweigniederlassung enthalten (vgl. Art. 30 Abs. 1 lit. a GesR-RL). Sowohl die **inländische Geschäftsanschrift** der Zweigniederlassung als auch der Gegenstand der Zweigniederlassung werden nunmehr auch im Handelsregister eingetragen. Ersteres dient zur Umsetzung der in § 13d Abs. 2 Hs. 1 vorgesehenen Eintragung und wird überflüssigerweise durch entsprechende Bezugnahmen auf die einschlägigen Vorschriften des AktG und des GmbHG in § 13f und § 13g wiederholt. Das Registergericht hat mangels eines entsprechend gesetzlich angeordneten Prüfungsauftrags nicht näher zu untersuchen, ob der Gegenstand der Zweigniederlassung vom Unternehmensgegenstand des ausländischen Rechtsträgers mit umfasst ist.[18] Eingetragen und damit nach § 10 bekannt gemacht wird im Handelsregister nur der **Gegenstand der Zweigniederlassung,** nicht also auch der Unternehmensgegenstand der ausländischen Gesellschaft selbst.[19] Im Übrigen ist nach Abs. 2 S. 5 Nr. 1 in der Anmeldung einer Zweigniederlassung das Heimatregister der ausländischen Kapitalgesellschaft nebst der Registernummer anzugeben, sofern das ausländische Recht eine Registereintragung vorsieht (→ § 13d Rn. 6 ff.). Diese Angaben sind nach den § 13f Abs. 3 und § 13g Abs. 3 in das Handelsregister einzutragen (→ Rn. 1). Bei der Anmeldung der Zweigniederlassung muss ferner die Rechtsform der ausländischen Kapitalgesellschaft angegeben (Abs. 2 S. 5 Nr. 2) und nach den § 13f Abs. 3, § 13g Abs. 3 auch in das Register eingetragen werden. Lässt sich eine Gesellschaft nicht dem Recht eines Mitgliedstaates der EU oder des EWR (Island, Liechtenstein und Norwegen) zuordnen, so 10

[13] Ähnlich Oetker/*Preuß* Rn. 17 f., die allerdings eine entsprechende Nachreichung der vertretenen Organmitglieder verlangt, anders aber Oetker/*Preuß* Rn. 61; aA – Anmeldung durch sämtliche Vorstandsmitglieder – Staub/*Koch* Rn. 16 ohne Behandlung der Möglichkeit einer Vertretung; BeckOK HGB/*Müther* Rn. 8.

[14] Zusammenfassend OLG Nürnberg FGPrax 2015, 124; iE ua OLG Düsseldorf FGPrax 2015, 12; OLG Köln FGPrax 2013, 18; OLG Schleswig FGPrax 2012, 127; KG NZG 2004, 49; s. auch *Bönner* RNotZ 2015, 253 (266).

[15] OLG Düsseldorf NZG 2006, 317.

[16] KG Rpfleger 2012, 447; *Krafka* RegisterR Rn. 332; aA *Heinze* ZNotP 2009, 389 (392).

[17] OLG Schleswig FGPrax 2008, 217 = Rpfleger 2008, 500; OLG Frankfurt FGPrax 2006, 126 = NZG 2006, 515; OLG Düsseldorf NZG 2006, 317.

[18] OLG Hamm FGPrax 2006, 276; FGPrax 2006, 32 = NJW-RR 2005, 1626; OLG Düsseldorf NZG 2006, 317; OLG Frankfurt FGPrax 2006, 126 = NZG 2006, 515.

[19] OLG Frankfurt FGPrax 2006, 126 = NZG 2006, 515; s. auch EuGH Slg. 2006, I-4929 = NJW 2006, 3195 – innoventif Ltd.; hierzu *Schmidt* NZG 2006, 899; aA Staub/*Koch* Rn. 22 ff.

ist entsprechend Art. 37 lit. c GesR-RL auch das Recht, dem diese Gesellschaft unterliegt, anzugeben (Abs. 2 S. 5 Nr. 4).

11 **3. Anforderungen an organschaftliche Vertreter. a) Allgemeines.** An denkbar unpassender, nahezu versteckter Stelle wurde als Abs. 3 S. 2 im Zuge der vermeintlichen Missbrauchsbekämpfung im Zuge des MoMiG (→ Rn. 2) eine Inhabilitätsregelung eingefügt, nach der für einen ausländischen organschaftlicher Vertreter die rechtlichen Eignungsanforderungen, die das deutsche Recht für das Organ einer vergleichbaren inländischen Kapitalgesellschaft fordert, entsprechend gelten. Das Vorliegen dieser Anforderungen ist durch die jeweiligen Vertretungspersonen mittels entsprechender Versicherungserklärungen gem. § 13f Abs. 2 iVm § 37 Abs. 3 AktG und § 13g Abs. 2 iVm § 8 Abs. 3 GmbHG „nachzuweisen", sodass das Registergericht im Normalfall keine weiteren dahingehenden Nachforschungen anstellen muss. Anwendbar ist die Regelung ihrem eindeutigen Wortlaut zufolge nur auf organschaftliche Vertretungspersonen, mithin also weder auf ständige Vertreter nach Abs. 2 S. 5 Nr. 3, noch auf empfangsberechtigte Personen nach Abs. 2 S. 4.

12 **b) Regelungsziel.** Die Regelung dient dazu, die Umgehung der inländischen Inhabilitätsvorschriften durch Gründung einer Auslandsgesellschaft, die sodann über ihre deutsche Zweigniederlassung ihren gesamten Geschäftsverkehr abwickelt, zu verhindern.[20] Die Begründung des Gesetzentwurfs führt dazu an, Abs. 3 S. 2 stelle nicht in Frage, dass die jeweiligen Personen rechtlich als organschaftliche Vertreter der Auslandsgesellschaft handeln können, sofern sie die Anforderungen der einschlägigen ausländischen Vorschriften erfüllen; verhindert werden solle allein deren Eintragung im inländischen Handelsregister.[21] Gewollt ist damit die möglichst effektive Erschwerung eines Tätigwerdens solcher Unternehmen durch Personen, die das inländische Recht als für die Führung einer entsprechenden inländischen Gesellschaft nicht geeignet einstuft. Von Bedeutung ist hierbei, dass es sich ausweislich des Regelungskontextes ausschließlich um eine Vorschrift des deutschen formellen Registerrechts handelt, die nicht den Anspruch erheben kann, die Vertretungsbefugnis der Organmitglieder des ausländischen Rechtsträgers im Inland zu beschränken.[22] Obwohl die Annahme einer solchen Beschränkung vom Wortlaut der Vorschrift grundsätzlich gedeckt wäre, bezieht sie sich nach ihrem systematischen Zusammenhang wie auch der Begründung des Regierungsentwurfs zufolge auf die „Anmeldung einer Zweigniederlassung",[23] also auf das Registerverfahren, nicht aber als international privatrechtliche Sonderanknüpfung auf den Umfang der sich nach dem Gesellschaftsstatut richtenden organschaftlichen Vertretungsbefugnisse.

13 **c) Kritik.** Bereits die Eignung der genannten Bestimmungen zur Erreichung des beschriebenen Regelungsziels ist überaus fragwürdig.[24] Da der entsprechende organschaftliche Vertreter im Geschäftsverkehr seine Befugnis durch eine Eintragung im ausländischen Heimatregister nachweisen kann, kommt es nicht auf die zusätzliche Eintragung im inländischen Zweigniederlassungsblatt an. Zudem ist die als Nachweis gedachte Versicherungserklärung (→ Rn. 12) nicht strafbewehrt und daher hinsichtlich ihrer Glaubhaftigkeit in keiner Weise mit den entsprechenden Erklärungen bei inländischen Kapitalgesellschaften vergleichbar (vgl. § 399 Abs. 1 Nr. 6 AktG, § 82 Abs. 1 Nr. 5 GmbHG). Unerfreulich ist ferner das bewusste Herbeiführen eines Auseinanderfallens des Registerstands der ausländischen Haupt- und der inländischen Zweigniederlassung. Will man diese Einwände nicht gelten lassen, muss sich die Regelung zudem im europarechtlichen Kontext als Beschränkung der Niederlassungsfreiheit nach Art. 49, 54 AEUV rechtfertigen lassen, was ebenfalls fraglich ist. Zwar ist in diesem Sinne der Schutz des Rechtsverkehrs vor ungeeigneten

[20] BT-Drs. 16/6140, 49.
[21] BT-Drs. 16/6140, 50.
[22] Ebenso Oetker/*Preuß* Rn. 61; *Bauer/Großerichter* NZG 2008, 253 (256); Staub/*Koch* Rn. 38 ff. behandelt nur den Ausschluss der Registereintragung, nicht die Vertretungsmöglichkeit durch die betroffene Person.
[23] Vgl. BT-Drs. 16/6140, 50 linke Spalte oben.
[24] Ebenso Staub/*Koch* Rn. 39.

Vertretungspersonen als legitimer Rechtsfertigungsgrund anerkannt.[25] Allerdings kann diese Begründung in Bezug auf die gewählte Vorgehensweise kaum überzeugen, da sie – wie beschrieben – einerseits das wirksame Handeln der jeweils betroffenen Person nicht verhindern kann und stets die Möglichkeit bleibt, sie als ständigen Vertreter nach Abs. 2 S. 5 Nr. 3 doch in das inländische Handelsregister eintragen zu lassen.

4. Empfangsberechtigte Personen. a) Allgemeines. Im Rahmen der Novellierung 14
der Vorschrift durch das MoMiG (→ Rn. 2) wurde im Jahr 2008 mit Abs. 2 S. 4 die fakultative Möglichkeit geschaffen, für die Zweigniederlassung eine – also nicht etwa mehrere – empfangsbereite Person mit inländischer Anschrift zur Eintragung in das Handelsregister anzumelden. Da unter Umständen nach dem einschlägigen ausländischen Recht für Organmitglieder auch beim Zugang von Erklärungen Gesamtvertretung gelten kann, mag es im Einzelfall sinnvoll sein, eines von ihnen als empfangsberechtigte Person nach Abs. 2 S. 4 in das Handelsregister der deutschen Zweigniederlassung einzutragen. Die Begründung des Regierungsentwurfs nennt als denkbare empfangsberechtigte Personen einen Gesellschafter, Steuerberater oder Notar. Die Formulierung in § 43 Nr. 2 lit. b HRV, wonach ggf. Firma und Rechtsform des Empfangsberechtigten im Register einzutragen sind, macht deutlich, dass im Rahmen des Abs. 2 S. 4 nicht nur natürliche Personen in Betracht kommen. Im Unterschied zu den „ständigen Vertretern" nach Abs. 2 S. 5 Nr. 3 sind die empfangsberechtigten Personen gem. Abs. 2 S. 4 ausschließlich passiv vertretungsbefugt, insoweit jedoch dem Umfang nach zur Entgegennahme von Willenserklärungen und als Zustellungsempfänger von Schriftstücken uneingeschränkt (vgl. Abs. 3a S. 2). Die Möglichkeit der Eintragung einer empfangsberechtigten Person in das Handelsregister korrespondiert mit den entsprechenden Vorschriften für inländische Aktiengesellschaften (§ 39 S. 2 AktG) und Gesellschaften mit beschränkter Haftung (§ 10 Abs. 2 GmbHG). Die Option einer entsprechenden Eintragung ist vor allem als Hilfestellung für solche Unternehmen gedacht, die Bedenken haben, ob die im Register eingetragene inländische Geschäftsanschrift ununterbrochen für Zustellungen zur Verfügung stehen wird.[26] Die Befugnis wird im Übrigen nach dem Recht der Stellvertretung eingeräumt und unter Umständen widerrufen. Die Eintragung im Handelsregister ist demgemäß nur deklaratorisch.

b) Anmeldung und Eintragung. Die Anmeldung erfolgt ebenso wie die Anmeldung 15
der Zweigniederlassung selbst durch die organschaftlichen Vertreter der Gesellschaft in zur Vertretung berechtigender Zahl und kann gem. § 14 erzwungen werden. Ein Nachweis für die Bestellung ist nicht vorgesehen und daher nicht mit einzureichen, zumal es sich regelmäßig um einen Akt der laufenden Geschäftsführung handeln wird. Die Anmeldung einer besonderen Befugnis – etwa im Sinne einer Gesamtvertretung – ist nicht möglich, da kraft Gesetzes nur die Eintragung *eines* solchen Empfangsvertreters vorgesehen ist. Die Eintragung im Handelsregister ist entsprechend § 43 Nr. 2 lit. b HRV in Spalte 2 Unterspalte b unter Angabe des Namens, des Geburtsdatums und der Empfangsanschrift vorgesehen. Eine Verpflichtung zur Anmeldung etwaiger diesbezüglicher Änderungen besteht nicht, da infolge der für gutgläubige Dritte in Abs. 2 S. 4 Hs. 2 vorgesehenen publizitätsmäßigen Fortbestehenswirkung für den Rechtsträger genug Anreize bestehen, etwaige Aktualisierungen im eigenen Interesse zu veranlassen. Da es sich bei der Eintragung einer empfangsberechtigten Person zur Vermeidung „unnötiger bürokratischer Auflagen für die mittelständische Wirtschaft"[27] um keine obligatorische Anmeldepflicht handelt, wurde mangels Anwendbarkeit von § 15 zur Klarstellung die Regelung des Abs. 2 S. 4 Hs. 2 mit dem Ziel des Verkehrsschutzes eingefügt.

5. Ständige Vertreter der Zweigniederlassung. a) Allgemeines. In der Anmel- 16
dung einer inländischen Zweigniederlassung können nach Abs. 2 S. 5 Nr. 3 Personen angegeben werden, die befugt sind, als ständige – mit rechtsgeschäftlicher, nicht etwa organschaft-

[25] So argumentiert unter Nennung einschlägiger EuGH-Entscheidungen BT-Drs. 16/6140, 50.
[26] BT-Drs. 16/6140, 37.
[27] So BT-Drs. 16/6140, 37 zur Parallelvorschrift des § 10 Abs. 2 GmbHG.

licher Vertretungsmacht[28] (→ Rn. 17) ausgestattete – Vertreter für die Tätigkeit der Zweigniederlassung die Gesellschaft gerichtlich und außergerichtlich zu vertreten, und zwar unter Angabe ihrer Befugnisse. Eine Pflicht zur Bestellung solcher Personen ist damit nicht verbunden.[29] Sichergestellt werden soll, dass Handlungsbevollmächtigte zur Eintragung in das Handelsregister angemeldet werden, jedoch nur diejenigen, denen ausnahmsweise ständige Prozessführungsbefugnis (§ 54 Abs. 2) neben ihrer generellen Vertretungsmacht eingeräumt worden ist.[30] Die Gesellschaft kann insoweit den Umfang der Vertretungsmacht und damit auch die Notwendigkeit der Offenlegung steuern.[31] Da Prokuristen ohnehin als solche zur Eintragung im Register anzumelden sind, ist diesbezüglich Abs. 2 S. 5 Nr. 4 nur einschlägig, wenn denselben Personen in abweichender Weise Vertretungsmacht erteilt wurde, beispielsweise einem Gesamtprokuristen eine umfassende Einzelhandlungsvollmacht.[32] Im Unterschied zur ausschließlich passiv, insoweit aber umfassend empfangsberechtigten Person nach Abs. 2 S. 4 können nach Abs. 2 S. 5 Nr. 4 mehrere ständige Vertreter bestellt werden, deren aktive Vertretungsbefugnisse untereinander abweichend ausgestaltbar sind (→ Rn. 17 f.).

17 **b) Vertretungsbefugnis.** Zu beachten ist, dass auch die Befugnisse des ständigen Vertreters im Handelsregister anzugeben sind. Anzumelden ist nicht nur der Umfang der Vertretungsmacht, sondern auch, ob der Vertreter allein oder nur gemeinsam mit einer weiteren Person vertreten kann.[33] Hinsichtlich des Umfangs der passiven Vertretungsmacht zur Entgegennahme von Willenserklärungen und als Zustellungsempfänger von Schriftstücken sieht Abs. 3a S. 1 zwingend die uneingeschränkte Empfangszuständigkeit bestellter ständiger Vertreter unter der im Handelsregister eingetragenen inländischen Geschäftsanschrift vor. Dieser insoweit gesetzlich beschriebene Umfang der Vertretungsmacht stattet den ständigen Vertreter allerdings damit keineswegs „mit organschaftlichen Befugnissen" aus.[34] Nichts spricht dafür, die jeweils unterschiedliche nationale gesellschaftsrechtliche Organisationsstruktur Annahme mit einem derartigen Organ zu ergänzen, zumal unklar bliebe, welchem Recht sich sodann die über Abs. 3a S. 1 hinausgehenden Befugnisse entnehmen lassen sollen.

18 Da für die erteilte rechtsgeschäftliche Vertretungsmacht eines ständigen Vertreters als Vollmachtsstatut deutsches Recht zur Anwendung kommt, ist es denkbar, den Umfang der Befugnis dahingehend zu erweitern, dass von den an sich einschlägigen Beschränkungen des § 181 BGB hinsichtlich des Verbots des Mehrfachvertretens oder des Selbstkontrahierens Befreiung erteilt wird.[35] Um Unklarheiten und Verwirrungen im Rechtsverkehr zu vermeiden vertritt die Rspr.[36] hierzu, dass eine solche Eintragung dann unzulässig ist, wenn der ständige Vertreter personenidentisch zugleich organschaftlicher Vertreter des Rechtsträgers ist. Diese Auffassung verkennt die maßgebliche Bedeutung der Einräumung einer derartigen besonderen Vertretungsbefugnis und die damit verbundene spezifische Wirkungsweise der Bestellung eines ständigen Vertreters und ist daher abzulehnen.[37]

19 **c) Anmeldung und Eintragung.** Die Anmeldung des ständigen Vertreters erfolgt in der Regel durch organschaftliche Vertreter. Nachweise über die Bestellung oder Änderung

---

[28] Unzutr. insoweit OLG Bremen NZG 2013, 144.
[29] OLG München DNotZ 2008, 627 = RNotZ 2008, 362.
[30] Begr. RegE, BT-Drs. 12/3908, 16; *Plesse* DStR 1993, 133; *Seibert* GmbHR 1992, 738 (740); *Seibert* DB 1993, 1705 (1706); *Hahnefeld* DStR 1993, 1596 (1597).
[31] *Seibert* DB 1993, 1705 (1706).
[32] OLG München NZG 2011, 1072; Staub/*Koch* Rn. 32; BeckOK HGB/*Müther* Rn. 13; *Heidinger* MittBayNot 1998, 72 (75); *Krafka* RegisterR Rn. 317; aA Baumbach/Hopt/*Hopt* Rn. 2; EBJS/*Pentz* Rn. 31, die Prokuristen stets als „ständige Vertreter" ansehen.
[33] Begr. RegE, BT-Drs. 12/3908, 16.
[34] AA OLG Bremen NZG 2013, 144 ohne nähere Begr.
[35] *Willer/Krafka* NZG 2006, 495; *Klose-Mokroß* DStR 2005, 1013 (1016); Staub/*Koch* Rn. 34; BeckOK HGB/*Müther* Rn. 14.
[36] OLG München FGPrax 2006, 174; OLG Hamm FGPrax 2006, 276.
[37] Vgl. *Willer/Krafka* NZG 2006, 495; *Schall* NZG 2006, 54 (55).

des ständigen Vertreters sind gegenüber dem Registergericht nicht erforderlich,[38] und zwar bei der **Anmeldung** von Änderungen angesichts des eindeutigen Wortlauts von Abs. 3 S. 1 auch dann nicht, wenn die ständigen Vertreter die sie betreffenden Vorgänge selbst anmelden.[39] Meldet sich jedoch der ständige Vertreter selbst an, so hat er einen Nachweis seiner Bestellung mit einzureichen.[40] Im Übrigen müssen bei einer eingetragenen Gesamtvertretung die dafür erforderlichen Personen mitwirken und kann ein ständiger Vertreter sein Ausscheiden jedenfalls dann nicht mehr selbst anmelden, wenn seine Vertretungsbefugnis bereits erloschen ist.[41]

Die **Eintragung** im Handelsregister erfolgt gem. § 43 Nr. 4 S. 2 HRV in Spalte 4 20 Unterspalte b und wirkt lediglich deklaratorisch.[42] Im Übrigen soll Abs. 3 S. 1 sicherstellen, dass auch die Änderungen in der Person oder der Vertretungsbefugnis eines Handlungsbevollmächtigten zur Eintragung angemeldet werden.[43]

6. Insolvenzverfahren. Abs. 4 will erreichen, dass das zuständige inländische Regis- 21 tergericht von einem Insolvenzverfahren oder ähnlichem Verfahren des ausländischen Unternehmens Kenntnis erlangt. Da bei Rechtsträgern mit Sitz im Ausland § 32 iVm § 31 InsO bei im Ausland geführten Insolvenzverfahren nicht einschlägig ist, behilft sich der Gesetzgeber entsprechend Art. 30 Abs. 1 lit. f GesR-RL mit der Schaffung einer diesbezüglichen erzwingbaren Anmeldepflicht der für die Zweigniederlassung bestellten ständigen Vertreter, ersatzweise für die organschaftlichen Vertreter der Gesellschaft.

III. Zustellungsmöglichkeiten

1. Allgemeines. Für die gemäß den Bestimmungen des § 13e im Handelsregister ein- 22 getragenen Zweigniederlassungen ausländischen Kapitalgesellschaften findet aufgrund der gem. Abs. 2 S. 3 anzumeldenden inländischen Geschäftsanschrift § 15a Anwendung.[44] Misslingt somit der Zugang der Erklärung an die Zweigniederlassung über die eingetragene Anschrift und kann die Zustellung auch nicht über eine eingetragene empfangsberechtigte Person gem. Abs. 3a S. 2 erreicht werden, steht die Möglichkeit der öffentlichen Zustellung gem. § 185 Nr. 2 ZPO zur Verfügung.

2. Regelungsgehalt von Abs. 3a. Für bestellte und im Handelsregister eingetragene 23 ständige Vertreter (→ Rn. 16 ff.) sieht Abs. 3a S. 1 vor, dass an solche Personen unter der im Handelsregister eingetragenen inländischen Geschäftsanschrift Willenserklärungen abgegeben und Schriftstücke zugestellt werden können. Systematisch ist diese Bestimmung als Abs. 2 S. 5 Nr. 3 Hs. 2 einzuordnen. Der Sache nach handelt es sich um eine gesetzlich zwingend als vollumfänglich ausgestaltete passive Einzelvertretungsmacht (→ Rn. 17) mit der unwiderleglichen Vermutung, dass ein ständiger Vertreter an der im Handelsregister eingetragenen inländischen Geschäftsanschrift der Zweigniederlassung erreicht werden kann.[45] Sofern also die Erklärung in den Machtbereich des Empfängers gelangt, führt dies dazu, dass die Kenntnisnahme durch den eingetragenen Vertreter vermutet wird.[46] Die laienhafte Formulierung der „Abgabe" von Willenserklärung ist im Sinne der allgemeinen Rechtsgeschäftslehre als deren Zugang zu verstehen. Abs. 3a S. 2 beschreibt überflüssigerweise, dass unabhängig von dieser Möglichkeit des Zugangs an einen ständigen Vertreter auch die Gelegenheit besteht, den Zugang über die freiwillig im Handelsregister nach Abs. 2 S. 4 eingetragene empfangsberechtigte Person zu bewirken.

---

38 *Krafka* RegisterR Rn. 319.
39 OLG München NZG 2011, 1072; *Krafka* RegisterR Rn. 318.
40 OLG München NZG 2011, 1072; *Krafka* RegisterR Rn. 318.
41 OLG München NZG 2011, 1072; *Krafka* RegisterR Rn. 318.
42 *Heidinger* MittBayNot 1998, 72 (75); *Krafka* RegisterR Rn. 319.
43 Näher Begr. RegE, BT-Drs. 12/3908, 16.
44 BT-Drs. 16/6140, 50.
45 BT-Drs. 16/6140, 43; Oetker/*Preuß* Rn. 62.
46 Staub/*Koch* Rn. 42; *Steffek* BB 2007, 2077.

IV. Mehrere Zweigniederlassungen im Inland

24 **1. Wahl eines Handelsregisters.** Bei Bestehen mehrerer Zweigniederlassungen im Inland steht der Kapitalgesellschaft mit Sitz im Ausland das jederzeit ausübbare Wahlrecht zu, ein „Zentralregister" zu bestimmen. Sie kann nach Abs. 5 entscheiden, welches für die Zweigniederlassungen zuständige Registergericht „führendes Register" sein soll. Nur bei diesem sind dann Satzung oder Gesellschaftsvertrag sowie deren Änderungen einzureichen; im Übrigen bleiben die kraft Gesetzes bestehenden Anmeldepflichten gegenüber sämtlichen zuständigen Registergerichten unberührt.

25 **2. Ausübung des Wahlrechts.** Zur Eintragung in sämtlichen Handelsregistern der anderen Zweigniederlassungen ist anzumelden, welches Register zum „Zentralregister" gewählt wurde und unter welcher Nummer die Zweigniederlassung dort eingetragen ist. Die Wahlmöglichkeit soll das Verfahren für die ausländischen Gesellschaften erleichtern.[47] Ihre Ausübung steht im freien Belieben des Rechtsträgers und kann nicht erzwungen werden.[48]

§ 13f Zweigniederlassungen von Aktiengesellschaften mit Sitz im Ausland

(1) Für Zweigniederlassungen von Aktiengesellschaften mit Sitz im Ausland gelten ergänzend die folgenden Vorschriften.

(2) [1]Der Anmeldung ist die Satzung in öffentlich beglaubigter Abschrift und, sofern die Satzung nicht in deutscher Sprache erstellt ist, eine beglaubigte Übersetzung in deutscher Sprache beizufügen. [2]Die Vorschriften des § 37 Abs. 2 und 3 des Aktiengesetzes finden Anwendung. [3]Soweit nicht das ausländische Recht eine Abweichung nötig macht, sind in die Anmeldung die in § 23 Abs. 3 und 4 des Aktiengesetzes vorgesehenen Bestimmungen und Bestimmungen der Satzung über die Zusammensetzung des Vorstandes aufzunehmen; erfolgt die Anmeldung in den ersten zwei Jahren nach der Eintragung der Gesellschaft in das Handelsregister ihres Sitzes, sind auch die Angaben über Festsetzungen nach den §§ 26 und 27 des Aktiengesetzes und der Ausgabebetrag der Aktien sowie Name und Wohnort der Gründer aufzunehmen. [4]Der Anmeldung ist die für den Sitz der Gesellschaft ergangene gerichtliche Bekanntmachung beizufügen.

(3) Die Eintragung der Errichtung der Zweigniederlassung hat auch die Angaben nach § 39 des Aktiengesetzes sowie die Angaben nach § 13e Abs. 2 Satz 3 bis 5 zu enthalten.

(4) [1]Änderungen der Satzung der ausländischen Gesellschaft sind durch den Vorstand zur Eintragung in das Handelsregister anzumelden. [2]Für die Anmeldung gelten die Vorschriften des § 181 Abs. 1 und 2 des Aktiengesetzes sinngemäß, soweit nicht das ausländische Recht Abweichungen nötig macht.

(5) Im übrigen gelten die Vorschriften der §§ 81, 263 Satz 1, § 266 Abs. 1 und 2, § 273 Abs. 1 Satz 1 des Aktiengesetzes sinngemäß, soweit nicht das ausländische Recht Abweichungen nötig macht.

(6) Für die Aufhebung einer Zweigniederlassung gelten die Vorschriften über ihre Errichtung sinngemäß.

(7) Die Vorschriften über Zweigniederlassungen von Aktiengesellschaften mit Sitz im Ausland gelten sinngemäß für Zweigniederlassungen von Kommanditgesellschaften auf Aktien mit Sitz im Ausland, soweit sich aus den Vorschriften der

---

[47] Begr. RegE, BT-Drs. 12/3908, 16; Staub/*Koch* Rn. 45.

[48] OLG Schleswig NZG 2007, 918 = Rpfleger 2007, 666; Staub/*Koch* Rn. 45; EBJS/*Pentz* Rn. 45; Oetker/*Preuß* Rn. 75.

§§ 278 bis 290 des Aktiengesetzes oder aus dem Fehlen eines Vorstands nichts anderes ergibt.

Schrifttum: s. § 13d, § 13e.

I. Überblick

Die Vorschrift wurde ursprünglich 1993 im Zuge der Umsetzung der damaligen Zweigniederlassungs-RL eingefügt (→ § 13 Rn. 1) und **ergänzt** gem. Abs. 1 die Bestimmungen des **§ 13d und des § 13e** für **Zweigniederlassungen von Aktiengesellschaften mit Sitz im Ausland** (zur Terminologie des Gesetzes → § 13e Rn. 5). Gem. Abs. 7 gilt die Vorschrift sinngemäß auch für ausländische Kommanditgesellschaften auf Aktien; gemeint sind damit ausländische Gesellschaften, die sich dieser Rechtsform im Wege des Vergleichs zuordnen lassen. Zunächst wurde die bis 1993 gültige aktienrechtliche Regelung von § 44 AktG zum größten Teil in die neue Vorschrift des § 13f übernommen. Änderungen erfolgten sodann im Zuge der Registerrechtsreform durch das EHUG (→ § 8 Rn. 3) und der gesellschaftsrechtlichen Änderungen durch das MoMiG (→ § 8 Rn. 3), indem die Bestimmung an die aktuellen deutschen gesellschaftsrechtlichen Anforderungen angepasst wurde. 1

II. Anmeldung

1. Anmeldeberechtigte Personen. Gem. § 13e Abs. 2 S. 1 erfolgt die Anmeldung der Zweigniederlassung durch den Vorstand (→ § 13e Rn. 15). Ausreichend ist danach die Mitwirkung einer zur Vertretung berechtigten Anzahl von Vorstandsmitgliedern, bei unechter Gesamtvertretung unter Umständen auch unter Mitwirkung nicht organschaftlicher Vertretungspersonen. Auch die erforderlichen Versicherungserklärungen (→ Rn. 3) bewirken nicht das Erfordernis einer Anmeldung durch alle Vorstandsmitglieder, da es sich nicht um höchstpersönliche Erklärungen handelt, die damit seitens einer Anzahl an vertretungsberechtigten Mitglieder auch für die übrigen Organpersonen ohne entsprechende formelle Vollmacht iSd § 12 Abs. 1 S. 2 abgegeben werden können.[1] 2

2. Inhalt der Anmeldung. a) Abs. 2 S. 2. Nach Abs. 2 S. 2 ist § 37 Abs. 1 und 3 AktG anzuwenden. In der Anmeldung der Zweigniederlassung müssen daher nach § 37 Abs. 2 AktG die „Vorstandsmitglieder" im Sinne der nach dem einschlägigen ausländischen Recht zur Vertretung berufenen Organmitglieder versichern, dass keine Umstände vorliegen, die ihrer Bestellung zum Mitglied des Vorstands einer deutschen Aktiengesellschaft entgegenstehen würden. Diese aufgrund ihrer fehlenden Strafbewehrung **nicht höchstpersönlich** abzugebende Erklärung dient dazu, dem Registergericht die Einhaltung der aus europarechtlichen Gründen zweifelhaften Vorschrift des § 13e Abs. 3 S. 2 (im Einzelnen → § 13e Rn. 11 ff.) zu ermöglichen. Ferner verweist Abs. 2 S. 2 auf § 37 Abs. 3 AktG. In der Anmeldung ist daher gem. Nr. 2 dieser Vorschrift „Art und Umfang der Vertretungsbefugnis der Vorstandsmitglieder" anzugeben. Gemeint sind damit die vertretungsberechtigten Organmitglieder des ausländischen Rechtsträgers und die nach Gesetz oder Satzung für sie geltende allgemeine Vertretungsregelung sowie für einzelne ihrer Mitglieder ggf. bestehende besondere Vertretungsbefugnisse. Anzumelden ist damit einerseits eine etwaige Einzel- oder Gesamtvertretung sowie andererseits etwa vorhandene sachliche Beschränkungen (zB betragsmäßige Grenzen oder geschäftsmäßige Einschränkungen). Kennt das ausländische Recht keine derartige Trennung, sondern nur jeweils auf konkrete Vertretungspersonen zugeschnittene besondere Befugnisse, so genügt deren Darstellung[2] und ein Hinweis darauf, dass die Gesellschaft allgemein durch den Vorstand vertreten wird. Ist eine juristische Person „Vorstand", so ist nur diese anzumelden, sodass nicht etwa die dahinter stehenden natürlichen Personen in das deutsche Register eingetragen werden. Im Übrigen ist der in Abs. 2 3

[1] AA Oetker/*Preuß* Rn. 20; unklar Staub/*Koch* Rn. 6 f. und BeckOK HGB/*Müther* Rn. 6.

[2] S. Oetker/*Preuß* Rn. 9; EBJS/*Pentz* Rn. 8; *Bönner* RNotZ 2015, 253 (258); Staub/*Koch* Rn. 9 befürwortet nur die Angabe der „besonderen Vertretungskompetenz".

S. 2 enthaltene Verweis auf § 37 Abs. 3 Nr. 1 AktG, wonach in der Anmeldung eine inländische Geschäftsanschrift angegeben werden muss, überflüssig, da sich diese Verpflichtung bereits aus § 13e Abs. 2 S. 2 ergibt.

4 **b) Abs. 2 S. 3.** Nach Abs. 2 S. 3 Hs. 1 sind in die Anmeldung die in § 23 Abs. 3 und 4 AktG (zB Firma und Sitz der Gesellschaft, Gegenstand des Unternehmens, Höhe und Zerlegung des Grundkapitals, Aktienarten, Form der Bekanntmachungen) vorgesehenen Bestimmungen und die Regelungen der Satzung über die Zusammensetzung des Vorstands aufzunehmen. Soweit Abs. 2 S. 3 einen Vorbehalt zugunsten des ausländischen Rechts macht (→ § 13d Rn. 26), darf von deutschen Erfordernissen nicht nur dann abgewichen werden, wenn die ausländische Gesellschaft einer bestimmten Anforderung überhaupt nicht nachkommen kann. Die mittelbare Ausübung eines Zwangs zur Anpassung an inländisches Recht ist schon dann untersagt, wenn die ausländische Gesellschaft dem Erfordernis nur durch Änderung ihrer Satzungsgrundlage oder Organisationsstruktur genügen könnte.[3] Bei der Anmeldung einer Zweigniederlassung nach § 13f innerhalb von zwei Jahren nach Gründung der Gesellschaft im Ausland sind gem. Abs. 2 S. 3 Hs. 2 die weiteren, in §§ 26 und 27 AktG wiedergegebenen Angaben zu Sondervorteilen, Gründungsaufwand, Sacheinlagen oder -übernahmen zu machen.

5 **c) Weitere Angaben.** In der Anmeldung ist unter anderem die Rechtsform der Gesellschaft anzugeben (§ 13e Abs. 2 S. 5 Nr. 2). Ob die ausländische Gesellschaft als Aktiengesellschaft zu qualifizieren ist, richtet sich danach (zu Gesellschaften mit Sitz im EU- bzw. EWR-Ausland → § 13d Rn. 10), ob sie in der Ausgestaltung nach ihrem Heimatrecht der deutschen Aktiengesellschaft vergleichbar ist (→ § 13e Rn. 7). Voraussetzung ist jedenfalls, dass sie nicht nur nach dem einschlägigen ausländischen Recht, sondern auch im Inland als rechtsfähig anerkannt werden kann. Die Voraussetzungen für die **Anerkennung der Rechtsfähigkeit** müssen dem Registergericht gegenüber dargelegt und nachgewiesen werden[4] (→ § 13d Rn. 5).

6 **3. Anlagen und Nachweise.** Gem. § 13e Abs. 2 S. 2 muss nach allgemeinen Grundsätzen bei der Anmeldung das Bestehen der Gesellschaft nachgewiesen werden (→ § 13e Rn. 6). Ferner muss der Anmeldung nach Abs. 2 S. 1 die – naturgemäß aktuelle Fassung der – Satzung der Gesellschaft in öffentlich beglaubigter Abschrift beigefügt werden; in der Terminologie des § 12 Abs. 2 S. 2 Hs. 1 genügt demnach die elektronische Übermittlung einer einfachen Aufzeichnung. In Ausführung der durch Art. 32 GesR-RL (früher Art. 4 Zweigniederlassungs-RL; → § 13d Rn. 1) eröffneten Möglichkeit ist vorgesehen, dass eine beglaubigte Übersetzung (vgl. § 142 Abs. 3 ZPO) beigefügt werden muss, wenn die Satzung nicht in deutscher Sprache erstellt ist. Damit wird die Prüfung des inländischen Registergerichts erleichtert und § 184 GVG genügt.[5] Allgemein ist der Anmeldung nach Abs. 2 S. 4 die für den ausländischen Heimatsitz erfolgte **gerichtliche Bekanntmachung** beizufügen; ist eine solche nicht ergangen, genügt eine entsprechende Negativerklärung der anmeldenden Personen. Stets ist zu beachten, dass für kraft ausländischer Vorschriften geltende gesellschaftsrechtliche Regelungen, wie zB organschaftliche Vertretungsbestimmungen kein weiterer Nachweis zu erbringen ist.[6]

III. Eintragung

7 Die Eintragung der Errichtung der Zweigniederlassung hat nach **Abs. 3** auch die Angaben nach § 39 AktG zu enthalten. Einzutragen sind mithin die Firma und der Sitz der Gesellschaft, der Gegenstand des Unternehmens, die Höhe des Grundkapitals, der Tag der Feststellung der Satzung und die Vorstandsmitglieder. Ferner ist einzutragen, welche

---

3 BayObLGZ 1986, 351 (356); Staub/*Koch* Rn. 13; Hüffer/Koch/*Koch* Rn. 3.
4 BayObLGZ 1985, 272 (278, 280).
5 Begr. RegE, BT-Drs. 12/3908, 17.
6 OLG Zweibrücken DNotZ 2008, 795.

Vertretungsbefugnis die Vorstandsmitglieder haben (§ 39 Abs. 1 S. 3 AktG, → Rn. 3). Enthält die Satzung Bestimmungen über die Dauer der Gesellschaft oder über ein genehmigtes Kapital, so sind gem. § 39 Abs. 2 AktG auch diese Bestimmungen einzutragen. Nach der überflüssigen Bezugnahme auf § 13e Abs. 2 S. 3–5 sind – sofern einschlägig und vorhanden – auch die dort bezeichneten Tatsachen im Handelsregister einzutragen. Ferner sind nach § 13d Abs. 2 auch der Ort der Zweigniederlassung und die Firma der Zweigniederlassung einzutragen, sofern ihr ein Zusatz beigefügt ist.

IV. Änderungen der Satzung der ausländischen Gesellschaft

Nach **Abs. 4** S. 1 sind Änderungen der Satzung der ausländischen Gesellschaft durch den Vorstand zur Eintragung in das Handelsregister anzumelden. Da nach Abs. 4 S. 2 für die Anmeldung § 181 Abs. 1 und 2 AktG sinngemäß gilt, soweit nicht das ausländische Recht Abweichungen nötig macht (→ Rn. 4), ist der Anmeldung der vollständige Wortlaut der neu gefassten Satzung beizufügen. Soweit das ausländische Recht eine solche Art der Beurkundung kennt, muss das Dokument mit der Bescheinigung eines in- oder ausländischen[7] Notars versehen sein, dass die geänderten Bestimmungen der Satzung mit dem Beschluss über die Satzungsänderung und die unveränderten Bestimmungen mit dem zuletzt zum Handelsregister eingereichten vollständigen Wortlaut der Satzung übereinstimmen. Obwohl nicht ausdrücklich in Abs. 4 erwähnt, bedürfen auch diese Unterlagen der beglaubigten Übersetzung, wie sich einerseits aus dem Zusammenhang mit Abs. 2 S. 1 und andererseits aus § 184 GVG ergibt.[8] Bei der Eintragung genügt, soweit nicht die Änderung Angaben nach § 39 AktG betrifft (→ Rn. 7), die Bezugnahme auf die beim Gericht eingereichten Urkunden. 8

V. Weitere Anmeldungen

Abs. 5 erklärt weitere Vorschriften des deutschen Aktiengesetzes für entsprechend anwendbar. Danach sind Änderungen in der Besetzung oder Vertretungsbefugnis der Vorstandsmitglieder und Abwickler unter Beifügung urkundlicher Nachweise hierüber (§ 81 AktG bzw. § 266 Abs. 1 und 2 AktG), die Auflösung der Gesellschaft (§ 263 S. 1 AktG) und der Schluss der Abwicklung (§ 273 Abs. 1 S. 1 AktG) zur Eintragung in das Handelsregister anzumelden. Stets sind die Unterlagen ggf. in deutscher Übersetzung beizufügen (→ Rn. 8). Im Übrigen ist nach Abs. 6 auch die **Aufhebung der Zweigniederlassung** anzumelden und einzutragen. 9

§ 13g Zweigniederlassungen von Gesellschaften mit beschränkter Haftung mit Sitz im Ausland

(1) Für Zweigniederlassungen von Gesellschaften mit beschränkter Haftung mit Sitz im Ausland gelten ergänzend die folgenden Vorschriften.

(2) [1]Der Anmeldung ist der Gesellschaftsvertrag in öffentlich beglaubigter Abschrift und, sofern der Gesellschaftsvertrag nicht in deutscher Sprache erstellt ist, eine beglaubigte Übersetzung in deutscher Sprache beizufügen. [2]Die Vorschriften des § 8 Abs. 1 Nr. 2 und Abs. 3 und 4 des Gesetzes betreffend die Gesellschaften mit beschränkter Haftung sind anzuwenden. [3]Wird die Errichtung der Zweigniederlassung in den ersten zwei Jahren nach der Eintragung der Gesellschaft in das Handelsregister ihres Sitzes angemeldet, so sind in die Anmeldung auch die nach § 5 Abs. 4 des Gesetzes betreffend die Gesellschaften mit beschränkter Haftung getroffenen Festsetzungen aufzunehmen, soweit nicht das ausländische Recht Abweichungen nötig macht.

---

[7] Staub/*Koch* Rn. 21.
[8] Staub/*Koch* Rn. 21; Oetker/*Preuß* Rn. 34.

(3) Die Eintragung der Errichtung der Zweigniederlassung hat auch die Angaben nach § 10 des Gesetzes betreffend die Gesellschaften mit beschränkter Haftung sowie die Angaben nach § 13e Abs. 2 Satz 3 bis 5 zu enthalten.

(4) [1]Änderungen des Gesellschaftsvertrages der ausländischen Gesellschaft sind durch die Geschäftsführer zur Eintragung in das Handelsregister anzumelden. [2]Für die Anmeldung gelten die Vorschriften des § 54 Abs. 1 und 2 des Gesetzes betreffend die Gesellschaften mit beschränkter Haftung sinngemäß, soweit nicht das ausländische Recht Abweichungen nötig macht.

(5) Im übrigen gelten die Vorschriften der §§ 39, 65 Abs. 1 Satz 1, § 67 Abs. 1 und 2, § 74 Abs. 1 Satz 1 des Gesetzes betreffend die Gesellschaften mit beschränkter Haftung sinngemäß, soweit nicht das ausländische Recht Abweichungen nötig macht.

(6) Für die Aufhebung einer Zweigniederlassung gelten die Vorschriften über ihre Errichtung sinngemäß.

Schrifttum: s. § 13d, § 13e.

I. Überblick

1 § 13g wurde 1993 im Zuge der Umsetzung der früheren Zweigniederlassungs-RL (heute GesR-RL) in das HGB eingefügt (→ § 13 Rn. 1) und im Rahmen des EHUG (→ § 8 Rn. 3) und des MoMiG (→ § 8 Rn. 3) vor allem redaktionell an die geänderten Bestimmungen des GmbHG angepasst. Die Vorschrift ergänzt § 13d und § 13e für Zweigniederlassungen von Gesellschaften mit beschränkter Haftung mit Sitz im Ausland (zur Terminologie des Gesetzes → § 13e Rn. 5). **Die Vorschrift entspricht im Wesentlichen § 13 f.** Der Anmeldung ist nach Abs. 2 S. 1 der Gesellschaftsvertrag in öffentlich beglaubigter Abschrift beizufügen; ist der Gesellschaftsvertrag nicht in deutscher Sprache abgefasst, muss eine beglaubigte Übersetzung des Gesellschaftsvertrages in deutscher Sprache (vgl. § 142 Abs. 3 ZPO) mit der Anmeldung eingereicht werden (→ § 13f Rn. 6). Ebenso gilt der Vorbehalt zugunsten des ausländischen Rechts (Abs. 2 S. 3 aE). Auf → § 13f Rn. 1 ff. wird Bezug genommen.

II. Anmeldung

2 **1. Anmeldeberechtigte Personen.** § 13e Abs. 2 S. 1 sieht die Anmeldung der Zweigniederlassung durch die Geschäftsführer vor (→ § 13e Rn. 10). Dies setzt die Mitwirkung einer zur Vertretung berechtigten Anzahl von Geschäftsführern, bei unechter Gesamtvertretung unter Umständen auch unter Mitwirkung nicht organschaftlicher Vertretungspersonen, voraus. Die erforderliche Versicherungserklärung nach Abs. 2 S. 2 (→ Rn. 4) muss nicht höchstpersönlich erfolgen und erzwingt daher nicht die Mitwirkung aller organschaftlichen Vertretungspersonen, da die handelnden Organvertreter die entsprechenden Wissensmitteilungen aus eigener Kenntnis auch ohne Erteilung einer formellen Vollmacht nach § 12 Abs. 1 S. 2 abgeben können.

3 **2. Anmeldung der Zweigniederlassungserrichtung. a) Inhalt der Anmeldung.** Allgemein gelten für den Inhalt der Anmeldung die Anforderungen von § 13d und § 13e. Darüber hinaus ist nach Abs. 2 S. 2 die Bestimmung des § 8 Abs. 4 GmbHG anzuwenden. In der Anmeldung müssen daher gem. Nr. 2 dieser Vorschrift die Art der **Vertretungsbefugnis der Geschäftsführer** (Alleinvertretung oder Gesamtvertretung) sowie deren etwaiger Umfang angegeben werden, insbesondere also mit Außenwirkung verbundene gesetzliche oder gesellschaftsvertragliche Beschränkungen (allgemein → § 13f Rn. 3). Die Eintragung einer in pseudojuristischer Parallelwertung zu § 181 BGB angenommenen „Befreiung vom Verbot der In-Sich-Geschäfte" kommt nicht in Betracht, da nur in der

deutschen Rechtsordnung ein solches generelles Erfordernis einer Vorabgestattung von einem mit solcher Außenwirkung verbundenen Vertretungsbeschränkung besteht.[1] Im Übrigen sieht Abs. 2 S. 2 neben § 13e Abs. 2 S. 3 mit der Bezugnahme auf § 8 Abs. 4 Nr. 1 GmbHG unnötigerweise erneut vor, dass die **inländische Geschäftsanschrift** der Zweigniederlassung zur Eintragung in das Handelsregister anzumelden ist. Sofern seit Eintragung der Gesellschaft im ausländischen Heimatregister noch nicht mehr als zwei Jahre vergangen sind, sieht zudem Abs. 2 S. 3 vor, dass in der Anmeldung auch die bezüglich einer **Sachgründung** in den Gesellschaftsvertrag aufzunehmenden Umstände angegeben werden, wenn das ausländische Recht nicht Abweichungen hiervon erfordert. Besteht im Übrigen ein **genehmigtes Kapital,** so ist auch dieses unter Berücksichtigung der entsprechenden Eintragungspflicht gem. Abs. 3 iVm § 10 Abs. 2 GmbHG anzumelden, ebenso die anderen dort genannten Umstände, wie eine Bestimmung über die Zeitdauer der Gesellschaft.

b) Versicherungserklärungen. Mit der durch das MoMiG (→ Rn. 1) geänderten Verweisung des Abs. 2 S. 2 nunmehr auch auf § 8 Abs. 3 GmbHG haben die „Geschäftsführer“ in der Anmeldung der Zweigniederlassung zu versichern, dass keine Umstände vorliegen, die ihrer Bestellung als Geschäftsführer einer deutschen Gesellschaft mit beschränkter Haftung entgegenstehen würden. Diese aufgrund ihrer fehlenden Strafbewehrung nicht höchstpersönlich abzugebende Erklärung bezüglich aller im Handelsregister einzutragenden organschaftlichen Vertretungspersonen dient dazu, dem Registergericht die Einhaltung der aus europarechtlichen Gründen fragwürdigen Vorschrift des § 13e Abs. 3 S. 2 (→ § 13e Rn. 12 ff.) zu ermöglichen. 4

3. Nachweise. Der Anmeldung muss neben dem nach § 13e Abs. 2 S. 2 geforderten Nachweis des Bestehens der Gesellschaft im Ausland (→ § 13d Rn. 5 ff.) ferner gem. Abs. 2 S. 2 iVm § 8 Abs. 1 Nr. 2 GmbHG die **Legitimation der Geschäftsführer** beigefügt werden, sofern sie nicht im Gesellschaftsvertrag bestellt worden sind.[2] Denkbar ist auch die Beibringung einer entsprechenden notariellen Bescheinigung, aus welcher sich allerdings zudem die tatsächlichen Grundlagen der Feststellungen ergeben müssen.[3] Entsprechend § 12 Abs. 2 S. 2 Hs. 1 genügt in diesem Fall die elektronische Übermittlung einer einfachen Aufzeichnung. Außerdem ist mit der Anmeldung nach Abs. 2 S. 1 die naturgemäß aktuelle Fassung des Gesellschaftsvertrags der Gesellschaft in öffentlich beglaubigter Abschrift einzureichen. In Ausführung der durch Art. 21 GesR-RL (→ § 13d Rn. 1) eröffneten Möglichkeit ist vorgesehen, dass eine beglaubigte Übersetzung (§ 142 Abs. 3 ZPO) beigefügt werden muss, wenn der Gesellschaftsvertrag nicht in deutscher Sprache erstellt ist. Damit wird die Prüfung des inländischen Registergerichts erleichtert und § 184 GVG genügt.[4] Für kraft ausländischen Vorschriften geltende gesellschaftsrechtliche Regelungen, wie zB organschaftliche Vertretungsbestimmungen ist kein Nachweis zu erbringen.[5] 5

III. Eintragung

1. Eintragung im Handelsregister. Die Eintragung der Errichtung der Zweigniederlassung enthält gem. Abs. 3 auch die Angaben nach § 10 Abs. 1 und 2 GmbHG (Firma und Sitz der Gesellschaft, inländische Geschäftsanschrift, Gegenstand des Unternehmens, Höhe des Stammkapitals, Tag des Abschlusses des Gesellschaftsvertrages, Personen der Geschäftsführer und ihre Vertretungsbefugnis; Bestimmung über die Zeitdauer der Gesellschaft, sofern im Gesellschaftsvertrag enthalten; empfangsberechtigte Person samt entspre- 6

1 OLG Frankfurt FGPrax 2008, 165; OLG Hamm FGPrax 2006, 276; OLG Düsseldorf NZG 2006, 317; OLG München NZG 2006, 511; OLG Celle GmbHR 2005, 1303; s. auch *Willer/Krafka* NZG 2006, 495.

2 Hierzu OLG Nürnberg FGPrax 2015, 124 mwN; KG FGPrax 2012, 171; 2004, 45 = NZG 2004, 49; *Bönner* RNotZ 2015, 253 (266); *Wachter* DB 2004, 2795; *Herchen* RIW 2005, 529.

3 OLG Hamm FGPrax 2006, 276.

4 Begr. RegE, BT-Drs. 12/3908, 17.

5 OLG Zweibrücken DNotZ 2008, 795.

chender inländischer Zustelladresse) und die Angaben nach § 13e Abs. 2 S. 3–5. Die Verweisung ist missglückt, da sie die Möglichkeit der Eintragung einer empfangsberechtigten Person doppelt vorsieht (§ 10 Abs. 2 S. 2 GmbHG und § 13e Abs. 2 S. 4). Bei der Eintragung des Unternehmensgegenstands ist unter Berücksichtigung des Art. 30 Abs. 1 lit. b GesR-RL auf den ggf. engeren Tätigkeitsbereich der Zweigniederlassung und nicht auf den gesamten Unternehmensgegenstand der Gesellschaft abzustellen[6] (→ § 13e Rn. 11). Ferner ist nach § 13d Abs. 2 der Ort der Zweigniederlassung und die Firma der Zweigniederlassung einzutragen, sofern sie von der Firma der Hauptniederlassung abweicht. Bezüglich der Eintragung einer fremdsprachlichen Firma und ihres Rechtsformzusatzes wird auf → § 13d Rn. 19 ff. verwiesen.

7 **2. Bekanntmachung.** Bekannt zu machen ist die Eintragung ihrem ganzen Inhalt nach. Eine Veröffentlichung der entsprechend § 5 Abs. 4 S. 1 GmbHG getroffenen und gem. Abs. 2 S. 3 in der Anmeldung anzugebenden Festsetzungen einer **Sacheinlage** findet nicht statt.

IV. Änderungen der Satzung der ausländischen Gesellschaft

8 Nach **Abs. 4** S. 1 sind Änderungen des Gesellschaftsvertrages der ausländischen Gesellschaft durch die Geschäftsführer zur Eintragung in das Handelsregister anzumelden. Da nach Abs. 4 S. 2 für die Anmeldung § 54 Abs. 1 und 2 GmbHG sinngemäß gilt, soweit nicht das ausländische Recht Abweichungen nötig macht, ist der Anmeldung der vollständige Wortlaut des Gesellschaftsvertrages beizufügen, der mit der Bescheinigung eines Notars versehen sein muss, dass die geänderten Bestimmungen des Gesellschaftsvertrages mit dem Beschluss über die Änderung des Gesellschaftsvertrages und die unveränderten Bestimmungen mit dem zuletzt zum Handelsregister eingereichten vollständigen Wortlaut des Gesellschaftsvertrages übereinstimmen. Gegebenenfalls bedarf es der Vorlage dieser Dokumente in beglaubigter Übersetzung (§ 142 Abs. 3 ZPO), wie sich aus der entsprechend anzuwendenden Anordnung aus Abs. 2 S. 1 und § 184 GVG ergibt.[7] Bei der Eintragung genügt – sofern nicht die Abänderung die in § 10 Abs. 1 und 2 GmbHG bezeichneten Angaben betrifft (→ Rn. 6) – die Bezugnahme auf die bei dem Gericht eingereichten Dokumente über die Abänderung.

V. Weitere Anmeldungen

9 Weitere anmelde- und eintragungspflichtige Tatsachen beschreibt **Abs. 5** durch Verweisung auf die entsprechenden Vorschriften des deutschen GmbHG. Danach sind Änderungen der Geschäftsführer bzw. Liquidatoren oder deren Vertretungsbefugnis unter elektronischer Übermittlung urkundlicher Nachweise gem. § 12 Abs. 2 S. 2 Hs. 1 als einfache Aufzeichnung (§ 39 GmbHG, § 67 Abs. 1 und 2 GmbHG), die Auflösung der Gesellschaft (§ 65 Abs. 1 S. 1 GmbHG) und der Schluss der Liquidation (§ 74 Abs. 1 S. 1 GmbHG) registerpflichtig. Dasselbe gilt nach Abs. 6 für die **Aufhebung der Zweigniederlassung,** deren Anmeldung naturgemäß keine Nachweise über die Durchführung eines Liquidationsverfahrens beizufügen sind, da die Zweigniederlassung keine liquidationsfähige Einheit ist.[8] Aus diesem Grund kommt auch eine Löschung der Zweigniederlassung wegen Vermögenslosigkeit nach § 394 FamFG nicht in Betracht.[9]

§ 13h Verlegung des Sitzes einer Hauptniederlassung im Inland

(1) Wird die Hauptniederlassung eines Einzelkaufmanns oder einer juristischen Person oder der Sitz einer Handelsgesellschaft im Inland verlegt, so ist die Verle-

[6] OLG Hamm FGPrax 2006, 276; 2006, 32 = NJW-RR 2005, 1626; OLG Düsseldorf NZG 2006, 317; OLG Frankfurt FGPrax 2006, 126 = NZG 2006, 515; aA Staub/*Koch* Rn. 7.

[7] Staub/*Koch* § 13f Rn. 21; Oetker/*Preuß* Rn. 25; EBJS/*Pentz* Rn. 19.

[8] *Süß* DNotZ 2005, 180 (188).

[9] OLG Frankfurt NZG 2011, 158; BeckOK HGB/*Müther* Rn. 11.

gung beim Gericht der bisherigen Hauptniederlassung oder des bisherigen Sitzes anzumelden.

(2) [1]Wird die Hauptniederlassung oder der Sitz aus dem Bezirk des Gerichts der bisherigen Hauptniederlassung oder des bisherigen Sitzes verlegt, so hat dieses unverzüglich von Amts wegen die Verlegung dem Gericht der neuen Hauptniederlassung oder des neuen Sitzes mitzuteilen. [2]Der Mitteilung sind die Eintragungen für die bisherige Hauptniederlassung oder den bisherigen Sitz sowie die bei dem bisher zuständigen Gericht aufbewahrten Urkunden beizufügen. [3]Das Gericht der neuen Hauptniederlassung oder des neuen Sitzes hat zu prüfen, ob die Hauptniederlassung oder der Sitz ordnungsgemäß verlegt und § 30 beachtet ist. [4]Ist dies der Fall, so hat es die Verlegung einzutragen und dabei die ihm mitgeteilten Eintragungen ohne weitere Nachprüfung in sein Handelsregister zu übernehmen. [5]Die Eintragung ist dem Gericht der bisherigen Hauptniederlassung oder des bisherigen Sitzes mitzuteilen. [6]Dieses hat die erforderlichen Eintragungen von Amts wegen vorzunehmen.

(3) [1]Wird die Hauptniederlassung oder der Sitz an einen anderen Ort innerhalb des Bezirks des Gerichts der bisherigen Hauptniederlassung oder des bisherigen Sitzes verlegt, so hat das Gericht zu prüfen, ob die Hauptniederlassung oder der Sitz ordnungsgemäß verlegt und § 30 beachtet ist. [2]Ist dies der Fall, so hat es die Verlegung einzutragen.

Schrifttum: *Ebenroth/Bippus,* Die Sitztheorie als Theorie effektiver Verknüpfungen der Gesellschaft, JZ 1988, 677; *Kieninger,* Niederlassungsfreiheit als Freiheit der nachträglichen Rechtswahl, NJW 2017, 3624; *Pfeiffer,* Rechts- und Verfahrensfähigkeit von US-amerikanischen Gesellschaften mit Inlandssitz im Grundbuch- und Handelsregisterverfahren, Rpfleger 2006, 173; *Schulz,* (Schein-)Auslandsgesellschaften in Europa – Ein Schein-Problem?, NJW 2003, 2705; *Tersteegen,* Kollisionsrechtliche Behandlung ausländischer Kapitalgesellschaften im Inland, 2002.

Übersicht

I. Überblick

Durch die Einfügung der seinerzeit neu gefassten bzw. neuen §§ 13a–13g im Jahre 1993 (→ § 13 Rn. 1) ist der damalige § 13c ohne sachliche Veränderungen zu § 13h geworden. **1**

Geregelt ist nur das **registerrechtliche Vorgehen** bei der Verlegung der Hauptniederlassung eines Einzelkaufmanns oder einer juristischen Person und des Gesellschaftssitzes einer Handelsgesellschaft im *Inland.* Nicht ausdrücklich erfasst ist die Verlegung einer Zweigniederlassung, so dass teilweise angenommen wurde, sie könne nicht verlegt, sondern nur aufgehoben und an einem anderen Ort neu errichtet werden (→ Rn. 11). Nicht geregelt sind auch die Verlegung von Hauptniederlassung oder Sitz in das Ausland (→ Rn. 12 ff.) und umgekehrt. § 13h unterscheidet, ob die Hauptniederlassung oder der Sitz aus dem Gerichtsbezirk heraus (Abs. 1 und Abs. 2) oder innerhalb des Bezirks des Gerichts verlegt wird (Abs. 1 und Abs. 3). § 13h gilt auch für die GmbH, während für die AG und die KGaA (§ 278 Abs. 3 AktG) nach wie vor die sachlich gleich ausgestaltete Regelung des § 45 AktG einschlägig ist.

II. Verlegung der Hauptniederlassung (des Gesellschaftssitzes) in einen anderen Gerichtsbezirk

2 **1. Verlegung. a) Einzelkaufleute und Personenhandelsgesellschaften.** Für die Verlegung der Hauptniederlassung des Einzelkaufmanns und des Sitzes einer Personenhandelsgesellschaft (OHG und KG) gelten die gleichen Grundsätze wie für die Errichtung, Aufhebung und Verlegung von Zweigniederlassungen: es handelt sich jeweils um einen tatsächlichen Vorgang, so dass die nachfolgende Eintragung in das Handelsregister keine rechtsbegründende Wirkung hat.[1] Die Hauptniederlassung des Einzelkaufmanns befindet sich dort, von wo aus die Geschäfte dauerhaft geleitet werden (→ § 13 Rn. 7). Unternimmt der Kaufmann dies später von einem anderen Ort aus, stellt sich die Niederlassung an diesem Ort jetzt als Hauptniederlassung dar. Auch bei den Personenhandelsgesellschaften (OHG und KG) kommt es auf den Ort der tatsächlichen Geschäftsführung an; dieser ist selbst dann maßgebend, wenn der Gesellschaftsvertrag etwas anderes bestimmt (→ § 13 Rn. 29). Entscheiden sich die geschäftsführenden Gesellschafter insoweit für einen anderen Ort, ist der Sitz verlegt. Unerheblich ist, ob diese Sitzverlegung eigenmächtig und ggf. entgegen den gesellschaftsvertraglichen Bestimmungen vorgenommen wurde.[2] Die sodann folgende Eintragung im Handelsregister dokumentiert daher lediglich die vorangegangene tatsächliche Veränderung des Sitzes, ohne dass der Eintragung rechtsbegründende Wirkung zukommt.

3 **b) Kapitalgesellschaften.** Anders ist die Rechtslage bei Kapitalgesellschaften, insbesondere bei AG, KGaA und GmbH. Die Sitzverlegung ist bei diesen Gesellschaften gem. § 3 Abs. 1 Nr. 1 GmbHG und § 23 Abs. 3 Nr. 1 AktG eine **Satzungs- bzw. Gesellschaftsvertragsänderung,**[3] die erst mit ihrer Eintragung im Handelsregister wirksam wird (§ 45 Abs. 2 S. 5 AktG, § 181 Abs. 3 AktG, § 54 Abs. 3 GmbHG). Keine Sitzverlegung ist mithin bei AG und GmbH die nur tatsächliche Verlegung der Geschäftsleitung an einen anderen Ort. Vielmehr bleibt es bei dem bisherigen Sitz, bis die Satzung geändert und die Änderung in das Handelsregister eingetragen wird.[4]

4 **2. Registeranmeldung.** Die Anmeldung zur Eintragung der Sitzverlegung in das Handelsregister erfolgt bei dem für den bisherigen Sitz zuständigen Registergericht (Abs. 1) in der Form des § 12 durch den Einzelkaufmann, sämtliche Gesellschafter bei OHG und KG (§§ 107, 108 Abs. 1, § 161 Abs. 2) bzw. durch die Geschäftsführer der GmbH (§ 78 GmbHG) in vertretungsberechtigter Zahl, was ebenso für den Vorstand der AG (§ 181 Abs. 1 S. 1 AktG) und den einer sonstigen juristischen Person (§ 34 Abs. 2) gilt. Eine Stellvertretung ist nach Maßgabe von § 12 Abs. 1 S. 2 zulässig, ebenso bei Kapitalgesellschaften die Beteiligung von Prokuristen im Rahmen einer unechten Gesamtvertretung. Eine

---

[1] Staub/*Koch* Rn. 7; EBJS/*Pentz* Rn. 13; Oetker/*Preuß* Rn. 11; BeckOK HGB/*Müther* Rn. 1; KKRD/*Roth* Rn. 1.

[2] BGH BB 1969, 329; WM 1957, 999 = BB 1957, 799; KG BB 1997, 173; AG Koblenz BB 1967, 430.

[3] OLG Köln BB 1984, 1065 f.; Staub/*Koch* Rn. 9; BeckOGK/*Schaal* Rn. 16; EBJS/*Pentz* Rn. 14; KKRD/*Roth* Rn. 1.

[4] KGJ 13, 42 (45).

Anmeldung allein durch Prokuristen ist dagegen nicht möglich, da es sich bei der Sitzverlegung um ein nicht von deren Vertretungsmacht umfasstes Grundlagengeschäft handelt.[5] Gemäß § 14 kann die Anmeldung durch Festsetzung von Zwangsgeld von dem Einzelkaufmann und den Personenhandelsgesellschaften erzwungen werden, nicht dagegen von AG und GmbH (§ 407 Abs. 2 AktG, § 79 Abs. 2 GmbHG). Die mit der Satzungsänderung bei Einzelkaufleuten und Personengesellschaften zwingend verbundene Anpassung der inländischen Geschäftsanschrift (→ § 31 Rn. 10) kann im Übrigen im Rahmen des § 31 Abs. 1 und § 107 bei Einzelkaufleuten und Personenhandelsgesellschaften ggf. auch zwangsweise nach § 14 durchgesetzt werden.

3. Aufgaben des bisher zuständigen Registergerichts. Die Anmeldung der Sitzverlegung ist gem. Abs. 1 bei dem bisher zuständigen Gericht einzureichen. Es prüft ausschließlich die **förmliche** Ordnungsmäßigkeit der Anmeldung (→ § 8 Rn. 58 f.).[6] Ist diese nicht zu beanstanden, teilt es bei einem Zuständigkeitswechsel dem Gericht der neuen Hauptniederlassung oder des neuen Sitzes nach Abs. 2 S. 1 und S. 2 unverzüglich die Verlegung von Amts wegen mit unter Beifügung der Eintragungen für die bisherige Hauptniederlassung oder den bisherigen Sitz und der bei ihm aufbewahrten Urkunden (§ 24 Abs. 4 AktO). Das neu zuständige Registergericht prüft die sachliche Richtigkeit der Sitzverlegung (→ Rn. 6) und trägt die Verlegung in sein Register ein, was es dem Gericht der bisherigen Hauptniederlassung bzw. des Sitzes wiederum mitteilt. Letzteres verfährt nun nach § 20 HRV. Es vermerkt die Verlegung auf dem bisherigen Registerblatt in der Spalte 2; die dort befindlichen Eintragungen sind danach rot zu unterstreichen (§ 22 HRV). Auf dem bisherigen Registerblatt ist in der Spalte „Bemerkungen" auf das Registerblatt des neuen Registergerichts zu verweisen und umgekehrt. 5

4. Vorgehen des neu zuständigen Registergerichts. a) Prüfungsumfang. Das neu zuständige Gericht hat materiell zu prüfen, ob die Hauptniederlassung oder der Sitz ordnungsgemäß verlegt und ob § 30 bezüglich der Unterscheidbarkeit der Firmen genügt wurde (Abs. 2 S. 3).[7] An die Bejahung der formellen Zulässigkeit des gestellten Eintragungsantrags durch das abgebende Registergericht ist das neu zuständige Gericht gebunden, so dass es zur Ablehnung der Verfahrensübernahme nicht berechtigt ist.[8] Bei einem Zuständigkeitsstreit ist nach § 5 FamFG vorzugehen.[9] Die Prüfung, ob der Sitz ordnungsgemäß verlegt ist, bedeutet für Aktiengesellschaften und die Gesellschaften mit beschränkter Haftung die Feststellung, dass ein wirksamer satzungsändernder Beschluss vorliegt (→ Rn. 3). Auf den faktischen Vollzug der Sitzverlegung kommt es hier – im Gegensatz zu Einzelkaufleuten und Personenhandelsgesellschaften (→ Rn. 2), bei welchen das Registergericht den tatsächlichen Vollzug der Verlegung zu prüfen hat[10] – nicht an, zumal der im Register eingetragene Satzungssitz nicht mit dem Ort der effektiven Verwaltungszentrale der Gesellschaft übereinstimmen muss. Das Registergericht darf, soweit es um die Eintragung der Verlegung geht, nur die Voraussetzungen der Verlegung prüfen und die Eintragung nicht aus sonstigen Gründen (etwa weil es Bedenken gegen den aus dem bisherigen Sitz entlehnten Ortszusatz im Firmennamen hat)[11] ablehnen. Abs. 2 S. 4 schreibt ausdrücklich vor, dass die dem neu zuständigen Registergericht mitgeteilten Eintragungen von diesem ohne weitere Nachprüfung in sein Handelsregister zu übernehmen sind.[12] Nach erfolgter Eintragung steht es dem 6

---

[5] BeckOGK/*Schaal* Rn. 22; BeckOK HGB/*Müther* Rn. 6; Baumbach/Hopt/*Hopt* Rn. 2.

[6] OLG Köln FGPrax 2005, 40; OLG Frankfurt FGPrax 2002, 184 = Rpfleger 2002, 455; OLG Hamm Rpfleger 1991, 317; OLG Köln Rpfleger 1975, 251 f.; LG Düsseldorf BB 1966, 1036; BeckOGK/*Schaal* Rn. 27; Staub/*Koch* Rn. 12; BeckOK HGB/*Müther* Rn. 10; Baumbach/Hopt/*Hopt* Rn. 2.

[7] OLG Köln Rpfleger 1975, 251 f.; BB 1984, 1065 f.

[8] OLG Frankfurt FGPrax 2008, 164 = Rpfleger 2008, 425.

[9] OLG Köln FGPrax 2005, 40; BeckOK HGB/*Müther* Rn. 10.

[10] Staub/*Koch* Rn. 17; Oetker/*Preuß* Rn. 27; BeckOK HGB/*Müther* Rn. 11.

[11] OLG München NZG 2011, 117; OLG Oldenburg BB 1977, 12 f.; Staub/*Koch* Rn. 18; EBJS/*Pentz* Rn. 28; Baumbach/Hopt/*Hopt* Rn. 3; Röhricht/Graf v. Westphalen/Haas/*Ries* Rn. 6.

[12] Vgl. auch BayObLG BB 1987, 359.

neu zuständigen Registergericht aber frei, nach § 395 FamFG vorzugehen, wenn es Bedenken gegen eine übernommene Eintragung hat.[13]

7 **b) Bekanntmachungen.** Die Eintragungen sind durch das alte und das neue Registergericht nach § 10 öffentlich bekannt zu machen und den Beteiligten nach § 383 Abs. 1 FamFG mitzuteilen.

8 **c) Verbundene Anmeldungen.** Nicht selten werden zusammen mit der Verlegung der Hauptniederlassung oder des Sitzes einer Handelsgesellschaft auch **weitere Änderungen, insbesondere bei der Geschäftsführung oder des Gesellschaftsvertrages** bzw. der Satzung bei dem Gericht der bisherigen Hauptniederlassung oder des bisherigen Sitzes angemeldet. Jedenfalls bei der GmbH und der AG kann bei einer einheitlich vorgenommenen Beschlussfassung und Anmeldung, die neben einer Sitzverlegung weitere gleichzeitig beschlossene Änderungen der Satzung betreffen, auch durch das Gericht nur eine einheitliche Entscheidung getroffen werden. Dasselbe gilt in der Regel bei Einzelkaufleuten und Personenhandelsgesellschaften, wenn die weiteren registerlich einzutragenden Tatsachen – zum Beispiel ein Gesellschafterwechsel – gemeinsam mit der Verlegung der Hauptniederlassung bzw. des Sitzes angemeldet werden. Allerdings ist stets zu berücksichtigen, dass es den anmeldenden Personen grundsätzlich möglich ist, die einzutragenden Tatsachen auch isoliert zur Eintragung anzumelden und damit den beteiligten Gerichten eine bestimmte Bearbeitungsreihenfolge aufzugeben.[14] Nur sofern ein derartiger Teilvollzug der Anmeldung nicht beantragt wird, ist es zutreffend, die materielle Prüfung und den Vollzug der gesamten Anmeldung unter Heranziehung der Wertung des Abs. 2 S. 3 dem Gericht der neuen Hauptniederlassung zuzuweisen, so dass dieses für die Prüfung der Anmeldung und Vornahme der nachfolgenden Eintragung insgesamt ausschließlich örtlich zuständig ist.[15]

9 Abweichendes kann im Rahmen von **Umwandlungsvorgängen,** insbesondere bei Verschmelzungen, angebracht sein, wenn zunächst durch das bisher zuständige Gericht zur Durchführung der Maßnahme eine Kapitalerhöhung eingetragen werden muss, bevor das neu zuständige Gericht die Sitzverlegung vollziehen kann.[16] In diesen Fällen muss so vorgegangen werden, wie es der gesetzlich vorgeschriebenen Eintragungsreihenfolge entspricht (vgl. § 19 Abs. 1 UmwG, § 130 Abs. 1 UmwG).

III. Verlegung der Hauptniederlassung (des Gesellschaftssitzes) innerhalb des Gerichtsbezirks

10 Das bisher zuständige Registergericht ist bei einer Verlegung der Hauptniederlassung oder des Sitzes innerhalb des bestehenden Gerichtsbezirks auch weiterhin zuständig. Die Verlegung ist bei ihm anzumelden. Das Gericht hat nur zu prüfen, ob die Hauptniederlassung oder der Sitz ordnungsgemäß verlegt (→ Rn. 6) und § 30 genügt ist. Trifft das zu, hat das Gericht die Verlegung in das Handelsregister einzutragen und nach § 10 bekannt zu machen.

IV. Verlegung einer Zweigniederlassung

11 Errichtung und Auflösung von Zweigniederlassungen sind tatsächliche Vorgänge. Der nachfolgenden Eintragung in das Handelsregister kommt nur deklaratorische Bedeutung zu (→ § 13 Rn. 17 f.). Dasselbe gilt bei der Verlegung einer Zweigniederlassung, so dass sich

13 OLG München NZG 2011, 117; OLG Oldenburg BB 1977, 12 f.; KGJ 44 A 152, 153; Staub/*Koch* Rn. 18; Oetker/*Preuß* Rn. 29; BeckOK HGB/*Müther* Rn. 12; Baumbach/Hopt/*Hopt* Rn. 3; *Krafka* RegisterR Rn. 348.

14 *Krafka* RegisterR Rn. 354; Staub/*Koch* Rn. 22.

15 Vgl. OLG Frankfurt FGPrax 2005, 38; NJW-RR 2002, 1395; KG FGPrax 1997, 72 = Rpfleger 1997, 217, wonach das bisher zuständige Gericht eine Ermessensentscheidung trifft; OLG Hamm OLGZ 1991, 275 = NJW-RR 1991, 1001 (1002); *Buchberger* Rpfleger 1990, 513 f. (Anm. zu LG Mannheim (Rpfleger 1990, 301), jeweils m. eingehenden Nachw.

16 OLG Frankfurt FGPrax 2005, 38 = DB 2005, 154.

die Frage nach der rechtlichen Zulässigkeit eines solchen Vorgehens, das sich ohne weiteres faktisch vollzieht, nicht stellt. Da im Übrigen für die Zweigniederlassung kein eigenes Registerblatt existiert, sondern sie lediglich im Register der Hauptniederlassung gem. § 13 vermerkt ist, besteht kein Bedürfnis mehr dafür, anstelle der Aufhebung und Neuerrichtung ausdrücklich die Verlegung der Zweigniederlassung registerlich zum Ausdruck zu bringen. Der hierzu in Erweiterung des Gesetzeswortlauts vormals bestehenden Differenzierungen (→ 2. Aufl. 2005, § 13h Rn. 10 f.) bedarf es daher nicht mehr.

V. Sitzverlegung mit Auslandsbezug

1. Allgemeines zur grenzüberschreitenden Sitzverlegung von Kapitalgesellschaften. Nach internationalem Gesellschaftsrecht als Kollisionsrecht ist bei Sachverhalten mit Auslandsberührung zu bestimmen, welcher nationalen Rechtsordnung ein Verband in gesellschaftsrechtlicher Hinsicht untersteht, das heißt nach welchem Recht er entsteht, lebt und untergeht. Als Anknüpfungspunkt für das insoweit angesprochene **„Gesellschaftsstatut"** bietet die **Sitztheorie** den Ort des tatsächlichen Verwaltungssitzes (siège réel, central office) an. Maßgebend für den tatsächlichen Verwaltungssitz ist der Tätigkeitsort der Geschäftsführung und der dazu berufenen Vertretungsorgane, also der Ort, an dem die grundlegenden Entscheidungen der Unternehmensleitung effektiv in laufende Geschäftsführungsakte umgesetzt werden.[17] Demgegenüber unterwirft die sog. **Gründungstheorie** die Gesellschaft der Rechtsordnung des Staates, in welchem sie gegründet bzw. ordnungsgemäß mit dortigem Satzungssitz registriert ist. Nachdem bislang Vorschriften für eine grenzüberschreitende Verlegung des Satzungssitzes fehlen (→ Rn. 16), bestimmen die Gründer das Gründungsrecht und damit das Gesellschaftsstatut. Die Gründungstheorie entstand in England, herrscht im angloamerikanischen Rechtskreis und gilt auch in der Schweiz, den Niederlanden und Dänemark. 12

Während nach der Sitztheorie bereits die grenzüberschreitende Verlagerung des faktischen Verwaltungssitzes einen Statutenwechsel zur Folge und damit auch registerrechtliche Konsequenzen hat, führt nach der sog. Gründungstheorie nur die registerliche **Verlegung des Satzungssitzes** über die Staatsgrenze dazu, dass der Rechtsträger fortan einer anderen Rechtsordnung unterliegt. 13

2. Rechtslage in Deutschland. a) Gesellschaftsstatut. In Deutschland ist die Rspr. bis 2002 einhellig und die Lehre überwiegend der Sitztheorie gefolgt.[18] Diese geht – ebenso wie die Gründungstheorie – von einem einheitlichen Gesellschaftsstatut aus (Einheitstheorie). Grundsätzlich unterfallen somit alle gesellschaftsrechtlichen Verhältnisse dem Gesellschaftsstatut.[19] Für den europäischen Rechtsraum (EU- und EWR-Mitgliedstaaten)[20] besteht allerdings nunmehr grundsätzlich Klarheit darüber, dass die bloße Verlagerung des Verwaltungssitzes von einem Mitgliedstaat in einen anderen nicht zu einem Wechsel des Gesellschaftsstatuts führt, insbesondere also die Partei- und Prozessfähigkeit weiterhin nach dem Recht des Staates zu beurteilen ist, in welchem sich der Satzungssitz der Gesellschaft befindet.[21] Dasselbe gilt, sofern sich aufgrund besonderer staatsvertraglicher Bestimmungen ergibt, dass die Verlagerung des Verwaltungssitzes über die jeweiligen Staatsgrenzen hinaus gebilligt wird (→ Rn. 22). Im Ergebnis entspricht dies – jedenfalls in Bezug auf die grenzüberschreitende Verwaltungssitzverlagerung eines Rechtsträgers aus dem genannten europäischen Rechtsraum nach Deutschland – den Konsequenzen einer Anwendung der sog. **Gründungstheorie.**[22] Für andere, sog. Drittstaaten, wie etwa die Schweiz, hält die Rspr. dagegen weiter an der **Sitztheorie** fest.[23] 14

---

17 BGHZ 97, 269 = NJW 1986, 2194 (2195); *Ebenroth/Bippus* JZ 1988, 677 ff.

18 BGHZ 25, 134 (144); 51, 27 (28); 53, 181 (183); 78, 318 (334); 97, 269 (272); BayObLGZ 1985, 272 (279); 1986, 61 (67); OLG Frankfurt RIW 1990, 583; näher *Wiedemann* GesR I § 14 II 1 a cc.

19 BGHZ 78, 318 (334) = NJW 1981, 522.

20 BGHZ 164, 148 = NJW 2005, 3351.

21 EuGH Slg. 2002, I-9919 = NJW 2002, 3614 – Überseering; BGH NJW 2003, 1461.

22 *Behrens* IPRax 2003, 193 (206); *Schulz* NJW 2003, 2705 (2707).

23 BGHZ 178, 192 = NJW 2009, 289 mAnm *Kieninger*; OLG Oldenburg NZG 2020, 992; s. auch Palandt/*Thorn* EGBGB Anh. Art. 12 Rn. 9.

15 **b) Grenzüberschreitende Sitzverlegung. aa) Faktische Sitzverlegung.** Verlagert eine ausländische Gesellschaft nur ihren faktischen Verwaltungssitz in das Inland, so ist als registerrechtliche Folge die Eintragung einer entsprechenden inländischen „Zweigniederlassung" nach §§ 13d ff. zu veranlassen, sofern der Satzungssitz im Ausland aufrechterhalten wird und somit weiter ein – wenn auch nur formal – ausländischer Rechtsträger fortbesteht. Dies gilt jedenfalls dann, wenn es sich um eine Gesellschaft mit Satzungssitz in einem EU- oder EWR-Mitgliedstaat befindet und angesichts der europarechtlichen Niederlassungsfreiheit (Art. 49, 54 AEUV) unabhängig davon, welche Anknüpfung dieser für das anzuwendende Recht wählt.[24] Keine Sonderbehandlung erfordert auch der Vorgang, dass eine deutsche Gesellschaft unter formaler Beibehaltung des inländischen Satzungssitzes ihre gesamte faktische Tätigkeit ins Ausland verlegt. Da die maßgeblichen Vorschriften (§ 4a GmbHG, § 5 AktG) nicht verlangen, dass der Unternehmensschwerpunkt im Inland liegt, ändert sich durch dessen allein faktische Verlagerung über die Grenze nichts. Vielmehr gebietet es im EU- und EWR-Raum die Niederlassungsfreiheit, einer Gesellschaft die Möglichkeit zu eröffnen, ggf. ihre gesamte Tätigkeit im Gebiet eines anderen Staats zu entfalten und – im Sinne einer „Briefkastengesellschaft" ihren deutschen Satzungssitz gleichwohl aufrecht zu erhalten.[25] Insoweit gelten in Bezug auf die registerliche Behandlung somit keine von den gesetzlichen Vorschriften abweichenden Besonderheiten.

16 **bb) Grenzüberschreitende Verlegung des Satzungssitzes als Formwechsel.** Dagegen bereitet die Verlegung des Satzungssitzes im Sinne der maßgeblichen Registrierung ins Ausland weiterhin beachtliche Schwierigkeiten. Hat man einen derartigen Mitgliederbeschluss des Rechtsträgers früher als auf eine unmögliche Rechtsfolge gerichtet als nichtig angesehen[26] (vgl. → 4. Aufl. 2015, § 13h Rn. 15), so verlangt zumindest im EU- und EWR-Bereich die grundlegende Niederlassungsfreiheit die Möglichkeit einer identitätswahrenden grenzüberschreitenden Sitzverlegung ohne vorangehendes Abwicklungsverfahren, und zwar auch dann, wenn der faktische Verwaltungssitz im Staat des bisherigen Satzungssitzes beibehalten wird.[27] Für die Durchführung der Verlegung, die sich als gesetzlich ungeregelter „grenzüberschreitender Formwechsel" darstellt, war bislang auf eine entsprechende Anwendung der §§ 122a ff. UmwG zurückzugreifen,[28] wobei sukzessive die zwei betroffenen nationalen Rechtsordnungen zur Anwendung gebracht wurden. Zu beachten war hierbei, dass die grenzüberschreitende Sitzverlegung für den betroffenen Rechtsträger nicht ungünstiger sein durfte als eine rein innerstaatliche Verlegung[29] („Äquivalenzgrundsatz") und innerstaatliche Maßnahmen die Ausübung dieser Möglichkeit nicht unterbinden, behindern oder weniger attraktiv machen durften, wenn diese nicht durch zwingende Gründe des Allgemeininteresses gerechtfertigt waren[30] („Effektivitätsgrundsatz"). In diesem Sinne hat die obergerichtliche Rspr. etwa den Wegzug nach Italien[31] oder Frankreich,[32] ebenso wie den Zuzug aus Frankreich,[33] den Niederlanden[34] und Luxemburg[35] für zulässig gehalten.

---

24 Roth/Altmeppen/*Altmeppen* GmbHG § 4a Rn. 18; Lutter/Hommelhoff/*Bayer* GmbHG § 4a Rn. 12; MüKoGmbHG/*Heinze* GmbHG § 4a Rn. 40.

25 EuGH NJW 2003, 3331 – Inspire Art; NJW 2002, 3614 – Überseering; NJW 1999, 2027 – Centros.

26 OLG Hamm NJW 2001, 2183 mAnm *Schwarz* NZG 2001, 613; OLG Düsseldorf NJW 2001, 2184; BayObLGZ 1992, 113 (116); aus der älteren Rspr. RGZ 7, 68 (70); 88, 53 (54); 107, 94 (97); BGHZ 25, 134 (144).

27 EuGH NJW 2017, 3639 – Polbud; *Kieninger* NJW 2017, 3624 (2626); vgl. EuGH NJW 2017, 70 – VALE; Roth/Altmeppen/*Altmeppen* GmbHG § 4a Rn. 21; anders zuvor noch OLG München FGPrax 2008, 38 = NZG 2007, 915; OLG Brandenburg FGPrax 2005, 78; BayObLG FGPrax 2004, 133 = GmbHR 2004, 490 mAnm *Stieb*.

28 Zur registertechnischen Behandlung *Krafka* RegisterR Rn. 1211a ff.

29 EuGH NJW 2012, 2715 – VALE.

30 EuGH NJW 2017, 3639 – Polbud.

31 OLG Fankfurt NZG 2017, 423.

32 OLG Saarbrücken NZG 2020, 390.

33 KG NZG 2016, 159 für französische sàrl.

34 OLG Düsseldorf 2017, 1354 für niederländische BV.

35 OLG Nürnberg NZG 2014, 349 für luxemburgische sàrl; ohne Anwendung der umwandlungsrechtlichen Vorschriften für die Sitzverlegung als KG nun OLG Oldenburg NZG 2020, 992.

Unter Berücksichtigung dieser dynamischen Rechtsentwicklung unter der maßgeblichen Führung des EuGH und bei exzessiver Ausdehnung der Niederlassungsfreiheit gem. Art. 49, 54 AEUV ist damit jedenfalls für den europäischen Rechtsraum unzweifelhaft, dass für die jeweiligen Gesellschaften nationaler Rechtsformen die Verlagerung des Verwaltungssitzes von einem Mitgliedstaat in einen anderen keinen Wechsel des Gesellschaftsstatuts herbeiführt[36] und damit die Möglichkeit besteht, den Satzungssitz im Rahmen eines identitätswahrenden Formwechsels über die Grenze in einen anderen Mitgliedstaat zu verlegen. Mittlerweile sind die entsprechenden Vorgaben im Rahmen der RL (EU) 2019/2121 als **Art. 86a ff. GesR-RL** in Kraft getreten und in nationales Recht zu überführen. 17

3. Verlegung der Hauptniederlassung des Einzelkaufmanns in das Ausland. Es handelt sich bei der Verlegung, wie auch im Inland (→ Rn. 2), um einen **tatsächlichen Vorgang.** Betreibt der Einzelkaufmann seine Geschäfte nunmehr im Ausland, ist die Hauptniederlassung verlegt, das inländische Geschäft aufgegeben und die Firma im Inland erloschen. Das Erlöschen der Firma ist nach § 31 Abs. 2 anzumelden und notfalls gem. § 14 durch die Festsetzung von Zwangsgeld zu erzwingen. Hat auch das keinen Erfolg, trägt das Registergericht das Erlöschen von Amts wegen ein (§ 393 FamFG). Werden im Inland bestehende Zweigniederlassungen nicht aufgegeben, gilt § 13d. 18

4. Verlegung des Sitzes von OHG und KG in das Ausland. Es handelt sich bei der Verlegung wie bei dem Einzelkaufmann um einen tatsächlichen Vorgang. Der Sitz befindet sich dort, von wo aus die Geschäfte tatsächlich geführt werden. Das gilt auch dann, wenn der Gesellschaftsvertrag einen anderen Ort festlegt. Mit der Sitzverlegung ist allerdings auch hier nur dann ein Statutenwechsel verbunden, wenn zugleich der statutarische Sitz verlegt und dies registerlich im In- und Ausland eingetragen wird. 19

5. Verlegung der Hauptniederlassung oder des Sitzes aus dem Ausland. Für die Verlegung der Hauptniederlassung des Einzelkaufmanns gilt → Rn. 18 entsprechend. Die nunmehrige Inlandsfirma ist gem. § 29 zur Eintragung in das Handelsregister anzumelden. Für die Verlegung des Satzungssitzes von Kapitalgesellschaften aus dem Ausland gelten die in → Rn. 16 f. dargestellten Besonderheiten. 20

6. Sonderregelungen für europäische Rechtsträger (SE, EWIV, SCE). Für die Rechtsformen der Europäischen wirtschaftlichen Interessenvereinigung (EWIV),[37] der Europäischen Aktiengesellschaft (SE)[38] und der Europäischen Genossenschaft (SCE)[39] enthalten die jeweiligen sekundärrechtlichen Quellen Regelungen zu grenzüberschreitenden Sitzverlegungen (Art. 13, 14 EWIV-VO, Art. 9 SE-VO, Art. 7 SCE-VO). Danach kann der Sitz identitätswahrend innerhalb der Gemeinschaft verlegt werden, nachdem ein entsprechender Verlegungsplan und -bericht erstellt und eine bestimmte Frist seit Offenlegung des Verlegungsplanes verstrichen ist. Sodann kann aufgrund des gefassten Verlegungsbeschlusses und bei SE und SCE unter Vorlage einer behördlichen Bestätigung des Wegzugsstaates über die Einhaltung der erforderlichen Formalitäten (Art. 8 Abs. 8 SE-VO, Art. 7 Abs. 8 SCE-VO) die Sitzverlegung im Zuzugsstaat angemeldet werden. Die Eintragung im neuen Register führt dann zur Wirksamkeit der Sitzverlegung. Danach löscht das Register des früheren Sitzes den Rechtsträger aufgrund des Nachweises der neuen Eintragung. 21

---

[36] EuGH Slg. 2002, I-9919 = NJW 2002, 3614 – Überseering; BGH NJW 2003, 1461.

[37] VO (EWG) 2137/85 des Rates vom 25.7.1985 über die Schaffung einer Europäischen wirtschaftlichen Interessenvereinigung (EWIV), ABl. EG 1985 L 199.

[38] VO (EG) 2157/2001 des Rates vom 8.10.2001 über das Statut der Europäischen Gesellschaft (SE), ABl. EG 2001 L 294.

[39] VO (EG) 1435/2003 des Rates vom 22.7.2003 über das Statut der Europäischen Genossenschaft (SCE), ABl. EG 2003 L 207.

22 **7. Bilaterale Abkommen.** Staatsvertragliche Regelungen[40] bestehen zwischen der Bundesrepublik und den USA[41] sowie zwischen der Bundesrepublik und Spanien.[42] Diese gestatten die Verlagerung des faktischen Verwaltungssitzes unter Identitätswahrung ohne Neugründung.[43] Regelungen zur grenzüberschreitenden Verlegung des Satzungssitzes sind allerdings auch in den genannten bilateralen Abkommen nicht enthalten, so dass eine solche auch im Verhältnis zu diesen Staaten nicht möglich ist.

VI. Rechtslage in Österreich

23 Wie § 13h sieht in Österreich § 13 UGB die Anmeldung einer Verlegung des Sitzes oder der Hauptniederlassung im Inland und deren Eintragung im Firmenbuch bei dem bisher zuständigen Gericht vor. Das neu zuständige Gericht hat gem. § 13 Abs. 2 UGB nur zu prüfen, ob der Sitz oder die Hauptniederlassung tatsächlich verlegt wurde und die der Vorschrift des § 30 HGB entsprechende Regelung des § 29 UGB beachtet wurde.

§ 14 [Festsetzung von Zwangsgeld]

[1]Wer seiner Pflicht zur Anmeldung oder zur Einreichung von Dokumenten zum Handelsregister nicht nachkommt, ist hierzu von dem Registergericht durch Festsetzung von Zwangsgeld anzuhalten. [2]Das einzelne Zwangsgeld darf den Betrag von fünftausend Euro nicht übersteigen.

Schrifttum: *Ammon,* Die Anmeldung zum Handelsregister, DStR 1993, 1025; *Bassenge,* Tatsachenermittlung, Rechtsprüfung und Ermessensausübung in den registergerichtlichen Verfahren nach §§ 132 bis 144 FGG, Rpfleger 1974, 173; *Bokelmann,* Der Einblick in das Handelsregister, DStR 1991, 945; *Vossius,* Gesellschaftsrecht und Freiwillige Gerichtsbarkeit, ZGR 2009, 366.

Übersicht

I. Normzweck

1 § 14 gibt dem Registergericht die Möglichkeit, Zwangsmittel zur Erfüllung bestimmter registerrechtlicher Verpflichtungen (Anmeldungen und Einreichung von Dokumenten zum Handelsregister) einzusetzen. Der **Registerzwang** soll hierbei nicht die Säumnis als solche bestrafen, sondern dient allein dazu, die Erfüllung gesetzlich vorgeschriebener Pflichten

[40] Vgl. *Großfeld/Jasper* RabelsZ 53 (1989), 52 (55); *Tersteegen,* Kollisionsrechtliche Behandlung ausländischer Kapitalgesellschaften im Inland, 2002, 263 ff.

[41] Freundschafts-, Handels- und Schifffahrtsvertrag zwischen der Bundesrepublik Deutschland und den Vereinigten Staaten von Amerika (FrHSchV D-USA) vom 29.10.1954, BGBl. 1956 II 488, 763, in Kraft seit 14.7.1956; einschlägig ist Art XXV Abs. 5 FrHSchV D-USA; s. auch *Pfeiffer* Rpfleger 2006, 173.

[42] Niederlassungsvertrag zwischen der Bundesrepublik Deutschland und Spanien vom 23.4.1970, BGBl. 1972 II S. 1041, 1557, in Kraft seit 26.11.1972; einschlägig ist Art. 15 Abs. 2 FrHSchV D-USA.

[43] Vgl. BGHZ 153, 353 = NJW 2003, 1607; BGH DNotZ 2005, 141 mAnm *Thölke* zur Anwendung des FrHSchV D-USA.

öffentlich-rechtlicher Art durchzusetzen. Neben der materiell-rechtlich ausgerichteten Vorschrift des § 15 sichert somit § 14 durch Androhung von staatlich angeordneten Konsequenzen die Zuverlässigkeit und Vollständigkeit des Handelsregisters.[1] Die Festsetzung von Zwangsgeld stellt ein **Beugemittel** dar.[2] Dieser Einordnung kommt insoweit Bedeutung zu, als die Festsetzung eines Zwangsgeldes aufzuheben ist, sobald die zu erzwingende Verpflichtung erfüllt wurde und somit auch eine etwaige Beitreibung zu entfallen hat. Grund hierfür ist das Erreichen des mit der Anordnung des Zwangsgeldes erstrebten Zwecks, nämlich der Erfüllung der Anmeldungs- oder Einreichungspflicht.[3] Die Festsetzung von Zwangsgeld ist ferner zB in § 35 FamFG, § 407 Abs. 1 AktG, § 408 S. 1 AktG, § 79 Abs. 1 GmbHG, § 160 GenG, § 172 VAG, § 78 BGB und § 21 PublG vorgesehen. Zur Effektivierung wurde vorgeschlagen den Registergerichten entsprechend §§ 394, 395 FamFG Löschungsbefugnisse einzuräumen, wenn eine Anmeldepflicht trotz unanfechtbarer Zwangsgeldfestsetzung nicht erfüllt wird und ferner Anmeldepflichten als Schutzgesetze iSv § 823 Abs. 2 BGB auszugestalten.[4] Im Rahmen des § 10a wurden den Beteiligten Ansprüche auf Durchführung der Verfahren gem. §§ 393 ff. FamFG von Amts wegen zur Effektivierung datenschutzrechtlicher Anforderungen eingeräumt.

II. Grenzen des Registerzwangs

1. Gesetzliche Pflichten. Gesetzlich vorgeschriebene Pflichten zur Anmeldung oder Einreichung von Dokumenten können und **müssen erzwungen** werden. Neben § 14 ermächtigen die § 125a Abs. 2 und § 177a zur Ausübung von Registerzwang. Das Verfahren ist in den §§ 388–392 FamFG geregelt. Sind Tatsachen ausnahmsweise ohne ausdrückliche gesetzliche Festlegung eintragungsfähig und eintragungspflichtig (→ § 8 Rn. 35 ff.), besteht auch eine Anmeldeverpflichtung, die dem Registerzwang unterliegt.[5] Dagegen kann die Anmeldung lediglich eintragungsfähiger Tatsachen (→ § 8 Rn. 32 ff.) nicht nach § 14 erzwungen werden. 2

2. Ausnahmen vom Registerzwang. Zum Teil schließt das Gesetz selbst die Erzwingbarkeit einer Anmeldung ausdrücklich aus (§ 175 S. 3, § 407 Abs. 2 S. 1 AktG, § 408 S. 1 AktG, § 79 Abs. 2 GmbHG, § 316 Abs. 2 UmwG). Der registerrechtlichen Systematik zufolge ist dies der Fall, wenn die Eintragung im Register für die angemeldete Tatsache konstitutive Wirkung entfaltet, weil dann kein allgemeines Interesse an der Herbeiführung einer entsprechenden Anmeldung besteht. Ein zwingendes Abgrenzungskriterium für die Anwendbarkeit des Registerzwangs liegt darin jedoch nicht, wie für die Anmeldung von Satzungsänderungen zur Eintragung in das Vereinsregister die Bestimmungen des § 78 Abs. 1 BGB iVm § 71 Abs. 1 BGB deutlich machen.[6] Beispielsweise unterliegt die Anmeldung einer AG oder GmbH – erst mit der Eintragung entsteht die jeweilige Kapitalgesellschaft (§ 41 Abs. 1 AktG, § 11 Abs. 1 GmbHG), so dass das Register mangels Eintragung bis dahin nicht falsch sein kann – keinem staatlichen Zwang.[7] Folgerichtig besteht auch keine öffentlich-rechtliche Anmeldepflicht, da die Gründer darüber zu entscheiden haben, ob die Gesellschaft eingetragen werden soll. Privatrechtlich dagegen kann eine Pflicht zur Anmeldung insbesondere bei Personenhandelsgesellschaften gegenüber den Mitgesellschaftern bestehen (→ § 16 Rn. 5). Gleiches gilt für die Anmeldung von Satzungsänderungen bei Kapitalgesellschaften (§ 181 AktG, § 54 GmbHG) und für Umwandlungsmaßnahmen (vgl. § 316 Abs. 2 UmwG). 3

---

1 Staub/*Koch* Rn. 1; *Krafka* RegisterR Rn. 2353; *Krafka* Einführung RegisterR Rn. 56 ff.

2 RGZ 2, 223 (224); KGJ 31 A 201, 203; 37 A 182, 183; BeckOGK/*Schaal* Rn. 2; EBJS/*Schaub* Rn. 1; Oetker/*Preuß* Rn. 2; Röhricht/Graf v. Westphalen/Haas/*Ries* Rn. 2.

3 BayObLGZ 1955, 124 (130); LG Waldshut BB 1962, 386; BeckOGK/*Schaal* Rn. 2; *Ammon* DStR 1993, 1025 (1031); Staub/*Koch* Rn. 22.

4 *Vossius* ZGR 2009, 366 (404).

5 Staub/*Koch* Rn. 7; EBJS/*Schaub* Rn. 8; KKRD/*Roth* Rn. 2.

6 EBJS/*Schaub* Rn. 12; Röhricht/Graf v. Westphalen/Haas/*Ries* Rn. 9; Oetker/*Preuß* Rn. 8.

7 LG Stuttgart BB 1963, 1396.

4 Bei einer unerzwingbaren Anmeldung (→ Rn. 3) ist § 14 überhaupt nicht anwendbar. Wird in diesen Fällen angemeldet und fehlen etwa Dokumente nach § 8 Abs. 1 GmbHG oder § 37 Abs. 4 AktG, so ist die Anmeldung aufgrund ihrer Unvollständigkeit fehlerhaft und daher zurückzuweisen (§ 382 Abs. 3 FamFG), sofern der Mangel nicht im Zuge einer Zwischenverfügung des Registergerichts (§ 382 Abs. 4 FamFG) behoben wird.[8] Ist trotz unvollständiger Anmeldung die Gesellschaft eingetragen worden, soll die Festsetzung von Zwangsgeld zulässig sein, um die Beibringung der fehlenden Erklärungen oder Dokumente zu bewirken;[9] wäre ein solches Vorgehen erfolglos, könnte sich ggf. ein Amtslöschungsverfahren nach § 395 FamFG anschließen (→ Rn. 5).

5 **3. Verhältnis zwischen Registerzwang und Amtslöschungsverfahren.** Hierfür sieht hinsichtlich der Anmeldung des Erlöschens einer Firma § 31 Abs. 2 S. 2 vor, dass zunächst nach § 14 vorzugehen und erst danach bei Erfolglosigkeit die Amtslöschung nach § 393 FamFG zu veranlassen ist. Diesem gesetzlichen Grundfall lässt sich allgemein entnehmen, dass auch für die Löschung einer unzulässigen Eintragung im Handelsregister nach § 395 FamFG und §§ 397 f. FamFG ggf. zunächst nach § 14 vorzugehen ist, um im Rahmen dieses Verfahrens zu klären, ob überhaupt ein anmeldepflichtiger Tatbestand gegeben ist.[10] Allein diese Reihenfolge wird der gebotenen Verfahrensökonomie und den sehr eingeschränkten Voraussetzungen für eine Amtslöschung gerecht, die regelmäßig davon abhängt, dass die Beseitigung der Eintragung nicht nur dem Bedürfnis Einzelner entspricht sondern zugleich im öffentlichen Interesse erforderlich erscheint[11] (vgl. § 398 FamFG). Die Klärung des Sachverhalts erfolgt somit in aller Regel im Einspruchsverfahren,[12] während sich das Verfahren nach § 395 FamFG und §§ 397 f. FamFG daran letztlich erst anschließt.[13] Angesichts der in § 31 Abs. 2 S. 2 aufgestellten Regel ist daher – insbesondere unter Berücksichtigung des Verhältnismäßigkeitsgrundsatzes, zumal die Erzwingung in der Regel gegenüber einer Amtslöschung der weniger schwerwiegende Eingriff darstellt[14] – der Auffassung zu widersprechen, dass die Wahl zwischen Erzwingung und Amtslöschung dem Ermessen des Registergerichts überlassen ist.[15]

6 **4. Unzulässiger faktischer Registerzwang.** Besteht eine öffentlich-rechtliche Anmeldepflicht und liegt eine ordnungsgemäße Anmeldung vor, muss das Registergericht unverzüglich eintragen und gem. § 10 die erforderliche Bekanntmachung veranlassen. Es darf die Eintragung nicht von der Erfüllung anderer Pflichten abhängig machen und im Eintragungsverfahren nicht im Ergebnis **faktischen Registerzwang** ausüben. Scheidet etwa aus einer GmbH & Co. KG die Komplementär-GmbH aus und tritt an ihre Stelle eine natürliche Person, darf die Eintragung des Gesellschafterwechsels nicht deshalb verweigert werden, weil nunmehr der Firmenbestandteil „GmbH“ täuscht. Das Registergericht hat vielmehr **nach der Eintragung** gegen den unzulässigen Firmengebrauch nach § 37 HGB und § 392 FamFG vorzugehen oder ein Amtslöschungsverfahren nach § 395 FamFG einzuleiten.[16] Eine derartige **„Verkoppelung von Pflichten“** stellt sich hingegen als unzulässiger faktischer Registerzwang dar,[17] da jede einzelne registerrechtlich bestehende Pflicht grundsätzlich isoliert erfüllbar ist.

---

8 EBJS/*Schaub* Rn. 13.

9 KGJ 41 A 123, 130; Röhricht/Graf v. Westphalen/Haas/*Ries* Rn. 8; Oetker/*Preuß* Rn. 9; BeckOK HGB/*Müther* Rn. 12.

10 Unzutr. KG FGPrax 1999, 156 = GmbHR 1999, 861; wie hier MüKoFamFG/*Krafka* FamFG § 388 Rn. 5; ähnlich unter Hinweis auf den Grundsatz der Verhältnismäßigkeit Keidel/*Heinemann* FamFG § 388 Rn. 8; aA – Vorrang des Löschungsverfahrens – Staub/*Koch* Rn. 11; EBJS/*Schaub* Rn. 19; BeckOK HGB/*Müther* Rn. 17.

11 Röhricht/Graf v. Westphalen/Haas/*Ries* Rn. 11; EBJS/*Schaub* Rn. 19.

12 OLG Düsseldorf FGPrax 2019, 22.

13 Baumbach/Hopt/*Hopt* Rn. 1.

14 Hierauf stellt OLG Düsseldorf FGPrax 2019, 22 maßgeblich ab.

15 So aber Röhricht/Graf v. Westphalen/Haas/*Ries* Rn. 11; EBJS/*Schaub* Rn. 19; ähnlich wie hier dagegen Oetker/*Preuß* Rn. 43.

16 BayObLGZ 1988, 51 (54) = DNotZ 1989, 241; allg. hierzu *Krafka* Einführung RegisterR Rn. 65 ff.

17 BayObLG FGPrax 2001, 213 = GmbHR 2001, 522; BayObLGZ 1988, 51 (54) = DNotZ 1989, 241; ebenso Staub/*Koch* Rn. 12; Oetker/*Preuß* § 8 Rn. 24.

III. Normadressaten

1. Natürliche Personen. Ist eine natürliche Person zur Anmeldung oder Einreichung von Dokumenten verpflichtet, trifft sie auch der Registerzwang. Den Verpflichteten bestimmt das Gesetz. So ist nach § 29 jeder Kaufmann verpflichtet, seine Firma und den Ort seiner Handelsniederlassung samt inländischer Geschäftsanschrift anzumelden. Die Erteilung der Prokura ist nach § 53 Abs. 1 von dem Inhaber des Handelsgeschäfts anzumelden; der Prokurist ist ebenso wie andere rechtsgeschäftliche Vertreter nicht zur Anmeldung verpflichtet und daher nicht Adressat des Zwangsgeldes nach § 14.[18] 7

2. Handelsgesellschaften. Nach § 108 S. 1 sind die Anmeldungen der §§ 106, 107 von sämtlichen Gesellschaftern zu bewirken und nicht von der Gesellschaft als solcher. Nach Beendigung der Liquidation haben die Liquidatoren das Erlöschen der Firma anzumelden (§ 157 Abs. 1). Die genannten Personen sind somit ebenfalls Adressaten des Zwangsgeldes. Das gilt auch dann, wenn sie zur Anmeldung einen Bevollmächtigten bestellt haben, da die verfahrensrechtliche Verpflichtung zur Anmeldung nicht zur Disposition der Beteiligten steht.[19] Im Fall der Eröffnung des Insolvenzverfahrens trifft die Anmeldepflicht den Insolvenzverwalter nur insoweit, als es sich um Vorgänge handelt, welche die Insolvenzmasse betreffen, wozu beispielsweise die Anmeldung neu bestellter Geschäftsführer (§ 39 GmbHG) nicht gehört.[20] Sind von mehreren Anmeldepflichtigen nicht alle säumig, ist nur gegen die Säumigen gem. § 14 vorzugehen.[21] 8

Die **juristische Person** als solche ist nicht zur Anmeldung verpflichtet (§ 407 Abs. 1 AktG, § 78 GmbHG). Verpflichtet sind vielmehr allein die Mitglieder ihrer Vertretungsorgane,[22] die somit Adressaten des Zwangsgeldes sind. In diesem Fall richtet sich das Verfahren nicht gegen die Gesellschaft oder gegen dessen Organ als solches, sondern lediglich gegen einzelne Mitglieder des Vertretungsorgans. All dies gilt auch dann, wenn **ausnahmsweise die juristische Person selbst,** zB als Gesellschafterin einer Personenhandelsgesellschaft oder als Liquidator, die Anmeldeverpflichtung trifft. Anmeldepflichtiger und Adressat des Zwangsgeldes sind hier ausnahmsweise nicht identisch. 9

3. Notare. Umstritten ist die Frage, ob ein **Notar** im Rahmen seiner Verpflichtung nach § 40 Abs. 2 GmbHG eine aktualisierte Gesellschafterliste der betroffenen GmbH zu unterschreiben und einzureichen, denkbarer Adressat eines Zwangsgelds nach § 14 sein kann.[23] Dafür spricht neben der Funktion dieser Einreichungspflicht und dem Wortlaut der Vorschrift auch die Annahme, dass dem Notar ein Beschwerderecht im Fall der Nichtaufnahme der von ihm erstellten Liste eingeräumt wird.[24] Insoweit wird nicht – wie *Heinemann* unrichtig annimmt[25] – im Sinne eines naturalistischen Fehlschlusses von einem Sein auf ein Sollen geschlossen, sondern der auch im Rahmen der § 14 und § 59 FamFG normativ statuierte Gleichlauf von Rechten und Pflichten realisiert. Da der Notar insoweit an die Stelle der Geschäftsführer tritt, die gem. § 40 Abs. 1 GmbHG primär für die Listenerstellung zuständig sind, wird er insoweit keineswegs in Kooperation mit dem Registergericht als mit diesem „gleichberechtigtes Rechtspflegeorgan" tätig.[26] Der insoweit gezogene Vergleich mit anderen notariellen Aufgaben, etwa im Rahmen der Ablieferung von Testamenten und 10

---

[18] BayObLG OLGRspr. 29, 301 (302); Staub/*Koch* Rn. 13; KKRD/*Roth* Rn. 3.

[19] KGJ 35 A 354, 356; BayObLG BB 1982, 1075 (1076); vgl. Staub/*Koch* Rn. 13; Baumbach/Hopt/*Hopt* Rn. 2.

[20] BayObLG NZG 2004, 582; OLG Rostock Rpfleger 2003, 444; OLG Köln FGPrax 2001, 214 = Rpfleger 2001, 552; aA EBJS/*Schaub* Rn. 25, der stets den Insolvenzverwalter für anmeldepflichtig hält.

[21] BayObLG MittBayNot 1978, 115; KKRD/*Roth* Rn. 3.

[22] KG OLGRspr. 4, 463; Staub/*Koch* Rn. 14; EBJS/*Schaub* Rn. 26.

[23] Bejahend OLG Köln FGPrax 2013, 272 mAnm *Krafka*; BeckOK HGB/*Müther* Rn. 14; BeckOK GmbHG/*Jaeger* GmbHG § 79 Rn. 2; abl. dagegen OLG München DNotZ 2009, 637; Keidel/*Heinemann* FamFG § 379 Rn. 17; Keidel/*Heinemann* FamFG § 388 Rn. 31; BeckOK FamFG/*Munzig* FamFG § 388 Rn. 16.

[24] BGH FGPrax 2011, 132.

[25] *Heinemann* DNotZ 2014, 390 (392).

[26] So aber *Heinemann* DNotZ 2014, 390 (395).

Ausschlagungserklärungen, übersieht hierbei den funktionellen Gleichlauf der Listenerstellung mit der – ohne Weiteres erzwingbaren – Aufgabe der Geschäftsführer nach § 40 Abs. 1 GmbHG. Ein Sonderrecht für Notare aus traditionell berufsmäßigen Vorbehalten ist daher nicht begründbar, zumal Wortlaut, Systematik und Teleologie der § 14 und § 40 Abs. 2 GmbHG für die Erzwingbarkeit sprechen, von der somit trotz der hiergegen vorgebrachten Argumente auszugehen ist.[27]

IV. Verfahren

11 **1. Festsetzungsverfahren.** Das Zwangsgeldverfahren ist in den **§§ 388–392 FamFG** geregelt.[28] Der Einleitung des Verfahrens nach § 388 FamFG folgt die Festsetzung von Zwangsgeld (§ 389 FamFG). Das Rechtfertigungsverfahren kann sich auf Einspruch hin nach § 390 FamFG anschließen.[29] Im Einzelnen hat es, sobald das Registergericht von einem sein Einschreiten rechtfertigenden Sachverhalt glaubhaft erfährt – der volle Nachweis des wirklichen Sachverhalts ist erst im Einspruchsverfahren erforderlich[30] – dem Beteiligten einleitend durch der Zustellung bedürftige Verfügung (§ 15 FamFG) unter Androhung eines zahlenmäßig bestimmten Zwangsgeldes[31] aufzugeben, innerhalb einer bestimmten Frist seiner gesetzlichen Verpflichtung nachzukommen oder die Unterlassung mittels Einspruchs gegen die Verfügung zu rechtfertigen. Insbesondere ist in der Verfügung die gesetzliche Verpflichtung, der der Beteiligte nachkommen soll, genau zu bezeichnen[32] und eine angemessene Frist zur Vornahme der Handlung zu setzen. Der Beteiligte muss auf die Möglichkeit hingewiesen werden, sein Verhalten durch Einspruch zu rechtfertigen.[33] Fehlt es an Aufforderung, Androhung oder Fristsetzung, ist „das ganze weitere Verfahren nichtig"[34] und die Zwangsgeldfestsetzung nach § 389 FamFG nicht mehr möglich.

12 **2. Rechtsbehelfe. a) Einspruch.** Gegen die einleitende Verfügung ist der Einspruch mit dem Ziel möglich, die durch die Zwangsgeldandrohung gerügte Unterlassung zu rechtfertigen (vgl. § 390 FamFG).[35] Einspruchsberechtigt sind diejenigen natürlichen Personen, an die sich die Einleitungsverfügung richtet sowie die ggf. in ihren eigenen Rechten beeinträchtigte Gesellschaft.[36]

13 Bei **begründetem Einspruch** hebt das Gericht die erlassene Einleitungsverfügung auf. Ist der Einspruch unbegründet, wird er verworfen und das angedrohte Zwangsgeld festgesetzt; je nach den Umständen kann das Gericht aber auch von der Festsetzung eines Zwangsgeldes ganz absehen oder ein geringeres festsetzen (§ 390 Abs. 4 S. 2 FamFG). Gleichzeitig mit der Verwerfung des Einspruchs und der Entscheidung über die Zwangsgeldfestsetzung erlässt das Gericht gem. § 390 Abs. 5 FamFG – nicht notwendigerweise in demselben Beschluss – erneut eine Verfügung nach § 388 FamFG.

14 **b) Beschwerde.** Gegen die Festsetzung des Zwangsgeldes und gegen die Verwerfung des Einspruchs kann der Betroffene Beschwerde einlegen (§ 391 Abs. 1 FamFG). Ist das Zwangsgeld nach § 390 Abs. 4 FamFG (zB Versäumung der Einspruchsfrist) festgesetzt worden, kann die Beschwerde nicht darauf gestützt werden, dass die Verfügung, durch welche das Zwangsgeld angedroht worden ist, nicht gerechtfertigt gewesen sei (§ 391 Abs. 2 FamFG). Denn der Beteiligte hätte Mängel der Einleitungsverfügung im Einspruchsverfah-

[27] Ebenso OLG Köln FGPrax 2013, 272; aA OLG München DNotZ 2009, 637.
[28] Hierzu *Krafka* RegisterR Rn. 2351 ff. mit Musterbeispielen.
[29] *Bassenge* Rpfleger 1974, 173 (174 f.); *Krafka* RegisterR Rn. 2369 ff.
[30] BayObLGZ 1978, 319 (322); näher zum Registerzwangsverfahren *Ammon* DStR 1993, 1025 (1030 ff.).
[31] Die Androhung eines Höchstbetrags (… bis zu 3.000 Euro) genügt nicht, BGH NJW 1973, 2288; BayObLGZ 1970, 114.
[32] KGJ 37 A 177 und A 182; 49, 138; BayObLGZ 1967, 458; 1978, 319 (322).
[33] KG OLGRspr. 5, 274.
[34] KGJ 37 A 177, 179.
[35] KGJ 22 A 8, 11; 37 A 188; *Keidel* Rpfleger 1955, 134 zu LG Mannheim Rpfleger 1955, 132.
[36] BayObLGZ 1987, 399; *Krafka* RegisterR Rn. 2369.

ren geltend machen müssen.[37] Doch kann die Beschwerde darauf gestützt werden, dass die Einspruchsfrist nicht schuldhaft versäumt wurde.[38]

V. Rechtslage in Österreich

Auch nach österreichischem Recht können Anmeldungen und Einreichungen zum Firmenbuch vom Gericht durch Zwangsstrafen durchgesetzt werden. Die entsprechende Regelung findet sich in § 24 FBG. Danach beträgt die Zwangsstrafe zunächst bis zu 3.600 Euro und bei Nichtbefolgung innerhalb von zwei Monaten nach Eintritt der Rechtskraft des Beschlusses über die Verhängung der Zwangsstrafe bis zu 7.260 Euro. 15

§ 15 [Publizität des Handelsregisters]

(1) Solange eine in das Handelsregister einzutragende Tatsache nicht eingetragen und bekanntgemacht ist, kann sie von demjenigen, in dessen Angelegenheiten sie einzutragen war, einem Dritten nicht entgegengesetzt werden, es sei denn, daß sie diesem bekannt war.

(2) [1]Ist die Tatsache eingetragen und bekanntgemacht worden, so muß ein Dritter sie gegen sich gelten lassen. [2]Dies gilt nicht bei Rechtshandlungen, die innerhalb von fünfzehn Tagen nach der Bekanntmachung vorgenommen werden, sofern der Dritte beweist, daß er die Tatsache weder kannte noch kennen mußte.

(3) Ist eine einzutragende Tatsache unrichtig bekanntgemacht, so kann sich ein Dritter demjenigen gegenüber, in dessen Angelegenheiten die Tatsache einzutragen war, auf die bekanntgemachte Tatsache berufen, es sei denn, daß er die Unrichtigkeit kannte.

(4) Für den Geschäftsverkehr mit einer in das Handelsregister eingetragenen Zweigniederlassung eines Unternehmens mit Sitz oder Hauptniederlassung im Ausland ist im Sinne dieser Vorschriften die Eintragung und Bekanntmachung durch das Gericht der Zweigniederlassung entscheidend.

Schrifttum: *Altmeppen,* Disponibilität des Rechtsscheins, 1993; *Axer,* Abstrakte Kausalität – ein Grundsatz des Handelsrechts?, 1986; *Beuthien,* Sinn und Grenzen der Rechtsscheinhaftung nach § 15 III HGB, FS Reinhardt, 1972, 199; *Bürck,* § 15 III HGB und die Grundsätze der Haftung von fehlerhaften und entstehenden Personengesellschaften gegenüber Dritten, AcP 171 (1971), 328; *Canaris,* Die Vertrauenshaftung im deutschen Privatrecht, 1971, 151 ff.; *Gammelin,* Rechtsscheinhaftung des Kaufmanns und Regressansprüche gegen den Staat bei fehlerhaftem Publizitätsakt der Presse, 1973; *Grunewald,* Die Auswirkungen der Änderung der Publizitätsnormen auf die Haftung der Kommanditisten, ZGR 2003, 541; *Hager,* Das Handelsregister, Jura 1992, 57; *P. Hofmann,* Das Handelsregister und seine Publizität, JA 1980, 264; *A. Hueck,* Gilt § 15 I HGB auch beim Erlöschen und bei der Änderung nicht eingetragener aber eintragungspflichtiger Rechtsverhältnisse?, AcP 118 (1920), 350; *John,* Fiktionswirkung oder Schutz typisierten Vertrauens durch das Handelsregister, ZHR 140 (1976), 236; *Koch,* Vertrauensschutz gegen das Handelsregister, AcP 207 (2007), 768; *Kreutz,* Die Bedeutung von Handelsregistereintragung und Handelsregisterbekanntmachung im Gesellschaftsrecht, Jura 1982, 626; *Leenen,* Die Funktionsbedingungen von Verkehrssystemen in der Dogmatik des Privatrechts, Symposium Wieacker, 1990, 108; *Lieder,* Die Bedeutung des Vertrauensschutzes für die Digitalisierung des Gesellschaftsrechts, NZG 2020, 81; *Mattheus/Schwab,* Kommanditistenhaftung und Registerpublizität, ZGR 2008, 65; *Merkt,* Unternehmenspublizität, 2001; *Noack,* Amtliche Unternehmenspublizität und digitale Medien, FS Ulmer, 2003, 1245; *Noack,* Die Publizitätswirkungen des Handelsregisters (§§ 11, 15 HGB) nach dem EHUG, FS Eisenhardt, 2007, 475; *Oetker,* Zur Anwendbarkeit des § 15 Abs. 1 HGB, GS Sonnenschein, 2003, 635; *v. Olshausen,* Neuerungen im System der handelsrechtlichen Rechtsscheingrundsätze, BB 1970, 137; *v. Olshausen,* Rechtsschein und „Rosinentheorie" oder Vom guten und vom schlechten Tropfen, AcP 189 (1989), 223; *Paefgen,* Handelsregisterpublizität und Verkehrsschutz im Lichte des EHUG, ZIP 2008, 1653; *Pahl,* Haftungsrechtliche Folgen versäumter Handelsregistereintragung und Bekanntmachung, 1987; *Paul,* Kommanditistenhaftung bei Anteilsübertragung ohne Nachfolgevermerk, MDR 2004, 849; *Schilken,* Abstrakter und konkreter Vertrauensschutz

[37] KG OLGRspr. 5, 275; LG Landau Rpfleger 1970, 244; *Keidel* Rpfleger 1955, 134.
[38] KGJ 26 A 75.

im Rahmen des § 15 HGB, AcP 187 (1987), 1; *K. Schmidt,* Handelsregisterpublizität und Kommanditistenhaftung, ZIP 2002, 413; *Schmidt-Kessel,* Das Gemeinschaftsrecht des Handelsregisters, GPR 2006, 6; *Schmidt-Kessel/Leutner/Müther,* Handelsregisterrecht, 2010; *Schwarz,* Publizitätswirkungen des Handelsregisters bei der Umwandlung einer Personenhandelsgesellschaft in eine BGB-Gesellschaft, DB 1989, 161; *Servatius,* Zur Eintragung organschaftlicher Vertretungsmacht ins Handelsregister, NZG 2002, 456; *Wilhelm,* Mängel bei der Neuregelung des NaStraG zu den Bekanntmachungen über die Kommanditisten, DB 2002, 1979; *Winkler,* Formvorschriften und Rechtssicherheit im Handelsregister, FS Wiedemann, 2002, 1369; *Zimmer,* § 15 Abs. 2 HGB und die allgemeine Rechtsscheinhaftung, 1997.

Übersicht

I. Grundlagen

1. Regelungsgegenstand. § 15 regelt die privatrechtlichen **Publizitätswirkungen des Handelsregisters.** Dabei befasst sich Abs. 1 mit den Folgen des Unterbleibens von Eintragung und Bekanntmachung, Abs. 2 mit den Folgen richtiger Eintragung und Bekanntmachung, Abs. 3 mit den Folgen unrichtiger (Eintragung und) Bekanntmachung, und Abs. 4 stellt klar, dass es für Zweigniederlassungen eines Unternehmens mit Sitz oder Hauptniederlassung im Ausland auf die Eintragungen und Bekanntmachungen beim Gericht der Zweigniederlassung ankommt. Sieht man die Ordnungsgemäßheit als Grundfall an, so regelt Abs. 2 den Grundfall.[1] Gem. § 5 Abs. 2 PartGG ist § 15 entsprechend auf das Partnerschaftsregister anwendbar. § 29 GenG ist eine Parallelregelung zu § 15 für das Genossenschaftsregister, die sich jedoch bewusst auf die Eintragung und Bekanntmachung der Vorstandsmitglieder und deren Vertretungsbefugnis beschränkt. Auch wenn diese Sonderregelung ein rechtspolitisch nicht gerechtfertigter Atavismus ist, ist die gesetzgeberische Entscheidung zu respektieren,[2] weshalb entgegen einigen Stimmen § 15 nicht analog auf andere Fälle angewandt werden kann.[3] Besonders deutlich wird der genossenschaftsrechtliche Sonderweg an § 42 Abs. 1 S. 3 GenG, der § 29 GenG für Prokuristen für entsprechend anwendbar erklärt, was nur dann Sinn ergibt, wenn im Übrigen weder § 29 GenG noch § 15 auf genossenschaftliche Eintragungen Anwendung finden. Weitere Parallelregelungen finden sich in § 68 BGB für das Vereinsregister und § 1412 BGB für das Güterrechtsregister. 1

[1] Schmidt-Kessel/Leutner/Müther/*Schmidt-Kessel/Kopp* Rn. 1.
[2] BeckOGK/*Schaal* Rn. 7.
[3] AA RGZ 125, 150; Lang/Weidmüller/*Holthaus/Lehnhoff* GenG § 29 Rn. 2.

2 **2. Gesetzesgeschichte, Richtlinienrecht, Ausblick. a) Entwicklungsgeschichte des § 15.** Vorläufer der Abs. 1 und 2[4] waren zahlreiche Einzelregelungen des **ADHGB** (Art. 25 Abs. 2, 3 ADHGB, Art. 46, 87 Abs. 2 ADHGB, Art. 115, 129 Abs. 2, 3, 5 ADHGB, Art. 135, 155 Abs. 3 ADHGB, Art. 171 Abs. 3 ADHGB, Art. 172, 200, 233 Abs. 2 S. 1 ADHGB, Art. 244a Abs. 1 ADHGB), die ausschließlich Veränderungen oder Löschungen der im Handelsregister eingetragenen Rechtsverhältnisse (sog. **Sekundärtatsachen,** → Rn. 35 ff.) erfassten. Eine Abs. 3 entsprechende Regelung gab es nicht. Vorbild des heutigen Abs. 4 ist Art. 233 Abs. 2 S. 2 ADHGB, wobei sich diese Regelung auf inländische Unternehmen bezog. Das **HGB** vom 10.5.1897 (RGBl. 1897 S. 219) fasste die Vorläuferregelungen unter dem Abstraktum der „in das Handelsregister einzutragenden Tatsache" zusammen,[5] obwohl es die Rechtsfolgen an die Eintragung und Bekanntmachung knüpfte (näher → Rn. 31 ff.). Durch das Gesetz zur Durchführung der ersten RL 68/151/EWG des Rates der europäischen Gemeinschaften **zur Koordinierung des Gesellschaftsrechts** vom 15.8.1969 (BGBl. 1969 I 1146) wurde Abs. 2 geändert, der heutige Abs. 3 eingefügt und der damalige Abs. 3 in den Abs. 4 umbenannt.[6] Abs. 2 S. 1 enthielt bis dahin eine zeitlich unbegrenzte Beweislastregel. Diese wurde durch den heutigen Abs. 2 S. 2 ersetzt, der Art. 16 Abs. 6 GesR-RL (früher Art. 3 Abs. 6 Publizitäts-RL bzw. Art. 3 Abs. 5 RL 68/151/EWG) umsetzte. Abs. 3 beruht auf Art. 3 Abs. 6 RL 68/151/EWG (bzw. Art. 3 Abs. 7 Publizitäts-RL, heute Art. 16 Abs. 7 GesR-RL), der für den Fall richtiger Eintragung und unrichtiger Bekanntmachung verlangt, dass sich der Dritte grundsätzlich auf die Bekanntmachung berufen kann. Der deutsche Gesetzgeber ging dabei weit über die Richtlinie hinaus, indem er die Umsetzung der Richtlinie nicht auf Kapitalgesellschaften beschränkte. Soweit es Kapitalgesellschaften betrifft, beruhen also die ursprünglich rein nationalen Regelungen des Abs. 1 und Abs. 2 seit 1969 auf Art. 3 Abs. 5 RL 68/151/EWG (heute Art. 16 Abs. 6 GesR-RL). Zu den Auswirkungen auf die Auslegung → Rn. 8.

3 Durch Art. 4 NaStraG vom 18.1.2001 (BGBl. 2001 I 123) wurde Abs. 4 durch einen S. 2 erweitert, wonach die Reichweite des Abs. 4 bei Zweigniederlassungen von inländischen Unternehmen auf die Pflichtangaben gem. § 13 Abs. 6 beschränkt sein sollte. Dieser Zusatz ist mittlerweile durch das Gesetz über elektronische Handelsregister (EHUG) vom 10.11.2006 (BGBl. 2006 I S. 2553) wieder entfallen. Durch Art. 4 NaStraG vom 18.1.2001 (BGBl. 2001 I 123) wurden in § 162 Abs. 2, 3 die Bekanntmachung der Namen, des Eintritts und Ausscheidens der Kommanditisten, in § 175 Abs. 2 die Bekanntgabe von Änderungen der Kommanditeinlage und „insoweit" auch die Anwendung des § 15 ausgeschlossen. Im Jahr 2003 wurde die RL 68/151/EWG durch die RL 2003/58/EG für Kapitalgesellschaften geändert und am 1.1.2007 durch das EHUG umgesetzt (neugefasst durch die Publizitäts-RL). Ein Neuregelungsbedarf folgte allerdings aus Art. 3a Abs. 4 RL 2003/58/EG (heute Art. 21 Abs. 4 GesR-RL): „Im Fall einer Abweichung zwischen den in den Amtssprachen des Registers offengelegten Urkunden und Angaben und deren freiwillig offengelegten Übersetzungen können letztere Dritten nicht entgegengehalten werden; diese können sich jedoch auf die freiwillig offengelegten Übersetzungen berufen, es sei denn, die Gesellschaft weist nach, dass ihnen die Fassung, für die die Offenlegungspflicht gilt, bekannt war." Demnach ist in den Fällen der in der Richtlinie zuzulassenden freiwilligen, zusätzlichen Offenlegung der Pflichtangaben in jeder anderen Amtssprache der Gemeinschaft ebenfalls ein Verkehrsschutz vorzusehen. Dieser Regelungsinhalt hat durch das EHUG jedoch nicht in § 15, sondern in § 11 Abs. 2 Eingang gefunden. Änderungen des § 15 sind jedoch infolge der RL (EU) 2019/1151 zu erwarten (→ Rn. 6).

4 **b) Richtlinienrecht.** Die **Erste Gesellschaftsrechtliche RL** (RL 68/151/EWG; Publizitäts-RL 1968) führte im Jahr 1969 nicht nur zu zentralen inhaltlichen Änderungen

[4] Dazu näher *Pahl,* Haftungsrechtliche Folgen versäumter Handelsregistereintragung und Bekanntmachung, 1987, 102 ff.

[5] Zu den Materialien umfassend *Schubert/Schmiedel/Krampe,* insbes. Begr. zum 1. Entwurf des Reichsjustizamtes von 1895, Bd. II/1, 23 f.; Denkschrift zum HGB (RTVorl.) = *Schubert/Schmiedel/Krampe* II/2 S. 971 ff.

[6] Begr. RegE, BT-Drs. 5/3862, 9 (10 f.).

bei § 15 (→ Rn. 2). Seitdem beruht § 15, jedenfalls soweit es um Kapitalgesellschaften geht, im Wesentlichen auf europäischen Vorgaben. Daraus folgt zum einen das Gebot richtlinienkonformer Auslegung (→ Rn. 8). Aber selbst dort, wo keine zwingenden Richtlinienvorgaben bestehen, ist das Richtlinienrecht rechtspolitischer Rahmen für § 15, ohne den sich § 15 nicht verstehen lässt. Daher bedarf es der Kenntnis des Richtlinienrechts und seiner Entwicklung.[7]

Mehrere Änderungen der damaligen RL 68/151/EWG erfolgten zur Erfassung des Beitritts weiterer Mitgliedstaaten. Auf Basis der SLIM-Initiative[8] wurde im Jahr **2003** die RL 2003/58/EG erlassen. Diese schrieb insbesondere die **elektronische Registerführung** und die Möglichkeit zur Einreichung der Unterlagen in elektronischer Form vor. Zugleich wurde, bei Offenlegung auch in einer Amtssprache ein Verkehrsschutz vorgeschrieben (→ Rn. 2). Im Jahr **2009** wurde die RL 68/151/EWG als RL 2009/101/EG (Publizitäts-RL) neu gefasst, wobei sich im Wesentlichen nur die Nummerierung änderte. Im Jahr **2012** wurde die **RL 2012/17/EU** erlassen, durch die elektronische Handelsregister zu einem offengelegten europäischen Netzwerk verbunden werden sollten. Eingeführt wurde auch die europaweit einheitliche Kennung (EUID – European Unique Identifier), durch die jede eingetragene Kapitalgesellschaft eindeutig identifiziert ist. Obwohl wohl nicht unzulässig, erweist sich die Zersplitterung des deutschen Handelsregisters in viele lokale Handelsregister als hinderlich. 5

Im Jahr **2017** wurde die Publizitäts-RL mit anderen gesellschaftsrechtlichen Richtlinien in der **GesR-RL** (RL (EU) 2017/1132) zusammengefasst.[9] Die **GesR-RL** nahm jedoch keine inhaltlichen Änderungen vor. Im Jahr **2019** erfolgte mit der **RL (EU) 2019/1151** bezüglich des Einsatzes **digitaler Werkzeuge und Verfahren** die bisher letzte Änderung. Als Teil des sehr weit reichenden **Company Law Package** und angesichts der bei den digitalen Verfahren im Mittelpunkt stehenden Onlinegründung haben Änderungen mit Bezug zu § 15 weniger Aufmerksamkeit erlangt.[10] Zentrale Änderung ist, dass die Bekanntmachung jetzt nur noch eine nationalstaatliche Option ist (Art. 16 Abs. 3 S. 2 GesR-RL).[11] Zu Recht wird in der deutschen Lit. eine Nichtwahrnehmung dieser Option gefordert,[12] womit es in Zukunft keine Bekanntmachung mehr gäbe. Art. 16 Abs. 5 UAbs. 1 GesR-RL enthält jetzt die negative Publizität, wobei sich inhaltlich nichts geändert hat. Gleiches gilt für die fünfzehntägige „Schonfrist" in Art. 16 Abs. 5 UAbs. 2 GesR-RL. Das Recht des Dritten, sich immer auf die wahre Rechtslage berufen zu dürfen, ist ausdrücklich in Art. 16 Abs. 5 UAbs. 3 GesR-RL enthalten. Die positive Publizität ist nur insoweit geregelt, dass bei einer Diskrepanz stets der Registerinhalt (zB gegenüber dem Akteninhalt oder auch bei nationalstaatlicher Bekanntmachung den Vorrang haben soll, Art. 16 Abs. 4 UAbs. 3 GesR-RL). Durch diese Regelung wird Druck in Richtung Nutzung des Registers aufgebaut. Unklar ist die Richtlinie bei fehlerhaftem Registereintrag. Wenn allerdings der Registereintrag gegenüber allen anderen Informationen Vorrang haben soll (Art. 16 Abs. 4 UAbs. 3 GesR-RL), dann gilt diese Aussage ohne Einschränkung bezüglich der Richtigkeit, weshalb ein Vertrauen des Dritten in den Registerinhalt geschützt sein müsste.[13] Register ist dabei das Handelsregister und nicht das spiegelnde elektronische Unternehmensregister (→ § 8b Rn. 3).[14] Die gegenteilige Interpretation der Richtlinie würde den Rechtsverkehr 6

7 Vgl. zur Entwicklung bis 2018 *Stiegler* in Jung/Krebs/Stiegler, Gesellschaftsrecht in Europa, 2019, § 20 Rn. 1 ff.

8 SLIM steht für „Simpler Legislation for the Internal Market".

9 Vgl. dazu *Jung/Stiegler* in Jung/Krebs/Stiegler, Gesellschaftsrecht in Europa, 2019, § 19; *Böhm* EuZW 2017, 547 ff.

10 Vgl. zB *Bormann/Stelmaszczyk* NZG 2019, 601 ff. ohne jegliche Information; sehr knapp *Bock* DNotZ 2018, 643 (656); verhältnismäßig ausf. *Bayer/J. Schmidt* BB 2019, 1922 (1924); ausf. hingegen *Lieder* NZG 2020, 81 (86 ff.).

11 Dies fordert schon → 4. Aufl. 2016, Rn. 3.

12 *J. Schmidt* DK 2018, 229 (232); *Noack* DB 2018, 1324 (1328); *Bayer/J. Schmidt* BB 2019, 1922 (1924); *Bock* DNotZ 2018, 643 (656); *Lieder* NZG 2020, 81 (87).

13 Ebenso *Bayer/J. Schmidt* BB 2019, 1922 (1925); aA *Lieder* NZG 2020, 81 (86 ff.).

14 Oetker/*Preuß* Rn. 3; Staub/*Koch* Rn. 30; BeckOK HGB/*Müther* Rn. 4.

schlechter als die Eintragungspflichtigen stellen und die Informationsfunktion des Registers schwächen. Das sollte nicht im Telos der Richtlinie liegen.

7 **c) Ausblick.** Der deutsche Gesetzgeber sollte die **Bekanntmachung** als Option nicht wahrnehmen (→ Rn. 6). Damit würde sie auch für § 15 keine Rolle mehr spielen. Unabhängig von § 15 könnte die ursprüngliche Funktion der Bekanntmachung durch elektronische Abonnementsangebote der Register/des elektronischen Unternehmensregisters, die über Änderungen bei vorher angegebenen Unternehmen informieren, zukünftig erfüllt werden. Langfristig sollte ein national einheitliches, von den Bundesländern getragenes Handelsregister erwogen werden, was die Spiegelung überflüssig machen würde und generell die Informationsfunktion des Handelsregisters deutlich erhöhen könnte. Für verschiedene Streitfälle kommen klarstellende Regelungen in Betracht (→ Rn. 76 f., → Rn. 87 ff., → Rn. 95, → Rn. 98).

8 **3. Erfordernis richtlinienkonformer Auslegung.** Obwohl § 15 seit 1969 zumindest für Kapitalgesellschaften auf einer europäischen Richtlinie beruht, spielte dieser europäische Hintergrund in der deutschen Rspr. und Lit. lange nur eine untergeordnete Rolle.[15] Die richtlinienkonforme Auslegung, wurde vom EuGH[16] zur Sicherung des Vorrangs des europäischen Rechts geschaffen. Ihre genaue Rechtfertigung und Reichweite ist streitig, doch dürfte ein Verständnis als interpretatorische Vorrangregel am Besten die nationale Methodik mit der europäischen Rechtsprechungspraxis versöhnen.[17] Sie steht nicht zur Disposition der deutschen Rechtsanwender. Deshalb ist sie auch für § 15 **zwingend** zu berücksichtigen, soweit es um **Kapitalgesellschaften** und die nach der Richtlinie offen zu legenden Vorgänge geht. Die **Richtlinie wurde überschießend** vom deutschen Gesetzgeber **umgesetzt.**[18] Der deutsche Gesetzgeber hat sich somit grundsätzlich für eine einheitliche Behandlung der durch die Richtlinie angesprochenen Fälle und der sonstigen durch die einheitliche Formulierung der Norm erfassten Vorgänge entschieden. Damit sind die Ergebnisse der richtlinienkonformen Auslegung grundsätzlich auch auf die nicht von der Richtlinie erfassten Vorgänge zu übertragen (sog. quasi-richtlinienkonforme Auslegung).[19] Der EuGH[20] hat für solche überschießenden Umsetzungen ein **Vorlagerecht der nationalen Gerichte** zur Klärung der autonomen europäischen Auslegung bejaht. Noch nicht endgültig geklärt ist, ob insoweit für letztinstanzliche Gerichte gem. Art. 267 AEUV auch eine Vorlagepflicht besteht.[21] Gegen diese Pflicht ließen sich der überschießende Charakter der Umsetzung und die Gefahr anführen, dass der EuGH durch seine Auslegung in die verbliebene nationale Souveränität eingriffe. Umgekehrt bedeutet eine vom europäischen Recht abweichende Auslegung des überschießenden Teils bei Gleichbehandlung des überschießenden Teils mit den von der Richtlinie erfassten Fällen eine mittelbare Missachtung der nationalen Gleichstellungsentscheidung.[22] Dies ist jedoch eine nationale Frage. Daher

---

[15] Vgl. inzwischen allerdings *Schmidt-Kessel* GPR 2006, 6 (12 ff.); *Canaris* HandelsR § 5 Rn. 7, 17; *Habersack/Verse* EuropGesR § 5 Rn. 8; Staub/*Koch* Rn. 12 ff. und öfter.

[16] Vgl. EuGH Slg. 1974, 1201 = Rpfleger 1975, 15 – Haager; Slg. 1976, 657 = RIW 1976, 584 – Mazzalai; Slg. 1982, 2771 Rn. 22 = RIW 1982, 609 – Felicitas; näher zur weiteren Entwicklung *Brechmann,* Die richtlinienkonforme Auslegung, 1994, 46 ff.; vgl. insbes. EuGH Slg. 1990, I-4135 Rn. 8 ff. = BeckRS 2004, 74075 – Marleasing; Slg. 1994, I-3345 Rn. 26 = NJW 1994, 2473 – Faccini Dori.

[17] Vgl. *Canaris* FS Bydlinski, 2002, 47 (67 ff.); näher *Krebs/Jung* in Jung/Krebs/Stiegler, Gesellschaftsrecht in Europa, 2019, § 2 Rn. 192 ff.

[18] Generell zu diesem Problem *Bärenz* DB 2003, 375 ff.; *Habersack/Mayer* JZ 1999, 913 ff.; *Brandner,* Die überschießende Umsetzung von Richtlinien, 2003; *Mayer/Schürnbrand* JZ 2004, 545 ff.; *Büdenbender* ZEuP 2004, 36 ff.

[19] Ebenso Oetker/*Preuß* Rn. 5; *Paefgen* ZIP 2008, 1653 (1655); *Hess* RabelsZ 66 (2002), 470; *Schulze,* Auslegung europäischen Privatrechts und angeglichenen Rechts, 1999, 9, 17 ff.; Staub/*Koch* Rn. 14: „widerlegliche Vermutung".

[20] Grdl. EuGH Slg. 1990, I-3763 = EuZW 1991, 319 – Dzodzi; Slg. 2003, I-1, 64 Rn. 88 ff. = BeckRS 2004, 76197 – BIAO.

[21] Vgl. EuGH Slg. 1998, I-4695 Rn. 34 = NZG 1998, 650 – ICI, wo dies offengelassen wird.

[22] *Bärenz* DB 2003, 375.

sollte es bei der bloßen Vorlagemöglichkeit bleiben.[23] Das nationale letztinstanzliche Gericht darf aber dann nicht vorlegen, wenn es sich bei einer Norm für eine teleologische Reduktion der Gleichbehandlungsentscheidung des nationalen Gesetzgebers hinsichtlich der von der Richtlinie nicht erfassten Fälle entscheidet oder bereits die Auslegung keine generelle Gleichbehandlungsentscheidung des nationalen Gesetzgebers, zB auch wegen Vorrangs eines mit der Gleichbehandlung unvereinbaren anderen Zwecks, ergibt.[24] Denn ohne uneingeschränkte nationale Gleichbehandlungsentscheidung fehlt es an einer Rechtfertigung für die richtlinienkonforme Auslegung. Das **nationale Gericht** entscheidet somit über das **„Ob" der Gleichbehandlung,** der **EuGH** über das **„Wie" der Auslegung** der Richtlinie im Falle der Gleichbehandlung. Die Notwendigkeit richtlinienkonformer Auslegung beginnt beim Normzweck und ist auf alle Einzelfragen zu erstrecken. Da hinsichtlich § 15 ein Wille zur einheitlichen Auslegung besteht, und sich gegenläufige Normzwecke des § 15 nicht feststellen lassen, **ist für den gesamten § 15 eine richtlinienkonforme Auslegung geboten.** Zu beachten ist, dass die Richtlinie für einzelne Bestimmungen einen Interessenausgleich vornimmt und nur im Übrigen einen Mindeststandard beschreibt.[25]

4. Normzweck. a) Generalzweck. Die RL 68/151/EWG selbst nannte den **Schutz der Interessen Dritter** als Normzweck (vgl. Erwägungsgrund 5 RL 2017/1132/EU) und betonte das Informationsinteresse der Dritten (Erwägungsgrund 7 ff. RL 2017/1132/EU). Die RL 2003/58/EG (→ Rn. 5) begründete nur die Neuerungen gegenüber der bisherigen Richtlinie und ändert nichts am Normzweck. Auch die weiteren Änderungen (→ Rn. 5) erfolgten ohne Neuausrichtung des Normzwecks. Dieser Zweck (Schutz der Interessen Dritter) ist als solcher wenig präzise. Zum einen enthält jede Regelung einen **Interessenausgleich,** weshalb auch die Interessen der Gegenseite mitbedacht sind. Hier gilt dies vor allem für Art. 16 Abs. 6 GesR-RL (früher Art. 3 Abs. 5 RL 68/151/EWG) und dessen deutsche Umsetzung in § 15 Abs. 2. Daneben ist die Wahrung der **Rechtssicherheit** weiterer Normzweck.[26] Die abstrakt generalisierende Regelung schützt die Dritten daher in allen Fällen außer bei Kenntnis. Die näheren objektiven Zwecke sind, wie üblich, aus dem Inhalt der konkreten Regelungen und der durch sie geänderten Rechtslage zu gewinnen. 9

b) Abs. 1. Abs. 1, der trotz seines Alters heute auf Art. 16 Abs. 5 S. 1 GesR-RL beruht, **schützt Dritte** bei noch nicht publizierten (bekannt gemachten) einzutragenden Vorgängen. Dies wird auch als „Vertrauen" auf das Schweigen des Handelsregisters oder **negative Publizität** bezeichnet. Bei Vorgängen, bei denen die **Eintragung konstitutiv** ist, erfasst der Schutz effektiv nur die heute sehr kurze Phase zwischen Eintragung und Bekanntmachung. Zur streitigen Erfassung auch dieser Vorgänge → Rn. 38. Für die Zeit davor wird Abs. 1 durch den Grundsatz der Konstitutivität verdrängt. Bei Vorgängen, bei denen die **Eintragung deklaratorisch** ist, also der entsprechende Rechtsvorgang als solcher auch ohne Eintragung wirksam ist, reicht der Schutz der Dritten vom Zeitpunkt des ursprünglichen Aktes (zB Prokuraerteilung) bis zur Bekanntmachung. Der Schutz des Rechtsverkehrs durch § 15 erzeugt auf der Gegenseite einen mittelbaren Druck (Anreiz) zur Eintragung in das Handelsregister. Dieser ist im Hinblick auf die Sicherstellung der Informationsfunktion nicht unerwünscht. Dennoch ist er nicht Teil der Rechtfertigung der Norm,[27] so dass 10

[23] Näher *Krebs/Jung* in Jung/Krebs/Stiegler, Gesellschaftsrecht in Europa, 2019, § 2 Rn. 202 f.; für den konkreten Fall auch BeckOGK/*Schaal* Rn. 23.

[24] Vgl. allerdings BGH NJW 2009, 427 – Quelle-Folgeentscheidung, wo der BGH im Rahmen europarechtskonformer teleologischer Reduktion nur auf den Zweck der europarechtskonformen Umsetzung abgestellt hat und mehrere andere Zwecke unberücksichtigt ließ.

[25] Ähnlich *Bachmann* ZGR 2001, 351 (380); *Noack* FS Ulmer, 2003, 1245 (1256) Fn. 49; aA die hM, vgl. Staub/*Koch* Rn. 17; *Schulze* NZG 2004, 792 (794); *Habersack/Verse* EuropGesR § 5 Rn. 7.

[26] Vgl. Staub/*Bondi*, 14. Aufl. 1932, Einf.: Normzweck ist „Verkehrssicherheit" als Zusammenfassung aus Verkehrsschutz und Rechtssicherheit; Baumbach/Hopt/*Hopt* Rn. 1: „Sicherheit und Leichtigkeit des Verkehrs".

[27] GroßkommUGB/*Zib* Rn. 5; aA *K. Schmidt* ZIP 2002, 413 (415 f.); *K. Schmidt* HandelsR § 14 Rn. 19 mit Konsequenzen für die Erfassung konstitutiver Eintragungen *K. Schmidt* HandelsR § 14 Rn. 22, 25; *Merkt,* Unternehmenspublizität, 2001, 239; *Oetker* GS Sonnenschein, 2003, 653 (647): „faktisches Sanktionsmittel", welches bei der Auslegung berücksichtigt wird; vgl. auch *Kaiser* JZ 1999, 496 (501).

mit der Unangemessenheit des Drucks in einer bestimmten Situation keine teleologische Reduktion gerechtfertigt werden kann. So ist ein effektiver Druck bei konstitutiven Vorgängen ausgeschlossen, die gleichwohl von Abs. 1 erfasst werden. Bei einer Reihe von eintragungspflichtigen Tatsachen kann es keinen effektiven Druck geben, da der Rechtsverkehr aus der fehlenden Bekanntmachung keine Rechte ableiten kann (Beispiel: Geburtsdatum des Gesellschafters, → Rn. 56, 66). Die Dritten sind nur dann nach dem Inhalt der Regelung nicht schutzwürdig, wenn sie Kenntnis haben. Der Gesetzeswortlaut enthält auch keine Zurechnungsvoraussetzungen auf Seiten desjenigen, in dessen Angelegenheiten die Eintragung und Bekanntmachung zu erfolgen hat.

11 **c) Abs. 2.** Während Art. 16 Abs. 5 S. 2 GesR-RL seiner Formulierung nach den Eindruck erweckt, es gehe auch hier nur um den Schutz der Dritten, zeigt § 15 Abs. 2 zu Recht den wesentlichen Inhalt der Regelung. Mit der Bekanntmachung müssen die Dritten spätestens ab dem 16. Tag den Vorgang, soweit er wirksam ist, gegen sich gelten lassen. Man kann Abs. 2 insoweit eine **Entlastungsfunktion zu Gunsten des Eintragungspflichtigen** entnehmen (näher → Rn. 79 ff.; → Rn. 67).[28] Diese Entlastung führt zur Transaktionskostenminimierung. Nur für die 15 Tage nach Bekanntmachung erfolgt noch ein sehr begrenzter Schutz der Dritten (→ Rn. 74 ff.).

12 **d) Abs. 3.** Abs. 3 dient, ähnlich wie Abs. 1, wiederum dem **Schutz der Dritten.** Die Dritten werden bei fehlerhafter Bekanntmachung einer richtigen eingetragenen Tatsache und nach zutreffender hM (→ Rn. 85) auch bei fehlerhafter Eintragung und fehlerhafter Bekanntmachung geschützt. Dies wird als **positive Publizität** bezeichnet. Maßgeblicher Zeitpunkt für den Schutz vor Unrichtigkeit ist der Eintragungszeitpunkt. Dies ist eindeutig für die Richtlinie, die nur Bekanntmachungsfehler erfasst. Gleiches gilt jedoch auch für § 15, da die nachträgliche Unrichtigkeit bereits durch Abs. 1 erfasst wird.[29] Wie weit der Schutz der Dritten reicht, insbesondere ob hier das Veranlassungsprinzip oder das sog. reine Rechtsscheinsprinzip (als Form abstrakten Verkehrsschutzes) gilt, hängt auch von der allgemeinen konstruktiven Einordnung der Abs. 1 und 3 ab (→ Rn. 14 ff.).

13 **e) Abs. 4.** Dies ist eine im Wesentlichen technische Norm, die hinsichtlich des Verkehrsschutzes im Geschäftsverkehr mit Zweigniederlassungen ausländischer Unternehmensträger den Eintragungen und Bekanntmachungen des inländischen Gerichts der Zweigniederlassung die Publizitätswirkungen der Abs. 1–3 zuspricht. Für die Auslegung der anderen Absätze ist von Bedeutung, dass nur Abs. 4 ausdrücklich auf den Geschäftsverkehr Bezug nimmt.[30]

14 **5. Konstruktive Einordnung von Abs. 1, Abs. 2 und Abs. 3.** Die hM glaubt in diesen Absätzen, insbesondere in Abs. 3, Vertrauensschutzregelungen erkennen zu können,[31] die grundsätzlich in die allgemeine Rechtsscheinsehre einzuordnen seien.[32] Hierbei ist streitig, ob es sich um **abstrakte Vertrauensschutznormen** handeln soll[33] oder ob **konkreter Vertrauensschutz** gewährt wird.[34] Andere sehen hierin **(abstrakte) Verkehrsschutzre-**

---

[28] Vgl. → 1. Aufl. 1996, Rn. 3 *(Lieb); v. Gierke/Sandrock* HandelsR § 11 III 2 a, 149.

[29] Vgl. Staub/*Koch* Rn. 103.

[30] Vgl. Röhricht/Graf v. Westphalen/Haas/*Ries* Rn. 2.

[31] BGHZ 65, 309 (311) = NJW 1976, 569; *Schilken* AcP 187 (1987), 1 (6 f.); *v. Gierke/Sandrock* HandelsR § I 1 III 2 b, 150 f.; Heymann/*Förster* Rn. 3 f., 10; *John* ZHR 140 (1976), 236 ff.; *U. Hübner* HandelsR Rn. 39; *K. Schmidt* HandelsR § 14 Rn. 20 ff., 35; Tendenzen zu einem konkreten Vertrauensschutz mit Beweislastumkehr bei *Canaris* HandelsR § 5 Rn. 4 ff., 16 ff.; EBJS/*Gehrlein* Rn. 4 ff.; *Lieder* NZG 2020, 81 (89) fordert eine gesetzliche Regelung des Zurechnungsprinzips.

[32] Vgl. *Canaris* HandelsR § 5 Rn. 7, 17; *Canaris,* Die Vertrauenshaftung im deutschen Privatrecht, 1971, 526 ff.; *H. Westermann* JuS 1963, 1; *K. Schmidt* JuS 1990, 517 (518); → 1. Aufl. 1996, Rn. 6 f. *(Lieb).*

[33] Widerlegbarkeit nur bei Kenntnis, BGHZ 65, 309 (311) = NJW 1976, 569; BGH NJW-RR 2004, 120; Staub/*Koch* Rn. 23; *K. Schmidt* HandelsR § 14 Rn. 35; BeckOGK/*Schaal* Rn. 6; Oetker/*Preuß* Rn. 21, 26.

[34] *Canaris* HandelsR § 5 Rn. 7, 17; KKRD/*Roth* Rn. 13; *U. Hübner* HandelsR Rn. 144.

geln.[35] Die praktische Bedeutung dieser Differenz in der konstruktiven Einordnung ist hoch, da die Befürworter der Einordnung als Vertrauensschutzregeln die allgemeinen Grundsätze der Vertrauenshaftung, wie sie *Canaris*[36] entwickelt hat, zumindest lückenfüllend[37] und konkretisierend[38] im Rahmen der Auslegung des § 15 verwenden, teilweise aber auch den ihrer Ansicht misslungenen Wortlaut unter Berufung auf die Einordnung korrigieren. **Terminologie:** Die Grenzziehung zwischen den Meinungen ist nicht immer eindeutig. Insbesondere die Bezeichnung als abstrakte Vertrauensschutznorm könnte sowohl eine Behandlung als Sonderfall der allgemeinen Vertrauensschutzlehre, aber auch eine Herausnahme aus der Vertrauensschutzlehre bedeuten, wenn man diese Lehre nur auf die Fälle des konkreten Vertrauensschutzes beschränkt. Da auch die vor allem bei Abs. 1 verbreitete Bezeichnung als reine Rechtsscheinsregel genauso unpräzise ist, erscheint vor der eigenen Stellungnahme eine **dogmatisch-terminologische Präzisierung** notwendig. Analysiert man die vom Gesetzgeber verwandten Modelle des Verkehrsschutzes bei nicht bestehender Rechtslage, so lässt sich ein Kontinuum feststellen, bei dem an einem Ende der **konkrete Vertrauensschutz** etwa in Form der § 170 BGB, § 171 Abs. 2 BGB, § 172 Abs. 2 BGB, § 173 BGB und am anderen Ende der **absolute Verkehrsschutz** in Form des **§ 5** steht.[39] Beim konkreten Vertrauensschutz müssen sowohl ein Scheintatbestand als Vertrauensträger, die Zurechenbarkeit des Scheintatbestandes zum Betroffenen (insbesondere durch Veranlassung), die Gutgläubigkeit und Kenntnis des Dritten vom Scheintatbestand, als auch die Vertrauensdisposition des Dritten positiv festgestellt werden.[40] Beim absoluten Verkehrsschutz in § 5 verlangt der Gesetzgeber lediglich das Vorliegen eines Rechtsscheintatbestandes und schützt den Verkehr sogar bei positiver Kenntnis der wahren Rechtslage. Zwischen diesen beiden Polen verortet der Gesetzgeber Verkehrsschutznormen unterschiedlichen Schutzniveaus. § 892 BGB und richtiger Ansicht nach auch § 15 ähneln dabei weitgehend der Verkehrsschutznorm des § 5. Lediglich die Kenntnis dient in beiden Fällen der Korrektur.[41] Die für das Vertrauensschutzprinzip im Sinne von *Canaris* konstitutive Zurechnung des Scheintatbestandes zum Betroffenen ist nicht Voraussetzung. Sie wird durch die staatlich kontrollierten Rechtsscheinträger Grundbuch bzw. Handelsregister ersetzt. Insbesondere dieser Verzicht auf die Zurechnung des Scheintatbestandes zum Betroffenen rechtfertigt es, terminologisch bei § 892 BGB bzw. § 15 anstatt von Vertrauensschutz von **abstraktem** (aber anderes als § 5 nicht absoluten) **Verkehrsschutz** zu sprechen: Unübersehbar ist nämlich, dass durch den Verzicht auf die Zurechnung zugleich von einem elementaren Struktur- und Gerechtigkeitsprinzip des Privatrechts – dem Grundsatz der beidseitigen Begründung[42] – zugunsten der staatlich kontrollierten Rechtssicherheit Abstand genommen wird. Die fehlende Absolutheit in Abgrenzung zu § 5 äußert sich sowohl in der Widerlegung bei Kenntnis als auch im Kriterium der wenigstens potentiellen Möglichkeit, dass jemand vertraut haben könnte.

Stellungnahme: § 15 ist eine **abstrakte Verkehrsschutznorm.** Das von *Canaris*[43] entwickelte Prinzip der Vertrauenshaftung wird heute nahezu allgemein anerkannt und in vielen Fällen praktiziert. Das bedeutet allerdings nicht, dass dieses Prinzip mit seinen 15

---

35 Vgl. *Merkt,* Unternehmenspublizität, 2001, 229 ff.; BeckOK HGB/*Müther* Rn. 2.1; Schlegelberger/*Hildebrandt/Steckhan* Rn. 4 ff., 9; Schmidt-Kessel/Leutner/Müther/*Schmidt-Kessel/Kopp* Rn. 5 ff.; *v. Gierke/Sandrock* HandelsR § 11 III 2 b, 151; *Kreutz* Jura 1982, 626 (638); *Axer,* Abstrakte Kausalität – ein Grundsatz des Handelsrechts?, 1986, 84 ff.; *Pahl,* Haftungsrechtliche Folgen versäumter Handelsregistereintragung und Bekanntmachung, 1987, 43 ff., *Leenen* Symposium Wieacker, 1990, 108, 120 ff.; Düringer/Hachenburg/*Hoeniger* Anm. 5.

36 *Canaris,* Die Vertrauenshaftung im deutschen Privatrecht, 1971.

37 Näher Staub/*Koch* Rn. 20 ff. unter Berufung auf ein Beruhen des Systems der Rechtsscheinhaftung auf im Gesetz selbst angelegte Wertungen – wobei diese Wertungen für § 15 selbst nicht belegt werden.

38 Vgl. *Canaris* HandelsR § 5 Rn. 33 zu Abs. 2 S. 2.

39 Vgl. *Ott* JuS 2019, 745 ff.

40 Grdl. *Canaris,* Die Vertrauenshaftung im deutschen Privatrecht, 1971.

41 Daher wäre die Bezeichnung „absoluter Verkehrsschutz" im Hinblick auf § 15 irreführend.

42 Vgl. dazu *F. Bydlinski,* System und Prinzipien des Privatrechts, 2003, 92 ff.; im Anschluss daran *Canaris* HandelsR § 5 Rn. 17.

43 *Canaris,* Die Vertrauenshaftung im deutschen Privatrecht, 1971.

Voraussetzungen (Scheintatbestand als Vertrauensträger, Zurechenbarkeit des Scheintatbestandes zum Betroffenen insbesondere durch Veranlassung, Gutgläubigkeit und Kenntnis des Dritten vom Scheintatbestand sowie Vertrauensdisposition des Dritten) auch vom Gesetzgeber zwangsläufig verwendet werden muss. Dem Gesetzgeber steht es frei auch andere Formen des Verkehrsschutzes, insbesondere abstrakte Formen, zB wegen der größeren Rechtssicherheit, zu verwenden. Dies gilt auch dann, wenn man den konkreten Vertrauensschutz aufgrund seiner individuellen Gerechtigkeitsgewinne für rechtspolitisch vorzugswürdig hält. Bei einer deutschen gesetzgeberischen Regelung von 1897 und einer europäischen Regelung von 1968 bzw. 2019 ist es (nahezu) ausgeschlossen, dass der Gesetzgeber sich bewusst für die dogmatische Konstruktion des konkreten Vertrauensschutzes im Sinne von *Canaris* entschieden hat. Die Anwendbarkeit der Regeln des konkreten Vertrauensschutzes bedürfte daher der Ableitung aus den Tatbestandsvoraussetzungen des § 15. Eine Analyse der Tatbestandsvoraussetzungen des § 15 ergibt jedoch, dass der Gesetzgeber sich für einen abstrakten Verkehrsschutz entschieden hat, die Regelung daher nicht im Sinne des konkreten Vertrauensschutzes präzisiert und erst recht nicht umgestaltet werden darf.[44] Die fehlende Bekanntmachung der eintragungspflichtigen Tatsache als Negativum wäre bei Abs. 1 ein zumindest sehr untypischer konkreter Vertrauenstatbestand. Es geht bei Abs. 1 auch nicht um ein Vertrauen in Regellagen oder primäre Eintragungstatsachen.[45] Die aus dem Wortlaut folgende Anwendbarkeit auf die vom Gesetzgeber mitgedachten Fälle der Bestellung eines gesetzlichen Vertreters bzw. eines Prokuristen als Primärtatsachen (→ Rn. 35 ff.) passt nicht zu dieser Deutung. Eine konkrete Zurechnung der unterlassenen Bekanntmachung ist bei Abs. 1 nicht erforderlich. Richtlinie und deutsches Gesetz enthalten keinerlei Zurechnungselement. Die Bekanntmachung kann insbesondere aus Gründen unterbleiben, die das Registergericht zu vertretenen hat.[46] Dennoch sind die Dritten zu schützen. Das Gesetz erfordert auch weder Kenntnis vom Vertrauenstatbestand noch eine Vertrauensdisposition auf Seiten der Dritten. Ähnliches gilt für Abs. 3. Auch hier enthalten Richtlinie und Gesetz keinen Anhaltspunkt für das Erfordernis einer Zurechenbarkeit der Abweichung der Bekanntmachung von der eingetragenen Tatsache, noch erfordern sie ein konkretes Vertrauen oder die Notwendigkeit einer Vertrauensdisposition auf Seiten der Dritten. Auch Abs. 2 und die zugrundeliegende Richtlinie gewähren abstrakten Verkehrsschutz unter weitgehendem Verzicht auf konkrete Elemente.

16 Da § 15 aufgrund der Entscheidung des deutschen Gesetzgebers insgesamt und nicht nur in Teilen europäisch bestimmt ist (→ Rn. 8), kann aus einer möglicherweise feststellbaren nationalen Tendenz in Rspr. und vielleicht auch Gesetzgebung zur Umformung abstrakter Verkehrsschutzregeln in konkrete Vertrauensschutzregeln nichts für die Zulässigkeit einer dogmatischen Umformung des § 15 abgeleitet werden. Eine solche **Umformung zu einer konkreten Vertrauensschutznorm** wäre **europarechtswidrig** und eine unzulässige Rechtsfortbildung contra legem. Im unternehmerischen Bereich, wo Schnelligkeit, Leichtigkeit, Rechtssicherheit zentrale Werte sind und (auch unbeherrschbare) Risiken notwendig eingegangen werden müssen, um erfolgreich zu sein, ist der abstrakte Verkehrsschutz entgegen verbreiteter Kritik[47] auch wertungsmäßig angemessen. Entgegen der ganz hM ist somit bei der Interpretation der gesamten Norm von ihrem Charakter als abstrakter Verkehrsschutznorm auszugehen. Die hM kommt jedenfalls bei Abs. 1 und Abs. 2 häufig zu ähnlichen Ergebnissen, weil sie inhaltlich weitgehend vom System des konkreten Vertrauensschutzes abrückt. So wird ebenfalls auf eine zurechenbare Veranlassung durch den Betroffenen verzichtet und dies als sog. reines Rechtsscheinprinzip bezeichnet.[48] Auch andere Voraussetzungen – wie die der Disposition des Dritten – werden unter Berufung auf die

---

44 So aber vor allem *Canaris* HandelsR § 5 Rn. 17; *Canaris* HandelsR § 5 Rn. 32 zu Abs. 2.

45 So aber → 1. Aufl. 1996, Rn. 7, 11, 12 *(Lieb)*; zurückhaltender *Canaris* HandelsR § 5 Rn. 5: „im Wesentlichen zwei Fallgruppen“.

46 Vgl. BGHZ 65, 309 (311) = NJW 1976, 569; BGHZ 116, 37 (44) = NJW 1992, 505.

47 Vgl. insbes. *Canaris* HandelsR § 5 Rn. 7 aE.

48 Vgl. Staub/*Koch* Rn. 53; *H. Westermann* JuS 1963, 1 (6 f.).

Besonderheiten der Registerpublizität aufgegeben.[49] Gerade in diesem Zusammenhang nähert sich die hM teilweise der hier vertretenen Einordnung an, wenn von einem generalisierten, abstrakten Vertrauensschutz gesprochen wird.[50] Unterschiede bestehen insoweit, als der abstrakte Vertrauensschutz außer in den Fällen, in denen der Richtlinien- und Gesetzgeber sich klar gegen konkreten Vertrauensschutz entschieden haben, weiterhin vertrauensschutzrechtlich argumentiert.

6. Negative und positive Publizität. Hier handelt es sich um zwei häufig und schlagwortartig verwendete Schlüsselbegriffe. Allgemein wird für **Abs. 1** der Begriff **negative Publizität** verwendet. Dies lässt sich damit begründen, dass der Verkehrsschutz hier an die (unvollständige) Publizität anknüpft. Eine andere (ältere) Begründung geht von der Rechtsfolge des Abs. 1 aus, wonach der nicht bekannt gemachte Vorgang als nicht existent behandelt wird. Früher wurde Abs. 2 verbreitet als Fall der positiven Publizität angesehen.[51] Denn Abs. 2 knüpft an ein Positivum, die durchgeführte Bekanntmachung, an. Die Rechtsfolge, die nunmehr gegenüber jedermann existente Veränderung, konnte ebenfalls als positiv beschrieben werden. Heute wird dagegen nur **Abs. 3** als Fall der **positiven Publizität** angesehen.[52] Nur hier ginge es um den Schutz des Verkehrs hinsichtlich der positiven, also inhaltlichen Richtigkeit der Bekanntmachung. Der Streit um die Terminologie ist ohne größere praktische Bedeutung, soweit man sich bewusst bleibt, dass aus einer sekundären, im Gesetz nicht enthaltenen Terminologie keine Rechtsfolgen oder Argumente abgeleitet werden dürfen. Schon um die gegenseitige Kommunikation nicht zu gefährden, sollte an der heute üblichen Terminologie festgehalten werden. 17

7. Verhältnis der Absätze zueinander. Solange der Eintragungs- und Bekanntmachungsvorgang noch nicht abgeschlossen ist, wirkt Abs. 1, danach Abs. 2. Abs. 3 schützt den Verkehr bei (anfänglich) fehlerhaften Bekanntmachungen (bei Verzicht auf Bekanntmachung in Umsetzung der RL (EU) 2019/1151 zukünftig die Eintragung). Wird eine Eintragung nachträglich durch Änderung der Tatsachen unrichtig, so greift bei einzutragenden Tatsachen (einzutragenden Änderungen) Abs. 1 und nicht Abs. 3.[53] Durch das elektronische Register entsteht die Gefahr, dass durch Softwarefehler oder Manipulationen Bekanntmachung oder Register nachträglich unrichtig werden. Dieser Fall ist von der Richtlinie und vom Gesetz nicht ausdrücklich erfasst, ist als Problem jedoch Abs. 3 zuzuordnen (→ Rn. 99). Abs. 4 regelt die Behandlung von Zweigniederlassungen ausländischer Unternehmensträger und bezieht sich damit als Spezialregelung auf alle drei vorangegangenen Absätze. Ein Überschneidungsproblem könnte es bei einer unrichtigen Eintragung oder Bekanntmachung geben. Richtigerweise verlangt Abs. 2 die Eintragung und Bekanntmachung einer richtigen Tatsache (näher → Rn. 70),[54] weshalb eine unrichtige Eintragung oder unrichtige Bekanntmachung dazu führt, dass mangels Eintragung der konkreten richtigen Tatsache der Verkehr gem. Abs. 1 geschützt wird und der Eintragungspflichtige sich nicht auf Abs. 2 berufen kann. Im Anwendungsbereich des Abs. 3 kann es bei wörtlicher Anwendung des Abs. 1 (→ Rn. 41) (hinsichtlich der nicht bekannt gemachten Tatsache) zu einer Parallelität von Abs. 1 und Abs. 3 kommen. Konkurrenzgründe sprechen nicht für einen Vorrang des Abs. 3, weshalb hier bei zutreffender wörtlicher Anwendung des Abs. 1 ein dreifaches Wahlrecht des Dritten besteht (→ Rn. 100). 18

---

49 Vgl. BGHZ 65, 309 (311) = NJW 1976, 569; Staub/*Hüffer*, 4. Aufl. 1982, Rn. 7, 24; *K. Schmidt* HandelsR § 14 Rn. 40.

50 Vgl. Staub/*Hüffer*, 4. Aufl. 1982, Rn. 24; Staub/*Koch* Rn. 23.

51 Vgl. GroßkommHGB/*Würdinger* Rn. 14; *v. Gierke/Sandrock* HandelsR § 11 III, 147; *Müller-Erzbach* HandelsR, 2./3. Aufl. 1928, 69.

52 Staub/*Koch* Rn. 9 8; EBJS/*Gehrlein* Rn. 24; Oetker/*Preuß* Rn. 53.

53 Staub/*Hüffer*, 4. Aufl. 1982, Rn. 40; *Winkler* FS Wiedemann, 2002, 369 (371); falsch daher OLG Jena OLGR 2002, 418 = BeckRS 2001, 17579, wo bei Änderung von Einzel- in Gesamtvertretungsmacht Abs. 3 herangezogen wurde.

54 So schon *Ehrenberg* in Ehrenbergs HdB, Bd. I, 1913, 560; Düringer/Hachenburg/*Hoeniger* Anm. 2.

19 **8. Verhältnis zu anderen Regelungen. a) Verhältnis zu §§ 2, 3, 5.** Die Kaufmannseigenschaft aufgrund Eintragung gem. § 2 S. 1, § 3 Abs. 2 iVm § 2 oder § 5 (zum Verhältnis dieser Regelungen zueinander → § 2 Rn. 5 ff.; → § 5 Rn. 14) und § 15 sind nebeneinander anwendbar. Dies führt auch ohne Annahme eines verdrängenden Spezialcharakters der §§ 2, 3, 5[55] dazu, dass im Anwendungsbereich der §§ 2, 3, 5 diese sich aufgrund ihrer weitergehenden Rechtsfolge weitgehend durchsetzen. § 15 Abs. 1 bleibt allerdings, soweit man ihn zu Recht auch auf konstitutive Eintragungen anwendet, für den Zeitraum zwischen Eintragung und Bekanntmachung von Bedeutung (→ Rn. 31). Geht man mit der hL (näher → § 5 Rn. 21) davon aus, dass § 5 bei fehlender Gewerbeeigenschaft nicht eingreift (aA → § 5 Rn. 22 ff.), gibt es umgekehrt Fälle der Eintragung, in denen keiner der §§ 2, 3, 5, aber dafür § 15 anwendbar ist. Nimmt man § 5 beim Wort und stellt auf die Eintragung ab, so führt bei einem rechtsgeschäftlich unwirksamen Antrag iSd §§ 2, 3 und Beachtlichkeit einer solchen Unwirksamkeit (aA → § 2 Rn. 19; → § 5 Rn. 14) § 5 zu einer Erweiterung des positiven Verkehrsschutzes, da eine Bekanntmachung nicht vorausgesetzt wird.

20 **b) Verhältnis des Abs. 1 zu § 1 Abs. 2.** Bei nicht eingetragenen Gewerbetreibenden, die aufgrund der Vermutung des § 1 Abs. 2 Ist-Kaufleute sind, stellt sich die Frage, ob Dritte sich auf die fehlende Eintragung und Bekanntmachung gem. § 15 Abs. 1 berufen können, womit zB eine Rügepflicht der Dritten gem. § 377 entfiele. Dabei sind zwei Fragen zu trennen: Liegt ein die Anwendbarkeit des § 15 sperrender Vorrang des § 1 Abs. 2 vor und (bei fehlendem Vorrang) sind die Voraussetzungen des § 15 Abs. 1 in solchen Fällen erfüllt (zu Letzterem → Rn. 64). Die Formulierung „es sei denn" in § 1 Abs. 2 ist aufgrund einer Anregung des *Verfassers* während des Gesetzgebungsverfahrens[56] in das Handelsrechtsreformgesetz eingefügt worden.[57] Der Vorschlag sollte die mit der Handelsgewerbeeigenschaft verbundenen Unsicherheiten reduzieren. Eine Einschränkung des durch § 15 gewährleisteten Verkehrsschutzes war nicht beabsichtigt, weshalb **§ 1 Abs. 2** jedenfalls **keine Sperrwirkung gegenüber § 15** entfaltet.[58]

21 **c) Verhältnis zur Gewährung konkreten Vertrauensschutzes.** Das von *Canaris*[59] extra legem legitimierte Prinzip des konkreten Vertrauensschutzes, bei dem der gutgläubig im Vertrauen auf einen Rechtsschein Disponierende geschützt wird, wenn der Rechtsschein der Gegenseite zurechenbar ist (insbesondere von ihr veranlasst wurde), kann in Konkurrenz zum abstrakten Verkehrsschutz des § 15 treten. Dies gilt insbesondere für den konkreten Vertrauensschutz in der Fassung der sog. ergänzenden Rechtsscheinssätze, die schon vor Erlass des Abs. 3 praktiziert wurden (näher → Rn. 108 ff.). Überschneidungen können auch bei einem Vertrauen in einen anderen Rechtsscheinsträger auftreten, wenn dieser andere Rechtsschein in Widerspruch zur Kenntniswirkung des Abs. 2 tritt (Rechtsschein gegen das Register; näher → Rn. 79 ff.).

22 Wenn § 15 generell, zB wegen fehlender Bekanntmachungspflicht, nicht anwendbar ist (zum Streit um diese Frage → Rn. 32 ff.), fehlt der vom Gesetz geforderte Anknüpfungspunkt für einen abstrakten Verkehrsschutz. Der konkrete Vertrauensschutz ist hier, zumindest lückenfüllend, heranzuziehen. Methodische Probleme bereitet es, ob der konkrete Vertrauensschutz neben den abstrakten Verkehrsschutz tritt, wenn bereits der abstrakte Verkehrsschutz greift. Einfach wäre die Lösung, wenn man den konkreten Vertrauensschutz von vornherein nur als lückenfüllendes Prinzip verstehen würde, denn dann wäre eine nicht lückenfüllende parallele Anwendung automatisch ausgeschlossen. Wer dies ablehnt bzw. die Ergänzungssätze vor 1969 bereits als Gewohnheitsrecht ansah, für den kann die völlige Parallelität nur bei Annahme der Spezialität des § 15 ausgeschlossen sein. Diese Spezialität

[55] Für Einordnung des § 5 als verdrängende Spezialvorschrift → 1. Aufl. 1996, Rn. 10 *(Lieb)*; KKRD/*Roth* Rn. 4.

[56] Vgl. *Krebs* DB 1996, 2013 (2018).

[57] So der damalige zuständige Referatsleiter im BMJ *Schaefer* DB 1998, 1269 (1270).

[58] Schmidt-Kessel/Leutner/Müther/*Schmidt-Kessel/Kopp* Rn. 12.

[59] *Canaris,* Die Vertrauenshaftung im deutschen Privatrecht, 1971.

ist grundsätzlich zu bejahen. Denn der abstrakte Verkehrsschutz enthält einen in sich ausgewogenen Interessenausgleich, der durch eine völlige Parallelität des konkreten Vertrauensschutzes unterlaufen würde. Eine völlige Parallelität sieht sich auch gemeinschaftsrechtlichen Bedenken ausgesetzt.[60]

Ein echter Konfliktfall liegt bei einem **Vertrauensschutz trotz richtiger Verlautbarung** durch das **Register** vor. Es geht um die Fälle, in denen nach den Regeln des konkreten Vertrauensschutzes jemand aufgrund eines außerhalb des Registers liegenden Rechtsscheinträgers (zB Firmierung im Geschäftsbrief) schutzwürdig ist, die dem Dritten unbekannte Tatsache (zB Firma) jedoch ordnungsgemäß eingetragen und bekannt gemacht ist. Das Gesetz und die Richtlinie haben diesen Fall nicht bedacht. Richtlinie und nationaler Gesetzgeber haben allerdings für Geschäftsbriefe generell Angaben vorgeschrieben. Sollen diese Pflichten den Verkehr effektiv schützen, so ist hier bei Falschangaben ein konkreter Vertrauensschutz auch trotz richtiger Registerverlautbarung zu gewähren. Gleiches sollte für Rechtsscheinträger mit vergleichbarem Gewicht gelten. Eine zu großzügige Handhabung würde hingegen die Entlastungsfunktion (→ Rn. 11) des Abs. 2 unterlaufen und ist daher abzulehnen (näher → Rn. 79 ff.). Die **Anforderungen** an einen konkreten Vertrauensschutz gegen das Register dürfen **nicht zu niedrig** angesetzt werden.[61] 23

d) Verhältnis zu § 1629a BGB und anderen Schutzregeln. Probleme bereitet das gesetzlich nicht eindeutig geregelte Verhältnis des Minderjährigenschutzes gem. § 1629a BGB zum Verkehrsschutz des § 15. Die Reichweite des Rechtsscheins des nicht eingetragenen Geburtsdatums (näher → Rn. 56) und das Problem der Zurechenbarkeit bei Eintragung eines falschen, auf Volljährigkeit deutenden Datums (→ Rn. 97) gehören nicht zur Konkurrenzproblematik im eigentlichen Sinn. Eine solche Konkurrenz zwischen Abs. 3 und § 1629a BGB besteht aber zumindest dann, wenn aufgrund eines dem Minderjährigen zuzurechnenden Antrags seiner gesetzlichen Vertreter aufgrund eines Fehlers ein falsches Geburtsdatum bekannt gemacht wird. Der Gesetzgeber, der ursprünglich die Anwendbarkeit des Abs. 3 ausdrücklich ausschließen wollte,[62] hat aufgrund der Kritik am mangelnden Verkehrsschutz im ursprünglichen Gesetzentwurf[63] auf eine entsprechende Regelung verzichtet und geht ausweislich der Gesetzesbegründung von einem Vorrang des Verkehrsschutzes gem. § 15 gegenüber dem Minderjährigenschutz aus. Die wohl hM[64] bejaht dennoch den Vorrang des Minderjährigenschutzes. Zur Begründung wird sowohl auf den generellen Rang des Minderjährigenschutzes[65] als auch auf die verfassungsrechtlichen Vorgaben, die zur Schaffung des § 1629a BGB geführt haben, verwiesen.[66] 24

Stellungnahme: In Übereinstimmung mit der Entscheidung des historischen Gesetzgebers wird die Anwendung des **§ 15 nicht durch** den **Minderjährigenschutz** des § 1629a BGB **gesperrt.** Eine entgegengesetzte verfassungskonforme Auslegung zum Schutz des Minderjährigen ist nicht geboten. Die Ausgangsentscheidung des Bundesverfassungsgerichts, die für den Betrieb eines ererbten Handelsgeschäfts durch Minderjährige entweder eine Zustimmung des Gerichts oder einen Überschuldungsschutz vorschrieb, um dem jungen Volljährigen alle Chancen zu erhalten,[67] ist in den ganz überwiegenden Fällen, in denen eine gerichtliche Genehmigung vorliegt, ohnehin nicht berührt. Im Übrigen ist seit der Einführung der Restschuldbefreiung nach den §§ 286 ff. InsO mit einer minimal dreijährigen, maximal fünfjährigen Wohlverhaltensfrist das Problem um die Zukunftschancen des 25

[60] Schmidt-Kessel/Leutner/Müther/*Schmidt-Kessel/Kopp* Rn. 16–18.

[61] Vgl. BAG NZG 2013, 34 Rn. 23; LG Freiburg BeckRS 2013, 83240; Schmidt-Kessel/Leutner/Müther/*Schmidt-Kessel/Kopp* Rn. 19.

[62] Vgl. BT-Drs. 13/5624, 14.

[63] Vgl. zB *Laum/Dylla-Krebs* FS Vieregge, 1995, 513 (524 ff.).

[64] *Behnke* NJW 1998, 3078 (3081 f.); *Muscheler* WM 1998, 2271 (2283); *Eckebrecht* MDR 1999, 1248 (1251); *Glöckner* FamRZ 2000, 1397 (1400) Fn. 28; Staudinger/*Coester,* 2015, BGB § 1629a Rn. 79; aA *Habersack/Schneider* FamRZ 1997, 647 (651); Röhricht/Graf v. Westphalen/Haas/*Ries* Rn. 43.

[65] EBJS/*Gehrlein* Rn. 34; *Haertlein* JA 2000, 982 (990).

[66] *Behnke* NJW 1998, 3078 (3031); *Haertlein* JA 2000, 982 (990).

[67] Vgl. BVerfGE 72, 155 = NJW 1986, 1859 (1860).

Minderjährigen weitestgehend entschärft. Für einen eventuellen Fehler des Registergerichts haftete im Übrigen der Staat. Die Gewährung von Verkehrsschutz gem. § 15 ist mit einem normalen Vertragsschluss mit einem Minderjährigen, der seine Volljährigkeit behauptet und bei dem der Minderjährigenschutz vorgeht, nicht vergleichbar. Denn im Bereich des Handelsregisters wird dem Verkehrsschutz eine weitaus höhere Stellung eingeräumt als im allgemeinen Rechtsverkehr. Hinweis: Mit dem hohen Rang des Verkehrsschutzes wird auch gerechtfertigt, dass trotz § 5 TSG eine Änderung des Handelsregisters nach Geschlechtsumwandlung nur für die Zukunft in Betracht kommt.[68] Auch der Verbraucherschutz geht in den Fällen, in denen es um die Übertragung einer Gesellschafterstellung geht, nicht dem Verkehrsschutz des Dritten über § 15 vor.[69]

26 **9. Geltungsbereich. a) Beschränkung auf Geschäftsverkehr, Fälle potentieller Kausalität.** Eine für alle Absätze der Norm geltende und daher voranzustellende Frage betrifft den Geltungsbereich der Norm. Die ganz hM begrenzt die Anwendung auf den Geschäftsverkehr, der allerdings in einem sehr weiten Sinne verstanden wird.[70] Alternativ könnte auf alle Vorgänge abgestellt werden, bei denen Dritte abstrakt im Vertrauen auf die Richtigkeit der Verlautbarung des Handelsregisters gehandelt haben können. Dies wird auch als abstrakte oder **potentielle Kausalität** bezeichnet. Von Bedeutung ist diese Begrenzung des Geltungsbereichs vor allem für das Ausscheiden eines persönlich haftenden Gesellschafters, soweit dies noch nicht eingetragen und bekannt gemacht ist (Abs. 1)[71] oder falls ein falsches Datum bekannt gemacht wird (Abs. 3). Da weder die Richtlinie noch die Abs. 1–3 eine dieser Voraussetzungen enthalten, handelt es sich, wie generell bei ungeschriebenen Voraussetzungen, um eine teleologische Reduktion. Diese teleologische Reduktion lässt sich nicht schon mit der Verwendung des Begriffs „Geschäftsverkehr" in Abs. 4 rechtfertigen. Denn es gibt keine Anhaltspunkte dafür, dass dem deutschen Gesetzgeber die Beschränkung auf den Geschäftsverkehr wichtiger gewesen wäre als die Gleichbehandlung aller registerpflichtigen Angaben mit den Fällen, die durch die Richtlinienvorgabe erfasst sind. Unter Zugrundelegung der Richtlinienvorgaben und des beabsichtigten abstrakten Verkehrsschutzes der Dritten lässt sich die Beschränkung auf Fälle potentieller Kausalität rechtfertigen.[72] Denn sind die Dritten abstrakt-generell nicht schutzwürdig, so wäre ein dennoch gewährter Schutz nicht mit dem Normzweck vereinbar. Die Norm ist daher hinsichtlich des Geltungsbereichs teleologisch zu reduzieren. Dies ist präziser als die Beschränkung auf geschäftliche Vorgänge im weiteren Sinne, wie sie die hM vornimmt, zumal die hM keinen unmittelbaren Telosbezug herstellt.

27 **b) Konkretisierung.** § 15 erfasst alle rechtsgeschäftlichen Vorgänge. Dies betrifft auch den Zugang von Willenserklärungen.[73] Auch gesetzliche Ansprüche, wie die aus c. i. c., die im Zusammenhang mit geschäftlichen Vorgängen stehen, werden erfasst.[74] Dies betrifft auch Bereicherungsansprüche, Ansprüche aus GoA und deliktische Ansprüche.[75] Anerkannt ist die Anwendung der Norm auch auf den Prozessverkehr[76] und auf Vollstreckungsmaßnah-

---

68 BGH GmbHR 2015, 751; OLG Schleswig BeckRS 2014, 10618; *J. Schmidt* GmbHR 2015, R209.

69 OLG Celle BeckRS 2009, 25463.

70 Vgl. RGZ 93, 238 (240); BFH NJW 1978, 1944; Röhricht/Graf v. Westphalen/Haas/*Ries* Rn. 3; Staub/*Koch* Rn. 25; EBJS/*Gehrlein* Rn. 3; *Canaris* HandelsR § 5 Rn. 14; GroßkommUGB/*Zib* Rn. 15 ff.

71 Vgl. LAG Hamm BeckRS 2009, 7439.

72 BGH NJW-RR 2004, 120; vgl. auch BGH NJW 2009, 1809 (Verflechtung nach § 652 BGB nicht erfasst); Baumbach/Hopt/*Hopt* Rn. 9.

73 OLG Brandenburg BeckRS 2010, 12605; BeckOGK/*Schaal* Rn. 11.

74 Vgl. Heymann/*Förster* Rn. 14; Staub/*Koch* Rn. 27; EBJS/*Gehrlein* Rn. 3; Röhricht/Graf v. Westphalen/Haas/*Ries* Rn. 3; generell gegen Erfassung sämtlicher Ansprüche im Unrechtsverkehr dagegen *v. Gierke/Sandrock* HandelsR § 11 III 2 b.

75 Für Letztere vgl. BGH VIZ 2000, 60 (61); OLG Stuttgart WRP 1987, 200 f.

76 Vgl. RGZ 127, 98 betr. Klage; BGH NJW 1979, 42; OLG Naumburg BeckRS 2008, 18874 zu § 51 ZPO; OLG München BeckRS 2009, 25494; OLG Brandenburg BeckRS 2010, 12605; OLG Hamm NJW-RR 1998, 470; offengelassen von BGH ZIP 2010, 2445.

men.[77] Verbreitet **abgelehnt** wird die **Anwendbarkeit** bei Steuerschulden,[78] bei Forderungen, die aufgrund Betriebsübergangs gem. § 613a Abs. 1 S. 1 BGB entstehen[79] und bei einem Verkehrsunfall unter Verletzung fremder Dritter[80] als Fälle der sog. Teilnahme am allgemeinen Verkehr, während schon die Verletzung des mitfahrenden Geschäftspartners wiederum von § 15 erfasst sein soll.[81] Nun ist es natürlich ausgeschlossen, dass sich jemand zB im Vertrauen auf die Komplementärstellung einer Person überfahren lässt. Insoweit besteht also nicht einmal potentielle Kausalität. Dies betrifft jedoch nur die **Entstehung** des Anspruches. Für die **Durchsetzung** zB des deliktischen Anspruchs spielen die Verlautbarungen, etwa hinsichtlich der Person des Komplementärs, hingegen durchaus eine Rolle für das Verhalten des Geschädigten. Der Gläubiger ist daher schutzwürdig und § 15 ist anzuwenden, falls er bei Kenntnis der einzutragenden Tatsache vorteilhafter hätte disponieren können (zB rechtzeitige Klageerhebung).[82] Ähnliches gilt für Steuerschulden. Eine Steuerschuld kann nicht durch Anwendung des § 15 entstehen.[83] Wird jedoch die Steuer gestundet und kommt hinsichtlich eines fälschlich eingetragenen Komplementärs potentielle Kausalität in Betracht, so sollte § 15 Abs. 3 Anwendung finden.[84] Eine teleologische Reduktion des Abs. 1 ist mangels potentieller Kausalität daher nur gerechtfertigt, wenn – bezogen auf die Beispiele des ausgeschiedenen Komplementärs – die Gesellschaft schon bei Forderungsentstehung insolvent war und selbst ein positives Vertrauen auf die Komplementärstellung daher keine Auswirkungen gehabt haben könnte. Für eine Nichtanwendung des Abs. 1 mangels potentieller Kausalität entschied sich der BGH[85] auch bei einer nicht bekannt gemachten Befreiung von § 181 BGB, aus der der Schuldner die Unwirksamkeit einer Forderungsabtretung ableiten wollte.

II. „Negative Publizität" (Abs. 1)

1. Einzutragende Tatsache. Zentraler Anknüpfungspunkt für den Verkehrsschutz 28
gem. Abs. 1 ist die einzutragende Tatsache. Die Richtlinie verwendet die Begriffe Urkunden und Informationen (engl. Fassung: documents and information). Der **Begriff Tatsache** wird teilweise[86] als Sachverhalt, der Gegenstand einer zu bekundenden Eintragung sein kann, definiert. Für die Subsumtion ist hierdurch wenig gewonnen. Wichtig ist jedenfalls, dass nicht nur einfache Lebenstatsachen (zB Wegzug des Einzelunternehmers und damit Verlagerung seines Sitzes), sondern auch und vor allem Rechtstatsachen erfasst sind. Eine nähere Konkretisierung des Tatsachenbegriffes erübrigt sich, da der Gesetzgeber selbst mit der Entscheidung über die Eintragungspflicht zugleich auch über den Tatsachencharakter entscheidet. Problematisch ist hingegen das Merkmal **„einzutragende"**. Obwohl sprachlich scheinbar klar, wird sowohl eine Erweiterung als auch eine teleologische Reduktion diskutiert.

2. Eintragungspflichtige Tatsache. a) Grundlagen. Eine eintragungspflichtige Tat- 29
sache ist eine einzutragende Tatsache im Sinne der Norm. Welche Tatsachen eintragungspflichtig sind, entscheidet solange keine europäische Vergabe besteht, der deutsche Gesetzgeber. Das HGB und Spezialgesetze (zB GmbHG, AktG und PartGG) bestimmen dies grundsätzlich abschließend. Das Gesetz kann eine Anmeldepflicht statuieren oder auf den Zustand der Eintragung abstellen. Der Begriff Tatsache wird hier weit verstanden, betrifft

[77] Vgl. BGH NJW 1979, 42 betr. Pfändung; generell Staub/*Koch* Rn. 28; Heymann/*Förster* Rn. 14; KKRD/*Roth* Rn. 4; EBJS/*Gehrlein* Rn. 3; Oetker/*Preuß* Rn. 8.

[78] Vgl. BFH NJW 1978, 1944; VG Aachen NJW 2005, 169 (170 f.): Entstehung der Steuerschuld bezüglich IHK Beiträge; anders jedoch FG Münster EFG 1988, 529.

[79] Vgl. LAG Hamm BeckRS 2009, 74390.

[80] Vgl. RGZ 93, 238 (240); Staub/*Koch* Rn. 28.

[81] Staub/*Koch* Rn. 28; EBJS/*Gehrlein* Rn. 3.

[82] Zust. Schmidt-Kessel/Leutner/Müther/*Schmidt-Kessel/Kopp* Rn. 39.

[83] BFH NJW 1978, 1944; VG Aachen NJW 2005, 169 (170 f.).

[84] So auch BeckOGK/*Schaal* Rn. 13 soweit Durchsetzung betreffend.

[85] BGH NJW-RR 2004, 120.

[86] Heymann/*Förster* Rn. 17; *Oetker* GS Sonnenschein, 2003, 635 (636).

also auch Rechtstatsachen.[87] Zu beachten ist, dass es auch **Spezialregelungen** zum Gläubigerschutz gibt (zB §§ 303, 321 AktG, § 22 UmwG, § 16 GmbHG), die der Anwendung des § 15 entgegenstehen können.[88] Trotz einer grundsätzlichen Enumeration[89] ist eine **rechtsfortbildende Schaffung von eintragungspflichtigen Tatsachen** möglich.[90] Diese können sich zum einen aus der Schaffung einer neuen Rechtsfigur ergeben (→ Rn. 52). Denn insoweit konnte der Gesetzgeber die Frage der Eintragungspflichtigkeit noch nicht berücksichtigen. Zum anderen kann – in seltenen Fällen – auch infolge geänderter Rechtsauffassungen eine rechtsfortbildende Eintragungspflicht gerechtfertigt werden.[91] Gerade in diesem Fall kann Abs. 1 zur Wahrung der Rechtssicherheit jedoch erst dann Wirkung entfalten, wenn der Rechtsverkehr mit einer Eintragung aufgrund höchstrichterlicher Entscheidung rechnen durfte.[92]

30 **b) Beispiele.** Ohne Anspruch auf Vollständigkeit gehören hierzu aus dem **HGB:** § 2 S. 2 und § 3 Abs. 2 (Kannkaufmann; → Rn. 31), § 13 Abs. 1, 6 (Zweigniederlassung), § 13h Abs. 1 (Verlagerung des Sitzes einer Hauptniederlassung im Inland), §§ 29, 31 (Anmeldung, Erlöschen, Änderung einer Firma, Inhaberveränderung, Niederlassungsverlegung), §§ 33, 34 (Eintragung einer juristischen Person und der Änderungen), § 53 (Anmeldung, Erlöschen der Prokura), §§ 106, 107 (Erstanmeldung und Änderung bei der OHG/KG einschließlich Vertretungsmacht; früher § 125 Abs. 4), § 143 (Anmeldung von Auflösung und Ausschluss der Gesellschafter), § 144 Abs. 2 (Fortsetzung nach Insolvenz der Gesellschaft), § 148 Abs. 1 (Anmeldung der Liquidatoren und ihrer Vertretungsmacht), § 157 (Anmeldung des Erlöschens der Firma); aus dem **PartGG:** § 4 Abs. 1 PartGG iVm § 3 Abs. 2 PartGG (Anmeldung der Partnerschaft), § 5 Abs. 2 PartGG iVm §§ 13, 13h HGB (Niederlassung), § 9 Abs. 1 PartGG iVm § 144 Abs. 2 HGB (Fortsetzung nach Insolvenz), § 10 Abs. 1 PartGG iVm §§ 148 Abs. 1, 157 HGB (Liquidatoren, Erlöschen); aus dem **AktG** insbesondere: § 36 AktG iVm § 37 AktG (Erstanmeldung der Aktiengesellschaft), § 45 Abs. 1 AktG (Sitzverlegung der Aktiengesellschaft), § 81 AktG (Änderung des Vorstandes und der Vertretungsbefugnisse seiner Mitglieder), § 184 AktG (Kapitalerhöhung), §§ 188, 190 AktG (Durchführung der Kapitalerhöhung), § 195 AktG (bedingte Kapitalerhöhung), § 201 AktG (Bezugsrechtsaktien), § 223 AktG und §§ 227, 239 AktG (Herabsetzung und Einzug von Aktien), § 263 AktG (Auflösung und Nichtigerklärung der AG), § 266 AktG (Anmeldung der Abwickler), § 273 AktG (Ende der Abwicklung), § 274 Abs. 3 AktG (Fortsetzung der Gesellschaft in der Abwicklung), § 289 Abs. 6 AktG (Auflösung und Ausscheiden aus einer KGaA), §§ 294 f. AktG (Unternehmensverträge),[93] § 327 AktG (Ende der Eingliederung). Für die Eintragungspflichten der §§ 298 und 319 AktG sind dagegen **§ 303 AktG**[94] und **§ 321 AktG spezieller** und schließen daher § 15 HGB aus. Aus dem **GmbHG:** § 15 HGB erfasst Fällen der §§ 7, 8 GmbHG (Erstanmeldung der Gesellschaft), § 39 Abs. 1 GmbHG (Anmeldung Geschäftsführer), § 54 Abs. 1, 2 GmbHG (einzutragende und bekannt zu machende Änderungen des Gesellschaftervertrages), § 57 Abs. 1 GmbHG (Anmeldung der Stammkapitalerhöhung), § 65 Abs. 1 GmbHG (Auflösung), § 67 Abs. 1 GmbHG (Liquidatoren). Zu den **ungeschriebenen Eintragungs- und Bekanntmachungspflichten** gehören die Befreiung des Geschäfts-

---

[87] *K. Schmidt* HandelsR § 14 Rn. 20.

[88] Staub/*Koch* Rn. 47.

[89] *Canaris* HandelsR § 4 Rn. 10.

[90] Vgl. BGHZ 116, 37 (40) betr. Unternehmensvertrag; BGHZ 87, 59 (62) betr. Befreiung vom Selbstkontrahierungsverbot beim GmbH Geschäftsführer; BeckOK HGB/*Müther* Rn. 7.

[91] Für eine Beschränkung auf Analogiefälle *Canaris* HandelsR § 4 Rn. 10; ähnlich Röhricht/Graf v. Westphalen/Haas/*Ries* § 8 Rn. 18; genereller Staub/*Koch* Rn. 31; Schmidt-Kessel/Leutner/Müther/*Schmidt-Kessel/Kopp* Rn. 24.

[92] Vgl. BGHZ 116, 37 (44) = NJW 1992, 505 f.; KKRD/*Roth* Rn. 6; EBJS/*Gehrlein* Rn. 6; Staub/*Koch* Rn. 31; Oetker/*Preuß* Rn. 18.

[93] Vgl. insoweit für die streitige Erfassung einer fehlerhaften Gesellschaft durch § 15 zust. *Köhler* ZGR 1985, 307 (320 f.) einerseits; Staub/*Hüffer*, 4. Aufl. 1982, Rn. 61 abl. andererseits.

[94] BGHZ 116, 37 (44) = NJW 1992, 505 f.

führers einer GmbH vom Verbot des Selbstkontrahierens,[95] die Befugnis des Prokuristen zur Veräußerung und Belastung von Grundstücken iSd § 49 Abs. 2 (Immobiliarklausel),[96] die Beschränkung der Prokura nach § 50 Abs. 3,[97] der Nießbrauch an einem Kommanditanteil,[98] die Fortsetzung einer aufgelösten OHG und KG und die gemischte Gesamtvertretung gem. § 125 Abs. 3 S. 1 (→ 4. Aufl. 2016, § 125 Rn. 55 zur alten Rechtslage).[99] Die bekannte Nachfolgeklausel bei Gesellschafterwechsel sollte dagegen auf längere Sicht nicht aufrechterhalten werden (näher → Rn. 60). Der Insolvenzvermerk fällt gem. § 32 Abs. 2 ausdrücklich nicht unter Abs. 1.

3. Lediglich eintragungsfähige Tatsachen. Nach zutreffender ganz hM ist Abs. 1 auf lediglich eintragungsfähige Tatsachen **nicht anwendbar.**[100] Besonders einsichtig ist dies, soweit – wie in den § 25 Abs. 2, § 28 Abs. 2 – Spezialregelungen bestehen, die erkennbar vorrangig sind.[101] Aber auch bei fehlenden Spezialregelungen ist der hM zu folgen. Dies folgt ansatzweise schon aus dem Wortlaut „einzutragende Tatsache". Würde man Abs. 1 auf eine lediglich eintragungsfähige Tatsache anwenden, so wäre der Betroffene, soweit er nicht alle Dritten einzeln benachrichtigen kann, letztlich doch gezwungen, den Tatbestand eintragen zu lassen. Dies aber liefe der Kategorie der bloß eintragungsfähigen Tatsache zuwider. Eröffnet das Gesetz, wie bei den **Kannkaufleuten** (§ 2 S. 2, § 3 Abs. 2), eine Option zur Statusänderung und ist für diese die Eintragung erforderlich (konstitutive Eintragung), so handelt es sich nicht um eine lediglich eintragungsfähige, sondern um eine eintragungspflichtige Tatsache, da ohne Eintragung die Statusänderung nicht vollzogen wird.[102] Praktische Bedeutung hat Abs. 1 hier für die Zeit zwischen Eintragung und Bekanntmachung. 31

4. Eintragungspflichtige, aber nicht bekannt zu machende Tatsachen. a) Grundregel. Durch die Änderungen der § 162 Abs. 2 und 3, § 175 wurde die Aufmerksamkeit auf das generelle Problem der Anwendbarkeit des § 15 auf einzutragende, aber nicht bekannt zu machende Tatsachen gelenkt. Sollte die Bekanntmachung abgeschafft werden (→ Rn. 6, 7) wäre die Anwendung unproblematisch. Noch aber besteht es. Das Problem der Anwendung des Abs. 1 auf Fälle der **Eintragungspflicht ohne Bekanntmachungspflicht** ist alt. Eine ausdrückliche Regelung fand sich zeitweise in § 8 der Verordnung vom 14.2.1924 (RGBl. 1924 I S. 119), wonach für die dort aufgeführten Gegenstände § 15 auch ohne Bekanntmachung anwendbar sein sollte. Schon damals war umstritten, ob § 15 ohne diese ausdrückliche Regelung auf nur eintragungspflichtige Tatsachen anwendbar ist.[103] Auch jetzt ist der **Streitstand offen.**[104] Die Ansicht, die Abs. 1 anwen- 32

[95] BGHZ 87, 59 = NJW 1983, 1676; BGH NJW-RR 2004, 120 f.; BayObLG BB 1980, 597; OLG Köln GmbHR 1980, 129; EBJS/*Schaub* § 8 Rn. 82.

[96] BayObLG NJW 1971, 810; EBJS/*Schaub* § 8 Rn. 111.

[97] BayObLG NJW 1971, 810; EBJS/*Schaub* § 8 Rn. 111.

[98] Vgl. OLG Stuttgart NZG 2013, 432; OLG Oldenburg NJW-RR 2015, 814.

[99] Vgl. EBJS/*Hillmann* § 125 Rn. 52 zur alten Rechtslage; nicht erwähnt in → 4. Aufl. 2016, § 106 Rn. 32, 38.

[100] BGHZ 55, 267 (273) = NJW 1971, 1268; OLG Karlsruhe GmbHR 1964, 78; OLG Frankfurt BB 1973, 677; noch enger BAG NJW 1988, 222 (223); *Canaris* HandelsR § 5 Rn. 10; *v. Gierke/Sandrock* HandelsR § 11 III 2 b, 150; Schmidt-Kessel/Leutner/Müther/*Schmidt-Kessel/Kopp* Rn. 27; *K. Schmidt* HandelsR § 14 Rn. 20; Staub/*Koch* Rn. 35; EBJS/*Gehrlein* Rn. 6; Röhricht/Graf v. Westphalen/Haas/*Ries* Rn. 6; aA *Müssigbrodt* BB 1982, 338 (341); krit. *Liebscher* ZGR 2017, 389 (405).

[101] Vgl. BGHZ 55, 267 (273) = NJW 1971, 1268; BAG NJW 1988, 222 f.; Staub/*Koch* Rn. 35; EBJS/*Gehrlein* Rn. 6.

[102] AA für Kannkaufleute (ohne Begr.) *Winkler* FS Wiedemann, 2002, 1369 (1370).

[103] Dafür *Müller-Erzbach* HandelsR, 2./3. Aufl. 1928, 68; dagegen Düringer/Hachenburg/*Hoeniger*, 1930, Anm. 3; vgl. auch *Ehrenberg* in Ehrenbergs HdB, Bd. I, 1913, 614 (619): nur wenn das HGB ausnahmsweise der bloßen Eintragung eine ähnliche Wirkung verliehen hat.

[104] Vgl. einerseits generell gegen § 15 BT-Drs. 14/4051, 18 f.; *K. Schmidt* ZIP 2002, 413 (415); Schmidt-Kessel/Leutner/Müther/*Schmidt-Kessel/Kopp* Rn. 31; *Mattheus/Schwab* ZGR 2008, 65 (83 f.); *Peters* DNotZ 2002, 425 (438); andererseits für Abs. 1 *Wilhelm* DB 2002, 1979 (1981 ff.); KKRD/*Roth* Rn. 5–7; *Grunewald* ZGR 2003, 541 (543); *R. Schmidt/Bierly* NJW 2004, 1210 (1212); *Paul* MDR 2004, 849 (850 ff.); nicht ganz eindeutig *Noack* FS Ulmer, 2003, 1245 (1253 f.); *Paefgen* ZIP 2008, 1653 (1654 f.); Staub/*Koch* Rn. 42; offengelassen von BGH NJW-RR 2006, 197 (108); OLG Hamm NJW-RR 2005, 629; OLG Köln NZG 2004, 416 (418).

den möchte, verweist zum einen darauf, dass Abs. 1 nur eine einzutragende Tatsache verlangt, der Gesetzgeber aber gewusst habe, dass es einzutragende, aber nicht bekannt zu machende Tatsachen gibt.[105] Die Zugriffsmöglichkeit auf das Handelsregister, vor allem auf das elektronische Handelsregister, lasse dieses eher noch wichtiger als die Bekanntmachung erscheinen.[106]

33 **Stellungnahme:** Auf eintragungspflichtige, aber nicht bekannt zu machende Tatsachen ist § 15 (zurzeit) weder direkt noch analog anzuwenden. Das Gesetz verlangt nicht ausdrücklich, dass es sich um eine bekannt zu machende Tatsache handeln muss. Da die fehlende Bekanntmachung aber noch mit zum Tatbestand des Abs. 1 gehört, ist in Abs. 1 **stillschweigend** auch die **Tatbestandsvoraussetzung „bekannt zu machende Tatsache"** enthalten. Daraus folgt, dass die Anwendung auf nur einzutragende Tatsachen nicht mit einer Auslegung, sondern allenfalls bei Vorliegen der **Analogievoraussetzungen** zu rechtfertigen wäre. Aus den Einzelregelungen kann nicht geschlossen werden, dass ohne sie § 15 anwendbar wäre.[107] Klarstellungen des Gesetzgebers sind legitim und die gleich mehrfache Verwendung (§ 32 Abs. 2 S. 2, § 162 Abs. 2, Abs. 3, § 175 S. 2) deutet gerade nicht auf eine Ausnahmeentscheidung hin. Dass der Gesetzgeber die mit dem Wegfall der Bekanntmachung verbundene **Einschränkung des Verkehrsschutzes** nicht ausdrücklich benennt, bedeutet nicht, dass er das Problem übersehen hat. Die Richtlinie, und zwar auch in ihrer aktualisierten Fassung, stellt auf die Bekanntmachung als zumindest notwendigen und bei Divergenz zur Eintragung vorrangigen Informationsträger ab.[108] Darin liegt eine zentrale Wertentscheidung, die gegen eine für die Analogie notwendige Gleichwertigkeit der einzutragenden und bekannt zu machenden Tatsachen, mit den nur einzutragenden Tatsachen spricht. Gegen eine Planwidrigkeit der heutigen Rechtslage ist auch anzuführen, dass dem Gesetzgeber spätestens mit der VO von 1924 das Problem bekannt war (§ 8 VO von 1924 ordnete für die damals für eine befristete Zeit nur eintragungspflichtigen Vorgänge die Anwendbarkeit des § 15 an). Wertungsmäßig sind die Tatbestände auch nicht gleichwertig, da bei nur eintragungspflichtigen Tatbeständen die Publizitätswirkung mit Absicht reduziert wurde und dies auch Ausdruck eines generell reduzierten Verkehrsschutzes ist. Sollte der Gesetzgeber, wie nunmehr europäisch zulässig, auf die Bekanntmachung generell verzichten[109] und die bisher nur eintragungspflichtigen Tatsachen auch nicht von der Anwendung des § 15 ausschließen, würden dann auch diese Tatsachen § 15 unterfallen.

34 **b) Gesetzlich geregelte Fälle.** Eintragungspflichtig, aber nicht bekannt zu machen sind gem. § 32 Abs. 1 und 2 S. 1 die wichtigsten Schritte des **Insolvenzverfahrens.** Der Ausschluss der Anwendbarkeit des § 15 wird ausdrücklich in § 32 Abs. 2 S. 2 angeordnet, war aber auch schon für das frühere Konkursrecht anerkannt.[110] Sowohl die Tatsache, dass es sich um Eintragungen von Amts wegen handelt, als auch der Vorrang des Insolvenzrechts werden als Rechtfertigungen genannt. Als problematischer gelten die Regelungen des **§ 162 Abs. 2 und 3** (Eintragung, aber nicht Bekanntmachung des Kommanditisten) und des **§ 175 S. 1, 2 iVm § 162 Abs. 2** (Änderung der Einlagenhöhe), für die das Gesetz seit 2001 die Eintragungspflicht, aber keine Bekanntmachungspflicht vorsieht und „insoweit" die Anwendung des § 15 ausschließt. Der Gesetzgeber[111] wollte damit die seiner Ansicht nach bestehende generelle Nichtanwendbarkeit des § 15 mangels Bekanntmachung klarstellen (→ §§ 171, 172 Rn. 26). Die Gegenmeinung[112] hält § 15 nur bezüglich der Bekanntma-

105 Vgl. *Ehrenberg* in Ehrenbergs HdB, Bd. I, 1913, 614 (620).

106 Vgl. *Noack* FS Ulmer, 2003, 1245 (1246 ff.).

107 So aber *Wilhelm* DB 2002, 1979 (1981).

108 Schmidt-Kessel/Leutner/Müther/*Schmidt-Kessel/Kopp* Rn. 31.

109 Dafür zu Recht die Lit.: *J. Schmidt* DK 2018, 229 (232); *Noack* DB 2018, 1324 (1328); *Bock* DNotZ 2018, 643 (656); *Bayer/J. Schmidt* BB 2019, 1922 (1924); *Lieder* NZG 2020, 81 (87).

110 Vgl. FG Sachsen-Anhalt EFG 2015, 137; → 1. Aufl. 1996, Rn. 15 *(Lieb)*; Staub/*Hüffer,* 4. Aufl. 1982, Rn. 16; Schlegelberger/*Hildebrandt/Steckhan* Rn. 14.

111 Begr. RegE, BT-Drs. 14/1451, 19; zust. *K. Schmidt* ZIP 2002, 413 (415).

112 Vgl. Staub/*Casper* § 162 Rn. 25 ff.; *Wilhelm* DB 2002, 1979 (1981 ff.); KKRD/*Roth* Rn. 5; *Grunewald* ZGR 2003, 541 (543); *R. Schmidt/Bierly* NJW 2004, 1210 (1212).

chung nicht für anwendbar, will jedoch Abs. 1 bei fehlender Eintragung anwenden. Diese Ansicht wäre nur zutreffend, wenn erstens in Fällen fehlender Bekanntmachungspflicht grundsätzlich Abs. 1 anwendbar wäre und zweitens hier keine gegenläufige gesetzgeberische Entscheidung vorläge. Zum einen aber sprechen die besseren Gründe dafür, generell in diesen Fällen § 15 nicht anzuwenden (→ Rn. 32 f.), vor allem aber ist die gesetzgeberische Entscheidung, trotz der nicht ganz gelungenen Verwendung des Begriffs „insoweit",[113] eindeutig. Der Gesetzgeber wollte eben nicht nur den Bekanntmachungsaufwand reduzieren.[114] Er hat eine Einschränkung der Reichweite des § 15 beabsichtigt. Hätte der Gesetzgeber etwas anderes gewollt, so hätte er § 15 an die Eintragung anknüpfen lassen. Spätere Überlegungen des Rechtsausschusses[115] sind irrelevant, weil es sich um eine nachträglich Interpretation und dann noch eines Gremiums handelt, dass die Norm nicht entworfen hat.[116] Die Einschränkung des Verkehrsschutzes mag rechtspolitisch bedenklich sein,[117] ist jedoch vom Rechtsanwender zu akzeptieren.[118] Dass der Gesetzgeber die Einschränkung des Verkehrsschutzes nicht ausdrücklich genannt hat, ist kein Argument,[119] da Einschränkungen des Gläubigerschutzes eines der politisch sensiblen Themen ist, die nicht gern besonders betont werden.

5. Sekundär- und Primärtatsachen. a) Begriffe und Problemlage. Man kann zwischen sog. Primärtatsachen, die eine Rechtslage bzw. Rechtsstellung begründen (zB Gesellschaftsgründung, Prokuraerteilung), und Sekundärtatsachen, die eine Primärtatsache ändern oder aufheben (zB Änderung der Gesellschaftssatzung, Widerruf der Prokura), unterscheiden. Hinzu kommen **Abweichungen von gesetzlichen Regellagen** (zB Änderungen von Gesamtvertretungsmacht in Einzelvertretungsmacht). Diese werden als Sekundärtatsachen behandelt, selbst wenn es um die primäre Rechtsstellung geht.[120] Die ursprünglich im ADHGB geregelten Einzelfälle betrafen nur Sekundärtatsachen, während der Wortlaut des § 15 Abs. 1 „einzutragende Tatsache" bzw. die Formulierung der Richtlinie „Urkunden und Informationen" eine solche Einschränkung nicht enthält. Bei Sekundärtatsachen existieren mit der gesetzlichen Regellage bzw. der vorherigen Primärtatsache jeweils besondere Anknüpfungspunkte für einen Verkehrsschutz bzw. Vertrauensschutz, weshalb vertreten wird, Abs. 1 sei aufgrund teleologischer Reduktion auf Sekundärtatsachen zu beschränken.[121] Bedeutung hat dies zB für die Bestellung von gesetzlichen Vertretern, die Bevollmächtigung von Prokuristen, die Aufnahme von Gesellschaftern, aber auch für die Begründung der Kaufmannsstellung. Ob ein Verkehrsschutz von Dritten zu Lasten eines Gewerbetreibenden bejaht werden kann, hängt davon ab, ob § 1 Abs. 2 Sperrwirkung entfaltet (→ Rn. 20), und ob Abs. 1 auch auf Primärtatsachen Anwendung findet.[122] 35

b) Meinungsstand. Der historische Gesetzgeber des HGB von 1897 lehnte einen Antrag Bayerns,[123] nur „Änderungen" zu erfassen, ab.[124] Auch der Gesetzgeber des Handelsrechtsreformgesetzes (1998) sah Primärtatsachen als erfasst an.[125] Rspr.[126] und ganz 36

---

113 Die Gegenmeinung stützt sich hingegen auf das „insoweit", zB Staub/*Casper* § 162 Rn. 26.
114 AA → § 162 Rn. 13 *(Grunewald).*
115 BT-Drs. 14/7348, 29.
116 AA Staub/*Casper* § 162 Rn. 26.
117 Insoweit überzeugend *Noack* FS Ulmer, 2003, 1245 (1253 f.).
118 Vgl. hingegen die rechtspolitische Argumentation der Gegenseite zB Staub/*Casper* § 162 Rn. 27.
119 AA *Wilhelm* DB 2002, 1979 (1981).
120 Vgl. → 1. Aufl. 1996, Rn. 17 *(Lieb)*; *Canaris* HandelsR § 5 Rn. 5; *Oetker* GS Sonnenschein, 2003, 635 ff.
121 *Lieb* NJW 1999, 35 (36); *Sandberger* JA 1973, 215.
122 Vgl. *Lieb* NJW 1999, 35 (36).
123 Vgl. *Schubert/Schmiedel/Krampe* Bd. II/2, 1988, 846.
124 Vgl. *Schubert/Schmiedel/Krampe* Bd. II/2, 1988, 883, 907, 971.
125 Vgl. BT-Drs. 13/8444, 48 durch die Nennung der Primärtatsache Kaufmannseigenschaft als Beispiel für Abs. 1.
126 Vgl. BGH NJW 1979, 42.

hL[127] wenden, wenn auch teilweise unreflektiert,[128] Abs. 1 auch auf Primärtatsachen an. Die Gegenmeinung,[129] die insbesondere von *Lieb*[130] ausführlich begründet wurde, lehnt hingegen die Anwendung des Abs. 1 auf Primärtatsachen ab. Diese Meinung stellt auf die Verwischung des Unterschiedes zwischen deklaratorischen und konstitutiven Eintragungen bei Erfassung auch der Primärtatsachen ab. Daneben wird behauptet, dass bei Primärtatsachen ohnehin meist Kenntnis vermittelt werde.[131] Darüber hinaus könnte auf den bei Sekundärtatsachen vorhandenen besonderen positiven Rechtsscheinträger verwiesen werden.

37 **c) Stellungnahme.** In Übereinstimmung mit der hM sind **auch primäre Tatsachen von Abs. 1 erfasst.** Aufgrund des klaren Wortlautes käme für die Mindermeinung nur eine teleologische Reduktion in Betracht. Dieser steht bereits der Wille des historischen Gesetzgebers entgegen. Dem Gesetzgeber steht es bei einem abstrakten Verkehrsschutz frei, die Informationsfunktion des Registers auch mit sehr weitgehenden Rechtsfolgen abzusichern, selbst wenn noch keine vorherige Eintragung und Bekanntmachung oder eine gesetzliche Regellage einen besonderen Anknüpfungspunkt für den Verkehrsschutz liefert. Der historische europäische Richtliniengeber (RL 68/151/EWG) hat in Art. 2 Abs. 1 lit. a RL 68/151/EWG (heute Art. 14 lit a) GesR-RL) die Errichtung der Kapitalgesellschaft und in Art. 14 lit. d GesR-RL die Bestellung der Mitglieder des gesetzlichen Vertretungsorgans, also Primärtatsachen, in den Verkehrsschutz einbezogen. Ein weiteres Beispiel findet sich in Art. 3 Abs. 5 Publizitäts-RL (heute Art. 16 Abs. 6 GesR-RL). Die gleiche Rechtslage besteht auch heute noch nach der RL 2017/1132/EU. Eine umfassende teleologische Reduktion wäre daher europarechtswidrig.[132] Im Übrigen ist der Gesetzgeber nicht zu einem Mindestabstand zwischen deklaratorischen und konstitutiven Eintragungen verpflichtet. Entgegen der Mindermeinung führt auch nicht jedes Auftreten, zB als Kaufmann, zur Kenntnis der Gegenseite (→ Rn. 49 f.).

38 **6. Fälle deklaratorischer und konstitutiver Eintragung.** Deklaratorisch wirkende Eintragungen, bei denen also die Rechtsänderung auch ohne Eintragung in das Handelsregister wirksam ist, sind unstreitig von Abs. 1 erfasst. Für konstitutiv wirkende Eintragungen ist hingegen die Erfassung durch Abs. 1 streitig. Ein Teil der Lehre lehnt die Erfassung dieser Fälle ab.[133] Die hM[134] bejaht hingegen zu Recht die Anwendbarkeit des Abs. 1 auch auf konstitutiv wirkende Eintragungen. Der Wortlaut „einzutragende Tatsache" erfasst diese Vorgänge, auch wenn dies nicht ganz eindeutig ist.[135] Für Abs. 3 ist die Erfassung allgemein anerkannt, weshalb auch die Systematik für die Anwendung spricht. Es besteht kein Grund, Dritte bei den konstitutiv wirkenden Eintragungen ab der Eintragung für weniger schutzwürdig anzusehen als bei deklaratorischen Vorgängen. Die Konstitutivität dient im Regelfall lediglich der Rechtssicherheit bzw. der Durchsetzung staatlicher Kontrollen. Für juristische

---

[127] Staub/*Koch* Rn. 38 f.; *K. Schmidt* HandelsR § 14 Rn. 26; KKRD/*Roth* Rn. 5; Baumbach/Hopt/*Hopt* Rn. 5; EBJS/*Gehrlein* Rn. 2; Röhricht/Graf v. Westphalen/Haas/*Ries* Rn. 1; *Oetker* GS Sonnenschein, 2003, 635 ff.; früher schon *Wieland* HandelsR I, 1921, 230 f.; Düringer/Hachenburg/*Hoeniger,* 1930, Anm. 1; Staub/*Bondi,* 14. Aufl. 1932, Anm. 1, 8.

[128] Eingehend aus Sicht der hM aber *Oetker* GS Sonnenschein, 2003, 635 ff.

[129] Vgl. → 1. Aufl. 1996, Rn. 17 f. *(Lieb)*; *Sandberger* JA 1973, 215; *Axer,* Abstrakte Kausalität – ein Grundsatz des Handelsrechts?, 1986, 98 (nur konkludent); undeutlich *Canaris* HandelsR § 5 Rn. 5, der nur von im Wesentlichen zwei Fallgruppen (Sekundärtatsachen und Abweichen von Regellagen) spricht.

[130] → 1. Aufl. 1996, Rn. 17 f. *(Lieb).*

[131] Vgl. → 1. Aufl. 1996, Rn. 18 *(Lieb).*

[132] Ebenso Schmidt-Kessel/Leutner/Müther/*Schmidt-Kessel/Kopp* Rn. 30; BeckOGK/*Schaal* Rn. 27.

[133] Vgl. → 1. Aufl. 1996, Rn. 19 *(Lieb)*; *K. Schmidt* HandelsR § 14 Rn. 22, 25 (als Konsequenz des Anreizgedankens); *Sandberger* JA 1973, 215; früher auch *Canaris* HandelsR, 22. Aufl. 1995, § 5 I 2 a, 53.

[134] OLG Bremen ZIP 2015, 2419; Staub/*Koch* Rn. 34; OGK/*Schaal* Rn. 22; Baumbach/Hopt/*Hopt* Rn. 5; *Canaris* HandelsR § 5 Rn. 11; Röhricht/Graf v. Westphalen/Haas/*Ries* Rn. 8; Oetker/*Preuß* Rn. 19; KKRD/*Roth* Rn. 6 (analog); Heymann/*Förster* Rn. 19; EBJS/*Gehrlein* Rn. 6; *v. Olshausen* ZHR 141 (1977), 101 f.; *Oetker* GS Sonnenschein, 2003, 635 (639 f.); Schmidt-Kessel/Leutner/Müther/*Schmidt-Kessel/Kopp* Rn. 29.

[135] Zu Recht gegen Eindeutigkeit Staub/*Koch* Rn. 32.

Laien wäre der Unterschied auch kaum nachvollziehbar. Auch würde die angestrebte rechtssichere Lösung durch den abstrakten Verkehrsschutz unterlaufen. Dass die Anwendung des Abs. 1 die Unterschiede zwischen deklaratorischen und konstitutiven Eintragungen verringert,[136] ist zutreffend. Ein genaues Mindestmaß der Unterschiede zwischen deklaratorischen und konstitutiven Eintragungen wird vom Gesetz jedoch nicht bestimmt. Eine restriktive Auslegung bzw. **teleologische Reduktion** bezüglich der konstitutiven Eintragung wäre **europarechtswidrig,**[137] da die Errichtung der Kapitalgesellschaft, also eine Tatsache, deren Eintragung konstitutiv ist und von der Richtlinie erfasst ist.[138] Wirkung entfaltet Abs. 1 bei konstitutiven Eintragungen nur für die Zeit zwischen Eintragung und Bekanntmachung.

7. Fehlende Voreintragung. a) Problem und Meinungsstand. Seit Langem streitig 39
ist die für das Grundverständnis des § 15 Abs. 1 wichtige Frage, ob sich Dritte auch dann auf die fehlende Eintragung und Bekanntmachung berufen können, wenn bereits die Voreintragung fehlte. Entscheidend ist wiederum, woran der Verkehrsschutz anknüpft. Würden die Dritten nur im Vertrauen auf die Richtigkeit des Registers geschützt, käme ein genereller Verkehrsschutz bei fehlender Voreintragung nicht in Betracht. Wird hingegen der Verkehr bei jeder Unvollständigkeit des Registers geschützt, soweit er vom wahren Sachverhalt keine Kenntnis hat, so erfasst Abs. 1 seinem Wortlaut entsprechend grundsätzlich auch die Fälle fehlender Voreintragung. **Rspr.**[139] und **hL**[140] in **Deutschland** bejahen zumindest grundsätzlich die Anwendung von Abs. 1 auf Fälle fehlender Voreintragung, insbesondere unter Hinweis darauf, dass der voreingetragene Tatbestand auch auf andere Weise dem Dritten bekannt geworden sein kann. Die **Mindermeinung** in **Deutschland**[141] und die **hM** in **Österreich**[142] lehnen die Anwendung des Abs. 1 hier aufgrund teleologischer Reduktion ab und verweist den Dritten, so er auf die bekannt gewordene Primärtatsache vertraut haben sollte, auf den in seinen Voraussetzungen viel strengeren konkreten Vertrauensschutz. Von einem Teil der hL wird zwar Abs. 1 grundsätzlich angewendet; Abs. 1 wird aber zugleich in Fällen, in denen die Primärtatsache im forum internum verblieben ist (zB weil die Prokura mündlich verliehen und sofort wegen eines Streites widerrufen wurde), mangels potentiellen Vertrauenstatbestandes teleologisch so reduziert, dass er keine Anwendung findet.[143]

b) Stellungnahme. In Übereinstimmung mit der hM ist **Abs. 1** auch **auf Fälle feh- 40
lender Voreintragungen anwendbar.** Aufgrund des eindeutigen Wortlautes müssten für die Mindermeinung die Voraussetzungen einer teleologischen Reduktion erfüllt sein. Abgesehen davon, dass sich Ergebnisse, die in Deutschland durch teleologische Reduktion erzielt werden, nach europäischem Verständnis nur bei schwerwiegenden Umsetzungsdefiziten

[136] Darauf stützt → 1. Aufl. 1996, Rn. 19 *(Lieb)* wesentlich seine Ablehnung der Anwendung des Abs. 1.

[137] Schmidt-Kessel/Leutner/Müther/*Schmidt-Kessel/Kopp* Rn. 29.

[138] Schmidt-Kessel/Leutner/Müther/*Schmidt-Kessel/Kopp* Rn. 29.

[139] ROHGE 23, 227; RGZ 15, 33 (35 f.); 127, 98 f.; BGHZ 55, 267 (272) = NJW 1971, 1268; BGHZ 116, 37 (44) = NJW 1992, 505; BGH BB 1965, 968; WM 1983, 651 (652); OLG Köln FGPrax 2015, 165 (166); OLG Frankfurt OLGZ 1973, 20 (22); OLG Stuttgart NJW 1973, 806; KG GmbHR 2012, 518 Rn. 13.

[140] OLG Köln FGPrax 2015, 165 (166); Staub/*Koch* Rn. 44; Baumbach/Hopt/*Hopt* Rn. 11; *K. Schmidt* HandelsR § 14 Rn. 36; *v. Gierke/Sandrock* HandelsR § 11 III 2 a, 150; Heymann/*Förster* Rn. 21; EBJS/*Gehrlein* Rn. 8; *Brox/Henssler* HandelsR Rn. 79; Oetker/*Preuß* Rn. 21; Schmidt-Kessel/Leutner/Müther/*Schmidt-Kessel/Kopp* Rn. 42; KKRD/*Roth* Rn. 9; *Müller-Laube* JuS 1981, 754 (755); eingeschränkt *Canaris* HandelsR § 5 Rn. 12; *Hager* Jura 1992, 57 (60).

[141] *A. Hueck* AcP 118 (1920), 350 (366); *Frotz,* Verkehrsschutz im Vertretungsrecht, 1972, 182 ff.; *Schilken* AcP 187 (1987), 1 (7 f.); Staub/*Hüffer* Rn. 20; früher auch *Canaris,* Die Vertrauenshaftung im deutschen Privatrecht, 1971, 152.

[142] OGH GesRZ 1977, 140; OGHE 10, 196; *Frotz,* Verkehrsschutz im Vertretungsrecht, 1972, 182 ff.; GroßkommUGB/*Zib* Rn. 56.

[143] Vgl. *John* ZHR 140 (1976), 236 (241 ff.); *Hager* Jura 1992, 57 (62); *K. Schmidt* HandelsR § 14 Rn. 36; Baumbach/Hopt/*Hopt* Rn. 11; *Canaris* HandelsR § 5 Rn. 12 mit besonders weit gefasstem Verständnis der teleologisch herauszunehmenden Fälle; Staub/*Koch* Rn. 45; KKRD/*Roth* Rn. 9.

finden,[144] ist nach vorzugswürdigem Verständnis auch nach deutscher Methodik keine teleologische Reduktion gerechtfertigt.[145] Wie schon bei den Primärtatsachen (→ Rn. 37) und ganz generell bei der dogmatischen Einordnung (→ Rn. 16) erörtert, knüpft Abs. 1 als Norm des abstrakten Verkehrsschutzes nicht an einen positiven Vertrauenstatbestand der richtigen Registereintragung und Bekanntmachung an. Der Verkehr wird vielmehr abstrakt-generell geschützt, soweit eine eintragungspflichtige Tatsache noch nicht eingetragen und bekannt gemacht ist. Selbst wer einen positiven Verkehrsschutztatbestand verlangte, würde ihn in dem Primärtatbestand finden. Die Meinung, die in den Fällen, in denen ein Vorgang im forum internum blieb, Abs. 1 teleologisch reduzieren will, enthält eine isoliert betrachtet gerechte Einzelfallwertung. Sie ist dennoch abzulehnen. Durch Abs. 1 wird abstrakt das „Vertrauen" in die Vollständigkeit des Registers und der Bekanntmachungen geschützt. Wer für die Fälle, in denen eine Tatsache nicht nach außen gedrungen ist, eine Ausnahme beabsichtigt, versucht letztlich, Elemente des konkreten Vertrauensschutzes in den abstrakten Verkehrsschutz zu integrieren. Nur dem Richtliniengeber und dem Gesetzgeber stünde dies frei. Es ist Kennzeichen solcher abstrakt-generellen Regeln, dass sie Fälle erfassen, in denen jemand konkret nicht schutzwürdig ist, und Fälle nicht erfassen, in denen jemand konkret schutzwürdig ist. Dies ist kein Fehler, sondern im Interesse der Rechtssicherheit gewollt.[146] Dass nach Abs. 1 Kenntnis schadet, ist das letzte verbleibende konkrete Element des Tatbestandes, aber keine Rechtfertigung dafür, weitere konkrete Elemente einzuführen.[147] Es ist für den Eintragungspflichtigen auch nicht schwierig, sich auf diese Rechtslage einzustellen. Letztlich wird der EuGH diese schwierige Frage entscheiden müssen, da sie sich auch im unmittelbaren Anwendungsbereich der Richtlinie, insbesondere bei der Bestellung eines gesetzlichen Vertreters, stellt.

41 **8. Nicht eingetragen und bekannt gemacht.** Dies ist eine eindeutige kumulative Voraussetzung, die de lege lata nicht aufgegeben werden kann,[148] auch wenn de lege ferenda die Bekanntmachung entbehrlich ist und in Ausführung des neuen Richtlinienwahlrechts wegfallen sollte (→ Rn. 6). Erfasst werden die Fälle, in denen Eintragung und Bekanntmachung noch nicht erfolgt sind, solche, in denen nur die Bekanntmachung noch nicht erfolgt ist, und solche, in denen zwar die Bekanntmachung erfolgt, aber (durch ein Versehen) die Eintragung unterblieben ist (letztere Konstellation ist heute technisch allerdings kaum vorstellbar). Teilweise[149] wird für die zuletzt genannten Fälle eine teleologische Reduktion befürwortet. Dem ist zu widersprechen. Der Wortlaut ist eindeutig, eine Aushebelung über § 15 Abs. 2 ist nicht möglich, da dessen Voraussetzungen nicht vorliegen. Es kann nicht angenommen werden, dass der Richtliniengeber und der deutsche Gesetzgeber diesen Fall übersehen haben. Eintragung und Bekanntmachung sind als **zweiaktiges Informationsverfahren** konzipiert, von dem kein Teil fehlen darf. Besonders deutlich wird dies daran, dass die Richtlinie eine verkürzte Bekanntmachung erlaubt, womit zur vollständigen Information notwendigerweise auf die Eintragung zurückzugreifen ist. Auch wenn der deutsche Gesetzgeber hiervon keinen Gebrauch gemacht hat, erzeugt die Richtlinie hier eine Sperrwirkung. Anders ist dies, wenn der Dritte die Bekanntmachung tatsächlich kennt. Dann ist er nicht schutzwürdig. Nur die **richtige Eintragung und Bekanntmachung** erfüllt die Voraussetzung der Eintragung und Bekanntmachung im Sinne des Gesetzes, da durch eine falsche Eintragung oder Bekanntmachung die Informationsfunktion nicht erfüllt wird. Dennoch ist es problematisch, ob bei **falscher Eintragung oder Bekanntmachung** auch Abs. 1 Anwendung findet. Das RG hat dies zunächst bejaht,[150] später aber verneint.[151]

[144] Vgl. *Krebs/Jung* in Jung/Krebs/Stiegler, Gesellschaftsrecht in Europa, 2019, § 2 Rn. 174 f.
[145] Zust. BeckOGK/*Schaal* Rn. 42.
[146] Schmidt-Kessel/Leutner/Müther/*Schmidt-Kessel/Kopp* Rn. 42.
[147] AA Staub/*Koch* Rn. 45.
[148] Staub/*Koch* Rn. 49; *Canaris* HandelsR § 5 Rn. 11; aA – schon de lege lata – *Noack* FS Eisenhardt, 2007, 477 (480); *Paefgen* ZIP 2008, 1653 (1656).
[149] Röhricht/Graf v. Westphalen/Haas/*Ries* Rn. 12.
[150] RGZ 115, 228.
[151] RGZ 142, 98 (105).

Diese (seitdem) hM[152] überzeugt, soweit sie es ablehnt, Abs. 1 dergestalt anzuwenden, dass das Vertrauen in die Richtigkeit der falschen Eintragung geschützt würde. Die Dritten könnten jedoch durch Abs. 1 in ihrer abstrakten Erwartung des Fortbestandes der letzten richtigen Eintragung und Bekanntmachung geschützt werden. Ein potentielles „Vertrauen" ist insoweit möglich. Zum einen muss der Dritte die falsche Bekanntmachung nicht gem. Abs. 2 als bekannt gegen sich gelten lassen (→ Rn. 70). Zum anderen kann er – wie in den Fällen der späteren sog. Rosinentheorie (→ Rn. 58) – von der Unrichtigkeit der Bekanntmachung erfahren haben, weshalb er hinsichtlich der Fortgeltung des zuvor Geltenden schutzwürdig ist. Bei falscher Bekanntmachung sind daher Abs. 3 hinsichtlich der bekannt gemachten Tatsache und Abs. 1 hinsichtlich der einzutragenden und bekannt zu machenden Tatsache erfüllt (zum Wahlrecht in diesen Fällen → Rn. 100). Durch das elektronische Handelsregister ist problematisch geworden, was als **Bekanntmachung** anzusehen ist. Da die Richtlinie von einer zentralen Bekanntmachung ausgeht, sollte auf das **Unternehmensregister** abgestellt werden.[153]

9. In dessen Angelegenheiten. a) Verlautbarungslast. Der durch Abs. 1 gewährte Verkehrsschutz geht zu Lasten desjenigen, in dessen Angelegenheiten die betreffende Tatsache einzutragen war. Diese Verlautbarungslast trifft Kaufleute einschließlich der Personenhandels- und Kapitalgesellschaften, sowie deren Gesellschafter, soweit sie (wie etwa in §§ 107 f., 143) selbst Normadressaten sind. Mittelbare Wirkungen bestehen zu Lasten von Gesamtrechtnachfolgern der Eintragungspflichtigen und zu Lasten von Gesellschaftern, die gem. § 130 für Verbindlichkeiten haften, die vor ihrem Eintritt begründet wurden.[154] Eine darüber hinausgehende Bedeutung kann dieses Tatbestandsmerkmal schon wegen eines fehlenden Gegenstücks in der Richtlinie nicht haben. 42

b) Zurechenbarkeit der Unterlassung. Wird eine Tatsache nicht vollständig publiziert, so liegt ein Unterlassen vor. Der Wortlaut bietet keinen Anknüpfungspunkt für die Erforderlichkeit eines Zurechnungselements für das Unterlassen. Folglich verlangt die ganz hM[155] ein solches auch nicht. Die **hM,** die Abs. 1 als Vertrauensschutzregelung einordnet (→ Rn. 14 ff.), rechtfertigt die fehlende Prüfung von Zurechnungselementen damit, dass hier ein Fall des sog. **reinen Rechtsscheinsprinzips** vorliege.[156] Demgegenüber folgt dasselbe Ergebnis vom **hiesigen Standpunkt** aus der Einordnung des Abs. 1 als **abstrakte Verkehrsschutzregel.** Ein Widerspruch zu Abs. 3 besteht auf keinen Fall, wenn man wie hier auch bei Abs. 3 keine Zurechenbarkeit verlangt (→ Rn. 87 ff.). Diejenigen, die bei Abs. 3 anders als bei Abs. 1 eine Veranlassung fordern, könnten sich darauf berufen, dass der Schutz des Vertrauens in die Fehlerlosigkeit des Registers gem. Abs. 3 weniger selbstverständlich ist. 43

c) Kein Erfordernis der Geschäftsfähigkeit. Die ganz hM[157] bejaht eine Wirkung des Abs. 1 auch zu Lasten von Geschäftsunfähigen und beschränkt Geschäftsfähigen. Eine 44

---

152 Vgl. nur Staub/*Koch* Rn. 29; EBJS/*Gehrlein* Rn. 5; KKRD/*Roth* Rn. 5.

153 Vgl. *Noack* NZG 2006, 801 (803); *Noack* FS Eisenhardt, 2007, 475 (477 f.); *Paefgen* ZIP 2008, 1653 (1654); Oetker/*Preuß* Rn. 15; nicht ganz eindeutig *Seibert/Decker* DB 2006, 2446 (2448); aA → § 8b Rn. 3 *(Krafka).*

154 BGHZ 55, 267 (272 f.) = NJW 1971, 1268; Staub/*Koch* Rn. 50; auch für Einzelrechtsnachfolge EBJS/*Gehrlein* Rn. 7.

155 BGHZ 65, 309 (311) = NJW 1976, 569; Baumbach/Hopt/*Hopt* Rn. 6; *Canaris* HandelsR § 5 Rn. 20; *v. Gierke//Sandrock* HandelsR § 11 III 2 b, 151; Heymann/*Förster* Rn. 21; *Nitschke* JuS 1968, 541; *KarstenSchmidt* HandelsR § 14 Rn. 38; *K. Schmidt* JuS 1990, 517 (519); Staub/*Koch* Rn. 53; *H. Westermann* JuS 1963, 1 (6 f.); *Ott* JuS 2019, 745 (748).

156 *H. Westermann* JuS 1963, 1 (6) (auf ihn geht der Begriff zurück); *Canaris,* Die Vertrauenshaftung im deutschen Privatrecht, 1971, 472; Heymann/*Förster* Rn. 21; Staub/*Hüffer* Rn. 21.

157 BGHZ 115, 78 (80) = NJW 1991, 2566; BeckOGK/*Schaal* Rn. 18; Heymann/*Förster* Rn. 24; *v. Gierke/Sandrock* HandelsR § 11 III 2 b, 151; *K. Schmidt* HandelsR § 14 Rn. 38; *K. Schmidt* JuS 1990, 517 (519); Staub/*Koch* Rn. 54; Baumbach/Hopt/*Hopt* Rn. 6; Röhricht/Graf v. Westphalen/Haas/*Ries* Rn. 22; BeckOK HGB/*Müther* Rn. 11.

Mindermeinung[158] bejaht hingegen einen generellen Vorrang des Schutzes Geschäftsunfähiger und beschränkt Geschäftsfähiger. Argumentiert wird mit einer Unterbrechung des Zurechnungszusammenhangs, einem Widerspruch zu Abs. 3, wo die dortige hM dem Schutz nicht voll Geschäftsfähiger den Vorrang einräumt und dem fehlenden Nachweis des überwiegenden Verkehrsschutzinteresses.[159]

45 **Stellungnahme:** Mit der hM ist dem Verkehrsschutz Vorrang einzuräumen, eine Herausnahme der nicht voll Geschäftsfähigen als Betroffene aus dem Anwendungsbereich des Abs. 1 daher nicht möglich. Für die Mindermeinung bedürfte es angesichts des schrankenlosen Wortlautes einer teleologischen Reduktion. Der hierfür erforderliche Nachweis, dass der Normzweck die Erfassung dieser Fälle nicht deckt, ist nicht geführt.[160] Es ist gerade Kennzeichnen eines abstrakten Verkehrsschutzes, dass es keine besonderen Zurechnungsvoraussetzungen gibt, mithin auch kein Zurechnungszusammenhang unterbrochen werden kann. Ein Widerspruch zur hM bei Abs. 3 besteht nicht, da diese zumindest im weiteren Sinne eine Veranlassung verlangt. Die mit dem abstrakten Verkehrsschutz zugleich angestrebte Rechtssicherheit würde durch die individuelle Berücksichtigung der Geschäftsfähigkeit erheblich gefährdet. Schließlich ist auch auf europäischer Ebene kein Ansatzpunkt für einen Vorrang des Schutzes der nicht voll Geschäftsfähigen zu erkennen.

46 **10. Dritter.** Der Begriff „Dritter" schließt Personen, die selbst betroffen sind, vom Verkehrsschutz aus. Folglich sind jedenfalls der Einzelkaufmann, die entsprechende Gesellschaft und, soweit die Eintragung einen Gesellschafter oder Prokuristen betrifft, auch diese keine Dritten. Darüber hinaus genießen unternehmensinterne Vorgänge nicht dem Verkehrsschutz des § 15. Dementsprechend sieht die allgemeine Meinung[161] in Gesellschaftern und Organpersonen unabhängig von der Selbstbetroffenheit generell keine Dritten. Dem ist zuzustimmen. Doch sind auch alle anderen Unternehmensangehörigen, zB Prokuristen, auch ohne selbst betroffen zu sein, keine Dritten.[162] Streitig ist die Behandlung von Personen, die als Unternehmensangehörige keine Dritten sind, wenn sie – wie zB Gesellschafter – Verkehrsgeschäfte mit ihrer Gesellschaft abschließen. Aber auch hinsichtlich der Arbeits- oder Dienstverträge der Unternehmensangehörigen stellt sich ein ähnliches Problem (zB bei Kündigung durch einen Prokuristen).[163] Das RG[164] und ein Teil der Lehre[165] sehen in diesen Fällen auch Unternehmensangehörige als Dritte an. Eine starke Gegenmeinung[166] lehnt dies ab.

47 **Stellungnahme:** Für eine Anwendung des § 15 auf nicht selbst durch die Eintragungspflicht betroffene Unternehmensangehörige spricht, dass bei Verkehrsgeschäften auch ein Unternehmensangehöriger seinem Unternehmen als Privatperson gegenübertritt, er daher auch als Dritter angesehen werden sollte. Soweit er aufgrund seiner unternehmensinternen Stellung Kenntnis von bestimmten Vorgängen hat, wird dies von § 15 hinreichend berücksichtigt. Daher sind zB außenstehende Aktionäre hinsichtlich eines Beherrschungsvertrages Dritte.

48 Noch kaum behandelt ist das Problem, ob der Begriff des Dritten von dem der Vierten bzw. von **Außenstehenden** abzugrenzen ist, die sich nicht auf § 15 berufen können.[167]

---

158 → 1. Aufl. 1996, Rn. 28 *(Lieb)*; *Dreher* DB 1991, 533 (534); *Hager* Jura 1992, 57 (60); *Hofmann* JA 1980, 264 (270); *Behnke* NJW 1998, 3078 (3081).

159 Exemplarisch → 1. Aufl. 1996, Rn. 28 *(Lieb)*.

160 Staub/*Koch* Rn. 54.

161 BGH NZG 2019, 861 (864); BFH BeckRS 2016, 94575; RGZ 120, 363 (369); 140, 314 f.; OLG Dresden NZG 2001, 1141; Staub/*Koch* Rn. 55; KKRD/*Roth* Rn. 12; Heymann/*Förster* Rn. 25; EBJS/*Gehrlein* Rn. 10; Oetker/*Preuß* Rn. 24; *Hager* JA 1992, 57 (61).

162 BeckOGK/*Schaal* Rn. 18.

163 Vgl. BAG DB 1992, 895 für Anwendung des Abs. 2; vgl. auch LAG Hamm BeckRS 2009, 74390 zu § 613a BGB.

164 Vgl. RGZ 81, 17 (21).

165 Heymann/*Förster* Rn. 25; Staub/*Koch* Rn. 56; Oetker/*Preuß* Rn. 24.

166 *Hager* Jura 1992, 57 (61); Röhricht/Graf v. Westphalen/Haas/*Ries* Rn. 15; EBJS/*Gehrlein* Rn. 10; BeckOK HGB/*Müther* Rn. 12.

167 Vgl. aber *K. Schmidt* JuS 2004, 348 (349) Fn. 9; wie hier BeckOK HGB/*Müther* Rn. 41.

Steht jemand nicht in einer Sonderverbindung zum Kaufmann, genießt er an sich nicht den Schutz des § 15. Es ist allerdings nicht ausgeschlossen, dass er reflexartig vom Schutz der Dritten selbst profitiert, genauso wie er auch durch den Schutz Dritter reflexartig Nachteile erleiden kann.

11. Kenntnis als Ausschlussgrund. a) Grundlagen. Der hM, die Abs. 1 als Vertrauensschutznorm einordnet (→ Rn. 14), bereitet es große Probleme, dass die für Vertrauensschutznormen sonst notwendige Kenntnis des Dritten vom Rechtsscheinsträger und die Disposition im Vertrauen auf den Rechtsscheinsträger (Kausalität) als positive Schutzwürdigkeitselemente weder vom Gesetz noch von der Richtlinie verlangt werden. Das Gesetz lässt vielmehr die fehlende Kenntnis von der wahren Rechtslage für die Schutzwürdigkeit ausreichen. Während dies aus hiesiger Sicht ein wesentliches Argument dafür ist, die Norm als abstrakte Verkehrsschutznorm und nicht als konkrete Vertrauensschutznorm einzuordnen (→ Rn. 14 ff.), behilft sich der Großteil der **hM**[168] hinsichtlich des positiven Vertrauenselementes damit, eine **unwiderlegliche Vermutung** hinsichtlich der Kenntnis des Dritten vom Vertrauenstatbestand und seiner Vertrauensdisposition anzunehmen. Damit wird das Gesetz für die Konkretisierung respektiert, also die Berufung auf die tatsächlich fehlende Kenntnis oder die tatsächlich fehlende Disposition ausgeschlossen;[169] das Institut des (konkreten) Vertrauensschutzes wird allerdings überdehnt. *Canaris*[170] wendet hingegen das Prinzip des konkreten Vertrauensschutzes konsequent an, indem er Abs. 1 teleologisch so reduziert, dass der Dritte bei nachgewiesener fehlender Kenntnis vom Vertrauenstatbestand bzw. fehlender Vertrauensdisposition nicht geschützt werden soll. Dies ist jedoch weder mit dem vom Gesetzgeber beabsichtigten abstrakten Verkehrsschutz noch mit der europäischen Richtlinienvorgabe zu vereinbaren und damit abzulehnen.[171] 49

b) Konkretisierung. Dem Dritten schadet nur **Kenntnis.** Bloßes Kennenmüssen[172] oder **grobe Fahrlässigkeit**[173] sind mithin unerheblich. Die Zurechnung der Kenntnis von Hilfspersonen folgt den allgemeinen Regeln, also insbesondere über § 166 Abs. BGB (analog) für Vertreter.[174] Die Kenntnis von Tatsachen, aus denen sich ein Schluss auf die einzutragende Tatsache ziehen ließe, ist grundsätzlich nicht ausreichend.[175] Eine Ausnahme ist dann zu machen, wenn aus den bekannten Tatsachen zwingend die einzutragende und bekannt zu machende Tatsache folgt und jeder automatisch diesen Schluss ziehen wird (Beispiel: Kenntnis eines Umsatzes von 10 Millionen Euro und der Existenz von 100 Mitarbeitern für die Kaufmannseigenschaft iSd § 1 Abs. 2).[176] Diese Erweiterung ist notwendig, da die Kenntnis weitgehend ein innerer Tatbestand ist, der sonst nicht nachgewiesen werden könnte.[177] Umgekehrt besteht das Problem, welche Erklärungen hinsichtlich der einzutragenden Tatsache den Dritten Kenntnis verschaffen. Die Mitteilung durch Personen, die ihre Kenntnisse nur vom Hörensagen beziehen, reicht nicht aus, da sich die Dritten in diesem Fall nicht auf die Richtigkeit der Tatsache verlassen können. Zur Sicherstellung der mit der Richtlinie und § 15 verfolgten Informationsfunktion ist – entgegen verbreiteter 50

---

168 BGHZ 65, 309 (311) = NJW 1976, 569; BGH WM 2004, 287; Staub/*Koch* Rn. 60; EBJS/*Gehrlein* Rn. 12; Oetker/*Preuß* Rn. 26; *Schilken* AcP 187 (1987), 1 (6); Baumbach/Hopt/*Hopt* Rn. 9; v. *Olshausen* AcP 189 (1989), 223 (239); *Hager* Jura 1992, 57 (61); KKRD/*Roth* Rn. 13.

169 Vgl. BGHZ 65, 309 (311) = NJW 1976, 569; RGZ 128, 172 (181); sowie vorige Fn.

170 *Canaris* HandelsR § 5 Rn. 17–19; *Canaris,* Die Vertrauenshaftung im deutschen Privatrecht, 1971, 516.

171 Staub/*Koch* Rn. 60 f.

172 RGZ 70, 272 (273); Baumbach/Hopt/*Hopt* Rn. 7; Düringer/Hachenburg/*Hoeniger* Anm. 7; GroßkommHGB/*Würdinger* Anm. 13; Heymann/*Förster* Rn. 26.

173 Ebenso *Canaris* HandelsR § 5 Rn. 13; Düringer/Hachenburg/*Hoeniger* Anm. 7.

174 Staub/*Koch* Rn. 58; Schmidt-Kessel/Leutner/Müther/*Schmidt-Kessel/Kopp* Rn. 43.

175 RGZ 144, 199 (204); Baumbach/Hopt/*Hopt* Rn. 7; Heymann/*Förster* Rn. 26; *Kaiser* JZ 1999, 495 (500).

176 Dem mit angelehnten Beispiel folgend BeckOGK/*Schaal* Rn. 53.

177 OLG Hamm BeckRS 2006, 06421: Kenntnis Gesellschafterprotokoll; Staub/*Koch* Rn. 58; Baumbach/Hopt/*Hopt* Rn. 7.

Meinung[178] – **zuverlässige Kenntnis des Dritten** zu verlangen.[179] Wehrt sich ein Geschäftsführer gegen die Wirksamkeit seiner Abberufung, liegt auch bei Kenntnis von diesem Vorgang keine zuverlässige Kenntnis von einer wirksamen Abberufung vor.[180] Diese kann durch eigene Anschauung des Dritten oder ihm zuzurechnender Personen erlangt werden. Sie kann auch durch Mitteilung an den Dritten durch Personen mit unmittelbarer Kenntnis erfolgen. Ein problematischer Sonderfall ist die Kaufmannseigenschaft eines an der Grenze zum Kleingewerbe stehenden Unternehmens. Die Abgrenzung ist so schwierig (→ § 1 Rn. 70 ff.), dass der Gewerbetreibende dies selbst häufig nicht beurteilen kann. Die Behauptung des Unternehmers, er sei Istkaufmann, verschafft dem Dritten daher – entgegen verbreiteter Meinung[181] – keine (zu Lasten des Dritten wirkende) zuverlässige Kenntnis. In einem solchen Fall müsste zu der Behauptung daher noch die Angabe von Tatsachen hinzukommen, mit denen man die Behauptung (den Rechtsschluss) verifizieren kann. Schon um keinen Anreiz zu geben, sich mal als Kaufmann und mal als Kleingewerbetreibender zu gerieren, sollte auch nicht generell ein Rechtsmissbrauch des Dritten angenommen werden, der sich in solchen Fällen auf Abs. 1 beruft.[182]

51 **12. Maßgeblicher Zeitpunkt.** Aufgrund des Erfordernisses potentieller Kausalität (→ Rn. 26) kommt es darauf an, ob in dem Zeitpunkt, in dem der Dritte agiert hat (zB Vertragsschluss) oder hätte agieren können (zB durch Zwangsvollstreckung, Kündigung), die Tatsache eingetragen und bekannt gemacht war oder der Dritte Kenntnis hatte. Eine spätere Kenntnis oder Eintragung und Bekanntmachung ist auch dann bedeutungslos, wenn dies vor dem Zeitpunkt erfolgt, in dem die Tatsache dem Dritten „entgegengesetzt wird".[183] Dies zeigt, wie weit der Verkehrsschutz geht, denn zwischenzeitliche Handlungsmöglichkeiten des Dritten, mit denen er auf die spätere Kenntnis bzw. Bekanntmachung hätte reagieren können, werden nicht berücksichtigt.

52 **13. Beweislast, Abdingbarkeit.** Wegen der negativen Formulierung des § 15 Abs. 1 erscheint es sinnvoll, hinsichtlich des noch nicht abgeschlossenen Vorgangs von Eintragung und Bekanntmachung dem Dritten die Darlegungs- und Beweislast zuzuweisen. Aus der Formulierung „es sei denn" folgt hingegen, dass der Eintragungspflichtige die Darlegungs- und Beweislast hinsichtlich der Kenntnis des Dritten trägt. Weder die Richtlinie noch Abs. 1 enthalten eine Regelung zur Abdingbarkeit. Die Zwecke der Richtlinie und des Abs. 1 würden durch die Möglichkeit einer individuellen Abbedingung nicht vereitelt. Eine Abbedingung durch AGB dürfte hingegen unzulässig sein.

53 **14. Rechtsfolge – Schutz des Dritten. a) Blickwinkel des Eintragungspflichtigen.** Die Rechtsfolge des Abs. 1 besteht nach dem Gesetzeswortlaut darin, dass der Eintragungspflichtige die Tatsache Dritten „nicht entgegensetzen kann". Das Gesetz ist also vom Eintragungspflichtigen her gedacht. Er soll sich gegenüber gutgläubigen Dritten vor Eintragung und Bekanntmachung (als kumulative Voraussetzungen) nicht auf die eintragungspflichtige Tatsache berufen dürfen. Zur Konkretisierung des Personenkreises → Rn. 42, → Rn. 44 f. Demgegenüber wird vertreten, dies passe schlecht zum Normzweck des Vertrauensschutzes, weshalb man entgegen dem Wortlaut des Gesetzes auf die Sicht des Dritten abstellen müsse.[184] Dem ist zu widersprechen. Es handelt sich um eine Norm des abstrakten Verkehrsschutzes (→ Rn. 14 ff.). Die Anordnung der Rechtsfolge aus Sicht des Eintra-

[178] Vgl. zB KKRD/*Roth* Rn. 12; *Mönckemöller* JuS 2002, 30 (31); *Lieb* NJW 1999, 35 (36); Staub/*Koch* Rn. 59: Lösung über Rechtsmissbrauch.
[179] Grds. zust. BeckOGK/*Schaal* Rn. 51.
[180] OLG Oldenburg BeckRS 2010, 13095; vgl. auch LAG RhPf BeckRS 2010, 65219; BeckOK HGB/*Müther* Rn. 13.
[181] So KKRD/*Roth* Rn. 12; *Lieb* NJW 1999, 35 (36); *Mönckemöller* JuS 2002, 30 (31): Firmierung bzw. kaufmännisches Auftreten als ausreichend für Kenntnis.
[182] So aber Staub/*Koch* Rn. 59.
[183] Vgl. EBJS/*Gehrlein* Rn. 11; Baumbach/Hopt/*Hopt* Rn. 10; KKRD/*Roth* Rn. 12; Heymann/*Förster* Rn. 27; Staub/*Koch* Rn. 62.
[184] Vgl. Staub/*Hüffer*, 4. Aufl. 1982, Rn. 26; → 1. Aufl. 1996, Rn. 33 *(Lieb)*.

gungspflichtigen ist damit vereinbar, zumal diese Formulierung die Funktion hat, die entsprechende Darlegungs- und Beweislast zu beschreiben (→ Rn. 52). Unstreitig darf sich der Eintragungspflichtige seinerseits nicht darauf berufen, er habe die Tatsache nicht eingetragen und bekanntgemacht.[185]

b) Reichweite des Verkehrsschutzes. Die Rechtsfolge des Abs. 1 bezieht sich nur auf die konkrete eintragungspflichtige Tatsache. Damit stellt sich die Frage, ob auch damit verbundene Tatsachen Dritten nicht entgegengesetzt werden können. Generell wird man sagen müssen, dass nur Tatsachen, über die das Register mit der eintragungspflichtigen Tatsache mittelbar zugleich informieren will, die also von der **Informationsfunktion des Registers** erfasst sind, ebenfalls unter Abs. 1 fallen. 54

So stellt sich die Frage, ob mangels Eintragung und Bekanntmachung die **Geschäftsunfähigkeit** von **Geschäftsführern bzw. Vorstandsmitgliedern** Dritten nicht entgegengesetzt werden kann. Wird ein Geschäftsführer geschäftsunfähig, endet seine Geschäftsführerstellung; dies ist einzutragen und bekannt zu machen. Während das OLG München[186] Abs. 1 nicht nur auf die Geschäftsführerstellung, sondern auch auf die Geschäftsfähigkeit anwenden wollte, hat der BGH[187] zu Recht Abs. 1 nur auf die Organstellung angewandt. Auch wenn ein Geschäftsführer geschäftsfähig sein muss, enthält das Register keine Informationen über die Geschäftsfähigkeit. Außerhalb des § 15 hat der BGH allerdings eine Obliegenheit bejaht, einen erkennbar geschäftsunfähigen Geschäftsführer sofort zu ersetzen. Bei Verletzung dieser Obliegenheit soll ein konkreter Vertrauensschutz gewährt werden. Diese Lösung ist problematisch, so lange ein solcher Geschäftsführer nicht bewusst eingesetzt wird, weil Vertrauen in die Geschäftsfähigkeit nicht zu den anerkannten Fällen des konkreten Vertrauensschutzes gehört. Eine Lösung über die Grundsätze der c.i.c. (§ 280 Abs. 1 BGB, § 311 Abs. 2 BGB, § 241 Abs. 2 BGB) liegt hier näher; sie gewähren dem Dritten allerdings nur in engerem Umfang Schutz. 55

Die Frage nach der Reichweite des Verkehrsschutzes stellt sich auch bei der Pflicht, das **Geburtsdatum eines Gesellschafters** einzutragen und bekannt zu machen (§ 106 Abs. 2 Nr. 1). Ursprünglich war beabsichtigt,[188] nur bei minderjährigen Gesellschaftern eine solche Eintragungspflicht vorzusehen. Dann hätte diese Eintragungspflicht die Funktion gehabt, über die bei Eintritt in die Gesellschaft bestehende Minderjährigkeit zu informieren. Unabhängig von der Diskussion um den Vorrang des Minderjährigenschutzes (→ Rn. 24 f.) wäre dann die Minderjährigkeit grundsätzlich von Abs. 1 erfasst gewesen. Da nunmehr das Geburtsdatum bei allen persönlich haftenden Gesellschaftern einzutragen und bekannt zu machen ist, ist die Minderjährigkeit nicht mehr der Kern der Information über die Geburtsdaten. Bei einer fehlenden Eintragung eines Geburtsdatums kann eben auch abstrakt-generell nicht darauf geschlossen werden, dass der Gesellschafter volljährig sein muss.[189] Die bloße Wahrscheinlichkeit, dass der Gesellschafter im Regelfall volljährig ist, reicht nicht aus. Damit wird der Verkehr bei fehlender Eintragung des Geburtsdatums wegen der nur begrenzten Reichweite dieser Eintragungspflicht nicht geschützt.[190] Schließlich lässt sich auch eine real nicht vorhandene **Verflechtung** zwischen einem **Makler** und einer der Parteien des Hauptvertrages nicht über die Anwendung des Abs. 1 fingieren.[191] Denn der 56

[185] Staub/*Koch* Rn. 63; Baumbach/Hopt/*Hopt* Rn. 6; EBJS/*Gehrlein* Rn. 14.

[186] DB 1990, 1959; vgl. Anm. *Roth* JZ 1990, 1030; *Dreher* DB 1991, 533; ebenso schon OLG Hamm NJW 1967, 1041 (1042) zu § 29 GenG.

[187] BGHZ 115, 78 = NJW 1991, 2566 = JZ 1992, 152 mAnm *Lutter/Gehling*; dazu *K. Schmidt* JuS 1991, 1002; *Canaris* HandelsR § 5 Rn. 22; Staub/*Koch* Rn. 70.

[188] Diskussionsentwurf zu § 106 Abs. 3 wiedergegeben bei *Laum/Dylla-Krebs* FS Vieregge, 1995, 513 (525).

[189] *Muscheler* WM 1998, 2271 (2283); *Glöckner* FamRZ 2000, 1397 (1400) Fn. 28; Staudinger/*Coester*, 2015, BGB § 1629a Rn. 78; aA insoweit Begr. RegE, BT-Drs. 13/8444, 85; *Behnke* NJW 1998, 3078 (3081); *Haertlein* JA 2000, 982 (990); Erman/*Döll* BGB § 1629a Rn. 15 ff.

[190] Nur iErg ganz hM, BeckOGK/*Schaal* Rn. 61; *Behnke* NJW 1998, 3078 (3081 f.); *Muscheler* WM 1998, 2271 (2283); *Glöckner* FamRZ 2000, 1397 (1400) Fn. 28; Staudinger/*Coester*, 2015, BGB § 1629a Rn. 78; Erman/*Döll* BGB § 1629a Rn. 15 ff.; aA *Habersack/Schneider* FamRZ 1997, 647 (651); *Habersack* FamRZ 1999, 1 (2).

[191] BGH NJW 2009, 1809 f.

BGH will mit seiner Verflechtungsrechtsprechung nur vor tatsächlichen und nicht nur vermeintlichen Interessenkollisionen schützen.

57 **c) Wahlrecht des Dritten.** Abs. 1 schützt den Dritten. Der Dritte hat jedoch relativ häufig ein Interesse an der wahren Rechtslage. Der generalisierende Charakter eines abstrakten Verkehrsschutzes reicht nicht aus, um ein Wahlrecht zu verneinen. Da anders als im Sachenrecht auch der übrige Rechtsverkehr kein legitimes Interesse an einer von vornherein eindeutigen (also nicht wählbaren) Rechtslage hat, ist dem Dritten in Übereinstimmung mit der hM ein Wahlrecht zuzubilligen.[192] Dieses Wahlrecht wird durch Art. 16 Abs. 5 UAbs. 3 RL (EU) 2019/1151 auch ausdrücklich gefordert. Der Dritte muss sich bewusst für die Geltung der noch nicht bekannt gemachten Tatsache entscheiden. Uneinigkeit herrscht weiter darüber, ob das Wahlrecht des Dritten Sachverhalte oder Rechtsfolgen[193] oder Rechtslagen[194] betrifft. Dies ist nicht nur ein Streit um Begrifflichkeiten, sondern hat für den sogleich zu behandelnden Streit über die sog. Rosinentheorie Bedeutung. Zutreffend erscheint es, von der Wahl einer Rechtslage (entweder mit oder ohne Geltung der zu publizierenden Tatsache) auszugehen. Ein bisher noch nicht praktisch gewordenes Problem ist, ob der Dritte seine Wahl bei mehreren Vorgängen unterschiedlich ausüben kann (→ Rn. 63).

58 **d) Rosinentheorie.** Mit diesem Schlagwort[195] bzw. mit der Bezeichnung **Meistbegünstigung** wird eine Konstellation bezeichnet, bei der der Dritte sich hinsichtlich eines Umstandes auf die wahre (nicht ordnungsgemäß bekannt gemachte) Rechtslage beruft und zusätzlich für einen anderen Teil den Verkehrsschutz des Abs. 1 in Anspruch nimmt. In der Entscheidung des BGH[196] hatte sich der Dritte bezüglich der Vertretungsmacht auf die wahre Rechtslage (Einzelvertretungsmacht bei eingetragener Gesamtvertretungsmacht) und hinsichtlich der Haftung auf die fehlende Bekanntmachung des Ausscheidens eines Gesellschafters (mit dem gemeinsam Gesamtvertretungsmacht bestand) berufen. Der BGH hat dies unter Verweis auf den Wortlaut und den Schutzzweck des Abs. 1 zugelassen. Dem folgt die hM.[197] Eine beachtliche Meinung in der Lit.[198] verneint diese Möglichkeit. Danach müsste sich der Dritte in Bezug auf beide Anspruchsvoraussetzungen einheitlich entscheiden, so dass seine Klage in beiden Fällen abgewiesen werden müsste. Begründet wird dies damit, dass der Registerinhalt in solch einem Fall quasi widersprüchlich ist. Die dem Dritten günstige Tatsache (Fortdauer der Eintragung als Gesellschafter) wird durch die dem Dritten ungünstige weitere Tatsache der Gesamtvertretungsmacht sozusagen neutralisiert. Ein doppeltes „Wahlrecht" des Dritten, der sich in Bezug auf die ihm ungünstige (eingetragene) Tatsache der Gesamtvertretungsmacht auf die wahre Rechtslage und nur bezüglich der ihm günstigen Tatsache der noch verlautbarten Zugehörigkeit zur Gesellschaft auf das Register

---

192 RGZ 157, 369 (377); BGHZ 55, 267 (273) = NJW 1971, 1268; BGHZ 65, 309 (310) = NJW 1976, 569; BGH WM 1971, 556; NJW 1973, 1789; WM 1987, 1013 (1015); NJW-RR 1990, 737 (738); LG Hildesheim BeckRS 2012, 24133; Baumbach/Hopt/*Hopt* Rn. 6; *Canaris* HandelsR § 5 Rn. 24; *Canaris,* Die Vertrauenshaftung im deutschen Privatrecht, 1971, 518 ff.; Staub/*Koch* Rn. 64; *Chiusi* AcP 202 (2002), 494 (509 ff.); allg. *Lieb* FS H. Hübner, 1984, 575 (586 f.); anders *K. Schmidt* HandelsR § 14 Rn. 50 ff.: Eine Rechtsfolge wird geltend gemacht oder dies wird unterlassen. Soweit die Rechtsfolge geltend gemacht wird, soll kein Wahlrecht bestehen.

193 Dazu dezidiert *K. Schmidt* HandelsR § 14 Rn. 50, 54, 56; *K. Schmidt* FS Gernhuber, 1992, 435 (449 f.).

194 → 1. Aufl. 1996, Rn. 36 *(Lieb)*.

195 Der Begriff geht auf *John* (ZHR 140 [1976], 236 [254]) zurück und wurde von der Lehre übernommen, vgl. *K. Schmidt* HandelsR § 14 Rn. 60.

196 BGHZ 65, 309 f. = NJW 1976, 569 f.

197 *K. Schmidt* HandelsR § 14 Rn. 60; Staub/*Koch* Rn. 68 f.; Heymann/*Förster* Rn. 30; *Kreutz* Jura 1982, 626 (637); *Altmeppen,* Disponibilität des Rechtsscheins, 1993, 164 ff.; *v. Olshausen* AcP 189 (1989), 223 ff.; Oetker/*Preuß* Rn. 31; KKRD/*Roth* Rn. 16; Schmidt-Kessel/Leutner/Müther/*Schmidt-Kessel/Kopp* Rn. 36.

198 Gegen das Urteil *John* ZHR 140 (1976), 236 (254); *Brox/Henssler* HandelsR Rn. 86; *Canaris* HandelsR § 5 Rn. 26; *Bokelmann* NJW 1983, 2690; *Tiedtke* DB 1979, 245; *Klostermann,* Die „Rosinentheorie" des BGH zu § 15 Abs. 1 HGB im Lichte von Sinn, Zweck und Funktion des Handelsregisters, 1986; *Schilken* AcP 187 (1987), 1 (10).

berufen will, wird als treuwidrig empfunden. Dem BGH und dem ihm folgenden Teil der Lit. ist zuzustimmen. Es liegt kein treuwidriges oder widersprüchliches Verhalten vor, solange sich die Änderung, auf die sich der Dritte trotz fehlender Bekanntmachung beruft, auch durch einen anderen Vorgang als den nicht bekannt gemachten ergeben kann (im Beispiel Einräumung von Einzelvertretungsmacht). Grund ist letztlich der durch die Richtlinie und Abs. 1 vorgegebene abstrakte Verkehrsschutz, der nur bei Ausschluss potentieller Kausalität, also nur in ganz engen Ausnahmefällen, eine Einschränkung des Anwendungsbereichs von Abs. 1 erlaubt. Wiederum ist auf die Richtlinie hinzuweisen, wonach sich der Dritte „stets" auf die noch nicht offen gelegten Urkunden und Angaben berufen kann (vgl. Art. 16 Abs. 5 UAbs. 3 RL (EU) 2019/1151).[199]

15. Einzelfälle. a) Tod eines Gesellschafters. Eintragungspflichtig gem. § 143 59
Abs. 2 bzw. § 161 Abs. 2 ist das Ausscheiden des verstorbenen (unbeschränkt haftenden) Gesellschafters (vgl. § 131 Abs. 3 Nr. 1). Das Unterbleiben dieser Eintragung vermittelt den Eindruck, als sei der Verstorbene nach wie vor Gesellschafter und hafte folglich unbeschränkt mit seinem Privatvermögen. Dementsprechend muss der Erbe lediglich die Rechtslage gegen sich gelten lassen, die gegeben wäre, wenn der Erblasser noch verpflichtet worden wäre.[200] Daher kann der Erbe auch insoweit die (Erben-)Haftung auf den Nachlass beschränken.[201] Der Erbe selbst haftet dagegen (zunächst) nicht einmal dann unbeschränkt, wenn er – etwa qua Nachfolgeklausel – unmittelbar persönlich haftender Gesellschafter oder Kommanditist geworden sein sollte; dies ergibt sich für den Zeitraum des § 139 Abs. 3 aus § 139 Abs. 4. Bleibt der Erbe unbeschränkt haftender Gesellschafter, macht er also von der Möglichkeit des § 139 Abs. 1 innerhalb der Frist des § 139 Abs. 4 keinen Gebrauch, haftet er bereits nach materiellem Recht unbeschränkt (auch für die Verbindlichkeiten der abgelaufenen dreimonatigen Schwebezeit) aus § 128.[202] Ob er als Gesellschafter eingetragen wurde oder ob dies unterblieb, ist gleichgültig. Einer Heranziehung des Abs. 1 bedarf es nicht. Keine Eintragungspflicht besteht nach herrschender und zutreffender Ansicht[203] für den Zeitraum des § 139 Abs. 4. Für die Anwendung des Abs. 1 ist daher hier kein Raum.

b) Fehlender Nachfolgevermerk. Vor 2001 wurde im Fall des **Kommanditisten-** 60
wechsels herrschend[204] ein Wiederaufleben der Kommanditistenhaftung des Altkommanditisten gem. § 172 Abs. 4 (analog) bejaht, falls der Nachfolgevermerk fehlte.[205] Respektiert man die gesetzgeberische Entscheidung aus dem Jahr 2001, wonach weder die Haftsumme noch die Kommanditisten bekannt zu machen sind und Abs. 1 insoweit nicht anzuwenden ist (→ Rn. 32 ff.), so darf es keine Haftung des Altgesellschafters geben. Auch für einen konkreten Vertrauensschutz ist bei Eintragung des Ausscheidens[206] und des gleichzeitigen Eintritts kein Platz, da bei einem Ausscheiden und gleichzeitigem Eintreten in fast allen Fällen eine Rechtsnachfolge vorliegt, also kein Anlass besteht, auf zwei getrennte Vorgänge zu vertrauen.[207] Der ohnehin nur rechtsfortbildend entwickelte Nachfolgevermerk ist somit grundsätzlich entbehrlich; zumindest ist die Anwendung des Abs. 1 nicht gerechtfertigt (→ 4. Aufl. 2019, § 173 Rn. 36).[208] Wer allerdings Abs. 1 trotz der gesetzgeberischen Ent-

---

199 Wie hier Staub/*Koch* Rn. 68 f.

200 BGHZ 66, 98 (102) = NJW 1976, 848; dazu *v. Olshausen* AcP 189 (1989), 223 (242); *Canaris* HandelsR § 5 Rn. 27; Staub/*Koch* Rn. 51.

201 RGZ 144, 199 (206); BGHZ 66, 98 (103) = NJW 1976, 848; *Canaris* HandelsR § 5 Rn. 27; Staub/*Koch* Rn. 52.

202 BGH NJW 1982, 45; Baumbach/Hopt/*Roth* § 139 Rn. 46; *Glaser* DB 1956, 933 (934); aA noch *J. v. Gierke* FS Wieland, 1934, 94 (98 ff., 112 f.); *Liebisch* ZHR 116 (1954), 128 (153 ff.).

203 BGHZ 55, 267 (272 ff.) = NJW 1971, 1268; Baumbach/Hopt/*Roth* § 139 Rn. 45; *Glaser* DB 1956, 933 (934); Heymann/*Emmerich* § 139 Rn. 27.

204 Vgl. BGHZ 81, 82 (85, 89) = NJW 1981, 2747.

205 Zweifelnd → 1. Aufl. 1996, Rn. 48 *(Lieb)*.

206 Anders zu Recht → 4. Aufl. 2019, § 173 Rn. 37 *(K. Schmidt)* bei fehlender Eintragung des Ausscheidens.

207 AA OLG Köln NZG 2004, 416 (418).

208 AA OLG Köln NZG 2004, 416 (418); *Krafka/Kühn* RegisterR Rn. 748; *Terbrack* Rpfleger 2003, 105 (106 f.); → 4. Aufl. 2019, § 162 Rn. 13 *(Grunewald)*.

scheidung hier anwenden wollte, müsste – um die Haftung des Altkommanditisten zu vermeiden – einen Nachfolgevermerk verlangen, der aber konsequenterweise dann ebenfalls nur einzutragen wäre (zu den Folgen fehlender Eintragung entgegen § 162 Abs. 2, Abs. 3 und § 175 S. 1, 2 → Rn. 32 ff.).[209] Zumindest für die Übergangszeit bis zur endgültigen Klärung der Reichweite des Abs. 1 sollte man zum Schutz der Altgesellschafter dagegen am Nachfolgevermerk festhalten.[210]

61 **c) Inhaberwechsel.** Bei fehlender Eintragung und Bekanntmachung des Inhaberwechsels nach vollzogener Unternehmensveräußerung (§ 25 Abs. 1 S. 1) haftet der im Handelsregister noch als Inhaber eingetragene Veräußerer gegenüber gutgläubigen Dritten für rechtsgeschäftliche Verpflichtungen, die erst der Erwerber begründet hat. Denn auf den Inhaberwechsel kann sich der Veräußerer bis zur Eintragung und Bekanntmachung insoweit nicht berufen. Schwieriger ist die Rechtslage dann, wenn der Veräußerer[211] nach der Übertragung des Handelsgeschäfts noch unter seiner (vom Erwerber fortgeführten) Firma kontrahiert. Sofern der Veräußerer noch ein eigenes Unternehmen hat, kann eine bloße falsa demonstratio vorliegen. Ansonsten liegt aufgrund des Handelns unter der Firma eines Anderen (des Erwerbers) ein Handeln im fremden Namen und mangels Vertretungsmacht daher ein Fall des § 179 BGB vor.[212] Daneben kann der Gläubiger über Abs. 1 den Veräußerer unmittelbar und selbst bei bestehender Vertretungsmacht für den Erwerber in Anspruch nehmen, da mangels Publikation des Inhaberwechsels der Veräußerer sich nicht darauf berufen kann, er sei nicht mehr Inhaber.[213] Das OLG Frankfurt[214] hat darüber hinaus auch den Erwerber über § 25 Abs. 1 S. 1 für verpflichtet gehalten, da die Anwendung des § 15 Abs. 1 zur Entstehung einer Altverbindlichkeit führe, die durch den Inhaberwechsel grundsätzlich übergehe. Dem ist zu Recht widersprochen worden.[215] Es geht hier letztlich um die Reichweite des Abs. 1. Da die einzutragende Tatsache hier aber nur die Inhaberstellung bzw. den Inhaberwechsel und nicht die Frage nach einer Alt- oder Neuverbindlichkeit iSd § 25 betrifft, ist die Auffassung des OLG Frankfurt abzulehnen, denn der Verkehrsschutz des Abs. 1 wird durch den Aussagewert der einzutragenden Tatsachen begrenzt (→ Rn. 54 ff.).

62 **d) Eintragungspflichtige Vertretungsmacht gem. § 106.** Gem. § 106 Abs. 2 Nr. 4 ist seit dem 15.12.2001 bei persönlich haftenden Gesellschaftern[216] einer OHG oder KG stets die Vertretungsmacht der Gesellschafter anzugeben, während früher gem. § 125 Abs. 4 aF nur Änderungen und Abweichungen vom Regelfall einzutragen waren. Damit wird eine umfassende Information über die gesetzliche Vertretung der Personengesellschaft beabsichtigt.[217] Da es sich um eine eintragungspflichtige Tatsache handelt und diese auch bekannt zu machen ist, müsste § 15 Abs. 1 anwendbar sein.[218] Praktische Relevanz kann dem zukommen, wenn der Dritte später ein Interesse an der Unwirksamkeit der Vertretungshandlung hat. Problematisch ist die fehlende Publikation der ohnehin als Regelfall vorgesehenen Einzelvertretungsmacht. Abs. 1 so anzuwenden, dass das Unternehmen sich gegenüber dem Dritten nicht auf die Einzelvertretungsmacht berufen kann, wäre weder von der Wertung noch von der Konstruktion überzeugend. Die fehlende Publikation enthält entweder überhaupt keinerlei Aussage, an der der Verkehrsschutz anknüpfen könnte (→ Rn. 63) oder allenfalls die Aussage, dass der Regelfall vorliegt.[219] Da der persönlich haftende Gesellschafter im Regelfall ohnehin schon Einzelvertretungsmacht hat, käme also ein Verkehrs-

209 So wohl auch OLG Köln NZG 2004, 416 (417 f.).
210 OLG Köln NZG 2004, 416 (418); OLG Hamm DB 2005, 45; *Terbrack* DStR 2004, 1964 (1965).
211 OLG Frankfurt OLGZ 1973, 20; *K. Schmidt* HandelsR § 14 Rn. 60 Beispiel Nr. 26.
212 Vgl. → 1. Aufl. 1996, Rn. 50 *(Lieb).*
213 OLG Frankfurt OLGZ 1973, 20 (24 f.); dazu *K. Schmidt* HandelsR § 14 Rn. 60 Beispiel Nr. 26.
214 OLG Frankfurt OLGZ 1973, 20; dazu *K. Schmidt* HandelsR § 14 Rn. 60 Beispiel Nr. 26.
215 Vgl. dazu auch *K. Schmidt* HandelsR § 14 Rn. 60 mit einer Parallele zur sog. „Rosinentheorie" (→ Rn. 58); → 1. Aufl. 1996, Rn. 50 *(Lieb)*; Staub/*Koch* Rn. 71.
216 Vgl. Begr. RegE, BT-Drs. 14/6855; *Gustavus* NotBZ 2002, 77 (79).
217 BT-Drs. 14/6855, 19.
218 So (ohne Einschränkung) → 4. Aufl. § 106 Rn. 46 *(Langhein).*
219 *Servatius* NZG 2002, 456 f.; Staub/*Koch* Rn. 46.

schutz nicht in Betracht. Wegen der Eintragungspflicht auch bei Einhaltung des gesetzlichen Regelfalls könnte man sich allerdings auch auf den Standpunkt stellen, dass sich aus dem fehlenden Registereintrag nunmehr nichts hinsichtlich der richtigen Eintragung entnehmen lässt. Anders als beim Geburtsdatum (→ Rn. 56) lässt sich jedoch anführen, dass die Einzelvertretungsmacht schon gesetzlicher Regelfall ist, Dritte also immerhin dann von Abs. 1 geschützt werden, wenn es um ein **Abweichen vom gesetzlichen Regelfall** geht. Für **Altfälle** ist darüber hinaus Art. 52 S. 1 EGHGB zu beachten, wonach diese Eintragungspflicht erst beim Abweichen von der gesetzlichen Regellage einzutragen ist. Auch dies spricht gegen eine zu weite Anwendung des Abs. 1.[220] Mittelbar enthält die neue Eintragungspflicht des § 106 Abs. 2 Nr. 4 ein Argument dafür, zur Vervollständigung der Informationen auch die Befreiung vom Verbot des Selbstkontrahierens als eintragungspflichtig anzusehen (→ Rn. 30). Gleiches gilt tendenziell für dauerhafte Ermächtigungen gem. § 125 Abs. 2 S. 2, Abs. 3 S. 2 und gemischte Gesamtvertretungen, soweit sie zulässig sind.

e) Istkaufmann. Streitig ist, ob sich der nicht eingetragene Istkaufmann gem. Abs. 1 63 als Nichtkaufmann bzw. genauer als Kleingewerbetreibender behandeln lassen muss (→ § 1 Rn. 77).[221] Abs. 1 wird nicht von der Vermutung des § 1 Abs. 2 verdrängt (→ Rn. 20). Auch die Einordnung der eintragungspflichtigen Kaufmannseigenschaft als Primärtatsache steht der Anwendung des Abs. 1 nicht entgegen (näher → Rn. 35 ff.). Schließlich hat ein Dritter entgegen verbreiteter Meinung auch nicht bereits dann Kenntnis von der Kaufmannseigenschaft, wenn jemand kaufmännisch auftritt bzw. sich sogar ausdrücklich als Kaufmann bezeichnet (→ Rn. 50). Denn zwischen Kleingewerbetreibenden und Ist-Kaufleuten ist eine schwierige Abgrenzung vorzunehmen, die der einzelne Unternehmer kaum sicher beherrscht. Zur Wahrung des abstrakten Verkehrsschutzes sind daher die Voraussetzungen an die Kenntnis in diesem Bereich besonders hoch anzusetzen. Sie wären zB erfüllt, wenn neben der Eigeneinschätzung des Unternehmers der Dritte zusätzlich die Zahl der Mitarbeiter oder den Umsatz kennen würde und diese Zahlen jeweils eine Größenordnung erreichen, bei der keine weitere Abwägung erforderlich ist. Der Dritte kann also bei fehlender Publikation der Kaufmannseigenschaft zwischen dem Verkehrsschutz gem. Abs. 1 und der gem. § 1 Abs. 2 vermuteten Kaufmannseigenschaft wählen. Noch nicht ausgelotet ist, ab wann ein **Wahlrecht,** zB in einer ständigen Geschäftsbeziehung, **rechtsmissbräuchlich** ausgeübt wird bzw. unter welchen Umständen eine früher ausgeübte Wahl noch bindet (zur Rosinentheorie → Rn. 58). Beruft sich der – ansonsten gem. § 377 – rügepflichtige Dritte zunächst auf die fehlende Bekanntmachung der Kaufmannseigenschaft, hingegen später – bei der Kontrolle seiner AGB – auf die Vermutung des § 1 Abs. 2, so ist dies jedenfalls dann widersprüchlich, wenn es um denselben Vertrag mit derselben Person geht.

f) Verlust der Kaufmannseigenschaft. Sinkt ein eingetragenes kaufmännisches 64 Unternehmen zu einem kleingewerblichen Unternehmen ab, so bleibt die Kaufmannseigenschaft gem. § 5 – und wenn man § 2 nicht auf Fälle eines vorherigen freiwilligen Antrages reduziert, auch gem. § 2 – erhalten. Wird allerdings das Gewerbe eingestellt oder die Tätigkeit auf eine freiberufliche Tätigkeit umgestellt, so greift weder § 2 noch seinem Wortlaut nach § 5 (allerdings → § 5 Rn. 23). Hier bliebe Abs. 1 anwendbar,[222] wobei zB die Kenntnis der nur noch freiberuflichen Tätigkeit der Kenntnis der fehlenden Kaufmannseigenschaft wegen der Unmittelbarkeit und allgemeinen Bekanntheit der Verknüpfung gleichgestellt sein sollte. Da nur das Erlöschen der Kaufmannseigenschaft eine einzutragende Tatsache darstellt, eventuell weitere Eintragungen (zB Prokura) hingegen keiner gesonderten Löschung bedürfen, werden sie auch von der fehlenden Löschung der Kaufmannsstellung erfasst (→ § 52 Rn. 27).

[220] Durch Ablehnung der Anwendung des Abs. 1 nur für Altfälle konkludent aA *Servatius* NZG 2002, 456 (457).

[221] So Begr. RegE, BT-Drs. 13/8444, 48; KKRD/*Roth* Rn. 5; BeckOGK/*Schaal* Rn. 28; aA *Lieb* NJW 1999, 35 f.; *Kaiser* JZ 1999, 495 (500 f.).

[222] Staub/*Koch* Rn. 47.

65 **g) Übergang von Forderungen.** Der BGH[223] hat entschieden, dass eine KG sich solange nicht auf den Übergang von Forderungen im Rahmen der Einbringung eines zuvor betriebenen einzelkaufmännischen Geschäfts in die KG berufen könne, solange sie nicht im Handelsregister eingetragen und bekannt gemacht ist. Sieht man in § 28 Abs. 1 S. 2 auch Forderungsübergangsvorschrift und keinen reinen Schuldnerschutz (so zB → § 25 Rn. 72 f.; → § 28 Rn. 29 f.) wäre dem zuzustimmen. Hier ging es richtigerweise[224] aber nicht um die Anwendung des entgegen dem BGH als bloße Schuldnerschutzvorschrift einzuordnenden § 28 Abs. 1 S. 2, sondern um eine rechtsgeschäftliche Abtretung. Diese ist aber auch von einem einzelkaufmännischen Geschäft auf eine GbR möglich, weshalb Abs. 1, aus dem nur die Unzulässigkeit der Berufung auf die Rechtsform der KG folgt, dem Forderungsübergang nicht entgegensteht[225] (generell zum Problem der Reichweite des Verkehrsschutzes → Rn. 54 ff.).

III. Rechtslage bei richtiger Eintragung und Bekanntmachung (Abs. 2)

66 **1. Funktionsweise. a) Grundverständnis.** Das Handelsregister hat bei richtiger Eintragung und Bekanntmachung rechtserheblicher, eintragungspflichtiger Vorgänge die wichtige **Funktion,** dem Kaufmann **die sonst erforderliche Information** aller derjenigen, die möglicherweise schuldrechtliche Beziehungen zu ihm aufnehmen oder gegenüber denen solche Beziehungen schon bestehen, **zu ersparen (Entlastungsfunktion;** → § 8 Rn. 4 ff.).[226] Allein der durch S. 2 (→ Rn. 75 ff.) nur ganz unwesentlich eingeschränkte Ausschluss des Einwands der Unkenntnis der betreffenden materiell-rechtlichen Gestaltungen durch die insofern zentrale Vorschrift des Abs. 2 S. 1 ermöglicht es dem Kaufmann, sich gegenüber Dritten stets auf diese richtig verlautbarte Rechtslage zu berufen (wahre Rechtslage und Registerverlautbarung decken sich hier im Gegensatz zu Abs. 1 und 3). Damit endet auch ein bis dahin bestehender Vertrauensschutz gem. Abs. 1.[227]

67 **b) Informationslast.** Die Regelung baut auf der Vorstellung auf, es sei Sache desjenigen Dritten, der mit dem Kaufmann in schuldrechtlicher Verbindung steht oder entsprechende Beziehungen aufnehmen will, sich durch Register und/oder Bekanntmachung über die jeweilige Rechtslage zu informieren,[228] wobei diese Informationslast nicht nur Kaufleuten, sondern **Jedermann** auferlegt wird.[229] Diese zentrale gesetzgeberische Prämisse ist angesichts bisher offenbar seltener Nutzung des Registers bzw. der Registerbekanntmachungen in Zweifel geraten. So wurde in der Lit. wiederholt darauf hingewiesen, dass die vom Gesetzgeber gewollte Publizität des Handelsregisters teilweise Theorie geblieben sei, weil beim Abschluss von Handelsgeschäften kaum jemals Einblick in das Register genommen würde.[230] Erst recht ist dies für Geschäfte von Privaten mit Kaufleuten anzunehmen. Auch dann, wenn dies weithin zutreffen sollte, besteht weder Anlass noch Möglichkeit zur Korrektur des Gesetzes. Zum einen ist die Regelung lediglich Konsequenz der Informationslast des Dritten. Nutzt der Dritte die Informationen nicht, handelt er auf eigenes Risiko. Selbst wenn es sich um Verbraucher handelt, die durch Abs. 2 belastet werden, ist zu respektieren, dass der europäische und nationale Gesetzgeber sich für eine Entlastung der Eintragungspflichtigen als Ausgleich für den weit reichenden abstrakten Verkehrsschutz der Dritten nach Abs. 1 entschieden haben. Der europäische Gesetzgeber hat durch die Neufassung der RL 68/151/EWG im Jahr 2003 (Publizitäts-RL) sein Festhalten an dieser rechtspolitischen

[223] BGH NJW 1979, 42 (43).
[224] → 1. Aufl. 1996, Rn. 49 *(Lieb)*; *Canaris* HandelsR § 5 Rn. 29.
[225] *Canaris* HandelsR § 5 Rn. 29; → 1. Aufl. 1996, Rn. 49 *(Lieb)*.
[226] Vgl. → 1. Aufl. 1996, Rn. 52 *(Lieb)*; Oetker/*Preuß* Rn. 33; tendenziell auch Staub/*Koch* Rn. 73.
[227] Vgl. LAG Hamm BeckRS 2009, 74390.
[228] Heymann/*Förster* Rn. 32; *U. Hübner* HandelsR Rn. 33; *v. Gierke/Sandrock* HandelsR § 11 III 2 a, 149; *Deschler,* Handelsregisterpublizität und Verkehrsschutz, 1977, 46.
[229] (Inzidenter) die stRspr, vgl. RGZ 78, 359 (361); 81, 17 (21); 120, 363 (369); 140, 314 f.; BGH NJW 1972, 1418 (1419); BB 1976, 1479 (1480); ausdrücklich BeckOGK/*Schaal* Rn. 67.
[230] *K. Schmidt* HandelsR § 13 Rn. 5; *Canaris* HandelsR § 5 Rn. 33, allerdings ohne dass es insoweit verlässliche rechtstatsächliche Feststellungen geben würde.

Linie dokumentiert. Die seit Jahren zu beobachtende und auch von dem europäischen Richtliniengeber unterstützte Umstellung auf elektronische Handelsregister macht die Informationslast dem Rechtsverkehr auch leichter zumutbar als früher, womit auch rechtspolitisch motivierte Bedenken geringer werden sollten.

2. Voraussetzungen des Abs. 2 S. 1. a) Tatsache. Der Begriff der Tatsache (in der Richtlinie „Urkunden und Informationen") ist grundsätzlich wie in Abs. 1 zu konkretisieren (→ Rn. 28 ff.). Dies folgt schon daraus, dass „die" Tatsache benannt wird, somit eine vorher konkretisierte Tatsache (des Abs. 1) in Bezug genommen wird. In jedem Fall erfasst sind daher die einzutragenden und bekannt zu machenden Tatsachen. Nur einzutragende Tatsachen sind wiederum (→ Rn. 32 ff.) nicht erfasst.[231] Hier fehlt es an der von Abs. 2 S. 1 und der Richtlinie geforderten Bekanntmachung. Aufgrund der hinzunehmenden Entscheidung des Gesetzgebers, der eine zweiaktige Publizität verlangt, ist für die bloß eintragungspflichtigen Tatsachen auch keine analoge Anwendung des Abs. 2 S. 1 bei erfolgter Eintragung zulässig. Die Frage nach der Anwendbarkeit auf sog. Primärtatsachen stellt sich auch bei Abs. 2 (→ Rn. 71 aE).[232] Aus den zu Abs. 1 genannten Gründen (→ Rn. 36) sind Primärtatsachen kraft klarer gesetzgeberischer Entscheidung des europäischen und deutschen Gesetzgebers erfasst. Nur ergänzend ist darauf hinzuweisen, dass Abs. 2 S. 1 bei der Primärtatsache der Prokuraerteilung bzw. der Bestellung zum Mitglied des gesetzlichen Vertretungsorgans im Hinblick auf § 174 BGB besondere praktische Bedeutung zukommt[233] und sich hier die Entlastungsfunktion (→ Rn. 67) realisiert. Auch konstitutiv wirkende Eintragungen sind aufgrund des klaren Wortlautes und fehlenden Ansätzen für eine teleologische Reduktion erfasst (näher → Rn. 38). Gleiches gilt für Eintragungen von Amts wegen, worunter auch Amtslöschungen fallen.[234] 68

b) Problemfall: Lediglich eintragungsfähige Tatsachen. Die hM[235] lehnt die Anwendung des Abs. 2 auf lediglich eintragungsfähige Tatsachen ab. Soweit auf die Spezialität der § 25 Abs. 2, § 28 Abs. 2, insbesondere gegenüber § 15 Abs. 2 S. 2, abgestellt wird,[236] ist dies zutreffend, beantwortet jedoch nicht die generelle Frage nach der Behandlung nur eintragungsfähiger Tatsachen. Der Artikel „die" in Abs. 2 S. 1 enthält die Bezugnahme auf Abs. 1, für den eine Anwendung auf lediglich eintragungsfähige Tatsachen nicht in Betracht kommt, weil anderenfalls ein Eintragungsdruck erzeugt würde (näher → Rn. 31). Andererseits ist angesichts der Seltenheit von nur eintragungsfähigen Vorgängen zweifelhaft, ob sich der HGB-Gesetzgeber überhaupt bewusst mit ihnen im Rahmen des Abs. 2 befasst hat. Eine Plangemäßheit des Ausschlusses der nur eintragungsfähigen Tatsachen kann daher nicht festgestellt werden. Für eine **analoge Anwendung des Abs. 2** auf lediglich eintragungsfähige Tatsachen spricht, dass die **Entlastungsfunktion** des Abs. 2 gerade auch für diese Tatbestände sinnvoll und gerechtfertigt ist. Müssen Dritte sich so behandeln lassen, als würden sie das Register kennen, so besteht kein Anlass, hier zwischen den verschiedenen, rechtmäßig eingetragenen und bekannt gemachten Tatsachen zu differenzieren. Die Anwendung des Abs. 2 würde einen durchaus erwünschten Anreiz zur Eintragung schaffen. Dies entspricht in einem Spezialfall[237] auch der **Richtlinie,** die bei der zuzulassenden freiwilligen zusätzlichen Offenlegung der Pflichtangaben in einer anderen Sprache einen Abs. 3 entsprechenden positiven Verkehrsschutz zu Gunsten der Dritten anordnet (→ Rn. 5, → Rn. 92). Muss daher in Abs. 3 positiver Verkehrsschutz für die (lediglich) eintragungsfähigen Tatsa- 69

231 Konsequent aA Staub/*Koch* Rn. 78; wie hier GK-HGB/*Ensthaler* Rn. 9.

232 Konsequent abl. → 1. Aufl. 1996, Rn. 23 *(Lieb)*; wie hier Staub/*Koch* Rn. 79.

233 Vgl. BAG DB 1992, 895.

234 Röhricht/Graf v. Westphalen/Haas/*Ries* Rn. 24; Oetker/*Preuß* Rn. 36.

235 BAG NJW 1988, 223; OLG Bremen NZG 2016, 185 Rn. 34; Staub/*Koch* Rn. 76 f.; Heymann/*Förster* Rn. 33; *Schilken* AcP 187 (1987), 1 (12 f.); Röhricht/Graf v. Westphalen/Haas/*Ries* Rn. 24; → 1. Aufl. 1996, Rn. 66 *(Lieb)*; Baumbach/Hopt/*Hopt* Rn. 13; Schmidt-Kessel/Leutner/Müther/*Schmidt-Kessel/Kopp* Rn. 46; aA GroßkommHGB/*Würdinger* Anm. 15; KKRD/*Roth* Rn. 19.

236 RG JW 1903, 401; RGZ 75, 139; RG WarnR 1932, Nr. 13.

237 Schmidt-Kessel/Leutner/Müther/*Schmidt-Kessel/Kopp* Rn. 46 weist allerdings zu Recht auf Unterschiede hin.

chen gewährt werden, obwohl Dritte häufig weder Bekanntmachung noch Register kennen, so ist es konsequent, auch die Entlastungsfunktion umgekehrt zu Gunsten des Eintragenden auf diese Tatsachen zu erstrecken.[238] Zieht man schließlich spezielle Regelungen wie § 25 Abs. 2 und § 28 Abs. 2 heran, so wirken diese noch stärker zu Gunsten dessen, der eine freiwillige Eintragung und Bekanntmachung vornimmt, da dort keine Abs. 2 S. 2 entsprechende Einschränkung existiert. Die weniger weit gehende analoge Anwendung des Abs. 2 für lediglich eintragungsfähige Tatsachen ohne Spezialregelung ist daher erst recht gerechtfertigt.[239] Ist eine Tatsache hingegen nicht einmal eintragungsfähig, dann kommt mangels gesetzlicher Entlastungsfunktion bei trotzdem erfolgter Eintragung und Bekanntmachung keine analoge Anwendung des Abs. 2 in Betracht.

70 **c) Eingetragen und bekannt gemacht.** Eintragung und Bekanntmachung müssen bis zur Abschaffung des Erfordernisses der Bekanntmachung (→ Rn. 6, 7) kumulativ erfolgt sein.[240] Insbesondere bedarf es auch nach der Einführung eines elektronischen Handelsregisters immer noch der (zusätzlichen) Bekanntmachung. Diesbezüglich ist der Wortlaut sowohl der europäischen als auch der deutschen Regel eindeutig. Die Argumentation, vor dem Hintergrund des elektronischen Publizitätsreglements bedürfe es angesichts der jederzeitigen elektronischen Verfügbarkeit der Handelsregistereintragung keines zusätzlichen Schutzes durch die Bekanntmachung,[241] ist de lege ferenda überzeugend. Sie ist de lege lata allerdings nicht im Stande, eine teleologische Reduktion des § 15 Abs. 2 S. 1 bei fehlender Bekanntmachung zu rechtfertigen. Die Bekanntmachung liegt mit Eintragung im elektronischen Unternehmensregister vor (→ Rn. 41). Sowohl die Eintragung als auch die Bekanntmachung müssen inhaltlich zutreffend sein,[242] da der die Eintragung Veranlassende für falsche Angaben keinen Schutz verdient und Abs. 2 auch nicht die Richtigkeit fingiert. Die Angaben müssen gegenüber dem zuständigen Register (zB Register der Haupt- bzw. Zweigniederlassung) für die richtige Firma erfolgt sein. Maßgeblicher Zeitpunkt ist der, zu dem der Vorgang unter Beteiligung des Dritten stattfindet, hinsichtlich dessen die eingetragene und bekannt gemachte Tatsache erheblich ist.[243]

71 **3. Rechtsfolgen und Abdingbarkeit. a) Gesetzliche Folgen.** Die gesetzliche Regelung ist aus Sicht des Dritten formuliert, der eingetragene und bekannt gemachte Tatsachen gegen sich gelten lassen muss, also das sonst bestehende Wahlrecht nach Abs. 1 nicht (mehr) hat.[244] Dies gilt unabhängig davon, ob der Dritte ein Unternehmen, ein Verbraucher oder eine Zivilperson[245] ist. Ob der Dritte die Bekanntmachung kannte, ist unerheblich.[246] Außerhalb der Frist des Abs. 2 S. 2 ist nicht einmal die Möglichkeit der Kenntnisnahme erforderlich. Auch eine konkrete Kausalität ist nicht Voraussetzung.[247] Dies alles ist Ausdruck der abstrakt-generellen Regelungstechnik des § 15, die den Einzelfall im Interesse der Rechtssicherheit und der Schnelligkeit und Leichtigkeit des Verkehrs grundsätzlich nicht berücksichtig. Verbreitet[248] wird trotz der Formulierung des Gesetzes vertreten, dem Eintragungspflichtigen stehe es frei, sich auf die bekannt gemachte Tatsache zu berufen. Dies widerspricht dem eindeutigen Wortlaut. Soweit die Information über die Eintragung und Bekanntmachung dem Gericht vorliegt, ist sie vom Gericht zu beachten (vgl. zu Abs. 1 → Rn. 57). Es gibt schon deshalb kein Wahlrecht, weil die Publikation mit der wahren Rechtslage übereinstimmt. Dem Unternehmen, für das die Tatsache eingetragen

---

238 Das Problem stellte sich dem Richtliniengeber nicht, da dort nur die Veröffentlichung in einer weiteren Sprache Gegenstand war.
239 Ebenso KKRD/*Roth* Rn. 19.
240 Vgl. RGZ 102, 197 (199); aA *Paefgen* ZIP 2008, 1653 (1656).
241 Vgl. *Paefgen* ZIP 2008, 1653 (1656).
242 Vgl. Röhricht/Graf v. Westphalen/Haas/*Ries* Rn. 24; Staub/*Koch* Rn. 74.
243 RGZ 102, 197 (199); Staub/*Koch* Rn. 80; Heymann/*Förster* Rn. 35; EBJS/*Gehrlein* Rn. 17.
244 BeckOGK/*Schaal* Rn. 80; BeckOK HGB/*Müther* Rn. 23.
245 Zu dieser Kategorie *Krebs* DB 2002, 517 (520).
246 Staub/*Koch* Rn. 81; EBJS/*Gehrlein* Rn. 18.
247 Vgl. Staub/*Koch* Rn. 73; Röhricht/Graf v. Westphalen/Haas/*Ries* Rn. 25; Heymann/*Förster* Rn. 37.
248 Vgl. Röhricht/Graf v. Westphalen/Haas/*Ries* Rn. 24; Staub/*Hüffer*, 4. Aufl. 1982, Rn. 35.

wurde, steht es nicht etwa frei, sich trotz Abs. 2 auf Abs. 1 zu berufen, denn die dortige Regelung dient nur dem Schutz des Dritten. Es gibt auch keine sonstigen Gründe, die ein Wahlrecht desjenigen, in dessen Angelegenheiten die Tatsache eingetragen wurde, rechtfertigen könnten.[249] Soweit die Rechtslage insgesamt zwischen Drittem und Unternehmen, in dessen Angelegenheiten die Tatsache eingetragen und bekannt gemacht wurde, dispositiv ist, können beide übereinstimmend auch die wahre, bekannt gemachte Tatsache als nicht existent behandeln. Vierte Personen, deren Rechtsposition von der des Dritten abhängt, werden reflexartig betroffen, was ihnen nutzen, aber auch schaden kann.[250] Eine praktisch besonders wichtige Rechtsfolge ist die Anwendung des § 174 S. 2 BGB auf die eingetragene und bekanntgemachte Prokuraerteilung.[251]

b) Inhaberwechsel und Forderungsübergang. Wird ein Handelsgeschäft veräußert und dies publiziert, so könnte dies für einen Altschuldner Kenntnis vom Forderungsübergang bedeuten, womit der Altschuldner iSd § 407 BGB nicht mehr schutzwürdig wäre.[252] Diese gelegentlich vertretene Auffassung ist jedoch deswegen nicht überzeugend, weil die Bekanntmachung nur etwas über den Inhaber-, nicht aber über den Gläubigerwechsel aussagt.[253] Insbesondere ist Letzteres deswegen nicht notwendig mit dem Inhaberwechsel verbunden, weil es den Beteiligten freisteht zu entscheiden, ob die Forderungen mit übertragen werden sollen und weil § 25 Abs. 1 S. 2 nach zutreffender Ansicht nur eine Schuldnerschutzvorschrift darstellt, nicht aber den Übergang der Forderung zu Gunsten sonstiger Beteiligter fingiert.[254] 72

c) Abdingbarkeit. Dritte können ein Interesse daran haben, Abs. 2 vertraglich abzubedingen, um so zumindest über bestimmte Tatsachen individuell informiert zu werden und sich die Mühen der eigenen Information über den Registerinhalt bzw. die Registerbekanntmachung zu ersparen (vgl. Nr. 11 AGB-Banken und Nr. 4 AGB-Sparkassen). Weder die Interessen des allgemeinen Rechtsverkehrs noch die der Betroffenen stehen dem entgegen.[255] Gegen eine (generelle) **Regelung durch AGB** bestehen jedoch sowohl aus Sicht desjenigen, in dessen Angelegenheiten die Sache eingetragen und bekannt gemacht wird, als auch aus dem Gedanken der Funktionsfähigkeit des Registers **Bedenken** hinsichtlich einer Vereinbarkeit mit § 307 Abs. 2 Nr. 1 BGB iVm § 307 Abs. 1 BGB.[256] Diese Bedenken bestehen grundsätzlich auch hinsichtlich solcher Konstruktionen, die Abs. 2 S. 1 aushöhlen, wie eine Mitteilungspflicht als Grundlage eines Schadensersatzanspruchs des Dritten bei fehlender individueller Mitteilung. 73

4. Fünfzehn-Tage-Frist (Abs. 2 S. 2). a) Grundregel. Abs. 2 S. 2 enthält zum Schutze der Dritten für einen begrenzten Zeitraum von fünfzehn Tagen ab der Bekanntmachung eine Einschränkung zu Abs. 2 S. 1. Diese Einschränkung beruht in ihrer heutigen Form auf Art. 16 Abs. 5 UAbs. 1 RL (EU) 2019/1151. Während gem. Abs. 2 S. 2 dies für Rechtshandlungen gilt, bei denen der Dritte die Tatsache weder kannte noch kennen musste, stellt die Richtlinie auf die Unmöglichkeit der Kenntnis ab. Von Richtlinie und Abs. 2 S. 2 in jedem Fall gemeinsam gedeckt sind daher nur die Ausnahmefälle, in denen die Bekanntmachung nicht in elektronischer Form erfolgt und sie am Ort des Dritten, zB im Ausland (früheres Beispiel war die einsame Hallig), noch nicht zugänglich ist. In diesen Ausnahmefällen gilt Abs. 2 S. 1 nicht. Die Behandlung der nur von § 15 und nicht auch 74

---

249 Wie hier Staub/*Koch* Rn. 93; BeckOK HGB/*Müther* Rn. 23.

250 Vgl. Staub/*Hüffer* Rn. 36.

251 BAG NZA 1992, 449 (451); Staub/*Koch* Rn. 82; EBJS/*Gehrlein* Rn. 18; Schmidt-Kessel/Leutner/Müther/*Schmidt-Kessel/Kopp* Rn. 47; KKRD/*Roth* Rn. 18; abl. *Lux* NZA-RR 2008, 393 (396 ff.).

252 Staub/*Hüffer,* 4. Aufl. 1982, § 25 Rn. 71; GroßkommHGB/*Würdinger* § 25 Anm. 19; Düringer/Hachenburg//*Hoeniger* § 25 Anm. 23.

253 Ebenso *Canaris* HandelsR § 7 Rn. 79; Schlegelberger/*Hildebrandt/Steckhan* § 25 Rn. 14.

254 IErg wie hier *Canaris* HandelsR § 7 Rn. 79; BeckOK HGB/*Müther* Rn. 20; → 1. Aufl. 1996, Rn. 51 *(Lieb)*; aA → § 25 Rn. 71 f. *(Thiessen)*.

255 Staub/*Koch* Rn. 84; BeckOK HGB/*Müther* Rn. 24.

256 EBJS/*Gehrlein* Rn. 18; KKRD/*Roth* Rn. 20; BeckOK HGB/*Müther* Rn. 24.

von der Richtlinie erfassten Fälle ist streitig und bedarf daher besonderer Erörterung (→ Rn. 76 f.).

75 **b) Rechtshandlungen innerhalb von fünfzehn Tagen nach Bekanntmachung.** Aus dem Begriff Rechtshandlung lässt sich aufgrund der in Art. 16 Abs. 5 UAbs. 2 RL (EU) 2019/1151 verwendeten Formulierung „Vorgänge" und mangels Anhaltspunkte für eine bewusste Missachtung europäischer Vorgaben durch den deutschen Gesetzgeber, keine Einschränkung ableiten. Nach der Bekanntmachung ist richtlinienkonform im Sinne von „nach dem Tage der Bekanntmachung" auszulegen, was aber auch sonst deutschem Recht entspricht. Während Abs. 2 S. 2 fünfzehn Tage nennt, bezeichnet die Richtlinie den Zeitraum als „vor dem sechzehnten Tag", woraus sich jedoch keine Unterschiede ergeben. Tage sind alle Kalendertage, ohne eine Verlängerung bei einem auf einen Sonn- oder Feiertag fallenden Ende. Denn das europäische Recht kennt hier keine Fristverlängerung. Dies entspricht auch dem abstrakt-generellen Charakter des § 15.

76 **c) „Weder kannte noch kennen musste".** Die Kenntnis ist wie in Abs. 1 zu bestimmen, doch kommt ihr keine große praktische Bedeutung zu. Probleme bereitet das Merkmal **„Kennenmüssen".** Es wird teilweise[257] mit einem Verschulden gem. § 276 BGB gleichgesetzt und als Ansatzpunkt für eine Einschränkung des rechtspolitisch umstrittenen § 15 Abs. 2 S. 1 angesehen. Insbesondere für Nichtkaufleute wird vertreten, dass diese die Registerbekanntmachung bzw. -eintragung grundsätzlich nicht kennen müssen.[258] Für Kaufleute wird nach der Art der Geschäfte differenziert und eine generelle Pflicht zur Einsichtnahme in das Register nur bei Geschäften von größerer wirtschaftlicher Tragweite bejaht.[259] Diese Auslegung wird mit der tatsächlichen Unüblichkeit und weitgehenden Unzumutbarkeit der Kenntnisnahme in das Register begründet. Das Gesetz würde hierdurch ernst genommen und Abs. 2 S. 2 ein echter Anwendungsbereich zugewiesen, während die Gegenmeinung Abs. 2 S. 2 auf eine probatio diabolica beschränke. Die hM bejaht zumindest bei **Kaufleuten** bei Verfügbarkeit der Handelsregisterinformation generell ein Kennenmüssen.[260] Der überwiegende Teil dieser hM bejaht Gleiches auch für **Nichtkaufleute.**[261] Zur Begründung wird unter anderem auf die europäischen Richtlinienvorgaben verwiesen.

77 **Stellungnahme:** In Übereinstimmung mit der hM ist Abs. 2 S. 2 **richtlinienkonform** so eng auszulegen, dass bei Verfügbarkeit der Bekanntmachung jeder, unabhängig ob Kaufmann oder Verbraucher, den Registerinhalt iSd Abs. 2 S. 2 kennen muss, so dass nur in den seltenen Ausnahmefällen der fehlenden Verfügbarkeit der Bekanntmachung Abs. 2 S. 2 praktische Bedeutung hat. Ausgangspunkt ist die Vorgabe der Richtlinie, die nur von der Möglichkeit der Kenntnis spricht. Diese Vorgabe ist konsequent. Ebenso wie für Abs. 1 nur die Ausnahme der fehlenden potentiellen Kausalität gemacht wird (→ Rn. 26), besteht beim Gegenstück des Abs. 2 nur die Ausnahme der fehlenden (potentiellen) Kenntnis, also der Kenntnismöglichkeit. Dies ist die Konsequenz des abstrakt-generellen Charakters des von Richtlinie und deutschem Gesetz angeordneten Verkehrsschutzes. Die deutsche Formulierung „Kennenmüssen" ist keine genaue Umsetzung dieser Richtlinienvorgabe. Sie kann und muss jedoch entgegen *Canaris*[262] richtlinienkonform ausgelegt werden (→ Rn. 8). Die Formulierung wiederholt nicht unmittelbar § 276 BGB, sondern wird nur üblicherweise in diesem Sinne interpretiert. Die richtlinienkonforme Auslegung hat richtiger Ansicht nach Vorrang vor allen anderen, also auch systematischen Auslegungsaspekten. Selbst wer

---

[257] Vgl. *Canaris* HandelsR § 5 Rn. 31 ff.; *Hager* Jura 1992, 57 (63); Röhricht/Graf v. Westphalen/Haas/*Ries* Rn. 27; tendenziell wegen fehlender Auslegungsfähigkeit des deutschen Wortlauts auch Staub/*Koch* Rn. 88.

[258] *Canaris* HandelsR § 5 Rn. 32 f.; Röhricht/Graf v. Westphalen/Haas/*Ries* Rn. 27; aA Staub/*Koch* Rn. 87; *Noack* FS Eisenhardt, 2007, 477 (482 f.); *Bachmann* ZGR 2001, 351 (379 f.).

[259] Vgl. *Canaris* HandelsR § 5 Rn. 33; tendenziell auch Röhricht/Graf v. Westphalen/Haas/*Ries* Rn. 27.

[260] BGH NJW 1972, 1418 (1419); BB 1976, 1479 (1480); → 1. Aufl. 1996, Rn. 54, 60 *(Lieb)*; KKRD/*Roth* Rn. 22; Heymann/*Förster* Rn. 40; EBJS/*Gehrlein* Rn. 20; Staub/*Koch* Rn. 89.

[261] Vgl. → 1. Aufl. 1996, Rn. 60 *(Lieb)*; Heymann/*Förster* Rn. 40; KKRD/*Roth* Rn. 22; EBJS/*Gehrlein* Rn. 20; BeckOK HGB/*Müther* Rn. 27.

[262] *Canaris* HandelsR § 5 Rn. 32.

meint, der deutsche Wortlaut schließe eine richtlinienkonforme Auslegung im Sinne von „Unmöglichkeit" aus,[263] müsste die Norm doch so weit wie möglich richtlinienkonform auslegen.[264] Daher ist Abs. 2 S. 2 entsprechend der Richtlinie keine Verschuldensnorm, sondern eine Einschränkung der Risikozuordnung des Abs. 2 S. 1 bei fehlender potentieller Kenntnismöglichkeit.[265] Durch die Einführung des elektronischen Handelsregisters hat sich die Informationsbeschaffung erheblich vereinfacht,[266] so dass auch die Gegenmeinung aufgrund nun höherer Sorgfaltsanforderungen an den Dritten[267] nicht selten zum gleichen Ergebnis kommen wird wie die hier vertretene Lösung.[268] Andererseits wird von einigen Autoren der Gegenmeinung die Auffassung vertreten, dass dem Informationspflichtigen nach der Umstellung auf das elektronische Handelsregister zur Entlastung nach Abs. 2 S. 2 nun auch der Beweis offen stehen müsse, der Server, auf dem die in Frage stehenden Handelsregistereintragungen und Bekanntmachungen gespeichert waren, sei zum Zeitpunkt der fraglichen Rechtshandlung aus elektronischen Gründen unerreichbar gewesen.[269] Abgesehen davon, dass dann konsequenterweise auf sämtliche Publikationsserver abgestellt werden müsste, dh sowohl auf dem Server am zuständigen Registergericht, als auch auf dem für die Bekanntmachung zuständigen Server auf Landesebene sowie auf den des zentralen Unternehmensregisters,[270] erscheint bei Kenntnis vom entsprechenden Serverausfall die Pflicht zur Erkundigung beim betreffenden Unternehmen nicht unangemessen. Insgesamt dürfte die sehr geringe praktische Bedeutung[271] des Abs. 2 S. 2 durch die Umstellung auf das elektronische Handelsregister damit wohl nicht zunehmen.

5. Darlegungs- und Beweislast. Während derjenige, für den eine Tatsache eingetragen und bekannt gemacht wird, darlegen und beweisen muss, dass sie zum Zeitpunkt des Vorgangs schon eingetragen war, muss der Dritte entsprechend dem eindeutigen Wortlaut des Abs. 2 S. 2 darlegen und beweisen, dass ein Ausnahmefall des Abs. 2 S. 2 vorliegt, entsprechend der gerade vorgenommenen richtlinienkonformen Interpretation, die Handelsregisterbekanntmachung also nicht zugänglich war. 78

6. Rechtsschein gegen das Register. a) Zugrunde liegende Wertungen. Die praktische Bedeutung des Abs. 2 hängt entscheidend davon ab, ob und inwieweit ein konkreter gegenläufiger Vertrauenstatbestand dem Abs. 2 entgegengesetzt werden kann. Je mehr man § 15 den Regeln des konkreten Vertrauensschutzes unterwirft, desto mehr Raum wird man einem konkreten Vertrauensschutz gegen das Register geben.[272] Sieht man hingegen, wie hier, § 15 generell als abstrakte Verkehrsschutzregelung an, die auf die Schutzwürdigkeit im Einzelfall bewusst nicht eingeht und akzeptiert man die Entscheidung des europäischen und nationalen Gesetzgebers, den Eintragungspflichtigen durch die Eintragung und 79

---

263 So *Canaris* HandelsR § 5 Rn. 32; Staub/*Koch* Rn. 88; Schmidt-Kessel/Leutner/Müther/*Schmidt-Kessel/Kopp* Rn. 49 unter Nichtberücksichtigung der weiten methodischen Möglichkeiten seit der Quelle Entscheidung.

264 Vgl. BGHZ 150, 248 (251 ff.) – Heininger; BGH NJW 2009, 427 – Quelle-Folgeentscheidung.

265 Ebenso Oetker/*Preuß* Rn. 44; KKRD/*Roth* Rn. 22; für Richtlinienwidrigkeit bloßer Staatshaftung Schmidt-Kessel/Leutner/Müther/*Schmidt-Kessel/Kopp* Rn. 49.

266 Vgl. dazu *Noack* NZG 2006, 801 (803 f.); *Seibert/Decker* DB 2006, 2446 (2448 f.).

267 Vgl. dazu *Canaris* HandelsR § 5 Rn. 33.

268 Ebenso Staub/*Koch* Rn. 89 für Kaufleute; Oetker/*Preuß* Rn. 41. Daran ändert auch die Tatsache nichts, dass der Abruf von Daten aus dem elektronischen Handelsregister kostenpflichtig ist – derzeit 4,50 Euro pro Abruf – (so aber *Paefgen* ZIP 2008, 1653 [1656]), da der Abruf von Bekanntmachungen nicht nur kostenfrei ist, sondern auch durch benutzerfreundliche Suchfunktionen (vgl. die Suchmaske auf www.unternehmensregister.de) wesentlich erleichtert wurde. Damit dürfte zumindest der Abruf von Bekanntmachungen auch für Geschäfte ohne große wirtschaftliche Tragweite zumutbar sein.

269 So *Paefgen* ZIP 2008, 1653 (1656); wohl auch *Noack* FS Eisenhardt, 2007, 475 (482).

270 Zur Eintragung und Bekanntmachung nach dem EHUG vgl. *Noack* NZG 2006, 801 (802 f.).

271 Soweit ersichtlich, ist bislang lediglich eine einzige Gerichtsentscheidung zu § 15 Abs. 2 S. 2 zugänglich; vgl. SächsLAG 17.10.2006 – 7 Sa 964/05, nv, wo § 15 Abs. 2 S. 2 noch nicht einmal entscheidungsrelevant war.

272 Exemplarisch *Canaris* HandelsR § 5 Rn. 36 ff.

Bekanntmachung von weiteren Publizitätspflichten zu entlasten (Entlastungsfunktion; → Rn. 67), so muss ein Vertrauensschutz gegen das Register die seltene Ausnahme bleiben.

80 **b) Dogmatische Grundlagen.** Weder die Richtlinie noch der deutsche Gesetzgeber berücksichtigen einen möglichen Konflikt zwischen der richtigen Handelsregisterbekanntmachung (bzw. zukünftig: Eintragung, → Rn. 6) einerseits sowie einem gegenläufigen Rechtsschein und einem darauf aufbauenden konkreten Vertrauensschutz andererseits. Der Schutz des konkreten Vertrauens ist zumindest für den Teilbereich der Stellvertretung europaweit anerkannt, weshalb er sich sowohl in dem Regelungsvorschlag der Lando-Kommission (vgl. Art. 3:201 Abs. 3 PECL), im Entwurf der Gandolfi-Gruppe (vgl. Art. 61) als auch im DCFR (vgl. Art. II- 6.103 (3) DCFR) für ein Europäisches Vertragsgesetzbuch findet. Im besonderen Maße schutzwürdig ist ein konkretes Vertrauen, wenn der europäische Gesetzgeber – wie bei den Geschäftsbriefen – konkrete Informationspflichten statuiert (vgl. Art. 26 GesR-RL, früher Art. 5 Publizitäts-RL; → § 37a Rn. 4 ff.), die einer Durchsetzung bedürfen. Umgekehrt ist zu berücksichtigen, dass eine zu großzügige Begründung des konkreten Vertrauensschutzes die vom europäischen und deutschen Gesetzgeber gewünschte Entlastung des Eintragungspflichtigen vereiteln und der Funktion des § 15 als abstrakte Verkehrsschutzregel zuwiderlaufen würde. Der BGH[273] arbeitet teilweise methodisch mit dem Einwand des Rechtsmissbrauchs.[274] Er[275] hat aber auch schon den Spezialitätsgedanken herangezogen, während andere[276] mit einer restriktiven Auslegung bzw. teleologischen Reduktion des Abs. 2 auf die Beseitigung nur eines normalen Vertrauenstatbestandes arbeiten.

81 **Stellungnahme:** Eine Heranziehung des Missbrauchsgedankens als Einzelfalllösung ist abzulehnen, da, wie der BGH selbst anerkennt, es sich um die Bewältigung eines generellen Problems handelt. Richtigerweise handelt es sich um die Prüfung eines Vorranges, der – sollte er existieren – rechtstechnisch sowohl durch die Statuierung eines Vorrangsatzes als auch durch eine teleologische Reduktion des Abs. 2 gerechtfertigt werden könnte.[277]

82 **c) Fälle berechtigten Vertrauensschutzes gegen das Register.** Am schutzwürdigsten ist das konkrete Vertrauen Dritter, wenn der **Rechtsschein nach der Eintragung und Bekanntmachung** erzeugt wird.[278] Zu denken ist hier an eine falsche, insbesondere veraltete Firmierung, die Verwendung eines falschen Rechtsformzusatzes,[279] die Verwendung unzutreffender Pflichtangaben in den Geschäftsbriefen (→ § 37a Rn. 4 ff.; → § 37a Rn. 15)[280] und falsche Angaben zu Vertretungsverhältnissen. Fehlt der Rechtsformzusatz,[281] ist ein Vertrauen in die unbeschränkte Haftung zwar heute aufgrund der umfassenden Pflicht zur Führung eines Rechtsformzusatzes nicht mehr selbstverständlich. Da die unbeschränkte Haftung jedoch weiterhin gesetzliche Regellage ist, erzeugt der fehlende Rechtsformzusatz auch weiterhin einen Rechtsschein der unbeschränkten Haftung. Formal besteht hier bereits kein Konflikt zwischen dem abstrakten Verkehrsschutz gem. Abs. 2 und dem gegenläufigen konkreten Vertrauensschutz, da Abs. 2 nur einen konkreten Zeitpunkt betrifft und keine in die Zukunft gerichtete dauerhafte Wirkung entfalten kann. Probleme könnten sich allerdings hinsichtlich der Gutgläubigkeit der Dritten ergeben, wenn man von einer tatsächlichen oder gesetzlich fingierten Kenntnis der bekannt gemachten Änderungen ausgehen müsste,

[273] BGH NJW 1972, 1418; WM 1976, 1084; BGHZ 41, 354 (357) = NJW 1964, 1227.
[274] Zust. zB → 1. Aufl. 1996, Rn. 58 *(Lieb)*; EBJS/*Gehrlein* Rn. 22; Staub/*Hüffer,* 4. Aufl. 1982, Rn. 39; Staub/*Koch* Rn. 90 ff.; *Koch* AcP 207 (2007), 768 (787 ff.).
[275] BGHZ 62, 216 (223) = NJW 1974, 1191.
[276] Vgl. *Canaris* HandelsR § 5 Rn. 38; *K. Schmidt* HandelsR § 14 Rn. 6; ähnlich KKRD/*Roth* Rn. 24.
[277] *Koch* AcP 207 (2007), 768 ff.; Schmidt-Kessel/Leutner/Müther/*Schmidt-Kessel/Kopp* Rn. 53.
[278] *Zimmer,* § 15 Abs. 2 HGB und die allgemeine Rechtsscheinhaftung, 1997, 94 ff., 122 ff.; KKRD/*Roth* Rn. 24; abl. Staub/*Koch* Rn. 95, aber mit besonderer Berücksichtigung vollständig neuen Rechtsscheins in Staub/*Koch* Rn. 97.
[279] Vgl. Röhricht/Graf v. Westphalen/Haas/*Ries* Rn. 30; BeckOK HGB/*Müther* Rn. 29.
[280] LG Hildesheim NJW-RR 1997, 355; Schmidt-Kessel/Leutner/Müther/*Schmidt-Kessel/Kopp* Rn. 53.
[281] Vgl. *Koch* AcP 207 (2007), 768 (778), der sich iErg der hier vertretenen Ansicht anschließt; auch BeckOK HGB/*Müther* Rn. 29.1.

denn dann wäre es häufig offenkundig, dass zB ein verwendetes Bestellformular veraltet ist und nicht die wahre Lage wiedergibt. Das Gesetz ordnet in Abs. 2 allerdings lediglich an, dass Dritte die Eintragung und Bekanntmachung gegen sich gelten lassen müssen; die Kenntnis wird damit nicht fingiert. Ob der Dritte die Bekanntmachung kennen musste, ist daher losgelöst von Abs. 2 zu konkretisieren, wofür die Stellung des Dritten (Unternehmer, Verbraucher), aber auch die Bedeutung des Geschäfts eine Rolle spielen. Ebenfalls unproblematisch sind die Fälle, in denen das Register keine Auskunft über einen bestimmten Vorgang liefert. Beispiel hierfür ist die frühere Rechtslage, nach der die Änderung einer KG in eine GmbH & Co. KG nicht im Register kenntlich gemacht werden musste, aber dennoch ein Aufklärungsbedarf bestand und bejaht wurde.

Davon zu unterscheiden sind die Fälle eines **konkreten Rechtsscheins vor der** 83 **Bekanntmachung** der Änderung. Eine **ständige Geschäftsbeziehung** als solche ist kein positiver konkreter Vertrauenstatbestand.[282] Allenfalls könnte sie das Gewicht eines positiven Vertrauenstatbestandes verstärken. Die Kundgabe der Vollmacht gem. § 171 BGB bzw. die Vorlage einer Vollmachturkunde gem. § 172 BGB sind die stärksten Fälle eines Rechtsscheins.[283] Tendenziell ähnlich könnte die Bekanntgabe einer anderen einzutragenden Tatsache bzw. die Vorlegung einer Urkunde hinsichtlich einer anderen einzutragenden Tatsache sein. Diese Fälle werden nicht bereits durch § 173 BGB gelöst, da dort Kenntnis vorausgesetzt wird und § 15 Abs. 2 die Kenntnis nicht fingiert. Gegen eine teleologische Reduktion des Abs. 2 in den Fällen des § 171 BGB spricht aber, dass für § 171 BGB eine beliebige konkludente Bekanntmachung ausreicht und Abs. 2 damit praktisch unterlaufen würde. Das für die Auslegung von Richtlinien und den sie umsetzenden Regeln zu beachtende Effektivitätsgebot (effet utile)[284] würde bei einer Einschränkung des Abs. 2 missachtet. So sind die in der Richtlinie ausdrücklich angesprochen Mitglieder des Vertretungsorgans in den Geschäftsbriefen anzugeben, weshalb bei einer teleologischen Reduktion des Abs. 2 hier praktisch kein Verkehrsschutz über Abs. 2 geleistet würde. Die Entlastungsfunktion des Abs. 2 rechtfertigt auch hier seine Anwendung. Bei Vorlage einer Urkunde ist der Rechtsscheinträger stärker und die Seltenheit dieser Fälle scheint die Entlastungsfunktion des Abs. 2 weniger zu tangieren. Andererseits ist ein Widerruf bei einer unbekannten Zahl von Vertragspartnern im unternehmerischen Bereich oder auch im Verhältnis zwischen Unternehmer und Privatleuten kaum effektiv und kostengünstig durchzuführen. Die Entlastungsfunktion des Abs. 2 wird also auch hier benötigt. Berücksichtigt man schließlich, dass nur bei überzeugenden Argumenten vom Gesetz abgewichen werden sollte, so erscheint auch insoweit eine teleologische Reduktion des Abs. 2 nicht gerechtfertigt.[285]

IV. Unrichtige Bekanntmachung (Abs. 3)

1. Grundlagen. a) Rechtslage vor 1969, Richtlinienvorgabe. Bis 1969 erfasste das 84 HGB nur die Fälle des unrichtigen Registers aufgrund fehlender Eintragung und Bekanntmachung. Die vorhandene Lücke wurde durch die rechtsfortbildende Entwicklung zweier konkreten Vertrauensschutz gewährenden Ergänzungssätze gefüllt (→ Rn. 108). Art. 3 Abs. 6 RL 68/151/EWG statuierte für Kapitalgesellschaften die Pflicht der Mitgliedstaaten, ein Abweichen der Bekanntmachung von der Eintragung zu verhindern. Die heutige Fassung der RL (EU) 2019/1151 ist nicht so eindeutig, zumal die Bekanntmachung ohnehin nun zur nationalstaatlichen Option wird. Ohne Erfordernis der Bekanntmachung wäre wieder das Register maßgeblich. Kommt es zu einer Abweichung, kann sich die eintragungspflichtige Gesellschaft hierauf nicht berufen, während die Dritten sich auf den Inhalt

282 Für Pflichtenerzeugung bei enger Geschäftsbeziehung Staub/*Koch* Rn. 96; Schmidt-Kessel/Leutner/Müther/*Schmidt-Kessel/Kopp* Rn. 51.

283 Vgl. *Canaris* HandelsR § 5 Rn. 35 f.

284 Vgl. *Krebs/Jung* in Jung/Krebs/Stiegler, Gesellschaftsrecht in Europa, 2019, § 2 Rn. 127 ff.

285 IErg wie hier *Koch* AcP 207 (2007), 768 (781 ff.), der zutr. darauf hinweist, dass durch die Einführung des elektronischen Handelsregisters nun auch die wertungsmäßige Begründung für eine teleologische Reduktion des Abs. 2 wegzufallen scheint, *Koch* AcP 207 (2007), 768 (783); Baumbach/Hopt/*Hopt* Rn. 13.

der Bekanntmachung berufen können. Die **Richtlinie** regelt also **nur** den Fall, dass die **Eintragung richtig, aber die Bekanntmachung falsch** ist.[286] Alle anderen Fälle, insbesondere den, dass schon die Eintragung falsch ist, sei es aufgrund eines Fehlers des Registergerichts, sei es aufgrund eines bereits falschen Eintragungsantrages oder nachträglicher Fehler, werden von der Richtlinie nicht erfasst.

85 **b) Überschießende Umsetzung durch Abs. 3.** Abs. 3 wird herrschend und zutreffend so verstanden, dass er – anders als die Richtlinie[287] – **jegliche Bekanntmachung** erfasst, und zwar **unabhängig** davon, **ob** die **Eintragung richtig** ist.[288] Dies ist nach dem Wortlaut nicht zwingend, da man den Begriff „einzutragende Tatsache" auch auf konkret einzutragende Tatsachen, also richtige Tatsachen, beziehen könnte.[289] Die unrichtige Bekanntmachung würde dann – wie nach der Richtlinie – nur reine Bekanntmachungsfehler, also Abweichungen von der Eintragung betreffen. Der deutsche Gesetzgeber selbst hat jedoch in seiner Begründung eine weite, vom Wortlaut der Richtlinie abweichende, Interpretation gewünscht.[290] Für eine weite Interpretation spricht wertungsmäßig, dass der rechtssichere abstrakte Verkehrsschutz bei restriktiver Interpretation sehr eingeschränkt wäre, im Wesentlichen also weiter die Ergänzungssätze (→ Rn. 108 ff.) maßgeblich wären. Deren Schutzwirkung ist jedoch deutlich enger. Die extensive Auslegung des Abs. 3 hat allerdings erst den Streit um die restriktive Handhabung des Abs. 3 in Bezug auf das Veranlassungsprinzip zur Folge.[291] Denn bei richtiger Eintragung und nur falscher Bekanntmachung läge hinsichtlich des Gesamtvorgangs immer eine Veranlassung vor. Die Regelung des Art. 8 Publizitäts-RL (→ Rn. 103; heute Art. 8 GesR-RL) deutet darauf, dass der europäische Gesetzgeber wohl grundsätzlich nur die Fälle nur falscher Bekanntmachung erfassen wollte. Hinsichtlich der unrichtigen Bekanntmachung ist keine beliebige Verallgemeinerung möglich. Nachträgliche Fehler (durch Änderungen der Tatsachen) werden durch Abs. 1 abschließend behandelt. Nachträgliche Verfälschungen des Registers (zB durch Softwarefehler oder Manipulationen) sind eine neue Gefahr des elektronischen Handelsregisters (→ Rn. 99).

86 **c) Praktische Bedeutung.** Die praktische Bedeutung des Abs. 3 ist bisher sehr gering. Die Anwendungsfälle betreffen fast immer Sachverhalte, in denen bereits die Anmeldung falsch war.[292] Die nur falsche Bekanntmachung ist aus der Gerichtspraxis nicht bekannt. Es gibt allerdings den Fall des OLG Brandenburg,[293] bei dem es um die besonders gefürchtete manipulierte Eintragung und Bekanntmachung zu Lasten eines Gesellschafters ging (Fälschung eines Gesellschaftsprotokolls unter Mitwirkung eines Mitgesellschafters). Ob die Bedeutung des Abs. 3 sich durch die Einführung des elektronischen Handelsregisters, insbesondere wegen der spezifischen Missbrauchsrisiken bei der elektronischen Anmeldung,[294] erhöht, ist unsicher.

87 **2. Reines Rechtsscheinprinzip oder veranlasster Rechtsschein. a) Einführung und Meinungsstand.** Die bisher weitgehend[295] theoretische Diskussion betrifft die Einordnung des Abs. 3 als abstrakte Verkehrsschutznorm bzw. in der Begrifflichkeit der hM als Fall des reinen Rechtsscheinprinzips bzw. alternativ als Fall eines veranlassten Rechtsscheins

[286] Vgl. *Habersack/Verse* EuropGesR § 5 Rn. 22.
[287] Für Analogie innerhalb des Europarechts bzw. a maiore ad minus Schluss *Habersack/Verse* EuropGesR § 5 Rn. 22; *Grundmann* EuropGesR Rn. 278; *Schmidt-Kessel* GPR 2006, 6 (15).
[288] BayObLG NJW-RR 1989, 934 (935); Schmidt-Kessel/Leutner/Müther/*Schmidt-Kessel/Kopp* Rn. 55; *Paefgen* ZIP 2008, 1657; Baumbach/Hopt/*Hopt* Rn. 18; aA *Canaris* HandelsR § 5 Rn. 45.
[289] So *Beuthien* NJW 1970, 2283 (2284).
[290] Vgl. RegE, BT-Drs. 5/3862, 11.
[291] Vgl. *Habersack/Verse* EuropGesR § 5 Rn. 26 f.
[292] Vgl. BGH NZG 2002, 277 f.; BayObLG NJW-RR 1989, 134 f.; OLG Köln NJW-RR 1991, 425 f.; OLG Dresden NZG 2001, 1141 f.; OLG Stuttgart BB 1987, 2184 (2185); FG Münster EFG 1988, 529; OLG Jena OLGR 2002, 418 = BeckRS 2001, 17579 – Entscheidung, in der Abs. 3 tatsächlich zu Gunsten des Dritten Anwendung fand – obwohl richtigerweise ein Fall von Abs. 1 vorlag.
[293] OLG Brandenburg ZIP 2012, 2103.
[294] Vgl. *Paefgen* ZIP 2008, 1653 (1657).
[295] Vgl. aber OLG Brandenburg ZIP 2012, 2103.

(Veranlassungsprinzip). Hintergrund ist, dass die hM[296] insbesondere bei einer fehlerhaften, nicht veranlassten Eintragung als persönlich haftender Gesellschafter bzw. Inhaber eines einzelkaufmännischen Geschäfts unzumutbare Gefahren sieht. Wenig realistisch wird auch noch der Fall konstruiert, dass jemand versehentlich als Prokurist (Geschäftsführer) eingetragen und bekannt gemacht wird, dies erfährt und zu einer Schädigung des Unternehmens nutzt.[297] Konstruktiv wird an der Voraussetzung „in dessen Angelegenheiten" angesetzt (→ Rn. 95). Während der deutlich kleinere Teil der Lit.[298] Abs. 3 als Anwendungsfall des reinen Rechtsscheinprinzips ansieht, bejaht die hM[299] eine Einordnung als Anwendungsfall des Veranlassungsprinzips. Teilweise wird das Veranlassungsprinzip auch nur gegenüber Privaten für anwendbar erklärt.[300]

b) Wertungsmäßige Betrachtung. Auch wenn es dem deutschen Gesetzgeber bis zur Grenze der Verfassungswidrigkeit freisteht, von der Lit. als ungerecht angesehene Normen zu setzen, und der europäische Richtliniengeber nur an das Primärrecht gebunden ist, bedarf es einer wertungsmäßigen Betrachtung, da es erkennbar die Wertungen sind, die die hM an dieser Stelle motivieren. Die behauptete Unzumutbarkeit für den, in dessen Angelegenheiten die Eintragung erfolgt, erstaunt schon deshalb, weil es trotz millionenfacher Handelsregistereinträge in den letzten 40 Jahren allenfalls einen dokumentierten Anwendungsfall für die behauptete (unzumutbaren) Gefahr gegeben hat. Aber selbst diese vom OLG Brandenburg entschiedene Konstellation (gefälschter Gesellschafterbeschluss zur Geschäftsführerbestellung unter Mitwirkung eines Gesellschafters und anschließende Vertretungshandlung durch „Geschäftsführer") hätte man mit Kollusionsregen bewältigen können.[301] In diesem Bereich wird der primäre Schutz im Übrigen durch das Strafrecht und durch die zivilrechtlichen Schadensersatzansprüche gewährleistet. Für (extrem seltene) Fehler des Registergerichts, greift regelmäßig die Amtshaftung des § 839 BGB. Insbesondere die Eintragungsnachricht ist geeignet, das Risiko zu vermindern. Die nach den bisherigen Erfahrungen theoretischen Fälle, in denen Fehler auftreten und die staatliche Amtshaftung versagt, sind dem allgemeinen Lebensrisiko zuzurechnen, das eine Rechtsordnung nicht abschirmen muss. Dies gilt erst recht in einem Bereich, in dem bewusst abstrakt-generelle Regelungen den Vorzug vor individuellen Einzelfallüberlegungen genießen, wie dies bei § 15 der Fall ist (→ Rn. 15). Es besteht daher schon wertungsmäßig kein dringendes Bedürfnis dafür, einen veranlassten Rechtsschein zu fordern.[302] 88

c) Dogmatische Betrachtung. Abs. 3 enthält wie Abs. 1 eine abstrakte Verkehrsschutzregel, die keine konkrete Veranlassung erfordert.[303] Sowohl die Richtlinie als auch § 15 geben einen abstrakten Verkehrsschutz oder – in den Begriffen der hM – das reine Rechtsscheinprinzip vor. Abs. 3 erfordert weder Kenntnis des Dritten von der Bekanntmachung noch eine konkrete Vertrauensdisposition. Anders als beim konkreten Vertrauens- 89

296 *Canaris* HandelsR § 5 Rn. 51; *Canaris,* Die Vertrauenshaftung im deutschen Privatrecht, 1971, 162 ff.; Baumbach/Hopt/*Hopt* Rn. 19; → 1. Aufl. 1996, Rn. 68 ff. *(Lieb)*; Röhricht/Graf v. Westphalen/Haas/*Ries* Rn. 42; KKRD/*Roth* Rn. 29.

297 Vgl. → 1. Aufl. 1996, Rn. 68 *(Lieb)*.

298 *v. Gierke/Sandrock* HandelsR § 11 III 3 c, 155; *P. Hofmann* JA 1980, 264 (270); *Brox/Henssler* HandelsR Rn. 101 f.; grdl. zu § 15 Abs. 2 und Art. 34 GG *Gammelin,* Rechtsscheinhaftung des Kaufmanns und Regreßansprüche gegen den Staat bei fehlerhaftem Publikationsakt der Presse, 1973; BeckOK HGB/*Müther* Rn. 38.

299 OLG Brandenburg ZIP 2012, 2103; *Canaris* HandelsR § 5 Rn. 52; Staub/*Koch* Rn. 107 ff.; *v. Olshausen* BB 1970, 137 (142); *Bürck* AcP 171 (1971), 328 (339 ff.); *Beuthien* FS Reinhardt, 1972, 199 (200 f.); *Sandberger* JA 1973, 215 (218 f.); Baumbach/Hopt/*Hopt* Rn. 19; *Schilken* AcP 187 (1987), 1 (17 ff.); vgl. dazu auch die Erwägungen in BMJ (Hrsg.), Reform des Handelsrechts und Handelsregisterrechts, 1994, 45 Abschnitt V 1 (ZIP 1995, 1903).

300 *K. Schmidt* HandelsR § 14 Rn. 88; *Axer,* Abstrakte Kausalität – ein Grundsatz des Handelsrechts?, 1986, 132 ff.

301 *K. Schmidt* HandelsR § 14 Rn. 88.

302 AA Staub/*Koch* Rn. 110.

303 Schmidt-Kessel/Leutner/Müther/*Schmidt-Kessel/Kopp* Rn. 65–67; BeckOK HGB/*Müther* Rn. 42 f.; *Ott* JuS 2019, 745 (748).

schutz zu erwarten, schadet dem Dritten nur Kenntnis der Divergenz. Die Gesetzesbegründung lehnt das Veranlassungsprinzip ab.[304] Das behauptete Veranlassungsprinzip findet in der Richtlinie keine sprachliche Unterstützung.[305] Eine Formulierung „in dessen Angelegenheiten" fehlt dort.[306] Auch die deutsche Formulierung „in dessen Angelegenheiten" enthält keinen Hinweis auf das Veranlassungsprinzip.[307] Indirekt wird dies von der hM auch eingeräumt. Diese behauptet nicht, das Veranlassungsprinzip lasse sich sprachlich aus dem Merkmal „in dessen Angelegenheiten" ableiten, sondern sieht diese Voraussetzung des Gesetzes als einzig möglichen (vagen) Ansatzpunkt für die gewünschte Einschränkung der Norm.[308] Zu Recht ist darauf hingewiesen worden,[309] dass der Begriff der einzutragenden Tatsache in Abs. 3 ganz abstrakt zu verstehen ist, weshalb es ein systematischer Widerspruch wäre, das Merkmal „in dessen Angelegenheiten" konkret zu verstehen. Dagegen spricht auch, dass die gleiche Formulierung in Abs. 1 von der hM in Übereinstimmung mit der Richtlinie nicht konkret verstanden wird. Dass nach der hier vorgenommenen Interpretation diese Formulierung kaum praktische Bedeutung hat, ist konsequent, da sie in der Richtlinie auch nicht existiert. Das Veranlassungsprinzip kann auch nicht allein rechtsethisch gerechtfertigt werden.[310]

90 **3. Einzutragende Tatsache.** Anders als bei Abs. 1 ist hier die Erfassung von Primärtatsachen nicht streitig.[311] Gleiches gilt auch für konstitutive Eintragungen. Da eine unrichtige Tatsache als solche nicht eintragungspflichtig sein kann, ist eine abstrakte Betrachtungsweise erforderlich.[312] Es kommt darauf an, ob der betreffende Vorgang, das betreffende Ereignis, als solches abstrakt-generell eintragungspflichtig ist.[313] Diese abstrakte Betrachtungsweise passt zum abstrakten Verkehrsschutz im Rahmen des § 15.

91 **4. Analoge Anwendung auf lediglich eintragungsfähige Tatsachen.** Im Gegensatz zu Abs. 1 (→ Rn. 31) und in Übereinstimmung mit Abs. 2 (→ Rn. 69) sollte auch Abs. 3 analog auf lediglich eintragungsfähige Tatsachen erstreckt werden,[314] weil auch hier eine entsprechende Schutzbedürftigkeit der Dritten besteht. Nachdem seit der Novellierung 2003 auch die Richtlinie einen entsprechenden Schutz hinsichtlich der nur eintragungsfähigen Übersetzung der Eintragung in eine andere Sprache vorsieht, entspricht die Anwendung der Norm für alle Fälle lediglich eintragungsfähiger Tatsachen nun auch dem Gebot systemkonformer Auslegung.[315]

---

[304] BT-Drs. 5/3862, 10: „unabhängig davon, ob die Unrichtigkeit von der Gesellschaft veranlasst worden ist".

[305] Staub/*Koch* Rn. 110; *Grundmann* EuropGesR Rn. 278 m. Fn. 48 unter Hinweis darauf, dass außerhalb Deutschlands ein Veranlassungsprinzip in diesem Zusammenhang nicht erörtert wird; *Riehm* in Langenbucher, Europarechtliche Bezüge des Privatrechts, 2. Aufl. 2008, § 4 Rn. 34; *Törggler,* Abschied vom Handelsrecht?, 2005, 17; insoweit auch *Canaris* HandelsR § 5 Rn. 53; aA bezüglich Vereinbarkeit mit der Richtlinie *Schwarz* EuropGesR Rn. 321; *Habersack/Verse* EuropGesR § 5 Rn. 27; Oetker/*Preuß* Rn. 62; *Paefgen* ZIP 2008, 1653 (1657).

[306] Dennoch für Vereinbarkeit mit der RL *Habersack/Verse* EuropGesR § 5 Rn. 27; *Schwarz* EuropGesR Rn. 321.

[307] Vgl. auch den Fall OLG Brandenburg ZIP 2012, 2103, denn die Geschäftsführerbestellung geschah als Angelegenheit der Gesellschaft.

[308] Vgl. zB → 1. Aufl. 1996, Rn. 73, Rn. 74 *(Lieb)* „in Anlehnung" an die Formulierung.

[309] Vgl. → 1. Aufl. 1996, Rn. 72 *(Lieb).*

[310] So aber grds. *Riehm* in Langenbucher, Europarechtliche Bezüge des Privatrechts, 2. Aufl. 2008, § 4 Rn. 36.

[311] So auch → 1. Aufl. 1996, Rn. 63 *(Lieb).*

[312] Röhricht/Graf v. Westphalen/Haas/*Ries* Rn. 35; EBJS/*Gehrlein* Rn. 25; Oetker/*Preuß* Rn. 55.

[313] BGH ZGR 2017, 104; OLG Bremen NZG 2016, 185; BeckOGK/*Schaal* Rn. 99.

[314] Ebenso *Bürck* AcP 171 (1971), 328 (342); aA die ganz hM, BAG NJW 1988, 222 (223); BGH NJW 2017, 559 Rn. 13; Baumbach/Hopt/*Hopt* Rn. 18: „nur für eintragungspflichtige Tatsachen"; *v. Gierke/Sandrock* HandelsR § 11 III 3 c, 154; Heymann/*Förster* Rn. 45; Heymann/*Förster* § 8 Rn. 13; Oetker/*Preuß* Rn. 55; *v. Olshausen* BB 1970, 137 (141); *Schilken* AcP 187 (1987), 1 (12 f.); *K. Schmidt* HandelsR § 14 Rn. 80.

[315] Abl. Staub/*Koch* Rn. 100; EBJS/*Gehrlein* Rn. 18; *Canaris* HandelsR § 5 Rn. 27.

5. Unrichtige Bekanntmachung. Vom Wortlaut des Abs. 3 sind nur die Fälle der unrichtigen Bekanntmachung der einzutragenden Tatsache erfasst. Die Richtlinie bezog sich bisher ausschließlich auf Abweichungen der Bekanntmachung von der Eintragung. Für die Neufassung 2019 bedarf es hingegen näherer Argumentationen (→ Rn. 6), dass es überhaupt einen entsprechenden Schutz; nunmehr nur bezogen auf die Eintragung gelten soll. Nach der bisherigen Richtlinie wären nur die Fälle falscher Bekanntmachung bei richtiger Eintragung erfasst gewesen. Der Wortlaut des Abs. 3 erfasst hingegen auch Fälle, in denen nicht nur die Bekanntmachung, sondern auch die Eintragung falsch war (näher → Rn. 85). Dementsprechend ist Abs. 3 auch bei fehlender Eintragung und falscher Bekanntmachung bzw. bei unterschiedlichen Fehlern von Eintragung und Bekanntmachung anwendbar.[316] 92

6. Falsche Eintragung, richtige Bekanntmachung. Abs. 3 ist seinem Wortlaut nach nicht anwendbar, wenn zwar die Eintragung falsch, die Bekanntmachung aber richtig ist.[317] Hier wird teilweise[318] eine analoge Anwendung des Abs. 3 befürwortet. Es wird die Gleichbehandlung von falscher Eintragung und falscher Bekanntmachung gefordert. Es sei nicht zu rechtfertigen, dass derjenige, der sich einen Handelsregisterauszug vorlegen lasse, schlechter gestellt werde, als derjenige, der „nur" auf die Bekanntmachung vertraut. Die hL[319] will dagegen in diesen Fällen nur auf die insoweit weitergeltenden konkreten Vertrauensschutz gewährenden Ergänzungsrechtssätze (→ Rn. 108 ff.) zurückgreifen. Für die hL spricht nicht nur die Begründung des damaligen Regierungsentwurfes.[320] Sie respektiert vor allem die bis 2019 in der Richtlinie und im deutschen Gesetz angeordnete Bezugnahme auf die Bekanntmachung, die erkennbar als der formal stärkere Verkehrsschutzträger angesehen wird. Daran ändert auch die Einführung eines elektronischen Handelsregisters nichts.[321] Erst die Umsetzung der RL (EU) 2019/1151 wird den Vorrang der Eintragung verankern. 93

7. Dritter. Der Begriff des Dritten entspricht dem in Abs. 1 und Abs. 2, weshalb auf die dortigen Ausführungen verwiesen werden kann (→ Rn. 46 ff.). **Ausgeschlossen** sind also **selbst betroffene Personen und unternehmensinterne Vorgänge.** Vierte Personen, die nur über die Dritten betroffen werden (→ Rn. 48), können durch den Verkehrsschutz des Abs. 3 zu Gunsten des Dritten positiv, aber auch negativ in ihren eigenen Interessen berührt werden. 94

8. „In dessen Angelegenheiten". Diese der Richtlinie nicht bekannte Voraussetzung, stammt ebenfalls aus Abs. 1. Genauso wie die hM bei Abs. 1 zu Recht diese Voraussetzung nicht zur Statuierung von Zurechnungsvoraussetzungen auf Seiten desjenigen nutzt, zu dessen Lasten der Verkehrsschutz geht (→ Rn. 43), lässt sich Gleiches entgegen der hM auch bei Abs. 3 nicht rechtfertigen (näher → Rn. 87 ff.). „In dessen Angelegenheiten" hat als Voraussetzung also nur die Bedeutung, die hierdurch abstrakt Betroffenen zu beschreiben. 95

9. Geschäftsfähigkeit. a) Grundsatz. Streitig ist, ob Abs. 3 nur zu Lasten von voll Geschäftsfähigen wirkt. Von denen, die ein Veranlassungsprinzip bei Abs. 3 behaupten, wird teilweise allein daraus das Erfordernis der Geschäftsfähigkeit abgeleitet.[322] Andere bejahen 96

[316] Staub/*Hüffer,* 4. Aufl. 1982, Rn. 50; → 1. Aufl. 1996, Rn. 64 *(Lieb).*

[317] Vgl. hierzu Oetker/*Preuß* Rn. 59, die darauf hinweist, dass die Divergenz zwischen Eintragung und Bekanntmachung seit Einführung des elektronischen Handelsregisters „technisch eher unwahrscheinlich sei".

[318] *Einmahl* AG 1969, 131 (137); Schmidt-Kessel/Leutner/Müther/*Schmidt-Kessel/Kopp* Rn. 56 f.; gegen diese Analogie aufgrund methodologischer Bedenken *Schilken* AcP 187 (1987), 1 (13).

[319] *v. Gierke/Sandrock* HandelsR § 11 III 4 b, 157; Heymann/*Förster* Rn. 46 f.; *U. Hübner* HandelsR Rn. 40; *v. Olshausen* BB 1970, 137 (144); *Schilken* AcP 187 (1987), 1 (13); *K. Schmidt* HandelsR § 14 Rn. 82; *K. Schmidt* JuS 1977, 209 (215); *Hager* Jura 1992, 57 (64).

[320] Vgl. Begr. RegE, BT-Drs. 5/3862, 11.

[321] AA *Paefgen* ZIP 2008, 1653 (1658); *Schmidt-Kessel* GPR 2006, 6 (15); *Noack* FS Eisenhardt, 2007, 477 (480 f.); Staub/*Koch* Rn. 105.

[322] *Canaris* HandelsR § 5 Rn. 54; *Canaris,* Die Vertrauenshaftung im deutschen Privatrecht, 1971, 166; Baumbach/Hopt/*Hopt* Rn. 19; trotz Ablehnung des Veranlassungsprinzips den Vorrang des Minderjährigenschutzes bejahend *v. Gierke/Sandrock* HandelsR § 11 III 3 c, 155.

auch bei Anwendung des Veranlassungsprinzips eine Wirkung zu Lasten des nicht voll Geschäftsfähigen.[323] In der → 1. Aufl.[324] ist zu Recht auf das Erfordernis einer einheitlichen Entscheidung in Abs. 1 und Abs. 3 hingewiesen worden. Diese Prämisse führt unter Zugrundelegung der hiesigen Auffassung – dh ausgehend vom Konzept des abstrakten Verkehrsschutzes und mangels Anhaltspunkten in Richtlinie und Gesetz für einen Sonderstatus von nicht voll Geschäftsfähigen – dazu, die Erforderlichkeit voller Geschäftsfähigkeit zu verneinen.[325] Gerade weil Abs. 3 bei der bisherigen Zuverlässigkeit des Registers keine praktische Bedeutung hatte, besteht keine Notwendigkeit, aufgrund von eher theoretischen Gefahren für nicht voll Geschäftsfähige den Wortlaut der Norm teleologisch zu reduzieren.

97 **b) Abs. 3 und Minderjährigenhaftungsbeschränkung gem. § 1629a BGB.** Bei Bekanntmachung eines falschen Geburtsdatums kann bei einem minderjährigen Gesellschafter oder Einzelkaufmann der Eindruck der Volljährigkeit entstehen.[326] Problematisch ist, ob der Anwendung des Abs. 3 hier § 1629a BGB entgegensteht. Anders als bei Abs. 1, wo aus dem fehlenden Geburtsdatum nicht auf die Volljährigkeit geschlossen werden konnte (→ Rn. 56), ist bei einem falschen, die Volljährigkeit suggerierenden Geburtsdatum an einer Schutzbedürftigkeit des Dritten nicht zu zweifeln. Die hM, insbesondere im Familienrecht, bejaht dennoch einen Vorrang des § 1629a BGB,[327] schließt also die Anwendung des Abs. 3 aus, wobei dies wegen des häufigen Agierens der gesetzlichen Vertreter nicht allein mit dem von der hM ebenfalls bejahten Veranlassungsprinzip begründet werden kann. Diese hM ist in Übereinstimmung mit dem Willen des Gesetzgebers abzulehnen (näher → Rn. 25).[328]

98 **10. Keine Kenntnis der Unrichtigkeit.** Wie bei Abs. 1 schadet einfache oder grobe Fahrlässigkeit nicht. Entsprechend seiner Natur als abstrakte Verkehrsschutzregel verlangt Abs. 3 nicht, dass der Dritte die Bekanntmachung zur Kenntnis genommen hat. Es reicht aus, dass er sie bezüglich der in Rede stehenden Handlung oder Unterlassung hätte zur Kenntnis nehmen können. Dementsprechend ist auch ein Beweis dergestalt, dass der Dritte die Bekanntmachung tatsächlich nicht kannte, ohne Bedeutung.[329] Für die Kenntnis ist wie bei Abs. 1 (→ Rn. 50) aus Verkehrsschutzgründen auf eine zuverlässige Kenntnis abzustellen. Die Kenntnis der Abweichung der Bekanntmachung von der Handelsregistereintragung reicht nach dem Wortlaut des Abs. 3 scheinbar nicht aus, denn es könnte auch die Eintragung falsch und die Bekanntmachung richtig sein, weshalb Kenntnis der Unrichtigkeit eigentlich nicht vorliegt. Art. 3 Abs. 7 Publizitäts-RL (heute Art. 16 Abs. 7 GesR-RL) schließt demgegenüber einen Schutz des Dritten aus, wenn dieser die von der Bekanntmachung abweichende Eintragung kennt. Die Richtlinie ist insoweit nicht etwa Mindeststandard, sondern versucht einen Interessenausgleich, ist also verbindlich (→ Rn. 8). Die Kenntnis der Unrichtigkeit ist daher entweder richtlinienkonform extrem weit auszulegen, sodass bereits die Kenntnis der abweichenden Eintragung schadet. Um die deutschen Auslegungsgrenzen nicht zu überziehen, erscheint es jedoch vorzugswürdig, den Anwendungsbereich des Abs. 3 im Wege der teleologischen Reduktion einzuschränken, da der Dritte dann nicht schutzwürdig ist, wenn er die für ihn ungünstige Eintragung kennt, die überdies im Regelfall

---

[323] Röhricht/Graf v. Westphalen/Haas/*Ries* Rn. 43; Staub/*Koch* Rn. 111; BeckOGK/*Schaal* Rn. 110; Heymann/*Förster* Rn. 50; BeckOK HGB/*Müther* Rn. 39.

[324] → 1. Aufl. 1996, Rn. 76 *(Lieb)*.

[325] Schmidt-Kessel/Leutner/Müther/*Schmidt-Kessel/Kopp* Rn. 68.

[326] AA Schmidt-Kessel/Leutner/Müther/*Schmidt-Kessel/Kopp* Rn. 20 wegen der fehlenden Pflicht zur Eintragung der Staatsangehörigkeit unter Berufung auf Art. 7 EGBGB.

[327] Vgl. EBJS/*Gehrlein* Rn. 34; Oetker/*Preuß* Rn. 67; *Behnke* NJW 1998, 3078 (3082); Staudinger/*Coester*, 2015, BGB § 1629a Rn. 79; *Eckebrecht* MDR 1999, 1248 (1251); *Muscheler* WM 1998, 2271 (2283); *Glöckner* FamRZ 2000, 1397 (1400) Fn. 28; wohl auch KKRD/*Roth* Rn. 30; wie hier BeckOK HGB/*Müther* Rn. 40.

[328] Ebenso BeckOGK/*Schaal* Rn. 111; BeckOK HGB/*Müther* Rn. 40.

[329] *Axer*, Abstrakte Kausalität – ein Grundsatz des Handelsrechts?, 1986, 113 ff.; KKRD/*Roth* Rn. 32; Heymann/*Förster* Rn. 51; Röhricht/Graf v. Westphalen/Haas/*Ries* Rn. 40; BeckOK HGB/*Müther* Rn. 43; aA *Canaris* HandelsR § 5 Rn. 49; *Schilken* AcP 187 (1987), 1 (21).

zuverlässiger als die Bekanntmachung sein dürfte.[330] Abs. 3 geht nach der auch hier vertretenen hM weit über die Richtlinie hinaus. Ist auch die Eintragung in gleicher Weise wie die Bekanntmachung falsch, gibt es keine Abweichung, die dem Verkehrsschutz entgegenstehen würde. Ist die Eintragung in anderer Weise als die Bekanntmachung, falsch – ein ohnehin eher theoretischer Fall – ist es bei Kenntnis der Eintragung dennoch angemessen, die Gutgläubigkeit zu verneinen.

11. Maßgeblicher Zeitpunkt. Maßgeblich für den Schutz des Dritten ist der Zeitpunkt, zu dem sich der für die Rechte des Dritten maßgebliche Vorgang ereignet,[331] wobei dieser auch in einem Unterlassen (zB unterlassene Kreditkündigung) bestehen kann. Zu diesem Zeitpunkt muss die unrichtige Bekanntmachung existieren. Damit lassen sich auch die nunmehr im elektronischen Handelsregister vorstellbaren Fälle einer zwischenzeitlichen **Verfälschung der Bekanntmachung** (und Eintragung) durch Softwarefehler oder Manipulationen bewältigen. Die Karenzfrist des Abs. 2 S. 2 ist nach allgemeiner Meinung nicht analog anwendbar, da diese den Dritten schützen soll, hier aber eine genau gegenteilige Wirkung eintreten würde.[332] Durch eine **berichtigende Bekanntmachung** kann die Wirkung des Abs. 3 für die Zukunft beendet werden. Zu Gunsten des Dritten greift darüber hinaus der insoweit unmittelbar anwendbare Abs. 2 S. 2.[333] 99

12. Rechtsfolgen. Gem. Abs. 3 kann sich der Dritte auf die bekannt gemachte Tatsache berufen. Dies entspricht Art. 3 Abs. 7 Publizitäts-RL (heute Art. 16 Abs. 7 GesR-RL) und bedeutet, dass – anders als bei Abs. 1 (→ Rn. 53) – hier die **Sicht des Dritten maßgeblich** ist. Darüber hinaus muss der Dritte sich tatsächlich auf Abs. 3 berufen, also aktiv den Schutz in Anspruch nehmen. Dies geht allerdings auch konkludent.[334] Es reicht hier also – anders als bei Abs. 1 (→ Rn. 57) – nicht aus, dass dem Gericht der Tatbestand des Inhalts der Bekanntmachung unstreitig vorgetragen wird. Dementsprechend kann Abs. 3 nicht zu Gunsten des Eintragungspflichtigen wirken.[335] Beruft sich der Dritte nicht auf Abs. 3, so gilt grundsätzlich die wahre Rechtslage. Da die unrichtige Bekanntmachung bei eintragungspflichtigen Tatsachen in der Regel jedoch zugleich bezüglich der wahren Tatsache die Voraussetzung des Abs. 1 erfüllt (→ Rn. 41) und der Dritte somit schutzbedürftig hinsichtlich der zuvor erfolgten wahren Eintragung ist, kann dem Dritten diese wahre Tatsache nicht gegen seinen Willen entgegengehalten werden. Der Dritte hat also im Ergebnis ein **dreifaches Wahlrecht** zwischen der Bekanntmachung gem. Abs. 3, der wahren Rechtslage und der Rechtslage nach Abs. 1.[336] Darüber hinaus entfaltet Abs. 3 mittelbare Folgen. Wäre eine bestimmte Art der Eintragung und Bekanntmachung aus Sicht des Rechtsverkehrs irreführend, so wird mit den drohenden Rechtsfolgen des Abs. 3 ein Anspruch auf eine die Irreführung vermeidende Eintragung und Bekanntmachung begründet.[337] 100

13. Darlegungs- und Beweislast. Der Dritte muss darlegen und beweisen, dass die Tatsache, auf die er sich beruft, zum maßgeblichen Zeitpunkt bekannt gemacht war. Die 101

330 IErg ähnlich *Canaris* HandelsR § 5 Rn. 48, der in solchen Fällen dem Dritten gem. § 242 BGB die Berufung auf die bekannt gemachte Tatsache versagt; Staub/*Koch* Rn. 112.

331 EBJS/*Gehrlein* Rn. 36; Heymann/*Förster* Rn. 52; Röhricht/Graf v. Westphalen/Haas/*Ries* Rn. 41; Oetker/*Preuß* Rn. 71.

332 EBJS/*Gehrlein* Rn. 36; Staub/*Koch* Rn. 113; Röhricht/Graf v. Westphalen/Haas/*Ries* Rn. 41; Heymann/*Förster* Rn. 52.

333 EBJS/*Gehrlein* Rn. 36; Staub/*Koch* Rn. 113; Heymann/*Förster* Rn. 52.

334 Staub/*Koch* Rn. 114.

335 Vgl. BGH WM 1990, 638; GmbHR 1990, 294; EBJS/*Gehrlein* Rn. 37.

336 Beispiel: A ist einziger Prokurist und als solcher eingetragen und bekannt gemacht. B wird zweiter Prokurist und A wird mit B zum Gesamtprokuristen. Stattdessen wird jedoch nur eine Einzelprokura des B eingetragen und bekannt gemacht. Dann kann sich ein Dritter gem. Abs. 3 auf die bekannt gemachte Einzelprokura des B oder gem. Abs. 1 auf die Einzelprokura des A oder auf die wahre Rechtslage, die Gesamtprokura von A und B, berufen; zust. (auch zum Beispiel) BeckOGK/*Schaal* Rn. 119, 119.1.

337 Vgl. BayObLG NJW-RR 1989, 934 (935).

Unrichtigkeit muss er nicht darlegen oder beweisen, da bei Richtigkeit der Tatsache der Dritte sich ebenfalls auf diese Tatsache berufen kann. Der Eintragungspflichtige muss die Kenntnis oder die fehlende potentielle Kausalität der Bekanntmachung dartun.[338] Entscheidet der Dritte sich für eine Berufung auf die wahre Lage, so muss er wegen Abs. 2 auch die Unrichtigkeit der Bekanntmachung darlegen und beweisen.

102 **14. Eintritt in eine im Handelsregister eingetragene BGB-Gesellschaft.** Tritt jemand als persönlich haftender Gesellschafter in eine als OHG oder KG eingetragene BGB-Gesellschaft ein (BGB-Gesellschaft trotz §§ 2, 3, 5, 105 Abs. 2 aufgrund fehlenden Gewerbes), so stellt sich die Frage, ob hierauf Abs. 3 anzuwenden ist. Die praktische Bedeutung dieser Frage ist zwar aufgrund der neueren Rspr. zur BGB-Gesellschaft inzwischen sehr gering, doch gibt es insbesondere im Hinblick auf die vom BGH zugelassenen Ausnahmen von der analogen Anwendung des § 128 jedenfalls im Grundsatz ein solches Rechtsproblem.[339] Die Anwendbarkeit des Abs. 3 wird zum Teil mit der Begründung verneint, der Eintritt in eine BGB-Gesellschaft sei keine einzutragende Tatsache.[340] Nach dem hier abstrakt auszulegenden Begriff der einzutragenden Tatsache (→ Rn. 90) ist das bekannt gemachte Eintreten eines persönlich haftenden Gesellschafters in eine Personengesellschaft die einzutragende Tatsache.[341] Für die Haftung des Eintretenden aus § 130 wird vertreten, dass Abs. 3 hier nicht zu einer Anwendung des § 130 führe,[342] da hier irgendeine kausale Vertrauensinvestition gar nicht vorliegen könne.[343] Dies ist jedoch deshalb nicht überzeugend, weil die potentielle Kausalität schon bei der Unterlassung einer möglichen Kündigung eines Darlehens oder einer unterlassenen Zwangsvollstreckung vorliegt.

103 **15. Mängel bei der Organbestellung in Kapitalgesellschaften.** Gem. Art. 8 GesR-RL, der keinen Niederschlag im Wortlaut des Abs. 3 gefunden hat, sollen Dritte auch bei fehlerhafter Bestellung von Vertretungsorganen, deren Bestellung eingetragen und bekanntgemacht wurde, geschützt werden. Die Richtlinie dürfte damit auch nichtige Bestellungsakte erfassen, soweit nur überhaupt ein Bestellungsakt vorliegt.[344] Da in Deutschland herrschend auch der Doppelmangel (falsche Eintragung und falsche Bekanntmachung) als von Abs. 3 erfasst angesehen wird, scheint es für die Anwendung in Deutschland kein Problem zu geben.[345] Dass der europäische Gesetzgeber dies aber überhaupt für regelungsbedürftig hielt, spricht dafür, dass er entweder dem Wortlaut der Richtlinie entsprechend ansonsten nur fehlerhafte Bekanntmachungen bei richtiger Eintragung als erfasst ansah. Würde man Abs. 3 so interpretieren, gäbe es noch weniger ein praktisches Bedürfnis für den Streit um das Veranlassungsprinzip (→ Rn. 87 ff.).

104 **16. Staatshaftung bei Eintragungsfehlern.** Bei vom Handelsregister verursachten Eintragungsfehlern, wie falsche Bekanntmachung, fehlerhafte Eintragung bei erkennbar gefälschten Unterlagen oder verzögerter Eintragung kommt eine Staatshaftung gem. Art. 34 GG iVm § 839 BGB in Betracht.[346] Die Staatshaftung und die korrespondierende Sorgfaltspflicht sind für die Zumutbarkeit der Wirkungen des § 15 von Bedeutung. Bei nur fehlerhafter Bekanntmachung[347] wird wegen der Mitteilung an den Antragsteller gem. § 383 Abs. 1

[338] Vgl. OLG Jena OLGR 2002, 418 (421) = BeckRS 2001, 17579; BeckOK HGB/*Müther* Rn. 45.

[339] Sollten diese Ausnahmen de lege ferenda wie im Mauracher Entwurf zur Reform des Rechts der GbR (vom BMJV am 20.4.2020 veröffentlicht) wegfallen, würde die Frage weitgehend theoretisch werden.

[340] So *Canaris* HandelsR § 5 Rn. 47 Fn. 93.

[341] Ebenso Staub/*Koch* Rn. 98.

[342] BAG NJW 1988, 222 f.

[343] Entgegen *Schwarz* DB 1989, 161 ist § 15 Abs. 1 unanwendbar; vgl. dazu RGZ 142, 98 (105); *Canaris* HandelsR § 5 Rn. 47 Fn. 93; Staub/*Hüffer* Rn. 15; → 1. Aufl. 1996, Rn. 67 *(Lieb)*.

[344] Das OLG Brandenburg ZIP 2012, 2103 hat sich mit der Reichweite der Richtlinie in dieser Hinsicht nicht auseinandergesetzt.

[345] Schmidt-Kessel/Leutner/Müther/*Schmidt-Kessel/Kopp* Rn. 58.

[346] Vgl. RGZ 131, 14; BayObLG BB 1989, 100; *Canaris* HandelsR § 4 Rn. 24; Schmidt-Kessel/Leutner/Müther/*Schmidt-Kessel/Kopp* Rn. 81; Baumbach/Hopt/*Hopt* Rn. 23.

[347] *Noack* FS Ulmer, 2003, 1245 (1262).

FamFG, der Fehler schnell erkennbar macht, womit Schäden verhindert werden können, es nur selten zu einer Haftung kommen.[348]

V. Zweigniederlassung (Abs. 4)

Für eine Zweigniederlassung ausländischer Unternehmensträger wird (uU neben ihrer Eintragung beim Gericht der Hauptniederlassung) bei dem für sie jeweils zuständigen Gericht der deutschen Niederlassung ein eigenes Registerblatt geführt. Nachdem durch die Einführung eines elektronischen Registers die Gefahr von Divergenzen zwischen den Eintragungen und Bekanntmachungen der Haupt- und der Zweigniederlassung inländischer Unternehmensträger beseitigt worden ist und für den Geschäftsverkehr mit Zweigniederlassungen inländischer Unternehmensträger nur noch die Eintragungen und Bekanntmachungen des Gerichts der Hauptniederlassung bzw. der Sitz des inländischen Unternehmensträgers maßgeblich sind,[349] legt Abs. 4 fest, dass im Geschäftsverkehr mit Zweigniederlassungen ausländischer Unternehmensträger die Eintragungen und Bekanntmachungen durch das **Gericht der Zweigniederlassung** maßgeblich sind. 105

Dabei können sich **Divergenzen** sowohl in inhaltlicher als auch insbesondere in zeitlicher Hinsicht ergeben. Ist etwa die Eintragung und Bekanntmachung im Register des Gerichts der Hauptniederlassung bereits vollzogen, so ist dies aufgrund der Maßgeblichkeit des Registers des Gerichts der Zweigniederlassung nicht ausreichend. Erst wenn die Eintragung und Bekanntmachung auch durch das Gericht der Zweigniederlassung vollzogen ist, kann Abs. 2 zur Anwendung kommen; bis dahin bleibt es trotz Eintragung und Bekanntmachung durch das Gericht der Hauptniederlassung bei der Regelung des Abs. 1. Entsprechend anwendbar ist Abs. 4 soweit es heute noch auf die ergänzenden Rechtsscheinsätze ankommt (→ Rn. 108 ff.). 106

VI. Doppelsitz

In Ausnahmefällen gibt es einen Doppelsitz bzw. eine doppelte Hauptniederlassung. Hier sind **beide Registergerichte** für sämtliche Eintragungen **zuständig.**[350] Für § 15 führt dies zu einem vom Gesetzgeber nicht berücksichtigten Anwendungsproblem. Elegant, aber kaum mit dem Gesetz zu vereinbaren, ist die Ansicht, die hier generell auf die Hauptniederlassung abstellen will, zu der das streitige Rechtsverhältnis die engere Beziehung hat.[351] Da es das Unternehmen ist, welches mit dem Doppelsitz die Schwierigkeiten hervorruft, sollte die Anwendung des § 15 im Sinne einer Meistbegünstigung für den Dritten erfolgen. Für Abs. 1 und Abs. 2 ist daher Eintragung und Bekanntmachung in beide Register erforderlich.[352] Für den guten Glauben des Dritten reicht dann bei Abs. 3 reicht eine Bekanntmachung aus.[353] 107

VII. Die sog. Ergänzungssätze

1. Inhalt. Vor Inkrafttreten des Abs. 3 wurden lückenfüllend zwei sog. Ergänzungssätze entwickelt.[354] Diese konkreten Vertrauensschutz gewährenden Ergänzungssätze lauten: 108

– Wer eine unrichtige Erklärung zum Handelsregister abgibt oder eine unrichtige Eintragung auf andere Weise veranlasst, kann an dieser von einem gutgläubigen Dritten festgehalten werden.[355]

---

[348] Staub/*Koch* Rn. 115; Heidel/Schall/*Ammon* Rn. 38; Oetker/*Preuß* Rn. 73; *K. Schmidt* HandelsR § 14 Rn. 100.

[349] Oetker/*Preuß* Rn. 75; Baumbach/Hopt/*Hopt* Rn. 24.

[350] *Balser* DB 1972, 2049 (2050); Oetker/*Preuß* Rn. 76.

[351] Baumbach/Hopt/*Hopt* Rn. 25.

[352] Oetker/*Preuß* Rn. 76; EBJS/*Pentz* § 13 Rn. 38; BeckOK HGB/*Müther* Rn. 47.

[353] LG Hamburg DB 1973, 2237; Staub/*Koch* Rn. 119; Oetker/*Preuß* Rn. 76.

[354] Grdl. *Ehrenberg* in Ehrenbergs HdB, Bd. I, 1913, 645.

[355] StRspr, vgl. nur ROHGE 24, 318 (320); RGZ 50, 428 (431); 76, 439 (441); 142, 98 (104 f.); 164, 115 (121); BGHZ 22, 235 (238) = NJW 1955, 985; vgl. auch *Brox/Henssler* HandelsR Rn. 93; *Canaris* HandelsR § 6 Rn. 2 ff.; *v. Gierke/Sandrock* HandelsR § 11 III 4 a, 156; *P. Hofmann* JA 1980, 264 (271); Schlegelberger/*Hildebrandt/Steckhan* Rn. 22.

– Wer eine unrichtige Eintragung im Handelsregister zwar nicht veranlasst hat, diese aber schuldhaft nicht beseitigt, kann an ihr von einem gutgläubigen Dritten festgehalten werden.[356]

109 **2. Verhältnis zu Abs. 3.** Sollten die Ergänzungssätze, wie teilweise angenommen, Gewohnheitsrecht gewesen sein,[357] so hätten sie Gesetzesrang gehabt. Wegen der nur seltenen Praktizierung der Ergänzungssätze liegt es jedoch näher, trotz der lang andauernden Anerkennung nur eine richterliche Rechtsfortbildung extra legem zu bejahen, die sich nicht gewohnheitsrechtlich verfestigt hat. In beiden Alternativen stellt sich die Frage nach dem Verhältnis zu Abs. 3. Handelte es sich, wie hier bejaht, bei den Ergänzungssätzen um normale Rechtsfortbildungen, so können sie wegen ihres lückenfüllenden Charakters nur dort Anwendung finden, wo Abs. 3 weder direkt noch in analoger Anwendung anwendbar ist. Die Ergänzungssätze sind also uneingeschränkt subsidiär.[358] Bei einem Status als Gewohnheitsrecht ließe sich – ginge man nicht gem. der lex-posterior-Regel von einer völligen Verdrängung der Ergänzungssätze aus – nur der Vorrang des Abs. 3 vor den Ergänzungssätzen im unmittelbaren Anwendungsbereich des Abs. 3 rechtfertigen (lex specialis). Die Ergänzungssätze müssten dann im Übrigen konsequent angewendet werden. Die Analogie zu Abs. 3 würden sie mangels Lücke sperren.

110 **3. Anwendungsfälle.** Der zweite Ergänzungssatz findet insbesondere dann Anwendung, wenn nur die Eintragung fehlerhaft ist. Der erste Ergänzungssatz könnte zB angewendet werden, wenn eine unrichtige Erklärung zum Handelsregister abgegeben und eingetragen und vom Dritten eingesehen wird, Abs. 3 mangels Bekanntmachung aber noch nicht anwendbar ist (zu beachten ist hinsichtlich der Kaufmannseigenschaft auch § 5; → Rn. 19). Der ebenfalls diskutierte Fall des Eintritts eines persönlich haftenden Gesellschafters in eine Gesellschaft, die als Personengesellschaft eingetragen ist, tatsächlich allerdings Gesellschaft bürgerlichen Rechts ist, sollte hingegen nicht über den ersten Ergänzungssatz, sondern über Abs. 3 gelöst werden (→ Rn. 102). Bei einer fehlerhaften Handelsregistereintragung in der DDR kurz vor dem Beitritt, kommt für die Zeit nach dem Beitritt die Anwendung des 2. Ergänzungssatzes in Betracht.[359]

VIII. Schein-Kaufmann und Schein-Nichtkaufmann

111 Die auf *Staub*[360] zurückgehende Lehre vom Schein-Kaufmann und seinem Gegenstück, dem Schein-Nichtkaufmann, passt unter keine der handelsrechtlichen Vorschriften, auch nicht unter den insbesondere früher als Analogiebasis herangezogenen § 5[361] (ausführlich → Anh. § 5 Rn. 1 ff.). Es handelt sich um eine Rechtsfortbildung extra legem und einen Anwendungsfall des **konkreten Vertrauensschutzprinzips.** (Der rechtsgeschäftsähnliche Ansatz einer Erklärung an die Öffentlichkeit hatte nur in der Anfangsphase dieser Figur Bedeutung.) Entsprechend der Einordnung als Vertrauensschutztatbestand sind ein vom Schein-Kaufmann bzw. Schein-Nichtkaufmann veranlasster Rechtsschein, Kenntnis und gutgläubige Disposition des Dritten im Vertrauen auf den Rechtsschein notwendig. Soweit § 15 reicht, haben seine Regeln Vorrang vor denen für den Scheinkaufmann (vgl. für Abs. 2 → Rn. 80 ff.).

112 Die hM[362] wendet zum Schutz der Dritten bei Scheinkaufleuten grundsätzlich alle Normen an und differenziert nicht nach ihrer eventuellen Dispositivität. *Canaris*[363] bejaht

[356] ROHGE 23, 280; RG JW 1928, 1586; RGZ 131, 12 (14 ff.); *Brox/Henssler* HandelsR Rn. 94; *Canaris* HandelsR § 6 Rn. 2 ff.; *P. Hofmann* JA 1980, 264 (271); Schlegelberger/*Hildebrandt/Steckhan* Rn. 22.

[357] So zB → 1. Aufl. 1996, Rn. 98 *(Lieb)*; zu den Voraussetzungen an die Entstehung und Abänderung von Gewohnheitsrecht *Krebs/Becker* JuS 2013, 97 ff.

[358] Ähnlich *Canaris* HandelsR § 5 Rn. 45 f.; *Canaris* HandelsR § 6 Rn. 3 f.; Staub/*Koch* Rn. 99.

[359] KG VIZ 2004, 503.

[360] Vgl. *Staub*, 6./7. Aufl. 1900, Excurs zu § 5 Anm. 1.

[361] Darauf beruht es wohl, dass der Scheinkaufmann heute noch meist im Anhang zu § 5 behandelt wird, vgl. Staub/*Brüggemann* Anh. § 5; Baumbach/Hopt/*Hopt* § 5 Rn. 9 ff.; Heymann/*Emmerich* § 5 Rn. 17 ff.

[362] *K. Schmidt* HandelsR § 10 Rn. 141; → 1. Aufl. 1996, Rn. 90 *(Lieb)*.

[363] *Canaris* HandelsR § 6 Rn. 23–25.

unabhängig von der Dispositivität der Normen die Anwendbarkeit der kaufmännischen Regeln auf Scheinkaufleute nur bei Kannkaufleuten iSd §§ 2, 3 und bei freiberuflichen Unternehmern. Für nicht unternehmerische Personen sollen hingegen zwingende Regeln nicht anwendbar sein. Die Entscheidung hängt davon ab, ob die Rechtsordnung nicht unternehmerische Personen auch gegen ihren Willen bzw. trotz ihres Auftretens schützt. Am ehesten käme dies für Verbraucherschutzregeln und für besonders gefährliche Handlungen (mündliche Bürgschaft) als Fall eines Schutzes vor sich selbst in Betracht. Auch hier ist es jedoch vorzugswürdig, vorsätzlich als Scheinkaufleute Agierende auch als solche zu behandeln.[364] Die Rechtsfolgen für den Schein-Nichtkaufmann entsprechen spiegelbildlich denen für den Schein-Kaufmann. Allerdings dürfte eine Ausnahme hinsichtlich zwingender Regelungen hier nicht in Betracht kommen.

IX. Rechtslage in Österreich

Die Rechtslage in Österreich entspricht in weiten Teilen derjenigen in Deutschland. **113** Abs. 1 und Abs. 2 des § 15 UGB sind nahezu wortgleich zu den Abs. 1 und 2 des § 15. Der neu eingefügte Abs. 3 macht im Gegensatz zur Rechtslage in Deutschland das Veranlassungsprinzip ausdrücklich zur Voraussetzung der positiven Publizität bei unrichtigen Eintragungen. Dabei schränkt der Wortlaut dieser Norm die Publizitätswirkung der sog. Firmenbucheintragung (Handelsregistereintragung) selbst über dasjenige Maß ein, das zum deutschen Recht von der hL befürwortet wird, wenn bei unterlassener Löschung unrichtiger Eintragungen Verschulden verlangt wird. Die Entscheidung für eine solche Einschränkung wird vom österreichischen Gesetzgeber unter anderem mit der Kritik an Abs. 3 durch das deutsche Schrifttum begründet.[365] Ob auch europäische Vorgaben vom österreichischen Gesetzgeber in Betracht gezogen wurden, die nach hier vertretener Ansicht eine solche Einschränkung gerade nicht zulassen, ist nicht erkennbar.[366] Auch in anderen Auslegungsfragen spielen die europäischen Vorgaben aus Sicht der österreichischen hM keine Rolle. Da es in Österreich nur ein zentrales Register gibt, findet sich kein Gegenstück zu Abs. 4.[367] Der österreichische Abs. 4 stellt klar, dass § 3 UGB, der § 5 HGB entspricht, unberührt bleibt, da die dortige Regelung als lex speciales anzusehen ist.

§ 15 UGB lautet: **114**

§ 15 UGB Publizität des Firmenbuchs

(1) Solange eine in das Firmenbuch einzutragende Tatsache nicht eingetragen und bekannt gemacht ist, kann sie von demjenigen, in dessen Angelegenheiten sie einzutragen war, einem Dritten nicht entgegengesetzt werden, es sei denn, daß sie diesem bekannt war.

(2) Ist die Tatsache eingetragen und bekannt gemacht worden, so muß ein Dritter sie gegen sich gelten lassen. Dies gilt nicht bei Rechtshandlungen, die innerhalb von 15 Tagen nach der Bekanntmachung vorgenommen werden, sofern der Dritte beweist, daß er die Tatsache weder kannte noch kennen mußte.

(3) Wer eine unrichtige Eintragung veranlasst oder eine, wenn auch nicht von ihm veranlasste, wohl aber von ihm als unrichtig erkannte oder für ihn als unrichtig erkennbare Eintragung aus Verschulden nicht löschen lässt, muss die unrichtige Eintragung dem Dritten gegenüber im Geschäftsverkehr gegen sich gelten lassen, sofern er nicht beweist, daß der Dritte nicht im Vertrauen auf die Eintragung gehandelt hat oder deren Unrichtigkeit kannte oder grob fahrlässig nicht kannte.

(4) § 3 bleibt unberührt.

---

364 Vgl. BGH ZGS 2005, 114 (115 f.): kein Verbrauchsgüterkauf bei Vortäuschen eines gewerblichen Verwendungszwecks.

365 Vgl. ErläutRV zu § 15 abgedruckt in Krejci/*Dehn* Reform-Kommentar UGB 2007 Vor § 15 Rn. 1.

366 Keine Erwähnung der europäischen Vorgaben etwa auch bei Krejci/*Dehn* Reform-Kommentar UGB 2007 Rn. 1 ff.; *Krejci*, Unternehmensrecht, 2008, 87 ff.; Torggler/*Mollnhuber* Rn. 19–22; Straube/Ratka/Rauter/*Völkl/Ettmayer* UGB Rn. 24 ff.; Jabornegg/Artmann/*Burgstaller/Pilgerstorfer* Rn. 28 ff.; die Vorgaben erwähnend, aber ohne Begr. die Relevanz abl. GroßkommUGB/*Zib* Fn. 370.

367 Vgl. GroßkommUGB/*Zib* Rn. 12.

§ 15a Öffentliche Zustellung

[1]Ist bei einer juristischen Person, die zur Anmeldung einer inländischen Geschäftsanschrift zum Handelsregister verpflichtet ist, der Zugang einer Willenserklärung nicht unter der eingetragenen Anschrift oder einer im Handelsregister eingetragenen Anschrift einer für Zustellungen empfangsberechtigten Person oder einer ohne Ermittlungen bekannten anderen inländischen Anschrift möglich, kann die Zustellung nach den für die öffentliche Zustellung geltenden Vorschriften der Zivilprozessordnung erfolgen. [2]Zuständig ist das Amtsgericht, in dessen Bezirk sich die eingetragene inländische Geschäftsanschrift der Gesellschaft befindet. [3]§ 132 des Bürgerlichen Gesetzbuchs bleibt unberührt.

Schrifttum: *Steffek,* Zustellungen und Zugang von Willenserklärungen nach dem Regierungsentwurf zum MoMiG – Inhalt und Bedeutung der Änderungen für GmbHs, AGs und ausländische Kapitalgesellschaften, BB 2007, 2077; *Stenzel,* Handelsregistereintragung von c/o-Adressen, NZG 2011, 851.

Übersicht

I. Allgemeines

1 **1. Normzweck.** Im Zuge der Reform des Rechts der Gesellschaften mit beschränkter Haftung durch das MoMiG (→ § 8 Rn. 3) sah der Gesetzgeber Bedarf für die Erleichterung der öffentlichen Zustellung an Gesellschaften, die ihre Geschäftsräume geschlossen haben und postalisch nicht erreichbar sind, wie es typischerweise in sog. Missbrauchs- und Bestattungsfällen vorliegt.[1] Bekämpft werden soll damit der Anreiz, durch Verschleierung der tatsächlichen Verhältnisse die Durchsetzung von Forderungen zu erschweren und dadurch den Abzug von Vermögen insbesondere zu Lasten einer späteren Insolvenzmasse zu verhindern. Entsprechend wurden in § 185 Nr. 2 ZPO die Voraussetzungen für die Durchführung einer öffentlichen Zustellung so beschrieben, dass von dieser Möglichkeit im prozessualen Zusammenhang effektiver Gebrauch gemacht werden kann. Dasselbe gilt nunmehr aufgrund der Vorschrift des § 15a auch für den Zugang von Willenserklärungen im handelsrechtlichen Geschäftsverkehr. Da bei einer öffentlichen Bekanntgabe allerdings kaum damit zu rechnen ist, dass der Empfänger der Erklärung tatsächlich von deren Inhalt Kenntnis erlangt, muss diese Art der Zustellung das letzte Mittel sein, um den Zugang einer Erklärung nur dann sicherstellen zu können, wenn ihre tatsächliche Übermittlung auf üblichem Weg sich als undurchführbar herausstellt.[2] In § 15a werden nunmehr vergleichbar der allgemeinen Regelung des § 132 BGB (→ Rn. 7) und gewissermaßen als „strukturelles Spiegelbild"[3] des § 185 ZPO durch Anordnung einer Zugangsfiktion

[1] BT-Drs. 16/6140, 53.
[2] Vgl. BT-Drs. 16/6140, 53; BeckOGK/*Schaal* Rn. 3; Staub/*Koch* Rn. 7; Oetker/*Preuß* Rn. 14; EBJS/*Sander* Rn. 5; Röhricht/Graf v. Westphalen/Haas/Ries Rn. 1; Heymann/*Förster* Rn. 7.
[3] *Steffek* BB 2007, 2077 (2083).

die materiell-rechtlichen rechtsgeschäftlichen Folgen der öffentlichen Zustellung einer Willenserklärung beschrieben. Von Bedeutung kann dies insbesondere bei der Vorbereitung weiterer Maßnahmen zur späteren Rechtsverfolgung sein (Mahnungen, Fristsetzungen), wie auch zur Ausübung von Gestaltungsrechten (Rücktritt, Kündigung, Anfechtung).[4]

2. Persönlicher Anwendungsbereich. a) Kapitalgesellschaften. Nach S. 1 findet die Vorschrift nur auf solche juristische Personen Anwendung, die zur Anmeldung einer inländischen Geschäftsanschrift „zum Handelsregister" verpflichtet sind. Gemeint ist damit in Abgrenzung zur bloßen Mitteilung der „Lage der Geschäftsräume" nach § 24 Abs. 2 HRV die ausdrückliche Eintragung der entsprechenden Anschrift im Handelsregister. Die Begründung des Gesetzesentwurfs ging davon aus, dass eine solche Verpflichtung nur für die GmbH, die AG und vergleichbare Auslandsgesellschaften mit inländischer Zweigniederlassung (→ Rn. 6) sowie die SE besteht.[5] Die dahingehenden Anmeldepflichten ergeben sich aus § 8 Abs. 4 Nr. 1 GmbHG und § 37 Abs. 3 Nr. 1 AktG iVm § 3 SEAG. Aufgrund § 278 Abs. 3 AktG gilt dies jedoch ebenso für Kommanditgesellschaften auf Aktien.[6] 2

b) Sonstige juristische Personen. Für sonstige juristische Personen, insbesondere solche nach § 33, ergibt sich eine Pflicht zur Anmeldung einer inländischen Geschäftsanschrift allenfalls aus der – abzulehnenden (→ § 33 Rn. 10) – entsprechenden Anwendung des § 29 (→ § 29 Rn. 9). Auch wenn eine solche Analogie zuträfe, sind die Voraussetzungen des S. 1 nur scheinbar erfüllt, da zu beachten ist, dass S. 2 für die gerichtliche Zuständigkeit der Zustellung ausdrücklich auf „Gesellschaften" Bezug nimmt und damit den in der Begründung des Gesetzesentwurfs enthaltenen Gedanken zum Ausdruck bringt, dass insbesondere bei Kapitalgesellschaften wie einer GmbH, AG oder SE die Zustellungserleichterung des § 15a gelten soll.[7] Andere Rechtsträger wie etwa eingetragene Genossenschaften – bei denen vom Gesetzgeber von vornherein mangels bekannter Missbrauchsfälle auf die Anordnung der Verpflichtung zur Eintragung einer inländischen Geschäftsanschrift im Register verzichtet wurde[8] – und Personengesellschaften (→ Rn. 4) sollen dagegen von der fiktiven Zugangswirkung bei öffentlicher Zustellung verschont bleiben.[9] Zudem wurde für juristische Personen nach § 33 nicht die Möglichkeit der Bestellung eines Zustellungsermächtigten (s. für inländische Zweigniederlassungen ausländischer Kapitalgesellschaften § 13e Abs. 2 S. 4, für Aktiengesellschaften § 39 Abs. 1 S. 2 AktG und für Gesellschaften mit beschränkter Haftung § 10 Abs. 2 S. 2 GmbHG) eröffnet, durch die in den Fällen des § 15a sonst die Gefahr einer öffentlichen Zustellung gemindert werden kann.[10] 3

c) Personengesellschaften. Die Verwendung des Begriffs der juristischen Person in S. 1 soll bewirken, dass die Zustellungs- und Zugangserleichterung nicht im Fall von Personengesellschaften – also bei offenen Handelsgesellschaften und Kommanditgesellschaften – gilt, obwohl auch diese nach § 106 Nr. 2 iVm § 161 Abs. 2 zur Eintragung einer inländischen Geschäftsanschrift verpflichtet sind. Entsprechend wird davon ausgegangen, dass Personengesellschaften ihre inländische Geschäftsanschrift nicht frei wählen können, sondern diese nur eine Konkretisierung des Sitzes der Gesellschaft ist, der wiederum am Ort der tatsächlichen Hauptverwaltung liegt.[11] Für Partnerschaftsgesellschaften wurde dagegen in § 5 Abs. 2 Hs. 2 PartGG ausdrücklich vorgesehen, dass keine Pflicht zur Anmeldung der inländischen Geschäftsanschrift besteht. Sinn dieser Regelungen ist es, die schwer wiegende Folge eines fiktiven Erklärungszugangs nach § 15a nicht vorzusehen, wenn eine persönliche 4

---

4 Vgl. BeckOGK/*Schaal* Rn. 11.
5 BT-Drs. 16/6140, 53; dem folgend BeckOK HGB/*Müther* Rn. 3.
6 Ebenso BeckOGK/*Schaal* Rn. 6; aA EBJS/*Sander* Rn. 8.
7 BT-Drs. 16/6140, 50 und 53.
8 BT-Drs. 16/6140, 51; Oetker/*Preuß* Rn. 10; BeckOK HGB/*Müther* Rn. 2.
9 Ebenso EBJS/*Sander* Rn. 2; Heymann/*Förster* Rn. 5.
10 Staub/*Koch* Rn. 4.
11 OLG Schleswig NZG 2012, 775 = FGPrax 2012, 124.

Haftung natürlicher Personen in Betracht kommt.[12] Mittelbar sollte damit aber im Fall einer Kommanditgesellschaft, deren persönlich haftende und damit passiv vertretungsberechtigte Gesellschafterin eine Kapitalgesellschaft ist, der Anwendungsbereich des § 15a eröffnet sein.[13] Zutreffend sind diese Erwägungen jedoch nur dann, wenn ein klassischer Fall etwa einer „GmbH & Co. KG" vorliegt und außer juristischen Personen somit keine natürlichen Personen Komplementäre sind. Damit kann in diesen Fällen ihrem Zweck als ultima ratio der Zugangsfiktion bei juristischen Personen entsprechend die Vorschrift des § 15a zum Schutz etwaiger sonst betroffener natürlicher Personen nur dann einschlägig sein, wenn vergleichbar § 131 Abs. 2 kein persönlich haftender Gesellschafter eine natürliche Person oder sonstige Personengesellschaft ist, deren Komplementär eine natürliche Person ist.[14]

5 **d) Einzelkaufleute.** Für Einzelkaufleute besteht nach § 29 zwar das Erfordernis der Anmeldung und Eintragung einer inländischen Geschäftsanschrift im Handelsregister, jedoch knüpft § 15a an das Vorliegen einer juristischen Person an. Daher besteht gegenüber Einzelkaufleuten keine Möglichkeit, den Zugang von Erklärungen auf dem Weg der öffentlichen Zustellung nach § 185 Nr. 2 ZPO zu bewirken.

6 **e) Zweigniederlassungen.** § 15a findet Anwendung auch bei Zweigniederlassungen inländischer oder ausländischer Kapitalgesellschaften. Allerdings gilt dies nur, soweit diese Gesellschaften den deutschen Rechtsformen entsprechen, die ihrerseits dem Anwendungsbereich der Vorschrift unterfallen[15] (→ Rn. 2). Die Verpflichtung zur Vornahme einer entsprechenden Anmeldung der inländischen Geschäftsanschrift ergibt sich aus § 13 Abs. 1 S. 1 sowie § 13e Abs. 2 S. 3. Bei Zweigniederlassungen inländischer Rechtsträger bedeutet dies allerdings, dass es erforderlich ist, nach dem missglückten Zustellversuch an die eingetragene Zweigniederlassungsanschrift eine Bekanntgabe an die im Register eingetragene Geschäftsanschrift der Hauptniederlassung zu versuchen, weil es sich bei dieser Adresse um eine „ohne Ermittlungen bekannte andere inländische Anschrift" iSv S. 1 Alt. 3 handelt (→ Rn. 12). Dasselbe gilt für etwaige eingetragene Anschriften weiterer im Handelsregister vermerkter Zweigniederlassungen.

7 **3. Verhältnis zu § 132 BGB.** Gegenüber der allgemeinen bürgerlich-rechtlichen Vorschrift des § 132 BGB enthält § 15a eine ausschließlich für solche juristische Personen anwendbare Regelung, deren inländische Geschäftsanschrift zur Eintragung in das Handelsregister anzumelden ist. In S. 3 wird klargestellt, dass auch in diesen Fällen die generelle Möglichkeit besteht, durch Zustellung der Erklärung durch Vermittlung eines Gerichtsvollziehers nach den Vorschriften der ZPO die Zugangsfiktion des § 132 Abs. 1 S. 1 BGB zu bewirken. Letztlich sind beide Regelungen funktionsgleich, indem sie das materiell-rechtliche Bindeglied zwischen der nach den prozessrechtlichen Vorschriften erfolgenden Zustellung und den rechtsgeschäftlichen Zugangsvorschriften (§ 130 Abs. 1 S. 1 BGB) darstellen.

8 **4. Verhältnis zu § 185 ZPO.** Die rechtlichen Voraussetzungen für die Erledigung der öffentlichen Zustellung enthält als verfahrensrechtliche Durchführungsbestimmung § 185 ZPO. Demgegenüber wird durch § 15a die auf materiell-rechtlicher Ebene erforderliche Regelung zur Eröffnung der Zustellmöglichkeit im normalen Rechtsverkehr und darüber getroffen, welche Folgen die Vornahme der Zustellung durch öffentliche Bekanntmachung entfaltet. Erst durch diese Regelung als fiktiver Zugang der zugestellten Erklärung gilt das Erfordernis des § 130 Abs. 1 S. 1 BGB als erfüllt. Systematisch ist die Regelung des § 15a im Handelsgesetzbuch zutreffend eingeordnet, da es sich um eine Sondervorschrift für im Handelsregister eingetragene juristische Personen handelt. Der Sache nach handelt es sich um eine dem Kontext des Normenkomplex des Zugangsrechts (§§ 130–132 BGB) der allgemeinen Rechtsgeschäftslehre zugehörige Bestimmung.

[12] BT-Drs. 16/6140, 50.

[13] BT-Drs. 16/6140, 50; vgl. auch *Ehinger* BB 2007, 2701 (2703).

[14] Zum selben Ergebnis kommen Oetker/*Preuß* Rn. 9; Heymann/*Förster* Rn. 3; BeckOGK/*Schaal* Rn. 8; BeckOK/*Müther* Rn. 2; aA EBJS/*Sander* Rn. 6.

[15] BT-Drs. 16/6140, 53.

II. Einzelheiten

9 **1. Voraussetzungen der Zugangserleichterung. a) Allgemeines.** Die Zugangsfiktion des § 15a knüpft an die Parallelvorschrift des § 185 Nr. 2 ZPO an und nimmt wortgleich das Vorliegen der dortigen Voraussetzungen für die Durchführung einer öffentlichen Zustellung in Bezug. Bei der Ausgestaltung dieser Regelungen war sich der Gesetzgeber darüber im Klaren, dass mit der Zugangsfiktion bei öffentlicher Zustellung das rechtliche Gehör (Art. 103 Abs. 1 GG) des Empfängers betroffen ist. Unter Maßgabe der verfassungsrechtlichen Vorgaben müssen auch die materiell-rechtlichen Vorschriften so ausgestaltet sein, dass der betroffene Empfänger von für ihn erheblichen Informationen Kenntnis erlangt.[16] Unter Abwägung mit den gleichfalls geschützten Belangen potenzieller Anspruchssteller hielt die Begründung des Gesetzesentwurfs die getroffenen Regelungen für vertretbar, da es dem betroffenen Rechtsträger möglich ist, unter Veranlassung entsprechender Registereintragungen selbst für seine eigene Erreichbarkeit zu sorgen.[17]

10 **b) Kein Zugang unter der eingetragenen Anschrift.** Erste Voraussetzung für die Zugangsfiktion bei Vornahme einer öffentlichen Zustellung ist gem. S. 1 Alt. 1, dass der Zugang der Erklärung nicht unter der im Handelsregister eingetragenen inländischen Geschäftsanschrift möglich ist. Erfüllt ist diese Voraussetzung allerdings nur, wenn eine solche Anschrift tatsächlich im Register eingetragen ist, nicht also bereits, wenn nur eine dahingehende Pflicht zur Anmeldung besteht. Die Regelung geht davon aus, dass es im eigenen Interesse der jeweiligen Gesellschaft ist, die erforderlichen Empfangseinrichtungen für Erklärungen von Geschäftspartnern zu Verfügung zu stellen.[18] Hierbei begründen die Vorschriften zur Eintragung einer derartigen Anschrift im Handelsregister die unwiderlegliche Vermutung, dass ein empfangsberechtigter Vertreter des Rechtsträgers unter dieser Anschrift zu erreichen ist und damit die Möglichkeit der Kenntnisnahme besteht.[19]

11 **c) Kein Zugang an empfangsberechtigte Person.** Weitere kumulative Voraussetzung für die Anwendbarkeit der Zugangsfiktion ebenso wie für die Zulässigkeit der öffentlichen Zustellung ist gem. S. 1 Alt. 2, dass eine Zustellung an eine im Handelsregister eingetragene Anschrift einer empfangsberechtigten Person unmöglich ist, letztlich also an der Anschrift kein Machtbereich des Empfängers derart eröffnet ist, dass der Zugang der Erklärung erreicht werden kann. Die Möglichkeit der Eintragung solcher Anschriften im Handelsregister besteht gem. § 10 Abs. 2 S. 2 GmbHG bei Gesellschaften mit beschränkter Haftung, gem. § 13 Abs. 1 S. 1 auch bei inländischen Zweigniederlassungen, ferner nach § 13e Abs. 2 S. 4 auch bei inländischen Zweigniederlassungen ausländischer Kapitalgesellschaften und gem. § 39 Abs. 1 S. 2 AktG bei Aktiengesellschaften und Kommanditgesellschaften auf Aktien (§ 278 Abs. 3 AktG). Eine Pflicht zum Versuch einer entsprechenden Zugangsbewirkung besteht naturgemäß nur, wenn eine derartige Anschrift im Handelsregister eingetragen ist. Keine Vermutung streitet allerdings dafür, dass an der eingetragenen Anschrift der Machtbereich des Empfängers derart eröffnet ist, dass der Zugang von Erklärungen bewirkt werden kann.[20]

12 **d) Keine Zugangsmöglichkeit an bekannte andere inländische Anschrift.** Vor der Durchführung der öffentlichen Bekanntgabe nach § 185 Nr. 2 ZPO besteht ferner die Verpflichtung eines Zugangsversuchs an eine ohne Ermittlungen bekannte andere inländische Anschrift. Die Begründung des Gesetzesentwurfs führt insoweit an, dass allein auf die im Handelsregister eingetragenen Anschriften abzustellen sein soll.[21] Diese Auffassung

---

[16] BT-Drs. 16/6140, 54; vgl. BeckOGK/*Schaal* Rn. 10.
[17] BT-Drs. 16/6140, 54; s. auch Staub/*Koch* Rn. 13 f.
[18] BT-Drs. 16/6140, 53.
[19] *Steffek* BB 2007, 2077 (2080); Oetker/*Preuß* Rn. 16.
[20] Vgl. Oetker/*Preuß* Rn. 16; EBJS/*Sander* Rn. 9.
[21] BT-Drs. 16/6140, 53.

würde allerdings in Anbetracht der bereits in S. 1 als Alt. 1 und Alt. 2 getroffenen Anforderungen S. 1 Alt. 3 bis auf die Fälle eingetragener Zweigniederlassungen (→ Rn. 6) nahezu überflüssig machen und ist daher abzulehnen.[22] Gemeint ist vielmehr, dass der Erklärende nur ihm vollständig positiv bekannte inländische Anschriften (Ort, Straße und Nummer) als Zustellungsmöglichkeiten nutzen muss. Zweck der Vorschrift ist es somit, den Erklärenden von der Verpflichtung jeglicher Nachforschungen über eine zustellungsfähige inländische Anschrift ebenso freizustellen, wie von der etwaigen Pflicht eine Zustellung im Ausland durchzuführen. Daher ist die öffentliche Zustellung möglich, ohne dass zuvor bei Einwohnermelde- oder Gewerbeaufsichtsämtern sowie Telefonverzeichnissen eine Anschrift recherchiert werden muss. In diesem Sinne ist die Gesetzesformulierung unmissverständlich („ohne Ermittlungen"). Ausdrücklich wurde ferner in der Begründung des Gesetzesentwurfs festgehalten, dass die Zustellung an eine ausländische Anschrift selbst dann nicht versucht werden muss, wenn eine solche seitens des Geschäftsführers oder einer sonstigen empfangsbereiten Person positiv bekannt ist.[23]

13 **2. Zuständigkeit.** Nach S. 2 ist für die Durchführung der öffentlichen Zustellung gem. § 185 Nr. 2 ZPO das Amtsgericht zuständig, in dessen Bezirk sich die im Handelsregister eingetragene Geschäftsanschrift der Gesellschaft befindet. Damit ist zugleich klar gestellt, dass unter § 15a nur „Gesellschaften", mithin also nicht Vereine oder sonstige juristische Personen etwa iSd § 33 fallen (→ Rn. 3). Das Gericht entscheidet über den Antrag auf Durchführung der öffentlichen Zustellung nach Ermessen und hat dabei vor allem die Obliegenheiten der im Register eingetragenen Rechtsträger zur Erreichbarkeit im Inland zu beachten; im Zweifel wird das Gericht den Ermessensgebrauch angesichts der Vorgaben des § 15a dahin gehend ausüben müssen, dass die öffentliche Zustellung durchzuführen ist, wenn nicht im Ausnahmefall besondere Gründe dagegensprechen, die etwa eine missbräuchliche Umgehung der unmittelbaren Zustellung nahe legen.[24] Zur Wahrung des rechtlichen Gehörs des betroffenen Rechtsträgers (Art. 103 Abs. 1 GG) hat der Antragsteller Nachweise über missglückte Zugangsversuche beizubringen.

14 **3. Rechtswirkungen.** Liegen die Voraussetzungen des § 15a vor, so gilt gem. S. 3 iVm § 132 Abs. 1 BGB die entsprechende Erklärung nach Ablauf von einem Monat – oder der vom Gericht bestimmten längeren Frist – ab dem Aushang der Benachrichtigung als zugegangen (§ 188 ZPO). Diese Zugangsfiktion[25] bildet damit die materiell-rechtliche Parallele zur verfahrensrechtlichen Vorschrift des § 185 Nr. 2 ZPO. Da die inländische Geschäftsanschrift eine im Handelsregister einzutragende und bekanntzumachende Tatsache darstellt, findet diesbezüglich § 15 Anwendung. Daher genügt ein Zustellungsversuch an die eingetragene und bekannt gemachte Anschrift auch dann, wenn sie unrichtig war. Die betroffenen Gesellschaften haben somit ein bedeutendes Eigeninteresse an der Pflege der eingetragenen Geschäftsanschrift, so dass der Gesetzgeber meinte, auf eine Pflicht zur Anmeldung diesbezüglicher Änderungen zur Eintragung in das Handelsregister verzichten zu können.[26]

15 Die öffentliche Zustellung ist auch dann wirksam, wenn sie auf falsche Angaben des Antragstellers zurückgeht und dies für das Gericht nicht erkennbar war.[27] Für Letzteres trägt die Gesellschaft die Beweislast. Auf jeden Fall kommt ein deliktischer Anspruch auf Schadensersatz (§ 823 Abs. 2 BGB iVm § 263 StGB und § 826 BGB) in Betracht, wenn die öffentliche Zustellung mit unrichtigen Angaben erschlichen wurde.[28]

---

22 Dem folgend BeckOK HGB/*Müther* Rn. 6.

23 BT-Drs. 16/6140, 51; s. Staub/*Koch* Rn. 11; Oetker/*Preuß* Rn. 22; BeckOK HGB/*Müther* Rn. 6; EBJS/*Sander* Rn. 12; Röhricht/Graf v. Westphalen/Haas/*Ries* Rn. 4; Heymann/*Förster* Rn. 11.

24 Noch strenger BeckOK HGB/*Müther* Rn. 7, der annimmt, das Amtsgericht sei zur öffentlichen Zustellung verpflichtet.

25 Vgl. Oetker/*Preuß* Rn. 24; anders Staub/*Koch* Rn. 17: „Zustellungsfiktion".

26 BT-Drs. 16/6140, 49.

27 BGHZ 149, 311 = NJW 2002, 827; EBJS/*Sander* Rn. 17.

28 Vgl. BeckOK HGB/*Müther* Rn. 8.

§ 16 [Entscheidung des Prozessgerichts]

(1) [1]Ist durch eine rechtskräftige oder vollstreckbare Entscheidung des Prozeßgerichts die Verpflichtung zur Mitwirkung bei einer Anmeldung zum Handelsregister oder ein Rechtsverhältnis, bezüglich dessen eine Eintragung zu erfolgen hat, gegen einen von mehreren bei der Vornahme der Anmeldung Beteiligten festgestellt, so genügt zur Eintragung die Anmeldung der übrigen Beteiligten. [2]Wird die Entscheidung, auf Grund deren die Eintragung erfolgt ist, aufgehoben, so ist dies auf Antrag eines der Beteiligten in das Handelsregister einzutragen.

(2) Ist durch eine rechtskräftige oder vollstreckbare Entscheidung des Prozeßgerichts die Vornahme einer Eintragung für unzulässig erklärt, so darf die Eintragung nicht gegen den Widerspruch desjenigen erfolgen, welcher die Entscheidung erwirkt hat.

Schrifttum: *Baums,* Eintragung und Löschung von Gesellschafterbeschlüssen, 1981; *Baur,* Zur Beschränkung der Entscheidungsbefugnis des Registerrichters durch einstweilige Verfügung, ZGR 1972, 421; *Kort,* Einstweiliger Rechtsschutz bei eintragungspflichtigen Hauptversammlungsbeschlüssen, NZG 2007, 169.

Übersicht

I. Ersetzung der Anmeldung (Abs. 1)

1 **1. Regelungszweck. a) Allgemeines.** Nur vereinzelt erfolgen Eintragungen in das Handelsregister ohne Anmeldung von Amts wegen.[1] Im Übrigen werden sie regelmäßig nur auf Antrag vorgenommen (vgl. § 12 und § 23 FamFG). Dieser Grundsatz wird auch durch § 16 nicht aufgegeben. Die Vorschrift dient der Verwirklichung privatrechtlich bestehender Mitwirkungspflichten bei mehreren Beteiligten gegenüber einzelnen Anmeldeunwilligen, die aufgrund ihrer erfolgreichen zivilgerichtlichen Klage mit dem erstrittenen Titel ohne Weiteres die registerliche Eintragung erreichen können. Dem entsprechend ist § 16 nicht anwendbar, wenn nur eine einzige Person zur Anmeldung verpflichtet ist.[2] Gegen sie muss das Registergericht durch die Festsetzung von Zwangsgeld nach § 14 vorgehen, um die Anmeldung zu erzwingen. Ebenso soll bei § 16 in Fällen, in denen mehrere die Eintragung bewirken müssen, der Antrag eines von ihnen genügen, wenn die Anmeldung des oder der übrigen durch eine Entscheidung des Prozessgerichts ersetzt wird.[3] Allerdings

[1] Hierzu *Krafka* RegisterR Rn. 400 ff.

[2] BeckOGK/*Schaal* Rn. 17; Staub/*Koch* Rn. 1, 13; Röhricht/Graf v. Westphalen/Haas/*Ries* Rn. 7; Oetker/*Preuß* Rn. 2; Heymann/*Förster* Rn. 4; KKRD/*Roth* Rn. 5.

[3] Denkschrift zum Entwurf eines Handelsgesetzbuchs und eines Einführungsgesetzes, 31 (in Hahn/Mugdan, Die gesamten Materialien zu den Reichs-Justizgesetzen, Band 6, 1993, Neudruck der Ausgabe Berlin 1897).

ist § 16 unanwendbar, wenn keiner von mehreren Verpflichteten einen Antrag stellt, es mithin an einem Antrag überhaupt fehlt.[4]

2 **b) Bindung des Prozessgerichts.** Die Frage der Bindung des Prozessgerichts an Entscheidungen der Gerichte der freiwilligen Gerichtsbarkeit in Handelssachen ist nicht Gegenstand von § 16. Nach allgemeinen Grundsätzen hat das Prozessgericht die durch eine konstitutiv wirkende Registereintragung entstandene Rechtstatsache hinzunehmen. Allerdings tritt bezüglich der Einschätzung der materiell-rechtlichen Wirksamkeit vorbehaltlich einer Heilung kraft registerlicher Eintragung (vgl. bei Umwandlungsmaßnahmen § 20 Abs. 1 Nr. 4 UmwG, § 131 Abs. 1 Nr. 4 UmwG, § 202 Abs. 1 Nr. 3 UmwG) keine Bindung ein, so dass das Prozessgericht trotz Eintragung die Rechtslage abweichend beurteilen kann. So kann zB die verwendete Firma im Prozessweg für unzulässig erklärt werden, obwohl zuvor im Registerverfahren durch die Beschwerdeinstanzen die Eintragung für rechtens erklärt wurde.[5]

3 **c) Bindung des Registergerichts.** Über Abs. 1 hinaus ist das Registergericht regelmäßig an rechtskräftige Gestaltungsurteile des Prozessgerichts gebunden,[6] insbesondere bezüglich etwaiger Ausschluss-, Auflösungs- oder Anfechtungsklagen (vgl. §§ 133, 140 HGB; § 248 AktG). Dagegen ist außerhalb des Anwendungsbereichs von Abs. 1 das Registergericht auch nach einer entsprechenden Aussetzung (s. § 21 FamFG, § 381 FamFG) aufgrund der Pflicht zur Amtsermittlung (§ 26 FamFG) bei Leistungs- oder Feststellungsurteilen des Prozessgerichts in seiner freien Würdigung der Rechtslage nicht eingeschränkt. Besonderheiten gelten allerdings im Rahmen umwandlungsrechtlicher und besonderer aktiengesellschaftlicher Eintragungen aufgrund des speziell vorgesehenen Freigabeverfahrens nach § 16 Abs. 3 UmwG und § 246a AktG, § 319 Abs. 6 AktG und § 327e Abs. 2 AktG, wonach das Registergericht an einen entsprechenden Beschluss des Prozessgerichts gebunden ist und die erhobenen Klagen somit der Eintragung nicht entgegenstehen.

4 **d) Erweiterung des § 894 ZPO.** Abs. 1 behandelt die Ersetzung einer Willenserklärung durch gerichtliche Entscheidung und ist somit systemgerecht dem Regelungsgehalt des § 894 ZPO zuzuordnen.[7] Es entspricht der allgemeinen Auffassung, dass § 894 ZPO auch die Anmeldung zum Handelsregister erfasst, das heißt das rechtskräftige Urteil auf Abgabe einer bestimmten Anmeldeerklärung die Anmeldung selbst ersetzt.[8] Da die engen Grenzen von § 894 ZPO nicht zufriedenstellen konnten und insbesondere die Anwendung der Vorschrift auf nur vorläufig vollstreckbare Entscheidungen ganz überwiegend abgelehnt wurde, erweitert Abs. 1 den Anwendungsbereich von § 894 ZPO. Zum einen genügt danach auch ein vorläufig vollstreckbares Urteil nach §§ 708 ff. ZPO und ebenfalls eine einstweilige Verfügung nach den §§ 935 ff. ZPO.[9] Zum anderen reichen neben der Leistungsklage auch Feststellungs- und Gestaltungsurteile aus, um die Rechtsfolgen des Abs. 1 auszulösen.[10]

5 **2. Voraussetzungen der Ersetzung. a) Mehrere Beteiligte.** Abs. 1 setzt zunächst mehrere Beteiligte voraus (→ Rn. 1), womit die Vorschrift insbesondere im gesellschafts-

4 Röhricht/Graf v. Westphalen/Haas/*Ries* Rn. 8; KKRD/*Roth* Rn. 5; EBJS/*Schaub* Rn. 10.

5 OLG Nürnberg NJW 2003, 45 entgegen der registerlichen Entscheidung des BayObLG NJW 2000, 1647; ebenso Baumbach/Hopt/*Hopt* Rn. 2.

6 Röhricht/Graf v. Westphalen/Haas/*Ries* Rn. 3; EBJS/*Schaub* Rn. 4.

7 *Baur* ZGR 1972, 421 (423); Staub/*Koch* Rn. 1; Oetker/*Preuß* Rn. 5; EBJS/*Schaub* Rn. 1a; Röhricht/Graf v. Westphalen/Haas/*Ries* Rn. 3; Heymann/*Förster* Rn. 1.

8 Denkschrift zum Entwurf eines Handelsgesetzbuchs und eines Einführungsgesetzes, 30; Baumbach/Hopt/*Hopt* Rn. 2.

9 Denkschrift zum Entwurf eines Handelsgesetzbuchs und eines Einführungsgesetzes, 30; KGJ 37 A 142; BayObLG ZIP 1986, 93 (94); LG Heilbronn AG 1971, 372; BeckOGK/*Schaal* Rn. 3; EBJS/*Schaub* Rn. 1.

10 Vgl. §§ 117, 127, 133, 140 AktG sowie § 275 AktG und Anfechtungsklagen nach §§ 241 ff. AktG; vgl. BeckOGK/*Schaal* Rn. 3; EBJS/*Schaub* Rn. 1, 4; Oetker/*Preuß* Rn. 12; BeckOK HGB/*Müther* Rn. 5; KKRD/*Roth* Rn. 3.

rechtlichen Bereich zur Anwendung kommt.[11] Mit der Verpflichtung zur Mitwirkung bei einer Anmeldung iSv Abs. 1 ist die **privatrechtliche Mitwirkungspflicht zwischen den Beteiligten** gemeint, nicht dagegen die gem. § 14 erzwingbare Verpflichtung gegenüber dem Registergericht. Mitwirkungspflichten bei einer Anmeldung zum Handelsregister treffen sämtliche Gesellschafter oder Liquidatoren etwa gem. §§ 108, 143, § 144 Abs. 2, §§ 148, 157 und § 175. Die Anmeldepflicht besteht in den genannten Fällen verfahrensrechtlich gegenüber dem Registergericht und gesellschaftsrechtlich auch im Verhältnis der Anmeldepflichtigen untereinander.[12]

b) Vollstreckbare Entscheidung des Prozessgerichts. Voraussetzung ist weiter eine vollstreckbare Entscheidung des Prozessgerichts. Wie bereits bei → Rn. 4 ausgeführt, kommen rechtskräftige und vorläufig vollstreckbare Urteile sowie einstweilige Verfügungen in Betracht. Entscheidungen anderer Gerichte, etwa im Verfahren der freiwilligen Gerichtsbarkeit, genügen nicht.[13] Vollstreckbare Urkunden oder zur Beilegung des Rechtsstreits vor dem Prozessgericht geschlossene Vergleiche stehen einer Entscheidung des Prozessgerichts iSv § 16 auch dann nicht gleich, wenn sie zur Anmeldung einer bestimmten Tatsache zwecks Eintragung in das Handelsregister verpflichten.[14] Auch ein Schiedsspruch, der nach § 1055 ZPO unter den Parteien die Wirkung eines rechtskräftigen gerichtlichen Urteils hat, ist keine geeignete Grundlage, weil dessen „Rechtskraft" durch Parteivereinbarung beseitigt werden kann.[15] Doch kann ein Schiedsspruch dann als Grundlage für Eintragungen im Handelsregister dienen, wenn er rechtskräftig für vollstreckbar erklärt worden ist (§§ 1060 ff. ZPO).[16] 6

Die Entscheidung des Prozessgerichts muss gegen einen von mehreren bei Vornahme der Anmeldung Beteiligten ausdrücklich die **Verpflichtung zur Mitwirkung bei einer bestimmten Anmeldung** feststellen. Ebenfalls reicht die Feststellung eines Rechtsverhältnisses gegenüber dem gleichen Adressaten aus, bezüglich dessen eine Eintragung zu erfolgen hat. In der Denkschrift[17] wird als Beispiel die Entziehung der Vertretungsbefugnis (§ 127) genannt und ausgeführt, es könne keinen Unterschied begründen, ob die gerichtliche Entscheidung die Verpflichtung zur Anmeldung oder das einzutragende Rechtsverhältnis selbst feststellt. In der Sache trifft dies, trotz der zumindest auf den ersten Blick nicht eindeutigen Gesetzesformulierung, zu. 7

3. Rechtsfolgen. a) Anmeldung der sonstigen Beteiligten. Liegen die Voraussetzungen des Abs. 1 S. 1 vor, so genügt die formgerechte Anmeldung der übrigen Beteiligten. Auf zumindest eine Anmeldung (→ Rn. 1) kann nicht verzichtet werden; insbesondere bleibt ein bloßes Eintragungsersuchen des Prozessgerichts an das Registergericht – abgesehen von der denkbaren Einleitung eines Erzwingungsverfahrens nach § 14 – ohne Wirkung.[18] 8

b) Prüfungskompetenz des Registergerichts. Durch Abs. 1 S. 1 wird nur die Anmeldung eines der sich verweigernden Beteiligten durch die Entscheidung des Prozessgerichts ersetzt. Das Registergericht hat also, wie auch sonst, das Vorliegen der Eintragungsvoraussetzungen in formeller und materieller Hinsicht zu prüfen. Es muss eigenverantwortlich feststellen, ob eine eintragungsfähige Tatsache angemeldet wird, ob die Erklärungen der 9

---

[11] BeckOGK/*Schaal* Rn. 17; Staub/*Koch* Rn. 13; BeckOK HGB/*Müther* Rn. 6; EBJS/*Schaub* Rn. 9; Heymann/*Förster* Rn. 4; KKRD/*Roth* Rn. 2.

[12] EBJS/*Schaub* Rn. 9; Röhricht/Graf v. Westphalen/Haas/*Ries* Rn. 5; Heymann/*Förster* Rn. 7.

[13] Ebenso BeckOGK/*Schaal* Rn. 22; BeckOK HGB/*Müther* Rn. 3; EBJS/*Schaub* Rn. 13; Röhricht/Graf v. Westphalen/Haas/*Ries* Rn. 3; Heymann/*Förster* Rn. 5.

[14] KGJ 34 A 122 = OLGRspr. 14, 335 (336); Staub/*Koch* Rn. 15; BeckOK HGB/*Müther* Rn. 3; Röhricht/Graf v. Westphalen/Haas/*Ries* Rn. 9.

[15] OLG Bremen NJW 1957, 1035; BayObLG WM 1984, 809 (810); Staub/*Koch* Rn. 15; Oetker/*Preuß* Rn. 19; EBJS/*Schaub* Rn. 15; aA *Vollmer* BB 1984, 1774 (1777).

[16] BayObLG WM 1984, 809 (810); Staub/*Koch* Rn. 15; BeckOK HGB/Müther Rn. 3.

[17] Denkschrift zum Entwurf eines Handelsgesetzbuchs und eines Einführungsgesetzes, 1897, 30.

[18] KGJ 4, 36 (38); 34 A 121; KG JW 1931, 2992.

übrigen Beteiligten in der zutreffenden Form vorliegen und ob im Fall der einstweiligen Verfügung für die Vollziehung die Monatsfrist der §§ 929, 936 ZPO noch nicht abgelaufen ist.[19] Dagegen darf das Registergericht, soweit es an die Entscheidung des Prozessgerichts gebunden ist, nicht prüfen, ob die Entscheidung inhaltlich richtig ist und ggf. ob sie im Wege der einstweiligen Verfügung ergehen durfte.[20] Gebunden ist das Registergericht an rechtskräftige Gestaltungsurteile, rechtskräftige Urteile auf Abgabe einer Willenserklärung nach § 894 ZPO, worunter auch die Anmeldung zum Handelsregister fällt (→ Rn. 4) und schließlich an rechtskräftige Leistungs- und Feststellungsurteile, jedoch bei diesen nur im Umfang der persönlichen Rechtskraft; sie binden mithin nicht, wenn am Verfahren des Registergerichts auch andere Personen als die Parteien des Zivilprozesses beteiligt sind[21] (zu Abs. 2 aber → Rn. 14). Hinzu kommt im Rahmen von § 16 auch die Bindung an nicht rechtskräftige aber vollstreckbare Entscheidungen des Prozessgerichts, insbesondere auch an einstweilige Verfügungen (→ Rn. 15).[22]

10 Über die besondere Situation des Abs. 1 hinaus lässt sich die strenge Bindungswirkung des Registergerichts an prozessgerichtliche Entscheidungen nicht verallgemeinern.[23] Insbesondere enthält die Vorschrift grundsätzlich **keinen analogiefähigen Gehalt,** da sie lediglich verfahrensökonomischen Zielen dient (→ Rn. 1), jedoch den allgemeinen Grundsatz der Amtsermittlung (§ 26 FamFG) für das Registerverfahren nicht außer Kraft setzt.

11 **c) Vermerk im Handelsregister.** Erfolgt eine Eintragung aufgrund einer rechtskräftigen oder vollstreckbaren Entscheidung des Prozessgerichts, so ist dies bei der Eintragung im Handelsregister zu vermerken (§ 18 S. 1 HRV).

12 **4. Aufhebung der Entscheidung des Prozessgerichts (Abs. 1 S. 2).** Das Gesetz lässt im Fall von Abs. 1 S. 1 neben der rechtskräftigen Entscheidung nur vollstreckbare Entscheidungen des Prozessrechts oder eine einstweilige Verfügung als Grundlage der Eintragung genügen. Die Regelung des Abs. 1 S. 2 trägt dem Umstand Rechnung, dass in diesen Fällen die Entscheidung des Prozessgerichts wegfallen und dadurch auch die Grundlage der Eintragung nach Abs. 1 S. 1 entfallen kann. Abs. 1 S. 2 ordnet daher an, dass es auf Antrag eines der Beteiligten in das Handelsregister einzutragen ist, wenn die Entscheidung, aufgrund deren die Eintragung erfolgte, aufgehoben worden ist. Der Vermerk nach Abs. 1 S. 2 wird nur auf Antrag, den jeder der Beteiligten unter Wahrung der Form des § 12 stellen kann, eingetragen. Eine Aufhebung iSv Abs. 1 S. 2 liegt auch dann vor, wenn die vorläufige Vollstreckbarkeit aufgehoben worden ist (§ 717 Abs. 1 Alt. 2 ZPO).[24] Rechtskraft der aufhebenden oder abändernden Entscheidung ist nicht nötig. Die Eintragung in das Handelsregister ist aber nur dann „aufgrund" der Entscheidung des Prozessgerichts erfolgt, wenn die Anmeldung des Verurteilten durch die Entscheidung ersetzt worden ist. Hat er nach der Verurteilung selbst ordnungsgemäß bei der Anmeldung mitgewirkt, ist Abs. 1 S. 2 nicht anwendbar.[25]

13 Unter den Voraussetzungen des Abs. 1 S. 2 **muss das Registergericht die Aufhebung eintragen** und zwar nach § 18 S. 2 HRV in derselben Spalte des Registers in der zuvor die Eintragung vorgenommen wurde. Auch hier ist es dem Registergericht wie im Fall der Eintragung nach Abs. 1 S. 1 bezüglich der Entscheidung des Prozessgerichts (→ Rn. 9) nicht gestattet, die Richtigkeit der Aufhebung nachzuprüfen.[26] Dem Vermerk kommt lediglich Warnfunktion zu; er soll für das Publikum ersichtlich die Grundlage der

[19] KGJ 37 A 142; 53 A 91; Staub/*Koch* Rn. 24; EBJS/*Schaub* Rn. 17; KKRD/*Roth* Rn. 6; Oetker/*Preuß* Rn. 23.
[20] KGJ 53 A 91; KG JW 1931, 2992; EBJS/*Schaub* Rn. 18.
[21] BayObLGZ 1969, 184 (186); *Baur* ZGR 1972, 421 (422, 426); Baumbach/Hopt/*Hopt* Rn. 1; KKRD/*Roth* Rn. 6.
[22] Baumbach/Hopt/*Hopt* Rn. 3; Oetker/*Preuß* Rn. 18.
[23] Ebenso EBJS/*Schaub* Rn. 3.
[24] Staub/*Koch* Rn. 26; Röhricht/v. Westphalen/Haas/*Ries* Rn. 13; EBJS/*Schaub* Rn. 22; Heymann/*Förster* Rn. 13.
[25] KKRD/*Roth* Rn. 8; EBJS/*Schaub* Rn. 23; Oetker/*Preuß* Rn. 26.
[26] Staub/*Koch* Rn. 27; BeckOK HGB/*Müther* Rn. 11.

Eintragung in Frage stellen. Die Eintragung selbst ist zunächst noch nicht nach § 16 Abs. 1 S. 2 und 3 HRV durch Rötung zu löschen. Dies ist erst möglich, wenn der anzumeldende Vorgang endgültig geklärt und registerrechtlich verfahrensgemäß abgewickelt ist.[27]

II. Unzulässigkeit der Eintragung (Abs. 2)

1. Regelungszweck. Weil mit der im Register vorgenommenen Eintragung unmittelbar Publizitätswirkungen verbunden sind, gleichwohl das Registerrecht aber keinen allgemeinen vorläufigen Rechtsschutz kennt, sieht Abs. 2 für besondere Situationen einen **vorbeugenden Rechtsschutz** vor.[28] Der Sache nach soll es auf diesem Weg den Beteiligten offen stehen, unter Umständen unrichtige Eintragungen von vornherein verhindern zu können; eine Verfassungsbeschwerde ist jedenfalls erst zulässig, nachdem die Möglichkeit des Abs. 2 ausgeschöpft wurde.[29] Nach Abs. 2 darf eine Eintragung im Handelsregister daher nicht erfolgen, wenn das Prozessgericht durch eine rechtskräftige oder vollstreckbare Entscheidung deren Vornahme für unzulässig erklärt und zusätzlich derjenige widerspricht, der die Eintragung erwirkt hat. Ausschlaggebend ist demnach nicht allein die gerichtliche Entscheidung.[30] Erforderlich ist vielmehr zusätzlich, dass der obsiegende Kläger Widerspruch erklärt. Das Registergericht hat dann aufgrund der ergangenen Entscheidung des Prozessgerichts den Widerspruch zu beachten und darf die betroffene Eintragung – ohne eine inhaltliche Prüfung des Urteils – nicht vornehmen.[31] Im Unterschied zu Abs. 1 braucht der Widersprechende, der die Entscheidung erwirkt hat, nicht Verfahrensbeteiligter zu sein; auch ein Dritter, der nicht Beteiligter des Anmeldeverfahrens ist, kann die Entscheidung nach Abs. 2 erstritten haben.[32] 14

2. Entscheidung des Prozessgerichts. Die Entscheidung des Prozessgerichts muss ein rechtskräftiges oder vollstreckbares Urteil oder eine einstweilige Verfügung sein.[33] Im letztgenannten Fall ist zu beachten, dass einstweilige Verfügungen, die eine Eintragung für unzulässig erklären, das Registergericht nur binden können, wenn es nach allgemeinen Grundsätzen auch an eine rechtskräftige Entscheidung des Prozessgerichts in der Hauptsache gebunden wäre, da eine vorläufige Bindung nicht weiter reichen kann als die endgültige.[34] Der Anspruch des Klägers richtet sich naturgemäß nicht gegen das Registergericht auf Unterlassung der Eintragung, sondern gegen den Beklagten, das Betreiben einer bestimmten Eintragung zu unterlassen.[35] Hierbei ist von Bedeutung, dass in der prozessgerichtlichen Entscheidung die Unzulässigkeit der vorzunehmenden Eintragung ausdrücklich festgestellt wird.[36] Ist die Klage hingegen rechtskräftig abgewiesen worden, kann der Gegner allein hieraus noch keinen Eintragungsanspruch herleiten. Eine entsprechend umgekehrte Anwendung des Abs. 2 scheidet aufgrund seines Charakters als Vorschrift vorbeugenden Rechtsschutzes (→ Rn. 14) aus. 15

3. Widerspruch. Erforderlich ist keine besondere Form. Es genügt, wenn derjenige, der die Entscheidung erwirkt hat, diese bei dem Registergericht in Ausfertigung oder beglaubigter Abschrift gem. § 12 Abs. 2 S. 2 einreicht und damit erkennbar gegen die Eintragung protestiert.[37] Hat das Registergericht die Eintragung bereits vorgenommen, so kann die Löschung der Eintragung lediglich nach den allgemeinen verfahrensrechtlichen 16

---

27 Vgl. Röhricht/Graf v. Westphalen/Haas/*Ries* Rn. 14; EBJS/*Schaub* Rn. 25.
28 Vgl. BVerfG WM 2004, 2354; *Baur* ZGR 1972, 421 (424); KKRD/*Roth* Rn. 9.
29 BVerfG WM 2004, 2354; BeckOK/*Müther* Rn. 12.
30 *Baur* ZGR 1972, 421 (423).
31 Vgl. Staub/*Koch* Rn. 37; Oetker/*Preuß* Rn. 32.
32 EBJS/*Schaub* Rn. 26.
33 LG Heilbronn AG 1971, 372; Baumbach/Hopt/*Hopt* Rn. 5.
34 *Baur* ZGR 1972, 421 (426).
35 Vgl. OLG München NZG 2007, 152 – dazu *Kort* NZG 2007, 169; Staub/*Koch* Rn. 33.
36 Staub/*Koch* Rn. 33; Röhricht/Graf v. Westphalen/Haas/*Ries* Rn. 15.
37 Staub/*Koch* Rn. 34; EBJS/*Schaub* Rn. 34; BeckOK HGB/*Müther* Rn. 14; Röhricht/Graf v. Westphalen/Haas/*Ries* Rn. 16; Heymann/*Förster* Rn. 17.

Vorschriften (vor allem § 395 FamFG und §§ 397 f. FamFG) angeregt werden, ohne dass allein aufgrund der vorliegenden gerichtlichen Entscheidung ein Anspruch auf Löschung besteht.[38]

17 **4. Eintragung trotz Widerspruch.** Da gem. § 383 Abs. 3 FamFG die erfolgte Eintragung nicht anfechtbar ist, steht dem Widersprechenden zur Erreichung der Löschung der gegen Abs. 2 verstoßenden Eintragung nur der Weg offen, die Beseitigung nach § 395 FamFG von Amts wegen anzuregen (§ 24 FamFG). Führt die Anregung nicht zum Erfolg, besteht für den Widersprechenden ausnahmsweise die Möglichkeit der Beschwerde (§§ 58 ff. FamFG) gegen die in diesem Fall aufgrund der offensichtlich möglichen Rechtsverletzung als Beschluss abzufassende Ablehnungsentscheidung des Registergerichts.

18 **5. Rechtsfolgen.** Bei Vorliegen der Voraussetzungen des Abs. 2 darf die Eintragung nicht erfolgen. Das Registergericht ist in den in → Rn. 9, → Rn. 15 dargestellten Grenzen an die Entscheidung des Prozessgerichts gebunden. Nur dann, wenn das Registergericht nicht gebunden ist, entscheidet es gem. §§ 21, 381 FamFG nach Ermessen, ob es einträgt oder das Eintragungsverfahren aussetzt.[39]

19 **6. Aufhebung der Prozessentscheidung.** Wird die Entscheidung des Prozessgerichts, die auf Unzulässigkeit der Eintragung erkannt hat, wieder aufgehoben, so ist das Registergericht hieran nicht gebunden, da lediglich die Rechtsbeziehung zwischen einem Beteiligten und einem Dritten betroffen ist. Das Registergericht kann die Eintragung ablehnen, wenn es dem aufgehobenen Urteil in der Sache folgt.[40]

III. Rechtslage in Österreich

20 Die Regelung des § 16 HGB findet sich sinngleich für die Vornahme von Eintragungen im Firmenbuch (→ § 8 Rn. 99) in § 16 UGB.

---

[38] Baumbach/Hopt/*Hopt* Rn. 6; KKRD/*Roth* Rn. 9; Oetker/*Preuß* Rn. 33.
[39] Staub/*Koch* Rn. 36; Oetker/*Preuß* Rn. 32.
[40] Staub/*Koch* Rn. 38; EBJS/*Schaub* Rn. 34.

Dritter Abschnitt. Handelsfirma

Vorbemerkung (Vor § 17)

Schrifttum (vor dem HRefG): *Bokelmann,* Die Gründung von Zweigniederlassungen ausländischer Gesellschaften in Deutschland und das deutsche Firmenrecht unter besonderer Berücksichtigung des EWG-Vertrages, DB 1990, 1021; *Bokelmann,* Zur Entwicklung des deutschen Firmenrechts unter den Aspekten des EG-Vertrages, ZGR 1994, 325; *Droste,* Grundsätzliches zur Geschäftsbezeichnung, DB 1967, 539; *Esch,* Zur Führung mehrerer Firmen durch Personengesellschaften, BB 1968, 235; *Fezer,* Liberalisierung und Europäisierung des Firmenrechts, ZHR 161 (1997), 52; *Hauschka/Frhr. v. Saalfeld,* Die Europäische Wirtschaftliche Interessenvereinigung (EWIV) als Kooperationsinstrument für die Angehörigen der freien Berufe, DStR 1991, 1083; *Kraft,* Die Führung mehrerer Firmen, 1996; *Möller,* Europäisches Firmenrecht im Vergleich, EWS 1993, 22; *Möller,* Neues zum europäischen Firmenrecht im Vergleich, EWS 1997, 340; *Nipperdey,* Die Zulässigkeit doppelter Firmenführung für ein einheitliches Handelsgeschäft, FS A. Hueck, 1959, 195; *Schlichting,* Die Zulässigkeit mehrerer Firmen für ein einzelkaufmännisches Unternehmen, ZHR 134 (1970), 322; *Stratmann,* Internet domain-names oder Schutz von Namen, Firmenbezeichnungen und Marken gegen die Benutzung durch Dritte als Internet-Adresse, BB 1997, 689; *Ulmer,* Die Kompetenz zur Bildung einer Ersatzfirma bei Firmenveräußerung im Konkurs der GmbH, NJW 1983, 1697; *Wöbke/Danckwerts,* Europäische wirtschaftliche Interessenvereinigung: Eintragung mit einer reinen Sachfirma?, DB 1994, 413; *Ziegler,* Zur Firma der Europäischen Wirtschaftlichen Interessenvereinigung, Rpfleger 1990, 239.

Schrifttum (nach dem HRefG): *Bokelmann,* Das Recht der Firmen und Geschäftsbezeichnungen, 5. Aufl. 2000 (zitiert: *Bokelmann* FirmenR); *Bokelmann,* Die Neuregelungen im Firmenrecht nach dem Regierungsentwurf des Handelsrechtsreformgesetzes, GmbHR 1998, 57; *Borges,* Gläubigerschutz bei ausländischen Gesellschaften mit inländischem Sitz, ZIP 2004, 733; *Clausnitzer,* Deutsches Firmenrecht versus Europäisches Gemeinschaftsrecht, DNotZ 2008, 484; *Clausnitzer,* Die Novelle des Internationalen Gesellschaftsrecht, NZG 2008, 321; *Gräve/Salten,* Neues Firmenrecht – Die Parteibezeichnung der Einzelkaufleute im Zivilprozess, MDR 2003, 1097; *Hauser,* Neues Firmenrecht – neue Möglichkeiten, BuW 1999, 109; *Horn,* Deutsches und europäisches Gesellschaftsrecht und die EuGH-Rechtsprechung zur Niederlassungsfreiheit – Inspire Art, NJW 2004, 893; *Jung,* Firmen von Personenhandelsgesellschaften nach neuem Recht, ZIP 1998, 677; *Kindler,* „Inspire Art" – Aus Luxemburg nichts Neues zum internationalen Gesellschaftsrecht, NZG 2003, 1086; *Kleinert/Probst,* Endgültiges Aus für Sonderanknüpfungen bei (Schein-) Auslandsgesellschaften, DB 2003, 2217; *Kögel,* Entwicklungen im Handels- und Registerrecht seit 2007, Rpfleger 2009, 291; *Kögel,* Neues Firmenrecht und alte Zöpfe: Die Auswirkungen der HGB-Reform, BB 1998, 1645; *Lamsa,* Die Firma der Auslandsgesellschaft, 2011; *Lutter/Welp,* Das neue Firmenrecht der Kapitalgesellschaften, ZIP 1999, 1073; *Mankowski,* § 12 Registrierung, Firmenführung und Vertretungsnachweis, in Hirte/Bücker, Grenzüberschreitende Gesellschaften, 2005; *Najdecki,* Firmierung im Handels- und Gesellschaftsrecht, NWB 2010, 1355; *Pluskat,* Die Firma der Anwalts-AG, AnwBl. 2004, 22; *Rehberg* in Eidenmüller, Ausländische Kapitalgesellschaften im deutschen Recht, 2004, § 5; *Rinne,* Zweigniederlassungen ausländischer Unternehmen im Kollisions- und Sachrecht, Diss. 1998; *Römermann/Römermann,* Kanzlei-Marke: Reine Sachfirma heftig umstritten, Anwalt 2001, 20; *Erich Schaefer,* Das neue Kaufmanns- und Firmenrecht nach dem Abschluss der Beratungen des Handelsrechtsreformgesetzes im Deutschen Bundestag, ZNotP 1998, 170; *Karsten Schmidt,* Publizität von „Schein-Auslandsgesellschaften" durch Firmenrecht und durch Angaben auf Geschäftsbriefen, in Lutter, Europäische Auslandsgesellschaften in Deutschland, 2005, 15; *Schulte/Warnke,* Vier Jahre nach der HGB-Reform – Das neue Firmenrecht der GmbH im Handelsregisterverfahren, GmbHR 2002, 626; *Schünemann,* Die Firma im internationalen Rechtsverkehr, 2016; *Seifert,* Firmenrecht „online" – die sog. Internet-Domain als Bestandteil der Handelsfirma, Rpfleger 2001, 395; *Wachter,* Auswirkungen des EuGH-Urteils in Sachen Inspire Art Ltd. auf die Beratungspraxis und Gesetzgebung, GmbHR 2004, 88.

Übersicht

I. Entwicklung des Firmenrechts

1 **1. Firmenrecht vor der Handelsrechtsreform 1998.** Das Firmenrecht war bis zur Handelsrechtsreform 1998 fast 100 Jahre weitestgehend unverändert geblieben und entsprach anerkanntermaßen nicht mehr den Erfordernissen des modernen Wirtschaftslebens.[1] Die Lit. und Rspr. aus der Zeit vor 1998 sind daher regelmäßig kritisch im Lichte der Neuregelungen zum Firmenrecht zu sehen.[2] Bei der grundlegenden Reform des Firmenrechts durch das Handelsrechtsreformgesetz (HRefG) blieben aber auch einige gesetzliche Regelungen und wichtige firmenrechtliche Grundprinzipien unverändert. Um das Verständnis für das neue Firmenrecht nach 1998 zu erleichtern, sollen nachfolgend zunächst noch kurz die alten firmenrechtlichen Vorschriften und Grundsätze im Überblick dargestellt werden.

2 **Einzelkaufleute** und **Personenhandelsgesellschaften** mussten grundsätzlich eine Personenfirma führen (§ 18 Abs. 1 und § 19 Abs. 1 aF). Der Einzelkaufmann hatte seinen Familiennamen und mindestens einen ausgeschriebenen Vornamen (§ 18 Abs. 1 aF), die Personenhandelsgesellschaft (OHG, KG) den Familiennamen eines oder mehrerer Gesellschafter auch ohne Vornamen (§ 19 Abs. 1, 3 aF) zu verwenden. Die Sach- oder gar Fantasiefirma war ihnen verwehrt.

3 **Aktiengesellschaften** und **Genossenschaften** hatten demgegenüber stets eine Sachfirma zu führen (§ 4 AktG aF; § 3 Abs. 2 GenG aF). Diese musste den Gegenstand des Unternehmens im Wesentlichen für die Verkehrskreise erkennbar machen.[3] Der **GmbH** war sowohl die Sach- als auch die Personenfirma (auch ohne Vorname) erlaubt, allerdings nicht mit dem Namen eines Nichtgesellschafters (§ 4 Abs. 1 GmbHG aF). Eine reine Fantasiefirma war ganz allgemein nicht zugelassen, sondern nur nicht täuschende Fantasiezusätze wurden akzeptiert.

4 Nach § 18 Abs. 2 aF galt ein strenges **Täuschungsverbot** primär für die Zusätze, aber auch für den Firmenkern. Diese strengen Firmenbildungsgrundsätze wurden in § 21 aF (Änderung des Namens des Geschäftsinhabers oder des namensgebenden Gesellschafters), § 22 aF (Fortführung eines erworbenen Handelsgeschäftes), § 24 aF (Ein- oder Austritt des namensgebenden Gesellschafters) durch die Zulässigkeit der **unveränderten Firmenfortführung** durchbrochen. § 30 aF verlangte die **Unterscheidbarkeit** jeder neuen Firma von schon bestehenden und im Handelsregister eingetragenen Firmen am gleichen Ort.

5 **2. Firmenrecht nach dem HRefG 1998. a) Ziele des HRefG.** Das HRefG vom 22.6.1998 (BGBl. 1998 I 1473) hat neben der Modernisierung des Kaufmannsbegriffes

---

1 RegE, BT-Drs. 13/8444, 35 f.

2 Noch radikaler *Frenz* ZNotP 1998, 178 f.: „solle man fast alles vergessen".

3 Röhricht/Graf v. Westphalen/*Ammon/Ries,* 3. Aufl. 2008, Rn. 3.

(→ Vor § 1 Rn. 28; → § 1 Rn. 3 ff.) die **Liberalisierung**[4] **des Firmenrechts** vorangetrieben. Das in Deutschland im europäischen Vergleich recht rigide Firmenbildungsrecht wurde entschärft und vereinheitlicht. Den Unternehmen wurde größere Wahlfreiheit bei der Bildung aussagekräftiger und werbewirksamer Firmen eingeräumt.[5] Unabhängig von der gewählten Rechtsform sind jetzt **Fantasie-, Sach-** und **Personenfirmen** oder **Mischformen** zulässig. Mit der Liberalisierung der Firmenbildung wurde zugleich ein wichtiger Beitrag zur Deregulierung und Entbürokratisierung angestrebt.[6]

Nach neuem Firmenrecht soll sich die Firmenbildung (nur noch) nach den **drei wesentlichen Funktionen der Firma** ausrichten.[7] Dies sind die Unterscheidungskraft sowie die damit einhergehende Kennzeichnungsfunktion, die Ersichtlichkeit des Gesellschaftsverhältnisses und die Offenlegung der Haftungsverhältnisse. Dem diesbezüglichen Informationsinteresse des Rechtsverkehrs und dem Transparenzgebot sollte dabei durch den obligatorischen Hinweis auf die Rechtsform und die Haftungsverhältnisse (§ 19) sowie durch Pflichtangaben auf Geschäftsbriefen (§ 37a) Rechnung getragen werden.[8] Die Kennzeichnungsfunktion und damit der Grundsatz der Firmenunterscheidbarkeit wurde aufgewertet und dem übrigen Kennzeichnungsrecht (§ 3 Abs. 1 MarkenG, § 5 Abs. 2 MarkenG, § 8 Abs. 2 MarkenG und § 9 MarkenG) angenähert. Die Auskunftsfunktion über die Gesellschafts- und Haftungsverhältnisse wurde gestärkt. Demgegenüber wurde die Auskunftsfunktion über die Identität der das kaufmännische Unternehmen führenden Personen und den Geschäftsgegenstand weitgehend eingeschränkt.[9] 6

Das firmenrechtliche Irreführungsverbot (§ 18 Abs. 2) wurde konkretisiert, um einer **„Versteinerung" der Irreführungsmaßstäbe** angesichts sich wandelnder Verbrauchererwartungen entgegenzuwirken. Im Interesse eines vorbeugenden Verkehrsschutzes wurde die Prüfung der Firma auf Täuschungseignung im Handelsregistereintragungsverfahren zwar beibehalten, da die nachträgliche Kontrolle mit Mitteln des Wettbewerbsrechts nach § 5 UWG allein für unzureichend gehalten wurde. Der **Bereich** der relevanten Irreführung wurde aber wesentlich reduziert (→ § 18 Rn. 57 ff.) und die Prüfungskompetenz des Registers auf die **ersichtliche Eignung zur Irreführung** (→ § 18 Rn. 63) beschränkt. 7

b) Firmenrechtliche Vorschriften im Überblick. Das Firmenrecht kann nach verschiedenen Kriterien unterteilt werden. Nach seinem **Regelungscharakter** differenziert steht dem Firmennamensrecht das Firmenordnungsrecht gegenüber.[10] 8

Meist werden nach dem **Regelungsinhalt** unterschieden[11] die Bestimmungen zur Zulässigkeit der **Firmenbildung** (§§ 17–19) und der **Firmenfortführung** (§§ 21–24), die für verschiedene Konstellationen die Fortführung einer bestehenden Firma erlauben und deren Voraussetzungen genauer bestimmen. Ergänzt werden sie durch die Vorschriften, die wie § 19 abhängig von der jeweiligen Rechtsform **bestimmte Rechtsformzusätze** fordern (§§ 4, 5a GmbHG, §§ 4, 279 AktG, § 3 GenG, § 2 Abs. 2 Nr. 1 EWIVAG, § 174 Abs. 2 S. 2 VAG, § 2 Abs. 1 S. 1 PartGG). 9

§§ 25–28 regeln Fragen der **Haftung** bei Erwerb eines Unternehmens, bei der Fortführung eines Handelsgeschäfts durch Erben und beim Eintritt von Gesellschaftern in ein Handelsgeschäft, also an das Firmenrecht anknüpfende Folgeprobleme. Daher sind diese nicht hier, sondern beim Handelskauf zu erläutern. 10

Zuletzt enthalten §§ 29–37 in teilweise inhaltlicher Anknüpfung an die Regelungen der §§ 17–24 in erster Linie Fragen des **Firmenregisterrechts** und des **Firmenschutzes.** Abschließend verpflichtet § 37a den Einzelkaufmann unter anderem die Firma auf allen 11

4 Zu den Zielen und Auswirkungen der Liberalisierung *W.-H. Roth* in Die Reform des Handelsstandes und der Personengesellschaft, 1999, 31 (33 f.); *Schaefer* ZNotP 1998, 170 (175).
5 RegE, BT-Drs. 13/8444, 35.
6 *Erich Schäfer,* Handelsrechtsreformgesetz, 1999, 13.
7 BT-Drs. 13/8444, 36.
8 *Erich Schäfer,* Handelsrechtsreformgesetz, 1999, 39.
9 *Jung* ZIP 1998, 677 (678).
10 *Canaris* HandelsR § 11 Rn. 1.
11 EBJS/*Reuschle* § 17 Rn. 3; Staub/*Burgard* Rn. 8.

Geschäftsbriefen anzugeben. Für Unternehmen in anderen Rechtsformen existieren Parallelvorschriften (§§ 125a, 177a HGB, § 35a GmbHG, § 80 AktG, § 25a GenG).

12 Neben die Bestimmungen im HGB und in den verschiedenen gesellschaftsrechtlichen Gesetzen treten noch die überwiegend **materiellrechtlichen Regelungen zum Firmenrecht** wie insbesondere §§ 3, 5 UWG[12] und §§ 3, 5, 14, 15 MarkenG sowie § 12 BGB (→ § 17 Rn. 41). Für bestimmte Berufsordnungen sind Sondervorschriften zu beachten (→ § 18 Rn. 7 ff.).[13] Teilweise bestehen **historisch bedingte Besonderheiten**[14] für vor 1900 eingetragene Firmen (Art. 22 EGHGB) und für die Aufrechterhaltung von in der Kriegszeit bewilligten Ausnahmen und Ausnahmen für die bis 1951 in das Bundesgebiet verlegten (Personen-) Unternehmen (§ 2 Abs. 2, 3 HRBerG bzw. § 3 Abs. 1 HRBerG).

13 **3. Praktische Umsetzung der Liberalisierung.** Die alte Rechtslage vor dem HRefG und die hierzu vorhandene teilweise **stRspr** prägt zu Unrecht auch heute noch die Erörterungen in der Kommentarliteratur zu den inhaltlichen Vorgaben für eine zulässige Firma, die keine Grundlage mehr im Gesetz finden. Dies zeigt sich zB bei den weiterhin propagierten strengen inhaltlichen Anforderungen an die Ausgestaltung einer Personenfirma (→ § 17 Rn. 23 ff.; → § 18 Rn. 180 ff.), aber auch bei der Sachfirma (→ § 17 Rn. 26 ff.; → § 18 Rn. 30 ff.; → § 18 Rn. 76 ff.). Auch die dem entgegenstehende, noch weit verbreitete **Praxis der Registergerichte und Industrie- und Handelskammern** ist offensichtlich noch zu sehr an der jahrzehntelangen Rspr. und Praxis zum alten Firmenrecht verhaftet. Schon zum alten Firmenrecht hatte der Regierungsentwurf zu § 18 Abs. 2[15] die äußerst restriktive Anwendung und unverständlich strenge Auslegung dieser Norm durch die Registergerichte und die Industrie- und Handelskammern angeprangert, die einen nicht unerheblichen Anteil an der beklagten „Versteinerung" des Firmenrechts hätten.

14 Nach hier vertretener Ansicht ist dies mit der Forderung nach Umsetzung der vom Gesetzgeber mit dem HRefG **angestrebten Liberalisierung** des Firmenrechts nicht mehr vereinbar. Es gibt im Firmenrecht keine positiv gesetzlichen inhaltlichen Anforderungen für die Firmenbildung mehr. Nach Abschaffung der gesetzlich geregelten **restriktiven inhaltlichen Vorgaben** für die Firmierung in den §§ 18, 19 und § 4 GmbHG können diese Anforderungen nicht mehr quasi als „ungeschriebene Tatbestandsvoraussetzungen" weiterhin gefordert werden.[16] Jede Firmenbildung ist daher zulässig, solange sie die im Gesetz festgelegten Voraussetzungen in § 18 erfüllt[17] und konkret kein Verstoß gegen § 30 oder sonstige sondergesetzliche Regelungen vorliegt. Der Gesetzgeber hat mit der Neuregelung bewusst darauf verzichtet, dass die Firma inhaltlich für den Geschäftsverkehr bestimmte Informationen – wie zB früher über den Geschäftsinhaber beim Einzelkaufmann und über den Unternehmensgegenstand bei der GmbH – enthalten muss. Grenze ist lediglich die positive Irreführung über verkehrswesentliche geschäftliche Verhältnisse nach § 18 Abs. 2. Als Preis für die inhaltliche Liberalisierung verlangt § 19 jetzt **verschärfte Information über die Haftungsverhältnisse** für alle Rechtsträger durch einen obligatorischen Rechtsformzusatz. Weitere Anforderungen an den positiven Informationsgehalt einer Firma können nach dem neuen Firmenrecht nicht mehr gestellt werden.

15 In der Regierungsbegründung zum HRefG wird ausgeführt, dass jetzt für alle Rechtsträger neben der **Personenfirma** auch die **Sachfirma** und die **Fantasiefirma** zulässig sind (zur Differenzierung → § 17 Rn. 22 ff.). Dies bedeutet nicht, dass jede Firma einer dieser drei Kategorien mit bestimmten Voraussetzungen zuzuordnen sein muss, sie ansonsten schon per se unzulässig wäre. Vielmehr besagen diese drei Kategorien von Firmen letztlich

[12] Grdl. geändert bei der UWG-Novelle durch Gesetz mWv 8.7.2004 (BGBl. 2004 I 1414); dazu im Überblick *Köhler* NJW 2004, 212 ff.; KBF/*Bornkamm/Feddersen* UWG § 5 Rn. 0.5. und die Umsetzung der UGP-RL 2008 und 2015, KBF/*Bornkamm/Feddersen* UWG § 5 Rn. 0.6 und 0.7.

[13] S. auch BGHZ 103, 355 = NJW 1988, 2538 (Steuerhilfeverein); BGH NJW 1988, 262 (Steuerberatungsgesellschaft) zum Wettbewerbsverbot für freie Berufe.

[14] Dazu genauer Baumbach/Hopt/*Hopt* § 18 Rn. 3.

[15] RegE, BT-Drs. 13/8444, 36.

[16] So auch Heymann/*Förster* § 17 Rn. 4.

[17] Abs. 1: Kennzeichnungseignung und Unterscheidungskraft; Abs. 2: Irreführungsverbot.

nur, dass inhaltlich grundsätzlich jede Firma ohne Einschränkungen möglich ist. Daher verliert die genaue Abgrenzung der Personenfirma von der Sachfirma und der Fantasiefirma anders als zum alten Recht, bei dem bestimmte Firmenarten bei bestimmten Rechtsträgern obligatorisch waren, ihre materiellrechtliche Bedeutung. Liegt nämlich keine Personenfirma oder Sachfirma vor, handelt es sich zwingend – sozusagen als **Auffangtatbestand** – um eine **Fantasiefirma.**[18] Für alle drei Firmenkategorien gelten aber (nur) die gleichen allgemeinen Zulässigkeitsvoraussetzungen der § 18 Abs. 1, Abs. 2 und § 19 bzw. § 4 GmbHG, § 4 AktG und § 3 GenG.

4. Unionsrechtliche Aspekte. Schon früher wurde das Verhältnis des strengen inländischen Firmenrechts zu den Belangen der EU streitig diskutiert.[19] Das **deutsche Firmenrecht war strenger als in den meisten europäischen Ländern.** Insofern hat die Liberalisierung des Firmenrechts durch das HRefG 1998 in gewissem Rahmen eine Harmonisierung mit dem Firmenrecht der europäischen Nachbarstaaten gebracht.[20] Zu den weiterhin problematischen Konflikten zwischen der Anwendung deutschen Firmenrechts und den unionsrechtlichen Vorgaben → Rn. 33 ff. 16

II. Firmenrechtliche Grundsätze im Überblick

Schon vor 1998 wurden üblicherweise fünf firmenrechtliche Grundsätze unterschieden: **Firmenwahrheit, Firmenbeständigkeit** (Firmenkontinuität), **Firmeneinheit, Firmenunterscheidbarkeit** (Firmenausschließlichkeit) **und Firmenöffentlichkeit.** Durch die Liberalisierung und Vereinheitlichung des Firmenbildungsrechts haben sich allerdings die Gewichte zwischen den Prinzipien verschoben. Zwar nicht neu hinzugekommen aber jetzt ausdrücklich in § 18 Abs. 1 geregelt ist das Prinzip, dass eine Firma **Kennzeichnungsfähigkeit** und **Unterscheidungskraft** besitzen muss, mithin Namensfunktion hat. 17

1. Firmenwahrheit/Irreführungsverbot. Durch das HRefG 1998 wurde der Grundsatz der Firmenwahrheit aufgeweicht. Er bedeutet nur noch, dass die **Firma nicht täuschen** darf, Irreführungen des Publikums vermieden werden sollen. Das Täuschungsverbot in § 18 Abs. 2 nF ist zwar ganz allgemein **für die ganze Firma** also Firmenkern und Firmenzusatz kodifiziert (→ § 18 Rn. 43). Es gilt auch für die Firmen aller Unternehmensformen, bei Neubildung sowie bei Änderung. Allerdings ist die **Eingriffsschwelle** des Registergerichts für die Beanstandung einer Firma wegen Irreführung gegenüber dem § 18 aF stark herabgesetzt:[21] Zum einen muss die Irreführung über geschäftliche Verhältnisse erfolgen, die für die angesprochenen Verkehrskreise wesentlich sind. Zum anderen muss die Eignung zur Irreführung **für das Registergericht ersichtlich,** also offensichtlich sein. Auch das erweiterte Gebot zur Hinzufügung zutreffender Rechtsformzusätze (insbesondere § 19) kann im weiten Sinne dem Grundsatz der Firmenwahrheit zugerechnet werden.[22] 18

Der **Grundsatz der Firmenbeständigkeit** (→ Rn. 24 ff.; → § 22 Rn. 1 ff.; → § 24 Rn. 1 ff.) durchbricht auch nach dem HRefG die Firmenwahrheit in gewissen Grenzen.[23] 19

2. (Konkrete) Firmenunterscheidbarkeit/Firmenausschließlichkeit. Das Prinzip der Firmenunterscheidbarkeit (Firmenausschließlichkeit) soll die Verwechslung von neuen mit bereits eingetragenen Firmen vermeiden (§ 30). Der in § 30 verankerte Grundsatz der konkreten Firmenunterscheidbarkeit ist strikt zu trennen von der geforderten Eigenschaft einer Firma nach **abstrakter Kennzeichnungsfunktion und Unterscheidungskraft** (→ Rn. 23; → § 18 Rn. 9 ff.; → § 18 Rn. 25 ff.). Insoweit kommt § 30 eine kom- 20

---

18 Staub/*Burgard* Rn. 15.
19 Vgl. ausf. → 1. Aufl. 1996, § 18 Rn. 67 ff. *(Bokelmann).*
20 MüKoGmbHG/*Heinze* GmbHG § 4 Rn. 154 spricht von Entschärfung der Kollisionsgefahr mit der europäischen Niederlassungsfreiheit.
21 Röhricht/Graf v. Westphalen/Haas/*Ries* § 17 Rn. 20.
22 EBJS/*Reuschle* § 17 Rn. 7.
23 Hierzu auch Heymann/*Förster* § 17 Rn. 13.

plementäre Funktion zu § 18 zu.[24] Zunächst muss jede Firma allgemein an jedem beliebigen Ort unterscheidungskräftig sein. Dann stellt sich erst ergänzend die Frage, ob sie sich konkret von allen Firmen am selben Ort deutlich unterscheidet.

21 **3. Kennzeichnungsfunktion/Unterscheidungskraft/Namensfunktion.** Die abstrakte Kennzeichnungsfunktion und Unterscheidungskraft einer Firma ist von der **konkreten Firmenunterscheidbarkeit** zu anderen eingetragenen Firmen am gleichen Ort (§ 30) zu unterscheiden. Nach § 18 Abs. 1 muss der Firma Kennzeichnungswirkung und Unterscheidungskraft zukommen. Damit stellt das Gesetz auf Kriterien ab, die im Markenrecht zentrale Bedeutung haben. Beide Begriffe können sich überschneiden, werden häufig nicht klar getrennt und sind letztlich nicht sinntragend voneinander abzugrenzen.

22 Die **Kennzeichnungswirkung** (→ § 18 Rn. 9 ff.) „zielt" auf Individualisierung,[25] da die Firma als Name zur Individualisierung geeignet sein muss **(sog. Namensfunktion).** Bei Sach- und Fantasiefirmen treten wesentlich häufiger Probleme als bei der Personenfirma auf, wenn es um die erforderliche Kennzeichnungs- und Unterscheidungskraft geht.[26] Fantasienamen und Buchstabenkombinationen sind zwar an sich zur Individualisierung geeignet.[27] Doch werden zB **Buchstabenzusammenstellungen,** die nicht aussprechbar oder sinnlos sind, vom Verkehr nicht als Name gewertet.[28] Auch nichtssagende Bezeichnungen wie **reine Branchenangaben** haben keine Individualisierungskraft.

23 Die Firma muss auch **Unterscheidungskraft** (→ § 18 Rn. 25 ff.) besitzen, um allgemein eine Verwechslungsgefahr mit anderen Firmen – gemessen an der Verkehrsauffassung des angesprochenen Publikums – auszuschließen. Unterscheidungskraft setzt eine zur Unterscheidung des Unternehmens von anderen ausreichende Eigenart voraus.[29] Diese ist nach der markenrechtlichen Terminologie gegeben, wenn die Bezeichnung vom Verkehr als individualisierender Herkunftshinweis aufgefasst wird. Worte der **Umgangssprache, Sachbezeichnungen** und **geografische Bezeichnungen** sind wegen Fehlens der Unterscheidungskraft nicht schutzfähig, ebenso nicht reine **Gattungsbezeichnungen.**[30]

24 **4. Firmenkontinuität/Firmenbeständigkeit/Firmenidentität.** Der Firma kommt eine erhebliche wirtschaftliche Bedeutung zu, da sich in ihr der „Goodwill" des Unternehmens widerspiegelt.[31] Das Prinzip der **Firmenbeständigkeit** besagt, dass der Firmenkern einer zulässig gebildeten Firma beibehalten werden darf, auch wenn sich die für die Firmenbildung maßgeblichen Verhältnisse geändert haben.[32] Die fortgeführte Firma setzt sich im Rahmen der §§ 21–24 **gegenüber der Firmenwahrheit** durch, um den in der Firma liegenden Wert zu erhalten.

25 Dieser Grundsatz findet seine **Grenze in § 19.** Auch die weitergeführte Firma muss den ihr aktuell entsprechenden Rechtsformzusatz enthalten, ohne allerdings zwingend auf den alten Zusatz zu verzichten.[33]

26 Niederschlag findet der Grundsatz der Firmenkontinuität auch in den **Übergangsvorschriften** (Art. 22 und 38 EGHGB). Danach können Firmen, die vor dem Inkrafttreten des HGB zulässig und eingetragen waren, weitergeführt werden, Firmen die bis zur Handels-

[24] EBJS/*Reuschle* § 30 Rn. 1; Röhricht/Graf v. Westphalen/Haas/*Ries* § 30 Rn. 1.
[25] HK-HGB/*Ruß* § 18 Rn. 4.
[26] *Schumacher,* HRefG, 1998, 58; *Ralph Schmitt* WiB 1997, 113.
[27] BGH DNotZ 2009, 469.
[28] AG Koblenz BeckRS 2014, 125808 zu MGCMDR Ventures UG (haftungsbeschränkt), zitiert nach *Kiesel/Neises/Plewa/Poneleit/Rolfes/Wurster* DNotZ 2015, 740 (742); Heymann/*Förster* § 17 Rn. 10.
[29] BGH NJW-RR 1996, 230 = GRUR 1996, 68 – COTTON LINE.
[30] Vgl. OLG Zweibrücken BeckRS 2012, 13796 für nichtssagende Branchen- und Gattungsbezeichnungen in Kombination mit einer geografischen Bezeichnung.
[31] Zur Firma als „tradeable asset" iS eines immateriellen Wirtschaftsgutes *Flume* DB 2008, 2011; zur Übertragung s. auch *Werner* NWB 2008, 4225 ff.
[32] Vgl. *Kögel* BB 1997, 793 (800); *Karsten Schmidt* HandelsR § 12 Rn. 103 ff.; Röhricht/Graf v. Westphalen/Haas/*Ries* § 17 Rn. 23; Staub/*Burgard* Rn. 31.
[33] OLG Hamm NJW-RR 1999, 1709 = NZG 1999, 993: zulässige Beibehaltung von „oHG" mit Rechtsformzusatz „e. K.".

rechtreform zulässig waren, blieben in dieser Form bis längstens 31.3.2003 zulässig (→ § 19 Rn. 47).

Durch die Liberalisierung des Firmenbildungsrechts ist die **Bedeutung** des Grundsatzes der Firmenkontinuität **zurückgegangen.** Denn oft ergibt sich die Zulässigkeit einer bestimmten Firmierung nun bereits daraus, dass sie nach allgemeinem Firmenrecht neu gebildet werden kann (→ § 22 Rn. 4).[34] Darüber hinaus beziehen sich die Regelungen über die Firmenfortführung hauptsächlich auf die Personenfirma. Die Verwendung einer Personenfirma ist im neuen Firmenrecht aber nur noch für die Partnerschaftsgesellschaft, nicht mehr wie früher für den Einzelkaufmann und die Personenhandelsgesellschaften vorgeschrieben. Zur geplanten Liberalisierung beim Namen der Partnerschaft → § 17 Rn. 24. Daher dürfte die Verwendung eines Namens in einer Firma seltener vorkommen und hat nur noch eingeschränkte Aussagekraft für den betroffenen Rechtsverkehr (→ § 18 Rn. 180 ff.). 27

Im Zusammenhang mit der Firmenkontinuität wird auch der **Grundsatz der Firmenidentität** genannt.[35] Im Ansatz besagt er nur, dass ein Unternehmen zwingend unter seiner im Handelsregister eingetragenen Firma im Rechtsverkehr auftreten muss, ohne seine Firma nach eigenem Gutdünken zu ändern oder zu kürzen (→ § 17 Rn. 64 ff.). Die Identifizierung des durch die Firma gekennzeichneten Unternehmens für die Verkehrskreise muss zweifelsfrei sichergestellt sein. Besonders diskutiert wird dieser Grundsatz bei der Frage der unveränderten Verwendung der Firma eines Gesellschafters bei der Namensgebung für eine andere Firma (vgl. insbesondere § 19 Abs. 1 und 2 aF für die OHG und KG sowie § 4 Abs. 1 GmbHG aF für die Personenfirma der GmbH; → § 18 Rn. 95 ff.). 28

5. Firmenöffentlichkeit. Im Grundsatz der Firmenöffentlichkeit schlägt sich nieder, dass die Firma als Bezeichnung des Unternehmensträgers wirtschaftliche Interessen des Firmenträgers selbst, ferner solche der Marktteilnehmer (Mitbewerber, Abnehmer und Anbieter) und auch Allgemeininteressen berührt.[36] Daher bedarf die Firma der Publizität. Kaufleute und Handelsgesellschaften müssen ihre Firmen und Änderungen an diesen zur Eintragung in das Handelsregister anmelden (§§ 29, 31, 33, 34, 106 ff., 162).[37] Dem **Handelsregister** kommt unbestritten Publizitätsfunktion zu. Die Informationen sind jedermann zugänglich, weil die Einsicht in das Handelsregister auch ohne den Nachweis eines berechtigten Interesses erlaubt ist (§ 9 Abs. 1). Zur **Firmenpublizität** gehört auch die jetzt „flächendeckende" Pflicht, in der Firma als Zusatz die Rechtsform des Unternehmens aufzunehmen (§ 19 Abs. 1, §§ 21, 22, 24; § 4 GmbHG; § 4 AktG; § 3 GenG).[38] Ergänzt wird sie durch die Verpflichtung zur **Angabe der vollständigen Firma in den Geschäftsbriefen** (§§ 37a, 125a; § 80 AktG; § 35a GmbHG). Durch die Zulassung der Fantasiefirma für alle Rechtsformen wurde allerdings der Informationsgehalt der Firma im HRefG deutlich reduziert. Dadurch verliert auch der Grundsatz der Firmenöffentlichkeit an Bedeutung aber nicht gänzlich seine Berechtigung. 29

6. Firmeneinheit. Der Grundsatz der Firmeneinheit besagt, dass für ein Unternehmen grundsätzlich nur eine Firma geführt werden darf: **„ein Unternehmen – eine Firma".**[39] Das ergibt sich schon aus dem Bedürfnis des Rechtsverkehrs nach einer sicheren Unterscheidung 30

---

34 Heymann/*Förster* § 17 Rn. 13.

35 S. zB → 1. Aufl. ErgBd. 1999, § 19 Rn. 58, 75, 88, 90, 96 und § 22 Rn. 65, 71; *Bokelmann* FirmenR Rn. 309 ff.

36 Näher *Weber,* Das Prinzip der Firmenwahrheit im HGB und die Bekämpfung irreführender Firmen nach dem UWG, 1984, 27 ff.

37 Zur Anmeldung der Firma einer eG zur Eintragung in das Genossenschaftsregister vgl. §§ 6, 10, 11 GenG.

38 Röhricht/Graf v. Westphalen/Haas/*Ries* § 17 Rn. 24.

39 BGH NJW 1991, 2023 (2024); BayObLGZ 2001, 69; KGJ 31 A 206, 216; KG OLGRspr. 9, 245 (246); *Karsten Schmidt* HandelsR § 12 Rn. 66; Baumbach/Hopt/*Hopt* § 17 Rn. 8; *Bokelmann* FirmenR Rn. 391; Heymann/*Förster* § 17 Rn. 14; Staub/*Burgard* Rn. 39; zweifelnd nach dem HRefG *W.-H. Roth* in Die Reform des Handelsstandes und der Personengesellschaft, 1999, 31 (51 ff.): abgrenzbarer Geschäftszweig.

der im Handelsverkehr auftretenden Rechtspersönlichkeiten.[40] Zur Frage, ob (und wenn ja welche) Unternehmensträger Inhaber mehrerer Unternehmen sein können, → § 17 Rn. 7 ff.

III. Firmenschutz[41]

31 Der handelsrechtliche Firmenschutz erfolgt vorrangig durch das Handelsregister durch **Kontrolle bei der Anmeldung** (§§ 29, 30, 31). Ist eine unzulässige Firma eingetragen, kommt das **Amtslöschungsverfahren** nach § 395 FamFG in Frage.[42] Zum Umfang der Löschung → § 17 Rn. 44 ff. Nach § 37 Abs. 1 erfolgt darüber hinaus eine laufende Kontrolle des **Firmengebrauchs.** § 37 Abs. 2 gibt auch dem in seinem Recht aus der Firma Verletzten ein **Klagerecht** auf Unterlassung des unbefugten Firmengebrauchs. Ist eine Gesellschaft nach § 15 MarkenG rechtskräftig zur Anmeldung der Löschung ihrer Firma verurteilt, bildet der Vollstreckungstitel die Grundlage für die Löschung, ohne dass es eines satzungsändernden Beschlusses bedarf.[43] Auf die jeweiligen Erläuterungen bei den entsprechenden Paragrafen wird verwiesen.

IV. Internationales Firmenrecht[44]

32 **1. Allgemeine Grundsätze. a) Firmenstatut.** Im Wettbewerb der Gesellschaftsrechte entfaltet das Firmenrecht eine durchaus nennenswerte Rolle.[45] Nach bisher ganz hM richtet sich die Frage, wie die Firma zu bilden ist (sog. Firmenstatut) bei einzelkaufmännischen Unternehmen nach dem Recht des Unternehmenssitzes.[46] Die Firma der juristischen Person und von Handelsgesellschaften bestimmt sich nach dem **Gesellschaftsstatut,**[47] also nach bisher hM nach dem Recht, das am Sitz der Hauptverwaltung des Unternehmens gilt.[48] Die §§ 17 ff. gelten danach unmittelbar für solche Kaufleute und Handelsgesellschaften, die ihre Niederlassung bzw. ihren Sitz im Inland haben. Nur für Unternehmen mit Verwaltungssitz bzw. Niederlassung im Ausland ist das jeweilige ausländische Recht anwendbar.

33 **b) Anknüpfung bei EU-Mitgliedstaaten.** Diese Anknüpfung kann im Lichte der **neueren EuGH-Rspr.**[49] zum Gesellschaftsstatut für Gesellschaften aus europäischen Staaten keine Gültigkeit mehr haben. Die EU-Mitgliedstaaten sind nämlich nach Art. 49, 54 AEUV verpflichtet **(Niederlassungsfreiheit und Freizügigkeit),** im Falle einer Sitzverle-

---

[40] Schlegelberger/*Hildebrandt/Steckhan* § 17 Rn. 3.

[41] Vgl. dazu und dessen Entwicklung *Fezer* ZHR 161 (1997), 52 ff.

[42] EBJS/*Reuschle* § 37 Rn. 17.

[43] OLG München FGPrax 2013, 182.

[44] Vgl. hierzu ausf. EBJS/*Reuschle* Anh. § 17; zum europäischen Firmenrecht im Vergleich *Möller* EWS 1997, 340; *Möller* EWS 1993, 22; *W.-H. Roth* in Die Reform des Handelsstandes und der Personengesellschaft, 1999, 31 (63).

[45] *Rehberg* in Eidenmüller Ausl. KapGes. § 5 Rn. 25; vgl. auch Rn. 26: „wodurch sich ein substanzieller Wettbewerbsvorteil ergeben kann".

[46] BGH NJW 1971, 1522 (1523); Baumbach/Hopt/*Hopt* § 17 Rn. 48; Röhricht/Graf v. Westphalen/Haas/*Ries* § 17 Rn. 50; EBJS/*Reuschle* Anh. § 17 Rn. 4; *W.-H. Roth* in Die Reform des Handelsstandes und der Personengesellschaft, 1999, 31 (63); Staudinger/*Großfeld,* 1998, IntGesR Rn. 319; KKRD/*Roth* § 17 Rn. 26; BeckOK HGB/*Bömeke* § 17 Rn. 55; aA MüKoBGB/*Kindler* IntGesR Rn. 237: gebietsbezogene Anknüpfung; s. auch *Schünemann,* Die Firma im internationalen Rechtsverkehr, 2016, 54 ff.

[47] BayObLGZ 1986, 61 = IPRax 1986, 368 (369); Baumbach/Hopt/*Hopt* § 17 Rn. 48; Röhricht/Graf v. Westphalen/Haas/*Ries* § 17 Rn. 50; *Rehm* in Eidenmüller Ausl. KapGes. § 4 Rn. 40; *Mankowski* in Hirte/Bücker, Grenzüberschreitende Gesellschaften, 2. Aufl. 2006, § 12 Rn. 48 mwN in Fn. 133; OLG Frankfurt DB 2008, 1488 = GmbHR 2009, 214; *Lamsa,* Die Firma der Auslandsgesellschaft, 2011, 236 ff., 255; für Firmenbildung auch *Karsten Schmidt* in Lutter, Europäische Auslandsgesellschaften in Deutschland, 2005, 15, 27, anders aber für das Firmenordnungsrecht; aA *Baur* AcP 167 (1967), 535 (551): Recht des Verletzungsortes.

[48] Oetker/*Schlingloff* § 17 Rn. 34; EBJS/*Reuschle* Anh. § 17 Rn. 4.

[49] Insbes. EuGH Slg. 1999, I-1459, 1485 ff. = NJW 1999, 2027 – Centros; Slg. 2002, I-9919, 9943 ff. = NJW 2002, 3614 – Überseering; NJW 2003, 3331 = ZIP 2003, 1885 – Inspire Art; siehe zur Entwicklung der EuGH-Rechtsprechung in diesem Zusammenhang: *Lamsa,* Die Firma der Auslandsgesellschaft 2011, 40 ff.

gung die Rechts- und Parteifähigkeit einer nach dem Recht eines anderen Mitgliedstaates wirksam gegründeten Gesellschaft zu achten, „die diese Gesellschaft nach dem Recht ihres Gründungsstaates besitzt".[50] Darüber hinaus verbietet die Niederlassungsfreiheit auch, den Niederlassungsberechtigten an der Ausübung der Niederlassungsfreiheit in diskriminierender Weise zu hindern oder diese weniger attraktiv zu machen.[51] Einer Gesellschaft aus dem EU-Ausland muss es „ohne Wenn und Aber"[52] möglich sein, eine Zweigniederlassung eintragen zu lassen, ohne dass zusätzliche Anforderungen gestellt werden dürfen.[53]

Im Anwendungsbereich der Art. 49, 54 AEUV folgt die inzwischen wohl hM[54] der 34
Gründungstheorie und nicht mehr der Sitztheorie als Kollisionsnorm. Es spricht daher vieles dafür, auch für das Firmenstatut nicht mehr an den Verwaltungssitz anzuknüpfen.[55] Entscheidend für die Frage der zulässigen Bildung einer Firma ist danach das Recht des Gründungsstaates. Ansätze in der Lit.,[56] die für das Firmenstatut aufgrund einer ordnungsrechtlichen Qualifikation ganz allgemein eine gebietsbezogene Anknüpfung der Firmenberechtigung befürworten, erscheinen daher im Lichte der neuen EuGH-Rspr. problematisch. Auch kann es nicht jedem Mitgliedstaat selbst überlassen werden, durch gesellschaftskollisionsrechtliche Regelungen bestimmte Bereiche, wie zB das Firmenrecht, dem Gesellschaftsstatut zu entziehen und damit die Reichweite der Niederlassungsfreiheit durch Art. 49, 54 AEUV selbst zu bestimmen.[57] Dennoch sind insbesondere im Hinblick auf die Grundsätze des Firmenrechts, welchen eine Ordnungsfunktion zukommt, namentlich den Grundsätzen der Firmenwahrheit, Firmenbeständigkeit, Firmenunterscheidbarkeit und Firmeneinheit weitere Entwicklungen der Rspr. des EuGH[58] und der Unionslegislative zu beobachten.[59]

Aus diesen verstärkten unionsrechtlichen Aspekten der Niederlassungsfreiheit und Frei- 35
zügigkeit ergeben sich **unterschiedliche Auswirkungen je nach Art des Auftretens** eines ausländischen Unternehmens im deutschen Rechtsverkehr mit einem Tochterunternehmen, einer Zweigniederlassung, einer unselbständigen Betriebsabteilung bzw. Verkaufsstelle oder selbst im grenzüberschreitenden Geschäftsverkehr (→ Rn. 42 ff.).

c) Schranken durch das deutsche Firmenbildungsrecht. Im Zuge der unions- 36
rechtlich garantierten Niederlassungsfreiheit und Freizügigkeit können folglich **Schranken durch das deutsche Firmenbildungsrecht** nur noch in sehr eingeschränktem Maße hinge-

[50] EuGH Slg. 2002, I-9919, 9943 ff. = NJW 2002, 3614 (3617) – Überseering.

[51] *Meilicke* GmbHR 2003, 793; EuGH Slg. 1999, I-1459, 1485 ff. = NJW 1999, 2027 – Centros; vgl. dazu ausf. *Roth,* Vorgaben der Niederlassungsfreiheit für das Kapitalgesellschaftsrecht, 2010; EnzEuR/*Teichmann*, Bd. 6, § 6 Rn. 24 ff.

[52] Vgl. schon Schlussantrag GA *Alber* DB 2003, 377 = GmbHR 2003, 302 Ls. – Inspire Art.

[53] EuGH NJW 2003, 3331 = ZIP 2003, 1885 – Inspire Art.

[54] BGHZ 154, 185 = NJW 2003, 1461; BayObLGZ 2002, 413 (416); OLG Naumburg GmbHR 2003, 533; BFH NZG 2003, 646; so ausdrücklich *Horn* NJW 2004, 893 (896); *Karsten Schmidt* in Lutter, Europäische Auslandsgesellschaften in Deutschland, 2005, 17; Baumbach/Hopt/*Hopt* § 17 Rn. 48; *Lamsa,* Die Firma der Auslandsgesellschaft, 2011, 235, 255; so schon *Behrens* IPRax 1999, 323; *Meilicke* DB 1999, 627; *Werlauff* ZIP 1999, 867 (875); *Behrens* IPRax 2003, 193; *Geyrhalter/Gänßler* NZG 2003, 409; Palandt/*Thorn* EGBGB Anh. Art. 12 Rn. 6; Klöhn/*Schaper* ZIP 2013, 49; *Rehberg* in Eidenmüller Ausl. KapGes. § 5 Rn. 28 mwN in Fn. 39, wohl nicht nur für europäische ausländische Gesellschaften, sondern für alle. AA weiterhin LG Frankenthal NJW 2003, 762; *Kindler* NZG 2003, 1086 (1090); *Borges* ZIP 2004, 733 (736).

[55] So auch *Geyrhalter/Gänßler* NZG 2003, 409 (412); *Karsten Schmidt* in Lutter, Europäische Auslandsgesellschaften in Deutschland, 2005, 27; *Hirsch/Britain* NZG 2003, 1100 (1102); Palandt/*Thorn* EGBGB Art. 12 Rn. 2; differenzierend *Schünemann,* Die Firma im internationalen Rechtsverkehr, 2016; 51 ff.; aA *Borges* ZIP 2004, 733 (736).

[56] MüKoBGB/*Kindler* IntGesR Rn. 237; hierzu auch ausführlich *Schünemann,* Die Firma im internationalen Rechtsverkehr, 2016, 54 ff.

[57] Vgl. *Spindler/Berner* RIW 2004, 7 (9) zur Frage der „gesellschaftsakzessorischen Haftungsbestimmungen"; siehe hierzu auch EuGH NZG 2016, 115 – Kornhaas.

[58] Eine vergleichbare Fragestellung lag dem EuGH mit der Frage nach der Einordnung des § 64 GmbHG als gesellschaftsrechtliche oder insolvenzrechtliche Norm in der Rs. Kornhaas (EuGH NZG 2016, 115; dazu *Mankowski* NZG 2016, 281) vor.

[59] MüKoBGB/*Kindler* IntGesR Rn. 235 f. spricht sich iErg sogar gegen eine privatrechtliche Funktion des unionalen bzw internationalen Firmenrechts aus.

nommen werden. Denn die ergänzende Anwendung (Überlagerung) des Firmenrechts des Sitzstaates auf ausländische Gesellschaften aus anderen Mitgliedstaaten im Wege der Sonderanknüpfung ist weitgehend ausgeschlossen.[60] Allgemeine Grenze des freien ausländischen Firmengebrauchs ist **Art. 6 EGBGB (ordre public),** der die offensichtliche Unvereinbarkeit des Ergebnisses mit wesentlichen Grundsätzen des deutschen Rechts verhindert. Hierunter zählen nach bisher hM die Firmenunterscheidbarkeit, -wahrheit und -klarheit.[61] Auch wenn nicht zu verkennen ist, dass Beschränkungen bei der Firma die Freizügigkeit meist nur wenig berühren, kann die Bindung der Firmenbildung an das deutsche Firmenrecht eine **Beschränkung der Freizügigkeit** darstellen, wenn die betroffene Gesellschaft nach ausländischem Recht rechtmäßig firmiert.[62] Wird aber die Niederlassungsfreiheit auch nur in Einzelfällen beeinträchtigt, muss dies durch zwingende Gründe des Allgemeininteresses gerechtfertigt sein, in nicht diskriminierender Weise angewandt werden, zur Erreichung des verfolgten Ziels geeignet sein und nicht über das hinausgehen, was zur Erreichung des verfolgten Ziels erforderlich ist (sog. „Vier-Kriterien-Test").[63] Dies gebietet eine möglichst restriktive Anwendung des Art. 6 EGBGB.[64]

37 Diese Problematik hat auch schon der **Gesetzgeber des HRefG** erkannt. Die Liberalisierung und Deregulierung des Firmenrechts sollte nämlich Nachteilen deutscher Unternehmen im europäischen Wettbewerb entgegenwirken.[65] Dies betrifft zum einen das Auftreten deutscher Unternehmen mit ihrer Firma im Ausland aber auch die Verwendung ausländischer Firmen im Inland. Ist das deutsche Firmenrecht genauso liberal wie das Firmenrecht in allen (oder zumindest den bedeutenden) europäischen Mitgliedsländern, ergibt sich nämlich keine Inländerbenachteiligung, nur weil die nach ihrem Heimatrecht zulässige ausländische Firma in Deutschland wegen der unionsrechtlich garantierten Niederlassungsfreiheit akzeptiert werden muss.

38 **d) Anknüpfung für Firmenordnungsrecht.** Unabhängig von den voranstehenden unionsrechtlichen Überlegungen aufgrund der EuGH-Rspr. unterstellt die hM auch weiterhin zu Recht, das **Firmenordnungsrecht** und soweit relevant – wie zB bei der Zweigniederlassung – das Registerrecht nicht dem Personal- bzw. Gesellschaftsstatut. So ist die Frage der Pflicht der Firmenanmeldung **öffentlich-rechtlicher Natur.**[66] Aufgreifkriterium ist daher der Ort der kaufmännischen Niederlassung. Für das Verfahren gilt deutsches Registerrecht als **lex fori.**[67] Für den Gebrauch der Firma wie zB § 30 Abs. 3 gilt das **Recht des Gebrauchsortes.**[68]

39 **e) Anknüpfung bei Unternehmen aus Nicht-EU-Staaten.** Die oben genannten unionsrechtlichen Überlegungen gelten grundsätzlich nicht für **ausländische Firmen aus**

---

60 *Horn* NJW 2004, 893 (898 ff.); *Meilicke* GmbHR 2003, 793 (805); *Paefgen* DB 2003, 487; aA *Rehberg* in Eidenmüller Ausl. KapGes. § 5 Rn. 30 für Sonderanknüpfung wegen der öffentlichen Anliegen des Firmenrechts allerdings nur partiell, also für die einzelnen firmenrechtlichen Grundsätze unterschiedlich; für Überlagerung durch Anknüpfung an das Marktrecht auch in *Mankowski* in Hirte/Bücker, Grenzüberschreitende Gesellschaften, 2. Aufl. 2006, § 12 Rn. 56 mit unionsrechtlichen Einschränkungen.

61 KKRD/*Roth* § 17 Rn. 26; EBJS/*Reuschle* Anh. § 17 Rn. 9; BeckOK HGB/*Bömeke* § 17 Rn. 61; OLG Stuttgart WRP 1991, 526; OLG Hamm WRP 1992, 355; ausf. auch OGH GesRZ 2004, 129: Schutz vor unlauterem Wettbewerb und von Verbrauchern vor irreführenden Angaben rechtfertigen eine Beschränkung der Grundfreiheiten.

62 Vgl. auch *Karsten Schmidt* in Lutter, Europäische Auslandsgesellschaften in Deutschland, 2005, 28.

63 EuGH NJW 2003, 3331 Rn. 133 – Inspire Art, unter Bezugnahme auf EuGH Slg. 1993, I-1663 Rn. 32 – Kraus; Slg. 1995, I-4165 Rn. 37 – Gebhard; Slg. 1999, I-1459 – Centros; dazu ausführlich: EnzEuR/*Teichmann*, Bd. 6, § 6 Rn. 62 ff.; *Lamsa*, Die Firma der Auslandsgesellschaft, 2011, 109 ff.

64 Staub/*Burgard* Rn. 60; KKRD/*Roth* § 17 Rn. 26; s. auch schon *Bokelmann* ZGR 1994, 340; *W.-H. Roth* in Die Reform des Handelsstandes und der Personengesellschaft, 1999, 31 (64): beschränkt auf gravierende Täuschungen; zur aktuellen Rechtsprechung zur europarechtskonformen Auslegung des Firmenrechts s. ausf. *Clausnitzer* DNotZ 2008, 484 ff., im Ansatz Art. 6 EGGmbHG sogar ganz abl. (486), aber später nicht konsequent; krit. auch *Lamsa,* Die Firma der Auslandsgesellschaft, 2011, 236 ff., 255.

65 BT-Drs. 13/8444, 121: A. Zielsetzung.

66 MüKoBGB/*Kindler* IntGesR Rn. 234, 217; Staub/*Burgard* Rn. 65; s. im Kontext des internationalen Firmenrechts *Schünemann,* Die Firma im internationalen Rechtsverkehr, 2016, 54 ff.

67 Staub/*Burgard* Rn. 65; ausführlich *Schünemann*, Die Firma im internationalen Rechtsverkehr, 2016, 94 ff.

68 KKRD/*Roth* § 17 Rn. 26; *W.-H. Roth* in Die Reform des Handelsstandes und der Personengesellschaft, 1999, 31 (63); *Karsten Schmidt* in Lutter, Europäische Auslandsgesellschaften in Deutschland, 2005, 27.

Nicht-EU-Staaten.[69] Denn gewisse Verstöße gegen deutsches Firmenrecht, insbesondere bestimmte Täuschungsgefahren, müssen im Verhältnis zum EU-Ausland nur wegen der unionsrechtlich zu respektierenden Grundfreiheiten hingenommen werden. Es besteht aber keine Notwendigkeit, dieses Privileg auch Ausländern aus Drittstaaten zukommen zu lassen.[70] Bei diesen bleibt es also bei der bisher in Lit. und Rspr. überwiegend propagierten Anknüpfung an das Recht des Verwaltungssitzes mit eventueller Überlagerung durch das deutsche Firmenrecht.

f) Reform des internationalen Gesellschaftsrechts. Diese Einschätzung hätte sich mE allerdings grundlegend geändert, wenn die Reform des internationalen Gesellschaftsrechts wie bereits 2008 geplant angegangen worden wäre. 2008 wurde ein **Referentenentwurf für ein Gesetz zum Internationalen Privatrecht der Gesellschaften,** Vereine und juristischen Personen vom **7.1.2008**[71] vorgelegt, der auf einen entsprechenden Vorschlag einer Spezialkommission „Internationales Gesellschaftsrecht"[72] des Deutschen Rates für IPR[73] zurückging. Nach diesem wären grundsätzlich *alle* Rechtsverhältnisse und Rechtsfiguren, die als „gesellschaftsrechtlich" qualifiziert werden können, nach dem Gesellschaftsstatut zu beurteilen gewesen. Demnach wäre die **Gründungstheorie** als allseitige autonome gesellschaftsrechtliche Kollisionsregel eingeführt (vgl. Art. 10 Abs. 1 EGBGB-E) worden. Art. 10 Abs. 2 EGBGB-E listete die einzelnen Regelungsgegenstände, welche vom Gesellschaftsstatut umfasst werden, einzeln auf. Er bildete die Reichweite des Gesellschaftsstatuts entsprechend der Einheitslehre[74] ab. Nach der Entwurfsregelung ist das **Gesellschaftsstatut** insbesondere **auch für den Namen und die Firma** (Ziffer 3) maßgebend.[75] Trotz des vielversprechenden Ansatzes ist der Referentenentwurf bisher nicht Gesetz geworden, da er insbesondere in anderen Teilbereichen als dem Firmenrecht – etwa im Hinblick auf die unternehmerische Mitbestimmung – rechtspolitisch stark umstritten war.[76] 40

g) Firmenschutz. Der Schutz der **Firma als Immaterialgüterrecht** bestimmt sich nach dem Recht des Schutzlandes (sog. Schutzlandprinzip).[77] Im Geltungsbereich der Pariser Verbandsübereinkunft gilt der Grundsatz der Inländerbehandlung (Art. 2 Abs. 1, 8 PVÜ). Dies gilt unabhängig vom Firmenschutz des Heimatlandes.[78] Außerhalb des Anwendungsbereiches des PVÜ kommt das jeweilige Fremdenrecht zur Anwendung.[79] Denn deutsches Firmen- und Namensrecht lässt den Schutz genauso wenig wie das Wettbewerbs- und Markenrecht von der Gegenseitigkeit abhängen.[80] 41

---

69 AA *Bokelmann* ZGR 1994, 349.

70 EBJS/*Reuschle* Anh. § 17 Rn. 17.

71 RefE für ein Gesetz zum Internationalen Privatrecht der Gesellschaften, Vereine und juristischen Personen vom 7.1.2008; zum RefE *Bollacher* RIW 2008, 200 ff.; *Clausnitzer* NZG 2008, 321 ff.; *Leuering* ZRP 2008, 73 (75 ff.); *Köster* ZRP 2008, 214; *Kußmaul/Richter/Ruiner* DB 2008, 451; *Schneider* BB 2008, 566; *Wagner/Timm* IPRax 2008, 81 ff.; vgl. dazu ausf. *Roth,* Vorgaben der Niederlassungsfreiheit für das Kapitalgesellschaftsrecht, 2010, 41 ff.

72 Mitglieder der Spezialkommission waren *Jürgen Basedow, Peter Behrens, Horst Eidenmüller, Eva-Maria Kieninger, Peter Kindler, Otto Sandrock, Peter Schlechtriem, Hans Jürgen Sonnenberger* und *Daniel Zimmer.*

73 *Sonnenberger,* Vorschläge und Berichte zur Reform des europäischen und deutschen internationalen Gesellschaftsrechts, 2007.

74 Vgl. etwa MüKoBGB/*Kindler* IntGesR Rn. 282 ff.; *v. Bar* IPR Rn. 634 ff.; *Ulmer* JZ 1999, 662 (663, 665).

75 S. ausf. *Clausnitzer* NZG 2008, 321 ff.; *Clausnitzer* DNotZ 2008, 484 ff.; *Lamsa,* Die Firma der Auslandsgesellschaft, 2011, 502 ff.

76 Hierzu MHLS/*Leible* GmbHG Syst. Darst. 2 Rn. 18; zur weiteren Entwicklung hin zur Sitzverlegungsrichtlinie MHLS/*Leible* GmbHG Syst. Darst. 2 Rn. 65 ff.

77 OLG Stuttgart RIW 1991, 955; Baumbach/Hopt/*Hopt* § 17 Rn. 48; KKRD/*Roth* § 17 Rn. 27; Staub/*Burgard* Rn. 69; BeckOK HGB/*Bömeke* § 17 Rn. 66; ausführlich *Schünemann,* Die Firma im internationalen Rechtsverkehr, 2016, 139 ff.; *Lamsa,* Die Firma der Auslandsgesellschaft, 2011, 407 ff. scheinbar aA an Personalstatut/Gesellschaftsstatut anknüpfend Röhricht/Graf v. Westphalen/Haas/*Ries* § 17 Rn. 52, letztlich aber mit gleichem Ergebnis.

78 BGH NJW 1995, 2985 (2986); vgl. auch EuGH NJW 1994, 375 f.

79 Vgl. BGH NJW 1971, 1522 (1523); allg. zum Fremdenrecht MüKoBGB/*Kindler* IntGesR Rn. 867 ff.

80 Röhricht/Graf v. Westphalen/Haas/*Ries* § 17 Rn. 52.

42 **2. Firma des ausländischen Rechtsträgers in Deutschland.** Tritt eine Gesellschaft aus dem Ausland selbst im **grenzüberschreitenden Rechtsverkehr** oder mit einer **unselbständigen Betriebsstätte bzw. Verkaufsstelle** im Inland auf, kann sie grundsätzlich ihre nach dem anwendbaren ausländischen Recht zulässige Firma auch dann führen, wenn sie hier anders gebildet werden müsste.[81] In diesen Fällen gelangen die unterschiedlichen Theorien zum Gesellschaftsstatut (Sitz- oder Gründungstheorie, → Rn. 33 ff.) zum gleichen Ergebnis, da sich der Verwaltungssitz und der Satzungssitz im gleichen (Aus-)Land befinden.[82] **Grenzen** des freien Gebrauchs der ausländischen Firma folgen nach bisher hM über **Art. 6 EGBGB (ordre public)** unter anderem aus dem Grundsatz der Firmenunterscheidbarkeit und dem Irreführungsverbot.[83] Auch eine im Ausland eingetragene Firma muss im Inland so geführt werden, dass sie nicht irreführt.[84] Eine vollständige Übersetzung des verwendeten ausländischen Firmennamens einschließlich des Rechtsformzusatzes in die deutsche Sprache ist daher unzulässig, da dies den Eindruck eines nach deutschem Recht gegründeten Unternehmens und damit eine verkehrswesentliche Irreführung begründen würde.[85] Hieraus ergibt sich auch ein kollisionsrechtlicher Gleichlauf mit den Regeln zur Bekämpfung irreführender Firmenbezeichnungen nach §§ 1 ff. UWG, § 5 Abs. 2 MarkenG, § 15 Abs. 2 MarkenG, die vorwiegend an die inländische gewerbliche Niederlassung als Verletzungsort anknüpfen.[86]

43 Diese Aussage kann so umfassend aber nicht mehr für **Firmen aus EU-Staaten** gelten (→ Rn. 33 ff.). Im Rahmen der Niederlassungsfreiheit muss das deutsche Firmenrecht eventuelle großzügigere **Firmenbildungsregelungen im Gründungsausland** akzeptieren, was zu einer Inländerdiskriminierung führen kann.[87] Die früheren, engen Vorgaben zur Firmenbildung, insbesondere beim Einzelkaufmann (§ 18 aF) und den Personenhandelsgesellschaften (§ 19 aF), sind im deutschen Firmenrecht durch die Handelsrechtsreform aufgegeben worden, so dass diesbezüglich kein Konflikt mehr mit dem einschlägigen ausländischen Firmenrecht droht. Die Kriterien des § 18 Abs. 1 nF **(Kennzeichnungseignung und Unterscheidungskraft)** können aber die Anforderungen an die ausländische Firma nach ihrem Heimatrecht nicht überlagern, weil dies eine unzulässige Einschränkung der Freizügigkeit darstellen würde.

44 Aufgrund der jetzt auch im deutschen Firmenrecht liberaleren Neufassung des § 18 Abs. 2 zur **Irreführungsgefahr** (ausführlich → § 18 Rn. 42 ff.) wird dessen Berücksichtigung auch im Lichte der EuGH-Rspr. für unproblematisch gehalten.[88] Eine Argumentation in der Lit., dass der **Grundsatz der Firmenwahrheit** heute zumindest ansatzweise in allen EU-Staaten[89] existiert und damit europäischem Standard entspricht, führt nur praktisch dazu, dass auch Firmen aus dem Unionsausland ihn in gewissen Grenzen beachten müssen. Nur Firmen aus nichteuropäischen Ländern gegenüber kann dieser Grundsatz deshalb als „wesentlich" iSd Art. 6 EGBGB einzuordnen sein[90] und damit eine Überlagerung durch das deutsche Recht begründen. Bei Unternehmen aus europäischen Ländern wird die

[81] LG Gießen GmbHR 1990, 352; OLG Hamm DB 2008, 2303 (2304) = OLGR 2008, 736 = FGPrax 2008, 262 (263); Baumbach/Hopt/*Hopt* § 17 Rn. 49; KKRD/*Roth* § 17 Rn. 26.

[82] *Weller* DStR 2003, 1800.

[83] OLG Stuttgart WRP 1991, 526; OLG Hamm WRP 1992, 355; Baumbach/Hopt/*Hopt* § 17 Rn. 49; krit. *Lamsa,* Die Firma der Auslandsgesellschaft, 2011, 239, 243 ff.; einschr. für Unterscheidbarkeit bei Anwendung von Art. 43 EG: LG Aachen ZIP 2007, 1011 = NZG 2007, 600; krit. dazu *Lamsa* IPRax 2008, 239.

[84] LG Hagen NJW 1973, 2162.

[85] *Kögel* Rpfleger 2004, 325 (329) mit Verweis auf LG Braunschweig Beschl. v. 17.7.2003 – 22 T 391/03, nv; siehe auch *Lamsa,* Die Firma der Auslandsgesellschaft, 2011, 327.

[86] Im Grundsatz ebenso MüKoBGB/*Kindler* IntGesR Rn. 241.

[87] So auch EBJS/*Reuschle* Anh. § 17 Rn. 8; zur aktuellen Rspr. zur europarechtskonformen Auslegung des Firmenrechts ausf. *Clausnitzer* DNotZ 2008, 484 ff.; zust. wohl auch *Karsten Schmidt* HandelsR § 12 Rn. 102.

[88] KKRD/*Roth* § 17 Rn. 26; *Karsten Schmidt* in Lutter, Europäische Auslandsgesellschaften in Deutschland, 2005, 28: „Die Dramatik dieser Probleme scheint gering".

[89] *Moeller* EWS 1993, 24 f.

[90] So zB EBJS/*Reuschle* Anh. § 17 Rn. 9 mwN in Fn. 21.

Firmierung mit ihrer im Gründungsland zulässigen Firma zusätzlich durch die Niederlassungsfreiheit geschützt.[91] Genau genommen muss also zunächst allgemein die Zulässigkeit einer ausländischen Firma nach dem einschlägigen ausländischen Recht geprüft werden. Danach muss noch je nach Mutterland gesondert überprüft werden, ob die Firma irreführend beim Gebrauch in Deutschland ist, und ob diese Irreführung den Firmengebrauch im Inland unzulässig macht. Zu bedenken ist allerdings auch, dass der Gebrauch der ausländischen Firma jedenfalls **deutschem Wettbewerbsrecht** unterliegt.[92] Daher kann ein Unternehmen wegen einer über geschäftliche Verhältnisse täuschenden Firma gem. § 5 UWG[93] in Deutschland auf Unterlassung in Anspruch genommen werden. Das deutsche Registergericht kann aber regelmäßig nicht nach § 37 Abs. 1 vorgehen, wenn die ausländische Firma nach dem auf sie anwendbaren Firmenrecht zulässig ist.[94]

Die konkrete **Unterscheidbarkeit nach § 30** muss wegen der Anknüpfung an das Recht des Gebrauchsortes auch von europäischen ausländischen Firmen beachtet werden.[95] Auch steht einer deutschen prioritätsälteren Firma gegen eine verwechslungsfähige, prioritätsjüngere Firma aus **§ 14 Abs. 5 MarkenG** ein Unterlassungs- und Schadensersatzanspruch zu, selbst wenn diese aus dem europäischen Ausland kommt.[96] 45

Teilweise geht die Lit.[97] davon aus, dass auch eine ausländische Gesellschaft einen **Rechtsformzusatz iSd § 19 Abs. 1** führen muss. Dies kann sich naturgemäß nur auf den entsprechenden ausländischen Rechtsformzusatz beziehen, da die Verwendung eines deutschen Zusatzes bei der ausländischen Gesellschaft unrichtig wäre.[98] Die Marktteilnehmer können die gängigen ausländischen Rechtsformzusätze von den deutschen, so insbesondere die Buchstabenkombination „Ltd." von der Buchstabenkombination „GmbH" durchaus unterscheiden.[99] Dem zulässigen Informationszweck ist genüge geleistet, wenn für den inländischen Rechtsverkehr ersichtlich ist, dass es sich bei der betroffenen Gesellschaft nicht um eine inländische handelt und dass die Haftung der Gesellschafter beschränkt ist.[100] Daher kann nicht generell ein Landeszusatz verlangt werden. 46

Problematisch ist allenfalls, wenn der verwendete **ausländische Rechtsformzusatz mit einem deutschen nach § 19 Abs. 1 verwechselt** werden kann. Dies soll insbesondere gelten, soweit zwischen dem Firmenstatut und dem inländischen Recht wesentliche Unterschiede beispielsweise hinsichtlich einer gesetzlich vorgeschriebenen Kapitalausstattung bestehen.[101] Zur Klarstellung könnte man einen Hinweis auf das Gründungsland (zB „GmbH österreichischen Rechts" oder „AG liechtensteinischen Rechts") verlangen. Dies widerspricht aber jedenfalls bei Firmen aus dem Unionsausland der Einschätzung nach dem 47

---

[91] EBJS/*Reuschle* Anh. § 17 Rn. 12.

[92] *Hirsch/Britain* NZG 2003, 1100 (1102); Staub/*Burgard* Rn. 68.

[93] Grdl. geändert bei der UWG-Novelle durch Gesetz mWv 8.7.2004 (BGBl. 2004 I 1414); dazu im Überblick *Köhler* NJW 2004, 2121 ff. und die Umsetzung der UGP-RL 2008 und 2015, KBF/*Bornkamm/Feddersen* UWG § 5 Rn. 0.6 und 0.7.

[94] OLG Hamm DB 2008, 2303 (2304) = OLGR 2008, 736 = FGPrax 2008, 262 (263).

[95] Staub/*Burgard* Rn. 61; *Karsten Schmidt* in Lutter, Europäische Auslandsgesellschaften in Deutschland, 2005, 27; KKRD/*Roth* § 17 Rn. 26; MüKoBGB/*Kindler* IntGesR Rn. 241; dazu differenzierend mit immateriell güterrechtlicher Betrachtung: *Schünemann*, Die Firma im internationalen Rechtsverkehr, 2016, 220 ff.

[96] *Hirsch/Britain* NZG 2003, 1100 (1102); Staub/*Burgard* Rn. 68.

[97] *Karsten Schmidt* HandelsR § 12 Rn. 102; Baumbach/Hopt/*Hopt* § 17 Rn. 49; *W.-H. Roth* in Die Reform des Handelsstandes und der Personengesellschaft, 1999, 31 (64); Staub/*Burgard* Rn. 57.

[98] *Rehberg* in Eidenmüller Ausl. KapGes. § 5 Rn. 52; aA *W.-H. Roth* in Die Reform des Handelsstandes und der Personengesellschaft, 1999, 31 (64): „e.K." wenn kein ausländischer Rechtsformzusatz vorhanden; vgl. zur daraus eventuell entstehenden Haftung wegen Verletzung vorvertraglicher Aufklärungspflichten BGH NJW-RR 2002, 1309 = ZIP 2002, 1771; dazu *Pfeiffer* EWiR 2003, 13.

[99] *Weßling/Romswinkel* GmbHR-Report 2003, R 441, 442; aA wohl nur für Österreich *Straube/Rathka* GesZ 2003, 148 (151).

[100] *Mankowski* in Hirte/Bücker, Grenzüberschreitende Gesellschaften, 2. Aufl. 2006, § 12 Rn. 69; Staub/*Burgard* Rn. 57.

[101] LG Hagen NJW 1973, 2162; dem folgend Staudinger/*Großfeld,* 1998, IntGesR Rn. 320; vgl. auch EBJS/*Reuschle* Anh. § 17 Rn. 9 zur Täuschung über die Art und den Umfang des Geschäfts oder die Verhältnisse des Geschäftsinhabers.

EuGH-Urteil „Inspire Art" für die Zweigniederlassung (→ Rn. 62 ff.).[102] Die Verwendung der ausländischen Firma im Inland durch das Unternehmen selbst kann aber sinnvollerweise nicht strenger behandelt werden, als die Verwendung ihrer Firma durch ihre Zweigniederlassung. Dies ist unionsrechtlich zwar kein Problem der Niederlassungsfreiheit, aber jedenfalls von der Grundfreiheit der Freizügigkeit erfasst. So erscheint es schon fraglich, ob bei Firmen aus dem europäischen Ausland überhaupt ein zusätzlicher Rechtsformzusatz verlangt werden kann, wenn dies das Recht des ausländischen Staates nicht vorsieht.[103] Jedenfalls kann man über die vollständige Firmierung im Ausland selbst hinaus nicht einen klarstellenden Hinweis auf das Herkunftsland verlangen.[104]

48 **De lege ferenda** wird vorgeschlagen,[105] die Rechtsformzusätze allgemein, also auch in § 19 sowie § 4 GmbHG und § 4 AktG mit einer **Herkunftslandkennung** zu versehen und die Verwendung von für die Verkehrskreise unverständlichen Abkürzungen zu Gunsten der Langversionen einzuschränken. Dadurch könnte zumindest der Vorwurf der Diskriminierung der ausländischen Gesellschaft gegenüber den deutschen Gesellschaften entkräftet werden, nicht aber die aus der 11. Gesellschaftsrechtlichen Richtlinie über Zweigniederlassungen (nun im Wesentlichen in den Art. 29–43 Richtlinie über bestimmte Aspekte des Gesellschaftsrechtes RL (EU) 2017/1132 kodifiziert; abgedruckt Anh. § 13d). gezogenen Bedenken der EuGH-Rspr. (Inspire Art) gegen zusätzliche Offenlegungspflichten.

49 Auch eine zur Angabe der ausländischen Rechtsform zusätzliche Kennzeichnung der **Haftungsbeschränkung** wird zum Teil für unerlässlich gehalten.[106] Bei europäischen Firmen ergeben sich hierfür aber die gleichen Bedenken wie gegen den Herkunftslandhinweis.

50 Verwendet ein ausländisches Unternehmen eine Firma, die nach seinen Herkunftslandbestimmungen oder nach den oben genannten Grundsätzen der Anwendung deutschen Rechts unzulässig ist, kann das deutsche Registergericht nach **§ 37 Abs. 1 gegen den Firmengebrauch** vorgehen.[107]

51 **3. Firma der deutschen Tochter eines ausländischen Rechtsträgers. a) Beteiligungsfähigkeit.** Zur Frage, ob eine ausländische Gesellschaft an einer deutschen Kapitalgesellschaft oder an einer deutschen Personengesellschaft beteiligt sein kann, → § 13d Rn. 4; zur Komplementärstellung → § 161 Rn. 110.

52 **b) Firmenbildung nach deutschem Recht.** Aus der Maßgeblichkeit des **Personal- bzw. Gesellschaftsstatuts** folgt, dass unabhängig von dem bei → Rn. 34 erläuterten Streit zur Gründungs- und Sitztheorie aufgrund der rechtlichen Selbständigkeit einer Tochtergesellschaft für eine im Inland gegründete Tochtergesellschaft die **inländischen Vorschriften**

---

[102] *Rehberg* in Eidenmüller Ausl. KapGes. § 5 Rn. 54; *Heckschen* NotBZ 2006, 346 (349); iErg auch Baumbach/Hopt/*Hopt* § 17 Rn. 48 am Beispiel der österreichischen GmbH.

[103] EBJS/*Reuschle* Anh. § 17 Rn. 13 ff. und 29; in diesem Sinne auch BGH NJW 2007, 1529 = NZG 2007, 426 (427), zur Haftung bei einer holländischen B. V. die entgegen dem holländischen Recht ihren Rechtformzusatz in Deutschland nicht geführt hat; bestätigt durch OLG Saarbrücken GmbHR 2009, 209 für die luxemburgische SARL; OLG Schleswig OLGR 2009, 309 = GmbHR 2009, 666 Ls., für eine französische Kapitalgesellschaft abgeleitet aus dem dem deutschen Recht entsprechenden unmittelbar geltenden Europarecht, nach dem ein auf eine Haftungsbeschränkung hinweisender Firmenzusatz zwingend vorgeschrieben ist; aA – strenger für zwingenden Rechtsformzusatz – Staub/*Burgard* Rn. 57, 61; GK-HGB/*Steitz* Rn. 39; Baumbach/Hopt/*Hopt* § 17 Rn. 49: MüKoBGB/*Kindler* IntGesR Rn. 242.

[104] *Rehberg* in Eidenmüller Ausl. KapGes. § 5 Rn. 54 f., 66: „nicht zu rechtfertigende Diskriminierung"; *Heckschen* NotBZ 2006, 346 (349); *Karsten Schmidt* in Lutter, Europäische Auslandsgesellschaften in Deutschland, 2005, 35, bezeichnet dies schon als „Mehrheitsmeinung"; einschr. auch Staub/*Burgard* Rn. 61; strenger noch Staudinger/*Großfeld,* 1998, IntGesR Rn. 320; GK-HGB/*Steitz* Rn. 39; MüKoBGB/*Kindler* IntGesR Rn. 243, der für ein Verbot, im Inland abgekürzte Rechtsformzusätze zu verwenden, plädiert.

[105] *Wachter* GmbHR 2004, 88 (98); *Rehberg* in Eidenmüller Ausl. KapGes. § 5 Rn. 62: „mit Europarecht vereinbar", aber rechtspolitisch fragwürdig.

[106] Baumbach/Hopt/*Hopt* § 17 Rn. 49 unter Verweis auf § 19 Abs. 2.

[107] So auch Röhricht/Graf v. Westphalen/Haas/*Ries* § 17 Rn. 51; Staub/*Burgard* Rn. 67.

für die Firmenbildung heranzuziehen sind.[108] Denn bei der inländischen Tochter einer ausländischen Gesellschaft liegen sowohl der Verwaltungssitz als auch der Gründungsort im Inland. §§ 17 ff. sowie § 4 GmbHG, § 4 AktG und § 3 GenG gelten je nach konkreter Rechtsform der inländischen Tochter als unmittelbar berufenes Recht.[109] Insbesondere muss die inländische Tochter-Kapitalgesellschaft zB zwingend den Zusatz „mit beschränkter Haftung" bzw. „Aktiengesellschaft" bzw. eine entsprechende allgemeinverständliche Abkürzung[110] in der Firma führen.

Ein auf die **Gesellschaftsform hinweisender Zusatz in der ausländischen Firma** 53 darf grundsätzlich nicht übernommen werden, weil im Zusammenhang mit dem zwingenden inländischen Rechtsformzusatz Missverständnisse und Unklarheiten unvermeidbar wären.[111] Dies beinhaltet genauso wie bei einer deutschen Namengeberin einen Verstoß gegen das hier anwendbare inländische Täuschungsverbot des § 18 Abs. 2.[112] Es gibt auch keinen Grundsatz im deutschen Firmenrecht, wonach bei einer Personengesellschaft die Rechtsform ihrer Gesellschafter erkennbar sein müsste.[113]

Gibt eine nicht EU-**ausländische Kapitalgesellschaft einer inländischen Tochter-** 54 **gesellschaft ihren Namen,** so ist die ausländische Firma grundsätzlich so zu übernehmen, wie sie im Ausland nach ausländischem Recht in zulässiger Weise geführt wird (→ Rn. 42).[114] Eine ausländische Kapitalgesellschaft kann sich auch unter der **Firma ihrer inländischen Zweigniederlassung** an einer deutschen KG beteiligen und mit der Zweigniederlassungsfirma im Handelsregister als Kommanditistin eingetragen werden.[115] Da die ausländische Firma im Inland dadurch geführt wird, dass sie einer inländischen Gesellschaft ihren Namen gibt, darf sie aber nicht gegen den ordre public (Art. 6 EGBGB) verstoßen, und wie auch die im Geschäftsverkehr direkt verwendete ausländische Firma nicht den Grundsatz der Firmenwahrheit und Firmenklarheit verletzen (→ Rn. 42).

Für **Gesellschaften aus dem EU-Ausland** gelten hier aber wieder die engeren Gren- 55 zen der firmenrechtlichen Einschränkungen, da die Beteiligung an einer deutschen Tochter unter Verwendung der Firma der ausländischen Mutter auch unter die unionsrechtlich garantierte Ausübung der **Niederlassungsfreiheit**[116] fällt (→ Rn. 33 ff. zur Verwendung der Firma im Inland).[117] Daher kann zB die Verwendung eines nach deutschem Firmenrecht nicht zulässigen aber bei der Muttergesellschaft eingetragenen Bildzeichens als Bestandteil der Firma der Tochtergesellschaft nicht untersagt werden.[118] Unter diesem Aspekt ist auch dem Urteil des KG[119] zu widersprechen, das auch inländischen Tochtergesellschaften oder Zweigniederlassungen ausländischer Unternehmen die Verwendung des Firmenbestandteiles „Partners" nur nach Maßgabe des § 11 PartGG gestatten will. Dem Beschluss stellte sich nun jüngst auch das OLG Hamburg[120] entgegen und stellt fest, dass bei der Verwendung

---

108 Oetker/*Schlingloff* § 17 Rn. 37; EBJS/*Reuschle* Anh. § 17 Rn. 5; LG Gießen GmbHR 1990, 352; *Kögel* Rpfleger 2004, 325 (329); Staub/*Burgard* Rn. 62.

109 BeckOGK/Lüken/Natzel Stand 15.11.2019 § 18 Rn. 7; EBJS/*Reuschle* 4. Aufl. 2020, Nach § 17 Rn. 5.

110 Vgl. *Kögel* in Wessel/Zwernemann/Kögel Firmengründung Rn. 238; zu der auch nach altem Recht zulässigen Abkürzung „AG" *Gabbert* DB 1992, 198.

111 Vgl. RGZ 104, 341 (342) für den Fall einer deutschen Kommanditgesellschaft; zumindest für Kapitalgesellschaftstöchter ebenso EBJS/*Reuschle* Anh. § 17 Rn. 25.

112 Zur gleichen Problematik auch bei inländischen Muttergesellschaften → § 18 Rn. 91 ff., → § 18 Rn. 188 ff.

113 So aber zu Unrecht offenbar allg. für Personengesellschaften: EBJS/*Reuschle* Anh. § 17 Rn. 25 mit der Argumentationskette zur GmbH & Co KG; zur Ausnahme bei der „ausländischen Kapitalgesellschaft und Co. KG" → § 19 Rn. 30 ff.

114 HCL/*Heinrich* GmbHG § 4 Rn. 90; *Bokelmann* FirmenR Rn. 364.

115 OLG Bremen NZG 2013, 144 = ZIP 2013, 268; dazu *Wachter* EWiR 2013, 151.

116 Vgl. ausf. *Roth,* Vorgaben der Niederlassungsfreiheit für das Kapitalgesellschaftsrecht, 2010.

117 *Kögel* Rpfleger 2004, 325 (329); *Zimmer* NJW 2003, 3585; zur Rspr. zur europarechtskonformen Auslegung des Firmenrechts s. ausf. *Clausnitzer* DNotZ 2008, 484 ff.

118 OGH Beschl. v. 7.11.2008 – 6 Ob 218/07 p, EWiR § 17 öUGB 1/08, 377 *(Lamsa)* für das unaussprechbare „*".

119 KG Rpfleger 2004, 633 = ZIP 2004, 1645; abl. auch *Kögel* Rpfleger 2007, 590 (591).

120 OLG Hamburg NZG 2019, 744 für die Firma „x.partners Steuerberatungsgesellschaft mbH", einer deutschen GmbH. AA aber für deutsche GmbH KG NZG 2018, 1235.

der Bezeichnung „partners" sogar bei einer deutschen GmbH eine Verwechselungsgefahr mit den in § 11 PartGG genannten Rechtsformzusätzen „und Partner" und „Partnerschaft" nicht droht. Dabei argumentiert das OLG auch mit der Zulässigkeit des englischsprachigen Zusatzes „partners" für deutsche Zweigniederlassungen von englischen LLPs. Ein über die Vermeidung einer Verwechslungsgefahr hinausgehender Gesetzeszweck sei nicht anzuerkennen.

56 Die **Bewertungsmaßstäbe** können auch zwischen einer unmittelbaren Verwendung der ausländischen Firma im Geschäftsverkehr und der Verwendung der Firma in der Firma einer Tochter differieren. Die Namensgebung durch die ausländische Gesellschaft verstößt – wie bei inländischer Namensgeberin (→ § 18 Rn. 95 ff.) – etwa dann gegen das **Wahrheitsgebot,** wenn sie zB Sachbestandteile enthält, die auf die Namensempfängerin nicht zutreffen. Da nach inländischem Recht zu beurteilen ist, wie die Firma der inländischen Tochtergesellschaft beschaffen sein muss, ist insoweit § 18 Abs. 2 anwendbar, so dass die Firma nicht zu einer Täuschung führen darf. Nach früher richtiger, aber auch jetzt noch – zu Unrecht – vertretener Ansicht bleibt dann nur, dass das ausländische Unternehmen entweder im Ausland umfirmiert oder „als namensgebende Gesellschaft eine den Vorschriften des deutschen Firmenrechts entsprechende Tochter gründet".[121] Doch würde diese „Lösung" den Interessen des ausländischen Unternehmens nicht gerecht. Denn es wird oft seine Firma im Hinblick auf deren Wert und Bekanntheitsgrad nicht im Ausland ändern, aber dennoch bei der Firmenbildung der Tochter verwenden wollen. Will das Unternehmen als namensgebende Gesellschaft im Inland eine Tochtergesellschaft gründen, wurde die **Verwendung einer angepassten ausländischen Firma** im Hinblick auf den in Deutschland befolgten **Grundsatz der Firmenidentität** nur selten für möglich gehalten. So soll etwa „international" oder ein Sachbestandteil in der Firma der Namengeberin nicht einfach gestrichen (fortgelassen) werden können.

57 Nach der **hier vertretenen Ansicht** (→ § 18 Rn. 99 ff.) löst sich dieses Problem schon nach deutschem Firmenrecht, da die Verwendung auch einer verkürzten Firma oder nur eines Firmenbestandteils eines Gesellschafters zur Bildung der Personenfirma der Tochtergesellschaft zulässig ist. Dies gilt dann gleichermaßen für einen deutschen wie europäischen als auch nicht-EU-ausländischen Gesellschafter. Man kann hier zusätzlich die Frage stellen, inwieweit die Normen des AEUV eine Lockerung deutscher Rechtsanwendung (konkret: Grundsatz der Firmenidentität, → Rn. 28) auch in diesem Fall jedenfalls für Firmen aus dem EU-Ausland gebieten, um die nach dem AEUV garantierte Niederlassungsfreiheit nicht zu unterlaufen (ausführlich → Rn. 33 ff.).[122]

58 **c) „Ausländische Kapitalgesellschaft & Co. KG".** Wie bei der GmbH & Co. KG mit deutscher Komplementärin gilt § 19 Abs. 2 auch bei einer ausländischen Komplementärin.[123] Zur Frage, ob die ausländische Firma, soweit sie Namensgeberin werden soll, in die Firma der Kommanditgesellschaft wörtlich aufgenommen werden muss, und zwar **einschließlich des ausländischen Rechtsformzusatzes,** → § 19 Rn. 30 (→ § 13d Rn. 21 ff.; allgemein zur Verwendung der ausländischen Firma bei der Firma der inländischen Tochter → Rn. 59 ff.).

59 **4. Firma der deutschen Zweigniederlassung eines ausländischen Rechtsträgers.** Diesbezüglich zunächst → § 13d Rn. 18 ff.

60 Wegen der Geltung des **einheitlichen Gesellschaftsstatuts** richtet sich auch die Firma einer unselbständigen Zweigniederlassung grds. nach dem Gesellschaftsstatut.[124]

---

121 So Staub/*Hüffer*, 4. Aufl. 1995, § 19 Rn. 84.

122 So auch schon *Bokelmann* DB 1990, 1021 m. eingehenden Nachw.; streng für Firmenidentität weiterhin Baumbach/Hopt/*Hopt* § 17 Rn. 50.

123 *Rehberg* in Eidenmüller Ausl. KapGes. § 5 Rn. 53.

124 *Mankowski* in Hirte/Bücker, Grenzüberschreitende Gesellschaften, 2. Aufl. 2006, § 12 Rn. 50; EBJS/*Reuschle* Anh. § 17 Rn. 6; aA noch MüKoGmbHG/*J. Mayer*, 2. Aufl. 2015, GmbHG § 4a Rn. 55, der die ordnungsrechtliche Qualifizierung des Firmenrechts betont; offenlassend OLG Frankfurt NZG 2006, 515 = GmbHR 2006, 259; KG Rpfleger 2010, 28 = FGPrax 2010, 42.

Im Grundsatz gilt dies unabhängig davon, ob es sich um eine Gesellschaft aus einem EU- oder aus einem Nicht-EU-Staat handelt. Dennoch ist es bisher streitig, ob die Firma der Zweigniederlassung ausländischer Gesellschaften nach dem Recht am Ort des **Verwaltungssitzes der Zweigniederlassung**[125] oder der **Hauptniederlassung**[126] zu beurteilen ist.[127] Auch letztere Meinung wendet aber inländische, speziell für die Zweigniederlassung geltende Vorschriften (zB § 13d Abs. 2 und § 30 Abs. 3) als Recht des Gebrauchsortes an.[128] Die Zweigniederlassung eines ausländischen Unternehmens kann zwar eine von der ausländischen Firma völlig abweichende Firma führen, muss allerdings – wie ein deutsches Unternehmen – (nur dann) einen Zweigniederlassungszusatz führen.[129]

Dieser Meinungsstreit ist bei inländischen Zweigniederlassungen ausländischer Gesellschaften aus Nicht-EU-Staaten weiterhin von Bedeutung. Die diesbezüglich wohl hM geht weiterhin von der Anwendbarkeit des inländischen Firmenrechts nach dem Sitz der Zweigniederlassung aus.[130] Danach ist die Zulässigkeit der ausländischen Firma der Hauptniederlassung allerdings, soweit diese in der Firma der Zweigniederlassung Verwendung findet, zuvor nach dem ausländischen Firmenrecht zu prüfen (→ § 13d Rn. 19).[131] 61

Die **EuGH-Rspr.** (→ Rn. 47) hat insbesondere bei den Zweigniederlassungen von Gesellschaften aus den Mitgliedstaaten der EU Auswirkung. Nach „Inspire Art" ist entsprechend der hier vertretenen Ansicht zum Firmenstatut davon auszugehen, dass sich auch die Zulässigkeit der Firma der Zweigniederlassung, zumindest bei **europäischen Auslandsgesellschaften nach dem Gründungsrecht der Hauptniederlassung** richtet.[132] Eine europäische Auslandsgesellschaft mit tatsächlichem Inlandssitz darf im Grundsatz ihre nach ausländischem Recht zulässig gebildete Firma als Zweigniederlassungsfirma führen (→ § 13d Rn. 20).[133] Dann bedarf sie keines Zweigniederlassungszusatzes.[134] Ausländisches Recht ist mE aber auch entscheidend, wenn sie eine eigene abweichende Firma mit einem entsprechenden Zweigniederlassungszusatz bildet.[135] Abgesehen von der unbegründbaren Beschränkung der Niederlassungsfreiheit[136] durch die gegenteilige Meinung ist es firmenrechtlich auch kaum nachvollziehbar, dass eine deutsche Zweigniederlassung zwar die allein 62

---

125 So zB EBJS/*Reuschle* Anh. § 17 Rn. 6 mwN in Fn. 14; Röhricht/Graf v. Westphalen/Haas/*Ries* § 17 Rn. 50; grds. auch Staub/*Burgard* Rn. 63; Staudinger/*Großfeld,* 1998, IntGesR Rn. 319.

126 Baumbach/Hopt/*Hopt* § 13d Rn. 4 mit Verweis auf Baumbach/Hopt/*Hopt* § 17 Rn. 49; KKRD/*Roth* § 17 Rn. 26; *W.-H. Roth* in Die Reform des Handelsstandes und der Personengesellschaft, 1999, 31 (63).

127 OLG Frankfurt NZG 2006, 515 f. = GmbHR 2006, 259: Frage nach anzuwendendem Recht offen gelassen, da die Firma jedenfalls auch nach deutschem Recht (§ 18) zulässig war; ebenso wieder KG Rpfleger 2010, 28 = FGPrax 2010, 42.

128 *W.-H. Roth* in Die Reform des Handelsstandes und der Personengesellschaft, 1999, 31 (64).

129 *W.-H. Roth* in Die Reform des Handelsstandes und der Personengesellschaft, 1999, 31 (64); LG Frankfurt a. M. NotBZ 2005, 451 = BB 2005, 1297 m. zust. Anm. *Wachter;* scheinbar generell für Zweigniederlassungszusatz Baumbach/Hopt/*Hopt* § 13d Rn. 4.

130 LG Limburg GmbHR 2006, 261 m. insofern zust. Anm. *Römermann* die mE zu Unrecht § 18 Abs. 2 als deutsches Registerrecht und nicht als materielles Firmenrecht einordnen.

131 BGH NJW 1971, 1522.

132 Str., offen lassend OLG Frankfurt NZG 2006, 515 = GmbHR 2006, 259 (260); aA OLG München NJW-RR 2007, 1677 = DB 2007, 2032 (2033), allerdings mit inhaltlichen Grenzen; bestätigt durch OLG Frankfurt DB 2008, 1488 = GmbHR 2009, 214; *Wachter* NotBZ 2004, 41 (45); *Borges* ZIP 2004, 733 (736) mit Verweis auf *Leible/Hoffmann* EuZW 2003, 677 (680) und *Kindler* NJW 2003, 1073 (1079), die noch vor „Inspire Art" veröffentlicht wurden; wie hier *Geyrhalter/Gänßler* NZG 2003, 409 (412); *Hirsch/Britain* NZG 2003, 1100 (1102); insofern zu pauschal für alle ausländischen Gesellschaften jeden Verstoß gegen deutsches Firmenrecht abl. *Kögel* Rpfleger 2004, 325 (329); *Wachter* GmbHR 2003, 1254.

133 *Eidenmüller/Rehm* ZGR 2004, 159 (183); EBJS/*Reuschle* Anh. § 17 Rn. 7; Staub/*Burgard* Rn. 64; so iErg auch OLG München NJW-RR 2007, 1677 = DB 2007, 2032 (2033) – Planung für Küche und Bad Ltd.: zulässig, da bei der Auslegung der nationalen firmenrechtlichen Vorschriften der Niederlassungsfreiheit Rechnung zu tragen sei; ähnlich schon LG Aachen ZIP 2007, 1011 = NZG 2007, 600; abl. aber *Drygala* EWiR § 18 1/07, 435; abl. auch *Lamsa* IPRax 2008, 239 für eine „Auskunft Limited".

134 *Mödl* RNotZ 2008, 1 (9); *Wachter* in Süß/Wachter Int. GmbHR-HdB § 2 Rn. 162 f.

135 AA EBJS/*Reuschle* Anh. § 17 Rn. 30.

136 Vgl. ausf. *Roth,* Vorgaben der Niederlassungsfreiheit für das Kapitalgesellschaftsrecht, 2010.

nach ausländischem Recht zu prüfende zulässige Firma der Hauptniederlassung, nicht aber die nach ausländischem Recht zulässige Zweigniederlassungsfirmierung führen dürfte.[137] In beiden Fällen wird der Zusammenhang mit der ausländischen Gesellschaft zum Ausdruck gebracht.[138] Dadurch entfällt die bisher teilweise für alle Zweigniederlassungsfirmen geforderte zweistufige Prüfung[139] durch das Registergericht zunächst der Firma der Hauptniederlassung nach ausländischem Recht und dann der Bildung der Firma der Zweigniederlassung nach deutschem Recht.

63 Die entgegenstehende OLG Rspr.[140] wendet zwar deutsches Recht insbesondere § 18 an, legt dieses aber europakonform aus, so dass sich die Ergebnisse kaum von der hier vertretenen Ansicht unterscheiden. So kann für die Zweigniederlassung einer englischen Private Limited Company sogar die Firma **„Planung für Küche und Bad Ltd."** zulässig sein.[141] Sie enthält zwar nur beschreibende Angaben zum Gegenstand des Unternehmens und besitzt deshalb nach den Maßstäben des deutschen Rechts keine hinreichende Unterscheidungskraft (genauer → § 18 Rn. 25 ff.).[142] Allerdings besteht – im Gegensatz zu der Verwendung nur der einzelnen Bestandteile „Planung", „Küche" und „Bad" – **kein zwingendes Interesse des Allgemeinwohls** daran, gerade diese konkrete Zusammensetzung mehrerer beschreibender Begriffe zu untersagen.[143] Die OLG-Rspr. stellt insoweit auf die gesamte Firma, nicht auf einen ihrer Bestandteile ab.[144] Auch die **gebotene unionsrechtskonforme Auslegung** des § 18 Abs. 1 führt hier zu dem Ergebnis, dass die Firma „Planung", „Küche" und „Bad" für die Zweigniederlassung zulässig ist. Demgegenüber hielt das OLG München[145] die Firma **„Zahnarztpraxis"** auch bei einer ausländischen Zweigniederlassung mangels Kennzeichnungseignung und Unterscheidungskraft nicht für akzeptabel. Ohne Differenzierung zwischen den Kriterien nach § 18 Abs. 1 für eine zulässige Firma, dem Schutz des Rechtsverkehrs vor Täuschung und Missbrauch sowie dem Interesse anderer Unternehmensgründer an der Freihaltung von Allgemeinbegriffen stellen diese nach Ansicht des OLG **zwingende Gründe des Allgemeinwohls** dar, die eine Beschränkung der in Art. 43, 48 EGV gewährleisteten Niederlassungsfreiheit rechtfertigen.

64 Bei der jeweiligen Anwendung deutscher firmenrechtlicher Grundsätze auf eine Zweigniederlassung gilt darüber hinaus, dass sie nicht gegen die Bestimmungen der **Zweigniederlassungsrichtlinie** (nun im Wesentlichen in den Art. 29–93 RL (EU) 2017/1132 kodifiziert) verstoßen dürfen.[146] Auch die früher überwiegende Forderung nach einem **Rechtsformzusatz mit Herkunftslandangabe** muss bei der Firma der

---

[137] Krit. zu diesem Argument *Lamsa,* Die Firma der Auslandsgesellschaft, 2011, 243.

[138] *Wachter* NotBZ 2004, 41 (45); allg. zum Modell der abstrakten Erkennbarkeit des Auslandsbezuges durch Firmierung *Rinne,* Zweigniederlassungen ausländischer Unternehmen im deutschen Kollisions- und Sachrecht, 1998, 77, 80 ff.

[139] So MüKoBGB/*Kindler* IntGesR Rn. 251 ff.; → 1. Aufl. 1996, § 13d Rn. 16 *(Bokelmann);* gegen Prüfungspflicht bezüglich der Hauptniederlassung nach ausländischem Recht *Wachter* NotBZ 2004, 41 (45).

[140] OLG München NJW-RR 2007, 1677 = DB 2007, 2032 = ZIP 2007, 1949; bestätigt durch OLG Frankfurt DB 2008, 1488 = GmbHR 2009, 214; dazu auch LG Nürnberg Beschl. v. 10.9.2007 – 4 HK T 4278/07, – Digital Satelliten Fernsehen Ltd. und LG Hanau Beschl. v. 12.2.2008 – 5 T 4/07, – Online-Service Ltd.; LG Trier Beschl. v. 14.12.2006 – 7 HK t 3/06, nv, zitiert nach *Clausnitzer* DNotZ 2008, 484 Fn. 2 und 488 Fn. 16; in diese Richtung auch *Karsten Schmidt* in Lutter, Europäische Auslandsgesellschaften in Deutschland, 2005, 15, 31 f., diff. zwischen im Ausland nur nicht erkennbarem Mangel, durch den die Marktteilnehmer sehr konkret gefährdet werden und lediglich formalistischen firmenrechtlichen Vorgaben, die nur eine abstrakte Gefährdung nach sich ziehen; das von ihm eingeführte Kriterium „handfest" für eine relevante Irreführung ist demgegenüber nicht hilfreich.

[141] OLG München NJW-RR 2007, 1677 = GmbHR 2007, 979 mAnm *Wachter.*

[142] Vgl. BayObLG NJW-RR 2003, 1544 – Profi-Handwerker.

[143] Befürwortend auch *Kögel* Rpfleger 2011, 17 (20) mit Abgrenzungsversuchen.

[144] BayObLG BayObLGZ 1997, 187 (190) – DAS BAD GmbH … alles aus einer Hand.

[145] OLG München NZG 2011, 157; mE ein nicht klargestellter Widerspruch zum Urteil zu „Planung für Küche und Bad Ltd." des OLG München NJW-RR 2007, 1677 = GmbHR 2007, 979 mAnm *Wachter;* aA für Unterscheidungskraft nach § 18 Abs. 1 noch LG Aachen ZIP 2007, 1011 = NZG 2007, 600.

[146] *Rehberg* in Eidenmüller Ausl. KapGes. § 5 Rn. 27; ausführlich und kritisch *Lamsa,* Die Firma der Auslandsgesellschaft 2011, 143 ff.

Zweigniederlassung einer europäischen ausländischen Gesellschaft daher neu bewertet werden (→ § 13d Rn. 21).[147] Denn der EuGH hat in seiner Entscheidung „Inspire Art" eine Kennzeichnungspflicht der Zweigniederlassung „als formal ausländische Gesellschaft" oder gar als Scheinauslandsgesellschaft für unionsrechtswidrig erklärt. Der Generalanwalt hatte ein solches Sonderfirmierungsverlangen als unverhältnismäßige Beschränkung der Niederlassungsfreiheit eingeordnet.[148] Der EuGH gelangt mit einer anderen Begründung zum selben Ergebnis. Diese Richtlinie über bestimmte Aspekte des Gesellschaftsrechtes RL (EU) 2017/1132 enthält in Art. 30 (früher schon im Art. 2 der 11. Gesellschaftsrechtlichen Richtlinie über Zweigniederlassungen[149]) einen abschließenden Katalog der Offenlegungspflichten, wozu eine Sonderfirmierungspflicht nicht gehört. Diese ist also unrechtfertigbar unzulässig.[150]

Eine Warnfunktion zu Gunsten Dritter, die in geschäftlichen Kontakt mit einer Scheinauslandgesellschaft treten, kann demnach nur von einer – zulässigen – Pflicht ausgehen, **unter ihrem ausländischen Rechtsformzusatz** aufzutreten.[151] Fehlt ein solcher ganz, wird vorgeschlagen, dass ein solcher Zusatz iSd § 19 Abs. 1 Nr. 1 anzufügen ist.[152] Immerhin hat der EuGH anerkannt, dass die Lauterkeit des Handelsverkehrs grundsätzlich ein zwingendes Allgemeininteresse darstelle,[153] das ggf. Einschränkungen der Niederlassungsfreiheit rechtfertigen könne. Daraus kann aber allenfalls die Notwendigkeit eines differenzierenden Herkunftslandhinweises abgeleitet werden, wenn Verwechslungsgefahr mit einer inländischen Gesellschaftsform besteht (zB liechtensteinische AG oder österreichische GmbH in Deutschland, englische Ltd. in Irland; → § 13d Rn. 21).[154] Dies dürfte auch nur dann gelten, wenn zwischen den verwechslungsfähigen Rechtsformen in den verschiedenen Ländern für den Handelsverkehr entscheidende Unterschiede zB bezüglich der Haftung oder Kapitalausstattung bestehen (Gebot der Erforderlichkeit).[155] Ansonsten ist es kaum vorstellbar, dass eine nach dem Recht eines EU-Mitgliedstaates zulässig gebildete Firma[156] die Lauterkeit des Handelsverkehrs gefährdet. 65

Als Korrektiv bleibt letztlich auch immer noch das **deutsche Wettbewerbsrecht,** dem sich Zweigniederlassungen ausländischer Unternehmen genauso unterwerfen müssen wie deutsche Firmen. 66

---

147 So auch HCL/*Heinrich* GmbHG § 4 Rn. 90; *Kögel* Rpfleger 2004, 325 (329): an dieser Linie ist kaum mehr festzuhalten; keine Herkunftsandangabe: LG Göttingen NotBZ 2006, 34; dazu EWiR 2005, 797 (Wachter); LG Frankfurt a. M. BB 2005, 1297 = GmbHR 2005, 1135: kein Zweigniederlassungszusatz bei gleicher Firma der Haupt- und Zweigniederlassung einer englischen plc; Hirte/Bücher/*Mankowski* § 12 Rn. 69 ganz allg. für Firmengebrauch ausländischer Gesellschaften; *Karsten Schmidt* in Lutter, Europäische Auslandsgesellschaften in Deutschland, 2005, 37.

148 Schlussanträge GA *Alber* DB 2003, 377 Rn. 107 ff., 145, 148 = IBRRS 2003, 1259 – Inspire Art.

149 Elfte RL 89/666/EWG v. 21.12.1989.

150 *Kleinert/Probst* DB 2003, 2217.

151 *Weller* DStR 2003, 1800 (1802); *Karsten Schmidt* in Lutter, Europäische Auslandsgesellschaften in Deutschland, 2005, 15, 39; EuGH NJW 2003, 3331 Rn. 55–58 – Inspire Art; *W.-H. Roth* in Die Reform des Handelsstandes und der Personengesellschaft, 1999, 31 (64): so die hM bisher schon für die Kapitalgesellschaften und jetzt auch auf Personengesellschaften ausgedehnt.

152 *W.-H. Roth* in Die Reform des Handelsstandes und der Personengesellschaft, 1999, 31 (64); zu Recht für europäische Gesellschaften abl. EBJS/*Reuschle* Anh. § 17 Rn. 29.

153 EuGH NJW 2003, 3331 Rn. 140 – Inspire Art.

154 *Eidenmüller/Rehm* ZGR 2004, 159 (183); *Karsten Schmidt* in Lutter, Europäische Auslandsgesellschaften in Deutschland, 2005, 35; *Mankowski* in Hirte/Bücker, Grenzüberschreitende Gesellschaften, 2. Aufl. 2006, § 12 Rn. 69; strenger *Mödl* RNotZ 2008, 1 (9), der bei unbekannten Rechtsformbezeichnungen einen Hinweis wie zB „GmbH finnischen Rechts" oder „Haftungsbeschränkte Gesellschaft" verlangt; *Wachter* GmbHR 2004, 88 (98) schlägt (de lege ferenda) einen solchen Hinweis für alle auch die inländischen Rechtsformzusätze vor: zB „dGmbH" oder „öGmbH".

155 Zurückhaltend noch MüKoGmbHG/*J. Mayer,* 2. Aufl. 2015, GmbHG § 4a Rn. 57: wünschenswert aber für EU-Mitgliedsländer nicht obligatorisch, da aus dem im Handelsregister ersichtlichen Sitz der Hauptniederlassung der erforderliche Hinweis auf das anzuwendende ausländische Recht ersichtlich ist; ähnlich jetzt auch MüKoGmbHG/*Heinze,* 3. Aufl. 2018, GmbHG § 4a Rn. 75 ff. mit Verweis auf die „Vier-Elemente-Test-Formel".

156 Vgl. dazu *Moeller* EWS 1993, 24 f.

§ 17 [Begriff]

(1) Die Firma eines Kaufmanns ist der Name, unter dem er seine Geschäfte betreibt und die Unterschrift abgibt.

(2) Ein Kaufmann kann unter seiner Firma klagen und verklagt werden.

Schrifttum: *Bartels,* Die Handelsfirma zwischen Namensrecht und Kennzeichenschutz, AcP 209 (2009), 309; *Burgard,* Firmenrechtliche Fragen bei Verein und Stiftung, FS Werner, 2010, 190; *Clausnitzer,* Das Firmenrecht in der Rechtsprechung (2000 bis 2009), DNotZ 2010, 345; *Kögel,* Firmenrecht 2011 – welche Regeln gelten (noch), Rpfleger 2011, 17; *Karsten Schmidt,* Das Verbot der „firmenähnlichen Geschäftsbezeichnung": geltendes Handelsrecht oder gesetzwidrige Erfindung?, DB 1987, 1181; *Karsten Schmidt,* Replik: Das geltende Handelsrecht kennt kein Verbot der „firmenähnlichen Geschäftsbezeichnung", DB 1987, 1674; *Ullmann,* Die Verwendung von Marke, Geschäftsbezeichnung und Firma im geschäftlichen Verkehr, insbesondere des Franchising, NJW 1994, 1255.

Übersicht

I. Normzweck und Anwendungsbereich

1 Auch nach den **Änderungen durch das HRefG** vom 22.6.1998 (BGBl. 1998 I 1473) bleiben „der Kaufmannsbegriff als Bestimmung des Normadressatenkreises (§§ 1 ff.) und die Firma als Name, unter dem der Kaufmann seine Geschäfte betreibt (§ 17 Abs. 1), Zentralbegriffe des HGB".[1] Abs. 1 ist dahin geändert worden, dass die Worte „im Handel" gestrichen wurden. In der Begründung zum HRefG[2] heißt es hierzu, die Streichung erfolge als Konse-

[1] *Karsten Schmidt* NJW 1998, 2161 (2162).
[2] Begr. RegE, BT-Drs. 13/8444, 52.

quenz aus der in § 1 Abs. 2 enthaltenen Neudefinition des Begriffs „Handelsgewerbe". Wegen des damit verbundenen umfassenden einheitlichen Kaufmannsbegriffs, der auf die Unterteilung in „(Grund-)Handelsgewerbe" und „sonstige Gewerbe" verzichtet, solle in § 17 Abs. 1 die Firma einheitlich als der Name des Kaufmanns definiert werden, unter dem er seine Geschäfte betreibt und die Unterschrift abgibt. Die Einschränkung auf Geschäfte „im Handel" kann daher entfallen.

§ 17 sowie das gesamte Firmenrecht im HGB finden nicht nur **Anwendung** auf die 2
Firma des Einzelkaufmanns, sondern über § 6 Abs. 1 auch **für alle Handelsgesellschaften** (OHG, KG, GmbH, AG, KGaA und EWIV) über § 17 Abs. 2 GenG für eingetragene Genossenschaften und über § 172 VAG auch für den Versicherungsverein auf Gegenseitigkeit sowie die sonstigen juristischen Personen iSd § 33 (Stiftung, Idealverein, wirtschaftlicher Verein, juristische Personen des öffentlichen Rechts, Unternehmen von Gebietskörperschaften),[3] wenn diese ein Handelsgewerbe iSd § 1 Abs. 2 betreiben. Für die Partnerschaftsgesellschaft verweist § 2 Abs. 2 PartGG weitgehend auf das Firmenrecht des HGB, nicht jedoch auf §§ 17 und 18 Abs. 1. Die Anwendung von Teilen des Firmenrechts (insbesondere § 18 Abs. 2) wird auch für die unternehmenstragende BGB-Gesellschaft befürwortet (→ Rn. 38).

II. Begriff der Firma

§ 17 Abs. 1 enthält die **Legaldefinition der Handelsfirma.** Diese beinhaltet drei 3
Elemente: Die Firma ist ein Name (zur Namensfunktion → Vor § 17 Rn. 21 ff.; → § 18 Rn. 9 ff.). Nur Kaufleute können eine Firma haben (zur Firmenfähigkeit → Rn. 19 ff.). Die Firma ist der Name, unter dem ein Kaufmann Geschäfte abschließt und zeichnet. Dabei ist das Zeichnen unter der Firma nur das Hauptbeispiel für das Betreiben von Geschäften.

Anders als nach ihrer umgangssprachlichen Verwendung handelt es sich bei der Firma 4
nicht um das Unternehmen selbst, sondern nur um eine namensmäßige Bezeichnung (Namensfunktion), die das Unternehmen und den Unternehmensträger miteinander verbindet.[4] Abs. 2 ergänzt die Verwendungsmöglichkeit der Firma dergestalt, dass Kaufleute im Prozess auch mit ihrer Firma bezeichnet werden können, gleichgültig, ob sie als Kläger oder als Beklagte daran teilnehmen.[5] Die Firma ist nicht selbst Partei (→ Rn. 76). § 17 enthält zwar den Begriff der Firma, gibt aber keine Auskunft über die Rechtsbeziehung des Kaufmanns zu der Firma (zur Rechtsnatur der Firma genauer → Rn. 42 ff.).

1. Firma des Einzelkaufmanns. Als Name des Einzelkaufmanns weist die Firma 5
auf den Kaufmann als den Rechtsträger des Unternehmens hin,[6] sie **identifiziert den Unternehmensträger als solchen.**[7] „Da das Unternehmen nicht rechtsfähig ist, dokumentiert die Firma die Beziehung des Unternehmensträgers zum Unternehmen".[8] Indem der Kaufmann (oder der erkennbar für ihn Tätige) im Geschäftsverkehr unter seiner Firma auftritt, wird deutlich, dass das betreffende Geschäft zum Betrieb seines Handelsgewerbes gehört und damit nach § 343 Abs. 1 Handelsgeschäft ist (→ Rn. 67). Verpflichtet und berechtigt wird der jeweilige Inhaber, der Unternehmensträger.[9] „Typischer Sinn einer unter Angabe einer Firma abgegebenen Erklärung ist … die Verpflichtung des Inhabers dieser Firma, und zwar auch dann, wenn nicht hinreichend zum Ausdruck kommt, dass der Unterzeichnende mit dem Inhaber der Firma nicht identisch ist und deshalb nur als dessen Vertreter handeln konnte und wollte".[10] Entsprechendes gilt für den Vertragspartner

[3] S. insbes. zum Verein und zur Stiftung *Burgard* FS Werner, 2009, 190.
[4] Dazu *Karsten Schmidt* HandelsR § 3 Rn. 55, § 12 I Rn. 1; Staub/*Burgard* Rn. 5; vgl. auch *Canaris* HandelsR § 10 I 1 a, Rn. 1.
[5] Staub/*Burgard* Rn. 57.
[6] Staub/*Burgard* Rn. 5.
[7] *Karsten Schmidt* HandelsR § 12 Rn. 2.
[8] *Karsten Schmidt* HandelsR § 3 Rn. 55.
[9] *Karsten Schmidt* HandelsR § 3 Rn. 55; *Karsten Schmidt* HandelsR § 4 Rn. 88; *Karsten Schmidt* HandelsR § 12 Rn. 1 f.; Staub/*Burgard* Rn. 6; *Canaris* HandelsR § 10 I 1 b, Rn. 2.
[10] BGHZ 64, 11 (14) = NJW 1975, 1166.

des Kaufmanns. Er will, der Verkehrsauffassung entsprechend, den Vertrag mit „der Firma" (worunter er das Unternehmen begreift) schließen. Richtig eingeordnet möchte er mit dem Unternehmensträger, mit demjenigen kontrahieren, „welcher in Wirklichkeit Inhaber des Geschäfts ist",[11] und zwar auch dann, wenn er nicht genau weiß, wer das ist (→ Vor § 1 Rn. 9 und § 343).[12]

6 **2. Firma der Handelsgesellschaft.** Die Firma ist – anders als beim Einzelkaufmann – der **einzige Name der Handelsgesellschaft** und der eG, ist ihr Name schlechthin. Privatgeschäfte sind für die Kapitalgesellschaften und OHG oder KG nicht denkbar; sie können daher nur unternehmensbezogene Geschäfte abschließen.[13] Die Formkaufleute (AG, KGaA, GmbH, eG und auch die EWIV, → § 6 Rn. 9, → § 6 Rn. 15) sind kraft Gesetzes auch dann Kaufmann, wenn sie kein Handelsgewerbe betreiben (§ 17 Abs. 2 GenG, § 3 AktG, § 278 Abs. 3 AktG, § 3 AktG, § 13 Abs. 3 GmbHG). Im Übrigen gilt das für den Einzelkaufmann Gesagte.

III. Firmeneinheit

7 Nach dem Grundsatz der Firmeneinheit darf ein Unternehmen **grundsätzlich nur eine Firma** führen (→ Vor § 17 Rn. 30). Dabei muss unterschieden werden, ob (und wenn ja welche) Unternehmensträger **Inhaber mehrerer Unternehmen** sein können.

8 **1. Einzelkaufmann.** Unterhält der Einzelkaufmann nur **ein Unternehmen,** so darf er – neben seinem „privaten" Namen – nur **eine Firma** führen.[14] Das gilt auch dann, wenn der Kaufmann zu seinem Unternehmen noch ein weiteres mit dem Recht auf Firmenfortführung hinzuerwirbt und er beide Unternehmen vereinigt. Denn nach der Vereinigung ist nur noch ein Unternehmen vorhanden.[15] Dem Kaufmann steht es aber frei – will er die Werbekraft und (oder) den Wert der Firma erhalten –, die Firmen ebenfalls zu vereinigen (→ § 22 Rn. 80). Auch kann er das übernommene Unternehmen als Zweigniederlassung unter der Firma des übernommenen Unternehmens führen (→ § 22 Rn. 50).[16]

9 Der Einzelkaufmann darf, wenn er **mehrere selbständige Unternehmen** betreibt, für jedes Unternehmen eine andere Firma benutzen (also **mehrere Firmen** gleichzeitig).[17] Ob dem Einzelkaufmann insoweit ein Wahlrecht zusteht (Führung unter derselben Firma oder verschiedene Firmen),[18] ist fraglich. Es spricht viel für die Meinung von *Karsten Schmidt,* dass sich der Kaufmann hier verschiedener Firmen bedienen muss, wenn er „die organisatorische Trennung der Unternehmen aufrechterhalten und nach außen dokumentieren will".[19] Voraussetzung ist aber immer, dass es sich um wirklich selbständige Betriebe und nicht nur Abteilungen eines einheitlichen Geschäfts handelt.[20] Sind die Geschäfte sachlich und räumlich getrennt, erfolgen Buchführung und Bilanzierung getrennt, ist jeweils

---

[11] RGZ 30, 77 (78).

[12] RGZ 30, 77 (78); BGHZ 62, 216 (219, 221) = WM 1974, 559; BGHZ 64, 11 (14) = WM 1974, 559; BGHZ 91, 148 (152) = NJW 1984, 2164; BGHZ 92, 259 (268) = NJW 1985, 136 (138) mAnm *Karsten Schmidt;* BGH NJW 1984, 1347 = JuS 1984, 641 mAnm *Karsten Schmidt;* NJW 1990, 2678; NJW-RR 1990, 220 = GmbHR 1990, 206; BGH NJW 1992, 1380 (1381); EBJS/*Reuschle* Rn. 2.

[13] Staub/*Burgard* Rn. 7; *Karsten Schmidt* HandelsR § 12 Rn. 3.

[14] *Karsten Schmidt* HandelsR § 12 Rn. 72; Staub/*Burgard* Vor § 17 Rn. 39; vgl. auch BGH NJW 1991, 2023 (2024); aA *Canaris* HandelsR § 11 IV 1 Rn. 35.

[15] Baumbach/Hopt/*Hopt* Rn. 8; Staub/*Hüffer,* 4. Aufl. 1983, Rn. 27; *Karsten Schmidt* HandelsR § 12 Rn. 72; *Bokelmann* FirmenR Rn. 392; aA OLG Düsseldorf NJW 1954, 151 (152) m. abl. Anm. *Droste; Kraft,* Die Führung mehrerer Firmen, 1996, 31 ff., 47; vgl. auch *Nipperdey* FS A. Hueck, 1959, 195 (217); *Schlichting* ZHR 134 (1970), 322 ff.

[16] Vgl. auch Staub/*Hüffer,* 4. Aufl. 1983, Rn. 27.

[17] RG HRR 1929 Nr. 1666; BGHZ 31, 397 (399); KG JW 1936, 1680; Baumbach/Hopt/*Hopt* Rn. 8; Heymann/*Förster* Rn. 16; Schlegelberger/*Hildebrandt/Steckhan* Rn. 4; *Karsten Schmidt* HandelsR § 12 Rn. 68; *Bokelmann* FirmenR Rn. 393; Staub/*Hüffer,* 4. Aufl. 1983, Rn. 26; aA jetzt Staub/*Burgard* Vor § 17 Rn. 41.

[18] So noch Staub/*Hüffer,* 4. Aufl. 1983, Rn. 26; und die wohl hM.

[19] *Karsten Schmidt* HandelsR § 12 Rn. 68; Heymann/*Förster* Rn. 16.

[20] *Bokelmann* FirmenR Rn. 393.

eigenes Personal vorhanden und sind die Telefonnummern und Bankkonten jeweils verschieden, wird in der Regel von mehreren selbständigen Unternehmen auszugehen sein, die nur einen gemeinsamen Rechtsträger haben. Maßgebend ist aber jeweils die Gesamtwürdigung, so dass ausnahmsweise auch bei gemeinschaftlicher Beschäftigung von Angestellten und auch teilweise gemeinsamen Geschäftsräumen von der Verschiedenheit der Unternehmungen ausgegangen werden kann.[21] Werden gleichartige Handelsgeschäfte am gleichen Ort betrieben, so sind an das Merkmal der Selbständigkeit eines Unternehmens besonders strenge Anforderungen zu stellen.[22] In letzterem Fall erscheint auch die Abgrenzung zur Zweigniederlassung problematisch (→ § 13 Rn. 4 ff.). Liegt eine solche vor, ist allgemein anerkannt, dass sie unter der Firma der Hauptniederlassung auftreten darf (→ Rn. 13 ff.).

Eine gegenteilige Ansicht vertritt unter anderen *Burgard.*[23] Der Grundsatz der Firmeneinheit sei nicht zu verstehen als „ein Unternehmen – eine Firma" sondern als **„ein Unternehmensträger – eine Firma"**. Daher stelle es bei dem Einzelkaufmann eine ungerechtfertigte Privilegierung dar, wenn man ihm das Führen von mehreren Firmen erlaubt. Ihm stehe genauso wie anderen Rechtsträgern die Möglichkeit zur Verfügung, eine erworbene Firma als Zweigniederlassung weiter zu führen. Demgegenüber würde der Führung mehrerer Firmen ein nicht zu unterschätzendes Täuschungs- und Irreführungspotential innewohnen, da der Eindruck mehrerer Haftungsträger entsteht. Dies widerspreche dem Zweck des Grundsatzes der Firmeneinheit, nämlich dem Bedürfnis des Rechtsverkehrs nach einer sicheren Zuordnung der im Handelsverkehr auftretenden Rechtspersönlichkeiten. 10

2. Handelsgesellschaften. Personenhandelsgesellschaften und Kapitalgesellschaften dürfen **immer nur eine Firma** führen.[24] Das gilt auch dann, wenn sie verschiedene, voneinander getrennte Geschäfte im Sinne von Betrieben führen,[25] denn sie können im Rechtssinne nur ein Unternehmen führen.[26] Firma und Name bilden bei den Handelsgesellschaften eine notwendige Einheit. Die Gesellschaftsfirma ist der alleinige Name der Gesellschaft und nicht nur, wie bei der Firma des Einzelkaufmanns, der Name, unter dem sie im Handel die Geschäfte betreibt. „Da jedes Rechtssubjekt, wenn das Gesetz nicht ausnahmsweise mehrere Bezeichnungen zulässt, einen einzigen bestimmten Namen haben muss, mit dem es im Rechtsverkehr eindeutig identifiziert werden kann, und die Firma diese Funktion bei der Handelsgesellschaft hat, wäre eine mehrfache Firmenführung eine Durchbrechung dieses Prinzips. Denn soweit sich eine Handelsgesellschaft einer hinzuerworbenen weiteren Firma bedienen würde, wäre sie gerade nicht mehr in diesem Sinne gekennzeichnet".[27] Deswegen kann etwa eine KG, die ein Unternehmen erwirbt und weiterführt, dessen Firma nach § 22 nur dann fortführen, wenn sie ihre bisherige Firma aufgibt. Die Gesellschaft kann auch ihre bisherige Firma weiterführen, nicht aber beide Firmen.[28] Zu Möglichkeiten, den Wert der hinzuerworbenen Firma durch Bildung einer Zweigniederlassung zu erhalten, → Rn. 13 ff.; → § 22 Rn. 50. 11

3. Sonstige juristische Personen. Durch das ERJuKoG (Handelsregisterreformgesetz) vom 10.12.2001 (BGBl. 2001 I 3422) wurde § 33 geändert (→ § 33 Rn. 1 ff.). 12

---

21 KG JW 1936, 1680.

22 BayObLGZ 1956, 260 (264); 2001, 69 (72); vgl. auch Schlegelberger/*Hildebrandt/Steckhan* Rn. 4; Heymann/*Emmerich,* 2. Aufl. 2005, Rn. 24.

23 Staub/*Burgard* Vor § 17 Rn. 41 f.; ebenso EBJS/*Reuschle* Rn. 7; BeckOK HGB/*Bömeke* Rn. 6.

24 BGHZ 67, 166 (167 f.) = DNotZ 1977, 113 m. eingehenden Literaturnachweisen; Staub/*Burgard* Vor § 17 Rn. 39; aA noch *W.-H. Roth* in Die Reform des Handelsstandes und der Personengesellschaft, 1999, 31 (51 ff.).

25 RGZ 85, 397 (399); 99, 158 (159); 113, 213 (216 f.); BGHZ 64, 11 (17) = NJW 1975, 1166; BGHZ 67, 166 (167) = DNotZ 1977, 113; BayObLGZ 1970, 235 (237); Baumbach/Hopt/*Hopt* Rn. 9; Schlegelberger/*Hildebrandt/Steckhan* Rn. 6; Heymann/*Förster* Rn. 17; Staub/*Burgard* Vor § 17 Rn. 39; iErg auch *Capelle* HandelsR § 11 I 4 b; krit. KKRD/*Roth* Rn. 12; aA *Kraft,* Die Führung mehrerer Firmen, 1996, 65; für die Personengesellschaften *Esch* BB 1968, 235.

26 *Karsten Schmidt* HandelsR § 12 Rn. 74 ff. mwN.

27 BGHZ 67, 166 (169).

28 BGHZ 67, 166 (171); Staub/*Burgard* Vor § 17 Rn. 43; s. auch Heymann/*Förster* § 22 Rn. 48.

Dadurch müssen auch juristische Personen des öffentlichen Rechts, die ein Handelsgewerbe iSd § 1 Abs. 2 betreiben, (unter anderem) **mit Firma und Sitz ins Handelsregister eingetragen** werden.[29] Auch die juristischen Personen iSd § 33 dürfen grds. nur eine Firma führen.[30] Bei Anstalten des öffentlichen Rechts (zB Sparkassen) wird von den Obergerichten allerdings akzeptiert, dass sie den nach speziellen für sie geltenden Vorschriften zulässigen Mehrfachsitz sowie die damit verbundene **Mehrfachfirmierung** beibehalten.[31] Die Eintragung hat dann bei sämtlichen Sitzgerichten zu erfolgen.

13 **4. Zweigniederlassung.** Die Zweigniederlassung nimmt **eine Art Zwitterstellung** ein[32] zwischen dem Betrieb einer zweiten Hauptniederlassung durch denselben Kaufmann als gesondertes Unternehmen und dem Betrieb einer Hauptniederlassung mit mehreren Verkaufsstellen oder unselbständigen Betriebsabteilungen (zur genauen Abgrenzung → § 13 Rn. 4 ff.).

14 Für das Zwittergebilde Zweigniederlassung wird der **Grundsatz der Firmeneinheit modifiziert.** Hauptgeschäft und Zweigniederlassung bilden einen einheitlichen Geschäftsbetrieb (→ § 13 Rn. 15). Die Firma der Zweigniederlassung kann daher mit der Firma der Hauptniederlassung gleich sein; ein Zusatz, der auf die Eigenschaft als Zweigniederlassung hinweist, ist hier nicht erforderlich (→ § 13 Rn. 21).[33] Die Firmen müssen aber nicht gleich sein. Mehrere Niederlassungen desselben Unternehmens dürfen unterschiedliche Firmen führen.[34] Besteht für die Firma der Haupt- und der Zweigniederlassung ein einheitlicher Firmenkern, kann er durch jeweils unterschiedliche (Zweigniederlassungs)Zusätze ergänzt werden. Ist der Firmenkern verschieden, muss ein Zusatz allerdings die Zugehörigkeit der Zweigniederlassung zur Hauptniederlassung offenbaren.[35] Die Wahl einer solchen abweichenden Zweigniederlassungsfirma muss jedenfalls bei der GmbH nach hM auch im Gesellschaftsvertrag verankert sein.[36] Keine Änderung des Gesellschaftsvertrags bzw. der Satzung ist demgegenüber erforderlich, wenn für die Firma der Haupt- und der Zweigniederlassung ein einheitlicher Firmenkern besteht, und lediglich durch einen Zusatz wie etwa „Zweigniederlassung Würzburg" auf ihre Eigenschaft als Zweigniederlassung hingewiesen wird.[37]

15 **Zweigniederlassung und abgeleitete Firma:** Unter den Voraussetzungen des § 22 darf auch ein erworbenes Handelsgeschäft unter der bisherigen Firma als Zweigniederlassung neben der Firma der Hauptniederlassung fortgeführt werden (→ § 22 Rn. 50).

IV. Firmenkern und Firmenzusatz

16 Da es für den Inhalt des Firmenkernes nach dem HRefG keine konkreten inhaltlichen Vorgaben mehr gibt, haben sich die **Grenzen zwischen Firmenkern und Zusätzen** weiter aufgeweicht. Die Neufassung von § 18 Abs. 1 fordert heute **für alle Firmen** nur noch, dass die Firma insgesamt zur Kennzeichnung des Kaufmanns geeignet sein und Unter-

[29] Zum früheren Firmenrecht der juristischen Personen iSd § 30 s. *W.-H. Roth* FS Lutter, 2000, 691 ff.
[30] So überzeugend *Burgard* FS Werner, 2009, 190 (198), der sogar verlangt, dass zB eine Stiftung oder ein Verein ihren „Namen" als Firma verwenden muss.
[31] OLG Frankfurt Rpfleger 2001, 185 = DB 2001, 860; BayObLGZ 2001, 69 = NJW-RR 2001, 1688; BayObLGZ 2000, 210 = NJW-RR 2001, 28; *Munzig* FGPrax 2003, 101.
[32] *Karsten Schmidt* HandelsR § 12 Rn. 81.
[33] Staub/*Burgard* Vor § 17 Rn. 45.
[34] RGZ 77, 60 (63); BayObLGZ 1992, 59 (62); *Karsten Schmidt* HandelsR § 12 Rn. 81.
[35] HM, vgl. schon RGZ 113, 213; 114, 318 (320); BayObLGZ 1992, 59 (62) = NJW-RR 1992, 1062; Staub/*Burgard* Vor § 17 Rn. 47 mN auch der insbes. älteren Gegenmeinungen; EBJS/*Reuschle* Rn. 13; für weitergehende Gestaltungsmöglichkeiten Schlegelberger/*Hildebrandt/Steckhan* § 13 Rn. 7; in der Praxis wird die Angabe „Region" mit einer Himmelsrichtung als „Zweigniederlassungszusatz" akzeptiert.
[36] BayObLGZ 1992, 59 = NJW-RR 1992, 1062; Roth/Altmeppen/*Altmeppen* GmbHG § 4 Rn. 27; Baumbach/Hueck/*Fastrich* GmbHG § 4 Rn. 17; MüKoGmbHG/*Heinze* GmbHG § 4a Rn. 113; Scholz/*Cziupka* GmbHG § 4 Rn. 87; *Krafka* RegisterR Rn. 270; EBJS/*Pentz* § 13 Rn. 28 mzN zur Aktiengesellschaft; aA etwa Rowedder/Schmidt-Leithoff/*Schmidt-Leithoff* GmbHG § 4a Rn. 46; Lutter/Hommelhoff/*Bayer* GmbHG Anh. § 4a Rn. 3; Scholz/*Priester* GmbHG § 53 Rn. 127.
[37] LG Nürnberg-Fürth BB 1984, 1066.

scheidungskraft besitzen muss. **Firmenkern und Firmenzusatz bilden eine rechtliche Einheit**[38] und zusammen die Firma.[39]

17 Ein Firmenzusatz wird oft zur Kennzeichnung oder Unterscheidung freiwillig gewählt. Klar vom Firmenkern abgrenzbare Zusätze sind letztlich nur noch die **Rechtsformzusätze.** Nur diese sind noch als **zwingend vorgeschriebene Zusätze** bei dem Einzelkaufmann, den Personenhandelsgesellschaften, der Aktiengesellschaft, der Kommanditgesellschaft auf Aktien, der GmbH und der eingetragenen Genossenschaft (§ 19 HGB, §§ 4, 279 AktG, § 4 GmbHG, § 3 Abs. 2 GenG) verblieben. Die Stelle, an der ein eventueller Zusatz steht, ist **grundsätzlich freigestellt.**[40] Besonderheiten ergeben sich nur beim Rechtsformzusatz (→ § 19 Rn. 21 ff.).

18 Besteht nur ein **einzelner unzulässiger Firmenbestandteil** einer konkret eingetragenen Firma, kann allein dieser gelöscht werden, weil nur eine solche Teillöschung zur Beseitigung der Beeinträchtigung des Verletzten erforderlich ist; die Löschung der gesamten Firma darf nicht erfolgen.[41] Dem steht auch die rechtliche Einheit von Kern und Zusatz nicht entgegen. Dagegen trifft das Gebot gegen den **unzulässigen Firmengebrauch (§ 37) in der Regel die vollständige Firma** und nicht nur einen Teil von ihr.[42]

V. Mögliche Träger (Firmenfähigkeit)

19 Firmenfähig sind **nur Kaufleute.** Die frühere Unterscheidung zwischen Vollkaufleuten und nicht firmenfähigen Minderkaufleuten (§ 4 Abs. 1) ist mit dem HRefG zwar entfallen. Nicht eingetragene Kleingewerbetreibende oder Land- und Forstwirte sowie Freiberufler können aber weiterhin keine Firma führen. Neben dem Einzelkaufmann sind OHG, KG, EWIV, AG und KGaA, GmbH, eG (§ 17 Abs. 2 GenG) und VVaG (§§ 172, 210 VAG) firmenfähig, ferner sonstige juristische Personen und Gebietskörperschaften, soweit ein Handelsgewerbe iSd § 1 Abs. 2 betrieben wird (§ 33).[43] Die Partnerschaft, die nach § 1 Abs. 1 S. 2 PartGG kein Handelsgewerbe ausübt, ist nach § 2 Abs. 1 PartGG namensfähig; gem. § 2 Abs. 2 PartGG sind § 18 Abs. 2, § 19 Abs. 3 und 4, §§ 21, 22 Abs. 1, §§ 23, 24, 30, 31 Abs. 2, §§ 32 und 37 entsprechend anzuwenden. Auch eine europäische Auslandsgesellschaft ist im Inland firmenfähig[44] (ausführlich → Vor § 17 Rn. 33 ff.).

20 **Nicht firmenfähig** ist die stille Gesellschaft, ebenso die Gesellschaft bürgerlichen Rechts.[45] Letztere wird, kommt es auf die genaue Parteibezeichnung wie im Handelsregister- und Prozessrecht an, durch den Namen aller Gesellschafter identifiziert.[46] Sie kann aber auch insbesondere als unternehmenstragende Außengesellschaft einen der Firma angenäherten Namen (sog. Minderfirma, → Rn. 38 ff.) führen.[47] Die Gesellschaft bürgerlichen Rechts kann sich unter einem unterscheidungskräftigen, schlagwortartigen Gesamtnamen am Rechtsverkehr beteiligen.[48] Tritt die **BGB-Gesellschaft unter einer Geschäftsbezeichnung dauerhaft im Rechtsverkehr** auf, genügt die Angabe dieser Geschäftsbezeichnung unter Benennung der vertretungsberechtigten Gesellschafter.[49] In Bezug auf die Ein-

38 RGZ 96, 195 (197); 127, 77 (81); BGH NJW 1959, 2209 (2210).
39 Staub/*Burgard* Vor § 17 Rn. 22; Heymann/*Förster* § 18 Rn. 26.
40 Staub/*Burgard* Vor § 17 Rn. 23.
41 BGH GRUR 1981, 60 (64) – Sitex mAnm *Schulze zur Wiesche; v. Gamm,* Wettbewerbsrecht, 5. Aufl. 1985, Kap. 55 Rn. 17; *v. Gamm* FS Stimpel, 1985, 1007 (1012 f.); so auch Staub/*Burgard* Vor § 17 Rn. 25.
42 BGH GRUR 1974, 162 (164) – etirex; GRUR 1981, 60 (64) – Sitex; doch kann sich der Unterlassungsanspruch zu einem Löschungsanspruch steigern, *v. Gamm* FS Stimpel, 1985, 1007 (1012) mN; zum Firmenmissbrauchsverfahren → § 37 Rn. 35 ff.
43 Oetker/*Schlingloff* Rn. 13; Heymann/*Förster* Rn. 37; Staub/*Burgard* Rn. 9 ff.
44 *Karsten Schmidt* in Lutter, Europäische Auslandsgesellschaften in Deutschland, 2005, 17.
45 Röhricht/Graf v. Westphalen/Haas/*Ries* Rn. 25 mN in Fn. 32; vgl. auch EBJS/*Reuschle* § 21 Rn. 18.
46 BGH NJW-RR 1990, 867 = ZIP 1990, 715 = NJW 1990, 2553 Ls.
47 *Karsten Schmidt* GesR § 60 I 3 b; Staub/*Burgard* Rn. 12 und 24.
48 Staub/*Burgard* Rn. 24; MüKoBGB/*Schäfer* BGB § 705 Rn. 270.
49 *Timm* NJW 1995, 3209 (3214).

tragung einer BGB-Gesellschaft ins Grundbuch war dies lange streitig.[50] Unter dem Stichwort der **Grundbuchfähigkeit** ging das BayObLG zu Unrecht[51] sogar soweit, der BGB-Gesellschaft trotz der grundsätzlichen Anerkennung ihrer Rechtsfähigkeit,[52] die Fähigkeit Eigentum zu erwerben abzusprechen.[53] Der Gesetzgeber[54] hat mit Änderung des § 47 Abs. 2 GBO und § 15 Abs. 1 lit. a GBV entschieden, dass die BGB-Gesellschaft zwar unter ihrem Namen/Geschäftsbezeichnung aber ergänzt durch die Namen aller Gesellschafter ins Grundbuch eingetragen werden muss. In die gleiche Richtung regelt § 106 Abs. 1 S. 2 für die Kommanditgesellschaft und § 40 Abs. 1 S. 2 2. HS GmbH für die Gesellschafterliste den Zwang zur Angabe aller Gesellschafter der BGB-Gesellschaft. Diese Geschäftsbezeichnung einer BGB-Gesellschaft darf allerdings nach der überwiegenden Rspr. nicht firmenähnlich sein (genauer → Rn. 39).[55]

21 **Vorgesellschaften** (Vor-GmbH, Vor-AG) sind bereits körperschaftlich strukturierte Gebilde, die den Gründungsvorschriften und dem Recht der später rechtsfähigen GmbH oder AG – aber mit Ausnahme der bereits die Eintragung voraussetzenden Vorschriften – unterstehen (→ § 6 Rn. 12).[56] Die Vorgesellschaft ist eine Gesellschaft sui generis, allerdings mit der später eingetragenen Kapitalgesellschaft weitgehend identisch,[57] selbst aber noch nicht Handelsgesellschaft nach § 13 Abs. 3 GmbHG (§ 3 AktG) und nicht Formkaufmann. Denn der **Formkaufmann setzt die Eintragung im Handelsregister voraus** (→ § 6 Rn. 10), während die Vorgesellschaft als solche selbständig (→ § 6 Rn. 12) nicht in das Handelsregister (Abteilung B) eingetragen werden kann.[58] Daher kann sie auch nicht in den Fällen der §§ 2 und 3 (Kann-)Kaufmann werden. An dieser Einschätzung ändert sich auch nichts, selbst wenn die Vorgesellschaft als vermögensverwaltende OHG iSd § 105 Abs. 2 anzusehen wäre.[59] Auch hierfür ist die Eintragung ins Handelsregister Entstehungsvoraussetzung. Es kommt für die Firmenfähigkeit mithin darauf an, ob die Vorgesellschaft selbst ein Handelsgewerbe betreibt und dabei auf ein „großgewerbliches" iSd § 1 Abs. 2 zumindest gerichtet ist.[60] Nur wenn das der Fall ist, kann die Vorgesellschaft selbst schon eine Firma führen, die der im Gesellschaftsvertrag festgelegten Firma entspricht.[61] Zum Rechtsformzusatz → § 19 Rn. 36. Aber auch dann, wenn die Vorgesellschaft kein Handelsgewerbe betreibt, kann sie nach hM die satzungsmäßige Firma der künftigen Gesellschaft unter Hinweis auf den Gründungszustand als Namen gebrauchen. Zu Sonderfragen bei der Vor-Gesellschaft → § 21 Rn. 10 ff.

---

[50] Eintragung allein der Geschäftsbezeichnung zulassend BGHZ 179, 102 mwN; dazu *Tebben* NZG 2009, 288; OLG Dresden ZIP 2008, 2361; OLG Stuttgart ZIP 2007, 419; abl. insbes. BayObLGZ 2002, 330 = NJW 2003, 70; BayObLG NJW-RR 2004, 810 = DNotZ 2004, 378 mAnm *Heil*; OLG Schleswig NJW 2008, 306; OLG Celle NJW 2006, 2194.

[51] Abl. auch *Ulmer/Steffek* NJW 2002, 330; *Dümig* Rpfleger 2002, 53; *Dümig* Rpfleger 2003, 80; *Eickmann* ZfIR 2001, 433.

[52] BGHZ 146, 341 = NJW 2001, 1056.

[53] BayObLGZ 2002, 330 = NJW 2003, 70; BayObLG NJW-RR 2004, 810 = DNotZ 2004, 378 mAnm *Heil*; ebenso *Vogt* Rpfleger 2003, 491; jetzt als unrichtig klargestellt BGHZ 179, 102 mwN.

[54] ERVGBG mWv 18.8.2009, BGBl. 2009 I 2713; zu den praktischen Folgen zB *Schubert* ZNotP 2009, 178.

[55] OLG Karlsruhe BB 1985, 2196; *Wessel* DB 1987, 1673; aA *Karsten Schmidt* GesR § 60 I 3 b.

[56] BGHZ 80, 129 (132) = NJW 1981, 1373; hierzu *Ulmer* ZGR 1981, 593 ff.; zur Vor-AG auch *Heidinger* ZNotP 2000, 182; zur Vor-GmbH *Heidinger* GmbHR 2003, 189.

[57] MHLS/*Blath* GmbHG § 11 Rn. 43; Lutter/Hommelhoff/*Bayer* GmbHG § 11 Rn. 5; *G. Hueck* FS 100 Jahre GmbHG, 127 (148 ff., 153); Scholz/*Karsten Schmidt* GmbHG § 11 Rn. 31 spricht von Identität iS vollständiger Kontinuität der Rechtsverhältnisse; *Karsten Schmidt* GesR § 11 IV 2 c; krit. zur Identität HCL/*Ulmer/Habersack* GmbHG § 11 Rn. 12.

[58] Scholz/*Karsten Schmidt* GmbHG § 11 Rn. 37; HCL/*Ulmer/Habersack* GmbHG § 11 Rn. 61.

[59] Vgl. zur Haftungsstruktur der unechten oder gescheiterten Vorgesellschaft BGH NJW 1996, 1210 = ZIP 1996, 590; BGHZ 149, 273 = NJW 2002, 824; BGHZ 152, 290 = NJW 2003, 429 = NZG 2003, 79.

[60] Wie hier Staub/*Burgard* Rn. 14; aA Heymann/*Förster* Rn. 37 mit missverständlicher Berufung auf BGHZ 120, 103 (105) = NJW 1993, 459, der der Vor-GmbH Firmenschutz zubilligt „bei Vorliegen der dafür erforderlichen weiteren Voraussetzungen" ansonsten nur Namensrechte anerkennt.

[61] HCL/*Heinrich* GmbHG § 4 Rn. 82; Scholz/*Karsten Schmidt* GmbHG § 11 Rn. 38; großzügiger EBJS/*Reuschle* Rn. 8; Roth/Altmeppen/*Altmeppen* GmbHG § 11 Rn. 31.

VI. Firmenarten

1. Systematisierungsansätze. Nach ihrem Inhalt können die **Personenfirmen** (die Firma enthält den Familiennamen und eventuell den Vornamen des Geschäftsinhabers oder eines oder mehrerer Gesellschafter)[62] von den **Sachfirmen** (dem Gegenstand des Unternehmens entnommen; → Rn. 29), den seit dem HRefG allgemein auch zulässigen **Fantasiefirmen** (→ Rn. 32) und Kombinationen hieraus den sog. **Mischfirmen/gemischten Firmen** (genauer → Rn. 33) unterschieden werden. Nach dem Unternehmensträger unterscheidet sich die **Einzelfirma** (der Einzelkaufmann ist Unternehmensträger) von der **Gesellschaftsfirma.** Bei der **zusammengesetzten Firma** ist dem Firmenkern als Mindestangabe noch ein Zusatz beigefügt (→ Rn. 33). Schließlich ist die **ursprüngliche/originäre Firma** von der **abgeleiteten Firma** (von dem früheren Träger des Unternehmens übernommen) abzugrenzen. Eine abgeleitete Firma kann auch zur neu gebildeten mutieren, wenn der Rechtsverkehr die Identität der ursprünglichen und der abgeleiteten Firma auf Grund ihrer Änderung nicht mehr wahrzunehmen vermag oder ernsthafte Zweifel an der Identität bestehen. Die geänderte Firma unterliegt dann den Erfordernissen von § 18 für die neu gebildete Firma. Aus der neu gebildeten Firma können sich aber ggf. gegenüber der abgeleiteten Firma Unterschiede in den Rechtsfolgen ergeben (zB Verlust der Prioritätsstellung, genauer → § 22 Rn. 4). 22

2. Personenfirma. Die Personenfirma (teilweise auch Personalfirma genannt)[63] wird unter **Verwendung eines Personennamens** gebildet. Nach **altem Firmenrecht** vor dem HRefG waren die Personenfirma für den Einzelkaufmann (§ 18 Abs. 1 aF) und die Personenhandelsgesellschaft (§ 19 Abs. 1 und Abs. 2 aF) zwingend aus den Namen des Geschäftsinhabers bzw. eines oder mehrerer Gesellschaftern, nicht aber mit dem Namen eines Nichtgesellschafters (§ 19 Abs. 4 aF) zu bilden. Bei der Firma der GmbH durfte die optionale Personenfirma ebenfalls nicht den Namen eines Nichtgesellschafters enthalten (§ 4 Abs. 1 S. 2 aF GmbHG). Daher entsprach es der ganz einheitlichen Meinung, dass eine Personenfirma schon per Definitionem aus dem Namen des Geschäftsinhabers bzw. eines oder mehrerer Gesellschafter gebildet wird. 23

Zum **neuen Firmenrecht** wird dies teilweise immer noch unreflektiert fortgeschrieben.[64] Derzeit besteht aber nur noch für den Namen der Partnerschaftsgesellschaft die Pflicht, den Namen mindestens eines Partners und das Verbot, den Namen anderer Personen als von Partnern aufzunehmen. Ansonsten wurde die Verwendung der Personenfirma für alle Rechtsträger freigegeben sowohl hinsichtlich der Frage „ob" als auch „wie" sie eine solche bilden.[65] Daher lässt sich aus der jetzigen Rechtslage das frühere, enge Verständnis der Personenfirma nicht mehr rechtfertigen. Nach neuem Firmenrecht muss man den Begriff „Personenfirma" weiter verstehen und jede Firma dazu zählen, die unter **Verwendung irgendeines Personennamens** – auch eines Nichtgesellschafters – gebildet wird.[66] Die für 2021 24

[62] Zur Frage der Zulässigkeit der Verwendung des Namens eines Nichtgesellschafters → § 18 Rn. 180 ff.; zur Frage der veränderten Verwendung des Namens des Geschäftsinhabers → § 18 Rn. 65 ff.

[63] Oetker/*Schlingloff* Rn. 2; *Karsten Schmidt* HandelsR § 12 Rn. 16.

[64] So noch Koller/Roth/Morck/*Roth,* 5. Aufl. 2005, Rn. 10: durch den Namen des Kaufmanns gebildet; jetzt aber seit der 6. Aufl. 2007 korrekt: „durch einen Namen (auch Fantasie- und Drittnamen) gebildet wird"; *Karsten Schmidt* HandelsR § 12 I Rn. 16: Familienname des Kaufmanns oder eines Gesellschafters – Personalfirma; Baumbach/Hopt/*Hopt* Rn. 6: wird nach dem Namen des Kaufmanns gebildet; LG Limburg GmbHR 2006, 261 m. insoweit abl. Anm. *Römermann;* zurückhaltend auch noch Röhricht/Graf v. Westphalen/Haas/*Ries* Rn. 4a: idR Name des Einzelkaufmanns oder eines Gesellschafters.

[65] Vgl. Begr. RegE, BT-Drs. 13/8444, 37.

[66] S. auch OLG Saarbrücken NJW-RR 2006, 902 = NZG 2006, 586 zum Namen des Kommanditisten; LG München I MittBayNot 2007, 71 zur GmbH; OLG Karlsruhe GmbHR 2014, 142; OLG Rostock NZG 2015, 243 für den vorherigen Unternehmensinhaber und Minderheitsgesellschafter; für die GmbH befürwortend auch *Schulte/Warnke* GmbHR 2002, 626 ff.; OLG Karlsruhe DNotI-Report 2010, 91 für die Personenfirma der GmbH & Co. KG; so wohl auch EBJS/*Reuschle* § 18 Rn. 11; strenger diesbezüglich noch LG Trier Beschl. v. 4.7.2007 – 7 HK T 3/07, zitiert nach *Kögel* Rpfleger 2009, 291 (293) Fn. 42: Fortführung der Firma „Heizungsbau Zils e.K." sei unzulässig bei Unternehmerin mit Doppelname „Zils-Jutz".

geplante Reform des Rechts der Personengesellschaft auf der Basis des Mauracher Entwurfes sieht u. a. eine Liberalisierung für die Bildung des Namens der Partnerschaftsgsellschaft vor. Das exklusive Recht nach § 11 PartGG den Begriff „Partner", „& Partner", „Partnerschaft" u. ä. zu verwenden, soll bei der Partnerschaftsgesellschaft verbleiben.

25 Terminologisch kann noch zwischen einer Personenfirma, bei der der Name einer *existenten Person* verwendet wird, und einer **Fantasie-Personenfirma** differenziert werden, die nur einen namensähnlichen Fantasiebegriff beinhaltet.[67] Ob eine Personenfirma mit Namen eines Nichtgesellschafters oder eine Fantasie-Personenfirma zulässig ist, wird derzeit insbesondere unter dem **Aspekt der Irreführungsgefahr** sehr streitig diskutiert (→ § 18 Rn. 180 ff.).[68]

26 **3. Sachfirma. Vor dem HRefG** musste die Firma der Genossenschaft „vom Gegenstand des Unternehmens entlehnt" sein (§ 3 Abs. 1 GenG), die Firma der AG und der KGaA war „in der Regel dem Gegenstand des Unternehmens zu entnehmen" (§ 4 Abs. 1 AktG und § 279 AktG) und die Firma der GmbH musste „entweder von dem Gegenstand des Unternehmens entlehnt" oder Personenfirma sein. Für die EWIV war streitig, ob eine Sachfirma überhaupt zulässig war. Die besseren Gründe sprachen schon nach altem Recht für die Zulässigkeit, der systematische Vergleich mit der OHG allerdings dagegen.[69] Daraus hatte sich die Definition einer Sachfirma herausgebildet, dass sie **Bezug auf den Unternehmensgegenstand** des Unternehmens nimmt.[70]

27 In der Lit. wird auch nach dem HRefG 1998 weiterhin gefordert, dass die Sachfirma selbstverständlich dem Unternehmensgegenstand entlehnt sein muss.[71] Dem kann nicht zugestimmt werden.[72] Von seiner Terminologie her ist eine Sachfirma jede Firma, die nach ihrem äußeren Erscheinungsbild auf (irgend)einen Unternehmensgegenstand/Tätigkeitsbereich Bezug nimmt. Denn **nach der Handelsrechtsreform** steht die Verwendung einer Sachfirma allen Unternehmensträgern insbesondere auch dem Einzelkaufmann, der Personenhandelsgesellschaft und der EWIV[73] offen, die nach § 40 HRV eine im Handelsregister einzutragende Satzungsbestimmung über den „Unternehmensgegenstand" teilweise gar nicht kennen.[74] Schon deshalb kann die Sachfirma nicht mehr zwingend dem Unternehmensgegenstand entlehnt sein.[75] Im Ausgangspunkt muss also kein Zusammenhang mehr zwischen der Firma und dem Gegenstand bzw. dem Tätigkeitsbereich des Unternehmens bestehen.[76] Da der Gesetzgeber mit dem HRefG die Möglichkeit der Firmenbildung für alle erfassten Rechtsformen vereinheitlichen wollte, müssen bei der Sachfirma für den Formkaufmann (insbesondere GmbH, AG, eG, → § 6 Rn. 9), den Einzelkaufmann und die

---

[67] Vgl. EBJS/*Reuschle* § 18 Rn. 13; ausdrücklich anerkannt für die GmbH von LG Landshut MittBayNot 2000, 333; LG München I MittBayNot 2007, 71 zur GmbH, – Fantasiename „Seemüller"; Staub/*Burgard* Vor § 17 Rn. 17; sogar für den Einzelkaufmann: OLG München GmbHR 2012, 334 = ZIP 2012, 2393 = BeckRS 2012, 23075.

[68] Vgl. dazu ausf. *Heidinger* DB 2005, 815 ff.; *Meyer* ZNotP 2009, 250 ff.; *Clausnitzer* DNotZ 2010, 345 (352).

[69] Bejahend AG München BB 1990, 160; LG Frankfurt NJW-RR 1991, 931 = EWiR § 19 HGB 1/91, 793 *(Ring);* LG Bonn NJW-RR 1994, 298 = EuZW 93, 550; *Müller-Gugenberger* BB 1989, 1922; *Hauschka/Frhr. v. Saalfeld* DStR 1991, 1083; *Wöbke/Danckwerts* DB 1994, 413; aA *Ziegler* Rpfleger 1990, 239; OLG Frankfurt WM 1993, 1098 = NJW-RR 1994, 300 = Rpfleger 1993, 450 m. abl. Anm. *Rinze;* FGPrax 1997, 38; dazu *Schmittmann/Kocker* DZWiR 1997, 253; vgl. aber EuGH NJW 1998, 972 = NZG 1998, 100 mAnm *Michalski:* EWIV-VO insofern neutral; dazu *Neye* WuB 1998, 329 ff. mzN; *Neve* EWiR 1997, 283.

[70] KKRD/*Roth* Rn. 9.

[71] *Bokelmann* GmbHR 1998, 57 (59); ihm folgend *Kögel* BB 1998, 1645 (1646).

[72] Vgl. auch OLG Stuttgart NZG 2012, 551 = GmbHR 2012, 571.

[73] *Kögel* BB 1998, 1645; Röhricht/Graf v. Westphalen/Haas/*Ries* Rn. 18; *Kögel* in Wessel/Zwernemann/Kögel Firmengründung Rn. 362; EBJS/*Reuschle* § 18 Rn. 15; vgl. dazu schon EuGH NZG 1998, 100 mAnm *Michalski.*

[74] Allein hiermit argumentiert etwas unvollständig zB EBJS/*Reuschle* § 18 Rn. 16.

[75] EBJS/*Reuschle* Rn. 16; Röhricht/Graf v. Westphalen/Haas/*Ries* § 18 Rn. 21; iErg auch OLG Stuttgart NZG 2012, 551 = GmbHR 2012, 571.

[76] Staub/*Burgard* Vor § 17 Rn. 18.

Personenhandelsgesellschaften die gleichen Anforderungen gestellt werden. Für den Rechtsverkehr ist weniger der satzungsmäßige Unternehmensgegenstand als vielmehr der tatsächliche Tätigkeitsbereich von Interesse. Daher wird zunehmend gefordert, dass die **Sachfirma auf den Tätigkeitsbereich** nach den tatsächlichen Verhältnissen Bezug nehmen muss.[77]

An dieser Einschätzung ändert sich auch nichts dadurch, dass nach § 24 Abs. 4 HRV bei allen Rechtsträgern[78] bei den **Anmeldungen auch der Unternehmensgegenstand angegeben** werden soll, soweit er sich nicht aus der Firma ergibt. Nach § 34 HRV ist der Unternehmensgegenstand dann, wenn entsprechende Mitteilungen vorliegen, sogar in den Bekanntmachungen anzugeben, falls er sich nicht aus der Firma ergibt. Die Nichtangabe des Gegenstandes stellt jedoch kein Eintragungshindernis dar[79] und die Bekanntmachung erfolgt ohne Gewähr (§ 34 S. 2 HRV), so dass sich hieraus letztlich keine zuverlässige Informationsquelle für die Verkehrskreise über den Unternehmensgegenstand des Einzelkaufmanns und der Personenhandelsgesellschaft ergibt. **28**

Für keine Rechtsform existiert mehr ein Zwang zur Aufnahme des Unternehmensgegenstandes in der Firma. Daher muss der Begriff **„Sachfirma" jetzt weiter** gefasst werden. „Sachfirma" ist danach jede Firma, die von ihrem äußeren Erscheinungsbild auf **(irgend)einen Unternehmensgegenstand/Tätigkeitsbereich** Bezug nimmt.[80] Die Begründung zum Regierungsentwurf führt ausdrücklich aus, dass „das Entlehnungsgebot bei der Sachfirma entfällt".[81] Denn mit dem HRefG wollte der Gesetzgeber durch die Zulassung der Personen-, der Sach- und der Fantasiefirma als gleichwertige Alternativen das Firmenrecht liberalisieren. Die **Grenzen zur Fantasiefirma** (→ Rn. 32) sind fließend.[82] Der frühere Streit, ob die Sachfirma den Unternehmensgegenstand für Dritte im Wesentlichen erkennen lassen musste, ist hinfällig.[83] So kann auch eine Sachfirma gewählt werden, die nicht den Gegenstand des Unternehmens offenbart.[84] Auch *Kögel*[85] schreibt unter der Überschrift „farblose Sachfirmen", das bisher geltende Konkretisierungsgebot sei aufgegeben worden. „Betreibt eine GmbH den Schuhhandel, kann die Firma künftig ‚ABC Handels-GmbH' lauten". Allein die Tatsache, dass der angegebene Unternehmensgegenstand/Tätigkeitsbereich nicht den Tatsachen entspricht, nimmt der Firma nicht ihren Charakter als Sachfirma. Nach dem HRefG 1998 ist auch allgemein anerkannt, dass eine Sachfirma allein **aus der Marke** des Unternehmens gebildet werden kann.[86] **29**

Zu prüfen ist nur noch, ob die konkret gewählte **Sachfirma unzulässig, weil irreführend** ist (→ § 18 Rn. 43 ff., → § 18 Rn. 76 ff.).[87] Erst bei dieser Prüfung greifen auch die in der Lit. angeführten Argumente für die Wiedergabe der korrekten tatsächlichen Tätigkeit anstelle des Unternehmensgegenstands, soweit diese voneinander abweichen. Die Prüfung der Sachfirma muss also allenfalls in Bezug zur tatsächlichen Tätigkeit und nicht zum **30**

---

77 EBJS/*Reuschle* § 18 Rn. 16; Röhricht/Graf v. Westphalen/Haas/*Ries* Rn. 5.

78 *Melchior/Schulte* HRV § 24 Rn. 9.

79 *Melchior/Schulte* HRV § 34 Rn. 3.

80 So wohl auch KKRD/*Roth* Rn. 9: „wird auf (irgend-)*einen* Unternehmensgegenstand Bezug genommen".

81 Röhricht/Graf v. Westphalen/Haas/*Ries* § 18 Rn. 21; BT-Drs. 13/8444, 37.

82 S. zB BayObLGZ 1999, 114 = NJW-RR 2000, 111 für den Zusatz „meditec"; OLG Stuttgart NZG 2012, 551 = GmbHR 2012, 571; Staub/*Burgard* Vor § 17 Rn. 18.

83 EBJS/*Reuschle* § 18 Rn. 17 mwN zum Streit nach dem alten Firmenrecht aus Lit. und Rspr. in Fn. 41–44.

84 Staub/*Burgard* Vor § 17 Rn. 18; *Schulte/Warnke* GmbHR 2002, 626 (630); *Jung* ZIP 1998, 677 (682): angesichts der Zulassung von Fantasiefirmen könne künftig auf die Anforderung, die Firma müsse den Unternehmensgegenstand für die beteiligten Verkehrskreise im Wesentlichen kenntlich machen, verzichtet werden; iErg ebenso *Busch* Rpfleger 1998, 178 (180); *Schumacher* ZAP Fach 15 1999, 309.

85 *Kögel* BB 1998, 1645 (1646).

86 Vgl. nur *Priester* DNotZ 1998, 691 (696); dies eröffnet einen Weg, den Namen von Nichtgesellschaftern zu verwenden (ausf. → § 18 Rn. 180 ff.), die man vorher als Marke anmeldet; zur Anwaltskanzlei-Marke *Römermann/Römermann* Anwalt 2001, 20 ff.; Staub/*Burgard* Vor § 17 Rn. 18.

87 Staub/*Burgard* Vor § 17 Rn. 18; Staub/*Burgard* § 18 Rn. 60 ff.; *Jung* ZIP 1998, 677 (684); *Schulte/Warnke* GmbHR 2002, 626 (630); sehr streng OLG Düsseldorf RNotZ 2020, 175 = NZG 2020, 308, das eine Fantasiefirma „Not und Elend GmbH" als irreführende Sachfirma eingestuft hat, weil sie zu Unrecht auf einen Unternehmensgegenstand hindeute, bei dem Menschen in Not geholfen werde, zu streng *Hauser* BuW 1999, 109 (110): Sachfirma ohne Sachbezug ist immer nach § 18 Abs. 2 unzulässig.

Unternehmensgegenstand erfolgen.[88] Eine einmal zulässig gewählte Sachfirma verliert nicht ihren Charakter als Sachfirma, nur weil sich der Unternehmensgegenstand/Tätigkeitsbereich ändert. Es stellt sich nur die Frage, ob die Firma wegen der eventuell neu entstandenen Täuschungseignung unzulässig wird oder fortgeführt werden darf (→ § 18 Rn. 47 ff.). Die Frage, ob es sich um eine Sachfirma handelt, ist also zu trennen von der Frage, ob die konkrete Sachfirma zulässig ist.

31 Auch wenn die Sachfirma überobligatorisch dem Unternehmensgegenstand entlehnt ist, muss sie die **übrigen Zulässigkeitsvoraussetzungen** einer Firma nach §§ 18 und 19 erfüllen (→ § 18 Rn. 9 ff. zur fehlenden Individualisierung bei reinen Branchen- und Sachbezeichnung). Einzelne **Branchenbezeichnungen** unterliegen **bestimmten Einschränkungen** in der Verwendbarkeit (→ § 18 Rn. 8, → § 18 Rn. 135 ff.).[89]

32 **4. Fantasiefirma.** Durch das HRefG wurde ausweislich der Regierungsbegründung[90] ausdrücklich auch die Verwendung von Fantasiefirmen für alle Rechtsträger zugelassen. Dies gilt auch für die Rechtsanwalts-GmbH und für eine Rechtsanwalts-AG.[91] Fantasiefirmen sind alle Firmen, die **nicht Personenfirma und nicht Sachfirma** sind.[92] Denn jeder andere Inhalt, der nicht Bezug nimmt auf einen Personennamen oder einen Tätigkeitsbereich ist Fantasiebezeichnung. Auch Fantasiefirmen müssen den allgemeinen Voraussetzungen des § 18 genügen (→ § 18 Rn. 1 ff.), also Kennzeichnungseignung und Unterscheidungskraft besitzen (Abs. 1) sowie nicht irreführend sein (Abs. 2). Die Unterscheidungskraft einer Fantasiefirma kann größer sein als die der eher beschreibenden und in demselben Wirtschaftszweig häufig ähnlichen Sachfirma. Ein besonders bei den Fantasiefirmen auftretendes Problem ist das **Erfordernis der Eintragbarkeit** (→ § 18 Rn. 12 ff.).[93] Problematisiert wird insbesondere bei der Fantasiefirma auch das **Erfordernis der Aussprechbarkeit** der Firma (→ § 18 Rn. 19).[94] Eine Firma kann auch aus einer **Internet-Domain** gebildet werden (→ § 18 Rn. 36).[95]

33 **5. Mischfirma.** Schon nach § 18 Abs. 1 aF war die Kombination aus Personen- und Sachfirma sowie aus Personen- und Fantasiefirma für Einzelkaufleute und nach § 19 Abs. 1 und Abs. 2 aF für Personenhandelsgesellschaften zulässig. Sie wurden als (damals allein zulässige) Personenfirma mit einem Zusatz angesehen, der nur dem § 18 Abs. 2 aF (keine Täuschungseignung) genügen musste. Nach dem HRefG sind diese Hilfsüberlegungen zum Firmenzusatz hinfällig. Denn im Rahmen der neu geschaffenen Firmenbildungsfreiheit ist die Möglichkeit jeder **Kombination von Elementen einer Personen-, Sach- und Fantasiefirma im Firmenkern** selbst eröffnet.[96] Die so gebildete Mischfirma muss lediglich den allgemeinen firmenrechtlichen Voraussetzungen nach §§ 18 Abs. 1, 2 und 19 genügen. Auch für eine Partnerschaft aus Rechtsanwälten kann zu der obligatorischen Personenfirma eine Fantasiebezeichnung hinzugefügt werden.[97] Die erforderliche Unterscheidungskraft muss nicht durch jeden einzelnen Bestandteil gesondert erreicht werden,[98] sondern ist in der Kombination mit individualisierenden Bestandteilen meist unproblematisch.

---

[88] Vgl. auch Röhricht/Graf v. Westphalen/Haas/*Ries* Rn. 5; EBJS/*Reuschle* § 18 Rn. 24.

[89] Vgl. ausf. EBJS/*Reuschle* § 18 Rn. 19 ff.

[90] BT-Drs. 13/8444, 37.

[91] Henssler/Prüting/*Henssler* BRAO Vor § 50c ff. Rn. 43; Henssler/Prüting/*Henssler* § 59k Rn. 8.

[92] Staub/*Burgard* Vor § 17 Rn. 19.

[93] EBJS/*Reuschle* § 18 Rn. 28.

[94] EBJS/*Reuschle* § 18 Rn. 28; zu reinen Buchstabenkombinationen BGH NJW-RR 2009, 327; *Schoene* GWR 2009, 137.

[95] Staub/*Burgard* HGB Rn. 30; BeckOGK/*Lüken*/*Natzel* 25.11.2019, § 18 Rn. 71; BeckOGK/*Börneke* 15.7.2020 § 18 Rn. 16, – dazu ausf. *Seifert* Rpfleger 2001, 395; zur kennzeichenrechtlichen Namensfunktion der Domain eingehend *Fezer* WRP 2000, 669 ff. mwN; zum umgekehrten Problem des Schutzes der Firma vor Benutzung durch Dritte als Internet-Adresse *Stratmann* BB 1997, 689; zum Schutz des Nutzungsrechts an einer Internet-Domain vgl. BVerfG NJW 2005, 589 f.; zur markenrechtlichen Verwechslungsgefahr bei einer Internetdomain OLG Hamburg NJW-RR 2006, 984.

[96] Staub/*Burgard* Vor § 17 Rn. 20.

[97] BGH NJW 2004, 1651 = DB 2004, 1094 – artax: kein Verstoß gegen § 9 BORA.

[98] EBJS/*Reuschle* § 18 Rn. 31.

VII. Abgrenzung zu verwandten Rechtsinstituten

1. Geschäftsbezeichnung. Nur der Kaufmann hat nach § 17 Abs. 1 eine Firma. Daneben kann er eine (oder mehrere) Geschäftsbezeichnungen (früher Etablissementsbezeichnungen) gebrauchen. Waren diese Bestandteil der Firma geworden, handelte es sich bereits nach altem Firmenrecht um **unselbständige Geschäftsbezeichnungen** („Richard Kaub, Möbelfundgrube"), die als Firmenbestandteil den Gesetzen der Firma folgen.[99] Nach dem HRefG änderte sich an dieser Einschätzung nichts. Die Firmenbildung unter alleiniger Verwendung einer Geschäftsbezeichnung führt zu einer **Fantasiefirma** (→ Rn. 32), in Verbindung mit anderen Firmenbestandteilen zu einer **Mischfirma** (→ Rn. 33). 34

Hiervon zu unterscheiden ist die **selbständige Geschäftsbezeichnung,** die nicht Teil einer Firma ist. Sie kennzeichnet das Geschäft oder den Betrieb. Typische Geschäftsbezeichnungen sind Branchenangaben und – historisch gewachsene – Kennzeichnungen von Gaststätten und Apotheken („Gasthof zum schwarzen Bären", „Einhornapotheke"). Sie unterscheiden sich von der Firma durch den verschiedenartigen Zweck.[100] Während die Firma als Handelsname wie der bürgerliche Name eine Personenbezeichnung ist, also der Individualisierung des Firmenträgers dient, sollen Geschäftsbezeichnungen das **Geschäftslokal oder den Geschäftsbetrieb selbst spezifizieren** und aus der Menge gleichartiger Unternehmen herausheben, ohne den Inhaber oder die Rechtsform kenntlich zu machen. Der Unterschied wird auch dadurch deutlich, dass ein Unternehmen nur eine Firma, aber durchaus verschiedene Geschäfte mit unterschiedlichen Geschäftsbezeichnungen betreiben kann. Umgekehrt können auch verschiedene Unternehmen unter einer Geschäftsbezeichnung, wie zB einem Konzernnamen (R & V Versicherungsgruppe) auftreten. 35

Der Kaufmann hat das Recht auf Verwendung einer solchen objektbezogenen, schlagwortartigen und werbewirksamen **ergänzenden Geschäftsbezeichnung**[101] **neben seiner Firma.** Dies wurde nach altem Firmenrecht besonders damit begründet, dass sich die Firma selbst oft nicht für den erstrebten Wettbewerbszweck eignet.[102] Nach der Liberalisierung des Firmenrechts und der allgemeinen Zulassung der Fantasiefirma ist das Bedürfnis nach Verwendung von Geschäftsbezeichnungen durch einen Kaufmann neben seiner Firma stark zurückgegangen. Denn er hat jetzt größere Wahlfreiheit bei der Bildung aussagekräftiger und werbewirksamer Firmen.[103] Dennoch bleibt die Verwendung der Geschäftsbezeichnung weiterhin auch neben der Firma zulässig.[104] 36

Die Geschäftsbezeichnung erfährt, nachdem im Wettbewerbsrecht § 16 UWG durch Art. 25 Nr. 2 Markenrechtsreformgesetz vom 25.10.1994 (BGBl. 1994 I 3082) aufgehoben worden ist, **Schutz** nach den §§ 1, 5, 15 MarkenG.[105] § 12 BGB greift ein, sofern der Bezeichnung Unterscheidungskraft zukommt und sie somit Namensfunktion hat.[106] Ergänzend kommt der wettbewerbsrechtliche Schutz aus §§ 3, 5 UWG in Betracht.[107] 37

2. Sog. Minderfirma. Während die Firma dem Kaufmann vorbehalten ist, kann eine Geschäftsbezeichnung auch von einem nicht ins Handelsregister eingetragenen **Kleingewerbetreibenden iSd § 2 oder Freiberufler** verwendet werden. Gebraucht der Nichtkaufmann die Geschäftsbezeichnung als seinen firmenähnlichen Namen, dh als Unternehmensbezeichnung im Geschäftsverkehr, die lediglich deshalb keine Firma im Rechtssinn ist, weil der Unternehmer nicht handelsgewerblich tätig ist, spricht man von einer **Minder-** 38

---

99 KGJ 42 A 161, 162; BayObLG BB 1960, 996; OLG Hamm BB 1959, 898; *Droste* DB 1967, 539.
100 *Kögel* in Wessel/Zwernemann/Kögel Firmengründung Rn. 2; ausführlich Staub/*Burgard* Rn. 15 ff.
101 *Karsten Schmidt* HandelsR § 12 Rn. 23.
102 OLG Karlsruhe BB 1968, 308.
103 Begr. RegE, BT-Drs. 13/8444, 35.
104 Einschr. EBJS/*Reuschle* Rn. 10: nur noch Bezeichnungen, die nicht Bestandteil existierender Firmen sind.
105 *Karsten Schmidt* HandelsR § 12 Rn. 23, § 6 Rn. 41 ff.
106 *Karsten Schmidt* HandelsR § 12 Rn. 23, § 6 Rn. 48.
107 KBF/*BornkammFeddersen* UWG § 5 Rn. 0.97 ff., 4.3 ff.; Röhricht/Graf v. Westphalen/Haas/*Ries* Rn. 9.

firma.[108] Auch der Nichtkaufmann kann eine oder mehrere Geschäftsbezeichnungen noch neben seiner Minderfirma als **ergänzende Geschäftsbezeichnung** führen.[109] In der Praxis häufige Fälle von Minderfirmen sind die Namen von BGB-Gesellschaften.

39 Sehr umstritten war nach altem Firmenrecht, ob eine Geschäftsbezeichnung firmenähnlich wirken durfte,[110] was mitunter schwierig zu beurteilen war.[111] Die Grenzen zum **unzulässigen firmenähnlichen Gebrauch** einer Geschäftsbezeichnung wurden zum einen durch die Art der gewählten Bezeichnung, zum anderen durch die Art des Gebrauchs bestimmt.[112] Mit dem HRefG wurde für jede Form der Firma verbindlich ein Rechtsformzusatz eingeführt (§ 19; § 4 GmbHG; § 4 AktG; § 3 GenG) und Fantasiefirmen, also auch solche aus Geschäftsbezeichnungen gebildeten, wurden allgemein zulässig. Dies geschah ausweislich der Regierungsbegründung insbesondere auch, um die Abgrenzung zwischen Firmen und bloßen Geschäfts- und Etablissementsbezeichnungen erheblich zu erleichtern.[113] Das **Fehlen eines Rechtsformzusatzes** zeigt, dass es sich nicht um eine Firma im Sinne des HGB handeln kann[114] und die so verwendete Bezeichnung damit allen Kleingewerbetreibenden als Geschäftsbezeichnung grundsätzlich offen steht.[115] Dies gilt gleichermaßen für den Nichtkaufmann wie den Kaufmann mit zur Geschäftsbezeichnung abweichender Firma (→ Rn. 34). Eine ohne einen Rechtsformzusatz gebrauchte Geschäftsbezeichnung erweckt daher nicht mehr in unzulässiger Weise den Eindruck einer Firma.[116]

40 Das Verbot des firmenmäßigen Gebrauchs von Geschäftsbezeichnungen erfasst nach neuem Firmenrecht nur noch die unberechtigte **Verwendung eines Rechtsformzusatzes** iSd § 19 oder eines damit verwechslungsfähigen Zusatzes für die Geschäftsbezeichnung. Darüber hinaus wird für die Geschäftsbezeichnung auch das **Verbot der Irreführung** bzw. das Wahrheitsgebot angenommen, das durch das Registergericht nach § 37 durchgesetzt werden kann.[117] Unzulässig ist daher auch die Verwendung von Rechtsformbezeichnungen, die sich an den **Rechtsformzusatz einer Firma anlehnen** und geeignet sind, über die Rechtsform irrezuführen (genauer → § 18 Rn. 192).[118] Ein Kleingewerbetreibender darf sich zB auch nicht als „Fabrik" bezeichnen, da er damit den Eindruck eines Handelsgewerbes erweckt (zur Fabrik → § 18 Rn. 143).

41 **3. Marke.** Marken **kennzeichnen die Herkunft von Waren oder Dienstleistungen** aus einem Unternehmen und nicht das Unternehmen selbst. Als Marken schützbar sind alle Zeichen wie Wörter, Abbildungen, Personennamen, Buchstaben, Zahlen unter anderem, die geeignet sind, Waren oder Dienstleistungen eines Unternehmens zu unterscheiden (§ 3 MarkenG). Die Marke ist anders als früher isoliert übertragbar (§ 27 MarkenG) und ist

---

[108] Oetker/*Schlingloff* Rn. 8; *Karsten Schmidt* HandelsR § 12 Rn. 28; KKRD/*Roth* Rn. 8; für Aufgabe dieses Begriffs nach neuem Firmenrecht zu Unrecht Baumbach/Hopt/*Hopt* Rn. 13.

[109] *Karsten Schmidt* HandelsR § 12 Rn. 28.

[110] Abl. die hM, vgl. Röhricht/Graf v. Westphalen/*Ries*, 3. Aufl. 2008, Rn. 14 mwN; EBJS/*Reuschle* Rn. 9a mwN in Fn. 40–45; zulassend aber *Karsten Schmidt* HandelsR § 12 Rn. 29; *Karsten Schmidt* DB 1987, 1181; → 1. Aufl. 1996, Rn. 17 *(Bokelmann)*.

[111] Vgl. dazu ausf. *Ullmann* NJW 1994, 1255; *Sudhoff*, Personengesellschaften, 8. Aufl. 2005, 24.

[112] *Kögel* in Wessel/Zwernemann/Kögel Firmengründung Rn. 3.

[113] Begr. RegE, BT-Drs. 13/8444, 38; LG Bonn NJW-RR 2005, 1559 (1560).

[114] LG Frankenthal JurBüro 2006, 607 im Zusammenhang mit einem Vollstreckungstitel; LG Bonn NJW-RR 2005, 1559 im Zusammenhang mit § 25.

[115] Röhricht/Graf v. Westphalen/Haas/*Ries* Rn. 14; *W.-H. Roth* in Die Reform des Handelsstandes und der Personengesellschaft, 1999, 31 (48); *Bokelmann* GmbHR 1998, 58; *Canaris* HandelsR § 11 VI 1 a, Rn. 48; schwächer KKRD/*Roth* Rn. 7: Fehlen nur Indiz für nichtfirmenmäßigen Gebrauch.

[116] EBJS/*Reuschle* Rn. 9a; Röhricht/Graf v. Westphalen/Haas/*Ries* Rn. 14; *Bokelmann* GmbHR 1998, 58; *Ulmer* ZIP 1999, 509; *W.-H. Roth* in Die Reform des Handelsstandes und der Personengesellschaft, 1999, 31 (48); *Schumacher* ZAP Fach 15, 309 (321); GK-HGB/*Steitz* Vor §§ 17–24 Rn. 17; LG Bonn NJW-RR 2005, 1559 zu § 25; Staub/*Burgard* Rn. 20; aA – ohne zeitliche Grenze – *Kögel* in Wessel/Zwernemann/Kögel Firmengründung Rn. 5 (wegen der fehlenden Trennschärfe für die Verkehrskreise).

[117] *Karsten Schmidt* HandelsR § 12 Rn. 31; Röhricht/Graf v. Westphalen/Haas/*Ries* § 37 Rn. 13; *W.-H. Roth* in Die Reform des Handelsstandes und der Personengesellschaft, 1999, 31 (49); KKRD/*Roth* Rn. 8; Staub/*Burgard* Rn. 21.

[118] Röhricht/Graf v. Westphalen/Haas/*Ries* Rn. 15.

nach § 14 MarkenG als ausschließliches Recht gegen Rechtsverletzungen geschützt.[119] Im allgemeinen Sprachgebrauch wird es nicht immer transparent, ob von einer Marke oder einer Firma die Rede ist (vgl. zB „Daimler-Chrysler-AG“ als Firma und „Mercedes“ als die Marke). Da die Marke gänzlich anderen Rechtsregeln unterliegt, ist sie aber **genau von der Firma zu unterscheiden,** kann allerdings im Einzelfall auch zur Firmenbildung verwendet werden (zB „UHU GmbH“ als Firma des Klebstoffherstellers und „UHU“ als Marke für den Klebstoff). Das Erfordernis der Unterscheidungskraft und der damit einhergehenden Kennzeichnungseignung ist auch im Markenrecht von zentraler Bedeutung,[120] so dass die Marke dies mit der Firma gemein hat (→ § 18 Rn. 25).

VIII. Rechtsnatur und rechtliches Schicksal der Firma

1. Allgemeines. Die Firma ist entsprechend ihrer namensrechtlichen Natur ein absolutes Recht. Der Unternehmensträger hat an ihr ein **absolutes subjektives Recht.**[121] Doch ist das Firmenrecht, anders als das Namensrecht der natürlichen Person, ein Mischrecht.[122] Es weist nicht nur **persönlichkeitsrechtliche,** sondern auch **vermögensrechtliche und wettbewerbliche Züge** auf.[123] Das Reichsgericht vernachlässigte den vermögensrechtlichen Bezug und nahm an, die Firma bilde überhaupt keinen Bestandteil des Geschäfts, sie gehöre nicht zu ihm, sondern sei rein persönlicher Natur.[124] Die Firma (auch die Sachfirma) sollte als Persönlichkeitsrecht etwa nicht in die Konkursmasse (jetzt Insolvenzmasse) fallen. Der BGH ist dem zu Recht nicht gefolgt. Denn mit dem Handelsgeschäft fällt alles in die Insolvenzmasse, was dem Geschäftsbetrieb dient, wozu auch die nicht der Pfändung unterfallenden, dem Unternehmen zuzuordnenden vermögenswerten Gegenstände, Beziehungen und Verhältnisse zählen.[125] Auch die Firma ist (gleich, ob Personen-, Sach- oder Fantasiefirma) ein solches zwar nicht pfändbares, aber doch vermögenswertes Recht, das zum Unternehmen und im Falle der Insolvenz zur Insolvenzmasse gehört.[126] Aus der **Zugehörigkeit zur Insolvenzmasse** folgt aber nicht zwingend und automatisch die uneingeschränkte alleinige Verfügungsmacht des Insolvenzverwalters im Rahmen von § 23 über die Firma. Insoweit wird für die isolierte Übertragbarkeit der Firma allgemein auf → § 23 Rn. 8 und die besonderen Fragestellungen in der Insolvenz auf → § 22 Rn. 84 ff. verwiesen. 42

2. Entstehung. Betreiben der **Einzelkaufmann** (zur Problematik des Rechtsformzusatzes e. K. schon vor Eintragung → § 19 Rn. 11) sowie die **OHG und KG** ein Handelsgewerbe iSd § 1 Abs. 2 – das Unternehmen erfordert nach Art oder Umfang einen in kaufmännischer Weise eingerichteten Geschäftsbetrieb – entsteht die Firma durch ihren tatsächlichen Gebrauch.[127] Der Eintragung im Handelsregister kommt nur noch deklaratorische Bedeutung zu. Anders ist das in den Fällen von § 2 (Kleingewerbetreibender) und § 3 (Land- und Forstwirtschaft), weil die Kaufmannseigenschaft und somit auch das Entstehen der Firma hier von der Eintragung im Handelsregister abhängig sind. Entsprechendes gilt für OHG und KG (§ 105 Abs. 2: Kleingewerbe oder nur eigenes Vermögen verwalten). Ist ihr Betrieb 43

---

119 Vgl. *Karsten Schmidt* HandelsR § 6 Rn. 273, zum Schutz des Unternehmenskennzeichens nach § 15 Abs. 2 MarkenG gegen eine rechtsverletzende Benutzung auch ohne firmenmäßige Benutzung: BGH NJW-RR 2011, 1337.

120 Zu Verwechslungsgefahr und Kennzeichnungskraft bei Markenbildung vgl. EuGH EuZW 2005, 735 f.

121 Staub/*Burgard* Rn. 50; Oetker/*Schlingloff* Rn. 4.

122 Zur Einordnung zwischen Namensrecht und Kennzeichenschutz *Bartels* AcP 209 (2009), 309.

123 *Karsten Schmidt* HandelsR § 12 Rn. 34 ff.; *Canaris* HandelsR § 10 I 2 a Rn. 7; Heymann/*Förster* Rn. 23 ff.; *Bartels* AcP 209 (2009), 309: vermögensrechtlicher Bestandteil des Namensrechts.

124 RGZ 70, 226 (229); vgl. auch RGZ 9, 104 (106); 58, 166 (169); 158, 226 (231); Müller/*Erzbach,* Deutsches Handelsrecht, Kap. 21 C VIII, 92.

125 *Kuhn* WM 1960, 958.

126 BGHZ 85, 221 (223); *Karsten Schmidt/Schulz* ZIP 1982, 221 (223); *Riegger* BB 1983, 786; *Ulmer* NJW 1983, 1697; *Bokelmann* KTS 1982, 27 (35); *Karsten Schmidt* HandelsR § 12 Rn. 45 ff.; Heymann/*Förster* Rn. 49; *Bartels* AcP 209 (2009), 309 (345).

127 BGHZ 10, 196 (204); Staub/*Burgard* Rn. 31; Röhricht/Graf v. Westphalen/Haas/*Ries* Rn. 26; EBJS/*Reuschle* Rn. 14.

auf ein Handelsgewerbe iSd § 1 Abs. 2 gerichtet, entsteht die Personenhandelsgesellschaft und damit auch die Firma schon mit dem Zeitpunkt des Geschäftsbeginns, andernfalls erst mit der Eintragung (§§ 123 Abs. 2, 161 Abs. 2).[128] Gleiches gilt für alle juristischen Personen iSd § 33 (und früher auch des § 36).[129] **AG, KGaA, GmbH und eG** entstehen als juristische Person erst mit der Eintragung im Handelsregister bzw. Genossenschaftsregister. Erst zu diesem Zeitpunkt erwerben sie die Firma als ihren Namen, sind firmenfähig und firmenführungsberechtigt.[130] Zur Frage der Firmenfähigkeit der **Vor-GmbH** und Vor-AG → Rn. 21.

44 **3. Erlöschen.** Zum Erlöschen der Firma existieren keine ausdrücklichen gesetzlichen Regelungen. Aus dem Wesen der Firma ergibt sich, dass die Firma erlischt, wenn sie der **Kaufmann endgültig aufgibt.** Solange die Firma allerdings im Handelsregister eingetragen ist, besteht eine Firmenführungspflicht.[131] In diesem Zusammenhang ist die **Firmenänderung** als Aufgabe der alten Firma und Annahme einer neuen Firma zu bewerten.[132] Ansonsten erlischt die Firma insbesondere, wenn der Kaufmann durch Änderung seines Status die Berechtigung zur Firmenführung verliert (genauer → Rn. 47).

45 **a) Einzelkaufmann.** Gibt der Einzelkaufmann seinen Gewerbebetrieb **dauernd und nicht nur vorübergehend** auf, erlischt mit dem Untergang des Unternehmens auch die Firma. § 5 steht nicht entgegen, weil die Vorschrift grundsätzlich einen noch vorhandenen Gewerbebetrieb voraussetzt (hM, → § 5 Rn. 21; die Gegenansicht von *Karsten Schmidt* → § 5 Rn. 22 ff.). Das Unternehmen besteht nicht mehr, wenn dem Betrieb die wirtschaftlichen Grundlagen entzogen sind, die Organisation des **Unternehmens völlig und irreparabel zerstört** ist (→ § 23 Rn. 4). Das ist jedenfalls dann zu bejahen, wenn auch alle wesentlichen geschäftlichen Beziehungen der Gesellschaft, insbesondere die zu ihren Kunden, endgültig abgebrochen sind.[133] Zu beachten ist allerdings, dass sich auch die Abwicklung noch als Betrieb des Handelsgewerbes darstellt. Das Erlöschen ist nach § 31 Abs. 2 zur Eintragung in das Handelsregister anzumelden. Geschieht das nicht, muss das Registergericht versuchen, die Anmeldung nach § 14 zu erzwingen; hat auch das keinen Erfolg, trägt das Gericht nach § 393 FamFG das Erlöschen der Firma vom Amts wegen ein.

46 Anderes gilt im Fall der nur **vorübergehenden Einstellung,** so bei Krankheit oder Tod. Maßgebend ist hier, ob das Unternehmen – obwohl zur Zeit Not leidend und in der Regel ohne Betriebsvermögen – in dem Sinn noch betriebsfähig ist, dass es den Kundenstamm, die Zulieferung und etwa Bankverbindungen wieder aktivieren kann, weil seine Betriebsorganisation noch nicht unwiederbringlich vernichtet ist.[134] Das Handelsgeschäft lebt noch, wenn objektiv die Wiederbelebung des zeitweilig stillgelegten Unternehmens, gemessen an den genannten Kriterien, noch möglich erscheint.[135] Der Verlust des Betriebsvermögens allein schließt die Wiederbelebbarkeit nicht aus.[136] Eine nur vorübergehende Einstellung des Betriebs liegt im Zweifel dann vor, wenn das Unternehmen Maßnahmen getroffen hat, um den Betrieb jederzeit wiederaufnehmen zu können; der Verkehr sieht in der Wiederaufnahme der Tätigkeit in diesem Fall nur die Wiederbelebung eines zeitweilig stillgelegten Unternehmens (→ § 23 Rn. 4).

---

[128] Staub/*Burgard* Rn. 31; Staub/*Burgard* § 21 Rn. 10 f.; *Bokelmann* FirmenR Rn. 650; vgl. auch zum Begriff Geschäftsbeginn → § 123 Rn. 9.

[129] RGZ 152, 307 (312 ff.) zu § 36; Staub/*Burgard* Rn. 31; vgl. auch *Sack* ZGR 1974, 179 (205 ff.); *Karsten Schmidt* ZGR 1975, 447.

[130] OLG München BB 1990, 1153 für die GmbH; Staub/*Burgard* Rn. 32; Hüffer/Koch/*Koch* AktG § 4 Rn. 4.

[131] BayObLG DB 1992, 569 = Rpfleger 1992, 304.

[132] BayObLGZ 1984, 129; Röhricht/Graf v. Westphalen/Haas/*Ries* Rn. 28; *Heymann/Förster* Rn. 45; Staub/*Burgard* Rn. 33.

[133] RGZ 110, 422 (424); Schlegelberger/*Hildebrandt/Steckhan* § 22 Rn. 4.

[134] RGZ 110, 422 (424); 170, 265 (274); BGHZ 32, 307 (312); Heymann/*Förster* § 22 Rn. 6; Schlegelberger/*Hildebrandt/Steckhan* § 22 Rn. 4; Staub/*Burgard* § 22 Rn. 14.

[135] RGZ 170, 265 (274); KKRD/*Roth* § 22 Rn. 3.

[136] Staub/*Burgard* § 22 Rn. 14.

Dagegen bewirkt das **Absinken auf ein Kleingewerbe,** soweit das **Gewerbe eingetragen** ist, nach dem Kaufmannsrecht seit dem HRefG nicht mehr den Verlust der Kaufmannseigenschaft (zum Meinungsstreit, ob zumindest ein konkludenter Neuantrag nach § 2 S. 1 erforderlich ist, → § 2 Rn. 19) und damit auch nicht das Erlöschen der eingetragenen Firma.[137] Die Firma erlischt erst mit der (insoweit konstitutiv wirkenden) Löschung durch das Registergericht, die auf Antrag des Unternehmers hin erfolgt (§ 2 S. 3, § 31 Abs. 2). In das Handelsregister wird (in Spalte 5 von HRA) eingetragen: „Die Firma ist erloschen". Danach werden alle Seiten des betreffenden Registerblatts rot durchkreuzt, womit die Gesellschaft gelöscht ist. Handelte es sich dagegen um **eine nicht eingetragene Firma,** erlischt diese bei Absinken auf Kleingewerbeniveau.[138] 47

Ändert sich das Handelsgewerbe in ein **freiberufliches Unternehmen,** wird in der Lit. häufig auf § 5 verwiesen.[139] Der verbliebene Anwendungsbereich des § 5 nach dem HRefG ist derzeit sehr umstritten (→ § 5 Rn. 21 ff., insbesondere → § 5 Rn. 25). Auch wenn man ihn auf ein Nichtgewerbe anwendet, ist das Registergericht selbst daran nicht gebunden, so dass eine Löschung der Firma von Amts wegen in Frage kommt.[140] 48

b) Personenhandelsgesellschaft. Bei OHG und KG bewirkt allein die endgültige Aufgabe des Gewerbebetriebs nicht automatisch die **Auflösung** der Personenhandelsgesellschaft (→ § 1 Rn. 8). Die Aufzählung in § 131 ist abschließend und enthält nicht die Aufgabe des Geschäftsbetriebs.[141] Doch ist in dem Beschluss, die Gesellschaft zu liquidieren, regelmäßig ein stillschweigender, formlos möglicher Auflösungsbeschluss (§ 131 Abs. 1 Nr. 2) zu sehen (wenn nicht die Gesellschafter den Fortbestand der Gesellschaft als bloße Vermögensgesellschaft wollen).[142] Entgegen den allgemeinen Regeln bei endgültiger Aufgabe des Geschäftsbetriebs bleibt hier für die in Auflösung befindliche OHG und KG aber die **Kaufmannseigenschaft bis zur Beendigung der Vermögensverteilung erhalten,** was sich aus den §§ 156, 157 Abs. 1 herleiten lässt (näher → § 156 Rn. 1 ff.).[143] Darüber hinaus bleibt seit dem HRefG eine ins Handelsregister eingetragene Personenhandelsgesellschaft als Formkaufmann bestehen, selbst wenn sie nur noch ihr eigenes Vermögen verwaltet (§ 105 Abs. 2). Dementsprechend behält die Gesellschaft zunächst ihre mit einem Liquidationsvermerk zu versehende Firma bei, die erst mit der Beendigung der Liquidation erlischt (→ § 22 Rn. 8 ff.), und zwar außerhalb des Handelsregisters. Der Liquidator ist dann nach § 157 Abs. 1 verpflichtet, das Erlöschen der Firma anzumelden. Die sich anschließende Eintragung der Löschung in das Handelsregister hat nur rechtsbekundende Wirkung, weil die Firma bereits im Augenblick der tatsächlichen Beendigung der Liquidation erloschen ist. Wird nach der Löschung noch Gesellschaftsvermögen festgestellt oder soll noch ein Anspruch geltend gemacht werden, so ist die Liquidation nicht beendet und die Firma noch nicht erloschen.[144] Bei der anschließend erforderlichen **Nachtragsliquidation** kann die Gesellschaft aber nur dann wieder unter ihrer alten Firma auftreten, wenn sie damit ein Handelsgewerbe iSd § 1 Abs. 2 betreibt oder wieder ins Handelsregister eingetragen wird. 49

Findet keine Liquidation statt, weil die Gesellschaft bereits **vermögenslos und der Betrieb des Gewerbes aufgegeben** worden ist, so erlischt die Firma wie bei der Beendi- 50

[137] HM: EBJS/*Reuschle* Rn. 15; *Karsten Schmidt* ZHR 163 (1999), 87 (90 f.); *Karsten Schmidt* NJW 1998, 2161 (2163 Fn. 31); *Ammon* DStR 1998, 1474 (1476); Staub/*Burgard* Rn. 39; aA *Lieb* NJW 1999, 35 (36); so iErg auch schon zu § 4 aF (Minderkaufmann) Staub/*Hüffer*, 4. Aufl. 1983, § 22 Rn. 17, § 31 Rn. 17, 19; aA BayObLGZ 1967, 458 (465).

[138] Oetker/*Schlingloff* Rn. 17; EBJS/*Reuschle* Rn. 15 aE; Staub/*Burgard* Rn. 38.

[139] Baumbach/Hopt/*Hopt* Rn. 23, zu Unrecht jedenfalls auch noch nach dem HRefG für Herabsinken des Handelsgewerbes in ein freiberufliches Unternehmen; vgl. auch Röhricht/Graf v. Westphalen/Haas/*Ries* Rn. 29; generell abl. KKRD/*Roth* Rn. 16.

[140] Vgl. zum alten Minderkaufmann Staub/*Hüffer*, 4. Aufl. 1983, § 22 Rn. 19; wohl auch *Lieb* NJW 1999, 35 (36).

[141] BGHZ 82, 326; BayObLGZ 1967, 458 (464); Baumbach/Hopt/*Roth* § 131 Rn. 6; BeckOK HGB/*Bömeke* Rn. 28; str.; KKRD/*Kindler* § 131 Rn. 1a: „ergänzbar"; Staub/*Burgard* Rn. 46.

[142] KKRD/*Kindler* § 131 Rn. 3; Schlegelberger/*Karsten Schmidt* § 131 Rn. 14 f.; Staub/*Burgard* Rn. 46.

[143] Schlegelberger/*Karsten Schmidt* § 156 Rn. 9.

[144] BayObLGZ 1978, 121 (126); BayObLG DB 1983, 170 = BB 1983, 82.

gung der Liquidation.[145] Zwar wird eine Handelsgesellschaft, bei der kein persönlich haftender Gesellschafter eine natürliche Person ist (insbesondere also eine GmbH & Co. KG), nach § 131 Abs. 2 Nr. 2 selbst erst durch die zusätzlich zur Vermögenslosigkeit hinzutretende Löschung im Handelsregister aufgelöst (sog. Lehre vom Doppeltatbestand; zum Meinungsstreit genauer → § 131 Rn. 42 ff.). Insofern ist diese Registereintragung konstitutiv und nicht nur deklaratorisch. Die Firma muss in diesen Fällen aber gleichermaßen wie bei der ursprünglichen bzw. nach Beendigung der Liquidation vermögenslosen, gesetzeskonformen OHG oder KG auch ohne die Eintragung des Erlöschens der Gesellschaft allein durch die Vermögenslosigkeit zusammen mit der Aufgabe des Gewerbebetriebes erlöschen. Denn die Firma kennzeichnet ein Unternehmen, das bei jedweder Vermögenslosigkeit und Aufgabe des Gewerbebetriebes – auch ohne Eintragung der Löschung der Gesellschaft – gerade nicht mehr besteht. § 131 Abs. 2 hat insofern eine davon zu unterscheidende andere Funktion und dient als eine Art Zwangslöschungs- und -auflösungsgrund dem Gläubigerschutz vor masselosen und vermögenslosen Gesellschaften (→ § 131 Rn. 30). Diesen Gesellschaften das Führen einer Firma bis zur Löschung von Amts wegen zuzubilligen, widerspräche gerade dem Zweck des § 131 Abs. 2. Denkbar sind allenfalls Fälle, in denen eine vermögenslose Gesellschaft ihren Geschäftsbetrieb weiterführt. Diese darf ihre Firma weiterführen, da allein die Vermögenslosigkeit kein Grund für das Erlöschen der Firma ist. **Entscheidend ist** letztlich, **ob auch der Geschäftsbetrieb endgültig aufgegeben wurde.** Durch die „Zwangslöschung" erlischt dann aber auch die Firma, jetzt greift der Zwangsauflösungstatbestand des § 131 Abs. 2 auch firmenrechtlich durch. Verbleibt noch Liquidationsbedarf, stellt sich die Situation wie bei der Nachtragsliquidation dar (→ Rn. 49).

51 Dass es letztlich neben Auflösung und Vermögenslosigkeit bzw. Vollbeendigung für das Erlöschen der Firma auch auf die endgültige Aufgabe des Geschäftsbetriebes ankommt, zeigt der Fall einer Kommanditgesellschaft, deren gesamtes Vermögen durch Ausscheiden des Komplementärs auf den einzigen existierenden Kommanditisten übergegangen ist (zur **Anwachsung** vgl. → § 131 Rn. 103 ff.).[146] Die KG war aufgelöst und vollbeendet, dennoch konnte die Firma vom ehemaligen Kommanditisten unter den Voraussetzungen der §§ 22, 24 fortgeführt werden. Denn da der Geschäftsbetrieb nicht endgültig eingestellt wurde, war die Firma nicht erloschen.[147]

52 Das **Erlöschen der Firma anzumelden** haben nach § 31 Abs. 2 die Gesellschafter.[148] Vereinbaren die Gesellschafter statt der Liquidation eine andere Art der Auseinandersetzung, wird die Gesellschaft auch hier als OHG oder KG abgewickelt (§ 158).[149] Wer anmeldepflichtig ist, richtet sich dann nach der Art der Auseinandersetzung.[150] Übernimmt zB ein Gesellschafter das Geschäft mit Aktiven, Passiven und Firma, ergibt sich die Anmeldepflicht des Übernehmers aus § 31 Abs. 1.[151] Im Übrigen wird auf → § 31 Rn. 13 f. (Träger und Inhalt der Anmeldepflicht) Bezug genommen.

53 Erfordert der Gewerbebetrieb von OHG oder KG **nicht mehr nach Art oder Umfang einen in kaufmännischer Weise eingerichteten Geschäftsbetrieb,** wird die Personenhandelsgesellschaft – solange sie die Gesellschafter nicht abwickeln – nicht aufgelöst. Es gilt das zum Einzelkaufmann Gesagte entsprechend (→ Rn. 47). Ist die Gesellschaft im Handelsregister eingetragen, bleibt sie als kleingewerbliches (ggf. selbst als nur vermögensverwaltendes) Unternehmen OHG oder KG (§ 105 Abs. 2). Nach § 105 Abs. 2 S. 2 kann die Löschung der Firma gem. § 2 S. 3 auf Antrag erfolgen.

54 Bei Änderung des Unternehmensgegenstandes in eine **freiberufliche Tätigkeit** kann die Gesellschaft nicht als Personenhandelsgesellschaft, sondern nur als BGB-Gesellschaft

[145] Oetker/*Schlingloff* Rn. 18; so schon Staub/*Hüffer*, 4. Aufl. 1983, § 31 Rn. 21, 31 zum alten LöschG.
[146] Vgl. BayObLG NJW-RR 2000, 1700 = ZIP 2000, 1214; dazu auch Frey/*Schumann* EWiR 2000, 677; so auch wieder BGH NJW 2018, 3310.
[147] Röhricht/Graf v. Westphalen/Haas/*Ries* § 31 Rn. 12.
[148] Heymann/*Peetz* § 157 Rn. 3.
[149] Schlegelberger/*Karsten Schmidt* § 156 Rn. 9.
[150] BayObLGZ 1978, 121 (125); KGJ 39 A 111, 112; Baumbach/Hopt/*Roth* § 157 Rn. 1: § 157 Abs. 1 nicht anwendbar.
[151] KGJ 39 A 111, 112; Baumbach/Hopt/*Roth* § 157 Rn. 1.

oder bei entsprechender Gesellschaftsvertragsänderung (§ 3 PartGG) und Eintragung ins Partnerschaftsregister (§ 7 PartGG) als Partnerschaftsgesellschaft fortbestehen. Solange die Gesellschaft noch im Handelsregister eingetragen ist, greift wieder der oben dargestellte Meinungsstreit zur Anwendung des § 5 (→ Rn. 48). In das Handelsregister ist nicht die Auflösung der Gesellschaft, sondern das Erlöschen der Firma einzutragen.[152]

Ist die **Personenhandelsgesellschaft nicht eingetragen,** wird sie zur Gesellschaft 55 bürgerlichen Rechts. Als solche darf sie keine Firma mehr führen (→ Rn. 20). Möglich ist aber regelmäßig die bisherige Firma ohne den entsprechenden Rechtsformzusatz nach § 19 als Name der BGB-Gesellschaft (zu den Geschäftsbezeichnungen → Rn. 34 ff.) weiterzuführen.[153]

c) Formkaufmann. Bei den **Kapitalgesellschaften, eG und VVaG** führt die 56 Löschung im Handelsregister nicht zwingend zum Erlöschen der Firma. Die Firma besteht, solange die juristische Person existent ist. Dabei geht die heute hM[154] von einem **Doppeltatbestand zur Beendung** nämlich der (tatsächlichen) Vermögenslosigkeit und der Eintragung der Löschung ins Handelsregister aus. Auf die kaufmännische Betriebsorganisation kommt es nicht an, weil diese Gesellschaften entweder Formkaufleute sind oder Firmenrecht entsprechend anwendbar ist (§ 172 VAG). Die Firma erlischt **in der Regel erst mit Abschluss der Liquidation und der** (zusammen mit der Beendigung der Liquidation dann insoweit konstitutiv wirkenden sog. Vollbeendigung) **Löschung im Handelsregister** (→ § 22 Rn. 11).[155] Anders als bei der Personenhandelsgesellschaft hat hier also die Löschung im Handelsregister auch (mit)entscheidende Bedeutung für das Erlöschen der Firma. Zur Löschung der Gesellschaft wegen Vermögenslosigkeit gilt das bei → Rn. 50 ff. Gesagte entsprechend. Durch die Eröffnung des Insolvenzverfahrens wird eine GmbH aufgelöst (§ 60 Abs. 1 Nr. 4 GmbHG) behält aber weiterhin ihre Firma. Der Insolvenzplan kann auch die Fortsetzung der GmbH vorsehen. Eine solche ist aber ausgeschlossen, wenn schon mit Verteilung des Vermögens begonnen wurde.[156]

4. Firmenfortführung (§§ 21, 22, 24). Im Fall der **Geschäftsveräußerung** gibt der 57 Veräußerer regelmäßig seinen Gewerbebetrieb auf. Der Erwerber kann unter den Voraussetzungen des § 22 die Firma fortführen. Willigt der Veräußerer in die Fortführung nicht ein, erlischt die Firma. Aber auch dann, wenn der Erwerber die Firma nicht fortführen will (obwohl er es darf) und er eine neue Firma wählt, erlischt die Firma des bisherigen Geschäftsinhabers (→ § 31 Rn. 11), der das Erlöschen seiner Firma zur Eintragung in das Handelsregister anzumelden hat (Fall von § 31 Abs. 2). Denn es kommt insoweit nicht auf das Recht zum Gebrauch, sondern auf den tatsächlichen Gebrauch zufolge der Berechtigung an. Es hängt mithin von dem Übernehmer des Handelsgeschäfts ab, ob er das Erlöschen der Firma durch ihre Fortführung verhindert.[157]

Daher ist auch der **Tod des Einzelkaufmanns** kein Grund für das Erlöschen der 58 Firma,[158] denn sie ist zusammen mit dem Unternehmen vererblich (§§ 21 ff., § 1922 BGB). Nur wenn der Erbe das Unternehmen mit der Firma nicht fortführt oder unmittelbar eine andere Firma annimmt, erlischt diese.[159]

Im Fall der **Vereinigung von Firmen** (→ § 22 Rn. 80) entsteht eine neue einheitliche 59 Firma.[160] Trennen sich die Unternehmen später wieder, können nicht die früheren Firmen,

---

[152] RGZ 155, 75; BayObLGZ 1967, 458 (465).
[153] EBJS/*Reuschle* Rn. 16; BeckOK HGB/*Bömeke* Rn. 30.
[154] Vgl. Michalski/Heidinger/Leible/J. Schmidt/*Nerlich* GmbHG § 60 Rn. 8 mwN in Fn. 12 Staub/*Burgard* Rn. 48.
[155] Staub/*Burgard* § 17 Rn. 48 und § 22 Rn. 26; für die GmbH: Baumbach/Hueck/*Fastrich* GmbHG § 4 Rn. 27; zur Liquidation mit oder ohne Sperrjahr KG ZIP 2020, 520.
[156] BGH DB 2020, 1011.
[157] BayObLGZ 1971, 163 (165) = NJW 1971, 1616 (1617); KG OLGZ 1965, 315 (319); Heymann/*Förster* Rn. 48.
[158] KKRD/*Roth* Rn. 16.
[159] Röhricht/Graf v. Westphalen/Haas/*Ries* Rn. 31; Heymann/*Förster* Rn. 50.
[160] Staub/*Hüffer,* § 22 Rn. 103.

die durch die Vereinigung untergegangen sind, weitergeführt werden.[161] Vielmehr müssten sie dann neu gebildet werden. Durch die Vereinigung von Firmen gehen also die einzelnen ursprünglichen Firmen unter und erlöschen.

60 Für den Fortbestand einer Firmenbezeichnung kann es ausnahmsweise genügen, wenn ein **Dritter als Repräsentant des Kennzeicheninhabers** dessen Firma für diesen, „das heißt erkennbar als Herkunftshinweis auf dessen Unternehmen, weiterbenutzt".[162] Nach Ansicht des BGH ist dieser Grundsatz nicht auf eine warenzeichenmäßige Verwendung beschränkt.

61 **5. Formwechsel, Verschmelzung und Spaltung.** Nach § 190 Abs. 1 UmwG kann ein Rechtsträger (hierzu § 191 Abs. 1 UmwG) durch **Formwechsel** eine andere Rechtsform erhalten. Geändert wird, unter Wahrung der rechtlichen Identität, nur das „Rechtskleid". Nach § 200 Abs. 1 S. 1 UmwG darf der Rechtsträger neuer Rechtsform seine bisher geführte Firma beibehalten; doch gilt dies nicht für Zusätze, die auf die bisherige Rechtsform hinweisen (§ 200 Abs. 1 S. 2 UmwG). Vielmehr müssen der Firma die entsprechenden Rechtsformzusätze der neuen Rechtsform hinzugefügt werden (§ 200 Abs. 2 UmwG). § 200 Abs. 3 UmwG sieht das Erfordernis der Zustimmung eines namensgebenden Gesellschafters für die Firmenfortführung vor, wenn dessen Beteiligung an dem neuen Rechtsträger entfällt. Die strengeren Vorgaben für die Bildung des Namens einer Partnerschaftsgesellschaft (zB nach § 2 Abs. 2 PartGG zwingend „Personenfirma") sind zu beachten (§ 200 Abs. 4 UmwG). Zur geplanten Liberalisierung beim Namen der Partnerschaft → § 17 Rn. 24. Der Formwechsel in die BGB-Gesellschaft bringt die Firma zum Erlöschen (§ 200 Abs. 5 UmwG), da die BGB-Gesellschaft nicht firmenrechtsfähig ist (→ Rn. 20).

62 Die **Verschmelzung** nach dem UmwG entspricht sachlich dem früheren Recht: ein oder mehrere Rechtsträger übertragen ihr Vermögen als Ganzes unter Auflösung ohne Abwicklung auf einen anderen bestehenden oder neuen Rechtsträger gegen Gewährung von Anteilen oder Mitgliedschaften dieses Rechtsträgers an die Anteilsinhaber der übertragenden Rechtsträger. Für die Firma des übernehmenden Rechtsträgers bestimmt § 18 Abs. 1 UmwG im Fall der Verschmelzung durch Aufnahme, dass der übernehmende Rechtsträger die Firma eines der übertragenden Rechtsträger, dessen Handelsgeschäft er durch die Verschmelzung erwirbt, mit oder ohne Beifügung eines das Nachfolgeverhältnis andeutenden Zusatzes fortführen darf. Mit der Eintragung der Verschmelzung in das Register des Sitzes des übernehmenden Rechtsträgers erlöschen nach § 20 Abs. 1 Nr. 2 der übertragende Rechtsträger und damit auch seine Firma, wenn der übernehmende Rechtsträger sie nicht fortführt. Für die Verschmelzung durch Neugründung gilt nach § 36 UmwG Entsprechendes. Im Übrigen gelten ähnliche Regeln wie beim Formwechsel (§ 18 Abs. 2 UmwG: Einwilligung des namensgebenden Gesellschafters; § 18 Abs. 3 UmwG: Vorgaben für eine beteiligte Partnerschaftsgesellschaft). Zum Ganzen auch → § 22 Rn. 103 ff.

63 **Spaltung:** Für die Aufspaltung gilt das zur Verschmelzung Gesagte entsprechend, da § 18 UmwG für entsprechend anwendbar erklärt wird (§ 125 S. 1 UmwG). Dies ist konsequent, da bei ihr der übertragende Rechtsträger genauso wie bei der Verschmelzung erlischt (§ 131 Abs. 1 Nr. 2 UmwG). Im Fall der Abspaltung und Ausgliederung schließt § 125 S. 1 UmwG die Anwendbarkeit von § 18 UmwG demgegenüber aus, weil der firmenführende Rechtsträger fortbesteht.[163] Einerseits droht nicht die Vernichtung der Firma, da der abspaltende/ausgliedernde Rechtsträger sie weiter nutzen kann. Darüber hinaus würde die zusätzliche Firmenfortführung beim aufnehmenden oder neugegründeten Rechtsträger zu einer Verdoppelung der Firma führen (→ § 22 Rn. 107 ff.). Eine Ausnahme wird bei der sog. Totalausgliederung angenommen.[164]

---

161 Wie hier jetzt Heymann/*Förster* § 22 Rn. 48 ebenso auch Staub/*Burgard* § 22 Rn. 104 und Baumbach/*Hopt* § 22 Rn. 19; aA noch Heymann/*Emmerich*, 2. Aufl. 2012, Rn. 19.

162 BGH NJW-RR 1994, 1003 – Virion mAnm *Bokelmann* = BB 1994, 1238.

163 Begr. RegE bei *Ganske,* Umwandlungsrecht, 2. Aufl. 1994, 152.

164 Henssler/Strohn/*Heidinger* UmwG § 18 Rn. 20.

IX. Firma im Rechtsverkehr, Prozess, Zwangsvollstreckung und Insolvenz

1. Gebrauch der Firma. a) Bindung an die gewählte Firma. Mit der Wahl und der Eintragung der Firma entsteht sowohl für die Handelsgesellschaft als auch den Kaufmann nicht nur ein Recht, sondern auch die Pflicht diese Firma zu führen. Daher ist es ihnen dann untersagt, sich firmenmäßig einer anderen Bezeichnung zu bedienen. Im Interesse des Verkehrs soll ein für allemal feststehen, unter welchem Namen der Kaufmann geschäftlich handelt.[165] Selbst unbedeutende Abweichungen und Abkürzungen können schon einen unbefugten Gebrauch einer Firma iSd § 37 darstellen (→ Rn. 65 f.).[166] Eine erklärende Hinzufügung (Mitteilung) zu einer Firma ist zwar zulässig, doch darf sie nicht als Bestandteil der Firma erscheinen; sie ist nur erlaubt, wenn die Hinzufügung nach Form und Inhalt unzweideutig als nicht zur Firma gehörig für das Publikum erkennbar ist.[167] Die Firma darf ferner nicht „auseinander gerissen" werden. Unzulässig ist es etwa, einen Firmenbestandteil im Kopf eines Geschäftsbogens, den Rest der Firma aber in der Fußleiste zu führen.[168] Im Übrigen → § 37 Rn. 16 ff.; → § 37a Rn. 8. 64

b) Abkürzungen. Die abgekürzte Verwendung der eingetragenen Firma war schon nach altem Recht vor 1998 für den **Rechtsformzusatz** zulässig, soweit die Abkürzung im Geschäftsverkehr verwandt wird und allgemein verständlich ist.[169] Dies stellen die einschlägigen Rechtsvorschriften für die Rechtsformzusätze (§ 19; § 4 GmbHG; § 4 AktG) seit dem HRefG 1998 jetzt ausdrücklich klar. Damit ist auch der frühere Meinungsstreit, ob für den Registerverkehr, die Registereintragung und die Satzung nur der ausgeschriebene Gesellschaftszusatz genügen soll, entschieden. Für die GmbH hatte der BGH schon früher geklärt, dass sie immer abgekürzt verwandt und auch abgekürzt in das Handelsregister eingetragen werden darf.[170] 65

Im Übrigen ist streitig, ob und inwieweit die Verwendung der abgekürzten Firma statt der vollständigen in bestimmten Bereichen rechtlich zulässig ist (→ § 18 Rn. 10; → § 18 Rn. 19; → § 30 Rn. 22). An **Firmenkurzformen** bzw. **Firmenschlagworten,** die besonders in der Werbung häufig verwandt werden, besteht ein echtes Verkehrsbedürfnis. Zur Verwendung von Firmenschlagworten und Firmenabkürzungen im Rahmen der Werbung → § 37 Rn. 16 ff. 66

c) Gebrauch der Firma im Geschäftsverkehr. Die **Handelsgesellschaften** haben nur einen Namen, mit dem sie im Geschäftsverkehr auftreten können, nämlich die Firma. Die Abgrenzung, wann der Unternehmensträger die Firma und wann den bürgerlichen Namen zu gebrauchen hat, ist nur für den **Einzelkaufmann** von Bedeutung. Nach § 17 Abs. 1 ist die Firma eines Kaufmanns der Name, unter dem er „seine Geschäfte betreibt" und die Unterschrift abgibt. Der Geschäftsverkehr bestimmt also den Rahmen. Nur insoweit ist der Kaufmann berechtigt und verpflichtet, die Firma zu führen (→ § 37 Rn. 10). Der „Geschäftsverkehr" bietet aber nur Anhaltspunkte. So ist es klar, dass der Kaufmann beim Abschluss eines Ehevertrages oder der Errichtung eines Testaments als Privatperson handelt und entsprechend den bürgerlichen Namen gebraucht.[171] Der Gebrauch der Firma lässt Handeln im Rahmen des Handelsgeschäfts vermuten, der Gebrauch des bürgerlichen 67

---

[165] KG OLGRspr. 9, 246; KGJ 31 A 206, 216; BayObLGZ 1960, 345 (348); 1967, 353 (355); BayObLG DB 1992, 569 = Rpfleger 1992, 304; Staub/*Burgard* Rn. 51; Heymann/*Förster* Rn. 41 f.; *Bokelmann* FirmenR Rn. 825.

[166] KGJ 31 A 206, 216; KGJ 36 A 127, 128; 45 A 168; OLG Düsseldorf NJW 1958, 1828 (1829); OLG Hamburg BB 1973, 1456 (1457).

[167] BayObLGZ 1967, 353 (356); BayObLG DB 1992, 569 = Rpfleger 1992, 304.

[168] BayObLG DB 1992, 569 = Rpfleger 1992, 304.

[169] Schon zum früheren Recht Staub/*Hüffer,* 4. Aufl. 1983, Rn. 35; *Hüffer,* 10. Aufl. 2012, AktG § 4 Rn. 17; Kölner Komm AktG/*Dauner-Lieb,* 3 Aufl. 2011, AktG § 4 Rn. 8.

[170] BGHZ 62, 230 (232 f.) = NJW 1974, 1088; BayObLGZ 1978, 18 (19); str. noch zur AG: befürwortend *Gabbert* DB 1992, 198; *Heinrich,* Firmenwahrheit und Firmenbeständigkeit, 1982, Rn. 137; m. eingehenden Nachw. *Hüffer,* 10. Aufl. 2012, AktG § 4 Rn. 17; aA GroßkommAktG/*Brändel* AktG § 4 Rn. 29; Kölner Komm AktG/*Kraft,* 2. Aufl. 1988, AktG § 4 Rn. 28.

[171] Staub/*Burgard* Rn. 53; Heymann/*Förster* Rn. 43.

Namens Handeln außerhalb desselben (→ Rn. 5).[172] Da es Geschäfte gibt, die nicht zwingend auf den Kaufmann als Privatperson oder als Unternehmensträger deuten, kann insoweit der Verwendung der Firma oder des bürgerlichen Namens entscheidende Bedeutung zukommen. „Der Kaufmann muss deshalb seinen bürgerlichen Namen führen und ist von Dritten damit zu bezeichnen, wenn Rechtswirkungen gerade ihn als eine bestimmte natürliche Person treffen sollen. Dagegen ist die Firma zu verwenden, wenn das Geschäft zum Handelsgewerbe gehören bzw. es auf den jeweiligen Träger des kaufmännischen Unternehmens ankommen soll".[173]

68 **d) Registerverkehr.** Anmeldungen zum **Handelsregister** gehören nicht zum Betrieb des Handelsgewerbes, so dass der Einzelkaufmann diese mit seinem bürgerlichen Namen zeichnen muss.[174] Tritt er unter seiner Firma einer anderen Gesellschaft bei, ist er mit der Firma unter Beifügung seines Namens im Handelsregister einzutragen.[175]

69 In das **Grundbuch** (§ 15 Abs. 1 lit. a GBV) und in andere öffentliche Register (z.B. die Gesellschafterliste bei der GmbH)[176] ist der Einzelkaufmann nicht unter der Firma, sondern unter seinem bürgerlichen Namen (Vorname und Familienname) einzutragen.[177] Juristische Personen und Handelsgesellschaften werden hingegen unter ihrer Firma eingetragen, da diese ihr einziger Name ist (vgl. § 15 Abs. 1 lit. b GBV).[178]

70 **2. Erkenntnisverfahren.** Nach **§ 17 Abs. 2** kann ein Kaufmann unter seiner Firma klagen und verklagt werden.[179] Von **Bedeutung ist das insbesondere für den Einzelkaufmann** (und die juristischen Personen des § 33). Denn die Formkaufleute und die Handelsgesellschaften haben keinen anderen Namen als die Firma und wären daher ohnehin mit der Firma zu bezeichnen.[180] Zwar ist Voraussetzung von § 17 Abs. 2 die Eigenschaft als Kaufmann; doch kann auch der Geschäftsbezeichnung eines Kleingewerbetreibenden in der Klage identifizierende Wirkung zukommen. Der Unternehmensträger einer Zweigniederlassung kann, wenn es um Rechtsverhältnisse geht, welche die Zweigniederlassung betreffen, **unter der Firma der Zweigniederlassung klagen und verklagt werden** (→ § 13 Rn. 19).[181] Alleiniges Rechtsubjekt bleibt aber der Unternehmensträger selbst.

71 **a) Wahlrecht.** Der Kaufmann kann unter seiner Firma klagen, muss es aber nicht. Er hat insoweit ein Wahlrecht. Hat der Prozess aber keinen Bezug zu dem Handelsgeschäft, muss er unter seinem bürgerlichen Namen klagen.[182]

72 **b) Prozesspartei.** Die Firma wird durch § 17 Abs. 2 selbstverständlich nicht parteifähig, weil ein Name nicht Partei sein kann. Partei ist, sei es als Kläger oder Beklagter, der Geschäftsinhaber.[183] Ist die **Parteibezeichnung ungenau, unrichtig oder unvollständig,** führt das nicht zur Abweisung der Klage. Die Person ist Partei, die erkennbar durch die Parteibezeichnung angesprochen werden sollte, wobei sich die Erkennbarkeit auch erst aus einer nachträglichen Klarstellung der wirklichen Sachlage ergeben kann. Dementsprechend hat das Reichsgericht die gegen eine OHG erhobene Klage – nachträglich stellte sich heraus, dass es sich um das Unternehmen eines Einzelkaufmanns handelte – als gegen den Einzelkaufmann gerichtet angesehen.[184]

---

[172] Baumbach/Hopt/*Hopt* Rn. 18.
[173] Staub/*Burgard* Rn. 53.
[174] Oetker/*Schlingloff* Rn. 22; Röhricht/Graf v. Westphalen/Haas/*Ries* Rn. 37; BayObLGZ 1973, 46 (47).
[175] Heymann/*Förster* Rn. 44; Röhricht/Graf v. Westphalen/Haas/*Ries* Rn. 37; aA Staub/*Burgard* Rn. 56.
[176] MüKoGmbHG/*Heidinger* GmbHG § 40 Rn. 32 mwN.
[177] Staub/*Burgard* Rn. 55, auch für das Schiffsregister und die Luftfahrtrolle; vgl. auch Heymann/*Förster* Rn. 44.
[178] Heymann/*Förster* Rn. 44; Röhricht/Graf v. Westphalen/Haas/*Ries* Rn. 37.
[179] Zur Vollstreckung eines Titels trotz Firmenänderung: BGH NJW-RR 2011, 1335 – „UniCredit Bank AG".
[180] Vgl. nur *Schuler* NJW 1957, 1537; Staub/*Burgard* Rn. 58; Heymann/*Förster* Rn. 54.
[181] BGHZ 4, 62 (65).
[182] Heymann/*Förster* Rn. 54; Staub/*Burgard* Rn. 63; EBJS/*Reuschle* Rn. 22; Röhricht/Graf v. Westphalen/Haas/*Ries* Rn. 39.
[183] RGZ 54, 15 (17); 66, 415 (416); 86, 63 (65); 157, 369 (375); OLG Frankfurt BB 1985, 1219.
[184] Vgl. RGZ 54, 15 (17); 86, 63 (65); 157, 369 (374 f.).

Maßgeblicher Zeitpunkt: Abzustellen ist auf den Zeitpunkt der Rechtshängigkeit. **Beklagter** ist, **wer bei Klageerhebung** oder Zustellung des Mahnbescheides **Inhaber der Firma** ist (§§ 253, 261, 696 Abs. 3 ZPO, § 700 Abs. 2 ZPO).[185] Besteht zum Zeitpunkt der Rechtshängigkeit die Firma nicht mehr, so ist jedenfalls derjenige Partei (Beklagter), der zum Zeitpunkt der Rechtshängigkeit in der Klage bzw. dem Mahnbescheid als Inhaber der zwischenzeitlich nicht mehr bestehenden Firma angegeben ist, sofern dessen Name tatsächlich Bestandteil der Firma war.[186] Führt der Einzelkaufmann keine Personenfirma, ist der ehemalige Firmeninhaber aus der Firma nicht erkennbar und die Parteibezeichnung nur dann unproblematisch, wenn neben der Firma eine Person als Inhaber namentlich benannt ist.[187] 73

c) Bezeichnung des Inhabers. Bei der **Firma des Einzelkaufmanns** bietet § 17 Abs. 2 eine **Erleichterung der Parteibezeichnung.** In der Klage braucht jedenfalls zunächst der Inhaber des Unternehmens nicht angegeben zu werden.[188] Dies hat wegen der dort herrschenden Beweisstrenge insbesondere praktische Bedeutung im Urkunden- oder Wechselprozess. Ansonsten ist es meist zweckmäßig, Prozessparteien nicht nur mit ihrer Firma zu bezeichnen, sondern auch ihren Geschäftsinhaber anzugeben.[189] Die Angabe kann auch im Laufe des Prozesses nötig werden, wenn etwa das persönliche Erscheinen der Parteien angeordnet wird oder eine Parteivernehmung erfolgen soll. Das Gericht darf und muss dann die Bezeichnung des Inhabers verlangen.[190] Bei Klagen von und gegen Gesellschaften müssen auf jeden Fall der vertretungsberechtigte Gesellschafter, Geschäftsführer oder Vorstand benannt werden (§ 313 Abs. 1 Nr. 1 ZPO). 74

Ist die Klage unter der Firma erhoben, so ist derjenige **Kläger,** der **bei Klageerhebung Inhaber der Firma** ist.[191] Wechselt der Inhaber zwischen Einreichung und Zustellung der Klage, kommt es darauf an, wer die Klageerhebung veranlasst hat (in der Regel der bisherige Inhaber).[192] Wechselt der Inhaber der Firma erst während des Verfahrens, gilt § 265 ZPO, wenn der neue Inhaber die streitgegenständlichen Forderungen übernommen hat. Andernfalls bleibt der alte Inhaber jetzt aber unter seinem bürgerlichen Namen im Verfahren (bloße Berichtigung der Parteibezeichnung). 75

3. Zwangsvollstreckung. a) Parteibezeichnung. § 17 Abs. 2 gilt grundsätzlich auch für die Zwangsvollstreckung. Den Anforderungen des § 750 Abs. 1 ZPO wird genügt, wenn (zunächst) nur die Firma und nicht auch deren Inhaber angegeben wird.[193] Doch wirkt der Titel vorbehaltlich eines zwischenzeitlichen Parteiwechsels nur gegen den, der **bei Eintritt der Rechtshängigkeit Inhaber war** (→ Rn. 73). Relevant wird die Frage beim Einzelkaufmann: Ist die Firma im Handelsregister eingetragen, ergibt sich der Inhaber aus dem Register. Das Vollstreckungsorgan muss das Handelsregister einsehen, wenn das Register an dem betreffenden Ort geführt wird; andernfalls muss der Gläubiger einen Handelsregisterauszug vorlegen.[194] Führt dieser Weg nicht weiter (die Firma ist etwa nicht eingetragen), ist der Gläubiger nachweis- und beibringungspflichtig.[195] Sind die Zweifel nicht behebbar, finden die § 727 ZPO und § 731 ZPO Anwendung. Der Gläubiger muss eine Klarstellung der Klausel beantragen.[196] 76

---

[185] RGZ 54, 15 (17); 64, 77; 86, 63 (65); OLG München NJW 1971, 1615; OLG Köln BB 1977, 510 (511); OLG Frankfurt BB 1985, 1219; *Schuler* NJW 1957, 1537; Heymann/*Förster* Rn. 55; Staub/*Burgard* Rn. 64.

[186] OLG Köln BB 1977, 510 (511); Staub/*Burgard* Rn. 64.

[187] Vgl. Röhricht/Graf v. Westphalen/Haas/*Ries* Rn. 40.

[188] Stein/Jonas/*Bork* ZPO § 50 Rn. 26.

[189] Röhricht/Graf v. Westphalen/Haas/*Ries* Rn. 41; HK/*Ruß* Rn. 21; Staub/*Burgard* Rn. 62.

[190] S. hierzu auch Heymann/*Förster* Rn. 57; Staub/*Burgard* Rn. 62.

[191] RGZ 66, 415 (416 f.); 157, 369 (375 f.); Heymann/*Förster* Rn. 55; BeckOK HGB/*Bömeke* Rn. 49.

[192] Staub/*Burgard* Rn. 64; Heymann/*Förster* Rn. 56; Röhricht/Graf v. Westphalen/Haas/*Ries* Rn. 39.

[193] BayObLGZ 1956, 218 (220); Heymann/*Förster* Rn. 58; Staub/*Burgard* Rn. 68.

[194] Oetker/*Schlingloff* Rn. 29; Staub/*Hüffer*, 4. Aufl. 1983, Rn. 55.

[195] Staub/*Burgard* Rn. 68; BeckOK HGB/*Bömeke* Rn. 50.

[196] BayObLGZ 1956, 218 (221); Staub/*Burgard* Rn. 68; Heymann/*Förster* Rn. 58.

77 **b) Pfändung.** Die Firma ist **nicht pfändbar** (→ Rn. 42).[197] Sie kann nach § 23 nicht ohne das Handelsgeschäft übertragen werden und deshalb auch nicht ohne dieses gepfändet werden (§ 857 Abs. 1 und 3 ZPO, § 851 Abs. 1 ZPO). Da das Handelsgeschäft eine Rechts- und Sachgesamtheit bildet und als solches im Ganzen nicht pfändbar ist, scheitert auch eine Pfändung des Handelsgeschäfts nebst Firma.[198]

78 **4. Insolvenz.** Die Firma fällt wegen ihres von der heute hM **anerkannten Vermögenswertes in die Insolvenzmasse.**[199] Während des Insolvenzverfahrens führt der Insolvenzverwalter das Handelsgeschäft unter der bisherigen Firma weiter und nimmt den Firmenschutz wahr.[200] Der Insolvenzverwalter darf allerdings nicht das Erlöschen der Firma zur Eintragung im Handelsregister anmelden, da die Vollbeendigung des Geschäfts erst nach Abschluss des Insolvenzverfahrens erfolgt.[201] Aber auch der Gemeinschuldner darf die Firma dem Insolvenzverwalter nicht durch Löschung entziehen.[202] Selbst eine **Änderung der Firma im Insolvenzverfahren** durch die Gesellschafter ist nicht ohne Zustimmung des Insolvenzverwalters möglich.[203] Die Firma kann auch nicht durch Eintragung des **Erlöschens nach Eröffnung des Insolvenzverfahrens** sowohl über das Vermögen einer betroffenen GmbH & Co. KG als auch deren Komplementär- und Kommanditistengesellschaften vernichtet werden.[204] Mangels Vollbeendigung des Handelsgeschäfts ist sie noch nicht erloschen.[205] Zur **Übertragung und der Weiterführung der Firma** in der Insolvenz genauer → § 22 Rn. 84 ff.

79 **5. Öffentliche Ordnung und Gute Sitten.** Die Firma darf neben den firmenrechtlichen Anforderungen auch nicht gegen die öffentliche Ordnung oder die guten Sitten verstoßen. Die genaue Rechtsgrundlage für die Überprüfung der Firma auf Verstöße gegen die öffentliche Ordnung oder die guten Sitten ist zwar unklar.[206] Bei gewerblichen Schutzrechten ist ein Verstoß gegen die öffentliche Ordnung oder gegen die guten Sitten ein Eintragungshindernis, vgl. etwa § 8 Abs. 2 Nr. 5 MarkenG. Dieser Grundsatz hat auch für die Firma zu gelten, denn auch sie wendet sich an eine nicht näher abgegrenzte Öffentlichkeit.[207] Allerdings dürfen Rspr. und Lit. zur Zulässigkeit von gewerblichen Schutzrechten nicht unbesehen auf die Firma übertragen werden.[208]

80 Vulgäre Aussagen und Anspielungen können ebenfalls zurückgewiesen werden.[209] Demgegenüber erscheinen mE die Worte „Messias"[210] oder „Coran"[211] als Bestandteil etwa der Firma eines Religionsverlages nicht anstößig.[212] Problematisch[213] können aber

[197] BGHZ 32, 103 (105 f.); 85, 221 (223); Oetker/*Schlingloff* Rn. 30; *Karsten Schmidt* HandelsR § 12 Rn. 43; Heymann/*Förster* Rn. 59.

[198] BGHZ 85, 221 (223) = GmbHR 1983, 195; Röhricht/Graf von Westphalen/Haas/*Ries* Rn. 8.

[199] BGHZ 85, 221; OLG Hamm DB 2003, 2381 = Rpfleger 2003, 665; aA noch RGZ 158, 226 (231) wegen des Persönlichkeitsrechts.

[200] Baumbach/Hopt/*Hopt* Rn. 47.

[201] BayObLG MDR 1979, 674.

[202] BayObLG JW 1933, 179.

[203] Baumbach/Hopt/*Hopt* Rn. 47; auch für die GmbH OLG Karlsruhe NJW 1993, 1931.

[204] OLG Hamm DB 2003, 2381 = Rpfleger 2003, 665.

[205] Baumbach/Hopt/*Hopt* Rn. 47.

[206] *Jung* ZIP 1998, 677 (683), schlägt eine Gesamtanalogie zu den entsprechenden Eintragungshindernissen im Recht der gewerblichen Schutzrechte vor; ebenso *W.-H. Roth* in Die Reform des Handelsstandes und der Personengesellschaften, 1999, 31 (37 f.); in diese Richtung auch *Möller* DNotZ 2000, 831 (839); Röhricht/Graf v. Westphalen/Haas/*Ries* § 18 Rn. 25; s. aber LG Meiningen 19.7.1999 – HK-T 8/99, nv, das die Ablehnung auf § 18 Abs. 1 und 2 stützt.

[207] KKRD/*Roth* § 18 Rn. 1 aE; *Jung* ZIP 1998, 677; *Oetker* HandelsR 85.

[208] So aber *Oetker* HandelsR 85; *Lutter/Welp* ZIP 1999, 1081.

[209] Krit. zu vulgären Anspielungen auch *K. Schmidt* ZIP 1997, 909 (915).

[210] Vgl. BPatG GRUR 1994, 377.

[211] Vgl. BPatG v. 16.1.1986 – 25 W (pat) 394/84, BPatGE 28, 41.

[212] So aber *Oetker* HandelsR 85 Rn. 28 mit Verweis auf Rspr. zum Markenrecht; *Lutter/Welp,* ZIP 1999, 1081; Röhricht/Graf v. Westphalen/Haas/*Ries,* HGB, § 18 Rn. 25 in Fn. 4.

[213] Tendenziell noch strenger Röhricht/Graf v. Westphalen/Haas/*Ries* § 18 Rn. 25 in Fn. 4; demgegenüber GroßkommGmbHG/*Heinrich* GmbHG § 4 Rn. 35: keine zu prüde Auffassung zugrunde zu legen.

Firmenbestandteile mit sexistischer Tendenz wie „Ab ins Lifesex-TV“,[214] „Schlüpferstürmer“[215] oder „Busengrapscher“[216] oder mit volksverhetzendem Anklang sein. Dabei muss mE nach der Liberalisierung des Firmenrechts durch das HRefG genauer differenziert werden, ob der Unternehmensgegenstand unzulässig, weil sittenwidrig, oder ob die Firma selbst sittenwidrig ist. Denn auch die Sachfirma muss nicht mehr zwingend dem Unternehmensgegenstand entlehnt sein.[217] Auch im Markenrecht sind aufgrund des gewandelten Werteverständnisses Liberalisierungstendenzen zu erkennen. Das BPatG[218] hat eine bloße Geschmacklosigkeit nicht ausreichen lassen, um die Eintragungsfähigkeit einer Marke nach § 8 Abs. 2 Nr. 5 MarkenG abzulehnen, sondern eine massiv diskriminierende oder die Menschenwürde beeinträchtigende Aussage gefordert.

§ 18 [Firma des Kaufmanns]

(1) Die Firma muß zur Kennzeichnung des Kaufmanns geeignet sein und Unterscheidungskraft besitzen.

(2) [1]Die Firma darf keine Angaben enthalten, die geeignet sind, über geschäftliche Verhältnisse, die für die angesprochenen Verkehrskreise wesentlich sind, irrezuführen. [2]Im Verfahren vor dem Registergericht wird die Eignung zur Irreführung nur berücksichtigt, wenn sie ersichtlich ist.

Schrifttum (vor dem HRefG): *Heine,* Das neue gemeinschaftsrechtliche System zum Schutz geographischer Bezeichnungen, GRUR 1993, 96; *Irmgard Heinrich,* Firmenwahrheit und Firmenbeständigkeit, 1982; *Hönn,* Akademische Grade, Amts-, Dienst- und Berufsbezeichnungen sowie Titel (Namensattribute) in der Firma in firmen- und wettbewerbsrechtlicher Sicht, ZHR 153 (1989), 386; *Hülsmann,* Welche Gesellschafter sind heute noch „Partner“? – Zugleich ein Beitrag zur Firmierung von Gesellschaften im Lichte des Beschlusses des BGH v. 21.4.1997, NJW 1998, 35; *Kögel,* Der Grundsatz der Firmenwahrheit – noch zeitgemäß?, BB 1993, 1741; *Latinak,* Täuschung mit dem Namen einer ausländischen Gesellschaft?, NJW 1973, 1215; *Riegger,* Der Doktor-Titel in der Firma der GmbH, DB 1984, 441; *Stefan Weber,* Das Prinzip der Firmenwahrheit im HGB und die Bekämpfung irreführender Firmen nach dem UWG, 1984; *Wolff,* Zur Reform des § 18 Abs. 2 HGB, DZWiR 1997, 397.

Schrifttum (nach dem HRefG): *Beyerlein,* Die Firm@ – Das @-Zeichen als Firmenbestandteil und dessen handelsregisterliche Eintragungsfähigkeit, WRP 2005, 582; *Bülow,* Zwei Aspekte im neuen Handelsrecht: Unterscheidungskraft und Firmenunterscheidbarkeit – Lagerhalterpfandrecht, DB 1999, 269; *Clausnitzer,* Das Firmenrecht in der Rechtsprechung (2000 bis 2009), DNotZ 2010, 345; *Gerber/Bornholdt,* Es ist Zeit für Abrüstung im Namensrecht des PartGG – Der Begriff „Partners“ im Lichte der Verbotsvorschrift des § 11 I 1 PartGG, NZG 2019, 655; *Geschwandtner/Bach,* Bezeichnungsschutz für Sparkassen, quo vadis?, NJW 2007, 129; *Heckschen,* Firmenbildung und Firmenverwertung – aktuelle Tendenzen, NotBZ 2006, 346; *Heckschen/Heidinger,* Die GmbH in der Gestaltungs- und Beratungspraxis, 4. Aufl. 2018, Kap. 4 B I. Firma; *Heidinger,* Der Name des Nichtgesellschafters in der Personenfirma, DB 2005, 815; *Kanzleiter,* Zur Unterscheidungskraft und Kennzeichnungskraft einer Firma bei der Verwendung von Ortszusätzen bei Gattungsbezeichnungen DNotZ 2008, 393; *Kiesel/Neises/Plewa/Poneleit/Rolfes/Wurster,* Das Firmenrecht in der IHK-Praxis – Klassische Probleme bei der Suche nach dem Unternehmensnamen, DNotZ 2015, 740; *Klein,* Ein Apfel unterm Birnbaum?, NJW 2015, 3607; *Kögel,* Firmenrecht 2011 – welche Regeln gelten (noch), Rpfleger 2011, 17; *Kögel,* Zulässigkeit von Firmennamen und unrichtigen Personenzusätzen in der Firma einer GmbH, GmbHR 2011, 16; *Kögel,* „Partner“-Zusätze in Firmennamen – eine aktuelle Bestandsaufnahme, Rpfleger 2007, 590; *Kögel,* Aktuelle Entwicklungen im Firmenrecht, Rpfleger 2000, 255; *Kögel,* Die deutliche Unterscheidbarkeit von Firmennamen, Rpfleger 1998, 317; *Kögel,* Sind geographische Zusätze in Firmennamen entwertet?, GmbHR 2002, 642; *Susanne Meyer,* Das Irreführungsverbot im Firmenrecht, ZNotP 2009, 250; *Möller* in DIHT, Neues Kaufmanns- und Firmenrecht, 1998; *Müther,* Überlegungen zum neuen Firmenbildungsrecht bei der GmbH, GmbHR 1998, 1058; *Notthoff,* Firmierung einer Handelsgesellschaft mit dem Partnerschaftsgesellschaftszusatz, NZG 1998, 123; *Obergfell,* Grenzenlos liberalisiertes Firmenrecht? Ein Statement zur Eintragungsfähigkeit des §-Zeichens, CR 2000, 855; *Römermann,* LG Zweibrücken Beschluss vom

[214] Vgl. OLG Celle GmbHR 1999, 412 = DB 1999, 40: unaussprechbar wegen vorangestellter AAA-Blöcke.
[215] Vgl. BGH GRUR 1995, 592 zu § 1 UWG aF.
[216] Vgl. BGH GRUR 1995, 592 zu § 1 UWG aF.
[217] EBJS/*Reuschle* § 18 Rn. 16; OLG Stuttgart NZG 2012, 551 = GmbHR 2012, 571.
[218] BPatG GRUR-Prax 2012, 87 für die Eintragungsfähigkeit der Marke „FICKEN LIQUORS“.

25.2.1998: Sozietät kein täuschender Zusatz für eine Partnerschaftsgesellschaft, NZG 1998, 548; *W.-H. Roth,* Das neue Firmenrecht, in: Die Reform des Handelsstandes und der Personengesellschaft, 1999, 31; *Schirrmacher,* Haftungsrechtliche Folgen der Nutzung eines falschen Rechtsformzusatzes, GmbHR 2018, 942; *Schoene,* Wrdlbrmpfd e. K. – Zur Eintragungsfähigkeit Buchstabenkombinationen als Firma, GWR 2009, 137; *Schulenburg,* Die Abkürzung im Firmenrecht der Kapitalgesellschaft, NZG 2000, 1156; *Teichmann/Götz,* Metamorphosen des Europäischen Gesellschaftsrechts: SUP, Company Law Package und SPE 2.0, ZEuP 2019, 260; *Wagner,* Die „Stiftungs-GmbH" und § 18 bs. 2 HGB, GmbHR 2016, 858; *Wessel/Zwernemann/Kögel,* Die Firmengründung, 7. Aufl. 2001; *Wolff,* Firmierung der GmbH mit partnerschaftlichem Zusatz: Gestaltungsgrenzen und Folgen ihrer Überschreitung, GmbHR 2006, 303.

Übersicht

I. Grundlagen

1. Normzweck. Die Vorschrift statuiert **grundlegende gesetzliche Anforderungen** für die Bildung und die Änderung einer Firma.[1] Wie das Firmenrecht insgesamt enthält § 18 hauptsächlich Regelungen zur Unternehmenspublizität, die dem Schutz des Geschäftsverkehrs bzw. der Marktteilnehmer dienen.[2] So fordert **Abs. 1** nur noch, dass die Firma **Eignung zur Kennzeichnung und Unterscheidungskraft** besitzt, also vor allem die Namensfunktion im geschäftlichen Verkehr erfüllen muss. Die früheren engen Vorgaben für die Bildung einer Firma (§ 18 Abs. 1 aF Einzelkaufmann: Familiennamen mit mindestens einem ausgeschriebenen Vornamen; § 19 Abs. 3 aF die Personenhandelsgesellschaft [OHG, KG]: Familiennamen eines oder mehrerer Gesellschafter auch ohne Vornamen; § 4 Abs. 1 GmbHG aF GmbH: Sach- oder Personenfirma [auch ohne Vorname] allerdings nicht mit dem Namen eines Nichtgesellschafters; § 4 Abs. 1 AktG aF; § 3 Abs. 2 GenG aF Aktiengesellschaften und Genossenschaften: stets Sachfirma) wurden aufgegeben. Den Unternehmen wurde größere Wahlfreiheit bei der Bildung aussagekräftiger und werbewirksamer Firmen eingeräumt.[3] Unabhängig von der gewählten Rechtsform sind jetzt **Fantasie-, Sach-** und **Personenfirmen** oder **Mischformen** zulässig. Mit der Liberalisierung der Firmenbildung wurde zugleich ein wichtiger Beitrag zur Deregulierung und Entbürokratisierung angestrebt.[4] Zu den Sondervorschriften für bestimmte Rechtsformen und Branchen → Rn. 6 ff. 1

Abs. 2 enthält einen der tragenden Grundsätze des Firmenrechtes, das **firmenrechtliche Irreführungsverbot** (Grundsatz der Firmenwahrheit). Es dient dem Interesse des Publikums und des Geschäftsverkehrs vor Irreführung[5] und zwar zum vorbeugenden Verkehrsschutz im Gegensatz zu einer nur nachträglichen Kontrolle mit Mitteln des Wettbewerbsrechtes[6] nach § 5 UWG[7]). Das Irreführungsverbot gilt seit dem HRefG zweifelsfrei nicht mehr – wie nach dem Wortlaut des 18 Abs. 2 aF – nur für Firmenzusätze, sondern allgemein und umfassend für sämtliche Firmenbestandteile einschließlich der Firma als Ganzes. Im Gegenzug wurde das Irreführungsverbot in zweifacher Weise eingeschränkt, materiellrechtlich durch die **Wesentlichkeitsschwelle** (Abs. 2 S. 1; → Rn. 58 ff.) und verfahrensrechtlich durch das Erfordernis der **Ersichtlichkeit** (Abs. 2 S. 2; → Rn. 63). Die Möglichkeiten der Firmenbildung sollen durch das Irreführungsverbot nicht über Gebühr eingeschränkt und das Registerverfahren durch die Firmenprüfung nicht unangemessen verzögert werden.[8] 2

2. Anwendungsbereich. a) Kennzeichnungseignung und Unterscheidungskraft (Abs. 1). Abs. 1 gilt nach seinem Wortlaut allgemein für die **neugebildete Firma des Kaufmanns.** Nicht nur die Firma des Einzelkaufmanns muss also zur Kennzeichnung geeignet sein und Unterscheidungskraft besitzen, sondern **alle Firmen** (so etwa der OHG 3

1 EBJS/*Reuschle* Rn. 1; KKRD/*Roth* Rn. 1.
2 Baumbach/Hopt/*Hopt* Rn. 1.
3 Begr. RegE, BT-Drs. 13/8444, 35.
4 *Erich Schäfer,* Handelsrechtsreformgesetz, 1999, 13.
5 RGZ 75, 372; BGHZ 46, 7 (11) zu § 30.
6 Begr. RegE, BT-Drs. 3/8444, 52.
7 Grdl. geändert bei der UWG-Novelle durch Gesetz mWv 8.7.2004 (BGBl. 2004 I 1414); dazu im Überblick *Köhler* NJW 2004, 2121 ff.; KBF/*Bornkamm/Feddersen* UWG § 5 Rn. 0.5; und die Umsetzung der UGP-RL 2008 und 2015, KBF/*Bornkamm/Feddersen* UWG § 5 Rn. 0.6 und 0.7.
8 Begr. RegE, BT-Drs. 3/8444, 53.

und KG), auch wenn sie außerhalb des HGB geregelt sind (GmbH, AktG, GenG). Für die Firmen der Handelsgesellschaften findet § 18 Abs. 1 schon infolge von § 6 Abs. 1 Anwendung.[9] Auch die juristische Person nach § 33 ist Kaufmann und dem § 18 Abs. 1 unterworfen, wenn sie ein Handelsgewerbe (§§ 1 ff.) betreibt.[10]

4 **b) Irreführungsverbot (Abs. 2).** Auch das in § 18 Abs. 2 geregelte Irreführungsverbot, in dem der Grundsatz der Firmenwahrheit (→ Vor § 17 Rn. 18) verankert ist, **gilt für alle Firmen,** so auch für die handelsrechtlichen Personengesellschaften, die Kapitalgesellschaften und die juristische Person des § 33.[11] Immer, wenn es um die Zulässigkeit einer Firma geht, ist also zunächst in Verbindung mit den in Frage kommenden gesetzlichen Vorschriften zu prüfen, ob der Forderung nach Firmenwahrheit genügt wird.[12] Dahinstehen kann, ob insoweit § 18 Abs. 2 analog anzuwenden,[13] von gewohnheitsrechtlicher Geltung auszugehen[14] oder seine Geltung über §§ 6 Abs. 1, 18 Abs. 1 zu begründen ist. Darüber hinaus ergibt sich auch bei „firmenähnlichen Namen" die analoge Anwendung von § 18 Abs. 2. Insbesondere über § 2 Abs. 2 PartGG ist diese Norm auch für den Namen der Partnerschaftsgesellschaft entsprechend anzuwenden. Für die Minderfirma des Kleingewerbetreibenden, des Freiberuflers und der BGB-Gesellschaft (→ § 17 Rn. 38 ff.) sowie den Namen des eingetragenen Vereins wird dies ebenfalls befürwortet.[15]

5 **c) Geänderte und abgeleitete Firma.** Die Erfordernisse des § 18 gelten nicht nur für die ursprüngliche (anfängliche) neugebildete, sondern auch die geänderte Firma. Fallen Teile der Firma (etwa Zusätze) fort oder kommen welche hinzu oder werden Bestandteile ausgetauscht, so geht die bisherige Firma grundsätzlich unter,[16] weil alle Teile der Firma ein einheitliches Ganzes bilden (→ § 17 Rn. 16).[17] Die Änderung der bisherigen Firma bedeutet die Wahl einer neuen Firma, die dann auch den Anforderungen an die erstmalige Bildung einer Firma genügen muss.[18] Das ist auch dann nicht anders, wenn Bestandteile, die schon in der alten Firma enthalten waren, weiterverwendet werden.[19] Ist mithin § 18 im Prinzip auch auf die geänderte Firma anwendbar, kann es zu Abgrenzungsschwierigkeiten kommen, wenn die **abzuändernde Firma als abgeleitete** (etwa im Fall des § 22 oder § 24) **geführt wird.** Denn bei der abgeleiteten Firma sind zwar in gewissem Umfang Ungenauigkeiten („Unwahrheiten") hinzunehmen, doch muss die Firma **im Wesentlichen unverändert fortgeführt** werden,[20] will sie nicht ihr Privileg nach § 22 verlieren. Der Grund hierfür liegt darin, dass es im Rechtsverkehr nicht zu Zweifeln an der Identität der bisherigen mit der fortgeführten Firma kommen darf. Machen nicht Interessen der Allgemeinheit ausnahmsweise die nachträgliche Änderung einer abgeleiteten Firma notwendig oder zumindest wünschenswert (→ § 22 Rn. 58; → § 24 Rn. 22),[21] so kann die fortge-

---

9 Begr. RegE, BT-Drs. 3/8444, 52; *Ralph Schmitt* WiB 1997, 1113 (1117); *Busch* Rpfleger 1998, 178 (180).

10 Röhricht/Graf v. Westphalen/Haas/*Ries* Rn. 2.

11 RGZ 127, 77 (80); BayObLGZ 1981, 88 (92); OLG Hamm NJW 1968, 2381 und OLGZ 1974, 139 (141); OLG Frankfurt NJW 1970, 865; Heymann/*Förster* Rn. 26; Staub/*Burgard* Rn. 6.

12 BGHZ 53, 65 (69) zu der Übertragung des Geschäfts einer Personenhandelsgesellschaft auf einen Einzelkaufmann; vgl. weiter BGHZ 44, 286 (287) = NJW 1965, 2248; 68, 12 (14); 68, 271 (273).

13 So *Hofmann* JuS 1972, 233 (235).

14 Staub/*Burgard* Rn. 6.

15 *Karsten Schmidt* HandelsR § 12 Rn. 31; BeckOK HGB/*Bömeke* Rn. 23. Für e.V.: KG FGPrax 2012, 32; OLG Frankfurt NZG 2011, 1234; BayObLGZ 1990, 71 (76) = NJW-RR 1990, 996; OLG Köln NJW-RR 1997, 1531; OLG Frankfurt NJW-RR 2002, 176; OLG Hamm NZG 1999, 994; BayObLGZ 1998, 226 = NJW 1999, 297: „GbRmbH".

16 Vgl. schon ROHG 4, 253 (261); KGJ 41 A 109, 113; KG NJW 1955, 1926 (1928).

17 OLG Stuttgart Rpfleger 1971, 152; BayObLGZ 1984, 129 (132).

18 BayObLG WM 1984, 1535; Baumbach/Hueck/*Fastrich* GmbHG § 4 Rn. 25; Baumbach/Hopt/*Hopt* Rn. 2; Baumbach/Hopt/*Hopt* § 17 Rn. 22.

19 BayObLGZ 1984, 129 (132) = DB 1984, 1672.

20 Ausf. hierzu *Bokelmann* FirmenR Rn. 695 ff. mN; Baumbach/Hueck/*Fastrich* GmbHG § 4 Rn. 25; Lutter/Hommelhoff/*Bayer* GmbHG § 4 Rn. 44; zur Änderung der abgeleiteten Firma auch *Kögel* Rpfleger 2017, 435.

21 Grdl. BGHZ 44, 116 = NJW 1965, 1915 – Frankona.

führte Firma jedenfalls dann nicht ohne Verlust ihres Status als fortgeführte Firma verändert werden, wenn die Änderung begründete Zweifel an der Identität mit der bisherigen Firma hervorrufen würde. Der Kaufmann muss in diesem Fall eine neue Firma, die den Erfordernissen von § 18 Abs. 1 und Abs. 2 genügt, annehmen (→ § 22 Rn. 1 ff.).

3. Firmenrechtliche Sonderregelungen. Neben den grundlegenden Anforderungen an eine Firma in § 18 Abs. 1 und Abs. 2 bestehen rechtsformspezifische Sonderregelungen insbesondere für die **obligatorischen Rechtsformzusätze:** § 19 Abs. 1 (Kaufmann, OHG, KG), § 4 Abs. 1, § 5a Abs. 1 GmbHG (GmbH, UG (haftungsbeschränkt)), §§ 4, 279 AktG (AG, KGaA), § 3 GenG (eG), § 2 Abs. 2 Nr. 1 EWIVAG (EWIV), § 274 Abs. 2 S. 2 VAG (VVAG), § 2 Abs. 1 S. 1 PartGG (Partnerschaftsgesellschaft). § 19 Abs. 2 gebietet für die KG und die OHG bei der keine natürliche Person haftet, einen die **Haftungsbeschränkung kennzeichnenden Zusatz.** 6

§ 2 Abs. 1 PartGG enthält das Gebot, im Namen der **Partnerschaftsgesellschaft** mindestens den Namen eines Partners und die Berufsbezeichnungen aller in der Partnerschaft vertretenen Berufe aufzunehmen. Der Name eines Nichtpartners darf auch nicht zusätzlich verwendet werden. Zur geplanten Liberalisierung beim Namen der Partnerschaft → § 17 Rn. 24. **§ 30** zwingt ggf. zu unterscheidungskräftigen Zusätzen zu anderen am Ort schon eingetragenen Firmen und **§§ 21–24** erlauben unter bestimmten Voraussetzungen die unveränderte Firmenfortführung. Für Gesellschaften **bestimmter Berufsgruppen** enthalten § 59k Abs. 1 BRAO[22] (Rechtsanwälte nur für GmbH nicht für AG),[23] § 52k Abs. 1 PatAnwO (Patentanwälte), § 43 Abs. 1 StBerG, §§ 53, 161 StBerG (Steuerberater).[24] und §§ 27, 31, 133 WPO (Wirtschaftsprüfer) gesetzliche Sonderregelungen. Zum Teil sieht auch das Landesrecht den Schutz von bestimmten Berufsbezeichnungen wie zB Architekt oder Ingenieur vor (→ Rn. 124 f.).[25] 7

In manchen Sondergesetzen befinden sich auch **branchenbezogene Einschränkungen** oder Vorbehalte für bestimmte Bezeichnungen:[26] § 39 Abs. 1 KWG (Bank, Bankier), § 39 Abs. 2 KWG (Volksbank), § 40 Abs. 1 KWG (Sparkasse),[27] § 40 Abs. 2 KWG (Spar- und Darlehenskasse, Bausparkasse), § 41 KWG (Sonderregelung für ausländische Kreditinstitute), § 20 UBGG (Unternehmensbeteiligungsgesellschaft), § 6 VAG (Versicherung)[28] der ehemalige (bis 21.7.2013 geltende) § 3 InvG aF (Kapitalanlagegesellschaft, Investmentgesellschaft, Investmentfonds, Investmentaktiengesellschaft usw).[29] Jetzt befindet sich eine noch erweiterte Regelung für die diesbezüglichen Bezeichnungen in § 3 KAGB. § 4 KAGB regelt zusätzlich die Voraussetzung für die Nutzung von Firmenbestandteilen wie „Kapital...", „Invest" usw. Zu **historisch bedingten Sonderregeln** → Vor § 17 Rn. 12. 8

---

[22] Die Firma „Rechtsanwalts-GmbH" soll die Anforderungen an die Firmierung als Rechtsanwaltsgesellschaft erfüllen: OLG Rostock NJW 2007, 1473 = GmbHR 2007, 377; abl. Henssler/Prütting/*Henssler* BRAO, § 59k Rn. 10, für Pflicht zum Ausschreiben von „Gesellschaft".

[23] Zur Zulässigkeit der Rechtsanwalts-AG ohne Regelung in der BORA Weyland/*Brüggemann* BRAO Vor § 59c Rn. 8 ff.; keine analoge Anwendung auf Rechtsanwalts-AG: BayObLGZ 2000, 83 = NJW 2000, 1647; dazu *Römermann* MDR 2000, 733; OLG Nürnberg-Fürth NJW 2003, 2245 – Pro Videntia AG: Fantasiefirma ist wegen §§ 9, 33 BORA wettbewerbswidrig; BGH NJW 2004, 1651 = DB 2004, 1094 – artax; diff. nach zugelassener „Rechtsanwaltsgesellschaft" und AG von Rechtsanwälten: Henssler/Prütting/*Henssler* BRAO Vor § 59c Rn. 43; Römermann/*Römermann* EWiR 2004, 651 mit Hinweis auf die Liberalisierung des anwaltlichen Firmenrechts durch die Änderungen in § 9 Abs. 2 BORA und § 3 BORA; krit. dazu auch *Pluskat* AnwBl. 2004, 22.

[24] StBerG; WPO; zur Firma der Steuerberater-, Wirtschaftsprüfer- und Anwaltssozietät ausf. *Römermann* INF 2001, 181 ff.; zur Vereinbarkeit der Kurzbezeichnung „K-Associates" mit § 43b BRAO, § 6 BORA vgl. BGH NJW 2005, 1770 f. dazu Römermann, BeckOK BORA, Stand: 1.6.2019, § 6 Bora Rn. 70 und § § 9 Rn. 31.

[25] S. OLG Frankfurt NJW-RR 2001, 172 für „Architekt".

[26] Vgl. ausf. *Möller,* Neues Kaufmanns- und Firmenrecht, 1998, 32 ff.; EBJS/*Reuschle* Rn. 19 ff.

[27] Zur eventuellen Europarechtswidrigkeit dieses Bezeichnungsschutzes gegenüber Sparkassen aus dem europäischen Ausland *Geschwandtner/Bach* NJW 2007, 129.

[28] Dazu *Bürkle* VersR 2002, 291; OLG München FGPrax 2005, 227 = Rpfleger 2005, 608 f.

[29] BayObLGZ 1969, 215 zur Vorgängervorschrift des § 23 KapAnlG aF.

II. Kennzeichnungseignung (Abs. 1 Alt. 1)

9 **1. Kennzeichnungswirkung.** Nach Abs. 1 muss der Firma **Kennzeichnungswirkung und Unterscheidungskraft** zukommen. Beide Begriffe werden oft nicht genau unterschieden[30] und können sich überschneiden. Sie umschreiben letztlich dasselbe Ziel aus verschiedenen Blickwinkeln.[31] Die Eignung zur Kennzeichnung umschreibt die **Namensfunktion** der Firma. Sie muss also zur Kennzeichnung des Kaufmanns geeignet sein, dh unmittelbar oder mittelbar auf den Kaufmann als Unternehmensträger hinweisen. Die Unterscheidungskraft „zielt" demgegenüber auf die **Individualisierung,**[32] also die Identifikation des Unternehmens. Die Firma muss geeignet sein, den Unternehmensträger von anderen zu unterscheiden, also im Rechtsverkehr die gedankliche Verbindung zu einem ganz bestimmten Unternehmen herzustellen.

10 Bei **Sach- und Fantasiefirmen** tauchen wesentlich häufiger kennzeichenrechtliche Probleme auf als bei der Personenfirma, wenn es um die erforderliche Kennzeichnungs- und Unterscheidungskraft geht.[33] Fantasienamen und Buchstabenkombinationen sind aber an sich sowohl zur Kennzeichnung als auch zur Individualisierung geeignet.[34] Dabei darf nicht statisch nur auf die jeweils bereits verfestigte Verkehrsauffassung abgestellt, sondern muss grundsätzlich eine dynamische Sichtweise zugrunde gelegt werden, die Raum für die Berücksichtigung von **Wandlungen der Verkehrskreise** lässt.[35] Dies entspricht dem gesetzgeberischen Konzept der Liberalisierung des Firmenrechts und verhindert eine ungerechtfertigte Benachteiligung neu „erfundener" Fantasiebezeichnungen.

11 Um ihrer **Namensfunktion** gerecht werden zu können, müssen sowohl Firmenkern als auch Firmenzusätze grundsätzlich eine **wörtliche und aussprechbare Bezeichnung** darstellen.[36] Dabei ist auch zu beachten, dass bei Fantasiebezeichnungen oder auch Sachangaben, die „im Bereich der Sprache bleiben, von der Sprech- und Redeweise auszugehen ist, wie sie von der Allgemeinheit in der Öffentlichkeit gebraucht wird". **Vulgäre Aussagen** und Anspielungen können deshalb zurückgewiesen werden"[37] (dazu genauer → § 17 Rn. 79 ff.).

12 **2. Bildzeichen und Sonderzeichen.** Insbesondere sog. **Bildzeichen** (auch bildhafte Zeichen genannt) erfüllen in dem oben dargestellten Sinne keine Namensfunktion und sind damit nicht kennzeichnungsgeeignet.[38] So wurden beispielsweise „*",[39] „#"[40] oder „=„ mangels namens- und somit firmenrechtlicher Funktion beanstandet.[41] Durch die Nutzung neuer Medien, wie insbesondere der Plattform „Twitter" ist das #-Zeichen zunehmend als „Hashtag" in der Sprache gebräuchlich. Vergleichbar dem kaufmännischen &- sowie dem @-Zeichen kann eine Zulässigkeit in der Firmenbezeichnung in Zukunft daher in Frage kommen. Dabei wäre ggf. nicht schädlich, dass das #-Zeichen gleichsam als „Raute" oder

---

30 EBJS/*Reuschle* Rn. 3 spricht von der Unterscheidungskraft und der damit einhergehenden Kennzeichnungseignung.

31 *Bülow* DB 1999, 269 (270).

32 *Canaris* HandelsR § 10 II 3 a Rn. 18; *Krafka* RegisterR Rn. 220; Röhricht/Graf v. Westphalen/Haas/*Ries* Rn. 17; ungenau HK-HGB/*Ruß* Rn. 4, der die Individualisierungseignung der Kennzeichnungswirkung zuordnet.

33 *Schumacher*, HRefG, 1998, 58; *Schmitt* WiB 1997, 113.

34 BGH DNotZ 2009, 469.

35 *Canaris* HandelsR § 10 II 2 a Rn. 13; Röhricht/Graf v. Westphalen/Haas/*Ries* Rn. 10; Scholz/*Cziupka* GmbHG § 4 Rn. 22, Änderungen der Anschauungen sind auch in der rechtlichen Bewertung zu berücksichtigen; ähnlich *Lutter/Welp* ZIP 1999, 1078.

36 Vgl. BGHZ 14, 155 (160); BayObLGZ 2001, 83 = NJW 2001, 2337 = Rpfleger 2001, 427; KG FGPrax 2000, 248 = GmbHR 2000, 1101; Röhricht/Graf v. Westphalen/Haas/*Ries* Rn. 11 ff.; *Krafka* RegisterR Rn. 214.

37 HK-HGB/*Ruß* Rn. 8; krit. zu vulgären Anspielungen auch *Karsten Schmidt* ZIP 1997, 909 (915).

38 Röhricht/Graf v. Westphalen/Haas/*Ries* Rn. 16; *Krafka* RegisterR Rn. 214.

39 S. aber zur Verwendung von einer europäischen Mutter bei der Firmierung ihrer Tochtergesellschaft OGH EWiR § 17 öUGB 1/08, 377 *(Lamsa)*.

40 Heckschen/*Heidinger*, Die GmbH in der Gestaltungs- und Beratungspraxis, Kap. 4 B. I. Rn. 89.

41 BGHZ 14, 155 = NJW 1954, 1681 – Farina; BayObLGZ 2001, 83 = NJW 2001, 2337; KG FGPrax 2000, 248 = GmbHR 2000, 1101; Scholz/*Cziupka* GmbHG § 4 Rn. 32.

Zählungszeichen in Kombination mit einer Ziffer gedeutet werden kann. Heckschen/*Heidinger,* Die GmbH in der Gestaltungs- und Beratungspraxis, Kap. 4 B.I. Rn. 89. Demgegenüber werden Satzzeichen wie zB „!", „;", „?", „:", „." im Allgemeinen anstandslos ebenso wie das kaufmännische „&" und das mathematische „+" als Firmenbestandteil akzeptiert.[42] Als Begründung hierfür wird angegeben, dass bei diesen Zeichen die Aussprache als „und" eindeutig wäre bzw. bei Satzzeichen offensichtlich sei, dass sie nicht ausgesprochen werden sollen.[43] Gleichermaßen wurde das Grad-Zeichen „°" in der Firma als eindeutiges und aussprechbares Zeichen für zulässig gehalten.[44]

Demgegenüber sind **Sonderzeichen** im Handelsregister nicht eintragungsfähig, 13 solange sie in ihrer Aussprache objektiv mehrdeutig sind. So ist zB nach einer Umfrage des DIHK-Arbeitskreises Handelsregister, Firmen- und Gesellschaftsrecht vom 6.2.2008[45] weder das © **noch das ®-Zeichen** eintragungsfähig. Das ®-Zeichen wird allerdings bereits vielfältig als Bestandteil einer Marke, mit der die Sachfirma gebildet wurde, in den verschiedenen Handelsregistern eingetragen. Auch in der Praxis der IHK wächst die Zustimmung zur Anerkennung als wortersetzendes Bildzeichen.[46] Reine Bildzeichen wie © (Copyright) sind zwar darstellbar, sind nach den oben dargestellten Kriterien aber nicht objektiv eindeutig; sie dürften daher als Firmenbestandteil derzeit weiterhin ausscheiden.[47] Strenger wird noch der Smiley „☺" behandelt.[48] Anders wie beim Markenrecht soll die fehlende Aussprechbarkeit hier die Eintragungsfähigkeit verhindern. Tatsächlich fällt es bei der Fülle der unterschiedlichen Smileys schwer, ein konkretes Wort zu finden, dass dieser ersetzt.

Demgegenüber wird das **@-Zeichen** streitig beurteilt. So soll dieses Zeichen nach 14 früher hM[49] weder in Alleinstellung (@-GmbH) noch als Firmenbestandteil (zB Shopping@Berlin AG) zur Firmenbildung herangezogen werden können.[50] Auch das BayObLG[51] war (ohne entsprechende Umfrage) davon ausgegangen, dass Mitte 2001 eine erforderliche eindeutige Verkehrsgeltung noch nicht erreicht war. Dem muss inzwischen widersprochen werden, denn diese Einschätzung war damals schon zweifelhaft und unterliegt inzwischen dem zu berücksichtigenden Wandel der Verkehrsauffassung.[52] Das Zeichen „@" ist als **Bestandteil jeder E-Mail-Adresse** allein in Deutschland millionenfach verbreitet und somit mindestens so häufig und bekannt wie das zweifellos zulässige kaufmännische

42 Vgl. BGHZ 135, 257 zum Namen einer Partnerschaft; BayObLGZ 1996, 176 = NJW 1996, 3016; BayObLGZ 2001, 83 = NJW 2001, 2337; s. auch *Odersky* MittBayNot 2000, 533; *Wachter* GmbHR 2001, 467.

43 BayObLGZ 2001, 83 = NJW 2001, 2337.

44 LG München I Beschl. v. 29.11.2007 – 17 HK T 20361/07, nv.

45 Zitiert nach *Clausnitzer* DNotZ 2010, 345 (358) Fn. 83.

46 *Kiesel/Neises/Plewa/Poneleit/Rolfes/Wurster* DNotZ 2015, 740 (744).

47 Vgl. BayObLG NJW 2001, 2337; OLG Braunschweig OLGR 2001, 31, jeweils zu @ und dafür überholt; *Müther* GmbHR 1998, 1058; Röhricht/Graf v. Westphalen/Haas/*Ries* Rn. 16; im Registerportal sind allerdings schon einige wenige Firmen mit „©" abrufbar.

48 *Kiesel/Neises/Plewa/Poneleit/Rolfes/Wurster* DNotZ 2015, 740 (744).

49 MüKoGmbHG/*Heinze* GmbHG § 4 Rn. 29 bezeichnet diese Meinung mE zu Unrecht als „immer noch hM" weist aber auch sehr ausf. die Gegenmeinung in Fn. 114 nach.

50 So BayObLGZ 2001, 83 = NJW 2001, 2337; zust. *Spindler* EWiR 2001, 729; ebenso OLG Braunschweig OLGR 2001, 31 – met@box; krit. *Mankowski* EWiR 2001, 275; LG Braunschweig MittBayNot 2000, 569; LG Leipzig NotBZ 2002, 112 – @toll GmbH; zust. *Möller* DNotZ 2000, 830 (842); *Müther* GmbHR 1998, 1058 (1059) Fn. 10; *Lutter/Welp* ZIP 1998, 1073 (1077); aA LG Cottbus CR 2002, 134 = BeckRS 2009, 13772; LG Berlin NJW-RR 2004, 835 = GmbHR 2004, 428 m. zust. Anm. *Thomas/Bergs*; *Wachter* GmbHR 2001, 474; Lutter/Hommelhoff/*Bayer* GmbHG § 4 Rn. 19; *Wagner* NZG 2001, 802; *Obergfell* CR 2000, 855; *Mellmann* NotBZ 2001, 228; *Heckschen* NotBZ 2006, 346.

51 BayObLGZ 2001, 83 = NJW 2001, 2337; abl. *Mankowski* MDR 2001, 1124; *Wagner* NZG 2001, 802; *Wachter* GmbHR 2001, 477; *Mellmann* NotBZ 2001, 228.

52 Befürwortend auch *Beyerlein* WRP 2005, 582 ff.; *Hintzen* Rpfleger 2003, 337 (339); *Thomas/Bergs* GmbHR 2004, 429; so jetzt auch LG München MittBayNot 2009, 315: heute mit eindeutiger Verkehrsgeltung; ebenso Umfrage des DIHK-Arbeitskreises Handelsregister, Firmen- und Gesellschaftsrecht vom 24.7.2009, zitiert nach dem ebenfalls befürwortenden *Clausnitzer* DNotZ 2010, 345 (359 Fn. 84); im gemeinsamen Registerportal der Länder bereits vielfältig als eingetragen abrufbar; noch zögerlich MüKoGmbHG/*Heinze* GmbHG § 4 Rn. 29: „nicht ausgeschlossen"; offen referierend EBJS/*Reuschle* Rn. 28; abl. weiterhin *Schoene* GWR 2009, 137 (138).

„&". Das Zeichen „@" ist schreibbar und auch aussprechbar, und zwar sowohl als „a" wie auch etwa in Verbindung mit E-Mail-Adressen als Sonderzeichen „ät". Dass beides möglich ist, muss unschädlich sein, denn das sicherlich zulässige Zeichen „+" kann ebenso als „und" wie als „plus" ausgedrückt werden. Soweit die Benutzung des @-Zeichens als solches beabsichtigt ist, handelt es sich daher – wie die allgemein anerkannten „&" und „+" – um ein den Verkehrskreisen bekanntes aussprechbares Sonderzeichen,[53] also kein Bildzeichen, sondern ein „wortersetzendes Zeichen" wie die Silbe „et" bzw. das englische „at".[54] Bei **Alleinstellung** des „@" als einzigen Bestandteil der Firma wird allerdings die **Unterscheidungskraft** angezweifelt.[55] Bewertet man es wie einen Buchstaben, genügt es nach hM ebenfalls nicht zur Unterscheidbarkeit. Ausgesprochen als „AT" käme es in den streitigen Grenzbereich zur Unterscheidbarkeit der Zweibuchstabenfirma (→ Rn. 21).

15 Handelt sich dagegen nur um eine **modische Schreibweise** des Buchstabens „a" (zB Conr@d AG), scheitert seine Eintragung mE daran, dass bei Firmen kein Anspruch auf eine bestimmte Schreibweise besteht (→ Rn. 16).[56] Das häufig angeführte Argument, dass das „@" auch auf der Computertastatur ist, überzeugt nicht. Denn dort befindet sich auch das „*", die „#", die „~" und der „\".

16 Im Zusammenhang mit den Bildzeichen ist auch festzustellen, dass die Firma grundsätzlich in **lateinischen Buchstaben** ausgedrückt werden muss, da sie nur dann von den durchschnittlichen Verkehrskreisen ausgesprochen werden kann.[57] Einen Anspruch auf Eintragung der Firma **in einer besonderen Schreibweise** hat der Antragsteller nicht. Das Registergericht ist insofern nicht an die Anmeldung gebunden, da die grafische Gestaltung des Schriftbildes einer Firma keine namensrechtliche und somit auch keine firmenrechtliche Relevanz hat.[58] Es entscheidet vielmehr nach eigenem pflichtgemäßem Ermessen, welche Schreibweise Eingang in die Eintragung zu finden hat.[59] Daher liegt in der Verwendung der Firma in einer abweichenden Schreibweise (zB Groß- statt Kleinbuchstaben) aber weder eine Änderung der Firma noch ein unzulässiger Firmengebrauch iSd § 37.[60] In diesem Rahmen kann auch das „@" als besondere Schreibweise des in der Firma befindlichen „a" verwendet werden.[61]

17 **3. Buchstabenkombinationen.** Für Buchstabenkombinationen,[62] die sich zunehmender Beliebtheit erfreuen, galt **nach altem Firmenrecht** Folgendes: Ein Firmenbestandteil, der als Kurzwort aus den Anfangsbuchstaben weiterer Firmenbestandteile gebildet worden ist, genießt firmenrechtlichen Schutz, sofern die Buchstabenkombination aussprechbar ist. Die Kombination ist dann ohne Verkehrsdurchsetzung schutzfähig, wenn sie „von Hause aus namensmäßige Kennzeichnungskraft hat".[63] Dies wiederum ist dann der Fall,

---

[53] *Kiesel/Neises/Plewa/Poneleit/Rolfes/Wurster* DNotZ 2015, 740 (744); Scholz/*Cziupka* GmbHG § 4 Rn. 29.

[54] Eintragung zugelassen: LG München MittBayNot 2009, 315; LG Cottbus NZG 2000, 553 = NJW-RR 2000, 337; LG Cottbus CR 2002, 134; LG Berlin NZG 2004, 532 = GmbHR 2004, 428 m. zust. Anm. *Thomas/Bergs*; *Kiesel/Neises/Plewa/Poneleit/Rolfes/Wurster* DNotZ 2015, 740 (744), jetzt auch Lutter/Hommelhoff/*Bayer* GmbHG § 4 Rn. 19.

[55] Staub/*Burgard* Rn. 10; Oetker/*Schlingloff* Rn. 8 wegen Verstoß gegen berechtigtes Freihaltbedürfnis.

[56] Ebenso diff. Röhricht/Graf v. Westphalen/Haas/*Ries* Rn. 16; GK-HGB/*Steitz* Rn. 15; Staub/*Burgard* Rn. 10; Grziwotz/Ring/*Zimmer* GmbHG § 4 Rn. 12; *Kiesel/Neises/Plewa/Poneleit/Rolfes/Wurster* DNotZ 2015, 740 (744); für Zulässigkeit sogar als Schreibweise des „a" Oetker/*Schlingloff* Rn. 8; Scholz/*Cziupka* GmbHG § 4 Rn. 30; großzügiger insofern schon *Odersky* MittBayNot 2000, 533; *Wachter* GmbHR 2001, 477; *Wagner* NZG 2001, 803.

[57] Röhricht/Graf v. Westphalen/Haas/*Ries* Rn. 11; *Canaris* HandelsR § 10 II 2 b Rn. 14; *Müther* GmbHR 1998, 1058 (1059); *Lutter/Welp* ZIP 1999, 1073 (1077).

[58] OLG München GmbHR 2011, 587, hochgestellte Zahl; KG FGPrax 2000, 248 = GmbHR 2000, 1101 = NJW-RR 2001, 173; dazu *Lösler* NotBZ 2000, 417; BayObLGZ 1978, 18 = Rpfleger 1978, 218.

[59] *Krafka* RegisterR Rn. 206, 216; OLG München GmbHR 2010, 1155: durchgehend Großbuchstaben.

[60] *Kögel* Rpfleger 2000, 255 (259).

[61] Scholz/*Cziupka* GmbHG § 4 Rn. 30.

[62] S. dazu *Schoene* GWR 2009, 137 ff.

[63] BGH GRUR 1985, 461 (462) = DB 1985, 1884; BGHZ 11, 214 (217) = NJW 1954, 388 – KfA.

wenn die Kombination unterscheidungskräftig und zudem bei Verwendung im geschäftlichen Verkehr geeignet ist, als Name zu wirken. Für die Bezeichnung „GEFA" hat der BGH[64] darauf abgestellt, dass sie aussprechbar ist und es nach den Umständen nahe liegt, dass sie als Abkürzung einer längeren Firmenbezeichnung gebildet ist; sie werde in der Regel vom Verkehr auch als namensmäßiger Hinweis auf ein Unternehmen aufgefasst. Handelt es sich um eine solche Buchstabenkombination, kann sie auch als individualisierender Zusatz zu einer Branchen- oder Gattungsbezeichnung verwendet werden.

Buchstabenzusammenstellungen dagegen, die kein aussprechbares Wort ergeben, sollten nach früherer Ansicht vom Verkehr ohne Schwierigkeiten „als solche erkannt und nicht etwa als Fantasieworte aufgefasst"[65] werden. Die Buchstabenkombination sei nicht lautlich ausgeschrieben und **kein aussprechbares (Phantasie-)Wort.** In der Rspr. war zum alten Firmenrecht anerkannt, dass eine solche Kombination regelmäßig nicht ohne weiteres als Unternehmensname wirkt und daher zur Erlangung des Firmenschutzes Verkehrsdurchsetzung benötigt.[66] Erst unter dieser Voraussetzung kam die Kombination auch als individualisierender Zusatz in Betracht. 18

Auch **nach neuem Firmenrecht** ist streitig, ob **reine Buchstabenfolgen** als alleiniger Firmenkern Kennzeichnungseignung haben. Dies muss unter dem Firmenrecht in der Fassung nach dem HRefG grundsätzlich bejaht werden. Das grundsätzliche **Kriterium der Aussprechbarkeit** ist auch weiterhin zu beachten, wobei diesbezüglich weniger auf die Aussprechbarkeit als Wort als vielmehr auf die Artikulierbarkeit als solche abgestellt werden sollte.[67] Meist sind derartige Buchstabenfolgen durchaus wie ein Fantasiewort aussprechbar. Darüber hinaus hat sich der Rechtsverkehr längst daran gewöhnt, dass Bezeichnungen wie VW, BMW, LTU, TUI oder IBM als Namen gebraucht werden, ohne sich darüber Gedanken zu machen, dass es sich um Abkürzungen der tatsächlichen Firmen handeln könnte. Im Kennzeichnungsrecht sind nach § 3 Abs. 1 MarkenG iVm § 8 Abs. 2 Nr. 2 MarkenG sog. Buchstabenfolgen als Marke jetzt ausdrücklich eintragungsfähig. Mit dieser einer der modernen Verkehrsauffassung Rechnung tragenden Entwicklung im Markenrecht ist auch für das Firmenrecht die Kennzeichnungseignung, die sich am Markenrecht orientiert, von bloßen Buchstabenfolgen in Alleinstellung grundsätzlich zu bejahen.[68] Es besteht kein Zweifel, dass eine Buchstabenfolge, wenn sie bereits Verkehrsgeltung erlangt hat (zB AEG, BMW, LTU, TUI, VW etc) Kennzeichnungseignung besitzt. In der Praxis sind auch bereits viele neue Firmen, deren Firmenkern nur aus einer Kombination von drei Buchstaben besteht in das Handelsregister eingetragen worden.[69] Dennoch hat noch lange nach der Handelsrechtsreform die OLG-Rspr. zu Unrecht die Eintragung von Buchstabenfirmen verweigert.[70] 19

---

64 BGH GRUR 1985, 461 (462).

65 BGHZ 11, 214 (217) = NJW 1954, 388 – KfA; vgl. zu „RBB" BGHZ 74, 1 = NJW 1979, 2311; BGH NJW-RR 1998, 253 = GRUR 1998, 165.

66 BGHZ 11, 214 (217) = NJW 1954, 388 – KfA; BGH GRUR 1985, 461 (462); Staub/*Hüffer,* 4. Aufl. 1983, § 17 Rn. 8.

67 *Kögel* Rpfleger 2000, 255 (257).

68 Röhricht/Graf v. Westphalen/Haas/*Ries* Rn. 12; Scholz/*Emmerich* GmbHG § 4 Rn. 13; *Canaris* HandelsR § 10 II 2 c Rn. 15; *Lutter/Welp* ZIP 1999, 1078; *Möller,* Neues Kaufmanns- und Firmenrecht, 1998, 26; *Möller* DNotZ 2000, 830 (831); eingehend zur Namensfähigkeit von Buchstabenkombination und Abkürzungen *Schulenburg* NZG 2000, 1156 (1157); befürwortend auch *Lösler* NotBZ 2000, 417 (419); diff. *Kögel* BB 1998, 1646; *Kögel* Rpfleger 2000, 255 (256); *Müther* GmbHR 1998, 1058 (1060), der bei nicht sprechbaren Abkürzungen neben der fehlenden Unterscheidungskraft vor allem auf das Freihaltebedürfnis abstellt; sich jetzt unter Bezugnahme auf § 8 Abs. 2 Nr. 2 MarkenG auch dafür aussprechend KKRD/*Roth* Rn. 3; vgl. auch OLG Frankfurt OLGR 1998, 381 und OLG Köln MMR 2000, 161; LG Düsseldorf NJW-RR 1999, 629 – JPNW; abl. (zum früheren Recht) BGHZ 11, 214 (218) = NJW 1954, 388 – KfA; BGH NJW-RR 1998, 253 = GRUR 1998, 165; Baumbach/Hopt/*Hopt* Rn. 4; s. auch jetzt noch abl. OLG Celle DB 1999, 40 für eine Vielzahl von aneinandergereihten A.

69 Vgl. die instruktiven Beispiele bei Röhricht/Graf v. Westphalen/Haas/*Ries* Rn. 12.

70 OLG Celle DB 2006, 1950 = RNotZ 2006, 548 – AKDV-GmbH; OLG München NJW-RR 2007, 187 = FGPrax 2007, 38 – K. S. S.e.V.; gegen OLG Celle auch Anm. *Lamsa* EWiR 2006, 657; anders vgl. aber das bei Röhricht/Graf v. Westphalen/Haas/*Ries* Rn. 13 genannte Beispiel, das in der Praxis bereits eingetragen wurde: „SG GmbH"; s. auch *Kögel* Rpfleger 2000, 255 (256).

20 Mittlerweile hat der **BGH**[71] ausdrücklich bestätigt, dass der **Aneinanderreihung einer Buchstabenkombination** nach dem liberalisierten Firmenrecht gem. § 18 Abs. 1 nF neben der Unterscheidungskraft auch die erforderliche Kennzeichnungseignung – und damit zugleich **Namensfunktion** (§ 17 Abs. 1 nF) im Geschäftsverkehr zukommt.[72] Sie kann im Rechts- und Wirtschaftsverkehr zur Identifikation der dahinter stehenden Gesellschaft ohne Schwierigkeiten akzeptiert werden, wenn als notwendige, aber zugleich hinreichende Bedingung die Aussprechbarkeit der Firma im Sinne der Artikulierbarkeit erfüllt ist. Demgegenüber werden zB **Buchstabenzusammenstellungen,** die nicht aussprechbar oder sinnlos sind, vom Verkehr nicht als Name gewertet.[73]

21 **Kritisch** erscheint nach dem eindeutigen Urteil des BGH mE nur noch die Kennzeichnungseignung bei der alleinigen Verwendung nur **eines Buchstabens.**[74] Die Grenze sollte bei der Verwendung von zwei Buchstaben gezogen werden.[75] Deren Kennzeichnungseignung wird jedenfalls dann bejaht, wenn ein Verbindungszeichen wie „R+V Versicherung" oder ähnliches verwendet wird.[76]

22 Zu Recht ablehnend steht die Rspr. bisher einer **sinnlosen Aneinanderreihung von A-Blöcken** gegenüber,[77] die ersichtlich nur dem Zweck dient, für alle Zeiten in allen erdenklichen Verzeichnissen an erster Stelle zu stehen. Buchstabenzusammenstellungen, die kein aussprechbares Wort ergeben, werden vom Verkehr nicht als Fantasieworte aufgefasst.[78] Der Namensfunktion einer Firma werde nur eine solche Kennzeichnung gerecht, die als wörtliche Bezeichnung der Individualisierung einer Person oder eines Gegenstands durch die Sprache diene. Dazu gehöre grundsätzlich auch, dass der Name aussprechbar ist und durch die klangliche Wirkung eine bestimmte Vorstellung von dem Objekt seiner Benennung hervorrufe. Im Ergebnis ist dieser Rspr. zuzustimmen. Hierbei kann neben der fehlenden Kennzeichnungseignung auch mit der Prüfung eines Rechtsmissbrauchs argumentiert werden.[79]

23 **4. Zahlen.** Ob eine Firma die erforderliche Kennzeichnungseignung besitzt, wenn ihr **Firmenkern allein aus Zahlen** besteht, wird derzeit noch streitig diskutiert.[80] Gegen die

---

71 BGH NJW-RR 2009, 327 – HM & A; s. ebenso schon OLG Hamm ZIP 2008, 791 = FGPrax 2008, 78.

72 HM, vgl. OLG Frankfurt NJW 2002, 2400; EBJS/*Reuschle* Rn. 28; *Lutter/Welp* ZIP 1999, 1073 (1078); Röhricht/Graf v. Westphalen/Haas/*Ries* Rn. 12; *Schulenburg* NZG 2000, 1156 (1157); GK-HGB/*Steitz* Rn. 12; *Kögel* Rpfleger 2000, 255 (257); *Canaris* HandelsR § 10 Rn. 15; einschr. KKRD/*Roth* Rn. 3; aA OLG Celle DB 2006, 1950 = RNotZ 2006, 548 – AKDV-GmbH; *Oetker* HandelsR § 4 C II 1, Rn. 26.

73 AG Koblenz BeckRS 2014, 125808 – MGCMDR Ventures UG (haftungsbeschränkt), zitiert nach *Kiesel/Neises/Plewa/Poneleit/Rolfes/Wurster* DNotZ 2015, 740 (742).

74 Röhricht/Graf v. Westphalen/Haas/*Ries* Rn. 13; Oetker/*Schlingloff* Rn. 9; Staub/*Burgard* Rn. 14, zwar Kennzeichnungseignung bejaht aber abstrakte Unterscheidungskraft verneint.

75 Vgl. das bei Röhricht/Graf v. Westphalen/Haas/*Ries* Rn. 13 genannte Beispiel, das in der Praxis bereits eingetragen wurde: „SG GmbH"; s. auch *Kögel* Rpfleger 2000, 255 (256); allein zwei Buchstaben genügen: EBJS/*Reuschle* Rn. 28; GK-HGB/*Steitz* Rn. 12; *Möller* BB 1993, 808 (809); *Kögel* Rpfleger 2000, 255 (256); zuneigend auch Röhricht/Graf v. Westphalen/Haas/*Ries* Rn. 13.

76 *Clausnitzer* DNotZ 2010, 345 mwN; Scholz/*Cziupka* GmbHG § 4 Rn. 35; *Kögel* Rpfleger 2011, 17 mit Verweis auf AG Koblenz BeckRS 2010, 144739; zum Marken- und Patentrecht BGH GRUR 2001, 344 – DB-Immobilienfond; abl. noch: OLG Celle DB 2006, 1950 = RNotZ 2006, 548 – AKDV-GmbH; OLG München NJW-RR 2007, 187 = FGPrax 2007, 38 – K. S. S. e. V.

77 OLG Celle DB 1999, 40 = NJW-RR 1999, 543 = GmbHR 1999, 412 – AAA AAA AAA AB Lifesex-TV; OLG Frankfurt NJW 2002, 2400 – A. A. A.A. A. A.; wettbewerbsrechtlich zulässig aber Voranstellung der Buchstabenkombination „AA": OLG Hamm NWB 2005, 174 (Eilnachrichten).

78 BGHZ 11, 214 (217) = NJW 1954, 388 – KfA; BGHZ 74, 1 = NJW 1979, 2311; BGH NJW-RR 1998, 253 = GRUR 1998, 165 – RBB.

79 Zutr. *Canaris* HandelsR § 10 II 2 c Rn. 16; *Schulenburg* NZG 2000, 1156 stellt auf die fehlende Unterscheidungskraft wegen der Vielzahl der Buchstaben ab; krit. aber gegenüber dem firmenrechtlich nicht relevanten Missbrauchsargument *Kögel* Rpfleger 2011, 17: „XXXXLehmann GmbH" zulässig, mit Verweis auf KG Beschl. v. 16.2.2010 – 1 W 60/10, nv: „A.A.A.A. Axa Umzüge", zitiert nach *Kiesel/Neises/Plewa/Poneleit/Rolfes/Wurster* DNotZ 2015, 740 (742).

80 Befürwortend Röhricht/Graf v. Westphalen/Haas/*Ries* Rn. 14; *Lutter/Welp* ZIP 1999, 1073 (1078); *Canaris* HandelsR § 10 II 2 d Rn. 17; wohl in ähnlicher Richtung *Bülow* DB 1999, 269 (270); *Karsten Schmidt* NJW 1998, 2161 (2167); abl. *Kögel* BB 1998, 645 (646); *Kögel* Rpfleger 2000, 255 (256); *Müther* GmbHR 1998, 1058 (1060); Heymann/*Förster* Rn. 16: mit einzelnen prominenten Ausnahmen („4711").

Zulassung von Fantasiefirmen ist eingewandt worden,[81] man werde sich mit der Frage konfrontiert sehen, wie es um die Unterscheidungskraft/Kennzeichnungswirkung einer „Fifty-one GmbH" im Verhältnis zu einer „Fifty-two GmbH"[82] bestellt sei oder ob eine „1 + AG" eintragungsfähig seien. Ob eine Kombination willkürlich und sinnlos ist, stellt kein aussagekräftiges Kriterium für die Zulässigkeit der Firma dar. Entscheidend ist letztlich nur, ob die Firma genügend markant ist. So kann jedenfalls dann die **Kennzeichnungseignung** nicht bezweifelt werden, wenn die Zahlen in Buchstaben ausgeschrieben werden.[83] Dies dürfte auch für reine Ziffernkombinationen gelten.[84] In der Praxis besteht jedenfalls bereits eine „1 & 1 AG & Co. KGaA" und eine „1 + 2 GmbH",[85] was dem gesetzgeberischen Willen nach Liberalisierung des Firmenrechts Rechnung trägt. Eine Gefährdung des Rechtsverkehrs hierdurch lässt sich nicht erkennen. Allenfalls könnte die **abstrakte Unterscheidungskraft** (→ Rn. 25 ff.) bei einem Firmenkern ausschließlich aus Ziffern bezweifelt werden, da zB eine „45" gegenüber „46" oder „47" abstrakt zu wenig individualisiert.[86] Dieses Argument trägt mE nicht, da zB im Geschäftsverkehr auch bei entsprechenden Adressangaben in ein und derselben Straße allein durch die Hausnummer eine hinreichende Differenzierung erfolgt. Die – davon genau zu unterscheidende – **konkrete (deutliche) Unterscheidbarkeit** iSd § 30 zu einer anderen eingetragenen Firma am gleichen Ort wird allerdings bei mehreren Firmen, deren Firmenkern nur aus ähnlichen Ziffern besteht, regelmäßig zu verneinen sein.

Werden **Zahlen als Firmenbestandteil** mit einem Wort oder einer Buchstabenfolge 24
verbunden oder mit einer Branchen- oder Gattungsbezeichnung, ist die Kennzeichnungseignung regelmäßig zu bejahen. So haben sich in der Praxis bereits die Firmen „Pro 7", „Sat 1", „tm 3", „4 you" und „O2" etabliert.[87] Dies gilt auch dann, wenn sich der beabsichtigte Sinn nur bei korrekter Aussprache der Zahl in einer fremden Sprache wie im Fall der Firma „One2One" ergibt.[88]

III. Unterscheidungskraft (Abs. 1 Alt. 2)

Teilweise wird das Kriterium der **Unterscheidungskraft** nicht genau von der **Kenn-** 25
zeichnungseignung getrennt (→ Rn. 9 ff.).[89] Die abstrakt zu beurteilende Unterscheidungskraft beinhaltet die Individualisierungsfunktion der Firma. Sie muss allgemein gesehen geeignet sein, ihren Inhaber (Unternehmensträger) von anderen Personen (Unternehmensträgern) zu unterscheiden.[90] Damit stellt das Gesetz auf ein Kriterium ab, das im Markenrecht zentrale Bedeutung hat (vgl. §§ 3, 5 Abs. 2 MarkenG, § 15 Abs. 3 MarkenG).[91] Unterscheidungskraft setzt danach eine zur Unterscheidung des Unternehmens von anderen ausreichende Eigenart voraus. Diese ist gegeben, wenn die Bezeichnung vom Verkehr als individualisierender Herkunftshinweis auf das von anderen unterscheidbare Unternehmen aufgefasst wird.[92]

---

81 *Kögel* BB 1997, 793 (796).

82 Unterscheidungskraft bejahend *Bülow* DB 1999, 269 (270).

83 So Röhricht/Graf v. Westphalen/Haas/*Ries* Rn. 14 m. diversen Beispielen.

84 MüKoGmbHG/*Heinze* GmbHG § 4 Rn. 27; sowohl die Kennzeichnungseignung nach § 18 als auch die Unterscheidbarkeit nach § 30 einer Firma bestehend nur aus zwei Ziffern aber verneinend KG DB 2013, 1662; dagegen krit. bei Marken wie „4711"; *Kögel* Rpfleger 2015, 373 (375 f.).

85 Aus: Röhricht/Graf v. Westphalen/Haas/*Ries* Rn. 14.

86 Sowohl die Kennzeichnungseignung nach § 18 als auch die Unterscheidbarkeit nach § 30 einer Firma bestehend aus nur zwei Ziffern verneinend: KG DB 2013, 1662.

87 KG MDR 2013, 920 – „SUNSPA 10 GmbH"; zust. *Gottschalk* GWR 2013, 360.

88 *Canaris* HandelsR § 10 II 2 d Rn. 17; *Hauser* BuW 1999, 109 (110).

89 EBJS/*Reuschle* Rn. 3 spricht von der Unterscheidungskraft und der damit einhergehenden Kennzeichnungseignung.

90 Röhricht/Graf v. Westphalen/Haas/*Ries* Rn. 17; *Canaris* HandelsR § 10 II 3 Rn. 18 f.; *Bülow* DB 1999, 269 (270); *Lutter/Welp* ZIP 1999, 1073 (1074).

91 *Möller,* Neues Kaufmanns- und Firmenrecht, 1998, 25; Staub/*Burgard* Rn. 16; Bedenken gegen den „Gleichklang" beim Markenrecht und Firmenrecht wegen der unterschiedlichen Bezugsobjekte *Kögel* Rpfleger 2000, 255 (256).

92 Vgl. zum Markenrecht BGH NJW-RR 1996, 230 = GRUR 1996, 68 – COTTON LINE; *Fezer,* 4. Aufl. 2009, MarkenG § 15 Rn. 78, 82; *Ingerl/Rohnke* MarkenG § 8 Rn. 108; BGH GRUR 1999, 492 = NJW-RR 1999, 1202 – Altberliner; dazu *Gehrlein* EWiR 1999, 567.

26 Die Frage der Unterscheidungskraft überschneidet sich mit dem ebenfalls aus dem Kennzeichnungsrecht bekannten sog. **Freihaltebedürfnis.** Dieses dürfte wegen der Anlehnung des Firmenrechts an die kennzeichnungsrechtliche Terminologie auch im Firmenrecht berücksichtigt werden müssen.[93] In diesem Fall sind an die Individualisierungskraft der Firma nicht zu geringe Anforderungen zu stellen.

27 Davon abzugrenzen ist das **konkrete Unterscheidbarkeitserfordernis** nach § 30, wonach eine Firma mit einer bereits im Handelsregister eingetragenen anderen Firma am gleichen Ort nicht konkret verwechslungsfähig sein darf.[94] Danach prüft das Registergericht konkret die „deutliche Unterscheidbarkeit" gegenüber den schon im Register eingetragenen Firmen.

28 Die **Individualisierungsfunktion** nach § 18 Abs. 1 (nF) muss aber **nur abstrakt nicht mehr konkret** sein. Denn es wird nicht mehr das Anliegen des Abs. 1 (aF) verfolgt, die konkrete Identität des Trägers eines kaufmännischen Unternehmens aus der obligatorischen Personenfirma möglichst ableiten zu können.[95] Dies zeigt sich schon an der Zulassung von Sach- und Fantasiefirmen. Wer konkret den Unternehmer oder die Gesellschafter einer Handelsgesellschaft erkennen will, muss Einblick ins Handelsregister nehmen. § 37a fördert insoweit die Registerpublizität, da Kaufleute danach auf den **Geschäftsbriefen** zur Angabe des Ortes der Hauptniederlassung, des Registergerichts und der Nummer des Registerblattes verpflichtet sind.

29 Fehlende Unterscheidungskraft iSv Abs. 1 kann gleichzeitig den Tatbestand der **Eignung zur Irreführung** erfüllen. Im Rahmen der Prüfung nach Abs. 1 sind die Merkmale „wesentlich" und „ersichtlich" nicht heranzuziehen.[96] Wird die Unterscheidungskraft verneint, bedarf es aber keiner weiteren Prüfung nach § 18 Abs. 2.

30 **1. Sachfirma. a) Branchen- oder Gattungsbezeichnungen.** Nichtssagende Bezeichnungen wie reine Branchenangaben[97] Sach- oder Tätigkeitsbezeichnungen[98] genügen nicht und sind unzulässig.[99] Die Firma muss **zur Individualisierung geeignet** sein, was bei Branchen- oder Gattungsbezeichnungen nicht der Fall ist.[100] Auch nach neuem Recht können allein mit Branchenangaben wie „Gaststätten", „Bau" oder „Transport" keine Sachfirmen gebildet werden.[101] Darüber hinaus kann in Gattungsbezeichnungen die **„Selbstberühmung" liegen,**[102] das einzige oder eines der bedeutendsten Unternehmen innerhalb seiner Gattung zu sein.[103] Außerdem spricht das **Freihaltebedürfnis** des Verkehrs dagegen, Branchen- oder Gattungsbezeichnungen genügen zu lassen.[104] An die Unterscheidungskraft sind in diesen Fällen wegen des Freihaltungsbedürfnisses zur

---

[93] AA Staub/*Burgard* Rn. 18.

[94] Vgl. zB OLG Stuttgart NJWE-WettbR 1996, 111: „START Ticket" und „Starticket" war abstrakt unterscheidungskräftig, aber verwechslungsfähig.

[95] EBJS/*Reuschle* Rn. 6.

[96] HK-HGB/*Ruß* Rn. 7.

[97] OLG Hamm DB 1977, 2179 – Industrie und Baubedarf, Transportbeton; OLG Oldenburg BB 1990, 443 – Baumaschinen Consulting GmbH; BGH GRUR 2004, 514 – Telekom, zu § 5 Abs. 2 MarkenG; BayObLG NJW-RR 2003, 1544 = NZG 2003, 1029 – Profi-Handwerker.

[98] Staub/*Burgard* Rn. 25.

[99] Lutter/Hommelhoff/*Bayer* GmbHG § 4 Rn. 10; Baumbach/Hueck/*Fastrich* GmbHG § 4 Rn. 6b; Scholz/*Emmerich* GmbHG § 4 Rn. 18a f.; BeckOK HGB/*Bömeke* Rn. 13; *Kögel* BB 1998, 1645; s. auch OLG Brandenburg BeckRS 2006, 5558; zur ausnahmsweisen Zulässigkeit bei Verkehrsgeltung als Herkunftsbezeichnung; aA HCL/*Heinrich* GmbHG § 4 Rn. 27.

[100] KG GmbHR 2012, 856; OLG Frankfurt OLGR 2005, 407 = Rpfleger 2005, 366 f. = FGPrax 2005, 133 f.; BayObLG GmbHR 2003, 1003 = NZG 2003, 1029; vgl. auch *Priester* DNotZ 1998, 691 (697); *Kögel* BB 1998, 1645 (1646); *Schumacher* ZAP Fach 15, 1999, 309.

[101] BayObLGZ 1997, 187 = NJW-RR 1998, 40 = Rpfleger 1997, 531; *Müther* GmbHR 1998, 1058 (1059); *Hauser* BuW 1999, 109 (110).

[102] *Wellmann* BB 1961, 1102.

[103] *Bokelmann* FirmenR Rn. 508 ff.

[104] *Müther* GmbHR 1998, 1058 (1059); Scholz/*Emmerich* GmbHG § 4 Rn. 20; *Meyding/Schnorbus/Hennig* ZNotP 2006, 122 (125); aA HCL/*Heinrich* GmbHG § 4 Rn. 27; zum Freihaltebedürfnis eingehend *Fezer,* 4. Aufl. 2009, MarkenG § 15 Rn. 78 ff., 82.

Verwendung derselben Begriffe durch andere Kaufleute besonders strenge Anforderungen zu stellen.[105]

31 Auch der Firmenname einer **Unternehmergesellschaft (haftungsbeschränkt)** iSd § 5a GmbHG muss gem. § 18 Abs. 1 Unterscheidungskraft besitzen. Diese ist auch dort zweifelhaft bei einer bloßen Branchen- oder Gattungsbezeichnung für Waren oder Dienstleistungen, da eine solche auf eine unbestimmte Vielzahl anderer Unternehmen derselben Branche zutrifft.[106]

32 Auch die **Begründung zum Regierungsentwurf**[107] spricht für diese hier vertretene Meinung. Es heißt dort, die Unterscheidungskraft von Fantasiefirmen könne durchaus größer sein als die von Sachfirmen, die dem Unternehmensgegenstand entnommen sind. Sachfirmen seien nämlich wegen ihres von ihrer Natur her eher beschreibenden Charakters bei Unternehmen, die in dem gleichen Wirtschaftssektor tätig sind, zwangsläufig dem Risiko fehlender Unterscheidungskraft ausgesetzt.

33 **Beispiele für nicht eintragungsfähige Sachfirmen:** „Gebäudereinigung[108]", „Eisenhandel",[109] „Mineralölvertrieb",[110] „Bauland",[111] „Das Bad-GmbH",[112] „Transportbeton-GmbH", „Staplervermietungs-GmbH", „Industrie- und Baubedarfs-GmbH", „Anlagenbau GmbH",[113] „Profi-Handwerker GmbH"[114] und „Camping Akademie GmbH".[115] An der Grenze liegt eine Entscheidung des **BayObLG,**[116] nach der „interhandel" zulässig sein soll, weil eine „gewisse Eigentümlichkeit" nicht zu verkennen sei. Zulässig als nicht nur beschreibende Gattungsbezeichnung sind aber die Firmenbestandteile „Floratec"[117] und „meditec".[118]

34 **Individualisierende Zusätze** können Gattungsfirmen aber unter bestimmten Umständen zulässig machen.[119] Insoweit kommen zunächst Fantasiebezeichnungen in Betracht, und auch Ortsnamen,[120] sofern diese Zusätze nicht ihrerseits täuschen. Werden Gattungsbezeichnungen mit **Ortsbezeichnungen** verbunden, müssen Letztere aber an sich zulässig sein,[121] um das Gebot firmenrechtlicher Individualisierung zu erfüllen. So soll auch die Firma **„Autodienst-Berlin Ltd."** die nach § 18 Abs. 1 erforderliche (abstrakte Unterscheidungskraft besitzen, da die Kennzeichnung nach ihrer Art geeignet ist, ihren Inhaber von anderen Unternehmensträgern unterscheidet.[122] In ihrer Gesamtheit kommt

---

[105] KG GmbHR 2012, 856, für die UG (haftungsbeschränkt); OLG München NJW 2002, 611 = ZUM 2002, 229; BayObLG NZG 2003, 1029 = GmbHR 2003, 1003; *Müther* GmbHR 1998, 1058; KKRD/*Roth* Rn. 4; *Lutter/Welp* ZIP 1999, 1074.

[106] KG GmbHR 2012, 856.

[107] BT-Drs. 13/8444, 37.

[108] OLG Düsseldorf Urt. v. 21.4.1970 – 3 W 23/70; DB 1970, 923 und LG Aachen Urt. v. 20.2.1970 – 8 T 4/69, BB-Beil. 1971, 15 f.

[109] Lutter/Hommelhoff/*Bayer* GmbHG § 4 Rn. 10 mwN.

[110] Scholz/*Cziupka* GmbHG § 4 Rn. 44.

[111] OLG Dresden GRUR 1997, 846.

[112] BayObLG NJW-RR 1998, 40.

[113] OLG Stuttgart GmbHR 1990, 351.

[114] BayObLG Rpfleger 2003, 589 = NZG 2003, 1029.

[115] OLG Rostock GmbHR 2011, 829.

[116] BayObLGZ 1972, 388 = NJW 1973, 371.

[117] OLG Saarbrücken NJWE-WettbR 1999, 258.

[118] BayObLGZ 1999, 114 = NJW-RR 2000, 111; abl. *Möller* DNotZ 2000, 831 (837) wegen der Mehrdeutigkeit.

[119] Zulässig ist etwa „Luma Rohstoffhandel" oder „Lactan Milchtechnik", *Veismann* DB 1966, 99 (100); unzulässig: „Baumaschinen Consulting" ist als Gattungsbezeichnung nicht geeignet, hinreichend zu individualisieren, OLG Oldenburg GmbHR 1990, 350; ebenso OLG Hamm OLGZ 1978, 38 zu „Industrie- und Baubedarf"; OLG Frankfurt DB 2006, 269 f. = GmbHR 2006, 259: Individualisierung des allgemein gehaltenen Firmenbestandteils „consulting" durch vorangestellten Zusatz „perspectives".

[120] Scholz/*Emmerich* GmbHG § 4 Rn. 18a f.; OLG Zweibrücken BeckRS 2012, 13796; OLG Oldenburg Rpfleger 2010, 145 (146): nicht ausreichend als individueller Zusatz ist der Zusatz „Deutsche".

[121] *Veismann* DB 1966, 99 (100): fraglich „Rheinische Polstermöbel" oder „Teppichreinigung Ruhr".

[122] KG NZG 2008, 80 = DNotZ 2008, 392; s. auch „Münchner Hausverwaltung GmbH", OLG München Rpfleger 2010, 515.

der Firma der Beteiligten durch den weiteren Bestandteil „Berlin“ ausreichende Eigenart zu.[123] Es besteht auch kein Bedürfnis, die Zusammensetzung „Autodienst-Berlin“ firmenrechtlich freizuhalten. Dritte haben weiterhin die Möglichkeit, Firmen zu gebrauchen, die die Gattungsbezeichnung „Autodienst“ mit anderweitiger – zulässiger – Ortsbezeichnung oder einem sonstigen individualisierenden Zusatz enthalten. In die gleiche Richtung deutet die Entscheidung des OLG München zur „Münchner Hausverwaltung GmbH“.[124]

35 Nach der hier vertretenen Ansicht zur Aussprechbarkeit von **Buchstabenkombinationen** (→ Rn. 19) genügt regelmäßig auch das Hinzufügen von mindestens zwei Buchstaben zur Individualisierung. So schreibt auch *Kögel*[125] unter der Überschrift „farblose Sachfirmen“, das bisher geltende Konkretisierungsgebot sei aufgegeben worden. „Betreibt eine GmbH den Schuhhandel, kann die Firma künftig nur ‚ABC Handels-GmbH‘ lauten“.

36 Die Firma **„Planung für Küche und Bad Ltd.“** enthält nur beschreibende Angaben zum Gegenstand des Unternehmens und besitzt deshalb nach den Maßstäben des deutschen Rechts keine hinreichende Unterscheidungskraft.[126] Zur Zulässigkeit für die Zweigniederlassung einer englischen Private Limited Company → Vor § 17 Rn. 63 ff. Die Firma „Zahnarztpraxis“ hielt das OLG München[127] demgegenüber auch bei einer ausländischen Zweigniederlassung mangels Kennzeichnungseignung und Unterscheidungskraft nicht für akzeptabel. Nicht überzeugend erscheint in diesem Zusammenhang die Entscheidung des LG Hanau,[128] in der der Firma **„Real Estate International Investment AG“** für eine deutsche AG die hinreichende Individualisierung abgesprochen wurde.

37 Ob eine **Internet-Domain,** die als Kern nur eine Gattungs- oder Branchenbezeichnung enthält, als Firma verwendet werden kann, ist derzeit streitig so wird ihr derzeit selbst mit einem individualisierenden Domainzusatz „.de“ oder „.com“ die Unterscheidungskraft abgesprochen.[129] Auch das Anfügen einer **Top-Level-Domain** wie bei der Internet-Domain „brillenshop.de GmbH“[130] soll die Verwendung einer Branchenbezeichnung firmenrechtlich nicht hinreichend unterscheidungskräftig machen. So hält das **OLG Frankfurt**[131] die Firma „Outlets.de“ für nicht unterscheidungskräftig. Der Rechtsverkehr stelle für die Frage der Unterscheidbarkeit und Individualisierbarkeit bei der Firmierung im Rahmen einer Internetdomain nicht auf die Top-Level-Domain ab, sondern auf die Second-Level-Domain. Dies erscheint mE zweifelhaft, da die eigene so verwendete Internetdomain nach den Vergabekriterien der DENIC gerade nur von einem einzigen Domain-Nutzer in Deutschland verwendet werden darf. Bedenkt man, dass schon allein die Buchstabenkombination aus zwei oder drei Buchstaben – hier noch ergänzt durch einen Punkt – den Anforderungen an die Unterscheidungskraft einer Firma genügt (→ Rn. 25), überzeugt diese strenge ablehnende Meinung erst recht nicht.[132] Auch nach Ansicht des **OLG Dresden**[133] kann sich die Unterscheidungskraft einer an eine Internet-Domain angelehnten Firma gem.

---

[123] Krit. wegen fehlender Unterscheidungskraft aber *Kanzleiter* DNotZ 2008, 392 (394) und *Kilian* notar 2009, 19 (23); *Schulte* GmbHR 2008, Heft 3, R33–R34, spricht gar von einem „Drachenstich“ des KG und das jähe Ende des Firmenrechts in Deutschland; vor dem Hintergrund der EuGH-Rspr. iErg zust. *Kögel* Rpfleger 2009, 291 (293).

[124] OLG München Rpfleger 2010, 515; abl. weiterhin *Clausnitzer* DNotZ 2010, 345 (350); diff. nach Stellung des Ortszusatzes *Kögel* Rpfleger 2011, 17 (18), allerdings unter dem Aspekt des § 30 HGB.

[125] *Kögel* BB 1998, 1645 (1646).

[126] OLG München NJW-RR 2007, 1677 Planung für Küche und Bad = GmbHR 2007, 979 mAnm *Wachter;* vgl. auch BayObLG NJW-RR 2003, 1544 – Profi-Handwerker; Baumbach/Hopt/*Hopt,* Rn. 6.

[127] OLG München NZG 2011, 157.

[128] LG Hanau Beschl. v. 6.3.2008 – 5 T 3/08, zitiert nach *Kögel* Rpfleger 2009, 291 (293) in Fn. 58.

[129] LG Köln RNotZ 2008, 553 = Rpfleger 2008, 425 – brillenshop.de; aA LG Braunschweig MMR 2007, 195 für die markenrechtliche Unterscheidbarkeit.

[130] Abl. LG Köln Rpfleger 2008, 425 = RNotZ 2008, 553; zust. *Clausnitzer* DNotZ 2010, 345 (350).

[131] OLG Frankfurt GmbHR 2011, 202.

[132] Im Ergebnis auch Scholz/*Cziupka* GmbHG § 4 Rn. 48; aA Röhricht/Graf v. Westphalen/Haas/*Ries* Rn. 18; *Seifert* Rpfleger 2001, 395 ff.; strenger auch noch *Clausnitzer* DNotZ 2010, 345 (350).

[133] OLG Dresden Rpfleger 2011, 277 – „X-shop-germany.eu“; ebenso für die markenrechtliche Unterscheidbarkeit: LG Braunschweig MMR 2007, 195; zur markenrechtlichen Verwechslungsgefahr bei einer Internetdomain auch: OLG Hamburg NJW-RR 2006, 984.

§ 18 Abs. 1 aus dem Zusammenhang einer für sich gesehen nicht unterscheidungskräftigen Second-Level-Domain und der dazu gehörenden Top-Level-Domain ergeben. Dies wird mE in der Tendenz durch Schaffung einer Vielzahl neuer Top-Level-Domain[134] bestätigt.

b) Umgangssprache, Sachbezeichnungen und geografische Bezeichnungen. 38
Worte der Umgangssprache, Sachbezeichnungen und geografische Bezeichnungen sind wegen **Fehlens der** abstrakten **Unterscheidungskraft** nicht eintragungsfähig, wenn die Firma allein mit ihnen gebildet wird.[135] Hier gilt das Gleiche wie für reine Gattungsbezeichnungen.[136] Fehlende Unterscheidungskraft hat die Rspr. etwa geschäftlichen Bezeichnungen wie „Managementseminare", „Altamoda", „Sicherheit + Technik", bescheinigt. Als unterscheidungsfähig dagegen wurden im Einzelfall angesehen „Rhein-Chemie", „Interglas", „Datacolor", „Interprint" und „Computerland".[137] Auch ein Wort der Umgangssprache oder eine Gattungsbezeichnung wird allerdings als Firma verwendbar, **wenn Verkehrsgeltung erlangt ist.**[138] Der BGH[139] hat erkannt, die Bezeichnung „Video-Rent" sei als Firmenbezeichnung für einen Geschäftsbetrieb, der Geräte und Zubehör der Unterhaltungselektronik einschließlich Videogeräten und Videokassetten umfasse, nicht unterscheidungskräftig. In den Gründen ist ausgeführt: Da der Firmenbestandteil „Video-Rent" keine Verkehrsgeltung erlangt habe, setze ein Schutz voraus, dass es sich um eine unterscheidungskräftige Bezeichnung handelt. An dieser Voraussetzung fehle es regelmäßig bei Gattungsbezeichnungen, insbesondere bei **rein beschreibenden Angaben.** Diese besäßen meistens keine ausreichende Eigenart, um vom Verkehr als eindeutiger Hinweis auf einen bestimmten Namensträger aufgefasst zu werden. Mit gleicher Argumentation lehnte der BGH die unternehmenskennzeichnende Unterscheidung bei „Leasing-Partner"[140] und bei „COTTON-LINE"[141] ab. Die Firmenbestandteile „Net-Com"[142] und „acpharma"[143] erkannte er hingegen an.[144]

2. Personenfirma. Grundsätzlich bestehen bei der Personenfirma weniger Schwie- 39
rigkeiten mit der erforderlichen Unterscheidungskraft. Zum Teil[145] wird aber sog. **Allerweltsnamen** wie Meier oder Müller ohne Zusatz eines Vornamens schon die abstrakte Unterscheidbarkeit abgesprochen. Diese Meinung ist noch zu sehr von der alten Rechtslage nach § 18 Abs. 1 (aF) geprägt und verwischt die Differenzierung zwischen Kennzeichnungseignung, abstrakter Unterscheidungskraft und konkreter Unterscheidbarkeit iSd § 30 von anderen Firmen am gleichen Ort.[146] Die Namensfunktion im Rahmen der Kennzeichnungseignung steht auch bei einem Allerweltsnamen außer Frage. Auch die abstrakte Unterscheidungskraft im Sinne einer Identifizierungseignung eines bestimmten Unternehmens liegt vor.[147] Die Verkehrskreise sind grundsätzlich bei jeder Personenfirma

---

134 S. die Registrierung bei www.icann.org.
135 Heymann/*Förster* Rn. 21: „konturenlose Allgemeinbegriffe" mit Beispielen In Rn. 24; s. auch schon *Müther* GmbHR 1998, 1058 (1059): mit dem Freihaltebedürfnis begründet.
136 Vgl. OLG Zweibrücken BeckRS 2012, 13796 für nichtssagende Branchen- und Gattungsbezeichnungen in Kombination mit einer geografischen Bezeichnung.
137 Entnommen der Veröffentlichung des DIHT: *Möller,* Neues Kaufmanns- und Firmenrecht, 1998, 25, ohne nähere Fundstellennachweise.
138 Staub/*Burgard* Rn. 18 aE kritisch, anerkannt aber Staub/*Burgard* Rn. 15 aE, zB für Buchstabenkombinationen wie „4711".
139 BGH NJW 1987, 438 = GRUR 1988, 319.
140 BGH GRUR 1991, 556 = NJW-RR 1991, 1190.
141 BGH GRUR 1996, 68.
142 BGH GRUR 1997, 468; anders aber LG Stuttgart 10 KfH 039/99, nv, zitiert nach *Kögel* Rpfleger 2000, 255 (256) Fn. 8 – für „e-com".
143 BGH GRUR 1992, 550 = MDR 1992, 861.
144 Krit. zur Rechtsklarheit bei dieser Abgrenzung *Kögel* Rpfleger 2000, 255 (256).
145 *W.-H. Roth* in Die Reform des Handelsstandes und der Personengesellschaft, 1999, 31 (36).
146 *Heidinger* DB 2005, 815.
147 EBJS/*Reuschle* Rn. 7; HCL/*Heinrich* GmbHG § 4 Rn. 19; KKRD/*Roth* Rn. 4; Lutter/Hommelhoff/*Bayer* GmbHG § 4 Rn. 11; Röhricht/Graf v. Westphalen/Haas/*Ries* Rn. 19; *Möller,* Neues Kaufmanns- und Firmenrecht, 1998, 24; im Zusammenhang mit dem Schutz nach §§ 5, 15 MarkenG *Ingerl/Rohnke* MarkenG § 5 Rn. 24; abl. *Fezer,* 4. Aufl. 2009, MarkenG § 15 Rn. 78; s. auch EuGH EuZW 2004,

in der Lage, auf einen bestimmten Unternehmensträger zu schließen. Schon nach altem Recht war daher zB eine Müller-GmbH zulässig. Nur die konkrete Unterscheidbarkeit mehrerer Allerweltsnamenfirmen am gleichen Ort kann es erforderlich machen, einen Zusatz wie zB den Vornamen hinzuzufügen.[148] Dies hat der BGH[149] jedenfalls für das **Markenrecht** auch ausdrücklich bestätigt. Unabhängig von seiner Häufigkeit ist **jeder Familienname** dazu geeignet und bestimmt, seinen Namensträger **individuell zu bezeichnen und damit von anderen Personen zu unterscheiden.** Trotz seiner Häufigkeit kann ihm daher eine zur Begründung der Schutzfähigkeit hinreichende, wenn auch – mangels einer besonderen Eigenart des Namens – **schwache Unterscheidungskraft nicht abgesprochen werden.**

40 Auch die **abgewandelte oder gekürzte Verwendung** des eigenen Namens in der Firma bzw. die Benutzung eines **fremden Namens** stellt kein Problem der Kennzeichnungseignung oder der abstrakten Unterscheidungskraft dar. Nur die Täuschungseignung nach § 18 Abs. 2 steht hier ggf. zur Debatte (→ § 17 Rn. 23 ff. zur Personenfirma allgemein; → Rn. 65 ff., → Rn. 82 ff. und → Rn. 109 zu den einzelnen Rechtsträgern; → Rn. 180 ff. zur Täuschungseignung).

41 **3. Fantasiefirma.** Die Fantasiefirma wird in aller Regel unterscheidungskräftiger sein als eine Sach- oder Personenfirma (→ § 17 Rn. 32). Probleme können aber mit der Kennzeichnungseignung zB bei reinen Zahlen- oder Buchstabenkombinationen auftreten (→ Rn. 17 ff., 23 f.). Bei nur aus Allgemeinbegriffen gebildeten Fantasiebezeichnungen fehlt die Kennzeichnungseignung wie bei Gattungsbegriffen.[150] In diesem Zusammenhang werden „Creativ", „Fun", „Welch ein Tag",[151] „Today"[152] oder „Turbo"[153] genannt.

IV. Irreführungsverbot (Abs. 2)

42 In Abs. 2 von § 18 kommt die zu den tragenden Grundsätzen des Firmenrechts gehörende Forderung nach **Firmenwahrheit** zum Ausdruck (→ Vor § 17 Rn. 18 ff.).[154]

43 **1. Firmenwahrheit. a) Grundsatz.** Firmenwahrheit bedeutet, dass Irreführungen des Publikums vermieden werden sollen.[155] Die Firma darf weder in ihrem Kern noch den Zusätzen oder insgesamt Angaben enthalten, die geeignet sind, über geschäftliche Verhältnisse, die für die angesprochenen Verkehrskreise wesentlich sind, unrichtige Vorstellungen hervorzurufen bzw. einen objektiv falschen Tatbestand zu behaupten.[156] Auch Übertreibungen können dem Irreführungsverbot unterfallen.

44 Welche Anforderungen an den Wahrheitsgehalt einer Firma zu stellen sind, ist zurzeit besonders im **Hinblick auf das Europarecht** schwierig zu beantworten (zu den europarechtlichen Schranken der Anwendung deutschen Firmenrechts → Vor § 17 Rn. 33 ff.). Die Verkehrsauffassung ist Maßstab dafür, wie eine Firma zu beurteilen und ob sie täuschungsgeeignet ist. Zu ermitteln ist zunächst, welche Verkehrskreise angesprochen sind: das allgemeine Publikum, engere Kreise oder Spezialbranchen? **Angesprochene Verkehrs-**

670 – Nichols: für konkrete Einzelfallbeurteilung der Frage der markenrechtlichen Unterscheidungskraft eines alleinstehenden verbreiteten Nachnamens; zweifelnd noch BGH GRUR 1979, 642 (643) – Billich; zurückhaltend auch noch diff. nach alltäglichem Nachnamen und Allerweltsnamen: Roth/Altmeppen/*Altmeppen* GmbHG § 4 Rn. 6 f.

[148] So auch Scholz/*Cziupka* GmbHG § 4 Rn. 50.

[149] BGH NJW 2008, 2923.

[150] *Bülow* DB 1999, 269 (270); Oetker/*Schlingloff* Rn. 13.

[151] BPatG WRP 1998, 893.

[152] BGH NJW-RR 1998, 1261.

[153] BGH NJW 1995, 1754 = GRUR 1995, 410 = DB 1995, 1602.

[154] Begr. RegE, BT-Drs. 13/8444, 36; BGHZ 44, 286 (287) = NJW 1965, 2248; BGHZ 53, 65 (69) = NJW 1970, 704; BGHZ 65, 89 (92) = GmbHR 1975, 252; BGHZ 68, 12 (14) = NJW 1977, 383; BGHZ 68, 271 (273) = NJW 1977, 1291; BGHZ 80, 353 (355 f.) = NJW 1981, 2746; ganz hM, vgl. nur Staub/*Burgard* Rn. 33; Heymann/*Förster* Rn. 25; *Karsten Schmidt* HandelsR § 12 Rn. 88.

[155] *Heinrich,* Firmenwahrheit und Firmenbeständigkeit, 1982, Rn. 1.

[156] BayObLGZ 1971, 347 (348 ff.); 1972, 277 (280); 1989, 44 (46); *Kögel* Rpfleger 2000, 255 (258).

kreise sind diejenigen, an welche sich die Gesellschaft nach dem Gegenstand des Unternehmens mit ihrer Tätigkeit wendet. Dann ist zu fragen, wie der maßgebliche Adressat die Firma (beziehungsweise ein herausragendes Firmenschlagwort) begreift. Feste Regeln gibt es nicht. Maßgebend ist, wie diese Verkehrskreise die Angaben in der Firma tatsächlich verstehen und wie sie auf die Angaben reagieren. Die **Irreführungseignung** wurde schon früher als unbestimmter Rechtsbegriff eingeordnet.[157] Jeweils für den Einzelfall ist festzustellen, ob nach der Auffassung des mutmaßlichen Verkehrskreises die Firma geeignet ist, eine Irreführung zu bewirken. Im Eintragungsverfahren hat das Gericht die Verkehrsauffassung aus eigener Sachkunde zu beurteilen, nur in Zweifelsfällen von Amts wegen zu ermitteln.[158] Hilfreich sind dann auch Gutachten der Industrie- und Handelskammern und deren Umfragen, Auskünfte von Wirtschaftsverbänden oder das Einschalten von Meinungsforschungsinstituten.

§ 18 Abs. 2 S. 1 enthält das Irreführungsverbot für jede Firma (Grundsatz der Firmen- 45
wahrheit).[159] Das ist objektiv zu beurteilen. **Täuschungsbewusstsein oder gar -absicht** ist nicht erforderlich.[160] Das Irreführungsverbot ist dem § 5 UWG nachgebildet[161] und enthält ein allgemeines und umfassendes Verbot, durch die ganze Firma oder Teile derselben irrezuführen.[162] Durch das HRefG von 1998 wurde das Verbot der Irreführung auf die für die angesprochenen Verkehrskreise wesentlichen geschäftlichen Verhältnisse beschränkt (§ 18 Abs. 2 S. 1).

b) Frei gewordene Firma. Das Gebot der Firmenwahrheit begleitet die Firma, 46
solange diese besteht und entfaltet unter Umständen in Bezug auf Dritte selbst dann noch Wirkung, wenn sie erloschen ist. Die **Firma des Einzelkaufmanns** erlischt, wenn sie nicht mehr benutzt, das Handelsgewerbe dauernd und nicht nur vorübergehend aufgegeben wird (→ § 17 Rn. 45 ff.). Rein formal ist die erloschene Firma nun „frei", und doch kann die Firma nicht – zumindest nicht unmittelbar nach ihrer Aufgabe – von einem anderen Unternehmen am gleichen Ort angenommen werden. Zwar liegt dann **kein Verstoß gegen § 30** vor (→ § 30 Rn. 17: es waren nie gleichzeitig zwei Firmen gleichen Namens im Handelsregister eingetragen), doch **kann der redliche Verkehr getäuscht werden,** wenn für ihn nicht erkennbar ist, dass sich unter dem bisherigen (alten) Namen nun ein anderes, neues Rechtsgebilde verbirgt,[163] was im Übrigen zum Teil bewusst ausgenutzt wird.[164] Zum Beispiel kann die Verwendung des Zusatzes „HEIA – Polstermöbelfabrik" in der Öffentlichkeit den Eindruck erwecken, die gelöschte Firma „Heia – Polstermöbelwerkstätten" sei wiederaufgelebt.[165]

c) Nachträglich unwahr gewordene Firma. Die Firma muss (im recht verstandenen 47
Sinne) wahr und klar sein.[166] Dieser Grundsatz gilt uneingeschränkt jedenfalls für die Firmenneubildung.[167] Er beansprucht aber im Prinzip auch Geltung, wenn eine ursprünglich

---

[157] Staub/*Hüffer*, 4. Aufl. 1983, Rn. 29; *Hofmann* JuS 1972, 233 (235 f.); jetzt auch noch BeckOGK/*Lüken/Natzel*, 15.11.2019 Rn. 104.

[158] EBJS/*Reuschle* Rn. 41.

[159] Analoge Anwendung für den Vereinsnamen: KG FGPrax 2012, 32, 32 = BeckRS 2011, 27137; OLG Frankfurt NZG 2011, 1234 = BB 2011, 2114.

[160] BayObLG NJW 1972, 165, 165.

[161] KBF/*Bornkamm/Feddersen* UWG § 5 Rn. 4.6: die Wertungsmaßstäbe sind identisch; der Schutz vor Irreführung kann im Wettberwerbsrecht aber weiter gehen als im Firmenrecht.

[162] Baumbach/Hopt/*Hopt* § 18 Rn. 9 mwN.

[163] OLG Hamburg OLGZ 1987, 191 (192 f.); *Bokelmann* FirmenR Rn. 98 f.; *Karsten Schmidt* HandelsR § 12 Rn. 133 f.: „Problem des sog. Firmenwechsels"; anders, wenn auch mit Einschränkungen, *Wellmann* GmbHR 1972, 193 (197).

[164] *Karsten Schmidt* HandelsR § 12 Rn. 133: es werde zT versucht, die Firmen „regelrecht auszutauschen".

[165] OLG Hamm Rpfleger 1967, 414.

[166] BGHZ 80, 353 (355) = NJW 1981, 2746; BayObLG DB 1990, 2013; OLG Hamm OLGZ 1987, 290 (291).

[167] BGHZ 65, 89 (92) = GmbHR 1975, 252; BGHZ 80, 353 (355) = NJW 1981, 2746; *Heinrich*, Firmenwahrheit und Firmenbeständigkeit, 1982, Rn. 9.

wahre und klare Firma nachträglich als unwahr einzustufen ist.[168] Mehrere Fallgestaltungen sind auseinander zu halten.

48 Zum einen können sich die **tatsächlichen Verhältnisse,** bedingt durch die Entwicklung des Unternehmens, **so geändert haben, dass die Firma unzulässig geworden ist.**[169] Eine geografische Bezeichnung ist eindeutig nicht mehr gerechtfertigt; der Geschäftsbetrieb hat sich in einer Weise geändert, dass die ursprünglich wahre Sachfirma jetzt täuscht. Das Unternehmen stellt eine bestimmte Ware nicht mehr her, sondern handelt nur noch mit ihr.[170] Ein Unternehmen hat die Branche gewechselt, produziert anstelle von Nähmaschinen nun Schuhe. Entscheidend ist insoweit die tatsächlich ausgeübte Tätigkeit und nicht der in der Satzung festgeschriebene (statutarische) Unternehmensgegenstand.[171] Zur Fortführungsberechtigung einer nachträglich bezüglich eines verwendeten Personennamens unwahr gewordenen Firma → § 21 Rn. 1 ff., → § 22 Rn. 1 ff. und → § 24 Rn. 1 ff.

49 Eine Firma kann auch dadurch nachträglich „unwahr" werden, dass sich die **Rspr.** in der Auslegung eines Gesetzes, der **Sprachgebrauch** oder die **Verkehrsauffassung ändern.** In der Regel wird dann aber die Sachfirma nicht unzulässig, und das Registergericht wird nicht einschreiten (→ § 37 Rn. 29: Analogie zu Art. 22 Abs. 1 EGHGB).[172] Ausnahmsweise kann aber das öffentliche Interesse trotzdem ein Einschreiten gebieten, sofern die frühere Handhabung zwingenden Allgemeininteressen widersprach und noch widerspricht. So können die Begriffe „Finanz" und „Finanzierung" in einer Firma unter keinen Umständen Bestand haben, wenn sich die Gesellschaft lediglich auf dem Gebiet der Kreditvermittlung betätigt. Darauf, wie viele Jahre die Firma unbeanstandet eingetragen war, kommt es nicht an, wie auch nicht von Bedeutung ist, ob die Firma zum Zeitpunkt der Eintragung aus damaliger Sicht noch für zulässig anzusehen war oder nicht.[173]

50 In den vorangehend genannten Fällen kann das Registergericht gegen nachträglich eindeutig unzulässig gewordene Firmen **nach § 37 Abs. 1 iVm § 392 FamFG oder nach § 395 FamFG einschreiten,** nicht aber nach § 399 FamFG.[174] Von der Einleitung eines Firmenmissbrauchs- oder Amtslöschungsverfahrens kann das Registergericht aber nach seinem pflichtgemäßen Ermessen unter Abwägung der in Betracht kommenden privaten und öffentlichen Interessen unter besonderen Umständen ausnahmsweise absehen (→ § 37 Rn. 35).[175] Abzuwägen ist, ob sich aus der, gemessen an einer Ersteintragung, an sich unzulässigen Firmenführung nur geringe Irritationen ergeben, während auf der anderen

---

[168] BGHZ 10, 196 (201) = NJW 1953, 1348; RGZ 169, 147 (150) unter Bezugnahme auf RGZ 162, 121; hierzu Hachenburg/*Heinrich* GmbHG § 4 Rn. 29 ff.; Heymann/*Förster* Rn. 27; BeckOK HGB/*Bömeke* Rn. 24; Scholz/*Emmerich* GmbHG § 4 Rn. 19; *Bokelmann* FirmenR Rn. 531 ff., 706 ff., 830 ff., 840 ff.; *Weber,* Das Prinzip der Firmenwahrheit im HGB und die Bekämpfung irreführender Firmen nach dem UWG, 1984, 110 f., 131; aA noch Roth/Altmeppen/*Roth,* 8. Aufl. 2015, GmbHG § 4 Rn. 31 ff.

[169] Staub/*Burgard* Rn. 95; vgl. auch die Beispiele bei *Weber,* Das Prinzip der Firmenwahrheit im HGB und die Bekämpfung irreführender Firmen nach dem UWG, 1984, 110; s. zur Konzernfirma nach dem Ende der Unternehmensverbindung *Parmentier/Steer* GRUR 2003, 196 ff.

[170] BayObLGZ 1988, 194 = NJW 1988, 2480; Hachenburg/*Heinrich* GmbHG § 4 Rn. 31.

[171] BayObLGZ 1989, 44 (47) = NJW-RR 1989, 867; OLG Frankfurt OLGZ 1980, 291 (294); Hachenburg/*Heinrich* GmbHG § 4 Rn. 10; EBJS/*Reuschle* Rn. 24; Scholz/*Emmerich* GmbHG § 4 Rn. 18d: keine nachträgliche Nichtigkeit des Gesellschaftsvertrages; *Bokelmann* FirmenR Rn. 485.

[172] KG OLGZ 1965, 124 (130) = NJW 1965, 254 f.; OLG Stuttgart NJW 1960, 1865; OLG Celle BB 1952, 125; OLG München JFG 14, 475; Hachenburg/*Heinrich* GmbHG § 4 Rn. 31; aA Staub/*Hüffer,* 4. Aufl. 1983, Rn. 32; Staub/*Hüffer,* 4. Aufl. 1983, § 37 Rn. 17 ff. mit Einschränkung Rn. 19.

[173] Bedenklich insoweit OLG Frankfurt AG 1980, 82 (83 f.) zur Zulässigkeit einer „Finanzierungs"-AG, die vorwiegend nur die Vermittlung von Finanzierungen betrieb; vgl. auch AG Hamburg ZIP 1982, 1067 mAnm *Dürr* für eine von Anfang an unzulässige Firma; näher hierzu *Bokelmann* FirmenR Rn. 834 ff.

[174] BayObLGZ 1979, 207 (209); BayObLG GmbHR 1980, 11; Heymann/*Förster* Rn. 27; Baumbach/Hueck/*Fastrich* GmbHG § 4 Rn. 33; *Meyer-Landrut* GmbHG § 4 Rn. 53; Staub/*Burgard* Rn. 54; Röhricht/Graf v. Westphalen/Haas/*Ries* Rn. 39a; BeckOK HGB/*Bömeke* Rn. 65; aA HCL/*Heinrich* GmbHG § 4 Rn. 105, auch § 399 FamFG; so auch noch Michalski/*Michalski,* 2. Aufl. 2010, GmbHG § 4 Rn. 106; anders jetzt MHLS/*Mock* GmbHG § 4 Rn. 73.

[175] KG OLGZ 1965, 124 (125); OLG Köln BB 1977, 1671 (1672); Hachenburg/*Heinrich* GmbHG § 4 Rn. 30 f.; *Bokelmann* FirmenR Rn. 533 ff.; krit. Staub/*Burgard* § 37 Rn. 37 f.

Seite beim Fortfall der Firma für den Geschäftsinhaber unverhältnismäßige Nachteile entstünden,[176] wobei auch ein im Laufe der Zeit erworbener wertvoller Besitzstand ins Gewicht fallen kann.[177] Ist die Firma zulässig gebildet, so kann das Unternehmen Firmenkontinuität auch dann für sich reklamieren, wenn sich die tatsächlichen Verhältnisse so ändern, dass die Firma im Hinblick auf das Wahrheitsgebot neu jedenfalls nicht eingetragen worden wäre, *sofern* nur nicht die Gefahr einer Irreführung des Publikums in erheblichem und nicht mehr vertretbarem Umfang eintritt. Dann muss die Firmenkontinuität dem Prinzip der Firmenwahrheit weichen. Sachgerecht und praktisch hilfreich ist die Fragestellung, „ob sich die Firma in der Vorstellung der beteiligten Verkehrskreise noch mit dem geänderten Unternehmen verbindet".[178]

d) Abgeleitete Firma. Handelt es sich um eine abgeleitete Firma, wird der Grundsatz der **Firmenwahrheit relativiert.**[179] Unrichtigkeiten müssen aber nur für die gesetzlich ausdrücklich erlaubten Ausnahmen (§§ 22, 24) hingenommen werden, dh im Fall des § 18 Abs. 1 für die Namen als dem Firmenkern. 51

Nicht dagegen angesprochen sind die Zusätze. Der BGH hat ausdrücklich klargestellt, dass **der Grundsatz der Firmenwahrheit nicht vor den §§ 22, 24 halt macht**[180] und Zusätze nicht hinnehmbar sind, die nach Veräußerung des Geschäfts im Rechtsverkehr unzutreffende Vorstellungen „über Art und Umfang des Unternehmens sowie über geschäftlich bedeutsame persönliche Verhältnisse und Eigenschaften des neuen Unternehmensträgers hervorrufen" (genauer → § 22 Rn. 3). 52

2. Irreführungseignung. Irreführungseignung iSd § 18 Abs. 2 ist anzunehmen, wenn eine Angabe bei den maßgeblichen Verkehrskreisen eine unrichtige Vorstellung hervorrufen kann.[181] Die Angabe muss nur **zur Täuschung geeignet,** eine Täuschung nicht tatsächlich eingetreten sein. § 18 Abs. 2 aF sprach der Formulierung nach nur ein Täuschungsverbot für Firmenzusätze aus. Im Gegensatz zu der bisherigen Regelung wird im HRefG ein umfassendes Irreführungsverbot für alle Firmenbestandteile einschließlich der Firma als Ganzes festgelegt. In der Sache hat sich aber deshalb nichts geändert, weil schon § 18 Abs. 2 aF bereits dahin interpretiert worden ist, dass in ihm die zu den tragenden Grundsätzen des Firmenrechts gehörende Forderung nach „Firmenwahrheit" insgesamt zum Ausdruck kommt.[182] Auch der Firmenkern darf danach nicht täuschen. Das HRefG hält an der registerrechtlichen Prüfung der Firma auf Täuschungseignung im Interesse eines **vorbeugenden Verkehrsschutzes** fest, weil allein eine **nachträgliche Kontrolle** mit Mitteln des Wettbewerbsrechts nach § 5 UWG unzureichend wäre. 53

Wie nach bisherigem Recht ist es unerheblich, ob eine Irreführung beabsichtigt[183] oder bereits eingetreten ist.[184] Maßgebend ist **die Eignung zur Täuschung.**[185] Zum maßgeblichen Empfängerhorizont der Irreführungseignung → Rn. 62; zur Verkehrswesentlichkeit → Rn. 58. 54

---

176 KG OLGZ 1965, 124 (130).

177 OLG Zweibrücken OLGZ 1972, 391 (395).

178 Hachenburg/*Heinrich* GmbHG § 4 Rn. 31; *Meyer-Landrut* GmbHG § 4 Rn. 9; vgl. auch Heymann/*Förster* § 22 Rn. 18.

179 *Heinrich,* Firmenwahrheit und Firmenbeständigkeit, 1982, Rn. 4; Heymann/*Förster* § 22 Rn. 34; krit. *Kögel,* Rpfleger 2017, 435.

180 BGHZ 44, 116 (120); 44, 286 (287) = NJW 1965, 2248; 53, 65 (66); BGHZ 68, 12 (14); 68, 271 (273); vgl. auch RGZ 162, 121 (123); 169, 147 (150); KG OLGZ 1965, 124 (129) = NJW 1965, 254 (255); BayObLGZ 1978, 44 (46); OLG Frankfurt OLGZ 1979, 402 (404); OLG Frankfurt OLGZ 1980, 302 (304).

181 BeckOGK/*Lüken/Natzel,* 1.7.2019, Rn. 82.

182 BGHZ 53, 65 (66) = NJW 1970, 704.

183 RGZ 156, 16 (22).

184 KGJ 22 A 97, 99.

185 BGHZ 22, 88 (90) = NJW 1956, 1873; OLG Hamm NJW 1968, 2381; BayObLG DB 1979, 83 = BB 1979, 184; hM, vgl. nur Heymann/*Förster* Rn. 29; Staub/*Burgard* Rn. 41; *Bokelmann* FirmenR Rn. 95; *Hofmann* JuS 1972, 233 (235 f.).

55 Entscheidendes Abgrenzungskriterium für die Frage der Irreführungseignung sind die **angesprochenen Verkehrskreise** (→ Rn. 62). Dabei bedarf die Verkehrsauffassung objektiver Eingrenzung. Die registerrechtliche Regelung des formellen Firmenrechts (zu dem neben § 18 Abs. 2 auch die §§ 30 und 37 zählen), das von dem materiellen Firmenrecht (§ 12 BGB, § 15 MarkenG) zu sondern ist,[186] will in erster Linie Sicherheit im Rechtsverkehr gewährleisten und im öffentlichen, im rechtspolitischen Interesse[187] die Allgemeinheit vor Irreführung schützen.[188] Insoweit ist nach den objektiven Grenzen der Schutzbedürftigkeit der Allgemeinheit vor Irreführung zu fragen. Auszugehen ist von dem **(gedachten) Durchschnittsadressaten.** Von diesem ist jedenfalls zu fordern, dass er sich um Erkenntnis bemüht und kritisch überlegt, welches der richtig verstandene Aussagewert einer Firma sein kann und soll. Es ist nicht von einem einfältigen, dummen, desinteressierten und unaufmerksamen Verkehrsteilnehmer auszugehen, sondern von einem kritischen, aufmerksamen und „umsichtigen",[189] der in viel geringerem Umfang des gerichtlichen Schutzes bedarf als bisher angenommen und praktiziert (→ § 37 Rn. 15). Der Ansicht, diese Beurteilung unter den Vorbehalt der **„verständigen Würdigung"** zu stellen und so zu objektivieren, ist zuzustimmen.[190] Sie bringt eine Annäherung an die in der EU und vom EuGH ganz überwiegend vertretene Auffassung.[191] Sie vereinheitlicht so nicht nur die Rechtsentwicklung, sondern ersetzt zudem schwer zu ermittelnde subjektive Kriterien durch einen objektivierenden Maßstab.

56 Die ältere Lehre und Rspr. haben einen **„verhältnismäßig strengen Maßstab"** angelegt, wenn es galt, Täuschungen und Irrtümer zu vermeiden.[192] In den Nachbarstaaten sieht die Rechtslage überwiegend anders aus. Teilweise ist man großzügig bis (fast) hin zur „freien" Firma (Großbritannien, Holland). Insoweit muss ein Kompromiss gefunden und **§ 18 Abs. 2 „europarechtsfreundlich" interpretiert** werden, jedoch unter Einhaltung zumindest eines „strikten Minimums", das unter keinen Umständen unterschritten werden darf. Andernfalls würde ausländischen, der EU zugehörenden Gesellschaften die ihnen zustehende Niederlassungsfreiheit der Art. 49 und 54 AEUV strittig gemacht. Daher darf man ihnen mE nicht verwehren, die nach ihrem Heimatrecht zulässig gebildete Firma im Inland (Deutschland) zur Bildung der Firma einer Zweigniederlassung oder einer Tochtergesellschaft zu benutzen, sofern nicht die ausländische Firma tatsächlich gravierende Mängel in Bezug auf den Wahrheitsgehalt ihrer Firma aufweist (→ Vor § 17 Rn. 16, → Vor § 17 Rn. 51 ff.).[193]

57 **3. Geschäftliche Verhältnisse.** Im Sinne des § 18 Abs. 2 relevant ist nur eine Irreführungsgefahr über geschäftliche Verhältnisse. Diese im Vergleich zu § 18 aF geänderte Formulierung[194] lehnt sich an § 5 UWG („geschäftliche Handlung") an.[195] Das sind Umstände, die den Geschäftsbetrieb des Firmenträgers, zB Art, Umfang und Branchenbezug des Betriebs sowie den Inhaber des Betriebs und seine Verhältnisse betreffen.[196] Zu § 5 Abs. 1

[186] *v. Gamm,* Wettbewerbsrecht, 5. Aufl. 1985, Kap. 55 Rn. 8; Staub/*Hüffer,* 4. Aufl. 1983, § 37 Rn. 1.
[187] Staub/*Hüffer,* 4. Aufl. 1983, § 37 Rn. 1.
[188] Vgl. RGZ 75, 370 (372): Schutz der Interessen des Publikums und des Verkehrs; BGHZ 46, 7 (11) = NJW 1966, 1813 zu § 30: in erster Linie Schutz der Publikumsinteressen; BGHZ 53, 65 (70) = NJW 1970, 704 zu § 37 Abs. 2; BayObLGZ 1981, 88 (92); näher *v. Gamm,* Wettbewerbsrecht, 5. Aufl. 1985, Kap. 55 Rn. 7.
[189] Vgl. *Meyer* WRP 1993, 215 (224) zu der Abkehr vom „flüchtigen Verbraucher" im Wettbewerbsrecht und dem Verbraucherleitbild des EuGH mit eingehenden Literaturhinweisen.
[190] BeckOGK/*Lüken/Natzel* 15.11.2019, Rn. 103; *Bokelmann* GmbHR 1998, 60; *Lutter/Welp* ZIP 1999, 1079.
[191] S. zB EuGH WRP 1995, 677 f.; Slg. 1998, I-4657 = NJW 1998, 3183 – Gut Springenheide; EuGH NJW 2000, 1173 – Lifting-Creme; → Vor § 17 Rn. 33 ff.
[192] So ausdrücklich BGHZ 65, 89 (92) = NJW 1975, 2293; BGHZ 80, 353 (355) = NJW 1981, 2746.
[193] *Bokelmann* DB 1990, 1021 ff.; *Bokelmann* ZGR 1994, 325 ff.
[194] Dort noch über die Art oder den Umfang des Geschäfts oder die Verhältnisse des Geschäftsinhabers.
[195] *Schumacher,* HRefG, 1998, 62; Röhricht/Graf v. Westphalen/Haas/*Ries* Rn. 27; Begr. RegE, BT-Drs. 13/8444, 52; *Schaefer* ZNotP 1998, 170 (176).
[196] KKRD/*Roth* Rn. 8.

S. 2 Nr. 3 UWG werden verschiedene Fallgruppen gebildet. Irreführende Unternehmensbezeichnungen täuschen über die Identität des Unternehmens.[197] Auch irreführende Angaben über Eigenschaften, Umfang und Bedeutung des Unternehmens sind untersagt.[198] Bezogen auf die Person des Unternehmers dürfen nach § 5 Abs. 1 S. 2 Nr. 3 UWG Angaben über das Vermögen einschließlich der Rechte am geistigen Eigentum sowie über den Umfang von Verbindlichkeiten gleichermaßen wie Angaben über Befähigung und Qualifikation nicht irreführend sein.[199] Zuletzt verbietet § 5 Abs. 1 S. 2 Nr. 3 UWG die Irreführung über Auszeichnungen und Ehrungen sowie über Verhaltenskodizes (Nr. 6).[200] Der Begriff „ geschäftliche Verhältnisse" ist im Ergebnis weit auszulegen, so dass zB auch Angaben über die Waren- und Dienstleistungen neben denen über den Geschäftsbetrieb selbst darunter fallen.[201] Ausgeschlossen sind rein private Verhältnisse.[202] Zum Teil wird die diesbezügliche Änderung des Gesetzestextes nur als redaktionell angesehen.[203]

4. Verkehrswesentlichkeit. Die Möglichkeiten der Firmenbildung sollen durch das 58
Irreführungsverbot nicht über Gebühr eingeschränkt und das Registerverfahren durch die Firmenprüfung nicht unangemessen verzögert werden. Daher sollen nur solche Angaben als zur Irreführung geeignet beanstandet werden können, die für die angesprochenen Verkehrskreise wesentlich sind. Der Gesetzgeber führte damit eine **neue Wesentlichkeitsschwelle** ein. Es handelt sich dabei um eine materiellrechtliche Einschränkung, die § 13a UWG aF entlehnt ist und sicherstellen soll, dass nicht auch Angaben von geringer **wettbewerblicher Relevanz** oder solche, die für die wirtschaftliche Entscheidung der angesprochenen Verkehrskreise nur von untergeordneter Bedeutung sind, als irreführend eingestuft werden.[204] Hierin sind zwei Komponenten enthalten. Die geschäftlichen Verhältnisse, über die ein Irrtum droht, müssen **von einer gewissen Bedeutung** sein. Darüber hinaus soll es wie bei § 13a UWG aF nicht allein auf das Verständnis eines ‚nicht unerheblichen Teils' der angesprochenen Verkehrskreise, sondern – objektiviert – auf die **Sicht des durchschnittlichen Angehörigen** des betreffenden Personenkreises bei verständiger Würdigung ankommen".[205] Dabei wird meist ohne genaue Differenzierung sowohl für die Frage der Einordnung als wesentlich als auch für die Frage der Irrtumseignung auf das neue Kriterium der **„angesprochenen Verkehrskreise"** abgestellt. Der Wortlaut des § 18 Abs. 2 nF „über geschäftliche Verhältnisse, die für die angesprochenen Verkehrskreise wesentlich sind" suggeriert zwar die Anwendung dieses neuen demoskopischen Kriteriums nur für die Wesentlichkeit des in Frage stehenden geschäftlichen Verhältnisses.[206] Eine weitere Differenzierung bezüglich des Prüfungshorizontes der Irrtumseignung zu der neuen Auslegung der angesprochenen Verkehrskreise macht jedoch keinen Sinn und widerspricht dem Willen des Gesetzgebers.[207] Geprägt durch die Entwicklung beim Wettbewerbsrecht – dort insbesondere die UGP-RL[208] – stellt die aktuelle Lit. und Rspr. sowohl zum UWG als auch zum Firmenrecht für die angesprochenen Verkehrskreise objektiviert auf die Sicht des durch-

---

197 KBF/*Bornkamm/Feddersen* UWG § 5 Rn. 4.3–4.57.

198 KBF/*Bornkamm/Feddersen* UWG § 5 Rn. 4.58–4.110.

199 KBF/*Bornkamm/Feddersen* UWG § 5 Rn. 4.1.

200 KBF/*Bornkamm/Feddersen* UWG § 5 Rn. 7.1.

201 Baumbach/Hopt/*Hopt* Rn. 13.

202 Heymann/*Förster* § 18 Rn. 30; BeckOK HGB/*Bömeke* § 18 Rn. 31.

203 *Kögel* in Wessel/Zwernemann/Kögel Firmengründung Rn. 118; *Kögel* BB 1997, 793 (798).

204 Begr. RegE, BT-Drs. 13/8444, 53.

205 Begr. RegE, BT-Drs. 13/8444, 53; *W.-H. Roth* in Die Reform des Handelsstandes und der Personengesellschaft, 1999, 31 (43).

206 Zu dieser Formulierungsschwäche auch schon *Jacob/Weber* ZRP 1997, 152 (154); *Wolff* DZWiR 1997, 397 (398); *Bokelmann* GmbHR 1998, 57 (60) reklamiert Umformulierungsbedarf.

207 Vom gleichen „Prüfungshorizont" geht insofern die Begr. RegE, BT-Drs. 13/8444, 93, aus, indem sie ohne Differenzierung von „nebensächlicher Bedeutung" und „Irreführungseignung" spricht; ebenso zB Röhricht/Graf v. Westphalen/Haas/*Ries* Rn. 27, der „eine gewisse Bedeutung" und „Irreführungseignung" im gleichen Zusammenhang erörtert.

208 RL 2005/29/EG über unlautere Geschäftspraktiken vom 11.5.2005, ABl. EG 2005 L 149, 22; umgesetzt durch die UWG-Novellen 2008 und 2015; KBF/*Bornkamm/Feddersen* § 5 Rn. 0.6 und 0.7.

schnittlichen Angehörigen des betroffenen Personenkreises bei verständiger Würdigung ab.[209] Genauer → Rn. 62.

59 a) **Wettbewerbsrecht nach § 3 UWG aF.** An § 3 UWG aF[210] orientierte sich die bisherige hM in Rspr. und Lit. zu § 18 Abs. 2 aF.[211] Maßgeblich war zunächst der **„flüchtige Durchschnittsverbraucher"**, der zum Teil als absolut unmündiger, fast schon pathologisch dummer und fahrlässig unaufmerksamer Durchschnittsverbraucher gekennzeichnet wurde.[212] Es wurde bei diesem Vorgehen nicht wertend gefragt, wie der betreffende Personenkreis eine Firma und Angabe verstehen sollte.[213] Allerdings hat der BGH schon seit 1999 auch zu § 3 UWG aF immer wieder auf den durchschnittlich informierten, (situationsadäquat) aufmerksamen und verständigen Verbraucher abgestellt, der die der Situation angemessene Aufmerksamkeit entgegenbringt.[214] Dies wird durch die Neuregelung in § 5 UWG, die sich an Art. 3 Irreführungs-RL von 2004[215] orientiert, durch den Gesetzgeber bestätigt.[216]

60 b) **Wettbewerbsrecht nach § 13a UWG aF.** Im Rahmen der Vorschrift des § 13a UWG aF[217] kam es nicht auf die subjektive Vorstellung der einzelnen Abnehmer, sondern darauf an, ob nach der **Sicht eines durchschnittlichen Angehörigen** der von der Werbung angesprochenen Abnehmer der Werbeangabe für den Abschluss des Vertrags wesentliche Bedeutung zukommt.[218] Das Merkmal wesentlich war richtig als „normativ bzw. objektivierend zu deuten".[219]

61 c) **Rechtsprechung des EuGH.** Das Leitbild der anderen Mitglieder der EU war ganz überwiegend ein anderes als das inländische Verständnis bei Beurteilung einer Firma nach § 18 Abs. 2 oder einer Angabe nach § 3 UWG aF (jetzt § 5 UWG).[220] Das wettbewerbsrechtliche Irreführungsverbot orientierte sich dort „eher an einem normativen Verständnis des Marktverhaltens der Verbraucher als den Adressaten einer Werbeaussage".[221] Auch in der Rspr. des EuGH ist Leitbild der **selbstständige, informierte und mündige Verbraucher**[222] bzw. der durchschnittlich informierte, aufmerksame und verständige Durchschnittsverbraucher.[223] Da es keine einschlägigen unionsrechtlichen Bestimmungen gibt, sei es Sache des nationalen Gerichts nach seinem nationalen Recht zu bestimmen, welcher Prozentsatz der Verbraucher irregeführt werden muss. Kritiker gegenüber dem formalen Abstellen auf Einzelne oder konkrete Prozentsätze der angesprochenen Verbraucher plädieren für einen normativen Maßstab, bei dem es „objektiviert" auf „die Sicht des

---

[209] Heymann/*Förster* Rn. 33.

[210] Durch Gesetz vom 3.7.2004 wurde § 3 UWG aF in Umsetzung der Irreführungs-RL vom 6.10.1997 (ABl. EG 1997 L 290, 18) zu § 5 Abs. 1, 2 UWG nF; Harte-Bavendamm/Henning-Bodewig/*Dreyer*, 3. Aufl. 2013, UWG § 5 A Rn. 5; vgl. zur UWG-Novelle insgesamt auch *Köhler* NJW 2004, 2121.

[211] EBJS/*Reuschle* Rn. 38; Röhricht/Graf v. Westphalen/Haas/*Ries* Rn. 27.

[212] *Fezer* WRP 1995, 671 (675) unter Hinweis auf EuGH Slg. 1984, 2199, 1306 = GRUR 1984, 343 – Prantl; vgl. auch EuGH NJW 1998, 3183 = EuZW 1998, 526 mAnm *Leible* – Gut Springenheide.

[213] *Bokelmann* GmbHR 1998, 57 (61).

[214] Vgl. nur BGH NJW-RR 2000, 1490 = GRUR 2000, 619 (621) – Orient-Teppichmuster; BGHZ 156, 250 = GRUR 2004, 244 (245) – Marktführerschaft; NJW 2004, 439 = GRUR 2004, 162 (163) – Mindestverzinsung.

[215] Dazu KBF/*Bornkamm/Feddersen* UWG § 5 Rn. 0.5.

[216] *Köhler* NJW 2004, 2121 (2124).

[217] Das in § 13a UWG aF niedergelegte Rücktrittsrecht wurde im Rahmen der UWG-Novelle 2004 gestrichen.

[218] Baumbach/*Hefermehl*, Wettbewerbsrecht, 22. Aufl. 2001, UWG § 13a Rn. 5.

[219] *Köhler* JZ 1989, 262 (264); Röhricht/Graf v. Westphalen/Haas/*Ries* Rn. 27.

[220] *Bokelmann* GmbHR 1998, 57 (62).

[221] *Fezer* WRP 1995, 671 (672).

[222] Vgl. nur EuGH WRP 1995, 677 f.; wN bei *Bokelmann* GmbHR 1998, 57 (61).

[223] Vgl. nur EuGH Slg. 1998, I-4657 = NJW 1998, 3183 – Gut Springenheide; NJW 2000, 1173 = WRP 2000, 289 – Lifting-Creme; das nationale Gericht könne erforderlichenfalls ein Sachverständigengutachten einholen oder eine Verbraucherbefragung in Auftrag geben, um die Irreführungseignung beurteilen zu können.

durchschnittlichen Angehörigen des betroffenen Personenkreises bei verständiger Würdigung" ankommt".[224]

62 **d) Wesentlichkeitsschwelle und Irreführungsquote.** Der für die Ermittlung der Verkehrsauffassung **relevante Maßstab hat sich seit dem HRefG 1998 erheblich gewandelt.** Er stellt einerseits auf einen anderen Ausschnitt aus dem angesprochenen Personenkreis (durchschnittlicher Angehöriger) ab und bezieht andererseits den wertenden Gesichtspunkt der verständigen Würdigung mit ein.[225] Die Tendenz des § 18 Abs. 2 idF des HRefG orientiert sich seit 1998 an derjenigen, die unter b) und c) aufgezeigt wurde.[226] Auch die Verbraucherschutzpolitik der Union beruht auf dem Leitbild des **umfassend informierten, selbständigen und mündigen Verbrauchers.**[227] Nicht zuletzt unter dem Eindruck europarechtlicher Vorgaben lässt sich sowohl im Wettbewerbsrecht als auch im Firmenrecht der Trend zu einem strengeren Verbraucherbild ausmachen.[228] Seit 1998 ist entsprechend auch nach § 18 Abs. 2 zu fordern, dass die Möglichkeit der Täuschung nicht nur einzelne betrifft, sondern die angesprochenen Verkehrskreise als eine ganze Gruppe von Adressaten.[229] Dabei sind für die Irrtumseignung (→ Rn. 53) und die Wesentlichkeitsschwelle (→ Rn. 58) die gleichen Maßstäbe anzuwenden.[230]

63 **5. Ersichtlichkeit (Abs. 2 S. 2).** Nach § 18 Abs. 2 S. 2 wird in dem Verfahren vor dem Registergericht die Eignung zur Irreführung nur berücksichtigt, wenn sie „ersichtlich" ist. Die Formulierung will zum Ausdruck bringen, dass im Registerverfahren **nur ein „Grobraster"** an die Prüfung der Eignung zur Irreführung gelegt werden soll.[231] Der Amtsermittlungsgrundsatz ist damit eingeschränkt.[232] Es soll nur „verhindert werden, dass jedenfalls ersichtlich irreführende Firmenbestandteile, also solche, bei denen die Täuschungseignung nicht allzu fern liegt und ohne umfangreiche Beweisaufnahme bejaht werden kann, überhaupt zur Eintragung gelangen".[233] Die Ersichtlichkeit der Irreführung setzt voraus, dass sich diese dem objektiven Betrachter und damit dem Registerrichter ohne weiteres insbesondere **ohne Erhebung von Beweisen aufdrängen** muss.[234] In der Regel ist eine Publikumsbefragung also nicht (mehr) erforderlich.[235] Der Richter darf jedenfalls, soweit er sich auch als Angehöriger der angesprochenen Verkehrskreise verstehen kann, selbst aus eigener Sachkunde die ersichtliche Irreführung beurteilen.[236] Einer **Stellungnahme der IHK** bedarf es nach dem ebenfalls geänderten § 23 HRV ganz allgemein nur noch, wenn das Registergericht Zweifel an der Eintragungsfähigkeit hat. Bei berechtigten Zweifeln über die Irreführungseignung soll aber die Möglichkeit der Amtsermittlung nach § 26 FamFG bleiben.[237] § 380 Abs. 1 FamFG gebietet der IHK das Registergericht zu unterstützen. Abs. 2 verschafft dem Registerge-

---

224 Heymann/*Förster* Rn. 32; EuGH GRUR Int 1990, 955 – GB-InnoBM: der aufmerksame und verständige Verbraucher, der die ihm gebotenen Informationen wahrnimmt und seine Entscheidung nach sorgfältiger Prüfung trifft; KBF/*Bornkamm/Feddersen* UWG § 5 Rn. 0.67.

225 EBJS/*Reuschle* Rn. 42.

226 MüKoGmbHG/*Heinze* GmbHG § 4 Rn. 54, 56.

227 Harte-Bavendamm/Henning-Bodewig/*Dreyer*, 3. Aufl. 2013, UWG § 5 B Rn. 6; KBF/*Bornkamm/Fedderer* UWG § 5 Rn. 0.67 ff.

228 *Rehberg* in Eidenmüller Ausl. KapGes. § 5 Rn. 25.

229 HK-HGB/*Ruß* Rn. 15; BayObLGZ 1999, 114 = NJW-RR 2000, 111.

230 Heymann/*Förster* Rn. 33.

231 So in erfreulicher Deutlichkeit OLG Stuttgart DB 2012, 741.

232 *Kögel* Rpfleger 2011, 17 (19).

233 Begr. RegE, BT-Drs. 13/8444, 54.

234 BayObLGZ 1999, 114 = NJW-RR 2000, 111 = NZG 1999, 761; KG NZG 2005, 360 = FGPrax 2005, 77 f. (Akademie) verneint bei str. wettbewerbsrechtlicher Rspr.; *Wachter* GmbHR 2004, 88 (98), plädiert (wohl de lege ferenda) sogar dafür, den Prüfungsumfang des Registergerichtes generell auf offensichtliche Verstöße gegen das Firmenrecht zu beschränken.

235 OLG Stuttgart FGPrax 2004, 40; vgl. auch EBJS/*Reuschle* Rn. 42.

236 EBJS/*Reuschle* Rn. 41; OLG Köln RNotZ 2006, 193 bei einem Vereinsnamen.

237 *Jung* ZIP 1998, 677 (678); Gegenäußerung der BReg. zur Stellungnahme des BR: ZIP 1997, 2025 (2028); *Kögel* BB 1998, 1645 (1649).

richt die Möglichkeit die IHK als berufsständige Organisation in zweifelhaften Fällen anzuhören, wenn dies erforderlich ist zur Vermeidung unrichtiger Eintragungen. Ein Richter ist wie in anderen Verfahren des FamFG und der ZPO jedoch nicht in rechtlichem Sinne an den Inhalt des Kammergutachtens gebunden. Er kann also abweichend von dem Gutachten sowohl eine Täuschungseignung bejahen als auch verneinen.[238] ME **fehlt es bei bloßen Zweifeln aber an der Ersichtlichkeit,** so dass das Registergericht ohne IHK-Gutachten eintragen müsste.

64 *Karsten Schmidt*[239] hat den Mechanismus der verfahrensbezogenen Einschränkung der „ersichtlichen" Irreführung wie folgt charakterisiert: „Im Registerverfahren wird die Eignung zur Irreführung nur berücksichtigt, wenn sie ‚ersichtlich' ist. Diese auf das Verfahren bezogene Regel darf aber **nicht als materielle Entschärfung** des Irreführungsverbots, sondern nur als eine die Amtsermittlung des Gerichts (§ 26 FamFG) betreffende Regel verstanden werden". Er fährt fort, das Gericht brauche der Frage nicht von Amts wegen nachzugehen, ob etwa das Unternehmen die Bezeichnung „Fabrik" oder „europäisch" verdiene. „Ist aber die Irreführung – aus welchen Gründen auch immer – festgestellt, so wird die Irreführung – sei sie aus der Firma ersichtlich oder nicht – im Registerverfahren beachtet".

V. Rechtsformspezifische Besonderheiten

65 **1. Einzelkaufmann. a) Personenfirma.** Führte der Einzelkaufmann früher eine Personenfirma, so musste er seinen Familiennamen so in der Firma führen, wie er im Personenstandsregister verzeichnet war.[240] Dies wird zum Teil in der Praxis der IHKs auch nach heutigem Recht weiterhin verlangt. Danach soll jede Veränderung (Abkürzung) des Familiennamens auch jetzt noch grundsätzlich unzulässig sein, ebenso eine Abweichung in der Schreibweise des Namens. Diese strengen Anforderungen sind in Anbetracht der Zulässigkeit auch einer **Fantasiepersonenfirma**[241] nicht mehr haltbar.[242] Grenze der Zulässigkeit ist nach heutigem Recht allein die Irreführungseignung nach § 18 Abs. 2. Zur Irreführungseignung durch Verwendung eines Drittnamens → Rn. 180 ff. Einen Vornamen braucht er nach neuem Recht nicht mehr hinzuzufügen, weil es an einer gesetzlichen Festlegung fehlt. Es steht ihm aber frei, einen (oder mehrere) Vornamen in die Firma aufzunehmen. Gegen Abkürzung und Kurzform des Vornamens können nach heutigem Recht ebenfalls keine Bedenken bestehen.

66 **aa) Doppelnamen, Adelstitel, Geburtsname, Ehename.** Ein **Doppelname** war früher vollständig in die Firma aufzunehmen.[243] Unzulässig dagegen war es, den Familien- und den Geburtsnamen (unterscheiden sich beide) als Doppelnamen zu führen.[244] Adelsbezeichnungen gelten nach Art. 109 Abs. 3 WRV als Teil des Namens; nach Art. 123 GG hat die Bestimmung Bestand. Adelstitel durften daher in der Firma nicht fehlen.[245] All diese Einschränkungen sind nach neuem Firmenrecht nicht mehr haltbar.[246] Da der Einzelkaufmann seinen Namen in der Firma überhaupt nicht mehr führen muss, kann er ihn auch

[238] EBJS/*Reuschle* Rn. 43.
[239] *Karsten Schmidt* NJW 1998, 2161 (2167).
[240] Dazu Heymann/*Emmerich,* 2. Aufl. 2012, Rn. 6.
[241] EBJS/*Reuschle* Rn. 13; Staub/*Burgard* Rn. 56; KKRD/*Roth* Rn. 15c; OLG München GmbHR 2012, 334 = ZIP 2012, 2393 = BeckRS 2012, 23075.
[242] Ebenso Röhricht/Graf v. Westphalen/Haas/*Ries* Rn. 19a; noch etwas zurückhaltender; zu Recht aber noch für die Partnerschaftsgesellschaft OLG Karlsruhe BB 1999, 1075.
[243] KGJ 5, 20, 21; 27 A 64, 65; KG OLGRspr. 41, 192; *Heinrich,* Firmenwahrheit und Firmenbeständigkeit, 1982, Rn. 87; *Bokelmann* FirmenR Rn. 87; Staub/*Hüffer,* 4. Aufl. 1983, Rn. 9; Heymann/*Emmerich,* 2. Aufl. 2012, Rn. 7.
[244] Staub/*Hüffer,* 4. Aufl. 1983, Rn. 9.
[245] RGZ 113, 107 (108); KG JW 1931, 472 m. zust. Anm. *Opet:* „W & Co. KG" nicht zulässig, wenn der Komplementär „von W" heißt; Heymann/*Emmerich,* 2. Aufl. 2012, Rn. 7a; *Heinrich,* Firmenwahrheit und Firmenbeständigkeit, 1982, Rn. 87.
[246] So auch Röhricht/Graf v. Westphalen/Haas/*Ries* Rn. 19b und 19c.

nur in Teilen,[247] zusammengesetzt mit dem **Geburtsnamen** oder nur den Geburtsnamen führen. Regelmäßig sind solche Angaben schon nicht geeignet, über die Person des Geschäftsinhabers in die Irre zu führen. Jedenfalls fehlt es insofern an der wettbewerblichen Relevanz (→ Rn. 58). Aus dem gleichen Grund ist auch die Problematik bezüglich des unterschiedlichen **Ehenamens** firmenrechtlich entschärft. Grenze der Zulässigkeit ist allein die Irreführungseignung iSd § 18 Abs. 2. Dagegen sind **akademische Grade** wie der Doktor nicht Bestandteil des Namens. Wie schon zum alten Recht können, aber müssen sie nicht in die Firma aufgenommen werden (→ Rn. 118 ff.).[248]

bb) Schreibweise, fremdsprachige Namen. Die Schreibweise musste nach altem Recht dem geführten Namen entsprechen.[249] Die Übertragung des deutschen Familiennamens in eine fremde Sprache und umgekehrt die „Eindeutschung" eines fremden Namens und die Aufnahme von so veränderten Namen in die Firma wird zum Teil auch nach neuem Firmenrecht noch für unzulässig gehalten.[250] Dies ist nach der hier vertretenen Auffassung zur Liberalisierung auch der Personenfirma (→ Vor § 17 Rn. 13 ff.) nicht mehr haltbar. Insbesondere besteht keine Verpflichtung mehr, in der Firma **Informationen über den Geschäftsinhaber** aufzunehmen. So kann der fremde Name dem Inländer ggf. nichts sagen und von ihm als jetzt zulässige Fantasiebezeichnung qualifiziert werden. Schon das BayObLG[251] hat ausgesprochen, eine Firma dürfe nicht deshalb beanstandet werden, weil der bei der Firmenbildung verwendete Familienname nicht als solcher erkennbar ist. Besitzt die Firma – es ging um den Familiennamen „Mesirca"[252] – für das Publikum **keine Aussagekraft, so kann sie auch nicht täuschen.** Im Übrigen kommt es für die Personenfirma nicht darauf an, ob ein Name als solcher verständlich, bekannt und aussagekräftig ist.[253] Auch spricht nach neuem Firmenrecht – in den Grenzen des § 18 Abs. 2 – nichts mehr dagegen, dass sich ein Kaufmann „Schultz" in seiner Firma zB der polnischen Schreibweise des Namens „Szulc" bedient, um – wahrheitsgemäß – auf seine polnische Herkunft hinzuweisen. 67

Geringfügige Abweichungen waren schon früher und sind auch jetzt noch zulässig. So können die Umlaute durch „ae", „oe" oder „ue" ersetzt werden, um den Schriftverkehr mit dem Ausland zu erleichtern.[254] Dagegen müssen ausländische, nicht in lateinischer Schrift gehaltene Namen (arabische, chinesische, griechische oder kyrillische Buchstaben beziehungsweise Begriffszeichen) stets in die lateinische Schrift transkribiert werden.[255] Andernfalls könnte das Publikum die Firma nicht einmal aussprechen (→ Rn. 11, Aussprechbarkeit zur Erfüllung der Namensfunktion). 68

cc) Name im Inhabervermerk, Nachfolgezusatz. Grundsätzlich ist es zulässig, Namen in einen **Inhabervermerk** aufzunehmen. Nicht mehr zutreffend ist die früher überwiegende Lehre, der Name des Inhabers dürfe deshalb nicht in einem Inhabervermerk erscheinen, weil der Inhabervermerk nicht zum Firmenkern rechne.[256] Dies folgt schon daraus, dass gerade das Erfordernis in § 18 Abs. 1 (aF) den Namen überhaupt in die Firma aufzunehmen, im neuen Firmenrecht ganz entfallen ist. Auch dient die Unterscheidung von Kern und Zusatz nur der formalen Zuordnung (→ § 17 Rn. 16 ff.). Die Firma besteht 69

---

[247] LG Passau Rpfleger 2000, 397 zur Personenfirma einer GmbH: ein Namensbestandteil eines Doppelnamens genügt; krit. *Möller* DNotZ 2000, 831 (836).

[248] Näher Hachenburg/*Heinrich* GmbHG § 4 Rn. 37, 59.

[249] KGJ 24 A 163, 165 ff.

[250] *Bokelmann* FirmenR Rn. 562; s. noch zum alten Firmenrecht *Heinrich,* Firmenwahrheit und Firmenbeständigkeit, 1982, Rn. 90; Staub/*Hüffer,* 4. Aufl. 1983, Rn. 9 und § 17 Rn. 9.

[251] BayObLGZ 1973, 211 = NJW 1973, 1886.

[252] BayObLGZ 1973, 211 (213) = NJW 1973, 1886; vgl. schon zuvor LG Wuppertal BB 1973, 722.

[253] *Latinak* NJW 1973, 1215; *Beitzen* DB 1972, 2051; *Wellmann* BB 1972, 1383; *Bokelmann* FirmenR Rn. 446, 472 ff.; HCL/*Heinrich* GmbHG § 4 Rn. 19, sogar für Zulässigkeit von Allerweltsnamen.

[254] Näher zu der Frage Staub/*Hüffer,* 4. Aufl. 1983, Rn. 9; *Kögel* in Wessel/Zwernemann/Kögel Firmengründung Rn. 162.

[255] Heymann/*Förster* Rn. 6; HCL/*Heinrich* GmbHG § 4 Rn. 19; *Kögel* in Wessel/Zwernemann/Kögel Firmengründung Rn. 162.

[256] So KG JW 1929, 2155; KG OLGRspr. 38, 170 = KGJ 51 A 112.

aus Firmenkern und Firmenzusatz, und es kam schon früher nur darauf an, ob die Firma insgesamt einen ausgeschriebenen Familiennamen enthielt.[257]

70 Der Name des Einzelkaufmanns in der Form des Inhaberzusatzes ist in der Regel **auch für die ursprüngliche Firma zulässig,** weil er an sich neutral ist und durch ihn nicht zwingend der irrige Eindruck einer nach den §§ 22 oder 24 fortgeführten Firma entsteht.[258] Anders ist das bei der **Klassifizierung als „Nachfolger"** („vormals"), was einen (wohl gleichberechtigten) Vorgänger voraussetzt.[259] Zum Konflikt des Nachfolge- oder Inhaberzusatzes mit dem Prinzip der Firmeneinheit → § 22 Rn. 70.

71 Für zulässig gehalten wurde (nach dem HRefG allerdings nur noch mit Rechtsformzusatz e. K. oÄ) demnach etwa „Apotheke zum goldenen Einhorn Inh. Martin Schon"[260] oder „Hansa Theater, Inhaber Alexander Gut".[261] Einzuordnen ist diese Kombination als **vorangestellte Geschäftsbezeichnung** – eine solche kann auch Bestandteil einer Firma sein und mit dem Firmenkern zu der Firma verschmelzen[262] (→ § 17 Rn. 34 ff.) – mit nachfolgendem Inhabervermerk. Keine Bedenken bestanden auch gegen „Autohaus Schulze, Inhaber Adolf Schulze"[263] und es verbleibt wiederum bei der Einordnung **Geschäftsbezeichnung mit nachfolgendem Inhabervermerk.** Das gilt auch für die Firmierung „Möbel-Maier Inh. Xaver Maier"[264] und „Reisebüro Klaus, Inhaber Klaus Gor".[265] Der Eindruck einer fortgeführten Firma kann nicht entstehen. Zum jetzt zusätzlich erforderlichen Rechtsformzusatz wird auf § 19 Abs. 1 verwiesen (→ § 19 Rn. 1 ff.).

72 Problematisiert wird der **Inhabervermerk mit einer vorangestellten Geschäftsbezeichnung, die einen von dem Inhabervermerk abweichenden Namen enthält** („Reisebüro Maus Inhaber Herbert Gar" oder „Reisebüro Franz Maus Inhaber Herbert Gar"). Das OLG Celle[266] hat schon nach altem Recht die Neueintragung einer Firma „Reisebüro Schön Inhaberin Edelgard St-R" für zulässig gehalten. Solange nicht konkret der irrige Eindruck erweckt wird, dass es sich um die fortgeführte tatsächlich existierende Firma „Reisebüro Schön" handelt, ist eine solche Firmenbildung nach neuem Recht erst recht zulässig. Der Irrtum darüber, dass abstrakt eine fortgeführte aber keine neue Firma vorliegt, dürfte für die angesprochenen Verkehrskreise nicht verkehrswesentlich sein und daher nicht gegen § 18 Abs. 2 verstoßen. Im konkreten Fall der Assoziation mit einem bestimmten „alten" Unternehmen kann dies aber anders zu beurteilen sein, wenn nicht tatsächlich eine Verbindung zu diesem besteht.

73 Auch ein Pächter, welcher der „erste" Inhaber eines Handelsgeschäfts ist, kann den **Pächtervermerk** als Inhabervermerk verwenden („X-Apotheke, Pächter Gunther H.").[267]

74 **dd) Name in Klammern, in adjektivischer oder deklinierter Form.** Zulässig ist es, die **Namen in Klammern** zu setzen.[268] Auch darf die Firma in der Art gebildet werden,

[257] KG JW 1930, 1410; OLG Köln NJW 1953, 345; OLG Köln NJW 1963, 541 (542); BayObLGZ 1988, 344 (347) = DB 1988, 2559; LG Dortmund BB-Beil. 1971, 3 f.; *Gustavus* EWiR § 37 HGB 2/1986, 1115; *Heinrich,* Firmenwahrheit und Firmenbeständigkeit, 1982, Rn. 124, 127 f.; Baumbach/Hopt/*Hopt* § 19 Rn. 6; Heymann/*Emmerich,* 2. Aufl. 2012, Rn. 9; *Bokelmann* FirmenR Rn. 579 ff.

[258] OLG Köln NJW 1953, 345 (346) und im Ansatzpunkt folgend OLG Frankfurt OLGZ 1978, 43 (45); KG OLGZ 1965, 315 (319); OLG Hamm OLGZ 1968, 97 = MDR 1968, 501: „Inhaber" ist farblos, hat nicht die Bedeutung von „Nachfolger"; *Heinrich,* Firmenwahrheit und Firmenbeständigkeit, 1982, Rn. 128; Staub/*Burgard* Rn. 58; *Bokelmann* FirmenR Rn. 258, 581; aA LG Berlin NZG 2005, 443 f. = DStR 2005, 662 bei Übernahme einer Geschäftsbezeichnung.

[259] OLG Frankfurt NJW 1969, 330; OLG Hamm MDR 1968, 501; Staub/*Burgard* Rn. 58; *Bokelmann* FirmenR Rn. 257; *Kögel* in Wessel/Zwernemann/Kögel Firmengründung Rn. 477; großzügiger aber Baumbach/Hopt/*Hopt* Rn. 21.

[260] KG OLGZ 1965, 315 (317).

[261] OLG Köln NJW 1953, 345.

[262] *Droste* DB 1967, 539.

[263] Staub/*Hüffer,* 4. Aufl. 1983, Rn. 6.

[264] LG Dortmund BB-Beil. 1971, 3 f.; Staub/*Hüffer,* 4. Aufl. 1983, Rn. 43; *Kögel* in Wessel/Zwernemann/Kögel Firmengründung Rn. 477.

[265] BayObLG Rpfleger 1981, 150.

[266] OLG Celle BB 1990, 302.

[267] LG Nürnberg-Fürth BB 1977, 1671 Ls.

[268] Staub/*Burgard* Rn. 56; anders noch Heymann/*Emmerich,* 2. Aufl. 2012, Rn. 10 und früher KG RJA 9, 91.

dass der Name in adjektivischer oder deklinierter Form erscheint („Kurt Wagnersches Zigarrenhaus", „Karl Baums Weinhandlung", „Otto Müller'sche Dampfmühle").[269] Insoweit scheidet eine Irreführung des Publikums aus.[270]

ee) Decknamen, Pseudonyme und Künstlernamen. Künstlernamen und Pseudonyme wurden früher ganz überwiegend nicht für zulässig angesehen.[271] Die im Vordringen begriffene Gegenmeinung[272] trägt vor, auch der Künstlername genieße namensrechtlichen Schutz[273] und die mit dem Künstlernamen gebildete Personenfirma werde die Person des Inhabers vielfach besser kennzeichnen als der weithin unbekannte bürgerliche Name.[274] Das Argument überzeugt. *Jung*[275] meint zu Recht, wenn eine Personenhandelsgesellschaft mit einer Fantasiefirma bezeichnet werden könne, müsse auch eine Personenfirma zulässig sein, „die zwar nicht auf den bürgerlichen Namen eines persönlich haftenden Gesellschafters, wohl aber auf einer anderen, diesen identifizierenden Bezeichnung beruht". Selbst bei der Partnerschaftsgesellschaft, deren Name sogar noch den Namen mindestens eines Partners enthalten muss, genügt die Verwendung des bei den Geschäftskreisen bekannten selbst gewählten Berufs- oder Künstlernamens (Pseudonym).[276] Zur geplanten Liberalisierung beim Namen der Partnerschaft → § 17 Rn. 24. Gleiches gilt **nach dem neuen Firmenrecht** auch für sog. **Decknamen.**[277] Da der Einzelkaufmann seinen Namen überhaupt nicht mehr in die Firma aufnehmen muss, kann er auch – in den Grenzen des § 18 Abs. 2 – einen Decknamen zur zulässigen Bildung einer Fantasiepersonenfirma verwenden. 75

b) Sachfirma. Soweit es um die Frage geht, ob die Firma zur Kennzeichnung des Kaufmanns geeignet ist, sie Unterscheidungskraft besitzt und von ihr keine Täuschung ausgeht, wird auf → Rn. 9 ff., → Rn. 25 und → Rn. 42 ff. verwiesen. Wählt der Kaufmann keine Personenfirma und auch keine Fantasiefirma, sondern eine Sachfirma, so ist diese nach hergebrachter Meinung aus der Zeit vor dem HRefG dem **Gegenstand des Unternehmens** zu entnehmen (vgl. etwa § 4 Abs. 1 S. 1 GmbHG aF für die GmbH). Die überwiegende Meinung geht auch heute noch davon aus, dass der Unternehmensgegenstand aus der Sachfirma im Wesentlichen erkennbar sein muss (→ § 17 Rn. 26 ff.). 76

Nach dem hier vertretenen Verständnis zur Liberalisierung des Firmenrechts durch das HRefG ist es zwar weiterhin möglich, aber nicht zwingend, eine Sachfirma aus dem tatsächlichen Gegenstand des Unternehmens zu bilden (→ § 17 Rn. 26 ff.). Eine Sachfirma mit **irgendeiner fremden Betätigungsangabe** kann allerdings irreführend iSd § 18 Abs. 2 sein.[278] Daneben muss allgemein firmenrechtlich Unterscheidbarkeit gegeben sein, § 30 (→ § 30 Rn. 1 ff.). 77

---

269 Staub/*Burgard* Rn. 56; *Bokelmann* FirmenR Rn. 583; *Winkler* MittBayNot 1970, 73.

270 RGZ 119, 198 (201); KGJ 5, 20 (21).

271 KGJ 35 A 150; KG OLGRspr. 40, 178 (179); BayObLG NJW 1954, 1933 mzN der Lit.; Staub/*Hüffer*, 4. Aufl. 1983, Rn. 8 für die Firma des Einzelkaufmanns; Heymann/*Emmerich*, 2. Aufl. 2012, Rn. 7a; *Bokelmann* FirmenR Rn. 561 für den Einzelkaufmann (anders Fn. 445 für die GmbH); *Wellmann* GmbHR 1972, 193 Fn. 2.

272 HCL/*Heinrich* GmbHG § 4 Rn. 20; *Heinrich*, Firmenwahrheit und Firmenbeständigkeit, 1982, Rn. 94 ff., 98 m. eingehenden Nachw.; Bartl/Henkes/*Schlarb*/Schulze GmbH-Recht § 4 Rn. 58 (eingeschränkt); Lutter/Hommelhoff/*Bayer* GmbHG § 4 Rn. 4.

273 RGZ 101, 226 (230); BGHZ 30, 7 (9) = NJW 1959, 1269.

274 Hachenburg/*Heinrich* GmbHG § 4 Rn. 38; Röhricht/Graf v. Westphalen/Haas/*Ries* Rn. 20.

275 *Jung* ZIP 1998, 677 (683).

276 OLG Frankfurt FGPrax 2003, 43.

277 AA noch → 1. Aufl. 1996 Rn. 40 (*Bokelmann*) zum alten Firmenrecht; KGJ 35 A 150, 152; Hachenburg/*Heinrich* GmbHG § 4 Rn. 38; zu Decknamen s. auch MüKoGmbHG/*Heinze* GmbhG § 4 Rn. 24 mwN.

278 So iErg auch MüKoGmbHG/*Heinze* § 4 Rn. 83; OLG Düsseldorf NZG 2020, 835: „Tax-Care" ist irreführend, wenn die Gesellschaft keine Steuerhilfe erbringt; OLG Hamm becklink 2006390 „Deutsches Vorsorgeinstitut KG" bei tatsächlicher Tätigkeit des Forderungseinzuges sehr weitgehend OLG Düsseldorf RNotZ 2020, 175 = NZG 2020, 308, das eine Fantasiefirma „Not und Elend GmbH" als irreführende Sachfirma eingestuft hat, weil sie zu Unrecht auf einen Unternehmensgegenstand hindeute, bei dem Menschen in Not geholfen werde.

78 Nichtssagende Bezeichnungen wie **reine Branchenangaben oder Gattungsbezeichnungen** sind mangels Unterscheidungskraft nicht zulässig (ausführlich → Rn. 30 ff.).

79 **c) Fantasiefirma.** Fantasiebezeichnungen sind **als Firmenzusätze** verbreitet und – soweit sie nicht irreführen – zulässig.[279] Als Firmenkern kamen sie nach früherem Recht nur in Betracht, wenn sie – was die Ausnahme ist – verständlich waren und den Unternehmensgegenstand auch für den unbefangenen Betrachter hinreichend deutlich machten.[280] Ansonsten galt der Satz: Die reine Fantasiefirma ist unzulässig.

80 Auch die Wahl einer **reinen Fantasiefirma** ist jetzt grundsätzlich ohne inhaltliche Einschränkungen erlaubt (→ § 17 Rn. 32), soweit sie nur hinreichend unterscheidungskräftig ist, um Namensfunktion für das betreffende Unternehmen zu erfüllen.[281] Die Unterscheidungskraft von Fantasiefirmen kann größer und effektiver als die von Sachfirmen sein. Das war auch der Grund dafür, dass im Hinblick auf die Gestattung der Fantasiefirma durch zahlreiche ausländische Rechte in Deutschland immer wieder die Erlaubnis der Fantasiefirma durch den inländischen Gesetzgeber gefordert wurde (→ Vor § 17 Rn. 5). Dieser berechtigten Forderung ist im HRefG nachgegeben worden und auch die Liberalisierung des Firmenkerns insgesamt ist zu begrüßen.[282] Soweit es um die Frage geht, ob die Firma zur Kennzeichnung des Kaufmanns geeignet ist, sie auch Unterscheidungskraft besitzt und von ihr keine Täuschung ausgeht, → Rn. 9 ff., → Rn. 25 ff., → Rn. 42 ff.

81 **2. OHG.** Nach § 19 Abs. 1 aF musste die Firma einer OHG den Namen wenigstens eines der Gesellschafter mit einem das Vorhandensein einer Gesellschaft andeutenden Zusatz oder die Namen aller Gesellschafter enthalten. Die Vorschrift ist gestrichen worden. Damit ist klargestellt, dass die Firma der OHG nach neuem Recht nicht auf eine Personenfirma beschränkt ist. Zulässig ist vielmehr auch eine **Sach- oder Fantasiefirma.**

82 **a) Personenfirma.** Zur Problematik der Personenfirma mit dem Namen eines Nichtgesellschafters → § 17 Rn. 23 ff., → Rn. 180 ff. Darüber hinaus gelten bei der Personenfirma der OHG die gleichen Grundsätze wie beim Einzelkaufmann (→ Rn. 65 ff.).

83 **aa) Natürliche Person als Namensgeberin.** Nach § 19 Abs. 4 aF durften die Namen anderer Personen als der persönlich haftenden Gesellschafter in die Firma einer OHG (oder KG) nicht aufgenommen werden. Auch diese Bestimmung gibt es – obwohl sie für die Partnerschaft erhalten geblieben ist (§ 2 Abs. 1 S. 3 PartGG) – trotz der insoweit am Regierungsentwurf[283] geäußerten Kritik – nicht mehr. Sie ist bewusst gestrichen worden,[284] wie sich insbesondere aus der Begründung zum Regierungsentwurf[285] ergibt. Es heißt dort, der geltende § 18 Abs. 2 UmwG, der eine Ausnahme von den Grundsätzen des § 19 Abs. 1 und 4 aF mit Genehmigung des Registergerichts vorsieht, sei durch die Neufassung des § 19, „die die dargestellten Beschränkungen nicht mehr enthalte (s. Art. 3 Nr. 12), entbehrlich geworden".

84 Dennoch fordert auch heute noch die wohl überwiegende Meinung zu Unrecht, dass die Firma einer OHG, wenn man sich einer Personenfirma bedient, den **Namen mindestens eines Gesellschafters** enthalten muss (zum jetzigen Begriff der Personenfirma ausführlich → § 17 Rn. 23 ff.). Es stellt sich aber die Frage, ob die Aufnahme des Namens eines Nichtgesellschafters (bei der KG auch eines nicht persönlich haftenden Gesellschafters)

[279] Etwa „INTERDEKT Detektiv-Büro", OLG Bamberg DB 1973, 1989.

[280] Baumbach/*Hueck*, 16. Aufl. 1996, GmbHG § 4 Rn. 14; Hachenburg/*Heinrich* GmbHG § 4 Rn. 17 ff.; *Lutter/Hommelhoff*, 14. Aufl. 1996, GmbHG § 4 Rn. 5: Firmenkern nur, wenn die Bezeichnung verkehrsübliche Bedeutung gewonnen hat (BASF); ähnlich Scholz/*Emmerich*, 8. Aufl. 1993, GmbHG § 4 Rn. 15, 19; *Bokelmann* FirmenR Rn. 495, 578.

[281] Begr. RegE, BT-Drs. 13/8444, 37.

[282] *Krebs* DB 1996, 2013 (2016, 2020); vgl. auch *Karsten Schmidt* ZIP 1997, 909 (914 f.); *Bokelmann* GmbHR 1998, 57.

[283] *Karsten Schmidt* ZIP 1997, 909 (914); *Kögel* BB 1997, 793 (796); *Bokelmann* GmbHR 1998, 57 (59).

[284] *Jung* ZIP 1998, 677 (680); das österreichische Recht trifft in § 20 öUBG bewusst eine gegenteilige Entscheidung.

[285] BT-Drs. 13/8444, 73.

in die Firma nach dem neuen Firmenrecht erlaubt ist, es also Personenfirmen ohne Gesellschaftsbezug[286] gibt. Die Frage muss unter Rückgriff auf das Verbot täuschender Firmen nach § 18 Abs. 2 beantwortet werden (→ Rn. 180 ff.).

Da nach hier vertretener Ansicht in den Grenzen des § 18 Abs. 2 grundsätzlich sogar der Name eines Nichtgesellschafters in der Firma einer OHG verwendet werden darf (→ Rn. 180), stellt sich das zum alten Firmenrecht diskutierte Problem der Verwendung des Namens eines schon vor der Eintragung im Handelsregister **ausgeschiedenen Gesellschafters** oder der Namensänderung vor bzw. nach Eintragung der OHG im Handelsregister (→ § 21 Rn. 15 f.) nicht mehr. 85

Nach dem neuen liberaleren Firmenrecht, das auf den Zwang zur Aufnahme des Namens eines Gesellschafters in die Firma der OHG ganz verzichtet, kann ein (überobligatorisch) namensgebender Gesellschafter seinen **bürgerlichen Namen** in den verschiedenen Erscheinungsformen, mit oder ohne Vornamen (zum Einzelkaufmann → Rn. 65 ff.) oder auch seine selbst als **Einzelkaufmann geführte Firma** bei der Bildung der Firma der OHG verwenden.[287] Anderes gilt bisher für die Firma der Partnerschaftsgesellschaft, da § 2 Abs. 1 S. 1 PartGG insofern noch Sonderregelungen bezüglich der Personenfirma enthält.[288] Zur geplanten Liberalisierung beim Namen der Partnerschaft → § 17 Rn. 24. Die Verwendung einer Firma zur Bildung der Firma einer OHG (oder KG oder der Personenfirma einer GmbH) ist nur dann nicht erlaubt, wenn der Grundsatz der Firmenwahrheit hierdurch verletzt würde.[289] Das kann der Fall sein, wenn die Firma des Einzelkaufmanns oder eines namensgebenden Gesellschafters **Firmenzusätze** enthält (der Geschäftsgegenstand oder eine Größenaussage oder eine Ortsbezeichnung ist etwa in die Firma des Namengebers aufgenommen worden), welche auf die neu gegründete Gesellschaft (OHG, KG) nicht zutreffen.[290] 86

Nach altem Recht konnten die **irreführenden Zusätze** der einzelkaufmännischen Firma oder einer sonstigen namensgebenden Gesellschaft **nicht einfach „gestrichen"** werden. Die Firma durfte ebenso wenig wie bei einer natürlichen Person als Namengeberin durch Kürzung oder Änderung verfremdet werden.[291] Denn eine Firma musste – gleich, ob sie zur Firmenbildung einer Gesellschaft verwandt oder als abgeleitete geführt wird – im Wesentlichen unverändert bleiben, um nicht Zweifel an ihrer Identität aufkommen zu lassen. Nur im Einzelfall konnten Fortlassungen erlaubt sein, was sich etwa für eine in der Firma enthaltene Ortsbezeichnung diskutieren ließ, sofern die Firma im Übrigen nicht zu beanstanden ist. Die angesprochenen Fragen tauchten besonders häufig bei der GmbH & Co. KG auf. 87

Da nach dem **neuen Firmenrecht** die Aufnahme des Gesellschafternamens in die Firma der OHG überhaupt nicht mehr verlangt werden kann, ist auch die **Aufnahme** 88

286 Grds. befürwortend: OLG Jena NZG 2010, 1354 = GmbHR 2010, 1094; LG München I MittBayNot 2007, 71; OLG Karlsruhe GmbHR 2014, 142; für die GmbH befürwortend auch *Schulte/Warnke* GmbHR 2002, 626 ff.; OLG Karlsruhe DNotI-Report 2010, 91 = RNotZ 2010, 482 = GmbHR 2010, 1096, für die GmbH & Co KG; KKRD/*Roth* Rn. 15c; Staub/*Burgard* Vor § 17 Rn. 17; für existierende Personen abl. EBJS/*Reuschle* Rn. 11, bei EBJS/*Reuschle* Rn. 13 aber sog. Fantasie-Personenfirma zulassend; Röhricht/Graf v. Westphalen/Haas/*Ries* § 19 Rn. 54; LG Wiesbaden NZG 2004, 829 = DStR 2004, 1359; Widmann/Mayer/*Vollrath,* Umwandlungsrecht, UmwG § 18 Rn. 26; weiterhin abl. *Kögel* GmbHR 2011, 16; *Kögel* Rpfleger 2011, 17 (18 ff.); *Clausnitzer* DNotZ 2010, 345 (353), der immer dann eine Irreführung bejaht, wenn der Name einer Person in die Firma aufgenommen wird, die nicht Gesellschafter oder Geschäftsführer des Unternehmens ist; krit. auch *Najdecki* NWB 2010, 1355 (1357) der die Aufnahme von Personennamen von Nichtgesellschaftern nur dann zulässt, wenn die namensgebende Person zumindest in der Geschäftsführung, Produktbetreuung bzw. -entwicklung oder in einer verantwortlichen Position an dem Unternehmen beteiligt ist.

287 EBJS/*Reuschle* Rn. 34.

288 OLG Karlsruhe BB 1999, 1075: nicht einmal Fortführung der „Firma" einer BGB-Gesellschaft mit unvollständigem Namen eines Partners.

289 Vgl. auch *Jung* ZIP 1998, 677 (682).

290 OLG Karlsruhe GmbHR 1967, 122; *Heinrich,* Firmenwahrheit und Firmenbeständigkeit, 1982, Rn. 108 f.; *Bokelmann* FirmenR Rn. 458; eingehend *Kögel* in Wessel/Zwernemann/Kögel Firmengründung Rn. 173 ff.

291 BayObLG DB 1990, 2013 = GmbHR 1990, 464 Ls. = EWiR 1/90, 1101 *(Bokelmann).*

einer veränderten, gekürzten oder nur teilweisen Firma zur Bildung der Firma einer OHG zuzulassen (zum Einzelkaufmann → Rn. 65 ff.; zur GmbH & Co. KG → Rn. 113).[292]

89 Davon zu trennen ist die Frage, welcher **Name des Gesellschafters im Handelsregister nach § 106 angemeldet** und eingetragen werden muss. Da hierdurch (weiterhin) eine zweifelsfreie Identifizierung des jeweiligen persönlich haftenden Gesellschafters erreicht werden muss, sind in diesem Zusammenhang strengere Anforderungen als bei der Firmenbildung zu stellen (→ § 106 Rn. 16 ff.). Hier kann auch gegen die Firmenidentität durch die Verwendung einer abweichenden Firma im Geschäftsverkehr verstoßen werden (→ § 17 Rn. 64, → § 17 Rn. 68 und → Vor § 17 Rn. 28 allgemein zur Firmenidentität).

90 **bb) Gesellschaften als namensgebende Gesellschafter der OHG.** Ist der namensgebende Gesellschafter selbst eine Gesellschaft, musste nach früherem Firmenrecht der vollständige Name der Namengeberin in die Firma aufgenommen und der Gesellschaftszusatz beigefügt werden. Diese Firma ist rechtlich auch dann eine Personenfirma, wenn der Namengeber eine Sachfirma, Fantasiefirma oder gemischte Firma führt und die Firma der OHG daher de facto aus einer bloßen Sach- oder Fantasiebezeichnung und Gesellschaftszusatz besteht. Besonderer Betrachtung (→ Rn. 91 ff.) bedarf es, ob auch ein Gesellschaftszusatz in der Firma der Namengeberin in die Firma der OHG zu übernehmen ist und, ob das Gebot der Übernahme des vollständigen Namens auch nach dem neuen liberaleren Firmenrecht gilt.

91 **(1) Übernahme von Gesellschaftszusätzen der Namengeberin (Rechtsformzusätzen).** Verlangt man entgegen der hier vertretenen Ansicht auch nach dem neuen Firmenrecht noch, dass die Personenfirma einer OHG nur mit dem Namen eines der Gesellschafter gebildet werden kann, stellt sich wie früher die Frage, was alles zwingend zum Namen eines Unternehmens gehört. Der Name wird als die vollständige und ungekürzte Firma der namensgebenden Gesellschaft gesehen. Teil der Firma ist grundsätzlich auch der Rechtsformzusatz. Bei Bildung der Firma von OHG und KG (auch in der Form der GmbH & Co. KG) erlauben nach dieser (veralteten) Ansicht die allgemeinen firmenrechtlichen Grundsätze prinzipiell **keine Kürzungen und Weglassungen.**[293] Minimale „Abänderungen", die keinen Einfluss auf die Identifikation der Firma haben, waren sogar nach dem früheren strengen Verständnis erlaubt. So konnte etwa ein Firmenbestandteil in der Firma der OHG anders als in der namensgebenden Gesellschaft in Großbuchstaben gehalten sein („OPTIKA" statt „Optika"),[294] weil eine Irreführung über die Identität insoweit nicht eintreten kann. Auch durfte ein in der Firma der Namengeberin ausgeschriebener Rechtsformzusatz (etwa Gesellschaft mit beschränkter Haftung, Aktiengesellschaft, Kommanditgesellschaft) in der Firma der OHG abgekürzt werden (GmbH, AG, KG).[295] Grundsätzlich durfte der **Rechtsformzusatz der Namengeberin** nur fortgelassen werden, wenn er in der Firma der Namenempfängerin täuscht.[296] Ist eine OHG namensgebende Gesellschafterin einer KG, so musste die vollständige Firma einschließlich des Rechtsformzusatzes in der Firma der OHG und damit auch der KG erscheinen („S. Glasstahlbetonbau Carl H. OHG und Co. KG").[297]

92 Diese Grundsätze sollten erst recht dann gelten, wenn eine **GmbH namensgebende Gesellschafterin** einer OHG (oder KG) ist. Zu der Firma der GmbH soll nach § 4 GmbHG in jedem Fall, um das Publikum eindringlich über die Haftungsverhältnisse zu informieren, die Bezeichnung „mit beschränkter Haftung" („mbH") gehören, die danach zwingend als

[292] Röhricht/Graf v. Westphalen/Haas/*Ries* § 19 Rn. 54 für die GmbH & Co. KG; aA auch nach HRefG *Jung* ZIP 1998, 677 (682).

[293] KG Rpfleger 1989, 24 (25); *Aschenbrenner,* Die Firma der GmbH & Co. KG, 1976, 31; *Kögel* in Wessel/Zwernemann/Kögel Firmengründung Rn. 174.

[294] OLG Celle OLGZ 1977, 59 (64) = NJW 1976, 2021 (2022).

[295] HM, Staub/*Hüffer,* 4. Aufl. 1983, § 19 Rn. 65; *Kögel* in Wessel/Zwernemann/Kögel Firmengründung Rn. 311 mwN.

[296] *Kögel* in Wessel/Zwernemann/Kögel Firmengründung Rn. 174; vgl. auch OLG Stuttgart BB 2001, 14.

[297] OLG Neustadt NJW 1964, 1376; *Bokelmann* FirmenR Rn. 326.

Namensbestandteil der Namengeberin in die Firma der OHG (KG) aufzunehmen ist.[298] Diese Rechtsfolge sollte unabhängig davon eingreifen, ob auch die Voraussetzungen von § 19 Abs. 2 nF (früher § 19 Abs. 5) vorliegen.[299] Hieraus wiederum folgte, dass etwa der GmbH-Zusatz der in der Firma einer Kommanditgesellschaft allein genannten Komplementär-GmbH auch dann nicht fortgelassen werden durfte, wenn in der Gesellschaft weitere natürliche Personen Komplementäre sind.[300] Entfiele aber der GmbH-Zusatz, entstünde der Eindruck, der in der Firma bezeichnete Komplementär sei eine natürliche Person. Eine Verwirrung des Publikums sei durch die Häufung der Rechtsformzusätze nicht zu befürchten, weil heute allgemein bekannt ist, was unter einer GmbH & Co. OHG oder GmbH & Co. KG zu verstehen ist.

Diese für den § 19 Abs. 1 und Abs. 2 aF zutreffende Meinung stellt sich aber **nach dem HRefG 1998** in einem neuen Licht (vgl. genauer eigene Stellungnahme → Rn. 99 ff.). Der Name des Komplementärs muss überhaupt nicht mehr in der Firma enthalten, also auch nicht aus dieser zweifelsfrei feststellbar sein. Ein relevanter Irrtum über die Tatsache, dass überhaupt ein persönlich haftender Gesellschafter existiert, kommt nicht in Frage, da dies – anders als bei den Fällen des § 19 Abs. 2 nF – ja gerade tatsächlich der Fall ist. Die fälschliche Annahme, dass die in der Firma der GmbH genannte natürliche Person mit dem Namen der GmbH persönlich haftet, kann bei einer Sach- oder Fantasiefirma nicht in Frage kommen, bei einer Personenfirma der GmbH aber regelmäßig nicht verkehrswesentlich sein. Denn dafür müsste schon den Verkehrskreisen eine gleichnamige natürliche Person mit höherem Haftungspotential als die tatsächlich beteiligte GmbH bekannt sein. Daher erscheint es nach dem neuen Firmenrecht im Ergebnis meist auch zulässig, die Gesellschaftsfirma aus einem Teil des Namens eines Gesellschafters zu bilden,[301] insbesondere also auch den Rechtsformzusatz der namensgebenden Gesellschaft wegzulassen. 93

Ein in der Firma der Namengeberin **enthaltener Rechtsformzusatz** darf nicht verwendet werden, wenn er täuscht, weil es zu einer Doppelung von Rechtsformzusätzen kommt. Dann muss der Rechtsformzusatz der namensgebenden Gesellschaft entfallen, weil das Publikum andernfalls durch die verschiedenen Rechtsformbezeichnungen verwirrt würde und nicht wüsste, welcher von beiden zutrifft.[302] 94

(2) Übernahme des vollständigen Namens der Namengeberin. Zum Teil wurde auch der **Grundsatz der Firmenkontinuität oder der Firmenidentität** (→ Vor § 17 Rn. 28) angeführt, der verlangen soll, dass die Firma der namensgebenden Gesellschaft vollständig in die Firma der OHG (KG) aufzunehmen ist. Wenngleich der Name als solcher nicht täuschen könne,[303] könnten Schwierigkeiten auftreten, wenn die namensgebende Firma Sachbestandteile enthält, die in Bezug auf den Namenempfänger nicht zutreffen (die Firma der Namengeberin und der Gegenstand der OHG widersprechen sich) oder Größenunterschiede („international") oder geografische Zusätze jeweils der Namensgebung entgegenstehen. Denn auch insoweit gelte der Grundsatz der Firmenwahrheit,[304] weil die angesprochenen Verkehrskreise – die die Sachbestandteile in der Firma der Kommanditgesellschaft sicher nicht dem Gegenstand der Namengeberin zuordnen und die Firma der Kommanditgesellschaft nicht als Personenfirma identifizieren werden – schutzbedürftig seien. 95

---

298 BGHZ 62, 216 (226) = NJW 1974, 1191; BGHZ 65, 103 (105) = NJW 1976, 48; BGHZ 71, 354 = NJW 1978, 2030; BayObLGZ 1978, 40; 1979, 316; OLG Frankfurt BB 1958, 1272; *Aschenbrenner,* Die Firma der GmbH & Co. KG, 1976, 36; *Kögel* in Wessel/Zwernemann/*Kögel* Firmengründung, 6. Aufl. 1994, Rn. 203 aE.

299 KG Rpfleger 1989, 24 (25); *Bokelmann* FirmenR Rn. 326, 610; *Skibbe* WM 1978, 890 (891); aA Hachenburg/*Heinrich* GmbHG § 4 Rn. 125.

300 OLG Hamm BB 1994, 670 (671); *Bokelmann* GmbHR 1994, 356 (357).

301 So auch EBJS/*Reuschle* Rn. 33.

302 OLG Stuttgart BB 2001, 14 im Fall einer namensgebenden Aktiengesellschaft, für eine GmbH & Co KG.

303 Insoweit richtig *Heinrich,* Firmenwahrheit und Firmenbeständigkeit, 1982, Rn. 109.

304 BayObLG DB 1990, 2013 = GmbHR 1990, 464 Ls.; BayObLGZ 1972, 388 = NJW 1973, 371; Übersicht bei *Bokelmann* FirmenR Rn. 301 ff.; vgl. auch ausf. zur gleichgelagerten Problematik bei der GmbH *Kögel* BB 1995, 2433.

96 Eine Täuschung lässt sich nach dieser Meinung in der Regel auch nicht durch **Weglassen der zu beanstandenden Firmenteile** vermeiden.[305] Auch sei es danach nicht zulässig, aus einer gemischten Firma nur den Personenteil in die Firma der OHG (KG) zu übernehmen und den Sachbestandteil, weil täuschend, nicht zu übernehmen,[306] während es umgekehrt zulässig sei, eine gemischte Firma der Namengeberin auf den Sachbestandteil zu verkürzen und nur diesen (wenn er nicht zu beanstanden ist) in die Firma der KG aufzunehmen.[307]

97 Dieser Standpunkt muss nach dem **neuen Firmenrecht** überdacht werden.[308] Schon zum alten Firmenrecht hatte der BGH zur unveränderten Verwendung der Firma eines Gesellschafters in der Firma der Personengesellschaft – überwiegend begrüßt und allgemein praktiziert – eine Ausnahme gemacht und es zugelassen, bei der Neubildung der Firma einer GmbH & Co. KG in der Firma der namensgebenden Komplementär-GmbH enthaltene Firmenbestandteile wie zB „Verwaltungs-" (gesellschaft) wegzulassen.[309] Diese Ausnahme ist nicht nur auf die Konstellation GmbH & Co. KG beschränkt, sondern gilt auch für die AG & Co. und so fort. Bei den verbleibenden Bestandteilen musste es sich um „die wesentlichen und unterscheidungskräftigsten Teile der Firma" handeln und diese mussten auch (gemessen an dem jeweiligen Gesellschaftstyp) allein als Firma zulässig sein. Das **Weglassen von Teilen** wurde nur dann als gerechtfertigt angesehen, wenn zumindest eine zulässige Personen-, Sach- oder gemischte Firma der namensgebenden Gesellschaft übrig bleibt, die dann zur Firmenbildung der offenen Handelsgesellschaft herangezogen werden kann.[310] Teilweise wurde bezweifelt, ob der als tiefgehend empfundene **Bruch mit der Firmenidentität** dogmatisch zu rechtfertigen sei.[311] Schon der § 19 aF war auf natürliche Personen zugeschnitten,[312] bei denen es die Probleme der Sachfirma nicht gibt, wie auch der fortgelassene Firmenbestandteil „nicht der wesentliche Träger der Namensfunktion ist".[313] **Seit dem HRefG** ist die Firmenbildung bei der GmbH & Co. KG erleichtert, weil nicht mehr der Name der Komplementärin als Firmenname verwendet werden muss. Es kann daher „auf die kleinlichen Bemühungen um die gebotene Unterscheidbarkeit – Trennung des Sitzes, Verwendung eines unterschiedlichen Zusatzes – verzichtet werden".[314]

98 Weitere Ausnahmen in Anlehnung an diese Entscheidung des BGH[315] und auch sonst ließ die hM jedenfalls für die **originäre Firma** nicht zu.[316] Werden die OHG und die Namengeberin neu gegründet, ist es in der Regel problemlos möglich, die Firma der Namengeberin so zu fassen, dass sie in der Firma der OHG nicht täuscht. Soll eine bereits bestehende Gesellschaft Namengeberin werden und würde deren Firma in der neu zu bildenden Firma täuschen, muss die Firma der Namengeberin geändert werden.[317] Handelt es sich um eine **abgeleitete Firma,** sind der Abänderung ebenfalls Grenzen gesetzt, wenn die Firma als abgeleitete erhalten bleiben soll (→ § 22 Rn. 51 ff.; → § 24 Rn. 22).

99 **cc) Eigene Stellungnahme.** Der größte Teil der auch nach dem HRefG noch streitig diskutierten Fragen zur Personenfirma einer Personengesellschaft ist zu Unrecht weiterhin

[305] BayObLG DB 1990, 2013 = GmbHR 1990, 464; Staub/*Hüffer,* 4. Aufl. 1983, § 19 Rn. 46, 55 m. eingehenden Nachw.

[306] Staub/*Hüffer,* 4. Aufl. 1983, § 19 Rn. 58; insoweit übereinstimmend Hachenburg/*Heinrich* GmbHG § 4 Rn. 62.

[307] Hachenburg/*Heinrich* GmbHG § 4 Rn. 62.

[308] So auch *Kögel* BB 1998, 1645 (1649); GK-HGB/*Steitz* § 19 Rn. 23.

[309] BGHZ 80, 353 = NJW 1981, 2746; ähnlich schon OLG Celle OLGZ 1977, 59 f. für die Weglassung von „Verwaltungs-", „Geschäftsführungs-", „Besitz-" oder „Beteiligungs-"(Gesellschaft).

[310] BGHZ 80, 353 (356) = NJW 1981, 2746; Baumbach/Hopt/*Hopt,* 29. Aufl. 1995, § 19 Rn. 5.

[311] Krit. *Heinrich,* Firmenwahrheit und Firmenbeständigkeit, 1982, Rn. 111 aE; Hachenburg/*Heinrich* GmbHG § 4 Rn. 45; *Bokelmann* GmbHR 1983, 236.

[312] Staub/*Hüffer,* 4. Aufl. 1983, § 19 Rn. 56 f.

[313] Vgl. auch BayObLG DB 1990, 2013 = GmbHR 1990, 464 Ls. = EWiR 1/90, 1101 *(Bokelmann); Wessel* BB 1984, 1710 (1712).

[314] *Karsten Schmidt* DB 1998, 61 (63).

[315] BGHZ 80, 353 = NJW 1981, 2746.

[316] Staub/*Hüffer,* 4. Aufl. 1983, § 19 Rn. 57; aA *Barfuß* GmbHR 1977, 124 (127).

[317] Vgl. BayObLG DB 1990, 2013 = GmbHR 1990, 464 Ls.

von der (zum neuen Firmenrecht nur noch eingeschränkt verwertbaren) Rspr. vor 1998 und der Vorstellung des § 19 aF geprägt. Diese ging davon aus, dass die Firma der OHG den Namen eines oder aller Gesellschafter enthalten muss, um diese(n) Gesellschafter zweifelsfrei aus der Firma identifizieren zu können. Bei der früheren Rechtslage war es deshalb konsequent, den Namen des Gesellschafters grundsätzlich vollständig und unverändert in die Firma der OHG aufnehmen zu müssen.

Hierfür gibt die Neuregelung des § 19 und die allein übrig gebliebenen allgemeinen **100** Anforderungen an die Firma der OHG (§§ 17, 18 Abs. 1 und Abs. 2) nichts mehr her. Wenn die OHG eine Sachfirma, eine Fantasiefirma oder sogar eine Fantasie(Personen)firma mit einem nicht täuschenden, weil zB unbekannten oder gemeinfreien Nichtgesellschafternamen führen kann, kann erst recht nicht mehr die vollständige Verwendung des Namens des Gesellschafters in der Firma der OHG verlangt werden.[318] Durch das HRefG hat der Gesetzgeber den Zwang zur positiven Information über den oder die Gesellschafter mit guten Gründen aufgegeben und an dessen Stelle nur noch den Zwang zur eindeutigen Angabe der Rechtsform des Firmenträgers festgelegt. Der zwingende Informationsgehalt der Firma reduziert sich auf die damit verbundenen Haftungsverhältnisse des Firmenträgers.[319]

Auch der teilweise angeführte weiterhin geltende **Grundsatz der Firmenidentität** **101** (→ Vor § 17 Rn. 28) ändert nichts an dieser Analyse. Dieser Grundsatz kann bei der Frage der veränderten bzw. abgekürzten Verwendung eines bürgerlichen Namens (→ Rn. 65 ff.) überhaupt nicht herangezogen werden, was ggf. zu einer nicht rechtfertigbaren differenzierten Beurteilung der Verwendung des veränderten bürgerlichen Namens zur veränderten Firma führen müsste. Darüber hinaus besagt er nur, dass ein Unternehmen zwingend unter seiner im Handelsregister eingetragenen Firma im Rechtsverkehr auftreten muss, ohne seine Firma nach eigenem Gutdünken zu ändern oder zu kürzen. Hierfür bedarf es einer Firmenänderung mit Eintragung im Handelsregister und Bekanntmachung, um die Firmenverhältnisse diesbezüglich für die Verkehrskreise eindeutig zu halten. Da nach der hier vertretenen Ansicht in der Personenfirma in den Grenzen des § 18 Abs. 2 auch Drittnamen und Fantasienamen verwendet werden dürfen, müssen die Verkehrskreise gerade nicht mehr aus einem in der Firma der OHG verwendeten Namen zweifelsfrei auf den dazugehörigen Gesellschafter schließen können. Durch die ersatzlose Streichung von § 19 Abs. 2 aF ist der Zwang zur Firmenidentität bei der Firmenbildung mit der Firma einer Gesellschafterin beseitigt worden.[320] Da die Gesellschafterin ihre Firma nicht mehr zur Bildung der Firma ihrer Tochter hergeben muss, gebraucht sie ihre Firma nicht mehr iSd Firmenidentität im Geschäftsverkehr. Weichen die verwendeten Firmenbestandteile der Gesellschafterin so stark von ihrer korrekten Firma ab, dass die Verkehrskreise die Gesellschafterin nicht mehr identifizieren können, handelt es sich letztlich um einen „Fantasienamen", mit dem die Tochtergesellschaft ihre Firma bildet. Es genügt nach heutigem Firmenrecht eben, wenn Unklarheit über den Gesellschafter besteht, solange nicht aus der Firma fälschlich auf eine anderen den Verkehrskreisen bekannte Person oder Gesellschaft als Gesellschafter und Vollhafter geschlossen werden kann.

Im Ergebnis ist also grundsätzlich auch die **Verwendung der veränderten oder** **102** **verkürzten Firma einer Gesellschafterin** der OHG in deren Firma als zulässig anzusehen, solange keine Täuschungseignung iSd § 18 Abs. 2 besteht;[321] aber zu den weiterhin strengeren Grundsätzen bei der Firmenfortführung → § 22 Rn. 48; → § 24 Rn. 22).

---

[318] Vgl. auch EBJS/*Reuschle* Rn. 32, Teilidentität zulässig; *Seifert* BB 2001, 1373; Röhricht/Graf v. Westphalen/Haas/*Ries* § 19 Rn. 54 für die GmbH & Co. KG.

[319] *Jung* ZIP 1998, 677 (680).

[320] GK-HGB/*Steitz* § 19 Rn. 24; krit. auch EBJS/*Reuschle* Rn. 33; der diesbezüglich in der Registerpraxis bereits bestehenden großzügigen Tendenz grds. zust., aber nicht schrankenlos akzeptierend, *Kögel* Rpfleger 2000, 255 (258).

[321] Für die GmbH & Co. KG: LG Oldenburg Beschl. v. 12.3.2002 – BR 236/02, nv; so ausdrücklich schon OLG Oldenburg BB 2001, 1373 m. zur Begr. krit., iErg aber zust. Anm. *Seifert;* iErg ebenso *Kögel* BB 1998, 1645 (1648).

103 **b) Sachfirma und Fantasiefirma.** Näher → Rn. 76, → Rn. 79 zum Einzelkaufmann.

104 **3. KG.** Die Firma einer KG hatte **vor der Handelsrechtsreform** nach § 19 Abs. 2 aF den Namen wenigstens eines persönlich haftenden Gesellschafters mit einem das Vorhandensein einer Gesellschaft andeutenden Zusatz zu enthalten. Vornamen brauchten auch hier wie bei der OHG nicht beigefügt zu werden (§ 19 Abs. 3 aF), und die Namen anderer als der persönlich haftenden Gesellschafter durften in die Firma der Kommanditgesellschaft ebenfalls nicht aufgenommen werden (§ 19 Abs. 4 aF), insbesondere nicht die der Kommanditisten. Daraus wurde auch hergeleitet, dass Zusätze in der Firma wie „Brüder", „Gebrüder", „& Söhne", „& Sohn", „Familie X" unzulässig waren, wenn die entsprechenden Familienmitglieder nur als Kommanditisten an dem Unternehmen beteiligt waren.[322] Diese Vorschriften gibt es nicht mehr – obwohl in den meisten anderen EU-Mitgliedstaaten entsprechende Verbote bestehen.[323]

105 Es stellt sich auch hier die Frage (→ Rn. 82 für die OHG), ob die Aufnahme des **Namens eines Nichtgesellschafters in die Firma** der Kommanditgesellschaft erlaubt ist. Dies ist im Einzelnen zwar noch streitig,[324] in den Grenzen der Täuschungseignung iSd § 18 Abs. 2 mE aber zu bejahen (ausführlich → Rn. 180 ff.). Weitgehend anerkannt ist bei der Kommanditgesellschaft inzwischen, dass der **Name des Kommanditisten** in der Firma verwendet werden darf. Dieser ist zwar Gesellschafter, aber haftet nicht persönlich. Auch hier ist ausschließlich auf das allgemeine Täuschungsverbot nach § 18 Abs. 2 nF zurückzugreifen. Entgegen der insbesondere älteren, einschränkenden Meinung in der Lit.,[325] nach der der Registerrichter in der Regel davon ausgehen kann, dass der Name des Kommanditisten in der Firma „geeignet ist, über die als verkehrswesentlich anzusehenden Haftungsverhältnisse der Gesellschaft ersichtlich irrezuführen", ist die Verwendung des Namens des Kommanditisten in der Firma der Kommanditgesellschaft zuzulassen.[326]

106 Zu den auftretenden Fragestellungen, wenn eine **natürliche Person oder eine andere Gesellschaft als namensgebende(r) Gesellschafter(in)** auftritt, kann auf die Ausführungen zur OHG (→ Rn. 83, → Rn. 90 ff.) verwiesen werden. Gleiches gilt für die **Sach- und Fantasiefirma** (→ Rn. 103).

---

322 BGH NJW 1985, 736 = DB 1985, 481; BayObLGZ 1959, 196 (198); OLG Hamm NJW 1966, 2171; OLG Oldenburg BB 1992, 2309.

323 *Jung* ZIP 1998, 677 (679 f.) unter V., 681 unter IV. 2.

324 Grds. befürwortend: OLG Jena NZG 2010, 1354 = GmbHR 2010, 1094; LG München I MittBayNot 2007, 71; OLG Karlsruhe GmbHR 2014, 142 und OLG Hamburg BeckRS 2011, 07893; HCL/*Heinrich* GmbHG § 4 Rn. 20 mwN in Fn. 76, für den Namen einer fiktiven Person in der Firma einer GmbH; für die GmbH befürwortend auch *Schulte/Warnke* GmbHR 2002, 626 ff.; OLG Karlsruhe DNotI-Report 2010, 91 = RNotZ 2010, 482 = GmbHR 2010, 1096, für die GmbH & Co KG; KKRD/*Roth* Rn. 15c; *W.-H. Roth* in Die Reform des Handelsstandes und der Personengesellschaft, 1999, 31 (47); Staub/*Burgard* Vor § 17 Rn. 17; *Priester* DNotZ 1998, 691 (699); *Schumacher,* HRefG, 1998, 64 f.; Röhricht/Graf v. Westphalen/Haas/*Ries* § 19 Rn. 54; LG Wiesbaden NZG 2004, 829 = DStR 2004, 1359; Widmann/Mayer/*Vollrath* UmwG § 18 Rn. 26; iErg auch schon *Jung* ZIP 1998, 677 (683), soweit nicht irreführungsgeeignet iSd § 18 Abs. 2; für existierende Personen abl. EBJS/*Reuschle* Rn. 11, bei Rn. 13 aber für sog. Fantasie-Personenfirma zulassend; weiterhin abl. *Kögel* GmbHR 2011, 16; *Kögel* Rpfleger 2011, 17 (18 ff.); *Clausnitzer* DNotZ 2010, 345 (353), der immer dann eine Irreführung bejaht, wenn der Name einer Person in die Firma aufgenommen wird, die nicht Gesellschafter oder Geschäftsführer des Unternehmens ist; krit. auch *Najdecki* NWB 2010, 1355 (1357) der die Aufnahme von Personennamen von Nichtgesellschaftern nur dann zulässt, wenn die namensgebende Person zumindest in der Geschäftsführung, Produktbetreuung bzw. -entwicklung oder in einer verantwortlichen Position an dem Unternehmen beteiligt ist.

325 *Jung* ZIP 1998, 677 (682); vgl. auch *Bokelmann* GmbHR 1998, 57 (59); *Bokelmann* FirmenR Rn. 599a; *Kögel* BB 1997, 793 (796).

326 OLG Saarbrücken Rpfleger 2006, 415 = DB 2006, 1002 = FGPrax 2006, 131 = RNotZ 2006, 195; zust. *Kögel* Rpfleger 2007, 299 (300); Oetker/*Schlingloff* Rn. 27; KKRD/*Roth* Rn. 15c; Röhricht/Graf v. Westphalen/Haas/*Ries* Rn. 34; so schon *Heidinger* DB 2005, 815 (817, 819); *Kögel* in Wessel/Zwernemann/Kögel Firmengründung Rn. 307; *Canaris* HandelsR § 11 I 1 b Rn. 5; *Schumacher,* HRefG, 1998, 65; Baumbach/Hopt/*Hopt* § 19 Rn. 22: Einschränkung nur noch bis zum Ablauf der Übergangsfrist am 31.3.2003; für den Sonderfall, dass der namensgebende Komplementär Kommanditist wird, analog § 24 Abs. 2: OGH NZG 2000, 781.

4. GmbH & Co. KG. a) Allgemeine Vorgaben. Das HRefG erleichtert die Firmenbildung auch bei der GmbH & Co. KG, weil der Firmenname der Kommanditgesellschaft nicht mehr mit der Firma der Komplementär-GmbH gebildet werden muss. Die KG kann auch eine **Sach- oder Fantasiefirma** wählen (→ Rn. 76, → Rn. 79 ff.). Hinsichtlich der Sachfirma und der Fantasiefirma → § 17 Rn. 26 ff. Rechtsformspezifische Fragestellungen wirft insbesondere die Personenfirma bei der GmbH & Co. KG auf, die nachfolgend gesondert dargestellt wird. 107

b) GmbH & Co. KG als Personenfirma. Haftet nicht nur die GmbH persönlich, sondern daneben noch eine natürliche Person, so ist es weder nötig die Firma der GmbH noch den „GmbH-Zusatz" in die Firma aufzunehmen. Sie kann allerdings auch allein zur Firmenbildung herangezogen werden; die weiteren persönlich haftenden Gesellschafter brauchen in diesem Fall nicht in der Firma zu erscheinen. Gibt die GmbH der KG ihren Namen (und nicht die natürliche Person), so darf nach hier vertretener Ansicht das „GmbH" in der Firma der KG fortfallen (→ Rn. 93 zur OHG).[327] Umgekehrt ist es aber auch zulässig den Rechtsformzusatz „GmbH & Co. KG" weiter zu verwenden auch wenn eine KG neben der Komplementär-GmbH noch **eine weitere natürliche Person als persönlich haftenden Gesellschafter** hat.[328] Denn selbst wenn die angesprochenen Verkehrskreise sich dadurch über das Fehlen eines persönlich haftenden Komplementärs täuschen lassen, wäre nur die Tatsache, dass es keinen gibt, aber nicht die Tatsache, dass doch ein solcher unerkannt existiert, verkehrswesentlich. Eine nicht erkennbare umfangreichere Haftung eines Komplementärs benachteiligt nämlich die Verkehrskreise nicht.[329] Für die nachfolgende Erörterung wird unter einer GmbH & Co. KG allerdings nur eine solche verstanden, bei der ausschließlich eine GmbH persönlich haftet. 108

aa) Firma der Komplementär-GmbH. Sie ist **Personen-, Sach- oder Fantasiefirma.** Möglich ist auch (kombiniert) eine gemischte Firma. Als Komplementär-GmbH einer GmbH & Co. KG war es ihr schon vor dem HRefG auch erlaubt, ihre Firma als Sachfirma aus dem Gegenstand der Kommanditgesellschaft herzuleiten, jedenfalls wenn in dem Gesellschaftsvertrag der GmbH als Gegenstand des Unternehmens die Führung der Geschäfte der KG bezeichnet und ausdrücklich festgelegt ist, dass sich die GmbH nur an gleichartigen oder ähnlichen Unternehmen beteiligen oder deren Geschäfte führen darf[330] (vgl. aber auch zur jetzt großzügigen Bildung der Sachfirma → § 17 Rn. 26 ff.). Die Firma muss in allen Fällen die zusätzliche Bezeichnung **„Gesellschaft mit beschränkter Haftung" oder eine allgemein verständliche Abkürzung wie insbesondere „GmbH"** enthalten (§ 4 GmbHG nF) was auch für die abgeleitete Firma gilt (zum Rechtsformzusatz der GmbH → § 19 Rn. 36). Enthält der Firmenkern schon das Wort „Gesellschaft", reicht „mbH" aus.[331] Der Zusatz „mbH" allein reicht nach der neuen Fassung des § 4 GmbHG dagegen nicht,[332] auch wenn das Gesellschaftsverhältnis in anderer Weise zum Ausdruck gebracht wird. 109

Beteiligungsfähig an der Komplementär-GmbH sind auch juristische Personen und Personenhandelsgesellschaften, auch die Gesellschaft bürgerlichen Rechts,[333] was für 110

---

327 AA noch → 1. Aufl. ErgBd. 1999, § 19 Rn. 74; *Bokelmann* FirmenR Rn. 371, 605 mN.

328 OLG Braunschweig BeckRS 2013, 200898.

329 OLG Hamm GmbHR 1994, 328 = MDR 1994, 357; bestätigt durch OLG Braunschweig BeckRS 2013, 200898.

330 OLG Köln OLGZ 1979, 277; BayObLGZ 1975, 447 (450) = NJW 1976, 1694; Heymann/*Emmerich*, 2. Aufl. 2012, § 19 Rn. 26; Staub/*Hüffer*, 4. Aufl. 1983, § 19 Rn. 41; *Blumers* BB 1977, 970 (973).

331 BGHZ 62, 230 (233) = NJW 1974, 1088 für „Gesellschaft"; OLG Hamm GmbHR 1986, 89 lässt (nach § 4 GmbHG aF) einen das Gesellschaftsverhältnis andeutenden Zusatz genügen.

332 Lutter/Hommelhoff/*Bayer* GmbHG § 4 Rn. 25; Baumbach/Hueck/*Fastrich* GmbHG § 4 Rn. 14; aA Hachenburg/*Heinrich* GmbHG § 4 Rn. 55 zum alten Recht: „mbH" genügt auch ohne „Gesellschaft" oder einen Zusatz, der ein Gesellschaftsverhältnis andeutet.

333 BGHZ 78, 311 = NJW 1981, 682.

die Beteiligung letzterer an einer Personenhandelsgesellschaft lange umstritten war.[334] Wird deren Firma (bzw. der Name) zur Firmenbildung der Komplementär-GmbH benutzt, musste die Firma (der Name) nach altem Recht grundsätzlich vollständig und unverstümmelt gemäß dem **Grundsatz der Firmenidentität** in die Firma der Komplementär-GmbH übernommen werden. Das gilt in diesem Fall nach hM aber nicht für den **Rechtsformzusatz der Namengeberin.**[335] Der Rechtsformzusatz muss jedenfalls entfallen, wenn er täuscht, wenn etwa eine Aktiengesellschaft einer GmbH ihren Namen gibt.[336] Das ist auch dann der Fall, wenn er verdoppelt werden müsste (eine GmbH gibt als Gesellschafterin einer anderen GmbH ihren Namen), weil die Verdopplung beim Publikum Verwirrung stiften könnte.[337] Zum neuen Firmenrecht kann der Grundsatz der Firmenidentität nicht mehr in dieser strengen Form verlangt werden (→ Rn. 101 ff.).

111 Auch wenn die Firma der Komplementär-GmbH **Personenfirma** ist, lassen sich aus ihrer Firma nicht mehr zuverlässig Rückschlüsse auf die **Anzahl ihrer Gesellschafter** ziehen. Das ist bedingt durch die Zulassung der Einmanngründung durch die Novelle von 1980. Ist die Firma einer GmbH etwa aus nur einem Namen (mit dem Zusatz GmbH) gebildet, kann das Publikum weder darauf vertrauen, dass nur der in der Firma Angegebene Gesellschafter ist, noch dass ein oder mehrere weitere Gesellschafter vorhanden sind. Insoweit ist die ältere Entscheidung des BGH[338] überholt. Umgekehrt fehlt es auch bei der Bildung einer Personenfirma aus zwei Namen bei der Ein-Mann-GmbH – anders als beim Einzelkaufmann (→ Rn. 191), bei der OHG oder insbesondere auch bei der Partnerschaftsgesellschaft (→ Rn. 197) – an der Irreführungseignung über ein verkehrswesentliches geschäftliches Verhältnis, insbesondere seit durch das MoMiG die Unterschiede bezüglich Kapitalaufbringung und Haftung bei der Ein-Mann-GmbH weitgehend aufgehoben wurden. Die Firmierung der GmbH sieht – über den Rechtsformzusatz hinaus – ganz allgemein **keine Information über die Gesellschafterzahl** vor.

112 Jede neue Firma muss sich von allen an demselben Ort oder in derselben Gemeinde bereits bestehenden und in das Handelsregister (oder in das Genossenschaftsregister) eingetragenen Firmen **deutlich unterscheiden** (§ 30 Abs. 1). Das gilt auch für die GmbH & Co. KG und die dazugehörende Komplementär-GmbH am gleichen Ort. Zu dieser Problematik wird auf → § 30 Rn. 11 ff. verwiesen.

113 **bb) Firma der Komplementär-GmbH als Name der GmbH & Co. KG.** Wird die Firma der Komplementär-GmbH für die Firmierung der GmbH & Co. KG verwendet, gilt der Grundsatz der **Firmenidentität** nur noch eingeschränkt, dh die Firma der Namengeberin muss nicht mehr vollständig in die Firma der GmbH & Co. KG aufgenommen werden.[339] Daher kann bei der Firma einer KG mit einer GbR als namensgebende Komplementärin nicht der Rechtsformzusatz **„GbR & Co KG“** verlangt werden.[340] Auf → Rn. 88 zur OHG wird verwiesen.

114 **5. Kapitalgesellschaften – GmbH, UG (haftungsbeschränkt), AG, KGaA und eG. AG** und **Genossenschaften** hatten nach früherem Recht vor dem HRefG stets eine Sachfirma zu führen (§ 4 AktG aF, § 3 Abs. 2 GenG aF). Diese musste den Gegenstand des

---

334 BGHZ 148, 291 = ZIP 2001, 1713 für Kommanditistenstellung bejaht; s. auch § 162 Abs. 1 S. 2; für Komplementärstellung und OHG str.: MHdB GesR II/*Möhrle* § 2 Rn. 53 mwN; Baumbach/Hopt/*Hopt* § 105 Rn. 29; jetzt ausdrücklich auch für die Komplementärin bejaht: OLG Celle ZIP 2012, 766; so schon LG Berlin BB 2003, 1351.

335 Hachenburg/*Heinrich* GmbHG § 4 Rn. 47; Baumbach/Hueck/*Fastrich* GmbHG § 4 Rn. 35; *Meyer-Landrut* GmbHG § 4 Rn. 14.

336 Vgl. OLG Stuttgart BB 2001, 14 für den Fall einer Ausgliederung nach dem UmwG.

337 Vgl. auch BayObLGZ 1970, 297 (299); *Bokelmann* FirmenR Rn. 321 mN.

338 BGHZ 65, 89 [92] = NJW 1975, 2293.

339 OLG Oldenburg BB 2001, 1373; LG Oldenburg BeckRS 2002, 162421; Röhricht/Graf v. Westphalen/Haas/*Ries* § 19 Rn. 54; EBJS/*Reuschle* § 19 Rn. 15; HK-HGB/*Ruß* § 19 Rn. 9.

340 *Pitsch/Schubert* GWR 2012, 204 Anm. zu OLG Celle ZIP 2012, 766, dort offengelassen; unrichtig noch LG Berlin BB 2003, 1351.

Unternehmens im Wesentlichen für die Verkehrskreise erkennbar machen.[341] Das Gleiche galt für die KGaA (§ 279 Abs. 1 AktG). Der **GmbH** war sowohl die Sach- als auch die Personenfirma (auch ohne Vorname) erlaubt, allerdings nicht mit dem Namen eines Nichtgesellschafters (§ 4 Abs. 1 GmbHG aF). Eine reine Fantasiefirma war ganz allgemein nicht zugelassen, sondern nur nicht täuschende Fantasiezusätze.

Seit 1998 können auch die Kapitalgesellschaften **sowohl Sach- als auch Personen- oder Fantasiefirmen** führen, wenn nur die oben dargestellten allgemeinen Voraussetzungen für diese jeweiligen Firmen erfüllt sind. Bei der Personenfirma einer GmbH sind Lit.[342] und Rspr.[343] bezüglich der Verwendung des **Namens eines Nichtgesellschafters** großzügiger als bei der Firmenbildung von Personenhandelsgesellschaften (ausführlich → Rn. 180 ff.). Ansonsten gelten für die Firma einer Kapitalgesellschaft die in → Rn. 109 ff. für die Komplementär-GmbH erörterten Regeln und die gleichen allgemeinen **Grundsätze wie für die Personenhandelsgesellschaft** (→ Rn. 81 ff.). 115

VI. Täuschungsgeeignete Firmenbestandteile (Fallgruppen)

Die Rspr. und die darauf fußende Lit. zu den einzelnen Fallgruppen von täuschungsgeeigneten Firmenbestandteilen stammen meist aus der Zeit vor dem HRefG 1998. Da sich die gesetzlich festgelegten Maßstäbe für die nach § 18 Abs. 2 untersagte Täuschungseignung geändert haben (→ Rn. 53 ff., → Rn. 58 ff.) ist diese **Rspr.** nur noch eingeschränkt auf die heutige Rechtslage anwendbar.[344] So ist zur Täuschungseignung über ein geschäftliches Verhältnis jeweils zusätzlich zu prüfen, ob die wettbewerbliche Relevanz zu bejahen ist.[345] In vielen Fällen wird daher eine **Neubewertung** erforderlich.[346] Die in der Anwendung von § 18 Abs. 2 eventuell enthaltene Einschränkung der Freiheit der Berufsausübung begegnet nicht generell verfassungsrechtlichen Bedenken.[347] Im Ergebnis wird aber die Rspr. an die Irreführung und ihre Ersichtlichkeit strengere Maßstäbe anlegen, so dass die Unternehmen deutlich mehr Spielraum haben werden als vorher. Dies gilt zB bei der Verwendung der Namen von Nichtgeschäftsinhabern oder Gesellschaftern bei der Bildung einer Personenfirma (ausführlich → § 17 Rn. 23 ff.). 116

Auch die **Leitsätze des Deutschen Industrie- und Handelstages,**[348] denen die Industrie- und Handelskammern regelmäßig folgten, erscheinen in Anbetracht der geänderten Rechtslage seit 1998 und der daraus im Einzelfall bereits resultierenden geänderten Verkehrsauffassung und Registerpraxis in vielen Einzelfällen nicht mehr überzeugend.[349] 117

1. Akademische Grade, Amts- und Berufsbezeichnungen. In diesem Bereich ist die frühere Rspr. relativ streng.[350] Aus der **mit dem HRefG 1998** verbundenen Veränderung der firmenrechtlichen Prüfkriterien ergibt sich hierfür **keine grundlegende Änderung.** Ob ein Gewerbetreibender einen akademischen oder andersartigen berufsqualifizierenden Abschluss in einem für seinen Berufszweig maßgebenden Ausbildungsfach innehat, ist auch für einen „durchschnittlichen Angehörigen" der angesprochenen Verkehrskreise 118

---

341 Röhricht/Graf v. Westphalen/*Ries,* 3. Aufl. 2008, Vor § 17 Rn. 3.

342 MüKoGmbHG/*Heinze* GmbHG § 4 Rn. 80 mwN zum Streitstand.

343 ZB LG München I MittBayNot 2007, 71; OLG Karlsruhe GmbHR 2014, 142.

344 OLG Stuttgart Die Justiz 2000, 126 = DB 2001, 698: nur bedingt und mit „größter Vorsicht"; so auch OLG Frankfurt DB 2001, 1664 = Rpfleger 2001, 428; KKRD/*Roth* Rn. 11; s. auch *Kögel* GmbHR 2002, 642; MüKoGmbHG/*Heinze* GmbHG § 4 Rn. 63.

345 Röhricht/Graf v. Westphalen/Haas/*Ries* Rn. 39.

346 EBJS/*Reuschle* Rn. 45; so ausdrücklich zB OLG Hamm NZG 1999, 994 zu „Euro" und „European"; zur wettbewerbsrechtlichen Irreführung von „EU-GmbH" LG Dresden NZG 2006, 909.

347 BVerfG NJW 2006, 1499 = DB 2006, 1674 zur Partnerschaftsgesellschaft aus Rechtsanwälten für die Berufsbezeichnung „Rechtsanwälte und Steuerberatung"; s. auch Anm. *Ruppert* DStR 2006, 1015.

348 Deutscher Industrie- und Handelstag, Firmenfibel 1983 (die firmenrechtlichen Leitsätze); Deutscher Industrie- und Handelstag, Firmenfibel 1992 (Firmierungsgrundsätze für den Vollkaufmann).

349 *Möller,* Neues Kaufmanns- und Firmenrecht, 1998, 30: ein Großteil der dort genannten Zusätze dürfte nach dem neuen Recht nicht mehr zu beanstanden sein.

350 EBJS/*Reuschle* Rn. 61; zusammenfassend bei Staub/*Burgard* Rn. 66–70.

„bei verständiger Würdigung" (→ Rn. 62) wesentlich.[351] Dieser suggeriert nämlich wissenschaftliche Kenntnisse und Fähigkeiten, also Kompetenz, allgemein Zuverlässigkeit und Seriosität.[352]

119 Akademische Grade wie der **Doktor** sind nicht Bestandteile des Namens. Sie können aber nach Maßgabe von § 18 Abs. 2 S. 1 als Zusatz in die Firma aufgenommen werden.[353] Eine Eintragung im Partnerschaftsregister nach § 5 Abs. 1, § 3 Abs. 2 PartGG ist aufgrund Gewohnheitsrecht zulässig.[354] Das gilt auch für die Bezeichnung **Professor,** gleich ob insoweit von einem Titel in engerem Sinn oder einer Amts- oder Dienstbezeichnung auszugehen ist.[355] Voraussetzung für die Aufnahme des Titels in die Firma als Firmenzusatz ist immer, dass die Führung des betreffenden Titels berechtigt erfolgt, was dem Registergericht in Zweifelsfällen (etwa dann, wenn es um von ausländischen Hochschulen verliehene akademische Grade geht)[356] nachzuweisen ist.

120 Die **Aufnahme des Titels** setzt weiter voraus, dass es sich bei dem Titelträger um den Geschäftsinhaber oder einen die Gesellschaftsbelange maßgeblich mitbestimmenden Gesellschafter handelt.[357] Das gilt auch für die juristische Person. Für die GmbH etwa kommt es darauf an, ob der Geschäftsführer oder ein den Geschäftsbetrieb maßgeblich beeinflussender Gesellschafter den Titel führt.[358] Ist ein promovierter Strohmann Namengeber, liegt eine Irreführung des Verkehrs vor. Diese Grundsätze der hM und Rspr. zum **Doktortitel** in der Firma hat das OLG Köln[359] bestätigt. Die **Angabe der Fakultät** („Dr. med.", „Dr. jur.") ist nicht stets, jedenfalls aber dann nötig, wenn andernfalls über den Inhaber des Geschäfts vorgetäuscht wird, er sei fachlich besonders qualifiziert.[360] Der Doktor in der Firma ohne nähere Fakultätsangabe weist bei Firmen mit medizinischem Gegenstand des Unternehmens auf einen Arzt hin; dagegen kann der Inhaber eines Rundfunkeinzelhandelsgeschäfts den ihm zustehenden Doktortitel der Medizin in der Firma ohne Angabe der Fakultät führen.[361]

121 **Ausländische akademische Grade** bedürfen grundsätzlich der Genehmigung des örtlich zuständigen Kultusministers (Nostrifikation).[362] Fehlt es an einer mit deutschen wissenschaftlichen Hochschulen vergleichbaren ausländischen Institution („Doktorfabriken"!), darf die verliehene Bezeichnung im Inland nicht geführt werden. Wird genehmigt, sind die Titel grundsätzlich so zu führen, wie sie verliehen worden sind.[363] Ausnahmsweise kann bei Gleichwertigkeit mit einem akademischen inländischen Titel die Führung des

---

[351] EBJS/*Reuschle* Rn. 61.

[352] BGH GRUR 1990, 604 = NJW 1991, 752; GRUR 1992, 121 = NJW-RR 1992, 367 = WM 1992, 504; Röhricht/Graf v. Westphalen/Haas/*Ries* Rn. 41; Heymann/*Förster* Rn. 44; *Hönn* ZHR 153 (1989), 386 (412 ff.).

[353] BGHZ 38, 380 (382) = NJW 1963, 581; BGH NJW-RR 1992, 367 = Rpfleger 1992, 162 f.; *Hönn* ZHR 153 (1989), 386 (390); Staub/*Burgard* Rn. 67; Heymann/*Förster* Rn. 44; Hachenburg/*Heinrich* GmbHG § 4 Rn. 37, 59; Baumbach/Hopt/*Hopt* Rn. 35; *Bokelmann* FirmenR Rn. 282.

[354] BGH NZG 2017, 734.

[355] Näher *Hönn* ZHR 153 (1989), 386 (390 f.).

[356] Näher *Hönn* ZHR 153 (1989), 386 (392 f., 415).

[357] BGHZ 53, 65 (68) = NJW 1970, 704; BGH NJW-RR 1992, 367 = WRP 1992, 101 (102) = Rpfleger 1992, 162.

[358] BGH NJW-RR 1992, 367 = WRP 1992, 101 (102); einschr. *Hönn* ZHR 153 (1989), 386 (390 f.).

[359] OLG Köln RNotZ 2008, 551 = DNotZ 2009, 140 = FGPrax 2008, 125.

[360] BGHZ 53, 65 (67) = NJW 1970, 704; OLG München JFG 18, 371; *Hofmann* JuS 1972, 233 (236); *Hönn* ZHR 153 (1989), 386 (416); Scholz/*Cziupka* GmbHG § 4 Rn. 64; Baumbach/Hueck/*Fastrich* GmbHG § 4 Rn. 13; Lutter/Hommelhoff/*Bayer* GmbHG § 4 Rn. 32; aA für die GmbH Hachenburg/*Heinrich* GmbHG § 4 Rn. 13: kein Fakultätszusatz selbst dann, wenn der Doktortitel ohne Bezug auf den Gegenstand der GmbH ist; *Riegger* DB 1984, 441 (444); zur Partnerschaftsgesellschaft *Meilicke* PartGG § 2 Rn. 12.

[361] BGH GRUR 1959, 375 = MDR 1959, 551; Staub/*Burgard* Rn. 67.

[362] In einzelnen Bundesländern entfällt jedoch mittlerweile ein Genehmigungsverfahren im Einzelfall, s. etwa für den Freistaat Bayern die Informationen zur Führung ausländischer akademischer Grade in Bayern des Bayerischen Staatsministeriums für Bildung und Kultus, Wissenschaft und Kunst, abrufbar unter: https://www.km.bayern.de/download/9110_informationsblatt_fuehrung.pdf (Stand: 30.4.2019).

[363] Staub/*Burgard* Rn. 67.

entsprechenden deutschen Grades (mit Angabe der verleihenden Institution) genehmigt werden.[364]

Bei **fortgeführten Firmen** muss grundsätzlich ein Nachfolgezusatz beigefügt[365] oder der Titel fortgelassen werden. Erfüllt dagegen der Fortführende selber oder ein maßgeblicher Gesellschafter die Voraussetzungen des in der Firma enthaltenen Titels, ist die Beibehaltung der bisherigen Firma nebst Doktortitel nicht zu beanstanden (Beispiel: ein auf dem Fachgebiet der Gesellschaft promovierter Akademiker ist ihr Gesellschaftergeschäftsführer geworden). Der Verkehr wird in diesem Fall nicht über sich aus dem Titel in der Firma ergebende Umstände getäuscht.[366] Streng war bisher auch die Rspr. zum **Doktortitel** in der fortgeführten Firma ohne verbleibenden Titelträger.[367] Wenn eine GmbH, die auf dem Gebiet der Personalberatung tätig ist, in ihrer Firma eine Person mit einem Doktortitel aufführt, die nicht mehr der Gesellschaft angehört und auch kein sonstiger promovierter Akademiker in der Gesellschaft eine maßgebliche Stellung einnimmt, soll nach Ansicht der OLG-Rspr. und der hM in der Literatur eine Eignung zur Irreführung iSd § 18 Abs. 2 zu bejahen sein.[368] 122

Großzügiger war demgegenüber der **BGH** kürzlich in den Fällen, in denen der promovierte Namensgeber aus einer Partnerschaftsgesellschaft ausscheidet und **keiner der verbleibenden Gesellschafter einen Doktortitel** führt. Der BGH nahm bei einer Partnerschaft von Anwälten,[369] bei einer Steuerberater-PartG[370] und bei einer Wirtschaftsprüfungs-PartG[371] an, dass bei entsprechender Gestattung der Doktortitel in der Firma zusammen mit dem Namen des ausgeschiedenen Partners nach § 24 selbst dann beibehalten werden darf, wenn keiner der verbleibenden Gesellschafter einen Doktortitel führt. § 24 ermögliche die Fortführung der gesamten Firma einschließlich des Namenszusatzes des ausgeschiedenen Gesellschafters in Form des Doktortitels. Die generelle Wertschätzung der Verkehrskreise gegenüber dem Doktortitel hänge vom Geschäftsbereich des jeweiligen Unternehmens ab. Als Beleg für ein abgeschlossenes Hochschulstudium täusche er bei einer Rechtsanwaltspartnerschaft nicht, da Rechtsanwälte zwingend Akademiker sein müssen. Eine durchlaufene akademische Ausbildung könne dazu führen, dass im Einzelfall eine Irreführung über die Vorbildung nicht begründet werde, weil die Zuverlässigkeit in der Sache nicht enttäuscht wird.[372] 123

Berufsbezeichnungen sind hauptsächlich im Bereich der freien Berufe, zum Teil gesetzlich geschützt (zB Anwalt, Apotheker, Arzt, Zahnarzt, Steuerberater, Steuerbevollmächtigter, Steuerberatungsgesellschaft, Wirtschaftsprüfer, Wirtschaftsprüfergesellschaft, Ingenieur). Fehlt es insoweit an der Qualifikation, dürfen diese Bezeichnungen (soweit die Führung einer Firma überhaupt in Betracht kommt), weil täuschend, nicht in die Firma aufgenommen werden.[373] Auch verwandte Bezeichnungen, die es als gesetzlich geschützte überhaupt nicht gibt, täuschen insoweit im Rechtsverkehr (Industrieanwalt, Handelsanwalt, 124

---

364 Ausf. hierzu *Hönn* ZGR 153 (1989), 386 (393).

365 RGZ 162, 121 (122); RGZ 169, 147 (150); BGHZ 53, 65 (68) = NJW 1970, 704; BGH NJW 1998, 1150 = GRUR 1998, 391; *Klatza* EWiR 1998, 325; BayObLGZ 1978, 44 (46); LG Nürnberg-Fürth BB 1990, 732; Baumbach/Hopt/*Hopt* § 22 Rn. 15; großzügiger bei Branchen ohne Relevanz des Doktortitels: OLG Frankfurt DB 1977, 1253 für Druck und Kopierer; OLG Hamburg GRUR 1993, 690 „Dr. S-Arzneimittel" aufgrund einer demoskopischen Untersuchung.

366 BGH NJW-RR 1992, 367 = WRP 1992, 101 (102 f.); *Bokelmann* FirmenR Rn. 286; *Helm* WuB 1998, 621 (623).

367 OLG Köln RNotZ 2008, 551 = DNotZ 2009, 140 = FGPrax 2008, 125.

368 So auch die hM in der Lit.: EBJS/*Reuschle* Rn. 64; HK-HGB/*Ruß* Rn. 23; Röhricht/Graf v. Westphalen/Haas/*Ries* Rn. 44.

369 BGH ZIP 2018, 1393 = NZG 2018, 900.

370 BGH ZIP 2018, 1439 = GmbHR 2018, 848.

371 BGH ZIP 2018, 1494 = NZG 2018, 1019.

372 Oetker/*Schlingloff* § 22 Rn. 29 unter Bezugnahme auf die vorstehende BGH-Rechtsprechung.

373 *Hönn* ZHR 153 (1989), 386 (392); Staub/*Burgard* Rn. 68; *Kögel* in Wessel/Zwernemann/Kögel Firmengründung Rn. 404 ff.; KBF/*Bornkamm/Feddersen* UWG § 5 Rn. 4.163 ff,; zu den Grenzen des ärztlichen Werberechts nach dem Wettbewerbsrecht: *Fritzsche* WRP 2013, 272.

Geschäftsanwalt und so fort).[374] Unter wettbewerbsrechtlichen Gesichtspunkten hat der BGH[375] zur Verwendung des Begriffs **„Fachanwälte"** als Zusatz zur Kurzbezeichnung einer überörtlichen Anwaltssozietät auf dem Praxisschild oder auf dem Briefkopf entschieden, dass diese eine den Plural rechtfertigende Zahl von Fachanwälten als Sozietätsmitgliedern voraussetzt. Die Angabe „Steuerbüro" für eine Anwaltskanzlei, die zu einem überwiegenden Teil Hilfeleistungen in Steuersachen erbringt, wurde vom BGH[376] demgegenüber nicht beanstandet. Das OLG Bremen hält auch die werbliche Aussage eines Anwalts, er sei „Erster Fachanwalt für Erbrecht" für irreführend und damit als unlautere Wettbewerbshandlung unzulässig.[377]

125 Entsprechendes gilt für den **Meistertitel eines Handwerkers.** Er darf nur Bestandteil der Firma sein, wenn die Meisterprüfung erfolgreich abgelegt worden ist. „Der erfahrene Meisterbetrieb" ist nach früherer Rspr. nicht zulässig, wenn nicht der Komplementär bei der KG den Meister gemacht hat.[378] Dies erscheint nach heutigem liberalem Verständnis, wonach zB auch der Kommanditist oder eine sonstige in der Gesellschaft an bedeutender Stelle integrierte Person als Namensgeber für die Firmierung fungieren kann, zu eng.[379]

126 **2. Alter und historische Beziehung.** Hinweise auf das Alter eines Unternehmens in der Firma sind zulässig, sofern sie der Wahrheit entsprechen („Ältestes Haus", „seit 1893", „gegründet 1902").[380] **„Erste" („Erster", „Erstes")** ist mehrdeutig und kann das zeitlich erste oder beste Unternehmen bedeuten. Ein Hinweis auf das beste Unternehmen ist, weil „unbeweisbarer Wertzusatz",[381] unzulässig. Der Zusatz darf daher nur dann geführt werden, wenn er unzweideutig und der Wahrheit entsprechend auf das zeitlich erste Unternehmen hinweist. „Erstes Baubetreuungsunternehmen" ist daher unzulässig.[382] Auf **verschlüsselte Altersangaben** ist besonders zu achten. Begriffe wie **„städtisch", „königlich", „provinzial"** täuschen, wenn die damit angedeuteten Beziehungen zu Staat, Gemeinde oder Kommunalverband gar nicht vorliegen. **„Königlich Bayerisch"** (angemeldet war eine Firma „Königlich Bayerisch Bierbrauerei I. Prinzessin von Bayern KG") erweckt nicht nur den Eindruck, das bayerische Königshaus habe mit der Brauerei in zumindest bevorzugter Beziehung gestanden; hervorgerufen wird auch die Vorstellung von einem Unternehmen mit **beständiger und alter Tradition.** Trifft das nicht zu, ist die Firma unzulässig.[383] Eine Firma darf auch nicht durch Verwendung des Namens eines alten, inzwischen ausgestorbenen Adelsgeschlechts den Anschein erwecken, es handele sich um die Fortführung einer alten Firma.[384] Dagegen täuscht der Firmenbestandteil **Manufaktur** („Porzellan- und Glasmanufaktur") auch dann nicht, wenn das Handelsunternehmen kein frühes Gründungsjahr vorzuweisen vermag. Die Annahme, das Unternehmen müsse auf eine längere, geschichtlich bedeutsame Produktion zurückblicken können, ist heute nicht mehr haltbar.[385] Auch muss die Angabe der **Jahreszahl** im Namen eines Vereins dem **Gründungsjahr** entsprechen.[386]

[374] Vgl. mit weiteren Beispielen *Hönn* ZHR 153 (1989), 386 (392); Staub/*Burgard* Rn. 68; KBF/*Bornkamm/Feddersen* UWG § 5 Rn. 4.163 ff.; BGH GRUR 2009, 970 – Versicherungsberater, zur Irreführung bei nicht geschützten Berufsbezeichnungen.

[375] Näher BGH NJW 2007, 2334 = DB 2007, 1584.

[376] BGH DB 2013, 575.

[377] OLG Bremen NJW 2007, 1539.

[378] OLG Düsseldorf GRUR 1973, 33; Staub/*Hüffer*, 4. Aufl. 1983, Rn. 41; *Bokelmann* FirmenR Rn. 289.

[379] Röhricht/Graf v. Westphalen/Haas/*Ries* Rn. 47; Staub/*Burgard* Rn. 68.

[380] Staub/*Burgard* Rn. 110; Heymann/*Förster* Rn. 50; *Bokelmann* FirmenR Rn. 256; *Kögel* in Wessel/Zwernemann/Kögel Firmengründung Rn. 476; LG Gera NotBZ 2003, 399: Verwechslung mit altrechtlichem Verein.

[381] *Kögel* in Wessel/Zwernemann/Kögel Firmengründung Rn. 476, 520.

[382] *Bokelmann* FirmenR Rn. 254.

[383] BayObLG Rpfleger 1981, 114 (115) = MDR 1981, 321; vgl. auch BGH NJW-RR 1991, 1061 = GRUR 1992, 66 – Königl.-Bayerische Weisse.

[384] OLG Neustadt/Weinstr. MDR 1963, 138 – Sektkellerei Graf S.

[385] Vgl. näher *Kögel* in Wessel/Zwernemann/Kögel Firmengründung Rn. 476 unter Hinweis auf OLG München GRUR 1989, 620.

[386] OLG Brandenburg NJW-RR 2011, 621 zum Verein.

Auch nach dem HRefG 1998 bleibt die Irreführungsgefahr der oben dargestellten Beispielsfälle aus der Rspr. grundsätzlich relevant. Allerdings ist die **neue Wesentlichkeitsschwelle** zu beachten. Daher wird man irreführende Angaben über geschäftliche Verhältnisse, die für die angesprochenen Verkehrskreise wesentlich sind, insbesondere bei Altersangaben von sog. **„Traditionsprodukten“** wie zB Sekt oder Porzellan annehmen können.[387] Denn nur in diesen Fällen ist wegen der durch die Altersangabe immer ausgelösten Erwartung des Publikums ein solcher Irrtum für die angesprochenen Verkehrskreise wesentlich. In diesem Zusammenhang kann sogar gefordert sein, dass die Altersangabe nicht nur das Gründungsdatum des betreffenden Unternehmens richtig wiedergibt, sondern sogar die Herstellung des fraglichen Produkts durch das Unternehmen seit diesem angegebenen Datum ohne nennenswerte Unterbrechung bis zur Gegenwart realisiert wurde.[388] **127**

3. Amtlicher Eindruck. Firmenzusätze, die der Wahrheit zuwider den Eindruck staatlicher, städtischer, kirchlicher, polizeilicher oder ähnlicher Stellen hervorrufen, sind unzulässig. „Amtliches Reisebüro“ ist nur erlaubt, wenn das Reisebüro aufgrund von Vereinbarungen mit behördlichen Stellen amtliche Aufgaben wahrnimmt.[389] Zusätze wie **„städtisch“, „königlich“ oder „provincial“ täuschen, wenn es an entsprechenden Beziehungen zu Staat, Gemeinde oder Kommunalverband fehlt** (→ Rn. 126).[390] Als unzulässig wurden angesehen „Torgauer Stadtbrauerei C. L.“ und „Thüringer Landeskonservatorium in Erfurt Direktor W“;[391] auch die letzten vier Worte können nicht den Eindruck einer staatlichen Anstalt beseitigen. Die Bezeichnung „Stadtbäckerei“, wird sie nicht von der Stadt betrieben, soll selbst dann unzulässig sein, wenn die Stadt keine Einwände erhebt.[392] **128**

Täuschungen können auch in Verbindung mit dem Wort **„öffentlich“**[393] oder **„kirchlich“**[394] auftreten, ebenso bei Kombinationen mit **„Dienst“** oder **„Stelle“.**[395] „Schädlingsbekämpfungsdienst Sachsen-Anhalt W. J.“ wurde für ein rein privates Unternehmen als unzulässig angesehen.[396] Schließlich ist es einem privatrechtlichen Verein nicht erlaubt, die Bezeichnung **„Wirtschaftskammer“** als Vereinsnamen oder Teil des Namens zu führen.[397] Der Vereinsname „Ärztetag für Medizin ohne Nebenwirkungen“ ist aber nicht irreführend; insbesondere verbindet die Allgemeinheit mit einem solchen Namen nicht ohne Weiteres die Zugehörigkeit zu einer öffentlich-rechtlichen Körperschaft.[398] **129**

Rechtsformzusätze und Inhaberangabe in der Firma. Erweckt ein Zusatz den Eindruck **öffentlicher Trägerschaft, Beteiligung oder Förderung,** so beseitigt die bloße Rechtsformbezeichnung diesen Eindruck nicht. Denn in der Praxis wird im täglichen Gebrauch der Firma oft das „GmbH“ ganz fortgelassen oder erscheint in kleiner Magerschrift, während der übrige Firmenbestandteil groß und fett geschrieben wird. Es muss daher, täuscht ein Firmenbestandteil, durch einen Firmenzusatz oder weitere Firmenbestandteile eindeutig klargestellt werden, dass es sich um ein privates Unternehmen ohne **130**

---

387 Ebenso EBJS/*Reuschle* Rn. 66; strenger Staub/*Burgard* Rn. 110; BeckOK HGB/*Bömeke* Rn. 61.

388 Vgl. OLG München GRUR 1989, 620 zu § 3 UWG aF; BGH NJW 1960, 1856; GRUR 1981, 69 = DB 1981, 88 zur Übernahme einer jüngeren Filialkette durch ein Unternehmen der Juwelier- und Uhrmacherbranche, das die Bezeichnung „seit 1863“ in der Firma führte; EBJS/*Reuschle* Rn. 66; Röhricht/Graf v. Westphalen/Haas/*Ries* Rn. 52.

389 Leitsatz DIHT BB 1966, 475, insoweit auch heute noch zutr.; Staub/*Hüffer,* 4. Aufl. 1983, Rn. 44; *Bokelmann* FirmenR Rn. 241.

390 BayObLG Rpfleger 1981, 114 (115) = MDR 1981, 321.

391 KGJ 22 A 97, 100; KG OLGRspr. 42, 209.

392 *Bokelmann* FirmenR Rn. 242; zu Recht zweifelnd *Kögel* in Wessel/Zwernemann/Kögel Firmengründung Rn. 476; für „Stadtbäcker“ offen gelassen von BayObLG NJW-RR 1987, 1520 = MDR 1987, 939.

393 *v. Locquenghien* DJ 1934, 1593; *Bokelmann* FirmenR Rn. 250; Staub/*Burgard* Rn. 70.

394 Zu „Kirchlicher Kunstverlag C. M.“ LG Bremen BB 1961, 501: unzulässig.

395 *Bokelmann* FirmenR Rn. 247, 249.

396 KG DR 1942, 1501; zu „Stelle“ KG DR 1942, 731.

397 OLG Frankfurt BB 1974, 577; BayObLGZ 1992, 47 = NJW 1992, 2362 = Rpfleger 1992, 354 (355).

398 BayObLGZ 1992, 47 = NJW 1992, 2362 = Rpfleger 1992, 354.

Verbindung zu staatlichen Stellen handelt.[399] Auch der Name des Inhabers kann nicht stets die Täuschungsgefahr ausschließen. Spiegelt die Firma eine in Wirklichkeit nicht bestehende Verbindung zu einer staatlichen Einrichtung wider („Universitätsverlag"),[400] so beseitigt weder der Rechtsformzusatz noch die Anführung des Inhabernamens die von der Firma ausgehende Täuschung, weil auch zwischen einem Privatunternehmen und einer öffentlichen Institution besondere Beziehungen bestehen können.

131 **Polizei.** In der Regel ist die Führung des Wortes „Polizei" in privaten Firmen unzulässig, so „Polizeiverlag", „Polizei-Verlags- und Anzeigenverwaltungs-GmbH", nicht dagegen „Polizeisport Anzeigenverwaltung und Verlag H.".[401]

132 **Anstalt, Akademie, Institut,**[402] **Seminar, Fachschule, Stiftung.**[403] Diese Zusätze können einerseits den Eindruck der wissenschaftlichen Betätigung erwecken, aber auch die Vorstellung einer öffentlichen Trägerschaft auslösen.[404] Zum Teil ergibt sich bereits aus der Tätigkeitsangabe, dass eine private, gewerbliche Tätigkeit vorliegt („Beerdigungsinstitut", „Eheanbahnungsinstitut", „Heiratsinstitut", „Schönheitsinstitut"), so dass keine Irreführung zu besorgen ist.[405] Dies wird zunehmend auch für das „Meinungsforschungsinstitut" angenommen.[406] Anderes gilt dann, wenn die Tätigkeitsangabe von dem Verkehr mit wissenschaftlicher Behandlung, Analyse oder Forschung identifiziert wird („Institut für Marktanalysen", „Institut für Zelltherapie", „Institut für physikalische Therapie", „Institut für steuerwissenschaftliche Information").[407] So hat das KG[408] trotz Tätigkeitszusatz „Deutsches Institut für Iranische Politik- und Wirtschaftswissenschaft" als Name eines privaten Vereins für unzulässig gehalten.

133 Das OLG Düsseldorf[409] hat auch nach dem HRefG 1998 bestätigt, dass für ein privatwirtschaftliches Unternehmen die Bezeichnung **„Institut"** nur dann nicht täuschungsgeeignet ist, wenn durch einen Zusatz oder weitere Firmenbestandteile eindeutig klargestellt wird, dass es sich nicht um eine öffentliche oder unter öffentlicher Aufsicht stehende wissenschaftlich arbeitende Einrichtung handelt.[410] Danach hat das Gericht den Firmennamen „Dolmetscher-Institut e. K." für geeignet gehalten, über wesentliche geschäftliche Verhältnisse der Firma irrezuführen, weil sich der gewerbliche Charakter des „Instituts" nicht hinreichend deutlich ergebe. Die Bezeichnung „Institut" gibt schon für sich betrachtet Anlass zu der Vorstellung der angesprochenen Verkehrskreise, es handele sich um eine

---

399 OLG Köln Rpfleger 1992, 111 f.; BayObLG BB 1985, 2269 unter Aufgabe von BayObLG BB 1968, 313; *Bokelmann* FirmenR Rn. 259.

400 OLG Oldenburg BB-Beil. 1975, 18; anders aber für „Universitäts-Buchhandlung", „Universitäts-Buchbinderei", „Universitäts-Café" und „Universitätsgaststätte".

401 LG Wiesbaden DJ 1936, 1859; OLG Frankfurt WM 1983, 1372; OLG Hamm Rpfleger 1980, 472; OLG Hamm Rpfleger 1981, 404; vgl. auch BayObLGZ 1986, 150 (152 f.); näher Heymann/*Förster* Rn. 53; *Kögel* in Wessel/Zwernemann/Kögel Firmengründung Rn. 472.

402 Vgl. ausf. *v. Olenhusen* WRP 1996, 1079.

403 Vgl. zur Stiftung OLG Stuttgart GmbHR 1964, 116; OLG Brandenburg OLGR 2004, 429: „Stiftung" im Vereinsnamen; zum Rechtsformzusatz „Stiftungs-GmbH" *Wagner* GmbHR 2016, 858.

404 EBJS/*Reuschle* Rn. 50.

405 OLG Stuttgart BB 1961, 500; BGH NJW-RR 1987, 735; vgl. auch für Verein BayObLG NJW-RR 1990, 1125; Heymann/*Förster* Rn. 77; *Hönn* ZHR 153 (1989), 386 (403); *Bokelmann* FirmenR Rn. 259: fraglich bei „Institut für Schädlingsbekämpfung".

406 EBJS/*Reuschle* Rn. 50; Röhricht/Graf v. Westphalen/Haas/*Ries* Rn. 50.

407 BayObLGZ 1985, 215 (216) = DB 1986, 166; OLG Düsseldorf WRP 1976, 317 f.; BayObLG NJW-RR 1990, 1125 = DB 1990, 1661; vgl. weiter mit Beispielen Heymann/*Förster* Rn. 76; *Bokelmann* FirmenR Rn. 259 ff.; *Kögel* in Wessel/Zwernemann/Kögel Firmengründung Rn. 466 ff., dort auch zu „Überwachungsdienst", „Schule" und „Prüfdienst".

408 KG FGPrax 2012, 32.

409 OLG Düsseldorf DB 2004, 1720; vgl. auch OLG Frankfurt NJW-RR 2002, 459; ebenso LG Detmold Rpfleger 1999, 333.

410 Röhricht/Graf v. Westphalen/Haas/*Ries* Rn. 50; vgl. auch schon BayObLGZ 1985, 215 = Rpfleger 1985, 404; OGH NZG 2001, 224; offen gelassen für „IFB-Gesellschaft mbH Institut für angewandte Betriebswirtschafts- und Marktanalysen"; Täuschungseignung bejaht für „IFNS – Institut für numerische Statistik mbH" OLG Köln Rpfleger 1992, 111; für „Verkehrs-Institut Würzburg" BayObLG BB 1968, 313; für „Institut für wirtschaftlichen Gebäudebetrieb" OLG Frankfurt OLGZ 1981, 414.

öffentliche oder unter öffentlicher Aufsicht oder Förderung bestehende, der Allgemeinheit der Wissenschaft dienende Einrichtung mit wissenschaftlichem Personal, nicht aber um einen privaten Gewerbebetrieb oder um eine private Vereinigung. „Institut" ist nach allgemeiner Auffassung ein Begriff des Deutschen Hochschulrechts.[411] Auch der Zusatz im Firmennamen e. K., der auf die Rechtsform der Firma hinweist, reicht nicht aus, um diese Fehlvorstellung zu vermeiden.[412] – Entsprechende Grundsätze gelten für **Akademie**[413] und **Seminar,** wobei ein strengerer Maßstab als für Institut oder Anstalt gelten soll.[414]

Anders als aber zB Anstalt oder Institut weist der Zusatz **„Stiftung"** nicht auf eine staatlich genehmigte und behördlich kontrollierte Einrichtung hin. Er bringt vielmehr vornehmlich zum Ausdruck, dass eine Rechtspersönlichkeit, das ihr zur Verwendung nach Maßgabe des Widmungszwecks zugewandte Vermögen verwaltet[415] um aus dem Stammkapital und dem Gesellschaftsvermögen bestimmten Personen oder Einrichtungen unentgeltliche Zuwendungen zu machen. Dies gilt auch für den Namen eines Vereins, der eine stiftungsähnliche Struktur hat.[416] In der Verwendung des Namensbestandteils „Stiftung" liegt auch keine Irreführung über die Rechtsform, weil dieser Begriff im Rechtsverkehr vielfältig, namentlich für privatrechtliche Stiftungen, solche des kirchlichen Rechts und solche des öffentlichen Rechts verwendet wird. Durch den zutreffenden Rechtsformzusatz („GmbH", „e. V." oÄ) am Namensende kann deutlich werden, dass es sich nicht um eine Stiftung, sondern um einen Verein handelt. Die Vermischung von Rechtsform-Angaben wie z.B. „Stiftungs-GmbH" kann allerdings Irreführungseignung besitzen.[417] 134

4. Bank, Bankhaus, Bankier, Sparkasse, Volksbank, Kapitalanlagegesellschaft, Investmentgesellschaft. Es handelt sich hierbei[418] durchweg um geschützte Bezeichnungen, die nur unter bestimmten Voraussetzungen in die Firma aufgenommen werden dürfen. Für Unternehmen ist die Bezeichnung **Bank** oder **Bankier** nur dann erlaubt, wenn sie eine Erlaubnis nach dem KWG besitzen oder eine solche Bezeichnung bei Inkrafttreten des KWG geführt haben (§§ 32, 39 KWG). **Volksbank** ist nur solchen Kreditinstituten erlaubt, die in der Rechtsform einer eingetragenen Genossenschaft betrieben werden und einem Prüfungsverband angehören.[419] Als **Sparkasse** dürfen sich – abgesehen von den Unternehmen, die bei Inkrafttreten des KWG eine solche Bezeichnung zu Recht geführt haben – nur öffentlich-rechtliche Sparkassen bezeichnen (§ 40 KWG). Gegen diesen Bezeichnungsschutz der Sparkassen werden allerdings europarechtliche Bedenken durch die EU-Kommission erhoben.[420] Unternehmen, die das Bauspargeschäft betreiben (§ 2 Abs. 1 Nr. 6 KWG), dürfen sich jedoch „Bausparkasse" und eingetragene Kreditgenossenschaften, die einem Prüfungsverband angehören, **Spar- und Darlehenskasse** nennen (§ 40 Abs. 2 KWG). Auch gelten nach § 41 KWG die §§ 39 und 40 nicht für solche Unternehmen, die die Worte Bank, Bankier oder Sparkasse in einem Zusammenhang führen, der den Anschein ausschließt, dass sie Bankgeschäfte betreiben, wie das bei **„Datenbank", „Spielbank"** 135

411 Vgl. zB BayObLG NJW-RR 1990, 1125 = MDR 1990, 824, 825; OLG Frankfurt NJW-RR 2002, 459; OGH NZG 2001, 224 = GesRZ 2001, 27.

412 OLG Düsseldorf DB 2004, 1720; aA Staub/*Burgard* Rn. 71.

413 Vgl. OLG Bremen BB 1971, 1258: Fortbildungsstätte, bei der die berufliche oder künstlerische Förderung der Besucher oder Mitglieder Selbstzweck und nicht Mittel der Gewinnerzielung ist.

414 So Staub/*Hüffer,* 4. Aufl. 1983, Rn. 49; *Bokelmann* FirmenR Rn. 260 ff.; aA zu „Akademie" im Namen eines gemeinnützigen Vereins, KG Rpfleger 2005, 199 mwN; keine „offensichtliche" Irreführungseignung von „Camping Akademie", OLG Rostock GmbHR 2011, 829; vgl. auch Staub/*Burgard* Rn. 71.

415 OLG Stuttgart NJW 1964, 1231 für eine GmbH mit gemeinnützigem Zweck.

416 OLG Brandenburg OLGR 2004, 429 mit Verweis auf OLG Frankfurt OLGR 2001, 53 sowie BayObLG NJW 1973, 249.

417 Dazu ausf. krit. *Wagner,* GmbHR 2016, 858.

418 Vgl. zu den Einzelheiten BeckOGK/*Lüken/Natzel,* 1.7.2019, Rn. 227; Heymann/*Förster* Rn. 54; Staub/*Burgard* Rn. 78; *Bokelmann* FirmenR Rn. 271 ff.; *Kögel* in Wessel/Zwernemann/Kögel Firmengründung Rn. 450 ff.

419 Zur Unzulässigkeit der Firma „Volks- und Raiffeisenbank Y, Zweigniederlassung der Raiffeisenbank X e. G." vgl. OLG Frankfurt NJW-RR 1989, 483.

420 Näher *Geschwandtner/Bach* NJW 2007, 129.

oder **„Bankverlag"** der Fall ist.[421] Auf die Bezeichnung „Bankrepräsentanz" trifft das aber nicht zu.[422] Zwar versteht man in Bankfachkreisen unter „Repräsentanz" die Geschäftsstelle einer Bank (oft in Form nur eines Büros), die selbst keine Bankgeschäfte betreibt, sondern Geschäfte nur anbahnt und Kontakte herstellt. Doch ist das dem darüber hinaus durch Firma und Werbung auch angesprochenen allgemeinen Publikum in der Regel unbekannt, so dass dort der Eindruck entstehen kann, es würden auch Bankgeschäfte betrieben.

136 Auch eine Bank darf einen **geografischen Firmenzusatz** (Regionalzusatz) führen. Zu beachten ist aber, dass hier nach herkömmlichem Verständnis geografische Bezeichnungen den Eindruck erwecken können (genauer → Rn. 153 ff.), die betreffende Bank sei in dem genannten Gebiet führend und habe eine überragende Bedeutung. Aufmerksamkeit ist insbesondere dann geboten, wenn in dem betreffenden Gebiet weitere Banken derselben Art ansässig sind und diesen ebensolche Bedeutung zukommt.[423]

137 Über die Eintragung oder Löschung einer eingetragenen Firma entscheidet das **Registergericht** (§ 43 Abs. 1, 2 KWG). Hat das **Bundesanstalt für Finanzdienstleistungsaufsicht** nach § 42 KWG über die Befugnis eines Unternehmens zur Führung einer bestimmten Bezeichnung (Bank, Sparkasse, Volksbank und so fort) rechtskräftig entschieden, so ist das Registergericht insoweit gebunden; es hat die Entscheidung der Bundesanstalt seiner Entscheidung zu Grunde zu legen.[424] Nach § 43 Abs. 3 KWG steht dem Bundesanstalt ein Antrags- und Beschwerderecht gegenüber dem Registergericht zu, soweit die Firmierung von Kreditinstituten angesprochen ist.[425]

138 Die Bezeichnungen **Kapitalanlagegesellschaft** und **Investmentgesellschaft** sowie **Kapitalanlage, Investment, Investor** und **Invest** usw. waren den Firmen von Kapitalanlagegesellschaften iSd bis 2013 geltenden § 3 InvG aF vorbehalten. Jetzt befindet sich eine noch erweiterte Regelung für die diesbezüglichen Bezeichnungen nach dem KAGB in § 3 KAGB vorbehalten.[426] § 4 KAGB regelt zusätzlich die Voraussetzung für die Nutzung von Firmenbestandteilen wie „Kapital…", „Invest" usw. Nur ihnen ist es erlaubt, diese Worte in ihre Firma aufzunehmen. Doch die Zusätze Kapitalanlage, Investment, Investor und Invest sind dann gestattet, wenn es nach dem Zusammenhang ausgeschlossen ist, dass durch ihre Verwendung in der Firma der Anschein erweckt wird, der Geschäftsbetrieb sei auf die Anlage von Geldvermögen gerichtet.[427] Enthält die Firma eines Kaufmanns zu Unrecht die geschützte Bezeichnung „Invest", so kann die **Bundesanstalt für Finanzdienstleistungsaufsicht** die Löschung auch beim Landgericht anregen. Hat die Bundesanstalt eine solche Amtslöschung angeregt, kann das Landgericht nicht unter Berufung auf das Auflösungsverfahren nach § 399 FamFG seine erstinstanzliche Zuständigkeit verneinen.[428] Beim Firmenbestandteil **„Investment Consult"** können die beiden Begriffe als jeweils selbständige Umschreibungen von Geschäftszweigen des Unternehmens und damit als irreführend verstanden werden.[429]

---

421 Vgl. auch *Gößner*, Lexikon des Firmenrechts, Stand 2003, B 2 unter „Bank"; Röhricht/Graf v. Westphalen/Haas/*Ries* Rn. 56.

422 OLG Stuttgart WRP 1993, 841 f.

423 BGH BB 1973, 813 „Bayerische Bank AG" und BGH WRP 1975, 296 „Oberhessische Bank AG", Die „Oberhessische"; BayObLG Rpfleger 1976, 433; OLG Hamm BB 1991, 2107 „Essener Genossenschaft eG", abgekürzt „EG-Bank".

424 *Consbruch* BB 1966, 102 (104); Staub/*Hüffer*, 4. Aufl. 1983, Rn. 51.

425 Hierzu OLG Frankfurt DB 1982, 1106.

426 BayObLGZ 1969, 215 zur Vorgängervorschrift des § 23 KapAnlG aF.

427 Sehr streng demgegenüber BayObLG Rpfleger 1984, 319 = WM 1984, 1569: eine GmbH, die einen Kunst- und Antiquitätenhandel betreibt, und in der Firma das Wort „Invest" führt, soll unzulässig sein; ebenso *Kögel* in Wessel/Zwernemann/Kögel Firmengründung Rn. 453 für „Kunstinvest Antiquitätenhandel GmbH".

428 BayObLGZ 1983, 54 = DB 1983, 2134, Abgrenzung zu BayObLGZ 1969, 215.

429 BayObLG NZG 1999, 398 = NJW-RR 1999, 1634; krit. hierzu *Möller* DNotZ 2000, 831 (839); BayObLGZ 1988, 32 = WM 1988, 664; Röhricht/Graf v. Westphalen/Haas/*Ries* Rn. 53; so auch Staub/*Burgard* Rn. 79 zu „Kunstinvest Antiquitätenhandel GmbH", allerdings zu Unrecht die hier vertretene Meinung als aA zitierend; s. dazu auch *Kögel* in Wessel/Zwernemann/Kögel Firmengründung Rn. 453.

5. Bau. Der Zusatz deutet, auch in Verbindung mit aus sich heraus nicht verständlichen Silben (LU-HO-Bau), auf ein **bauausführendes** Unternehmen. Baustoffhändler dürfen den Zusatz nicht benutzen.[430] Unzulässig ist auch „Grundstücks- und Kapitalvermittlungsgesellschaft, Bau und Finanz mit beschränkter Haftung", wenn Gegenstand des Unternehmens die „Vermittlung von Grundstücken und Kapitalien" ist.[431] 139

6. Börse. Nach früher hM trägt **börsenähnlicher Charakter** jede geschäftliche Einrichtung, in deren Rahmen eine Vielzahl von Kaufleuten sowohl auf der Einkäufer- als auf der Verkäuferseite zusammenkommen, um miteinander Handelsgeschäfte abzuschließen.[432] So durfte sich ein Schmuckwarengeschäft mittlerer Größe nicht „Schmuck-Börse" nennen,[433] ist die Bezeichnung „Schuh-Börse" für ein Einzelhandelsgeschäft mit Schuhwaren unzulässig,[434] ein Gebrauchtwagenunternehmen mittlerer Größe nicht „Auto-Börse GmbH" firmieren.[435] Nach dem OLG Frankfurt war der Firmenbestandteil „Internationale Flugbörse" geeignet, eine Täuschung über die Art oder den Umfang des Geschäfts herbeizuführen, da die Allgemeinheit erwarte, dass sie bei einem solchen Unternehmen ein besonders vielseitiges und preisgünstiges Angebot vorfinde.[436] Auch der Leitsatz des DIHT von 1983 verweigerte noch dem Einzelhandelsgeschäft die Berechtigung, den Zusatz „Börse" zu führen.[437] Aber schon in der DIHT-Firmenfibel 1992 ist zu „Börse" zutreffenderweise kein Leitsatz mehr aufgenommen und auf S. 17 angemerkt, besondere qualifizierende Bedeutung komme dem Begriff nicht zu. 140

Die frühere Meinung zur Börse trifft heute nur noch auf die klassischen Bereiche der Börse (Devisenbörse, Wertpapierbörse, Mineralölbörse) zu.[438] Im Übrigen ist ein Bedeutungswandel eingetreten. „Krawattenbörse", „Strumpfbörse", „Gebrauchtwarenbörse" oder „Reisebörse" darf auch ein Einzelkaufmann firmieren, ebenso „Schuhbörse".[439] Der Verkehr setzt auch keine Sonderstellung des Unternehmens hinsichtlich Größe und Bedeutung voraus. Zum Teil werden Angebote registriert und an Interessenten weitergegeben (vermittelt) wie bei „Gebrauchtwagenbörse" und „Reisebüro",[440] zum Teil steht Börse nur noch für ein besonderes reichhaltiges Angebot. Voraussetzung ist nach richtiger Meinung nur noch ein größerer Betrieb (wenngleich auch das fraglich sein kann), ein reichhaltiges Lager und bewegliche Preisbildung.[441] In den genannten Fällen ist der Zusatz „Börse" jedenfalls nicht mehr „ersichtlich" irreführend iSd § 18 Abs. 2 S. 2.[442] 141

7. Fabrik, Fabrikation, Industrie, Werk(e). Mit diesen Begriffen verbindet das allgemeine Publikum die Vorstellung von einem Betrieb der industriellen Herstellung, Bearbeitung und Verarbeitung.[443] Eine gesicherte Abgrenzung zwischen Fabrik und Fabrikation ist hierbei nicht mehr möglich.[444] 142

---

430 OLG Hamm OLGZ 1974, 139 (143 f.).

431 AG Oldenburg BB 1968, 312; Röhricht/Graf v. Westphalen/Haas/*Ries* Rn. 57; Heymann/*Förster* Rn. 55.

432 OLG Zweibrücken BB 1968, 311; OLG Frankfurt BB 1966, 1245 f.; ebenso Heymann/*Förster* Rn. 56; Staub/*Burgard* Rn. 80.

433 OLG Zweibrücken BB 1968, 311.

434 AG Schweinfurt BB 1964, 1144.

435 LG Darmstadt BB 1966, 1245 f.

436 OLG Frankfurt Rpfleger 1981, 306 f.

437 Ls. Nr. 5 Firmenfibel 1983; ebenso *Haberkorn,* Firma, Firmenwahrheit, Firmenzusätze, 1970, 47.

438 *Kögel* in Wessel/Zwernemann/Kögel Firmengründung Rn. 469, 483.

439 *Bokelmann* FirmenR Rn. 217 f.

440 *Kögel* in Wessel/Zwernemann/Kögel Firmengründung Rn. 483.

441 Baumbach/Hopt/*Hopt* Rn. 30; vgl. auch *Bokelmann* GmbHR 1983, 236 (238); KKRD/*Roth* Rn. 13; Röhricht/Graf v. Westphalen/Haas/*Ries* Rn. 59.

442 Röhricht/Graf v. Westphalen/Haas/*Ries* Rn. 59; Staub/*Burgard* Rn. 80 mit Einschränkung für börsenmäßig handelbare und fungible Massengüter.

443 Baumbach/Hopt/*Hopt* Rn. 29; EBJS/*Reuschle* Rn. 47; *Kögel* in Wessel/Zwernemann/Kögel Firmengründung Rn. 509 mwN.

444 Vgl. auch DIHT, Firmenfibel 1992, 17: erscheine „nicht mehr aktuell" und habe an Bedeutung eingebüßt.

143 **Fabrik** ist bereits dahin verwässert, dass der Verkehr im Gegensatz zu Industrie und Werk kein großes Unternehmen mehr erwartet.[445] Das gilt aber auch für **Werk** aufgrund der historischen Entwicklung in bestimmten Kombinationen (Presswerk, Sägewerk, Marmorwerk, Betonwerk, Schotterwerk).[446] **„Fahrzeugwerk“**[447] soll demgegenüber ein großes Unternehmen erwarten lassen, das andere Fahrzeugunternehmen wirtschaftlich deutlich überragt. **Industrie** bedeutet – sofern nicht als Branchenangabe gebraucht (Lohnindustrie) – mehr als Werk. Erwartet wird eine aus Fabriken und Werken zusammengesetzte Unternehmensgesamtheit.[448] Der modische Begriff **„Factory“** hat demgegenüber keinen konkreten Bedeutungsgehalt, über den getäuscht werden könnte.[449]

144 Zwar ist für sämtliche Begriffe noch davon auszugehen, dass sie einen kaufmännischen Produktionsbetrieb erwarten lassen, der im Gegensatz zum Handwerksbetrieb industrielle Herstellung, Bearbeitung und Verarbeitung betreibt.[450] Nach dem HRefG 1998 ist aber im Rahmen des § 18 Abs. 2 zu beachten, dass Größe und Zuschnitt eines Fabrikationsbetriebes für das allgemeine Publikum oft nicht mehr von erheblicher Bedeutung sind, daher kein wesentliches geschäftliches Verhältnis mehr darstellen.[451] Auch bei gegebener Täuschungseignung wird häufig die **Wettbewerbsrelevanz** fehlen.[452] Nur an dem Erfordernis eines Betriebes der industriellen Herstellung, Bearbeitung oder Verarbeitung ist festzuhalten. Damit ist eine Verwendung dieser Begriffe insbesondere für Unternehmen ausgeschlossen, die lediglich Handel betreiben.[453]

145 **8. Fachgeschäfte, Spezialgeschäft, Fach.** Nach überwiegender Meinung wird im Bereich des Handels eine besondere Leistung im Fach erwartet.[454] Die Bezeichnung eines Einzelhandelsgeschäfts als **Fachgeschäft** soll beim Publikum den Eindruck erwecken, dass sich der Geschäftsmann ganz überwiegend mit den Erzeugnissen einer Branche befasst und daher befähigt ist, innerhalb dieser Branche ein breites und tief gegliedertes Sortiment zu unterhalten und fachkundigen Rat zu erteilen.[455] Daneben soll die Kundschaft die Möglichkeit von Sonderanfertigungen und Montagen erwarten.[456] Etwa die gleichen Erfordernisse werden auch für ein **„Spezialgeschäft“** angenommen.[457] Diese Anforderungen an den Umfang des Sortiments dürften zu hoch sein. Der Kaufmann darf aber jedenfalls nicht branchenfremd sein, und das Sortiment muss die gängigen Marken (Waren) umfassen.[458]

146 Fraglich ist, ob der Zusatz **Fach** für ein Dienstleistungsunternehmen voraussetzt, dass das Unternehmen in besonderer Weise für den betreffenden Geschäftskreis sachkundig ist (Qualifikationsmerkmal).[459] Teilweise wird auch darauf abgestellt, dass in dem

---

445 *Kögel* in Wessel/Zwernemann/Kögel Firmengründung Rn. 485, 509; s. auch Staub/*Burgard,* Rn. 92, „verhältnismäßig kleine Einheiten“ genügen.

446 *Bokelmann* FirmenR Rn. 193; *Kögel* in Wessel/Zwernemann/Kögel Firmengründung Rn. 509; fraglich für „Emaillierwerk“, OLG Stuttgart BB 1981, 1669.

447 OLG Jena NZG 2011, 1191.

448 Staub/*Burgard* Rn. 92; noch einschr. Heymann/*Emmerich,* 2. Aufl. 2012, Rn. 41 und Röhricht/v. Westphalen/Haas Rn. 61, die einen selbst herstellenden Großbetrieb genügen lassen.

449 Staub/*Burgard,* Rn. 92.

450 OLG Hamm NJW 1954, 1935; Röhricht/Graf v. Westphalen/Haas/*Ries* Rn. 60; Heymann/*Förster* Rn. 57 f.; Staub/*Burgard* Rn. 92.

451 EBJS/*Reuschle* Rn. 47; für Zurückhaltung bezüglich der Anforderungen durch die Registergerichte auch *Priester* DNotZ 1998, 691 (688); aA Heymann/*Förster* Rn. 59.

452 Röhricht/Graf v. Westphalen/Haas/*Ries* Rn. 61.

453 KBF/*Bornkamm/Feddersen* UWG § 5 Rn. 4.14.

454 OLG München BB 1959, 867; OLG Stuttgart BB 1974, 196 f.; Baumbach/Hopt/*Hopt* Rn. 32; Staub/*Burgard* Rn. 91; KBF/*Bornkamm/Fedderer* UWG § 5 Rn. 4.17 m. eingehenden Nachw.; *Bokelmann* FirmenR Rn. 214 f.

455 Röhricht/Graf v. Westphalen/Haas/*Ries* Rn. 62; EBJS/*Reuschle* Rn. 48: besonders fachkundige Beratung.

456 *Kögel* in Wessel/Zwernemann/Kögel Firmengründung Rn. 510.

457 OLG Stuttgart BB 1974, 196 f. für Küchenspezialgeschäft.

458 In diese Richtung auch Heymann/*Förster* Rn. 60 f.

459 So noch Staub/*Hüffer,* 4. Aufl. 1983, Rn. 57; *Bokelmann* FirmenR Rn. 215.

Zusatz nur ein Hinweis auf die Spezialisierung („Immobilien-Fach-Agentur“) zu sehen sei.[460]

9. Finanz, Finanzierung, Finanzierungen, Versicherung, Versicherungsvermittlung. Finanziert das Unternehmen nicht selbst, muss das in der Firma eindeutig zum Ausdruck kommen. Es ist für die in Betracht kommenden Verkehrskreise wichtig zu wissen, ob die Gesellschaft selbst finanziert oder (mit dem Ergebnis von weiteren Kosten) nur zwischengeschaltet ist. Die Firma muss in diesem Fall etwa „Finanzierungsvermittlung“ oder „Finanzierungsberatung“ oder „Finanzierungsmakler“ heißen. Ist eine Firma, die nur vermittelt, unter „Finanz“, „Finanzierung“, „Finanzkontor“, „Finanzgeschäfte“, „Financial Service“, „Finanzmarketing“ oder ähnlichen nicht eindeutigen Bezeichnungen eingetragen worden,[461] so muss das Registergericht hiergegen einschreiten,[462] und zwar ohne Rücksicht darauf, wie lange die Firma schon besteht. Denn die genannten Wortverbindungen sind täuschungsgeeignet, wenn die Gesellschaft nicht selbst Finanzierungen, also Bankgeschäfte betreibt, die nach § 32 Abs. 1 iVm § 1 KWG erlaubnispflichtig sind. Unzulässig ist daher eine Firma „Gesellschaft für Finanzierung und Vermittlung GmbH“ bei nur vermittelnder Tätigkeit.[463] Auch ist der Firmenzusatz „prokredit“ bei einer Geldvermittlungs-GmbH täuschungsgeeignet; das Registergericht muss das Auflösungsverfahren nach § 399 FamFG einleiten.[464] Ein Bauträger „X.-Finanz Beratungs-GmbH“ darf im Geschäftsverkehr nicht unter der Kurzbezeichnung „X.-Finanz-GmbH“ auftreten, weil das den Irrtum erregt, er betreibe Finanzgeschäfte nach Art einer Bank.[465] 147

Entsprechende Grundsätze gelten **für Gesellschaften, die sich mit Versicherungen befassen.** Versichern sie nicht selbst, muss das in der Firma zum Ausdruck kommen („Versicherungsvermittlung“).[466] 148

Zwar ist bei der überwiegenden Zahl der Firmenzusätze im Hinblick auf die EU fraglich, ob die strengen deutschen Grundsätze bei der Auslegung von § 18 Abs. 2 beibehalten werden dürfen (→ Rn. 61 ff.; → Vor § 17 Rn. 33 ff.). Bei **„Finanz“, „Finanzierung“ und so fort** muss es aber uneingeschränkt bei der dargestellten Auslegung bleiben. 149

10. Gemeinnützigkeit, gemeinnützig. Nach der Legaldefinition in § 52 Abs. 1 AO ist ein Zweck gemeinnützig, wenn die Allgemeinheit auf materiellem, geistigem oder sittlichen Gebiet selbstlos gefördert werden soll. Nicht dagegen liegt eine Förderung der Allgemeinheit vor, wenn der Kreis der Personen, dem die Förderung zugute kommt, fest abgeschlossen ist, wie dies beispielsweise bei der Zugehörigkeit zu einer Familie oder zur Belegschaft eines Unternehmens der Fall ist.[467] Nach Abs. 2 der Vorschrift sind unter den genannten Voraussetzungen als Förderung der Allgemeinheit insbesondere anzuerkennen: 150

1. die Förderung von Wissenschaft und Forschung, Bildung und Erziehung, Kunst und Kultur, der Religion, der Völkerverständigung, der Entwicklungshilfe, des Umwelt-, Landschafts- und Denkmalschutzes, des Heimatgedankens,

---

[460] OLG Bremen BB-Beil. 1971, 6 f.; *Kögel* in Wessel/Zwernemann/Kögel Firmengründung Rn. 510; s. auch Heymann/*Förster* Rn. 60; zu „Fachkrankenhaus“ und „Fachkrankenhaus für Psychosomatik und Durchblutungserkrankungen“ s. BGHZ 104, 384 = NJW 1988, 2954; Staub/*Burgard* Rn. 91: Hinweis auf Spezialisierung, die fachkundige Beratung erwarten lässt.

[461] Vgl. AG Hamburg BB 1977, 1116; LG Düsseldorf BB 1979, 905; LG Nürnberg-Fürth Rpfleger 1996, 251: „Finanzdienstleistung“; ausführliche Nachweise bei *Dürr* ZIP 1982, 1067 (1068); vgl. auch *Bokelmann* FirmenR Rn. 264 ff.; *Kögel* in Wessel/Zwernemann/Kögel Firmengründung Rn. 481, 486; *Gößner,* Lexikon des Firmenrechts, Stand 2003, F 9 unter Finanz-, Finanzberatung und Finanzierung, Finanzierung und Vermittlung, Finanzierungsgesellschaft, Finanzierungsbank und Finanzierungsinstitut; vgl. ferner Firmenfibel des DIHT 1992, 19.

[462] Abzulehnen daher AG Hamburg ZIP 1982, 1067.

[463] AG Rotenburg BB 1977, 462 *(Wümme).*

[464] OLG Köln WM 1980, 63 = BB 1980, 652.

[465] LG Regensburg Rpfleger 1983, 278.

[466] *Kögel* in Wessel/Zwernemann/Kögel Firmengründung Rn. 497; *Bokelmann* FirmenR Rn. 264.

[467] Näher *Brandmüller* BB 1977, 388.

2. die Förderung der Jugendhilfe, der Altenhilfe, des öffentlichen Gesundheitswesens, des Wohlfahrtswesens und des Sports. Schach gilt als Sport,
3. die allgemeine Förderung des demokratischen Staatswesens im Geltungsbereich; hierzu gehören nicht Bestrebungen, die nur bestimmte Einzelinteressen staatsbürgerlicher Art verfolgen oder die auf den kommunalpolitischen Bereich beschränkt sind.

151 Gemeinnützig als Firmenbestandteil setzt voraus, dass die **Anerkennung der Gemeinnützigkeit gem. §§ 51 ff. AO** zum Zeitpunkt der Eintragung in das Handelsregister nachgewiesen ist.[468]

152 Zur Frage, ob die Verwendung der Abkürzung **„gGmbH"** für eine gemeinnützige GmbH und **„gUG"** für eine gemeinnützige UG (haftungsbeschränkt) zu beanstanden ist, → Rn. 199.

153 **11. Geografische Zusätze. a) Übersicht.** Nach dem firmenrechtlichen Leitsatz des DIHT von 1967[469] werden Landes-, Landschafts-, Orts- und andere geografische Bezeichnungen als Bestandteil des Namens für ein gewerbliches Unternehmen in aller Regel nicht nur als Hinweis auf den Sitz, die Nationalität oder die Zugehörigkeit des Unternehmens zu dem betreffenden Gebiet verstanden. Sie sollen vielmehr auf eine besondere Beziehung zu diesem Gebiet in der Weise hindeuten, dass das Unternehmen dort von maßgebender, mindestens aber **von besonderer Bedeutung** ist. Bei der Prüfung, ob eine bestimmte geografische Bezeichnung in die Firma aufgenommen werden darf, sollen **„strenge Maßstäbe"** anzulegen sein. Letzteres trifft heute auf keinen Fall mehr zu. Schon im Hinblick auf die EU ist es sehr fraglich geworden, ob die maßgebliche oder besondere Bedeutung eines Unternehmens noch Maßstab für die Berechtigung zur Führung eines geografischen Zusatzes sein darf (→ Vor § 17 Rn. 33 ff.). Dies kann nach der europarechtskonformen Liberalisierung des Firmenrechts durch das HRefG 1998 jedenfalls nicht mehr verlangt werden.[470]

154 **Im Bereich der geografischen Zusätze vollzog sich schon vor dem HRefG 1998 ein Wandel.** Der BGH hat bereits 1969 offen gelassen – es ging um die Beurteilung des Firmenzusatzes „deutsch"[471] –, ob nicht deshalb eine Lockerung geboten sein könnte, weil mit zunehmender Erweiterung und Verflechtung des Gemeinsamen Marktes etwa ein „Bedürfnis auch für kleinere Firmen besteht, zur Unterscheidung der Nationalität das Wort deutsch zu verwenden".[472] Für den **„Euro"-Bestandteil** einer Dienstleistungsmarke hat der BGH 1993[473] klargestellt, dass der Verkehr kein Unternehmen von „Europäischem Rang" mit Filialen und Niederlassungen im Ausland oder konzernmäßig verbundenen Unternehmen erwartet, sondern **nur Dienstleistungen von „europäischem Zuschnitt"** (Angebot einer nicht auf das Gebiet der Bundesrepublik beschränkten beratenden und/oder vermittelnden Tätigkeit, die vom Schreibtisch aus über Telekommunikationsmittel erfolgen kann). Zu bedenken ist bei dieser Bewertung freilich, dass der „Euro"-Bestandteil in einer Firma oder in einer Dienstleistungsmarke (bei der wiederum zu trennen ist, ob sie zur Kennzeichnung von Waren oder Dienstleistungen dienen soll) nicht ohne weiteres jeweils gleich zu bewerten sein muss.[474]

155 Für alle geografischen Zusätze gilt auch weiterhin, dass sie nur dann in die Firma aufgenommen werden dürfen, wenn **zu dem geografischen Begriff überhaupt ein im**

---

468 OLG Celle Beschl. v. 10.3.1987 – 1 W 8/87, nv; vgl. auch *Kögel* in Wessel/Zwernemann/Kögel Firmengründung Rn. 487 Fn. 882; EBJS/*Reuschle* Rn. 68.

469 DIHT BB 1967, 1100; ähnlich in der Firmenfibel des DIHT von 1992 unter „geographische Zusätze", 19 f.; vgl. auch Heymann/*Emmerich*, 2. Aufl. 2012, Rn. 45; *Bokelmann* FirmenR Rn. 124 ff.

470 Röhricht/Graf v. Westphalen/Haas/*Ries* Rn. 65.

471 Näher hierzu mN BayObLG MDR 1959, 41.

472 BGHZ 53, 339 (342) – Euro-Spirituosen, unter Hinweis auf *Huth* GRUR 1965, 290.

473 BGH GRUR 1994, 120 (122) = NJW 1994, 196 – EURO-CONSULT; vgl. zur Entwicklung mwN *Fezer*, 4. Aufl. 2009, MarkenG § 8 Rn. 479 ff.

474 BGH NJW 1972, 255 = GRUR 1972, 357 (358) – euromarin; NJW 1994, 196 = GRUR 1994, 120 (121) – EUROCONSULT.

weitesten Sinne realer Bezug gegeben ist.[475] Dagegen trifft es nicht zu, dass eine geografische Bezeichnung „in aller Regel" nur dann gerechtfertigt ist, wenn das Unternehmen dort von maßgebender, mindestens aber von besonderer Bedeutung ist (→ Rn. 153, → Rn. 157).[476]

b) Ortsangaben. Die Ortsangabe in einer Firma kann als Hinweis lediglich auf den Firmensitz und den Betätigungsbereich verstanden werden.[477] Dies soll insbesondere dann gelten, wenn die Ortsangabe nach dem Rechtsformzusatz steht.[478] Ein realer Bezug zur Ortsangabe kann genügen, wenn in der Firma eine Großstadt angegeben wird und sich der Sitz des Unternehmens zumindest in deren engerem Wirtschaftsgebiet befindet.[479] Dabei ist etwa die Ortsangabe in einer Firma als Hinweis auf den Sitz des Unternehmens auch dann nicht zu beanstanden, wenn eine nahe gelegene Großstadt angegeben ist und der tatsächliche Sitz des Unternehmens dem Wirtschaftsgebiet der Großstadt unterfällt.[480] Auch braucht ein Unternehmen seine Firma, enthält diese einen auf eine Großstadt bezogenen Zusatz, nicht zu ändern, wenn der Sitz von der Stadtgemeinde in eine angrenzende Gemeinde verlegt wird.[481] Ansonsten zwingt aber eine Sitzverlegung grundsätzlich zur Korrektur der Firma mit nicht mehr zutreffender Sitzangabe.[482] 156

Nach hM **zum alten Recht** konnte sie darüber hinaus eine besondere Qualifikation oder Leistungsfähigkeit in dem betreffenden Gebiet für sich in Anspruch nehmen.[483] Maßgeblich war insoweit die Verkehrsauffassung: wie begreift ein nicht unerheblicher Teil der angesprochenen Verkehrskreise eine Ortsbezeichnung?[484] Der **BGH**[485] hatte in einer Ortsangabe im Firmennamen in unveränderter substantivischer Form („Bad S.") eine **reine Ortsbezeichnung** gesehen und dieser eine Ortsangabe in attributiver Form („Bad S.er … Steuerberatungsgesellschaft") gegenübergestellt. Es ist zu bezweifeln, dass diese Differenzierung im europäischen Vergleich Bestand haben wird. Auch die neuen Kriterien in § 18 Abs. 2, Sicht eines durchschnittlichen Angehörigen der angesprochenen Verkehrskreise, gebieten ein **Umdenken.** Richtig ist daher mE, dass eine Ortsangabe ohne Rücksicht auf ihre Stellung in der Firma nur auf den Sitz oder Tätigkeitsbereich des Unternehmens hindeutet.[486] Auch aus der attributiven Form lässt sich nicht herleiten, 157

[475] OLG Hamm NZG 2013, 996; OLG Zweibrücken RPfleger 2012, 547; BayObLGZ 1992, 234 = NJW-RR 1993, 103 = BB 1993, 458; OLG München DNotI-Report 2010, 115 = BeckRS 2010, 11615; vgl. auch *Kögel* in Wessel/Zwernemann/Kögel Firmengründung Rn. 499; EBJS/*Reuschle* Rn. 53; Röhricht/Graf v. Westphalen/Haas/*Ries* Rn. 65; MüKoGmbHG/*Heinze* GmbHG § 4 Rn. 97.

[476] EBJS/*Reuschle* Rn. 57; Röhricht/Graf v. Westphalen/*Ries,* 4. Aufl. 2014, § 4 Rn. 66, 68; LG München I DB 2004, 375 – Starnberger Gesellschaft für Unternehmensführung mbH; strenger noch *Kögel* GmbHR 2002, 642 (644).

[477] OLG Hamm NZG 2013, 996; vgl. BGH GRUR 1990, 52 = Rpfleger 1990, 75 (76); BayObLG NJW-RR 1990, 671 = BB 1990, 2357; Röhricht/Graf v. Westphalen/Haas/*Ries,* 4. Aufl. 2015, § 4 Rn. 68; Heymann/*Förster* Rn. 65; OLG Stuttgart NJW-RR 2001, 755 = Rpfleger 2001, 186.

[478] Röhricht/Graf v. Westphalen/Haas/*Ries,* 4. Aufl. 2014, § 4 Rn. 68.

[479] OLG Stuttgart OLGR 2004, 56 = FGPrax 2004, 40; *Kögel* GmbHR 2002, 642.

[480] OLG Zweibrücken BB 1991, 1730 (1731); OLG Stuttgart NJW-RR 2001, 755 = Rpfleger 2001, 186: politisch selbständige Nachbargemeinde: krit. weiterhin *Kögel* GmbHR 2002, 642 (645).

[481] OLG Stuttgart OLGZ 1973, 410 (412); OLG München DNotI-Report 2010, 115 = BeckRS 2010, 11615; Röhricht/Graf v. Westphalen/Haas/*Ries* Rn. 68.

[482] OLG Jena Rpfleger 1996, 462.

[483] Näher mN *Kögel* in Wessel/Zwernemann/Kögel Firmengründung Rn. 503; vgl. auch *Brandes* WM 1983, 286.

[484] BGH NJW-RR 1990, 228 = GRUR 1990, 52; OLG Hamm BB 1984, 1891; OLG Zweibrücken GmbHR 1991, 317.

[485] BGH NJW-RR 1990, 228 = GRUR 1990, 52.

[486] OLG Braunschweig Rpfleger 2012, 153: „Göttinger Sanitär- und Heizungstechnik e. K."; LG München I DB 2004, 375, „Starnberger Gesellschaft für Unternehmensführung mbH" nicht irreführend; LG Heilbronn Rpfleger 2002, 158, „Bietigheimer Metallbau GmbH"; OLG München DB 2010, 1284 = DNotI-Report 2010, 115 – „Münchener Hausverwaltung GmbH"; offengelassen noch OLG Frankfurt FGPrax 2005, 133; diff. noch nach Ortsangabe als Substantiv und als Attribut: BGH NJW-RR 1990, 228; streng bei Voranstellung, attributiver Form und in Kombination mit „Fahrzeugwerk" OLG NZG 2011, 1191; BayObLGZ 1992, 234 = NJW-RR 1993, 103; vgl. auch KKRD/*Roth* Rn. 14; EBJS/*Reuschle* Rn. 54; LG Heilbronn Rpfleger 2002, 158; abl. *Kögel* GmbHR 2002, 642 (644) mit eher

die Gesellschaft behaupte eine besondere Qualifikation. Gleiches gilt für die Stellung des geografischen Zusatzes innerhalb der Firma. „Stuttgarter Südfrüchtehandel" bedeutet nicht „das" führende Unternehmen im Gegensatz zu dem Ortszusatz am Ende der Firma („Südfrüchtehandel Stuttgart GmbH" oder „Südfrüchtehandel GmbH Stuttgart").[487] Es streitet **weder eine Vermutung noch ein Erfahrungssatz für eine führende oder besondere Stellung des Unternehmens in dem in der Firma genannten Ort oder Gebiet.**[488] So ist die Firma einer englischen **„Autodienst-Berlin Ltd."** schon nach deutschem Recht nicht iSd § 18 Abs. 2 zur Irreführung geeignet, wenn das Unternehmen zumindest auch in Berlin tätig ist.[489] Mit dem Ortszusatz wird nicht zum Ausdruck gebracht, dass es zu den führenden Unternehmen ihrer Branche in Berlin gehört, da die Branchenbezeichnung allgemein gehalten ist und der Ortsname noch nicht einmal adjektivisch verwandt wird. So ist auch die Firma **„Münchner Hausverwaltung GmbH"** für eine Gesellschaft mit Sitz in einer Münchner Nachbargemeinde eintragungsfähig, ohne dass es auf eine führende oder besondere Stellung der Gesellschaft im Wirtschaftsraum München ankommt.[490] Auch die Firma **„Osnabrück M GmbH & Co KG"** ist zulässig, obwohl der Sitz des Unternehmens nicht in Osnabrück sondern in der unmittelbar an das Stadtgebiet angrenzenden Gemeinde liegt, wenn nur die Tätigkeit einen realen Bezug zum Wirtschaftsraum Osnabrück hat.[491]

158 **c) Sondertatbestände.** Geografische Herkunftsangaben, die im geschäftlichen Verkehr zur Kennzeichnung der **geografischen Herkunft von Waren** benutzt werden, dürfen nicht irreführen. Hat dagegen eine ursprünglich echte geografische Herkunftsangabe ihre Funktion im Laufe der Zeit verloren und ist zur **Beschaffenheitsangabe, Sorten- oder Gattungsbezeichnung** geworden, kann sie nicht mehr täuschen. Unter einer Gattungsbezeichnung (die genannten Begriffe überschneiden sich zum Teil) ist der Name eines Erzeugnisses zu verstehen, „der sich zwar auf einen Ort oder ein Gebiet bezieht, wo das betreffende Erzeugnis ursprünglich hergestellt oder vermarktet wurde, der jedoch der gemeinhin übliche Name für dieses Erzeugnis geworden ist".[492] Für den „Dresdner Stollen" hat der BGH zu Recht eine Gattungsbezeichnung und nicht mehr eine Herkunftsangabe angenommen.[493] Auch ist die umgekehrte Entwicklung dahin möglich, dass etwa aus einer Herkunftsangabe eine Beschaffenheitsangabe wird, die sich dann wieder zur Herkunftsangabe rückumwandelt.[494] Die Rspr. gewährt insoweit Schutz nach § 5 UWG (früher[495] § 3 UWG aF), der weitgehend dem Schutz nach dem MarkenG vom 25.10.1994 (BGBl. 1994 I 3082) in den §§ 126 ff. MarkenG entspricht; die Vorschriften des MarkenG schließen eine ergänzende Anwendung des UWG nicht aus.[496] Die dargestellten Grundsätze **gelten auch für das**

unsachlicher Argumentation („widerspricht jeglicher Lebenserfahrung", „auf eine gewisse Stresssituation der Verfasser zurückzuführen"), indem er seine Einschätzung als durchschnittlicher Angehöriger der angesprochenen Verkehrskreise ohne wN derjenigen des Gerichts gegenüberstellt; krit. weiterhin *Kögel* Rpfleger 2011, 17 (18); abl. auch *Clausnitzer* DNotZ 2010, 345 (350) Fn. 23 und weiteren Beispielen aus der (unveröffentlichten) Rechtsprechung S. 352.

487 EBJS/*Reuschle* Rn. 56 f.; KKRD/*Roth* Rn. 14; LG Heilbronn Rpfleger 2002, 158: vorangestelltes „Bietigheimer"; streng aber wieder bei Voranstellung, attributiver Form in der Kombination „S...er Fahrzeugwerk" OLG Jena NZG 2011, 1191.

488 OLG München DNotI-Report 2010, 115 = BeckRS 2010, 11615; EBJS/*Reuschle* Rn. 56 f.

489 KG NZG 2008, 80 = DNotZ 2008, 392; krit. wegen fehlender Unterscheidungskraft aber *Kanzleiter* DNotZ 2008, 393 (394) und *Kilian* notar 2009, 19 (23).

490 OLG München Rpfleger 2010, 515.

491 OLG Hamm NZG 2013, 996.

492 *Heine* GRUR 1993, 96 (99) unter Bezugnahme auf die Verordnung (EWG) Nr. 2081/92.

493 BGHZ 106, 101 = NJW 1989, 1804 = GRUR 1989, 440 – Dresdner Stollen I; BGH GRUR 1990, 461 = NJW-RR 1990, 744 = WRP 1990, 411 – Dresdner Stollen II; vgl. auch BGH GRUR 1982, 564 (565) = DB 1982, 1663 – Elsässer Nudeln.

494 BGH GRUR 1981, 71 = DB 1981, 86 – Lübecker Marzipan.

495 Grdl. geändert bei der UWG-Novelle durch Gesetz mWv 8.7.2004 (BGBl. 2004 I 1414); dazu im Überblick *Köhler* NJW 2004, 2121 ff.; KBF/*Bornkamm/Feddersen* UWG § 5 Rn. 0.5 und die Umsetzung der UGP-RL 2008 und 2015, KBF/*Bornkamm/Feddersen* UWG § 5 Rn. 0.6 und 0.7.

496 KBF/*Bornkamm/Feddersen* UWG § 5 Rn. 0.104.

Firmenrecht im Hinblick auf das Wahrheitsgebot des § 18 Abs. 2. Enthält die Firma etwa die Bezeichnung „Lübecker Marzipan" und ist insoweit von einer Herkunftsangabe auszugehen, würde dieser Firmenbestandteil täuschen, wenn der Sitz des Unternehmens nicht Lübeck (oder nähere Umgebung) wäre. Nachdem § 16 UWG durch das Markenrechtsreformgesetz aufgehoben worden ist, genießen die geografischen Herkunftsangaben auch den Schutz der §§ 1, 5, 15 MarkenG. Zu der Bezeichnung **„Cambridge Institute"** stellt der BGH[497] zum Markenrecht fest, dass berechtigte Benutzer einer geografischen Herkunftsangabe, die für Dienstleistungen verwendet wird, nur diejenigen Personen und Unternehmen sind, die in dem durch die geografische Herkunftsangabe bezeichneten Gebiet geschäftsansässig sind und von dort ihre Dienstleistungen erbringen. Auch der **Gebietszusatz „Rheinland"** setzt bei einem Tierschutzverein nicht voraus, dass der Tierschutzverein in der Region Rheinland eine besondere Größe ausweist, eine führende Rolle spielt oder durch besondere Leistungen hervorgetreten ist.[498]

Eine Firma **„Schwarzwälder Bauernspezialitäten"** ist nicht irreführend, wenn Gegenstand des Unternehmens der Verkauf von Schwarzwälder (Bauern-)Spezialitäten ist. Der Verkehr entnimmt der Firma nur, dass die Gesellschaft aus dem Schwarzwald kommende Bauernspezialitäten vertreibt, nicht aber, dass es sich bei dem Unternehmen um das führende oder auch nur eines der führenden dieser Branche im Schwarzwald handelt.[499] **159**

d) Deutsch, Deutschland, Europa, Euro-, Germania, West Germany. Nach einem älteren Leitsatz des Deutschen Industrie und Handelstages[500] steht der Zusatz **deutsch**[501] nur einem Unternehmen zu, das für die deutsche Wirtschaft als beispielhaft oder besonders wichtig angesehen werden kann, auch in weiten Teilen Deutschlands bekannt ist, das aber jedenfalls innerhalb seines Wirtschaftszweiges im deutschen Wirtschaftsgebiet eine Stellung von gewisser Bedeutung einnimmt. Später hat die Rspr., unter Beibehaltung im Übrigen diese Grundsätze dahin eingeschränkt, dass die geschäftliche Tätigkeit des Unternehmens auf den deutschen Markt insgesamt ausgerichtet sein und das Unternehmen nach Kapital, Umsatz und Organisation den dafür erforderlichen Zuschnitt aufweisen muss.[502] Die Firmenbezeichnung **„Versicherungs-Dienst für das deutsche Handwerk"** für ein Unternehmen ohne nennenswertes Betriebsvermögen und Verkehrsgeltung ist zur Täuschung des Geschäftsverkehrs über Art, Umfang und Legitimation des Betriebs geeignet[503] (→ Rn. 154). **160**

Ausnahmsweise kann der Zusatz **deutsch** dann zulässig sein, wenn er zur Kennzeichnung der in Deutschland ansässigen Tochtergesellschaft eines gleichnamigen ausländischen Unternehmens dient, dessen Firma in Deutschland Verkehrsgeltung genießt; Voraussetzung ist dann nicht, dass dem Tochterunternehmen selbst in Deutschland eine solche Bedeutung zukommt, die den Zusatz „deutsch" rechtfertigen könnte **(„Deutsche Fiat").**[504] Gebraucht ein Reiseunternehmen den Firmenbestandteil „deutsch", so kann zum Ausdruck kommen, innerhalb welchen Bereichs das Unternehmen Reisen durchführt, ohne dass der Eindruck eines in Deutschland führenden Unternehmens entsteht **(Franz Richter, Autobusreisen Deutschland).**[505] **161**

---

497 BGH NJW-RR 2008, 57 = MarkenR 2007, 379 = GRUR 2007, 884.

498 LG Mönchengladbach MDR 2009, 641.

499 BGH ZIP 1982, 567 (568) = Rpfleger 1982, 187.

500 BB 1967, 1100.

501 Zu Nationalitätsangaben im Firmen- und Wettbewerbsrecht vgl. *Ebert* WRP 1960, 94; zur Führung des Firmenzusatzes „deutsch" vgl. *Claus Müller* GRUR 1971, 141.

502 BGHZ 53, 339 (343) = NJW 1970, 1364; BGH DB 1982, 691 = WM 1982, 559 (561); NJW-RR 1987, 1178 = GRUR 1987, 638; OLG München NJW-RR 1990, 300 = NJW 1990, 1123; OLG Frankfurt GmbHR 1985, 331 (332); LG Oldenburg Rpfleger 2010, 145 (146); Baumbach/Hopt/*Hopt* Rn. 25; Heymann/*Förster* Rn. 68; Staub/*Burgard* Rn. 100; *Kögel* in Wessel/Zwernemann/Kögel Firmengründung Rn. 502; *Bokelmann* FirmenR Rn. 126 ff., jeweils m. eingehenden Nachw.

503 Ls. OLG Düsseldorf NJW-RR 1993, 297.

504 Näher mN BayObLG MDR 1959, 41; Staub/*Burgard* Rn. 100; *Bokelmann* FirmenR Rn. 127 ff.; *Kögel* in Wessel/Zwernemann/Kögel Firmengründung Rn. 502; *Kögel* GmbHR 2002, 645.

505 Vgl. BayObLG NJW 1959, 47.

162 Bei **„Germania"** liegt die Gleichsetzung mit Deutschland nahe. Es finden die gleichen Grundsätze Anwendung.[506]

163 Es erscheint nach der **Liberalisierung des Firmenrechts** und im Hinblick auf die enger werdende Verflechtung der europäischen Wirtschaft – insbesondere auch im Vergleich mit den deutschen Tochtergesellschaften ausländischer Unternehmen – sachgerecht, den Firmenzusatz **deutsch** grundsätzlich allein **nur zur Herausstellung des Sitzes eines Unternehmens** zuzulassen (→ Rn. 154).[507] Allenfalls muss ein auf dem (fast) gesamten deutschen Markt wirtschaftlich tätiges Unternehmen vorliegen.[508] So wird durch den Name eines Vereins mit **Namensbestandteil „Bundesverband** (…)" bei durchschnittlichen Verkehrsteilnehmern der Eindruck erweckt, der Verein nehme eine Größenordnung ein, die bundesweit von der Mitgliederzahl her eine nennenswerte Position hat.[509] Demgegenüber soll nach Ansicht des OLG Köln eine **geografische Bezeichnung „Deutschland"** mE zu Unrecht konkret geeignet sein, über Bedeutung und Größe eines Unternehmens zu täuschen, wenn diese als vorangestellte Orts- bzw. Regionsangabe eine führende Position indiziert.[510]

164 Zum Wettbewerbsrecht hat allerdings auch der BGH[511] zum Begriff **„Bundesdruckerei"** eher eine restriktive Einschätzung entwickelt. Bei mit anderen Betrieben im Wettbewerb stehenden Wirtschaftsunternehmen, die in der Firmenbezeichnung den Bestandteil „Bundes" führen, soll nach der Lebenserfahrung davon auszugehen sein, dass der Verkehr im Allgemeinen annehmen wird, die **Bundesrepublik Deutschland** sei bei dem Unternehmen zumindest **Mehrheitsgesellschafter.** Ähnlich ist die Verwendung der Bezeichnung **„Stadtwerke"** im Firmennamen eines bundesweit tätigen, privatwirtschaftlich organisierten Energieversorgungsunternehmens geeignet, die Verbraucher in erheblichem Maße über die geschäftlichen Verhältnisse des werbenden Unternehmens zu täuschen und somit irreführend, wenn tatsächlich keine Unternehmensbeteiligung einer im Versorgungsgebiet des Unternehmens liegenden Kommune besteht.[512] In einem wettbewerbsrechtlichen Verfahren hat der **BGH**[513] bestätigt, dass der durchschnittlich informierte Verbraucher regelmäßig annehmen wird, dass ein Unternehmen, in dessen Firma der **Bestandteil „Stadtwerke"** enthalten ist, zumindest **mehrheitlich (hier nur 43%) in kommunaler Hand** ist, sofern dem entgegenstehende Hinweise in der Unternehmensbezeichnung fehlen.

165 Nach früher hM vermitteln die Bezeichnungen **Europa, europäisch** und **Euro** in der Regel die Vorstellung, dass es sich um ein nach Größe und Marktstellung den Verhältnissen des europäischen Marktes entsprechendes Unternehmen handelt, das auch über Niederlassungen oder andere Stützpunkte in dem betreffenden Gebiet verfügt.[514] Das trifft in dieser Form nicht mehr zu. Die angesprochene Verkehrsauffassung (Maßstab

---

506 OLG Hamm BB 1982, 210; *Bokelmann* FirmenR Rn. 137.

507 Hierzu BGHZ 53, 339 (342); *Haberkorn,* Firma, Firmenwahrheit, Firmenzusätze, 1970, 64; *Huth* GRUR 1965, 290 f.; Staub/*Burgard* Rn. 100; *Bokelmann* FirmenR Rn. 134; weiterhin strenger *Kögel* GmbHR 2002, 642 (645).

508 OLG München NJW-RR 1988, 812; OLG Düsseldorf GRUR 1992, 187; OLG München NJW-RR 1990, 300; EBJS/*Reuschle* Rn. 56 generell für Gebiets- und Länderbezeichnungen; Röhricht/Graf v. Westphalen/Haas/*Ries* Rn. 71: mit entsprechendem Zuschnitt; so auch KKRD/*Roth* Rn. 14a; *Möller Möller,* Das neue Firmenrecht in der Praxis, in Die Reform des Handelsstandes und der Personengesellschaft, 1999, 65, 70.

509 LG Traunstein Rpfleger 2008, 580.

510 OLG Köln OLGR 2006, 374 = RNotZ 2006, 193 = FGPrax 2006, 129 (Verein) zum umfassenden Repräsentationsanspruch durch den Zusatz „Deutschland"; OLG Frankfurt OLGR 2005, 407 = Rpfleger 2005, 366 f. = FGPrax 2005, 133 f.: Täuschung durch historischen geografischen Zusatz („Hessen-Nassau"); zur „Selbstberühmung" bei geografischen Bezeichnungen „Ostfriesland" LG Aurich Rpfleger 2006, 198 f.

511 BGH WRP 2007, 1346 = GRUR 2007, 1079; dazu *Schreiber* GRUR 2009, 113.

512 LG Nürnberg-Fürth InfrastrukturRecht 2009, 40 zu § 5 Abs. 1 S. 2 Nr. 3 UWG.

513 BGH BeckRS 2012, 21647 = GRUR 2012,1273 = GWR 2012, 494 *(Müller).*

514 BGHZ 53, 339 (342) – Euro-Spirituosen; Heymann/*Förster* Rn. 69; Staub/*Hüffer,* 4. Aufl. 1983, Rn. 62; vgl. auch Firmenfibel des DIHT 1992, 20.

der durchschnittliche Angehörige) erwartet heute kein Unternehmen mehr, das im Geschäftsverkehr in seiner Branche überdurchschnittliche Bedeutung hat, wie es auch zumindest zweifelhaft ist, ob der Verkehr wirklich von Niederlassungen oder Stützpunkten in dem betreffenden Gebiet ausgeht.[515] Viel näher liegt es, lediglich nicht ganz unbedeutende Geschäfte auf dem europäischen Markt vorauszusetzen, ohne hiermit eine besondere Marktstellung zu verbinden.[516] Dies ist ausreichende Legitimation, die Verbindung zu Europa im Namenszug für jeden Geschäftspartner erkennbar zu benutzen.[517] Ist der Kundenkreis europäisch, kann auch ein häufig noch geforderter „europäischer Zuschnitt"[518] unabhängig von der jeweiligen tatsächlichen Größe und den Umsatzzahlen bejaht werden. Mit der Einführung der Europäischen Wirtschaftlichen Interessenvereinigung (EWIV) und neuerdings der Europäischen Aktiengesellschaft (SE) gewöhnen sich die angesprochenen Kreise im Übrigen zunehmend daran, dass mit „Europa" nicht mehr als europäischer Bezug (Handel, Geschäftsverbindung mit dem Europa der EU) gemeint zu sein braucht. Nach dem heute zugrunde zu legenden Verständnis dürfte damit bereits ausreichend sein, dass ein grenzüberschreitender Bezug bei der Tätigkeit oder Organisation des Firmeninhabers besteht. Der Firmenbestandteil **„Euro"** war früher bereits jedenfalls dann nicht irreführend, wenn eine Vereinigung Mitglieder aus elf Ländern der Europäischen Gemeinschaft vorweisen konnte.[519] Diese Anforderung wird sich nicht ohne weiteres auf die derzeit 28 Mitgliedstaaten dergestalt übertragen lassen, dass für eine Vereinigung Mitglieder aus allen dieser Mitgliedstaaten zu fordern sind. Auch hier dürfte bereits ein grenzüberschreitender Bezug bei der Tätigkeit oder Organisation des Firmeninhabers ausreichen, um eine Täuschungseignung abzulehnen.

Fantasiebezeichnungen, die einen **Euro-Bestandteil** enthalten („Eurimex", 166
„Europ", „Eugra"),[520] werden von der hM gleich dem Euro-Zusatz in der Firma behandelt.[521] Bezüglich des Euro-Bestandteils in einer Dienstleistungsmarke[522] wird auf → Rn. 154 Bezug genommen; der BGH fordert insoweit nur Dienstleistungen von **europäischem Zuschnitt.** Anlässlich der Beurteilung der Firma „EUROLINGUA Übersetzungen GmbH" wies das OLG Hamm[523] zu Recht darauf hin, dass seit den 1980/1990er Jahren eine Fülle von Unternehmungen mit dem „Euro"-Zusatz auf dem Markt in Erscheinung getreten ist, was eine „Verwässerung" des Begriffs mit der Folge nahe legt, dass sich Größenvorstellungen mit diesem Begriff in einer Firma nicht mehr verbinden. Die als Abkürzung von „Essener Genossenschafts-Bank" verwendete Bezeichnung **„EG-Bank"** legt (nicht vorhandene) besondere Beziehungen zur Europäischen Gemeinschaft nahe und ist daher zur Irreführung geeignet.[524] Unter wettbewerbsrechtlichen Gesichtspunkten hält es das **OLG Dresden**[525] für irreführend eine Ltd. als **„EU-GmbH"** zu bewerben. Daher hat es unlauteren Wettbewerb beim Vermarkter von Ltds. angenommen. Es gibt keine

515 So aber noch *Kögel* GmbHR 2002, 642 (643); *Karsten Schmidt* HandelsR § 12 Rn. 99; näher *Kögel* in Wessel/Zwernemann/Kögel Firmengründung Rn. 500 mit viel Lit.; KKRD/*Roth* Rn. 14b.

516 OLG Hamm NZG 1999, 994: „Euro" und „European" für einen Verein mit europaweitem Informationsaustausch; s. auch wieder OLG Frankfurt BeckRS 2011, 21512: „Europäischer Fachverband für …"; ähnlich liberal EBJS/*Reuschle* Rn. 59; zust. auch Scholz/*Cziupka* GmbHG § 4 Rn. 60; MüKoGmbHG/*Heinze* GmbHG § 4 Rn. 104.

517 Diff. zwischen „euro" und „European" *Möller* DNotZ 2000, 830 (834): „European" oÄ soll europäischen Zuschnitt erwarten lassen.

518 *Kögel* GmbHR 2002, 642 (643); *Möller* DNotZ 2000, 830 (834): für „europäisch".

519 LG Frankfurt BB 1991, 496.

520 OLG Oldenburg WRP 1968, 120: „Eurochix" überhaupt nicht eintragungsfähig; näher *Kögel* in Wessel/Zwernemann/Kögel Firmengründung Rn. 500 mN.

521 Zu „euromarin" vgl. BGH NJW 1972, 255 = GRUR 1972, 357; *Droste* GRUR 1972, 341.

522 BGH NJW 1972, 255 = GRUR 1994, 120 – EUROCONSULT.

523 OLG Hamm Rpfleger 1992, 203; bestätigt durch OLG Hamm NZG 1999, 994 für „Euro" und „European"; krit. zur Begr. *Kögel* GmbHR 2002, 642 (643).

524 OLG Hamm BB 1991, 2107 Ls.

525 OLG Dresden GmbHR 2006, 1161 mAnm *Römermann;* zust. *Mankowski* EWiR UWG § 5 1/07, 93.

einheitliche, als EU-GmbH bezeichnete Rechtsform.[526] Der Begriff „EU-GmbH" ist weder in Fachkreisen noch beim Verbraucher gebräuchlich und als solcher nicht für die englische Limited bekannt.

167 **e) Inter, international, Kontinent, kontinental.** Nach **früher hM** weist international ebenso wie Kontinent oder kontinental im Allgemeinen auf eine ausgedehnte Auslandsaktivität kraft eigener Einrichtung, Mittel oder Verbindungen hin. Ein Unternehmen, dessen Firma einen entsprechenden Zusatz führte, musste als ein allgemein auf seinem Gebiet bedeutendes Unternehmen anzusehen sein, das aufgrund seiner Finanzkraft und seiner ausgedehnten ausländischen Geschäftsbeziehungen in der Lage sein, die in seinem Erwerbszweig anfallenden Geschäfte ohne weiteres auch außerhalb der Grenzen des eigenen Landes durchzuführen. Nach früher hM sollte jede auch nur geringfügige Betätigung im Außenhandel nicht ausreichen.[527] Der Firmenzusatz „international" kann jedenfalls auch dann gerechtfertigt sein, wenn das Unternehmen nicht in mehreren anderen Staaten abhängige Gesellschaften oder Zweigniederlassungen unterhält. Bloßer Geschäftsverkehr mit dem Ausland genügt, wenn er einen entsprechenden Umfang hat und die übrigen Voraussetzungen gegeben sind.

168 Die Begriffe **inter** und **international** werden meistens gleich gewertet, weil der Wortbestandteil „inter" in der Regel die Verbindung zu „international" herstellt („Interhandel", „Interart", „intermedia").[528] Demgegenüber heißt es in der Firmenfibel des DIHT 1992 (dort S. 20), die Bezeichnung **inter** in entsprechenden Zusammensetzungen sei mehrdeutig und ihr komme daher nur ausnahmsweise die Bedeutung von „international" zu. Nicht zu bestreiten ist jedenfalls, dass es Wortzusammensetzungen gibt, die (ausnahmsweise) nicht auf „international" hindeuten, wie zB „INTEROC GmbH, Lebensmittelvertrieb"; „inter" in unmittelbarer Verbindung mit den Buchstaben „OC" stellt sich nach allgemeinem Verständnis nicht als von „international" abgeleitet dar.

169 Nach der durch das **HRefG 1998** bedingten großzügigeren Handhabung müssen die dargestellten Voraussetzungen heute nicht mehr vorliegen, um einen Zusatz **international** oder **inter** zu rechtfertigen. Für diese Zusätze gilt nur noch der auch für andere geografische Bestandteile einer Firma maßgebliche Satz, dass zu dem geografischen Zusatz überhaupt ein Bezug gegeben sein muss.[529] Dass der Verkehr auch überdurchschnittliche Bedeutung im internationalen Verkehr erwartet, die sich unter anderem auch in einem Niederlassungsnetz im Ausland zu erweisen hat,[530] trifft nicht mehr zu.[531] Es genügt, dass überhaupt grenzüberschreitende Aktivitäten gegeben sind.[532] Auch in anderen Ländern der EU darf etwa „international" in der Regel schon dann in die Firma aufgenommen werden, wenn internationale Geschäftsbeziehungen bestehen, ohne dass dem Unternehmen auch internationale Bedeutung zuzukommen muss.[533]

---

526 Vorschläge zur Schaffung einer unionalen kleinen Kapitalgesellschaft waren in der Vergangenheit erfolglos geblieben, sowohl im Rahmen des Vorschlages einer Societas Privata Europaea durch eine SPE-Verordnung als auch im Zusammenhang mit der vorgeschlagenen Schaffung einer Societas Unius Personae durch den SUP-RL-Vorschlag. Derzeit werden Überlegungen angestellt die SUP in Gestalt einer SPE 2.0 durch das Instrument der Verstärkten Zusammenarbeit zwischen den daran interessierten Mitgliedstaaten wieder aufleben zu lassen. Zum Ganzen jüngst *Teichmann/Götz* ZEuP 2019, 260.

527 Firmenfibel des DIHT 1983, 23 f.; OLG Stuttgart GRUR 1970, 36; BayObLG BB 1966, 1246; Baumbach/Hopt/*Hopt* Rn. 26; Heymann/*Emmerich,* 2. Aufl. 2012, Rn. 48; Staub/*Hüffer,* 4. Aufl. 1983, Rn. 63; *Bokelmann* FirmenR Rn. 138 ff., jeweils mN; aA jetzt Staub/*Burgard,* 5. Aufl. 2009, Rn. 104 mwN in Fn. 449, Betätigung darf nicht völlig untergeordnet sein.

528 OLG Stuttgart NJW-RR 1987, 101; näher mN *Bokelmann* FirmenR Rn. 141; *Kögel* in Wessel/Zwernemann/Kögel Firmengründung Rn. 501.

529 BayObLGZ 1992, 234 = NJW-RR 1993, 103 = BB 1993, 458 für einen Ortsnamen.

530 So aber *Gößner,* Lexikon des Firmenrechts, Stand 2003, I 11; Firmenfibel des DIHT 1992, 20.

531 Vgl. auch *Kögel* in Wessel/Zwernemann/Kögel Firmengründung Rn. 500, 501; EBJS/*Reuschle* Rn. 59; Röhricht/Graf v. Westphalen/Haas/*Ries* Rn. 73.

532 LG Stuttgart BB 2000, 1213; LG Darmstadt GmbHR 1999, 482; KKRD/*Roth* Rn. 14c; *Möller* DNotZ 2000, 831 (835); aA ohne überzeugende Begr. weiterhin *Kögel* GmbHR 2002, 642 (644).

533 Diff. nach bestimmten Wortverbindungen in der konkreten Firma *Kögel* in Wessel/Zwernemann/Kögel Firmengründung Rn. 501.

f) Sonstige geografische Zusätze. Für Landesbezeichnungen wie **Bayerisch, Baden, Württembergisch, Hessisch, Schleswig-Holstein** und so fort[534] sollen die gleichen Grundsätze wie für „deutsch" gelten.[535] Für nicht exakt abgrenzbare Gebiete – Regional-, Landschafts-, Gebiets-, Gewässer- oder Himmelsrichtungsbezeichnungen wie **Nordsee, nordwestdeutsch, westdeutsch, Nord, Süd, West, Hanseatisch, Oberhessisch, Bodensee** und verwandte Begriffe – ist die Rspr. nicht einheitlich.[536] Überwiegend dürften sie in der Firma, weil schlecht fassbar (präzisierbar), keine Vorstellungen besonderer Bedeutung und/oder Größe hervorrufen, sondern den Sitz oder die Herkunft einer Ware kennzeichnen.[537] Ein regionaler Namenszusatz ist aber dann irreführend, wenn er über den Tätigkeitsbereich hinausgeht.[538] 170

12. Großhandel, Markt, Großmarkt, Supermarkt, Verbrauchermarkt. Der Firmenbestandteil **Großhandel** weist nicht auf den Geschäftsumfang, sondern auf die Handelsstufe. Größe des Geschäfts, Umsätze oder Lager sind nicht entscheidend. Ausschließlicher Großhandel ist nicht erforderlich, Direkthandel in bestimmtem Umfang erlaubt.[539] 171

Unter **Markt** verstand man früher ein zeitliches und örtliches Zusammentreffen mehrerer Anbieter und Käufer. Einem Einzelhändler war der Zusatz verwehrt.[540] Für den Einzelhandel hat sich dann die Bedeutung geändert; die Bezeichnung Markt bedeutet danach keine besondere, von dem übrigen Einzelhandel zu unterscheidende Vertriebsform, sondern deutet auf ein übliches Einzelhandelsgeschäft mit einer gewissen Größe und Angebotsvielfalt hin.[541] Selbstbedienung wird nicht vorausgesetzt. **Supermarkt** und **Verbrauchermarkt** können auch von Einzelhandelsgeschäften in die Firma aufgenommen werden, sofern eine bestimmte Größe und Angebotsvielfalt vorliegt.[542] Das gilt auch für **Großmarkt.**[543] 172

13. Gruppe, Pool, Ring, Sozietät, Team, Union, Verband, Verbund, Vereinigte. Die Bedeutung von **Union** hat gewechselt, wie sich aus einem Vergleich der firmenrechtlichen Leitsätze des Deutschen Industrie- und Handelstages von 1957 und 1967[544] ergibt. Heute kann keiner der Leitsätze mehr Geltung beanspruchen. In der Firmenfibel des DIHT von 1992 ist der Begriff zu Recht nicht mehr aufgenommen worden. Zwar ist bei **Union** (und auch bei **Vereinigte**)[545] in der Regel von einem Zusammenschluss von bisher selbständigen Unternehmen auszugehen, doch erwartet der Verkehr nicht mehr, dass es sich dabei um einen kapitalkräftigen Zusammenschluss großer Unternehmen handelt.[546] Ähnlich verhält es sich mit **Gruppe, Pool, Team und Verbund** (auch **Ring**): Der Verkehr 173

---

534 Vgl. auch die erschöpfenden Rspr.-Nachweise zu diesen Zusätzen in der Firmenfibel des DIHT bis zu ihrem Erscheinungsjahr 1983.

535 *Bokelmann* FirmenR Rn. 161 ff.; *Kögel* in Wessel/Zwernemann/Kögel Firmengründung Rn. 502, jeweils mN.

536 Näher hierzu noch Heymann/*Emmerich,* 2. Aufl. 2012, Rn. 46a; *Bokelmann* FirmenR Rn. 154 ff.; *Kögel* in Wessel/Zwernemann/Kögel Firmengründung Rn. 507 m. eingehenden Nachw.

537 Staub/*Burgard* Rn. 101; vgl. auch Firmenfibel des DIHT 1992, 20: Süd, Nord, West, Ost stellen für sich genommen keine geografischen Bezeichnungen dar; vgl. dazu auch Röhricht/Graf v. Westphalen/Haas/*Ries* Rn. 70.

538 OLG Frankfurt NJW-RR 2002, 459 – Main-Taunus; großzügiger OLG Stuttgart FGPrax 2004, 40 – Sparkasse Bodensee: größter Teil des deutschen Bodenseeraumes genügt.

539 KG JW 1930, 1409; OLG Hamm NJW 1963, 863; *Haberkorn,* Firma, Firmenwahrheit, Firmenzusätze, 1970,50, 51; Heymann/*Förster* Rn. 71; Baumbach/Hopt/*Hopt* Rn. 29; *Bokelmann* FirmenR Rn. 212; Röhricht/Graf v. Westphalen/Haas/*Ries* Rn. 74.

540 *Bokelmann* FirmenR Rn. 110 mN.

541 BGH GRUR 1983, 779 = BB 1984, 689; vgl. auch Baumbach/Hopt/*Hopt* Rn. 30; Staub/*Hüffer,* 4. Aufl. 1983, Rn. 69; *Kögel* in Wessel/Zwernemann/Kögel Firmengründung Rn. 513.

542 Baumbach/Hopt/*Hopt* Rn. 30; Heymann/*Förster* Rn. 72.

543 Staub/*Burgard* Rn. 87; aA noch Staub/*Hüffer,* 4. Aufl. 1983, Rn. 69 und *Kögel* in Wessel/Zwernemann/Kögel Firmengründung Rn. 513 aE.

544 BB 1957, 835 und BB 1967, 1100.

545 RGZ 127, 77 (82 f.); 166, 240 (243); Baumbach/Hopt/*Hopt* Rn. 31; Heymann/*Förster* Rn. 73.

546 BeckOGK/*Lüken/Natzel,* 1.7.2019, § 18 Rn. 253; diff. Heymann/*Förster* Rn. 73; *Kögel* in Wessel/Zwernemann/Kögel Firmengründung Rn. 460; Röhricht/Graf v. Westphalen/Haas/*Ries* Rn. 77; krit. *Kögel* BB 1993, 1741 (1743).

registriert dabei allenfalls das Zusammengehen mehrerer, ihre Selbständigkeit wahrender Unternehmen, ohne dass aber Größenordnungen angesprochen sind.[547] Die genannten Zusätze durften aber von Einzelunternehmen nicht geführt werden.[548] Diesbezüglich wird zunehmend **genauer differenziert. Gruppe** könnte im konzernrechtlichen Sinne auch als herrschendes Unternehmen oder als Mehrzahl von natürlichen Personen unter Einschluss auch von Arbeitnehmern verstanden werden.[549] **„Pool"** könne auch im Sinne einer Bündelung von Kräften als Reservoir und „Team" als unspezifisches Modewort auch auf mehrere Mitarbeiter bezogen werden.[550] Der Zusatz **Verband** ist einem Einzelunternehmen weiterhin versagt.[551] Gleiches gilt für „company".[552] Ein Verein darf sich allerdings auch „Verband für …" nennen, selbst wenn er keine größere oder bedeutende Anzahl von natürlichen Mitgliedern hat.[553] Für die Ersteintragung einer „UG haftungsbeschränkt" hält das OLG Frankfurt[554] den Firmenbestandteil **„Holding"** für zulässig, wenn die Holdingstruktur wenigstens zeitnah nach der Eintragung beabsichtigt ist. Ansonsten wären die Gründer gezwungen schon vor der Eintragung eine geschäftliche Tätigkeit aufzunehmen und damit das Risiko der Unterbilanzhaftung einzugehen.

174 Unter **Sozietät** versteht man einen Zusammenschluss in Form einer Gesellschaft oder Gemeinschaft, insbesondere die Vereinigung mehrerer Rechtsanwälte zu einer Gesellschaft Bürgerlichen Rechts.[555] Der Einzelkaufmann darf einen solchen Zusatz nicht führen. Auch eine Kapitalanlagen vermittelnde Gesellschaft kann nicht unter „Sozietät" firmieren („Sozietät E. & H. OHG"),[556] weil gerade auf einen Zusammenschluss von Freiberuflern geschlossen werden kann.[557] Bei der Partnerschaftsgesellschaft soll hingegen das Hinzufügen des Begriffs „Sozietät" nicht „verkehrswesentlich" irreführen, da es sich bei der Partnerschaftsgesellschaft um eine besondere Form der BGB-Gesellschaft handelt.[558]

175 **14. Haus.** Der Begriff hat eine wechselvolle Geschichte hinter sich. War früher eine örtliche Spitzenstellung erforderlich, wurde später nur noch gefordert, das Unternehmen müsse über den Durchschnitt der örtlichen Mitbewerber herausragen,[559] wobei an bestimmte Kombinationen geringere Anforderungen gestellt wurden (Schuhhaus, Blumen-

547 *Kögel* in Wessel/Zwernemann/Kögel Firmengründung Rn. 461, 462, bezüglich „Team" aber diff.; Röhricht/Graf v. Westphalen/Haas/*Ries* Rn. 77.

548 Röhricht/Graf v. Westphalen/Haas/*Ries* Rn. 77; → 2. Aufl. 2010, Rn. 160; *Kögel* in Wessel/Zwernemann/Kögel Firmengründung Rn. 461, 462; jetzt auch wieder OLG Schleswig NZG 2012, 34 für „Group" oder „Gruppe"; OLG Jena NZG 2013, 1270, dazu *Schubert* GWR 2013, 489, für eine UG (haftungsbeschränkt) mit 4 Gesellschaftern, die selbst an 16 weiteren Unternehmen beteiligt waren.

549 Staub/*Burgard* Rn. 76 mit Verweis auf LG Lüneburg Beschl. v. 20.6.1978 – 7 T 7/78, nv für „Verlagsgruppe"; streng wieder OLG Jena NZG 2013, 1270 für eine UG (haftungsbeschränkt) mit vier Gesellschaftern, die selbst an 16 weiteren Unternehmen beteiligt waren, dazu *Schubert* GWR 2013, 489; auch wieder OLG Schleswig NZG 2012, 34 = FGPrax 2011, 311 für „J. e.K. Group".

550 Staub/*Burgard* Rn. 76 für „Team" mit Verweis auf LG Lüneburg BB 1979, 135 m. diff. Anm. *Raab;* Baumbach/Hopt/*Hopt* Rn. 31.

551 BeckOGK/*Lüken/Natzel,* 1.7.2019, Rn. 255; Baumbach/Hopt/*Hopt* Rn. 31; Heymann/*Emmerich,* 2. Aufl. 2012, Rn. 57; Staub/*Burgard* Rn. 76; insoweit noch zutr. Ls. DIHT BB 1957, 835 zu Verband.

552 AG Augsburg Rpfleger 2001, 187: „Company e. K." unzulässig; EBJS/*Reuschle* Rn. 68; aA Staub/*Burgard* Rn. 76.

553 OLG Frankfurt BeckRS 2011, 21511; s. auch wieder OLG Frankfurt NZG 2011, 1234 für „Europäischer Fachverband für …".

554 OLG FrankfurtNZG 2019, 1232 = BeckRS 2019, 22410; dazu *Reichard* GWR 2019, 403; Wachter EWiR 2020, 9; streng demgegenüber aber OLG Jena NZG 2013, 1270 für die Bezeichnung „Gruppe".

555 *Gößner,* Lexikon des Firmenrechts, Stand 2003, 4 unter Sozietät; großzügiger zum Berufsrecht nach § 43b BRAO: BGH NJW 2012, 3102, für sonstige Zusammenschlüsse von Rechtsanwälten, die für die Mandanten die gleichen Vorteile bringen; dazu krit. Henssler/Prütting/*Prütting* BRAO § 43b Rn. 44; *Hirtz* NJW 2012, 3550; *Henssler/Deckenbrock* EWiR 2012, 659.

556 OLG Karlsruhe WRP 1984, 291; Staub/*Burgard* Rn. 76; *Bokelmann* FirmenR Rn. 236; Baumbach/Hopt/*Hopt* Rn. 31: nur für freiberufliche Tätigkeit.

557 Krit. jetzt *Kögel* in Wessel/Zwernemann/Kögel Firmengründung Rn. 463.

558 LG Zweibrücken NZG 1998, 548 m. krit. Anm. *Römermann.*

559 Leitsatz des DIHT BB 1969, 418.

haus, Seifenhaus, Zigarrenhaus, Haarhaus, Reformhaus); auch war anerkannt, dass der Bestandteil „-haus" in Einzelfällen überhaupt keine Aussage über die Größe oder Bedeutung beinhaltet (Gasthaus, Leihhaus).[560] Die Einordnung trieb teilweise seltsame Blüten. Nach dem Landgericht Siegen[561] ist „Huthaus" ohne weiteres zulässig. „Haus der Hüte" darf sich aber nur ein Verkauf betreibendes Unternehmen von überdurchschnittlicher Bedeutung nennen, weil **„Haus"** in dieser Wortzusammenstellung schärfer akzentuiert und hervorgehoben wird. Zu fordern sollen etwa hervorragende Geschäftslage, räumliche Größe und das Vorhandensein von Filialbetrieben sein.

Der Begriff **Haus** ist zu Recht nicht mehr in die Firmenfibel des Deutschen Industrie- und Handelstages von 1992 aufgenommen worden. Die Verkehrsauffassung hat sich geändert; **der Zusatz ist verwässert worden und der Verkehr verbindet mit ihm keine besonderen Größenvorstellungen mehr.**[562] Dies gilt unter den großzügigeren Maßstäben des § 18 Abs. 2 nF erst recht.[563] Auch sonstige Anforderungen sind nicht mehr angebracht, so dass Haus – liegen nicht besondere Umstände vor – in der Regel für jeden Kaufmann zur Benutzung frei steht, ohne dass besondere Qualifikationsmomente gegeben sein müssen. Darauf hinzuweisen ist aber, dass die **Rspr. nur zögernd reagiert.** So ist das Bayerische Oberste Landesgericht noch 1990[564] uneingeschränkt den Leitsätzen des DIHT zu Haus[565] gefolgt. 176

Fraglich ist, ob **„Haus der Gesundheit"** für eine Apotheke deshalb unzulässig ist, weil beim Publikum der Eindruck erweckt wird, diese Apotheke biete mehr als andere, wie es das Bundesverwaltungsgericht angenommen hat.[566] Die Entscheidung ist bedenklich, dürfte sich doch dem mündigen Betrachter der Zusatz unschwer als reklamehafte Anpreisung offenbaren (→ Rn. 63). Fraglich ist auch, ob die **Kombination von Haus und Ortsname** („Autohaus X-Stadt") nur für **führende Unternehmen** am Platz erlaubt ist.[567] Der Zusatz ist vielmehr schon dann unbedenklich, wenn sich das Autohaus tatsächlich in X-Stadt befindet.[568] Dagegen kann die Firmierung **„Häuser"** täuschen, wenn nicht zumindest mehrere Verkaufsstellen vorhanden sind.[569] Eine Gesellschaft darf den Firmenbestandteil „Auktionshaus" nicht führen. Denn die Firma erweckt den Eindruck, dass die Gesellschaft selbst Versteigerungen durchführt, was ihr indessen versagt ist, weil nur natürliche Personen versteigern dürfen, denen die erforderliche Erlaubnis erteilt ist (§ 34b GewO).[570] 177

15. Lager, Hof, Magazin, Speicher. Nach dem Leitsatz des Deutschen Industrie- und Handelstages von 1968[571] darf im Einzelhandel der Firmenzusatz **Lager** grundsätzlich nicht in der Firma erscheinen. Lager soll auf eine überdurchschnittlich große Lagerhaltung und damit auf eine funktionell bedingte besondere Leistungsfähigkeit hinweisen, wie auch Verkauf „ab Lager" zu erwarten sei. Für **Hof, Magazin** und **Speicher** sollen die gleichen 178

---

560 Eingehend mzN *Haberkorn,* Firma, Firmenwahrheit, Firmenzusätze, 1970, 39 ff.; *Gößner,* Lexikon des Firmenrechts, Stand 2003, H 2 ff. unter Haus; Baumbach/Hopt/*Hopt* Rn. 30; Staub/*Burgard* Rn. 90; vgl. auch *Bokelmann* FirmenR Rn. 205 ff.; *Kögel* in Wessel/Zwernemann/Kögel Firmengründung Rn. 511.

561 LG Siegen BB 1960, 958.

562 Staub/*Burgard* Rn. 90; *Kögel* in Wessel/Zwernemann/Kögel Firmengründung Rn. 511.

563 EBJS/*Reuschle* Rn. 49; kritischer noch Röhricht/Graf v. Westphalen/Haas/*Ries* Rn. 80, der aber regelmäßig die Wettbewerbsrelevanz verneint.

564 BayObLG NJW-RR 1990, 671 f. – Bürohaus.

565 BayObLG BB 1969, 418.

566 BVerwG NJW 1992, 588 f. für einen entsprechenden, dem Apothekernamen an der Fassade des Gebäudes, auf Kalendern und Plastiktüten nachgestellten Zusatz.

567 So OLG Frankfurt BB 1966, 1242; BayObLG NJW-RR 1990, 671 = DB 1990, 876; auch nach dem HRefG noch Röhricht/Graf v. Westphalen/Haas/*Ries* Rn. 79; EBJS/*Reuschle* Rn. 49 – Möbelhaus Südniedersachsen.

568 Staub/*Burgard* Rn. 90.

569 BGH NJW 1980, 886 = GRUR 1980, 60 = DB 1979, 1734 f. bezüglich der Werbung „10 Häuser erwarten Sie"; *Kögel* in Wessel/Zwernemann/Kögel Firmengründung Rn. 511.

570 OLG Frankfurt NJW-RR 1990, 671.

571 DIHT BB 1968, 439.

Überlegungen maßgebend sein; Speicher betone „das etwas längere Aufspeichern" gegenüber Lager.[572]

179 *Kögel* in Wessel/Zwernemann/Kögel[573] bezweifelt zu Recht, dass die Bezeichnung Lager nach der Verkehrsauffassung noch den Eindruck einer dem Einzelhandel vorgeschalteten Wirtschaftsstufe vermittelt. Das gilt auch für Hof, Magazin und Speicher. Die Begriffe sind nicht sauber voneinander abzugrenzen und stehen auch dem Einzelhandel offen.[574] Für **Großlager** und **Zentrallager** kann man das anders sehen.[575]

180 **16. Personenfirma mit Namen von Nichtgesellschaftern.** Die Verwendung des Namens von Gesellschaftern oder vom Geschäftsinhaber ist seit dem HRefG 1998 nur noch nach § 2 Abs. 1 PartGG in der Partnerschaftsgesellschaft obligatorisch. Zur geplanten Liberalisierung beim Namen der Partnerschaft → § 17 Rn. 24. Alle anderen Rechtsträger sind daher jetzt grundsätzlich frei in der Frage „ob" und „wie" sie ihre **fakultative Personenfirma** bilden (→ § 17 Rn. 23 ff.).[576]

181 Die Frage, ob bei einer freiwillig gewählten Personenfirma der Name eines Nichtgesellschafters oder bei der KG wenigstens des Kommanditisten verwendet werden darf, ist aber weiterhin umstritten.[577] Dabei wird zunehmend nach den unterschiedlichen betroffenen Rechtsformen differenziert. Die ablehnenden Stimmen[578] lösen sich teilweise in ihrer Begründung nicht konsequent genug von dem früheren Verständnis der Personenfirma. Ausweislich der Begründung zum HRefG (BT-Drs. 13/8444, 36) soll sich die Firmenbildung nach den drei wesentlichen Funktionen der Firma ausrichten (→ Vor § 17 Rn. 6). Das sind Unterscheidungskraft mit Kennzeichnungsfunktion, Einheitlichkeit des Gesellschaftsverhältnisses und Offenlegung der Haftungsverhältnisse. Demgegenüber wurde die

---

572 RGZ 156, 16 (22) – Hamburger Kaffeelager; OLG Neustadt BB 1963, 326; LG Oldenburg BB 1964, 1143; AG Delmenhorst BB 1964, 1144; so noch Heymann/*Emmerich,* 2. Aufl. 2012, Rn. 52; jetzt für im Wesentlichen freie Firmenbildung aufgrund geänderter Verkehrsauffassung Heymann/*Förster* Rn. 75; *Bokelmann* FirmenR Rn. 202; *Gößner,* Lexikon des Firmenrechts, Stand 2003, L 1, 2 unter „Lager, Auslieferungslager, Fabrikauslieferungslager, Fabriklager, Großlager, Möbelgroßlager, Spezialauslieferungslager, Teppichhandelslager, Verkaufslager und Zentrallager".

573 *Kögel* in Wessel/Zwernemann/Kögel Firmengründung Rn. 491.

574 In die Firmenfibel des DIHT 1992 sind die Begriffe als „nicht mehr aktuell" und kaum noch Verwendung findend (S. 17) nicht mehr aufgenommen worden.

575 Zweifelnd OLG Hamburg WRP 1968, 119. Zu „Autohof, Möbelhof und Textilhof" vgl. *Gößner,* Lexikon des Firmenrechts, Stand 2003, H 8 mN; Röhricht/Graf v. Westphalen/Haas/*Ries* Rn. 75 auch für „Verkaufslager".

576 Davon ist offenbar im Jahr 2007 auch der österreichische Gesetzgeber des UGB ausgegangen und hat dies deshalb in § 20 UGB ausdrücklich anders geregelt.

577 Grds. befürwortend: OLG Jena NZG 2010, 1354 = GmbHR 2010, 1094; LG München I MittBayNot 2007, 71; OLG Karlsruhe GmbHR 2014, 142; OLG Hamburg BeckRS 2011, 07893; Westphalen/Haas/*Ries* § 19 Rn. 24; HCL/*Heinrich* GmbHG § 4 Rn. 20 mwN in Fn. 76, für den Namen einer fiktiven Person in der Firma einer GmbH; für die GmbH befürwortend auch *Schulte/Warnke* GmbHR 2002, 626 ff.; OLG Rostock NZG 2015, 246; OLG Karlsruhe DNotI-Report 2010, 91 = RNotZ 2010, 482 = GmbHR 2010, 1096 für die GmbH & Co KG; OLG Saarbrücken Rpfleger 2006, 415 = DB 2006, 1002 = FGPrax 2006, 131 = RNotZ 2006, 195 für den Namen des Kommanditisten in der KG; OLG Karlsruhe GmbHR 2010, 1096; OLG Saarbrücken ZIP 2006, 1772; KKRD/*Roth* Rn. 15c; *W.-H. Roth* in Die Reform des Handelsstandes und der Personengesellschaft, 1999, 31 (47); Staub/*Burgard* Vor § 17 Rn. 17; *Priester* DNotZ 1998, 691 (699); *Schumacher,* HRefG, 1998, 64 f.; Röhricht/Graf v. Westphalen/Haas/*Ries* § 19 Rn. 54; LG Wiesbaden NZG 2004, 829 = DStR 2004, 1359; Widmann/Mayer/*Vollrath* UmwG § 18 Rn. 26; iErg auch schon *Jung* ZIP 1998, 677 (683), soweit nicht irreführungsgeeignet iSd § 18 Abs. 2; für existierende Personen abl. EBJS/*Reuschle* Rn. 11, bei Rn. 13 aber für sog. Fantasie-Personenfirma zulassend; weiterhin abl. *Kögel* GmbHR 2011, 16; *Kögel* Rpfleger 2011, 17 (18 ff.); *Clausnitzer* DNotZ 2010, 345 (353), der immer dann eine Irreführung bejaht, wenn der Name einer Person in die Firma aufgenommen wird, die nicht Gesellschafter oder Geschäftsführer des Unternehmens ist; krit. auch *Najdecki* NWB 2010, 1355 (1357) der die Aufnahme von Personennamen von Nichtgesellschaftern nur dann zulässt, wenn die namensgebende Person zumindest in der Geschäftsführung, Produktbetreuung bzw. -entwicklung oder in einer verantwortlichen Position an dem Unternehmen beteiligt ist.

578 Vgl. zB Baumbach/Hopt/*Hopt* § 19 Rn. 6, 13, 21; EBJS/*Reuschle* Rn. 11; *Kögel* GmbHR 2011, 16; *Kögel* Rpfleger 2011, 17 (18 ff.); *Clausnitzer* DNotZ 2010, 345 (353); *Najdecki* NWB 2010, 1355 (1357).

Auskunftsfunktion über die Identität der das kaufmännische Unternehmen führenden Personen weitgehend eingeschränkt. Entscheidender Aspekt ist jetzt **allein die Irreführungseignung** iSd § 18 Abs. 2.[579] Danach ist nur eine für das Registergericht „ersichtliche" Eignung zur Irreführung über verkehrswesentliche (wettbewerbsrelevante) geschäftliche Verhältnisse (genauer → Rn. 57 ff.) relevant. Daher kommt letztlich nur die Irreführung über die persönliche Haftung des Namensgebers in Frage.[580] Die Zulässigkeit der Namensnennung eines Nichtgesellschafters oder Geschäftsinhabers kann also nur noch bei dem e. K. oder der OHG, bei denen jeder Kaufmann bzw. Gesellschafter grundsätzlich persönlich haftet, fraglich sein.

Allgemein für alle Rechtsformen gilt mE folgendes. Selbst wenn eine Irreführung über die Stellung des Namensgebers als persönlich haftenden Gesellschafter oder Geschäftsinhaber in Frage kommt, ist diese jedenfalls **nicht verkehrswesentlich** (wettbewerbsrelevant), wenn es sich um einen **Fantasienamen,**[581] den Namen eines **lange verstorbenen** Prominenten[582] oder eine den angesprochenen Verkehrskreisen **unbekannte** oder im Geschäftsleben **unbedeutende Person** handelt. Dies bestätigte in naher Vergangenheit auch das OLG Düsseldorf[583] für die Verwendung des Namens eines verstorbenen Urgroßvaters eines Gesellschafters als Firmenbestandteil bei einer GmbH & Co KG. Denn es fehlt dann jede Assoziation bezüglich Bonität, Geschäftsgewandtheit oder einer ähnlichen verkehrswesentlichen Eigenschaft. Selbst die Stimmen, die der weitgehend freien Verwendung des Namens einer lebenden Person, die nicht Gesellschafterin ist, kritisch gegenüberstehen,[584] beziehen diese Bedenken nur auf eine konkrete, lebende Person. Handelt es sich hingegen um eine **Fantasiepersonenfirma** begegnet dies auch nach der strengen Ansicht geringeren Bedenken als diejenige einer Firma mit dem Namen einer bestimmten, existierenden Person, die nicht zu den Gesellschaftern zählt. Eine derartige Gestaltung wird grundsätzlich – soweit nicht andere irrtumserregende Faktoren wie Verwendung eines Doktortitels oder Ähnliches hinzutreten – als zulässig betrachtet.[585] Handelt es sich bei dem fremden Namen um einen Drittnamen, der ohne weiteres als Fantasiename erkennbar ist, liegt die Irreführungsgefahr fern.[586] 182

Selbst bei einer **gesetzestypischen Personenhandelsgesellschaft** oder einem **Einzelkaufmann** war die zuverlässige **Information über die persönliche Haftung** des Namensgebers aus der Firma wegen der Möglichkeit der Firmenfortführung trotz Inhaber- oder Gesellschafterwechsel nach §§ 22 und 24 schon früher eingeschränkt. Wegen der Aufgabe der obligatorischen Personenfirma für diese Rechtsträger können die angesprochenen Verkehrskreise seit dem HRefG 1998 überhaupt nicht mehr mit Informationen in der Firma über den Geschäftsinhaber oder persönlich haftenden Gesellschafter rechnen.[587] Nur in 183

579 Staub/*Burgard* Vor § 17 Rn. 17; Röhricht/Graf v. Westphalen/Haas/*Ries* Rn. 32; Scholz/*Cziupka* GmbHG § 4 Rn. 61.

580 S. ausf. *Heidinger* DB 2005, 815 (818).

581 OLG Jena GmbHR 2010, 1094; OLG Karlsruhe GmbHR 2014, 142; OLG Rostock GmbHR 2015, 37; OLG München ZIP 2012, 2393; Staub/*Burgard* Vor § 17 Rn. 17; EBJS/*Reuschle* Rn. 13.

582 Röhricht/Graf v. Westphalen/Haas/*Ries* Rn. 32; bei einer „Mozart-Buchhandlung" oÄ liegt schon die Eignung zur Irreführung über die Gesellschafterstellung von Mozart fern; Scholz/*Cziupka* GmbHG § 4 Rn. 62.

583 FGPrax 2017, 73 = ZIP 2017, 423; zust. *Schodder* EWiR 2017, 527.

584 Roth/Altmeppen/*Altmeppen* GmbHG § 4 Rn. 7; EBJS/*Reuschle* Rn. 12.

585 Staub/*Burgard* Rn. 56; EBJS/*Reuschle* Rn. 13 unter ausdrücklicher Aufgabe der aA in der „Vorauflage"; KKRD/*Roth* Rn. 15c; vgl. auch LG Landshut MittBayNot 2000, 333 – Frischgut Immobilien GmbH; LG München MittBayNot 2007, 71 – Seemüller Computer Vertriebs GmbH; sogar für den Einzelkaufmann: OLG München ZIP 2012, 2393 = BeckRS 2012, 23075.

586 Oetker/*Schlingloff* Rn. 26.

587 OLG Saarbrücken NJW-RR 2006, 902 = NZG 2006, 586: spätestens seit Ablauf der Übergangsfrist des Art. 38 EGHGB am 31.3.2003; *Meyer* ZNotP 2009, 250 (251) mit zutreffendem Hinweis auf den notwendigen Blick in das (jetzt elektronisch einsehbare!) Handelsregister; unrichtig daher mE LG Trier Beschl. v. 4.7.2007 – 7 HK T 3/07, nv, zitiert nach *Kögel* Rpfleger 2009, 291 (293) in Fn. 42: Fortführung der Firma „Heizungsbau Zils e. K." sei unzulässig bei Unternehmerin mit Doppelname „Zils-Jutz".

Ausnahmefällen, in denen sich die Firmenbildung des Namens einer allgemein oder branchenbekannten besonders potenten Person bedient, kann die Grenze des § 18 Abs. 2 überschritten sein.[588]

184 Für die **KG** ergibt sich eine Sonderfrage nach der Zulässigkeit der Verwendung des Namens eines **Kommanditisten** (→ Rn. 105). Der Geschäftsverkehr darf sich nach dem Wortlaut des § 19 Abs. 1 Nr. 3 und in dem vorauszusetzenden Bewusstsein der Änderungen des deutschen Firmenrechts nicht mehr darauf verlassen, dass der Namensbestandteil der Firma einer KG geeignet ist, den persönlich haftenden Gesellschafter zu identifizieren. Insbesondere aufgrund der Zulässigkeit von Sach- und Fantasiefirmen ist „das zur Identifikation geeignete Band zwischen dem Namen und den Haftungsverhältnissen offenkundig gelöst". Die Haftungserwartungen dürfen sich nur noch an dem Rechtsformzusatz orientieren.[589] Daher ist die Aufnahme des **Namens des Kommanditisten** nicht als Irreführung über die Person des Komplementärs anzusehen.[590]

185 Bei einer **Kapitalgesellschaft** – insbesondere der **GmbH** – entspricht es inzwischen der ganz überwiegenden Ansicht, dass bei der GmbH als verkehrswesentliche Eigenschaft, über die getäuscht werden könnte, **eine persönliche Haftung der namensgebenden Person nicht in Frage** kommt. Denn bei der GmbH wird durch den Rechtsformzusatz klargestellt, dass es überhaupt keinen persönlich haftenden Gesellschafter gibt.[591] Insbesondere bei Verwendung gewöhnlicher Namen in der Firma – selbst, wenn man die Firma dann in ihrer Aussage als ersichtlich unwahr ansehen würde – sind die Namen der Gesellschafter bei einer GmbH für den maßgeblichen Durchschnittsadressaten nicht von wesentlicher Bedeutung für seine wirtschaftliche Entscheidung, so dass keine beachtliche Täuschung iSd neugefassten § 18 Abs. 2 S. 1 gegeben ist.[592] Darüber hinaus ist aufgrund der Firmenfortführungsregelungen in §§ 22 und 24 ohnehin nicht stets die Person Gesellschafter, die in der Firma genannt wird.[593]

186 Auch die Tatsache, ob der Namensgeber in irgendeiner sonstigen Beziehung zum betreffenden Unternehmen steht, ist als solches ebenfalls kein verkehrswesentliches geschäft-

---

588 *Meyer* ZNotP 2009, 250 (251) weist zu Recht auf die anderen Kriterien für eine wettbewerbsrechtliche Unterlassungsklage hin; unter Missachtung der Kriterien des § 18 Abs. 2 strenger Röhricht/Graf v. Westphalen/Haas/*Ries* Rn. 33: der Verdacht, dass unzulässiger Wettbewerbsvorteil erstrebt wird und die Firma irreführend ist, liege nahe, könne aber widerlegt werden.

589 So jetzt ausdrücklich auch OLG Karlsruhe GmbHR 2010, 1096 = DNotI-Report 2010, 91 = RNotZ 2010, 482.

590 OLG Saarbrücken Rpfleger 2006, 415 = DB 2006, 1002 = FGPrax 2006, 131 = RNotZ 2006, 195; zust. *Kögel* Rpfleger 2007, 299 (300); OLG Karlsruhe GmbHR 2010, 1096; OLG Saarbrücken ZIP 2006, 1772; *W.-H. Roth* in Die Reform des Handelsstandes und der Personengesellschaft, 1999, 31, 47; Staub/*Burgard* Vor § 17 Rn. 17; *Priester* DNotZ 1998, 691 (699); *Kiesel/Neises/Plewa/Poneleit/Rolfes/Wurster* DNotZ 2015, 740 (753), LG Wiesbaden NZG 2004, 829 = DStR 2004, 1359; Widmann/Mayer/*Vollrath* UmwG § 18 Rn. 26; iErg auch schon *Jung* ZIP 1998, 677 (683), soweit nicht irreführungsgeeignet iSd § 18 Abs. 2; Oetker/*Schlingloff* Rn. 27; KKRD/*Roth* Rn. 15c; Röhricht/Graf v. Westphalen/Haas/*Ries* § 18 Rn. 34; Röhricht/Graf v. Westphalen/Haas/*Ries* § 19 Rn. 54; so schon *Heidinger* DB 2005, 815 (817, 819); *Kögel* in Wessel/Zwernemann/Kögel Firmengründung Rn. 307; *Canaris* HandelsR § 11 I 1 b Rn. 5; *Schumacher,* HRefG, 1998, 65; Baumbach/Hopt/*Hopt* § 19 Rn. 22: Einschränkung nur noch bis zum Ablauf der Übergangsfrist am 31.3.2003; für den Sonderfall, dass der namensgebende Komplementär Kommanditist wird, analog § 24 Abs. 2: OGH NZG 2000, 781.

591 So schon *Schulte/Warnke* GmbHR 2002, 626 (629); so jetzt ausdrücklich auch LG München I MittBayNot 2007, 71 – Fantasiename „Seemüller" (zur GmbH); OLG Jena NZG 2010, 1354 = GmbHR 2010, 1094, MittBayNot 2007, 71, OLG Karlsruhe GmbHR 2014, 142 und OLG Hamburg BeckRS 2011, 07893; OLG Rostock NZG 2015, 243; HCL/*Heinrich* GmbHG § 4 Rn. 20 mwN in Fn. 76; MüKoGmbHG/*Heinze* GmbHG § 4 Rn. 80; Lutter/Hommelhoff/*Bayer* GmbHG § 4 Rn. 34; *Müther* GmbHR 1998, 1058 (1060); *Priester* DNotZ 1998, 691 (698); dazu ausf. *Heidinger* DB 2005, 815.

592 LG München I MittBayNot 2007, 71; LG Wiesbaden DStR 2004, 1359 – Prinz.

593 So jetzt ausdrücklich OLG Jena NZG 2010, 1354 = GmbHR 2010, 1094; OLG München ZIP 2012, 2393 = BeckRS 2012, 23075; vgl. ausf. dazu *Heidinger* DB 2005, 815; *Meyer* ZNotP 2009, 250 unter dem Aspekt der Firmenfortführung; großzügig auch LG Augsburg 17.10.2002 – 3 HKT 2719/02, nv; LG Wiesbaden NZG 2004, 829 = DStR 2004, 1359; HCL/*Heinrich* GmbHG § 4 Rn. 20; s. auch *Schulte/Warnke* GmbHR 2002, 626 (629).

liches Verhältnis.[594] Allerdings kann die Verwendung eines bekannten oder eingeführten Namens, der in keinem Bezug zu dem Unternehmen steht (zB wirtschaftliche Verflechtung oder Unternehmensgeschichte), den Verdacht begründen, dass **unzulässige Wettbewerbsvorteile** erstrebt werden.[595] Dies gilt mE jedenfalls schon dann nicht, wenn – auch außerhalb des Anwendungsbereiches von § 22 – der Name des nicht mehr als Gesellschafter beteiligten **Firmengründers** verwendet wird.[596] Kritisch im Zusammenhang mit einer möglichen Irreführung dürfte daher allenfalls die Verwendung des Namens eines lebenden, berühmten Künstlers oder Sportlers (Beckenbauer, Bon Jovi uÄ) oder einer in der betroffenen Branche bekannten, besonders geschätzten Persönlichkeit sein.[597] Die gleichen Überlegungen gelten mE für die Personenhandelsgesellschaften mit einem Rechtsformzusatz nach § 19 Abs. 2 (insbesondere die **GmbH & Co. KG**).[598]

Wird eine einmal zulässige Personenfirma von dem Erwerber eines Unternehmens 187
fortgeführt oder scheidet der namensgebende Gesellschafter aus, kann die Firma selbst bei einem angenommenen Verstoß gegen § 18 Abs. 2 nach **§§ 22, 24 unverändert fortgeführt** werden, wenn der Namensgeber bzw. der Firmeninhaber zustimmt. Dabei wird nur problematisiert, wie weit diese Firma geändert werden kann, um noch von einer *Firmenfortführung* und nicht schon von einer **Neufirmierung** ausgehen zu müssen (→ § 22 Rn. 80).

17. Rechtsformzusätze, Gesellschaftszusätze, & Partner. Nach § 19 Abs. 1 sowie 188
§§ 4, 5a GmbHG, § 4 AktG, § 3 GenG und § 2 PartGG muss jeder Unternehmensträger zwingend einen seine Rechtsform **charakterisierenden Rechtsformzusatz** in der Firma beinhalten (→ § 19 Rn. 1 ff.). Diesbezüglich duldet das Gesetz auch nach dem HRefG 1998 keine Täuschungen.[599] Der Gesetzgeber hat die Wichtigkeit dieser Information für die Verkehrskreise durch die Neuregelung des § 19 noch aufgewertet, so dass Verkehrswesentlichkeit angenommen werden muss. Bei der Firmenfortführung nach § 22 dürfen zB nicht einfach die beiden **Rechtsformzusätze der fortgeführten Firma** und der Firma des Erwerbers ohne Nachfolgezusatz hintereinander in der fortgeführten Firma aufgenommen werden (→ § 22 Rn. 66 ff.). Dasselbe gilt, wenn eine **namensgebende Gesellschafterin** selbst einen Rechtsformzusatz führt (→ Rn. 91 ff.; → Vor § 17 Rn. 59 f. für ausländische Namensgeberin). Ein vergleichbares Problem gibt es bei **Fantasieschlagworten,** die über eine bestimmte Rechtsform täuschen können, weil sie zB auf „ag" oder „AG" enden.[600] Nach altem Firmenrecht wurde es für genügend gehalten, wenn eine Täuschung über die wahre Rechtsform nicht auszuschließen war. Nach dem jetzt insofern geltenden Kriterium, dass eine Täuschungseignung objektiv aus Sicht des durchschnittlichen Angehörigen der angesprochenen Verkehrskreise bei verständiger Würdigung vorliegen muss (→ Rn. 53 ff.), dürfte eine bloße Endsilbe, die einen Rechtsformzusatz enthält, jedenfalls ohne besondere Herausstellung regelmäßig nicht mehr zur Täuschung iSd § 18 Abs. 2

[594] *Heidinger* DB 2005, 815 (819); so auch LG Augsburg 17.10.2002 – 3 HKT 2719/02, nv, bei einer GmbH; *Schumacher,* HRefG, 1998, 65; vgl. auch LG Frankfurt/Oder GmbHR 2002, 966 mAnm *Möller;* tendenziell auch noch Oetker/*Schlingloff* Rn. 27.

[595] OLG Karlsruhe GmbHR 2014, 142.

[596] Vgl. auch den Fall OLG Rostock NZG 2015, 243: Verwendung des Namens vom früheren Firmeninhaber; s. auch OLG Düsseldorf FGPrax 2017, 73 = ZIP 2017, 423, für die Verwendung des Namens vom verstorbenen Urgroßvater eines Gesellschafters als Firmennamen.

[597] OLG Jena BeckRS 2017, 149986 bei namentlicher Anlehnung an einen berühmten Verlag.

[598] So jetzt auch OLG Karlsruhe DNotI-Report 2010, 91 zur GmbH & Co. KG.

[599] Vgl. auch OLG Düsseldorf MittRhNotK 2000, 298 – Zusatz: „Söhne" bei Neufirmierung eines e. K. irreführend wegen Täuschung über Rechtsform und Familientradition; OLG Stuttgart BB 2001, 14 = DB 2001, 695 – „AG" bei GmbH & Co. KG; AG Augsburg Rpfleger 2001, 187 – „Company" bei e. K.; daher schlägt zB *Wachter* GmbHR 2004, 88 (98) auch (de lege ferenda) die genauere Länderkennzeichnung der Rechtsform wie zB „dGmbH" oder „öGmbH" vor.

[600] BGHZ 22, 88 = NJW 1956, 1873 – INDROHAG Industrie Rohstoffe Handelsgesellschaft mit beschränkter Haftung; BayObLG DB 1978, 1269 = BB 1979, 1465 – Trebag; BayObLG DB 1982, 2129 = Rpfleger 1982, 345 – „BAG" als Zusatz zum Firmenkern „Bauanlagen GmbH"; nicht irreführend aber „WISAG", OLG Köln DStR 2007, 267 = OLGR 2007, 352 zum Markenrecht.

geeignet sein.[601] Dabei ist auf das Gesamtbild der Firma einschließlich des richtigen jetzt bei jeder Rechtsform zwingenden Rechtsformzusatzes abzustellen und nicht nur auf die schlagwortartige Kennzeichnung des Unternehmens durch den in Frage stehenden Fantasiebegriff.[602] Daher hat das OLG Dresden[603] in einer neueren Entscheidung die Firma „OBAG … GmbH" in dem Fall, dass sich die von der Gesellschaft angebotene Leistungen oder Waren an die öffentliche Hand bzw. gewerbliche oder industriell tätige Verkehrskreise und nicht an den Endverbraucher richten, nicht für ersichtlich irreführend eingestuft.

189 Die **„UG (haftungsbeschränkt)"** hat den in § 5a GmbHG geregelten, spezifischen Rechtsformzusatz zu führen. Sie darf sich also grundsätzlich nicht „GmbH" nennen,[604] hätte mit einem solchen Rechtsformzusatz also keine zulässige Firma gebildet. Tritt ein Geschäftsführer dennoch mit dem Rechtsformzusatz „GmbH" auf, trifft ihn eine persönliche Rechtsscheinhaftung, die der BGH aus dem Rechtsgedanken des § 179 BGB ableitet.[605]

190 Bei der **GmbH & Co. KG,** deren Firma mit der Firma ihrer Kommanditistin (hier AG) gebildet wird, muss der **Rechtsformzusatz „AG"** zur Vermeidung einer Irreführung gestrichen werden.[606] Die Firmierung einer GmbH mit dem Firmenzusatz „& Co. GmbH" ist demgegenüber nicht geeignet mit „GmbH & Co. KG" verwechselt zu werden, also zulässig.[607] Anders wird dies gesehen für „X-GmbH & Co.[608] Hat die KG eine GbR als Komplementärin,[609] kann sie als GbR & Co KG firmieren. Sie kann allerdings den Rechtsformzusatz „GbR" selbst dann weglassen, wenn der Name der Komplementärin zu Firmenbildung verwendet wird.[610]

191 In der **Firma des Einzelkaufmanns** sind alle Zusätze problematisch, die auf ein Gesellschaftsverhältnis hindeuten. Mag bei der nach §§ 22 und 24 abgeleiteten Firma des e. K. noch der Grundsatz der Firmenbeständigkeit die Zusätze wie „& Söhne", „& Co.", „Geschwister", „Erben" oÄ zulässig erscheinen lassen (→ § 22 Rn. 73 ff.), besteht hierfür bei der Neufirmierung kein Anlass und kein schutzwürdiges Interesse.[611] Zwar stellt der obligatorische Rechtsformzusatz e. K. die Rechtsform klar. Doch insbesondere bei „Söhnen" und „Erben" kommt noch der falsche Eindruck eines Handelsgeschäfts mit gewisser Familientradition und überwiegender Erfahrung hinzu.[612]

192 In einer sog. **Minderfirma eines Nichtkaufmannes** (→ § 17 Rn. 38 ff.) sind auch Rechtsformbezeichnungen, die sich an den Rechtsformzusatz einer Firma anlehnen, geeignet über die Rechtsform irrezuführen und damit unzulässig.[613] Kritisch bleibt unter diesem Aspekt auch weiterhin die Verwendung der **Zusätze „& Co." oder „& Cie.".**[614]

---

[601] Strenger allerdings unter Berufung auf die alte Rspr. zB Rowedder/Schmidt-Leithoff/*Schmidt-Leithoff* GmbHG § 4 Rn. 46.
[602] So aber *Kögel* in Wessel/Zwernemann/Kögel Firmengründung Rn. 459.
[603] OLG Dresden BeckRS 2010, 11909 = GWR 2010, 269 Leitsätze mAnm *Heckschen/Gerth.*
[604] *Wachter* GmbHR 2008, Sonderheft Oktober, 87, 92; MüKoGmbHG/*Heinze* GmbHG § 4 Rn. 17; *Wälzholz* MittBayNot 2008, 425 (426).
[605] BGH NZG 2012, 989 = GmbHR 2012, 953; dazu zust. *Heckschen* EWiR 2012, 697; mit anderem dogmatischen Ansatz *Altmeppen* NJW 2012, 2833; ausf. zur Konzeption der haftungsrechtlichen Folgen *Schirrmacher* GmbHR 2018, 942; allg. zur Haftung bei fehlendem oder fehlerhaften Rechtsformzusatz *Klein* NJW 2015, 3607; *Beck* ZIP 2017, 1748; *Beurskens* ZIP 2016, 681; aA noch *Gehrlein* Der Konzern 2007, 771 (780); Ulmer/*Paura,* ErgBd. MoMiG, 2010, GmbHG § 5a Rn. 42.
[606] OLG Stuttgart BB 2001, 14.
[607] LG Bremen GmbHR 2004, 186; KKRD/*Roth* Rn. 15d; aA Roth/Altmeppen/*Altmeppen* GmbHG § 4 Rn. 31.
[608] KKRD/*Roth* Rn. 15d.
[609] Zugelassen von OLG Celle ZIP 2012, 766.
[610] *Pitsch/Schubert* GWR 2012, 204 Anm. zu OLG Celle ZIP 2012, 766; anders noch LG Berlin NZG 2003, 580.
[611] OLG Düsseldorf MittRhNotK 2000, 298 – Söhne; *Kögel* in Wessel/Zwermann/Kögel Firmengründung Rn. 458; *Bokelmann* FirmenR Rn. 726 und 732 ff.; GK-HGB/*Steitz* Rn. 35; AG Augsburg Rpfleger 2000, 187 – Company; KKRD/*Roth* Rn. 15d – Ingenieurgesellschaft zulässig; s. auch OLG Hamm Rpfleger 1997, 311.
[612] OLG Düsseldorf MittRhNotK 2000, 298.
[613] Röhricht/Graf v. Westphalen/Haas/*Ries* § 17 Rn. 15.
[614] AA EBJS/*Reuschle* § 17 Rn. 9a; KKRD/*Roth* § 17 Rn. 8.

Diese waren nach altem Recht in einer Geschäftsbezeichnung unzulässig,[615] da sie nach § 19 Abs. 1 aF in der Firma der OHG und KG als ein das Vorhandensein einer (Handels-)Gesellschaft andeutender Zusatz allgemein anerkannt wurden. Nach neuem Firmenrecht genügen sie als Rechtsformzusatz der Firma einer Personenhandelsgesellschaft nicht mehr (§ 19 Abs. 1 Nr. 2 und 3). Dennoch hat sich der Eindruck eines Rechtsformzusatzes für diese Zusätze bei den Verkehrskreisen seit dem HRefG – wie auch die diesbezüglich weiterhin häufig auftretenden fehlerhaften Firmenneubildungen zeigen – wohl noch nicht hinreichend verändert. Diese Problematik kann sich allerdings durch bessere Kenntnis bei den betroffenen Verkehrskreisen im Laufe der Zeit lösen. Die Zusätze „& Co." bzw. „& Cie." bei einer Geschäftsbezeichnung sind derzeit also nicht mehr untersagt, weil sie diese einer Firma gleich machen, sondern mit dieser **verwechslungsfähig und damit irreführend** sind.

Die Bezeichnung **„Partnerschaft"**, **„und Partner"**, **„& Partner"** usw[616] muss nach 193
§ 2 PartGG im Namen der Partnerschaft enthalten sein. Seit 1.7.1995 sind diese Zusätze allein der Partnerschaftsgesellschaft vorbehalten (§ 11 Abs. 1 PartGG).[617] Dieser Vorbehalt verstößt insbesondere wegen der besitzstandswahrenden Regelungen des § 11 Abs. 1 S. 2 und 3 PartGG nicht gegen Verfassungs- und Europarecht.[618] Die Registersperre sollte aber nicht für eine Firmierung gelten, in der das Wort Partner nicht rechtsformspezifisch, insbesondere ohne „und" oder sogar als Teil eines zusammengesetzten Wortes, verwendet wird. So ist zB **„GV-Partner GmbH & Co. KG"** zulässig.[619] Gleiches gilt für **„IRP Ihr Reifenpartner GmbH"**[620] und sollte auch **„Maxximum IT-Partner-GmbH"** erfassen.[621] Auch der Eigenname eines Gesellschafters **„Anton Partner Baustoffhandlung GmbH"** muss in nicht irreführender Form zugelassen werden. Zu Unrecht wird demgegenüber die Firma „Partner Logistics Immobilien GmbH" für unzulässig gehalten.[622] Zur Liberalisierung beim Namen der Partnerschaft → § 17 Rn. 24.

Altgesellschaften, die diesen Zusatz bereits bei Inkrafttreten des PartGG in ihrer Firma 194
geführt haben, dürften diese mit einem klarstellenden Hinweis auf die eigene andere Rechtsform versehen fortführen.[623] Dieser Bestandsschutz bleibt aber nur erhalten, wenn die Firma

---

615 EBJS/*Reuschle* § 17 Rn. 9a Staub/*Hüffer*, 4. Aufl. 1983, § 37 Rn. 10; *Bokelmann* Rpfleger 1973, 44 (51).

616 KG NJW-RR 2004, 976 = GmbHR 2004, 1024 – auch „Partners"; LG Stuttgart 4 KfH T 14/97, nv, zitiert nach *Kögel* Rpfleger 2000, 255 (259) Fn. 48 für „and Partners"; OLG Frankfurt DB 2005, 99 für das englische „& Partners".

617 BGHZ 135, 257 = NJW 1997, 1854; BayObLGZ 1996, 176 = NJW 1996, 3016 = FGPrax 1996, 197; dazu *Ammon* FGPrax 1996, 201 (204); *Hülsman* NJW 1998, 35; *Römermann* WiB 1997, 752; krit. *Schüppen* EWiR 1996, 947; aA noch OLG Frankfurt NJW 1996, 2237 = FGPrax 1996, 157; zust. *Schüppen* WiB 1996, 785, 786; dieses Urteil abl. *Michalski* WuB 1996, 1049; *Seibert* EWiR 1996, 759; weiterhin gegen die exklusive Nutzung des Partnerzusatzes *Notthoff* NZG 1998, 123; zur Ermessensausübung bei Löschung eines unzulässigen Partnerzusatzes s. OLG Frankfurt OLGR 2006, 202 = DB 2006, 553 f. = NJW-RR 2006, 44 f. m. krit. Anm. *Wolff* GmbHR 2006, 303 ff.

618 KG NJW-RR 2004, 976 = GmbHR 2004, 1024 = Rpfleger 2004, 633.

619 OLG München NJW-RR 2007, 761 = NZG 2007, 457; dazu zust. *Wolff* GmbHR 2007, 1032; s. auch schon *Kögel* Rpfleger 2000, 255 (259) zB „IRP Ihr Reifenpartner GmbH"; abl. MüKoGmbHG/*J. Mayer*, 2. Aufl. 2014, GmbHG § 4 Rn. 66, weiterhin krit. in Bezug auf § 18 Abs. 2 MüKoGmbHG/*Heinze*, 3. Aufl. 2018.

620 *Kögel* Rpfleger 2000, 255, 259.

621 Zu Unrecht Eintragung noch abgelehnt von LG Stuttgart – KfH 1/99, nv, zitiert nach *Kögel* Rpfleger 2000, 255, 259 Fn. 48; dem zust. aber *Möller* DNotZ 2000, 831 (838).

622 Krit. auch *Kögel* Rpfleger 2011, 17 (19); OLG Düsseldorf GmbHR 2010, 38 = ZIP 2010, 282 = BeckRS 2009, 28880, mit der Begründung, dass der Fall zwar nicht vom Wortlaut des § 11 Abs. 1 S. 1 PartGG erfasst werde, aber „eine Verwechslung mit dem Rechtsformzusatz einer Partnerschaftsgesellschaft nicht ausgeschlossen" sei. Bei dem eindeutigen Rechtsformzusatz „GmbH" liegt dieses Argument mE sowohl im Zusammenhang mit § 18 Abs. 2 als auch der Besitzstandregelung für Altfälle in § 11 Abs. 1 S. 3 PartGG, für die der Gesetzgeber nur die Hinzufügung des anderen Rechtsformzusatzes fordert, um eine Verwechslung zu verhindern, neben der eigentlichen Intension des § 11 Abs. 1 S. 1 PartGG; vgl. auch *Najdecki* NWB 2010, 1355 (1359); abl. auch *Lamsa* EWiR 2010, 371 mit dem Argument der Unionsrechtswidrigkeit.

623 Nicht genügend aber zB „Sozietät" für Rechtsanwalts-BGB-Gesellschaft: AGH NW OLGR Köln 2000, 139.

im Wesentlichen unverändert fortgeführt wird.[624] Daher kann bei einer Personenfirma nicht der Name eines austretenden Gesellschafters ausgetauscht werden, ohne das Recht auf Führung des Partnerzusatzes zu verlieren.[625] Wegen des **Bestandsschutzes** kann eine mit dem Zusatz „& Partner" firmierende GmbH als **namensgebende Gesellschaft** auch bei der Neufirmierung einer GmbH verwendet werden.[626] Auch im Rahmen der zulässigen **Firmenfortführung nach § 22** kann der besitzstandsgeschützte Firmenbestandteil „Partner" mE weiter verwendet werden.[627]

195 Besonders streitig ist derzeit die Verwendung des englischsprachigen Zusatzes **„partners".**[628] Das **KG**[629] hat bei der Firma „P...Capital Partners...GmbH" die Verwendung dieses Zusatzes in der Firma einer deutschen GmbH (Tochter einer holländischen B.V. „P") abgelehnt, weil § 11 PartGG die Verwendung der Zusätze „Partnerschaft" sowie „und Partner" und im Wesentlichen gleich klingende Zusätze mit der gleichen Bedeutung eines Hinweises auf mehrere Beteiligte für die Partnerschaftsgesellschaft reserviert hat. Ohne die Rechtsbeschwerde zum BGH nach § 70 Abs. 2 S. 1 Nr. 2 FamFG zur Sicherung einer einheitlichen Rspr. zuzulassen widerspricht das **OLG Hamburg**[630] dem KG für die Firma „x. partners Steuerberatungsgesellschaft mbH". Der englischsprachige Begriff „partners" grenze sich schon sprachlich und wegen der erkennbar fremdsprachlichen Begriffsbildung von den der Sperre des § 11 PartGG unterfallenden Worten ab und sei deshalb auch keine diesbezüglich untechnische Verwendung. Eine Irreführung über die Rechtsform nach § 18 Abs. 2 drohe wegen des korrekten Rechtsformzusatzes nach § 4 S. 1 GmbHG offenkundig nicht. Ein über die Vermeidung einer Verwechslungsgefahr hinausgehender Gesetzeszweck sei nicht anzuerkennen. Beide Gerichte prüfen allerdings gleichsinnig zuerst die Sperrwirkung des § 11 PartGG und dann – mit geringere Intensität – noch die allgemeine Eignung zur Irrtumserregung nach § 18 Abs. 2. Der große Unterschied liegt nur darin, wie weit der Rahmen der Sperrwirkung des § 11 PartGG über den Wortlaut hinaus und als untechnische Verwendung zu ziehen ist. Da primäres Ziel des Gesetzgebers die Vermeidung von Irreführung der Verkehrskreise war, erscheint es systematisch vorzugswürdig[631] nicht alles, was irgendwie nach „Partner" klinkt, zu verbieten sondern nur solche Begriffe, die nach § 2 PartGG als Rechtsformzusatz genügen würden. Untechnische Verwendung iSd § 11 PartGG bedeutet nicht Verwendung beliebiger anderer klanglich ähnlicher Begriffe sondern nur Verwendung nicht als Rechtsformzusatz sondern im Firmenkern.

196 Nach dem Urteil des LG Zweibrücken[632] soll der Zusatz **Sozietät** neben der Bezeichnung „& Partner" im **Namen einer Partnerschaft** nicht täuschend sein, weil sie nur eine besondere Art einer BGB-Gesellschaft sei. Auch das OLG Schleswig[633] hält die zusätzliche Bezeichnung **„Gemeinschaftspraxis"** in dem Namen einer ärztlichen Partnerschaftsge-

---

[624] BayObLG NJW-RR 2003, 685 = Rpfleger 2003, 371; LG Köln GmbHR 1999, 412 = BB 1999, 1075: Umbenennung des Branchenzusatzes unschädlich; zur Ermessensausübung bei Löschung eines unzulässigen Partnerzusatzes OLG Frankfurt OLGR 2006, 202 = DB 2006, 553 f. = NJW-RR 2006, 44 f. m. krit. Anm. *Wolff* GmbHR 2006, 303 ff.

[625] OLG Stuttgart NJW-RR 2000, 1128 = Rpfleger 2000, 336.

[626] LG Koblenz RNotZ 2003, 464 = MittBayNot 2004, 203 m. zust. Anm *Westermeier; Westermann/Wertenbruch* Personengesellschaften-HdB § 7 Rn. 200 aE.

[627] *Henssler* PartGG § 11 Rn. 11; MüKoBGB/*Schäfer* PartGG § 11 Rn. 10; aA Michalski/Römermann/*Zimmermann* PartGG § 11 Rn. 18; Meilicke/v. Westphalen/Hoffmann/Lenz/*Wolff* PartGG § 11 Rn. 17 mit in seiner Allgemeinheit für alle Rechtsformen unzutr. Verweis auf OLG Karlsruhe NJW 1998, 1160 zum Fall einer GbR, bei der § 22 gar nicht anwendbar ist.

[628] Abgelehnt zB für „Partners" von LG Stuttgart 4 KfH T 14/97, nv, zitiert nach *Kögel* Rpfleger 2000, 255 (259) Fn. 48; OLG Frankfurt DB 2005, 99 für das englische „& Partners".

[629] KG NZG 2018, 1235; dazu krit. iErg aber zust. *Cziupka* EWiR 2019, 9 mit dem Hinweis, dass „partners" kein zulässiger Zusatz nach § 2 PartGG sei und deshalb nur wegen konkreter Irreführungseignung nach § 18 Abs. 2 unzulässig war; ausf. abl. *Gerber/Bornholdt* NZG 2019, 655, für enge Auslegung des § 11 PartGG mit Verweis auf *Schnee-Gronauer* AnwBl 2019, 157.

[630] OLG Hamburg NZG 2019, 744; krit. zurückhaltend *Brock* EWiR 2019, 393.

[631] So im Ansatz *Cziupka* EWiR 2019, 9 zum Urteil des KG.

[632] LG Zweibrücken NZG 1998, 548 m. krit. Anm. *Römermann.*

[633] OLG Schleswig FGPrax 2003, 37.

sellschaft für unschädlich. Demgegenüber hält das OLG Rostock[634] den Namen einer Partnerschaft **„J-K Partner Rechtsanwälte und Steuerberatung"** für irreführend, wenn in der Partnerschaft nur Rechtsanwälte und nicht auch Steuerberater zusammengeschlossen sind.

Verwendet eine **Partnerschaft** neben den Namen zweier Partner zu Recht die Bezeichnung „& Partner", so ist nach den Grundsätzen der **Firmenkontinuität** und der Namensbeständigkeit die Weiterführung des ursprünglichen Namens auch dann nicht zu beanstanden, wenn der Partner ausscheidet, der zuvor diese Bezeichnung ausgefüllt hat. Das gilt sogar dann, wenn einer der Namensgeber ausgeschieden wäre.[635] Im Ergebnis strenger ist demgegenüber das **BVerfG**[636] zu § 10 Abs. 1 BORA. Auch der namensneutrale Begriff **„& Kollegen"** enthält nach Ansicht des Gerichts eine Aussage über die Anzahl aktiv tätiger Rechtsanwälte in der Kanzlei. Das insoweit bestehende Interesse der Rechtssuchenden an einer zutreffenden Information ist bei der Kanzleibezeichnung „Dr. T., W. & Kollegen" ein gewichtiger Belang und verlangt insoweit mindestens vier in der Kanzlei tätige Rechtsanwälte. **197**

Nach einer Entscheidung des BayObLG[637] darf eine Sozietät aus Freiberuflern in ihrer Namensbezeichnung nicht die Zusätze **„GbR m. b. H."** oder „GbR mbH" aufnehmen.[638] Denn die BGB-Gesellschaft kann als Nichtkaufmann nur eine sog. Minderfirma führen (→ Rn. 192; → § 17 Rn. 38 ff.). Dieser Zusatz erweckt aber den Eindruck eines gesetzlich normierten Gesellschaftstyps, bei dem die Haftungsbeschränkung gesetzliche Folge desselben ist.[639] **198**

Die Zulässigkeit der Abkürzung **„gGmbH"** für „gemeinnützige GmbH" war lange Zeit sehr umstritten. Der Rechtsformzusatz nach § 4 GmbHG blieb mE trotz Ergänzung des „g" noch allgemein verständlich, ohne dass eine Irreführung bezüglich der Rechtsform zu besorgen war. Das OLG München[640] sah entgegen der ganz hM in der Lit.[641] und der schon früher weit verbreiteten Praxis darin aber keine zulässige Angabe der Gesellschaftsform, so dass diese nicht im Handelsregister eingetragen werden konnte. Dies überzeugte nicht, da die angesprochenen Verkehrskreise entweder richtig verstehen oder jedenfalls keine von der GmbH abweichende neue Rechtsform annehmen werden,[642] somit keine Irrtumseignung über eine verkehrswesentliche Eigenschaft vorliegt.[643] Im Übrigen wird der vergleichbare Zusatz „GmbH i. G." für die Vor-GmbH seit Jahrzehnten unbeanstandet verwendet (→ § 17 Rn. 21). Mit dem mit Wirkung zum 29.3.2013 neu eingeführten § 4 **199**

---

[634] OLG Rostock DB 2006, 1674; dazu *Huff* BRAK-Mitt 2006, 173.

[635] OLG Celle NZG 2008, 866.

[636] BVerfG NJW 2008, 502.

[637] BayObLGZ 1998, 226 = NJW 1999, 297 = NZG 1999, 21 m. abl. Anm. *Notthoff.*

[638] Röhricht/Graf v. Westphalen/Haas/*Ries* § 19 Rn. 43; EBJS/*Reuschle* Rn. 68; vgl. schon OLG Hamm NJW-RR 1987, 990 – OHG mbH: unzulässig im Hinblick auf § 19 Abs. 5 aF.

[639] Vgl. auch LG München I DB 1998, 1322; OLG München GRUR 1999, 429: irreführend und Verstoß auch gegen § 3 UWG aF; zur fehlenden Haftungsbeschränkung grdl. BGHZ 142, 315 = NJW 1999, 3483; BGHZ 146, 341 = DB 2001, 423; so schon die Vorinstanz OLG Jena NZG 1998, 900; zust. *Richter* NZG 1999, 204; wieder einschr. aber BGHZ 150, 1 = NJW 2002, 1642; dazu ausf. MHdB GesR I/*Gummert,* § 18 Rn. 96 ff.; *Notthoff* ZAP Fach 15, 303.

[640] OLG München NJW 2007, 1601 = DStR 2007, 126; zust. *Paulick* DNotZ 2008, 167 (175); *Rohde* GmbHR 2007, 268; *Krafka*/RegisterR Rn. 229; aA krit. aber *Wachter* EWiR 2007, 181; *Krause* NJW 2007, 2156 (2157 f.); *Kögel* Rpfleger 2009, 291 (293) mit Verweis auf die gängige Registerpraxis in die andere Richtung.

[641] MüKoGmbHG/*Heinze* GmbHG § 4 Rn. 71; Lutter/Hommelhoff/*Bayer* GmbHG § 4 Rn. 26; *Ullrich* NZG 2007, 656; Ulmer/*Heinrich,* 2. Aufl. 2013, GmbHG § 4 Rn. 37; Röhricht/Graf v. Westphalen/Haas/*Ries* Rn. 64; *Heidinger* in Heckschen/Heidinger, Die GmbH in der Gestaltungs- und Beratungspraxis, § 4 Rn. 120; BeckOK HGB/*Bömeke* Rn. 54.

[642] In der Tendenz noch anders auch die Gegenäußerung der BReg. zum Vorschlag des BR zur Konsolidierung dieser Firmierung in BT-Drs. 16/6140, 179 vom 25.7.2007.

[643] So inzident schon *Kögel* in Wessel/Zwernemann/Kögel Firmengründung Rn. 405; so auch MüKoGmbHG/*Heinze* GmbHG § 4 Rn. 1a, 71; HCL/*Heinrich* GmbHG § 4 Rn. 37; *Heidinger* in Heckschen/Heidinger, Die GmbH in der Gestaltungs- und Beratungspraxis, Kap. 4 B.I. Rn. 120; unrichtig daher LG Bremen Beschl. v. 22.5.2001 – 13 T 8/01 A, nv; OLG München NZG 2001, 457.

S. 2 GmbHG[644] hat mittlerweile der Gesetzgeber ausdrücklich klargestellt, dass die Firmierung einer gemeinnützigen GmbH als „gGmbH" zulässig ist.

200 Daraus wird in ersten Stellungnahmen auch die Zulässigkeit der Abkürzung **„gUG"** für die gemeinnützige Unternehmergesellschaft (haftungsbeschränkt) und **„gAG"** für die Aktiengesellschaft abgeleitet.[645] Dies ist mangels Verkehrsdurchsetzung für den erst mit dem MoMiG neu geschaffenen Rechtsformzusatz „UG" aber noch zweifelhaft. Das **OLG Karlsruhe**[646] hat die Firmierung einer gemeinnützigen UG (haftungsbeschränkt) mit dem Rechtsformzusatz „gUG" als unzulässig abgelehnt.[647] Der Gesetzgeber habe in § 5a Abs. 1 anders als in § 4 für die GmbH ausdrücklich eine „allgemein verständliche Abkürzung" nicht zugelassen sondern „abweichend von § 4" nur die Bezeichnung „Unternehmergesellschaft (haftungsbeschränkt)" oder „UG (haftungsbeschränkt)" zwingend vorgeschrieben. Eine Regelung wie in § 4 S. 2 für die GmbH hat der Gesetzgeber aber in § 5a in Kenntnis der diesbezüglichen Diskussion für die UG gerade nicht getroffen. Daher kommt nach Ansicht des Gerichts auch keine analoge Anwendung der Regelung über die „gGmbH" in Betracht.

201 Der **BGH**[648] hat demgegenüber die Zulässigkeit der Firmierung mit **„gUG"** für eine gemeinnützige UG (haftungsbeschränkt) bejaht und damit diesen Streit für die Praxis entschieden. Sinn und Zweck von § 5a GmbHG sprechen nach Ansicht des Gerichts für die Zulässigkeit der Abkürzung „gUG". Der Rechtsverkehr solle über die Gesellschafts- und Haftungsverhältnisse informiert werden. Die Offenlegung der Haftungsbeschränkung erfolge aber in erster Linie durch den zwingend auszuschreibenden Zusatz „(haftungsbeschränkt)", in geringerem Maße durch „UG". Der BGH meint, dass das Voranstellen des Buchstaben „g" die Verständlichkeit dieses Rechtsformzusatzes und des damit bezweckten Gläubigerschutzes nicht beeinträchtigt. Die beachtliche Anzahl der eingetragenen „g"-Gesellschaften spreche dafür, dass sich die Abkürzung „g" für gemeinnützig auch aufgrund der Regelung bei der GmbH durchgesetzt habe und deshalb auch bei anderen Rechtsformzusätzen den Rechtsverkehr nicht verunsichere.

202 **18. Revision und Buchführung.** „Revision" bedeutet nicht nur die planmäßige Überprüfung betrieblicher beziehungsweise buchungstechnischer Vorgänge, wie sie auch zum Aufgabenkreis der Steuerberater und Steuerbevollmächtigten gehören. Die Gerichte haben immer wieder ausgesprochen, dass **„Revision"** zur Täuschung geeignet ist, wenn das Unternehmen nicht über Mitarbeiter mit umfassenden Kenntnissen und Erfahrungen auf allen Gebieten des Revisionsverfahrens verfügt, weil der allgemeine Sprachgebrauch dahin geht, dass die Gesellschaft im Bereich der Betriebswirtschaft und des Rechnungswesens zur Vornahme von Betriebs- und Buchprüfungen im umfassenden Sinn in der Lage ist.[649] Nach den Feststellungen des Deutschen Industrie- und Handelstages und der Hauptgemeinschaft des Deutschen Einzelhandels geht ein beachtlicher Teil der angesprochenen Verkehrskreise von der Befugnis eines solchen Unternehmens aus, Revisionen im umfassendsten Sinne vorzunehmen.[650] Dem steht auch nicht § 319 Abs. 1, eingefügt durch das Bilanzrichtlinien-Gesetz vom 19.12.1985 (BGBl. 1985 I 2355), entgegen. Zwar können nach der Vorschrift auch vereidigte Buchprüfer und Buchprüfungsgesellschaften Abschlussprüfer von Jahresabschlüssen und Lageberichten mittelgroßer Gesellschaften mbH sein (§ 267 Abs. 2). Doch kam der Arbeitskreis Handelsregister und Firmenrecht des Industrie- und Handelstages in seiner Erörterung vom 27./28.10.1988 zu dem Ergebnis, dass der kaufmännische Verkehr auch nach der Neuregelung des § 319 den Firmenbestandteil „Revi-

[644] Art. 7 Gesetz zur Stärkung des Ehrenamtes vom 21.3.2013, BGBl. 2013 I 556.
[645] *Wachter* GmbHR 2013, R 145.
[646] OLG Karlsruhe ZIP 2019, 1327 mit zahlreichen Nachw. der str. Literaturmeinungen, Rechtsbeschwerde beim BGH unter Az. II ZB 13/19; abl. *Wachter* EWiR 2019, 425.
[647] Dazu schon DNotI-Gutachten, DNotI-Report 2013, 182.
[648] BGH DB 2020, 1281 = BeckRS 2020, 11367; zur Vorinstanz *Pietzarka* NZG 2020, 774.
[649] BayObLG DB 1982, 2395 (2396) = GmbHR 1983, 239.
[650] OLG Frankfurt DB 1981, 1186; vgl. auch OLG Frankfurt OLGZ 1980, 151 (154); OLG Düsseldorf BB 1976, 1192; Baumbach/Hopt/*Hopt* Rn. 35; Heymann/*Förster* Rn. 82; *Bokelmann* FirmenR Rn. 278 ff.

sion" als Hinweis auf eine Wirtschaftsprüfertätigkeit ansieht.[651] Eine Firma **„X. Revisions- und Treuhand GmbH,** Steuerberatungsgesellschaft", die nur Steuerberater, nicht aber Wirtschaftsprüfer beschäftigt, ist mithin unzulässig. Hiergegen lässt sich auch nicht einwenden, aus dem Gesetz ergebe sich deutlich – nach § 31 WPO hat die Gesellschaft in ihre Firma die Bezeichnung „Wirtschaftsprüfungsgesellschaft" aufzunehmen, nach § 53 StBerG die Gesellschaft eines Steuerberaters die Firmierung „Steuerberatungsgesellschaft" zu wählen –, ob eine Gesellschaft Wirtschaftsprüfungsgesellschaft oder Steuerberatungsgesellschaft ist. Denn die Täuschungsgefahr geht von dem Firmenbestandteil „Revision" aus. **„Buchführung und Unternehmensberatung"** ist als Firma unzulässig, wenn die Gesellschaft nicht zumindest zur Steuerberatung befugt ist.[652]

19. Technik. Nach bisherigem Verständnis setzt die Verwendung der Bezeichnung **„Technik"** für Montage- oder Installationsbetriebe einschließlich Handwerk ein **gehobenes technisches Wissen** bei der Planung, Vorbereitung oder Ausführung voraus; einfache Installations- beziehungsweise Montagearbeiten rechtfertigen den Zusatz nicht; es müssen Leistungen angeboten und erbracht werden, die die üblichen Leistungen und Fähigkeiten eines Büromaschinenmechanikers nicht unerheblich übersteigen.[653] Zum Teil wird Forschung oder Entwicklung auf technischem Gebiet oder die Lösung qualifizierter technischer Probleme gefordert.[654] „Technik" in der Firma eines von einem Büromechaniker geführten Unternehmens, das sich mit dem Verkauf, der Wartung und der Reparatur elektrischer Schreibmaschinen, von Schreibautomaten und Textverarbeitungssystemen befasst, soll nicht irreführend sein, wenn auch elektronisch betriebene Geräte fachgerecht gewartet und instandgesetzt werden.[655] 203

Diese Anforderungen sind zu hoch. Der Begriff „Technik" ist eine **ausdrucksschwache Bezeichnung** und heute „verwässert", was sich nicht zuletzt in den widersprechenden gerichtlichen Entscheidungen zeigt.[656] Daran festzuhalten ist, dass die Verwendung von „Technik" für reine Handels- oder Vermittlungstätigkeiten täuschend ist. Dies betrifft auch verkehrswesentliche geschäftliche Verhältnisse iSd § 18 Abs. 2, sodass eine solche Firmierung unzulässig wäre. Im Übrigen setzt die Bezeichnung in der Regel nur voraus, dass sich das Unternehmen überhaupt mit technischen Fragen befasst.[657] Anders ist das aber dann, wenn sich eine bestimmte Kombination zu einem echten Fachbegriff entwickelt hat, wie das etwa bei „Datentechnik" der Fall ist. Nichtssagend dagegen sind unklare und nicht eingrenzbare Begriffe wie „Systemtechnik".[658] 204

20. Treuhand. Erforderlich ist die Besorgung fremder Vermögensangelegenheiten im eigenen Namen bei entsprechender Qualifikation.[659] Die uneingeschränkte Verwendung von Treuhand ist **irreführend,** wenn lediglich Treuhandaufgaben im erlaubnisfreien Raum 205

---

651 LG Konstanz EWiR 1989, 901 *(Bokelmann).*

652 OLG Düsseldorf BB 1983, 399.

653 LG Oldenburg BB 1976, 153; OLG Frankfurt OLGZ 1981, 417 – Bürotechnik; BayObLGZ 1981, 88 (93 ff.) – Dämmtechnik; Leitsatz DIHT BB 1981, 2090; vgl. dort auch die Entscheidungsnachweise für „Küchentechnik", „Bürotechnik", „Datentechnik", „Funk- und Nachrichtentechnik", „Hyper-Dämmtechnik" und „Zerspannungstechnik"; Baumbach/Hopt/*Hopt* Rn. 35; so noch Heymann/*Emmerich,* 2. Aufl. 2012, Rn. 55; jetzt Heymann/*Förster* Rn. 84: kaum mehr firmenrechtlicher Bedeutung zugänglich, da infolge der rasanten Technisierung des Alltags der Ausdruck erheblich an „qualifizierender Kontur" verloren habe; Staub/*Hüffer,* 4. Aufl. 1983, Rn. 70; *Bokelmann* FirmenR Rn. 231.

654 Eingehende Literaturnachweise bei *Kögel* in Wessel/Zwernemann/Kögel Firmengründung Rn. 494, insbes. Fn. 905.

655 OLG Frankfurt OLGZ 1981, 417 – Bürotechnik.

656 Staub/*Burgard* Rn. 85; GK-HGB/*Steitz* Rn. 30.

657 Röhricht/Graf v. Westphalen/Haas/*Ries* Rn. 82; OLG Stuttgart Die Justiz 2000, 126 – Dachtechnik für Dachdeckerarbeiten und Bedachungen; s. auch OLG Stuttgart Beschl. v. 23.3.2000 – 8 W 83/98, – Bürotechnik, nv; vgl. aber *Kögel* in Wessel/Zwernemann/Kögel Firmengründung Rn. 494, der zumindest „eigene planerische Tätigkeit" fordert.

658 Näher mN *Kögel* in Wessel/Zwernemann/Kögel Firmengründung Rn. 434; dort auch zu „Technologie", zB „Kunststoff-Technologie", „Bio-Technologie".

659 RGZ 99, 23 (29 ff.); OLG Frankfurt BB 1980, 652.

übernommen werden, weil dann die vom Publikum erwarteten „Kernstücke" einer treuhänderischen Tätigkeit, nämlich die Anlage und Verwaltung fremden Vermögens in eigenem Namen sowie die Beratung in Wirtschafts-, Steuer- und Rechtsangelegenheiten, gerade nicht vorliegen.[660] Mit klarstellenden Zusätzen wie „Bau-Treuhand" oder „Immobilien-Treuhand" kann eine Irreführung aber vermieden werden.[661] Der Firmenbestandteil „Treuhand" ist unabhängig von der Höhe des Stammkapitals. Doch ist bei Unternehmen, die in ihrer Firma den Zusatz „Treuhand" enthalten und als Gegenstand ganz allgemein „Treuhandgeschäft jeder Art" angeben, darauf zu achten, dass alle erforderlichen Genehmigungen vor Eintragung der Gesellschaft vorgelegt werden. Folgende Tätigkeiten fallen unter den allgemeinen Treuhandbegriff: Allgemeine Treuhandtätigkeit, bestehend in der Anlage und der Verwaltung von Vermögen Dritter im eigenen Namen (zB Übernahme von Testamentsvollstreckung, Vertretung von Pfandgläubigern und Inkasso von Teilschuldverschreibungen); Fürsorge für bedrängte Gläubiger, Sanierung von Unternehmungen; Revisionen von Büchern und Bilanzen fremder Unternehmen; Wirtschaftsberatungen und Beratungen in Steuer- und Vermögensangelegenheiten.[662] Erforderlich sind die Genehmigungen nach dem KWG, dem Rechtsberatungsgesetz, der Wirtschaftsprüferordnung und dem Steuerberatungsgesetz.[663] Wurde eine GmbH in das Handelsregister eingetragen, obwohl ihre Firma den unzulässigen Bestandteil „Treuhand" enthält, so führt dieser Satzungsmangel zu einem Amtsauflösungsverfahren.[664]

206 **21. Zentrale, Zentrum, Center, Central Shopping.** Die Begriffe Zentrale, Zentrum und Center sind gleichbedeutend. Nicht die Zusammenfassung von Unternehmen ist angesprochen, sondern nach früher hM ein Unternehmen mit Vorzugsstellung am Platz, wobei Kapital und Umsatz oder Breite des Angebots und Kundendienst von Bedeutung sind.[665] Die Verwendung der Zusätze zur Firmenbildung sollte auf eine wirtschaftliche Bedeutung des Unternehmens hindeuten, die eindeutig über dem Durchschnitt der am Ort befindlichen Betriebe gleicher Art und Branche liegen muss.[666] Unter **Zentrale** sollte ein kapitalkräftiger Großbetrieb zu verstehen sein, der innerhalb seines Bezirks die Handelsbeziehungen einer bestimmten Branche ganz oder doch überwiegend in sich vereinigt und als Verkehrsmittelpunkt des einschlägigen Marktes in Betracht kommt; ein Fachgeschäft durfte sich nur dann als „Zentrale" bezeichnen, wenn es der umfassendste und leistungsfähigste Betrieb im örtlichen Bereich ist.[667] Die Begriffe werden als Hinweis auf die besondere Größe und Bedeutung des betreffenden Unternehmens verstanden.[668]

207 Auch hier ist festzustellen, dass für den Regelfall ein **eindeutiger Wandel der Verkehrsauffassung im Sinne einer Abschwächung eingetreten** ist.[669] Bestimmte Begriffe erheben keinen Größenanspruch mehr (Fitness-Center; Bowling-Center; Mitfahrzentrale). Dies ist jeweils im Einzelfall zu prüfen.[670] Der Verkehr erwartet auch allgemein bei diesen Zusätzen nur noch ein breitgefächertes Sortiment (beziehungsweise ein entsprechendes

[660] BayObLGZ 1989, 44 (47) = EWiR § 4 GmbHG 1/89, 687 *(Bokelmann);* Nds. FG StB 1997, 115 mAnm *Koenig;* Baumbach/Hopt/*Hopt* Rn. 35; Staub/*Hüffer,* 4. Aufl. 1983, Rn. 71; *Bokelmann* FirmenR Rn. 239 f.; *Kögel* in Wessel/Zwernemann/Kögel Firmengründung Rn. 495; iErg ebenso, jedoch zweifelnd Heymann/*Förster* Rn. 82; vgl. auch *Groschuff* JW 1935, 3257; aA Staub/*Burgard* Rn. 83.

[661] Röhricht/Graf v. Westphalen/Haas/*Ries* Rn. 83; Baumbach/Hopt/*Hopt* Rn. 35.

[662] RGZ 99, 23; KGJ 42 A 155, 156.

[663] Näher *Bokelmann* FirmenR Rn. 239.

[664] BayObLGZ 1989, 44 (48).

[665] Näher Baumbach/Hopt/*Hopt* Rn. 30; Heymann/*Förster* Rn. 85; Staub/*Burgard* Rn. 89; *Bokelmann* FirmenR Rn. 219 ff.; *Kögel* in Wessel/Zwernemann/Kögel Firmengründung Rn. 515; zu „Zentrale" und „Zentrum" eingehend *Haberkorn* WRP 1966, 306.

[666] So auch wieder OLG Frankfurt NJW-RR 2015, 727 für „Sehzentrum" in Abgrenzung zum Begriff „Center".

[667] LG Berlin BB 1968, 312; LG Düsseldorf BB 1968, 312.

[668] BGH WRP 1977, 180 (181) = GRUR 1977, 503 (504) – Datenzentrale.

[669] *Kiesel/Neises/Plewa/Poneleit/Rolfes/Wurster* DNotZ 2015, 740.

[670] Baumbach/Hopt/*Hopt* Rn. 30.

Dienstleistungsprogramm).[671] So hatte der BGH[672] bereits 1986 erhebliche Zweifel, ob der Verkehr bei „Küchen-Center" eine Vorrangstellung des betreffenden Unternehmens gegenüber anderen annimmt. Für „Bildungszentrum" dagegen hat das Oberlandesgericht Koblenz im Verfahren nach § 3 UWG aF – anders als das Handelsregister – ein über den Durchschnitt gleichartiger Unternehmen hinausragendes Unternehmen gefordert,[673] ebenso das OLG Hamm für „Reha-Zentrum,[674] das OLG Düsseldorf für „Handelszentrum"[675] und in naher Vergangenheit das OLG Frankfurt für „Sehzentrum" in Abgrenzung zu „Center",[676] jeweils ebenfalls unter dem Gesichtspunk irreführender Werbung. Nach den nun maßgebenden – großzügigeren – Kriterien nach dem HRefG 1998 ist ein qualifiziertes Begriffsverständnis regelmäßig nicht mehr anzunehmen. Erwartet wird aber nach wie vor eine angemessene Größe und Ausstattung der Geschäftsräume bzw. eine breit gefächerte branchenadäquate Sortimentierung.[677] Noch 2012 hat der BGH[678] bei den Begriffen „Zentrum" und „Zentrale" Erwartungen an besondere Größe und/oder Bedeutung gesehen.

22. Sonstige neuere Rechtsprechungsfälle. Der **Fantasiezusatz „Meditec"** bei 208
einer zulässigen Personenfirma eines Einzelkaufmanns ist nicht irreführend wegen eines Hinweises auf verschiedene Unternehmensgegenstände (hier Medizintechnik oder Medienbereich).[679]

§ 19 [Bezeichnung der Firma bei Einzelkaufleuten, einer OHG oder KG]

(1) Die Firma muß, auch wenn sie nach den §§ 21, 22, 24 oder nach anderen gesetzlichen Vorschriften fortgeführt wird, enthalten:

1. **bei Einzelkaufleuten die Bezeichnung „eingetragener Kaufmann", „eingetragene Kauffrau" oder eine allgemein verständliche Abkürzung dieser Bezeichnung, insbesondere „e. K.", „e. Kfm." oder „e. Kfr.";**
2. **bei einer offenen Handelsgesellschaft die Bezeichnung „Offene Handelsgesellschaft" oder eine allgemein verständliche Abkürzung dieser Bezeichnung;**
3. **bei einer Kommanditgesellschaft die Bezeichnung „Kommanditgesellschaft" oder eine allgemein verständliche Abkürzung dieser Bezeichnung.**

(2) Wenn in einer Offenen Handelsgesellschaft oder Kommanditgesellschaft keine natürliche Person persönlich haftet, muß die Firma, auch wenn sie nach den §§ 21, 22, 24 oder nach anderen gesetzlichen Vorschriften fortgeführt wird, eine Bezeichnung enthalten, welche die Haftungsbeschränkung kennzeichnet.

Schrifttum (vor dem HRefG): *Altmeppen,* Irrungen und Wirrungen um den täuschenden Rechtsformzusatz und seine Haftungsfolgen, NJW 2012, 2833; *Ahrens,* Die firmenrechtliche Behandlung von Personengesellschaften oder eine natürliche Person als Komplementär auf erster Ebene, DB 1997, 1065; *Bokelmann,* Die Gründung von Zweigniederlassungen ausländischer Gesellschaften in Deutschland und das deutsche Firmenrecht unter besonderer Berücksichtigung des EWG-Vertrages, DB 1990, 1021; *Gabbert,* Firma der Aktiengesellschaft: Zulässige Abkürzung „AG"?, DB 1992, 198; *Grothe,* Die „ausländische Kapitalgesellschaft & Co.", 1989; *Gustavus,* Beiträge zur Firma der GmbH & Co. KG nach geltendem und zukünftigem Recht, Veröffentlichungen der Fachhochschule für Verwaltung und Rechtspflege Berlin, 1977; *Gustavus,* Die Praxis der Registergerichte zum Rechtsformhinweis in der abgeleiteten Firma einer GmbH & Co. KG, GmbHR 1977, 169 und GmbHR 1977, 193; *Kögel,* Firmenbildungen von Zweigniederlassungen in- und ausländischer

[671] *Kögel* in Wessel/Zwernemann/Kögel Firmengründung Rn. 515; Firmenfibel DIHT 1992, 19; Baumbach/Hopt/*Hopt* Rn. 30.
[672] BGH NJW 1987, 63 f. = GRUR 1986, 903.
[673] OLG Koblenz WRP 1990, 125 f.
[674] OLG Hamm WRP 1992, 576 f.
[675] OLG Düsseldorf WRP 1982, 224.
[676] OLG Frankfurt NJW-RR 2015, 727.
[677] So auch wieder OLG Frankfurt NJW-RR 2015, 727 für „Sehzentrum" in Abgrenzung zum Begriff „Center".
[678] BGH NJW-RR 2012, 1066 = GewArch 2013, 43.
[679] BayObLGZ 1999, 114 = NJW-RR 2000, 111; abl. *Möller* DNotZ 2000, 831 (837).

Unternehmen, Rpfleger 1993, 8*Schindhelm/Wilde,* Die AG & Co. KG, GmbHR 1993, 411; *Winkler,* Die Firma der GmbH & Co. KG in der neuen Rechtsprechung des BayObLG, MittBayNot 1978, 98.

Schrifttum (nach dem HRefG): s. Vor § 17; *Binz/Sorg,* Die GmbH & Co. KG, 12. Aufl. 2018; *Burgard,* Firmenrechtliche Fragen bei Verein und Stiftung, FS Werner, 2009, 190; *Bürkle,* Die Firmierung der Holding-Unternehmen im Versicherungskonzern, VersR 2002, 291; *Felsner,* Fortführung der Firma bei Ausscheiden des namensgebenden Gesellschafters nach dem Handelsrechtsreformgesetz, NJW 1998, 3255; *Kögel,* „Partner"-Zusätze in Firmennamen – eine aktuelle Bestandsaufnahme, Rpfleger 2007, 590; *Kögel,* Aktuelle Entwicklungen im Firmenrecht, Rpfleger 2000, 255; *Köhler,* Namensrecht und Firmenrecht, FS Fikentscher, 1998, 495; *Möller,* Das neue Firmenrecht in der Praxis, in: Die Reform des Handelsstandes und der Personengesellschaft, 1999, 65; *Möller,* Das neue Firmenrecht in der Rechtsprechung – Eine kritische Bestandsaufnahme, DNotZ 2000, 830; *Möller,* Neues Kaufmanns- und Firmenrecht, DIHT 1998; *Müther,* Überlegungen zum neuen Firmenbildungsrecht bei der GmbH, GmbHR 1998, 1058; *Notthoff,* Haftungsbeschränkung in der GbR durch Firmierung, ZAP 1999, 533; *Parmentier/Steer,* Die Konzernfirma nach dem Ende der Unternehmensverbindung, GRUR 2003, 196; *W.-H. Roth,* Das neue Firmenrecht, in: Die Reform des Handelsstandes und der Personengesellschaft, 1999, 31; *Karsten Schmidt,* Das Handelsrechtsreformgesetz, NJW 1998, 2161; *Karsten Schmidt,* HGB-Reform und Gestaltungspraxis, DB 1998, 61; *Schumacher,* Handelsrechtsreformgesetz (HRefG), 1998; *Wachter,* Firmierung der Unternehmergesellschaft (haftungsbeschränkt) & Co. KG, NZG 2009, 1263; *Wessel/Zwernemann/Kögel,* Die Firmengründung, 7. Aufl. 2001; *Wolff,* Firmierung der GmbH mit partnerschaftlichem Zusatz: Gestaltungsgrenzen und Folgen ihrer Überschreitung, GmbHR 2006, 303; *Zimmer,* Der nichteingetragene Kaufmann: Ein „eingetragener Kaufmann" iS des § 19 Abs. 1 Nr. 1 HGB?, ZIP 1998, 2050 und ZIP 1998, 2345.

Übersicht

I. Normzweck und Anwendungsbereich

1 § 19 regelt in der Fassung nach dem HRefG nur noch Fragen der **zwingenden Rechtsformzusätze.** Die früheren inhaltlichen Vorgaben für den Firmenkern der Personenhandelsgesellschaften (OHG und KG) sind genauso wie diesbezügliche Vorgaben für die Firma des Einzelkaufmanns in § 18 (aF) ersatzlos entfallen. Da die sonstigen rechtsformspezifischen Besonderheiten der Firma systematisch jetzt meist eine Frage der Erfüllung der Namensfunktion oder der Irreführungseignung darstellen, werden diese bei § 18 kommentiert (→ § 18 Rn. 65 ff.).

2 Das Firmenrecht dient der **Unternehmenspublizität.**[1] Daher muss die Firma in ihrer konkreten Form „darauf zielen, Dritten Gewissheit über die **im Außenverhältnis relevanten Verhältnisse des Unternehmens** zu verschaffen".[2] Das aber kann etwa eine reine Fantasiefirma ohne einen ausdrücklichen Zusatz nicht. Gleiches gilt für eine Sachfirma des Einzelkaufmanns. Daher muss ein Zusatz über die Kaufmannseigenschaft nach § 19 Abs. 1 Nr. 1 in die Firma aufgenommen werden, um aus Gründen der **Transparenz** die Gesell-

[1] *Karsten Schmidt* NJW 1998, 2161 (2167).
[2] *Karsten Schmidt* HandelsR § 11 Rn. 2.

schafts- und Haftungsverhältnisse für den Rechtsverkehr offen zu legen.[3] Erst die **Gläubigerinformation** durch den zwingend vorgeschriebenen Rechtsformzusatz in § 19 für den Einzelkaufmann, die OHG und die KG sowie in spezialgesetzlichen Bestimmungen außerhalb des HGB und die Angaben auf Geschäftsbriefen (etwa § 37a) ermöglichen die **Liberalisierung** des Firmenrechts ohne Abstriche bei der notwendigen Publizität.[4]

§ 19 Abs. 1 enthält nur Regelungen über zwingende Rechtsformzusätze für den **Einzelkaufmann und die Personenhandelsgesellschaften.** Für die übrigen Rechtsträger enthalten teilweise die jeweiligen Sondergesetze entsprechende Bestimmungen oder wird die analoge Anwendung des § 19 Abs. 1 erwogen (genauer → Rn. 36 ff.). 3

Abs. 2 schreibt wie der frühere Abs. 5 (aF) für die OHG und die KG, bei der keine natürliche Person persönlich haftet (GmbH & Co. KG oder gleichermaßen strukturierte Gesellschaftsform), zwingend einen die Haftungsbeschränkung kennzeichnenden Zusatz vor. 4

Anders als § 18 Abs. 1 und 2 bezieht sich der **Anwendungsbereich** des § 19 Abs. 1 und 2 nicht auf alle Firmen, sondern nur auf diejenigen nach dem HGB. 5

II. Rechtsformzusatz beim Einzelkaufmann

Einzelkaufleute können seit dem HRefG eine **Personen-, Sach- oder Fantasiefirma** wählen. Auch Mischfirmen sind zulässig. Ohne einen Zusatz, der die Kaufmannseigenschaft offenbart, wäre jedoch nicht ohne weiteres erkennbar, wer hinter dem Unternehmen steht. Im Rechtsverkehr dürfen über die Stellung als Einzelkaufmann keine Missverständnisse entstehen. Aus Gründen der Transparenz müssen vielmehr die Haftungsverhältnisse für den Rechtsverkehr offen gelegt werden (→ Rn. 2).[5] 6

Die Firma der Einzelkaufleute muss daher nach § 19 Abs. 1 Nr. 1 die Kennzeichnung **„eingetragener Kaufmann", „eingetragene Kauffrau" oder eine allgemeinverständliche Abkürzung** auch dann enthalten, wenn sie nach den §§ 21, 22, 24 oder nach anderen gesetzlichen Vorschriften fortgeführt wird. Die genannten ausgeschriebenen Begriffe sind zwar neu, doch sind sie allgemein verständlich. Letzteres traf auf „e. K.", „e. Kfm." und „e. Kfr." jedenfalls nicht unmittelbar zu,[6] doch hat sich der Rechts- und Geschäftsverkehr schnell an die Bezeichnungen gewöhnt und sie auch akzeptiert.[7] Der Rechtsformzusatz muss zwar nicht zwingend **am Ende der Firma** stehen, darf aber nicht so innerhalb der Firma angeordnet sein, dass für die angesprochenen Verkehrskreise der Eindruck einer Gesellschaft entsteht.[8] 7

Die Begründung zum Regierungsentwurf des HRefG[9] setzt sich ausdrücklich mit der Frage auseinander, wie der weibliche Teilnehmer am Handelsverkehr terminologisch angemessen zu benennen ist. Vorgesehen sei für weibliche Einzelkaufleute, die im Übrigen auch schon seit Jahrhunderten im Geschäftsleben aufgetreten seien, die Bezeichnung **„Kauffrau"**, da sich eine spezifische Bezeichnung des **„weiblichen Kaufmanns"** im HGB nicht finde. Der Gesetzgeber sei seinerzeit davon ausgegangen, „dass alles, was in dem Gesetzbuch über die Kaufleute bestimmt ist, zugleich für Frauen gilt, die ein Handelsgewerbe betreiben".[10] Die Begründung schließt ihre dankenswerten Überlegungen mit dem Hinweis ab, der Begriff „Kauffrau" sei bei den Berufsbezeichnungen (zB „Diplom-Kauffrau") gebräuchlich und erscheine daher als geeignete Bezeichnung. „Demgegenüber ist der in den Art. 6–9 ADHGB verwendete Begriff der ‚Handelsfrau', für den sich die rechtshistorische Tradition anführen ließe, heute nicht mehr gebräuchlich". 8

---

[3] Begr. RegE, BT-Drs. 13/8444, 54.
[4] *Karsten Schmidt* ZIP 1997, 909 (915); *Karsten Schmidt* DB 1998, 61 (63).
[5] Begr. RegE, BT-Drs. 13/8444, 54.
[6] Vgl. *Karsten Schmidt* ZIP 1997, 909 (916): „e. K." wie evangelische Kirche.
[7] Begr. RegE, BT-Drs. 13/8444, 38, 54.
[8] OLG Schleswig NZG 2012, 34 für „J. e.K. Group".
[9] BT-Drs. 13/8444, 55.
[10] Denkschrift zu dem Entwurf eines Handelsgesetzbuchs für das Deutsche Reich von 1895, 13.

9 Der Entwurf des HRefG[11] geht davon aus, dass die Bezeichnung „eingetragener Kaufmann" von männlichen Kaufleuten und „eingetragene Kauffrau" von weiblichen Kaufleuten gewählt wird. Offen bleibt, ob im Einzelfall für Frauen ein zu beachtendes Bedürfnis – Diskriminierungen werden etwa befürchtet – bestehen kann, „eingetragener Kaufmann" zu wählen. Jedenfalls darf die Abkürzung **„e. K."** gewählt werden, die sowohl „eingetragener Kaufmann" als auch „eingetragene Kauffrau" bedeuten kann.

10 Der in § 19 Abs. 1 Nr. 1 zwingend vorgeschriebene Zusatz über die Kaufmannseigenschaft löst aber noch ein anderes Problem. **Kleingewerbetreibende,** denen als Nichtkaufleuten keine Firma im rechtstechnischen Sinn zusteht, können sich einer Geschäftsbezeichnung (Etablissementsbezeichnung) bedienen. Vor dem HRefG war es heftig umstritten, ob sie firmenähnlich sein durfte, und wie man dies unterscheiden konnte.[12] Die Geschäftsbezeichnung „Grafik-Service H. Winter" etwa wurde schon früher für zulässig gehalten.[13] Die Kontroverse ist jetzt weitgehend beigelegt, da der zwingende Zusatz in § 19 Abs. 1 Nr. 1 zuverlässig offenbart, ob ein Kaufmann die Geschäftsbezeichnung firmenähnlich nutzt oder nicht.[14] Zutreffend heißt es in der Begründung zum Regierungsentwurf des HRefG,[15] Nichtkaufleute könnten wohl alle Bezeichnungen als Geschäftsbezeichnungen verwenden, solange „diese nur keinen Rechtsformzusatz oder Zusatz über die Kaufmannseigenschaft enthalten. Das Einschreiten des Registergerichts wegen des unzulässigen Gebrauchs einer Firma durch einen Nichtkaufmann nach § 37 wird sich im Wesentlichen auf die Fälle reduzieren, in denen eine an sich zulässige Geschäftsbezeichnung, zB im rechtsgeschäftlichen Verkehr, wie eine Firma also mit einem verwechslungsfähigen Rechtsformzusatz gebraucht wird".

11 *Zimmer*[16] hat die Frage aufgeworfen, ob alle Einzelkaufleute iSd jetzigen § 1 – also auch der zur Anmeldung verpflichtete (§ 29), aber **noch nicht eingetragene Kaufmann** – die Bezeichnung „eingetragener Kaufmann" führen müssen. Er meint, das Gesetz verlange bei wortlautgetreuer Anwendung des § 19 Abs. 1 S. 1 damit die Aufnahme einer inhaltlich unrichtigen Angabe in die Firma. Seine Lösung: § 19 Abs. 1 Nr. 1 ist bei der Firmenführung (noch) nicht eingetragener Kaufleute nicht anzuwenden. Der Kaufmann dürfe und müsse aber als „Einzelkaufmann", „Kaufmann" oder „Kaufmann im Sinne des Handelsgesetzbuchs" firmieren.[17] Es ist fraglich, ob hier nicht eine praxisnahe Lösung vorzuziehen ist. Hat der Kaufmann angemeldet und das Gericht keine Bedenken zu erkennen gegeben, darf der Kaufmann getrost als „eingetragener Einzelkaufmann" firmieren. Fehlt es an der Anmeldung, wird das Registergericht den Kaufmann notfalls unter Festsetzung von Zwangsgeld (§ 14) zwingen, seiner Verpflichtung zur Anmeldung (§ 29) nachzukommen.[18] In Art. 38 EGHGB hat der Gesetzgeber aber eine Übergangsregelung für Altfälle vorgesehen. Danach muss der e. K. den neuen Rechtsformzusatz führen, aber keinen separaten Antrag diesbezüglich beim Handelsregister einreichen.

12 Ergänzend ist darauf hinzuweisen, dass nach dem früheren § 15a Abs. 1 GewO Gewerbetreibende, die eine offene Verkaufsstelle hatten, eine Gaststätte betrieben oder eine sonstige offene Betriebsstätte hatten, bis 2009 verpflichtet waren, ihren Familiennamen mit mindestens einem ausgeschriebenen Vornamen an der Außenseite oder am Eingang der offenen Verkaufsstelle, der Gaststätte oder der sonstigen offenen Betriebsstätte in deutlich

---

11 BT-Drs. 13/8444, 55.

12 *Karsten Schmidt* HandelsR § 12 Rn. 29; *Bokelmann* FirmenR Rn. 8a ff.; → 1. Aufl. 1996, § 4 Rn. 9 ff.

13 *Karsten Schmidt* DB 1987, 1674 (1675) gegen OLG Frankfurt OLGZ 1981, 6; → 1. Aufl. 1996, § 4 Rn. 11; vgl. auch Heymann/*Emmerich* GmbHG § 4 Rn. 15a.

14 Vgl. auch *Krebs* DB 1996, 2013 (2016); *Bokelmann* GmbHR 1998, 57 (58); LG Bonn NJW-RR 2005, 1559.

15 BT-Drs. 13/8444, 55.

16 *Zimmer* ZIP 1998, 2050; EBJS/*Reuschle* Rn. 7.

17 *W.-H. Roth* in Die Reform des Handelsstandes und der Personengesellschaft, 1999, 31 (39) schlägt auch „einzutragender Kaufmann" oder „Kaufmann im Eintragungsverfahren" vor.

18 Vgl. *Karsten Schmidt* ZHR 163 (1999), 87 (98): „hat er die Anmeldung nach § 29 versäumt, so unterliegt er allemal dem Registerzwang; ist er angemeldet, so wird er unter der angemeldeten Firma als ‚eingetragener Kaufmann' firmieren".

lesbarer Schrift anzubringen. **§ 15a Abs. 2 GewO** bestimmte, dass Gewerbetreibende, für die eine Firma im Handelsregister eingetragen war, außerdem ihre Firma in der in Abs. 1 bezeichneten Weise anzubringen hatten. War aus der Firma der **Familienname** des Geschäftsinhabers mit einem **ausgeschriebenen Vornamen** zu ersehen, genügte die Anbringung der Firma.[19] Die §§ 15a und 15b GewO wurden durch das Dritte Mittelstandsentlastungsgesetz vom 17.3.2009 (BGBl. 2009 I 550) aufgehoben, sodass diese Verpflichtungen heutzutage nicht mehr bestehen.

III. Rechtsformzusatz bei der OHG

Auch die Firma der OHG bedarf nach § 19 Abs. 1 Nr. 2 (nF) eines konkreten Rechts- 13
formzusatzes, nämlich **„Offene Handelsgesellschaft"** oder einer allgemein verständlichen Abkürzung dieser Bezeichnung. Dies gilt auch, wenn sie nach §§ 21, 22, 24 oder anderen Vorschriften fortgeführt wird. Es genügt jetzt nicht mehr ein allgemeiner, das Vorhandensein einer Gesellschaft andeutender Zusatz wie zB „& Co." „& Cie." oÄ. Auch wenn die Firma der OHG aus den Namen aller Gesellschafter besteht, bedarf es eines Rechtsformzusatzes nach § 19 Abs. 1 Nr. 2 (nF). Andere Hinweise auf die Rechts(Gesellschafts)form lässt das Gesetz nicht mehr vor, sind aber – soweit nicht irreführend – zusätzlich möglich. Das Gesetz schreibt auch keine verbindlichen Abkürzungen oder deren Schreibweise vor. In der Begründung zum Regierungsentwurf[20] werden **„oHG", „OHG" und „oH" oder „OH"** für die Offene Handelsgesellschaft genannt. Die Abkürzung „oH" („o. H.") oder „OH" wird in der Lit. aber im Hinblick auf das Verkehrsverständnis als sehr fraglich angesehen.[21] Das OLG Hamm hat dagegen – allerdings in einer schon sehr alten Entscheidung – aufgrund von Befragungen verschiedener Industrie- und Handelskammern festgestellt, dass Firmen unter dieser Bezeichnung im Handelsregister eingetragen sind, der Zusatz (wenngleich nicht häufig) gebräuchlich ist und auch die allgemeine Verkehrsauffassung ihn als Abkürzung für „Offene Handelsgesellschaft" begreift.[22]

Da in der Firma der OHG nicht mehr die Namen aller Gesellschafter, nicht einmal 14
überhaupt irgendeines Gesellschafters verwendet werden müssen, bedarf es auch **keines Hinweises mehr auf das Vorhandensein weiterer Gesellschafter,** wenn nur einzelne Gesellschafternamen bei der Firmenbildung verwendet wurden.[23]

Der **Zusatz „Partnerschaft"** sowie **„und Partner"** ist seit 1.7.1995 durch § 2 Abs. 2 15
PartGG grundsätzlich nur noch für die Partnerschaftsgesellschaft zulässig.[24] Daraus ergibt sich ein Verbot dieses oder eines entsprechenden Zusatzes bei der Neugründung der OHG, KG aber zB auch der GmbH (genauer → § 18 Rn. 193). § 11 S. 2 und 3 PartGG enthält allerdings eine Übergangsregelung für **Altgesellschaften,** die ohne zeitliche Begrenzung ihre bisher zulässige Firma mit dem Zusatz „und Partner" weiterführen können, wenn sie einen Hinweis auf ihre eigene Rechtsform hinzufügen. Letzteres hat nur für die BGB-Gesellschaft Bedeutung, da alle anderen Rechtsträger auch in ihrer (Alt-)Firma sowieso einen Rechtsformzusatz enthalten müssen. Dabei muss die Firma grundsätzlich unverändert fortgeführt werden. Auch die Anpassung an eine tatsächliche Veränderung lässt das Recht den Zusatz „und Partner" fortzuführen, entfallen.[25] Denn die Firmenänderung ist insoweit wie eine Neufirmierung zu behandeln.[26]

---

[19] Vgl. auch *Bydlinski* ZIP 1998, 1169 (1175).

[20] BT-Drs. 13/8444, 56.

[21] Abl. schon zum alten Recht Staub/*Hüffer,* 4. Aufl. 1983, Rn. 22; Heymann/*Emmerich,* 2. Aufl. 2012, Rn. 11; aus der neueren Literatur auch Röhricht/Graf v. Westphalen/Haas/*Ries* Rn. 37; EBJS/*Reuschle* Rn. 9; Oetker/*Schlingloff* Rn. 4; Staub/*Burgard* Rn. 9; BeckOK HGB/*Bömeke* Rn. 6.

[22] OLG Hamm NJW 1965, 763 = OLGZ 1965, 122.

[23] Früher zum alten Firmenrecht str., → 1. Aufl. 1996, Rn. 18 mwN in Fn. 30, 31; Staub/*Hüffer,* 4. Aufl. 1983, Rn. 23.

[24] BGHZ 135, 257 = NJW 1997, 1854; BayObLGZ 1996, 176 = NJW 1996, 3016; aA noch OLG Frankfurt NJW 1996, 2237.

[25] OLG Stuttgart NJW-RR 2000, 1128 für veränderten Gesellschafterkreis.

[26] Vgl. aber auch LG Köln GmbHR 1999, 412: Beibehaltung bei nur Änderung des Branchenzusatzes; Röhricht/Graf v. Westphalen/Haas/*Ries* Rn. 42; vgl. auch Scholz/*Emmerich* GmbHG § 4 Rn. 26, 41.

16 Bei einer OHG ohne persönlich haftende natürliche Person ist Abs. 2 zu beachten (→ Rn. 18 ff. zur GmbH & Co. KG).

IV. Rechtsformzusatz bei der KG

17 Nach § 19 Abs. 1 Nr. 3 muss bei einer Kommanditgesellschaft die Bezeichnung „Kommanditgesellschaft" oder eine allgemein verständliche Abkürzung dieser Bezeichnung der Firma hinzugefügt werden. Die Gesetzesbegründung[27] nennt in diesem Zusammenhang nur **„KG"**. In Frage kommen allenfalls noch – wenig verbreitete – Kürzel wie **„Kommanditges."**[28] **„Kommandit-Ges."** oder **„KommanditG"**.[29] Es müssen also reine Rechtsformzusätze in die Firma aufgenommen werden, während nach Recht vor dem HRefG ein das Gesellschaftsverhältnis nur andeutender (bei der Personenfirma zB „& Co.") Zusatz genügte. Zusätzlich darf ein solcher allgemeiner Gesellschaftszusatz wie zB „& Co." oder „& Cie." weiterhin in der Firma der Kommanditgesellschaft verwendet werden. Im Übrigen → Rn. 13 ff. zur OHG.

V. Rechtsformzusatz bei der GmbH & Co. KG (Abs. 2)

18 Immer dann, wenn in einer OHG oder KG keine natürliche Person haftet, muss die Firma (auch die fortgeführte) nach § 19 Abs. 2 eine Bezeichnung erhalten, welche die **Haftungsbeschränkung kennzeichnet.** Dies hat für die Verkehrskreise Informations- bzw. Warnfunktion.[30] In der Praxis betroffen ist meist der Fall der GmbH & Co. KG. Vom Regelungsinhalt erfasst sind aber auch alle anderen gesellschaftsrechtlich zulässigen Konstellationen, die die Voraussetzungen des Abs. 2 schaffen (genauer → Rn. 27 ff.). Diese Norm entspricht, wie die Gesetzesbegründung hervorhebt, im Wesentlichen der vor dem HRefG 1998 geltenden Bestimmung des § 19 Abs. 5 aF. Da der neue Abs. 2 von § 19 nur eine klarstellende Neuformulierung darstellt, kann diesbezüglich – anders als im übrigen Firmenrecht insbesondere zu § 18 Abs. 1 und § 19 Abs. 1 – die zur bisherigen Fassung ergangene Rspr. – soweit sie nicht die Firmenbildung ansonsten, sondern nur den Rechtsformzusatz betrifft –, grundsätzlich auch für die Neufassung Geltung beanspruchen.[31]

19 **1. Gestaltung der Zusätze.** „GmbH & Co. KG" erfüllt die Anforderungen des § 19 Abs. 2, zweifelhaft ist dies aber schon bei **„GmbH & Co. OHG"**.[32] Die Hinzufügung eines weiteren, die Beschränkung kennzeichnenden Zusatzes ist nicht erlaubt, ebenso wird die Ersetzung zB durch **„beschränkt haftende Kommanditgesellschaft"**[33] oder ähnliche Bezeichnungen wie **„Kommanditgesellschaft mit beschränkter Haftung"** nicht für zulässig gehalten.[34] Da **„GmbH & Co. KG"** allgemein bekannt ist und das Rechtsgebilde auch hinreichend kennzeichnet, würde eine Ergänzung oder Ersetzung nur Verwirrung stiften.[35]*Hüffer*[36] weist zu Recht darauf hin, dass es der firmenrechtlichen Ordnung abträglich ist, die „in den rechtlichen Grundzügen einheitliche Rechtsform der GmbH & Co. KG im Verkehr unter wechselnden Bezeichnungen auftreten zu lassen". Dies gelte ebenfalls für Versuche, das „GmbH & Co. KG" nicht genau in dieser, dem Publikum vertrauten Reihenfolge in die Firma aufzunehmen oder zu „zerreißen", indem andere Worte dazwischen gefügt

---

27 BT-Drs. 13/8444, 56.

28 EBJS/*Reuschle* Rn. 14; Staub/*Burgard* Rn. 10.

29 Baumbach/Hopt/*Hopt* Rn. 20, auch Komm-Ges vorgeschlagen; Staub/*Burgard* Rn. 10.

30 GK-HGB/*Steitz* Rn. 14; Staub/*Burgard* Rn. 5.

31 Begr. RegE, BT-Drs. 13/8444, 56; krit. dazu GK-HGB/*Steitz* Rn. 20.

32 KG DB 1988, 1689 = ZIP 1988, 1194; Röhricht/Graf v. Westphalen/Haas/*Ries* Rn. 62 Fn. 1.

33 AA OLG Hamm DB 1987, 1245: „beschränkt haftende OHG" zulässig, nicht aber „OHG mbH"; teilweise der Bericht RA, BT-Drs. 8/3908, 78; *Binz/Sorg* Die GmbH & Co. KG § 11 Rn. 25.

34 *Sternberg,* Der Gesellschaftszusatz in der Handelsfirma, 1975, 151; insoweit abl. OLG Köln Rpfleger 1978, 21 (22).

35 Heymann/*Förster* Rn. 12; Staub/*Hüffer,* 4. Aufl. 1983, Rn. 67, 70; *Bokelmann* FirmenR Rn. 611 ff.; *Bokelmann* GmbHR 1979, 265 (267); zust. Staub/*Burgard* Rn. 15.

36 Staub/*Hüffer,* 4. Aufl. 1983, Rn. 66.

werden. Die einheitliche Kennzeichnung als **„beschränkt haftende Kommanditgesellschaft“** anstelle von „GmbH & Co. KG“ oder „AG & Co. KG“ wird auch als Rückschritt gesehen, weil diese Bezeichnung nicht offenbart, um welche Art von Gesellschaft es sich handelt.[37] Diese Überlegungen verlieren aber seit dem HRefG ihr Gewicht. Denn die KG kann jetzt sowohl eine Sach- als auch eine Fantasiefirma führen. Wegen der in diesem Fall nur noch eingeschränkten Gültigkeit des Grundsatzes der Firmenidentität (→ Vor § 17 Rn. 28; → § 18 Rn. 101) besteht auch kein Zwang mehr, den Namen der Komplementärfirma vollständig mit ihrem Rechtsformzusatz oder überhaupt in die Firma der KG mit aufzunehmen. Daher sollte diese ursprünglich im Regierungsentwurf zur GmbH-Novelle 1977[38] ganz allgemein und im Abschlussbericht des Rechtsausschusses zumindest noch für die Fälle der Beteiligung von Auslandsgesellschaften befürwortete Formulierung für zulässig angesehen werden.[39] Das gilt ebenfalls für die Klassifizierung **„ausländische Kapitalgesellschaft & Co. KG“**, die auch das Phänomen dieser Erscheinung deutlich werden lässt, aber nicht für geeignet gehalten wird, die spezielle Haftungslage hinreichend hervortreten zu lassen (→ Rn. 30 ff.).[40] Solange diese Zusätze als Kennzeichnung der Haftungsbeschränkung iSd § 19 Abs. 2 aber noch keine weite Verbreitung und damit „Verkehrsgeltung“ erlangt haben, kann „GmbH & Co. KG“ als eigenständiger Rechtsformzusatz allg. zur Kennzeichnung der Haftungsbeschränkung iSd § 19 Abs. 2 verstanden[41] und in allen oben genannten Fällen verwendet werden. Ein Verstoß gegen § 18 Abs. 2 ist damit nicht zu besorgen, da kein Irrtum über ein verkehrswesentliches geschäftliches Verhältnis vorliegt (→ § 18 Rn. 58 ff.).[42] Insbesondere werden die beiden Funktionen des Rechtsformzusatzes „GmbH & Co KG“ zutreffend erfüllt. Die Verkehrskreise erkennen, dass es sich um eine Kommanditgesellschaft handelt und dass bei ihr kein persönlich haftender Gesellschafter beteiligt ist.

Nach der früher zum alten Firmenrecht zutreffenden hM musste der „GmbH-Zusatz“ 20
unabhängig von den Fällen des § 19 Abs. 2 allein deshalb in die Firma der OHG oder KG aufgenommen werden, weil der namensgebende Gesellschafter eine GmbH war. Der hier zugrundeliegende Gedanke, dass jeder Name des Gesellschafters vollständig verwendet werden muss, ist unter dem neuen Firmenrecht nicht mehr zu fordern[43] (zu dieser Einschränkung des Grundsatzes der Firmenidentität genauer → Vor § 17 Rn. 28; → § 18 Rn. 93 ff.; → § 18 Rn. 101 ff.; → § 18 Rn. 111 und → § 18 Rn. 188). Durch **Weglassen des Rechtsformzusatzes beim namensgebenden Gesellschafter** wird letztlich sogar in gesteigertem Maße der Grundsatz der Firmenwahrheit durchgesetzt, da bei Aufnahme auch des „GmbH-Zusatzes“ von der namensgebenden GmbH, die nur neben einem persönlich haftenden Gesellschafter beteiligt ist, die Verkehrskreise zu Unrecht von einer typischen GmbH & Co. KG ausgehen werden. Deutlich wird dies bei einer Müller AG als namensgebender Kommanditistin und einer GmbH als Komplementärin. Die Firmierung als **„Müller AG & Co KG“** wäre nach der hM falsch, da die AG nicht die Komplementärin ist. Die Firma **„Müller AG GmbH & CO KG“** wäre verwirrend für die Verkehrskreise.[44] Darüber hinaus ist es mE zu bevorzugen, den Rechtsformzusatz **„GmbH & Co KG“** als **signifikanten Gesamtbegriff** iSd § 19 Abs. 2 zu verstehen, der zweifelsfrei darauf hinweist, dass kein persönlich haftender Gesellschafter existiert, egal welche haftungsbeschränkte Rechtsform die Komplementärin tatsächlich hat (→ Rn. 28 und 30). Dabei muss mE genau unterschie-

37 *Bokelmann* ZPR 1978, 33 (35); wohlwollend aber zB *Kögel* in Wessel/Zwernemann/Kögel Firmengründung Rn. 325.

38 BT-Drs. 8/1347.

39 *Kögel* in Wessel/Zwernemann/Kögel Firmengründung Rn. 325; GK-HGB/*Steitz* Rn. 21; iErg übereinstimmend *Binz/Sorg* Die GmbH & Co. KG § 11 Rn. 22 f.; sogar vorzugswürdig: Staub/*Burgard* Rn. 25, 27; abl. Heymann/*Förster* Rn. 15.

40 Krit. auch *Gustavus,* Beiträge zur Firma der GmbH & Co. KG nach geltendem und zukünftigem Recht, 1977, 49 ff.

41 So auch EBJS/*Reuschle* Rn. 18; *Karsten Schmidt* DB 1998, 61 (63); *Kögel* BB 1998, 1645 (1646).

42 Röhricht/Graf v. Westphalen/Haas/*Ries* Rn. 57.

43 Staub/*Burgard* Rn. 13; GK-HGB/*Steitz* Rn. 23.

44 Vgl. auch zur Streichung der zusätzlichen Rechtsformzusätze „AG“ in der GmbH & Co. KG OLG Stuttgart BB 2001, 14.

den werden, welche Angaben über die Rechtsform der Gesellschaft selbst (hier KG) und welche Angaben über die Rechtsform der Komplementärin (ggf. UG (haftungsbeschränkt), AG oder ausländische Kapitalgesellschaft) in der Firma enthalten sein müssen. Für letzteres gibt es keine Vorgaben mehr im Gesetz außer dem Verbot der Täuschungseignung. Jedenfalls kann man diesen Rechtsformzusatz bei Fantasie- oder Sachfirmen ganz weglassen. Davon zu trennen ist der strenge Auftrag des Gesetzes in § 19 Abs. 2 den Hinweis auf das Fehlen einer persönlich haftenden natürlichen Person zu enthalten. Dieser ist aber nicht gebunden an die Angabe der Rechtsform der Komplementärin.[45] Allerdings halten OLGs auch für zulässig den Rechtsformzusatz „GmbH & Co. KG" weiter zu verwenden, selbst wenn eine KG neben der Komplementär-GmbH noch eine weitere natürliche Person als persönlich haftenden Gesellschafter hat (genauer → § 18 Rn. 108).[46]

21 **2. Sachgerechte Stellung und Formulierung des Rechtsformzusatzes.** Ausreichend aber auch erforderlich ist ein Zusatz mit Angabe von zwei Rechtsformzusätzen wie „GmbH & Co. KG". Niemals aber dürfen **„GmbH" und „KG" direkt aufeinandertreffen** (also „GmbH & Co. KG" und nicht „GmbHKG" oder „GmbH KG"),[47] wenngleich es auch dafür Beispiele in der Praxis gibt.[48] Ist die „A & Co. GmbH"[49] alleinige persönlich haftende Gesellschafterin einer neu gegründeten Kommanditgesellschaft, darf die Firma der KG nicht „A & Co. GmbH Kommanditgesellschaft" lauten,[50] weil nicht klar wird, ob es sich um eine GmbH oder Kommanditgesellschaft handelt. Unerheblich ist in einem solchen Fall, welche Rechtsformbezeichnung am Ende der Firma steht, weil der letzte Zusatz nicht etwa den Charakter der Gesellschaft bestimmt.[51] Das OLG Hamm[52] verlangte, in die Firma hinter der Komplementärin noch die Bezeichnung „& Co." einzufügen (also „A & Co. GmbH & Co. Kommanditgesellschaft").

22 Lautet die Firma der Komplementärin „X GmbH Y Industrie", stiftet eine Firma „X GmbH Y Industrie KG" Verwirrung. Richtig muss „X GmbH Y Industrie & Co. KG" firmiert werden.[53] Die Firma einer GmbH & Co. KG kann auch nicht so gebildet werden, dass **zwischen „GmbH" und „KG" ein sachlicher Firmenbestandteil** eingefügt wird. Die Bestandteile „GmbH" und „KG" sind dann zwar getrennt („Johann X GmbH Holzbau KG"), doch wird nicht hinreichend klar, dass es sich um eine GmbH & Co. KG handelt.[54] Denn die Bestandteile „GmbH" und „KG" müssen gerade durch das „& Co." („& Comp.") verbunden werden, um beim Betrachter (Hörenden) die reflexmäßige Erkenntnis auszulösen, dass keine natürliche Person unbeschränkt haftet. Daher ist auch – so kleinlich das scheinen mag – „GmbH Co. KG" nicht zulässig.[55]

23 Mit der unzulässigen Fassung „Johann X GmbH Holzbau KG" (→ Rn. 22) ist nicht der Fall zu verwechseln, dass bei der ursprünglichen Firma der die Rechtsform kennzeichnende (und insoweit korrekte) Zusatz „GmbH & Co. KG" in der Weise gespalten werden

---

[45] AA zu Unrecht daher KG NZG 2009, 1159 = FGPrax 2010, 42; dem KG zust. *Wachter* NZG 2009, 1263.

[46] OLG Hamm GmbHR 1994, 328 = MDR 1994, 357; bestätigt durch OLG Braunschweig BeckRS 2013, 200898.

[47] *Aschenbrenner,* Die Firma der GmbH & Co. KG, 1976, 36; *Winkler* MittBayNot 1978, 98 (99); *Bokelmann* FirmenR Rn. 619 ff.; *Binz/Sorg* Die GmbH & Co. KG § 11 Rn. 26; Staub/*Burgard* Rn. 14; eingehend *Kögel* in Wessel/Zwernemann/Kögel Firmengründung Rn. 323.

[48] *Binz/Sorg* Die GmbH & Co. KG § 11 Rn. 26: „Scharnow-Reisen GmbH KG".

[49] Zur Zulässigkeit dieser Firmierung der GmbH auch nach dem HRefG LG Bremen GmbHR 2004, 186; KKRD/*Roth* Rn. 15d; aA Roth/Altmeppen/*Roth* GmbHG § 4 Rn. 24.

[50] OLG Hamm NJW 1966, 2172; vgl. auch RG RGZ 104, 341 (342); Heymann/*Förster* Rn. 12 m. Fn. 24.

[51] So aber OLG Frankfurt DB 1980, 1208; *Grussendorf* DNotZ 1954, 94 f.; *Schmalz* Anm. zu OLG Düsseldorf DNotZ 1956, 611 (614); *Weipert* GmbHR 1954, 26 f.; zutr. *Riechert* DB 1956, 493 ff.

[52] OLG Hamm NJW 1966, 2172.

[53] OLG Hamm DNotZ 1954, 92; vgl. auch BayObLGZ 1973, 75 = NJW 1973, 1845: unzulässig „G. Verlag GmbH Informationsmedien KG".

[54] BGH NJW 1980, 2084 = DB 1980, 1788; vgl. auch OLG Stuttgart BB 1977, 1417: unzulässig „M GmbH Handels KG"; *Bokelmann* FirmenR Rn. 622; *Bokelmann* GmbHR 1979, 265; *Bokelmann* GmbHR 1987, 177 (178); Baumbach/Hopt/*Hopt* Rn. 34; Staub/*Burgard* Rn. 14.

[55] OLG Stuttgart BB 1977, 711 f.; Staub/*Burgard* Rn. 15.

kann, dass **zwischen „GmbH & Co." und „KG" eine Sachangabe** eingeschoben wird.[56] Dies ist genauso zulässig wie das einschieben einer Ortsbezeichnung zwischen „GmbH" und „& Co KG".[57] Für die abgeleitete Firma ist das aber nur dann zulässig, wenn Zweifel an der Identität mit der bisherigen Firma nicht aufkommen können (→ § 22 Rn. 51 ff.; → § 24 Rn. 22), was für eine Firma „MILHAN COMPANY GmbH + Co. Import-Export KG", die zuvor unter Firma „MILHAN COMPANY IMPORT EXPORT KG" firmierte, fraglich ist.[58]

Es wurde streitig diskutiert, ob es zulässig war, die **Reihenfolge umzukehren** und etwa mit dem Bestandteil KG oder Kommanditgesellschaft zu beginnen.[59] Das ist in dieser absoluten Form nicht richtig. Zwar gibt es eine ganze Reihe von Entscheidungen, die Firmen mit vorangestelltem „KG" zu Recht für unzulässig erklären. Doch ergibt sich dort die Unzulässigkeit der Firma nicht allein aus der Voranstellung als solcher, sondern aus anderen Gründen. Das BayObLG hat entschieden, eine Firma „X KG GmbH & Co." sei für eine Kommanditgesellschaft, deren einziger persönlich haftender Gesellschafter eine GmbH ist, unzulässig.[60] Die Firma sollte „Wilhelm Müller KG GmbH & Co." lauten. Zur Begründung ist zutreffend angeführt, dass mehrere verschiedene Gesellschaftsbezeichnungen, die in einer Firma unmittelbar aneinandergereiht sind, das Publikum zu Irrtümern über die Rechtsform der Gesellschaft verleiten können; die umgekehrte Reihenfolge lasse hier im Gegensatz zur gebräuchlichen Abfolge die Möglichkeit offen, dass die Gesellschaft aus der Kommanditgesellschaft, der GmbH und eventuell noch weiteren Gesellschaftern als KG oder OHG gebildet sein könnte. Das OLG Hamm[61] beanstandete die Firma „A & Co. GmbH Kommanditgesellschaft"[62] mit der Begründung, sie verstoße gegen den **Grundsatz der Firmenklarheit,** weil **zwei Gesellschaftsbezeichnungen zusammentreffen** und nicht erkennen lassen, ob es sich um eine GmbH oder Kommanditgesellschaft handelt. Das LG Köln mochte die Firma „B & C. KG – GmbH & Co." (nach altem Recht) nicht zulassen, weil die unmittelbare Aufeinanderfolge zweier Rechtsformbezeichnungen in einer Firma geeignet ist, eine Täuschung über die Verhältnisse des Geschäftsinhabers herbeizuführen.[63] Das alles ist richtig, doch hat kein Gericht die Unzulässigkeit allein aus der Voranstellung des „KG" als solcher hergeleitet. Im Gegenteil hat der BGH zu Recht gegen die Firma „Kommanditgesellschaft Union-Bau Alton GmbH & Co." nach altem Recht keine Bedenken angemeldet.[64] *Hüffer*[65] hat aber damals schon vertreten, auch der GmbH & Co. KG sei es nicht gestattet, unter wechselnden Bezeichnungen aufzutreten. Nach dem jetzigen § 19 Abs. 1 Nr. 2 und 3 stellt sich dieses Problem nicht mehr in gleicher Weise. Denn die Firmen von OHG und KG müssen jetzt immer die Bezeichnung „Offene Handelsgesellschaft" („OHG") oder „Kommanditgesellschaft" („KG") führen. „GmbH & Co." genügt nicht mehr, es muss „GmbH & Co. KG" oder „GmbH & Co. OHG" heißen. Früher stellten „GmbH & Co." und „GmbH & Co. KG" gleichwertige Bezeichnungen dar, die austauschbar waren. Heute trifft das nicht mehr zu. Nur „GmbH & Co. KG" genügt noch dem Gesetz. Es handelt sich um einen Begriff, der nicht auseinandergerissen werden darf. Folglich **darf „KG" auch nicht mehr vorangestellt** werden. Die Reihenfolge ist also nicht umkehrbar. 24

---

56 BayObLG DB 1978, 879 = Rpfleger 1978, 255 (256); vgl. auch BayObLGZ 1973, 75 (78) = NJW 1973, 1845: zulässig „G. Verlag GmbH & Co. Informationsmedien KG"; vgl. auch *Binz/Sorg* Die GmbH & Co. KG § 11 Rn. 26.

57 OLG Stuttgart BB 1976, 1575 mAnm *Körner* – „L GmbH Filder & Co KG".

58 BayObLG DB 1978, 879 = Rpfleger 1978, 255 (256); hierzu *Bokelmann* GmbHR 1979, 265 (266); *Winkler* MittBayNot 1978, 98 (100).

59 *Bokelmann* FirmenR Rn. 614; *Binz/Sorg* Die GmbH & Co. KG § 11 Rn. 27; abl. *Lüke* in Hesselmann/Tillmann/Müller-Thuns, Handbuch der GmbH & Co., § 3 Rn. 3.83; offen: Staub/*Burgard* Rn. 14.

60 BayObLGZ 1977, 267.

61 OLG Hamm NJW 1966, 2172; s. ebenso OLG Oldenburg Rpfleger 1997, 263.

62 S. aber auch zur zulässigen Firmierung einer GmbH mit „X & Co. GmbH" LG Bremen GmbHR 2004, 186; KKRD/*Roth* Rn. 15d.

63 LG Köln Rpfleger 1977, 62 mAnm *Bokelmann*.

64 BGHZ 68, 271 = NJW 1977, 1291.

65 Staub/*Hüffer*, 4. Aufl. 1983, Rn. 69; vgl. auch OLG Oldenburg Rpfleger 1997, 263.

25 Ob die Rechtsformzusätze in **Klammern, durch Bindestrich oder Komma** abgeteilt werden können, ist streitig. Es wäre die einfachste Lösung, könnte einer firmenrechtlich korrekt gebildeten Firma die aktuelle Rechtsform als „GmbH & Co. KG" in der bezeichneten Art beigefügt werden: „A KG (GmbH & Co. KG)", „A KG, GmbH & Co. KG", „A KG – GmbH & Co. KG". Praktisch ist die Frage besonders dann von Bedeutung, wenn eine Personenhandelsgesellschaft zur (echten) GmbH & Co. KG wird.[66] Rspr. und Lehre waren sich in keiner Weise einig.[67] Dabei ist jedoch zu beachten, dass die dortige Argumentation nach der Änderung des Firmenrechts durch das HRefG teilweise nicht mehr stichhaltig ist. Der BGH hielt zB die Firma „W & R KG – GmbH & Cie." trotz des nach der damaligen Rechtslage korrekten GmbH & Co.-Zusatzes für unzulässig. Es könne leicht der Eindruck entstehen, persönlich haftende Gesellschafterin sei nicht (oder jedenfalls nicht allein) eine GmbH, sondern auch eine Kommanditgesellschaft W & R, in der mindestens eine natürliche Person mit ihrem Privatvermögen haftet; der Gedankenstrich könne als bloße Trennung der beiden Zusätze aufgefasst werden.[68] „X KG. (GmbH & Co. KG)" ist trotz des zwischen den Gesellschaftsbezeichnungen eingefügten Punktes und der Klammer unzulässig.[69] Nach dem OLG Hamm[70] ist eine Firma „X KG Müller und Meier GmbH & Co. KG" auch dann unzulässig, wenn der Zusatz „GmbH & Co. KG" durch Klammer, Komma, Gedankenstrich oder Anführungszeichen abgesetzt wird, weil die zwei Familiennamen den Eindruck erwecken, die Träger des Namens könnten als persönlich haftende Gesellschafter beteiligt sein.[71] Der BGH hat später die Firma „K & Co. GmbH & Co. KG" mit ähnlicher Begründung nicht gelten lassen,[72] ebenso die Firma „H. M. & Sohn GmbH & Co.".[73] Da der BGH in diesen Fällen die Unzulässigkeit der Firma aus den Zusätzen „& Co." und „& Sohn" herleitet, hilft auch hier das Einschieben eines Sachzusatzes zwischen „K & Co." und „GmbH & Co. KG" bzw. zwischen „H. M. & Sohn" und „GmbH & Co." nicht.[74]

26 **3. Mittelbare Beteiligung.** Ein Rechtsformzusatz nach § 19 Abs. 5 S. 1 aF, der die Haftungsbeschränkung kennzeichnete (keine natürliche Person haftet persönlich), war nach Abs. 5 S. 2 aF ausnahmsweise dann entbehrlich, wenn zu den persönlich haftenden Gesellschaftern eine OHG oder KG gehört, bei der ein persönlich haftender Gesellschafter eine natürliche Person ist. Für die Verbindlichkeiten der OHG (KG) haftet in diesem Fall die natürliche Person unbeschränkt (§§ 128, 161 Abs. 2). Die Ausnahme betraf nach dem Wortlaut des Gesetzes aber nur den Fall, dass auf der zweiten Stufe wenigstens eine natürliche Person unbeschränkt für die Schulden der Gesellschaft aufkommt. Nach seinem früheren Wortlaut war es streitig, ob § 19 Abs. 5 S. 2 aF nur den Fall betraf, dass auf der zweiten Stufe einer mehrstöckigen GmbH & Co. KG wenigstens eine natürliche Person unbeschränkt für die Verbindlichkeiten der Gesellschaft aufkommt[75] oder auch eine ausweitende Auslegung auf die dritte oder spätere Stufen erlaubt war.[76] Die Begründung zum Regierungsentwurf

---

66 OLG Hamm DB 1981, 521: in der „X KG Müller & Meyer" übernimmt eine GmbH die Stellung als alleiniger Komplementär.

67 OLG Frankfurt BB 1980, 960; LG Köln GmbHR 1979, 31; *Wiedemann* ZGR 1975, 354 (365); *Gustavus* GmbHR 1977, 169 (193 ff.); *Bokelmann* GmbHR 1979, 265 (267 f.).

68 BGH NJW 1979, 1986 = DB 1979, 1598.

69 BayObLGZ 1978, 40 (42); zu Recht krit. *Winkler* MittBayNot 1978, 98 (99).

70 OLG Hamm DB 1981, 521.

71 In diesem Sinne auch OLG Oldenburg DB 1990, 519; LG Köln Rpfleger 1977, 62.

72 BGH NJW 1981, 342 = DB 1981, 153: „& Co." deutet auf eine OHG oder KG, bei der mindestens eine Person mit ihrem Privatvermögen haftet; iErg ebenso OLG Oldenburg GmbHR 1979, 112 f.; aA das vorlegende OLG Frankfurt BB 1980, 960 und OLGZ 1980, 302; krit. auch *Wessel* BB 1985, 882 f.

73 BGH NJW 1985, 736 = BB 1985, 880 (881): weil „& Sohn" eine natürliche Person in Bezug nimmt und damit einem Familiennamen gleichzusetzen und als ein Hinweis auf ein Gesellschaftsverhältnis zu verstehen ist; krit. *Wessel* BB 1985, 882 f.; wie der BGH Baumbach/Hopt/*Hopt* Rn. 34.

74 Bedenken gegen die bisherige Ansicht des BGH auch bei *Binz/Sorg* Die GmbH & Co. KG § 11 Rn. 28.

75 So KG DNotZ 1989, 250 = Rpfleger 1989, 24 = EWiR 1/88, 1005 *(Günther)*; Heymann/*Emmerich*, 2. Aufl. 2012, Rn. 30; → 1. Aufl. 1996, Rn. 63; *Ahrens* DB 1997, 1065.

76 So BayObLGZ 1994, 252 = NJW-RR 1995, 172 m. abl. Anm. *Bokelmann* EWiR 1/95, 267; Baumbach/Hopt/*Hopt* Rn. 25.

des HRefG[77] folgt dem BayObLG unter Bezugnahme auf die Absicht des Gesetzgebers der GmbH-Novelle von 1980, mit der die Vorschrift seinerzeit eingefügt worden ist. Danach sollte die Haftungsbeschränkung in der Firma immer nur dann zum Ausdruck gebracht werden, wenn auf keiner der Stufen letztlich einer der persönlich haftenden Gesellschafter eine natürliche Person ist. § 19 Abs. 2 nF stellt nun klar, dass **alle mehrstufigen Gesellschaften** erfasst sind und ein Hinweis auf die Haftungsbeschränkung in der Firma nur dann erforderlich ist, wenn auf keiner Stufe eine natürliche Person haftet. Wie bei der Fantasiefirma kann der Zusatz „GmbH & Co. KG" als Kennzeichnung der Haftungsbeschränkung verwendet werden, obwohl eventuell keine GmbH unmittelbare Gesellschafterin der KG ist.[78] So führt das OLG Stuttgart[79] – allerdings in anderem Zusammenhang – zB aus, dass sich dieser Zusatz durch die Rspr. und die nachfolgende Gesetzgebung zu einem eigenständigen Rechtsformzusatz mit spezieller Aussagekraft weiter entwickelt hat.

4. Verwandte Fälle (Abs. 2). a) Inländische andere Gesellschaften als Namensgeber. Immer dann, wenn kein persönlich haftender Gesellschafter eine natürliche Person ist, muss die Firma der KG oder OHG – und zwar auch dann, wenn es sich um eine fortgeführte Firma handelt – eine Bezeichnung erhalten, welche die Haftungsbeschränkung kennzeichnet. Für die GmbH als einzige persönlich haftende Gesellschafterin hat sich gezeigt, dass „GmbH & Co. KG" vor der besonderen (gefährlichen) Haftungslage warnt, weil jedermann weiß, was unter einer GmbH & Co. KG zu verstehen ist. Ein weiterer Hinweis ist nicht erlaubt. Er würde Verwirrung stiften. Haftet eine Aktiengesellschaft persönlich allein und nicht eine GmbH, gilt nichts anderes. In die Firma der Kommanditgesellschaft ist die Firma der haftenden Gesellschaft einschließlich ihres Rechtsformzusatzes zusammen mit einem Zusatz aufzunehmen, der das Vorhandensein einer bestimmten Gesellschaft offenbart, also **„AG & Co. KG"**,[80] **„Stiftung & Co. KG"**,[81] **„e. V. & Co. KG"**,[82] oder **„GmbH & Co. KGaA"**.[83] Im Zuge der Handelsrechtsreform ist in § 279 Abs. 2 AktG eine § 19 Abs. 2 entsprechende Vorschrift für die Kommanditgesellschaft auf Aktien aufgenommen worden. Danach ist bei einer KGaA, bei der keine natürliche Person persönlich haftet, in der Firma die Haftungsbeschränkung zu kennzeichnen. Die Vorschrift ist im Hinblick auf eine Entscheidung des BGH[84] eingefügt worden, nach der eine GmbH grundsätzlich persönlich haftende Gesellschafterin einer KGaA sein kann. Der BGH fährt fort, dazu sei jedoch „unabdingbar" erforderlich, dass das Fehlen einer natürlichen Person in der Eigenschaft des Komplementärs in der Firma der Gesellschaft kenntlich gemacht werde; § 19 Abs. 5 (aF, heute Abs. 2) finde insoweit sinngemäße Anwendung.[85] 27

Nachdem die gesellschaftsrechtliche Zulässigkeit der Kommanditgesellschaft mit einer UG (haftungsbeschränkt) als einziger Komplementärin inzwischen weitestgehend anerkannt ist, erscheint es konsequent als Rechtsformzusatz iSd Abs. 2 „UG (haftungsbeschränkt) & Co. KG" zuzulassen.[86] Nach Ansicht des **KG**[87] ist die Firma einer Personenhandelsgesellschaft mit dem Rechtsformzusatz „GmbH & Co. OHG" unzulässig, wenn allein **Unterneh-** 28

---

[77] BT-Drs. 13/8444, 56; vgl. auch *Bokelmann* GmbHR 1998, 57 (59).

[78] AA Staub/*Burgard* Rn. 17 wegen Irreführung über die Rechtsform der Komplementärin; wie hier BeckOK HGB/*Bömeke* Rn. 13.

[79] OLG Stuttgart DB 2001, 695 = BB 2001, 14.

[80] Hierzu *Schindhelm/Wilde* GmbHR 1993, 411; *Karsten Schmidt* GesR § 26 III 2 g, § 56 I 1; *Binz/Sorg* Die GmbH & Co. KG § 1 Rn. 7; *Bokelmann* FirmenR Rn. 322, 342, 645; Heymann/*Förster* Rn. 14; Staub/*Burgard* Rn. 18; vgl. auch Begr. RegE, BT-Drs. 8/1347, 56.

[81] *Binz/Sorg* Die GmbH & Co. KG § 1 Rn. 7, eingehend zu § 25; Heymann/*Förster* Rn. 14; vgl. auch Hachenburg/*Heinrich* GmbHG § 4 Rn. 128.

[82] Heymann/*Förster* Rn. 14; Staub/*Burgard* Rn. 18.

[83] Eingehend *Binz/Sorg* Die GmbH & Co. KG § 26; *Binz/Sorg* BB 1988, 2041.

[84] BGHZ 134, 392 = NJW 1997, 1923.

[85] Zur Zulässigkeit der GmbH & Co. KGaA *Hesselmann* BB 1989, 2344. Zu den Einzelheiten vgl. *Schumacher,* HRefG, 1998, 61.

[86] Zu den weiteren Alternativen der denkbaren Firmierung *Wachter* GmbHR 2008, Sonderheft Oktober, 87, 92; MüKoGmbHG/*Heinze* GmbHG § 4 Rn. 113.

[87] KG NZG 2009, 1159; zust. *Wachter* NZG 2009, 1263.

mergesellschaften iSv § 5a Abs. 1 GmbHG persönlich haften. Diese Entscheidung würde mE genauso für die GmbH & Co. KG Anwendung finden. Die Ansicht des Kammergerichts, dass sich aus der die Haftungsbeschränkung kennzeichnenden **Bezeichnung nach § 19 Abs. 2** ergeben muss, um welche Art von Gesellschaft es sich bei dem persönlich Haftenden handelt, muss mE aber kritisch hinterfragt werden. So trifft es auch nach Ansicht des KG zu, dass der Firma nicht mehr die Funktion zukommt, **über die Identität der persönlich haftenden Gesellschafter zu informieren** (§ 18 Abs. 1). Sie habe jedoch aus Gründen der Transparenz die Gesellschafts- und Haftungsverhältnisse für den Rechtsverkehr offen zu legen.[88] Dazu gehöre auch die Angabe, welcher Rechtsform die persönlich haftende Gesellschafterin konkret unterfällt. Dabei verwischt das KG mE aber die Begründung für die **zwingende Angabe der Rechtsform des betroffenen Rechtsträgers** (hier OHG oder KG) aus § 19 Abs. 1 und der einzigen Funktion der Angabe nach § 19 Abs. 2, klarzustellen, dass keine natürliche Person persönlich haftet. Der Gesetzgeber hatte bei Einführung des § 19 Abs. 2 auch eine Firmierung mit „beschränkt haftende Kommanditgesellschaft" befürwortet, die überhaupt keine Angaben zur Rechtsform des Vollhafters beinhaltet.[89] Wählt die KG als Firmenkern eine Fantasie- oder Sachfirma ist die Angabe der Rechtsform der Komplementärin weder durch § 19 Abs. 1 noch Abs. 2 indiziert. So kann mE allenfalls der Ansatz zu einer Unzulässigkeit der hier in Frage stehenden Firma über § 18 Abs. 2 führen, wenn die angesprochenen Verkehrskreise, obwohl das Gesetz keine Angaben zur Rechtsform der Komplementärin mehr vorsieht, über diese ersichtlich, positiv getäuscht werden können und dies für sie wesentlich ist (zum vergleichbaren Konflikt bei der „ausländischen Kapitalgesellschaft & Co. KG" → Rn. 30).[90] Wird aber bei einer bestehenden „GmbH & Co. KG" die Komplementär-GmbH durch eine UG (haftungsbeschränkt) ausgetauscht, muss es im Rahmen der **Firmenfortführung nach § 22 bzw. § 24** zulässig sein, auch den Rechtsformzusatz der GmbH als der namensgebenden Gesellschafterin unverändert fortzuführen. Es muss mE nämlich nur klar sein, um welche Rechtsform es sich bei der firmierenden Gesellschaft handelt (hier KG) und den Anforderungen des § 19 Abs. 2 genüge geleistet werden (hier durch Zusatz „GmbH & Co. KG"). Umgekehrt ist es auch zulässig den Rechtsformzusatz „GmbH & Co KG" zu verwenden auch wenn eine KG neben der Komplementär-GmbH **noch eine weitere natürliche Person** als persönlich haftenden Gesellschafter hat.[91] Genauer dazu → § 18 Rn. 108.

29 Für die GmbH & Co. KG hat der BGH ausgeführt, dass die Haftung für die Verbindlichkeiten des Unternehmens wie bei den Kapitalgesellschaften auf eine bestimmte Vermögensmasse (Gesellschaftsvermögen der Komplementär-GmbH und Kommanditeinlagen) beschränkt ist und die persönliche Haftung natürlicher Personen „als wesentliches gläubigerschützendes Element" fehlt. Deshalb sei in die Firma der Kommanditgesellschaft auf jeden Fall ein Zusatz „wie etwa ‚GmbH & Co.' – heute müsse es ‚GmbH & Co. KG' heißen (→ Rn. 19 ff.) – aufzunehmen".[92] Für die **„AG & Co. KG"** und so fort liegt die Parallele auf der Hand (→ Rn. 26). Jedenfalls warnt die Formulierung, und sie veranlasst denjenigen, dem die betreffenden Rechtsbegriffe nicht geläufig sind, sich zu informieren.[93]

30 **b) Ausländische Gesellschaften als Namensgeber. aa) Das Prinzip.** Auch hier galt nach § 19 Abs. 5 aF wegen des propagierten **Grundsatzes der Firmenidentität,** dass die ausländische Firma – ist die namensgebende ausländische Gesellschaft beteiligungsfähig –

---

[88] Vgl. BT-Drs. 13/8444, 54, 56.

[89] So ausdrücklich auch für die „UG & CO KG" wieder befürwortend *Wachter* GmbHR 2008, Sonderheft Oktober, 87, 92; MüKoGmbHG/*Heinze* GmbHG § 4 Rn. 133.

[90] Vgl. auch zum Fall einer „GmbH & Co. KG" bei namensgebenden Kommanditisten-AG; OLG Stuttgart DB 2001, 695 = BB 2001, 14.

[91] OLG Hamm GmbHR 1994, 328 = MDR 1994, 357; bestätigt durch OLG Braunschweig BeckRS 2013, 200898; → § 18 Rn. 108.

[92] BGHZ 62, 216 (227) = NJW 1974, 1191; BGHZ 65, 103 (105) = NJW 1976, 48; hierzu *Wiedemann* TGR 1975, 354 ff.; *H. P. Westermann* JZ 1975, 327; *Gustavus* GmbHR 1977, 169; *Bokelmann* GmbHR 1975, 25 ff.; Baumbach/Hopt/*Hopt* Rn. 24.

[93] Staub/*Hüffer*, 4. Aufl. 1983, Rn. 77; vgl. auch *Gustavus* GmbHR 1977, 122 ff.

in die Firma der Kommanditgesellschaft wörtlich aufgenommen werden musste, und zwar einschließlich des ausländischen Rechtsformzusatzes (→ § 13d Rn. 21 f.; → Vor § 17 Rn. 53 für die Zweigniederlassung).[94] Auf diese Begründung kann aber nach dem neuen Firmenrecht nicht mehr abgestellt werden (zur OHG und KG → § 18 Rn. 99 ff.). So kann eine ausländische Kapitalgesellschaft sich auch unter der Firma ihrer inländischen Zweigniederlassung an einer deutschen KG beteiligen und mit der Zweigniederlassungsfirma im Handelsregister als Kommanditistin eingetragen werden.[95] Im Fall des § 19 Abs. 2 (nF) gelten aber für ausländische Gesellschaften Sonderüberlegungen zur Kennzeichnung der Haftungsbeschränkung. Ebenso wie bei einer deutschen persönlich haftenden Gesellschaft als Namengeberin ist es im Rahmen des § 19 Abs. 2 nF – anders als bei der gesetzeskonformen KG – für den Rechtsverkehr von erheblicher Bedeutung, die Rechtsform der persönlich haftenden ausländischen Gesellschaft und damit die Haftungsverhältnisse bezüglich der für Abs. 2 relevanten **Haftungsbeschränkung zu erkennen.** So ergibt sich zB zusammen mit dem Zusatz, der das Vorhandensein einer Gesellschaft andeutet („& Co. KG") „US steel corporation & Co. KG". Die Parallele zur „GmbH & Co. KG" ist nicht zu übersehen und damit auch nicht die Haftungslage zumindest in groben Zügen mit dem Anstoß, sich genauer kundig zu machen. Die Eintragung in Spalte 3 über den persönlich haftenden Gesellschafter schafft Klarheit.

Ebenso verhält es sich mit anderen gängigen ausländischen Gesellschaftsbezeichnungen **31** (etwa der „société à responsabilité limitée" oder der „société anonyme" des französischen Rechtskreises).[96] Hinzuzurechnen sind inzwischen auch die englische „Ltd."[97] und die holländische „bv".[98] Zum Teil wird die genaue Angabe des ausländischen Rechtsformzusatzes allein nicht genügen, um die **Haftungsbeschränkung für die Verkehrskreise verständlich zu kennzeichnen.** Zusätzlich werden dann in Klammern weitere Spezifizierungen gefordert. Die Angaben von Satzungssitz, Registrierungsland der namensgebenden ausländischen Gesellschaft und die Registrierungsnummer und etwa das haftende Kapital für erforderlich zu halten, erscheint übertrieben[99] und europarechtlich bedenklich (→ Vor § 17 Rn. 33 ff.).[100] Nach dem HRefG erscheinen Angaben nicht einmal mehr gerechtfertigt, wenn manche Rechtsformbezeichnungen in verschiedenen Ländern mit unterschiedlicher Bedeutung verwendet werden,[101] wie etwa die Jointstock Company in Großbritannien und den USA.[102] Es erscheint überdenkenswert, ob der Zusatz **„beschränkt haftende Kommanditgesellschaft"** vorzuziehen ist (→ Rn. 19).[103] Jedenfalls ist diese Bezeichnung

---

[94] Vgl. Baumbach/Hopt/*Hopt* Rn. 27; Baumbach/Hopt/*Hopt* § 17 Rn. 50; BayObLGZ 1986, 61 (64) = IPRax 1986, 368.

[95] OLG Bremen NZG 2013, 144 = ZIP 2013, 268; dazu *Wachter* EWiR 2013, 151.

[96] *Lüke* in Hesselmann/Tillmann/Müller-Thuns, Handbuch der GmbH & Co., § 2 Rn. 2.503; *Grothe,* Die „ausländische Kapitalgesellschaft & Co.", 1989, 268 f.; *Bokelmann* GmbHR 1987, 177 (179); Auflistung der der GmbH vergleichbaren ausländischen Gesellschaften bei Lutter/Hommelhoff/*Bayer* GmbHG Anh. I § 4a Rn. 9.

[97] So zB Baumbach/Hopt/*Hopt* § 17 Rn. 50; LG Karlsruhe Beschl. v. 15.9.2003 – 13 T 10/03 KfH I, nv; vgl. schon BayObLGZ 1986, 61; 1986, 351 – Landshuter Druckhaus; ebenso *Leible/Hofmann* EuZW 2003, 677; offen noch *Kögel* Rpfleger 2004, 325 (329); allg. zur Firmierung der Ltd. & Co. KG s. auch *Wachter* GmbHR 2006, 82 ff.; für einen zusätzlichen Hinweis aber GK-HGB/*Steitz* Rn. 29 auch bei „US corporation" und für „ltd.".

[98] Eintrag beim Handelsregister Wolfsburg „M.bau bv & Co. KG"; abl. noch *Kögel* Rpfleger 2004, 325 (329), da noch weniger bekannt.

[99] So aber noch → 1. Aufl. ErgBd. 1999, Rn. 88.

[100] *Wachter* GmbHR 2006, 81 ff.

[101] Hierzu *Grothe,* Die ausländische Kapitalgesellschaft und Co, 1989, 269; *Bokelmann* ZGR 1994, 325; s. aber zur Problematik des deutlichen Rechtsformzusatzes außerhalb der GmbH & Co. KG *Wachter* GmbHR 2004, 88 (98), der (de lege ferenda) dafür plädiert, ein jeweiliges Länderkürzel beim Rechtsformzusatz zu verlangen, wie zB dGmbH oder öGmbH.

[102] So aber *Bokelmann* GmbHR 1987, 177 (179).

[103] So schon der allgemeine Vorschlag des RegE zur GmbH-Novelle, mit der § 19 Abs. 5 aF eingeführt wurde, vom 15.12.1977 (BT-Drs. 8/1347) und für eine im Inland nicht bekannte Rechtsformbezeichnung der Bericht des Rechtsausschusses, BT-Drs. 8/3908, 78; befürwortend auch Staub/*Burgard* Rn. 24; GK-HGB/*Steitz* Rn. 29.

hier als zusätzlicher Hinweis erlaubt.[104] Noch besser erscheint es mE, den Zusatz „GmbH & Co. KG" als selbständigen Rechtsformzusatz für die Haftungsbeschränkung iSd § 19 Abs. 2 nF zu verstehen, ohne dass eine (deutsche) GmbH beteiligt sein müsste.[105] So führt das OLG Stuttgart[106] – allerdings in anderem Zusammenhang – zB aus, dass sich dieser Zusatz durch die Rspr. und die nachfolgende Gesetzgebung zu einem eigenständigen Rechtsformzusatz mit spezieller Aussagekraft weiter entwickelt hat.

32 Ist der **ausländische Rechtsformzusatz dem inländischen gleich,** muss nach bisher hM in der Firma darauf hingewiesen werden, dass es sich nicht um eine inländische Gesellschaft handelt, weil sich die Kapitalausstattung und die Vermögensstruktur erheblich voneinander unterscheiden können.[107]

33 Dies überzeugt nach dem neuen Firmenrecht nicht mehr.[108] Es besteht nicht mehr die firmenrechtliche Pflicht positiv über den namensgebenden Gesellschafter zu informieren. Eine Firma „Erwin Müller AG & Co. KG" enthält die von § 19 Abs. 2 nF geforderte Kennzeichnung der Haftungsbeschränkung unabhängig davon, ob es sich um eine deutsche, schweizerische oder liechtensteinische AG handelt, solange die Kernaussage über die Haftungsbeschränkung richtig ist. Diese könnte ohne weiteres mit einer Fantasiefirma und dem Zusatz „GmbH & Co. KG" firmieren, ohne dass überhaupt eine (deutsche) GmbH Gesellschafterin oder auch nur Namengeberin wäre. Bei EU-Gesellschaften wie zB bei der liechtensteinischen AG muss auch noch die europarechtliche Niederlassungsfreiheit[109] beachtet werden (→ Vor § 17 Rn. 33 ff.). Eine Diskriminierung durch die Verpflichtung, sich als ausländische Gesellschaft zu „outen", ist **europarechtswidrig.** Nur bei einer ersichtlichen Täuschungseignung über verkehrswesentliche geschäftliche Verhältnisse wäre eine solche Firma ohne „Auslandszusatz" nach § 18 Abs. 2 unzulässig (→ Vor § 17 Rn. 42), soweit dadurch zwingende Gründe des Allgemeininteresses berührt werden. Dass allein die Frage, ob es sich bei dem einzigen persönlich haftenden Gesellschafter einer KG um eine schweizerische, liechtensteinische oder eine deutsche AG handelt als verkehrswesentlich angesehen werden kann, muss trotz unterschiedlicher Strukturen bezweifelt werden. Den angesprochenen Verkehrskreisen ist seit langem bekannt, dass weder bei einer GmbH & Co. KG noch bei einer AG & Co. KG in der Insolvenz von der persönlich haftenden Kapitalgesellschaft, gleichgültig aus welchem Land diese stammt, eine nennenswerte Haftungsmasse zu erwarten ist. Auch kann der durchschnittliche Angehörige des betroffenen Personenkreises regelmäßig nicht die Bonität und Insolvenzfestigkeit der einzelnen ausländischen Gesellschaftsformen einschätzen. Klar muss – auch ohne Auslandszusatz – das werden, was § 19 Abs. 2 allein fordert, dass sich die Haftung aller vollhaftenden Gesellschafter nur auf ihr jeweiliges Gesellschaftsvermögen beschränkt. Eine weitergehende Information über die Struktur oder gar die Solvenz und Bonität oder auch Identität des persönlich haftenden Gesellschafters verlangt das Gesetz gerade nicht mehr.

34 **bb) Einzelheiten und Modifikation durch das inländische Recht.** Gibt eine ausländische Kapitalgesellschaft einer inländischen Kommanditgesellschaft ihren Namen, bzw. musste sie ihn ihr nach altem Firmenrecht als alleinige Komplementärin geben, so war die ausländische Firma nach **althergebrachter Meinung** grundsätzlich so zu übernehmen, wie sie im Ausland nach ausländischem Recht zulässigerweise geführt wird (→ Rn. 30).[110] Dies kann angesichts der Einschränkung des Grundsatzes der Firmenidentität genauso wenig

[104] Baumbach/Hopt/*Hopt* Rn. 27: nur als zusätzlicher Hinweis erlaubt.
[105] EBJS/*Reuschle* Rn. 18; *Karsten Schmidt* DB 1998, 61 (63); *Kögel* BB 1998, 1645 (1646).
[106] OLG Stuttgart DB 2001, 695 = BB 2001, 14.
[107] LG Hagen NJW 1973, 2162 für eine AG in Vaduz; Staudinger/*Großfeld,* 1998, IntGesR Rn. 300; *Kögel* Rpfleger 1993, 8 (10), sachgerecht sei etwa die Formulierung „KVA Kapitalanlagevermittlung AG (nach schweizerischem Recht) Zweigniederlassung Bonn".
[108] So auch *Heckschen* NotBZ 2006, 346 (349).
[109] S. insbes. EuGH NZG 2003, 1064 – Inspire Art; vgl. dazu *Kindler* NZG 2003, 1086; *Ziemons* ZIP 2003, 1913; *Triebel/Hase* BB 2003, 2409.
[110] Heymann/*Emmerich,* 2. Aufl. 2012, Rn. 31; Hachenburg/*Heinrich* GmbHG § 4 Rn. 128; *Bokelmann* FirmenR Rn. 364.

mehr bei der Firmenbildung mit Firmenbestandteilen eines ausländischen Namensgebers gelten, wie bei der rein deutschen GmbH & Co. KG nach dem HRefG 1998 (→ § 18 Rn. 114 ff.). Zu weiteren Besonderheiten bei der Firmenverwendung einer ausländischen Gesellschaft wird auf die Erörterungen zur Firmenbildung bei der deutschen Tochter einer ausländischen Gesellschaft bei → Vor § 17 Rn. 51 ff. verwiesen.

5. Verstoßfolgen. Neben den typisch firmenrechtlichen und wettbewerbsrechtlichen Konsequenzen der Führung einer unzulässigen Firma (→ Vor § 17 Rn. 31 und → § 37 Rn. 1 ff.) ist hier noch die **persönliche Haftung** zu besorgen. Das Auftreten im Geschäftsverkehr unter einer Firma ohne den erforderlichen „GmbH & Co. KG"-Zusatz kann zur Rechtsscheinhaftung der Geschäftsführer oder der Gesellschafter führen, weil dem Gesetz zuwider der Anschein erweckt wird, dem Geschäftsgegner hafte zumindest eine natürliche Person unbeschränkt mit ihrem Privatvermögen.[111] Das gilt auch dann, wenn sich aus dem Handelsregister die wahre Rechtsform (GmbH & Co. KG) ersehen lässt. Denn der spezielle Vertrauenstatbestand ergibt sich schon daraus, dass die GmbH & Co. KG im Geschäftsverkehr eine Firma führt, die ihre Gesellschaftsform nicht offenbart; unter diesen Umständen ist eine Berufung auf die zutreffende Handelsregistereintragung rechtsmissbräuchlich.[112] Darüber hinaus haftet nach Rechtsscheingesichtspunkten der Geschäftsführer und jeder andere Vertreter eines Unternehmens wegen Fortlassung des Rechtsformzusatzes GmbH oder GmbH & Co. KG, sofern die Zeichnung der Firma ohne den Zusatz bei dem Geschäftsgegner die irrige Vorstellung hervorgerufen hat, es hafte wenigstens eine natürliche Person.[113] 35

VI. Rechtsformzusatz bei sonstigen Rechtsträgern

1. Rechtsformzusätze außerhalb § 19. Bei den **Kapitalgesellschaften** hat das HRefG 1998 für die erforderlichen Rechtsformzusätze wenig Veränderung gebracht. Ausdrücklich klargestellt wurde nur, dass eine „allgemein verständliche Abkürzung" für den Rechtsformzusatz gewählt werden darf. Die Firma der **GmbH** muss nach § 4 GmbHG nun die Bezeichnung „Gesellschaft mit beschränkter Haftung" (→ § 18 Rn. 109; zur früher strittigen Unzulässigkeit der Abkürzung **„gGmbH"** für eine gemeinnützige Gesellschaft mit beschränkter Haftung → § 18 Rn. 199; zur strittigen Frage der Zulässigkeit von **„gUG"** → § 18 Rn. 200) enthalten. Die Firma der **AG** muss nach § 4 AktG die Bezeichnung „Aktiengesellschaft" die Firma der **KGaA** nach § 279 Abs. 1 AktG die Bezeichnung „Kommanditgesellschaft auf Aktien" oder jeweils eine entsprechende Abkürzung enthalten. § 279 Abs. 2 AktG stellt für die KGaA klar, dass persönlich haftende Gesellschafterin auch eine beschränkt haftende Gesellschaft sein darf. Dann muss aber – ähnlich wie in § 19 Abs. 2 für die Personenhandelsgesellschaft geregelt – eine Bezeichnung enthalten sein, welche die Haftungsbeschränkung kennzeichnet. Üblich ist hier zB „GmbH & Co. KGaA". Für die **Vor-GmbH** hat sich die **Benutzung der zukünftigen Firma mit dem Rechtsformzusatz „GmbH" und einer Klarstellung „in Gründung", „i. Gr."** oÄ allgemein durchgesetzt.[114] So wird sie zB auch als Komplementärin im Handelsregister „GmbH i.G. & Co. KG"[115] eingetragen (näher → § 21 Rn. 10 ff.).[116] Gleiches gilt für die anderen Kapitalgesellschaften im Gründungsstadium. 36

[111] BGHZ 71, 354 (356) = NJW 1978, 2030; vgl. schon BGHZ 64, 11 (17) = NJW 1975, 1166 für den Geschäftsführer der GmbH; vgl. auch *Brandes* WM 1987, Sonderbeilage 1/1987 S. 4; Baumbach/Hopt/*Hopt* Rn. 30.

[112] BGHZ 71, 354 (357) = NJW 1978, 2030.

[113] BGH NJW 1991, 2627 mAnm *Canaris* NJW 1991, 2628 f. = DB 1991, 1824; vgl. zur Firmenführungspflicht Heymann/*Förster* Rn. 17; Staub/*Burgard* Rn. 40.

[114] BGH NJW 1996, 2645 = GmbHR 1996, 764; Scholz/*Karsten Schmidt* GmbHG § 11 Rn. 38; Lutter/Hommelhoff/*Bayer* § 4 Rn. 42; Scholz/*Cziupka* GmbHG § 4 Rn. 15.

[115] BeckOGK/*Lüken/Natzel*, 15.11.2019, Rn. 88; Staub/*Burgard* Rn. 18.

[116] BGH NJW 1985, 736 (737) = DB 1985, 481; *Ulmer* ZGR 1981, 593 (617); eingehend mN Hachenburg/*Heinrich* GmbHG § 4 Rn. 113 Fn. 320, anders wohl Hachenburg/*Heinrich* GmbHG § 4 Rn. 125.

37 Systematisch fragwürdig ist die durch das MoMiG in § 5a GmbHG eingeführte firmenrechtliche Regelung für die **Unternehmergesellschaft.** Da es sich bei der UG um eine GmbH handelt, gelten für sie die gleichen firmenrechtlichen Grundsätze wie für die GmbH. Nach § 5a Abs. 1 GmbHG muss sie allerdings „abweichend von § 4" GmbHG die Bezeichnung „Unternehmergesellschaft (haftungsbeschränkt)" oder **„UG (haftungsbeschränkt)"** führen. Daraus muss man – wie es offenbar auch die Intention des Gesetzgebers war[117] – mE schließen, dass dieser neue Rechtsformzusatz an Stelle des in § 4 GmbHG geregelten Zusatzes „Gesellschaft mit beschränkter Haftung" bzw. „GmbH" tritt, um diese spezielle Form der GmbH zu kennzeichnen.[118] Die UG (haftungsbeschränkt) darf sich also grundsätzlich nicht GmbH nennen.[119] Tritt ein Geschäftsführer dennoch mit dem Rechtsformzusatz „GmbH" auf, trifft ihn eine persönliche Rechtsscheinhaftung, die der BGH aus dem Rechtsgedanken des § 179 BGB ableitet.[120] Da der Rechtsformzusatz exakt und buchstabengetreu verwendet werden muss, ist auch eine Einfügung weiterer Namensbestandteile zwischen den Teilen des Rechtsformzusatzes „UG" und „(haftungsbeschränkt)" unzulässig.[121]

38 § 5a Abs. 5 GmbHG sieht mE systemwidrig vor, dass die UG (haftungsbeschränkt) ihre **Bezeichnung beibehalten** darf, wenn sie durch Erhöhung ihres Stammkapitals auf 25.000 Euro zur „normalen" GmbH wird. Dies ist ein eklatanter Bruch mit der ansonsten im Firmenrecht vorherrschenden strikten Handhabung der korrekten Rechtsformzusätze. Die Verkehrskreise erwarten weiter eine Unternehmergesellschaft insbesondere mit ihrer 25%igen Thesaurierungspflicht, obwohl es sich bereits um eine „normale" GmbH handelt. *Goette*[122] interpretiert § 5a Abs. 5 GmbHG daher so, dass er nur die Fortführung des Firmenkerns erlaubt, aber nicht des Rechtsformzusatzes „UG (haftungsbeschränkt)". Das wäre allerdings eine nicht regelungsbedürftige Selbstverständlichkeit. Praktisch ist jedenfalls davon abzuraten, den Rechtsformzusatz UG (haftungsbeschränkt) auch bei einer GmbH fortzuführen. Allerdings erfolgt wegen der merkwürdigen Regelung in § 5a Abs. 5 GmbHG kein Übergang des Rechtsformzusatzes kraft Gesetzes und bedarf daher einer **ausdrücklichen Satzungsänderung.**[123]

39 Für die Firma der **Genossenschaft** kommt nur die Bezeichnung „eingetragene Genossenschaft" oder „eG" in Frage. Zu den Einzelheiten wird auf die einschlägigen Kommentierungen zu den jeweiligen Spezialgesetzen verwiesen.

40 Der Name der **Partnerschaftsgesellschaft** muss nach § 2 Abs. 1 PartGG den Zusatz „und Partner" oder „Partnerschaft" enthalten. Zur Ausschließlichkeit des Zusatzes für die Partnerschaftsgesellschaft → § 18 Rn. 193.[124] Zum Zwang zur Personenfirma bei der Partnerschaftsgesellschaft und zu den weiteren inhaltlichen Voraussetzungen wird auf → § 17 Rn. 24 und die einschlägigen Kommentierungen zu § 2 PartGG verwiesen.

41 Die **EWIV** hat nach § 2 Abs. 2 S. 1 Nr. 1 EWIVAG die Firma mit den voran- und nachgestellten Worten „Europäische wirtschaftliche Interessenvereinigung" oder der Abkürzung „EWIV" im Handelsregister anzumelden.

42 **2. Sonstige deutsche Rechtsträger.** Die Intension des Gesetzgebers ging dahin, dass durch den Rechtsformzusatz die Rechtsform und damit die **Haftungsverhältnisse aller unternehmenstragenden Rechtsträger für die Verkehrskreise transparent** werden.

---

[117] S. zB die Alternativen „GmbH" oder „UG (haftungsbeschränkt)" in der noch im RegE vorgesehenen Mustersatzung.

[118] MüKoGmbHG/*Heinze* GmbHG § 4 Rn. 17 spricht von einer „paradoxen Situation, dass die Unternehmergesellschaft (haftungsbeschränkt) zwar eine GmbH ist, sich aber nicht so nennen darf."

[119] *Wachter* GmbHR 2008, Sonderheft Oktober, 87, 92; MüKoGmbHG/*Heinze* GmbHG § 4 Rn. 17; *Wälzholz* MittBayNot 2008, 425 (426).

[120] BGH NZG 2012, 989 = GmbHR 2012, 953; dazu zust. *Heckschen* EWiR 2012, 697; mit anderem dogmatischen Ansatz: *Altmeppen* NJW 2012, 2833; aA noch *Gehrlein* Der Konzern 2007, 771 (780); Ulmer/*Paura*, ErgBd. MoMiG, 2010, GmbHG § 5a Rn. 42.

[121] OLG Hamburg NZG 2011, 872.

[122] *Goette,* Einführung in das neue GmbH-Recht, 2008, 21.

[123] *Ländernotarkasse* NotBZ 2013, 244 zur kostenrechtlichen Folge.

[124] Zu den verschiedenen Einschränkungen bei der Verwendung auch ausf. *Kögel* Rpfleger 2007, 590 ff.

Außerhalb der Regelungen des HGB kann dies zB eine **Erbengemeinschaft**[125] sein (→ § 22 Rn. 24 ff.; → § 1 Rn. 52). Führt diese das ererbte Unternehmen eines Einzelkaufmannes fort hat sie analog § 19 Abs. 1 Nr. 1 ebenfalls einen Rechtsformzusatz zu führen.[126] Vorgeschlagen wird die bloße Ergänzung „Erbengemeinschaft".[127] Andere bevorzugen „eingetragene Erbengemeinschaft".[128] Wieder andere empfehlen „in eingetragener Erbengemeinschaft".[129] Diese Vorschläge lassen mE aber alle nicht eindeutig genug allein aus der Firma erkennen, dass es sich um ein kaufmännisches Unternehmen handelt. ME ist es daher vorzugswürdig weiterhin mit dem Rechtsformzusatz **„e. K."**[130] und einem klarstellenden Zusatz wie **„in Erbengemeinschaft"** zu firmieren.[131] Denn dadurch wird eindeutig die Kaufmannseigenschaft aus der Firma ersichtlich aber dennoch klargestellt, dass es sich strukturell um eine Erbengemeinschaft handelt. Darin kann auch keine verwirrende Doppelung der Rechtsformzusätze gesehen werden.[132] Denn „in Erbengemeinschaft" ist kein gesonderter Rechtsformzusatz iSd § 19 sondern eine gerade nicht irreführende Klarstellung, dass es sich bei dem Inhaber des kaufmännischen Unternehmens nicht um eine Einzelperson handelt. Eine solche Ergänzung (dort zu den Namen der Erben) wird auch bei anderen Eintragungen in „Register" wie des GmbH-Gesellschafters in der Gesellschafterliste bei der GmbH, des Kommanditisten im Handelsregister und sogar im Grundbuch seit langem praktiziert. Diese Überlegungen dürften auch für die **Gütergemeinschaft** gelten (zu ihrer Unternehmensträgerschaft → § 1 Rn. 51). 43

Aber auch für **juristische Personen des privaten und öffentlichen Rechts** iSd § 36 aF bzw. jetzt § 33[133] (Stiftung, Idealverein, wirtschaftlicher Verein, juristische Personen des öffentlichen Rechts, Unternehmen von Gebietskörperschaften) fehlt es an einer Regelung für einen Rechtsformzusatz. Da diese ein Handelsgewerbe betreiben, sind sie Kaufmann iSd § 1 Abs. 1 oder § 2. Daher gilt für sie § 17 Abs. 1 und sie müssen, sofern sie nicht Kaufmann kraft Rechtsform sind und den jeweils dafür im Gesetz vorgesehenen Rechtsformzusatz führen müssen, nach sehr umstrittener Ansicht analog § 19 Abs. 1 auch einen **geeigneten Rechtsformzusatz** führen.[134] Oft wird auf den Rechtsformzusatz in Nr. 1 **„e.K."** zurückgegriffen.[135] Damit wird jedenfalls die Kaufmannseigenschaft klargestellt, aber über die wahre Rechtsform des Unternehmensträgers nicht informiert. Zum Teil wird daher die möglichst **genaue Angabe der Rechtsform des Unternehmensträgers** bevorzugt.[136] Dies klärt über die Rechtsform des Rechtsträgers regelmäßig umfassend auf, jedoch nicht über deren Kaufmannseigenschaft. Daher ist zu erwägen, noch zusätzlich den Rechtsformzusatz „e.K." oder ein klarstellendes Wort wie „kaufmännisch" zu ergänzen. 44

---

125 Dazu Staub/*Burgard* Rn. 36; *Karsten Schmidt* ZIP 1997, 909 (916); *Karsten Schmidt* HandelsR § 12 Rn. 101; *Karsten Schmidt* JZ 2003, 585 (592).

126 *Karsten Schmidt* HandelsR § 12 Rn. 101.

127 *Karsten Schmidt* ZIP 1997, 909 (916); *Karsten Schmidt* JZ 2003, 585 (592); Baumbach/Hopt/*Hopt* Rn. 4; Baumbach/Hopt/*Hopt* § 22 Rn. 2: ungeteilte Erbengemeinschaft.

128 EBJS/*Reuschle* § 22 Rn. 20, 61.

129 Staub/*Burgard* Rn. 36; Staub/*Burgard* § 22 Rn. 92.

130 So auch KKRD/*Roth* Rn. 3b; *W.-H. Roth* in Die Reform des Handelsstandes und der Personengesellschaft, 1999, 40; *W.-H. Roth* FS Lutter, 2000, 651.

131 BeckOGK/Lüken/Natzel, Rn. 40 mit ausführlicher Erörterung auch der abweichenden Vorschläge; aA, da e. K. bei Nicht-Einzelperson irreführend wäre, *Karsten Schmidt* JZ 2003, 585 (592) Fn. 112 f.; Staub/*Burgard* Rn. 36.

132 So aber die Bedenken von Staub/*Burgard* Rn. 36.

133 Zur Eintragungsbedürftigkeit iSd § 33 nach dem HRefG *Kohler-Gehrig* Rpfleger 2000, 45 ff.; *Deike* NotBZ 1998, 175 ff.; *Waldner* MittBayNot 2000, 13 ff.; *Boos* DB 2000, 1061 ff.; *Holland* ZNotP 1999, 466; *Burgard*, FS Werner, 2009, 190.

134 Ähnlich schon *Karsten Schmidt* NJW 1998, 2161 (2168): § 19 Abs. 1 als Generalklausel, die Zusatz über „eigene Rechtsform" vorschreibt; Staub/*Burgard* Rn. 33.

135 *W.-H. Roth* in Die Reform des Handelsstandes und der Personengesellschaft, 1999, 31 (41); *W.-H. Roth* FS Lutter, 2000, 651; KKRD/*Roth* Rn. 3a; Baumbach/Hopt/*Hopt* Rn. 2, 5; Röhricht/Graf v. Westphalen/Haas/*Ries* § 33 Rn. 6 in Fn. 3; wegen Irreführung abl. *Kornblum* DÖV 2012, 20 (23).

136 Staub/*Burgard* Rn. 33; Staub/*Burgard* § 33 Rn. 21 ff. mit zahlreichen konkreten Fallbeispielen; *Burgard* FS Werner, 2009, 190 (201); *Kornblum* DÖV 2012, 20 (23), mit Hinweis auf massive Verstöße in der Registerpraxis; *Waldner* MittBayNot 2000, 13 (15): Nennung der Gebietskörperschaft.

Eine Irreführung der Verkehrskreise ist dadurch mE nicht zu besorgen,[137] da die tatsächliche Rechtsform wie Stiftung, Eigenbetrieb, Anstalt des öffentlichen Rechts zusätzlich angegeben ist. Die Vertreter der Meinung, dass **kein Rechtsformzusatz** gefordert werden kann, wollen den Schutz des Rechtsverkehrs allein über § 33 Abs. 4, § 37a gewährleisten (→ § 33 Rn. 12).[138]

45 Der Name der **BGB-Gesellschaft** ist keine Firma (→ § 17 Rn. 38 ff. zur Minderfirma) iSd § 19, muss also auch keinen Rechtsformzusatz enthalten. Will eine BGB-Gesellschaft aber die Besitzstandswahrung nach § 11 Abs. 1 S. 3 PartGG nutzen und den Zusatz „Partnerschaft" oder „und Partner" weiterhin im Namen führen, muss auch sie einen klarstellenden Hinweis auf ihre Rechtsform hinzufügen (zum Zusatz „und Partner" → § 18 Rn. 193).

46 **3. Ausländische Rechtsträger.** Zur Frage des Rechtsformzusatzes bei ausländischen Gesellschaften, insbesondere zum Problem der Herkunftslandangabe → Vor § 17 Rn. 46 ff. und für die Zweigniederlassung → Vor § 17 Rn. 59 ff.; → § 13d Rn. 21 ff.

VII. Übergangsvorschriften für Rechtsformzusätze

47 Grundsätzlich unterliegen auch Altfirmen seit dem 1.7.1998 ohne Einschränkungen den neuen firmenrechtlichen Bestimmungen. Art. 38 EGHGB beinhaltet für die neue verschärfte Pflicht zur Führung von Rechtsformzusätzen davon gewisse Ausnahmen. Nach Art. 38 Abs. 1 EGHGB aF durften zunächst die vor dem 1.7.1998 im Handelsregister eingetragenen Firmen bis zum 31.3.2003 weitergeführt werden, soweit sie nach den bisherigen Vorschriften zulässig waren. Nach Art. 38 Abs. 2 EGHGB aF bedurfte auch danach die Änderung der Firma eines Einzelkaufmanns oder einer Personenhandelsgesellschaft nicht der Anmeldung zur Eintragung in das Handelsregister, wenn die Änderung ausschließlich die Aufnahme der nach § 19 Abs. 1 vorgeschriebenen Bezeichnungen („eingetragener Kaufmann" und so fort) zum Gegenstand hat. In der Begründung zum Regierungsentwurf[139] heißt es hierzu, Abs. 1 erlaube zwar den Gebrauch einer Firma ohne den „Rechtsformzusatz" nach der Übergangsfrist nicht mehr und zwinge die Unternehmen insoweit zur Änderung ihrer Firma. „Gleichwohl" sollten die Unternehmen aber nicht verpflichtet werden, die alleinige Hinzufügung des Zusatzes anzumelden. „Die Unternehmen können also, müssen aber nicht die Eintragung beantragen". Nach Art. 38 EGHGB in seiner seit 19.4.2006 geltenden Fassung[140] existiert nur noch die ehemalige Regelung in Abs. 2. Jeder Einzelkaufmann und jede Personenhandelsgesellschaft muss seit 1.4.2004 einen Rechtsformzusatz in der Firma führen. Eine **Anmeldung beim Handelsregister** bleibt ihnen aber weiterhin erspart.[141]

48 Grundsätzlich ist nach § 31 Abs. 1 jede Änderung der Firma, wozu auch Zusätze gehören, zur Eintragung in das Handelsregister anzumelden. Selbst wenn es der Gesetzgeber aus Gründen der Kostenersparnis (die Kosten der Anmeldung nach § 12 Abs. 1 entfallen) für vertretbar hielt, unter Missachtung dieses Grundsatzes auf die förmliche Anmeldung zu verzichten, so wäre es jedenfalls geboten gewesen, zwingend die **Unterrichtung des Registergerichts** von der Aufnahme des Rechtsformzusatzes in die Firma durch formlose Mitteilung vorzuschreiben. Nur so wäre ein Auseinanderfallen des Firmengebrauches im Rechtsverkehr und in der Handelsregistereintragung zu vermeiden gewesen. Nach der derzeitigen Rechtlage trifft den Einzelkaufmann und die Personenhandelsgesellschaften weiterhin keine Verpflichtung, dem Gericht die Änderung mitzuteilen, um einem Firmenmissbrauchsverfahren zu entgehen. Der Wortlaut von § 38 Abs. 2 EGHGB ist eindeutig. Eine

---

137 AA Staub/*Burgard* Rn. 33; BeckOK HGB/*Bömeke* Rn. 17.

138 *Holland* ZNotP 1999, 466 (468); Oetker/*Schlingloff* § 33 Rn. 4.

139 BT-Drs. 13/8444, 70.

140 Art. 38 EGHGB erst aufgehoben durch Gesetz vom 19.4.2006 (BGBl. 2006 I 866), dann mWv 25.4.2006 durch Gesetz vom 23.11.2007 (BGBl. 2007 I 2631) mit nur noch einem Absatz erneut eingefügt.

141 Staub/*Burgard* Rn. 29.

„freiwillige" formlose Anmeldung (bei der KG durch alle Gesellschafter)[142] ist aber empfehlenswert, um ein Auseinanderfallen der tatsächlich geführten und der im Handelsregister eingetragenen Firma zu vermeiden.[143] Eine „Berichtigung" von Amts wegen scheidet aus.[144]

§ 20 *(aufgehoben)*

Die Vorschrift, die sich mit der Firma der AG und der KGaA befasste, ist anlässlich der Aktienrechtsreform 1937 mit Wirkung vom 1.10.1937 durch § 18 Abs. 1 EGAktG vom 30.1.1937 (RGBl. 1937 I 166) aufgehoben worden. An ihre Stelle sind § 4 AktG für die AG und § 279 AktG für die KGaA getreten. Für Altfirmen die vor dem 1.1.1900 entstanden sind, galt zunächst Art. 22 EGHGB, seit dem 31.12.1978 eingeschränkt durch § 26a EGAktG. Danach müssen auch Altgesellschaften den Zusatz „AG" bzw „KGaA" führen. **1**

§ 21 [Fortführung bei Namensänderung]

Wird ohne eine Änderung der Person der in der Firma enthaltene Name des Geschäftsinhabers oder eines Gesellschafters geändert, so kann die bisherige Firma fortgeführt werden.

Übersicht

I. Normzweck und Anwendungsbereich

Schon nach dem alten Firmenrecht wich das Gesetz in den Fällen der §§ 21, 22 und 24 von dem Gebot der Firmenwahrheit nach § 18 Abs. 2 ab. Daran hat sich durch das HRefG grundsätzlich nichts geändert. Das Gebot der Firmenwahrheit wurde in § 18 Abs. 2 nF sogar ganz allgemein zurückgestuft (→ § 18 Rn. 42 ff.). Im Interesse der Erhaltung des Firmenwertes gilt insoweit der **Grundsatz der Firmenbeständigkeit** (auch Firmenkontinuität genannt),[1] und der Gesetzgeber hat bewusst das hieraus resultierende Informationsdefizit[2] in Kauf genommen. Um den eigentlichen, echten Fall einer abgeleiteten Firma handelt es sich bei § 21 aber nicht, weil der Rechtsträger (Geschäftsinhaber) nicht wechselt. Man spricht daher auch von einer **unechten abgeleiteten Firma,** bei der der Wahrheitsgrundsatz nicht durchbrochen, sondern nur zurückgedrängt wird.[3] So soll auch nicht zulässig sein, den neuen Namen neben dem alten durch einen Nachfolgezusatz (Inhabervermerk) in die beibehaltene Firma einzuführen,[4] weil hierdurch eine echt abgeleitete Firma vorgetäuscht würde.[5] **1**

[142] Ries/*Rudolf*, Praxis- und Formularbuch zum Registerrecht Rn. 2.51: „ausreichend"; *Krafka*/RegisterR Rn. 207 „genügend"; unklar Röhricht/Graf v. Westphalen/Haas/*Ries* Rn. 40.

[143] Zu den aus dem Übergang resultierenden Schwierigkeiten bei der Parteibezeichnung im Zivilprozess, insbes. im Mahnverfahren *Gräve/Salten* MDR 2003, 1097.

[144] *Krafka*/RegisterR Rn. 207.

[1] EBJS/*Reuschle* Rn. 2.

[2] *Lindacher* BB 1977, 1676 (1681).

[3] EBJS/*Reuschle* Rn. 2.

[4] *Kögel* in Wessel/Zwernemann/Kögel Firmengründung Rn. 525, krit. wegen der kaum erheblichen Irreführungsgefahr; aA Staub/*Burgard* Rn. 12.

[5] *Bokelmann* FirmenR Rn. 649; aA OLG Celle BB 1990, 302 m. abl. Anm. *Frey*.

2 **Durch das HRefG** wurden in § 21 die Worte „der Name des Geschäftsinhabers oder der in der Firma enthaltene Name eines Gesellschafters" durch die Worte „der in der Firma enthaltene Name des Geschäftsinhabers oder eines Gesellschafters" ersetzt. Ausweislich der Begründung zum Regierungsentwurf[6] handelt es sich insoweit um eine **Folgeänderung zum neuen Firmenbildungsrecht** in § 18 und § 19. Dies leuchtet ein,[7] da durch die Zulassung der Sachfirma und der Fantasiefirma auch für den Einzelkaufmann der Name des Geschäftsinhabers nicht mehr zwingend identisch ist mit der Firma des Einzelkaufmanns.

3 Nach der hier vertretenen Ansicht (→ § 17 Rn. 24 f.; → § 18 Rn. 180 ff.) kann in den Grenzen des Irreführungsverbotes nach § 18 Abs. 2 auch der Name des Nichtgeschäftsinhabers bzw. des Nichtgesellschafters zur Firmenbildung herangezogen werden. § 21 (nF) privilegiert aber diese Personenfirmen schon von seinem Wortlaut her nicht.

4 Da nach der Liberalisierung des Firmenrechtes alternativ zur Firmenfortführung auch eine Neufirmierung mit dem alten Namen des Geschäftsinhabers bzw. eines Gesellschafters zulässig wäre, soweit dadurch nicht eine Irreführung iSd § 18 Abs. 2 eintritt, wird der praktische **Anwendungsbereich** des § 21 (nF) **sehr gering.** § 21 erlaubt die Firmenfortführung trotz (hier nur in extremen Ausnahmefällen denkbarer) **Irreführungseignung.** Darüber hinaus kann mit der zulässigerweise fortgeführten Firma die **Priorität** der alten Firma gegenüber anderen Firmen zB im Rahmen des § 30 gewahrt werden.

5 § 21 gilt für die Firma des Einzelkaufmanns, der OHG, KG und, da die Wahl einer Personenfirma jetzt weitgehend liberalisiert ist, auch der GmbH, der AG und der KGaA (→ Rn. 6). Wurde die Firma unter Verwendung des Namens einer natürlichen Person gebildet, ist hauptsächlich an die Änderung des Familiennamens bei Eheschließung oder Adoption (beziehungsweise deren Aufhebung) zu denken, aber auch an die Annahme eines neuen Namens nach dem Namensänderungsgesetz vom 5.1.1938 (RGBl. 1938 I 9). Nach § 2 Abs. 2 PartGG ist § 21 auf die Partnerschaftsgesellschaft nach §§ 172, 210 VAG auch auf den VVaG entsprechend anzuwenden.

6 Die Anwendbarkeit von § 21 ist **nicht auf natürliche Personen als Namengeber einer Gesellschaft beschränkt.** § 21 gilt vielmehr ebenso für Gesellschaften, die ihrerseits einer anderen Gesellschaft den Namen geben. Auch die Änderung der Firma einer solchen Namengeberin ist (auch wenn sie selbst eine Fantasie- oder Sachfirma führt) Änderung des Namens iSv § 21 mit der Folge, dass die bisherige Firma fortgeführt werden kann.[8] Von Bedeutung ist das in besonderem Maße für die GmbH & Co. KG.[9] Auf die selbständige Geschäftsbezeichnung (→ § 17 Rn. 34 ff.) ist § 21 nicht anwendbar.

II. Voraussetzungen

7 § 21 betrifft einen Fall der Firmenfortführung und setzt mithin zum Zeitpunkt der Änderung des Namens **eine noch bestehende (zulässige) Firma** voraus, was wiederum die Existenz eines kaufmännischen Unternehmens unabdingbar macht.[10] Zur Frage, wann eine Firma durch Aufgabe des Gewerbebetriebes oder durch Herabsinken auf ein Kleingewerbe bzw. den Wechsel in die Freiberuflichkeit erlischt, wird auf § 17 verwiesen (für Einzelkaufmann → § 17 Rn. 45 ff., für Personenhandelsgesellschaften → § 17 Rn. 49 ff., für Formkaufmann → Rn. 56).

8 Nicht erforderlich ist nach altem wie nach geltendem Recht, dass die Firma im Augenblick der Änderung des Namens schon im **Handelsregister eingetragen** war.[11] Die Eintragung der tatsächlich geführten bisherigen Firma, die den alten Namen enthält, ist auch noch möglich, nachdem sich der Name geändert hat.[12] Denn die Firma ist, betreibt ein

---

6 BT-Drs. 13/8444, 56.

7 AA → 1. Aufl. ErgBd. 1999, § 21 Rn. 1 *(Bokelmann); Kögel* BB 1998, 1645 (1648): nur redaktionelle Klarstellung.

8 Staub/*Burgard* Rn. 7; EBJS/*Reuschle* Rn. 5; BeckOK HGB/*Bömeke* Rn. 3.

9 Heymann/*Förster* Rn. 2.

10 RG JW 1911, 105 Nr. 38; Staub/*Burgard* Rn. 10; Heymann/*Förster* Rn. 4.

11 Anders KG RJA 8, 38.

12 Baumbach/Hopt/*Hopt* Rn. 3.

Kaufmann ein Handelsgewerbe iSd § 1 Abs. 2 (nF), entstanden, sobald der Kaufmann sie tatsächlich führt.[13] Das gilt auch für die OHG und KG unter der Voraussetzung, dass ein Handelsgewerbe iSd § 1 Abs. 2 (nF) ausgeübt wird (§ 123 Abs. 2, § 161 Abs. 2).[14] Anders ist das **in den Fällen der §§ 2, 3, 105 Abs. 2,** weil das Entstehen der Firma dann von der Eintragung im Handelsregister abhängig ist.

III. Auswirkungen

Nach § 21 *darf* die alte Firma beibehalten werden, muss es aber nicht.[15] § 21 hat **nur firmenrechtlich und nicht auch namensrechtlich Bedeutung.**[16] Da es einen Zwang zur Beibehaltung der alten Firma nicht gibt, hat der nach § 21 an sich Berechtigte Dritten gegenüber, die von ihm als namensrechtlich Berechtigte die Unterlassung der Weiterführung des früheren Namens verlangen können, auf Grund des § 21 kein Recht zur Fortführung des Namens in der Firma.[17] 9

IV. Sonderfragen

1. Die Vorgesellschaft (Vor-GmbH und Vor-AG). Die **Vor-GmbH** ist ein auf die künftige juristische Person hin angelegtes und bereits körperschaftlich strukturiertes Gebilde eigener Art. Wird die GmbH (AG) eingetragen, so **geht** in diesem Augenblick **die Vorgesellschaft in der GmbH auf** und fällt als Vermögensträger weg. Die GmbH wird Träger des Vermögens der Vor-Gesellschaft mit allen Aktiva und Passiva.[18] Gehen aber alle Rechte und Pflichten der Vorgesellschaft auf die GmbH über,[19] so gilt das auch für das Namens- bzw. Firmenrecht. Die Vor-GmbH ist firmenfähig, wenn sie ein Handelsgewerbe iSd § 1 Abs. 2 (nF) betreibt; andernfalls steht ihr jedenfalls das Namensrecht zu (→ § 17 Rn. 21). Beide Positionen gehen mit der Eintragung auf die juristische Person über; soweit das Namensrecht übergegangen ist, gelten nunmehr die firmenrechtlichen Vorschriften. Entsprechendes gilt für die Vor-AG.[20] 10

Die Vor-GmbH kann schon persönlich haftende Gesellschafterin einer Personengesellschaft sein.[21] Die **Vorgesellschaft darf als Komplementärin** einer Kommanditgesellschaft mit der KG in das Handelsregister Abteilung A (→ § 6 Rn. 12) etwa unter der Firma der zukünftigen GmbH mit dem Zusatz „i. G." („in Gründung", „im Gründungsstadium") eingetragen werden,[22] nicht dagegen schon die noch nicht eingetragene und damit noch nicht entstandene GmbH in die Abteilung B.[23] 11

Ist die Vorgesellschaft als Komplementärin mit der KG in das Handelsregister (HRA) eingetragen worden, so ist nunmehr nach **Eintragung** der GmbH (in Abteilung B) das 12

---

[13] *Bokelmann* FirmenR Rn. 650 zum früheren Recht des Vollkaufmanns.

[14] Staub/*Burgard* Rn. 11; Staub/*Hüffer*, 4. Aufl. 1983, Rn. 4.

[15] EBJS/*Reuschle* Rn. 14; Röhricht/Graf v. Westphalen/Haas/*Ries* Rn. 2.

[16] Heymann/*Förster* Rn. 6; EBJS/*Reuschle* Rn. 15; Staub/*Burgard* Rn. 13.

[17] Vgl. auch KG RJA 8, 38; EBJS/*Reuschle* Rn. 15; Staub/*Burgard* Rn. 13.

[18] BGHZ 120, 103 (107) = NJW 1993, 459 (460) = LM BGB § 12 Nr. 60 mAnm *Bokelmann;* BGHZ 80, 129 = NJW 1981, 1373 (1375); HCL/*Ulmer/Habersack* GmbHG § 11 Rn. 90.

[19] S. ausführlich HCL/*Ulmer/Habersack* GmbHG § 11 Rn. 88–97.

[20] Hüffer/Koch/*Koch* AktG § 41 Rn. 2, 16; MHdB GesR IV/*Hoffmann-Becking* § 3 Rn. 38a; *Farrenkopf/Cahn* AG 1985, 209; *Escher/Weingart* AG 1987, 310.

[21] BGHZ 80, 129 = NJW 1981, 1373 gegen BGHZ 63, 45 (47 f.) = NJW 1974, 1905; BGH NJW 1985, 736; *Hüffer* JuS 1980, 485 (486 f.); *Flume* NJW 1981, 1753; *Karsten Schmidt* NJW 1981, 1345, anders vorher NJW 1975, 665; *Binz,* Haftungsverhältnisse im Gründungsstadium der GmbH & Co. KG, 1976, 48 ff., 145 ff.; *Binz* GmbHR 1976, 29 (31 f.); *Huber* FS Hefermehl, 1976, 127 (147 f.); HCL/*Ulmer/Habersack* GmbHG § 11 Rn. 160; *Ulmer* FS Ballerstedt, 1975, 279, 282; Scholz/*Karsten Schmidt* GmbHG § 11 Rn. 182; Baumbach/Hueck/*Fastrich* GmbHG § 11 Rn. 16; Lutter/Hommelhoff/*Bayer* GmbHG § 11 Rn. 16; Rowedder/Schmidt-Leithoff/*Schmidt-Leithoff* GmbHG § 11 Rn. 166.

[22] BGH NJW 1985, 736 (737) = DB 1985, 481; *Ulmer* ZGR 1981, 593 (617); Scholz/*Karsten Schmidt* GmbHG § 11 Rn. 182; MHLS/*Blath* GmbHG § 11 Rn. 80; eingehend mwN Hachenburg/*Heinrich* GmbHG § 4 Rn. 113 Fn. 320, anders Rn. 125 zur Firmenbildung bei der GmbH & Co. KG.

[23] Staub/*Burgard* Rn. 18; vgl. für die Grundbucheintragung der Vor-GmbH *Fleck* ZGR 1975, 212 (216).

Handelsregister A bezüglich der Komplementärgesellschaft **zu „berichtigen"**, wie teilweise formuliert wird,[24] ebenso übrigens das Grundbuch und ggf. das Rubrum in einem Prozess.[25] Zumindest „i. G." muss, stimmen die Namen im Übrigen überein, entfallen. Da sich der Name der Komplementär-GmbH geändert hat, muss die abgeleitete Firma der Kommanditgesellschaft geändert und die Änderung zur Eintragung in das Handelsregister angemeldet werden (§ 31 Abs. 1).[26]

13 Die Fortführung des Gründungszusatzes ist im Fall → Rn. 10 nicht möglich. Die Vorgesellschaft endet mit der Eintragung der GmbH (AG) liquidationslos,[27] findet „von selbst" ihr Ende.[28] Für die Anwendung von § 21 bleibt kein Raum.[29]

14 Hat eine Kommanditgesellschaft, die ein Handelsgewerbe ausübt und deren persönlich haftende Gesellschafterin eine GmbH in Gründung ist, bereits vor Eintragung der Kommanditgesellschaft ihre Geschäfte zusammen mit der Vor-GmbH betrieben, so ist bei Eintragung der Kommanditgesellschaft in das Handelsregister (HRA) nur die GmbH und nicht die Vor-GmbH als Komplementärin einzutragen, wenn im Zeitpunkt der Eintragung der Kommanditgesellschaft auch die GmbH bereits (in HRB) zwischenzeitlich eingetragen worden ist. Die **nachträgliche Eintragung der Vor-GmbH** ist für den Rechtsverkehr bedeutungslos[30] und, weil irreführend, **unzulässig.**[31] Wegen der unterschiedlichen Haftungsverfassung der Vor-GmbH und der GmbH soll an dieser Ansicht nicht festgehalten werden.[32] Diese Gegenmeinung verkennt aber, dass im Handelsregister kein Raum für die Verlautbarung der Haftungsverhältnisse vor der Eintragung der KG ist, sondern nur den aktuellen Status ab der Eintragung im Handelsregister offenlegt.

15 **Wechselt** bei einer namens- bzw. firmenfähigen Vorgesellschaft **der namensgebende Gesellschafter vor Eintragung der GmbH,** wird nach der hier vertretenen liberalen Ansicht zur Personenfirma diese Firma bei der Eintragung der GmbH nicht zwingend unzulässig. Denn seit dem HRefG kann im Rahmen des Irreführungsverbotes nach § 18 Abs. 2 für die Neufirmierung der ins Handelsregister einzutragenden GmbH auch der Name eines Nichtgesellschafters (vgl. § 4 nF; → § 17 Rn. 25), also erst recht eines ehemaligen Gesellschafters verwendet werden. Die früher propagierte Hilfskonstruktion mit der künftigen Abtretung des Geschäftsanteiles (→ 1. Aufl. 1996, § 21 Rn. 11) ist daher nicht mehr erforderlich. Darüber hinaus ist bei der Fortführung der Firma der Vor-GmbH mit dem Namen des ausgeschiedenen Gesellschafters auch § 24 einschlägig, so dass die GmbH wiederum die zulässigerweise fortgeführte Firma der Vor-GmbH mit dem Namen des Ex-Gesellschafters übernehmen kann.

16 **Ändert sich dagegen nur der Name des in die Firma der Vorgesellschaft aufgenommenen Gesellschafters vor der Eintragung** (Personenidentität!), darf zunächst die Vor-GmbH ihre Firma nach § 21 fortführen und dann auch die durch Eintragung entstehende GmbH (AG) die Firma der Vorgesellschaft übernehmen.[33] Durfte die Vor-GmbH selbst noch keine Firma, sondern nur einen Namen führen (→ Rn. 10), auf den § 21 noch nicht anwendbar wäre, sollte aber bei der Übernahme des Namens der Vor-GmbH in der Firma der GmbH bei deren Eintragung ins Handelsregister § 21 ebenfalls die Fortführung unter dem alten Namen des Gesellschafters ermöglichen. Eine Satzungsänderung ist dann nicht erforderlich.[34] Daneben bleibt nach der hier vertretenen Ansicht auch die **Neufirmie-**

[24] *Ulmer* ZGR 1981, 593 (617); Scholz/*Karsten Schmidt* GmbHG § 11 Rn. 182; MHLS/*Blath* GmbHG § 11 Rn. 80; Staub/*Burgard* Rn. 18.
[25] Hachenburg/*Ulmer* GmbHG § 11 Rn. 74; *Karsten Schmidt* GesR § 34 III 4 a; vgl. auch *Wiedemann* Jura 1970, 439 (462).
[26] EBJS/*Reuschle* Rn. 11; Röhricht/Graf v. Westphalen/Haas/*Ries* Rn. 8.
[27] *Ulmer* ZGR 1981, 593 (602); Hüffer/Koch/*Koch* AktG § 41 Rn. 16.
[28] *Fleck* ZGR 1975, 212 (216).
[29] Vgl. auch Staub/*Burgard* Rn. 16.
[30] So BGH NJW 1985, 736 (737) = DB 1985, 481.
[31] *Bokelmann* FirmenR Rn. 651.
[32] Staub/*Burgard* Rn. 19.
[33] So auch EBJS/*Reuschle* Rn. 12.
[34] Staub/*Hüffer*, 4. Aufl. 1983, Rn. 4; vgl. auch LG Berlin JW 1924, 1120; einschr. Hachenburg/*Heinrich* GmbHG § 4 Rn. 52: nur bei einer Namensänderung nach der Anmeldung soll § 21 eingreifen.

rung der GmbH mit dem alten Namen des aktuellen Gesellschafters in den Grenzen des § 18 Abs. 2.

2. Formwechsel nach dem neuen Umwandlungsrecht. Der Formwechsel ist kein unmittelbarer Anwendungsfall für § 21. Es ergeben sich aber firmenrechtliche Fragen, die denen des § 21 teilweise ähnlich sind.[35] Nach § 190 Abs. 1 UmwG kann ein Rechtsträger (zu ihm § 191 Abs. 1 UmwG) durch Formwechsel eine andere Rechtsform erhalten. Diese Art der Umwandlung ändert nur die Rechtsform, wahrt aber die rechtliche Identität des Rechtsträgers. Die Gesellschaft ändert nur ihr Rechtskleid.[36] Indem § 200 Abs. 1 S. 1 UmwG bestimmt, der Rechtsträger neuer Rechtsform dürfe seine **bisher geführte Firma beibehalten,** soweit sich aus dem Umwandlungsgesetz nichts anderes ergibt, entspricht die erlaubte Kontinuität der Firma der für den Formwechsel charakteristischen Kontinuität des Rechtsträgers.[37] Auch hier weicht das Gesetz ähnlich wie in den Fällen der §§ 21 ff. im Interesse der Erhaltung des Wertes eines in der alten Firma enthaltenen Namens von dem Grundsatz der Firmenwahrheit ab. 17

Der Grundsatz der **Firmenkontinuität** wird aber in § 200 Abs. 1 S. 2, Abs. 2 und 3 UmwG durch Umsetzung der allgemeinen firmenrechtlichen Grundsätze relativiert. Der Rechtsformzusatz in der bisherigen Firma des formwechselnden Rechtsträgers muss zwingend gestrichen (Abs. 1 S. 2), der Rechtsformzusatz der Zielrechtsform hinzugefügt (Abs. 2) werden. Abs. 3 regelt das Zustimmungserfordernis für einen ausscheidenden Gesellschafter, dessen Name weiter in der Firma verwendet werden soll. Für die Partnerschaftsgesellschaft gelten die Grundsätze aus Abs. 1–3 sowie § 2 Abs. 1 PartGG, § 1 Abs. 3 PartGG und § 11 PartGG entsprechend (Abs. 4). Dass beim Formwechsel in eine BGB-Gesellschaft die Firma der formwechselnden Gesellschaft erlischt (Abs. 5), ergibt sich schon aus allgemeinen Grundsätzen des Firmenrechts wegen der fehlenden Firmenfähigkeit der BGB-Gesellschaft. 18

§ 22 [Fortführung bei Erwerb des Handelsgeschäfts]

(1) Wer ein bestehendes Handelsgeschäft unter Lebenden oder von Todes wegen erwirbt, darf für das Geschäft die bisherige Firma, auch wenn sie den Namen des bisherigen Geschäftsinhabers enthält, mit oder ohne Beifügung eines das Nachfolgeverhältnis andeutenden Zusatzes fortführen, wenn der bisherige Geschäftsinhaber oder dessen Erben in die Fortführung der Firma ausdrücklich willigen.

(2) Wird ein Handelsgeschäft auf Grund eines Nießbrauchs, eines Pachtvertrags oder eines ähnlichen Verhältnisses übernommen, so finden diese Vorschriften entsprechende Anwendung.

Schrifttum (vor dem HRefG): *Bokelmann,* Die Firma im Konkursverfahren, KTS 1982, 27; *Buchwald,* Der Betrieb eines Handelsgewerbes in Erben- oder Gütergemeinschaft, BB 1962, 1405; *Grünberg,* Die Befugnis zur Bildung einer Ersatzfirma bei Firmenveräußerung im Konkurs der GmbH, ZIP 1988, 1165; *Häublein,* Die Firma als unternehmensakzessorisches Recht – Überlegungen zur Dogmatik der Firmenübertragung und -fortführung, Liber amicorum Prölls, 2009, 47; *I. Heinrich,* Firmenwahrheit und Firmenbeständigkeit, 1982; *Hüffer,* Das Namensrecht des ausgeschiedenen Gesellschafters als Grenze zulässiger Firmenfortführung, ZGR 1986, 137; *Kögel,* Firmenrechtliche Besonderheiten des neuen Umwandlungsrechts, GmbHR 1996, 168; *Köhler,* Die kommerzielle Verwertung der Firma durch Verkauf und Lizenzvergabe, DStR 1996, 510; *Kuchinke,* Die Firma in der Erbfolge, ZIP 1987, 681; *Lindacher,* Firmenbeständigkeit und Firmenwahrheit, BB 1977, 1676; *Raffel,* Die Verwertbarkeit der Firma im Konkurs, 1995; *Riegger,* Die Veräußerung der Firma durch den Konkursverwalter, BB 1983, 786; *Wertenbruch,* Die Firma des Einzelkaufmanns und der OHG/KG in der Insolvenz, ZIP 2002, 1931; *Zunft,* Fortführung der Firma bei Veräußerung des Handelsgeschäfts des Gemeinschuldners, NJW 1960, 1843.

---

35 Gewisse Ähnlichkeiten ergeben sich auch mit § 22, wobei beim Formwechsel aber keine Übertragung des Handelsgeschäftes stattfindet.

36 *Karsten Schmidt* GesR § 12 II 1; *Decher* in Lutter, Verschmelzung – Spaltung – Formwechsel nach neuem Umwandlungsrecht und Umwandlungssteuerrecht, 1995, 201, 205; Würzburger NotarHdB/*Heidinger* Teil 5 Kap. 6 Rn. 256.

37 Amtl. Begr. bei *Ganske* Umwandlungsrecht, 2. Aufl. 1994, 225.

Schrifttum (nach dem HRefG): *Bartels,* Die Handelsfirma zwischen Namensrecht und Kennzeichenschutz, AcP 209 (2009), 309; *Barnert,* Die Personalfirma in der Insolvenz, KTS 2003, 523; *Benner,* Der neue Streit um die Verwertung der Firma in der Insolvenz, Rpfleger 2002, 342; *Bokelmann,* Die Firma im Fall der Umwandlung, ZNotP 1998, 265; *Cziupka/Kraack,* Die Ersatzfirma der insolventen Kapitalgesellschaft, AG 2018, 525; *Felsner,* Fortführung der Firma bei Ausscheiden des namensgebenden Gesellschafters nach dem Handelsrechtsreformgesetz, NJW 1998, 3255; *Johannes W. Flume,* Die Firma als „tradeable Asset", DB 2008, 2011; *Hartmann,* Zur Abänderbarkeit der gemäß § 24 HGB fortgeführten Firma einer Personenhandelsgesellschaft – zugleich eine Anmerkung zum Beschl. des LG Essen v. 14.11.2002, RNotZ 2003, 250; *Heckschen,* Firmenbildung und Firmenverwertung – aktuelle Tendenzen, NotBZ 2006, 346; *Heckschen,* Die Verwertung der Firma in der Insolvenz, in: Kölner Schrift zur Insolvenzordnung, 3. Aufl. 2009, 1067; *Heckschen/Heidinger,* Die GmbH in der Gestaltungs- und Beratungspraxis, 4. Aufl. 2018, § 4; *Herchen,* Die Befugnis des Insolvenzverwalters zur Änderung der Firma im Rahmen der übertragenden Sanierung, ZInsO 2004, 1112; *Kern,* Verwertung der Personalfirma im Insolvenzverfahren, BB 1999, 1717; *Lettl,* Das Recht zur Fortführung der Firma nach Unternehmensveräußerungen, WM 2006, 1841; *Limmer,* Firmenrecht und Umwandlung nach dem Handelsrechtsreformgesetz, NotBZ 2000, 101; *Stefan Meyer,* Fortführung der Firma der Personenhandelsgesellschaft durch einen Einzelkaufmann, RNotZ 2004, 323; *Susanne Meyer,* Das Irreführungsverbot im Firmenrecht, ZNotP 2009, 250; *Neuwinger,* Die handelsrechtliche Personenfirma in der Insolvenz, 2006; *Priester,* GmbH-Ersatzfirma durch Insolvenzverwalter, DNotZ 2016, 892; *Schultze,* Die Änderung des Firmennamens bei drohender Insolvenz, DZWiR 2005, 56; *Steinbeck,* Die Verwertung der Firma und der Marke in der Insolvenz, NZG 1999, 133; *Uhlenbruck,* Die Firma als Teil der Insolvenzmasse, ZIP 2000, 401; *Wessel/Zwernemann/Kögel,* Die Firmengründung, 7. Aufl. 2001; *Weßling,* Der Einwilligungsvorbehalt für eine Firmenfortführung bei Ausscheiden des namensgebenden Gesellschafters, GmbHR 2004, 487.

Übersicht

I. Normzweck und Anwendungsbereich

1 Die bisherige Firma kann, muss aber nicht fortgeführt werden. Dem Erwerber steht es vielmehr frei, eine neue Firma anzunehmen, deren Zulässigkeit sich dann ausschließlich nach § 18 richtet; wird aber in einem Zusatz zur neuen Firma das Nachfolgeverhältnis offenbart, wird die Firma fortgeführt (→ Rn. 63 ff.). Der Erwerber darf die Firma unter

bestimmten Voraussetzungen beibehalten, um den in der Firma enthaltenen ideellen und insbesondere materiellen Wert auch bei vollständigem oder teilweisem Inhaberwechsel erhalten zu können. Während § 24 den (zumindest in der Regel) teilweisen Wechsel in der Person der Geschäftsinhaber betrifft (§ 24), setzt § 22 den vollständigen Inhaberwechsel voraus. Indem § 23 bestimmt, die Firma könne nicht ohne das Handelsgeschäft, für das sie geführt wird, veräußert werden, wird ein Übergang der Firma (bzw. ihre Beibehaltung) grundsätzlich auf die von den §§ 22, 24 erfassten Fälle beschränkt.[1] Das **Firmenfortführungsrecht** besteht im Fall des § 22 nur, wenn das Unternehmen im Wesentlichen vollständig auf den neuen Erwerber übergeht (→ Rn. 15 ff.). Doch werden im Hinblick auf den Handelsbrauch – wenn auch eng begrenzt – Ausnahmen geduldet, so etwa in dem Fall, dass der **Inhaber einer Haupt- und einer Zweigniederlassung** die Hauptniederlassung mit der bisherigen Firma veräußert und selbst die Zweigniederlassung mit der bisherigen identischen Firma vereinbarungsgemäß weiterführt, obwohl praktisch eine Teilung des Unternehmens und Vervielfältigung der Firmen das Ergebnis ist (→ § 23 Rn. 10).[2]

§ 22 gilt nicht nur für die Firma des Einzelkaufmanns, **sondern für alle Firmen** von 2
Unternehmensträgern aller Rechtsformen[3] sowie aller Firmenarten.[4] Für die AG und die KGaA ergibt sich das aus den § 4 Abs. 2 AktG, § 279 Abs. 2 AktG, für die GmbH aus § 4 Abs. 1 S. 3 GmbHG, für die OHG und KG aus § 6 Abs. 1. Nach § 2 Abs. 2 PartGG ist § 22 Abs. 1 entsprechend auf die Partnerschaft anzuwenden.[5] Auch die Firma eines von einer Körperschaft des öffentlichen Rechts betriebenen Handelsgeschäftes fällt unter § 22.[6] Für Umwandlungsvorgänge gelten die Sondervorschriften der §§ 18, 125, 200 UmwG (→ Rn. 103 ff.). In § 59k Abs. 1 S. 2 und 3 aF BRAO[7] fand sich eine dem § 22 ähnliche Regelung für die Fortführung einer Rechtsanwaltssozietät durch eine Rechtsanwaltsgesellschaft.[8]

§ 22 durchbricht ebenso wie § 24, mit dem er in engem Zusammenhang steht, den 3
Grundsatz der Firmenwahrheit im Interesse der **Erhaltung des Wertes der alten Firma.** Daher schaffen diese beiden Normen die Möglichkeit, die alte Firma beizubehalten, auch wenn die Vorschriften über die ursprüngliche Firmenbildung zu einer Änderung der Firma und damit zu ihrer Neubildung (→ § 18 Rn. 5) führen würden. Doch macht der **Grundsatz der Firmenwahrheit nicht etwa generell vor den §§ 22, 24 halt** (→ § 18 Rn. 52).[9] Zusätze, die nach Veräußerung des Geschäfts falsche Vorstellungen über das Unternehmen oder den Unternehmensträger hervorrufen, können nicht Bestand haben,[10] insbesondere nicht unzutreffende Gesellschaftszusätze oder Rechtsformhinweise. Denn im Konflikt obsiegt *normativ vorrangig* der Grundsatz der Firmenwahrheit und Firmenklarheit vor dem Prinzip der Firmenbeständigkeit, wie es sich aus den §§ 21 ff. als Ausnahmevorschrift ergibt.[11] Der Gesetzgeber hat zwar in bestimmtem Umfang „Informationsdefizite"[12] hingenommen, wie etwa bei einem ausscheidenden Gesellschafter (§ 24 Abs. 2), dessen Name weiterhin in der Firma verbleiben darf. Der Rechtsverkehr hat sich hieran zumindest

1 BGH BB 1957, 943; BB 1977, 1015; BGHZ 58, 322 (324) = DNotZ 1972, 620; Heymann/*Förster* § 23 Rn. 1; *Bokelmann* FirmenR Rn. 654.

2 RGZ 77, 60 (63); 169, 133 (139); BGH BB 1957, 943.

3 Heymann/*Förster* Rn. 4; Staub/*Burgard* Rn. 11; EBJS/*Reuschle* Rn. 3.

4 KKRD/*Morck* Rn. 1: Personen- und Sachfirmen.

5 Vgl. aber OLG Karlsruhe BB 1999, 1075, zur Fortführung des Namens einer BGB-Gesellschaft mit dem nicht vollständigen Namen eines Partners; zur Anwendung der §§ 22 und 24 schon auf die Partnerschaft in Gründung: OLG Hamm BeckRS 2016, 114879; DStR 2017, 1231 *(Juretzek).*

6 EBJS/*Reuschle* Rn. 4.

7 Aufgehoben mWv 1.9.2009 durch Gesetz vom 30.7.2009, BGBl. 2009 I 2449.

8 Dazu BGH NJW 2004, 1099 – „KPMG"-Rechtsanwaltsgesellschaft.

9 HM, *Kögel* in Wessel/Zwernemann/Kögel Firmengründung Rn. 524; Heymann/*Förster* Rn. 2; KKRD/*Roth* Rn. 1: Einschränkung nur soweit es um den Inhaberwechsel geht.

10 BGHZ 44, 116 (120) = DB 1965, 1357; BGHZ 44, 286 (287) = NJW 1965, 2248.

11 RGZ 152, 365 (368); BGH BB 1957, 943; BGHZ 58, 322 (324) = DNotZ 1972, 620; *Lindacher* BB 1977, 1676 ff.; Heymann/*Förster* Rn. 2, § 17 Rn. 12 f.; Staub/*Burgard* Rn. 4; aA *Karsten Schmidt* HandelsR § 12 Rn. 104: die Firmenbeständigkeit ist Prinzip, lediglich durch die Firmenwahrheit begrenzt.

12 *Lindacher* BB 1977, 1676 (1681).

gewöhnt. Doch sind ansonsten beachtliche (echte) Irreführungen nicht hinzunehmen. Mit dem HRefG erfolgte in § 22 nur eine redaktionelle Klarstellung.[13] Auch jetzt hat der Gesetzgeber nicht die Möglichkeit genutzt im Fall der nicht mehr zutreffenden Personenfirma zwingend einen Inhaber-(Nachfolge-)Zusatz vorzuschreiben, wie es andere Länder praktizieren.[14]

4 § 22 hat wie §§ 21 und 24 stark an Bedeutung verloren. Die Wahl der Firmenart ist seit dem HRefG 1998 frei, also jede Firma für jede Rechtsform grundsätzlich zulässig. Nach der hier vertretenen Ansicht kann unter den in → § 17 Rn. 24f. und → § 18 Rn. 180f. erörterten Voraussetzungen sogar bei einer Firmenneubildung der Name eines Nichtgesellschafters in die Personenfirma eines Einzelkaufmanns einer Handelsgesellschaft oder einer Kapitalgesellschaft aufgenommen werden. Die **Bedeutung des § 22 beschränkt** sich also meist darauf die bisherige Firma fortführen zu können, um keine neue bilden zu müssen. Dies ist insbesondere relevant in Bezug auf die Priorität mit anderen Firmen iSd § 30.

5 Da grundsätzlich für jeden Rechtsträger jede Firmenart erlaubt ist, die übernommene Firma aber die allgemeinen Voraussetzungen an eine Firma nach § 18 Abs. 1 (Kennzeichnungseignung und Unterscheidungskraft) schon vor der Fortführung hat erfüllen müssen (→ Rn. 27ff.), kann sich § 22 nach dem HRefG nur noch auf iSd § 18 Abs. 2 irreführende Firmen beziehen. Will man § 22 nicht seinen Anwendungsbereich gänzlich nehmen, muss das **Verhältnis zwischen Firmenkontinuität** durch § 22 und **Firmenwahrheit** aus § 18 Abs. 2 neu überdacht werden. So formuliert *Karsten Schmidt,*[15] dass die Firmenbeständigkeit heute (nur noch) besagt: Die Führung einer – sonst zulässigen – abgeleiteten Firma ist als solche nicht täuschend. Andererseits betont *Bokelmann,*[16] soweit die Vorschriften über die Firmenfortführung (§§ 21, 22 und 24) – sei es direkt oder der ratio legis nach – nicht eingreifen, bleibt es bei dem Grundsatz der Firmenwahrheit und Firmenklarheit. Dies ist kein Problem, wenn die Täuschungseignung schon durch einen (fakultativen) Folgezusatz beseitigt wird. Wird aber die – ohne Zusatz – fortgeführte Firma im Firmenkern beim Erwerber iSd § 18 Abs. 2 täuschend über ein verkehrswesentliches geschäftliches Verhältnis (§ 18 Abs. 1) (etwa der Name eines „berühmten" Ex-Gesellschafters oder eine nicht mehr zutreffende Tätigkeits- bzw. geografische Angabe) fortgeführt, muss dies nach der Entscheidung des Gesetzgebers zur weitestgehend unveränderten Fortgeltung des § 22 und nach seiner im Lichte der Liberalisierung des gesamten Firmenrechtes zu ergründenden ratio legis akzeptiert werden. § 22 löst zugunsten der Firmenbeständigkeit also nicht mehr wie früher den (jetzt nicht mehr existierenden)[17] Konflikt mit einer unzulässigen Firmenart, sondern mit einem unzulässigen weil täuschenden Inhalt.

6 ***Burgard***[18] versteht die **Durchbrechung des Grundsatzes der Firmenwahrheit** durch den Grundsatz der Firmenbeständigkeit sehr eng. Der Verkehr dürfe sich zum einen über die Kontinuität des Unternehmensträgers täuschen, solange nur dessen Rechtsform klar erkennbar ist. Ansonsten könne der Grundsatz der Firmenwahrheit nur im Hinblick auf die **Personenfirma bzw. personale Bestandteile** einer Firma durchbrochen werden. In jeder anderen Hinsicht bleibe der Grundsatz der Firmenwahrheit dagegen unberührt. Dadurch würde der Anwendungsbereich des § 22 für eine Firmenfortführung allerdings gegenüber einer alternativ möglichen Neufirmierung sehr eingeschränkt (zur Problematik der Neufirmierung mit Namen von Nichtgesellschaftern → § 18 Rn. 180ff.). Letztlich müsste dann bei jeder Firmenfortführung, die nicht auch als Neufirmierung möglich ist, eine Änderung der Firma erfolgen (→ Rn. 47) oder ein Nachfolgezusatz ergänzt werden.

---

13 RegE, BT-Drs. 13/8444, 56.

14 Näher *Bokelmann* DB 1990, 1021 f.; *Bokelmann* ZGR 1994, 325 (335 f.); vgl. auch die Kritik bei *Canaris* HandelsR § 11 I 3 b Rn. 24.

15 *Karsten Schmidt* HandelsR § 12 Rn. 103.

16 *Bokelmann* FirmenR Rn. 647.

17 Eine Ausnahme bilden nur noch die Partnerschaftsgesellschaft, → § 17 Rn. 19; → § 18 Rn. 193ff.

18 Staub/*Burgard* Rn. 9f.

Wurde die Firma unter Verwendung des Gesellschafternamens eines in der Branche ortsbekannten Unternehmers (oder eventuell einer Person des öffentlichen Lebens) zulässig gebildet, wäre eine Neufirmierung mit diesem Namen nach Erwerb des Handelsgeschäftes ausgeschlossen, da die Verkehrskreise dadurch über die Beteiligung dieses **„Nichtmehr-Gesellschafters"** getäuscht würden (→ § 17 Rn. 57 ff.; → § 18 Rn. 85; → § 18 Rn. 180 ff.). § 22 erlaubt zur Wahrung des in der Firma enthaltenen Besitzstandes die Fortführung dieser, wenn auch unrichtigen und bei einer Neufirmierung iSd § 18 Abs. 2 relevant täuschenden Firma. Bei der Fortführung einer Sachfirma gilt grundsätzlich das Gleiche,[19] ist ein Konflikt mit § 18 Abs. 2 bei Firmenfortführung jedoch selten relevant. Der Preis für jede Fortführung nach § 22 ist lediglich das Einwilligungserfordernis des Geschäftsinhabers oder dessen Erben. 7

II. Voraussetzungen

1. Erwerb eines bestehenden Handelsgeschäfts. a) Das bestehende Handelsgeschäft. Die Vorschrift handelt von der Fortführung der Firma. § 22 setzte daher **vor dem HRefG** nach ganz hM ein **vollkaufmännisches Unternehmen voraus.**[20] Die frühere Unterscheidung zum Minderkaufmann (§ 4 aF) ist durch das HRefG entfallen. Daher liegt ein Handelsgeschäft iSd § 22 nach der neuen Rechtslage bei jedem von einem Kaufmann iSd § 1 Abs. 1 und § 6 betriebenen Unternehmen (Handelsgeschäft) vor. Es kommt also nicht darauf an, ob ein Kaufmann iSd § 1 Abs. 2, § 2 S. 1, § 3 Abs. 6 oder eine Handelsgesellschaft nach § 105 Abs. 2, S. 1 oder S. 2 vorliegt.[21] Ein kleingewerbliches nicht im Handelsregister eingetragenes Unternehmen genügt aber nicht, weil dieses mangels Firmenfähigkeit gar keine Firma führt, die fortgeführt werden könnte (→ Rn. 27).[22] 8

Das Unternehmen muss im Zeitpunkt des Erwerbs bestehen. Hieran fehlt es im Fall der **Scheingründung.**[23] Auch die Eintragung im Handelsregister (§ 5) ändert nichts an diesem Ergebnis.[24] Ist mit dem Betrieb überhaupt noch nicht begonnen worden, kann er auch nicht fortgeführt werden.[25] 9

Ist der **Betrieb endgültig eingestellt,** kann die Firma ebenfalls nicht nach § 22 fortgeführt werden. Beim Einzelkaufmann, der seinen Gewerbebetrieb dauernd und nicht nur vorübergehend[26] aufgibt, erlischt mit dem Untergang des Unternehmens auch die das Unternehmen kennzeichnende Firma von selbst.[27] § 5 steht nicht entgegen, weil sich schon aus dessen Wortlaut ergibt, dass er nur anwendbar ist, wenn ein Gewerbebetrieb vorhanden ist.[28] Nach neuem Recht ist das **Absinken des Umfangs** des Gewerbebetriebes beim eingetragenen Kaufmann für seine Kaufmannseigenschaft und damit auch seine Firmenfähigkeit irrelevant (→ § 17 Rn. 47; → § 17 Rn. 53). Handelt es sich dagegen um eine 10

19 AA aber offenbar Staub/*Burgard* Rn. 9 f. mit der engen Auslegung des § 22 nur auf Personenfirmen.

20 RGZ 152, 365 (368); OLG Hamm BB 1959, 463; OLG Stuttgart BB 1962, 386; OLG Köln NJW 1963, 541; OLG Frankfurt NJW 1969, 330; OLG Frankfurt OLGZ 1978, 43 (44); OLG Zweibrücken NJW-RR 1988, 998; BayObLG NJW-RR 1989, 421 = EWiR 1/88, 1219 *(Hüffer)*; Heymann/*Förster* Rn. 13; Schlegelberger/*Hildebrandt/Steckhan* Rn. 4; Staub/*Hüffer*, 4. Aufl. 1983, Rn. 4; krit. *Karsten Schmidt* HandelsR, 5. Aufl. 1999, § 12 III 2 b; *Canaris* HandelsR § 11 VI 1 Rn. 47; jetzt ausdrücklich abl. *Karsten Schmidt* HandelsR, 6. Aufl. 2014, § 12 Rn. 105 mit Verweis auf *Canaris* HandelsR § 11 Rn. 52.

21 EBJS/*Reuschle* Rn. 6.

22 LG Berlin NZG 2005, 443 f. = DStR 2005, 662.

23 RG JW 1927, 1074.

24 Staub/*Burgard* Rn. 14; Staub/*Burgard* § 23 Rn. 14; dazu auch *Karsten Schmidt* HandelsR § 12 Rn. 12 aber auch *Karsten Schmidt* HandelsR § 10 Rn. 29 mwN.

25 RGZ 152, 365 (367).

26 Vgl. EBJS/*Reuschle* Rn. 8 mwN.

27 RGZ 110, 422 (424); 170, 265 (274 f.); BGHZ 32, 307 (312); BayObLGZ 1967, 458 (465); BayObLGZ 1971, 163 (165) = NJW 1971, 1616; BayObLGZ 1983, 257 (260 f.); *Karsten Schmidt* HandelsR § 12 Rn. 13.

28 BGHZ 32, 307 (313); Staub/*Oetker* § 5 Rn. 8; Schlegelberger/*Hildebrandt/Steckhan* § 5 Rn. 6a; *Canaris* HandelsR § 3 III 2 c Rn. 56; aA *Karsten Schmidt* § 5 Rn. 22 ff., es genügt das Vorhandensein eines Unternehmens, *Karsten Schmidt* HandelsR § 10 Rn. 29 mwN.

nicht eingetragene Firma, erlischt diese auch noch nach neuem Recht bei Absinken auf Kleingewerbeniveau.

11 Für die abweichende Beurteilung bei **Kapitalgesellschaften** und für **Personenhandelsgesellschaften** → § 17 Rn. 49 ff., → § 17 Rn. 56 ff. Da die Gesellschaft trotz Aufgabe des Gewerbebetriebes einschließlich der Firma noch besteht, kann diese auch in diesem Stadium bei Erwerb von Geschäftsanteilen der GmbH oder Aktien der Aktiengesellschaft von Dritten weitergeführt werden. Damit ist die Möglichkeit der Veräußerung eines bloßen **GmbH-Mantels,** was entsprechend für die Aktiengesellschaft gilt,[29] eröffnet. Ein solcher Erwerb ist wirtschaftlich dem Unternehmenskauf teilweise vergleichbar, obwohl es ein betriebsfähiges Unternehmen nicht mehr gibt. Der BGH hat hierfür einen neuen Typusbegriff[30] der **wirtschaftlichen Neugründung** geschaffen.[31] Dieser umfasst sowohl die Verwendung von neu gegründeten Vorratsgesellschaften als auch von gebrauchten Mantelgesellschaften (sog. Mantelkauf). Beim Mantelkauf soll teilweise die etablierte Firma fortgeführt oder an den neuen Unternehmensgegenstand angepasst werden. Diese Fälle werden aber nicht von § 22 erfasst. Der Erwerb aller Geschäftsanteile einer Kapitalgesellschaft führt nämlich nicht zu einem Austausch des bisherigen Unternehmensträgers. Daher liegt hierin **kein Erwerb eines bestehenden Handelsgeschäftes.**[32] Erst recht gilt dies für die bloße Wiederverwendung durch die bisherigen Inhaber. Zur Problematik des Mantelkaufs in Bezug auf § 23 → § 23 Rn. 2 f.

12 Ausnahmsweise kann es für den **Fortbestand einer Firmenbezeichnung** genügen, wenn ein Dritter als Repräsentant des Kennzeicheninhabers dessen Firma „für diesen, das heißt erkennbar als Herkunftsnachweis auf dessen Unternehmen" weiter benutzt.[33]

13 Kritisch zu betrachten ist es auch, wenn der **Übernehmer die Aufnahme des Unternehmensbetriebes ganz unterlässt,** das Handelsgeschäft (unter Zurückbehaltung der Firma) umgehend weiterveräußert oder es an einen Dritten zur Nutzung überlässt.[34] Letztlich würde bei der Zulassung der Firmenfortführung in diesen Fällen § 23 umgangen. Zu weit geht es aber, bei grundlegender Umgestaltung des Unternehmens unmittelbar nach der Übernahme ebenfalls das Erlöschen des Firmenfortführungsrechts anzunehmen.[35]

14 Diese Grundsätze gelten auch für die **beginnende Liquidation und die Eröffnung des Insolvenzverfahrens.** Das Unternehmen kann mit der Firma solange veräußert werden, wie es noch regenerierungsfähig ist (→ § 23 Rn. 7 f.; → § 17 Rn. 44 ff.).[36] Die Veräußerung mitsamt der Firma darf, um Irreführungen zu vermeiden, allerdings auch hier nicht zu einer Aufspaltung oder Vervielfältigung der Firma führen (zur Übertragung durch Insolvenzverwalter → Rn. 84 ff.). Zum Erhalt der Firma und ihre Übernahme durch den letzten Kommanditisten auf den alle Anteile an einer KG übertragen wurden.[37]

15 **b) Erwerb des Handelsgeschäfts im Ganzen.** Ein Erwerb i.S.d. § 22 liegt nur dann vor, wenn das Unternehmen im Ganzen „als Träger derjenigen tatsächlichen und rechtlichen Gegebenheiten und Beziehungen übertragen wird, die es im Verkehr als handelsgewerblichen Betrieb bestimmten Gepräges erscheinen lassen"[38] (→ § 23 Rn. 5). Der Erwerber

[29] Speziell zum Aktienrecht vgl. KG JFG 1, 200 f.; dazu vgl. auch Kölner Komm AktG/*A. Arnold* AktG § 23 Rn. 94 ff.; Hüffer/Koch/*Koch* AktG § 23 Rn. 25 ff.

[30] Zur Kritik an diesem unbestimmten Rechtsbegriff s. nur *Krafka* ZGR 2003, 577 ff.

[31] Zur haftungs- und registerrechtlichen Konsequenz s. nur *Heckschen/Heidinger,* Die GmbH in der Beratungs- und Gestaltungspraxis, Kap. 3 Rn. 171 ff.; *Heidinger* ZGR 2005, 101; *Heidinger* ZNotP 2003, 82; *Heidinger/Meyding* NZG 2003, 1129; MüKoGmbHG/*Wicke* GmbHG § 3 Rn. 24 ff.

[32] EBJS/*Reuschle* Rn. 10.

[33] BGH LM UWG § 16 Nr. 148 = NJW 1994, 2765 Ls. – Virion mAnm *Bokelmann.*

[34] EBJS/*Reuschle* Rn. 73; BayObLGZ 1971, 163 (165); OLG Hamm OLGZ 1977, 438 (441); Heymann/*Förster* Rn. 49.

[35] So aber EBJS/*Reuschle* Rn. 73; auch noch Heymann/*Emmerich,* 2. Aufl. 2012, Rn. 17; jetzt wie hier Heymann/*Förster* Rn. 49.

[36] KGJ 13, 35 (38 f.); Schlegelberger/*Hildebrandt/Steckhan* Rn. 4; Staub/*Burgard* Rn. 15; KKRD/*Roth* Rn. 3.

[37] BayObLG NJW-RR 2000, 1700 nach § 24 HGB; → § 24 Rn. 12.

[38] RGZ 169, 133 (136).

muss objektiv in die Lage versetzt werden, die bisher erbrachten Leistungen nunmehr selbst zu erbringen.[39] Die Veräußerung nur von Teilen eines Unternehmens, welche den neuen Inhaber nicht in die Lage versetzen, **das Geschäft im Großen und Ganzen unverändert weiterzuführen,**[40] reicht nicht. Doch ist es auch nicht erforderlich, dass alle Unternehmensbestandteile übernommen werden. Es genügt, wenn diejenigen Teile übergehen, die den Kern des Unternehmens ausmachen, dh den Tätigkeitsbereich bestimmen, mit dem es nach außen in Erscheinung tritt.[41] Auch ist es zulässig (§ 25), dass bestimmte Forderungen oder Schulden von der Übernahme ausgeschlossen werden.[42]

Wird von **mehreren Geschäftszweigen einer nicht mitübertragen,** ist nur dann von einer Geschäftsveräußerung auszugehen, wenn der nicht übertragene Teil – so wie sich das Gesamtunternehmen darstellt – von untergeordneter Bedeutung ist.[43] Sind die Geschäftszweige gleichwertig und wird einer auf einen Dritten getrennt übertragen, ist § 22 nicht anwendbar.[44] Es fehlt insoweit an dem Erwerb des gesamten Handelsgeschäfts, für das die Firma geführt wird.[45] Wollte man auch auf diese Fälle der Teilveräußerung § 22 anwenden, würde die Firma **unzulässigerweise aufgespalten und verdoppelt** (→ Rn. 99). Die Unzulässigkeit folgt daraus, dass § 22 ebenso wie § 24 die allgemeinen Firmenbildungsvorschriften zugunsten der Erhaltung des Wertes von eingeführten Firmen modifiziert, was in der Regel nur dann gerechtfertigt ist, wenn *das* alte Unternehmen und die den Wert der Firma bedingende Unternehmenstradition „weiter hinter der Firmenbezeichnung stehen".[46] 16

Anderes gilt traditionsgemäß (→ Rn. 1) im Hinblick auf die sachliche, räumliche und personelle Trennung (→ § 13 Rn. 9 ff.) für die **Veräußerung von der Hauptniederlassung ohne die Zweigniederlassung** und umgekehrt. Die getrennte Veräußerung mit dem Recht auf Fortführung der Firma nach § 22 ist zulässig (→ § 23 Rn. 10).[47] Zur **Vervielfältigung der abgeleiteten Firma** bei abgesonderter Veräußerung von Haupt- und Zweigniederlassung → § 13 Rn. 24. 17

Schließlich kann ein **Einzelkaufmann, der mehrere Unternehmen** unter verschiedenen Firmen unter jeweils eigenständiger Organisation betreibt, eines von ihnen oder auch mehrere an Dritte mit dem Recht der Firmenfortführung veräußern.[48] 18

c) Formen des Erwerbs. Das bestehende Handelsgeschäft muss **erworben oder übernommen werden.** Zu unterscheiden ist zwischen dem Erwerb zu Eigentum (Erwerb unter Lebenden oder Erwerb von Todes wegen) und der Übernahme aufgrund eines beschränkten Gebrauchsrechts (Nießbrauch, Pacht oder ähnlich). 19

aa) Erwerb unter Lebenden. Schuldrechtlich kann die Veräußerung eines Unternehmens auf verschiedenen Vertragstypen beruhen wie etwa Kauf, Tausch, vorweggenommener Erbfolge (Schenkung) oder Auseinandersetzungsvertrag unter Miterben. Zu denken ist auch an einen Gesellschaftsvertrag, der zur Einbringung eines Unternehmens in eine Gesellschaft verpflichtet (Sachgründung durch Einbringung eines Unternehmens).[49] Im Vordergrund steht der **Unternehmenskaufvertrag.** Da der Veräußerer den Erwerber in die Lage versetzen muss, die bisher von ihm erbrachten unternehmerischen Leistungen nunmehr selbst fortzusetzen (→ Rn. 15), richtet sich die Hauptpflicht des Veräußerers 20

[39] BGH JR 1978, 67 f. mAnm *Hommelhoff;* RGZ 63, 226 (229); 68, 294 (295).
[40] BGH NJW 1972, 2123; 1991, 1353, 1354; Baumbach/Hopt/*Hopt* Rn. 4; Heymann/*Förster* Rn. 32.
[41] RGZ 147, 332 (338); Einzelfälle bei Staub/*Burgard* Rn. 17.
[42] RGZ 25, 1 (3); Schlegelberger/*Hildebrandt/Steckhan* Rn. 11; EBJS/*Reuschle* Rn. 12.
[43] BGH WM 1957, 1152 (1153, 1155); LM § 23 Nr. 3 = JR 1978, 67 (68) mAnm *Hommelhoff.*
[44] OLG Hamm BeckRS 2016, 114879, die Übernahme des Deutschlandgeschäfts einer internationalen Sozietät genügt.
[45] RGZ 56, 187 (189).
[46] BGH BB 1977, 1015 (1016).
[47] RGZ 77, 60 (63); 169, 133 (139); BGH BB 1957, 943; Baumbach/Hopt/*Hopt* Rn. 5; Heymann/*Förster* Rn. 29; Schlegelberger/*Hildebrandt/Steckhan* Rn. 11; Staub/*Burgard* Rn. 19.
[48] Schlegelberger/*Hildebrandt/Steckhan* Rn. 11; Staub/*Burgard* Rn. 18; EBJS/*Reuschle* Rn. 12.
[49] Näher Staub/*Burgard* Rn. 20; *Karsten Schmidt* HandelsR § 5 Rn. 15; *Canaris* HandelsR § 8 I 2 Rn. 5 ff.

darauf, den Erwerber in den Tätigkeitsbereich einzuweisen (→ Rn. 22) und ihm das gesamte Vermögen des Unternehmens, soweit es verkauft worden ist, zu verschaffen.[50]

21 Der **Veräußerungsvertrag über ein Unternehmen** unterfällt als solcher keinem Formerfordernis. Doch gelten die allgemeinen Formvorschriften. Gehört zum Unternehmen ein Grundstück, ist nach § 311b Abs. 1 BGB notarielle Beurkundung geboten,[51] was auch bei zum Unternehmensvermögen gehörenden Geschäftsanteilen an einer GmbH gilt (§ 15 Abs. 4 GmbHG).[52]

22 Die **Übertragung des kaufmännischen Unternehmens** (Erfüllungsgeschäft) kann nach deutschem Recht in der Regel nicht im Ganzen – etwa durch Eintragung in ein Register – erfolgen. Die bloße Einigung bezüglich des Übergangs des Unternehmens reicht nicht. Es bedarf vielmehr entsprechend dem Spezialitätsgrundsatz neben der Einweisung des Erwerbers in den Tätigkeitsbereich als Realakt (etwa Information über Bezugsquellen, Kunden, Absatzwege, Offenlegung von Betriebsgeheimnissen und Produktionsverfahren)[53] verschiedener Einzelrechtshandlungen entsprechend der Art der einzelnen Unternehmensbestandteile, die zusammen den Gegenstand des kaufmännischen Unternehmens ausmachen. Die zum Unternehmen gehörenden Gegenstände sind nach den für sie maßgebenden Vorschriften zu übertragen, bewegliche Sachen also durch Übergabe oder deren Ersatz und Forderungen durch Abtretung.[54] Gesamtrechtsnachfolge gibt es nur, wenn das Gesetz sie wie etwa im Fall der Verschmelzung oder Spaltung vorsieht.[55]

23 Zu unterscheiden ist zwischen dem **Kauf eines Unternehmens und dem Kauf von allen Gesellschaftsanteilen** oder zumindest einer beherrschenden Mehrheit. Das wirtschaftliche Ergebnis ähnelt sich, nicht aber die juristische Konstruktion. Wird ein Unternehmen verkauft und übertragen (→ Rn. 22), bedarf es der Auflassung und Eintragung, wenn ein Grundstück zum Unternehmen gehört. Im Fall des Erwerbs der Gesellschaftsanteile ist das nicht erforderlich, weil nicht der Eigentümer des Grundstücks wechselt, sondern der Anteilsinhaber der Gesellschaftsanteile.[56] Das Gesellschaftsvermögen geht auch dann nach dem Rechtsgedanken von § 142 im Wege der **Gesamtrechtsnachfolge** über, wenn sämtliche Anteile an einer Personengesellschaft (OHG, KG) gleichzeitig auf einen Erwerber übertragen werden oder der vorletzte Gesellschafter aus einer Personengesellschaft austritt. Die Gesellschafterrechte vereinigen sich beim letzten Gesellschafter **(sog. Anwachsung).** Die Personengesellschaft erlischt dann,[57] da eine Ein-Mann-Personengesellschaft nach noch hM[58] nicht für zulässig gehalten wird. Dennoch wenden die hM und Rspr. auf diesen Fall

---

50 Staub/*Burgard* Rn. 17; vgl. auch *Canaris* HandelsR § 8 I 2 Rn. 5 ff.

51 Formbedürftigkeit des ganzen Vertrages, wenn eine rechtliche Einheit zwischen der Veräußerung des Grundstücks und den vertraglichen Vereinbarungen über die übrigen Vermögensgegenstände besteht: BGH DNotZ 1980, 409; NJW-RR 1991, 1031 (1032); NJW-RR 2009, 953; DNotZ 1985, 279; DNotZ 1989, 501; *Seeger* MittBayNot 2003, 11; Staudinger/*Hertel*, 2017, BGB § 125 Rn. 61; Palandt/*Grüneberg* BGB § 311b Rn. 32; BeckOK BGB/*Gehrlein* BGB § 311b Rn. 26; aA *Canaris* HandelsR § 8 I 2 e Rn. 14 nur bezüglich des Vertragsteils, der sich auf das Grundstück bezieht.

52 Staub/*Hüffer*, 4. Aufl. 1983, Vor § 22 Rn. 14; Hachenburg/*Zutt* GmbHG § 15 Rn. 48 ff.; *Hermanns* DNotZ 2013, 9 (15); BGH NJW 2002, 142 (143); Scholz/*Seibt* GmbHG § 15 Rn. 66; MüKoGmbHG/*Reichert/Weller* GmbHG § 15 Rn. 106 ff.; *Leutner/Stenzel* NZG 2012, 1406 (1410); *Heinze* GmbHR 2012, 515 (516).

53 Näher Staub/*Hüffer*, 4. Aufl. 1983, Vor § 22 Rn. 16 f.; *Karsten Schmidt* HandelsR § 5 Rn. 6 ff., 12; *Canaris* HandelsR § 8 I 1 a Rn. 1.

54 BGH NJW 1968, 392 f.; Schlegelberger/*Hildebrandt/Steckhan* Rn. 6; Staub/*Hüffer*, 4. Aufl. 1983, Vor § 22 Rn. 38; *Karsten Schmidt* HandelsR § 5 Rn. 6; *Canaris* HandelsR § 8 I 1 a Rn. 1.

55 Näher Semler/Stengel/*Simon* UmwG § 20 Rn. 8 ff.; Semler/Stengel/*Kübler/Simon* UmwG § 131 Rn. 7 ff.; Staub/*Ulmer* § 105 Rn. 51 ff.; Würzburger NotarHdB/*Heidinger* Teil 5 Kap. 6 Rn. 50, 186.

56 Näher mit Beispielen *Karsten Schmidt* HandelsR § 5 Rn. 17 ff. und 25 ff.; *Canaris* HandelsR § 8 I 1 b Rn. 2.

57 BGH NJW 2019, 3310; BGHZ 71, 296 (299) = NJW 1978, 1525; BGH WM 1979, 249 = JuS 1979, 668 mAnm *Karsten Schmidt; Karsten Schmidt* HandelsR § 5 Rn. 19; *Canaris* HandelsR § 8 I 1 c Rn. 3.

58 Vgl. Staub/*Hüffer*, 4. Aufl. 1983, § 105 Rn. 69; MüKoBGB/*Schäfer* BGB Vor § 723 Rn. 9; aA *Pfister*, Die Einmann-Personengesellschaft, 1999 mwN.

nicht § 22 sondern weiterhin § 24 an (→ § 24 Rn. 12).[59] Bei der Kapitalgesellschaft ist auf den Erwerb sämtlicher Geschäftsanteile auch mE nicht § 22 sondern § 24 (→ § 24 Rn. 12) anzuwenden, da es dabei nicht zu einem Rechtsträgerwechsel kommt. Die strikte Unterscheidung zwischen dem Erwerb eines Unternehmens und dem Erwerb von Gesellschaftsanteilen ist jedenfalls für das dingliche Geschäft genau zu beachten. Im Übrigen wird zum Kauf und zur Übertragung von Unternehmen auf die eingehende Darstellung im Anh. § 25 zum Unternehmenskauf (→ Anh. § 25 Rn. 7 ff.; → Anh. § 25 Rn. 16 ff.) verwiesen.

bb) Erwerb von Todes wegen. Fällt das Unternehmen eines Einzelkaufmanns an 24 mehrere Erben, so können die Miterben auch ohne gesellschaftlichen Zusammenschluss das ererbte Handelsgeschäft in **ungeteilter Erbengemeinschaft ohne zeitliche Begrenzung fortführen.**[60] Die gemeinschaftliche Fortführung eines Handelsgeschäfts auch über einen längeren Zeitpunkt[61] bedeutet nicht ohne weiteres die Umwandlung der Erbengemeinschaft in eine OHG; es muss stets der gemeinsame Wille aller Erben ersichtlich sein, sich zur gemeinsamen Fortführung des Geschäfts als Gesellschafter zusammenzuschließen.[62] Auch gibt es keine zwangsweise **„Umwandlung" der Erbengemeinschaft in eine Personengesellschaft** nach Ablauf der notwendigen Abwicklungs- und Auseinandersetzungszeit oder bei Fortsetzung des ererbten Handelsgeschäfts über drei Monate hinaus (§ 27 Abs. 2). „Solange sich nicht die Miterben über das Unternehmen auseinandergesetzt oder das Unternehmen aufgrund eines Gründungsakts auf eine Handelsgesellschaft überführt haben, bleibt die Erbengemeinschaft Unternehmensträgerin".[63] Bei längerer gemeinsamer Fortführung kann es aber geboten sein, **ergänzend Gesellschaftsrecht anzuwenden.**[64] Wenn die Erbengemeinschaft Unternehmensträger bleibt, müssen die Erben nach § 31 zur Eintragung in das Handelsregister anmelden, dass sie nunmehr Inhaber des Unternehmens in Erbengemeinschaft sind[65] und die Firma gem. § 22 fortgeführt wird. Die Miterben dürfen aber auch eine **neue Firma** annehmen, die nach altem Recht aus den Namen sämtlicher Erben (einschließlich mindestens jeweils eines Vornamens, § 18 Abs. 1 aF) und dem Zusatz „in Erbengemeinschaft" zu bilden war.[66] Nach der Liberalisierung der Firmierung einer OHG durch das HRefG kann dies m. E. aber auch für die Erbengemeinschaft nicht mehr gefordert werden.[67] Will man (freiwillig) mit dem Namen der Erbengemeinschaft also den Namen aller Erben (neu) firmieren,[68] bedarf es zur Vermeidung einer relevanten Irreführung iSd § 18 Abs. 2 auch nach dem HRefG 1998 eines klarstellenden Zusatzes „Erbengemeinschaft" oder „in Erbengemeinschaft" (aber → Rn. 74 f. zur Problematik mehrerer Namen in der fortgeführten Firma des e.K.). Als Rechtsformzusatz iSd § 19 der für die Verkehrskreise sinnhaltig ist, kommt letztlich nur analog Abs. 1 Nr. 1 „e.K." in Frage.[69] Auch dann ist nach hier vertretender Ansicht ein Hinweis auf die tatsächliche Struktur des Unternehmensträgers wie „in Erbengemeinschaft" zu ergänzen (dazu ausführlich → § 19 Rn. 43).[70] Nach

59 S. zuletzt OLG München NZG 2008, 780 = DNotZ 2009, 73, im konkreten Fall allerdings nicht, da der letzte Gesellschafter wegen bloßer Vermögensverwaltung nicht mehr Kaufmann war; s. schon BGH NJW 1989, 1798 (1799).

60 RGZ 132, 138 (142); BGH NJW 1951, 311; BGHZ 17, 299 (302) = NJW 1955, 1227; BGHZ 30, 391 (394 f.) = NJW 1959, 2114; BGHZ 32, 60 (67) = NJW 1960, 960; BGHZ 92, 259 (262) = NJW 1985, 136 mAnm *Karsten Schmidt; Karsten Schmidt* HandelsR § 4 Rn. 25 ff.; Erman/*Schlüter* BGB § 2032 Rn. 4; krit. zur Eignung EBJS/*Reuschle* Rn. 19 f.

61 Im Fall BGHZ 17, 299 waren es 17 Jahre.

62 BGH NJW 1951, 311.

63 *Karsten Schmidt* NJW 1985, 2785 (2788) m. eingehenden Nachw.

64 BGHZ 17, 299 (302); Staub/*Ulmer* § 105 Rn. 58.

65 KG OLGRspr. 3, 408 (410); KG OLGRspr. 4, 454 (456).

66 KG JFG 5, 209 (212); Staub/*Hüffer*, 4. Aufl. 1983, Vor § 22 Rn. 7; zweifelnd Baumbach/Hopt/*Hopt*, 29. Aufl. 1995, Rn. 2.

67 AA Baumbach/Hopt/*Hopt*, Rn. 2, der anscheinend zur Neufirmierung der Erbengemeinschaft die Verwendung der Namen aller Erben aber keinen Rechtsformzusatz „e.K." verlangt.

68 EBJS/*Reuschle* Rn. 20.

69 AA Baumbach/Hopt/*Hopt*, Rn. 2; zur Kaufmannseigenschaft der Erbengemeinschaft → § 1 Rn. 52.

70 So auch BeckOGK Henssler/Herresthal/*Burmeister/Fedke* § 22 Rn. 65; EBJS/*Reuschle* Rn. 20, aus dem Rechtsgedanken des § 19 (Abs. 2) abgeleitet.

§§ 18, 19 ist sogar eine Fantasiefirma oder Sachfirma zulässig. Da auch bei einer Personenfirma im Rahmen des § 18 Abs. 2 nicht mehr der Zwang besteht, den Namen des einzigen Gesellschafters (hier der Erbengemeinschaft) zu verwenden, muss auch eine Firmierung, zB mit dem Namen nur eines der Erben zugelassen werden.

25 Dagegen kann eine Erbengemeinschaft als solche kein Unternehmen betreiben, das nicht **zum Nachlass** des Erblassers **gehört** hat,[71] indem sie etwa nachträglich ein Unternehmen neu gründet oder ein weiteres hinzu erwirbt.

26 Zur Frage der Fortführung des Unternehmens durch den **Testamentsvollstrecker** wird auf → § 27 Rn. 18 ff., für die Testamentsvollstreckung am Kommanditanteil auf → § 8 Rn. 56 verwiesen. Firmenrechtliche Besonderheiten ergeben sich dabei nicht.[72] Führt der Testamentsvollstrecker das Unternehmen aufgrund einer Vollmacht der Erben fort, bleiben die Erben ggf. Einwilligungsberechtigte iSd § 22 (→ Rn. 37). Ist der Testamentsvollstrecker Treuhänder, kann er selbst die Einwilligung nach § 22 Abs. 1 letzter Hs. erteilen.[73]

27 **2. Firma des Veräußerers.** Die Firma muss schon unter dem Vorgänger zu Recht bestanden haben und von ihm auch tatsächlich geführt worden sein.[74] § 22 geht von der **Firmenfähigkeit des Veräußerers** aus.[75] Firmenfähig (→ § 17 Rn. 19 ff.) sind Einzelkaufleute, OHG, KG, EWIV, AG, GmbH, VVaG und eingetragene Genossenschaft, ferner andere juristische Personen, die ein Handelsgewerbe iSd § 1 Abs. 2 betreiben. Die Partnerschaftsgesellschaft ist nach § 2 Abs. 1 PartGG nur namensfähig; nach § 2 Abs. 2 PartGG findet § 22 Abs. 1 entsprechend Anwendung.[76] Nach hM war zum alten Recht die Fortführung einer minderkaufmännischen Geschäftsbezeichnung als Firma nicht zulässig (→ Rn. 8).[77] Diese Unterscheidung zwischen Vollkaufmann und Minderkaufmann ist nach dem HRefG 1998 obsolet. Das **Herabsinken auf ein Kleingewerbe** ist sowohl bei dem Einzelkaufmann als auch der Personenhandelsgesellschaft für die Firmenfähigkeit irrelevant, wenn diese im Handelsregister eingetragen sind. Ohne Eintrag verlieren der Einzelkaufmann (vgl. § 2 Abs. 1) als Kannkaufmann und die Personenhandelsgesellschaft (vgl. § 105 Abs. 2) als BGB-Gesellschaft allerdings ihre Firmenfähigkeit (→ § 17 Rn. 19 ff.). Auf die unternehmerisch tätige BGB-Gesellschaft wird eine analoge Anwendung der Firmenfortführungsregeln aber erwogen.[78]

28 Eine **unzulässige Firma,** die schon der Veräußerer nicht führen durfte, kann nicht fortgeführt werden.[79] Handelt es sich bereits um eine fortgeführte Firma, so muss der Veräußerer diese auch zu Recht geführt haben.[80] Das Firmenrecht des Erwerbers kann nicht weiter gehen als das des Veräußerers.[81] Unerheblich ist, ob der Erwerber die Firma

---

[71] KG JFG 9, 111; *Buchwald* BB 1962, 1405 (1406); Schlegelberger/*Hildebrandt/Steckhan* Rn. 7; Staub/*Ulmer* § 105 Rn. 55; *Karsten Schmidt* HandelsR § 4 Rn. 26.

[72] Dazu Staub/*Burgard* Rn. 71 ff.

[73] EBJS/*Reuschle* Rn. 50; Röhricht/Graf v. Westphalen/Haas/*Ries* Rn. 29; Staub/*Burgard* Rn. 72; BeckOK HGB/*Bömeke* Rn. 42.

[74] RGZ 152, 365 (368); OLG Hamm BB 1965, 806; OLG Frankfurt NJW 1969, 330; BayObLGZ 1978, 182 (184); Baumbach/Hopt/*Hopt* Rn. 7; Heymann/*Förster* Rn. 17 f.; KKRD/*Roth* Rn. 5; Staub/*Burgard* Rn. 24; Schlegelberger/*Hildebrandt/Steckhan* Rn. 12.

[75] EBJS/*Reuschle* Rn. 21; vgl. auch OLG Karlsruhe BB 1998, 558 (559) = NJW 1998, 1160, wonach der Name einer BGB-Gesellschaft mit dem Zusatz „& Partner" nicht durch eine GmbH nach § 22 fortgeführt werden kann; vgl. aber für die unternehmerisch tätige BGB-Gesellschaft zu § 24 OLG Nürnberg NZG 1999, 441; LG Berlin NZG 2005, 443 f. = DStR 2005, 662: Firmenfortführung nur bei Firmenfähigkeit des fortgeführten Unternehmens.

[76] S. aber OLG Karlsruhe BB 1999, 1075 zur Einschränkung bei der Fortführung des Namens einer GbR durch eine Partnerschaftsgesellschaft.

[77] KGJ 5, 24; OLG Köln NJW 1963, 541; OLG Frankfurt OLGZ 1978, 43 f.; BayObLGZ 1988, 344.

[78] OLG Nürnberg NZG 1999, 441 zu § 24; aA LG Berlin NZG 2005, 443 f. = DStR 2005, 662 zu § 22 für nicht eingetragenen Kleingewerbetreibenden.

[79] BGHZ 30, 288 (291 f.); KG JFG 17, 161 (162 f.).

[80] RGZ 25, 1 (5); Staub/*Burgard* Rn. 24; *Bokelmann* FirmenR Rn. 660.

[81] Vgl. auch Heymann/*Förster* Rn. 18; zu den Ausnahmen, wenn die Firma beim Erwerber sachlich richtig und damit zulässig wird BGH NJW 1985, 736 (737); OLG Hamm DB 1973, 2034 (2035); befürwortend Baumbach/Hopt/*Hopt* Rn. 14; Röhricht/Graf v. Westphalen/Haas/*Ries* Rn. 18.

des Veräußerers für zulässig gehalten hat (guter Glaube)[82] oder die unzulässige Firma bereits über einen längeren Zeitraum geführt wurde.[83] Demgegenüber kann die Fortführung auch einer unzulässigen Firma eine Haftung nach § 25 auslösen (→ § 25 Rn. 59).[84]

Teilweise ist die **Eintragung im Handelsregister** Voraussetzung dafür, dass die Firma 29
fortgeführt werden kann, so in den Fällen der §§ 2, 3 Abs. 2, weil hier die Kaufmannseigenschaft und damit das Recht zur Führung einer Firma erst durch die Eintragung entsteht. Betreibt dagegen ein Kaufmann ein Handelsgewerbe, das nach Art und Umfang einen in kaufmännischer Weise eingerichteten Geschäftsbetrieb erfordert (§ 1 Abs. 2) und führt er eine Firma, kann diese nach § 22 auch dann fortgeführt werden, wenn sie bis zur Veräußerung nicht in das Handelsregister eingetragen worden ist.[85] Der Erwerber hat dann die fortgeführte Firma nach § 29 Abs. 1 zum Handelsregister anzumelden, wobei den Veräußerer, der selbst seiner Pflicht zur Anmeldung nicht nachgekommen ist (§ 14), Mitwirkungspflichten treffen.[86] Für die Eintragung einer solchen Firma gelten deswegen Besonderheiten, weil die gesetzeswidrige Nichtanmeldung der Firma durch den Veräußerer nicht zu einer Verschleierung der für den Rechtsverkehr wesentlichen Verhältnisse der nunmehr (als fortgeführt) einzutragenden Firma führen darf. Wäre zB eine veräußernde OHG zuvor zur Eintragung in das Handelsregister angemeldet und eingetragen worden, hätte sich aus dem Handelsregister auch der Zeitpunkt des Beginns der Gesellschaft ergeben, was für den Erwerber und den Rechtsverkehr im Hinblick auf § 25 von Bedeutung ist.[87] Wird die noch nicht eingetragene Firma der OHG von dem Erwerber als Einzelkaufmann unverändert fortgeführt, müssen zugleich die Firma (§ 29), der Inhaberwechsel (die Fortführung, § 31) und eine Änderung der Firma, wenn dieser etwa ein Zusatz beigefügt wird, angemeldet und in das Register eingetragen werden. Die zu offenbarenden Rechtsvorgänge, die für die Firmenfortführung von Bedeutung sind, müssen in Spalte 5 („Rechtsverhältnisse“) und 3 (Inhaberwechsel) des Handelsregisters Abteilung A eingetragen werden.[88] Anzumelden und einzutragen soll auch der Zeitpunkt des Beginns der OHG sein, obwohl es sich nicht direkt um die Anmeldung einer OHG handelt.[89] Diese Aussage ist aber nach Änderung[90] des § 106 Abs. 2 Nr. 3 (Wegfall der Pflicht, den Zeitpunkt, mit welchem die Gesellschaft begonnen hat, bei der Anmeldung einer OHG) zweifelhaft.

Ist die **Firma erloschen,** kann sie nicht fortgeführt werden (→ § 17 Rn. 44 ff.). Zu 30
unterscheiden ist aber zwischen der Löschung der Firma im Handelsregister und dem materiellrechtlichen Erlöschen, dem Untergang der Firma.[91] Bedarf die Firma zu ihrem Entstehen der Eintragung (§§ 2, 3 Abs. 2, § 105 Abs. 2), so geht sie auch mit dem – selbst unberechtigten – registermäßigen Löschen wieder unter.[92] Dagegen ist das Entstehen und auch das Fortbestehen der Firma von Istkaufleuten iSd § 1 Abs. 2 und Personenhandelsgesellschaften, die ein Handelsgewerbe nach § 1 Abs. 2 betreiben, unabhängig von der Eintragung im Handelsregister. War die Löschung hier nicht gerechtfertigt, kann die weiter bestehende Firma nach § 22 fortgeführt werden. Bei den Kapitalgesellschaften (und den Genossenschaften, ebenso dem VVaG) führt die Löschung im Handelsregister nicht zwingend zum Erlöschen der Firma. Die Firma besteht, solange die Kapitalgesellschaft, die Formkaufmann ist, besteht. Deren Existenz endet in der Regel erst mit dem Abschluss der

[82] RGZ 1, 4 f.; EBJS/*Reuschle* Rn. 22.
[83] BGHZ 30, 288 (293 ff.) zu § 24; BGH BB 1980, 69 f.
[84] BGH DStR 2001, 801.
[85] *Kögel* in Wessel/Zwernemann/Kögel Firmengründung Rn. 541; für die gleich gelagerte Problematik zum alten Kaufmannsrecht beim früheren Vollkaufmann BGHZ 18, 248 (250) = NJW 1955, 1916; RGZ 65, 14 (15); BayObLGZ 1978, 182 (184); Heymann/*Förster* Rn. 17; Schlegelberger/*Hildebrandt/Steckhan* Rn. 12; *Kögel* in Wessel/Zwernemann/Kögel Firmengründung, 6. Aufl. 1994, Rn. 488.
[86] RGZ 65, 14 (15 f.).
[87] BayObLGZ 1978, 182 (185).
[88] *Krafka*/RegisterR Rn. 539 ff., 632 ff., 643 ff.
[89] BayObLGZ 1978, 182 (186); *Kögel* in Wessel/Zwernemann/Kögel Firmengründung Rn. 541, Fn. 1085.
[90] Mit Wirkung vom 1.9.2004 durch Art. 12 1. JuMoG vom 24.8.2004 (BGBl. 2004 I 2198).
[91] Näher Staub/*Burgard* Rn. 26.
[92] EBJS/*Reuschle* Rn. 25.

Liquidation und der (zusammen mit der Beendigung der Liquidation dann insoweit konstitutiv wirkenden) Löschung im Handelsregister. Auf → Rn. 10 f. wird verwiesen.

31 Firmiert der Veräußerer schon vor Übertragung seines Handelsgeschäftes zusammen mit seiner bisherigen Firma zu einer neuen Firma um, erlischt die alte Firma spätestens mit der Eintragung der neuen Firma im Handelsregister. Denn sie ist nicht mehr als Name mit einem Handelsgeschäft verbunden. Beim großgewerblichen Unternehmen kann dies auch ohne Handelsregistereintragung allein durch Nutzung der neuen Firma ausgelöst werden.

32 Ist **im Handelsregister materiell zu Unrecht eine Firma eingetragen,** ohne dass der Veräußerer Kaufmann war oder noch ist, kann die Firma nicht nach § 22 fortgeführt werden. Das Registergericht hat auch bei Anmeldung einer fortgeführten Firma wie bei jeder angemeldeten Firma von Amts wegen zu prüfen, ob die Firma rechtlich zulässig ist.[93] An der Zulässigkeit der Firma fehlt es seit dem HRefG 1998 nicht mehr, wenn das Unternehmen keinen nach Art und Umfang in kaufmännischer Weise eingerichteten Geschäftsbetrieb erfordert (§ 4 aF).[94] Solange kein Löschungsantrag nach § 2 S. 3 gestellt ist, liegt ein Fall der materiellrechtlich zu Unrecht bestehenden Handelsregistereintragung nach neuem Kaufmannsrecht tatsächlich gar nicht vor (→ § 2 Rn. 24).[95] Vielmehr sind nur noch die Fälle der zu Unrecht eingetragenen und damit nicht firmenfähigen Freiberufler denkbar. Für reine Vermögensverwaltung gilt bei der OHG/KG das gleiche. Das Registergericht muss bei Unzulässigkeit der Firma die Anmeldung zurückweisen, die eingetragene Firma von Amts wegen nach den §§ 393, 395 FamFG löschen, wenn sie wegen Fehlens einer wesentlichen Voraussetzung von Anfang an unzulässig war oder es später geworden ist[96] und ggf. gegen den unbefugten Gebrauch nach § 37 Abs. 1 vorgehen. § 5 ändert hieran nichts, da dieser bei fehlender Gewerblichkeit nach hM nicht eingreift (→ § 5 Rn. 21 ff. zur Gegenmeinung von *Karsten Schmidt*).

33 **3. Einwilligung. a) Rechtsnatur.** Die Einwilligung stellt sich nicht nur als bloße Gestattung unter Verzicht auf den eigenen Gebrauch dar. Sie ist vielmehr **echte (dingliche) Übertragung des Immaterialguts Firma nach den §§ 413, 398 ff. BGB.**[97] Hiervon zu unterscheiden ist das dazugehörende Verpflichtungsgeschäft, nämlich der Vertrag, durch den sich der Veräußerer zur Übertragung der Firma verpflichtet (näher Rn. 37).[98] Enthält die Firma auch den Namen des Veräußerers, tritt zu der geschilderten Übertragung der Firma als Immaterialgut die vertragliche Gestattung des Namengebrauchs hinzu (→ § 23 Rn. 11 ff.).

34 **b) „Ausdrückliche" Einwilligung.** Nach § 22 Abs. 1 muss der bisherige Geschäftsinhaber oder dessen Erben in die Fortführung der Firma „ausdrücklich willigen", wenn die Firma fortgeführt werden soll. Die vertragliche Einigung über die Übertragung der Firma ist Teil des (nicht notwendig einheitlichen) Vertrags über die Veräußerung des Handelsgeschäfts (§ 23).[99] Die Einwilligung setzt weder den Gebrauch bestimmter Worte noch eine besondere Form voraus.[100] „Ausdrücklich" bedeutet nur zweifelsfrei, und selbst eine

[93] BayObLGZ 1978, 182 (184).

[94] Vgl. nur EBJS/*Reuschle* Rn. 24; zum alten Minderkaufmann BGH NJW 1980, 784 (785).

[95] Befürwortend EBJS/*Reuschle* Rn. 24; *Karsten Schmidt* ZHR 1999, 87 (90 ff.); *Karsten Schmidt* NJW 1998, 2161 (2163 f. insbes. Fn. 31); *Ammon* DStR 1998, 1474 (1476); aA *Lieb* NJW 1999, 35 (36).

[96] BayObLGZ 1984, 273 (276) = Rpfleger 1980, 18 (19); Schlegelberger/*Hildebrandt/Steckhan* Rn. 12; Schlegelberger/*Hildebrandt/Steckhan* § 5 Rn. 9a; Heymann/*Emmerich,* 2. Aufl. 2012, Rn. 9, § 5 Rn. 11; vgl. auch BeckOGK/*Burmeister/Fedke* § 23 Rn. 58.

[97] EBJS/*Reuschle* Rn. 27; *Köhler* FS Fikentscher, 1998, 494 (499); Staub/*Burgard* Rn. 28; *Karsten Schmidt* HandelsR § 12 Rn. 43; BeckOK HGB/*Bömeke* Rn. 23; aA *Häublein* Liber amicorum Prölss, 2009, 47 (64): einseitiges Rechtsgeschäft iSd § 182 BGB.

[98] Staub/*Burgard* Rn. 29, 32.

[99] BGH NJW 1994, 2025 (2026); Baumbach/Hopt/*Hopt* Rn. 9; wohl auch Heymann/*Förster* Rn. 11, 19: verbunden sein kann aber nicht muss; aA BGH NJW 1971, 1936 für § 8 WZG aF; aA *Häublein* Liber amicorum Prölss, 2009, 47, für akzessorischen Übergang der Firma mit dem Unternehmen; Einwilligung nur erforderlich für Nutzung der Firma durch Erwerber.

[100] *Heinrich,* Firmenwahrheit und Firmenbeständigkeit, 1982, Rn. 147; Schlegelberger/*Hildebrandt/Steckhan* Rn. 12; Staub/*Burgard* Rn. 31.

stillschweigende Einigung über den Übergang der Firma ist möglich, sofern der entsprechende Wille unmissverständlich und eindeutig zum Ausdruck kommt.[101] Allein aus der Übertragung des Handelsgeschäfts kann die Einigung nicht entnommen werden,[102] denn das Handelsgeschäft kann auch ohne die Firma übertragen werden. Gleiches gilt für die bloße Duldung der tatsächlichen Firmenfortführung des Erwerbers.[103] Dagegen reicht die Mitunterzeichnung der Handelsregisteranmeldung über den Inhaberwechsel nach § 31 Abs. 1 – die bei vereinbarter Firmenfortführung die Erklärung des Anmeldenden über die Firmenfortführung nach § 22 enthält – durch den Veräußerer aus.[104]

c) Zeitpunkt der Einwilligung, Bedingung und Befristung. Aus § 23 ergibt sich 35 für die Einwilligung zur Firmenfortführung eine **zeitliche Begrenzung,** weil die Firma nicht ohne das Handelsgeschäft, für das sie geführt wird, veräußert werden kann. Die Einwilligung muss zwar nicht unbedingt gleichzeitig, wie man früher annahm,[105] erklärt werden, aber doch in unmittelbarem Zusammenhang mit der Veräußerung des Geschäfts.[106] **Nach der Anmeldung** kommt eine Einwilligung regelmäßig nicht mehr in Betracht, weil das Firmenrecht des Veräußerers zu diesem Zeitpunkt infolge der Unternehmensübertragung bereits erloschen ist.[107]

Die Einwilligung in die Fortführung der Firma kann wegen des ansonsten vorliegenden 36 Verstoßes gegen § 23 **nicht unter einer aufschiebenden Bedingung oder mit einem Anfangstermin** vereinbart werden, der nach der Übertragung des Handelsgeschäftes liegt. (→ § 23 Rn. 14).[108] Die nur scheinbar gegenteilige hM bezeichnet dies weitgehend gleichsinnig, wenn der Zusammenhang zwischen der Unternehmensübertragung und dem Wirksamwerden der Einwilligung erhalten bleibt und stellt meist auf die Anmeldung des Inhaberwechsels beim Handelsregister ab.[109] Dagegen ist eine **auflösende Bedingung** oder die **Vereinbarung eines Endtermins** rechtlich ohne Einschränkung zulässig.[110] Mit Erreichen des Endtermins oder dem Bedingungseintritt erlischt die Firma. Da sie nicht an den Veräußerer zurückfällt, ist nach diesem Zeitpunkt eine weitere Übertragung oder Verlängerung unzulässig.[111] Bis zu dem Endtermin oder dem Bedingungseintritt können aber, da die Firma noch besteht, Befristung und Bedingung durch Vereinbarung wieder aufgehoben werden.[112]

d) Einwilligungsberechtigter. aa) Einzelkaufmann. Veräußert der Einzelkauf- 37 mann sein Unternehmen, ist er der bisherige Geschäftsinhaber und muss als solcher einwilligen. Ist das **Handelsgeschäft im Erbgang erworben** worden, folgt auch hier aus der firmenrechtlichen Vorschrift des § 22, dass das Firmenrecht jedenfalls nicht automatisch Bestandteil des Unternehmens und daher auch nicht selbstverständlich und zwingend auf den Erben übergegangen ist. Ein fremder Name (beim Einzelkaufmann also Vor- und

---

[101] Baumbach/Hopt/*Hopt* Rn. 9; KKRD/*Roth* Rn. 7; EBJS/*Reuschle* Rn. 26; Röhricht/Graf v. Westphalen/Haas/*Ries* Rn. 20.

[102] BGH NJW 1994, 2025 mN; *Heinrich,* Firmenwahrheit und Firmenbeständigkeit, 1982, Rn. 147; Staub/*Burgard* Rn. 31.

[103] OLG Hamm ZIP 1983, 1198 (1201); EBJS/*Reuschle* Rn. 26.

[104] BGHZ 68, 271 (276) = NJW 1977, 1291; Baumbach/Hopt/*Hopt* Rn. 9; Staub/*Burgard* Rn. 31.

[105] KGJ 12, 22.

[106] Schlegelberger/*Hildebrandt/Steckhan* Rn. 13; Heymann/*Förster* Rn. 21; EBJS/*Reuschle* Rn. 29; aA *Häublein* Liber amicorum Prölls, 2009, 47 (52, 67) als Konsequenz des Übergangs der Firma auch ohne Einwilligung.

[107] Vgl. auch RGZ 76, 263 (265); Staub/*Burgard* Rn. 32; Röhricht/Graf v. Westphalen/Haas/*Ries* Rn. 21.

[108] Staub/*Burgard* Rn. 74; KKRD/*Roth* Rn. 10; scheinbar strikter abl. Röhricht/Graf v. Westphalen/Haas/*Ries* Rn. 22.

[109] Staub/*Burgard* Rn. 74; diff. EBJS/*Reuschle* Rn. 30; Heymann/*Förster* Rn. 22: möglich, wenn dadurch der erforderliche zeitliche Zusammenhang zwischen Einwilligung und Geschäftsübertragung nicht zerissen wird.

[110] RGZ 76, 263 (265); 102, 17 (22); OLG Hamburg OLGRspr. 32, 92; OLG Düsseldorf HRR 1936 Nr. 407; Baumbach/Hopt/*Hopt* Rn. 11; Heymann/*Förster* Rn. 22; Staub/*Burgard* Rn. 74; Röhricht/Graf v. Westphalen/Haas/*Ries* Rn. 22.

[111] RGZ 76, 263 (265); Heymann/*Förster* Rn. 22; Staub/*Burgard* Rn. 74.

[112] Staub/*Burgard* Rn. 74.

Zuname!) darf im Handelsverkehr wie auch sonst nur verwandt werden, wenn der Namensträger einverstanden ist oder war. Dieser kann überhaupt nicht einverstanden sein und das sofortige Erlöschen der Firma wollen, zwar den Übergang auf seine Erben aber nicht die generelle Vererblichkeit wünschen, den Übergang von Bedingungen abhängig machen oder auch bestimmen, dass die Firma mit dem Tod des Erben oder durch dessen Weiterveräußerung erlischt. Es trifft vom Ansatzpunkt her nicht zu, dass der Erbe der Einwilligung des bisherigen Inhabers (des Erblassers) nicht bedarf und § 22 die Vererblichkeit der Firma begründet.[113] § 22 handelt nicht von der Vererbung der Firma. Der Erbe leitet sein Recht von dem vormaligen Inhaber ab. Soweit der Text des § 22 auf die Einwilligung des bisherigen Geschäftsinhabers „oder dessen Erben" abstellt, ist damit die **Weiterveräußerung durch die Erben** gemeint, die aber ihrerseits den Erwerb auch des Firmenrechts nach § 22 darlegen müssen. Rein praktisch allerdings schrumpft der Unterschied. Denn der mutmaßliche Wille des Erblassers (sofern er sich nicht letztwillig ausdrücklich erklärt hat) geht dahin, dem Erben mit dem Handelsgeschäft auch die Fortführung der Firma (so er mag) zu gestatten.[114]

38 **bb) Kapitalgesellschaften.** Nach hM ist für die Einwilligung in die Fortführung das jeweilige vertretungsberechtigte Gesellschaftsorgan (Vorstand, Geschäftsführer) zuständig.[115] Es ist aber zu differenzieren. Nach § 179a AktG[116] bedarf die **vertragliche Verpflichtung zur Übertragung** (nachfolgend Übertragungsvertrag, → Rn. 33) des ganzen Gesellschaftsvermögens einer Aktiengesellschaft unter den Voraussetzungen von Abs. 1 eines Beschlusses der Hauptversammlung nach §§ 179a, 179 AktG. Zustimmungsbedürftig ist **mithin das Verpflichtungsgeschäft,** und notwendig ist die Zustimmung der Hauptversammlung (Einwilligung oder Genehmigung, §§ 183, 184 BGB).[117] Insoweit versagt die organschaftliche Vertretungsmacht des Vorstands; er vertritt zwar die Aktiengesellschaft beim Abschluss des Übertragungsvertrages, doch fehlt ihm ohne zustimmenden Hauptversammlungsbeschluss die Vertretungsmacht.[118] Hiervon zu unterscheiden sind die **zur Durchführung der Verpflichtung** notwendigen weiteren Rechtsgeschäfte (etwa dingliche Übertragung der einzelnen Vermögensgegenstände, weil keine Gesamtrechtsnachfolge eintritt). Aus dem Wortlaut von § 179a AktG ergibt sich klar, dass das **Vollzugsgeschäft selbst nicht** von der Zustimmung der Hauptversammlung abhängig ist.[119] Insoweit bleibt es mit der hM bei der Zuständigkeit des vertretungsberechtigten Gesellschaftsorgans, was auch für die **Übertragung der Firma als Vollzugsvorgang** gilt.[120] Das Fehlen der Zustimmung berührt hier nicht die Wirksamkeit des Vollzugsgeschäfts.[121] Da aber der Zustimmungsbeschluss der Hauptversammlung Wirksamkeitserfordernis des schuldrechtlichen Übertragungsvertrages ist, nimmt das Fehlen oder die Nichtigkeit des Zustimmungsbeschlusses der Übertragung die dauerhafte Wirkung, so dass bereits erbrachte Leistungen nach den §§ 812 ff. BGB rückabzuwickeln sind.[122] Zur zusätzlichen Zustimmung der namensgebenden Person → Rn. 43; → § 24 Rn. 14 ff.

39 Für die **GmbH ist § 179a AktG** nach der neuesten Rspr. des BGH nicht entsprechend anzuwenden.[123] Dennoch bleibt das Erfordernis eines zustimmenden Gesellschafterbe-

[113] EBJS/*Reuschle* Rn. 32; Röhricht/Graf v. Westphalen/Haas/*Ries* Rn. 24; vgl. auch *Canaris* HandelsR § 10 III 1 a Rn. 34; Baumbach/Hopt/*Hopt* Rn. 8.

[114] Eingehend *Kuchinke* ZIP 1987, 681 (insbes. 683, 685 f.).

[115] Schlegelberger/*Hildebrandt/Steckhan* Rn. 15; Heymann/*Förster* Rn. 26.

[116] Die Norm tritt an die Stelle des früheren § 361 AktG, der durch Art. 6 Nr. 13 UmwBerG aufgehoben wurde und entspricht inhaltlich der Vorgängernorm, hierzu MüKoAktG/*Stein* AktG § 179a Rn. 9 f.

[117] Hierzu BGHZ 82, 188 (193 f.) = NJW 1982, 933; BGHZ 83, 122 (136 ff.) = NJW 1982, 1703 (1706 f.).

[118] Hüffer/Koch/*Koch* AktG § 179a Rn. 1, 2, 15.

[119] Hüffer/Koch/*Koch* AktG § 179a Rn. 3.

[120] Staub/*Hüffer,* 4. Aufl. 1983, Rn. 30; aA jetzt Staub/*Burgard* Rn. 38, 40, der (satzungsändernden) Gesellschafterbeschluss wegen der Firmenänderung verlangt, was mE aber nicht in allen Fällen zutreffend ist.

[121] BGH NJW 1991, 2564 (2565); Kölner Komm AktG/*Kraft* AktG § 361 Rn. 29; BeckOGK/*Holzborn* AktG § 179a Rn. 13.

[122] MüKOAktG/*Stein* AktG § 179a Rn. 38; Hüffer/Koch/*Koch* AktG § 179a Rn. 14.

[123] BGH NZG 2019, 505; BeckOGK/*Holzbom*, 1.7.2020, AktG § 179a Rn. 13; BeckOK GmbHG/*Trölitzsch* GmbHG § 53 Rn. 8.3; *Götze* NZG 2019, 695 (697); *Heckschen* AG 2019, 420 (422).

schlusses im **Innenverhältnis.** Dieses kann sich ausdrücklich oder sinngemäß aus einem Zustimmungsvorbehalt in der Satzung ergeben. Auch bei Fehlen einer entsprechenden Satzungsregelung sind Geschäftsführer aufgrund der Bedeutung des Geschäfts gehalten (§ 49 Abs. 2 GmbHG), eine Willensbildung der Gesellschafterversammlung herbeizuführen.[124] Diese Beschlussfassung ist grds formfrei und mit einfacher Mehrheit. Geht mit der Übertragung des Handelsgeschäftes einschließlich der Firma eine Satzungsänderung einher, greift § 53 GmbHG (3/4 Mehrheit und Beurkundung).[125]

Im **Außenverhältnis** ist die Vertretungsmacht des Geschäftsführers demgegenüber grds. unbeschränkbar (§ 37 Abs. 2 GmbHG). Die Wirksamkeit der Verträge zur Übertragung des gesamten Unternehmens ohne Zustimmungsbeschluss im Innenverhältnis ist aber ggf. im Außenverhältnis wegen Missbrauchs der Vertretungsmacht gefährdet.[126] 40

cc) Personenhandelsgesellschaften. Nach früherer Meinung, insbesondere in der älteren Rspr., müssen **sämtliche Gesellschafter** in die Fortführung der Firma willigen und nicht nur die zur Vertretung der Gesellschaft berechtigten.[127] Nach neuerer Meinung[128] ist für die Personenhandelsgesellschaft die analoge Anwendung von § 179a AktG zu befürworten. Dem Verpflichtungsgeschäft müssen dann sämtliche Gesellschafter zustimmen. Hiervon sind die Verfügungsgeschäfte unabhängig, und die Übertragungszuständigkeit liegt insoweit allein bei dem vertretungsberechtigten Gesellschafter. Veräußert etwa der persönlich haftende Gesellschafter einer handelsrechtlichen Personengesellschaft das gesamte Geschäftsvermögen, so sind die **einzelnen dinglichen Übertragungsgeschäfte auch dann wirksam,** wenn es an einem entsprechenden Beschluss der Gesellschafterversammlung fehlt.[129] Hat aber das obligatorische Geschäft keinen Bestand, weil es an einer rechtswirksamen Zustimmung aller Gesellschafter fehlt, muss die Rückabwicklung erfolgen, dh, die von dem vertretungsberechtigten Organ durchgeführte Firmenübertragung kommt wieder in Fortfall. 41

An der analogen Anwendung des § 179a AktG sind durch das neueste Urteil des BGH[130] zur GmbH (→ Rn. 39) Zweifel aufgekommen.[131] Ordnet man aber die Übertragung des gesamten Handelsgeschäftes mit der Firma zurecht als Grundlagengeschäft ein, bedarf es auch bei der Personenhandelsgesellschaft der Zustimmung aller Gesellschafter.[132] 42

Der Fortführung der Firma muss darüber hinaus **der Gesellschafter zustimmen, dessen Name in der Firma erscheint.** Denn er hat im Zweifel, ist nichts anderes vereinbart, seinen Namen als Firma nur für die Dauer seiner Mitgliedschaft zur Verfügung stellen wollen, womit eine Weiterveräußerung unter Fortführung dieser Firma ausscheidet (vgl. auch § 24 Abs. 2). Fehlt es an der Zustimmung des Namengebers, ist die Einwilligung des vertretungsberechtigten Gesellschafters (→ Rn. 41) unwirksam, weil das Namenrecht des Namengebers entgegensteht.[133] Diese rein namensrechtlichen Überlegungen gelten auch für den – nach hier vertretener Ansicht ebenfalls zulässigen – Fall, dass ein Nichtgesellschafter seinen Namen zur Firmenbildung zur Verfügung stellt. **Für die Aktiengesellschaft und die GmbH gilt das** nach dem neuen Verständnis des § 24 Abs. 2 aufgrund der Änderungen im HRefG (→ § 24 Rn. 3 ff.) gleichermaßen.[134] 43

---

124 BGH NZG 2019, 505 Rn. 37; MüKoGmbHG/*Stephan/Tieves* GmbHG § 37 Rn. 143.
125 BeckOK GmbHG/*Trölitzsch* GmbHG § 53 Rn. 8.3.
126 BGH NZG 2019, 505; dazu Lutter/Hommelhoff/*Kleindiek* GmbHG § 35 Rn. 22.
127 RGZ 158, 226 (230 f.); BGH BB 1952, 211; Heymann/*Emmerich,* 2. Aufl. 2012, Rn. 12; Schlegelberger/*Hildebrandt/Steckhan* Rn. 15.
128 Grdl. Staub/*Hüffer,* 4. Aufl. 1983, Rn. 31; zust. auch EBJS/*Reuschle* Rn. 36; Baumbach/Hopt/*Hopt* Rn. 9; Röhricht/Graf v. Westphalen/Haas/*Ries* Rn. 25; aA jetzt Staub/*Burgard* Rn. 39, 40 f., der (satzungsändernden) Gesellschafterbeschluss verlangt.
129 BGH NJW 1991, 2564 f.; Staub/*Hüffer,* 4. Aufl. 1983, Rn. 31; zust. Baumbach/Hopt/*Hopt* Rn. 9.
130 BGH NZG 2019, 505.
131 Dazu offen *Götze* NZG 2019, 695 (697); abl. *Heckschen* AG 2019, 420 (422); vgl. auch OLG Düsseldorf NZG 2016, 589 zu den Kosten der Beurkundung eines Zstimmungsbeschlusses analog § 179a AktG.
132 So auch Staub/*Burgard* Rn. 40 f.
133 EBJS/*Reuschle* Rn. 38.
134 EBJS/*Reuschle* Rn. 38; Staub/*Burgard* Rn. 50; aA zur alten Rechtslage BGHZ 58, 322; Staub/*Hüffer,* 4. Aufl. 1983, Rn. 33.

44 Befindet sich die Personenhandelsgesellschaft in **Liquidation,** müssen sämtliche Gesellschafter der Fortführung der Firma zustimmen.[135]

45 **e) Rechtsfolgen bei Verstoß.** Fehlt dem Erwerber die Einwilligung zur Firmenfortführung, **verweigert das Registergericht die Eintragung** der fortzuführenden Firma. Überschreitet der Erwerber die ihm im dinglichen Einwilligungsvertrag auferlegten Grenzen (→ Rn. 33, → Rn. 35) des Firmenfortführungsrechts, kann der Veräußerer beim Registergericht ein **Firmenmissbrauchsverfahren nach § 37 Abs. 1** anregen.[136] Unterlassungsansprüche gegenüber dem Erwerber ergeben sich aus dem Einwilligungsvertrag und ggf. nach § 12 BGB und § 37 Abs. 2.

46 Diskutiert wird, ob der Veräußerer das Firmenfortführungsrecht des Erwerbers ohne ausdrückliche diesbezügliche vertragliche Vereinbarung **„widerrufen"** kann, wenn der Erwerber dem Namen „Schande macht", er den Namen des Veräußerers in Verruf bringt (→ § 23 Rn. 12 mN).[137] Richtig dürfte sein, dem Veräußerer beschränkt auf den Fall der Personenfirma ein **Untersagungsrecht des Firmengebrauchs** zuzubilligen mit der Folge, dass der Erwerber die Firma erst dann wieder benutzen darf, wenn er sein diskriminierendes Verhalten eingestellt hat.[138]

III. Fortführung der Firma

47 **1. Grundsatz.** Der Erwerber **muss die Firma nicht fortführen.** Er kann eine neue Firma mit der Folge annehmen, dass die bisherige Firma erlischt.[139] Hat er sich dem Veräußerer oder Verpächter gegenüber zur Fortführung der Firma verpflichtet, sind diese zur Durchsetzung des Anspruchs auf Beibehaltung der Firma auf den Zivilprozess angewiesen, weil der Anspruch registerrechtlich nicht durchsetzbar ist.[140] Die Zulässigkeit der neuen Firma richtet sich nach § 18 Abs. 1. Die bisherige Firma erlischt, was der bisherige Inhaber zur Eintragung in das Handelsregister anzumelden hat. Das Registergericht trägt das Erlöschen ein und verwendet, anders als bei Firmenfortführung, ein neues Registerblatt für die Eintragung der neuen Firma (→ § 31 Rn. 11).[141]

48 Führt der Erwerber die Firma weiter, sind Änderungen nicht beliebig, sondern nur unter besonderen Voraussetzungen zulässig. Grundsätzlich muss die **Firma unverändert fortgeführt werden.**[142] Im Gegensatz zum Fall der Firmenneubildung ist der Grundsatz der **Firmenidentität** bei der Firmenfortführung auch nach dem HRefG noch zu beachten (→ Vor § 17 Rn. 28; → § 18 Rn. 101 ff.). Daher muss auch eine Firma, die zur Firmenbildung einer Gesellschaft verwandt wird, im Wesentlichen unverändert bleiben. Denn es darf im Rechtsverkehr zu keinen Zweifeln an der Identität der bisherigen mit der fortgeführten Firma kommen.[143] Das kann deshalb zu Schwierigkeiten führen, weil im Rahmen der

[135] RGZ 158, 226 (230); Baumbach/Hopt/*Hopt* Rn. 10; Heymann/*Förster* Rn. 27; Staub/*Hüffer,* 4. Aufl. 1983, Rn. 32, EBJS/*Reuschle* Rn. 37.

[136] EBJS/*Reuschle* Rn. 40; Staub/*Burgard* Rn. 82; BeckOK HGB/*Bömeke* Rn. 35; aA *Häublein* Liber amicorum Prölls, 2009, 47: Übergang der Firma, lediglich Vorgehen gegen Nutzung aus § 37 Abs. 2.

[137] Diff. Heymann/*Förster* Rn. 23; bejahend Schlegelberger/*Hildebrandt/Steckhan* Rn. 14; vgl. auch *Forkel* FS Paulick, 1973, 101 (115).

[138] Vgl. *Canaris* HandelsR § 10 III 2 e Rn. 38; EBJS/*Reuschle* Rn. 31; *Köhler* FS Fikentscher, 1998, 494 (506 ff.); *W.-H. Roth* in Die Reform des Handelsstandes und der Personengesellschaft, 1999, 31 (62).

[139] OLG Celle BB 1974, 387; LG Nürnberg-Fürth BB 1976, 810; Staub/*Burgard* Rn. 73, 105; Heymann/*Förster* Rn. 30; Schlegelberger/*Hildebrandt/Steckhan* Rn. 17.

[140] KG JFG 5, 212 (214); OLG Rostock OLGRspr. 41, 193 (194); Staub/*Burgard* Rn. 82; Schlegelberger/*Hildebrandt/Steckhan* Rn. 17.

[141] KG OLGZ 1965, 315 (319); BayObLGZ 1971, 163 (165 f.); Baumbach/Hopt/*Hopt* Rn. 13.

[142] *Heinrich,* Firmenwahrheit und Firmenbeständigkeit, 1982, Rn. 142 ff.; KKRD/*Roth* Rn. 17b; Röhricht/Graf v. Westphalen/Haas/*Ries* Rn. 37; Baumbach/Hopt/*Hopt* Rn. 15; EBJS/*Reuschle* Rn. 55; zu den Grenzen der Veränderung unter Bewahrung der Firmenkontinuität ausf. *Meyer* ZNotP 2009, 250 (252 ff.); Heymann/*Förster* Rn. 32 ff.; Staub/*Burgard* Rn. 84 ff.; *Bokelmann* FirmenR Rn. 695 ff.; *Kögel* in Wessel/Zwernemann/Kögel Firmengründung Rn. 543 ff.

[143] BGHZ 44, 116 (120); OLG Hamm NJW-RR 2002, 1330 = NZG 2002, 866; in der Begründung unrichtig daher LG Augsburg Rpfleger 1999, 449, das nicht differenziert zwischen Firmenfortführung und der im zu entscheidenden Fall zulässigen Neufirmierung; so auch Anm. *Busch* Rpfleger 1999, 547;

§§ 22, 24 zwar gewisse Unwahrheiten hinzunehmen sind. Bei der Firma des Einzelkaufmanns lassen sich uU nicht einmal Rückschlüsse auf den Geschäftsinhaber zum Zeitpunkt der Firmenbildung ziehen (→ § 18 Rn. 5). Doch macht der Grundsatz der Firmenwahrheit, wie er insbesondere in § 18 Abs. 2 zum Ausdruck kommt, vor den §§ 22, 24 nicht Halt,[144] und auch eine fortgeführte Firma darf nicht geeignet sein, im Rechtsverkehr „unzutreffende Vorstellungen über Art, Umfang und Rechtsverhältnisse des Unternehmens hervorzurufen".[145] Die Forderung nach **Firmenwahrheit** setzt sich gegenüber dem Recht auf unveränderte Firmenfortführung, die den Rechtsverkehr täuschen würde, durch (→ Rn. 3).[146] Eine durch einen Firmenbestandteil drohende Täuschung lässt sich meistens auch nicht durch Weglassen der zu beanstandenden Teile beheben. Denn im Zweifel wird ein solches Vorgehen die Identität der Firma in Frage stellen (zu zulässigen Änderungen → Rn. 57 ff.).

Seit dem HRefG 1998 fordert § 19 für jede Rechtsform des Erwerbers zwingend einen entsprechenden **Rechtsformzusatz.** Diese vorrangige Regelung macht oft eine Firmenänderung auch im Rahmen des § 22[147] erforderlich (genauer → Rn. 66 ff.). Zur Firmenfortführung nach § 25, die weit weniger als § 22 voraussetzt, → § 25 Rn. 57 ff.; → § 27 Rn. 15 ff.). 49

Soll die Firma eines übernommenen Unternehmens aus wirtschaftlichen Gründen erhalten bleiben, kann dieses **als Zweigniederlassung organisiert und unter der Firma des übernommenen Unternehmens geführt** werden. Denn die Firma der Zweigniederlassung braucht nicht mit der des Hauptunternehmens identisch zu sein. Es reicht, wenn der Zusammenhang zwischen Haupt- und Zweigniederlassung in der Firma der Zweigniederlassung deutlich zum Ausdruck kommt (→ § 13 Rn. 22).[148] 50

2. Änderung der Firma. Die frühere Praxis verfuhr streng. Der ursprünglichen Firma durften mit Ausnahme des Nachfolgezusatzes **keine weiteren Zusätze** beigefügt werden.[149] Nur ganz unwesentliche Änderungen sollten zulässig sein.[150] 51

a) Unwesentliche Änderung. Unwesentlich sind etwa Änderungen in der Schreibweise („OPTIKA" statt „optika"), weil die Identität hiervon nicht berührt wird.[151] Auch darf ein ausgeschriebener Rechtsformzusatz abgekürzt werden, da die Abkürzung nach den Neuregelungen im HRefG anerkannt für die volle Bezeichnung steht (GmbH, AG, KG), was ebenfalls für den umgekehrten Fall gilt.[152] Zur eventuellen Notwendigkeit den Rechtsformzusatz ganz zu streichen, s. → Rn. 66 ff. Ferner dürfen in der Firma die alte Schreibweise durch die moderne ersetzt[153] („Fotohandlung" anstelle von „Photohandlung"; auch 52

---

vgl. zur unveränderten Verwendung des Zusatzes „Partner" in der Firma der namensgebenden Gesellschaft LG Koblenz RNotZ 2003, 464 = MittBayNot 2004, m. zust. Anm. *Westermeier;* vgl. zum Rechtsformzusatz „& Partner" → § 18 Rn. 193 ff.

[144] BGHZ 44, 116 (120) = NJW 1965, 1915; BGHZ 44, 286 (287) = NJW 1965, 2248; BGHZ 53, 65 (66) = GRUR1970, 320; BGHZ 68, 12 (14) = NJW 1977, 383; BGHZ 68, 271 (273) = NJW 1977, 1291; vgl. auch RGZ 162, 121 (123); 169, 147 (150); KG OLGZ 1965, 124 (129) = NJW 1965, 254 (255); BayObLGZ 1978, 44 (46); OLG Frankfurt OLGZ 1979, 402 (404); OLG Frankfurt OLGZ 1980, 302 (304).

[145] Vgl. auch BGHZ 53, 65 (67) = GRUR 1970, 320.

[146] BGHZ 44, 286 (287) = NJW 1965, 2248.

[147] EBJS/*Reuschle* Rn. 57.

[148] RGZ 113, 213; *Heinrich,* Firmenwahrheit und Firmenbeständigkeit, 1982, Rn. 163; Staub/*Burgard* Rn. 102; *Bokelmann* FirmenR Rn. 770.

[149] KG JW 1929, 2155 f. mm. zust. Anm. *Bondi;* vgl. ferner RGZ 96, 195 (197): die abgeleitete Firma darf „nur entweder so fortgeführt werden, wie sie lautet, oder gar nicht; RGZ 133, 318 (325 f.); 152, 365 (367).

[150] RGZ 113, 306 (308 f.); 162, 121 (123).

[151] OLG Celle OLGZ 1977, 59 (64) = NJW 1976, 2021 (2022); Staub/*Burgard* Rn. 96; Oetker/*Schlingloff* Rn. 27.

[152] HM, zur Verwendung einer Firma bei der Firmenbildung einer GmbH & Co. KG; Staub/*Burgard* Rn. 96.

[153] Oetker/*Schlingloff* Rn. 27.

„… & Co.“ in „… und Co.“) und das Gründungsjahr hinzugefügt oder weggelassen werden.[154]

53 Nach der früheren Rspr. handelt es sich **bei Eingriffen in Namensbestandteile** (Fortlassen von Vornamen oder Familiennamen; Abkürzungen von ausgeschriebenen Vornamen und umgekehrt) um **wesentliche** und damit nach § 22 **nicht zulässige Änderungen.**[155]

54 Seit dem HRefG 1998 muss aber selbst bei einer Neufirmierung nicht mehr der Vorname des Einzelkaufmanns oder eines Gesellschafters in die Personenfirma mit aufgenommen werden (→ § 18 Rn. 65). Daraus wurde teilweise geschlossen, dass sich auch die Verkehrsauffassung dergestalt geändert, dass dem **Vornamen keine prägende Bedeutung** mehr beigemessen wird.[156] Entscheidend ist aber für die Beurteilung im Rahmen des § 22, ob Zweifel an der Firmenidentität entstehen.[157] Daher kommt es letztlich auf den konkreten Zusammenhang in der zu beurteilenden Firma an, ob das spätere Streichen des Vornamens auch bei einer fortgeführten Firma als mit § 22 verträgliche unwesentliche Änderung eingestuft werden kann.[158]

55 Zu weit geht es jedenfalls,[159] bei einer gemischten Personen-/Fantasiefirma die **Streichung des kompletten Personenfirmenteils** im Rahmen der Firmenfortführung nach § 22 zuzulassen.[160] Der Inhaberzusatz kann bei einer nach § 22 fortgeführten Firma weggelassen werden,[161] nicht aber der Personenfirmenteil des Firmenkerns bei einer Mischfirma, selbst wenn eine entsprechende Neufirmierung zulässig wäre.[162] Dabei darf nicht die häufig **zulässige Neufirmierung** mit einer reinen Fantasiefirma und die **veränderte Firmenfortführung** verwechselt werden.[163] Die Fortführung der bisherigen Firma ist zB zu verneinen, wenn aus der Firma eines Einzelkaufmanns nur der Sachzusatz übernommen wird, weil der Firmenkern auf keinen Fall entfallen darf.[164] Auch das Voranstellen des Namens eines neu aufgenommenen Partners beinhaltet eine zu große Änderung.[165]

56 An einer zulässigen Firmenfortführung fehlt es auch dann, wenn der Erwerber als Firma nur die **schlagwortartige Bezeichnung des Handelsgeschäfts** des Veräußerers unter Beifügung des Gesellschaftszusatzes annimmt.[166] Seit dem HRefG ergeben sich aber erweiterte Möglichkeiten einer Neufirmierung anstelle einer unzulässigen, weil die Firmenidentität zerstörenden Änderung einer fortgeführten Firma (→ § 18 Rn. 65 ff.).[167]

---

154 RGZ 113, 306 (309); KG JW 1929, 2155 f. mAnm *Bondi;* Staub/*Burgard* Rn. 96; EBJS/*Reuschle* Rn. 65; *Bokelmann* FirmenR Rn. 697 f.

155 BGHZ 30, 288 = NJW 1959, 2255; OLG Hamm NJW 1965, 764: nicht statt „Ida R.“ Änderung in „R.-KG“; Baumbach/Hopt/*Hopt* Rn. 15; Heymann/*Förster* Rn. 46; Staub/*Burgard* Rn. 96; Schlegelberger/*Hildebrandt/Steckhan* Rn. 18; *Bokelmann* FirmenR Rn. 697; anders LG Berlin NJW-RR 1994, 609.

156 LG Berlin NJW-RR 1994, 609; s. auch zur konkreten Unterscheidbarkeit bei unterschiedlichen Vornamen → § 30 Rn. 27.

157 Staub/*Burgard* Rn. 96; GK-HGB/*Steitz* Rn. 12; *Möller* DNotZ 2000, 831 (841); *Busch* Rpfleger 1999, 547.

158 LG Berlin NJW-RR 1994, 609 zulassend für die spätere Änderung der abgeleiteten GmbH-Firma; strenger aber OLG Düsseldorf DB 2007, 2141 (2142) = Rpfleger 2007, 187: kein § 22 auch bei Fortführung der Firma „P…., Schaumstoffverarbeitung Betty M…“ als „P…Schaumstoffverarbeitung Bernd M…e. K.“; zust. *Kögel* Rpfleger 2009, 291 (294); s. zur Änderung der abgeleiteten Firma auch *Kögel* Rpfleger 2017, 435.

159 So aber LG Augsburg Rpfleger 1999, 449.

160 Abl. auch *Busch* Rpfleger 1999, 547 und *Hartmann* RNotZ 2003, 250 (251).

161 OLG Düsseldorf BeckRS 2019, 12668 = NZG 2019, 949 bei einer Apothekenmischfirma deren Personenanteil wie ein Inhaberzusatz wirkte; dazu *Theißen* GWR 2019, 305.

162 Zu liberal daher LG Koblenz NJW-RR 2002, 35 = DB 2001, 530 – „SchwanenApotheke Ernst K, Inhaber Rolf G“ zu „Schwanenapotheke OHG“, abl. auch *Kögel* in Wessel/Zwernemann/Kögel Firmengründung Rn. 543.

163 *Möller* DNotZ 2000, 841.

164 OLG Bremen NJW 1963, 111; Staub/*Hüffer*, 4. Aufl. 1983, Rn. 50.

165 OLG Frankfurt NZG 2005, 925 = FGPrax 2005, 270.

166 RGZ 145, 274 (278 ff.).

167 Vgl. dazu auch *Kögel* BB 1998, 1645 (1649) für großzügige Handhabung der Neufirmierung.

b) Zulässige wesentliche Änderung. Im Laufe der Zeit wurde die **früher strenge Praxis** (→ Rn. 48) **abgemildert.**[168] Die Gerichte erkannten sachgerecht, dass ein die Verkehrsanschauung außer Acht lassender Formalismus zu vermeiden ist[169] und es darauf ankommt, ob nach der Auffassung des Verkehrs die bisherige Firma fortgeführt wird.[170] Betrifft die Änderung nicht die Individualisierung der Firma und können keine Zweifel an der Identität aufkommen, ist eine Änderung zulässig.[171] Wesentliche Änderungen aber sollten, wie man überwiegend annahm, nicht zulässig sein.[172] 57

Den allgemeinen Durchbruch zu einer großzügigeren Handhabung brachte die „Frankona"-Entscheidung des BGH.[173] Danach können solche Änderungen vorgenommen werden, die nachträglich der Firmenwahrheit dienen und **im Interesse der Allgemeinheit notwendig oder wünschenswert sind** (etwa bei Erweiterung oder Einschränkung des Geschäftsumfangs, Fallenlassen eines bisherigen oder Aufnahme eines neuen Geschäftszweiges,[174] Änderung des Firmensitzes, sofern der Sitz in der Firma aufgenommen ist).[175] Die Beibehaltung der nicht mehr zutreffenden Angaben in der Firma würde täuschen. Vermieden werden soll in diesen Fällen die Irreführung des Publikums.[176] Die Entscheidung des BGH ist insoweit nicht ganz klar, als von Änderungen die Rede ist, die sich „nach Übergang des Geschäfts" ergeben.[177] Sinngemäß müssen damit aber zumindest auch Änderungen gemeint sein, die schon im Augenblick der Übernahme nötig sind. Denn andernfalls müsste – was keinen Sinn ergibt, will § 22 doch gerade den Wert der alten Firma erhalten – der Erwerber eine neue Firma annehmen, weil die bisherige nicht den von ihm beabsichtigten Zuschnitt des erworbenen Unternehmens abdeckt.[178] 58

In vielen Fällen wird sogar **eine Pflicht des Erwerbers zur Abänderung der Firma** bestehen. So durfte nach altem Firmenrecht etwa der Einzelkaufmann in der übernommenen Firma nicht den Zusatz „& Co." ohne Nachfolgezusatz beibehalten.[179] Das gilt auch weiterhin für **geografische Angaben,** soweit ihnen Aussagekraft zukommt (→ § 18 Rn. 153 ff.), die **Kennzeichnung des Unternehmensgegenstandes** und **persönliche Titel und Würden** des Inhabers, insbesondere **akademische Grade.**[180] Der Titel kann, fehlt dem Erwerber die entsprechende Qualifikation, entweder im Rahmen des § 22 zulässig[181] aus der Firma entfernt oder aber ein Nachfolgezusatz aufgenommen werden (näher mN → § 18 Rn. 118 f., → § 18 Rn. 122). Der BGH[182] ist bei einer Rechtsanwaltspartnerschaft jetzt aber großzügiger. Erweckte die veräußerte Firma bei dem Veräußerer zu Recht einen **amtlichen Eindruck,** weil entsprechende Verbindungen bestanden (→ § 18 Rn. 127 ff.), muss die Firma geändert werden, wenn die Verbindungen unter dem Erwerber nicht mehr bestehen. 59

Eine Änderung wird in diesem Fall aber schwierig wenn nicht gar unmöglich sein, weil die **Firmenidentität nicht verloren gehen** darf (→ Rn. 48). Denn auch wenn die Änderung im Allgemeininteresse liegt, darf die Firmenidentität zwar „Kratzer" bekommen, 60

168 *Meyer* ZNotP 2009, 250 (253 ff.) mit guter Übersicht der Rspr. zu zugelassenen und untersagten Änderungen, insbes. bei Fortführung von Personenfirmen.
169 RGZ 113, 306 (309); 145, 274 (279); 162, 121 (123); BGH NJW 1959, 1081.
170 RGZ 131, 27 (29); 133, 318 (325).
171 OLG Hamm NJW 1965, 764 f. m. eingehenden Nachw.; vgl. auch KG JW 1929, 2155 f. mAnm *Bondi*.
172 Vgl. die eingehende Untersuchung von *Pabst* DNotZ 1960, 33 (42).
173 BGHZ 44, 116 = NJW 1965, 1915; vgl. aber schon KG DR 1941, 1942;OLG Hamm NJW 1965, 764.
174 OLG Hamm NJW-RR 2002, 1330; LG Hagen GmbHR 1996, 854; OLG Rostock RAuB 1997, 126 = OLG-NL 1997, 184.
175 Röhricht/Graf v. Westphalen/Haas/*Ries* Rn. 40.
176 Staub/*Burgard* Rn. 99.
177 BGHZ 44, 116 (119) = NJW 1965, 1915.
178 Vgl. Staub/*Burgard* Rn. 99.
179 BGHZ 53, 65 = GRUR 1970, 320; aber zur neuen Rechtslage → Rn. 75.
180 S. zum Doktortitel bei Firmenfortführung nach § 24 jüngst wieder OLG Köln RNotZ 2008, 551 = DNotZ 2009, 140 = FGPrax 2008, 125.
181 EBJS/*Reuschle* Rn. 63, 67; BGH NJW 1998, 1150 (1151).
182 BGH NZG 2018, 900; → § 18 Rn. 123.

nicht aber völlig aufgehoben werden.[183] Ein Inhabervermerk dürfte hier Abhilfe schaffen, wenn aus ihm im konkreten Einzelfall ersichtlich wird, dass unter dem neuen Inhaber keine Beziehungen mehr bestehen, die den amtlichen Charakter früher rechtfertigten.[184] Im Übrigen muss das Registergericht bei nachträglich unwahr gewordenen Firmen (→ § 18 Rn. 47 ff.) nicht unbedingt nach § 37 Abs. 1 iVm § 392 FamFG oder nach § 395 FamFG einschreiten (aber → § 37 Rn. 35), doch verbietet sich eine solche Handhabung bei einer Firma, die täuschend den Eindruck einer Verbindung zu amtlichen Stellen hervorruft.

61 Wie auch sonst kann in Ausnahmefällen ein auf „ag" oder **„AG"** endendes **Firmenschlagwort** täuschen (→ § 18 Rn. 188), wenn die Erwerberin keine Aktiengesellschaft ist. In diesem Fall müsste die Firma geändert werden.[185] Zulässig ist hier jedenfalls ein Nachfolgezusatz. Ob das Schlagwort so prägend ist, dass eine „Streichung" die Firmenidentität zerstört, ist Tatfrage.[186] Bei einer **Änderung des Geschäftsgegenstandes** selbst oder seines Umfangs besteht ebenfalls ein Interesse der Öffentlichkeit, so dass die Firma geändert und fortgeführt werden darf.[187] Entsprechendes gilt für einen Sitzwechsel, wenn der Sitz Teil der Firma ist.[188]

62 Besteht **kein Interesse der Allgemeinheit an der Firmenänderung,** so darf der Erwerber die übernommene Firma dann ändern, wenn sich die Verhältnisse geändert haben und eine Änderung der Firma im Hinblick auf geänderte Verhältnisse vom Standpunkt des Firmeninhabers **bei objektiver Beurteilung ein „sachlich berechtigtes Anliegen"** ist.[189] Unabdingbare Voraussetzung ist aber, dass dies (für den geänderten Teil) unter Beachtung der Grundsätze der Firmenbildung geschieht und kein Zweifel an der Identität entsteht.[190] Die Entscheidung des BGH deckt auch **Abänderung, Hinzufügung und Entfernung eines Zusatzes** ab. Diese Maßnahmen stellen wesentliche Änderungen dar, die nur unter den eben genannten Voraussetzungen zulässig sind.[191] Die Frage, ob die Identität noch gewahrt ist, beurteilt sich nach dem Gesamtbild der Firma, weil Kern und Zusatz als firmenrechtliche Einheit zu sehen sind (→ § 17 Rn. 16 ff.).[192] Bei der Beurteilung sollte nicht kleinlich vorgegangen werden, weil andernfalls die Weiterführung der ursprünglichen Firma entgegen dem Zweck von § 22 über Gebühr erschwert würde. Die bloße **Änderung der Branchenbezeichnung** hindert die Firmenfortführung jedenfalls dann nicht, wenn damit der veränderten Realität Rechnung getragen wird.[193] Zur Personenfirma einer e. K. kann der alte Sachzusatz durch den neuen jetzt zutreffenden „Autohaus" ausgetauscht werden.[194] Eine Haftung aus § 25 (→ § 25 Rn. 61) ist durch diese zulässige Änderung jedoch nicht ausgeschlossen.[195]

---

183 Staub/*Burgard* Rn. 99; EBJS/*Reuschle* Rn. 66: „Auflockerung", nicht aber die Preisgabe der Firmenidentität.

184 Anders insoweit noch → 1. Aufl. 1996, Rn. 71 *(Bokelmann)*; Schlegelberger/*Hildebrandt/Steckhan* Rn. 21; Staub/*Burgard* Rn. 100; EBJS/*Reuschle* Rn. 67.

185 Staub/*Burgard* Rn. 100; aA Hachenburg/*Heinrich* GmbHG § 4 Rn. 75.

186 Vgl. BGHZ 44, 116 (120) = NJW 1965, 1915: selbst die Aufnahme des volltönenden Wortes „Frankona" konnte im Hinblick auf einen bereits in der Firma vorhandenen einprägsamen Zusatz keine Zweifel an der Identität wecken.

187 OLG Hamm Rpfleger 1967, 414: der Erwerber kann solche Änderungen vornehmen, die sich aus der Aufgabe eines bisherigen Geschäftszweiges ergeben; *Bokelmann* FirmenR Rn. 708.

188 AG Regensburg DNotZ 1956, 502; KG Deutsches Recht 1941, 1942 mAnm *Groschuff*: Sitzverlegung auf Anordnung der zuständigen Behörde.

189 BGHZ 44, 116 (120); Staub/*Burgard* Rn. 101.

190 Vgl. auch OLG Düsseldorf GmbHR 1987, 189; LG München I NJW-RR 1990, 1373; OLG Hamm NJW-RR 2002, 1330 = NZG 2002, 866 – Autohaus; LG Hagen GmbHR 1996, 854 – „R-Transporte GmbH" zu „R-Entsorgung GmbH"; OLG Frankfurt NJW-RR 2015, 727 (728).

191 Staub/*Burgard* Rn. 101 spricht von vier Voraussetzungen.

192 BayObLG MDR 1981, 849: die von einer GmbH übernommene Firma eines Einzelkaufmanns darf nicht durch Hinzufügung einer Sachbezeichnung geändert werden, wenn dadurch Zweifel an der Identität auftreten können. Das soll dann der Fall sein, wenn die bisherige Firma „Salek L" in „Salek L Kunststoffwerk GmbH" geändert wird.

193 OLG Hamm NJW-RR 2002, 1330 = NZG 2002, 866; OLG Rostock RAnwBl. 1997, 126; BayObLG DNotZ 2003, 458 zur vergleichbaren Problematik beim Partnerschaftszusatz iSd § 11 PartGG; dazu auch zust. *Kögel* Rpfleger 2007, 590 (592); zur Partnerschaft auch → § 18 Rn. 193.

194 OLG Hamm NJW-RR 2002, 1330 = NZG 2002, 866.

195 OLG Hamm NJW-RR 1999, 396; dazu *Karsten Schmidt* JuS 1999, 400.

3. Nachfolgezusatz. Das deutsche Recht gebietet für fortgeführte Firmen nicht zwingend die Aufnahme eines Nachfolgezusatzes (→ § 18 Rn. 69 f.). Die Aufnahme kann aber **erforderlich** sein, **um Täuschungen auszuschließen,** die etwa von einem nicht mehr zutreffenden Rechtsformzusatz oder Titeln[196] ausgehen, die dem Erwerber nicht zustehen (Beispiele → Rn. 58 ff. und → Rn. 73). Muss der Erwerber keinen Nachfolgezusatz aufnehmen, kann er ihn aber freiwillig zu jedem Zeitpunkt dennoch in die Firma aufnehmen und auch wieder ablegen, ohne die Firmenidentität in Frage zu stellen.[197] Den Erwerber können auch vertragliche Bindungen zur Führung und Beibehaltung des Zusatzes zwingen. Der **Nachfolgezusatz ist Teil der Firma.** Die Aufnahme, Streichung oder Abänderung des Zusatzes ist daher zur Eintragung in das Handelsregister anzumelden; die für die Änderung eventuell erforderliche Form (bei Kapitalgesellschaften notarielle Beurkundung des Satzungsbeschlusses) ist einzuhalten. 63

Der Zusatz kann etwa lauten Nachfolger (Nachf.), Erben, Inhaber oder Söhne, wobei der Name des Erwerbers nicht genannt zu werden braucht. Für den Nachfolgezusatz gilt, enthält er den Namen des Erwerbers, seit der Liberalisierung des Firmenrechts durch das HRefG, dass der Vorname abgekürzt oder weggelassen werden darf.[198] Für den Nachfolgezusatz kann auch „vormals" („vorm.") verwandt werden. Das ist aber nur zulässig, wenn sich der **Veräußerer mit der Fortführung der Firma einverstanden erklärt,** weil auch die Annahme einer neuen Firma mit dem Vermerk „vormals Friedhelm Maier" einen Fall der Firmenfortführung darstellt. Ohne Gestattung der Firmenfortführung darf eine neue Firma des Erwerbers nicht die Firma des Veräußerers enthalten.[199] Zum Inhabervermerk bei der Firmenneubildung → § 18 Rn. 69 ff. Zum Konflikt mit dem Prinzip der Firmeneinheit → Rn. 70. 64

Mehrfacher Erwerb des Handelsgeschäfts: Enthält die Firma bereits einen Nachfolgezusatz, darf dieser nicht beibehalten werden, wenn er zwischenzeitlich unrichtig geworden ist. Der nunmehrige Inhaber muss die Firma ändern, also den Nachfolgezusatz „streichen" oder zumindest einen weiteren Nachfolgezusatz anbringen („Friedhelm Maier, Nachfolger Fritz Unruh jetzt Karl Diener").[200] 65

4. Streichung von Rechtsformzusätzen. a) Fortführung durch Einzelkaufmann. Führt ein Einzelkaufmann die Firma fort, können die Firmenbestandteile AG, GmbH, OHG oder KG nur dann beibehalten werden, wenn ein unmissverständlicher Nachfolgezusatz beigefügt wird. Da nach dem HRefG auch für den „e. K.", gilt, dass auch bei abgeleiteter Firma stets der Ist-Zustand durch einen Rechtsformzusatz wiedergegeben werden muss,[201] bedarf es eines Nachfolgezusatzes und des Rechtsformzusatzes e. K.[202] Sonst muss der irreführende Rechtsformhinweis gestrichen werden.[203] Die Streichung ist erlaubt, weil der Rechtsformzusatz nicht an dem „Auge oder Ohr sich einprägenden Klangbild" teilhat.[204] *Burgard*[205] hält die Streichung des alten nicht mehr zutreffenden Rechtsform- 66

---

196 Vgl. dazu EBJS/*Reuschle* Rn. 63.

197 KGJ 53 A 95 f.; Heymann/*Förster* Rn. 35 ff.; Schlegelberger/Hildebrandt/*Steckhan* Rn. 22; Staub/*Burgard* Rn. 90; so im Rahmen des § 22 auch für den Inhaberzusatz: OLG Düsseldorf BeckRS 2019,12668 = ZIP 2019, 1767; dazu *Theißen* GWR 2019, 305.

198 Schon zu § 18 Abs. 1 aF Heymann/*Emmerich,* 2. Aufl. 2012, Rn. 23; Staub/*Hüffer,* 4. Aufl. 1983, Rn. 46.

199 RGZ 5, 110 (113) zu § 24; BayObLG OLGRspr. 10, 229; vgl. auch OLG Hamm BB 1960, 959; Heymann/*Emmerich,* 2. Aufl. 2012, Rn. 24.

200 OLG Hamm OLGZ 1986, 21; Heymann/*Förster* Rn. 37; *Bokelmann* FirmenR Rn. 684.

201 *Karsten Schmidt* HandelsR § 12 Rn. 112.

202 KKRD/*Roth* Rn. 17e unter c; zu Unrecht großzügig OLG Hamm NZG 1999, 993, das allein „e. K." als Nachfolgezusatz genügen lässt; krit. dagegen auch *Bachmann* EWiR 2000, 87; *Möller* DNotZ 2000, 831 (838).

203 BGHZ 53, 65 (68 f.) = NJW 1970, 320; BayObLGZ 1978, 48 (50); *Heinrich,* Firmenwahrheit und Firmenbeständigkeit, 1982, Rn. 164; Schlegelberger/*Hildebrandt/Steckhan* Rn. 20; dazu Heymann/*Emmerich,* Rn. 41; KKRD/*Roth* Rn. 17e unter c).

204 BGH NJW 1959, 1081; BGHZ 46, 7 (12) = NJW 1966, 1813; *Wiedemann* ZGR 1975, 354 (358); Baumbach/Hopt/*Hopt* Rn. 17; Schlegelberger/Hildebrandt/*Steckhan* Rn. 19; *Bokelmann* FirmenR Rn. 712; EBJS/*Reuschle* Rn. 58; Staub/*Burgard* Rn. 88; Röhricht/Graf v. Westphalen/Haas/*Ries* Rn. 48.

205 Staub/*Burgard* Rn. 89; so jetzt auch KKRD/*Roth* Rn. 17e unter a und c, aber wohl nur für den Fall der Fortführung einer OHG oder KG durch GmbH, AG oder KGaA.

zusatzes generell, also auch bei Hinzufügen eines Nachfolgezusatzes für erforderlich, um Zweifel zu vermeiden, wer der aktuelle Inhaber ist.

67 **b) Fortführung durch Personenhandelsgesellschaft.** Führen OHG oder KG die Firma einer AG oder GmbH fort, sind die Rechtsformzusätze AG und GmbH zu streichen oder es ist ein Nachfolgezusatz aufzunehmen.[206] Führt die Firma einer OHG oder KG eine entsprechende Personenhandelsgesellschaft fort (etwa eine OHG eine OHG), ist nichts zu veranlassen.[207] Im umgekehrten Fall (Übernahme einer KG-Firma durch eine OHG) hielt man früher die Beibehaltung der Firma für zulässig.[208] Dem ist aber nicht zu folgen, weil der Rechtsformhinweis (KG anstelle von OHG) falsch ist.[209]

68 **c) Fortführung durch AG, GmbH oder GmbH & Co. KG.** Die Gesellschaftszusätze OHG und KG haben in der Firma von Kapitalgesellschaften nichts zu suchen, weil sie täuschen würden. Sie sind zu streichen; auch ein Nachfolgezusatz kommt in Betracht. Entsprechendes gilt für die Firma einer GmbH, die die Firma einer AG fortführt und umgekehrt. Die GmbH & Co. KG muss, leitet sie ihre Firma von einer OHG, AG oder GmbH her, die nicht mehr zutreffenden Zusätze entweder streichen oder sich eines Nachfolgezusatzes bedienen.[210] Zu irreführenden Rechtsformzusätzen → § 18 Rn. 188.

69 **d) Nachfolgezusatz statt Streichung des alten Rechtsformzusatzes.** Nach ganz hM ist beim Wechsel der Rechtsform des Unternehmens (s. die Erläuterungen zuvor zu den jeweiligen Rechtsformen im Einzelnen) im Zuge der Fortführung der Firma statt der Streichung des unrichtig gewordenen Rechtsformzusatzes auch die Hinzufügung des aktuellen Rechtsformzusatzes mit einem Nachfolgezusatz zulässig (zum Nachfolgezusatz → Rn. 63).[211] Dagegen wendet sich *Burgard.*[212] Jede Doppelung der Rechtsformzusätze sei geeignet, die angesprochenen Verkehrskreise irrezuführen. Demgegenüber bestehe kein anerkennenswertes Interesse des neuen Inhabers, an dem alten Rechtsformzusatz festzuhalten, da dieser das „Klangbild" der Firma nicht wesentlich prägt. Die von *Burgard*[213] aufgeführten Beispiele, die „falsch verstanden werden könnten" legen mE aber ein zu enges Verständnis der Irreführungseignung über verkehrswesentliche Eigenschaften zugrunde. Bei der Irreführungseignung kommt es nämlich nicht auf die Möglichkeit der Täuschung Einzelner oder eines nicht unerheblichen Teils der angesprochenen Verkehrskreise, sondern auf die objektivierte Sicht eines durchschnittlichen Angehörigen dieser Kreise bei verständiger Würdigung an (→ § 18 Rn. 55).[214]

70 Die **Verwendung von Inhaber- oder auch Nachfolgezusätzen** mit konkreter Benennung des Inhabers oder Nachfolgers kann mit einem Grundprinzip des Firmenrechts kollidieren. Denn eine Firma wie „European Export Würzburg AG Inhaber A. Heidinger UG (haftungsbeschränkt)" suggeriert, dass es gleichzeitig nebeneinander zwei Firmen für dieselbe juristische Person gibt: Die neu gebildete im Firmenkern meist nach § 22 übernommene, „zusammengesetzte Firma" mit Inhaberzusatz und die Inhaberfirma „A. Heidinger

---

206 HM, Röhricht/Graf v. Westphalen/Haas/*Ries* Rn. 48; EBJS/*Reuschle* Rn. 58; GK-HGB/*Steitz* Rn. 26, 17; Staub/*Hüffer*, 4. Aufl. 1983, Rn. 63; Baumbach/Hopt/*Hopt* Rn. 17; vgl. auch OLG Stuttgart BB 2001, 14 = DB 2001, 695; Staub/*Burgard* Rn. 89, verlangt jetzt zwingend die Streichung des alten Rechtsformzusatzes.

207 KKRD/*Roth* Rn. 17e unter b verlangt offenbar – allerdings ohne Angabe von Gründen – einen Nachfolgezusatz.

208 OLG Düsseldorf NJW 1953, 831.

209 BGHZ 68, 12 (15) = NJW 1977, 383; *Wiedemann* ZGR 1975, 354 (359); *Wiek* JuS 1981, 105; *Bokelmann* FirmenR Rn. 752.

210 Vgl. Staub/*Hüffer*, 4. Aufl. 1983, Rn. 66; zulässig soll zB „& Co. KG Nachf. GmbH" sein, vgl. BGH NJW 1998, 1150; EBJS/*Reuschle* Rn. 58 „P. Lercher e. K. Nachf. GmbH", nicht aber „e. K. GmbH".

211 OLG Hamm DB 1999, 1946; Röhricht/Graf v. Westphalen/Haas/*Ries* Rn. 48; EBJS/*Reuschle* Rn. 17; GK-HGB/*Steitz* Rn. 17; Staub/*Hüffer*, 4. Aufl. 1983, Rn. 63; KKRD/*Roth* Rn. 17e (nach Rechtsformen diff.).

212 Staub/*Burgard* Rn. 89 mit Verweis auf KKRD/*Roth* Rn. 17 und *Möller* DNotZ 2000, 831 (838).

213 Staub/*Burgard* Rn. 89.

214 So auch Staub/*Burgard* § 18 Rn. 47 selbst.

UG (haftungsbeschränkt)". Dies verstößt aber gegen den Grundsatz der **Firmeneinheit,** wonach jede Handelsgesellschaft nur eine Firma haben kann (→ § 17 Rn. 11). Die gleichen Probleme ergeben sich mE mit dem Nachfolgezusatz, wenn der Nachfolger konkret genannt wird. Zulässig sind also nur Firmenbildungen wie „European Export Würzburg UG (haftungsbeschränkt)", „European Export Würzburg UG (haftungsbeschränkt) Nachfolger" oder „European Export Würzburg AG Nachfolger UG (haftungsbeschränkt)" bzw. als zusammengesetzte **Neufirmierung** „European Export Würzburg A. Heidinger UG (haftungsbeschränkt)" oder „A. Heidinger European Export Würzburg UG (haftungsbeschränkt)" nicht aber „European Export Würzburg AG UG (haftungsbeschränkt)". Denkbar erscheint auch „European Export Würzburg AG ehemals A. Heidinger UG (haftungsbeschränkt)" oder besser „European Export Würzburg ehemals A. Heidinger UG (haftungsbeschränkt)"

Weniger problematisch erscheint der Inhaber- oder auch der Nachfolgezusatz nur beim 71 **Einzelkaufmann** zu sein, weil er nach traditioneller Meinung mehrere Firmen haben kann (→ § 17 Rn. 9). Die allermeisten Beispiele dazu in der Literatur und aus der Rechtsprechung betreffen auch diesen Fall. Aber auch beim Einzelkaufmann sind die Fälle des Inhaberzusatzes dogmatisch nicht ganz einwandfrei. Abgesehen davon, dass es umstritten ist, ob der Einzelkaufmann mehrere Firmen haben kann,[215] müsste er mehrere Unternehmen für seine Firmen haben.

e) Fortführung als Zweigniederlassung. Unter den Voraussetzungen der §§ 22, 24 72 darf ein erworbenes Handelsgeschäft auch unter der bisherigen Firma als Zweigniederlassung fortgeführt werden.[216] Entsprechend den unter → § 17 Rn. 13 ff. dargestellten Grundsätzen muss ein (Zweigniederlassungs-)Zusatz ergänzt werden. Übernimmt zB die Offene Handelsgesellschaft „Lesser & Co. OHG" die „Möbelfabrik Franz Krause", um diese als Zweigniederlassung weiterzuführen, kann die Firma der Zweigniederlassung lauten „Möbelfabrik Franz Krause, Zweigniederlassung von Lesser & Co. OHG, Berlin" (→ § 13 Rn. 22). Problematisch erscheint mE aber das von *Burgard*[217] gewählte Beispiel für die fortgeführte Filialfirma: aus der von der „A-GmbH" übernommenen „Bernd B OHG", wird die „Bernd B., Inhaber A-GmbH", Denn mit dem Inhaberzusatz wird nicht auf eine Zweigniederlassung der A-GmbH hingewiesen, sondern der Eindruck einer weiteren Firma der A-GmbH selbst erzeugt. Dies erlaubt der Grundsatz der Firmeneinheit nach ganz hM zur GmbH aber gerade nicht (→ § 17 Rn. 7 ff.). Sind nicht Sonderabsprachen getroffen, darf der Erwerber das Unternehmen zusammen mit der Firma weiterveräußern. Er kann auch neue Zweigniederlassungen unter der erworbenen Firma errichten. Dann ist es aber fraglich, ob die von dem Erwerber neu errichteten Zweigniederlassungen mit der abgeleiteten Firma getrennt vom Hauptunternehmen auf Dritte selbständig übertragen werden dürfen. Insoweit wird zu der Frage der Zulässigkeit von **Vervielfältigungen abgeleiteter Firmen** durch getrennte Veräußerung der Zweigniederlassung auf → § 13 Rn. 24 ff. Bezug genommen.[218]

5. Unbestimmte Gesellschaftszusätze. a) Fortführung durch Einzelkaufmann. 73 Führt ein Einzelkaufmann die Firma fort, durfte er in der übernommenen Firma den **Zusatz „& Co."** nicht beibehalten, es sei denn, er fügte einen Nachfolgezusatz bei. Denn „& Co." in der Firma eines Einzelkaufmanns war geeignet, irrige Vorstellungen über das Unternehmen und seine Träger hervorzurufen.[219]

Vergleichbare Fragen ergaben sich, wenn die Firma einer **OHG** so gebildet worden 74 ist, dass sie die **Namen aller Gesellschafter** ohne den Gesellschaftszusatz OHG enthielt. Da bei der Firmenfortführung eine Reduzierung der Namen aus Gründen der Firmeniden-

215 Ablehnend: Staub/*Burgard* Vor § 17 Rn. 41 F.; EBJS/*Reuschle* § 17 Rn. 7; BeckOK/HGB/*Bömeke* § 17 Rn. 6.

216 *Karsten Schmidt* HandelsR § 12 Rn. 85.

217 Staub/*Burgard* Rn. 48; abgeleitet von *Karsten Schmidt* HandelsR, 5. Aufl. 1999, § 12 II 3 a.

218 Dazu auch *Karsten Schmidt* HandelsR § 12 Rn. 85; *Bokelmann* GmbHR 1978, 265; *Bokelmann* GmbHR 1982, 153; *Bokelmann* KTS 1982, 50 f.

219 BGHZ 53, 65 (69) gegen RGZ 133, 318 (325); Staub/*Hüffer*, 4. Aufl. 1983, Rn. 67.

tität nicht möglich war, blieb nach altem Firmenrecht nur die Verwendung eines Nachfolgezusatzes.[220] Zur Frage der Neufirmierung mit dem Namen eines Nichtgeschäftsinhabers jetzt aber → § 17 Rn. 23f.; → § 18 Rn. 180ff.

75 Da der Zusatz „& Co." und die Nennung aller Gesellschafternamen nach dem neuen § 19 allerdings nicht mehr genügt, um eine Personenhandelsgesellschaft zu qualifizieren, beschränkt sich jetzt das **Irreführungspotential auf eine scheinbare Mehrheit von beteiligten Personen.** Dennoch wird darin weiterhin bei der Neufirmierung eines Einzelkaufmanns eine verkehrswesentliche Täuschung über die Rechtsform des Einzelkaufmanns gesehen (→ § 18 Rn. 191).[221] Nach dem HRefG 1998 muss aber auch der Einzelkaufmann einen spezifizierenden Rechtsformzusatz zwingend hinzufügen. Dadurch ist auch beim Verbleiben von einem Zusatz „& Co." oder mehreren Namen in der fortgeführten Firma eine Täuschung über die Rechtsform ausgeschlossen.[222]

76 Ähnliches gilt für die unbestimmten Gesellschaftszusätze **„& Sohn", „Geschwister", „Erben" „und Partner"**[223] und so fort. Sie weisen auf eine Mehrheit von Gesellschaftern und Haftenden hin, während es in Wahrheit nur einer ist. Einem solchen Zusatz kommt die gleiche Bedeutung wie die Aufnahme bzw. Fortführung des Namens einer weiteren so bezeichneten Person in die Firma zu.[224] Die Firma kann nach hier vertretener neuerer Ansicht mit dem insofern klarstellenden Rechtsformzusatz „e. K." **unverändert fortgeführt** werden.[225] Dies gilt aber auch nach dem HRefG nicht bei einer **Neufirmierung** eines einzelkaufmännischen Unternehmens (→ § 18 Rn. 191), da dann § 18 Abs. 2 ohne Einschränkung durch den Grundsatz der Firmenbeständigkeit durchgreift.[226] Alternativ ist bei der Firmenfortführung immer ein klarstellender Nachfolgezusatz möglich.

77 In diese Richtung geht auch die Entscheidung des OLG Celle[227] zur Partnerschaft (→ § 18 Rn. 193). Verwendet eine Partnerschaft neben den Namen zweier Partner zu Recht die Bezeichnung „& Partner", so ist nach den Grundsätzen der Firmenkontinuität und der Namensbeständigkeit die Weiterführung des ursprünglichen Namens auch dann nicht zu beanstanden, wenn der Partner ausscheidet, der zuvor diese Bezeichnung ausgefüllt hat. Das gilt sogar dann, wenn einer der Namensgeber ausgeschieden wäre.

78 Hiervon zu unterscheiden ist die Frage, ob die genannten **Zusätze** ebenso wie „& Co." einfach **„gestrichen" werden** können. Der BGH[228] hat dies – allerdings zum alten Firmenrecht – verneint, weil es sich insoweit um einen aussagekräftigen Teil der Firma und nicht lediglich einen farblosen Gesellschaftszusatz handele; die Aufnahme eines Nachfolgezusatzes sei auch zumutbar, weil hierdurch die Kennzeichnungskraft der Firma und ihr damit verbundener good will nicht wesentlich beeinträchtigt werde. Dem kann zum neuen Firmenrecht nicht mehr gefolgt werden,[229] da diese unbestimmten Rechtsformzusätze nach § 19 nF gerade nicht mehr ausreichend sind, eine bestimmte Rechtsform zu charakterisieren.

79 **b) Fortführung durch eine Gesellschaft.** Unbestimmte Gesellschaftszusätze können nach dem neuen § 19 nicht mehr allein zur Bildung der Firma einer OHG oder KG verwandt werden. Eine zusätzliche Verwendung zu dem obligatorischen Rechtsformzusatz nach § 19 nF beinhaltet keine Täuschungsgefahr. Auch in die Firma einer Kapitalgesellschaft

---

220 OLG Hamm NJW 1973, 2000; Staub/*Hüffer,* 4. Aufl. 1983, Rn. 72.

221 *Kögel* in Wessel/Zwernemann/Kögel Firmengründung Rn. 458; *Bokelmann* FirmenR Rn. 726, 732ff.

222 EBJS/*Reuschle* Rn. 59 und 75; Röhricht/Graf v. Westphalen/Haas/*Ries* Rn. 50; *Meyer* RNotZ 2004, 323.

223 S. zur besonderen Problematik diese Zusatzes wegen § 11 Abs. 2 PartGG: → § 18 Rn. 193 und → § 19 Rn. 40.

224 BGH NJW 1985, 736; *Hofmann* JuS 1972, 233 (240f.); *Lindacher* BB 1977, 1676 (1679); dazu Heymann/*Förster* § 18 Rn. 81; *Bokelmann* FirmenR Rn. 728.

225 Ebenso EBJS/*Reuschle* Rn. 59 und 75; aA Röhricht/Graf v. Westphalen/Haas/*Ries* Rn. 49.

226 OLG Düsseldorf MittRhNotK 2000, 298: aus Zusatz „-Söhne" folgt: Irreführung auch bezüglich Familientradition und überlieferter Erfahrung.

227 OLG Celle NZG 2008, 866.

228 BGH NJW 1985, 736 (737).

229 S. schon zum alten Recht Staub/*Hüffer,* 4. Aufl. 1983, Rn. 69; Heymann/*Emmerich,* 2. Aufl. 2012, Rn. 28; *Bokelmann* FirmenR Rn. 730; Baumbach/Hopt/*Hopt* Rn. 17; Staub/*Burgard* Rn. 97.

kann ein unbestimmter Gesellschaftszusatz aufgenommen werden. Der zwingend vorgeschriebene Rechtsformzusatz (§ 4 Abs. 2 GmbHG, § 4 Abs. 2 AktG) steht nicht entgegen. Dabei ist es auch nicht von Bedeutung, dass es sich um eine **Ein-Mann-GmbH** handelt, weil eine eventuelle Täuschung über die Zahl der Gesellschafter bei einer GmbH jedenfalls nicht verkehrswesentlich iSd § 18 Abs. 2 wäre. Auch in die Firma der GmbH & Co. KG können unbestimmte Gesellschaftszusätze zusätzlich zum jetzt obligatorischen Rechtsformzusatz integriert werden, sofern sie nicht im Einzelfall zu mangelnder Firmenklarheit führen (→ § 19 Rn. 21 ff.; ergänzend → § 24 Rn. 27).

6. Vereinigung von Firmen. Handelsgesellschaften dürfen nur eine Firma führen. 80
Die Erwerberin muss also grundsätzlich auf ihre bisherige Firma verzichten, wenn sie die Firma des erworbenen Unternehmens fortführen will.[230] Nach überwiegender Meinung schon zum alten Firmenrecht konnte aber die Firma eines mit dem Recht auf Firmenfortführung erworbenen Unternehmens **mit einer von dem Erwerber bereits für sein Unternehmen geführten Firma aus wirtschaftlichen Gründen** (Erhaltung des Firmenwerts) vereinigt (zusammengefasst) werden.[231] Die dogmatische Begründung gelingt kaum sauber. Denn die übernommene Firma muss grundsätzlich unverändert fortgeführt werden, Zweifel an der Identität der bisherigen und der fortgeführten Firma dürfen nicht auftreten, und es darf auch nichts hinzugefügt werden, was zu einem Identitätsverlust oder Zweifeln führen kann. Tatsache aber ist, dass beide Firmen durch Hinzufügung der anderen jeweils in der Regel erheblich verändert werden.[232] Nach dem neuen bei → Vor § 17 Rn. 5 ff., → § 18 Rn. 65 ff. erörterten liberalen Verständnis zur Firmenbildung nach dem HRefG wird in aller Regel eine **Neufirmierung** durch die Zusammenfassung der beiden ursprünglichen Firmen zulässig sein. Die Fantasiefirma und die Zulässigkeit der Verwendung von Personennamen von Nichtgesellschaftern oder Nichtgeschäftsinhabern (→ § 17 Rn. 23 f.) eröffnet fast unbegrenzte Möglichkeit der Kombination. Eine Irreführung über verkehrswesentliche geschäftliche Verhältnisse iSd § 18 Abs. 2 bezüglich eines Geschäftsinhabers oder eines Gesellschafters ist im Rahmen dessen, was auch bei der Firmenfortführung nach § 22 zulässig wäre, kaum denkbar. Mit der Vereinigung entsteht eine neue Firma, und das Firmenrecht an der hinzu erworbenen Firma erlischt. Trennen sich die Unternehmen später wieder, kann das seinerzeit dazu erworbene Unternehmen nicht wieder seine bereits erloschene Firma annehmen.[233] Neufirmierung bleibt möglich.

7. Firmierung des Veräußerers. Einzelkaufleute, die ihr Handelsgeschäft zusam- 81
men mit ihrer Firma und dem Recht der Firmenfortführung veräußert haben bleiben grundsätzlich weiter berechtigt, ein **neues Handelsgeschäft unter ihrem bürgerlichen Namen** zu führen.[234] Eventuelle vertragliche Vereinbarungen und § 30 sind allerdings zu beachten.

Die **Personenhandelsgesellschaft** (OHG und KG) ist grundsätzlich zur Annahme 82
einer **neuen Firma verpflichtet,** wenn noch ungeteiltes Gesellschaftsvermögen vorhanden ist.[235] Zur Frage der Weiterführung der alten Firma mit Zusatz „i.L." in der Liquidation bzw. zum Zwecke der Abwicklung → § 17 Rn. 49.

Eine **Kapitalgesellschaft** bleibt grundsätzlich auch nach Übertragung ihres Handelsge- 83
schäftes als werbende Gesellschaft bestehen.[236] Beginnt sie mit der erzielten Gegenleistung

[230] BGHZ 67, 166 (167) = NJW 1976, 2163 m. eingehenden Nachw.

[231] RGZ 152, 365 (368); KGJ 51 A 114; Baumbach/Hopt/*Hopt* Rn. 19; Heyman/*Förster* Rn. 48 Schlegelberger/Hildebrandt/*Steckhan* Rn. 23 aE; Staub/*Burgard* Rn. 103 f.; *Bokelmann* FirmenR Rn. 700, 769 ff.; iErg ebenso Hachenburg/*Heinrich* GmbHG § 4 Rn. 78; anders RGZ 159, 211 (220); auch zum neuen Recht EBJS/*Reuschle* Rn. 70.

[232] *Bokelmann* FirmenR Rn. 771.

[233] Staub/*Burgard* Rn. 104; Heymann/*Förster* Rn. 48; anders OLG Frankfurt OLGZ 1971, 50; Baumbach/Hopt/*Hopt* Rn. 19.

[234] EBJS/*Reuschle* Rn. 78.

[235] OLG Hamm Rpfleger 1984, 21; EBJS/*Reuschle* Rn. 79; Röhricht/Graf v. Westphalen/Haas/*Ries* Rn. 60; Baumbach/Hopt/*Hopt* Rn. 23.

[236] EBJS/*Reuschle* Rn. 80; auf § 179a Abs. 3 AktG gestützt BeckOK HGB/*Bömeke* Rn. 54.

ein neues Handelsgeschäft, muss sie im Rahmen der vertraglichen Vereinbarungen und § 30 neu firmieren.[237]

IV. Übertragung durch den Insolvenzverwalter

84 **1. Übersicht.** Der Firma kommt eine erhebliche wirtschaftliche Bedeutung zu, da sich in ihr der „Goodwill" des Unternehmens widerspiegelt.[238] Daher fällt die Firma des Gemeinschuldners **in die Insolvenzmasse** (→ § 17 Rn. 78).[239] Aus der Zugehörigkeit zur Insolvenzmasse folgt aber nicht zwingend und automatisch die uneingeschränkte alleinige Verfügungsmacht des Insolvenzverwalters im Rahmen von § 23 (zu den Grenzen → § 23 Rn. 8) über die Firma.[240] Zwar können vermögensrechtliche Interessen am Namen überwiegen und ideelle Interessen „völlig verdrängen".[241] Dies wird insbesondere bei **Sach- und Fantasiefirmen** regelmäßig gegeben sein.[242] Doch ist gesondert zu überlegen, ob und inwieweit umgekehrt bei **Personenfirmen** die personale Komponente die vermögensrechtlichen Interessen an der Verwertung der Firma durch den Insolvenzverwalter verdrängen kann. Dabei wird traditionell zwischen der Verwendung eines Personennamens in der Firma bei den **unterschiedlichen Rechtsträgern** unterschieden.

85 **2. Rechtslage vor dem HRefG.**[243] Der BGH hatte **für die Firma des Einzelkaufmanns** entschieden, dessen namenrechtliche Interessen gingen denjenigen der Konkursgläubiger (jetzt Insolvenzgläubiger) vor. Zur Begründung stellte der BGH unter anderem darauf ab, dass der bürgerliche Name „in tiefere Lebensbeziehungen des Menschen als die rein vermögensrechtlichen" weise.[244] Nach § 18 aF hätte er kein neues Unternehmen gründen können, wenn der seinem Familiennamen entsprechende Firmenname auf einen Dritten übertragen wurde, der das Unternehmen fortführt.[245] Daher konnte der Konkursverwalter die zur Fortführung der Firma durch den Erwerber des Handelsgeschäfts des Gemeinschuldners erforderliche Einwilligung nicht rechtswirksam erklären. Zustimmen musste vielmehr der Gemeinschuldner selbst.[246]

86 Überwiegend wurde dies bis zum HRefG auch für die **OHG und die KG** im Hinblick auf § 19 Abs. 1 und 2 aF und das Zustimmungserfordernis nach § 24 Abs. 2 angenommen.[247] Für die **Personenhandelsgesellschaften** wollte aber schon nach altem

[237] Rowedder/Schmidt-Leithoff/*Schnorbus* GmbHG § 53 Rn. 15; Hachenburg/*Ulmer* GmbHG § 53 Rn. 98.

[238] Zur Firma als „tradeable asset" iS eines immateriellen Wirtschaftsgutes *Flume* DB 2008, 2011; zur Übertragung s. auch *Werner* NWB 2008, 4225 ff.

[239] So schon zur KO BGHZ 85, 221 (223) = NJW 1983, 755; OLG Hamm DB 2003, 2381 = Rpfleger 2003, 665; *Karsten Schmidt* HandelsR § 12 Rn. 54, mit dem Unternehmen; Staub/*Burgard* Rn. 55 f.; Heymann/*Förster* § 17 Rn. 49; Uhlenbruck/*Hirte* InsO § 35 Rn. 17, 275, 302, 379; *Benner* Rpfleger 2002, 342; *Steinbeck* NZG 1999, 133; *Kern* BB 1999, 1717 (1718); Röhricht/Graf v. Westphalen/Haas/*Ries* § 17 Rn. 45; EBJS/*Reuschle* § 17 Rn. 15; *Schultze* DZWiR 2005, 56; *Bartels* AcP 209 (2009), 309 (345).

[240] *Benner* Rpfleger 2002, 342.

[241] BGHZ 85, 221 (223).

[242] *Canaris* HandelsR § 10 V 1 a Rn. 67; *Benner* Rpfleger 2002, 342.

[243] Vgl. dazu ausf. *Neuwinger,* Die handelsrechtliche Personenfirma in der Insolvenz, 2006, 56 ff.

[244] BGHZ 32, 103 (109, 111) = GRUR 1960, 490.

[245] Vgl. schon BGHZ 32, 103 (112) = GRUR 1960, 490; *Karsten Schmidt* HandelsR, 5. Aufl. 1999, § 12 I 3 c unter Hinweis auf Jaeger/*Henckel,* 9. Aufl. 1977, KO § 1 Rn. 15; *Kilger/Karsten Schmidt,* 16. Aufl. 1993, KO § 1 Anm. 2 D c bb; Kuhn/*Uhlenbruck,* 11. Aufl. 1994, KO § 1 Rn. 80a, ebenfalls unter Bezugnahme auf Jaeger/*Henckel.*

[246] Vgl. insbes. *Karsten Schmidt* HandelsR, 5. Aufl. 1999, § 12 I 3 c; Kuhn/*Uhlenbruck,* 11. Aufl. 1994, KO § 1 Rn. 80a; aA schon zum alten Recht *Kuhn* WM 1960, 958 ff.; *Friedrich* GRUR 1960, 494 f.; *Zunft* NJW 1960, 1843 f.; *Bernhardt* NJW 1962, 2194; *Bokelmann* KTS 1982, 27 (60); *Raffel,* Die Verwertbarkeit der Firma im Insolvenz, 1995, 106; Schlegelberger/*Hildebrandt/Steckhan* § 17 Rn. 13; *Bokelmann* FirmenR Rn. 673 ff.

[247] OLG Düsseldorf BB 1982, 695; OLG Koblenz NJW 1992, 2101; *Riegger* BB 1983, 786 (787); Staub/*Hüffer,* 4. Aufl. 1983, Rn. 35; Heymann/*Emmerich,* 2. Aufl. 2012, § 17 Rn. 40; Kuhn/*Uhlenbruck,* 11. Aufl. 1994, KO § 1 Rn. 80a; aA *Bokelmann* KTS 1982, 27 (53 ff.); *Bokelmann* FirmenR Rn. 672 ff.; *Raffel,* Die Verwertbarkeit der Firma im Insolvenz, 1995, 106, 108 ff., 110; Schlegelberger/*Hildebrandt/*

Recht eine starke Meinung dem Konkursverwalter die Veräußerung der Firma samt Unternehmen zugestehen. Habe der Namensträger nicht ausnahmsweise die Firmenfortführung für den Fall seines Ausscheidens ausgeschlossen, sei „wie bei der GmbH davon auszugehen, dass sich die Namensträger ihres Ausschließungsrechts entäußert haben, indem sie den Namen der Gesellschaft für die Firmenfortführung beließen".[248]

Bei den **Kapitalgesellschaften** dagegen musste schon nach altem Firmenrecht der Name von Gesellschaftern nicht in die Firma aufgenommen werden. Verwendeten sie ihren Namen freiwillig zur Firmenbildung, brauchte ihnen nicht – folgt man dem Ansatzpunkt des BGH – die Möglichkeit offen gehalten zu werden, bei ihrem Ausscheiden aus der Gesellschaft die Weiterbenutzung ihres Namens verhindern zu können.[249] Die GmbH durfte daher den Namen eines ausgeschiedenen Gesellschafters in der Firma auch nach seinem Ausscheiden ohne seine Einwilligung weiterführen (aber jetzt → § 24 Rn. 4), und der Konkursverwalter konnte die Firma einer GmbH zusammen mit dem Handelsgeschäft veräußern, ohne dass es auf die Einwilligung des Namensträgers ankam.[250] Das Recht der GmbH, ihr Unternehmen zusammen mit der Firma selbst gegen den Willen des Namensträgers veräußern zu können, sollte im Konkursfall daher dem Konkursverwalter allein zustehen.[251] Das alles galt dann nicht, wenn der Gesellschaftsvertrag dem ausscheidenden Gesellschafter insoweit die Entscheidungsbefugnis offen hielt.[252] 87

Für die **GmbH & Co. KG** und verwandte Gesellschaftsformen wie AG & Co. KG galten die für die Übertragung der Firma einer GmbH durch den Konkursverwalter entwickelten Regeln (→ Rn. 87). Die Übertragung der Firma durch den Konkursverwalter bedurfte nicht der Billigung des namensgebenden Gesellschafters der Komplementär-GmbH, weil diese eine Sachfirma führen durfte und kein Gesellschafter seinen Namen zur Firmenbildung zur Verfügung stellen musste.[253] 88

3. Neue Rechtslage. Auch nach dem In-Kraft-Treten der InsO und der Liberalisierung des Firmenrechts, wodurch jetzt weder der Einzelkaufmann noch die Personenhandelsgesellschaft nicht mehr gezwungen sind, Personenfirmen zu führen (→ § 18 Rn. 65; → § 18 Rn. 81 ff.), wird die Zulässigkeit der Verwertung der Personenfirma beim Einzelkaufmann und der Personenhandelsgesellschaft in der Insolvenz ohne die Zustimmung des Namensträgers in der Lit. **kontrovers diskutiert.**[254] 89

Bei den **Kapitalgesellschaften** besteht – wie schon zur alten Rechtslage[255] – weitgehend Einigkeit über die Verwertungsbefugnis der Personenfirma allein durch den Insolvenzverwalter.[256] Wegen der (auch hier vertretenen) Anwendung des § 24 Abs. 2 auch auf Kapitalgesellschaften (→ § 24 Rn. 4) wird aber – zu Unrecht (→ Rn. 91) – auch das Zustimmungserfordernis des Namensgebers bei der Verwertung in der Insolvenz befürwortet.[257] 90

Steckhan Rn. 15, § 17 Rn. 13; *Kilger/Karsten Schmidt,* 16. Aufl. 1993, KO § 1 Anm. 2 D c bb; *Karsten Schmidt* HandelsR, 5. Aufl. 1999, § 12 I 3 d unter der Voraussetzung, dass der Namensträger der Firmenfortführung dauerhaft und nicht nur für die Dauer seiner persönlichen Zugehörigkeit zugestimmt hat.

248 *Kilger/Karsten Schmidt,* 16. Aufl. 1993, KO § 1 Anm. 2 D c bb; *Karsten Schmidt* HandelsR, 5. Aufl. 1999, § 12 I 3 c.

249 BGHZ 58, 322 (325) = NJW 1972, 1419 zu § 24 Abs. 2; BGHZ 109, 364 (367) = GRUR 1990, 601.

250 Staub/*Hüffer,* 4. Aufl. 1983, § 24 Rn. 15.

251 BGHZ 85, 221 (224) = NJW 1983, 755; hM, vgl. nur Hachenburg/*Ulmer* GmbHG § 63 Rn. 77a; Scholz/*Karsten Schmidt,* 8. Aufl. 1993, GmbHG § 63 Rn. 61.

252 Staub/*Hüffer,* 4. Aufl. 1983, § 24 Rn. 15.

253 BGHZ 109, 364 (368) = GRUR 1990, 601; hM, vgl. OLG Düsseldorf NJW 1980, 1284; OLG Hamm NJW 1982, 586; OLG Koblenz NJW 1992, 2101 (2102); *Karsten Schmidt* HandelsR, 5. Aufl. 1999, § 12 I 3 b; Heymann/*Emmerich,* 2. Aufl. 2012, Rn. 40.

254 BeckOGK/Burmeister/*Fedke* 15.5.2020, Rn. 71 ff.; Staub/*Burgard* Rn. 59 ff.; *Arends/Hofert-v. Weiss* BB 2009, 1538 ff.; *Benner* Rpfleger 2002, 342; *Kern* BB 1999, 1717; *Steinbeck* NZG 1999, 133; *Uhlenbruck* ZIP 2002, 401; *Wertenbruch* ZIP 2002, 191 ff.; *Schultze* DZWiR 2005, 56 ff.

255 Baumbach/Hueck/*Schulze-Osterloh,* 18. Aufl. 2006, GmbHG § 64 Rn. 63; Scholz/*Karsten Schmidt,* 8. Aufl. 1993, GmbHG § 63 Rn. 61 mwN.

256 MüKoGmbHG/*H.F. Müller* GmbHG § 64 Rn. 101; GK-HGB/*Steitz* § 22 Rn. 31.

257 *Kern* BB 1999, 1717 (1720).

91 Die frühere vor dem HRefG vom BGH[258] ausgehende **Differenzierung zum Einzelkaufmann und der Personenhandelsgesellschaft** trägt unter Beachtung der Grundsätze des neuen Firmenrechts nicht mehr.[259] Denn es besteht jetzt auch beim Einzelkaufmann und der Personenhandelsgesellschaft – genauso wie schon früher bei den Kapitalgesellschaften – kein Zwang mehr, den Namen des Geschäftsinhabers oder eines Gesellschafters zur Bildung einer (Personen)Firma zu verwenden. Auch die Argumentation aus dem durch das HRefG **unveränderten § 24 Abs. 2,** wonach beim Ausscheiden eines Gesellschafters, dessen Namen in der Firma enthalten ist, die Fortführung der Firma nur bei den Personenhandelsgesellschaften der ausdrücklichen Einwilligung des Gesellschafters oder seiner Erben bedarf, überzeugt nicht.[260] Denn auch § 24 Abs. 2 muss im Lichte der Liberalisierung des Firmenrechts neu interpretiert werden (→ § 24 Rn. 4). Er regelt nämlich das Ausscheiden eines Gesellschafters aus einer Gesellschaft nicht die Frage der Veräußerung des Unternehmens mit der Firma. Diese findet ihre Regelung in § 22, der keine ausdrückliche gesetzliche Regelung des Zustimmungserfordernisses durch den Namengeber enthält (s. aber die – auch allgemein überdenkenswerte – hM → Rn. 43). Darüber hinaus betrifft er nicht das bei der Insolvenz vorliegende **besondere Spannungsverhältnis zwischen dem Individualinteresse am Namen und dem Gläubiger(schutz)interesse** an der Verwertung der Firma, sondern nur den Konflikt mit den wirtschaftlichen Interessen der firmierenden Gesellschaft, der auch durch vertragliche Regelungen bei der Zurverfügungstellung des Namens hätte gesichert werden können.

92 Der Kaufmann oder der Gesellschafter einer Personenhandelsgesellschaft verzichtet zwar mit der Aufnahme seines Namens in die Firma sicherlich nicht generell auf sein an dem Namen bestehendes Persönlichkeitsrecht. Doch **nutzt er den Namen gewerblich,**[261] ist er mit seiner Einführung in den Geschäftsverkehr **übertragbar und vererblich geworden** ist. Dieser zur Firma gewordene Name hat nicht selten einen erheblichen Wert, der den Gläubigern verloren ginge, ließe man die Veräußerung der Firma (zusammen mit dem Unternehmen) durch den Insolvenzverwalter nicht zu, und es will nicht recht einleuchten, dass ein im Geschäftsleben erlangter Wert dem Gemeinschuldner, der sein Unternehmen in die Insolvenz geführt hat, auf Kosten der Gläubiger vorbehalten werden soll.[262] Soweit der BGH[263] darauf abstellt, dass der bürgerliche Name in tiefere Beziehungen des Menschen als die rein vermögensrechtlichen vordringt (→ Rn. 85), ist das für den Namen, soweit er zur Firma geworden ist und gewerblicher Nutzung dient, ohne Belang. Angesprochen ist im Fall der Insolvenz vorrangig der Gläubigerschutz. Der Insolvenzverwalter ist gehalten, alle noch vorhandenen Werte zu versilbern, um die Gläubiger in bestmöglicher Weise zu befriedigen. Der Gemeinschuldner muss das dulden, weil insoweit **ein berechtigtes Interesse der von dem Gemeinschuldner geschädigten Gläubiger** besteht.[264] Demgegenüber dürfte es dem Gemeinschuldner schwer fallen, seinerseits Persönlichkeitsschutz in Anspruch zu nehmen. Schon *Friedrich*[265] hat daran erinnert, dass der Berechtigte deshalb Persönlichkeitsschutz bedarf, weil Außenstehende bei der Verfolgung ihrer eigenen Interessen willkürlich in fremde Persönlichkeitsbereiche ohne sachliche Berechtigung eingedrungen sind. Davon kann hier keine Rede sein. Daher kann der Insolvenzverwalter auch die **Personenfirma** des Einzelkaufmanns sowie der Personenhandelsgesellschaft **ohne**

[258] BGHZ 85, 221 (223) = NJW 1983, 755; BGHZ 32, 103 (109, 111) = GRUR1960, 490; BGHZ 58, 322 (325) = NJW 1972, 1419 zu § 24 Abs. 2; BGHZ 109, 364 (367) = GRUR 1990, 601.

[259] Uhlenbruck/*Zipperer* InsO § 159 Rn. 25; *Karsten Schmidt* HandelsR § 12 Rn. 54; *Bauer,* Die GmbH in der Krise, § 12 Rn. 1999; *Arends/Hofert;von Weiss* BB 2009, 1538.

[260] *Steinbeck* NZG 1999, 137; *Uhlenbruck* ZIP 2000, 401; EBJS/*Reuschle* Rn. 43 ff. und § 24 Rn. 4, 7; so aber Baumbach/Hopt/*Hopt* § 17 Rn. 47; *Kern* BB 1999, 717 (719 ff.).

[261] *Uhlenbruck* ZIP 2000, 401 (402) kommerzialisiert seinen Namen.

[262] Näher *Bokelmann* KTS 1982, 27 (58 ff.); *Raffel,* Die Verwertbarkeit der Firma im Insolvenz, 1995, 102 ff.; *Zunft* NJW 1960, 1843 f.; *Bohnenberg* NJW 1956, 502; *Friedrich* GRUR 1960, 494 f., Anm. zu BGHZ 32, 103 = GRUR 1960, 490 – Vogeler.

[263] BGHZ 32, 103 (109, 111) = NJW 1960, 1008.

[264] *Steinbeck* NZG 1999, 137; *Uhlenbruck* ZIP 2000, 401.

[265] *Friedrich* GRUR 1960, 494 f.

Zustimmung des Namensträgers verwerten.[266] Zu erwägen ist allenfalls eine (Vertrauensschutz)Einschränkung für Altgesellschaften aus der Zeit vor dem HRefG, da für diese die oben dargestellten Argumente für ein Einwilligungserfordernis des Namensträgers fortwirken.[267] Persönlichkeitsrechte dürfen durch den Erwerber nicht verletzt werden.[268]

Für die **abgeleitete Firma** gilt Entsprechendes. Enthält die fortgeführte Firma (wie meist) nicht den Namen des Gemeinschuldners, können regelmäßig keine namensrechtlichen Schutzrechte die Gläubigerinteressen zurückdrängen.[269] Anderes gilt, wenn der Gemeinschuldner aufgrund einer Vereinbarung mit seinem Rechtsvorgänger selbst nicht in der Lage gewesen wäre, in die Fortführung zu willigen.[270] Enthält die abgeleitete Firma den Familiennamen, nicht aber den Vornamen (der Gemeinschuldner führt zB das Unternehmen seines Vaters nebst Firma fort), ist die Firma ebenfalls nicht aus dem Namen des Gemeinschuldners gebildet. Tragen Vater und Sohn auch den gleichen Vornamen, kann nach der hier vertretenen Meinung (→ Rn. 92) der Insolvenzverwalter allein einwilligen.[271] 93

4. Änderung, Neubildung und Löschung der alten Firma.[272] Der Gemeinschuldner darf während des Insolvenzverfahrens **keine neue Firma unter dem Namen der alten gründen.**[273] Da der Insolvenzverwalter allein zur Firmenveräußerung befugt ist, darf der Gemeinschuldner die **Firma** auch **nicht ändern** (um etwa auf diese Weise die bisherige Firma für den eigenen späteren Gebrauch zu sichern).[274] Die Firma kann aber durch den Geschäftsinhaber oder die Gesellschafter geändert werden, sofern der Insolvenzverwalter zustimmt.[275] Erst recht kann der **Gemeinschuldner die Firma nicht löschen lassen,** was aber auch für den Insolvenzverwalter gilt, weil das nicht zu seinem Aufgabenbereich gehört.[276] Die Firma kann auch nicht durch **Eintragung des Erlöschens nach** 94

266 Staub/*Burgard* Rn. 62 ff.; BeckOGK/*Burmeister/Fedke* Rn. 71; So auch *Steinbeck* NZG 1999, 133 (136 f.); *Herchen* ZInsO 2004, 1112 (1114); *Uhlenbruck* ZIP 2000, 401 (403); *Heckschen* NotBZ 2006, 346 (352); *Heckschen,* Die Verwertung der Firma in der Insolvenz, in Kölner Schrift zur Insolvenzordnung, 3. Aufl. 2009, 1067, 1075; mit dem Argument des Vorrangs der insolvenzrechtlichen Regelung; KKRD/*Roth* § 17 Rn. 25; *W.-H. Roth* in Die Reform des Handelsstandes und der Personengesellschaft, 1999, 50; Röhricht/Graf v. Westphalen/Haas/*Ries* § 17 Rn. 47; Kübler/Prütting/*Holzer* InsO § 35 Rn. 71a; *Haas/Kolmann/Pauw* in Gottwald InsR-HdB, 5. Aufl. 2015, § 92 Rn. 340; MüKoInsO/*Peters,* 5. Aufl. 2015, InsO § 35 Rn. 565, 572; EBJS/*Reuschle* Rn. 43 ff.; *Karsten Schmidt* HandelsR § 12 Rn. 54 f. mit dem Begründungsansatz, dass die Firma Bestandteil des übertragenen Unternehmens ist; *Köhler* FS Fikentscher, 1998, 495 (509 ff.) mit beachtlicher Differenzierung zwischen der dinglichen Übertragung der Firma und der schuldrechtlichen Gebrauchsgestattung; nur für GmbH & Co. KG *Neuwinger,* Die handelsrechtliche Personenfirma in der Insolvenz, 2006, 141, 176; iErg ebenso *Bartels* AcP 209 (2009), 309 (349) mit dem noch weiteren Ansatz, dass die Firma (nur) einen vermögenswerten Bestandteil des Namens darstellt; aA auch nach dem HRefG *Kern* BB 1999, 1717 (1719 f.); *Benner* Rpfleger 2002, 342 (349); Soergel/*Heinrich* BGB § 12 Rn. 24, 25; *Schmitt* WiB 1997, 1113 (1119); Baumbach/Hopt/*Hopt* § 17 Rn. 47; Baumbach/Hopt/*Hopt* § 24 Rn. 12; *Wertenbruch* ZIP 2002, 1931 (1939) mit dem eher praxisfremden Argument, dass (Lieferanten und Banken!?) die Kreditwürdigkeit nach dem Firmennamen beurteilen.

267 *Steinbeck* NZG 1999, 133 (137); *Benner* Rpfleger 2002, 342 (349); W.-H. *Roth* in Die Reform des Handelsstandes und der Personengesellschaft, 1999, 50; wohl auch *Uhlenbruck* ZIP 2000, 401 (403).

268 Staub/*Burgard* Rn. 65, BeckOGK/*Burmeister/Fedke* Rn. 76.

269 *Bokelmann* KTS 1982, 27 (53 f.); Staub/*Burgard* Rn. 61, 64 mit Einschränkungen.

270 Staub/*Burgard* Rn. 61.

271 AA auch hier *Benner* Rpfleger 2000, 342 (350).

272 Dazu ausf. *Herchen* ZInsO 2004, 1112 ff.; Staub/*Burgard* Rn. 54 ff.

273 Vgl. zur Ltd. *Schall* EWiR 2005, 709 zum Urteil des High Court of Justice London vom 28.11.2003.

274 *Karsten Schmidt* HandelsR § 12 Rn. 55; Staub/*Burgard* Rn. 58; KG FGPrax 2014, 171 = Rpfleger 2014, 524; s. auch zur Anfechtbarkeit der Firmenänderung vor der Insolvenz OLG Düsseldorf ZIP 1989, 457; *Karsten Schmidt* BB 1988, 5; für Schadensersatz und strafrechtliche Konsequenzen *Schultze* DZWiR 2005, 56.

275 OLG Karlsruhe NJW 1993, 1931; KG FGPrax 2014, 171 = Rpfleger 2014, 524, zur nachträglichen Zustimmung nach Rückfrage durch das Registergericht; *Kilger/Karsten Schmidt* KO § 1 Anm. 2 D c bb; *Karsten Schmidt* HandelsR § 12 Rn. 55; Scholz/*Karsten Schmidt* GmbHG, 8. Aufl. 1993, § 63 Rn. 63; zur Grenze wegen Irreführung der Verkehrskreise LG Frankfurt/Oder DB 2003, 494.

276 BayObLGZ 1979, 65 (67); Heymann/*Förster* § 17 Rn. 49; Kuhn/*Uhlenbruck,* 11. Aufl. 1994, KO § 1 Rn. 80a.

Eröffnung des Insolvenzverfahrens sowohl über das Vermögen einer betroffenen GmbH & Co. KG als auch deren Komplementär- und Kommanditistengesellschaften vernichtet werden.[277]

95 Für den **Einzelkaufmann** stellt sich die Frage nach der **Bildung einer Ersatzfirma** regelmäßig nicht, weil er durch die Veräußerung des Handelsgeschäfts seine Kaufmannseigenschaft und damit auch das Recht zur Führung einer Firma verliert.[278] Nicht so eindeutig ist die Rechtslage bei den **Personenhandelsgesellschaften.** An sich werden OHG und KG, mangelt es infolge der Geschäftsveräußerung nunmehr an einem Handelsgewerbe, zu Gesellschaften bürgerlichen Rechts. Doch war schon vor dem HRefG aus § 156 herzuleiten, dass sie bis zum Ende der Liquidation als Handelsgesellschaft abgewickelt werden und damit auch eine Firma zu führen haben (→ § 17 Rn. 49 f.).[279] Seit dem HRefG 1998 existieren Gesellschaften nach § 105 Abs. 2 nF, solange sie in das Handelsregister eingetragen sind, auch als reine vermögensverwaltende Gesellschaft noch als OHG oder KG fort.[280] Hat der Insolvenzverwalter das Unternehmen einer GmbH oder AG veräußert, muss nach **hM die Firma der in Insolvenz befindlichen Gesellschaft** – die ja, wie Kapitalgesellschaft und Formkaufmann, jedenfalls bis zur Löschung im Handelsregister besteht (→ Rn. 30) – **im Hinblick auf § 30 geändert werden.**[281] Es soll nicht korrekt sein, nur wegen der fehlenden Unterscheidbarkeit nur durch Beifügung eines unterscheidungskräftigen Zusatzes unter Beibehaltung der Firma im Übrigen (oder durch die Aufnahme eines Nachfolgezusatzes in die Firma des Erwerbers) Abhilfe zu schaffen; zu berücksichtigen sei der bei der GmbH „infolge der Veräußerung eintretende Rechtsverlust", wie auch zumindest vorübergehend eine Firmenverdoppelung die Folge sei.[282] Ist eine Firmenänderung nötig – gleich, ob ihr ein Zusatz beigefügt oder eine völlig neue Firma angenommen wird –, kann sie jedenfalls durch die Gesellschafter im Einverständnis mit dem Insolvenzverwalter beschlossen werden.[283] In der Praxis scheitert dieser Weg häufig an dem Widerstand der Gesellschafter. Die bisher überwiegende Meinung nimmt daher an, dass der **Insolvenzverwalter selbst ohne Mitwirkung der Gesellschafter eine neue Firma (Ersatzfirma) bestimmen kann.** Zwar ist er grundsätzlich nicht befugt, bezüglich der Firma eine Satzungsänderung zu beschließen.[284] Doch kann er nach früher hM autark, von seinem Verwertungsrecht als Insolvenzverwalter getragen, über die Bildung einer Ersatzfirma gem. § 4 AktG, § 4 GmbHG entscheiden[285] und die Ersatzfirma auch zur Eintragung im Handelsregister anmelden.[286]

96 Das **OLG München**[287] verlangte demgegenüber schon eine Satzungsänderung zur Bildung einer Ersatzfirma für die Restgesellschaft im Insolvenzverfahren. Nach der neueren

[277] OLG Hamm DB 2003, 2381 = Rpfleger 2003, 665.

[278] *Benner* Rpfleger 2002, 342 (351).

[279] Schlegelberger/*Karsten Schmidt* § 156 Rn. 9; *Karsten Schmidt* HandelsR § 12 Rn. 12; aA *Ulmer* NJW 1983, 1697 (1698): § 156 erfahre bei Liquidation unter Veräußerung des gesamten Handelsgeschäfts eine Einschränkung.

[280] So auch *Benner* Rpfleger 2002, 342 (354).

[281] Großzügiger OGH AG 2001, 155 (157) = NZG 2000, 1130: Liquidationszusatz genügt.

[282] *Ulmer* NJW 1983, 1697 (1700); Hachenburg/*Ulmer* GmbHG § 63 Rn. 91; *Wolf Schulz* ZIP 1983, 194 (195).

[283] OLG Karlsruhe GmbHR 1993, 101 = NJW 1993, 1931; zu den Grenzen wegen eventueller Irreführung der Verkehrskreise LG Frankfurt/Oder DB 2003, 494.

[284] AA *Herchen* ZInsO 2004, 1112 (1117): auch Kompetenz und Pflicht des Insolvenzverwalters, entsprechend die Satzung zu ändern; hierzu ausführlich *Cziupka/Kraack* AG 2018, 525; *Priester* DNotZ 2016, 892; *Linardatos* ZIP 2017, 893.

[285] Staub/*Burgard* § 22 Rn. 67 ff., 70; *Heckschen,* Die Verwertung der Firma in der Insolvenz, in Kölner Schrift zur Insolvenzordnung, 3. Aufl. 2009, 1067, 1076; *Wolf Schulz* ZIP 1983, 194 f.; *Herchen* ZInsO 2004, 1112 (1115); *Ulmer* NJW 1983, 1697 (1701); Hachenburg/*Ulmer* GmbHG § 63 Rn. 77a, 92; Kilger/*Karsten Schmidt* KO § 1 Anm. 2 D c bb; Baumbach/Hueck/*Schulze-Osterloh,* 18. Aufl. 2006, GmbHG § 64 Rn. 63; OLG Düsseldorf ZIP 1989, 457 (458); *Uhlenbruck* ZIP 2000, 401 (403); *Raffel,* Die Verwertbarkeit der Firma im Konkurs, 1995, 56 ff.; *Grünberg* ZIP 1988, 1165 ff.: nur subsidiäre Zuständigkeit des Insolvenzverwalters bei Untätigkeit der Gesellschafterversammlung.

[286] OLG Düsseldorf MDR 1970, 425; *Karsten Schmidt* HandelsR § 12 Rn. 51; *Ulmer* NJW 1983, 1697 (1702).

[287] OLG MünchenGmbHR 2016, 928 m. krit. Anm. *Wachter*; abl. auch *Priester* DNotZ 2016, 892.

Obergerichtlichen Rspr. soll **für die Bildung der Ersatzfirma der Insolvenzverwalter zuständig** sein allerdings bei der AG die aktienrechtlichen Anforderungen an eine Satzungsänderung,[288] und bei der GmbH die Anforderungen des GmbHG.[289] einhalten müssen.

97 Für die Aktiengesellschaft hat der **BGH**[290] nun klargestellt, dass auch der Insolvenzverwalter für die Bildung einer **Ersatzfirma einen Satzungsänderungsbeschluss der Hauptversammlung benötigt,** den er nicht selbst ohne Mitwirkung der Gesellschafter fassen kann. Denn die Firmenänderung betreffe einen innergesellschaftlichen Bereich. Etwas anderes könne nur gem. § 225a Abs. 3 InsO, § 254a Abs. 2 InsO im Insolvenzplan gelten. Er führt Gründe des Verkehrsschutzes und den auch im Insolvenzverfahren geltenden Grundsatz der Registerwahrheit an, von denen auch § 80 InsO keine Ausnahme für den Insolvenzverwalter eröffnet. Auch die im Handelsregister einzutragende Firmenänderung müsse deshalb zuverlässig, vollständig und lückenlos beurkundet werden. Diese Aussagen des BGH dürften ohne Einschränkungen auch für eine GmbH gelten.

98 **Stellungnahme:** Es ist nach dem neuesten Urteil des BGH für die Praxis nicht mehr möglich, während des Insolvenzverfahrens neben der im Einvernehmen mit dem Insolvenzverwalter satzungsändernden Beschlussfassung der Gesellschafter oder der Firmenänderung im Insolvenzplanverfahren ein selbständiges Bestimmungsrecht des Insolvenzverwalters über eine Ersatzfirma anzunehmen. Eine solche Berechtigung des Insolvenzverwalters hatte problemlos die Verwertung der Firma zugunsten der Gläubiger gewährleistet, wenn die Veräußerin eine Ersatzfirma annehmen musste.[291] Dagegen ist die Frage, ob und wann eine Ersatzfirma gebildet werden muss, vom BGH nicht entschieden. Dabei lässt die Forderung nach genereller Annahme einer Ersatzfirma durch die in der Insolvenz befindlichen Gesellschaft, die de facto **nur noch den bloßen Mantel der Kapitalgesellschaft abwickelt,** die realen Bezogenheiten außer Acht. Die Gesellschaft ist nur noch zeitlich begrenzt abzuwickeln. Das KG[292] hat schon 1937, die tatsächliche Verdoppelung der Firma als Problem erkennend, sehr vorsichtig formuliert. Es möchte sich „die Meinung vertreten lassen, dass die Handelsgesellschaft nach Art eines Einzelkaufmanns, der eine mit seinem bürgerlichen Namen übereinstimmende Firma einem anderen zur Fortführung überlässt, im Einvernehmen mit dem Erwerber grundsätzlich auch selbst weiterhin unter der für sie zugleich den allgemeinen Namen darstellenden Firma auftreten dürfe. Mindestens muss das dann zulässig sein, wenn die Gesellschaft die Firma nicht für ein neues Handelsgeschäft, sondern nur noch auf die Dauer der Insolvenz in ihren sonstigen Rechtsbeziehungen führen soll". Das ist im Prinzip richtig, wobei wie folgt zu differenzieren ist: **Greift § 30 ein,** können sich der die Firma und das Unternehmen veräußernde Insolvenzverwalter und der Erwerber einigen, dass **der Erwerber die Firma mit einem unterscheidenden Zusatz fortführt.** Fügt der Erwerber absprachengemäß in der gesetzlich vorgeschriebenen Form einen Nachfolgezusatz bei, ist § 30 genüge geleistet, und die Firma der in Insolvenz gefallenen Kapitalgesellschaft braucht nicht geändert zu werden. Die Firma einer Kapitalgesellschaft hat auch weiterhin Bestand, weil weder die Insolvenzeröffnung noch die Veräußerung durch den Insolvenzverwalter zum Erlöschen der Firma führt und die Firma auch nicht während des Insolvenzverfahrens gelöscht werden kann. Ohne den Namen kann die Gesellschaft nicht handeln. Eine Verdoppelung der Firmen tritt zufolge des beigefügten Nachfolgezusatzes nicht ein.[293] Die Annahme einer neuen Firma ist auch nicht wegen der Veräußerung der Firma (zusammen mit dem Unternehmen) im Hinblick auf einen „infolge der Veräußerung

288 KG GmbHR 2017, 982 = RNotZ 2017, 595; näher zum Verfahren *Cziupka/Kraack* AG 2018, 525 (531 ff.); *Priester* DNotZ 2016, 892.

289 OLG Hamm GmbHR 2018, 425 = ZInsO 2018, 1171.

290 BGH NZG 2020, 223; dazu *Noack* NZG 2020, 257; *Dietlein* GWR 2020, 96 mit praktischen Lösungsvorschlägen; differenzierend: *Rieländer,* ZHR 2020, 307; für Ausnahme beim Einzelkaufmann: *Andersson-Lindström,* DB 2020, 1666; ablehnend *Heckschen* GmbHR 2020, 425.

291 Ebenso *Karsten Schmidt* HandelsR § 12 Rn. 51.

292 KG JFG 16, 160 (167) = JW 1937, 2976; s. auch *Jansen,* 2. Aufl. 1970, FGG § 141 Rn. 4; *Weber* KDS 1970, 73 (85 f.).

293 AA Hachenburg/*Ulmer* GmbHG § 63 Rn. 91 mN der früher hM.

eintretenden Rechtsverlust" (→ Rn. 95) geboten, weil die Firma der Veräußerin bis zur Löschung Bestand hat und insbesondere die Beibehaltung nur für einen begrenzten Zeitraum bis zur Beendigung der Abwicklung erfolgt und der Erwerber, der sich sogar zur Aufnahme eines Nachfolgezusatzes bereiterklärt hat, hiermit einverstanden ist (→ Rn. 99). Auch der dingliche Charakter der Firmenübertragung widerspricht nicht diesem Ergebnis. Denn als (an den Veräußerer) **gebundene Übertragung**[294] kann das (zeitweilige) Mitbenutzungsrecht zurückbehalten werden.

99 Will der Erwerber zwar seinerseits keinen Nachfolgezusatz in die Firma aufnehmen, ist er aber damit einverstanden, dass die Firma der Veräußerin von dieser bis zum Ende der Liquidation beibehalten wird, sollte dies zugelassen werden.[295] Der BGH hatte den Fall zu entscheiden, dass eine übertragene Firmenbezeichnung noch etwa drei Jahre lang von dem Veräußerer weitergeführt und zur Abwicklung von Aufträgen benutzt wurde. Obwohl während dieses Zeitraumes **„zwei Unternehmen mit identischer Bezeichnung existiert, die sich in derselben Branche geschäftlich betätigt haben"**, hatte der BGH im Hinblick auf eine Vereinbarung der Parteien, dass die übertragende Gesellschaft die Bezeichnung für eine begrenzte Zeit zu Abwicklungszwecken sollte benutzen dürfen, keine Bedenken.[296] Zwar darf grundsätzlich keine (längerfristige) Vervielfältigung von Firmen oder Firmenbezeichnungen mit dinglicher Wirkung erfolgen. Wird aber die Firma in vollem Umfang auf den Erwerber übertragen und nur gleichzeitig mit schuldrechtlicher Wirkung vereinbart, die übertragende Gesellschaft könne die Firma weiterbenutzen, ist das jedenfalls dann zulässig, wenn die Benutzungserlaubnis nur für eine begrenzte Zeit zu Abwicklungszwecken erteilt wird.[297]

100 Der Insolvenzverwalter benötigt soweit **§ 30 eingreift,** einen unterscheidenden Zusatz in der bisherigen Firma der Gemeinschuldnerin.[298] Denn § 30 dient dem öffentlichen Interesse und kann nicht durch Parteivereinbarung außer Kraft gesetzt werden (→ § 30 Rn. 1 ff.).[299] Möchte der Erwerber keinen Nachfolgezusatz o.ä. aufnehmen und ist er auch nicht mit einer begrenzten Firmenfortführung durch den Veräußerer einverstanden, muss der Insolvenzverwalter nach dem neuesten Urteil des BGH durch einen **satzungsändernden Beschluss der Gesellschafter** eine Ersatzfirma erwirken und diese zur Eintragung im Handelsregister anmelden (→ Rn. 95). **Greift § 30 nicht ein,** ändert sich an den Ergebnissen nur in dem Fall etwas, dass der Erwerber mit der Beibehaltung der Firma durch die Gemeinschuldnerin bis zur Schlussabwicklung einverstanden ist. Es braucht dann kein unterscheidender Zusatz in die Firma aufgenommen zu werden.

V. Umfang der Übertragung

101 Maßgebend sind insoweit die Vereinbarungen der Parteien. Haben diese ausdrücklich nichts abgesprochen, ist von Folgendem auszugehen: Der Erwerber darf das **Unternehmen zusammen mit der Firma regelmäßig weiterveräußern.**[300] Der Erwerber kann ferner neue Zweigniederlassungen unter der erworbenen Firma errichten (→ § 13 Rn. 24; → § 17 Rn. 13 ff.). Umstritten ist, ob der Erwerber diese Zweigniederlassungen auch mit der Firma **auf einen Dritten übertragen** darf, weil hierdurch die fortgeführte Firma vervielfältigt wird. Nach hM ist ein solches Vorgehen nicht mehr von der Einwilligung des Veräußerers in die Firmenfortführung gedeckt. Das trifft in dieser Form zumindest für die Vervielfältigung der Zweigniederlassung einer Kapitalgesellschaft nicht zu. Auf → § 13 Rn. 24–26 wird insoweit Bezug genommen (→ § 24 Rn. 19).[301]

---

[294] Vgl. dazu *Forkel* FS Paulick, 1973, 101 ff.; s. auch *Köhler* FS Fikentscher, 1998, 495 (502 ff.) zu den vertraglichen (auch dinglichen) Beschränkungen des Firmengebrauchs.

[295] *Karsten Schmidt* HandelsR § 12 Rn. 51.

[296] BGH NJW 1991, 1353 (1354); Röhricht/Graf v. Westphalen/Haas/*Ries* Rn. 13.

[297] BGH NJW 1991, 1353 (1354); krit. EBJS/*Reuschle* Rn. 15.

[298] Scholz/*Karsten Schmidt,* 8. Aufl. 1995, GmbHG § 63 Rn. 61: „unterscheidender (Insolvenz-)Zusatz für die Schlussabwicklung"; OGH AG 2001, 155 (157) = NZG 2000, 1130: Liquidationszusatz genügt.

[299] Baumbach/Hopt/*Hopt* § 30 Rn. 1.

[300] Baumbach/Hopt/*Hopt* Rn. 12; Firmenfortführungsklauseln bei *Lettl* WM 2006, 1843; Heymann/*Förster* Rn. 29; Staub/*Hüffer,* 4. Aufl. 1983, Rn. 39.

[301] Vgl. auch *Bokelmann* GmbHR 1978, 265; 1982, 153; *Bokelmann* KTS 1982, 27 (50 f.).

Führt der Erwerber (nur) das fortgeführte Unternehmen neben seiner alten eigenen Firma für seine bisherige Hauptniederlassung für eine hierfür neu gebildete Zweigniederlassung fort, muss die fortgeführte Firma mit einem entsprechenden Zweigniederlassungszusatz die Verbindung zur Hauptniederlassung erkennen lassen. In diesem Zusammenhang erscheint das von *Burgard*[302] gebildete Beispiel einer Zweigniederlassungsfirma „ Robert Peitz Nachf. Neuenhahn GmbH in Jena" bedenklich. Der Zusatz „Nachfolger" lässt mE nicht den Zusammenhang als Zweigniederlassung erkennen, vermittelt vielmehr den Eindruck, dass die bisherige „Neuenhahn GmbH" entgegen dem Grundsatz der Firmeneinheit für Kapitalgesellschaften (→ Vor § 17 Rn. 30 ff.) eine zweite übernommene Firma mit Nachfolgezusatz führt. Allenfalls der Ortszusatz „in Jena" deutet auf eine eventuelle Zweigniederlassung hin. **102**

VI. Umwandlungsvorgänge[303]

1. Verschmelzung. § 2 UmwG übernimmt in der Sache unverändert den **Begriff der Verschmelzung** aus dem früheren Recht vor 1994. Ein oder mehrere Rechtsträger übertragen ihr Vermögen als Ganzes unter Auflösung und ohne Abwicklung entweder auf einen anderen bestehenden oder einen neuen, von ihnen dadurch gegründeten Rechtsträger gegen Gewährung von Anteilen oder Mitgliedschaften des übernehmenden oder neuen Rechtsträgers an die Anteilsinhaber der übertragenden Rechtsträger. Anteilsinhaber sind Gesellschafter, Aktionäre, Genossen oder Mitglieder. Die verschmelzungsfähigen Rechtsträger ergeben sich aus § 3 UmwG. **103**

Nach **§ 18 Abs. 1 S. 1 UmwG** darf der übernehmende Rechtsträger die Firma eines der übertragenden Rechtsträger, dessen Handelsgeschäft er durch Verschmelzung erwirbt, mit oder ohne Beifügung eines Nachfolgezusatzes fortführen (→ § 17 Rn. 62). Es handelt sich insoweit nach hM um einen Sondertatbestand des § 22[304] mit den weitgehend gleichen Tatbestandsvoraussetzungen.[305] Ein übernehmender Rechtsträger erwirbt durch Verschmelzung das Handelsgeschäft – für das eine Firma geführt wird – von einem übertragenden Rechtsträger. Das Regelungsbedürfnis des § 18 und des § 22 besteht gleichermaßen darin, die möglicherweise traditionsreiche und wertvolle Firma zu erhalten. Anders als bei § 22 Abs. 1 soll aber die Einwilligung des betroffenen übertragenden Rechtsträgers (Geschäftsinhaber) deshalb nicht erforderlich sein, weil dieser durch die Verschmelzung aufgelöst und voll beendet wird und „also kein Interesse mehr daran haben kann, dass sein Name nicht weiter verwendet wird"[306] (aber noch → Rn. 105). Der aufnehmende Rechtsträger kann das durch Verschmelzung erworbene Unternehmen aber auch unter seiner bisherigen Firma fortführen.[307] **104**

Immer dann, wenn an einem der übertragenden Rechtsträger eine natürliche Person beteiligt ist, die an dem übernehmenden Rechtsträger nicht mehr beteiligt wird, darf die nunmehrige Firma nur verwendet werden, wenn der betroffene Anteilsinhaber oder dessen Erben ausdrücklich in die Verwendung einwilligen **(§ 18 Abs. 2 UmwG).** Eine konkludente Einwilligung wird allgemein für ausreichend aber im Registerverfahren unpraktisch gehalten.[308] **105**

---

302 Staub/*Burgard* Rn. 102 aE unter Bezugnahme auf RGZ 113, 213 und Staub/*Hüffer,* 4. Aufl. 1983, Rn. 53.

303 Zum Firmenrecht vor dem HRefG *Kögel* GmbHR 1996, 168; nach dem HRefG *Limmer* NotBZ 2000, 101; BeckOGK/*Riekers/Cloppenburg* UmwG § 18 Rn. 1 ff. (Verschmelzung und Spaltung); BeckOGK/*Simons* § 200 Rn. 1 ff. (Formwechsel).

304 *Limmer* NotBZ 2000, 101 (102); BeckOGK/*Riekers/Cloppenburg* UmwG § 18 Rn. 4: lex specialis.

305 Dazu Lutter/*Decher* UmwG § 18 Rn. 3 f.; Schmitt/Hörtnagl/*Stratz* UmwG § 18 Rn. 7; *Bokelmann* ZNotP 1998, 265.

306 Begr. RegE bei *Ganske,* Umwandlungsrecht, 2. Aufl. 1994, 72.

307 *Limmer* NotBZ 2000, 101 (102); OLG Schleswig NJW-RR 2002, 461 für Verschmelzung einer GmbH auf ihren Alleingesellschafter.

308 Henssler/Strohn/*Heidinger* Gesellschaftsrecht § 18 UmwG Rn. 20; BeckOGK/*Riekers/Cloppenburg* UmwG § 18 Rn. 4 mwN.

106 Nach bisher hM muss auch bei einer Firmenfortführung nach § 18 Abs. 1 UmwG die Firma im Wesentlichen unverändert fortgeführt werden.[309] Für großzügigere Tendenzen im Zuge der Liberalisierung des Firmenrechts gilt das Gleiche wie bei § 22 (→ Rn. 51 ff.). Wird die Firma fortgeführt, wirkt sich dies auch auf die Firmierung etwaiger Zweigniederlassungen des übernehmenden Rechtsträgers aus, da diese kein von der Hauptniederlassung losgelöstes „Firmendasein" führen können[310] (→ Vor § 17 Rn. 60 ff.). Umgekehrt ist es aber zulässig, dass sich die Firmenfortführung nur auf die Zweigniederlassung beschränkt, als die das erworbene Handelsgeschäft weitergeführt wird. Die neue Verbindung zur Hauptniederlassung muss allerdings durch einen entsprechenden Firmenzusatz bei der Zweigniederlassung klargestellt werden.[311]

107 **2. Spaltung.** Nach § 123 UmwG kann ein Rechtsträger (übertragender Rechtsträger)
a) unter Auflösung ohne Abwicklung sein Vermögen aufspalten,
b) von seinem Vermögen einen Teil oder mehrere Teile abspalten,
c) aus seinem Vermögen einen Teil oder mehrere Teile ausgliedern.

108 Für Abspaltung und Ausgliederung schließt § 125 S. 1 UmwG die Anwendbarkeit von § 18 UmwG (näher → Rn. 104) aus, **weil der firmenführende Rechtsträger fortbesteht** (→ § 17 Rn. 63).[312] Bei der Aufspaltung erlischt der übertragende Rechtsträger, so dass § 18 wie bei der Verschmelzung gilt. Streitig ist, ob nur der Rechtsträger, der den größten Teil des Unternehmens übernimmt, jeder beliebige oder sogar alle übernehmenden Rechtsträger die Firma übernehmen dürfen.[313] Für die Ausgliederung des gesamten Unternehmens wird überwiegend die teleologische Reduktion der eingeschränkten Verweisung (also Anwendbarkeit des § 18 UmwG) befürwortet.[314] Denn nach § 155 UmwG erlischt in diesem Fall die Firma des übertragenden Rechtsträgers mit der Eintragung der Ausgliederung im Handelsregister.[315] Ansonsten kommt sowohl bei der Ausgliederung als auch bei der Abspaltung eine Firmenfortführung nach den allgemeinen Grundsätzen des § 22 in Frage.[316]

109 **3. Formwechsel.**[317] Beim Formwechsel findet keine Übertragung des Handelsgeschäftes, sondern nur nach § 202 UmwG ein identitätswahrender Wechsel des „Rechtskleides" statt (→ § 17 Rn. 61). Insofern ähnelt die Situation eher dem § 21 (→ § 21 Rn. 17). § 200 UmwG enthält Spezialregelungen über die Fortführung der Firma sowie die Bildung der Firma bei dem Rechtsträger neuer Rechtsform.[318]

VII. Nießbrauch und Pacht (Abs. 2)

110 Das für den Fall der Veräußerung Ausgeführte gilt auch, wenn ein Unternehmen aufgrund von Nießbrauch, Pacht oder einem ähnlichen Verhältnis nur zeitweise übergeht.[319] „Geschäftsinhaber" ist dann der Nießbraucher oder Pächter. Er wird in das Register eingetragen und der bisher als e.K. eingetragene Inhaber gerötet. Bleibt der Verpächter, aufgrund seiner Verpachtungstätigkeit, weil er noch ein weiteres Handelsgeschäft weiterführt oder

309 BeckOGK/*Riekers/Cloppenburg* UmwG § 18 Rn. 8; *Limmer* NotBZ 2000, 101 (103) mwN; *Bokelmann* ZNotP 1998, 266.
310 *Limmer* NotBZ 2000, 101 (103); Kallmeyer/*Marsch-Barner* UmwG § 18 Rn. 8.
311 *Bokelmann* ZNotP 1998, 267; Widmann/Mayer/*Vollrath* UmwG § 18 Rn. 23.
312 Begr. RegE bei *Ganske,* Umwandlungsrecht, 2. Aufl. 1994, 152.
313 S. *Bokelmann* ZNotP 1998, 268; Kallmeyer/*Sickinger* UmwG § 125 Rn. 28; EBJS/*Reuschle* Rn. 87; *Kögel* GmbHR 1996, 168 (172); abl. BeckOGK/*Riekers/Cloppenburg* UmwG § 18 Rn. 17.
314 Widmann/*Mayer* UmwG § 152 Rn. 103; Lutter/*Karollus* UmwG (3) § 155 Rn. 6; s. auch *Limmer* NotBZ 2000, 101 (104).
315 Dazu Henssler/Strohn/*Heidinger* UmwG § 18 Rn. 20.
316 DNotI-Report 2014, 188 mwN; *Limmer,* Handbuch der Unternehmensumwandlung, Teil 5 Rn. 24 ff.; aA *Bokelmann* ZNotP 1998, 269.
317 Vgl. dazu *Limmer* NotBZ 2000, 101 (106 f.).
318 Dazu *Limmer* NotBZ 2000, 101 (106); BeckOGK/*Simons* UmwG § 200 Rn. 1 ff.
319 Vgl. dazu EBJS/*Reuschle* Rn. 54; OLG Hamm NZG 1998, 467.

neu gründet, firmenfähig, kann und muss er eine neue Firma annehmen.[320] Der Pächter kann die bisherige Firma mit oder ohne Nachfolgezusatz führen.

Die **Fortführung der Firma** setzt wie im Fall von Abs. 1 voraus, dass der bisherige Inhaber in die Fortführung der Firma einwilligt. Hieran fehlt es, wenn die verpachtende GmbH ihre bisherige Firma unverändert beibehält.[321] Bei **Beendigung des Nießbrauchs oder Pachtverhältnisses** sind der Übernehmer des Handelsgeschäfts, dem das Recht zur Firmenfortführung von dem bisherigen Geschäftsinhaber eingeräumt worden war, im Handelsregister zu löschen und zugleich der frühere Geschäftsinhaber wieder als Inhaber der Firma einzutragen. Löschung und Wiedereintragung sind vom Registergericht ohne Prüfung der materiellen Rechtslage aufgrund der Anmeldung beider Beteiligter zu vollziehen.[322] 111

§ 23 [Keine Veräußerung der Firma ohne das Handelsgeschäft]

Die Firma kann nicht ohne das Handelsgeschäft, für welches sie geführt wird, veräußert werden.

Schrifttum: s. auch § 22; *Beater,* Mantelkauf und Firmenfortführung – zugleich ein Beitrag zur Teleologie von § 23 HGB, GRUR 2000, 119; *Forkel,* Die Übertragbarkeit der Firma, FS Paulick, 1973, 101; *v. Gamm* Wettbewerbsrecht, 5. Aufl. 1985; *Heidinger,* Die wirtschaftliche Neugründung – Grenzen der analogen Anwendung des Gründungsrechts, ZGR 2005, 101; *Priester,* Mantelverwendung und Mantelgründung bei der GmbH, DB 1983, 2291; *Rohnke,* Firma und Kennzeichen bei der Veräußerung von Unternehmensteilen, WM 1991, 1405; *Schricker,* Rechtsfragen der Firmenlizenz, FS v. Gamm, 1990, 289; *Ullmann,* Zur Bedeutung der gewillkürten Prozeßstandschaft im Warenzeichen- und Wettbewerbsrecht, FS v. Gamm, 1990, 315.

Übersicht

I. Grundlagen

1. Bedeutung und Normzweck des § 23. § 23 **verbietet die Leerübertragung des Firmenrechts.** Die Firma kann nicht von dem Unternehmen losgelöst, sondern nur zusammen mit ihm übertragen werden. Abgeleitete Firmen, die den Grundsatz der Firmenwahrheit (§ 18) relativieren, sind unter den Voraussetzungen der §§ 22–28 zulässig, um den in der Firma enthaltenen Wert im Interesse des Inhabers zu bewahren. Zweck des § 23 ist es – was im Übrigen schon aus den §§ 22 und 24 folgt –, die Übertragung der Firma zum Schutz des Wirtschaftsverkehrs auf die Fälle der §§ 22, 24 zu beschränken.[1] Das Publikum begreift die Firma auch als das Unternehmen selbst, und es würde über die Kontinuität des Unternehmens getäuscht, könnte die Firma allein ohne das Unternehmen übertragen werden.[2] Im Übrigen ist das schutzwürdige Interesse des Inhabers an dem Fortbestand der Firma an das dazugehörige Unternehmen gebunden, und es ist auch von daher kein Grund 1

320 Vgl. Staub/*Burgard* Rn. 115.
321 BayObLG MDR 1978, 760; Staub/*Burgard* Rn. 112.
322 KGJ 39 A 107; Schlegelberger/*Hildebrandt/Steckhan* Rn. 10.
1 BGH DB 1957, 893 = BB 1957, 943; BGH DB 1977, 1452 = BB 1977, 1015; LM Nr. 3 = DB 1977, 1452 = JR 1978, 67 mAnm *Hommelhoff.*
2 Staub/*Burgard* Rn. 3; Heymann/*Förster* Rn. 1.

ersichtlich, die freie Übertragbarkeit des Firmenrechts allein zu gestatten. Sonderüberlegungen können sich allerdings bei der Verwertung der Firma in der Insolvenz ergeben (→ § 22 Rn. 84 ff.). Eine allein auf selbständige Übertragung der Firma gerichtete Klage ist unzulässig, wenn nicht bereits vor Erhebung der Klage das Geschäft selbst von dem bisherigen Inhaber auf den Kläger übertragen worden ist.[3] Aus der seinerzeitigen **Änderung von § 8 Abs. 1 WZG** durch das Gesetz vom 23.4.1992 (BGBl. 1992 I 938; vgl. heute § 27 MarkenG) – die Übertragung des an einem Warenzeichen begründeten Rechts ist nicht mehr von der Übertragung auch des Geschäftsbetriebs oder des Teils des Geschäftsbetriebs, zu dem das Warenzeichen gehört, abhängig – lässt sich Gegenteiliges nicht herleiten, weil sich die der Änderung von 1992 zugrundeliegende RL 89/104/EWG des Rates vom 21.12.1988 allein auf Marken beschränkt.[4] Nach § 2 Abs. 2 PartGG ist § 23 auf die Partnerschaft nach § 172 VAG auf den – nicht kleinen – VVaG entsprechend anzuwenden.

2 **2. Abgrenzung zur Mantelverwendung.** § 23 verbietet die Veräußerung der Firma ohne das Unternehmen. Weder die Verwendung eines leeren GmbH-Mantels (die Gesellschaft hat ihren Geschäftsbetrieb eingestellt und verfügt auch nicht über genügend Vermögen, um ihrem satzungsmäßigen Unternehmensgegenstand nachgehen zu können) noch einer „Vorrats"-GmbH unterfallen aber dem Verbot des § 23.[5] Der Mantel einer Kapitalgesellschaft (GmbH oder AG) besteht als „leere Hülse" der juristischen Person jedenfalls bis zu deren Löschung im Handelsregister. Er kann bis dahin zur wirtschaftlichen Neugründung **unter Verwendung der eingetragenen Gesellschaft**[6] etwa durch die bisherigen Gesellschafter oder durch Dritte nach dem entgeltlichen Erwerb der Geschäftsanteile (Mantelkauf) benutzt werden. Eine Täuschung des Publikums durch eine Veräußerung der Firma ohne das Unternehmen ist nicht denkbar, weil beim Veräußerer nichts zurückbleibt.[7] Es gibt keine „betriebsfähige Wirtschaftseinheit" mehr.[8] Bei der Mantelverwertung geht es, auch wenn der BGH[9] unter Haftungsumgehungsgesichtspunkten von einer wirtschaftlichen Neugründung spricht, letztlich um eine Fortdauer des bisherigen Mantels als Rechtsträger, der in vollem Umfang auf den Erwerber übergeht. Beim Mantelkauf geht es also um den Erwerb der Firma mit der Rechtsperson.[10]

3 Sieht man aber primär die Firma als **„Namen des Unternehmens"** und nicht des Unternehmensträgers,[11] muss auch § 23 so verstanden werden, dass die Trennung der Firma vom Unternehmen („Handelsgesellschaft") und nicht vom Unternehmensträger verhindert werden soll. So kommt es beim **Mantelkauf letztlich doch zur Trennung des Unternehmens und der Firma.** Das Unternehmen ist untergegangen („unternehmensloser Mantel") und die Firma wird mit dem Unternehmensträger übertragen. Besonders augenfällig wird diese Diskrepanz, wenn der Mantel unternehmenslos wird, weil er sein Unternehmen (ohne die Firma) zuvor veräußert hat und dann der leere Mantel gesondert übertragen wird. Diese Trennung von Unternehmen und Firma, die § 23 gerade vermeiden will, kann beim Untergang des Unternehmens einschließlich der entsprechenden Verkehrsvorstellung aus der Firma über ein bestimmtes Unternehmen akzeptiert werden, da dann Fehlvorstellungen der Verkehrskreise nicht in Frage kommen.[12] Hängen an der Firma allerdings noch konkrete Vorstellungen und Assoziationen mit dem alten Unternehmen, erscheint ein Man-

---

3 RGZ 63, 226 (228).
4 BGH NJW-RR 1994, 1003 = LM UWG § 16 Nr. 148 mAnm *Bokelmann*; vgl. auch Heymann/*Emmerich*, 2. Aufl. 2012, Rn. 1.
5 KKRD/*Roth* Rn. 2; Staub/*Burgard* Rn. 16 f.; *Karsten Schmidt* HandelsR § 12 Rn. 62; diff. *Beater* GRUR 2000, 119.
6 *Karsten Schmidt* HandelsR § 12 Rn. 62.
7 EBJS/*Reuschle* Rn. 18; krit. *Beater* GRUR 2000, 119 (125 f.).
8 Staub/*Burgard* Rn. 15.
9 BGHZ 153, 158 = NJW 2003, 892; BGHZ 155, 318 = NJW 2003, 3198; s. dazu *Heidinger* ZGR 2005, 101 ff. mwN.
10 Röhricht/Graf v. Westphalen/Haas/*Ries* Rn. 8.
11 So insbes. *Karsten Schmidt* HandelsR § 12 Rn. 2.
12 *Beater* GRUR 2000, 119 (125): teleologische Reduktion des § 23.

telkauf mit Firmenübertragung im Licht des § 23 problematisch. Diese Differenzierung ähnelt im Ansatz der Problematik der Irreführung durch **sofortige Wiederverwendung einer gerade gelöschten Firma** (→ § 18 Rn. 46). Unter diesem Aspekt muss dann auch die Verwertung der Firma ohne das Unternehmen in der Insolvenz neu und kritisch diskutiert werden (ausführlich → § 22 Rn. 84 ff.). § 23 ist auch nach diesen Überlegungen nicht anwendbar für den Fall, dass ein „sauberer Mantel“[13] in Form einer **Vorrats-GmbH,** die noch keine Geschäftstätigkeit ausgeübt hat, verwandt wird.[14] Dieser fehlt es nämlich an dem Unternehmen, von dem die Firma getrennt werden könnte. Dies wird in der Praxis wegen der meist zunächst „farblosen“ Übergangsfirmierung der Vorratsgesellschaften, aber eher selten relevant sein.

II. Veräußerung des Handelsgeschäfts

1. Die Regel. Veräußert werden kann **nur ein bestehendes Unternehmen.** Ist der 4
Gewerbebetrieb vor der Veräußerung des Handelsgeschäfts seit kürzerer oder auch längerer Zeit eingestellt worden, so besteht das Unternehmen dann nicht mehr, wenn die wirtschaftlichen Grundlagen des Geschäfts untergegangen sind, „sein Aufbau nach innen und außen zerstört ist“,[15] zB die wesentlichen Vermögensstücke verkauft und die Geschäftsbeziehungen zu Lieferanten und insbesondere Kunden endgültig abgebrochen sind. Ist dagegen das Unternehmen nur zeitweilig stillgelegt worden und seine Wiederbelebung jederzeit möglich, besteht das Unternehmen noch (zum Ganzen → § 17 Rn. 44 ff.).[16] Der Erwerber muss den Betrieb mit dem Übernommenen objektiv fortsetzen können.

Von einer Veräußerung ist dann auszugehen, wenn das Handelsgeschäft „im Großen 5
und Ganzen“ übertragen wird.[17] Es gelten die gleichen Kriterien wie bei § 22 (→ § 22 Rn. 14). Übergehen muss der **Kern des Unternehmens,** dh diejenigen Teile, die den wesentlichen Tätigkeitsbereich bestimmen, mit dem es nach außen in Erscheinung tritt.[18] Wird von mehreren Geschäftszweigen einer nicht mitübertragen, ist nur dann von einer Geschäftsveräußerung auszugehen, wenn der nicht übertragene Teil – so wie sich das Gesamtunternehmen darstellt – von untergeordneter Bedeutung ist.[19] Wird das Unternehmen im Großen und Ganzen übertragen, hängt die Rechtswirksamkeit der Übertragung aber nicht davon ab, ob der Erwerber bei Vertragsabschluss auch den Willen hat, den Betrieb mit seiner bisherigen Produktion fortzusetzen.[20] Voraussetzung ist nur, dass weder Scheingründung noch Scheinübertragung (§ 117 BGB) vorliegen, also Übertragung und Erwerb des Unternehmens ernstlich gewollt sind.[21]

2. Zweifelsfälle. Entscheidend für die **Festlegung des Unternehmenskerns** ist der 6
Einzelfall. Ist der Geschäftsbetrieb bescheiden, kann schon die Übergabe von Kundenlisten oder die Überlassung von Rezepten genügen.[22]

Im **Liquidationsfall** kann die Übertragung des noch „lebenden“ Teils des Geschäftsbe- 7
triebs mit den dazugehörigen Maschinen, Materialien, Kundenlisten, Lieferverträgen und so fort ausreichen. Um eine wirtschaftlich sinnvolle Verwertung zu ermöglichen, sind keine

---

[13] *Priester* DB 1983, 2291.
[14] Vgl. auch *Brandes* WM 1995, 641; Staub/*Burgard* Rn. 16.
[15] RGZ 110, 422 (424).
[16] RGZ 170, 265 (274); BGHZ 32, 307 (312) = NJW 1960, 1664; KG HRR 1939 Nr. 92; Staub/*Burgard* § 22 Rn. 14: die Betriebsfähigkeit ist maßgebend.
[17] RGZ 68, 294 (295).
[18] RGZ 63, 226 (229); 68, 294 (295); 147, 332 (338); 169, 133 (136); BGH NJW 1972, 2123 = DB 1972, 2248; *Rohnke* WM 1991, 1405 (1406); Staub/*Burgard* Rn. 17.
[19] BGH DB 1957, 893 = WM 1957, 1152 (1153, 1155); DB 1977, 1452 = JR 1978, 67 (68) mAnm *Hommelhoff.*
[20] BGH NJW 1972, 2123 – Baader Brezeln.
[21] Röhricht/Graf v. Westphalen/Haas/*Ries* Rn. 7; EBJS/*Reuschle* Rn. 16 und 17.
[22] *Rohnke* WM 1991, 1405 (1406).

zu strengen Anforderungen an den Betriebsübergang zu stellen, sofern nur das Unternehmen noch betriebsfähig ist (→ Rn. 4).[23]

8 Ähnlich liegt es bei einer **Betriebsveräußerung durch den Insolvenzverwalter.** Trotz Produktionseinstellung und Aufgabe der angemieteten Fabrikationsstätte kann von einem Betriebsübergang auszugehen sein,[24] wenn die Wiederbelebung des Unternehmens möglich ist. Jedenfalls aber muss der Kern des Unternehmens und sein „good will" noch vorhanden sein.

9 Zu einer zeitweisen Verdoppelung der Firma und damit auch teilweisen Trennung von Unternehmen kam es im Fall des BGH, in dem er die Übertragung einer Firmenkennzeichnung unter gleichzeitiger Gestattung der Weiterbenutzung durch das übertragende Unternehmen dann für zulässig ansah, wenn die (nur schuldrechtlich wirkende) Nutzungserlaubnis lediglich für eine begrenzte Zeit **zu Abwicklungszwecken** gewährt wurde (→ § 22 Rn. 99).[25] Konkret hatten immerhin zwei Unternehmen mehr als drei Jahre lang mit identischer Bezeichnung existiert, die sich in derselben Branche geschäftlich betätigten.

10 **3. Zweigniederlassung.** Eine bestehende Zweigniederlassung kann ohne die Hauptniederlassung veräußert und dem Erwerber das Recht eingeräumt werden, die (dadurch verselbständigte) Zweigniederlassung als selbständiges Geschäft neben der Hauptniederlassung des Veräußerers unter deren Firma zu führen.[26] Das Unternehmen wird hierdurch geteilt und die Firma verdoppelt, was in der Regel nicht zulässig ist.[27] Bedenken bestehen hier insoweit aber nicht, weil die Zweigniederlassung sachlich, räumlich und personell von der Hauptniederlassung getrennt ist und ihr in diesem Rahmen eine gewisse Selbständigkeit zukommt (→ § 13 Rn. 8). Sie muss so organisiert sein, dass sie beim Wegfall der Hauptniederlassung als eigene Handelsniederlassung fortbestehen könnte.[28] Die Zweigniederlassung darf dann als selbständiges Unternehmen unter der bisherigen Firma (unter Wegfall des Zusatzes „Zweigniederlassung") weitergeführt werden.[29] Soll eine solche, nunmehr verselbständigte Zweigniederlassung wiederum als Zweigniederlassung eines Unternehmens des Erwerbers geführt werden, erfolgt die Firmenbildung nach den allgemeinen Grundsätzen (→ § 13 Rn. 21; → § 17 Rn. 13 ff.). Zur **Vervielfältigung der abgeleiteten Firma** bei abgesonderter Veräußerung von Hauptniederlassung und Zweigniederlassung → § 13 Rn. 24 ff.

III. Veräußerung der Firma

11 **1. Firmenübertragung.** Das Reichsgericht ging von einem nur schuldrechtlichen Gestattungsvertrag aus, bei dem nicht die Firma selbst, sondern das Recht zum Gebrauch der Firma unter Verzicht auf die eigene Weiterbenutzung einem anderen bewilligt wird.[30] Demgegenüber wird heute überwiegend eine echte (dingliche) **Übertragung nach den §§ 413, 398 BGB** angenommen, die zu einer Änderung der Rechtszuständigkeit führt.[31] Dem ist schon deshalb zu folgen, weil bei Annahme eines nur schuldrechtlichen Gestattungsvertrages kaum zu erklären ist, weshalb der Erwerber berechtigt sein soll – wie es die

[23] BGH NJW 1991, 1353 = DB 1991, 590 (591); Staub/*Burgard* § 22 Rn. 15.

[24] BGH NJW 1972, 2123 – Baader Brezeln.

[25] BGH NJW 1991, 1353 (1354); Baumbach/Hopt/*Hopt* Rn. 2.

[26] BGH DB 1957, 893 = WM 1957, 1152 (1154); vgl. auch RGZ 67, 94 (95); 77, 60 (63); 169, 133 (139); hierzu *Karsten Schmidt* HandelsR § 12 Rn. 59, 81 ff.

[27] BGH NJW 1991, 1353 = DB 1991, 590 (591) unter IV 3; *v. Gamm,* Wettbewerbsrecht, 5. Aufl. 1985, Kap. 56 Rn. 55.

[28] ROHG 14, 401 (402); 17, 312 (318 ff.); RGZ 2, 386 (388 ff.); KGJ 27 A 210, 211; 28 A 208, 209; BayObLGZ 1979, 159 (162) = DB 1979, 1936; vgl. auch BGH NJW 1972, 1859 (1860).

[29] RGZ 77, 60 (64).

[30] RGZ 9, 104 (106); 107, 31 (33); ebenso OLG Nürnberg BB 1966, 1121 (1122) für die Veräußerung einer Etablissementsbezeichnung.

[31] *Strohm* FS E. Ulmer, 1973, 333 (336); *Forkel* FS Paulick, 1973, 101 (110); Staub/*Burgard* Rn. 5; *Canaris* HandelsR § 10 III 2 b Rn. 31; Heymann/*Förster* Rn. 3; Baumbach/Hopt/*Hopt* § 22 Rn. 9; BeckOK HGB/*Bömeke* Rn. 3.

Parteien aber voraussetzen –, seinerseits zusammen mit dem Unternehmen auch die Firma weiter zu übertragen.[32]

Enthält die Firma auch den Namen des Veräußerers, wird in der Regel davon auszugehen sein, dass der Veräußerer als Namensinhaber dem Erwerber insoweit ein – gesondert erforderliches – Benutzungsrecht einräumt **(vertragliche Gestattung des Namensgebrauchs nach § 12 BGB).**[33] Diesbezüglich ist streitig, ob es sich dabei um eine dingliche oder nur schuldrechtliche Gebrauchsbefugnis handelt.[34] Diese Frage wird insbesondere erheblich, wenn der Erwerber dem Namen „Schande macht" und über ein Untersagungsrecht des Veräußerers zu entscheiden ist.[35] 12

Geht man von einer Übertragung der Firma nach den §§ 413, 398 BGB aus (→ Rn. 11), liegt ein **derivativer Erwerb der Firma** vom Veräußerer vor. Die Firma geht mit ihrem bisherigen „Alter" über[36] und entsteht nicht etwa bei dem Erwerber neu, was dann wichtig ist, wenn es auf die Priorität ankommt (§ 30 HGB, § 15 MarkenG). 13

2. Grenzen der Firmenübertragung. § 23 verbietet eine Veräußerung der Firma ohne das Handelsgeschäft. Eine **Täuschung über die Identität des Firmeninhabers/des Unternehmensträgers soll vermieden werden.** Die Übertragung des der Firma zuzuordnenden Unternehmens muss daher in (nahezu) unmittelbarem zeitlichem Zusammenhang mit der Firmenübertragung erfolgen. Dem genügt eine aufschiebende Bedingung bei Veräußerung der Firma oder die Vereinbarung eines Anfangstermins dann nicht, wenn das Unternehmen vor dem Termin auf den Erwerber übertragen wird (→ § 22 Rn. 36).[37] Gegenteiliges gilt für eine Befristung (festen Endtermin) oder ihr gleichzusetzende Beschränkungen (auflösende Bedingung).[38] Denn eine zeitliche Beschränkung der Firmenübertragung ist (wenngleich selten) rechtlich durchaus mit der Konsequenz möglich, dass die Berechtigung mit Ablauf der Gestattung endet. § 23 ist nur für den Fall einschlägig, dass Firma und Unternehmen nicht in etwa gleichzeitig übertragen werden; die Vorschrift wendet sich nicht gegen einen festen oder variablen Endtermin.[39] 14

3. Firmenlizenzen. Ob eine **dingliche Firmenlizenz** rechtlich überhaupt möglich ist, ist umstritten.[40] Jedenfalls verbietet § 23 seinem Sinn und Zweck nach die dinglich wirkende Aufspaltung von Unternehmen und Firma.[41] Doch kann eine **schuldrechtliche Vereinbarung,** durch die einem anderen die Benutzung einer geschützten Bezeichnung erlaubt wird, dahin gehen, dass der Gestattende auf die Geltendmachung der Ansprüche aus seinem Ausschließlichkeitsrecht schuldrechtlich verzichtet.[42] Für Firmenlizenzen ist aber auch heute noch – anders als bei Produktbezeichnungen (Warenzeichen/Marken) zufolge der seinerzeitigen Änderung von § 8 Abs. 1 WZG (heute § 27 MarkenG; → Rn. 1)[43] – stets zu beachten, dass nach § 23 Unternehmen und Firmenbezeichnung nicht auseinanderfallen sollen.[44] Wird der Geschäftsbetrieb ebenfalls auf den Firmenlizenznehmer übertragen, 15

[32] Näher *Canaris* HandelsR § 10 III 2 b Rn. 31; Staub/*Hüffer,* 4. Aufl. 1983, § 22 Rn. 24.

[33] *Forkel* FS Paulick, 1973, 101 (111 ff.); Staub/*Burgard* Rn. 30; EBJS/*Reuschle* Rn. 5; *Köhler* FS Fikentscher, 1998, 444 (506).

[34] Für dinglich *Forkel* FS Paulick, 1973, 112 ff.; *Canaris* HandelsR § 10 III d Rn. 35; abl. die hM, s. nur *Köhler* FS Fikentscher, 1998, 494 (501) mwN auch der Rspr.

[35] Näher *Forkel* FS Paulick, 1973, 101 (114); *Canaris* HandelsR § 10 III 2 e Rn. 38; vgl. auch BGHZ 32, 103 = NJW 1960, 1008.

[36] *Canaris* HandelsR § 10 III 2 b Rn. 31.

[37] Staub/*Burgard* Rn. 6.

[38] RGZ 76, 263 (265); 102, 17 (22); Baumbach/Hopt/*Hopt* § 22 Rn. 11; Staub/*Burgard* Rn. 6.

[39] Vgl. Staub/*Burgard* Rn. 6; *Köhler* FS Fikentscher, 1998, 494 (503); aA *Strohm* FS E. Ulmer, 1973, 333 (342).

[40] Vgl. Staub/*Hüffer,* 4. Aufl. 1983, § 22 Rn. 24; EBJS/*Reuschle* Rn. 6 ff.; *Forkel* FS Paulick, 1973, 101 (113 f.); s. ausf. *Köhler* DStR 1996, 510; *Schricker* FS v. Gamm, 1990, 289.

[41] EBJS/*Reuschle* Rn. 6; krit. auch Oetker/*Schlingloff* Rn. 6; auch *Karsten Schmidt* HandelsR § 12 Rn. 56.

[42] BGHZ 44, 372 (375) = NJW 1966, 823; BGH GRUR 1970, 528 (531) – Migrol; NJW-RR 1991, 1260 = GRUR 1991, 780 (781) – Transatlantische; BGHZ 122, 71 (73) = NJW 1993, 2236.

[43] *Karsten Schmidt* HandelsR § 12 Rn. 56 f.

[44] Vgl. ausf. zum diesbezüglichen Meinungsstreit EBJS/*Reuschle* Rn. 7 ff. mwN; s. auch Staub/*Burgard* Rn. 7.

bestehen insoweit keine Bedenken.[45] Doch muss sich der Lizenzgeber in der Regel ebenfalls vertraglich verpflichten, auf den Gebrauch der Firma für die Dauer der Gestattung zu verzichten, weil andernfalls die Firmen unzulässig verdoppelt würden. Die Übertragung einer Firmenkennzeichnung unter gleichzeitiger Erteilung der schuldrechtlichen Erlaubnis an das übertragende Unternehmen, die Firmenbezeichnung weiter zu benutzen, hat der BGH aber unter der Voraussetzung für rechtlich zulässig angesehen, dass die Nutzungserlaubnis der übertragenden Gesellschaft „in eindeutig begrenztem Umfang" (dort zu Abwicklungszwecken) gewährt wird (→ § 22 Rn. 84 ff. zur Verwertung der Firma in der Insolvenz).[46]

16 Der **Lizenznehmer erwirbt,** anders als bei der Übertragung (→ Rn. 13), **grundsätzlich kein abgeleitetes Recht** und nicht die (ältere) Priorität des Gestattenden.[47] Das Recht zur Führung der Firma entsteht vielmehr originär in der Person des Firmenträgers durch Annahme und Gebrauch des Firmennamens,[48] und er hat keine Möglichkeit, seinerseits aus eigenem Recht gegen eine prioritätsältere gleichnamige Firma vorzugehen. Dagegen kann er sich gegenüber einem Dritten, der ihm gegenüber prioritätsälter ist, einredeweise entsprechend § 986 Abs. 1 BGB auf die besseren weil prioritätsälteren Rechte des Gestattenden berufen.[49]

IV. Rechtsfolgen

17 Nach § 23 ist die alleinige Veräußerung der Firma verboten. Die „dingliche" Gestattung (das Vollzugsgeschäft) ist gem. **§ 134 BGB,** weil gegen ein gesetzliches Verbot verstoßend, nichtig.[50] Der schuldrechtliche Vertrag ist, weil auf eine unmögliche Leistung gerichtet, hinsichtlich der Firmenfortführung – seit der Schuldrechtsreform – nicht mehr nach § 306 BGB aF nichtig (§§ 275, 311a BGB nF). Vielmehr entsteht nun ein Anspruch auf Schadensersatz auf das positive Interesse (§ 311a Abs. 2 BGB nF).

18 Wird eine Firma, die zufolge § 23 nicht übergehen konnte, vom vermeintlichen Erwerber gebraucht, kann das Registergericht nach **§ 37 Abs. 1 iVm § 392 FamFG** eingreifen. Ist der (vermeintliche) Inhaberwechsel in das Handelsregister eingetragen worden, kommt eventuell auch eine **Amtslöschung nach § 395 FamFG** in Betracht.[51] Im Fall von Eintragung und Bekanntmachung ist § 15 Abs. 3 zu beachten.[52] Unter Umständen entfalten auch unabhängig davon ergänzend allgemeine Rechtsscheingrundsätze Wirkung (→ § 15 Rn. 87 ff.).[53]

§ 24 [Fortführung bei Änderungen im Gesellschafterbestand]

(1) Wird jemand in ein bestehendes Handelsgeschäft als Gesellschafter aufgenommen oder tritt ein neuer Gesellschafter in eine Handelsgesellschaft ein oder scheidet aus einer solchen ein Gesellschafter aus, so kann ungeachtet dieser Veränderung die bisherige Firma fortgeführt werden, auch wenn sie den Namen des bisherigen Geschäftsinhabers oder Namen von Gesellschaftern enthält.

---

45 BGH GRUR 1985, 567 = DB 1985, 1934 – Hydair; Heymann/*Förster* Rn. 4.

46 BGH NJW 1991, 1353 = DB 1991, 590 (592).

47 *v. Gamm,* Wettbewerbsrecht, 5. Aufl. 1985, Kap. 56 Rn. 65.

48 BGHZ 10, 196 = NJW 1953, 1348 = LM UWG § 16 Nr. 7 mAnm *Lindenmayer.*

49 BGHZ 122, 71 = NJW 1993, 2236; BGH NJW 1994, 2765 Ls. = NJW-RR 1994, 1003 = LM UWG § 16 Nr. 148 mAnm *Bokelmann; v. Gamm,* Wettbewerbsrecht, 5. Aufl. 1985, Kap. 53 Rn. 21 und Kap. 56 Rn. 65; *Ullmann* FS v. Gamm, 1990, 315 (321); *Schricker* FS v. Gamm, 1990, 289 (300).

50 RGZ 63, 226 (228 f.); RG LM WZG § 11 Nr. 11; Heymann/*Förster* Rn. 7; Staub/*Burgard* Rn. 19.

51 Staub/*Burgard* Rn. 23; Oetker/*Schlingloff* Rn. 7.

52 Baumbach/Hopt/*Hopt* Rn. 3; Röhricht/Graf v. Westphalen/Haas/*Ries* Rn. 10; Staub/*Burgard* Rn. 21; BeckOK HGB/*Bömeke* Rn. 17; aA EBJS/*Reuschle* Rn. 20; EBJS/*Reuschle* § 25 Rn. 31.

53 Vgl. auch Röhricht/Graf v. Westphalen/Haas/*Ries* Rn. 10; Staub/*Burgard* Rn. 21; ausf. zu den Haftungsfolgen auch EBJS/*Reuschle* Rn. 20.

(2) Bei dem Ausscheiden eines Gesellschafters, dessen Name in der Firma enthalten ist, bedarf es zur Fortführung der Firma der ausdrücklichen Einwilligung des Gesellschafters oder seiner Erben.

Schrifttum: s. § 22.

Übersicht

I. Bedeutung und Anwendungsbereich

1 § 24 ist in engem Zusammenhang mit den Vorschriften der §§ 21, 22 zu lesen. Auch für den Fall, dass durch die Aufnahme eines Gesellschafters in ein einzelkaufmännisches Unternehmen eine Personenhandelsgesellschaft entsteht und umgekehrt sowie bei Änderungen im Gesellschafterbestand soll unter bestimmten Voraussetzungen die bisherige Firma beibehalten werden dürfen. Die **Einbußen an Firmenwahrheit** konnten nach früherem Verständnis ganz erheblich sein, so etwa wenn die Firma weiterhin den Namen des längst ausgeschiedenen persönlich haftenden Gesellschafters ausweist[1] oder der in der Firma genannte Komplementär zwischenzeitlich in die Kommanditistenrolle zurückgetreten ist (zum Bedeutungswandel → Rn. 7).[2] Insoweit setzt sich das Prinzip der Firmenbeständigkeit gegen den Grundsatz der Firmenwahrheit durch (→ § 22 Rn. 3). Abs. 2 dient dem namens- und persönlichkeitsrechtlichen Schutz des ausscheidenden namensgebenden Gesellschafters durch das Zustimmungserfordernis zur Firmenfortführung und steht dem wirtschaftlichen Fortführungsinteresse gegenüber.

2 Der **Anwendungsbereich** des § 24 umfasst **das Handelsgeschäft des Einzelkaufmanns, die OHG und die KG,** nach überwiegender Ansicht auch der GmbH & Co. KG.[3] Eine Anwendung auf die EWIV und die Vorgesellschaft (→ § 21 Rn. 10; Vor-GmbH, Vor-AG) wird ebenfalls befürwortet,[4] sogar die analoge Anwendung auf die unternehmerische tätige BGB-Gesellschaft.[5] § 24 findet auf die Partnerschaft entsprechende Anwendung[6] (§ 2 Abs. 2 PartGG).

3 Nach herkömmlicher Ansicht ist – entgegen den weiten Wortlaut „Handelsgeschäft" bzw. „Handelsgesellschaft" – nicht erfasst der Ein- und Austritt von Mitgliedern **bei Kapitalgesellschaften,** also der Wechsel von Aktionären innerhalb der AG und von GmbH-Gesellschaftern in der GmbH.[7] Entsprechendes soll für die persönlich haftenden Gesellschaf-

1 OLG Köln OLGZ 1988, 291; *Karsten Schmidt* HandelsR § 12 Rn. 118.
2 *Canaris* HandelsR, 22. Aufl. 1995, § 11 I 2 a.
3 BGHZ 68, 271 = NJW 1977, 1291 (1292); EBJS/*Reuschle* Rn. 3; Heymann/*Förster* Rn. 5; anders BGHZ 109, 364 (368) = NJW 1990, 1605.
4 EBJS/*Reuschle* Rn. 8 f.
5 OLG Nürnberg NZG 1999, 441; abl. *Möller* DNotZ 2000, 840.
6 Vgl. BGH NJW 2002, 2093 = DB 2002, 1099: „Vossius & Partner"; LG Essen RNotZ 2003, 267; Staub/*Burgard* Rn. 14.
7 BGHZ 85, 221 (224 f.) = NJW 1983, 755; BGHZ 58, 323 = NJW 1972, 1419; Heymann/*Emmerich,* 2. Aufl. 2012, Rn. 2; Staub/*Hüffer,* 4. Aufl. 1983, Rn. 2; Röhricht/Graf v. Westphalen/Haas/*Ries* Rn. 4; *Canaris* HandelsR § 10 IV 2 a Rn. 52.

ter einer KGaA gelten. Ein Wechsel von Mitgliedern liege dort im Wesen der juristischen Person und habe keinen Einfluss auf die Firmenbildung.[8] Auch **§ 24 Abs. 2 sollte keine Anwendung finden.**[9] AG und GmbH könnten die Firma danach fortführen, ohne auf die Zustimmung des ausgeschiedenen Gesellschafters angewiesen zu sein. Zur Begründung hat der BGH unter anderem angeführt, dass der Gesellschafter einer GmbH anders als der Geschäftsinhaber eines einzelkaufmännischen Unternehmens oder der Gesellschafter einer Personenhandelsgesellschaft nach altem HGB vor dem HRefG keinem gesetzlichen Zwang zur Verfügungsstellung seines Namens für die Firmenbildung unterlag, weil die Firma einer GmbH auch Sachfirma sein durfte (§ 4 Abs. 1 S. 1 GmbHG aF).

4 Diese Argumentation trägt **seit dem HRefG,** das für alle Rechtsträger gleichermaßen die Verwendung von Sachfirmen und zusätzlich von Fantasiefirmen eröffnet hat, nicht mehr.[10] Daraus kann man entweder schließen, dass § 24 jetzt für alle Rechtsformen gleichermaßen anwendbar ist[11] oder dass er überhaupt keinen Anwendungsbereich mehr hat[12] und mit dem HRefG hätte gestrichen werden müssen.[13] Der Gesetzgeber hat sich mit einer Klarstellung begnügt, indem er die Worte „auch wenn sie den Namen des bisherigen Geschäftsinhabers oder Namen von Gesellschaftern erhält" ergänzte. Andererseits hat er auch nicht den vielfach[14] geforderten Nachfolgezusatz zwingend vorgeschrieben, um der Firmenwahrheit bei der fortgeführten Personenfirma ohne relevanten Verlust für die Firmenerhaltung größere Geltung zu verleihen. Ersteres (Anwendung auf alle Rechtsformen) dürfte richtig sein,[15] da auch in § 18 Abs. 2 UmwG und § 200 Abs. 3 UmwG vergleichbare rechtsformunabhängige Regelungen existieren (→ § 22 Rn. 103 ff.). Der praktische Unterschied zur bisherigen Meinung ist im Ergebnis gar nicht so groß, da der namensgebende GmbH-Gesellschafter auch schon nach bisher hM bei seiner Einwilligung zur Namensverwendung einen ausdrücklichen Vorbehalt für seinen Austritt vorsehen konnte. Zum nur noch sehr eingeschränkten Anwendungsbereich → Rn. 7. Der Ein- und Austritt **stiller Gesellschafter** ist weiterhin firmenrechtlich ohne Bedeutung.[16]

5 Da der Anwendungsbereich des § 24 Abs. 2 nach dem HRefG aber nur noch sehr klein (→ Rn. 7, hält man ihn nicht sogar für ganz weggefallen, → Rn. 4) und seine ratio legis zweifelhaft (geworden) ist, sollte er **de lege ferenda gestrichen werden.**[17] Den namensrechtlichen Schutz kann man den betroffenen Namensgebern[18] selbst durch entsprechende Vereinbarungen bei der Zurverfügungstellung des Namens überlassen. In diesem Zusammenhang müsste dann aber auch § 18 Abs. 2 UmwG und § 200 Abs. 3 UmwG mit angepasst werden. Eine Sonderregelung für die Zustimmung rechtfertigt sich nur noch für die Partnerschaftsgesellschaft, bei der nach wie vor der Zwang zur Personenfirma besteht (§ 2 Abs. 1 PartGG).

---

8 Heymann/*Emmerich,* 2. Aufl. 2012, Rn. 2; Schlegelberger/*Hildebrandt/Steckhan* Rn. 1; Staub/*Hüffer,* 4. Aufl. 1983, Rn. 2; *Bokelmann* FirmenR Rn. 686.

9 BGHZ 58, 322 (324) = NJW 1972, 1419; *Bokelmann* FirmenR Rn. 692.

10 Ebenso *Felsner* NJW 1998, 3255 (3256); *Weßling* GmbHR 2004, 487; *Barnert* KTS 2003, 523 (547).

11 So EBJS/*Reuschle* Rn. 4; Staub/*Burgard* Rn. 11; LG Köln AnwBl. 2005, 788 f.; GK-HGB/*Steitz* Rn. 2; Oetker/*Schlingloff* Rn. 2; *Karsten Schmidt* HandelsR § 12 Rn. 121; *Kern* BB 1999, 1717 (1719); *Benner* Rpfleger 2002, 342 (349); *Haas/Kolmann/Pauw* in Gottwald InsR-HdB, 5. Aufl. 2015, § 92 Rn. 163 Fn. 670.

12 Abs. 1 hat nur noch klarstellende Wirkung: ausf. EBJS/*Reuschle* Rn. 4 ff.; für Abs. 2 *Weßling* GmbHR 2004, 487.

13 So wohl *W.-H. Roth* in Die Reform des Handelsstandes und der Personengesellschaft, 1999, 31 (58) zumindest für Abs. 2: „Funktionsverlust" bzw. „pure Selbstverständlichkeit".

14 *Bokelmann* DB 1990, 1021; *Bokelmann* ZGR 1999, 325 (335); krit. auch *Canaris* HandelsR § 11 II 2 b Rn. 24.

15 Wie hier *Benner* Rpfleger 2002, 342 (348 f.).

16 So schon Schlegelberger/*Hildebrandt/Steckhan* Rn. 17; Heymann/*Emmerich,* 2. Aufl. 2012, Rn. 2; *Bokelmann* FirmenR Rn. 686.

17 Vgl. auch *Canaris* HandelsR § 10 IV 1 a Rn. 45: ein an sich nicht fernliegender Schritt; aA Staub/*Burgard* Rn. 4; Heymann/*Förster* Rn. 4.

18 *Wertenbruch* ZIP 2002, 1931 (1934) weist allerdings zu Recht darauf hin, dass dies für den Geschäftsinhaber beim Einzelkaufmann mangels Vertragspartner problematisch ist.

§ 22 und § 24 schränken beide die Firmenwahrheit, wie sie im § 18 zum Ausdruck kommt, im Interesse der Erhaltung des Firmenwerts ein. § 24 regelt nach herkömmlichem Verständnis (→ Rn. 11) den **nur teilweisen Wechsel** in der Person des Geschäftsinhabers, während § 22 den Sachverhalt erfassen will, dass der **Geschäftsinhaber völlig wechselt,** ein Dritter (oder auch mehrere) ein Handelsgeschäft unter Lebenden oder von Todes wegen erwerben oder (Fall von § 22 Abs. 2) etwa aufgrund Nießbrauchs übernehmen soll.[19] Teilweise überschneiden sich die Zuordnungen. So erfasst bereits § 22 den in § 24 Abs. 1 Alt. 1 genannten Fall, dass jemand in ein bestehendes Handelsgeschäft als Gesellschafter aufgenommen wird.[20] Da es sich sachlich um die Gründung einer Personenhandelsgesellschaft unter Einbringung des bisherigen Einzelunternehmens handelt, wechselt der Unternehmensträger,[21] wie es § 22 voraussetzt. § 22 fordert aber – anders als § 24 Abs. 1 (→ Rn. 9) – generell die Zustimmung zur Firmenfortführung. Im Ergebnis schadet diese **„rechtssystematische Ungenauigkeit"**[22] jedoch nicht, weil die Einwilligung des bisherigen Einzelkaufmanns jedenfalls in dessen Anmeldung der abgeleiteten Gesellschaftsfirma zur Eintragung in das Handelsregister liegt (§ 106 Abs. 2 Nr. 2, § 108 Abs. 1). 6

Wie schon bei § 22 (→ § 22 Rn. 4) klargestellt, hat auch § 24 mit der Liberalisierung des Firmenrechts und der Zurückstufung der Firmenwahrheit[23] **durch das HRefG stark an Bedeutung verloren.**[24] In vielen Fällen, die früher nur durch eine (unveränderte) Fortführung einer Personenfirma realisierbar waren, ist nach dem neuen Firmenrecht alternativ auch eine Neufirmierung möglich. Die Einschränkungen bezüglich der Verwendung von Personennamen von Nichtgesellschaftern sind erheblich gelockert (→ § 17 Rn. 23 ff.; → § 18 Rn. 180 ff.). Letztlich hat die Firmenfortführung nach § 24 Abs. 1 gegenüber einer Neufirmierung nur noch den **Vorteil der Prioritätswahrung der** alten fortgeführten Firma gegenüber anderen Firmen zB nach § 30. Darüber hinaus kann eine Personenfirma mit dem Namen des Geschäftsinhabers oder eines Gesellschafters in den Fällen des § 24 Abs. 1 auch dann fortgeführt werden, wenn dadurch eine Irreführung nach § 18 Abs. 2 eintritt. Eine Neufirmierung wäre in diesen Fällen nicht zulässig. 7

II. Voraussetzungen (Abs. 1)

1. Bestehendes Handelsgeschäft. Für die Beibehaltung der bisherigen Firma wird ein bestehendes Handelsgeschäft vorausgesetzt, was wiederum ein kaufmännisches Unternehmen bedingt, das nicht endgültig eingestellt sein darf (→ § 22 Rn. 8 ff.) und dessen wesentliche Bestandteile noch erhalten sein müssen (genauer → § 17 Rn. 43). Hieran fehlt es jedenfalls, wenn bereits ein wesentlicher Bestandteil des Handelsgeschäfts zuvor ausgegliedert worden ist.[25] Die **bisherige Firma** kann fortgeführt werden.[26] Sie muss zu Recht geführt worden sein (→ § 22 Rn. 27 ff.). Hierbei ist die Eintragung im Handelsregister nur teilweise ausschlaggebend (→ § 22 Rn. 29 ff.). Denn der Einzelkaufmann, die OHG und die KG haben, betreiben sie ein Handelsgewerbe iSd § 1 Abs. 2, eine Firma, sobald sie diese tatsächlich im Rechtsverkehr gebrauchen (§ 123 Abs. 2). Andererseits folgt aus der Eintragung der Firma im Handelsregister nicht zuverlässig, dass sie materiell existent ist und fortgeführt werden kann. Denn § 5 gilt gegenüber dem Registergericht nicht (→ § 5 Rn. 34; → § 5 Rn. 46; → § 22 Rn. 32). Bei den Kaufleuten kraft Rechtsform (vgl. § 6) 8

[19] BGHZ 58, 322 (324) = NJW 1972, 1419.

[20] *Karsten Schmidt* HandelsR § 12 Rn. 117.

[21] *Karsten Schmidt* HandelsR § 12 Rn. 117; Staub/*Burgard* Rn. 20; Schlegelberger/*Hildebrandt/Steckhan* Rn. 3.

[22] Staub/*Burgard* Rn. 20.

[23] EBJS/*Reuschle* Rn. 1; Begr. RegE, BT-Drs. 13/8444, BR-Drs. 340/97, 36 f.; *Jung* ZIP 1998, 677 (678); *Kögel* BB 1998, 1645 (1647); vgl. auch *Karsten Schmidt* NJW 1998, 2161 (2167).

[24] Röhricht/Graf v. Westphalen/Haas/*Ries* Rn. 18 zum veränderten Anwendungsbereich; vgl. auch *Felsner* NJW 1998, 3255 (3257); *W.-H. Roth* in Die Reform des Handelsstandes und der Personengesellschaft, 1999, 31 (58).

[25] BGH DB 1977, 1452 = JR 1978, 67 mAnm *Hommelhoff* JR 1978, 69 f.

[26] Zur Fortführung einer „Rumpfpersonenfirma" bei der Partnerschaft LG Essen RNotZ 2003, 267.

ergibt sich durch die Eintragung im Handelsregister demgegenüber immer auch die Firmenfähigkeit, selbst wenn sie kein Gewerbe betreiben (→ § 17 Rn. 56).

9 **2. Einwilligung.** Die Einwilligung der Beteiligten zur Firmenfortführung **setzt § 24 Abs. 1 im Gegensatz zu § 22 Abs. 1 grundsätzlich nicht voraus;** etwas anderes gilt nach § 24 Abs. 2 nur dann, wenn der Name des ausscheidenden Gesellschafters in der Firma enthalten ist (→ Rn. 14 ff.). Vertraglich können die Gesellschafter auch im Fall von Abs. 1 die Erforderlichkeit der Einwilligung festlegen, was aber keine registerrechtliche Bedeutung hat. In der Regel ergibt sich die Einwilligung schon im Registerverfahren. Denn nach § 143 Abs. 2 haben sämtliche Gesellschafter, wozu auch der ausgeschiedene Gesellschafter zählt,[27] das Ausscheiden eines Gesellschafters aus der Gesellschaft anzumelden; im Fall des § 24 Abs. 2 müssen sie sich auch zur Fortführung der Firma erklären (→ § 22 Rn. 41).

III. Fallgruppen (Abs. 1)

10 **1. Aufnahme eines Gesellschafters.** Bei der Aufnahme eines Gesellschafters in ein bestehendes Handelsgeschäft wird im Wege der Sachgründung ein vorhandenes Unternehmen in eine neu gegründete Gesellschaft eingebracht (→ Rn. 6). Die Firma des bisherigen Einzelkaufmanns konnte schon nach altem Recht fortgeführt werden, selbst wenn dieser nur Kommanditist wurde (→ Rn. 1). Denn § 19 Abs. 4 aF galt insoweit nicht für abgeleitete Firmen.[28] Mit Liberalisierung der Firma einer KG unter anderem durch Wegfall des § 19 Abs. 4 aF im HRefG ist dies unproblematisch möglich.

11 **2. Wechsel im Gesellschafterbestand.** § 24 stellt klar, dass der **Eintritt neuer Gesellschafter** in eine Handelsgesellschaft (zur jetzt erweiterten Anwendung auch auf die GmbH → Rn. 4) oder das **Ausscheiden eines bisherigen Gesellschafters** der Fortführung der Firma nicht entgegensteht, sofern die in Betracht kommenden Personenhandelsgesellschaften OHG oder KG, Kapitalgesellschaft oder VVAG als Unternehmensträger Bestand haben. „Änderungen im Mitgliederbestand berühren ihre rechtliche Identität daher nicht, bewirken also weder einen gänzlichen noch einen teilweisen Inhaberwechsel".[29] Die Fortführung der Firma ist auch dann nach § 24 erlaubt, wenn ein **Gesellschaftsanteil durch Rechtsgeschäft übertragen wird oder er nach § 1922 BGB durch Erbfolge übergeht.**[30] Ebenso sind Fälle denkbar, in denen die Komplementär-GmbH einer GmbH & Co. KG ausgetauscht wird, deren Firma zulässigerweise weiter unverändert verwendet wird (zur Problematik der Beibehaltung des Rechtsformzusatzes „GmbH" bei einer Komplementär-UG → § 19 Rn. 38). Gleiches gilt für den Fall, dass der namensgebende bisher unbeschränkt haftende Gesellschafter Kommanditist wird.[31]

12 Bei **Übertragung aller Gesellschaftsanteile einer Personenhandelsgesellschaft auf einen Erwerber** kann dieser analog § 142 ohne Liquidation im Wege der Gesamtrechtsnachfolge das Gesellschaftsvermögen übernehmen (→ § 22 Rn. 23).[32] Da hier der Unternehmensträger wechselt, ist mE von § 22 und nicht von § 24 auszugehen.[33] Demgegenüber wendet das OLG München weiterhin § 24 an, wenn aus einer **zweigliedrigen Personenhandelsgesellschaft** einer der beiden Gesellschafter ohne Liquidation ausscheidet.[34] Teil-

[27] Heymann/*Freitag* § 143 Rn. 9.
[28] OLG Celle BB 1959, 899; Heymann/*Emmerich*, 2. Aufl. 2012, Rn. 3.
[29] Staub/*Burgard* Rn. 21.
[30] Siehe dazu OLG Hamm NZG 2016, 1351; Staub/*Burgard* Rn. 23; Heymann/*Förster* Rn. 17.
[31] OLG Celle BB 1959, 899; Staub/*Burgard* Rn. 25; Heymann/*Förster* Rn. 14; KKRD/*Roth* Rn. 6.
[32] BGH NJW 2018, 3310; BGHZ 71, 296 (299 f.) = NJW 1978, 1525; Staub/*Burgard* Rn. 24.
[33] Röhricht/Graf v. Westphalen/Haas/*Ries* Rn. 13; Staub/*Hüffer*, 4. Aufl. 1983, Rn. 10; Heymann/*Förster* Rn. 18; *Karsten Schmidt* HandelsR § 12 Rn. 122; **aA** Staub/*Burgard* Rn. 24 mit Verweis auf BGH NJW 1989, 1798 und BGH NJW 1985, 59; BeckOK HGB/*Bömeke* Rn. 11 mit Verweis auf OLG München NZG 2008, 780.
[34] OLG München NZG 2008, 780 = DNotZ 2009, 73, im konkreten Fall allerdings nicht, da der letzte Gesellschafter wegen bloßer Vermögensverwaltung nicht mehr Kaufmann war; s. schon BGH NJW 1989, 1798 (1799).

weise wird differenziert zwischen **Anwachsung bei einem Dritten** – dann § 22 – und Anwachsung bei einem Gesellschafter.[35] *Burgard*[36] plädiert jetzt wieder mit der älteren BGH-Rspr. für durchgängige Anwendung des § 24. Bei der **Kapitalgesellschaft** bleibt demgegenüber der Rechtsträger auch mit nur einem Gesellschafter unverändert bestehen, so dass § 24 zur Anwendung kommt. Dagegen berührt der **gleichzeitige Wechsel aller Mitglieder weder bei einer Personenhandelsgesellschaft** noch bei einer Kapitalgesellschaft die rechtliche Identität, so dass dieser Sachverhalt § 24 unterfällt.[37]

3. Ausscheiden eines Gesellschafters. Die Firma kann schließlich im Fall des Aus- 13
scheidens eines Gesellschafters nach § 24 Abs. 1 fortgeführt werden.[38] Auf den Grund des Ausscheidens des namensgebenden Gesellschafters kommt es nicht an. In Frage kommen Austritt durch Vertrag, Übertragung der Mitgliedschaft, Ausscheiden kraft Gesetzes nach den § 131 Abs. 3 oder Ausschluss eines Gesellschafters nach § 140 (→ Rn. 21).[39] In allen diesen Fällen bedarf es unter der Voraussetzung von Abs. 2 der Einwilligung des Ausscheidenden (→ Rn. 9 ff.). Zum Ausscheiden des vorletzten Gesellschafters → Rn. 12.

IV. Einwilligung (Abs. 2)

1. Anwendungsbereich. Scheidet ein **Gesellschafter** aus (→ Rn. 13), **dessen** 14
Name in der Firma enthalten ist, so bedarf es nach § 24 Abs. 2 zur Fortführung der Firma der ausdrücklichen Einwilligung dieses Gesellschafters oder seiner Erben.[40] § 24 Abs. 2 gilt nach herkömmlicher Meinung **nur für die OHG und KG, nicht aber für die Kapitalgesellschaften.**[41] Zur diesbezüglichen Änderung seit dem HRefG 1998 → Rn. 4. Primär gilt Abs. 2 für die Personenfirma oder die Mischfirma unter Verwendung des Namens einerseits, nicht für eine Sach- oder Fantasiefirma. Bringt ein Gesellschafter aber seine eigene Sach- oder Fantasiefirma als seinen „Namen" in die Firma ein, ist bei dessen Austritt auch eine Einwilligung erforderlich. Enthält die Firma der **Komplementär-GmbH** einer GmbH & Co. KG den Namen eines Kommanditisten, so ist bei dessen Ausscheiden aus der Kommanditgesellschaft die Beibehaltung der Firma ohne dessen Einwilligung möglich, weil auf die namensgebende GmbH abzustellen ist, die zur Firmenfortführung nicht auf die Einwilligung des Namengebers angewiesen ist.[42] Wendet man mit der hier vertretenen Ansicht § 24 Abs. 2 auch auf die GmbH an, bedarf es aber beim Austritt auch aus der Komplementär-GmbH der Einwilligung des Gesellschafters. Dies gilt ganz allgemein bei der „doppelstöckigen" Namensgebung. § 24 Abs. 2 gilt auch bei **Umwandlung einer Gesellschaft bürgerlichen Rechts in eine Partnerschaft** (§ 2 Abs. 2 Hs. 2 PartGG).[43]

---

[35] EBJS/*Reuschle* Rn. 22; ebenso KKRD/*Roth* Rn. 4.

[36] Staub/*Burgard* Rn. 24; so auch BGH NJW 1989, 1798 (1799) = DB 1989, 717; vgl. auch BGHZ 92, 79 = NJW 1985, 59 f.; OLG Nürnberg NZG 1999, 441; offen BayObLG NJW-RR 2000, 1700 = DB 2000, 1067 = ZIP 2000, 1214; wohl auch OLG Hamm NZG 1999, 993.

[37] Heymann/*Förster* Rn. 17; so schon Staub/*Hüffer,* 4. Aufl. 1983, Rn. 10; Heymann/*Emmerich,* 2. Aufl. 2012, Rn. 5; aA *Hommelhoff* JZ 1978, 69.

[38] BGH NJW 2002, 2093 = DB 2002, 1099 für die Partnerschaft.

[39] Heymann/*Förster* Rn. 17; Staub/*Burgard* Rn. 31; Schlegelberger/*Hildebrandt/Steckhan* Rn. 5.

[40] Vgl. LG Köln BeckRS 2005, 11288 zur Anwalts-GmbH; s. dazu ausf. mit diversen Musterformulierungen *Lettl* WM 2006, 1841.

[41] BGHZ 58, 322 = NJW 1972, 1419; BGHZ 92, 79 = NJW 1985, 59 (60); BayObLGZ 1984, 129 (132) = DB 1984, 1672; Heymann/*Förster* Rn. 6; Schlegelberger/*Hildebrandt/Steckhan* Rn. 1.

[42] LG Hamburg BB 1987, 2045 f.; Heymann/*Emmerich,* 2. Aufl. 2012, Rn. 10a; aA wohl Staub/*Burgard* Rn. 35; GK-HGB/*Steitz* Rn. 19; vgl. EBJS/*Reuschle* Rn. 28 allg. für Gesellschaften als Gesellschafter.

[43] OLG Hamm BeckRS 2017, 152842 auch bei Ausscheiden schon bei der GbR; OLG Hamm RNotZ 2019, 483, für die KG; Einverständnis bei GbR umfasst idR auch Einwilligung zum Wechsel in Partnerschaftsgesellschaft: OLG München NZG 2000, 367 – Vossius & Partner; zust. *Henssler* NZG 2000, 645; s. auch *Hergeth* DStR 2000, 939, bestätigt durch BGH NJW 2002, 2093 = DB 2002, 1099; hierzu *Kleine-Cosack* EWiR 2002, 1033.

15 **2. Rechtsnatur.** Die Einwilligung ist, **anders als im Fall des § 22, einseitige namensrechtliche schuldrechtliche Gestattung der Namensverwendung,**[44] weil es nicht um die Begründung des Firmenrechts, sondern nur um seine Beibehaltung geht.

16 **3. Einwilligungsberechtigte.** Nach § 24 Abs. 2 muss derjenige Gesellschafter im Falle seines Ausscheidens einwilligen, dessen Name in der Firma enthalten ist, auch wenn er **bei der Gesellschaftsgründung seinen Namen für die Bildung der Firma hergegeben hat.** Bloße Namengleichheit zwischen dem Namen des Ausscheidenden und dem in der Firma enthaltenen Namen genügt in der Regel nicht, so wenn der ausscheidende Sohn den gleichen Namen wie sein Vater trägt, der die Gesellschaft gegründet hat. Haben aber die Gebrüder E eine Handelsgesellschaft unter der Firma **„Gebrüder E."** gegründet, so enthält die Firma auch ihre beiden Namen und es bedarf der Zustimmung nach § 24 Abs. 2.[45] Dagegen soll eine Firma **„Louis B.'s Söhne"**, von den Söhnen Louis B. gegründet, zwar auf die Person der Namengeber hinweisen, nicht aber deren Namen enthalten.[46]

17 Der BGH hat bestätigt,[47] dass in der Regel nur der Name unter § 24 Abs. 2 fällt, der zur Bezeichnung der Persönlichkeit gerade des austretenden Gesellschafters dient und als solcher in der Firma enthalten ist. Dazu zählt nicht der Name, „welcher mit dem Namen des Austretenden zwar ganz oder teilweise übereinstimmt, nicht aber als sein Name in die Firma aufgenommen worden ist". So ist § 24 Abs. 2 auch nicht anwendbar, wenn ein **gleichnamiger Familienangehöriger** des Firmenstifters zunächst als sein Erbe Gesellschafter gewesen und dann ausgeschieden ist.[48] Für einen besonderen Fall hat der BGH eine **Ausnahme** gemacht, wenn aus einer handelsrechtlichen Personengesellschaft ein Gesellschafter ausscheidet, der als Erbe des Firmengründers in die Gesellschaft eine von ihm zuvor zulässigerweise geführte abgeleitete Firma, die seinen Familiennamen enthält, eingebracht hat. Hier soll es der ausdrücklichen Einwilligung des Ausscheidenden zur Firmenfortführung bedürfen.[49] Maßgeblich war die Überlegung, dass diese Konstellation derjenigen sehr nahe kommt, in welcher der Firmenstifter selbst ausscheidet. Die Entscheidung ist heftig diskutiert worden und wird inzwischen überwiegend abgelehnt.[50]

18 **4. Erteilung und Umfang.** Erforderlich ist nach Abs. 2 eine **ausdrückliche Erklärung** des Gesellschafters oder seiner Erben (→ § 22 Rn. 34). Die Gesellschafter können die Einwilligung schon im Voraus im Gesellschaftsvertrag erklären. Auch eine nachträgliche Zustimmung ist ausreichend.[51] Eine Einwilligung liegt nicht schon darin, dass der Gesellschafter ausscheidet und mit dem Fortbestehen der Gesellschaft einverstanden ist, da das Ausscheiden nach § 131 nF grundsätzlich nicht mehr zur Auflösung der Gesellschaft führt und diese auch mit einer anderen Firma fortgeführt werden kann.[52] Dagegen **reicht die Mitunterzeichnung der Handelsregisteranmeldung** über das Ausscheiden (→ § 22 Rn. 34).[53] Einwilligen muss der ausscheidende Gesellschafter (für den minderjährigen gibt der gesetzliche Vertreter die Erklärung ab) oder der Erbe (alle Miterben). Testamentsvollstrecker und Nachlasspfleger können nicht einwilligen. Im Fall der Vor- oder Nacherbschaft reicht die Einwilligung der Vorerben aus.[54] Ist ausscheidender Gesellschafter selbst wieder eine Gesellschaft, haben die organschaftlichen Vertreter zuzustimmen.

---

44 Staub/*Burgard* Rn. 27; Heymann/*Förster* Rn. 23; KKRD/*Roth* Rn. 10.
45 RGZ 65, 379 (382); Staub/*Burgard* Rn. 29.
46 RGZ 156, 363 (366); Baumbach/Hopt/*Hopt* Rn. 11; Staub/*Burgard* Rn. 29; KKRD/*Roth* Rn. 9.
47 BGHZ 100, 75 (78) = NJW 1987, 2081.
48 BGHZ 100, 75 (78) = NJW 1987, 2081; EBJS/*Reuschle* Rn. 26.
49 BGHZ 92, 79 = NJW 1985, 59; EBJS/*Reuschle* Rn. 27.
50 *Karsten Schmidt* HandelsR § 12 Rn. 120 mwN; *Hüffer* ZGR 1986, 137 ff.; Baumbach/Hopt/*Hopt* Rn. 11.
51 EBJS/*Reuschle* Rn. 24; Heymann/*Förster* Rn. 25.
52 EBJS/*Reuschle* Rn. 29; Staub/*Burgard* Rn. 32.
53 BGHZ 68, 271 (276) = NJW 1977, 1291.
54 Staub/*Burgard* Rn. 34 mwN.

Willigt der Erbe des Firmengründers einer Personenhandelsgesellschaft nach dessen Tod in die Fortführung des Erblassernamens in der Gesellschaftsfirma ein, so wird er dadurch nicht selbst zum Namengeber. Er kann bei seinem Ausscheiden daher **auch nicht erneut über die Berechtigung zur Fortführung der Firma entscheiden.**[55] Im Übrigen deckt die Einwilligung auch die Weiterveräußerung des Unternehmens zusammen mit der Firma und die Errichtung von Zweigniederlassungen unter der Firma ab (→ § 22 Rn. 101). Zur Vervielfältigung der Firma durch die getrennte Veräußerung von Zweigniederlassungen → § 13 Rn. 24 ff.[56] Streitig ist, ob der Familienname eines ausgeschiedenen Gesellschafters auch dazu genutzt werden kann, damit selbstständig Tochtergesellschaften mit gleichen Firmennamen zu gründen.[57] Eine vor Bestehen des PartGG erteilte Einwilligung zur Fortführung einer Sozietätsbezeichnung einer Anwalts-GbR enthält auch die Zustimmung zur Fortführung als Partnerschaftsgesellschaftsnamen.[58] 19

Die Einwilligung kann auch hier **bedingt oder befristet** abgegeben werden (→ § 22 Rn. 35 ff.). Die Einwilligung ist in ihrem **Umfang** beschränkt. Sie bezieht sich nach § 24 Abs. 2 nur auf die Fortführung der Firma und nicht auch auf die Neugründung von Firmen unter Verwendung des Familiennamens dessen, der in die Fortführung der Firma eingewilligt hat.[59] Die weitere Übertragung des Unternehmens mit der Firma ist davon gedeckt.[60] Ist der aus einer KG ausscheidende B damit einverstanden, dass die verbleibenden Gesellschafter die Firma „Auto B KG" unverändert fortführen, so deckt dieses Einverständnis wohl nicht mehr die Gründung einer „Auto B GmbH" durch die „Auto B KG" und einen ihrer Gesellschafter.[61] Die Umwandlung in eine Partnerschaft hingegen deckt die Einwilligung noch ab.[62] Die Einwilligung kann nur bei Vorliegen eines wichtigen Grundes widerrufen werden.[63] 20

5. Verweigerung. Wird die Einwilligung verweigert, ist die Fortführung der Firma unzulässig, diese jedoch noch nicht erloschen.[64] Die Einwilligung ist auch dann erforderlich, wenn ein Gesellschafter durch Urteil aus der Gesellschaft ausgeschlossen worden ist (§ 140). Zwar ist seine Einwilligung in diesem Fall wenig wahrscheinlich, doch ist die Verweigerung für den Regelfall nicht missbräuchlich und auch nicht sittenwidrig.[65] Die Firma muss dann neu nach den §§ 18, 19 gebildet werden, wobei zutreffende Sachteile der bisherigen Firma Aufnahme in die neue Firma finden können.[66] Unzulässig ist es aber, die alte Firma doch durch einen Zusatz (etwa „vormals Max Winter OHG") in die neue Firma aufzunehmen. Insoweit fehlt es an der erforderlichen Einwilligung (→ § 22 Rn. 64).[67] Zur eventuell geänderten Fortführung → Rn. 22 ff.; → § 22 Rn. 51 ff. Das Registergericht muss gegen den Gebrauch der alten Firma nach § 37 Abs. 1 vorgehen.[68] Der Namensträger kann gem. § 37 Abs. 2 auf Unterlassung klagen.[69] 21

---

55 BGHZ 100, 75 = NJW 1987, 2081; *Canaris* HandelsR § 10 IV 1 c Rn. 49.

56 Abl. BGH BB 1980, 1658; krit. auch *Karsten Schmidt* HandelsR § 12 Rn. 85; befürwortend zumindest bei Kapitalgesellschaften *Weßling* GmbHR 2004, 487 (488).

57 Abl. BGHZ 58, 322 (325) = NJW 1972, 1419.

58 OLG Hamm RNotZ 2019, 483; EBJS/*Reuschle* Rn. 30; BayObLGZ 1998, 328 = NJW 1998, 1158 (1159) = NZG 1998, 148; ebenso mit Erweiterung auf die Nutzung als Domain-Adresse OLG München DB 1999, 2353 (2354) = NZG 2000, 367; *Henssler* NZG 2000, 645; *Ring* EWiR 1999, 1153 (1154); *Römermann* NZG 1999, 121 (122 f.); *Sommer* NJW 1998, 3549 f.

59 BayObLGZ 1998, 328 = NJW 1998, 1158 (1159).

60 BayObLGZ 1998, 328 = NJW 1998, 1158 (1159); KKRD/*Roth* Rn. 10.

61 OLG Hamm BB 1991, 86 (87).

62 BGH NJW 2002, 2093 (2095); KKRD/*Roth* Rn. 10.

63 OLG Hamm BeckRS 2017, 152960.

64 EBJS/*Reuschle* Rn. 31.

65 BGHZ 32, 103 (112 f.) = NJW 1960, 1008; Staub/*Burgard* Rn. 31; Schlegelberger/*Hildebrandt/Steckhan* Rn. 7.

66 Heymann/*Förster* Rn. 32; Staub/*Burgard* Rn. 41, jeweils mwN.

67 Staub/*Burgard* Rn. 41; Heymann/*Förster* Rn. 32.

68 Staub/*Hüffer*, 4. Aufl. 1983, Rn. 22; KKRD/*Roth* Rn. 11; Röhricht/Graf v. Westphalen/Haas/*Ries* Rn. 26; EBJS/*Reuschle* Rn. 32; aA jetzt Staub/*Burgard* Rn. 41.

69 EBJS/*Reuschle* Rn. 32; Röhricht/Graf v. Westphalen/Haas/*Ries* Rn. 26; KKRD/*Roth* Rn. 11.

V. (Unveränderte) Fortführung der Firma

22 Die Firma muss nicht fortgeführt werden.[70] Sie kann es, liegen die Voraussetzungen von § 24 (→ Rn. 8 ff.) vor. Ansonsten besteht die – nach dem HRefG 1998 erweiterte – Möglichkeit der Firmenbildung/-änderung nach allgemeinen Grundsätzen. Die Firma muss – wie bei § 22 – auch hier im Fall der Fortführung grundsätzlich **unverändert gebraucht werden,** wobei es aber Ausnahmen insbesondere im Interesse der Allgemeinheit und auch des Inhabers gibt (→ § 22 Rn. 58 ff.). So sollte zum Erhalt des Firmenwertes die Streichung des Namens eines namensgebenden ausgeschiedenen Gesellschafters zugelassen werden, damit die verbleibende Personenfirma mit dem Namen anderer Gesellschafter (auch früher schon ausgeschiedener) nach § 24 Abs. 1 weitergeführt werden kann.[71] Denn dies liegt im Interesse des Firmeninhabers und lässt die Identität der fortgeführten Firma für die Verkehrskreise noch hinreichend erkennen (→ § 22 Rn. 48).

23 Das OLG Hamm[72] entschied jedoch, dass für den Fall einer als GbR gegründeten Wirtschaftsprüfungs- und Steuerberatungsgesellschaft, die sich nach Ausscheiden eines Gesellschafters als Partnerschaftsgesellschaft neu gegründet hatte, die Beibehaltung des Namens des ausgeschiedenen Gesellschafters in der Firma nur zulässig ist, wenn diese im Kern unverändert fortgeführt wird. Bereits bei dem Weglasssen eines Zusatzes „X-Treuhand" fehle es beim Beibehalten der Namensbestandteile der Firma an der zulässigen Firmenfortführung. So hat der Zusatz einer geschützten Dienstleistungsmarke „L" und der Buchstaben „iP" zu dem Firmenkern aus Namen der (auch ausgeschiedenen) Partner bei der Partnerschaftsgesellschaft nur deshalb nicht gegen das Gebot der unveränderten Fortführung des Namens der Partnerschaft verstoßen, weil das Unternehmen im Geschäftsverkehr bereits unter der zusätzlichen Geschäftsbezeichnung (hier Marke) langjährig bekannt war.[73] §§ 2 Abs. 2 S. 1 PartG iVm 24 Abs. 2 HGB ermöglichen es auch von einer Sozietät oder KG/GbR den Namen auch unter Namensfortführung eines ausgeschiedenen Gesellschafters zu übernehmen.[74]

24 Das OLG Hamm[75] hat einer Rechtsanwalts-Partnerschaftsgesellschaft die Firmenfortführung nach § 24 und sogar die Neufirmierung zurück zur ursprünglichen Firma „RA C & Partner" untersagt, bei der der namensgebende Gründerpartner C mit Zustimmung zu einer Namensfortführung ausgeschieden war und noch ein weiterer erst später hinzugekommener, namensgebender Partner aber ohne Zustimmung zur weiteren Verwendung seines Namens in der Firma der Partnerschaftsgesellschaft ausgeschieden ist. § 2 Abs. 1 S. 3 PartGG sperrt die Möglichkeit der Neufirmierung mit dem Namen einer anderen Person als den aktuellen Partnern. Auch § 24 HGB, auf den § 2 Abs. 2 PartGG verweist, hilft hier nicht, da die geplante Änderung der Firma weder im Interesse der Allgemeinheit noch wünschenswert war.

25 Auch im Fall von § 24 ist es zulässig, einen **Nachfolgezusatz** in die Firma aufzunehmen.[76] Das trifft aber genau betrachtet nur dann zu, wenn eine echte Rechtsnachfolge vorliegt wie bei der Aufnahme eines Gesellschafters in ein Einzelunternehmen (→ Rn. 10) oder der Übertragung aller Gesellschaftsanteile an einen Erwerber (→ Rn. 12). Bei Eintritt und Austritt von Gesellschaftern dagegen findet kein Inhaberwechsel statt (→ Rn. 11). *Hüffer*[77] hielt daher einen Nachfolgevermerk in diesen Fällen

---

70 Zu den Ausnahmen beim Zusatz „& Partner" → § 18 Rn. 193; → § 19 Rn. 40.

71 So *Hartmann* RNotZ 2003, 250; vgl. auch OLG Hamm NZG 2018, 1355; zur Parteifähigkeit einer „Rumpf-Personenfirma" bei einer Partnerschaft mangels Einwilligung der ausscheidenden Partner s. LG Essen RNotZ 2003, 267.

72 NJW-RR 2017, 165 = DStR 2017, 351.

73 OLG Hamm NZG 2020, 351; dazu *Juretzek* DStR 2020, 896.

74 OLG Hamm GmbHR 2019, 294.

75 NZG 2018, 1355.

76 Baumbach/Hopt/*Hopt* Rn. 3; Schlegelberger/*Hildebrandt/Steckhan* Rn. 9; KGJ 13, 31; Staub/*Burgard* Rn. 44; BeckOK HGB/*Bömeke* Rn. 16.

77 Staub/*Hüffer,* 4. Aufl. 1983, Rn. 24; vgl. auch Heymann/*Emmerich,* 2. Aufl. 2012, Rn. 9; aA jetzt Staub/*Burgard* Rn. 44.

(weil irreführend) mit der Konsequenz für unzulässig, dass die Zulässigkeit von sog. **„Doktorfirmen"** auch nicht durch einen Nachfolgevermerk herbeigeführt werden kann. Der BGH wiederum hatte allein in einem Nachfolgevermerk das Heilmittel gesehen.[78] Die Entscheidung ist aber zu § 22 Abs. 1 ergangen,[79] der den Wechsel des Unternehmensträgers voraussetzt, womit ein Nachfolgezusatz jedenfalls erlaubt ist.[80] Nach dem HRefG 1998 wird eine im Nachfolgevermerk eventuell liegende Irreführung jedenfalls nicht die Wesentlichkeitsschwelle des § 18 Abs. 2 überschreiten und daher auch bei § 24 zuzulassen sein.

In diesem Zusammenhang hat der BGH in einem neueren Urteil bei einer Partnerschaft von Anwälten,[81] bei einer Steuerberater-PartG[82] und bei einer Wirtschaftsprüfungs-PartG[83] angenommen, dass bei entsprechender Gestattung der Doktortitel in der Firma zusammen mit dem Namen des ausgeschiedenen Partners nach § 24 selbst dann beibehalten werden darf, wenn keiner der verbleibenden Gesellschafter einen Doktortitel führt. § 24 ermögliche die Fortführung der gesamten Firma einschließlich des Namenszusatzes des ausgeschiedenen Gesellschafters in Form des Doktortitels (näher → § 18 Rn. 123). **26**

Täuschend gewordene Rechtsform- und Gesellschaftszusätze sind zu streichen oder durch einen Nachfolgezusatz zu „neutralisieren".[84] Dies soll auch für einen **unspezifischen Gesellschaftszusatz** „& Co." o. Ä. oder ein darin enthaltenes Verwandtschaftsverhältnis (Söhne, Gebrüder, Geschwister usw.) gelten.[85] Hier muss nach dem HRefG 1998 aber das Gleiche gelten wie zu § 22 (→ § 22 Rn. 79).[86] Daher können diese grundsätzlich zu dem jetzt obligatorischen Rechtsformzusatz zusätzlich weiter enthalten bleiben. **27**

Die Entscheidung des BGH,[87] wonach die bisherige Firma ohne einen das Vorhandensein einer Gesellschaft andeutenden Zusatz fortgeführt werden könnte, wenn der Einzelkaufmann zur Fortführung seines Handelsgeschäfts mit anderen eine Personenhandelsgesellschaft gründet, kann nach Einführung des § 19 nF keine Anerkennung mehr finden. Denn sowohl der Einzelkaufmann als auch die Personenhandelsgesellschaft müssen auch bei einer Firmenfortführung jetzt zwingend einen entsprechenden Rechtsformzusatz führen. Auch § 19 Abs. 2 ist ggf. zu beachten. Bezüglich der **Einzelfälle zur Fortführung von Firmen** → § 22 Rn. 66 ff. **28**

Im Zusammenhang mit dem Transsexuellengesetz (TSG) wird aus dem Offenbarungsverbot in § 5 Abs. 1 TSG bei Änderung des Vornamens des Betroffenen in der Firma eine „Rückwirkung" der Firmenänderung durch eingeschränkte Auskunft über die frühere Firmierung gefolgert.[88] Der BGH[89] hat allerdings für den vergleichbaren Fall der Eintragung eines Geschäftsführers im Handelsregister unter Abwägung des Rechts der betroffenen Person auf informationelle Selbstbestimmung mit dem Schutz des Rechtsverkehrs und der besonderen Integrität des Handelsregisters dem Fortbestand der Erkennbarkeit der ursprünglich geführten Vornamen den Vorrang einräumt. Dem Interesse des Betroffenen, dass frühere Vornamen nicht offenbart oder ausgeforscht werden können, kann durch Eintragung einer Auskunftssperre Rechnung getragen werden.[90] **29**

78 BGHZ 53, 65 = NJW 1970, 704; vgl. auch OLG Köln FGPrax 2008, 125 = DNotZ 2009, 140 bei Ausscheiden des Akademikers.
79 BGHZ 53, 65 (66) = NJW 1970, 704; so auch Staub/*Hüffer*, 4. Aufl. 1983, Rn. 24 Fn. 16.
80 Befürwortend auch EBJS/*Reuschle* Rn. 15.
81 BGH ZIP 2018, 1393 = NZG 2018, 900.
82 BGH ZIP 2018, 1439 = GmbHR 2018, 848.
83 BGH ZIP 2018, 1494 = NZG 2018, 1019.
84 Heymann/*Förster* Rn. 34; EBJS/*Reuschle* Rn. 16; BGH NJW 1985, 736 = DB 1985, 481; diff. zur Streichung bei den unspezifischen Rechtsformzusätzen *Bokelmann* FirmenR Rn. 729 ff.; OLG Hamm NZG 1999, 993, Nachfolgezusatz inkl. Rechtsformangabe „e. K." ohne Streichung von „OHG"; krit. dazu *Bachmann* EWiR 2000, 87, der aber von einem falschen Sachverhalt ausgeht.
85 EBJS/*Reuschle* Rn. 16; Staub/*Burgard* Rn. 46 m. Verweis auf Staub/*Burgard* § 22 Rn. 97 ff.
86 Insofern konsequent EBJS/*Reuschle* § 24 Rn. 16 mit Verweis auf EBJS/*Reuschle* § 22 Rn. 75.
87 BGHZ 62, 216 (224) = NJW 1974, 1191.
88 Vgl. *Wertenbruch* in Westermann/Wertenbruch Personengesellschaften-HdB § 7 Rn. 174c.
89 BGH NZG 2015, 685; dazu auch OLG Schleswig NZG 2014, 831.
90 OVG Berlin-Brandenburg NJW 2015, 3531.

§ 25 [Haftung des Erwerbers bei Firmenfortführung][1]

(1) [1]Wer ein unter Lebenden erworbenes Handelsgeschäft unter der bisherigen Firma mit oder ohne Beifügung eines das Nachfolgeverhältnis andeutenden Zusatzes fortführt, haftet für alle im Betriebe des Geschäfts begründeten Verbindlichkeiten des früheren Inhabers. [2]Die in dem Betriebe begründeten Forderungen gelten den Schuldnern gegenüber als auf den Erwerber übergegangen, falls der bisherige Inhaber oder seine Erben in die Fortführung der Firma gewilligt haben.

(2) Eine abweichende Vereinbarung ist einem Dritten gegenüber nur wirksam, wenn sie in das Handelsregister eingetragen und bekanntgemacht oder von dem Erwerber oder dem Veräußerer dem Dritten mitgeteilt worden ist.

(3) Wird die Firma nicht fortgeführt, so haftet der Erwerber eines Handelsgeschäfts für die früheren Geschäftsverbindlichkeiten nur, wenn ein besonderer Verpflichtungsgrund vorliegt, insbesondere wenn die Übernahme der Verbindlichkeiten in handelsüblicher Weise von dem Erwerber bekanntgemacht worden ist.

Schrifttum: *Altmeppen,* Der Rechtsschein bei Firmenfortführung, FS Hopt, Bd. I, 2010, 305; *Artmann,* Offene Fragen zum Unternehmensübergang nach §§ 38 f. UGB, WBl. 2007, 253; *Axer,* Abstrakte Kausalität – ein Grundsatz des Handelsrechts?, 1986; *Beuthien,* Zu zwei Mißdeutungen des § 25 HGB, NJW 1993, 1737; *Börner,* § 25 I HGB: Vertragsübertragung kraft Gesetzes, FS Möhring, 1975, 37; *Brockmeier,* Die Haftung bei Geschäftsübernahme mit Firmenfortführung, insbesondere beim Rückerwerb des Verpächters vom Pächter und bei tatsächlicher und unmittelbarer Aufeinanderfolge von Pächtern, Diss. Münster 1990; *Canaris,* Unternehmenskontinuität als Haftungs- und Enthaftungsgrund im Rahmen von § 25 HGB?, FS Frotz, 1993, 11; *Canaris,* Rechtspolitische Konsequenzen aus der geplanten Abschaffung von § 419 BGB für § 25 HGB, ZIP 1989, 1161; *Commandeur/Kleinebrink,* Betriebs- und Firmenübernahme – Eine Gesamtdarstellung der haftungsrechtlichen Folgen insbesondere bei Einzelrechtsnachfolge, 2. Aufl. 2002; *Dellinger,* Von wechselnden Kreditnehmern und widersprechenden Bürgen, ÖBA 2008, 176; *Deschler,* Handelsregisterpublizität und Verkehrsschutz, Diss. Tübingen 1977; *Fleischer/Körber,* Due Diligence und Gewährleistung beim Unternehmenskauf, BB 2001, 841; *J. Flume,* Die Firma als „tradeable Asset“, DB 2008, 2011; *J. Flume,* Partielle Universalsukzession außerhalb des Spaltungsrechts? Die österreichische Handelsrechtsreform als Denkanstoß für die §§ 25 ff. HGB, ZHR 170 (2006), 737; *J. Flume,* Vermögenstransfer und Haftung. Eine Studie zur Nutzbarmachung der Universalsukzession für die Unternehmenspraxis, 2008; *Freitag,* Die Rom-Verordnungen und die §§ 25–28 HGB – Revolution des Sachrechts durch Evolution des Kollisionsrechts, ZHR 174 (2010), 429; *Gerlach,* Die Haftungsordnung der §§ 25, 28, 130 HGB, 1976; *Hausmann,* Die Bedeutung der Rechtsfolgenanordnung „gelten als“ in § 25 Abs. 1 Satz 2 HGB: ein Beitrag zum Verhältnis von Fiktion, Vermutung und Rechtsschein, 1991; *Heckelmann,* Die Grundlage der Haftung aus Firmenfortführung nach § 25 I S. 1 HGB, FS Bartholomeyczik, 1973, 129; *Hommelhoff/Schwab,* Leistungsstörungen beim Unternehmenskauf, FS Zimmerer, 1997, 267; *Huber,* Die Schuldenhaftung beim Unternehmenserwerb und das Prinzip der Privatautonomie, FS Raisch, 1995, 85; *Krejci,* Betriebsübergang und Arbeitsvertrag, 1972; *Krejci,* § 38 UGB: Zurück ins Trockendock?, ÖJZ 2007, 841; *Krejci,* Zur Neuregelung des Unternehmensübergangs im österreichischen Unternehmensgesetzbuch, FS Canaris, Bd. II, 2007, 735; *Lettl,* Die Haftung des Erwerbers eines Handelsgeschäfts wegen Firmenfortführung nach § 25 Abs. 1 Satz 1 HGB, WM 2006, 2336; *Lieb,* Die Haftung für Altschulden bei „Eintritt“ eines Gesellschafters in ein nicht- oder minderkaufmännisches Einzelunternehmen, FS H. Westermann, 1974, 309; *Lieb,* Die Haftung für Verbindlichkeiten aus Dauerschuldverhältnissen bei Unternehmensübergang, 1991; *Lieb,* Zu den Grundgedanken der §§ 25 ff. HGB, FS Börner, 1992, 747; *Lieb,* Zufallsgeschenke, Haftungsfallen, Unternehmensvernichtung und Sanierungshindernisse. Einige Gedanken zur Reichweite der Haftung gemäß § 25 HGB, FS Vieregge, 1995, 557; *Morisse,* Der Rechtsgrund für die Haftung des Erwerbers bei der Übernahme eines Handelsgeschäfts unter Lebenden, Diss. Köln 1969; *Müller,* Die Einbeziehung freier Berufe in das Handelsrecht, Diss. Kiel 1968; *Nörr/Scheyhing,* Sukzessionen, 1983; *Oetker,* Das Dauerschuldverhältnis und seine Beendigung. Bestandsaufnahme und kritische Würdigung einer tradierten Figur der Schuldrechtsdogmatik, 1994; *Pahl,* Haftungsrechtliche Folgen versäumter Handelsregistereintragung und Bekanntmachung, 1987; *C. Rechberger,* UGB: Gravierende Änderungen beim Unternehmensübergang, RdW 2007, 71; *Säcker,* Die handelsrechtliche Haftung für Altschulden bei Übertragung und Vererbung von Handelsgeschäften, ZGR 1973, 261; *Schlüter,* Die Schuldenhaftung bei Geschäftsübernahme, Diss. München 1971; *Karsten Schmidt,* Alles klar bei § 25 HGB? Hinweise zu einem Hinweisbeschluss, ZGR 2014, 844; *Karsten Schmidt,* Unternehmenskontinuität und Erwerberhaftung nach § 25 I HGB, ZGR 1992, 621; *Karsten Schmidt,* Haftungskontinuität als unternehmensrechtliches Prinzip, ZHR 145 (1981), 2; *Karsten Schmidt,* Was wird aus der Haftung

[1] Die Kommentierung der §§ 25–28 beruht auf der von *Manfred Lieb* bearbeiteten → 2. Aufl. 2005.

nach § 419 BGB?, ZIP 1989, 1025; *Karsten Schmidt,* Keine Haftung trotz Fortführung von Unternehmen und Geschäftsbezeichnung, MDR 1994, 133; *Karsten Schmidt,* ‚Unternehmer' – ‚Kaufmann' – ‚Verbraucher'. Schnittstellen im ‚Sonderprivatrecht' und Friktionen zwischen §§ 13, 14 BGB und §§ 1 ff. HGB, BB 2005, 837; *Karsten Schmidt,* Unternehmensbezogenes Mietverhältnis, Unternehmensumstrukturierung und Unternehmensveräußerung, GS Sonnenschein, 2003, 497; *Karsten Schmidt,* Übergang von Vertragsverhältnissen nach §§ 25, 28 HGB?, FS Medicus, 1999, 555; *Karsten Schmidt,* § 25 Abs. 1 S. 2 (§ 28 Abs. 1 S. 2) HGB zwischen relativem Schuldnerschutz und Legalzession, AcP 198 (1998), 516; *Schricker,* Probleme der Schuldenhaftung bei Übernahme eines Handelsgeschäfts, ZGR 1972, 121; *Schuhmacher,* Aktuelle Fragen der Haftung des Unternehmenserwerbers nach § 38 UGB, FS Nowotny, 2015, 191; *Torggler,* §§ 38 f. UGB: Unternehmenserwerb de lege lata et ferenda, JBl. 2008, 137; *Waskönig,* Rechtsgrund und Tragweite der §§ 25, 28 HGB, Diss. Bonn 1979; *H. P. Westermann,* Die Behandlung von Bankgeschäften im Rahmen eines Unternehmensübergangs nach §§ 25, 26, FS Nobbe, 2009, 939; *Wilhelm,* Die Haftung bei Fortführung eines Handelsgeschäfts ohne Übernahmevertrag, NJW 1986, 1797; *Zöllner,* Wovon handelt das Handelsrecht?, ZGR 1983, 82.

Übersicht

I. Normzweck und Anwendungsbereich

1 **1. Regelungsgegenstand und systematischer Zusammenhang.** Die §§ 25–28 behandeln die Fortführung eines Unternehmens durch einen neuen Unternehmensträger. §§ 25, 28 regeln, wem die unternehmensbezogenen Verbindlichkeiten und Forderungen nach dem **Wechsel des Unternehmensträgers** zuzuordnen sind. § 26 (iVm § 28 Abs. 3) befristet die Haftung des früheren Unternehmensträgers. § 27 widmet sich für den Erbfall der besonderen Frage, wie sich die grundsätzlich unbeschränkte handelsrechtliche Erwerberhaftung gegenüber der beschränkbaren zivilrechtlichen Erbenhaftung verhält (→ § 27 Rn. 1).

2 Voraussetzungen, Folgen und Zweck der Vorschriften sind **hochumstritten.** Ungeachtet vieler Meinungsunterschiede im Detail (→ Rn. 11 ff.) besteht bei §§ 25 f., 28 ein prinzipieller Gegensatz darin, ob die Normen ohne Rücksicht auf einen übergreifenden Zweck gewissermaßen Satz für Satz, Wort für Wort auszulegen und anzuwenden sind oder ob den Normen nicht vielmehr ein einheitliches Konzept zugrunde liegt. Die Ergebnisse beider Positionen sind entgegengesetzt.[2] Nach der hier favorisierten Einheitsbetrachtung[3] (→ Rn. 18 ff.) bewirken § 25 Abs. 1 S. 1 und 2, § 28 Abs. 1 S. 1 und 2 den **Übergang unternehmensbezogener Rechtsverhältnisse.** Der Erwerber wird zum Schuldner der Altverbindlichkeiten und zum Gläubiger der Altforderungen, die der Veräußerer begründet hat. Die §§ 26, 28 Abs. 3 kompensieren diesen Übergang von Pflichten und Rechten, indem der Veräußerer zum Schutz seiner früheren Gläubiger noch für begrenzte Zeit neben dem Erwerber nachhaftet. Nach der traditionellen Gegenposition[4] (→ Rn. 16) bleibt der Veräußerer Schuldner und Gläubiger der von ihm begründeten Rechtsverhältnisse. § 25 Abs. 1 S. 1, § 28 Abs. 1 S. 1 begründen danach lediglich eine zusätzliche **Erwerberhaftung** (→ Rn. 81). § 25 Abs. 1 S. 2, § 28 Abs. 1 S. 2 dienen nach hL lediglich dem **Schuldnerschutz,** falls der Schuldner an den Erwerber und damit an den falschen Gläubiger zahlt (→ Rn. 71 ff.). Die **Rspr.** steht zwischen beiden ‚Lagern'. Einerseits lässt sie den Erwerber mit der hL für eine fremde Schuld haften, selbst wenn der alte und der neue Unternehmensträger einander nie gesehen haben (→ Rn. 42, → Rn. 49);[5] anderseits sieht sie den Erwerber gegen die hL als wahren Forderungsinhaber an (→ Rn. 72).[6]

3 Die §§ 25–28 stehen im Abschnitt „Handelsfirma".[7] Gleichwohl handelt es sich **nicht** um **firmenrechtliche** Vorschriften über die Zulässigkeit oder Unzulässigkeit bzw. Anmeldung der Firmen(fort)führung. Diese Aufgabe übernehmen im vorliegenden Zusammenhang die §§ 22, 24 und 31. Vielmehr geht es bei den §§ 25–28 um die Auswirkungen von Veränderungen des Unternehmensträgers auf die Beziehungen zu den mit dem Unternehmen in Verbindung stehenden Gläubigern und Schuldnern. Der Gesetzgeber macht sich lediglich zunutze, dass Unternehmer über Firma und Handelsregister mit ihren Gläubigern und Schuldnern kommunizieren.[8]

---

2 Die Ergebnisrelevanz des Meinungsstreits betont auch Staub/*Burgard* Rn. 8.

3 Grdl. *Karsten Schmidt,* vgl. nur *Karsten Schmidt* HandelsR § 7 Rn. 32 f., Rn. 49, der sowohl die §§ 25 f., § 28 als einheitlichen Normenkomplex als auch die § 25 Abs. 1, § 28 Abs. 1 als einheitliche Tatbestände zur Übertragung ganzer Rechtsverhältnisse versteht.

4 Grdl. *Canaris,* vgl. nur *Canaris* HandelsR § 7, der viele Konsequenzen der hL durch Analogie, teleologische Reduktion oder verfassungskonforme Auslegung abmildert.

5 Besonders weitgehend BGH NJW 1984, 1186; 2006, 1001.

6 BGH NJW-RR 1992, 866 (867).

7 Zum Folgenden Staub/*Burgard* Rn. 1; *Karsten Schmidt* HandelsR § 7 Rn. 35.

8 Hierzu Staub/*Burgard* Rn. 22.

2. Entstehungsgeschichte.[9] § 25 ist seit 1897 unverändert. Die Vorschrift hatte keinen Vorgänger im **ADHGB.**[10] Dass der Erwerber haftete, wenn er die Übernahme der Passiven handelsüblich bekanntgemacht hatte (heute Abs. 3), war seither jedoch aufgrund der Rspr. des **Reichsoberhandelsgerichts**[11] weithin anerkannt. Demgegenüber griff der **Gesetzgeber** mit Abs. 1 und 2 in einen vom **Reichsgericht**[12] noch nicht abgeschlossenen Rechtsfortbildungsprozess ein, indem er nach Forderungen des **Deutschen Juristentags**[13] den Erwerb von Geschäft und Firma mit dem Übergang von Verbindlichkeiten und Forderungen verknüpfte (Abs. 1), soweit die Beteiligten dies nicht publikumswirksam ausgeschlossen hatten (Abs. 2). Der rechtstechnische Schlüssel hierzu liegt in widerleglich vermuteten Willenserklärungen, die ohne Mitwirkung des Publikums durch das Gesetz für allgemeinverbindlich erklärt werden. 4

Die **Denkschrift** zu den HGB-Entwürfen[14] erklärt unmissverständlich und widerspruchsfrei, was hinter den Normen steht.[15] Sie zeigt, welche Ausgangslage der Gesetzgeber vorfand und wie er mit dieser Ausgangslage umging. Auffallend an dieser Begründung sind die folgenden Punkte: 5

- Es ist stets von Verbindlichkeiten *und* Forderungen (= „Geschäftsbeziehungen“) die Rede.
- Der Erwerber „tritt“ darin „ein“; *er* ist der Verpflichtete *und* Berechtigte.
- Die Beteiligten sind grundsätzlich frei darin, dieses oder ein anderes Ergebnis zu vereinbaren.
- Rspr. und Wissenschaft bieten den Beteiligten keine rechtssichere Lösung; der Gesetzgeber ist gefragt.
- Vorbild des Gesetzgebers ist die Praxis, und zwar nicht primär die Rechtspraxis, sondern die Praxis des Handelsverkehrs, die beim Übergang der Firma vom gleichzeitigen Übergang der Verbindlichkeiten und Forderungen ausgeht.
- Deren Verständnis wird in rechtliche Kategorien übersetzt.
- Der Erwerber wird an seinem öffentlich sichtbaren Verhalten festgehalten, dem im Einklang mit Ansätzen der Rspr. ein Erklärungswert beigemessen wird.

---

[9] Einen ausführlichen Überblick mzN zur Entstehungsgeschichte gibt *Waskönig,* Rechtsgrund und Tragweite der §§ 25, 28 HGB, 1979, 54 ff.; kürzere Skizzen etwa bei *Gerlach,* Die Haftungsordnung der §§ 25, 28, 130 HGB, 1976, 5 ff.; *Heckelmann* FS Bartholomeyczik, 1973, 129 (137 ff.); *Karsten Schmidt* ZHR 145 (1981), 2 (14 ff.); *U. Huber* FS Raisch, 1995, 85; auf der Basis der Edition von *Schubert/Schmiedel/Krampe* näher *Muschalle,* Die Haftung bei Fortführung eines Handelsgeschäfts, 1996, 19 ff., 89 ff.; Staub/*Burgard* Rn. 3 ff.; viele wesentliche Details vertieft *J. Flume,* Vermögenstransfer und Haftung, 2008, 90 ff., 119 ff.

[10] Zur Ablehnung entsprechender Vorschläge *Lutz* Prot. I. Theil, 1858, 41 f., III. Theil, 1858, 1431 ff., 1435, 1439 ff., Beilagenband I. Theil, 1861, 74 f., 111 f.; zur Lit. vor und nach dem ADHGB Staub/*Burgard* Rn. 3 f.

[11] ROHGE 1, 62 (66 ff.); 2, 143; 4, 5; 8, 383; 12, 159; 16, 271; ebenso dann RGZ 8, 64 (65 f.); 10, 42 (47); 38, 173 (176); vgl. aber auch ROHGE 18, 370 (374); zu dieser Entscheidung eingehend *J. Flume,* Vermögenstransfer und Haftung, 2008, 98.

[12] Haftung bei Firmenfortführung als Verkehrssitte bejaht bei RGZ 2, 48 (55 f.); ähnlich, wenn auch zweifelnd RGZ 17, 96 (99); offen RGZ 38, 173 (175); anders noch RGZ 1, 260 (263 ff.); umfassende Nachweise auch zur zeitgenössischen Debatte bei *Behrend,* Lehrbuch des Handelsrechts I/1, 1886, 219.

[13] Verh. 15. DJT, 1880, Stenographische Berichte, 132 ff., 137 f., 142, 153, 346 ff. auf der Grundlage von *Heinsen,* Gutachten, Verh. 14. DJT, 1878, Bd. I, 215 ff., 244; hierzu *Huber* FS Raisch, 1995, 85 (109); *Karsten Schmidt* ZHR 145 (1981), 2 (15) m. Fn. 89; *Karsten Schmidt* FS Medicus, 1999, 555 (563 f.). Ähnlich wie beim DJT die Beratungen in der vom Reichsjustizamt eingesetzten Sachverständigen-„Kommission Handel“, Sitzungsprot. vom 23.11.1895, 47 ff. = *Schubert/Schmiedel/Krampe* II/1 S. 305 f.; zur Kommission *Schubert/Schmiedel/Krampe* I S. 13 ff.

[14] Denkschrift (RJA-E I) S. 32 = *Schubert/Schmiedel/Krampe* II/1 S. 32; Denkschrift (RT-Vorlage) S. 36 = *Schubert/Schmiedel/Krampe* II/2 S. 978 f., jeweils im Original hervorgehoben. In der zweiten Denkschrift wurden diese Erwägungen auf den späteren § 27 erstreckt, zu den Abweichungen *Schubert/Schmiedel/Krampe* II/2 S. 1207.

[15] Anders insoweit *Karsten Schmidt* ZHR 145 (1981), 2 (15 f.); krit. auch BeckOK HGB/*Bömeke* Rn. 2: „eher frugale […] Begründungen“; grds. anders *Canaris* HandelsR § 7 Rn. 18, der dem Gesetzgeber allerdings das Recht zubilligt, „einer irrigen Verkehrsauffassung ‚entgegenzukommen‘“; dazu *Karsten Schmidt* FS Medicus, 1999, 555 (567) Fn. 61. Einen für den historischen Gesetzgeber alternativlosen Kompromiss zwischen den zuvor vertretenen Modellen sieht Staub/*Burgard* Rn. 7, 25; dem zust. BeckOK HGB/*Bömeke* Rn. 8.

6 Die Gesetzesverfasser behandelten von Anfang an **Schuldenhaftung und Forderungsübergang im Zusammenhang.**[16] Haftete aber der Veräußerer neben dem Erwerber für die Geschäftsschulden befristet weiter (§ 25 Abs. 1 S. 1, § 26), ließ man die Forderungen „auf den Erwerber übergehen, ohne neben ihm den Veräußerer als Gesamtgläubiger anzuerkennen" (§ 25 Abs. 1 S. 2). Zum einen dürfe der Schuldner nicht zwei Gläubigern ausgesetzt sein; zum anderen wären die Rechte des Erwerbers gefährdet, wenn der Veräußerer noch über die Forderungen verfügen dürfe. Dabei wurde in Kauf genommen, dass der Veräußerer mit den übergegangenen Geschäftsforderungen nicht aufrechnen könne, wenn er aus den Verbindlichkeiten in Anspruch genommen werde. Erwogen, aber nicht verwirklicht wurde ein Leistungsverweigerungsrecht nach dem Vorbild des späteren § 129 Abs. 3.[17] Zu seinem Schutz wurde der Veräußerer auf § 25 Abs. 2 verwiesen (→ Rn. 8). Die Formulierung „gelten den Schuldnern gegenüber als auf den Erwerber übergegangen" änderte am Forderungsübergang auf den Erwerber nichts; sie war in allen Entwürfen wörtlich mit identischer Begründung vorhanden.[18]

7 Zweifelsfrei wurde für **Abs. 1** grundsätzlich ein **rechtsgeschäftlicher Erwerb** vorausgesetzt. Die in den Ausschussberatungen des Bundesrats einstimmig angenommene Ergänzung „Wer ein *durch Rechtsgeschäft* erworbenes Handelsgeschäft" wurde redaktionell durch die noch heute geltende Fassung „unter Lebenden" ersetzt, einerseits, um den Erwerb unter Lebenden vom Erbgang (§ 27) abgrenzen, andererseits „um auch die im [§ 22] Abs. 2 bezeichneten Fälle zu treffen".[19] Diese Fälle erfordern aber einen (dinglichen) Vertrag zwischen Eigentümer und Nießbraucher bzw. einen (schuldrechtlichen) Vertrag zwischen Verpächter und Pächter; das „ähnliche Verhältnis" in § 22 Abs. 2 bezog sich auf die nießbraucherähnliche Stellung des Ehemanns und Vaters nach damaligem Familienrecht.[20]

8 Zentral für das dogmatische Verständnis der Vorschrift ist die Interpretation des **Deutschen Handelstags.**[21] Dieser bestätigte die Verkehrsauffassung, an der sich der Gesetzgeber orientierte (→ Rn. 5). Der Handelstag sah in Abs. 1 eine subsidiäre **gesetzliche Vermutung,** die nur mit den Beweismitteln des Abs. 2 widerlegt werden könne. Bei Übergang der Firma sei eine Vereinbarung der Beteiligten zu vermuten, dass auch die Forderungen und Verbindlichkeiten auf den Erwerber übergingen. Durch die Außenwirkung der **anderslautenden Parteivereinbarung**[22] wird freilich nicht nur die Vermutung widerlegt, sondern der von Abs. 1 **vermutete Tatbestand ausgeschlossen,**[23] dessen Vorliegen also nicht mehr auf andere Weise bewiesen werden kann. Auch die Nutzung des **Handelsregisters als rechtssicheres Beweismittel** geht auf den Handelstag zurück.[24]

---

16 Zum folgenden Denkschrift (RJA-E I) S. 32 f. = *Schubert/Schmiedel/Krampe* II/1 S. 32 f.; Denkschrift (RT-Vorlage) S. 36 f. = *Schubert/Schmiedel/Krampe* II/2 S. 979, dort S. 1207 zu den Abweichungen; eingehend zur Denkschrift mit Blick auf § 25 Abs. 1 S. 2 *Karsten Schmidt* AcP 198 (1998), 516 (525).

17 Anregung Bayerns, *Schubert/Schmiedel/Krampe* II/2 S. 756.

18 Eingehend zur Entstehung und zum Umgang mit der Formulierung des § 25 Abs. 1 S. 2 *Karsten Schmidt* AcP 198 (1998), 516 (520 f., 526 f.); *J. Flume,* Vermögenstransfer und Haftung, 2008, 117 f.; *Hausmann,* Die Bedeutung der Rechtsfolgenanordnung „gelten als" in § 25 Abs. 1 Satz 2 HGB, 1991, 67 ff.; für nicht verwertbar hält die Denkschrift insoweit *Canaris* HandelsR § 7 Rn. 64.

19 *Schubert/Schmiedel/Krampe* II/2 S. 846, 861, 884, 939.

20 Denkschrift (RT-Vorlage) S. 36 = *Schubert/Schmiedel/Krampe* II/2 S. 978 zu § 22 Abs. 2; näher zu den Ausschussberatungen S. 908; zu den §§ 1383, 1649, 1655 BGB aF Düringer/Hachenburg/*Hoeniger* § 22 Anm. 18; Düringer/Hachenburg/*Hoeniger* § 25 Anm. 32.

21 Zum Folgenden die Materialien des XXIII. Deutschen Handelstages bei *Schubert/Schmiedel/Krampe* II/1 S. 584, 643, 680.

22 Denkschrift (RJA-E I) S. 33 = *Schubert/Schmiedel/Krampe* II/1 S. 33; Denkschrift (RT-Vorlage) S. 37 = *Schubert/Schmiedel/Krampe* II/2 S. 979, dort S. 1207 zu den Abweichungen.

23 *Karsten Schmidt* AcP 198 (1998), 516 (528 f.); so auch die Formulierung in Denkschrift (RJA-E I) S. 33 = *Schubert/Schmiedel/Krampe* II/1 S. 33; Denkschrift (RT-Vorlage) S. 37 = *Schubert/Schmiedel/Krampe* II/2 S. 979; Materialien des XXIII. Deutschen Handelstages bei *Schubert/Schmiedel/Krampe* II/1 S. 584, 643, 680.

24 Ähnlich die Anregung Sachsens, Zusammenstellung der Aeußerungen der Bundesregierungen zu dem Entwurf eines Handelsgesetzbuchs und eines Einführungsgesetzes, 1896 = *Schubert/Schmiedel/Krampe* II/2 S. 756; in der Bundesratsvorlage (Bundesrathsdrucksache Nr. 133, 6 f. = *Schubert/Schmiedel/Krampe* I S. 478 f.) verbunden mit dem Vorschlag des Handelstags (*Schubert/Schmiedel/Krampe* II/1 S. 584, 643, 680), der das Register nur für die Verbindlichkeiten vorgeschrieben hatte, während für die Forderungen eine Bekanntmachung genügen sollte; auf die handelsübliche Bekanntmachung beschränkt noch die Entwürfe RJA-E I und RJA-E II, *Schubert/Schmiedel/Krampe* I S. 224 f., 353 f.

9 Unmittelbar nach Inkrafttreten des HGB bestätigte der Gesetzgeber der CPO-Novelle 1898, dass § 25 eine **Vertragsüberleitung** bewirken sollte. Prozessual hat der Gesetzgeber § 25 ausdrücklich als einen der Vermögensübernahme (§ 419 BGB aF) verfügungsrechtlich ähnlichen Fall angesehen (§ 729 Abs. 2 ZPO, → Rn. 107, auch → Rn. 10). Die Vermögensübernahme wurde nicht als Gesamtrechtsnachfolge (§ 727 ZPO), sondern als **„Sondernachfolge in die einzelnen Rechte und Verbindlichkeiten"** beschrieben.[25] Dies entspricht der Konstruktion der Schuldübernahme im BGB,[26] die in Verbindung mit ihrem Gegenstück, der Abtretung, nach einzelgegenständlicher Betrachtung zu einer Vertragsübernahme führt.[27] Somit hat der Gesetzgeber die in § 729 ZPO geregelten Fälle nicht als Schuldbeitritte aufgefasst.[28] Kein Zufall ist demnach auch die Formulierung der Gesetzesbegründung zu § 25, nach welcher der Erwerber in die Rechte und Pflichten des Veräußerers eintritt (→ Rn. 5). Terminologisch entspricht dies § 566 BGB (§ 571 BGB aF).[29] Zwar greifen die §§ 25, 28 selbst diese Formulierung[30] nicht auf. Dies beruht jedoch auf der unterschiedlichen Interessenlage.[31] Bei § 566 BGB wird dem Gläubiger (Mieter) das primäre Interesse an der Vertragsüberleitung unterstellt, bei § 25 dem Veräußerer und Erwerber, bei § 28 den werdenden Gesellschaftern.

10 Der in den Beratungen stets unumstrittene[32] **Abs. 3** normierte die bereits vom ROHG anerkannten Grundsätze einer Erwerberhaftung aufgrund handelsüblicher Bekanntmachung (→ Rn. 4). Der Hinweis der Materialien[33] auf eine mögliche Erwerberhaftung wegen Vermögensübernahme gem. § 419 BGB aF ist durch dessen Streichung überholt (→ Rn. 14, zur vergleichbaren dogmatischen Konstruktion → Rn. 9, zu § 38 Abs. 6 UGB → Rn. 139).

11 **3. Normzweck. a) Zum Theorienstreit.** „Im gesammten deutschen H[andelsrecht] ist keine andere Frage so viel erörtert wie die nach der Haftung des *Firmenerwerbers* für die Geschäftsschulden und [...] die nach seiner Berechtigung hinsichtlich der ausstehenden Forderungen."[34] Dieser Befund aus dem vorvorigen Jahrhundert hat nichts von seiner Gültigkeit verloren.[35] Die Wissenschaft entwickelte seither verschiedene Theorien,[36] insbe-

[25] Entwurf eines Gesetzes, betreffend Aenderungen der Civilprozeßordnung, Stenographische Berichte über die Verhandlungen des Reichstages, 9. Legislaturperiode – V. Session 1897/98, Erster Anlagenband, Aktenstück Nr. 61, 528, 591: „Aehnlich ist die Sachlage, wenn Jemand ein unter Lebenden erworbenes Handelsgeschäft unter der bisherigen Firma fortführt."

[26] Vgl. die Nachweise zur BGB-Entstehung bei HKK/*Meyer-Pritzl* BGB §§ 414–419 Rn. 11.

[27] *Karsten Schmidt* FS Medicus, 1999, 555 (561 f.).

[28] So aber die heute übliche Interpretation, MüKoZPO/*Wolfsteiner* ZPO § 729 Rn. 1; dagegen *Karsten Schmidt* HandelsR § 7 Rn. 96 f.; *Dötsch* MDR 2011, 701 (702 f.).

[29] Grds. entgegengesetzte Interpretation der Dogmengeschichte zu § 566 BGB und §§ 25, 28 bei *Beuthien* NJW 1993, 1737 (1738).

[30] Dass der Erwerber in die Rechte und Pflichten des Veräußerers eintritt, geht auf die preußische Rspr. und Lehre zum Grundsatz „Kauf bricht nicht Miete" im Allgemeinen Landrecht zurück, näher HKK/*Oestmann* BGB §§ 535–580a Rn. 135, dort Rn. 130 ff. zu den Hintergründen der §§ 563 ff. BGB, die vielfach ähnliche Probleme und Lösungen enthalten wie die §§ 25–28.

[31] Diese betont auch *Oetker*, Das Dauerschuldverhältnis und seine Beendigung, 1994, 658, der daraus jedoch auch einen rechtstechnischen Unterschied ableitet. Demgegenüber hält *Börner* FS Möhring, 1975, 37 (46, 49) die Interessenlage von Mieter und Geschäftsschuldner für identisch; wenig überzeugend dessen Annahme (48), der Gesetzgeber habe nicht auf einheitliche Terminologie achten können – was er in der Denkschrift zum HGB aber tat. Treffend die Interpretation von *Karsten Schmidt* FS Medicus, 1999, 555 (564), die Formulierung des § 25 Abs. 1 sei Ausdruck einer ‚justiz-juristischen' Sicht des Gesetzgebers.

[32] Ein nicht näher begründeter Streichungsantrag für die Reichstagskommission wurde gleichfalls ohne überlieferte Begründung zurückgezogen, *Schubert/Schmiedel/Krampe* II/2 S. 1223, 1390.

[33] Denkschrift (RJA-E I) S. 33 = *Schubert/Schmiedel/Krampe* II/1 S. 33; Denkschrift (RT-Vorlage) S. 37 f. = *Schubert/Schmiedel/Krampe* II/2 S. 979 f.

[34] *Behrend*, Lehrbuch des Handelsrechts I/1, 1886, 217; im Original hervorgehoben.

[35] Vgl. *H. P. Westermann* FS Nobbe, 2009, 939 (940), dort 944 f. zum Theorienstreit. Die Begr. zu § 38 UGB spricht gar von einem „seit langem tobenden[!] Theorienstreit", Regierungsvorlage zum Handelsrechts-Änderungsgesetz (HaRÄG) – Materialien, 1058 der Beilagen zu den Stenographischen Protokollen des Nationalrates XXII. GP, 28; ähnlich Jabornegg/Artmann/*Karollus* UGB § 38 Rn. 3.

[36] Überblicke über den Meinungsstand bei Staub/*Hüffer*, 4. Aufl. 1983, Rn. 3 ff.; *Karsten Schmidt* HandelsR § 7 Rn. 16 ff.; *Canaris* HandelsR § 7 Rn. 6 ff.

sondere die **Erklärungstheorie** (→ Rn. 12),[37] **Rechtsscheintheorie** (→ Rn. 13)[38] und **Haftungsfondstheorie** (→ Rn. 14)[39] sowie eine Konzeption, die an der im Innenverhältnis zwischen Veräußerer und Erwerber regelmäßig vorliegenden **Erfüllungsübernahme** ansetzt (→ Rn. 15).[40] Eine ganz eigenständige Begründung versucht, die Norm primär aus **Abs. 1 S. 2** heraus zu erklären (→ Rn. 15 aE).[41] Darüber hinaus gibt es eine sehr pointiert vorgetragene Auffassung, die den §§ 25–28, zumindest aber §§ 25 f. de lege lata und de lege ferenda jeden vernünftigen **Sinn abspricht** (→ Rn. 16).[42] Dem stehen Interpretationen entgegen, welche die Normen für konsistent, zeitgemäß, **fortbildungs- und reformfähig** halten (→ Rn. 18 ff.). Einen rechtsvergleichenden Beleg hierfür liefert die Reform in **Österreich** (→ Rn. 128 ff.). In der **Rspr.** hat die „verwirrende Vielfalt von Theorien"[43] kaum zu konkreten Ergebnissen geführt;[44] einzelne Theorien oder Kombinationen wurden fast durchweg nur formelhaft herangezogen.[45] Die meisten Theorien fokussieren wichtige Einzelaspekte, schöpfen aber den Regelungsgegenstand des § 25 (und – soweit einbezogen – des § 28) nicht aus, weil sie allein die Erwerberhaftung in den Blick nehmen und den Forderungsübergang vernachlässigen.

12 **b) Erklärungstheorie.** Die Erklärungstheorie[46] knüpft an frühe Entscheidungen des Reichsgerichts (→ Rn. 4) und die Denkschrift zum HGB (→ Rn. 5) an, welche die Geschäftsfortführung unter gleicher Firma als wirksames, nicht annahmebedürftiges Angebot an die Altgläubiger aufgefasst haben. Unzutreffend verabsolutiert sie jedoch diese Erklärung zu einer Fiktion,[47] insbesondere soweit sie in Abs. 1 unter dem Vorbehalt des Abs. 2 eine zwingende Auslegungsregel[48] sieht. Abs. 1 enthält nach hiesigem Verständnis keine Fiktion, sondern die gesetzliche Vermutung eines tatsächlichen, gegenüber dem Veräußerer und den Gläubigern gültigen Willens, dessen Vorhandensein gem. Abs. 2 nur mit den dort zugelassenen Beweismitteln widerlegt werden kann (→ Rn. 8, → Rn. 27). In dieser vermuteten Willenserklärung „identifiziert" sich der Erwerber nicht nur mit dem erworbenen Unternehmen,[49] sondern vor allem mit der geschäftlichen Tätigkeit des Veräußerers, in dessen Rechte und Pflichten er „eintritt" (→ Rn. 5), dessen Geschäftsergebnis er sich

---

[37] *Säcker* ZGR 1973, 261 (272 ff.).

[38] *Brockmeier,* Die Haftung bei Geschäftsübernahme mit Firmenfortführung, insbesondere beim Rückerwerb des Verpächters vom Pächter und bei tatsächlicher und unmittelbarer Aufeinanderfolge von Pächtern, 1990, 30 ff., 116 ff.; *Schlüter,* Die Schuldenhaftung bei Geschäftsübernahme, 1971, 121 ff.; *Gotthardt* BB 1987, 1896 (1900 ff.); *A. Hueck* ZHR 108 (1941), 1 (7 f.); *Nickel* NJW 1981, 102; GK-HGB/*Nickel* Rn. 1; Schlegelberger/*Hildebrandt/Steckhan* Rn. 1a.

[39] *Morisse,* Der Rechtsgrund für die Haftung des Erwerbers bei der Übernahme eines Handelsgeschäfts unter Lebenden, 1969, 32 ff.; *Raisch,* Unternehmensrecht, Bd. I, 1973, 110. Ein kombiniertes Vermögensübernahme- und Verkehrsschutzprinzip vertritt *Schricker* ZGR 1972, 121 (150 ff.).

[40] *Heckelmann* FS Bartholomeyzcik, 1973, 129 (137 ff.); ihm folgend *Deschler,* Handelsregisterpublizität und Verkehrsschutz, 1977, 132 ff.; *Gerlach,* Die Haftungsordnung der §§ 25, 28, 130 HGB, 1976, 36 ff. (der regelmäßig eine Schuldübernahme zugunsten der Gläubiger für gegeben hält); *Axer,* Abstrakte Kausalität – ein Grundsatz des Handelsrechts?, 1986, 160 ff.; ansatzweise auch *Pahl,* Haftungsrechtliche Folgen versäumter Handelsregistereintragung und Bekanntmachung, 1987, 227 f.

[41] *Börner* FS Möhring, 1975, 37 ff.

[42] *Canaris,* Systemdenken und Systembegriff in der Jurisprudenz, 2. Aufl. 1983, 131 f.; *Canaris,* Vertrauenshaftung, 185 (187); *Canaris* HandelsR § 7 Rn. 15 ff. zu § 25; *Canaris* ZIP 1989, 1161 (1166 f.); *Canaris* FS Frotz, 1993, 11 (17 ff.); *Fischer* LM § 28 Nr. 3; *Nitsche* ÖZW 1976, 40 (48 f.); krit. auch *Schricker* ZGR 1972, 121 (149 f.).

[43] *Karsten Schmidt* HandelsR § 7 Rn. 16 m. krit. Überblick; vgl. Staub/*Burgard* Rn. 11 ff.

[44] EBJS/*Reuschle* Rn. 8 ff.; Staub/*Burgard* Rn. 8.

[45] Vgl. die Zuordnung von Entscheidungen zu den jeweiligen Theorien bei Staub/*Burgard* Rn. 10.

[46] Etwa BGH LM Nr. 1 = BB 1953, 1025; NJW 1982, 577 (578); BayObLG NJW-RR 1988, 869 (870); iVm dem Vermögensübernahmegedanken BGHZ 38, 44 (47) = NJW 1962, 2297; BGH NJW-RR 1990, 1251 (1253); OLG Bremen NJW-RR 1989, 423 (424).

[47] Krit. daher Staub/*Hüffer,* 4. Aufl. 1983, Rn. 13; Staub/*Burgard* Rn. 18, vgl. auch Staub/*Burgard* Rn. 5 aE; BeckOK HGB/*Bömeke* Rn. 3; *Canaris* HandelsR § 7 Rn. 7; *H. P. Westermann* FS Nobbe, 2009, 939 (944); diff. *Karsten Schmidt* ZHR 145 (1981), 2 (8 f.).

[48] *Säcker* ZGR 1973, 261 (266, 273).

[49] *Wilhelm* NJW 1986, 1797 (1798).

also im guten und schlechten zu eigen macht. So verstanden, entspricht die Erklärungstheorie den Tatbestandsmerkmalen des Abs. 1 und 2 und den Äußerungen der Gesetzesverfasser. Sie lässt jedoch offen, was rechtstechnisch wem gegenüber mit welcher Wirkung erklärt wird[50] und warum die Erklärung sich nur auf die Haftung beschränken und nicht auch die Forderungen erfassen soll (→ Rn. 25 ff.).

c) Rechtsscheintheorie. Nach der Rechtsscheintheorie[51] haftet der Erwerber, weil er 13
durch Fortführung der alten Firma den Rechtsschein erwecke, dass entweder der Veräußerer Unternehmensträger geblieben sei oder dass der Erwerber die Schulden übernommen habe. Die Rechtsscheintheorie ist abzulehnen, weil nicht in allen von Abs. 1 erfassten Konstellationen die Voraussetzungen einer Erwerberhaftung kraft Rechtsscheins erfüllt sind.[52] Wer bei fehlendem[53] oder übersehenem[54] Nachfolgezusatz den Inhaberwechsel nicht bemerkt, kann nach seiner Kenntnis konkret nur auf die Weiterhaftung des Veräußerers vertrauen; allenfalls abstrakt darauf, dass der jeweilige, dh jeder unbemerkt neue Firmeninhaber für alle unter dieser Firma eingegangenen Verbindlichkeiten haftet. Wer aufgrund des Nachfolgezusatzes oder anderer Informationen vom Inhaberwechsel erfährt, kann zwar auf die Haftung des konkreten Erwerbers vertrauen. Unterlässt er es aber im Vertrauen auf die Erwerberhaftung, gegenüber dem Veräußerer etwaige Leistungs-, Leistungsstörungs- und Vertragsanpassungsansprüche, Leistungsverweigerungs- und Kündigungsrechte geltend zu machen, so ist diese Vertrauensinvestition nicht schutzwürdig. Denn der Gläubiger könnte, statt trotz Kenntnis der geänderten Lage auf die Haftung des Erwerbers zu vertrauen, sich bei Veräußerer und/oder Erwerber vergewissern, ob der Erwerber die Schulden übernommen hat, und dementsprechend gegen den Veräußerer vorgehen. Widerspruchsfrei lässt sich die Erwerberhaftung nur damit erklären, dass bei einem Wechsel des Unternehmensträgers den Parteien unabhängig von der Kenntnis der nicht einbezogenen Gläubiger die Vereinbarung einer (befreienden) Schuldübernahme unterstellt wird (→ Rn. 26 f.). Zur rechtsscheintheoretischen Begründung des Abs. 1 S. 2 → Rn. 73.

d) Haftungsfondstheorie. Die Haftungsfondstheorie[55] wurde zumindest im Aus- 14
gangspunkt[56] ähnlich legitimiert wie die Haftung des Übernehmers eines Vermögens gem. § 419 BGB aF. So sind die Begründungen in der Rspr. nahezu wortgleich: hier die „Vermögenswerte […], welche die natürliche Deckung der Geschäftsschulden bilden",[57] dort die „Vermögensmasse […], die die natürliche Grundlage des einem Schuldner gewährten Kredites bildete"[58] – aus diesem Fonds soll der Geschäfts- bzw. Vermögensübernehmer den Gläubigern haften. Wegen dieser Nähe zur Vermögensübernahme wurde vor Abschaffung des § 419 BGB aF durch Einführung der Insolvenzordnung diskutiert,[59] ob der Wegfall der zwingenden zivilrechtlichen Haftung den § 25 auf- oder abwerte, insbesondere ein

---

50 Vgl. Staub/*Hüffer,* 4. Aufl. 1983, Rn. 4.

51 BGHZ 18, 248 (250 f.); BGHZ 22, 234 (239) = NJW 1957, 179; BGHZ 29, 1, 3 = NJW 1959, 241; BGHZ 31, 321 (328) = NJW 1960, 621; BAG AP HGB § 26 Nr. 1 = DB 1988, 123 (124); OLG Frankfurt NJW 1980, 1397; OLG Düsseldorf GmbHR 1991, 315 (316) (das sich unabhängig hiervon aber auch auf die Erklärungstheorie beruft).

52 OLG Köln GWR 2014, 460 = BeckRS 2014, 10932; BeckOK HGB/*Bömeke* Rn. 4; *Canaris* HandelsR § 7 Rn. 11; diff. krit. *Karsten Schmidt* HandelsR § 7 Rn. 19 ff.; eingehend für eine Deutung des § 25 Abs. 1 als Rechtsscheintatbestand *Altmeppen* FS Hopt, Bd. I, 2010, 305 (308 ff.), der auch den Forderungsübergang einbezieht.

53 Ein Gesetzgebungsantrag, den Nachfolgezusatz in §§ 22, 25 im Interesse der Firmenwahrheit obligatorisch anzuordnen, hatte keinen Erfolg, *Schubert/Schmiedel/Krampe* II/2 S. 1221, 1388 ff.

54 Hierzu Staub/*Burgard* Rn. 18.

55 *Morisse,* Der Rechtsgrund für die Haftung des Erwerbers bei der Übernahme eines Handelsgeschäfts unter Lebenden, 1969, 32 ff.; *Raisch,* Unternehmensrecht I, 1973, 110. Ein kombiniertes Vermögensübernahme- und Verkehrsschutzprinzip vertritt *Schricker* ZGR 1972, 121 (150 ff.).

56 Vgl. aber *Schricker* ZGR 1972, 121 (150 ff.).

57 RGZ 135, 104 (108) zu § 25.

58 RGZ 69, 283 (288) zu § 419 BGB aF.

59 *Karsten Schmidt* ZIP 1989, 1025; *Canaris* ZIP 1989, 1161; vgl. auch *Canaris* FS Frotz, 1993, 27 f. zu den Unterschieden zwischen § 419 BGB aF und § 25.

zwingendes Verständnis des § 25 (→ Rn. 20 aE) oder dessen weitere Reduktion (→ Rn. 16, → Rn. 37) gebiete. Unstreitig hat die Haftungsfondstheorie mit Wegfall von § 419 BGB aF eine wichtige dogmatische und rechtspolitische Stütze verloren.[60] Die Vorschrift wurde abgeschafft, weil die Haftung des Vermögensübernehmers als sanierungsfeindlich galt.[61] Die Übertragung von Aktivvermögen ohne Schulden auf einen neuen Unternehmensträger sollte allein durch Insolvenz- und Gläubigeranfechtung sanktioniert werden. Dies wird durch Ausweitung der Anfechtung wegen inkongruenter Deckung und vorsätzlicher Benachteiligung (§§ 131, 133 InsO, 3 AnfG) gewährleistet.[62] Die Entlastung der bewusst beibehaltenen (→ Rn. 36) §§ 25 f., § 28 durch das Anfechtungsrecht[63] kommt freilich an Grenzen, weil bei der hohen Zahl masseloser Insolvenzen kein Insolvenzverwalter für Anfechtungen zur Verfügung steht und Einzelgläubiger ihre Rechte nach dem Anfechtungsgesetz nicht wahrnehmen. Selbst wenn die Anfechtung erfolgt, ist sie mit der Schwierigkeit konfrontiert, ein Unternehmen zurück zu übertragen.

15 **e) Innen-/Außenverhältnis.**[64] Häufig wird im Innenverhältnis eine kaufpreismindernde **Erfüllungsübernahme** des Erwerbers vereinbart. Daher wird vertreten, der Gesetzgeber verleihe mit Abs. 1 diesem vermuteten Innenverhältnis lediglich dispositive **Außenwirkung.** Dies entspreche einer verbreiteten Verkehrserwartung[65] der Gläubiger, weiterhin auf Substanz und Ertrag des Unternehmens unmittelbar zugreifen zu können. Trotz der zutreffenden wirtschaftlichen Betrachtung berücksichtigt dieser Ansatz nur das Interesse der Gläubiger, da lediglich die interne Erfüllungsübernahme (§ 329 BGB) als echter Vertrag zugunsten Dritter (§ 328 BGB) und damit als externer Schuldbeitritt ausgelegt wird.[66] Dem Interesse des Veräußerers, dass der Erwerber durch befreiende Schuld- oder Vertragsübernahme insgesamt an seine Stelle tritt,[67] entspricht das Konzept einer „Vertragsübertragung kraft Gesetzes".[68] Dieses geht allerdings von Abs. 1 S. 2 aus, kehrt damit die Normstruktur des Abs. 1 um und widerspricht der durch Abs. 2 gewährten Trennbarkeit von Forderungen und Verbindlichkeiten.[69] Zudem unterstellt es ein originäres Interesse des Gesetzgebers an diesen Rechtsfolgen, statt vom Willen der Parteien des (zB) Unternehmenskaufs, vom Interesse des Erwerbers an der Forderung und vom Entlastungsinteresse des Veräußerers auszugehen (→ Rn. 25 ff.).

16 **f) Streichung des § 25?** Seit langem kritisiert *Canaris* die §§ 25–28 als **rechtspolitisch** bedenklich bis **verfehlt.**[70] *Canaris* versteht die § 25 Abs. 1 S. 1, § 28 Abs. 1 S. 1 als **reine Haftungsvorschriften** und erklärt es für unverständlich, warum der Gläubiger in Gestalt

[60] *Karsten Schmidt* HandelsR § 7 Rn. 21, Rn. 109; *Karsten Schmidt* FS Medicus, 1999, 555 (566).

[61] Zum Folgenden BT-Drs. 12/3803, 2 (76 f.).

[62] Umfassend hierzu *Bork* ZIP 2008, 1041; *Ganter* WM 2009, 1441; *Jacoby* KTS 2009, 3.

[63] Vgl. *Canaris* HandelsR § 7 Rn. 15 zu § 25; anders *Canaris* Rn. 83 zu § 28. Zur parallelen Abgrenzungsfrage zum Gläubigerschutz bei Verschmelzungen *Kalss* ZGR 2009, 74 (120 f.).

[64] Vgl. zum Folgenden mit unterschiedlichen Akzenten *Heckelmann* FS Bartholomeyzcik, 1973, 129 (140 ff.); *Säcker* ZGR 1973, 261 (275), insbes. Fn. 62; *Gerlach,* Die Haftungsordnung der §§ 25, 28, 130 HGB, 1976, 36 ff.; Staub/*Hüffer,* 4. Aufl. 1983, Rn. 29; EBJS/*Reuschle* Rn. 5, 21; *Lieb,* Die Haftung für Verbindlichkeiten aus Dauerschuldverhältnissen bei Unternehmensübergang, 1991, 8 ff.; → 2. Aufl. 2005, Rn. 9 *(Lieb).*

[65] Verkehrsschutzaspekte betont Staub/*Hüffer,* 4. Aufl. 1983, Rn. 27 ff.; m. umfassender Begr. zust. Staub/*Burgard* Rn. 31; krit. wegen Banalität des Verkehrsschutzarguments und fehlender materialer Rechtfertigung der Haftung *Karsten Schmidt* HandelsR § 7 Rn. 27; dagegen Oetker/*Vossler* Rn. 9 Fn. 24.

[66] Krit. *Karsten Schmidt* HandelsR § 7 Rn. 25; Staub/*Burgard* Rn. 19 mwN. Zur Auslegung als Schuldbeitritt OLG Köln GWR 2014, 460 = BeckRS 2014, 10932.

[67] Plastisch *Krejci* ÖJZ 2007, 841 (842) zur typischen Interessenlage: „Der Veräußerer will alle mit dem Unternehmen verbundenen Rechtsbeziehungen ein für alle Mal loswerden; der Erwerber ist daran interessiert, diese Rechtsbeziehungen so weit wie möglich fortzuführen."

[68] So überschrieben der Beitrag von *Börner* FS Möhring, 1975, 37 ff. (44 f., 50).

[69] Zur krit. Rezeption von *Börner* FS Möhring, 1975, 37, im Kontext der anderen Deutungsversuche *Karsten Schmidt* ZHR 145 (1981), 2 (11, 26); *Karsten Schmidt* AcP 198 (1998), 516 (518); Staub/*Hüffer,* 4. Aufl. 1983, Rn. 11, 16.

[70] *Canaris,* Systemdenken und Systembegriff in der Jurisprudenz, 2. Aufl. 1983, 131 f.; *Canaris,* Vertrauenshaftung, 185, 187; *Canaris* HandelsR § 7 Rn. 15 ff. zu § 25; *Canaris* ZIP 1989, 1161 (1166 f.); *Canaris* FS Frotz, 1993, 11 (17 ff.); eingehende Auseinandersetzung auch bei Staub/*Burgard* Rn. 28 ff., 32 ff.

des neuen Unternehmensträgers einen Schuldner ‚geschenkt' bekommt.[71] Ebenso wenig sei erklärbar, warum er den ursprünglichen Unternehmensträger nach fünf Jahren als Schuldner verliert (§§ 26, 28 Abs. 3). Einerseits erscheint der Gläubiger überprivilegiert, andererseits enteignet.[72] Da *Canaris* die § 25 Abs. 1 S. 2, § 28 Abs. 1 S. 2 als **reine Schuldnerschutzvorschriften** ansieht,[73] bleibt der Veräußerer Forderungsinhaber; umso stärker ist der Kontrast zur schrittweisen Entlassung aus der Schuldnerposition. Angesichts dessen wirken die §§ 25 f., 28[74] konzeptionslos und ungerecht, daher entbehrlich, wenn nicht gar verfassungswidrig.[75] Zuletzt konzentriert *Canaris* seine Kritik auf § 25 iVm § 26 (→ § 26 Rn. 2).[76] Dies beruht maßgeblich auf einer Rechtsprechungsanalyse zu § 25, da in vielen zu Gericht gelangten Fällen der **Veräußerer** bereits mehr oder weniger **insolvent** war und die faktische **Alleinhaftung** aus § 25 Abs. 1 S. 1 den Erwerber ebenso **unerwartet** wie **unverdient** traf.[77] Juristisch nicht beratene Unternehmer rechneten weder mit einer solchen Haftung noch mit der Notwendigkeit, die Haftung auszuschließen.[78] Sie seien schutzwürdig, weshalb § 25 mindestens **teleologisch zu reduzieren,** wenn nicht zu **streichen** sei.[79]

Die Kritik von *Canaris* überzeugt nicht.[80] Dies gilt auch bei Interpretation des Abs. 1 S. 1 **17**
als reiner Haftungsvorschrift (zum hier vertretenen Vertragsüberleitungskonzept → Rn. 26). Die Erwerberhaftung bewahrt die Gläubiger davor, ihre Forderungen gegen den Veräußerer nach Unternehmensübertragung hastig realisieren zu müssen; sie erweist sich daher als **stabilisierendes,** die Kontinuität wahrendes **Element** und gewährleistet damit **Rechtssicherheit** in einer heiklen **Übergangssituation.**[81] Kaufmännischen Unternehmenserwerbern wird ein **Mindestmaß an Rechtskenntnis** zugemutet.[82] Der unerfahrene Kaufmann kann gegenüber der Haftung aus Abs. 1 S. 1 keine Art Verbraucherstatus einwenden, sofern er nicht als Existenzgründer, der den Unternehmenserwerb finanzieren lässt, dieselben Rechte wie ein Verbraucher hat (§ 513 BGB).[83] Die **Erwerbsverhandlungen** geben hinreichend Anlass, Rechtsrat bezüglich der Altschulden einzuholen,[84] weil der Kaufpreis (unter Umständen ebenso der Pacht- oder Mietzins und die Unternehmensbewertung bei Sacheinbringung, → § 28 Rn. 8) vom Schuldenstand und von einer etwaigen Schuldenübernahme abhängt. Die Verhandlungen zwingen daher die Parteien dazu, sich über die **Vermögenslage** des zu erwerbenden Unternehmens (nicht notwendig: des Altunternehmers) zu **vergewissern** und daran ihr nach außen sichtbares Verhalten bezüglich der Zuordnung der unternehmensbezogenen Rechtsverhältnisse zu orientieren.[85] Soweit kleingewerbliche Unternehmen gem. §§ 2, 3 Abs. 2 bzw. § 105 Abs. 2 für oder gegen die Anwendung der §§ 25, 28 optieren können, besteht **für** eine **Streichung** oder **Reduktion** der Normen **kein Bedürfnis.** Dies setzt allerdings voraus, §§ 25, 28 weiterhin nur auf kaufmännische Unternehmen anzuwenden (→ Rn. 32 ff.).[86] Dem Vorwurf, die §§ 26, 28

[71] *Canaris* HandelsR § 7 Rn. 5; diff. *H. P. Westermann* FS Nobbe, 2009, 939 (943 f.).
[72] *Canaris* HandelsR § 7 Rn. 46.
[73] *Canaris* HandelsR § 7 Rn. 65.
[74] Ähnlich zu § 27 *Canaris* HandelsR § 7 Rn. 101 ff.
[75] Deutlich *Canaris* HandelsR § 7 Rn. 30, 35 aE, 44 ff.; zust. *Kindler* JZ 2006, 176 (180).
[76] Hierzu *Canaris* HandelsR § 7 Rn. 86 Fn. 175.
[77] *Canaris* FS Frotz, 1993, 11 ff. (15); *Canaris* HandelsR § 7 Rn. 2 f., 5, 25 ff.
[78] Ganz ähnlich wurde vor Einführung von § 38 Abs. 5a UGB zum Schutz kleiner Pächter in Österreich argumentiert, die wegen §§ 1, 4 UGB nun § 38 UGB unterfielen, vgl. *Krejci* ÖJZ 2007, 841 (843) mwN; dazu → Rn. 138.
[79] *Canaris* folgend aus kollisionsrechtlicher Sicht *Freitag* ZHR 174 (2010), 429 (448).
[80] Zum Ganzen *Lieb* FS Vieregge, 1995, 557 ff.
[81] Ähnlich EBJS/*Reuschle* Rn. 21 und KKRD/*Roth* § 25 Rn. 2 (e).
[82] So bereits *Huber* FS Raisch, 1995, 85 (106); Staub/*Burgard* Rn. 32; *Krejci* ÖJZ 2007, 841 (844) unter Hinweis auf § 2 ABGB: „Sobald ein Gesetz gehörig kund gemacht worden ist, kann sich niemand damit entschuldigen, daß ihm dasselbe nicht bekannt geworden sey."
[83] Vgl. aber bereits § 8 AbzG; näher MüKoBGB/*Schürnbrand/Weber* BGB § 513 Rn. 2 ff., vgl. auch MüKoBGB/*Micklitz* BGB § 13 Rn. 50 ff. Zu Abstimmungsproblemen zwischen Handels- und Verbraucherrecht → Vor § 1 Rn. 12; *Karsten Schmidt* BB 2005, 837 (838 ff.).
[84] Anders *Canaris* HandelsR § 7 Rn. 5 m. Fn. 3, vgl. aber auch *Canaris* HandelsR § 7 Rn. 20.
[85] Ähnlich *Krejci* FS Canaris, Bd. II, 2007, 735 (748 f.); anders BGH NJW 2002, 2310 (2311): jedoch § 25 unberührt; *Canaris* HandelsR § 7 Rn. 7, 9, 11.
[86] Insoweit übereinstimmend *Canaris* HandelsR § 7 Rn. 20, 88; Staub/*Burgard* Rn. 38.

Abs. 3 entzögen in verfassungswidriger Weise dem Altgläubiger den von ihm ausgesuchten Schuldner, ist das (Grund-)Recht des alten Unternehmensträgers auf Marktaustritt entgegenzuhalten.[87]

18 **g) Kontinuitätstheorie.** Die von *Karsten Schmidt* vorgelegte Kontinuitätstheorie[88] verlangt deshalb besondere Beachtung, weil sie in den §§ 25–28 ein **einheitliches Prinzip** verwirklicht sieht, das den gesamten Normenkomplex rechtspolitisch legitimiert. Damit hebt sich die Kontinuitätstheorie einerseits von den traditionellen Theorien ab (→ Rn. 12 ff.), andererseits ist sie dem Vorschlag, die §§ 25–28 (oder auch nur § 25) zu streichen (→ Rn. 16), diametral entgegengesetzt.

19 Die Kontinuitätstheorie ist integraler Bestandteil der Lehre vom **Außenprivatrecht der Unternehmen,**[89] das nach *Karsten Schmidt* den Gegenstand des Handelsrechts bildet (→ Vor § 1 Rn. 5 ff., besonders → Vor § 1 Rn. 9). Dabei geht es um die Außenbeziehungen des Unternehmens, welche durch die Unternehmensträger vermittelt werden. Das Unternehmen ist nicht rechtsfähig, weshalb ihm die Rechtsordnung einen Unternehmensträger als Rechtssubjekt zuweist. Die §§ 25–28 gleichen diese Trennung von Unternehmen und Unternehmensträger aus, indem sie dafür sorgen, dass die Verbindlichkeiten und Forderungen dem Unternehmen auch dann erhalten bleiben, wenn dessen Träger wechselt. Es geht also nicht darum, das Unternehmen zu personifizieren.[90] Im Gegenteil macht der Umstand, dass das Unternehmen nicht rechtsfähig ist, die §§ 25–28 nach dieser Interpretation erst notwendig. Ihr Sinn besteht darin, eine **Kontinuität der Haftungs- und Rechtsverhältnisse** zu gewährleisten.

20 Die in der Rspr. mehrfach herangezogene,[91] auch in Österreich verwurzelte und nun in den §§ 38–40 UGB (→ Rn. 128 ff.) rezipierte[92] Lehre ist vor allem unter vier Aspekten angegriffen worden. Erstens soll die Kontinuität der Haftungs- und Rechtsverhältnisse gegen den Wortlaut und Kontext der §§ 25–28 **für alle,** nicht nur für kaufmännische **Unternehmen** gel-

[87] Vgl. *Knobbe-Keuk,* Geleitwort zur Diss. von *Fritz,* Die Spaltung von Kapitalgesellschaften, 1991, VIII. Die Ausgewogenheit namentlich des § 26 bestreitet *Canaris* HandelsR § 7 Rn. 46; krit. *Canaris* gegenüber einer Privilegierung eines marktmüden Unternehmers gegenüber einem auszugswilligen Wohnungsmieter Rn. 41, vgl. auch Rn. 14: „ein Unternehmen ist ein Vermögensgegenstand wie andere auch". Der Verfassungsrang gerade des Nachhaftungsbegrenzungsprinzips wird verneint von BVerfG NJW 2006, 1724 (1725).

[88] Grdl. *Karsten Schmidt* ZHR 145 (1981), 2 ff.; *Karsten Schmidt* HandelsR § 7 Rn. 32 ff., 50 ff.; außerdem *Karsten Schmidt* ZGR 1992, 621; *Karsten Schmidt* ZIP 1989, 1025 (1028 f.); *Karsten Schmidt* NJW 1982, 1648; 1984, 1187; 1987, 1633; *Karsten Schmidt* MDR 1994, 133; *Karsten Schmidt* JZ 2003, 585 (593). Abl. etwa *Canaris* ZIP 1989, 1161 ff., insbes. 1166; *Canaris* FS Frotz, 1993, 11 (21 f.); *Canaris* HandelsR § 7 Rn. 13 ff.; *Axer,* Abstrakte Kausalität – ein Grundsatz des Handelsrechts?, 1986, 155 ff.; *Habersack* JuS 1989, 738 (743); *Pahl,* Haftungsrechtliche Folgen versäumter Handelsregistereintragung und Bekanntmachung, 1987, 221 f.; Staub/*Hüffer,* 4. Aufl. 1983, Rn. 17 f.; Staub/*Burgard* Rn. 20; *Zöllner* ZGR 1983, 82 (88 f.).

[89] *Karsten Schmidt* JuS 1985, 249; 1985, 939; *Karsten Schmidt,* Das HGB und die Gegenwartsaufgaben des Handelsrechts, 1983, 13 ff., 31 ff.; *Karsten Schmidt* HandelsR § 1 Rn. 12, 27; *Karsten Schmidt* HandelsR § 2 Rn. 10 ff.; *Karsten Schmidt* HandelsR § 3 Rn. 1 ff., insbes. auch Rn. 62 ff.; *Karsten Schmidt* HandelsR § 7 Rn. 13; krit. hierzu *Bydlinski,* Handels- oder Unternehmensrecht als Sonderprivatrecht, 1990; *Vossius* JuS 1985, 936; *Zöllner* ZGR 1983, 82; *Canaris* HandelsR § 1 Rn. 23 ff.

[90] Zunächst missverständlich, dann klärend Staub/*Burgard* Rn. 3, 14, § 26 Rn. 48 Fn. 103.

[91] Die Unternehmenskontinuität als Prinzip des § 25 wird auch in der neueren Rspr. vereinzelt betont, allerdings mit anderen Voraussetzungen und Konsequenzen als bei *Karsten Schmidt,* vgl. BGH NJW 1984, 1186 (1187) mAnm *Karsten Schmidt;* NJW 1992, 911 (912); NJW 1996, 2866 (2867); NZG 2012, 916 Rn. 18 mAnm *Karsten Schmidt* JuS 2013, 77 (78 f.); NZG 2014, 511 Rn. 15 mAnm *Karsten Schmidt* JuS 2014, 454 (455); BayObLG NJW-RR 1988, 869 (870) (etwas verkürzt in DB 1988, 388 [389]); OLG Düsseldorf GmbHR 1991, 315 (316) (wobei die beiden letztgenannten Entscheidungen als Rechtsgrund die Erklärungs- und/oder Rechtsscheintheorie nennen); OLG Stuttgart NZG 2010, 628 (629); OLG Düsseldorf RNotZ 2011, 434 (437); OLG Köln GWR 2014, 460 = BeckRS 2014, 10932; LG Berlin ZIP 1993, 1478; SächsFG BeckRS 2014, 94374; BeckRS 2014, 95327; BAG NZA 2013, 961 Rn. 42; BFH/NV 2012, 1572 (1573); VGH Mannheim DStR 2012, 91 (93).

[92] Regierungsvorlage zum Handelsrechts-Änderungsgesetz (HaRÄG) – Materialien, 1058 der Beilagen zu den Stenographischen Protokollen des Nationalrates XXII. GP, 13, 28; *Krejci* FS Canaris, Bd. II, 2007, 735 (736, 739); Jabornegg/Artmann/*Karollus* UGB § 38 Rn. 7.

ten. Zweitens soll sie – im Einklang mit § 28, aber gegen den Wortlaut des § 25 – von der **Firmenfortführung unabhängig** sein. Drittens soll sie einen **Forderungsübergang** bewirken, während der Normtext der § 25 Abs. 1 S. 2, § 28 Abs. 1 S. 2 den Übergang nur „gegenüber den Schuldnern gelten" lässt. Viertens sollte sie ursprünglich **zwingend** sein, obwohl § 25 Abs. 2, § 28 Abs. 2 eine abweichende Vereinbarung zulassen. Die beiden ersten Punkte sieht *Karsten Schmidt* zwar als Konsequenz, jedoch nicht als zentrale Aussage[93] seiner systembildenden Lehre vom Außenprivatrecht der Unternehmen, nach der es auf Status und Namen des Kaufmanns nicht ankommt (→ § 1 Rn. 9). Der zweite Punkt akzentuiert im Übrigen einen Widerspruch zwischen den Tatbestandsmerkmalen der §§ 25, 28, der zu Auslegungsschwierigkeiten führt (→ Rn. 30; → § 28 Rn. 10). Der dritte Punkt entspricht zwar nicht dem Wortlaut, wohl aber der Begründung des historischen Gesetzgebers, der die Rechte des Erwerbers *und* des Schuldners stärken wollte (→ Rn. 6). Den vierten Punkt, der auf eine Streichung der § 25 Abs. 2, § 28 Abs. 2 hinauslief, hält *Karsten Schmidt* selbst – trotz Bedenken gegen die Abdingbarkeit in den Fällen ‚planloser' übertragender Sanierung[94] – nicht mehr aufrecht.[95] Damit sind wesentliche Einwände[96] gegen dieses Konzept entfallen.

In ihrer **präzisierten** Gestalt[97] besteht die Kontinuitätstheorie aus drei Elementen:[98] 21
- einem gesetzlichen Übergang der **Verbindlichkeiten** (§ 25 Abs. 1 S. 1, § 28 Abs. 1 S. 1),
- einem widerleglich vermuteten rechtsgeschäftlichen Übergang der **Forderungen** (§ 25 Abs. 1 S. 2, § 28 Abs. 1 S. 2)[99] und
- der Möglichkeit, neben den Verbindlichkeiten und Forderungen auch **ganze Rechtsverhältnisse** durch Vertragsübernahme rechtsgeschäftlich überzuleiten.[100]

Der zentrale Unterschied (und Vorzug) gegenüber einem reinen Haftungskonzept besteht 22
darin, dass der **neue Unternehmensträger** der **eigentliche Schuldner** ist (derjenige, der fällig werdende Leistungen mit dem erworbenen Unternehmen erwirtschaften kann). Begründungsbedürftig ist danach, warum der alte Unternehmensträger für gewisse Zeit akzessorisch[101] forthaftet (§ 26).[102] Darin liegt aber der Preis, den der alte Unternehmensträger für seinen Rückzug zahlt, durch den er sich am Ende seinen Pflichten entziehen kann, ohne den Gläubiger fragen zu müssen (→ Rn. 26).[103] Den gleichen **befristeten Gläubigerschutz** verwirklicht der Gesetzgeber auch im Personengesellschafts-, Aktien- und Umwandlungsrecht (→ § 26 Rn. 1). Der rechtsgeschäftliche Forderungsübergang passt ebenso in das Konzept des historischen Gesetzgebers wie die zusammenhängende Betrachtung von Verbindlichkeiten und Forderungen (→ Rn. 5 f.). Die ‚Verschmelzung' beider Einzelgegenstände zu einem übertragungsfähigen Rechtsverhältnis passt die Sicht des Gesetzgebers dem heutigen Stand der Dogmatik zur Vertragsübernahme an, die durch die Entwicklung des Umwandlungsrechts (→ Rn. 116 ff.) und hier besonders des Spaltungs-

---

93 *Karsten Schmidt* FS Medicus, 1999, 555 (567).

94 *Karsten Schmidt* in Leipold, Insolvenzrecht im Umbruch, 1991, 67 ff. (insbes. S. 82 ff.); *Karsten Schmidt* ZIP 1989, 1025 (1026 ff.); *Karsten Schmidt* ZGR 1992, 621 ff.; *Karsten Schmidt* HandelsR § 7 Rn. 106 ff.; dagegen eingehend *Canaris* ZIP 1989, 1161 ff.; *Karsten Schmidt* FS Frotz, 1993, 11 (21 f.). Zur Rechtfertigung der übertragenden Sanierung *Lieb* FS Vieregge, 1995, 557 ff.; zur übertragenden Selbstsanierung in den Fällen des § 28 dort Rn. 40; zur Entwicklung des als Kompensation gedachten Anfechtungsrechts Rn. 14 m. Fn. 61; zu insolvenz- und gesellschaftsrechtlichen Haftungsrisiken der übertragenden Sanierung *Falk/Schäfer* ZIP 2004, 1337.

95 *Karsten Schmidt* FS Medicus, 1999, 555 (569); *Karsten Schmidt* HandelsR § 7 Rn. 114 Fn. 234.

96 Hierzu eingehend → 2. Aufl. 2005, Rn. 13 ff. *(Lieb)*.

97 So ausdrücklich *Karsten Schmidt* FS Medicus, 1999, 555 (571); eingehend *Karsten Schmidt* HandelsR § 7 Rn. 36 ff.

98 Überblick bei *Karsten Schmidt* FS Medicus, 1999, 555 (568, 574); *Karsten Schmidt* HandelsR § 7 Rn. 41.

99 *Karsten Schmidt* AcP 198 (1998), 516 (524 ff.); *Karsten Schmidt* FS Medicus, 1999, 555 (560 f.).

100 *Karsten Schmidt* FS Medicus, 1999, 555 (559 ff.); *Karsten Schmidt* HandelsR § 7 Rn. 50, § 7 Rn. 69 ff.

101 Gegenüber dem herrschenden Gesamtschuldverständnis *Karsten Schmidt* HandelsR § 7 Rn. 89 ff.; *Karsten Schmidt* FS Medicus, 1999, 555 (568).

102 So meint *Krejci* FS Canaris, Bd. II, 2007, 735 (755 f.), die Übernahme der Verbindlichkeit durch den Erwerber spreche prima facie für eine Befreiung des Veräußerers, zu der es wegen der Anordnung in §§ 38 Abs. 1 S. 3, 39 UGB nicht komme.

103 Auch für die Übertragung ganzer Rechtsverhältnisse *Karsten Schmidt* FS Medicus, 1999, 555 (569).

rechts (§§ 133, 152 UmwG) beeinflusst ist.[104] Sie überzeugt insbesondere für Dauerschuldverhältnisse (→ Rn. 82). Offen bleibt einzig, ob nicht auch die erste Stufe, der Übergang der Verbindlichkeiten, rechtsgeschäftlich begründet werden kann (→ Rn. 23, → Rn. 26).

23 **h) Partielle Universalsukzession.** Aufbauend auf *Karsten Schmidt*[105] hat *Johannes W. Flume* ein Konzept vorgelegt, welches das für die umwandlungsrechtliche Spaltung diskutierte Prinzip der partiellen Universalsukzession[106] für die Auslegung und Fortbildung der §§ 25 f., 28 heranzieht.[107] Danach handelt es sich jeweils um **rechtsgeschäftliche Verfügungstatbestände,** welche **uno actu** den **Übergang unternehmensbezogener Schuldverhältnisse** bewirken.[108] Erforderlich ist die Einigung zwischen Veräußerer und Erwerber und der Realakt der Unternehmensfortführung. Die Parteien können vom Rechtsübergang gem. § 25 Abs. 2, § 28 Abs. 2 einzelne Schuldverhältnisse, Forderungen oder Verbindlichkeiten ausnehmen. Tun sie dies nicht, gehen gem. § 25 Abs. 1 S. 1, § 28 Abs. 1 S. 1 insbesondere auch ‚vergessene', dh nicht ausdrücklich übernommene Verbindlichkeiten auf den Erwerber über.[109] Bei § 26 geht es nach diesem Konzept nicht eigentlich um die Enthaftung des **Veräußerers,** sondern wie bei der Spaltungshaftung im Interesse des Gläubigerschutzes um eine **zeitlich begrenzte Haftungsbegründung** akzessorisch[110] zur Haftung des Erwerbers für die übergegangene Schuld (→ § 26 Rn. 20 f.). Sind Rechtsverhältnisse gem. § 25 Abs. 2, § 28 Abs. 2 von der Übernahme ausgeschlossen, soll der Erwerber gleichwohl analog § 133 Abs. 1 S. 1 UmwG mithaften.[111] Das **gesamte Schuldverhältnis** wird unter diesen Voraussetzungen zu einem **Gegenstand freier Übertragung.**[112] Wie im Spaltungsrecht wird die Haftung als Korrelat zur Verfügungsfreiheit verstanden.[113]**De lege ferenda** erwägt *Johannes W. Flume,* die §§ 25 f., 28 als allgemeines, nicht auf bestimmte Rechtsträger beschränktes (§ 175 UmwG) Institut der **Vermögensübertragung in das Umwandlungsgesetz** zu integrieren, da dieses strengere Formalien mit mehr Gläubigerschutz verbindet und so für alle Seiten mehr Sicherheit bietet.[114] Ein rechtsvergleichendes Vorbild für ein solches Modell bietet neben rechtspolitischen Überlegungen in Österreich[115] das schweizerische Fusionsgesetz.[116] Im Mittelpunkt dieses

[104] *Karsten Schmidt* FS Medicus, 1999, 555 (559, 561 f., 562 f., 564 ff.); *Krejci* FS Canaris, Bd. II, 2007, 735 (738).

[105] Kölner Komm UmwG/*J. Flume* Einl. B Rn. 82 Fn. 249 nennt *Karsten Schmidt* ZHR 145 (1981), 2 ff.; *Karsten Schmidt* FS Medicus, 1999, 555 ff.; *Karsten Schmidt* HandelsR, 5. Aufl. 1999, § 8 I 4, 225 ff. (jetzt § 7 IV Rn. 50 ff., 265 ff.); *Lieb,* Die Haftung für Verbindlichkeiten aus Dauerschuldverhältnissen bei Unternehmensübergang, 1991, 13 ff.; *Lieb* FS Börner, 1992, 747 ff.; *Lieb* FS Vieregge, 1995, 557 ff.; → 2. Aufl. 2005, Rn. 80 ff. *(Lieb)*; *Krejci,* Betriebsübergang und Arbeitsvertrag, 1972, 212 ff.; *Krejci* ÖJZ 1975, 449 (458 f.); wN bei *J. Flume,* Vermögenstransfer und Haftung, 2008, 87 f. Fn. 501.

[106] *Karsten Schmidt* AcP 191 (1991), 495 ff.; *Karsten Schmidt* GesR § 12 IV 4, 357 f.; *Krejci* FS Canaris, Bd. II, 2007, 735 (738, 753).

[107] *J. Flume,* Vermögenstransfer und Haftung, 2008, 87 ff., 116 ff.; *J. Flume* ZHR 170 (2006), 737 (742 ff., 758 ff.); Kölner Komm UmwG/*J. Flume* UmwG Einl. B Rn. 82; tendenziell zust. am Beispiel von Bankgeschäften *H. P. Westermann* FS Nobbe, 2009, 939 (942, 964 f.), der selbst S. 947 ff. zurückhaltender von einer gesetzlichen Vertragsübernahme ausgeht; zweifelnd *Dellinger* ÖBA 2008, 176 (178) Fn. 8; Staub/*Burgard* Rn. 21, 34; Staub/*Burgard* § 28 Rn. 10; mit Blick auf die rechtsgeschäftliche Fundierung auch *Karsten Schmidt* HandelsR § 7 Rn. 40; abgrenzend gegenüber der Ausgliederung *Kahlert/Gehrke* DStR 2013, 975 (977 f.).

[108] Umfassend hierzu *Voigt,* Umwandlung und Schuldverhältnis, 1997, 11 ff., 44 ff.

[109] *J. Flume,* Vermögenstransfer und Haftung, 2008, 194 ff.

[110] Gegenüber dem herrschenden Gesamtschuldverständnis auch zur Spaltungshaftung *Habersack* FS Bezzenberger, 2000, 93 (96 ff.); *J. Flume,* Vermögenstransfer und Haftung, 2008, 191 ff., 196 ff.

[111] *J. Flume,* Vermögenstransfer und Haftung, 2008, 204 f. Als Konsequenz ist die Haftung des Erwerbers analog § 133 Abs. 3 UmwG begrenzt, vgl. *J. Flume,* Vermögenstransfer und Haftung, 2008, 184 f.

[112] Vgl. auch *Torggler* JBl. 2008, 137 (139).

[113] *J. Flume,* Vermögenstransfer und Haftung, 2008, 183 ff.

[114] Hierzu *J. Flume,* Vermögenstransfer und Haftung, 2008, 212; Kölner Komm UmwG/*J. Flume* Einl. B Rn. 82 aE.

[115] Freilich auf der Basis eines noch nicht integrierten Umgründungsrechts, hierzu *Dellinger* ÖBA 2008, 176 (178); zur Enthaftung nach § 15 Abs. 1 SpaltG *Kalss* WBl. 2003, 49 ff.; *Kalss,* Verschmelzung – Spaltung – Umwandlung, 2. Aufl. 2010, SpaltG § 15 Rn. 3; *Artmann* WBl. 2007, 253 (261).

[116] Hierzu *J. Flume,* Vermögenstransfer und Haftung, 2008, 135 f., 139 ff., 212, zum auch dort bestehenden Problem der Endloshaftung 107 ff.

Konzepts stehen somit drei Punkte: das dezidiert rechtsgeschäftliche Verständnis, die Auslegung als Verfügungstatbestand und der **umwandlungsrechtliche Gläubigerschutz.** Die rechtsgeschäftliche Lesart scheint bereits in den Gesetzgebungsmaterialien zum HGB 1897 durch (→ Rn. 7). Die Annahme eines abstrakten Verfügungstatbestands entschärft das Problem des unwirksamen Kausalgeschäfts (→ Rn. 53). Die rechtsfortbildende Annäherung an die Spaltungshaftung (§ 133 UmwG) ergänzt die bereits diskutierte Analogie zu § 22 UmwG (→ § 26 Rn. 2) und kann so Bedenken gegenüber etwaigen, durch §§ 25, 28 verursachten Schutzlücken (→ Rn. 16; → § 28 Rn. 9) ausräumen.

i) Stellungnahme. Die **einheitliche Interpretation** der §§ 25 f., 28 im Sinne einer Kontinuität der Rechtsverhältnisse (→ Rn. 18 ff.) und deren partieller Universalsukzession (→ Rn. 22) verdient den Vorzug gegenüber jenen Theorien, welche primär die Haftung in den Blick nehmen und den Übergang von Forderungen oder ganzen Rechtsverhältnissen allenfalls als isolierte, nachrangige Frage behandeln (→ Rn. 12 ff.). Die Einheitsbetrachtung findet ihre Rechtfertigung im Willen des historischen Gesetzgebers (→ Rn. 5 f.), aber auch rechtsfortbildend im modernen Verständnis der Vertragsübernahme (→ Rn. 22), in der wirtschaftlichen wie tatbestandlichen Nähe zum Umwandlungsrecht (→ Rn. 116 ff.) und im Rechtsvergleich mit Österreich (→ Rn. 128 ff.). 24

Nach dem hier zugrunde gelegten Verständnis regelt das Gesetz in §§ 25 f., 28, was subsidiär gelten soll, wenn ein Unternehmensträger durch ein für das Publikum sichtbares Rechtsgeschäft[117] unternehmensbezogene Rechtsverhältnisse auf einen anderen Unternehmensträger überträgt, ohne die an diesen Rechtsverhältnissen beteiligten Dritten einzubeziehen. Im Vordergrund steht dann nicht die Erwerberhaftung oder der Schuldnerschutz, sondern der Rechtsübergang. Wer haftet und an wen zu zahlen ist, wird zur Folgefrage dieses Übergangs. 25

Rechtstechnisch ermöglichen die §§ 25 f., 28 eine **Vertragsüberleitung kraft Rechtsgeschäfts** (→ Rn. 7). Ohne die §§ 25 f., 28 müsste nach allgemeinem Zivilrecht der Gläubiger jeder einzelnen Verbindlichkeit einer befreienden Schuldübernahme zustimmen (§§ 414 f. BGB), müsste der Schuldner jeder einzelnen Forderung auf die Abtretung an den neuen Gläubiger hingewiesen werden (§ 409 BGB). Die §§ 25 f., 28 erlauben es dem alten und dem neuen Unternehmensträger also, diese Veränderungen zweiseitig[118] und ‚im Paket'[119] herbeizuführen. Das Mittel hierfür ist Öffentlichkeit, dh Firmenfortführung und Registerpublizität, ohne dass die individuelle Kommunikation mit den Betroffenen versperrt wäre.[120] Wie im Fall von Schuldübernahme und Abtretung wird über die Stellung als Schuldner und Gläubiger **verfügt,** und zwar nach heutigem Verständnis der Vertragsübernahme einheitlich **über die Stellung als Vertragspartner** (→ Rn. 22 f.). Bedeutung hat dies für Dauerschuldverhältnisse und beiderseitig noch unerfüllte Austauschverträge (→ Rn. 82 f.). Ist nur (noch) eine Partei verpflichtet oder berechtigt oder handelt es sich um ein gesetzliches, vor allem deliktisches Schuldverhältnis, reduziert sich der Übergang naturgemäß auf die betreffende Verbindlichkeit bzw. Forderung. Zudem können die Parteien gem. § 25 Abs. 2, § 28 Abs. 2 einzelne Rechtsverhältnisse und auch einzelne Verbindlichkeiten oder Forderungen vom grundsätzlichen Totalübergang ausnehmen.[121] Somit bestätigen die § 25 Abs. 2, § 28 Abs. 2 den rechtsgeschäftlichen Charakter der § 25 Abs. 1, § 28 Abs. 1.[122] Der Schutz der in dieses Rechtsgeschäft nicht einbezogenen 26

[117] Vgl. Staub/*Burgard* Rn. 23 f.

[118] So auch für § 38 UGB *Krejci* FS Canaris, Bd. II, 2007, 735 (746), der allerdings die Überleitung der Rechtsverhältnisse als gesetzliche Folge ansieht; hierzu → Rn. 130.

[119] Zur Relativierung des Spezialitätsprinzips *Karsten Schmidt* AcP 198 (1998), 516 (533); *J. Flume* ZHR 170 (2006), 737 (745 ff.).

[120] Zutr. lobt Staub/*Burgard* Rn. 22, 31, Staub/*Burgard* § 28 Rn. 12, dass der Gesetzgeber sehr geschickt das Spannungsverhältnis zwischen Rechtssicherheit, Privatautonomie und Verkehrsschutz durch Publizität auflöst; insoweit unberechtigt die Kritik an *Burgard* von *Karsten Schmidt* HandelsR § 7 Rn. 22 („Vollendet[er] Eklektizismus"). Allerdings interpretiert *Burgard* die Norm dahin, dass der Veräußerer der eigentliche Schuldner und Gläubiger bleibe, was hier (→ Rn. 24 ff.) im Einklang mit *Karsten Schmidt* HandelsR § 7 Rn. 50 ff. bestritten wird.

[121] Mit Recht als liberale Grundsatzentscheidung begrüßt bei *Huber* FS Raisch, 1995, 85 (95); zust. Staub/*Burgard* Rn. 26 m. Fn. 56.

[122] *J. Flume,* Vermögenstransfer und Haftung, 2008, 125.

Altgläubiger wird nicht durch die (ohnedies übernommene) Haftung des neuen Unternehmensträgers (§ 25 Abs. 1 S. 1, § 28 Abs. 1 S. 1) gewährleistet, sondern durch die um fünf Jahre verzögerte Entlassung des alten Unternehmensträgers aus dem Schuldverhältnis (§ 26, § 28 Abs. 3). Da der Erwerber der eigentliche Schuldner ist, fehlt es an der gesamtschuldtypischen Gleichstufigkeit. Die Nachhaftung ist somit eine akzessorische Haftung (→ Rn. 22 f.) – ähnlich wie die einer selbstschuldnerischen Bürgschaft ähnliche Vermieterhaftung im Fall des § 566 Abs. 2 S. 1 BGB.[123] Der Schuldner der unternehmensbezogenen Forderungen kann befreiend an den neuen Unternehmensträger leisten, weil dieser der richtige Gläubiger ist (§ 25 Abs. 1 S. 2, § 28 Abs. 1 S. 2).

27 **Abs. 1** enthält die **gesetzliche Vermutung eines tatsächlichen Willens,** dessen Vorhandensein gem. **Abs. 2 nur mit den dort zugelassenen Beweismitteln widerlegt** werden kann (→ Rn. 8).[124] Gem. Abs. 1 wird den Beteiligten ein Übernahme- und Abtretungswillen unterstellt, gem. Abs. 2 wird der vermutete Tatbestand ausgeschlossen.[125] Die gleiche Struktur liegt § 28 Abs. 1 und 2 zugrunde (→ Rn. 29; → § 28 Rn. 8). Es wird vermutet, dass der alte Unternehmensträger die unternehmensbezogenen Rechtsverhältnisse auf den neuen Unternehmensträger übertragen hat. Zumeist könnten die betroffenen Gläubiger oder Schuldner ohne eine solche Vermutung den Übergang der jeweiligen Verbindlichkeit oder Forderung nicht beweisen. Sie müssen daher lediglich beweisen, dass der Unternehmensträger, der in Anspruch genommen wird oder an den gezahlt wurde, das Unternehmen unter gleicher Firma (und als Gläubiger mit Zustimmung des früheren Inhabers) fortführt. Hier hilft das Handelsregister, da eine Änderung von Firma und/oder Inhaber gem. § 31 zur Registereintragung anzumelden ist (→ § 31 Rn. 7 ff.). Ein Anreiz, diese Anmeldung zu beschleunigen, besteht zumindest für den früheren Geschäftsinhaber, da hiervon seine Enthaftung gem. §§ 26, 28 Abs. 3 abhängt (→ § 26 Rn. 14; → § 28 Rn. 40). Ist der Beweis der Fortführung erbracht, müssen je nach Betroffenheit der alte oder neue Unternehmensträger bzw. einer der Gesellschafter darlegen und beweisen, dass eine abweichende Vereinbarung gem. § 25 Abs. 2, § 28 Abs. 2 getroffen, eingetragen und bekanntgemacht oder dem betroffenen Dritten mitgeteilt ist (→ Rn. 109). Können sie dies nicht, streitet die Vermutung für den Übergang der unternehmensbezogenen Rechtsverhältnisse. Da derzeit nur kaufmännische Unternehmen mit dem Instrumentarium von Firma und Register operieren können, scheidet eine Ausdehnung der §§ 25 f., 28 auf nichtkaufmännische Unternehmen aus (→ Rn. 32 ff.; → § 28 Rn. 13 f.). Hier könnte nur eine Reform nach dem Vorbild der §§ 1 ff. UGB oder darüber hinaus helfen (→ Rn. 128 ff.; → Vor § 1 Rn. 26; → § 1 Rn. 104 ff.).

28 Dennoch ist ein **Übergang unternehmensbezogener Rechtsverhältnisse ohne Firmenidentität** möglich.[126] Faktisch wird aufgrund der Beweislage allein schon eine deutliche Änderung der Firma verhindern, dass es zum Streit kommt, weil Abs. 1 nicht erfüllt ist, ohne dass es einer Vereinbarung gem. Abs. 2 bedarf.[127] Kann aber der betroffene Gläubiger oder Schuldner eine entsprechende Vereinbarung zwischen Veräußerer und Erwerber ausnahmsweise beweisen, steht einem Übergang nichts entgegen (→ § 28 Rn. 30).[128] Zuweilen listet der BGH die zugrunde liegenden Erwerbsvorgänge erstaunlich genau auf,[129] ohne diese in die Begründung einzubeziehen oder zurückzuverweisen, da er insbesondere bei der Haftung eine sehr weit verstandene Kontinuität von Unternehmen und Firma genügen lässt (→ Rn. 42). Lässt sich aber der Weg der Rechtsverhältnisse vom alten zum neuen Unternehmensträger

[123] So für § 38 Abs. 1 S. 3 UGB, § 39 UGB auch *Torggler* JBl. 2008, 137 (152).
[124] Dezidiert gegen ein solches Verständnis bezüglich der Erwerberhaftung allerdings Staub/*Hüffer*, 4. Aufl. 1983, Rn. 13.
[125] *Karsten Schmidt* AcP 198 (1998), 516 (528 f.) zu § 25 Abs. 1 S. 2.
[126] *Karsten Schmidt* HandelsR § 7 Rn. 35, Rn. 43, 49; *Karsten Schmidt* HandelsR § 8 Rn. 32; zur herrschenden Gegenansicht nur BeckOK HGB/*Bömeke* Rn. 6.
[127] Ähnlich Staub/*Burgard* Rn. 2 aE, 22 aE.
[128] OLG Brandenburg BeckRS 2010, 15183 zu § 28.
[129] Vgl. BGH DStR 2009, 2440: Ausgliederung, Umfirmierung, übertragende Sanierung, Insolvenz, management/employee buy out; weitere Einzelheiten des Sachverhalts im erstinstanzlichen Urteil LG Hamburg BeckRS 2009, 28390.

nachvollziehen, kann der betroffene Gläubiger oder Schuldner die Parteien des Rechtsträgerwechsels daran – abseits des Abs. 2 (→ Rn. 27, → Rn. 92 ff.) – festhalten, da er lediglich positiv beweist, was sonst zu seinen Gunsten vermutet wird. Auf diese Weise verbleibt den Parteien die Möglichkeit, über die Rechtsverhältnisse zu verfügen, ohne dass ihren Gläubigern und Schuldnern der diese Verfügungsfreiheit kompensierende (→ Rn. 23) Schutz entzogen wird. Der alte Rechtsträger kommt in den Genuss der Enthaftung gem. §§ 26, 28 Abs. 3, soweit die dort vorausgesetzte Eintragung erfolgt ist (→ § 26 Rn. 14, → § 28 Rn. 40). Wiederum setzt dies Zugang zum Register voraus, der nichtkaufmännischen Unternehmen de lege lata verschlossen ist.

4. Anwendungsbereich. a) Abgrenzung zu § 28. Nach dem hier zugrunde gelegten Verständnis regelt § 28 einen **Sonderfall des § 25.**[130] In beiden Fällen geht es darum, dass ein (vormals) einzelkaufmännisches Unternehmen einen neuen Rechtsträger erhält.[131] Die Interessenlage ist identisch. Dies gilt auch für die betroffenen Gläubiger und Schuldner des alten Unternehmensträgers. Insbesondere besteht in den Fällen des § 28 **kein spezifisch höheres Ausfallrisiko** (→ § 28 Rn. 9). Eine Abgrenzung der beiden im Grundsatz gleich strukturierten Bestimmungen der §§ 25, 28 ist dennoch erforderlich, weil nur § 25, nicht dagegen § 28 die Fortführung der vom bisherigen Einzelkaufmann geführten Firma voraussetzt. 29

Dass bei § 25 die **Firmenfortführung** erforderlich, bei § 28 aber verzichtbar ist, hängt mit der heute – speziell im Vergleich mit § 38 UGB (→ Rn. 129) – anachronistisch wirkenden Einordnung ins Firmenrecht zusammen (→ Rn. 3; → § 28 Rn. 6). Diese erlaubte dem Gesetzgeber, auf die durch Firma und Handelsregister vermittelte Publizität zurückzugreifen. § 25 knüpft an § 22 an,[132] § 28 an § 24. Bei § 22 ist die Zulässigkeit der Firmenfortführung die zustimmungspflichtige Ausnahme, bei § 24 die Regel, soweit der namensgebende (Mit-)Gesellschafter im Unternehmen verbleibt.[133] Bei § 25 wirkt die Firmenfortführung daher geradezu demonstrativ, während sie bei § 28 keinen besonderen Aussagewert hat und deshalb auch verzichtbar ist.[134] Diese an §§ 22, 24 orientierte Abgrenzung der §§ 25, 28 hat auch nach der Handelsrechtsreform 1998 Bestand, obwohl seitdem auch Einzelkaufleute und Personengesellschaften eine Sachfirma haben können (→ Vor § 17 Rn. 5). Auch eine Sachfirma ist eng mit der Geschäftstätigkeit des bisherigen Unternehmensträgers verknüpft. Bleibt dieser im Unternehmen, liegt es nahe, die Firma fortzuführen (§ 28); scheidet er aus, beruht die Firmenfortführung auf einem (regelmäßig bezahlten) Zugeständnis des bisherigen Inhabers, auf dessen Reputation der neue Unternehmensträger Wert legt (§ 25).[135] 30

Nach der hier vertretenen Auffassung sind daher alle Fälle, in denen der **alte Unternehmensträger am neuen Unternehmensträger beteiligt** ist, gem. **bzw. analog § 28** zu lösen. Dies betrifft neben der OHG- oder KG-Gründung durch „Eintritt" eines Gesellschafters in das Geschäft eines Einzelkaufmanns auch die Einbringung eines Unternehmens in eine bestehende Personengesellschaft bzw. in eine Kapitalgesellschaft durch Sachgründung oder Kapitalerhöhung gegen Sacheinlagen (→ § 28 Rn. 10 f.). Entsprechend ist zu entscheiden bei Übertragung des Unternehmens zwischen ganz oder teilweise personenidentischen Gesellschaften (→ § 28 Rn. 12). Veräußert hingegen eine Gesellschaft das von ihr betriebene Unternehmen an einen Einzelkaufmann oder eine Personen- oder Kapitalgesellschaft, ohne dass ein namensgebender Gesellschafter am neuen Unternehmensträger beteiligt bleibt, liegt ein Fall des § 25 vor. Entschieden ist dies etwa für den Fall, dass ein Einzelkaufmann ein von einer Kapitalgesellschaft erworbenes Unternehmen fortführt.[136] Unanwendbar ist § 25 bei gesellschaftsrechtlicher 31

[130] *Karsten Schmidt* HandelsR § 7 Rn. 33.
[131] Staub/*Burgard* § 28 Rn. 2.
[132] So bereits *Börner* FS Möhring, 1975, 37 (44, 50).
[133] Zu Funktionsunterschieden und Verständniswandel *J. Flume* DB 2008, 2011 (2012 ff., 2015).
[134] Vgl. *Karsten Schmidt* HandelsR § 7 Rn. 49, der allerdings auf die Identität des Unternehmens und nicht auf die firmenrechtlichen Konsequenzen einer teilweisen Identität der am Unternehmen beteiligten Personen abstellt.
[135] Hierzu *J. Flume* DB 2008, 2011.
[136] BGH NJW-RR 1990, 1251 (1253); OLG Koblenz NZG 2006, 477 (478); OLG Rostock OLGR 2006, 487; OLG Hamm BeckRS 2008, 6686, das allerdings § 25 wegen 14monatiger Stilllegung nicht erfüllt sah.

Gesamtrechtsnachfolge nach Ausscheiden des letzten Mitgesellschafters oder aller anderen Gesellschafter. Nach dem Vorbild von § 142 aF wurde früher vertreten, dass der letztverbleibende Gesellschafter das Geschäft ohne Liquidation mit Aktiven und Passiven übernimmt.[137] Angesichts der sich hier vollziehenden gesellschaftsrechtlichen Anwachsung fehlt es jedoch an einem auf Übertragung gerichteten Erwerbsvorgang.[138] Ebenso wenig passt § 25 für die Übertragung aller Gesellschaftsanteile nach Anteilskauf (→ Anh. § 25 Rn. 110).

32 **b) Analoge Anwendung auf Nichtkaufleute.** Die unmittelbare Anwendung des § 25 ist angesichts der Tatbestandsmerkmale „Handelsgeschäft" und (Fortführung der bisherigen) „Firma" auf diejenigen Fälle beschränkt, in denen der Veräußerer bereits Kaufmann war.[139] Es wird jedoch seit längerem diskutiert, ob § 25 nicht analog auf die Übertragung nichtkaufmännischer Unternehmen,[140] eventuell sogar unter Einschluss der nichtgewerblichen freien Berufe (→ § 1 Rn. 4),[141] angewandt werden kann.[142]

33 **De lege lata** ist eine **Analogie** grundsätzlich **abzulehnen,** da für den Erwerber die **zuverlässige Abdingbarkeit** des § 25 **nicht gewährleistet** ist. Hierzu müsste dem Erwerber die Eintragung einer abweichenden Vereinbarung gem. Abs. 2 offenstehen; die vom Gesetzgeber zugelassene bloße Mitteilung reicht dafür angesichts gravierender Nachweisprobleme nicht aus.[143] Auch § 38 Abs. 4 S. 3 UGB, der nichtkaufmännische Unternehmen wegen § 1 UGB einbezieht, ermöglicht die Eintragung ins Firmenbuch (→ Rn. 136). Damit scheiden diejenigen Fälle von vornherein aus, in denen die Kaufmannseigenschaft auch dem Erwerber fehlt. Eine entsprechende Anwendung des § 25 ist aber selbst dann abzulehnen, wenn sich der Erwerber im Handelsregister eintragen lassen könnte.[144] Die §§ 2, 3 Abs. 2, 105 Abs. 2 stellen Unternehmer vor die Wahl, ob sie sich dem Regime des kaufmannsbezogenen Handelsrechts unterwerfen wollen oder nicht (→ § 1 Rn. 6; klärend hierzu die Formulierung von § 4 Abs. 2 und 3 UGB). Entscheidet sich ein Unternehmer dagegen (oder erst nach dem Erwerb dafür[145]), kann diese Entscheidung nicht durch eine Analogie konterkariert werden.[146] Nichts anderes gilt, wenn ein bisher nichtkaufmännisches Unternehmen durch Erweiterungen nach dem Erwerb einen in kaufmännischer Weise

---

[137] RGZ 142, 300 (302); GroßkommHGB/*Würdinger* Anm. 6; GroßkommHGB/*Ulmer* § 142 Anm. 34; Schlegelberger/*Hildebrandt/Steckhan* Rn. 5; *Pahl,* Haftungsrechtliche Folgen versäumter Handelsregistereintragung und Bekanntmachung, 1987, 250.

[138] So auch Staub/*Hüffer,* 4. Aufl. 1983, Rn. 73 f.; Staub/*Burgard* Rn. 42 f.; EBJS/*Reuschle* Rn. 35; *Karsten Schmidt* ZHR 145 (1981), 2 (5); *Waskönig,* Rechtsgrund und Tragweite der §§ 25, 28 HGB, 1979, 143.

[139] Dabei belassen es seit langem Rspr. und hL, vgl. etwa BGHZ 18, 248 (250); 22, 234 (240) = NJW 1957, 179; BGH DB 1964, 1297; BB 1966, 876; NJW 1982, 577; 1992, 112 (113); RGZ 55, 83 (85 f.); OLG Frankfurt OLGZ 1973, 20 (22); OLG Zweibrücken NJW-RR 1988, 998; OLG Koblenz NJW-RR 1989, 420; FG Münster EFG 2010, 2062 (2063 f.); SächsFG BeckRS 2014, 95327; *Waskönig,* Rechtsgrund und Tragweite der §§ 25, 28 HGB, 1979, 194 ff.; *Commandeur/Kleinebrink* Betriebsübernahme Rn. 911 ff.; *Pahl,* Haftungsrechtliche Folgen versäumter Handelsregistereintragung und Bekanntmachung, 1987, 228 ff.; *Wilhelm* NJW 1986, 1797 (1798); GroßkommHGB/*Würdinger* Anm. 3 f.; *v. Gierke/Sandrock* HandelsR § 16 I 3 b dd, 221; so nun auch Heymann/*Förster* Rn. 14. Teilweise wurde aber die Anwendung des § 25 bei nichtkaufmännischem Veräußerer dann bejaht, wenn der Erwerber Vollkaufmann war, vgl *Schricker* ZGR 1972, 121 (155 f.); Schlegelberger/*Hildebrandt/Steckhan* Rn. 5; Straube/*Schuhmacher* Rn. 4; vgl. auch *Canaris* HandelsR § 7 Rn. 21.

[140] Staub/*Hüffer,* 4. Aufl. 1983, Rn. 84 f.; Baumbach/Hopt/*Hopt* Rn. 2.

[141] Für Erstreckung auf alle nichtgewerbetreibenden Unternehmensträger *Karsten Schmidt* HandelsR § 7 Rn. 41, § 8 Rn. 1; dagegen *Canaris* HandelsR § 7 Rn. 20; s. auch *Arnold/Dötsch* DStR 2003, 1398 (1403); OLG Köln ZIP 2001, 975.

[142] Der BGH NJW 1992, 112 (113) re. Sp. hat schon die Regelungslücke verneint; ebenso FG Münster EFG 2010, 2062 (2063); offen OLG Köln NZG 2010, 879 (880); pauschal abl. OLG Oldenburg BeckRS 2015, 125975.

[143] So auch *Pahl,* Haftungsrechtliche Folgen versäumter Handelsregistereintragung und Bekanntmachung, 1987, 229; *Commandeur/Kleinebrink* Betriebsübernahme Rn. 916 aE; *Canaris* HandelsR § 7 Rn. 20; *Huber* FS Raisch, 1995, 103 ff.; EBJS/*Reuschle* Rn. 24; Staub/*Burgard* Rn. 38; Oetker/*Vossler* Rn. 13; BeckOK HGB/*Bömeke* Rn. 10.

[144] AA → 2. Aufl. 2005, Rn. 30 *(Lieb)*; *Karsten Schmidt* HandelsR § 8 Rn. 1 Fn. 7; *Karsten Schmidt* ZGR 2014, 844 (861).

[145] Auch in diesem Fall gegen eine Analogie *Canaris* HandelsR § 7 Rn. 21.

[146] Staub/*Burgard* Rn. 38.

eingerichteten Geschäftsbetrieb erfordert. **Analogiefähig** ist allein der Fall, dass der bisher selbst kleingewerblich tätige Unternehmer **durch Zukauf** eines kleingewerblichen Unternehmens die **Schwelle des § 1 Abs. 2 überschreitet,**[147] sofern dann noch die Identität des Unternehmens gewahrt ist (→ Rn. 56). Ohne analoge Anwendung des § 25 kann sich die Haftung des Erwerbers eines nichtkaufmännischen Unternehmens aus der Erweckung des **Rechtsscheins eines Handelsgeschäfts** iSv § 25 ergeben (→ Rn. 124).

De lege ferenda ist die Einbeziehung nichtkaufmännischer Unternehmen allerdings **34** wünschenswert. § 25 adressiert kein spezifisch handelsrechtliches, dh im herkömmlichen Verständnis: kaufmannsrechtliches Problem.[148] Das Bedürfnis, Aktiva und Passiva auf einen neuen Unternehmensträger überzuleiten und dabei zugleich die Interessen der Schuldner und Gläubiger des alten Unternehmensträgers zu wahren, ergibt sich vielmehr aus der Unternehmensübertragung als solcher, weniger aus der Übertragung gerade eines Handelsgeschäfts. Zudem sind die Voraussetzungen, von denen die Abgrenzung qua Firmen- und Registerrecht abhängt, nicht trennscharf. In der Praxis wird es nicht selten Zweifel geben, ob ein zu übertragendes Unternehmen einen in kaufmännischer Weise eingerichteten Geschäftsbetrieb erfordert und deshalb ein Handelsgeschäft darstellt, auch wenn § 1 Abs. 2 das Handelsgeschäft als regelmäßige Form eines gewerblichen Unternehmens ansieht und eine entsprechende Vermutung aufstellt (→ § 1 Rn. 75 ff.; → § 15 Rn. 20). Diese Unschärfen beruhen auf der (auch und gerade nach der Reform des Kaufmannsbegriffs) nicht immer rechtssicheren Abgrenzung der §§ 1 ff. (→ § 1 Rn. 3, → § 1 Rn. 5). Allein der Gesetzgeber könnte hier Klarheit schaffen, indem er etwa das Vorbild des österreichischen UGB aufgreift (→ Vor § 1 Rn. 26; → § 1 Rn. 104 ff.).

Für die **Gegenauffassung,** die eine **Analogie** zu § 25 schon de lege lata **bejaht,** ist **35** die Fortführung der Geschäftsbezeichnung des Veräußerers erforderlich, weil sonst bei Verzicht auf dieses einschränkende Merkmal des § 25 der Anwendungsbereich der Analogie weiter wäre als derjenige der unmittelbaren Gesetzesanwendung.[149] Weitergehend verzichtet *Karsten Schmidt* schon bei unmittelbarer Anwendung des § 25 auf die Firmenfortführung (→ Rn. 20, → Rn. 28). Ob der Erwerber eines nichtkaufmännischen Unternehmens die Geschäftsbezeichnung des Veräußerers fortführen darf,[150] ist bei analoger wie direkter Anwendung nur insoweit maßgeblich, als der Veräußerer der Fortführung zugestimmt haben muss (Abs. 1 S. 2, → Rn. 63 ff.). Ob der Erwerber im Übrigen firmen-, wettbewerbs- und markenrechtlich zur Fortführung berechtigt war, spielt keine Rolle.

c) Insolvenz. Auf den Erwerb eines Handelsgeschäfts **vom Insolvenzverwalter** findet **36** § 25 nach allgemeiner Auffassung[151] **keine Anwendung.**[152] Dies gilt auch nach Inkrafttreten

[147] So auch Staub/*Burgard* Rn. 38.

[148] Staub/*Burgard* Rn. 38.

[149] Eingehend zur firmenrechtlichen Lage auch bei analoger Anwendung Staub/*Burgard* Rn. 39.

[150] *Karsten Schmidt* HandelsR § 12 Rn. 105 ff.; Staub/*Hüffer,* 4. Aufl. 1983, § 22 Rn. 15; aA *Canaris* HandelsR § 11 Rn. 51; Heymann/*Förster* § 22 Rn. 5 f.

[151] Mit unterschiedlichen dogmatischen Begr. BGHZ 104, 151 (153 f.) = NJW 1988, 1912; BGH NJW 1992, 911; NZG 2014, 511 Rn. 17 mAnm *Karsten Schmidt* JuS 2014, 454 (455); RGZ 58, 166 (167 ff.); OLG Stuttgart NZG 2010, 628 (630); OLG Schleswig NJW-RR 2014, 333 (335); BAG AP BGB § 613a Nr. 85 = DB 1990, 1416; NJW 2007, 942 mAnm *Karsten Schmidt* JuS 2007, 781; NZA 2013, 961 Rn. 40; LAG Hamm NJW 1983, 242 (243); LAG Hamm NZI 2016, 854, 855 f.; VG Regensburg BeckRS 2014, 51781; s. auch OLG Düsseldorf NJW-RR 1999, 1556 zu arglistiger Täuschung und Kollusion; ausf. *Müller,* Die Einbeziehung freier Berufe in das Handelsrecht, 1968, 32 ff.; *Gerhardt* JZ 1988, 976 f.; *Henckel* ZIP 1980, 2 (5); *Karsten Schmidt* HandelsR § 7 Rn. 99; *Karsten Schmidt* HandelsR § 8 Rn. 81; Baumbach/Hopt//*Hopt* Rn. 4, 16; EBJS/*Reuschle* Rn. 41; Heymann/*Förster* Rn. 31; Staub/*Hüffer,* 4. Aufl. 1983, Rn. 60 f.; Staub/*Burgard* Rn. 46; Röhricht/Graf v. Westphalen/Haas/*Ries* Rn. 11; Jaeger/Henckel/*Gerhardt* InsO § 22 Rn. 92 ff.; Staudinger/*Beckmann,* 2014, BGB § 453 Rn. 195, 201; aA bezüglich Masseschulden *Gotthardt* BB 1987, 1896 ff. Zum Liquidationsvergleich → 1. Aufl. 1996, Rn. 32 Fn. 63 mwN.

[152] Hingewiesen sei allerdings auf die im Zusammenhang mit der „übertragenden Sanierung" diskutierten Bedenken, vgl. *Müller,* Die Einbeziehung freier Berufe in das Handelsrecht, 1968, 92 ff.; krit. ebenfalls *Karsten Schmidt* ua in ZIP 1980, 328 (336 f.); *Karsten Schmidt* HandelsR § 7 Rn. 100 ff. Für eine Befreiung auch von der Haftung gem. § 133 UmwG bei Ausgliederung im Insolvenzplanverfahren *Kahlert/Gehrke* DStR 2013, 975 (978); *Simon/Brünkmanns* ZIP 2014, 657 (664); tendenziell auch *Becker* ZInsO 2013, 1885 (1890 f.).

der Insolvenzordnung, obwohl der Gesetzgeber bei der Reform des Insolvenzrechts § 25 bewusst beibehalten hat.[153] Ohne diese den Haftungsausschluss gem. Abs. 2 typisierende[154] Ausnahme wäre ein Verkauf aus der Insolvenz praktisch unmöglich; der Erwerber wäre dem Einzelzugriff der Gläubiger ausgesetzt, der Ertrag für die Masse gering. Ausdrücklich geregelt ist diese Ausnahme in § 75 Abs. 2 AO 1977 (→ Rn. 112 ff.) sowie in Österreich in § 38 Abs. 5 UGB (→ Rn. 137). Nicht anwendbar ist § 25 auch, wenn der Verkauf durch den Schuldner im Rahmen der Eigenverwaltung erfolgt, weil der Schuldner in Eigenverwaltung insoweit eine ähnliche Stellung hat wie der Insolvenzverwalter.[155] Dagegen ist § 25 **anwendbar** beim Erwerb vom **vorläufigen Insolvenzverwalter** (§ 21 Abs. 2 Nr. 1 InsO).[156] Da eine Befugnis zur Unternehmensveräußerung während des Eröffnungsverfahrens bewusst nicht in § 22 Abs. 1 S. 2 Nr. 2 InsO aufgenommen wurde,[157] unterscheidet sich die Stellung des Verwalters nach Verfahrenseröffnung weiterhin von derjenigen des vorläufigen Insolvenzverwalters. Wird das Verfahren nicht eröffnet, kann sich der von der Zustimmung des Schuldners abhängige[158] Erwerb vom vorläufigen Insolvenzverwalter nachträglich als im Übrigen regulärer Erwerb darstellen. Allerdings kann auch beim Erwerb vom vorläufigen Insolvenzverwalter nicht ohne weiteres erwartet werden, dass der Erwerber die Schulden ganz oder teilweise ‚mitkauft'.[159] Will der Erwerber die Haftung nicht hinnehmen, muss er deshalb entweder einen Haftungsausschluss gem. Abs. 2 erzielen oder aber vom Erwerb Abstand nehmen, zumindest aber von der Firmenfortführung.[160] Wird das Insolvenzverfahren mangels Masse nicht eröffnet, ist § 25 anwendbar, da ein Konflikt mit der Sanierungs- und Befriedigungsaufgabe des Insolvenzverwalters nicht besteht.[161] Dies gilt gleichermaßen, wenn der Insolvenzverwalter nur einzelne Vermögensgegenstände des Unternehmens veräußert.[162] Letzteres ist aber keine Besonderheit der Insolvenz; vielmehr fehlt es schon am Erwerb des Unternehmens als betriebsfähiger Wirtschaftseinheit (→ Rn. 40).

37 Weitergehend wird gefordert, § 25 in allen Fällen **teleologisch zu reduzieren,** in denen der Veräußerer bei Unternehmensübergang bereits insolvenzreif war, Vollstreckungsmaßnahmen gegen ihn daher keinen Erfolg gehabt hätten und der Rechtsverkehr eine Haftungsübernahme durch den Erwerber nicht erwarten durfte.[163] Eine solche teleologische Reduktion ist jedoch **abzulehnen.**[164] Die hierfür aufgestellten Voraussetzun-

[153] Vgl. Kübler/Prütting/Bork/*Webel* InsO § 160 Rn. 11 unter Hinweis auf BT-Drs. 12/3803, 76 zur Aufhebung von § 419 BGB aF; vgl. auch Kübler/Prütting/Bork/*Webel* InsO § 160 Rn. 14.

[154] Vgl. *Canaris* FS Frotz, 1993, 11 (24 f.), auch 30 f.; anders *Karsten Schmidt* HandelsR § 7 Rn. 99: teleologische Reduktion von § 25 Abs. 1; Oetker/*Vossler* Rn. 21.

[155] BGH NZG 2020, 318 (319 f.) mAnm *K. Schmidt* JuS 2020, 463.

[156] Anders *Canaris* HandelsR § 7 Rn. 28; Röhricht/Graf v. Westphalen/Haas/*Ries* Rn. 11; Jaeger/Henckel/*Gerhardt* InsO § 22 Rn. 93; wie hier die Rspr. zum Erwerb vom Sequester BGHZ 104, 151 (153 ff.) = NJW 1988, 1912; BGH NZG 2014, 511 Rn. 18 mAnm *Karsten Schmidt* JuS 2014, 454 (455); ebenso BAG AP BGB § 613a Nr. 85 = DB 1990, 1416; NJW 2007, 942 (943) mAnm *Karsten Schmidt* JuS 2007, 781 (782); OLG Bremen NJW-RR 1989, 423; OLG Stuttgart NZG 2010, 628 (630). Umstritten ist hierbei ob § 25 dann ausgeschlossen ist, wenn es anschließend zur Eröffnung des Insolvenzverfahrens kommt, bejahend *Commandeur/Kleinebrink* Betriebsübernahme Rn. 909; Heymann/*Förster* Rn. 32; dagegen *Gerhardt* JZ 1988, 976 f.; offengelassen von BGHZ 104, 151 (157). Für einen generellen Ausschluss des § 25 noch LG Mönchengladbach NJW 1987, 2091 f.; OLG Köln WM 1987, 1047 zu § 419 BGB aF. Eingehend zum Unternehmenskauf vom vorläufigen Insolvenzverwalter Staudinger/*Beckmann,* 2014, BGB § 453 Rn. 198.

[157] Zum Hintergrund Kübler/Prütting/Bork/*Blankenburg* InsO § 22 Rn. 2 ff., 112 ff.

[158] Gegen eine Veräußerungsbefugnis ohne Zustimmung von Insolvenzschuldner oder -gericht auch Jaeger/Henckel/*Gerhardt* InsO § 22 Rn. 89 ff.

[159] Ebenso im Ausgangspunkt, aber anders iErg *Canaris* FS Frotz, 1993, 11 (30 f.).

[160] Vgl. BGH MittBayNot 2005, 168.

[161] BGH NZG 2014, 511 Rn. 18 f. mAnm *Karsten Schmidt* JuS 2014, 454 (455); OLG Stuttgart NZG 2010, 628 (630).

[162] OLG Stuttgart NZG 2010, 628 (630); näher dazu *R. Paulus* ZInsO 2011, 162 (165 ff.).

[163] *Canaris* FS Frotz, 1993, 11 (17 ff., 26 ff.); *Canaris* HandelsR § 7 Rn. 26 ff.; ebenso *Altmeppen* FS Hopt, Bd. I, 2010, 305 (316) vom Standpunkt der Rechtsscheintheorie.

[164] IErg ebenso BGH NJW 1992, 911, wo die Insolvenzreife des alten Unternehmensträgers bereits bei Erwerb feststand; ähnlich BGH NJW 2006, 1001 (1002); NZG 2014, 511 Rn. 18 f. mAnm *Karsten Schmidt* JuS 2014, 454 (455); BAG NZA 2013, 961 Rn. 40.

gen – Vergeblichkeit der Zwangsvollstreckung bzw. Insolvenzreife – lassen sich rückblickend nicht mehr mit ausreichender Rechtssicherheit stichtagsbezogen feststellen. Der Ausschluss des § 25 wäre im Einzelfall davon abhängig, ob dem Erwerber der Beweis gelingt, dass die Gläubiger vom Altunternehmer im Zeitpunkt des Übergangs nicht mehr hätten befriedigt werden können. Anders als ein Gläubiger in den Fällen der §§ 773 Abs. 1 Nr. 4 BGB, 2 AnfG[165] kann der Erwerber den Veräußerer im Veräußerungszeitpunkt nicht unmittelbar zur Zahlung auffordern und Vollstreckungsversuche unternehmen. Er kann allenfalls später auf die Vergeblichkeit der Zwangsvollstreckung oder die Insolvenzreife des Veräußerers schließen, wenn dessen Gläubiger ihn in Anspruch nehmen und ein Freistellungsverlangen des Erwerbers vom Veräußerer unerfüllt bleibt. Daraus folgt aber nicht ohne weiteres, dass der Veräußerer bereits zum Übergangsstichtag kein guter Schuldner mehr war. Als Abhilfe für diese Fälle bleibt eine enge Auslegung des Erwerbsmerkmals im Tatbestand des Abs. 1 (→ Rn. 42 f.),[166] im Übrigen nur eine strenge Prüfung der Bonität des Veräußerers durch den Erwerber, verbunden mit einem Haftungsausschluss gem. Abs. 2.[167]

II. Tatbestandsmerkmale

1. Erwerbsobjekt. a) Handelsgeschäft. Das Tatbestandsmerkmal des „Handelsgeschäfts" ist nur dann erfüllt, wenn der bisherige Unternehmer ein kaufmännisches Handelsgewerbe[168] betrieben (und nicht nur geplant) hat,[169] und zwar unter einer Firma iSd §§ 17 ff. (→ Rn. 41, → Rn. 57 ff.). Zwar ist § 25 keine eigentlich firmenrechtliche Vorschrift (→ Rn. 3). Die Führung einer Firma stellt aber de lege lata ein grundsätzlich notwendiges Tatbestandsmerkmal dar, das nur in Einzelfällen entbehrlich ist (→ Rn. 28), mag auch seine Bedeutung heute zweifelhaft sein (→ Rn. 20, → Rn. 30). Dementsprechend muss das Handelsgeschäft in einer **firmenfähigen Rechtsform** betrieben worden sein.[170] Neben dem **Einzelkaufmann** kommen dafür auch **Handelsgesellschaften** in Betracht (nicht aber eine GbR[171] → § 28 Rn. 13), wenn die Gesellschaft das von ihr betriebene Unternehmen an einen personenverschiedenen Rechtsträger überträgt[172] (→ Rn. 31; → § 28 Rn. 12). Insoweit kann es sich auch um eine ausländische Kapitalgesellschaft handeln (→ § 6 Rn. 14).[173] Die Fiktion der **Kaufmannseigenschaft kraft Eintragung** gem. § 5 (→ § 5 Rn. 9) reicht aus (gegen Anwendung des § 25 auf Nichtkaufleute → Rn. 33 ff.). 38

b) Zweigniederlassung. Als Handelsgeschäft iSv § 25 wird auch eine Zweigniederlassung angesehen; dann beschränkt sich jedoch die Haftung des Erwerbers auf diejenigen Verbindlichkeiten, die in deren Geschäftsbereich selbst begründet worden waren.[174] 39

---

165 *Canaris* FS Frotz, 1993, 11 (17 ff., 26 ff.); *Canaris* HandelsR § 7 Rn. 26 ff. stellt auf § 773 Abs. 1 Nr. 4 BGB ab; zum Maßstab und zur Beweislast MüKoBGB/*Habersack* BGB § 773 Rn. 9, 11; zur Parallelnorm Kübler/Prütting/Bork/*Paulus* AnfG § 2 Rn. 20 ff.

166 So auch *Canaris* FS Frotz, 1993, 31, der die daran anschließende Möglichkeit eines einseitigen Haftungsausschlusses jedoch nicht genügen lässt.

167 Ebenso EBJS/*Reuschle* Rn. 43; dagegen wegen der geringen praktischen Bedeutung des § 25 Abs. 2 *Canaris* FS Frotz, 1993, 11 (24).

168 Der Begriff des Handelsgeschäfts iSd § 25 ist damit selbstverständlich von den einzelnen Handelsgeschäften der §§ 343 ff. zu unterscheiden, vgl. aber → Rn. 66; zur Terminologie → § 1 Rn. 19.

169 Staub/*Burgard* Rn. 48.

170 Staub/*Burgard* Rn. 49.

171 FG Münster DStRE 2013, 1393 (1394).

172 BGH NJW-RR 1990, 1251 (1253); OLG Koblenz NZG 2006, 477 (478); OLG Rostock OLGR 2006, 487; OLG Hamm BeckRS 2008, 6686, das allerdings § 25 wegen 14monatiger Stilllegung nicht erfüllt sah; OLG Köln NZG 2010, 879 (880); OLG Düsseldorf RNotZ 2011, 434 (437); LG Köln BeckRS 2013, 11425.

173 Dies voraussetzend auch OLG München BeckRS 2013, 06225: Fortführung des Geschäfts einer Ltd. durch eine UG.

174 BGH WM 1963, 664 (665); NJW 1972, 1859; DB 1979, 1124 (1125); RGZ 169, 133 (139); OLG Bremen NJW-RR 1989, 423; Staub/*Burgard* Rn. 58 ff.; dazu → Rn. 68.

40 **c) Teilerwerb.** Das Handelsgeschäft muss nicht vollständig übertragen werden. Es genügt vielmehr die Übertragung derjenigen Teile, die den Kern des Unternehmens ausmachen,[175] also den Tätigkeitsbereich bestimmen, mit dem es nach außen in Erscheinung trat[176] bzw. der den wesentlichen (Ertrags-)Wert des Unternehmens verkörpert hat.[177] Insgesamt sind jedoch an das Tatbestandsmerkmal des Handelsgeschäfts insoweit strenge Anforderungen zu stellen. Erworben und fortgeführt werden muss das Unternehmen als **betriebsfähige Wirtschaftseinheit.**[178] Dies ist grundsätzlich auch denkbar, wenn der Unternehmensträger insolvent war.[179] Jedoch stellt sich dann die Frage, ob ein privilegierter Erwerb vom Insolvenzverwalter vorliegt (→ Rn. 36) und ob überhaupt ein Geschäftserwerb im Rechtssinne und nicht nur eine – von der Rspr. freilich akzeptierte – rein tatsächliche Geschäftsfortführung vorliegt (→ Rn. 42 f.).

41 **d) Firmenführung.** Die vom Gesetz geforderte Fortführung der Firma durch den Erwerber setzt voraus, dass der Veräußerer seinerseits bereits eine Firma führte (zur Fortführung der Geschäftsbezeichnung durch Nichtkaufleute → Rn. 35). Dabei kommt es nicht auf deren ordnungsgemäße Bildung an;[180] Voraussetzung ist jedoch, dass der prägende Teil der alten Firma weitergeführt wird (näher → Rn. 61 f.).[181]

42 **2. Erwerbsvorgang. a) Rechtsgeschäftlicher Erwerb.** Der Erwerb des Unternehmens auf rechtsgeschäftlicher Grundlage und durch Rechtsgeschäft (→ Rn. 7) ist nach der hier vertretenen Auffassung **Voraussetzung der Haftung** gem. § 25.[182] Demgegenüber lehnt die Rspr. die Voraussetzung eines derivativen Erwerbs ausdrücklich ab.[183] Konsequenzen hat dies vor allem für die Beurteilung des mittelbaren (→ Rn. 49 ff.) und des rechtsunwirksamen Erwerbs (→ Rn. 53 f.). Nach der **Rspr. genügt** die rein **tatsächliche Weiterführung** des Handelsgeschäfts; sie hält es für unerheblich, ob und ggf. welche Vereinbarungen der alte und der neue Inhaber zum Zwecke der Fortführung des Unternehmens getroffen haben.[184] Entscheidend sei allein die durch die Firmenfortführung nach

---

[175] Staub/*Burgard* Rn. 57.

[176] BGHZ 18, 248 (250); BGH NJW 1982, 1647 (1648); 1992, 911 f.; DStR 2009, 2440 (2442); NZG 2010, 112 Rn. 2; NZG 2012, 916 Rn. 18 mAnm *Karsten Schmidt* JuS 2013, 77 (78 f.); NZG 2014, 511 Rn. 15 mAnm *Karsten Schmidt* JuS 2014, 454 (455); RGZ 169, 133 (136); OLG Saarbrücken BB 1964, 1195 f.; OLG Bremen NJW-RR 1989, 423; NZG 2008, 946; OLG Düsseldorf NJW-RR 1998, 965; RNotZ 2011, 434 (436); OLG Koblenz NZG 2006, 477 (478); OLG Stuttgart NZG 2010, 628 (630); OLG Köln NZG 2010, 879; GWR 2014, 460 = BeckRS 2014, 10932; SächsFG BeckRS 2014, 94374; LAG LSA BeckRS 2013, 65941; sehr weit dagegen OLG Stuttgart NJW-RR 1989, 424 f.; zur Definition des Kerns auch EBJS/*Reuschle* Rn. 29 f.

[177] BGH NZG 2010, 112 Rn. 3 für den Adressbestand im Direktmarketing.

[178] OLG Rostock OLGR 2006, 487; OLG Jena OLGR 2007, 106; OLG Bremen NZG 2008, 946; OLG Stuttgart NZG 2010, 628 (630); EBJS/*Reuschle* Rn. 31.

[179] Insoweit zutr. BGH NJW 1992, 911; 2006, 1002; OLG Stuttgart NZG 2010, 628 (630).

[180] BGHZ 22, 234 (237) = NJW 1957, 179; BGH LM Nr. 1 = BB 1953, 1025; RGZ 113, 306 (308); OLG Düsseldorf GmbHR 1991, 315 (316); Staub/*Hüffer*, 4. Aufl. 1983, Rn. 37; Staub/*Burgard* Rn. 50; Heymann/*Förster* Rn. 39; *Commandeur/Kleinebrink* Betriebsübernahme Rn. 992.

[181] BGHZ 146, 374 = NJW 2001, 1352.

[182] So auch EBJS/*Reuschle* Rn. 26, 32; Röhricht/Graf v. Westphalen/Haas/*Ries* Rn. 5, 8; *Canaris* HandelsR § 7 Rn. 23; *Kahlert/Gehrke* DStR 2013, 975 (978); für Österreich *Torggler* JBl. 2008, 137 (143); *J. Flume* ZHR 170 (2006), 736 (744, 753, 761 f.); abl. Staub/*Burgard* Rn. 56; Heidel/Schall/*Ammon* Rn. 9, 11.

[183] BGH NJW 2006, 1001 (1002); NJW-RR 2009, 820 mAnm *Karsten Schmidt* JuS 2009, 185; NZG 2014, 511 Rn. 15 mAnm *Karsten Schmidt* JuS 2014, 454 (455); OLG Stuttgart NZG 2010, 628 (630); KG BB 2016, 397 ff.; OLG Rostock 20.1.2016 – 1 U 32/15, nv; LG Dessau-Roßlau JurBüro 2009, 326; LAG LSA BeckRS 2013, 65941; VGH Mannheim DStR 2012, 91 (93); eingehende Auseinandersetzung mit der → 2. Aufl. 2005, Rn. 40 ff. *(Lieb)* bei OLG Köln BeckRS 2008, 2177.

[184] So BGH WM 1985, 1475; NJW 1986, 581 unter Berufung auf BGHZ 18, 248 (250); 22, 234 (239) = NJW 1957, 179 und BGH NJW 1984, 1186; ganz ähnlich auch BGH NJW 1992, 911 (912); OLG Frankfurt NJW 1980, 1397 (1398); BayObLG NJW-RR 1988, 869 (870); OLG Düsseldorf GmbHR 1991, 315 (316); LG Stuttgart ZIP 1988, 1481 (1482); OLG Jena OLGR 2007, 106; OLG Köln GWR 2014, 460 = BeckRS 2014, 10932; LAG LSA BeckRS 2013, 65941; VGH Mannheim DStR 2012, 91 (93); zust. *Karsten Schmidt* ZGR 1992, 621 (626); Baumbach/Hopt/*Hopt* Rn. 4, 5; Staub/*Hüffer*, 4. Aufl. 1983, Rn. 40; *Commandeur/Kleinebrink* Betriebsübernahme Rn. 987; *Huber* FS Raisch, 1995, 85 (96 ff.); Oetker/*Vossler* Rn. 15 ff.; BeckOK HGB/*Bömeke* Rn. 31 f.

außen dokumentierte Kontinuität,[185] das äußere Erscheinungsbild[186] des in seinem wesentlichen Bestand fortgeführten Unternehmens.[187]

Die Rspr. **überzeugt nicht.** Die Haftungsüberleitung kann dem Erwerber gegenüber nur gerechtfertigt werden, wenn eine **einverständliche Geschäftsübernahme** erfolgt ist.[188] Nur so kann vermieden werden, dass § 25 für den Erwerber zur „Haftungsfalle" wird (→ Rn. 16, → Rn. 37). Denn nur bei derivativem Erwerb steht dem Erwerber gem. Abs. 2 der Abschluss einer **Enthaftungsvereinbarung** offen.[189] Die auch hier befürwortete einseitige Haftungsabwehrerklärung (→ Rn. 50, → Rn. 97) ist angesichts der von Abs. 2 vorausgesetzten „Vereinbarung" unsicher, wenngleich sie in der Konsequenz der Rspr. liegt, die eine mit dem Altunternehmer nicht abgestimmte Unternehmens- und Firmenfortführung genügen lässt. Die Rspr. **vermengt** jedoch den **Erwerb** des Handelsgeschäfts mit dem zusätzlichen Merkmal der **Firmenfortführung** (→ Rn. 57 ff.) und mit der **Rechtsunwirksamkeit** des Erwerbs (→ Rn. 53 f.). Zudem zitiert sie formelhaft frühere Entscheidungen ohne Berücksichtigung ihrer singulären Umstände.[190] So werden punktuelle Aussagen zur Haftung bei devisenrechtlicher Unwirksamkeit des Übernahmevertrags[191] bzw. wegen des Rechtsscheins eines Übernahmevertrags[192] unzulässigerweise zu dem Grundsatz verallgemeinert, dass eine Haftung auch ohne Übernahmevertrag in Betracht komme.[193] 43

b) Entgeltlicher und unentgeltlicher Erwerb. Den Grund- und Regelfall des § 25 bildet der Erwerb aufgrund eines **Unternehmenskaufvertrages.**[194] § 25 ist indessen nicht auf entgeltliche Verträge beschränkt; vielmehr kommen – namentlich bei Familienunternehmen – auch sonstige Rechtsgründe in Betracht, die einen vollständigen Inhaberwechsel bewirken,[195] wie **Schenkung,**[196]**Tausch, Treuhandvertrag** (mit Ausnahme verdeckter, nach außen nicht hervortretender Treuhandabreden),[197] **Auseinandersetzungsverträge,**[198] Erfüllung von **Vermächtnissen** (keine Universalsukzession) etc. 44

c) Pacht/Nießbrauch. Die Unternehmenspacht oder die Einräumung eines Nießbrauchs am Unternehmen unterfällt gleichfalls § 25.[199] Erforderlich ist nämlich nur die 45

---

[185] BGH NJW 1992, 911 (912) im Abschnitt III 2; ähnlich BGH NJW-RR 2009, 820 (821); DStR 2009, 2440 (2441); aA als hier dezidiert *Karsten Schmidt* ZGR 1992, 621 ff.; wie hier *Canaris* FS Frotz, 1993, 11 ff.; *Canaris* HandelsR § 7 Rn. 4.

[186] BGH NJW 1986, 581 f.; zutr. dagegen OLG Hamm NJW-RR 1995, 734 (735).

[187] Unrichtig daher OLG Düsseldorf GmbHR 1991, 315 (316), wo aus der Formel des BGH der unzutr. Schluss gezogen wird, ein Fall des § 25 liege auch dann vor, wenn der (angebliche) „Erwerber" das Unternehmen des (angeblichen) „Veräußerers" nur aufgrund neuer selbstständiger Rechtsgeschäfte mit dem Vermieter der Räume und dem Verpächter des Inventars ohne Mitwirkung des bisherigen Unternehmers fortgeführt hat.

[188] So auch OLG Dresden NZG 2000, 32; EBJS/*Reuschle* Rn. 32; aA OLG Düsseldorf NJW-RR 2000, 332; Heymann/*Förster* Rn. 25.

[189] Dies betont auch *Canaris* HandelsR § 7 Rn. 5; *Canaris* FS Frotz, 1993, 11 (20, 22, 31).

[190] Krit. idS auch *Kanzleiter* DNotZ 2006, 590.

[191] BGHZ 18, 248 = NJW 1955, 1916.

[192] BGHZ 22, 234 (239) = NJW 1957, 179.

[193] BGH NJW 1986, 581 (582) im Abschnitt 2b, bb.

[194] So auch *Canaris* HandelsR § 7 Rn. 1.

[195] Allg. BGH LM Nr. 1 = BB 1953, 1025. Vgl. auch *Canaris* HandelsR § 7 Rn. 23; Staub/*Burgard* Rn. 51: Rechtsnatur des zugrunde liegenden Vertrages grds. gleichgültig.

[196] RAG HRR 1933 Nr. 1665; Unentgeltlichkeit auch bei OLG Oldenburg WM 1985, 1415 (1417); BGH NJW 1987, 1633.

[197] RGZ 99, 158 (159 f.) zu § 22; Staub/*Hüffer*, 4. Aufl. 1983, Rn. 38; aA *Henckel* FS Heinsius, 1991, 261 (274); zur verdeckten Treuhand BGH NJW 1982, 1647 (1648) mAnm *Karsten Schmidt*; OLG Stuttgart BB 1987, 2184 (2185).

[198] RGZ 149, 25 (27); 154, 334 (337) (unter Erben); zur Erbteilung schon die Denkschrift (RT-Vorlage) S. 36 = *Schubert/Schmiedel/Krampe* II/2 S. 979.

[199] So ausdrücklich schon die Denkschrift (RT-Vorlage) S. 36 = *Schubert/Schmiedel/Krampe* II/2 S. 978, zu den vorausgegangenen Beratungen Rn. 16; ebenso BGH NJW 1982, 1647; 1984, 1186 (1187) mAnm *Karsten Schmidt*; RGZ 133, 318 (322 f.); OLG Frankfurt OLGZ 1973, 20 (23); ausf. *Brockmeier*, Die Haftung bei Geschäftsübernahme mit Firmenfortführung, insbesondere beim Rückerwerb des Verpächters vom Pächter und bei tatsächlicher und unmittelbarer Aufeinanderfolge von Pächtern, 1990, 119 ff.;

Übertragung des Unternehmens als betriebsfähiger Wirtschaftseinheit (→ Rn. 40), nicht aber die (dingliche) Übertragung des Unternehmensvermögens. Für die Gläubiger ist nicht nur die – im Fall von Unternehmenspacht oder Nießbrauch beim Veräußerer zurückbleibende – Vermögenssubstanz wichtig. Soll der Pächter/Nießbraucher die Verbindlichkeiten übernehmen, benötigt er die Erträge des Unternehmens, und zwar nicht nur die Erträge aus künftigen Geschäften, sondern auch die künftigen Erträge aus bereits vorher abgeschlossenen Geschäften, weshalb der Pächter/Nießbraucher nach der vom Gesetz vermuteten Regel auch die später fällig werdenden Forderungen des Altunternehmers übertragen bekommt (zu diesbezüglichen Schwierigkeiten mit der Enthaftung nach § 26 → § 26 Rn. 16). Vorauszusetzen ist dabei eine rechtsgeschäftliche Beziehung zwischen Alt- und Neuunternehmer (→ Rn. 52).

46 **d) Rückerwerb.** Beim Rückerwerb sind von § 25 insbesondere diejenigen Verbindlichkeiten und Forderungen erfasst, die **vom Erwerber** bzw. zu dessen Gunsten **begründet** wurden.[200] Von der Rspr. anerkannt ist der Rückfall vom Pächter an den Verpächter, wenn das Unternehmen vom Verpächter weitergeführt wird.[201] Kautelarjuristische Vorsorge ist hier im Hinblick auf Abs. 2 geboten, da der Rückfall des verpachteten Unternehmens an den Verpächter durch schlichte Kündigung seitens des Pächters bewirkt werden kann, ohne dass der Verpächter dann noch in der Lage wäre, einen **Haftungsausschluss** gem. Abs. 2 durchzusetzen.[202] Praktisch empfehlenswert ist daher, einen solchen Haftungsausschluss vorsorglich schon im Pachtvertrag zu vereinbaren, diesen aber erst nach Rückübertragung des Pachtgegenstandes einzutragen.[203] Eine solche Vorsorge ist dem Verpächter zuzumuten, weil die Kündigungsmöglichkeit bereits im Pachtvertrag angelegt ist. Anwendbar ist § 25 nach den beschriebenen Grundsätzen auch bei der Rückabwicklung eines gescheiterten Unternehmenskaufs (→ Anh. § 25 Rn. 42 ff., → Anh. § 25 Rn. 90 ff.), sofern der Veräußerer das Unternehmen fortführt. Dieser Fall sollte daher bereits im Unternehmenskaufvertrag berücksichtigt werden.

47 **e) Wiederaufnahme des Geschäftsbetriebs.** Nicht von § 25 erfasst sind **entgegen der Rspr.** insbesondere diejenigen Fälle, in denen nach **Einstellung** der geschäftlichen Tätigkeit durch den bisherigen Unternehmensträger[204] oder gar nach seiner **Löschung** im Handelsregister[205] ein zu diesem Zweck gegründetes (oder hierfür aktiviertes) Unternehmen dessen Tätigkeit „wieder aufnimmt".[206] Ein solcher Neuanfang unterfällt auch dann

Deschler, Handelsregisterpublizität und Verkehrsschutz, 1977, 137 ff.; Baumbach/Hopt/*Hopt* Rn. 4; Heymann/*Förster* Rn. 21; Staub/*Hüffer,* 4. Aufl. 1983, Rn. 38, 81; Staub/*Burgard* Rn. 52; EBJS/*Reuschle* Rn. 26; Röhricht/Graf v. Westphalen/Haas/*Ries* Rn. 6; *Karsten Schmidt* HandelsR § 8 Rn. 7; *Karsten Schmidt* NJW 1984, 1187; *Commandeur/Kleinebrink* Betriebsübernahme Rn. 940; aA *Schricker* ZGR 1972, 153 f. Fn. 128; *Binz/Rauser* BB 1980, 897 (898 f.).

200 Hierzu für § 38 UGB *Krejci* FS Canaris, Bd. II, 2007, 735 (748).

201 RGZ 133, 318 (323 f.); zust. *Brockmeier,* Die Haftung bei Geschäftsübernahme mit Firmenfortführung, insbesondere beim Rückerwerb des Verpächters vom Pächter und bei tatsächlicher und unmittelbarer Aufeinanderfolge von Pächtern, 1990, 128 ff.; *Deschler,* Handelsregisterpublizität und Verkehrsschutz, 1977, 139 f.; *Börner* FS Möhring, 1975, 37 (43); *Karsten Schmidt* NJW 1984, 1187; Heymann/*Förster* Rn. 21; Staub/*Hüffer,* 4. Aufl. 1983, Rn. 82; Staub/*Burgard* Rn. 53; *Canaris* HandelsR § 7 Rn. 23; *Commandeur/Kleinebrink* Betriebsübernahme Rn. 940 f.; aA Düringer/Hachenburg/*Hoeniger* Anm. 37.

202 So auch *Nörr/Scheyhing,* Sukzessionen, 1983, § 30 A VI, 385.

203 So RGZ 133, 318 (323 f.); *Brockmeier,* Die Haftung bei Geschäftsübernahme mit Firmenfortführung, insbesondere beim Rückerwerb des Verpächters vom Pächter und bei tatsächlicher und unmittelbarer Aufeinanderfolge von Pächtern, 1990, 138 ff.; *Nörr/Scheyhing,* Sukzessionen, 1983, § 30 A VI, 385; aA Düringer/Hachenburg/*Hoeniger* Anm. 37.

204 So der Fall OLG Oldenburg WM 1985, 1415 (Berufung); BGH NJW 1986, 1633 (Revision); ähnlich OLG Düsseldorf GmbHR 1991, 315; OLG Stuttgart NZG 2010, 628 (630); dagegen zutr. OLG Dresden OLG-NL 1994, 230; wegen zu langer Unterbrechung (14 Monate) auch OLG Hamm BeckRS 2008, 6686.

205 So der Fall BGH NJW 1992, 911. Zu einem ‚überlappenden' Übergang BGH DStR 2009, 2440 Rn. 58.

206 So die wörtliche, freilich zu Unrecht mit Fortführung gleichgesetzte Formulierung des BGH in NJW 1992, 911. Krit. auch *Canaris* HandelsR § 7 Rn. 4, 23; anders EBJS/*Reuschle* Rn. 44, der mit dem BGH § 25 bejaht, wenn innere Organisation und Geschäftsbeziehungen noch ausreichend intakt sind. Zum Abgrenzungsproblem *J. Flume* ZHR 170 (2006), 737 (754 f.).

nicht § 25 (oder § 28, → Rn. 31; → § 28 Rn. 10 ff.; → § 28 Rn. 17), wenn der Altunternehmer am neuen Unternehmen (etwa einer KG oder GmbH) beteiligt ist. Auch die Verwendung von restlichen Betriebsmitteln des Altunternehmens steht dem nicht entgegen. Dies gilt erst recht dann, wenn solche Betriebsmittel gar von Dritten (etwa: Sicherungsnehmern) erworben worden sein sollten.[207] Stets fehlt es am Erwerb des Unternehmens als betriebsfähiger Wirtschaftseinheit (→ Rn. 40). Mangels Erwerb und Fortführung des Unternehmens schadet in solchen Fällen auch nicht die Führung (nicht: Fortführung) einer **Firma,** die mit der alten weitgehend identisch ist. Der Firmenführung kommt im Tatbestand des § 25 keine selbstständige haftungsbegründende Funktion zu.[208] Die Gegenmeinung schließt aus der bloßen Verwendung der Firma auf die Unternehmens- und Haftungskontinuität und begründet so die Erwerberhaftung letztlich mit der hier abgelehnten Rechtsscheintheorie (→ Rn. 13). In Betracht kommt hier allenfalls eine Rechtsscheinhaftung nach allgemeinen Grundsätzen,[209] die aber die Schutzwürdigkeit der Altgläubiger voraussetzt (→ Rn. 125 f.).

f) Fortführung im Familienverband. Die bloße familiäre Verbundenheit von Alt- und Neuunternehmer ersetzt nicht den Erwerbstatbestand (→ Rn. 51). Unzutreffend ist daher eine Entscheidung des OLG Köln, das bei der übertragenden Sanierung eines Familienunternehmens auf förmliche Übertragungsakte durch Rechtsgeschäft verzichtete, da im Gegensatz zum Erwerb durch einen außenstehenden Dritten alle erforderlichen Transaktionen innerhalb des Familienverbandes zu treffen waren.[210] Hier sind die Gläubiger im Fall der Insolvenz des Altunternehmers auf die durch § 138 InsO erleichterte Insolvenz- und Gläubigeranfechtung zu verweisen (aber → Rn. 14 aE). 48

g) Weiterverpachtung/Weitervermietung. Besonders **umstritten** ist der Fall, dass der Verpächter/Vermieter nach Kündigung des Nutzungsverhältnisses das Unternehmen weiterverpachtet/weitervermietet, da hier **kein unmittelbarer Erwerb** zwischen dem bisherigen und dem neuen Nutzer stattfindet. Nach der hier vertretenen Auffassung kommt eine Haftung des neuen Nutzers nur in Betracht, wenn dieser mit dem alten Nutzer ausnahmsweise in einer unmittelbaren rechtsgeschäftlichen Beziehung steht. Zu fordern ist daher eine **ausdrückliche Haftungsübernahmevereinbarung,** zumindest aber eine Vereinbarung über den Erwerb der vom alten Nutzer eingebrachten Betriebsmittel, soweit diese die Betriebsfähigkeit des Unternehmens begründen (→ Rn. 40) und die verpachtete/vermietete Immobilie daneben von untergeordneter Bedeutung ist. Demgegenüber hat der BGH im sog. **Doppelpächterfall** § 25 auch ohne rechtsgeschäftliche Beziehung zwischen Alt- und Neunutzer angewendet (→ Rn. 50);[211] ebenso im etwas anders liegenden Fall einer vermieteten Diskothek (→ Rn. 51).[212] 49

Eine **Haftung des Zweitpächters** (entsprechend: des Zweitmieters) aus Abs. 1 ist **abzulehnen,** da sich der Zweitpächter gegen die Haftung für die Verbindlichkeiten des 50

---

207 Anders BGH NJW 1992, 911 (912); 2006, 1001; wie hier zu § 75 AO 1977, aber in Abgrenzung zum herkömmlichen Verständnis des § 25 BFH/NV 1988, 479.

208 Der → 2. Aufl. 2005, Rn. 44 *(Lieb)* zust. OLG Rostock OLGR 2006, 487.

209 EBJS/*Reuschle* Rn. 30.

210 OLG Köln BeckRS 2008, 2177 unter Hinweis auf den Doppelpächterfall BGH NJW 1984, 1186 und den Diskothekenfall BGH NJW 2006, 1001, zu beidem Rn. 50 f.

211 BGH NJW 1984, 1186 (1187); zust. *Brockmeier,* Die Haftung bei Geschäftsübernahme mit Firmenfortführung, insbesondere beim Rückerwerb des Verpächters vom Pächter und bei tatsächlicher und unmittelbarer Aufeinanderfolge von Pächtern, 1990, 149 ff.; *Karsten Schmidt* NJW 1984, 1187; *Karsten Schmidt* HandelsR § 8 Rn. 9; *Wilhelm* NJW 1986, 1797 f.; *Commandeur/Kleinebrink* Betriebsübernahme Rn. 944; Oetker/*Vossler* Rn. 19; krit. Heymann/*Förster* Rn. 22; vgl. auch *Huber* FS Raisch, 1995, 85 (98 f.). § 25 Abs. 3 war nicht anwendbar, weil der neue Pächter die Kundschaft durch Rundschreiben zwar auf sich, jedoch nicht auf eine Übernahme der Verbindlichkeiten aufmerksam gemacht hatte, zu diesem Umstand *Huber* FS Raisch, 1995, 85 (100); zum begrenzten Wert einer solchen Anzeige bereits *Lutz* Prot. III. Theil, 1858, 1433.

212 BGH NJW 2006, 1001; eingehend krit. hierzu *Lettl* WM 2006, 2336 (2339 ff.); *Kanzleiter* DNotZ 2006, 590.

Erstpächters nicht effektiv wehren kann.[213] Der Verpächter kann die gem. Abs. 2 erforderliche Vereinbarung mit dem Zweitpächter nicht abschließen, weil es nicht um seine Verbindlichkeiten geht. Zu Unrecht verweist der BGH darauf, dass der Verpächter einen Haftungsausschluss zugunsten des Zweitpächters bereits im Vertrag mit dem Erstpächter (→ Rn. 46) sicherstellen könne.[214] Weder der Verpächter noch der Erstpächter haben bei Abschluss des Pachtvertrags ein Interesse daran, die Vertragsverhandlungen mit den Belangen eines zu diesem Zeitpunkt hypothetischen Zweitpächters zu belasten. Daher muss entgegen dem Wortlaut des Abs. 2 („Vereinbarung") dem Zweitpächter ein einseitiger Haftungsausschluss eröffnet werden, wenn eine Vereinbarung mangels rechtsgeschäftlichen Kontakts zwischen Erst- und Zweitpächter nicht in Betracht kommt (auch → Rn. 97).[215] Dies ist in der Rspr. bislang jedoch nicht anerkannt.[216]

51 Ebenso abzulehnen ist die Haftung der Zweit(unter)mieterin im 2005 entschiedenen **Diskothekenfall.**[217] Der Vermieter der für die Diskothek genutzten Halle hatte der Betreiberin, einer KG, wegen Mietrückstands gekündigt und am Tag der Rückgabe die Halle an den bisherigen Getränkelieferanten der Diskothek neuvermietet, welcher die Halle sogleich an die Ehefrau eines KG-Gesellschafters untervermietete, welche die Diskothek mit dem einer Brauerei sicherungsübereigneten Inventar weiterbetrieb. Einen „Erwerb" des Unternehmens samt Verbindlichkeiten (und Forderungen) dürften die Eheleute nicht verabredet haben. Die Interessenlage war derjenigen eines Unternehmenserwerbs entgegengesetzt, da die Verbindlichkeiten nicht etwa den Kaufpreis reduzierten (→ Rn. 17). Vielmehr sollten die Mietrückstände der KG durch einen Aufschlag auf den neuen Mietzins getilgt werden, der offenbar auf die Untermieterin umgelegt wurde, die zudem in den mit der Brauerei wegen eines Darlehens vereinbarten Sicherungsübereignungsvertrag über das Inventar eintrat. Es handelte sich also um eine punktuelle Sanierungslösung unter Beteiligung wesentlicher Gläubiger, in die der Kläger unvorsichtigerweise nicht einbezogen worden war.

52 Beide Fälle zeigen, dass für eine rechtssichere und privatautonome Lösung ein **Vertrag zwischen Alt- und Neuunternehmer** bereits erforderlich ist, um Abs. 1 anzuwenden (→ Rn. 42 f.); nicht erst für den Ausschluss gem. Abs. 2. Demgemäß ist der „Erwerb eines Handelsgeschäfts unter Lebenden" von der „Fortführung des Handelsgeschäfts" strikt zu trennen.[218] Andernfalls droht eine **Haftungsfalle** nicht nur den Neuunternehmer (→ Rn. 16), sondern auch für dessen **Berater.**[219] Rechtsvergleichend ist anzumerken, dass eine solche strikt rechtsgeschäftliche Betrachtung auch den nachträglich eingefügten § 38 Abs. 5a UGB entbehrlich gemacht hätte, der eine weitgehende Bereichsausnahme für jegliche Nutzungsverhältnisse enthält (→ Rn. 138).

53 **h) Rechtsunwirksamer Erwerb.** Nach Rspr. und hL greift § 25 auch bei unwirksamem Erwerb[220] ein,[221] da ein Vertrag zwischen Veräußerer und Erwerber ganz entbehrlich

---

213 So auch EBJS/*Reuschle* Rn. 28; Staub/*Burgard* Rn. 54.

214 BGH NJW 1984, 1186 (1187); hierzu *Brockmeier,* Die Haftung bei Geschäftsübernahme mit Firmenfortführung, insbesondere beim Rückerwerb des Verpächters vom Pächter und bei tatsächlicher und unmittelbarer Aufeinanderfolge von Pächtern, 1990, 156 ff.; *Commandeur/Kleinebrink* Betriebsübernahme Rn. 946.

215 *Wilhelm* NJW 1986, 1797 (1798); zust. *Karsten Schmidt* HandelsR § 8 Rn. 77; *Canaris* FS Frotz, 1993, 11 (29, 31); *Canaris* HandelsR § 7 Rn. 61; EBJS/*Reuschle* Rn. 28, 45; Staub/*Burgard* Rn. 54.

216 Offen BGH MittBayNot 2005, 168.

217 AA BGH NJW 2006, 1001. Einzelheiten zum Sachverhalt im Berufungsurteil OLG Hamm BeckRS 2006, 7008.

218 *Lettl* WM 2006, 2336 (2339 ff.).

219 BGH MittBayNot 2005, 168 in einem Parallelverfahren zu BGH NJW 2006, 1001; *Kanzleiter* DNotZ 2006, 590 (596) Fn. 21; zur Beratungshaftung im Kontext des § 25 Staub/*Burgard* Rn. 103.

220 Zum Ganzen umfassend *Vetter,* Altschuldenhaftung auf fehlerhafter Vertragsgrundlage, 1995.

221 Grdl. RGZ 149, 25 (28 f.); BGHZ 18, 248 (250 ff.); außerdem BGHZ 22, 234 (239) = NJW 1957, 179; BGHZ 31, 321 (328) = NJW 1960, 621; OLG Düsseldorf NJW 1963, 545; OLG Nürnberg BB 1970, 1193; OLG Stuttgart NZG 2010, 628 (630); Baumbach/Hopt/*Hopt* Rn. 5; Schlegelberger/*Hildebrandt/Steckhan* Rn. 6; Staub/*Hüffer,* 4. Aufl. 1983, Rn. 39 f.; Staub/*Burgard* Rn. 55 f.; BeckOK HGB/*Bömeke* Rn. 28 ff.; *Karsten Schmidt* HandelsR § 8 Rn. 10; *Huber* FS Raisch, 1995, 98; KKRD/

sei (→ Rn. 42).[222] Danach genügt die rein tatsächliche Fortführung eines weitgehend identischen Unternehmens unter weitgehend identischer Firma. Nach der hier vertretenen Auffassung ist hingegen ein Kausalgeschäft erforderlich (→ Rn. 43), aufgrund dessen einvernehmlich über die **Vertragspartnerstellung verfügt** wird (→ Rn. 26). Ist das **Kausalgeschäft unwirksam,** so ist die rechtsgrundlose Verfügung **bereicherungsrechtlich rückabzuwickeln.**[223] Gerade bei unternehmensbezogenen Rechtsverhältnissen führt dies zu erheblichen praktischen Schwierigkeiten (→ Anh. § 25 Rn. 42 ff., → Anh. § 25 Rn. 90 ff.).[224] Die Stellung des Erwerbers als Schuldner und Gläubiger wird durch die Unwirksamkeit des Kausalgeschäfts bis zur Rückabwicklung nicht berührt. Gleiches gilt bei einem nur schuldrechtlichen Anspruch auf Vertragsaufhebung gem. § 311 Abs. 2 BGB.[225] Bei **Fehleridentität** kann die Unwirksamkeit auch auf die Verfügung durchschlagen.[226] Bei **unwirksamer Verfügung** ist **§ 25 unanwendbar.**

Wer im Vertrauen auf die Erwerberhaftung schutzwürdige Dispositionen getroffen hat, 54
kann gegen den Erwerber nach den Grundsätzen der **Rechtsscheinhaftung** vorgehen (→ Rn. 122 ff.).[227] Die **Vertrauensinvestition** ist das notwendige Korrektiv einer Haftung, die allein darauf beruht, dass bei unwirksamem (dinglichen) Vertrag nur der Anschein eines (endgültigen) Erwerbs vorliegt. Andernfalls hätte der Erwerber das **Insolvenzrisiko** des Veräußerers sowohl im Hinblick auf seine eigene Gegenleistung als auch insoweit zu tragen, als er aufgrund der Rechtsscheinhaftung zur Befriedigung der Altgläubiger des Veräußerers gezwungen ist. Eine so außergewöhnliche Risikokumulation ist auf Fälle besonderer Schutzbedürftigkeit zu beschränken.[228] Anders als nach § 25 (→ Rn. 36) haftet der Erwerber daher nicht, wenn er beweisen kann, dass der Veräußerer im Veräußerungszeitpunkt etwa bereits insolvent gewesen war, weil das enttäuschte Vertrauen für den Forderungsausfall nicht kausal, eine Realisierung der Gläubigerforderungen vielmehr von vornherein unmöglich war.[229] Im Übrigen sind die Altgläubiger auf den Veräußerer als den Schuldner zu verweisen, dem sie ursprünglich Kredit gegeben haben;[230] verbleibende **Haftungsfreiräume** sind **hinzunehmen.**

3. Geschäftsfortführung.[231] Der Erwerber haftet nach hM nur dann, wenn er das 55
erworbene Geschäft auch wirklich fortführt.[232] Bei alsbaldiger Liquidierung, Weiterveräußerung, Weiterverpachtung oder Einbringung in eine Gesellschaft entfällt die Haftung gem. § 25,[233] während sie für den Zweiterwerber gegeben sein kann.[234] Nach der hier vertretenen

Roth Rn. 4 (b, cc); Oetker/*Vossler* Rn. 17; unentschieden für eine (fernliegende) Haftung aus § 25 Abs. 3 BGH NZG 2000, 277 (278).

222 BGH NJW 1986, 581 (582).

223 *J. Flume,* Vermögenstransfer und Haftung, 2008, 129 f.; *J. Flume* ZHR 170 (2006), 736 (753, 761 f.) mit Differenzierung zum österreichischen Recht; hierzu eingehend *Torggler* JBl. 2008, 137 (143, 148).

224 Vgl. *Rupietta,* Die bereicherungsrechtliche Rückabwicklung unwirksamer Unternehmenskaufverträge, 2001, 45 ff.; *Schäfer,* Die Lehre vom fehlerhaften Verband, 2002, 319 f. Fn. 157; *Krejci* FS Canaris, Bd. II, 2007, 735 (747 f.); *J. Flume,* Vermögenstransfer und Haftung, 2008, 130 Fn. 789.

225 Anders → 2. Aufl. 2005, Rn. 57 *(Lieb).*

226 Vgl. zu §§ 123, 138 BGB *Canaris* HandelsR § 7 Rn. 24; *Canaris* Vertrauenshaftung S. 186 f.; Düringer/Hachenburg/*Hoeniger* Anm. 20; *Pahl,* Haftungsrechtliche Folgen versäumter Handelsregistereintragung und Bekanntmachung, 1987, 234; *Straube/Schuhmacher* Rn. 6; Heymann/*Förster* Rn. 23; *Schricker* ZGR 1972, 121 (154 f.): Wirksamkeit der dinglichen Geschäfte; *Heckelmann* FS Bartholomeyczik, 1973, 129 (145 ff.): Haftungsbeschränkung auf das übernommene Vermögen (vgl. § 419 Abs. 2 BGB aF).

227 *Canaris* HandelsR § 7 Rn. 24.

228 So wie hier EBJS/*Reuschle* Rn. 33; dagegen Staub/*Burgard* Rn. 55.

229 Zutr. *Canaris* Vertrauenshaftung S. 176; *Nickel* NJW 1981, 102 f.; dasselbe Ergebnis vertritt *Altmeppen* FS Hopt, Bd. I, 2010, 305 (316) für den Fall, dass der Tatbestand des § 25 erfüllt und nicht nur dessen Rechtsschein gegeben ist, da er § 25 selbst als Rechtsscheintatbestand versteht.

230 So bereits die unentschiedene Debatte bei der Beratung des ADHGB, *Lutz* Prot. III. Theil, 1858, 1434 f.

231 Vgl. zunächst die grundsätzlichen Ausführungen zum Tatbestandsmerkmal Erwerb (→ Rn. 42 f.).

232 SächsFG BeckRS 2014, 95327.

233 RG LZ 1913, 538; RGZ 143, 368 (371); 169, 133 (140): sofortige Einbringung in eine Gesellschaft; OLG Köln RNotZ 2007, 162 (163): Weiterveräußerung; Baumbach/Hopt/*Hopt* Rn. 6; Heymann/*Förster* Rn. 36; Staub/*Hüffer,* 4. Aufl. 1983, Rn. 45; Staub/*Burgard* Rn. 61 ff.; EBJS/*Reuschle* Rn. 46; Röhricht/Graf v. Westphalen/Haas/*Ries* Rn. 15; *Commandeur/Kleinebrink* Betriebsübernahme Rn. 967, 976 ff.

234 RGZ 143, 368 (372 f.); 169, 133 (140); zur Haftung eines Zweitpächters für die vom Erstpächter begründeten Verbindlichkeiten → Rn. 50.

Auffassung steht nicht die Haftung, sondern der rechtsgeschäftliche Erwerb von Verbindlichkeiten und Forderungen im Vordergrund (→ Rn. 25). Danach ist die Fortführung weder zwingend erforderlich noch auch nur im Erwerbszeitpunkt überhaupt abzusehen.[235] Die Fortführung des Geschäfts begründet jedoch gem. Abs. 1 die (gem. Abs. 2 widerlegliche) Vermutung, dass der Erwerber in die geschäftsbezogenen Rechtsverhältnisse eingetreten ist (→ Rn. 27).

56 Das Tatbestandsmerkmal der Fortführung **des Unternehmens** ist auch dann erfüllt, wenn der Erwerber das Handelsgeschäft nicht als selbstständiges weiterführt, sondern etwa in ein eigenes oder zusätzlich erworbenes so **eingliedert,** dass das erworbene Unternehmen nach außen nicht mehr selbstständig hervortritt, trotzdem aber die Firma des Veräußerers fortführt.[236] Ausreichend ist eine „sukzessiv erfolgende Unternehmensübernahme", wenn zeitweilig Alt- und Neuunternehmen parallel existieren, sofern der Rechtsverkehr die Betätigung des übernehmenden Unternehmens als Weiterführung des ursprünglichen Unternehmens in seinem wesentlichen Bestand ansieht.[237] Das Vorliegen einer (selbstständigen) betriebsfähigen Wirtschaftseinheit (→ Rn. 40) ist (zur Abgrenzung zur Übernahme bloßer Betriebsmittel) nur für den Erwerbszeitpunkt erforderlich.[238] Die Rechtslage sollte insoweit nicht anders beurteilt werden als im Fall des § 28; dort ist die Aufrechterhaltung der Eigenständigkeit des eingebrachten Unternehmens nicht erforderlich (→ § 28 Rn. 17).

57 **4. Firmenfortführung. a) Allgemeines.** Nach dem Gesetzeswortlaut hängt die Haftung des Erwerbers davon ab, dass er die Firma des Veräußerers fortführt (→ Rn. 20, → Rn. 35, → Rn. 38).[239] Deshalb entfällt die Erwerberhaftung grundsätzlich (zu Ausnahmen → Rn. 28), wenn das übernommene Unternehmen lediglich in das bereits bestehende Unternehmen des Erwerbers eingegliedert und unter dessen Firma fortgeführt wird (→ Rn. 56).

58 Eine Firmenfortführung liegt vor, wenn der Erwerber unter der alten Firma (weiterhin) am Markt auftritt; dementsprechend ist bei Divergenzen diejenige Bezeichnung maßgebend, unter der der Erwerber tatsächlich **am Markt** aufgetreten ist, nicht die im Register eingetragene.[240] Für das Auftreten am Markt ist eine gewisse Intensität erforderlich. Dementsprechend reicht etwa eine nur kurzfristige Belassung des bisherigen Firmenschildes, die vorübergehende Weiterbenutzung von Formularen etc nicht aus.[241] Umgekehrt schadet eine kurzfristige Unterbrechung der Marktpräsenz der Firma nicht.[242] Dies ist zweifelhaft, weil trennscharfe Kriterien fehlen. Reaktiviert der Erwerber die Firma des Veräußerers, kann dies jedoch ein Indiz für eine Übertragung der unternehmensbezogenen Rechtsverhältnisse sein. In einem solchen Fall ist es angezeigt, dem beklagten Erwerber eine sekundäre Behauptungslast über etwaige Beziehungen zum Veräußerer aufzuerlegen.

59 Die **tatsächliche Fortführung** der Firma genügt. Wurde das Unternehmen rechtsgeschäftlich erworben (→ Rn. 42), greift § 25 daher auch dann, wenn der Veräußerer seine

---

235 Zu diesem Problem *J. Flume,* Vermögenstransfer und Haftung, 2008, 131 ff.; *J. Flume* ZHR 170 (2006), 736 (754 f.); zu § 38 UGB Rn. 201 Fn. 494.

236 So auch OLG Frankfurt OLGR 2001, 67; s. aber *Canaris* HandelsR § 7 Rn. 33.

237 BGH NJW-RR 2009, 820 Rn. 15; NZG 2012, 916 Rn. 18 mAnm *Karsten Schmidt* JuS 2013, 77 (78 f.); OLG Schleswig FGPrax 2012, 126 (127); SächsFG BeckRS 2014, 94374; BeckRS 2014, 95327; OLG München NZG 2015, 599.

238 So auch EBJS/*Reuschle* Rn. 46; Staub/*Burgard* Rn. 63, jeweils unter der Bedingung, dass der Betrieb des Geschäfts aus der Sicht des Rechtsverkehrs als Fortführung des alten Geschäfts anzusehen ist.

239 BGH NZG 2014, 459 Rn. 8; BFHE 246, 114 = NZG 2014, 1239 Rn. 14; BAG NZA 2013, 961 Rn. 42; krit. *Karsten Schmidt* ZGR 2014, 844 (847 ff.).

240 BGH NJW 1987, 1633; weitergehend noch die Vorinstanz OLG Oldenburg WM 1985, 1415 (1417); BGH NJW 1992, 911 (912); RG WarnR 1937, Nr. 67, 151 (155); OLG Saarbrücken BB 1964, 1195 (1196); Staub/*Hüffer,* 4. Aufl. 1983, Rn. 45; Staub/*Burgard* Rn. 65 f.; Baumbach/Hopt/*Hopt* Rn. 7; Röhricht/Graf v. Westphalen/Haas/*Ries* Rn. 16; *Commandeur/Kleinebrink* Betriebsübernahme Rn. 987 ff.; enger *Pahl,* Haftungsrechtliche Folgen versäumter Handelsregistereintragung und Bekanntmachung, 1987, 232 f.; wohl auch *Wessel* BB 1989, 1625 (1626).

241 BGH NJW 1987, 1633; OLG Hamm NJW-RR 1997, 733; RGZ 73, 71 (72); 143, 368 (374); OLG Köln MDR 1994, 133 (134); Staub/*Hüffer,* 4. Aufl. 1983, Rn. 45; Staub/*Burgard* Rn. 68; Baumbach/Hopt/*Hopt* Rn. 8; EBJS/*Reuschle* Rn. 49.

242 BGH DStR 2009, 2440: acht Wochen schaden nicht; OLG Hamm BeckRS 2008, 6686: 14 Monate sind zu lang.

Firma löschen lässt[243] und der Erwerber eine entsprechende Firma originär nach den §§ 18 ff. annimmt oder seine bereits bestehende Firma entsprechend verändert.[244] Auf die Zulässigkeit der Firmen(fort)führung kommt es ebenso wenig an[245] wie – anders als bei §§ 22, 25 Abs. 1 S. 2 – auf die Einwilligung des Veräußerers.[246] An einer rechtsgeschäftlichen Übertragung (auch) der Firma dürfte es allerdings nur fehlen, wenn der Erwerber den damit verbundenen good will nicht bezahlen, aber sich dennoch zunutze machen will. Da der Erwerber die Firma des Altunternehmers gem. § 22 nur mit dessen Einwilligung fortführen darf (→ § 22 Rn. 33 ff.), liegt auch in der unzulässigen und unbewilligten Firmenfortführung jener vermutungsbegründende demonstrative Akt, den sich der Gesetzgeber für § 25 zunutze macht (→ Rn. 30; zur möglichen Rechtsscheinhaftung → Rn. 126).

Verwendet der Erwerber den von ihm übernommenen Firmenkern nur noch als **Etablissementsbezeichnung**[247] oder **ähnlich einer Marke** so genügt dies allein für Abs. 1 nicht.[248] Denn die Vorschrift stellt nicht auf die Kontinuität der Geschäftsbezeichnung ab, sondern auf die der Firma als Mittel, den Geschäftsinhaber im Rechtsverkehr zu individualisieren.[249] Anders ist es jedoch, wenn der Erwerber unter dieser Bezeichnung „im Handel seine Geschäfte betreibt", die Bezeichnung also firmenmäßig – etwa als Inhaberbezeichnung auf Geschäftsbriefbögen, in Verträgen oder bei Unterschriften[250] – führt, was regelmäßig wohl nur in Verbindung mit seinem eigenen Namen geschehen dürfte. Dann hat er die Bezeichnung zu (einem Teil) seiner Firma gemacht und muss sich daran festhalten lassen. So lag es in einem vom OLG Düsseldorf entschiedenen Fall: Der Veräußerer betrieb die Gaststätte „A" unter der ordnungsgemäßen Firma „A-GmbH". Der Erwerber – wohl ein Einzelkaufmann – führte die Gaststätte unter ihrer Bezeichnung „A" weiter. Das OLG Düsseldorf hielt dies für ausreichend, obwohl „A" als bloße Etablissementsbezeichnung anzusehen sei.[251] Demgegenüber genügt es nicht, wenn die Etablissementbezeichnung den Namen einer bekannten historischen Person enthält, weil der Rechtsverkehr diese nicht als Geschäftsinhaber ansieht.[252] Praxisrelevant ist in neuerer Zeit die Weiternutzung einer **Internetplattform** als „Geschäftslokal", bei welcher der **Domainname** keinen firmenmäßigen Rechtsformzusatz enthält.[253] 60

b) Veränderungen. Änderungen im Erscheinungsbild der Firma sind **unschädlich,** wenn die Firmenkontinuität und damit eine ausreichend tragfähige Verbindungslinie zum Veräußerer erhalten bleibt.[254] Dafür ist die Verkehrsanschauung maßgeblich, weshalb es nicht auf wort- oder buchstabengetreue Übereinstimmung ankommt, sondern darauf, dass der Kern der 61

---

[243] Zur Firmenfortführung durch den Veräußerer OLG Hamm ZIP 1998, 2092; OLG Köln OLGR 2002, 109.

[244] BGH NJW 1982, 1647; 1986, 581; 1992, 911 (912); LG Stuttgart ZIP 1988, 1481 (1482); LG Berlin ZIP 1993, 1478; OLG Koblenz NZG 2006, 477 (478); Staub/*Hüffer*, 4. Aufl. 1983, Rn. 45.

[245] BGHZ 146, 374 = NJW 2001, 1352; OLG Köln NZG 2010, 879 (880); OLG Stuttgart NZG 2010, 628 (630); BFH/NV 2012, 1572 (1573).

[246] OLG Düsseldorf GmbHR 1991, 315 (316); Staub/*Hüffer*, 4. Aufl. 1983, Rn. 46; Staub/*Burgard* Rn. 69; Schlegelberger/*Hildebrandt/Steckhan* Rn. 7; Heymann/*Förster* Rn. 43; Baumbach/Hopt/*Hopt* Rn. 9; Röhricht/Graf v. Westphalen/Haas/*Ries* Rn. 4, 17; *Canaris* HandelsR § 7 Rn. 31.

[247] Zur Führung einer bloßen Etablissementsbezeichnung durch den Veräußerer → Rn. 124.

[248] BGH NZG 2014, 459 Rn. 8; BFHE 246, 114 Rn. 14 = NZG 2014, 1239; OLG Düsseldorf NJW-RR 1998, 965; OLG Brandenburg NJW-RR 1999, 395; OLG Köln NZG 2012, 188; OLG Saarbrücken NZG 2018, 349, 350 mAnm *K. Schmidt* JuS 2019, 70, 72; LG Bonn NJW-RR 2005, 1559; FG Münster EFG 2009, 989; DStRE 2013, 1393 f.; VGH Mannheim DStR 2012, 91 (39); Staub/*Burgard* Rn. 64; für eine Analogie *Karsten Schmidt* JuS 1997, 1069; offen OLG Köln NZG 2010, 879 (880).

[249] BFHE 246, 114 Rn. 14 = NZG 2014, 1239.

[250] BFHE 246, 114 Rn. 14, 17 = NZG 2014, 1239; BayObLG DB 1992, 569; Staub/*Burgard* Rn. 67.

[251] OLG Düsseldorf GmbHR 1991, 315 (316) m. krit. Anm. *Demharter* EWiR 1/91 S. 269 f.; diff. Staub/*Burgard* Rn. 70.

[252] BFHE 246, 114 Rn. 14 = NZG 2014, 1239.

[253] LG Aachen ZGS 2009, 429: keine Firmenfortführung; zweifelnd am firmenmäßigen Gebrauch bei Fortführung einer Marke und Internetadresse OLG Zweibrücken NZG 2014, 496; näher *Mettler* MDR 2012, 1005 (1006 ff.).

[254] Zum Folgenden Staub/*Burgard* Rn. 71 ff.

alten und der neuen Firma einander gleichen.[255] Anhaltspunkte bietet die registerrechtliche Praxis zur Unterscheidbarkeit der Firma gem. § 30 (→ § 30 Rn. 19 ff.). Die davon unabhängige Praxis zu § 25 legt indes keinen kleinlichen Maßstab an, sofern der **prägende Teil** der alten Firma in der neuen beibehalten wird.[256] Dem steht es nicht entgegen, wenn in die Firma eine schon vorher von dem Unternehmen ausgeführte geschäftliche Aktivität aufgenommen wird.[257] Entsprechend den unterschiedlichen Normzwecken finden die strengeren Maßstäbe des § 22 keine Anwendung,[258] was zweifelhaft ist, da § 25 Abs. 1 (deutlich allerdings nur in S. 2) auf § 22 Abs. 1 aufbaut (→ Rn. 30). Andererseits genügt eine für § 22 ausreichende Firmenähnlichkeit immer auch den Anforderungen des § 25 Abs. 1 (zu den Anforderungen im Rahmen des § 22 → § 22 Rn. 47 ff.). Regelmäßig unbeachtlich sind **Firmenzusätze.** So schließen Gesellschafts- und Rechtsformzusätze oder deren Weglassung eine Firmenfortführung nicht aus,[259] was allerdings wegen § 19 Abs. 1 nF (wieder, → § 28 Rn. 6) zweifelhaft ist.[260] Die Firma wird fortgeführt trotz Aufnahme, Änderung oder Weglassung eines Inhaberzusatzes.[261] Gleiches gilt entgegen dem BGH[262] bei Verbindung von neuer und alter Firma durch den Zusatz „vormals", da hierdurch lediglich in anderer Form ein Nachfolgeverhältnis angedeutet wird. Eine Firmenfortführung wird auch nicht durch den Wegfall des Vornamens[263] oder dessen Ersetzung durch Initialen[264] ausgeschlossen, wohl aber bei Änderung des Vornamens nach Übernahme durch ein Familienmitglied[265] oder bei Änderung des Familiennamens.[266] Nicht ausreichend für die Firmenfortführung ist hingegen die Übernahme lediglich eines Firmenzusatzes unter Weglassen des Vor- und Zunamens eines Einzelkaufmanns.[267] In einer zweifelhaf-

[255] So etwa BGH NJW 1982, 577 (578); 1983, 2448 (2449); 1986, 581 (582); BFH BB 1986, 866; OLG Bremen NJW-RR 1989, 423; OLG Düsseldorf GmbHR 1991, 315 (316); OLG Köln MDR 1994, 133 mAnm *Karsten Schmidt*; OLG Düsseldorf ZIP 1998, 2092; OLG Schleswig FGPrax 2012, 126 (127); BAG NZA 2013, 961 Rn. 42.

[256] BGH NJW-RR 2009, 820 (821) mAnm *Karsten Schmidt* JuS 2009, 185; *Karsten Schmidt* GRUR-RR 2010, 136 Rn. 14; *Karsten Schmidt* NZG 2012, 916 Rn. 18 mAnm *Karsten Schmidt* JuS 2013, 77 (78 f.); NZG 2014, 511 Rn. 15 mAnm *Karsten Schmidt* JuS 2014, 454 (455); OLG Stuttgart NZG 2010, 628 (630); OLG Düsseldorf RNotZ 2011, 434 (436); OLG Köln GWR 2014, 460 = BeckRS 2014, 10932; OLG Hamm NZG 2018, 33, 35; LG Düsseldorf WRP 2012, 496 (497); SächsFG BeckRS 2014, 94374; 2014, 95327; BAG NZA 2013, 961 Rn. 42; LAG LSA BeckRS 2013, 65941; BFH/NV 2012, 1572 (1573); VGH Mannheim DStR 2012, 91 (93).

[257] BAG NZA 2013, 961 Rn. 44: „Drahtbau".

[258] LG Berlin ZIP 1993, 1478; Staub/*Hüffer*, 4. Aufl. 1983, Rn. 49; EBJS/*Reuschle* Rn. 52; aA *Wessel* BB 1989, 1625 (1626).

[259] BGHZ 18, 248 (250); BGH WM 1959, 560; NJW 1982, 1647 (1648); 1983, 2448 (2449); 1992, 911 (912); NZG 2012, 916 Rn. 18 mAnm *Karsten Schmidt* JuS 2013, 77 (78 f.); NZG 2014, 459 Rn. 8; BFH BB 1986, 866; OLG Bremen NJW-RR 1989, 423 (424); OLG Düsseldorf GmbHR 1991, 315 (316); OLG Schleswig FGPrax 2012, 126 (127); OLG Brandenburg BeckRS 2014, 01266.

[260] *Canaris* HandelsR § 7 Rn. 30.

[261] BGH LM Nr. 1 = BB 1953, 1025; BGHZ 29, 1 = NJW 1959, 241 – „Modehaus R. Inh. Lina R."/ „Modehaus R. Inh. Franz T."; BGH WM 1959, 560 – „Max S. KG"/„Max S. Inh. Fritz M."; NJW 1986, 581 – „Elektro-S – A S"/„Elektro-S-GmbH".

[262] BGH WM 1964, 296 (297) – „E. & Co."/„F. & Co., vormals E."; krit. auch Staub/*Hüffer*, 4. Aufl. 1983, Rn. 49; *Karsten Schmidt* HandelsR § 8 Rn. 18, Beispiel Nr. 8.

[263] BGH NJW 1982, 577 (578); 1986, 581 (582); RAG JW 1933, 1852 – „Modellhaus Max B."/„Modellhaus B. GmbH"; OLG Saarbrücken BB 1964, 1195 (1196); OLG Bremen NJW-RR 1989, 423 f.; aA *Wessel* BB 1989, 1625 (1626) unter Ablehnung einer nicht veröffentlichten Entscheidung des LG Stuttgart.

[264] BFH BB 1986, 866 – „Hermann Paulig KG"/„H. Paulig GmbH"; s. auch RGZ 113, 306 (308 f.). – „Aluminolwerk C. Sch."/„Aluminolwerk Sch. & Co."; anders obiter BGH DStR 2009, 2440 (2441).

[265] OLG Hamm NZG 2018, 33 (35).

[266] OLG Hamm BeckRS 2016, 121408.

[267] BAG AP BGB § 613 Nr. 1 m. zust. Anm. *A. Hueck* = NJW 1955, 1413 f. – „I. Werk O., Ing. W. Sch."/ „I Werk O. GmbH"; OLG Bremen NJW 1963, 111 f. – „Gewebe und Teppich Import F. D."/„Gewebe und Teppich-Import GmbH"; OLG Stuttgart BB-Beil. 10/1969, 16 – „X [Phantasiewort] Fotografische Geräte Karl Meier"/„X Fotografische Geräte GmbH & Co. KG"; OLG Köln MDR 1994, 133 – „Kurier Team X-Stadt, Eigenname"/„Kurier Team X-Stadt"; krit. *Karsten Schmidt* HandelsR § 8 Rn. 14 ff. In einer unveröffentlichten Entscheidung bejahte das LG Stuttgart jedoch eine Firmenfortführung bei „Top-Fit Sport-Fitness-Center A. B."/„Top-Fit Sport-Fitness-Center C. D." (4 KFH T 11/88, zitiert bei *Wessel* BB 1989, 1625, der die Entscheidung ablehnt, 1626).

ten Entscheidung lehnte das RG eine Firmenfortführung auch bei Weglassen des Zusatzes „& Sohn" ab.[268] Eine **Kumulierung kleinerer Veränderungen** kann die Firmenkontinuität unberührt lassen, zB „Autohaus A. R., Berg-Garage" – „Berg-Garage R., Nachf. A. S."[269] oder „Selekt-Veranstaltungen W.K.e.K." – „Selekt-Veranstaltungsproduktion GmbH".[270] Abgelehnt wird eine Firmenfortführung bei **Verkürzung** der alten Firma zu einem sich klanglich deutlich unterscheidenden **Schlagwort,** so bei „Eugen Mutz & Co" – „Eumuco AG",[271] ebenso bei geringfügiger Änderung einer kennzeichnenden Buchstabenfolge („UVM" zu „UVO").[272]

Bei Hinzufügung oder Weglassen sachlicher, die gewerbliche Tätigkeit beschreibender Zusätze kommt es auf die **Individualisierungskraft** der identischen Firmenbestandteile an. Eine Firmenfortführung wurde angenommen bei „X (Vorname) v. A." – „v. A.-GmbH & Co. Gaststättenbetriebs- und Vertriebs KG";[273] „EWG-Versandschlachterei Josef B, G." – „Josef B -GmbH";[274] „M-GmbH" – „M-Textilhandelsgesellschaft mbH";[275] „Hans Christian M-GmbH & Co. KG" – „D. C. M Innenausbau GmbH"[276] und „W. & K. PC69 Musikbetrieb GmbH & Co. KG" – „PC69 Diskothek e. K. Inhaberin P. M."[277] Die Fortführung der Firma wurde abgelehnt bei „A K, Baumaschinen, Import und Export" – „K-Baumaschinen-GmbH",[278] ebenso beim Wechsel von „Revisions- und Treuhandgesellschaft mbH G., M. und Partner, Wirtschaftsprüfungsgesellschaft, Steuerberatungsgesellschaft" zu „GMP GmbH Steuerberatungsgesellschaft-Treuhandgesellschaft".[279] Ob der Zusatz „Import und Export" aber wirklich die unterstellte Individualisierungskraft hat, erscheint fraglich.[280] Der BGH sah keine Firmenkontinuität bei „F-Fleisch GmbH" – „F & Sohn GmbH", hätte aber eine Haftung wohl bei „F-Fleischmarkt" bejaht.[281] Das LG Berlin hielt eine ausreichende Firmenähnlichkeit bei „Zeutrie Internationale Möbelhandelsgesellschaft mbH" und „Zeutrie Handels- und Service GmbH" jedenfalls für möglich.[282] 62

5. Einwilligung in die Firmenfortführung. Abs. 1 S. 2 stellt für den Übergang der unternehmensbezogenen Forderungen (→ Rn. 71 f.) ein **zusätzliches Tatbestandsmerkmal** auf. Da der Forderungsübergang die Rechtsstellung des Veräußerers verschlechtert, hat die Firmenfortführung nur dann Indizwirkung für den Forderungsübergang, wenn der Erwerber die Firma mit Zustimmung des Veräußerers (oder dessen Erben) fortführt.[283] Für Abs. 1 S. 1 genügt die rein tatsächliche Firmenfortführung ohne Zustimmung des Veräußerers (→ Rn. 59), weil die Übertragung der Verbindlichkeiten den Veräußerer entlastet. Die Gegenauffassung, nach der Abs. 1 S. 2 keinen Forderungsübergang, sondern lediglich den Schutz des Schuldners bewirkt (→ Rn. 73), kann nicht erklären, 63

---

268 RGZ 133, 318 (325 f.) – „G. R. & Sohn"/„G. R."; abl. auch Staub/*Hüffer,* 4. Aufl. 1983, Rn. 49.
269 OLG Saarbrücken BB 1964, 1195 (1196); ähnlich BGH DStR 2009, 2440 (2441).
270 OLG Schleswig FGPrax 2012, 126 (127).
271 RGZ 145, 274 (278).
272 BAG NZA 2013, 961 Rn. 45.
273 BGH NJW 1982, 577 f.
274 BGH NJW 1983, 2448 (2449).
275 OLG Stuttgart NJW-RR 1989, 424 f.
276 OLG Bremen NJW-RR 1989, 423 f.
277 BGH NJW 2006, 1001; die genaue Firmierung ist mitgeteilt bei *Kanzleiter* DNotZ 2006, 590 (593). Entscheidend dürfte hier der lokale Bekanntheitsgrad der Diskothek „PC69" gewesen sein, vgl. BGH MittBayNot 2005, 168.
278 OLG Frankfurt NJW 1980, 1397 (1398).
279 OLG Köln RNotZ 2007, 162 f.
280 Krit. auch Staub/*Hüffer,* 4. Aufl. 1983, Rn. 49.
281 BGH NJW 1987, 1633; so schon die Vorinstanz OLG Oldenburg WM 1985, 1415 (1417); vgl. dazu auch *Karsten Schmidt* HandelsR § 8 Rn. 20, Beispiel Nr. 10, 300 sowie die dort weiter angeführten Beispielsfälle.
282 LG Berlin ZIP 1993, 1478; das Gericht hatte hierbei nicht über eine Haftung nach § 25 Abs. 1 zu entscheiden, sondern im Beschlusswege über die Zulässigkeit der Eintragung eines Haftungsausschlusses; s. BGH DStR 2004, 1136; → Rn. 95.
283 Vgl. Staub/*Burgard* Rn. 108, der aber den Zweck des § 25 Abs. 1 S. 2 im Schuldnerschutz sieht.

warum der Schuldnerschutz von einem Umstand abhängen soll, den der Schuldner nicht erkennen kann.[284]

64 Die Einwilligung muss grundsätzlich **rechtswirksam** sein.[285] Denn nach der hier vertretenen Auffassung setzt die Übertragung der Forderungen an den Erwerber ein wirksames Rechtsgeschäft[286] voraus (→ Rn. 26, → Rn. 42); auch nach der Gegenauffassung ist der Rechtsschein des Forderungsübergangs dem Veräußerer nur bei wirksamer Einwilligung zuzurechnen.[287] Nach beiden Auffassungen schließen daher rechtshindernde Einwendungen (zB Geschäftsunfähigkeit) den Tatbestand des Abs. 1 S. 2 aus. Auf den Fortbestand der Einwilligung kommt es hingegen nicht an, so dass etwa eine Anfechtung nicht schadet. Bei Annahme eines Forderungsübergangs muss nur der Übertragungsakt selbst wirksam sein (→ Rn. 53). Da das Registergericht die Richtigkeit der Änderung und deren Vereinbarkeit mit dem Firmenrecht prüfen muss (→ § 31 Rn. 34; → § 29 Rn. 12),[288] kann auch eine gem. § 22 erforderliche, aber später angefochtene Einwilligung die widerlegliche Vermutung des Forderungsübergangs begründen, den der Schuldner sonst nicht beweisen könnte (→ Rn. 27). Die Gegenauffassung kommt zum selben Ergebnis, weil die Zurechenbarkeit von der Anfechtung nicht beeinflusst wird.[289] Bei unwirksamem Geschäftserwerb (→ Rn. 53 f.) und damit in der Regel unwirksamer Zustimmung des Veräußerers zur Fortführung der Firma (zur Duldung → Rn. 65) ist Abs. 1 S. 2 nicht anwendbar. Daher wird der Schuldner bei Leistungen an den Erwerber nur geschützt, wenn die Voraussetzungen des § 15 Abs. 3 (→ Rn. 127) oder der allgemeinen Rechtsscheingrundsätze (→ Rn. 122 ff.) vorliegen.[290]

65 Das (auf Kenntnis des Veräußerers aufbauende) **Dulden** der Firmenfortführung **steht der Einwilligung gleich.**[291] Ein enger zeitlicher Zusammenhang zwischen Geschäftsübertragung und Einwilligung ist, anders als bei § 22, nicht erforderlich,[292] da es nicht auf die Zulässigkeit der Firmenfortführung (aber → Rn. 59 aE), sondern auf die schuldnerschützende bzw. die Vermutung des Forderungsübergangs begründende Wirkung ankommt. Das Merkmal der Einwilligung ist „den Schuldnern gegenüber" rein objektiv zu verstehen; auf Kenntnis oder Unkenntnis des Schuldners im Zeitpunkt seiner Leistung kommt es daher bei Abs. 1 S. 2 grundsätzlich nicht an (→ Rn. 79 f., → Rn. 98).

III. Rechtsfolgen

66 **1. Erwerberhaftung (Abs. 1 S. 1).** Der einzelkaufmännische Erwerber haftet mit seinem gesamten (auch Privat-)Vermögen. Bei Erwerb durch eine Gesellschaft oder bei Sacheinbringung (→ Rn. 31; → § 28 Rn. 10 f.) greift ggf. die rechtsformspezifische Haftungsbeschränkung.[293] Die Haftung des Erwerbers beschränkt sich auf die „im Betriebe des Geschäfts begründeten Verbindlichkeiten" des Veräußerers. Für einzelkaufmännische Veräußerer ist daher **zwischen** den **Geschäfts- und** den **Privatverbindlichkeiten zu unterscheiden;** für letztere muss der Erwerber nicht einstehen. In Zweifels-

[284] Zweifelnd am Zweck des Merkmals der Einwilligung daher Staub/*Burgard* Rn. 108.

[285] *Börner* FS Möhring, 1975, 37 (50); *Nörr/Scheyhing,* Sukzessionen, 1983, § 30 A III 1, 375; *Commandeur/Kleinebrink* Betriebsübernahme Rn. 1229; KKRD/*Roth* Rn. 11; Staub/*Hüffer,* 4. Aufl. 1983, Rn. 65; diff. *Canaris* HandelsR § 7 Rn. 69; Staub/*Burgard* Rn. 109.

[286] Zum rechtsgeschäftlichen Verständnis der Einwilligung in § 22 *J. Flume* DB 2008, 2011 (2012 f.).

[287] *Canaris* HandelsR § 7 Rn. 69; Röhricht/Graf v. Westphalen/Haas/*Ries* Rn. 36; Staub/*Burgard* Rn. 109; iErg ähnlich *Gerlach,* Die Haftungsordnung der §§ 25, 28, 130 HGB, 1976, 75 Fn. 122.

[288] Staub/*Burgard* Rn. 122.

[289] *Canaris* HandelsR § 7 Rn. 69; Staub/*Burgard* Rn. 109; BeckOK HGB/*Bömeke* Rn. 57.

[290] Näher Staub/*Burgard* Rn. 160.

[291] Staub/*Hüffer,* 4. Aufl. 1983, Rn. 65, 115: veranlasster Rechtsschein; Staub/*Burgard* Rn. 109, 160: fahrlässige Unkenntnis genügt; *Commandeur/Kleinebrink* Betriebsübernahme Rn. 1227; Heymann/*Förster* Rn. 49.

[292] So Staub/*Hüffer,* 4. Aufl. 1983, Rn. 65; Staub/*Burgard* Rn. 109; ohne diese Differenzierung *Börner* FS Möhring, 1975, 37 (50); *Nörr/Scheyhing,* Sukzessionen, 1983, § 30 A III 1, 375; *Commandeur/Kleinebrink* Betriebsübernahme Rn. 1229; KKRD/*Roth* Rn. 11.

[293] *Karsten Schmidt* HandelsR § 7 Rn. 18.

fällen richtet sich die Entscheidung nach den §§ 343, 344. Handelsgesellschaften haben naturgemäß nur Geschäftsverbindlichkeiten (→ 4. Aufl. 2018, § 343 Rn. 13). Geschäftsverbindlichkeiten sind auch solche, die beim früheren Erwerb oder bei der Gründung und Einrichtung des Handelsgeschäfts eingegangen worden sind.[294] Gleichgültig ist der Rechtsgrund der Verbindlichkeiten, so dass der Erwerber auch für **gesetzlich** begründete (unternehmensbezogene) Verbindlichkeiten des Veräußerers einstehen muss.[295] Hierzu gehören auch öffentlich-rechtliche Verbindlichkeiten, etwa auf Rückzahlung von Subventionen.[296] Davon erfasst sind iVm § 191 Abs. 1 und 4 AO 1977 über die Spezialregelung des § 75 AO 1977 (→ Rn. 112 ff.) auch **Steuerschulden.**[297] Jedoch geht es dort um unternehmensbezogene Steuern wie die Gewerbesteuer,[298] nicht hingegen um sog. Personensteuern, insbesondere Körperschaftsteuer, den Solidaritätszuschlag und die daran anknüpfenden Zinsfestsetzungen, die weder § 75 AO 1977 noch § 25 unterfallen.[299] Ausgenommen sollen öffentlich-rechtliche Beiträge zur gesetzlichen **Sozialversicherung** sein.[300] Dies ist jedoch zweifelhaft. da Abs. 1 S. 1 nicht nach dem Rechtsgrund betriebsbezogener Verbindlichkeiten differenziert. Gleichgültig ist zudem der Inhalt der Verbindlichkeit.[301] Daher muss der Erwerber nicht nur Zahlungsansprüche erfüllen, sondern etwa auch ein vom Veräußerer vereinbartes **Wettbewerbsverbot** gegen sich gelten lassen oder sich an sonstige (rechtswirksame) Wettbewerbsvereinbarungen halten.[302] Zudem hat der Erwerber auch für ihm unbekannte (Geschäfts-)Verbindlichkeiten des Veräußerers einzustehen.[303] Für Verbindlichkeiten aus **bestehenden Arbeitsverhältnissen** geht § 613a BGB vor, während **Ruhestandsverhältnisse** von § 25 erfasst sind (näher → Rn. 111).

Das Merkmal der Betriebsbezogenheit ist objektiv auszulegen; die Parteien können **67**
daher nicht Geschäfts- als Privatverbindlichkeiten deklarieren. Möglich ist es jedoch, einzelne, bisher betriebsbezogene Schuldverhältnisse anlässlich der Veräußerung aus dem Handelsgeschäft herauszunehmen. Dies kann etwa bei gepachteten Grundstücken oder sonstigen einzelnen (etwa geleasten) Gegenständen praktisch werden, die der Veräußerer behalten und anderweitig verwenden möchte und demzufolge auch Pachtzinsen und Leasingraten weiterbezahlen muss. Diesbezügliche Vereinbarungen bedürfen jedoch der **Verlautbarung** gem. Abs. 2 (→ Rn. 92 ff., → Rn. 96 ff.), sofern der Betriebsbezug nicht bereits vorher beendet wird.[304]

Bei der **Veräußerung eines von mehreren Unternehmen** oder der Veräußerung **68**
einer selbstständigen **Zweigniederlassung**[305] hat der Erwerber jeweils nur für die dort begründeten, nicht dagegen für andere Geschäftsverbindlichkeiten des Veräußerers einzustehen (vgl. im Übrigen → Rn. 39).[306]

---

294 BGH LM Nr. 3 mwN: privative Schuldübernahme als Entgelt für den Geschäftserwerb; RG Recht 1921 Nr. 2633; RGZ 129, 186 (187) zu § 28; Staub/*Burgard* Rn. 102.

295 Einzelfälle bei Staub/*Hüffer,* 4. Aufl. 1983, Rn. 56; Staub/*Burgard* Rn. 87; *Commandeur/Kleinebrink* Betriebsübernahme Rn. 1079 ff.

296 OVG Bautzen ZInsO 2019, 2007 (2011).

297 BFH 17.9.1991 – VII R 72/88, insoweit in NJW 1992, 2848 nicht abgedruckt; OVG Münster KStZ 2014, 74 (75).

298 Im Ausgangspunkt VGH Mannheim DStR 2012, 91 (92), allerdings mangels Firmenfortführung abgelehnt.

299 BFH GmbHR 2016, 1114 (1115 f.); ebenso für die Einkommensteuer *Heeg* DStR 2012, 2159 (2161 ff.).

300 LSG RhPf NZS 2009, 574 (576); BayLSG DStR 2011, 2010 (2012); offen LSG LSA ZIP 2011, 1121 (1122).

301 Zweifelnd allerdings *Fenyves,* Erbenhaftung und Dauerschuldverhältnis, 1982, 66.

302 RGZ 88, 103 (106); 96, 171 (173); s. auch RGZ 58, 21 betr. Pflicht zur Firmenänderung; RGZ 76, 7 betr. Bezugsverpflichtung; BGH NJW 1996, 2866 betr. Vertragsstrafe.

303 RG Recht 1908 Nr. 3891.

304 Weitergehend für Dauerschuldverhältnisse *Canaris* HandelsR § 7 Rn. 38 ohne Hinweis auf § 25 Abs. 2, weil dem Erwerber die für das geschuldete Entgelt zu beanspruchende Gegenleistung (zB Gebrauchsüberlassung) nicht mehr zugutekomme, → Rn. 82.

305 Zur Selbstständigkeitsvoraussetzung OLG Düsseldorf NZG 2009, 314 (315).

306 BGH LM Nr. 15 = BB 1979, 1117.

69 Maßgeblich für die Haftung gem. Abs. 1 S. 1 ist der **Zeitpunkt** der **Begründung des Schuldverhältnisses,** nicht erst die Fälligkeit des einzelnen Anspruchs.[307] Abweichend von § 158 Abs. 1 BGB haftet auch der Veräußerer dann noch (neben dem Erwerber), wenn die Bedingung erst nach der Übertragung des Handelsgeschäfts eingetreten sein sollte.[308] Zu später entstehenden Teilansprüchen aus Dauerschuldverhältnissen → Rn. 82.

70 Der Erwerber muss für die Verbindlichkeiten in dem Umfang einstehen, in welchem sie bei Übertragung des Handelsgeschäfts bestehen und durchsetzbar sind. Folglich kann er sich etwa auf bereits eingetretene **Verjährung** oder auf eine Stundungsvereinbarung ebenso berufen, wie er umgekehrt Verjährungshemmungen gegen sich gelten lassen muss.[309] Für den Zeitraum nach Übertragung gelten nach hM die §§ 421 ff. BGB, insbesondere kann sich der Haftungsumfang in Bezug auf Veräußerer und Erwerber gem. § 425 BGB unterschiedlich entwickeln.[310] Für eventuelle **Regressansprüche** sind die schuldrechtlichen Vereinbarungen zwischen Veräußerer und Erwerber maßgeblich; sie schließen Rückgriffsansprüche des Erwerbers dann aus, wenn – wie in der Regel – zwischen den Parteien eine Erfüllungsübernahme vereinbart worden war. Ansonsten richtet sich der Ausgleich – etwa des noch in Anspruch genommenen Veräußerers gegenüber dem Erwerber – nach § 426 Abs. 1 und 2 BGB.[311] Nach der hier vertretenen Auffassung bewirkt Abs. 1 eine Vertragsüberleitung (→ Rn. 81 ff.), aufgrund derer die gesamtschuldtypische Gleichstufigkeit fehlt, so dass die Veräußererhaftung akzessorisch zur Erwerberhaftung eintritt (→ Rn. 22 f., → Rn. 26).

71 **2. Schuldnerschutz oder Forderungsübergang (Abs. 1 S. 2). a) Grundverständnis.** Abs. 1 S. 2 betrifft im Gegensatz zu S. 1 nicht die Verbindlichkeiten des Veräußerers, sondern seine Forderungen. Die Vorschrift gilt nur für die „in dem Betriebe begründeten“ Forderungen. Der so bezeichnete Kreis der **Geschäftsforderungen** ist genauso abzugrenzen wie der Bereich der Geschäftsverbindlichkeiten (→ Rn. 66 ff.).[312] Von Abs. 1 S. 2 erfasst sind nur Forderungen, die **nicht einzeln abgetreten** worden sind,[313] da bei Einzelabtretung die allgemeinen Regeln der §§ 398 ff. BGB gelten,[314] insbesondere der Schuldnerschutz gem. § 407 BGB. Für nicht einzeln abgetretene Forderungen sind die **Rechtsfolgen** des § 25 Abs. 1 S. 2 **umstritten.**[315]

72 Nach der hier im Anschluss an den **BGH**[316] vertretenen Auffassung **gehen die unternehmensbezogenen Forderungen** auch ohne Einzelabtretung auf den Erwerber

[307] BGH NJW-RR 1990, 1251 (1253) – hier wurde ein Anspruch aufgrund eines vom Veräußerer abgeschlossenen Lizenzvertrages allerdings abgelehnt, da die relevante Benutzungshandlung erst nach dem Unternehmensübergang durch den Erwerber stattgefunden hatte; *Habersack* JuS 1989, 738 (744); Heymann/*Förster* Rn. 55; Staub/*Hüffer*, 4. Aufl. 1983, Rn. 57; Staub/*Burgard* Rn. 88; aA *Fenyves,* Erbenhaftung und Dauerschuldverhältnis, 1982, 57.

[308] Vgl. BGH NJW 1974, 1081 (1082); NJW-RR 1990, 1251 (1253); Heymann/*Förster* Rn. 54; aA wohl *Honsell/Harrer* ZIP 1986, 341 (344 f.), die als Altverbindlichkeiten (iSd § 159) nur mit Sicherheit entstehende, also keine bedingten Ansprüche ansehen. Ausführlicher → 1. Aufl. 1996, § 26 Rn. 30 f. *(Lieb).*

[309] RGZ 135, 104 (107 ff.); 143, 154 (156 ff.); zu Konkursvorrechten BGHZ 34, 293 (298) = NJW 1961, 1022.

[310] Einzelfälle bei Staub/*Burgard* Rn. 97; *Commandeur/Kleinebrink* Betriebsübernahme Rn. 1146 ff.

[311] Staub/*Burgard* Rn. 96.

[312] Näher Staub/*Burgard* Rn. 115.

[313] Insoweit anders *Karsten Schmidt* AcP 198 (1998), 516 (524): § 25 Abs. 1 S. 2 erfasse alle ausdrücklich, konkludent oder überhaupt nicht abgetretenen betrieblich begründeten Forderungen soweit formlos übertragbar. In Bezug auf bereits übertragene Forderungen, die nicht mehr zum Vermögen des Veräußerers gehören und daher nicht nochmals übergehen können, geht zumindest der von *Karsten Schmidt* angenommene vertypte Abtretungswille ins Leere.

[314] Vgl. Staub/*Burgard* Rn. 119 ff. zur eingeschränkten Anwendbarkeit der §§ 401 ff. BGB nach der Auffassung, nach der § 25 Abs. 1 S. 2 nur Schuldnerschutz und keinen Forderungsübergang bewirkt.

[315] Zu den Meinungsunterschieden im Detail Staub/*Burgard* Rn. 110 ff.

[316] BGH NJW-RR 1992, 866 (867) = JZ 1992, 1028 m. abl. Anm. *Lieb* = WuB IV D. § 25 HGB 2.92 m. zust. Anm. *Wilhelm*; zust. auch *Hausmann* JR 1994, 133; *Karsten Schmidt* HandelsR § 7 Rn. 59 ff.; *Karsten Schmidt* AcP 198 (1998), 516 (520 ff.); *Karsten Schmidt* FS Medicus, 1999, 555 (560 f.); vgl. aus der Rspr. auch schon BGH NJW 1979, 42 (43); RGZ 72, 434 (436 f.); RG Recht 1914 Nr. 3031; HRR 1929, 320.

über.[317] Der Veräußerer kann sich auf seine fortbestehende Gläubigerstellung nur dann berufen, wenn er den **Ausschluss** des von Abs. 1 S. 2 vermuteten Forderungsübergangs gem. Abs. 2 publiziert hat. Abs. 1 S. 2 enthält somit keine cessio legis oder Fiktion des Forderungsübergangs,[318] sondern die gesetzliche Vermutung eines rechtsgeschäftlichen (Abtretungs-)Willens, die nur mit den Beweismitteln des Abs. 2 zu widerlegen ist (→ Rn. 8, → Rn. 27, Einzelheiten zur Beweislast → Rn. 109).

73 Die **Gegenauffassung**[319] interpretiert Abs. 1 S. 2 entsprechend dem Wortlaut („den Schuldnern gegenüber") als **reine Schuldnerschutzvorschrift,** die mit Rücksicht auf die Privatautonomie beider Beteiligten an der Forderungszuständigkeit des Veräußerers nichts ändere. Die Vermutung des Abs. 1 S. 2 könne jederzeit mit den üblichen Beweismitteln widerlegt werden. Ähnlich wie bei § 407 BGB könne der Schuldner gem. § 25 Abs. 1 S. 2 mit befreiender Wirkung an den falschen Gläubiger leisten, da die Unternehmens- und Firmenfortführung den Rechtsschein der Abtretung begründe.

74 Die hier vertretene gesetzliche Vermutung des Forderungsübergangs (→ Rn. 72) erfüllt nach dem Willen der Gesetzesverfasser (→ Rn. 6) einen doppelten Schutzzweck. Der Erwerber ist davor zu schützen, dass der Veräußerer über die Forderung verfügt, sie einklagt oder mit ihr aufrechnen darf.[320] Der Schuldner ist davor zu schützen, dass er (auch) vom Veräußerer in Anspruch genommen wird. Die Privatautonomie ist hierdurch nicht verletzt. Die Vermutung entspricht den Interessen der Parteien, weil das Aktivvermögen der eigentliche Kaufgegenstand ist.[321] Allein die Aktiva sind für den Erwerber interessant, allein die Aktiva kann der Veräußerer versilbern; die Passiva sind die als solche unwillkommene bzw. unverkäufliche Zugabe, die der Erwerber aber übernehmen muss, wenn der Veräußerer sonst die Aktiva nicht hergibt. Dieser Interessenlage würde es widersprechen, wenn der Erwerber stets für die Schulden haftet, die Forderungen aber nur auf besondere Nachfrage erhält. Der einschränkende Wortlaut („den Schuldnern gegenüber") bewirkt, dass Veräußerer und Erwerber untereinander darüber streiten, ob die betreffende Forderung übergehen sollte, der Erwerber unter Umständen also rechtsgrundlos bereichert ist.[322] Zudem behält die Formulierung ihre Bedeutung für den Fall des unwirksamen Geschäftserwerbs (→ Rn. 53 f.) bzw. der unwirksamen Einwilligung zur Firmenfortführung (→ Rn. 64), da hier jeweils der Rechtsschein der Abtretung dem Schuldner zugutekommt (→ Rn. 122 ff.).[323]

75 **b) Einschränkungen.** Abs. 1 S. 2 ist unanwendbar, wenn die betreffende Forderung einem **Abtretungsverbot** unterliegt.[324] Nach der hier vertretenen Auffassung wird gem. Abs. 1 S. 2 der Abtretungswille vermutet (→ Rn. 72), jedoch kann dieser Wille ein ent-

---

317 So auch mit unterschiedlicher dogmatischer Begr. *Karsten Schmidt* AcP 198 (1998), 516 (528 ff.); Staub/*Hüffer*, 4. Aufl. 1983, Rn. 69 f.; ähnlich *Hausmann*, Die Bedeutung der Rechtsfolgenanordnung „gelten als" in § 25 Abs. 1 Satz 2 HGB, 1991, zusammenfassend 154 ff.; *Hausmann* JR 1994, 133; *Börner* FS Möhring, 1975, 37 (43 f.); *Nörr/Scheyhing*, Sukzessionen, 1983, § 30 A III 2 d, 377; Düringer/Hachenburg/*Hoeniger* Anm. 23; Schlegelberger/*Hildebrandt/Steckhan* Rn. 14.

318 Vgl. die Nachweise bei *Karsten Schmidt* AcP 198 (1998), 516 (521); *Karsten Schmidt* FS Medicus, 1999, 555 (568) Fn. 67; Staub/*Burgard* Rn. 110.

319 OLG München DB 1992, 518; *Canaris* HandelsR § 7 Rn. 62 ff.; *Beuthien* NJW 1993, 1737; *Nitsche* ÖZW 1976, 40 (46); Baumbach/Hopt/*Hopt* Rn. 21; *Straube/Schuhmacher* Rn. 20; KKRD/*Roth* Rn. 10; Oetker/*Vossler* Rn. 49; Staub/*Burgard* Rn. 106, 111; BeckOK HGB/*Bömeke* Rn. 56, 61; → 2. Aufl. 2005, Rn. 101 f., 104 *(Lieb)*; dazu ausführlicher *Lieb* JZ 1992, 1029 (1030 f.); *Altmeppen* FS Hopt, Bd. I, 2010, 305 (313 f.).

320 So bereits Staub/*Hüffer*, 4. Aufl. 1983, Rn. 70; Düringer/Hachenburg/*Hoeniger* Anm. 23; anders *Canaris* HandelsR § 7 Rn. 76; → 2. Aufl. 2005, Rn. 104 *(Lieb)*.

321 Anders Staub/*Burgard* Rn. 125, der einen Erfahrungssatz bezüglich der Übernahme der Aktiva bestreitet, sowie *Canaris* HandelsR § 7 Rn. 64 aE, der allein die Gläubiger des Erwerbers begünstigt sieht.

322 *Karsten Schmidt* AcP 198 (1998), 516 (527, 531 f.).

323 Vgl. *Canaris* HandelsR § 7 Rn. 66; *Altmeppen* FS Hopt, Bd. I, 2010, 305 (313 f.).

324 Vgl. nur KG HRR 1927 Nr. 1541; Baumbach/Hopt/*Hopt* Rn. 23; Heymann/*Förster* Rn. 71; Staub/*Hüffer*, 4. Aufl. 1983, Rn. 67; *Commandeur/Kleinebrink* Betriebsübernahme Rn. 1232; diff. nach Vorliegen oder Fehlen eines Nachfolgezusatzes *Canaris* HandelsR § 7 Rn. 70; zust. Oetker/*Vossler* Rn. 51; hierzu → Rn. 102.

gegenstehendes Abtretungsverbot nicht überwinden. Nach der Gegenauffassung (→ Rn. 73) schützt Abs. 1 S. 2 den Schuldner, jedoch ist der Schuldner weder bei **höchstpersönlichen Ansprüchen** (§ 399 Alt. 1 BGB) noch bei **rechtsgeschäftlichen Abtretungsverboten** (§ 399 Alt. 2 BGB) schutzwürdig, weil er weiß, dass die Forderung grundsätzlich nicht abtretbar ist. Die Wirkung rechtsgeschäftlicher Abtretungsverbote ist allerdings durch **§ 354a** deutlich eingeschränkt worden. Ist eine Einzelabtretung gem. § 354a wirksam, ist § 25 Abs. 1 S. 2 anwendbar; allerdings kann der Schuldner dann analog § 354a S. 2 auch an den Veräußerer befreiend leisten. Bei **gesetzlichen Abtretungsverboten** würde die Anwendung von Abs. 1 S. 2 dem Zweck des Abtretungsausschlusses zuwiderlaufen.[325]

76 Die auch hier befürwortete rechtsfortbildende Interpretation des Abs. 1 S. 2 als Instrument einer **partiellen Universalsukzession** ähnlich der umwandlungsrechtlichen Spaltung (→ Rn. 22 f., → Rn. 117) stellt allerdings die Anwendung des § 399 BGB insgesamt in Frage.[326] So ordnete bereits § 132 S. 2 UmwG aF ausdrücklich an, dass § 399 BGB der Aufspaltung nicht entgegen stehe. Die 2007 erfolgte Aufhebung des § 132 UmwG aF sollte nicht etwa § 399 BGB wieder Geltung verschaffen, sondern im Gegenteil die weitergehende „Spaltungsbremse" des § 132 S. 1 UmwG beseitigen, die darin bestand, dass allgemeine Übertragungshindernisse oder öffentlich-rechtliche Genehmigungserfordernisse von der Eintragung der Spaltung (§ 131) unberührt blieben.[327] Von der Rechtsnachfolge nach Spaltung ausgenommen bleiben daher nur höchstpersönliche Rechte und Pflichten.[328] Der durch den Rechtsübergang betroffene Dritte, der sich durch die Gesamtrechtsnachfolge einem neuen Vertragspartner gegenübersieht, ist auf die allgemeinen Lösungsrechte (Kündigung, Rücktritt, Berufung auf den Wegfall der Geschäftsgrundlage) verwiesen. Dieses gesetzgeberische Motiv für die Aufhebung des § 132 UmwG aF entspricht der hier favorisierten Lösung insbesondere für den Übergang von Dauerschuldverhältnissen (→ Rn. 85 f.).

77 Keine Einschränkung des Abs. 1 S. 2 ist geboten, wenn der Schuldner in Unkenntnis des (noch nicht eingetragenen) Inhaberwechsels auf ein vom Erwerber fortgeführtes[329] **vormaliges Konto des Veräußerers** zahlt. Nach der hier vertretenen Auffassung ist die Forderung übergegangen (→ Rn. 72). Daher leistet der Schuldner anders als bei § 407 BGB nur vermeintlich an den alten Gläubiger. Da er tatsächlich an den richtigen Gläubiger leistet, ist das Ergebnis auch zwischen Veräußerer und Erwerber nicht korrekturbedürftig. Nach der Gegenauffassung (→ Rn. 73) muss sich der Veräußerer die befreiende Wirkung dieser Leistung zurechnen lassen, obwohl er Gläubiger geblieben ist.[330]

78 Nach hL ist der mit Abs. 1 S. 2 beabsichtigte Schuldnerschutz (→ Rn. 73) entbehrlich und daher im Wege teleologischer Reduktion zurückzunehmen, wenn der Schuldner wie im **Wertpapier- oder Hypothekenrecht** (zB Art. 39 WG, § 1144 BGB) nur gegen Vorlage des Papiers zu leisten braucht[331] oder die Übertragung der Forderung formbedürftig ist (zB § 1154 BGB).[332] Der Schuldner ist dann ebenso wenig schutzbedürftig wie im Fall des § 407 BGB.[333] Auch die hier vertretene Vermutung eines Abtretungswillens (→ Rn. 72) kann weder Formschranken noch besondere Schuldnerschutzvorschriften überwinden. Die

---

325 Staub/*Hüffer*, 4. Aufl. 1983, Rn. 67.

326 *Karsten Schmidt* AcP 198 (1998), 516 (533); *J. Flume*, Vermögenstransfer und Haftung, 2008, 168 f.

327 Auch zum Folgenden BT-Drs. 16/2919, 19.

328 Für § 25 Abs. 1 S. 1 ebenso *Canaris* HandelsR § 7 Rn. 37; ausdrücklich nun § 38 Abs. 1 UGB, hierzu *Krejci* FS Canaris, Bd. II, 2007, 735 (742, 748).

329 Zur praktischen Handhabung *H. P. Westermann* FS Nobbe, 2009, 939 (954 ff.); für Österreich *Dellinger* ÖBA 2008, 176 (182 f.).

330 *Canaris* HandelsR § 7 II 2 b, 111; *H. P. Westermann* FS Nobbe, 2009, 939 (956); *Artmann* WBl. 2007, 253 (259) zu § 38 Abs. 3 UGB; hierzu → Rn. 134.

331 *Canaris* HandelsR § 7 Rn. 71.

332 Vgl. etwa Baumbach/Hopt/*Hopt* Rn. 23; Heymann/*Förster* Rn. 71; Schlegelberger/*Hildebrandt/Steckhan* Rn. 6; Staub/*Hüffer*, 4. Aufl. 1983, Rn. 67; Staub/*Burgard* Rn. 117; *Commandeur/Kleinebrink* Betriebsübernahme Rn. 1232.

333 Hierzu MüKoBGB/*Roth/Kieninger* BGB § 407 Rn. 31.

Rechtsfortbildung des Abs. 1 S. 2 zu einem Instrument der partiellen Universalsukzession (→ Rn. 22 f., → Rn. 117) lässt bei hinreichender Bestimmtheit der Forderungen zwar das mit dem Spezialitätsgrundsatz verbundene Formerfordernis entfallen;[334] dennoch kann der Schuldner vom Erwerber Vorlage des Papiers verlangen, das sich der Erwerber vom Veräußerer beschaffen muss.[335]

Weiß der Schuldner, dass die gegen ihn erhobene Forderung nicht übergehen sollte, ist er nach hL aufgrund seiner **Bösgläubigkeit** ebenso wenig schutzwürdig wie im Fall des § 407 BGB, der dies ausdrücklich anordnet.[336] Nach der hier vertretenen Auffassung geht die Forderung gem. Abs. 1 S. 2 über, wenn der Übergang nicht gem. Abs. 2 ausgeschlossen wurde (→ Rn. 72). Der Schuldner zahlt daher an den Erwerber als berechtigten Gläubiger; der Veräußerer muss den Erlös beim Erwerber kondizieren.[337] Aber auch vom Standpunkt der hL aus (→ Rn. 73) ist dem Schuldner die Befreiung von der Verbindlichkeit bei Leistung an den Erwerber nur in Missbrauchsfällen zu versagen.[338] Die Einwilligung zur Firmenfortführung, die gem. §§ 22, 31 vom Registergericht zu prüfen ist,[339] wirkt in Verbindung mit Abs. 1 S. 2 wie eine dem Zessionar vom Zedenten ausgestellte Urkunde gem. § 409 Abs. 1 S. 2 BGB.[340] Wie dort kann vom Schuldner grundsätzlich nicht verlangt werden, die ihm vorliegende Information höher zu bewerten als das vom Zedenten selbst gesendete Signal,[341] sofern der Zedent nicht etwa Arglist des Schuldners oder Kollusion mit dem Zessionar, die Kenntnis offensichtlicher Nichtberechtigung des Scheinzessionars oder eines gesetzlichen Abtretungsverbots nachweisen kann.[342] 79

Entgegen Abs. 1 S. 2 kann der Schuldner gemäß oder analog § 407 BGB befreiend an den Veräußerer leisten, auch wenn der gem. § 31 eintragungspflichtige Inhaberwechsel gem. **§ 15 Abs. 2** als bekannt gilt.[343] Nach der hier vertretenen Auffassung gehen zwar alle unternehmensbezogenen Forderungen des Veräußerers über, soweit sie nicht gem. Abs. 2 ausgenommen wurden (→ Rn. 72). Daher ist mit dem Inhaberwechsel stets zugleich ein Gläubigerwechsel verbunden. Trotz der durch § 15 Abs. 2 fingierten Kenntnis ist § 407 BGB hier aber zumindest analog anzuwenden, da diese Vorschrift die Abtretbarkeit ohne Mitwirkung des Schuldners kompensiert[344] und der Schuldner nur ausnahmsweise (zumindest) über die (Möglichkeit der) Abtretung zu informieren ist (§ 496 Abs. 2 BGB; Art. 247 § 9 Abs. 1 S. 2 EGBGB). Gerade weil im Regelfall sämtliche Forderungen ohne Mitwirkung der jeweiligen Schuldner übergehen, ist § 407 BGB umso nötiger.[345] Nach der Gegenauffassung besteht ohnedies die Möglichkeit, dass einzelne oder alle Forderungen beim Veräußerer verblieben sind (→ Rn. 73); danach kann 80

---

334 Vgl. zum Rechtsübergang an Grundstücken außerhalb des Grundbuchs bei Spaltung BGHZ 175, 123 = NZG 2008, 436 (437 f.), zur Übertragung von Wertpapieren und verbrieften Forderungen Schmitt/Hörtnagl/Stratz/*Hörtnagl* UmwG § 131 Rn. 36.

335 Zum Eigentum an Hypothekenbriefen und Wechseln MüKoBGB/*Füller* BGB § 952 Rn. 4, 8.

336 → 2. Aufl. 2005, Rn. 106 *(Lieb)*; *Commandeur/Kleinebrink* Betriebsübernahme Rn. 1238 ff.; Heymann/*Förster* Rn. 69; dagegen RG JW 1903, 401; *Hausmann* JR 1994, 133 (136); Staub/*Hüffer*, 4. Aufl. 1983, Rn. 69, 101; EBJS/*Reuschle* Rn. 77; diff. *Canaris* HandelsR § 7 Rn. 72; insoweit zust. *Karsten Schmidt* AcP 198 (1998), 516 (532).

337 *Karsten Schmidt* AcP 198 (1998), 516 (532 f.).

338 So mit unterschiedlicher Begr. *Canaris* HandelsR § 7 Rn. 72; *Altmeppen* FS Hopt, Bd. I, 2010, 305 (313 f.); Staub/*Hüffer*, 4. Aufl. 1983, Rn. 69; EBJS/*Reuschle* Rn. 77.

339 *Krafka* RegisterR Rn. 283.

340 Zur Ähnlichkeit des § 25 Abs. 1 S. 2 mit § 409 BGB GroßkommHGB/*Würdinger* Anm. 14; *Börner* FS Möhring, 1975, 37 (40 ff.); vgl. *Altmeppen* FS Hopt, Bd. I, 2010, 305 (313 f.).

341 Anders Staub/*Burgard* Rn. 113, 141, da es bei reinem Schuldnerschutz einerlei sei, wie der Schuldner Kenntnis von der wahren Rechtslage erlangt hat.

342 Vgl. MüKoBGB/*Roth/Kieninger* BGB § 409 Rn. 12.

343 *Canaris* HandelsR § 7 Rn. 79; Schlegelberger/*Hildebrandt/Steckhan* Rn. 14; Staub/*Burgard* Rn. 120; dagegen *Hausmann* JR 1994, 133 (138); *Axer*, Abstrakte Kausalität – ein Grundsatz des Handelsrechts?, 1986, 158; Staub/*Hüffer*, 4. Aufl. 1983, Rn. 71; Düringer/Hachenburg/*Hoeniger* Anm. 23.

344 Zu diesem Schutzzweck *Canaris* HandelsR § 7 Rn. 79.

345 Für eine Analogie zu § 407 BGB *Karsten Schmidt* GS Sonnenschein, 2003, 497 (513); *J. Flume*, Vermögenstransfer und Haftung, 2008, 188, dort Fn. 1132 auch der Hinweis auf die Neuerungen durch das Risikobegrenzungsgesetz.

die Publizität des Inhaberwechsels den Schutz des § 407 BGB nicht berühren.[346] Zu § 38 Abs. 3 UGB → Rn. 134.

81 **3. Vertragsüberleitung. a) Grundverständnis.** Nach der hier vertretenen Auffassung bewirken die §§ 25 f., 28 die Übertragung unternehmensbezogener Rechtsverhältnisse (→ Rn. 25 ff.). Eine zentrale Funktion der Normen liegt somit in der Überleitung von Verträgen:[347] Der Erwerber tritt als Schuldner und Gläubiger in die Stellung des Veräußerers ein (→ Rn. 5, → Rn. 9). Die Annahme einer Vertragsüberleitung ist allerdings umstritten.[348] Nach der herrschenden Gegenauffassung[349] bleibt die Stellung des Veräußerers als Schuldner und Gläubiger unberührt; die § 25 Abs. 1 S. 1, § 28 Abs. 1 S. 1 bewirken einen gesetzlichen Schuldbeitritt des Erwerbers (→ Rn. 15 f.), die § 25 Abs. 1 S. 2, § 28 Abs. 1 S. 2 schützen lediglich den Schuldner, der irrtümlich an den Erwerber zahlt (→ Rn. 73).

82 Praxisrelevant ist der Meinungsstreit vor allem für die bei Unternehmensübergang noch nicht fälligen Teilleistungen aus **Dauerschuldverhältnissen.**[350] Nach der hier vertretenen Auffassung **haftet der Erwerber** nicht nur für bereits entstandene, sondern **auch für erst nachträglich entstehende Teilansprüche,** da sich die §§ 25 f., § 28 auf den Anspruchsgrund, das betreffende Dauerschuldverhältnis als solches beziehen.[351] Nach der Gegenansicht haftet der Erwerber für Teilansprüche, die nach dem Übergang des Handelsgeschäfts entstehen, nur dann, wenn auch die Gegenleistung des anderen Vertragsteils dem Erwerber zugutekommt,[352] wenn also der Erwerber und der Dritte das Dauerschuldverhältnis zumindest konkludent fortsetzen (→ Rn. 67). Die **Rspr.** der BGH-Senate ist **uneinheitlich.** Der X. ZS verneinte die Haftung für nach Unternehmensübergang fällig gewordene Verbindlichkeiten (Lizenzansprüche), die aus zuvor abgeschlossenen Dauerschuldverhältnis stammen.[353] Der I. ZS bejahte aufgrund einer aus Abs. 1 hergeleiteten Vertragsübernahme die Haftung des Erwerbers auf Vertragsstrafe bei Verletzung einer noch vom Veräußerer eingegangenen Unterlassungsverpflichtung.[354] Der XII. ZS ließ die Möglichkeit einer Vertragsüberleitung (durch § 28) im Grundsatz offen, lehnte aber speziell den Übergang eines

---

346 *Canaris* HandelsR § 7 Rn. 79; Staub/*Burgard* Rn. 120.

347 *Krejci,* Betriebsübergang und Arbeitsvertrag, 1972, 218 ff.; *Krejci* ÖJZ 1975, 449 (458 f.); *Krejci* FS Canaris, Bd. II, 2007, 735 (738 f.); *Karsten Schmidt* HandelsR § 7 Rn. 69 ff.; *Reichold* AP BetrAVG § 7 Nr. 56 Bl. 7; *Esser/Schmidt* Schuldrecht I/2 § 37 IV 1, 304; *Waskönig,* Rechtsgrund und Tragweite der §§ 25, 28 HGB, 1979, 118 ff.; iErg auch *Börner* FS Möhring, 1975, 37 (45 ff.).

348 Umfassend hierzu → 2. Aufl. 2005, Rn. 80 ff. *(Lieb).*

349 *Canaris* HandelsR § 7 Rn. 39; Staub/*Burgard* Rn. 21, 34, 77; Staub/*Hüffer,* 4. Aufl. 1983, Rn. 95; EBJS/*Reuschle* Rn. 59 ff.; Heymann/*Förster* Rn. 49; Straube/*Schuhmacher* Rn. 28 mwN; Oetker/*Vossler* Rn. 29; BeckOK HGB/*Bömeke* Rn. 46 f.; *Nitsche* ÖZW 1976, 40 (45 f.); *Habersack* JuS 1989, 738 (743); *Zöllner* ZGR 1983, 82 (89); *Commandeur/Kleinebrink* Betriebsübernahme Rn. 1067, 1121, 1126, 1221 ff.; *Fenyves,* Erbenhaftung und Dauerschuldverhältnis, 1982, 60 ff.; *Pahl,* Haftungsrechtliche Folgen versäumter Handelsregistereintragung und Bekanntmachung, 1987, 219.

350 Vgl. dazu nur *Lieb,* Die Haftung für Verbindlichkeiten aus Dauerschuldverhältnissen bei Unternehmensübergang, 1991, 13 ff.; *Beuthien* NJW 1993, 1737 ff.; *Canaris* FS Frotz, 1993, 11 (32 ff.); *Karsten Schmidt* HandelsR § 7 Rn. 69; *Karsten Schmidt* FS Medicus, 1999, 555 (570); *H. P. Westermann* FS Nobbe, 2009, 939 (946 ff.).

351 2. Aufl. § 128 Rn. 50 *(Lieb)* mwN; *Karsten Schmidt* FS Medicus, 1999, 555 (571 f.); *Lieb* GmbHR 1994, 657; Staub/*Burgard* Rn. 96; *Commandeur/Kleinebrink* Betriebsübernahme Rn. 1128 f.

352 Staub/*Hüffer,* 4. Aufl. 1983, Rn. 57; *Canaris* HandelsR § 7 Rn. 38 ff.; *Canaris* FS Frotz, 1993, 11 (32 ff.); GroßkommHGB/*Würdinger* Anm. 14; Oetker/*Vossler* Rn. 33; *Oetker,* Das Dauerschuldverhältnis und seine Beendigung, 1994, 657 ff., 660; vgl. auch BGH NJW-RR 1990, 1251 (1253); aA *Habersack* JuS 1989, 738 (745); diff. KKRD/*Roth* Rn. 7 (c).

353 BGH NJW-RR 1990, 1251 entgegen der Vorinstanz. Ausdrücklich eine Vertragsüberleitung gem. § 25 Abs. 1 abl. OLG Hamm GWR 2009, 194, das lediglich wie der BGH eine Haftung für bis zur Firmenübernahme aufgelaufene Lizenzansprüche für möglich hält.

354 BGH NJW 1996, 2866; hierzu *Karsten Schmidt* FS Medicus, 1999, 555 (557); dagegen wegen Höchstpersönlichkeit der Verbindlichkeit *Canaris* HandelsR § 7 Rn. 37, sofern die Vertragsstrafe nicht bereits verwirkt war, allerdings mit Rücksicht auf die im BGH-Fall gegebene personelle Identität von Veräußerer und Geschäftsführer der Erwerberin; vgl. auch LG Düsseldorf WRP 2012, 496 (497); LG Berlin BeckRS 2012, 17569; näher zur Haftung des Erwerbers für Unterlassungsversprechen des Veräußerers *Isele* WRP 2011, 292 (293 ff.).

Mietverhältnisses auf den Unternehmenserwerber ab, da hier die besonderen mietrechtlichen Vorschriften zur Gebrauchsüberlassung an Dritte entgegenstünden und insbesondere der Anspruch auf Nutzungsentschädigung wegen verspäteter Rückgabe (§§ 546a, 571 BGB; § 557 BGB aF) nicht von vornherein im Mietverhältnis angelegt sei.[355] Ohne den von der Vorinstanz[356] zugrunde gelegten Abs. 1 S. 1 zu prüfen, lehnte der X. ZS eine Haftung des Neuunternehmers ab, der den Status eines bloßen Untermieters geltend machte.[357] Soweit die Haftung in den genannten Entscheidungen abgelehnt wurde, beruhte dies auf der fehlenden Zustimmung des Dritten zur Vertragsübernahme.

Die Annahme einer **rechtsgeschäftlich fundierten, vom Gesetz widerleglich** (§ 25 83
Abs. 2, § 28 Abs. 2) **vermuteten Vertragsüberleitung** erklärt systemkonform, warum der Erwerber für nach Erwerb fällig werdende Verbindlichkeiten aus vor Erwerb begründeten Vertragsverhältnissen haftet (§ 25 Abs. 1 S. 1, § 28 Abs. 1 S. 1), warum der Veräußerer aus dieser Haftung entlassen wird (§ 26 Abs. 3, § 28) und warum der Erwerber nach Erwerb fällig werdende Forderungen erwirbt (§ 25 Abs. 1 S. 2, § 28 Abs. 1 S. 2). Dass der Veräußerer nach Ablauf der Frist der § 26, § 28 Abs. 3 nicht mehr in Anspruch genommen werden kann, ist mit dem (angeblichen) Andauern seiner Stellung als Vertragspartner kaum zu vereinbaren.[358] Die **Enthaftung** setzt voraus, dass die betreffenden Rechtsverhältnisse zuvor auf den Erwerber übergeleitet wurden, denn sonst würde der Dritte jeglichen Vertragspartner verlieren. Ebenso wenig ist erklärbar, dass nach der Gegenauffassung der Veräußerer für eine unerfüllte Schuld zwar nicht mehr haften, aber dennoch weiterhin Gestaltungsrechte ausüben können soll, sofern diese nicht gesondert abgetreten wurden.[359] Diese Widersprüche vermeidet das Konzept der Vertragsüberleitung. In diesem Konzept hat Abs. 1 S. 2 die Funktion, den Verbindlichkeiten (Abs. 1 S. 1) die **Forderungen** an die Seite zu stellen, soweit diese nicht durch einzelgegenständliche Übertragung auf den Erwerber übergehen (→ Rn. 71 f.).[360] Dies entspricht dem traditionellen Verständnis der Vertragsübernahme als Kombination von Abtretung und Schuldübernahme, während die Vertragsübernahme erst in neuerer Zeit als einheitliche Verfügung begriffen wird (→ Rn. 22);[361] darin liegt die eigentliche Rechtsfortbildung gegenüber dem Konzept des historischen Gesetzgebers (→ Rn. 9).[362] Die Vertragsüberleitung gem. §§ 25 f., § 28 fügt sich ein in die Struktur verwandter Normen (§§ 566, 613a BGB, §§ 95, 102 Abs. 2 VVG, § 34 Abs. 3 UrhG).[363]

355 BGH NJW 2001, 2251 (2252); OLG Köln BeckRS 2014, 01951, bestätigt durch BGH BeckRS 2014, 01950; iErg zust. *Canaris* HandelsR § 7 Rn. 41; krit. insbes. mit Blick auf die Geschäftsraummiete *Karsten Schmidt* GS Sonnenschein, 2003, 497 ff. (509 ff.). Ebenso wie der BGH ohne nähere Begr. auch KG NZG 2009, 836. Offen bezüglich der Vertragsüberleitung, jedoch analog § 28 für eine Haftung einer Anwaltssozietät (→ § 28 Rn. 30) für alte Mietschulden des bisherigen Einzelanwalts OLG Naumburg NZG 2006, 711 (712). Das OLG Bremen NZG 2008, 946 (947) lehnte ohne Prüfung der Vertragsüberleitung die Haftung des neuen Unternehmers für die Mietschulden des alten Unternehmers bereits wegen fehlenden Unternehmensübergangs ab.

356 OLG Frankfurt BeckRS 2008, 186.

357 BGH GE 2007, 1627.

358 Dies einräumend mit Abhilfevorschlag Staub/*Burgard* Rn. 78 ff., 88.

359 So aber *Canaris* HandelsR § 7 Rn. 40, der den von §§ 25 f., 28 geregelten Fall zu Unrecht mit dem Fall vergleicht, dass der Gläubiger seinerseits erfüllt, aber die Gegenleistung noch nicht erhalten hat.

360 *Karsten Schmidt* FS Medicus, 1999, 555 (572 f.) m. Fn. 97; anders die → 2. Aufl. 2005, Rn. 86, 101 f. *(Lieb)*; krit. dazu *Beuthien* NJW 1993, 1737; *Canaris* FS Frotz, 1993, 11 (39). Zur Relevanz des § 25 Abs. 1 S. 2 für Dauerschuldverhältnisse nach herkömmlichem Verständnis als Schuldnerschutzvorschrift Staub/*Burgard* Rn. 118.

361 *Karsten Schmidt* FS Medicus, 1999, 555 (561 f.); *J. Flume,* Vermögenstransfer und Haftung, 2008, 119 ff.

362 So meint *H. P. Westermann* FS Nobbe, 2009, 939 (964), die Vertragsübernahmelösung als solche sei keine ausgesprochene Innovation, stehe einer vorsichtigen Rechtsfortbildung also nicht entgegen.

363 *Karsten Schmidt* FS Medicus, 1999, 555 (562 f.); ähnlich die Begründung zu § 38 UGB, Regierungsvorlage zum Handelsrechts-Änderungsgesetz (HaRÄG) – Materialien, 1058 der Beilagen zu den Stenographischen Protokollen des Nationalrates XXII. GP, 29; *Krejci* FS Canaris, Bd. II, 2007, 735 (738) Fn. 7. *H. P. Westermann* FS Nobbe, 2009, 939 (965) befürwortet eine vorsichtige Gesamtanalogie zu §§ 566, 613a BGB ohne die arbeitsrechtlich motivierten Differenzierungen. Die Rspr. sieht freilich in § 566 BGB traditionell einen Neuabschluss kraft Gesetzes und keine Vertragsübernahme, BGH NJW 2000, 2346, ohne zu abweichenden Rechtsfolgen zu kommen, MüKoBGB/*Häublein* BGB § 566 Rn. 23.

Bei den umwandlungsrechtlichen Strukturänderungen werden ähnliche Ergebnisse durch einen gesetzlich typisierten Parteiwillen erreicht (→ Rn. 116 ff.).[364] Parallel zum **Umwandlungsrecht** lässt sich die Vertragsüberleitung als **Teilgesamtrechtsnachfolge** interpretieren, die in § 25 Abs. 1 S. 2 durch einen allgemeinen, das Spezialitätsprinzip relativierenden Übertragungstatbestand ermöglicht wird,[365] oder zumindest als Summe von Einzelübertragungen, für die Forderungen vergleichbar mit einer Art ‚Globalzession', deren Gegenstand durch die Geschäftsbezogenheit der Forderungen hinreichend bestimmt ist.[366] Die Vertragsüberleitung beschränkt sich nicht auf Dauerschuldverhältnisse, sondern betrifft – wie der Gesetzgeber in den §§ 26, 28 Abs. 3 anerkannt hat (→ § 26 Rn. 4; → § 28 Rn. 39) – auch jeden bei Unternehmensübergang noch nicht (nach-)erfüllten Austauschvertrag.

84 Die Vertragsüberleitung entspricht auch den **Interessen aller Beteiligten.** Das unternehmensbezogene Element des Vertrags („im Betriebe des Geschäfts begründet") dominiert über das personenbezogene Element,[367] da zwar der Dritte mit dem Veräußerer als damaligem Inhaber des Handelsgeschäfts kontrahiert hat, aber der Veräußerer die Verbindlichkeiten aus einem bei ihm verbleibenden Dauerschuldverhältnis ohne das Unternehmen kaum erfüllen könnte, während der Erwerber gerade auf die Gegenleistungen aus dem unternehmensbezogenen Schuldverhältnis angewiesen ist.[368] Die Belange des Dritten (Kreditgebers, Leasinggebers, Vermieters etc), der sich den neuen Vertragspartner nicht ausgesucht hat,[369] werden dadurch gewahrt, dass diesem Leistungsstörungs- und Lösungsrechte zustehen (näher → Rn. 85 f.) und er durch die Fristen gem. §§ 26, 28 Abs. 3 fünf Jahre lang Zeit hat, sich auf die veränderte Sachlage einzustellen. Die von der Gegenauffassung favorisierte Lösung über eine konkludente Willenserklärung des Dritten, mit der dieser den Erwerber als alleinigen Vertragspartner akzeptiert – andernfalls geht das Vertragsverhältnis nicht über –,[370] kann erst nachträglich, etwa durch Fortsetzung des Schuldverhältnisses seitens des Dritten, eingreifen und bleibt streitanfällig, da es an einer ausdrücklichen Erklärung gerade fehlt, der ohnedies kosten- und zeitaufwändige Verhandlungen vorausgehen müssten. **Kautelarjuristische Vorsorge,** etwa die vorweggenommene Zustimmung des Vertragspartners zur Vertragsüberleitung, steht den Beteiligten selbstverständlich offen.[371]

85 **b) Dispositionsfreiheit.** Die von § 25 Abs. 1, § 28 Abs. 2 bewirkte Vertragsüberleitung (→ Rn. 81 ff.) steht zur Disposition der Beteiligten. Durch eine gem. § 25 Abs. 2, § 28 Abs. 2 publizitätspflichtige Vereinbarung können **Veräußerer und Erwerber** den Übergang von Verbindlichkeiten, Forderungsübergang und ganzen Rechtsverhältnissen entweder vollständig ausschließen oder aber den Ausschluss auf einzelne Verbindlichkeiten, Forderungen oder Rechtsverhältnisse beschränken (näher → Rn. 92 ff.). Dem **Dritten** stehen gegenüber Veräußerer und Erwerber **Leistungsstörungs- und Lösungsrechte** zu.

86 So kann der Dritte wegen pflichtwidriger Vertragsüberleitung gegen den Veräußerer, bei Unerfüllbarkeit der Verbindlichkeit auch gegen den Erwerber vorgehen.[372] Der Dritte

[364] *Karsten Schmidt* FS Medicus, 1999, 555 (570).
[365] Tendenziell hierfür *Karsten Schmidt* AcP 198 (1998), 516 (533); *J. Flume* ZHR 170 (2006), 737 (745 ff.).
[366] Allg. zum Bestimmtheitserfordernis bei Globalzessionen MüKoBGB/*Roth/Kieninger* BGB § 398 Rn. 140.
[367] Vgl. *J. Flume,* Vermögenstransfer und Haftung, 2008, 149 ff.; zum Umwandlungsrecht *Bitter* ZHR 173 (2009), 379 (395 ff.).
[368] Dementsprechend die Begr. zu §§ 38 f. UGB, Regierungsvorlage zum Handelsrechts-Änderungsgesetz (HaRÄG) – Materialien, 1058 der Beilagen zu den Stenographischen Protokollen des Nationalrates XXII. GP, 14, 28 f., 29, 33. Krit. für den Bankensektor *Dellinger* ÖBA 2008, 176; hierzu → Rn. 89 ff.
[369] Die verfassungsmäßig garantierte Vertragsfreiheit des Dritten betonen *Beuthien* NJW 1993, 1737 (1738, 1740) jeweils re. Sp.; *Canaris* FS Frotz, 1993, 11 (35 ff.); Staub/*Burgard* Rn. 77.
[370] *Canaris* HandelsR § 7 Rn. 41; *Canaris* FS Frotz, 1993, 11 (37); Staub/*Burgard* Rn. 90; *Commandeur/Kleinebrink* Betriebsübernahme Rn. 1121; *Nitsche* ÖZW 1976, 40 (46).
[371] *Karsten Schmidt* FS Medicus, 1999, 555 (556 f.); *H. P. Westermann* FS Nobbe, 2009, 939 (964); zur Möglichkeit eines formularmäßigen Vorauswiderspruchs gem. § 38 Abs. 2 UGB *Dellinger* ÖBA 2008, 176 (184).
[372] Hierzu *Karsten Schmidt* FS Medicus, 1999, 555 (570); *J. Flume,* Vermögenstransfer und Haftung, 2008, 173 ff.

ist insbesondere durch sein unentziehbares Recht zur **außerordentlichen Kündigung** (§ 313 Abs. 3 S. 2 BGB, § 314 BGB) **hinreichend geschützt,**[373] bei einem Austauschvertrag durch ein entsprechendes Rücktrittsrecht (§ 313 Abs. 3 S. 1 BGB). Mit der „Störung der Geschäftsgrundlage" bzw. dem „wichtigen Grund" ist allerdings ein ähnlich interpretationsbedürftiger Maßstab anzulegen wie die Veränderung des Leistungsinhalts (§ 399 Alt. 1 BGB), die seit langem als Schranke der Überleitung personenbezogener Rechtsverhältnisse diskutiert wird (→ Rn. 76).[374] Hier wie dort ist zu betonen, dass der Vertragspartnerwechsel als solcher – ohne hinzukommende Umstände[375] – weder die Geschäftsgrundlage entfallen lässt, noch die Fortsetzung des Rechtsverhältnisses unzumutbar macht noch zu einer Veränderung des Leistungsinhalts führt. Das Gestaltungsrecht hat jedoch den Vorteil, dass zunächst das Rechtsverhältnis eindeutig dem Erwerber zugeordnet ist und nur ex nunc aufgelöst wird, während § 399 Alt. 1 BGB den Rechtsübergang verhindert, obwohl die Veräußerer und Erwerber von einem Übergang ausgehen. Rechtssicher wäre neben dem Kündigungsrecht – am anderen Ende der Skala – nur der Zustimmungsvorbehalt, unter dem die zivilrechtliche Vertragsübernahme steht.[376] Der Vorteil der §§ 25 f., § 28 besteht nach der hier vertretenen Auffassung aber gerade darin, dass die Rechtsfolgen ohne Kontakt zu den betroffenen Dritten eintreten (→ Rn. 25 f.).[377] Für die Kündigungslösung spricht außerdem, dass der Veräußerer unternehmensbezogene Dauerschuldverhältnisse nach Übertragung des Unternehmens in aller Regel nicht aufrechterhalten kann und es infolgedessen fast notwendigerweise zur Kündigung durch oder gegenüber dem Veräußerer kommen wird.[378]

Abzulehnen ist demgegenüber die Ausdehnung des arbeitsrechtlichen, sozialpolitisch 87
motivierten **Widerspruchsrechts** gem. § 613a Abs. 6 BGB.[379] Zwar könnte auch in den Fällen der §§ 25, 28 der Dritte, der den Unternehmensübergang als ihm bekannt gegen sich gelten lassen muss (§§ 31, 15 Abs. 2), der unwillkommenen Überleitung seines Rechtsverhältnisses in angemessener Frist widersprechen.[380] Demzufolge verbliebe das Rechtsverhältnis beim Veräußerer. Damit hätte das Widerspruchsrecht nachträglich dieselbe Wirkung wie der Zustimmungsvorbehalt des Gläubigers bei der befreienden Schuld- bzw. Vertragsübernahme, jedoch mit dem gravierenden Nachteil der zusätzlichen Unsicherheit für alle Beteiligten während der schwebenden Widerspruchsfrist.[381] Aus eben diesem Grund wurde das jüngst in Österreich eingeführte Widerspruchsrecht bei Übernahme unternehmensbezogener Rechtsverhältnisse (§ 38 Abs. 2 UGB) kritisch aufgenommen (→ Rn. 132 f.). Zumindest müsste das Widerspruchsrecht in den Fällen der §§ 25, 28 an ähnliche materielle Voraussetzungen geknüpft werden wie das Recht des Urhebers gem. § 34 Abs. 3 UrhG, ein ohne seine Zustimmung im Rahmen einer Unternehmensveräußerung übertragenes[382] Nutzungsrecht zurückrufen, wenn ihm die Ausübung des Nutzungsrechts durch den Erwerber nach Treu und Glauben nicht zuzumuten ist; die gem. § 34 Abs. 3 UrhG gleichfalls genügende wesentliche Änderung der Beteiligungsverhältnisse am Unternehmen des Inha-

---

373 So *Karsten Schmidt* HandelsR § 7 Rn. 84; *Karsten Schmidt* FS Medicus, 1999, 555 (570); anders *Canaris* HandelsR § 7 Rn. 46.

374 Hierzu *J. Flume,* Vermögenstransfer und Haftung, 2008, 98, 161 ff., 165 ff.

375 Vgl. zum österreichischen Recht *Dellinger* ÖBA 2008, 176 (179).

376 Hierfür *Canaris* HandelsR § 7 Rn. 41.

377 Dies betonen *Krejci* ÖJZ 2007, 841 (846); *Dellinger* ÖBA 2008, 176 (186) im Vergleich zum Widerspruchsrecht gem. § 38 Abs. 2 UGB; hierzu → Rn. 132 f.

378 So auch *Krejci* FS Canaris, Bd. II, 2007, 735 (755) zu § 38 UGB.

379 *J. Flume* ZHR 170 (2006), 737 (756 ff.).

380 Dafür → 2. Aufl. 2005, Rn. 85 *(Lieb)*; ähnlich *Krejci,* Betriebsübergang und Arbeitsvertrag, 1972, 220 f.; *Krejci* ÖJZ 1975, 449 (459): Zustimmung des Vertragspartners erforderlich; krit. *Krejci* heute zu § 38 UGB; hierzu → Rn. 133 Fn. 505. Demgegenüber lehnt *Waskönig,* Rechtsgrund und Tragweite der §§ 25, 28 HGB, 1979, 128 ff. einen besonderen Schutz des Vertragspartners ausdrücklich ab, während umgekehrt *Canaris* HandelsR § 7 Rn. 41 und EBJS/*Reuschle* Rn. 60 ein Widerspruchsrecht nicht für ausreichend halten.

381 Zu § 38 Abs. 2 UGB *Dellinger* ÖBA 2008, 176 (181 f.).

382 Im Unterschied zu §§ 25, 28 geht das Nutzungsrecht nicht ohne weiteres über, *Karsten Schmidt* FS Medicus, 1999, 555 (563) Fn. 40.

bers des Nutzungsrechts beruht auf dem Urheberpersönlichkeitsrecht[383] und lässt sich nicht auf sonstige Rechtsverhältnisse übertragen.

88 Vom hier vertretenen Standpunkt einer durch §§ 25, 28 bewirkten Vertragsüberleitung abzulehnen sind zudem Vorschläge, die auf dem Verständnis der § 25 Abs. 1 S. 1, § 28 Abs. 1 S. 1 als rein gläubigerbegünstigender Haftungsnormen beruhen (→ Rn. 81). Deshalb kann der Gläubiger weder auf den Schutz der § 25 Abs. 1 S. 1, § 28 Abs. 1 S. 1 verzichten[384] noch die Begünstigung analog § 333 BGB zurückweisen,[385] um den Veräußerer als Schuldner zu behalten und die Enthaftung gem. § 26 zu verhindern. Dies würde dem Dritten eine Dispositionsfreiheit gewähren, die der Gesetzgeber Veräußerer und Erwerber zugewiesen hat (§ 25 Abs. 2).

89 **c) Insbesondere Kreditverträge.** Viel diskutiert ist der wirtschaftlich besonders wichtige Bereich der Kreditverträge.[386] Von der hier vertretenen Vertragsüberleitung (→ Rn. 81 ff.) erfordert der Kreditverkehr jedoch keine Ausnahme. Schon dem Wortsinne nach ist jeder Gläubiger Kreditgeber, sodass die Konflikte strukturell stets die gleichen sind. Anders als bei sonstigen Dauerschuldverhältnissen macht es für die Bank allerdings keinen Unterschied, ob der Kredit vom Veräußerer aus dem Kaufpreis zurückgezahlt oder vom Erwerber aus dem Unternehmen erwirtschaftet wird; die Geschäftsbeziehung zum Erwerber liegt also nur bei gegebener Bonität im Interesse der Bank.[387] Auch bei Gelddarlehen verbessert sich aber während der Frist der §§ 26, 28 Abs. 3 die Stellung des Kreditgebers, weil der Veräußerer neben dem Erwerber haftet.

90 Einen unbefristeten Kredit kann die Bank nach den **AGB-Banken** jederzeit **fristlos kündigen.**[388] Den besonderen wirtschaftlichen Bedürfnissen des Kreditverkehrs ist außerdem schon zivilrechtlich dadurch genügt, dass der Kreditgeber kündigen kann, wenn insbesondere nach Wegfall des Veräußerers die Bonität des Erwerbers nicht mehr ausreichen sollte, um den Kredit zurückzuzahlen (§ 490 Abs. 1 BGB). Dementsprechend können Sicherungsgeber gem. § 775 Abs. 1 Nr. 1 BGB Befreiung verlangen[389] und vorleistungspflichtige Warenkreditgeber gem. § 321 BGB die Leistung verweigern. Das bereits abgelehnte Widerspruchsrecht (→ Rn. 87) ist daher gerade für Banken entbehrlich. Wichtiger ist für den Gläubiger wie für den Übernehmer, dass für den Kredit bestellte Sicherheiten zunächst erhalten bleiben[390] (vgl. § 38 Abs. 1 S. 2 UGB, freilich wiederum mit Widerspruchsrecht des Sicherungsgebers, § 38 Abs. 2 S. 2 UGB, das aber auch den Übergang der besicherten Verbindlichkeit verhindert, → Rn. 132).

91 Wenig trennscharf ist es, einen an die Person des Schuldners gebundenen Kreditvertrag als höchstpersönliches Rechtsverhältnis von der Vertragsüberleitung auszunehmen,[391] da jeder Kredit an die spezifische Bonität des Schuldners anknüpft. Haben die Parteien den besonderen persönlichen Bezug vereinbart, kann die gleichwohl gem. Abs. 1 erfolgende Überleitung auf den Erwerber Leistungsstörungsrechte auslösen (→ Rn. 86). Die Pflichtverletzung (§ 280 Abs. 1 BGB) liegt dann darin, dass der Kreditvertrag nicht gem. § 25 Abs. 2 von der Überleitung ausgenommen wurde. Zur Frage, ob Abtretungsverbote die Überleitung hindern, → Rn. 75 f.

IV. Abs. 2

92 **1. Funktion.** Abs. 1 ist dispositiv. Dementsprechend können sowohl die Erwerberhaftung gem. S. 1 (→ Rn. 66 ff.) als auch der Schuldnerschutz bzw. Forderungsübergang gem.

383 Wandtke/Bullinger/*Wandtke/Grunert* UrhG § 34 Rn. 1.
384 So aber *Canaris* HandelsR § 7 Rn. 53.
385 So aber Staub/*Burgard* Rn. 81 f., 93; Staub/*Burgard* § 26 Rn. 37 ff.
386 *Canaris* FS Frotz, 1993, 11 (35); *Westermann* FS Nobbe, 2009, 939 ff.; *Dellinger* ÖBA 2008, 176 ff.; speziell für Umwandlung und Umstrukturierung *Bitter* ZHR 173 (2009), 379 ff.
387 *Dellinger* ÖBA 2008, 176 f., dort auch zum Verwaltungsaufwand der Banken.
388 Dies betont *H. P. Westermann* FS Nobbe, 2009, 939 (959).
389 Zur Reichweite MüKoBGB/*Habersack* BGB § 775 Rn. 3.
390 *H. P. Westermann* FS Nobbe, 2009, 939 (952 f., 962 ff.).
391 So *Krejci* FS Canaris, Bd. II, 2007, 735 (742, 748) zu § 38 Abs. 1 UGB.

S. 2 (→ Rn. 71 ff.) als auch der Übergang unternehmensbezogener Rechtsverhältnisse (→ Rn. 81 ff.) durch Vereinbarung zwischen Veräußerer und Erwerber ganz oder teilweise abbedungen werden.

93 **2. Vereinbarung.** Eine **einseitige Ausschlusserklärung** des Erwerbers **genügt regelmäßig nicht.**[392] Zu Ausnahmen und zur Möglichkeit, eine bestehende Vereinbarung einseitig zu kommunizieren, → Rn. 97. Formvorschriften für die Vereinbarung als solche bestehen nicht. Insbesondere kann die Vereinbarung gem. Abs. 2 sowohl selbstständig als auch Bestandteil des der Unternehmensübertragung zugrundeliegenden Kausalgeschäfts sein. Sie muss allerdings spätestens im Zeitpunkt der dinglichen Übertragung des Handelsgeschäfts vorliegen.[393] Zu unwirksamen Vereinbarungen → Rn. 100. Nach allgemeiner Rechtsgeschäftslehre kommt grundsätzlich eine **konkludente Vereinbarung** in Betracht. Sie **erfüllt** aber **nicht den Zweck des Abs. 2.**[394] Die „abweichende Vereinbarung" gem. Abs. 2 geht von der Regel des Abs. 1 aus.[395] Die Parteimitteilung ersetzt hier die registermäßige Verlautbarung. Dies betrifft aber nur den Publikationsweg, nicht den Inhalt der Vereinbarung. Wenn es stets genügen würde, dass Veräußerer und Erwerber keinen Schuldbeitritt und keinen Forderungsübergang vereinbart haben,[396] wäre Abs. 1 ebenso überflüssig wie Abs. 2. Der Erwerber könnte Abs. 1 dadurch suspendieren und Abs. 2 dadurch erfüllen, dass er nicht zahlt, der Veräußerer dadurch, dass er fordert. So weit geht auch § 38 UGB nicht (→ Rn. 136 aE).

94 Die Beschränkung der Haftung (Abs. 1 S. 1) auf **einzelne Verbindlichkeiten** ist zulässig;[397] ebenso umgekehrt die Beschränkung des Schuldnerschutzes bzw. Rechtsübergangs (Abs. 1 S. 2; → Rn. 72 f.) auf **einzelne Forderungen.** Sind für eine Einzelabtretung besondere, von Abs. 1 S. 2 abweichende Modalitäten vorgesehen, etwa ein späterer Übergangsstichtag, muss diese Vereinbarung in die Form des Abs. 2 eingekleidet werden. Die Parteien können die Außenhaftung ausschließen, selbst wenn es intern bei einer Erfüllungsübernahme bleiben soll.[398] Umgekehrt genügt eine auf das Innenverhältnis beschränkte Verpflichtung des Veräußerers zur Schuldentilgung und Freistellung des Erwerbers für Abs. 2 nicht.[399] Erforderlich ist jeweils ausreichende Bestimmtheit und Erkennbarkeit bei Einsicht in die Registerakten. Dementsprechend muss etwa – ähnlich dem umwandlungsrechtlichen Spaltungsplan (§ 136 UmwG) – ein **Verzeichnis** der übernommenen bzw. nicht übernommenen Verbindlichkeiten und Forderungen zu den Registerakten eingereicht werden.[400] Nicht ausreichend bestimmt ist eine Beschränkung der Haftung auf einen **globalen** Höchstbetrag,[401] da für den jeweiligen Gläubiger nicht erkennbar ist, inwieweit dieser bereits ausgeschöpft ist. Prozentuale Beschränkungen bezüglich einzelner (auch aller) Verbindlichkeiten sind dagegen zulässig,[402] da diese für den betroffenen Gläubiger nachvollziehbar sind. Entsprechendes gilt für Forderungen.

95 Eine Vereinbarung gem. Abs. 2 und deren Eintragung sind an sich nur erforderlich, wenn die Voraussetzungen gem. Abs. 1 vorliegen. Darüber kann jedoch Streit be-

---

392 RG Recht 1908 Nr. 3890; OLG Frankfurt NJW-RR 2005, 1349 (1350); *A. Hueck* ZHR 108 (1941), 1 (5 f.); Heymann/*Förster* Rn. 73; Staub/*Hüffer*, 4. Aufl. 1983, Rn. 96, 29; *Commandeur/Kleinebrink* Betriebsübernahme Rn. 1262; zweifelnd *Huber* FS Raisch, 1995, 85 (99); BeckOK HGB/*Bömeke* Rn. 71.

393 *A. Hueck* ZHR 108 (1941), 1 (5); Heymann/*Förster* Rn. 73; Staub/*Hüffer*, 4. Aufl. 1983, Rn. 96; *Nörr/Scheyhing*, Sukzessionen, 1983, § 30 A IV 2, 379; vgl. zur Auslegung entsprechender Vereinbarungen BGH NJW 2002, 2310.

394 Abw. zum Folgenden Staub/*Burgard* Rn. 125 ff.

395 Dies bestätigt auch das von Staub/*Burgard* Rn. 125 Fn. 371 zitierte Urteil BGH NJW 2002, 2310 = WM 2002, 1229, das § 25 ausdrücklich unberührt lässt.

396 So Staub/*Burgard* Rn. 126, auch Rn. 136.

397 AllgM, vgl. etwa Heymann/*Förster* Rn. 74; Staub/*Hüffer*, 4. Aufl. 1983, Rn. 96.

398 Staub/*Hüffer*, 4. Aufl. 1983, Rn. 96; EBJS/*Reuschle* Rn. 82; *Nörr/Scheyhing*, Sukzessionen, 1983, § 30 A IV 2, 378 f.

399 BGH DB 1989, 1719 f. zu § 28 Abs. 2.

400 Vgl. RG JW 1901, 802 f. Zu den Anforderungen an ein solches Übertragungsverzeichnis *J. Flume*, Vermögenstransfer und Haftung, 2008, 189 ff.; vgl. *Dellinger* ÖBA 2008, 176 (178).

401 RGZ 152, 75 (78 f.).

402 Vgl. Staub/*Hüffer*, 4. Aufl. 1983, Rn. 96.

stehen.[403] Die Eintragung ist daher nach der obergerichtlichen Rspr. schon dann zulässig, wenn eine **Haftung** des Erwerbers auch nur **ernsthaft in Betracht** kommt.[404] Entsprechendes hat zu gelten, wenn die Gefahr droht, dass der Erwerber eine ihm nicht zustehende Forderung geltend macht. Ein zu Unrecht angemeldeter und eingetragener Haftungsausschluss kann gem. § 395 FamFG gelöscht werden, etwa wenn ein entsprechender Ausschluss nicht oder nicht mit dem angemeldeten und eingetragenen Inhalt vereinbart wurde.[405]

96 **3. Eintragung, Bekanntmachung, Mitteilung.** Die Vereinbarung gem. Abs. 2 kann Dritten erst dann entgegengehalten werden, wenn sie ins Handelsregister eingetragen und bekanntgemacht oder dem Dritten entweder durch den Veräußerer oder den Erwerber mitgeteilt wurde. Dies muss jedenfalls für den **Ausschluss der Haftung** gem. S. 1 **unverzüglich** geschehen,[406] wobei nach der Rspr. die kritische Grenze etwa bei sechs Monaten gezogen wird.[407] Das Postulat der Unverzüglichkeit gilt dagegen **nicht** für die **Zeitspanne zwischen Anmeldung und** (von den Parteien nicht beeinflussbarer) **Eintragung und Bekanntmachung.**[408] Insoweit genügt es, dass die Eintragung und Bekanntmachung innerhalb angemessener Zeit erfolgt ist.[409] Den ggf. beurkundenden Notar trifft eine Belehrungs- und Überwachungspflicht hinsichtlich der zeitlichen Anforderungen.[410] Unverzüglich muss nach hM auch die Eintragung des **Verbleibens der Forderungen** beim Veräußerer bzw. die entsprechende Mitteilung betrieben werden.[411] Dies wird allerdings bestritten, soweit es um Leistungen auf Forderungen geht, die nach der Eintragung und Bekanntmachung bzw. Mitteilung gem. Abs. 2 erfolgen.[412] Entsprechende Zweifel bestehen für Verbindlichkeiten, die erst nach diesem Zeitpunkt fällig werden.[413] Insgesamt dient das praeter legem entwickelte[414] Unverzüglichkeitsmerkmal dazu, dem Rechtsverkehr rechtzeitig Klarheit über die Vertragspartnerstellung zu verschaffen.[415] Versäumen Veräußerer und/oder Erwerber dies, wird nach dem hier zugrunde gelegten Verständnis vermutet, dass der Erwerber nach rechtsgeschäftlicher Überleitung

---

403 Vgl. dazu plastisch *Karsten Schmidt* JuS 1999, 400.

404 OLG Hamm NJW-RR 1999, 396; OLG Frankfurt DB 2001, 1552; NJW-RR 2005, 1349; BayObLG NJW-RR 2003, 757; OLG Düsseldorf NJW-RR 2003, 1120 (1121); BeckRS 2015, 17022; OLG Jena NotBZ 2007, 298; OLG Hamm GWR 2009, 194; OLG München ZIP 2008, 1823 (1824); NJW-RR 2010, 1559 (1560); NZG 2015, 599; OLG Köln NZG 2010, 879 f.; OLG Stuttgart NZG 2010, 628 (629); OLG Schleswig FGPrax 2010, 253 (254 f.); FGPrax 2012, 126 (127); OLG Zweibrücken NZG 2014, 496; OLG Saarbrücken NZG 2018, 349 mAnm *K. Schmidt* JuS 2019, 70, 71; ebenso bereits LG Berlin ZIP 1993, 1478.

405 OLG Hamm BeckRS 2020, 9201.

406 AllgM, vgl. nur BGHZ 29, 1 (5 f.) = NJW 1959, 241; BGH NJW 1984, 1186 (1187); OLG Frankfurt OLGZ 1978, 30 (31 f.); BayObLG DB 1984, 1672 zu § 28 Abs. 2; OLG Hamm NJW-RR 1994, 1119 (1121); DB 1998, 2590 (2591); OLG Düsseldorf NJW-RR 2003, 1120 (1121); OLG München ZIP 2007, 1063 (1064); OLG Zweibrücken NZG 2013, 1235 (1236); OLG Hamm NJW-RR 2014, 1184; Baumbach/Hopt/*Hopt* Rn. 15; Heymann/*Förster* Rn. 80; Staub/*Hüffer*, 4. Aufl. 1983, Rn. 100; Staub/*Burgard* Rn. 136; EBJS/*Reuschle* Rn. 84; *Commandeur/Kleinebrink* Betriebsübernahme Rn. 1286 ff.; enger *Deschler*, Handelsregisterpublizität und Verkehrsschutz, 1977, 91 ff.

407 OLG München ZIP 2007, 1063 (1064) mwN: fünf Monate genügen, sieben Monate nicht; OLG Hamm NJW-RR 2014, 1184: drei Jahre zu lang.

408 *Canaris* HandelsR § 7 Rn. 35; Staub/*Burgard* Rn. 137.

409 Vgl. dazu BGHZ 29, 1; OLG Düsseldorf NJW-RR 2003, 1120; BayObLG ZIP 2003, 527; OLG Hamm ZIP 1998, 2092.

410 Staub/*Burgard* Rn. 138.

411 Ausdrücklich BGH NJW-RR 1992, 866 (867) = WuB IV D. § 25 HGB 2.92 m. zust. Anm. *Wilhelm*; ebenso bereits RG HRR 1929 Nr. 320.

412 Gegen die Unverzüglichkeitsvoraussetzungen in diesem Fall daher – allerdings vom Standpunkt des Schuldnerschutzes aus – OLG München DB 1992, 518 f.; *Lieb* JZ 1992, 1029 (1030 f.); EBJS/*Reuschle* Rn. 74, 85; Staub/*Burgard* Rn. 139; Oetker/*Vossler* Rn. 52.

413 So auch für § 38 Abs. 4 UGB *Torggler* JBl. 2008, 137 (155).

414 Die Umstände des Einzelfalls sollten maßgeblich sein nach der Denkschrift (RJA-E I) S. 33 = *Schubert/Schmiedel/Krampe* II/1 S. 33; diese Passage fehlt in der Denkschrift (RT-Vorlage) S. 37 = *Schubert/Schmiedel/Krampe* II/2 S. 979, dort S. 1207 zu den Abweichungen.

415 Weitergehend *Karsten Schmidt* AcP 198 (1998), 516 (529 f.). Danach müssen die Parteien einen vertypten Forderungsübergang (→ Rn. 72) unverzüglich ausschließen. Auswirkungen hat dies für den Zeitpunkt der Abtretungswirkung und damit der ‚dinglichen' Zuordnung, *Karsten Schmidt* AcP 198 (1998), 516 (531).

Schuldner bzw. Gläubiger der unternehmensbezogenen Verbindlichkeiten und Forderungen ist (→ Rn. 27). Verzögerungen gehen zu Lasten des eigentlich nicht haftenden Erwerbers[416] bzw. des eigentlich weiterhin legitimierten Veräußerers, denen für die verstrichene Zeit jeweils der sie begünstigende Gegenbeweis abgeschnitten ist.

Obwohl die persönliche Mitteilung sowohl vom Veräußerer als auch vom Erwerber ausgehen kann, soll nach verbreiteter Ansicht die Anmeldung zum Handelsregister gemeinsam vorgenommen werden müssen.[417] **Jede Partei** muss aber die Möglichkeit haben, eine bestehende Vereinbarung **einseitig** nicht nur **dem Dritten,** sondern auch **dem Handelsregister mitzuteilen,**[418] da andernfalls der Veräußerer die Enthaftung blockieren[419] und der Erwerber den vom BGH angenommenen Forderungsübergang (→ Rn. 72) erzwingen könnte. Eine einseitige Erklärung genügt, wenn eine Vereinbarung mangels rechtsgeschäftlichen Kontakts nicht möglich ist.[420] Ein Bedürfnis hierzu besteht insbesondere im Fall mittelbarer Unternehmensübernahmen wie im bekannten Doppelpächterfall (→ Rn. 50), da zwar nach hiesiger Ansicht der Tatbestand des Abs. 1 nicht erfüllt ist, gleichwohl aber eine (wenn auch unberechtigte) Inanspruchnahme drohen kann (→ Rn. 95). Die Mitteilung einer **Vorgesellschaft** wirkt für die entstandene juristische Person.[421] 97

Erfährt der Dritte anders als durch Eintragung und Bekanntmachung (dafür gilt § 15 Abs. 2, str., → § 15 Rn. 69)[422] oder besondere Mitteilung von einer abweichenden Vereinbarung, schadet dies nicht, da § 15 Abs. 1 nicht anwendbar ist.[423] Denn der Dritte muss eine Information aus zweiter Hand nicht höher bewerten als das Schweigen der Parteien, die jederzeit einseitig persönlich an den Dritten herantreten können, selbst wenn das Registergericht die Eintragung und Bekanntmachung verzögern sollte (→ Rn. 79). Für den Beginn der Enthaftungsfrist genügt hingegen die positive Kenntnis des Unternehmensträgerwechsels 98

---

416 RGZ 75, 139 (140 ff.); 131, 12; OLG Frankfurt OLGZ 1978, 30 (32); BayObLG DB 1984, 1672 zu § 28 Abs. 2; OLG Hamm NZG 1999, 247 (248); *Pahl,* Haftungsrechtliche Folgen versäumter Handelsregistereintragung und Bekanntmachung, 1987, 237 f.; Heymann/*Förster* Rn. 82; Staub/*Hüffer,* 4. Aufl. 1983, Rn. 100; EBJS/*Reuschle* Rn. 84; *Commandeur/Kleinebrink* Betriebsübernahme Rn. 1290 f.

417 Vgl. nur OLG Köln NZG 2010, 879 (880); Schlegelberger/*Hildebrandt/Steckhan* Rn. 18; Staub/*Hüffer,* 4. Aufl. 1983, Rn. 98; EBJS/*Reusch* Rn. 83; krit. hierzu *Wilhelm* NJW 1986, 1797 (1798); *Karsten Schmidt* HandelsR § 8 Rn. 77; *Huber* FS Raisch, 1995, 85 (99, 107).

418 OLG München ZIP 2008, 1823 (1825) unter Hinweis auf Röhricht/v. Westphalen/*Ammon* Rn. 42 (ebenso nun Röhricht/Graf v. Westphalen/Haas/*Ries* Rn. 42); Koller/Roth/Morck/*Roth,* 7. Aufl. 2011, Rn. 8 (ebenso nun KKRD/*Roth* Rn. 8 (c); *Krafka/Willer,* 8. Aufl. 2010, Rn. 558 (ebenso nun *Krafka* RegisterR Rn. 558); ebenso *Huber* FS Raisch, 1995, 85 (99); Staub/*Burgard* Rn. 130; BeckOK HGB/*Bömeke* Rn. 74; Heymann/*Förster* Rn. 76; vgl. bereits das Sitzungsprotokoll der vom Reichsjustizamt eingesetzten Sachverständigen-„Kommission Handel" vom 23.11.1895, 47 ff. = *Schubert/Schmiedel/Krampe* II/1 S. 305 f.; zur Kommission *Schubert/Schmiedel/Krampe* I S. 13 ff.

419 So im Doppelpächterfall BGH NJW 1984, 1186 (1187).

420 *Canaris* FS Frotz, 1993, 11 (29, 31); *Canaris* HandelsR § 7 Rn. 61; EBJS/*Reuschle* Rn. 45; *Commandeur/Kleinebrink* Betriebsübernahme Rn. 1262; Oetker/*Vossler* Rn. 35; offen OLG Frankfurt NJW-RR 2005, 1349 (1350).

421 RGZ 131, 27 (30 f.); heute kraft Identität selbstverständlich, vgl. nur *Karsten Schmidt* GesR § 11 IV 2 c, 242 f., § 34 III 4 a, 774.

422 Ebenso GroßkommHGB/*Würdinger* Anm. 22; *Nörr/Scheyhing,* Sukzessionen, 1983, § 30 A IV 3 a, 379; aA RG JW 1903, 401 f.; RGZ 75, 139; *Deschler,* Handelsregisterpublizität und Verkehrsschutz, 1977, 103 f.; Staub/*Hüffer,* 4. Aufl. 1983, Rn. 102; Staub/*Hüffer,* 4. Aufl. 1982, § 15 Rn. 33; EBJS/*Reuschle* Rn. 87; Schlegelberger/*Hildebrandt/Steckhan* Rn. 20. Das Problem wurde schon im Gesetzgebungsverfahren gesehen, freilich nicht für regelungsbedürftig erachtet, vgl. *Schubert/Schmiedel/Krampe* II/2 S. 846 f., 884, 908.

423 BGHZ 29, 1 (4) = NJW 1959, 241; OLG Celle OLGR 2000, 220; RG JW 1903, 401; RGZ 75, 139; RG HRR 1932 Nr. 256; *Nörr/Scheyhing,* Sukzessionen, 1983, § 30 A IV 3 a, 379; Staub/*Hüffer,* 4. Aufl. 1983, Rn. 101; Schlegelberger/*Hildebrandt/Steckhan* Rn. 18; Baumbach/Hopt/*Hopt* Rn. 13; EBJS/*Reuschle* Rn. 86; *v. Gierke/Sandrock* HandelsR § 16 I 3 b aa, 219; *Commandeur/Kleinebrink* Betriebsübernahme Rn. 1275; zweifelnd Heymann/*Förster* Rn. 87; aA Oetker/*Vossler* Rn. 38; BeckOK HGB/*Bömeke* Rn. 76; *Gerlach,* Die Haftungsordnung der §§ 25, 28, 130 HGB, 1976, 25 ff.; *Gotthardt* BB 1987, 1896 (1901); *Pahl,* Haftungsrechtliche Folgen versäumter Handelsregistereintragung und Bekanntmachung, 1987, 238 f.; *Hopt/Mössle* HandelsR Rn. 283, 287; *Canaris* HandelsR § 7 Rn. 36; *Altmeppen* FS Hopt, Bd. I, 2010, 305 (313 ff.); für § 38 Abs. 4 UGB *Torggler* JBl. 2008, 137 (155); offen für § 15; iÜ diff. Staub/*Burgard* Rn. 141 f.

(→ § 26 Rn. 14; → § 28 Rn. 40). Widersprechen die Mitteilungen von Veräußerer und Erwerber einander, indem etwa beide sich als Forderungsinhaber gerieren, kann der Schuldner den geschuldeten Betrag gem. § 372 S. 2 BGB hinterlegen.[424] Behaupten beide, nicht zu haften, muss der Erwerber den Haftungsausschluss beweisen (→ Rn. 109). Einen nicht in der Form des Abs. 2 verlautbarten Willen, für die Verbindlichkeiten des erworbenen Unternehmens nicht zu haften, muss ein Gläubiger nicht gegen sich gelten lassen.[425]

99 Die **Eintragung**[426] erfolgt allein **bei dem die Firma fortführenden Rechtsträger,** nicht hingegen bei dem übertragenden, selbst wenn dieser fortbesteht, da die mit der Eintragung gem. Abs. 2 abzuwendende Haftung gem. Abs. 1 S. 1 allein beim fortführenden Rechtsträger eintreten kann (→ § 8 Rn. 57).[427] Bei der Veräußerung von **Zweigniederlassungen** ist gem. § 15 Abs. 4 die Eintragung in das dortige Register erforderlich und genügend.[428]

100 Unschädlich ist es, wenn die **Vereinbarung** gem. Abs. 2 (etwa wegen Unwirksamkeit schon der Geschäftsübernahme, → Rn. 53 f.) **unwirksam** und damit Eintragung und Bekanntmachung bzw. die Mitteilungen von Veräußerer oder Erwerber falsch sein sollten. Soweit die Erwerberhaftung bzw. der Forderungsübergang nicht ohnehin entfällt, können die Eintragung und Bekanntmachung bzw. die Mitteilungen dennoch die an den Tatbestand geknüpften Erwartungen der Gläubiger und Schuldner ausschließen. Insbesondere wird dadurch auch eine Rechtsscheinhaftung (→ Rn. 122 ff.) ausgeschlossen.

101 **4. Rechtsfolgen.** Bei ordnungsgemäßer Eintragung und Bekanntmachung bzw. Mitteilung einer abweichenden Vereinbarung gem. Abs. 2 **entfällt** je nach Umfang der Vereinbarung der Übergang von Pflichten und Rechten, bei Abs. 1 S. 1 die **Erwerberhaftung,** bei Abs. 1 S. 2 der **Forderungsübergang** (→ Rn. 72) bzw. **Schuldnerschutz** (→ Rn. 73). Der Gläubiger kann sich dann nur an den Veräußerer, seinen richtigen Schuldner halten; der Schuldner kann befreiend nur an den Veräußerer, seinen richtigen Gläubiger, leisten. Gegenüber der Zwangsvollstreckung aus einem gem. § 729 Abs. 2 ZPO erweiterten Titel (→ Rn. 107) helfen Klauselerinnerung und Klauselgegenklage (§§ 732, 768 ZPO). Ein Haftungsausschluss als solcher ist nicht wegen Gläubigerbenachteiligung (§ 129 InsO, § 1 AnfG) anfechtbar,[429] da die Gläubiger des Veräußerers keinen Anspruch auf den Erwerber als Schuldner haben; jedoch kann die Übertragung der Aktiva ohne Übernahme der Verbindlichkeiten anfechtbar sein (→ Rn. 14 aE).

102 Eintragung und Bekanntmachung gem. Abs. 2 genügen zum Ausschluss des Abs. 1 S. 2 auch dann, wenn die **Firma ohne Nachfolgezusatz** fortgeführt wird.[430] Der Gesetzgeber hat diese Einschränkung der Firmenwahrheit in Abs. 1 nach dem Vorbild des § 22 bewusst hingenommen,[431] zugleich aber den Parteien Abs. 2 als rechtssicheren Weg eröffnet (→ Rn. 8). Gem. § 15 Abs. 2 (grundsätzlich → § 15 Rn. 66 ff.) wirkt die Eintragung und Bekanntmachung gegen den Schuldner. Dieser kann also nur an den Veräußerer befreiend leisten. Da dies der Gläubiger ist, mit dem er kontrahiert oder den er deliktisch geschädigt etc hat, dürfte er regelmäßig keinen Anlass haben, an den Erwerber als scheinbar alten Firmeninhaber zu leisten. Zur Kontofortführung in einem solchen Fall → Rn. 77.

V. Abs. 3

103 Abs. 3 erweitert die Grenzen des Abs. 1 um einen Spezialfall und um eine Öffnungsklausel (→ Rn. 104). Das Reichsoberhandelsgericht (→ Rn. 4) erkannte die Haftung des

---

[424] Staub/*Burgard* Rn. 132.
[425] OVG Münster KStZ 2014, 74.
[426] Zum Verfahren Staub/*Burgard* Rn. 131.
[427] So in bemerkenswert umwandlungsrechtlicher Terminologie OLG Düsseldorf NJW-RR 2008, 1211 unter Hinweis auf *Krafka/Willer* RegisterR, 8. Aufl. 2010, Rn. 559; (nun *Krafka* Rn. 559).
[428] RG JW 1907, 679; OLG Stuttgart HRR 1931 Nr. 768; Heymann/*Emmerich* Rn. 48; Staub/*Hüffer,* 4. Aufl. 1983, Rn. 98; Staub/*Burgard* Rn. 131; *Commandeur/Kleinebrink* Betriebsübernahme Rn. 1274.
[429] Baumbach/Hopt/*Hopt* Rn. 16; Staub/*Burgard* Rn. 143.
[430] Staub/*Burgard* Rn. 162; aA auch zum Folgenden *Canaris* HandelsR § 7 Rn. 70, 73.
[431] Vgl. *Schubert/Schmiedel/Krampe* II/2 S. 1221, 1388 ff.

Erwerbers an, wenn dieser die **Übernahme der Verbindlichkeiten** handelsüblich bekanntgemacht hatte. Rechtstechnisch handelt es sich nach dieser vom Gesetzgeber aufgegriffenen (→ Rn. 10) Rspr. um eine Willenserklärung, die nach Handelsgewohnheitsrecht von den begünstigten Gläubigern nicht angenommen zu werden braucht. Angesichts ihrer Freiwilligkeit ist diese Form der Erwerberhaftung nicht streitanfällig und tritt in der Gerichtspraxis hinter den weitreichenden Folgen des Abs. 1 zurück. Zum Zuge kommen könnte sie etwa dann, wenn ein Erwerber aus bestimmten Gründen die Firma nicht fortführen, trotzdem aber – etwa aus Bonitätsgründen – die Haftung übernehmen und dies verlautbaren will.[432] **Handelsüblich** sind etwa Rundschreiben an die betreffenden Gläubiger, Zeitungsanzeigen, eine Selbstauskunft gegenüber „Creditreform"[433] oder die Veröffentlichung einer Übernahmebilanz, in der die übernommenen Verbindlichkeiten im Einzelnen aufgeführt sind.[434] Trotz fehlender gesetzlicher Grundlage hat das Reichsgericht auch eine zu den Registerakten gereichte, von jedermann einsehbare (§ 9 Abs. 1) Erklärung der Passivenübernahme als ausreichend angesehen.[435] Eine Bekanntmachung verpflichtet den Erwerber auch dann, wenn sie den Vereinbarungen des Innenverhältnisses nicht entsprechen sollte.[436] Die Haftung aus Abs. 3 ist allerdings nicht begründet, wenn jemand zu Unrecht behauptet, Rechtsnachfolger des früheren Unternehmensträgers zu sein.[437]

Unberührt bleibt eine Haftung aufgrund ausdrücklicher vertraglicher Vereinbarungen 104
nach allgemeinem Schuldrecht (§§ 414 ff. BGB) oder allgemeiner Rechtsscheinlehre (→ Rn. 122 ff.). Aus heutiger Sicht stellt Abs. 3 im Übrigen noch klar, dass eine Erwerberhaftung nach anderen Vorschriften – zu denken ist an § 613a BGB (→ Rn. 110 f.) und § 75 AO (→ Rn. 112 ff.) – auch dann möglich ist, wenn die Voraussetzungen des § 25 Abs. 1 nicht vorliegen. Zugleich ist damit eine Brücke ins Umwandlungsrecht gebaut (→ Rn. 116 ff.).

VI. Prozessuales

Im **Erkenntnisverfahren** bleibt der Veräußerer passivlegitimiert. Nach hL folgt dies 105
daraus, dass er der eigentliche Schuldner bleibt.[438] Aber auch wenn man wie hier annimmt, dass nach § 25 die unternehmensbezogenen Forderungen und Verbindlichkeiten übergehen (→ Rn. 25 f.), bleibt dennoch die Haftung des früheren Inhabers zumindest für fünf Jahre bestehen (§ 26), was gegen die Anwendbarkeit des § 265 ZPO spricht.[439] Selbst dann könnte der Erwerber nur mit Zustimmung der Gegenpartei anstelle des Veräußerers in den Prozess eintreten (§ 265 Abs. 2 ZPO). In Betracht kommt daher eine subjektive Klageerweiterung oder ein Parteiwechsel.[440] Aufschlussreich ist der Vergleich mit dem Umwandlungsrecht. Hier geht die hM nicht nur bei der Verschmelzung, sondern auch bei der Spaltung davon aus, dass der alte Rechtsträger wie eine verstorbene und beerbte Prozesspartei behandelt wird (§§ 239, 246 ZPO).[441] Jedoch hat der BGH für den Fall der Ausgliederung im Ergebnis dem Kläger gestattet, den Prozess gegen den alten Schuldner mit Wirkung für den neuen Schuldner fortzusetzen.[442] Wegen der Nähe zu §§ 25, 28 (→ Rn. 116 ff.) dürfte hier nicht anders zu entscheiden sein.

---

432 Auch zum Folgenden Staub/*Burgard* Rn. 145.
433 Obiter OLG Hamm BeckRS 2008, 7008.
434 *Nörr/Scheyhing*, Sukzessionen, 1983, § 30 A V, 383 f.; Heymann/*Förster* Rn. 91.
435 RGZ 8, 64 (66) zu Art. 12 Abs. 2 S. 2 ADHGB.
436 RGZ 38, 173 (176 f.); Heymann/*Förster* Rn. 92; Staub/*Hüffer*, 4. Aufl. 1983, Rn. 105.
437 BGH NZG 2000, 277 (278).
438 EBJS/*Reuschle* Rn. 68; Staub/*Burgard* Rn. 99.
439 MüKoZPO/*Becker-Eberhard* ZPO § 265 Rn. 43.
440 *Karsten Schmidt* HandelsR § 7 Rn. 98. Zu den Voraussetzungen Thomas/Putzo/*Hüßtege* ZPO Vor § 50 Rn. 20, 22, 25.
441 MüKoZPO/*Becker-Eberhard* ZPO § 265 Rn. 44.
442 BGH NJW 2001, 1217 (1218) mwN zur Rspr.; eingehend zu den Auswirkungen der Spaltung auf Prozessrechtsverhältnisse des übertragenden Rechtsträgers *Karsten Schmidt* FS Henckel, 1995, 749 (769 ff.).

106 Nach der hL haften Veräußerer und Erwerber wegen Schuldbeitritts als Gesamtschuldner (→ Rn. 15 f., → Rn. 70). Daher wirkt die rechtskräftige Verurteilung nur gegen den Verurteilten (§ 425 Abs. 2 BGB).[443] Nach der hier vertretenen Auffassung tritt hingegen der Erwerber an die Stelle des Veräußerers (→ Rn. 26), der nur befristet nachhaftet. Daher ist die **Rechtskraft** des gegen den Veräußerer ergangenen Urteils auf den Erwerber zu erstrecken.[444] Ein nach Veräußerung ergangenes Urteil gegen den Veräußerer hat hingegen keine Rechtskraftwirkung gegenüber dem Erwerber, kann aber die Enthaftung gem. § 26 verhindern (→ § 26 Rn. 9). Die herrschende materiell-rechtliche Einordnung der Rechtsfolge des Abs. 1 S. 1 als gesetzlicher Schuldbeitritt (→ Rn. 15 f.) wirkt sich **kollisionsrechtlich** dahin aus, dass die Haftung des Erwerbers nicht nach dem Vertragsstatut, sondern nach dem Firmenstatut (→ Vor § 17 Rn. 32 ff.) zu beurteilen ist.[445] Problematisch ist diese Anknüpfung, wenn im Zuge des Erwerbs das Firmenstatut wechselt.[446] Nach der hier vertretenen Auffassung ermöglichen §§ 25 f., 28 eine rechtsgeschäftlich fundierte Vertragsüberleitung (→ Rn. 25 ff., → Rn. 81), mit der Folge, dass es auf das Vertragsstatut ankommt.[447]

107 Aufgrund der Sondervorschrift des **§ 729 Abs. 2 ZPO** (→ Rn. 9) kann ein gegenüber dem Veräußerer ergangenes, vor der Übertragung des Handelsgeschäfts **rechtskräftig gewordenes Urteil gegenüber dem Erwerber vollstreckbar ausgefertigt** werden.[448] Die Norm gilt analog für die unmittelbaren Fälle des § 28.[449] Im Übrigen kommt es darauf an, wie weit man den Anwendungsbereich der §§ 25, 28 durch Analogien ausdehnt (→ Rn. 31; → § 28 Rn. 10 f.). Der gem. § 31 (→ § 31 Rn. 7 ff.) in beiden Fällen eintragungspflichtige Rechtsträgerwechsel erlaubt dem Gläubiger den für die **Klauselerteilung** erforderlichen Urkundsbeweis durch Registerauszug (§ 9 Abs. 4).[450] Andernfalls muss gem. § 731 ZPO auf Klauselerteilung geklagt werden.[451] In diesem Fall müssen sämtliche Voraussetzungen der § 25 Abs. 1 S. 1, § 28 Abs. 1 S. 1 bewiesen werden. Gegenüber einem Einzelkaufmann ist jedenfalls der Nachweis erforderlich, dass es sich um eine unternehmensbezogene Forderung handelt, der erbracht ist, wenn der Kaufmann unter seiner Firma verurteilt wurde.[452]

108 Nach der hL bleibt der Veräußerer einer nicht einzeln abgetretenen Forderung trotz **Abs. 1 S. 2** Forderungsinhaber (→ Rn. 73). Danach ändert die Unternehmensveräußerung an der **Aktivlegitimation** im laufenden Prozess nichts. Der Schuldner bedarf des Schutzes durch Abs. 1 S. 2 nicht, da er weiß, dass und von vom er in Anspruch genommen wird. Nach der hier vertretenen Auffassung bewirkt Abs. S. 2 einen Forderungsübergang (→ Rn. 72), so dass § 265 ZPO gilt, auch wenn man von einer cessio legis ausgeht.[453]

109 Als Ausnahme zur Regel des Abs. 1 hat **Abs. 2 beweislastverteilende,** zudem **beweismittelbegrenzende Funktion.** Liegen die vom Gläubiger zu beweisenden Voraussetzungen des Abs. 1 S. 1 vor, muss der Erwerber beweisen, dass er nicht Schuldner geworden ist. Im Fall des Abs. 1 S. 2 muss der Veräußerer beweisen, dass er weiterhin Gläubiger ist.[454] Es genügt

---

443 Staub/*Burgard* Rn. 99.

444 Auch zum Folgenden *Karsten Schmidt* HandelsR § 7 Rn. 97.

445 BGH NZG 2014, 511 Rn. 13 mAnm *Karsten Schmidt* JuS 2014, 454 (455). Näher zu den kollisionsrechtlichen Implikationen der §§ 25–28 *Freitag* ZHR 174 (2010), 429 (431 ff.).

446 So im Fall OLG München BeckRS 2013, 06225: Fortführung des Geschäfts einer Ltd. durch eine UG.

447 AA *Freitag* ZHR 174 (2010), 429 (438 ff.).

448 Dazu VG Regensburg BeckRS 2014, 51781; *Karsten Schmidt* HandelsR § 7 Rn. 98; Staub/*Hüffer,* 4. Aufl. 1983, Rn. 59; Staub/*Burgard* Rn. 100; Schlegelberger/*Hildebrandt/Steckhan* Rn. 12; MüKoZPO/*Wolfsteiner* ZPO § 729 Rn. 7 ff.

449 OLG Brandenburg BeckRS 200907228; MüKoZPO/*Wolfsteiner* ZPO § 729 Rn. 10; offen BGH Rpfleger 1974, 260.

450 Staub/*Burgard* Rn. 100.

451 Vgl. VG Regensburg BeckRS 2014, 51781.

452 MüKoZPO/*Wolfsteiner* ZPO § 729 Rn. 8.

453 Vgl. MüKoZPO/*Becker-Eberhard* ZPO § 265 Rn. 43, 49.

454 Soergel/*Schreiber* BGB § 409 Rn. 8; Staudinger/*Busche,* 2017, BGB § 409 Rn. 34; *Canaris* HandelsR § 7 Rn. 67, 76; Straube/*Schuhmacher* Rn. 20; Staub/*Burgard* Rn. 122; Oetker/*Vossler* Rn. 54; einschr. für den Prozess gegen den Schuldner → 2. Aufl. 2005, Rn. 105 *(Lieb).*

hierzu nicht, die fehlende Abtretung zu beweisen,[455] was als Beweis einer negativen Tatsache ohnehin schwierig wäre. Vielmehr muss der Veräußerer die von Abs. 1 S. 2 abweichende Vereinbarung beweisen, dh eine Vereinbarung, dass die betreffende Forderung gerade nicht übergehen sollte.

VII. Verhältnis zu anderen Tatbeständen

1. § 613a BGB. § 613a BGB trifft in seinem (beschränkten) Geltungsbereich eine eigenständige Regelung. Gleichwohl sind die Parallelen zu Regelungsproblem und -instrumentarium des § 25 größer als die Unterschiede.[456] Bei § 38 UGB fällt dies noch mehr auf (→ Rn. 133). Wie bei § 25 besteht eine zeitlich befristete (hier gem. § 613a Abs. 2 S. 1 BGB ausdrücklich gesamtschuldnerische, → Rn. 22 f., → Rn. 26) Nachhaftung des Veräußerers neben dem Erwerber (→ § 26 Rn. 8). Der Erwerber tritt kraft Gesetzes in die Rechte und Pflichten des Veräußerers ein, so dass die Arbeitsverhältnisse gewissermaßen automatisch auf den Erwerber übergeleitet werden und der Veräußerer aus dem Arbeitsverhältnis ausscheidet. Anders als bei § 25 (aber ähnlich wie bei § 566 BGB, → Rn. 9, → Rn. 26, → Rn. 83) liegt die Überleitung gerade dieser Rechtsverhältnisse häufig nicht im Interesse des Erwerbers und wird daher zugunsten der Arbeitnehmer angeordnet. Die Beschränkung auf arbeitsvertragliche und kollektivarbeitsrechtliche Rechte und Pflichten liegt in der Natur der Spezialnorm. Die Begrenzung der Nachhaftung auf nur ein Jahr (§ 613a Abs. 2 S. 1 BGB) ist nur ein gradueller, kein struktureller Unterschied. Hier wie dort haben die übergeleiteten Gläubiger (Arbeitnehmer) im Wesentlichen nur noch Ansprüche gegen den Erwerber. 110

Soweit die Voraussetzungen des § 613a vorliegen, kommt nur diese Vorschrift mit ihren Rechtsfolgen zur Anwendung; § 25 scheidet daneben aus.[457] Nach § 613a BGB rückt der Erwerber **kraft Gesetzes** und (vorbehaltlich eines Widerspruchs der betroffenen Arbeitnehmer, § 613a Abs. 6 BGB) **zwingend** in die Arbeitgeberstellung ein, während der bisherige Einzelkaufmann ebenfalls kraft Gesetzes nach Maßgabe des § 613a Abs. 2 BGB als Arbeitgeber ausscheidet (genauer → § 26 Rn. 8). Die auch vom BAG[458] geteilte Gegenauffassung[459] verkennt, dass neben § 613a BGB für die andersartige Rechtsfolgenregelung des § 25 Abs. 1 S. 1 jedenfalls dann kein Raum ist, wenn man die Norm auf die Erwerberhaftung reduziert. Nach dem hier zugrunde gelegten Verständnis als Vertragsüberleitungsnorm (→ Rn. 81 ff.) regelt § 25 Abs. 1 zwar ebenso wie § 613a BGB den Übergang unternehmensbezogener Rechtsverhältnisse (→ Rn. 110); aber auch dann geht § 613a BGB als speziell arbeitsrechtliche, halbseitig zwingende und detailliertere Regelung vor. Anwendbar bleibt § 25 jedoch im Bereich derjenigen, auch arbeitsrechtlichen Verbindlichkeiten, die von § 613a BGB nicht erfasst werden, wie etwa Verbindlichkeiten aus bereits bestehenden **Ruhestandsverhältnissen,**[460] aber auch aus sonstigen, nicht arbeitsrechtlichen Dauerschuldverhältnissen (etwa zu Handelsvertretern). Allgemein gilt, dass § 613a BGB nicht weiter reichen kann als der Inhalt des Arbeitsverhältnisses, so dass außerhalb des Arbeitsverhältnisses begründete Ansprüche – 111

---

455 So aber Staub/*Burgard* Rn. 112, 114, 122.

456 Anders → 2. Aufl. 2005, Rn. 127 *(Lieb)*.

457 So auch Staub/*Burgard* Rn. 86. Ein iE ungeklärtes Nebeneinander beider Vorschriften sehen Staub/*Hüffer*, 4. Aufl. 1983, Rn. 56; Schlegelberger/*Hildebrandt/Steckhan* Rn. 11; Soergel/*Kraft* BGB § 613a Rn. 48; MüKoBGB/*Schaub*, 3. Aufl. 1997, BGB § 613a Rn. 119 ff.; MüKoBGB/*Müller-Glöge* BGB § 613a Rn. 171 ff.; *Seiter*, Betriebsinhaberwechsel, 1980, 107.

458 BAG EzA Nr. 1 zu 28 mAnm *Lieb*. Ohne Prüfung von § 613a BGB die Anwendung von § 25 bejahend LAG SchlH BeckRS 2006, 42943; für eine parallele Anwendung beider Vorschriften LAG LSA BeckRS 2013, 65941; im Ausgangspunkt auch BAG NZA 2013, 961 Rn. 39 ff., allerdings mangels Firmenfortführung verneint.

459 EBJS/*Reuschle* Rn. 66, 93; Oetker/*Vossler* Rn. 42.

460 Vgl. nur BAG AP BGB § 613a Nr. 6 m. zust. Anm. *Blomeyer*; AP § 26 Nr. 1; DB 1991, 1330 (1331); *Reichold* ZIP 1988, 551 f.; Staudinger/*Annuß*, 2019, BGB § 613a Rn. 22, 172 mwN; MüKoBGB/*Schaub*, 3. Aufl. 1997, BGB § 613a Rn. 10, 105 mwN; MüKoBGB/*Müller-Glöge* BGB § 613a Rn. 171; aA etwa *Säcker/Joost* DB 1978, 1030 (1078); *Reuter* Anm. zu AP BGB § 242 Ruhegehalt Nr. 167; *Reuter* Anm. zu AP § 128 Nr. 7.

etwa eine Aktienoptionszusage der Konzernmutter des Arbeitgebers – nicht nach § 613a BGB übergehen;[461] ebenso wenig nach § 25 Abs. 1, da es sich nicht um eine unternehmensbezogene Verbindlichkeit des Arbeitgebers handelt.

112 **2. § 75 AO.** Eine steuerrechtliche Ergänzung zu § 25 und § 28 enthält § 75 AO mit folgendem **Wortlaut:**

§ 75 AO Haftung des Betriebsübernehmers

(1) [1]Wird ein Unternehmen oder ein in der Gliederung eines Unternehmens gesondert geführter Betrieb im Ganzen übereignet, so haftet der Erwerber für Steuern, bei denen sich die Steuerpflicht auf den Betrieb des Unternehmens gründet, und für Steuerabzugsbeträge, vorausgesetzt, dass die Steuern seit dem Beginn des letzten, vor der Übereignung liegenden Kalenderjahrs entstanden sind und bis zum Ablauf von einem Jahr nach Anmeldung des Betriebs durch den Erwerber festgesetzt oder angemeldet werden. [2]Die Haftung beschränkt sich auf den Bestand des übernommenen Vermögens. [3]Den Steuern stehen die Ansprüche auf Erstattung von Steuervergütungen gleich.

(2) Absatz 1 gilt nicht für Erwerbe aus einer Insolvenzmasse und für Erwerbe im Vollstreckungsverfahren.

113 Die §§ 25, 28 nicht verdrängende[462] Norm ist aufschlussreich für die außerhandelsrechtliche Wahrnehmung des in §§ 25, 28 behandelten Regelungsproblems. Zum einen verwendet § 75 AO – ungenau (→ Rn. 114) – den zivilrechtlichen Begriff eines Verfügungsgeschäfts. Zum anderen unterscheidet die Vorschrift nicht zwischen den Veränderungsvorgängen von § 25 und § 28, sondern fasst beides zusammen. Nach der hier vertretenen Lösung sollte eine solche einheitliche, verfügungstechnische Betrachtung auch im Handelsrecht gelten (→ Rn. 26). Allerdings ist der steuerrechtliche Zweck – anders als bei §§ 25, 28 – allein auf Haftung ausgerichtet. Dementsprechend wird der Haftungsgrund im Übergang der wirtschaftlichen Kraft gesehen, die das Unternehmen als lebender Organismus repräsentiert und die den Erwerber in die Lage versetzt, Gewinne und Vorteile zu erzielen, die es ihm ermöglichen, die rückständigen Steuern zu begleichen.[463] Dieser an der steuerrechtsspezifischen Leistungsfähigkeit orientierte Zweck ähnelt der heute für §§ 25, 28 kaum noch vertretenen Haftungsfondstheorie (→ Rn. 14). Im Gegensatz zu §§ 25, 28 (aber ebenso wie bei § 419 BGB aF) ist die von § 75 AO angeordnete steuerrechtliche Haftung auf den Bestand des übernommenen Unternehmens beschränkt. Hervorzuheben ist die Bereichsausnahme gem. § 75 Abs. 2 AO (→ Rn. 36). Zu den von § 75 AO erfassten Steuerarten → Rn. 66.

114 **„Übereignung"** iSv § 75 AO ist nicht zivilrechtstechnisch zu verstehen, da wegen des sachenrechtlichen Spezialitätsprinzips ein „Unternehmen" oder ein „Betrieb" „im Ganzen" nicht übereignet werden. Im Gegensatz zu §§ 25, 28 müssen nach der finanzgerichtlichen Praxis für die steuerrechtliche Haftung die Forderungen und Verbindlichkeiten des Unternehmens nicht übernommen werden, weil diese nicht zur Fortführung notwendig seien.[464] Wegen des spezifisch anderen steuerrechtlichen Zwecks (→ Rn. 113) liegt eine „Übereignung" iSd § 75 AO auch dann vor, wenn der Betriebsübernehmer bei wirtschaftlicher Betrachtungsweise eine inhaberähnliche Herrschaftsstellung erlangt.[465] Dies bezieht sich etwa auf Erfahrungen und Geheimnisse, Beziehungen zu Kunden und Lieferanten, auf welche der Erwerber zugreifen können muss. Die bei § 25 mögliche Stellung etwa als

[461] Vgl. BAG NZA 2008, 836 (838); näher zur Abgrenzung der aus dem Arbeitsverhältnis resultierenden Verbindlichkeiten MüKoBGB/*Müller-Glöge* BGB § 613a Rn. 89 ff.

[462] BFH 17.9.1991 – VII R 72/88, insoweit in NJW 1992, 2848 nicht abgedruckt; OVG Münster KStZ 2014, 74 (75).

[463] Pahlke/Koenig/*Intemann* AO § 75 Rn. 1 mwN.

[464] So FG BW EFG 1995, 146 für ein überschuldetes, aber dennoch „lebendes" Unternehmen, zu diesem Begriff der BFH-Rspr. Pahlke/Koenig/*Intemann* AO § 75 Rn. 15, 23.

[465] Dazu ausf. Tipke/Kruse/*Loose* AO § 75 Rn. 7 f.; Hübschmann/Hepp/Spitaler/*Boeker* AO § 75 Rn. 31 ff., 40 ff. mwN.

Pächter oder Nießbraucher (→ Rn. 45) ersetzt aber bei der steuerrechtlichen Haftung nicht die zivilrechtliche Übereignung, wenn bewegliche Sachen oder Grundstücke zu den wesentlichen Grundlagen des Unternehmens gehören.[466] Keine Betriebsfortführung liegt vor, wenn bei Einstellung des früheren Betriebs wesentliche Betriebsgrundlagen teils im Sicherungseigentum, teils im Vorbehaltseigentum Dritter gestanden haben und von diesen nach der Eröffnung des späteren Betriebs an den neuen Betriebsinhaber veräußert worden sind.[467] Dies gilt nach bestrittener Ansicht auch für § 25 (→ Rn. 47, → Rn. 51).

Über die steuerrechtliche Haftung muss ein **Notar belehren,** wenn in einem Unternehmenskaufvertrag die Haftung nach Abs. 1 S. 1 gem. Abs. 2 ausgeschlossen wird, soweit sich die von den Parteien gewollte und zur Geschäftsgrundlage gemachte Beschränkung der Haftung des Erwerbers im steuerlichen Bereich wegen der Unabdingbarkeit des § 75 AO nicht verwirklichen lässt.[468] Dementsprechend sollte sich der Erwerber vom Veräußerer eine Bescheinigung des Finanzamts über betriebsbezogene Steuerschulden vorlegen lassen.[469] **115**

3. Umwandlungsrecht. Nach der hier vertretenen Auffassung werden durch die §§ 25, 28 ebenso wie durch das Umwandlungsrecht[470] **unternehmensbezogene Rechtsverhältnisse auf einen anderen Rechtsträger übergeleitet** (→ Rn. 21 ff., → Rn. 25 ff.; zur übergreifenden Funktion des **Nachhaftungsbegrenzungsprinzips** → § 26 Rn. 1). Rechtstechnik und wirtschaftlicher Zweck sind identisch. Der zentrale Unterschied zum Umwandlungsrecht besteht darin, zu welchem Preis die Rechtsverhältnisse ihren Träger wechseln, ob gegen Geld oder gegen eine Gesellschaftsbeteiligung (zu § 28 → § 28 Rn. 3, → § 28 Rn. 8), ob es sich also um ein Austauschgeschäft oder ein Verbandsgeschäft handelt.[471] Für die traditionelle Gegenposition sind jedoch die Rechtstechniken (Veräußerung vs. Wechsel der Organisationsform) ebenso grundverschieden wie die Regelungszwecke (Gläubiger- und Schuldnerschutz vs. Umstrukturierung von Unternehmen; zur Übertragung des umwandlungsrechtlichen Gläubigerschutzes ins Handelsrecht → Rn. 23, → § 26 Rn. 2).[472] **116**

Grundsätzlich von §§ 25, 28 zu trennen ist der Formwechsel (§§ 190 ff. UmwG), weil hier der Rechtsträger identisch bleibt, Rechte und Pflichten also nicht übergehen, sondern dem formwechselnden Rechtsträger zugeordnet bleiben.[473] Bei der vollständigen Gesamtrechtsnachfolge durch Verschmelzung (§ 2 UmwG) und Vollübertragung (§§ 176, 178, 180, 188 UmwG) stellt sich die gem. § 25 Abs. 2, § 28 Abs. 2 relevante Frage, ob einzelne Rechtsverhältnisse beim Veräußerer verbleiben, definitionsgemäß nicht.[474] Anders ist dies bei der partiellen Universalsukzession durch **Spaltung** (§ 123 UmwG), insbesondere **Ausgliederung** (§ 152 UmwG), und **Teilübertragung** (§§ 177, 179, 184, 189 UmwG). Deshalb ist es hier möglich, die **§§ 25 f., 28 durch Verweisung** (§ 133 Abs. 1 S. 2 UmwG) **einzubeziehen** (→ Rn. 120). Die Verwandtschaft zu § 25, 28 ist demnach evident, wenn man wie hier auch diese Normen als Instrument der partiellen Universalsukzession anerkennt.[475] Die Gegenauffassung trennt die Einzelübertragung (§§ 25, 28) von der Gesamtrechtsnachfolge (§ 133 Abs. 1 S. 2 UmwG), vertieft diesen rechtstechnischen Unterschied **117**

466 Pahlke/Koenig/*Intemann* AO § 75 Rn. 30.
467 BFH/NV 1988, 479 in Abgrenzung zum herkömmlichen Verständnis des § 25.
468 BGH NJW 2008, 1085 (1086).
469 Staub/*Burgard* Rn. 151 mwN.
470 Vgl. *Karsten Schmidt* FS Ulmer, 2003, 557 (575 ff.).
471 Vgl. Kölner Komm UmwG/*J. Flume* Einl. B Rn. 34; *J. Flume,* Vermögenstransfer und Haftung, 2008, 80 ff.
472 *Canaris* Rn. 18, 48 ff., 53, 94.
473 *Karsten Schmidt* FS Medicus, 1999, 555 (562 f.); *Karsten Schmidt* GesR § 12 IV, 354 f.
474 Hierzu *Karsten Schmidt* FS Medicus, 1999, 555 (563).
475 Für strukturelle Verwandtschaft wegen jeweils stattfindender (partieller) Universalsukzession *Karsten Schmidt* FS Medicus, 1999, 555 (563); *J. Flume,* Vermögenstransfer und Haftung, 2008, 116 ff.; Kölner Komm UmwG/*J. Flume* UmwG Einl. B Rn. 82; zweifelnd *Krejci* ÖJZ 2007, 841 (844); abl. Staub/*Burgard* Rn. 44.

jedoch zu Unrecht durch eine rechtsgeschäftliche bzw. gesetzliche Fundierung,[476] da die Gesamtrechtsnachfolge auch im Umwandlungsrecht nicht allein kraft positiven Rechts, sondern kraft gesetzlich typisierten Parteiwillens stattfindet.[477]

118 Für das in §§ 25, 28 jeweils den Ausgangspunkt bildende einzelkaufmännische Unternehmen (§ 124 Abs. 1 UmwG) kommt die **Ausgliederung** (§§ 152 ff. UmwG) in Betracht, wenn der Weg eines einzelkaufmännischen Unternehmens in eine Personen- oder Kapitalgesellschaft gesucht wird.[478] Dies ist das umwandlungsrechtliche Pendant zum handelsrechtlichen Grundfall des § 28 – Entstehung einer Personenhandelsgesellschaft durch „Eintritt" eines Gesellschafters (→ § 28 Rn. 3) – und zu den als Analogie zu §§ 25 oder 28 diskutierten Fällen, dass ein einzelkaufmännisches Unternehmen in eine bestehende Personengesellschaft oder in eine zu gründende oder bereits bestehende Kapitalgesellschaft eingebracht wird (→ § 28 Rn. 10 f.). Bei der Ausgliederung gehen die Verbindlichkeiten des einzelkaufmännischen Unternehmens auf die übernehmende oder neue Gesellschaft über, ohne dass der Einzelkaufmann von den Verbindlichkeiten sogleich befreit wird (§ 156 UmwG); dies erfolgt wie bei §§ 26, 28 Abs. 3 erst nach Ablauf einer fünfjährigen Nachhaftungsfrist (§ 157 UmwG).

119 Für die **Spaltung** zur Aufnahme (§§ 126 ff. UmwG) oder zur Neugründung (§ 135 UmwG) gilt (anders als bei der Ausgliederung, → Rn. 118) die allgemeine Gläubigerschutzvorschrift des § 133 UmwG.[479] Hier geht es (im Wesentlichen nur) um Rechtsträgerwechsel, an dessen Ausgangs- und Endpunkt Personen- oder Kapitalgesellschaften stehen (§§ 3 Abs. 1, 124 Abs. 1 UmwG). Eine gewisse handelsrechtliche Parallele hierzu liegt im Erwerb des von einer Personen- oder Kapitalgesellschaft betriebenen Unternehmens durch eine andere Personen- oder Kapitalgesellschaft, bei dem wiederum § 25 oder § 28 analog herangezogen werden (→ § 28 Rn. 10 f.).

120 Bei **Spaltung** oder **Ausgliederung**[480] bleiben nach § 133 Abs. 1 S. 2 UmwG die **§§ 25 f., 28 unberührt** (ebenso das im HGB fehlende Recht auf Sicherheitsleistung gem. §§ 22, 125 UmwG). Damit ist zum einen der Fall erfasst, dass ein übernehmender Rechtsträger den Unternehmenskern des übertragenden Rechtsträgers übernimmt und dessen Firma fortführt;[481] unter Umständen analog § 28 (→ § 28 Rn. 10 f.) der Fall, dass ein Unternehmen in eine Gesellschaft eingebracht wird.[482] Durch diesen Verweis sichern die §§ 25 f., 28 die Haftung gem. § 133 Abs. 1 S. 1 UmwG ab, da unabhängig von der Zuweisung der jeweiligen Verbindlichkeit im Spaltung- und Übernahmevertrag (vgl. § 133 Abs. 3 UmwG) die beteiligten Rechtsträger nur durch Publikation gem. § 25 Abs. 2, § 28 Abs. 2 den Übergang von Verbindlichkeiten auf den neuen Rechtsträger ausschließen können.[483] Die Enthaftung des übertragenden Rechtsträgers gem. § 133 Abs. 1 S. 2 UmwG iVm §§ 26, 28 Abs. 3 gilt für sämtliche Geschäftsverbindlichkeiten, die Enthaftung des Mithafters nach § 133 Abs. 3–5 nur für die einem anderen als Hauptschuldner zugewiesenen Verbindlichkeiten.[484]

---

[476] So aber EBJS/*Reuschle* Rn. 36; Staub/*Burgard* Rn. 44; der dort jeweils zitierte Fall OLG Frankfurt NJW-RR 2005, 1349 = DB 2005, 2519 betraf eine Verschmelzung, keine Ausgliederung, und enthält keine Aussage zu § 133 Abs. 1 S. 2 UmwG. Eine gesetzliche Gesamtrechtsnachfolge ist gegeben bei der gesellschaftsrechtlichen Anwachsung, da hier keine gezielte Übertragung von Rechtsverhältnissen vorliegt, → Rn. 31.

[477] *Karsten Schmidt* FS Medicus, 1999, 555 (570); *J. Flume* ZHR 170 (2006), 737 (747 f.).

[478] Dass der neue Rechtsträger zwingend anderer Rechtsform ist, hebt *Canaris* HandelsR § 7 Rn. 48 hervor.

[479] Zum Verhältnis der §§ 156, 157 UmwG zu § 133 UmwG Semler/Stengel/*Seulen* UmwG § 156 Rn. 2 m. Fn. 1.

[480] Zur Anwendbarkeit des § 133 Abs. 1 S. 2 UmwG bei Ausgliederung Semler/Stengel/*Seulen* UmwG § 156 Rn. 2.

[481] Semler/Stengel/*Seulen* UmwG § 133 Rn. 111.

[482] Vgl. Semler/Stengel/*Seulen* UmwG § 156 Rn. 18.

[483] Zum Verständnis der Norm deren Initiator *Karsten Schmidt* ZGR 1990, 580 (598 ff.); *Karsten Schmidt* ZGR 1993, 366 (391 ff.); *Karsten Schmidt* ZGR 1995, 675 (686 f.); *Karsten Schmidt* FS Medicus, 1999, 555 (565 f.); *Karsten Schmidt* GesR § 13 IV 5 b, 401 f.

[484] Hierzu Semler/Stengel/*Seulen* UmwG § 133 Rn. 112 ff.

Für die Betriebsaufspaltung enthält § 134 Abs. 1 S. 1 UmwG eine umwandlungsrechtliche Ergänzung zum Arbeitnehmerschutz bei Betriebsübergang gem. § 613a BGB (→ Rn. 110 f.), weil ein Betriebsübergang durch die Übertragung des Anlagevermögens allein nicht bewirkt wird.[485] Wird handelsrechtlich das Unternehmen auf eine Betriebsgesellschaft übertragen, an der die Anlagegesellschaft oder zumindest deren Gesellschafter beteiligt sind, ist wie in anderen Fällen der Sacheinbringung umstritten, ob dies nach § 25[486] oder nach § 28 (→ § 28 Rn. 10 f.) zu beurteilen ist. Wie § 28 stellt § 134 UmwG auf die Personenidentität und nicht auf die Firmenfortführung ab. Die Enthaftung der Anlagegesellschaft folgt den allgemeinen Grundsätzen der Spaltung, verdoppelt aber die Frist (§ 134 Abs. 3 UmwG, zur Enthaftung gem. §§ 26, 28 Abs. 3 → § 26 Rn. 16). 121

4. Ergänzung durch Rechtsscheintatbestände. a) Voraussetzungen. § 25 (ebenso § 28) wird nach allgemeinen Grundsätzen durch Rechtsscheintatbestände (→ Rn. 124 ff.) ergänzt, soweit dessen Tatbestandsmerkmale nur scheinbar erfüllt sind, aber Gläubiger oder Schuldner durch ihr Vertrauen auf einen von Veräußerer und/oder Erwerber gesetzten Rechtsschein zu schutzwürdigen Dispositionen (Vertrauensinvestitionen) veranlasst worden sind.[487] Die allgemeinen Rechtsscheingrundsätze sind einerseits zu unterscheiden von der Rechtsscheintheorie (→ Rn. 13), die den Tatbestand des § 25 als solchen erklären und nicht durch Rechtsscheinaspekte ergänzen will,[488] andererseits von der analogen Anwendung des § 25.[489] 122

Die genannten Voraussetzungen werden nur ausnahmsweise erfüllt sein. Die **kausale Vertrauensdisposition** kann regelmäßig nur in einem **Unterlassen**[490] etwa von rechtzeitigen Vollstreckungs- und Sicherungsmaßnahmen gegenüber dem Veräußerer bestehen, da Abs. 1 S. 1 Altverbindlichkeiten betrifft, die im Zeitpunkt von Unternehmens- und Firmenfortführung bereits begründet, wenn auch nicht in jedem Fall fällig waren. Dass solche Maßnahmen möglich und erfolgversprechend gewesen wären, also schadenskausal waren, muss der Gläubiger ebenso beweisen wie die Kenntnis des Rechtsscheintatbestandes. Anders als im Anwendungsbereich des § 25, der eine kausale Vertrauensdisposition nicht voraussetzt,[491] ist eine solche im Rahmen der allgemeinen Rechtsscheinhaftung unverzichtbar.[492] Die **Gutgläubigkeit** des Altgläubigers wird zwar **vermutet,** jedoch schadet analog § 173 BGB bereits einfache Fahrlässigkeit und nicht nur, wie etwa bei § 15 Abs. 1 und 3, positive Kenntnis (→ § 15 Rn. 50). Allerdings treffen den Altgläubiger keine besonderen Nachforschungspflichten. Zum Haftungsausschluss bei unwirksamer Enthaftungsvereinbarung (Abs. 2) → Rn. 100. 123

b) Rechtsschein der Kaufmannseigenschaft. In Betracht kommen Fälle, in denen ein nicht eingetragener Kleingewerbetreibender[493] (§ 2) den Anschein eines **kaufmännisch eingerichteten Gewerbebetriebs** bzw. ein nicht eingetragener Land- oder Forstwirt (§ 3) oder ein nicht eintragungsfähiger Freiberufler den Anschein einer **vollkaufmännisch-handelsgewerblichen Tätigkeit** hervorruft (→ Anh. § 5 Rn. 4 ff., → Anh. § 5 Rn. 16 ff.). Aus dem firmenmäßigen Auftreten eines Nichtkaufmanns unter seinem Namen 124

---

485 Semler/Stengel/*Seulen* UmwG § 134 Rn. 9.

486 Vgl. etwa BAG AP HGB § 26 Nr. 1 = DB 1988, 123 (124); wohl auch BGH NJW 1982, 1647 mAnm *Karsten Schmidt*; *Bork* ZIP 1989, 1369; *Reichold* ZIP 1988, 551 (554); *Dehmer,* Die Betriebsaufspaltung, 4. Aufl. 2018, § 11 Rn. 12 ff.

487 Zu den allgemeinen Voraussetzungen der Rechtsscheinhaftung im vorliegenden Zusammenhang Staub/*Burgard* Rn. 153.

488 *Commandeur/Kleinebrink* Betriebsübernahme Rn. 1051; dezidiert für eine Interpretation des § 25 als Rechtsscheintatbestand *Altmeppen* FS Hopt, Bd. I, 2010, 305 (308 ff.).

489 So auch Staub/*Hüffer,* 4. Aufl. 1983, Rn. 116; iErg gegen eine Analogie *Commandeur/Kleinebrink* Betriebsübernahme Rn. 1021, 1050.

490 Eingehend hierzu *Altmeppen* FS Hopt, Bd. I, 2010, 305 (310 ff.).

491 BGHZ 22, 234 (239) = NJW 1957, 179; ähnlich OLG Frankfurt NJW 1980, 1397 (1398).

492 So bereits GroßkommHGB/*Würdinger* Anm. 1; zu möglichen Einschränkungen BGHZ 61, 59 (64) = NJW 1973, 1691 (1692 f.).

493 Unter Geltung des § 4 aF wurde eine Rechtsscheinhaftung bejaht in BGH NJW 1966, 1915 (1916 f.).

kann der Rechtsverkehr nicht auf die Kaufmannseigenschaft schließen, weil der Name die einzige Möglichkeit ist, sich im Rechtsverkehr zu identifizieren.[494] Eine Rechtsscheinhaftung wegen unzulässiger Firmen(fort)führung[495] ist daher nur relevant bei Benutzung eines **unzulässigen Rechtsformzusatzes,** wobei kein negativer Rechtsformzusatz dergestalt vorgeschrieben ist, dass der Betreffende kein Kaufmann sei (→ § 37 Rn. 6 ff.).

125 **c) Rechtsschein der Fortführung des Unternehmens.** Der Rechtsschein der Unternehmensfortführung ist nach der hier vertretenen Auffassung vor allem relevant bei einem rechtsunwirksamen Unternehmenserwerb (→ Rn. 54). Für die verbleibenden Fälle ist strikt zu trennen zwischen (dem Rechtsschein, → Rn. 124) der Firmenfortführung und dem Rechtsschein der Unternehmensfortführung. Insbesondere führt allein die Firmenfortführung nicht zur unmittelbaren Anwendung des § 25,[496] da es sich bei Firmen- und Unternehmensfortführung um zwei eigenständige Tatbestandsmerkmale handelt, von denen der Unternehmensfortführung die primäre Bedeutung zukommt (→ Rn. 55 ff.). Ein Kaufmann, der ein Handelsgeschäft nicht übernommen (→ Rn. 59), sondern selbst neu aufgebaut hat, haftet nicht allein deswegen, weil er (unter Beachtung der §§ 18 ff.) eine (eigene) Firma angenommen hat, die einer früheren ähnlich ist.[497] Gesetzesanwendung und ihre Ergänzung durch Rechtsscheinaspekte sind jedoch auch hier streng zu unterscheiden.

126 Allerdings kann gerade die **Firmenfortführung** dazu beitragen, den Anschein der Unternehmensfortführung zu erwecken. Denn ein nicht namensgleicher Erwerber der Betriebsmittel des Unternehmens, der die Firma des Altunternehmers fortführen will, darf dies nur mit dessen Zustimmung und auch nur dann tun, wenn er das Unternehmen mit erwirbt (arg. § 22, 23). Aus diesem Grunde erweckt ein Neuunternehmer den Rechtsschein der Unternehmensfortführung, wenn er – zulässig oder unzulässig – die Firma des Altunternehmers (fort-)führt, selbst wenn es an der Fortführung des Unternehmens fehlen sollte.[498] Rechtskenntnis der §§ 22, 23 ist zwar nicht vorauszusetzen, jedoch dürften gerade Laien Firma und Unternehmen gleichsetzen (→ Rn. 5) und im Übrigen davon ausgehen, dass man einen fremden Namen nicht ohne Erlaubnis führt. Hinzukommen müssen jedoch **weitere Indizien,** welche das **Vertrauen in die Unternehmensidentität oder -kontinuität begründen,** wenn etwa der Neuunternehmer die vom Altunternehmer begründeten Vertragsverhältnisse fortsetzt,[499] einzelne Betriebsmittel verwendet, die er vom Altunternehmer erworben hat,[500] oder dieselben Räume, Telefonanschlüsse oder Internetauftritte benutzt und dasselbe Personal beschäftigt.[501] Dieses Vertrauen ist jedoch nicht schutzwürdig, wenn der Altunternehmer erkennbar insolvent war (→ Rn. 54), und zwar auch dann nicht, wenn sich der Altunternehmer an einem mit neuen Mitteln aufgebauten neuen Unternehmensträger als offener oder stiller Teilhaber beteiligt.[502]

127 **d) § 15.** Die gesetzlich geregelten Tatbestände der Rechtsscheinhaftung gem. § 15 sind im Kontext des § 25 wie folgt anwendbar: **§ 15 Abs. 3** kommt dann in Betracht, wenn ein

---

494 BT-Drs. 16/10490, 19 zur Aufhebung des § 15b GewO aF durch das Dritte Mittelstandsentlastungsgesetz vom 17.3.2009, BGBl. 2009 I 550.

495 Den Ausnahmecharakter betont auch Staub/*Burgard* Rn. 156.

496 Dezidiert aA im Anschluss GroßkommHGB/*Würdinger* Anm. 10 das OLG Frankfurt NJW 1980, 1397 (1398) mit dem unhaltbaren Kernsatz, „bereits das Verwenden einer eingeführten Firma durch jemanden, der das Handelsgeschäft nicht erworben hat, vermag die Haftung nach § 25 unter Umständen zu begründen“; abl. die hM, vgl. etwa BayObLG NJW-RR 1988, 869 (870); *Nickel* NJW 1981, 102; *Axer,* Abstrakte Kausalität – ein Grundsatz des Handelsrechts?, 1986, 162 ff.; *Commandeur/Kleinebrink* Betriebsübernahme Rn. 1051; Baumbach/Hopt/*Hopt* Rn. 6; Staub/*Hüffer,* 4. Aufl. 1983, Rn. 116; *Karsten Schmidt* HandelsR § 8 Rn. 13.

497 Auch insoweit konsequent aA OLG Frankfurt NJW 1980, 1397 (1398).

498 Anders Staub/*Burgard* Rn. 158 Fn. 427.

499 OLG Naumburg OLGR 2001, 56.

500 EBJS/*Reuschle* Rn. 100; insoweit anders → 2. Aufl. 2005, Rn. 75 *(Lieb).*

501 So die Konstellation in der im Übrigen abzulehnenden Entscheidung BGH NJW 1992, 911; ähnlich im Fall BGH DStR 2009, 2440; NZG 2012, 916 Rn. 23 mAnm *Karsten Schmidt* JuS 2013, 77 (78 f.).

502 Auch unter Rechtsscheinaspekten abzulehnen daher BGH NJW 1992, 911 m. zust. Anm. *Karsten Schmidt* ZGR 1992, 621; dagegen *Canaris* FS Frotz, 1993, 11 ff.; *Canaris* HandelsR § 7 Rn. 4.

Erwerber zu Unrecht im Handelsregister eingetragen wurde wie etwa bei unwirksamem Erwerb (→ Rn. 53 f.).[503] Bei dinglich unwirksamem Geschäftserwerb verlautbart das Register einen falschen Firmeninhaber, da die Firma nicht ohne das Handelsgeschäft übertragen werden kann (→ § 23 Rn. 14, → § 23 Rn. 18); § 15 Abs. 3 ist anwendbar. Bei nur rechtsgrundlosem Erwerb war der Erwerber hingegen bis zur Rückabwicklung zutreffend eingetragener Inhaber von Firma und Unternehmen.[504] Soweit § 15 Abs. 3 anwendbar ist, haftet der scheinbare Erwerber ausnahmsweise (→ § 15 Rn. 27) auch für gesetzliche Verbindlichkeiten des Veräußerers, da diese von § 25 erfasst sind (→ Rn. 66). **§ 15 Abs. 1** ist (zu Lasten des **Veräußerers**) anzuwenden, wenn die Eintragung des Inhaberwechsels unterlassen wurde. Diese Vorschrift führt dann zur Veräußererhaftung für Verbindlichkeiten, die vom **Erwerber** begründet wurden.[505]

VIII. Rechtslage in Österreich

1. Normtext. § 38 UGB enthält folgende Parallelvorschrift: 128

§ 38 UGB Übernahme der Rechtsverhältnisse des Veräußerers durch den Erwerber, Haftung von Veräußerer und Erwerber

(1) [1]Wer ein unter Lebenden erworbenes Unternehmen fortführt, übernimmt, sofern nichts anderes vereinbart ist, zum Zeitpunkt des Unternehmensübergangs die unternehmensbezogenen, nicht höchstpersönlichen Rechtsverhältnisse des Veräußerers mit den bis dahin begründeten Rechten und Verbindlichkeiten. [2]Für unternehmensbezogene Verbindlichkeiten des Veräußerers bestellte Sicherheiten bleiben für diese Verbindlichkeiten aufrecht. [3]Der Veräußerer haftet nach Maßgabe des § 39 für die unternehmensbezogenen Verbindlichkeiten fort.

(2) [1]Der Dritte kann der Übernahme seines Vertragsverhältnisses binnen dreier Monate nach Mitteilung davon sowohl gegenüber dem Veräußerer als auch gegenüber dem Erwerber widersprechen; in der Mitteilung ist er auf das Widerspruchsrecht hinzuweisen. [2]Dies gilt auch für den Besteller einer für unternehmensbezogene Verbindlichkeiten des Veräußerers gewährten Sicherheit. [3]Im Falle eines wirksamen Widerspruchs besteht das Vertragsverhältnis mit dem Veräußerer fort.

(3) [1]Wurde dem Dritten nicht nachweislich mitgeteilt, ob das Vertragsverhältnis vom Erwerber übernommen wurde, oder kann dieser Übernahme noch widersprochen werden, so kann er sowohl gegenüber dem Veräußerer als auch gegenüber dem Erwerber auf das Vertragsverhältnis bezogene Erklärungen abgeben und seine Verbindlichkeiten erfüllen. [2]Dies gilt auch für den Besteller einer für unternehmensbezogene Verbindlichkeiten des Veräußerers gewährten Sicherheit.

(4) [1]Werden unternehmensbezogene Rechtsverhältnisse des Veräußerers vom Erwerber nicht übernommen, so haftet er dennoch für die damit verbundenen Verbindlichkeiten. [2]Dies gilt auch, wenn der Erwerber nur einzelne Verbindlichkeiten des Veräußerers nicht übernimmt. [3]Eine davon abweichende Vereinbarung über die Haftung ist einem Dritten gegenüber nur wirksam, wenn sie beim Unternehmensübergang in das Firmenbuch eingetragen, auf verkehrsübliche Weise bekannt gemacht oder dem Dritten vom Veräußerer oder vom Erwerber mitgeteilt wurde.

(5) Wird ein Unternehmen im Weg eines Zwangsvollstreckungsverfahrens, eines Insolvenzverfahrens oder einer Überwachung des Schuldners durch einen Treuhänder der Gläubiger erworben, so finden diese Bestimmungen keine Anwendung.

(5a) [1]Nicht als Erwerb eines Unternehmens im Sinn des Abs. 1 gilt die Fortführung im Weg der Pacht, der Leihe, der Fruchtnießung, des Rechtes des Gebrauchs und der Beendigung

---

[503] Im Fall BGH NZG 2000, 277 (278) wurde § 15 Abs. 3 bei unwirksamer Umwandlung erwogen, aber wegen fehlender Folgedisposition im Vertrauen auf die registerliche Verlautbarung abgelehnt. Zur Frage, ob eine solche erforderlich ist, → § 15 Rn. 15 f.

[504] Dies betont EBJS/*Reuschle* Rn. 34, 101 unter Hinweis auf *Karsten Schmidt* HandelsR § 8 Rn. 10; ebenso, aber ohne Differenzierung nach unwirksamem und rechtsgrundlosem Erwerb Staub/*Burgard* Rn. 159. Im Fall OLG Stuttgart BB 1987, 2184 (2185) führte der Eingetragene die Firma nicht.

[505] Staub/*Burgard* Rn. 101. Zu einer Haftung des Veräußerers für vom Erwerber begründete Verbindlichkeiten aus allgemeinen Rechtsscheingrundsätzen BGH NJW 1966, 1915.

dieser Verträge. [2]Auch in diesen Fällen kann jedoch ein Dritter oder ein Sicherheitenbesteller gegenüber dem neuen Unternehmer Erklärungen in Bezug auf ein zum früheren Unternehmer bestehendes, unternehmensbezogenes und nicht höchstpersönliches Vertragsverhältnis abgeben und seine Verbindlichkeiten erfüllen, solange ihm die Fortführung des Unternehmens im Weg der Pacht, der Leihe, der Fruchtnießung, des Rechtes des Gebrauchs oder der Beendigung dieser Verträge nicht bekannt ist.

(6) Eine durch andere Bestimmungen begründete Haftung oder Übernahme von Rechtsverhältnissen durch den Erwerber bleibt unberührt.

129 **2. Erläuterung. a) Überblick.** Die §§ 38–40 UGB bilden einen eigenen Abschnitt „Unternehmensübergang".[506] Damit sind die Nachfolgenormen der §§ 25–28 aus dem heute irritierenden (→ Rn. 3, → Rn. 30) firmenrechtlichen Kontext gelöst,[507] zumal die Vertragsübernahme auch in vergleichbaren Konstellationen hiervon unabhängig ist.[508] Die **Firmenfortführung** gehört demgemäß **nicht mehr** zum **Tatbestand,** weshalb § 38 UGB den Regelungsgegenstand der §§ 25, 28 in einem Paragraphen zusammenfasst.[509] Der dennoch ausführlichere Normtext beantwortet viele nach dem HGB umstrittene Fragen, wirft aber zugleich neue auf. So wurde bald nach Einführung des UGB eine Bereichsausnahme für Nutzungsverhältnisse (§ 38 Abs. 5a UGB; → Rn. 138) mit dem Unternehmensrechtsänderungsgesetz 2008 eingefügt.[510]

130 **b) Übernahme der Rechtsverhältnisse (Abs. 1).** § 38 Abs. 1 UGB geht über den Wortlaut der § 25 Abs. 1, § 28 Abs. 1 weit hinaus. Bezugspunkt ist hier nicht die Haftung des Erwerbers oder die Perspektive des Schuldners, die § 25 als lückenhaft erscheinen lassen.[511] Vielmehr geht es aus der Sicht von Veräußerer und Erwerber um die **Übernahme der unternehmensbezogenen,** nicht höchstpersönlichen[512] **Rechtsverhältnisse** und erst in zweiter Linie um die Haftungsverteilung zwischen Veräußerer und Erwerber. Rechtsverhältnisse meint neben Vertragsverhältnissen auch gesetzliche Schuldverhältnisse, isolierte Forderungen und Immaterialgüterrechte sowie bloße Verbindlichkeiten.[513] Aus S. 1 ergibt sich vorbehaltlich abweichender Vereinbarung, dass der **Erwerber** die Stelle des Veräußerers einnimmt und damit **ex tunc** der **eigentliche Vertragspartner,** Schuldner und Gläubiger des jeweiligen Rechtsverhältnisses ist.[514] Eine (partielle) Gesamtrechtsnachfolge wie im Spaltungsrecht (→ Rn. 117) soll damit gleichwohl nicht verbunden sein;[515] es geht um eine Erleichterung der **Einzelrechtsnachfolge.**[516] Zudem soll der Rechtsübergang als **gesetzliche,** wenn auch dispositive Folge eines rechtsgeschäftlich vermittelten Unternehmenser-

[506] Grdl. zur Reform in Österreich (→ § 1 Rn. 104 ff.) mit Blick auf die deutsche Debatte der Mitinitiator der UGB-Reform *Krejci* FS Canaris, Bd. II, 2007, 735 (740 ff.); vgl. auch den Überblick bei *Krejci* ÖJZ 2007, 841 (842 f.); *Straube* UGB Einf. Rn. 29 f.; Jabornegg/Artmann/*Karollus* UGB § 38 Rn. 4; *Schuhmacher* FS Nowotny, 2015, 191 (193 ff.); knappe Würdigung bei *Karsten Schmidt* HandelsR § 7 Rn. 118; *Karsten Schmidt* ZGR 2014, 844 (862).

[507] Regierungsvorlage zum Handelsrechts-Änderungsgesetz (HaRÄG), 1058 der Beilagen zu den Stenographischen Protokollen des Nationalrates XXII. GP, Materialien, 28; *Krejci* FS Canaris, Bd. II, 2007, 735 (740 f.); Jabornegg/Artmann/*Karollus* UGB § 38 Rn. 3 f.

[508] Regierungsvorlage HaRÄG S. 14.

[509] Regierungsvorlage HaRÄG S. 29 f.; Jabornegg/Artmann/*Karollus* UGB § 38 Rn. 5.

[510] Zum rechtspolitischen Hintergrund sehr viel weitergehender, nicht umgesetzter Reformforderungen *Krejci* ÖJZ 2007, 841 ff.

[511] Regierungsvorlage HaRÄG S. 28; Jabornegg/Artmann/*Karollus* UGB § 38 Rn. 3.

[512] *Torggler* JBl. 2008, 137 (149 f.) will hierfür neben den typischen vertrauensbasierten Beratungs- und Behandlungsverträgen auch vertragliche Abtretungsverbote genügen lassen, → Rn. 75; näher Jabornegg/Artmann/*Karollus* UGB § 38 Rn. 25.

[513] *Krejci* FS Canaris, Bd. II, 2007, 735 (741); Jabornegg/Artmann/*Karollus* UGB § 38 Rn. 3, 5.

[514] Regierungsvorlage HaRÄG S. 14, 30.

[515] Anders *J. Flume* ZHR 170 (2006), 736 (741 f., 747 ff.).

[516] *Krejci* ÖJZ 2007, 841 (842); *Dellinger* ÖBA 2008, 176 (178), krit. 186 im Zusammenhang mit der Auflösungswirkung des Widerspruchs (§ 38 Abs. 2 UGB, Rn. 202): „auf halbem Weg zwischen Einzel- und Gesamtrechtsnachfolge stecken geblieben", „Zwitterhaftigkeit", die unnötige Probleme verursache; dem zust. Jabornegg/Artmann/*Karollus* UGB § 38 Rn. 8, 20; zu den Auswirkungen auf das Spezialitätsprinzip *J. Flume* ZHR 170 (2006), 736 (745 ff.); *Torggler* JBl. 2008, 137 (143 f.).

werbs[517] im Zeitpunkt des Unternehmensübergangs (→ § 26 Rn. 20) eintreten,[518] was – mangels Gesamtrechtsnachfolge – nicht konkret bezeichnete oder unbekannte Rechtsverhältnisse erfassen hilft.[519] Isolierte Forderungen sollen im Wege der Legalzession übergehen.[520] Dingliche Rechte sind nach hM nicht erfasst.[521]

Voraussetzung ist wie im deutschen Recht (→ Rn. 40) die **Fortführung**[522] **des** 131
Unternehmens in seinem „Wesenskern", so dass zwar einzelne Rechtsverhältnisse vom Übergang privatautonom ausgenommen werden können, eine Zerschlagung des Unternehmens aber den Tatbestand ausschließt.[523] § 38 Abs. 1 UGB erweitert nicht die Spaltungsfreiheit; möglich ist aber etwa die Veräußerung einer Zweigniederlassung oder eine funktionale Aufteilung, welche noch die organisatorische, wirtschaftliche oder technische Einheit des Betriebs wahrt (vgl. § 189 Abs. 1 Nr. 2 UGB).[524] S. 3 stellt klar, dass der **Veräußerer** gem. § 39 UGB (→ § 26 Rn. 19 ff.) für die übergegangenen Verbindlichkeiten lediglich zusätzlich für **begrenzte Zeit nachhaftet.** S. 2 gewährleistet, dass durch den Unternehmensübergang die Verbindlichkeiten nicht von den dafür bestellten **Sicherheiten** getrennt werden.[525] § 38 Abs. 1 UGB ist dispositiv (→ Rn. 130). Ausreichend ist eine interne, aber von der Regel abweichende Vereinbarung, die überdies gem. § 38 Abs. 2 und 3 UGB kommuniziert werden muss (→ Rn. 132, → Rn. 134); für die Erwerberhaftung gem. § 38 Abs. 4 UGB gilt ein ähnlicher Ausschlussweg wie gem. § 25 Abs. 2 (→ Rn. 136).

c) Widerspruchsrecht (Abs. 2). § 38 Abs. 2 UGB gibt dem von einer Vertragsüber- 132
nahme[526] betroffenen Dritten – Gläubiger, Schuldner oder Sicherungsgeber – zur Wahrung etwaiger gegenläufiger Interessen[527] ein auf drei Monate befristetes dispositives[528] Widerspruchsrecht, über das er unterrichtet werden muss.[529] Der Widerspruch eines Sicherungsgebers soll auch den Übergang des Vertragsverhältnisses verhindern, aus dem die besicherte Verbindlichkeit resultiert, damit der Konnex von Verbindlichkeit und Sicherheit erhalten bleibt,[530] sofern nicht der Gläubiger den Bürgen aus der Haftung entlässt.[531] Nur die – bereits vor dem

---

517 *Krejci* FS Canaris, Bd. II, 2007, 735 (742, 745 ff.). Den rechtsgeschäftlichen Charakter auch der Übernahme der Rechtsverhältnisse betonen *J. Flume* ZHR 170 (2006), 736 (747 ff.); *Torggler* JBl. 2008, 137 (142).

518 Jabornegg/Artmann/*Karollus* UGB § 38 Rn. 6.

519 Regierungsvorlage HaRÄG S. 29 f.; *Krejci* ÖJZ 2007, 841 (845); *Krejci* FS Canaris, Bd. II, 2007, 735 (748).

520 *Krejci* FS Canaris, Bd. II, 2007, 735 (742).

521 *Roth/Fitz,* Unternehmensrecht, 2. Aufl. 2006, Rn. 773; *Krejci* FS Canaris, Bd. II, 2007, 735 (746) (separate Verfügungsgeschäfte); aA *Torggler* JBl. 2008, 137 (141 f., 143 ff.); *J. Flume* ZHR 170 (2006) 736 (755) Fn. 98a.

522 *Krejci* FS Canaris, Bd. II, 2007, 735 (741); krit. *Torggler* JBl. 2008, 137 (147) wegen des auch von *Krejci* FS Canaris, Bd. II, 2007, 735 (745) angesprochenen Zirkelproblems, dass der Übergang der Rechtsverhältnisse den Erwerb und die Fortführung voraussetzen soll, beides aber ohne Übergang nicht möglich ist; zu diesem Problem zuvor bereits *J. Flume* ZHR 170 (2006), 736 (754 f.); *J. Flume,* Vermögenstransfer und Haftung, 2008, 132; vgl. bereits → Rn. 55. IErg lassen beide die Einigung über den Übergang genügen.

523 Regierungsvorlage HaRÄG S. 30; verbreitet wird die Übertragung eines „lebensfähigen" Teils für ausreichend gehalten (→ Rn. 40), zum Meinungsstand Jabornegg/Artmann/*Karollus* UGB § 38 Rn. 14; *Torggler* JBl. 2008, 137 (146, 148), der auch den Erwerb zur Zerschlagung durch § 38 UGB erleichtert sehen will.

524 Beide Beispiele nach *Krejci* ÖJZ 2007, 841 (843); näher *Krejci* FS Canaris, Bd. II, 2007, 735 (744 f.).

525 Näher Jabornegg/Artmann/*Karollus* UGB § 38 Rn. 27.

526 § 38 Abs. 2 UGB gilt nicht für einzelne Verbindlichkeiten und nach allgemeinem Zivilrecht nicht für Forderungen, *Artmann* WBl. 2007, 253 (256); *Krejci* FS Canaris, Bd. II, 2007, 735 (754).

527 Regierungsvorlage HaRÄG S. 14, 29 f.; Jabornegg/Artmann/*Karollus* UGB § 38 Rn. 31.

528 *Krejci* ÖJZ 2007, 841 (847); *Krejci* FS Canaris, Bd. II, 2007, 735 (755); zu den Grenzen *Artmann* WBl. 2007, 253 (255 f., 258); zum Anwendungsbereich Jabornegg/Artmann/*Karollus* UGB § 38 Rn. 22.

529 Nach *Krejci* FS Canaris, Bd. II, 2007, 735 (749, 755) hat sich der Gesetzgeber hier von Verbraucherschutzgedanken leiten lassen.

530 Regierungsvorlage HaRÄG S. 31; Jabornegg/Artmann/*Karollus* UGB § 38 Rn. 31; krit. *Torggler* JBl. 2008, 137 (156).

531 Zu den praktischen Auswirkungen des Widerspruchs des Sicherungsgebers *Dellinger* ÖBA 2008, 176 (185); Jabornegg/Artmann/*Karollus* UGB § 38 Rn. 36.

Unternehmensübergang mögliche – **Mitteilung** lässt die **Überlegungsfrist** beginnen, anderweitige Kenntnis soll nicht genügen; eine Ausschlussfrist besteht nicht, so dass selbst nach Ablauf der Nachhaftungsfrist der Vertragsübergang durch Ausübung des Widerspruchsrecht beseitigt werden kann.[532]

133 Eine Parallele zum Widerspruchsrecht bietet das Arbeitsrecht (§ 3 Abs. 4 Arbeitsvertragsrechts-Anpassungsgesetz – AVRAG; vgl. § 613a Abs. 6 BGB).[533] Dort ist der Arbeitnehmer regelmäßig auf die Fortsetzung des Arbeitsverhältnisses als seiner Existenzgrundlage angewiesen und wird von seinem – in Österreich sogar eingeschränkten – Widerspruchsrecht nur ausnahmsweise Gebrauch machen. In § 38 Abs. 2 UGB besteht diese Ausnahmesituation nicht. Daher besteht die Gefahr, dass ein **uneingeschränktes** Widerspruchsrecht die Übertragung als Regel des § 38 Abs. 1 UGB konterkariert.[534] Dennoch wurde mit Blick auf die Privatautonomie die ursprünglich vorgesehene Voraussetzung eines „wichtigen Grundes"[535] im Gesetzgebungsverfahren fallengelassen, um die Interessen des Dritten deutlicher in der Vordergrund zu stellen, welcher der Überleitung auch widersprechen dürfe, wenn er nur aus persönlichen Gründen mit dem Erwerber in keinem Vertragsverhältnis stehen will.[536] Im Hintergrund standen freilich die Interessen von Kreditinstituten (→ Rn. 89 ff.), die ohne Begründung die Überleitung einer Kreditlinie auf den Unternehmenserwerber verweigern wollten.[537] Die vom Justizausschuss betonte Grenze des Rechtsmissbrauchs ist in den Materialien zum Unternehmensrechtsänderungsgesetz 2008 auf Fälle konkretisiert wurden, in denen der Dritte ausschließlich oder überwiegend nur deshalb widerspricht, um dem Veräußerer oder Erwerber zu schaden bzw. sich zu Lasten des Erwerbers oder Veräußerers einen sachlich nicht gerechtfertigten Vorteil zu verschaffen[538] – Stichwort: Abkauf des Lästigkeitswerts. Ein solcher Rechtsmissbrauch wird nur selten beweisbar sein.[539] Da aber der grundsätzliche Übergang von Rechtsverhältnissen den Interessen aller Beteiligten, auch der Dritten, gerecht wird (→ Rn. 84), dürften sich die Situationen, in denen dem Dritten das Widerspruchsrecht als ‚Reurecht' willkommen ist, selten sein.[540] In jedem Fall besteht während der **Schwebezeit** Ungewissheit über das Schicksal des Rechtsverhältnisses (→ Rn. 87), aber auch über die Wertentwicklung eines einzubringenden Unternehmens.[541] Die hM in Österreich geht davon aus, dass der **Übergang** zunächst wirksam, aber **ex tunc auflösend bedingt** ist.[542]

134 **d) Drittschutz (Abs. 3).** § 38 Abs. 3 UGB erstreckt den herkömmlich aus § 25 Abs. 1 S. 2 abgeleiteten Schuldnerschutz (→ Rn. 73) auf alle betroffenen Dritten.[543] Grundlage des Drittschutzes ist demgemäß nicht der Forderungs- bzw. Vertragsübergang als solcher, sondern die in § 38 Abs. 2 UGB geregelte Informations- und Widerspruchs-

532 Regierungsvorlage HaRÄG S. 31 f.; näher Jabornegg/Artmann/*Karollus* UGB § 38 Rn. 33 ff., 38.

533 Hierzu *Artmann* WBl. 2007, 253 (255).

534 *Krejci* ÖJZ 2007, 841 (842, 846 f.): „erheblicher Nachteil der Neuregelung"; „Wermutstropfen"; von der „Wohltat" zur „Plage".

535 Regierungsvorlage HaRÄG S. 31.

536 Bericht des Justizausschusses zum Handelsrechts-Änderungsgesetz (HaRÄG), 1078 der Beilagen zu den Stenographischen Protokollen des Nationalrates XXII. GP, 2.

537 Krit. *Krejci* ÖJZ 2007, 841 (846); verteidigend *Dellinger* ÖBA 2008, 176 (177); Jabornegg/Artmann/*Karollus* UGB § 38 Rn. 39.

538 Regierungsvorlage URÄG S. 9.

539 Jabornegg/Artmann/*Karollus* UGB § 38 Rn. 39.

540 So die Hoffnung von *Krejci* ÖJZ 2007, 841 (847); Jabornegg/Artmann/*Karollus* UGB § 38 Rn. 29; viele – sachlich berechtigte – Widersprüche von Bankenseite erwartet *Dellinger* ÖBA 2008, 176 (185).

541 *Torggler* JBl. 2008, 137 (156).

542 *Dellinger* ÖBA 2008, 176 (181 f., 185); nach umfassender Abwägung auch Jabornegg/Artmann/*Karollus* UGB § 38 Rn. 29, 42; für schwebende Unwirksamkeit bis zum Ablauf der Widerspruchsfrist *Artmann* WBl. 2007, 253 (254 f.); für ex nunc-Wirkung *Torggler* JBl. 2008, 137 (152).

543 Jabornegg/Artmann/*Karollus* UGB § 38 Rn. 45 ff. Schwierigkeiten können sich im Vergleich zu § 25 Abs. 1 S. 2, Abs. 2 daraus ergeben, dass § 38 UGB das Schicksal der Forderungen nicht gesondert anspricht, *Krejci* ÖJZ 2007, 841 (849 f.); *Krejci* FS Canaris, Bd. II, 2007, 735 (752 f.); *Dellinger* ÖBA 2008, 176 (183); *Artmann* WBl. 2007, 253 (259).

lösung (→ Rn. 132). Solange dem Dritten die Vertragsübernahme nicht nachweislich mitgeteilt wurde oder er ihr noch widersprechen kann, sind Veräußerer und Empfänger gegenüber dem Dritten gleichermaßen zum Empfang von vertragsbezogenen Erklärungen (zB Kündigung) und Erfüllungsleistungen legitimiert.[544] Dies entspricht § 14 Abs. 4 und 5 SpaltG.[545] Der Dritte kann sich selbst bei Kenntnis vom Übergang des Rechtsverhältnisses[546] aussuchen, wen er für den ‚richtigen' Vertragspartner hält, ohne dass ihm daraus ein Nachteil erwächst; er soll „nichts falsch machen können".[547] Die bewusste Abweichung von § 1395 S. 2 ABGB[548] vermeidet Abstimmungsprobleme, wie sie bei Annahme eines echten Forderungsübergangs in Bezug auf § 407 BGB auftreten (→ Rn. 80). Da die endgültige und ‚wahre' Legitimation des Empfängers von der (Nicht-)Ausübung des Widerspruchsrechts nach einer dreimonatigen Überlegungsfrist (→ Rn. 132) abhängt,[549] kann es hier in beiden Richtungen zwischen Veräußerer und Erwerber zu bereicherungsrechtlichen Ausgleichsansprüchen kommen, mit denen der Dritte nichts zu tun hat.[550] Das 2008 eingefügte „ob" (statt „dass") soll klären, dass ein Dritter auch dann durch § 38 Abs. 3 UGB geschützt ist, wenn er von der Nichtübernahme eines Vertragsverhältnisses nicht verständigt wurde und sich aus diesem Grund an den Falschen wandte.[551]

e) Erwerberhaftung (Abs. 4). § 38 Abs. 4 UGB übernimmt den Kernbestand der 135 § 25 Abs. 1 S. 1, § 25 Abs. 2, soweit man diesen auf eine **gesetzliche,** aber **dispositive** Erwerberhaftung reduziert (→ Rn. 15 f., → Rn. 66 ff., → Rn. 92 ff.). Der Dritte kommt in den Genuss der Erwerberhaftung, selbst wenn er dem Übergang seines Vertragsverhältnisses widersprochen hat.[552] Damit vertieft § 38 Abs. 4 UGB in einem völlig veränderten Umfeld[553] jene Unstimmigkeiten, wie sie das herkömmliche Verständnis von § 25 Abs. 1 S. 1 prägen; gerade der widersprechende Dritte bekommt hier tatsächlich ein unverdientes „Zufallsgeschenk" (→ Rn. 16), das nur durch die Abdingbarkeit der Haftung hinnehmbar erscheint.[554] Dagegen vermeidet das UGB einen scheinbaren Fehler der § 25 Abs. 1 S. 1, § 26: Die **Nachhaftungsbegrenzung** gem. § 39 UGB soll dem weiterhaftenden **Veräußerer nicht** zugutekommen (→ § 26 Rn. 21); der Gläubiger verliert nicht seinen ‚richtigen' Schuldner (→ Rn. 16).[555] Sie kommt aber auch dem Erwerber nicht zugute (→ § 26 Rn. 21). Dies passt zu § 15 Abs. 1 SpaltG,[556] der ebenso wie § 38 Abs. 4 S. 1 UGB, aber anders als § 133 Abs. 3 UmwG keine Höchstfrist kennt (zur korrigierenden Rspr. → § 26 Rn. 21). Der Erwerber, auf den das Vertragsverhältnis nicht übergegangen ist, haftet gem. § 38 Abs. 4 UGB wie ein Rechtsträger, dem gem. § 15 Abs. 1 SpaltG eine Altverbindlichkeit des übertragenden Rechtsträgers nicht zugeordnet ist. Die auch für das deutsche Recht (→ Rn. 23) vertretene Parallele der Haftung bei Unternehmenserwerb und Sacheinbringung (§§ 25, 28; § 38 UGB) zur Spaltungshaftung (§ 133 UmwG; § 15 SpaltG) ergibt damit

544 Jabornegg/Artmann/*Karollus* UGB § 38 Rn. 47.

545 Vergleichend zum deutschen Recht *J. Flume,* Vermögenstransfer und Haftung, 2008, 188.

546 Regierungsvorlage HaRÄG S. 32.

547 So plastisch *Artmann* WBl. 2007, 253 (258); zu daraus resultierenden Anforderungen an die kontoführende Bank *Dellinger* ÖBA 2008, 176 (182 f.).

548 Regierungsvorlage HaRÄG S. 32.

549 Dazu Jabornegg/Artmann/*Karollus* UGB § 38 Rn. 48.

550 Vgl. *C. Rechberger* RdW 2007, 71 (74); für Beseitigung ex nunc *Torggler* JBl. 2008, 137 (152).

551 Regierungsvorlage zum Unternehmensrechts-Änderungsgesetz 2008 (URÄG 2008), 467 der Beilagen zu den Stenographischen Protokollen des Nationalrates XXIII. GP, Materialien, 10; so bereits zuvor etwa Krejci/*S. Bydlinski* UGB § 38 Rn. 34; *Krejci* FS Canaris, Bd. II, 2007, 735 (750 ff.); *Artmann* WBl. 2007, 253 (258).

552 Regierungsvorlage HaRÄG S. 31 f.; Jabornegg/Artmann/*Karollus* UGB § 38 Rn. 61; *Schuhmacher* FS Nowotny, 2015, 191 (195); krit. *Artmann* WBl. 2007, 253 (259) m. Fn. 54; *Torggler* JBl. 2008, 137 (155), der den Widerspruch des Dritten der Mitteilung einer Enthaftungsvereinbarung gleichachtet.

553 Krit. daher *Torggler* JBl. 2008, 137 (154 f.).

554 § 38 Abs. 4 UGB wird verteidigt von *Krejci* ÖJZ 2007, 841 (850 f.); *Schuhmacher* FS Nowotny, 2015, 191 (195 ff.); für die Regelung mit Blick auf Bankkredite auch *Dellinger* ÖBA 2008, 176 (180 f.).

555 *Krejci* ÖJZ 2007, 841 (847 f.).

556 Vgl. *Artmann* WBl. 2007, 253 (261); *Torggler* JBl. 2008, 137 (154 f.).

auch für § 38 Abs. 4 UGB mehr Sinn als eine isolierte Haftungsanordnung. Freilich ist § 38 Abs. 4 UGB abdingbar (→ Rn. 136), während § 15 SpaltG die Haftung auf das Nettovermögen des Haftenden beschränkt.

136 Neben dem registermäßigen Firmenbucheintrag und der direkten Mitteilung gestattet § 38 Abs. 4 UGB über § 25 Abs. 2 hinaus, die **enthaftende Parteivereinbarung durch verkehrsübliche Weise bekannt zu machen.**[557] Eine nur interne abweichende Vereinbarung wie bei § 38 Abs. 1 UGB genügt nicht. Allerdings müssen sich die Parteien auch dort gem. § 38 Abs. 2 und 3 UGB an den Dritten wenden, so dass § 38 Abs. 4 UGB mit einem entsprechenden Informationsbedarf der betroffenen Dritten gerechtfertigt wird.[558] Freilich geben die Parteien dem Dritten gem. § 38 Abs. 2 UGB die Gelegenheit, einem von ihnen gewollten Übergang zu widersprechen, während sie gem. § 38 Abs. 4 S. 3 UGB selbst einen von ihnen ungewollten Übergang verhindern. Entsprechend dem herkömmlichen Verständnis in Deutschland (→ Rn. 96) muss die **Vereinbarung** in **engem zeitlichen Zusammenhang** mit dem – „beim" – Unternehmensübergang **publiziert** werden.[559] Dies sollte in der Mitteilung gem. § 38 Abs. 2 UGB dem Dritten bereits für den Fall avisiert werden, dass das Widerspruchsrecht ausgeübt wird.[560] Unberührt bleibt die zwingende Haftung bei Übernahme eines Vermögens und Unternehmens (§ 1409 ABGB, vgl. § 419 BGB aF).[561]

137 **f) Bereichsausnahme für Einzel- und Gesamtvollstreckung (Abs. 5).** § 38 Abs. 5 UGB bewahrt eine bereits in § 25 Abs. 4 öHGB enthaltene Bereichsausnahme für Zwangsvollstreckung, Insolvenz und Eigenverwaltung,[562] dh für bestimmte Erwerbssituationen, die einerseits durch ein geordnetes **hoheitliches Verfahren,** andererseits durch die **schlechte Vermögenslage des Veräußerers** gekennzeichnet sind. Hier fehlt es an der für § 38 Abs. 1–4 UGB typischen Interessenlage, dass der Erwerber die unternehmensbezogenen Rechtsverhältnisse samt Rechten und Pflichten übernimmt (→ Rn. 36).

138 **g) Bereichsausnahme für Nutzungsverhältnisse (Abs. 5a).** § 38 Abs. 5a UGB ordnet eine weitere Bereichsausnahme für offenbar nicht abschließend[563] aufgezählte Nutzungsverhältnisse an, die ursprünglich von § 38 UGB erfasst sein sollten.[564] Dies entsprach auch der Interpretation des § 25 in Österreich.[565] Jedoch unterfallen gem. §§ 1, 4 UGB etwa viele kleinere Pächter dem ersten Buch des UGB, die eine Haftung für Verbindlichkeiten früherer Pächter befürchteten.[566] In Deutschland ist diese Situation durch den Doppelpächterfall bekannt geworden (→ Rn. 50). Notwendig ist eine Bereichsausnahme nur, wenn die Überleitung von Rechtsverhältnissen und Haftung gem. § 38 Abs. 1 und 4 UGB auf gesetzlicher und nicht auf rechtsgeschäftlicher Grundlage erfolgt.[567] Denn zwischen Erst- und Zweitnutzer besteht regelmäßig keine rechtsgeschäftliche Beziehung. Mit der Ausnahme erfasst § 38 Abs. 5a UGB hingegen auch jene Rechtsverhältnisse, welche der HGB-Gesetzgeber in Anlehnung an § 22 Abs. 2 bewusst in den Anwendungsbereich des § 25 Abs. 1 einbezogen hatte, dh etwa die Beziehung zwischen Verpächter und Pächter bzw. zwischen Eigentümer und Nießbraucher

557 Näher Jabornegg/Artmann/*Karollus* UGB § 38 Rn. 68; *Schuhmacher* FS Nowotny, 2015, 191 (200 ff.).
558 So *Krejci* FS Canaris, Bd. II, 2007, 735 (758 f.).
559 Regierungsvorlage HaRÄG S. 32; Jabornegg/Artmann/*Karollus* UGB § 38 Rn. 70; einschr. *Torggler* JBl. 2008, 137 (155) für nach einer verspäteten Mitteilung entstehende Verbindlichkeiten.
560 *Artmann* WBl. 2007, 253 (260).
561 Regierungsvorlage HaRÄG S. 31; Abgrenzungsprobleme befürchtet *Krejci* FS Canaris, Bd. II, 2007, 735 (760); klärend OGH GesRZ 2015, 319 (321 f.) mAnm *Torggler.*
562 Dazu Jabornegg/Artmann/*Karollus* UGB § 38 Rn. 16.
563 Regierungsvorlage URÄG S. 10: „insbesondere".
564 Regierungsvorlage HaRÄG S. 30.
565 Straube/*Schuhmacher* § 25 Rn. 5.
566 *Krejci* ÖJZ 2007, 841 (843 f.); diff. zur Interessenlage bei Kauf und Nutzung auch *Torggler* JBl. 2008, 137 (148); sehr krit. zum gesetzgeberischen Eingehen auf „Vorstöße der Pächterlobby" Jabornegg/Artmann/*Karollus* UGB § 38 Rn. 8, 17.
567 Krit. daher *J. Flume,* Vermögenstransfer und Haftung, 2008, 114 f.

(→ Rn. 7, → Rn. 45). Freilich wird häufig der Überlassende das Unternehmen zuvor nicht selbst betrieben haben, so dass die praktische Relevanz der Bereichsausnahme bei der mittelbaren Nachfolge von Nutzer zu Nutzer liegen dürfte. Dritte werden nach § 38 Abs. 5a S. 2 UGB ähnlich geschützt wie nach § 38 Abs. 3 UGB, solange ihnen der Unternehmensübergang als solcher oder der rechtliche Hintergrund des Übergangs unbekannt bleibt. Dabei genügt es abweichend von § 38 Abs. 3 UGB (→ Rn. 134), dass der Dritte die Kenntnis anders als durch eine nachweisliche Mitteilung von Seiten der am Nutzungsvertrag Beteiligten erlangt hat.[568]

h) Erwerberhaftung aufgrund anderer Bestimmungen (Abs. 6). § 38 Abs. 6 UGB ergänzt die in § 25 Abs. 3 (→ Rn. 103 f.) geregelte **Erwerberhaftung** um die Übernahme ganzer Rechtsverhältnisse aufgrund anderer Bestimmungen, verzichtet aber anders als § 25 Abs. 3 auf die dort ermöglichte rechtsgeschäftliche Haftungsübernahme ohne Annahmeerklärung der Gläubiger und unterstreicht so die offenbar favorisierte gesetzliche Fundierung von Vertragsübernahme und Erwerberhaftung (→ Rn. 130). Damit beschränkt sich die Bedeutung des § 38 Abs. 6 UGB wie zuvor die des § 25 Abs. 5 öHGB auf gesetzliche Überleitungsanordnungen, wie sie im **Arbeits-, Miet-, Versicherungs- und Immaterialgüterrecht** bestehen, und die **Vermögensübernahme** gem. § 1409 ABGB.[569] 139

3. Würdigung. Gegenüber der ‚Andeutungstheorie' der §§ 25, 28, in denen der aus den Gesetzgebungsmaterialien ersichtliche Wille des HGB-Gesetzgebers (→ Rn. 5 ff.) einen nur unvollkommenen Ausdruck gefunden hat, bringt zumindest § 38 Abs. 1 UGB einen Fortschritt an Klarheit. Zu begrüßen ist insbesondere, dass § 38 Abs. 1 UGB den Eintritt des Erwerbers in die Rechte und Pflichten des Veräußerers deutlich ausspricht. Insoweit bietet die Norm ein Vorbild für den deutschen (Reform-)Gesetzgeber. Dies gilt hingegen nicht für die isolierte Fortschreibung von § 25 Abs. 1 S. 1 durch § 38 Abs. 4 S. 1 UGB. Unter Rechtssicherheitsaspekten fragwürdig ist das Widerspruchsrecht des § 38 Abs. 2 UGB. Diskussionsbedürftig bleibt die Grundlage von Vertragsübernahme und Erwerberhaftung (gesetzlich oder rechtsgeschäftlich). So wäre bei rechtsgeschäftlicher Begründung die Ergänzung in § 38 Abs. 5a UGB nicht nötig gewesen. Der neue systematische Standort betont hingegen zu Recht die strukturelle Verwandtschaft der §§ 25, 28 und erledigt das in § 25 durch das Firmenfortführungserfordernis hervorgerufene Abgrenzungsproblem. Dennoch bleibt das Firmenbuch als Publizitätsinstrument des Parteiwillens in § 38 Abs. 4 S. 3 UGB ebenso erhalten wie als Informationsquelle des Rechtsverkehrs beim Firmen- und Inhaberwechsel (§ 30 UGB), wenngleich die Enthaftung gem. § 39 UGB nicht mehr an den publizierten Inhaberwechsel, sondern den für Dritte nicht transparenten Übergangsstichtag anknüpft (→ § 26 Rn. 20). 140

Anh. § 25: Unternehmenskauf

Schrifttum: *Ballerstedt,* Das Unternehmen als Gegenstand eines Bereicherungsausgleichs, FS Schilling, 1973, 289; *Baur,* Die Gewährleistungshaftung des Unternehmensverkäufers, BB 1979, 381; *Beisel/Klumpp,* Der Unternehmenskauf, 7. Aufl. 2016; *Canaris,* Leistungsstörungen beim Unternehmenskauf, ZGR 1982, 395; *Drygala/Wächter,* Bilanzgarantien bei M&A-Transaktionen, 2015; *Flume,* Eigenschaftsirrtum und Kauf, 1975; *Grunewald,* Die Grenzziehung zwischen der Rechts- und Sachmängelhaftung beim Kauf, 1980; *Hiddemann,* Leistungsstörungen beim Unternehmenskauf aus der Sicht der Rechtsprechung, ZGR 1982, 435; *Hilgard,* Der Freistellungsanspruch beim Unternehmenskauf, BB 2016, 1218; *Hirte,* Zivil- und kartellrechtliche Schranken für Wettbewerbsverbote im Zusammenhang mit Unternehmensveräußerungen, ZHR 154 (1990), 443; Hölters (Hrsg.), Handbuch Unternehmenskauf, 9. Aufl. 2019; *Holzapfel/Pöllath,* Unternehmenskauf in Recht und Praxis, 15. Aufl. 2017; *Hommelhoff,* Die Sachmängelhaftung beim Unternehmenskauf, 1975; *Hommelhoff,* Der Unternehmenskauf als Gegenstand der Rechtsgestaltung, ZHR 150 (1986), 254; *Kiem,* Kaufpreisregelungen beim Unternehmenskauf, 2. Aufl. 2018; *Lieb,* Gewährleistung beim Unternehmenskauf, FS Gernhuber, 1993, 259; *Louven/Mehrbrey,* Bedeutung aktueller M&A-Streitigkeiten für die Gestaltungspraxis, NZG 2014,

568 Regierungsvorlage URÄG S. 10 f.; Jabornegg/Artmann/*Karollus* UGB § 38 Rn. 55.

569 *Krejci* FS Canaris, Bd. II, 2007, 735 (738 Fn. 7, 759 f.); Jabornegg/Artmann/*Karollus* UGB § 38 Rn. 30, 76 f.

1321; *Maier-Reimer/Niemeyer,* Unternehmenskaufvertrag und AGB-Recht, NJW 2015, 1713; *Merkt,* Haftung des Verkäufers bei M&A-Transaktionen in der US-amerikanischen Vertragspraxis, RIW 2019, 1; *Mössle,* Leistungsstörungen beim Unternehmenskauf – neue Tendenzen, BB 1983, 2146; *G. Müller,* Umsätze und Erträge – Eigenschaften der Kaufsache, ZHR 147 (1983), 501; *G. Müller,* Kaufrechtliche Sachmängelhaftung oder culpa in contrahendo?, ZIP 1993, 1045; *Noll,* Gewährleistungsrechte wegen falscher Umsatzangaben beim Unternehmenskauf, WM 1985, 341; *Palzer,* Grundfragen des Unternehmenskaufs im Lichte der jüngeren Rechtsprechung, Jura 2011, 917; *Picot,* Unternehmenskauf und Restrukturierung, 4. Aufl. 2013; *Rupietta,* Die bereicherungsrechtliche Rückabwicklung unwirksamer Unternehmenskaufverträge, Diss. Köln 2001; *Schwintowski,* Das Unternehmen im Bereicherungsausgleich, JZ 1987, 588; *Vetter,* Kautelarpraxis und M&A-Verträge, RabelsZ 82 (2018), 267; *Wächter,* M & A-Litigation. M&A-Recht im Streit, 3. Aufl. 2017; *Weller,* Sachmängelhaftung beim Unternehmenskauf, FS Maier-Reimer, 2010, 839; *Wessing,* Vertragsklauseln beim Unternehmenskauf, ZGR 1982, 455; *H. P. Westermann,* Neuere Entwicklungen der Verkäuferhaftung beim Kauf von Unternehmensbeteiligungen, ZGR 1982, 45; *Wiedemann,* Die Haftung des Verkäufers von Gesellschaftsanteilen, FS Nipperdey, Bd. I, 1965, 815; *Wiesbrock/Frank,* Vertragliche Freistellungsansprüche im Unternehmenskauf – Wesen, Interessenlagen, Geltendmachung, BB 2018, 3014; *Wilhelmi/Stürner,* Post-M& A-Schiedsverfahren. Recht und Rechtsfindung jenseits gesetzlichen Rechts, 2019; *Willemsen,* Zum Verhältnis von Sachmängelhaftung und culpa in contrahendo beim Unternehmenskauf, AcP 182 (1982), 515; *M. Zimmermann,* Die Sachmängelgewährleistung beim Rechtskauf, AcP 213 (2013), 652.

Zu den Veränderungen durch das SchuldRModG 2002: *Barnert,* Mängelhaftung beim Unternehmenskauf zwischen Sachgewährleistung und Verschulden bei Vertragsschluß im neuen Schuldrecht, WM 2003, 416; *Christian Berger,* Der Beschaffenheitsbegriff des § 434 Abs. 1 BGB, JZ 2004, 276; *Büdenbender,* Grundlagen der Gewährleistung beim Unternehmenskauf, in Dauner-Lieb, Unternehmenskauf und Schuldrechtsmodernisierung, 2003, 5; Büdenbender Unternehmenskauf – BGB, in NK-BGB, Anh. II §§ 433–480 BGB; *Canaris,* Die Neuregelung des Leistungsstörungs- und des Kaufrechts – Grundstrukturen und Problemschwerpunkte, in Lorenz, Karlsruher Forum 2002, 2003, 5; *Canaris,* Leistungsstörungen und Gewährleistung beim Unternehmenskauf nach der Reform des deutschen Schuldrechts, FS Georgiades, 2006, 71; *Dauner-Lieb/Thiessen,* Garantiebeschränkungen in Unternehmenskaufverträgen nach der Schuldrechtsreform, ZIP 2002, 108; *Eidenmüller,* Rechtskauf und Unternehmenskauf, ZGS 2002, 290; *Gaul,* Schuldrechtsmodernisierung und Unternehmenskauf, ZHR 166 (2002), 35; *Faust,* Garantie und Haftungsbeschränkung in § 444 BGB, ZGS 2002, 271; *Gronstedt/Jörgens,* Die Gewährleistungshaftung bei Unternehmensverkäufen nach dem neuen Schuldrecht, ZIP 2002, 52; *Hermanns,* Garantien beim Unternehmens- und Anteilskaufvertrag – Gestaltungsmöglichkeiten und Formulierungsvorschläge, ZIP 2002, 696; *Huber,* Die Praxis des Unternehmenskaufs im System des Kaufrechts, AcP 202 (2002), 179; *Kindl,* Unternehmenskauf und Schuldrechtsmodernisierung, WM 2003, 409; *Knott,* Unternehmenskauf nach der Schuldrechtsreform, NZG 2002, 249; *Lorenz,* Der Unternehmenskauf nach der Schuldrechtsreform, FS Heldrich, 2005, 305; *Maier-Reimer,* Unternehmenskauf und neues Schuldrecht, in Eckert/Delbrück, Reform des deutschen Schuldrechts, Kieler Rechtswissenschaftliche Abhandlungen, 2003, 61; *Reiner* in Semler/Volhard, Arbeitshandbuch Unternehmensübernahmen, Bd. II, 2003, § 56; *Picot,* Unternehmenskauf und Sachmängelhaftung – Rechtsfortbildung durch den BGH?, DB 2009, 2587; *Schmidt-Räntsch,* Die Haftung des Verkäufers nach der Schuldrechtsreform am Beispiel des Unternehmenskaufs, AnwBl. 2003, 529; *Schröcker,* Unternehmenskauf und Anteilskauf nach der Schuldrechtsreform, ZGR 2005, 63; *Seibt/Raschke/Reiche,* Rechtsfragen der Haftungsbegrenzung bei Garantien (§ 444 BGB nF) und M&A-Transaktionen, NZG 2002, 256; *Thiessen,* Unternehmenskauf und Bürgerliches Gesetzbuch. Die Haftung des Verkäufers von Unternehmen und Unternehmensbeteiligungen, 2005; *Weigl,* Die Auswirkungen der Schuldrechtsreform auf den Unternehmenskauf, DNotZ 2005, 246; *Wertenbruch,* Gewährleistung beim Unternehmenskauf, in Dauner-Lieb/Konzen/Schmidt, Das neue Schuldrecht in der Praxis, 2003, 493.

Übersicht

I. Allgemeines

Der **Unternehmenskauf,** insbesondere der Kauf von Handelsgeschäften (zur begrifflichen Abgrenzung → § 1 Rn. 19 ff.), ist **gesetzlich kaum geregelt** (§ 22 Abs. 1 Alt. 1, § 25 HGB, 613a BGB; seit 2002 § 453 Abs. 1 BGB). Er kann sich – neudeutsch formuliert – vollziehen im Wege des **asset deal,** dh der Einzelübertragung der Aktiva des Unternehmens (→ Rn. 4, → Rn. 16 ff.) oder aber – insbesondere bei Kapitalgesellschaften – im Wege der Übertragung der Anteile am Unternehmensträger (**share deal,** → Rn. 110 ff.). In beiden Formen hat der Unternehmenskauf **hohe praktische Bedeutung.**[1] Gleichwohl beschäftigen Rechtsprobleme des Unternehmenskaufs relativ selten die staatlichen (Revisions-)Gerichte. Rechtsgestaltung und Konfliktbewältigung sind vielmehr geprägt durch **Kautelarjurisprudenz,**[2] Schiedsgerichte[3] und Mediation.[4] Das allgemeine Privatrecht hält lediglich Auffangregeln bereit. 1

1. Gegenstand. Der Unternehmenskauf ist ein Vertrag, der auf die entgeltliche Veräußerung eines Unternehmens als Ganzen gerichtet ist, wobei der Erwerber regelmäßig das **Ziel der Fortführung** verfolgt (→ Rn. 41, → Rn. 64). 2

Ein Unternehmen (→ Vor § 1 Rn. 8) kann als „**betriebsfähige Wirtschaftseinheit,** die dem Unternehmer das Auftreten am Markt ermöglicht",[5] bezeichnet werden. Dies 3

1 Zu den Vor- und Nachteilen beider Formen in der Praxis *Beck/Klar* DB 2007, 2819 ff.

2 Für einen ersten Überblick *Gran* NJW 2008, 1409; *Schönhaar* GWR 2014, 273; *Vetter* RabelsZ 82 (2018), 267; mit Blick auf internationale Transaktionen *Hasselbach/Jakobs* DB 2014, 2092.

3 *Louven/Mehrbrey* NZG 2014, 1321; grdl. die Beiträge in *Wilhelmi/Stürner,* Post-M&A-Schiedsverfahren. Recht und Rechtsfindung jenseits gesetzlichen Rechts, 2019; zur Verletzung des rechtlichen Gehörs im Schiedsverfahren OLG München OLGR 2009, 482; zur Preisfeststellung durch Schiedsgutachten und Schiedsgerichte *Witte/Mehrbrey* NZG 2006, 241; *Habersack/Tröger* DB 2009, 44.

4 *Behme* DB 2014, 881.

5 So Staub/*Hüffer,* 4. Aufl. 1983, Vor § 22 Rn. 6 im Anschluss an *J. v. Gierke* ZHR 111 (1948), 1 (6 ff., 12 f.); zust. Oetker/*Vossler* Rn. 2.

bedeutet, dass zum Unternehmen neben (beweglichen und unbeweglichen) Sachen und Rechten auch (nur partiell verrechtlichte) Immaterialgüterpositionen (know-how, Betriebsgeheimnisse, Patente, Urheberrechte etc) und vor allem zahlreiche, rechtlich nur schwer fassbare Beziehungen zur Außenwelt (Kundenstamm, Lieferantenbeziehungen, Mitarbeiter, Image des Unternehmens und seiner Produkte, good will) gehören. Erst die Kombination des gegenständlichen Unternehmensvermögens (Substrat) mit den Immaterialgüterpositionen und vor allem mit seinen Außenbeziehungen, die sehr dynamisch und stark vom unternehmerischen Geschick des Inhabers abhängig sind, entscheidet über den Erfolg am Markt, der insbesondere an der Höhe des Ertrags und seinem Verhältnis zum eingesetzten Eigenkapital gemessen wird (→ Rn. 5).

4 **2. Grundprobleme. a) Unternehmen als komplexe Einheit.** Wirtschaftlich und nach dem Willen der Parteien ist das Unternehmen beim Unternehmenskauf **als Einheit** zu betrachten. Dem entspricht seine schuldrechtliche Behandlung: Gegenstand des Unternehmenskaufs ist das Unternehmen als Ganzes und nicht nur, wie häufig formuliert wird, ein „Inbegriff von Sachen und Rechten".[6] Der Käufer bezahlt nicht nur für Sachen und Rechte, sondern auch für jenen Mehrwert, der daraus entsteht, dass der Unternehmer mit diesen Sachen und Rechten am Markt agiert. Dem steht auch nicht die rechtstechnische Gestalt entgegen, in der sich die Erfüllung des Unternehmenskaufvertrags vollzieht. Zwar ist aufgrund des sachenrechtlichen Spezialitätsprinzips und der abschließenden Regelung der sachenrechtlichen Verfügungsformen, die eine Übertragung eines Unternehmens als Ganzen nicht kennen, beim asset deal eine Einzelübertragung aller Gegenstände des Unternehmenssubstrats erforderlich. Dies ändert jedoch nichts an der Möglichkeit und Notwendigkeit, die **Verpflichtung** zur Unternehmensübertragung als eine einheitliche und umfassende zu verstehen, zumal sich die Pflichten des Veräußerers nicht in der dinglichen Rechtsübertragung erschöpfen. Ergänzend wurde vielmehr insbesondere eine spezielle **Einweisungspflicht** entwickelt, die sich vor allem auf die genannten immateriellen Positionen wie know-how, Betriebsgeheimnisse, Kundenstamm etc bezieht (→ Rn. 23). Daneben bestehen für den Unternehmenskauf weitere typische Pflichten der Parteien, die aus der Besonderheit des Vertragsgegenstandes Unternehmen resultieren (→ Rn. 16 ff.). Allerdings hat sich diese, bei den Primärpflichten schon selbstverständliche Betrachtungsweise insbesondere im Rahmen der schwierigen Gewährleistungsprobleme noch nicht ausreichend durchgesetzt (→ Rn. 52 ff.).

5 **b) Dynamik des Unternehmens.** Ein weiteres Grundproblem ergibt sich aus der (allenfalls) eingeschränkt prognostizierbaren Entwicklung des Markts und damit der Geschäfte und Risiken des Unternehmens. Sie führt nicht nur zu ständigen Veränderungen der für das Unternehmen und den Unternehmenserfolg relevanten Marktdaten, sondern auch zu Veränderungen des Unternehmens selbst. Dementsprechend stößt bereits die **Bewertung eines Unternehmens** auf erhebliche Schwierigkeiten. Entwickelt wurden daher für die Unternehmensbewertung ganz unterschiedliche, zum Teil gemischte, entweder am Substanz- oder aber am Ertragswert ansetzende Methoden.[7] Dabei ist die (dem Laien zunächst vielleicht plausibler erscheinende) **Substanzwertmethode** deswegen zu Recht zumindest von gemischten, überwiegend aber sogar von reinen **Ertragswertmethoden** verdrängt worden, weil Substanzwerte in der Regel nur bei der Liquidation (Zerschlagung) des Unternehmens namentlich in der Insolvenz (vgl. § 19 InsO) eine Rolle spielen, während mit dem Unternehmenskauf zumindest in der Regel das Ziel der Fortführung des Unternehmens und damit der **Erzielung von (künftigen) Erträgen** verfolgt wird. Maßgeblich

---

6 So zB Soergel/*Huber* BGB § 459 Rn. 240; *Hiddemann* ZGR 1982, 435 (438); aA *Walter,* Kaufrecht, 1987, § 3 IV 1 a, 96; wie hier *Karsten Schmidt* HandelsR § 5 Rn. 23; vgl. auch *Canaris* HandelsR § 8 Rn. 1 ff.

7 Vgl. dazu nur *Moxter,* Grundsätze ordnungsgemäßer Unternehmensbewertung, 2. Aufl. 1983, 5 ff.; *Großfeld,* Unternehmens- und Anteilsbewertung im Gesellschaftsrecht, 4. Aufl. 2002, 22 ff.; *Kraus-Grünewald* BB 1995, 1839; *Mandl/Rabel* in Peemöller, Praxishandbuch der Unternehmensbewertung, 6. Aufl. 2014, Kap. 1 Teil D.

sind daher weithin **Ertragswertprognosen,**[8] die deswegen erhebliche tatsächliche und rechtliche Probleme aufwerfen, weil sowohl die Basis der Vergangenheit, meist repräsentiert durch die zurückliegenden bilanziellen Kennziffern, als auch deren Hochrechnung auf die Zukunft mit unvermeidlichen Unsicherheiten behaftet sind.

Daraus ergeben sich insbesondere im Bereich der Gewährleistung, präziser: bei Feststellung der Ist- und der Sollbeschaffenheit des Unternehmens (→ Rn. 77 ff., → Rn. 101 ff.), und bei der Rückabwicklung (→ Rn. 42 ff.) besondere Probleme. Außerdem ergibt sich die Notwendigkeit der Festlegung eines **Übergangsstichtags** (sog. closing, → Rn. 33) für die Behandlung schwebender Geschäfte (→ Rn. 22). 6

3. Rechtliche Einordnung. a) Kaufvertrag. Der Unternehmenskaufvertrag ist schon nach altem Schuldrecht jedenfalls grundsätzlich in Analogie zu den §§ 433 ff. aF behandelt worden (→ 1. Aufl. 1996, Rn. 7 ff. [*Lieb*]). Der BGB-Gesetzgeber von 1896 hatte dies vorausgesetzt, aber nicht für regelungsbedürftig gehalten.[9] Eine solche Analogie ordnet heute – unbeschadet der nach wie vor bestehenden Gewährleistungsprobleme (→ Rn. 52 ff.) – § 453 BGB ausdrücklich an. Als „sonstige Gegenstände" sind ausweislich der Gesetzgebungsmaterialien zur Schuldrechtsreform auch (und gerade) Unternehmen anzusehen.[10] Damit hat sich zumindest ein Teil der alten Probleme erledigt (→ Rn. 60). 7

b) Handelsgeschäft. Streitig ist, ob der Unternehmenskauf beim Betreiben eines Handelsgewerbes (beiderseitiges) Handelsgeschäft iSd §§ 343 ff. HGB ist.[11] Dies hängt zunächst von der Kaufmannseigenschaft ab (§§ 1 ff.). Beim Veräußerer ist sie unzweifelhaft gegeben: Die Veräußerung des Unternehmens gehört noch zum Betreiben des Handelsgewerbes. Auf Seiten des Erwerbers genügen im Bereich des § 1 bereits bloße **Vorbereitungshandlungen** für den Erwerb der Kaufmannseigenschaft; als eine solche Vorbereitungshandlung kann der Erwerb des Unternehmens angesehen werden (→ 4. Aufl. 2018, § 343 Rn. 12, 14 f.).[12] Im Bereich der §§ 2, 3 wird die Kaufmannseigenschaft dagegen erst durch die dort konstitutiv wirkende Eintragung begründet (→ § 2 Rn. 17 ff.); beim Erwerb vor Eintragung liegt sie infolgedessen noch nicht vor.[13] Der Streitfrage kommt freilich deswegen nur wenig Bedeutung zu, weil die wichtigste Vorschrift, die beiderseitige Kaufmannseigenschaft voraussetzt, der § 377, auf den Unternehmenskauf schon deswegen keine Anwendung findet, weil es sich beim Unternehmen weder um eine Sache noch um ein Wertpapier (§ 381) handelt. Auch eine analoge Anwendung scheidet aus, weil dem Erwerber angesichts der Komplexität des Vertragsgegenstandes die sofortige **Untersuchungs- und Rügepflicht** des § 377 **nicht zumutbar** ist.[14] Denn es sind nicht die sofort feststellbaren Mängel einzelner Sachen und Rechte, die zu Gewährleistungsfragen führen, sondern verborgene Defizite, die selbst in einer due diligence-Prüfung (→ Rn. 13) nicht ohne weiteres erkennbar sind. 8

4. Wirksamkeitsvoraussetzungen. Für den Unternehmenskaufvertrag (→ Rn. 7) gelten die allgemeinen zivilrechtlichen Wirksamkeitsvoraussetzungen.[15] Verstöße gegen gesetzliche Verbote (§ 134 BGB) oder Sittenmaßstäbe (§ 138 BGB) ergeben sich zuweilen im Zusam- 9

---

8 Vgl. OLG München DNotZ 2007, 712; *Schindler* in Beisel/Klumpp Unternehmenskauf § 3; *Keim/Jeromin* in Hölters Unternehmenskauf-HdB Rn. 3.39 ff.: keine Hierarchie der Bewertungsmethoden, die häufig mehrstufig angewandt werden; Ertragswertmethoden werden idR auch der Berechnung des Abfindungsanspruchs ausgeschiedener Gesellschafter zugrunde gelegt, vgl. BGH WM 1979, 432; NJW 1985, 192 = WM 1984, 1506; dazu *Dauner-Lieb* ZHR 158 (1994), 271 ff.

9 Hierzu *Thiessen,* Unternehmenskauf und BGB. Die Haftung des Verkäufers von Unternehmen und Unternehmensbeteiligungen, 2005, 58 ff.

10 BT-Drs. 14/6040, 242.

11 Dazu *Hommelhoff,* Die Sachmängelhaftung beim Unternehmenskauf, 1975, 118 f.; Staub/*Hüffer,* 4. Aufl. 1983, Vor § 22 Rn. 10.

12 RG SeuffA 63 Nr. 259; RGZ 72, 434 (436); *Hommelhoff,* Die Sachmängelhaftung beim Unternehmenskauf, 1975, 118; Staub/*Hüffer,* 4. Aufl. 1983, Vor § 22 Rn. 10.

13 Ebenso Staub/*Hüffer,* 4. Aufl. 1983, Vor § 22 Rn. 10.

14 Eingehend dazu *Hommelhoff,* Die Sachmängelhaftung beim Unternehmenskauf, 1975, 119 ff.; s. auch Staub/*Hüffer,* 4. Aufl. 1983, Vor § 22 Rn. 11.

15 Rechtsprechungsanalyse bei *Louven/Mehrbrey* NZG 2014, 1321 (1222 ff.). Zur Anwendbarkeit des AGB-Rechts *Maier-Reimer/Niemeyer* NJW 2015, 1713 (1714 ff.).

menhang mit dem Praxiskauf (→ Rn. 38 f.). Insbesondere bei nicht professionell begleiteten Transaktionen kann der Kaufvertrag wegen stark überhöhten Kaufpreises im Einzelfall sittenwidrig sein.[16] Der Abschluss eines Unternehmenskaufvertrags ist grundsätzlich **formfrei.** Eine notarielle Beurkundung des Unternehmenskaufvertrags[17] ist jedoch notwendig in den – wegen der für vergessene Gegenstände vereinbarten **catch all-Klauseln** praxisrelevanten – Fällen der **Vermögensübertragung** gem. § 311b Abs. 3 BGB[18] oder § 179a AktG[19] sowie in der Regel dann, wenn zum Unternehmensvermögen ein **Grundstück** (§ 311b Abs. 1 BGB)[20] oder Anteile an einer GmbH (§ 15 Abs. 4 GmbHG)[21] gehören. Ausnahmen können dann vorliegen, wenn das Grundstück oder die **GmbH-Anteile** nur unwesentliche Bestandteile des Unternehmensvermögens sind, da dann – vorbehaltlich weiterer tatrichterlicher Aufklärung – die Annahme nahe liegt, dass die Parteien den Kaufvertrag auch ohne den nichtigen Teil abgeschlossen hätten (§ 139 BGB).[22] Der Formmangel kann gem. § 311b Abs. 1 S. 2 BGB, § 15 Abs. 4 S. 2 GmbHG geheilt werden. Für die Heilung genügt jedoch nicht der nachträgliche Verzicht auf den die Formbedürftigkeit auslösenden Bestandteil.[23] Aus Kostengründen wird häufig im **Ausland,** namentlich in der Schweiz beurkundet.[24] Tritt der Erwerber als Mieter in mit dem Unternehmen verbundene Mietverhältnisse ein, kann bei unzureichender Form der Mietvertrag auf unbestimmte Zeit geschlossen sein (§ 550 S. 1 BGB).[25]

10 **Zustimmungserfordernisse** ergeben sich **bürgerlichrechtlich** insbesondere aus § 1822 Nr. 3 BGB und § 1365 Abs. 1 BGB.[26] Von hoher praktischer Bedeutung ist die **kartellbehördliche** Prüfung des Erwerbs im Rahmen der Zusammenschlusskontrolle (§ 40 GWB).[27] Die Praxis versucht Veränderungen des Unternehmens zwischen Abschluss und Vollzug des Unternehmenskaufs durch sog. **Conduct of Business-Klauseln** zu unterbinden, die ihrerseits kartellrechtlichen Grenzen unterliegen, soweit sie nicht nur den Unternehmenswert sichern, sondern den genehmigungsbedürftigen Vollzug de facto vorwegnehmen oder den Wettbewerb zwischen erwerbendem und erworbenem Unternehmen beschränken.[28] **Außenwirtschaftsrechtlich** beschränkbar sind zudem Unternehmenskäufe im Interesse der öffentlichen Ordnung und Sicherheit (§ 5 Abs. 2 und 3 AWG).[29] Rechtspolitisch geht es hier vor allem um den Einfluss ausländischer Staatsfonds.[30]

---

16 OLG Frankfurt BeckRS 2013, 04902.

17 Überblick bei *Hermanns* ZIP 2006, 2296 ff.; *Hermanns* DNotZ 2013, 9 ff.

18 OLG Hamm NZG 2010, 1189 f.; im Zweifel ist eine Beurkundung zu empfehlen, eingehend hierzu *Böttcher/Grewe* NZG 2005, 950; *Heckschen* NZG 2006, 772; *Kiem* NJW 2006, 2363; *Müller* NZG 2007, 201 ff.; *Morshäuser* WM 2007, 337 ff.; *Klöckner* DB 2008, 1083 ff.; *Werner* GmbHR 2008, 1135 ff.; *Eickelberg/Mühlen* NJW 2011, 2476; *Palzer* Jura 2011, 917 (919 ff.); *Hermanns* DNotZ 2013, 9 (10 f.).

19 Dazu *Eickelberg/Mühlen* NJW 2011, 2476 (2479 ff.); *Palzer* Jura 2011, 917 (920).

20 OLG Oldenburg OLGR 2007, 753: Geschäftseinheit, wenn über den Unternehmenserwerb an verschiedenen Tagen mehrere Verträge mit mehreren Vertragsparteien auf Erwerberseite geschlossen wurden; KG NJW 2006, 3786: Nichtverlesung eines Inventarverzeichnisses; falsa demonstratio-Grundsatz, krit. hierzu *Altmeppen* NJW 2006, 3761 ff.

21 Zum Umfang dieser Beurkundungspflicht vgl. BGH WM 1989, 256 (258); NJW 1991, 1223.

22 Vgl. dazu BGH NJW 1986, 2642 zu § 15 Abs. 4 GmbHG; LM BGB § 313 Nr. 80; *Karsten Schmidt* HandelsR § 5 Rn. 30; zum Ganzen vgl. auch *Beisel* in Beisel/Klumpp Unternehmenskauf § 1 Rn. 99 ff.; *Weber* in Hölters Unternehmenskauf-HdB Rn. 9.94 ff.; *Sigle/Maurer* NJW 1995, 2657.

23 Vgl. BGHZ 138, 195 = NJW 1998, 2360.

24 Die Zulässigkeit bestätigt BGHZ 199, 270 (275 ff.) = NJW 2014, 2026 (2027 ff.); zu dieser Entscheidung *Weller* ZGR 2014, 865. Eingehend zur Auslandsbeurkundung beim Unternehmenskauf *Ulrich/Böhle* GmbHR 2007, 566 ff.

25 BGH NJW 2013, 1083 (1084 f.).

26 Insgesamt zu Zustimmungserfordernissen *Weber* in Hölters Unternehmenskauf-HdB Rn. 9.154 ff.

27 Hierzu BGHZ 174, 179 = NJW 2008, 1234; *Emmerich* AG 2009, 597; *Kirchner* ZHR 173 (2009), 775 ff.; zu den zivilrechtlichen Auswirkungen eines Vollzugsverbots *Leupold/Timmerbeil* EWS 2007, 155 ff.

28 Hierzu *Mielke/Welling* BB 2007, 277.

29 Geändert durch Art. 1 Gesetz vom 6.6.2013, BGBl. 2013 I 1482; dazu *Hensel/Pohl* AG 2013, 849 (850 ff.); zur Vorgängernorm (§ 7 Abs. 2 Nr. 5 und 6 AWG aF) *Krause* BB 2009, 1082; *Marquardt/Pluskat* DStR 2009, 1314; *Reinhardt/Pelster* NZG 2009, 441; *Roth* ZBB 2009, 257; *Seibt/Wollenschläger* ZIP 2009, 833; *Voland* EuZW 2009, 519.

30 Hierzu *Krolop* ZRP 2008, 40; *Schäfer/Voland* EWS 2008, 166; *Weller* ZIP 2008, 857; *Hensel/Pohl* AG 2013, 849 (851 f.).

5. Verbraucherschutz/Existenzgründung. Die Verbraucherschutzvorschriften der §§ 491 ff. BGB sind (ebenso wie die Vorgängervorschriften des Verbraucherkreditgesetzes) gem. § 512 BGB dann auf Unternehmenskäufe anwendbar, wenn ein vom Erwerber aufgenommener Kredit für die Aufnahme einer gewerblichen oder selbstständigen beruflichen Tätigkeit bestimmt ist.[31] Dies ist insbesondere dann der Fall, wenn mit dem betreffenden Kredit der Kaufpreis oder ergänzende Investitionen etc finanziert werden sollen. Der Erwerb eines Handelsgeschäfts ist im Hinblick auf die in Aussicht genommene eigene unternehmerische Tätigkeit des Erwerbers **Vorbereitungshandlung** und wird damit vom Gesetz umfasst. Dies gilt auch für den Erwerb eines **weiteren** Unternehmens durch einen bereits unternehmerisch tätigen Erwerber, auch wenn dieses selbstständig weitergeführt werden sollte.[32] 11

Die wichtigste **Rechtsfolge** für den Unternehmenskaufvertrag ist die mögliche Anwendung von **§ 358 BGB,**[33] wobei sich freilich die schwierige Frage stellt, wann – abgesehen von der gesetzlichen Beispielsdefinition in § 358 Abs. 3 S. 1 BGB – eine wirtschaftliche Einheit mit dem Kaufvertrag vorliegt.[34] Sollte sie zu bejahen sein, so folgt daraus, dass der reuige Existenzgründer nach Widerruf nicht mehr gebunden ist (§ 358 Abs. 1 BGB). Ist der Kreditvertrag wegen Formmangels gem. § 494 Abs. 1 BGB nichtig, kann dies auf den Kaufvertrag ebenso durchschlagen wie eine etwaige Heilung.[35] 12

6. Verhandlungsstadium (insbesondere due diligence). Vor allem bei größeren Objekten gehen dem Abschluss des Kaufvertrages häufig längere Verhandlungen voraus, die dadurch geprägt sind, dass der potentielle Verkäufer dem/den Interessenten in vielen Einzelheiten Auskünfte über all die Umstände gibt, die für den Kaufvertrag benötigt oder gewünscht werden. In neuerer Zeit hat sich dafür nach anglo-amerikanischem Vorbild[36] ein besonderes Informationsverfahren derart herausgebildet, dass der potentielle Verkäufer dem/den Interessenten einen eigenen Zugang zu wesentlichen Fakten eröffnet, so dass sich der Interessent eigenständig informieren kann.[37] Dies ist das sog. due diligence-Verfahren, das in der Praxis eine überragende Rolle spielt.[38] Das Verfahren der due diligence entlastet den Verkäufer; der Käufer kann und muss sich um die für ihn wesentlichen Umstände selbst kümmern. Wie weit die Entlastung des Verkäufers (etwa von sonst bestehenden Aufklärungspflichten) reicht, ist allerdings ebenso wenig ausreichend geklärt wie die Frage, ob das Unterlassen oder die schlampige Durchführung einer due diligence dem Käufer zum Nachteil gereichen kann (§§ 254, 442 13

[31] Überblick nach der Schuldrechtsreform bei *Reiner* in Semler/Volhard, Arbeitshandbuch Unternehmensübernahmen, Bd. II, 2003, § 56 Rn. 348 ff.

[32] StRspr seit BGHZ 128, 156 (163) = NJW 1995, 722; wN bei MüKoBGB/*Schürnbrand/Weber* BGB § 513 Rn. 4; anders noch BGH NJW 1994, 2759 f. zum insoweit gleichgelagerten Problem in § 6 Nr. 1 HaustürWG aF.

[33] Zu dessen Anwendbarkeit MüKoBGB/*Schürnbrand/Weber* BGB § 513 Rn. 2; näher zum finanzierten Anteilserwerb MüKoBGB/*Habersack* BGB § 358 Rn. 14.

[34] Vgl. allg. zum Begriff des verbundenen Geschäfts nur *Dauner-Lieb* WM-Beil. 6/1991; MüKoBGB/*Habersack* BGB § 358 Rn. 26 ff.

[35] Einzelheiten bei MüKoBGB/*Habersack* BGB § 359 Rn. 30 f., 65.

[36] *Göthel* in Internationaler Unternehmenskauf, 3. Aufl. 2011, 28 ff. Rn. 30 ff.; *Merkt* FS Sandrock, 2000, 657 ff.; vgl. auch *Merkt* RIW 2019, 1.

[37] Ist der Interessent ein Wettbewerber, bedarf die due diligence eines einstimmigen Beschlusses der Gesellschafter der unternehmenstragenden GmbH, LG Köln GmbHR 2009, 261. Zur Geschäftsführerhaftung wegen unterlassener Due Diligence-Prüfung bei Unternehmenserwerb aus Insolvenz OLG Oldenburg NZG 2007, 434; dazu *Himmelsbach/Krüger* NZI 2007, 309 ff.

[38] Zu Einzelheiten Beck'sches Mandatshandbuch Due Diligence, 3. Aufl. 2017; *Berens/Brauner/Strauch,* Due diligence bei Unternehmensakquisitionen, 6. Aufl. 2011; *Holzapfel/Pöllath,* Unternehmenskauf in Recht und Praxis, 15. Aufl. 2017, Rn. 685 ff.; *Beisel* in Beisel/Klumpp Unternehmenskauf § 2 Rn. 1 ff.; *Picot* Unternehmenskauf § 2 Rn. 110 ff.; *Huber* AcP 202 (2002), 179 (193 ff.); *Fleischer/Körber* BB 2001, 841 ff.; *Westermann* ZHR 169 (2005), 248 ff.; *Hemeling* ZHR 169 (2005), 274 ff. Nach *Böttcher* ZGS 2007, 20 ff. gehört eine due diligence auch in Deutschland bereits zur Verkehrssitte; krit. Oetker/*Vossler* Rn. 43; Staudinger/*Beckmann,* 2014, BGB § 453 Rn. 169; *Palzer* Jura 2011, 917 (927 f.). Zur Managerhaftung im Umfeld einer Due Diligence-Prüfung *C. Goette* DStR 2014, 1776.

BGB).[39] Unabhängig davon besteht bereits im Verhandlungsstadium zwischen den Parteien ein (vorvertragliches) **Schutzpflichtverhältnis** iSd § 241 Abs. 2 BGB, § 311 Abs. 2 BGB, aus dem sich auch ohne ausdrückliche Abreden[40] bestimmte Pflichten ergeben. Den Verhandlungs- und auch Abwicklungsprozess des Unternehmenskaufvertrags versuchen die Parteien häufig durch sog. **Best Efforts-Klauseln** zu optimieren.[41]

14 **a) Geheimhaltung.** Die erste Pflicht der Parteien ist die zur Geheimhaltung der jeweiligen Unternehmensinterna des Verhandlungspartners sowie evenutell sogar der Tatsache der Verhandlungen selbst.[42] So dürfen die gewonnenen Erkenntnisse nicht verwertet werden, wenn der Unternehmenskauf nicht zustande kommt. Umgekehrt können frühzeitig durchsickernde Informationen zu unerwünschten Insidergeschäften führen oder gar den Erfolg des gesamten Vorhabens gefährden. Insbesondere auf Seiten des Erwerbers wird man jedoch ein berechtigtes Interesse an der Information Dritter zur Vorbereitung des Unternehmenskaufs anerkennen müssen. Dem ist durch die ergänzende Pflicht des Erwerbers Rechnung zu tragen, dann auch diese Dritten zur Geheimhaltung zu verpflichten.

15 **b) Haftung.** Grundsätzlich erwächst aus den Vertragsverhandlungen auch im fortgeschrittenen Stadium weder eine **Pflicht zum Vertragsabschluss**[43] noch die Verpflichtung, der Gegenseite **Aufwendungen** zur Vorbereitung des Unternehmenskaufs zu ersetzen. Ein Anspruch auf Schadens- oder gar Aufwendungsersatz kann sich allenfalls dann ergeben, wenn die von der Rspr. im allgemeinen Zivilrecht rechtsfortbildend entwickelten (bis jetzt allerdings wenig klaren) Voraussetzungen für eine Haftung aus culpa in contrahendo (§ 311 Abs. 2 BGB) **wegen grundlosen Abbruchs von Vertragsverhandlungen** erfüllt sind.[44] Mindestanforderung ist diesbezüglich jedenfalls, dass die Ausgleich begehrende Partei aufgrund **besonderer Umstände** berechtigt auf das Zustandekommen des Vertrages vertrauen durfte **und** aufgrund dieses Vertrauens zu bestimmten Vermögensdispositionen/Aufwendungen veranlasst wurde.[45] Die Praxis behilft sich zunehmend mit vorab vereinbarten **„break (up) fees“.**[46]

16 **7. Die Pflichten von Veräußerer und Erwerber. a) Vermögensverschaffung durch den Veräußerer.** Der Veräußerer ist – vorbehaltlich abweichender Vereinbarungen

[39] Mitverschulden bei c.i.c. abgelehnt bei OLG München OLGR 2007, 198 = DNotZ 2007, 712; grobe Fahrlässigkeit iSd § 442 BGB angenommen LG Hamburg BeckRS 2015, 7608 = GWR 2015, 279. Zum Meinungsstand bei § 442 BGB *Thiessen,* Unternehmenskauf und BGB. Die Haftung des Verkäufers von Unternehmen und Unternehmensbeteiligungen, 2005, 295 ff.; *Böttcher* ZGS 2007, 20 ff. Zur Kenntnis des Käufers von einer Garantieverletzung *Hilgard* BB 2013, 963.

[40] Die einschlägigen Handbücher empfehlen insofern nachdrücklich, bereits im Vorfeld des Unternehmenskaufs Verträge über Pflichten während der Verhandlungsphase abzuschließen, vgl. dazu *Beisel* in Beisel/Klumpp Unternehmenskauf § 1 Rn. 57, iE Rn. 58 ff.; *Hommelhoff* ZHR 150 (1986), 256 ff.

[41] Dazu *Hoenig/Sprado* NZG 2014, 688.

[42] *Beisel* in Beisel/Klumpp Unternehmenskauf § 1 Rn. 60, allerdings empfiehlt *Beisel,* Verschwiegenheitspflichten ausdrücklich vertraglich zu vereinbaren, Rn. 79; *Hommelhoff* ZHR 150 (1986), 256 f.; *Weber* in Hölters Unternehmenskauf-HdB Rn. 9.65 f.; *Wächter* M & A-Litigation Rn. 1.112 ff. (39 ff.); *Schiffer/Bruß* BB 2012, 847; vgl. auch *Lutter,* Der letter of intent, 3. Aufl. 1998, 48 f.

[43] Eine solche kann jedoch – selbstverständlich – rechtsgeschäftlich vereinbart werden. Mittel, die rechtliche Bindung der Parteien im Verhandlungsstadium zu erhöhen, sind: bindendes Vertragsangebot, Vorvertrag (zu den diesbezüglichen Anforderungen vgl. BGH NJW 1990, 1234 ff.; *Picot* Unternehmenskauf § 2 Rn. 90 ff.) sowie der – rechtlich unscharfe – „letter of intent“, dazu *Lutter,* Der letter of intent, 3. Aufl. 1998, 48 f.; zum Ganzen auch *Weber* in Hölters Unternehmenskauf-HdB Rn. 9.11 ff.; *Wächter* M & A-Litigation Rn. 1.3 ff. (5 ff.).

[44] Zum Unternehmenskauf (share deal) OLG Stuttgart WM 2007, 1743 – Haftung abgelehnt; vgl. im Übrigen aus der umfangreichen Rspr. nur BGH NJW 1970, 1840; LM BGB § 276 (Fa) Nr. 11; BGHZ 92, 164 = NJW 1985, 1778; BGH NJW-RR 1988, 288; WM 1989, 685; NJW 2000, 72 (73); zum Ganzen eingehend *Küpper,* Das Scheitern von Vertragsverhandlungen als Fallgruppe der culpa in contrahendo, 1988.

[45] Dazu nur MüKoBGB/*Emmerich* BGB § 311 Rn. 175 ff.; *Weber* in Hölters Unternehmenskauf-HdB Rn. 9.12, 9.15 f.; Oetker/*Vossler* Rn. 14.

[46] *Bergjan/Schwarz* GWR 2013, 4; *Wächter* M & A-Litigation Rn. 1.137 ff. (47 ff.). Zu den aktien- und kapitalmarktrechtlichen Grenzen der Privatautonomie *Hilgard* BB 2008, 286 ff.; *Fleischer* AG 2009, 345; *Weber* in Hölters Unternehmenskauf-HdB Rn. 9.41, 45.

im Kaufvertrag – verpflichtet, dem Erwerber das gesamte Unternehmensvermögen zu verschaffen (§ 433 Abs. 1 S. 1 BGB), wobei sachenrechtlich aufgrund des Spezialitätsprinzips jeder Gegenstand einzeln nach den jeweils einschlägigen Vorschriften zu übertragen ist.

Sofern im Kaufvertrag eine spezifizierte Auflistung dessen, was zu übertragen ist, fehlt, **17** kann der Umfang des zu übertragenden Unternehmensvermögens mit Hilfe der Handelsbilanz bestimmt werden.[47] Wenn eine solche fehlt oder Vermögenswerte nicht aktivierungsfähig/-pflichtig sind, wirft die Feststellung, was Bestandteil des Unternehmens ist, erhebliche (Auslegungs-)Schwierigkeiten auf. Doch kann zB aus der – in der Regel gesondert zu vereinbarenden[48] – Übertragung des Firmenrechts auf die Verpflichtung zur Mitübertragung des Rechts der Geschäftsbezeichnung und ähnlicher Kennzeichnungsmittel geschlossen werden. Gleiches gilt für Patent-, Zeichen- und Musterrechte.[49]

Das Unternehmensvermögen ist so zu übertragen, wie es im – meist vertraglich festge- **18** legten – **Zeitpunkt des Gefahrübergangs** besteht. Dies bedeutet, dass dem Unternehmensvermögen zuzuordnende Rechte, die nach Abschluss des Kaufvertrags (bzw. nach dem letzten Bilanzstichtag) bis zum Übergangsstichtag (→ Rn. 33 ff.) neu oder als Surrogat für ein anderes Recht entstehen, ebenfalls von der Verschaffungspflicht des Veräußerers erfasst werden,[50] es sei denn, vertraglich wurde etwas anderes vereinbart.

Abgrenzungsprobleme im Verhältnis von Nichterfüllung und Gewährleistung können **19** sich ergeben, wenn sich nach der Unternehmensübertragung Fehlbestände zeigen sollten (zu berücksichtigen: § 434 Abs. 3 BGB). Insoweit ist zu unterscheiden: Wurden – entgegen den vertraglichen Abmachungen – (vorhandene) Gegenstände des Unternehmensvermögens nicht übertragen, bestehen schlicht restliche (Teil-)Erfüllungsansprüche.[51] Der Erwerber kann diesbezüglich auch die Rechte aus § 323 BGB geltend machen, allerdings ist ihm gem. § 323 Abs. 5 BGB ein Rücktrittsrecht vom **gesamten** Kaufvertrag nur in Ausnahmefällen zuzubilligen; insbesondere, da der dynamische Kaufgegenstand Unternehmen nur mit großen Schwierigkeiten iSd §§ 346 ff. BGB zurückgewährt werden kann (→ Rn. 90 ff.).

Stellt sich dagegen heraus, dass Gegenstände, die etwa in der Bilanz noch verzeichnet **20** waren, gar nicht mehr existieren, so liegt eine Abweichung der Ist- von der Sollbeschaffenheit vor, die zur Anwendung des **Gewährleistungsrechts** führt (genauer → Rn. 77 ff.).

Der Verschaffungspflicht des Veräußerers zuzuordnen ist ferner dessen Verpflichtung, **21** darauf hinzuwirken, dass Verträge mit Dritten, wie etwa Miet- und Pachtverträge, Leasingverträge, Lizenzverträge,[52] soweit dies erforderlich sein sollte (→ § 25 Rn. 144 ff.), auf den Erwerber **übergeleitet** werden. Zu welchen Handlungen der Veräußerer konkret verpflichtet ist, muss vorrangig aus dem Vertrag selbst ermittelt werden.

Überzuleiten sind nicht nur Dauerschuldverhältnisse, sondern auch die im Zeitpunkt **22** des Gefahrübergangs **schwebenden (Austausch-)Geschäfte.** Diesbezüglich stellt sich die Folgefrage, ob der Veräußerer noch an Gewinn/Verlust zu beteiligen ist. Sollte hierüber ausnahmsweise keine vertragliche Vereinbarung getroffen sein, ist eine Beteiligung des Veräußerers grundsätzlich abzulehnen. Insbesondere ist § 740 BGB nicht analog anzuwenden, da sonst sich Veräußerer und Erwerber unter Umständen noch über Jahre hinweg auseinandersetzen müssten, wobei der Veräußerer obendrein von den Geschäftsführungsfähigkeiten des Erwerbers abhängig wäre. Dies mag bei einer auf Dauer angelegten Verbindung zu einer Gesellschaft angemessen sein, widerspricht jedoch den Interessen in einem Austauschverhältnis wie dem Unternehmenskauf, bei dem den Parteien an alsbaldiger, vollständiger Erfüllung gelegen sein wird. Hinzu kommt, dass die Vorschrift des § 740 BGB vor dem

---

47 Dazu *Beisel* in Beisel/Klumpp Unternehmenskauf § 4 Rn. 47 ff.; Staub/*Hüffer,* 4. Aufl. 1983, Vor § 22 Rn. 18 ff.; *Canaris* HandelsR § 8 Rn. 7.

48 BGH DB 1994, 1614.

49 Umfassend zum Ganzen Staub/*Hüffer,* 4. Aufl. 1983, Vor § 22 Rn. 18 ff. Bei der Übertragung von (Kunden-)Dateien ist uU das Datenschutzrecht zu beachten (→ Rn. 39).

50 So auch Staub/*Hüffer,* 4. Aufl. 1983, Vor § 22 Rn. 21.

51 So auch *Grunewald,* Die Grenzziehung zwischen der Rechts- und Sachmängelhaftung beim Kauf, 1980, 96; *Mössle* BB 1983, 2146 (2152).

52 Vgl. hierzu die Darstellung bei *Beisel* in Beisel/Klumpp Unternehmenskauf § 9 Rn. 40 f.

Hintergrund der Substanzwertmethode geschaffen wurde, während heute Ertragswertmethoden oder Mischformen praktiziert werden (→ Rn. 5), bei denen die Erträge aus schwebenden Geschäften eine viel geringere Bedeutung haben.

23 **b) Einweisungspflicht des Veräußerers.** Die dem Vertragsgegenstand Unternehmen innewohnende Besonderheit, dass manche immateriellen wertbildenden Positionen nicht (rechtsgeschäftlich) übertragen werden können, führte zur Entwicklung einer charakteristischen zusätzlichen **Hauptpflicht** des Veräußerers. Er muss den Erwerber in das Unternehmen einweisen, ihm die sog. unkörperlichen Geschäftswerte des Unternehmens (durch Realakt) überlassen. Zur Einweisung gehören auch die Offenbarung und Vermittlung spezieller technischer, kaufmännischer und sonstiger Kenntnisse, die Erläuterung der Unternehmensorganisation, die Einführung in die Beziehungen zu Lieferanten, Kreditgebern und Kunden etc.[53]

24 **c) Wettbewerbsverbot des Veräußerers.** Den Veräußerer trifft auch ohne ausdrückliche Vereinbarung im Kaufvertrag die (Neben-)Pflicht, Wettbewerb mit dem Erwerber zu unterlassen.[54] Welchen Umfang dieses, dem Kaufvertrag immanente Wettbewerbsverbot hat, ist – vor allem in zeitlicher Hinsicht – umstritten.[55] So soll beim Ausscheiden aus einer Freiberufler-Sozietät gegen Abfindung ein zweijähriges Wettbewerbsverbot gelten.[56] Zum Wettbewerbsverbot bei Rückabwicklung des Unternehmenskaufs → Rn. 47.

25 In der Praxis werden im Kaufvertrag Wettbewerbsverbote (meist in Verbindung mit einer Vertragsstrafenregelung – sog. Reugeld – für den Fall der Zuwiderhandlung) **gesondert vereinbart.**[57] Diese **vertraglichen Wettbewerbsverbote** sollen nicht nur den Eintritt des Erwerbers in die Wettbewerbsposition des Veräußerers am Markt sichern, sondern in der Regel darüber hinaus dem Erwerber die (ungestörte) Möglichkeit geben, diese Marktposition zu festigen und auszubauen.

26 **Grenzen für solche Vereinbarungen** ergeben sich zunächst aus den Bestimmungen des Art. 101 AEUV (früher Art. 81 EGV)[58] und § 1 GWB. Allgemein gilt, dass Wettbewerbsverbote nur zulässig sind, soweit sie zur Durchführung der Unternehmensveräußerung unerlässlich sind.[59] Die Grenze zwischen einem kartellverbotswidrigen Abkauf von Wettbewerb und einer zulässigen Nebenbestimmung ist fließend.[60]

27 Eine weitere Begrenzung soll sich nach – bestrittener – Ansicht des BGH (wohl subsidiär) aus **§ 138 Abs. 1 BGB** iVm Art. 12 Abs. 1 GG ergeben, wenn im Einzelfall der Verpflichtete in der Berufsausübung übermäßig beschränkt und damit über die schützenswerten Interessen des Begünstigten hinausgegangen wird.[61]

28 Sowohl bei einem Verstoß gegen § 1 GWB als auch gegen § 138 Abs. 1 BGB stellt sich die Frage, ob über das zulässige Maß hinausgehende Wettbewerbsabreden in zulässigem oder angemessenem Umfang aufrechterhalten werden können. Der BGH neigt dazu, Wettbewerbsabreden, die gegen kartellrechtliche Vorschriften oder in **zeitlicher** Hinsicht gegen § 138 Abs. 1 BGB verstoßen, über § 139 BGB im noch zulässigen Umfang aufrechtzuerhalten,[62] während er dies für andere Verstöße gegen § 138 Abs. 1 BGB strikt ablehnt.[63] Gerade

[53] Eingehend hierzu Staub/*Hüffer,* 4. Aufl. 1983, Vor § 22 Rn. 16 f.; zu Aufklärungspflichten des Veräußerers s. BGH NJW 2002, 1042; 2001, 2163.

[54] AllgM, s. nur Staub/*Hüffer,* 4. Aufl. 1983, Vor § 22 Rn. 30; *Canaris* HandelsR § 8 Rn. 9 f.; umfassend zu Wettbewerbsverboten *Hirte* ZHR 154 (1990), 443 ff.

[55] S. einerseits BGH NJW 1982, 2000 (2001) (Holzpaneele); wohl auch Staub/*Hüffer,* 4. Aufl. 1983, Vor § 22 Rn. 30 und andererseits *Hommelhoff* ZHR 150 (1986), 254 (262); Staudinger/*Beckmann,* 2014, BGB § 453 Rn. 183; MüKoBGB/*Westermann* BGB § 453 Rn. 41.

[56] BGH NJW 2000, 2584; dazu auch *Weimar* DB 2001, 1477.

[57] Zu entsprechenden Vertragsklauseln *Wessing* ZGR 1982, 455 (469).

[58] Übersicht hierzu bei *Holzapfel/Pöllath,* Unternehmenskauf in Recht und Praxis, 15. Aufl. 2017, Rn. 1278 ff.; s. auch *Hirte* ZHR 154 (1990), 443 (465 ff.).

[59] Immenga/Mestmäcker/*Zimmer* GWB § 1 Rn. 150 f.

[60] Eingehend zur Abgrenzung *Mäger/Ringe* WuW 2007, 18.

[61] BGH NJW 1979, 1605 (1606); NJW 2000, 2584 (2585); enger *Hommelhoff* ZHR 150 (1986), 254 (262) Fn. 35; aA *Canaris* HandelsR § 8 Rn. 9 f., der § 74a Abs. 1 S. 1, 2 analog anwenden will.

[62] BGH NJW 1982, 2000 (2001); BB 1984, 1826 (1828) zu § 1 GWB; BGH NJW 1991, 699 (700) zu § 138 Abs. 1 BGB; NJW 2000, 2584 (2585); vgl. dazu auch OLG Düsseldorf WuW OLG 3326.

[63] BGH NJW 1986, 2944 (2945).

letzteres ist indes zweifelhaft, zumal sich bei vollständiger Unwirksamkeit einer Wettbewerbsabrede gem. § 139 BGB ohnehin die Frage nach der Wirksamkeit des gesamten Kaufvertrages stellt.[64]

29 Wirksam vereinbarte Wettbewerbsverbote beziehen sich im Regelfall auf jede Tätigkeit des Veräußerers, die dem Zweck der Vereinbarung zuwiderläuft.[65] Den **Ehegatten** des Veräußerers trifft diese Pflicht ohne ausdrückliche Abrede nicht. Der BGH hat darüber hinaus auch eine Aufklärungspflicht des Veräußerers über die beabsichtigte Eröffnung eines Konkurrenzgeschäfts durch den Ehegatten abgelehnt.[66]

30 **d) Erwerberpflichten.** Die Hauptpflicht des Erwerbers liegt in der Entgeltleistung.[67] Als weitere Hauptpflicht wird häufig vereinbart (und bei der Kalkulation des Kaufpreises berücksichtigt), dass der Erwerber die **Geschäftsverbindlichkeiten** des Veräußerers übernimmt,[68] wobei eine privative Schuldübernahme (§§ 414, 415 BGB) – wenn sie denn überhaupt gewollt ist – mangels Beteiligung der Gläubiger nur selten zustande kommen wird, so dass der Erwerber nur gem. § 415 Abs. 3 BGB gegenüber dem Veräußerer verpflichtet ist, die Gläubiger rechtzeitig zu befriedigen.

31 Fehlen ausdrückliche Abreden, muss – unabhängig von § 25 Abs. 1 S. 1, der im Außenverhältnis eine Haftung des Erwerbers bei späterer Enthaftung des Veräußerers (§ 26) bewirkt (zu weiteren umstrittenen Folgen → § 25 Rn. 71 ff., → § 25 Rn. 81 ff.) – mittels Auslegung gem. § 157 BGB, § 346 festgestellt werden, ob und in welchem Umfang eine **Erfüllungsübernahme** vereinbart wurde. Grundsätzlich kann man annehmen, dass alle bilanzierten oder sonst aus den Handelsbüchern ersichtlichen Geschäftsschulden vom Erwerber erfüllt werden sollen, soweit keine abweichenden Regelungen getroffen wurden.[69]

32 Soweit der Veräußerer an den Gewinnen des laufenden Jahres oder schwebenden Geschäften beteiligt sein soll (→ Rn. 35 f.), trifft den Erwerber die Pflicht zu einer entsprechenden Abrechnung, ggf. – soweit besondere Berechnungsmethoden vereinbart sind – auch die Pflicht zur Aufstellung einer besonderen, vom letzten Jahresabschluss abweichenden Gewinn- und Verlustrechnung.

33 **e) Festlegung eines Übergangsstichtags (closing).** Zwischen dem Abschluss des Unternehmenskaufvertrags und seiner Erfüllung vergeht wegen der Komplexität des Vertragsgegenstands Unternehmen in der Regel einige Zeit.[70] Um die Rechte und Pflichten von Veräußerer und Erwerber zeitlich deutlich festzulegen, werden in der Praxis daher ein (oder mehrere verschiedene) Übergangsstichtage, das sog. „closing", festgelegt, zu denen die Übertragung des Unternehmens (Substrat, Beginn der Einweisung), aber auch der Übergang von Nutzen und Lasten, die Feststellung von Bilanzen, die Kaufpreiszahlung usw erfolgen. Fehlen solche Regelungen, stellt sich die Frage, welche Zeitpunkte kraft dispositiven Rechts maßgeblich sind. Der allgemeine Leistungszeitpunkt richtet sich nach § 271 Abs. 1 BGB. Da es sich beim Unternehmen nicht nur um eine Zusammenfassung von Rechten und Sachen, sondern um eine eigenständige Funktionseinheit handelt, sollte man auch hinsichtlich des Gefahrübergangs das Unternehmen als Einheit behandeln und analog § 446 BGB auf die **Übergabe** abstellen.[71]

34 **f) Zeitraum zwischen Vertragsschluss und closing.** Die dem Unternehmen innewohnende Dynamik führt dazu, dass sich dessen Vermögenszusammensetzung im Zeitraum

[64] So auch BGH DB 1989, 1620 (1621); vgl. dazu auch *Hirte* ZHR 154 (1990), 443 (459 f.).
[65] Dazu BGH NJW 1981, 1549.
[66] BGH DB 1987, 783.
[67] Zur Ermittlung des Kaufpreises *Wessing* ZGR 1982, 455 (462 ff.) sowie den hierauf bezogenen Teil des Diskussionsberichtes von *Rellermeyer* ZGR 1982, 472 f.; *Koesling* in Kiem, Kaufpreisregelungen beim Unternehmenskauf, 2. Aufl. 2018, § 2.
[68] Vgl. BGH NJOZ 2009, 3882 (3883).
[69] *Canaris* HandelsR § 8 Rn. 11–13.
[70] Vgl. hierzu auch *Beisel* in Beisel/Klumpp Unternehmenskauf § 9 Rn. 127 ff.
[71] Ein ganz anderes Konzept wäre es, wegen der notwendigen zahlreichen tatsächlichen Erfüllungshandlungen (Einweisung) und der Notwendigkeit der Zustimmung Dritter zum Rechtsübergang eine Art Abnahme zur Trennung von Erfüllungspflicht und Gewährleistung vorzusehen, die möglicherweise auch mit dem Gefahrübergang verbunden sein könnte.

zwischen dem Abschluss des Kaufvertrags (bzw. dem für die Parteien in der Regel für die Kaufpreisberechnung relevanten letzten Bilanzstichtag) und dem Übergang des Unternehmens ändert. Außerdem entstehen auch in diesem Zeitraum Gewinne oder Verluste. Auf die primären Pflichten der Parteien, insbesondere auf die Vermögensverschaffungspflicht des Veräußerers, haben diese Umstände keinen Einfluss, da der Veräußerer verpflichtet ist, das Unternehmen so zu übertragen, wie es im Zeitpunkt des Übergangsstichtages besteht (→ Rn. 18). Häufig werden für diesen Zweck aber Kaufpreisanpassungsklauseln vereinbart,[72] die Berechnungsalgorithmen enthalten,[73] die Preisfeststellung aber auch einem Schiedsgutachten vorbehalten können.[74]

35 Hiervon zu trennen ist die **Zuweisung von Gewinnen und Verlusten,** die seit dem letzten Bilanzstichtag entstanden sind. Dieses Problem wird in der Praxis häufig dadurch bewältigt, dass als Übergangsstichtag das Ende des nächsten Geschäftsjahres gewählt wird. Dem Veräußerer stehen in der Regel in diesem Fall die (in der Bilanz festgestellten) Gewinne zu; korrespondierend hierzu muss er auch die Verluste tragen.

36 Wird ein anderer Übertragungszeitpunkt gewählt oder fehlt eine solche vertragliche Abrede, ist der Veräußerer – zeitanteilig – an den bis zum Übergangsstichtag entstehenden Gewinnen und Verlusten zu beteiligen. Hinsichtlich der Gewinne, die nach hL als Nutzungen gem. § 100 BGB zu qualifizieren bzw. ihnen rechtlich gleichzustellen sind (→ Rn. 48 ff.), liegt eine analoge Anwendung des § 446 S. 2 BGB nahe, der dem Käufer die Nutzungen erst ab Gefahrübergang zuweist. Korrespondierend hierzu müssen auch die Verluste bis zum Gefahrübergang vom Verkäufer getragen werden. Dies ist deswegen gerechtfertigt, weil der Veräußerer für die Gewinne und Verluste, die in diesem Zeitraum entstehen, auch allein verantwortlich ist. Dementsprechend hat der Veräußerer aus § 446 S. 2 BGB[75] einen Anspruch gegen den Erwerber auf Herausgabe der vor dem Übergangsstichtag entstandenen Gewinne, ist andererseits aber auch verpflichtet, die in diesem Zeitraum entstandenen Verluste auszugleichen. Gestützt wird dieses Ergebnis auch dadurch, dass die Parteien der Kaufpreisberechnung in der Regel die letzte Bilanz zugrunde legen, so dass die entsprechenden Vereinbarungen die zwischenzeitlich eingetretenen Veränderungen nicht berücksichtigen. Im Übrigen erspart die anteilige Zuweisung von Gewinnen und Verlusten an den Veräußerer spätere Auseinandersetzungen über den Kaufpreis.

37 **g) MAC-Klauseln.** Das Risiko negativer Veränderungen zwischen Vertragsschluss und Unternehmensübergang wird bei professionell beratenen Transaktionen kautelarjuristisch verteilt. In neuerer Zeit bürgern sich hierfür nach US-amerikanischem Vorbild auch in Deutschland sog. material adverse change-Klauseln (MAC-Klauseln) ein.[76] Anders als in den USA sind in Deutschland solche Risiken nicht allein dem Käufer (caveat emptor) zugewiesen, sondern können bei Störung der Geschäftsgrundlage zwischen den Parteien neu verteilt werden.[77] Die Rspr. zieht hier jedoch sehr enge Grenzen.[78] In Deutschland haben die MAC-Klauseln daher vor allem den Zweck, die **Risikoverteilung** (vgl. § 313

[72] Näher *Weißhaupt* BB 2013, 2947; *Wächter* M & A-Litigation Rn. 13.99 ff. (757 ff.); *Paefgen/Wallisch* in Drygala/Wächter, Bilanzgarantien bei M&A-Transaktionen, 2015, 217 ff.; sowie die Beiträge bei *Kiem,* Kaufpreisregelungen beim Unternehmenskauf, 2. Aufl. 2018, §§ 2–15.

[73] Vgl. BGH NJOZ 2009, 3882; OLG Brandenburg BeckRS 2009, 11352. Zu sog. Earn Out-Klauseln *Hilgard* BB 2010, 2912; *Meyding/Grau* NZG 2011, 41; *Werner* DStR 2012, 1662; *C. Goette* DStR 2014, 1776 mit Fn. 5; *König* in Kiem, Kaufpreisregelungen beim Unternehmenskauf, 2. Aufl. 2018, § 14.

[74] Hierzu *Habersack/Tröger* DB 2009, 44.

[75] § 446 S. 2 BGB stellt insofern die Anspruchsgrundlage dar; vgl. dazu Soergel/*Huber* BGB § 446 Rn. 67; iErg ebenso OLG Koblenz WM 1991, 2075 (2078).

[76] Zum Folgenden *Henssler* FS Huber, 2006, 739 ff.; *Hopt* FS Karsten Schmidt, 2009, 681 ff. (685 ff., 690 ff., 700 ff.); *Kindt/Stanek* BB 2010, 1490; *Brandi/M.K. Schmidt* DB 2019, 2002; zur Auslegung typischer Klauseln *Lange* NZG 2005, 454 ff.; *Kuntz* DStR 2009, 377 ff.

[77] Hierzu *Kuntz* WM 2009, 1257 (1258 ff.). Gegen eine Anwendung des § 313 BGB beim Unternehmenskauf im konkreten Fall OLG Naumburg Urt. v. 24.4.2012 – 12 U 184/11, nv; dazu *Louven/Mehrbrey* NZG 2014, 1321 (1327 f.).

[78] Hierzu *Feißel/Gorn* BB 2009, 1138 ff.

Abs. 1 aE BGB) vorab privatautonom verbindlich zu klären. Deshalb wird detailliert festgelegt, was als Veränderung, als negativ und als wesentlich anzusehen ist. Dabei können die Parteien über die Schwelle des § 313 BGB hinaus auch weniger schwerwiegende, vorhersehbare oder verschuldete Veränderungen einbeziehen. Bei Übernahmeangeboten sind der Definitionshoheit der Parteien kapitalmarktrechtliche Grenzen gesetzt (§ 18 Abs. 1 und 2 WpÜG). Um das Vorliegen eines material adverse change schnell zu klären, wird auch hier eine **Schiedsklausel** empfohlen.[79]

8. Sonderfälle. a) Praxiskauf. Als Unternehmenskauf einzuordnen ist auch der – **38**
nach allgemeiner Meinung grundsätzlich zulässige[80] – Kauf einer **Freiberufler-Praxis.** Der Kaufvertrag unterliegt jedoch mehreren Beschränkungen. Dies betrifft zunächst den vom Erwerber zu zahlenden Kaufpreis. Nach der Rspr. des BGH kann ein Praxiskauf gem. § 138 BGB sittenwidrig sein, wenn die Vertragsbedingungen die Gefahr begründen, dass der Erwerber gezwungen wird, aus wirtschaftlichen Gründen die ihm obliegenden Standes- und Berufspflichten zu verletzen.[81]

Die bedeutsamere Einschränkung für die Wirksamkeit des Praxiskaufs ergibt sich jedoch **39**
aus dem Umstand, dass der Wert einer Freiberufler-Praxis wesentlich durch den Klientenstamm bestimmt wird.[82] Zentraler Bestandteil des Kaufvertrags ist daher in der Regel der Übergang der erforderlichen Unterlagen auf den Erwerber. Die entsprechende Verpflichtung des Veräußerers (und damit gem. § 139 BGB in der Regel der gesamte Kaufvertrag) soll aber nach der Rspr. gem. **§ 134 BGB iVm § 203 Abs. 1 StGB nichtig** sein, wenn die betroffenen Patienten/Mandanten nicht ausdrücklich ihre Zustimmung zur Weitergabe ihrer Unterlagen erklärt haben.[83] Daneben dürften wegen der zunehmenden Bedeutung der elektronischen Datenverarbeitung immer häufiger die Vorschriften des Datenschutzrechts zur Anwendung kommen, da die Übergabe personenbezogener Daten gem. Art. 4 Nr. 2 DS-GVO (früher § 3 Abs. 4 Nr. 3 BDSG 2003) unter den Begriff der Übermittlung und damit den der Verarbeitung personenbezogener Daten fällt.[84] Rechtsfolge ist vor allem, dass die Einwilligung der Betroffenen gemäß Art. 7 DS-GVO einer konkreten Information bedarf.[85] Ob diese Grundsätze auch gelten, wenn eine Praxis von einem Mitarbeiter übernommen wird, ist zweifelhaft, da einiges dafür spricht, dass diesbezüglich kein „offenbaren" iSv § 203 StGB vorliegt[86] bzw. dieser nicht Dritter iSv Art. 4 Nr. 10 DS-GVO (früher § 3 Abs. 8 BDSG 2003) ist.[87] Wird gegen die vorgenannten Grundsätze verstoßen, kann die Praxis einen unbehebbaren Sachmangel haben (→ Rn. 52 ff.), der zum Rücktritt vom Praxiskauf berechtigt (→ Rn. 90).[88] Ist nach der Vertragsvereinbarung eine Rücksicht auf

---

79 *Borris* BB 2008, 294.

80 Vgl. nur BGHZ 43, 46; BGH NJW 1989, 763; anders noch das RG, das diese Verträge zT als sittenwidrig gem. § 138 BGB ansah, vgl. RGZ 66, 139 (141 f.) für Arztpraxis; RGZ 75, 120 (123 f.) für Zahnarztpraxis – Sittenwidrigkeit verneint; RGZ 161, 153 (155 ff.) für Anwaltspraxis. Zum Praxistausch vgl. BGHZ 16, 71 (74); BGH NJW 1959, 1584; KGR 2009, 841 für Verkauf einer Arztpraxis unter aufschiebender Bedingung der Arztzulassung.

81 Vgl. BGHZ 43, 46 (49 f.); BGH NJW 1973, 98 (100) für Anwaltspraxen – dort keine Bedenken gegen Bezahlung durch fortdauernde Umsatzbeteiligung; NJW 1989, 763 für Arztpraxis; OLG Naumburg NJW-RR 2006, 421; DStR 2006, 1387 jeweils für Steuerberaterpraxis; Staudinger/*Beckmann,* 2014, BGB § 453 Rn. 204; krit. MüKoBGB/*H. P. Westermann* BGB § 453 Rn. 17; Soergel/*Huber* BGB § 433 Rn. 37.

82 Zu den daraus resultierenden Problemen *Römermann* NJW 2012, 1694 ff.

83 BGHZ 116, 268 (272 ff.) = NJW 1992, 737; BGH NJW 1995, 2026 (2027); MüKoBGB/*H. P. Westermann* BGB § 453 Rn. 17; Staudinger/*Beckmann,* 2014, BGB § 453 Rn. 204; zur Parallelproblematik der Abtretung von Honorarforderungen vgl. BGHZ 115, 123 = NJW 1991, 2955 für Ärzte; BGHZ 122, 115 = NJW 1993, 1638 für Rechtsanwälte; BGH NJW 1995, 2026.

84 *Gola* DS-GVO Art. 4 Rn. 30 f.

85 Zu den diesbezüglichen Anforderungen vgl. *Gola* DS-GVO Art. 4 Rn. 34 ff.; zur Frage, ob berechtigte Interessen des Veräußerers eine Übermittlung der Daten nach § 28 BDSG rechtfertigen, *Roßnagel* NJW 1989, 2303 (2305 ff.).

86 Dazu LG Darmstadt NJW 1994, 2962 (2963).

87 Zum Problem *Gola* DS-GVO Art. 4 Rn. 81 f.

88 LG Flensburg BeckRS 2014, 04981.

die Verschwiegenheitspflichten nicht ernstlich gewollt, kann der Vertrag nichtig und bereicherungsrechtlich rückabzuwickeln (→ Rn. 42 ff.).[89]

40 **b) Teilunternehmensveräußerung.** Im Gegensatz zur Rechtslage bei § 613a BGB[90] spielt es für den Unternehmenskauf keine Rolle, ob in Zweifelsfällen noch von einer Unternehmens- (Teil-)Veräußerung[91] oder von der Veräußerung bloßer Betriebsmittel auszugehen ist. Der Unterschied besteht lediglich darin, dass im letzteren Fall die Sach- und Rechtsmängelgewährleistung unmittelbar zur Anwendung kommen kann; auf bilanzielle Kennziffern etc kommt es hier nicht an.

41 **c) Kauf ohne Fortführungsabsicht.** Die speziellen Probleme des Unternehmenskaufs werden in der Regel auch dann entfallen, wenn der Kauf ohne Fortführungsabsicht (etwa mit dem Ziel alsbaldiger Stilllegung) erfolgt. Dann wird schon die Bewertung nach Substanzgesichtspunkten erfolgen und sich auf Sachen (und ggf. Rechte) beschränken; dafür reicht auch hier die reine Sach- und ggf. Rechtsmängelgewährleistung bezüglich einzelner Vermögensgegenstände aus. Insbesondere lässt sich in einem solchen Fall als übliche Beschaffenheit für die gewöhnliche Verwendung (§ 434 Abs. 1 S. 2 Nr. 2 BGB) nicht die Fortführung des Unternehmens als ganzen definieren (→ Rn. 64).

II. Bereicherungsrechtliche Rückabwicklung[92]

42 **1. Regelungsproblem.** Ist der Unternehmenskaufvertrag nichtig (zB aufgrund §§ 125, 134, 138 BGB, § 41 Abs. 1 S. 2 GWB) oder gem. §§ 123, 119 BGB wirksam angefochten, richtet sich die Rückabwicklung in der Regel nach den §§ 812 ff. BGB. Allerdings ergibt sich aus dem Umstand, dass das Unternehmen als dynamische Einheit zu behandeln ist (→ Rn. 4), zum Teil auch hier[93] die Notwendigkeit der **Modifizierung** der gesetzlichen Rechtsfolgen. Aufgrund der praktischen Schwierigkeiten ist die Rückabwicklung von Unternehmensverträgen die absolute Ausnahme. Der BGH hat allerdings mehrere Grundsatzfragen geklärt.[94]

43 **2. Herausgabe, § 818 Abs. 1, 2 BGB.** Da das Unternehmen schuldrechtlich eine Einheit darstellt, richtet sich die Herausgabepflicht des Erwerbers – unabhängig davon, dass der Klageantrag wegen Spezialitätsprinzips und Vollstreckbarkeit auf (Rück-)Übertragung der einzelnen Gegenstände des Unternehmensvermögens zu richten ist[95] – auch auf das Unternehmen als solches. Der Erwerber ist (nur) verpflichtet, das Unternehmen **in seinem jetzigen Bestand** auf den Veräußerer zurückzuübertragen, ohne dass es darauf ankommt, ob die nunmehr vorhandenen Vermögenswerte bereits im Zeitpunkt der Übertragung des Unternehmensvermögens (closing, → Rn. 33) vorhanden waren.[96]

44 Schwierigkeiten werfen die Fälle auf, in denen der Erwerber das Unternehmen – sei es durch Umorganisation, sei es durch einen Wechsel des Tätigkeitsbereichs etc – **wesentlich verändert** hat:

45 Sofern der **Veräußerer** hier dennoch das umgestaltete Unternehmen herausverlangt, stellt sich die Frage, ob er gem. § 818 Abs. 2 BGB auf Wertersatz verwiesen werden kann, wobei sich das zusätzliche Problem stellt, welcher Zeitpunkt für die Berechnung des Wertersatzes maßgebend sein soll.[97] Ersteres wird im Schrifttum mit der Begründung vertreten,

[89] OLG Hamm NJW 2012, 1743 (1744 f.).
[90] Vgl. dazu nur *Lieb/Jacobs,* Arbeitsrecht, 9. Aufl. 2006, Rn. 291 ff.
[91] Zu den damit verbundenen Problemen *Wessing* ZGR 1982, 455 (461 f.).
[92] Vgl. dazu *Rupietta,* Die bereicherungsrechtliche Rückabwicklung unwirksamer Unternehmenskaufverträge, 2001.
[93] Zur entsprechenden Problematik im Rahmen der Sachmängelgewährleistung → Rn. 90 ff.
[94] BGHZ 168, 220 = NJW 2006, 2847; vgl. auch OLG Hamm NJW 2012, 1743 (1744 f.).
[95] Vgl. BGHZ 7, 208 (211); *Canaris* HandelsR § 8 Rn. 53.
[96] BGHZ 168, 220 = NJW 2006, 2847 (2849). Ebenso *Ballerstedt* FS Schilling, 1973, 289 (293 f.); *Schwintowski* JZ 1987, 588 f.; *Karsten Schmidt* HandelsR § 5 Rn. 77; *Canaris* HandelsR § 8 Rn. 54.
[97] Dazu *Schwintowski* JZ 1987, 588 (591); allg. zum maßgeblichen Zeitpunkt MüKoBGB/*Lieb,* 4. Aufl. 2004, BGB § 818 Rn. 56 ff.; Staudinger/*Lorenz,* 2007, BGB § 818 Rn. 31, jeweils mwN.

dass Rspr. und hL (mit streitigen Einzelheiten) § 818 Abs. 2 BGB dann heranziehen, wenn ein herauszugebendes (Betriebs-)Grundstück wesentlich umgestaltet und dessen Wert dadurch erheblich erhöht wurde.[98] Insoweit ist jedoch Vorsicht geboten, weil schon die Formulierung des § 818 Abs. 2 BGB auf die **Subsidiarität des Wertersatzes** hindeutet, im Gesetz also die Grundentscheidung zugunsten der gegenständlichen Rückabwicklung angelegt ist. § 818 Abs. 2 BGB schützt den Bereicherungs**gläubiger,** nicht das Behaltensinteresse des Erwerbers als Bereicherungs**schuldner.** Dementsprechend sollte der Anwendungsbereich des § 818 Abs. 2 BGB grundsätzlich auf die Fälle „echter" Unmöglichkeit beschränkt werden.[99] Wird die Herausgabe in Natur erst nach der Entstehung des Bereicherungsanspruchs unmöglich, ist der gem. § 818 Abs. 2 BGB zu ersetzende Wert ausnahmsweise nach dem Zeitpunkt des Eintritts der Unmöglichkeit und nicht wie sonst nach dem Zeitpunkt der Anspruchsentstehung zu bestimmen.[100] In besonderen Fällen kann man sich an § 251 Abs. 2 BGB, seit der Schuldrechtsreform auch an § 275 Abs. 2 BGB orientieren.[101] Im Übrigen ist der Erwerber schon dadurch (ausreichend) geschützt, dass er gem. § 818 Abs. 3 BGB die für die Unternehmensumgestaltung gemachten Aufwendungen, die eine beträchtliche Höhe erreichen können, dem Herausgabeverlangen des Veräußerers mit der Folge entgegenhalten kann, dass Zug um Zug rückabzuwickeln ist.[102] Ist der Veräußerer nicht bereit, die Aufwendungen des Erwerbers zu vergüten, unterbleibt die Rückabwicklung.

Etwas anders stellt sich die Frage dar, wenn der **Erwerber** initiativ wird und auf 46
Rückzahlung des Kaufpreises Zug-um-Zug gegen Herausgabe des Unternehmens klagt, und der Veräußerer die Rücknahme des wesentlich umgestalteten Unternehmens verhindern will. Im Regelfall wird es hier des § 818 Abs. 2 BGB deswegen nicht bedürfen, weil dem Erwerber bei bereicherungsrechtlicher Rückabwicklung eine Anspruchsgrundlage für die Erstattung seiner (gerade bei Unternehmensumgestaltung möglicherweise beträchtlichen) Aufwendungen fehlt,[103] kann der Veräußerer doch bereits durch die schlichte Weigerung, diese Aufwendungen zu ersetzen, die gegenständliche Rückabwicklung „blockieren". Wenn eine solche Möglichkeit nicht besteht (die Aufwendungen für die Umgestaltungen sind etwa nicht vom Erwerber finanziert, sondern aus Unternehmensmitteln bestritten worden), kann sich der **Veräußerer** wegen der Umgestaltungen nicht auf Unmöglichkeit (§ 818 Abs. 2 BGB) berufen, weil man den Unmöglichkeitsbegriff schwerlich nach der jeweiligen Anspruchssituation unterschiedlich definieren kann. Auch hier ist vielmehr die gesetzliche Grundentscheidung für die gegenständliche Rückabwicklung zu beachten. Daher kann ein Schutzbedürfnis des Veräußerers[104] (dem die Rücknahme eines „anderen" Unternehmens nicht zugemutet werden soll) jedenfalls unter bereicherungsrechtlichen Aspekten systemimmanent kaum berücksichtigt werden.

Die Herausgabe-/Zahlungspflicht des Veräußerers richtet sich auf den vom Erwerber 47
gezahlten Kaufpreis sowie auf Ausgleich für die Verbindlichkeiten, die der Erwerber kaufpreismindernd übernommen und beglichen hat.[105] Soweit diese Verbindlichkeiten vom

[98] BGH NJW 1981, 2687 (2688) = JR 1982, 98 mAnm *Linke* JR 1982, 91 ff.; im Grundsatz ebenso schon RGZ 133, 293 (295); 117, 112 (113); zust. *Schwintowski* JZ 1987, 588 (589 f.). (Unmöglichkeit bei „Identitätswechsel" des Unternehmens); *Reuter/Martinek,* Ungerechtfertigte Bereicherung, 1983, § 16 III 2, 564 f.; s. auch Staudinger/*Lorenz,* 2007, BGB § 818 Rn. 21; aA MüKoBGB/*Lieb,* 4. Aufl. 2004, BGB § 818 Rn. 36; MüKoBGB/*Schwab* BGB § 818 Rn. 57 ff. Zur Unmöglichkeit iSd § 818 Abs. 2 vgl. auch BGHZ 112, 376 (381) (herauszugebendes Grundstück wurde mit Grundpfandrechten belastet).

[99] BGHZ 168, 220 = NJW 2006, 2847 (2849 f.); BGH BB 1991, 444 (445); OLG Karlsruhe WM 1989, 1229 (Praxiskauf).

[100] BGHZ 168, 220 = NJW 2006, 2847 (2851 f.).

[101] *Larenz/Canaris* SchuldR BT II § 72 III 1 a, 274; s. aber jetzt *Canaris* HandelsR § 8 Rn. 54 f.; wohl zust. Staudinger/*Lorenz,* 2007, BGB § 818 Rn. 21 aE; s. dazu auch *Linke* JR 1982, 91 (93 f.).

[102] BGHZ 168, 220 = NJW 2006, 2847 (2852); MüKoBGB/*Lieb,* 4. Aufl. 2004, BGB § 818 Rn. 70; MüKoBGB/*Schwab* BGB § 818 Rn. 58.

[103] Zu einer eventuellen Verwendungskondiktion MüKoBGB/*Schwab* BGB § 812 Rn. 296 ff.

[104] So *Schwintowski* JZ 1987, 588 (590).

[105] Vgl. BGH NJOZ 2009, 3882 (3385 f.) zur synallagmatischen Pflicht zur Übernahme der Verbindlichkeiten und zur Anrechnung gem. § 326 Abs. 2 BGB (§ 324 Abs. 1 S. 2 BGB aF).

Erwerber noch nicht beglichen wurden, schuldet der Veräußerer Freistellung. Nach der Rspr. ist der Bereicherungsschuldner nicht zur Unterlassung von Wettbewerb verpflichtet.[106] Folgt man dem nicht, wird der Veräußerer gleichwohl die vom Erwerber für die Einhaltung eines vertraglichen Wettbewerbsverbots gezahlte Entschädigung in der Regel nicht bzw. nur anteilig zurückzahlen müssen, da er für die Einhaltung des Wettbewerbsverbots seinerseits einen Wertersatzanspruch gem. § 818 Abs. 2 BGB wird geltend machen können.[107] Im Übrigen sind ggf. die Besonderheiten der Rückabwicklung gegenseitiger Verträge zu beachten.[108] Ein solcher Wertersatzanspruch des Veräußerers müsste freilich verneint werden, wenn die Herausgabepflicht des Erwerbers auch die erzielten Gewinne umfassen sollte;[109] denn diese enthalten notwendigerweise bereits die Erträge, die der Erwerber aufgrund der Wettbewerbsenthaltung des Veräußerers erzielen konnte. Wenn dem Veräußerer aufgrund der Verpflichtung des Erwerbers, auch die Gewinne herauszugeben, die unternehmerische Entwicklung zugerechnet wird, entfällt die selbstständige Relevanz seiner Wettbewerbsenthaltung.

48 **3. Gewinne.** Die bereicherungsrechtliche Pflicht des Erwerbers zur Herausgabe der erzielten und entnommenen Gewinne wird in Rspr. und Schrifttum kontrovers beantwortet.[110] Mit der Rspr. ist davon auszugehen, dass Gewinne als Nutzungen iSv § 818 Abs. 1 BGB, § 100 BGB angesehen werden können.[111] Jedoch sind dem Erwerber diejenigen Gewinnanteile zu sichern, die auf seiner eigenen Tätigkeit und Tüchtigkeit beruhen.[112] Eingestandermaßen führt die tatrichterliche Schätzung (§ 287 ZPO), inwieweit das Unternehmen oder der Unternehmer zum Gewinn beigetragen haben,[113] zu Unsicherheiten, die aber über die Ertragswertberechnung zu lösen sind (→ Rn. 50).

49 Die (zum Teil zu den verwandten Problemen des § 987 BGB ergangene) **Rspr.** schwankt.[114] In der **Lit.** zu § 818 BGB wird die Verpflichtung zur Gewinnherausgabe grundsätzlich überwiegend bejaht;[115] die Lit. zu § 987 BGB ist dagegen kritischer.[116] *Canaris* verneint zwar in Übereinstimmung mit seiner Auffassung zum commodum ex negotiatione[117] eine Verpflichtung zur Gewinnherausgabe, kommt aber dadurch zu weitgehend ähnlichen Ergebnissen, dass er den rechtsgrundlosen Erwerber auf Ersatz der Nutzung des Unternehmens als solchen haften lässt und dafür eine sog. konkrete ex post-Beurteilung wählt.[118]

---

106 BGHZ 168, 220 = NJW 2006, 2847 (2850).

107 Vgl. dazu *Köhler* AcP 190 (1990), 496 (530 ff.).

108 Vgl. dazu MüKoBGB/*Lieb,* 4. Aufl. 2004, BGB § 818 Rn. 110 ff.; MüKoBGB/*Schwab* BGB § 818 Rn. 209 ff.

109 Auch dazu MüKoBGB/*Lieb,* 4. Aufl. 2004, BGB § 818 Rn. 25 f., 142; MüKoBGB/*Schwab* BGB § 818 Rn. 31 ff., 77 ff.

110 Klärend nun zum Unternehmenskauf BGHZ 168, 220 = NJW 2006, 2847 (2852 f.); vgl. dazu umfassend *Ballerstedt* FS Schilling, 1973, 290; *Schwintowski* JZ 1987, 588; *Canaris* HandelsR § 8 Rn. 60 ff.; *Karsten Schmidt* HandelsR § 5 Rn. 78 ff.; MüKoBGB/*Lieb,* 4. Aufl. 2004, § 818 Rn. 36; MüKoBGB/*Schwab* BGB § 818 Rn. 31 ff.

111 Vgl. dazu MüKoBGB/*Lieb,* 4. Aufl. 2004, BGB § 818 Rn. 18 ff.; Soergel/*Marly* BGB § 99 Rn. 3.

112 Vgl. dazu MüKoBGB/*Lieb,* 4. Aufl. 2004, BGB § 818 Rn. 23; MüKoBGB/*Schwab* BGB § 818 Rn. 32.

113 BGHZ 168, 220 = NJW 2006, 2847 (2853); BGH NJW 1978, 1578.

114 Abl. BGHZ 7, 208 = NJW 1952, 1410; BGH JR 1954, 460; tendenziell befürwortend BGH LM BGB § 987 Nr. 3; LM BGB § 818 Abs. 2 Nr. 7; BGHZ 63, 364 = NJW 1975, 638; BGH NJW 1978, 1578; vgl. auch BGH NJW 1994, 2021 (2022); verneint wird die Verpflichtung zur Gewinnherausgabe zutr. generell dann, wenn der Erwerber das Unternehmen erst selbst aufgebaut hat: BGHZ 109, 179 (190 f.) = NJW 1990, 447 (450); eingehend zur Rspr. und iE zust. *Karsten Schmidt* HandelsR § 5 Rn. 78 ff.

115 *Reuter/Martinek* Ungerechtfertigte Bereicherung § 16 II 3, 560 ff.; Staudinger/*Lorenz,* 2007, BGB § 818 Rn. 12; Erman/*Buck-Heeb* BGB § 818 Rn. 10a, 11; RGRK-BGB/*Heimann-Trosien* BGB § 818 Rn. 8; iErg wohl auch *Koppensteiner/Kramer,* Ungerechtfertigte Bereicherung, 1975, § 13 II 1, 126 und § 16 II 1 b, 156 f.; grds. auch *Kohler,* Die gestörte Rückabwicklung gescheiterter Austauschverträge, 1989, 684 ff.

116 Staudinger/*Thole,* 2019, BGB § 987 Rn. 46; MüKoBGB/*Medicus,* 4. Aufl. 2004, BGB § 987 Rn. 13; MüKoBGB/*Baldus* BGB § 987 Rn. 13 ff.; Soergel/*Stadler* BGB § 987 Rn. 21; Erman/*Ebbing* BGB § 987 Rn. 13.

117 Dazu MüKoBGB/*Lieb,* 4. Aufl. 2004, BGB § 818 Rn. 31; MüKoBGB/*Schwab* BGB § 818 Rn. 41 f.

118 *Larenz/Canaris* SchuldR BT II § 72 II 3 c, 272 f.; *Larenz/Canaris* SchuldR BT II § 72 III 3 b, 277 f.; vgl. auch *Canaris* HandelsR § 8 Rn. 61.

Verschiedentlich hat die Rspr.[119] mit unterschiedlicher Begründung die Verpflichtung zur Gewinnherausgabe auf den objektiven (Ertrags-)Wert begrenzt.[120] Dem ist – im Ergebnis – wegen der hier zu berücksichtigenden Besonderheiten der **Rückabwicklung gegenseitiger Verträge** und der daraus folgenden Limitierung auch der bereicherungsrechtlichen Nebenfolgenansprüche[121] zu folgen.[122] Damit erledigt sich auch der – häufig überbetonte – Aspekt der angemessenen Berücksichtigung des Eigenanteils des rechtsgrundlosen Erwerbers am unternehmerischen Erfolg (→ Rn. 48): Geht der Eigenanteil über den objektiven Ertragswert hinaus, gebührt er insoweit dem Erwerber; bleibt er dahinter zurück, ist dies dessen Risiko. Dies gilt auch und gerade für die rechtsgrundlose Nutzungsüberlassung von Unternehmen, dh etwa bei der Nichtigkeit von Pacht- oder Nießbrauchverträgen. Auch hier ergibt sich die Art und Weise des geschuldeten Wertersatzes aus den Besonderheiten des Kondiktionsgegenstands.[123] 50

4. Verwendungen. In Bezug auf Verwendungen des Erwerbers ist zu berücksichtigen, dass das Bereicherungsrecht dafür eine eigene Anspruchsgrundlage (des Gutgläubigen) nicht kennt; (sämtliche) Verwendungen können vielmehr lediglich im Rahmen des Einwands des Wegfalls bzw. der Minderung der Bereicherung gem. § 818 Abs. 3 BGB[124] berücksichtigt werden. Auch dafür kommt es aber darauf an, ob der Erwerber Aufwendungen mit Mitteln des eigenen Vermögens bewirkt hat. Wurden etwa Investitionen lediglich aus Unternehmensmitteln getätigt, sind Abzüge nicht gerechtfertigt. Nach Rechtshängigkeit oder Kenntnis des Erwerbers vom Mangel des rechtlichen Grundes richtet sich die Verwendungsersatzpflicht des Veräußerers allein nach den (engeren) Vorschriften der §§ 994 ff. BGB.[125] 51

III. Gewährleistung für „Sachmängel"

1. Grundlagen. Bereits vor der Schuldrechtsmodernisierung war die Gewährleistung beim Unternehmenskauf außerordentlich umstritten: Während eine Auffassung die Analogie zu den §§ 433 ff. BGB aF ausdrücklich auch auf die (freilich ebenfalls nur analog anwendbaren) Gewährleistungsregelungen der §§ 459 ff. BGB aF erstrecken wollte, wich die andere Auffassung, die insbesondere von der Rspr. geteilt wurde, weithin oder ganz auf culpa in contrahendo aus. Maßgeblich war damit nicht die Fehlerhaftigkeit des Unternehmens als solche, sondern die fehlerhafte Aufklärung vor allem über die relevanten Eigenschaften und Bewertungsfaktoren des Unternehmens. Der Anwendungsbereich der als unpassend empfundenen Sachmängelgewährleistung wurde mit Hilfe eines bewusst verengten Fehlerbegriffs zugunsten der dadurch eröffneten Haftung aus culpa in contrahendo soweit als möglich eingeschränkt.[126] 52

Nach dem Regierungsentwurf zum Schuldrechtsmodernisierungsgesetz sollten die Gründe, die insbesondere die Rspr. veranlasst hätten, zu Lasten der §§ 459 ff. BGB aF überwiegend auf culpa in contrahendo abzustellen, durch die Reform entfallen.[127] Zugleich hat aber der Regierungsentwurf beim Begriff der Beschaffenheit den bis dahin herrschenden Streit um den Aspekt des „Anhaftens" (→ Rn. 61), der gerade für den Unternehmenskauf 53

---

119 So schon RG Recht 1908, 1792; BGHZ 63, 365, dort allerdings wegen § 817 S. 2 BGB; BGH NJW 1978, 1578; idS auch *Kohler,* Die gestörte Rückabwicklung gescheiterter Austauschverträge, 1989, 684 ff.; *Schwintowski* JZ 1987, 588 (593).

120 Dazu MüKoBGB/*Lieb,* 4. Aufl. 2004, BGB § 818 Rn. 23; MüKoBGB/*Schwab* BGB § 818 Rn. 33.

121 Vgl. dazu MüKoBGB/*Lieb,* 4. Aufl. 2004, BGB § 818 Rn. 141 f.; MüKoBGB/*Schwab* BGB § 818 Rn. 266 ff.; zur Abgrenzung von Nutzungen und Ertragswert BGHZ 168, 220 = NJW 2006, 2847 (2853 f.).

122 Zum Ganzen *Canaris* FS Lorenz, 1991, 53 ff. (57).

123 MüKoBGB/*Lieb,* 4. Aufl. 2004, BGB § 818 Rn. 144 ff.; *Canaris* HandelsR § 8 Rn. 52 ff.

124 Vgl. hierzu allg. BGHZ 116, 251 (255 f.); MüKoBGB/*Lieb,* 4. Aufl. 2004, BGB § 818 Rn. 69 ff.; MüKoBGB/*Schwab* BGB § 818 Rn. 140 f.; *Canaris* HandelsR § 8 Rn. 59.

125 Vgl. zum Ganzen auch *Ballerstedt* FS Schilling, 1973, 289 (301 ff.).

126 Vgl. dazu die Darstellung → 1. Aufl. 1996, Rn. 55 ff.; *Huber* AcP 202 (2002), 179 (184 ff.).

127 Begr. RegE zu § 453 Abs. 1 BGB, BT-Drs. 14/6040, 242; hiermit für eine Sperrwirkung der §§ 434 ff. BGB argumentierend BGHZ 180, 205 = NJW 2009, 2120 (2122 f.); ebenso zuvor etwa *Lorenz* FS Heldrich, 2005, 305 (318).

zentrale Bedeutung hatte, nicht entschieden.[128] Dementsprechend besteht der grundsätzliche Streit zwischen Gewährleistungs- und Informationshaftung fast unverändert fort, zumal es Stimmen gibt, die der Schuldrechtsmodernisierung insoweit jeglichen Einfluss absprechen wollen (→ Rn. 59).[129] Im Hinblick darauf erscheint es nach wie vor notwendig, den früheren Streitstand zu dokumentieren.[130]

54 **2. Meinungsstand. a) Frühere Auffassungen.** Die **Rspr.** wendete das Sachmängelrecht der §§ 459 ff. BGB aF direkt oder analog auf Sachmängel an **einzelnen** Gegenständen des Unternehmenssubstrats an,[131] wobei umstritten war, welche Bedeutung diese Mängel haben mussten, damit das Gesamtunternehmen als fehlerhaft angesehen werden konnte.[132] Die für die Preiskalkulation des Käufers entscheidenden **Abschlussangaben über Umsätze, Gewinne etc** (bilanzielle Kennziffern) stellten dagegen **keine Fehler** bzw. Eigenschaften des Unternehmens iSd § 459 BGB aF dar.[133] Jedoch waren **vergangenheitsbezogene,** auf einen längeren Zeitraum bezogene und daher aussagekräftige Angaben analog § 459 Abs. 2 BGB aF **zusicherungsfähig.**[134] Alle sonstigen Abweichungen der Soll- von der Istbeschaffenheit fielen in den Anwendungsbereich der **c.i.c.** Der Verkäufer war verpflichtet, alle Tatsachen richtig anzugeben bzw. zu offenbaren, die für den Willensentschluss des Käufers von wesentlicher Bedeutung waren und deren Mitteilung nach Treu und Glauben erwartet werden konnte.[135] Der Schwerpunkt des Gewährleistungsrechts lag damit nach dem BGH bei der c.i.c., während für die §§ 459 ff. BGB aF (analog) nur ein relativ schmaler Anwendungsbereich verblieb.[136]

55 Ein Teil der **Lehre** lehnte die analoge Anwendung des § 459 Abs. 2 BGB aF auch bei aussagekräftigen Daten des Gesamtunternehmens ab und dehnte so den Anwendungsbereich der c.i.c. noch weiter aus.[137] Zum Teil wurde sogar jegliche Analogie zu §§ 459 ff. BGB aF selbst beim Sachsubstrat abgelehnt und ausschließlich auf die c.i.c. verwiesen.[138]

56 *Canaris* zog die Rechtsregeln über den **Wegfall der Geschäftsgrundlage** heran.[139] Andere befürworteten entweder den Wegfall der Geschäftsgrundlage neben der Anwendung der §§ 459 ff. BGB aF auf das Sachsubstrat[140] oder gar die Anwendung des Wegfalls der Geschäftsgrundlage neben c.i.c. und §§ 459 ff. BGB aF analog.[141]

---

[128] Begr. RegE zu § 434 Abs. 1 S. 1 BGB, BT-Drs. 14/6040, 213.

[129] Vgl. insbes. *Huber* AcP 202 (2002), 179 (223 ff.).

[130] *Karsten Schmidt* HandelsR § 5 Rn. 36 ff.

[131] So die stRspr seit RGZ 67, 86 (88 ff.); 98, 289 (292); 138, 354 (356); RG JW 1930, 3740 (3741); BGH NJW 1969, 184; WM 1978, 59 (60).

[132] Vgl. RGZ 98, 289 (292); BGH WM 1970, 819 (821); NJW 1979, 33; dazu Soergel/*Huber* BGB § 459 Rn. 270 mwN; vgl. auch die Darstellung von NK-BGB/*Büdenbender* BGB Anh. II §§ 433–480 Rn. 52 ff.

[133] So schon RGZ 67, 86 (87); BGH NJW 1970, 653 (655); WM 1974, 51 = BB 1974, 152; WM 1979, 944; 1988, 1700 (1701 f.); NJW 1990, 1658.

[134] BGH NJW 1970, 653 (655); 1977, 1538 (1539); 1977, 1536 (1537); WM 1988, 124 (125); sehr eng BGH ZIP 1988, 1700 (1702); vgl. auch BGH NJW 1995, 1547 f.; s. auch *Hiddemann* ZGR 1982, 435 (446); vgl. zur Zusicherung BGH BB 1970, 819, aber auch BGH NJW 1993, 1385 zur Zusicherung von Mieterträgen beim Kauf eines Mehrfamilienhauses. Zur mangelnden Übereinstimmung der Rspr. des BGH zum Unternehmenskauf einerseits und zum Grundstückskauf andererseits vgl. *Müller* ZIP 1993, 1045 (1046 ff., insbes. 1049).

[135] BGH NJW 1970, 653 (655); WM 1988, 1700 (1702); DB 1988, 2401; NJW 1991, 1223; sofern der Veräußerer Bilanzen vorlegt, soll die ihm obliegende Aufklärungspflicht verletzt sein, wenn diese einen „unzutreffenden Eindruck erwecken" und diese Angaben (erkennbar) für den Kaufentschluss des Erwerbers von Bedeutung sind, vgl. BGH WM 1974, 51 f.; 1980, 284 f. Übersicht zu den sich hieraus ergebenden Aufklärungspflichten bei *Stengel/Scholderer* NJW 1994, 159 (160 ff.). Zur Eigenhaftung eines zu den Vertragsverhandlungen hinzugezogenen Rechtsanwalts vgl. BGH DB 1988, 2398 f.

[136] Aus der Lehre zust. Staub/*Hüffer*, 4. Aufl.1983, Vor § 22 Rn. 47 ff.; *Walter,* Kaufrecht, 1987, § 5 II 2 c bb, 148; vgl. auch Soergel/*Huber* BGB § 459 Rn. 258 ff.; wohl auch *Grunewald,* Die Grenzziehung zwischen der Rechts- und Sachmängelhaftung beim Kauf, 1980, 102 f.; Erman/*Grunewald,* 10. Aufl. 2000, BGB § 459 aF Rn. 35.

[137] Soergel/*Huber* BGB § 459 Rn. 258 ff., 280 ff.

[138] *Baur* BB 1979, 381 ff.

[139] *Canaris* ZGR 1982, 395 ff.; vgl. nun *Canaris* HandelsR § 8 Rn. 23.

[140] *G. Müller* ZHR 147 (1983), 501 (531 ff., 539 f.); *G. Müller* ZIP 1993, 1045 (1052 ff.).

[141] Soergel/*Huber* BGB § 459 Rn. 268.

Nach einer starken Mindermeinung waren dagegen die **§§ 459ff. BGB aF analog** 57
ganz allgemein auch außerhalb des Sachsubstrats, also insbesondere auf Angaben über Umsatz, Gewinn, Vermögen etc anzuwenden.[142] Dabei bestanden unterschiedliche Vorstellungen darüber, welche Rolle dem Sachsubstrat bei der Gewährleistung zukommen sollte. Vereinzelt wurde trotz Analogie zu §§ 459ff. BGB aF ergänzend auf c.i.c. abgestellt.[143]

b) Nach der Schuldrechtsmodernisierung. Das Schuldrechtsmodernisierungsge- 58
setz hat eine ganze Reihe von auch für den Unternehmenskauf relevanten Änderungen mit sich gebracht. Zu nennen ist zunächst die über § 445 BGB aF weit hinausgehende Vorschrift des § 453 BGB (→ Rn. 60). Die Sachmängelgewährleistung wurde in das Allgemeine Leistungsstörungsrecht eingebunden. Dem Käufer wurde ein Nacherfüllungsrecht eingeräumt (→ Rn. 66). Schließlich wurden (die Grenzen des § 463 BGB aF in Tatbestand und Rechtsfolge überwindend) Schadensersatzansprüche auch bei leichter Fahrlässigkeit des Verkäufers wegen (nachhaltiger) Verletzung seiner jetzt ausdrücklich anerkannten Verpflichtung zur mangelfreien Lieferung gem. § 433 Abs. 1 S. 2 BGB zugelassen, die sich auf das positive Interesse richten können (→ Rn. 67). Deutlich entschärft wurde das Verjährungsproblem durch § 438 BGB (→ Rn. 100). Die daher naheliegende Annahme der Regierungsbegründung, in Zukunft sei die Gewährleistung beim Unternehmenskauf als Sachmängelhaftung und nicht mehr als Verschulden bei Vertragsanbahnung zu beurteilen (→ Rn. 53), hat sich freilich bisher nicht verwirklicht. Die Rechtslage ist vielmehr (mit teilweise veränderten Fronten und Argumentationen) so umstritten wie bisher (→ Rn. 61 ff.).

So leugnet *Ulrich Huber*[144] jeglichen Einfluss des neuen Rechts auf die Behandlung des 59
Unternehmenskaufs und fordert die Rspr. auf, an ihren überkommenen Standpunkten (→ Rn. 54) auch unter der Geltung des neuen Schuldrechts festzuhalten. Noch weitergehend befürwortet er die unbeschränkte Anwendung der culpa in contrahendo, deren Vorteile er vor allem in einer angeblich größeren Flexibilität erblickt. Demgegenüber wirft namentlich *Maier-Reimer* der bisherigen Rspr. des BGH vor, sie sei widersprüchlich und realitätsfern,[145] und plädiert für eine Anwendung des gesetzlichen Mängelrechts.[146]

3. Stellungnahme. a) Sonstige Gegenstände. Unstreitig erfasst § 453 Abs. 1 BGB 60
mit dem Tatbestandsmerkmal „sonstige Gegenstände" nunmehr auch Unternehmen und schreibt damit die entsprechende Anwendung des Kaufrechts vor.[147] Damit ist die schon zum alten Recht (→ Rn. 57) vertretene, an dessen Lückenhaftigkeit anknüpfende Analogie gesetzlich abgesichert. Folglich liegt die wissenschaftliche „Beweislast"[148] für die angebliche Notwendigkeit, die gesetzliche Gewährleistung auch zukünftig weitgehend zu verdrängen, bei denjenigen, die die gesetzliche Regelung der §§ 434 ff. BGB auch weiterhin für (zumindest im Wesentlichen) unpassend halten.

b) Beschaffenheit.[149] In Fortsetzung der alten Diskussion um den Fehlerbegriff und 61
seine bewusste Einengung durch das Erfordernis des (unmittelbaren) Anhaftens der fehlerbe-

---

142 *Willemsen* AcP 182 (1982), 515 (560ff.); *Mössle* BB 1983, 2146ff.; → 1. Aufl. 1996, Rn. 77 ff. *(Lieb)*; vgl. auch *Noll* WM 1985, 341 (343); MüKoBGB/*Westermann* BGB § 453 Rn. 39; anders *Hommelhoff*, Die Sachmängelhaftung beim Unternehmenskauf, 1975, 59ff., 69ff.: wohl nur § 459 Abs. 2 BGB aF.

143 *Reinicke/Tiedtke* KaufR, 5. Aufl. 1992, 343; *Karsten Schmidt* HandelsR, 5. Aufl. 1999, § 6 II b bb, 155ff.; wohl auch *Prölss* ZIP 1981, 345 f.

144 *Huber* AcP 202 (2002), 179ff.

145 *Maier-Reimer* in Eckert/Delbrück, Reform des deutschen Schuldrechts, 2003, 63.

146 *Maier-Reimer* in Eckert/Delbrück, Reform des deutschen Schuldrechts, 2003, 97.

147 Ausf. *Canaris* HandelsR § 8 Rn. 16ff.; *Lange* ZGS 2003, 300 (301ff.); *Weller* FS Maier-Reimer, 2010, 839 (841); BeckOGK/*Wilhelmi* BGB § 453 Rn. 45ff.

148 Dazu *Krebs* AcP 195 (1995), 171 (179).

149 Vgl. zu diesem zentralen Begriff Erman/*Grunewald* BGB § 434 Rn. 2ff.; *Oetker/Maultzsch,* Vertragliche Schuldverhältnisse, 5. Aufl. 2018, 44ff.; *M. Huber/Faust,* Schuldrechtsmodernisierung, 2002, Kap. 12 Rn. 19ff.; *Gaul* ZHR 166 (2002), 35 (46ff.); *Grigoleit/Herresthal* JZ 2003, 118 (122ff.); *Maier-Reimer* in Eckert/Delbrück, Reform des deutschen Schuldrechts, 2003, 68ff.; *Berger* JZ 2004, 276ff.; *Schmidt-Räntsch* AnwBl. 2003, 529 (531); *Lorenz/Riehm,* Lehrbuch zum neuen Schuldrecht, 2002, Rn. 578; *Thiessen,* Unternehmenskauf und BGB. Die Haftung des Verkäufers von Unternehmen und Unternehmensbeteiligungen, 2005, 187ff.

gründenden Merkmale wird nach wie vor behauptet, auch das Tatbestandsmerkmal der Beschaffenheit iSv § 434 BGB müsse einschränkend ausgelegt werden.[150] Namentlich *Grigoleit/Herresthal*[151] sehen im körperlichen Leistungsgegenstand und dessen physischen Merkmalen das Paradigma für § 434 BGB und scheiden damit – insbesondere für den Unternehmenskauf – alle Störungsquellen aus, die sich nicht als physische Merkmale beschreiben lassen. Dies führt konsequent zu der These, beim Unternehmenskauf kämen für § 434 BGB grundsätzlich nur Mängel des Sachsubstrats des Unternehmens in Betracht; alles andere sei der (favorisierten) Informationshaftung zuzuordnen.[152]

62 Doch ordnet § 453 Abs. 1 BGB als gesetzliche Analogie definitionsgemäß lediglich an, die Vorschriften über den Sachkauf entsprechend und nicht unmittelbar anzuwenden.[153] Selbstredend sind unrichtige Bilanzangaben oder die Ertragsfähigkeit eines Unternehmens nicht als physische Merkmale zu begreifen, sowenig ein Unternehmen eine körperliche Sache ist. Deshalb ist die Beschaffenheit eines sonstigen Gegenstands nicht dasselbe wie die Beschaffenheit einer körperlichen Sache. Das Beschaffenheitsmerkmal, das für den Regelfall des Sachkaufs entwickelt wurde, ist nicht unverändert auf den Unternehmenskauf zu übertragen, sondern im Wege der von Gesetzes wegen gebotenen entsprechenden Anwendung an den Vertragsgegenstand Unternehmen anzupassen.

63 **c) Europarechtliche Prägung des Beschaffenheitsbegriffs.** Zum selben Ergebnis führt die zutreffende Argumentation von *Canaris,* dass der Begriff der Beschaffenheit europarechtlich geprägt sei und die Beschränkungen, die man in Deutschland insbesondere für den Unternehmenskauf beibehalten wolle, damit unvereinbar seien. Folgerichtig gehöre „dann auch der bisherige Ertrag oder Umsatz eines Unternehmens sowie die Angaben in einer Verkaufsbilanz zu dessen ‚Beschaffenheit' mit der Folge, dass auf sie gem. § 453 Abs. 1 BGB grundsätzlich die Regelung des § 434 BGB entsprechend anzuwenden ist".[154]

64 **d) Gewöhnliche Verwendung.** Gegen die Anwendbarkeit der §§ 434 ff. BGB wird zum Teil vorgebracht, diese Vorschriften passten nicht auf den Unternehmenskauf, weil es bei ihm keine objektive, keine Normalbeschaffenheit iSv § 434 Abs. 1 Nr. 2 BGB gebe.[155] Dagegen spricht zunächst, dass es auch körperliche Sachen gibt, bei denen eine gewöhnliche Verwendung schwierig festzustellen ist, ohne dass deswegen die Anwendbarkeit der gesetzlichen Mängelrechte bestritten würde. Vor allem aber ist auch beim Unternehmenskauf eine „gewöhnliche Verwendung" ohne weiteres vorstellbar.[156] Man denke nur daran, dass sich ein Unternehmen, das zu Fortführungszwecken und Marktpreisen (Ertragswert) erworben worden ist, als dauerhaft ertragsschwach, wenn nicht sogar illiquide erweist. In einem solchen Fall fehlt dem Unternehmen schon die objektive Eignung zur Fortführung mit dem Ziel der Erwirt-

---

150 *Eidenmüller* ZGS 2002, 290 (295); *Fischer* DStR 2004, 276 (278 ff.); *Huber* AcP 202 (2002), 179 (214); *Grigoleit,* Reformperspektiven der vorvertraglichen Informationshaftung, in Schulze/Schulte-Nölke, Die Schuldrechtsreform vor dem Hintergrund des Gemeinschaftsrechts, 293; *Kindl* WM 2003, 409 (411); iErg wohl auch BeckOK BGB/*Faust* BGB § 453 Rn. 31 f.; *Wertenbruch* in Dauner-Lieb/Konzen/Schmidt, Das neue Schuldrecht in der Praxis, 2003, 493 (504); diff. *Lorenz* FS Heldrich, 2005, 305 (321 f.); zum Ganzen umfassend auch NK-BGB/*Thau* BGB Anh. I § 480 Rn. 13 ff. betr. Mängelhaftung beim Immobilienkauf.

151 Zum Folgenden *Grigoleit/Herresthal* JZ 2003, 118 ff.

152 Ähnlich *Huber* AcP 202 (2002), 179 (223 ff.).

153 Dazu aufschlussreich *Canaris* Karlsruher Forum 2002, 60 Fn. 175; *Canaris* HandelsR § 8 Rn. 21, 28 ff.; *Canaris* FS Georgiades, 2006, 71 (80 f.); s. auch NK-BGB/*Büdenbender* BGB Anh. II §§ 433–480 Rn. 83; BeckOGK/*Wilhelmi* BGB § 453 Rn. 47; *Palzer* Jura 2011, 917 (923 f.); *M. Zimmermann* AcP 213 (2013), 652 (659, 665 ff.).

154 *Canaris* Karlsruher Forum 2002, 60; eingehend *Canaris* HandelsR § 8 Rn. 28 ff.; für die Relevanz dieser Angaben bei c. i. c. BGH GmbHR 2001, 516 (518); zur europäischen Verbrauchsgüterkaufrichtlinie auch *Berger* JZ 2004, 276 (278).

155 *Huber* AcP 202 (2002), 179 (212 f.); tendenziell auch *Karsten Schmidt* HandelsR § 5 Rn. 40; dagegen *Canaris* HandelsR § 8 Rn. 24; Oetker/*Vossler* Rn. 36.

156 Staudinger/*Beckmann,* 2014, BGB § 453 Rn. 139; *Canaris* FS Georgiades, 2006, 71 (82 f.); *Palzer* Jura 2011, 917 (924 f.); *M. Zimmermann* AcP 213 (2013), 652 (675); aA *Wächter* M & A-Litigation Rn. 7.78 (256).

schaftung von Erträgen auch dann, wenn bezüglich der Ertragskraft des Unternehmens keinerlei (Beschaffenheits-)Vereinbarungen getroffen worden sein sollten. Dasselbe gilt für sonstige Leistungsstörungen, die die Fortführung des Unternehmens massiv beeinträchtigen. Dass es sich dabei meist um (relevante), auf das Unternehmen durchschlagende Einzelmängel (→ Rn. 79 ff.) handeln wird,[157] ändert nichts für die Frage der Normalbeschaffenheit.

e) Vereinbarungen über Umstände außerhalb der Kaufsache. „Umstände außerhalb der Kaufsache, die lediglich aufgrund allgemeiner rechtlicher Kriterien rechtliche Folgen für den Käufer auslösen",[158] können ohne Vereinbarung zwischen den Parteien nicht ohne weiteres als Beschaffenheit iSd § 434 BGB angesehen werden.[159] Die Parteien haben jedoch die (Vertrags-)Freiheit, dies zu ändern.[160] Die Rechtsfolgen richten sich nach den getroffenen Vereinbarungen. Im Übrigen hat die Schuldrechtsmodernisierung der bisherigen Unterscheidung der Rspr. zwischen Fehlern iSd § 459 Abs. 1 aF und (zusicherungsfähigen) Eigenschaften iSd § 459 Abs. 2 aF den Boden entzogen. Damit können die Parteien bei Umständen, die objektiv keinen Bezug zur Kaufsache haben, einen solchen Bezug subjektiv herstellen. Die Gegner der (gesetzlichen) Analogielösung ziehen solche Umstände naturgemäß zur culpa in contrahendo, andere zum (weit verstandenen) Beschaffenheitsbegriff des neuen Rechts (→ Rn. 61 ff.). Hält man entgegen der hier vertretenen Auffassung eine Beschaffenheitsvereinbarung für ausgeschlossen, ist vorab zu prüfen, ob Garantien vorliegen (→ Rn. 101 ff.).[161] Ist es zu Vereinbarungen insoweit nicht gekommen, kann auch nach der hier vertretenen Auffassung ergänzend auf c.i.c. abgestellt werden (→ Rn. 70 ff.).[162] 65

f) Nacherfüllung. Zu widersprechen ist der verbreiteten Ansicht, der (nach neuem Recht primäre und zentrale) Rechtsbehelf der Nacherfüllung passe nicht auf den Unternehmenskauf; die Eigenart des Kaufgegenstandes Unternehmen lasse eine Nacherfüllung nicht zu.[163] Selbstverständlich geht es nicht darum, Bilanzangaben, Ertragswertberechnungen etc ‚nachzubessern'. Diese Angaben beziehen sich jedoch auf die Bewertung der verkauften assets, bei denen eine Nacherfüllung in Gestalt der Mängelbeseitigung jedenfalls im Bereich relevanter Einzelmängel ohne weiteres möglich ist. Beispielhaft sei etwa auf die Freistellung des Käufers beim Auftreten unbekannter Verbindlichkeiten oder auf Substanzmängel verwiesen,[164] aber auch auf die Verpflichtung des Verkäufers eines in Mieträumen betriebenen Unternehmens, dem Käufer das erforderliche Mietrecht zu verschaffen.[165] 66

g) Positives Interesse. Nach neuem Recht ist der Schadensersatzanspruch gem. § 434 Abs. 1 S. 2 BGB auf das positive Interesse gerichtet und reicht damit weiter als Schadensersatzansprüche aus culpa in contrahendo, die auf das negative Interesse beschränkt sind. Den Gesetzesmaterialien ist zwar die Absicht einer entsprechenden Haftungsverschärfung für den Unternehmenskauf nicht zu entnehmen. Der Gesetzgeber hat jedoch den Ersatz des positiven Interesses für den Kauf generell angeordnet und durch die Verweisung des 67

157 Dazu *Thiessen,* Unternehmenskauf und BGB. Die Haftung des Verkäufers von Unternehmen und Unternehmensbeteiligungen, 2005, 201 ff.

158 *Canaris* Karlsruher Forum 2002, 63 mwN; *Canaris* HandelsR § 8 Rn. 32; s. auch *Schröcker* ZGR 2005, 63 (77 ff.).

159 Beispiele bei *Thiessen,* Unternehmenskauf und BGB. Die Haftung des Verkäufers von Unternehmen und Unternehmensbeteiligungen, 2005, 192 f.

160 *Canaris* FS Georgiades, 2006, 71 (85 f.).

161 Vgl. OLG Brandenburg BeckRS 2009, 11352: kein Sachmangel, sondern nur Kaufpreisanpassung, wenn dem Käufer einer Steuerberaterpraxis mangels Mandantenzustimmung nicht sämtliche Mandate übertragen werden konnten, die der Ermittlung des bei der Bestimmung des Kaufpreises zugrunde gelegten Jahresumsatzes zugrunde lagen.

162 Vgl. auch *Canaris* Karlsruher Forum 2002, 65 mit der akzeptablen Einschränkung, dass es zu Beschaffenheitsvereinbarungen wirklich gekommen sein müsse; nur mögliche Vereinbarungen sollten gegenüber der culpa in contrahendo Sperrwirkung dagegen nicht entfalten können; *Canaris* HandelsR § 8 Rn. 31 f.

163 *Gaul* ZHR 166 (2002), 35 (54 f.); *Huber* AcP 202 (2002), 179 (232).

164 Eingehend *Maier-Reimer* in Eckert/Delbrück, Reform des deutschen Schuldrechts, 2003, 81; *Hilgard* BB 2016, 1218; *Wiesbrock/Frank* BB 2018, 3014.

165 OLG Karlsruhe VersR 2020, 422 (424).

§ 453 BGB auch den Unternehmenskauf erfasst,[166] zumal Gründe für eine Privilegierung von Unternehmensveräußerungen gegenüber der Veräußerung „normaler" Sachen nicht ersichtlich sind. Soweit Differenzierungen zwischen Sach- und Unternehmenskauf dennoch erforderlich sein sollten, kann dem im Rahmen des Verschuldens bzw. der zugrunde liegenden objektiven Verkäuferpflichten Rechnung getragen werden.

68 **h) Vertragsaufhebung.** Auch nach der Schuldrechtsmodernisierung wird die Anwendung des Kaufrechts insbesondere wegen der Unzuträglichkeit von Wandelung/Rücktritt kritisiert.[167] Bei diesem in der Tat bestehenden Problem (→ Rn. 90 ff.) wird aber übersehen, dass die hL dem Käufer auch im Rahmen der culpa in contrahendo ein Recht auf Vertragsaufhebung gibt (→ Rn. 76) und sich damit denselben Einwänden aussetzt.

69 **i) Zukünftige Entwicklung.** Aufgrund der wenigen zu den staatlichen Gerichten gelangenden Fälle (→ Rn. 1) ist die zukünftige Entwicklung kaum prognostizierbar.[168] Gleichwohl besteht für die Entscheidung zwischen den konkurrierenden Ansätzen weniger Spielraum als zum Teil angenommen.[169] Angesichts der vom Gesetz angeordneten Analogie zum Kaufrecht könnte die Rspr. auf ihrem bisherigen Standpunkt nur dann beharren, wenn zwischen Sachen und Unternehmen so deutliche Unterschiede bestünden, dass die für eine Analogie erforderliche Rechtsähnlichkeit verneint werden müsste.[170] Nach der hier vertretenen Auffassung ist die analoge Anwendung des Sachmängelrechts jedoch ohne weiteres möglich.

70 **4. Culpa in contrahendo.** Da die weitgehende oder gar ausschließliche Anwendung der culpa in contrahendo auf Mängel beim Unternehmenskauf nach wie vor vertreten wird (→ Rn. 59), ist auf die dagegen bestehenden grundsätzlichen Bedenken hinzuweisen (→ Rn. 58 ff.).[171]

71 Die c.i.c. ist seit 2002 in § 311 Abs. 2 BGB gesetzlich anerkannt. Der Vorbehalt gegen ein praeter legem entwickeltes Rechtsinstitut lässt sich danach nicht mehr aufrechterhalten.[172] Jedoch spricht vor allem die unterschiedliche Zielrichtung von Ansprüchen aus Mängelgewährleistung und solchen aus c.i.c. dagegen, letztere für Leistungsstörungen beim Unternehmenskauf heranzuziehen.[173] Im Bereich der gesetzlichen Mängelgewährleistung geht es um das Einstehenmüssen des Veräußerers für sein vertragliches Leistungsversprechen, also um **Vertrags**haftung. Die c.i.c. setzt dagegen die Verletzung einer **vor**vertraglichen **Schutzpflicht** voraus (oder wie § 241 Abs. 2 BGB vorsichtiger formuliert „Rücksichtnahmepflicht"). Dies ist im Vergleich zum vertraglichen Leistungsversprechen **keine austauschbare Alternative, sondern ein wesensfremdes aliud.** Hält man eine ‚dritte Spur' zwischen Vertrag und Delikt für nötig, sind Schutzpflichten eine von Leistungspflichten zu trennende Kategorie, die sich in Rechtsfolgen und Voraussetzungen erheblich unterscheiden.[174] Soweit der besondere vertragliche Schutz reicht, bedarf es keines allgemeinen Schutzes.[175] Den Anhängern der c.i.c. ist entgegenzuhalten, dass sie die erwünschte Lücke durch bewusste Verengung des Beschaffenheitsbegriffs (→ Rn. 61) erst schaffen.

---

166 Diese Konsequenz betont auch *Canaris* HandelsR § 8 Rn. 42.

167 Vgl. die Nachweise bei MüKoBGB/*H. P. Westermann* BGB § 453 Rn. 47.

168 Vgl. aber OLG München OLGR 2007, 198 = DNotZ 2007, 712 (713), dort auch zur Anwendbarkeit der cic bei vertraglichem Ausschluss der Gewährleistungsrechte, krit. hierzu *Kersting* JZ 2008, 714.

169 S. zB *Fischer* DStR 2004, 276 (278).

170 Vgl. *Canaris* FS Georgiades, 2006, 71 (81 f.).

171 Vgl. auch *Berger* JZ 2004, 276 (280); Oetker/*Vossler* Rn. 33; *Weller* FS Maier-Reimer, 2010, 839 (850 f.); *Redeker* NJW 2012, 2471.

172 Anders → 2. Aufl. 2005, Rn. 73 *(Lieb)*.

173 So nun ausdrücklich OLG Köln ZIP 2009, 2063 (2066 f.) = DB 2009, 2259, dazu abl. *Picot* DB 2009, 2587. Allg. zum Vorrang der §§ 434 ff. BGB abseits der Arglist BGHZ 180, 205 = NJW 2009, 2120 (2122 f.).

174 Dazu nur *H. Stoll*, Lehre von den Leistungsstörungen 1936, 27; *Canaris* JZ 1965, 475 (478 ff.); *Canaris* VersR 2005, 577 (584); *Larenz/Canaris* SchuldR BT II § 75 I 4 c, 359 f.; *Picker* AcP 183 (1983), 369 ff.; *Medicus*, Probleme um das Schuldverhältnis, 1987, 16; zum Ganzen *Lieb* FS Gernhuber, 1993, 253; *Grigoleit* FS Canaris, Band 1, 2007, 275 ff.

175 *Canaris* HandelsR § 8 Rn. 41 f.

Bedenklich ist zudem, dass die c.i.c. die Verantwortlichkeit des Verkäufers erheblich vorverlagert. Nicht der Vertrag selbst bildet die Grundlage der Mängelgewährleistung, sondern die Verletzung **vorvertraglicher Sorgfalts- und Aufklärungspflichten.** Diese werden häufig erst nachträglich entwickelt, zumal ein subsumtionsfähiger Obersatz für Aufklärungspflichten fehlt.[176] So wird das an sich klare Kriterium der Vertragszweckgefährdung erst dann vom Käufer eingewandt und vom Gericht geprüft, wenn der Vertragszweck nicht erreicht wurde.[177] Für die c.i.c. sollten daher allenfalls zweifelsfreie Arglistfälle verbleiben,[178] die aber ohnedies über §§ 123, 826 BGB hinreichend erfasst sind.[179] 72

Mit dem Vertragsschluss ist eine entscheidende **Zäsur** verbunden. Maßgeblich sind jetzt nicht mehr die im Rahmen der **Vertragsverhandlungen** abgegebenen oder unterlassenen Erklärungen, sondern das mit dem **Vertragsschluss** verbundene, auf den vereinbarten Vertragsinhalt bezogene **Leistungsversprechen.**[180] Grundsätzlich nur daran ist die Feststellung von Mängeln zu orientieren, während die **vor** dieser Zäsur abgegebenen Erklärungen lediglich eine Hilfe bei der Auslegung und damit bei der Bestimmung des Inhalts der jetzt maßgeblichen Beschaffenheitsvereinbarung darstellen. Selbstständig relevant sind sie nicht mehr, zumal keineswegs alles, was im Vorstadium erklärt und diskutiert wurde, ohne weiteres Vertragsinhalt wird. Diese dem System kaufrechtlicher Gewährleistung immanente Zäsur würde überspielt, wenn man trotz der begrenzenden Funktion der Beschaffenheitsvereinbarung auf die Erklärungen und Unterlassungen des Verhandlungsstadiums zurückgreifen dürfte. 73

Schließlich stellt die c.i.c. die entscheidenden Fragen aus der Sicht des pflichtenbelasteten **Verkäufers.**[181] Er soll sich nach dieser Auffassung Gedanken darüber machen, was den Käufer wohl interessieren könnte. Diese systembedingte Perspektive der c.i.c., die den Veräußerer partiell zum Hüter der Interessen des anderen Vertragsteils macht,[182] widerspricht dem Grundgedanken kaufrechtlicher Gewährleistung und kann auch beim Unternehmenskauf nicht gerechtfertigt werden. Wie insbesondere *Willemsen*[183] entgegen verbreiteter,[184] von der Rechtsfigur der c.i.c. bereits beeinflusster Zeitströmung überzeugend ausgeführt hat, ist es Sache des Käufers selbst, in **seinem** eigenen Interesse nach denjenigen Beschaffenheiten zu fragen, die für **seinen** Kaufentschluss und für seine Preiskalkulation von Bedeutung sind. 74

Hält man aber eine Haftung ohne Nachfrage des Käufers (und damit ein gesetzliches Mängelrecht) für erforderlich, ist auch die **Verschuldensabhängigkeit der c.i.c. kein taugliches Differenzierungskriterium.** Relevant werden könnte dies bei Mängeln, die 75

---

176 Vgl. Soergel/*Wiedemann* BGB Vor § 275 Rn. 144 ff., 153, 155 ff.; MüKoBGB/*Emmerich* BGB § 311 Rn. 68 ff. Praktische Hinweise geben *Möller* NZG 2012, 841; *Koppmann* BB 2014, 1673 (1674 ff.).

177 BGH NJW-RR 1996, 429; NJW 2001, 2163 (2164); OLG München OLGR 2007, 198 = DNotZ 2007, 712 (713), dort auch zur Anwendbarkeit der c.i.c. bei vertraglichem Ausschluss der Gewährleistungsrechte. Abgelehnt wurde eine Aufklärungspflicht beim Kauf vom Konkursverwalter in OLG Celle OLGR 2005, 413.

178 BGHZ 180, 205 Rn. 17 ff. = NJW 2009, 2120 (2122 f.); Staudinger/*Beckmann*, 2014, BGB § 453 Rn. 136 f.; *Hasselbach/Ebbinghaus* DB 2012, 216 (217 ff.); aA *Wächter* M & A-Litigation Rn. 6.4 ff. (264 ff.).

179 Vgl. OLG Hamm BeckRS 2006, 11422; OLG München BeckRS 2013, 07076 zu § 123 BGB; LG Hamburg GWR 2013, 143 zu § 826 BGB; vgl. aber auch LG Bautzen RNotZ 2012, 404: § 123 BGB abgelehnt; zu den Entscheidungen *Louven/Mehrbrey* NZG 2014, 1321 (1322 ff.). Zum Abgrenzungsproblem *Grigoleit*, Vorvertragliche Informationshaftung, 1997, 29 ff., 66 ff.; *Lieb* FS Medicus, 1999, 337 (347 ff.).

180 *Canaris* FS Georgiades, 2006, 71 (93); vgl. allg. Soergel/*Wiedemann* BGB Vor § 275 Rn. 246; *Ballerstedt* AcP 151 (1950/51), 501 (529); *Stoll* FS v. Caemmerer, 1978, 435 (455). S. auch BGH NJW 1984, 2289 f.

181 Vgl. BGH NJW 1970, 653 (655); 1979, 2243; *Breidenbach*, Die Voraussetzung von Informationspflichten, 62 ff.; *Schumacher*, Vertragsaufhebung wegen fahrlässiger Irreführung unerfahrener Vertragspartner, 1979, 69 ff.

182 Vgl. BGH NJW 1970, 653 (655) wonach alle Tatsachen offenbart werden müssen, die für den Willensentschluss des Käufers von wesentlicher Bedeutung sind und deren Mitteilung nach Treu und Glauben erwartet werden kann.

183 *Willemsen* AcP 182 (1982), 515 (535 f.).

184 So zB explizit *Müller* ZHR 147 (1983), 501 (535); diese Strömung wird krit. dargestellt von *Stoll* FS v. Caemmerer, 1978, 435 (454 ff.).

dem Verkäufer selbst verborgen waren.[185] Auch insoweit hat das Verschuldenserfordernis aber – soweit ersichtlich – in der Praxis bisher keine (haftungsbegrenzende) Rolle gespielt.[186] Dies hängt nicht nur mit dem objektiven Sorgfaltsmaßstab des § 276 BGB und der Beweislastumkehr gem. § 280 Abs. 1 S. 2 BGB zusammen, sondern auch damit, dass Pflichtverletzung und Verschulden sich bei Pflichten gem. § 241 Abs. 2 BGB kaum trennen lassen. Zudem zeigt dies, dass nur eine Haftung mit den Voraussetzungen und dem Umfang der (verschuldensunabhängigen) kaufrechtlichen Gewährleistung angemessen ist, für welche die c.i.c. passend gemacht wird. Nur dadurch entfällt der häufig erhobene, grundsätzlich zutreffende Vorwurf, mit dem Ausweichen auf die c.i.c. nehme man dem Erwerber die verschuldensunabhängige Haftung der §§ 434 ff. BGB.[187]

76 Als **Rechtsfolge** wird der c.i.c. nicht nur weithin die systemwidrige[188] Vertragsaufhebung als Gegenstück zum Rücktritt zugeordnet.[189] Darüber hinaus wird der Weg zur Minderung auch noch im Wege der **Beweislastumkehr** durch die rechtstatsächlich unzutreffende Unterstellung eröffnet, der Käufer hätte in Kenntnis des Mangels stets einen entsprechend niedrigeren Kaufpreis durchsetzen können.[190]

77 **5. Einzelfragen. a) Vereinbarung über die Beschaffenheit.** Auch und gerade beim Unternehmenskauf stellt sich angesichts der überragenden Bedeutung dieses Begriffs für das reformierte Kaufrecht die Frage, welche Anforderungen an eine Beschaffenheitsvereinbarung zu stellen sind, wann also das Stadium einer verbindlichen „Vereinbarung" erreicht ist.[191] Zum einen genügen nicht einseitige Erwartungen des Käufers, selbst wenn sie dem Verkäufer bekannt gewesen sein sollten. Zum anderen dürfen an (Beschaffenheits-)Vereinbarungen nicht die weitergehenden Anforderungen gestellt werden, wie sie für die Zusicherung gem. § 463 BGB aF entwickelt wurden und heute noch für die Garantie des § 276 BGB oder des § 443 BGB von Bedeutung sind. Für die nach allgemeiner Rechtsgeschäftslehre möglichen stillschweigenden Vereinbarungen kommt es darauf an, ob nach dem auslegungsbedürftigen Verhalten der Parteien eine entsprechende Erfüllungsverpflichtung des Verkäufers begründet werden sollte, ob man dem Verhalten des Veräußerers einen rechtsgeschäftlichen Erklärungswert entnehmen kann.[192]

78 Dies gilt insbesondere für die Vorlage der Bilanzen. Hier geht es darum, ob diese Zahlenangaben erstens den Ist-Zustand des Unternehmens abbilden und zweitens auch noch eine geeignete Grundlage für die Ertragswertprognose abgeben sollen. Auch dem Veräußerer wird in aller Regel bewusst sein, dass die von ihm auf Bitten des Erwerbers vorgelegten Bilanzen vom Empfängerhorizont aus vor allem im Hinblick auf die weithin übliche Ertragswertmethode eine wesentliche Grundlage seiner Kaufpreiskalkulation darstellen. Die darauf gegründete Beschaffenheitsvereinbarung kann zumindest den Zeitraum bis zur Übertragung des Handelsgeschäfts erfassen.[193] Daraus folgt dessen Mangelhaftigkeit, wenn sich die Ist-Beschaffenheit bis zu diesem

[185] Hierzu *Canaris* HandelsR § 8 Rn. 19, 23.
[186] *Huber* AcP 202 (2002), 179 (189 f.); *Lorenz* FS Heldrich, 2005, 305 (312).
[187] So *Willemsen* AcP 182 (1982), 515 (555); ähnlich *H. P. Westermann* ZGR 1981, 45 (49 f.); MüKoBGB/*H. P. Westermann* BGB § 437 Rn. 58.
[188] Zur Systemwidrigkeit vgl. ursprünglich *Canaris* ZGR 1982, 395 (416 f.); anders freilich jetzt *Canaris* AcP 200 (2000), 273 ff.; *Lieb* FS Universität Köln, 1988, 52 ff.; Soergel/*Hefermehl* BGB § 124 Rn. 10; MüKoBGB/*Armbrüster* BGB § 123 Rn. 91; *Müller* ZHR 147 (1983), 501 (518 f.).
[189] Grdl. BGH NJW 1962, 1196 (nicht zum Unternehmenskauf); BGHZ 65, 246 (253): Beteiligungskauf; BGH NJW 1981, 976; WM 1988, 124 (125); für diese Rechtsfolge zB auch Soergel/*Huber* BGB § 459 Rn. 266; Staub/*Hüffer*, 4. Aufl. 1983, Vor § 22 Rn. 51; *Kersting* JZ 2008, 714 (717).
[190] So auch OLG München OLGR 2007, 198 = DNotZ 2007, 712 (713), dort auch zur Anwendbarkeit der cic bei vertraglichem Ausschluss der Gewährleistungsrechte, krit. hierzu *Kersting* JZ 2008, 714 (715 ff.). Das gleiche Problem stellt sich allerdings auch bei der ‚echten' Minderung gem. § 441 BGB, hierzu *Thiessen*, Unternehmenskauf und BGB. Die Haftung des Verkäufers von Unternehmen und Unternehmensbeteiligungen, 2005, 243 f.; zur Rechtfertigung der Differenzierung nach Minderung und cic *Kersting* JZ 2008, 714 (717).
[191] Vgl. *M. Huber/Faust*, Schuldrechtsmodernisierung, 2002, Kap. 12 Rn. 25 ff.; Palandt/*Weidenkaff* BGB § 434 Rn. 15 ff.; Erman/*Grunewald* BGB § 434 Rn. 12 ff.
[192] Vgl. zum Ganzen *Grigoleit/Herresthal* JZ 2003, 233 ff.
[193] Zurückhaltend zum alten Recht *Mössle* BB 1983, 2146 (2152).

Zeitpunkt wesentlich verändert haben sollte.[194] Da aber die Parteien regelmäßig für Veränderungen in der Schwebezeit vorsorgen (→ Rn. 85), kann die Vereinbarung nicht gewissermaßen automatisch als über den Bilanzstichtag hinausgehend ausgelegt werden. Nach hiesiger Auffassung ist es zudem möglich, Vereinbarungen über eine zukünftige Beschaffenheit zu treffen,[195] zumal diese stets mehr oder weniger stark von der gegenwärtigen Beschaffenheit abhängt. Dies ist aber sehr umstritten,[196] so dass der Praxis auch weiterhin selbstständige Garantievereinbarungen zu empfehlen sind (→ Rn. 101 ff.). In jedem Fall kann aus der bloßen Vorlage von Zahlen ein so weitgehender Verpflichtungswille nicht abgeleitet werden, weshalb eine entsprechende Beschaffenheits- oder Garantievereinbarung ausdrücklich erfolgen muss.

b) Sachmängel an Einzelgegenständen. Bei Mängeln an einzelnen Gegenständen 79
des Unternehmenssubstrats[197] handelt es sich auf den ersten Blick zwar um schlichte Sachmängel, die (unmittelbar, nicht nur analog) dem Gewährleistungsrecht unterfallen.[198] Der Unternehmenskäufer hat diese Einzelgegenstände jedoch nicht einzeln gekauft. Gegenstand des Unternehmenskaufs ist das Unternehmen als solches, nicht die (Summe der) zum Unternehmensvermögen gehörenden einzelnen Sachen und Rechte.[199] Das **Unternehmen** als Vertragsgegenstand ist vielmehr ein **einheitlicher ‚lebender Organismus' mit Außenbeziehungen** (→ Rn. 3 ff.), die es in die Lage versetzen, Erträge zu erzielen. Es besteht daher ein entscheidender Unterschied zwischen einem Unternehmenskauf und dem Kauf nur des sachlichen Substrats.[200] Er betrifft schon die Hauptleistungspflichten (→ Rn. 16 ff.) und erstreckt sich damit wegen § 433 Abs. 1 S. 2 auch auf die Gewährleistung,[201] die notwendigerweise von den unterschiedlichen wertbestimmenden Faktoren für Unternehmens- und Substratkauf abhängt.[202] Wegen der auch **gewährleistungsrechtlichen Einheit des Unternehmens** kann es grundsätzlich Rücktritt und Minderung nicht bezüglich einzelner Betriebsmittel, sondern nur bezüglich des Unternehmens als Ganzen geben; Mängel an einzelnen Gegenständen des Unternehmenssubstrats haben keine eigenständige Bedeutung.[203] Entscheidend ist daher bereits auf Tatbestandsebene die Frage, ob die Einzelmängel auf das Gesamtunternehmen durchschlagen.

Einzelmängel sind als Mängel des Unternehmens anzusehen, wenn sie sich dort so 80
gravierend auswirken, dass der Zweck des Unternehmenskaufs – Fortführen des Unternehmens mit bestimmten Vertragserwartungen – erheblich gefährdet ist.[204] Dabei bemisst sich die Mangelhaftigkeit des betreffenden Gegenstands gemäß der Struktur des § 434 BGB zunächst nach den getroffenen (auch bezüglich einzelner Gegenstände möglichen) Beschaf-

---

194 Vgl. für eine Steuerberaterpraxis LG Düsseldorf BeckRS 2014, 10460.

195 Vgl. *Thiessen,* Unternehmenskauf und BGB. Die Haftung des Verkäufers von Unternehmen und Unternehmensbeteiligungen, 2005, 189 ff., 194 ff.

196 Dafür LG Berlin 1.2.2005 – 5 O 176/04, nv; Staudinger/*Beckmann,* 2014, BGB § 253 Rn. 133, 135; abl. etwa *Canaris* HandelsR § 8 Rn. 31 aE.

197 Vgl. aus der Rspr. nur RG JW 1930, 3740 (abbaufähiger Schwerspatbestand einer Grube); RGZ 138, 354 (baupolizeiwidriger Zustand einer Gaststättenküche); BGH WM 1978, 59 (technische Unbrauchbarkeit und wirtschaftliche Unverwertbarkeit eines vom Unternehmen hauptsächlich hergestellten Gegenstandes); BGH NJW 1991, 1223 (charakterliche Unzuverlässigkeit eines maßgeblichen Mitarbeiters); BGH NJW 1995, 1547 (Unbrauchbarkeit von Reinigungsmaschinen); weitere Beispiele bei Soergel/*Huber* BGB § 459 Rn. 269; RGRK-BGB/*Mezger* BGB § 459 Rn. 12.

198 Soergel/*Huber* BGB § 459 Rn. 259, 260; vgl. auch *Grunewald,* Die Grenzziehung zwischen der Rechts- und Sachmängelhaftung beim Kauf, 1980, 90 f.

199 Zum Folgenden eindringlich *Canaris* HandelsR § 8 Rn. 22, 35 ff.

200 Problematisch daher die – schon im Tatsächlichen unzureichend aufgeklärte – Entscheidung BGH NJW 1992, 2564.

201 AA zum alten Recht Soergel/*Huber* BGB § 459 Rn. 259.

202 Zu scheinbar trotzdem bestehenden Abgrenzungsschwierigkeiten im Einzelfall vgl. BGH NJW 1992, 2564.

203 *Mössle* BB 1983, 2146 (2151).

204 OLG Köln ZIP 2009, 2063 (2066 f.) = DB 2009, 2259, insoweit zust. *Picot* DB 2009, 2587; ebenso *Oetker/Maultzsch,* Vertragliche Schuldverhältnisse, 5. Aufl. 2018, 79 ff.; *Fischer* DStR 2004, 276 (278); *Weller* FS Maier-Reimer, 2010, 839 (844 ff.); *Palzer* Jura 2011, 917 (925 f.); zum alten Recht Soergel/*Huber* BGB § 459 Rn. 270; s. auch BGH NJW 1995, 1547 (1548 f.).

fenheitsvereinbarungen, nach der im Vertrag vorausgesetzten Verwendung oder nach der gewöhnlichen Beschaffenheit und üblichen Verwendung.[205] Die Beschaffenheit wird angesichts der allgemein üblichen Berechnung des Werts eines Unternehmens mit Hilfe seiner bilanziellen Kennzahlen bestimmt (→ Rn. 5). Nur dann, wenn ein Einzelmangel dazu führt, dass ein **bilanzmäßiger Ansatz** falsch war und **deshalb** die Ertrags-/oder Vermögensbilanzkennziffern fehlerhaft sind, liegt ein Mangel iSv § 434 BGB vor. Sollte sich ein Einzelmangel so auswirken, dass weitere, mit ihm zusammenhängende Gegenstände in ihrer Funktion und damit ihrem Wert beeinträchtigt werden, sind auch deren bilanzielle Ansätze falsch und daher in die Gewährleistung einzubeziehen.

81 Soweit neben oder anstelle der Ertragserzielung der Erwerb des Unternehmens nach dem Inhalt des Vertrages noch eine andere – etwa marktstrategische – Funktion hat, liegt ein Mangel auch dann vor, wenn diese Funktion gerade durch den Einzelmangel beeinträchtigt wird.[206] Dies kann der Fall sein, wenn dieser einzelne Gegenstand die besondere Verwendungsfähigkeit des Unternehmens bestimmt. Zu denken ist etwa an ein Patent, das der durch share deal ‚erworbene' Unternehmensträger innehat und das nicht die vorausgesetzte Alleinstellung auf dem Markt gewährleistet.

82 Mit der hier vertretenen, bezüglich der Relevanz von Einzelmängeln strikt am Kaufgegenstand Unternehmen orientierten Konzeption ist die Annahme unvereinbar, bei Substratmängeln handle es sich im Regelfall um Sachmängel des Unternehmens.[207] Vielmehr bedarf es nach wie vor der Prüfung, ob die Einzelmängel auf das Unternehmen durchschlagen.[208] Mit der Streichung des § 459 Abs. 1 S. 2 BGB aF bzw. seiner Verlagerung in die Rechtsfolgen (§ 323 Abs. 5 S. 2 BGB)[209] hat dies nur auf den ersten Blick zu tun.[210] Es handelt sich vielmehr um eine Auslegungsfrage auf der Ebene der Unternehmensbeschaffenheit. In diesem Rahmen ist zu entscheiden, ob und weshalb Einzelmängel das Unternehmen als solches mangelhaft machen. Insoweit haben die Parteien Vertragsfreiheit: Wenn und soweit sie bezüglich des Unternehmenssubstrats Beschaffenheitsvereinbarungen getroffenen haben, liegt bei Abweichungen der Ist- von der Sollbeschaffenheit im Bereich des Unternehmenssubstrats ein Mangel des Unternehmens vor, selbst wenn diese bei objektiver Betrachtung nicht auf das Unternehmen durchschlagen.[211] Fehlt es an einer solchen Vereinbarung, kommt es darauf an, ob der Einzelmangel die übliche Beschaffenheit eines Unternehmens verfehlt und dessen gewöhnlicher Verwendung entgegensteht (→ Rn. 64). Für die Rechtsfolgen kann es dann auf die Erheblichkeit des Mangels ankommen.[212]

83 **c) Unentdeckte, nicht bilanzierte Schulden/Steuernachzahlungen.** Unentdeckte, bei Vertragsschluss nicht bilanzierte Schulden, zu denen auch nachträglich festgesetzte Steuerschulden gehören,[213] sind gewährleistungsrechtlich relevant, wenn sie nach den Grundsätzen ordnungsmäßiger Buchführung als Verbindlichkeiten oder Rückstellungen hätten bilanziert werden müssen, wobei es auf ein Verschulden nicht ankommt.[214] Die unrichtigen Kennziffern begründen auch die Mangelhaftigkeit dessen, worauf sie sich bezie-

---

[205] Überzeugend *Canaris* HandelsR § 8 Rn. 37; *Canaris* FS Georgiades, 2006, 71 (90 f.).

[206] Vgl. – iErg zutr. – BGH WM 1978, 59 (60); aA für diesen Fall Soergel/*Huber* BGB § 459 Rn. 274 ff. (§§ 320 ff. BGB).

[207] So aber *Maier-Reimer* in Eckert/Delbrück, Reform des deutschen Schuldrechts, 2003, 76.

[208] Anders *Maier-Reimer* in Eckert/Delbrück, Reform des deutschen Schuldrechts, 2003, 77 zu Fn. 75; wie hier *Gaul* ZHR 166 (2002), 35 (40); Staudinger/*Beckmann*, 2014, BGB § 453 Rn. 150 ff.

[209] Zu der dadurch eintretenden Flexibilisierung *Reiner* in Semler/Volhard, Arbeitshandbuch Unternehmensübernahmen, Bd. II, 2003, § 56 Rn. 33.

[210] Auch zum Folgenden *Thiessen*, Unternehmenskauf und BGB. Die Haftung des Verkäufers von Unternehmen und Unternehmensbeteiligungen, 2005, 201 ff.; aA wohl *Weller* FS Maier-Reimer, 2010, 839 (846 f.).

[211] *Weller* FS Maier-Reimer, 2010, 839 (846).

[212] *Canaris* FS Georgiades, 2006, 71 (92).

[213] Für diese haftet der Erwerber gem. § 75 Abs. 1 AO 1977 (→ § 25 Rn. 112 ff.); zur Haftung des Veräußerers in einem Sonderfall OLG Köln NJW-RR 1994, 1964; zur kautelarjuristischen Vorsorge *Hülsmann* DStR 2008, 2402.

[214] Zu Verbindlichkeiten aus betrieblicher Altersversorgung → Rn. 116.

hen, nämlich auf ein mehr oder weniger verschuldetes Unternehmen.[215] Die Verschuldung wird zumeist Gegenstand der Beschaffenheitsvereinbarung sein, so dass sich auch insoweit die Gewährleistung zwanglos nach §§ 434 ff. BGB richtet.

d) Unvollständige Übertragung des Unternehmensvermögens. Die unvollständige Übertragung des Unternehmensvermögens führt zur Anwendung der §§ 434 ff. BGB, weil das übertragene Vermögen dann den bilanziellen Angaben über den Bestand des Unternehmensvermögens am Bilanzstichtag nicht entspricht. Daher kommt es praktisch nicht darauf an, ob sich die Mangelhaftigkeit schon aus § 434 Abs. 3 BGB ergibt, weil die bedungene ‚Menge Unternehmen' nicht geliefert wird.[216] Ebenso greift das Gewährleistungsrecht ein, wenn ein bestimmter Bestand des Unternehmensvermögens Bestandteil der Beschaffenheitsvereinbarung wurde (→ Rn. 19). 84

e) Verschlechterung der Geschäftslage des Unternehmens nach Abschluss der letzten Bilanz. Grundsätzlich liegt kein Mangel vor, wenn der Veräußerer dem Erwerber zwar zutreffende Bilanzen für die vergangenen Geschäftsjahre vorlegt, sich aber nach Abschluss der letzten Bilanz die Geschäftslage des Unternehmens (wesentlich) verschlechtert hat.[217] Anders ist dies nur, wenn eine anhand der bisherigen Zahlen auf die Zukunft bezogene Beschaffenheitsvereinbarung vorliegt.[218] Dies setzt jedoch Anhaltspunkte voraus, die eine entsprechende Auslegung der Vereinbarungen der Parteien zu tragen vermögen. Daran wird es nicht selten fehlen. Entgegen dem OLG Hamburg[219] ist hier jedoch in der Regel eine Pflicht des Veräußerers anzuerkennen, den Erwerber bei den Vertragsverhandlungen zu informieren, wenn sich die maßgeblichen Verhältnisse zwischen Vertragsschluss und Vertragsdurchführung gravierend verändert haben sollten. Die Parteien können zudem eine entsprechende Garantie vereinbaren.[220] 85

Normalerweise richtet sich der Vergleich von Ist- und Soll-Beschaffenheit des Kaufgegenstands nach den Verhältnissen bei Gefahrübergang (§§ 434, 446 BGB), dh bei Übergabe (→ Rn. 33 ff.). Die Eigenart des Unternehmenskaufs, insbesondere die Relevanz bilanzieller Merkmale, bringt es jedoch mit sich, dass sich die betreffenden Angaben in aller Regel auf einen früheren Zeitpunkt beziehen. Deswegen wird der maßgebliche Zeitpunkt in der Vertragspraxis meist vorverlegt.[221] Die Praxis behilft sich heute verstärkt mit sog. MAC-Klauseln (→ Rn. 37). Für den Fall, dass Vereinbarungen nicht getroffen worden sein sollten, wird man sich im Regelfall durch Auslegung ergeben, dass eine entsprechende Vorverlagerung etwa auf den Zeitpunkt des letzten Bilanzstichtags gewollt ist.[222] 86

6. Rechte des Unternehmenskäufers. Die Rechte des Unternehmenskäufers richten sich auf der Basis des hier vertretenen weiten Beschaffenheitsbegriffs (→ Rn. 61 ff.) nach den auch insoweit tragbaren (→ Rn. 66 ff.) kaufrechtlichen Rechtsbehelfen (§ 453 Abs. 1 BGB, §§ 437 ff. BGB). Auch dem Unternehmenskäufer stehen somit wie jedem Käufer zu: das primäre Recht auf Nacherfüllung, jedenfalls grundsätzlich die Möglichkeit des Rücktritts, der Minderung sowie der Geltendmachung von Schadensersatz- und ggf. Aufwendungsersatzansprüchen. Dazu kann im Rahmen dieser handelsrechtlichen Kommentierung nicht im Einzelnen Stellung genommen werden; zu verweisen ist vielmehr im 87

[215] Abgrenzend zum Rechtsmangel *Canaris* HandelsR § 8 Rn. 34.
[216] Gegen Anwendung des § 434 Abs. 3 *Grigoleit/Riehm* ZGS 2002, 115 (119); *Oechsler,* Schuldrecht Besonderer Teil. Vertragsrecht, 2003, § 2 Rn. 159; dafür *Larisch,* Gewährleistungshaftung beim Unternehmens- und Beteiligungskauf, 2004, 74 f.
[217] Vgl. insofern den Sachverhalt der sog. Kaufhof/Oppermann-Entscheidung, OLG Hamburg WM 1994, 1378 sowie BGH WM 1980, 284.
[218] Eingehend hierzu → 1. Aufl. 1996, Rn. 102 ff. *(Lieb).*
[219] OLG Hamburg WM 1994, 1378 ff.
[220] Vgl. MüKoBGB/*H. P. Westermann* BGB § 443 Rn. 1, 8; MüKoBGB/*H. P. Westermann* BGB § 434 Rn. 10; MüKoBGB/*H. P. Westermann* BGB § 453 Rn. 34 f.
[221] *Maier-Reimer* in Eckert/Delbrück, Reform des deutschen Schuldrechts, 2003, 75.
[222] AA BeckOK BGB/*Faust* BGB § 434 Rn. 27.

Wesentlichen auf das einschlägige bürgerlich-rechtliche Schrifttum. Im Zusammenhang mit dem Unternehmenskauf ist lediglich auf einige Besonderheiten hinzuweisen.

88 **a) Nacherfüllung (§ 439 BGB).** Nacherfüllung durch Mängelbeseitigung ist grundsätzlich möglich (→ Rn. 66). Der Einwand, bei Nacherfüllung für jeden Einzelposten schulde der Verkäufer letztlich mehr als er eigentlich verkauft habe,[223] geht fehl, weil Nachbesserung grundsätzlich nur bezüglich solcher Mängel verlangt werden kann, die auf das Unternehmen als solches durchschlagen (→ Rn. 79 ff.).[224]

89 Nach der Eigenart des Unternehmens kann zB Nacherfüllung für nicht bilanzierte Verbindlichkeiten verlangt werden, indem der Verkäufer diese Verbindlichkeit tilgt. Allerdings darf die Nacherfüllung keine unzulässige „Monetarisierung" begründen, welche dem Käufer ein verschuldensunabhängiges Äquivalent zum Schadensersatz verschafft.[225]

90 **b) Rücktritt (§ 437 Nr. 2 BGB).** Problematisch ist beim Unternehmenskauf nach wie vor der Rechtsbehelf des Rücktritts (früher Wandelung), da sich das dann ggf. gem. §§ 346 ff. BGB zurückzugebende Unternehmen in der Hand des Erwerbers selbst nach relativ kurzer Zeit nicht unwesentlich verändert haben kann. Im Vergleich zur culpa in contrahendo stellt dies aber keinen ‚malus' dar, weil nach Rspr. und hL auch der Schadensersatzanspruch aus culpa in contrahendo zur Naturalrestitution, dh zu einem Anspruch des Käufers auf Vertragsaufhebung, führt (→ Rn. 76). Insoweit stehen beide Rückabwicklungssysteme vor den gleichen Schwierigkeiten.[226] Sie werden aber überschätzt: So misslich die Pflicht zur Rücknahme des Unternehmens für den Verkäufer ist, trifft ihn die Rückabwicklung, weil das von ihm veräußerte Unternehmen entgegen den getroffenen (Beschaffenheits-)Vereinbarungen mangelhaft war oder bei culpa in contrahendo schuldhaft Pflichten verletzt wurden. Daher lässt es sich nicht rechtfertigen, den Käufer auf Nachbesserung, Minderung oder Aufwendungsersatz zu verweisen und ihm damit anzusinnen, das (mangelhafte, jedenfalls nicht den berechtigten Erwartungen des Käufers entsprechende) Unternehmen zu behalten.[227] Einen gewissen Ausweg aus dem Dilemma der Rückabwicklung eröffnet § 346 Abs. 2 Nr. 2 BGB, der den rücktrittsberechtigten Käufer statt der Rückgewähr auf Wertersatz beschränkt.[228] Wie weit man hier zugunsten des Verkäufers und damit zu Lasten des Käufers geht, hängt vom Gewicht der Bedenken gegen die Rückabwicklung ab.

91 Im Hinblick auf Art und Bedeutung der typischen Mängel dürfte dem Rücktritt nur selten der Einwand des § 323 Abs. 5 S. 2 BGB (unwesentliche Pflichtverletzung) entgegenstehen. Bei Mangelhaftigkeit ist wegen der Einheitlichkeit des Kaufgegenstands die Teilleistungsregelung des § 323 Abs. 5 S. 1 BGB unanwendbar (→ Rn. 19).[229]

92 Die Rechtsfolgen des Rücktritts richten sich nach den durch die Schuldrechtsreform ebenfalls modifizierten §§ 346 ff. BGB. Hinsichtlich der beiderseits erbrachten Hauptleistungen entstehen zunächst gem. § 346 BGB „spiegelbildliche" Pflichten der Vertragsparteien. Der Erwerber ist gem. § 346 Abs. 1 BGB verpflichtet, die **jetzt** vorhandenen Vermö-

---

[223] *Fischer* DStR 2004, 276; *Barnert* WM 2003, 416 (422) zu Fn. 79.

[224] So ausdrücklich OLG Köln ZIP 2009, 2063 (2066 f.) = DB 2009, 2259, dazu *Picot* DB 2009, 2587. Weitergehend wohl *Büdenbender* in Dauner-Lieb, Unternehmenskauf und Schuldrechtsmodernisierung, 2003, 5 (39).

[225] Unterschiedlich weit *Büdenbender* in Dauner-Lieb, Unternehmenskauf und Schuldrechtsmodernisierung, 2003, 5 (39); *Maier-Reimer* in Eckert/Delbrück, Reform des deutschen Schuldrechts, 2003, 78 ff.; *Canaris* HandelsR § 8 Rn. 31.

[226] → 1. Aufl. 1996, Rn. 107 ff. *(Lieb).*

[227] So auch *Reiner* in Semler/Volhard, Arbeitshandbuch Unternehmensübernahmen, Bd. II, 2003, § 56 Rn. 15, 193 f. Für einen Rücktritt vom Kauf einer Steuerberaterpraxis bei Abweichungen von der vereinbarten Ertragsfähigkeit LG Düsseldorf BeckRS 2014, 10460.

[228] Dazu *Maier-Reimer* in Eckert/Delbrück, Reform des deutschen Schuldrechts, 2003, 83 f.; *Thiessen,* Unternehmenskauf und BGB. Die Haftung des Verkäufers von Unternehmen und Unternehmensbeteiligungen, 2005, 235 ff.; *Büdenbender* in Dauner-Lieb, Unternehmenskauf und Schuldrechtsmodernisierung, 2003, 5 (41 ff.); *Gaul* ZHR 166 (2002), 35 (56).

[229] Hierzu *Thiessen,* Unternehmenskauf und BGB. Die Haftung des Verkäufers von Unternehmen und Unternehmensbeteiligungen, 2005, 233 f.; zT aA *Canaris* HandelsR § 8 Rn. 40: Teilrücktritt bezüglich des mangelhaften Einzelgegenstands.

genswerte des Unternehmens, dh das Unternehmen in seinem **gegenwärtigen** Zustand, auf den Veräußerer (zurück) zu übertragen[230] sowie den Veräußerer in das (veränderte) Unternehmen einzuweisen. Bei den Rücktrittsnebenfolgeansprüchen der §§ 346 f. BGB ist zu beachten, dass der Nutzungs-/Verwendungsbegriff nur dann erfüllt ist, wenn Erträge aus dem Unternehmen als Nutzung desselben abgeflossen sind oder aber Leistungen zugunsten des Unternehmens, etwa als Kapitalerhöhung erbracht wurden.[231]

Der Veräußerer muss seinerseits den Kaufpreis einschließlich der von ihm erwirtschafteten Zinsen (§ 346 Abs. 1 BGB) bzw. nicht erwirtschafteten Zinsen (§ 347 Abs. 1 BGB) **zurückerstatten** sowie den Erwerber von den seinerzeit (kaufpreismindernd) übernommenen **Verbindlichkeiten** des Unternehmens **freistellen.** Soweit der Erwerber diese Verbindlichkeiten beglichen hat, ist ihm gem. § 347 Abs. 2 BGB ein Zahlungsanspruch zuzugestehen. Von § 346 BGB nicht unmittelbar erfasst ist die Pflicht des Veräußerers, den Erwerber von **neu** begründeten Unternehmensverbindlichkeiten freizustellen, für die der Erwerber unmittelbar haftet. Auch insoweit liegt jedoch die Anwendung des § 347 BGB nahe, weil die diesen Verbindlichkeiten korrespondierenden Ansprüche als Gegenstände des zurück zu übertragenden Unternehmensvermögens dem Veräußerer zugutekommen. Hinzu kommt, dass die §§ 346 ff. BGB das Interesse des Käufers anerkennen, möglichst weitgehend so gestellt zu werden, als ob er sich auf den Vertrag nie eingelassen hätte.[232] 93

Der Erwerber ist ferner verpflichtet, **Gewinne,** die er erwirtschaftet und entnommen hat, gem. § 346 Abs. 2, 3 BGB abzüglich einer Entschädigung für seine Tätigkeit (§ 347 Abs. 2 S. 2 BGB) zu ersetzen. 94

Nicht bzw. nur anteilig zurückzuzahlen ist in der Regel die dem Veräußerer für die Einhaltung eines vertraglichen Wettbewerbsverbots gezahlte **(Karenz-)Entschädigung,** da der Erwerber entsprechend § 346 Abs. 2 S. 1 Nr. 1 BGB verpflichtet ist, dem Veräußerer für den Zeitraum, in dem dieser Wettbewerb unterlassen hat, Wertersatz zu leisten,[233] wobei sich die Höhe an der hierfür vereinbarten Entschädigung orientieren sollte. 95

Darüber hinaus stellt sich die Frage, ob der Erwerber verpflichtet ist, sich des **Wettbewerbs** mit dem Veräußerer zu enthalten. Eine ‚Umkehrung' des vertraglichen Wettbewerbsverbots, das dem Erwerber die Festigung der erworbenen Marktposition ermöglichen sollte, lässt sich aus dem beim Rücktritt entstehenden Abwicklungsverhältnis[234] nicht ohne weiteres ableiten. Der Erwerber ist jedoch verpflichtet, alles zu unterlassen, was den (Wieder-)Eintritt des Veräußerers in die Wettbewerbsposition des Erwerbers vereiteln könnte. Dies ergibt sich insbesondere daraus, dass ein solch beschränktes Wettbewerbsverbot letztlich nur dazu dient, die Erfüllung der Hauptpflicht (die jetzt in der Rückgabe des Unternehmens besteht) abzusichern (→ Rn. 24). 96

c) Minderung (§ 441 BGB). Bei der Minderung bereitet die Ermittlung des von § 441 Abs. 3 BGB vorgegebenen „wirklichen Werts" Schwierigkeiten. Sie sind jedoch überwindbar, wenn man mit *Maier-Reimer* im Regelfall davon ausgeht, dass der wirkliche Wert dem von den Parteien vereinbarten Kaufpreis entspricht.[235] Im Übrigen hilft der vom Gesetzgeber zur Verfügung gestellte § 441 Abs. 3 S. 2 BGB (Zulässigkeit von Schätzungen).[236] Etwa übernommene Verbindlichkeiten sind zum Kaufpreis zu addieren.[237] 97

230 Zur Parallele bei bereicherungsrechtlicher Rückabwicklung → Rn. 42 ff.

231 Zutr. und weiterführend *Büdenbender* in Dauner-Lieb, Unternehmenskauf und Schuldrechtsmodernisierung, 2003, 5 (47).

232 Vgl. BGHZ 87, 104 (110) = NJW 1983, 1479 (1480) in Bezug auf die Abnahmeverpflichtung des Veräußerers.

233 Vgl. MüKoBGB/*Gaier* BGB § 346 Rn. 25.

234 Umfassend hierzu *Leser,* Der Rücktritt vom Vertrag, 1975, 150 ff.

235 *Maier-Reimer* in Eckert/Delbrück, Reform des deutschen Schuldrechts, 2003, 81; zu Berechnungsproblemen und Vereinfachungen MüKoBGB/*H. P. Westermann* BGB § 441 Rn. 12 ff.

236 Zu Unternehmensbewertung und Schätzungsermessen in anderem Zusammenhang (Barabfindung bei Delisting) LG Köln AG 2009, 835 = GWR 2009, 324.

237 Zweifel bei *Maier-Reimer* in Eckert/Delbrück, Reform des deutschen Schuldrechts, 2003, 81 für den Sonderfall des Anteilskaufs, bei dem die Übernahme von Verbindlichkeiten aber ohnehin die Ausnahme sein dürfte.

98 **d) Schadensersatzansprüche.** Beim (kleinen) Schadensersatzanspruch besteht der Mindestschaden in der Regel im Minderwert des Unternehmens, der sich aus der Mangelhaftigkeit ergibt. Der Schadensersatzanspruch umfasst aber nach allgemeinen Regeln auch weitere Schäden. Erforderlich ist ein diesbezügliches Verschulden des Verkäufers. Dazu kommen Schadensersatzansprüche bei schuldhafter Verletzung der Pflicht zur Nacherfüllung. Für den darüber hinausgehenden Umfang des sog. großen Schadensersatzanspruchs gem. § 281 BGB gelten dieselben Grundsätze wie für das Rücktrittsrecht (→ Rn. 90 ff.).

99 **e) Aufwendungsersatz.** Der Aufwendungsersatzanspruch des § 284 BGB dürfte für den Unternehmenskauf keine große Bedeutung haben.[238] Zwar geht die Vorschrift über die bisherigen (Teil-)Regelungen etwa des § 467 S. 2 BGB aF weit hinaus und ist insbesondere nicht durch das Erfüllungsinteresse begrenzt. Anders als beim Schadensersatz statt der Leistung ist auch die Wirtschaftlichkeit der Aufwendungen keine Anspruchsvoraussetzung. Jedoch hilft dem Unternehmenskäufer beim Schadensersatz statt der Leistung weiterhin die sog. Rentabilitätsvermutung,[239] dass er die Aufwendungen mit einem vertragsgemäßen Unternehmen erwirtschaftet hätte.

100 **f) Verjährung.** Das Schuldrechtsmodernisierungsgesetz hat die frühere, außerordentlich knappe Verjährungsfrist des § 477 BGB aF, die für Unternehmenskäufer untragbar war und daher zu mancherlei Konstruktionen Anlass gegeben hatte,[240] bewusst beseitigt. Die neue Regelung von zwei Jahren (§ 438 Abs. 1 Nr. 3 BGB) ist auch für den Unternehmenskauf akzeptabel, so dass es des Ausweichens auf die c.i.c., die im Regelfall erst nach (mindestens, § 199 BGB) drei Jahren (§ 195 BGB) verjähren würde, nicht mehr bedarf.[241]

101 **g) Garantien.** Die Praxis des Unternehmenskaufs hatte bereits während der Geltung des alten Schuldrechts mit dem Ziel, dessen Schwächen (→ Rn. 54) zu überwinden, ein eigenständiges Garantiesystem entwickelt. Der Verkäufer gab selbstständige Garantien für die Fälle, die vom Gesetz im Hinblick auf die einschränkende Auslegung des damaligen § 463 BGB aF nicht ausreichend erfasst werden konnten, nämlich einmal Umstände, die sich erst auf die Zukunft bezogen und damit nach damaligem Verständnis nicht zusicherungsfähig waren, sowie Fälle, in denen ein im Vergleich zur gesetzlichen Gewährleistung weitergehender Erfolg garantiert werden sollte. Als selbstständige Garantie verstanden wurden schließlich auch Vereinbarungen, die sich auf Umstände bezogen, die über den damaligen engen Eigenschaftsbegriff des § 459 Abs. 2 BGB aF hinausgingen.

102 Mit der Schuldrechtsmodernisierung ist an die Stelle der Eigenschaftszusicherung des § 463 BGB aF die „Übernahme einer Garantie" iSv § 276 Abs. 1 S. 1 BGB getreten. Damit sollten die früheren Anwendungsbeschränkungen des § 463 BGB aF entfallen, so dass nach hiesiger Ansicht der bisherige Inhalt von Garantien bereits als Beschaffenheit, insbesondere auch für zukünftige Umstände, vereinbart werden kann.[242] Die Beschaffenheits- und Haltbarkeitsgarantie hat – in Umsetzung der EU-Verbraucherrichtlinie – in § 443 BGB eine Regelung erfahren. Sie ist wegen ihres verbraucherschützenden Hintergrunds nicht auf Unternehmenskäufe zugeschnitten. Jedoch ist den Parteien unbenommen, auch nach dieser Vorschrift für einen bestimmten Garantiefall bestimmte garantierte Rechte zu vereinbaren.

103 Für die selbstständige Garantie bleiben damit nur die Garantie eines über die §§ 434 ff. BGB hinausgehenden Erfolges sowie die Garantie von (erweiterten) Eigenschaften übrig, die nicht unter den Beschaffenheitsbegriff fallen. Beim Unternehmenskauf ist freilich umstritten, wie weit die Gewährleistungsrechte reichen und welche Restriktionen der neue Beschaffenheitsbegriff mit sich bringt. Daher ist der Praxis zu empfehlen, die Garantien

---

[238] Eingehend *Thiessen,* Unternehmenskauf und BGB. Die Haftung des Verkäufers von Unternehmen und Unternehmensbeteiligungen, 2005, 265 ff.

[239] NK-BGB/*Arnold* BGB § 284 Rn. 1; MüKoBGB/*Ernst* BGB § 284 Rn. 3.

[240] → 1. Aufl. 1996, Rn. 137 ff. *(Lieb).*

[241] OLG Köln ZIP 2009, 2063 (2066 f.) = DB 2009, 2259; dazu *Picot* DB 2009, 2587; *Weller* FS Maier-Reimer, 2010, 839 (848 f.); Staudinger/*Beckmann,* 2014, BGB § 453 Rn. 174.

[242] *Thiessen,* Unternehmenskauf und BGB. Die Haftung des Verkäufers von Unternehmen und Unternehmensbeteiligungen, 2005, 335 ff.; aA *Canaris* HandelsR § 8 Rn. 31 aE.

weiterhin als selbstständige Garantien zu deklarieren, die unabhängig von etwaigen Tatbestands- und Rechtsfolgenbeschränkungen der §§ 434 ff. BGB Bestand haben sollen.[243]

Regelmäßig wird eine verschuldensunabhängige Garantie vom Verkäufer nur über- **104**
nommen, wenn sie kalkulierbar ist. Garantien sind deshalb sowohl im Tatbestand (worauf bezieht sich die Garantie) als auch in den Rechtsfolgen (Haftungsumfang) beschränkbar.[244] Der Gesetzgeber hat dies nach heftigen Irritationen[245] um § 444 BGB idF des Schuldrechtsmodernisierungsgesetzes dadurch bestätigt, dass in §§ 444, 639 BGB nF das Wort „wenn" durch „soweit" ersetzt wurde.[246] Da die dem Verkäufer abverlangten Garantien gleichwohl nicht immer eingehalten werden können, bieten Versicherer eigens auf den Unternehmenskauf abgestimmte **Gewährleistungsversicherungen** (Warranty & Indemnity Insurances, W&I-Insurances) an, die typischerweise vom Käufer (Buyer-Side-W & I-Insurance) für den Fall abgeschlossen werden, dass ein vom Verkäufer garantierter Umstand nicht zutrifft oder eintritt.[247]

Die Verschuldensunabhängigkeit geht indessen manchen Verkäufern zu weit. Sie ver- **105**
wenden in der Vertragspraxis daher einschränkende Klauseln („nach bestem Wissen", sog. best knowledge-Klauseln). Was damit gemeint und wie insbesondere die Beweislast zu verteilen ist, muss im Weg der Vertragsauslegung festgestellt werden.[248]

Von den Verkäufergarantien zu unterscheiden sind **Managementgarantien.** Sie wer- **106**
den der Geschäftsleitung der Zielgesellschaft beim Anteilskauf (→ Rn. 110 ff.) abverlangt, wenn der Erwerber außer den in der due diligence (→ Rn. 13) erhaltenen Informationen keinen Einblick in die Verhältnisse des von der Gesellschaft betriebenen Unternehmens hat, um die Geschäftsleitung zu vollständiger und wahrheitsgemäßer Information anzuhalten.[249]

IV. Gewährleistung für Rechtsmängel

Übereinstimmend mit § 434 BGB aF definiert § 435 BGB als Rechtsmangel Rechte **107**
Dritter an der Kaufsache, soweit der Käufer diese Drittrechte nicht im Kaufvertrag akzeptiert hat. Das alte Recht enthielt für Sach- und Rechtsmängel unterschiedliche Gewährleistungsregeln; infolgedessen gab es insbesondere beim Unternehmenskauf mannigfache Differenzierungen mit zahlreichen Streitfragen (→ Rn. 54 ff.). Die Schuldrechtsmodernisierung hat Sach- und Rechtsmängel in der Rechtsfolge gleichgestellt. Die §§ 437 ff. BGB gelten für die §§ 434, 435 BGB gleichermaßen und werden von § 453 Abs. 1 BGB auch auf Unternehmen erstreckt.[250] Unterschiedlich ist allerdings die Verjährung (§ 438 Abs. 1 Nr. 1 und 3 BGB).[251] Zu unterscheiden ist außerdem nach wie vor zwischen Rechtsmängeln im Bereich des Unternehmenssubstrats und Rechtsmängeln am Unternehmen selbst.

---

243 Vgl. *Weigl* DNotZ 2005, 246 (254 f.); *Mellert* BB 2011, 1667. Eingehend zu den unterschiedlichen Arten von Garantien Staudinger/*Beckmann,* 2014, BGB § 453 Rn. 107 ff.; *Wächter* M & A-Litigation Rn. 5.1 ff. (177 ff.). Zur Schadensersatzhaftung bei unrichtigen Bilanzgarantien OLG München BeckRS 2011, 07200, eingehende Analyse der Entscheidung bei *Louven/Mehrbrey* NZG 2014, 1321 (1325 ff.); OLG Frankfurt NZG 2016, 435; allg. dazu *Blunk/Rabe* GmbHR 2011, 408; *Hilgard* BB 2013, 937; *Wächter* NJW 2013, 1270; *Hennrichs* NZG 2014, 1001; grdl. die Beiträge bei *Drygala/Wächter,* Bilanzgarantien bei M&A-Transaktionen, 2015.

244 Zu den durch § 444 BGB bei Arglist gezogenen Grenzen OLG Brandenburg BeckRS 2012, 14956.

245 → 2. Aufl. 2005, Rn. 114 *(Lieb).*

246 Dazu *Seibt* NZG 2004, 801.

247 Staudinger/*Beckmann,* 2014, BGB § 453 Rn. 128; eingehend hierzu *Kränzlin/Otte/Fassbach* BB 2013, 2314; *Metz* NJW 2010, 813; *Jakobs/Franz* VersR 2014, 659.

248 Vgl. dazu *Huber* AcP 202 (2002), 179 (207); *Maier-Reimer* in Eckert/Delbrück, Reform des deutschen Schuldrechts, 2003, 72 f.; mit Formulierungsvorschlägen *Schmitz* RNotZ 2006, 561 (591 ff.); zur Wissenszurechnung OLG Düsseldorf NZG 2017, 152 (157 ff.); *Meyer* WM 2012, 2040; *Weißhaupt* WM 2013, 782; *Hoenig/Klingen* NZG 2013, 1046; *Thiessen* in Wilhelmi/Stürner, Post-M&A-Schiedsverfahren. Recht und Rechtsfindung jenseits gesetzlichen Rechts, 2019, 223, 225 ff.

249 Grdl. hierzu *Seibt/Wunsch* ZIP 2008, 1093 ff.; zur Managerhaftung wegen falscher Angaben *Rodewald/Unger* DB 2007, 1627 ff.; *Berg* NZG 2008, 641 ff.; zur Haftungsbeschränkung *Schaffner* BB 2007, 1292 ff.

250 Dies ist unbestritten, vgl. die Nachweise bei *Canaris* HandelsR § 8 Rn. 23 Fn. 26, Rn. 25, 33 f.

251 Vgl. MüKoBGB/*H. P. Westermann* BGB § 438 Rn. 13.

108 Für Einzelmängel ist wie bei Sachmängeln an Einzelgegenständen entscheidend, ob der betreffende Rechtsmangel gemessen an § 435 auf das Unternehmen im Ganzen durchschlägt (→ Rn. 79 ff.), den Unternehmer also in seiner unternehmerischen Tätigkeit behindert.[252] Sollte dies der Fall sein, liegt ein Sachmangel des Unternehmens vor.[253] Eine auf den einzelnen Gegenstand beschränkte Rechtsmängelhaftung kommt ebenso wenig in Betracht wie bei Sachmängeln.

109 Bei Rechten Dritter, die der Fortführung des Unternehmens als solchen entgegenstehen oder zumindest erhebliche Einschränkungen erzwingen, sind die §§ 435, 437 BGB unmittelbar anwendbar. Beim asset deal ist dies nur ausnahmsweise denkbar, wenn etwa ein Konkurrent die Tätigkeit des Erwerbers im Rahmen eines selektiven Vertriebssystems verhindern kann. Beim share deal (→ Rn. 111 f.) kommt in Betracht, dass das verkaufte, die Unternehmenskontrolle vermittelnde Aktienpaket zugunsten der depotführenden Bank verpfändet ist und verwertet wird.

V. Anteilserwerb

110 **1. Regelungsproblem.** Wird ein Unternehmen nicht von Einzelpersonen, sondern von (Personen- und Kapital-)Gesellschaften betrieben,[254] kann das Unternehmen von diesen selbst veräußert werden; dann gelten die allgemeinen, vorangehend dargestellten Grundsätze. Näher liegt allerdings die Übertragung der Anteile an der Gesellschaft (share deal). Da die Gesellschaft als Unternehmensträger davon nicht berührt wird, ihre **Identität** vielmehr **erhalten bleibt,** findet insoweit nur ein mittelbarer Inhaberwechsel statt. Ausgewechselt werden (nur) diejenigen Personen, die als Gesellschafter und damit als Mitglieder des Unternehmensträgers das Unternehmen durch die Gesellschaft betrieben haben. Dies erleichtert die Erfüllung. Übertragen werden müssen nur die Anteile; eine Übertragung der einzelnen Gegenstände des Unternehmensvermögens erübrigt sich. Zugleich entfällt damit bei Fremdgeschäftsführung die Notwendigkeit der Einweisung: Das Unternehmen wird vielmehr (zumindest zunächst) von seinen bisherigen (Fremd-)Organen weitergeführt (zu Managementgarantien → Rn. 106). Umgekehrt bedeutet dies, dass den Veräußerer sowohl eine (eingeschränkte) Einweisungspflicht als auch ein Wettbewerbsverbot trifft, wenn er bisher das Unternehmen selbst geführt hat bzw. an dessen Führung beteiligt war und der Erwerber auch in diese Stellung des Veräußerers einrücken soll.

111 **2. Gewährleistung.** Auch beim Anteilskauf bereitet die Gewährleistung Schwierigkeiten. Beim Anteilskauf handelt es sich um einen Rechtskauf, für den das alte Recht nur eine Veritätshaftung gem. § 437 BGB aF enthielt;[255] eine darüber hinausgehende Haftung bedurfte grundsätzlich der Vereinbarung (arg. § 438 BGB aF). Da in vielen Fällen der Anteilskauf letztlich auf den Kauf des von der Gesellschaft betriebenen Unternehmens abzielte, wurden auf diesen Anteilskauf die Regeln über den Unternehmenskauf angewandt, sodass auch Sachmängelgewährleistung zum Zuge kommen konnte. Dies sollte freilich davon abhängig sein, dass entweder alle oder doch fast alle Anteile übernommen wurden.[256] Diese (sehr streitige) Grenzziehung sollte allerdings nur für die Anwendbarkeit der Sachmängelgewährleistung gelten, nicht für Ansprüche aus culpa in contrahendo. Die Notwendigkeit einer entsprechenden Grenzziehung wurde von denjenigen geleugnet, die schon nach altem Recht lediglich darauf abstellen wollten, ob Beschaffenheitsvereinbarungen zustande gekommen waren.[257]

112 Das Schuldrechtsmodernisierungsgesetz hat die Sonderstellung des Rechtskaufs beseitigt. § 453 Abs. 1 BGB ordnet generell die entsprechende Geltung der Vorschriften über den Sachkauf auch auf den Rechtskauf an. Diese Verweisung umfasst neben Rechtsmängeln

[252] *Canaris* HandelsR § 8 Rn. 38.
[253] Auch zum Folgenden *Canaris* FS Georgiades, 2006, 71 (87 f.).
[254] Aufschluss über das Verhältnis der Rechtsformen gibt die amtliche Umsatzsteuerstatistik.
[255] Dazu → 1. Aufl. 1996, Rn. 155 *(Lieb)*; zum neuen Recht *Schröcker* ZGR 2005, 63 (86 ff.).
[256] → 1. Aufl. 1996, Rn. 156 f. *(Lieb)*.
[257] → 1. Aufl. 1996, Rn. 159 *(Lieb)*.

(→ Rn. 107 ff.) ganz selbstverständlich auch die Sachmängelgewährleistung gem. §§ 434 ff. BGB, so dass auch Rechte ‚Sachmängel' aufweisen können.[258] Ausschlaggebend ist damit nach § 434 BGB insbesondere, ob und ggf. inwieweit bezüglich des erworbenen Rechts Beschaffenheitsvereinbarungen getroffen wurden. Solche Beschaffenheitsvereinbarungen können beim Anteilskauf auch Umstände erfassen, die das Unternehmen betreffen, das von der Gesellschaft betrieben wird, an der Anteile erworben werden. Inhaltlich sind dem keine Grenzen gesetzt. Insbesondere ist die Zulässigkeit und Maßgeblichkeit solcher Beschaffenheitsvereinbarungen entgegen dem Bundesgerichtshof[259] nicht davon abhängig, dass ein bestimmter Prozentsatz der Anteile erworben wurde.[260] Auch insoweit herrscht vielmehr Vertragsfreiheit.

Dagegen wird ebenso wie im früheren Recht eingewandt, Gegenstand des Kaufvertrags seien die Anteile, nicht das Unternehmen selbst.[261] Dem folgt der BGH.[262] Dieser Einwand überzeugt jedoch deswegen nicht, weil Unternehmen, die von Gesellschaften betrieben werden, häufig mittelbar durch Abtretung der Anteile erworben werden. Die zu erwerbenden Gesellschaftsanteile existieren nicht um ihrer selbst willen, sondern verkörpern die Beteiligung an einem Unternehmen, auf das es infolgedessen auch gewährleistungsrechtlich primär ankommt.[263] **113**

Die Maßgeblichkeit von Beschaffenheitsvereinbarungen entscheidet auch die Frage der Haftung beim Erwerb von Anteilen an der Börse. Da dort solche Vereinbarungen kaum getroffen werden können, findet insoweit Sachmängelgewährleistung nicht statt,[264] es sei denn, es liegt ausnahmsweise ein relevantes Defizit bezüglich der Eignung zur gewöhnlichen Verwendung vor. **114**

VI. Ergänzende Vorschriften

Ist das vom Veräußerer betriebene Unternehmen ein Handelsgeschäft, findet auf den Unternehmenskauf abseits des Anteilskaufs **§ 25** Anwendung, der nach hiesiger Ansicht den Übergang unternehmensbezogener Rechtsverhältnisse, nach herkömmlichen Verständnis lediglich die Haftung für Altverbindlichkeiten und den Schuldnerschutz regelt (→ § 25 Rn. 2). Auf die dortige Kommentierung wird verwiesen. **115**

Die Veräußerung des Handelsgeschäfts erfüllt zugleich in aller Regel den **Tatbestand des Betriebsübergangs** gem. **§ 613a BGB,**[265] so dass die Arbeitsverhältnisse (vorbehaltlich eines etwaigen Arbeitnehmerwiderspruchs) zwingend auf den Erwerber übergehen und – mit Ausnahme des schmalen Bereichs des § 613a Abs. 2 S. 1 BGB – der Veräußerer haftungsfrei ausscheidet (→ § 25 Rn. 93, → § 25 Rn. 128). Dies gilt nicht für Ruhestandsverhältnisse. Vor allem bei der Kaufpreisgestaltung ist aber zu beachten, dass mit den Arbeitsverhältnissen der aktiven Arbeitnehmer deren eventuelle **Anwartschaften auf betriebliche** **116**

---

258 BeckOGK/*Wilhelmi* BGB § 453 Rn. 57; Staudinger/*Beckmann,* 2014, BGB § 453 Rn. 104; *M. Zimmermann* AcP 213 (2013), 652 (659 ff., 671 ff.); aA *Huber* AcP 202 (2002), 179 (229); *Canaris* HandelsR § 8 Rn. 43 f.; *Lorenz* FS Heldrich, 2005, 305 (320); *Palzer* Jura 2011, 917 (918).

259 BGH NJW 2019, 145 (147 ff.) Rn. 37 ff. m. abl. Anm. Thiessen JZ 2019, 574 (575 f.).

260 Eingehend *Reiner* in Semler/Volhard, Arbeitshandbuch Unternehmensübernahmen, Bd. II, 2003, § 56 Rn. 49 ff.; *M. Zimmermann* AcP 213 (2013), 652 (672 f.); für eine Einzelfallbetrachtung *Karsten Schmidt* HandelsR § 5 Rn. 29; *Weller* FS Maier-Reimer, 2010, 839 (842); BeckOGK/*Wilhelmi* BGB § 453 Rn. 121; aA *Canaris* HandelsR § 8 Rn. 48; *Lorenz* FS Heldrich, 2005, 305 (319); Oetker/*Vossler* Rn. 12; Staudinger/*Beckmann,* 2014, BGB § 453 Rn. 101; *Palzer* Jura 2011, 917 (918). Vgl. OLG Düsseldorf WM 2009, 1935.

261 So BeckOK BGB/*Faust* BGB § 453 Rn. 22; *Eidenmüller* ZGS 2002, 290 (294); *Fischer* DStR 2004, 276 (280); *Huber* AcP 202 (2002), 179 (229 ff.); *Oetker/Maultzsch,* Vertragliche Schuldverhältnisse, 5. Aufl. 2018, 30 f.

262 BGH NJW 2019, 145 (147 ff.) Rn. 37 ff. m. abl. Anm. *Thiessen* JZ 2019, 574, 575 f.

263 So wie hier *Gaul* ZHR 166 (2002), 35 (39); BeckOGK/*Wilhelmi* BGB § 453 Rn. 58; Staudinger/*Beckmann,* 2014, BGB § 453 Rn. 104; aA *Palzer* Jura 2011, 917 (918 f.).

264 *M. Zimmermann* AcP 213 (2013), 652 (672 f.).

265 Vgl. hierzu *v. Steinau-Steinrück/Thees* in Hölters Unternehmenskauf-HdB Rn. 6.19 ff.; *Holzapfel/Pöllath,* Unternehmenskauf in Recht und Praxis, 15. Aufl. 2017, Rn. 1517 ff.

Altersversorgung auf den Erwerber übergehen. Dies ist vor allem deswegen bedeutsam, weil diese Anwartschaften nicht (vollständig) passiviert zu sein brauchen (Art. 28 Abs. 1 S. 2 EGHGB), aus den vorgelegten Bilanzen also nicht unbedingt ersichtlich sind.[266]

§ 26 [Fristen bei Haftung nach § 25]

(1) [1]Ist der Erwerber des Handelsgeschäfts auf Grund der Fortführung der Firma oder auf Grund der in § 25 Abs. 3 bezeichneten Kundmachung für die früheren Geschäftsverbindlichkeiten haftbar, so haftet der frühere Geschäftsinhaber für diese Verbindlichkeiten nur, wenn sie vor Ablauf von fünf Jahren fällig und daraus Ansprüche gegen ihn in einer in § 197 Abs. 1 Nr. 3 bis 5 des Bürgerlichen Gesetzbuchs bezeichneten Art festgestellt sind oder eine gerichtliche oder behördliche Vollstreckungshandlung vorgenommen oder beantragt wird; bei öffentlich-rechtlichen Verbindlichkeiten genügt der Erlass eines Verwaltungsakts. [2]Die Frist beginnt im Falle des § 25 Abs. 1 mit dem Ende des Tages, an dem der neue Inhaber der Firma in das Handelsregister des Gerichts der Hauptniederlassung eingetragen wird, im Falle des § 25 Abs. 3 mit dem Ende des Tages, an dem die Übernahme kundgemacht wird. [3]Die für die Verjährung geltenden §§ 204, 206, 210, 211 und 212 Abs. 2 und 3 des Bürgerlichen Gesetzbuches sind entsprechend anzuwenden.

(2) Einer Feststellung in einer in § 197 Abs. 1 Nr. 3 bis 5 des Bürgerlichen Gesetzbuchs bezeichneten Art bedarf es nicht, soweit der frühere Geschäftsinhaber den Anspruch schriftlich anerkannt hat.

Schrifttum: *Altmeppen,* Zur Enthaftung des ausscheidenden Personengesellschafters, NJW 2000, 2529; *Artmann,* Offene Fragen zum Unternehmensübergang nach §§ 38 f. UGB, WBl. 2007, 253; *Bork,* Zur Enthaftung der Besitzgesellschaft bei der Betriebsaufspaltung analog § 26 HGB, ZIP 1989, 1369; *Büscher-Klusmann,* Forthaftung und Regreß ausgeschiedener Personengesellschafter, ZIP 1992, 11; *Canaris,* Die Enthaftungsregelung der §§ 26, 28 Abs. 3 HGB auf dem Prüfstand der Verfassung, FS Odersky, 1996, 753; *Dellinger,* Von wechselnden Kreditnehmern und widersprechenden Bürgen, ÖBA 2008, 176; *Eckert,* Begrenzung der Nachhaftung ausgeschiedener Gesellschafter, RdA 1994, 215; *Hönn,* Dauer- und sonstige Schuldverhältnisse als Problem der Haftung ausgeschiedener Gesellschafter unter Berücksichtigung des Gläubigerschutzes, ZHR 149 (1985), 300; *Honsell/Harrer,* Die Haftung des ausgeschiedenen Gesellschafters bei Dauerschuldverhältnissen, ZIP 1986, 341; *Karollus,* Unternehmerwechsel und Dauerschuldverhältnis, ÖJZ 1995, 241 und ÖJZ 1995, 292; *Kiskel,* Verjährungsprivilegien in Umwandlungsfällen, 1991; *Krejci,* § 38 UGB: Zurück ins Trockendock?, ÖJZ 2007, 841; *Lieb,* Zum Entwurf eines Nachhaftungsbegrenzungsgesetzes, GmbHR 1992, 561; *Lieb,* „Haftungsklarheit für den Mittelstand"?, GmbHR 1994, 657; *Lieb,* Die Haftung für Altschulden bei „Eintritt" eines Gesellschafters in ein nicht- oder minderkaufmännisches Einzelunternehmen, FS H. Westermann, 1974, 309; *Lieb,* Zur Begrenzung der sogenannten Nachhaftung nach Ausscheiden aus der haftungsbegründenden Rechtsposition, ZGR 1985, 124; *Maier-Reimer,* Nachhaftungsbegrenzung und neues Verjährungsrecht, DB 2002, 1818; *Moll/Hottgenroth,* Zur Nachhaftung des ausgeschiedenen Gesellschafters einer Personenhandelsgesellschaft für Verbindlichkeiten aus Arbeitsverhältnissen, RdA 1994, 223; *Reichold,* Das neue Nachhaftungsbegrenzungsgesetz, NJW 1994, 1617; *Reichold,* § 26 HGB – Verjährungs- oder Enthaftungsnorm, ZIP 1988, 551; *Rohe,* Die Haftung des ausgeschiedenen OHG-Gesellschafters aus längerfristigen Schuldverhältnissen der Gesellschaft, Diss. Münster 1975; *Karsten Schmidt,* Gesellschaftsrechtliche Grundlagen eines Nachhaftungsbegrenzungsgesetzes, DB 1990, 2357; *Karsten Schmidt,* Haftung des Gesellschafters oder Einzelkaufmanns für Altverbindlichkeiten nach haftungsbeschränkender Umwandlung, NJW 1981, 159; *Karsten Schmidt,* Zur Haftung und Enthaftung der persönlich haftenden Gesellschafter bei Liquidation und Konkurs der Personengesellschaft, ZHR 152 (1988) 105; *Karsten Schmidt/Schneider,* Haftungserhaltende Gläubigerstrategien beim Ausscheiden von Gesellschaftern bei Unternehmensübertragung, Umwandlung und Auflösung, BB 2003, 1961; *Seibert,* Nachhaftungsbegrenzungsgesetz – Haftungsklarheit für den Mittelstand, DB 1994, 461; *Torggler,* §§ 38 f. UGB: Unternehmenserwerb de lege lata et ferenda, JBl. 2008, 137; *Ulmer,* Die zeitliche Begrenzung der Haftung von Gesellschaftern beim Ausscheiden aus einer Personenhandelsgesellschaft sowie bei der Umwandlung in eine Kapitalgesellschaft, BB 1983, 1865; *Ulmer/Timmann,* Die Enthaftung ausgeschiedener Gesellschafter, ZIP 1992, 1; *Ulmer/Wiesner,* Die Haftung ausgeschiedener Gesellschafter aus Dauerschuldverhältnissen, ZHR 144 (1980), 393; *Wiesner,* Die Enthaftung persönlich haftender Gesellschafter für Ansprüche aus Dauerschuldverhältnissen, ZIP 1983, 1032.

---

[266] Vgl. BeBiKo/*Grottel/Johannleweling* § 249 Rn. 167 f., 195 ff.; zu den Änderungen nach dem BilMoG aber *Heger/Weppler* DStR 2009, 239 ff.; *Lucius/Veit* BB 2010, 235 ff.

Übersicht

I. Normzweck

1 § 26 folgt einem zentralen Prinzip für die Haftung beim Wechsel von Unternehmensträgern.[1] Der eigentliche Schuldner unternehmensbezogener Verbindlichkeiten ist der neue Unternehmensträger. Der alte Unternehmensträger haftet auf begrenzte Zeit neben dem neuen Unternehmensträger weiter. Diese **befristete Nachhaftung** ist der Preis, den der alte Unternehmensträger für seinen **Rückzug vom Markt** zahlt, den ihm das Gesetz **ohne Mitwirkung der Gläubiger** eröffnet (→ § 25 Rn. 26). Verwirklicht ist dieses Prinzip weit über das Handelsrecht hinaus. Die Nachhaftungsbegrenzung ist seit 1994 gesetzesübergreifend durch ein weitgehend geschlossenes System von fünfjährigen Ausschlussfristen gekennzeichnet (neben § 26 Abs. 1, § 28 Abs. 3, § 160 auch § 736 Abs. 2 BGB, § 10 Abs. 2 PartGG, § 45 UmwG, § 133 Abs. 3 UmwG, § 157 UmwG, § 224 UmwG, seit 2004 auch § 327 Abs. 4 AktG).[2] Die Entscheidung, unternehmerisch tätig zu werden und eine bestimmte Rechtsform zu wählen, soll nicht durch die Sorge vor unabsehbaren Haftungsrisiken bestimmt sein. Die betreffenden Vorschriften **schützen** daher **vor** einer **Endloshaftung,** die **nach** einem **Rechtsformwechsel** oder nach dem **Marktaustritt** drohen könnte.[3] Zu diesem Zweck wird der bisherige **Schuldner** nach fünf Jahren **aus der Haftung entlassen;** den **Gläubigern** steht ein **anderes Haftungssubjekt** zur Verfügung. Die Nachhaftungsfrist ist transparent, da sie an obligatorische Registereintragungen anknüpft (anders in Österreich, → Rn. 20). Strukturell gehört trotz kürzerer Frist und registerunabhängigen Fristbeginns auch § 613a Abs. 2 BGB hierher (→ § 25 Rn. 110; → Rn. 8).

2 Das so beschriebene Prinzip ist allerdings in seiner Ausprägung durch § 26 dogmatisch und **rechtspolitisch umstritten.** *Canaris*[4] sieht in § 26 jedenfalls bei langfristigen Verträgen einen verfassungsrechtlich bedenklichen Eingriff in die Rechte des Gläubigers (→ § 25 Rn. 16). Die Fünfjahresfrist (zur Rechtfertigung → Rn. 3) gibt dem Gläubiger jedoch hinreichend Gelegenheit, durch Leistungsstörungs- und Lösungsrechte auf eine verschlech-

[1] *Karsten Schmidt* GesR § 51 II 1 b, 1497.

[2] Zum übergreifenden Konzept der Vorschriften *Karsten Schmidt/Schneider* BB 2003, 1961 (1962); vgl. auch BGH NZG 2014, 1340 Rn. 7 ff.; zu Zweifelsfragen nach der Schuldrechtsreform *Maier-Reimer* DB 2002, 1818. Eine Ausnahme besteht erstens für § 133 Abs. 6 UmwG, weil der dort geregelte Anspruch auf Gewährung gleichwertiger Sonderrechte einmalig durch die Spaltung entsteht, weshalb eine Ausschlussfrist für später fällig werdende Ansprüche entbehrlich ist, BR-Drs. 75/94, 122; zweitens für § 159, weil nach der Auflösung einer Personengesellschaft die persönliche Haftung der Gesellschafter der einzige Schutz für ungesicherte Gläubiger ist, deren Forderungen in der Liquidation der Gesellschaft nicht befriedigt wurden. Rechtspolitisch ist § 159 umstritten, vgl. → 4. Aufl. 2016, § 159 Rn. 6 ff.; *Karsten Schmidt/Schneider* BB 2003, 1961 (1967 ff.). Zu § 327 Abs. 4 AktG nF BT-Drs. 15/3635, 12 (23).

[3] EBJ/*Seibert*, 1. Aufl. 2001, § 26 Rn. 2. Das BVerfG hält allerdings eine Erstreckung auf außerhandelsrechtliche Fälle nicht für verfassungsrechtlich geboten, NJW 2006, 1724 (1725) zu § 34 Abs. 5 UrhG aF (§ 34 Abs. 4 UrhG nF), § 28 Abs. 2 VerlG aF.

[4] *Canaris* HandelsR § 7 Rn. 42 ff.; *Canaris* FS Odersky, 1996, 753 (768 ff.); zust. KKRD/*Roth* Rn. 2; Staub/*Burgard* Rn. 9, 11, 37 ff.: haftungserhaltendes Zurückweisungsrecht des Gläubigers analog § 333 BGB; aA Baumbach/Hopt/*Hopt* Rn. 1; Oetker/*Vossler* Rn. 3; BeckOK HGB/*Bömeke* Rn. 3.

terte Bonität von Veräußerer und Erwerber zu reagieren (→ § 25 Rn. 84), auch wenn die Enthaftungslösung später fällig werdende Ansprüche gegen den Veräußerer abschneidet (→ Rn. 5). Zuzustimmen ist hingegen dem Vorschlag von *Canaris,*[5] dem Gläubiger analog § 22 UmwG[6] ein Recht auf **Sicherheitsleistung** zu gewähren.[7] Dieses Recht ist bereits in § 133 Abs. 1 S. 2 UmwG für die Spaltung und Ausgliederung den §§ 25 f., 28 an die Seite gestellt (→ § 25 Rn. 120). Mit der Enthaftung von den durch § 26 erfassten Verbindlichkeiten gehen zudem bereits bestellte Sicherheiten verloren, was die bislang ungelöste Frage aufwirft, ob das Sicherungsbedürfnis des Gläubigers auf andere Weise kompensiert werden kann,[8] etwa durch Analogie zu § 216 Abs. 1 BGB[9] oder § 156 S. 2 UmwG.[10]

II. Entstehungsgeschichte

3 § 26 enthielt in seiner ursprünglichen, bis zum 26.3.1994[11] geltenden Fassung[12] eine **Sonderverjährungsfrist** zugunsten des Veräußerers, die es diesem ermöglichte, sich auch bei Ansprüchen, für die – etwa gem. § 195 BGB aF – eine längere Verjährungsfrist galt, spätestens nach Ablauf von fünf Jahren auf Verjährung zu berufen. Diese Verjährungsregelung war dem für Personenhandelsgesellschaften geltenden § 159 aF (Art. 146 ADHGB) nachgebildet (→ 4. Aufl. 2016, § 160 Rn. 3 ff.).[13] Dort wurde die Fünfjahresfrist traditionell damit gerechtfertigt, dass sie „einestheils geräumig genug erscheint, um die Interessen der Gesellschaftsgläubiger nicht zu gefährden, anderentheils dem Bedürfnisse genügt, die Dauer der Verhaftung der einzelnen Gesellschafter angemessen abzukürzen".[14] „Der Gesellschafter müsse einmal eine Zeit kennen, nach deren Ablauf er sich von allen bekannten und unbekannten Forderungen aus den Geschäften seiner Mitgesellschafter frei wissen könne."[15] Hierdurch werde insbesondere im kaufmännischen Verkehr niemand gefährdet, wo „schon ein Kredit auf 5 Jahre ganz ungewöhnlich" sei; „wenn nun ein Kredit, der noch weiter gehe, durch das Gesetz gänzlich abgeschnitten werde, so werde dies ganz den Verhältnissen entsprechend sein, und auch der Dritte werde nicht beschädigt, da ihm ja eine frühere Klagestellung freistehe und Jedermann, der Geschäfte machen wolle, auch die Gesetze kennen müsse."

4 Bei § 159 aF war freilich in Bezug auf die Verjährung bei **Dauerschuldverhältnissen** eine umfangreiche, vom historischen Gesetzgeber angesichts des gewünschten klaren Schnitts (→ Rn. 3) sicher unerwartete[16] Diskussion entstanden. Da aus einem Dauerschuldverhältnis

---

5 *Canaris* HandelsR § 7 Rn. 49 ff.

6 § 22 ist rechtspolitisch allerdings gleichfalls umstritten, zudem an enge Voraussetzungen geknüpft, vgl. Semler/Stengel/*Seulen* UmwG § 22 Rn. 5, 35; Staub/*Burgard* Rn. 49.

7 Befürwortend auch *Karsten Schmidt* FS Krejci, Bd. I, 2001, 325 (332) Fn. 26; *Karsten Schmidt* FS Medicus, 1999, 555 (569) Fn. 73; näher dazu *Karsten Schmidt/Schneider* BB 2003, 1961 (1966); dagegen Oetker/*Vossler* Rn. 3. Einen (aktionärsschützenden) Analogieschluss zu den Vorschriften über den Spaltungsbericht und eine eventuell gesondert zu erstellende Zwischenbilanz (§§ 127, 135, 125 iVm § 63 Abs. 1 Nr. 1–3 UmwG) hat das LG Karlsruhe NJW-RR 1999, 182 = NZG 1998, 393 gezogen, dazu krit. *Bungert* NZG 1998, 367.

8 *Canaris* HandelsR § 7 Rn. 60.

9 Dagegen *Canaris* HandelsR § 7 Rn. 60; Staub/*Burgard* Rn. 47; Oetker/*Vossler* Rn. 10.

10 Dafür *Karsten Schmidt/Schneider* BB 2003, 1961 (1966); dagegen *Canaris* HandelsR § 7 Rn. 61.

11 Seitdem ist das Gesetz zur zeitlichen Begrenzung der Nachhaftung von Gesellschaftern (Nachhaftungsbegrenzungsgesetz – NHBG) vom 18.3.1994, BGBl. 1994 I 560, in Kraft, das durch Art. 1 Nr. 1 § 26 änderte und § 28 Abs. 3 anfügte.

12 Zu den Übergangsregelungen → 1. Aufl. 1996, Rn. 20 ff., Rn. 18.

13 Denkschrift (RT-Vorlage) S. 37 = *Schubert/Schmiedel/Krampe* II/2 S. 980; dementsprechend (mit Dreijahresfrist) bereits der Vorschlag des österreichischen Entwurfs zum ADHGB, *Lutz* Prot. Beilagenband I. Theil, 1861, 74 f., 111 f., hierzu *J. Flume,* Vermögenstransfer und Haftung, 2008, 97; zum Hintergrund des § 159 aF *Karsten Schmidt* NJW 1981, 159 (160); *Karsten Schmidt* ZHR 152 (1988), 105 (108 f.); *Altmeppen* NJW 2000, 2529 (2530 ff.).

14 Entwurf eines Handelsgesetzbuchs für die Preußischen Staaten. Nebst Motiven, 1857, Zweiter Theil: Motive, 75.

15 Auch für die Folgenden Zitate *Lutz* Prot. I. Theil, 1858, 262.

16 Noch *Gierke* JherJb. 64 (1914), 355 (356) nannte die Unterscheidung von vorübergehenden und dauernden Schuldverhältnissen ein bis dahin zu wenig beachtetes Problem.

periodisch neue Teilansprüche mit jeweils eigenem Verjährungsbeginn entstehen, bestand die Gefahr einer **Endloshaftung.** Das BAG nahm dies de lege lata zunächst in Kauf.[17] Demgegenüber entwickelten BGH und Lit. rechtsfortbildend zwei Wege, die Haftung zu begrenzen (s. auch → 4. Aufl. 2016, § 160 Rn. 5 ff.). Die zunächst vom BGH praktizierte **Kündigungslösung** nahm das Einverständnis des Gläubigers mit der Enthaftung an, wenn dieser eine ihm zumutbare Kündigung unterlassen hatte.[18] Die weitergehende, bald darauf von BGH[19] und BAG[20] akzeptierte **Enthaftungslösung** gewährte dem Ausgeschiedenen statt einer bloßen Verjährungseinrede einen endgültigen Haftungsausschluss für Teilansprüche, die erst nach Ablauf von fünf Jahren nach dem Ausscheiden entstehen.[21] Angesichts verbliebener Rechtsunsicherheiten[22] bestand jedoch ein Bedürfnis nach einer eindeutigen Regelung fort. Einem Vorschlag von *Ulmer*[23] folgend ersetzte das Nachhaftungsbegrenzungsgesetz (NHBG) bei gleicher Frist die Verjährungslösung des bis dahin geltenden Gesetzesrechts durch eine reine Enthaftungslösung, die zur Vermeidung von Abgrenzungsschwierigkeiten nicht mehr auf Dauerschuldverhältnisse beschränkt war.[24] Wie zuvor in der Lit. gefordert,[25] **erstreckte** der Rechtsausschuss des Bundestages[26] die **Enthaftungslösung auf die §§ 26, 28,**[27] nachdem der Regierungsentwurf die Enthaftung noch bewusst auf ausscheidende Gesellschafter beschränkt hatte.[28] Die wichtigen und schwierigen Übergangsprobleme wurden in Art. 35 ff. EGHGB geregelt (→ Rn. 18). Das Schuldrechtsmodernisierungsgesetz hat die Verweisung auf die einschlägigen Verjährungsvorschriften des neuen Rechts umgestellt.[29]

III. Enthaftung

1. Regelungsstruktur. § 26 enthält eine **reine Enthaftungslösung** (→ Rn. 4). 5
Dementsprechend haftet der Veräußerer nach Fristablauf überhaupt nicht mehr, es sei denn, die bis zum Ablauf der Fünfjahresfrist entstandenen Ansprüche sind gerichtlich geltend gemacht oder schriftlich anerkannt bzw. es ist – bei öffentlich-rechtlichen Verbindlichkeiten – ein Verwaltungsakt erlassen worden. Mit Fristablauf ist die **Haftung für alle Verbind-**

[17] Vgl. BAG AP HGB § 128 Nr. 1 m. krit. Anm. *Wiedemann* = NJW 1978, 391.

[18] BGHZ 70, 132 (135 f.) = NJW 1978, 636 im Anschluss an *A. Hueck,* Recht der OHG, § 29 II 4, 449 Fn. 44; ihm folgend GroßkommHGB/*Fischer* § 128 Anm. 53; *Rohe,* Die Haftung des ausgeschiedenen OHG-Gesellschafters aus längerfristigen Schuldverhältnissen der Gesellschaft, 1975, 129 ff.; Bedenken bei *Lieb* ZGR 1985, 124 (132 f.).

[19] BGHZ 87, 286 = NJW 1983, 2254; BGH NJW 1983, 2943.

[20] Noch offengelassen in BAG AP § 128 Nr. 4, ausdrücklich bejaht von BAG AP § 26 Nr. 1 unter II 2 der Gründe.

[21] Grdl. *Ulmer/Wiesner* ZHR 144 (1980), 393 ff.; vgl. auch *Ulmer/Timmann* ZIP 1992, 1 (3 ff.); Baumbach/Hopt/*Roth* § 128 Rn. 28 ff.; Heymann/*Hoffmann/Bartlitz* § 128 Rn. 56; *Hönn* ZHR 149 (1985), 300 (303); *Lieb* ZGR 1985, 124 ff.; *Lieb* GmbHR 1992, 561 ff.; *Karsten Schmidt* GesR § 51 II 2 a, 1234; Schlegelberger/*Karsten Schmidt* § 159 Rn. 34 ff.; *Wiesner* ZIP 1983, 1032.

[22] So war unklar, ob die Enthaftung mit Ablauf der Fünfjahresfrist auch solche Teilverbindlichkeiten erfassen sollte, die innerhalb dieses Zeitraums fällig geworden waren (so jetzt die Lösung des NHBG – dazu Rn. 4), oder ob es insoweit bei der anschließenden (Sonder-)Verjährung bleiben sollte (sog. kombinierte Enthaftungs-/Verjährungslösung). Zu dieser, insbes. für Art. 35 S. 2 EGHGB bedeutsamen (Übergangs-) Frage *Lieb* GmbHR 1994, 657 (658 f.) mwN. Umstritten blieb ferner die Haftung des sog. geschäftsleitenden Kommanditisten, klarstellend dann § 28 Abs. 2 S. 2, § 160 Abs. 3 S. 2.

[23] *Ulmer* BB 1983, 1865 ff.

[24] RegE, BR-Drs. 446/91 = BT-Drs. 12/1868, 8 liSp. = ZIP 1991, 898 ff. Vgl. zu anderslautenden Vorschlägen des BR, BT-Drs. 12/1868, Anlage 2 und die Gegenäußerung der BReg. in Anlage 3. Zur rechtspolitischen Diskussion während des Gesetzgebungsverfahrens *Büscher/Klusmann* ZIP 1992, 11 ff.; *Funke* DB 1992, 2177 (2178); *Lieb* GmbHR 1992, 561 ff.; *Karsten Schmidt* DB 1990, 2357 ff.; *Ulmer/Timmann* ZIP 1992, 1 (4 ff.).

[25] Dazu nur *Lieb* GmbHR 1992, 561 (566 f.) mwN; *Lieb* Anm. zu BAG EzA § 28 Nr. 1.

[26] Vgl. Beschlussempfehlung und Bericht des Rechtsausschusses, BT-Drs. 12/6569, 11 f.

[27] Dazu sehr krit. *Canaris* HandelsR § 7 Rn. 47; zust. hingegen *Karollus* ÖJZ 1995, 241 (292), dessen Forderung einer entsprechenden Regelung für Österreich nun durch § 39 UGB verwirklicht ist, Rn. 20.

[28] Begr. zum RegE unter A III BR-Drs. 446/91 S. 10 = ZIP 1991, 898. Gegen Ausweitung der Enthaftungslösung auf die §§ 26, 28 zuvor bereits BAG AP Nr. 1; BetrAVG § 7 Nr. 56 (= EzA § 28 Nr. 1); skeptisch zunächst auch *Ulmer* BB 1983, 1865 (1868); anders aber *Ulmer/Timmann* ZIP 1992, 1 (7 f.).

[29] S. dazu die krit. Überlegungen von *Maier-Reimer* DB 2002, 1818.

lichkeiten (→ Rn. 7) **gleichermaßen ausgeschlossen.** Dem Enthaftungsbedürfnis des bisherigen Unternehmensträgers wird damit umfassend Rechnung getragen.[30] Nur so dürfte die Überleitung von unternehmensbezogenen Rechtsverhältnissen (→ Rn. 1) in vielen Fällen erst kalkulierbar sein.

6 Die **Enthaftung** tritt **ohne Rücksicht auf** den regulären Lauf der **Verjährung** ein, so dass es bei kurz vor Ablauf der Enthaftungsfrist fällig werdenden Forderungen zu überstürzten rechtlichen Schritten kommen kann (→ 4. Aufl. 2016, § 160 Rn. 7; zu § 39 UGB → Rn. 20).[31] Neben der gesetzlichen Enthaftungsregelung ist für die vom BGH seinerzeit entwickelte **Kündigungslösung kein Raum** mehr (→ 4. Aufl. 2016, § 160 Rn. 9), da der Gesetzgeber die Kündigungstheorie in seine offensichtlich abschließend gemeinte Regelung nicht mehr aufgenommen hat.[32]

7 **2. Die betroffenen Verbindlichkeiten. Sachlich** betrifft § 26 nur Ansprüche, die **nach § 25 begründet** sind.[33] Zum **zeitlichen** Anwendungsbereich enthält der sehr komprimierte Gesetzeswortlaut („haftet nur, wenn […] fällig **und** […] Ansprüche […] festgestellt sind") **zwei** voneinander zu trennende **Aussagen:**[34] Die **erste** betrifft diejenigen Verbindlichkeiten, die erst **nach Ablauf** der Fünfjahresfrist fällig werden.[35] Insoweit wird eine Haftung gar **nicht mehr begründet.**[36] Die **zweite** Aussage betrifft alle **früher** (entweder vor Eintragung oder Kundgabe des Übergangs des Handelsgeschäfts oder im anschließenden Fünfjahreszeitraum etwa aufgrund von Dauerschuldverhältnissen) **fällig** gewordenen[37] Verbindlichkeiten. Insoweit **entfällt** die zunächst begründete Haftung des Veräußerers mit Ablauf der Fünfjahresfrist vorbehaltlich gerichtlicher Geltendmachung, administrativer Feststellung oder Anerkennung durch den Veräußerer (→ Rn. 9 ff.). Die gem. § 26 Abs. 1 S. 2 maßgebliche Eintragung trennt Alt- und Neuverbindlichkeiten auch dann, wenn das Geschäft vor Eintragung übernommen wurde (arg. § 15 Abs. 1; aber → Rn. 14).[38] Unterscheidungen zwischen verschiedenen Arten von Verbindlichkeiten sind nicht mehr notwendig; zwischen **Dauerschuldverhältnissen** und **punktuellen Austauschverhältnissen** wird ebenso wenig unterschieden wie zwischen **Vertrag und Delikt** (→ Rn. 12).[39] Daher braucht der Veräußerer etwa auch für Ansprüche aus Produzentenhaftung, die auf Schäden beruhen, die erst nach Ablauf der Fünfjahresfrist aufgetreten sind, nicht mehr einzustehen.[40]

8 Für Verbindlichkeiten aus **Arbeitsverhältnissen** geht **§ 613a BGB** als **speziellere** Regelung dem § 26 vor (→ § 25 Rn. 110 f.; → 4. Aufl. 2016, § 160 Rn. 15). Für Ansprüche aus dem Arbeitsverhältnis, die vor Betriebsübergang entstanden sind und innerhalb eines Jahres danach fällig werden, gilt die besondere Enthaftungsregelung des § 613a Abs. 2 BGB. Für eine (spätere) Enthaftung gem. § 26 (dasselbe gilt für § 28 Abs. 3) bleibt kein

[30] Lit. nach Inkrafttreten des NHBG: *Eckert* RdA 1994, 215; *Kainz* DStR 1994, 620; *Kollbach* GmbHR 1994, 164 ff.; *Lieb* GmbHR 1994, 657; *Moll/Hottgenroth* RdA 1994, 223 ff.; *Reichold* NJW 1994, 1617; *Seibert* DB 1994, 461; s. auch → 4. Aufl. 2016, § 128 Rn. 40 ff.; → 4. Aufl. 2016, § 160 Rn. 1 ff.

[31] Krit. *Karsten Schmidt* DB 1990, 2357 (2359); *Karsten Schmidt* ZIP 1994, 243 (244); *Lieb* GmbHR 1992, 561 (564 f.).

[32] So auch *Eckert* RdA 1994, 215 (218) li. Sp. nach Fn. 30; Staub/*Burgard* Rn. 8; offener *Ulmer/Timmann* ZIP 1992, 1 (3); *Altmeppen* NJW 2000, 2529 (2535).

[33] Staub/*Burgard* Rn. 12; anders die wohl hL für inhaltsgleiche Ansprüche, zB Röhricht/Graf v. Westphalen/Haas/*Ries* Rn. 11; EBJS/*Hillmann* Rn. 5; eindeutig aber EBJS/*Seibert*, 1. Aufl. 2001, Rn. 1.

[34] Zum Folgenden *Canaris* HandelsR § 7 Rn. 42; Staub/*Burgard* Rn. 2.

[35] Als Verpflichtungsgrund kommen im Wesentlichen nur Dauerschuldverhältnisse in Betracht, obwohl das Gesetz darauf nicht mehr ausdrücklich abstellt, daneben betagte und bedingte Verbindlichkeiten oder etwa Nacherfüllungsansprüche.

[36] Staub/*Burgard* Rn. 43; diff. → 4. Aufl. 2016, § 160 Rn. 31 *(Karsten Schmidt)*.

[37] Nach hL gelten Ansprüche aus Dauerschuldverhältnissen als bereits im Zeitpunkt der Begründung des Dauerschuldverhältnisses „entstanden"; sie werden pro rata temporis lediglich „fällig"; vgl. dazu → 4. Aufl. 2016, § 128 Rn. 50, 53 mwN; anders insbes. schon *Honsell/Harrer* ZIP 1986, 341 sowie (für Verbindlichkeiten aus Arbeitsverhältnissen) *Moll/Hottgenroth* RdA 1994, 223; dazu *Lieb* GmbHR 1994, 657, auch zur Übergangsproblematik.

[38] Staub/*Burgard* Rn. 35 mwN.

[39] BT-Drs. 12/1868, 8 zu § 160.

[40] Zur Erstreckung auf § 26 BT-Drs. 12/1868, 11 f.

Raum. Das **BAG** meint demgegenüber zwar, dass ein Vorrang des § 613a BGB die Arbeitnehmer unvermeidlich benachteilige, da ihnen der alte Arbeitgeber als Mithaftender mit Ausnahme des schmalen Bereichs des § 613a Abs. 2 BGB sofort verloren gehe, während er ihnen bei §§ 26, 28 Abs. 3 länger erhalten bleibe.[41] Trotz dieses unzweifelhaften Nachteils für die Arbeitnehmer[42] muss § 613a BGB als speziellere, für Arbeitsverhältnisse abschließende Vorschrift angesehen werden,[43] da andernfalls diejenigen Arbeitnehmer, die zufällig von Kaufleuten beschäftigt werden, im Fall des Betriebsübergangs besser gestellt wären als alle anderen. Auch für arbeitsrechtliche Verbindlichkeiten bleibt § 26 insoweit maßgeblich, als diese – wie nach hM Ansprüche aus **Ruhestandsverhältnissen**[44] – von § 613a BGB nicht erfasst werden (→ § 25 Rn. 111).

3. Aufrechterhaltung der Haftung. Die Haftung des Veräußerers bleibt gem. § 26 Abs. 1 erhalten, wenn der Anspruch entweder durch Urteil, Beschluss oder Schiedsspruch **rechtskräftig festgestellt** worden oder durch Vergleich oder Urkunde (Grundfall: § 794 Abs. 1 Nr. 1 und 5 ZPO) oder Feststellung im Insolvenzverfahren (§§ 178 Abs. 3, 257 Abs. 1 InsO) **vollstreckbar geworden** ist (§ 197 Abs. 1 Nr. 3–5 BGB).[45] Dem gleichgestellt sind gerichtliche oder behördliche **Vollstreckungshandlungen** bzw. bei öffentlich-rechtlichen Verbindlichkeiten der Erlass eines **Verwaltungsakts.** 9

Der Feststellung in den Formen des § 197 Abs. 1 Nr. 3–5 BGB (→ Rn. 9) steht es gleich, wenn der frühere Geschäftsinhaber den Anspruch (innerhalb der Fünfjahresfrist) **schriftlich**[46] **anerkannt** hat. Nach dem verjährungsrechtlichen Kontext genügt zwar wie bei § 212 Abs. 1 Nr. 1 BGB ein einseitiges (nicht vertragliches, § 781 BGB) Anerkenntnis des Schuldners, das jedoch über rein tatsächliche Handlungen hinaus der Schriftform gem. § 126 BGB bedarf (→ 4. Aufl. 2016, § 160 Rn. 38, → 4. Aufl. 2016, § 160 Rn. 40).[47] 10

§ 26 ist **dispositiv.** Zwar wollte der Regierungsentwurf die Enthaftung möglichst rechtssicher gestalten und gestattete deshalb – für den Fall ausscheidender Gesellschafter – eine schriftliche und präzise begrenzte Fristverlängerung nur für die gerichtliche Geltendmachung solcher Ansprüche, die später als vier Jahre nach Ausscheiden des Gesellschafters fällig wurden (§ 160 Abs. 1 S. 4 des Entwurfs).[48] Damit sollten auch für solche Ansprüche insbesondere Vergleichsverhandlungen ohne Zeitdruck ermöglicht, zugleich aber Streit über die Einhaltung der Frist vermieden werden.[49] Demgegenüber unterstellte der Rechtsausschuss die fünfjährige Enthaftungsfrist der Vertragsfreiheit von Gläubiger und ausscheidendem Gesellschafter.[50] § 160 Abs. 1 S. 4 des Regierungsentwurfs wurde ersatzlos gestrichen und für den vom Rechtsausschuss einbezogenen § 26 von vornherein nicht vorgesehen. Aufgrund dessen kann die **Nachhaftungsfrist** – nicht nur die Frist zur gerichtlichen Geltendmachung[51] – **einverständlich verlängert** werden, was heute durch § 202 BGB bestätigt wird.[52] Schon aus Beweisgründen empfiehlt sich Schriftform.[53] Abseits einer solchen Vereinbarung können später fällig werdende Ansprüche nicht dadurch der Enthaftung ent- 11

[41] BAG EzA § 28 Nr. 1.
[42] Vgl. dazu *Lieb* GmbHR 1992, 561 (568); *Lieb* Anm. zu BAG EzA § 28 Nr. 1, 20.
[43] Dazu eingehend *Lieb* Anm. zu BAG EzA § 28 Nr. 1; zust. KKRD/*Roth* Rn. 4; Staub/*Burgard* Rn. 15; EBJS/*Hillmann* Rn. 7; dem BAG zust. *Reichold* Anm. zu BAG AP BetrAVG § 7 Nr. 56.
[44] Vgl. nur BAG AP § 26 Nr. 1 (Bl. 4); AP BGB § 613a Nr. 6; *Lieb* ZGR 1985, 124 ff.; *Ulmer* BB 1983, 1865 (1869); krit. dagegen *Säcker/Joost* DB 1978, 1030; *Säcker/Joost* DB 1978, 1078.
[45] Einzelheiten bei MüKoBGB/*Grothe* BGB § 197 Rn. 17 ff.; Staub/*Burgard* Rn. 26 ff.
[46] Eingefügter Vorschlag des BR, BT-Drs. 12/1868, 13 (Nr. 4).
[47] Staub/*Burgard* Rn. 32 f.
[48] BT-Drs. 12/1868, 4.
[49] BT-Drs. 12/1868, 8.
[50] BT-Drs. 12/6569, 12.
[51] Für Beschränkung der Dispositionsfreiheit auf die Frist zur gerichtlichen Geltendmachung → 2. Aufl. 2005, Rn. 12 f. *(Lieb)*; dagegen Oetker/*Vossler* Rn. 14.
[52] *Karsten Schmidt/Schneider* BB 2003, 1961 (1964); Staub/*Burgard* Rn. 35.
[53] In Anlehnung an § 26 Abs. 2 für Schriftform als Voraussetzung *Karsten Schmidt/Schneider* BB 2003, 1961 (1965); Staub/*Burgard* Rn. 36 mit Nachweisen zur Gegenmeinung.

zogen werden, dass der Anspruch vorher gem. § 197 Abs. 1 Nr. 3–5 BGB festgestellt oder gem. § 26 Abs. 2 anerkannt wird.[54]

12 Der Erwerber kann sich gegenüber den Unternehmensgläubigern auf die **Verjährung** des Anspruchs berufen, soweit die Verjährungsfrist kürzer ist als die Enthaftungsfrist des § 26.[55] Überzeugend ist der Vorschlag, die Enthaftung bei Vorsatz und Arglist des Veräußerers nicht eintreten zu lassen (arg. § 438 Abs. 3 BGB, § 634a Abs. 3 BGB, § 853 BGB).[56]

13 Für titulierte Ansprüche ist die 30-jährige Verjährungsfrist des § 197 BGB maßgeblich; eine Enthaftung nach § 26 kann nicht mehr eintreten. Dies gilt auch dann, wenn die **Titulierung bereits vor Geschäftsübernahme** erfolgt war. Nach der Gegenmeinung[57] ist der Gläubiger trotz rechtskräftiger Verurteilung des Veräußerers gezwungen, diesen erneut zu verklagen. Dies ist schon aus Rechtskraftgründen zweifelhaft.[58] Allerdings ändert sich bei formaler Betrachtung der Streitgegenstand bereits dadurch, dass der Veräußerer nicht mehr Unternehmensträger ist. Dabei kommt es nicht einmal darauf an, ob man den Veräußerer entgegen der hier vertretenen Ansicht noch als eigentlichen Schuldner ansieht (→ § 25 Rn. 106). In jedem Fall müsste der Gläubiger als Lebenssachverhalt nach der Veräußerung zusätzlich vortragen, dass diese stattgefunden hat und noch nicht fünf Jahre zurückliegt. Ein erneuter Prozess gegen den Veräußerer wäre aber zumindest eine unnötige Belastung für die Prozessökonomie.[59] Der Gläubiger hat bereits einen Titel erstritten, der die Verjährung des zugrunde liegenden Anspruchs auf dreißig Jahre erweitert. Dieser Prozesserfolg würde dem Gläubiger wieder entzogen, wenn er auch nur gezwungen wäre, innerhalb der Frist des § 26 Vollstreckungsmaßnahmen zu ergreifen oder den Veräußerer zu einem Anerkenntnis zu bewegen. Der Zweck des § 26, dass der Veräußerer sich nach fünf Jahren von bekannten und unbekannten Verbindlichkeiten befreit fühlen solle (→ Rn. 1, → Rn. 3), ist nicht tangiert, weil das Bestehen des Anspruchs ebenso gewiss ist wie die Durchsetzungsabsicht des Gläubigers. Die Titelerweiterung gem. § 729 Abs. 2 ZPO[60] (→ § 25 Rn. 107) dehnt den Aktionsradius des Gläubigers aus und schränkt ihn nicht ein, rechtfertigt also insbesondere nicht den Schluss, dass der Gläubiger nun gegen den Erwerber vorgehen muss, wenn er bereits letztinstanzlich gegen den Veräußerer obsiegt hat. Praktisch wird der Gläubiger ohnehin gegen den Erwerber vorgehen, wenn der Veräußerer insolvent ist und der Erwerber die geschuldete Leistung mit dem erworbenen Unternehmen erwirtschaften kann (→ § 25 Rn. 22, → § 25 Rn. 84).

14 **4. Fristbeginn.** Die Frist beginnt grundsätzlich mit **Eintragung** des Inhaberwechsels (§ 31).[61] Wird erstmals der Erwerber eingetragen (aber → § 25 Rn. 33), ist der Zeitpunkt dieser Eintragung maßgeblich. Abzustellen ist auf das Handelsregister des Gerichts der Hauptniederlassung; bei der Veräußerung bloßer Zweigniederlassungen kommt es auf das dortige Register an.[62] Unerheblich ist ebenso wie bei der früheren Verjährungsregelung des § 159 aF der Zeitpunkt der Bekanntmachung.[63] Bei **positiver Kenntnis** vom Unternehmenserwerb beginnt die Frist jedoch wie bei § 160 schon vor Eintragung, da mit der positiven Kenntnis die fristgebundene Anspruchsverfolgung eröffnet ist.[64] Im Personenge-

54 *Karsten Schmidt/Schneider* BB 2003, 1961 (1964 f.); Staub/*Burgard* Rn. 28, 34.

55 So auch *Eckert* RdA 1994, 215 (219) zu BAG EzA § 28 Nr. 1; Staub/*Burgard* Rn. 16.

56 *Canaris* HandelsR § 7 Rn. 54, der jedoch Rn. 55 ff. darüber hinaus jeden gesetzlichen Anspruch von § 26 ausnehmen, zumindest bei Spätschäden die Frist erst mit Schadenseintritt beginnen lassen will; dagegen mit Recht Staub/*Burgard* Rn. 14, 21.

57 Staub/*Hüffer*, 4. Aufl. 1983, Rn. 6 zur aF; Oetker/*Vossler* Rn. 11.

58 So → 2. Aufl. 2005, Rn. 15 *(Lieb)*; Staub/*Burgard* Rn. 27.

59 So auch Staub/*Burgard* Rn. 27.

60 Hierzu *Karsten Schmidt* HandelsR § 7 Rn. 96.

61 Vgl. auch *Kiskel*, Verjährungsprivilegien in Umwandlungsfällen, 1991, 271 ff.; *Lieb* GmbHR 1992, 561 (568 f.).

62 Düringer/Hachenburg/*Hoeniger* Anm. 4; Heymann/*Förster* Rn. 22; Schlegelberger/*Hildebrandt/Steckhan* Rn. 6 Abs. 2; Staub/*Hüffer*, 4. Aufl. 1983, Rn. 8.

63 Hierzu kontrovers *Altmeppen* NJW 2000, 2529 (2531 ff.); *Hofmeister* NJW 2003, 93.

64 So zum Personengesellschaftsrecht BGHZ 174, 7 = NJW 2007, 3784 (3785) im Anschluss an *Altmeppen* NJW 2000, 2529 (2530 ff.) und *Karsten Schmidt*, → 2. Aufl. 2010, § 160 Rn. 27; ebenso nun → 4. Aufl. 2016, § 160 Rn. 27; ebenso für § 26 Oetker/*Vossler* Rn. 8; aA Röhricht/Graf v. Westphalen/Haas/*Ries* Rn. 14; Staub/*Burgard* Rn. 19.

sellschaftsrecht ist die Eintragung des Ausscheidens des Gesellschafters im Handelsregister für den Fristbeginn gem. § 160 nicht konstitutiv, da bei einer GbR mangels Registereintragung auf die Kenntnis abgestellt werden muss, dies für die Personenhandelsgesellschaften aber nicht anders entschieden werden kann, ohne die Einheitlichkeit des gesetzgeberischen Nachhaftungskonzepts (→ Rn. 1) zu konterkarieren.[65] Dem ist für den Wechsel des Unternehmensträgers zu folgen, weil der Rechtsausschuss das einheitliche Nachhaftungsbegrenzungskonzept auf §§ 26, 28 Abs. 3 erstreckt hat (→ Rn. 4; → § 28 Rn. 39).[66] Für den seltenen Fall des **§ 25 Abs. 3** (→ § 25 Rn. 103) kommt es gem. § 26 Abs. 1 S. 2 auf den Zeitpunkt der Kundgabe an.[67] Das **Fristende** wird nach allgemeinem Zivilrecht berechnet (§§ 187 ff. BGB).[68]

5. Hemmung. Die bürgerlich-rechtlichen Vorschriften zur Verjährungshemmung (§§ 204, 206, 210, 211 und 212 Abs. 2 und 3 BGB) gelten kraft Verweisung (§ 26 Abs. 1 S. 3) entsprechend für die Ausschlussfrist des § 26 Abs. 1 S. 1.[69] Dies war zwar im Vorfeld der Neuregelung umstritten, da die Hemmung eine Besonderheit des Verjährungsrechts ist und systematisch zur Strenge der Ausschlussfristen nicht zu passen scheint;[70] darauf zu verweisen, dürfte dem Gesetzgeber aber freistehen.[71] 15

6. Teleologische Reduktion des § 26 oder Analogie zu § 134 UmwG? Umstritten ist, ob eine Enthaftung des Veräußerers auch dann angezeigt ist, wenn der Erwerber „nur" (wenn überhaupt) mit seinem Privatvermögen haftet, weil das Unternehmensvermögen, wie bei bloßer Betriebs**verpachtung** oder sonstiger Betriebsüberlassung (zumindest im Wesentlichen) beim Veräußerer verblieben ist. Die Frage betrifft vor allem die mit der klassischen **Betriebsaufspaltung** verfolgten Haftungsvermeidungsstrategien.[72] Die Enthaftung ist in diesen Fällen zweifelhaft, weil sie für die Gläubiger nur zumutbar erscheint, wenn diese auch weiterhin auf das Unternehmensvermögen (beim Erwerber) zugreifen können.[73] Bei der umwandlungsrechtlichen Betriebsaufspaltung (→ § 25 Rn. 121) endet gem. § 134 Abs. 2 und 3 UmwG die Haftung der Anlagegesellschaft für die dort genannten Versorgungsansprüche nach zehn Jahren, was die Fünfjahresfrist des allgemeinen Gläubigerschutzes gem. § 133 Abs. 3 S. 1 UmwG verdoppelt. Angesichts der strukturellen Verwandtschaft beider Fälle ist eine Analogie zu § 134 UmwG[74] einer teleologischen Reduktion des § 26[75] vorzuziehen. Eine Betriebsgesellschaft, die zehn Jahre ohne Anlagevermögen übersteht, stellt kein spezifisches (Insolvenz-)Risiko für die Gläubiger mehr dar. Dem von § 134 Abs. 3 UmwG in Bezug genommenen § 133 Abs. 3 S. 1 UmwG ist zudem die Aussage zu entnehmen, dass derjenige, der bei der Spaltung das Vermögen, aber nicht die Verbindlichkeiten übernimmt, sich der Haftung nicht vollständig entziehen können soll (→ § 25 Rn. 23). Weiter geht das Umwandlungsgesetz – abgesehen von der Fristverlängerung – auch bei der Betriebsaufspaltung nicht. Eine unbefristete Haftung der Anlagegesellschaft (bei Enthaftung der Betriebsgesellschaft?) wäre daher systemwidrig. 16

7. Kapitalisierung von Betriebsrentenansprüchen. Im Fall der Insolvenz des Erwerbers (§ 25) bzw. der Gesellschaft (§ 28) werden die Betriebsrentenansprüche kapitalisiert (früher 17

[65] BGHZ 174, 7 = NJW 2007, 3784 (3785) unter Hinweis auf BT-Drs. 12/1868, 2.
[66] BT-Drs. 12/6569, 11.
[67] Einzelheiten bei Staub/*Burgard* Rn. 20.
[68] Einzelheiten bei Staub/*Burgard* Rn. 22.
[69] Hierzu *Reichold* NJW 1994, 1617 (1619); Staub/*Burgard* Rn. 23 ff.
[70] Dagegen *Karsten Schmidt* DB 1990, 2357 (2359); *Karsten Schmidt* ZIP 1994, 243 (244); zu Ausschlussfristen allg. MüKoBGB/*Grothe* BGB Vor § 194 Rn. 10 ff.
[71] *Ulmer/Timmann* ZIP 1992, 1 (9); allg. Erman/*Schmidt-Räntsch* BGB Vor § 194 Rn. 12; *Spiro,* Die Begrenzung privater Rechte durch Verjährungs- und Fatalfristen, Band II, 1975, § 397, 1030 ff.
[72] Hierzu bereits *Lieb,* Die Haftung für Verbindlichkeiten aus Dauerschuldverhältnissen bei Unternehmensübergang, 1991, insbes. S. 25 ff.; *Lieb* GmbHR 1992, 561 (567).
[73] Deshalb dezidiert gegen Enthaftung → 2. Aufl. 2005, Rn. 18 *(Lieb)*; zust. KKRD/*Roth* Rn. 9; Baumbach/Hopt/*Hopt* Rn. 4; Staub/*Burgard* Rn. 13.
[74] So *Canaris* HandelsR § 7 Rn. 59; den zust. BeckOK HGB/*Bömeke* Rn. 7.
[75] Dafür → 2. Aufl. 2005, Rn. 18 *(Lieb)*; Oetker/*Vossler* Rn. 6.

§ 69 KO, jetzt § 45 InsO).[76] Wird das Insolvenzverfahren vor Ablauf der Enthaftungsfrist eröffnet, könnte dies dazu führen, dass der gesamte kapitalisierte Betrag als vor Eintritt der Enthaftung fällig geworden angesehen wird, obwohl er zu erheblichen Teilen auf Ansprüchen oder Anwartschaften beruht, die ohne Insolvenz erst nach Eintritt der Enthaftung fällig geworden wären.[77] Dies würde der Enthaftungstendenz des Gesetzes indessen eindeutig widersprechen. Daher ist die Haftung des Veräußerers auf diejenigen kapitalisierten Teilbeträge zu begrenzen, die auf den Zeitraum bis zum Eintritt der Enthaftung entfallen. Wie im Fall des § 134 UmwG ist aber daran zu denken, die Frist auf zehn Jahre zu erhöhen (→ Rn. 16).

IV. Übergangsregelungen zu § 26 und § 28 Abs. 3

18 Dazu → 1. Aufl. 1996, Rn. 20 ff.[78]

V. Rechtslage in Österreich

19 **1. Normtext.** § 39 UGB enthält folgende Parallelvorschrift:

§ 39 UGB Begrenzung der Haftung des Veräußerers, Frist

[1]Übernimmt der Erwerber des Unternehmens unternehmensbezogene Rechtsverhältnisse des Veräußerers mit den bis zum Unternehmensübergang begründeten Rechten und Verbindlichkeiten, so haftet der Veräußerer für diese Verbindlichkeiten nur, soweit sie vor Ablauf von fünf Jahren nach dem Unternehmensübergang fällig werden. [2]Ansprüche daraus verjähren innerhalb der für die jeweilige Verbindlichkeit geltenden Verjährungsfrist, längstens jedoch in drei Jahren.

20 **2. Erläuterung.** In bewusster Anlehnung an das deutsche Recht begrenzt § 39 **S. 1** UGB die Haftung des Erwerbers für vom Veräußerer begründete, ggf. erst nach Unternehmensübergang fällig werdende Verbindlichkeiten[79] durch eine **Ausschlussfrist.**[80] § 39 UGB stützt sich auf eine Parallele zu § 160 UGB, der funktional § 160 entspricht, allerdings ergänzt wurde um ein Recht des Gläubigers auf Unterrichtung und Sicherheitsleistung.[81] Die Nachhaftung ist auch hier (→ Rn. 11) dispositiv in dem Sinn, dass Vereinbarungen mit dem Gläubiger, aber nicht zu dessen Lasten möglich sind.[82] § 39 **S. 2** UGB löst das in Deutschland mit der starren Nachhaftungsfrist verbundene Problem, dass haftungserhaltende rechtliche Schritte kurz vor Fristablauf zu einem Wettlauf mit der Zeit führen (→ Rn. 6).[83] Die Haftung des Veräußerers soll in der gleichen Frist **verjähren** wie die auf den Erwerber übergegangene Verbindlichkeit, diese Verjährung jedoch auf längstens drei Jahre beschränkt sein.[84] Durch die Fristendifferenz kann diese Haftung unter Umständen schon vor Ablauf der Nachhaftungsfrist nicht mehr realisiert werden, wenn sie einen kurz nach Unterneh-

[76] Vgl. dazu *Grub* ZIP 1992, 159; MüKoInsO/*Bitter* InsO § 45 Rn. 10 ff.
[77] Zu diesem Problem *Kollbach* GmbHR 1994, 164 (167 f.).
[78] Hierzu noch BAG ZIP 2004, 1227 (1228) mAnm *Reichold* RdA 2005, 110; NZG 2007, 860 (863 ff.) zu § 28 Abs. 3; dazu Staub/*Burgard* Rn. 7.
[79] IErg übereinstimmend (keine Haftung für „Neuverbindlichkeiten" aus übernommenen Rechtsverhältnissen), aber mit unnötiger Differenzierung zwischen § 38 Abs. 1 S. 3 UGB und § 39 UGB *Torggler* JBl. 2008, 137 (153 f.), da „nach Maßgabe des § 39" nur die dort genannten „bis zum Unternehmensübergang entstandenen […] Verbindlichkeiten" meinen kann, so auch *Krejci* FS Canaris, 2007, 735 (756): Die Verbindlichkeit, nicht allein das Rechtsverhältnis, muss vom Veräußerer herrühren.
[80] Regierungsvorlage zum Handelsrechts-Änderungsgesetz (HaRÄG) – Materialien, 1058 der Beilagen zu den Stenographischen Protokollen des Nationalrates XXII. GP, 14 unter Hinweis auf Straube/*Schuhmacher* § 26 Rn. 6; Jabornegg/Artmann/*Karollus* UGB § 39 Rn. 3 f.; krit. *Dellinger* ÖBA 2008, 176 (180) für den Fall, dass der Veräußerer bereits vor Veräußerung die volle Gegenleistung erhalten hat. *Artmann* WBl. 2007, 253 (260) verweist darauf, dass der Gläubiger durch das dann zumeist ausgeübte Widerspruchsrecht gem. § 38 Abs. 2 UGB zugleich die Haftung des Erwerbers verlieren wird, → § 25 Rn. 136.
[81] Zu dieser Differenzierung *Artmann* WBl. 2007, 253 (261); *Krejci* FS Canaris, Bd. II, 2007, 735 (757 f.).
[82] Regierungsvorlage HaRÄG S. 30 f.; Jabornegg/Artmann/*Karollus* UGB § 39 Rn. 23.
[83] *Krejci* FS Canaris, Bd. II, 2007, 735 (757).
[84] Regierungsvorlage HaRÄG S. 34.

mensübergang fällig werdenden Anspruch betrifft.[85] Unsicherheiten über den Fristbeginn ergeben sich dadurch, dass die Enthaftung nicht an den publizierten Inhaberwechsel (§ 30 UGB), sondern an den für Dritte nicht transparenten **Übergangsstichtag** anknüpft. Mit der Formulierung des § 39 S. 2 UGB („Ansprüche daraus") ist zugleich ausgedrückt, dass § 39 S. 1 UGB eine **Haftung des Veräußerers selbstständig begründet,**[86] da er nicht mehr der eigentliche Schuldner ist (→ Rn. 21).

§ 39 UGB gilt nur, wenn das Vertragsverhältnis nach § 38 Abs. 1 UGB übergeht, nicht aber, wenn der Erwerber gem. § 38 Abs. 4 UGB haftet (→ § 25 Rn. 135). Dies überrascht, weil das Enthaftungsinteresse des Erwerbers in beiden Fällen identisch ist. Die Materialien stellen indes § 39 eindeutig in den Kontext der Überleitung ganzer Rechtsverhältnisse und **nicht** der **Haftung für einzelne Verbindlichkeiten:**[87] Vor allem durch Zeitablauf entstehe für die jeweiligen Rechtsverhältnisse ein deutlich engerer Bezug zum Schicksal des Unternehmens als zum Schicksal seines vormaligen Inhabers, der mit dem Unternehmen nichts mehr zu tun habe (→ § 25 Rn. 84). Da es nicht gerechtfertigt erscheine, das Privatvermögen des Veräußerers den Gläubigern auf Dauer gleichsam als Insolvenzausfallfonds zur Verfügung zu stellen, müsse der Veräußerer nach Ablauf einer gewissen Zeit für Unternehmensverbindlichkeiten nicht mehr einstehen. Die Nachhaftungsbegrenzung setze voraus, dass sich der Veräußerer nur mehr in der Position des Haftenden befinde, das entsprechende Rechtsverhältnis oder die Verbindlichkeit jedoch auf den Erwerber übergegangen sei (§ 38 Abs. 1 UGB; → § 25 Rn. 130 f.). Denn bleibe der Veräußerer Vertragspartner des Dritten (etwa wegen Widerspruchs des betroffenen Dritten gem. § 38 Abs. 2 UGB), sei kein Grund ersichtlich, seine Haftung zu begrenzen; die Haftung aus aufrechtem Vertrag überlagere insofern die Nachhaftungsbeschränkung.[88] So überzeugend diese Erwägungen § 39 UGB legitimieren, so zweifelhaft sind sie für die umgekehrte Situation des § 38 Abs. 4 UGB (→ § 25 Rn. 135). Danach bleibt der Veräußerer der Schuldner, und der Erwerber tritt kraft Gesetzes dauerhaft der Schuld bei. Damit wird aber der Erwerber – vorbehaltlich abweichender publizierter Vereinbarung (§ 38 Abs. 4 S. 3 UGB; → § 25 Rn. 136) und abgesehen von der Verjährung – unbefristet zum „Insolvenzausfallfonds" für die Gläubiger des Veräußerers.[89] Dahinter klingt das haftungsfondstheoretische Verständnis des § 25 Abs. 1 S. 1 an, dass der Erwerber dem Veräußerer die „natürlichen" Mittel entziehe, die dieser benötige, um seine Schulden zu bezahlen, und daher selbst haften müsse (→ § 25 Rn. 14). Ist § 39 UGB in den Fällen des § 38 Abs. 4 UGB unanwendbar, fällt die Reform hier zu Lasten des Veräußerers und Erwerbers noch hinter den Stand der § 25 Abs. 1 S. 1, § 26 zurück. Vorzugswürdig ist hier eine Lösung wie in § 133 Abs. 3 S. 1 UmwG, dass der Erwerber, der die Verbindlichkeit nicht übernimmt, befristet mithaftet (→ § 25 Rn. 135). Dies entspricht der österreichischen Rspr. zur gesetzlich nicht befristeten Spaltungshaftung gem. § 15 SpaltG, die vom OGH analog §§ 26, 159 aF begrenzt wurde.[90] Folgerichtig wird für § 15 SpaltG nun eine Analogie zu § 39 UGB gefordert.[91] Für § 38 Abs. 4 UGB sollte nichts anderes gelten. 21

§ 27 [Haftung des Erben bei Geschäftsfortführung]

(1) Wird ein zu einem Nachlasse gehörendes Handelsgeschäft von dem Erben fortgeführt, so finden auf die Haftung des Erben für die früheren Geschäftsverbindlichkeiten die Vorschriften des § 25 entsprechende Anwendung.

[85] *Artmann* WBl. 2007, 253 (256, 260); zur äußersten Grenze von acht Jahren *Krejci* FS Canaris, Bd. II, 2007, 735 (757).

[86] Anders die dogmatischen Einordnung bei *Krejci* FS Canaris, Bd. II, 2007, 735 (742 f.); *Artmann* WBl. 2007, 253 (256 f.) (Schuldbeitritt bzw. nach fünf Jahren Schuldübernahme durch den Erwerber), die gegenüber der Enthaftung ein Widerspruchsrecht wie bei § 38 Abs. 2 UGB vermisst; nach *Torggler* JBl. 2008, 137 (151, 154) impliziert die Enthaftung, dass der Dritte Gelegenheit zum Widerspruch hatte.

[87] Zum Folgenden Regierungsvorlage HaRÄG S. 33; Jabornegg/Artmann/*Karollus* UGB § 39 Rn. 5 ff.

[88] So auch die Interpretation von *Krejci* ÖJZ 2007, 841 (847 f.).

[89] *Torggler* JBl. 2008, 137 (154 f.) nimmt dies hin für einen freiwilligen Schuldbeitritt, hält die gesetzliche Regelung des § 38 Abs. 4 UGB aber als Rückkehr zur Haftungsfondstheorie für zweifelhaft.

[90] OGH RdW 2003, 626; 2005, 196.

[91] *Artmann* WBl. 2007, 253 (261).

(2) [1]Die unbeschränkte Haftung nach § 25 Abs. 1 tritt nicht ein, wenn die Fortführung des Geschäfts vor dem Ablaufe von drei Monaten nach dem Zeitpunkt, in welchem der Erbe von dem Anfalle der Erbschaft Kenntnis erlangt hat, eingestellt wird. [2]Auf den Lauf der Frist finden die für die Verjährung geltenden Vorschriften des § 210 des Bürgerlichen Gesetzbuchs entsprechende Anwendung. [3]Ist bei dem Ablaufe der drei Monate das Recht zur Ausschlagung der Erbschaft noch nicht verloren, so endigt die Frist nicht vor dem Ablaufe der Ausschlagungsfrist.

Schrifttum: *Altmeppen,* Der Rechtsschein bei Firmenfortführung, FS Hopt, Bd. I, 2010, 305; *Brandner,* Das einzelkaufmännische Unternehmen unter Testamentsvollstreckung, FS Stimpel, 1985, 991; *Bredemeyer,* Das kaufmännische Einzelunternehmen im Nachlass, ZErb 2013, 294; *Dauner-Lieb,* Unternehmen in Sondervermögen, 1998; *Ernst,* Haftung des Erben für neue Geschäftsverbindlichkeiten, 1994; *Fischer,* Fortführung eines Handelsgeschäfts durch eine Erbengemeinschaft, ZHR 144 (1980), 1; *J. Flume,* Einzelkaufmännische Unternehmen im Erbgang. Zu den Möglichkeiten und Grenzen einer Haftungsbeschränkung beim Unternehmenserwerb *mortis causa,* FS Maier-Reimer, 2010, 103; *Friedrich,* Die Haftung des endgültigen Erben und des „Zwischenerben" bei Fortführung eines einzelkaufmännischen Unternehmens, 1990; *Goldstein,* Die Miterbengemeinschaft als Organisationsform zur Fortführung des ererbten Handelsunternehmens eines Einzelkaufmanns, Diss. Köln 1972; *Hohensee,* Die unternehmenstragende Erbengemeinschaft, 1994; *A. Hueck,* Schuldenhaftung bei Vererbung eines Handelsgeschäfts, ZHR 108 (1941), 1; *Hüffer,* Die Fortführung des Handelsgeschäfts in ungeteilter Erbengemeinschaft und das Problem des Minderjährigenschutzes – Überlegungen zu den Entscheidungen BGHZ 92, 259 und BVerfG WM 1986, 828, ZGR 1986, 603; *John,* Testamentsvollstreckung über ein einzelkaufmännisches Unternehmen, BB 1980, 757; *Lieb,* Zu den Grundgedanken der §§ 25 ff. HGB, FS Börner, 1992, 742; *Muscheler,* Die Haftungsordnung der Testamentsvollstreckung, 1994; *Reuter,* Die handelsrechtliche Erbenhaftung, ZHR 135 (1971), 511; *Schauer,* Die unternehmerische Erbenhaftung im geltenden und künftigen Recht, FS Ansay, 2006, 363; *Karsten Schmidt,* Die Erbengemeinschaft nach einem Einzelkaufmann, NJW 1985, 2785; *Karsten Schmidt,* Handelsrechtliche Erbenhaftung als Bestandteil des Unternehmensrechts, ZHR 157 (1993), 600; *Karsten Schmidt,* Minderjährigen-Haftungsbeschränkung im Unternehmensrecht, JuS 2004, 361; *Siebert,* Probleme der Testamentsvollstreckung bei Handelsgeschäften und persönlich haftenden Gesellschaftsanteilen, ErbR 2011, 98; *Stahl,* Minderjährigenschutz im Gesellschaftsrecht und vormundschaftsgerichtliche Genehmigung, 1988; *Strothmann,* Einzelkaufmännisches Unternehmen und Erbenmehrheit im Spannungsfeld von Handels-, Gesellschafts-, Familien- und Erbrecht, ZIP 1985, 969; *Thiele,* Kindesvermögensschutz im Personalunternehmensrecht nach dem Beschluß des BVerfG vom 13.5.1986 – Bestandsaufnahme und Vorschlag einer Neuregelung, Diss. Köln 1992; *Welter,* Vertragliche Vereinbarungen im Rahmen einer Erbengemeinschaft, MittRhNotK 1986, 140; *Werther,* Der Ausschluß der handelsrechtlichen Erbenhaftung nach Fortführung des ererbten Handelsgeschäfts unter bisheriger Firma, Diss. Köln 1968; *M. Wolf,* Vermögensschutz für Minderjährige und handelsrechtliche Haftungsgrundsätze, AcP 187 (1987), 319.

Übersicht

I. Überblick

1 § 27 ordnet die „entsprechende Anwendung" des § 25 für den Fall an, dass der Inhaber eines Handelsgeschäfts **von Todes wegen** wechselt, das Handelsgeschäft also kraft erbrechtlicher Universalsukzession auf den oder die Erben(-gemeinschaft, → Rn. 59 ff.) übergeht. Aufgrund dessen haftet der Erbe für Geschäftsverbindlichkeiten des Erblassers nicht nur gem. §§ 1967 ff. BGB, sondern auch auf handelsrechtlicher Grundlage mit der Folge, dass die Erbenhaftung nicht auf den Nachlass beschränkt werden kann, wenn der Eintritt der unbeschränkten Haftung nicht gem. § 27 Abs. 2 vermieden wird. § 27 **reduziert** somit **die erbrechtlichen Haftungsbeschränkungsmöglichkeiten** (§§ 1975 ff. BGB) für den Fall, dass zum Nachlass ein Handelsgeschäft gehört (→ Rn. 4). Für die **Forderungen** des Erblassers enthält § 27 keine eigene Regelung, da die Forderungen mit dem Tod des Erblassers zwangsläufig kraft Gesetzes auf den Erben übergehen und damit der Konflikt, den die § 25 Abs. 1 S. 2, § 28 Abs. 1 S. 2 regeln wollen (Übergang der Forderung auf den neuen Unternehmensinhaber oder deren Zurückbleiben beim früheren Unternehmensinhaber, → § 25 Rn. 71 ff.), im Bereich des § 27 nicht entstehen kann.

II. Entstehungsgeschichte

2 Wie die §§ 25, 28 hatte auch § 27 **im ADHGB kein Vorbild;** die Probleme der Vererbung von Handelsgeschäften waren im 19. Jahrhundert kaum Gegenstand von Rspr. und wissenschaftlicher Diskussion.[1] In der Praxis sorgten (und sorgen, → Rn. 8) die Unternehmer dem Erbfall vor,[2] und der ADHGB-Gesetzgeber sah insbesondere in dem „Umstand, daß man hierbei auf die Rechtsverhältnisse der Erbschaftsantretungen, bei Erbtheilungen, sowie bei minderjährigen Erben Rücksicht nehmen müsse, eine Quelle von Schwierigkeiten, welche mit dem Vortheile, der aus der Aufnahme von Bestimmungen im Sinne der vorliegenden Anträge erreichbar sei, in keinem Verhältnisse ständen" (→ § 25

[1] Vgl. hierzu und allg. zur Entstehungsgeschichte *Bolte* ZHR 51 (1902), 413 (415); *Friedrich,* Die Haftung des endgültigen Erben und des „Zwischenerben" bei Fortführung eines einzelkaufmännischen Unternehmens, 1990, 67 ff.; Staub/*Burgard* Rn. 10.

[2] *Schäfer,* Familienunternehmen und Unternehmerfamilien, 2007, 101 ff.

Rn. 44 Fn. 190).[3] Der **HGB**-Gesetzgeber hielt dann eine Regelung für erforderlich (→ § 25 Rn. 5). § 21 des RJA-E I ordnete die Haftung des Erwerbers eines Handelsgeschäfts sowohl für den Fall des Erwerbs unter Lebenden als auch für den von Todes wegen an, allerdings schloss § 23 die Haftung bei Erwerb von Todes wegen aus, wenn das Handelsgeschäft nur „einstweilen für Rechnung des Nachlasses fortgeführt" wurde. Weil dieser Begriff zu unbestimmt war,[4] wurde in § 25 RJA-E II dafür eine Dreimonatsfrist vorgesehen.[5] In der Reichstagsvorlage (§ 26) wurde die Vorschrift dann als Verweisungsnorm formuliert, die eine Haftung positiv anordnet, und nicht nur als bloße, von engen Voraussetzungen abhängige **Haftungsausschlussnorm.**[6] Ungeachtet der nur redaktionell gemeinten Variation[7] blieb das Leitmotiv des Gesetzgebers gleich: Der Erbe soll sich binnen der Dreimonatsfrist schlüssig werden, wie er mit dem zunächst ‚unentrinnbaren Geschenk' umgehen soll, bevor er die Vorteile der zivilrechtlichen Haftungsbeschränkung verliert (→ Rn. 28).[8]

III. Normzweck

3 **1. Ausgangspunkt: Erbrechtliche Haftung.** § 27 wurde § 25 nachgebildet,[9] obwohl die Sach- und Interessenlage durchaus unterschiedlich ist.[10] Während es nämlich bei der Haftungsanordnung des § 25 darum geht, (nach hiesiger Ansicht) die Zuordnung von Aktiva und Passiva zu klären bzw. (nach herkömmlicher Ansicht) den Gläubigerzugriff auf Substanz und Ertrag des Unternehmens auch nach Inhaberwechsel aufrechtzuerhalten (→ § 25 Rn. 2), geht dieses Regelungsziel bei § 27 ins Leere, weil hier der Gläubigerzugriff schon aufgrund erbrechtlicher Universalsukzession gewährleistet ist.[11] Durch den (beim Erbfall eintretenden) Inhaberwechsel wird weder die Zuordnung der Rechtsverhältnisse unklar, noch werden die Gläubiger gefährdet, weil der Erbe kraft Gesetzes nicht nur Eigentümer der Aktiva (§ 1922 Abs. 1 BGB), sondern auch Schuldner der Passiva wird (§§ 1967 ff. BGB). Das von der Denkschrift nachträglich[12] auf § 27 erstreckte Ziel der Einheit von

---

3 *Lutz* Prot. III. Theil, 1858, 1432.

4 So die Bedenken der „Kommission Handel", *Schubert/Schmiedel/Krampe* II/1 S. 306.

5 Einer Anregung von Mecklenburg-Schwerin/Mecklenburg-Strelitz, wegen der Kürze der Frist dem Nachlassgericht eine antrags- und ermessensabhängige Verlängerung der Frist zu eröffnen (Vorbild: § 1995 Abs. 3 BGB), wurde nicht entsprochen, *Schubert/Schmiedel/Krampe* II/2 S. 756 f.

6 *Karsten Schmidt* DB 1994, 515 (520) kehrt in seinen Vorschlägen zur Überarbeitung des Handelsgesetzbuches (§ 30) zu dem System einer Haftungsausschlussnorm zurück.

7 Vgl. Staub/*Burgard* Rn. 53 sowie die redaktionellen Anträge zur Bundesratsvorlage, *Schubert/Schmiedel/Krampe* II/2 S. 861. Die Haftung wurde in § 27 Abs. 1 allein in Abgrenzung zu den Forderungen akzentuiert, um den Eindruck zu vermeiden, der neue Geschäftsinhaber werde wie bei § 25 als solcher und nicht als Erbe Inhaber der Forderungen, die aber selbstverständlich im Nachlasskonkurs als Nachlassbestandteile zur Konkursmasse zu ziehen seien (*Schubert/Schmiedel/Krampe* II/2 S. 756, 908). Der zugrunde liegende Antrag Bayerns (*Schubert/Schmiedel/Krampe* II/2 S. 847), der in den Ausschussberatungen einstimmig angenommen wurde (S. 884), sah daneben die später nicht weiterverfolgte (S. 938) entsprechende Anwendung des § 26 vor. Diesbezüglich ist eine Begründung nicht überliefert. Eine Analogie zu § 26 hat *Friedrich,* Die Haftung des endgültigen Erben und des „Zwischenerben" bei Fortführung eines einzelkaufmännischen Unternehmens, 1990, 185 f., 214 f., 245 für Vorerben, vorläufige Erben und vermeintliche Erben erwogen, zust. *Karsten Schmidt* ZHR 157 (1993), 600 (619).

8 Vgl. die Denkschrift (RJA-E I) S. 33 f. = *Schubert/Schmiedel/Krampe* II/1 S. 33 f.; Anregung von Mecklenburg-Schwerin/Mecklenburg-Strelitz, *Schubert/Schmiedel/Krampe* II/2 S. 756 f.; Denkschrift zum Entwurf eines Handelsgesetzbuches und eines Einführungsgesetzes, Reichstagsvorlage, 36, 38 = *Schubert/Schmiedel/Krampe* II/2 S. 979 f. = *Hahn/Mugdan* S. 219.

9 Denkschrift zum Entwurf eines Handelsgesetzbuches und eines Einführungsgesetzes, Reichstagsvorlage, 36, 38 = *Schubert/Schmiedel/Krampe* II/2 S. 979 f. = *Hahn/Mugdan* S. 219.

10 Ebenso Staub/*Hüffer,* 4. Aufl. 1983, Rn. 3 f.; *Reuter* ZHR 135 (1971), 511 (513 f.); für Vergleichbarkeit mit § 25 dagegen BGHZ 32, 60 (62) = NJW 1960, 959; GroßkommHGB/*Würdinger* Anm. 4; *Werther,* Der Ausschluß der handelsrechtlichen Erbenhaftung nach Fortführung des ererbten Handelsgeschäfts unter bisheriger Firma, 1968, 30 ff.; *Altmeppen* FS Hopt, Bd. I, 2010, 305 (317 ff.); vgl. auch *Hohensee,* Die unternehmenstragende Erbengemeinschaft, 1994, 247 ff.

11 Dies betont auch *Karsten Schmidt* ZHR 157 (1993), 600 (603); Überblick zur erbrechtlichen Ausgangslage bei Staub/*Burgard* Rn. 1 ff., 24 ff.

12 Denkschrift (Reichstagsvorlage) S. 36 = *Schubert/Schmiedel/Krampe* II/2 S. 978 f. = *Hahn/Mugdan* S. 218 f.; zu den Abweichungen gegenüber der Denkschrift zum RJA E I *Schubert/Schmiedel/Krampe* II/2 S. 1207.

Aktiva und Passiva (→ § 25 Rn. 6) wäre daher im Erbfall auch ohne § 27 bereits verwirklicht gewesen. Dementsprechend brauchte das Gesetz auch für Kontinuität bzw. die Respektierung darauf abzielender Kontinuitätserwartungen (→ § 25 Rn. 5) nicht zu sorgen. Der Zweck des § 27 muss daher über § 25 hinausgehen.

2. Begrenzung erbrechtlicher Haftungsbeschränkung. Der von § 27 bezweckte Verkehrsschutz[13] wird dadurch realisiert, dass das Gesetz den **Zeitraum,** in dem ein Handelsgeschäft mit latenten erbrechtlichen Haftungsbeschränkungsmöglichkeiten[14] fortgeführt werden kann, **durch eine kurze Frist deutlich begrenzt** und somit im Interesse der Gläubiger von Geschäftsverbindlichkeiten für eine zügige und zuverlässige Klärung sorgt.[15] Das gleiche Prinzip liegt den §§ 130, 139 zugrunde, die mit § 27 Abs. 1 und 2 eng verwandt sind.[16] Eine **Gleichstellung der Haftung für Alt- und Neuverbindlichkeiten**[17] ergibt sich als Folge des § 27 Abs. 2 (ebenso § 139 Abs. 3). Für die Altverbindlichkeiten haftet der Erbe (ebenso der Neugesellschafter), weil er den Rechtsträger so hinnehmen muss, wie er ihn vorfindet (→ § 28 Rn. 36). Der Erbe hat drei Monate Zeit, sich die zivilrechtlichen Haftungsbeschränkungsmodalitäten zu erhalten; führt er das Unternehmen länger fort, muss er die unbeschränkte Haftung auch für geschäftsbezogene Altverbindlichkeiten in Kauf nehmen. Für die Neuverbindlichkeiten haftet der Erbe (ebenso der Neugesellschafter) unbeschränkt, weil er sie selbst (mit-)begründet hat.[18] Eine systembedingte Gleichstellung von Neu- mit Altverbindlichkeiten ergibt sich für die unternehmens- und nachlassbezogenen sog. Nachlasserbenschulden (→ Rn. 38, → Rn. 57 f.). 4

3. Notwendigkeit handelsrechtlicher Haftung. Gäbe es § 27 nicht, könnte der Erbe das Unternehmen zunächst unbefristet weiterführen und erst zu einem späteren Zeitpunkt – das Erbrecht enthält für den Erben grundsätzlich keine zeitlichen Beschränkungen[19] – doch noch die (erbrechtliche) Haftungsbeschränkung herbeiführen (zum umstrittenen Haftungsausschluss entsprechend § 25 Abs. 2, → Rn. 46 ff.). Die Altgläubiger wären damit auf den Nachlass verwiesen, ohne dass gewährleistet wäre, dass der Nachlassbestandteil Handelsgeschäft nach Umfang und Wert noch einigermaßen dem entspricht, was beim Erbfall vorhanden war. **Abs. 2 grenzt** dieses **Risiko ein,** da die Nachlassgläubiger nur bis zum Ablauf der Dreimonatsfrist des Abs. 2 den Schwebezustand einer Unternehmensfortführung mit eventuell noch nachfolgender Haftungsbeschränkung hinnehmen müssen. 5

Zwar ist gem. **§ 1978 BGB** der Erbe (bei Nachlassverwaltung oder -insolvenz) für seine bisherige Nachlassverwaltung verantwortlich. Gerade die Reichweite dieser Vorschrift ist indes in Bezug auf die Fortführung eines Unternehmens **außerordentlich zweifelhaft:**[20] Weder bannt sie die Gefahr der Nachlassschmälerung durch (vom Erben unverschuldete) Verluste, noch können mit ihrer Hilfe all die vielfältigen und zahlreichen unternehme- 6

13 Staub/*Hüffer,* 4. Aufl. 1983, Rn. 4; Schlegelberger/*Hildebrandt/Steckhan* Rn. 1; krit. zur geringen Aussagekraft dieses Arguments *Karsten Schmidt* ZHR 157 (1993), 600 (601); → § 25 Rn. 15 mwN Fn. 64; weitergehend sehr krit. zum Gerechtigkeitsgehalt der Norm wie bei § 25 *Canaris* HandelsR § 7 Rn. 101 ff.

14 *Ebenroth,* Erbrecht, 1992, Rn. 1087 ff.; § 48 III, 943 f.; Staudinger/*Kunz,* 2020, BGB Vor §§ 1967–2017 Rn. 12 ff.; MüKoBGB/*Küpper* BGB Vor § 1967 Rn. 1–3.

15 *Reuter* ZHR 135 (1971), 511 (520 ff.); *Lieb* FS Börner, 1992, 747 (760); EBJS/*Reuschle* Rn. 6; Staub/*Burgard* Rn. 17.

16 BGHZ 113, 132 (135) = NJW 1991, 844; *Karsten Schmidt* ZGR 1989, 445 (448); *Karsten Schmidt* JZ 1991, 731; *Karsten Schmidt* ZHR 157 (1993), 600 (608); krit. hierzu → 2. Aufl. 2005, Rn. 4 *(Lieb).*

17 *Karsten Schmidt* HandelsR § 8 Rn. 129 f.; *Karsten Schmidt* ZHR 157 (1993), 600 ff., der auf 606 offen lässt, ob die §§ 27, 130, 139 (deduktiv) Ausdruck eines Gleichstellungsprinzips sind oder sich das Prinzip (induktiv) aus §§ 27, 130, 139 ergibt; gegen das Gleichstellungsargument Staub/*Hüffer,* 4. Aufl. 1983, Rn. 3 f.; *Canaris* HandelsR § 7 Rn. 105; Oetker/*Vossler* Rn. 3.

18 So auch *Karsten Schmidt* ZHR 157 (1993), 600 (613).

19 Einzelheiten bei Staub/*Burgard* Rn. 4.

20 Vgl. schon *Reuter* ZHR 135 (1971), 511 (514 ff., 520 ff.) und im Anschluss daran *Lieb* FS Börner, 1992, 747 (760); vgl. auch *Ernst,* Haftung des Erben für neue Geschäftsverbindlichkeiten, 1994, 55 ff., 67 ff.; aA *Canaris* HandelsR § 7 Rn. 108 f.; Staub/*Burgard* Rn. 16; zum Ganzen *Dauner-Lieb,* Unternehmen in Sondervermögen, 1998, 93 ff.

rischen Entscheidungen beurteilt werden, wie sie im Rahmen der Fortführung eines Handelsgeschäfts täglich anfallen (→ Rn. 36). Die Funktion(sfähigkeit) des § 1978 BGB beschränkt sich auf die wenigen, überschaubaren Handlungen, wie sie bei Verwaltung eines im Wesentlichen statischen Nachlasses normalerweise anfallen. Dies zeigt, dass der Gesetzgeber die speziellen Probleme der Fortführung eines Handelsgeschäfts im Rahmen des Erbrechts nicht ausreichend geregelt hat, und belegt damit die Notwendigkeit des § 27.[21] Die Fortführung eines ererbten Unternehmens über die Frist des Abs. 2 hinaus würde zu einer solch **unauflöslichen Vermögensvermischung** führen, dass eine nachträgliche Vermögenssonderung und Haftungsbeschränkung kaum möglich wäre. Dementsprechend eröffnet § 27 bei Versäumung der Frist des Abs. 2 den (Geschäfts-)Altgläubigern den Zugriff auf das Eigenvermögen des Erben. Durch die persönliche Haftung wird der Erbe auch im Interesse der Altgläubiger zu vorsichtigem Wirtschaften angehalten.[22]

7 **4. Defizite und Praxisrelevanz.** Obwohl zur Gläubigersicherung die Begrenzung der erbrechtlichen Haftungsbeschränkungsmöglichkeiten durch Abs. 2 notwendig ist (→ Rn. 4 f.), gewährleistet dieser Normzweck **kein in sich stimmiges Gesamtsystem.** Dem Gesetzgeber ist es vielmehr weder im Erbrecht noch im Handelsrecht gelungen, die besonderen Probleme der Fortführung von Unternehmen zu lösen. Das Gesetz ist vielfach lückenhaft.[23] § 27 bezieht die handelsrechtliche Haftung allein auf Geschäftsverbindlichkeiten[24] und bereitet damit erhebliche Schwierigkeiten, wenn die erbrechtliche Haftung (für die Privatverbindlichkeiten) beschränkt wird, die handelsrechtliche Haftung aber bereits unbeschränkbar geworden ist.[25] Dies führt zu dem paradoxen Ergebnis, dass für Geschäftsverbindlichkeiten des Erblassers (auch) das Privatvermögen der Erben haftet, während für Privatverbindlichkeiten des Erblassers das Geschäftsvermögen als (wesentlicher) Nachlassgegenstand haftet.

8 Die **hohe dogmatische Komplexität** der mit § 27 verbundenen Probleme steht in einem ‚auffälligen Missverhältnis' zur seit jeher **geringen praktischen Streitanfälligkeit** der Norm. Die letzte ermittelte Gerichtsentscheidung zu § 27 datiert von 1998.[26] Dies liegt nicht nur am Bedeutungsschwund der Rechtsform des einzelkaufmännischen Unternehmens (→ § 1 Rn. 52).[27] Seit jeher vermeiden es Einzelkaufleute, ihr Lebenswerk einer auf (streitige) Auseinandersetzung angelegten Erbengemeinschaft auszuliefern.[28] Dementsprechend wird § 27 in der aktuellen Lit. am ehesten von Praktikern behandelt, welche die rechtssichere[29] Gestaltung der vorweggenommenen Erbfolge empfehlen.[30] Gerade das wohl schwierigste Problem des § 27, die Fortführung des Unternehmens durch die Erbengemeinschaft (→ Rn. 59 ff.), tritt in der Praxis deshalb kaum auf. Für die derzeit vielbeschworene Erbengeneration enthält § 27 damit vor allem Abschreckungspotential als Anreiz für kautelarjuristische Vorsorge.

---

21 Ebenso *Reuter* ZHR 135 (1971), 511 (523); EBJS/*Reuschle* Rn. 6.

22 Vgl. bezüglich der Verhaltenssteuerungsfunktion der persönlichen Haftung *Wiedemann* GesR I § 10 III 1 a bb, 536 ff.

23 Nachgewiesen wurde dies in der Habilitationsschrift von *Dauner-Lieb,* Unternehmen in Sondervermögen, 1998, insbes. S. 120 ff., 152 ff., 182 ff., 505 ff.; vgl. dazu die eingehende Besprechung von *Marotzke* AcP 199 (1999), 615 ff. sowie die Stellungnahme von *Canaris* HandelsR § 9 Rn. 1 ff. und passim.

24 Vgl. hierzu *Hohensee,* Die unternehmenstragende Erbengemeinschaft, 1994, 249 ff.

25 Ähnliche Schwierigkeiten ergeben sich nach Haftungsbeschränkung im Verhältnis zu den Neugläubigern in Bezug auf deren Zugriffsmöglichkeiten (auch) auf den Nachlass (→ Rn. 57 f.).

26 KG NJW-RR 1999, 880. Dementsprechend verzeichnen *Schubert/Glöckner,* Nachschlagewerk des Reichsgerichts, Gesetzgebung des deutschen Reichs, Handelsgesetzbuch §§ 1–342, 2009, 51 ff., 68 f. für den Zeitraum 1900–1943 zwar 74 Entscheidungen zu § 25, 13 zu § 28, aber nur 5 zu § 27 (mit Überschneidungen).

27 *Karsten Schmidt* HandelsR § 8 Rn. 132; s. auch Heidel/Schall/*Ammon* Rn. 21 Fn. 30; vgl. allerdings die statistischen Angaben bei *Bredemeyer* ZErb 2013, 294 f.

28 *Schäfer,* Familienunternehmen und Unternehmerfamilien, 2007, 101 ff.

29 Keinen Bestand hatte die in KG NJW-RR 1999, 880 von den Vorerben gewählte Lösung, das Geschäft in ungeteilter Erbengemeinschaft auf die Nacherben zu übertragen.

30 Aus neuerer Zeit *Grote* BB 2001, 2595; *Bringer* ZErb 2006, 39; *Progl* ZErb 2006, 181; *v. Hoyenberg* RNotZ 2007, 377; *Schönert* BWNotZ 2008, 81.

IV. Tatbestandsmerkmale

9 § 27 Abs. 1 verweist auf § 25, und zwar nach dem hier zugrunde gelegten Verständnis als Rechtsgrundverweisung (→ Rn. 24 f.). Danach ist vorausgesetzt: die **Fortführung** (→ Rn. 15 ff.) eines (zum Nachlass gehörenden) **Handelsgeschäfts** (→ Rn. 10 f.) durch den **Erben** (→ Rn. 12 ff.) unter der bisherigen **Firma** (→ Rn. 24 ff.).

10 **1. Handelsgeschäft.** Der Erblasser muss ein einzelkaufmännisches Unternehmen gem. §§ 1 ff. betrieben haben. Bei §§ 2, 3 ist deshalb die Eintragung im Handelsregister erforderlich (zur eventuellen analogen Anwendung des § 27 → Rn. 41 ff.).

11 **Gesellschaftsrechtliche Beteiligungen** an Personen- oder Kapitalgesellschaften werden **vom Gesetz nicht erfasst**[31] (die Vererbung von Anteilen an Personenhandelsgesellschaften wird speziell geregelt durch die §§ 139 bzw. 177). **Analog § 27** bleibt aber den Gläubigern der Zugriff auf das Gesamthandsvermögen erhalten, wenn ein (an sich nur beschränkt haftender) **Kommanditist den Gesellschaftsanteil des einzigen Komplementärs erbt** und dann (nach Vereinigung aller Gesellschaftsanteile in seiner Hand) das Gesellschaftsunternehmen als Einzelkaufmann weiterführt.[32] Nicht anders ist zu entscheiden, wenn der letztverbleibende Gesellschafter Rechtsnachfolger einer Personengesellschaft wird (→ 4. Aufl. 2016, § 131 Rn. 7).[33]

12 **2. Erbenstellung. a) Verhältnis zur Ausschlagung.** Die Rechtsfolgen der § 27 Abs. 1, § 25 Abs. 1 treten nur dann ein, wenn die Erbenstellung (endgültig) gegeben ist. Dementsprechend entfällt jede (bürgerlichrechtliche und handelsrechtliche) Haftung, wenn der Erbe unter Beachtung der dafür allein maßgeblichen erbrechtlichen Vorschriften fristgemäß ausschlägt.[34] Die (dann nur vorübergehende) Fortführung des Handelsgeschäfts durch den Erben berührt das **Recht zur Ausschlagung** nicht. Dies gilt selbst dann, wenn die Fortführung länger als drei Monate gedauert haben sollte, sofern nur das Recht zur Ausschlagung noch bestand (Abs. 2 S. 3).[35] Mit der Ausschlagung entfällt allerdings nur die Haftung für die eigentlichen Erblasserschulden. Erhalten bleibt dagegen die Haftung des Ausschlagenden für diejenigen Verbindlichkeiten, die der Erbe bis zur Ausschlagung durch Geschäftsfortführung im eigenen Namen begründet hat, es sei denn, es wurde insoweit eine Haftungsbeschränkung rechtsgeschäftlich vereinbart (→ Rn. 33, → Rn. 57, → Rn. 78). Allerdings hat dafür dann auch der **nächstberufene Erbe** gem. § 27 einzustehen; die vom Ausschlagenden begründeten Verbindlichkeiten sind für ihn frühere Geschäftsverbindlichkeiten.[36] Insoweit hat der **vorläufige Erbe** gegen den Nächstberufenen einen erbrechtlichen Ausgleichsanspruch gem. § 1959 Abs. 1 BGB.[37] Die Rechtsstellung des Nächstberufenen ist selbstständig zu beurteilen; insbesondere beginnt die Frist des § 27 Abs. 2 für ihn mit dem Anfall der Erbschaft erneut.

13 **b) Vor- und Nacherbe.** Erbe iSd § 27 sind auch Vor- und Nacherbe; für letzteren sind – bei Erfüllung der Voraussetzungen des § 27 – die vom Vorerben begründeten Verbindlichkeiten „frühere Geschäftsverbindlichkeiten"[38] (→ Rn. 21, → Rn. 32).

---

[31] Staub/*Hüffer,* 4. Aufl. 1983, Rn. 5; EBJS/*Reuschle* Rn. 1; *Karsten Schmidt* HandelsR § 8 Rn. 133.

[32] So zutr. BGHZ 113, 132 = NJW 1991, 844; BGH ZIP 2004, 1047 (1048); LG Bonn BeckRS 2017, 148937; vgl. hierzu *Karsten Schmidt* JZ 1991, 733 f.; *Lieb* ZGR 1991, 572; *Marotzke* ZHR 156 (1992), 17; zur analogen Anwendung des § 27 bei lebzeitigem Ausscheiden des einzigen Komplementärs *Karsten Schmidt* ZHR 157 (1993), 600 (616 f.); *Bork/Jacoby* ZGR 2005, 611 (632 ff., 639 ff.).

[33] *Reiswich* ZInsO 2010, 1809 (1715 f.); *Krings/Otte* NZG 2012, 761 (764 f.).

[34] AllgM, vgl. nur Heymann/*Förster* Rn. 10; Staub/*Burgard* Rn. 26; BeckOK HGB/*Bömeke* Rn. 8.

[35] Deshalb ist nach allgM (vgl. statt aller Staub/*Hüffer,* 4. Aufl. 1983, Rn. 19) in der Fortführung des Geschäftes mit der Firma keine Annahme der Erbschaft zu sehen. Dagegen kann nach verbreiteter Auffassung (Staub/*Hüffer,* 4. Aufl. 1983, Rn. 25; Düringer/Hachenburg/*Hoeniger* Anm. 7) in der Fortführung unter einer neuen Firma eine Annahme der Erbschaft zu sehen sein, sie braucht es aber nicht zu sein.

[36] BGHZ 32, 60 (66) = NJW 1960, 959.

[37] Zu erwägen ist insoweit außerdem ebenso eine Haftungsbeschränkung auf den Nachlass, wie sie in → Rn. 58 für Nachlasserbenschulden bei rechtzeitiger Einstellung der Fortführung des Handelsgeschäfts vorgeschlagen wird.

[38] BGHZ 32, 60 (66) = NJW 1960, 959; Staub/*Hüffer,* 4. Aufl. 1983, Rn. 9, 17.

14 **c) Vermeintlicher Erbe.** Einbezogen ist schließlich analog § 27 auch der nur vermeintliche Erbe,[39] der infolgedessen für die Verbindlichkeiten des Erblassers einzustehen hat. Auch hier sind die von ihm begründeten Verbindlichkeiten für den wahren Erben „frühere Geschäftsverbindlichkeiten" iSv § 27.

15 **3. Fortführung des Handelsgeschäfts. a) Grundsätzliches Verständnis.** Die Fortführung des Handelsgeschäfts (durch den Erben) wird in § 27 ebenso wie bei § 25 als Fortsetzung der geschäftlichen Tradition (des Erblassers) verstanden.[40] Die Fortführung bedarf keiner bewussten (Fortführungs-)Entscheidung (dieses Problem wird bei der Fortführung eines ererbten Handelsgeschäfts durch eine Erbengemeinschaft noch deutlicher; → Rn. 62 f.). Da der Anfall der Erbschaft willensunabhängig erfolgt (§ 1942 Abs. 1 BGB) und der Erbe das ererbte Handelsgeschäft nicht einfach von einem Tag auf den anderen etwa durch bloße Untätigkeit verschwinden lassen kann,[41] hat der Erbe praktisch (zunächst) **keine Wahl.** Er wird das Unternehmen vielmehr zwangsläufig zunächst einmal fortführen (lassen) und sich erst dann zwischen der Alternative der weiteren, endgültigen Fortführung und der Einstellung (gem. Abs. 2) entscheiden. Daher tritt auch die **handelsrechtliche Haftung** gem. Abs. 1 zunächst einmal **willensunabhängig** ein, kann aber gem. Abs. 2 (zu anderen Möglichkeiten der Haftungsvermeidung → Rn. 44 ff.) durch **spätere Einstellung** innerhalb der **kenntnisabhängigen Frist rückwirkend wieder beseitigt** werden. Ein solch weites Verständnis des Abs. 1, der die Haftung damit (zunächst) zwangsläufig begründet, bedingt allerdings eine entsprechend großzügige Handhabung des Haftungsausschlusses gem. Abs. 2 (→ Rn. 49 ff.).

16 **b) Fortführung durch Dritte. Nicht erforderlich** ist nach hL die **persönliche Fortführung;** die Fortführung durch gesetzliche oder rechtsgeschäftlich bestellte Vertreter steht gleich.[42]

17 Dem Erben nicht zurechenbar ist dagegen die Fortführung des Unternehmens durch **Insolvenzverwalter,**[43] **Nachlassverwalter**[44] oder **Nachlasspfleger.**[45] Dies wird herkömmlich[46] damit begründet, dass diese Personen kraft Amtes[47] und damit ohne Ableitung aus der Rechtsstellung des Erben handeln.[48] Entscheidend ist aber, dass die Tätigkeit der genannten Amtspersonen[49] (zum Testamentsvollstrecker → Rn. 18 ff.) **auf Abwicklung ausgerichtet** und damit seitens des Erben als **Einstellung** der Fortführung zu werten ist.[50] Daher muss der Antrag auf Insolvenzeröffnung oder Anordnung von Nachlassverwaltung oder Nachlasspflegschaft innerhalb der **Frist** des Abs. 2 gestellt werden, da nur dann rechtzeitig signalisiert wird, dass der Erbe das Unternehmen nicht fortführt. Dies gilt unabhängig davon, wer den Antrag stellt (§§ 1980 f., 1961 BGB). Ein späterer

---

39 Zutr. *Friedrich,* Die Haftung des endgültigen Erben und des „Zwischenerben" bei Fortführung eines einzelkaufmännischen Unternehmens, 1990, 219 ff., 226 ff.; *Karsten Schmidt* ZHR 157 (1993), 600 (618 f.).

40 Staub/*Hüffer,* 4. Aufl. 1983, Rn. 5; Staub/*Burgard* Rn. 31; Heymann/*Förster* Rn. 12; EBJS/*Reuschle* Rn. 10; *Altmeppen* FS Hopt, Bd. I, 2010, 305 (318).

41 Auch zum Folgenden *Karsten Schmidt* ZHR 157 (1993), 600 (609 f.); Staub/*Burgard* Rn. 31; Röhricht/Graf v. Westphalen/Haas/*Ries* Rn. 11; BeckOK HGB/*Bömeke* Rn. 9; krit. Oetker/*Vossler* Rn. 10.

42 RGZ 132, 138 (144); BGHZ 30, 391 (395) = NJW 1959, 2114; BGHZ 35, 13 (19) = NJW 1961, 1304; Baumbach/Hopt/*Hopt* Rn. 3; Düringer/Hachenburg/*Hoeniger* Anm. 2; Heymann/*Förster* Rn. 13; Schlegelberger/*Hildebrandt/Steckhan* Rn. 5; EBJS/*Reuschle* Rn. 11; *Karsten Schmidt* HandelsR § 8 Rn. 139; Staub/*Hüffer,* 4. Aufl. 1983, Rn. 7.

43 BGHZ 35, 13 (17) = NJW 1961, 1304; Baumbach/Hopt/*Hopt* Rn. 3; Heymann/*Förster* Rn. 14; Staub/*Hüffer,* 4. Aufl. 1983, Rn. 8.

44 RGZ 132, 138 (144); Düringer/Hachenburg/*Hoeniger* Anm. 2; Heymann/*Förster* Rn. 14; Schlegelberger/*Hildebrandt/Steckhan* Rn. 4; Staub/*Hüffer,* 4. Aufl. 1983, Rn. 8.

45 Düringer/Hachenburg/*Hoeniger* Anm. 2; Heymann/*Förster* Rn. 14; Schlegelberger/*Hildebrandt/Steckhan* Rn. 4; Staub/*Hüffer,* 4. Aufl. 1983, Rn. 8; Baumbach/Hopt/*Hopt* Rn. 3.

46 S. nur BGHZ 35, 13 (17) = NJW 1961, 1304.

47 Vgl. BGHZ 88, 331 (334) mwN = NJW 1984, 739.

48 Nach Staub/*Hüffer,* 4. Aufl. 1983, Rn. 8 ist entscheidend, ob ein Zurechnungstatbestand zu Lasten des Erben gegeben ist.

49 Vgl. *Jacoby,* Das private Amt, 2007, 29 ff.

50 Zust. Röhricht/Graf v. Westphalen/Haas/*Ries* Rn. 13.

Antrag beseitigt die bereits eingetretene unbeschränkbare Haftung für die Geschäftsverbindlichkeiten nicht.

18 **c) Insbesondere: Fortführung durch Testamentsvollstrecker.** Steht der Erbe unter Testamentsvollstreckung, umfasst diese als Verwaltungsvollstreckung (§ 2205 BGB) auch das Handelsgeschäft. Die hier relevante Rechtsfrage geht dahin, ob die bestimmungsgemäße Fortführung des Handelsgeschäfts durch den Testamentsvollstrecker dem Erben mit der Folge zugerechnet werden kann, dass er gem. Abs. 1 für die Altverbindlichkeiten einzustehen hat.

19 Die hM lässt dies wenn überhaupt nur unter erheblichen Einschränkungen zu. Die **‚echte' Testamentsvollstreckung** an Handelsgeschäften galt lange als **überhaupt unzulässig,**[51] weil der Testamentsvollstrecker (für Neuverbindlichkeiten) weder den Erben persönlich verpflichten (§§ 2206 f. BGB) noch aus den von ihm im Rahmen der Verwaltung eingegangenen Rechtsgeschäften selbst in Anspruch genommen werden kann, so dass die unternehmerische Haftung zwar kraft Gesetzes, aber mangels Einbringung in eine Kapitalgesellschaft dennoch systemwidrig auf das Unternehmensvermögen beschränkt wäre (→ § 1 Rn. 58). Führt der Testamentsvollstrecker das Unternehmen namens und mit Vollmacht des Erben fort – sog. **Vollmachtslösung** (→ § 1 Rn. 59) –, soll die Fortführung dem Erben als eigene zurechenbar sein und dementsprechend zur Anwendbarkeit des § 27 führen.[52] Führt hingegen der Testamentsvollstrecker das Unternehmen im eigenen Namen, aber treuhänderisch für den Erben fort – sog. **Treuhandlösung** (→ § 1 Rn. 59) –, soll dies dem Erben nicht zuzurechnen sein, dieser also nicht für Altverbindlichkeiten haften.[53] Nach *Karsten Schmidt* ist hingegen **jede Unterneh-**

---

[51] RGZ 132, 138; BGHZ 12, 100 (102); 24, 106 (112) = NJW 1957, 1026; KG JW 1937, 2599; *Brandner* FS Stimpel, 1985, 991 (995 ff.); *A. Hueck* ZHR 108 (1941), 1 (30 f.); Staub/*Hüffer*, 4. Aufl. 1983, Vor § 22 Rn. 74; Staub/*Hüffer*, 4. Aufl. 1983, § 27 Rn. 47; Röhricht/Graf v. Westphalen/Haas/*Ries* Rn. 15; aA *F. Baur* FS Dölle, 1963, 249 ff.; *Canaris* HandelsR § 9 Rn. 36 ff.; *Kipp/Coing*, Erbrecht, 14. Aufl. 1990, § 68 III 3 a, 382; *Schiemann* FS Medicus, 1999, 526; *Karsten Schmidt* HandelsR § 8 Rn. 139; *Karsten Schmidt* HandelsR § 4 Rn. 76; LG Konstanz NJW-RR 1990, 716; ausf. *Muscheler*, Die Haftungsordnung der Testamentsvollstreckung, 1994, 389 ff.; *Christopeit*, Die Haftung des Erben für die neuen Gesellschaftsschulden bei der Verwaltungsvollstreckung eines einzelkaufmännischen Unternehmens, 1960, 85 ff.; s. auch Baumbach/Hopt/*Hopt* § 1 Rn. 40 ff. Zum Ganzen *Dauner-Lieb*, Unternehmen in Sondervermögen, 1998, 270 ff.

[52] BGHZ 12, 100 (103); Staub/*Hüffer*, 4. Aufl. 1983, Rn. 8, 47; Baumbach/Hopt/*Hopt* Rn. 3; Heymann/*Förster* § 1 Rn. 78; *A. Hueck* ZHR 108 (1941), 1 (28 f.) bejahte eine Haftung des Testamentsvollstreckers bei der Treuhandlösung analog § 27. Der Testamentsvollstrecker habe allerdings eine Regressmöglichkeit im Innenverhältnis. Umstritten ist, ob der Erbe die hierfür erforderliche unwiderrufliche und verdrängende Vollmacht wirksam erteilen kann; dafür BGHZ 12, 100 (103); BayObLGZ 1969, 138 (141); *Ebenroth*, Erbrecht, 1992, Rn. 693; *Haegele/Winkler*, Der Testamentsvollstrecker, 1979, Rn. 314; dagegen oder zumindest zweifelnd MüKoBGB/*Zimmermann* BGB § 2205 Rn. 24 f.; *Brandner* FS Stimpel, 1985, 991 (1002); *John* BB 1980, 757 (758); *Steindorff* ZHR 146 (1982), 520; *Nordemann* NJW 1963, 1139 (1140); *Schopp* Rpfleger 1978, 77 (79); *Canaris* HandelsR § 7 Rn. 32; krit. auch *Muscheler*, Die Haftungsordnung der Testamentsvollstreckung, 1994, 342 ff.; tendenziell Erman/*M. Schmidt* BGB § 2205 Rn. 22; vgl. BGH WM 1969, 492 (493) zur Testamentsvollstreckung an einem OHG-Anteil; Staudinger/*Reimann*, 2016, BGB Vor § 2197 Rn. 74 hält die Nichtigkeit der Vollmacht im Einzelfall für möglich. Zum Ganzen *Dauner-Lieb*, Unternehmen in Sondervermögen, 1998, 275 ff.; *Siebert* ErbR 2011, 98 (99 ff.).

[53] Staub/*Hüffer*, 4. Aufl. 1983, Rn. 89; *Hüffer* ZHR 157 (1993), 600 (611); Baumbach/Hopt/*Hopt* Rn. 3; Düringer/Hachenburg/*Hoeniger* Anm. 2; Heymann/*Förster* § 1 Rn. 77; Schlegelberger/*Hildebrandt/Steckhan* Rn. 4. Für den Fall der Fortführung des Handelsgeschäftes durch den Testamentsvollstrecker als solchen RGZ 132, 138 (144); KG JW 1937, 2599 f. Für eine Haftung des Erben nach § 27 Abs. 1 auch im Fall der Treuhandlösung Ehrenbergs HdB/*Pisko* II S. 257 Fn. 31, weil der Testamentsvollstrecker im Namen des Erben handle. Für die Zulässigkeit der Ermächtigungstreuhand als Ersatzlösung KG JFG 18, 276 (280 f.); Erman/*M. Schmidt* BGB § 2205 Rn. 23; Palandt/*Weidlich* BGB § 2205 Rn. 8; Soergel/*Damrau* BGB § 2205 Rn. 21; *Siebert* ErbR 2011, 98 (100 f.); gegen die Zulässigkeit *John* BB 1980, 757 (759); *Brandner* FS Stimpel, 1985, 991 (1003 f.); ausf. gegen die Treuhandlösung *Muscheler*, Die Haftungsordnung der Testamentsvollstreckung, 1994, 295 ff., bes. 329 f., gegen die Vollrechtstreuhand 330 ff.; *Schopp* Rpfleger 1978, 77 (78); krit. zu Problemen bei der dinglichen Zuordnung *Canaris* HandelsR § 9 Rn. 35; *Dauner-Lieb*, Unternehmen in Sondervermögen, 1998, 279 ff. Zur Eintragung eines Treuhandverhältnisses im Handelsregister OLG Hamm NJW 1963, 1554; umstr. ist, ob ein Testamentsvollstreckervermerk einzutragen ist, dafür bei Vollmachtlösung LG Koblenz DB 1990, 726; *Muscheler*,

mensfortführung durch einen Testamentsvollstrecker nach außen **als Unternehmensfortführung durch den Erben** anzusehen, wenngleich der Testamentsvollstrecker zur Vermeidung eigener Haftung (§ 2019 BGB) gegenüber dem Erben verpflichtet sein könne, die unbeschränkte Haftung gem. § 27 Abs. 2 rechtzeitig etwa durch Einbringung oder Umwandlung in eine Gesellschaft abzuwenden.[54]

20 Für die **generelle Zurechnung** spricht, dass die Anordnung einer Testamentsvollstreckung zwar nicht vom Erben ausgeht, aber eine **vom Erben hinzunehmende Beschränkung** seiner Erbenstellung darstellt, gegen die er sich nur durch **Ausschlagung** wehren kann (→ Rn. 12; vgl. § 2306 BGB).[55] Es ist dies im Wortsinne ebenso eine ‚Erblast' wie die geschäftsbezogenen Altverbindlichkeiten, gegen die – neben dem ‚Alles oder Nichts' der Ausschlagung – der vom Testamentsvollstrecker zu prüfende und notfalls zu beschreitende Weg des Abs. 2 eröffnet ist. Die herkömmlich angestellten Differenzierungen setzen hingegen nicht direkt bei der Haftung für geschäftsbezogene Altverbindlichkeiten an, sondern versuchen diese anhand der beschränkten Kompetenzen des Testamentsvollstreckers zur Begründung von Neuverbindlichkeiten zu bestimmen. Dies ist aber kaum ein geeigneter Maßstab für Rückschlüsse auf § 27. Insbesondere die Differenzierung nach Vollmacht- und Treuhandlösung überzeugt nicht.[56] Zunächst ist der Unterschied nur rechtstechnisch-konstruktiver Natur, da die Fortführung des Handelsgeschäfts durch den Testamentsvollstrecker dem Erben in beiden Fällen gleichermaßen willensunabhängig vom Erblasser aufgedrängt wird, unter Umständen lebenslang (§§ 2209 f. BGB).[57] Vollends unhaltbar sind Differenzierungen aus der Sicht der Altgläubiger, deren Zugriff auf das vererbte Handelsgeschäft nicht davon abhängen kann, ob die eine oder andere Lösung gewählt wurde. Vielmehr spricht gerade die Gläubigersicht dafür, § 27 in beiden Fällen gleichermaßen anzuwenden. Demgegenüber ist es unvereinbar mit der Testierfreiheit, die Testamentsvollstreckung in welcher Form auch immer für unzulässig zu erklären, da dem Testamentsvollstrecker danach nur noch die Freigabe des Unternehmens an den Erben bliebe.[58] Der Meinungsstreit zeigt, dass **Erbrecht und Handelsrecht** auch an dieser Stelle **kaum miteinander zu vereinbaren** sind.[59] Die Praxis begegnet dem etwa durch die Gestaltungsmöglichkeit, dass bereits der **Erblasser das Unternehmen auf eine GmbH überträgt** und dort bezüglich der **Verwaltungsrechte Testamentsvollstreckung** anordnet (→ § 1 Rn. 61).[60]

21 **d) Anwendbarkeit auf Vor- und Nacherben.** Bei Vor- und Nacherbschaft liegen **zwei** Erbfälle vor, so dass § 27 sowohl auf den Vor- als auch auf den Nacherben anzuwenden ist;[61] die Haftung des letzteren umfasst dabei auch die vom Vorerben im Wege seiner Geschäftsfortführung begründeten Verbindlichkeiten[62] und zwar auch solche, die ordnungsgemäßer Verwaltung (vgl. § 1978 BGB; dazu auch → Rn. 36) **nicht** entsprechen.[63]

Die Haftungsordnung der Testamentsvollstreckung, 1994, 418 ff.; dagegen Soergel/*Damrau* BGB § 2205 Rn. 20.

54 *Karsten Schmidt* HandelsR § 8 Rn. 139; *Karsten Schmidt* HandelsR § 4 Rn. 76.

55 Zu Bedenken gegen die Vollmachtslösung (→ Rn. 19; → § 1 Rn. 59) insoweit *Canaris* HandelsR § 9 Rn. 32.

56 So auch *Karsten Schmidt* HandelsR § 8 Rn. 139; *Karsten Schmidt* HandelsR § 4 Rn. 76.

57 Zu den Folgen der Beendigung der Testamentsvollstreckung Staub/*Burgard* Rn. 89 f.

58 Baumbach/Hopt/*Hopt* § 1 Rn. 43. Für generelle Zulässigkeit der Testamentsvollstreckung *Weidlich* NJW 2011, 641 (643 ff.).

59 Wie hier Heymann/*Förster* § 1 Rn. 74.

60 Auf diese Gestaltungsalternative weist auch Staub/*Hüffer*, 4. Aufl. 1983, Vor § 22 Rn. 74 aE hin; gegen ihre Zweckmäßigkeit *Muscheler*, Die Haftungsordnung der Testamentsvollstreckung, 1994, 399; zur Testamentsvollstreckung an einem GmbH-Anteil vgl. Soergel/*Damrau* BGB § 2205 Rn. 49 ff.; aus der notariellen Praxis *Grigas* BWNotZ 2002, 25 (27 ff.).

61 Heymann/*Förster* Rn. 8; Staub/*Hüffer*, 4. Aufl. 1983, Rn. 9, wobei *Hüffer* bezüglich des Vorerben von einer entsprechenden Anwendung spricht. Für den Nacherben auch BGHZ 32, 60 (62) = NJW 1960, 959.

62 BGHZ 32, 60 (63 ff.) = NJW 1960, 959 = LM BGB § 1967 Nr. 1 mAnm *Mattern*; *Karsten Schmidt* HandelsR § 8 Rn. 141; Baumbach/Hopt/*Hopt* Rn. 4; Schlegelberger/*Hildebrandt/Steckhan* Rn. 5.

63 BGHZ 32, 60 (66 f.) = NJW 1960, 959; Staub/*Hüffer*, 4. Aufl. 1983, Rn. 17; Baumbach/Hopt/*Hopt* Rn. 4; Schlegelberger/*Hildebrandt/Steckhan* Rn. 5.

e) Vermächtnisanordnung. Ist das ererbte Handelsgeschäft Gegenstand eines Vermächtnisses, führt der Erbe das Geschäft bis zur Erfüllung des Vermächtnisses notwendigerweise selbst fort und erfüllt damit die Voraussetzungen der Haftung gem. Abs. 1 (→ Rn. 15), so dass die anschließende **Übertragung auf den Vermächtnisnehmer** nur noch als **Einstellung** iSv Abs. 2 begriffen werden kann.[64] Auf den Vermächtnisnehmer passt § 27 deswegen nicht, weil er nicht Erbe ist und sich sein Erwerb infolgedessen nicht qua Universalsukzession, sondern rechtsgeschäftlich vollzieht.[65] Auf die Übertragung des ererbten Unternehmens vom Erben auf den Vermächtnisnehmer ist jedoch **§ 25** anwendbar.[66] Demgemäß können Erbe und Vermächtnisnehmer in Bezug auf die Geschäftsverbindlichkeiten des Erblassers einen Haftungsausschluss gem. § 25 Abs. 2 vereinbaren.[67] Die Nachlassgläubiger können dann weder den Erben noch den Vermächtnisnehmer persönlich in Anspruch nehmen. Regelmäßig hat der Vermächtnisnehmer aber keinen Anspruch auf Übertragung eines schuldenfreien Handelsgeschäfts, sofern nicht der Erblasser den Nachlass auch insoweit beschwert hat,[68] und von sich aus wird der Erbe einer Haftungsausschlussvereinbarung gem. § 25 Abs. 2 kaum zustimmen. Da das Vermächtnis in der notariellen Praxis ein bevorzugtes Gestaltungsmittel ist, kann freilich nicht ausgeschlossen werden, dass eine solche Lösung bewusst und im Einvernehmen aller Beteiligten gewählt wird (vgl. aber §§ 322, 134 InsO). Attraktiv ist dies allerdings nur, soweit dem Erben der Weg über § 27 Abs. 1, § 25 Abs. 2 oder über die Aufgabe der Firma versperrt wird (→ Rn. 45 ff.). Dem Vermächtnisnehmer steht es ohnehin frei, die Firma aufzugeben, was die Haftung gem. § 25 in aller Regel ausschließt (→ § 25 Rn. 28).[69] 22

f) Fortführung durch gesetzliche Vertreter. Bei der Fortführung eines Handelsgeschäfts durch die gesetzlichen Vertreter minderjähriger Erben sind die Einschränkungen zu beachten, die das **BVerfG**[70] im Zusammenhang mit der Beteiligung Minderjähriger an einer unternehmenstragenden Erbengemeinschaft gemacht hat und die zu **§ 1629a BGB** geführt haben.[71] Hiernach kann auch der minderjährige Einzelerbe durch den Erbfall bzw. durch seine gesetzlichen Vertreter nicht **über den Nachlass** (BVerfG) bzw. **nicht über sein bei Eintritt der Volljährigkeit vorhandenes Vermögen** (§ 1629a Abs. 1 BGB) **hinaus** verpflichtet werden.[72] Damit wird der Erbe bis zur Volljährigkeit systemwidrig wie ein Einzelkaufmann mit beschränkter Haftung behandelt, zumal sich 23

---

64 Ebenso GroßkommHGB/*Würdinger* Anm. 23; Staub/*Burgard* Rn. 106. Nach Staub/*Hüffer,* 4. Aufl. 1983, Rn. 45 liegt in der Übertragung des Unternehmens auf den Vermächtnisnehmer nur dann eine Einstellung iSv § 27 Abs. 2, wenn der Vermächtnisnehmer nach § 25 für die Altverbindlichkeiten haftet.

65 Vgl. statt aller Heymann/*Förster* Rn. 9; Düringer/Hachenburg/*Hoeniger* Anm. 14; *Friedrich,* Die Haftung des endgültigen Erben und des „Zwischenerben“ bei Fortführung eines einzelkaufmännischen Unternehmens, 1990, 48.

66 AllgM, Staub/*Hüffer,* 4. Aufl. 1983, Rn. 42; Düringer/Hachenburg/*Hoeniger* Anm. 14; EBJS/*Reuschle* Rn. 9; Heymann/*Förster* Rn. 9; *Hopt/Mössle* HandelsR Fall 6 Rn. 296; *Friedrich,* Die Haftung des endgültigen Erben und des „Zwischenerben“ bei Fortführung eines einzelkaufmännischen Unternehmens, 1990, 48; auch schon *Bolte* ZHR 51 (1902), 413 (423).

67 Staub/*Hüffer,* 4. Aufl. 1983, Rn. 43; Düringer/Hachenburg/*Hoeniger* Anm. 14; zweifelnd Röhricht/Graf v. Westphalen/Haas/*Ries* Rn. 17. Nach GroßkommHGB/*Würdinger* Anm. 23 kann der Erbe mit dem Vermächtnisnehmer vereinbaren, dass jener die früheren Geschäftsverbindlichkeiten zu tragen hat.

68 Düringer/Hachenburg/*Hoeniger* Anm. 14 hält eine dahin gehende Verfügung des Erblassers für möglich.

69 Staub/*Burgard* Rn. 106 Fn. 157.

70 BVerfGE 72, 155 = NJW 1986, 1859; vorausgegangen BGHZ 92, 259 (266 ff.); BGH NJW-RR 1987, 450 = WM 1987, 27; zum Hintergrund → 2. Aufl. 2005, Rn. 99 *(Lieb)*; Staub/*Burgard* Rn. 33.

71 MüKoBGB/*Huber* BGB § 1629a Rn. 1 ff.; zu den Defiziten der Vorschrift *Karsten Schmidt* JuS 2004, 361.

72 Schon vor Erlass des § 1629a BGB sah *M. Wolf* AcP 187 (1987), 319 (330 f.); Soergel/*Wolf* BGB § 2032 Rn. 9 aE die Haftung auf das vorhandene Minderjährigenvermögen beschränkt. Die Einstellung der Fortführung des Handelsgeschäfts ist demnach nicht geboten, so aber noch *Thiele,* Kindesvermögensschutz im Personalunternehmensrecht nach dem Beschluß des BVerfG vom 13.5.1986, 1992, bes. 219 ff.; *Thiele* FamRZ 1992, 1001 (1003 ff.), vgl. in seinem Gesetzgebungsvorschlag § 1645a BGB.

eine (Ersatz-)Haftung des/der gesetzlichen Vertreter kaum begründen lassen dürfte. Allerdings entfällt diese Beschränkung **ähnlich** wie bei **Abs. 2,** wenn der Erbe nicht binnen drei Monaten nach Eintritt der Volljährigkeit das Geschäft als solches[73] (nicht lediglich dessen Fortführung, → Rn. 49 ff.) einstellt, da andernfalls **vermutet** wird, dass die Verbindlichkeiten nach Volljährigkeit begründet worden sind (§ 1629a Abs. 4 S. 1 Hs. 2 BGB). Ein volljährig gewordener Miterbe oder Gesellschafter kann die unbeschränkte Haftung vermeiden, indem er die Auseinandersetzung des Nachlasses verlangt oder die Kündigung der Gesellschaft erklärt (§ 1629a Abs. 4 S. 1 Hs. 1 BGB). Unberührt bleibt die Ermächtigung zum selbstständigen Betrieb eines Erwerbsgeschäfts (§ 112 BGB, § 1629a Abs. 2 BGB). Der **Gestaltungspraxis** ist die **genehmigungspflichtige**[74] (§ 1643 Abs. 1 BGB, § 1822 Nr. 3 BGB) **Übertragung** etwa **auf eine GmbH** zu empfehlen, bei der die Haftungsbeschränkung systemgerecht durch Kapitalsicherung kompensiert wird.

24 **4. Firmenfortführung. a) Rechtsgrund- oder Rechtsfolgenverweisung?** Mit der hL[75] ist § 27 Abs. 1 als **Rechtsgrundverweisung** auf § 25 (zunächst Abs. 1) zu verstehen. Dementsprechend tritt auch die „unbeschränkte Haftung gem. § 25 Abs. 1" nur ein, wenn der Erbe das Handelsgeschäft des Erblassers **unter dessen Firma** fortführt. Dies eröffnet ihm die Möglichkeit, die Haftung gem. § 27 Abs. 1, § 25 Abs. 1 allein schon durch Annahme einer neuen Firma zu vermeiden. Nach anderer Ansicht lässt sich § 27 Abs. 1 hingegen auch als bloße **Rechtsfolgenverweisung** verstehen.[76] Danach kommt es weder auf den Tatbestand des § 25 Abs. 1 an, noch ist der Haftungsausschluss gem. § 25 Abs. 2 eröffnet, noch hat § 25 Abs. 3 irgendeine Bedeutung.

25 Eine unvertretbare Haftungsausweitung wäre mit dieser Trennung von § 25 ebenso wenig verbunden[77] wie mit dem Verzicht auf eine willensabhängige Fortführung des Unternehmens nach dem Erbfall (→ Rn. 15), da es dem Erben frei steht, die unbeschränkte handelsrechtliche Haftung gem. § 27 Abs. 2 zu vermeiden. Der Auslegung als Rechtsfolgenverweisung stehen aber sowohl der Wortlaut („die Vorschriften"[78] – nicht nur § 25 Abs. 1 S. 1 Hs. 2)[79] als auch die Entstehungsgeschichte entgegen. Die Firmenfortführung wurde von den Gesetzesverfassern zweifelsfrei vorausgesetzt.[80] Dabei kann es jedoch nicht darum gehen, ob der Erbe die unbeschränkte Haftung durch Firmenfortführung begründet, sondern ob er die willensunabhängig eintretende Haftung durch rechtzeitige Firmenänderung ausschließt.[81] Ähnlich wie bei § 25 und anders als bei § 28 liegt bei § 27 (weniger in der Fortführung als vielmehr) in der **Aufgabe der ‚ererbten' Firma** (→ § 22 Rn. 37) ein **demonstrativer Akt** (→ § 25 Rn. 30; → § 28 Rn. 10), der vom Publikum wahrgenommen wird, das nach dem Tod des ‚Patriarchen' sehr wohl beobachtet, wie der Erbe sich verhält.[82] Das Gesetz gibt dem Erben drei Monate Zeit, sich gegen die „Fortführung des Geschäfts" zu entscheiden, eröffnet dem Erben aber innerhalb dieser Frist auch den Weg, „sich über die endgültige Fortführung der Firma

---

73 MüKoBGB/*Huber* BGB § 1629a Rn. 77.

74 Str., zu unterscheiden sind Gründung und bloßer Anteilserwerb, vgl. MüKoBGB/*Kroll-Ludwigs* BGB § 1822 Rn. 26, 18.

75 *Canaris* HandelsR § 7 Rn. 109; Staub/*Hüffer,* 4. Aufl. 1983, Rn. 10 f. (zweifelnd); Baumbach/Hopt/*Hopt* Rn. 3; EBJS/*Reuschle* Rn. 13; Düringer/Hachenburg/*Hoeniger* Anm. 4; Heymann/*Förster* Rn. 15; Oetker/*Vossler* Rn. 14; BeckOK HGB/*Bömeke* Rn. 14; *Hohensee,* Die unternehmenstragende Erbengemeinschaft, 1994, 247 ff.; Schlegelberger/*Hildebrandt/Steckhan* Rn. 6; KKRD/*Roth* Rn. 5.

76 *Karsten Schmidt* HandelsR § 8 Rn. 131, Rn. 137; *Karsten Schmidt* ZHR 157 (1993), 600 (611 f., 615); *Lieb* FS Börner, 1992, 747 (760 f.); → 2. Aufl. 2005, Rn. 32 *(Lieb)*; Röhricht/Graf v. Westphalen/Haas/*Ries* Rn. 18.

77 Röhricht/Graf v. Westphalen/Haas/*Ries* Rn. 18.

78 Dies betonen *Canaris* HandelsR § Rn. 111; Staub/*Burgard* Rn. 37.

79 Anders → 2. Aufl. 2005, Rn. 32 *(Lieb)*.

80 Denkschrift (RT-Vorlage) S. 38 = *Schubert/Schmiedel/Krampe* II/2 S. 980 = *Hahn/Mugdan* S. 220.

81 *Karsten Schmidt* ZHR 157 (1993), 600 (611), iErg jedoch abl. (S. 615).

82 Ähnlich Staub/*Burgard* Rn. 37.

schlüssig zu machen“,[83] also auch, sich von der Geschäftstradition abzukehren und so die handelsrechtlich unbeschränkte Haftung zu vermeiden. Wie bei der rechtspolitisch ebenso umstrittenen Anwendung des § 25 Abs. 2 (→ Rn. 46 ff.) ist es **Sache des Erben,** den damit verbundenen **Verlust an Reputation und Bonität gegenüber dem Haftungsrisiko abzuwägen.**[84] Man mag die Anknüpfung an die Firma in Zeiten eines entindividualisierten Firmenrechts als archaisch empfinden; die Konsequenz daraus muss jedoch der Gesetzgeber ziehen (vgl. § 40 UGB; → Rn. 84 f.). Wird die Firma geändert, steht den Gläubigern der Nachweis eines besonderen Verpflichtungsgrundes gem. §§ 27, 25 Abs. 3 offen (→ Rn. 29; → § 25 Rn. 28, → § 25 Rn. 103).

b) Anforderungen nach hL. Nach der herrschenden Auslegung des Abs. 1 als Rechtsgrundverweisung (→ Rn. 24 f.) ist zweierlei zu klären: erstens, welche Anforderungen an die **Firmenänderung** zu stellen sind; zweitens, **bis zu welchem Zeitpunkt** eine **neue Firma angenommen** werden muss. 26

Das – nach hL haftungsbegründende, nach hiesiger Ansicht haftungserhaltende (→ Rn. 25) – Merkmal der Firmenfortführung entfällt nur dann, wenn sich die neue Firma von der alten **deutlich und wesentlich unterscheidet;** ein bloßer Nachfolgezusatz reicht dafür ebenso wie bei § 25 nicht aus.[85] Die Schwierigkeiten, die sich früher insbesondere aus § 18 aF ergaben,[86] sind durch die Neuregelung des Firmenrechts zumindest gemildert worden.[87] 27

Außerordentlich streitig ist, ob die neue Firma **unverzüglich** gewählt werden muss, oder ob der Erbe damit auch bis zum Abschluss der Dreimonatsfrist des Abs. 2 warten kann. Die hL verlangt eine unverzügliche Änderung.[88] Dagegen kann nach einer bereits vom Reichsgericht obiter geteilten Gegenmeinung[89] der Haftungsausschluss auch noch dadurch bewirkt werden, dass der Erbe erst zum Ablauf der Frist eine neue Firma annimmt. Dafür spricht – selbst auf der Grundlage der hL – nicht nur die aufschlussreiche Formulierung der Denkschrift (→ Rn. 25), sondern auch der Zweck des Abs. 2, den Altgläubigern zu signalisieren, dass sie bis zum Ablauf der Dreimonatsfrist damit rechnen müssen, dass ihnen nur der Nachlass zur Befriedigung zur Verfügung steht.[90] Die Gegenmeinung will den Erben zwingen, den schwerwiegenden Schritt der Aufgabe der bisherigen, möglicherweise alteingeführten Firma bereits zu einem Zeitpunkt zu vollziehen, in dem er die wirtschaftliche Situation des ererbten Unternehmens noch nicht ausreichend überblicken kann. Dies ist ihm nicht zumutbar, wenn man ihm überhaupt die Möglichkeit einräumen will, seiner Haftung bereits durch Wahl einer neuen Firma zu entgehen (→ Rn. 24 f.). 28

c) Verhältnis des § 27 zu § 25 Abs. 3. Als Rechtsgrundverweisung (→ Rn. 24) eröffnet § 27 Abs. 1 die Möglichkeit, die handelsrechtliche Haftung entsprechend § 25 29

[83] Denkschrift (RT-Vorlage) S. 38 = *Schubert/Schmiedel/Krampe* II/2 S. 980 = *Hahn/Mugdan* S. 220. Diesen Aspekt betont *Canaris* HandelsR § 7 Rn. 110.

[84] *Altmeppen* FS Hopt, Bd. I, 2010, 305 (318).

[85] Staub/*Hüffer*, 4. Aufl. 1983, Rn. 12; *Karsten Schmidt* HandelsR § 8 Rn. 137; Heymann/*Förster* § 25 Rn. 89; Röhricht/Graf v. Westphalen/Haas/*Ries* Rn. 19.

[86] Vgl. die Nachweise → 1. Aufl. 1996, Rn. 27 Fn. 73 *(Lieb)*.

[87] Staub/*Burgard* Rn. 39; krit. zur hierdurch nach hL erleichterten Haftungsbeschränkung *Karsten Schmidt* HandelsR § 8 Rn. 135 ff.

[88] Staub/*Hüffer*, 4. Aufl. 1983, Rn. 26; Düringer/Hachenburg/*Hoeniger* Anm. 4, 11; *Hildebrandt* DFG 1938, 48 (49); *Hopt/Mössle* HandelsR Rn. 222; Schlegelberger/*Hildebrandt/Steckhan* Rn. 9; *Werther*, Der Ausschluß der handelsrechtlichen Erbenhaftung nach Fortführung des ererbten Handelsgeschäfts unter bisheriger Firma, 1968, 51 f.

[89] RGZ 56, 196 (199); *Canaris* HandelsR § 7 Rn. 110; ausf. *Harms*, Handelsrecht, 3. Aufl. 1983, 161 f.; *Bolte* ZHR 51 (1902), 413 (447 f.); Ehrenbergs HdB/*Pisko* II 257; *Hohensee*, Die unternehmenstragende Erbengemeinschaft, 1994, 253; *A. Hueck* ZHR 108 (1941), 1 (16 ff.); *Stegemann*, Die Vererbung eines Handelsgeschäfts, 1903, 111 f.; EBJS/*Reuschle* Rn. 15; Staub/*Burgard* Rn. 38; Röhricht/Graf v. Westphalen/Haas/*Ries* Rn. 20.

[90] *Canaris* HandelsR § 7 Rn. 110; Oetker/*Vossler* Rn. 16; BeckOK HGB/*Bömeke* Rn. 16; Heymann/*Förster* Rn. 17; *Bredemeyer* ZErb 2013, 294 (295); aA *Werther*, Der Ausschluß der handelsrechtlichen Erbenhaftung nach Fortführung des ererbten Handelsgeschäfts unter bisheriger Firma, 1968, 58 f.

Abs. 3 zu begründen.[91] Daher kann dem Erben die erbrechtliche Haftungsbeschränkung trotz Änderung der Firma versperrt sein, wenn ein besonderer Verpflichtungsgrund vorliegt (→ § 25 Rn. 103 f.). Umgekehrt bestätigt § 25 Abs. 3, dass wenn ein besonderer Verpflichtungsgrund fehlt, die Änderung der Firma den Tatbestand des § 27 Abs. 1, § 25 Abs. 1 ausschließt (→ Rn. 25 ff.). Von Interesse ist eine solche besondere Verpflichtung für den Erben nur, wenn er eine andere (etwa eigene Personen-)Firma wählen will, ohne die Bonität des Unternehmens zu beschädigen (→ Rn. 25, → Rn. 47).

V. Rechtsfolgen

30 **1. Allgemeines.** § 27 **begrenzt die erbrechtlichen Haftungsbeschränkungsmöglichkeiten.**[92] Nur scheinbar ordnet § 27 Abs. 1 durch Verweis auf § 25 Abs. 1 eine eigenständige, handelsrechtliche Haftung an. Dies ist jedoch neben der erbrechtlichen Haftung gem. §§ 1967 ff. BGB unnötig (→ Rn. 3 ff.). Im Vordergrund der Rechtsfolgenbetrachtung steht daher weniger Abs. 1 als vielmehr **Abs. 2,** wonach die Haftungsbeschränkung auf den Nachlass für den Erben nur dann möglich bleibt, wenn er die Fortführung des Geschäfts fristgemäß einstellt. Ob man die nur über Abs. 2 beschränkbare Haftung als eine spezifisch handelsrechtliche versteht[93] oder als reguläre, nur kraft handelsrechtlicher Anordnung unbeschränkbar gewordene erbrechtliche Haftung,[94] ist praktisch gleichgültig. Jedoch unterstreicht die handelsrechtliche Fundierung den prinzipiellen, vom Gesetzgeber nicht durchweg trennscharf formulierten Unterschied zwischen Handelsrecht und Erbrecht (→ Rn. 7). Daher wird auch in der vorliegenden Kommentierung von handelsrechtlicher Haftung gesprochen.

31 **2. Die „früheren Geschäftsverbindlichkeiten". a) Begriff.** Die „früheren Geschäftsverbindlichkeiten" begrenzen den Kreis derjenigen Verbindlichkeiten, für die der Erbe mit seinem Privatvermögen einstehen muss, wenn er die handelsrechtliche Haftung nicht ausschließt. Darunter ist zunächst dasselbe zu verstehen wie im Rahmen des § 25 Abs. 1 (→ § 25 Rn. 66 ff.).

32 **b) § 1967 Abs. 2 BGB.** Verbindlichkeiten, „die den Erben als solchen" iSv § 1967 Abs. 2 BGB treffen, gehören nicht ausnahmslos zum Kreis der früheren Geschäftsverbindlichkeiten.[95] Insbesondere die in § 1967 Abs. 2 BGB beispielhaft genannten Verbindlichkeiten aus „Pflichtteilsrechten, Vermächtnissen und Auflagen" haben mit dem ererbten Handelsgeschäft nichts zu tun, so dass sich zumindest insoweit eine handelsrechtliche Haftung nicht begründen lässt.[96] Auch in der allerdings missverständlichen Entscheidung BGHZ 32, 60 hat der BGH lediglich für den Sonderfall von Vor- und Nacherbschaft (→ Rn. 13, → Rn. 21) die zu enge Auffassung des Berufungsgerichts, frühere Geschäftsverbindlichkeiten müssten bereits im Zeitpunkt des (ersten) Erbfalls entstanden sein, zutreffend zurückgewiesen und bekräftigt, dass der Nacherbe auch für die vom Vorerben begründeten Nachlasserbenschulden (→ Rn. 33 ff.) haftet.[97]

---

91 So Staub/*Hüffer,* 4. Aufl. 1983, Rn. 24; Baumbach/Hopt/*Hopt* Rn. 9; Heymann/*Förster* Rn. 18; Oetker/*Vossler* Rn. 17.

92 Ebenso Staub/*Hüffer,* 4. Aufl. 1983, Rn. 13; Staub/*Burgard* Rn. 41; Heymann/*Förster* Rn. 19; Röhricht/Graf v. Westphalen/Haas/*Ries* Rn. 21; unklar BGHZ 32, 60 (62) = NJW 1960, 959 und Schlegelberger/*Hildebrandt/Steckhan* Rn. 7; aA *Friedrich,* Die Haftung des endgültigen Erben und des „Zwischenerben" bei Fortführung eines einzelkaufmännischen Unternehmens, 1990, 101 ff.; *P. Hofmann* Handelsrecht D VI 2, 120 f.

93 So dezidiert *Karsten Schmidt* ZHR 157 (1993), 600 ff.

94 Staub/*Hüffer,* 4. Aufl. 1983, Rn. 13.

95 Anders noch Staub/*Hüffer,* 4. Aufl. 1983, Rn. 17; Heymann/*Emmerich* Rn. 14 f.

96 Ebenso *Friedrich,* Die Haftung des endgültigen Erben und des „Zwischenerben" bei Fortführung eines einzelkaufmännischen Unternehmens, 1990, 123 ff.; EBJS/*Reuschle* Rn. 22; Staub/*Burgard* Rn. 45; Röhricht/Graf v. Westphalen/Haas/*Ries* Rn. 25; Heymann/*Förster* Rn. 23.

97 BGHZ 32, 60 (66 f.) = NJW 1960, 959; auf diese Entscheidung beruft sich Staub/*Hüffer,* 4. Aufl. 1983, Rn. 17.

c) Nachlasserbenschulden. Nachlasserbenschulden[98] sind mit Blick auf Abs. 1 diejenigen Verbindlichkeiten, die **vom Erben in Fortführung des zum Nachlass gehörenden Handelsgeschäfts** (ggf. bis zur Einstellung gem. Abs. 2) **begründet** werden. Erhellend ist hier die Formulierung des ersten HGB-Entwurfs, das Geschäft werde „für Rechnung des Nachlasses fortgeführt" (→ Rn. 2). Unstreitig wird der **Erbe** aus solchen, der Fortführung des Handelsgeschäfts dienenden Verbindlichkeiten zunächst **selbst verpflichtet,**[99] soweit ihm nicht (im Einzelfall) die Beschränkung der Haftung auf den Nachlass rechtsgeschäftlich gelungen sein sollte.[100] Darüber hinaus nimmt die hL[101] an, dass für diese Neuverbindlichkeiten **auch der Nachlass** in Anspruch genommen werden kann. Dies wird dann bedeutsam, wenn der Erbe später – soweit gem. Abs. 2 noch möglich – die erbrechtliche Haftungsbeschränkung herbeiführt. Denn dann eröffnet die Annahme, auch die in Fortführung des Unternehmens neu begründeten Verbindlichkeiten seien wie „frühere Geschäftsverbindlichkeiten" zu behandeln, den **Neugläubigern** die Möglichkeit, an der **Nachlassverwaltung/Nachlassinsolvenz** (§§ 1975 ff. BGB) teilzunehmen und dort mit den Altgläubigern um den Nachlass zu konkurrieren. Dasselbe gilt, wenn die Erbschaft später dem (nach Ausschlagung) Nächstberufenen oder einem Nacherben anfällt.[102] Auch insoweit sind die vom vorläufigen Erben oder Vorerben begründeten Nachlassverwaltungsschulden frühere Geschäftsverbindlichkeiten (→ Rn. 12 f., → Rn. 21). 33

Für § 27 sind zwei Fragen von Interesse: Wie wird der Kreis dieser ‚neuen' früheren Geschäftsverbindlichkeiten eingegrenzt (→ Rn. 3 f.)? Kann der Erbe für diese Verbindlichkeiten die Haftung auf den Nachlass beschränken, wenn er die Fortführung des Unternehmens innerhalb von drei Monaten einstellt? Die erste Antwort präjudiziert die zweite: Soweit man die **unternehmensbezogenen Nachlasserbenschulden** zu den **früheren Geschäftsverbindlichkeiten** zählt, gilt die **Haftungsbeschränkung auf den Nachlass** auch für die Nachlasserbenschulden (str., → Rn. 57 f.). Die erste Frage betrifft ein allgemeines erbrechtliches Problem, das bei einem zum Nachlass gehörenden Handelsgeschäft durch die Besonderheiten dieses Nachlassgegenstands überlagert wird (→ Rn. 35). Diese Besonderheiten führen zu der Antwort, dass der Kreis der einbezogenen Neuverbindlichkeiten wie auch sonst in § 27 allein durch die Geschäftsbezogenheit definiert wird (→ Rn. 38). 34

In der Nachlassverwaltung/Nachlassinsolvenz müssen sich die Altgläubiger den Nachlass mit den Neugläubigern nachlassbezogener Verbindlichkeiten ‚teilen', obwohl letztere den Erben auch mit seinem Privatvermögen in Anspruch nehmen könn(t)en. Relevant wird dies, wenn der **Erbe selbst insolvent** wird[103] und der amtlich verwaltete Nachlass mehr Quote verspricht als das (sonstige, vielleicht masselose) Erbenvermögen. Die Altgläubiger des Erblassers tragen somit das Risiko der Insolvenz des Erben, wenn dessen eigene (Geschäfts-)Gläubiger als Nachlassgläubiger auftreten und die Quote für die Altgläubiger verkürzen. Voraussetzung für diesen Konflikt ist aber, dass der Erbe den Neugläubigern überhaupt unbeschränkt haftet. Insoweit sind zwei Konstellationen zu unterscheiden: ob nämlich der Erbe die Frist des Abs. 2 verstreichen lässt oder ob er rechtzeitig die Fortführung einstellt. Stellt der Erbe innerhalb der Frist des Abs. 2 die Fortführung ein, kann er die erbrechtliche Haftungsbeschränkung auch für Geschäftsverbindlichkeiten in Anspruch nehmen, was für Nachlasserbenschulden allerdings umstritten ist (→ Rn. 57 f.). Soweit die 35

98 Vgl. dazu MüKoBGB/*Küpper* BGB § 1967 Rn. 15 ff.; Palandt/*Weidlich* BGB § 1967 Rn. 8 ff.; zum Ganzen *Dauner-Lieb,* Unternehmen in Sondervermögen, 1998, 120 ff.

99 RGZ 146, 343 (345); Staub/*Hüffer,* 4. Aufl. 1983, Rn. 18; *Karsten Schmidt* HandelsR § 8 Rn. 125; Düringer/Hachenburg/*Hoeniger* Anm. 8; Heymann/*Förster* Rn. 24; s. schon OLG Hamburg SeuffA Bd. 65 (1910) Nr. 135, 257; KG JW 1937, 2599; *Hildebrandt* DFG 1938, 48 (49).

100 Grdl. hierzu RGZ 146, 343 (345 f.), allerdings sehr weitgehend in der Annahme einer Haftungsbeschränkung. Bedenklich weit auch BGH WM 1968, 798 und Baumbach/Hopt/*Hopt* Rn. 5.

101 RGZ 90, 91 (95); 146, 343 (345); BGHZ 32, 60 (64) = NJW 1960, 959; *Kipp/Coing,* Erbrecht, 14. Aufl. 1990, § 93 II 3, 527; *Lange/Kuchinke* ErbR § 49 IV 2 b, 957; MüKoBGB/*Küpper* BGB § 1967 Rn. 15; EBJS/*Reuschle* Rn. 20; *Bredemeyer* ZErb 2013, 294 (296).

102 Näher EBJS/*Reuschle* Rn. 20; Staub/*Burgard* Rn. 47.

103 Vgl. MüKoInsO/*Siegmann* InsO § 331 Rn. 5.

Haftung des Erben beschränkbar ist, besteht ‚nur' das Problem, inwieweit man die ‚Dreimonatsgläubiger' als Nachlassgläubiger zulässt. Lässt der Erbe die Frist verstreichen, haftet er unbeschränkt für unternehmensbezogene Altverbindlichkeiten und Nachlasserbenschulden. Hieraus ergibt sich das zusätzliche Problem, ob die Neugläubiger auf das (ggf. insuffiziente) Privatvermögen des Erben zu verweisen sind, um den Altgläubigern den Nachlass zu erhalten. Da die Beteiligung von Neugläubigern am Nachlass systemwidrig erscheint, gibt es – wenig praktikable[104] Versuche – den Zugriff solcher Neugläubiger auf den Nachlass allgemein (→ Rn. 36) und unternehmensbezogen (→ Rn. 37) einzuschränken.

36 Die wohl hL[105] eröffnet den Zugriff auf den Nachlass nur für solche Nachlasserbenschulden, die im Rahmen **ordnungsgemäßer Nachlassverwaltung** iSv § 1978 BGB begründet wurden. Hier liegt der Ursprung der Lehre von der Nachlasserbenschuld: Der Erbe, der pflichtgemäß den Nachlass verwaltet, soll nicht seine private Existenz gefährden.[106] Bei Fortführung eines Handelsgeschäfts wird es jedoch kaum einmal möglich sein, die Eingehung unternehmensbezogener Verbindlichkeiten nachträglich als nicht ordnungsgemäß anzusehen. Dem steht vielmehr – wie *Reuter*[107] eindringlich dargelegt hat – der weite unternehmerische Ermessensspielraum des Erben entgegen.[108] Daher können diejenigen Verbindlichkeiten, die im Rahmen der Fortführung eines Handelsgeschäfts begründet werden, in aller Regel auch gegen den Nachlass gerichtet werden.[109]

37 Alternativ wird vertreten, ‚das' Unternehmen scheide zumindest nach einer gewissen Zeit dann aus dem Nachlass aus, wenn der Erbe durch persönliche Leistung und Risikofreude maßgeblich das Erscheinungsbild des Unternehmens umgestaltet habe und infolgedessen der Bezug des Handelsgeschäfts zum Nachlass immer weniger erkennbar sei.[110] Als Folge wären die vom Erben nach der ‚Aussonderung' begründeten Geschäftsverbindlichkeiten nicht mehr als Nachlassverbindlichkeiten anzusehen, so dass die Neugläubiger etwa am Nachlassinsolvenzverfahren nicht mehr teilnehmen könnten, sondern auf das Privatvermögen des Erben beschränkt wären. Eine solche **Aussonderung des Unternehmens aus dem Nachlass** ist jedoch kaum realisierbar.[111] Schwierigkeiten bereitet schon die Bestimmung des Zeitpunkts, in dem sich die Aussonderung vollziehen soll,[112] auch wenn der Ablauf der Dreimonatsfrist sehr naheliegt.[113] Noch schwieriger ist die Behandlung des Unternehmensvermögens (zur Erbengemeinschaft → Rn. 53, → Rn. 68). Wenn man nämlich mit einer Aussonderung ‚des' Unternehmens ernst macht, schließt sich die Frage an, ob hierdurch auch die Gegenstände des Unternehmensvermögens aus dem Nachlass ausscheiden und damit den Nachlassgläubigern verloren gehen sollen.[114] Auch diese Frage

---

104 Sehr krit. Röhricht/Graf v. Westphalen/Haas/*Ries* Rn. 28.

105 RGZ 90, 91 (95); 146, 343 (345); BGHZ 32, 60 (64) = NJW 1960, 959; *Kipp/Coing,* Erbrecht, 14. Aufl. 1990, § 93 II 3, 527; MüKoBGB/*Küpper* BGB § 1967 Rn. 16; Palandt/*Weidlich* BGB § 1967 Rn. 9; ausf. *Ernst,* Haftung des Erben für neue Geschäftsverbindlichkeiten, 1994, 70 ff.; aA *Goldstein,* Die Miterbengemeinschaft als Organisationsform zur Fortführung des ererbten Handelsunternehmens eines Einzelkaufmanns, 1972, 69 f.; *Friedrich,* Die Haftung des endgültigen Erben und des „Zwischenerben" bei Fortführung eines einzelkaufmännischen Unternehmens, 1990, 135 ff.

106 *Dauner-Lieb,* Unternehmen in Sondervermögen, 1998, 123 ff.

107 *Reuter* ZHR 135 (1971), 511 (521 f.).

108 Krit. zu diesem Argument Staub/*Burgard* Rn. 16, der hier eine Analogie zu § 93 Abs. 1 S. 2 AktG sieht; eingehend zur Singularität dieser Norm *Jungmann* FS Karsten Schmidt, 2009, 831 ff.

109 Ebenso *Reuter* ZHR 135 (1971), 511 (522); EBJS/*Reuschle* Rn. 20, 21; zweifelnd *Canaris* HandelsR § 7 Rn. 103.

110 OLG Braunschweig OLGE 19, 231 (232); Uhlenbruck/*Lüer/Weidmüller,* InsO § 315 Rn. 7; diff. MüKo-InsO/*Siegmann* InsO Anh. § 315 Rn. 16; *Ernst,* Haftung des Erben für neue Geschäftsverbindlichkeiten, 1994, 81 ff.; dazu eingehend *Friedrich,* Die Haftung des endgültigen Erben und des „Zwischenerben" bei Fortführung eines einzelkaufmännischen Unternehmens, 1990, 135 ff., insbes. 144 ff.; *Hohensee,* Die unternehmenstragende Erbengemeinschaft, 1994, 42 ff.

111 Ebenso *Hohensee,* Die unternehmenstragende Erbengemeinschaft, 1994, 41 ff.

112 Vgl. auch dazu *Friedrich,* Die Haftung des endgültigen Erben und des „Zwischenerben" bei Fortführung eines einzelkaufmännischen Unternehmens, 1990, 147 ff.

113 *Ernst,* Haftung des Erben für neue Geschäftsverbindlichkeiten, 1994, 81 ff.

114 So *Reuter* ZHR 135 (1971), 511 (516 f.); *Ernst,* Haftung des Erben für neue Geschäftsverbindlichkeiten, 1994, 107.

ist kaum lösbar, weil jede denkbare Antwort zu gravierenden Benachteiligungen der einen oder anderen Gläubigergruppe führt. Scheidet das Unternehmensvermögen aus dem Nachlass aus, schadet man den Altgläubigern;[115] bleibt das Unternehmensvermögen im Nachlass,[116] können die Neugläubiger wegen ihrer ‚ausgesonderten' Verbindlichkeiten gleichwohl auf den Nachlass nicht mehr zugreifen. Eine Scheinlösung ist die Erwägung, nach einiger Zeit würden die Unternehmensgegenstände (im Wesentlichen nur die des Umlaufvermögens) im Eigenvermögen des Erben stehen, so dass ihre Nachlasszugehörigkeit zu Recht verneint werden könne. Denn der Erwerb wird in aller Regel mit Mitteln des Unternehmens erfolgt sein, die zum Nachlass gehörten.

Wie häufig bei § 27 wird demnach auch bezüglich der Nachlasserbenschulden ein allgemeines erbrechtliches Problem dadurch verschärft, dass das Unternehmen(-svermögen) einerseits Nachlassbestandteil ist, andererseits auch nach dem Erbfall am Wirtschaftskreislauf teilnimmt. Der Erbe kommt somit zwangsläufig in die Lage, unternehmensbezogene und damit nachlassbezogene Verbindlichkeiten zu begründen. Gerade bei der Unternehmensfortführung ist aber selbstverständlich, dass der Nachlassbestandteil ‚Unternehmen' nicht den Altgläubigern vorbehalten bleiben kann, sondern zugleich Kreditunterlage der Neugläubiger des fortgeführten Unternehmens ist. Die **Gleichbehandlung der alten wie neuen Geschäftsgläubiger** liegt daher im besonderen Nachlassgegenstand begründet und ist somit **systembedingt** (→ Rn. 4). Sie ist auch rechtspolitisch durchaus akzeptabel, da zum einen nicht nur die Nachteile (die Begründung weiterer Verbindlichkeiten), sondern auch die Vorteile aus der fortgeführten Geschäftstätigkeit dem Nachlass zugute kommen, und weil zum anderen eine erst geraume Zeit nach Anfall der Erbschaft (und damit nach Verlust der handelsrechtlichen Beschränkungsmöglichkeiten) herbeigeführte bürgerlichrechtliche Haftungsbeschränkung eine seltene Ausnahme sein wird. 38

Neben der für Nachlasserbenschulden typischen Konkurrenz von alten und neuen Gläubigern besteht eine **Konkurrenz zwischen Geschäfts- und Privatgläubigern.** Insoweit wird der Vorwurf erhoben, die Geschäftsgläubiger würden durch § 27 gegenüber Privatgläubigern des Erben privilegiert; diese seien auf den Nachlass angewiesen, während jene den Erben zusätzlich privat in Anspruch nehmen könnten.[117] Solange aber der Erbe mit dem Nachlassbestandteil ‚Unternehmen' genügend erwirtschaftet, um die (alten und neuen) Geschäftsschulden zu begleichen, wird er wegen der (alten) Privatverbindlichkeiten keine Nachlassverwaltung/Nachlassinsolvenz beantragen; er wird sich nicht das Unternehmen von einem Nachlass(insolvenz)verwalter aus der Hand nehmen lassen,[118] um Privatgläubiger abzuschütteln. Kann der Erbe selbst nicht zahlen, sind Privat- und Geschäftsgläubiger ohnehin in derselben Situation. Selbst wenn der Erbe aus seinem Privatvermögen zahlen kann, wäre den Privatgläubigern nicht geholfen, wenn man die Geschäftsgläubiger vom Nachlass ausschließen und auf die persönliche Erbenhaftung verweisen würde. Denn der Erbe, der von (alten oder neuen) Geschäftsgläubigern erfolgreich in Anspruch genommen wurde, hat seinerseits Aufwendungsersatzansprüche gem. § 1978 Abs. 3 BGB, § 1979 BGB, die noch dazu gem. § 324 Abs. 1 Nr. 1 InsO als Masseschulden vorrangig zu befriedigen sind. 39

3. Rechtslage während des Laufs der Frist. Während des Laufs der Frist des Abs. 2 kann der Erbe die unbeschränkbare Haftung für die Geschäftsverbindlichkeiten des Erblassers noch vermeiden. Folglich muss er in dieser Zeit die Möglichkeit haben, den Zugriff der Gläubiger des Erblassers abzuwehren. Zu diesem Zweck stehen ihm die **erbrechtlichen Einreden** der §§ 2014, 2015 BGB sowie das Recht zu, sich entsprechend § 780 ZPO die beschränkte Erbenhaftung vorzubehalten.[119] 40

---

115 Ob ihnen dann wenigstens durch Wertersatzansprüche (dazu *Ernst,* Haftung des Erben für neue Geschäftsverbindlichkeiten, 1994, 109 f.) geholfen werden könnte, ist zweifelhaft.

116 So OLG Braunschweig OLGE 19, 231 (232).

117 *Canaris* HandelsR § 7 Rn. 103.

118 Zur umstrittenen Herausgabepflicht in diesem Fall MüKoBGB/*Küpper* BGB § 1978 Rn. 7.

119 AllgM, Düringer/Hachenburg/*Hoeniger* Anm. 11; Heymann/*Förster* Rn. 37; Schlegelberger/*Hildebrandt/Steckhan* Rn. 12; *Karsten Schmidt* HandelsR § 8 Rn. 149; *Karsten Schmidt* ZHR 157 (1993), 600 (613); Staub/*Hüffer,* 4. Aufl. 1983, Rn. 32; *Hildebrandt* DFG 1938, 48 (50).

VI. Analoge Anwendung?

41 Ebenso wie die §§ 25, 28 (→ § 25 Rn. 32 ff.; → § 28 Rn. 13 ff.) ist auch § 27 nur auf Handelsgeschäfte, also nur dann anzuwenden, wenn der Erblasser Kaufmann war.[120] Die Gegenauffassung erstreckt § 27 auch auf nichtkaufmännische Tätigkeiten.[121] **Rechtspolitisch** ist diese **Analogie überzeugend** (→ Rn. 42), **de lege lata** aber **abzulehnen** (→ Rn. 43).

42 Wie die §§ 25, 28 behandelt auch § 27 kein typisch handelsrechtliches Problem, sondern beruht allein auf den Schwierigkeiten, die sich aus der Fortführung jeglicher unternehmerischen Tätigkeit durch einen neuen Unternehmensträger ergeben, im Fall des § 27 verschärft durch die Entscheidung zwischen beschränkbarer oder unbeschränkbarer Erbenhaftung. Konsequent hat Österreich in §§ 1 ff. UGB nicht nur das erste Buch des früheren HGB auf alle Unternehmer (mit Ausnahme der Freiberufler) erstreckt (→ § 1 Rn. 106 ff.), sondern verzichtet in § 40 UGB insbesondere auf die Firmenfortführung (→ Rn. 89 f.). Für die Auffassung, die § 27 als Rechtsfolgenverweisung versteht und somit auch für das deutsche Recht auf das Merkmal der Firmenfortführung verzichtet (→ Rn. 24), liegt es daher nahe, die Vorschrift analog auf nichtgewerbliche, insbesondere freiberufliche unternehmerische Tätigkeiten zu erstrecken.[122]

43 Da hier § 27 als Rechtsgrundverweisung verstanden wird (→ Rn. 25), scheidet eine Analogie aus.[123] Dies gilt auch, wenn man wie hier, insoweit entgegen der hL, die Firmenfortführung nicht als konstitutives Merkmal der unbeschränkten Erbenhaftung versteht. Darf nämlich der Erbe die unbeschränkte Haftung durch Firmenänderung abwenden, setzt dies eine firmenfähige Rechtsform voraus. Dementsprechend ist der registermäßige Haftungsausschluss gem. § 25 Abs. 2, der nach hiesiger Auffassung in die Verweisung des § 27 Abs. 1 einbezogen ist (→ Rn. 46 ff.), nur für Unternehmen eröffnet, die Zugang zum Handelsregister haben. Wie bei § 25 ist es widersprüchlich, Unternehmern die Eintragung gem. §§ 2 f. als Option zu eröffnen und sie dann gegen ihren Willen dem Handelsrecht zu unterwerfen (→ § 25 Rn. 33), ihnen insbesondere die bürgerlich-rechtlich beschränkte Erbenhaftung zu entziehen.

VII. Haftungsausschluss

44 **1. Grundsätzliches.** Die gem. § 27 Abs. 1, § 25 Abs. 1 eintretende **handelsrechtliche Haftung entfällt,** wenn der Erbe gem. § 27 Abs. 2 die Fortführung des Handelsgewerbes binnen drei Monaten einstellt. Die **bürgerlichrechtliche Haftung** des Erben (§ 1967 BGB) **dauert an** und kann nur auf den dafür vorgesehenen erbrechtlichen Wegen (§§ 1975 ff. BGB) **auf den Nachlass beschränkt** werden. Das Vorgehen gem. Abs. 2 allein beschränkt die Haftung also noch nicht; der Erbe erhält sich lediglich die **Möglichkeit** erbrechtlicher Haftungsbeschränkung auch für Geschäftsverbindlichkeiten.[124] Umstritten ist, ob der Erbe darüber hinaus die unbeschränkte Haftung durch Firmenänderung (→ Rn. 45) oder Verlautbarung gem. § 25 Abs. 2 (→ Rn. 46 ff.) ausschließen kann.

45 **2. Haftungsausschluss durch Firmenänderung.** Nach der zunehmend umstrittenen hL (→ Rn. 24 ff.) kann der Erbe die unbeschränkte handelsrechtliche Haftung dadurch ausschließen, dass er die Firma des Erblassers innerhalb der Frist des § 27 Abs. 2 deutlich ändert.

---

[120] So bereits Düringer/Hachenburg/*Hoeniger* Anm. 2; *Bolte* ZHR 51 (1902), 413 (432 f.).

[121] *Karsten Schmidt* HandelsR § 8 Rn. 133.

[122] Einschr. zur Rechtslage vor 1998 Heymann/*Emmerich* Rn. 4, wonach die analoge Anwendung auf minderkaufmännische, nicht eingetragene sollkaufmännische und „andere Geschäfte in geeigneten Fällen" nicht ausgeschlossen ist und entscheidendes Kriterium sein soll, ob eine Firma oder eine firmenähnliche Bezeichnung geführt wird. Für analoge Anwendung auf minderkaufmännische und nicht eingetragene sollkaufmännische Unternehmen, wenn der Name oder die Geschäftsbezeichnung fortgeführt wird, Staub/*Hüffer,* 4. Aufl. 1983, Rn. 5, 11 iVm Staub/*Hüffer,* 4. Aufl. 1983, § 25 Rn. 86.

[123] Staub/*Burgard* Rn. 20; diff. Röhricht/Graf v. Westphalen/Haas/*Ries* Rn. 7: keine analoge Anwendung, Röhricht/Graf v. Westphalen/Haas/*Ries* Rn. 18: Firmenfortführung verzichtbar.

[124] So auch *Friedrich,* Die Haftung des endgültigen Erben und des „Zwischenerben" bei Fortführung eines einzelkaufmännischen Unternehmens, 1990, 54.

46 **3. Haftungsausschluss gem. § 25 Abs. 2.** Mit der hL[125] ist aus der umfassenden Verweisung des § 27 Abs. 1 zu schließen, dass der Erbe die unbeschränkte Haftung über § 27 Abs. 2 hinaus bereits dadurch abwehren kann, dass er „entsprechend" § 25 Abs. 2 eine **einseitige** Haftungsausschlusserklärung ins Handelsregister eintragen und bekanntmachen lässt bzw. den Geschäftsgläubigern mitteilt. Zum Teil wurde früher verlangt, dass zumindest eine entsprechende Anordnung im Testament oder Erbvertrag enthalten ist.[126] Nach der Gegenauffassung kann der Erbe die erbrechtliche Haftungsbeschränkungsoption ausschließlich über § 27 Abs. 2 aufrechterhalten.[127]

47 Für die Gegenauffassung spricht vor allem, dass § 25 Abs. 2 ermöglicht, was § 27 Abs. 2 verhindern will, nämlich die Fortführung des Unternehmens mit der (theoretisch, → Rn. 38 aE) zeitlich unbegrenzten Möglichkeit, die Haftung doch noch auf den Nachlass zu beschränken. Dennoch ist der hL – in modifizierter Form (→ Rn. 48) – zu folgen. Die Gesetzesverfasser haben die Reichweite der gesetzlichen Analogie zu § 25 nur in Bezug auf die Firma konkretisiert.[128] Da sich die Haftung systematisch nicht aus einem rechtsgeschäftlichen Unternehmenserwerb (→ § 25 Rn. 42 ff.), sondern aus der gesetzlichen Gesamtrechtsnachfolge ableitet, gibt es (außer beim Erbvertrag) strukturell bedingt[129] keine Vereinbarung zwischen altem und neuem Unternehmensträger. Auch bei § 25 Abs. 2 (→ § 25 Rn. 97) kann der neue Unternehmensträger die Haftung ausnahmsweise durch einseitige Willenserklärung abwehren, wenn eine Vereinbarung mangels rechtsgeschäftlichen Erwerbs nicht möglich ist, aber die (unberechtigte) Inanspruchnahme droht.[130] Auf den ersten Blick versagt zwar bei § 27 die § 25 zugrunde liegende Anreizstruktur, dass die Verbindlichkeiten den Kaufpreis mindern (→ § 25 Rn. 17), weil der Erbe dem Erblasser (außer wiederum beim gegenseitigen Erbvertrag) nichts bezahlt. Dennoch ‚bezahlt' der Erbe einen Preis, da die einseitige Haftungsbeschränkung seine Bonität beschädigt.[131] Unmittelbar betrifft dies zwar nur die ererbten Schulden, da der Erbe für die Nachlasserbenschulden außerhalb des § 27 Abs. 2 unbeschränkt haftet (→ Rn. 33, → Rn. 57 f.). Jedoch werden die Geschäftspartner des Erblassers keinen Kredit prolongieren oder neu gewähren und kein Dauerschuldverhältnis fortsetzen, wenn der Erbe seinerseits die Nachlassinsolvenz gewissermaßen ankündigt. Diese Konsequenz wird der Erbe nur riskieren, wenn er absehen kann, dass er ohnehin nicht in der Lage sein wird, die Erblasserschulden mit dem ererbten Unternehmen abzuarbeiten. Anders als in direkter Anwendung erlaubt § 25 Abs. 2 iVm § 27 Abs. 1 nicht, ein schuldenfreies Unternehmen zu erwerben. Die § 1967 BGB, §§ 1975 ff. BGB bleiben unberührt, und das Unternehmen fällt mit einiger Wahrscheinlichkeit als Nachlassbestandteil in die Nachlassverwaltung/-insolvenz.[132]

48 Die hL ist jedoch zumindest in zwei Punkten zu modifizieren. Wegen § 27 Abs. 2 besteht kein Anlass, dem Erben die einseitige Erklärung gem. § 25 Abs. 2 unverzüglich

125 KG JFG 22, 70 = DR 1940, 2007; *Canaris* HandelsR § 7 Rn. 111; Staub/*Hüffer*, 4. Aufl. 1983, Rn. 22; Baumbach/Hopt/*Hopt* Rn. 8; Heymann/*Förster* Rn. 39; KKRD/*Roth* Rn. 8; Oetker/*Vossler* Rn. 25; Heidel/Schall/*Ammon* Rn. 21; MüKoBGB/*Küpper* BGB § 1967 Rn. 42; *A. Hueck* ZHR 108 (1941), 1 (7 ff.); *Barella* DB 1951, 676; *Bolte* ZHR 51 (1902), 413 (457 ff.); *v. Gierke/Sandrock* HandelsR § 16 II 3, 225; *Groschuff* DR 1940, 2009; *Nolte* FS Nipperdey, Bd. I, 1965, 667 (682 ff.); *Säcker* ZGR 1973, 261 (265) Fn. 17; *Bredemeyer* ZErb 2013, 294 (297); *Werther*, Der Ausschluß der handelsrechtlichen Erbenhaftung nach Fortführung des ererbten Handelsgeschäfts unter bisheriger Firma, 1968, 87 ff.; *Wieland*, Handelsrecht I, 1921, 287; nach Staub/*Hüffer*, 4. Aufl. 1983, Rn. 23 beschränkt sich die Wirkung einer Erklärung nach § 25 Abs. 2 im Rahmen von § 27 darauf, eine § 25 Abs. 1 entsprechende Haftung auszuschließen.

126 Düringer/Hachenburg/*Hoeniger* Anm. 6; dagegen Staub/*Burgard* Rn. 52.

127 So *Karsten Schmidt* HandelsR § 8 Rn. 146 f.; *Karsten Schmidt* ZHR 157 (1993), 600 (615); *Reuter* ZHR 135 (1971), 511 (524 ff.); *Harms*, Handelsrecht, 3. Aufl. 1983, 163 f.; *Hohensee*, Die unternehmenstragende Erbengemeinschaft, 1994, 253 ff.; Schlegelberger/*Hildebrandt/Steckhan* Rn. 14; EBJS/*Reuschle* Rn. 35; *Lieb* FS Börner, 1992, 747 (761); → 2. Aufl. 2005, Rn. 50 *(Lieb)*; Röhricht/Graf v. Westphalen/Haas/*Ries* Rn. 42; ebenso schon *Müller-Erzbach* Kap. 19, A II 2, 83; *Hildebrandt* DFG 1938, 48 (51); *Goldmann*, Festgabe Wilke, 1900, 119 (124 ff.); *Kretzschmar* ZBlFrG 17 (1916/17), 1 (6).

128 Denkschrift (RT-Vorlage) S. 38 = *Schubert/Schmiedel/Krampe* II/2 S. 980 = *Hahn/Mugdan* S. 220.

129 *Canaris* HandelsR § 7 Rn. 111; *Karsten Schmidt* HandelsR § 8 Rn. 147.

130 Vgl. Staub/*Burgard* Rn. 53.

131 *Altmeppen* FS Hopt, Bd. I, 2010, 305 (318); *Bredemeyer* ZErb 2013, 294 (297).

132 Vgl. MüKoBGB/*Küpper* BGB § 1978 Rn. 7.

abzuverlangen.[133] Dies ist schon bei direkter Anwendung des § 25 Abs. 2 zweifelhaft (→ § 25 Rn. 96). Bei entsprechender Anwendung gem. § 27 Abs. 1 müsste der Erbe die bonitätsschädigende Erklärung vor Prüfung der wirtschaftlichen Situation des Unternehmens abgeben, die § 27 Abs. 2 ermöglichen will. Es genügt also, wenn die Erklärung innerhalb der Dreimonatsfrist abgegeben wird, ohne dass dem Erben – unwahrscheinliche – Verzögerungen durch das Registergericht schaden würden.[134] Zudem darf § 25 Abs. 2 nicht als Umweg verstanden werden, eine zu strenge Auslegung des § 27 Abs. 2 abzumildern. Vom Erben kann nicht einerseits verlangt werden, das Unternehmen zu liquidieren, um ihm andererseits eine einseitige Haftungsabwehrerklärung zu gestatten.[135] Für § 27 Abs. 2 genügt es daher, dass der Erbe das Unternehmen nicht selbst oder nicht in der bisherigen Rechtsform fortführt (→ Rn. 50 ff.). Konsistent hierzu ist die Erklärung gem. § 25 Abs. 2 so zu verstehen, dass der Erbe sich gewissermaßen selbst eine vorweggenommene ‚negative Fortführungsprognose' ausstellt und den Gläubigern Gelegenheit zu Sicherungsmaßnahmen gibt.[136] Rechtsvergleichend ist anzumerken, dass die Anwendbarkeit des § 25 Abs. 2 in Österreich seit 2004 kodifiziert ist (→ Rn. 85).

49 **4. Haftungsausschluss gem. Abs. 2.** Außerordentlich streitig ist die Auslegung der eigentlichen Haftungsausschlussregelung des Abs. 2. Entgegen verbreiteter Auffassung ist eine Einstellung nicht nur bei **Liquidation** des ererbten Unternehmens gegeben,[137] sondern auch dann, wenn der Erbe das Unternehmen **veräußert** (→ Rn. 50), verpachtet (→ Rn. 51) oder in eine Gesellschaft einbringt (→ Rn. 52). Die bei Liquidation erzielbaren Vermögenswerte liegen unter Umständen erheblich unter den Fortführungswerten, sodass das traditionell strenge Verständnis noch nicht einmal den Interessen der Gläubiger, geschweige denn denen des Erben gerecht wird. Aus Gläubigersicht genügt als Einstellung jede Rechtshandlung, welche verhindert, dass der Erbe ein Unternehmen zeitlich unbegrenzt fortführen und dennoch seine Haftung auf den Nachlass beschränken darf, weil eine Nachlasssonderung jedenfalls im Bereich des Unternehmensvermögens umso schwieriger wird, je mehr Zeit verstreicht (→ Rn. 6).

50 **a) Veräußerung.** In der Veräußerung liegt eine Einstellung.[138] Mit dem Wortlaut des § 27 Abs. 2 ist dies sogar noch besser vereinbar als die hL, weil das Gesetz hier (anders als bei § 1629a BGB, → Rn. 23) nicht die Einstellung des **Handelsgeschäfts,** sondern die Einstellung von dessen **Fortführung** (und zwar – im Kontext des Abs. 1 – durch den Erben) verlangt.

[133] So aber die hL, vgl. nur Staub/*Hüffer,* 4. Aufl. 1983, Rn. 23; Oetker/*Vossler* Rn. 26.

[134] So auch Staub/*Burgard* Rn. 53, 58 f.; BeckOK HGB/*Bömeke* Rn. 30; *Bredemeyer* ZErb 2013, 294 (297).

[135] So auch *Karsten Schmidt* ZHR 157 (1993), 600 (615).

[136] Insoweit wie hier Staub/*Burgard* Rn. 17.

[137] So aber RGZ 56, 196 (199); Staub/*Hüffer,* 4. Aufl. 1983, Rn. 29; Baumbach/Hopt/*Hopt* Rn. 5; GroßkommHGB/*Würdinger* Anm. 10; Schlegelberger/*Hildebrandt/Steckhan* Rn. 9; *Hildebrandt* DFG 1938, 48 (49); *Werther,* Der Ausschluß der handelsrechtlichen Erbenhaftung nach Fortführung des ererbten Handelsgeschäfts unter bisheriger Firma, 1968, 43 ff., 62.

[138] *Canaris* HandelsR § 7 Rn. 108; *Karsten Schmidt* NJW 1985, 2785 (2790); *Karsten Schmidt* HandelsR § 8 Rn. 150 ff.; *Karsten Schmidt* DB 1994, 515 (520); EBJS/*Reuschle* Rn. 30; Oetker/*Vossler* Rn. 21; Düringer/Hachenburg/*Hoeniger* Anm. 11; *Hohensee,* Die unternehmenstragende Erbengemeinschaft, 1994, 256 f.; *Wieland,* Handelsrecht I, 1921, 288; *Bolte* ZHR 51 (1902), 413 (447 f.); *Stegemann,* Die Vererbung eines Handelsgeschäfts, 1903, 112 f.; *Lieb* FS Börner, 1992, 747 (761). Zur Anwendung der § 1978 Abs. 1 BGB, § 667 BGB MüKoBGB/*Küpper* BGB § 1978 Rn. 7; anders RGZ 56, 196 (199); Staub/*Hüffer,* 4. Aufl. 1983, Rn. 29; Baumbach/Hopt/*Hopt* Rn. 5; GroßkommHGB/*Würdinger* Anm. 10; Schlegelberger/*Hildebrandt/Steckhan* Rn. 9; *Hildebrandt* DFG 1938, 48 (49); *Werther,* Der Ausschluß der handelsrechtlichen Erbenhaftung nach Fortführung des ererbten Handelsgeschäfts unter bisheriger Firma, 1968, 43 ff., 62. Nach einer dritten Auffassung, *A. Hueck* ZHR 108 (1941), 1 (20 ff.); *Harms,* Handelsrecht, 3. Aufl. 1983, 162; *P. Hoffmann,* Handelsrecht, D VI 2, 122, reicht eine Veräußerung ohne Firma aus, eine mit Firma dagegen nicht. Die Differenzierung überzeugt schon deshalb nicht, weil auf dem Boden der Auffassung, die eine Firmenfortführung verlangt, es zum Haftungsausschluss ausreichen muss, wenn die Firma binnen der Dreimonatsfrist geändert wird (→ Rn. 24 ff.). Der eigentliche Einstellungsakt läge demnach nicht in der Veräußerung, sondern in der Firmenänderung.

b) Verpachtung. Auch die Verpachtung ist als Einstellung der Fortführung durch den Erben anzusehen.[139] Zwar löst sich der Erbe bei der Verpachtung nicht vollständig vom ererbten Unternehmen. Dazu kommt, dass die Gläubiger auf die verpachtete Unternehmenssubstanz nicht zugreifen können. Jedoch ist bei unmittelbarem Erwerb durch Verpachtung § 25 anwendbar (→ § 25 Rn. 45, → § 25 Rn. 49), sodass die Geschäftsaltgläubiger (auch) auf den Pächter zugreifen können. Entscheidend ist, dass der Unternehmensträger wechselt, der Pächter also die unternehmerischen Entscheidungen trifft, die dem Verpächter nicht zuzurechnen sind. 51

c) Einbringung oder Ausgliederung des Unternehmens in eine Gesellschaft. Für den Haftungsausschluss gem. Abs. 2 genügt die Einbringung oder Umgründung des einzelkaufmännischen Unternehmens **in eine Personen- oder Kapitalgesellschaft** (mit entsprechender Beteiligung des Erben), da auch hiermit ein Wechsel des Unternehmensträgers verbunden ist.[140] Der Erbe ist sich fristgemäß darüber schlüssig geworden, dass er selbst das Unternehmen nicht eigenverantwortlich fortführen will. Er wählt für den Rückzug aus der einzelkaufmännischen Unternehmensführung den gesetzlich vorgesehenen Weg, der für eine Vermögensseparierung sorgt. Bei Einbringung in eine Gesellschaft perpetuiert § 25 oder § 28 (zur Abgrenzung → § 25 Rn. 29 ff.; → § 28 Rn. 10 f.) die Rechtsfolgen des § 27 Abs. 1. Die Gläubiger können bei der Gesellschaft auf die Unternehmenssubstanz zugreifen. Nichts anderes gilt bei **Ausgliederung** auf eine Personen- oder Kapitalgesellschaft (§§ 152 ff. UmwG, → § 25 Rn. 118). Eine Modifikation ergibt sich für die Nachhaftung des Erben (§§ 26, 28 Abs. 3; §§ 156 f. UmwG), denn der Erbe haftet nicht handelsrechtlich unbeschränkt, sondern erbrechtlich beschränkbar. Er kann bei Erhaltung des Unternehmens in neuer Form nicht schlechter stehen als bei Zerschlagung. Führt der Erbe die Haftungsbeschränkung auf den Nachlass herbei, muss er dem Nachlass gem. §§ 1978 Abs. 1, 667 BGB die erlangte Gesellschaftsbeteiligung zur Verfügung stellen. Unabhängig von der Gesellschaftsstruktur ist der Wert dieser Beteiligung durch die Forderungen der Gesellschaftsneugläubiger belastet. Wie bei der Abgrenzung von §§ 25, 28 hängt es aber vom Einzelfall ab, ob den Altgläubigern mit dem Barkaufpreis des veräußerten Unternehmens oder mit der Beteiligung an einer unternehmenstragenden Gesellschaft besser gedient ist (→ § 28 Rn. 9). Zum Vergleich: Führt der Erbe das Unternehmen selbst weiter, konkurrieren die Gläubiger des neuen Unternehmensträgers wegen unternehmensbezogener Nachlasserbenschulden gleichfalls mit den Altgläubigern des Erblassers (→ Rn. 35), und auch dort kann die Belastung mit neuen Verbindlichkeiten dadurch kompensiert sein, dass die Vorteile aus der fortgeführten Geschäftstätigkeit dem Nachlass zugute kommen (→ Rn. 38). 52

d) Liquidation. Soweit das Handelsgeschäft vom Erben liquidiert wird, ist unter Einstellung der Fortführung des Geschäfts die Aufgabe der werbenden geschäftlichen Tätigkeit zu verstehen.[141] Dies bedeutet nicht, dass die Liquidation innerhalb des Dreimonatszeitraums beendet sein muss.[142] Alles andere würde die Überlegungsfrist des Erben unzumutbar verkürzen. 53

---

139 Staub/*Burgard* Rn. 55; BeckOK HGB/*Bömeke* Rn. 32; ebenso bereits *Bolte* ZHR 52 (1902), 413 (449) und *Stegemann,* Die Vererbung eines Handelsgeschäfts, 1903, 113; zweifelnd → 2. Aufl. 2005, Rn. 53 *(Lieb)*; Röhricht/Graf v. Westphalen/Haas/*Ries* Rn. 32; dagegen Oetker/*Vossler* Rn. 22. Nach *A. Hueck* ZHR 108 (1941), 1 (22) reicht auch eine Verpachtung ohne Firma aus.

140 *Karsten Schmidt* NJW 1985, 2785 (2790); *Karsten Schmidt* HandelsR § 8 Rn. 152; *Karsten Schmidt* ZHR 157 (1993), 600 (614); *Krings/Otte* NZG 2012, 761 (764); vgl. dazu auch Staub/*Hüffer,* 4. Aufl. 1983, Rn. 28; so auch Staub/*Burgard* Rn. 67; BeckOK HGB/*Bömeke* Rn. 27; anders → 2. Aufl. 2005, Rn. 54 *(Lieb)*; EBJS/*Reuschle* Rn. 31; Röhricht/Graf v. Westphalen/Haas/*Ries* Rn. 33; Oetker/*Vossler* Rn. 22.

141 Staub/*Hüffer,* 4. Aufl. 1983, Rn. 26; Staub/*Burgard* Rn. 62.

142 Staub/*Hüffer,* 4. Aufl. 1983, Rn. 27; Heymann/*Emmerich* Rn. 21; *Karsten Schmidt* NJW 1985, 2785 (2790); *Werther,* Der Ausschluß der handelsrechtlichen Erbenhaftung nach Fortführung des ererbten Handelsgeschäfts unter bisheriger Firma, 1968, 73 ff.; aA GroßkommHGB/*Würdinger* Anm. 11; RGRK-HGB/*Gadow,* 1. Aufl. 1940, Anm. 11.

54 **e) Herausgabe des Geschäfts.** Als Einstellung ist schließlich auch die Herausgabe des Geschäfts **an Nachlass- oder Insolvenzverwalter** im Zuge erbrechtlicher Haftungsbeschränkung anzusehen, weil die Fortführung durch diese Personen dem Erben nicht zuzurechnen ist (→ Rn. 17).

55 **f) Eingliederung in eigenes Unternehmen. Keine Einstellung** liegt vor, wenn der Erbe das Handelsgeschäft nicht als selbstständiges Unternehmen fortführt, sondern etwa in ein eigenes, bereits bestehendes Unternehmen eingliedert. Dies reicht anders als beim Rechtsträgerwechsel (→ Rn. 50 ff.) schon deswegen nicht aus, weil damit zwangsläufig eine Vermögensvermengung einhergeht, die eine spätere (erbrechtliche) Nachlasssonderung kaum noch erlaubt (→ Rn. 6). Infolgedessen bleibt die handelsrechtliche Haftung gem. Abs. 1 in diesem Fall grundsätzlich bestehen. Ein Widerspruch zu §§ 25, 28 besteht nicht, weil auch dort die Eingliederung als Fortführung angesehen wird, freilich als Fortführung durch den neuen Rechtsträger (→ § 25 Rn. 56; → § 28 Rn. 17). Allerdings wird die unbeschränkte Haftung zumeist deshalb ausgeschlossen sein, weil der Erbe nach Eingliederung die alte Firma nicht fortführen wird (→ Rn. 24 ff., → Rn. 45).[143]

56 **g) Frist.** Die Frist von drei Monaten beginnt in dem Zeitpunkt zu laufen, in dem der Erbe vom Anfall der Erbschaft Kenntnis erlangt hat (Abs. 2 S. 1). Ist der Erbe geschäftsunfähig oder in der Geschäftsfähigkeit beschränkt, und hat er keinen gesetzlichen Vertreter, so gilt für die Ablaufhemmung des § 206 BGB statt der dortigen Frist von sechs Monaten die Dreimonatsfrist des § 27 Abs. 2 (§ 27 Abs. 2 S. 2). Die Frist endet wegen des unter Umständen späteren Beginns der erbrechtlichen Ausschlagungsfrist (vgl. § 1944 Abs. 2 BGB: Kenntnis von Anfall und Berufungsgrund) auch noch nach Ablauf von drei Monaten. Für diesen Fall bestimmt § 27 Abs. 2 S. 3, dass dann die Dreimonatsfrist des § 27 Abs. 2 erst mit Ablauf der Ausschlagungsfrist endet.[144]

57 **5. Haftungsbeschränkung für Nachlasserbenschulden.** Die – durch Abs. 2 aufrechterhaltene – erbrechtliche Haftungsbeschränkung betrifft nach hL[145] nur die „echten" früheren Geschäftsverbindlichkeiten des Erblassers, nicht die Nachlasserbenschulden (→ Rn. 33 ff.). Für diese soll der Erbe vielmehr unbeschadet insolvenzrechtlich privilegierter Aufwendungsersatzansprüche (§§ 1978 Abs. 3 BGB, 324 Abs. 1 Nr. 1 InsO – → Rn. 39) auch nach Haftungsbeschränkung auf den Nachlass **unbeschränkt** haften, soweit er die Haftung nicht gegenüber dem jeweiligen Gläubiger **rechtsgeschäftlich** ausschließen konnte (die Rspr. ist insoweit allerdings recht großzügig).[146]

58 Entgegen der hL ist eine Haftungsbeschränkung auch für Nachlasserbenschulden möglich.[147] Da Nachlasserbenschulden als Nachlassverbindlichkeiten behandelt werden, wäre es inkonsequent, wenn der Erbe die Haftung hierfür nicht auf den Nachlass beschränken könnte. Zudem widerspricht diese Auslegung § 139 Abs. 4, da diese Vorschrift demjenigen, der ‚nur' einen Gesellschaftsanteil geerbt und qua gesellschaftsvertraglicher Nachfolgeklausel (persönlich haftender) Gesellschafter geworden ist, die Haftungsbeschränkung ausdrücklich auch für die Nachlasserbenschulden erhält, wenn er später durch Kündigung ausscheidet oder Kommanditist wird. Den Gesetzesverfassern war die Parallele zu § 27 bewusst, die allerdings in der Denkschrift ausdrücklich nur auf Dauer, Beginn und Ende der Frist bezogen wurde;[148] Text und Begründung des § 27 wurden nicht angeglichen. Ein Unterschied zwischen § 27 und § 139 besteht zudem darin, dass trotz beschränkter Erbenhaftung neben der Gesellschaft gem. § 128 die Gesellschafter

---

143 Insoweit übereinstimmend Staub/*Burgard* Rn. 68.

144 Dazu auch Staub/*Hüffer*, 4. Aufl. 1983, Rn. 30, 31; Staub/*Burgard* Rn. 71; Schlegelberger/*Hildebrandt/Steckhan* Rn. 10; Heymann/*Förster* Rn. 34 ff.

145 Staub/*Hüffer*, 4. Aufl. 1983, Rn. 33; Staub/*Burgard* Rn. 74; Heymann/*Förster* Rn. 38; Oetker/*Vossler* Rn. 30; Erman/*Horn* BGB § 1967 Rn. 12; *Bartholomeyczik* DGW 1938, 321.

146 RGZ 146, 343 (346); BGH BB 1968, 769.

147 Dem zust. *Bredemeyer* ZErb 2013, 294 (296).

148 Denkschrift (RT-Vorlage), 87 = *Schubert/Schmiedel/Krampe* II/2 S. 1031 f. Die Vorschrift geht zurück auf einen Vorschlag der „Kommission Handel", *Schubert/Schmiedel/Krampe* II/1 S. 331.

haften, während bei § 27 – insoweit vergleichbar dem Gesellschaftsvermögen – das Unternehmensvermögen als unter Umständen einziger Nachlassbestandteil haftet. Jedoch kann die Haftungsbeschränkung gem. § 139 Abs. 4 nicht von der Haftung weiterer Gesellschafter abhängen, weil die Vorschrift sogar beim Ausscheiden des einzigen Komplementärs und der anschließenden Auflösung der Gesellschaft eingreift.[149] Analog § 139 Abs. 4 kann daher der Erbe für diejenigen Verbindlichkeiten, die er innerhalb der Dreimonatsfrist des § 27 Abs. 2 begründet hat, die Haftung auf den Nachlass beschränken, wenn er die Fortführung des Unternehmens rechtzeitig einstellt.[150]

VIII. Fortführung durch Erbengemeinschaft

1. Vorbemerkung. Gehört das Handelsgeschäft zum Gesamthandsvermögen einer Erbengemeinschaft,[151] liegt die Entscheidung über die Geschäftsfortführung definitionsgemäß nicht in einer Hand. Dies erschwert bereits die Anwendung des Tatbestands (Fortführung und deren Einstellung). Führt die Erbengemeinschaft das Unternehmen (zulässigerweise?, → Rn. 67 ff.) über den Dreimonatszeitraum des Abs. 2 hinaus fort, ergeben sich weitere Probleme aus der ‚Kollision' von Erbrecht und Handelsrecht: Erstens ist eine ungeteilte Erbengemeinschaft rechtlich weder im Außen- noch im Innenverhältnis auf die ihr zufallende Rolle als Unternehmensträgerin zugeschnitten. Zweitens ist das Unternehmensvermögen nur ein (wesentlicher) Nachlassbestandteil unter vielen. Daher ist es ohne eine Entscheidung der Erbengemeinschaft nicht möglich, die unbeschränkte handelsrechtliche Haftung für unternehmensbezogene Verbindlichkeiten und die beschränkte erbrechtliche Haftung für (sonstige) Nachlassverbindlichkeiten verschiedenen Haftungsmassen zuzuordnen.[152] Das für § 27 charakteristische Problem der drohenden unauflösbaren Vermögensvermischung (→ Rn. 6) stellt sich hier also in potenzierter Form. 59

2. Fortführung bis zur Einstellung. a) Fortführung. Der **BGH** hat in einer frühen Grundsatzentscheidung vertreten, bei (rein tatsächlicher) Fortführung des Handelsgeschäfts durch nur einen (oder durch einige, aber nicht alle) Miterben könne von einer haftungsrelevanten Fortführung des Geschäfts durch alle Erben nur gesprochen werden, wenn die anderen dazu – ausdrücklich oder konkludent – ihre **Zustimmung** gegeben hätten.[153] 60

Dem wird zutreffend entgegengehalten, dass die Fortführung nur einen Realakt darstelle und keines Fortführungs**beschlusses** bedürfe.[154] Nur nach der Gegenansicht stellt sich die Frage, ob der Fortführungsbeschluss der Einstimmigkeit bedarf (→ Rn. 60) oder 61

---

[149] Staub/*Schäfer* § 139 Rn. 126 f.; Heymann/*Freitag* § 139 Rn. 76.

[150] Dafür *Harms,* Handelsrecht, 3. Aufl. 1983, 165 f., 168; *Hohensee,* Die unternehmenstragende Erbengemeinschaft, 1994, 241 ff.; iErg ebenso *Karsten Schmidt* ZHR 157 (1993), 600 (613 f.) sowie für die Erbengemeinschaft *Karsten Schmidt* NJW 1985, 2785 (2791). *Harms* zitiert für seine Auffassung BGH BB 1968, 769 f. Dies ist zweifelhaft, weil der BGH in der Urteilsbegründung nicht ausdrücklich darauf hinweist, die Vereinbarung sei binnen der Dreimonatsfrist erfolgt. Vgl. auch *Hüffer* ZGR 1986, 603 (636), wonach § 27 Abs. 2 der Gedanke entnommen werden kann, dass eine unbeschränkbare persönliche Haftung für solche Verbindlichkeiten nicht geboten ist, die vor dem Ablauf der Überlegungsfrist begründet werden. Ausdrücklich abgelehnt wird die Analogie von Erman/*Horn* BGB § 1967 Rn. 12; EBJS/*Reuschle* Rn. 38; *Ernst,* Haftung des Erben für neue Geschäftsverbindlichkeiten, 1994, 61 ff.; *Bartholomeyczik* DGW 1938, 321.

[151] Vgl. Staub/*Burgard* Rn. 91, 93. Eine Sonderrechtsnachfolge wird bei § 27 im Gegensatz zu § 139 kaum erwogen, vgl. dazu *Hohensee,* Die unternehmenstragende Erbengemeinschaft, 1994, 21 ff.; auch Parallelen zur qualifizierten Nachfolgeklausel des Gesellschaftsrechts werden bisher nicht diskutiert, vgl. aber *Hohensee,* Die unternehmenstragende Erbengemeinschaft, 1994, 165 Fn. 232.

[152] *Canaris* HandelsR § 7 Rn. 12.

[153] BGHZ 30, 391 (395) = NJW 1959, 2114; bestätigt in BGHZ 32, 60 (67) = NJW 1960, 959 – dieselbe Sache, ein anderer Senat. Ebenso BGHZ 35, 13 (19) = NJW 1961, 1304; *A. Hueck* ZHR 108 (1941), 1 (23 ff.); *Hüffer* ZGR 1986, 603 (613, 625); *Hohensee,* Die unternehmenstragende Erbengemeinschaft, 1994, 176 f.; *Johannsen* FamRZ 1980, 1074 (1075 f.); *M. Wolf* AcP 181 (1981), 480 (483); Heymann/*Förstser* Rn. 47; Röhricht/Graf v. Westphalen/Haas/*Ries* Rn. 36.

[154] *Karsten Schmidt* NJW 1985, 2785 (2790 f.), besonders 2791 bei Fn. 105; *Karsten Schmidt* ZHR 157 (1993), 600 (610 f.); dem zust. *Bredemeyer* ZErb 2013, 294 (298).

aber auch mit Mehrheit gefasst werden kann.[155] Letzteres wird wegen der Schutzbedürftigkeit des einzelnen Erben als bedenklich angesehen.[156]

62 Nach hiesiger Auffassung ist die bewusste Fortführung des Handelsgeschäfts nach dem Tode des Erblassers kein eigenständiges Tatbestandsmerkmal (→ Rn. 15). Der Anfall der Erbschaft (und damit des Handelsgeschäfts) erfolgt willensunabhängig kraft Gesetzes. Zudem gibt es jedenfalls zunächst zur Fortführung rein tatsächlich keine Alternative, weil ein lebendes Unternehmen die Geschäftstätigkeit nicht bis zur Fassung eines „Fortsetzungsbeschlusses" – für welchen (Überlegungs-)Zeitraum auch immer – unterbrechen kann. Dementsprechend wird auch eine Erbengemeinschaft zunächst zwingend Unternehmensträger, so dass sich ihre Willensbildung nur noch auf die **weitere** Fortführung, damit aber zugleich auf deren **Einstellung** beziehen kann. Nicht die Fortführung als solche, sondern erst die Einstellung der zunächst ebenso selbstverständlichen wie unvermeidlichen Fortführung nach Anfall der Erbschaft ist daher der eigentliche (spätere), von Abs. 2 geforderte Beschlussgegenstand.[157]

63 Eine solche **willensunabhängige Fortführung** begründet keine erhöhten Haftungsrisiken, wenn der einzelne Miterbe zuverlässig die Einstellung der Fortführung des Handelsgeschäfts herbeiführen (→ Rn. 64 f.) und die Haftung für die während des Fortführungszeitraums begründeten Verbindlichkeiten **analog § 139 Abs. 4** auf den Nachlass beschränken kann (→ Rn. 58). Die Zustimmung aller Miterben ist infolgedessen nicht schon unmittelbar nach Anfall der Erbschaft erforderlich. Vielmehr ist auch den widerstrebenden Erben die (vorläufige) Fortführung im Interesse aller zuzumuten, damit – dem Sinn der Frist des Abs. 2 entsprechend – erst einmal ausreichend gründliche Überlegungen angestellt werden können.

64 **b) Einstellung der Fortführung.** Da dass das ererbte Handelsgeschäft nach Anfall der Erbschaft zunächst willensunabhängig von allen Miterben und damit der Erbengemeinschaft fortgeführt werden muss (→ Rn. 62 f.), wird die Frage umso dringlicher, welchen Anforderungen die – haftungsausschließende – Einstellung genügen muss.[158] Angesichts der mit der Fortführung verbundenen Haftungsrisiken sowohl für Alt- als auch für Neuverbindlichkeiten darf jedenfalls eine **Fortführung** über den Zeitraum des Abs. 2 hinaus **nur mit Zustimmung aller Miterben** erfolgen (→ Rn. 60, → Rn. 62). Im Gegenschluss muss jeder einzelne Miterbe verfahrenstechnisch in der Lage sein, die Fortführung gegen seinen Willen rechtssicher zu verhindern.

65 In der Personengesellschaft könnte die Mitgliedschaft einseitig durch Kündigung (§ 723 BGB, § 132) beendet werden. Da die unternehmenstragende Erbengemeinschaft jedoch nicht gesellschaftsrechtlich verfasst ist (→ Rn. 67 ff.) und das ererbte Handelsgeschäft nicht von einem neben der Erbengemeinschaft stehenden Personenverband fortgeführt wird, können der/die nicht mehr fortführungswilligen Miterben nicht isoliert aus dem Handelsgeschäft ‚aussteigen'. Sie müssten vielmehr aus der Erbengemeinschaft als solcher ausscheiden, was neben der Auseinandersetzung der Miterbengemeinschaft (§§ 2042 ff. BGB) nicht vorgesehen ist.[159] Da es auch dem/den nicht mehr fortführungswilligen Miterben möglicherweise nur um die Beendigung der unternehmerischen Tätigkeit geht, bietet sich die **(gegenständliche) Teilauseinandersetzung** bezüglich des Handelsgeschäfts an.[160] Auch dann bleibt zweifelhaft, ob bereits das Auseinandersetzungs**verlangen** als solches als „Einstellung" iSv Abs. 2 genügt. Für das volljährig gewordene Mitglied einer unternehmenstragenden Erbengemeinschaft ist dies in § 1629a Abs. 4 S. 1 BGB anerkannt (→ Rn. 23). Dies ist zum

155 So *Heintzenberg,* Die Einzelunternehmung im Erbgang, 1957, 23.
156 Vgl. *Hohensee,* Die unternehmenstragende Erbengemeinschaft, 1994, 176 und 153 ff. allg. zur Schutzbedürftigkeit der Erben.
157 So auch Staub/*Burgard* Rn. 96.
158 Zum Folgenden Staub/*Burgard* Rn. 97 f.
159 Vgl. dazu *Hohensee,* Die unternehmenstragende Erbengemeinschaft, 1994, 214 f., 235 f., 238 f.
160 Dazu MüKoBGB/*Ann* BGB § 2042 Rn. 14 ff.; *Karsten Schmidt* NJW 1985, 2785 (2786).

Schutz des einzelnen Miterben auch für § 27 Abs. 2 vorzugswürdig, aber umstritten.[161] Daher sollte im Interesse einer sicheren Haftungsvermeidung die (Teil-)Auseinandersetzung innerhalb der Frist des Abs. 2 **vollzogen werden,** dh das ererbte Handelsgeschäft ist entweder bis zum Ablauf der Dreimonatsfrist zu liquidieren,[162] zu veräußern oder aber auf eine zu diesem Zweck zwischen den fortführungswilligen Miterben gegründete Gesellschaft zu überführen.

c) Einheitliche Fristbestimmung. Mit der wohl hL[163] ist die Frist des Abs. 2 für alle Miterben einheitlich zu bestimmen, obwohl die Erben zu unterschiedlichen Zeitpunkten von der Erbschaft erfahren können. Da aber die Einstellung der Fortführung des Handelsgeschäfts eine Angelegenheit der ganzen Erbengemeinschaft ist (→ Rn. 64), kann die diesbezügliche Entscheidung nur einheitlich erfolgen. Um die Überlegungszeit derjenigen, die später von der Erbschaft erfahren, nicht einzuengen, ist der Ablauf der Frist einheitlich für alle Erben nach der Person desjenigen zu bestimmen, für den die Frist am längsten läuft. Bis zu diesem Zeitpunkt kann daher jeder Erbe die Teilauseinandersetzung (→ Rn. 65) selbst dann noch verlangen, wenn für ihn die Frist bereits abgelaufen gewesen wäre. 66

3. Endgültige Fortführung durch Erbengemeinschaft. a) Zulässigkeit. Führen die Erben das Handelsgeschäfts über die Frist des Abs. 2 hinaus fort, kann dies nach Rspr.[164] und wohl hL[165] durch die (sog. unternehmenstragende) Erbengemeinschaft als solche erfolgen, ohne dass es einer **gesellschaftsrechtlichen Qualifizierung** bedarf.[166] Dies ist nach wie vor äußerst zweifelhaft (→ § 1 Rn. 52). Die Miterbengemeinschaft ist auf Auseinandersetzung angelegt und damit unbestritten für unternehmerisches Handeln ungeeignet.[167] Demgemäß wird der Erbengemeinschaft bei § 139 ganz herrschend bereits die Fähigkeit abgesprochen, (nur) Gesellschafter zu werden.[168] Dass sie im Widerspruch dazu als Unternehmensträger anerkannt ist, zeigt deutlich, dass hier eine **Notlösung mangels Alternative** hingenommen wird. Dies ist demgemäß auch kein Zugeständnis an die Privatautonomie oder an den erbrechtlichen Minderheiten- und Individualschutz.[169] 67

---

161 Vgl. Staub/*Burgard* Rn. 98. Röhricht/Graf v. Westphalen/Haas/*Ries* Rn. 36 hält eine Analogie zu § 25 Abs. 2 für möglich.

162 Dh, die werbende Tätigkeit einzustellen (→ Rn. 53).

163 Staub/*Hüffer,* 4. Aufl. 1983, Rn. 39 f.; Staub/*Burgard* Rn. 99; Röhricht/Graf v. Westphalen/Haas/*Ries* Rn. 39; GroßkommHGB/*Würdinger* Anm. 18; RGRK-HGB/*Gadow,* 1. Aufl. 1940, Anm. 18; diff. *Hohensee,* Die unternehmenstragende Erbengemeinschaft, 1994, 261.

164 BGHZ 92, 259 (262 ff.) = NJW 1985, 136, dezidiert entgegen dem früheren Senatsvorsitzenden *Fischer* ZHR 144 (1980), 1 (12 ff.) unter Hinweis auf eine mehr als 100jährige Gerichtspraxis, ROHGE 11 (1874), 101: Fortführung für knapp einen Monat; ROHGE 23 (1878), 166; RGZ 10, 101; 35, 17 (19); 132, 138 (143 f.) (1. Entscheidung zum HGB, aber ohne Begr. und nur obiter dictum); BGHZ 1, 65 – dort ist der hier interessierende Teil allerdings nicht abgedruckt = NJW 1951, 311 (312); BGHZ 17, 299 (301 f.) = NJW 1955, 1227; BGHZ 30, 391 (394 f.) = NJW 1959, 2114; BGHZ 32, 60 (67) = NJW 1960, 959; zuletzt KG NJW-RR 1999, 880 (881).

165 *Hüffer* ZGR 1986, 603 (609 ff.); Staub/*Hüffer,* 4. Aufl. 1983, Vor § 22 Rn. 73; *M. Wolf* AcP 181 (1981), 480 (482 ff.); Soergel/*M. Wolf* BGB § 2032 Rn. 5; *Karsten Schmidt* NJW 1985, 2785 (2787 f.); *Karsten Schmidt* HandelsR § 4 Rn. 25 ff.; ausf. *Hohensee,* Die unternehmenstragende Erbengemeinschaft, 1994, 36 ff., 156 ff., bes. 171 ff.; *Canaris* HandelsR § 9 Rn. 7 ff.; Baumbach/Hopt/*Hopt* § 1 Rn. 37 f.; Röhricht/Graf v. Westphalen/Haas/*Ries* Rn. 39; Erman/*Bayer* BGB § 2032 Rn. 4; Jauernig/*Stürner* BGB § 2032 Rn. 4; *Kipp/Coing,* Erbrecht, 14. Aufl. 1990, § 114 IV 8, 618; MüKoBGB/*Gergen* BGB § 2032 Rn. 44 f.; Staub/*Schäfer* § 105 Rn. 58; zur Gegenauffassung Staub/*Schäfer* § 105 Rn. 271 iVm Staub/*Schäfer* § 105 Rn. 227; Heymann/*Förster* § 1 Rn. 64.

166 Vgl. besonders *Canaris* HandelsR § 9 I Rn. 1 ff.; *Hüffer* ZGR 1986, 603 ff.; *Karsten Schmidt* NJW 1985, 2785 ff.; *M. Wolf* AcP 181 (1981), 480 ff.

167 *Hüffer* ZGR 1986, 603 (605, 610); *Karsten Schmidt* NJW 1985, 2785 (2786); *M. Wolf* AcP 181 (1981), 480 (489); vgl. dazu *Hohensee,* Die unternehmenstragende Erbengemeinschaft, 1994, 123 ff. mwN; anders *Strothmann* ZIP 1985, 969 (972) li. Sp.

168 Vgl. statt aller BGHZ 22, 186 (192) = NJW 1957, 180; MüKoBGB/*Schäfer* BGB § 705 Rn. 82; nach *Hohensee,* Die unternehmenstragende Erbengemeinschaft, 1994, 139 ff., 151 ff. stellt die unterschiedliche Behandlung beider Fragen keinen Widerspruch, sondern die zwangsläufige Folge der unterschiedlichen Interessenlage dar.

169 Vgl. demgegenüber aber *Hohensee,* Die unternehmenstragende Erbengemeinschaft, 1994, 36 f., 156 ff., bes. 159 ff., 171 ff.; *Leonhardt,* Die Erbengemeinschaft als Inhaberin eines Handelsgeschäfts, 1963, 13.

68 Entgegen der ratio des § 27 (→ Rn. 5 f.) akzeptieren Rspr. und hL, dass ein Handelsgeschäft zeitlich unlimitiert außerhalb handelsrechtlicher Regeln[170] fortgeführt werden kann. Anders als bei der verwandten (→ Rn. 4) Norm des § 139 (→ 4. Aufl. 2016, § 139 Rn. 12, 16 ff.)[171] wird eine Rechtsfortbildung für § 27 trotz entsprechender Vorschläge[172] weitgehend verweigert. Konsequent wäre die **unmittelbare Anwendung des Rechts der OHG.**[173] Um dies zu erreichen, wurden Ausgliederung oder Formwechsel analog zu den (heutigen) §§ 152 ff., 190 ff. UmwG erwogen,[174] was wegen des (zweifelhaften) Analogieverbots des § 1 Abs. 2 UmwG auf Schwierigkeiten stößt.[175] Alternativ ließe sich im einverständlichen Fortführen des ererbten Handelsgeschäfts nicht nur ein bloßes Faktum, sondern der konkludente **Abschluss eines Gesellschaftsvertrages** sehen.[176] Die Schwierigkeiten bei der dinglichen Vermögenszuordnung[177] ließen sich lösen, indem man von einer Nutzungsüberlassung des Unternehmensvermögens an die OHG ausgeht.[178] Solche Vorschläge haben sich nicht durchgesetzt, obwohl heutzutage jede Außen-GbR haftungsrechtlich weitgehend wie eine OHG behandelt wird (→ 4. Aufl. 2016, § 128 Rn. 4) und obwohl abseits von Erbengemeinschaften jede Personenmehrheit, die einverständlich ein Handelsgewerbe betreibt, auch ohne ausdrücklichen Gesellschaftsvertrag eine OHG ist (→ 4. Aufl. 2016, § 105 Rn. 10, 30 f.). Abgesehen von den genannten Schwierigkeiten beruhen die Bedenken darauf, dass den Erben die Gefahren für ihr persönliches Vermögen nicht ausreichend bewusst seien.[179] Ob diese Unkenntnis die Erben haftungsrechtlich privilegieren kann, ist zweifelhaft. Sollte freilich ein Rechtsgestalter die Erbengemeinschaft beraten, wäre die OHG sicher die zuletzt empfohlene Rechtsform.[180] Dies spricht dagegen, den Miterben, die sich den Start in die Unternehmerwelt nicht ausgesucht haben, einen Willen zur OHG-Gründung zu unterstellen. Soll aber die Erbengemeinschaft verkehrsfähig sein, erzwingt jede Konzession an die unternehmenstragende Erbengemeinschaft **weitreichende Analogien zum Recht der OHG,** soweit nicht im Einzelfall **schutzwürdige Interessen der Miterben** entgegenstehen.

69 **b) Firmierung und Eintragung im Handelsregister; Kaufmannseigenschaft.** Die unternehmenstragende Erbengemeinschaft betreibt als neuer, gem. § 31 eintragungs-

---

170 Überblick über die erbrechtliche Ausgangslage bei Staub/*Burgard* Rn. 92, dort Rn. 101 f. auch zu den Auswirkungen der Fortführung auf das Leistungsverweigerungsrecht gem. § 2059 Abs. 1 BGB.

171 Vgl. dazu BGHZ 22, 186 (192) = NJW 1957, 180; BGHZ 68, 225 (237) = NJW 1977, 1339; BGHZ 108, 187 (192) = NJW 1989, 3152; *Wiedemann,* Die Übertragung und Vererbung von Mitgliedschaftsrechten bei Handelsgesellschaften, 1965, 196 ff.

172 *Karsten Schmidt* NJW 1985, 2785; *M. Wolf* AcP 181 (1981), 480; *Hüffer* ZGR 1986, 603 ff.; ausf. *Hohensee,* Die unternehmenstragende Erbengemeinschaft, 1994, 181 ff.

173 So GroßkommHGB/*Fischer* § 105 Anm. 65 ff.; *Fischer* ZHR 144 (1980), 1 (12 ff.); *Armbruster,* Die Erbengemeinschaft als Rechtsform zum Betriebe eines vollkaufmännischen Handelsgeschäfts, 1965, 12 ff., 52 f., 62, 96, 102 ff.; *Ernst,* Haftung des Erben für neue Geschäftsverbindlichkeiten, 1994, 119 ff.; *Sobich,* Erbengemeinschaft und Handelsgeschäft – zur Zulässigkeit der Geschäftsfortführung, 1974, 78 ff., 116, 127; *Stahl,* Minderjährigenschutz im Gesellschaftsrecht und vormundschaftsgerichtliche Genehmigung, 1988, 98 ff.; sympathisierend *Buchwald* BB 1962, 1405 (1407); aus der älteren Lit. *Kayser* Gruchot 19 (1875), 749 (751 f.); *Binder,* Rechtsstellung des Erben III, 88 Fn. 144; *Cohn* LZ 1927, Sp. 499, 501; *Legers* JW 1926, 552; *Lion* JW 1925, 2105; *Lion* LZ 1925, Sp. 842, 844 ff.

174 MüKoBGB/*Ann* BGB § 2042 Rn. 34; Staudinger/*Werner,* 2010, BGB § 2042 Rn. 29; *Schönknecht,* Die Aufrechterhaltung der gesamthänderischen Bindung als Auseinandersetzung der Miterbengemeinschaft, 1987, 53 ff.; *Ganßmüller* DNotZ 1955, 172 ff.; dagegen ausf. *Hohensee,* Die unternehmenstragende Erbengemeinschaft, 1994, 167 ff., 278 ff.; dafür überzeugend jüngst *J. Flume* FS Maier-Reimer, 2010, 103 (119 f.), der aber eine gesetzgeberische Klarstellung einschließlich einer eigenen Nachhaftungsbegrenzungsvorschrift nach dem Vorbild des § 139 Abs. 4 fordert; für identitätswahrende Umwandlung Staudinger/*Löhnig,* 2020, BGB 2042 Rn. 72–74.

175 Dagegen eingehend *Karsten Schmidt* FS Kropff, 1997, 259 (267 ff.); *Karsten Schmidt* GesR, § 13 I 3, 363 ff.

176 *Lieb,* Die Ehegattenmitarbeit im Spannungsfeld zwischen Rechtsgeschäft, Bereicherungsausgleich und gesetzlichem Güterstand, 1970, 10 ff., 39; krit. *Canaris* HandelsR § 7 Rn. 6.

177 Hierzu *Karsten Schmidt* NJW 1985, 2785 (2787).

178 Vgl. dazu Staub/*Schäfer* § 105 Rn. 271 iVm Staub/*Schäfer* § 105 Rn. 227; Heymann/*Förster* § 1 Rn. 64.

179 *Canaris* HandelsR § 9 Rn. 8.

180 *Karsten Schmidt* NJW 1985, 2785 (2788).

pflichtiger[181] Inhaber das bisherige (wie zu unterstellen: eingetragene) Handelsgeschäft des Erblassers weiter. Sie kann daher entweder die Firma des Erblassers weiterführen (§ 22) oder aber (unwahrscheinlich) eine eigene, neue Firma annehmen.[182] Im letzteren Fall soll nicht § 19, sondern § 18 zur Anwendung kommen und ein kennzeichnender **Zusatz** (etwa: „In Erbengemeinschaft") erforderlich sein (→ § 22 Rn. 24).[183] Ein solcher Zusatz ist wegen der sonst gegebenen Gefahr der Täuschung des Rechtsverkehrs trotz weitgehender Annäherung an das Recht der OHG auch bei Fortführung der Firma des Erblassers erforderlich.[184]

Als Betreiber eines Handelsgewerbes unter einer Firma erlangt der Unternehmensträger Erbengemeinschaft **Kaufmannseigenschaft** (→ § 1 Rn. 52),[185] sodass Handelsrecht auf alle unternehmensbezogenen Geschäfte anwendbar ist. Die **einzelnen Erben** müssen ebenso wenig Kaufleute sein[186] wie die Gesellschafter von OHG und KG.[187] 70

c) Teilrechtsfähigkeit. Die Firmenfähigkeit der unternehmenstragenden Erbengemeinschaft eröffnet die **analoge Anwendung des § 124.**[188] Da die Rspr. selbst der unternehmenstragenden BGB-Gesellschaft Teilrechtsfähigkeit zuspricht,[189] obwohl deren einheitliches Auftreten insbesondere in Aktiv- und Passivprozessen durch das Fehlen einer Firma beeinträchtigt ist, ist erst recht bei der Erbengemeinschaft die rechtliche Verselbstständigung der Gesamthand als Gruppe anzuerkennen. 71

d) Geschäftsführung, Vertretung. Nach der hier vertretenen Auffassung sind Geschäftsführung und Vertretung analog zu den §§ 114 ff., 125 ff. zu beurteilen.[190] Zumindest im **Außenverhältnis** müssen **analog §§ 125 ff.** die Bedürfnisse des Handelsverkehrs Vorrang vor dem Schutz der Miterben haben, jedenfalls soweit die Erbengemeinschaft nicht als solche firmiert (→ Rn. 69). Die §§ 2038 ff. BGB[191] unterscheiden nicht ausreichend zwischen Innen- und Außenverhältnis, zwischen Geschäftsführungsbefugnis und Vertretungsmacht, und passen schon deshalb nicht auf das gemeinsame Betreiben eines Unternehmens. Insbesondere ist unklar, wo die Grenze zwischen Verwaltungsmaßnahmen, die ein- 72

---

[181] *Hüffer* ZGR 1986, 603 (624 f.); *Goldstein,* Die Miterbengemeinschaft als Organisationsform zur Fortführung des ererbten Handelsunternehmens eines Einzelkaufmanns, 1972, 45. Zu den allgemeinen Eintragungspflichten bei § 27 Staub/*Burgard* Rn. 48.

[182] KG JFG 5, 209 (210 f.); BGH NJW 1951, 311 (312); *Hüffer* ZGR 1986, 603 (621); *M. Wolf* AcP 181 (1981), 480 (494); *Hohensee,* Die unternehmenstragende Erbengemeinschaft, 1994, 211 ff.; *Canaris* HandelsR § 9 Rn. 13; krit. bezüglich der Neuannahme einer Firma nur Baumbach/Hopt/*Hopt* § 22 Rn. 2.

[183] KG JFG 5, 209 (211 f.); JW 1938, 3117 (3118) = HRR 1938, Nr. 1540; *Hüffer* ZGR 1986, 603 (622); *Hohensee,* Die unternehmenstragende Erbengemeinschaft, 1994, 213; Röhricht/Graf v. Westphalen/Haas/*Ries* Rn. 40.

[184] Ebenso *Hohensee,* Die unternehmenstragende Erbengemeinschaft, 1994, 213; wohl auch *Hägele* Rpfleger 1956, 182 (184); aA *Hüffer* ZGR 1986, 603 (621); *Tröster* DB 1961, 765 Fn. 7.

[185] KG JFG 5, 209 (211); *Hohensee,* Die unternehmenstragende Erbengemeinschaft, 1994, 210; *Strothmann* ZIP 1985, 969 (974); Erman/*Bayer* BGB § 2032 Rn. 4; Staub/*Brüggemann* § 1 Rn. 51; Soergel/*M. Wolf* BGB § 2032 Rn. 7; Staudinger/*Löhnig,* 2020, BGB § 2032 Rn. 48; aA mzN zur Gegenansicht Staub/*Oetker* § 1 Rn. 77.

[186] So aber *Hüffer* ZGR 1986, 603 (624 f.); GroßkommHGB/*Fischer* § 105 Anm. 65a; *Goldstein,* Die Miterbengemeinschaft als Organisationsform zur Fortführung des ererbten Handelsunternehmens eines Einzelkaufmanns, 1972, 43.

[187] S. dazu Heymann/*Förster* § 1 Rn. 69 f.; Staub/*Brüggemann* § 1 Rn. 32, 35 ff. (Kommanditist); Staub/*Oetker* § 1 Rn. 65 ff.; Staub/*Schäfer* § 105 Rn. 77 ff.; *Flume* BGB AT I 1 § 4 II, 59; *Wiedemann* GesR I § 2 I 2 a, 97; *Canaris* HandelsR § 2 Rn. 20; *Lieb* DB 1967, 759.

[188] Ebenso *Karsten Schmidt* NJW 1985, 2785 (2789); *Hohensee,* Die unternehmenstragende Erbengemeinschaft, 1994, 187 ff.; aA BGHZ 30, 391 (397) = NJW 1959, 2114; *Hüffer* ZGR 1986, 603 (618 ff.); *M. Wolf* AcP 181 (1981), 480 (492 f.); *Muscheler,* Die Haftungsordnung der Testamentsvollstreckung, 1994, 413 f.

[189] BGHZ 146, 341 = NJW 2001, 1056.

[190] So *Karsten Schmidt* NJW 1985, 2785 (2789).

[191] Für deren Anwendung BFH NJW 1988, 1343 (1344); *Canaris* HandelsR § 9 Rn. 14 f.; *M. Wolf* AcP 181 (1981), 480 (495 ff.); *Hohensee,* Die unternehmenstragende Erbengemeinschaft, 1994, 215 f., 217 ff.; *Muscheler,* Die Haftungsordnung der Testamentsvollstreckung, 1994, 409; *Strothmann* ZIP 1985, 969 (974 f.); *Welter* MittRhNotK 1986, 140 (144).

stimmig beschlossen werden müssen, und solchen, bei denen Mehrheitsentscheidungen zulässig sind, verläuft (§ 2038 BGB, § 745 BGB). Die §§ 2038 ff. BGB führen zu gravierenden Unsicherheiten über die Wirksamkeit von Vertretungshandlungen.[192] Stattdessen können sich die Erben rechtssicher schützen, indem sie analog § 125 Abs. 2 – eintragungsfähige und eintragungspflichtige[193] – Beschränkungen der Einzelvertretungsbefugnis vereinbaren.

73 Nach Ablauf der Frist des § 27 Abs. 2 sind gegenständliche Beschränkungen der Vertretungsmacht analog **§ 126 Abs. 2** nicht mehr hinzunehmen,[194] da dies die vom Gesetz vorgegebene Maximalfrist ist, innerhalb derer den Gläubigern Unsicherheiten über den Eintritt der erbrechtlichen Haftungsbeschränkung noch zuzumuten sind.[195] Die zur akzessorischen Haftung führenden §§ 125 ff. korrespondieren mit dem auch von § 27 Abs. 2 geregelten Haftungsumfang (→ Rn. 76 ff.). Nicht überzeugen kann der Kompromissvorschlag von *Hüffer,* Beschränkungen der Vertretungsmacht nach der flexibleren, kenntnisabhängigen Norm des § 54 Abs. 3 zu beurteilen.[196] Dagegen spricht zwar nicht, dass die persönliche Verpflichtung nicht „gewöhnlich" iSv § 54 Abs. 1 sei,[197] da sich dieses Tatbestandsmerkmal nur auf die von § 54 umfassten Geschäfte bezieht, aber nichts darüber aussagt, ob eine Handlungsvollmacht vorliegt. Jedoch betrifft § 54 nur die Bevollmächtigung abhängig Beschäftigter und passt daher nicht auf die Vertretung der Mitglieder des Unternehmensträgers. Wenn der Verkehr beim Betreiben eines Handelsgewerbes schon bei Handlungsbevollmächtigten nicht ohne weiteres mit Vertretungsmachtsbeschränkungen zu rechnen hat, so doch erst recht nicht bei handelnden Mitgliedern des Unternehmensträgers. Es bleibt daher den Miterben im Ergebnis nur übrig, Kompetenzüberschreitungen intern zu ahnden oder bereits zuvor, sobald die in einer Erbengemeinschaft typischen Interessendivergenzen auftreten,[198] eine Teilauseinandersetzung herbeizuführen (→ Rn. 65).

74 Eine Analogie zu **§§ 117, 127** bei der Entziehung von Geschäftsführungsbefugnis und Vertretungsmacht ist verzichtbar,[199] da es auch bei der Entziehung der Vertretungsmacht (anders als bei deren Beschränkung) zwar nicht rechtlich, aber faktisch primär um das Innenverhältnis geht, für dessen Gestaltung die bisher in den Vordergrund gestellten Verkehrsschutzaspekte (→ Rn. 72) wenig hergeben.

75 Dass die unternehmenstragende Erbengemeinschaft **Prokura** erteilen kann, ist trotz ihrer erbrechtlichen Prägung auch für die hL selbstverständlich.[200] Entgegen einer frühen (überholten?) Entscheidung[201] gilt dies mit der ganz hL[202] auch für die Miterbenprokura.

76 **e) Haftung für Neuverbindlichkeiten.** Neugläubiger, deren Forderungen durch die unternehmenstragende Erbengemeinschaft begründet wurden, sind aufgrund des weit verstandenen Begriffs der Nachlasserbenverbindlichkeit Nachlassgläubiger; infolgedessen können sie trotz persönlicher Haftung der Erben etwa an der Nachlassinsolvenz teilnehmen (→ Rn. 33 ff.). Umstritten ist jedoch, ob die Miterben ihre Haftung auch insoweit auf den

---

192 Vgl. den detaillierten Lösungsvorschlag von *Canaris* HandelsR § 9 Rn. 18.

193 Ebenso *Karsten Schmidt* NJW 1985, 2785 (2789); für die Eintragungsfähigkeit bei anderem Ausgangspunkt Staub/*Schäfer* § 105 Rn. 58; Soergel/*M. Wolf* BGB § 2038 Rn. 8; *M. Wolf* AcP 181 (1981), 480 (501); vgl. auch *Hohensee,* Die unternehmenstragende Erbengemeinschaft, 1994, 220 f.

194 Str., vgl. die Nachweise in → Rn. 69; gegen die Anwendung von § 126 Abs. 2 HGB auch *Muscheler,* Die Haftungsordnung der Testamentsvollstreckung, 1994, 415.

195 Vgl. hierzu *Hohensee,* Die unternehmenstragende Erbengemeinschaft, 1994, 172.

196 *Hüffer* ZGR 1986, 603 (629 f.).

197 So der Einwand von *Canaris* HandelsR § 9 Rn. 19.

198 Vgl. hierzu *Hohensee,* Die unternehmenstragende Erbengemeinschaft, 1994, 160 f., 218.

199 Dagegen wegen des spezifischen OHG-Bezugs *Canaris* HandelsR § 9 Rn. 27; iErg ebenso RG JW 1926, 552 f.; *Buchwald* BB 1962, 1405 (1406) Fn. 8; vgl. auch *Hohensee,* Die unternehmenstragende Erbengemeinschaft, 1994, 264.

200 Vgl. nur BGHZ 30, 391 (397 f.) = NJW 1959, 2114; KG JFG 20, 286 (287); *Beuthien* FS Fischer, 1979, 1 ff.; Soergel/*M. Wolf* BGB § 2032 Rn. 10.

201 BGHZ 30, 391 (397 f.); ebenso RGRK-BGB/*Kregel* BGB § 2032 Rn. 9; Palandt/*Weidlich* BGB § 2032 Rn. 6; *Ebenroth,* Erbrecht, 1992, Rn. 854.

202 *Beuthien* FS Fischer, 1979, 1 ff.; MüKoBGB/*Gergen* BGB § 2032 Rn. 47; Soergel/*M. Wolf* BGB § 2032 Rn. 10; *Canaris* HandelsR § 9 Rn. 29; *Hohensee,* Die unternehmenstragende Erbengemeinschaft, 1994, 222 f.

Nachlass **beschränken können oder aber zwingend persönlich haften,** soweit nicht eine – selbst bei § 128 zulässige – Haftungsbeschränkung mit den Gläubigern im Einzelfall vereinbart ist (→ Rn. 78). Die erbrechtliche Betrachtungsweise führt wegen §§ 2038, 2040 BGB tendenziell zur beschränkbaren Haftung,[203] während der auch hier vertretene handelsrechtliche Ansatz fast notwendig zu § 128 führt.[204] Denn für das gemeinschaftliche Betreiben eines Handelsgewerbes sieht der Gesetzgeber das **Akzessorietätsmodell** vor,[205] das anders als die Doppelverpflichtungstheorie[206] die persönliche Verpflichtung der Mitbetreiber nicht von entsprechenden Vollmachten abhängig macht.

Gegenüber dem OHG-Modell verteidigt *Canaris*[207] die unbefristet beschränkbare Haftung der Miterben unter anderem mit dem Hinweis, die unternehmenstragende Erbengemeinschaft sei wie eine nach § 139 entstehende KG, für die sich unter den Miterben kein Komplementär gefunden habe, dessen Rolle überdies einer GmbH übertragen werden könne. Daran ist richtig, dass die GmbH & Co. KG als Rechtsform gerade für Erbengemeinschaften ausgesprochen geeignet ist,[208] insbesondere nachdem die Anteile der GmbH nur noch auf volle Euro lauten müssen (§ 5 Abs. 2 GmbHG), dh zwanglos dem gewünschten Verhältnis der Kommanditanteile angepasst werden können. Aber eine solche Gesellschaft, insbesondere die Komplementärin, muss in einem formalisierten Verfahren erst gegründet werden, während die OHG auch ‚von selbst' funktioniert, sofern nur die Gesellschafter einverständlich (→ Rn. 68 aE) gemeinsam ein Handelsgewerbe betreiben. Zudem führt der Vergleich mit § 139 im Gegenteil zur unbeschränkbaren Haftung, da § 139 Abs. 3 ebenso wie § 27 Abs. 2 (→ Rn. 4) dazu zwingt, sich innerhalb von drei Monaten bewusst gegen die eigenverantwortliche unternehmerische Tätigkeit zu entscheiden. 77

Die analog § 128 unbeschränkte Haftung entfällt nur dann, wenn es den Miterben gelingt, die Haftung durch rechtsgeschäftliche Einzelabrede auf den Nachlass zu beschränken.[209] Dies wird praktisch selten der Fall sein (→ 4. Aufl. 2016, § 128 Rn. 14).[210] Das RG[211] hat es allerdings (auf dem Boden der erbrechtlichen Betrachtungsweise) genügen lassen, dass der handelnde Erbe einseitig „erklärt oder deutlich macht, im Namen oder in Vertretung des Nachlasses oder für den Nachlass handeln zu wollen". Dem kann vom hier vertretenen Standpunkt aus nicht gefolgt werden, da damit die Anwendbarkeit des § 128 unterlaufen würde. Insbesondere ist es unzulässig, allein aus dem Auftreten für eine Erbengemeinschaft haftungsbeschränkende Schlüsse zu Lasten des Gläubigers zu ziehen.[212] 78

Die Miterben haften persönlich auch für etwaige **gesetzlich** (insbesondere deliktisch) begründete Verbindlichkeiten der unternehmenstragenden Erbengemeinschaft. Für die Haf- 79

[203] *Hüffer* ZGR 1986, 603 (634 ff.); *M. Wolf* AcP 181 (1981), 480 (503 ff.); *Canaris* HandelsR § 9 Rn. 16 ff.; Baumbach/Hopt/*Hopt* § 1 Rn. 22; *Westermann* in Westermann/Wertenbruch Personengesellschaften-HdB Rn. 1206; *Muscheler,* Die Haftungsordnung der Testamentsvollstreckung, 1994, 414; *Strothmann* ZIP 1985, 969 (975); *Welter* MittRhNotk 1986, 140 (144); *Goldstein,* Die Miterbengemeinschaft als Organisationsform zur Fortführung des ererbten Handelsunternehmens eines Einzelkaufmanns, 1972, 67; aA *Hohensee,* Die unternehmenstragende Erbengemeinschaft, 1994, 227 ff.

[204] So *Karsten Schmidt* NJW 1985, 2785 (2790 f.); Palandt/*Weidlich* BGB § 2032 Rn. 6; AK-BGB/*F. Pardey* BGB § 2042 Anm. 28 aE. Nicht ausschließend die analoge Anwendung von § 128 Staub/*Schäfer* § 105 Rn. 58; *John* JZ 1985, 246.

[205] Vgl. hierzu *Flume* BGB AT I 1 § 16 IV 3, 325 ff.; *Karsten Schmidt* GesR § 60 III 2, 1790 ff.; *Wiedemann* GesR I § 5 IV 1 c, 284; jetzt vor allem BGHZ 146, 341 = NJW 2001, 1056; dazu MüKoBGB/*Schäfer* BGB § 714 Rn. 2 ff., 31 ff.; krit. für die Erbengemeinschaft *Canaris* HandelsR § 9 Rn. 18.

[206] BGHZ 74, 240 (241) = NJW 1979, 1821; BGHZ 79, 374 (377); BGH WM 1992, 1964 (1966 f.); MüKoBGB/*Schäfer* BGB § 714 Rn. 3.

[207] Zum Folgenden *Canaris* HandelsR § 9 Rn. 5 f., 8 f., 17; *Muscheler,* Die Haftungsordnung der Testamentsvollstreckung, 1994, 414.

[208] *Karsten Schmidt* NJW 1985, 2785 (2786).

[209] Vgl. hierzu *Hohensee,* Die unternehmenstragende Erbengemeinschaft, 1994, 107 ff.; 239 f.; *Canaris* HandelsR § 9 Rn. 17 f.

[210] Vgl. zur zweifelhaften Haftungsbeschränkung durch Beschränkung der Vertretungsmacht *Hüffer* ZGR 1986, 603 (629 f.).

[211] RGZ 146, 343 (346).

[212] Wie hier *Hüffer* ZGR 1986, 603 (629 f.); *M. Wolf* AcP 181 (1981), 480 (497 f.); *Welter* MittRhNotK 1986, 140 (144); aA BGH BB 1968, 769 (770).

tung mit dem Nachlass folgt dies aus § 31 BGB.[213] Die persönliche Haftung der Miterben folgt aus dem bereits befürworteten **Akzessorietätsmodell** (→ Rn. 76).[214]

80 **f) Anteilsübertragung.** Ein eigener Anteil am **Handelsgeschäft** (dh an einzelnen Bestandteilen des Unternehmensvermögens) steht keinem Miterben zu (§ 2033 Abs. 2 BGB). Das Handelsgeschäft ist vielmehr auch in der unternehmenstragenden Erbengemeinschaft nach wie vor **Bestandteil des ungeteilten Nachlasses,** so dass isolierte Verfügungen schon aus diesem Grunde ausscheiden.[215] Durch die ohne Zustimmung der Miterben mögliche Verfügung über den Anteil am Nachlass als solchem (§ 2033 Abs. 1 BGB) würde der Erwerber zum Mitglied der unternehmenstragenden Erbengemeinschaft.[216] Mit dem Grundgedanken gemeinschaftlicher Zweckverfolgung – eine solche liegt trotz des auf Abwicklung gerichteten Charakters der Erbengemeinschaft bei Fortführung eines Handelsgeschäfts vor – ist dies unvereinbar. Personelle Veränderungen durch Anteilsübertragung im Fortführungszeitraum sind daher wie bei § 719 Abs. 1 BGB, § 105 Abs. 3[217] allenfalls mit **Zustimmung** der Miterben möglich.[218] Allerdings wird durch eine solche Anteilsübertragung die unternehmenstragende Erbengemeinschaft perpetuiert, sofern man nicht in der Zustimmung zur Aufnahme eines neuen ‚Gesellschafters' – nun endlich – einen konkludenten Gesellschaftsvertrag sieht (→ Rn. 68). Folgt man dem nicht, sollte die Fortsetzung des Provisoriums einer unternehmenstragenden Erbengemeinschaft vermieden und der unternehmensmüde Miterbe auf den gesetzlich vorgesehenen Weg der Auseinandersetzung verwiesen werden. Demgemäß können die Erwerber sämtlicher Miterbenanteile ein durch die veräußernden Miterben in ungeteilter Erbengemeinschaft betriebenes Handelsgeschäft nicht ihrerseits in ungeteilter Erbengemeinschaft fortführen, selbst wenn die Veräußerer Vorerben und die Erwerber Nacherben sind und die Erbanteile durch vorweggenommene Nacherbfolge übertragen werden.[219]

81 **g) Auseinandersetzung.** Aus denselben Gründen (→ Rn. 80 aE) ist auch am **Recht auf jederzeitige** Auseinandersetzung (§ 2042 BGB) festzuhalten.[220] Dies entspricht § 723 Abs. 1 S. 1 BGB. Eine Analogie zu § 132[221] ist akzeptabel, wenn man darin eine konkludente Erleichterung des Kündigungsrechts (→ 4. Aufl. 2016, § 132 Rn. 36) sieht, weil es nicht nur um das Handelsgeschäft und damit um die unternehmenstragende Erbengemeinschaft, sondern um die Auseinandersetzung **des ganzen Nachlasses** geht. Das sofortige Auseinandersetzungsrecht kompensiert die hier vertretene strenge Haftung (→ Rn. 76 ff.); insoweit ist der auseinandersetzungswillige Miterbe in einer ähnlichen Situation wie der Anteilserbe, dem die Kommanditistenstellung verwehrt wird (§ 139 Abs. 2). Die von § 132 vorgesehene Mindestfrist würde den unerwünschten Zwischenzustand der unternehmenstragenden Erbengemeinschaft unnötig verlängern.[222]

---

213 *Karsten Schmidt* NJW 1985, 2785 (2789); *M. Wolf* AcP 181 (1981), 480 (505); Soergel/*M. Wolf* BGB § 2032 Rn. 9; BGB § 2038 Rn. 1, 25. Ebenso allg. für die Erbengemeinschaft *Martinek,* Die Organhaftung nach § 31 BGB als allgemeines Prinzip der Haftung von Personenverbänden für ihre Repräsentanten, 1978, 117 ff., 130; aA Erman/*Bayer* BGB § 2032 Rn. 5; *Tröster* DB 1961, 765 (767); OLG München HRR 1939, Nr. 365 aE für eine nicht unternehmenstragende Erbengemeinschaft.

214 *Hohensee,* Die unternehmenstragende Erbengemeinschaft, 1994, 235 ff.; aA *Muscheler,* Die Haftungsordnung der Testamentsvollstreckung, 1994, 415.

215 *Hohensee,* Die unternehmenstragende Erbengemeinschaft, 1994, 269.

216 *Canaris* HandelsR § 9 Rn. 25 (§ 2033 Abs. 2 BGB); *Strothmann* ZIP 1985, 969 (975); offen KG NJW-RR 1999, 880 (881).

217 Hierzu MüKoBGB/*Schäfer* BGB § 719 Rn. 27.

218 *Canaris* HandelsR § 9 Rn. 25; *Hohensee,* Die unternehmenstragende Erbengemeinschaft, 1994, 269 f.; bei der normalen erbrechtlichen Rechtslage belassen es *Goldstein,* Die Miterbengemeinschaft als Organisationsform zur Fortführung des ererbten Handelsunternehmens eines Einzelkaufmanns, 1972, 80 f.; *Welter* MittRhNotK 1986, 140 (144).

219 KG NJW-RR 1999, 880 (881 f.).

220 So auch *Hohensee,* Die unternehmenstragende Erbengemeinschaft, 1994, 214 f.; iErg ebenso *M. Wolf* AcP 181 (1981), 480 (508); *Buchwald* BB 1962, 1405 (1406) Fn. 8.

221 So *Canaris* HandelsR § 9 Rn. 27.

222 *Hohensee,* Die unternehmenstragende Erbengemeinschaft, 1994, 214.

h) Innenverhältnis. Die Anlehnung an das Recht der OHG ist nur **im Außenverhältnis** erforderlich; im Verhältnis der Miterben zueinander können diese selbst entscheiden, ob ihnen die erbrechtlichen Regeln genügen (bereits zur Geschäftsführung → Rn. 72, → Rn. 74). Dies gilt insbesondere für **Aufwendungsersatz**[223] und **Wettbewerbsverbot;**[224] auch besondere **Treuepflichten** oder **Informationsansprüche** brauchen aus der Tatsache der Fortführung eines Unternehmens durch die Erbengemeinschaft nicht abgeleitet zu werden.[225] Die Erben haben es vielmehr stets in der Hand, sich diese Rechtspositionen durch ausdrückliche Gründung einer Personenhandelsgesellschaft zu sichern. 82

4. Beteiligung Minderjähriger. Dazu → Rn. 23; → 1. Aufl. 1996, Rn. 99 ff.[226] 83

IX. Rechtslage in Österreich

1. Normtext. § 40 UGB enthält folgende Parallelvorschrift: 84

§ 40 UGB Rechtsstellung des Erben bei Unternehmensfortführung

(1) Wird ein zu einem Nachlass gehörendes Unternehmen von dem Erben fortgeführt, so haftet er für die unternehmensbezogenen Verbindlichkeiten unbeschadet seiner Haftung als Erbe unbeschränkt.

(2) [1]Die unbeschränkte Haftung tritt nicht ein, wenn die Fortführung des Unternehmens spätestens drei Monate nach Einantwortung eingestellt oder die Haftung in sinngemäßer Anwendung des § 38 Abs. 4 ausgeschlossen wird. [2]Ist der Erbe nicht geschäftsfähig und ist für ihn kein gesetzlicher Vertreter bestellt, so endet diese Frist nicht vor dem Ablauf von drei Monaten seit der Bestellung eines gesetzlichen Vertreters oder seit dem Eintritt der Geschäftsfähigkeit des Erben.

2. Erläuterung. § 40 UGB entspricht weitgehend § 27, weist aber **vier Besonderheiten** auf.[227] **Erstens** gehört seit Inkrafttreten des UGB 2007 die **Firmenfortführung nicht mehr** zum **Tatbestand.** Dies beruht darauf, dass die an die Stelle der §§ 27–28 getretenen §§ 38–40 UGB aus dem firmenrechtlichen Kontext gelöst worden sind (→ § 25 Rn. 128). **Zweitens** verweist § 40 Abs. 2 S. 1 UGB ausdrücklich auf die **Enthaftungsverlautbarung** des § 38 Abs. 4 UGB, der an die Stelle des § 25 Abs. 2 getreten ist (→ § 25 Rn. 136). Hierdurch wurde bereits mit dem Rechnungslegungsänderungsgesetz 2004 (BGBl. 2004 I 161) ein in Deutschland unentschiedener Streit (→ Rn. 46 ff.) verbindlich geklärt. Ein **einseitiger Ausschluss der unbeschränkten Haftung** ist damit **zweifelsfrei möglich. Drittens** kann die unbeschränkte Haftung gem. § 40 Abs. 1 UGB nicht ipso iure mit dem Tod des Erblassers eintreten, weil die **Erbschaft** anders als in Deutschland dem Erben nicht anfällt, sondern **angetreten werden muss** (§ 800 ABGB). Die bis dahin „ruhende Erbschaft" (hereditas iacens), nach herrschendem Verständnis ein Sondervermögen mit dem Status einer juristischen Person, wird **dem Erben vom Verlassenschaftsgericht übertragen** (Einantwortung, § 797 ABGB). Erst mit diesem Akt **beginnt** die **Haftung** (die vorherige Verwaltung des Nachlasses gem. § 810 ABGB genügt seit dem Rechnungslegungsände- 85

---

[223] Ebenso *Hüffer* ZGR 1986, 603 (625 f.); MüKoBGB/*Gergen* BGB § 2032 Rn. 45; Staudinger/*Löhnig,* 2020, BGB § 2032 Rn. 48; *Goldstein,* Die Miterbengemeinschaft als Organisationsform zur Fortführung des ererbten Handelsunternehmens eines Einzelkaufmanns, 1972, 111 ff.; aA BGHZ 17, 299 (302) = NJW 1955, 1227.

[224] RG JW 1926, 552 (553); *Goldstein,* Die Miterbengemeinschaft als Organisationsform zur Fortführung des ererbten Handelsunternehmens eines Einzelkaufmanns, 1972, 85; aA *Canaris* HandelsR § 9 Rn. 28; *Strothmann* ZIP 1985, 969 (975).

[225] *M. Wolf* AcP 181 (1981), 480 (511); *Goldstein,* Die Miterbengemeinschaft als Organisationsform zur Fortführung des ererbten Handelsunternehmens eines Einzelkaufmanns, 1972, 53, 85; *Welter* MittRhNotK 1986, 140 (145); aA *Strothmann* ZIP 1985, 969 (975); *Leonhardt,* Die Erbengemeinschaft als Inhaberin eines Handelsgeschäfts, 1963, 72 ff.

[226] Rückblickend *Bredemeyer* ZErb 2013, 294 (298 f.).

[227] Zum Folgenden umfassend *Schauer* FS Ansay, 2006, 363 (368 ff.); Jabornegg/Artmann/*Karollus* UGB § 40 Rn. 2.

rungsgesetz 2004 nicht mehr), welche summenmäßig auf den Betrag der übernommenen Aktiva, nicht gegenständlich auf den übertragenen Nachlass beschränkt werden kann. Die Einantwortung lässt auch die dreimonatige **Überlegungsfrist** beginnen (§ 40 Abs. 2 S. 2 UGB). Da diese Besonderheiten entweder schon vor dem UGB bestanden bzw. (durch § 38 UGB) präjudiziert waren, hat die Vorschrift in der österreichischen Reformdiskussion vor Inkrafttreten des UGB soweit ersichtlich keine nennenswerte Rolle gespielt.[228]

§ 28 [Eintritt in das Geschäft eines Einzelkaufmanns]

(1) [1]Tritt jemand als persönlich haftender Gesellschafter oder als Kommanditist in das Geschäft eines Einzelkaufmanns ein, so haftet die Gesellschaft, auch wenn sie die frühere Firma nicht fortführt, für alle im Betriebe des Geschäfts entstandenen Verbindlichkeiten des früheren Geschäftsinhabers. [2]Die in dem Betriebe begründeten Forderungen gelten den Schuldnern gegenüber als auf die Gesellschaft übergegangen.

(2) Eine abweichende Vereinbarung ist einem Dritten gegenüber nur wirksam, wenn sie in das Handelsregister eingetragen und bekanntgemacht oder von einem Gesellschafter dem Dritten mitgeteilt worden ist.

(3) [1]Wird der frühere Geschäftsinhaber Kommanditist und haftet die Gesellschaft für die im Betrieb seines Geschäfts entstandenen Verbindlichkeiten, so ist für die Begrenzung seiner Haftung § 26 entsprechend mit der Maßgabe anzuwenden, daß die in § 26 Abs. 1 bestimmte Frist mit dem Ende des Tages beginnt, an dem die Gesellschaft in das Handelsregister eingetragen wird. [2]Dies gilt auch, wenn er in der Gesellschaft oder einem ihr als Gesellschafter angehörenden Unternehmen geschäftsführend tätig wird. [3]Seine Haftung als Kommanditist bleibt unberührt.

Schrifttum: *Axer,* Abstrakte Kausalität – ein Grundsatz des Handelsrechts, 1986; *Commandeur/Kleinebrink,* Betriebs- und Firmenübernahme – Eine Gesamtdarstellung der haftungsrechtlichen Folgen insbesondere bei Einzelrechtsnachfolge, 2. Aufl. 2002; *Fenyves,* Erbenhaftung und Dauerschuldverhältnis, 1982; *Gerlach,* Die Haftungsordnung der §§ 25, 28, 130 HGB, 1976; *Lieb,* Die Haftung für Altschulden bei „Eintritt" eines Gesellschafters in ein nicht- oder minderkaufmännisches Unternehmen, FS H. Westermann, 1974, 309; *Lindacher,* Akzessorische Gesellschafterhaftung bei Gesellschaftsschulden nach § 28 HGB, NZG 2002, 113; *Pahl,* Haftungsrechtliche Folgen versäumter Handelsregistereintragung und Bekanntmachung, 1987; *Säcker,* Die handelsrechtliche Haftung für Altschulden bei Übertragung und Vererbung von Handelsgeschäften, ZGR 1973, 261; *Karsten Schmidt,* Haftungsprobleme der „bürgerlich-rechtlichen Kommanditgesellschaft", DB 1973, 653 und DB 1973, 703; *Karsten Schmidt,* Analoge Anwendung von § 28 HGB auf die Sachgründung freiberuflicher und gewerbebetreibender BGB-Gesellschaften?, BB 2004, 785; *Schricker,* Probleme der Schuldenhaftung bei Übernahme eines Handelsgeschäfts, ZGR 1972, 121; *Waskönig,* Rechtsgrund und Tragweite der §§ 25, 28 HGB, Diss. Bonn 1979; *Wiesner,* Die Lehre von der fehlerhaften Gesellschaft, 1980.

Übersicht

[228] Entsprechend knapp die Begründung der Regierungsvorlage zum Handelsrechts-Änderungsgesetz (HaRÄG), 1058 der Beilagen zu den Stenographischen Protokollen des Nationalrates XXII. GP, Materialien, 34, und die Hinweise bei *Krejci* FS Canaris, Bd. II, 2007, 735 (760).

I. Grundsätzliches

1. Regelungsgegenstand. Im Unterschied zu § 25 – dort scheidet der frühere Inhaber völlig aus – betrifft § 28 den Fall, dass der **frühere Inhaber** (der „Einzelkaufmann“) am neuen Unternehmensträger, nach dem Gesetzeswortlaut (zu Erweiterungen → Rn. 10 ff.) einer OHG oder KG, **weiterhin** (als Gesellschafter) **beteiligt** ist. Hierzu bringt er sein bisheriges „Geschäft“ im Wege der Singularsukzession **als Einlage** in die Gesellschaft ein. § 28 regelt also die **Gesellschaftsneugründung**[1] unter Beteiligung des bisherigen „Einzelkaufmanns“. Diesen Vorgang bezeichnet das Gesetz in traditionell kaufmännischer, heute irritierender Weise als „Eintritt“ in das Geschäft eines Einzelkaufmanns, obwohl es einen solchen „Eintritt“ rechtlich nicht gibt. 1

Geregelt wird primär die **Stellung der Gesellschaft** selbst, nur implizit in Abs. 3 auch die Haftung der „Eintretenden“ (→ Rn. 31). Wie die entsprechenden Vorschriften des § 25 wird § 28 Abs. 1 S. 1 herkömmlich als reine Haftungsnorm und § 28 Abs. 1 S. 2 als reine Schuldnerschutznorm verstanden. Demgegenüber wird hier für § 28 wie für § 25 zugrunde gelegt, dass die Rechtsverhältnisse des vormaligen Einzelkaufmanns ohne Mitwirkung betroffener Dritter (was Rücksicht auf deren Belange nicht ausschließt) auf die entstehende Gesellschaft übergeleitet werden (→ Rn. 8). 2

2. Systematische Einordnung. § 28 ist § 25 nachgebildet. Wie dort geht es auch bei § 28 um die zentrale Frage nach dem Schicksal unternehmensbezogener Verbindlichkeiten und Forderungen beim Wechsel des Unternehmensträgers unter Lebenden (zum Wechsel des Unternehmensträgers im Erbgang → § 27 Rn. 3). Nach dem hier zugrunde gelegten Verständnis ist § 28 ein **Sonderfall des § 25** (→ § 25 Rn. 29). Der ‚Kaufpreis‘ für das Unternehmen wird nicht wie bei § 25 in Geld, sondern (hauptsächlich) in Form einer Gesellschaftsbeteiligung geleistet (die wie im Kapitalgesellschaftsrecht auch als einlagewirksame Sachübernahme ‚bar‘ vergütet werden kann). Damit befindet sich § 28 gewissermaßen auf halbem Weg zwischen § 25 und dem umwandlungsrechtlichen Wechsel des Unternehmensträgers, der durch Anteilsgewährung gekennzeichnet ist (→ § 25 Rn. 116); eine Barabfindung gibt es dort nur für denjenigen, der nicht beteiligt sein will (§ 29 Abs. 1 UmwG, § 122i Abs. 1 S. 2 UmwG, § 125 S. 1 UmwG, 207 Abs. 1 UmwG). Ein Unterschied zur Ausgliederung (§ 152 UmwG) besteht – abgesehen vom grundsätzlich anderen Prozedere – darin, dass anders als bei § 28 zumindest die aufnehmende Personengesellschaft bereits vorhanden sein muss, während bei Ausgliederung auf eine Kapitalgesellschaft eine Neugründung genügt. 3

Wie bei § 25 (→ § 25 Rn. 3) geht es auch bei § 28 trotz des systematischen Standorts nicht um Firmenrecht. Die **Firmenfortführung** ist möglich, aber **nicht Voraussetzung.** 4

[1] Zur Einbringung eines Handelsgeschäfts in eine bestehende Gesellschaft → Rn. 11.

Die Gesellschaft haftet für die Verbindlichkeiten des früheren Einzelkaufmanns und übernimmt dessen Forderungen auch dann, wenn sie eine eigene, neue Firma annimmt. Die bei § 25 durch die Firmenfortführung signalisierte (nicht nur Haftungs-)Kontinuität ergibt sich bei § 28 schon aus der fortbestehenden **personellen Kontinuität,** da der bisherige Einzelkaufmann am neuen Unternehmensträger beteiligt ist (→ § 25 Rn. 30).[2] Bleibt der Firmeninhaber beteiligt, hat die Fortführung oder Änderung der Firma keinen zusätzlichen Aussagewert;[3] anders als bei § 25, wo die Fortführung eines ‚fremden Namens' geradezu ein Bekenntnis zur Herkunft des Unternehmens von einem anderen Unternehmensträger darstellt.

5 **3. Entstehungsgeschichte.** Wie § 25 (→ § 25 Rn. 4 ff.) hatte auch § 28 trotz entsprechender Vorschläge[4] kein Vorbild im ADHGB. Die Denkschrift zum HGB 1897[5] begründete die Haftung für Altverbindlichkeiten mit dem Vorbild des § 130 (Art. 113 ADHGB). Der Eintritt in eine bestehende Gesellschaft und die Entstehung einer neuen Gesellschaft durch Eintritt seien tatsächlich und rechtlich gleich zu behandeln, letztere jedenfalls nicht anders als die Übertragung eines Handelsgeschäfts (§ 25). Wie bei der Begründung zu § 25 (→ § 25 Rn. 5 f.) wurden **„Geschäftsschulden und Forderungen"** stets **gleichbehandelt,** auch in der Begründung zu § 28 Abs. 2. Die Denkschrift bringt in Bezug auf die irritierende, scheinbar einschränkende Formulierung des § 28 Abs. 1 S. 2 („den Gläubigern gegenüber", → § 25 Rn. 6) klar zum Ausdruck, dass es um einen **echten Forderungsübergang** geht.

6 Näher begründet wurde der Verzicht auf die Firmenfortführung entgegen § 25 und die Abdingbarkeit der Haftung entgegen § 130. **Betreibe** der **frühere Geschäftsinhaber das Geschäft als Teilhaber selbst weiter,** entspreche es auch bei Firmenänderung der **Absicht der Parteien,** dass die **Gesellschaft** im laufenden Geschäftsbetrieb die **Altschulden berichtige** und die **Altforderungen einziehe.** Die Altgläubiger könnten sich erwartungsgemäß an das Gesellschaftsvermögen halten. Die Annahme einer **neuen Firma** sei **weniger** als bei § 25 **geeignet,** die Beteiligten auf einen **„Wechsel des Trägers der Verbindlichkeiten und Forderungen" hinzuweisen,** da als neue Firma schon der Name des bisherigen Inhabers mit einem Rechtsformzusatz gelte.[6] Für die **Abdingbarkeit** gem. § 28 Abs. 2 orientierte sich der Gesetzgeber an § 25 Abs. 2. Anders als bei § 130 gehe es bei § 28 um die vorgreifliche Frage, „welche Schulden als Gesellschaftsschulden anzusehen sind", nicht darum, „inwieweit die Gesellschafter für die Gesellschaftsschulden haften". Da die Firma bei fortbestehender Beteiligung des früheren Inhabers nicht als aussagekräftig galt, ließ man das bloße „Aufgeben der alten Firma" für einen Haftungsausschluss nicht genügen. Die stattdessen mögliche Enthaftung gem. Abs. 2 sei einerseits unverzichtbar, andererseits zum Schutz des „Eintretenden" aber auch ausreichend. Zugleich betonte man das Erfordernis der **Unternehmensfortführung.** Der Eintretende hafte nur, wenn das bisherige Geschäft als solches in die Gesellschaft eingebracht sei; die bloße Überlassung einzelner Bestandteile reiche nicht aus.

7 Die **Nachhaftungsbegrenzung** für den Einzelunternehmer, der sich auf eine **Kommanditistenstellung** zurückzieht, wurde erst 1994 mit dem Nachhaftungsbegrenzungsgesetz eingeführt (→ § 26 Rn. 4; → Rn. 38 f.).

8 **4. Normzweck.** Der Zweck des § 28 ist ebenso **umstritten** wie bei § 25 (→ § 25 Rn. 11 ff.).[7] Auch hier dominieren Erklärungsversuche für die Haftung des neuen Unterneh-

---

2 Staub/*Burgard* Rn. 2.

3 Staub/*Burgard* Rn. 15 unter Hinweis auf *Huber* FS Raisch, 1995, 85 (101).

4 *Lutz* Prot. III. Theil, 1858, 1439 f.

5 Auch zum Folgenden Denkschrift (RT-Vorlage) S. 38 f. = *Schubert/Schmiedel/Krampe* II/2 S. 980 f.

6 Dass der Rechtsformzusatz heute wieder als Änderung der Firma diskutiert wird (*Canaris* HandelsR § 7 Rn. 30), verleiht der Begründung unerwartete Aktualität; zum damaligen Verständnis die Denkschrift (RT-Vorlage), 35 = *Schubert/Schmiedel/Krampe* II/2 S. 978.

7 Vgl. etwa *Schricker* ZGR 1972, 121 (126 ff.); *Säcker* ZGR 1973, 261 (279 ff.); *Lieb* FS H. Westermann, 1974, 309; *Gerlach,* Die Haftungsordnung der §§ 25, 28, 130 HGB, 1976, 49 ff.; *Waskönig,* Rechtsgrund und Tragweite der §§ 25, 28 HGB, 1979, 5 ff.; Staub/*Hüffer,* 4. Aufl. 1983, Rn. 3 ff.; Staub/*Burgard*

mensträgers (→ § 25 Rn. 12 ff.), denen einheitliche, den Übergang der Rechtsverhältnisse betonende Ansätze gegenüberstehen (→ § 25 Rn. 18 ff.). Nach der hier vertretenen Auffassung dient § 28 ebenso wie § 25 dazu, die **Übertragung des Unternehmens** durch Haftungs- und Vertragskontinuität (zur Überleitungsfunktion → Rn. 30) zu **erleichtern.** Wie bei § 25 besteht auch bei § 28 ein Interesse der Parteien und der betroffenen Dritten, dass die unternehmensbezogenen Rechtsverhältnisse übergehen (→ § 25 Rn. 84). Auf dieser Prämisse beruht die gesetzliche Vermutung eines rechtsgeschäftlichen Willens, die nur mit den Beweismitteln des § 28 Abs. 2 widerlegt werden kann (→ § 25 Rn. 27). Dies kommt auch im Fall des § 28 mittelbar den Gläubigern und Schuldnern des alten Unternehmensträgers zugute. Anlässlich der Verhandlungen über den Gesellschaftsvertrag müssen sich die Beteiligten über die unmittelbare (,dingliche') Zuordnung der unternehmensbezogenen Rechtsverhältnisse und deren Bewertung einigen (→ § 25 Rn. 17). Herkömmlich ist hierfür die **singularsukzessive** Übertragung erforderlich. Gerade bei § 28 zeigt sich aber die Nähe zu den partiell **universalsukzessiven** Übertragungsvorgängen des Umwandlungsrechts (→ § 25 Rn. 116 f.), weil auch bei § 28 das (einzubringende) Unternehmen gegen Gewährung einer Gesellschaftsbeteiligung den Unternehmensträger wechselt (→ Rn. 3). Durch den „Eintritt" des Gesellschafters wird das einzelkaufmännische Unternehmen zur Gesellschaft. Es liegt daher nicht fern anzunehmen, dass auch das Unternehmensvermögen zum Gesellschaftsvermögen wird, die Beteiligten den Übergang der unternehmensbezogen Rechtsverhältnisse also uno actu vollziehen können, dabei aber gem. Abs. 2 Ausnahmen möglich sind.

Nach der Gegenauffassung dient § 28 primär dazu, zugunsten der Altgläubiger ein **vollstreckungsrechtliches Defizit** gegenüber § 25 **auszugleichen.**[8] Die (Alt-)Gläubiger des „Einzelkaufmanns" können in das ihnen bisher haftende **Geschäftsvermögen** nur dann vollstrecken, wenn sie einen Titel gegen die Gesellschaft (§ 124 Abs. 2) erlangen. Dies setzt die von § 28 Abs. 1 S. 1 angeordnete Haftung der Gesellschaft voraus. Zwar ist den Altgläubigern als Privatgläubigern des Gesellschafters auch die Vollstreckung in den **Gesellschaftsanteil** des früheren Einzelkaufmanns (§ 135) eröffnet. Dies kann jedoch zum Ausscheiden des früheren Einzelkaufmanns aus der eben gegründeten Gesellschaft führen (§ 131 Abs. 3 S. 1 Nr. 4) und sogar den Bestand der Gesellschaft gefährden. Dann steht den Gläubigern als pfändbares Auseinandersetzungsguthaben gem. §§ 105 Abs. 2 HGB, §§ 733 ff. BGB nur das zur Verfügung, was nach Befriedigung der (neuen) Gesellschaftsgläubiger übrig bleibt. Unbestreitbar wirkt sich die bei § 28 für den Unternehmenserwerb eingesetzte ,Währung' – Gesellschaftsbeteiligung statt Kaufpreis (→ Rn. 3) – rechtlich auf die Situation der Gläubiger aus. Praktisch kann der Anteil an einer unternehmenstragenden Gesellschaft jedoch je nach Lage des Falls, etwa durch die unternehmenswertsteigernden Beiträge der anderen „Eingetretenen" (→ Rn. 33), auch ohne die Haftung der Gesellschaft mehr Sicherheit bieten als der bei § 25 9

Rn. 4 ff.; BeckOK HGB/*Bömeke* Rn. 1 f.; *Axer,* Abstrakte Kausalität – ein Grundsatz des Handelsrechts?, 1986, 173 ff.; *Pahl,* Haftungsrechtliche Folgen versäumter Handelsregistereintragung und Bekanntmachung, 1987, 241 ff.; *Canaris* HandelsR § 7 Rn. 81 ff.; *Karsten Schmidt* HandelsR § 7 Rn. 30. In der Rspr. überwiegt der Vermögensübernahmegedanke im Sinne der Haftungsfondstheorie (→ § 25 Rn. 14), vgl. etwa RGZ 142, 98 (106); 164, 115 (120); BGH NJW 1966, 1917 (1918 f.). Gegenüber dem Theorienstreit resignierend *R. Fischer* LM Nr. 3 aE; *Canaris* Vertrauenshaftung S. 187; vgl. auch BGH NJW 1961, 1765 (1766 f.); *Huber* FS Raisch, 1995, 85, der wohl nicht nur rhetorisch fragt, ob „eine Norm unter allen Umständen einen ,Zweck' haben muß"; dagegen sehr krit. *Canaris* HandelsR § 7 Rn. 17 mit Fn. 33.

[8] Für zwingende Haftung gem. § 28 Abs. 1 daher → 2. Aufl. 2005, Rn. 3 *(Lieb)* unter Hinweis auf BGH NJW 1966, 1917 (1918 f.) sowie die unterschiedlichen Positionen von *Karsten Schmidt* DB 1973, 703 (704); *Karsten Schmidt* HandelsR, 5. Aufl. 1999, § 8 I 5, 233 f. (vgl. nun aber *Karsten Schmidt* FS Medicus, 1999, 555 (569); *Karsten Schmidt* HandelsR § 7 Rn. 106 ff., 114 Fn. 234); *Lieb* FS H. Westermann, 1974, 309 (315 ff., 322); *Möschel* FS Hefermehl, 1976, 171 (182 f.); OLG Celle OLGZ 1981, 1 f.; *Axer,* Abstrakte Kausalität – ein Grundsatz des Handelsrechts?, 1986, 185 ff.; *Deschler,* Handelsregisterpublizität und Verkehrsschutz, 1977, 135; *Fenyves,* Erbenhaftung und Dauerschuldverhältnis, 1982, 73 f.; Staub/*Hüffer,* 4. Aufl. 1983, Rn. 6; Staub/*Hüffer,* 4. Aufl. 1983, § 25 Rn. 31; diff. *Canaris* ZIP 1989, 1161 (1167); *Canaris* HandelsR § 7 Rn. 83 f.; *Gerlach,* Die Haftungsordnung der §§ 25, 28, 130 HGB, 1976, 56; *Säcker* ZGR 1973, 261 (280); *Huber* FS Raisch, 1995, 85 (100 ff.); Staub/*Burgard* Rn. 11, 17; wie hier *Commandeur/Kleinebrink* Betriebsübernahme Rn. 1403 f.

gezahlte Kaufpreis, der sich etwa durch eine Fehlanlage schnell verflüchtigen kann. Ebenso wenig lässt sich verallgemeinern, was die Nachschusspflicht der anderen Gesellschafter gem. § 735 BGB wert ist, sofern die Gesellschaft die Altverbindlichkeiten als gemeinschaftliche Schulden übernommen hat.[9] Ähnliche Unwägbarkeiten gelten für Ansprüche wegen Gläubigerbenachteiligung, etwa aus § 826 BGB oder aus § 143 InsO, § 11 AnfG,[10] da diese Gläubigerschutzinstrumente zwar derzeit eine „Renaissance“ erleben,[11] hier aber der zu restituierende Gegenstand ein Unternehmen ist, das nicht ohne weiteres zu restituieren ist (→ § 25 Rn. 14 aE; → Anh. § 25 Rn. 42 ff., → Anh. § 25 Rn. 90 ff.). Die Haftungs- und Vollstreckungsperspektive kann § 28 daher weder legitimieren noch delegitimieren.

10 **5. Anwendungsbereich. a) Einbringung in eine juristische Person.** § 28 ist seinem Wortlaut nach auf die Fälle beschränkt, in denen durch die Einbringung des bisherigen einzelkaufmännischen Geschäfts eine OHG oder KG entsteht.[12] Nach der hier vertretenen Auffassung ist § 28 ist jedoch auch dann anzuwenden, wenn das bisherige Handelsgeschäft **in eine juristische Person** eingebracht wird.[13] Nach der Gegenansicht ist § 25 heranzuziehen.[14] Hierfür spricht der Wortlaut:[15] Auch eine Kapitalgesellschaft kann ein „Wer“ sein, der iSv § 25 ein unter Lebenden erworbenes Handelsgeschäft unter der bisherigen Firma – als Teil des Gesellschaftsvermögens – fortführt; ein anderer Rechtsformzusatz begründet nach heutigem Verständnis keine neue Firma mehr.[16] Für § 28 spricht jedoch, dass die Interessenlage (→ Rn. 8) stets gleich bleibt, wenn das **Unternehmen** des früheren Einzelkaufmanns **in eine Gesellschaft eingebracht** wird, auch wenn das personale Element bei einer Kapitalgesellschaft zurücktritt[17] und eine Kündigung wie bei § 135 (→ Rn. 9) bei Anteilen an einer Kapitalgesellschaft nicht droht, die Anteile vielmehr grundsätzlich pfändbar sind.[18] Bei einer Kapitalgesellschaft passt auch der Verzicht auf das Tatbestandsmerkmal der Firmenfortführung (→ Rn. 6; → § 25 Rn. 30). Abweichend von der Grundstruktur des § 25 löst sich der Altunternehmer nicht völlig vom übertragenen Unternehmen, sondern bleibt am neuen Unternehmensträger beteiligt.[19] Verbleibt aber der namensgebende bzw. (bei Sachfirma) der verfügungsberechtigte Gesellschafter im Unternehmen, liegt weder in der Fortführung der bisherigen Firma eine demonstrative Anknüpfung an den alten Unternehmensträger noch in der Firmenänderung eine Distanzierung. Bei Firmenfortführung versprechen sich die Beteiligten Vorteile von einer eingeführten ‚Marke‘, bei Firmenänderung kommt der Altunternehmer dem neuen Gesellschafter entgegen. Zudem befindet sich der Altunternehmer als Aktio-

---

9 Der Schutz durch § 735 BGB genügt nach EBJS/*Reuschle* Rn. 5; tendenziell hierfür auch Staub/*Burgard* Rn. 11.

10 Auf diese verwies früher *Capelle/Canaris,* 21. Aufl. 1989, § 7 III 1 a, 103 f. In den folgenden Aufl. fehlt diese Passage, hierzu *Canaris* HandelsR § 7 Rn. 83 Fn. 171.

11 *Kiethe* NZG 2005, 333 zu § 826 BGB; *Bork* ZIP 2004, 1684 zu § 133 InsO.

12 Staub/*Burgard* Rn. 18.

13 Staub/*Hüffer,* 4. Aufl. 1983, Rn. 30; Staub/*Hüffer,* 4. Aufl. 1983, § 25 Rn. 93 f.; Staub/*Burgard* Rn. 22; Staub/*Burgard* § 25 Rn. 41; EBJS/*Reuschle* § 25 Rn. 38; Röhricht/Graf v. Westphalen/Haas/*Ries* § 25 Rn. 13; dagegen *Canaris* HandelsR § 7 Rn. 95 ff.; BGHZ 143, 314 (318) = NJW 2000, 1193 = JZ 2000, 1010 mAnm *Lieb*; vgl. auch *Karsten Schmidt* NJW 2000, 1521; *Servatius* NJW 2001, 1696; *H. P. Westermann* NZG 2000, 373.

14 Baumbach/Hopt/*Hopt* Rn. 2, 4; Oetker/*Vossler* Rn. 12 f.; *Canaris* HandelsR § 7 Rn. 95 ff.; *Commandeur/Kleinebrink* Betriebsübernahme Rn. 1336; Hachenburg/*Ulmer* § 5 Rn. 61; *Pahl,* Haftungsrechtliche Folgen versäumter Handelsregistereintragung und Bekanntmachung, 1987, 248 ff.; Schlegelberger/*Hildebrandt/Steckhan* § 25 Rn. 5; BeckOK HGB/*Bömeke* Rn. 6; BeckOK HGB/*Bömeke* § 25 Rn. 17; *Karsten Schmidt* HandelsR § 7 Rn. 48; *Karsten Schmidt* FS Medicus, 1999, 555 (561); ebenso bereits RGZ 143, 154 (155); dagegen Staub/*Hüffer,* 4. Aufl. 1983, Rn. 30; Staub/*Hüffer,* 4. Aufl. 1983, § 25 Rn. 92.

15 *Canaris* HandelsR § 7 Rn. 96; *Karsten Schmidt* HandelsR § 7 Rn. 48 Fn. 121.

16 Zweifelnd wegen § 19 Abs. 1 nF *Canaris* HandelsR § 7 Rn. 30; hierzu → Rn. 6.

17 Deshalb gegen eine Analogie zu § 28 *Canaris* HandelsR § 7 Rn. 96. Für eine Orientierung am rechtsformübergreifenden Kleinbeteiligungsprivileg (§ 39 Abs. 5 InsO, § 6a AnfG) Staub/*Burgard* Rn. 63; Staub/*Burgard* § 25 Rn. 22.

18 Dies betont *Canaris* HandelsR § 7 Rn. 97.

19 Staub/*Burgard* Rn. 2; Staub/*Burgard* § 25 Rn. 41; EBJS/*Reuschle* § 25 Rn. 38; Röhricht/Graf v. Westphalen/Haas/*Ries* § 25 Rn. 13.

när oder GmbH-Gesellschafter in einer ähnlichen Situation wie ein Kommanditist Abs. 3),[20] wenn man die Kapitalgesellschaften als ‚KG ohne Komplementär' mit komplexeren Gründungs- und Finanzierungsregeln ansieht. Die Eintragung der GmbH oder AG kann analog § 28 Abs. 3 S. 1 die **Nachhaftungsfrist** auslösen (→ Rn. 40), was näherliegt als die Eintragung des Firmeninhaberwechsels analog § 26 Abs. 1 S. 2 (→ § 26 Rn. 14).

b) Einbringung in eine bestehende Gesellschaft. Die entsprechende Anwendung des § 28 ist auch dann angezeigt, wenn ein Handelsgeschäft als Einlage in eine bereits bestehende Personen- oder Kapitalgesellschaft eingebracht wird.[21] Zwischen Einbringungsvorgängen im Rahmen der Gründung und späteren Erweiterungen des Gesellschafterkreises (bei Personenhandelsgesellschaften) bzw. späteren Kapitalerhöhungen gegen Sacheinlagen (bei AG und GmbH) bestehen nur formal-zeitliche Unterschiede, die eine Ungleichbehandlung nicht rechtfertigen können. Bei Personengesellschaften steht die Sonderregelung des § 130 nicht entgegen, weil es dort nur um die persönliche Haftung des neuen **Gesellschafters** für Altverbindlichkeiten der Gesellschaft geht, dagegen bei der Analogie um § 28 um die Frage, ob die **Gesellschaft** (und damit freilich auch deren Gesellschafter) für Altverbindlichkeiten ihres neuen Gesellschafters haften soll(en), die im Betrieb des eingebrachten Geschäfts vor Einbringung bereits begründet worden waren (→ Rn. 4). Durch die Dispositivität bleibt der Unterschied zu § 130 gewahrt (→ Rn. 5, → Rn. 36). Auch bei bestehenden Personen- und Kapitalgesellschaften muss vor Einbringung des Unternehmens geklärt werden, was aus den Verbindlichkeiten (und Forderungen) wird, und auch hier ist analog Abs. 1 die Vermutung gerechtfertigt, dass der Altunternehmer sein Unternehmen mit Aktiva und Passiva einbringt, soweit nicht analog Abs. 2 etwas anderes vereinbart ist (→ Rn. 8). Mit Eintragung der Veränderung im Gesellschafterbestand (§ 162 Abs. 3) bzw. der Sachkapitalerhöhung (§§ 183 f., 188 f., 194 f., 200 f., 205 AktG, §§ 56 ff. GmbHG)[22] beginnt analog § 28 Abs. 3 S. 1 die Nachhaftungsfrist zugunsten des Altunternehmers. 11

c) Übertragung zwischen personengleichen Gesellschaften. Analog § 28 ist auch der Fall zu behandeln, dass eine Gesellschaft das von ihr betriebene Unternehmen auf eine ganz oder teilweise personenidentische andere Gesellschaft überträgt, wenn und soweit der namensgebende Gesellschafter im Unternehmen verbleibt. Die Fortführung oder Änderung der Firma lässt dann keine Schlüsse auf die Übernahme oder Nichtübernahme der unternehmensbezogenen Rechtsverhältnisse zu, so dass das Tatbestandmerkmal der Firmenfortführung anders als in § 25 entbehrlich ist.[23] Überträgt die Gesellschaft ihr Unternehmen hingegen auf eine personenverschiedene Gesellschaft oder einen Einzelkaufmann, ist § 25 anzuwenden (→ § 25 Rn. 31). 12

20 Staub/*Burgard* Rn. 22. Der von *Canaris* HandelsR § 7 Rn. 96 genannte Unterschied zu § 162 relativiert sich durch die registerkundige Gesellschafterliste (§ 40 GmbHG), nicht dagegen durch das interne Aktienregister (§ 67 AktG). Zudem ist § 162 Abs. 2 zu beachten.

21 So auch *Gerlach,* Die Haftungsordnung der §§ 25, 28, 130 HGB, 1976, 60; GroßkommHGB/*Würdinger* Anm. 3, 9; Staub/*Hüffer,* 4. Aufl. 1983, Rn. 30; Staub/*Hüffer,* 4. Aufl. 1983, § 25 Rn. 91 ff.; Staub/*Burgard* Rn. 41; Staub/*Burgard* § 28 Rn. 23; aA *Canaris* HandelsR § 7 Rn. 98; *Commandeur/Kleinebrink* Betriebsübernahme Rn. 1346; *Honsell/Harrer* ZIP 1983, 259 (263) Fn. 48; *Pahl,* Haftungsrechtliche Folgen versäumter Handelsregistereintragung und Bekanntmachung, 1987, 251; Baumbach/Hopt/*Hopt* Rn. 2; Düringer/Hachenburg/*Hoeniger* Anm. 10; Heymann/*Förster* Rn. 20 f.; Oetker/*Vossler* Rn. 8; BeckOK HGB/*Bömeke* Rn. 8; *Karsten Schmidt* HandelsR § 7 Rn. 48 Fn. 121; *Karsten Schmidt* HandelsR § 8 Rn. 101, der aber aufgrund seiner extensiven Auslegung des § 25 zu vergleichbaren Rechtsfolgen gelangt. Für die Antragsteller auf der Nürnberger Konferenz machte es bereits „keinen Unterschied", „ob die Gesellschaft schon vor der Uebernahme bestand oder erst mit dieser Uebernahme ihren Geschäftsbetrieb begann, ob das übernommene Handelsgeschäft einem Dritten oder einem Mitgliede der Handelsgesellschaft angehörte", *Lutz* Prot. III. Theil, 1858, 1439 f.

22 Schwierigkeiten bereitet hier lediglich die Festsetzung im Zeichnungsschein beim genehmigten Kapital (§ 205 Abs. 2 S. 1 AktG), hierzu MüKoAktG/*Bayer* AktG § 205 Rn. 17 ff.

23 Für Anwendung des § 28 auch *Gerlach,* Die Haftungsordnung der §§ 25, 28, 130 HGB, 1976, 60 f.; Staub/*Hüffer,* 4. Aufl. 1983, Rn. 30; Staub/*Hüffer,* 4. Aufl. 1983, § 25 Rn. 88, 91 ff., insbes. 93, 94; → 2. Aufl. 2005, Rn. 23 f. *(Lieb)*; ebenso bei völliger Personenidentität Staub/*Burgard* Rn. 24; Staub/*Burgard* § 25 Rn. 41; EBJS/*Reuschle* § 25 Rn. 39; für Anwendung des § 25 RG DJZ 1913, Sp. 466; BGH WM 1963, 664; KG JFG 13, 431 = JW 1936, 2658; GroßkommHGB/*Würdinger* Anm. 6; *Waskönig,* Rechtsgrund und Tragweite der §§ 25, 28 HGB, 1979, 141 ff.

13 **d) Anwendbarkeit auf Nichtkaufleute.** Zum Parallelproblem → § 25 Rn. 32 ff. War der „frühere Geschäftsinhaber" kein Kaufmann, ist § 28 **analog** anzuwenden, wenn der **neue Unternehmensträger** bei Geschäftsaufnahme eine **Handelsgesellschaft** ist.[24] Ob es sich dabei um eine **Personen- oder Kapitalgesellschaft**[25] handelt, macht keinen Unterschied (→ Rn. 10 f.). Eine **weitergehende Analogie** ist **abzulehnen,**[26] weil BGB-Gesellschaften einen **Haftungsausschluss** nicht analog Abs. 2 über das Handelsregister verlautbaren können und die bloße Mitteilung des Haftungsausschlusses wenig praktikabel ist.[27] Im rechtsgeschäftlichen Normkonzept des Gesetzgebers (→ § 25 Rn. 7 f.), der auf die mutmaßlichen Absichten der Parteien abstellt (→ Rn. 6), hat der rechtsgeschäftliche Ausschluss des Übergangs aber eine zentrale **haftungsbegrenzende Funktion.**[28] Auf **Veräußererseite** steht der Analogie wie bei § 25 (→ § 25 Rn. 33) entgegen, dass die Eintragung gem. §§ 2, 3, § 105 Abs. 2 optional ist und der Rechtsanwender diese Option nicht durch Analogie zu § 28 anstelle des Unternehmers ausüben kann.[29] Durch Aufhebung des § 4 Abs. 1 aF (vgl. § 84 Abs. 4, § 93 Abs. 3, § 383 Abs. 2 nF) überholt ist die Rspr., nach der Minderkaufleute von § 28 erfasst seien, weil dies – anders als § 25[30] – keine firmenrechtliche Vorschrift sei und die Gläubiger von Kleingewerbetreibenden nicht weniger schutzbedürftig seien als die Gläubiger von Vollkaufleuten.[31]

14 Die dargestellte Abgrenzung ist allerdings wie bei § 25 (→ § 25 Rn. 34) unbefriedigend, weil die Vorschrift unabhängig von der Definition des Normzwecks (→ Rn. 8 f.) auch auf nichtkaufmännische oder nicht gewerbliche Unternehmen passt. Dies gilt namentlich für BGB-Gesellschaften, da hier ebenso wie bei Handelsgesellschaften die Überleitung der unternehmensbezogenen Rechtsverhältnisse im Interesse der Gesellschafter und die Weiterhaftung des bisherigen Geschäftsvermögens im Interesse der Gläubiger liegt.[32] De lege ferenda spricht dies dafür, § 28 unabhängig von der Kaufmannseigenschaft des früheren Geschäftsinhabers und unabhängig davon (analog) anzuwenden, ob eine BGB- oder eine Personenhandelsgesellschaft entsteht.[33] Virulent wird dies insbesondere im freiberuflichen

---

[24] Oetker/*Vossler* Rn. 15 f. Staub/*Burgard* Rn. 20 lässt genügen, dass eine Eintragung gem. § 105 Abs. 2 so rechtzeitig betrieben wird, dass auch ein gleichzeitig betriebener Haftungsausschluss gem. § 28 Abs. 2 noch rechtzeitig wirksam würde. Dies ist aber zirkulär, weil es voraussetzt, dass § 28 Abs. 2 nötig ist, was wiederum von der Eintragung gem. § 105 Abs. 2 abhängt.

[25] Abl. für die Vor-GmbH aber BGHZ 143, 314 (318) = NJW 2000, 1193 = JZ 2000, 1010 mAnm *Lieb*; vgl. auch *Karsten Schmidt* NJW 2000, 1521; *Servatius* NJW 2001, 1696; *H. P. Westermann* NZG 2000, 373. Zum Status der Vor-GmbH als Handelsgesellschaft Baumbach/Hueck/*Fastrich* GmbHG § 11 Rn. 13 mwN.

[26] Anders → 2. Aufl. 2005, Rn. 9 ff. *(Lieb).*

[27] So ausdrücklich BGHZ 157, 361 = NJW 2004, 836 (838); BGH NJW 2010, 3720 Rn. 5 ff.; NZG 2012, 65 Rn. 20 mAnm *Karsten Schmidt* JuS 2012, 357; OLG Schleswig GI aktuell 2012, 41 (43 f.); ohne nähere Begründung auch FG Münster DStRE 2013, 1393 (1394); vgl. auch BGH NJW 2011, 3036 Rn. 4; zuvor bereits *Canaris* HandelsR § 7 Rn. 88; Schlegelberger/*Hildebrandt/Steckhan* Rn. 3 unter b; EBJS/*Reuschle* Rn. 16; *Straube/Schuhmacher* Rn. 6; Staub/*Burgard* Rn. 21; Oetker/*Vossler* Rn. 11.

[28] Unzutr. daher BGH NJW 1966, 1917 (1918 f.), der den Gesetzgeber einer „irrigerweise gesehenen Parallele des § 28 HGB zu § 25 HGB" zu überführen meinte.

[29] BGHZ 31, 397 (400) = NJW 1960, 624 = LM Nr. 3 *(Fischer)*; Baumbach/Hopt/*Hopt* Rn. 2; Düringer/Hachenburg/*Hoeniger* Anm. 2; Schlegelberger/*Hildebrandt/Steckhan* Rn. 3; *Straube/Schuhmacher* Rn. 5 f.; *Krause* JZ 1960, 321; *Schricker* ZGR 1972, 121 (155); einschr. Staub/*Burgard* Rn. 20.

[30] BGH NJW 1966, 1915 (1916 f.): Rechtsscheinhaftung statt § 25.

[31] BGH NJW 1966, 1917 (1918 f.) im Anschluss an RGZ 164, 115 (119 f.) auf dem Boden der Haftungsfondstheorie (→ § 25 Rn. 14); undeutlich BGH LM Nr. 3a = BB 1960, 190 mAnm *Tiefenbacher*; RG Recht 1924 Sp. 140, Nr. 404. *Gerlach,* Die Haftungsordnung der §§ 25, 28, 130 HGB, 1976, 60 forderte die Gleichbehandlung des Sollkaufmanns mit dem Minderkaufmann, während *Fischer* LM Nr. 3 schon die Anwendung des § 28 auf Minderkaufleute zu weit ging.

[32] Zum Gläubigerschutzaspekt ausf. *Lieb* FS H. Westermann, 1974, 309 (315 ff.); *Arnold/Dötsch* DStR 2003, 1398 (1043 f.); insoweit zutr. auch BGH NJW 1966, 1917 (1918).

[33] So bereits de lege lata *Karsten Schmidt* DB 1973, 703 ff.; *Karsten Schmidt* HandelsR § 8 Rn. 87 ff., der eine Analogie auch auf nicht gewerbetreibende Unternehmensträger bejaht; für eine auf (damalige) minderkaufmännische oder zumindest gewerbliche Unternehmen beschränkte Erweiterung *Möschel* FS Hefermehl, 1976, 171 (182); *Axer,* Abstrakte Kausalität – ein Grundsatz des Handelsrechts?, 1986, 186; *Waskönig,* Rechtsgrund und Tragweite der §§ 25, 28 HGB, 1979, 174 ff.; Staub/*Hüffer,* 4. Aufl. 1983, Rn. 28; *Timm/Schöne* Fall 4, C II 2, 39; aA *Canaris* HandelsR § 7 Rn. 88.

Bereich.[34] Gerade für Anwaltssozietäten hat der IX. Zivilsenat des BGH die Analogie jedoch abgelehnt, zumindest soweit das Mandatsverhältnis betroffen ist.[35] Die Art der Verbindlichkeit ist jedoch nicht das entscheidende Differenzierungskriterium.[36] Ein gewisser Widerspruch ergibt sich auch daraus, dass der II. Zivilsenat des BGH jüngst für den Beginn der Nachhaftungsfrist (§ 160 Abs. 1 S. 2) die Kenntnis des Gläubigers hat genügen lassen, weil dies bei der BGB-Gesellschaft (§ 736 Abs. 2 BGB) ohnedies nicht anders möglich sei (→ § 26 Rn. 14).[37] Hier ging es freilich darum, dem grundsätzlich haftenden OHG-Gesellschafter die Enthaftung zu erleichtern, während es bei der Analogie zu § 28 zunächst darum geht, die Haftung der Gesellschaft (und damit die akzessorische Gesellschafterhaftung) zu begründen. Die Streitfrage illustriert plastisch, dass je weiter die rechtsfortbildende Annäherung der BGB-Gesellschaft an die OHG fortschreitet, umso mehr der Gesetzgeber gefordert ist, zumindest die verfahrensmäßigen Voraussetzungen hierfür zu schaffen.[38]

II. Tatbestandsmerkmale

1. (Handels-)Geschäft. § 28 setzt voraus, dass der bisherige Inhaber („Einzelkaufmann“) das bisher von ihm betriebene Unternehmen („Handelsgeschäft“) als Einlage mit dem Ziel der Fortführung in die neue Gesellschaft einbringt. Daher muss der bisherige Inhaber zuvor ein solches Unternehmen betrieben (und nicht nur geplant) und zumindest im Wesentlichen als lebendes Ganzes in die Gesellschaft eingebracht haben[39] (→ Rn. 6 aE). Die Voraussetzungen des § 28 sind daher nicht erfüllt, wenn der frühere Einzelkaufmann sein Unternehmen zuvor bereits (endgültig) aufgelöst hat und nunmehr etwa nur noch einige restliche Betriebsmittel auf die Gesellschaft überträgt.[40] Es muss also auch hier ein derivativer Erwerb der **betriebsfähigen Wirtschaftseinheit** vorliegen (eingehend → § 25 Rn. 42 ff.). 15

Wurden **bisher mehrere Unternehmen betrieben,** ist durch Auslegung festzustellen, welches Unternehmen in die Gesellschaft eingebracht wurde. Auf die in diesem Unternehmen entstandenen Verbindlichkeiten ist die Haftung beschränkt.[41] Entsprechendes gilt für den Übergang der Forderungen (→ Rn. 29). § 28 ist auch dann anzuwenden, wenn ein Gesellschafter **mehrere** von ihm betriebene **Unternehmen einbringt,** oder wenn **mehrere Gesellschafter** jeweils eines oder mehrere Unternehmen einbringen und diese in der neuen Gesellschaft vereinigen.[42] 16

2. Fortführung. Die Fortführung des eingebrachten Unternehmens wird vom Gesetzeswortlaut nicht ausdrücklich gefordert, ergibt sich aber aus der Notwendigkeit der Einbringung[43] und wurde vom Gesetzgeber vorausgesetzt (→ Rn. 6). Freilich ist nicht abseh- 17

---

34 *Karsten Schmidt* HandelsR § 8 Rn. 90 ff.

35 BGHZ 157, 361 = NJW 2004, 836 (837 f.); BGH NZG 2012, 65 Rn. 20 mAnm *Karsten Schmidt* JuS 2012, 357; ebenso zuvor OLG Hamm OLGR 1998, 83; OLG Düsseldorf NZG 2002, 284; ebenso seither OLG Düsseldorf BeckRS 2019, 4760; aA für Mietschulden OLG Naumburg NZG 2006, 711; grds. für eine Analogie *Karsten Schmidt* BB 2004, 785; *Karsten Schmidt* NJW 2005, 2801 (2807); zum Meinungsstand *Bruns* ZIP 2002, 1602 (1606 ff.).

36 *Grunewald* JZ 2004, 683 (684).

37 BGHZ 174, 7 = NJW 2007, 3784 (3785).

38 Wie zur Grundbuchfähigkeit der GbR § 899a BGB, § 47 Abs. 2 GBO, § 82 S. 3 GBO, 15 GBV nF, eingeführt durch Gesetz vom 11.8.2009, BGBl. 2009 I 2713, in Reaktion auf BGHZ 179, 102 = NJW 2009, 594, BT-Drs. 16/13437, 23 ff., 26 f.; vgl. auch *H.P. Westermann* in *Kumpan* AcP 214 (2014), 301 f.

39 Staub/*Burgard* Rn. 31.

40 Staub/*Hüffer*, 4. Aufl. 1983, Rn. 9; Staub/*Burgard* Rn. 31; Heymann/*Förster* Rn. 25; EBJS/*Reuschle* Rn. 14; ausreichend ist jedoch der Eintritt in ein ruhendes Unternehmen, das nicht mehr als einen Firmenmantel darstellt, BGH BB 1955, 877; NJW 1961, 1765 (1766); krit. insoweit Staub/*Burgard* Rn. 31 Fn. 88.

41 BGHZ 31, 397 (399) = NJW 1960, 624 = LM Nr. 3 m. zust. Anm. *Fischer*; BGH NJW 1961, 1765; RG LZ 1907, 822; Staub/*Burgard* Rn. 32.

42 Zur Vereinigung s. nur Staub/*Hüffer*, 4. Aufl. 1983, Rn. 15; Staub/*Burgard* Rn. 33; *Karsten Schmidt* HandelsR § 8 Rn. 94 ff.

43 Unstr., vgl. nur KG OLGE 21, 375; Baumbach/Hopt/*Hopt* Rn. 4; EBJS/*Reuschle* Rn. 28; Heymann/*Förster* Rn. 27; Oetker/*Vossler* Rn. 17; *Commandeur/Kleinebrink* Betriebsübernahme Rn. 1374; Staub/*Burgard* Rn. 35.

bar, ob den Beteiligten die Fortführung auf Dauer gelingt. Es muss daher zumindest im Einbringungszeitpunkt die **realistische Möglichkeit** der Fortführung bestehen,[44] was an das Merkmal der Einbringung einer betriebsfähigen Wirtschaftseinheit anknüpft (→ Rn. 15). Alsbaldige Liquidierung, Weiterveräußerung, Weiterverpachtung oder Einbringung in eine (andere) Gesellschaft sprechen wie bei § 25 (→ § 25 Rn. 55) dagegen, dass es um einen bloßen Wechsel des Unternehmensträgers geht, der es rechtfertigt, von der Übertragung der unternehmensbezogenen Rechtsverhältnisse auszugehen. **Nicht erforderlich** ist dagegen, dass das Unternehmen **erkennbar und unterscheidbar** als Ganzes in der neuen Gesellschaft fortgeführt wird;[45] Eingliederung genügt (→ § 25 Rn. 56). Die entgegengesetzte ältere Auffassung[46] stellt allein auf die subjektive Schutzbedürftigkeit des Dritten ab, der auf eine erkennbare Identität zwischen Handelsgeschäft und Gesellschaftsunternehmen vertraut. Es kommt jedoch primär auf den vermuteten Willen der neuen Gesellschafter an (→ Rn. 6, 8). Selbst wenn man auf die Vorstellungen der Dritten abstellt, dürfen diese auf eine Übertragung der Verbindlichkeiten und Forderungen bereits daraus schließen, dass der bisherige Einzelkaufmann am neuen Rechtsträger beteiligt ist. Dementsprechend hindern auch **erhebliche Veränderungen,** wie sie beim „Eintritt" von Teilhabern und der damit meist verbundenen Geschäftsausweitung häufig vorkommen, nicht den Übergang der Rechtsverhältnisse. Dies gilt insbesondere für den Fall der Vereinigung mehrerer Unternehmen (→ Rn. 16) und der damit in der Regel verbundenen Umgestaltung. Entsteht durch umfangreiche (re-)organisatorische Maßnahmen bezüglich der einzelnen eingebrachten Unternehmen ein ‚neues' Geschäft, in dem die früheren Unternehmen aufgehen, ändert dies an der Geltung des § 28 nichts, sofern sich diese Maßnahmen als einheitliche Folge der Einbringung in die Gesellschaft darstellen.[47]

18 § 28 setzt die (freilich häufige) Substanzübertragung ebenso wenig voraus wie § 25; insbesondere kann § 28 daher auch bei bloßer **Betriebspacht** bzw. **Betriebsaufspaltung** anwendbar sein (→ § 25 Rn. 45, → § 25 Rn. 120).[48] Für die Betriebsaufspaltung durch Spaltung gem. §§ 123 ff. UmwG sind die (Ent-)Haftungsregelungen der §§ 133, 134 UmwG zu beachten (→ § 25 Rn. 120, zur analogen Anwendung → § 26 Rn. 16).

19 **3. Einzelkaufmann.** Der vom Gesetz verwendete Begriff des „Einzelkaufmanns" ist nicht (nur) iSd §§ 1 ff. zu verstehen; er umfasst vielmehr schon wegen § 6 auch **Personenhandelsgesellschaften** und **juristische Personen,** wenn sie sich an der Gründung einer Handelsgesellschaft beteiligen und das bisher von ihnen betriebene Unternehmen einbringen.[49] Als Einzelkaufmann zu behandeln ist auch die **Erbengemeinschaft,**[50] wenn man sie mit der herrschenden, freilich sehr zweifelhaften Lehre als Unternehmensträger anerkennt (→ § 1 Rn. 52; → § 27 Rn. 67 f.).

20 **4. Die „Eintretenden".** An die Person der „Eintretenden", also derjenigen, die zusammen mit dem bisherigen Einzelkaufmann die neue Gesellschaft gründen, stellt das

---

[44] *J. Flume* ZHR 170 (2006), 737 (754 f.).

[45] Staub/*Burgard* Rn. 35 mwN; Heymann/*Förster* Rn. 29.

[46] Düringer/Hachenburg/*Hoeniger* Anm. 5; ihnen folgend Heymann/*Emmerich* Rn. 19, 21; ähnlich LG Hamburg MDR 1971, 929 (930); *Commandeur/Kleinebrink* Betriebsübernahme Rn. 1374; Schlegelberger/*Hildebrandt/Steckhan* Rn. 2; *Canaris* HandelsR § 7 Rn. 82, 87.

[47] Anders wohl RG Recht 1924 Sp. 140 Nr. 404.

[48] *Commandeur/Kleinebrink* Betriebsübernahme Rn. 1363; Heymann/*Förster* Rn. 27; Staub/*Hüffer*, 4. Aufl. 1983, Rn. 14; Staub/*Burgard* Rn. 34; Röhricht/Graf v. Westphalen/Haas/*Ries* Rn. 23; *Karsten Schmidt* HandelsR § 8 Rn. 103; aA nur *Schricker* ZGR 1972, 121 (153 f.) Fn. 128.

[49] So auch Heymann/*Förster* Rn. 10; *Karsten Schmidt* HandelsR § 8 Rn. 85; *Commandeur/Kleinebrink* Betriebsübernahme Rn. 1349; Oetker/*Vossler* Rn. 15; Staub/*Hüffer*, 4. Aufl. 1983, Rn. 11; Staub/*Burgard* Rn. 19; EBJS/*Zimmer* Rn. 15; aA Düringer/Hachenburg/*Hoeniger* Anm. 3; Schlegelberger/*Hildebrandt/Steckhan* Rn. 4. Soweit die Gesellschaften dadurch ihre bisherige eigene Kaufmannseigenschaft verlieren sollten, führt dies zu der anderen Frage, ob etwa eine bloße BGB-Gesellschaft Komplementär oder Kommanditist sein kann; zum Meinungsumschwung der Rechtsprechung und zur Einführung des § 162 Abs. 1 S. 2 → 4. Aufl. 2016, § 105 Rn. 96 ff.; MüKoBGB/*Schäfer* BGB § 705 Rn. 317; Staub/*Schäfer* § 105 Rn. 98.

[50] So auch Staub/*Hüffer*, 4. Aufl. 1983, Rn. 11; Staub/*Burgard* Rn. 19.

Gesetz keine besonderen Anforderungen.[51] Die Fähigkeit, Gesellschafter zu sein, richtet sich daher nach allgemeinen Grundsätzen. Gleichgültig ist auch – abgesehen von Abs. 3 (→ Rn. 38 ff.) –, welche Rolle der bisherige Einzelkaufmann in der neuen Gesellschaft übernimmt, ob er also Komplementär oder Kommanditist wird. Insbesondere erfasst § 28 damit ohne weiteres auch die Gründung einer **GmbH & Co. KG,** in der der bisherige Einzelkaufmann Kommanditist und (meist) GmbH-Gesellschafter wird.

5. Die neue Gesellschaft. Nach dem Gesetzeswortlaut ist § 28 nur dann anwendbar, wenn eine (neue) OHG oder KG entsteht bzw. entstanden ist. Dies ist zu eng. Durch Analogie gleichzustellen ist nicht nur die Einbringung eines Unternehmens in eine neugegründete Kapitalgesellschaft (→ Rn. 10), sondern auch in bereits bestehende Gesellschaften (→ Rn. 11), soweit diese spätestens mit Geschäftsaufnahme des neuen Unternehmensträgers registerpflichtig sind (→ Rn. 13).[52] 21

6. Entbehrlichkeit der Firmenfortführung. Im Gegensatz zu § 25 ist § 28 (auch) anwendbar, wenn die Firma nicht fortgeführt wird. Die Kontinuität ergibt sich hier schon aus der weiteren (Gesellschafter-)Beteiligung des bisherigen Einzelkaufmanns (→ Rn. 4; → § 25 Rn. 30). 22

7. Fehlerhafte Gesellschaft. Nach der hier vertretenen Auffassung muss bei § 28 die Gesellschaftsgründung ebenso wirksam sein wie bei § 25 der Übernahmevertrag (→ § 25 Rn. 53). Demgegenüber nimmt die hL an, die Haftung werde von einer eventuellen Fehlerhaftigkeit der Gesellschaftsgründung ebenso wenig berührt wie die darauf aufbauende persönliche Haftung der „Eintretenden" gem. §§ 128, 173.[53] Dem kann mit Blick auf den rechtsgeschäftlichen Charakter des § 28 (→ Rn. 6; → § 25 Rn. 7 f.) nicht gefolgt werden. Soweit nicht die Lehre von der fehlerhaften Gesellschaft (→ Rn. 24 ff.) und die allgemeine Rechtsscheinlehre (→ § 25 Rn. 54, → § 25 Rn. 122 ff.) eingreifen, sind Haftungslücken hinzunehmen. 23

Zunächst setzt § 28 voraus, dass **überhaupt** eine **Gesellschaft entstanden** ist. Bei schwerwiegenden **Nichtigkeitsgründen**[54] entsteht bereits kein Rechtssubjekt, dem die unternehmensbezogenen Rechtsverhältnisse zugeordnet werden könnten.[55] Auch eine Rechtsscheinhaftung tritt nicht ein, weil bei nichtiger Gesellschaftsgründung kein Gesellschaftsvermögen entsteht, auf das die Altgläubiger zugreifen könnten.[56] 24

Bei **Gründungsmängeln,** die nur zur **Auflösung** der zunächst wirksam entstandenen Gesellschaft führen, ist § 28 nach der Lehre von der fehlerhaften Gesellschaft (→ 4. Aufl. 2016, § 105 Rn. 228 ff.)[57] anwendbar. Zwar schützt die Lehre von der fehlerhaften Gesellschaft primär diejenigen, die mit der Gesellschaft kontrahieren, also die Neugläubiger. Die ratio des § 28 rechtfertigt jedoch auch die Anwendung auf Altgläubiger.[58] Nach der hier vertretenen Auffassung (→ Rn. 8) sind die Gesellschaftsgründer nach außen wie nach innen 25

---

[51] Zum Folgenden Staub/*Burgard* Rn. 25.

[52] Weitergehend für die GbR → 2. Aufl. 2005, Rn. 21 *(Lieb).*

[53] BGH NJW 1972, 1466 (1467); *Karsten Schmidt* HandelsR § 8 Rn. 105 f.; *Wiesner,* Die Lehre von der fehlerhaften Gesellschaft, 1980, 151 ff.; Baumbach/Hopt/*Hopt* Rn. 3; Schlegelberger/*Hildebrandt/Steckhan* Rn. 6; Staub/*Hüffer,* 4. Aufl. 1983, Rn. 12; krit. *Canaris* HandelsR § 7 Rn. 89.

[54] BGHZ 17, 160 = NJW 1955, 1067; BGHZ 62, 234 (240 ff.) = NJW 1974, 1201; BGHZ 75, 214 = NJW 1980, 638; BGHZ 97, 243 (259) = NJW 1987, 65; Staub/*Schäfer* § 105 Rn. 345 (krit. zur hM); *Wiesner,* Die Lehre von der fehlerhaften Gesellschaft, 1980, 130 ff.; eine fehlerhafte Gesellschaft bei allen Nichtigkeitsgründen abl. *Vetter,* Altschuldenhaftung auf fehlerhafter Vertragsgrundlage, 1995, 182 ff.; zur weitergehenden Anerkennung der fehlerhaften Gesellschaft → 2. Aufl. 2005, § 105 Rn. 237 ff., 243.

[55] Ebenso EBJS/*Reuschle* Rn. 20; Röhricht/Graf v. Westphalen/Haas/*Ries* Rn. 16; Oetker/*Vossler* Rn. 9; Staub/*Burgard* Rn. 28; zumindest missverständlich noch Staub/*Hüffer,* 4. Aufl. 1983, Rn. 12.

[56] Staub/*Burgard* Rn. 29; EBJS/*Reuschle* Rn. 21; zweifelnd insoweit Röhricht/Graf v. Westphalen/Haas/*Ries* Rn. 18.

[57] Grdl. RGZ 165, 193 (201 ff.); BGHZ 3, 285 (287 ff.); umfassend hierzu Staub/*Schäfer* § 105 Rn. 315 ff.; Heymann/*Emmerich* § 105 Rn. 90 ff.; *Wiedemann* GesR I § 3 I 2, 147 ff.

[58] Enger *Canaris* HandelsR § 7 Rn. 90; *Straube/Schuhmacher* Rn. 10.

(→ 4. Aufl. 2016, § 105 Rn. 232, 244)[59] an ihrem mutmaßlichen Willen festzuhalten, der zunächst auch bei fehlerhafter Gesellschaftsgründung darin bestand, die unternehmensbezogenen Rechtsverhältnisse auf den neuen Rechtsträger überzuleiten, sofern keine abweichende Vereinbarung gem. § 28 Abs. 2 kommuniziert wurde. Nach der Gegenauffassung (→ Rn. 9) ist den Altgläubigern der Zugriff auf das Gesamthandsvermögen zu eröffnen, weil ihnen sonst als Vollstreckungsgegenstand nur der Geschäftsanteil des Altunternehmers verbliebe, dh. dessen anteilig um die Forderungen der Neugläubiger reduziertes Auseinandersetzungsguthaben. Wird die Gesellschaft **nicht aufgelöst,** kann darin entweder ein **konkludenter Neuabschluss** des Gesellschaftsvertrags oder zumindest dessen **Rechtsschein** gesehen werden.[60]

26 Eine fehlerhafte Gesellschaft genügt auch, um die persönliche akzessorische Haftung der Gesellschafter gem. § 128 zu begründen (→ 4. Aufl. 2016, § 128 Rn. 7).[61] Der Gesetzgeber hat § 28 unter anderem mit der Nähe zu § 130 legitimiert (→ Rn. 5), so dass es für die Haftung neuer Gesellschafter nicht darauf ankommt, ob es sich um Altverbindlichkeiten einer bestehenden Gesellschaft oder eines der neu gegründeten Gesellschaft vorausgegangenen Unternehmensträgers handelt. Durch Abs. 2 ist gewährleistet, dass die neue Gesellschaft die Übernahme der Altverbindlichkeiten und damit die Gesellschafterhaftung verhindern kann (→ Rn. 6). Wie bei § 25 (→ § 25 Rn. 100) kommt es nicht darauf an, ob die zugrunde liegende Vereinbarung wirksam ist.

III. Rechtsfolgen

27 **1. Haftung (Abs. 1 S. 1).** Nach herkömmlichem Verständnis führt § 28 Abs. 1 S. 1 ebenso wie § 25 Abs. 1 S. 1 (→ § 25 Rn. 15 f.) zu einem kraft Gesetzes eintretenden **Schuldbeitritt,** da die Haftung des bisherigen Einzelkaufmanns – vorbehaltlich von Verjährung (→ Rn. 41) und Enthaftung (→ Rn. 38 ff.) – zunächst erhalten bleibt; Einzelkaufmann und Gesellschaft sind **Gesamtschuldner.**[62] Nach hiesigem Verständnis (→ § 25 Rn. 26, → § 25 Rn. 81 ff.) werden die Verbindlichkeiten ebenso wie alle unternehmensbezogenen **Rechtsverhältnisse** auf die Gesellschaft **übergeleitet,** die somit der eigentliche Schuldner ist. Damit ist auch das Gesamtschuldverhältnis zugunsten einer **akzessorischen Haftung** des alten Unternehmensträgers in Frage gestellt (→ § 25 Rn. 22 f., → § 25 Rn. 25).

28 Unabhängig von dieser Differenzierung beschränkt sich die (Mit-)Haftung der Gesellschaft ebenso wie bei § 25 Abs. 1 S. 1 auf solche Verbindlichkeiten, die mit dem **Geschäftsbetrieb** des eingebrachten Unternehmens zusammenhängen, auch wenn sie aus Buchführung oder Korrespondenz nicht ersichtlich sind.[63] Eine Haftung für Privatverbindlichkeiten des früheren Einzelkaufmanns oder des Eintretenden besteht daher nicht (→ § 25 Rn. 66 ff.).

29 **2. Schuldnerschutz oder Forderungsübergang (Abs. 1 S. 2).** Wie bei § 25 Abs. 1 S. 2 (→ § 25 Rn. 72 f.) steht auch bei § 28 Abs. 1 S. 2 die Interpretation als reine Schuldnerschutzvorschrift[64] der hier vertretenen Annahme eines echten Forderungsübergangs gegenüber. In jedem Fall können die Schuldner des alten Unternehmensträgers befreiend an die Gesellschaft leisten. Nach den Gesetzgebungsmaterialien besteht aber am Übergang der Forderungen gem. Abs. 1 S. 2 kein Zweifel (→ Rn. 6). Dieser tritt vorbehaltlich abweichender Vereinbarung (Abs. 2, → Rn. 35 ff.) ein, sofern nicht – ausnahmsweise – die im

59 Hierzu auch Staub/*Schäfer* § 105 Rn. 317, 348; anders für § 28 *Canaris* HandelsR § 7 Rn. 90.

60 Insoweit übereinstimmend *Canaris* HandelsR § 7 Rn. 90.

61 Staub/*Habersack* § 128 Rn. 7; für eine Haftung der Gesellschafter im Fall des § 28 EBJS/*Reuschle* Rn. 23; Heymann/*Förster* Rn. 17; grds. auch Staub/*Burgard* Rn. 30, sofern nicht die Fehlerhaftigkeit auf Normen beruht, welche den Eintretenden schützen; für alleinige Haftung der Gesellschaft → 2. Aufl. 2005, Rn. 26 *(Lieb)*; *Canaris* HandelsR § 7 Rn. 90; *Honsell/Harrer* ZIP 1983, 259; *Vetter,* Altschuldenhaftung auf fehlerhafter Vertragsgrundlage, 1995, 277 ff., 294, 295 ff., 301; *Commandeur/Kleinebrink* Betriebsübernahme Rn. 1370; Heymann/*Emmerich* Rn. 18; Röhricht/Graf v. Westphalen/Haas/*Ries* Rn. 18.

62 Staub/*Burgard* Rn. 38; Oetker/*Vossler* Rn. 18; BeckOK HGB/*Bömeke* Rn. 16.

63 Auch zum Folgenden Staub/*Burgard* Rn. 39.

64 So auch → 2. Aufl. 2005, Rn. 34 *(Lieb)*; Staub/*Burgard* Rn. 44; Oetker/*Vossler* Rn. 23; BeckOK HGB/*Bömeke* Rn. 20.

Betriebe des Handelsgeschäfts begründeten Forderungen bereits gesondert auf die Gesellschaft übertragen worden sein sollten (→ § 25 Rn. 71), was zumindest für den Grundfall einer Gesellschaftsneugründung durch „Eintritt" in das „Geschäft eines Einzelkaufmanns" wegen des zeitlichen Ablaufs fernliegt.

3. Vertragsüberleitung. Ebenso wie § 25 ist auch § 28 als Vertragsüberleitungsnorm anzusehen. Die Gesellschaft tritt daher in alle betriebsbezogenen Rechtsverhältnisse ein und setzt diese fort[65] (eingehend → § 25 Rn. 81 ff.; die dortigen Überlegungen gelten uneingeschränkt auch für § 28). Wie bei § 25 wirkt sich die Vertragsüberleitung insbesondere auf Dauerschuldverhältnisse aus. Insoweit ist im Kontext der uneinheitlichen Rspr. (→ § 25 Rn. 82) die Entscheidung des XII. ZS zu beachten, der einen gesetzlichen Vertragsübergang eines Mietverhältnisses auf einen neuen Mieter durch §§ 25, 28 ablehnte, weil damit die mietrechtlichen Vorschriften über die Untervermietung ausgehebelt würden.[66] Der hier vertretenen Annahme einer rechtsgeschäftlichen Übertragung unternehmensbezogener Rechtsverhältnisse durch §§ 25, 28 (→ Rn. 8) steht dies nicht entgegen. Selbstverständlich müssen die Privatrechtssubjekte Schranken hinnehmen, die kraft Gesetzes ihrer Dispositionsfreiheit gezogen sind oder die sie sich durch Vertrag selbst gezogen haben.[67] Zu bedenken ist allerdings, dass im verwandten Fall der Spaltung (→ Rn. 8; → § 25 Rn. 119) allgemeine Übertragungshindernisse suspendiert sind und der Vertragspartner auf ein Kündigungsrecht verwiesen wird (→ § 25 Rn. 76). Auch soweit eine analoge Anwendung des § 28 auf nichtkaufmännische Personengesellschaften abgelehnt wird (→ Rn. 13), ist eine ausdrücklich vereinbarte Vertragsübernahme möglich.[68] 30

4. Akzessorische Gesellschafterhaftung. Die Haftung der hinzugetretenen Gesellschafter ergibt sich **nicht** schon aus **§ 28,**[69] wohl aber aus der – nach hL auch Altverbindlichkeiten umfassenden[70] – akzessorischen Haftung gem. **§ 128** bzw. (dort betragsmäßig beschränkt) für die KG aus **§§ 171 f.**[71] Dies ist rechtspolitisch umstritten,[72] folgt aber aus der vom Gesetzgeber gewollten Gleichbehandlung mit der (ihrerseits harten) Haftungsanordnung des § 130 (→ Rn. 5), die im Fall des § 28 durch dessen Dispositivität (→ Rn. 35 ff.) abgemildert wird (→ Rn. 6). Wendet man wie hier § 28 analog auf die Einbringung in eine Kapitalgesellschaft an (→ Rn. 10 f.), haftet der Einbringende ebenso wie der „Eintretende" definitionsgemäß nicht, es sei denn wegen Überbewertung von Sacheinlagen (§ 36a Abs. 2 S. 3 AktG, § 54 Abs. 2 AktG, § 9 GmbHG). 31

---

[65] AA EBJS/*Reuschle* Rn. 29; Staub/*Burgard* Rn. 38.

[66] BGH NJW 2001, 2251 (2252); iErg zust. *Canaris* HandelsR § 7 Rn. 41; krit. *Karsten Schmidt* GS Sonnenschein, 2003, 497 ff. Wie der BGH ohne nähere Begründung KG NZG 2009, 836; offen bezüglich der Vertragsüberleitung, jedoch analog § 28 für eine Haftung einer Anwaltssozietät für alte Mietschulden des bisherigen Einzelanwalts OLG Naumburg NZG 2006, 711 (712); gleichfalls offen bezüglich der Vertragsüberleitung, aber gegen eine Haftung analog § 28 für Mandatsverhältnisse BGHZ 157, 361 = NJW 2004, 836 (837); → Rn. 17. Eine konkludente Genehmigung der Vertragsübernahme sah OLG Celle BeckRS 2005, 7536.

[67] Ob gerade § 540 BGB eine solche Grenze bildet, ist freilich zweifelhaft, *Karsten Schmidt* GS Sonnenschein, 2003, 497 (509 ff., 512) auch zum Umwandlungsrecht.

[68] OLG Brandenburg BeckRS 2010, 15183.

[69] Zumindest missverständlich insoweit *Fischer* LM Nr. 3 Bl. 2; *Säcker* ZGR 1973, 261 (280 f.).

[70] Zweifel daran bei *Lieb* FS H. Westermann, 1974, 309 (311 f.); zust. *Canaris* HandelsR § 7 Rn. 92 f.

[71] Eine persönliche Haftung des Eintretenden sah auch der Gesetzgeber als selbstverständlich an, vgl. Denkschrift (RT-Vorlage) S. 38 f. = *Schubert/Schmiedel/Krampe* II/2 S. 981. Dies entspricht auch der ganz hM, s. nur BGH NJW 1966, 1917 (1918); 1972, 1466 (1467); OLG Celle OLGZ 1981, 1; *Wiesner,* Die Lehre von der fehlerhaften Gesellschaft, 1980, 151 ff.; Baumbach/Hopt/*Hopt* Rn. 5; Heymann/*Förster* Rn. 34; Staub/*Hüffer,* 4. Aufl. 1983, Rn. 22; Staub/*Burgard* Rn. 41; Röhricht/Graf v. Westphalen/Haas/*Ries* Rn. 31; Oetker/*Vossler* Rn. 20; Straube/*Schuhmacher* Rn. 13; *Honsell/Harrer* ZIP 1983, 259 (263); *Möschel* FS Hefermehl, 1976, 171 (180 ff.); *Fenyves,* Erbenhaftung und Dauerschuldverhältnis, 1982, 72 ff.; gegen deren primär systematische Argumentation *Waskönig,* Rechtsgrund und Tragweite der §§ 25, 28 HGB, 1979, 149.

[72] Rechtspolitische Kritik an der persönlichen Haftung des Eintretenden bei *Karsten Schmidt* DB 1973, 703 (704); *Canaris* ZIP 1989, 1161 (1167).

32 **5. Weiterhaftung des früheren Geschäftsinhabers.** Hierzu enthält § 28 keine eigene Rechtsfolgenregelung; sie wird als selbstverständlich – insbesondere von Abs. 3 (→ Rn. 38 ff.) – vorausgesetzt.[73] Sie erlischt jedoch, wenn und soweit eine andere Norm dies speziell anordnet. So ordnet **§ 613a BGB** für die dort genannten Verbindlichkeiten aus dem Arbeitsverhältnis einen **Wechsel** des Vertragspartners an und sieht gem. § 613a Abs. 2 BGB eine Enthaftung des bisherigen Inhabers bereits nach einem Jahr vor.[74] Entgegen der Auffassung des BAG[75] geht § 613a BGB dem § 28 vor (→ § 25 Rn. 111), auch wenn § 613a BGB und §§ 25, 28 nicht ausreichend aufeinander abgestimmt sind.[76]

33 **6. Eigener Schuldtitel.** Die Haftung der Gesellschaft wird verwirklicht durch einen gegen sie gerichteten eigenen Schuldtitel (§ 124 Abs. 2). Die (je nach Verständnis mitwirkende oder primäre, → Rn. 27) Haftung der Gesellschaft gem. Abs. 1 S. 1 bewirkt, dass die Gläubiger auf diese Weise unmittelbar auf das Gesellschafts-(Gesamthands-) Vermögen zugreifen können, in dem sich das Vermögen des früheren (Einzel-)Unternehmens nunmehr befindet. Dass die Gläubiger damit deswegen unter Umständen sogar bessergestellt werden, weil ihnen qua Gesellschaftsvermögen auch die Beiträge der Eingetretenen haften, ist unvermeidlich und zeigt im Übrigen, dass die hier zugrunde gelegte Überleitung der unternehmensbezogenen Rechtsverhältnisse (→ Rn. 8, → Rn. 30) regelmäßig auch im Interesse der betroffenen Dritten liegt.

34 **7. Erweiterung des Titels.** Ein bereits vorliegender, gegen den früheren Einzelkaufmann gerichteter rechtskräftiger Titel kann in analoger Anwendung des § 729 Abs. 2 ZPO (→ § 25 Rn. 107) auf die Gesellschaft,[77] wegen § 129 Abs. 4 HGB dagegen nicht auf die persönlich haftenden anderen Gesellschafter erweitert werden.[78]

IV. Abs. 2

35 Abs. 2 erlaubt die **Abbedingung** des Abs. 1 bei gehöriger **Verlautbarung** (eingehend → § 25 Rn. 92 ff.). Dies beruht auf einer bewussten Gleichstellung der § 25 und § 28 (→ Rn. 5). **Rechtspolitisch** ist dies **umstritten,** weil hierdurch der Einzelkaufmann durch übertragende (Selbst-)Sanierung außerhalb eines Insolvenzplans (§§ 217 ff. InsO) Gläubiger abzuschütteln kann.[79] Die von § 28 Abs. 2 (ebenso § 25 Abs. 2) gewährte Dispositionsfreiheit ist aber ein zentraler Bestandteil des privatautonomen Konzepts des Gesetzgebers (→ Rn. 6) und kann von der rechtsanwendenden Praxis weder verworfen noch reduziert werden.[80] Ohnedies werden die Beteiligten nur ausnahmsweise einen Haftungsausschluss vereinbaren, da dieser die Bonität der neuen Gesellschaft belastet[81] und die Altgläubiger die eben entstandene Gesellschaft über § 135 (wenn auch mit zweifelhaftem wirtschaftlichem Ergebnis, → Rn. 9) gefährden können.

---

[73] Staub/*Burgard* Rn. 40; Oetker/*Vossler* Rn. 21.

[74] Nur scheinbar enger → 2. Aufl. 2005, Rn. 31 *(Lieb);* für Konkurrenz EBJS/*Reuschle* Rn. 30; MüKoBGB/*Müller-Glöge* BGB § 613a Rn. 171.

[75] BAG AP BetrAVG § 7 Nr. 56, Bl. 5 m. insoweit zust. Anm. *Reichold* Bl. 11 = EzA Nr. 1 S. 11 m. abl. Anm. *Lieb.*

[76] *Lieb* GmbHR 1992, 561 (567); *Lieb* Anm. zu BAG EzA § 28 Nr. 1 S. 20 f.

[77] OLG Naumburg LZ 1919, 1032; von BGH Rpfleger 1974, 260 mAnm *Eickmann* nicht endgültig entschieden; Baumbach/Hopt/*Hopt* Rn. 5; Heymann/*Förster* Rn. 33; Staub/*Hüffer,* 4. Aufl. 1983, Rn. 21; Stein/Jonas/*Münzberg,* 22. Aufl. 2002, ZPO § 729 Rn. 8; *Karsten Schmidt* HandelsR § 7 Rn. 96.

[78] So auch Staub/*Hüffer,* 4. Aufl. 1983, Rn. 23; EBJS/*Reuschle* Rn. 33; *Karsten Schmidt* HandelsR § 7 Rn. 96; aA OLG Kiel HRR 1931 Nr. 2081; Baumbach/Hopt/*Hopt* Rn. 5; Düringer/Hachenburg/*Hoeniger* Anm. 7; Stein/Jonas/*Münzberg,* 22. Aufl. 2002, ZPO § 729 Rn. 8.

[79] Dazu *Karsten Schmidt* in Leipold, Insolvenzrecht im Umbruch, 1991, 67 ff.; *Karsten Schmidt* ZIP 1989, 1025 (1028); *Karsten Schmidt* HandelsR § 7 Rn. 107 ff.; *Karsten Schmidt* HandelsR § 8 Rn. 120 ff.; dagegen *Canaris* ZIP 1989, 1161 (1163 ff., insbes. 1167).

[80] Staub/*Burgard* Rn. 46; *Commandeur/Kleinebrink* Betriebsübernahme Rn. 1403 f.; Oetker/*Vossler* Rn. 24; BeckOK HGB/*Bömeke* Rn. 21; anders → 2. Aufl. 2005, Rn. 35 ff. *(Lieb).*

[81] So auch *Canaris* HandelsR § 7 Rn. 2 für § 25 Abs. 2; *Commandeur/Kleinebrink* Betriebsübernahme Rn. 1404 für § 28 Abs. 2 unter Hinweis auf die fortbestehende Haftung des früheren Einzelkaufmanns (→ Rn. 32, → Rn. 41).

Keine praktikable Lösung liegt darin, allein den „eintretenden" Gesellschaftern als minus zu Abs. 2 den **Ausschluss** der **persönlichen** Haftung (§ 128, § 130) zu eröffnen.[82] Zwar dient Abs. 2 gerade dem Schutz des Eintretenden (→ Rn. 6).[83] Daher erscheint es zunächst als konsequent, erst recht die Haftung gem. § 128, § 130 abzubedingen.[84] Bei § 130 besteht aber bereits ein Rechtsträger mit selbsteingegangenen Verbindlichkeiten, den der Neugesellschafter mit allen Vor- und Nachteilen hinnehmen muss, während bei § 28 ein neuer Rechtsträger entsteht und es Sache der Gründer ist, ob dieser Rechtsträger mit fremden Schulden belastet sein soll. Zumindest müssten den eintretenden Gesellschaftern die Verlautbarungswege gem. Abs. 2 eröffnet werden. Dies dürfte kaum möglich sein, weil § 28 von der Haftung der Gesellschaft spricht, die Gesellschafter aber eine Eintragung begehren, die gem. § 128 S. 2, § 130 Abs. 2 unzulässig ist. 36

Streitig ist, ob die Mitteilung des Haftungsausschlusses gem. Abs. 2 schon **vor Gründung** der Gesellschaft durch Abschluss des Gesellschaftsvertrages wirksam erfolgen kann.[85] Dies hat bereits das Reichsgericht abgelehnt, weil erstens die Mitteilung nicht „von einem Gesellschafter" komme und zweitens die Gläubiger im Unklaren darüber blieben, ob ein solcher vorab vereinbarter Haftungsausschluss im künftigen Gesellschaftsvertrag Bestand habe.[86] Weist man Abs. 2 aber die Funktion zu, die Vermutung eines Übergangs (unter anderem) der Verbindlichkeiten (unter anderem) durch persönliche Mitteilung an die Betroffenen zu widerlegen (→ Rn. 8), bestehen gegen eine solche Vorabmitteilung keine Bedenken.[87] Eine **bei Abschluss** des Gesellschaftsvertrages getroffene Abrede, dass der bisherige Inhaber die Gesellschaft **im Innenverhältnis** von unternehmensbezogenen Altverbindlichkeiten freizuhalten habe, genügt für Abs. 2 nicht, auch wenn sie einzelnen Gläubigern mitgeteilt wird.[88] 37

V. Abs. 3

1. Nachhaftungsbegrenzung für Altverbindlichkeiten. Wird der ehemalige Einzelkaufmann in der neuen Gesellschaft Kommanditist, ist seine Haftung für Neuverbindlichkeiten auf die Einlage beschränkt (§§ 171 f.). Seine andauernde persönliche Haftung für die eingebrachten Altverbindlichkeiten wird vom Gesetz vorausgesetzt (→ Rn. 32). Der 1994 eingefügte Abs. 3 begrenzt diese Haftung jedoch in Anlehnung an § 26 auf fünf Jahre. Im Gesetz ist dies ein Novum.[89] Anders als beim Unternehmenserwerb (§ 26 aF) und beim Ausscheiden eines Gesellschafters (§ 159 aF) kannte das HGB ursprünglich keine besondere Verjährungsfrist für Einzelkaufleute bzw. Gesellschafter, welche sich aus der persönlichen Haftung auf die Rolle des Kommanditisten zurückziehen. Der BGH wandte zwar § 159 aF analog an.[90] Privilegiert waren hiervon aber nur die gesetzestypisch (§ 164) von der Geschäftsführung ausgeschlossenen Kommanditisten, nicht hingegen Gesellschafter-Geschäftsführer der Komplementärin einer GmbH & Co. KG, wenn sie zugleich an der 38

[82] *Lindacher* NZG 2002, 113 (114) (IV); *Gerlach,* Die Haftungsordnung der §§ 25, 28, 130 HGB, 1976, 56; Schlegelberger/*Hildebrandt/Steckhan* Rn. 12; Röhricht/Graf v. Westphalen/Haas/*Ries* Rn. 35; *Karsten Schmidt* HandelsR § 8 Rn. 123 f.; krit. auch Staub/*Hüffer,* 4. Aufl. 1983, Rn. 31; anders → 2. Aufl. 2005, Rn. 37 *(Lieb)*; OLGZ 1981, 1 f.; *Commandeur/Kleinebrink* Betriebsübernahme Rn. 1401 aE; Oetker/*Vossler* Rn. 27; *Hadding* JuS 1968, 173 (174); Heymann/*Förster* Rn. 39; *Straube/Schuhmacher* Rn. 16; EBJS/*Reuschle* Rn. 38; Staub/*Burgard* Rn. 48.

[83] So auch Heymann/*Förster* Rn. 34.

[84] So → 2. Aufl. 2005, Rn. 37 Fn. 51 *(Lieb)*.

[85] So Düringer/Hachenburg/*Hoeniger* Anm. 9; Baumbach/Hopt/*Hopt* Rn. 6; *Karsten Schmidt* HandelsR § 8 Rn. 119.

[86] RGZ 102, 243 (245); OLG Königsberg OLGE 41, 195 (196); *Commandeur/Kleinebrink* Betriebsübernahme Rn. 1406; Heymann/*Emmerich* Rn. 35; Schlegelberger/*Hildebrandt/Steckhan* Rn. 13; EBJS/*Reuschle* Rn. 39; Staub/*Burgard* Rn. 49; Oetker/*Vossler* Rn. 26.

[87] Anders → 2. Aufl. 2005, Rn. 38 *(Lieb)*.

[88] BGH NJW-RR 1989, 1055.

[89] Zum Folgenden Staub/*Burgard* Rn. 50.

[90] BGHZ 73, 217 (222); BGH NJW 1983, 2940 (2943).

KG beteiligt waren. Hierin lag ein viel kritisierter[91] Widerspruch gegenüber den Verjährungsregelungen der § 45 UmwG, § 49 Abs. 4 UmwG, § 56 UmwG, § 56f Abs. 2 UmwG 1969/1980, die nicht nach der Beteiligung an der Geschäftsführung differenzierten. Der Kritik folgend, setzte die Bundesregierung[92] gegen Bedenken des Bundesrats[93] den heutigen § 160 Abs. 3 S. 2 durch.

39 Die in § 160 Abs. 3 S. 2 erreichte Gleichbehandlung von ausscheidenden und nur in die Rechtsstellung eines Kommanditisten überwechselnden Gesellschaftern (→ Rn. 38) motivierte, nachdem die Ähnlichkeit der Probleme des Gesellschaftsrechts mit denjenigen der §§ 25 ff. erkannt worden war,[94] eine entsprechende Gleichbehandlung des veräußernden Einzelkaufmanns (§§ 25, 26) mit demjenigen, der am neuen Rechtsträger als Kommanditist beteiligt bleibt.[95] Den Anregungen der Lit. folgend hat daher der Rechtsausschuss des Bundestags die Regelung des § 26 durch § 28 Abs. 3 auf den Anwendungsbereich des § 28 **ausgedehnt.**[96] Dabei wurde konsequenterweise auch die Fortentwicklung der betreffenden Vorschriften von Sonderverjährungs- zu Enthaftungsregelungen (ausführlich → § 26 Rn. 1, → § 26 Rn. 4) übernommen. § 28 Abs. 3 begründet daher für den ehemaligen Einzelkaufmann, der nur noch Kommanditist ist, einen Haftungsausschluss nach denselben Grundsätzen und in demselben Umfang, wie er in den §§ 160, 26 enthalten ist. Insbesondere haftet der Kommanditist damit nicht mehr für Teilansprüche aus Dauerschuldverhältnissen (zB **Ruhegeldverpflichtungen,** → Rn. 32; → § 25 Rn. 111), die erst nach Ablauf der Fünfjahresfrist entstehen und fällig werden.[97] Dies gilt gem. § 28 Abs. 3 S. 2 ebenso wie gem. § 160 Abs. 2 S. 2 ausdrücklich auch dann, wenn der Einzelkaufmann geschäftsleitend tätig bleibt.

40 In Bezug auf Einzelheiten kann auf die Kommentierung der §§ 26 (insbesondere → § 26 Rn. 7 ff.), 160 Abs. 3 (→ 4. Aufl. 2016, § 160 Rn. 43 ff.) verwiesen werden. Die Enthaftungsfrist beginnt mit Eintragung der Gesellschaft (§ 28 Abs. 3 S. 1) bzw. bei Eintritt in eine bestehende Gesellschaft (→ Rn. 11) mit Eintragung des Eintritts (§ 162 Abs. 2 und 3).[98] Zur Analogie bei Einbringung in eine neue oder bestehende Kapitalgesellschaft → Rn. 10 f. Im Übrigen genügt die positive Kenntnis des Gläubigers (→ § 26 Rn. 14). Hingewiesen sei auch hier auf die Möglichkeit, die Enthaftung durch gerichtliche Geltendmachung zu vermeiden (→ § 26 Rn. 9 ff.).

41 **2. Kommanditistenhaftung.** Nach Abs. 3 S. 3 bleibt die Haftung des früheren Einzelkaufmanns als Kommanditist gem. §§ 171 f. unberührt.[99] Die Vorschrift ist § 160 Abs. 3 S. 3 nachgebildet. Da die Altgläubiger gem. § 28 Abs. 1 S. 1 die Gesellschaft in Anspruch nehmen können, haftet der Kommanditisten bis Höhe seiner Einlage unmittelbar (§ 171 Abs. 1 Hs. 1) auch nach Ablauf der Fünfjahresfrist, falls seine persönliche Haftung wieder aufgelebt sein sollte (§ 172 Abs. 4, § 171 Abs. 1 Hs. 2). Die Enthaftungsregel des § 28 Abs. 3 S. 1 gilt nicht; der Kommanditist kann sich wie die Gesellschaft nur auf die allgemeinen Verjährungsregeln berufen (§ 161 Abs. 2, § 129 Abs. 1). Umgekehrt profitieren die Gläubiger einer „Innen-KG" (→ 4. Aufl. 2019, § 230 Rn. 81) nach Ablauf der kenntnisabhängigen Regelverjährung (§§ 195, 199 BGB) nicht analog § 26 Abs. 1, § 28 Abs. 3, § 159 vom registerabhängigen

---

91 Schlegelberger/*Karsten Schmidt* § 159 Rn. 19 ff.; *Lieb* ZGR 1985, 124 (137 ff.); *Wiesner* ZIP 1983, 1032 (1036 f.); *Koch* NJW 1984, 833 (838 f.); *Ulmer* BB 1983, 1865 (1868); *Ulmer/Timmann* ZIP 1992, 1 (6).

92 BT-Drs. 12/1868 Anlage 1, 9 liSp.

93 Stellungnahme BR, BT-Drs. 12/1868 Anlage 2, 14 und Anlage 3, 15/16 (Gegenäußerung der Bundesregierung zur Stellungnahme des BR).

94 Vgl. nur *Lieb* Anm. zu BAG EzA Nr. 1 S. 21 ff.

95 Krit. Staub/*Burgard* Rn. 53 f., der auch für § 28 den Gläubigern ein Zurückweisungsrecht analog § 333 BGB einräumen will, was die Haftung der Gesellschaft (§ 28 Abs. 1) und damit die Enthaftung des Kommanditisten (§ 28 Abs. 3) ausschließt; dagegen → § 25 Rn. 88 aE.

96 BT-Drs. 12/6569, 11.

97 Staub/*Burgard* Rn. 59.

98 Staub/*Burgard* Rn. 58. Dass Angaben zu Kommanditisten nicht bekannt gemacht werden (§ 162 Abs. 2), schadet nicht, da es gemäß oder analog § 28 Abs. 3 S. 1 nur auf die Eintragung ankommt.

99 Zum Folgenden Staub/*Burgard* Rn. 61.

Fristbeginn – ebenso wenig von der längeren Nachhaftungsfrist –, wenn sie einen atypischen stillen Gesellschafter („Innen-Kommanditisten") in Anspruch nehmen wollen.[100]

3. Überleitungsregelungen. Dazu → 1. Aufl. 1996, § 26 Rn. 20 ff.[101] 42

VI. Prozessuales

Die Titelerweiterung ist analog § 729 Abs. 2 ZPO auch in den Fällen des § 28 möglich 43
(→ Rn. 34; → § 25 Rn. 107).

VII. Konkurrenzen

Zu § 613a BGB → Rn. 32, → § 25 Rn. 110 f.; zu § 75 AO 1977 → § 25 Rn. 112 ff.; 44
zum Umwandlungsrecht → § 25 Rn. 116 ff.

VIII. Rechtslage in Österreich

§ 38 UGB hat den Regelungsgegenstand des § 28 Abs. 1 und 2 aufgenommen.[102] Der 45
in Österreich nicht eingeführte § 28 Abs. 3 ist von § 39 UGB miterfasst. Insoweit kann auf die Kommentierung der §§ 38 f. UGB bei den deutschen Parallelvorschriften verwiesen werden (→ § 25 Rn. 128 ff.; → § 26 Rn. 19 ff.).

§ 29 [Anmeldung der Firma]

Jeder Kaufmann ist verpflichtet, seine Firma, den Ort und die inländische Geschäftsanschrift seiner Handelsniederlassung bei dem Gericht, in dessen Bezirke sich die Niederlassung befindet, zur Eintragung in das Handelsregister anzumelden.

Übersicht

I. Allgemeines

1. Überblick. § 29 bezeichnet verschiedene im Handelsregister **„einzutragende Tatsachen"** iSv § 15 und begründet als registerrechtliche Vorschrift eine **öffentlich-rechtliche Pflicht,** diese Umstände im Handelsregister eintragen zu lassen: Jeder Kaufmann ist danach verpflichtet, seine Firma und den Ort samt inländischer Geschäftsanschrift seiner Handelsniederlassung zur Eintragung in das Handelsregister anzumelden. Die staatliche Durchsetzung der Pflichterfüllung erfolgt ggf. durch Zwangsgeld gem. § 14. Die Vornahme einer entsprechenden Eintragung durch das Registergerichts von Amts wegen, also ohne 1

[100] OLG Schleswig NZG 2009, 256 (258 f.), hierzu *Karsten Schmidt* NZG 2009, 361 (363).

[101] Hierzu noch BAG NZG 2007, 860 (863 ff.); ZIP 2004, 1227 (1228 ff.) mAnm *Reichold* RdA 2005, 110 zu § 26; Staub/*Burgard* Rn. 60.

[102] Näher Jabornegg/Artmann/*Karollus* UGB § 38 Rn. 4.

jeden Antrag des Betroffenen, ist dagegen nicht möglich. Die Nichterfüllung einer Anmeldungspflicht stellt allerdings weder eine Straftat, noch eine Ordnungswidrigkeit dar.

2 Neben den §§ 29 ff. ist stets die seit 2009 auf der Ermächtigung des § 387 Abs. 2 FamFG beruhende Handelsregisterverordnung (HRV), ursprünglich vom 12.8.1937 mit dem Titel „Handelsregisterverfügung", zu beachten, die als Rechtsverordnung gem. Art. 123, 125 GG seit Inkrafttreten des Grundgesetzes fortgilt und Einzelheiten der Einrichtung und Führung des Handelsregisters regelt. Auf das Verfahren der Anmeldung sind außer dem HGB und der HRV die §§ 374 ff. FamFG anzuwenden. Die Anmeldung zum Handelsregister ist in der Systematik des FamFG ein Antrag gem. § 23 FamFG. Zum Abdruck der HRV → Anh. § 8.

3 **2. Normzweck.** Die Anmeldepflicht gem. § 29 bezweckt die Offenlegung der wesentlichen Merkmale der kaufmännischen Unternehmen im Allgemeininteresse. Der Schutz einzelner Personen ist weder Haupt- noch Nebenzweck. § 29 ist daher **kein Schutzgesetz** iSv § 823 Abs. 2 BGB.[1] Die seit 2008 vorgesehene Eintragung der inländischen Geschäftsanschrift dient der verbesserten Transparenz und soll faktische Zustellungserleichterungen bewirken; gemeint ist daher die Anschrift der jeweils tatsächlich bestehenden Hauptniederlassung.[2] Allerdings findet § 15a nur auf juristische Personen und mithin nicht auf gem. § 29 im Register eingetragene Einzelkaufleute Anwendung (→ § 15a Rn. 5).

4 **3. Anwendungsbereich.** § 29 gilt unmittelbar nur für die erstmalige Anmeldung der Hauptniederlassung eines bestehenden Handelsgewerbes nach § 1, das von einer einzelnen natürlichen Person betrieben wird. Gem. § 2 S. 1 gelten die formellen Anforderungen der Norm auch für kleingewerbliche Unternehmen, die eine Eintragung im Handelsregister anstreben. Entscheidet sich ein Land- oder Forstwirt, ein Unternehmen in das Handelsregister eintragen zu lassen, wozu er gem. § 3 Abs. 2 S. 1 nicht verpflichtet ist, so richtet sich der Inhalt der Eintragung gem. § 3 Abs. 2 S. 1, S. 2 wiederum nach § 29. Änderungen sind nicht gem. § 29, sondern nach § 31 eintragungspflichtig.

5 Für **Zweigniederlassungen** gilt § 13, für **Handelsgesellschaften gelten** §§ 106, 108, 162 HGB, § 2 EWIV-AG, §§ 36 ff. AktG, § 282 AktG, §§ 7 ff. GmbHG, §§ 30 ff. VAG und für **sonstige juristische Personen** § 33. **Genossenschaften** werden nach den §§ 10 ff. GenG nicht in das Handelsregister, sondern in das Genossenschaftsregister eingetragen; Partnerschaftsgesellschaften werden im Partnerschaftsregister eingetragen (§§ 4, 5 PartGG).

II. Anmeldung des Kaufmanns

6 **1. Person des Anmeldepflichtigen.** Anmeldepflichtig ist der **Kaufmann** (§ 1). Dies ist derjenige, der das Unternehmen im eigenen Namen betreibt. Der Betreiber ist nicht notwendig identisch mit dem Eigentümer der zum Unternehmen gehörigen Sachen. Infolgedessen trifft die Anmeldepflicht bei der Unternehmenspacht nicht den Verpächter, sondern den **Pächter,**[3] und beim Unternehmensnießbrauch nicht den Besteller, sondern den **Nießbraucher.**[4] Dabei ist zu beachten, dass bei der Verpachtung eines bereits in das Handelsregister eingetragenen Unternehmens und bei der Bestellung eines Nießbrauchs an einem gleichfalls eingetragenen Unternehmen nicht § 29, sondern § 31 einschlägig ist,[5] weil es sich nicht um die Neueintragung eines einzelkaufmännischen Unternehmens, sondern um einen Fall des Inhaberwechsels handelt.

1 AllgM, RGZ 72, 408 (411); Staub/*Burgard* Rn. 4; Oetker/*Schlingloff* Rn. 2; EBJS/*Reuschle* Rn. 2; BeckOK HGB/*Bömeke* Rn. 1; Röhricht/Graf v. Westphalen/Haas/*Ries* Rn. 2; Heymann/*Förster* Rn. 1.

2 BT-Drs. 16/6140, 49.

3 OLG Köln NJW 1963, 541; Staub/*Burgard* Rn. 7; EBJS/*Reuschle* Rn. 6; Oetker/*Schlingloff* Rn. 3; Röhricht/Graf v. Westphalen/Haas/*Ries* Rn. 3; Heymann/*Förster* Rn. 6; aA OLG Düsseldorf Rpfleger 1987, 203, wonach zusätzlich die Mitwirkung des Verpächters erforderlich sein soll.

4 BeckOK HGB/*Bömeke* Rn. 5.

5 LG Nürnberg-Fürth BB 1976, 810.

2. Inhalt der Anmeldung. a) Zwingender Anmeldungsinhalt. Gem. § 29 sind in der Form des § 12 die **Firma** und der **Ort** der Handelsniederlassung samt **inländischer Geschäftsanschrift** anzumelden. Aus § 40 Nr. 3 lit. b HRV ergibt sich, dass der Kaufmann zusätzlich verpflichtet ist, Vorname, Familienname, Geburtsdatum (vgl. § 24 Abs. 1 HRV) und Wohnort anzugeben. Außerdem ist der Gegenstand des Unternehmens, soweit er sich nicht aus der Firma ergibt, aufzuführen (§ 24 Abs. 4 HRV); zwar wird diese Angabe nicht in das Handelsregister eingetragen, aber nach § 34 HRV in die öffentliche Bekanntmachung (§ 10) aufgenommen. 7

Unter dem **Ort der Handelsniederlassung** ist die Hauptniederlassung zu verstehen. Sie befindet sich an dem Ort, an dem auf Dauer die Verwaltung des Unternehmens eingerichtet ist.[6] Die örtliche Lage der Betriebsstätten ist nicht entscheidend. Wenn kein besonderer Unternehmenssitz vorhanden ist, wie zB bei einem Reisegewerbe, ist der Wohnsitz des Kaufmanns (§ 7 BGB) als Ort der Handelsniederlassung anzusehen. Der Begriff des Ortes ist nicht mit demjenigen der politischen Gemeinde identisch. Was unter Ort zu verstehen ist, richtet sich vielmehr nach der Verkehrsanschauung. Ausgeschlossen ist aber, dass ein Ort mehrere politische Gemeinden umfasst. Hingegen kann eine politische Gemeinde mehrere Orte, zB in umgangssprachlicher Hinsicht Stadt-, Orts- oder Gemeindeteile, umfassen. In diesem Fall kann aufgrund einer entsprechenden Anmeldung zusätzlich zur politischen Gemeinde auch der exakte Ortsteil im Register eingetragen werden.[7] 8

Als **inländische Geschäftsanschrift** ist samt Postleitzahl die politische Gemeinde samt Anschrift zu benennen. Denkbar ist der Zusatz „bei" oder „care of (c/o)", sofern er lediglich eine weitere Konkretisierung der Anschrift darstellt und somit zu keiner Verdunkelung der tatsächlichen Zustellungsverhältnisse führt.[8] Dagegen ist ein Postfach keine Geschäftsanschrift iSd § 29. Generell kann die inländische Geschäftsanschrift frei gewählt werden, sofern der Kaufmann oder die Gesellschaft unter dieser Anschrift tatsächlich erreichbar ist.[9] 9

b) Weitere Angaben. In Einzelfällen können darüber hinaus weitere Angaben notwendig sein. Führt beispielsweise der Kaufmann nach den §§ 22, 24 eine abgeleitete Firma, so muss sich deren Zulässigkeit aus dem Handelsregister ergeben. War der frühere Firmeninhaber eingetragen, so bestehen insofern keine Probleme, weil die Eintragung als Inhaberwechsel auf demselben Registerblatt erfolgt (→ § 31 Rn. 8). 10

c) Anmeldungstext. Ein bestimmter **Wortlaut der Anmeldung** ist nicht vorgesehen. Es genügt, wenn sich aus ihr eindeutig die anzumeldenden Tatsachen ergeben.[10] Die Form der Anmeldung richtet sich nach § 12. Die Anmeldung kann gem. § 378 Abs. 1 FamFG ohne Berücksichtigung der in § 10 FamFG angeordneten Beschränkungen auch durch einen mit einer formgerechten Vollmacht (§ 12 Abs. 1 S. 2) ausgestatteten Vertreter erfolgen, da sie keine höchstpersönliche Erklärung darstellt. 11

3. Zeitpunkt des Entstehens der Anmeldepflicht. Die Eintragungspflicht nach § 29 entsteht nach dem Gesetzeswortlaut in dem Augenblick, in dem ein kaufmännisches Unternehmen vorliegt (§ 1 Abs. 2). Nur dann, wenn das durch den Unternehmer betriebene Gewerbe nach Art oder Umfang einen in kaufmännischer Weise eingerichteten Geschäftsbetrieb nicht erfordert, hat der Inhaber keine Verpflichtung, wohl aber die Option zur Veranlassung der Ein- 12

---

6 KG OLGE 27, 306; OLG Hamm BB 1958, 1001; Staub/*Burgard* Rn. 10; Heymann/*Förster* Rn. 8.

7 *Krafka* RegisterR Rn. 513; vgl. zum Sitz eines eingetragenen Vereins BayObLGZ 1976, 21; OLG Hamm Rpfleger 1977, 275.

8 OLG Hamm NZG 2016, 386; 2015, 833; NJW-RR 2011, 685; OLG Rostock NZG 2011, 279; OLG Naumburg NZG 2009, 956; *Stenzel* NZG 2011, 851.

9 OLG Düsseldorf FGPrax 2015, 66.

10 OLG Hamm FGPrax 2005, 39 (40); Staub/*Burgard* Rn. 10; Oetker/*Schlingloff* Rn. 4; Heymann/*Förster* Rn. 12; *Krafka* RegisterR Rn. 76.

tragung im Handelsregister (§ 2 S. 2). Darüber hinaus besteht nach zutreffender Auffassung[11] keine Anmeldepflicht, wenn das Unternehmen zwar noch keinen kaufmännischen Umfang iSd § 1 Abs. 2 erreicht hat, jedoch grundsätzlich darauf angelegt ist. Die unter Geltung des vor Inkrafttretens des Handelsrechtsreformgesetzes im Jahr 1998 entsprechende Auffassung war lediglich in Bezug auf Grundhandelsgewerbe (§ 1 aF) vertretbar,[12] weil die schwierige Abgrenzung des genauen Zeitpunkts, in dem das Unternehmen zu einem vollkaufmännischen wird und das Informationsbedürfnis des Rechtsverkehrs in der Anlaufphase des Unternehmens eine derartige entsprechende Anwendung des § 29 nahe legten. Hingegen ist die durch den Gesetzgeber nunmehr festgelegte Systematik der §§ 1, 2 zu respektieren und darf somit nicht im Wege des Analogieschlusses durch Begründung einer erzwingbaren partiellen Anmeldepflicht auch für noch kleingewerbliche Unternehmen unterlaufen werden.

III. Eintragung im Handelsregister

13 **1. Zuständigkeit.** Zuständig ist das **Amtsgericht,** in dessen Bezirk sich die Hauptniederlassung befindet (§§ 8, 29 HGB, § 377 Abs. 1 FamFG). Funktionell zuständig ist nach § 3 Nr. 2 lit. d RPflG iVm § 17 RPflG der **Rechtspfleger.**

14 **2. Prüfungspflicht. a) Materielle Prüfung.** Die Anmeldung ist vom Registergericht in formeller und materieller Hinsicht zu prüfen[13] (eingehend → § 8 Rn. 68 ff.) Die materielle Prüfung erstreckt sich insbesondere auf die **Zulässigkeit der Firma.** Die Prüfungspflicht darf allerdings nicht so verstanden werden, dass das Registergericht bei jeder einzelnen Anmeldung in intensive Nachforschungen über deren Richtigkeit eintritt. Nur wenn konkrete Anhaltspunkte für die Unrichtigkeit der Anmeldung bestehen, findet eine genauere Prüfung statt.[14] Insofern steht dem Registergericht ein Beurteilungsspielraum zu. Ob die Voraussetzungen des § 1 Abs. 2 vorliegen, unterliegt zwar grundsätzlich ebenfalls der Überprüfung durch das Registergericht. Allerdings besteht in der Regel kein Anlass zu näheren Untersuchungen, da im Eintragungsantrag ggf. die Ausübung des Wahlrechts nach § 2 S. 1 gesehen werden kann, sofern das Unternehmen nicht bereits die Voraussetzungen des § 1 Abs. 2 erfüllt[15] (→ § 2 Rn. 13 f., → § 2 Rn. 18). Ziel des HRefG war in diesem Punkt die Vereinfachung des Registerverfahrens, sodass eine standardmäßige Überprüfung der Unternehmensgröße der Teleologie der §§ 1, 2 nicht entsprechen kann.

15 **b) Firmenmissbrauchsverfahren.** Kommt das Registergericht zu dem Ergebnis, dass die Firma unzulässig ist, so stellt sich die Frage, ob der Antrag auf Eintragung der Firma zurückzuweisen ist, oder ob ein gesondertes Firmenmissbrauchsverfahren gem. § 37 Abs. 1 HGB iVm § 392 FamFG einzuleiten ist. Ein Firmengebrauch iSv § 37 Abs. 1 ist allerdings nicht schon allein in der Anmeldung der Firma zum Handelsregister zu sehen, da in diesem Verfahren gerade erst deren Zulässigkeit geprüft wird.[16]

16 **3. Eintragung und Rechtsbehelfe.** Die Eintragung in das Register erfolgt nach § 40 HRV in Abteilung A des Handelsregisters. Für jeden Einzelkaufmann wird gem. § 13 HRV ein eigenes Registerblatt angelegt. Gegen die nach § 382 Abs. 3 FamFG durch Beschluss erfolgende Ablehnung der beantragten Eintragung findet gem. § 11 RPflG, § 58 FamFG die **Beschwerde** statt. Die erfolgte Eintragung kann hingegen gem. § 383 Abs. 3 FamFG nicht durch Rechtsmittel angegriffen, sondern allenfalls unter Berücksichtigung der Vorgaben des § 395 FamFG von Amts wegen gelöscht werden.

---

[11] EBJS/*Reuschle* Rn. 4; Oetker/*Schlingloff* Rn. 1; s. auch Staub/*Burgard* Rn. 8; BeckOK HGB/*Bömeke* Rn. 6.

[12] Vgl. KG OLGE 43, 203.

[13] Heute allgM, RGZ 127, 153 (156).

[14] OLG Köln GmbHR 1990, 339 (400).

[15] Vgl. Staub/*Burgard* Rn. 12; EBJS/*Kindler* § 2 Rn. 18; BeckOK HGB/*Bömeke* Rn. 9; Baumbach/Hopt/*Hopt* § 2 Rn. 7; *Ammon* DStR 1998, 1474; *Krafka* RegisterR Rn. 512; aA *Lieb* NJW 1999, 36.

[16] Keidel/*Heinemann* FamFG § 392 Rn. 10; MüKoFamFG/*Krafka* FamFG § 392 Rn. 7; aA Staub/*Burgard* Rn. 13; EBJS/*Reuschle* Rn. 9; BeckOK HGB/*Bömeke* Rn. 14; Röhricht/Graf v. Westphalen/Haas/*Ries* Rn. 8; RGZ 22, 58 f.; BayObLGZ 1988, 128 = DB 1988, 1487.

IV. Rechtslage in Österreich

Die Verpflichtungen von unternehmerisch tätigen natürlichen Personen (vgl. § 1 UGB), die nach § 189 UGB der Pflicht zur Rechnungslegung unterliegen, ergibt sich aus § 8 Abs. 1 S. 1 UGB. Der nähere Inhalt der anzumeldenden und im Firmenbuch zu registrierenden Umstände lässt sich aus § 28 UGB iVm §§ 2 und 3 FBG ersehen. Über das deutsche Recht hinaus werden hierbei auch der Geschäftszweig sowie die Bestellung eines Sachwalters vermerkt. Auf Antrag einzutragen sind im Übrigen durch Ehepakte dem Ehegatten eingeräumte Vermögensrechte (§ 36 UGB und § 4 Nr. 1 FBG). 17

§ 30 [Unterscheidbarkeit]

(1) Jede neue Firma muß sich von allen an demselben Ort oder in derselben Gemeinde bereits bestehenden und in das Handelsregister oder in das Genossenschaftsregister eingetragenen Firmen deutlich unterscheiden.

(2) Hat ein Kaufmann mit einem bereits eingetragenen Kaufmanne die gleichen Vornamen und den gleichen Familiennamen und will auch er sich dieser Namen als seiner Firma bedienen, so muß er der Firma einen Zusatz beifügen, durch den sie sich von der bereits eingetragenen Firma deutlich unterscheidet.

(3) Besteht an dem Orte oder in der Gemeinde, wo eine Zweigniederlassung errichtet wird, bereits eine gleiche eingetragene Firma, so muß der Firma für die Zweigniederlassung ein der Vorschrift des Absatzes 2 entsprechender Zusatz beigefügt werden.

(4) Durch die Landesregierungen kann bestimmt werden, daß benachbarte Orte oder Gemeinden als ein Ort oder als eine Gemeinde im Sinne dieser Vorschriften anzusehen sind.

Schrifttum: *Kögel,* Gilt der Grundsatz der deutlichen Unterscheidbarkeit auch zwischen Firmen- und Vereinsnamen?, Rpfleger 2012, 131; *Kreimer,* Ist die beigefügte Ordinalzahl ein unterscheidungskräftiger Firmenzusatz?, Rpfleger 1980, 388; *Wessel,* Probleme bei der Firmierung der GmbH & Co, BB 1984, 1710.

Übersicht

I. Grundsatz der Firmenunterscheidbarkeit (Abs. 1)

1. Normzweck. Die Firmenunterscheidbarkeit nach § 30 muss von der abstrakten Unterscheidungskraft jeder Firma nach § 18 Abs. 1 abgegrenzt werden (→ § 18 Rn. 25 ff.).[1] § 30 schützt **vorrangig im öffentlichen Interesse** den Rechtsverkehr vor der Verwendung 1

[1] BeckOGK/Lüken/Natzel, 1.12.2019 Rn. 10; Staub/*Burgard* Rn. 7.

verwechslungsfähiger Firmen und begründet zu diesem Zweck das (zwingende und daher unter den Parteien nicht abdingbare)[2] Postulat der **Firmenunterscheidbarkeit** bzw. **Firmenausschließlichkeit.** Dieser Schutz kann zwar durch den räumlich beschränkten Ansatz des Gesetzes (→ Rn. 7) nur teilweise verwirklicht werden; dies folgt indessen zwangsläufig daraus, dass der Registerrichter allenfalls seinen eigenen Bereich ausreichend zu überblicken vermag, und ist daher hinzunehmen.

2 Der **Schutz des Besserberechtigten** (des bereits Eingetragenen) ist allenfalls Nebenfolge der Vorschrift, da er bei einer Verletzung des § 30 (nur) ein Klagerecht gem. § 37 Abs. 2 (→ § 37 Rn. 42) hat. Gegebenenfalls kann ein betroffener Gewerbetreibender unter jeweils unterschiedlichen Voraussetzungen Unterlassungs-, Beseitigungs- und Schadensersatzansprüche aus §§ 12, 823 Abs. 1, 826 BGB und §§ 5, 15 MarkenG[3] geltend machen. Diesbezüglich wird auf die einschlägigen Kommentierungen zu den jeweiligen Anspruchsgrundlagen verwiesen. Daneben kann sich aus der Irreführung durch täuschende Firmengleichheit auch eine Haftung gegenüber Gläubigern ergeben.[4]

3 Für die **(Eintragungs-)Entscheidung des Registerrichters** ist allein § 30 maßgebend, so dass eine Eintragung selbst dann zu erfolgen hat, wenn ein Verstoß gegen die anderen genannten Vorschriften vorliegen sollte;[5] allerdings bindet die positive Entscheidung des Registerrichters über die Eintragungsfähigkeit einer bestimmten Firma den Prozessrichter in Verfahren gem. § 12 BGB, § 15 MarkenG nicht.

4 Die Norm ist durch das **HRefG 1998** nicht geändert worden. Der neu gefasste § 18 hat keine unmittelbaren Auswirkungen, zwingt aber zu einem Wandel der Auslegung bei § 30.[6] Nach altem Recht war in § 18 nach seinem Wortlaut nur die allgemeine Firmenbildung von Einzelkaufleuten (Personenfirma) und das Verbot irreführender Zusätze geregelt. § 30 hingegen betraf schon damals die örtliche Verwechslungsfähigkeit von Firmen. Ein **Konkurrenzproblem** entstand erst dadurch, dass die hM aus dem Grundsatz der Firmenwahrheit ein Irreführungsverbot ableitete. Jetzt enthält **§ 18 Abs. 2 S. 1** ausdrücklich ein **allgemeines Irreführungsverbot** der Firma, welches die in § 30 geregelte Verwechslungsfähigkeit mit einer anderen Firma am gleichen Ort mit einschließt. Der Gesetzgeber hat die Überschneidung gesehen,[7] ohne sie jedoch eindeutig zu regeln.

5 Schon wegen des **unterschiedlichen Wortlauts** der Norm ist zwischen der Geeignetheit zur Irreführung iSd § 18 Abs. 2 S. 1 und der deutlichen Unterscheidung iSd § 30 genau zu unterscheiden.[8] Zu beachten ist, dass § 30 für die Verwechslungsfähigkeit nur auf die eingetragenen Unternehmen abstellt, während § 18 Abs. 2 S. 1 eine solche Einschränkung nicht enthält. Umgekehrt schränkt § 18 Abs. 2 S. 2 die **Prüfungsbefugnis des Registerrichters** auf ersichtliche Fälle der Geeignetheit zur Irreführung ein, während bei § 30 eine solche Einschränkung des richterlichen Prüfungsrechtes nicht angeordnet ist. Insofern sind die Prüfungsmaßstäbe des Registergerichts jeweils unterschiedlich (→ Rn. 19 ff.; → § 18 Rn. 63).[9]

6 Das **Verhältnis von § 18 Abs. 1 zu § 30** ist von einer **Wechselwirkung** geprägt. Einerseits geht die abstrakte Prüfung der Kennzeichnungseignung und Unterscheidungskraft einer Firma nach § 18 Abs. 1 vor. Erst wenn die Firma diese allgemeinen Anforderungen erfüllt, muss überhaupt noch konkret ihre Unterscheidbarkeit von am selben Ort im Han-

[2] EBJS/*Reuschle* Rn. 2; *Kögel* Rpfleger 1998, 317 (318).

[3] § 15 MarkenG, BGBl. 1994 I 3082, 3087, ist an die Stelle des durch Art. 48 Nr. 1 Gesetz zur Reform des Markenrechts (BR-Drs. 795/93, 87) aufgehobenen § 24 WZG und des durch Art. 25 Gesetz zur Reform des Markenrechts aufgehobenen § 16 UWG getreten.

[4] OLG Naumburg ZIP 1996, 2111.

[5] BGH NJW-RR 1993, 1129 = DB 1993, 1276 = WM 1993, 1248 (1251); Staub/*Burgard* Rn. 5.

[6] *W.-H. Roth* in: Die Reform des Handelsstandes und der Personengesellschaft, 1999, 31, 37.

[7] Vgl. Begr. RegE, BR-Drs. 340/97, 37.

[8] Röhricht/Graf v. Westphalen/Haas/*Ries* Rn. 1; *W.-H. Roth* in: Die Reform des Handelsstandes und der Personengesellschaft, 1999, 37.

[9] KKRD/*Roth* Rn. 5; Röhricht/Graf v. Westphalen/Haas/*Ries* Rn. 1; krit. zur sogar dreifachen Abstufung zusammen mit dem Wettbewerbsrecht Baumbach/Hopt/*Hopt* Rn. 4; vgl. zum Verhältnis der beiden Vorschriften auch *Bülow* DB 1999, 269 (270); Staub/*Burgard* Rn. 6.

delsregister eingetragenen Firmen nach § 30 geprüft werden.[10] Von seinem Anwendungsbereich her gesehen (am gleichen Ort und nur für eingetragene Firmen) ist § 30 jedoch lex specialis zu § 18 Abs. 2.[11]

2. Geltungsbereich. a) Räumliche Gewährleistung. Die – räumliche – Gewährleistung der Firmenunterscheidbarkeit ist auf **denselben Ort oder dieselbe Gemeinde**[12] beschränkt, sofern nicht gem. § 30 Abs. 4 mehrere benachbarte Orte oder Gemeinden zu einem gemeinsamen Firmenbezirk zusammengefasst worden sind. 7

In der Regel kann ein Registerrichter die Verwechslungsfähigkeit der Firma nur in seinen Registerbezirk überblicken.[13] Der Begriff der Gemeinde richtet sich nach Kommunalrecht; derjenige des Ortes nach der Verkehrsauffassung.[14] Eine Rangordnung besteht nicht. Infolgedessen kann eine Gemeinde mehrere Orte, ein Ort aber auch mehrere Gemeinden umfassen; im ersteren Fall ist der Begriff der Gemeinde, im letzteren Fall derjenige des Ortes, also jeweils die größere Einheit maßgeblich. Die wettbewerbs- und namensrechtlichen Ansprüche aus §§ 12, 803 Abs. 1 BGB, § 826 BGB und §§ 5, 15 MarkenG sind demgegenüber nicht in ihrer räumlichen Reichweite beschränkt. 8

b) Nachträgliche Änderungen. Bei nachträglichen Änderungen der Orts- oder Gemeindegrenzen stellt sich die Frage, ob dadurch Änderungen der Firma der jeweils jüngeren Handelsgeschäfte erforderlich werden. Dies wird heute zutreffend verneint,[15] sodass auch die jüngeren Firmen Bestandsschutz genießen. 9

3. Einzubeziehende Firmen. a) Eingetragene Firmen. § 30 gilt für alle in das **Handels- oder Genossenschaftsregister**[16] eingetragenen Firmen unabhängig von der Rechtsform des betriebenen Handelsgeschäfts und ihrer Zulässigkeit nach §§ 17 ff.[17] Ob auch das **Vereinsregister** zu berücksichtigen ist, ist streitig.[18] An sich kann schwerlich eine planwidrige Regelungslücke bejaht werden: Denn der Gesetzgeber hätte bei der Ergänzung des § 30 um das Genossenschaftsregister die damals schon bekannte Streitfrage aufgreifen können. In der Praxis gewinnt dieses Problem auch zunehmend an Bedeutung. Daher wäre ein Einbeziehen des Vereinsregisters de lege ferenda wünschenswert. Systematisch besteht in § 57 Abs. 2 BGB bereits eine mit § 30 vergleichbare Normbeschränkung auf das Vereinsregister. Darüber hinaus kann der durch einen Verein betriebene Gewerbebetrieb nach § 33 eintragungsfähig oder sogar -pflichtig sein. Einzubeziehen in den Schutzbereich des § 30 ist jedoch das Partnerschaftsregister.[19] 10

b) Komplementär-GmbH der GmbH & Co. KG. In den Firmenvergleich ist bei der GmbH & Co. KG an sich auch die Firma der **Komplementär-GmbH** mit einzubeziehen. Zur Unterscheidung genügen die Rechtsformzusätze (Gesellschaftszusätze) nicht, da sie am Klangbild der Firma keinen maßgebenden Anteil haben und der Rechtsverkehr 11

---

10 EBJS/*Reuschle* Rn. 1 spricht daher von komplementärer Funktion; Staub/*Burgard* Rn. 6.
11 Baumbach/Hopt/*Hopt* Rn. 3; Röhricht/Graf v. Westphalen/Haas/*Ries* Rn. 1.
12 Vgl. zB OGH GesRZ 2005, 84 f. zu „demselben Ort" („Wien und Klosterneuburg").
13 Kögel in Wessel/Zwernemann/Kögel Firmengründung Rn. 82; zu Überlegungen im Zusammenhang mit einem EDV-Register für ganz Deutschland Röhricht/Graf v. Westphalen/Haas/*Ries* Rn. 2.
14 Röhricht/Graf v. Westphalen/Haas/*Ries* Rn. 3; Heymann/*Förster* Rn. 9.
15 KG KGJ 16, 11 (14); Staub/*Burgard* Rn. 23; Baumbach/Hopt/*Hopt* Rn. 10; Heymann/*Förster* Rn. 10; Röhricht/Graf v. Westphalen/Haas/*Ries* Rn. 4; EBJS/*Reuschle* Rn. 6; zur Firmenkollision im Zuge der Wiedervereinigung BGHZ 130, 134 = GRUR 1995, 754.
16 Letzteres eingefügt aufgrund des Änderungsgesetzes vom 9.10.1973 (BGBl. 1972 I 1451, 1463).
17 Staub/*Burgard* Rn. 17; Röhricht/Graf v. Westphalen/Haas/*Ries* Rn. 7; KKRD/*Roth* Rn. 4; aA Heymann/*Förster* Rn. 14 ff.; diff. Baumbach/Hopt/*Hopt* Rn. 6.
18 Dafür: OLG Stuttgart OLGE 42 (1921), 211 f.; LG Limburg Rpfleger 1981, 23 f.; Heymann/*Förster* Rn. 16; Kögel in Wessel/Zwernemann/Kögel Firmengründung Rn. 81; *Kögel* Rpfleger 1998, 317 (318); *Kögel* Rpfleger 2012, 131 (analog § 30); KKRD/*Roth* Rn. 3; dagegen: Staub/*Burgard* Rn. 8; krit. auch EBJS/*Reuschle* Rn. 7; Röhricht/Graf v. Westphalen/Haas/*Ries* Rn. 6.
19 EBJS/*Reuschle* Rn. 8; Staub/*Burgard* Rn. 18; zum umgekehrten Fall *Karsten Schmidt* NJW 1995, 1 (5).

ihnen keine besondere Bedeutung beimisst (aber → Rn. 23 f.).[20] Der Zusatz „Handelsgesellschaft" im Anschluss an „& Co. KG" reicht nach Ansicht des BayObLG ebenso nicht aus, um die Kommanditgesellschaft gegenüber der GmbH hinreichend zu individualisieren.[21] Das gilt auch für Zusätze wie „in Liquidation", „im Vergleichsverfahren" oder „Nachfolger".[22]

12 Die Firma der Kommanditgesellschaft muss sich von der ihrer persönlich haftenden GmbH-Gesellschafterin deutlich unterscheiden. Da § 30 nur die Unterscheidbarkeit an demselben Ort (derselben Gemeinde) verlangt, wurden teilweise für die GmbH und die GmbH & Co. KG verschiedene Sitze gewählt. Der BGH[23] hat zu Recht angemerkt, die Gründung an verschiedenen Orten erschwere dem Rechtsverkehr den Einblick in die Verhältnisse der GmbH & Co. KG. Die Praxis hat die deutliche Unterscheidbarkeit zum Teil dadurch herzustellen versucht, dass die Komplementärin nach der Gründung der KG ihre Firma ändert und dies gleichzeitig mit der Gründung der KG zur Eintragung in das Handelsregister mit der Maßgabe anmeldet, die Firmenänderung der GmbH solle erst nach der Eintragung der KG eingetragen werden.[24] Die Konstruktion ist im Hinblick auf die formale Strenge des Registerrechts[25] nicht unbedenklich, umständlich und verursacht Mehrkosten.[26] Der BGH hat es daher für zulässig gehalten, unter bestimmten Voraussetzungen in der Firma der Komplementär-GmbH enthaltene **unterscheidungskräftige Firmenbestandteile wie „Verwaltungs-"** bei der Neubildung der Firma einer GmbH & Co. KG wegzulassen.[27]

13 Als Lösung dieses Konflikts nach altem Firmenrecht konnten auch **unterscheidungskräftige Zusätze in die Firma der Kommanditgesellschaft** aufgenommen werden.[28] Neben Fantasieworten kamen Zusätze in Frage, die auf den Unternehmensgegenstand der KG hinweisen oder auch lokalisierende Bezeichnungen.[29] Doch durfte ein Zusatz nicht in der Form angefügt werden, dass er als Teil des Namens der persönlich haftenden Gesellschafterin erscheint.[30] Auch war es unzulässig, den Zusatz in die GmbH-Firma hineinzuzwängen, so dass er zwangsläufig der Firma der Komplementär-GmbH zugerechnet wird. Ob dies im Hinblick auf die Neuregelung in § 19 Abs. 1 für die Bildung der Personenhandelsgesellschaft auch ohne Namen der Komplementärin noch Geltung hat, erscheint fraglich.

14 Darauf hinzuweisen ist, dass die vorangehend erörterte Problematik heute **stark an Bedeutung verloren** hat. Denn der Name der Komplementärin muss nicht mehr als Firmenname der GmbH & Co. KG verwendet werden.[31] So dürfte die Stellung der unterscheidungskräftigen Zusätze nach neuem Firmenrecht beliebig gewählt werden können. Ein Verstoß gegen den **Grundsatz der Firmenidentität** der Komplementär-GmbH kommt wegen der Aufgabe der Firmenidentität bei der Firmenneubildung unter Verwendung der Firma eines Gesellschafters (→ Vor § 17 Rn. 28; → § 17 Rn. 64; → § 18 Rn. 88 ff.; → § 18 Rn. 114 f.) nicht mehr in Frage.[32] Einer eventuellen Irreführung über

---

[20] RGZ 104, 341 (342 f.) zu § 22; BGHZ 46, 7 (11); BayObLGZ 1979, 316 (317) m. eingehenden Nachw. = DB 1979, 2315; Staub/*Burgard* Rn. 31.
[21] BayObLGZ 1979, 316 (319) = DB 1979, 2315; krit. dazu *Kögel* in Wessel/Zwernemann/Kögel Firmengründung Rn. 329.
[22] RGZ 29, 66 (68 f.); *Bokelmann* FirmenR Rn. 79; Staub/*Burgard* Rn. 31.
[23] BGHZ 80, 353 (355) = NJW 1981, 2746.
[24] Näher hierzu *Bokelmann* FirmenR Rn. 627 ff.
[25] So OLG Frankfurt OLGZ 1974, 336 (337).
[26] BGHZ 80, 353 (355) = NJW 1981, 2746; ähnlich OLG Celle OLGZ 1977, 59 (62); abl. auch Baumbach/Hopt/*Hopt* § 19 Rn. 36.
[27] BGHZ 80, 353 = NJW 1981, 2746.
[28] *Kögel* in Wessel/Zwernemann/Kögel Firmengründung Rn. 328: „Maier & Wolf GmbH" und „MAWO Maier & Wolf GmbH & Co." (heute „& Co. KG"); ebenso Baumbach/Hopt/*Hopt* § 19 Rn. 36.
[29] Staub/*Hüffer*, 4. Aufl. 1983, § 19 Rn. 60; vgl. auch die Übersicht bei *Kögel* in Wessel/Zwernemann/Kögel Firmengründung Rn. 327 ff. und die Darstellung bei Baumbach/Hopt/*Hopt* § 19 Rn. 36.
[30] BayObLGZ 1978, 18 (19) = Rpfleger 1978, 218: firmiert die GmbH „Labor O. S. GmbH" darf die KG nicht lauten „Dental-Labor O. S. GmbH & Co. KG".
[31] *Karsten Schmidt* DB 1998, 61 (63); Staub/*Burgard* Rn. 32.
[32] S. zB OLG Oldenburg BB 2001, 1373 für die GmbH & Co. OHG.

den Unternehmensgegenstand der namensgebenden Gesellschaft fehlt es an der wettbewerblichen Relevanz (→ § 18 Rn. 58 ff.), zumal wenn er für die KG korrekt ist.

c) „Bestehende" Firmen. In den Firmenvergleich einzubeziehen sind nur „bestehende" Firmen, dh grundsätzlich solche, die (noch) **im Handelsregister eingetragen** sind. Trotz noch nicht vollzogener Löschung soll jedoch die Eintragung verwechslungsfähiger Firmen vor Löschung dann zulässig sein, wenn unter der eingetragenen Firma überhaupt keine gewerbliche Tätigkeit mehr betrieben wird.[33] Dies kann wohl erst angenommen werden, wenn die Liquidation abgeschlossen ist (zur Problematik des Mantelkaufes → § 23 Rn. 2; → § 22 Rn. 11). Anderes muss nach dem HRefG 1998 jedenfalls dann gelten, wenn das eingetragene Unternehmen noch als Kleingewerbe weiterbetrieben wird. Dabei ist nicht mehr wegen § 5, sondern schon wegen § 2 noch eine „bestehende" Firma anzunehmen. Zum Erlöschen einer Firma auch → § 17 Rn. 44 ff. 15

d) Unzulässige Firmen. Vorrang kommt bis zur Löschung **auch unzulässigen (eingetragenen) Firmen** zu.[34] Andernfalls müsste im Verfahren über die Eintragung jüngerer Firmen zugleich über die Zulässigkeit oder Unzulässigkeit der älteren Firma entschieden werden. 16

e) Gelöschte Firmen. Bereits gelöschte Firmen **bleiben außer Betracht;** der interessante Gedanke eines gewissen **„Abstandsgebots",**[35] wonach eine erst kurz zuvor gelöschte Firma wegen seiner weiteren Ausstrahlung bei den Verkehrskreisen neue nicht unterscheidbare Firmen noch sperrt, lässt sich über § 30 allenfalls de lege ferenda verwirklichen. In diesem Zusammenhang kann sich allerdings eine nach § 18 Abs. 2 relevante Irreführung ergeben (→ § 18 Rn. 46).[36] 17

f) „Neue" Firmen. „Neu" ist eine Firma dann, wenn sie **in diesem Handelsregister noch nicht eingetragen** war. Auf den materiell-rechtlichen Entstehungszeitpunkt kommt es dabei nicht an. Dabei ist bei einer Sitzverlegung die Firma im Zielbezirk neu, da sie dort „neu" eingetragen werden muss. Gleichzustellen ist jede wesentliche Änderung einer bereits eingetragenen Firma. Selbst bei pflichtwidriger Eintragungsreihenfolge ist die spätere einzutragende Firma die „neue".[37] 18

4. Anforderungen an die Unterscheidbarkeit. Das Unterscheidungskriterium wird für § 30 und § 12 BGB und § 15 MarkenG (bei Unterschieden im Detail) grundsätzlich gleichermaßen verstanden:[38] Firmen unterscheiden sich dann nicht deutlich, wenn sie verwechselungsfähig sind.[39] **Verwechslungsgefahr (im engeren Sinne)** liegt vor, wenn irrige Vorstellungen über die Identität des dahinterstehenden Unternehmens bestehen, so dass es zB bei der Post zu einer Verwechslung bei der Zustellung kommen kann.[40] Auch unter § 30 ist allerdings die **Verwechslungsgefahr im weiteren Sinne** zu subsumieren.[41] Diese ist zu bejahen, wenn als Folge der Firmierung angenommen wird, zwischen den beiden Unternehmen bestünden Beziehungen geschäftlicher, wirtschaftlicher oder organisatorischer Art. 19

---

[33] RGZ 29, 66 (68 f.); KG JW 1933, 1030 mAnm *Bondi*; Staub/*Burgard* Rn. 16; abl. *Kögel* Rpfleger 1998, 317 (318).

[34] Ebenso Staub/*Burgard* Rn. 17; EBJS/*Reuschle* Rn. 14; Röhricht/Graf v. Westphalen/Haas/*Ries* Rn. 7; Schlegelberger/*Hildebrandt/Steckhan* Rn. 4; Düringer/Hachenburg/*Hoeniger* Anm. 2; wieder anders OGH SZ 51 (1978), 540 (542) = NZ 1979, 43; Heymann/*Förster* Rn. 17; kein Vorrang aber Pflichtaussetzung bis zur Klärung der Rechtmäßigkeit der Altfirma.

[35] So OLG Hamburg OLGZ 1987, 191 (192 f.).

[36] *Bokelmann* FirmenR Rn. 98 f.; *Karsten Schmidt* HandelsR § 12 Rn. 133 f.

[37] KGJ 51, 115 (119); EBJS/*Reuschle* Rn. 10; Staub/*Burgard* Rn. 12.

[38] Zur Differenzierung zwischen Register- und Markenrecht aber *Kögel* Rpfleger 1998, 317 (320); diff. auch Oetker/*Schlingloff* Rn. 2; KG NZG 2013, 1153 = ZIP 2013, 1769 zur reinen Ziffernkombination.

[39] LG Hamburg BB 1952, 477; Staub/*Burgard* Rn. 26; Heymann/*Förster* Rn. 22: jegliche ernste Verwechslungsgefahr; Röhricht/Graf v. Westphalen/Haas/*Ries* Rn. 12.

[40] Röhricht/Graf v. Westphalen/Haas/*Ries* Rn. 13.

[41] Str.; befürwortend KKRD/*Roth* Rn. 5; Röhricht/Graf v. Westphalen/Haas/*Ries* Rn. 13; EBJS/*Reuschle* Rn. 16; aA Staub/*Burgard* Rn. 25: bei § 30 liegt der Schwerpunkt bei der Verwechslungsgefahr ieS.

20 **a) Auffassung des allgemeinen Verkehrs.** Im Gegensatz zur früheren Meinung, die nur auf die Sicht der beteiligten Handelskreise abstellen wollte, kommt es bei der Beurteilung der Unterscheidbarkeit nach der heute hL zutreffend auf die Auffassung des allgemeinen Verkehrs[42] an; dies ergibt sich aus dem Normzweck.

21 **b) Firmenwortlaut.** Maßgeblich ist der vollständige, einzutragende Firmenwortlaut. Dabei ist neben dem **Gesamteindruck des Wort- und Klangbildes** bei Sachfirmen der Bedeutungs- und Sinngehalt zu vergleichen.[43] Die weitergehende inzwischen überwiegende Meinung will (auch) auf verwechslungsfähige Firmenschlagworte (-abkürzungen) abstellen.[44] Dies erscheint aber problematisch, weil die Verwendung solcher **Schlagworte** – anders als die eingetragene Firma selbst – einem Wechsel auch bei eingetragenen Firmen unterfallen kann und nicht einmal generell zulässig ist (näher → § 37 Rn. 16 ff.). Dazu kommt, dass diese Meinung den Registerrichter zu Mutmaßungen darüber zwingt, welche Abkürzungen denn schlagwortartig verwendet werden könnten.[45] Das von der Lit. als Konsequenz[46] propagierte Prüfungsverfahren durch den Registerrichter, zunächst vorrangig nach Anmeldungswortlaut, dann zusätzlich noch nach der im Verkehr üblicherweise benutzten abgekürzten Form der Firma, geht an der Realität vorbei. Denn beim Eintragungsantrag einer Neufirmierung oder einer Firmenänderung wird es einen solchen Firmengebrauch noch nicht geben. Auch bei einer Sitzverlegung fehlt es zumindest an dem Firmengebrauch der „neuen" Firma im Registerbezirk. Nur der (zulässige) Gebrauch einer abgekürzten schon eingetragenen Firma mit der neu einzutragenden vollständigen Firma kann eine im Rahmen des § 30 relevante Verwechslungsgefahr eröffnen.[47] Das Anlehnen einer neuen Firma an ein bekanntes Firmenschlagwort kann mE aber durch wettbewerbsrechtliche Unterlassungsansprüche und ggf. durch das Irreführungsverbot nach § 18 Abs. 2 verhindert werden, wird mE aber nicht vom Normzweck des § 30 (→ Rn. 4 f.) erfasst. Eine nach Eintragung erst später auftretende Verwechslungsgefahr durch den konkreten abgekürzten Firmengebrauch kann die zulässig eingetragene Firma nicht mehr gefährden. Wegen §§ 37a, 125a, nach denen die Angabe der vollständigen Firma in Geschäftsbriefen erforderlich ist, werden diese Fälle eher selten sein. Ggf. kann dies als unzulässiger, weil von der Firma im Handelsregister abweichender Gebrauch[48] im Verfahren nach § 37 beanstandet werden (→ § 37 Rn. 16 ff.). Beim schlagwortartigen Gebrauch eines identischen kennzeichnungskräftigen Firmenbestandteils kommt ein Unterlassungsanspruch nach § 15 MarkenG in Frage.[49]

22 **c) Gesamteindruck; konkretere Regeln.** Der Beurteilung der Verwechslungsgefahr zugrunde zu legen ist der Gesamteindruck; insbesondere, aber nicht ausschließlich neben dem Wortbild, das sog. **Klangbild.**[50] Letztlich entscheidend sind allerdings die Umstände des Einzelfalls. Bei Firmen mit Branchennähe sind strengere Anforderungen zu stellen, da bei diesen die Verwechslungsgefahr weit höher ist.[51] Immerhin haben sich einige konkretere Regeln herausgebildet:

[42] EBJS/*Reuschle* Rn. 17 mwN in Fn. 51; Staub/*Burgard* Rn. 29; BeckOK HGB/*Bömeke* Rn. 20; *Kögel* Rpfleger 1998, 317 (319); KG MDR 2013, 920; KG NZG 2013, 1153 = ZIP 2013, 1769.

[43] Staub/*Burgard* Rn. 29; Röhricht/Graf v. Westphalen/Haas/*Ries* Rn. 15; EBJS/*Reuschle* Rn. 19; s. auch Oetker/*Schlingloff* Rn. 9.

[44] RGZ 171, 321 (324); OGH EvBl. 1967 Nr. 304 = ÖJZ 1967, 436 (437); GesRZ 1972, 50 = NZ 1972, 121; Röhricht/Graf v. Westphalen/Haas/*Ries* Rn. 15; EBJS/*Reuschle* Rn. 18; Staub/*Burgard* Rn. 29; enger KKRD/*Roth* Rn. 5: „(vollständige) Firma"; *Kögel* Rpfleger 1998, 317 (319 f.).

[45] Röhricht/Graf v. Westphalen/Haas/*Ries* Rn. 15, Zweifel daran, ob Registergericht im Einzelfall in der Lage ist den abgekürzten Firmengebrauch zu kennen oder zu ermitteln.

[46] Röhricht/Graf v. Westphalen/Haas/*Ries* Rn. 15; EBJS/*Reuschle* Rn. 19; s. auch Oetker/*Schlingloff* Rn. 9.

[47] So das Beispiel bei Staub/*Burgard* Rn. 29, das als Abkürzung verwendete Firmenschlagwort „VW" soll die Eintragung jeder Firma, die einen vergleichbaren Firmenbestandteil enthält, jedenfalls bei Branchennähe verhindern.

[48] EBJS/*Reuschle* § 37 Rn. 7.

[49] Vgl. OLG Hamburg NJW-RR 1998, 986 – JNFAS.

[50] RGZ 104, 341 (342); BGHZ 46, 7 (12) = NJW 1966, 1813 mAnm *Jansen;* Heymann/*Förster* Rn. 28; Röhricht/Graf v. Westphalen/Haas/*Ries* Rn. 15.

[51] Röhricht/Graf v. Westphalen/Haas/*Ries* Rn. 17; Heymann/*Förster* Rn. 31; Staub/*Burgard* Rn. 29.

aa) Gesellschaftszusätze. Gesellschaftszusätze, ob zwingend oder freiwillig aufgenommen, ausgeschrieben oder abgekürzt, begründen für sich allein **keine ausreichende Unterscheidbarkeit,** da sie keine die Individualisierung bezweckenden Firmenbestandteile sind und an „dem Auge und Ohre sich einprägenden Klangbilde" nicht teilnehmen.[52] Besondere Bedeutung hatte dies für die Firma der GmbH & Co. KG in Abgrenzung zu ihrer eigenen Komplementärin (→ Rn. 11 ff.). Dabei reichte nach Ansicht des BayObLG der Zusatz „Handelsgesellschaft" bei der KG nicht aus.[53] Dies sollte auch für Zusätze wie „in Liquidation",[54] „im Vergleichsverfahren"[55] oder „Nachfolger" gelten.[56] So hat auch das OLG Hamm[57] die deutliche Unterscheidbarkeit iSd § 30 zwischen den Firmen „A & Co. GmbH" und „A & Co. GmbH Kommanditgesellschaft" verneint. 23

Seit dem HRefG gibt es Stimmen in der neueren Lit.,[58] die dem zusätzlichen Rechtsformzusatz eine stärkere Unterscheidungskraft auch iSd § 30 zusprechen. Durch die Zulässigkeit der Phantasiefirma beinhalte der Rechtsformzusatz die für den Geschäftsverkehr interessanteste Information in der Firma, nämlich die Haftungsverhältnisse. Diese Pointierung soll bei den Verkehrskreisen auch eine stärkere Sensibilität für die Unterscheidung der unterschiedlichen Rechtsformen hervorrufen. So sei zB eine „Stihl Aktiengesellschaft" und eine „Stihl GmbH & Co. KG" nicht schwerer auseinander zuhalten als eine „ABC Müller Verwaltungs-GmbH" und eine ABC Müller GmbH & Co. KG". 24

bb) Ortsnamen. Die Unterscheidungskraft beigefügter Ortsnamen lässt sich nicht generell beurteilen. Entscheidend ist die Aussagekraft der sonstigen Firmenbestandteile und die Bedeutung, die der Verkehr einer Ortsbezeichnung bei einer derartigen Firma beimisst (→ § 18 Rn. 153 ff.). Nicht genügen soll die bloße Ortsangabe bei der **Personenfirma,** da der Ortsangabe neben dem Namen kaum Kennzeichnungswirkung zukommt.[59] Bei **Sachfirmen** hingegen ist eine ausreichende Unterscheidungskraft im Einzelfall denkbar. Diese Differenzierung überzeugt aber nicht, wenn man der Personenfirma im Ansatz eine höhere (abstrakte) Unterscheidungskraft zubilligt als der Sachfirma (→ § 18 Rn. 39; → Rn. 31). Allerdings erfolgt zB die Individualisierung bei Volksbanken in erster Linie aufgrund des beigefügten Ortszusatzes, da der Gattungsbegriff „Volksbank" infolge der häufigen Verwendung wenig Kennzeichnungskraft aufweist.[60] Zu weit geht es daher, die Unterscheidungskraft von Zusätzen wie „deutsch" oder „bayerisch" allgemein abzulehnen.[61] So wird man neben der „Deutsche Bank AG" auch eine „Bayerische Bank AG" zulassen können. Nach dem OLG Stuttgart reicht eine Landschaftsbezeichnung wie „Filder" zur ausreichenden Unterscheidung von GmbH und GmbH & Co. KG aus, solange der Zusatz nicht nur den Ort des gemeinsamen Sitzes bezeichnet.[62] 25

---

52 RGZ 104, 341 (342) zu § 22; BGHZ 46, 7 (12) = NJW 1966, 1813; BayObLGZ 1966, 337 (343); OLG Frankfurt BB 1973, 676 (677); BayObLGZ 1979, 316 (318) = DB 1979, 2315; OLG Hamburg KGJ 41, 267; heute unstr., vgl. etwa Heymann/*Emmerich,* 2. Aufl. 2012, Rn. 17; Hachenburg/*Heinrich* GmbHG § 4 Rn. 87; krit. seit HRefG *Kögel* Rpfleger 1998, 317 (320); aA teilweise die ältere Rspr., etwa KGJ 26, A 215, 217; 51, 115 (120); BayObLGZ 8 (1908), 401; 28 (1928), 726 (728) (diese Entscheidungen stellten aber noch auf die Sicht der Handelskreise als Beurteilungsmaßstab ab).

53 BayObLGZ 1979, 316 (319 f.) = DB 1979, 2315 = NJW 1980, 129; vgl. aber OLG München BB-Beil. 1971, 19 „Western Store Inhaber X. Y." – „Western Store Handelsgesellschaft m. b. H."; krit. *Kögel* Rpfleger 1998, 317 (321) und *Kögel* in Wessel/Zwernemann/Kögel Firmengründung Rn. 329.

54 RGZ 29, 66 (68); KG JW 1933, 117 (118); LG Hamburg BB 1952, 262; aber → § 22 Rn. 84 ff. zur Insolvenz.

55 *Bokelmann* FirmenR Rn. 79.

56 Düringer/Hachenburg/*Hoeniger* Anm. 4; Staub/*Burgard* Rn. 31; EBJS/*Reuschle* Rn. 16; aA noch GroßkommHGB/*Würdinger* Anm. 7.

57 OLG Hamm NJW 1966, 2172; aA AG Köln MittBayNot 1981, 72.

58 Insbes. *Kögel* Rpfleger 1998, 317 (320); *Kögel* in Wessel/Zwernemann/Kögel Firmengründung Rn. 74; weiterhin abl. EBJS/*Reuschle* Rn. 16.

59 Staub/*Hüffer,* 4. Aufl. 1983, Rn. 21; GroßkommHGB/*Würdinger* Anm. 9; diff. nach vorangestellten und nachgestellten Zusätzen *Kögel* Rpfleger 1998, 317 (320); nach Sinn diff. Staub/*Burgard* Rn. 33.

60 *Großfeld/Neumann* ZfgG 30 (1980), 171.

61 So aber noch Heymann/*Emmerich,* 2. Aufl. 2012, Rn. 17; befürwortend auch *Kögel* Rpfleger 1998, 317 (320); wie hier jetzt Röhricht/Graf v. Westphalen/Haas/*Ries* Rn. 16; diff. auch Staub/*Burgard* Rn. 33.

62 OLG Stuttgart BB 1976, 1575 mAnm *Körner,* der die genannte Einschränkung jedoch ablehnt.

26 **cc) Kombination von Merkmalen.** Denkbar ist, dass die Verwechslungsgefahr durch mehrere kleine, für sich allein nicht ausreichende Unterschiede ausgeschlossen wird. *Kögel* nennt als Beispiel eine „Domo Immobilien KG", die sich zwar noch nicht von einer „Domo Immo KG", wohl aber von einer „Domo Immo GmbH" unterscheide.[63]

27 **dd) Personenfirma.** Bei Personenfirmen sind **unterschiedliche Vornamen** bei gleichem Nachnamen hinreichend unterscheidungskräftig (arg. § 30 Abs. 2).[64] Die Beifügung des Vornamens nur bei dem einen oder die Aufnahme eines zusätzlichen Vornamens reichen dabei aus („Johann Herm. H" und „Hermann H.").[65] Andererseits wird die Hinzufügung nur der Initialen als nicht genügend angesehen (zB „Hartmann & Schulze" – „Th. Hartmann & Schultze").[66] An der deutlichen Unterscheidbarkeit fehlt es auch bei zwei klanggleichen Namen, da der Unterschied im mündlichen Verkehr nicht auffällt und selbst im schriftlichen Verkehr leicht übersehen wird.[67] Auch bei der Personenfirma genügt der unterschiedliche **Rechtsformzusatz** allein nicht (→ Rn. 23).[68]

28 Bei **Gleichnamigen** wird die Verwechslungsgefahr durch Hinzufügung des Unternehmensgegenstands vermieden.[69] Dies wird jedoch dann nicht gelten können, wenn beide Unternehmen im gleichen Bereich tätig sind, zB bei „J. L." und „J. L. Lederwaren" beide mit Lederwaren handelnd.[70]

29 Diese Grundsätze gelten nur für reine Personenfirmen. Bei **gemischten Firmen** kann der Eigenname dagegen seine Individualisierungseigenschaft ganz oder teilweise verlieren. Beispiel: „Brillen Be. Augenoptikermeister Ha. GmbH" unterscheidet sich trotz der unterschiedlichen Namen „Ha." und „Lü." nicht ausreichend von „Brillen Be. Augenoptikermeister Lü. GmbH".[71]

30 **ee) Sachfirma.** Bei den Sachfirmen hat der **Wortsinn** eine besondere Bedeutung. So wurden „Ostdt. Brennstoffvertrieb GmbH" und „Ostdt. Betriebsstoffgesellschaft mbH" als verwechslungsfähig angesehen, da Brennstoff nur eine besondere Art von Betriebsstoff im Allgemeinen sei.[72] Wortbild und Wortklang können dagegen eher in den Hintergrund treten. So ist wegen des unterschiedlichen Sinns die Eintragung der „Bank für Gemeinwirtschaft" zu Recht neben der „Bank für Getreidewirtschaft" zugelassen worden.[73]

31 Einig ist man sich darüber, dass die **Anforderungen an die Unterscheidbarkeit bei Sachfirmen** höher sein können als an Personenfirmen, da die Auswahlmöglichkeit bei Sachbegriffen größer ist und klangähnlichen Sachbegriffen anders als klangähnlichen Namen häufig ein ähnlicher Sinngehalt zugeordnet wird.[74]

---

63 *Kögel* in Wessel/Zwernemann/Kögel Firmengründung Rn. 74; ähnlich *Bokelmann* FirmenR Rn. 81.

64 Röhricht/Graf v. Westphalen/Haas/*Ries* Rn. 18; EBJS/*Reuschle* Rn. 24; *Karsten Schmidt* HandelsR § 12 Rn. 132; Staub/*Burgard* Rn. 35; vgl. auch BGHZ 122, 71 = NJW 1993, 2236.

65 OLG Hamburg OLGE 11, 20; s. auch BayObLG DJZ 1921, 439.

66 OLG Hamburg KGJ 38, A 311 f. = RJA 10, 49; Staub/*Burgard* Rn. 35; anders noch RGZ 20, 71 – „C. H. Benecke & Co."/„Benecke & Co."; zust. noch GroßkommHGB/*Würdinger* Anm. 7; abl. jetzt auch wieder *Kögel* Rpfleger 1998, 317 (321); Namenskürzel und Fachzusatz ggf. auch bei prioritätsälterer Firma genügt: OLG Zweibrücken NJW-RR 2002, 771 Ls. = GRUR 2002, 137.

67 OLG Hamburg KGJ 38, A 311 = RJA 10, 49 – „Schulze"/„Schultze"; OLG Hamburg KGJ 41, 267 – „Herz"/„Hertz"; Staub/*Burgard* Rn. 35; aA noch GroßkommHGB/*Würdinger* Anm. 7.

68 Röhricht/Graf v. Westphalen/Haas/*Ries* Rn. 18 f.; *Treffer* GmbHR 2003, 166 (168).

69 OLG München LZ 1915, Sp. 569, 570 – „Gebrüder M."/„Gebrüder M. Konfektionshaus"; KGJ 51, 120 – „Jakob Levy"/„Jakob Levy, Lederwaren"; KG JW 1926, 2001 – „Gebr. L."/„Gebr. L., Blusen und Kleider"; Röhricht/Graf v. Westphalen/Haas/*Ries* Rn. 19; enger jedoch *Bokelmann* FirmenR Rn. 81 unter Berufung auf Hachenburg/*Schilling* GmbHG, 6. Aufl. 1956, § 4 Anm. 27, die die „Hermann Odebrecht" und „Hermann Odebrecht Schuhfabrik" für verwechslungsfähig halten; vgl. dazu auch wieder *Kögel* Rpfleger 1998, 317 (321).

70 So auch Staub/*Hüffer*, 4. Aufl. 1983, Rn. 16; Staub/*Burgard* Rn. 36; Heymann/*Emmerich*, 2. Aufl. 2012, Rn. 22; aA *Bondi* JW 1926, 2001, der den Berechtigten auf seine Rechte aus dem UWG verweist.

71 OLG Frankfurt OLGZ 1981, 8 (9); Staub/*Burgard* Rn. 36.

72 RGZ 100, 45 f.

73 LG Hamburg BB 1952, 477.

74 RGZ 171, 321 (324); Heymann/*Förster* Rn. 33; GroßkommHGB/*Würdinger* Anm. 7; *Kögel* in Wessel/Zwernemann/Kögel Firmengründung Rn. 78.

ff) Fantasiefirma. Bei den neu in HRefG 1998 allgemein zugelassenen Fantasiefirmen wird man zur konkreten Unterscheidbarkeit nicht wie bei der Sachfirma auf den Wortsinn abstellen können, da dieser einer Fantasiefirma meist fehlt. Daher stehen hier der Wortklang und das Wortbild im Vordergrund. Da deutlich zu unterscheidende Firmen in diesem Bereich leichter zu bilden sind, sind strengere Anforderungen zu stellen wie bei Personen- und Sachfirmen.[75] Ein Firmenbestandteil, der den Geschäftsgegenstand beschreibt, kann zur „deutlichen Unterscheidbarkeit" wesentlich beitragen.[76] 32

gg) Beispiele. Die Beifügung von **Ordinalzahlen** (zB XY zweite Verwaltungs-KG; XY dritte Verwaltungs-KG) genügt nach der heute überwiegenden, nicht zu beanstandenden Registerpraxis auch mit nicht ausgeschriebenen Ziffern den Erfordernissen des § 30.[77] Werden Zahlen als Firmenbestandteil mit einem Wort oder einer Buchstabenfolge verbunden oder mit einer Branchen- oder Gattungsbezeichnung, ist sowohl die Kennzeichnungseignung nach § 18 als auch die Unterscheidbarkeit nach § 30 regelmäßig zu bejahen.[78] Dies gilt sogar für eine römische Ziffer wie „I" zu „II" als „optischer Stolperstein" in einer ansonsten aus Worten bestehenden Firma.[79] Die Firmenbildung aus lediglich zwei Ziffern und dem Rechtsformzusatz soll hingegen im Rahmen des § 30 nicht genügen.[80] Nach der Liberalisierung des Firmenrechts durch das HRefG kann auch der Zusatz von **Buchstaben,** die kein aussprechbares Wort ergeben, Unterscheidungskraft herstellen (→ § 18 Rn. 19).[81] 33

Für verwechslungsfähig wurden in der **Rspr.**[82] folgende Firmen gehalten: 34
- „HSB Hausbau GmbH" – „Hausbau Ulm GmbH",[83]
- „Rabattsparverein der vereinigten Geschäftsleute (Klebesystem) GmbH" – „Sparverein vereinigter Geschäftsleute zu Berlin GmbH",[84]
- „Vereinigte Beinwarenfabrik" – „Beinwarenfabrik",[85]
- „Nitro-Lack GmbH" – „Nitrola, Bayerische Nitro-Lack und Farben GmbH",[86]
- „Kur- und Fremdenverkehrsgesellschaft" – „Kur- und Verkehrsverein",[87]
- „XYZ Süd Wohnbau GmbH & Co. KG" – „XYZ Südwest Wohnbau GmbH & Co. KG",[88]
- „Maritim" – „Air Maritim",[89]
- „Südwestfunk" – „RPR StudioSüdwest".[90]

---

75 Röhricht/Graf v. Westphalen/Haas/*Ries* Rn. 20; Staub/*Burgard* Rn. 38.

76 OLG Düsseldorf NJW-RR 1996, 936.

77 Röhricht/Graf v. Westphalen/Haas/*Ries* Rn. 20; Oetker/*Schlingloff* Rn. 10; OLG Hamm NZG 2013, 997 = NJW-RR 2013, 1196; KG MDR 2013, 920; zust. *Gottschalk* GWR 2013, 360; vgl. auch KG NZG 2013, 1153 = ZIP 2013, 1769; befürwortend auch schon *Kögel* Rpfleger 1998, 317 (321); *Kögel* in Wessel/Zwernemann/Kögel Firmengründung Rn. 76; aA noch AG Frankfurt Rpfleger 1980, 388 mAnm *Kreimer;* EBJS/*Reuschle* Rn. 16; Staub/*Burgard* Rn. 31; zur abstrakten Unterscheidungsfähigkeit von „Zahlenfirmen" auch → § 18 Rn. 23 f.

78 KG MDR 2013, 920 = BeckRS 2013, 13609 – „SUNSPA 10 GmbH"; zust. *Gottschalk* GWR 2013, 360.

79 OLG Hamm NZG 2013, 997 = NJW-RR 2013, 1196.

80 KG NZG 2013, 1153 = ZIP 2013, 1769 mit Differenzierung zwischen § 18 und § 30; krit. dazu aber vorrangig zu § 18: *Gottschalk* GWR 2013, 360; zur abstrakten Unterscheidungsfähigkeit von „Zahlenfirmen" auch → § 18 Rn. 23 f.

81 BGH NJW-RR 2009, 327 = ZIP 2009, 168 – HM & A; s. ebenso schon OLG Hamm ZIP 2008, 791 = FGPrax 2008, 78; Röhricht/Graf v. Westphalen/Haas/*Ries* Rn. 20; *Kögel* Rpfleger 1998, 317 (321); aA noch BGH WM 1979, 922 (923).

82 Vgl. zusätzlich die umfangreiche Rspr. zu § 12 BGB, §§ 3 und 5 UWG, § 15 MarkenG; GroßkommUWG/*Teplitzky* UWG § 16 Rn. 380, 381; Heymann/*Förster* Rn. 36.

83 BGH WM 1979, 922 f.

84 RG Recht 1908, Beilageband Nr. 1058.

85 RG JW 1922, 1200 Nr. 7.

86 BayObLG JW 1927, 2434.

87 LG Limburg Rpfleger 1981, 23.

88 OLG Frankfurt BB 1975, Beilage Nr. 12 S. 20.

89 BGH NJW-RR 1989, 808 = GRUR 1989, 449.

90 OLG Karlsruhe NJW-RR 1989, 167.

35 Dagegen wurden in der Rspr. für **deutlich unterscheidbar** gehalten:
- „Gebrüder L." – „Gebrüder L. Blusen und Kleider",[91]
- „Bauhütte Bauwohl mbH" – „Bauhütte Groß Hamburg AG",[92]
- „Bayerisches Fernsehen" – „Privatfernsehen Bayern GmbH & Co. KG"[93]
- „Commerzbank in Lübeck" – „Lübecker Privatbank" – „Commerz- u. Privatbank Aktiengesellschaft, Filiale Lübeck",[94]
- „Teco Werkzeugmaschinen GmbH & Co. KG" – „Teco Information Systems Europe GmbH"[95]
- „U. Volksbank e. G." – „Volksbank K. von 1897 e. G.",[96]
- „Western Store Inhaber X" – „Western Store Handelsgesellschaft mbH",[97]
- „Johann K Mechanische Faßfabrik" – „Hans K Faßfabrik",[98]
- „RTL-Plus" – „1 Plus",[99]
- „Frankfurter Gummiwarenfabrik" – „Vereinigte Berlin-Frankfurter Gummiwaren-Fabriken",[100]
- „Quelle" – „Getränke Quelle",[101]
- „Aktiengesellschaft für Kohlensäure-Industrie" – „Berliner Kohlensäure-Industrie Gesellschaft mit beschränkter Haftung",[102]
- „BOSS" als Abkürzung für „Börsen-Order-Service-System" – und für Herrenausstatter „Hugo Boss",[103]
- „L.er Stahlbrunnen Gesellschaft mit beschränkter Haftung" – „L.er St. Georg Stahlquelle Gesellschaft mit beschränkter Haftung",[104]
- „J I GmbH & Co. KG" zu „J II GmbH & Co. KG",[105]
- „SUNSPA 10 GmbH" zu „SUNSPA 9 GmbH".[106]

II. Gleichnamiger Kaufmann (Abs. 2)

36 Nach § 18 Abs. 1 muss der Einzelkaufmann nicht mehr seinen Namen für die Firmenbildung verwenden. Daher stellt Abs. 2 nur noch klar, wie der **Konflikt zwischen der zulässigen, aber freiwilligen Bildung einer Personenfirma durch den Einzelkaufmann und dem Grundsatz der Firmenunterscheidbarkeit** gelöst werden kann. Da jeder Einzelkaufmann seinen Namen zur Firmenbildung verwenden und selbst bei mehreren Vornamen der gewünschte auch dann gewählt werden darf, wenn durch einen anderen die Gleichnamigkeit vermieden werden könnte, muss die Unterscheidbarkeit durch Zusätze bei der jüngeren Firma herbeigeführt werden. Abs. 2 ist analog auf Gleichnamigkeit bei Firmen von Handels- und Partnerschaftsgesellschaften anzuwenden.[107]

37 Für die **Anforderungen an den unterscheidenden Zusatz** gelten die oben (→ Rn. 19 ff.) angeführten Grundsätze über Personenfirmen. Insbesondere reicht die Angabe des Geschäftsgegenstandes regelmäßig aus. Zwei Namen sind im Sinne dieses Absat-

[91] KG JW 1926, 2001.
[92] RG JW 1931, 1916; aA Staub/*Hüffer*, 4. Aufl. 1983, Rn. 19; Staub/*Burgard* Rn. 37 wegen des ähnlichen Wortklanges und Wortsinnes.
[93] OLG München WRP 1993, 427.
[94] RGZ 103, 388.
[95] OLG Düsseldorf NJW-RR 1996, 936.
[96] LG Krefeld JZ 1981, 401 f. – „U." und „K." sind geografische Zusätze.
[97] OLG München BB-Beil. 1971, 19.
[98] BayObLGZ 28 (1928), 505.
[99] OLG Frankfurt OLGZ 1988, 98 (101).
[100] OLG Frankfurt Recht 1908 Nr. 605; aA Staub/*Hüffer*, 4. Aufl. 1983, Rn. 19.
[101] BGH NJW-RR 1990, 295 (296) = GRUR 1990, 37.
[102] KGJ 37, A 199.
[103] OLG Frankfurt GRUR 1994, 670.
[104] KGJ 41, A 114.
[105] OLG Hamm NZG 2013, 997 = NJW-RR 2013, 1196.
[106] KG MDR 2013, 920; zust. *Gottschalk* GWR 2013, 360.
[107] EBJS/*Reuschle* Rn. 24; BeckOK HGB/*Bömeke* Rn. 29; vgl. auch Staub/*Burgard* Rn. 42.

zes schon dann gleich, wenn sie sich nicht deutlich unterscheiden; auf genau gleiche Schreibweise kommt es daher nicht an.

III. Gleichnamige Zweigniederlassung (Abs. 3)

Abs. 3 erklärt sich daraus, dass der Gesetzgeber noch davon ausging, die **Zweigniederlassung** müsse die Firma der Hauptniederlassung führen. Abs. 3 sollte den möglichen Konflikt zwischen diesem Grundsatz der Firmeneinheit und dem Grundsatz der Firmenunterscheidbarkeit lösen. Heute ist dagegen ganz allgemein anerkannt, dass die Zweigniederlassung auch eine abweichende Firma führen darf, solange in ihr nur die Firma der Hauptniederlassung mit einem Zusatz enthalten ist, der den Betrieb als Zweigniederlassung erkennen lässt (→ § 13 Rn. 21 ff.).[108] Der geschilderte Konflikt hat damit einiges von seiner Bedeutung verloren. Für die **Anforderungen an die Unterscheidbarkeit** gelten die oben (→ Rn. 19 ff.) dargelegten Grundsätze. Diese gelten entgegen teilweise anderslautender Kommentierungen zu § 13 auch weiterhin für die Firma einer Zweigniederlassung.[109] Für die Frage der Priorität ist nicht auf die Funktion der Haupt-, sondern der Zweigniederlassung abzustellen. Der Zusatz „Zweigniederlassung" soll allein nicht ausreichen.[110] Im Übrigen hat das für die Zweigniederlassung zuständige Registergericht nur eine eingeschränkte Prüfungskompetenz[111] (vgl. § 13 Abs. 2; → § 13 Rn. 42). Dieser Aspekt ist bei inländischen Rechtsträgern praktisch ohne Bedeutung seitdem die Zweigniederlassung im Register der Hauptniederlassung eingetragen wird. 38

IV. Benachbarte Orte (Abs. 4)

Die durch Abs. 4 eingeräumte Möglichkeit der Bildung **gemeinschaftlicher Firmenbezirke,** die nicht mit gemeinschaftlichen Registerbezirken verwechselt werden darf, ist in der Praxis von geringer Bedeutung. Eine Auflistung dieser früheren Bezirke findet sich in der Anlage 5 zur HRV von 1937.[112] 39

V. Verfahren

Die Einhaltung des Grundsatzes der Firmenunterscheidbarkeit wird in erster Linie durch das Registergericht gem. **§ 37 Abs. 1,** sekundär durch den zuvor eingetragenen Firmenberechtigten nach **§ 37 Abs. 2,** sichergestellt.[113] Das Registergericht weist nach vorheriger Zwischenverfügung (§ 26 S. 2 HRV) eine Anmeldung zurück, wenn die Firma gegen § 30 verstößt.[114] Den Gebrauch einer unzulässigen Firma kann es nach §§ 37 Abs. 1 HGB, §§ 392, 388 ff. FamFG durch Ordnungsgeldfestsetzung unterbinden. Eine widerrechtlich eingetragene Firma kann nach § 395 FamFG von Amts wegen gelöscht werden.[115] Für die Zweigniederlassung beschränkt § 13 Abs. 3 die Prüfungskompetenz des Gerichts der Zweigniederlassung zu Gunsten des Gerichts der Hauptniederlassung.[116] 40

---

108 RGZ 113, 213; 114, 318 (320 f.); BayObLGZ 1978, 62 = DB 1978, 1271; *Bokelmann* FirmenR Rn. 874 ff.; *Kögel* in Wessel/Zwernemann/Kögel Firmengründung Rn. 427.

109 *Kögel* Rpfleger 2011, 17 (20) mwN und Verweis auf die Regierungsbegründung zur Änderung des § 13 Abs. 4 HGB im EHUG, BT-Drs. 16/960, 46.

110 Heymann/*Förster* Rn. 40; mit Beispielen Staub/*Burgard* Rn. 43 f.; mit beachtlichen Gründen aA *Kögel* Rpfleger 1998, 317 (322).

111 OLG Karlsruhe NJW-RR 1998, 244; vgl. auch HCL/*Heinrich* Rn. 90 mwN in Fn. 404.

112 Abgedruckt in Dt. Justiz 1937, 1251 (1270) und bei Schlegelberger/*Hildebrandt/Steckhan* Rn. 4 f.

113 Zur Begrenzung der Beschwerdebefugnis eines Dritten gegen die Eintragungsanordnung des Registergerichts auf die erforderliche Unterscheidbarkeit nach § 30 s. OLG Hamm FGPrax 2007, 140 = Rpfleger 2007, 266.

114 RGZ 75, 370 (371 f.).

115 Zur Anwendung des früheren § 142 FGG zur Durchsetzung eines Vollstreckungstitels auf Löschung vgl. OLG Hamm GmbHR 2005, 762 = NJW-RR 2005, 767 = Rpfleger 2005, 266.

116 Vgl. BayObLG NJW-RR 1995, 1370 = DB 1995, 1456.

§ 31 [Änderung der Firma; Erlöschen]

(1) Eine Änderung der Firma oder ihrer Inhaber, die Verlegung der Niederlassung an einen anderen Ort sowie die Änderung der inländischen Geschäftsanschrift ist nach den Vorschriften des § 29 zur Eintragung in das Handelsregister anzumelden.

(2) [1]Das gleiche gilt, wenn die Firma erlischt. [2]Kann die Anmeldung des Erlöschens einer eingetragenen Firma durch die hierzu Verpflichteten nicht auf dem in § 14 bezeichneten Wege herbeigeführt werden, so hat das Gericht das Erlöschen von Amts wegen einzutragen.

Übersicht

I. Allgemeines

1 **1. Überblick.** § 31 enthält **Ergänzungen zu § 29,** die dafür sorgen, dass der Inhaber eines im Handelsregister eingetragenen Unternehmens dazu verpflichtet ist, Änderungen der nach § 29 eintragungspflichtigen Tatsachen und ggf. das Erlöschen der Firma zur Eintragung in das Handelsregister anzumelden. Nur so kann, ggf. mit Zwangsmitteln nach § 14[1] erreicht werden, dass das Handelsregister möglichst zutreffend über die wesentlichen Merkmale der kaufmännischen Unternehmen informiert.[2] Der Normzweck von § 31 entspricht demnach dem des § 29 (→ § 29 Rn. 3). Für die Verlegung der Hauptniederlassung an einen anderen Ort gilt im Übrigen nicht ausschließlich § 31, sondern zusätzlich § 13h. Insoweit ist der Wortlaut des § 31 Abs. 1 irreführend. Die im Rahmen des § 31 Abs. 1 veranlassten Eintragungen im Handelsregister haben – anders als bei Kapitalgesellschaften, bei denen es sich zugleich um eine Gesellschaftsvertrags- oder Satzungsänderung handelt – stets **deklaratorische Wirkung,** ebenso die Löschung der Firma im Zuge des Abs. 2 S. 1, soweit nicht ein Fall des § 2 S. 3 vorliegt.

2 **2. Anwendungsbereich.** § 31 gilt vor allem für **kaufmännische Unternehmen,** die von einer natürlichen Person betrieben werden. Darüber hinaus ist die Vorschrift auf andere Unternehmensträger anwendbar, soweit keine Spezialvorschriften vorhanden sind.[3] Für Handelsgesellschaften folgt dies aus § 6, ansonsten unmittelbar aus § 31. Als ferner zu beachtende einschlägige Spezialvorschriften sind zu nennen: §§ 34, 107, 143, § 148 Abs. 1 S. 2, § 162 Abs. 3 HGB, § 54 GmbHG, § 181 AktG, § 2 Abs. 3, Abs. 4 EWIVAG sowie § 196 VAG.

1 KG FGPrax 2016, 214 zur Änderung der Geschäftsanschrift einer GmbH; Röhricht/Graf v. Westphalen/Haas/*Ries* Rn. 16; EBJS/*Reuschle* Rn. 17; Heymann/*Förster* Rn. 21.

2 BeckOK HGB/*Bömeke* Rn. 1; Oetker/*Schlingloff* Rn. 1; EBJS/*Reuschle* Rn. 1; Röhricht/Graf v. Westphalen/Haas/*Ries* Rn. 1; Heymann/*Förster* Rn. 1.

3 KG OLGE 19, 376.

II. Eintragungspflichtige Tatsachen

1. Normstruktur. Das Gesetz unterscheidet zwischen Änderungen der Firma oder ihrer Inhaber sowie der Verlegung des Ortes der Niederlassung (→ Rn. 1) sowie Änderung der inländischen Geschäftsanschrift einerseits (Abs. 1) und der Löschung der Firma (Abs. 2) andererseits. 3

2. Änderung der Firma. a) Firmenänderung durch den Inhaber. Im Vordergrund der gesetzlichen Regelung steht gem. Abs. 1 Alt. 1 die Änderung der Firma durch den das Unternehmen fortführenden Inhaber selbst. Anmeldepflichtig ist jede Änderung des Wortlauts, gleichgültig, worauf sie beruht. Insbesondere müssen in diesem Sinne die Streichung oder geänderte Schreibweise einzelner Firmenbestandteile angemeldet und im Register eingetragen werden. Die Änderung setzt sich registertechnisch aus der Löschung der alten und der Eintragung der neuen Firma zusammen und ist auf dem bisherigen Registerblatt vorzunehmen (§ 13 Abs. 3 HRV). Die Anmeldepflicht besteht auch dann, wenn die frühere, bis dahin benutzte Firma nicht im Register eingetragen war.[4] In diesem Fall ist in Spalte 5 Unterspalte b des Handelsregisters („Sonstige Rechtsverhältnisse") zusätzlich die alte Firma zu vermerken. 4

Geändert werden kann nur eine zulässigerweise eingetragene Firma; fehlte es an der Zulässigkeit oder wurde die Fortführung der **Firma** später **unzulässig,** ist eine Amtslöschung gem. § 395 FamFG mit anschließender Firmenneubildung vorzunehmen.[5] 5

Die Firmenänderung muss vom Inhaber ausgehen und zur Eintragung in das Register angemeldet werden. Für Veränderungsbegehren des Registergerichts steht nicht § 31, sondern allenfalls § 37 Abs. 1 oder § 395 FamFG zur Verfügung.[6] 6

b) Firmenänderung nach Inhaberwechsel. Grundsätzlich fehlt es an einer Firmenänderung, wenn die Firma nach einem Inhaberwechsel (gem. §§ 22, 24) fortgeführt wird. Eintragungspflichtig ist dann nur der Inhaberwechsel (→ Rn. 8). Wird die Firma nach einem Inhaberwechsel nicht fortgeführt, so ist das hierdurch eintretende Erlöschen der alten Firma gem. Abs. 2 durch den bisherigen Inhaber zur Eintragung in das Handelsregister anzumelden.[7] Eintragungspflichtig ist zudem hinsichtlich der neuen Firma gem. § 29 der nunmehrige Inhaber des Unternehmens und zwar unter Anlegung eines neuen Registerblatts (→ Rn. 12). Allerdings besteht im Fall des Eintritts eines persönlich haftenden Gesellschafters oder eines Kommanditisten in das Geschäft eines Einzelkaufmannes (§ 24 Abs. 1) die Möglichkeit, das bisherige Registerblatt fortzuführen, auch wenn zugleich die Firma geändert wird. Entscheidet sich das Registergericht im Rahmen seines Ermessens dafür, ein neues Registerblatt anzulegen, so schreibt § 41 Abs. 1 HRV vor, wechselseitige Verweise in beiden Registerblättern aufzunehmen. 7

3. Änderung des Inhabers. Ein **Inhaberwechsel** gem. Abs. 1 Alt. 2 liegt insbesondere bei einer Unternehmensveräußerung (§§ 22, 25), aber auch im Fall der §§ 24, 28 vor. Letzteres ergibt sich daraus, dass es sich bei § 28 entgegen dem missglückten Gesetzeswortlaut um die Übertragung des Handelsgeschäfts auf einen neuen Unternehmensträger, die zu diesem Zweck gegründete OHG oder KG, handelt. Die Eintragung erfolgt in diesem Fall bei Firmenfortführung grundsätzlich auf dem alten Registerblatt (→ Rn. 7).[8] Dies beruht darauf, dass nach dem heute zweifelhaft gewordenen System des HGB die Firma und nicht der Unternehmensträger im Vordergrund des Register- 8

4 RGZ 15, 33 (35); OLG Frankfurt OLGZ 1973, 20 (24); Staub/*Burgard* Rn. 6; BeckOK HGB/*Bömeke* Rn. 3.

5 RGZ 169, 147 (151); KG NJW 1965, 254; BayObLGZ 1975, 332; 1978, 54 (57 ff.); EBJS/*Reuschle* Rn. 1; Oetker/*Schlingloff* Rn. 2; BeckOK HGB/*Bömeke* Rn. 3; Röhricht/Graf v. Westphalen/Haas/*Ries* Rn. 7.

6 OLG Hamm OLGZ 1979, 1 (2 ff.) = DB 1979, 306 f.; Heymann/*Förster* Rn. 8.

7 KG OLGZ 1965, 315 (319 f.); BayObLGZ 1971, 163 (164 ff.); OLG Hamm OLGZ 1977, 438 (441 f.).

8 OLG Oldenburg Rpfleger 1980, 473; OLG Hamm OLGZ 1977, 438 (442) = DB 1977, 1253; OLG Stuttgart OLGZ 1979, 385 (386); Staub/*Burgard* Rn. 13.

rechts stehen. Dabei bleibt es auch dann, wenn der neue Unternehmensträger die Firma später ändert.[9]

9 Ein Inhaberwechsel liegt auch vor bei der **Rechtsnachfolge von Todes wegen** sowie bei **Verpachtung** oder **Nießbrauchsbestellung.**[10] Verneint wird ein Inhaberwechsel dagegen in den Fällen der Betreuung, der Nachlassverwaltung, der Nachlasspflegschaft[11] und grundsätzlich bei der Testamentsvollstreckung.[12] Die Anmeldepflicht entsteht mit dem Vollzug des Inhaberwechsels.

10 **4. Änderung der inländischen Geschäftsanschrift.** Anmeldepflichtig ist ferner gem. Abs. 1 Alt. 4 die Änderung der inländischen Geschäftsanschrift. Jede Verlagerung der Hauptniederlassung – auch also innerhalb einer politischen Gemeinde – ist daher in der Form des § 12 zur Eintragung in das Handelsregister anzumelden. Bedeutung kommt dem nur als faktische Zustellungserleichterung zu, indem Geschäftspartnern nähere Nachforschungen nach einer funktionstüchtigen Empfangsadresse erspart bleiben sollen, da § 15a nur auf juristische Personen und somit nicht auf im Register eingetragene Einzelkaufleute Anwendung findet (→ § 15a Rn. 5). In diesem Sinne ist bei Einzelkaufleuten die inländische Geschäftsanschrift als exakte Adresse der Hauptniederlassung zu verstehen.[13] Die Vorschrift gilt jedoch nach § 6 Abs. 1 HGB für Handelsgesellschaften, so dass auch bei Kapitalgesellschaften (vor allem AG und GmbH) eine gem. § 14 erzwingbare Verpflichtung (→ Rn. 1) besteht, Änderungen der inländischen Geschäftsanschrift formgerecht zur Eintragung in das Handelsregister anzumelden.[14]

11 **5. Erlöschen der Firma.** Die Firma erlischt, wenn das betriebene Unternehmen nach Abschluss der Abwicklung bzw. Liquidation endgültig – nicht also nur vorübergehend – eingestellt wird (→ § 157 Rn. 3 ff.).[15] Dies ist gem. Abs. 2 S. 1 zur Eintragung in das Handelsregister anzumelden. Für Personenhandels- und Kapitalgesellschaften bestehen insoweit mit § 157 Abs. 1 iVm § 161 Abs. 2 sowie § 273 Abs. 1 AktG und § 74 GmbHG vorrangige Sondervorschriften. Zudem kann die Firma bei Vorliegen eines kleingewerblichen Unternehmens im Zeitpunkt des Löschungsantrags auf entsprechende Anmeldung des Inhabers zum Erlöschen gebracht werden (§ 2 S. 3). In diesem Fall ist allerdings durch das Registergericht – ggf. unter Mithilfe der Industrie- und Handelskammer (§ 380 Abs. 2 FamFG, § 23 HRV) – zu prüfen, ob noch immer die Voraussetzungen des § 1 Abs. 2 vorliegen, so dass eine Antragslöschung nicht möglich ist; die Eintragung der Löschung im Register wirkt in diesem Fall konstitutiv. Ein weiterer Erlöschensgrund ist die registerliche Eintragung einer Ausgliederung des gesamten Unternehmens des Einzelkaufmannes gem. § 155 S. 1 UmwG. Der Tod des Inhabers führt dagegen zu einem Inhaberwechsel, also nicht automatisch zum Erlöschen der Firma. Ebenso bewirkt nicht die Eröffnung des Insolvenzverfahrens, sondern erst dessen Abschluss unter Vollbeendigung des Handelsgeschäfts das Erlöschen der Firma (→ § 157 Rn. 4). Ferner führt das Ausscheiden des vorletzten Gesellschafters zum liquidationslosen Erlöschen einer Personenhandelsgesellschaft, das im Handelsregister missverständlicherweise als Erlöschen „der Firma" auch dann vermerkt wird, wenn sie von einem Rechtsnachfolger weitergeführt wird (→ § 157 Rn. 5). Im Übrigen darf die eingetragene Firma eines Bundestagsabgeordneten für die Dauer der Zugehörigkeit des Firmeninhabers zum Deutschen Bundestag auch dann nicht gelöscht werden, wenn eine kaufmännische Tätigkeit in diesem Zeitraum nicht mehr ausgeübt wird.[16]

---

[9] BayObLGZ 1971, 163; OLG Hamm Rpfleger 2002, 572.

[10] OLG Frankfurt OLGZ 1973, 20 (24 f.) betr. Pacht; Röhricht/Graf v. Westphalen/Haas/*Ries* Rn. 8.

[11] Für diese Fälle ebenso Oetker/*Schlingloff* Rn. 4; BeckOK HGB/*Bömeke* Rn. 7.

[12] Vgl. RGZ 132, 138 (140, 142) = JW 1931, 3073 mAnm *Bondi*; EBJS/*Reuschle* Rn. 7 differenziert nach „Treuhandlösung" und „Vollmachtslösung" und verlangt zumindest die Offenlegung der Testamentsvollstreckung; ähnlich Staub/*Burgard* Rn. 13; Heymann/*Förster* Rn. 11.

[13] So BT-Drs. 16/6140, 49.

[14] KG FGPrax 2016, 214; OLG Düsseldorf NZG 2015, 279; BT-Drs. 16/6140, 36.

[15] BGH NJW 1960, 1664 zur OHG; BayObLG NZG 2000, 641; BayObLGZ 1996, 459; BayObLG Rpfleger 1990, 56.

[16] AG Hamburg MDR 1966, 243.

Die Firma erlischt allerdings, wenn nach einem **Inhaberwechsel** der neue Inhaber die Firma nicht fortführt mit der Folge, dass ein neues Registerblatt anzulegen ist (→ Rn. 7). Davon macht die hL zu Recht dann eine Ausnahme, wenn im Fall des § 28 die Firma nicht fortgeführt wird: Die OHG oder KG wird vielmehr in der Regel als neuer Unternehmensträger auf dem alten Registerblatt eingetragen; § 41 HRV steht dem nicht entgegen, sondern eröffnet lediglich die zusätzliche Möglichkeit der Anlegung eines neuen Registerblatts.[17] Diese Art der Eintragung erlaubt es, das Schicksal eines Unternehmens trotz Änderungen der Firma und der Inhaber auf ein- und demselben Registerblatt verfolgen zu können. 12

III. Registeranmeldung

Bei einem Inhaberwechsel sind sowohl der alte als auch der neue Inhaber je für sich **anmeldepflichtig.**[18] Meldet der Erwerber den Inhaberwechsel allein an, so setzt dies das Vorliegen der formgerechten Bevollmächtigung durch den Veräußerer (§ 12 Abs. 1 S. 2) voraus. Erfolgt der Inhaberwechsel durch Neuverpachtung, so ist sowohl der alte, als auch der neue **Pächter** sowie der Verpächter als zwischenzeitlich formaler Inhaber des Handelsgeschäfts anmeldepflichtig.[19] Hat das Registergericht pflichtwidrig aufgrund einseitiger Anmeldung des Erwerbers einen Inhaberwechsel eingetragen, kann diese Eintragung gem. § 395 FamFG gelöscht werden, solange ihre materielle Richtigkeit nicht eindeutig feststeht.[20] Im Fall des Unternehmenserwerbs von Todes wegen ist nur der Erbe unter Nachweis der Erbfolge (§ 12 Abs. 1 S. 3) eintragungspflichtig. Geht das Unternehmen nach dem **Tod des Vorerben** auf den Nacherben über, so sind die Erben des Vorerben und der Nacherbe eintragungspflichtig.[21] 13

Im Übrigen ist bei einer **Firmenänderung,** der **Verlegung der Niederlassung** (bei Gesellschaften als Sitzverlegung) oder einer Änderung der **inländischen Geschäftsanschrift** der jeweilige Inhaber und sind bei Handelsgesellschaften die organschaftlichen Vertreter zur Anmeldung verpflichtet. Während dies bei Personenhandelsgesellschaften (OHG, KG) außer bei der Änderung der Geschäftsanschrift (s. § 108 S. 2) die Mitwirkung aller Gesellschafter, also auch etwaiger Kommanditisten, verlangt (§ 108 S. 1), bedarf es bei Kapitalgesellschaften nur der Anmeldung durch organschaftliche Vertreter in zur Vertretung berechtigender Anzahl, bei unechter Gesamtvertreter auch unter Mitwirkung von Prokuristen. 14

Nach Eröffnung des Insolvenzverfahrens ist insbesondere für Firmenänderungen (Abs. 1 Alt. 1) der **Insolvenzverwalter** anmeldepflichtig, da die Firma Teil der Insolvenzmasse ist.[22] Eine trotzdem auf Anmeldung des Gemeinschuldners erfolgte Löschung ist gem. § 395 FamFG von Amts wegen rückgängig zu machen.[23] 15

IV. Einzelprobleme

1. Anwendbarkeit auf andere als natürliche Personen. Gem. Abs. 2 ist das **Erlöschen der Firma** eintragungspflichtig. Diese Vorschrift ist auch auf andere Unternehmensträger als natürliche Personen anwendbar. Parallelvorschriften finden sich in § 157 HGB, § 273 AktG, § 74 GmbHG und § 204 Abs. 3 S. 1 VAG. 16

2. Tod des Unternehmensinhabers. Stirbt der Unternehmensinhaber und war die Firma bereits vorher erloschen, ohne dass dies im Handelsregister eingetragen worden ist, so sind die Erben zur Anmeldung des Erlöschens der Firma zwar berechtigt, jedoch nicht 17

17 OLG Hamm OLGZ 1977, 438 (442).
18 KGJ 39 A 107; LG Nürnberg-Fürth BB 1976, 810; Staub/*Burgard* Rn. 13.
19 Vgl. BGH NJW 1984, 1186; *Krafka* RegisterR Rn. 554.
20 KG OLGE 43, 202; HRR 1934, Nr. 1041.
21 KG HRR 1934, Nr. 1041; Staub/*Burgard* Rn. 13; BeckOK HGB/*Bömeke* Rn. 8.
22 Staub/*Burgard* Rn. 33; Oetker/*Schlingloff* Rn. 3; EBJS/*Reuschle* Rn. 5; BeckOK HGB/*Bömeke* Rn. 5.
23 KG JW 1938, 747; BayObLGZ 1932, 154 (155); Heymann/*Förster* Rn. 18.

verpflichtet, da die Pflicht nicht in ihrer Person entstanden ist und als öffentlich-rechtliche Pflicht des Erblassers nicht auf sie übergeht.[24]

18 **3. Personenhandelsgesellschaften.** Auf Personenhandelsgesellschaften (OHG, KG, EWIV) ist Abs. 2 dann anwendbar, wenn die Firma nicht nach durchgeführter Liquidation (dann gilt § 157), sondern aus anderen Gründen erlischt. Dies ist insbesondere der Fall, wenn die Voraussetzungen des § 1 Abs. 2 nicht vorliegen und das Erlöschen angemeldet wird, bei einer anderen Art der Auseinandersetzung als durch Liquidation, bei dauerndem Nichtgebrauch der Firma und bei Veräußerung des Unternehmens ohne Firmenfortführung.

19 **4. Kapitalgesellschaften.** Auf die **Aktiengesellschaft** ist Abs. 2 nicht anwendbar. Für sie findet sich in § 273 Abs. 1 AktG eine Spezialregelung (Eintragung nach § 43 Nr. 6 lit. b sublit. ff HRV der Abteilung B des Registers). Dasselbe gilt für die Kommanditgesellschaft auf Aktien (§ 278 Abs. 3 AktG) und über § 204 Abs. 3 S. 1 VAG für den Versicherungsverein auf Gegenseitigkeit.

20 Bei **Gesellschaften mit beschränkter Haftung** ist in § 67 GmbHG bestimmt, dass die Liquidatoren und deren Vertretungsmacht zur Eintragung in das Handelsregister anzumelden sind. Nach Beendigung der Liquidation ist zudem deren Schluss zur Eintragung anzumelden (§ 74 Abs. 1 GmbHG). Die daraufhin vorzunehmende Löschung der Gesellschaft nach § 74 Abs. 1 S. 2 GmbHG entspricht ihrer Funktion nach der Eintragung des Erlöschens der Firma, sodass letztlich die bezeichnete Bestimmung der Regelung des Abs. 2 S. 1 als Sondervorschrift vorgeht.

21 **5. Durchsetzung der Löschungspflicht.** Die Anmeldung des Erlöschens der Firma ist nach § 14 erzwingbar. Nur ausnahmsweise kommt eine Amtslöschung gem. Abs. 2 S. 2 iVm § 393 FamFG in Betracht.[25] Ein solcher Ausnahmefall liegt vor, wenn ein Anmeldepflichtiger nicht vorhanden ist, wenn er nicht ermittelt werden kann (zB bei unbekanntem Aufenthaltsort oder bei dauerndem Aufenthalt im Ausland)[26] oder wenn das Zwangsgeldverfahren erfolglos geblieben ist,[27] zB wegen Vermögenslosigkeit des Betroffenen, oder wenn es wegen des Widerstands der Beteiligten nicht zum Ziel führt.[28]

22 **6. Satzungsänderung.** Insbesondere bei **Aktiengesellschaften** und **Gesellschaften mit beschränkter Haftung** stellen Firmenänderungen zugleich eine Satzungsänderung dar. Da diese bereits gem. § 181 AktG, § 54 GmbHG eintragungspflichtig sind, wird Abs. 1 hierdurch verdrängt. Der sachliche Unterschied besteht vor allem in dem Umstand, dass die Eintragung von Satzungsänderungen bei Kapitalgesellschaften aufgrund bestehender Spezialvorschriften (§ 407 Abs. 2 AktG, § 79 Abs. 2 GmbHG) nicht nach § 14 erzwungen werden können und die Eintragung im Handelsregister konstitutiv wirkt (§ 181 Abs. 3 AktG, § 54 Abs. 3 GmbHG). Dasselbe gilt für SE, Versicherungsvereine auf Gegenseitigkeit und für KGaA.

V. Rechtslage in Österreich

23 Für die Firmenänderung, einen Inhaberwechsel oder die Sitzverlegung sieht entsprechend § 31 die Regelung des § 30 UGB die Verpflichtung zur Vornahme einer dahingehenden Anmeldung zur Eintragung in das Firmenbuch vor.

§ 32 [Insolvenzvermerke]

(1) [1]Wird über das Vermögen eines Kaufmanns das Insolvenzverfahren eröffnet, so ist dies von Amts wegen in das Handelsregister einzutragen. [2]Das gleiche gilt für

---

[24] KG JFG 3, 190; *Krafka* RegisterR Rn. 578.
[25] Vgl. zum Verfahren Keidel/*Heinemann* FamFG § 394 Rn. 1 ff.; *Krafka* RegisterR Rn. 422 ff.
[26] Röhricht/Graf v. Westphalen/Haas/*Ries* Rn. 17.
[27] Vgl. EBJS/*Reuschle* Rn. 18.
[28] KG RJA 14, 153.

1. die Aufhebung des Eröffnungsbeschlusses,
2. die Bestellung eines vorläufigen Insolvenzverwalters, wenn zusätzlich dem Schuldner ein allgemeines Verfügungsverbot auferlegt oder angeordnet wird, daß Verfügungen des Schuldners nur mit Zustimmung des vorläufigen Insolvenzverwalters wirksam sind, und die Aufhebung einer derartigen Sicherungsmaßnahme,
3. die Anordnung der Eigenverwaltung durch den Schuldner und deren Aufhebung sowie die Anordnung der Zustimmungsbedürftigkeit bestimmter Rechtsgeschäfte des Schuldners,
4. die Einstellung und die Aufhebung des Verfahrens und
5. die Überwachung der Erfüllung eines Insolvenzplans und die Aufhebung der Überwachung.

(2) [1]Die Eintragungen werden nicht bekanntgemacht. [2]Die Vorschriften des § 15 sind nicht anzuwenden.

Übersicht

I. Allgemeines

Gem. Abs. 1 ist eine Vielzahl von Maßnahmen im Rahmen der Durchführung eines Insolvenzverfahrens in das Handelsregister einzutragen. Die Relevanz insolvenzrechtlicher Vorgänge unter anderem für die Verwaltungs- und Verfügungsbefugnis (vgl. § 80 Abs. 1 InsO), erteilte Vollmachten (§ 117 InsO) sowie für den Bestand und die organschaftliche Vertretung von Handelsgesellschaften (vgl. § 131 Abs. 1 Nr. 3, Abs. 2 S. 1 Nr. 1 HGB, § 60 Abs. 1 Nr. 4 GmbHG, § 262 Abs. 1 Nr. 3 AktG) gebietet es zwingend, den Rechtsverkehr hierüber allgemein im Sinne der „Marktaustrittspublizität“[1] auch in registerlicher Hinsicht in Kenntnis zu setzen. 1

Die Vorschrift wurde mit Einführung der Insolvenzordnung zum 1.1.1999 (vgl. Art. 40 Nr. 2 EGInsO) inhaltlich neu gestaltet. Die Zahl der in das Handelsregister einzutragenden Insolvenzvermerke ist hierbei erheblich vergrößert worden (→ Rn. 6). 2

II. Anwendungsbereich

1. Einzelkaufleute und Handelsgesellschaften. § 32 gilt für Einzelkaufleute, über § 6 (iVm § 13 Abs. 3 GmbHG und § 3 AktG) für Handelsgesellschaften (OHG, KG, GmbH, SE, AG und KGaA), über § 34 Abs. 5 für sonstige juristische Personen iSv § 33 und über § 172 VAG für Versicherungsvereine auf Gegenseitigkeit. Mittels § 2 PartGG sind auch bei Partnerschaftsgesellschaften die in § 32 vorgesehenen Insolvenzvermerke vorzunehmen. Bei eingetragenen Vereinen sieht § 75 BGB vergleichbare Registereintragungen vor. 3

[1] Vgl. *Merkt,* Unternehmenspublizität, 2001, 178 ff., 384 ff.

4 **2. Zweigniederlassungen ausländischer Rechtsträger.** Auf inländische Zweigniederlassungen ausländischer Rechtsträger findet § 32 mittels § 13d Abs. 3 entsprechende Anwendung. Auf diesem Weg wird hinsichtlich der Zweigniederlassungen von Aktiengesellschaften und Gesellschaften mit beschränkter Haftung aus anderen EU-Mitgliedstaaten Art. 30 Abs. 1 lit. f GesR-RL (früher Art. 2 Abs. 1 lit. f RL 89/666/EWG) umgesetzt. Darüber hinaus enthält § 13e Abs. 4 eine Sonderregelung, die eine entsprechende, nach § 14 erzwingbare Anmeldepflicht für etwaige ständige Vertreter (§ 13e Abs. 2 S. 5 Nr. 3) oder ersatzweise die gesetzlichen Vertreter hinsichtlich der Eröffnung oder der Ablehnung der Eröffnung eines Insolvenzverfahrens oder ähnlichen Verfahrens vorsieht.

5 **3. Gesellschafter und Vertretungsorgane.** Anwendung findet § 32 stets nur bezüglich des auf dem jeweiligen Registerblatt vorgetragenen eigenständigen Rechtsträgers. Sind dagegen **Organe,** insbesondere Liquidatoren oder **Gesellschafter** des Rechtsträgers von Insolvenzmaßnahmen betroffen, so hat dies zwar ggf. materiell-rechtliche Konsequenzen (vgl. zB § 131 Abs. 3 S. 1 Nr. 3 HGB), die jedoch durch die Beteiligten selbst zur Eintragung im Register anzumelden sind und nicht gem. Abs. 1 von Amts wegen zur Eintragung gelangen.[2] Dies ist zwar zu bedauern, liegt letztlich jedoch an der im Einzelfall aus faktischen Gründen problematischen Ermittlung der Beteiligungen des von der Insolvenzmaßnahme betroffenen Rechtsträgers.

III. Einzutragende Tatsachen

6 **1. Insolvenzvermerke.**[3] Durch die aufgrund Art. 40 Nr. 2 EGInsO seit 1.1.1999 geltende Fassung des § 32 wurde die Eintragungspflicht auf die Bestellung eines vorläufigen Insolvenzverwalters (§ 21 Abs. 2 InsO, § 22 InsO) dann erweitert, wenn dem Schuldner ein allgemeines Verfügungsverbot auferlegt oder seine Verfügungen nur mit Zustimmung des vorläufigen Insolvenzverwalters wirksam sind (§ 21 Abs. 2 Nr. 2 InsO). Ebenso ist die Aufhebung entsprechender vorläufiger Sicherungsmaßnahmen im Handelsregister einzutragen. Dasselbe gilt für die Überwachung der Erfüllung eines Insolvenzplans (§§ 217 ff., 260 InsO) und deren Aufhebung (§ 268 InsO). Grundtatbestand bleibt die Eintragung der Eröffnung des Insolvenzverfahrens (Abs. 1 S. 1). Im Handelsregister zu vermerken sind zudem die Aufhebung des Eröffnungsbeschlusses sowie die Einstellung (§§ 207 ff. InsO) und Aufhebung des Verfahrens (§ 200 Abs. 1 InsO).

7 **2. Folgeeintragungen. a) Auflösung von Kapitalgesellschaften, Erlöschen von Prokuren.** Bei Gesellschaftsinsolvenzen sind mit den zugrunde liegenden Insolvenzmaßnahmen auch materiell-rechtliche Konsequenzen verbunden. So führt die Eröffnung des Insolvenzverfahrens über das Vermögen einer Kapitalgesellschaft zu deren Auflösung (§ 60 Abs. 1 Nr. 4 GmbHG, § 262 Abs. 1 Nr. 3 AktG). Auch dies ist durch das Registergericht von Amts wegen einzutragen (§ 262 Abs. 1 Nr. 4 AktG, § 65 Abs. 1 Nr. 1 GmbHG). Durch die Eröffnung des Insolvenzverfahrens erlöschen die bislang erteilten Prokuren[4] (vgl. § 117 Abs. 1 InsO; → § 52 Rn. 30). Die insoweit angezeigten Eintragungen in das Handelsregister erfolgen gem. § 384 Abs. 2 FamFG von Amts wegen.[5]

8 **b) Einstellung und Aufhebung des Insolvenzverfahrens.** Besondere Probleme wirft die **Einstellung des Insolvenzverfahrens mangels Masse** (§ 207 InsO) auf. Diese ist zwar nach Abs. 1 S. 2 Nr. 4 von Amts wegen in das Handelsregister einzutragen, bewirkt jedoch zugleich eine Änderung der Vertretungsverhältnisse, da nunmehr bei Aktiengesellschaften statt dem Vorstand die Abwickler, bei Gesellschaften mit beschränkter Haftung die Liquidatoren an Stelle der Geschäftsführer organschaftliche Vertreter sind. Insoweit erlaubt

---

[2] Ebenso BeckOK HGB/*Bömeke* Rn. 3.

[3] Beispiele für Insolvenzvermerke finden sich bei *Krafka* RegisterR Rn. 413.

[4] Oetker/*Schubert* § 52 Rn. 23; BeckOK HGB/*Meyer* § 53 Rn. 26; Heymann/*Teichmann* Rn. 30; Baumbach/Hopt/*Hopt* § 52 Rn. 5; KKRD/*Roth* § 52 Rn. 9; EBJS/*Weber* § 52 Rn. 17.

[5] Vgl. MüKoFamFG/*Krafka* FamFG § 384 Rn. 13.

§ 384 Abs. 2 FamFG dem Registergericht, die geänderten Vertretungsverhältnisse registerlich zu verlautbaren.[6] Andernfalls würde der unerfreuliche Zustand eines in sich widersprüchlichen Registereintrags eintreten, demzufolge die Gesellschaft zwar einerseits aufgelöst (vgl. § 262 Abs. 1 Nr. 4 AktG, § 60 Abs. 1 Nr. 5 GmbHG), andererseits weiterhin der unverändert eingetragene Vorstand bzw. die Geschäftsführer vertretungsberechtigt sein sollen. Bei **Aufhebung des Insolvenzverfahrens** nach Vollziehung der Schlussverteilung (§ 200 Abs. 1 InsO) treten derartige Schwierigkeiten grundsätzlich nicht auf, da bei Kapitalgesellschaften der Insolvenzverwalter für deren Vollabwicklung zu sorgen hat (§ 199 S. 2 InsO).

IV. Eintragungsverfahren

Die Eintragung der Insolvenzvermerke erfolgt **von Amts wegen.** Die genannten Vorgänge werden vom Insolvenzgericht gem. § 9 Abs. 1 InsO öffentlich bekannt gemacht (vgl. § 30 Abs. 1 InsO, § 23 Abs. 1 InsO, § 200 Abs. 2 InsO, § 215 Abs. 1 InsO, § 267InsO, § 268 Abs. 2 InsO, § 277 Abs. 3 InsO) und dem Registergericht von der Geschäftsstelle des Insolvenzgerichts durch Übersendung einer Ausfertigung mitgeteilt[7] (§ 31, § 23 Abs. 2 InsO, § 200 Abs. 2 S. 3 InsO, § 215 Abs. 2 S. 2 InsO, § 277 Abs. 3 S. 2 InsO). Einzelheiten regelt die Anordnung über Mitteilungen in Zivilsachen (IX. Nr. 1 MiZi). Gemäß § 19 Abs. 2 S. 2 HRV muss die Eintragung nicht den Hinweis auf die gesetzliche Grundlage und keinen Vermerk „von Amts wegen eingetragen“ enthalten. Hinsichtlich der an die jeweiligen Insolvenzmaßnahme anknüpfenden **Folgeeintragungen** ist auf → Rn. 7 f. hinzuweisen. 9

Die Eintragung im Handelsregister erfolgt ohne nähere inhaltliche Prüfung gem. § 29 Abs. 1 Nr. 3 HRV durch den Urkundsbeamten der Geschäftsstelle. 10

V. Bekanntmachung

1. Insolvenzvermerke. Die nach Abs. 1 vorzunehmenden Insolvenzvermerke werden durch die registerführende Stelle nicht bekannt gemacht (Abs. 2 S. 1), da die entsprechende Veröffentlichung bereits durch das Insolvenzgericht elektronisch vorzunehmen ist (§ 9 InsO, § 23 Abs. 1 S. 1 InsO, § 30 Abs. 1 InsO, § 277 Abs. 3 S. 1 InsO). Wurde dennoch der Insolvenzvermerk nochmals veröffentlicht, so muss ggf. die Aufhebung des Verfahrens gleichfalls durch die registerführende Stelle publiziert werden.[8] 11

2. Folgeeintragungen. Von diesen Einschränkungen unberührt bleibt naturgemäß die nach § 10 bestehende Pflicht zur Bekanntmachung weiterer getätigter Folgeeintragungen,[9] wie zB der Eintragung der Auflösung der betroffenen Gesellschaft, der Änderung der Vertretungsverhältnisse und des Erlöschens etwaiger Prokuren (→ Rn. 7 f.). 12

VI. Publizitätswirkungen

Die Wirkungen der insolvenzrechtlichen Vorgänge sind in der InsO abschließend geregelt. Folgerichtig sieht Abs. 2 S. 2 vor, dass der registerliche Verkehrsschutz nach § 15 insoweit keine Anwendung findet, da ein entsprechender Gutglaubensschutz mit dem **Zweck des Insolvenzverfahrens** unvereinbar wäre und es zudem an der registerlichen Bekanntmachung nach § 10 fehlt.[10] Insbesondere besteht vor der Eintragung der Insolvenzverfahrenseröffnung in das Handelsregister kein Gutglaubensschutz Dritter über §§ 81 und 82 InsO hinaus.[11] 13

---

6 Vgl. *Krafka* RegisterR Rn. 411; MüKoFamFG/*Krafka* FamFG § 384 Rn. 13 ff.; ebenso BeckOK HGB/*Bömeke* Rn. 5.

7 Vgl. Uhlenbruck/*Zipperer,* 15. Aufl. 2019, InsO § 31 Rn. 5 ff.

8 LG Köln Rpfleger 1974, 266.

9 Dem folgend BeckOK HGB/*Bömeke* Rn. 8.

10 EBJS/*Reuschle* Rn. 5.

11 BGH ZIP 2009, 1726; vgl. Oetker/*Schlingloff* Rn. 4; BeckOK HGB/*Bömeke* Rn. 9; Baumbach/Hopt/*Hopt* Rn. 3; KKRD/*Roth* Rn. 5.

14 Soweit als Konsequenz der insolvenzrechtlichen Verfahrensakte als **Folgeeintragungen** weitere Eintragungen von Amts wegen im Register vorzunehmen sind (→ Rn. 7 f.), verbleibt es **bei der Anwendung der allgemeinen Bestimmungen,** insbesondere bei der Verpflichtung zur öffentlichen Bekanntmachung und demgemäß auch bei der Anwendung der daran anknüpfenden Vorschriften des § 15. Bedeutung kann dies insbesondere bei der Änderung der allgemeinen Vertretungsregelung infolge der kraft Gesetzes eingetretenen Auflösung des eingetragenen Rechtsträgers sowie im Fall des Erlöschens etwaiger Prokuren nach § 117 Abs. 1 InsO haben.

VII. Rechtslage in Österreich

15 Für die Eintragung von Insolvenzvermerken verweisen § 31 UGB und § 3 Nr. 13–14a FBG allgemein auf die insoweit einschlägigen insolvenzrechtlichen Bestimmungen.

§ 33 [Juristische Person]

(1) Eine juristische Person, deren Eintragung in das Handelsregister mit Rücksicht auf den Gegenstand oder auf die Art und den Umfang ihres Gewerbebetriebes zu erfolgen hat, ist von sämtlichen Mitgliedern des Vorstandes zur Eintragung anzumelden.

(2) [1]Der Anmeldung sind die Satzung der juristischen Person und die Urkunden über die Bestellung des Vorstandes in Urschrift oder in öffentlich beglaubigter Abschrift beizufügen; ferner ist anzugeben, welche Vertretungsmacht die Vorstandsmitglieder haben. [2]Bei der Eintragung sind die Firma und der Sitz der juristischen Person, der Gegenstand des Unternehmens, die Mitglieder des Vorstandes und ihre Vertretungsmacht anzugeben. [3]Besondere Bestimmungen der Satzung über die Zeitdauer des Unternehmens sind gleichfalls einzutragen.

(3) Die Errichtung einer Zweigniederlassung ist durch den Vorstand anzumelden.

(4) Für juristische Personen im Sinne von Absatz 1 gilt die Bestimmung des § 37a entsprechend.

Schrifttum: *Boos,* Handelsregistereintragungspflicht für kommunale Eigenbetriebe und eigenbetriebsähnliche Einrichtungen, DB 2000, 1061; *Holland,* Anmeldung kommunaler Eigen- und Regiebetriebe zum Handelsregister, ZNotP 1999, 466; *Klein,* Kommunalwirtschaftliche Eigen- und Regiebetriebe im Spiegel des Handelsregisterrechts, MittBayNot 2016, 291; *Kohler-Gehrig,* Die Eintragung von Unternehmen der Gemeinden in das Handelsregister, Rpfleger 2000, 45; *Kornblum,* Die Handelsregisterrubrik „HRA Juristische Person", Rpfleger 2009, 481; *W.-H. Roth,* Zum Firmenrecht der juristischen Person im Sinne des § 33 HGB, FS Lutter, 2000, 651; *Waldner,* Handelsregisteranmeldungen infolge der Streichung von § 36 HGB, MittBayNot 2000, 13.

Übersicht

I. Allgemeines

1. Überblick. § 33 betrifft den Betrieb eines Handelsgewerbes durch **juristische Personen** des privaten sowie des öffentlichen Rechts, die **nicht,** wie etwa eine AG (§ 3 AktG), SE (§ 3 SEAG) und GmbH (§ 13 Abs. 3 GmbHG) **Formkaufleute** sind (→ § 6 Rn. 9). Die Pflicht zur Eintragung im Handelsregister hängt also davon ab, ob das von ihnen betriebene Gewerbe nach Art und Umfang einen in kaufmännischer Weise eingerichteten Geschäftsbetrieb erfordert (§ 1 Abs. 2).[1] Auch für sie wird im Sinne eines einheitlichen Kaufmannsbegriffs[2] eine Eintragungspflicht für das Handelsregister begründet, damit dieses möglichst vollständig Auskunft geben kann.[3] Maßgeblich ist damit, ob sich der öffentlich-rechtliche Rechtsträger so wie ein Privatunternehmen am Geschäftsverkehr beteiligt.[4] Die bis zum Inkrafttreten des Handelsrechtsreformgesetzes im Jahre 1998 bestehende Privilegierung durch § 36 aF, wonach Unternehmen öffentlicher Körperschaften von der Eintragungspflicht freigestellt waren, wurde mit dem Ziel aufgehoben, das Register als ein vollständiges gewerbliches Verzeichnis zu verwirklichen. Letztlich haben die Bestimmungen der § 33 und § 34 nur ergänzenden Charakter, die das Vorliegen der allgemeinen Merkmale des § 1 Abs. 1 stets voraussetzen.[5] 1

2. Anwendungsbereich. a) Beispiele. Von § 33 werden erfasst: Wirtschaftliche Vereine iSv § 22 BGB, **Idealvereine** nach § 21 BGB soweit sie aufgrund des „Nebenzweckprivilegs"[6] ein vollkaufmännisches Unternehmen betreiben können, privatrechtliche **Stiftungen** soweit sie Träger eines Unternehmens sein können,[7] **öffentlich-rechtliche Anstalten,** öffentlich-rechtliche Stiftungen und **Körperschaften** des öffentlichen Rechts, nach Aufhebung des § 36 aF unter Einschluss der Unternehmen von Gebietskörperschaften. In Betracht kommen insbesondere kommunale Regie- und Eigenbetriebe,[8] eigenbetriebsähnliche Einrichtungen,[9] die als Körperschaften öffentlichen Rechts verfassten Krankenkassen[10] und Sparkassen. Früher galt die Vorschrift darüber hinaus für Kolonialgesellschaften[11] und bergrechtliche Gewerkschaften. Die bergrechtliche Gewerkschaft ist durch §§ 163–165 BBergG vom 13.8.1980 (BGBl. 1980 I 1310) abgeschafft worden; vgl. auch Art. 5 EGHGB. 2

b) Keine Anwendbarkeit. Nicht erfasst werden: AG, KGaA, GmbH, eG, VVaG, die Deutsche Bundesbank[12] nach § 29 Abs. 3 BBankG, die Landeszentralbanken, wie sich aus § 29 Abs. 3 BBankG iVm § 8 BBankG ergibt, und nichtrechtsfähige Vereine, weil diese nicht Träger eines kaufmännischen Unternehmens sein können. Insofern greift der gesellschaftsrechtliche Rechtsformzwang ein, so dass unabhängig vom Willen der Beteiligten ggf. nach § 105 Abs. 1 eine OHG vorliegt.[13] 3

c) Ausländische juristische Personen. aa) Europarechtliche Aspekte. Probleme bereitete früher die Frage, ob § 33 auf ausländische juristische Personen anwendbar 4

---

1 OLG Brandenburg NZG 2020, 423.

2 Oetker/*Schlingloff* Rn. 1.

3 Oetker/*Schlingloff* Rn. 1; BeckOK HGB/*Bömeke* Rn. 1.

4 OLG Brandenburg NZG 2020, 423.

5 *W.-H. Roth* FS Lutter, 2000, 653; hierzu auch *Kohler-Gehrig* Rpfleger 2000, 45 (46 ff.); *Boos* DB 2000, 1061 ff.

6 RGZ 83, 231 (237); 133, 170 (176); 154, 343 (354); BGHZ 15, 315 (319) = NJW 1955, 422; BGHZ 85, 84 (93 f.) = NJW 1983, 569 – ADAC; MüKoBGB/*Leuschner* BGB §§ 21, 22 Rn. 51 ff.

7 Vgl. dazu *Kronke,* Stiftungstypus und Unternehmensträgerstiftung, 1988, 187 ff., 228 ff., 291 ff.; MüKoBGB/*Weitemeyer* BGB § 80 Rn. 198 ff.

8 BayObLGZ 2001, 357 = Rpfleger 2002, 316 = DB 2002, 370; OLG Frankfurt Rpfleger 2002, 270; *Klein* MittBayNot 2016, 291; *Kornblum* Rpfleger 2009, 481 (484 f.); *Holland* ZNotP 1999, 466.

9 *Boos* DB 2000, 1061.

10 *Kornblum* Rpfleger 2009, 481 (484).

11 Dies betont die Denkschrift S. 41 = *Schubert/Schmiedel/Krampe* II/2 S. 983 unter Verweisung auf §§ 8 ff. des Gesetzes betreffend die Rechtsverhältnisse der deutschen Schutzgebiete.

12 Die Bundesbank ist nach § 2 S. 1 BBankG eine bundesunmittelbare juristische Person des öffentlichen Rechts.

13 BGHZ 22, 240 (244) = NJW 1957, 218.

ist.[14] Die Abgrenzung zwischen inländischen und ausländischen juristischen Personen ist infolge der Vorgaben des europäischen Primärrechts zumindest im Kreis der Mitgliedstaaten der EU und des EWR hinsichtlich etwaiger Zuzugsfälle inzwischen im Ergebnis nach der der sog. **Gründungstheorie** zu beurteilen[15] (→ § 13h Rn. 15). Danach ist für die Qualifikation entscheidend, wo sich der statutarische Sitz des Rechtsträgers befindet.[16] Maßgeblich ist somit der Ort der aktuellen registerlichen Inkorporierung der Hauptniederlassung. Unter Berücksichtigung des formellen Zweigniederlassungsbegriffs (→ § 13 Rn. 4 f.; → § 13d Rn. 13) ergibt sich jedenfalls im europäischen Anwendungsbereich aus dieser Abgrenzung, dass das Problem der Eintragung ausländischer Gesellschaften in das deutsche Handelsregister auf die Frage der **Eintragung von Zweigniederlassungen** zu reduzieren ist. Für diese bestehen allerdings – soweit es sich um Kapitalgesellschaften handelt – auf der ursprünglichen Zweigniederlassungs-RL (früher RL 89/666/EWG) beruhende Sondervorschriften (§§ 13d ff.), sodass § 33 insoweit nicht einschlägig ist.

5 **bb) Bilaterale Abkommen.** Bezüglich der Zweigniederlassungen ausländischer Gesellschaften aus anderen Staaten als solchen der Mitgliedstaaten (sog. Drittstaaten) ist zunächst auf etwaige besondere Regeln in bilateralen Staatsverträgen Rücksicht zu nehmen (→ § 13h Rn. 22). Insbesondere der Freundschafts-, Handels- und Schifffahrtsvertrag zwischen der Bundesrepublik und den USA vom 29.10.1954, BGBl. 1956 II 487 (Art VI Abs. 1 FrHSchV D-USA, Art VII Abs. 1 FrHSchV D-USA und Art XXV Abs. 5 FrHSchV D-USA) verpflichtet ebenfalls hinsichtlich der Rechts- und Parteifähigkeit zur Anknüpfung an den Satzungssitz.[17]

6 **cc) Sonstige Drittstaaten.** Im Sinne einer einheitlichen Rechtsanwendung wäre es nahe liegend, auch Rechtsträger aus sonstigen Drittstaaten zumindest in registerrechtlicher Hinsicht nach vergleichbaren Grundsätzen zu behandeln. Hierfür spricht letztlich auch, dass in Art. 36 GesR-RL und Art. 37 GesR-RL[18] ebenfalls entsprechende Regelungen zur gemeinschaftsweit harmonisierten Handhabung der Zweigniederlassungen von Gesellschaften aus Drittstaaten vorgesehen sind, wenn die jeweilige Rechtsform mit denjenigen der in Art. 13 GesR-RL (früher Art. 1 RL 2009/101/EG) in Bezug Genommenen vergleichbar ist. Dass der BGH unter Maßgabe der bisherigen Gesetzeslage diesbezüglich auch weiterhin an der Sitztheorie festhält und bei Drittstaaten hinsichtlich des Gesellschaftsstatuts damit an die Lage des effektiven Verwaltungssitzes anknüpft,[19] ändert nichts am Ergebnis, dass damit § 33 auf ausländische juristische Personen keine Anwendung findet.[20] Stets ist auch im Zusammenhang mit der Anwendung der §§ 13d ff. zu beachten, dass im Übrigen nicht bereits das schlichte Tätigwerden auf dem deutschen Markt zu einer Eintragungspflicht im Handelsregister führt.

7 **d) Analoge Anwendung.** Vor Erlass und Umsetzung der ursprünglichen Zweigniederlassungs-RL (→ Rn. 4) wurde die Auffassung vertreten, § 33 sei analog anzuwenden, wenn eine ausländische Kapitalgesellschaft der einzige Komplementär einer deutschen Kommanditgesellschaft ist (→ 2. Aufl. 2005, § 105 Rn. 89), also im Fall der sog. **ausländischen Kapitalgesellschaft & Co. KG.**[21] Hierzu wurde vorgebracht, dass eine entsprechende

[14] Für die grundsätzliche Anwendung von § 33 auf ausländische juristische Personen s. Heymann/*Förster* Rn. 7 f.; EBJS/*Reuschle* Rn. 1; Röhricht/Graf v. Westphalen/Haas/*Ries* Rn. 2; BayObLGZ 1986, 61 (72) = DB 1986, 1325 (1328): obiter dictum in einer Entscheidung zu einer ausländischen Kapitalgesellschaft & Co.; unklar Oetker/*Schlingloff* Rn. 1.

[15] EuGH Slg. 1999, I-1459 = NJW 1999, 2027 – Centros; Slg. 2002, I-9919 = NJW 2002, 3614 – Überseering; NJW 2003, 3331 – Inspire Art.

[16] Vgl. nur Palandt/*Thorn* EGBGB Anh. Art. 12 Rn. 6 ff.

[17] BGH NJW 2003, 1607; DNotZ 2005, 141 mAnm *Thölke;* s. Staub/*Burgard* Rn. 6.

[18] Vgl. nur Palandt/*Thorn* EGBGB Anh. Art. 12 Rn. 6 ff.

[19] BGHZ 178, 192 = NJW 2009, 289 mAnm *Kieninger.*

[20] Ebenso Staub/*Burgard* Rn. 6.

[21] Vgl. zur Zulässigkeit dieser Gestaltungsform OLG Frankfurt FGPrax 2006, 273 = Rpfleger 2007, 31; BayObLGZ 1986, 61 (65 ff.); OLG Saarbrücken JZ 1989, 904 = RIW 1990, 799; *Rehm* in Eidenmüller Ausl. KapGes. § 4 Rn. 51 ff.

Eintragung notwendig sei, um die erforderliche Publizität zu gewährleisten, sodass in diesem Fall über die nach § 106 Abs. 2 Nr. 1, § 162 Abs. 1 vorgeschriebenen Eintragungen (Firma und Sitz der ausländischen Gesellschaft) hinaus analog § 33 auch der Gegenstand des Unternehmens der ausländischen Gesellschaft, deren vertretungsberechtigte Personen und die Bestimmungen über die Befugnis zur Vertretung einzutragen seien.[22] Nach zutreffender Ansicht ist diese entsprechende Anwendung des § 33 nicht gerechtfertigt, weil eine planwidrige Gesetzeslücke angesichts der detaillierten Regelungen der §§ 13d ff. nicht vorhanden ist.[23] Der berechtigten Befürchtung, eine in Bezug auf die Vertretungsverhältnisse der „ausländischen Kapitalgesellschaft & Co. KG" nicht aussagekräftige Eintragung zu erhalten, lässt sich zumindest in den Fällen von Briefkastenkomplementärgesellschaften Rechnung tragen, wenn man in der Übernahme der Stellung als persönlich haftender Gesellschafter das Vorliegen einer inländischen **Zweigniederlassung** sieht.[24] Auf diesem Weg ist aufgrund der erzwingbaren (§ 14) Anmeldepflicht nach §§ 13d ff. dafür gesorgt, dass der ausländische Rechtsträger seinerseits in einem inländischen Register vermerkt wird. Auf diese Registerstelle ist wiederum bei der Eintragung der ausländischen Gesellschaft als Komplementärin im Registerblatt der Kommanditgesellschaft zu verweisen (§ 40 Nr. 7 HRV).

II. Anmeldung der juristischen Person

1. Träger der Anmeldepflicht. Die Anmeldung ist nach Abs. 1 von sämtlichen **Mitgliedern des Vorstands** vorzunehmen. Maßgebend ist hierbei naturgemäß nicht die Bezeichnung des Organs als „Vorstand", sondern letztlich dessen Befugnisse zur Vertretung des Rechtsträgers. Demgegenüber sind die Mitglieder anderer, also nicht zur Vertretung nach Außen berufener Organe, etwa eines Beirats oder Aufsichtsrats, nicht zur Anmeldung verpflichtet.[25] Für Unternehmen, die ohne eine eigene Rechtspersönlichkeit von einer Gebietskörperschaft betrieben werden (sog. Eigenbetriebe), ist unter „Vorstand" iSd Abs. 2 nicht der übliche gesetzliche Vertreter der Gebietskörperschaft, also etwa bei einer Gemeinde der Bürgermeister zu verstehen, sondern die nach den einschlägigen öffentlichrechtlichen Vorschriften vorgesehenen Organe für die Vertretung des jeweiligen Eigenbetriebs.[26] 8

Die **Durchsetzung der Anmeldepflicht** richtet sich ggf. nach § 14. Das Zwangsgeld ist nicht der juristischen Person als solcher anzudrohen, sondern persönlich gegen die einzelnen Mitglieder des Vorstands zu verhängen.[27] Dies ergibt sich schon daraus, dass aufgrund des eindeutigen Wortlauts Betroffener der Anmeldepflicht des Abs. 1 nicht die juristische Person als solche, sondern jedes einzelne Vorstandsmitglied ist.[28] Hieraus ergibt sich des Weiteren, dass das Zwangsgeld nur diejenigen Vorstandsmitglieder anzudrohen ist, die die Anmeldepflicht noch nicht erfüllt haben.[29] 9

2. Anmeldung. a) Anmeldungsinhalt. Bei der Anmeldung sind gem. Abs. 2 S. 2 die Firma, der Sitz, der Unternehmensgegenstand sowie die Mitglieder des Vorstands und deren Vertretungsmacht anzugeben. Letzteres bezieht sich sowohl auf die allgemeine Vertretungsregelung gemäß den einschlägigen Rechtsvorschriften und der Satzung sowie ggf. für einzelne Vorstandsmitglieder und deren davon abweichende besondere Vertretungsbefugnis gemäß dem jeweiligen Bestellungsakt. Der Anmeldung sind nach Abs. 2 S. 1 die Satzung 10

22 BayObLGZ 1986, 61 (72).

23 Staub/*Burgard* Rn. 7; EBJS/*Reuschle* Rn. 1; BeckOK HGB/*Bömeke* Rn. 5; *Rehberg* in Eidenmüller Ausl. KapGes. § 5 Rn. 86.

24 AA ohne tragendes Argument OLG Frankfurt DNotZ 2008, 860 = Rpfleger 2008, 456.

25 RG JW 1910, 617 Nr. 9 für die Aufsichtsratsmitglieder einer GmbH; Staub/*Burgard* Rn. 19; Oetker/*Schlingloff* Rn. 2; BeckOK HGB/*Bömeke* Rn. 6.

26 Vgl. BayObLGZ 2001, 357 = Rpfleger 2002, 316 = DB 2002, 370; OLG Frankfurt Rpfleger 2002, 270; s. auch *Klein* MittBayNot 2016, 291; *Waldner* MittBayNot 2000, 13; *Boos* DB 2000, 1061; *Holland* ZNotP 1999, 466.

27 KG OLGE 12, 410 (411 f.); Oetker/*Schlingloff* Rn. 2; BeckOK HGB/*Bömeke* Rn. 8.

28 KG OLGE 12, 410 (412).

29 KG OLGE 12, 410 (411 f.); BeckOK HGB/*Bömeke* Rn. 8.

und die Urkunden über die Bestellung des Vorstands als **Anlagen** beizufügen und somit gem. § 12 Abs. 2 S. 2 Hs. 1 als einfache Aufzeichnung elektronisch zu übermitteln. Die Beifügung der Satzung ist naturgemäß entbehrlich, wenn die juristische Person gar keine Satzung hat.[30] Dagegen sind über den Gesetzeswortlaut Dokumente beizubringen, die den Bestand des Rechtsträgers belegen, soweit es solche gibt (zB Auszug aus dem Vereinsregister, Bestätigung über die Anerkennung der Stiftung).[31] Anzumelden ist ggf. auch eine Satzungsbestimmung, wonach die Zeitdauer des Unternehmens beschränkt ist,[32] da eine entsprechende Eintragung nur auf ausdrücklichen Antrag vorgenommen wird. Aus § 40 Nr. 3 lit. b HRV ergibt sich, dass darüber hinaus Geburtsdatum und Wohnort der Vorstandsmitglieder anzugeben und einzutragen sind. Systemwidrig ist, dass für juristische Personen nach § 33 die Anmeldung und Eintragung einer **inländischen Geschäftsanschrift** nicht vorgesehen wurde. Diese – angesichts der ausdrücklichen Regelung zur ausgeschlossenen Anmeldepflicht bei Partnerschaftsgesellschaften in § 5 Abs. 2 Hs. 2 PartGG auf den ersten Anschein beredte – Lücke könnte zwar durch eine entsprechende Anwendung des § 29 geschlossen werden; jedoch lässt die ebenso fehlende Anmeldepflicht einer inländischen Geschäftsanschrift für eingetragene Genossenschaften den Schluss darauf näherliegend erscheinen, dass mangels bisher praxisrelevanter Missbrauchsfälle die Aufnahme einer solchen Anschrift auch für juristische Personen nach § 33 in das Register vom Gesetzgeber bewusst nicht für erforderlich gehalten wurde[33] (→ § 15a Rn. 3). Daher bedarf es lediglich einer Angabe der Lage der Geschäftsräume (§ 24 HRV), die nicht im Handelsregister eingetragen wird und keine Rechtsfolgen mit sich bringt. Etwa erteilte **Prokuren** sind im Übrigen nach den allgemeinen Bestimmungen des § 53 zur Eintragung gleichfalls anzumelden.

11 **b) Einflüsse des öffentlichen Rechts.** Aufgrund der mangelnden Abstimmung des öffentlichen Rechts mit den handelsrechtlichen Regelungen stellt sich bei der Registereintragung der Vertretungsregelung des Vorstands eine Vielzahl von Problemen. Aufgabe der registerlichen Eintragung ist es, stets eine aus sich heraus verständliche Rechtslage zu publizieren, die ohne Heranziehung außerregisterlicher Verzeichnisse aussagekräftig darstellt, durch wen der vorgetragene Rechtsträger berechtigt und verpflichtet wird. Dementsprechend kann eine Vertretungsregelung, der zu Folge Rechtshandlungen dann für die juristische Person verbindlich sind, wenn sie von Vorstandsmitgliedern unterzeichnet sind, deren Befugnis sich aus einem **Unterschriftenverzeichnis** ergibt,[34] nicht eintragungsfähig sein. Auch scheidet die Übernahme sonstiger in einem beigefügten Unterschriftenverzeichnis aufgeführter Personen aus, da deren Eintragung nach den registerlichen Rechtsvorschriften nicht vorgesehen ist.[35] Aus ähnlichen Gründen ist die Eintragung von „Verhinderungsvertretern" etwa im Sinne der Sparkassengesetze nicht möglich, da deren Vertretungsbefugnis in verschiedener Hinsicht personell und sachlich beschränkt ist. Dies führt dazu, dass solche Personen mit „stellvertretenden" Organmitgliedern bei Kapitalgesellschaften – die ohne weiteres im Register eingetragen werden[36] – nicht vergleichbar sind.[37] Eine Ausnahme ist im Gegensatz zur Eintragung der Vertretungsregelung bei Handelsgesellschaften im Fall der juristischen Personen nach § 33 bezüglich des Zusatzes „im Rahmen der laufenden Geschäfte" zuzulassen.[38] Im Hinblick auf die registerliche Zielsetzung, eine schnelle und unkomplizierte Information auch über die Rechts- und Vertretungsverhältnisse von Unternehmen der öffentlichen Hand zu erhalten, sollten allerdings Abweichungen von den Eintragungsgrundsätzen bei Handelsgesellschaften möglichst vermieden werden. Letztlich ist durch das Entfallen des § 36 aF klargestellt worden, dass staatliche Unternehmen im Bereich

---

30 Denkschrift S. 42 = *Schubert/Schmiedel/Krampe* II/2 S. 983.
31 Staub/*Burgard* Rn. 36; BeckOK HGB/*Bömeke* Rn. 16.
32 *Krafka* RegisterR Rn. 845.
33 Vgl. BT-Drs. 16/6140, 51.
34 BayObLGZ 2000, 213 = Rpfleger 2000, 504 = MittBayNot 2000, 568.
35 BayObLGZ 2000, 213 = Rpfleger 2000, 504 = MittBayNot 2000, 568.
36 Vgl. etwa § 44 GmbHG, BGH NJW 1998, 1071 = FGPrax 1998, 68 = GmbHR 1998, 181.
37 OLG Düsseldorf FGPrax 2000, 157 = MittRhNotK 2000, 395.
38 S. BayObLGZ 2001, 357 = Rpfleger 2002, 316 = DB 2002, 370.

der handelsrechtlichen Registerpublizität keine Sonderbehandlung in Anspruch nehmen dürfen.

3. Firmenbildung. Besondere Probleme wirft bei juristischen Personen iSv § 33 ferner deren Firmenbildung auf. Da ausdrückliche Vorschriften nicht existieren, finden zunächst die allgemeinen Bestimmungen der §§ 17, 18 Anwendung. Im Rahmen des § 19 stellt sich allerdings die Frage, ob die einzutragende juristische Personen den Zusatz „e. K." zu führen hat, um im Sinne der erforderlichen Publizität auf den vorhandenen Kaufmannstatus hinzuweisen.[39] Der Gesetzgeber hat bei der Neufassung des § 19 im Zuge des Handelsrechtsreformgesetzes im Jahre 1998 darauf verzichtet, einen besonderen **Rechtsformzusatz** für juristische Personen iSd § 33 vorzusehen. Jedoch kann diese Lücke nicht in adäquater Weise durch Anwendung eines der Zusätze des § 19 geschlossen werden. Weder einer der dort bezeichneten Gesellschaftszusätze, noch die Bezeichnung „eingetragener Kaufmann" gibt ein zutreffendes Bild der Natur des eingetragenen Rechtsträgers wieder, insbesondere würden derartige Zusätze unzutreffend das Vorhandensein einer unbeschränkt haftenden Person abbilden.[40] Angesichts der vielfältigen Gestaltungsformen juristischer Personen iSd § 33 hat daher der Gesetzgeber zu Recht von der Aufnahme eines entsprechenden Rechtsformzusatzes ausnahmsweise abgesehen.[41] 12

Der Grundsatz der **Firmeneinheit** gilt im Übrigen für juristische Personen nach § 33 nur eingeschränkt. Sieht das dem Rechtsträger zugrunde liegende maßgebliche öffentliche Recht die Verwendung mehrerer Firmen, zB alternativ die Bezeichnungen „Stadtwerke Nürnberg", „Stadtwerke Fürth" und „Stadtwerke München" für denselben Rechtsträger vor, so sind sämtliche verwendbaren Firmen zur Eintragung in das Handelsregister anzumelden.[42] 13

4. Sitz. Unter Sitz der juristischen Person ist der satzungsgemäße Sitz zu verstehen. Bei Eigen- oder Regiebetrieben ist der **Ort der Hauptniederlassung** maßgeblich, nicht der Sitz des jeweiligen Verwaltungsträgers, so dass beispielsweise als Sitz der „Staatlichen Weinkellerei des Freistaats Bayern" deren Hauptverwaltungsort Würzburg anzumelden ist, nicht jedoch München als Landeshauptstadt.[43] Allein dies entspricht der gesetzlichen Zielvorstellung, die örtliche Zuständigkeit entsprechend der registerlichen Eintragung am Ort der tatsächlichen Hauptverwaltung zu konzentrieren. 14

Wie bei der Firmenbildung gilt auch bei der Festlegung des Sitzes der Vorrang des öffentlichen Rechts, so dass sich aus den der juristischen Person zugrunde liegenden Vorschriften mehrere Sitzorte des Rechtsträgers ergeben können.[44] Die sonst bei einem **Mehrfachsitz** vorhandenen registerlichen Schwierigkeiten (→ § 13 Rn. 35 ff.) treten in diesem Fall allerdings in der Regel nicht auf, da lediglich das Registergericht für die Eintragung zuständig ist, in dessen Bezirk sich die Hauptniederlassung des Unternehmens befindet. Dessen Registereintragung gibt demnach lediglich in der entsprechenden Registerunterspalte (Papierregister, § 40 Nr. 2 lit. b HRV) mehrere Orte wieder. 15

5. Unternehmensgegenstand. Der Unternehmensgegenstand ist so bestimmt anzugeben, dass der Schwerpunkt der Geschäftstätigkeit für die beteiligten Wirtschaftskreise hinreichend erkennbar wird.[45] Es gilt dasselbe wie bei § 23 Abs. 3 Nr. 2 AktG und § 3 Abs. 1 Nr. 2 GmbHG. Bei der Formulierung des Unternehmensgegenstands ist darauf zu 16

[39] So *W.-H. Roth* FS Lutter, 2000, 663.

[40] Wie hier EBJS/*Reuschle* Rn. 7; BeckOK HGB/*Bömeke* Rn. 12; iErg ebenfalls Oetker/*Schlingloff* Rn. 4 und Staub/*Burgard* Rn. 23.

[41] AA Staub/*Burgard* Rn. 26, der iE jeweils passende unabgekürzte Rechtsformzusätze verlangt.

[42] BayObLGZ 2001, 69 = FGPrax 2001, 126 = DB 2001, 1360.

[43] Staub/*Burgard* Rn. 51; *Krafka* RegisterR Rn. 836; für die Aufnahme beider Orte Röhricht/Graf v. Westphalen/Haas/*Ries* Rn. 9.

[44] BayObLGZ 2000, 210 = FGPrax 2000, 209; OLG Frankfurt FGPrax 2001, 86 = Rpfleger 2001, 185; aA Staub/*Burgard* Rn. 28; BeckOK HGB/*Bömeke* Rn. 13.

[45] BGH BB 1981, 450 = WM 1981, 163 – insoweit nicht in BGHZ 78, 311 = NJW 1981, 682; Staub/*Burgard* Rn. 29; BeckOK HGB/*Bömeke* Rn. 14.

achten, dass die Registereintragung auch für Laien aus sich heraus verständlich ist, so dass Bezugnahmen auf Rechtsvorschriften (zB Sparkassengesetze) nicht zulässig sind.[46]

III. Eintragung der juristischen Person

17 Bezüglich der Zuständigkeit gilt uneingeschränkt § 29[47] (→ § 29 Rn. 14). Die Eintragung richtet sich nach § 40 HRV und erfolgt aus heute nicht mehr plausiblen historischen Gründen[48] in **Abteilung A des Handelsregisters.** Diese an sich systemwidrige Inkorporierung einer juristischen Person in der Abteilung der Einzelkaufleute und Personenhandelsgesellschaften beruht vor allem auf dem Fehlen eines gesetzlich vorgegebenen Stamm- bzw. Grundkapitals. Im **Eintragungsverfahren** hat das Registergericht anhand der eingereichten Dokumente zu prüfen, ob die angemeldete juristische Person besteht und der Vorstand ordnungsgemäß bestellt wurde.[49] Besondere Bestimmungen der Satzung über die Zeitdauer des Unternehmens sind nach Abs. 2 S. 3 in das Handelsregister aufzunehmen.

18 Hinsichtlich der einzutragenden Vertretungsbefugnis des Vorstands sind die entsprechenden Regelungen durch das Gesetz über elektronische Register und Justizkosten für Telekommunikation v. 10.12.2001 (BGBl. 2001 I 3422) dahingehend vereinheitlicht worden, dass die **Vertretungsregelung** stets allgemein in das Handelsregister einzutragen ist. Besondere Vertretungsbefugnisse einzelner Vorstandsmitglieder sind ebenfalls anzumelden und gesondert im Register zu vermerken (Spalte 3b, § 40 Nr. 3 lit. b HRV).

IV. Zweigniederlassungen

19 Für Zweigniederlassungen der juristischen Personen iSv § 33 gilt zunächst § 13 uneingeschränkt. Abs. 3 regelt lediglich die Vertretung der juristischen Person bei der Anmeldung der Zweigniederlassung zur Eintragung im Handelsregister.[50] Die Zweigniederlassung ist im Gegensatz zur Hauptniederlassung nicht von „sämtlichen Mitgliedern des Vorstandes", sondern durch „den Vorstand" anzumelden. Dies bedeutet, dass die normale, satzungsmäßige Vertretungsregelung gilt.[51] Die Vorschrift entspricht damit § 13 Abs. 1. Ist **unechte Gesamtvertretungsmacht** bestimmt, so soll sich diese Vertretungsmöglichkeit auch auf die Anmeldung der Zweigniederlassung erstrecken, dh ein Vorstandsmitglied kann gemeinsam mit einem Prokuristen die Anmeldung vornehmen.[52]

V. Publizitätswirkungen

20 Die **§§ 5, 15** sind auf die Eintragungen nach § 33 anwendbar.[53] Entsprechend finden auf den eingetragenen Rechtsträger in Bezug auf das betriebene Unternehmen die Bestimmungen des Handelsrechts und die Regeln der positiven und negativen Publizität Anwendung.

VI. Rechtslage in Österreich

21 Für in das Firmenbuch (→ § 8 Rn. 99) einzutragende juristische Personen sieht § 33 UGB vor, dass sie von sämtlichen vertretungsberechtigten Organwaltern (Vorstand) zur Eintragung anzumelden sind. Die Vorschrift bestimmt neben den beizufügenden Unterlagen die einzutragenden Umstände; anwendbar sind insoweit ferner §§ 3 und 9 FBG. Aus § 34 UGB ergeben sich ferner Anmeldepflichten bei jeder Änderung der im Firmenbuch eingetragenen Umstände sowie bei der Auflösung des eingetragenen Rechtsträgers.

---

46 *Krafka* RegisterR Rn. 837.
47 OLG Dresden OLGE 27, 304; Staub/*Burgard* Rn. 51; Röhricht/Graf v. Westphalen/Haas/*Ries* Rn. 10.
48 So zu Recht Staub/*Burgard* Rn. 53; vgl. auch Heymann/*Förster* Rn. 23.
49 EBJS/*Reuschle* Rn. 13; Oetker/*Schlingloff* Rn. 5.
50 Staub/*Burgard* Rn. 55.
51 KG JW 1937, 890 zu § 234 aF; Staub/*Burgard* Rn. 55; Oetker/*Schlingloff* Rn. 6; BeckOK HGB/*Bömeke* Rn. 17; Röhricht/Graf v. Westphalen/Haas/*Ries* Rn. 13; Heymann/*Förster* Rn. 25.
52 KG JW 1937, 890; Staub/*Burgard* Rn. 55.
53 EBJS/*Reuschle* Rn. 14; Oetker/*Schlingloff* Rn. 5; BeckOK HGB/*Bömeke* Rn. 18; Heymann/*Förster* Rn. 23; KKRD/*Roth* Rn. 4.

§ 34 [Anmeldung und Eintragung von Änderungen]

(1) Jede Änderung der nach § 33 Abs. 2 Satz 2 und 3 einzutragenden Tatsachen oder der Satzung, die Auflösung der juristischen Person, falls sie nicht die Folge der Eröffnung des Insolvenzverfahrens ist, sowie die Personen der Liquidatoren, ihre Vertretungsmacht, jeder Wechsel der Liquidatoren und jede Änderung ihrer Vertretungsmacht sind zur Eintragung in das Handelsregister anzumelden.

(2) Bei der Eintragung einer Änderung der Satzung genügt, soweit nicht die Änderung die in § 33 Abs. 2 Satz 2 und 3 bezeichneten Angaben betrifft, die Bezugnahme auf die bei dem Gericht eingereichten Urkunden über die Änderung.

(3) Die Anmeldung hat durch den Vorstand oder, sofern die Eintragung erst nach der Anmeldung der ersten Liquidatoren geschehen soll, durch die Liquidatoren zu erfolgen.

(4) Die Eintragung gerichtlich bestellter Vorstandsmitglieder oder Liquidatoren geschieht von Amts wegen.

(5) Im Falle des Insolvenzverfahrens finden die Vorschriften des § 32 Anwendung.

Schrifttum: s. § 33; *Krafka,* Die Anmeldung und die Eintragung von Gesellschaftsvertrags- und Satzungsänderungen im Register, NZG 2019, 81.

1. Überblick. § 34 enthält **weitere Anmeldepflichten bezüglich der juristischen Personen** iSv § 33 und entspricht daher seiner Funktion nach der Regelung des § 31 im Verhältnis zur Vorschrift des § 29. Über den Anwendungsbereich von § 33 hinaus findet § 34 nach § 172 VAG auch für Versicherungsvereine auf Gegenseitigkeit Anwendung, da das VAG Spezialvorschriften nur für die Satzungsänderung (§ 195 VAG) und für die Auflösung (§§ 198 ff. VAG) enthält. § 15 ist auf Eintragungen nach § 34 anwendbar.[1] Die entsprechenden Anmeldungen sind nach § 14 durch Festsetzung von Zwangsgeld erzwingbar.[2] 1

2. Einzutragende Tatsachen. Gem. **Abs. 1** ist zunächst jede **Änderung** der nach § 33 Abs. 2 eintragungspflichtigen Tatsachen zum Handelsregister anzumelden, dh Änderungen der Firma, des Sitzes, des Unternehmensgegenstands, der Besetzung des Vorstands, Änderungen der Bestimmungen über die Vertretungsbefugnis des Vorstands oder über die Zeitdauer des Unternehmens sowie Änderungen des Namens oder des Wohnorts eines Vorstandsmitglieds. Zudem sind Änderungen der allgemeinen Vertretungsregelung des Vorstands im Wortlaut auch inhaltlich exakt wiederholend anzumelden.[3] Bei einer Änderung der Besetzung des Vorstands sind entsprechend § 33 Abs. 2 S. 1 Dokumente in Urschrift oder beglaubigter Abschrift vorzulegen, aus denen sich die angemeldeten Tatsachen ergeben; gem. § 12 Abs. 2 S. 2 Hs. 1 sind diese Unterlagen als einfache elektronische Aufzeichnungen zu übermitteln. 2

Ausdrücklich und schlagwortartig anzumelden und sodann entsprechend einzutragen ist zudem jede **Satzungsänderung,** unabhängig davon, ob die geänderte Satzungsbestimmung eine ausdrücklich im Register an anderer Stelle vermerkte Tatsache (Firma, Sitz, Unternehmensgegenstand, Vertretungsregelung, Zeitdauer) betrifft.[4] Stets ist daher in der Anmeldung und in der späteren Eintragung (vgl. Abs. 2) die Änderung schlagwortartige hervorzuheben, so dass die alleinige Bezugnahme auf den Änderungsbeschluss insoweit 3

[1] EBJS/*Reuschle* Rn. 10; Staub/*Burgard* Rn. 18; Oetker/*Schlingloff* Rn. 4; BeckOK HGB/*Bömeke* Rn. 8; Röhricht/Graf v. Westphalen/Haas/*Ries* Rn. 5; Heymann/*Förster* Rn. 14.
[2] BeckOK HGB/*Bömeke* Rn. 8; Oetker/*Schlingloff* Rn. 4; EBJS/*Reuschle* Rn. 8; Heymann/*Förster* Rn. 10.
[3] *Krafka* NZG 2019, 81.
[4] S. *Krafka* NZG 2019, 81, Oetker/*Schlingloff* Rn. 2.

nicht genügt.[5] Für die Anmeldung liegt dies daran, dass sich aus den eingereichten Unterlagen mangels notarieller Beurkundung die Grundlage der angemeldeten Unterlage nicht zwingend sicher ermitteln lässt. Mit einzureichen ist zudem das zugrunde liegende Dokument in Urschrift oder beglaubigter Abschrift, in welcher die Satzungsänderung niedergelegt ist[6] (vgl. § 33 Abs. 2 S. 1); insoweit gilt für die elektronische Übermittlung § 12 Abs. 2 S. 2 Hs. 1. Darüber hinaus ist die Auflösung der juristischen Person in das Handelsregister einzutragen samt den Personen der Liquidatoren und die Bestimmungen über deren Vertretungsbefugnis. Die in **Abs. 2** beschriebenen Erleichterungen bei der Eintragung von Satzungsänderungen betreffend lediglich die Frage der inhaltlich im Register wortgleich zu wiederholenden Eintragung. Wie sich aus § 40 Nr. 5 lit. a HRV ergibt, bedarf es bei der Änderung anderer Gegenstände einer „allgemeinen Bezeichnung des Gegenstands der Änderung", also einer schlagwortartigen Kennzeichnung.[7] Das **Erlöschen der Firma** ist im Übrigen bereits gem. § 31 Abs. 2 S. 1 anmeldepflichtig.[8]

4 **3. Anmeldepflichtige. Abs. 3** regelt, wer die beschriebenen nachträglichen Anmeldungen vorzunehmen hat. Die Regelung sieht die Anmeldung „durch den Vorstand" vor, so dass die normalen Vertretungsregelungen gelten. Es genügt mithin stets die Anmeldung durch eine zur Vertretung berechtigende Anzahl an Vorstandsmitgliedern.[9] Bei dem Wechsel eines vertretungsberechtigten Vorstandsmitglieds wirkt daher nicht das ausgeschiedene, sondern ggf. das neue Mitglied bei der Anmeldung mit.[10] Die Anmeldung der Auflösung erfolgt nach dem eindeutigen Wortlaut der Vorschrift durch den Vorstand, also den im Zeitpunkt der **Auflösung** noch im Amt befindlichen Vorstandsmitgliedern, unabhängig davon, wer als „Vorstand" tatsächlich im Handelsregister eingetragen ist. Diese nachwirkende Amtspflicht von nicht mehr vertretungsberechtigten früheren Organmitgliedern wird mit dem Gedanken gerechtfertigt, dass es gerade im Auflösungsstadium wichtig ist, die dem Gericht aufgrund Eintragung bereits bekannten Vorstandsmitglieder ggf. durch Erhebung eines Zwangsgelds (§ 14) zur Anmeldung der Liquidatoren anzuhalten. Nach Anmeldung der ersten Liquidatoren sind für weitere Anmeldungen die Liquidatoren zuständig.

5 **4. Gerichtlich bestellte Vorstandsmitglieder und Liquidatoren, Insolvenzverfahren.** Werden Vorstandsmitglieder oder Liquidatoren gerichtlich bestellt, was zB bei Vereinen nach den §§ 29, 48 BGB möglich ist (für die Aktiengesellschaft vgl. § 85, § 265 Abs. 3 AktG), sind sie nach Abs. 4 **von Amts wegen** in das Handelsregister eingetragen. Bei einer Auflösung der juristischen Person durch Eröffnung des Insolvenzverfahrens, ist die Auflösung nicht nach Abs. 1, sondern nach Abs. 5 iVm § 32, also von Amts wegen, einzutragen.

6 **5. Verhältnis zur Firmenlöschung von Amts wegen. § 31 Abs. 2** ist ergänzend **neben § 34** anwendbar.[11] Dies wird dann relevant, wenn die Firma erlischt, während die juristische Person als solche fortbesteht. Wenn beispielsweise ein Idealverein, der aufgrund des Nebenzweckprivilegs ein vollkaufmännisches Unternehmen betreibt, dieses Unternehmen einstellt oder ohne die Firma veräußert, ist das Erlöschen der Firma nach § 31 Abs. 2 einzutragen. Danach bestehen keine Anmeldungspflichten mehr.[12] Wird die juristische Person später aufgelöst, ist dies – mangels dort vorgetragenen Rechtsträgers – nicht mehr im Handelsregister einzutragen.

[5] *Krafka* NZG 2019, 81; andeutungsweise ebenso Heymann/*Förster* Rn. 4; EBJS/*Reuschle* Rn. 4; aA BeckOK HGB/*Bömeke* Rn. 4; Röhricht/Graf v. Westphalen/Haas/*Ries* Rn. 3; BeckOGK/*Maierhofer* Rn. 13.

[6] Staub/*Burgard* Rn. 12; EBJS/*Reuschle* Rn. 4.

[7] Dazu *Krafka* NZG 2019, 81.

[8] Vgl. Staub/*Burgard* Rn. 10; Oetker/*Schlingloff* Rn. 2; EBJS/*Reuschle* Rn. 5; Heymann/*Förster* Rn. 6.

[9] *Krafka* NZG, 2019, 81; Oetker/*Schlingloff* Rn. 3; Baumbach/Hopt/*Hopt* Rn. 3; Röhricht/Graf v. Westphalen/Haas/*Ries* Rn. 4; EBJS/*Reuschle* Rn. 7.

[10] KGJ 45, 329; Oetker/*Schlingloff* Rn. 3; EBJS/*Reuschle* Rn. 7; BeckOK HGB/*Bömeke* Rn. 7; Heymann/*Förster* Rn. 9.

[11] KG JW 1936, 1542.

[12] KG JW 1936, 1542; EBJS/*Reuschle* Rn. 5; BeckOK HGB/*Bömeke* Rn. 6.

§§ 35, 36 *(aufgehoben)*

§ 37 [Unzulässiger Firmengebrauch]

(1) Wer eine nach den Vorschriften dieses Abschnitts ihm nicht zustehende Firma gebraucht, ist von dem Registergerichte zur Unterlassung des Gebrauchs der Firma durch Festsetzung von Ordnungsgeld anzuhalten.

(2) [1]Wer in seinen Rechten dadurch verletzt wird, daß ein anderer eine Firma unbefugt gebraucht, kann von diesem die Unterlassung des Gebrauchs der Firma verlangen. [2]Ein nach sonstigen Vorschriften begründeter Anspruch auf Schadensersatz bleibt unberührt.

Schrifttum: *Bokelmann,* Das Recht der Firmen- und Geschäftsbezeichnungen, 5. Aufl. 2000; *Bokelmann,* Der Gebrauch von Geschäftsbezeichnungen mit Inhaberzusatz durch Nichtkaufleute und Minderkaufleute, NJW 1987, 1683; *Frey,* Verwendung einer schutzfähigen Geschäftsbezeichnung als unberechtigter Firmenmißbrauch?, DB 1993, 2169; *v. Gamm,* Die Unterlassungsklage gegen Firmenmißbrauch, FS Stimpel, 1985, 1007; *W. H. Roth,* Unzulässiger firmenmäßiger Gebrauch einer zulässig geführten Geschäftsbezeichnung, ZGR 1992, 632; *K. Schmidt,* Das Verbot der „firmenähnlichen Geschäftsbezeichnung“: Geltendes oder gesetzwidrige Erfindung?, DB 1987, 1181; *K. Schmidt,* Replik: Das geltende Handelsrecht kennt kein Verbot der „firmenähnlichen Geschäftsbezeichnung“, DB 1987, 1674; *Ullmann,* Die Verwendung von Marke, Geschäftsbezeichnung und Firma im geschäftlichen Verkehr, insbesondere des Franchising, NJW 1994, 1255.

Übersicht

I. Grundlagen

1 **1. Normzweck und Inhalt.** Die Norm will die Einhaltung der Regelungen über die Firmierung in den §§ 17 ff. sicherstellen und dient damit der **öffentlichen Ordnung.**[1] Im Mittelpunkt steht dabei nicht die korrekte Firmierung im Handelsregister, die bereits im Rahmen des Eintragungsverfahrens (§ 30) und durch die Festsetzung von Zwangsgeldern gem. § 14 zur Durchsetzung der Anmeldung eintragungspflichtiger Änderungen erzwungen werden kann, sondern die Firmierung und ihre Informationsfunktion **im Geschäftsverkehr.**[2]

2 **Abs. 1** stellt iVm §§ 388 ff., 392 FamFG zur Unterbindung unzulässiger Firmierungen ein **registerrechtliches Firmenmissbrauchsverfahren** mit der Festsetzung von Ordnungsgeld als Sanktion zur Verfügung. Die Einleitung des Firmenmissbrauchsverfahrens setzt den Gebrauch einer Firma voraus, die dem Verwender nach den Vorschriften dieses Abschnitts nicht zusteht. **Abs. 2** weist denjenigen, die durch unzulässige Firmierung in ihren Rechten verletzt werden, einen **Unterlassungsanspruch** zu und nutzt damit die **Privatinitiative zur Durchsetzung der korrekten Firmierung.**[3] Zumindest im Ergebnis beinhaltet dies auch einen unmittelbaren Schutz der durch die unzulässige Firmierung in ihren Rechten Betroffenen, da ihnen eine Klagemöglichkeit zur Verfügung gestellt wird. Es handelt sich jedoch nicht um eine Norm, die primär die in ihren Rechten Verletzten schützt.[4] Dies ergibt sich bereits aus Abs. 2 S. 2, der zeigt, dass neben dem Unterlassungsanspruch nicht automatisch auch ein Schadensersatzanspruch besteht (→ Rn. 56).

3 **2. Rechtspolitische Berechtigung und Standort der Norm.** Die Durchsetzung korrekter Firmierung ist notwendig, da nur so die Informationsfunktion der Firma gewährleistet werden kann. Trotzdem sind beide Normteile rechtspolitisch nicht unproblematisch. Das registerrechtliche Firmenmissbrauchsverfahren des **Abs. 1** ist wenig effektiv, da eigenständige Ermittlungen das Registergericht überfordern, der Gesetzgeber sich im 1998 eingeführten § 18 Abs. 2 S. 2 hinsichtlich der Irreführung für eine nur summarische Prüfung durch das Registergericht entschieden hat und Mitteilungen über unzulässige Firmierungen in der Regel nur von nach Abs. 2 Klageberechtigten erfolgen werden. Der österreichische Gesetzgeber hat Abs. 1 schon 1991 aufgehoben (BGBl. 1991 I 59) und mit der Sanktionsregelung des § 14 in § 24 FBG zusammengefasst. Es fragt sich daher, ob Abs. 1 nicht im Bereich des FamFG besser aufgehoben wäre.[5] Damit wäre auch das Problem paralleler Regelungen für unterschiedliche Rechtsformen beseitigt. Der Unterlassungsanspruch des **Abs. 2** ist anders, als die Regelung des Art. 27 Abs. 1 ADHGB von 1861, nur eine von mehreren Möglichkeiten für Unterlassungsklagen bei einem Gebrauch einer unzulässigen Firma. Die anderen Ansprüche ergeben sich aus den § 8 iVm §§ 3, 5, 5a UWG,[6] § 12 BGB (analog) und vor allem § 15 Abs. 4 MarkenG, die nicht selten parallel angewendet werden.[7] Die weitgehende materielle Parallelität der firmenbezogenen Unterlassungsansprüche[8] der unterschiedlichen Gesetze war für den HGB-Gesetzgeber noch nicht absehbar.[9] Abs. 2 bietet gegenüber anderen Vorschriften gewisse **Vorteile.** Anders als § 3 UWG verlangt er keine spürbare Beeinträchtigung der Interessen. Gegenüber § 15 Abs. 4 MarkenG besteht

---

1 KKRD/*Roth* Rn. 1; Heidel/Schall/*Ammon* Rn. 1; Oetker/*Schlingloff* Rn. 1; GroßkommUGB/*Enzinger* Rn. 4 für die Abs. 2 entsprechende österreichische Regelung.

2 OLG Köln NZG 2011, 155; BeckOK HGB/*Bömeke* Rn. 1.

3 BGH GRUR 1970, 320 (322).

4 BGHZ 53, 65 (70) = NJW 1970, 704; BGH WM 1993, 1248 (1251); Staub/*Burgard* Rn. 3; Heymann/*Förster* Rn. 3 f.; aA *v. Gierke/Sandrock* HandelsR § 17 V, 256.

5 So *Canaris* HandelsR § 11 Rn. 54.

6 Vgl. Gesetzesbeschluss, BR-Drs. 288/04.

7 OLG Frankfurt BeckRS 2007, 04665; LG Hamburg BeckRS 2005, 859; OLG Köln GRUR-RR 2006, 191 (192); *Ingerl/Rohnke* MarkenG Nach § 15 Rn. 167; Oetker/*Schlingloff* Rn. 1; zur entspr. Parallelproblematik in Österreich Torggler/*Jennewein* UGB Rn. 2.

8 OLG Köln GRUR-RR 2006, 191 f.; vgl. auch *Ingerl/Rohnke* MarkenG Nach § 15 Rn. 167; *K. Schmidt* HandelsR § 12 Rn. 138.

9 LG Stuttgart GRUR-RR 2006, 333 (335); vgl. Denkschrift zum HGB S. 44.

der entscheidende Vorzug darin, dass die materielle Verletzung eines Firmenrechts oder sonstigen Kennzeichenrechts nicht vorausgesetzt wird.[10] Teilweise[11] wird Abs. 2 materiell dem UWG zugeordnet. Materiell besteht aber eine größere Übereinstimmung zu den markenrechtlichen Ansprüchen des § 15 MarkenG, wo Abs. 2 auch heute schon angesprochen wird.[12] **De lege ferenda** wäre eine Integration des Abs. 2 in § 15 MarkenG wünschenswert, da damit das Firmenschutzrecht erheblich vereinfacht würde.[13] Zu überlegen wäre dann allerdings, ob der weite Kreis der Klageberechtigten gem. Abs. 2, der auch nicht dem Wortlaut des Abs. 2 entspricht, beibehalten werden sollte. Konsequent wäre es dann – entsprechend der ursprünglichen Intention des BGB-Gesetzgebers[14] –, auch § 12 BGB insoweit restriktiv anzuwenden, so dass der Firmenschutz exklusiv durch § 15 MarkenG und das UWG gewährleistet würde.

3. Formulierung der Norm. Aus heutiger Sicht erscheint die Formulierung der Norm wenig glücklich. So enthält zB der gesetzliche Verweis auf die Firmenvorschriften des 3. Abschnitts (§§ 17 ff.) in Abs. 1 sprachlich nicht die an die Stelle des § 20 aF getretenen zahlreichen Vorschriften in anderen Gesetzen. Die aus dem ADHGB übernommene Abweichung zwischen Abs. 1 (nach den Vorschriften dieses Abschnitts ihm nicht zustehende Firma) und Abs. 2 (Firma unbefugt gebraucht) gibt Anlass, über Differenzierungen nachzudenken, die der Gesetzgeber nicht gewollt hat (→ Rn. 42 ff.). Die Norm enthält – wie das gesamte gesetzliche Firmenrecht – nicht einmal einen Hinweis auf das schwierige Spannungsverhältnis zwischen der unzulässigen Firmierung einerseits und der zulässigen Verwendung von **Geschäftsbezeichnungen durch Nichtkaufleute** andererseits (→ Rn. 8), ebenso wenig auf die von der hM befürwortete Anwendung der Norm auf Nichtkaufleute (→ Rn. 6 f.) sowie auf die neuere Problematik der **Verwendung von Firmenschlagworten und Firmenabkürzungen** im Rahmen der Werbung (→ Rn. 16 ff.). Im Gesetz fehlt auch eine umfassende Regelung für den Bestandsschutz von Firmen, obwohl der Bestandsschutz ausweislich der § 22 HGB, Art. 22 Abs. 1, 38 EGHGB für den Gesetzgeber ein wichtiges Anliegen war (→ Rn. 27 ff.). Schließlich ist die Erweiterung des Abs. 2 auf die Verletzung rechtlicher Interessen wirtschaftlicher Art mit dem Wortlaut nur schwer zu vereinbaren (→ Rn. 46 ff.). 4

II. Unzulässiger Gebrauch einer Firma (Abs. 1)

1. Erfasster Personenkreis. a) Unmittelbar erfasste Personen. Unmittelbar erfasst sind der eingetragene Kaufmann, die Offene Handelsgesellschaft, die Kommanditgesellschaft samt ihren „kapitalistischen" Sonderformen wie zB der GmbH & Co. KG sowie die Rechtsformen, für die das Firmenrecht aufgrund einer entsprechenden Verweisung anwendbar ist. Dies sind die Aktiengesellschaft gem. § 3 AktG iVm § 6; die GmbH gem. § 13 Abs. 3 GmbHG iVm § 6; die Genossenschaft gem. § 17 Abs. 2 GenG; die VVaG gem. § 16 VAG; die Partnerschaft gem. § 2 Abs. 2 PartGG, die Europäische Wirtschaftliche Interessengemeinschaft gem. § 1 EWIVAG, die Europäische Aktiengesellschaft gem. Art. 10 SE-VO iVm § 3 AktG und die Europäische Genossenschaft gem. Art. 8 Abs. 1 lit. c Ziff. ii SCE-VO iVm § 17 Abs. 2 GenG. 5

b) Erfassung von Kleingewerbetreibenden und anderen Nichtkaufleuten. Bei Kleingewerbetreibenden und anderen Nichtkaufleuten stellt sich einmal die Frage, ob eine firmenähnliche Geschäftsbezeichnung oder genereller, welche Geschäftsbezeichnung unzulässig ist (→ Rn. 8). Noch wichtiger ist, ob § 37 gegenüber Kleingewerbetreibenden und anderen Nichtkaufleuten überhaupt angewendet werden darf. Zur Zeit des ADHGB war 6

10 RGZ 75, 370 (372).
11 *Canaris* HandelsR § 11 Rn. 54.
12 *Fezer* MarkenG § 15 Rn. 168, 170.
13 Vgl. auch *K. Schmidt* HandelsR § 12 Rn. 138: § 37 Abs. 2 wohl entbehrlich.
14 Denkschrift zum BGB in Mugdan, die gesamten Materialien zum Bürgerlichen Gesetzbuch, Bd. I, 1899, 825; Prot. Mugdan I 593.

anerkannt,[15] dass nichtkaufmännische Unternehmen, für die die Firmenvorschriften ohnehin nicht galten, auch nicht dem besonderen Durchsetzungsverfahren der richtigen Firmierung des heutigen § 37 unterlagen. Die ganz **hM**[16] wendet heute jedoch Abs. 1 (und parallel Abs. 2) **auf alle Nichtkaufleute** an. Nur vereinzelt[17] wird der (analoge) Anwendungsbereich auf gewerbliche, also immerhin eintragungsfähige Unternehmen, beschränkt oder Abs. 1 generell nicht auf nichtkaufmännische Unternehmen angewandt.[18]

7 **Stellungnahme:** Die hM kennzeichnet die von ihr praktizierte Rechtsfortbildung nicht als solche. Sie begründet die Anwendung der Norm lediglich damit, dass Nichtkaufleute nicht besser stehen dürften als Kaufleute. Während früher damit jede firmenähnliche Geschäftsbezeichnung unterbunden werden sollte, geht es heute nach hM[19] nur noch um Fälle einer Irreführung, insbesondere der Vortäuschung der Kaufmannseigenschaft, zB durch Führung eines Rechtsformzusatzes (→ § 17 Rn. 18).[20] Die Zulässigkeit einer analogen Anwendung des § 37 Abs. 1 setzt eine analoge Anwendung der materiellen Regelungen der §§ 17 ff. voraus. Die isolierte Übertragung des Irreführungsverbotes und darin eingeschlossen, das Verbot, eine nicht zustehende Rechtsformbezeichnung zu führen, stellen jedoch keine analoge Anwendung der §§ 17 ff. als materielles Firmenrecht dar. Methodisch käme daher allenfalls eine Rechtsfortbildung extra legem in Betracht. Das insoweit ohnehin wenig effektive Registergericht sollte jedoch durch die Handelsrechtsreform entlastet werden. Dann aber sollte § 37 Abs. 1 nicht analog auf Kleingewerbetreibende und andere Nichtkaufleute angewendet werden und auch keine entsprechende Rechtsfortbildung extra legem erfolgen. Im Ergebnis gilt Gleiches auch für Abs. 2. Angesichts der Reichweite des § 15 Abs. 4 MarkenG und des §§ 3, 5, 5a UWG besteht keine Lücke, die durch Analogie oder Rechtsfortbildung extra legem geschlossen werden müsste. Sollten allerdings angestoßen durch den Mauracher Entwurf zur Reform des Personengesellschaftsrechts[21] die Außen-GbRs stärker, also insbesondere hinsichtlich der Firmierung, den Handelsgesellschaften gleichstellen, ohne die Sicherstellung der Firmierung zu regeln, wäre die Analogiefrage neu zu stellen.

8 **c) Unzulässige nichtkaufmännische Unternehmensbezeichnungen.** Zentral für die Diskussion um die entsprechende Anwendung des § 37 auf Nichtkaufleute ist die Frage, welche Unternehmensbezeichnungen nichtkaufmännischen Unternehmen verboten und welche erlaubt sind. Früher wurde tendenziell jede nichtkaufmännische (bzw. minderkaufmännische nach altem Recht) Unternehmensbezeichnung, die einer zulässigen kaufmännischen Firmierung entsprach, als unzulässig angesehen. Dies war schon zum alten Recht nicht zutreffend[22] und gilt nach dem Handelsrechtsreformgesetz von 1998 erst Recht. Für nicht eingetragene gewerbliche Unternehmen verlangte § 15b GewO früher ein Auftreten unter dem Vor- und Zunamen, also eine mögliche Form der kaufmännischen Firmierung. Diese Regelung ist gemeinsam mit § 15a GewO durch das am 25.3.2009 in Kraft getretene Dritte Gesetz zum Abbau bürokratischer Hemmnisse insbesondere in der mittelständischen Wirtschaft (Drittes Mittelstandsentlastungsgesetz) vom 17.3.2009 (BGBl. 2009 I 550) abgeschafft worden. Allerdings enthält die RL 2006/123/EG (Dienstleistungs-RL) vom 12.12.2006 vergleichbare, teils sogar weitergehende Informationspflichten (vgl. Art. 22 Abs. 4 RL 2006/123/EG, Art. 27 Abs. 1, 2, 4 RL 2006/123/EG). Gemäß **§ 6c GewO**

---

15 Vgl. *Puchelt* ADHGB, Bd. I, 3. Aufl. 1882, ADHGB Art. 10 Anm. 2 zum Vorläufer des § 4 von 1900 betr. Minderkaufmann; *v. Hahn* ADHGB, 4. Aufl. 1894, ADHGB Art. 10 § 4.

16 OLG Karlsruhe WRP 1985, 509 (510); BayObLG NJW 1999, 297 (298) betr. Freiberufler; Staub/*Burgard* Rn. 8; Baumbach/Hopt/*Hopt* Rn. 2; KKRD/*Roth* Rn. 5; Oetker/*Schlingloff* Rn. 2; Straube/Ratka/Rauter/*Schuhmacher* UGB Rn. 3.

17 Vgl. *Canaris* HandelsR § 11 Rn. 49.

18 Vgl. *W. H. Roth* in Lieb, Die Reform des Handelsstandes und der Personengesellschaften, 1999, 49.

19 Vgl. KG JW 1926, 2095 (2096); Staub/*Burgard* Rn. 14; Baumbach/Hopt/*Hopt* § 17 Rn. 15; EBJS/*Reuschle* § 17 Rn. 9; *Bokelmann* NJW 1987, 1683 (1683).

20 BayObLG NJW 1999, 297 (298); Oetker/*Schlingloff* Rn. 2.

21 Vom BMJV am 20.4.2020 veröffentlicht und abrufbar.

22 Vgl. → 1. Aufl. 1996, Rn. 7–9; *K. Schmidt* DB 1987, 1181 f.; *K. Schmidt* DB 1987, 1674 f.

iVm § 2 Abs. 1 DL-InfoV sind seit dem 17.5.2010 **Familienname und Vorname** wieder zu nennen, weshalb diese firmenähnliche Bezeichnung nicht unzulässig sein kann.[23] Wünschenswert wäre es, wenn der deutsche Gesetzgeber dem Vorbild Österreichs folgen und die bislang verstreut geregelten Informationspflichten für Unternehmen umfassend in § 37a normieren würde.[24] Auch die Angabe des Geschäftsfeldes, die einer Sachfirma entspricht, ist bei Nichtkaufleuten zulässig.[25]

Die Bezeichnung „und Partner" ist allerdings gem. § 11 Abs. 1 PartGG bei Neugrün- 9
dungen seit dem 1.7.1995 den Partnerschaftsgesellschaften vorbehalten, während ältere Gesellschaften unter Führung eines Rechtsformzusatzes diese Form weiterführen dürfen. Zulässig für nichtkaufmännische Unternehmen sind daher die Bezeichnungen „Vater und Sohn, Mutter und Tochter, Gebrüder, Geschwister". Hier besteht ein schutzwürdiges Interesse zur Anzeige der familiären, im Geschäftsverkehr als Werbung geeigneten Verbundenheit der Betreiber.[26] Nachdem der Gesetzgeber im Handelsrechtsreformgesetz das Firmenrecht liberalisiert hat und zugleich allgemein den Rechtsformzusatz vorgeschrieben hat, ist es heute der **Rechtsformzusatz** und nicht mehr die Art der Firmengestaltung, an der man eine bestimmte Rechtsform erkennen kann. Damit entfällt die letzte Rechtfertigung für ein Verbot firmenähnlicher Geschäftsbezeichnungen für Nichtkaufleute. Daher sollten diese auch bisher als typisch handelsrechtlich angesehenen **Zusätze,** wie die Bezeichnung „& Co" und generell „&" zugelassen werden. Analog § 18 sind daher lediglich **irreführende Geschäftsbezeichnungen** von Nichtkaufleuten, also insbesondere solche, die über die Größe des Unternehmens täuschen, unzulässig. Unzulässig ist ebenfalls die Verwendung eines nicht zustehenden Rechtsformzusatzes. Auch wenn dies de lege ferenda wünschenswert ist, gibt es jedoch de lege lata keine Pflicht zur Angabe der nichtkaufmännischen Rechtsform.

2. Gebrauch der Firma. a) Allgemeines. Der Firmenbegriff richtet sich nach der 10
Legaldefinition des § 17 Abs. 1 (Name des Kaufmanns, unter dem er im Handel seine Geschäfte betreibt). Der Gebrauch der Firma ist auf die Benutzung für Geschäfte im Handelsverkehr beschränkt. Hierzu gehört unstreitig auch der **Registerverkehr,** und zwar nach zutreffender hM auch bereits der Eintragungsantrag,[27] da dieser keine bloße Anfrage beim Registergericht über die Zulässigkeit der Firma darstellt. Im Mittelpunkt steht der Firmengebrauch im **Geschäftsverkehr.** Ein relevanter Gebrauch liegt nur bei Benutzung nach außen vor; eine Benutzung nur innerhalb des Unternehmens reicht nicht aus. In einem Schreiben an (eigene) Handelsvertreter soll wegen der Selbstständigkeit der Handelsvertreter bereits ein solcher nach außen gerichteter Gebrauch liegen.[28]

Ein Gebrauch gegenüber dem ausländischen Handelsverkehr, insbesondere bei **Hand-** 11
lungen im Ausland, fällt nicht unter § 37,[29] da der deutsche Gesetzgeber nach dem Schutzlandprinzip keine Kompetenz besitzt, abschließende Firmierungsvorschriften für ein Auftreten im Ausland aufzustellen. Die betreffenden Länder können die Firmierung vielmehr eigenständig regeln.[30] Etwas anderes gilt nur, wenn der Gebrauch zugleich auch als Inlandsgebrauch einzuordnen ist.[31]

---

23 So auch Staub/*Burgard* § 37a Rn. 5a.

24 Staub/*Burgard* Rn. § 37a Rn. 5a.

25 OLG Karlsruhe DB 1991, 272 f.; Staub/*Burgard* Rn. 14; *K. Schmidt* DB 1987, 1181 f.; *W. H. Roth* ZGR 1992, 632 (633); *Ullmann* NJW 1994, 1255 ff.; *Bokelmann* NJW 1987, 1683.

26 Grds. aA OLG Hamm BB 1960, 959; OLG Oldenburg Rpfleger 1958, 381; *Bokelmann* NJW 1987, 1683 (1684); alle mit Ausnahme bei „Firmen" mit Handwerksangabe.

27 BayObLGZ 1988, 128 (130) = NJW-RR 1989, 100; BayObLGZ 1989, 44 (50); Staub/*Burgard* Rn. 21; Straube/Ratka/Rauter/*Schuhmacher* UGB Rn. 7; Oetker/*Schlingloff* Rn. 3; aA *Winkler* DNotZ 1989, 245 ff.; *Bumiller/Harders/Schwamb* FamFG § 392 Rn. 2.

28 Röhricht/Graf v. Westphalen/Haas/*Ries* Rn. 5; aA OLG Celle OLGZ 1972, 220 (221).

29 OLG Karlsruhe WRP 1985, 104 (105); Oetker/*Schlingloff* Rn. 3; Röhricht/Graf v. Westphalen/Haas/*Ries* Rn. 5; Straube/Ratka/Rauter/*Schuhmacher* UGB Rn. 7; aA Staub/*Burgard* Rn. 15.

30 Straube/Ratka/Rauter/*Schuhmacher* UGB Rn. 7; Jabornegg/Artmann/*Herda* UGB Rn. 30.

31 Vgl. GroßkommUGB/*Enzinger* Rn. 17.

12 Die Firma muss **als eigene Firma,** also nicht zur Benennung Dritter, gebraucht werden.[32] Die bloße Verwendung einer Firma auf Warenetiketten fällt grundsätzlich nicht hierunter, da hiermit nur der Ursprung der Ware, nicht aber der Vertragspartner gekennzeichnet wird. Wer daher zwar unter seiner Firma das Geschäft abschließt, aber die Waren unzulässig mit einer falschen Firma versieht, fällt nicht in den Anwendungsbereich des § 37, sondern (nur) in den der §§ 3, 5, 5a UWG, § 12 BGB analog sowie insbesondere des § 15 MarkenG.[33]

13 Da § 37 auf ein Unterlassen gerichtet ist, bedarf es nach allgemeinen Grundsätzen einer **Wiederholungsgefahr,** so dass ein einmaliges Handeln[34] ohne konkrete Anhaltspunkte für eine Möglichkeit der Wiederholung nicht ausreicht.[35] Die hM[36] begründet dies damit, dass unter „Gebrauch" nur eine auf Wiederholung gerichtete Maßnahme verstanden werden könne. Angesichts des klaren Wortlauts und der Tatsache, dass die Notwendigkeit der Wiederholungsgefahr aus dem Anspruchsziel des Unterlassens folgt, erscheint es methodisch indessen vorzugswürdig, die Wiederholungsgefahr als selbstständige ungeschriebene Voraussetzung anzusehen, die durch teleologische Reduktion gerechtfertigt werden kann.

14 **b) Firmengebrauch und sonstige nicht inhaberbezogene Bezeichnungen.** Der Gebrauch der Firma ist vom Gebrauch sonstiger Bezeichnungen abzugrenzen. Ausgehend von der Definition der Firma bedeutet dies, dass Bezeichnungen, die nicht den Namen des Kaufmanns (des Inhabers des Unternehmens) im Handelsverkehr repräsentieren, von § 37 nicht erfasst sind. Keine Abgrenzungsmöglichkeit ergibt sich insoweit aus dem Begriff der geschäftlichen Bezeichnung im Sinne des Markengesetzes (vgl. §§ 5, 15 MarkenG), da diese Bezeichnung, genauer der Begriff des Unternehmenskennzeichens iSd § 5 Abs. 2 MarkenG, sowohl die Firma als auch andere Bezeichnungen des Unternehmens erfasst. Ebenfalls keine Abgrenzungsmöglichkeit bietet ein fehlender Rechtsformzusatz,[37] auch wenn der Zusatz heute allgemeiner Bestandteil der Firma ist. Sonst könnte man durch Weglassen des Rechtsformzusatzes den zwingenden Firmierungsregeln entgehen. Da die Firmierungsvorschriften letztlich der Information des Handelsverkehrs dienen, sollte es für die Einordnung darauf ankommen, ob der Verkehr eine Bezeichnung als Angabe des Namens des Inhabers (Firma) auffasst.[38] Es liegt daher kein Firmengebrauch vor, wenn es sich nach der Verkehrsanschauung nur um eine Bezeichnung einer bestimmten Ware oder Warengruppe, einer Betriebsstätte (schwierige Abgrenzung zur firmenrechtlich verselbstständigten Filiale) oder der Örtlichkeit des Unternehmens oder einer anderen Eigenschaft des Unternehmens handelt. Einfluss auf die Verkehrsauffassung hat dabei insbesondere, ob nach den jeweiligen Umständen eine Angabe der Firma erwartet werden darf.[39] Problematisch ist die Abgrenzung insbesondere dann, wenn die verwendete Kennzeichnung, zB eine Marke im Sinne des Markengesetzes, zugleich in der Firma enthalten ist und die Verkehrsanschauung daher mit ihr sowohl Vorstellungen über das Produkt als auch den Namen des Inhabers verbindet.

15 Insbesondere in solchen Fällen, aber auch bei der Bezeichnung von Markenprodukten ist es problematisch, auf die **tatsächliche Verkehrsauffassung** abzustellen.[40] Die Verbraucher werden zu einem erheblichen Prozentsatz einen bekannten Markennamen ganz generell zumindest als Kurzform der Firma des Herstellers verstehen. Die teilweise feinen Unterschiede zwischen Firma, Firmenkurzform, Kennzeichen, Markenname etc sind ihnen meist

[32] BGH NJW 1991, 2023 (2024); Staub/*Burgard* Rn. 19; Heymann/*Förster* Rn. 6; *Ingerl/Rohnke* MarkenG Nach § 15 Rn. 166.

[33] Vgl. RGZ 3, 165; 36, 13; Staub/*Burgard* Rn. 19.

[34] Zur Erfassung einer Unterlassung vgl. AG Elsfleth BB 1968, 310.

[35] KG HRR 1929, Nr. 21; OLG Hamburg Recht 1907 Nr. 3361; Staub/*Burgard* Rn. 15; Heymann/*Förster* Rn. 9.

[36] Staub/*Burgard* Rn. 15; Heymann/*Förster* Rn. 9.

[37] In diese Richtung aber Röhricht/Graf v. Westphalen/Haas/*Ries* Rn. 4.

[38] Vgl. BGH NJW 1991, 2023 (2024); BayObLGZ 1960, 345 (351); KG JW 1926, 2930; HRR 1932, Nr. 252; Heymann/*Förster* Rn. 10; *Ullmann* NJW 1994, 1255 (1258); Staub/*Burgard* Rn. 15 ff.

[39] BGH NJW 1991, 2023 (2024); OLG Celle OLGZ 1972, 220 (221).

[40] So aber LG Köln BeckRS 2010, 30730 – aufgehoben durch OLG Köln NZG 2013, 1114.

unbekannt. Es erscheint daher überlegenswert, statt auf die tatsächliche Verkehrsauffassung normativ auf einen aufgeklärten Empfänger ähnlich dem Verständnis im UWG und Markenrecht oder, wohl vorzugswürdig, auf die tatsächlichen **Vorstellungen unter den Kaufleuten** abzustellen. In den Ergebnissen entspricht dem die Praxis, IHK-Gutachten einzuholen; denn diese können generell über die Wirkung auf aufgeklärte Handelskreise, nicht aber auf Verbraucher Auskunft geben.

c) Schlagwortartige Firmenkurzformen. Besondere Probleme bereiten schlagwortartige Firmenkurzformen, die seit Langem insbesondere in der Werbung und bei mündlichen Geschäftsabschlüssen Verwendung finden. Es besteht weitgehend Übereinstimmung in Rspr. und Lehre im Bemühen, dem hier zu Tage tretenden Verkehrsbedürfnis gerecht zu werden. Hierfür gibt es mehrere Lösungsansätze: 16

Ein erster Ansatz ist, Firmenkurzformen bzw. Schlagwörter zuzulassen, wenn sie für den Verkehr als solche erkennbar sind, weil sie dann nicht als Firma anzusehen seien.[41] Bedenklich an diesem Lösungsvorschlag ist, dass die Verkehrsauffassung nicht geprüft, sondern behauptet wird. Vor allem wird die vom Gesetz allein als maßgeblich angesehene **Namensfunktion der Firma** nicht dadurch eingeschränkt, dass es sich erkennbar um eine Kurzform des Namens handelt. Eine Kurzform nicht als Name (Firma) anzusehen, ließe sich nicht im Wege der Auslegung, sondern allenfalls mit Hilfe einer teleologischen Reduktion rechtfertigen. Hierfür gibt der Normzweck jedoch keine Veranlassung. Auch das Verkehrsbedürfnis erfordert nicht die Unanwendbarkeit des § 37 auf alle Kurzformen, sondern nur die Zulassung nicht irreführender Kurzformen der Firma in dem Bereich, in dem die vollständige Firma zu aufwändig wäre. 17

Ein zweiter, ähnlicher Begründungsansatz sieht in der Werbung **generell keinen Firmengebrauch.**[42] Auch die Werbung ist jedoch Teil des Geschäftsverkehrs, so dass eine Verwendung einer verkürzten Firma bzw. eines Firmenschlagworts vom Wortlaut des § 37 erfasst ist.[43] Die Abgrenzung zwischen Werbung und Geschäftsverkehr kann auch nicht berücksichtigen, dass für eine verkürzte Firmierung auch bei mündlichen Geschäftsabschlüssen ein Bedürfnis besteht. Vor allem besteht kein Grund, im Werbeverkehr irreführende Bezeichnungen auch nur firmenrechtlich zuzulassen. Dies bedeutet jedoch nicht, dass Firmenabkürzungen und Schlagworte, die Namensfunktion haben bzw. einer Firma ähnlich sind, stets als unzulässiger Firmengebrauch nach § 37 angesehen werden müssten.[44] 18

Dem bestehenden Bedürfnis nach Zulassung von **Firmenabkürzungen** und Schlagwörtern kann nur mit einer **Rechtsfortbildung extra legem** Rechnung getragen werden.[45] Die Rechtsfortbildung rechtfertigt sich mit einem dringenden Bedürfnis des Rechtsverkehrs,[46] genauer des beteiligten Handelsverkehrs, an der Möglichkeit, im Bereich der Werbung und in mündlichen Verhandlungen auch die Firma wie alle sonstigen Informationen auf eine plakative Kurzform zu bringen. Beschränkt man die Zulässigkeit von Kurzformen bzw. Schlagwörtern auf diesen Bereich, und verlangt man zur Sicherung der Informationsfunktion weiter, dass die Kurzform aus der Langform abgeleitet sein muss und das Irreführungsverbot des § 18 Abs. 2 S. 1 eingehalten wird, so sind auch die Interessen der Geschäftspartner des verkürzt firmierenden Unternehmens gewahrt. Im Bereich der Werbung besteht keine berechtigte Erwartung auf vollständige Information und damit auch nicht eine solche hinsichtlich des Namens des Inhabers (Firma). Die Kurzform der Firma erfüllt das auch in diesem Bereich zu fordernde Mindestmaß an Information über die Firma. 19

---

41 Vgl. OLG Düsseldorf DB 1970, 923 f.; OLG Hamburg BB 1973, 1456 (1457); OLG Stuttgart BB 1991, 993; BayObLG BB 1992, 943; OLG Düsseldorf GRUR 1996, 361; Heymann/*Förster* Rn. 14; Baumbach/Hopt/*Hopt* Rn. 4.

42 Vgl. KG JW 1930, 3777 m. zust. Anm. *Kirchberger*; Heymann/*Kötter* Anm. 2; Baumbach/Hopt/*Hopt* Rn. 3; *Roth* ZGR 1992, 632 (637 f.); *Frey* DB 1993, 2169 (2170).

43 Ebenso Staub/*Burgard* Rn. 22; speziell zum Ladenschild als Werbung bereits *Lutz*, Protokolle zum ADHGB, 1858, 924.

44 So aber Staub/*Burgard* Rn. 22 f.; hiergegen zu Recht BGH NJW 1991, 2023 (2024).

45 Vgl. GroßkommUGB/*Enzinger* Rn. 20; ähnlich OGH RdW 2010, 87; ecolex 2005, 544.

46 Zu dieser Kategorie vgl. *Larenz*, Methodenlehre der Rechtswissenschaft, 6. Aufl. 1991, 414 ff.

20 Diese Rechtsfortbildung stellt keinen unzulässigen Eingriff in den **Grundsatz der Firmeneinheit**[47] dar, der nur eine Firma für jedes Unternehmen zulässt. Denn zum einen bleibt es bei nur einer Firma, die nur unter spezifischen Umständen auch in Kurzform gebraucht werden darf. Die Kurzform ist auch im Gesetz insoweit angelegt, als § 37a Firma und Rechtsformzusatz nur für Geschäftsbriefe verlangt und damit einen Freiraum lässt. Vor allem aber ist der alternative Weg der Rspr., bestimmte Fälle ganz aus dem Firmenrecht auszuklammern, im Ergebnis ein sogar weitergehender Eingriff in den Grundsatz der Firmeneinheit. Außerhalb dieses Bereichs bleibt die vollständige Firmierung notwendig.[48] Die zusätzliche Angabe von Adressdaten führt nicht zur Unzulässigkeit einer Kurzform.[49] Eine Privilegierung Dritter ist mit dieser Rechtsfortbildung nicht beabsichtigt. Verwenden Dritte Firmenschlagworte ohne Einverständnis des Berechtigten ist dies ein Firmengebrauch. Kein Firmengebrauch sind allerdings Metatags.[50] Die Firmenkurzform darf nicht mit dem **Rechtsformzusatz** kombiniert werden, da damit der Eindruck der vollständigen Firma erweckt wird.[51]

21 Die hier vorgenommene Abgrenzung ähnelt derjenigen der Rspr., wenn diese – inkonsequent – darauf abstellt, welche Angabe des Geschäftsinhabers angebracht ist.[52] Allerdings erfolgt nach dem hiesigen Konzept nur eine Reduzierung der Anforderungen im Bereich der plakativen Werbung bzw. der mündlichen Verhandlung und kein völliger Verzicht auf die firmenrechtlichen Vorgaben, womit hier der schonendere und damit vorzugswürdige rechtsfortbildende Eingriff in § 37 vorliegt.

22 **d) Rechtsprechungsfälle.** Zum Gebrauch firmenähnlicher Bezeichnungen durch Nichtkaufleute → Rn. 8. Als firmenmäßiger Gebrauch wurden Anmeldungen[53] und Eintragungen[54] im Handelsregister angesehen. Auch Bezeichnungen, die als Namen des Inhabers zu verstehen sind, wenn sie in Warenprospekten,[55] beim Aufdruck auf Preislisten,[56] bei Inseraten,[57] auf Geschäftsbriefbögen,[58] bei Anmeldungen und Eintragungen in Adress- und Telefonbüchern,[59] auf Warenetiketten[60] oder an Geschäftsräumen[61] erfolgen, werden als Firmengebrauch eingeordnet. Nicht erfasst sein sollen verkürzte Firmen bei Werbeanzeigen,[62] Zeitungsinseraten[63] und die Bezeichnung des Verlegers auf dem Titelblatt eines Buches.[64]

23 **3. „Nach den Vorschriften dieses Abschnitts ihm nicht zustehende Firma". a) Maßgebliche Normen.** § 37 Abs. 1 ermöglicht seinem Wortlaut nach (nur) ein Einschreiten bei Gebrauch einer Firma, die gegen die **firmenrechtlichen Vorschriften** des 3. Abschnitts des 1. Buchs also die §§ 17 ff., speziell die §§ 18, 19, 21–24, 30, verstößt.

---

47 Für diesen ungeschriebenen Grundsatz vgl. ROHGE 4, 253; RGZ 85, 397 (399); 99, 158 f.; 113, 213 (216); BGHZ 67, 166 = NJW 1976, 2163; BayObLG BB 1992, 943; Heymann/*Förster* § 17 Rn. 14 ff.; *Canaris* HandelsR § 11 Rn. 35 ff., 39 f. für Gesellschaften; Baumbach/Hopt/*Hopt* Rn. 4; aA *Wünsch* ZHR 129 (1967), 341 (345); *Kraft,* Die Führung mehrerer Firmen, 1966, 65.

48 Vgl. auch BGH NJW 1991, 2023 (2024); *Roth* ZGR 1992, 632 (638).

49 OLG Köln NZG 2011, 155; Baumbach/Hopt/*Hopt* Rn. 3.

50 AA GroßkommUGB/*Enzinger* Rn. 7; *Fuchs* ÖZW 2009, 112; Straube/Ratka/Rauter/*Schuhmacher* UGB Rn. 10, alle zu Österreich.

51 OGH wbl 2005, 153; Straube/Ratka/Rauter/*Schuhmacher* UGB Rn. 3.

52 BGH NJW 1991, 2023 (2024).

53 RGZ 22, 58 (59 f.); BayObLGZ 1988, 128 (130) = NJW-RR 1989, 100; BayObLGZ 1989, 44 (50).

54 KG RJA 14, 174 (175).

55 BGH NJW 1991, 2023 (2024).

56 RGZ 29, 57 (61).

57 OLG Oldenburg BB 1964, 573; OLG Celle OLGZ 1972, 220 (221).

58 BayObLG BB 1992, 943; aA OLG Düsseldorf DB 1970, 923.

59 KG JW 1926, 2930; BayObLG BB 1960, 996; OLG Hamburg WRP 1977, 496 (497).

60 OLG Hamburg BB 1973, 1456 f.

61 RGZ 36, 13 f.; *Bokelmann,* Das Recht der Firmen- und Geschäftsbezeichnungen, 5. Aufl. 2000, Rn. 846; aA KG Recht 1928, Nr. 2272.

62 OLG Bamberg DB 1973, 1989; OLG Stuttgart BB 1991, 993.

63 OLG Düsseldorf DB 1970, 923; aA OLG Oldenburg BB 1964, 573.

64 KG HRR 1932, Nr. 252: sehr fraglich, da kein Bedürfnis für eine schlagwortartige Verkürzung besteht.

Canaris[65] problematisiert, ob auch ein Verstoß gegen das Einwilligungserfordernis der §§ 22, 24 Abs. 2 erfasst sein soll, da diese Vorschriften gerade auch dem Namensschutz dienten. Er rechtfertigt dies letztlich mit einem parallelen Verstoß gegen § 18 Abs. 2.[66] Dieser Hilfsüberlegung bedarf es jedoch nicht. Der Gesetzgeber hat eine bewusste Entscheidung für die Erfassung aller Normen des Abschnitts getroffen. Der namensrechtliche Schwerpunkt einer Norm bietet keinen Ansatzpunkt für eine teleologische Reduktion. Darüber hinaus ist die Regelung analog auf die Normen anzuwenden, die inhaltlich an die Stelle des aufgehobenen § 20 getreten sind.[67] Dies sind § 4 GmbHG (GmbH), § 4 AktG (AG) §§ 4, 279 AktG (KGaA), § 3 GenG (Genossenschaft), § 18 Abs. 2 VAG (Versicherungsverein auf Gegenseitigkeit), § 200 UmwG. Firmenrechtliche Sondervorschriften enthalten § 3 KAGB (Kapitalanlagegesellschaften, Investmentfonds und Investmentgesellschaften), §§ 39 ff., 43 Abs. 1 Hs. 2 KWG (Bank oder Sparkasse), § 32 Abs. 3 StBerG (Steuerberater), § 130 Abs. 2 WPO, § 133 WPO (Wirtschaftsprüfer) sowie zahlreiche Vorschriften des UmwG. Aus den §§ 17 ff. und der Namensfunktion der Firma ist ein von § 37 ebenfalls erfasster Rechtssatz der Firmeneinheit (Zulässigkeit nur einer Firma für jedes Unternehmen) abzuleiten (→ Rn. 25; zur Privilegierung von Firmenkurzformen im Bereich plakativer Werbung → Rn. 16 ff., → Rn. 21). Mit der inzwischen wohl hM[68] lässt sich den §§ 17 ff. kein ungeschriebener, von § 37 erfasster Rechtssatz entnehmen, wonach Nichtkaufleute eine firmenähnliche Bezeichnung nicht führen dürften (→ Rn. 8). Die Vereinbarkeit der Firmierung mit anderen Normen, zB den §§ 3, 5, 5a UWG, § 12 BGB (analog), § 15 MarkenG, ist für das Registergericht unbeachtlich.[69] In **Österreich** wird die Verletzung nicht auf das Firmenrecht beschränkt. Auch die Verletzung unternehmerischer Namensrechte und von Immaterialgüterrechten soll zu einer Klage nach § 37 berechtigen.[70] Auch in Deutschland besteht trotz des Gesetzeswortlautes eine gewisse Tendenz in diese Richtung.[71]

b) Anwendung. Der Anwendungsschwerpunkt liegt bei Verstößen gegen die § 18 24
und § 30. Bei einem Verstoß gegen § 18 Abs. 2 S. 1 ist auch im Rahmen des § 37 Abs. 1 eine ersichtliche Irreführung iSd § 18 Abs. 2 S. 2 erforderlich.[72] Hierfür spricht zunächst, dass auch das Verfahren gem. § 37 Abs. 1 ein Verfahren vor bzw. gegenüber dem Registergericht ist. Die mit § 18 Abs. 2 S. 2 geplante Entlastung des Registerrichters wird nur dann erreicht, wenn der Registerrichter nicht nach der Eintragung der Firma recherchieren muss, um auch gegen Fälle nicht ersichtlicher Irreführung einzuschreiten. Die registerrechtlichen Anforderungen an die Unterscheidbarkeit sind niedriger als nach dem MarkenG. Hingegen ist anders als bei § 15 MarkenG Branchennähe nicht erforderlich.[73] Befugt soll der Gebrauch einer verwechselungsfähigen Firma auch sein, wenn von dem prioritätsälteren, früheren Gesellschafter eine Genehmigung ausgesprochen wurde.[74] Dies ist problematisch, weil nicht nur § 18 Abs. 2 S. 1 auf die angesprochenen Verkehrskreise abstellt, sondern auch § 30 im öffentlichen Interesse den Rechtsverkehr vor verwechslungsfähigen Firmen schützt (→ § 30 Rn. 1). Das Einverständnis des besser Berechtigten ändert nichts am Schutzbedürfnis des Verkehrs gegen verwechslungsfähige Firmen.

c) Bedeutung der Handelsregistereintragung. Die Eintragung im Handelsregister 25
ist für § 37 **ohne Bedeutung.** Weder beseitigt sie die Unzulässigkeit der Firma,[75] noch ist

65 *Canaris* HandelsR § 11 Rn. 43.
66 *Canaris* HandelsR § 11 Rn. 43.
67 Staub/*Burgard* Rn. 9; BeckOK HGB/*Bömeke* Rn. 7.
68 BT-Drs. 13/8444, 55; *K. Schmidt* DB 1987, 1181 f.; *K. Schmidt* DB 1987, 167 f.; *Canaris* HandelsR § 11 Rn. 48; *Bokelmann* GmbHR 1998, 58; KKRD/*Roth* § 17 Rn. 8.
69 Heymann/*Förster* Rn. 38; Oetker/*Schlingloff* Rn. 4; *v. Gamm* FS Stimpel, 1985, 1007, 1008.
70 OGH SZ 48/125; OLG Wien ÖBL 2007, 7; Straube/Ratka/Rauter/*Schuhmacher* UGB Rn. 8.
71 LG Frankfurt BeckRS 2012, 23969; Baumbach/Hopt/*Hopt* Rn. 10.
72 Röhricht/Graf v. Westphalen/Haas/*Ries* Rn. 8.
73 Vgl. KG GRUR 2000, 902 (905) – LH.
74 BGH GRUR 2002, 703 (706) – Vossius & Partner.
75 RG JW 1903, 342; Staub/*Burgard* Rn. 9.

die Eintragung Voraussetzung, um gegen den Firmenmissbrauch vorgehen zu können.[76] Eine an sich zulässige Firmierung wird nicht durch die fehlende Eintragung unzulässig.[77] Die Eintragung ist in solchen Fällen vielmehr gem. §§ 14, 29 zu erzwingen. Keine Ausnahme hiervon ist der Grundsatz der Firmeneinheit, nach dem auch eine an sich mögliche Firmierung unzulässig ist, wenn sie von der eingetragenen Firma abweicht (→ Rn. 20).[78] Denn der Grundsatz der Firmeneinheit erfasst auch Fälle, in denen ohne Registereintragung zwei Firmen parallel verwendet werden. Auch eine Genehmigung zB durch den von einer Verwechslungsgefahr betroffenen Konkurrenten mit ähnlicher Firma (§ 30 Abs. 1) ist unerheblich, da § 37 Abs. 1 primär dem öffentlichen Interesse dient.[79]

26 **d) Maßgeblicher Zeitpunkt und Bestandsschutz für ursprünglich zulässige Altfirmen.** Ob ein Firmengebrauch unzulässig ist, bemisst sich nach den zum Zeitpunkt des Eingreifens des Registergerichts bestehenden Verhältnissen. Es besteht daher grundsätzlich kein Unterschied zwischen einer bereits ursprünglich unzulässigen Firmierung und einer erst später durch Änderung der tatsächlichen Verhältnisse des Unternehmens unzulässig gewordenen Firmierung.[80]

27 Bei einer Änderung der Rechtslage durch gesetzliche Änderungen oder richterliche Rechtsfortbildung muss der Gesetzgeber bzw. Richter[81] entscheiden, ob die neue Rechtslage auch für Altfirmen gelten soll, oder ob insoweit der **Bestandsschutz** Vorrang genießt. Für die vor dem 1.1.1900 bestehenden Firmen hat der Gesetzgeber sich in Art. 22 Abs. 1 EGHGB für den Bestandsschutz entschieden. Der Reformgesetzgeber des Jahres 1998 begrenzte den Bestandsschutz demgegenüber in Art. 38 EGHGB zeitlich. Hat der Gesetzgeber sich über die Gewährung von Bestandsschutz aber keine Gedanken gemacht, liegt eine zu füllende Lücke vor (→ Rn. 29 aE).

28 Problematisch sind die Fälle, in denen eine Firmierung durch eine **sich ändernde Verkehrsanschauung** später unzulässig wird.[82] Die hM will dies im Rahmen eines – vom Wortlaut der Norm allerdings nicht gedeckten – Ermessens des Registergerichts für das Einschreiten berücksichtigen,[83] während *Burgard*[84] den Bedeutungswandel als einen Fall richterlicher Rechtsfortbildung ansieht und damit dem entscheidenden Richter bei jedem Bedeutungswandel eine Entscheidung über den Bestandsschutz zubilligt.

29 **Stellungnahme:** Problematisch an der hM ist die Einordnung des Problems beim Eingriffsermessen; denn damit lassen sich Klagen nach § 37 Abs. 2 nicht bewältigen, obwohl auch dort das Bestandsinteresse zu berücksichtigen ist. Es handelt sich daher, wie auch von *Burgard* vertreten, um ein Problem des materiellen Rechts.[85] Allerdings stellen veränderte Anschauungen keine Rechtsfortbildung durch die Gerichte dar, es liegt vielmehr eine bereits vom ursprünglichen Gesetzgeber angelegte Dynamik vor, wenn das Gesetz letztlich auf die jeweils aktuelle Verkehrsanschauung abstellt. Da der historische HGB-Gesetzgeber das Verhältnis zwischen Bestandsschutz für Altfirmen und der sich ändernden Verkehrsauffassung nicht bedacht hat, liegt eine ursprüngliche, zu füllende Gesetzeslücke vor. Entgegen der ganz hM erscheint es bedenklich, hier eine Einzelfallabwägung vorzunehmen. Ein möglicher Gewinn an Einzelfallgerechtigkeit wird mit einer kaum zumutbaren Rechtsunsicherheit erkauft. Vielmehr ist eine Analogie zu Art. 22 Abs. 1 EGHGB geboten, die durch

---

[76] RG JW 1933, 2897.
[77] Staub/*Burgard* Rn. 9.
[78] Vgl. LG Düsseldorf DB 1981, 686; aA Staub/*Burgard* Rn. 9.
[79] Vgl. RGZ 76, 263 (266); Heymann/*Förster* Rn. 23.
[80] Staub/*Burgard* Rn. 10; Heymann/*Förster* Rn. 19.
[81] Vgl. BGHZ 65, 103 (105 f.) = NJW 1976, 48, wo die rechtsfortbildenden Richter für den GmbH & Co. KG-Zusatz wegen des geringeren Eingriffs in die bestehenden Firmen und erheblicher Gefahr der Irreführung sich generell gegen einen Bestandsschutz entschieden haben.
[82] Vgl. OLG München JFG 14, 475 (477); KG JFG 15, 54 (56) jeweils für Firmenzusatz „Haus"; OLG Stuttgart NJW 1960, 1865 – „Deutsches Lehrmittelinstitut"; KG NJW 1965, 254 (255) – „Delbag".
[83] Vgl. vorige Fn.; Heymann/*Förster* Rn. 26; Baumbach/Hopt/*Hopt* Rn. 6; *Jansen* NJW 1966, 1813 (1815).
[84] Staub/*Burgard* Rn. 11.
[85] Staub/*Burgard* Rn. 11.

die Grundwertung des § 22 HGB, der zum Schutz des Bestandsinteresses die Firmenwahrheit durchbricht, unterstützt wird. Der Gesetzgeber gewährte selbst bei den viel einschneidenderen Änderungen im Verhältnis vom ADHGB zum HGB dem Firmenbestandsinteresse ohne Einzelfallwertung den Vorrang. Gleiches sollte für die weniger einschneidenden Änderungen durch den Wechsel der Verkehrsauffassung, die der gleiche Gesetzgeber anlegte,[86] gelten. Eine entsprechende Analogie ist sogar erwägenswert, wenn der moderne Gesetzgeber bei einer Änderung des Firmenrechts keine eigene Entscheidung hinsichtlich des Verhältnisses von Bestandsschutz zur Änderung des Firmenrechts treffen sollte. Die nur zeitlich begrenzte Übergangsvorschrift des Art. 38 EGHGB ist hingegen Ausdruck einer Tendenz zu geringerem Bestandsschutz. Sollte sich diese Tendenz verfestigen, so bedürfte es einer Neuentscheidung über den Bestandsschutz bei geänderter Verkehrsanschauung.

e) Bestandsschutz bei bereits ursprünglich unzulässiger Firma? Bei lang andauernder, unbeanstandeter, gleichwohl mit dem Gesetz nicht zu vereinbarender Firmierung stellt sich die Frage, ob insbesondere dann, wenn der Verstoß gegen die Firmierungsvorschriften gering ist, der gegen das Gesetz verstoßende Teil der Firmierung prägend und damit wirtschaftlich sehr wertvoll ist, und dem Inhaber die Unzulässigkeit nicht bekannt war, Bestandsschutz gewährt werden kann. Teilweise wird dies kategorisch abgelehnt.[87] Der BGH[88] hat dies bisher ständig offengelassen[89] und nur entschieden, dass bei Bösgläubigkeit des Inhabers[90] und bei erheblicher Irreführungsgefahr durch die derzeitige Firma[91] ein solcher Bestandsschutz nicht in Betracht komme und dieser insgesamt die Ausnahme sein müsse.[92] Die hM[93] will den Bestandsschutz dagegen im Rahmen eines von ihr für § 37 angenommenen Ermessens berücksichtigen und verlangt, dass die privaten Bestandsschutzinteressen das öffentliche Interesse an korrekter Firmierung wesentlich übersteigen. 30

Stellungnahme: Eine Berücksichtigung im Rahmen einer Ermessensabwägung durch das Registergericht erscheint bedenklich. Der Gesetzeswortlaut kennt kein Ermessen des Registergerichts. Zum anderen besteht kein Grund, den Bestandsschutz, wenn er gewährt wird, nur auf Abs. 1 zu begrenzen. Auch für Abs. 2 bedarf es dann der Berücksichtigung des Bestandsschutzes. Dies geht nur, wenn dieser schon auf der Ebene der Zulässigkeit der Firmierung Berücksichtigung findet. 31

Eine Berücksichtigung des Bestandsschutzinteresses erscheint rechtsähnlich der privatrechtlichen **Erwirkung**[94] möglich. Hierfür bedarf es keiner generellen Anerkennung des Instituts der Erwirkung gegenüber dem Staat.[95] Die hier notwendige Rechtfortbildung rechtfertigt sich vielmehr mit der spezifischen Rechts- und Interessenlage beim Firmenrecht. Die Firma ist das zentrale, von außen erkennbare Merkmal für die Unternehmenskontinuität. Diese Möglichkeit, die Unternehmenskontinuität nach außen national und international zu dokumentieren, ist von hoher (volkswirtschaftlicher) Bedeutung.[96] Dem Gesetzgeber 32

86 Für den Regelfall ähnlich *Lindacher* BB 1977, 1676 (1681); *Bokelmann,* Das Recht der Firmen- und Geschäftsbezeichnungen, 5. Aufl. 2000, Rn. 833.

87 Staub/*Burgard* Rn. 11; *v. Gamm* FS Stimpel, 1985, 1007, 1013 f.

88 BGHZ 30, 288 (293) = NJW 1959, 2255; BGHZ 44, 116 (118) = NJW 1965, 1915; vgl. auch BGH WM 1993, 1248 (1251) zu § 37 Abs. 2.

89 Bei BGH WM 1977, 24 (27) = GRUR 1977, 159 (161) – „Ostfriesische Teegesellschaft" war das Berufungsgericht von einer Verwirkung des Anspruchs aus § 37 Abs. 2 ausgegangen. Der BGH nahm nur zur Verwirkung des Anspruchs wegen Irreführung aus § 3 UWG aF (§ 5 UWG nF) Stellung.

90 BGHZ 44, 116 (118) = NJW 1965, 1915; vgl. auch BGHZ 30, 288 (293) = NJW 1959, 2255.

91 Vgl. BGHZ 65, 103 (105) = NJW 1976, 48.

92 Vgl. BGH WM 1993, 1248 (1251).

93 KG NJW 1965, 254 (255); BayObLGZ 1986, 150 (154); Baumbach/Hopt/*Hopt* Rn. 6; *Bumiller/Harders/Schwamb* FamFG § 392 Rn. 5; *Jansen* NJW 1966, 1813 (1815); *Bassenge* Rpfleger 1974, 173 (175).

94 Hierzu *Singer,* Das Verbot widersprüchlichen Verhaltens, 1993, 223 ff.; NK-BGB/*Krebs* BGB § 242 Rn. 114 ff.

95 Für die Möglichkeit der Berücksichtigung von Vertrauensschutzgesichtspunkten vgl. nur § 48, insbes. Abs. 4 VwVfG, dessen analoge Anwendung für die Eintragung einer Firma in das Handelsregister gar nicht so fern liegt.

96 Erinnert sei an die Anstrengungen der BAYER AG zum Rückerwerb ihrer Firma und ihrer Markenrechte für die USA nach dem kriegsbedingten Verlust der Rechte.

erschien die Firmenkontinuität so wertvoll, dass er in § 22 ihretwegen den Grundsatz der Firmenwahrheit durchbrach und mit Art. 22 Abs. 1 EGHGB auf die Anpassung von Altfirmen an die Rechtslage ab dem 1.1.1900 verzichtete. Gerade wenn man berücksichtigt, dass die §§ 18 ff. keinen umfassenden Grundsatz der Firmenwahrheit aufstellen, erscheint die Möglichkeit eines Bestandschutzes in Form der Erwirkung geboten. Für den Bereich des ebenfalls die Drittinteressen schützenden UWG-Irreführungsverbotes hat der BGH[97] bei jahrzehntelanger ungestörter Benutzung und relativ geringfügiger Irreführung einen schützenswerten Besitzstand anerkannt.

33 Unverzichtbare **Voraussetzungen** für einen Bestandsschutz sind eine länger andauernde unbeanstandete Firmierung[98] und das fehlende Bewusstsein der Unzulässigkeit seitens des Inhabers (vgl. § 21 Abs. 1, 2 MarkenG). Dem (schädlichen) Bewusstsein sind dabei Fälle gleichzustellen, in denen der Inhaber sich der zwingenden Schlussfolgerung aus den ihm bekannten Tatsachen verschlossen hat. Sind diese Voraussetzungen erfüllt, sind das schutzwürdige Interesse an der Weiterführung der Firma und das Gewicht des Verstoßes gegen die Firmierungsvorschriften gegen einander abzuwägen. Das schutzwürdige Interesse wird neben der Länge der bisherigen unbeanstandeten Firmierung vor allem durch die Bedeutung des unzulässigen Firmenteils für das Gesamtbild (den Wert) der Firma bestimmt. Die Schwere des Verstoßes gegen die Firmierungsvorschriften wird durch die Wahrscheinlichkeit der Irreführung des Verkehrs und vor allem die Bedeutung dieser Irreführung für den Verkehr bestimmt. Konsequenz der Bejahung eines Bestandsschutzes ist die Zulässigkeit der konkreten Firma und dementsprechend auch ihre Eintragungsfähigkeit.[99]

34 **4. Verschuldenserfordernis.** Für eine Einleitung des Firmenmissbrauchsverfahrens durch das Registergericht bedarf es keines Verschuldens des Inhabers.[100] Für eine Festsetzung des Ordnungsgeldes ist dagegen ein Verschulden erforderlich, da Ordnungsstrafen repressive strafrechtliche Elemente enthalten.[101]

III. Firmenmissbrauchsverfahren

35 **1. Ermessen bei der Verfahrenseinleitung?** Die hM[102] gesteht dem Registergericht ein gebundenes **Ermessen** hinsichtlich der Einleitung eines Firmenmissbrauchsverfahrens zu. Dies ist **abzulehnen.**[103] Die hM widerspricht dem eindeutigen Wortlaut der Norm[104] und lässt sich auch nicht rechtsfortbildend rechtfertigen. Auch sieht sie einen Bedarf für ein Ermessen ausschließlich im gesetzlich nicht geregelten Bestandsschutz von Firmen, die den Firmierungsnormen widersprechen. Diese Problematik lässt sich besser im Rahmen der Zulässigkeit der Firmierung bewältigen (ausführlich → Rn. 29 f., → Rn. 31 f.). Dies gilt schon deshalb, weil der Ermessensansatz nicht auf § 37 Abs. 2 erstreckt werden kann, obwohl dort die gleiche Problematik besteht. Außerdem führt die hM zu einer durch nichts zu rechtfertigenden zusätzlichen Kategorie der dauerhaft unzulässigen, aber zugleich dauerhaft geduldeten Firmierung, während der hiesige

[97] Vgl. BGH WM 1977, 24 (27) = GRUR 1977, 159 (161) – Ostfriesische Teegesellschaft; GRUR 1984, 457 (460) – Deutsche Heilpraktikerschaft; NJW 1994, 2030 (2031) – Grand Marnier.
[98] A maiore ad minus kommt wegen § 21 Abs. 1, Abs. 2 MarkenG ein Zeitraum von unter fünf Jahren keinesfalls in Betracht. Aufgrund der Umstände erscheint sogar ein Mindestzeitraum von zehn Jahren angemessen, da hierdurch ein Recht gegenüber der Allgemeinheit begründet werden soll.
[99] AA Heymann/*Förster* Rn. 19, 26 gegen Eintragungsfähigkeit.
[100] RG JW 1903, 342; Staub/*Burgard* Rn. 33.
[101] Vgl. allg. BVerfGE 20, 323 (332) = NJW 1967, 195; BVerfGE 58, 159 = NJW 1981, 2457; BVerfGE 84, 82 = NJW 1991, 3139; speziell zu § 37 vgl. KG OLGE 44, 181 f.; OLG Frankfurt BB 1980, 960; Staub/*Burgard* Rn. 44; *Bumiller/Harders/Schwamb* FamFG § 392 Rn. 7; Baumbach/Hopt/*Hopt* Rn. 7.
[102] Vgl. KG OLGZ 1965, 124 (130 f.) = NJW 1965, 254; OLG Zweibrücken OLGZ 1972, 391 (395); BayObLGZ 1986, 150 (154); 1989, 44 (50) = NJW-RR 1989, 867; OLG Köln FGPrax 2008, 125 (125); Heymann/*Förster* Rn. 30; Baumbach/Hopt/*Hopt* Rn. 6; *K. Schmidt* HandelsR § 12 Rn. 141: jedenfalls keine Pflicht zum Einschreiten; aA OLG Hamm FGPrax 2008, 262 (263).
[103] Ebenso Staub/*Burgard* Rn. 38; Heidel/Schall/*Ammon* Rn. 6; KKRD/*Roth* Rn. 6, Oetker/*Schlingloff* Rn. 6.
[104] So auch Oetker/*Schlingloff* Rn. 6.

Lösungsansatz bei der Alternative der zulässigen oder unzulässigen Firmierung bleibt. Für eine **Pflicht zum Einschreiten** spricht auch, dass sie für den hier anwendbaren § 388 FamFG anerkannt ist.[105] Allerdings besteht gerade in problematischen Fällen häufig ein juristischer **Vertretbarkeitsspielraum,** innerhalb dessen das Registergericht entscheiden muss. Obwohl danach kein Ermessen hinsichtlich des Einschreitens besteht, sind Anträge, auch wenn sie von Klageberechtigten iSv Abs. 2 stammen, als bloße Anregung aufzufassen.[106]

2. Ablauf des Firmenmissbrauchsverfahrens. Für den Ablauf des Firmenmissbrauchsverfahrens gilt § 392 FamFG iVm §§ 388 ff. FamFG. Danach besteht das von Amts wegen (→ Rn. 35) einzuleitende Firmenmissbrauchsverfahren aus einer Verbotsverfügung unter gleichzeitiger Androhung eines in der Höhe bestimmten Ordnungsgeldes (Androhungsverfügung),[107] verbunden mit der Setzung einer angemessenen Frist zur Rechtfertigung des verbotenen Firmengebrauchs im Wege des Einspruchs (§ 392 Abs. 1 Nr. 1 FamFG). Die Verfügung richtet sich gegen die natürliche Person als Unternehmensinhaber oder wird an den gesetzlichen Vertreter der Gesellschaft adressiert.[108] Zweiter Schritt ist eine Ordnungsgeldfestsetzung (§ 392 Abs. 1 Nr. 2 FamFG). Letztere darf nur erfolgen, wenn die Verbotsverfügung durch Fristablauf oder durch rechtskräftige Verwerfung des Einspruchs insgesamt rechtskräftig geworden ist, und der Firmierende nach Bekanntgabe der Verbotsverfügung an ihn schuldhaft (→ Rn. 34) gegen diese verstoßen hat. Fehlt die Androhung (Ordnungsgeld von 5–10.000 Euro, Art. 6 Abs. 1 EGStGB, ist die Ordnungsgeldfestsetzung selbst dann rechtswidrig, wenn sich das Unternehmen inhaltlich gegen die Anordnung des Registergerichts nicht wehrt.[109] 36

Ziel des Firmenmissbrauchsverfahrens ist es die Führung der unzulässigen Firma zu untersagen, nicht aber zur Führung einer bestimmten zulässigen Firma zu veranlassen.[110] Über die Konsequenzen der Unzulässigkeit eines Firmenbestandteils muss der Inhaber selbst entscheiden können. Hieraus folgt, dass das Registergericht stets die Firma als Ganzes in ihrer konkreten Form verbieten muss.[111] Der Betroffene kann aus den Gründen erkennen, welcher Firmenbestandteil unzulässig ist. Dementsprechend ist bei einer eingetragenen Firma eine Verfügung gem. §§ 392, 388 FamFG, die die Löschung aufgibt, unzulässig.[112] 37

3. Verhältnis von Missbrauchsverfahren zu anderen Verfahren. a) Amtslöschung. Bei einer eingetragenen unzulässigen Firma ist grundsätzlich sowohl ein Missbrauchsverfahren als auch ein Amtslöschungsverfahren gem. den §§ 395, 399 FamFG möglich.[113] Dieses Amtslöschungsverfahren kommt auch bei erst nachträglich unzulässig gewordener Firma in Betracht.[114] Das Missbrauchsverfahren hat dabei den praktischen Vorteil, dass es milder ist und sich nicht nur gegen die unzulässige Firmierung im Register, 38

[105] Vgl. OLG Hamm OLGZ 1989, 148 (150); *Bassenge* Rpfleger 1974, 173 (174); *Bumiller/Harders/Schwamb* FamFG § 388 Rn. 15.

[106] RGZ 132, 311 (314); BGHZ 53, 65 (70) = NJW 1970, 704; OLG Hamm ZIP 1983, 1198 (1202); Staub/*Burgard* Rn. 37; Heymann/*Förster* Rn. 25; KKRD/*Roth* Rn. 6.

[107] KG OLGE 12, 410 (412); *Bumiller/Harders/Schwamb* FamFG § 388 Rn. 19; nach BGH JR 1974, 200 ist auch eine Angabe „bis zu" zulässig, soweit die genannte Obergrenze ernsthaft in Betracht kommt.

[108] BayObLG NJW-RR 2000, 771.

[109] BayObLG NJW 1999, 297.

[110] Staub/*Burgard* Rn. 36; Baumbach/Hopt/*Hopt* Rn. 5; BeckOK HGB/*Bömeke* Rn. 16.

[111] Vgl. RGZ 132, 311 f.; KG HRR 1932, Nr. 252; NJW 1955, 1926 f.; 1965, 254 (255); Heymann/*Förster* Rn. 24; Staub/*Burgard* Rn. 36; *Bokelmann,* Das Recht der Firmen- und Geschäftsbezeichnungen, 5. Aufl. 2000, Rn. 857; aA *v. Gamm* FS Stimpel, 1985, 1007, 1013: Verfahren auf Unterlassung eines bestimmten Zusatzes unter Berufung auf § 43 Abs. 2 KWG.

[112] Staub/*Burgard* Rn. 36.

[113] HM, vgl. OLG Karlsruhe OLGE 42, 193; KG OLGZ 1965, 124 (127) = NJW 1965, 254; BayObLGZ 1989, 44 (50) = NJW-RR 1989, 867; Heymann/*Förster* Rn. 30; Staub/*Burgard* Rn. 49; zur spezielleren Amtslöschung nach § 43 Abs. 2 KWG vgl. BayObLG BB 1983, 1494 f.

[114] RGZ 169, 147 (151 f.); BayObLGZ 1975, 332 (335); OLG Hamm OLGZ 1977, 53 (54); *Bumiller/Harders/Schwamb* FamFG § 395 Rn. 3.

sondern allgemein gegen die unzulässige Firmierung wendet, weshalb es im Sinne des Verhältnismäßigkeitsgrundsatzes grundsätzlich geboten ist, mit ihm zu beginnen.[115]

39 **b) Eintragungsverfahren.** Nach zutreffender hM (→ Rn. 10) liegt auch in der Anmeldung einer Firma ein Gebrauchmachen. Für diese praktisch sehr bedeutsame Konstellation ist das BayObLG[116] der Ansicht, das Eintragungsverfahren sei notwendig auszusetzen und gegen den Inhaber im Missbrauchsverfahren vorzugehen. Von anderer Seite wird dies als unpraktisch angesehen und aufgrund der unterschiedlichen Zwecke der Verfahren abgelehnt.[117] In Übereinstimmung mit dem Verhältnis zum Firmenlöschungsverfahren ist hier ein Ermessen des Registergerichts zu bejahen. Häufig wird der Inhaber bei einer Ablehnung seines Antrags auf Eintragung der Firma einsichtig sein und seine Firma auch im allgemeinen Geschäftsverkehr ändern, so dass es eines Firmenmissbrauchsverfahrens nicht mehr bedarf.

40 **c) Klage nach Abs. 2.** Schon aufgrund der unterschiedlichen Beteiligten schließen sich das Firmenmissbrauchsverfahren und eine Klage nach Abs. 2 nicht aus. Bei einer laufenden Klage gem. Abs. 2 besteht jedoch gem. §§ 381, 21 FamFG die Möglichkeit, das Missbrauchsverfahren auszusetzen.

IV. Unterlassungsklage (Abs. 2)

41 **1. Verletzer.** Wie entgegen der hM[118] ausgeführt, lässt sich eine analoge Anwendung des Abs. 1 auf nichtkaufmännische Unternehmen nicht rechtfertigen. Gleiches gilt für Abs. 2, für den § 15 MarkenG, §§ 3, 5, 5a UWG keine Lücke lassen, die zu füllen wäre. Wegen des Erfordernisses einer Irreführung über wesentliche Verhältnisse in § 18 Abs. 2 erreicht das UWG den gleichen Schutzstandard, weshalb es kein überzeugendes Bedürfnis für eine rechtsfortbildende Erweiterung des Kreises der Verletzten gibt.

42 **2. Unbefugter Firmengebrauch.** Das Merkmal des Firmengebrauchs ist wie in Abs. 1 zu verstehen (→ Rn. 10 ff.). Zu verlangen ist daher auch die hier als selbstständig eingeordnete Voraussetzung der Wiederholungsgefahr (→ Rn. 13). Nach hM[119] sind unbefugt iSd Abs. 2 ausschließlich **Firmierungen, gegen die auch nach Abs. 1 eingeschritten werden kann.** Dies bedeutet, dass auch im Rahmen des Abs. 2 ausschließlich Verstöße gegen die §§ 18 ff., gegen Vorschriften, die den aufgehobenen § 20 ersetzen, sowie gegen Rechtssätze, die aus den §§ 18 ff. abgeleitet sind (Grundsatz der Firmeneinheit), zu einem Vorgehen gegen den Firmierenden berechtigen (→ Rn. 23). Dagegen nimmt eine Mindermeinung[120] an, dass im Rahmen des Absatzes 2 auch eine Unzulässigkeit des Gebrauchs wegen Verstoßes gegen andere als die firmenrechtlichen Regelungen, insbesondere gegen § 15 MarkenG, §§ 3, 5, 5a UWG, § 12 BGB (analog) sowie vertragliche Abreden, zu berücksichtigen sei.

43 Der hM ist zuzustimmen. Der sprachliche Unterschied zwischen Abs. 2 und Abs. 1 bestand schon bei den Vorgängerregelungen der Art. 26 Abs. 2 ADHGB und Art. 27 Abs. 1 ADHGB, ohne dass dem dort besondere Bedeutung zugemessen worden wäre.[121] Wie sich insbesondere auch aus der systematischen Stellung des Abs. 2 zu Abs. 1 am Ende des Firmenrechts ergibt, hat Abs. 2 die primäre Funktion, die Privatinitiative zur Durchsetzung

[115] Ähnlich Baumbach/Hopt/*Hopt* Rn. 8; *Jansen* NJW 1966, 1813; Staub/*Burgard* Rn. 49; aA *Bokelmann*, Das Recht der Firmen- und Geschäftsbezeichnungen, 5. Aufl. 2000, Rn. 863; Röhricht/Graf v. Westphalen/Haas/*Ries* Rn. 25.

[116] BayObLGZ 1988, 128 (129) = NJW-RR 1989, 100.

[117] *Winkler* DNotZ 1989, 245 (246 ff.) unter gleichzeitiger Ablehnung der Einordnung als Firmengebrauch.

[118] Vgl. für die hM BayObLG NJW 1999, 297; OLG Karlsruhe NJW-RR 1986, 582; Staub/*Burgard* Rn. 53 iVm Rn. 8; *K. Schmidt* HandelsR § 12 Rn. 136, 139; einschr. aber *Canaris* HandelsR § 11 Rn. 49: nur soweit gewerblich, nicht bei Freiberuflern.

[119] RGZ 20, 71 (75); 29, 56 (61); RG JW 1910, 122; OLG Frankfurt NZG 2016, 1079; Staub/*Burgard* Rn. 53; *v. Gamm* FS Stimpel, 1985, 1007, 1009; Heymann/*Förster* Rn. 33; Straube/Ratka/Rauter/*Schuhmacher* UGB Rn. 1; Oetker/*Schlingloff* Rn. 11.

[120] Baumbach/Hopt/*Hopt* Rn. 10.

[121] Vgl. *Puchelt* ADHGB Art. 27 Anm. 3.

der §§ 18 ff. zu nutzen.[122] Dementsprechend ist für die Unbefugtheit des Gebrauchs iSd Abs. 2 allein das Firmenrecht maßgeblich. Aber auch bei Bejahung eines eigenständigen Schutzes der in ihren Rechten Verletzten bliebe es aus systematischen Gründen bei einer Beschränkung des Schutzes auf die gem. §§ 18 ff. unzulässigen Firmierungen.

Ein Verstoß gegen eine vertragliche Abrede fällt daher nicht unter Abs. 2. Umgekehrt 44 ändert aber auch ein vertragliches Einverständnis des Klägers nichts an der Unbefugtheit der Verwendung der Firma. Es ist vielmehr erst bei der Frage der Rechtsverletzung zu berücksichtigen.[123] Dies gilt auch für eine Verwirkung im Verhältnis vom Kläger zum Beklagten. Dagegen ist der Bestandsschutz Teil der Frage, ob eine Firma unbefugt gebraucht wird. Denn sowohl der generelle Bestandsschutz (vgl. § 22 HGB, Art. 22 EGHGB [analog]), als auch ein individueller Bestandsschutz durch Erwirkung gegenüber der Allgemeinheit, beseitigt entgegen der hM die Unbefugtheit der Firmierung (→ Rn. 30 ff.). Auch die Problematik der Verwendung von Firmenabkürzungen und Schlagwörtern ist bei Abs. 2 ebenso wie bei Abs. 1 zu lösen (→ Rn. 16 ff.). Wie auch bei Abs. 1 bedarf es keines Verschuldens des Firmierenden für einen Unterlassungsanspruch.[124]

3. „Wer in seinen Rechten verletzt wird". a) Nichtkaufmännische Personen als Verletzte. Die unbestimmte Bezeichnung „wer" bedeutet, dass jede, auch nichtkaufmännische Person, die in ihren Rechten verletzt ist, ein Klagerecht hat.[125] Sie bedeutet zugleich, dass die Rechtsverletzung nicht notwendig handelsrechtlicher Art sein muss, sondern auch das einer natürlichen Person zustehende private Namensrecht erfasst ist. 45

b) Unmittelbares rechtliches Interesse wirtschaftlicher Art. Die Anforderungen an eine „Verletzung in seinen Rechten" haben sich im Laufe der Zeit geändert. Während früher, insbesondere in der Rspr. des RG,[126] die Verletzung eines absoluten Rechts iSd § 823 Abs. 1 BGB verlangt wurde, lässt heute die ganz hM[127] die unmittelbare Verletzung rechtlicher Interessen wirtschaftlicher Art ausreichen, womit insbesondere konkurrierende Unternehmen und richtiger Ansicht[128] nach auch gem. § 8 Abs. 3 Nr. 2 UWG klageberechtigte Verbände einen Unterlassungsanspruch erhalten. 46

Der heute hM ist zuzustimmen, wenn auch die häufig genannte Begründung, eine solch weite Interpretation sei notwendig, weil § 37 Abs. 2 sonst neben den Möglichkeiten, aus § 15 Abs. 4 MarkenG, §§ 3, 5, 5a UWG und § 1004 Abs. 1 BGB (analog) iVm § 12 BGB (analog) vorzugehen, keine eigenständige Bedeutung habe,[129] nicht tragfähig ist. Denn auch eine starke Überschneidung des Inhalts von Normen ist für sich allein noch keine Rechtfertigung, den Anwendungsbereich einer Norm auszudehnen. Im Übrigen führt die Erweiterung des Abs. 2 auf ein Klagerecht für alle, bei denen ein unmittelbares rechtliches Interesse wirtschaftlicher Art betroffen ist, zu einer Anpassung an die Rechtslage im Bereich des UWG, verschafft § 37 Abs. 2 also unmittelbar keinen eigenständigen Anwendungsbereich. 47

Die hM rechtfertigt sich vielmehr durch den Zweck des Abs. 2, für die Durchsetzung 48 der Firmierungsvorschriften die private Initiative zu nutzen, ohne eine Popularklage zuzulassen.[130] Dieses Ziel wird bei einem rechtlichen Interesse wirtschaftlicher Art besser erreicht. Die hierin liegende Erweiterung des Kreises der Klageberechtigten entspricht dem Recht

122 Vgl. BGHZ 53, 65 (70) = NJW 1970, 704; *v. Gamm* FS Stimpel, 1985, 1007, 1009.
123 Staub/*Burgard* Rn. 34; Heymann/*Förster* Rn. 23.
124 Staub/*Burgard* Rn. 33; *Bokelmann,* Das Recht der Firmen- und Geschäftsbezeichnungen, 5. Aufl. 2000, Rn. 867.
125 Staub/*Burgard* Rn. 54.
126 RG JW 1902, 27; 1913, 435; 1932, 730; RGZ 114, 90 (94); 132, 311 (316); dem RG zuletzt noch folgend GroßkommHGB/*Würdinger* Anm. 17, 25.
127 BGHZ 53, 65 (70) = NJW 1970, 704; BGH BB 1972, 982; NJW 1991, 2023; Heymann/*Förster* Rn. 36; Baumbach/Hopt/*Hopt* Rn. 11; Staub/*Burgard* Rn. 55 f.; Straube/Ratka/Rauter/*Schuhmacher* UGB Rn. 12; offengelassen durch OGH GesRZ 1978, 38; ÖBl 1982, 42; MR 1990, 194.
128 AA BGH NJW 1997, 2817 (2819) ohne Begr.; wie hier GroßkommUGB/*Enziger* Rn. 23.
129 Vgl. BGHZ 53, 65 (70) = NJW 1970, 704; Straube/Ratka/Rauter/*Schuhmacher* UGB Rn. 12.
130 Vgl. Heymann/*Förster* Rn. 36; Düringer/Hachenburg/*Hoeniger* Anm. 8.

des UWG, das ebenfalls die Privatinitiative zur Durchsetzung der Lauterkeit des Wettbewerbs nutzt.[131] Sie stimmt auch mit der Absicht des historischen Gesetzgebers überein, jedem, der in seinen „berechtigten Interessen" berührt ist, ein Klagerecht zu erteilen.[132] Die Rückkehr zur Formulierung des ADHGB beruhte nur auf der Befürchtung, es bedürfte sonst kumulativ eines berechtigten Interesses und einer Rechtsverletzung.[133]

49 **c) Konkretisierung der geschützten Rechtspositionen.** Ein **Klagerecht** iSv § 37 Abs. 2 gewähren absolute Rechte, also das subjektive Firmenrecht (Verletzung der örtlichen firmenrechtlichen Priorität iSd § 30 Abs. 1),[134] der bürgerlich-rechtliche Name (Verletzung des § 12 BGB bei firmenrechtlicher Verwendung des dem Kläger gem. den §§ 18 ff., aber nicht dem Beklagten zustehenden Namens),[135] ein dem Kläger zustehendes Markenrecht, in welches durch eine gem. §§ 18 ff. unzulässige Firmierung eingegriffen wird,[136] aber auch ein Patentrecht.[137] Das sog. Recht am eingerichteten und ausgeübten Gewerbebetrieb ist in den Grenzen, in denen man es anerkennt, ebenfalls ein solches absolutes Recht.[138] Ein Rückgriff auf dieses problematische Recht ist jedoch wegen der heute bejahten Klagemöglichkeit eines jeden, bei dem unmittelbar ein rechtliches Interesse wirtschaftlicher Art verletzt ist, nicht notwendig.[139] Davon zu trennen ist die **Art der Verletzung.** Hier kann nur die falsche Firmierung geltend gemacht werden.

50 Ein rechtliches Interesse wirtschaftlicher Art bedeutet zunächst, dass ein rein ideelles Interesse des Klägers nicht ausreicht.[140] Wirtschaftlicher Art ist ein Interesse nicht nur, wenn der Kläger einen Nachteil erleidet.[141] Ausreichend ist entgegen dem BGH[142] vielmehr eine Mittelbarkeit des wirtschaftlichen Bezugs, wie sie auch bei den gem. § 8 Abs. 3 Nr. 2 UWG klagebefugten Verbänden, die die wirtschaftlichen Interessen anderer bündeln, vorliegt.[143] Um rechtliche Interessen handelt es sich nur, wenn die Rechtsordnung an anderer Stelle einen rechtlichen Schutz dieser Interessen anordnet. Diese Voraussetzungen sind insbesondere bei den Konkurrenten des Beklagten,[144] bei den gem. § 8 Abs. 3 Nr. 2 UWG klageberechtigten Verbänden[145] und, soweit man nicht bereits eine Verletzung von § 12 BGB annimmt, auch bei (nicht gleichnamigen) Erben, denen gem. § 22 Abs. 1 bzw. § 24 Abs. 1 ein Zustimmungsrecht zur Firmenfortführung zusteht,[146] erfüllt. Gesellschafter einer klageberechtigten Gesellschaft sind nicht bereits aufgrund dieser Stellung selbst klageberechtigt;[147] denn mit der Gesellschafterstellung ist ein unmittelbares rechtlich geschütztes Interesse nicht verbunden. Ihr Klagerecht kann sich nur aus einer actio pro socio ergeben.

51 **d) Einverständnis und Verwirkung des persönlichen Klageanspruchs.** Eine Gestattung der Firmierung durch den Kläger beseitigt (verhindert) seine Rechtsverletzung

[131] Vgl. auch den Hinweis auf § 42 Abs. 2 VwGO durch *K. Schmidt* HandelsR § 12 Rn. 136.
[132] Denkschrift RJA E I S. 39 = *Schubert/Schmiedel/Krampe* II 1 S. 39; Denkschrift zur RT-Vorl. S. 42 = *Schubert/Schmiedel/Krampe* II 2 S. 984.
[133] Vgl. Protokolle Kommission Handel S. 56 f. = *Schubert/Schmiedel/Krampe* II 1 S. 310.
[134] Vgl. RG LZ 1932, Sp. 39; Recht 1924, Nr. 1319; RGZ 110, 422 (425 ff.); 171, 30 (34); Staub/*Burgard* Rn. 63.
[135] RGZ 56, 187 (190); 156, 363 (365 f.); Staub/*Burgard* Rn. 63.
[136] Staub/*Burgard* Rn. 64.
[137] Vgl. RGZ 3, 164 (167); Staub/*Burgard* Rn. 64.
[138] RG JW 1910, 120 (122); RGZ 132, 311 (314); KG OLGE 30, 388.
[139] Staub/*Burgard* Rn. 66.
[140] Vgl. OGH GesRZ 1978, 38 = ÖBl. 1978, 11; OGH ÖBl. 1982, 42; Staub/*Burgard* Rn. 67, mit Ausnahme für nicht wirtschaftlich tätige Kläger, Staub/*Burgard* Rn. 68; Heymann/*Förster* Rn. 38; Straube/Ratka/Rauter/*Schuhmacher* UGB Rn. 13; KKRD/*Roth* Rn. 9.
[141] So aber die Formulierung bei Staub/*Burgard* Rn. 67.
[142] BGH NJW 1997, 2817 (2819) ohne Begr.
[143] Vgl. EBJS/*Reuschle* Rn. 20; Oetker/*Schlingloff* Rn. 12; unklar Staub/*Burgard* Rn. 57.
[144] BGHZ 53, 65 (70) = NJW 1970, 704; BGH NJW 1991, 2023; Staub/*Burgard* Rn. 67; Heymann/*Förster* Rn. 36, 38; Straube/Ratka/Rauter/*Schuhmacher* UGB Rn. 12.
[145] EBJS/*Reuschle* Rn. 20; aA BGH NJW 1997, 2817 (2819) ohne Begr.; unklar Staub/*Burgard* Rn. 57.
[146] OLG Hamm ZIP 1983, 1198 (1202); Baumbach/Hopt/*Hopt* Rn. 11.
[147] BGH BB 1972, 982; OGH GesRZ 1983, 36; 1985, 104 (105); Baumbach/Hopt/*Hopt* Rn. 11; *Bokelmann,* Das Recht der Firmen- und Geschäftsbezeichnungen, 5. Aufl. 2000, Rn. 868; Heymann/*Förster* Rn. 36; Staub/*Burgard* Rn. 57; EBJS/*Reuschle* Rn. 20.

und steht damit seinem Unterlassungsanspruch entgegen.[148] Dies gilt auch dann, wenn der entsprechende Verstoß gegen die §§ 18 ff. als solcher nicht durch eine Gestattung beseitigt werden kann, das Verhalten des Beklagten also unbefugt bleibt; denn das persönliche Klagerecht steht allgemein, auch wenn es dem Schutzinteresse Dritter und der Öffentlichkeit dient, zur Disposition des Klageberechtigten.[149] Den anderen in ihren Rechtspositionen wirtschaftlicher Art Verletzten und dem Registergericht bleibt die Möglichkeit zum Eingreifen.

Dementsprechend muss es auch eine **Verwirkung des persönlichen Unterlassungsanspruchs** geben können; denn bei der Verwirkung handelt es sich um ein Vertrauensschutzinstitut, welches nur voraussetzt, dass eine Dispositionsbefugnis über das persönliche Recht (Klagebefugnis) besteht.[150] Dass Abs. 2 auch dem öffentlichen Interesse an der Durchsetzung ordnungsgemäßer Firmierung dient, steht dem nicht entgegen. Die Voraussetzungen sollten sich an § 21 Abs. 1 und 2 MarkenG orientieren, der eine Verwirkung vorsieht, wenn der Anspruchsberechtigte trotz Kenntnis fünf Jahre lang nicht gegen die Benutzung der Marke vorgeht und der Benutzer bei Beginn der Nutzung der Marke nicht bösgläubig war. 52

Von dieser Verwirkung des persönlichen Klageanspruchs ist streng die **Erwirkung** der Zulässigkeit der Firmierung **gegenüber jedermann,** insbesondere auch gegenüber dem Registergericht, zu trennen. Diese ist, weil öffentliche Interessen und Drittinteressen berührt werden, nur unter erheblich strengeren Voraussetzungen möglich (→ Rn. 32 f.). Ebenfalls von der Verwirkung des persönlichen Anspruchs deutlich zu unterscheiden, ist die **Verjährung** des Unterlassungsanspruchs. Er verjährt gem. §§ 195, 199 BGB in drei Jahren ab dem Schluss des Jahres, in dem der jeweilige Berechtigte ohne grobe Fahrlässigkeit Kenntnis von der unzulässigen Firmierung hätte erlangen müssen oder Kenntnis erlangt hat. Die Frist beginnt mit dem letzten Gebrauch der Firma. Das Institut der Verjährung ist ohne größere praktische Bedeutung,[151] da meist schon nach einem kürzeren Zeitraum die Wiederholungsgefahr zu verneinen ist.[152] 53

4. Unterlassungsanspruch und Vollstreckung. Der Anspruch geht auf Unterlassung der unzulässigen Firmierung in ihrer Gesamtheit, in der konkreten Form, in der sie benutzt wurde, also nicht nur auf Unterlassung bezüglich eines konkreten unzulässigen Teils (→ Rn. 37).[153] Das Unterlassungsurteil deckt auch die anderen im Kern der Unterlassungsverfügung liegenden Begehungsformen ab und wird gem. § 890 ZPO vollstreckt. Bei einer (noch) nicht eingetragenen Firma besteht daher kein Rechtsschutzbedürfnis für eine zusätzliche Klage auf Unterlassung der Registeranmeldung der außerhalb des Registers gebrauchten Firma.[154] Eine einstweilige Verfügung auf Unterlassung ist möglich, wobei die Dringlichkeit nicht zu vermuten ist.[155] 54

Ist die Firma eingetragen, soll nach hM[156] neben der allgemeinen Unterlassungsklage auch eine **Klage auf Stellung eines Löschungsantrags** durch den Firmierenden mit der Folge des § 894 ZPO möglich sein. Diese Gewährung eines Beseitigungsanspruches ist 55

148 OGH wbl 1992, 406; Heymann/*Förster* Rn. 37; Staub/*Burgard* Rn. 58; Baumbach/Hopt/*Hopt* Rn. 12; Straube/Ratka/Rauter/*Schuhmacher* UGB Rn. 15; anders OLG Saarbrücken NJWE-WettbR 1999, 284 (286): Rechtswidrigkeit entfällt.

149 Ebenso Staub/*Burgard* Rn. 58.

150 Im Ergebnis ebenso RGZ 167, 184 (190 f.); Staub/*Burgard* Rn. 59; *Canaris* HandelsR § 11 Rn. 29, 260; Heymann/*Förster* Rn. 37; *Ingerl/Rohnke* MarkenG Nach § 15 Rn. 171; offenlassend BGH WM 1993, 1248; abl. bzw. sehr zurückhaltend *v. Gamm* FS Stimpel, 1985, 1007, 1013 f.; *Weber,* Das Prinzip der Firmenwahrheit im HGB und die Bekämpfung irreführender Firmen nach dem UWG, 1984, 136 f.

151 Vgl. RGZ 49, 20 f.; Staub/*Burgard* Rn. 60.

152 BeckOK HGB/*Bömeke* Rn. 29.

153 Heymann/*Förster* Rn. 40; aA Staub/Burgard Rn. 69; GroßkommUGB/*Enzinger* Rn. 36.

154 AA Staub/*Burgard* Rn. 71; Heymann/*Förster* Rn. 39.

155 *Ingerl/Rohnke* MarkenG Nach § 15 Rn. 173; aA Straube/Ratka/Rauter/*Schuhmacher* UGB Rn. 15.

156 BGH BB 1965, 1202; GRUR 1955, 487 (488); RGZ 3, 120; 3, 164 (168); 22, 58 (60); 37, 58 f.; OLG München NZG 2013, 1114; Staub/*Burgard* Rn. 70; Straube/Ratka/Raunter/*Schuhmacher* UGB Rn. 15; Heymann/*Förster* Rn. 39.

bedenklich, weil in die Entscheidung des Firmierenden, wie er den rechtswidrigen Zustand beseitigen will, eingegriffen wird, ohne dass die Norm hierzu ihrem Wortlaut oder Zweck nach eine Ermächtigung liefert. Bei dennoch bejahter Zulässigkeit der Löschungsklage dürfte diese, ebenso wie die Unterlassungsklage, nur auf Löschung der gesamten Firma und nicht nur auf Löschung eines unzulässigen Firmenbestandteils gerichtet sein.[157]

56 **5. Schadensersatzansprüche.** Abs. 2 S. 2 bringt nicht nur die Selbstverständlichkeit zum Ausdruck, dass nach anderen Regelungen, insbesondere § 823 Abs. 1 BGB, § 15 Abs. 5 MarkenG, bestehende Ansprüche nicht ausgeschlossen werden sollen.[158] Aus der Regelung folgt vielmehr auch, dass mit dem Unterlassungsanspruch auch bei schuldhaftem Verhalten des Firmierenden nicht notwendig ein Schadensersatzanspruch des nach Abs. 2 Klageberechtigten verbunden ist.[159] Dies ist eine Neuerung des HGB gegenüber Art. 27 Abs. 1 ADHGB, der den Unterlassungsanspruch noch mit dem Schadensersatzanspruch verband. Aus der Regelung folgt vor allem, dass § 37 Abs. 2 kein Schutzgesetz iSd § 823 Abs. 2 BGB ist.[160] In Österreich wird hingegen herrschend die Schutzgesetzeigenschaft bejaht.[161]

57 **6. Verhältnis zu anderen Unterlassungsansprüchen.** Der Unterlassungsanspruch aus Abs. 2 steht de lege lata (für ein sinnvolles Konzept de lege ferenda → Rn. 3) neben den Unterlassungsansprüchen aus § 1004 Abs. 1 BGB analog iVm § 823 Abs. 1 BGB, § 12 BGB (analog), § 15 Abs. 4 MarkenG, § 8 UWG iVm §§ 3, 5, 5a UWG. Die Parallelität erklärt sich aus den unterschiedlichen Normzwecken.

V. Rechtslage in Österreich

58 Die österreichische Parallelvorschrift zum handelsrechtlichen Unterlassungsanspruch ist in § 37 UGB geregelt und wortgleich mit § 37 Abs. 2 HGB. Anknüpfungspunkt ist auch hier der unbefugte Firmengebrauch durch eine andere Person. Allerdings hat sich das Begriffsverständnis der Firma im österreichischen Recht gewandelt.[162] Während man hierunter bislang entsprechend § 17 Abs. 1 HGB den Namen eines Kaufmanns verstand, unter dem er seine Geschäfte betreibt und die Unterschrift abgibt, ist jetzt nur noch der in das Firmenbuch eingetragene Name eines Unternehmers als Firma iSv § 17 Abs. 1 UGB anzusehen.[163] Der nicht eingetragene Name eines Unternehmers genießt folglich nicht den Schutz von § 37 UGB.[164] Ein registerrechtliches Firmenmissbrauchsverfahren wie in § 37 Abs. 1 HGB kennt das UGB hingegen nicht. Die entsprechende Regelung wurde durch den österreichischen Gesetzgeber im Jahre 1991 aufgehoben und in § 24 Abs. 1 FBG überführt, der im Wesentlichen inhaltsgleich mit § 37 Abs. 1 HGB ist (→ Rn. 3).

§ 37a [Angaben auf Geschäftsbriefen]

(1) Auf allen Geschäftsbriefen des Kaufmanns gleichviel welcher Form, die an einen bestimmten Empfänger gerichtet werden, müssen seine Firma, die Bezeichnung nach § 19 Abs. 1 Nr. 1, der Ort seiner Handelsniederlassung, das Registergericht und die Nummer, unter der die Firma in das Handelsregister eingetragen ist, angegeben werden.

---

[157] KG JFG 28, A 216; aA *v. Gamm* FS Stimpel, 1985, 1007, 1013 unter Berufung auf Urteile zum Warenzeichenrecht (BGH GRUR 1974, 162 [164]; 1981, 60 [64]).
[158] Heymann/*Förster* Rn. 41.
[159] Staub/*Burgard* Rn. 73; BeckOK HGB/*Bömeke* Rn. 34; generell abl. Oetker/*Schlingloff* Rn. 19.
[160] Staub/*Burgard* Rn. 4; Oetker/*Schlingloff* Rn. 19; früher anders Düringer/Hachenburg/*Hoeninger* Rn. 1; *v. Gierke/Sandrock* HandelsR § 14 V; wohl auch BGHZ 53, 65.
[161] OGH ecolex 2000, 428; 1996, 248; Straube/Ratka/Rauter/*Schuhmacher* UGB Rn. 16; *Kalss/Schauer* Allgemeines HandelsR Rn. 5/35; Jabornegg/Artmann/*Herda* UGB Rn. 21; aA OGH wbl 1994, 167; GroßkommUGB/*Enzinger* Rn. 5.
[162] Krejci/*Dehn* Reform-Kommentar UGB § 17 Rn. 1.
[163] Krejci/*Dehn* Reform-Kommentar UGB § 17 Rn. 1.
[164] Krejci/*Dehn* Reform-Kommentar UGB § 17 Rn. 1.

(2) Der Angaben nach Absatz 1 bedarf es nicht bei Mitteilungen oder Berichten, die im Rahmen einer bestehenden Geschäftsverbindung ergehen und für die üblicherweise Vordrucke verwendet werden, in denen lediglich die im Einzelfall erforderlichen besonderen Angaben eingefügt zu werden brauchen.

(3) [1]Bestellscheine gelten als Geschäftsbriefe im Sinne des Absatzes 1. [2]Absatz 2 ist auf sie nicht anzuwenden.

(4) [1]Wer seiner Pflicht nach Absatz 1 nicht nachkommt, ist hierzu von dem Registergericht durch Festsetzung von Zwangsgeld anzuhalten. [2]§ 14 Satz 2 gilt entsprechend.

Schrifttum: *Altmeppen,* Irrungen und Wirrungen um den täuschenden Rechtsformzusatz und seine Haftungsfolgen, NJW 2012, 2833; *Glaus/Gabel,* Praktische Umsetzung der Anforderungen zu Pflichtangaben in E-Mails, BB 2007, 1744; *Hoeren/Pfaff,* Pflichtangaben im elektronischen Geschäftsverkehr aus juristischer und technischer Sicht, MMR 2007, 207; *Meier,* Der praktische Fall: Versendung von Geschäftspost per E-Mail, GmbHR 2007, 922; *Rath/Hausen,* Viel Lärm um nichts? Pflichtangaben in geschäftlichen E-Mails, K&R 2007, 113; *Roth/Groß,* Pflichtangaben auf Geschäftsbrief und Bestellschein im Internet, K&R 2002, 127; *Schmittmann/Ahrens,* Pflichtangaben in E-Mails – Ist die elektronische Post ein Geschäftsbrief?, DB 2002, 1038.

Übersicht

I. Grundlagen

1. Inhalt und Einbindung in das Normengefüge. Gemäß dieser 1998 geschaffenen zwingenden Ordnungsnorm ist der Einzelkaufmann verpflichtet, auf Geschäftsbriefen, insbesondere auf Bestellscheinen, seine Firma, seine Stellung als eingetragener Einzelkaufmann, den Ort der Handelsniederlassung, das zuständige Registergericht und die Nummer, unter der die Firma dort im Handelsregister eingetragen ist, anzugeben. Die Norm ist gem. § 33 Abs. 4 auf juristische Personen iSd § 33 entsprechend anwendbar. Schon vor 1998 bestanden entsprechende Regelungen für Kapitalgesellschaften und Genossenschaften (§ 80 AktG, § 35a GmbHG, § 25a GenG, § 156 Abs. 2 VAG) und für Personengesellschaften, bei denen keine natürliche Person persönlich haftender Gesellschafter war (§ 125a, § 177a S. 2 iVm § 125a). Die kapitalgesellschaftlichen Regelungen beruhten auf der RL 68/151/EWG (geändert durch RL 2003/58/EG, heute RL 2017/1132 EU (GesR-RL)). Hinzu kam die europarechtliche Regelung des Art. 25 EWIV-VO. Für die Europäische Aktiengesellschaft sowie die Europäische Genossenschaft gelten § 43 SEAG bzw. § 25 SCEAG. Durch den neuen § 37a sowie die Erweiterung des Anwendungsbereiches des § 125a auf alle Handelsgesellschaften und eine entsprechende neue Regelung in § 7 Abs. 4 PartGG wurde ein allge- 1 meiner Informationsstandard für Geschäftsbriefe von kaufmännischen Unternehmen geschaffen. § 37a ist nur eine dieser Regelungen und **nicht** eine **Generalklausel** (→ Rn. 4). Im Rahmen der systematischen Auslegung (Widerspruchsfreiheit) ist eine einheitliche Auslegung paralleler Vorgaben geboten.[1] Für Gewerbetreibende, die nicht im Handelsregister eingetragen sind, und für ausländische juristische Personen, die ihren rechtlichen oder effektiven Sitz außerhalb der EU haben, gilt seit dem 17.5.2010 zumindest § 6c GewO iVm § 2 DL-InfoV (RL 2006/123/EG – Dienstleistungs-RL). Durch das Gesetz zur Einführung des elektronischen Handelsregisters **(EHUG)** sind mit Wirkung zum 1.1.2007 in Abs. 1 die Worte „gleichviel welcher Form" eingefügt worden. Damit wird klargestellt, dass auch elektronische Post erfasst ist.[2] In Österreich existiert mit § 14 UGB eine einheitliche Regelung zu den Angaben auf Geschäftsbriefen für alle eingetragenen Unternehmen (→ Rn. 17 ff.). Neben und unabhängig von den unternehmensrechtlichen Pflichtangaben auf Geschäftsbriefen gibt es ähnliche Informationspflichten in § 312d BGB iVm Art. 246a EGBGB, § 5 TMG, sowie § 43a TKG.

2 **2. Normzweck.** Die Regelung wird vom Gesetzgeber[3] mit der Einheitlichkeit des Firmenrechts, der Sicherheit des Geschäftsverkehrs und als Kompensation für die seit 1998 zulässigen Sach- und Fantasiefirmen gerechtfertigt. Letzteres erklärt vor allem die Pflicht zur Angabe des Rechtsformzusatzes, da bei Sach- und Fantasiefirmen eine Unterscheidung der Rechtsträger nur über den Rechtsformzusatz möglich ist. Die Angabe der Firma, des Ortes der Handelsniederlassung und des zuständigen Registers nebst der Registernummer dienen dem allgemeinen, auch schon vor der Zulassung von Sach- und Fantasiefirmen bestehenden Informationsbedarf der Geschäftspartner. Die vom Gesetzgeber bezweckte Einheitlichkeit des Firmenrechts gebietet eine grundsätzlich einheitliche Auslegung der Normen für die unterschiedlichen Rechtsformen von kaufmännischen Unternehmen.

3 **3. Wünschenswerte Regelung de lege ferenda.** § 37a und seine Parallelregelungen erreichen ihr Ziel eines einheitlichen Informationsstandards nur teilweise. So sind nicht alle Unternehmensträger erfasst. Für die Anbieter von Telemedien, zu denen zB möglicherweise auch alle Absender von E-Mail-Newslettern gehören,[4] sind weitergehende Angaben vorgeschrieben (vgl. § 5 TMG). § 37a verlangt, anders als die anderen Regeln, nicht die Angabe des Inhabers (→ Rn. 10) und enthält keine Regelung zu einer Zweigniederlassung. Die deutschen Regelungen im Kapitalgesellschaftsrecht sind bezüglich des Begriffs des Geschäftsbriefs (→ Rn. 6), der Ausnahmen von den Angabepflichten im Rahmen einer Geschäftsverbindung (→ Rn. 13) und der ausdrücklich angeordneten Rechtsfolge (→ Rn. 15) nicht unproblematisch, was ihre Vereinbarkeit mit der zugrunde liegenden Richtlinie betrifft. Der Gesetzgeber sollte daher nach dem **Vorbild Österreichs** (→ Rn. 17 ff.) ausgehend von den für die Kapitalgesellschaften bestehenden Vorgaben des Europarechts eine **umfassende Regelung für alle unternehmerischen Geschäftsbriefe und Bestellscheine schaffen** und so einen **einheitlichen und hohen Informationsstandard** sicherstellen. Auch die Informationen über Liquidation (vgl. § 71 Abs. 5 GmbHG), Insolvenz und Gründung sollten Teil dieses Standards sein. Durch die **Umsatzsteuernummer** werden alle umsatzsteuerpflichtigen Unternehmen und juristischen Personen, die am Warenverkehr teilnehmen, in Europa eindeutig erfasst. Auch wenn damit Kleingewerbe außerhalb des Handels nicht erfasst sind, wäre diese identifizierende Angabe generell sehr wünschenswert. Weiterhin existiert noch die **Globale Lokalisationsnummer** für Unternehmen auf freiwilliger Basis, die weltweit gut 1 Mio. Unternehmer nutzen, denen dies im internationalen Verkehr Vorteile bringt.

1 Staub/*Burgard* Rn. 3; BeckOK HGB/*Bömeke* Rn. 3.
2 Vgl. *Bohnenkamp* NZG 2007, 292 zu Mindestangaben des e.V. auf seinen geschäftlichen Schreiben und E-Mails; *Rath/Hausen* K&R 2007, 113.
3 Vgl. BR-Drs. 340/97, 38 f., 61.
4 So *Springer* Anwalt 3/2004, 31.

II. Pflichtangaben auf Geschäftsbriefen (Abs. 1–3)

1. Kaufmann. Normadressat ist der Einzelkaufmann. Die Bezeichnung Kaufmann ist, wie der Verweis auf § 19 Abs. 1 Nr. 1 zeigt, synonym mit dem dort verwendeten Begriff des Einzelkaufmanns. Dem entsprechen die Parallelregelungen zu den Pflichtangaben für andere Rechtsformen. Obwohl der Gesetzgeber einzelne Rechtsformen nicht geregelt hat, bedeutet dies nicht, dass § 37a eine generelle Auffangnorm ist.[5] Für die Lückenfüllung ist vielmehr auf eine Rechtsanalogie zur Gesamtheit aller Normen, die Pflichtangaben in Geschäftsbriefen regeln, zurückzugreifen.[6] Dabei ist aber auf die Planwidrigkeit der Lücke zu achten, die zB bei der fehlenden Nennung der Firma in § 35a GmbHG und § 80 AktG nicht angenommen werden kann.[7] Auch wenn § 19 Abs. 1 Nr. 1 eine Firmierung als „eingetragener Kaufmann" bzw. „eingetragene Kauffrau" fordert, ist die Eintragung nur deklaratorisch (§ 1 Abs. 1). Da bei einem nicht eingetragenen Einzelkaufmann, der ein Handelsgewerbe iSd § 1 Abs. 2 betreibt, der gleiche Informationsbedarf des Geschäftsverkehrs besteht, ist dieser Einzelkaufmann ebenfalls zu entsprechenden Angaben verpflichtet[8] (zu den notwendigen Modifikationen → Rn. 11). 4

Die Regelung des § 37a ist auf **ausländische Einzelkaufleute** mit Zweigniederlassung im Inland analog anwendbar.[9] Aufgrund der Zweigniederlassung in Deutschland sind die ausländischen Unternehmen den deutschen firmenrechtlich gleichgestellt, so dass dieselben Informationspflichten bestehen (vgl. § 80 Abs. 4 AktG, § 35a Abs. 4 GmbHG). Die von dem im Jahre 2001 eingefügten, § 33 Abs. 4 angeordnete entsprechende Anwendung des § 37a betrifft Idealvereine (§ 21 BGB) mit wirtschaftlicher Nebenbetätigung, wirtschaftliche Vereine (§ 22 BGB), Stiftungen (§§ 80 ff. BGB) und juristische Personen des öffentlichen Rechts iSd § 89 BGB, wenn von diesen ein Handelsgewerbe betrieben wird. Aufgrund der nur entsprechenden Anwendung haben diese (nur) ihre eigene Rechtsform oder eine entsprechende Abkürzung anzugeben.[10] Der alternative Vorschlag, an die Angabe der Rechtsform noch den Zusatz „eingetragener Kaufmann" bzw. „e.K." anzuhängen, so dass ein Verein als „e.V. e.K." auftreten müsste, würde den Rechtsverkehr mehr irreführen als informieren. Nicht eingetragene Kleingewerbetreibende oder Freiberufler fallen nicht unter die Regelung. Eine analoge Anwendung wäre in Bezug auf Geschäftsbezeichnung und Ort der Niederlassung vorstellbar.[11] Sie widerspricht aber den gesetzgeberischen Vorstellungen und der angedrohten Rechtsfolge gem. Abs. 4. Zusätzlich ist bei nicht eingetragenen Gewerbetreibenden § 6c GewO iVm § 2 der zum 17.5.2010 in Kraft getretenen Dienstleistungs-Informationspflichten-Verordnung zu beachten. 5

2. Geschäftsbriefe an einen bestimmten Empfänger. Mündliche Vorgänge sind nicht erfasst. Die einschränkende Voraussetzung „an einen bestimmten Empfänger" ist den schon früher erlassenen Regelungen wie § 80 AktG und § 35a GmbHG entnommen. Sie ist bei den Kapitalgesellschaften problematisch, weil Art. 5 Publizitäts-RL (heute Art. 26 GesR-RL) eine solche Einschränkung nicht kennt. Für den Einzelkaufmann ist sie jedoch de lege lata geltendes Recht. Schreiben an **unbestimmte Empfänger** wie zB Werbeschriften, Postwurfsendungen, Zeitungsannoncen, dienen nur der allgemeinen Werbung, für die die 6

---

[5] So auch Oetker/*Schlingloff* Rn. 1; Staub/*Burgard* Rn. 7; Heymann/*Förster* Rn. 5; aA Baumbach/Hopt/*Hopt* Rn. 2; *W. H. Roth* in Lieb, Die Reform des Handelsstandes und der Personengesellschaften, 1999, 40.

[6] Diff. je nach Vergleichbarkeit der Sachverhalte entweder eine analoge Anwendung von § 37a oder eine Gesamtanalogie Staub/*Burgard* Rn. 8.

[7] Gegen eine Analogie hier Henssler/Strohn/*Oetker* GmbHG § 35a Rn. 7; MüKoGmbHG/*Stephan/Tieves* GmbHG § 35a Rn. 18.

[8] Vgl. Staub/*Burgard* Rn. 9; EBJS/*Hillmann* Rn. 4; *Zimmer* ZIP 1998, 2050 (2052); Oetker/*Schlingloff* Rn. 2.

[9] Röhricht/Graf v. Westphalen/Haas/*Ries* Rn. 8; Oetker/*Schlingloff* Rn. 2; Baumbach/Hopt/*Hopt* Rn. 2; Staub/*Burgard* Rn. 8; Koller/KindlerRoth/Drüen/*Roth* Rn. 1; Heymann/*Förster* Rn. 4.

[10] Ebenso *K. Schmidt* NJW 1998, 2161 (2168); für Angabe der eigenen Rechtsform und e.K. (zB e.V., e.K.) *W. H. Roth* in Lieb, Die Reform des Handelsstandes und der Personengesellschaften, 1999, 41.

[11] AA Staub/*Burgard* Rn. 8.

Angaben des § 37a nicht erforderlich sind.[12] Maßgeblich ist die fehlende Adressierung an eine individuell bestimmbare Person. Massendrucksachen mit individueller Adressierung haben einen bestimmten Empfänger. Eine allgemeine Wurfsendung mit Preisliste des Absenders ist dagegen trotz des bestehenden Informationsbedürfnisses de lege lata nicht erfasst. **Geschäftsbriefe** sind alle Schreiben an einen externen Empfänger zu geschäftlichen Zwecken. Dies gilt auch für individuell adressierte Werbesendungen, auch wenn das Informationsbedürfnis des Empfängers im Einzelfall zweifelhaft sein mag. Extern sind nach derzeitigem Stand des Konzernrechts auch verbundene Unternehmen.[13] Mittelfristig mag sich dies ändern. Erfasst sind auch Geschäftsbriefe ins Ausland. **Interne Schreiben** an Mitarbeiter (zumindest soweit sie nicht den Status oder den Inhalt des Arbeitsverhältnisses betreffen)[14] oder betriebsverfassungsrechtliche Organe[15] sind nicht erfasst, da kein entsprechender Informationsbedarf besteht.

7 Geschäftsbrief ist sowohl hinsichtlich des Inhalts (auch bloße Mitteilungen und Berichte, vgl. Abs. 2) als auch hinsichtlich der Schriftform (auch Postkarte, Fax, formularmäßige Mitteilung) **weit auszulegen** (→ § 125a Rn. 5).[16] Aufgrund entsprechenden Informationsbedarfs sind auch schriftliche Mitteilungen, die nicht fest auf Papier oder ähnlich verkörpert sind, sondern dem Empfänger im Wege der Telekommunikation, zB per E-Mail, übermittelt werden, erfasst;[17] vgl. auch die durch RL 2003/58/EG neugefasste Regelung des Art. 4 RL 68/151/EWG (heute Art. 26 GesR-RL), die Grundlage der deutschen Regelungen im Kapitalgesellschaftsrecht und damit mittelbar auch des § 37a ist; vgl. auch § 5 TMG. Durch die durch das EHUG eingeführte Formulierung **„gleichviel welcher Form"** wurde dies vom Gesetzgeber klargestellt. Damit können auch sonstige Formen aktiver elektronischer Kommunikation (zB Facebook, WhatsApp) Geschäftsbriefe sein.[18] Eine **Ausnahme** von den Pflichtangaben wird man nur bei eng begrenzter Zeichenzahl machen müssen.[19] Erfolgt die geschäftliche Kommunikation über eine **Homepage,** muss diese entsprechend der Richtlinienvorgabe die Pflichtangaben enthalten.[20] Ein bloßer **Link** auf eine Seite, die die Informationen enthält, ist auch bei elektronischer Kommunikation nicht zulässig.[21] Auch im Rahmen des Handelsgeschäfts ausgestellte **Wertpapiere** wie Scheck und Wechsel sind Geschäftsbriefe, da auch hier das entsprechende Informationsbedürfnis besteht.[22] Die Norm gilt für „alle" Geschäftsbriefe. Die Informationspflichten bestehen also auch dann, wenn der Empfänger durch vorherige Geschäftsbriefe informiert wurde und sich seitdem nichts geändert hat (zur Ausnahme des Abs. 2 → Rn. 13).

---

12 Vgl. EBJS/*Hillmann* Rn. 7 f.; Staub/*Burgard* Rn. 12; Baumbach/Hueck/*Noack* GmbHG § 35aRn. 22; Scholz/*Schneider* GmbHG § 35a Rn. 7; MüKoAktG/*Spindler* AktG § 80 Rn. 16; GroßkommAktG/*Habersack* AktG § 80 Rn. 7; Heymann/*Förster* Rn. 9.

13 LG Heidelberg GmbHR 1997, 446; EBJS/*Hillmann* Rn. 5; Scholz/*Schneider* GmbHG § 35a Rn. 8; Lutter/Hommelhoff/*Kleindiek* GmbhG § 35a Rn. 2.

14 Vgl. Staub/*Habersack* § 125a Rn. 11; Baumbach/Hueck//*Noack* GmbHG § 35a Rn. 21; EBJS/*Hillmann* Rn. 5; Baumbach/Hopt/*Hopt* Rn. 4; Heymann/*Förster* Rn. 6.

15 Baumbach/Hueck/*Noack* GmbHG § 35a Rn. 21; Baumbach/Hopt/*Hopt* Rn. 4; MüKoGmbHG/*Stephan/Tieves* GmbHG § 35a Rn. 12; Henssler/Strohn/*Oetker* GmbHG § 35a Rn. 17.

16 Ebenso Begr. RegE, BR-Drs. 340/97, 61; EBJS/*Hillmann* Rn. 5 f.; Heymann/*Hoffmann/Bartlitz* § 125a Rn. 5; Heymann/*Förster* Rn. 6; Oetker/*Schlingloff* Rn. 5; *Schmittmann/Ahrens* DB 2002, 1038 (1039).

17 Vgl. Baumbach/Hueck/*Noack* GmbHG § 35a Rn. 19; Begr. RegE, BR-Drs. 340/97, 61; Heymann/*Förster* Rn. 8; *Bredol* NZG 2017, 611 (611); *Schmittmann/Ahrens* DB 2002, 1038 (1040 f.); *Meier* GmbHR 2007, 922 (923); *Schweinoch/Böhlke/Richter* CR 2007, 167 (167); aA früher *Mutter* GmbHR 2001, 336 (337); zur praktischen Umsetzung *Glaus/Gabel* BB 2007, 1744; *Hoeren/Pfaff* MMR 2007, 207.

18 MüKoAktG/*Spindler* AktG § 80 Rn. 19; Heymann/*Förster* Rn. 8.

19 *Hoeren/Pfaff* MMR 2007, 207 (208); Heymann/*Förster* Rn. 8.

20 Baumbach/Hopt/*Hopt* Rn. 4; für Österreich vgl. die ausdrückliche Regelung des § 14 Abs. 1 S. 1 UGB, dazu GroßkommUGB/*Zib* UGB § 14 Rn. 8; aA Baumbach/Hueck/*Noack* GmbHG § 35a Rn. 20.

21 MüKoAktG/*Spindler* AktG § 80 Rn. 19; BeckOK HGB/*Bömeke* Rn. 10; Heymann/*Förster* Rn. 8; aA Oetker/*Schlingloff* Rn. 5; vgl. ähnlich, dass auch eine, an eine Mail angehängt Visitenkarte nicht ausreichend ist, da die Information ggf. nicht von allen geöffnet werden kann *Meier* GmbHR 2007, 922 (923).

22 LG Detmold WM 1990, 1872 betr. Postscheck; Scholz/*Schneider* GmbHG § 35a Rn. 4 betr. Scheck; aA Baumbach/Hueck/*Noack* GmbHG § 35a Rn. 18; Röhricht/Graf v. Westphalen/Haas/*Ries* Rn. 10.

3. Pflichtangaben. a) Firma und Rechtsformzusatz gem. § 19 Abs. 1 Nr. 1. Grundsätzlich müssen die Angaben im Geschäftsbrief selbst enthalten sein. Bei elektronischer Post, kommt wegen der unmittelbaren elektronischen Verbindung auch ein **Link** als Mittler zur eigentlichen Information in Betracht.[23] Notwendig ist die vollständige Angabe der Firma. Firmenkurzformen sind hier nicht zulässig (→ § 37 Rn. 17 ff.). Bei einer Zweigniederlassung ist ggf. ihre von der Hauptniederlassung abweichende Firma anzugeben. Für die Rechtsform stehen die in § 19 Abs. 1 Nr. 1 vorgesehenen Alternativbezeichnungen zur Verfügung. Entgegen der Regierungsbegründung[24] waren die in § 19 Abs. 1 Nr. 1 erlaubten Abkürzungsmöglichkeiten für die Rechtsform „e. K.", „e. Kfm." und „e. Kfr." von Anfang an ausreichend,[25] auch wenn sie anfänglich noch nicht allgemein bekannt waren. Abs. 1 verweist ohne Einschränkung auf § 19 Abs. 1 Nr. 1 und ist nicht auslegungsfähig. Überwiegend wird e. K., selten e. Kfr. verwendet.[26] 8

b) Ort seiner Handelsniederlassung, Registergericht und Registernummer. Handelsniederlassung ist grundsätzlich die Hauptniederlassung (§ 29). Bei einer Zweigniederlassung eines ausländischen Unternehmens ist der Ort der Zweigniederlassung die deutsche Handelsniederlassung. Problematisch sind Geschäftsbriefe einer Zweigniederlassung eines deutschen Einzelkaufmanns. Da diese eine eigene Firma, eigene Vertretungsverhältnisse und ein eigenes Register hat, ist hier der Ort der Zweigniederlassung anzugeben. Die zusätzliche Angabe der Hauptniederlassung (wie nach § 35a Abs. 4 GmbHG und § 80 Abs. 4 AktG) ist wünschenswert, aber dem Gesetz nicht zu entnehmen.[27] Es sind das Registergericht und die Registernummer der Niederlassung anzugeben, die auch für die Ortsangabe maßgeblich sind. Im Geschäftsverkehr übliche Abkürzungen für Gerichtsbezeichnungen etc. sind zulässig. 9

c) Keine Pflicht zur Angabe des Inhabers. Entgegen dem Referentenentwurf, der Regelung in § 14 Abs. 1 S. 3 UGB und im Gegensatz zur Pflicht, die gesetzlichen Vertreter bei Kapitalgesellschaften anzugeben, enthält die Norm – wie § 125 Abs. 1 S. 1 für Personengesellschaften – keine Pflicht zur Angabe des Inhabers. Hierfür soll kein praktisches Bedürfnis bestehen. Außerdem könne der Inhaber über die Pflicht zur Angabe des Registergerichts und der Registernummer bestimmt werden.[28] Gerade bei Sach- und Fantasiefirmen reicht aber der handelsrechtliche Name des Kaufmanns weder zur Bestimmung des Vertragspartners noch der Handlungsbefugnis für das Unternehmen aus. Die daraus folgende Notwendigkeit zur Registereinsicht bedeutet vermeidbare Kosten und ist bei nicht eingetragenen Kaufleuten sogar unmöglich. De lege lata ist dieses Informationsdefizit jedoch hinzunehmen.[29] 10

d) Nicht eingetragener Istkaufmann. Auch hier besteht aufgrund des Informationsbedarfs der Geschäftspartner die entsprechende Pflicht.[30] Auch ist der nicht Eingetragene ein Kaufmann iSd Abs. 1. Die fehlende Eintragung macht jedoch Modifikationen bei den Pflichtangaben notwendig. Trotz des gesetzlichen Rechtsformzusatzes „eingetragener Kaufmann" (§ 19 Abs. 1 Nr. 1) besteht angesichts der nur deklaratorischen Eintragung bei Istkaufleuten iSd § 1 und der fehlenden Beschäftigung des Gesetzgebers mit dieser Problematik kein Grund, die Firmenführungsberechtigung des nicht eingetragenen Einzelkaufmanns zu bezweifeln.[31] Daher hat auch der nicht eingetragene Kaufmann seine Firma anzugeben. 11

---

23 Oetker/*Schlingloff* Rn. 5.
24 Vgl. Begr. RegE, BR-Drs. 340/97, 61.
25 Röhricht/Graf v. Westphalen/Haas/*Ries* Rn. 4, 6; Baumbach/Hopt/*Hopt* Rn. 3.
26 Röhricht/Graf v. Westphalen/Haas/*Ries* Rn. 4, 6.
27 Röhricht/Graf v. Westphalen/Haas/*Ries* Rn. 16; Oetker/*Schlingloff* Rn. 4; aA Baumbach/Hueck/*Noack* GmbHG § 35a Rn. 6; Scholz/*Schneider* GmbHG § 35a Rn. 11 unter Hinweis auf die Bedeutung für § 171 ZPO.
28 Begr. RegE, BR-Drs. 340/97, 61.
29 Für Reformbedürftigkeit Oetker/*Schlingloff* Rn. 3.
30 Baumbach/Hopt/*Hopt* Rn. 3.
31 Ebenso *Zimmer* ZIP 1998, 2050 (2051); Oetker/*Schlingloff* Rn. 2; Röhricht/Graf v. Westphalen/Haas/*Ries* Rn. 7 ff.

12 Große Probleme bereitet der **Rechtsformzusatz.** Eine Firmierung als „eingetragener Kaufmann" wäre ohne Hinweis auf die fehlende Eintragung irreführend, weil die Kaufmannseigenschaft wegen der Nichtanwendbarkeit des § 5 nicht in gleicher Weise sicher ist.[32] Dies kann nicht mit der Einordnung des „eingetragenen Kaufmanns" als „terminus technicus" überspielt werden.[33] Auch der Gesetzgeber hat, insbesondere bei Anordnung von Informationspflichten, Irreführungsgefahren zu vermeiden. Deshalb ist de lege ferenda zu erwägen, den Rechtsformzusatz gem. § 19 Abs. 1 Nr. 1 in „Einzelkaufmann", „Einzelkauffrau" zu ändern.[34] De lege lata kommt ein solcher Eingriff in das Gesetz nicht in Betracht. Der Verzicht auf den Rechtsformzusatz wäre ebenfalls irreführend, weil die Abgrenzung der Firma zu den Geschäftsbezeichnungen von Nichtkaufleuten zumindest häufig nicht möglich ist und damit die Rechtsform nicht erkennbar wäre (→ § 37 Rn. 1).[35] Die fehlende Registernummer könnte auch nur vergessen worden sein. Diese Problematik kann nur dadurch bewältigt werden, dass der **nicht Eingetragene auf seinen besonderen Status hinweist,** zB „zur Eintragung in das Handelsregister des AG (…) angemeldet".[36] Obwohl es sich um eine grundsätzlich enumerative Ordnungsvorschrift handelt, ist eine solche Kennzeichnungspflicht schon de lege lata geboten, da der Gesetzgeber das Problem übersehen hat und der Kernbereich der Informationsfunktion betroffen ist. Bis zu einer hier notwendigen gesetzlichen Regelung muss jede Kennzeichnung erlaubt sein, die den Status als noch nicht eingetragener Einzelkaufmann deutlich erkennen lässt. Des Weiteren ist der **Ort der Niederlassung** anzugeben. Bei fehlender Handelsregistereintragung ist die Angabe der Registernummer unmöglich. Jedenfalls bei fehlendem Antrag auf Eintragung im Register, ist auch die Angabe des zuständigen Registergerichtes nicht erforderlich. Hierdurch wird die fehlende Eintragung noch deutlicher.

13 **4. Geschäftsbriefe ohne Pflichtangaben (Abs. 2).** Unter den drei kumulativen Voraussetzungen, dass schon vorher eine Geschäftsverbindung besteht, es sich nur um Mitteilungen und Berichte handelt und für diese üblicherweise auszufüllende Vordrucke verwendet werden, bestehen keine Pflichtangaben. Rechtfertigung ist die geringe Schutzbedürftigkeit des Geschäftspartners und die mit dem Verzicht auf Pflichtangaben bei Formularen verbundene Erleichterung für den Einzelkaufmann. Während bei den Kapitalgesellschaften, von denen diese Regelung stammt, diese Einschränkung möglicherweise richtlinienwidrig ist (Art. 26 GesR-RL bzw. früher Art. 5 Publizitäts-RL enthält keine solche Ausnahme), ist sie für den Einzelkaufmann unbedenklich. Bei **bestehender Geschäftsverbindung** ist der Geschäftsverkehr nur dann weniger schutzwürdig, wenn ihm gegenüber die Pflichtangaben bereits gemacht worden sind und sich die Pflichtangaben nicht geändert haben. Erforderlich sind dafür frühere Geschäftsbriefe mit entsprechenden Angaben, also nicht ein Vertragsschluss.[37] Bei einer zeitlich weit zurückreichenden letzten Information (über ein Jahr) wird – in teleologischer Reduzierung der Ausnahme des Abs. 2 von den Pflichtangaben – eine Informationspflicht verbreitet bejaht.[38] Diese wertungsmäßig überzeugende, aber methodisch kaum zu rechtfertigende Rückausnahme und die Rückausnahme des Abs. 3 belegen letztlich die Unangemessenheit der gesamten Ausnahme des

---

[32] AA die hM, *K. Schmidt* ZHR 163 (1999), 87 (98): nach Anmeldung; Baumbach/Hopt/*Hopt* Rn. 3; Oetker/*Schlingloff* Rn. 3.

[33] Röhricht/Graf v. Westphalen/Haas/*Ries* Rn. 5.

[34] Vgl. schon *Krebs* DB 1996, 2013 (2016 f.).

[35] Vgl. *Zimmer* ZIP 1998, 2050 (2051 f.).

[36] So der Vorschlag von BeckOK HGB/*Bömeke* Rn. 4; anschließend Heymann/*Förster* Rn. 15.

[37] HM, vgl. LG Detmold WM 1990, 1872; Scholz/*Schneider* GmbHG § 35a Rn. 19; Baumbach/Hueck/*Noack* GmbHG § 35a Rn. 24; MüKoGmbHG/*Stephan/Tieves* GmbHG § 35a Rn. 37; MüKoAktG/*Spindler* AktG § 80 Rn. 20; Heymann/*Förster* Rn. 18.

[38] Vgl. Röhricht/Graf v. Westphalen/Haas/*Ries* Rn. 20; Baumbach/Hueck/*Noack* GmbHG § 35a Rn. 24; MüKoGmbHG/*Stephan/Tieves* GmbHG § 35a Rn. 37; Rowedder/Schmidt-Leithoff/*Baukelmann* GmbHG § 35a Rn. 13; krit. Baumbach/Hopt/*Hopt* Rn. 5; BeckOK HGB/*Bömeke* Rn. 15; ebenfalls krit.bleh Heymann/*Förster* Rn. 18, wonach eine wiederholte Information zwar sinnvoll ist, ein „festes Haltbarkeitsdatum" aber willkürlich wäre.

Abs. 2, die sich in den für die Kapitalgesellschaften maßgeblichen Richtlinien auch nicht findet. De lege ferenda sollten Abs. 2 und 3 daher gestrichen werden. Eine ständige Geschäftsverbindung ist nicht erforderlich.[39] Erfasst sind nur **Mitteilungen und Berichte.** Dies sind Geschäftsbriefe mit bloßen Informationen[40] im Gegensatz zu rechtsgeschäftlichen Erklärungen, da bei Informationen der Aufklärungsbedarf gering ist (Beispiele: Lieferscheine, Versandanzeigen, Reparaturabholungsbenachrichtigungen).[41] Aufgrund ihrer Rechtswirkungen sind Auftragsbestätigungen, Rechnungen und Mahnungen entgegen verbreiteter Ansicht keine bloßen Mitteilungen oder Berichte.[42] Der Verzicht auf die Pflichtangaben bei üblicher **Verwendung auszufüllender Vordrucke** verringert den Aufwand und erhöht die Übersichtlichkeit der Formulare, bei denen entsprechende Angaben auch nicht erwartet werden. Das Kriterium der Üblichkeit, welches als Branchenüblichkeit zu verstehen ist, stellt sicher, dass eine eigenmächtige Ausdehnung des Bereichs, in dem keine Pflichtangaben notwendig sind, ausscheidet. Derjenige, der statt des üblichen Formulars einen normalen Geschäftsbrief verwendet, wird nicht privilegiert, da die Rechtfertigungsgründe für die Pflichtenreduzierung nicht vorliegen.

5. Bestellscheine (Abs. 3). Bestellscheine sind Formulare, die nicht vom Ersteller, 14
sondern von der Gegenseite ausgefüllt werden. Sie erhalten als Formular keine Informationen, weshalb ohne die gesetzliche Regelung die Einordnung als Geschäftsbrief zweifelhaft sein könnte. Die Bestellscheine sind Grundlage der rechtsverbindlichen Bestellung. Dies rechtfertigt ihre Einordnung als Geschäftsbrief mit der Folge der Notwendigkeit der Pflichtangaben nach Abs. 1 und der Nichtanwendbarkeit des Abs. 2. Auch die Bestellmaske im Internet ist ein Bestellschein, da nicht die Papierform sondern das Informationsbedürfnis des Rechtsverkehrs die Pflichtangaben bei Bestellscheinen rechtfertigt (→ § 125a Rn. 5).[43]

III. Rechtsfolgen fehlender oder falscher Angaben (Abs. 4)

§ 37a ist **Ordnungsvorschrift,** nicht Formvorschrift. Sie soll gem. Abs. 4 durch 15
Zwangsgeld (in Höhe von maximal 5.000 Euro, § 14 Abs. 2) gegenüber dem Kaufmann durchgesetzt werden. Trotz Ineffektivität des Zwangsgeldes steht der Charakter als Ordnungsvorschrift einer Einordnung als Schutzgesetz iSd § 823 Abs. 2 BGB entgegen.[44] Die entgegengesetzte hM[45] bei Kapitalgesellschaften lässt sich möglicherweise mit dem europarechtlichen Effektivitätsgebot (effet utile) rechtfertigen, welches durch die Notwendigkeit einer geeigneten Rechtsfolge gem. Art. 28 GesR-RL (früher Art. 7 Publizitäts-RL) noch verstärkt wird. Dort ist die Schutzbedürftigkeit des Rechtsverkehrs auch höher. Die Nichtbeachtung von § 37a kann uU einen Verstoß gegen § 3a UWG darstellen.[46] Allerdings wird die Spürbarkeitsschwelle des § 3 UWG häufig nicht überschritten sein.[47] Angemessener

---

39 EBJS/*Hillmann* Rn. 9; MüKoAktG/*Spindler* AktG § 80 Rn. 20.

40 Ebenso Röhricht/Graf v. Westphalen/Haas/*Ries* Rn. 19; Oetker/*Schlingloff* Rn. 8.

41 Heymann/*Förster* Rn. 17.

42 Röhricht/Graf v. Westphalen/Haas/*Ries* Rn. 20; Heymann/*Förster* Rn. 17; aA Baumbach/Hueck/*Noack* GmbHG § 35a Rn. 24; MüKoAktG/*Spindler* AktG § 80 Rn. 23; GroßkommAktG/*Habersack* AktG § 80 Rn. 10.

43 *Roth/Groß* K&R 2002, 127 (128 f.); Heymann/*Förster* Rn. 20.

44 Baumbach/Hopt/*Hopt* Rn. 8; Oetker/*Schlingloff* Rn. 10; EBJS/*Hillmann* Rn. 12; Staub/*Burgard* Rn. 33; *Altmeppen* NJW 2012, 2833 (2836); aA Röhricht/Graf v. Westphalen/Haas/*Ries* Rn. 23; Staub/*Habersack* § 125a Rn. 19; Heymann/*Förster* Rn. 23; *Schmittmann/Ahrens* DB 2002, 1038 (1039).

45 LG Detmold GmbHR 1991, 23 für § 35a Abs. 1 S. 2 GmbHG; Baumbach/Hueck*Noack* GmbHG § 35a Rn. 25; Rowedder/Schmidt-Leithoff/*Baukelmann* GmbHG § 35a Rn. 10; Scholz/*Schneider/Schneider* GmbHG § 35a Rn. 28.

46 LG Bonn BeckRS 2006, 10375; *Rath/Hausen* K&R 2007, 113 (114) mit Verweis auf den Zweck der Vorschrift, den Geschäftsverkehr mit allgemeinen Grundinformationen zu versorgen und damit den Interessen den Marktteilnehmern zu dienen; vgl. auch OLG Karlsruhe WRP 2006, 1039 (1041); OLG Koblenz BeckRS 2006, 5416 im Hinblick auf die durchaus vergleichbare Regelung des § 5 TMG; *Meier* GmbHR 2007, 922 (923); aA *Schmittmann/Ahrens* DB 2002, 1038 (1039).

47 OLG Brandenburg GRUR-RR 2008, 136; so nicht mehr bei § 3a UWG, hierauf hinweisend *Meier* GmbHR 2007, 922 (923); aA OLG Düsseldorf NJW-RR 2004, 41 (42); LG Bonn BeckRS 2006, 10375.

als eine grundsätzliche Ablehnung erscheint eine differenzierte Betrachtung, die etwa die Bedeutung der Pflichtangabe für den Geschäftsverkehr berücksichtigt.[48] So dürfte die Nichtangabe des Rechtsformzusatzes in aller Regel einen erheblichen Wettbewerbsverstoß begründen. Bei einer Aufforderung zum Kauf ist auch § 5a Abs. 3 Nr. 2 UWG zu beachten.[49]

16 Ob aufgrund von Angaben eine **Anfechtung** nach § 119 Abs. 2 BGB möglich ist, hängt nicht davon ab, ob diese Angaben einen Verstoß gegen § 37a darstellen, sondern davon, ob ein Inhaltsirrtum vorliegt.[50] Sind falsche oder fehlende Angaben Teil eines Betrugs, folgt die Haftung aus § 823 Abs. 2 BGB iVm § 263 StGB. Falsche Angaben im Rahmen einer Sonderverbindung (zB vorvertragliches Verhältnis gem. § 311 Abs. 2 BGB, wettbewerbliches Abmahnverhältnis) können als Verstoß gegen eine Rücksichtnahmeverpflichtung eine **Haftung gem. § 280 Abs. 1 BGB** auslösen.[51] Auch ein **konkreter Vertrauensschutz** aufgrund von falschen Angaben[52] und zwar auch bei freiwilligen Angaben, wie zB zur Inhaberstellung, ist möglich. Dieser kann auch gegen § 15 Abs. 2 wirken (→ § 15 Rn. 82). Firmiert jemand, der nicht Kaufmann ist, als Kaufmann, so entstehen Rechtsscheinswirkungen zu Gunsten des gutgläubigen Geschäftsverkehrs (sog. Scheinkaufmann).

IV. Rechtslage in Österreich

17 **1. Normzweck und Inhalt.** Die Regelung des § 14 UGB soll die Versorgung des Geschäftsverkehrs mit grundlegenden Informationen sicherstellen und ist als Ausgleich für den Verzicht auf das Erfordernis von Namens- und Sachfirmen zu sehen.[53] Gleichzeitig hat damit der österreichische Gesetzgeber die aufgrund der früheren Publizitäts-RL und der früheren Zweigniederlassungs-RL (heute Art. 26 GesR-RL) bislang nur für Kapitalgesellschaften und deren inländische Zweigniederlassungen geltenden Mindestinformationspflichten auf sämtliche im Firmenbuch (Handelsregister) eingetragene Unternehmer ausgeweitet. Anders als in Deutschland hat man von österreichischer Seite auf die gesonderte Normierung der Informationspflichten für die einzelnen Rechtsformen verzichtet und damit eine vergleichsweise übersichtliche Regelung geschaffen. Gem. **Abs. 1** muss der eingetragene Unternehmer auf allen seinen Geschäftsbriefen und Bestellscheinen, die auf Papier oder in sonstiger Weise an einen bestimmten Empfänger gerichtet sind, sowie auf seinen Webseiten die **Firma,** die **Rechtsform,** den **Sitz** und die **Firmenbuchnummer** sowie das **Firmenbuchgericht** angeben, gegebenenfalls hat auch ein Hinweis auf die **Liquidation** zu erfolgen. Im Falle offener Gesellschaften sowie Kommanditgesellschaften, bei denen kein unbeschränkt haftender Gesellschafter eine natürliche Person ist (zB bei einer GmbH & Co. KG) erstreckt sich die Informationspflicht auch auf die unbeschränkt haftenden Gesellschafter. Einzelunternehmer sind bei abweichender Benennung des Unternehmens zur Angabe ihres Namens verpflichtet. Genossenschaften haben auch über die Art ihrer Haftung Auskunft zu erteilten.

18 **Abs. 2** verpflichtet Kapitalgesellschaften, die Angaben über das Kapital der Gesellschaft machen, zum **Ausweis des Grund- und Stammkapitals** sowie Aktiengesellschaften und Gesellschaften mit beschränkter Haftung, bei denen Einlagen auf Aktien bzw. auf GmbH-Gesellschaftsanteile nicht vollständig erbracht worden sind, zur Angabe der **Höhe der ausstehenden Leistungen.** In **Abs. 3** wird klargestellt, dass inländische Zweigniederlassungen

48 So auch Oetker/*Schlingloff* Rn. 11; ebenfalls diff., aber andere Ansätze verfolgend *Rath/Hausen* K&R 2007, 113 (115 ff.); grds. zur Konkretisierung der Spürbarkeitsschwelle Fezer/Büscher/Obergfell/*Fezer* UWG § 3 Rn. 144 ff.

49 OLG München WRP 2012, 230.

50 Vgl. LG Detmold GmbHR 1991, 23 zu § 35a GmbHG; Rowedder/Schmidt-Leithoff/*Baukelmann* GmbHG § 35a Rn. 10.

51 BeckOK HGB/*Bömeke* Rn. 31; Heymann/*Förster* Rn. 23; *Altmeppen* NJW 2012, 2833 (2836).

52 Vgl. für GmbH LG Heidelberg GmbHR 1997, 446; BeckOK HGB/*Bömeke* Rn. 32; KKRD/*Roth* Rn. 4; Heymann/*Förster* Rn. 23.

53 Straube/Ratka/Rauter/*Gaggl* UGB § 14 Rn. 1.

eines Unternehmers mit ausländischer Hauptniederlassung oder ausländischem Sitz außer den zuvor genannten Angaben die **Firmenbuchnummer** und das **Firmenbuchgericht der Zweigniederlassung** mitteilen müssen. **Abs. 4** enthält sodann eine **Ausnahme** von den Pflichtangaben des § 14 UGB für die im Rahmen einer bestehenden Geschäftsverbindung üblicherweise verwendeten Vordrucke, in denen lediglich die im Einzelfall erforderlichen besonderen Angaben eingefügt zu werden brauchen, wobei Bestellscheine ausdrücklich nicht dazu gehören. Schließlich stellt **Abs. 5** dem Firmenbuchgericht für den Fall von Zuwiderhandlungen Sanktionsmaßnahmen in Form von **Zwangsstrafen** (§ 24 FBG) zur Verfügung und nennt die Adressaten dieser Zwangsstrafen.

2. Normadressat und Pflichtangaben. Normadressat ist der in das Firmenbuch eingetragene Unternehmer.[54] Der nicht eingetragene Unternehmer, unabhängig davon, ob er eintragungspflichtig ist oder nicht, unterliegt auch nicht den Informationspflichten des § 14 UGB,[55] die Eintragung hat unter diesem Gesichtspunkt also abweichend vom HGB keine deklaratorische, sondern eine konstitutive Wirkung (→ Rn. 4). Erfasst werden neben eingetragenen natürlichen Personen einschließlich freiwillig protokollierten Einzelunternehmern sowie Land- und Forstwirten, unternehmerisch tätigen eingetragenen Personengesellschaften und Unternehmern kraft Rechtsform auch freiwillig eingetragene Freiberufler,[56] welche in Deutschland mangels Eigenschaft als Gewerbetreibende nicht eintragungsfähig wären.[57] Der Begriff Geschäftsbrief wird auch in Österreich weit ausgelegt.[58] Die Vorschrift des § 14 UGB deckt sich hinsichtlich der von ihr zwingend vorgeschriebenen Pflichtangaben (Firma, Rechtsform, Sitz, Firmenbuchnummer und Firmenbuchgericht) mit der deutschen Regelung. Ein wesentlicher Unterschied zu § 37a HGB besteht jedoch in der Pflicht des Einzelunternehmers zur Angabe seines bürgerlichen Namens, wenn sich die Firma von diesem unterscheidet (§ 14 Abs. 1 S. 3 UGB). Im Gegensatz zum deutschen Gesetzgeber, der hierfür kein praktisches Bedürfnis sah und eine anderweitige Informationsmöglichkeit über das Registergericht annahm (→ Rn. 10), hat man in Österreich mit § 14 Abs. 1 S. 3 UGB einem möglichen Informationsdefizit durch Verwendung von Fantasiefirmen Rechnung getragen. 19

3. Rechtsfolgen. Für den Fall fehlender oder falscher Angaben sieht § 14 Abs. 5 UGB die Verhängung von Zwangsstrafen durch das Firmenbuchgericht (in Höhe von bis zu 3.600 Euro, § 24 Abs. 1 FBG) vor.[59] Gemäß § 24 Abs. 2 FBG ist nunmehr auch die wiederholte Ahndung durch Zwangsstrafen möglich, wenn der Betroffene einer gerichtlichen Anordnung nach Abs. 1 innerhalb von zwei Monaten nach Eintritt der Rechtskraft des Beschlusses nicht nachkommt.[60] Obwohl der Wortlaut der § 14 Abs. 5 UGB, § 24 FBG ein Einschreiten des Firmenbuchgerichts zu fordern scheint, wird dem Gericht ein Ermessen zugebilligt.[61] Darüber hinaus sind weitere zivilrechtliche Folgen, zB nach wegen Rechtsbruch iSd § 1 öUWG, möglich.[62] 20

§ 14 UGB lautet: 21

§ 14 UGB Geschäftspapiere und Bestellscheine

(1) In das Firmenbuch eingetragene Unternehmer haben auf allen Geschäftsbriefen und Bestellscheinen, die auf Papier oder in sonstiger Weise an einen bestimmten Empfänger

[54] Krejci/*Dehn* Reform-Kommentar UGB § 14 Rn. 3.
[55] GroßkommUGB/*Zib* UGB § 14 Rn. 2; Torggler/*Mollnhuber* UGB § 14 Rn. 3; Jabornegg/*Burgstaller/Pilgerstorfer* UGB § 14 Rn. 1.
[56] Krejci/*Dehn* Reform-Kommentar UGB § 14 Rn. 4.
[57] Vgl. BGHZ 33, 325; BayObLG NZG 2002, 718; KKRD/*Roth* § 1 Rn. 12; Baumbach/Hopt/*Hopt* § 1 Rn. 12.
[58] OGH GesRZ 2003, 239; wbl. 1994, 240; *Handig* ecolex 2007, 165; MüKoAktG/*Kalss* AktG § 80 Rn. 35.
[59] Krejci/*Dehn* Reform-Kommentar UGB § 14 Rn. 20.
[60] GroßkommUGB/*Zib* UGB § 14 Rn. 23 ff.
[61] Vgl. Krejci/*Dehn* Reform-Kommentar UGB § 14 Rn. 20.
[62] GroßkommUGB/*Zib* UGB § 14 Rn. 28; Torggler/*Mollnhuber* UGB § 14 Rn. 9; Jabornegg/*Burgstaller/Pilgerstorfer* UGB § 14 Rn. 16.

gerichtet sind, sowie auf ihren Webseiten die Firma, die Rechtsform, den Sitz und die Firmenbuchnummer des Unternehmers, gegebenenfalls den Hinweis, dass sich der Unternehmer in Liquidation befindet, sowie das Firmenbuchgericht anzugeben. Bei einer offenen Gesellschaft oder Kommanditgesellschaft, bei der kein unbeschränkt haftender Gesellschafter eine natürliche Person ist, sind diese Angaben auf den Geschäftsbriefen, Bestellscheinen und Webseiten der Gesellschaft auch über die unbeschränkt haftenden Gesellschafter zu machen. Einzelunternehmer haben auch ihren Namen anzugeben, wenn er sich von der Firma unterscheidet. Genossenschaften haben auch die Art ihrer Haftung anzugeben.

(2) Werden bei einer Kapitalgesellschaft auf Geschäftsbriefen, Bestellscheinen und Webseiten Angaben über das Kapital der Gesellschaft gemacht, so müssen in jedem Fall das Grund- und Stammkapital sowie bei der Aktiengesellschaft, wenn auf die Aktien der Ausgabebetrag nicht vollständig, bei der Gesellschaft mit beschränkter Haftung, wenn nicht alle in Geld zu leistenden Einlagen eingezahlt sind, der Gesamtbetrag der ausstehenden Einlagen angegeben werden.

(3) Auf Geschäftsbriefen, Bestellscheinen und Webseiten, die von einer inländischen Zweigniederlassung eines Unternehmers mit ausländischer Hauptniederlassung oder mit ausländischem Sitz benützt werden, sind außer den Angaben nach Abs. 1 und 2 die Firma, die Firmenbuchnummer der Zweigniederlassung und das Firmenbuchgericht anzugeben.

(4) Der Angaben nach Abs. 1 und 2 bedarf es nicht bei Mitteilungen oder Berichten, die im Rahmen einer bestehenden Geschäftsverbindung ergehen und für die üblicherweise Vordrucke verwendet werden, in denen lediglich die im Einzelfall erforderlichen besonderen Angaben eingefügt zu werden brauchen. Diese Regelung gilt nicht für Bestellscheine.

(5) Wer als Unternehmer diesen Verpflichtungen nicht nachkommt, ist dazu vom Firmenbuchgericht durch eine Zwangsstrafe anzuhalten. § 24 FBG findet sinngemäß Anwendung. Ist der Unternehmer keine natürliche Person, so richtet sich die Zwangsstrafe gegen die Mitglieder des vertretungsbefugten Organs, im Falle einer inländischen Zweigniederlassung eines Unternehmers mit ausländischer Hauptniederlassung oder mit ausländischem Sitz gegen die für diese vertretungsbefugten Personen.

Vierter Abschnitt. Handelsbücher

§§ 38–47b *[aufgehoben]*

Fünfter Abschnitt. Prokura und Handlungsvollmacht

Vorbemerkung (Vor § 48)

Schrifttum: *Altmeppen,* Disponibilität des Rechtsscheins, 1993; *Bader,* Duldungs- und Anscheinsvollmacht, Diss. Regensburg 1978; *Beuthien,* Gilt im Stellvertretungsrecht ein Abstraktionsprinzip, FS 50 Jahre BGH, Bd. I, 2000, 81; *Bucher,* Organschaft, Prokura, Stellvertretung, FS Bürgi, 1971, 39; *P. Bydlinski,* Der sogenannte „Mißbrauch" unbeschränkbarer Vertretungsmacht, FS F. Bydlinski, 2002, 19; *Canaris,* Die Vertrauenshaftung im deutschen Privatrecht, 1971; *Drexl/Mentzel,* Handelsrechtliche Besonderheiten der Stellvertretung, Jura 2002, 289 und Jura 2002, 375; *Eder,* „Generalvollmacht" bei der GmbH?, GmbHR 1962, 225; *Fischer,* Der Mißbrauch der Vertretungsmacht, auch unter Berücksichtigung der Handelsgesellschaften, FS Schilling, 1973, 3; *Frotz,* Verkehrsschutz im Vertretungsrecht, 1972; *Geitzhaus,* Die Generalbevollmächtigung – Empfehlenswertes Instrument der Unternehmensführung?, GmbHR 1989, 229 und GmbHR 1989, 278; *Grooterhorst,* Vollmachten im Unternehmen, 6. Aufl. 2014; *Hofmann/Fladung/van Ghemen,* Der Prokurist, 8. Aufl. 2007; *Honsell,* Die Besonderheiten der handelsrechtlichen Stellvertretung, JA 1984, 17; *Huber,* Betriebsführungsverträge zwischen selbständigen Unternehmen, ZHR 152 (1988), 1; *Huber,* Betriebsführungsverträge zwischen konzernverbundenen Unternehmen, ZHR 152 (1988), 123; *H. Hübner,* Die Prokura als formalisierter Vertrauensschutz, FS Klingmüller, 1974, 173; *U. Hübner,* Die Zulässigkeit der Generalvollmacht bei Kapitalgesellschaften, ZHR 143 (1979), 1; *Joussen,* Die Generalvollmacht im Handels- und Gesellschaftsrecht, WM 1994, 273; *Kindl,* Rechtsscheinstatbestände und ihre rückwirkende Beseitigung, 1999; *Krause,* Schweigen im Rechtsverkehr, 1933; *Krebs,* Ungeschriebene Prinzipien der handelsrechtlichen Stellvertretung als Schranken der Rechtsfortbildung – speziell für Gesamtvertretungsmacht und Generalvollmacht, ZHR 159 (1995), 635; *Krebs,* Sonderverbindung und außerdeliktische Schutzpflichten, 2000; *Laband,* Die Stellvertretung bei dem Abschluss von Rechtsgeschäften nach dem Allgemeinen Deutschen Handelsgesetzbuch, ZHR 10 (1866), 183; *Lieb,* Aufgedrängter Vertrauensschutz? Überlegungen zur Möglichkeit des Verzichts auf Rechtsscheinsschutz insbesondere bei der Anscheinsvollmacht, FS H. Hübner, 1984, 575; *Merkt,* Die dogmatische Zuordnung der Duldungsvollmacht zwischen Rechtsgeschäft und Rechtsscheinstatbestand, AcP 204 (2004), 638; *Müller-Freienfels,* Die Vertretung beim Rechtsgeschäft, 1955; *Schroeder/Oppermann,* Die Eintragungsfähigkeit der kaufmännischen Generalvollmacht in das Handelsregister, JZ 2007, 176; *Pawlowski,* Die gewillkürte Stellvertretung, JZ 1996, 125; *Peters,* Zur Geltungsgrundlage der Anscheinsvollmacht, AcP 179 (1979), 214; *Prölss,* Vertretung ohne Vertretungsmacht, JuS 1985, 577; *K. Schmidt,* Falsus-procurator-Haftung und Anscheinsvollmacht – Ein Versuch über Zivilrechtsdogmatik und Prozessstrategie, FS Gernhuber, 1993, 435; *K. Schmidt,* Offene Stellvertretung, JuS 1987, 425; *K. Schmidt,* Bemerkungen und Vorschläge zur Überarbeitung des Handelsgesetzbuchs, DB 1994, 515; *Schwarze,* Die Anfechtung der ausgeübten (Innen-)Vollmacht, JZ 2004, 588; *Stoll,* Der Missbrauch der Vertretungsmacht, FS Lehmann, 1937, 115; *Stüsser,* Die Anfechtung der Vollmacht nach Bürgerlichem Recht und Handelsrecht, 1986; *Tietz,* Vertretungsmacht und Vertretungsbefugnis im Recht der BGB-Vollmacht und der Prokura, 1990; *Vedder,* Missbrauch der Vertretungsmacht, 2007; *Wandt/Herold,* Der Generalbevollmächtigte von AG und GmbH, NZG 2020, 201.

Übersicht

I. Einführung

1 Die **Stellvertretung** ist im **Handelsverkehr** von erheblich größerer Bedeutung als im allgemeinen Zivilrechtsverkehr. Während sich natürliche Personen im Privatbereich nur selten vertreten lassen, bildet die Stellvertretung im modernen arbeitsteiligen Handelsverkehr die Regel, von der es nur wenige Ausnahmefälle gibt. Für die Teilnahme von Unternehmen, insbesondere Gesellschaften, am Markt ist sie unentbehrlich.[1] Dies zwingt dazu, **handelsrechtliche Besonderheiten** (Schnelligkeit und Leichtigkeit des Handelsverkehrs) und die Verkehrsinteressen (Verkehrsschutz) allgemein im Vertretungsrecht zu berücksichtigen und rechtfertigt die Existenz besonderer Vertretungsformen (Prokura und Handlungsvollmacht). Soweit die handelsrechtlichen Regelungen von den §§ 164 ff. BGB abweichen, gehen sie diesen gem. Art. 2 Abs. 1 EGHGB vor.

2 Der **Verkehrsschutz** wird bei der **Prokura,** was ihre Existenz anbelangt, durch § 15 und was ihren Umfang angeht, durch die zwingende Festlegung eines sehr weiten Umfangs der Vertretungsmacht gewährleistet (§ 49 Abs. 1, § 50 Abs. 1). Bei der **Handlungsvollmacht** hingegen wird er durch eine dispositive Umfangsbeschreibung bei bestehender Vollmacht erreicht (→ § 54 Rn. 4; → § 56 Rn. 5; aA die hM, die hier einen unmittelbaren Rechtsscheinsschutz annimmt). Allerdings erfasst der Verkehrsschutz für den „Ladenangestellten" auch die Existenz der Vollmacht selbst. Die allgemeinen Vertretungsregeln des BGB sind lückenfüllend anwendbar. Der Verkehrsschutz dient gerade auch der Schnelligkeit und Leichtigkeit des Verkehrs, da er aufwändige Überprüfungen hinsichtlich Umfang und teilweise auch Existenz der Vertretungsmacht erübrig

II. Historische Entwicklung, heutiger Meinungsstand, Zukunft

3 Die §§ 48 ff. sind Ergebnis einer **historischen Entwicklung,** die auch heute noch bedeutsam ist: So stimmen die heutigen Regelungen häufig wörtlich mit den entsprechen-

[1] Staub/*Joost* Rn. 1; *Grooterhorst* Vollmachten im Unternehmen I 1.

den Regeln des **ADHGB** von 1861 überein und sind nur vor dem Hintergrund des damaligen Begriffs- bzw. Vorverständnisses zu verstehen. Die Einführung des ADHGB erfolgte parallel in den damals noch zahlreichen deutschen Staaten und zwar auch in Österreich. 1900 wurde das ADHGB in Deutschland durch das HGB abgelöst (in Österreich galt das HGB ab 1939). Oftmals wird selbst zur Auslegung von Passagen, die durch Einführung des **HGB** zum 1.1.1900 geändert worden sind, an das ADHGB angeknüpft. Schließlich lässt sich feststellen, dass das Vertretungsrecht des ADHGB von Prinzipien beherrscht wurde, die auch heute – allerdings nur partiell – beachtet werden. Hier stellt sich das grundsätzliche Problem, ob diese Prinzipien generell beachtet oder aufgegeben werden müssen (→ Rn. 25 ff.). In **Österreich** löste 2007 das HGB durch das **Unternehmensgesetzbuch** (UGB) ab. Die Regeln zur handelsrechtlichen Stellvertretung sind jedoch weitgehend identisch, weshalb hier auch generell auf die österreichische Rspr. und Lit. eingegangen wird. Einzelne Abweichungen werden besonders vermerkt.

1. Allgemeine Vollmacht. Das antike **römische Recht** kannte die gewillkürte direkte Stellvertretung nicht. Doch handelten Sklaven kraft Gesetzes für ihre Herren und die der patria potestas unterworfenen Familienmitglieder für das Familienoberhaupt den pater familias. Erst im **16./17. Jahrhundert** setzte sich die Zulässigkeit der aktiven Vertretung als ökonomische Notwendigkeit nach Intensivierung des Handels im Wesentlichen durch, und im **17./18. Jahrhundert** entwickelte sich die (aktive und passive) Stellvertretung zu einem allgemeinen Rechtsinstitut. Dabei war die Vollmacht im zugrunde liegenden Rechtsverhältnis, dem **Mandatsvertrag,** enthalten.[2] 4

Auf diesem Stand der Rechtsentwicklung baute das **ADHGB von 1861** auf,[3] dessen Regelungen die heutigen §§ 48 ff. weitgehend prägen. Mangels eines in ganz Deutschland geltenden allgemeinen Zivilrechts enthielt das ADHGB auch die heute im BGB enthaltenen Grundregeln der Stellvertretung wie zB deren Offenheit und die unmittelbare Fremdwirkung des Vertreterhandelns (Art. 52 ff. ADHGB). Es trennte die Regelungen über die Bevollmächtigung (5. Titel Art. 41 ff. ADHGB) von denen über den – meist zugrunde liegenden – Dienstvertrag (6. Titel Art. 57 ff. ADHGB). Damit löste es sich weitgehend von der früheren Vorstellung, die Vollmacht sei Teil des zugrunde liegenden Rechtsverhältnisses (des Mandatsvertrages). 5

Aber erst[4] im Anschluss an die grundlegenden Ausführungen von *Laband* (1866)[5] setzte sich die weitgehende Trennung der Vollmacht als Rechtsgeschäft von dem zugrunde liegenden Rechtsverhältnis durch. Höhepunkt des Trennungsdenkens ist die heute noch **herrschende Vorstellung,** die bewusste Erteilung einer **abstrakten Vollmacht** ohne zugrunde liegendes Rechtsverhältnis sei **möglich.**[6] In **neuerer Zeit** wird die Trennung in zwei Vorgänge zwar allgemein bejaht, aber die völlige Abstraktion von Vollmacht und zugrunde liegendem Rechtsverhältnis zu Recht bezweifelt (→ Rn. 44 ff.). 6

Die 1861 noch nicht so deutliche Trennung von Grundverhältnis und Vollmacht spiegelt sich noch heute in Formulierungen wieder, die aus dem ADHGB übernommen worden sind: so zB in der Formulierung „ermächtigt" (an Stelle von „bevollmächtigt", § 49 Abs. 1, § 54 Abs. 1 und 2, § 55 Abs. 4, § 56), dem Erfordernis des „Angestellt"-Seins in § 56 und den Regelungen zur „Übertragung" von Prokura und Handlungsvollmacht (§ 58, § 52 Abs. 2). Insbesondere der Wortlaut des § 58 ist nur aus der historischen Perspektive verständ- 7

2 Vgl. näher *Coing,* Europäisches Privatrecht, Bd. I, Älteres Gemeines Recht (1500–1800), 1985, 430; diese Bedeutung des Mandats klingt heute noch in der Formulierung von der „Mandatierung eines Rechtsanwaltes" an.

3 Zu seinem Verhältnis zu dem ihm vorangegangenen preußischen Entwurf von 1851 vgl. *v. Hahn,* Kommentar zum ADHGB, 4. Aufl. 1894, ADHGB Vor Art. 41 §§ 1 ff.

4 Vorsichtige Trennung aber schon durch *Jhering* JherJb 1 (1857), 312 (313).

5 *Laband* ZHR 10 (1866), 183 (203 ff.); zu *Laband* und seiner „Entdeckung" *Diemert* in Hoeren, Zivilrechtliche Entdecker, 2001, 151 ff.; umfassend zur Rechtsentwicklung *Müller-Freienfels* in Coing/Wilhelm, Wissenschaft und Kodifikation des Privatrechts im 19. Jahrhundert, Bd. II, 1977, 144 ff.

6 Soergel/*Leptien* BGB § 167 Rn. 1; Soergel/*Leptien* BGB § 168 Rn. 18; Staudinger/*Schilken,* 2019, BGB § 167 Rn. 2; Staudinger/*Schilken,* 2019, BGB § 168 Rn. 16; MüKoBGB/*Schubert* BGB § 168 Rn. 37.

lich; denn es entspricht allgemeiner Ansicht, dass die echte Übertragung einer Vollmacht im Sinne einer Abtretung – anders als die Übertragung eines Auftrags, von dem wohl der historische Gesetzgeber ausging – auch mit Zustimmung des Inhabers unzulässig ist, obwohl § 58 eben diese Übertragung zulässt (→ § 58 Rn. 2).

8 **2. Zulässige Formen rechtsgeschäftlicher Vollmacht im Handelsverkehr.** Das ADHGB kannte drei Arten rechtsgeschäftlicher Vollmacht im Handelsverkehr: **Prokura** (Art. 41 ff. ADHGB), **Handlungsvollmacht** (Art. 47 ff. ADHGB) und **Vollmacht zu Handelsgeschäften** (Art. 298 ADHGB). Die 1861 in dieser Form neue Prokura knüpfte in ihrer Machtfülle und partiell auch in ihrer wirtschaftlichen Funktion an den Institor (Administrator) an, der anstelle und auf Rechnung des Inhabers (als sein „alter ego"), grundsätzlich jedoch im eigenen Namen auftrat (indirekte Stellvertretung).[7]

9 Die ADHGB-Regeln zur **Prokura** entsprachen in allen wichtigen Fragen – insbesondere hinsichtlich Umfang und Unbeschränkbarkeit der Vertretungsmacht, Notwendigkeit der ausdrücklichen Erteilung (Art. 41 Abs. 2 ADHGB) und Möglichkeit des jederzeitigen Widerrufs (Art. 54 Abs. 1 Alt. 1 ADHGB) – denen des heutigen HGB. Daneben stand die **Handlungsvollmacht,** die eine General-, Art- oder Spezialhandlungsvollmacht sein konnte und auch sonst im Wesentlichen der heutigen Handlungsvollmacht glich. Die Prokura wurde als eine besondere, teilweise eigenen Regelungen folgende Generalhandlungsvollmacht verstanden. Dies entsprach der Definition des Art. 30 des preußischen Entwurfs von 1850 und der allgemeinen Meinung.[8]

10 Der Prokura und der Handlungsvollmacht stand die **allgemeine Vollmacht im Handelsrecht** gegenüber (Art. 41 ff. ADHGB, Art. 298 ADHGB). Bei ihr handelte es sich um die Bevollmächtigung eines wirtschaftlich Selbstständigen und außerhalb der Organisation des Unternehmens Stehenden,[9] wohingegen Prokurist und Handlungsbevollmächtigter als Teile des Unternehmens in einem Eingliederungsverhältnis zum Unternehmen standen,[10] was sich besonders deutlich bei der Handlungsvollmacht zeigte (Art. 47 ADHGB: „wenn ein Principal… in seinem Handelsgewerbe bestellt"), aber ebenso für die Prokura galt: So wurden die Inhaber jeweils als „Principal" bezeichnet, und es herrschte die Vorstellung, die Prokura sei eine Sonderform der Generalhandlungsvollmacht. Schließlich verstand sich die Zuordnung des Prokuristen zum Handelsgewerbe angesichts der kaum vorhandenen Trennung von Vollmacht und zugrunde liegendem Rechtsverhältnis schon aufgrund des Vollmachtsumfangs fast von selbst. Dieses System war zur damaligen Zeit abschließend; andere Arten von Vertretungsmacht existierten im Handelsverkehr nicht.

11 Der HGB-Gesetzgeber übernahm Art. 298 ADHGB nicht, sondern ging von der Anwendbarkeit der Vollmachtsregeln des BGB aus. Damit fallen nur die Vollmachten an Personen, die nicht aus dem Unternehmen heraus handeln, gänzlich aus dem HGB heraus und sind sog. BGB Vollmachten.[11] Aufgrund ihrer Selbstständigkeit und trotz ständiger Betrauung, sowie daraus folgender rechtlicher Ähnlichkeit mit den im Subordinationsverhältnis stehenden Handlungsbevollmächtigten, waren die ständig beauftragten selbstständigen Handelsvertreter iSd § 84 zu Zeiten des ADHGB Vertreter iSd Art. 298 (Handelsagenten).[12] Unter dem HGB wurden sie der Handlungsvollmacht zugeordnet (§ 55).

---

[7] Zu diesem Institut vgl. *Thöl,* Das Handelsrecht, Bd. I, 1841, 61 ff.; vgl. auch *Bucher* FS Bürgi, 1971, 39, 43 ff.

[8] Vgl. *v. Hahn,* Kommentar zum ADHGB, 4. Aufl. 1894, ADHGB Vor Art. 41 § 6; vgl. auch die parallelen Regelungen jeweils in einer Vorschrift in den Art. 52–56 ADHGB.

[9] *Lutz,* Protokolle zum ADHGB, 1858, 4515, 4562; *Makower,* Kommentar zum ADHGB, 5. Aufl. 1873, ADHGB Art. 298 Anm. 30a; *v. Hahn,* 1. Aufl. 1863, ADHGB Vor Art. 41 § 14; *Puchelt* ADHGB, Bd. II, 3. Aufl. 1885, ADHGB Art. 298 Anm. 1.

[10] Zusammenfassend *Trost,* Die Arten der Handlungsvollmacht, 1933, 50 f.

[11] AA (meist ohne Begr.) all diejenigen, die eine Generalvollmacht aus dem Unternehmen heraus als BGB Vollmacht einordnen; → Vor § 48 Rn. 93 ff.

[12] Vgl. *Lutz,* Protokolle zum ADHGB, 1858, 104 ff., 963; zu Überlegungen, die Vorschriften über Handlungsbevollmächtigte auf selbstständige Handlungsagenten anzuwenden und zu den Unterschieden vgl. zusammenfassend *Trost,* Die Arten der Handlungsvollmacht, 1933, 52 ff.

Bei Einführung des HGB wurden einige Formulierungen des ADHGB aufgegeben, die die Eingliederung der Handlungsbevollmächtigten und Prokuristen in das vertretene Unternehmen anzeigten, ohne dass erkennbar wäre, dass der Gesetzgeber hierdurch den bisherigen Rechtszustand ändern wollte:[13] Aus „Principal“ (Art. 41 Abs. 1, 2 ADHGB, Art. 45 Abs. 1 ADHGB, Art. 46 Abs. 1 ADHGB, Art. 47 Abs. 1 ADHGB, Art. 49 ADHGB, Art. 52 Abs. 1, 2 ADHGB, Art. 53 ADHGB, Art. 54 Abs. 2 ADHGB, Art. 56 Abs. 1, 2, 3 ADHGB) wurde – mit Ausnahme von § 55 Abs. 1 und 4 – „Inhaber“; für den Handlungsbevollmächtigten fiel die Formulierung „in seinem Handelsgewerbe bestellt“ weg. 12

Seit 1900, vor allem seit 1945, hat sich die Struktur der Vertretungsarten deutlich verändert. Die Zahl der Prokuren hat sich, insbesondere bei juristischen Personen, inflationsartig vermehrt. Dies geschah, obwohl der Bedarf an solch umfassender Vertretungsmacht, dank der immer besseren Kommunikationsmöglichkeiten, heute viel geringer ist. Die Vermehrung der Zahl der Prokuren beruht auf ihrer Verwendung als Statussymbol und hierarchische Kategorie. Zugleich und auch dadurch bedingt ist die Prokura als Vollmacht abgewertet worden. Dies geschah durch die Beschränkung der Befugnisse im Innenverhältnis, die stärkere Betonung der dem Prokuristen vorenthaltenen Grundlagengeschäfte, die Ausdehnung von Zahl und Arten der Gesamtprokura sowie neuere Formen der gemischten Gesamtvertretung. Damit ging wiederum eine parallele **hierarchische Abwertung der Prokura**[14] und abermalige Vermehrung der Prokuren bis hin zur **Titularprokura**[15] einher. Wirtschaftlich entsteht eine Titularprokura zB dann, wenn ein Gesamtprokurist nur mit einem Einzelprokuristen oder einem einzelvertretungsberechtigten gesetzlichen Vertreter agieren darf. Denn dann entsteht hier originär nur ein Recht auf Passivvertretung, der Prokurist hat keine echte (gefährliche) Aktivvertretungsmacht, da sein Mitvertreter auch ohne ihn handeln könnte. Folglich handelt es sich nur dem Titel nach um eine Prokura. 13

Die dadurch entstandene Lücke zwischen den Prokuristen und den Inhabern bzw. gesetzlichen Vertretern wurde unter anderem durch – in dieser Form neue – **Generalbevollmächtigte** gefüllt, unter denen man bis dahin alle Generalhandlungsbevollmächtigten verstanden hatte.[16] Die Generalvollmacht wurde zugleich für Verträge mit Außenstehenden, namentlich für Betriebsführungsverträge, eingeführt. Heute hält die hM diese Generalvollmachten für zulässig, solange keine gesetzliche Vertretungsmacht betroffen ist (→ Rn. 87 f., → Rn. 91 f.). Diese Entwicklung könnte allerdings grundlegend kippen, da der **hierarchische Titel** der **Prokura** in den Großunternehmen und teilweise auch bei anderen Unternehmensformen **durch** Titel wie **„head of“ ersetzt** wurde. Auch der hierarchische Titel „Generalbevollmächtigter“ ist aus der Mode gekommen.[17] Mangels empirischer Untersuchungen kann nicht gesagt werden, ob sich diese Entwicklung auch schon im Vertragsrecht bei der Zahl der Prokuren widerspiegelt. Möglich wäre dies jedenfalls mit der Konsequenz, dass die Prokura inhaltlich neuen Beschränkungsbedarf aufweisen würde. Prokura und Handlungsvollmacht werden wohl nur bei **Einordnung in das Unternehmen (Eingliederung)** praktiziert; dennoch wird teilweise auch eine Handlungsvollmacht an Außenstehende für zulässig erachtet.[18] Ob diese verdeckte rechtsfortbildende Preisgabe der Eingliederungsvoraussetzung für Prokura und Handlungsvollmacht und des abschließenden Charakters des Gesetzes für diese Vollmachtsart gerechtfertigt ist, ist sehr problematisch (→ Rn. 25 ff.). 14

3. Entwicklung von Umfang und Intensität des Verkehrsschutzes. Angesichts der allgemeinen Vollmachtsregeln im BGB rechtfertigen sich die §§ 48 ff. vor allem mit 15

13 Für die Einordnung der Prokura als spezielle Handlungsvollmacht auch nach dem 1.1.1900 vgl. KG JW 1927, 2433; Staub/*Bondi,* 14. Aufl. 1932, § 48 Anm. 1.

14 So gab es im Bereich Banken und Versicherungen teilweise die Hierarchiefolge Vorstand, Generalbevollmächtigte, Direktoren, Abteilungsdirektoren, Prokuristen.

15 Vgl. *Grooterhorst* Vollmachten im Unternehmen III 3.

16 Vgl. zB Staub/*Bondi,* 14. Aufl. 1932, § 54 Anm. 1; *Patschovsky* DR 1943, 607; *Manigk* FS Heymann, Bd. II, 1931, 590, 655; *Wieland* HandelsR I, 1921, 346.

17 AA *Wandt/Herold* NZG 2020, 201, die nach wie vor ein Bedürfnis sehen.

18 So Staub/*Joost* § 54 Rn. 9 f.; EBJS/*Weber* § 54 Rn. 5.

dem **Schutzbedürfnis des Handelsverkehrs.** Die durch diese Regelungen erreichte Verbesserung der Schnelligkeit und Sicherheit des Verkehrs sowie die Reduzierung von Vertragsabschlusskosten (Transaktionskostenminimierung) liegen jedoch auch im **Interesse des Vertretenen.**[19] Das Interesse der vertretenen Unternehmen aber auch das Schutzbedürfnis des Handelsverkehrs sind heute viel geringer, da die Schnelligkeit des Vertragsabschlusses statt durch umfassende Vollmachten auch durch Kommunikation mit den intern zur Entscheidung Befugten, gesichert werden kann.

16 Das Recht der Prokura ist auch ohne gesetzliche Neuregelungen starken Veränderungen unterworfen gewesen. Zwar wurde der Prokurist lange Zeit als **alter ego des Kaufmanns** beschrieben (→ Rn. 8).[20] Jedoch sah man bereits unter dem ADHGB Vertretungshandlungen, die heute als **höchstpersönliche Handlungen** oder **Grundlagengeschäfte** eingeordnet werden, als nicht von der Prokura erfasst an.[21] Unter dem HGB vermehrte sich deren Zahl stetig. Aber erst in jüngerer Zeit werden von der Vertretungsmacht ausgeschlossene Geschäfte systematisiert (→ § 49 Rn. 8; → § 49 Rn. 23 ff.).

17 Eine weitere (rechtsfortbildende) Einschränkung des Verkehrsschutzes erfolgte durch die Ausweitung des Tatbestandes des **Missbrauchs der Vertretungsmacht,** der nach Ansicht der Rspr. schon erfüllt sein soll, wenn der Vertreter vorsätzlich und ohne Genehmigungsaussicht, jedoch ohne Schädigungsabsicht die internen Geschäftsführungsgrenzen überschreitet.[22] Dieser Fall ist vom ADHGB und HGB bedacht, aber gerade nicht als ausreichend für eine Relativierung der rechtsgeschäftlichen Unbeschränkbarkeit der Prokura angesehen worden. Es handelt sich um einen Prüfstein für die Reichweite des Trennungsgrundsatzes und für die Frage, ob dem Wunsch der Vertretenen nach einer Einschränkung der Gefährlichkeit der Prokura entsprochen werden kann (→ Rn. 73 ff.).

18 Der mit der Zahl der Prokuristen ansteigenden Gefährdung des Vertretenen wurde auch durch eine Ausweitung der **Gesamtvertretungsmacht** entgegenzuwirken versucht. Die gegenüber der Einzelprokura weniger gefährliche Gesamtprokura wurde von einer Randerscheinung zum Regelfall. Der Kreis möglicher Formen der Gesamtvertretung unter Beteiligung eines Prokuristen, namentlich die echte gemischte Gesamtvertretung zwischen einem echten Gesamtprokuristen und einem echten gesetzlichen Vertreter, ist – vereinzelt durch den Gesetzgeber, vielfach rechtsfortbildend durch die Rspr. – erweitert worden. Durch die Zulassung der **halbseitigen Gesamtprokura** – der Gesamtprokurist ist nur zusammen mit einem Einzelprokuristen vertretungsberechtigt – und der **halbseitigen gemischten Gesamtvertretung** – der Prokurist ist nur mit einem einzelvertretungsberechtigten gesetzlichen Vertreter oder dem Inhaber vertretungsbefugt – wurden **Formen vertretungsrechtlich funktionsloser Prokura** zugelassen, für die jedenfalls im Bereich der aktiven Vertretungsmacht eine Gefährdung des Vertretenen ausgeschlossen ist.

19 Diese Rechtsfortbildungen sind sehr bedenklich: Zum einen geben sie ohne Berechtigung tradierte Prinzipien des Vertretungsrechts auf (→ Rn. 25 ff.); zum anderen gefährden sie die für den Verkehrsschutz unverzichtbare Rechtssicherheit, indem sie Unsicherheit über den Umfang der entsprechenden Gesamtvertretungsmacht, sowie darüber schaffen, welche Formen der gemischten Gesamtvertretung zulässig sind (→ § 48 Rn. 74, 78). Im Bereich der gemischten Gesamtvertretung ist die Abgrenzung zwischen rechtsgeschäftlicher Vertretung und gesetzlicher Vertretung unklar geworden. Teilweise wird gar die Organstellung von Prokuristen im Rahmen einer gemischten Gesamtvertretung behauptet (→ Rn. 39 ff.). Sollten (→ Rn. 13) die Zahlen der Prokuren wieder deutlich zurückgehen, könnte dies auch ein Anlass sein diese Gestaltungen in der Rspr. kritisch zu hinterfragen. Ein Bedürfnis aus hierarchischen Gründen solche Konstruktionen zuzulassen, besteht schon jetzt nicht mehr.

---

[19] *Grooterhorst* Vollmachten im Unternehmen III 2.

[20] So noch *v. Gierke/Sandrock* HandelsR § 22 I 2, 347; *K. J. Müller* JuS 1998, 1000 (1001).

[21] ZB Veräußerung des Unternehmens, ROHGE 23, 28.

[22] Vgl. BGH NJW 1984, 1461 (1462); WM 1988, 704 (706); NJW 1990, 384 (385), jeweils für gesetzliche Vertreter.

Es gibt auch Tendenzen, den Verkehrsschutz zu erweitern, indem mit Rechtsscheinsgrundsätzen die Notwendigkeit einer ausdrücklichen Prokuraerteilung überspielt wird. Dies geschieht weniger durch die Bejahung einer Duldungs- oder Anscheinsprokura als durch die Annahme einer **Rechtsscheinsvollmacht im Umfang der Prokura.**[23] 20

Etwas geringer sind die Veränderungen des Verkehrsschutzes im Bereich der **Handlungsvollmacht.** Bei Schaffung des HGB wurde der Verkehrsschutz gegenüber dem ADHGB erweitert, indem § 55 auf die ständig beauftragten **Handelsvertreter,** für die bis dahin keine gesetzlichen Verkehrsschutzregelungen bestanden, erstreckt wurde. Dagegen schränkte die Handelsvertreternovelle 1953 den Verkehrsschutz für Vertreter im Außendienst ein, indem die bis dahin für Fernreisende bestehende Vermutung[24] einer Inkasso- und Stundungsvollmacht aufgehoben und eine besondere Bevollmächtigung verlangt wurde (zu den sonstigen Änderungen → § 55 Rn. 2). 21

Andererseits wird seit längerem erwogen, die **§§ 54 ff.** analog auch auf **nichtkaufmännische Unternehmen** anzuwenden (→ § 54 Rn. 8; → § 56 Rn. 10). Diese aufgrund der rechtlichen Ähnlichkeit gebotene Analogie fördert die Rechtssicherheit, da sie die überholte Abgrenzung zwischen kaufmännischen und sonstigen Unternehmen entbehrlich macht. Für die Kleingewerbetreibenden ist sie trotz der scheinbaren Enumeration der auf sie anwendbaren HGB-Regeln zulässig. Denn der Gesetzgeber von 1998 hat ausweislich der Gesetzesbegründung[25] sich nicht für eine Enumeration, sondern vielmehr nur die Fälle entschieden, bei denen die Anwendbarkeit des Handelsrechts auf der Hand lag. Die wohl schon hM befürwortet auch eine Ausdehnung des Verkehrsschutzes durch analoge Anwendung des **§ 56** auf **alle Absatzgeschäfte** (→ § 56 Rn. 31). In Österreich stellt sich die Rechtslage insoweit tendenziell anders dar, als der Unternehmensbegriff weiter ist und für die verbleibenden Fälle die analoge Anwendung der §§ 54 ff. UGB meist abgelehnt wird. 22

4. Die Zukunft der handelsrechtlichen Vertretungsformen. Die Regelungen zur handelsrechtlichen Stellvertretung haben sich dem Grunde nach bewährt. Sie zeigen jedoch **drei Schwachpunkte:** Der **Verkehrsschutz** bei der **Handlungsvollmacht** ist außerhalb des § 56 schwach ausgeprägt.[26] § 56 ist zudem eng und erfasst nicht alle Fälle, in denen der Verkehr typischer Weise schutzwürdig ist. De lege ferenda sollte **§ 56** von Verkäufen auf alle Absatzgeschäfte[27] erweitert werden, da nicht der Vertragstyp „Kaufvertrag", sondern das Absatzinteresse neben der organisatorischen Beherrschbarkeit das entscheidende Kriterium auf Seiten des vertretenen Unternehmens darstellt. Darüber hinaus bestehen die Verkehrserwartung und die Zurechnungsgesichtspunkte zum Unternehmen, aber auch außerhalb von Ladengeschäften, bei sog. Online-Shops, bei denen schon sprachlich die Nähe zum Ladengeschäft aufscheint (→ § 56 Rn. 32).[28] Auch auf diese Fälle sollte § 56 erstreckt werden. 23

Die **zweite** grundlegende **Schwäche** betrifft Prokura und **Generalvollmacht.** Die nicht geregelte Generalvollmacht nimmt bzw. nahm zumindest für einige Jahrzehnte (→ Rn. 14), vor allem in Großunternehmen, die frühere Stelle der Prokura ein. Die Prokura ist im Verhältnis zu ihrem heutigen hierarchischen Rang viel zu weit und zwingt Vertragsgestaltung und vor allem Rspr. zu unnötigen Gestaltungen und Rechtsfortbildungen, um die Rechtslage den rechtstatsächlichen Gegebenheiten anzupassen.[29] Vorgeschlagen wird daher de lege ferenda die Prokura im Vollmachtsumfang an die Stelle der Generalhandlungsvollmacht zu setzen. Sie sollte weiter eingetragen bleiben, aber wie die Generalhand- 24

---

23 Staub/*Joost* § 48 Rn. 72; *Canaris* HandelsR § 16 Rn. 14 ff.

24 Nach hier vertretener Ansicht handelte es sich rechtstechnisch um eine dispositive gesetzliche Umfangsregelung (→ § 55 Rn. 24; → § 54 Rn. 4).

25 BT-Drs. 13/8444, 30.

26 *Joost* FS K. Schmidt, 2009, 817, 821 f; zu Überlegungen de lege ferenda → § 56 Rn. 29 ff.

27 Alle Verträge über den Absatz von Waren oder Dienstleistungen einschließlich der Vermittlung solcher Leistungen; zust. BeckOGK/*Schärtl* § 48 Rn. 92.

28 *Krejci*, Unternehmensrecht, 2008, 254.

29 Vgl. *Schroeder/Oppermann* JZ 2007, 176 ff. zur Eintragungsfähigkeit der Generalvollmacht; dagegen OLG Hamburg RNotZ 2009, 347.

lungsvollmacht vom Umfang her einschränkbar sein.[30] **Dritter Schwachpunkt** ist die **Gesamtvertretung.** Sie bedarf zur Wiederherstellung der Rechtssicherheit einer Teilregelung im BGB, aber auch einer ergänzenden Regelung im Handelsrecht, die klar darüber Auskunft gibt, welche Form der gemischten Gesamtvertretung zulässig ist und wann welcher Vollmachtsumfang vorliegt. Ob man im Interesse des Verkehrsschutzes, wie hier vertreten (→ Rn. 32ff.) restriktiv oder mit der hM liberal ist, erscheint hier fast schon sekundär.

III. Tradierte Prinzipien der handelsrechtlichen Stellvertretung

25 **1. Beschränkung auf organisatorisch eingegliederte Bevollmächtigte.** Dem ADHGB war deutlich zu entnehmen, dass Handlungsvollmacht und Prokura nur Vertreter erfassen sollten, die organisatorisch in das Unternehmen **eingegliedert** waren und meist in einem Subordinationsverhältnis zum Inhaber bzw. dem gesetzlichen Vertreter standen (→ Rn. 10). Das zugrunde liegende Rechtsverhältnis konnte ein Dienstverhältnis, eine Geschäftsbesorgung, ein Auftrag, ein Gefälligkeitsverhältnis oder die Gesellschafterstellung im vertretenen Unternehmen sein.

26 Das HGB (zu den Änderungen gegenüber dem ADHGB → Rn. 12) und das österreichische UGB enthalten dieses (Eingliederungs-)Prinzip nach wie vor,[31] auch wenn es weniger deutlich hervortritt. Für seine weitere Existenz sprechen zunächst der Umstand, dass der Gesetzgeber es nicht bewusst aufgegeben hat **(Kontinuitätsgedanke)** sowie der Begriff „angestellt" in § 56, der die organisatorische Eingliederung in den Laden voraussetzt. Des Weiteren geht der Handelsverkehr selbst von der Eingliederung aus, was sich daran zeigt, dass sich die Rspr. trotz der Häufigkeit von Prokura und Handlungsvollmacht nie mit der Prokuraerteilung an einen organisatorisch externen Vertreter befassen musste.

27 Die §§ 48ff. treffen einen **Interessenausgleich** zwischen dem Schutzbedürfnis des Verkehrs und dem des Vertretenen. Dieser Interessenausgleich passt nicht auf die Bevollmächtigung unternehmensfremder Vertreter, kann doch der Inhaber die Überschreitung von Befugnissen durch wirtschaftlich selbstständige, nicht weisungsgebundene Personen kaum verhindern. Für diese Personen gilt auch nicht der Gedanke vom **Unternehmen als Zurechnungseinheit.** Fehlt die organisatorische Zugehörigkeit, sind dem Rechtsverkehr Rückfragen eher zumutbar; denn es handelt sich um relativ wenige Fälle, deren Vielschichtigkeit sich einer Standardisierung des Vollmachtsumfangs entzieht.

28 Der Existenz des Prinzips der Eingliederung des Vertreters widerspricht nicht, dass ständig betraute **Handelsvertreter** von § 55 erfasst werden. Trotz ihrer Selbstständigkeit sind diese weitgehend auf die Organisation des Unternehmens angewiesen. Häufig bereitet ihre Abgrenzung zu Arbeitnehmern Probleme (→ § 84 Rn. 28ff.), wie auch ihre teilweise Erfassung durch § 5 Abs. 3 ArbGG sowie die Möglichkeit belegen, Mindestleistungsbedingungen zugunsten sog. Einfirmenhandelsvertreter festzusetzen. Vor allem kann der Rechtsverkehr sie von außen kaum von Handlungsgehilfen unterscheiden. Man kann in ständig beauftragten Handelsvertretern daher entweder aus Verkehrsschutzgründen geschaffene, eng begrenzte Ausnahmen vom Prinzip oder Vertreter sehen, die gerade noch die notwendige organisatorische Einordnung aufweisen. Dabei verdient Beachtung, dass allein in § 55 Abs. 1 und 4 der die Subordination des Vertreters ausdrückende Begriff **„Principal"** beibehalten worden ist. Selbst die Annahme eines Ausnahmefalls spräche für das Prinzip: Existierte es nicht, hätte es der durch Gesetzesänderung erfolgten Erstreckung des § 55 auf den (engen) Ausnahmefall nicht bedurft; das Gesetz hätte allgemeiner formuliert werden müssen.

---

[30] Für Einschränkbarkeit auch BeckOGK/*Schärtl* § 49 Rn. 92.

[31] Ausf. *Krebs* ZHR 159 (1995), 635 (647ff.); so für § 54 auch *K. Schmidt* HandelsR § 16 Rn. 89; BeckOGK/*Schärtl* § 48 Rn. 6, 21, 22; Baumbach/Hopt/*Hopt* § 54 Rn. 1; *Grooterhorst* Vollmachten im Unternehmen II 10; *Drexl/Mentzel* Jura 2002, 289 (296); aA Staub/*Joost* § 54 Rn. 9f.; Heymann/*Teichmann/Körber* § 54 Rn. 8f.; vgl. auch OGH JBl. 1991, 733 betr. Vollmacht an Immobilienmakler; für die Prokura ergibt sich das hier befürwortete Verständnis der hM aus der Aufzählung lediglich solcher Arten von Prokuristen, die diesen Anforderungen genügen, vgl. zB *K. Schmidt* HandelsR § 16 Rn. 12.

Auch die grundsätzliche **Trennung** von **Vollmacht und zugrunde liegendem Rechtsverhältnis** steht der Aufrechterhaltung dieses Prinzips nicht entgegen:[32] Diese Trennung ist nicht absolut (§ 168 S. 1 BGB), sondern dient im Wesentlichen dem Verkehrsschutz (→ Rn. 43 ff.). Dieser ist gewahrt, da die organisatorische Eingliederung grundsätzlich von außen erkennbar ist. Zudem schließt die Unwirksamkeit einer Vollmacht einen Verkehrsschutz nicht aus (§ 15; → Rn. 64 f. zur angefochtenen Vollmacht). 29

Die Beschränkung auf organisatorisch eingegliederte Bevollmächtigte wird ferner dadurch bestätigt, dass die **Anscheinsvollmacht** mit guten Gründen zum Teil auf eben diese Fälle beschränkt und mit dem Risikozurechnungsgrund der nur in diesen Fällen vorhandenen internen Funktionsverteilung gerechtfertigt wird (→ Rn. 58). 30

Die Voraussetzung der Eingliederung (der Handlung aus dem Unternehmen heraus) hat **praktische Konsequenzen:** Die Erteilung der Prokura oder Handlungsvollmacht an einen wirtschaftlich selbstständigen Außenstehenden, zB einen selbstständigen Rechtsanwalt oder Makler, ist unzulässig.[33] Da die organisatorische Integration in ein Unternehmen bei einer **juristischen Person** bzw. Personengesellschaft **als Bevollmächtigtem** nicht in gleichem Maße vorliegt, können diese schon deshalb nicht Prokurist oder Handlungsbevollmächtigter werden,[34] so dass das prokuraspezifische Vertrauen nur zusätzliches Begründungselement ist. **Interimsmanager** handeln hingegen während ihrer Tätigkeit aus dem Unternehmen heraus.[35] Schließlich ist bei der sog. **Generalvollmacht** auch zwischen der Vollmacht aus dem Unternehmen heraus (Generalbevollmächtigter als leitender Angestellter) und der Generalvollmacht an einen wirtschaftlich Selbstständigen (zB im Rahmen eines Unternehmensführungsvertrages) zu trennen. Auch soweit man die **Anscheinsvollmacht** – beschränkt auf Unternehmen als Vertretene – anerkennt, ist es stimmig, sie auf Vertreter zu beschränken, die aus dem Unternehmen heraus handeln (→ Rn. 58). 31

2. Numerus clausus der Vollmachtsarten für „aus dem Unternehmen heraus" handelnde Bevollmächtigte. Mit der Notwendigkeit innerorganisatorischer Eingliederung der Vertreter ist eng die Frage verknüpft, ob ein numerus clausus der Vollmachtsarten für „aus dem Unternehmen heraus" handelnde Bevollmächtigte existiert. Unter dem **ADHGB** war dies der Fall: Seinerzeit gab es als Vollmachten für aus dem Handelsgewerbe heraus handelnde Personen allein die Handlungsvollmacht und – als deren Spezialfall – die Prokura (→ Rn. 9). Alle anderen Vollmachten fielen unter Art. 298 ADHGB. Eine allgemeine zivilrechtliche Vollmacht war unbekannt. Dieses geschlossene System besteht auch heute noch;[36] allerdings sind die Vollmachten iSd Art. 298 ADHGB nunmehr, abgesehen von den ständig beauftragten Handelsvertretern (jetzt § 55), nicht mehr im HGB geregelt, sondern sog. einfache BGB-Vollmachten. 32

Die enumerative Zahl der Vollmachtsarten wird insbesondere vom **Wortlaut des § 54 Abs. 1** „ohne Erteilung der Prokura" belegt, der mit der Vollmacht für den Betrieb eines Handelsgewerbes, für bestimmte Arten und für einzelne Geschäfte alle Möglichkeiten des Vollmachtsumfangs abdeckt. Selbst wenn man die Bevollmächtigung zu einer einmaligen Handlung nicht § 54 Abs. 1 zurechnen wollte,[37] wären immerhin alle nicht auf rein einma- 33

---

32 BeckOGK/*Schärtl* § 48 Rn. 24; *K. Schmidt* HandelsR § 16 Rn. 89; aA Staub/*Joost* § 54 Rn. 10.

33 BeckOGK/*Schärtl* § 48 Rn. 24; Oetker/*Schubert* § 48 Rn. 2; *K. Schmidt* HandelsR § 16 Rn. 89.

34 AA aber die hM, die für die Handlungsvollmacht nur auf das Fehlen einer gesetzlichen Regelung, aus der sich die Notwendigkeit einer persönlichen Vertrauensbeziehung ergibt, abstellt; vgl. Staub/*Joost* § 54 Rn. 15; *K. Schmidt* HandelsR § 16 Rn. 89.

35 *Grooterhorst* Vollmachten im Unternehmen II 10; generell zu dieser Kategorie *Haag/Tiberius* NZA 2004, 190 ff.

36 *Krebs* ZHR 159 (1995), 635 (652 ff.); Oetker/*Schubert* § 48 Rn. 1; GroßkommUGB/*Torggler/Trenker* UGB § 48 Rn. 15; *Brüggemann* JA 1977, 500 (502 f.); *Krejci*, Unternehmensrecht, 2008, 246; ansatzweise auch Staub/*Joost* § 54 Rn. 6: im Anwendungsbereich des § 54 kein Ausweichen möglich; vgl. auch GroßkommHGB/*Würdinger* Vor §§ 48 ff. Anm. 1; aA BeckOGK/*Schärtl* § 48 Rn. 85; *U. Hübner* ZHR 143 (1979), 1 (7); *Joussen* WM 1994, 273 (274); *Geitzhaus* GmbHR 1989, 229 (232); GK-HGB/*B. Schmitt* Rn. 2.

37 So zB *U. Hübner* HandelsR Rn. 76; Staub/*Bondi*, 14. Aufl. 1932, § 54 Anm. 16.

lige Vertretungsakte beschränkte Vollmachten vom numerus clausus der Vollmachtsarten erfasst. Das Prinzip wird weiterhin vom **Verkehrsschutzinteresse** gerechtfertigt: Nur wenn der Kreis der Vollmachtsarten überschaubar ist, ist der Handelsverkehr der Notwendigkeit umfangreicher Nachforschungen über Art und Besonderheiten der jeweiligen Vollmacht enthoben und ein effektiver Verkehrsschutz gewährleistet. Dem numerus clausus der Vollmachtsarten steht die **Generalvollmacht** für aus dem Unternehmen heraus handelnde Personen nicht entgegen. Denn richtiger Ansicht nach handelt es sich um eine (erweiterte) Generalhandlungsvollmacht (→ Rn. 90 ff.). Selbst wenn sich rechtsfortbildend die Generalvollmacht als eigenständige Kategorie rechtfertigen ließe, würde zwar der Kreis der möglichen Vollmachten erweitert, das Prinzip als solches aber nicht aufgehoben.

34 **Konsequenzen:** Der numerus clausus der Vollmachtsarten schränkt die Bedeutung der – heute stärker betonten (→ Rn. 91) – reinen BGB-Vollmacht erheblich ein. Das Prinzip spricht gegen ein allgemeines Erfindungsrecht für neue Arten der Gesamtvertretung. Für den Bereich der einzutragenden Vertretungsmachtformen scheidet ein solches Recht schon aufgrund der grundsätzlich abschließenden Aufzählung eintragungspflichtiger Tatsachen für das Handelsregister aus.[38]

35 **3. Der Funktionalitätsgrundsatz.** Der – ungeschriebene – Funktionalitätsgrundsatz besagt, dass jede handelsrechtliche Vollmacht eine vertretungsrechtliche Funktion haben, dh eine ohne sie bis zu diesem Zeitpunkt nicht bestehende **Vertretungsmöglichkeit eröffnen** muss. Aus ihm folgt die Unzulässigkeit der halbseitigen sowie der halbseitigen unechten Gesamtprokura (gemischte Gesamtvertretung; → § 48 Rn. 74 ff.).[39] Die hM setzt diesen Grundsatz zumindest in Teilbereichen voraus, zB wenn sie die Unwirksamkeit der Bevollmächtigung eines einzelnen Gesamtprokuristen feststellt[40] oder annimmt, dass ein einzelvertretungsberechtigter gesetzlicher Vertreter nicht Prokurist[41] und ein Einzelprokurist nicht Handlungsbevollmächtigter werden kann.[42]

36 Der Grundsatz rechtfertigt sich vor dem Hintergrund der historischen Entwicklung der Stellvertretung: Die – historisch betrachtet – nicht selbstverständliche Zulässigkeit der offenen direkten Stellvertretung beruht auf einem **Bedürfnis nach Vertretung** auf Seiten des Vertretenen (→ Rn. 4) unter Wahrung der Interessen des Rechtsverkehrs (Verkehrsschutz). Diesem dient eine Vertretungskonstruktion nur, wenn sie eine vertretungsrechtliche Funktion hat. Nur dann nimmt sie an der allgemeinen Rechtfertigung der Stellvertretung teil.

37 Entgegen verbreiteter Ansicht[43] wird die Vollmacht nicht allein von der allgemeinen Handlungsfreiheit beherrscht, sondern maßgeblich durch den – im Handelsrecht besonders gewichtigen – **Verkehrsschutz** geprägt.[44] Diesem dient die Beschränkung auf funktionale Vertretungskonstruktionen ebenso wie der numerus clausus der Vollmachtsarten „aus dem Unternehmen heraus" handelnder Bevollmächtigter, werden doch auf diese Weise unnötige

---

38 Zur grundsätzlichen Enumeration eintragungspflichtiger Tatsachen vgl. OLG Hamburg RNotZ 2009, 347 betr. Generalvollmacht; *K. Schmidt* HandelsR § 13 Rn. 8; Staub/*Joost* § 53 Rn. 4; EBJS/*Weber* Vor § 48 Rn. 7; *Canaris* HandelsR § 4 Rn. 10; aA KKRD/*Roth* Rn. 2; Baumbach/Hopt/*Hopt* § 8 Rn. 5; *Schroeder/Oppermann* JZ 2007, 176 (180 f.).

39 Näher zu diesem Grundsatz *Krebs* ZHR 159 (1995), 635 (656 ff.).

40 KG JW 1938, 876; OLG Hamm DNotZ 1968, 445 f. mAnm *Braun*; OLG Stuttgart Rpfleger 1969, 245; OLG Frankfurt DB 1973, 1234 mAnm *Lüdtke-Handjery* DB 1973, 2502; Staub/*Joost* § 48 Rn. 89; *Hornung* Rpfleger 1975, 384 (387).

41 Staub/*Joost* § 48 Rn. 24, 38; EBJS/*Weber* § 48 Rn. 16; Heymann/*Teichmann* § 48 Rn. 29; Schlegelberger/*Schröder* § 48 Rn. 12; Straube/Ratka/Rauter/*Schinko* UGB § 48 Rn. 23; Baumbach/Hopt/*Hopt* § 48 Rn. 2; *Roth* HandelsR/GesR § 27 Rn. 623; *K. Schmidt* HandelsR § 16 Rn. 22; aA *Canaris* HandelsR § 12 Rn. 6.

42 Vgl. Staub/*Joost* § 54 Rn. 17; Straube/Ratka/Rauter/*Schinko* UGB § 54 Rn. 3; Schlegelberger/*Schröder* § 54 Rn. 2; Heymann/*Teichmann/Körber* § 54 Rn. 10; Baumbach/Hopt/*Hopt* § 54 Rn. 7; GK-HGB/*B. Schmidt* § 54 Rn. 6.

43 Vgl. Staub/*Joost* § 48 Rn. 95; *Geitzhaus* GmbHR 1989, 229 (232); *Joussen* WM 1994, 273 (274).

44 OGH 16.4.2009 – 6 Ob 43/09 f Rn. 5.2: Unzulässigkeit der Einzelprokura an gesamtvertretungsberechtigte Organmitglieder zum Schutz des Verkehrs gegen Unklarheit beim Auftreten als Vertreter.

Überlegungen über den Umfang der Vertretungsmacht oder deren Zulässigkeit entbehrlich (Reduzierung der Komplexität). Der Verkehrsschutz selbst ist standardisiert, wie der Maßstab des Branchenüblichen (§§ 54 ff.) belegt.

Soweit die hM bei **Gesamtprokura** und **gemischter Gesamtvertretung** vom Funktionalitätsgrundsatz abweicht, begründet sie dies mit dem Interesse des Vertretenen, durch bestimmte nicht funktionale Vollmachten interne Kompetenzverteilungen anzuzeigen.[45] Diese Begründung – die immerhin belegt, dass die Abweichung auch nach hM einer Legitimation bedarf – überzeugt nicht. Sie verwischt die gerade aus Verkehrsschutzgründen bestehende Trennung von Vertretungsmacht und zugrunde liegendem Rechtsverhältnis. Im Übrigen lassen die bislang bekannt gewordenen Fälle keinen eindeutigen Schluss auf die interne Kompetenzverteilung oder eine sonstige Absicht zu (→ § 48 Rn. 76). Mit dem starken Rückgang der Prokura als hierarchische Stellung (→ Rn. 13) verlieren hierarchiebezogene Argumente ohnehin an Wert. 38

4. Unzulässigkeit der Überschneidung von gesetzlicher und rechtsgeschäftlicher Vertretung in personeller Hinsicht. Die von den §§ 48 ff. geregelte gewillkürte rechtsgeschäftliche Vertretung[46] ist von der gesetzlichen Vertretung durch die Organe bzw. geschäftsführenden Gesellschafter zu unterscheiden:[47] Letztere ist notwendige Vertretung und geht nicht nur im Umfang über die rechtsgeschäftliche Vertretung hinaus, sondern ist auch mit besonderen Pflichten verbunden. Das Pflichtenproblem ließe sich zwar durch eine umfassende Bindung des gesetzlichen Vertreters an seine speziellen Pflichten auch im Rahmen einer Handlung als rechtsgeschäftlicher Vertreter entschärfen.[48] Selbst wenn sich dies rechtfertigen ließe, würde diese Meinung durch eine unklare Abgrenzung von rechtsgeschäftlicher und gesetzlicher Vertretungsmacht den Verkehrsschutz ohne Grund abschwächen (für eine deutliche Trennung beider Vertretungsarten auch Art. 3:101 Abs. 2 PECL – Lando Kommission). Ein gesetzlicher Vertreter darf also nicht zugleich rechtsgeschäftlicher Vertreter sein und umgekehrt.[49] Bestimmte Vertretungshandlungen (Grundlagengeschäfte, höchstpersönliche Pflichten) sind zwingend ausschließlich den gesetzlichen Vertretern vorbehalten und selbst diese können bei Grundlagengeschäften nur nach einem Beschluss durch das zuständige Gesellschaftsorgan (Gesellschafterversammlung) handeln. Zum Problem des Missbrauchs der Vertretungsmacht bei nur im Innenverhältnis notwendigen Gesellschaftsbeschlüssen → Rn. 75. 39

Einem gesetzlichen Gesamtvertreter kann daher nach zutreffender Ansicht[50] keine echte rechtsgeschäftliche (Unter-)Vollmacht erteilt werden (→ § 48 Rn. 33). Problematisch ist, ob im Rahmen der echten gemischten Gesamtvertretung (§ 125 Abs. 3 HGB, § 78 Abs. 2 AktG, § 25 Abs. 2 GenG) die Unterschiede zwischen gesetzlichem Vertreter und Prokuristen überwunden werden können. Die ganz hM[51] bejaht dies (→ § 48 Rn. 91 ff.), indem sie dem Prokuristen im Rahmen der Gesamtvertretung **Vertretungsmacht im Umfang eines gesetzlichen Vertreters** zuerkennt, ohne ihn im Übrigen – zB prozess- oder organisationsrechtlich – als gesetzlichen Vertreter zu behandeln.[52] 40

Entgegen der hM sollte jedoch das gesetzliche **Konzept** des **Verbots** der **Überschneidung** von **organschaftlicher** (gesetzlicher) und **rechtsgeschäftlicher Vertretung** konsequent durchgehalten werden; seine Durchbrechung ist nicht gerechtfertigt. Das Verbot der Überschneidung ist vor allem notwendig, weil mit der gesetzlichen – anders als mit der 41

---

45 Vgl. BGHZ 62, 166 (171 ff.) = NJW 1974, 1194; zust. zB Staub/*Joost* § 48 Rn. 94.

46 Vgl. *Canaris* HandelsR § 12 Rn. 26: „handelsrechtliche Gesamtprokura".

47 Vgl. *Canaris* HandelsR § 12 Rn. 26: „organschaftliche Gesamtprokura".

48 Für eine Einordnung eines Prokuristen als Organ im Rahmen der gemischten Gesamtvertretung gar *Köhl* NZG 2005, 197 (199 f.).

49 Näher *Krebs* ZHR 159 (1995), 635 (641 ff.).

50 BGHZ 64, 72 (75) = NJW 1975, 1117; OGH 16.4.2009– 6 Ob 43/09 f Rn. 5.2.

51 Vgl. nur RGZ 134, 303 (305 ff.); BGHZ 13, 61 (64) = NJW 1954, 1158; BGHZ 62, 166 (170) = NJW 1974, 1194; BGHZ 99, 76 (81) = NJW 1987, 841.

52 Für eine Organstellung eines Prokuristen im Rahmen der gemischten Gesamtvertretung allerdings *Fischer* WiB 1996, 921 (923 f.); *Köhl* NZG 2005, 197 (199 f.).

rechtsgeschäftlichen – Vertretung sowohl innerorganisationsrechtlich als auch gegenüber der Allgemeinheit umfangreiche **gesetzliche Pflichten** verbunden sind, deren Verletzung durch Innen- und Außenhaftungen, teilweise auch durch das Ordnungswidrigkeitenrecht und im Extremfall auch durch das Strafrecht, sanktioniert werden. Diese Pflichten können dem – unter Umständen minderjährigen (§ 165 BGB) – rechtsgeschäftlichen Vertreter nicht zugemutet werden. Sie sind jedoch unverzichtbar, so dass dem rechtsgeschäftlichen Vertreter – dem Willen des Gesetzgebers[53] entsprechend – auch in der **gemischten Gesamtvertretung** keine gesetzliche Vertretungsmacht zukommen darf (umfassend → § 48 Rn. 91 ff.). Die gebotene Beschränkung der Vertretungsmacht des gesetzlichen Vertreters in der gemischten Gesamtvertretung auf den Umfang der Prokura verstößt nicht ihrerseits gegen das Verbot der Überschneidung, da alle von der Prokura erfassten Vertretungshandlungen von der gesetzlichen Vertretungsmacht erfasst sind. Die verstärkte Pflichten- und Haftungsbindung des gesetzlichen Vertreters bleibt auch bei einem gemeinschaftlichen Handeln mit einem nicht gleichartig haftenden Prokuristen bestehen.

42 Umgekehrt verstößt auch die einem **gesetzlichen Gesamtvertreter** erteilte **(Einzel-)Prokura oder Handlungsvollmacht** gegen das Verbot der Überschneidung von gesetzlicher und rechtsgeschäftlicher Vertretung in personeller Hinsicht. Im Übrigen ist zu Recht darauf hingewiesen worden, dass eine solche Prokura in die Kompetenz des für die gesetzlichen Vertreter zuständigen Bestellungsorgans eingreift, das regelmäßig bewusst nur Gesamtvertretungsmacht erteilt hat.[54]

IV. Probleme des allgemeinen Vertretungsrechts

43 **1. Vollmacht und zugrunde liegendes Rechtsverhältnis. a) Meinungsbild.** Ein zentrales Problem des Vertretungsrechts stellt das Verhältnis der Vollmacht zum zugrunde liegenden Rechtsverhältnis dar. In der historischen Entwicklung sind Vollmacht und Grundgeschäft immer stärker voneinander getrennt worden (→ Rn. 4 ff.). Nach heute **hM** ist die Vollmacht nicht nur von dem Grundgeschäft getrennt (Trennungsprinzip), sondern hinsichtlich Existenz und Umfang **abstrakt** (Abstraktionsprinzip); Mängel des Grundgeschäfts sollen sie nicht unmittelbar berühren. Eine isolierte Vollmacht wird selbst bei bewusst fehlendem Grundgeschäft für zulässig erachtet.[55] Entgegen grundsätzlich kritischen Stimmen,[56] sollen Vollmacht und Grundgeschäft keine Einheit iSv § 139 BGB bilden.[57]

44 **b) Stellungnahme.** Vollmacht und Grundgeschäft sind zwei rechtlich getrennte Verhältnisse. Der Vollmacht hat jedoch – wie Sinn und Zweck sowie Entstehungsgeschichte des Vertretungsrechts belegen – stets ein Rechtsverhältnis zugrunde zu liegen, wobei eine rechtsgeschäftliche Wirksamkeit nicht erforderlich ist.[58] Eine willentlich erteilte **isolierte**

---

53 Denkschrift zum RJA E I S. 79 f. = *Schubert/Schmiedel/Krampe* II 1 S. 79 f.; Protokolle S. 77–79 = *Schubert/Schmiedel/Krampe* II 1 S. 323 f.; Denkschrift zur RT-Vorlage S. 91 f. = *Schubert/Schmiedel/Krampe* II 2 S. 1025.

54 Staub/*Joost* § 48 Rn. 42.

55 Vgl. BGH NJW 1988, 2603; BGHZ 110, 363 (367) = NJW 1990, 1721; *Frotz,* Verkehrsschutz im Vertretungsrecht, 1972, 331; BeckOGK/*Schärtl* § 48 Rn. 35; *Michel,* Überschießende Rechtsmacht als Problem abstrakter und nicht akzessorischer Konstruktionen, 1999, 197 ff.; MüKoBGB/*Schubert* BGB § 168 Rn. 37; Staudinger/*Schilken,* 2019, BGB § 167 Rn. 2; Staudinger/*Schilken,* 2019, BGB § 168 Rn. 16; KKRD/*Roth* Rn. 9; die vielfach zitierte Entscheidung RGZ 69, 234 beschäftigt sich nicht mit einer isolierten Vollmacht, sondern mit dem Verkehrsschutz bei Mängeln im zugrunde liegenden Rechtsverhältnis.

56 Vgl. *Beuthien* FS 50 Jahre BGH, Bd. I, 2000, 81 ff. (95), der dennoch eine abstrakte Vollmacht für möglich hält; Staub/*Joost* Rn. 30, 39; *Frotz,* Verkehrsschutz im Vertretungsrecht, 1972, 328 ff., 397 ff.; *Müller-Freienfels,* Die Abstraktion der Vollmachtserteilung im 19. Jahrhundert, in Coing/Wilhelm, Wissenschaft und Kodifikation des Privatrechts im 19. Jahrhundert, Bd. II, 1977, 144, 164 ff.; *Medicus/Petersen* BGB AT Rn. 937, 949.

57 Soergel/*Leptien* BGB Vor § 164 Rn. 40; aA *Flume* BGB AT I 1 § 32, 2a, 572; *Wolf/Neuner* BGB AT § 50 Rn. 9.

58 Vgl. aber für ein ausnahmsweises Durchschlagen BGH NJW 2003, 1594 (1595).

Vollmacht ist **unwirksam:**[59] Der Gesetzgeber des BGB ging davon aus, dass stets ein Grundgeschäft vorhanden ist.[60] Der Funktionalitätsgrundsatz (→ Rn. 35 ff.) gebietet das Grundgeschäft. § 168 S. 1 BGB setzt ein Rechtsverhältnis als selbstverständlich voraus. Dies nur auf das Vollmachtsende zu beziehen, ergäbe keinen Sinn.[61] Der Tatbestand des Missbrauchs der Vertretungsmacht erfordert ein Grundgeschäft. Denn woran soll sich das rechtliche „Dürfen" sonst ausrichten. Auch darf kein Vertreter generell von der Sorgfaltshaftung gegenüber dem Vertretenen befreit sein (vgl. § 276 Abs. 3 BGB). Da Sorgfaltspflichten nicht an der Vollmacht selbst anknüpfen können – anderenfalls wäre die Vollmacht nicht lediglich rechtlich vorteilhaft und dürfte nicht durch einseitige empfangsbedürftige Willenserklärung erteilt werden können – knüpfen die Sorgfaltspflichten an dem zugrunde liegenden Rechtsverhältnis an. Sollte dieses unwirksam sein, läge der Vollmacht immerhin ein Schutzpflichtverhältnis (Sonderverbindung) ohne primäre Leistungspflichten iSd § 241 Abs. 2 BGB zugrunde, aus dem sich Sorgfaltspflichten ergäben. Die Vertretenen bedürfen keiner isolierten Vollmacht, was sich daran zeigt, dass sich trotz der Vielzahl von Vertretungen in der Praxis ein solcher Fall nicht nachweisen lässt. Befürworter einer isolierten Vollmacht gehen denn auch häufig stillschweigend von einem zugrunde liegenden Rechtsverhältnis aus.[62] Der notwendige **Schutz gutgläubiger Geschäftspartner** erfolgt über Vertrauensschutznormen, insbesondere §§ 170, 171 BGB, weshalb es einer Abstraktion hinsichtlich der Existenz der Vollmacht nicht bedarf. Aus der Erforderlichkeit eines Grundgeschäftes folgt, dass das der Prokura zugrunde liegende Rechtsverhältnis den Tod des Inhabers des Handelsgeschäfts überdauert (§ 52 Abs. 3).

Problematisch ist die **Intensität der Verbindung** bzw. das **Maß der Trennung (Abstraktion) von Vollmacht und zugrunde liegendem Rechtsverhältnis.** Hinsichtlich ihrer Existenz ist die Vollmacht wie oben ausgeführt (→ Rn. 44) grundsätzlich von der Existenz dieses Rechtsverhältnisses abhängig (vgl. § 168 S. 1 BGB). Allerdings wird diese Abhängigkeit aus Gründen des Verkehrsschutzes – insbesondere bei einer Außenvollmacht – in erheblichem Umfang zugunsten Gutgläubiger durchbrochen. So werden die §§ 170, 171 BGB nicht nur auf das Erlöschen der Vollmacht, sondern analog auch auf das Entstehen der Vollmacht angewandt. Dieser Verkehrsschutz lässt aber die grundsätzliche Einheit von Vollmacht und zugrunde liegendem Rechtsverhältnis zum Zeitpunkt des Entstehens unberührt.[63] Dies führt – zum Teil von § 168 S. 1 BGB geregelt und durch den Verkehrsschutz beeinflusst – dazu, dass die Vollmacht vom Grundgeschäft, dieses aber nicht von ihr abhängig ist. Dementsprechend greift § 139 BGB als bloße Auslegungsregel nicht ein[64] **(Grundsatz einseitiger Abhängigkeit der Existenz der Vollmacht vom zugrunde liegenden Rechtsverhältnis).** 45

Hinsichtlich ihres **Umfangs** ist die Vollmacht hingegen von dem zugrunde liegenden Rechtsverhältnis **unabhängig** (vgl. § 50 Abs. 1). Dem Geschäftsherrn steht es frei, eine Vollmacht – zB Prokura – zu erteilen, deren Umfang über die Befugnisse im Innenverhältnis hinausgeht, bzw. bei festem gesetzlichem Vollmachtsumfang wie bei der Prokura die Innenbefugnisse enger auszugestalten. Nur hinsichtlich des Umfangs der Vertretungsmacht wird zum Schutz des Rechtsverkehrs umfassend abstrahiert. Die gesetzgeberische Entscheidung für eine generalisierte Abstraktion folgt aus dem Fehlen einer die Abstraktion durchbrechenden Regelung bei Kenntnis von einer engeren Innenbefugnis (vgl. die Regelungstechnik 46

59 AA zB GroßkommUGB/*Torggler/Trenker* UGB § 48 Rn. 28: automatisches Entstehen einer Rechtsbeziehung im Innenverhältnis.

60 Protokolle der 2. Kommission zum BGB in *Mugdan,* Die gesamten Materialien zum BGB, Bd. I, 1899, 742.

61 AA *Michel,* Überschießende Rechtsmacht als Problem abstrakter und nicht akzessorischer Konstruktionen, 1999, 201 f.

62 Vgl. Soergel/*Leptien* BGB § 168 Rn. 18: § 168 S. 1 BGB analog bei isolierter Vollmacht aufgrund nichtigen Auftrags anwendbar; MüKoBGB/*Schubert* BGB § 168 Rn. 37: eine isolierte Vollmacht enthalte eine zugrunde liegende Zwecksetzung bzw. eine Zweckvereinbarung.

63 RGZ 81, 49 (51 f.); 94, 147 (149); 97, 273 (275); WM 1964, 182 (183); offengelassen von BGH NJW 1985, 730; Staub/*Joost* Rn. 40.

64 AA hL, Staub/*Joost* Rn. 40: „jedenfalls für die Innenvollmacht"; KKRD/*Roth* Rn. 9.

in §§ 15, 25, Abs. 2, § 18 Abs. 2). Damit wird der mögliche Anwendungsbereich des Instituts des Missbrauchs der Vertretungsmacht erheblich eingeschränkt (→ Rn. 78).

47 **2. Offenheitsprinzip – unternehmensbezogenes Geschäft.** Indem er eine Erklärung im Namen des Vertretenen verlangt, verkörpert § 164 Abs. 1 BGB iVm § 164 Abs. 2 BGB das Offenheitsprinzip (auch Offenkundigkeitsprinzip oder Offenlegungsgrundsatz) des Vertretungsrechts:[65] Es muss offen gelegt werden, dass die Wirkungen der Vertretungshandlung nicht den Handelnden, sondern einen individualisierten Vertretenen treffen sollen. Dies erfordert nicht dessen namentliche Benennung;[66] es reicht aus, dass der Vertretene aus den Umständen eindeutig bestimmbar ist (zB Inhaber des Unternehmens). Gemäß § 95 ist es ausnahmsweise zulässig, dem Vertreter oder einem Dritten vertraglich die spätere Bestimmung des Vertretenen zu überlassen.[67] Die §§ 51, 57 geben Beispiele für ein dem Offenheitsprinzip genügendes Auftreten bei schriftlichem Vertretungshandeln. Zulässig sind insbesondere die Vertretung andeutende Zusätze wie „ppa." und „i.V.".

48 Das Offenheitsprinzip wird durch den **Auslegungsgrundsatz des unternehmensbezogenen Geschäfts** eingeschränkt:[68] Danach sollen Rechtsgeschäfte, die im Rahmen eines (auch freiberuflichen) Unternehmens geschlossen werden, im Sinne einer Auslegungsregel grundsätzlich auf ein Handeln im Namen des Unternehmensinhabers hinweisen,[69] und zwar auch, wenn der Vertragspartner den Vertreter fälschlich für den Inhaber hält.[70] Selbst bei Fälschung der Unterschrift des Inhabers oder seines gesetzlichen Vertreters soll Vertretungsrecht anwendbar sein.[71] Abgesehen von eindeutig privaten Angelegenheiten sind in den Geschäftsräumen eines Unternehmens abgeschlossene Geschäfte unternehmensbezogen.[72] Bei Geschäften, die in privaten Räumen abgeschlossen werden, folgt die Unternehmensbezogenheit ggf. aus den Umständen: Besonders deutlich geschieht dies beim Auftreten unter einer Firma.[73] Soll ein unternehmensbezogenes Geschäft im Namen des Handelnden und nicht des Unternehmensinhabers geschlossen werden, muss dies für den Vertragspartner aus den Umständen erkennbar sein.

49 Derjenige, der sich auf die **ausnahmsweise fehlende Unternehmensbezogenheit** beruft, trägt die Darlegungs- und Beweislast.[74] Auch bei einer **Willenserklärung im eigenen Namen** soll noch eine **Unternehmensbezogenheit** und damit die Verpflichtung des davon verschiedenen tatsächlichen Inhabers möglich sein, wenn auch der Handelnde die Unternehmensbezogenheit nachweisen müsse.[75] Das unternehmensbezogene Geschäft wirkt im **Ausnahmefall** auch **zuungunsten** des Dritten. Denn hat der „Vertreter" keine Vertretungsmacht, ist aber gleichwohl in der Lage, Besitz zu verschaffen, könnte der Dritte bei Ablehnung der Vertretung mangels Offenkundigkeit gutgläubig Eigentum erwerben, während er bei einem unternehmensbezogenen Geschäft leer ausginge, solange man nicht § 366 analog anwendet. Diese Problematik tritt zB bei ausgeschiedenen Mitarbeitern auf, die in ihrem Besitz befindliches Unternehmensvermögen veräußern. Ist die Unternehmens-

---

65 Vgl. näher MüKoBGB/*Schubert* BGB § 164 Rn. 110 ff.; Soergel/*Leptien* BGB § 164 Rn. 12 ff.; *K. Schmidt* JuS 1987, 425.

66 BGH LM BGB § 164 Nr. 10; RGZ 140, 335 (338).

67 Vgl. BGH NJW 1989, 164 (166); *K. Schmidt* JuS 1987, 425 (431).

68 Näher, mit anderer Akzentsetzung, *K. Schmidt* HandelsR § 4 Rn. 91.

69 RG JW 1921, 1309 (1310); BGHZ 62, 216 (220) = NJW 1974, 1191; BGHZ 64, 11 (15) = NJW 1975, 1166; BGHZ 91, 148 (152) = NJW 1984, 2164; BGHZ 92, 259 (268) = NJW 1985, 136; BGH NJW 1992, 1380 (1382); 1995, 596: nicht anwendbar, wenn Unternehmen selbst Vertragsgegenstand.

70 BGH NJW 2008, 1214 Rn. 11; ZIP 1998, 1224; zur Möglichkeit einer Anfechtung gem. § 119 Abs. 2 BGB LG Hanau NJW-RR 2000, 1420 (1421).

71 BGHZ 45, 193 (195) = NJW 1966, 1069; OLG Düsseldorf DB 1992, 2080.

72 Vgl. Staub/*Joost* Rn. 10.

73 Vgl. BGHZ 62, 216 (221) = NJW 1974, 1191; BGHZ 64, 11 (14) = NJW 1975, 1166; BGH NJW 1983, 1844.

74 BGH NJW 1984, 1347 (1348); 1990, 2678 (2679); Staub/*Joost* Rn. 10.

75 BGH WM 1994, 2233; hierzu *Tiedtke* GmbHR 1995, 336; vgl. auch LG Karlsruhe ZIP 1995, 1818 (1819).

bezogenheit generalisierend nicht interessengerecht, wird sie abgelehnt.[76] In Österreich wird der Grundsatz des unternehmensbezogenen Geschäfts deutlich enger angewendet als in Deutschland.[77]

3. Duldungsvollmacht und andere Fälle veranlassten Rechtsscheins einer Vollmacht. Die Existenz von Rechtsscheinsvollmachten ist seit langem anerkannt und findet sich zB auch in Entwürfen für ein europäisches Vertragsgesetzbuch (vgl. Art. 3:201 Abs. 3 PECL; Art. II-6.103 Abs. 3 DCFR). Die Differenzierung zwischen Duldungsvollmacht, Anscheinsvollmacht und weiteren Fällen ist dagegen kein europäisches Gemeingut. Die Duldungsvollmacht ist in Deutschland ein allgemeines, im Zivil- und im Handelsrecht gleichermaßen anerkanntes Institut. Ihr Verhältnis zur rechtsgeschäftlichen Vollmacht sowie die Abgrenzung zu anderen Formen veranlassten Rechtsscheins einer Vollmacht und zur Anscheinsvollmacht stehen jedoch noch immer im Streit. Von ihm hängen die Tatbestandsvoraussetzungen der Duldungsvollmacht ab.[78] Kein Fall der Rechtsscheinsvollmacht ist es, wenn Unternehmen **Softwareagenten** (Bots) so einsetzen, so dass der Schein eines menschlichen Vertreters entsteht. Auch hier handelt es sich allerdings um einen veranlassten Rechtsschein, womit die Gegenseite entsprechend den allgemeinen Regeln zu schützen ist. 50

Die hM fasst unter Duldungsvollmacht die Fälle, in denen (1.) ein Unbefugter wiederholt und für eine gewisse Dauer für den Geschäftsherrn als Vertreter aufgetreten,[79] (2.) der voll geschäftsfähige[80] **Geschäftsherr** dieses Verhalten kannte und nicht dagegen eingeschritten ist, obwohl ihm dies möglich gewesen wäre[81] und (3.) der Geschäftspartner das mehrfach unbeanstandet gebliebene Handeln des Vertreters gekannt und dies ohne Fahrlässigkeit[82] so verstanden hat und nach Treu und Glauben so verstehen durfte, dass der als Vertreter Auftretende zu dem fraglichen Geschäft bevollmächtigt gewesen ist.[83] 51

Die herrschende Meinung, die auf die **Kenntnis der Duldung** abstellt[84] und in der Duldung selbst den Rechtsscheinsträger sieht, ist **abzulehnen:** Zum einen wird die Duldung als solche dem Rechtsverkehr praktisch nie bekannt sein; wegen des unbeanstandeten Auftretens des Handelnden wird er lediglich davon ausgehen, dass eine echte Vollmacht vorliegt. Derjenige, der aber weiß, dass das Handeln nur geduldet wird, weiß zugleich, dass eine Vollmacht grade nicht besteht. In diesen Fällen käme ein Schutz der Gegenseite eher unter dem Gesichtspunkt des widersprüchlichen Verhaltens (§ 242 BGB) in Betracht. Die Duldung ist daher nur Zurechnungsgesichtspunkt, nicht aber Rechtsscheinsträger. 52

Die Duldungsvollmacht ist **keine Form rechtsgeschäftlicher Vollmacht,**[85] und zwar selbst dann, wenn man mit dem BGH auf das Erfordernis des Erklärungsbewusstseins für die Wirksamkeit einer Willenserklärung verzichtet.[86] Die Voraussetzung des mehrfachen Duldens bei einfachen Rechtsscheinträgern lässt sich nicht mit der Rechtsgeschäftslehre vereinbaren. Darüber hinaus wird dem Vertragspartner die Duldung regelmäßig verborgen bleiben, weshalb nur eine Innenvollmacht in Betracht käme. Diese würde regelmäßig an der Bösgläubigkeit des – zumindest fahrlässigen – Vertreters scheitern. Selbst wenn man die 53

---

76 Vgl. BGH NJW 2000, 2984.

77 GroßkommUGB/*Torggler/Trenker* UGB § 48 Rn. 20.

78 Vgl. grdl. *Canaris,* Die Vertrauenshaftung im deutschen Privatrecht, 1971, 32 ff., 189 ff.

79 BGH LM BGB § 164 Nr. 9, 15, 34; VersR 1971, 766.

80 BGHZ 53, 210 (215) = NJW 1970, 806; BayObLG AnwBl. 1992, 234.

81 BGH LM BGB § 164 Nr. 4; NJW 1955, 985; 1956, 460; 1956, 1674; WM 1957, 926; LM Nr. 13, BGB § 164 Nr. 24; NJW 1988, 1199 (1200).

82 BGH LM BGB § 164 Nr. 15; VersR 1971, 768; OLG Hamm BeckRS 2013, 13112.

83 BGH LM BGB § 164 Nr. 13, 34; VersR 1973, 612.

84 Vgl. BGH VersR 1992, 990 (991); NJW 1988, 1199 (1200); 2007, 987 Rn. 19, 25; *Medicus/Petersen,* BGB AT, 27. Aufl. 2019, Rn. 930; MüKoBGB/*Schubert* BGB § 167 Rn. 93 ff.; Palandt/*Ellenberger* § 172 Rn. 8.

85 BGH NJW 1997, 314; 2006, 1954; *Canaris* HandelsR § 14 Rn. 13; *Bornemann* AcP 207(2007) 102 ff.; so aber *Flume* BGB AT I 1 § 49, 3, 828 ff.; *Hopt* AcP 183 (1983), 608 (619 f.); *Merkt* AcP 204 (2004), 638 (653 ff.) mit umfassender Aufarbeitung des Streitstandes.

86 BGHZ 91, 324 = NJW 1984, 2085; *Medicus/Petersen,* Bürgerliches Recht, 27. Aufl. 2019, Rn. 130; abl. *Canaris* NJW 1984, 2281 ff.

einmalige Duldung für ausreichend hielte,[87] schiede daher die Einordnung als rechtsgeschäftliche Erklärung regelmäßig aus.[88]

54 Die Duldungsvollmacht ist **Vollmacht wegen veranlassten drittgerichteten Rechtsscheins.**[89] Sie zeichnet sich durch den Rechtsscheinsträger aus, der nicht in der Duldung, sondern in dem **(mehrfach) unbeanstandet gebliebenen Auftreten als Vertreter** liegt. Dieser Rechtsscheinsträger ist besonders schwach, weshalb es entgegen einiger Stimmen in der Lit.[90] stets der mehrfachen Duldung bedarf. Von der Duldungsvollmacht im engeren Sinne – bloßes Auftreten als Bevollmächtigter – unterscheidet sich graduell die **Veranlassung** deutlich **stärkerer Rechtsscheinsträger (Duldungsvollmacht im weiteren Sinn)** wie zB die Duldung der Benutzung von elektronischen Signaturen, Firmenstempeln, Briefköpfen, Vertragsformularen oder Vollmachtsurkunden, des Auftretens als Prokurist etc, die unter Umständen bereits beim ersten Mal die allgemeine Vertrauensschutzhaftung auslösen können.[91]

55 **Gesetzliche Anwendungsfälle eines veranlassten Rechtsscheins** stellen – wenngleich sie unmittelbar nur das Vertrauen auf den Fortbestand einer bestimmten Rechtslage schützen – die § 170 BGB, § 171 Abs. 2 BGB, § 172 Abs. 2 BGB iVm § 173 BGB dar. Nach hL soll dies auch für die §§ 54–56 gelten, während sie nach hier vertretener Ansicht – ihrem Wortlaut und der Gesetzessystematik entsprechend – als dispositive, durch das Verkehrsschutzbedürfnis legitimierte gesetzliche Regelungen des Umfangs der Vertretungsmacht zu verstehen sind (→ § 54 Rn. 10; → § 55 Rn. 14; → § 56 Rn. 11): Der Rechtsverkehr wird in seinem Vertrauen auf die dispositiven Regelungen des Umfangs bzw. der Existenz der Vollmacht geschützt. Letztlich beruht der Vertrauensschutz aber auch hier auf Veranlassung, da die Tatbestände, an die die §§ 54–56 anknüpfen, vom Vertretenen veranlasst sind.

56 **4. Anscheinsvollmacht.** Die von der Rspr. praktizierte Anscheinsvollmacht[92] entspricht in ihren Voraussetzungen und in ihrer Rechtsfolge (positiver Vertrauensschutz) der Duldungsvollmacht bis auf den entscheidenden Unterschied, dass der Vertretene das Auftreten des Handelnden als Vertreter nicht kennt und duldet, sondern es nur bei gebotener Sorgfalt hätte erkennen und verhindern können. **Rechtsscheinsträger** ist folglich auch hier das **unbeanstandet gebliebene Auftreten** des Handelnden als Vertreter.[93] Ein Rechtsschein, wonach der Vertretene das Auftreten kannte oder fahrlässig nicht kannte, ist weder erforderlich noch ausreichend: Wer das Fehlen der Vollmacht kennt und eine nicht rechtsgeschäftliche Duldung annimmt, verdient entgegen der hM[94] keinen Schutz; lediglich das Vertrauen auf die Existenz der Vollmacht ist schutzwürdig.

57 Die Anscheinsvollmacht lässt als **Zurechnungsgrund vermeidbare Unkenntnis** ausreichen. Dies unterscheidet sie von den allgemeinen Vertrauensschutznormen, die auf Erfüllung des positiven Interesses gerichtet sind. Die Anscheinsvollmacht kann daher nicht mit einer (Rechts-)Analogie zu anderen Rechtsscheinsregeln gerechtfertigt werden.[95] Da ihrer

---

87 So im Einzelfall OLG Brandenburg NJW-RR 2009, 236; OLG Frankfurt WM 2006, 2207.

88 Vgl. näher *Canaris,* Die Vertrauenshaftung im deutschen Privatrecht, 1971, 39 ff.

89 HM, RGZ 170, 82; BGH LM BGB § 167 Nr. 11; NJW-RR 1990, 404; *Canaris,* Die Vertrauenshaftung im deutschen Privatrecht, 1971, 42; MüKoBGB/*Schubert* BGB § 167 Rn. 108; Soergel/*Leptien* BGB § 167 Rn. 17.

90 Vgl. zB Staub/*Joost* Rn. 23 Fn. 25.

91 Vgl. BayObLG AnwBl. 1992, 234; Staudinger/*Schilken,* 2019, BGB § 167 Rn. 35 (in der Neuauflage nicht mehr so deutlich); krit. Soergel/*Leptien* BGB § 167 Rn. 20.

92 Allg. zur Anscheinsvollmacht vgl. BGH LM BGB § 167 Nr. 9, 10, 11, 17; NJW 1991, 1225; 1990, 827; NJW-RR 1988, 1299; BGHZ 65, 13 = NJW 1975, 2101; vgl. ausf. MüKoBGB/*Schubert* BGB § 167 Rn. 111 ff.; Soergel/*Leptien* BGB § 167 Rn. 19 ff.

93 *Wolf/Neuner* BGB AT § 50 Rn. 95.

94 Vgl. aber BGH NJW 1998, 1854 (1855); NJW-RR 1987, 308; NJW 1981, 1728; VersR 1992, 99: Rechtsschein der Vertretene kenne und dulde das Verhalten des Vertreters als Rechtsscheinträger; MüKoBGB/*Schubert* BGB § 167 Rn. 112 ff.

95 AA wohl Soergel/*Leptien* BGB § 167 Rn. 17: für Ableitung aus §§ 170–173; wie hier zB *Canaris,* Die Vertrauenshaftung im deutschen Privatrecht, 1971, 49 f., 132 f.; *Frotz,* Verkehrsschutz im Vertretungsrecht, 1972, 265 ff., 299 f., 345 ff.

Existenz bzw. der Rechtsfolge des positiven Vertrauensschutzes unter Hinweis auf die c.i.c. stets widersprochen wurde,[96] scheidet auch eine gewohnheitsrechtliche Anerkennung aus.[97]

Rechtfertigen lässt sich die Anscheinsvollmacht einschließlich der Gewährung positiven Vertrauensschutzes als gesetzesübersteigende Rechtsfortbildung nur für Vertreter, die aus einem Unternehmen heraus handeln und in dessen Organisation eingebunden sind:[98] Nahezu alle bislang bejahten Fälle der Anscheinsvollmacht entstammen diesem Bereich. Der Rechtsverkehr ist schließlich nur in diesen Fällen schützenswert, da er die interne Funktionsteilung regelmäßig nicht durchschauen kann.[99] Vor allem aber ist die Haftung des Vertretenen gerechtfertigt, weil dieser den Handelnden bewusst in sein Unternehmen eingegliedert hat (Veranlassung) und den wirtschaftlichen Nutzen aus der arbeitsteiligen Organisation zieht. Wenn der Vertretene zusätzlich bei pflichtgemäßer Sorgfalt das Auftreten als Vertreter hätte erkennen und verhindern können, ist eine Zurechnung daher möglich.[100] Die Gewährung des positiven Interesses durch die Anscheinsvollmacht entspricht für den unternehmerischen Bereich auch dem Bedürfnis nach schneller und reibungsloser Abwicklung des Geschäftsverkehrs. Unternehmerisch in diesem Sinne sind auch Freiberufler und Kleingewerbetreibende.[101] **58**

Im Falle der Verwendung von elektronischen Signaturen, Firmenstempeln, Briefbögen, Formularen oder der Benutzung von Kommunikationsmitteln, die in der Regel nur Bevollmächtigte benutzen dürfen, verstärkt sich der Rechtsscheinsträger **(Anscheinsvollmacht im weiteren Sinne).** Unter Umständen reicht hier schon die erstmalige Handlung für eine Haftung nach den Grundsätzen der Anscheinsvollmacht aus. Zu beachten ist, dass ein bloß verbales Verbot, einen bestimmten Rechtsscheinsträger zu nutzen, den Vertretenen regelmäßig nicht entlastet, er vielmehr aktiv sicherstellen muss, dass der Rechtsschein beseitigt wird (bzw. nicht entsteht).[102] **59**

Entgegen der wohl hM[103] hat der **Geschäftspartner** bei der Anscheinsvollmacht die **Möglichkeit,** auf die Inanspruchnahme des Vertretenen zu verzichten und stattdessen die Inanspruchnahme des Vertreters aus § 179 BGB **zu wählen.** Eine kumulative Haftung kommt nicht in Betracht.[104] Das Wahlrecht entspricht der Interessenlage von Geschäftspartner und Vertretenem. Insbesondere besteht kein Grund, dem Geschäftspartner den Vertrauensschutz aufzudrängen. Auch dient die Anscheinsvollmacht nur dem Interesse der Geschäftspartner und nicht dem Interesse des Vertreters oder der auf Rechtssicherheit bedachten Allgemeinheit. **60**

---

96 Vgl. *Flume* BGB AT I 1 § 49, 4, 833 ff.; *Peters* AcP 179 (1979), 214 (234).

97 Zu den allg. Gewohnheitsrechtsvoraussetzungen vgl. *Krebs/Becker* JUS 2013, 97 ff.; zur Ablehnung des Gewohnheitsrechts vgl. MüKoBGB/*Schubert* BGB § 167 Rn. 96 mN älterer Gegenstimmen gegen die Rspr., der allerdings meint, als Richterrecht sei die Anscheinsvollmacht dem dogmatischen Meinungsstreit auch ohne Begründung entzogen.

98 Vgl. *Krause,* Schweigen im Rechtsverkehr, 1933, 148 f.; *Stüsser,* Die Anfechtung der Vollmacht nach Bürgerlichem Recht und Handelsrecht, 1986, 262 ff.; *Hopt* AcP 183 (1983), 608 (696 f.); *Kohte,* Betrieb und Unternehmen unter dem Leitbild des Organisationsvertrages, 1987, 194 ff.; *Canaris* HandelsR § 14 Rn. 17; *Canaris,* Die Vertrauenshaftung im deutschen Privatrecht, 1971, 193, 195, der es allerdings ausreichen lässt, dass der Handelnde von außen als eingegliederter Vertreter erscheint.

99 Vgl. *Canaris,* Die Vertrauenshaftung im deutschen Privatrecht, 1971, 193; *Stüsser,* Die Anfechtung der Vollmacht nach Bürgerlichem Recht und Handelsrecht, 1986, 262 ff.; *Medicus/Petersen,* BGB AT, 27. Aufl. 2019, Rn. 972.

100 Die Praxisunterschiede zum reinen Organisationsmangel iSv *Canaris* erscheinen insbesondere bei einer Beweislast des Vertretenen für ein Fehlen des Verschuldens (so MüKoBGB/*Schubert* BGB § 167 Rn. 115 f.) als gering.

101 Für die Anwendbarkeit der Anscheinsvollmacht zu Lasten von Kleingewerbetreiben auch BT-Drs. 13/8444, 30.

102 BGH NJW 1991, 1225 betr. Ausscheiden aus Anwaltskanzlei.

103 BGHZ 86, 273 = NJW 1983, 1308; BGHZ 61, 59 (68) = NJW 1973, 1691; *K. Schmidt* FS Gernhuber, 1993, 435; BeckOK BGB/*Schäfer* BGB § 179 Rn. 6; Baumbach/*Hopt* Rn. 6; KKRD/*Roth* Rn. 8; MüKoBGB/*Schubert* BGB § 167 Rn. 140; aA (wie hier) *Canaris,* Die Vertrauenshaftung im deutschen Privatrecht, 1971, 520 f.; *Lieb* FS H. Hübner, 1984, 575; Staudinger/*Schilken,* 2019, BGB § 177 Rn. 26; *Altmeppen,* Disponibilität des Rechtsscheins, 1993, passim; *Pawlowski* JZ 1996, 125 (131).

104 Näher *K. Schmidt* FS Gernhuber, 1993, 435 (443).

61 **5. Anfechtung der Vollmacht.** Sowohl für die rechtsgeschäftlich erteilte als auch für Duldungs- und Anscheinsvollmacht stellt sich die Frage, unter welchen Umständen die Vollmacht bei Irrtum oder arglistiger Täuschung angefochten werden kann. Dies ist grade auch für handelsrechtliche Vollmachten wichtig.

62 **a) Anfechtung der Vollmachtserteilung.** Nach ganz hM schließt die Möglichkeit des Widerrufs einer Vollmacht (§ 168 S. 2, 3 BGB) die **Anfechtung der noch nicht betätigten Bevollmächtigung** nicht aus.[105] Die Anfechtung muss gegenüber dem erklärt werden, dem gegenüber die Vollmacht erteilt worden ist (Innenvollmacht: Vertreter, Außenvollmacht: Dritter).[106] Bei Anfechtung einer kundgegebenen Innenvollmacht bedarf es zudem der Mitteilung an den Dritten[107] (§ 171 Abs. 2 BGB).

63 Nach zutreffender hM kann die **Vollmachtserteilung** auch **nach Ausübung** wirksam angefochten werden.[108] Eine teleologische Reduktion des Anfechtungsrechts lässt sich nicht rechtfertigen. Problematisch ist aber, inwieweit die Anfechtung in ihren Rechtswirkungen zum Schutz des vertrauenden Vertragspartners einzuschränken ist.

64 Am geringsten ist das Verkehrsschutzbedürfnis bei der **reinen Innenvollmacht,** bei der der Dritte ein Geschäft allein aufgrund der Behauptung des Vertreters, er habe Vertretungsmacht, abschließt. Mangels Rechtsscheinsträgers scheidet eine Anwendung der Regeln über die Duldungsvollmacht aus. Vereinzelt werden eine die Vollmacht betreffende Botenschaft des Vertreters fingiert und die §§ 170 ff. BGB analog für anwendbar gehalten.[109] Nach zutreffender hM wird der Geschäftspartner nur in seinem negativen Interesse geschützt. *Canaris* bejaht (nur) einen Anspruch des Geschäftspartners gegen den Vertreter aus § 179 BGB, der gegen den Vertretenen einen Schadensersatzanspruch gem. § 122 BGB haben soll.[110] Die hM gewährt dem Geschäftspartner hingegen einen unmittelbaren Anspruch gegen den Vertretenen: entweder durch rechtsfortbildende Postulierung einer Pflicht zur Anfechtung (auch) gegenüber dem Geschäftsgegner, wonach § 122 BGB unmittelbar anwendbar wäre,[111] oder – wohl eher zutreffend – durch analoge Anwendung des § 122 BGB.[112]

65 Problematisch ist der Umfang des Verkehrsschutzes in den Fällen der **Außenvollmacht** und der **durch öffentliche Bekanntmachung kundgegebenen Innenvollmacht,** in denen zugleich die Voraussetzungen einer Rechtsscheinsvollmacht erfüllt sind. Eine Harmonisierung könnte, durch die generelle Gewährung positiven Rechtsscheinschutzes[113] oder dadurch erreicht werden, dass auch die Anfechtung der Duldungsvollmacht bei einem Irrtum über die Bedeutung des Duldens zugelassen wird.[114] *Canaris* befürwortet eine Kom-

---

105 Vgl. nur MüKoBGB/*Schubert* BGB § 167 Rn. 46; *Flume* BGB AT I 1 § 52, 5a, 867; Soergel/*Leptien* BGB § 166 Rn. 21; Erman/*Maier-Reimer* BGB § 167 Rn. 45; Staudinger/*Schilken,* 2019, BGB § 167 Rn. 77.

106 RGRK-BGB/*Krüger-Nieland* BGB § 143 Rn. 22; MüKoBGB/*Schubert* BGB § 167 Rn. 49; aA Soergel/*Hefermehl* BGB § 143 Rn. 10: wahlweise.

107 MüKoBGB/*Schubert* BGB § 167 Rn. 50.

108 MüKoBGB/*Schubert* BGB § 167 Rn. 47 f.; *Schwarze* JZ 2004, 588 ff.; Staudinger/*Schilken,* 2019, BGB § 167 Rn. 78 f.; RGRK-BGB/*Steffen* BGB § 167 Rn. 27; aA AK-BGB/*Ott* § 167 Rn. 15; Erman/*Maier-Reimer* BGB § 167 Rn. 46; *Prölss* JuS 1985, 577 (582); *Eujen-Frank* JZ 1973, 232 (233 ff.); *Stüsser,* Die Anfechtung der Vollmacht nach Bürgerlichem Recht und Handelsrecht, 1986, 274 ff. für handelsrechtliche Vollmachten.

109 *Flume* BGB AT I 1 § 52, 5 c, 871; dagegen zutr. *Canaris,* Die Vertrauenshaftung im deutschen Privatrecht, 1971, 546 Fn. 26.

110 *Canaris,* Die Vertrauenshaftung im deutschen Privatrecht, 1971, 545 f.; für Innenvollmacht auch *Schwarze* JZ 2004, 588 (594).

111 *Flume* BGB AT I 1 § 52, 5 c, 871; *Medicus/Petersen,* BGB AT, 27. Aufl. 2019, Rn. 945; *Müller-Freienfels,* Die Vertretung beim Rechtsgeschäft, 1955, 403 ff.

112 MüKoBGB/*Schubert* BGB § 167 Rn. 53 f.; Soergel/*Leptien* BGB § 166 Rn. 23; RGRK-BGB/*Steffen* BGB § 167 Rn. 26; BeckOK BGB/*Schäfer* BGB § 167 Rn. 57; aA zB *Lüderitz* JuS 1976, 765 (770).

113 So Staub/*Joost* Rn. 18.

114 Vgl. MüKoBGB/*Schubert* BGB § 167 Rn. 108; *Canaris* HandelsR § 14 Rn. 24 f.; *Canaris,* Die Vertrauenshaftung im deutschen Privatrecht, 1971, 43, 196; aA die hM, BGHZ 11, 1 (5) = NJW 1954, 105; Soergel/*Leptien* BGB § 167 Rn. 22; Erman/*Maier-Reimer* BGB § 167 Rn. 46; RGRK-BGB/*Steffen* BGB § 167 Rn. 19; *H. Hübner* BGB AT BGB Rn. 592.

bination beider Lösungen, wenn er bei kundgemachter Innen- oder Außenvollmacht und bei der Duldungsvollmacht eine Anfechtung zulässt, einen positiven, über § 122 BGB hinausgehenden Rechtsscheinschutz aber (nur) für „Vollmachten, die zur Grundlage von Rechtsgeschäften mit einer unbestimmten Vielzahl von Personen bestimmt sind"[115] gewährt. Andere beschränken den positiven Rechtsscheinschutz auf die nach außen kundgegebene Innenvollmacht, wollen dagegen bei der Außenvollmacht – inkonsequent – nur § 122 BGB anwenden.[116] **Vorzugswürdig** erscheint es auch bei der Außenvollmacht und der kundgebenden Innenvollmacht analog § 122 BGB nur das **negative Interesse** zu ersetzen. Der Rechtsverkehr ist hinsichtlich des Bestandes der Vertretungsmacht nicht schutzwürdiger als er es hinsichtlich einer direkt von Geschäftspartner stammenden Willenserklärung wäre.

Die Anfechtbarkeit der Vollmachtserteilung wegen **arglistiger Täuschung** nach Ausübung des Vertretergeschäfts wird verbreitet davon abhängig gemacht, ob der Geschäftspartner die Täuschung verübt oder gekannt hat oder hätte erkennen können (Außenvollmacht: § 123 Abs. 1, 2 BGB, Innenvollmacht: § 123 Abs. 2 S. 2 BGB).[117] Dies überdehnt jedoch den Verkehrsschutz. Kann der Vertretene generell gem. §§ 119, 120 BGB die Vollmacht anfechten, so kann er dies auch bei einer Bevollmächtigung, die auf einer Täuschung durch den Vertreter beruht. Dies führt zu einer stimmigen Wertung und entspricht unmittelbar § 123 Abs. 1 BGB. 66

b) Anfechtung des Verkehrsgeschäfts. Die Anfechtung des vom Vertreter geschlossenen Verkehrsgeschäfts folgt den allgemeinen Regeln der §§ 119 ff. BGB. Dabei ist gem. § 166 Abs. 1 BGB grundsätzlich die Kenntnis bzw. der Wille des Vertreters maßgeblich, wobei der Vollmachtsgeber sich gem. § 166 Abs. 2 S. 1 BGB dann, wenn der Vertreter nach seinen Weisungen handelte, nicht auf die Unkenntnis/den Irrtum des Vertreters berufen kann, soweit er selbst Kenntnis hatte. Ein Irrtum des Vertreters über die vom Vertretenen gewünschten Vertragskonditionen ist auch dann, wenn für den Verkehr erkennbar ist, dass der Vertreter insoweit keine eigenständige Entscheidung treffen will, ein grundsätzlich unbeachtlicher Kalkulationsirrtum.[118] 67

6. Anfechtung von Rechtsscheinsvollmachten. a) Meinungsstand. Umstritten ist, ob Rechtsscheinsvollmachten einer rückwirkenden Anfechtung nach den § 119 ff. BGB zugänglich sind. Die Zulassung einer Anfechtung lediglich ex nunc wäre bedeutungslos, da nur die bereits ausgeübte Rechtsscheinsvollmacht Probleme bereitet. Für die Zukunft kann durch Zerstörung des Vertrauenstatbestandes/Beseitigung der Gutgläubigkeit auch ohne Anfechtung eine wirksame Ausübung der Rechtsscheinsvollmacht verhindert werden. Ein beachtlicher Teil der Lehre verneint die Möglichkeit der rückwirkenden Anfechtung von Rechtsscheinsvollmachten.[119] Gestützt wird diese Ansicht primär auf den Charakter des Rechtsscheins als nicht rechtsgeschäftlichem Faktum. Das zurechenbare Setzen eines Rechtsschein begründenden Vertrauenstatbestandes sei weder rechtsgeschäftlicher noch rechtsgeschäftsähnlicher Natur und könne als rein tatsächliches Verhalten keinen nach den §§ 119 ff. BGB beachtlichen Willensmangel darstellen.[120] Zudem könne ein einmal gesetzter Rechtsschein auch nicht rückwirkend, sondern allenfalls für die Zukunft vernichtet 68

---

[115] *Canaris* HandelsR § 14 Rn. 25.

[116] So zB MüKoBGB/*Schubert* BGB § 167 Rn. 47 f., 53 f.

[117] Vgl. MüKoBGB/*Schubert* BGB § 167 Rn. 51; Staudinger/*Schilken*, 2019, BGB § 167 Rn. 80; Soergel/*Leptien* BGB § 166 Rn. 25.

[118] LG Bremen NJW 1991, 915; aA für Ablesen eines Preisschildes LG Hamburg NJW-RR 1986, 156; näher zum Ganzen *Habersack* JuS 1992, 548.

[119] Staudinger/*Schilken*, 2019, BGB § 167 Rn. 45 für Anscheinsvollmacht; Jauernig/*Mansel* BGB § 171 Rn. 6 f.; Soergel/*Leptien* BGB § 167 Rn. 22; BeckOK BGB/*Schäfer* BGB § 167 Rn. 20; Erman/*Maier-Reimer* BGB § 167 Rn. 46; *Giesen/Hegermann* Jura 1991, 357 (367); *Krause*, Schweigen im Rechtsverkehr, 1933, 157.

[120] Vgl. BeckOK BGB/*Schäfer* BGB § 167 Rn. 20; Soergel/*Leptien* BGB § 167 Rn. 22; Staudinger/*Schilken*, 2019, BGB § 167 Rn. 45.

werden.[121] Vertreten wird auch, die Zulassung der Anfechtung sei mit dem Rechtsscheinsgedanken als solchem nicht zu vereinbaren.[122] Soweit bereits betätigte Vollmachten als nicht anfechtbar angesehen werden, wird dies auch gegen die Anfechtbarkeit betätigter Rechtsscheinsvollmachten vorgebracht.[123]

69 **b) Stellungnahme.** Vorzugswürdig erscheint dem gegenüber, die Anfechtung zuzulassen, wenn sie auch bei einer echten Außenvollmacht zulässig wäre.[124] Die §§ 119 ff. BGB sind mangels Rechtsgeschäft nicht unmittelbar anwendbar. Zu prüfen und zu bejahen ist jedoch eine analoge Heranziehung der §§ 119 ff. BGB.[125] Der Gesetzgeber hat das Problem nicht erkannt, weshalb die notwendige Unvollständigkeit des Gesetzes vorliegt. Die Planwidrigkeit dieser Unvollständigkeit und damit letztlich die Rechtfertigung der Analogie folgt aus der Rechtsähnlichkeit. Gesetzter Rechtsschein und rechtsgeschäftliche Erklärung sind schwierig gegeneinander abzugrenzen. Dies ist aus der allgemeinen Rechtsgeschäftslehre vor allem aus dem Streit über die Notwendigkeit eines Erklärungsbewusstseins bekannt. Im Bereich des Vertretungsrechts gilt Ähnliches für die Duldungsvollmacht. Schon dieses allmähliche Übergehen spricht für eine hinreichende Rechtsähnlichkeit. Die Rechtsscheinsvollmachten wollen auf der Rechtsfolgenseite eine Gleichstellung mit einer tatsächlich erteilten Vollmacht erreichen. Dies ordnet § 171 Abs. 1 BGB ausdrücklich an und wird von der hM auch für die Duldungs- und Anscheinsvollmacht bejaht. Dann dürfen auch an die Zurechnungsvoraussetzung des Rechtsscheins – und hierzu gehört letztlich auch die entsprechende Anwendbarkeit der §§ 119 ff. BGB auf Rechtsscheinsvollmachten[126] – keine geringeren Anforderungen als bei einer rechtsgeschäftlichen Bevollmächtigung gestellt werden. Würde man die Anfechtung nicht zulassen, käme es zu Wertungswidersprüchen, da sie den auf den bloßen Rechtsschein einer Vollmacht Vertrauenden besser stellen würde, als er im Falle einer tatsächlichen Bevollmächtigung stünde, bei der er hinsichtlich seines Vertrauens nach erfolgter Anfechtung nur im Hinblick auf das negative Interesse gem. § 122 BGB geschützt wird. Da nach der hier vertretenen Ansicht (→ Rn. 63) auch bereits betätigte Vollmachten anfechtbar sind, kann dies ebenfalls nicht der Anfechtbarkeit entgegenstehen.

70 Zu beachten ist allerdings, dass die Wirkung der Rechtsscheinsvollmachten nicht unterlaufen werden darf. Ein Irrtum über die Auswirkungen des eigenen Handelns ist daher unbeachtlich.[127] Überhaupt wird bei Rechtsscheinsvollmachten nur selten ein relevanter Irrtum oder ein sonstiger Anfechtungsgrund vorliegen. Dies gilt ausnahmslos bei der Anscheinsvollmacht mangels einer entsprechenden Willensbildung, aber auch sonstige rein tatsächliche Handlungen werden einer Willensäußerung nicht hinreichend ähnlich sein.

71 **c) Einzelfälle.** Der Geschäftsherr kann eine Vollmachtskundgabe nach § 171 Abs. 1 Alt. 1 BGB analog § 119 Abs. 1 Alt. 2 BGB mit der Begründung anfechten, er habe sich verschrieben und statt der Bevollmächtigung des X tatsächlich diejenige des Y mitteilen wollen.[128] Ebenso kommt sowohl im Falle der § 171 Abs. 1 BGB, § 172 Abs. 1 BGB als auch bei der Duldungsvollmacht eine Anfechtung entsprechend § 123 BGB in Betracht,

---

[121] Soergel/*Leptien* BGB § 167 Rn. 22.
[122] Soergel/*Leptien* BGB § 167 Rn. 22.
[123] Erman/*Maier-Reimer* BGB § 167 Rn. 46.
[124] RGRK-BGB/*Steffen* BGB § 167 Rn. 19; MüKoBGB/*Schubert* BGB § 167 Rn. 52; *Bork* AT Rn. 1474, 1559; *Pawlowski* JZ 1996, 125 (131); *Medicus/Petersen*, BGB AT, 27. Aufl. 2019, Rn. 947 f.; *Eujen/Frank* JZ 1973, 232 (233); *Kindl*, Rechtsscheinstatbestände und ihre rückwirkende Beseitigung, 35 ff.; *Hübner* AT Rn. 1278; ähnlich, aber weiter diff. *Canaris*, Die Vertrauenshaftung im deutschen Privatrecht, 1971, 35, 453 ff.
[125] Vgl. *Canaris*, Die Vertrauenshaftung im deutschen Privatrecht, 1971, 453; *Kindl*, Rechtsscheinstatbestände und ihre rückwirkende Beseitigung, 1999, 34; *Eujen/Frank* JZ 1973, 232 (234).
[126] Vgl. *Canaris*, Die Vertrauenshaftung im deutschen Privatrecht, 1971, 35, 454.
[127] Palandt/*Ellenberger* § 172 Rn. 17.
[128] Vgl. *Canaris*, Die Vertrauenshaftung im deutschen Privatrecht, 1971, 35; *Kindl*, Rechtsscheinstatbestände und ihre rückwirkende Beseitigung, 1999, 47.

wenn die Vollmachtskundgabe bzw. die Aushändigung der Urkunde oder das bewusste Dulden des Auftretens des Drittens als Vertreter auf arglistiger Täuschung oder Drohung beruhten.[129] Die Fälle einer Anscheinsvollmacht, bei der der Geschäftsherr durch Drohung oder eine nach § 123 Abs. 1, Abs. 2 S. 1 BGB relevante arglistige Täuschung an der Kenntnis des Handelns des Scheinvertreters gehindert wurde, berechtigen hingegen nicht zur Anfechtung.[130] In diesen Fällen dürfte es vielmehr schon an der für die Anscheinsvollmacht notwendigen Zurechnung fehlen, weshalb es einer Anfechtung nicht bedarf. Eine Anfechtung wegen fehlenden Erklärungsbewusstseins kommt analog § 119 Abs. 1 BGB bei der Vollmachtskundgabe iSd § 171 Abs. 1 BGB in Betracht.[131] Bei der Duldungsvollmacht kann ein Irrtum über die Person des Vertreters und vor allem des Geschäfts des Vertreters (Inhaltsirrtum) zu einer Anfechtung berechtigen. Nur wer die Duldungsvollmacht eng in die Nähe der konkludenten Bevollmächtigung rückt, kann darüber hinaus auch den Irrtum des Geschäftsherrn über die Konkludenz als relevant erachten.[132] Die meisten sehen dies aber als sehr selten an, weil der Duldende durchaus wisse, welche Schlüsse ein Dritter aus seinem Verhalten ziehen könne.

Die fehlende Möglichkeit der Anfechtung bei der Anscheinsvollmacht ist kein Wer- **72**
tungswiderspruch. Zunächst gilt auch sonst, dass wer sich keinerlei Gedanken macht, nicht irrt und daher auch nicht anfechten kann. Beschränkt man, wie hier, die Anscheinsvollmacht auf Vertreter, die aus einem Unternehmen heraus handeln, und in dessen Organisation eingebunden sind, so ist das Organisationsrisiko des Geschäftsinhabers der Zurechnungsgrund, der das Vertrauen der Gegenseite schützenswert macht (→ Rn. 58).[133] Nicht ausgeschlossen ist, dass spezifische Verkehrsschutzbedürfnisse einer Anfechtung oder der Anfechtung aus bestimmten Anfechtungsgründen entgegenstehen. Soweit man § 56 entgegen der hier vertretenen Meinung (→ § 56 Rn. 6) überhaupt als Rechtsscheinstatbestand ansieht, so liegt es nahe, aufgrund des besonderen Verkehrsschutzbedürfnisses hier eine Anfechtung nicht zuzulassen (→ § 56 Rn. 42). Der in der Lit. befürwortete Ausschluss der Anfechtbarkeit bei allen Vollmachten, die ihrer Zweckrichtung nach einem Abschluss von einer Vielzahl von Rechtsgeschäften mit verschiedenen Personen dienen sollen,[134] erscheint dem gegenüber aufgrund der Abgrenzungsprobleme nicht überzeugend.

7. Missbrauch der Vertretungsmacht. a) Einführung. Das rechtsfortbildend ent- **73**
wickelte Institut des Missbrauchs der Vertretungsmacht bietet dem Vertretenen Schutz vor einer Ausübung der Vollmacht gegen seinen Willen. Es setzt ein unrechtmäßiges Verhalten des Vertreters, sowie die Zurechenbarkeit dieses Verhaltens gegenüber dem Vertragspartner voraus. Die Rechtfertigung des Instituts und seine Voraussetzungen im Einzelnen sind nach wie vor umstritten. Besonders kontrovers ist seine Anwendung im Bereich der gesetzlich nicht beschränkbaren Vollmachten, zB bei der im Umfang unbeschränkbaren Prokura.

b) Meinungsstand. Den historischen Ausgangspunkt des Missbrauchs der Vertre- **74**
tungsmacht bilden Fälle, in denen der Vertreter den Vertretenen durch sein Handeln in bewusstem und gewolltem Zusammenwirken mit dem Vertragspartner vorsätzlich schädigt **(Kollusion im engeren Sinne)** oder der Vertragspartner in Kenntnis der Schädigungsabsicht des Vertreters selbst ebenfalls mit Schädigungsabsicht handelt **(Kollusion im weiteren Sinne).**[135] Diese Fälle werden bereits von den §§ 138 Abs. 1, 826 BGB erfasst,[136] weshalb

---

129 MüKoBGB/*Schubert* BGB § 167 Rn. 51; *Canaris,* Die Vertrauenshaftung im deutschen Privatrecht, 1971, 36.
130 AA *Canaris,* Die Vertrauenshaftung im deutschen Privatrecht, 1971, 196.
131 Vgl. *Kindl,* Rechtsscheinstatbestände und ihre rückwirkende Beseitigung, 1999, 49.
132 So MüKoBGB/*Schubert* BGB § 167 Rn. 152; *Kindl,* Rechtsscheinstatbestände und ihre rückwirkende Beseitigung, 1999, 99; *Canaris,* Die Vertrauenshaftung im deutschen Privatrecht, 1971, 43.
133 Ausf. *Canaris,* Die Vertrauenshaftung im deutschen Privatrecht, 1971, 191 ff.
134 So *Canaris,* Die Vertrauenshaftung im deutschen Privatrecht, 1971, 455.
135 Vgl. RGZ 9, 148; 130, 142; 136, 356 (359); BGH NJW 1954, 1159; 1966, 1911; 1989, 26.
136 BGH NJW 1989, 26 (27); MüKoBGB/*Schubert* § 164 Rn. 215 f.

sie bisweilen dem Institut des Missbrauchs der Vertretungsmacht nicht zugerechnet werden.[137] Nach zutreffender Ansicht[138] ist in solchen Fällen das Verkehrsgeschäft nichtig, also nicht genehmigungsfähig. Da sie nicht nur eine bloße Überschreitung der internen Pflichtenbindung, sondern eine Schädigungsabsicht voraussetzen, sind diese Fälle auch unter dem Gesichtspunkt der Trennung von Vollmacht und dem zugrunde liegenden Rechtsverhältnis (→ Rn. 44 ff.) unproblematisch.

75 Schon das RG[139] hatte dem Vertragspartner die Berufung auf die bestehende Vollmacht unter Hinweis auf die Grundsätze von Treu und Glauben als **unzulässige Rechtsausübung** auch versagt, wenn der Vertreter seine Vertretungsmacht bewusst missbraucht hatte und der Vertragspartner den Missbrauch erkannt hatte. Heute werden als **weitere Begründungsversuche** genannt: analoge Anwendung der §§ 177 ff. BGB,[140] teleologische Reduktion der Vertretungsmacht,[141] rechtsfortbildende Schaffung eines Anfechtungsrechtes[142] sowie Einwendungsdurchgriff kraft Rechtsmissbrauchs,[143] Dabei ist das **Rechtsinstitut stark ausgedehnt** worden. Inzwischen herrschend wird der Voraussetzung der schädigenden bzw. interessenwidrigen Handlung die bloße **Überschreitung der Innenbefugnisse** durch den Vertreter gleichgestellt.[144] Teilweise wird zwar ein Schaden vorausgesetzt, aber die Pflichtwidrigkeit in Bezug auf die internen Pflichten in den Mittelpunkt gerückt.[145] Weiterhin ist streitig, ob es ausreicht, dass der Vertreter objektiv pflichtwidrig (nachteilig) gehandelt hat[146] oder ob er vorsätzlich pflichtwidrig oder interessenwidrig zum Nachteil,[147] oder wenigstens fahrlässig pflichtwidrig gehandelt haben muss.[148] Für die **Zurechenbarkeit** des schädigenden Verhaltens des Vertreters zum Geschäftspartner, wird heute entweder grobe Fahrlässigkeit bzw. Evidenz[149] verlangt, oder einfache Fahrlässigkeit[150] für ausreichend angesehen.

---

[137] *Fischer* FS Schilling, 1973, 3.

[138] BGH NJW 1989, 26; BGH DStR 2010, 1530 Rn. 13; BeckOK BGB/*Schäfer* § 167 Rn. 49; MükoBGB/*Schubert* § 164 Rn. 215; aA – §§ 177 ff. analog – BeckOGK/*Schätzl* § 48 Rn. 53.

[139] RGZ 71, 219 (222); 75, 299 (301); 83, 348 (353); 143, 196 (201); 145, 311 (314); 159, 363 (367 f.); zur Entwicklung ausf. *Frotz*, Verkehrsschutz im Vertretungsrecht, 1972, 540 ff., 592 ff.; Bayer FS Vetter, 2019, 51, 53.

[140] *Enneccerus/Nipperdey* AT II § 183 I, 5, 1125; *Flume* BGB AT I 1 § 45 II 3, 789; *K. Schmidt* AcP 174 (1974), 55 (59).

[141] *Prölss* JuS 1985, 577.

[142] *Vedder*, Missbrauch der Vertretungsmacht, 2007, 132 ff.

[143] So *Canaris* HandelsR § 12 Rn. 40; *Canaris* Bankvertragsrecht Rn. 170; Soergel/*Leptien* BGB § 177 Rn. 15.

[144] BGH NJW 1984, 1461 (1462); WM 1988, 704 (706); ZIP 2006, 1391; OLG Dresden GmbHR 1995, 662; *Canaris* BankvertragsR Rn. 170; *Canaris* HandelsR § 12 Rn. 38: jeweils GmbH-Geschäftsführer (Prokurist) soweit keine Aussicht auf Genehmigung für den Vertreter und der Vertragspartner dies weiß; ganz pauschal: *Tietz*, Vertretungsmacht und Vertretungsbefugnis im Recht der BGB-Vollmacht und der Prokura, 1990, 170 ff.; *Roth* HandelsR/GesR § 26 Rn. 608 ff.; GK-HGB/*B. Schmidt* § 50 Rn. 7; *K. Schmidt* HandelsR § 16 Rn. 73; *K. J. Müller* JuS 1998, 1000 (1003); *Drexl/Mentzel* Jura 2002, 289 (294); *Fischer* FS Schilling, 1973, 3, 16; aA BGH NJW 1990, 384 (385); *Stoll* FS Lehmann, 1937, 115 ff.; *H. P. Westermann* JA 1981, 521 (523); MüKoBGB/*Schubert* § 164 Rn. 211 f.; Staub/*Joost* § 50 Rn. 43; *Honsell* JA 1984, 17 (20) Fn. 46; Heymann/*Emmerich* § 126 Rn. 24; Staudinger/*Schilken*, 2019, BGB § 167 Rn. 95, die alle die Notwendigkeit einer schädigenden Handlung fordern; noch anders *Schott* AcP 171 (1971), 385 (396): Verstoß gegen das Interesse des Vertretenen.

[145] Staub/*Joost* § 50 Rn. 42 f.

[146] So MüKoBGB/*Schubert* § 164 Rn. 219; Staudinger/*Schilken*, 2019, BGB § 167 Rn. 95; Staub/*Joost* § 50 Rn. 44.

[147] BGHZ 50, 112 = NJW 1968, 1379 (gegen diese Deutung der Entscheidung allerdings BGHZ ZIP 2006, 1391); BGH NJW 1990, 384 (385); Soergel/*Leptien* BGB § 177 Rn. 17; RGRK-BGB/*Steffen* § 167 Rn. 24; *Oetker* HandelsR § 5 Rn. 38; *Honsell* JA 1984, 17 (20) Fn. 46; grds. auch *Canaris* BankvertragsR Rn. 170; *Fischer* FS Schilling, 1973, 3 (15 f., 20 f.); *H. Hübner* FS Klingmüller, 1974, 173 (181 f.).

[148] Vgl. die Deutung von BGH NJW 1966, 1911 durch Soergel/*Leptien* BGB § 177 Rn. 17.

[149] *H. P. Westermann* JA 1981, 521 ff.; *Wolf/Neuner* BGB AT § 49 Rn. 105; *Flume* BGB AT I 1 § 45 II 3, 789; *Oetker* HandelsR § 5 B V 2 Rn. 42, 138 f.; *Schott* AcP 171 (1971), 385 (397); *Medicus/Petersen*, Bürgerliches Recht, 27. Aufl. 2019, Rn. 116.

[150] RGZ 75, 299; 131, 67 (71); 143, 196 (201); 145, 311 (314); BGH WM 1964, 87; MDR 1964, 592; Staub/*Joost* § 50 Rn. 46.

Tendenziell höhere Anforderungen werden bei Außenvollmachten[151] und handelsrechtlichen Vollmachten, insbesondere bei der dem Umfang nach unbeschränkten Prokura, sowie bei unbeschränkbarer gesetzlicher Vertretungsmacht gestellt. Im letzteren Fall ist bei Kapitalgesellschaften noch Art. 9 Abs. 1 S. 1 GesR-RL als mögliche Grenze zu beachten. Denn dort ist zwingend der Grundsatz der Unbeschränktheit der Vertretungsmacht der Organe festgeschrieben. Der BGH und die Lit. haben die europäische Dimension in der Diskussion um eine Lösung über den Missbrauch der Vertretungsmacht anstelle einer Analogie zu § 179a AktG hingegen ignoriert.[152] Dies gilt sowohl für das Erfordernis einer vorsätzlichen nachteiligen Handlung des Vertreters[153] als auch für das der groben Fahrlässigkeit (der objektiven Evidenz) auf Seiten des Dritten.[154] 76

c) Dogmatische Begründung. Die berechtigte Übernahme der Rechtsfolge aus den §§ 177 ff. BGB (→ Rn. 80) enthält als solche keine Rechtfertigung, weshalb diese Fälle einer fehlenden Vertretungsmacht gleichgestellt werden sollen. Aus den gleichen Gründen hilft auch die bloße Berufung auf die teleologische Reduktion für sich nicht weiter. Ebenfalls abzulehnen ist die Ansicht, die die Abstraktion zwischen Vollmachtsumfang und Umfang der Innenbefugnis zwar als abstrakte Verkehrsschutzregelung begreift, bei fehlender konkreter Schutzbedürftigkeit diese Abstraktion jedoch mangels Rechtfertigung im Wege der teleologischen Reduktion durchbricht.[155] Diese Ansicht ist für Österreich durchaus konsequent, da der Abstraktionsgedanke dort in viel geringerem Umfang als in Deutschland akzeptiert wird. In Deutschland ist jedoch die Abstraktion als ein formales Konstruktionsprinzip anerkannt. Hätte der Gesetzgeber den Verkehrsschutz einschränken wollen, so hätte er – wie sonst auch (vgl. zB §§ 15, 25, 28) – die Kenntnis als ausdrückliche Ausnahme vom Verkehrsschutz angeordnet. Indem der Gesetzgeber dies nicht tat, entschied er sich für einen uneingeschränkten Verkehrsschutz durch die Abstraktion. Vorzug verdient daher die Einordnung des Missbrauchs der Vertretungsmacht als Zurechnungsdurchgriff kraft Rechtsmissbrauchs.[156] Dieser Ansatz ist mit dem generellen Ansatz des Einwendungsdurchgriffs kraft Rechtsmissbrauch eng verwandt. Die teils engere (Anfechtungslösung) teils weitere Konzeption von *Vedder*[157] (Anfechtung trotz Gutgläubigkeit bei erheblichen Interessenverstößen) bietet keine solchen Vorteile, dass es sich lohnen würde, eine solche Strukturänderung durchzuführen. 77

d) Voraussetzungen des Rechtsmissbrauchs. Nur im Falle des vorsätzlichen Handelns gegen die Interessen des Vertretenen,[158] handelt der **Vertreter rechtsmissbräuchlich.**[159] Ein Schädigungserfolg ist nicht notwendig. Eine fahrlässige Schädigung könnte auch durch den Inhaber erfolgen und ist keine rechtsmissbräuchliche Ausnutzung der Vertretungsmacht. Selbst die vorsätzliche Überschreitung der internen Befugnis (des rechtlichen Sollens) ohne Schädigungsvorsatz reicht – entgegen der insbesondere für Vollmachten mit einschränkbarer Vertretungsmacht vertretenen hM[160] – nicht aus.[161] Gerade für den Bereich des einschränkbaren Vollmachtsumfanges gilt, dass es keinen Grund gibt, 78

---

151 Vgl. *Canaris* BankvertragsR Rn. 170.

152 BGH NJW 2019, 1512 Rn. 40 f.; *Heckschen* AG 2019, 420 (421); *Hoffmann/Bartlitz* DB 2019, 1833 (1836 f.).

153 Vgl. BGHZ 50, 112 = NJW 1968, 1379; BGH BB 1976, 852; BAG AP § 126 Nr. 1; Baumbach/Hopt/*Hopt* § 126 Rn. 11; *Fischer* FS Schilling, 1973, 3 (10, 20); *v. Westphalen* DStR 1993, 1186 (1188).

154 BGH NJW 1994, 2082 (2083); WM 1992, 1362 (1363); noch weitergehender – nur Kollusion erfasst – *Goldschmit,* 1929, Vor § 48 Anm. 3; für Notwendigkeit der Kenntnis des Dritten von der Pflichtwidrigkeit Heymann/*Teichmann* § 50 Rn. 14; BeckOGK/*Schätzl* § 48 Rn. 49.

155 Vgl. vor allem *P. Bydlinski* FS F. Bydlinski, 2002, 19 ff.

156 Grdl. *Canaris* ZHR 151 (1987), 520 f.; vgl. auch *Canaris* HandelsR § 12 Rn. 40.

157 *Vedder,* Missbrauch der Vertretungsmacht, 2007, 131 ff., Gesetzesvorschlag 165 ff.

158 Ein bewusstes Handeln gegen die objektiven Interessen wird hier einem weit verstandenen Schädigungsvorsatz gleichgestellt.

159 Konsequent aA *P. Bydlinski* FS F. Bydlinski, 2002, 19 ff., der von seinem anderen Ansatz aus zu Recht nur vom „so genannten" Missbrauch spricht.

160 Vgl. BGH NJW 2008, 69 (75); 1988, 3012 (3014); DStR 2006, 1515; Heymann/*Teichmann* § 50 Rn. 13 f.; *K. Schmidt* HandelsR § 16 Rn. 73; Staub/*Joost* § 50 Rn. 45; *Fleischer* NZG 2005, 535.

161 *Canaris* HandelsR § 12 Rn. 37; KKRD/*Roth* § 50 Rn. 14.

dem Rechtsverkehr anstelle des Vertretenen das Risiko der unterlassenen Einschränkung der Vollmacht tragen zu lassen. Der Vertreter, der bewusst seine Innenkompetenz ohne Schädigungsvorsatz überschreitet, will dem Unternehmen nutzen. Es wird hier häufig sogar eine Art berechtigter Geschäftsführung ohne Auftrag vorliegen. Ob dies der Fall ist, ist für den Rechtsverkehr nicht erkennbar und es ist ihm auch nicht zumutbar, sich hiermit zu beschäftigen.

79 Ist die Vollmacht, wie bei der Prokura, nicht einschränkbar, kann dem Vertretenen kein Vorwurf hinsichtlich der Divergenz von Vollmacht und Innenkompetenz gemacht werden. Es liegt jedoch eine gesetzgeberische Entscheidung vor, die einen Missbrauch bei bloßer Kompetenzüberschreitung ohne Schädigungsvorsatz (bewusstem Handeln gegen die Interessen des Vertretenen) ausschließt. Andernfalls bräuchte der Vertretene nur die Geschäftspartner über die begrenzte Innenkompetenz zu informieren und könnte auf diese Weise die Unbeschränkbarkeit der Vertretungsmacht unterlaufen (soweit man nicht die Mitteilung von Innenbeschränkung als unzulässige Umgehung des § 50 Abs. 1 für unverbindlich ansieht). Dies ist nicht gewollt. Der Gesetzgeber hat bewusst[162] keine Ausnahme von der Unbeschränkbarkeit der Vertretungsmacht bzw. hinsichtlich des Schutzes der Gegenseite, zB bei Kenntnis von einer generellen Einschränkung, zugelassen. Für den parallelen Fall des Missbrauchs bei einem gesetzlichen Vertreter einer Kapitalgesellschaft gerät die hM auch potentiell in Konflikt mit Art. 9 Abs. 1 S. 1 GesR-RL (früher Art. 10 Publizitäts-RL). Dies gälte nicht, wenn man die Richtlinie gegen den Wortlaut einschränkt oder man annimmt, der europäische Gesetzgeber habe zumindest die nationalen Regeln über den Missbrauch nicht einschränken wollen.[163] Auf Seiten des Dritten muss der Missbrauch evident sein, was zB bei großen unplausiblen Transaktionen der Fall ist.[164]

80 **e) Rechtsfolgen, weitere Konkretisierung.** Hier erscheint in Übereinstimmung mit der hL anstelle der Nichtigkeit eine Analogie zu den §§ 177 ff. BGB gerechtfertigt, so dass dem Vertretenen die Möglichkeit der Genehmigung offen steht.[165] Entgegen der Ansicht des BGH[166] ist ein Mitverschulden des Vertretenen nicht gem. § 254 BGB zu berücksichtigen; denn im Vertretungsrecht gilt das sog. Alles-oder-nichts-Prinzip,[167] das keine Risikoteilung zulässt.[168] Hätte der Vertretene den Rechtsmissbrauch selbst oder durch andere Erfüllungsgehilfen als diesen Vertreter verhindern können, so kommt anstelle von § 254 BGB ein Gegenanspruch wegen Schutzpflichtverletzung in Betracht.[169] Die **Darlegungs- und Beweislast** für das Vorliegen eines Missbrauchs der Vertretungsmacht trägt der Vertretene.[170] Weiß die Gegenseite, dass der Vertreter seine Innenbefugnisse bewusst überschreitet, so sollte sie darlegen müssen, warum die Schädigungsabsicht des Vertreters dennoch nicht erkennbar war.

81 **8. „Vertretung“ durch Softwareagenten.** Von Unternehmen werden immer häufiger **Softwareagenten (Bots)** eingesetzt, die anstelle von Menschen mit anderen Unternehmen oder auch Verbrauchern kommunizieren und die Entscheidungen treffen. Vertretungs-

[162] Anders noch der preußische Entwurf eines ADHGB, vgl. *Lutz,* Protokolle der Kommission zur Berathung eines allgemeinen deutschen Handelsgesetzbuches, Beilagenband, I. Theil, 1861, 8 f.: eine der Gegenseite bekannte Einschränkung der Prokura als wirksam angesehen.

[163] Vgl. *Stiegler* in Nüeber/Azeszkavska/Zwischennayer, Privatautonomie und ihre Grenzen im Wandel, 2015, 39, 53 f.

[164] OLG Stuttgart BeckRS 2009, 04247; OLG Frankfurt BeckRS 2010, 12717; für die hier notwendige Wissenszurechnung analog § 166 BGB OLG Hamm BeckRS 2011, 18361.

[165] *K. Schmidt* HandelsR § 16 Rn. 68; *Oetker* HandelsR § 5 Rn. 43; Soergel/*Leptien* BGB § 177 Rn. 15; RGRK-BGB/*Steffen* BGB § 177 Rn. 2; MüKoBGB/*Schubert* BGB § 164 Rn. 228; Staub/*Joost* § 50 Rn. 51; *Medicus/Petersen,* Bürgerliches Recht, 27. Aufl. 2019, Rn. 118.

[166] BGHZ 50, 112 = NJW 1968, 1379.

[167] Zu möglichen Einschränkungen bei einer nur summenmäßigen Überschreitung der Vertretungsmacht *Krebs/Berjasevic* JA 2007, 857.

[168] *K. Schmidt* HandelsR § 16 Rn. 71; *Medicus/Petersen,* Bürgerliches Recht, 27. Aufl. 2019, Rn. 118; *U. Hübner* Rn. 72; *H. P. Westermann* JA 1981, 521 (526).

[169] Vgl. *Canaris* HandelsR § 12 Rn. 42 f.

[170] *Reinicke* in Baumgärtel Beweislast-HdB, Bd. IV, 1988, §§ 49, 50 Rn. 3.

rechtliche Probleme entstehen hier nicht (Haftungsfragen hier ausblendend), wenn zwar Software die Entscheidungen trifft, diese aber von einem Menschen kommuniziert werden. Bei bloßer Weiterleitung ist der Mensch **Bote,** sonst aber **Vertreter,** für den die allgemeinen Regeln gelten. Ist ein Botenstatus nicht erkennbar, kommt für den handelnden Menschen die analoge Anwendung des § 179 BGB in Betracht.[171] Größere Probleme treten auf, wenn nur der Bot nach außen auftritt. Bei echten **autonomen** Softwareagenten, die künstliche, selbstlernende Intelligenz (KI) besitzen, liegt kein Verhalten eines Menschen vor. Selbst wenn die Software nicht autonom oder nur **teilautonom** ist, entstehen erhebliche Probleme, wenn die Kommunikation nur mit der Software erfolgt. Die Software kann weder Bote noch Vertreter sein, womit die Zurechnung des Verhaltens zum Unternehmen problematisch ist.[172] Menschen als Hinterleute treten zumeist nicht nach außen in Erscheinung und sind schon deshalb nicht geeignete Vertreter oder Boten. Allerdings sind sich alle Beteiligten bei fehlerfreiem Agieren einig, dass eine Zurechnung und damit auch ein Vertragsschluss auch bei bewusster Einbeziehung eines Softwareagenten möglich sein sollte.

Wegen der Schwierigkeiten zwischen autonomer, teilautonomer und vorhersehbar handelnder Software zu differenzieren, sollte die Lösung davon unabhängig sein.[173] Sowohl das aktive Verhalten der Software als auch die empfangenen Erklärungen und Informationen sind daher **dem Unternehmen zuzurechnen.** Ob man dies als vertretungsähnlich[174] bzw. botenähnlich[175] einstuft oder doch eine ganz neue Art der Zurechnung (sui generis) für notwendig hält, ist zunächst unerheblich. Klar sollte auch sein, dass Fehler der Software zu Lasten des Verwenders gehen und auch nicht zur Anfechtung berechtigen können.[176] **Manipulationen Dritter** hinsichtlich der Entscheidungen der Software, die dem Grunde nach aber vom Unternehmen bewusst verwendet wird, sollten rechtsscheinsähnlich gelöst werden. Die Gegenseite sollte sich außer bei Erkennbarkeit der Manipulation auf das Agieren der Software verlassen können. Ähnlich wie bei § 56 liegt der Maßstab grober Fahrlässigkeit nahe. Wird der **Rechtschein** erzeugt, ein **Mensch handle,** so liegt insoweit ein veranlasster Rechtschein vor, auf den die allgemeinen Rechtscheinsgrundsätze Anwendung finden sollten. 82

V. Die Generalvollmacht

1. Einführung. a) Begriff der Generalvollmacht. Besondere Probleme bereitet im Rahmen der handelsrechtlichen Vollmachten die sog. Generalvollmacht. Sie ist nicht nur ein anderer Name für die normale Generalhandlungsvollmacht iSd § 54 Abs. 1.[177] Vielmehr stellt sie eine Rechtsschöpfung der Praxis dar. Ihre Bezeichnung entlehnt sie aus dem privaten, nicht handelsrechtlichen Vertretungsrecht, das eine umfassende Vollmacht seit jeher als „Generalvollmacht“ bezeichnet.[178] 83

---

171 MüKoBGB/*Schubert* BGB § 179 Rn. 22; Staudinger/*Schilken,* 2019, BGB Vor § 164 Rn. 81; BeckOK BGB/*Wendtland* BGB § 120 Rn. 5.

172 Spindler/Schuster/*Spindler* Recht der elektronischen Medien § 164 BGB, Rn. 12 gegen eine direkte Anwendung des Stellvertretungsrechts; ähnlich *Specht/Herold* MMR 2018, 40 (43), aber auch explizit die Botenschaft ausschließend; aA *Schirmer* JZ 2016, 660 (664).

173 Zur Zurechnung als eigene Willenserklärung der dahinterstehenden Person, unabhängig des Autonomiegrads und zum Schutz des Vertragspartners *Paulus/Matzke* ZfPW 2018, 431 (440 ff.), insbes. (443 f.).

174 Hierfür scheinbar *Specht/Herold* MMR 2018, 40 (43); für eine eigene Regelung aber beschränkt an die Stellvertretung angelehnt *Sester/Nitschke* CR 2004, 548 (550).

175 Vgl. als eigene Willenserklärung der hinter der Software stehenden Person, scheinbar auch unabhängig des Autonomiegrads *Paulus/Matzke* ZfPW 2018, 431 (440 ff.).

176 AA *Schirmer* JZ 2016, 660 (664) für eine Anfechtung bei einem Fehler der Software (zugrundegelegt wird eine eigene Willenserklärung der Software).

177 Synonym gebraucht aber noch von MHdB GesR IV/*Hoffmann-Becking* Aktiengesellschaft, § 30 Rn. 4, 6, 402; GroßkommHGB/*Würdinger* § 54 Anm. 2.

178 Vgl. § 173 ZPO aF (bis 2011 § 171 ZPO, seitdem als selbstverständlich entfallen) und hierzu den Entwurf einer deutschen Civilprozeßordnung nebst Begr. von 1871 S. 297 zu § 159 des Entwurfs = Dahlmanns (Hrsg.), Neudrucke zivilprozessualer Kodifikationen und Entwürfe, 1971, 553, wo eindeutig eine Gegenüberstellung von Prokura für den Bereich des Handelsrechts und Generalvollmacht für den Privatbereich vorgenommen wird; vgl. auch *Eder* GmbHR 1962, 225, der hieraus Zulässigkeitsbedenken ableitet.

84 **b) Die beiden Arten der Generalvollmacht.** Die Generalvollmacht wird im Handelsrecht in zwei streng voneinander zu trennenden Formen praktiziert: In der einen Form wird die Generalvollmacht – häufig zusätzlich zur Prokura – dem Unternehmen eingegliederten und aus ihm heraus handelnden Personen verliehen und dient der Schaffung einer hierarchischen Position unmittelbar unter den gesetzlichen Vertretern und über den Prokuristen („leitende Angestellte“).[179] Allein sie wird in Regelungen außerhalb des HGB erwähnt; Vgl. § 5 Abs. 3 Nr. 2 BetrVG (Einordnung als leitende Angestellte); § 22 Abs. 2 Nr. 2 ArbGG, § 16 Abs. 4 Nr. 4 SGG (jeweils Schöffenfähigkeit); § 29 Abs. 1 Nr. 4 OWiG, § 30 Abs. 1 Nr. 4 OWiG (Zurechenbarkeit des Verhaltens zum Unternehmen); früher auch § 1 Abs. 2 Nr. 1 AZO (Nichtanwendbarkeit der Arbeitszeitordnung auf Generalbevollmächtigte) und § 80 Abs. 1 S. 2 AktG 1937 (Darlehen an leitende Angestellte). Von vorrangiger Bedeutung ist dabei die durch die Generalvollmacht ausgedrückte hierarchische Stellung;[180] die Übertragung der Vertretungsmacht bedeutet in der Regel lediglich einen Vertrauensbeweis. Zu unterscheiden ist hiervon die Generalvollmacht an hierarchisch nicht eingegliederte, wirtschaftlich selbstständige unternehmensfremde Personen, meist Gesellschaften zB im Rahmen eines Betriebsführungsvertrags (Managementvertrags).[181]

85 **2. Generalvollmacht an außerhalb des Unternehmens stehende Personen.** Die §§ 48 ff. sind auf Vollmachten beschränkt, die an aus dem Unternehmen heraus handelnden, also organisatorisch eingegliederte Personen erteilt werden (→ Rn. 25 ff.).[182] Die Generalvollmacht an außerhalb des Unternehmens stehende Personen wird daher nicht von diesen Vorschriften erfasst,[183] sondern richtet sich nach denen des BGB (sog. **BGB-Vollmacht**).[184]

86 Ihre **Erteilung** folgt allgemeinen Regeln. Jedes Unternehmen kann – durch den Inhaber, den gesetzlichen Vertreter und, soweit es der Umfang der Generalvollmacht zulässt, durch Prokuristen – externen Personen Generalvollmacht erteilen.[185] Zulässig ist hier auch die Erteilung der Vollmacht an juristische Personen. Die Vollmachtserteilung kann stillschweigend geschehen; § 48 ist nicht analog anwendbar,[186] weil bei selbstständigen Geschäftspartnern – anders als bei Mitarbeitern des Unternehmens – kaum die Gefahr einer unbeabsichtigten, stillschweigenden Vollmachtserteilung besteht. Vor allem ist das Bedürfnis nach Rechtssicherheit, welches die Ausdrücklichkeit der Prokuraerteilung rechtfertigt, hier deutlich niedriger als bei der auf ein Höchstmaß an Rechtssicherheit und Rechtsklarheit ausgerichteten Prokura.

87 Die Generalvollmacht an externe Personen darf sich **nicht** auf **organschaftliche und höchstpersönliche Vertretungshandlungen** erstrecken,[187] die aufgrund ihrer herausragenden Bedeutung und haftungsrechtlichen Besonderheiten allein den Inhabern und gesetzlichen Vertretern vorbehalten sind. Für die Bestimmung dieser Handlungen gelten dieselben Maßstäbe wie bei der Abgrenzung der den gesetzlichen Vertretern gegenüber den Prokuris-

179 Vgl. *Joussen* WM 1994, 273 (275); *Grooterhorst* Vollmachten im Unternehmen IV 4; vgl. auch die bei Großbanken verbreitete Hierarchiefolge: Vorstand, Generalbevollmächtigter, Bankdirektoren, Abteilungsdirektoren, Prokuristen.

180 Vgl. *Geitzhaus* GmbHR 1989, 229; *Joussen* WM 1994, 273 (275); *Grooterhorst* Vollmachten im Unternehmen IV 4.

181 Vgl. den Holiday-Inn-Fall BGH ZIP 1982, 578; vgl. auch OLG Naumburg GmbHR 1994, 556 (Rechtsanwalt als selbständiger Abwickler für die Treuhandanstalt); vgl. auch *Martinek,* Moderne Vertragstypen, Bd. II, 1992, § 20 IV 2, 300, § 20 IV 3 c, 306; *Huber* ZHR 152 (1988), 1 (11 ff.); *Huber* ZHR 152 (1988), 123 (146).

182 *Krebs* ZHR 159 (1995), 635 (637 ff.).

183 Näher *Krebs* ZHR 159 (1995), 635 (651 f.).

184 *Grooterhorst* Vollmachten im Unternehmen V 6.

185 Zur (unzulässigen) Erteilung einer Generalvollmacht durch die Treuhandanstalt als Gesellschafter vgl. ohne Problembewusstsein OLG Naumburg GmbHR 1994, 556 = DZWiR 1994, 473 m. krit. Anm. *Pawlowski* DZWiR 1994, 474 (475).

186 *Joussen* WM 1994, 273 (274); *Spitzbarth* BB 1962, 851 (853); aA *U. Hübner* ZHR 143 (1979), 1 (8).

187 *Huber* ZHR 152 (1988), 1 (14) Fn. 42 (24 f.); *Loos* BB 1963, 615; Scholz/*Schneider/Schneider* GmbHG § 35 Rn. 18; generell für Generalvollmachten *K. Schmidt* HandelsR § 16 Rn. 8; *Eder* GmbHR 1962, 225; *Grooterhorst* Vollmachten im Unternehmen IV 6 ff.

ten vorbehaltenen Handlungen (→ § 49 Rn. 24ff.). Daneben gibt es Handlungen, die zwar grundsätzlich der Vertretung zugänglich sind (zB Handelsregisteranmeldungen bei Grundlagenentscheidungen), deren Zulässigkeit jedoch auf Bevollmächtigungen im Einzelfall zu beschränken ist, um so die Verantwortlichkeit der Leitungsorgane zu gewährleisten (zur Konkretisierung → § 49 Rn. 9; → § 49 Rn. 50).[188] Diese Beschränkungen der Vertretungsmacht sind unabhängig von den Grenzen der Übertragung von Geschäftsführungskompetenzen.[189]

Mit einer „Generalvollmacht" sind **organschaftliche Vertretungsbefugnisse** regel- 88
mäßig nicht gewollt.[190] Angesichts des offenen Begriffs und des im Rahmen von **Betriebsführungsverträgen** uÄ beschränkten Zwecks solcher Vollmachten ist im Gegenteil grundsätzlich davon auszugehen, dass nur eine rechtsgeschäftliche Generalvollmacht ohne Befugnis zu den ausschließlich der gesetzlichen Vertretung vorbehaltenen Handlungen erteilt worden ist.[191] Im Rahmen eines Betriebsführungsvertrags wird man eine Generalvollmacht sogar grundsätzlich dahin auslegen müssen, dass sie – ähnlich wie § 54 Abs. 1 – grundsätzlich nur die Geschäfte erfasst, die die Führung eines Betriebes eines solchen Gewerbes gewöhnlich mit sich bringt.[192] Denn mit der Betriebsführung wird grundsätzlich nur das laufende Management übertragen. Anders als bei der Prokura besteht weder ein Verkehrsschutzbedürfnis, das die Annahme eines weiteren Umfangs rechtfertigen könnte, noch eine entsprechende Verkehrsauffassung, die gem. § 157 BGB zu berücksichtigen wäre. Zulässig ist es jedoch, die Generalvollmacht an eine wirtschaftlich selbstständige Person so weit zu fassen, so dass sie sich auch auf ungewöhnliche Geschäfte irgendeines anderen Gewerbes erstreckt. Die Beschränkungen der § 49 Abs. 2, § 54 Abs. 2 gelten dann nicht.

Für die **Beendigung** der Generalvollmacht an Externe gelten ebenfalls die Regeln 89
des BGB. So ist insbesondere ein **Widerruf** grundsätzlich jederzeit ohne einen besonderen Grund zulässig (§ 168 S. 2 BGB). Auf das Widerrufsrecht aus wichtigem Grund kann nicht verzichtet werden.[193] Die Beschränkung einer Vollmacht auf den Widerruf aus wichtigem Grund ist nach allgemeinen Grundsätzen unzulässig, wenn der Vertreter kein eigenes Interesse an der Vollmacht hat.[194] Eine Einschränkung der Widerruflichkeit einer Generalvollmacht wird im BGB grundsätzlich als unzulässig angesehen.[195] Der BGH[196] hat dagegen – allerdings ohne Problematisierung – eine zeitlich befristete unwiderrufliche Vollmacht zugelassen, sofern die Befristung nicht zu einer übermäßigen wirtschaftlichen Bindung führt (50 Jahre übermäßig lang, 20 Jahre nicht). Dem ist für die Betriebsführungsverträge zuzustimmen, soweit, wie meist, letztlich keine unbeschränkte Generalvollmacht erteilt wurde, sondern die Vollmacht zumindest konkludent durch die Aufgaben der laufenden Betriebsführung begrenzt wird. Besonders problematisch ist die Zulässigkeit von Betriebsführungsverträgen mit dem herrschenden Unternehmen im Sinne des Konzernrechts.[197] Eine Unzulässigkeit würde aber nicht die Wirksamkeit der Generalvollmacht berühren (→ Rn. 44).[198]

---

188 AA für Handelsregisteranmeldungen *U. Hübner* ZHR 143 (1979), 1 (22).

189 Vgl. dazu näher BGH ZIP 1982, 578 (581ff.) – Holiday-Inn.

190 BGH NZG 2002, 813 = NJW-RR 2002, 1325 – trotz ausdrücklicher Nennung organschaftlicher Befugnisse; OLG Naumburg GmbHR 1994, 556 mAnm *Pawlowski* DZWiR 1994, 474 (475); aA früher BGH NJW 1977, 199f.

191 Vgl. *K. Schmidt* HandelsR § 16 Rn. 8.

192 Vgl. auch den Betriebsführungsvertrag im Fall Holiday-Inn, wiedergegeben bei BGH ZIP 1982, 578 (579).

193 BGH WM 1969, 1009; Soergel/*Leptien* BGB § 168 Rn. 26; Staudinger/*Schilken,* 2019, BGB § 168 Rn. 14.

194 BGHZ 3, 354 (358) = NJW 1952, 178; BGH WM 1971, 956; Soergel/*Leptien* BGB § 168 Rn. 22; Staudinger/*Schilken,* 2019, BGB § 168 Rn. 8; zu den Anforderungen an das Interesse des Vertreters näher § 54 Rn. 56.

195 Staudinger/*Schilken,* 2019, BGB § 168 Rn. 9; Erman/*Maier-Reimer* BGB § 168 Rn. 16.

196 Vgl. BGH ZIP 1982, 578 (584) – Holiday-Inn.

197 Näher *Huber* ZHR 152 (1988), 123 (128ff.).

198 Generell anders *Huber* ZHR 152 (1988), 123 (146f.).

90 **3. Generalvollmacht an hierarchisch eingegliederte Personen.** Die praktisch wichtigere, insbesondere bei Großunternehmen verbreitete Form der Generalvollmacht[199] ist die Generalvollmacht an Personen, die in das Unternehmen eingegliedert sind und aus ihm heraus handeln. Nur auf diese meist unmittelbar unter den gesetzlichen Vertretern angesiedelten Personen beziehen sich gesetzliche Regelungen (vgl. § 5 Abs. 3 S. 2 Nr. 2 BetrVG, § 22 Abs. 2 Nr. 3 ArbGG, § 16 Abs. 4 Nr. 4 SGG). Zur Abnahme der hierarchischen Bedeutung der Generalvollmacht und möglichen Auswirkungen auf den Einsatz als Vertretungsmacht → Rn. 13.

91 **a) Zulässigkeit.** Die Zulässigkeit der Generalvollmacht an hierarchisch eingegliederte Personen wird teilweise verneint, weil eine „Generalvollmacht" begrifflich angeblich auch Vertretungshandlungen einschließe, die den gesetzlichen Vertretern vorbehalten sind, und derartige Handlungen nicht Inhalt einer rechtsgeschäftlichen Vertretungsmacht sein dürften.[200] Jedoch ist nicht erkennbar, weshalb eine Unzulässigkeit der Vertretungsmacht für diese Handlungen der Zulässigkeit der Generalvollmacht generell entgegenstehen könnte. Zumindest dann, wenn eine solche Vollmacht nicht die den gesetzlichen Vertretern vorbehaltenen Handlungen erfasst, kann es insoweit kein Zulässigkeitsbedenken geben.[201] Die Einordnung dieser Form der Generalvollmacht an Unternehmensinterne als BGB-Vollmacht,[202] Prokura, (qualifizierte) Generalhandlungsvollmacht[203] oder rechtsfortbildend geschaffene neue Art der handelsrechtlichen Vollmacht beeinflusst zwar die inhaltlichen Zulässigkeitsgrenzen, kann aber ebenfalls nicht zur generellen Unzulässigkeit der Vollmacht führen.

92 In Einzelfällen kann die Generalvollmacht unzulässig sein: So kann weder dem Inhaber noch einem gesetzlichen Vertreter Generalvollmacht erteilt werden. Für die parallele Problematik der Unzulässigkeit einer Prokura → § 48 Rn. 30 ff. Bei einzelvertretungsberechtigten gesetzlichen Vertretern besteht kein funktionales Bedürfnis für eine parallele Generalvollmacht (zum Funktionalitätsgebot → Rn. 35 ff.). Bei einem gesetzlichen Vertreter mit Gesamtvertretungsmacht wäre eine Generalvollmacht funktionswidrig, da es dem gesetzlichen Vertreter nicht zur Wahl stehen darf, ob er als gesetzlicher oder als rechtsgeschäftlicher Vertreter auftritt (→ Rn. 39 ff.; → § 48 Rn. 32 f.).[204] Erst recht gilt dies bei Erteilung der Generalvollmacht durch einen gesamtvertretungsberechtigten gesetzlichen Vertreter an den anderen (→ § 48 Rn. 100).[205] Unzulässig ist eine Generalvollmacht an Aufsichtsratsmitglieder, soweit auch eine Prokura und eine einfache Generalhandlungsvollmacht unzulässig sind (→ § 48 Rn. 40 ff.).

93 **b) Einordnung in das gesetzliche Vollmachtssystem.** Richtiger Ansicht nach ist die Generalvollmacht an hierarchisch eingegliederte, aus dem Unternehmen heraus handelnde Personen notwendig eine **qualifizierte Art der Generalhandlungsvollmacht.**[206] Sie ist **keine Prokura:**[207] Sie fällt weder unter die Definition der Prokura, noch erfüllt sie die zwingende Voraussetzung einer ausdrücklichen Prokuraerteilung. Auch eine rechtsfortbildende Zuordnung zur Prokura lässt sich nicht rechtfertigen. Mit der stark abnehmenden

---

199 Für stichprobenartige empirische Informationen vgl. *Schroeder/Oppermann* JZ 2007, 176 (177).

200 So BGH NJW 1977, 199 f.; vgl. auch KG NJW-RR 1992, 34.

201 Für geltungserhaltende Auslegung im Sinne einer Generalhandlungsvollmacht trotz ausdrücklicher Nennung organschaftlicher Befugnisse BGH NZG 2002, 813 (814) = NJW-RR 2002, 1325.

202 *Grooterhorst* Vollmachten im Unternehmen IV 6; Baumbach/Hopt/*Hopt* Rn. 2; Heymann/*Teichmann/Körber* § 54 Rn. 29.

203 So BGH NZG 2002, 813 = NJW-RR 2002, 1325; *K. Schmidt* HandelsR § 16 Rn. 8; wohl auch *Roth* HandelsR/GesR § 28 Rn. 642.

204 Vgl. BGHZ 64, 72 (75) = NJW 1975, 1117.

205 BGHZ 34, 27 (31) = NJW 1961, 506; vgl. schon RG JW 1912, 526 (527).

206 Näher *Krebs* ZHR 159 (1995), 635 (653 ff.); tendenziell ebenso BGH BB 1988, 92 f.; NZG 2002, 813 (814); *K. Schmidt* HandelsR § 16 Rn. 8 für erweiterte Generalhandlungsvollmacht; *Roth* HandelsR/GesR § 28 Rn. 642; so auch bereits *Patschovsky* DR 1943, 607.

207 So auch nicht *U. Hübner* ZHR 143 (1979), 1 (21), der lediglich annimmt, eine Prokura sei in der Generalvollmacht zugleich mit enthalten.

Bedeutung des Generalbevollmächtigten als hierarchischer Titel (→ Rn. 13) lässt sich auch nicht etwa mit der Notwendigkeit des Nachziehens des Vertretungsrechts argumentieren.

Eine einfache **BGB-Vollmacht** liegt bei der Generalvollmacht ebenfalls **nicht** vor. **94**
Denn entgegen wohl hM[208] hält das Gesetz für handelsrechtliche Vollmachten an Unternehmensangehörige im Interesse des Verkehrsschutzes ausschließlich Prokura und Handlungsvollmacht bereit (ausführlich → Rn. 32 ff.). Dies folgt aus der Beschränkung der §§ 48 ff. auf Vollmachten aus dem Unternehmen heraus. Vor allem aber definiert § 54 Abs. 1 jede Vollmacht, die einem Unternehmensangehörigen erteilt wird und sich, ohne Prokura zu sein, auf das Handelsgewerbe bezieht, als Handlungsvollmacht: Spezialvollmacht, Arthandlungsvollmacht und Vollmacht zum Betrieb des Handelsgewerbes (Generalhandlungsvollmacht) lassen insoweit keine Lücke. Allenfalls die zu einer einmaligen Handlung berechtigende reine Einzelvollmacht könnte unter Umständen als außerhalb der Spezialvollmacht des § 54 Abs. 1 liegende BGB-Vollmacht verstanden werden (teleologische Reduktion; → § 54 Rn. 14). Aber auch dies würde nichts daran ändern, dass § 54 Abs. 1 schon seinem Wortlaut nach zumindest alle nicht völlig vereinzelten Vollmachten für aus dem Unternehmen heraus handelnde Vertreter erfasst.

Die gleichzeitige generelle Zulassung von BGB-Vollmachten neben den handelsrechtli- **95**
chen Vollmachten der §§ 48 ff. ist nicht zu rechtfertigen. Der mit den §§ 48 ff. bezweckte Verkehrsschutz gebietet, grundsätzlich keine BGB-Vollmachten für eine Vertretung des Unternehmens durch Unternehmensangehörige zuzulassen, da es bei einer BGB-Vollmacht keinen Verkehrsschutz hinsichtlich des Umfangs geben dürfte. Einzig die Generalvollmacht im Wege der Rechtsfortbildung hiervon auszunehmen, bedeutete einen Systembruch bei der Abgrenzung von handelsrechtlicher und BGB-Vollmacht. Demgegenüber entspräche sogar die Zulassung der Generalvollmacht als neue handelsrechtliche Vollmacht neben Prokura und Handlungsvollmacht, sofern sich überhaupt eine Rechtsfortbildung rechtfertigen ließe, eher noch dem System (zu Optionen de lege ferenda → Rn. 23).[209]

Der **Gesetzgeber** hat die **handelsrechtliche Generalvollmacht nicht** außerhalb des **96**
HGB **zugelassen:**[210] § 5 Abs. 3 Nr. 2 BetrVG stellt allein darauf ab, ob jemand nach Arbeitsvertrag und Stellung im Unternehmen Generalvollmacht hat und bezieht sich damit erkennbar auf die hierarchische Position des „Generalbevollmächtigten", ohne eine Entscheidung über eine eigenständige Vollmachtskategorie „Generalvollmacht" zu treffen. Letzteres gilt ebenso für die anderen Normen, die an der hierarchischen Stellung anknüpfen (vgl. § 22 Abs. 2 Nr. 2 ArbGG, § 16 Abs. 4 S. 4 SGG; § 29 Abs. 1 Nr. 4 OWiG, § 30 Abs. 1 Nr. 4 OWiG). § 171 ZPO aF (bis 2002) ging zwar von der Vollmacht aus, war aber gerade nicht handelsrechtlich orientiert. Vgl. die Gegenüberstellung von Prokura für den Bereich des Handelsrechts und die Generalvollmacht für den Privatbereich in dieser Norm. Eine andere Deutung kam schon deshalb nicht in Betracht, weil es die handelsrechtliche Generalvollmacht bei ursprünglicher Schaffung der Norm noch nicht gab.

Eine **richterrechtliche Erweiterung** des **gesetzlichen numerus clausus** der **han-** **97**
delsrechtlichen Vollmachten um eine „Generalvollmacht" lässt sich nicht mit einem dringenden Verkehrsinteresse (Existenz von Generalbevollmächtigten in der Praxis) rechtfertigen.[211] Das Bedürfnis nach der Generalvollmacht ist auf die hierarchische Position gerichtet und erfordert keine Generalvollmacht als eigenständige handelsrechtliche Vollmachtsart. Angesichts der Weite der Prokura und der Gestaltungsmöglichkeiten der Generalhandlungsvollmacht ergäbe sich allenfalls ein Bedürfnis nach einer Vertretung bei Handlungen, die

---

208 Staub/*Joost* § 49 Rn. 47 f.; *U. Hübner* ZHR 143 (1979), 1 (7); *Joussen* WM 1994, 273 (274); *Grooterhorst* Vollmachten im Unternehmen IV 6; Baumbach/Hopt/*Hopt* Rn. 2; *Schroeder/Oppermann* JZ 2007, 176 (179); wie hier *Brüggemann* JA 1977, 500 (502); vgl. auch GroßkommHGB/*Würdinger* Vor §§ 48 ff. 1. Abs.

209 Für Rechtsfortbildung de lege lata, insbesondere für Eintragungsfähigkeit und damit de facto Anerkennung als handelsrechtliche Vollmacht *Schroeder/Oppermann* JZ 2007, 176 (181).

210 Ähnlich *Grooterhorst* Vollmachten im Unternehmen IV 2.

211 AA *Grooterhorst* Vollmachten im Unternehmen IV 6.

den gesetzlichen Vertretern vorbehalten und auch Prokuristen verwehrt sind.[212] Gerade für diesen Bereich ist jedoch eine rechtsfortbildende Zulassung der Generalvollmacht unzulässig. Denn die ausschließliche Zuordnung dieser Handlungen zu den gesetzlichen Vertretern rechtfertigt sich mit ihrer besonderen Bedeutung für das Unternehmen, für die Geschäftspartner und die Allgemeinheit, die auch in besonderen Haftungsregelungen zum Ausdruck kommt. Insbesondere diese sind unverzichtbar: Ein Generalbevollmächtigter darf **nicht** als **„haftungsfreier Geschäftsführer"** agieren.

98 Auch andere über die Grenzen der Prokura hinausgehende Erweiterungen der Vertretung sind nicht zu rechtfertigen. Die Gründe, die bei der Prokura zB gegen eine generelle Zulassung einer Vertretung bei Grundlagengeschäften und der zugehörigen Registeranmeldung sprechen, gelten für eine neue Vertretungsform entsprechend.[213]

99 **c) Umfang der Generalvollmacht.** Die Generalvollmacht an Unternehmensangehörige darf sich nicht auf den gesetzlichen Vertretern vorbehaltene höchstpersönliche Handlungen und organschaftliche Vertretungsakte erstrecken.[214] Für die organschaftlichen Handlungen ergibt sich dies aus einer besonderen Pflichtenbindung zum Schutz des Unternehmens und seiner Gläubiger sowie aus einer besonderen öffentlich-rechtlichen Pflichtenbindung, die für diese Handlungen erforderlich ist und die nur gesetzliche Vertreter und nicht Generalbevollmächtigte erfasst. Die für die Unzulässigkeit organschaftlicher Vertretungsmacht für unternehmensangehörige Generalbevollmächtigte angeführten Gründe gelten gleichermaßen für wirtschaftlich **selbstständige** Generalbevollmächtigte (zB im Rahmen eines Betriebsführungsvertrages) und Prokuristen. Es gilt die gleiche Abgrenzung wie bei der Prokura (→ § 49 Rn. 23 ff.). Generalbevollmächtigte können daher auch keine Prokura erteilen, keinen Insolvenzantrag stellen[215] und in Grundlagenangelegenheiten keine Anmeldungen zum Handelsregister tätigen.[216]

100 Der zulässige **Umfang der Generalvollmacht an Unternehmensangehörige** wird durch die Einordnung als spezielle Generalhandlungsvollmacht näher bestimmt: Ohne abweichende Vereinbarung hat eine Generalhandlungsvollmacht den in § 54 Abs. 1 festgelegten Umfang, erfasst also keine besonders gefährlichen (§ 54 Abs. 2), keine ungewöhnlichen und keine Geschäfte aus anderen Branchen. Von diesen Beschränkungen kann der Vertreter befreit werden (§ 54 Abs. 2), was bei der Generalvollmacht durch die Bezeichnung als solche geschieht.[217] Die Generalhandlungsvollmacht kann auch mit einer umfassenderen, dem Umfang einer erweiterten Prokura (§ 49 Abs. 2) entsprechenden Vertretungsmacht ausgestattet werden.[218] Eine darüber hinausgehende Vertretungsmacht kann jedoch nicht erteilt werden.[219] § 49 Abs. 2 beschreibt ein Maximum an handelsrechtlicher Vertretungsmacht. Umfangsregeln, die zwar für die Prokura, nicht aber für die Generalhandlungsvollmacht eine Obergrenze beinhalten, widersprächen dem Stufenverhältnis von Prokura und der Handlungsvollmacht als „kleiner Prokura". Dies gilt auch für die Generalvollmacht.

---

212 Vgl. *Geitzhaus* GmbHR 1989, 229 ff.

213 *Grooterhorst* Vollmachten im Unternehmen IV 7.

214 Vgl. BGHZ 34, 27 (31) = NJW 1961, 506; BGHZ 64, 72 (76) = NJW 1975, 117; BGH WM 1978, 1047 (1048); NZG 2002, 813 (814); KG NJW-RR 1992, 34 f.; *Eder* GmbHR 1962, 225 (227 f.); Heymann/*Teichmann/Körber* § 54 Rn. 29; *K. Schmidt* HandelsR § 16 Rn. 8; Baumbach/Hopt/*Hopt* Rn. 2; *Grooterhorst* Vollmachten im Unternehmen IV 7 f.; aA *Loos* BB 1963, 615 (617); diff. *U. Hübner* ZHR 143 (1979), 1 (4); *Geitzhaus* GmbHR 1989, 229 (234).

215 Vgl. bereits KG JR 1950, 343; Scholz/*Schneider/Schneider* GmbHG § 35 Rn. 20; aA *U. Hübner* ZHR 143 (1979), 1 (4, 22); *Joussen* WM 1994, 273; *Geitzhaus* GmbHR 1989, 229 (233).

216 KG KGJ 48 A 130; *Eder* GmbHR 1962, 225 (226); aA Staub/*Joost* § 49 Rn. 48; *U. Hübner* ZHR 143 (1979), 1 (4); *Geitzhaus* GmbHR 1989, 229 (233).

217 Vgl. *Flume* BGB AT I 1 § 10 II 2 c, 367.

218 So schon *v. Hahn,* Kommentar zum ADHGB, 4. Aufl. 1894, ADHGB Art. 47 § 8; *Puchelt,* Kommentar zum ADHGB, 3. Aufl. 1882, ADHGB Art. 47 Anm. 8; Lutter/Hommelhoff/*Kleindiek* GmbHG § 35 Rn. 2; *K. Schmidt* HandelsR § 16 Rn. 8: für Generalvollmacht als erweiterte Generalhandlungsvollmacht; obiter dictum möglicherweise auch BGHZ 36, 292 (295) = NJW 1962, 738.

219 AA ohne Konkretisierung BGHZ 36, 292 (295) = NJW 1962, 738 obiter dictum; *K. Schmidt* HandelsR § 16 Rn. 8; *Roth* HandelsR/GesR § 28 Rn. 642; *Eder* GmbHR 1962, 225; Schlegelberger/*Martens* § 116 Rn. 34; wie hier *Oetker* HandelsR § 5 Rn. 52.

Vorbehaltlich von Einschränkungen hat die einem Unternehmensangehörigen erteilte **Generalvollmacht** den **höchstzulässigen Umfang der Vertretungsmacht** einer **Generalhandlungsvollmacht.** Dem entspricht die allgemein übliche und in § 5 Abs. 3 Nr. 2 BetrVG vorausgesetzte hierarchische Ansiedlung des Generalbevollmächtigten über dem Prokuristen, die bei der Vollmachtserteilung im Rahmen des Empfängerhorizontes berücksichtigt werden kann. Auch die Bezeichnung „Generalvollmacht" deutet auf eine weitestgehende Vollmacht hin, die auch die Befugnis zur Veräußerung und Belastung von Grundstücken beinhaltet. Aus der hierarchischen Stellung, also der grundsätzlich unternehmensbezogenen Kompetenz des Generalbevollmächtigten und der Einordnung als Handlungsvollmacht, folgt auch für die vom Einzelkaufmann erteilte Generalvollmacht, dass die Generalvollmacht an Unternehmensangehörige eine Bevollmächtigung für Privatangelegenheiten nicht umfasst. Eine entsprechende zusätzliche Vollmacht als BGB-Vollmacht ist zulässig. 101

Da es sich nicht um ein fest definiertes Institut handelt, ist die **Generalvollmacht mit frei wählbarem Umfang** erteilbar. Nur soweit der nach § 54 Abs. 1 bestehende Umfang eingeschränkt wird, ist § 54 Abs. 3 anwendbar. Im Übrigen wird der Rechtsverkehr nur bei einer Außenvollmacht, im Rahmen der Auslegung gem. § 157 BGB oder – bei einer kundgemachten Innenvollmacht – innerhalb des durch die Bekanntmachung erzeugten Rechtsscheins geschützt. 102

d) Erteilung und Erlöschen der Generalvollmacht. Auf die Generalvollmacht als spezieller Generalhandlungsvollmacht finden hinsichtlich des Erteilungsberechtigten und der Person des Generalbevollmächtigten, der Erteilung, der Widerruflichkeit[220] und des Erlöschens sowie der Vereinbarkeit mit anderen Rechtspositionen alle für die Generalhandlungsvollmacht geltenden Regelungen Anwendung (→ § 54 Rn. 47 ff.). Die Erteilung einer solchen Generalvollmacht an juristische Personen ist unzulässig; denn nur eine **natürliche Person** kann in ein Unternehmen hierarchisch eingeordnet sein und aus ihm heraus handeln (→ Rn. 31). Die Generalvollmacht kann auch **stillschweigend** erteilt werden.[221] Dies führt zwar zu gewissen Spannungen mit der von § 48 Abs. 1 verlangten Ausdrücklichkeit der Prokuraerteilung. Diese beruhen jedoch auf der Entscheidung des Gesetzgebers, die Erteilung und Erweiterung der Generalhandlungsvollmacht auch stillschweigend zuzulassen. Außerdem lässt sich der Unterschied damit rechtfertigen, dass nur die Prokura (Eintragungspflicht, fester Umfang, Ausdrücklichkeit von Erteilung und Widerruf) auf ein Maximum an Rechtssicherheit ausgerichtet ist. Die Generalvollmacht ist auch nicht eintragungsfähig (→ § 53 Rn. 4). 103

VI. Rechtsbeziehung Vertreter – Dritter

1. Grundsatz. Grundsätzlich treffen außerhalb des Deliktrechts **allein** den **Vertretenen** die **Rechtswirkungen** der Verhandlungen zwischen dem Vertreter und dem Dritten (§ 278 BGB). Der Vertreter selbst hat daher grundsätzlich keine außerdeliktischen Pflichten gegenüber dem Dritten. Darauf beruht auch § 165 BGB. Generelle Voraussetzung hierfür ist allerdings, dass der Vertreter im Rahmen seiner Vertretungsmacht handelt. Überschreitet er diese, ist er dem Dritten, soweit er voll geschäftsfähig ist, gem. § 179 BGB zum Schadensersatz verpflichtet (zum Wahlrecht zwischen § 179 BGB und einem Vorgehen aus einer Anscheinsvollmacht → Rn. 60). Im Bereich der Handlungsvollmacht wird der Dritte bei Vollmachtsüberschreitung allerdings primär durch § 54 Abs. 3 geschützt. Ist er insoweit nicht schutzwürdig, fehlt regelmäßig auch die Schutzwürdigkeit iSd § 179 Abs. 3 BGB (→ § 54 Rn. 5). Der Vertreter kann rechtsgeschäftlich auch persönliche Pflichten gegenüber dem Dritten übernehmen. Bei der Annahme einer stillschweigenden persönlichen Verpflichtung ist allerdings äußerste Zurückhaltung geboten, da grundsätzlich alle Erklärungen des Vertre- 104

220 AA *U. Hübner* ZHR 143 (1979), 1 (8); *Spitzbarth* BB 1962, 851 (853).

221 *Joussen* WM 1994, 273 (274, 279); *Spitzbarth* BB 1962, 851 (853); aA *U. Hübner* ZHR 143 (1979), 1 (8).

ters im Namen des Vertretenen und nicht im Namen des Vertreters abgegeben werden. Neben der rechtsgeschäftlichen Pflichtenübernahme gibt es noch weitere – ungeschriebene – Fälle, in denen der Vertreter dem Dritten unmittelbar außerdeliktisch verantwortlich ist.

105 **2. Rechtsschein unbeschränkter Haftung.** Erweckt der Vertreter den Eindruck, der Inhaber des Unternehmens hafte unbeschränkt, und veranlasst dies den gutgläubigen (nicht fahrlässigen) Dritten zu einer Vermögensdisposition (zB Vertragsschluss), so haftet der Vertreter für das Fehlen der unbeschränkten Haftung des Inhabers. Hauptanwendungsfall ist ein Auftreten unter einer Firma ohne einen für die GmbH in § 4 Abs. 2 GmbHG vorgeschriebenen, die Haftungsbeschränkung offenbarenden Zusatz.[222] Der Vertreter ist allerdings nicht schon bei mündlichen Geschäftsabschlüssen zur Angabe der Haftungsbeschränkung verpflichtet (→ § 37a Rn. 6),[223] da dies den Geschäftsverkehr unnötig in der allgemein üblichen Verwendung von mündlichen Firmenkurzbezeichnungen behindern würde. Dementsprechend verlangt das Gesetz (vgl. § 37a HGB, § 35a GmbHG) die Pflichtangaben nur für **Geschäftsbriefe.** Wird der Eindruck der unbeschränkten Haftung erst nach Vertragsabschluss durch entsprechende schriftliche (auch Fax) Firmierung erweckt, kommt eine Haftung nur bei einer nachträglichen Vertrauensdisposition, zB einer unterlassenen Geltendmachung der fälligen Forderung, in Betracht. Die Haftung des Vertreters tritt nach Ansicht der Rspr. kumulativ neben die des Inhabers des Unternehmens. Dem Vertreter soll bei Inanspruchnahme nur der Regress gegen den Inhaber bleiben.[224] Dies ist problematisch, da nicht der Rechtsschein von zwei Haftenden, sondern eines unbeschränkt Haftenden erweckt wird. Daher wäre es konsequent, den Vertreter nur bei Insolvenz des Vertretenen, also subsidiär, haften zu lassen. Für eine parallele Haftung lässt sich hingegen der dadurch erhöhte präventive Druck auf den Vertreter anführen.

106 **3. C.i.c.-Eigenhaftung bei Inanspruchnahme von besonderem persönlichen Vertrauen.** Diese richterrechtlich entwickelte Haftung ist nunmehr in § 311 Abs. 3 S. 1, 2 BGB iVm §§ 280, 241 Abs. 2 BGB ansatzweise kodifiziert. Das gewährte und in Anspruch genommene Vertrauen begründet eine **Sonderverbindung zwischen Vertreter und Drittem,**[225] innerhalb derer der Vertreter für Sorgfaltspflichtverletzungen persönlich einstehen muss.

107 Problematisch sind die Voraussetzungen der persönlichen Pflichtenübernahme. Erforderlich ist, dass der Vertreter bewusst ein Vertrauen in sich als natürliche Person erzeugt oder ein bestehendes außerrechtsgeschäftliches persönliches Vertrauen für den Abschluss des Vertretergeschäfts ausnutzt.[226] Die neuere Rspr. hat sich nach früher großzügiger Haftungsbejahung dieser hier vertretenen Linie in den Ergebnissen angenähert.[227]

108 Für ein persönliches **Vertrauen aufgrund Verwandtschafts- oder Bekanntschaftsverhältnisses** bedeutet dies, dass es nur dann persönliche Pflichten erzeugen kann, wenn es zumindest konkludent für eine Vertrauenswerbung für das Vertretergeschäft genutzt wird.[228] Besteht noch kein persönliches Vertrauen in die Person des Vertreters, so ist in einem Werben des Vertreters mit seinen besonderen Kenntnissen, Fähigkeiten oder seiner Seriosität

---

[222] BGHZ 62, 216 (222 f.) = NJW 1974, 1191; BGHZ 64, 11 (16 ff.) = NJW 1975, 1166; BGH NJW 1981, 2569 (2570); WM 1990, 600 (602); NJW 1990, 2678; sehr bedenkliche Erstreckung dieses Grundsatzes auf ein Auftreten als GmbH, wenn in Wahrheit eine französische SaRL mit niedrigerem Mindeststammkapital vorliegt, durch LG Karlsruhe ZIP 1995, 1818 (1819 f.).

[223] BGH NJW 1981, 2569 (2570).

[224] Vgl. BGH WM 1990, 600 (602) mN.

[225] Näher *Krebs,* Sonderverbindung und außerdeliktische Schuldpflichten, 2000, 418 ff.; NK-BGB/*Becker* BGB § 311 Rn. 109 ff.; BeckOK BGB/*Sutschet* BGB § 311 Rn. 118 ff.; MüKoBGB/*Emmerich* BGB § 311 Rn. 187 ff.; Erman/*Kindl* BGB § 311 Rn. 16.

[226] BeckOK BGB/*Sutschet* BGB § 311 Rn. 119; MüKoBGB/*Emmerich* BGB § 311 Rn. 192; Erman/*Kindl* BGB § 311 Rn. 16; näher NK-BGB/*Becker* BGB § 311 Rn. 117.

[227] Vgl. BGH NJW-RR 1988, 615 (616); 1989, 110 (111 f.); 1991, 1241 (1242); 1992, 650; vgl. auch *Medicus* GmbHR 1993, 533 (537); MüKoBGB/*Emmerich* BGB § 311 Rn. 192.

[228] Vgl. BGH DB 1990, 2313 (2314); großzügiger noch BGHZ 87, 27 (33) = NJW 1983, 1607.

grundsätzlich nur ein Werben mit der Qualität der Mitarbeiter des Vertretenen zu sehen. Ein besonderes Vertrauen iSd § 311 Abs. 3 S. 2 BGB wird nur dann begründet, wenn der Vertreter gerade seine Unparteilichkeit im Verhältnis des Vertretenen zum Dritten betont.

Ein eng verwandter Fall, der wohl unter die Auffangregelung des § 311 Abs. 3. S. 1 BGB gehört,[229] ist die **c.i.c.-Eigenhaftung aufgrund besonderer beruflicher Stellung,**[230] die nicht mit den Überlegungen zu einer ganz allgemeinen Berufshaftung zu verwechseln ist. Für Vertreter iSd §§ 48 ff. kommt eine solche Haftung jedoch nicht in Betracht. Es fehlt an der Unabhängigkeit und zumindest partiellen Neutralität, die für eine solche Haftung Voraussetzung ist. **109**

Ein allein nicht ausreichendes persönliches Vertrauen kann nicht durch eine Kombination mit einem für sich genommen ebenfalls nicht ausreichenden wirtschaftlichen Eigeninteresse (→ Rn. 112 ff.) eine Sorgfaltspflicht begründen.[231] Ein solches wirtschaftliches Eigeninteresse ist auch kein Indiz für ein besonderes persönliches Vertrauen.[232] Es ist eher Anlass für ein Misstrauen in die Sorgfalt des Vertreters. **110**

Für die Eigenhaftung des Vertreters ist weiterhin erforderlich, dass dieses **besondere Vertrauen** die **Vertragsverhandlungen oder** den **Vertragsschluss erheblich beeinflusst** hat. Maßgeblich ist ein Vertrauen in die inhaltliche Richtigkeit der Erklärungen des Vertreters. Auf die Haftung ist § 254 anwendbar. Nicht erforderlich ist die Voraussetzung der Gutgläubigkeit, soweit es um die Entstehung der pflichtenerzeugenden Sonderverbindung geht, da für diese nicht der Rechtsschein einer Garantieerklärung oder ein anderer echter Unterfall des Vertrauensschutzprinzips verlangt wird und ein allgemeiner Grundsatz, dass Sonderverbindungen nur bei individuellem Vertrauen entstehen, nicht existiert. Insbesondere dann, wenn man konsequent den Vertretenen für einen Vertreter, der seine Vertreterposition verlässt, nicht haften lassen würde, dürfte es auf die Gutgläubigkeit hinsichtlich der Person des Haftenden nicht ankommen. **111**

4. C.i.c.-Eigenhaftung wegen eines besonderen persönlichen Eigeninteresses. Obwohl diese Rechtsfigur bereits vom RG[233] geschaffen und auch umfangreich praktiziert wurde, hat der 2. Senat des BGH[234] zum Teil nicht einmal die Existenz des Instituts anerkannt.[235] § 311 Abs. 3 S. 2 BGB entbindet nicht von der Notwendigkeit, die Existenz einer solchen Sonderverbindung mit entsprechenden Pflichten zu legitimieren. **112**

Weitgehend akzeptierter Ausgangspunkt waren Fälle, in denen nicht der Vertretene, sondern an seiner Stelle nur der Vertreter das wirtschaftliche Interesse am Vertragsschluss hatte **(faktischer Rollentausch).**[236] Man spricht insoweit auch von einem **Vertreter in eigener Sache (procurator in rem suam).** Diese Fälle lassen sich isoliert unter Durchgriffsgesichtspunkten rechtfertigen. Für die später erfolgte Ausdehnung der Verantwortlichkeit wegen wirtschaftlichen Eigeninteresses gibt es jedoch keine Rechtfertigung. **113**

Zeitweise ließ die überwiegende Rspr. ein schwer zu konkretisierendes unmittelbares Interesse des Vertreters ausreichen. Selbst damals wurde allerdings das **Provisionsinteresse** **114**

---

229 NK-BGB/*Becker* BGB § 311 Rn. 109; vgl. auch MüKoBGB/*Emmerich* BGB § 311 Rn. 187; aA BeckOK BGB/*Sutschet* BGB § 311 Rn. 125.

230 *Krebs,* Sonderverbindung und außerdeliktische Schutzpflichten, 2000, 415 ff.; NK-BGB/*Becker* BGB § 311 Rn. 126; BeckOK BGB/*Sutschet* BGB § 311 Rn. 125; MüKoBGB/*Emmerich* BGB § 311 Rn. 187 ff.

231 BGH DB 1992, 1131 (1132).

232 So aber *Medicus* FS Steindorff, 1990, 725 (737).

233 RGZ 120, 249 (252); vgl. auch RGZ 132, 76 (81); 143, 219 (222); 159, 33 (35).

234 Vgl. die Rspr. des II. ZS, BGH NJW 1981, 2810; WM 1985, 384 (385); NJW 1986, 3193; NJW-RR 1992, 1061; ZIP 1993, 763 (765); NJW 1994, 2220.

235 Aus der Lehre krit. zB Hachenburg/*Ulmer* GmbHG § 64 Rn. 72; *Medicus* FS Steindorff, 1990, 725, 732; *Grunewald* ZGR 1986, 580 (584 ff.); *Steininger,* Die Haftung des Geschäftsführers und/oder des Gesellschafter-Geschäftsführers aus culpa in contrahendo bei wirtschaftlichere Bedrängnis der Gesellschaft mbH, 1986, 76 f.; *Canaris* VersR 1965, 114 (118); anders inzwischen *Canaris* FS Giger, 1989, 91 ff., *Canaris* JZ 1993, 649 (650); für Haftung auch *Flume* ZIP 1994, 337 (338).

236 Vgl. RGZ 120, 249 (252 f.); 159, 33 (35).

eines Vertreters[237] und das **Interesse eines Prokuristen** am Gedeihen seiner Firma[238] nicht als ausreichend angesehen.

115 1985[239] wurde die Rspr. im Wesentlichen auf drei, auch für Vertreter iSd §§ 48 ff. relevante Fallgruppen begrenzt: a) Unbeschränkte Bürgschaft oder andere Form der persönlichen Haftung des Vertreters für die Verbindlichkeiten des Vertretenen;[240] b) eine Vertretertätigkeit, die unmittelbar auf die Beseitigung eines sonst vom Vertreter dem Vertretenen zu leistenden Schadensersatzes zielt;[241] c) bei Vertragsschluss bestehende Absicht des Vertreters, die Leistung des Vertragspartners rechtswidrig sich selbst zuzuführen.

116 Die erstgenannte Fallgruppe wurde 1994 vom II. Senat des BGH[242] nach Anfrage bei den anderen Senaten[243] aufgegeben. Es ist zu wünschen, dass die Rspr. konsequent zu den Voraussetzungen des RG zurückkehrt.[244] In allen anderen genannten Fällen besteht zwar möglicherweise aufgrund der Interessenlage eine höhere Wahrscheinlichkeit für eine Sorgfaltswidrigkeit des Vertreters. Doch dies ist für eine Begründung einer unmittelbaren außerdeliktischen Haftung des Vertreters nicht ausreichend.[245] Zudem lassen sich die wirklich problematischen Fälle mit § 826 BGB und der c. i. c. bei besonderem persönlichen Vertrauen (§ 280 Abs. 1 BGB, § 311 Abs. 3 S. 2 BGB, § 241 Abs. 2 BGB) bewältigen.

VII. Internationales Privatrecht

Schrifttum: *Becker,* Zum neuen Internationalen Privatrecht der gewillkürten Stellvertretung (Art. 8 und 229 § 41 EGBGB), DNotZ 2017, 835; *Bücken,* Rechtswahlklauseln in Vollmachten, RNotZ 2018, 213; *Dorsel,* Stellvertretung und Internationales Privatrecht, MittRhNotK 1997, 6; *Ebenroth,* Kollisionsrechtliche Anknüpfung kaufmännischer Vollmachten, JZ 1983, 821; *Kindler/Brüggemann,* Die kollisionsrechtliche Anknüpfung kaufmännischer Vollmachten nach Art. 8 EGBGB, RIW 2018, 473; *Leible,* Vertretung ohne Vertretungsmacht, Genehmigung und Anscheinsvollmacht im IPR, IPRax 1998, 257; *Lüderitz,* Prinzipien im internationalen Vertretungsrecht, FS Coing, Bd. II, 1982, 305; *Rademacher,* Kodifikation des internationalen Stellvertretungsrechts – Zum Referentenentwurf des Bundesjustizministeriums, IPRax 2017, 56; *Ruthig,* Vollmacht und Rechtsschein im IPR, 1998; *Seibold/Groner,* Die Vollmacht im internationalen M&A- und Finanzierungsaktionen, NZG 2009, 126; *Spickhoff,* Kodifikation des Internationalen Privatrechts der Stellvertretung, RabelsZ 80 (2016), 481; *Thöne,* Die Vollmacht im Internationalen Privatrecht, IHR 2017, 141.

117 Mit dem Gesetz zur Änderung von Vorschriften im Bereich des Internationalen Privat- und Zivilverfahrensrechts vom 11.6.2017 (BGBl. 2017 I 1607) wurde durch Neueinführung des Art. 8 EGBGB eine Regelung über die Anknüpfung der gewillkürten Stellvertretung eingeführt. Der verabschiedete Inhalt des Art. 8 EGBGB basiert auf dem Vorschlag des Deutschen Rats für Internationales Privatrecht[246] aus dem Jahr 2015.[247] Dem Vorschlag ging ein Gutachten von *Spickhoff*[248] voraus.[249] Damit hat der Gesetzgeber nach langer Zeit diese Lücke im deutschen internationalen Privatrecht geschlossen. Dies war auch deshalb

[237] BGHZ 56, 81 (84) = NJW 1971, 1309; vgl. auch BGH NJW 1990, 390.

[238] BGH NJW 1963, 2166 (2167); vgl. auch BGHZ 88, 67 = NJW 1983, 2696.

[239] BGH NJW 1986, 586 (587).

[240] Vgl. auch BGH NJW 1984, 2284; WM 1987, 1431 (1432); ZIP 1988, 505 (507); OLG München WM 1992, 1607 alle betr. Gesellschafter-Geschäftsführer; abl. BGH NJW-RR 1989, 110 betr. normalen Vertreter.

[241] Vgl. auch OLG Zweibrücken WM 1992, 1604 (1607): Leistung des Dritten dient unmittelbar der Begleichung einer Schuld des Vertretenen gegenüber dem Vertreter.

[242] BGH NJW 1994, 2220 unter gleichzeitiger Ausdehnung des deliktischen Schutzes aus § 823 Abs. 2 BGB iVm § 64 Abs. 1 GmbHG.

[243] Vgl. BGH ZIP 1993, 763 (765).

[244] Vgl. aber OLG München NJW 1994, 2900 (2901): wirtschaftliches Eigeninteresse bei Sicherungsabtretung der Forderung gegen den Dritten an den Vertreter; aufgehoben durch BGH GmbHR 1995, 446.

[245] Ähnlich Baumbach/Hopt/*Hopt* Rn. 11.

[246] Abgedruckt bei *v. Hein* IPRax 2015, 578 (578 ff.) (Entwurf: 580 f.).

[247] MüKoBGB/*Spellenberg* EGBGB Art. 8 Rn. 8; *Rademacher* IPRax 2017, 56 (56); Staudinger/*Magnus,* 2019, EGBGB Art. 8 Rn. 4; Palandt/*Thorn* EGBGB Art. 8 Rn. 1; jurisPK-BGB/*Wiedemann* EGBGB Art. 8 Rn. 1.

[248] S. *Spickhoff* RabelsZ 80 (2016), 481 (481 ff.).

[249] *Rademacher* IPRax 2017, 56 (56); jurisPK-BGB/*Wiedemann* EGBGB Art. 8 Rn. 1; Staudinger/*Magnus,* 2019, EGBGB Art. 8 Rn. 4; MüKoBGB/*Spellenberg* EGBGB Art. 8 Rn. 8 Fn. 24.

geboten, weil keine staatsvertragliche Regelungen mit Geltung für Deutschland existieren.[250] Die Rom I-VO ist gem. Art. 1 Abs. 2 lit. g Rom I-VO nicht auf die Vertretung anwendbar. Die Rechtsanwendung hatte bislang versucht, die Lücke im Wege der Rechtsfortbildung zu schließen.[251] Dabei wurde die Vielzahl an unterschiedlichen Lösungsmöglichkeiten bemängelt.[252] Art. 8 EGBGB versucht nun, unter Zugrundelegung der bislang herausgearbeiteten Ansätze, eine anwenderfreundliche und rechtssicherere Lösung zu schaffen.[253]

1. Bisherige Rechtslage (vor dem 11.6.2017). Die Behandlung des Vollmachtsstatuts unter der alten Rechtslage kann trotz Einführung des Art. 8 EGBGB weiterhin noch viele Jahre von Bedeutung sein. Nach Art. 229 § 41 EGBGB findet die alte Rechtslage für die Fälle Anwendung, in denen vor dem 17.6.2017 eine Vollmacht erteilt wurde oder eine Erklärung im Namen eines anderen gegenüber einem Dritten abgegeben oder entgegengenommen wurde. 118

a) Meinungsstand zum alten Recht. Die Rspr. bestimmt seit langem das für die Vollmacht geltende Recht selbstständig, dh unabhängig vom Geschäftsstatut des vom Vertreter vorzunehmenden Geschäfts und des zugrundeliegenden Rechtsverhältnisses. Als maßgeblich wird das **Recht des Wirkungslandes (Wirkungsstatut)** angesehen. Das ist nach verbreiteter Formulierung das Land, in dem die Wirkungen der Vollmacht *eintreten sollen,*[254] dh in dem nach dem Willen des Geschäftsherrn der Vertreter tätig werden soll. An anderer Stelle wird leicht abweichend formuliert, berufen sei das Recht des Landes, im dem die Wirkungen der Vollmacht *einträten,* dh regelmäßig am tatsächlichen **Gebrauchsort.**[255] Abweichend vom Wirkungsstatut werden unter anderem noch die Maßgeblichkeit des **Sitzes (Aufenthaltsortes) des Vollmachtgebers** bzw. dessen Niederlassung (Gebrauchsort bei Unkenntnis des Dritten vom Sitz)[256] bzw. nach dem Ort des Satzungssitzes[257] die kumulative Anknüpfung an den Aufenthaltsort des Vollmachtgebers und das Wirkungsstatut,[258] die Anwendung des **Geschäftsstatuts,**[259] die Anwendung des **Rechts, unter dem der Vertreter auftritt,**[260] sowie entsprechend Art. 28 Abs. 1 EGBGB aF, Abs. 2 EGBGB aF des Rechts, zu dem das Handeln des Vertreters als charakteristische Ausführung der Vollmacht die **engsten Verbindungen** aufweist,[261] vorgeschlagen. 119

b) Stellungnahme. Die Vielfalt der alternativen Ansatzpunkte deutet darauf hin, dass sachlogisch keiner der Alternativansatzpunkte eindeutig den Vorzug vor der Ansicht der Rspr. verdient. In einem solchen Fall ist grundsätzlich der langjährigen, praktisch bewährten Ansicht 120

---

[250] Das Haager Übereinkommen über das auf Vertreterverträge und die Stellvertretung anzuwendende Recht vom 14.3.1978 (Text in RabelsZ 43 [1979], 176 ff.) und das Genfer Übereinkommen über die Vertretung beim internationalen Warenkaufvertrag, 1983, wurden von Deutschland nicht ratifiziert.

[251] Zu den Entwurfsfassungen *Rademacher* IPRax 2017, 56 (56).

[252] BeckOK BGB/*Mäsch* EGBGB Art. 8 Rn. 1; vgl. auch MüKoBGB/*Spellenberg* EGBGB Art. 8 Rn. 10; Staudinger/*Magnus,* 2019, EGBGB Art. 8 Rn. 1; vgl. *Spickhoff* RabelsZ 80 (2016), 481 (485); *Bücken* RNotZ 2018, 213 (214).

[253] BT-Drs. 18/10714, 24 zu Art. 5 Nr. 1; *Thöne* IHR 2017, 141 (142); *Bücken* RNotZ 2018, 213 (216); jurisPK-BGB/*Wiedemann* EGBGB Art. 8 Rn. 1.

[254] BGHZ 158, 1 (6) = NJW 2004, 1315; BGHZ 64, 183 (191 f.) = NJW 1975, 1120; BGH NJW 1982, 2733 f.; 1993, 2744 (2745); BGHZ 128, 41 (47); EBJS/*Weber* Rn. 9.

[255] Vgl. RGZ 134, 67 (69) zum Verkehrsort bei Geschäft eines Agenten; BGHZ 43, 21 (27) = NJW 1965, 487; BGH NJW 1990, 3088. Beide Formulierungen finden sich bei BGH NJW 1954, 1561. S. auch *Hausmann* in Reithmann/Martiny IntVertragsR Rn. 5443; *Schwarz* RabelsZ 271 (2007), 729 (757).

[256] *Müller* RIW 1979, 377 (382); *Ebenroth* JZ 1983, 821 (824 f.); *Dorsel* MittRhNotK 1997, 6 (9); zumindest für kaufmännische Bevollmächtigte auch Staub/*Joost* Rn. 54; für Prokuristen und Generalbevollmächtigte auch Baumbach/Hopt/*Hopt* Rn. 13.

[257] *Seibold/Groner* NZG 2009, 126 (128 f.).

[258] *Luther* RabelsZ 38 (1974), 421 (436 ff.).

[259] MüKoBGB/*Spellenberg* EGBGB Vor Art. 11 Rn. 24 ff.

[260] *Lüderitz* FS Coing, Bd. II, 1982, 305 (318 ff.).

[261] *Ruthig,* Vollmacht und Rechtsschein im IPR, 1998, 290 f., der allerdings selbst davon ausgeht, dass sein Ansatz iErg nicht zu großen Abweichungen vom Wirkungsstatut der hM führt.

zu folgen,[262] für die überdies das Verkehrsschutzinteresse des Geschäftsgegners und des eventuell betroffenen Publikums spricht. Stimmen der vom Vollmachtgeber **beabsichtigte Wirkungsort** und der tatsächliche Gebrauchsort nicht überein, ist Letzterer maßgeblich, sofern der Geschäftsgegner nicht den beabsichtigten Wirkungsort kannte oder kennen musste (vgl. Art. 12 EGBGB).[263] Die Anknüpfung an den Wirkungs- bzw. Gebrauchsort gilt auch für kaufmännische Vertreter (wie zB Prokuristen, Handelsvertreter, Agenten etc) und andere Dauerbevollmächtigte.[264] Der Ort ihrer festen Niederlassung bzw. ihr gewöhnlicher Tätigkeitsort kann als beabsichtigter Wirkungsort relevant werden.[265] Dies hat auch Auswirkungen auf die Prokurafähigkeit von Niederlassungen. Bei Distanzgeschäften ist in der Regel der Ort, an dem der Vertreter seine Erklärungen abgibt und empfängt, auch tatsächlicher Gebrauchsort.[266] Bei Rechtsscheinsvollmachten ist entsprechend das Recht des Ortes anzuwenden, an welchem der Rechtsschein entstanden ist und sich ausgewirkt hat.[267] Soweit die Orte differieren, erscheint der Ort der Entstehung des Rechtsscheins maßgeblich.[268]

121 **c) Rechtswahl/Anwendungsbereich des Vollmachtsstatuts.** Eine Rechtswahlvereinbarung zwischen dem Vertretenen und dem Geschäftspartner hinsichtlich des auf die Vollmacht anzuwendenden Rechts ist zulässig, aber nicht üblich.[269] Eine einseitige Wahl des Vollmachtsstatuts durch den Vollmachtgeber ist nur eingeschränkt möglich[270] und setzt voraus, dass die Wahl aus der Vollmachtsurkunde hervorgeht oder dem Geschäftspartner eindeutig mitgeteilt wird.[271] Das Vollmachtsstatut bestimmt ganz allgemein das anwendbare Recht für Fragen der Vollmacht (Erteilung, Wirksamkeit, Auslegung, Art, Umfang, Erlöschen).[272] Über Zulässigkeit und Folgen der Stellvertretung für das Vertretergeschäft entscheidet dagegen das Geschäftsstatut.[273] Für die Form der Vollmachtserteilung gilt Art. 11 EGBGB; in dessen Rahmen ist das Vollmachtsstatut Geschäftsrecht. Bei Vertretung ohne Vertretungsmacht ist sowohl für die Haftung des Vertreters als auch für die Genehmigungsmöglichkeit des Geschäftsherrn streitig, ob das Geschäfts- oder das Vollmachtsstatut maßgeblich ist.[274]

122 **d) Rechtslage in Österreich.** Das österreichische **IPR-Gesetz** trifft in § 49 IPR-Gesetz eine ausdrückliche Regelung, die im Ergebnis mit der hM in Deutschland weitgehend übereinstimmen dürfte.[275] In Form einer Anknüpfungsleiter ist zunächst das vom Vollmachtgeber – in für den Dritten erkennbarer Weise – bestimmte Recht (Rechtswahl) anzuwenden (§ 49 Abs. 1 IPR-Gesetz). An zweiter Stelle ist das Recht des Staates maßge-

---

262 Zur dogmatischen Rechtfertigung des Festhaltens iSd Begründungslast näher *Krebs* AcP 195 (1995), 171 ff.

263 *Kropholler* IPR § 41 I 2; Staudinger/*Magnus*, 2003, EGBGB Einl. Art. 27–37 Rn. A 12. Nach Erman/*Hohloch* EGBGB Art. 8 Rn. 6 reicht es, wenn der Geschäftspartner den vom Vertretenen geplanten Gebrauchsort hätte erkennen *können*; ebenso § 49 Abs. 2 österreichisches IPR-Gesetz.

264 RGZ 134, 67 (69): „Recht des Ortes …, an dem der Verkehr des Agenten mit dem Dritten stattgefunden hat"; aA Erman/*Hohloch* EGBGB Art. 8 Rn. 9: hier Recht des Unternehmenssitzes.

265 Grds. an die feste Niederlassung des kaufmännischen Bevollmächtigten anknüpfen wollen BGH JZ 1963, 167 (168); LG Bielefeld IPRax 1990, 315; *Kropholler* IPR § 41 I 2 b; Staudinger/*Magnus*, 2003, EGBGB Einl. Art. 27–37 Rn. A 24 ff.; *v. Hoffmann/Thorn* IPR § 7 Rn. 50 f.; Baumbach/Hopt/*Hopt* Rn. 13.

266 Staudinger/*Magnus*, 2003, EGBGB Einl. Art. 27–37 Rn. A 20.

267 BGHZ 43, 21 (27) = NJW 1965, 487; BeckOK BGB/*Schäfer* BGB § 167 Rn. 61.

268 So wohl auch BeckOK BGB/*Schäfer* BGB § 167 Rn. 61.

269 Vgl. *Lüderitz* FS Coing, Bd. II, 1982, 305 (319); Staub/*Joost* Rn. 53; *Schwarz* RabelsZ 71 (2007), 729 (774 ff.); *v. Bar*, Internationales Privatrecht II, § 1 Rn. 60 ff. und § 3 Rn. 169 ff.; *Seibold/Groner* NZG 2009, 126 (129 f.) empfehlen die Aufnahme einer Rechtswahlklausel.

270 Für umfassende Zulässigkeit hingegen *Seibold/Groner* NZG 2009, 126 (129).

271 *Kropholler* IPR § 41 I 2 e; Staudinger/*Magnus*, 2003, EGBGB Einl. Art. 27–37 Rn. A 12.

272 Vgl. BGHZ 64, 183 (192) = NJW 1975, 1220; BGH NJW 1982, 2733; RG JW 1928, 2013; BGH JZ 1963, 157 f.; BGHZ 43, 21 (27) = NJW 1965, 487; BGH NJW-RR 1990, 250; Staudinger/*Magnus*, 2003, EGBGB Einl. Art. 27–37 Rn. A 38 ff.

273 Staudinger/*Magnus*, 2003, EGBGB Einl. Art. 27–37 Rn. A 43; *Leible* IPRax 1998, 257 (258).

274 Näheres bei Staudinger/*Magnus*, 2003, EGBGB Einl. Art. 27–37 Rn. A 54 mwN; Erman/*Hohloch* EGBGB Art. 8 Rn. 9. Die Haftung des falsus procurator wird wohl überwiegend dem Vollmachtsstatut unterstellt, die Genehmigungsmöglichkeit des Vertretenen dagegen dem Geschäftsstatut.

275 Vgl. *Siehr* IPR § 33 I 3, wo auch der Wortlaut der Norm abgedruckt ist.

bend, in dem der Vertreter nach dem, dem Dritten, erkennbaren Willen des Geschäftsherrn tätig werden soll (Recht des Bestimmungsstaates); ist der Vertreter für mehrere Geschäfte bestellt, das Recht des Staates, in dem er erkennbar regelmäßig tätig werden soll (§ 49 Abs. 2 IPR-Gesetz). Fehlt eine erkennbare Bestimmung eines anzuwendenden Rechts oder eines (regelmäßigen) Tätigkeitslandes, ist schließlich das Recht am tatsächlichen Tätigkeitsort (Recht des Gebrauchsortes) anwendbar (§ 49 Abs. 3 IPR-Gesetz). Letzteres gilt auch für eine Anscheinsvollmacht.[276]

2. Vollmachtsstatut nach Art. 8 EGBGB. a) Allgemeines. Art. 8 EGBGB regelt die Ermittlung des **anwendbaren Rechts** auf die gewillkürte Stellvertretung. Nach der Gesetzesbegründung ist an die Definition der Vollmacht des § 166 Abs. 2 S. 1 BGB anzuknüpfen.[277] In der Gesetzesbegründung wird nicht angesprochen, ob sich Art. 8 EGBGB auf alle Voraussetzungen der Stellvertretung bezieht oder lediglich auf die Vertretungsmacht, die rechtsgeschäftlich erteilt wurde. Hierzu findet sich nur „die Voraussetzungen und Wirkungen der Stellvertretung aufgrund einer Vollmacht".[278] Die Überschrift und der Wortlaut des Abs. 1 lässt diese Frage auch offen, wenn sie allgemein von gewillkürter Stellvertretung spricht.[279] Nach überwiegender Ansicht betrifft Art. 8 EGBGB hingegen nur die Frage der **Vertretungsmacht,** während die übrigen Voraussetzungen der Stellvertretung nach dem Geschäftsstatut zu beurteilen sind.[280] **123**

Art. 8 EGBGB findet ebenfalls auf Formen der gewillkürten Stellvertretung Anwendung, deren Umfang gesetzlich geregelt ist.[281] Damit sind auch die besonders relevanten Formen der gewillkürten Stellvertretung des HGB, wie die **Prokura** und die **Handlungsvollmacht** von Art. 8 EGBGB umfasst.[282] **124**

Von seiner Grundstruktur geht Art. 8 EGBGB von einem **gestaffelten Anknüpfungsaufbau** aus. Vorrangige Stellung hat eine **Rechtswahl** nach Art. 8 Abs. 1 EGBGB. Wenn keine Rechtswahl getroffen wurde, ist das anzuwendende Recht nach den Art. 8 Abs. 2–4 EGBGB zu ermitteln. Diese stehen in einem Alternativverhältnis zueinander und knüpfen an die Person des Bevollmächtigten und die Art seiner Vollmachtsausübung an.[283] Wenn auch hierüber das anwendbare Recht nicht ermittelt werden kann, so sieht Art. 8 Abs. 5 EGBGB Auffangregelungen für die Rechtsanknüpfung vor. In den Art. 8 Abs. 6 und 7 EGBGB wird der Anwendungsbereich des Art. 8 EGBGB für bestimmte Fälle der gewillkürten Stellvertretung ausgeschlossen. Abschließend verweist Art. 8 Abs. 8 EGBGB für den Begriff des gewöhnlichen Aufenthalts auf die Rom I-VO. **125**

Die Rechtsbestimmungen nach Art. 8 EGBGB sind **Sachnormverweisung.**[284] Ein renvoi durch das IPR des verwiesenen Rechts ist damit nicht möglich. **126**

---

276 OGH RdW 2002, 278.

277 BT-Drs. 18/10714, 24 zu Art. 5 Nr. 1.

278 BT-Drs. 18/10714, 24 zu Art. 5 Nr. 1.

279 Krit. zum Wortlaut MüKoBGB/*Spellenberg* EGBGB Art. 8 Rn. 39; BeckOK BGB/*Mäsch* EGBGB Art. 8 Rn. 19; hierauf bereits in den Entwurfsfassungen hinweisend *Rademacher* IPRax 2017, 56 (56 f.).

280 BeckOK BGB/*Mäsch* EGBGB Art. 8 Rn. 19; *Kindler/Brüggemann* RIW 2018, 473 (474); jurisPK-BGB/*Wiedemann* EGBGB Art. 8 Rn. 12; MüKoBGB/*Spellenberg* EGBGB Art. 8 Rn. 39; vermutlich andere Ansicht aufgrund des Wortlauts der Entwürfe *Rademacher* IPRax 2017, 56 (56 f., 62), der aber bei einer Ausdehnung des Anwendungsbereichs eine Klarstellung des Gesetzesentwurfs wünschte; zur Beschränkung auf die Vertretungsmacht, in Teilen aA, aber differenzierter Staudinger/*Magnus,* 2019, EGBGB Art. 8 Rn. 136 ff.

281 BeckOK BGB/*Mäsch* EGBGB Art. 8 Rn. 22; Staudinger/*Magnus,* 2019, EGBGB Art. 8 Rn. 38; vgl. auch MüKoBGB/*Spellenberg* EGBGB Art. 8 Rn. 50.

282 BeckOK BGB/*Mäsch* EGBGB Art. 8 Rn. 22; *Kindler/Brüggemann* RIW 2018, 473 (474); jurisPK-BGB/*Wiedemann* EGBGB Art. 8 Rn. 10; Staudinger/*Magnus,* 2019, EGBGB Art. 8 Rn. 38; MüKoBGB/*Spellenberg* EGBGB Art. 8 Rn. 50.

283 Vgl. zum Alternativverhältnis MüKoBGB/*Spellenberg* EGBGB Art. 8 Rn. 29, wobei er nur Abs. 2 und 3 alternativ zueinander sieht und Abs. 4 als Ersatzanknüpfung.

284 BT-Drs. 18/10714, 24 zu Art. 5 Nr. 1; BeckOK BGB/*Mäsch* EGBGB Art. 8 Rn. 7; MüKoBGB/*Spellenberg* EGBGB Art. 8 Rn. 190; Staudinger/*Magnus,* 2019, EGBGB Art. 8 Rn. 21; *Becker* DNotZ 2017, 835 (842); *Thöne* IHR 2017, 141 (142); *Bücken* RNotZ 2018, 213 (217).

127 **b) Rechtswahl nach Art. 8 Abs. 1 EGBGB.** Art. 8 Abs. 1 EGBGB unterscheidet **zwei Arten** der Rechtswahl. Der Vollmachtgeber kann vor der Ausübung der Vollmacht das anzuwendende Recht eigenständig wählen (Art. 8 Abs. 1 S. 1 EGBGB). Diese Wahl ist nur wirksam, wenn die Rechtswahl sowohl dem Dritten als auch dem Bevollmächtigten **bekannt** ist (Art. 8 Abs. 1 S. 1 aE EGBGB). Grund für dieses Erfordernis sind die Auswirkungen, die die einseitige Wahl auf die Rechtspositionen des Dritten und des Bevollmächtigten haben.[285] Fahrlässige Unkenntnis reicht nicht aus.[286] Der einseitigen Rechtswahl des Vollmachtgebers steht die Rechtswahl **aller Vertragsbeteiligten** gegenüber (Art. 8 Abs. 1 S. 2 EGBGB). Bei dieser vereinbaren Vollmachtgeber, Bevollmächtigter und Dritter gemeinsam das auf die Vollmacht anzuwendende Recht im Rahmen eines dreiseitigen Vertrages.[287] Diese Rechtswahl ist jederzeit und damit auch nach Ausübung durch den Bevollmächtigten möglich.[288] Sie geht nach Art. 8 Abs. 1 S. 3 EGBGB der einseitigen Rechtswahl des Vollmachtgebers vor. Dies ergibt sich bereits aus dem Grundsatz der Privatautonomie.[289] Schließlich wird die einseitige Rechtswahl des Vollmachtgebers nur dadurch legitimiert, dass Bevollmächtigter und Dritter in Kenntnis der Rechtswahl den Vertrag schließen. Dagegen ist eine Vereinbarung über das anzuwendende Recht durch allseitigen Konsens höherrangig.

128 Für die Rechtswahl nach Art. 8 Abs. 1 EGBGB verlangt das Gesetz nicht die Einhaltung einer bestimmten Formvorschrift.[290] Grundsätzlich ist damit auch eine **konkludente Rechtswahl** möglich.[291] Um eine nachträgliche und nachteilige, weil unbeabsichtigte konkludente Rechtswahl auszuschließen, wurde im Vorfeld überlegt, die dreiseitige Rechtswahl nur bei ausdrücklicher Zustimmung aller zu erlauben.[292] Dem ist der Gesetzgeber nicht gefolgt.

129 Für eine einseitige Rechtswahl durch den Vollmachtgeber nach Art. 8 Abs. 1 S. 1 EGBGB wäre es denkbar, wenn dem Bevollmächtigten vom Vollmachtgeber eine Prokura erteilt wurde, diese eingetragen wurde und der Bevollmächtigte so gegenüber dem Dritten auftritt.[293] Dabei ist jedoch die Anforderung zu beachten, dass **Bevollmächtigter und Dritter Kenntnis** von der Rechtswahl haben. Der Bevollmächtigte wird in der Regel Kenntnis davon haben, nach welchem Recht ihm die Prokura erteilt wurde. Für den Dritten muss dies nicht der Fall sein. Besonders durch die begriffliche Überschneidung mit dem österreichischen Recht können hier Verwechslungen mit dem Begriff der Prokura eintreten, die eine Kenntnis der konkreten Rechtswahl ausschließen. Handelt es sich dann noch um ein grenzüberschreitend tätiges Unternehmen, welches sowohl aus Deutschland als auch Österreich agieren kann, kann auch nicht auf den Unternehmensstandort als zusätzlichen

---

[285] Hierzu bereits *Spickhoff* RabelsZ 80 (2016), 481 (502); vgl. auch als Schutz der Beteiligten *Thöne* IHR 2017, 141 (143); HK-BGB/*Staudinger* EGBGB Art. 8 Rn. 4.

[286] Vgl. *Kindler/Brüggemann* RIW 2018, 473 (474); Palandt/*Thorn* EGBGB Art. 8 Rn. 2.

[287] BeckOK BGB/*Mäsch* EGBGB Art. 8 Rn. 35; Staudinger/*Magnus*, 2019, EGBGB Art. 8 Rn. 71; Erman/*Hohloch* EGBGB Art. 8 Rn. 17.

[288] MüKoBGB/*Spellenberg* EGBGB Art. 8 Rn. 87: sogar nach dem Vertragsschluss; Staudinger/*Magnus*, 2019, EGBGB Art. 8 Rn. 71; HK-BGB/*Staudinger* EGBGB Art. 8 Rn. 5; jurisPK-BGB/*Wiedemann* EGBGB Art. 8 Rn. 24; Erman/*Hohloch* EGBGB Art. 8 Rn. 17; s. hierzu bereits im Vorfeld *Spickhoff* RabelsZ 80 (2016), 481 (506 f.).

[289] BT-Drs. 18/10714, 25 zu Art. 5 Nr. 1 Abs. 1; *Becker* DNotZ 2017, 835 (845).

[290] BT-Drs. 18/10714, 25 zu Art. 5 Nr. 1 Abs. 1; *Schiller* GWR 2019, 24 (25); Palandt/*Thorn* EGBGB Art. 8 Rn. 2; begrüßend *Kindler/Brüggemann* RIW 2018, 473 (474); differenzierter Erman/*Hohloch* EGBGB Art. 8 Rn. 17, wonach als Vertrag eine Formvorschrift nach dem Sachrecht zu ermitteln ist, welche nach der Rom I-VO auf diesen Vertrag Anwendung findet; zu ermitteln nach dem Formstatut Art. 11 EGBGB: Staudinger/*Magnus*, 2019, EGBGB Art. 8 Rn. 73.

[291] *Kindler/Brüggemann* RIW 2018, 473 (478); Staudinger/*Magnus*, 2019, EGBGB Art. 8 Rn. 72; krit. zumindest bei der einseitigen Rechtswahl aufgrund der Kenntnis-Voraussetzung *Bücken* RNotZ 2018, 213 (237), aber auch generell aufgrund der Beweislast.

[292] *Spickhoff* RabelsZ 80 (2016), 481 (506).

[293] BeckOK BGB/*Mäsch* EGBGB Art. 8 Rn. 37; *Kindler/Brüggemann* RIW 2018, 473 (478); Staudinger/*Magnus*, 2019, EGBGB Art. 8 Rn. 72; *Bücken* RNotZ 2018, 213 (222): plädiert jedoch als sichereren Weg eine ausdrückliche Rechtswahl.

Anhaltspunkt zurückgegriffen werden. Fraglich bleibt, ob – im Falle der Prokura – eine **Eintragung ins Handelsregister** zu einer Kenntnisfiktion beim Dritten führen muss.[294] Dem ist zu widersprechen. Die Anwendung des deutschen Rechts über die Stellvertretung damit zu rechtfertigen, dass nach dem deutschen Sachrecht (welches bis dato noch keine Anwendung findet) die Eintragungen über die Prokura im Handelsregister gegenüber dem Dritten Geltung erlangt (§ 15 Abs. 2 S. 1) führt zu einem Zirkelschluss. Die deutschen Wertungen über eine solche Kenntnisfiktion des Handelsregisters dürfen hierzu **nicht** herangezogen werden. Weiterhin möchte das IPR mit der Kenntnis des Dritten und des Bevollmächtigten gerade den Ausgleich zum einseitigen Bestimmungsrecht des Vollmachtgebers schaffen.[295] Und sich hier wertungsmäßig der dreiseitigen Rechtswahl annähern, die darüber hinaus das Einverständnis in die Rechtswahl durch alle drei Beteiligten erfordert.

Ausreichend für eine konkludente Rechtswahl durch den Vollmachtgeber ist eine **Vollmachtsurkunde,** die den **Ort** der Ausstellung erkennen lässt. Selbst wenn es nicht zur tatsächlichen Kenntnis bei dem Dritten führt, sind die Umstände bereits so eindeutig, dass der Dritte sich andernfalls einer logisch zwingenden Schlussfolgerung entziehen würde. Weshalb dieser Fall mit der positiven Kenntnis gleichzusetzen ist.[296] Eine andere Auslegung würde dazu führen, dass eine konkludente Rechtswahl andernfalls nicht möglich und es immer einer ausdrücklichen Rechtswahl bedarf. Der Bevollmächtigte erlangt seine Kenntnis regelmäßig bereits durch die Vollmachtserteilung. 130

Fraglich ist, ob diese Wertung auch bei **(normalen) Schriftstücken** gelten soll, in denen dann oftmals das jeweilige Handelsregister aufgeführt wird. Das Problem hieran wird wohl sein, dass die (isolierte) Angabe des Handelsregisters und damit vermeintliche Rechtswahl nicht zwingend mit dem Bevollmächtigten als Teil dessen Vertretungsmacht in Verbindung gebracht werden muss. Etwas anderes kann gelten, wenn zB eine Angabe wie das Handelsregister direkt mit der Vertretungsmacht verknüpft ist. Beispielsweise gibt ein Prokurist in seinen geschäftlichen Schreiben zusätzlich zu seiner Vollmachtsstellung als Prokurist das Handelsregister an, wo seine Prokura eingetragen wurde. In diesem Fall ist die Nähe zwischen (gewählter) Rechtsordnung und Vollmacht stärker, wodurch dies auch beim Dritten den logischen Schluss zulassen muss, dass der Vollmachtgeber die Vollmacht nach diesem Recht beurteilen lassen will. Andernfalls können die hohen Grenzen der positiven Kenntnis nicht erreicht werden. 131

c) Objektive Anknüpfung an den Gebrauchsort. Erfolgt keine Rechtswahl, so ist das auf die Vertretungsmacht anzuwendende Recht nach den objektiven Anknüpfungstatbeständen der **Art. 8 Abs. 2–4 EGBGB** zu beurteilen. Abhängig davon, in welcher Funktion die Person des Vertreters seine Vertretungsmacht ausübt, beurteilt sich der anzuwendende Absatz. So ist danach zu differenzieren, ob der Vertreter in Ausübung seiner unternehmerischen Tätigkeit handelt (Art. 8 Abs. 2 EGBGB), als Arbeitnehmer des Vollmachtgebers fungiert (Art. 8 Abs. 3 EGBGB) oder der Vertreter weder in der Funktion nach Abs. 1 EGBGB noch nach Art. 8 Abs. 2 EGBGB handelt, also Privatperson[297] ist (Art. 8 Abs. 4 EGBGB). Im Falle des Art. 8 Abs. 4 EGBGB muss es sich um eine auf Dauer angelegte Vollmacht handeln (vgl. Art. 8 Abs. 4 EGBGB). 132

Nach dem Willen des Gesetzgebers soll sich die konkrete Rechtsanknüpfung nach dem **Gebrauchsort der Vollmacht** richten.[298] Der Gesetzgeber sieht bei der Feststellung des Gebrauchsorts Auslegungsprobleme und wollte dies daher konkretisieren.[299] Während Art. 8 Abs. 4 EGBGB ausdrücklich an den (gewöhnlichen) Gebrauchsort anknüpft, setzt Art. 8 Abs. 2 und 3 EGBGB den „gewöhnlichen Gebrauchsort" der Vollmacht mit dem gewöhnli- 133

---

294 Dies ausf. untersuchend *Kindler/Brüggemann* RIW 2018, 473 (479 f.).
295 *Kindler/Brüggemann* RIW 2018, 473 (480).
296 Vgl. zur Kenntnis des Anfechtungsgrunds MüKoBGB/*Armbrüster* BGB § 123 Rn. 6.
297 BeckOK BGB/*Mäsch* EGBGB Art. 8 Rn. 40; MüKoBGB/*Spellenberg* EGBGB Art. 8 Rn. 112; *Becker* DNotZ 2017, 835 (846); jurisPK-BGB/*Wiedemann* EGBGB Art. 8 Rn. 33.
298 BT-Drs. 18/10714, 25 zu Art. 5 Nr. 1.
299 BT-Drs. 18/10714, 25 zu Art. 5 Nr. 1.

chen Aufenthalt des Bevollmächtigten (Art. 8 Abs. 2 EGBGB) oder dem **gewöhnlichen Aufenthalt** des Vollmachtgebers (Art. 8 Abs. 3 EGBGB) gleich.[300]

134 Der Begriff des „gewöhnlichen Aufenthalts" ist nach Art. 8 Abs. 8 EGBGB iSd Art. 19 Abs. 1 und 2 Alt. 1 Rom I-VO auszulegen. Danach richtet sich der gewöhnliche Aufenthalt grundsätzlich nach der **Niederlassung der Hauptverwaltung** des Unternehmens (Art. 19 Abs. 1 Rom I-VO) oder der **Niederlassung der Zweitniederlassung** (Art. 19 Abs. 2 Alt. 1 Rom I-VO). Der Ort der Zweitniederlassung gilt jedoch nur unter dem Vorbehalt, dass dieser für den Dritten erkennbar war (Art. 8 Abs. 8 S. 2 EGBGB).[301] In diesem Fall gilt der Ort der Hauptniederlassung.[302]

135 Der Verweis auf Art. 19 Rom I-VO ist nach Art. 8 Abs. 8 S. 1 EGBGB dahingehend zu modifizieren, dass der **relevante Zeitpunkt** des gewöhnlichen Aufenthalts die Ausübung der Vollmacht und nicht der Vertragsschluss ist. Fraglich ist, was genau unter dem Zeitpunkt der Ausübung der Vollmacht zu verstehen ist. Der Vertragsschluss kann es nicht sein, da dieser schließlich nicht gelten soll. Möglich wäre auf die Abgabe einer Willenserklärung des Bevollmächtigten als Vertreter abzustellen. Da die Erklärung für und gegen den Vollmachtgeber wirken soll und diese auf der Befugnis der Vollmacht beruht. Ebenfalls möglich erscheint es, den Zeitpunkt des ersten Auftretens als Vertreter zugrunde zu legen. Damit wäre nicht nur die Abgabe einer Willenserklärung umfasst, sondern bereits eine auf den Vertreterstatus hinweisende Handlung, wie zB die Vornahme von Vertragsverhandlungen. Auf die Abgabe einer Willenserklärung als Zeitpunkt für die Ausübung der Vollmacht anzuknüpfen, spricht zunähst, dass der Begriff „Ausübung" auch mit „Gebrauch" ersetzt werden kann. Intention des Gesetzgebers ist es gerade, die Anknüpfung an dem Gebrauchsort vorzunehmen.[303] Der Gebrauchsort wird vom Gesetzgeber als der Ort angesehen, an dem der Vertreter Erklärungen für den Vollmachtgeber abgibt oder empfängt.[304] Damit wäre es nur logisch, auch den Zeitpunkt daran auszurichten. Eine Anknüpfung an das Auftreten als Vertreter könnte aber insbesondere bei einer Vertretungsmacht kraft Rechtsschein von Bedeutung sein. Eine **Rechtsscheinvollmacht** soll ebenfalls nach dem Vollmachtsstatut des Art. 8 EGBGB zu beurteilen sein.[305] Unterschiede in der rechtlichen Handhabe zwischen Abgabe einer Willenserklärung als Vertreter und lediglich dem Auftreten als solcher könnten dort bestehen, wo Rechtsordnungen bereits vor Vertragserklärung einen Haftungstatbestand des Vertreters vorsehen. Hierunter ließe sich wohl nur eine Haftung des Vertreters aufgrund einer Regelung ähnlich der deutschen c.i.c. erfassen. Eine Haftung aufgrund Verschuldens vor Vertragsschluss ist aber an den Bestimmungen des Art. 12 Rom II-VO zu messen.[306] Unklar ist, ob die Haftung des falsus procurator von Art. 8 EGBGB erfasst ist.[307] Überwiegend wird hier das Geschäftsstatut für anwendbar

---

300 Vgl. BeckOK BGB/*Mäsch* EGBGB Art. 8 Rn. 39, der im Zusammenhang zu Abs. 2 die gesetzliche Begründung für die Anknüpfung für vage hält; als Fälle des gewöhnlichen Gebrauchsorts *Thöne* IHR 2017, 141 (144); s. auch *Bücken* RNotZ 2018, 213 (219), dass es für den Rechtsverkehr naheliegt, dass die Vertreter dann in ihrem Heimatland agieren; als Vereinfachung jurisPK-BGB/*Wiedemann* EGBGB Art. 8 Rn. 27; vgl. ferner BT-Drs. 18/10714, 26 zu Art. 5 Nr. 1 Abs. 3; hierin lediglich eine Sonderanknüpfung abseits des Gebrauchsorts: *Becker* DNotZ 2017, 835 (841 f.).

301 Staudinger/*Magnus,* 2019, EGBGB Art. 8 Rn. 60; jurisPK-BGB/*Wiedemann* EGBGB Art. 8 Rn. 29; Erman/*Hohloch* EGBGB Art. 8 Rn. 22.

302 JurisPK-BGB/*Wiedemann* EGBGB Art. 8 Rn. 29; aA Erman/*Hohloch* EGBGB Art. 8 Rn. 22, wonach auf Abs. 5 anzuwenden ist.

303 BT-Drs. 18/10714, 25 zu Art. 5 Nr. 1.

304 BT-Drs. 18/10714, 26 zu Art. 5 Nr. 1 Abs. 5; *Kindler/Brüggemann* RIW 2018, 473 (475); MüKoBGB/*Spellenberg* EGBGB Art. 8 Rn. 22; *Bücken* RNotZ 2018, 213 (217); Palandt/*Thorn* EGBGB Art. 8 Rn. 3; HK-BGB/*Staudinger* EGBGB Art. 8 Rn. 8; jurisPK-BGB/*Wiedemann* EGBGB Art. 8 Rn. 37.

305 *Kindler/Brüggemann* RIW 2018, 473 (474); Palandt/*Thorn* EGBGB Art. 8 Rn. 6; jurisPK-BGB/*Wiedemann* EGBGB Art. 8 Rn. 14 f.; Erman/*Hohloch* EGBGB Art. 8 Rn. 35; Staudinger/*Magnus,* 2019, EGBGB Art. 8 Rn. 39, aber in der Anwendung differenzierter Staudinger/*Magnus,* 2019, EGBGB Art. 8 Rn. 84 ff.

306 MüKoBGB/*Spellenberg* EGBGB Art. 8 Rn. 184.

307 *Kindler/Brüggemann* RIW 2018, 473 (474); *Thöne* IHR 2017, 141 (141), mit Verweis auf die Entscheidungsbefugnis des EuGH (aufgrund der Auslegung der Rom II-VO), aber zust. für Zuordnung zum Vollmachtsstatut; ähnlich Staudinger/*Magnus,* 2019, EGBGB Art. 8 Rn. 31, 40.

gehalten.[308] Der falsus procurator hat aber bereits eine Willenserklärung abgegeben, wodurch die beiden Zeitpunkte jedenfalls nicht auseinanderfallen. Im Ergebnis ist daher der **Zeitpunkt maßgeblich, zu dem die Erklärung vom Vertreter abgegeben oder empfangen** wird.

Die Anknüpfung an den **Ort der Zweigniederlassung** nach Art. 19 Abs. 2 Alt. 1 **136**
Rom I-VO steht unter dem Vorbehalt, dass der Ort **für den Dritten erkennbar** war (Art. 8 Abs. 8 S. 2 EGBGB). Ist der Ort der Zweitniederlassung nicht erkennbar, bleibt es bei der Hauptniederlassung.[309] Im Falle des Abs. 2 ist also die Niederlassung der unternehmerischen Tätigkeit des Bevollmächtigten (Art. 8 Abs. 2 EGBGB iVm Art. 19 Abs. 1 Rom I-VO) und nach Abs. 3 die Niederlassung des Vollmachtgebers maßgeblich.

Im Vergleich zur **organschaftlichen Vertretungsmacht** kann es zu einem Auseinan- **137**
derdriften des anwendbaren Rechts führen. Die organschaftliche Vertretungsmacht ist nach dem Gesellschaftsstatut zu bemessen, welches grundsätzlich an den **Satzungssitz** der Gesellschaft anknüpft.[310] Dadurch das Art. 8 Abs. 8 EGBGB iVm Art. 19 Abs. 2 Rom I-VO an den Verwaltungssitz anknüpft, können bei **Sitzaufspaltung** die organschaftliche und gewillkürte Vertretungsmacht auseinanderfallen.[311] Die unterschiedliche Behandlung kann dazu führen, dass die Erkennbarkeit des anzuknüpfenden Ortes für den Dritten erschwert wird, insbesondere wenn der Dritte gleichzeitig sowohl mit dem gewillkürten Bevollmächtigten als auch mit dem Organ der Gesellschaft Kontakt hat.[312] Dies gilt besonders bei einer Gesamtvertretung von Organ und einem Prokurist.[313] Sollten beide Anknüpfungen zu unterschiedlichen Rechten kommen, wird vorgeschlagen, einheitlich das Gesellschaftsstatut anzuwenden.[314]

Für die **handelsrechtlichen Sonderformen** der Stellvertretung haben die Anknüp- **138**
fung nach Art. 8 Abs. 2 und 3 EGBGB besondere Bedeutung. So kann sich bei dem **Handelsvertreter** das anzuwendende Recht nach dem gewöhnlichen Aufenthalt seiner unternehmerischen Tätigkeit iSd Art. 8 Abs. 2 EGBGB richten.[315] Nach § 55 sind die Vorschriften über die Handlungsvollmacht auch auf diese betriebsexternen Vertreter anzuwenden. Die weit überwiegenden Fälle sollten dann über die Anknüpfung nach Art. 8 Abs. 3 EGBGB zu beurteilen sein. Dies wären die Prokuristen oder die im Anstellungsverhältnis stehenden Handlungsbevollmächtigten.

Problematisch an der Anknüpfung an den **Sitz der Hauptverwaltung** ist dessen Unbe- **139**
stimmtheit.[316] Nach Art. 19 Abs. 1 Rom I-VO liegt der Ort der Hauptverwaltung dort, wo die maßgeblichen Entscheidungen über die Leistung des Unternehmens getroffen werden.[317] Zwar möchte Art. 8 EGBGB ausweislich der Gesetzesbegründung die Entwicklungen der **Digitalisierung** berücksichtigen (auch → Rn. 141).[318] So führt die Digitalisierung nicht nur dazu, dass der tatsächliche Gebrauchsort einer Vollmacht für den Dritten schlicht unerkennbar wird (→ Rn. 141). Aufgrund der Digitalisierung nimmt die Unternehmenspraxis immer mehr Abstand von dem Sitz der Hauptverwaltung. Unternehmerische Entscheidungen werden immer stärker **dezentral** getroffen. Die Geschicke eines Unternehmens nicht länger zentral gesteuert. Die Entwicklung in diesem Bereich wie weiterentwickelte Fernkommunikation, dem Fernzugriff auf Unternehmensdaten durch

---

308 MüKoBGB/*Spellenberg* EGBGB Art. 8 Rn. 184; jurisPK-BGB/*Wiedemann* EGBGB Art. 8 Rn. 11; differenzierter Erman/*Hohloch* EGBGB Art. 8 Rn. 36.
309 *Becker* DNotZ 2017, 835 (844).
310 *Kindler/Brüggemann* RIW 2018, 473 (476).
311 *Kindöer/Brüggemann* RIW 2018, 473 (476); Staudinger/*Magnus,* 2019, EGBGB Art. 8 Rn. 58.
312 *Kindler/Brüggemann* RIW 2018, 473 (477).
313 Staudinger/*Magnus,* 2019, EGBGB Art. 8 Rn. 58.
314 Staudinger/*Magnus,* 2019, EGBGB Art. 8 Rn. 58.
315 BeckOK BGB/*Mäsch* EGBGB Art. 8 Rn. 38; *Schiller* GWR 2019, 24 (25); *Bücken* RNotZ 2018, 213 (219); Erman/*Hohloch* EGBGB Art. 8 Rn. 21.
316 AA *Bücken* RNotZ 2018, 213 (223).
317 MüKoBGB/*Martiny* Rom I-VO Art. 19 Rn. 4; BeckOK BGB/*Spickhoff* Rom I-VO Art. 19 Rn. 2; Staudinger/*Magnus,* 2019, EGBGB Art. 8 Rn. 58.
318 BT-Drs. 18/10714, 26 zu Art. 5 Nr. 1 Abs. 5.

Cloud-Lösungen ist die Führungsebene nicht länger an einen einzigen Standort gezwungen. Eine Regelung, die hieran anknüpft, kann daher als nicht zukunftssicher angesehen werden. Die Entwicklungen in diesem Bereich werden stetig zunehmen. Dies führt letztlich dazu, dass auch der Ort der Hauptverwaltung und damit der gewöhnliche Aufenthalt nur schwer zu bestimmen ist.

140 Die objektive Anknüpfung nach den Art. 8 Abs. 2–4 EGBGB steht unter dem Vorbehalt, dass der gewöhnliche Aufenthaltsort bzw. der gewöhnliche Gebrauchsort (bei Art. 8 Abs. 4 EGBGB) **dem Dritten erkennbar** war. Aufgrund des Wortlauts bedarf es nicht der positiven Kenntnis beim Dritten, womit auch die **fahrlässige Unkenntnis ausreichen** kann.[319] So können auch Anhaltspunkte die auf den Ort hinweisen, ausreichend sein, um zumindest ein erkennen müssen über diesen Ort und somit das anzuwendende Recht begründen. Der **Zeitpunkt** der Erkennbarkeit für den Dritten soll der Vertragsschluss sein.[320] Ist bereits die Bestimmung des Aufenthaltsorts nur schwer möglich (→ Rn. 139), so wird dies in besonderem Maße für die Erkennbarkeit des Ortes für den Dritten gelten. In diesen Fällen wird es dann zur Auffangregelung führen, die dann ultimativ wieder an den **gewöhnlichen Aufenthalt** des Vollmachtgebers anknüpft (Art. 8 Abs. 5 S. 3 EGBGB). Dieser muss nicht erkennbar sein, gilt es aber vorher dennoch zu bestimmen. Insgesamt erscheint die Regelung in dieser Hinsicht verfehlt. Im Zuge der angestrebten Rechtssicherheit[321] wäre eine eindeutig zu bestimmende Anknüpfung, zB an den Registersitz, vorzuziehen.

141 **d) Auffangregelung.** Ist eine Anknüpfung nach den Art. 8 Abs. 2–4 EGBGB nicht möglich, gilt die Auffangregelung des Art. 8 Abs. 5 EGBGB. Die Beurteilung des anwendbaren Rechts nach den objektiven Anknüpfungen der Art. 8 Abs. 2–4 EGBGB wird dann meist an der **fehlenden Erkennbarkeit** durch den Dritten scheitern.[322] Nach Art. 8 Abs. 5 S. 2 EGBGB ist vorrangig das Recht des Staates anzuwenden, in dem von der Vollmacht, nach der Intention des Vollmachtgebers, Gebrauch gemacht werden sollte. Dies gilt nur, wenn Bevollmächtigter und Dritter von dieser Bestimmung wissen mussten. **Fahrlässige Unkenntnis** reicht auch hier aus.[323] Hierin liegt eine Nähe zur (konkludenten) einseitigen Rechtswahl durch den Vollmachtgeber nach Art. 8 Abs. 1 S. 1 EGBGB. Allerdings reicht es als Auffangregelung hier aus, wenn Bevollmächtigter und Dritter ihre Unkenntnis zu vertreten haben und nicht die höheren Anforderungen der positiven Kenntnis nach Abs. 1 EGBGB.

142 Ist ein solcher, vom Vollmachtgeber gewollter Gebrauchsort nicht erkennbar, richtet sich das anzuwendende Recht nach dem **tatsächlichen Gebrauchsort** (Art. 8 Abs. 5 S. 1 EGBGB). Auch diese Anknüpfung steht unter dem Vorbehalt, dass der Ort **für den Dritten erkennbar** war (Umkehrschluss aus Art. 8 Abs. 5 S. 3 EGBGB). Während es in den vorherigen Fällen durchaus vorkommen kann, dass tatsächlicher Gebrauchsort der Vollmacht und der Anknüpfungsort nach dem Gesetz auseinanderfallen können, trägt der Vorbehalt der Erkennbarkeit des Anknüpfungsorts bei dem tatsächlichen Gebrauchsort der Vollmacht, den Entwicklungen der **Digitalisierung** Rechnung.[324] So kann der tatsächliche Gebrauchsort gerade dort nicht ohne weiteres erkennbar sein, wenn der Bevollmächtigte seine Erklärungen mittels Fernkommunikation abgegeben hat.[325]

---

319 BeckOK BGB/*Mäsch* EGBGB Art. 8 Rn. 41; *Rademacher* IPRax 2017, 56 (59); *Kindler/Brüggemann* RIW 2018, 473 (475); HK-BGB/*Staudinger* EGBGB Art. 8 Rn. 6.

320 BeckOK BGB/*Mäsch* EGBGB Art. 8 Rn. 41; kurz vor Vertragsschluss Staudinger/*Magnus,* 2019, EGBGB Art. 8 Rn. 64.

321 BT-Drs. 18/10714, 24 zu Art. 5 Nr. 1.

322 Staudinger/*Magnus,* 2019, EGBGB Art. 8 Rn. 111.

323 BeckOK BGB/*Mäsch* EGBGB Art. 8 Rn. 43; Staudinger/*Magnus,* 2019, EGBGB Art. 8 Rn. 114; aA HK-BGB/*Staudinger* EGBGB Art. 8 Rn. 3, 9; für grobe Fahrlässigkeit Palandt/*Thorn* EGBGB Art. 8 Rn. 3.

324 *Kindler/Brüggemann* RIW 2018, 473 (475); *Becker* DNotZ 2017, 835 (847).

325 *Kindler/Brüggemann* RIW 2018, 473 (475); *Becker* DNotZ 2017, 835 (847); MüKoBGB/*Spellenberg* EGBGB Art. 8 Rn. 23; jurisPK-BGB/*Wiedemann* EGBGB Art. 8 Rn. 40.

Ist auch der tatsächliche Gebrauchsort nicht erkennbar, so ist die letzte Anknüpfung der **Ort des gewöhnlichen Aufenthalts des Vollmachtgebers** (Art. 8 Abs. 5 S. 3 EGBGB). Hiermit ergibt sich für die Fälle des Abs. 3 ein Gleichlauf in der Anknüpfung.[326] Gerade in den handelsrechtlichen Sondervollmachten, die im Arbeitsverhältnis ausgeübt werden, wie die Prokura, kommt man im Zweifel zur Anwendung des Rechts am Ort der Niederlassung des Unternehmens. Auf die Kenntnis oder ein Erkennen müssen kommt es hier nicht mehr an. **143**

e) Anwendungsbereichsausnahmen. In den Art. 8 Abs. 6 und 7 EGBGB sieht der Gesetzgeber noch drei Ausnahmen vor, auf die Art. 8 EGBGB keine Anwendung findet. Nach Art. 8 Abs. 6 EGBGB unterfallen **Stellvertretungen über Verfügungen von Grundstücken oder Rechten daran** nicht dem Vollmachtsstatut des Art. 8 EGBGB, sondern grundsätzlich der lex rei sitae (Art. 43 Abs. 1 EGBGB). Dieses Recht gilt nur dann nicht, wenn eine wesentlich engere Verbindung zu einem anderen Recht besteht (Art. 46 EGBGB). Dies sollte bereits nach der bisherigen, ungeschriebenen Rechtslage gelten.[327] Erfasst ist nur das Verfügungsgeschäft, während eine Vollmacht über den Abschluss des schuldrechtlichen Geschäfts nach dem Vollmachtsstatut des Art. 8 EGBGB zu beurteilen ist.[328] Anders als die restlichen Vorschriften des Art. 8 EGBGB sieht der Gesetzgeber hier keinen Sachnormverweis vor, sondern einen Gesamtverweis.[329] **144**

Ebenfalls aus dem Anwendungsbereich des Art. 8 EGBGB ausgenommen, sind nach Art. 8 Abs. 7 EGBGB **Börsengeschäfte** und **Versteigerungen.** Der Begriff der „Börse“ ist dabei nicht im Sinne des Börsengesetzes beschränkt, sondern ist weiter zu verstehen.[330] Die Vollmacht soll dann nach dem Recht des Staates zu beurteilen sein, in dem der Börsenplatz oder der Versteigerungsort liegt.[331] **145**

Zwar nicht ausdrücklich in Art. 8 EGBGB genannt, soll das Vollmachtsstatut auch nicht auf die **Prozessvollmacht** Anwendung finden.[332] Diese soll weiterhin nach der lex fori zu bestimmen sein.[333] **146**

f) Handlungsempfehlungen. Die unklare objektive Anknüpfung und die subsidiäre Auffangregelung des Art. 8 Abs. 5 EGBGB, mit ihrer Anknüpfung an den gewöhnlichen Aufenthaltsort iSd Art. 8 Abs. 8 EGBGB iVm Art. 19 Rom I-VO, können für den Vollmachtgeber zu einem **unerwarteten** anwendbaren Recht führen. Für die Praxis ist daher zu empfehlen, die **Rechtswahl** für die Vollmacht iSd Art. 8 Abs. 1 EGBGB auszuüben. Der Vollmachtgeber ist dabei gut beraten, die Vollmacht **einseitig** zu wählen (Art. 8 Abs. 1 S. 1 EGBGB). Hierbei sollte er besonderes Augenmerk darauflegen, die erforderliche **Kenntnis** beim Bevollmächtigten und Dritten herbeizuführen, indem er den Bevollmächtigten anweist, seine einseitige Rechtswahl weiterzugeben. Erfolgt die Vollmacht als Außenvollmacht gegenüber dem Dritten, sollte der Vollmachtgeber bereits dort auf seine Rechtswahl hinweisen. Eine dreiseitig vereinbarte Rechtswahl geht gem. Art. 8 Abs. 1 S. 3 EGBGB dieser Rechtswahl jedoch vor. Da ein solcher Vertrag auch konkludent abgeschlossen werden kann, ist dem Vollmachtgeber im Zuge seiner einseitigen Rechtswahl zu raten, Schutzvor- **147**

---

326 Hierdurch Zweifel an der Schutzwürdigkeit des Dritten bei Abs. 3 aufgrund der Erkennbarkeit des Orts, wenn er anschließend nach Abs. 5 S. 3 sowieso so behandelt wird *Rademacher* IPRax 2017, 56 (61).

327 *Becker* DNotZ 2017, 835 (843); *Bücken* RNotZ 2018, 213 (220).

328 *Becker* DNotZ 2017, 835 (843); *Bücken* RNotZ 2018, 213 (220); Staudinger/*Magnus,* 2019, EGBGB Art. 8 Rn. 127; Palandt/*Thorn* EGBGB Art. 8 Rn. 4; jurisPK-BGB/*Wiedemann* EGBGB Art. 8 Rn. 19; Erman/*Hohloch* EGBGB Art. 8 Rn. 29.

329 Staudinger/*Magnus,* 2019, EGBGB Art. 8 Rn. 23; jurisPK-BGB/*Wiedemann* EGBGB Art. 8 Rn. 17; scheinbar aA Palandt/*Thorn* EGBGB Art. 8 Rn. 4.

330 BT-Drs. 18/10714, 27 zu Art. 5 Nr. 1 Abs. 7.

331 *Becker* DNotZ 2017, 835 (843); Staudinger/*Magnus,* 2019, EGBGB Art. 8 Rn. 129.

332 BT-Drs. 18/10714, 24 zu Art. 5 Nr. 1; Staudinger/*Magnus,* 2019, EGBGB Art. 8 Rn. 49.

333 BT-Drs. 18/10714, 24 zu Art. 5 Nr. 1; *Becker* DNotZ 2017, 835 (844); Palandt/*Thorn* EGBGB Art. 8 Rn. 4; jurisPK-BGB/*Wiedemann* EGBGB Art. 8 Rn. 8; Erman/*Hohloch* EGBGB Art. 8 Rn. 31; Staudinger/*Magnus,* 2019, EGBGB Art. 8 Rn. 49.

kehrungen vor einer unbewusst konkludenten Abwahl seines einseitig gewählten Rechts vorzunehmen.

§ 48 [Erteilung der Prokura; Gesamtprokura]

(1) Die Prokura kann nur von dem Inhaber des Handelsgeschäfts oder seinem gesetzlichen Vertreter und nur mittels ausdrücklicher Erklärung erteilt werden.

(2) Die Erteilung kann an mehrere Personen gemeinschaftlich erfolgen (Gesamtprokura).

Schrifttum: *Bärwaldt/Hadding,* Die Bindung des Prokuristen an die Mitwirkung des Prinzipals, NJW 1998, 1103; *Beck,* Zur Funktionsweise der Prokura als handelsrechtliche Vollmacht, JA 2016, 969; *Beuthien,* Die Miterbenprokura, FS Fischer, 1979, 1; *Beuthien,* Gemischte Gesamtvertretung und unechte Gesamtprokura im deutschen Gesellschaftsrecht, FS Kim, 1995, 127; *Beuthien/Müller,* Gemischte Gesamtvertretung und unechte Gesamtprokura, DB 1995, 461; *Brox,* Erteilung, Widerruf und Niederlegung von Prokura und Handlungsvollmacht im neuen Aktienrecht, NJW 1967, 801; *Bucher,* Organschaft, Prokura, Stellvertretung, FS Bürgi, 1971, 39; *Drexl/Mentzel,* Handelsrechtliche Besonderheiten der Stellvertretung, Jura 2002, 289; *Frotz,* Verkehrsschutz im Vertretungsrecht, 1972; *Harrer,* Grenzen der Zulässigkeit einer „gemischten Gesamtprokura", RdW 1984, 34; *Hübner,* Die Prokura als formalisierter Vertrauensschutz, FS Klingmüller, 1974, 173; *Kahler,* Die Rechtsfolgen von Verstößen gegen § 105 AktG, BB 1983, 1382; *Köhl,* Der Prokurist in der unechten Gesamtvertretung, NZG 2005, 197; *Kötter,* Vom „alter ego" des Principals zur gemischten „halbseitigen" Gesamtprokura?, FS Hefermehl, 1976, 75; *Krebs,* Ungeschriebene Prinzipien der handelsrechtlichen Stellvertretung als Schranken der Rechtsfortbildung – speziell für Gesamtvertretungsmacht und Generalvollmacht, ZHR 159 (1995), 635; *Reinert,* Unechte Gesamtvertretung und unechte Gesamtprokura im Recht der Aktiengesellschaft, 1990; *K. Schmidt,* Die Prokura in Liquidation und Konkurs der Handelsgesellschaften, BB 1989, 229; *Stötter,* Die personelle Beschränkung der Prokura, BB 1975, 767; *Viehöfer-Eser,* Probleme der Vertretungsbefugnis bei der sog. unechten Gesamtprokura, BB 1984, 1326; *Walchshöfer,* Die Erteilung der Prokura und ihre Eintragung in das Handelsregister, Rpfleger 1975, 381; *Ziegler,* Prokura mit einem gesamtvertretungsberechtigten Geschäftsführer, Rpfleger 1984, 5.

Übersicht

I. Grundlagen

1. Inhalt und Rechtfertigung des Instituts der Prokura. Die Prokura ist eine **rechtsgeschäftliche, handelsrechtliche Vollmacht** mit einem besonders weiten, **gesetzlich umschriebenen** (§ 49), **rechtsgeschäftlich** weitestgehend **nicht einschränkbaren** (§ 50 Abs. 1, Ausnahme § 50 Abs. 3: Filialprokura) **Umfang der Vertretungsmacht.** Zur Abgrenzung zur organschaftlichen Vertretungsmacht → Vor § 48 Rn. 39; zum Sonderproblem der gemischten Gesamtvertretung mit einem gesetzlichen Vertreter → Rn. 91 ff. Die Prokura bezieht sich jeweils auf ein konkretes Unternehmen, was insbesondere im Konzern zu beachten ist. Hinsichtlich der Erteilung der Prokura wird der Rechtsverkehr durch die Pflicht zur Eintragung im Handelsregister (§ 53) und den daran anknüpfenden Verkehrsschutz (§ 15) geschützt. Die Regelungen der Prokura dienen primär der **Sicherheit und Leichtigkeit des Rechtsverkehrs.** Die Häufigkeit der Prokura[1] erklärt sich heute mit ihrer hierarchischen Funktion und ihrem Charakter als Statussymbol. Beides dürfte abnehmen (→ Rn. 3). Wegen ihrer Weite gibt es einschränkende Voraussetzungen. Prokura und Handlungsvollmacht sind richtiger Ansicht die enumerativen Arten der Vollmacht aus dem Unternehmen heraus (→ Vor § 48 Rn. 32).[2] Grade diese Begrenzung dient dem Verkehrsschutz. 1

Die Prokura wurde durch das ADHGB 1861 eingeführt (Art. 41 f. ADHGB). Sie knüpft an ein älteres Institut, den sog. Institor (Faktor/Administrator) an, der das Handelsgeschäft anstelle des Inhabers (oder als geschäftsführender Gesellschafter) leitete[3] und diesen – ursprünglich allerdings als indirekter Stellvertreter – vertrat.[4] Das Bedürfnis nach einer umfassenden Vollmacht wie der Prokura entstand aus den noch im 19. Jahrhundert sehr eingeschränkten Möglichkeiten, ein Unternehmen in Form einer juristischen Person mit gesetzlichen Vertretern zu organisieren: Ein Kaufmann, der nicht selbst oder nicht in vollem Umfang tätig sein wollte, bedurfte daher eines rechtsgeschäftlich umfassend Bevollmächtigten. Hinzu kam die Gefahr, dass Geschäftspartner, weil ihnen eine Rücksprache mit dem Vertretenen wegen der eingeschränkten Kommunikationsmöglichkeiten erschwert war, bei Unsicherheiten hinsichtlich Existenz und Umfangs der 2

[1] Zur rechtstatsächlichen Häufigkeit der Prokura in ihren unterschiedlichen Erscheinungsformen vor 35 Jahren vgl. *Baumann/Kleinlein/Kornblum/Steffan* ua GmbHR 1985, 7 (16 f.).

[2] *Krebs* ZHR 159 (1995), 635 (653 f.); GroßkommUGB/*Torggler/Trenker* Rn. 15; Torggler/*Schopper/Trenker* UGB Rn. 2; *K. Schmidt* HandelsR § 16 Rn. 15.

[3] *Coing,* Europäisches Privatrecht I, 1985, 462 f., 466 ff.

[4] Zu diesem Institut vgl. *Thöl,* Das Handelsrecht, Bd. I, 1841, 61 ff.; vgl. auch *Bucher* FS Bürgi, 1971, 39, 43 ff.

Vollmacht vom Vertragsschluss Abstand nahmen. Somit diente die Prokura ursprünglich auch der **Erleichterung der Geschäftsaktivitäten des Kaufmanns.**

3 Diese Motive treten heute, da sich die juristischen Personen durchgesetzt und die Kommunikationsmöglichkeiten sich extrem verbessert haben, in den Hintergrund. Dennoch hatte sich die Zahl der Prokuristen, insbesondere in größeren Unternehmen, erheblich erhöht. Die Prokura war mehr und mehr **Ausdruck eines hierarchischen Status** des Mitarbeiters geworden.[5] Die Ablösung des hierarchischen Titels Prokurist durch neuere Formen wie „head of" könnte die hierarchische Funktion und den Charakter als Statussymbol nachhaltig schwächen. Dann wäre auch eine deutliche Reduzierung der Zahl der Prokuren naheliegend, da vertretungstechnisch kein größerer Bedarf an einer solch umfassenden Vertretungsmacht besteht. Das Ansehen der Prokura erklärt sich aus der mit ihr verbundenen Vertretungsmacht und der historisch hervorragenden Stellung des Prokuristen, die in der (überholten)[6] Bezeichnung des Prokuristen als **„alter ego des Inhabers"**[7] zum Ausdruck kommt (näher → § 49 Rn. 7). Dem Interesse der Inhaber, das Risiko einer Schädigung trotz wachsender Zahl der Prokuristen geringzuhalten, wird durch eine erweiterte Zulassung und extensive Ausnutzung der Gesamtvollmacht,[8] durch die „Ausweitung" der der Prokura entzogenen Grundlagenentscheidungen (→ § 49 Rn. 8; → § 49 Rn. 23) sowie durch eine weite, § 50 Abs. 1 partiell unterlaufende, erleichterte Annahme des Missbrauchs der Vertretungsmacht genügt (→ Vor § 48 Rn. 73 ff.). Zumindest was den Missbrauch der Vertretungsmacht und die Zulassung neuer Formen der Gesamtprokura bzw. gemischten Gesamtvertretung anbelangt (→ Rn. 78 ff.), ist die festzustellende (schleichende) Rechtsfortbildung de lege lata bedenklich. Will man den Bedürfnissen der Praxis entgegenkommen, so wäre de lege ferenda an eine völlige Neuordnung der handelsrechtlichen Stellvertretung zu denken (→ Vor § 48 Rn. 23).

4 **2. Inhalt und Zweck des § 48.** § 48 befasst sich mit den Fragen, welche Unternehmen prokurafähig sind, durch welche Person Prokura erteilt und wer Prokurist werden kann und wie Prokura erteilt wird; er erlaubt die Erteilung der Prokura an mehrere Personen gemeinschaftlich als Gesamtprokura. Die Regeln sind knapp und im Kern unverzichtbar.[9] Sie dienen teilweise dem Verkehrsschutz und teilweise den Inhaberinteressen.

II. Prokurafähige Unternehmen

5 **1. Handelsgeschäft. Prokurafähig** sind „Handelsgeschäfte". Dieser noch dem ADHGB (Art. 41 Abs. 1) entstammende Ausdruck ist inhaltlich identisch mit dem Handelsgewerbe iSd §§ 1 ff. Ein Handelsgeschäft betreiben der Istkaufmann (§ 1), der eingetragene Kannkaufmann (§ 2),[10] der eingetragene land- und forstwirtschaftliche Kannkaufmann (§ 3 Abs. 2),[11] der kraft Eintragung als Kaufmann Geltende (§ 5),[12] die Formkaufleute iSd § 6 Abs. 2 (Aktiengesellschaft, § 3 AktG; KGaA, §§ 278, 3 AktG; GmbH, § 13 GmbHG; VVaG, spezialgesetzlich in § 172 S. 1 VAG; Genossenschaft, § 42 Abs. 1 GenG;[13] Europäische Aktiengesellschaft (SE), Art. 9 Abs. 1 lit c SE-VO iVm § 3 SEAG iVm § 3 AktG; Europäische Genossenschaft (SCE), Art. 8 Abs. 1 lit c SCE-VO iVm § 3 SCEAG iVm § 3 AktG iVm

[5] Zust. BeckOGK/*Schärtl* Rn. 113.

[6] AA BeckOGK/*Schärtl* Rn. 102.

[7] So als erster *Thöl,* Das Handelsrecht, Bd. I, 5. Aufl. 1875, 81.

[8] Vgl. den Aufsatztitel von *Kötter* FS Hefermehl, 1976, 75: „Vom alter Ego des Principals zur gemischten halbseitigen Gesamtprokura"; in Österreich ist die Einzelprokura nach dem Bankwesengesetz unzulässig.

[9] De lege ferenda auch *K. Schmidt* DB 1994, 515 (520 f.).

[10] Vgl. KG NJW 1959, 1086 (1087).

[11] Staub/*Joost* Rn. 5; Heymann/*Teichmann* Rn. 4.

[12] Staub/*Joost* Rn. 6, der entgegen der bisher hM auch nicht den Einwand des fehlenden Gewerbebetriebes zulassen will (so als erster *Thöl,* Das Handelsrecht, Bd. I, 5. Aufl. 1875, 81); Baumbach/Hopt/*Hopt* Rn. 1; KKRD/*Roth* Rn. 2a; aA Schlegelberger/*Schröder* Rn. 3: der Bevollmächtigte habe nur praktisch die Stellung eines Prokuristen, sei aber kein Prokurist; → § 5 Rn. 4; → § 5 Rn. 9.

[13] Allgemeine Prokurafähigkeit erst durch Gesetz vom 9.10.1983 (BGBl. 1983 I 1451) mit der Besonderheit der Eintragung im Genossenschaftsregister erlangt.

§ 42 Abs. 1 GenG;[14] sowie OHG, KG als Handelsgesellschaften (vgl. § 6 Abs. 1) und EWIV (gem. § 1 EWIVAG iVm § 6 Abs. 1). Für juristische Personen, die nicht Formkaufleute sind (zB Stiftungen, öffentlich-rechtliche Körperschaften, Anstalten), gelten die §§ 1–3.[15] In Österreich ist die Rechtslage weitgehend gleich. Allerdings ist die Prokura ausdrücklich auf eingetragene Unternehmen begrenzt. Prokurafähig sind die Unternehmen kraft Rechtsform und die Rechtsformen, die ein Unternehmen betreiben und eingetragen sind (also ggf. auch Privatstiftungen, ideelle Vereine und Freiberufler).

Die **übrigen Unternehmensträge**r und sonstigen Rechtsformen sind **nicht prokurafähig.** Dies gilt insbesondere für die Partnerschaftsgesellschaft, auf die das HGB nur in Teilen und im Übrigen das Recht der Gesellschaft bürgerlichen Rechts Anwendung findet.[16] Das gilt auch für die Partnerschaftsgesellschaft mbB, da diese nur eine Unterform der Partnerschaftsgesellschaft ist. Ein Kleingewerbetreibender kann erst nach Eintragung in das Handelsregister, die ihn konstitutiv zum Kaufmann macht (Kannkaufmann), Prokura erteilen. Gleiches gilt für Landwirte als Kannkaufleute oder ihr eigenes Vermögen verwaltende Gesellschaften. Nicht prokurafähig ist die Innengesellschaft. Sog. Scheinkaufleute, die sich als Kaufleute gerieren, können keine Prokura erteilen, da der Vertrauensschutz nicht zu ihren Gunsten wirkt.[17] Zugunsten des Verkehrs entstehen jedoch Rechtsscheinswirkungen (→ Rn. 54 f.) 6

Ausländische Gesellschaften sollten dann die Vertretungsformen deutschen Rechts nutzen können, wenn das Vollmachtsstatut zur Anwendung deutschen Rechts führt (→ Vor § 48 Rn. 117 ff.) und das deutsche Recht diese Rechtsträger als rechtsfähig anerkennt. Damit sollte eine Niederlassungsprokura für die Niederlassung einer ausländischen Gesellschaft, insbesondere auch für Scheinauslandsgesellschaften zulässig sein.[18] Geht man vom Wirkungsstatut aus, müsste dies bei sog. Scheinauslandsgesellschaften auch für eine allgemeine Prokura gelten.[19] Organisationsrechtliche Bedenken ergeben sich jedenfalls nicht, da der Prokurist nur rechtsgeschäftlicher Vertreter ist. Gleiches gilt für Österreich, soweit eine Eintragung der Niederlassung in das österreichische Firmenbuch existiert.[20] 7

2. Hindernisse für die Prokurafähigkeit des Unternehmens. a) Nichteintragung im Handelsregister. Die Prokura ist anders als in **Österreich** (→ Rn. 109) nicht davon abhängig, dass ein kraft Gesetzes als Handelsgeschäft anzusehendes Unternehmen (Istkaufmann) in das Handelsregister eingetragen ist. In Österreich ist dadurch anders als in Deutschland klar, dass eine Vorgesellschaft keine Prokura erteilen kann. Der ausschließlich über das Register gewährleistete Verkehrsschutz, der die Prokura maßgeblich rechtfertigt, erfordert für **Deutschland** jedoch die jederzeitige Erzwingbarkeit der Eintragung des Handelsgeschäfts und der Prokura. Folglich sind **Vorgesellschaften** (Vor-GmbH und Vor-AG) mangels Erzwingbarkeit der Eintragung der Prokura richtiger Ansicht nach nicht prokurafähig.[21] Im Falle von Vorgesellschaften ist die Prokura nicht einmal eintragungsfähig, da die Vorgesellschaft selbst (noch) nicht eingetragen ist. Daher ist entgegen der hM[22] selbst dann, 8

---

[14] Oetker/*Schubert* Rn. 8.

[15] Oetker/*Schubert* Rn. 8; Staub/*Joost* Rn. 20.

[16] OLG München NJW 2005, 3730; BeckOK HGB/*Meyer* Rn. 5; BeckOGK/*Schärtl* Rn. 134.

[17] Staub/*Joost* Rn. 6.

[18] OLG München BeckRS 2011, 21348 (allerdings nicht an den ständigen Vertreter einer Zweigniederlassung als quasi gesetzlichen Vertreter); MüKoBGB/*Kindler* IntGesR Rn. 252; *Grooterhorst* Vollmachten im Unternehmen III 10; Schneider BB 2008, 468 f.; aA OLG München NZG 2015, 1437 Rn. 23; vgl. hierzu auch EBJS/*Weber* Rn. 4.

[19] Anders wäre dies, wenn man auf den Ort des Satzungssitzes abstellt, vgl. *Seibold/Groner* NZG 2009, 126 (128 f.).

[20] OGH wbl 1996, 36; GroßkommUGB/*Torggler/Trenker* Rn. 49.

[21] Früher *K. Schmidt* JZ 1973, 299 (304); *Schnorr-von Carolsfeld* DNotZ 1963, 404 (410) Fn. 29; BeckOK HGB/*Meyer* Rn. 6; iErg auch Schlegelberger/*Schröder* Rn. 3 f.; Röhricht/Graf v. Westphalen/Haas/*Wagner/Wöstmann* Rn. 5; HK/*Ruß* Rn. 2.

[22] Scholz/*K. Schmidt* GmbHG § 11 Rn. 74; Baumbach/Hueck/*Fastrich* GmbHG § 11 Rn. 13; *Grooterhorst* Vollmachten im Unternehmen III 10; Oetker/*Schubert* Rn. 10; Staub/*Joost* Rn. 10; KKRD/*Roth* Rn. 2a; BeckOGK/*Schärtl* Rn. 137.

wenn die Vor-GmbH ein ansonsten vollkaufmännisches Unternehmen betreibt, die Prokura aufgrund fehlender Eintragungsfähigkeit (noch) unzulässig.

9 **b) Unternehmen mit Abwicklungs-/Sanierungszweck.** Zahlreiche Sonderformen der Unternehmensverwaltung befassen sich mit der Abwicklung oder Sanierung des Unternehmens (Liquidationsgesellschaft, Unternehmen in der Insolvenz, Unternehmen unter Nachlasspflegschaft/Nachlassverwaltung; die unternehmenstragende Erbengemeinschaft ist ein Grenzfall), was die Frage aufwirft, ob dieser Zweck einer Prokura entgegensteht. Davon zu trennen ist der Eintritt eines solchen Zustandes als Erlöschensgrund für eine Altprokura (→ § 52 Rn. 28 ff.).

10 Am geringsten ist diese Problematik bei der **unternehmenstragenden Erbengemeinschaft,** wenn man mit der heute hM eine dauerhafte Existenz der Erbengemeinschaft als Unternehmensträger für zulässig hält.[23] Denn dann ist der Zweck dieses Unternehmensträgers nicht notwendig auf Abwicklung gerichtet, so dass keine Bedenken gegen die Annahme der Prokurafähigkeit der unternehmenstragenden Erbengemeinschaft bestehen.[24]

11 Problematischer ist die Prokurafähigkeit einer **Liquidationsgesellschaft.** Die einzige ausdrückliche Regelung (§ 210 Abs. 5 AktG 1937), die für die in Liquidation befindliche Aktiengesellschaft die Prokura ausschloss, wurde in Deutschland vom Gesetzgeber mit der Absicht aufgehoben, die Prokurafähigkeit herzustellen.[25] Folglich wird heute für die Aktiengesellschaft,[26] für die GmbH,[27] sowie für die Personengesellschaft[28] ganz herrschend die Prokurafähigkeit der Liquidationsgesellschaft bejaht. Der Auffassung, die die Prokurafähigkeit der Liquidationsgesellschaft allgemein bejaht,[29] ist zuzustimmen: Der Liquidationszweck schließt es nicht generell aus, auch noch neue Geschäfte abzuschließen (vgl. § 149 S. 1). Insbesondere bei größeren zu liquidierenden Gesellschaften bedarf es umfassend bevollmächtigter Vertreter zur Unterstützung der Liquidatoren und eines entsprechenden Verkehrsschutzes zugunsten der mit der Liquidationsgesellschaft Kontrahierenden. Auch wenn man mit der hM[30] annehmen würde, aus § 149 S. 2 ergebe sich, dass die Vertretungsmacht der Liquidatoren auf den Liquidationszweck beschränkt sei, würde daraus nicht die Unzulässigkeit der Prokura, sondern (allein) die **Beschränkung** der Prokura **auf den Liquidationszweck** folgen.[31] Entgegen *K. Schmidt*[32] ist auch keine Ausnahme von der Möglichkeit der Prokuraerteilung in der Liquidation unter Berufung auf das Institut des Rechtsmissbrauchs anzuerkennen. In Österreich existiert das Verbot des § 210 Abs. 5 AktG weiterhin, weshalb es bei der Liquidation einer AG keine Prokura geben kann. Für die anderen Rechtsformen ist dies streitig.[33]

12 Auch **Nachlasspflegschaft** und **Nachlassverwaltung** haben einen beschränkten Zweck. Soweit mit ihnen zulässigerweise die Führung eines zum Nachlass gehörenden

---

23 BGHZ 92, 259 (262 f.) = NJW 1985, 136; Staub/*Joost* Rn. 7; *Hohensee,* Die unternehmenstragende Erbengemeinschaft, 1994, 172 f.

24 Ganz hM, vgl. nur KG HRR 1939, Nr. 1472; OLG Stuttgart WM 1976, 700 (702); vgl. auch BGHZ 30, 391 (397 f.) = NJW 1959, 2114; Staub/*Joost* Rn. 7.

25 Vgl. Begr. RegE bei *Kropff* Aktiengesetz, 1965, 358 f.

26 MüKoAktG/*J. Koch* AktG § 269 Rn. 16; GroßkommAktG/*Wiedemann* AktG § 269 Anm. 5; *v. Godin/Wilhelmi* AktG § 269 Anm. 1.

27 Rowedder/Schmidt-Leithoff/*Gesell* GmbHG § 68 Rn. 5; *Lutter/Kleindiek* GmbHG § 68 Rn. 2; Scholz/*K. Schmidt* GmbHG § 69 Rn. 7; Nachweise zur früheren Gegenmeinung bei *K. Schmidt* BB 1989, 229 (233).

28 *K. Schmidt* HandelsR § 16 Rn. 16; *K. Schmidt* BB 1989, 229 ff.; Staub/*Joost* Rn. 12; Baumbach/Hopt/*Hopt* Rn. 1; Heymann/*Teichmann* Rn. 9; EBJS/*Weber* Rn. 6; Koller/Kindler/Roth/Morck/*Roth* Rn. 2a; Staub/*Habersack* § 149 Rn. 50; aA früher ROHGE 13, 223 (225); RGZ 72, 119 (123); noch heute EBJS/*Hillmann* § 149 Rn. 27.

29 Grdl. *K. Schmidt* BB 1989, 229 ff.

30 BGH NJW 1984, 982; Heymann/*Sonnenschein* § 149 Rn. 12; Baumbach/Hopt/*Hopt* § 149 Rn. 7; aA *K. Schmidt* AcP 184 (1984), 529 (532 ff.); *K. Schmidt* BB 1989, 229 (231); *Lutter/Kleindiek* GmbHG § 68 Rn. 4.

31 Staub/*Joost* Rn. 14; Oetker/*Schubert* Rn. 13; aA Heymann/*Teichmann* Rn. 10.

32 → 4. Aufl. 2016, § 146 Rn. 53; → 4. Aufl. 2016, § 151 Rn. 5 ff.

33 Für Zulässigkeit seit 2007 GroßkommUGB/*Torggler/Trenker* Rn. 51; Torggler/*Schopper/Trenker* UGB Rn. 8; Straube/Ratka/Rauter/*Schinko* UGB Rn. 14; aA Jabornegg/Artmann/*Strasser/Jabornegg* Rn. 25.

Handelsgeschäfts verbunden ist,[34] ist die Prokurafähigkeit des Unternehmens ebenfalls zu bejahen.[35]

13 Während die früher hM[36] die Prokurafähigkeit eines in Konkurs befindlichen Unternehmens verneinte, nimmt die heute hM zutreffend an, dass der besondere Insolvenzzweck der Prokurafähigkeit eines in der **Insolvenz** befindlichen Unternehmens nicht entgegensteht.[37] Führt der Insolvenzverwalter das Unternehmen fort,[38] haben Insolvenzverwalter und Rechtsverkehr ein erhebliches Interesse an der umfassenden Vollmacht der Prokura. Aber auch in der Abwicklung, die sich über viele Jahre hinziehen kann und weiter erhebliche unternehmerische Aktivitäten erfordert, ist dies erforderlich[39] (zur Beendigung einer bestehenden Prokura → § 52 Rn. 29).

14 **c) Unternehmen unter Verwaltung.** Die Tatsache, dass ein Handelsgeschäft unter Verwaltung steht (Nachlasspflegschaft, Nachlassverwaltung, Insolvenzverwaltung, Testamentsvollstreckung), betrifft nicht die Prokurafähigkeit des Unternehmens, sondern die Frage, wer – der Verwalter oder der Gemeinschuldner und seine gesetzlichen Vertreter – Prokura erteilen kann (→ Rn. 17 ff.).

15 **d) Apotheken/Kaufmännische Gesellschaften von Freiberuflern.** Obwohl der Apothekenbetrieb als Handelsgewerbe eingeordnet wird,[40] ist die Apotheke nach verbreiteter Meinung nicht prokurafähig: Die Erteilung einer Prokura mit entsprechender Innenbefugnis soll § 7 S. 1 ApoG und der ApBetrO (Apothekenbetriebsordnung) widersprechen, wonach der Apotheker die Apotheke persönlich in eigener Verantwortlichkeit zu leiten hat.[41] Dem ist zu widersprechen.[42] Diese Meinung stellt zu sehr auf die übliche, aber gesetzlich nicht vorgegebene, hierarchische Rolle der Prokuristen mit entsprechenden Innenkompetenzen ab. Zumindest seit der langsamen Liberalisierung dieses Bereiches (Lockerung der Preisbindung, Zulassung des Versandhandels mit nicht verschreibungspflichtigen Medikamenten, Zulassung von bis zu drei Filialapotheken) kann ein Bedürfnis für umfassende Vertretungsmachten im entsprechenden kaufmännischen Bereich (Beschaffung und Vertrieb) bestehen. Auch andere Freiberufler (zB Ärzte, Anwälte), die sich in einer dem Handelsrecht unterfallenden Gesellschaft organisiert haben, können Prokura erteilen,[43] selbst wenn dieser Prokurist gewisse Handlungen aus standesrechtlichen Gründen nicht vornehmen können sollte.

III. Erteilungsberechtigte Person

16 **1. Grundsatz.** Zur Erteilung einer Prokura sind der **Inhaber** und seine **gesetzlichen Vertreter** berechtigt. Diese müssen nicht im Handelsregister eingetragen sein. Aufgrund

[34] Für Nachlasspflegschaft vgl. Schlegelberger/*Schröder* Rn. 7; MüKoBGB/*Leipold* BGB § 1960 Rn. 60, MüKoBGB/*Küpper* BGB § 1967 Rn. 17 Fn. 78; für Nachlassverwaltung vgl. Schlegelberger/*Schröder* Rn. 7; MüKoBGB/*Küpper* BGB § 1985 Rn. 5.

[35] Staub/*Joost* Rn. 19; *Walchshöfer* Rpfleger 1975, 381 (382); Oetker/*Schubert* Rn. 12; Heymann/*Teichmann* Rn. 14; aA früher GroßkommHGB/*Würdinger* Rn. 3.

[36] BGH WM 1958, 430 (431); *Obermüller* BB 1957, 412; *Grothus* DB 1960, 775; *Jäger* LZ 1916, 26; *Jäger/Henckel* KO § 6 Rn. 52 aE; *Eickmann* KTS 1986, 197.

[37] *K. Schmidt* BB 1989, 229 (230, 233); Baumbach/Hopt/*Hopt* Rn. 1; KKRD/*Roth* Rn. 3; EBJS/*Weber* Rn. 14; Heymann/*Teichmann* Rn. 11; *Canaris* HandelsR § 12 Rn. 3; MüKoInsO/*Ott/Vuia* InsO § 117 Rn. 7; Staub/*Joost* Rn. 15; Oetker/*Schubert* Rn. 12.

[38] Zur Zulässigkeit vgl. nur BGHZ 99, 151 (155 ff.) = NJW 1987, 844.

[39] AA für Österreich GroßkommUGB/*Torggler/Trenker* Rn. 52; Straube/Ratka/Rauter/*Schinko* UGB Rn. 14; Jabornegg/Artmann/*Strasser/Jabornegg* Rn. 14.

[40] Vgl. BGH NJW 1983, 2085 (2086).

[41] OLG Celle Rpfleger 1988, 487 = NJW-RR 1989, 483 unter Offenlassen einer Ausnahme für eine als solche zulässige kurzfristige Vertretung durch einen anderen Apotheker; *R. Schiedermair* FS Laufke, 1971, 263 Fn. 30; Staub/*Joost* Rn. 8; KKRD/*Roth* Rn. 2a.; BeckOK HGB/*Meyer* Rn. 7.1.

[42] OLG Karlsruhe NZG 2017, 186 (187); vgl. auch BGH WM 2017, 2023 Rn. 27; KKRD/*Roth* Rn. 2a; Oetker/*Schubert* Rn. 9; EBJS/*Weber* Rn. 6; BeckOGK/*Schärtl* Rn. 116.3.

[43] Ebenso Oetker/*Schubert* Rn. 9; EBJS/*Weber* Rn. 6; einschr. OLG Karlsruhe NZG 2017, 186 (188); vgl. auch BGH DB 2014, 2338, wonach bei einer Steuerberatungsgesellschaft auch die Treuhandtätigkeit als Nebenzweck für die Errichtung einer KG ausreicht.

allgemeiner Regeln sind weiterhin die **rechtsgeschäftliche Handlungsfähigkeit** und das **Fehlen eines besonderen Handlungs- bzw. Vertretungsverbotes** erforderlich. Haben mehrere gesetzliche Vertreter nur gemeinschaftlich Vertretungsbefugnis, können sie auch nur gemeinschaftlich die Prokura erteilen. Ein rechtsgeschäftlicher Vertreter kann dagegen nie, auch nicht aufgrund Spezialvollmacht, Prokura erteilen.[44] Zur Sonderproblematik der gemischten Gesamtvertretung zwischen einem Prokuristen und einem gesetzlichen Vertreter → Rn. 90 ff.

17 **2. Inhaber.** Inhaber ist der, **in dessen Namen** das Unternehmen betrieben wird. Ist der Inhaber selbst nicht handlungsfähig, weil es sich um eine Gesellschaft oder eine nicht geschäftsfähige natürliche Person handelt, so tritt für die Prokuraerteilung der gesetzliche Vertreter an die Stelle des Inhabers. Inhaber iSd § 48 Abs. 1 ist daher nur der **handlungsfähige Inhaber.**

18 Daher kommen als erteilungsberechtigte Inhaber grundsätzlich nur **handlungsfähige natürliche Personen** in Betracht. Erteilungsberechtigter Inhaber ist vor allem der Einzelkaufmann, aber auch eine natürliche Person als Vollrechtstreuhänder. Hält man mit der hM[45] eine vollrechtstreuhänderische Testamentsvollstreckung (Treuhandlösung – Amtstreuhänderschaft) für zulässig,[46] wäre auch der Testamentsvollstrecker Inhaber, der die Prokura erteilen kann.[47] In einem solchen Fall wäre zugleich der Erbe als Inhaber ausgeschlossen. Erteilungsberechtigt wäre der Testamentsvollstrecker ferner nach der echten Testamentsvollstreckerkonzeption, hier als gesetzlicher Vertreter des Erben.[48] Nach der Vollmachtskonzeption hingegen, bei der der Erbe den Testamentsvollstrecker bevollmächtigt, kann der Testamentsvollstrecker keine Prokura erteilen, da er weder Inhaber noch gesetzlicher Vertreter ist.[49] Ein gesetzlicher Nachlassverwalter handelt nach hM als amtlich bestelltes Organ zur Verwaltung des Nachlasses im eigenen Namen.[50] Er ist daher, wenn er ein zum Nachlass gehörendes Unternehmen fortführt, als zeitweiliger Inhaber iSd § 48 zur Prokuraerteilung befugt.[51] Ebenso ist der Nachlasspfleger als gesetzlicher Vertreter[52] des Erben zur Erteilung der Prokura befugt.[53] Auch ein im eigenen Namen auftretender Insolvenzverwalter ist Inhaber iSd §§ 48 ff. Zwar ist der Insolvenzverwalter nach der herrschenden Amtstreuhändertheorie[54] zwischen echtem Treuhänder (gleich Inhaber) und gesetzlicher Vertretung anzusiedeln. Im Sinne der §§ 48 ff. erscheint jedoch eine Behandlung als (zeitweiliger) Inhaber vorzugswürdig.[55] Nicht nur fehlt es angesichts des Handelns im eigenen Namen an der zu fordernden Begründung, den Insolvenzverwalter nicht als zeitweiligen Inhaber iSd §§ 48 ff. zu behandeln. Es ist auch angemessen, zwischen Insolvenzverwalter und Prokuristen das nur zwischen Inhaber und Prokuristen notwendige, besondere Vertrauen zu verlangen, welches zB beim Inhaberwechsel zum Erlöschen der Prokura führt (→ § 52 Rn. 30). Inhaber ist auch ein Vorerbe bis zum Eintritt der Nacherbschaft. Gleiches sollte auch für Nachlassverwalter gelten.[56]

---

[44] Staub/*Joost* Rn. 49; *U. Hübner* ZHR 143 (1979), 1 (4).

[45] BGHZ 12, 101 (102) = NJW 1954, 636; BGH NJW 1975, 54; Staub/*Oetker* § 1 Rn. 88; Oetker/*Körber* § 1 Rn. 99; EBJS/*Kindler* § 1 Rn. 90.

[46] → § 1 Rn. 57 ff. *(K. Schmidt)* mit Bevorzugung einer Einordnung als gesetzlicher Vertreter (→ Rn. 62).

[47] KG NJW 1959, 1086 (1088); Staub/*Joost* Rn. 18; *Muscheler,* Die Haftungsordnung der Testamentsvollstreckung, 1994, 422.

[48] *Dempewolf* DB 1956, 886 f.; Oetker/*Schubert* Rn. 21; Staub/*Joost* Rn. 18.

[49] *Kruse* DB 1956, 885; Oetker/*Schubert* Rn. 21; Staub/*Joost* Rn. 18; aA KG NJW 1959, 1086 (1088).

[50] MüKoBGB/*Küpper* BGB § 1975 Rn. 3; MüKoBGB/*Küpper* BGB § 1985 Rn. 2; Palandt/*Weidlich* BGB § 1985 Rn. 1; HK-BGB/*Hoeren* BGB § 1985 Rn. 2; diff. Staudinger/*Dobler,* 2016, BGB § 1985 Rn. 2 f.

[51] *Grooterhorst* Vollmachten im Unternehmen III 16; Staub/*Joost* Rn. 19.

[52] MüKoBGB/*Küpper* BGB § 1975 Rn. 3.

[53] EBJS/*Weber* Rn. 9; *Grooterhorst* Vollmachten im Unternehmen III 16; Staub/*Joost* Rn. 19.

[54] RGZ 29, 29; BGHZ 24, 393 (396) = NJW 1957, 1361; BGHZ 32, 114 (118) = NJW 1960, 1006; BGHZ 49, 11 (16) = NJW 1968, 300; BGHZ 88, 331 (333 f.) = NJW 1984, 739; speziell zur sog. neueren Vertretertheorie vgl. *K. Schmidt* KTS 1984, 345 (360 ff.).

[55] Ebenso Oetker/*Schubert* Rn. 19.

[56] Oetker/*Schubert* Rn. 20.

Die **unternehmenstragende Erbengemeinschaft** ist, weil teilrechtsfähig und gegenüber den Erben verselbstständigt, selbst Unternehmensträger (→ § 27 Rn. 71).[57] Die Miterben sind infolgedessen nicht als Inhaber zur Erteilung der Prokura berechtigt, sondern aufgrund ihrer Eigenschaft als gesetzliche Vertreter iSd § 48 (→ Rn. 25). Problematisch ist der Fall eines von einer **Gütergemeinschaft** betriebenen handelsrechtlichen Unternehmens: Obwohl die Gütergemeinschaft nicht rechtsfähig ist, besteht doch ein Sondervermögen und wird der Betrieb des Unternehmens unter einer gemeinschaftlichen Firma mit dem Zusatz „in Gütergemeinschaft" für zulässig gehalten.[58] Nimmt man eine Inhaberschaft der Gütergemeinschaft an, so sind die Ehegatten als „gesetzliche Vertreter" zur Prokuraerteilung befugt; lehnt man die Rechtsträgerschaft der Gütergemeinschaft ab, sind sie als Inhaber zur Prokuraerteilung befugt. 19

Verliert eine natürliche Person als Inhaber ihre Verfügungsbefugnis (zB in der Insolvenz), so bedeutet dies bei Einsetzung eines im eigenen Namen handelnden Amtstreuhänders den zumindest zeitweisen Verlust der Inhaberstellung, in jedem Falle aber das Ende der Befugnis, Prokura zu erteilen. 20

Der Inhaber muss **geschäftsfähig** sein. Bei beschränkter Geschäftsfähigkeit bedarf es, da die Vollmachtserteilung richtiger Ansicht nach ein einseitiges Geschäft ist,[59] der vorherigen Einwilligung des gesetzlichen Vertreters. Nach § 1643 Abs. 1 BGB, § 1822 Nr. 11 BGB ist zusätzlich die familiengerichtliche Genehmigung erforderlich. Entsprechendes gilt im Fall einer Betreuung gem. §§ 1896 ff., 1908i BGB und einer Vormundschaft gem. §§ 1773, 1822 Nr. 11 BGB. Ohne das vorherige Einverständnis ist die Prokuraerteilung unwirksam. Sie wird auch nicht durch die Eintragung in das Handelsregister geheilt.[60] 21

3. Gesetzliche Vertreter. Der Begriff des gesetzlichen Vertreters ist in einem weiten Sinne zu verstehen, sodass hierunter alle diejenigen fallen, die kraft Gesetzes, wenn auch teilweise aufgrund Bestellung, mit ihrer Vertretungsmacht im Namen des selbst zumindest nicht unbeschränkt handlungsfähigen Inhabers handeln, einschließlich der gesetzlichen Vertretungsorgane von Gesellschaften und anderen rechtsfähigen Verbänden. 22

Dies sind die Eltern, der Vormund als gesetzlicher Vertreter eines Minderjährigen, ein Betreuer für einen gem. § 1903 Abs. 1 BGB unter Einwilligungsvorbehalt stehenden Erwachsenen, die persönlich haftenden Gesellschafter einer Kommanditgesellschaft, offenen Handelsgesellschaft und KGaA, die Vorstandsmitglieder von AG, VVaG und Genossenschaft, die Geschäftsführer von GmbH und EWIV. Gesetzliche Vertreter in diesem Sinne sind auch die Liquidatoren.[61] 23

Gleiches gilt für den **Testamentsvollstrecker** nach der sog. Testamentsvollstreckerkonzeption, nach der er den Erben ohne rechtsgeschäftliche Bevollmächtigung kraft der angeordneten Testamentsvollstreckung ähnlich einem gesetzlichen Vertreter vertreten können soll.[62] Auch ein Nachlasspfleger, der zulässigerweise[63] ein zum Nachlass gehörendes Unternehmen führt, ist als gesetzlicher Vertreter zur Prokuraerteilung befugt.[64] 24

---

[57] *K. Schmidt* NJW 1985, 2785 (2788); *K. Schmidt* HandelsR § 4 Rn. 25 f.; *Hohensee* Die unternehmenstragende Erbengemeinschaft, 1994, 172 f.; Soergel/*Wolf* BGB § 2032 Rn. 5 ff.; aA – Miterben als Inhaber – BGHZ 30, 391 (396) = NJW 1959, 2114; KG HRR 1939, Nr. 1472; OLG Stuttgart WM 1976, 700 (702); Staub/*Joost* Rn. 7; *Beuthien* FS Fischer, 1979, 1, 5 f.

[58] BayObLG NJW-RR 1992, 33; *Gernhuber/Coester-Waltjen,* Familienrecht, 6. Aufl. 2010, § 38 II 9 f., 444; Staudinger/*Thiele,* 2018, BGB § 1416 Rn. 16; Staub/*Brüggemann* § 1 Rn. 47 f.

[59] MüKoBGB/*Spickhoff* BGB § 111 Rn. 10; Staudinger/*Schilken,* 2019, BGB § 167 Rn. 10 ff.; Soergel/*Hefermehl* BGB § 111 Rn. 2; RGRK-BGB/*Krüger-Nieland* BGB § 111 Rn. 3; aA *Müller-Freienfels,* Die Vertretung beim Rechtsgeschäft, 1955, 243 ff.: zweiseitiges Geschäft.

[60] RGZ 127, 153; *Grooterhorst* Vollmachten im Unternehmen III 6; Röhricht/Graf v. Westphalen/Haas/*Wagner/Wöstmann* Rn. 13; KKRD/*Roth* Rn. 3.

[61] Staub/*Joost* Rn. 13; Oetker/*Schubert* Rn. 22.

[62] Vgl. KG KGJ 41 (1912), 75 (76); LG Neisse LZ 1907, Sp. 236 f.; *Bondi* ZBH 1926, 311; *Düsterdieck* ZBH 1927, 112; *Dempewolf* DB 1955, 889; *Dempewolf* DB 1956, 886 f.; Staub/*Joost* Rn. 17; EBJS/*Weber* Rn. 13.

[63] MüKoBGB/*Leipold* BGB § 1960 Rn. 64; BeckOK BGB/*Siegmann/Höger* BGB § 1960 Rn. 14.

[64] Staub/*Joost* Rn. 19; Heymann/*Teichmann* Rn. 14; EBJS/*Weber* Rn. 9; Schlegelberger/*Schröder* Rn. 7; *Walchshöfer* Rpfleger 1975, 381 (382); aA GroßkommHGB/*Würdinger* Rn. 3.

25 Bejaht man die Inhaberstellung der Erbengemeinschaft (→ Rn. 19), sind die **Miterben** als gesetzliche Vertreter iSd § 48 anzusehen.[65] Unabhängig davon ist umstritten, ob jeder Miterbe Einzelvertretungsmacht für die Prokuraerteilung haben soll (→ § 27 Rn. 72),[66] oder ob die Prokura zwar gemeinschaftlich erteilt wird, aber analog § 2038 Abs. 2 BGB, § 745 BGB die Mehrheit auch gegen den Willen Einzelner die Prokura erteilen kann,[67] oder ob stets ein gemeinschaftliches Handeln aller Miterben notwendig ist (→ § 27 Rn. 72 ff.).[68] Das Gesetz, das eine unternehmenstragende Erbengemeinschaft nicht bedacht hat, ist insoweit lückenhaft. Die Entscheidung sollte parallel zur Entscheidung über die analoge Anwendung des § 125 auf die unternehmerisch tätige GbR getroffen werden.

26 Bedarf ein gesetzlicher Vertreter zur Erreichung seiner Handlungsfähigkeit selbst eines gesetzlichen Vertreters, so ist Letzterer als gesetzlicher Vertreter des Inhabers iSv § 48 anzusehen (zB Geschäftsführer der Komplementär-GmbH als gesetzlicher Vertreter der GmbH und damit gesetzlicher Vertreter der GmbH & Co. KG). Generalbevollmächtigte (→ Vor § 48 Rn. 90 ff.; → Vor § 48 Rn. 96 ff.) und Prokuristen sind keine gesetzlichen Vertreter und können daher keine Prokura erteilen. Zum Sonderproblem der gemischten Gesamtvertretung zwischen Prokuristen und gesetzlichem Vertreter → Rn. 91 ff.

IV. Person des Prokuristen

27 **1. Personen.** Nur **natürliche Personen,** nicht auch juristische Personen können Prokurist werden.[69] Das hohe Vertrauen, das der Inhaber aufgrund der umfassenden und unbeschränkbaren Vertretungsmacht in einen Prokuristen haben muss, ist nur bei einer natürlichen Person möglich. Die Zulassung juristischer Personen würde einen Wertungswiderspruch zu § 52 Abs. 2 hervorrufen, der die Übertragung der Prokura verbietet. § 48 Abs. 1, wonach die Prokura nur unmittelbar durch den gesetzlichen Vertreter oder den Inhaber erteilt werden kann, könnte unterlaufen werden; denn es wäre Dritten, die die zum Prokuristen bestellte juristische Person kontrollieren, möglich, den gesetzlichen Vertreter auszutauschen, der für die juristische Person die Prokura ausübt. Wenn die Gegenansicht darauf verweist, dass juristische Personen sogar zum (umfassenderen) Generalbevollmächtigten bestellt werden können, vermag dies die Zulassung als Prokurist nicht zu rechtfertigen: Zum einen ist zweifelhaft, ob diese Ansicht zutreffend ist (→ Vor § 48 Rn. 100). Vor allem wäre es aber unter systematischen Gesichtspunkten noch eher hinzunehmen, wenn Widersprüche zwischen zwei Vollmachtsarten bestünden, als durch Zulassung juristischer Personen als Prokuristen innerhalb der Prokuraregeln einen Widerspruch zu erzeugen.

28 Der Prokurist muss **aus dem Unternehmen heraus** handeln;[70] er muss als Teil des Unternehmens erscheinen, was bei einem Anstellungsverhältnis, einer Gesellschafterstellung und einem familiär bedingten Gefälligkeitsverhältnis der Fall ist. Eine juristische Person kann diese Voraussetzung nicht erfüllen. Die Prokuraerteilung an einen organisatorisch nicht eingegliederten unternehmerisch selbstständigen Anwalt oder Makler ist ebenfalls unzulässig.

29 **2. Geschäftsfähigkeit.** Die Bestellung eines **Geschäftsunfähigen** ist nicht nur wegen § 105 BGB sinnlos, sondern gem. § 165 BGB unzulässig.[71] Denn mit ihm als Prokuristen

---

65 Vgl. Heymann/*Teichmann* Rn. 37.

66 *K. Schmidt* NJW 1985, 2785 (2789): organschaftliche Einzelvertretung.

67 OLG Stuttgart WM 1976, 700 (702); BFH NJW 1988, 1343 (1344); *Canaris* HandelsR § 9 Rn. 14 f.

68 Staub/*Joost* Rn. 50.

69 HM, KG NZG 2002, 48 f.; OLG Wien HS 8082; NZ 1976, 43; Staub/*Joost* Rn. 23; BeckOGK/*Schärtl* Rn. 149; Baumbach/Hopt/*Hopt* Rn. 2; Oetker/*Schubert* Rn. 23; Heymann/*Teichmann* Rn. 27; KKRD/*Roth* Rn. 4; HK/*Ruß* Rn. 3; *K. Schmidt* HandelsR § 16 Rn. 17; *Müller-Freienfels,* Die Vertretung beim Rechtsgeschäft, 1955, 64 Fn. 61; *Canaris* HandelsR § 12 Rn. 6; EBJS/*Weber* Rn. 15; Torggler/*Schopper*/*Trenker* UGB Rn. 9; aA *Walchshöfer* Rpfleger 1975, 381 (382); *Wasmann* BB 2002, 479; GroßkommUGB/*Torggler*/*Trenker* Rn. 56; *Beck* JA 2016, 969, 973.

70 Die §§ 48 ff. betreffen nur Vollmachten aus dem Unternehmen heraus (ausf. → Vor § 48 Rn. 25 ff.); wie hier Oetker/*Schubert* Rn. 2; BeckOGK/*Schärtl* Rn. 159.

71 Staub/*Joost* Rn. 22; Heymann/*Teichmann* Rn. 26; EBJS/*Weber* Rn. 15; *Hesselmann* GmbHR 1960, 157; aA Schlegelberger/*Schröder* Rn. 9; KKRD/*Roth* Rn. 5; *Beck* JA 2016, 969 (973).

würden die Interessen des Rechtsverkehrs, der die Geschäftsunfähigkeit möglicherweise nicht erkennen kann, erheblich gefährdet. Die Entbehrlichkeit einer erneuten Prokuraerteilung bei einem geheilten, vorher geschäftsunfähigen Prokuristen kann keine andere Entscheidung rechtfertigen.[72] In der **Geschäftsfähigkeit beschränkte Personen** können dagegen gem. § 165 BGB grundsätzlich wirksam vertreten und daher Prokuristen sein.[73] Dies ist zwar für die Prokura deshalb nicht ganz unproblematisch, weil es Fälle gibt, in denen ein Prokurist aufgrund der Prokurastellung haftet (zB c. i. c.-Vertreterhaftung wegen in Anspruch genommenen Vertrauens § 280 Abs. 1 BGB, § 311 Abs. 3 BGB, → Vor § 48 Rn. 106 ff.; Haftung gem. § 69 AO iVm §§ 35, 34 AO). Es erscheint jedoch möglich, diese Haftungen jeweils so zu begrenzen, dass sie nicht zu Lasten beschränkt Geschäftsfähiger wirken. Der Geschäftsherr kann nur bei Minderjährigen selbst entscheiden. In den Fällen des § 105a BGB entstehen hingegen Gefahren für den Inhaber. Für den Verkehr ergibt die Zulassung beschränkt Geschäftsfähiger eher Vorteile. De lege ferenda ist, entsprechend den Anforderungen für Geschäftsführer, dennoch die Notwendigkeit voller Geschäftsfähigkeit als Voraussetzung zu erwägen. De lege lata ist dies mangels Gesetzeslücke nicht möglich.

3. Personenverschiedenheit. a) Gesetzlicher Vertreter und Inhaber. Die Prokura 30 ist nach allgemeiner Ansicht grundsätzlich nicht mit der Stellung als gesetzlicher Vertreter oder Inhaber vereinbar. Eine Partei kraft Amtes (Insolvenzverwalter, Nachlassverwalter) hat eine umstrittene Zwischenstellung, doch ist die fehlende Prokurafähigkeit im Ergebnis unstreitig.

aa) Gesetzlicher Vertreter. *Joost*[74] führt die Unvereinbarkeit der Prokura mit der 31 Stellung als organschaftlicher Vertreter bzw. Inhaber darauf zurück, dass die Prokura funktionslos wäre, sofern der Betreffende bereits eine originäre (Inhaber) oder organschaftliche Handlungsbefugnis besitzt bzw. eine organschaftliche Befugnis geschaffen werden kann. Dem ist zuzustimmen. Prämisse ist allerdings, dass im Bereich der kaufmännischen Vertretung, insbesondere im Bereich der Prokura, ein allgemeiner Grundsatz besteht, wonach die Vertretungsmacht funktional sein muss und keine Überschneidungen zwischen verschiedenen Vertretungsmachten auftreten dürfen. Diese Prämisse ist zutreffend. Denn durch das Erfordernis der **vertretungsrechtlichen Funktionalität** jeder Vollmacht wird die Übersichtlichkeit über die vorhandenen Vertretungsverhältnisse gewahrt, was eine erhebliche Erleichterung des Handelsverkehrs darstellt (→ Vor § 48 Rn. 35). Andere erkennen das Gebot der Funktionalität nicht generell an, sondern ziehen Grenzen vor allem zum Schutz der Übersichtlichkeit der Vertretungsverhältnisse.[75] Zu Auswirkungen dieses ungeschriebenen Rechtssatzes auf die Gesamtvertretung → Rn. 75 ff., → Rn. 88.

Die Unvereinbarkeit der Prokura mit der Stellung als Vertretungsorgan gründet des 32 Weiteren darauf, dass Vertretungsorganen **öffentlich-rechtliche und unternehmerische Pflichten** sowie Pflichten gegenüber Dritten obliegen, die für jede in Ausübung der (gesetzlichen) Vertretungsmacht vorgenommene Tätigkeit gelten. Da derartige Pflichten häufig an die **gesetzliche Vertretungsmacht** anknüpfen, kann es nicht zulässig sein, dass sich ein gesetzlicher Vertreter dieser Pflichten dadurch entledigt, dass er zeitweise als rechtsgeschäftlicher Prokurist auftritt. Ähnliche Überlegungen stellt *Joost* an, wenn er in einer Reihe von Einzelfällen eine doppelte Kompetenz als gesetzlicher Vertreter und rechtsgeschäftlicher Prokurist nicht nur als funktionslos, sondern als **funktionswidrig** ansieht.[76] Eine solche doppelte Kompetenz besteht bei allen, die gem. § 48 befugt sind, als gesetzliche Vertreter Prokura zu erteilen: Bei allen gesetzlichen Vertretern, einschließlich der geschäftsführenden Verwalter und gesetzlichen Vertreter einer natürlichen Person, ist eine Prokura daher funkti-

[72] So aber zu diesem Beispiel KKRD/*Roth* Rn. 5 iVm KKRD/*Roth* § 54 Rn. 5.
[73] Staub/*Joost* Rn. 22; Heymann/*Teichmann* Rn. 26; Oetker/*Schubert* Rn. 23; *v. Gierke/Sandrock* HandelsR § 22 III 2, 351; Straube/Ratka/Rauter/*Schinko* UGB Rn. 21; aA EBJS/*Weber* Rn. 15; BeckOGK/*Schärtl* Rn. 150.
[74] Staub/*Joost* Rn. 38.
[75] GroßkommUGB/*Torggler/Trenker* Rn. 58.
[76] Staub/*Joost* Rn. 38 ff.; ähnlich auch *Beuthien* FS Kim, 1995, 127 (135 f.).

onswidrig. *Canaris*[77] will daher dem gesetzlichen Vertreter auch in seiner Tätigkeit als Prokurist intern die Pflichten als gesetzlicher Vertreter zuweisen, um die hier vorgetragenen Bedenken zu zerstreuen. Dies ist konsequent. Im Ergebnis wird dieser Ansatz den Unterschieden zwischen gesetzlicher und rechtsgeschäftlicher Vertretung, die im Gesetz verankert sind, aber nicht hinreichend gerecht. Daher erscheint die hier vorgeschlagene Lösung weiterhin vorzugswürdig. Schließlich würde die Parallelität von gesetzlicher und rechtsgeschäftlicher Vertretungsmacht zu Unklarheiten führen, die Verkehrsinteressen beeinträchtigen.[78]

33 **Organmitglieder** mit Einzelvertretungsmacht[79] können keine Prokura erlangen. Gleiches gilt für Organmitglieder mit Gesamtvertretungsmacht.[80] Zwar wäre die Prokura im letztgenannten Fall nicht funktionslos, sie wäre aber funktionswidrig, weil auch das nur gesamtvertretungsberechtigte Organmitglied umfassend Organmitglied ist, jede Vertretungshandlung somit organschaftlichen Pflichten unterfällt. Folglich ist die Prokura auch bei einzelvertretungsberechtigten[81] und lediglich gesamtvertretungsberechtigten[82] **persönlich haftenden Gesellschaftern** ausgeschlossen. Denn auch der persönlich haftende Gesellschafter handelt stets als gesetzlicher Vertreter mit entsprechender interner und externer Verantwortung, so dass daneben für eine rein rechtsgeschäftliche Vertretung kein Raum bleibt. Den von der Vertretung ausgeschlossenen persönlich haftenden Gesellschaftern[83] und **Kommanditisten**[84] kann dagegen Prokura erteilt werden, da eine Überschneidung mit der gesetzlichen Vertretung nicht in Betracht kommt.

34 Unabhängig davon, ob die **Miterben** Einzel- oder Gesamtvertretungsmacht haben, können sie, auch wenn man sie zu Recht nicht als Inhaber ansieht, entgegen der wohl hL[85] keine Prokuristen werden, da sie als Miterben bereits gesetzliche Vertreter sind.[86] Nur dem von der gesetzlichen Vertretung der Erbengemeinschaft ausgeschlossenen Miterben[87] könnte Prokura erteilt werden. Sähe man die Miterben allerdings als Inhaber an,[88] wäre die Erteilung der Prokura ebenfalls unzulässig.[89] Denn auch der (Mit-)Inhaber hat organisationsrechtliche

---

77 *Canaris* HandelsR § 12 Rn. 26.

78 Vgl. OGH GesRZ 2009, 357.

79 OGH GesRZ 2008, 110; LG Bremen NJW-RR 1998, 1332 f.; Staub/*Joost* Rn. 38; vgl. Heymann/*Teichmann* Rn. 32; Schlegelberger/*Schröder* Rn. 12; Baumbach/Hopt/*Hopt* Rn. 2; Straube/Ratka/Rauter/*Schinko* UGB Rn. 24; *K. Schmidt* HandelsR § 16 Rn. 22; Torggler/*Schopper/Trenker* UGB Rn. 10; aA *Canaris* HandelsR § 12 Rn. 6, 26; GroßkommUGB/*Torggler/Trenker* Rn. 65.

80 Wie hier: OGH GesRZ 2009, 357 (Beeinträchtigung der Verkehrsinteressen); OLG Wien NZ 1976, 43; BGHZ 64, 72 (75) = NJW 1975, 1117; Staub/*Joost* Rn. 39; Schlegelberger/*Schröder* Rn. 12; Straube/Ratka/Rauter/*Schinko* UGB Rn. 24; *Grooterhorst* Vollmachten im Unternehmen III 20; aA *Canaris* HandelsR § 12 Rn. 6; *K. Schmidt* HandelsR § 16 Rn. 22; *K. Schmidt* § 125 Rn. 10, 29; GroßkommHGB/*Habersack* § 125 Rn. 13; EBJS/*Weber* Rn. 20; Heymann/*Teichmann* Rn. 33; *Hochedliger* GesRZ 2008, 110; *Leupold* RdW 2008, 191; GroßkommUGB/*Torggler/Trenker* Rn. 66; Jabornegg/Artmann/*Strasser/Jabornegg* UGB Rn. 35 f.

81 Vgl. Staub/*Joost* Rn. 35; EBJS/*Weber* Rn. 18.

82 Ähnlich Staub/*Joost* Rn. 36: Die Regelung der Vertretungsmacht müsse der Gesellschafterversammlung vorbehalten bleiben; aA EBJS/*Weber* Rn. 20.

83 Vgl. BGHZ 30, 391 (397) = NJW 1959, 2114; *K. Schmidt* HandelsR § 16 Rn. 18; Staub/*Joost* Rn. 36; *Walchshöfer* Rpfleger 1975, 381 (382); EBJS/*Weber* Rn. 19; krit. Staub/*Joost* Rn. 36.

84 BGHZ 17, 392 (394) = NJW 1955, 1394; OLG Karlsruhe BB 1973, 1551; Staub/*Joost* Rn. 36; Schlegelberger/*Schröder* Rn. 12; EBJS/*Weber* Rn. 17; Heymann/*Teichmann* Rn. 34; *Walchshöfer* Rpfleger 1975, 381 (382); GroßkommUGB/*Torggler/Trenker* Rn. 62.

85 Baumbach/Hopt/*Hopt* Rn. 2; *Canaris* HandelsR § 9 Rn. 29; EBJS/*Weber* Rn. 22; *Oetker* HandelsR § 5 Rn. 16; KKRD/*Roth* Rn. 6.

86 Ebenso BGHZ 30, 391 (397) = NJW 1959, 2114; *K. Schmidt* NJW 1985, 2785 (2789); Oetker/*Schubert* Rn. 26; BeckOGK/*Schärtl* Rn. 152.3.

87 Ein vertraglicher Verzicht auf Geschäftsführung und Vertretung müsste, das handelsrechtliche Modell der unternehmenstragenden Erbengemeinschaft zu Ende gedacht, möglich sein.

88 So MüKoBGB/*Gergen* BGB § 2032 Rn. 47; Staub/*Joost* Rn. 28; Staudinger/*Werner*, 2010, BGB § 2032 Rn. 19.

89 KG KGJ 48 (1916), 127 (128 f.); JW 1939, 565 f. = HRR 1939 Nr. 313; HRR 1939, Nr. 1472; BGHZ 30, 391 (397 f.) = NJW 1959, 2114; BGHZ 32, 60 (67) = NJW 1960, 959; Oetker/*Schubert* Rn. 26; Schlegelberger/*Schröder* Rn. 12; GroßkommHGB/*Würdinger* Anm. 6; *Fischer* ZHR 144 (1980), 1 (9); *Walchshöfer* Rpfleger 1975, 381 (382); aA *Beuthien* FS Fischer, 1979, 1 (9 ff.); Staub/*Joost* Rn. 28; *Canaris* HandelsR § 9 Rn. 29.

und öffentlich-rechtliche Pflichten, denen er sich nicht durch Übernahme einer rechtsgeschäftlichen Vertretungsfunktion entziehen kann.

Die wohl noch hM[90] bejaht die Möglichkeit, dass der (einzelvertretungsberechtigte) **Geschäftsführer der Komplementär-GmbH Prokurist der GmbH & Co. KG** wird; Gleiches gilt für eine GmbH & Co. OHG. Aus heutiger Sicht ist dies sehr bedenklich, denn inzwischen ist allgemein anerkannt, dass den Geschäftsführer der Komplementär-GmbH organisationsrechtliche Pflichten unmittelbar gegenüber der GmbH & Co. KG treffen.[91] Folglich darf er sich diesen Pflichten nicht dadurch entziehen können, dass er in die Rolle eines rechtsgeschäftlichen Vertreters der Kommanditgesellschaft wechselt.[92] Im Übrigen wäre diese Vertretungsmacht auch funktionslos, da der einzelvertretungsberechtigte Geschäftsführer die Kommanditgesellschaft ohnehin umfassend vertreten kann.[93] **Prokuristen der Komplementärgesellschaft** können dagegen Prokuristen der Kommanditgesellschaft werden, da sie richtiger Ansicht nach nicht an der gesetzlichen Vertretungsmacht der Komplementär-GmbH partizipieren[94] und bei ihnen keine vergleichbare Konfliktlage besteht. 35

Insolvenzverwalter sind iSd § 48 entweder gesetzliche Vertreter oder sogar iSd §§ 48 ff. Inhaber (→ Rn. 18); ihnen kann daher keine Prokura erteilt werden.[95] Führt ein **Testamentsvollstrecker** ein Unternehmen als gesetzlicher Vertreter fort, was bei einer Vollstreckung nach der sog. Testamentsvollstreckerkonzeption anzunehmen ist (zu den erheblichen Zulässigkeitsbedenken → § 27 Rn. 23), so kann er nicht Prokurist werden.[96] Denn auch er ist intern an Pflichten gebunden, die er nicht durch eine isolierte rechtsgeschäftliche Vollmacht umgehen kann. 36

Auch der **gesetzliche Vertreter einer natürlichen Person** (Eltern, Vormund, Betreuer) kann nicht Prokurist werden.[97] Ob das Schutzbedürfnis des Minderjährigen vor unbeschränkten Vollmachten dies erfordert, ist fraglich. Zumindest aber darf sich auch der gesetzliche Vertreter einer natürlichen Person seiner besonderen internen Pflichtenbindung nicht durch den Wechsel in die Position eines rechtsgeschäftlichen Vertreters entziehen. 37

bb) Inhaber. Die erforderliche Personenverschiedenheit von Inhaber und Prokurist folgt auch daraus, dass im Falle von Personenidentität keine Vertretung eines anderen vorläge, die die Prokura als Rechtsfigur aber notwendig voraussetzt.[98] Außerdem unterfällt auch der Inhaber wie der gesetzliche Vertreter besonderen organisationsrechtlichen und öffentlich-rechtlichen Pflichten, denen er sich nicht durch einen Wechsel in die Rolle des Prokuristen entziehen darf.[99] 38

---

90 OLG Hamburg GmbHR 1961, 128 (129) m. zust. Anm. *Hesselmann*; BayObLG WM 1970, 333 f.; OLG Hamm DB 1973, 567; 1977, 1255 (1256); BayObLG DB 1980, 2232 f.; GK-HGB/*Schmidt* Rn. 14; aA OGH GesRZ 2008, 110; OGH GesRZ 2009, 357; EBJS/*Weber* Rn. 18; Heymann/*Teichmann* Rn. 36; Oetker/*Schubert* Rn. 30; Staub/*Joost* Rn. 42; BeckOGK/*Schärtl* Rn. 155.3; offengelassen von BGH Rpfleger 1977, 359.

91 Vgl. BGHZ 75, 321 = NJW 1980, 589; BGHZ 76, 320 (325) = NJW 1980, 1630; BGH NJW 1982, 2869; BGHZ 100, 190 (193) = NJW 1987, 2008; BGHZ 197, 304; OGH RdW 2017, 86; näher *Krebs*, Geschäftsführungshaftung bei der GmbH & Co. KG und das Prinzip der Haftung für sorgfaltswidrige Leitung, 1991, 26 f., 154 ff., 204 f.; *Schopper/Walch*, Österreichische Notariatszeitung 2016, 163 ff.

92 Vgl. allerdings den, dieses Problem beseitigenden, Ansatz von *Canaris* HandelsR § 12 Rn. 26; gegen diesen BeckOGK/*Schärtl* Rn. 157.

93 Insoweit ebenso Staub/*Joost* Rn. 38 ff.

94 Im Ergebnis ebenso OLG Hamm DB 1973, 567; Staub/*Joost* Rn. 38.

95 Im Ergebnis ebenso Staub/*Joost* Rn. 33; Schlegelberger/*Schröder* Rn. 12.

96 EBJS/*Weber* Rn. 16; KKRD/*Roth* Rn. 6; aA Staub/*Joost* Rn. 30.

97 Ebenso EBJS/*Weber* Rn. 16; Oetker/*Schubert* Rn. 25; Staub/*Joost* Rn. 25; Straube/Ratka/Rauter/*Schinko* UGB Rn. 24 aA bei Mitwirkung eines Pflegers und Zustimmung des Vormundschaftsgerichts Schlegelberger/*Schröder* Rn. 12; GroßkommUGB/*Torggler/Trenker* Rn. 60; Jabornegg/Artmann/*Strasser/Jabornegg* UGB Rn. 32.

98 Vgl. BGHZ 30, 391 (397 f.) = NJW 1959, 2114 zur Miterbenprokura bei Annahme der Inhaberstellung jedes einzelnen Miterben; Staub/*Joost* Rn. 28; vgl. auch die plastische Formulierung in des KG KGJ 48 (1916), 127 (129), wonach „niemand Herr und Diener des Geschäfts in einer Person sein kann".

99 Ebenso BeckOGK/*Schärtl* Rn. 151.

39 **Inhaber,** denen keine Prokura erteilt werden kann, sind zB der Einzelkaufmann, der Vorerbe bis zum Eintritt des Nacherbfalls; der Nacherbe ab Eintritt des Nacherbfalles,[100] der Testamentsvollstrecker nach dem Treuhandkonzept, weil er im eigenen Namen handelt[101] und der Insolvenzverwalter (→ Rn. 18, → Rn. 36). **Keine Inhaber** sind zB der stille Gesellschafter,[102] der Mehrheitsgesellschafter einer Kapitalgesellschaft[103] und der persönlich haftende Gesellschafter einer Personengesellschaft. Der Gemeinschuldner in der Insolvenz ist zwar kein handlungsbefugter Inhaber iSd § 48, aber seine Prokura ist mit dem Zweck der Insolvenz unvereinbar und daher unzulässig.[104] Für den, der mit der hM[105] die Miterben als Inhaber und nicht als gesetzliche Vertreter ansieht, müsste sich die Unzulässigkeit der Miterbenprokura aus der Inhaberstellung ergeben.[106]

40 **b) Prokura und Aufsicht.** Aufsichtsratsmitgliedern kann keine Prokura erteilt werden (§ 105 Abs. 1 AktG).[107] In Österreich ist dies nicht ausdrücklich geregelt, wird aber aus § 90 Abs. 1 S. 2 öAktG geschlossen.[108] Dies folgt aus der Interessenkollision zwischen einer Tätigkeit als Prokurist und als Aufsichtsführender über eben die gesetzlichen Vertreter, unter deren Aufsicht der Prokurist zu handeln hätte. Da es um bloße Konfliktvermeidung geht, ist diese Regelung nicht durchgängig zwingend.

41 So ist die Regelung des § 105 Abs. 1 AktG für freiwillige, aufgrund Gesellschaftsvertrags gebildete Aufsichtsräte dispositiv (§ 52 GmbHG). Für gem. § 1 Abs. 1 MitbestG 1976 zu bildende Aufsichtsräte ist sie zwar zwingend (§ 6 Abs. 2 MitbestG), doch ist gem. § 6 Abs. 2 S. 1 MitbestG die Wählbarkeit der Prokuristen als Arbeitnehmervertreter im Aufsichtsrat nur ausgeschlossen, wenn der Prokurist dem zur gesetzlichen Vertretung berufenen Organ unmittelbar unterstellt und zur Ausübung der Prokura für den gesamten Geschäftsbereich des Organs ermächtigt ist.[109]

42 Bei der **GmbH & Co. KG** ist problematisch, ob allein wegen der organisationsrechtlichen Trennung von KG und GmbH[110] ein Prokurist der KG Aufsichtsratsmitglied der GmbH sein darf.[111] Da grundsätzlich ein Interessenkonflikt zwischen dem Prokuristen der KG – als der Weisung des gesetzlichen Vertreters der GmbH Unterworfenen (Ausnahme: Komplementär-GmbH ohne Geschäftsführungskompetenz) – und dem den gesetzlichen Vertreter beaufsichtigenden Aufsichtsrat besteht, ist die Prokura bei der KG mit der Aufsichtsratsstellung bei der GmbH ebenso unvereinbar, als wenn es sich um ein- und dieselbe GmbH handelte.

V. Prokuraerteilung

43 **1. Die Erteilungserklärung. a) Einseitig empfangsbedürftige Willenserklärung.** Die Erteilung der Prokura ist eine einseitig empfangsbedürftige Willenserklärung

100 BGHZ 32, 60 (67) = NJW 1960, 959.
101 Vgl. Staub/*Joost* Rn. 30.
102 RGZ 142, 13 (16).
103 *K. Schmidt* HandelsR § 16 Rn. 18; Staub/*Joost* Rn. 34; Heymann/*Teichmann* Rn. 35.
104 Vgl. Staub/*Joost* Rn. 33; Schlegelberger/*Schröder* Rn. 12.
105 MüKoBGB/*Gergen* BGB § 2032 Rn. 47; Staub/*Joost* Rn. 28; Staudinger/*Löhnig,* 2016, BGB § 2032 Rn. 19.
106 BGHZ 30, 391 (397 f.) = NJW 1959, 2114; BGHZ 32, 60 (67) = NJW 1960, 959; Oetker/*Schubert* Rn. 26; Schlegelberger/*Schröder* Rn. 12; *Walchshöfer* Rpfleger 1975, 381 (382); *Reinicke* MDR 1960, 28 (29) aA trotzdem Staub/*Joost* Rn. 28.
107 Zu den Rechtsfolgen einer gesetzeswidrigen Bestellung vgl. *Kahler* BB 1983, 1382 f.; *Brox/Henssler* NJW 1967, 801 (802 ff.).
108 GroßkommUGB/*Torggler/Trenker* Rn. 69; Jabornegg/Artmann/*Strasser/Jabornegg* UGB Rn. 28; Torggler/*Schopper/Trenker* UGB Rn. 10.
109 Vgl. auch *Brox/Henssler* NJW 1967, 801.
110 Vgl. dazu *Krebs,* Geschäftsführungshaftung bei der GmbH & Co KG und das Prinzip der Haftung für sorgfaltswidrige Leitung, 1991, 31 ff.
111 So für freiwillige und mitbestimmte Aufsichtsräte *Grüter* BB 1979, 243 f. (245 f.); für Zulässigkeit: Staub/*Joost* Rn. 43.

unmittelbar durch den Inhaber bzw. gesetzlichen Vertreter des Handelsgeschäfts.[112] Auf diese Erklärung sind grundsätzlich die allgemeinen Regeln anwendbar. Unvereinbar mit § 50 Abs. 1 sind jedoch **Bedingung** und **Befristung** der Prokura;[113] sie – aber nicht die Bevollmächtigung – sind daher unwirksam (→ § 50 Rn. 5 ff.).

Nach der Konzeption des Gesetzes **bedarf es keiner Annahmeerklärung** des Prokuristen.[114] Deutlich wird dies an der Möglichkeit der Außenvollmacht. Insbesondere zum Schutz der Reputation desjenigen, dem ohne seinen Willen Prokura erteilt wurde, ist diesem **rechtsfortbildend** ein **Zurückweisungsrecht** zuzubilligen (→ § 52 Rn. 43). Die Zurückweisung hat durch ausdrückliche Erklärung gegenüber dem Inhaber bzw. dem gesetzlichen Vertreter oder gegenüber dem Handelsregister zu erfolgen. 44

b) Erklärungsempfänger. Eine Vollmacht kann durch Erklärung gegenüber dem zu Bevollmächtigenden (Innenvollmacht) oder gegenüber dem Dritten, dem gegenüber die Vertretung stattfinden soll (Außenvollmacht), erteilt werden (§ 167 Abs. 1 BGB, § 171 Abs. 1 Alt. 2 BGB). Dem Prokuristen wird in der Regel **Innenvollmacht** erteilt.[115] 45

Die Erteilung der **Außenvollmacht** kann durch **Erklärung an die Öffentlichkeit** erfolgen (§ 167 Abs. 1 BGB, § 171 BGB). Zu Recht nimmt die hM[116] an, dass in dem **Eintragungsantrag beim Handelsregister** eine solche Erklärung liegen kann. Das Handelsregister repräsentiert die Öffentlichkeit, so dass bereits der Antrag ihm gegenüber und nicht erst die Bekanntmachung[117] die Erklärung darstellt. Unerheblich ist daher, dass die Bekanntmachung durch das Handelsregister und nicht den Kaufmann erfolgt.[118] Dem Ausdrücklichkeitsgebot (→ Rn. 47) wird allerdings nur genügt, wenn gegenüber dem Register ausdrücklich klargestellt wird, dass der Eintragungsantrag nicht eine bereits bestehende Vollmacht deklariert, sondern durch ihn die Prokura erteilt wird.[119] Die Prokura kann durch Erklärung **gegenüber einem einzelnen Dritten** erteilt werden.[120] Dies stellt keine unzulässige Beschränkung der Wirkung der Prokura auf einen Einzelnen dar; vielmehr gilt die Prokura gegenüber allen als erteilt. 46

c) Ausdrücklichkeit der Erteilung. Die Prokura ist an keine besondere Form gebunden,[121] muss aber ausdrücklich erklärt werden. Dies dient der Rechtssicherheit und den Interessen des Kaufmanns. Ausdrücklich ist die Erteilung bereits dann, wenn der Wille, Prokura zu erteilen, eindeutig hervortritt; die Bezeichnung „Prokura" ist nicht zwingend erforderlich.[122] Die Notwendigkeit einer ausdrücklichen Prokuraerteilung schließt eine Bevollmächtigung durch konkludente Erklärung und insoweit auch eine **Duldungs-** und 47

[112] Heymann/*Teichmann* Rn. 38; Staub/*Joost* Rn. 45; Straube/Ratka/Rauter/*Schinko* UGB Rn. 20.

[113] Staub/*Joost* § 50 Rn. 9 f.; EBJS/*Weber* Rn. 24; Torggler/*Schopper/Trenker* UGB Rn. 13; Jabornegg/Artmann/*Strasser/Jabornegg* UGB Rn. 47.

[114] Staub/*Joost* Rn. 54; EBJS/*Weber* Rn. 23; Straube/Ratka/Rauter/*Schinko* UGB Rn. 20; Jabornegg/Artmann/*Strasser/Jabornegg* UGB Rn. 5, 7; aA GroßkommUGB/*Torggler/Trenker* Rn. 90 ff.; Torggler/*Schopper/Trenker* Rn. 13; BeckOK HGB/*Meyer* Rn. 21.

[115] Vgl. Staub/*Joost* Rn. 55; zur Prokuraerteilung durch letztwillige Verfügung vgl. Schlegelberger/*Schröder* Rn. 13.

[116] RGZ 133, 229 (232); vgl. RGZ 134, 303 (304 f.); BeckOGK/*Schärtl* Rn. 173.5; Schlegelberger/*Schröder* Rn. 13; GroßkommHGB/*Würdinger* Rn. 8; Straube/Ratka/Rauter/*Schinko* UGB Rn. 20; aA Heymann/*Teichmann* Rn. 39; BeckOK HGB/*Meyer* Rn. 28 f.

[117] So aber zB *v. Gierke/Sandrock* HandelsR § 22 III 4, 353; Straube/Ratka/Rauter/*Schinko* UGB Rn. 20. Die Bekanntmachung wird ab 2021 für die EU-Staaten nicht mehr Pflicht sein, was selbst bei etwaiger Beibehaltung in Deutschland dagegen sprechen würde.

[118] AA Staub/*Joost* Rn. 56, der als mögliche Erklärung an die Öffentlichkeit erst die Bekanntmachung ansieht.

[119] Abw. Staub/*Joost* Rn. 56 mit generellen Bedenken gegen die Erfüllung des Ausdrücklichkeitsgebotes.

[120] Staub/*Joost* Rn. 55; Schlegelberger/*Schröder* Rn. 13; *Canaris* HandelsR § 12 Rn. 5; EBJS/Weber Rn. 23; so auch schon vor Erlass des ADHGB Preußisches Obertribunal Bd. 33 (1859), 28; aA *Honsell* JA 1984, 17 (18); *v. Gierke/Sandrock* HandelsR § 22 III 3, 352; Heymann/*Teichmann* Rn. 39; Oetker/*Schubert* Rn. 32.

[121] Heymann/*Teichmann* Rn. 38; Staub/*Joost* Rn. 14; EBJS/*Weber* Rn. 24.

[122] Vgl. BGH WM 1956, 727 (728); *K. Schmidt* HandelsR § 16 Rn. 25; Staub/*Joost* Rn. 58; EBJS/*Weber* Rn. 24; Beispiel: „ab heute zeichnen Sie ppa", vgl. schon Art. 41 Abs. 2 Alt. 2 ADHGB.

Anscheinsprokura[123] aus. Eine **Rechtsscheinsvollmacht im Umfang der Prokura** bleibt möglich (zu den Rechtsfolgen der Eintragung einer nicht bestehenden Prokura → Rn. 54).[124] Zentraler Unterschied ist, dass insoweit § 50 Abs. 1 keine Geltung beansprucht.

48 **d) Wirksamwerden.** Die Prokuraerteilung wird mit dem Zugang beim Prokuristen (Innenvollmacht), wenn sie durch Mitteilung gegenüber einem einzelnen Dritten erteilt wird, durch Zugang bei diesem wirksam (§ 130 Abs. 1 S. 1 BGB). Bei Verlautbarung an die Öffentlichkeit ist die Möglichkeit der Kenntnisnahme ausreichend. Bei ausdrücklicher Prokuraerteilung durch Anmeldung zum Handelsregister (→ Rn. 46) ist die Eintragung im Handelsregister, also nicht erst die Bekanntmachung,[125] maßgeblich. Dies entspricht der stark reduzierten Bedeutung der Bekanntmachung, die ab 2021 nur noch optional von den EU-Mitgliedstaaten beibehalten werden kann. Im Übrigen ist die Eintragung im Handelsregister deklaratorisch.[126]

49 **2. Genehmigungserfordernisse. a) Gesellschaftsrechtliche Genehmigungserfordernisse.** Zur Bestellung eines Prokuristen bedarf es bei OHG und KG, sofern nicht Gefahr im Verzuge ist, der internen Zustimmung aller geschäftsführenden Gesellschafter (§ 116 Abs. 3 S. 1, § 161 Abs. 2). Bei der GmbH liegt die interne Befugnis für die Prokuraerteilung bei der Gesellschafterversammlung (§ 46 Nr. 7 GmbHG). Bei der Aktiengesellschaft kann durch Satzung oder Aufsichtsratsbeschluss dem Aufsichtsrat ein internes Zustimmungsrecht bei der Bestellung eingeräumt werden. Diese internen Zustimmungserfordernisse sind jedoch für die Prokuraerteilung nach außen grundsätzlich ohne Bedeutung.[127] Sie können aber für einen Missbrauch der Vertretungsmacht (→ Vor § 48 Rn. 73 ff.) relevant werden. Folglich sind sie auch vom Registergericht nicht zu prüfen.[128]

50 **b) Beschränkt geschäftsfähiger Unternehmensinhaber.** Ist der Inhaber des Unternehmens beschränkt geschäftsfähig, zB minderjährig, bedarf sein gesetzlicher Vertreter zur Erteilung der Prokura der **Genehmigung des Familiengerichts** (§ 1822 Nr. 11 BGB – Vormund, §§ 1915, 1822 Nr. 11 BGB – Pfleger, §§ 1643, 1705, 1822 Nr. 11 BGB – Eltern). Ohne die Genehmigung, die nicht nachgeholt werden kann (§ 1831 BGB), weil die Erteilung ein einseitiges Geschäft ist, ist die Erteilung unwirksam.[129] Die fehlende Genehmigung wird durch die Eintragung nicht geheilt.[130] Der Rechtsverkehr wird bei Eintragung und Bekanntmachung der Prokura im Handelsregister über § 15 Abs. 3 geschützt (→ § 15 Rn. 96).[131] Das Genehmigungserfordernis gilt auch, wenn ein Minderjähriger zum selbstständigen Betrieb eines Erwerbsgeschäfts ermächtigt ist (§ 112 Abs. 1 S. 1 und 2 BGB).

51 Das Genehmigungserfordernis besteht nicht, wenn der beschränkt Geschäftsfähige **haftender Gesellschafter** ist.[132] Denn § 1822 Nr. 11 BGB bezieht sich nur auf Fälle, in denen der Minderjährige Inhaber des Unternehmens ist.[133] Der Minderjährige wird hier über § 1629a BGB geschützt. Der erwachsene beschränkt Geschäftsfähige erhält keinen vergleich-

---

[123] Staub/*Joost* Rn. 57; *K. Schmidt* HandelsR § 16 Rn. 25; EBJS/*Weber* Rn. 24; Heymann/*Teichmann* Rn. 43.

[124] Vgl. Staub/*Joost* Rn. 57.

[125] So aber *v. Gierke/Sandrock* HandelsR § 22 III 4, 353; Straube/Ratka/Rauter/*Schinko* UGB Rn. 19; Staub/*Joost* Rn. 56.

[126] OGH RdW 2015, 94.

[127] RGZ 134, 303 (305) betr. Personengesellschaft; BGHZ 62, 166 (168) = NJW 1974, 1194 betr. GmbH; BGHZ 91, 334 (336 f.) = NJW 1984, 2085 betr. GmbH; *Grunsky* BB 1973, 194 (195); *Hesselmann* GmbHR 1960, 157; Staub/*Joost* Rn. 51 ff.; EBJS/*Weber* Rn. 10.

[128] BGHZ 62, 166 (169) = NJW 1974, 1194; Staub/*Joost* Rn. 53.

[129] RGZ 127, 153 (158); Staub/*Joost* Rn. 46.

[130] RGZ 127, 153 (158).

[131] AA RGZ 127, 153 (158 f.); Staub/*Joost* Rn. 46; Soergel/*Zimmermann* BGB § 1822 Rn. 45.

[132] BGHZ 38, 26 (30) = NJW 1962, 2344; Staub/*Joost* Rn. 47.

[133] Vgl. allg. zu §§ 1821 f. BGB RGZ 54, 278; 125, 380; BGHZ 55, 5 = NJW 1971, 375; speziell zu § 1822 Nr. 11 BGB Soergel/*Zimmermann* BGB § 1822 Rn. 45; MüKoBGB/*Kroll-Ludwigs* BGB § 1822 Rn. 68.

baren Sonderschutz. Ist ein Minderjähriger an einer ungeteilten Erbengemeinschaft beteiligt, bedürfte es einer Genehmigung, wenn man alle Erben als Inhaber ansieht;[134] betrachtet man richtigerweise die Erbengemeinschaft als Inhaber (→ Rn. 19), besteht kein Genehmigungserfordernis.

VI. Rechtsfolgen von Mängeln der Prokuraerteilung

1. Unwirksamkeit der Prokuraerteilung. Eine Prokura entsteht trotz Erteilung 52
nicht, wenn sie **nicht vom** handlungsfähigen **Inhaber** bzw. gesetzlichen Vertreter oder für ein **nicht prokurafähiges Unternehmen** oder wenn sie einer **Person** erteilt wird, die **nicht prokurafähig** ist oder eine Position innehat, die mit der Prokura nicht vereinbar ist. Die Prokuraerteilung ist auch unwirksam, wenn sie den Anforderungen an die **Erteilung** nicht genügt. Bei unzulässiger **Bedingung** oder **Befristung** ist die Prokura selbst wirksam, während Bedingung bzw. Befristung unwirksam sind. Denn diese sind nicht § 48, sondern § 50 zuzuordnen. Ein anderes Ergebnis würde den von § 50 beabsichtigten Verkehrsschutz vereiteln. Dies gilt auch, wenn die Prokura gleich mit einer Vielzahl unzulässiger Beschränkungen versehen ist.[135]

2. Keine Heilung. Eine unwirksame Prokuraerteilung kann nicht geheilt werden. Die 53
Eintragung in das Handelsregister ist rein **deklaratorisch.**[136] Möglich ist allerdings, dass in einer Anmeldung zugleich auch die Prokuraerteilung liegt (→ Rn. 46). Eine Heilung kommt auch bei einer nachträglichen Genehmigung durch den Inhaber oder das Familiengericht nicht in Betracht. Derartige „Genehmigungen" können jedoch eine dem Ausdrücklichkeitsgebot genügende Neuerteilung[137] bzw. – beim Familiengericht – eine vorherige Zustimmung für eine Neuerteilung enthalten.[138]

3. Verkehrsschutz. Bei einer eingetragenen, aber unwirksamen oder unrichtig 54
bekannt gemachten Prokura erfolgt der Verkehrsschutz durch § 15 Abs. 3, während beim Erlöschen der Prokura der Schutz über § 15 Abs. 1 gewährt wird. Die Gesellschaft wird bei erteilter und bekannt gemachter Prokura durch § 15 Abs. 2 geschützt. Daher kann zB die **Kündigung eines Arbeitnehmers** durch einen eingetragenen Einzelprokuristen nicht gem. § 174 S. 1 BGB zurückgewiesen werden.[139] **Duldungs- und Anscheinsprokura** sind mit dem Gebot der Rechtssicherheit und Rechtsklarheit, dem die Notwendigkeit ausdrücklicher Prokuraerteilung dient, nicht vereinbar.[140] Eine Rechtsscheinsvollmacht mit dem Umfang der Prokura ist dagegen anzuerkennen.[141] Dem Verkehrsschutz sind ebenfalls die Fälle der Prokuraerteilung durch einen **Kaufmann kraft Eintragung** (§§ 2, 3, 5) zuzurechnen, wobei die Prokura wirksam ist, da der Inhaber als Kaufmann gilt. Soweit eine Person, die – ohne Kaufmann zu sein – als solcher auftritt, sich nach der sog. **Lehre vom Scheinkaufmann** als Kaufmann behandeln lassen muss, muss sie gegenüber Gutgläubigen eine von ihr ausdrücklich erteilte „Prokura" als Rechtsscheinsvollmacht mit dem Umfang der Prokura gegen sich gelten lassen.[142]

---

134 Daher für Genehmigungserfordernis, RGZ 127, 153 (157); Staub/*Joost* Rn. 48.

135 AA Straube/Ratka/Rauter/*Schinko* UGB § 50 Rn. 1: keine wirksame Prokuraerteilung; ebenso *Tietz,* Vertretungsmacht und Vertretungsbefugnis im Recht der BGB-Vollmacht und der Prokura, 1990, 198 ff. für Bedingungen, die der Prokurist ausnahmslos einhalten muss.

136 Vgl. RGZ 127, 153 (159) = JW 1930, 1382 mAnm *Pinner*; Staub/*Joost* Rn. 60.

137 Vgl. BGH WM 1956, 727 (728); Staub/*Joost* Rn. 59.

138 RGZ 127, 153 (159).

139 Vgl. BAG AP BGB § 174 Nr. 9; zur alternativen Vorlage eines Handelsregisterauszuges gem. § 9 Abs. 2 vgl. RGZ 133, 229 (233); Staub/*Joost* Rn. 66.

140 Baumbach/Hopt/*Hopt* Rn. 1; *H. Hübner* FS Klingmüller, 1974, 173 (174); *Honsell* JA 1984, 17 (18).

141 Staub/*Joost* Rn. 65; *Canaris* HandelsR § 14 Rn. 14, 15 ff.; *Roth* HandelsR/GesR § 27 Rn. 634 ff.; *Drexl/Mentzel* Jura 2002, 275 (276).

142 Staub/*Joost* Rn. 6; *A. Hueck* ArchBürgR 43 (1919), 456; diff. *Canaris* HandelsR § 6 Rn. 23, 25; *Canaris* HandelsR § 12 Rn. 3; Schutz bei Rechtsschein der Prokura nur bei Personen, die sich gem. §§ 2, 3 hätten eintragen lassen können; richtiger Ansicht nach stellt sich in den Fällen, in denen der Scheinkaufmann sich nicht hätte eintragen lassen können, die Frage nach der Gutgläubigkeit des Rechtsverkehrs in besonderem Maße.

55 **4. Umdeutung.** Eine unwirksame Prokuraerteilung kann in eine **Generalhandlungsvollmacht** iSd § 54 umgedeutet werden (§ 140 BGB),[143] sofern dem nicht der Grund der Unwirksamkeit entgegensteht (Beispiele: Prokuraerteilung für ein nicht prokurafähiges Unternehmen,[144] Erteilung der Prokura durch einen rechtsgeschäftlichen Vertreter, stillschweigende Prokuraerteilung, fehlende Genehmigung des Familiengerichts). Der Umfang der umgedeuteten Vollmacht ist grundsätzlich der einer Generalhandlungsvollmacht, wobei die Geschäfte, die einer besonderen Erteilung bedürfen (§ 54 Abs. 2), mit Ausnahme der Grundstücksgeschäfte, zu der auch die Prokura nicht berechtigt hätte, mit umfasst sind, wenn die Prokura ausdrücklich erteilt wurde (→ § 54 Rn. 36). Im Falle der Prokuraerteilung an ein Aufsichtsratsmitglied ist eine Umdeutung meist nicht möglich, da auch eine Generalhandlungsvollmacht unzulässig und die Arthandlungsvollmacht, in die dann umzudeuten wäre, regelmäßig nicht bestimmbar ist.

VII. Rechtsstellung des Prokuristen im Übrigen

56 **1. Hierarchische Stellung des Prokuristen.** Die Prokura bezeichnet ausschließlich die **Vertretungsmacht nach außen.** Eine bestimmte Position innerhalb der Unternehmenshierarchie oder ein Mindestmaß an interner Geschäftsführungsbefugnis ist mit ihr rechtlich nicht verbunden.[145] In der **Praxis** ist sie hingegen verbreitet noch immer Ausdruck einer **hierarchischen Position** und gilt wohl immer noch als Statussymbol. Allerdings wird der Hierarchietitel Prokurist immer mehr durch moderne Titel wie „head of…" ersetzt. Sollte dies fortschreiten, sollte auch der am Vertretungsumfang anknüpfende Status stark sinken. Sollte die Wirtschaft, was vernünftig wäre, mit einer deutlichen Verringerung der Zahl der Prokuren einhergehen, könnten die indirekten Einschränkungen insbesondere durch den Missbrauch der Vertretungsmacht wieder gelockert werden.

57 Ursprünglich war der Prokurist realtypisch der hierarchische Stellvertreter des Einzelkaufmanns: sein alter ego; bei juristischen Personen war er auf der zweiten Führungsebene unmittelbar unter dem gesetzlichen Vertreter angesiedelt.[146] Im Laufe der Zeit ist die Prokura abgewertet worden. An die Stelle des Prokuristen ist der von der Wirtschaft neu geschaffene sog. **Generalbevollmächtigte** getreten. Der Prokurist ist bisweilen von der zweiten bis auf die fünfte Führungsebene abgestiegen (vgl. die bei Banken und Versicherungen verbreitete Hierarchiefolge: Vorstand, Generalbevollmächtigte, Bankdirektoren, Abteilungsdirektoren, Prokuristen). Auch sind Generalbevollmächtigte, die diesen Status auch im Anstellungsverhältnis haben, stets leitende Angestellte iSd § 5 Abs. 3 BetrVG, während bei Prokuristen zusätzlich erforderlich ist, dass „die Prokura auch im Verhältnis zum Arbeitgeber nicht unbedeutend ist" (§ 5 Abs. 3 S. 2 Nr. 2 BetrVG 1972).[147] Die Darlegungs- und Beweislast liegt dabei allerdings bei demjenigen, der die hinreichenden Führungsaufgaben bezweifelt.[148]

58 **2. Das der Prokura zugrunde liegende Rechtsverhältnis.** Seit *Laband*[149] hat sich die Trennung zwischen Vertretung und zugrunde liegendem Rechtsverhältnis durchgesetzt (→ Vor § 48 Rn. 6; → Vor § 48 Rn. 43 ff.). Das zugrunde liegende Rechtsverhältnis ist in der Regel ein arbeitsrechtliches Anstellungsverhältnis, so dass der Prokurist Handlungsgehilfe iSd §§ 59 ff. ist. Er kann jedoch auch aufgrund eines Auftrags (zB als Familienangehöriger des Inhabers), eines freien Dienstvertrags oder als Gesellschafter auf gesellschaftsrechtlicher Grundlage tätig sein. Letzteres ist nicht schon der Fall, wenn der Prokurist

143 Vgl. Staub/*Joost* Rn. 62 f., auch zur Unzulässigkeit einer Umdeutung in eine bürgerlich-rechtliche Vollmacht; für Umdeutung in BGB Vollmacht hingegen Oetker/*Schubert* Rn. 10.

144 RGZ 72, 119 (123) für Handelsgesellschaft in Liquidation; zur Prokurafähigkeit der Liquidationsgesellschaft → Rn. 11.

145 Vgl. Staub/*Joost* Rn. 136 f.

146 Für noch realtypisch hält dies Staub/*Joost* Rn. 136.

147 Zu den Anforderungen an die interne hierarchische Stellung näher BAG DB 1995, 1333; LAG Hamm BeckRS 2008, 50463; GK-BetrVG/*Raab* § 5 Rn. 189 ff.; *Wlotzke* DB 1989, 111 (119).

148 BAG AP BetrVG 1972 § 5 Nr. 37 = DB 1988, 2003 f.; LAG Hamm BeckRS 2008, 50463.

149 ZHR 10 (1866), 183 (203 ff.).

gesellschaftsvertraglich einen Anspruch auf die Prokura hat. In aller Regel wird – auch aus steuerlichen Gründen – selbst dann ein Anstellungsvertrag geschlossen, der das unmittelbar der Prokura zugrunde liegende Rechtsverhältnis begründet. In jedem Fall muss der Prokurist „aus dem Unternehmen heraus" handeln (→ Vor § 48 Rn. 25 ff.).

Ist der Prokurist, wie meist, **Handlungsgehilfe,** unterliegt er grundsätzlich den allgemeinen arbeitsrechtlichen Regelungen wie dem arbeitsrechtlichen Direktionsrecht des Arbeitgebers und dem Kündigungsschutz. Sein Sozialschutz ist entsprechend eingeschränkt, wenn er leitender Angestellter ist (§ 5 Abs. 2 S. 2 Nr. 2, 3 BetrVG): So fällt er dann zB nicht mehr in den normativen Anwendungsbereich eines Sozialplans, weshalb ihm dieser nur im Einzelfall aufgrund einer vertraglichen Erweiterung des Anwendungsbereichs zugutekommen kann.[150] Ist der Prokurist leitender Angestellter und[151] intern zur selbstständigen Einstellung und Entlassung von Arbeitnehmern befugt, ist sein Kündigungsschutz gem. § 14 Abs. 2 KSchG insoweit eingeschränkt, als der Arbeitgeber die uneingeschränkte Möglichkeit eines Auflösungsantrages gem. § 9 Abs. 1 S. 2 KSchG hat. Zur Auswirkung der Nichterfüllung oder des Widerrufs der Prokura auf eine Möglichkeit zur Kündigung aus § 626 BGB → Rn. 65. Als Handlungsgehilfe partizipiert der Prokurist auch an dem rechtsfortbildend entwickelten arbeitsrechtlichen Haftungsprivileg.[152] Die Prokura selbst führt nicht zu einer gesteigerten Treuepflicht;[153] diese kann nur aus der internen Geschäftsführungsmacht und der internen Übernahme von Verantwortung folgen.[154] Für Prokuristen ist ein nachvertragliches Wettbewerbsverbot nur gegen Entschädigung verbindlich (§ 74 Abs. 2).[155] Die für Organmitglieder erhobenen Bedenken gegen die (analoge) Anwendbarkeit des § 74 Abs. 2[156] bestehen nicht. 59

3. Anspruch auf Erteilung der Prokura. a) Undurchsetzbarkeit eines Prokuraversprechens. Aus einer vertraglichen Regelung im zugrunde liegenden Rechtsverhältnis (meist Dienstvertrag), in der dem Angestellten die Prokura zugesagt wird, kann nicht auf Erteilung der Prokura geklagt werden (zu den sonstigen Ansprüchen bei Nichterteilung der Prokura → Rn. 63 ff.).[157] Dies folgt aus der zwingenden Vorschrift des § 52 Abs. 1, wonach die **Prokura** „ohne Rücksicht auf das der Erteilung zugrunde liegende Rechtsverhältnis **jederzeit widerruflich**" ist. Jederzeitige Widerruflichkeit und Ausschluss eines Anspruchs auf Prokuraerteilung beruhen zum einen darauf, dass der Inhaber angesichts der Unbeschränkbarkeit der Prokura (§ 50 Abs. 1) vor einer Selbstentmündigung geschützt werden muss und zum anderen auf dem – angesichts der umfassenden Vertretungsmacht des Prokuristen unverzichtbaren – persönlichen Vertrauensverhältnis zwischen Inhaber und Prokurist (→ § 52 Rn. 1 f.).[158] Dies gilt auch, wenn zugunsten eines Dritten die Prokuraerteilung versprochen wird[159] oder wenn der Prokurist im Innenverhältnis keine Rechtsmacht haben soll.[160] Die Prokuraerteilung kann schließlich auch nicht über die Naturalrestitution mittels eines Schadensersatzanspruchs erzwungen werden.[161] 60

---

150 BAG WM 1979, 1130 (1132 ff.); Staub/*Joost* Rn. 142.

151 Der Begriff des leitenden Angestellten iSv § 14 Abs. 2 KSchG ist enger als derjenige des § 5 Abs. 3 BetrVG.

152 Zu dieser, speziell zur Aufgabe des Erfordernisses der gefahrgeneigten Arbeit, vgl. BAG NZA 1993, 547 ff.; DB 1994, 2096; BGH NZA 1994, 270 f.; *Richardi* NZA 1994, 241.

153 Missverständlich Staub/*Joost* Rn. 138.

154 Ebenso BAG AP BGB § 611 Haftung des Arbeitnehmers Nr. 60 mAnm *Schnorr v. Carolsfeld:* Einzelprokurist als alleiniger „Geschäftsführer" eines Einzelkaufmanns.

155 OLG Karlsruhe OLGZ 1987, 211 (213 ff.) = BB 1986, 2365 betr. Gesellschafterprokurist einer GmbH; Staub/*Joost* Rn. 139.

156 Vgl. BGHZ 91, 1 (3 ff.) = NJW 1984, 2366.

157 Vgl. RGZ 2, 30 (34); 27, 35 (37 ff.); BGHZ 17, 392 (394) = NJW 1955, 1394; BAG NJW 1987, 862 (863); Schlegelberger/*Schröder* § 49 Rn. 18; Heymann/*Teichmann* Rn. 44; Staub/*Joost* Rn. 68; Torggler/*Schopper/Trenker* UGB Rn. 13; Oetker/*Schubert* Rn. 36; *Grooterhorst* Vollmachten im Unternehmen III 22; aA ohne Begr. *Grunsky* BB 1973, 194 (195).

158 Vgl. BGHZ 17, 392 (394) = NJW 1955, 1394; Staub/*Joost* Rn. 68.

159 RGZ 27, 35 (37 ff.).

160 Vgl. BAG NJW 1987, 862 f.

161 BAG NJW 1987, 862 f.; Staub/*Joost* Rn. 76.

61 Mit der hM[162] ist bei einer **gesellschaftsvertraglichen Regelung,** mit der **zugunsten eines Gesellschafters** – in der Praxis meist eines geschäftsführenden Kommanditisten – ein Anrecht auf Prokura begründet wird, eine **Ausnahme** von dem ungeschriebenen Grundsatz der fehlenden Durchsetzbarkeit eines Prokuraversprechens zu machen. Diese Ausnahme rechtfertigt sich damit, dass der gesellschaftsvertragliche Anspruch sich nicht gegen die Gesellschaft, die analog § 52 Abs. 1 über die Prokura frei entscheiden können muss, sondern gegen die Mitgesellschafter auf Mitwirkung bei der Prokuraerteilung und damit auf einen internen Geschäftsführungsvorgang der Gesellschaft richtet. Ein solcher interner Vorgang ist von der Satzungsautonomie gedeckt, die es zB auch erlaubt, dem entsprechenden Gesellschafter das alleinige Bestimmungsrecht über die Zahl und die Personen aller Prokuristen einzuräumen und ihn dabei von § 181 BGB zu befreien (→ § 52 Rn. 3 f.).

62 **b) Auswirkung auf die Vergütung des Prokuristen.** Die Nichterteilung der Prokura berührt den Vergütungsanspruch grundsätzlich nicht (§ 52 Abs. 1),[163] selbst wenn die Vergütung unter Zugrundelegung der Prokura festgesetzt wurde. Eine ausdrückliche vertragliche Verknüpfung eines Lohnbestandteils mit der Prokura verstößt nicht gegen § 52 Abs. 1.[164] Hinsichtlich der Auswirkungen eines Widerrufs auf die Vergütung sind die allgemeinen arbeitsrechtlich modifizierten Regeln der Inhaltskontrolle gem. §§ 305 ff. BGB zu beachten (→ § 52 Rn. 19).[165]

63 **c) Sonstige Ansprüche des Prokuristen bei Nichterteilung der versprochenen Prokura.** Entgegen einer Mindermeinung[166] gebietet es die freie Widerruflichkeit der Prokura (§ 52 Abs. 1), aus der die Undurchsetzbarkeit eines Prokuraversprechens abgeleitet wird (→ Rn. 61) nicht, das Prokuraversprechen als gänzlich unbeachtlich bzw. die Nichterfüllung des Versprechens als gerechtfertigt anzusehen.[167] Aus der Trennung zwischen Prokura und zugrunde liegendem Rechtsverhältnis, die gerade in § 52 Abs. 1 bezüglich der Vergütung zum Ausdruck kommt, sowie aus dem beschränkten Zweck der freien Widerruflichkeit – nur Schutz der Entscheidungsfreiheit über die Person des Prokuristen – folgt vielmehr, dass nur die rechtliche Durchsetzbarkeit des Prokuraversprechens und ein wirtschaftlicher Druck, der die Durchsetzung der Erteilung faktisch ermöglichen würde, ausgeschlossen sind. Die Nichterfüllung des Prokuraversprechens kann daher grundsätzlich die Grundlage von andersartigen Ansprüchen sein.[168]

64 So ist das Recht des Arbeitnehmers, bei versprochener, aber nicht erteilter Prokura aus wichtigem Grund fristlos zu kündigen (§ 626 Abs. 1 BGB), anerkannt, wenn den Arbeitnehmer die Nichterteilung der Prokura unzumutbar diskriminiert.[169] Dies ist begrifflich zu eng. Ein wichtiger Grund ist anzunehmen, wenn die Prokura unternehmenstypisch mit einer bestimmten Hierarchieposition verbunden ist, in der sich der Arbeitnehmer befindet. Im Falle der abredewidrigen grundlosen Nichterteilung sowie des grundlosen Entzugs der Prokura steht dem Arbeitnehmer des Weiteren ein **Schadensersatzanspruch gem. § 628**

[162] RGZ 2, 30 (34 f.); 27, 35 (40 f.); RG SeuffA 94 (1940) Nr. 8; RGZ 163, 35 (36 ff.).; BGHZ 17, 392 (394 ff.) = NJW 1955, 1394; OGH NZ 1970, 102; OLG Celle EWiR 1986, 79 mAnm *Weipert;* Staub/*Joost* Rn. 70; Heymann/*Teichmann* Rn. 45; GroßkommUGB/*Torggler/Trenker* Rn. 99; Oetker/*Schubert* Rn. 37.

[163] Staub/*Joost* Rn. 72; *Weimar* MDR 1974, 720.

[164] BAG AP BertrAVG § 1 Nr. 12 Wartezeit mAnm *Blomeyer.*

[165] Grds. für Unwirksamkeit LAG Hamburg BeckRS 2014, 65060.

[166] Staub/*Joost* Rn. 77.

[167] Vgl. BAG AP BGB § 628 Nr. 5; BAG NJW 1987, 862 f.; ArbG Ludwigsburg BB 1973, 90; EBJS/*Weber* Rn. 32; Heymann/*Teichmann* Rn. 44; *Grunsky* BB 1973, 194 (195); GroßkommUGB/*Torggler/Trenker* Rn. 100; Oetker/*Schubert* Rn. 36.

[168] Vgl. BAG AP BGB § 628 Nr. 5; BAG NJW 1987, 862 f.; ArbG Ludwigsburg BB 1973, 90; EBJS/*Weber* Rn. 32; Heymann/*Teichmann* Rn. 44; *Grunsky* BB 1973, 194 (195); GroßkommUGB/*Torggler/Trenker* Rn. 100; Oetker/*Schubert* Rn. 36.

[169] RAGE 3, 281 (283); BAG AP BGB § 628 Nr. 5; offengelassen von BAG NJW 1987, 862 f.; Heymann/*Teichmann* Rn. 44; *Grooterhorst* Vollmachten im Unternehmen III 22; für einen wichtigen Grund auch Staub/*Joost* Rn. 73 f. unter Berufung darauf, dass für § 626 Abs. 1 BGB Rechtswidrigkeit nicht erforderlich ist.

Abs. 2 BGB zu.[170] Da insoweit Vertragsverletzungen vorliegen, kommen auch ohne Kündigung aus wichtigem Grund Schadensersatzansprüche aus § 280 Abs. 1 BGB in Betracht,[171] wobei allerdings nur selten ein Vermögensschaden gegeben sein wird.[172] Scheitert bereits der Abschluss des Anstellungsvertrags an der Nichteinlösung der Prokurazusage, können dem Arbeitnehmer Ansprüche wegen **c. i. c.** (§ 280 BGB, § 311 Abs. 2 BGB, § 241 Abs. 2 BGB) zustehen.[173] Hingegen scheiden **deliktische Ansprüche** regelmäßig mangels Verletzung eines Rechtsguts iSd § 823 Abs. 1 BGB aus.[174]

d) Verpflichtung zur Nichterteilung der Prokura. Da die freie Widerruflichkeit (§ 52 Abs. 1) nur vor den Gefahren der Prokura schützen soll, ist die Verpflichtung, jemanden nicht zum Prokuristen zu ernennen, ohne weiteres wirksam. Sie hat allerdings nur schuldrechtliche Wirkung und steht wegen der Unbeschränkbarkeit der Vertretungsmacht der Wirksamkeit der dennoch erteilten Prokura nicht entgegen.[175] 65

4. Prozessrechtliche Stellung. Der Prokurist ist rechtsgeschäftlicher Vertreter und daher als **Zeuge** und nicht als Partei zu vernehmen, selbst wenn er auch Gesellschafter ist.[176] 66

5. Verantwortlichkeit gegenüber der Allgemeinheit. Da der Prokurist kein gesetzlicher Vertreter ist, trifft ihn nicht die generelle Verantwortlichkeit für **Ordnungswidrigkeiten** des Unternehmens gem. § 130 Abs. 2 Nr. 1, 2 OWiG. Er ist nur verantwortlich, wenn er beauftragt ist, den Betrieb oder das Unternehmen ganz oder zum Teil zu leiten (§ 130 Abs. 2 Nr. 3 OWiG). Gleiches gilt für die Verletzung von **Straftatbeständen** durch das Unternehmen (§ 14 Abs. 2 StGB). Entgegen missverständlicher Formulierung knüpfen auch die **steuerrechtlichen Pflichten** der §§ 35, 34 AO, bei deren mindestens grob fahrlässiger Verletzung der Prokurist gem. § 69 AO haftet, nicht allein an die Vertreterstellung an, sondern setzen eine interne Kompetenzzuweisung oder eine Überschreitung der internen Pflichtenbindung durch den Prokuristen voraus.[177] Dennoch sprechen diese Pflichten dafür, de lege ferenda volle Geschäftsfähigkeit für Prokuristen zu verlangen (→ Rn. 29). 67

6. Zivilrechtliche Außenhaftung. Für ein **persönliches deliktisches Handeln** (zB § 823 Abs. 1 und 2 BGB, § 826 BGB) haftet der Prokurist dem Geschädigten unmittelbar, auch wenn er für das Unternehmen oder sogar in dessen Interesse gehandelt hat.[178] Allerdings kommt ein Befreiungsanspruch des Prokuristen gegen den Kaufmann nach arbeitsrechtlichen Grundsätzen in Betracht. Ist eine Straf- oder Ordnungswidrigkeitsnorm Schutzgesetz iSd § 823 Abs. 2 BGB und ist der Prokurist gem. § 14 Abs. 2 StGB, § 9 OWiG verantwortlich, kann auch ein **Unterlassen** die Haftung begründen.[179] Dies gilt auch im Rahmen von § 826 BGB, nicht aber bei § 823 Abs. 1 BGB. **Außerdeliktisch** haftet der Prokurist Dritten grundsätzlich nicht, solange er nur als Vertreter handelt. Überschreitet er jedoch seine Vertretungsmacht (§ 179 BGB) oder erzeugt er ein besonderes persönliches Vertrauen in seine Person (§ 311 Abs. 3 S. 2 BGB), dann kommt seine persönliche Ein- 68

[170] HM, RAGE 3, 281 (284 f.); BAG AP BGB § 628 Nr. 5; AP KSchG 1969 § 4 Nr. 8 mAnm *Wolf*; aA Staub/*Joost* Rn. 80.

[171] BAG AP KSchG 1969 § 4 Nr. 8 mAnm *Wolf*; *Grunsky* BB 1973, 194 (195); Schlegelberger/*Schröder* § 49 Rn. 18; vgl. Heymann/*Teichmann* Rn. 44; bei gesellschaftsvertraglicher Basis des Prokuraversprechens auch RGZ 2, 30 (35); 163, 35 (38); nur für diese Fälle Staub/*Joost* Rn. 75, 77.

[172] BAG AP KSchG 1969 § 4 Nr. 8 unter D mAnm *Wolf*; insoweit ebenso Staub/*Joost* Rn. 77.

[173] *Grunsky* BB 1973, 194 (195); aA Staub/*Joost* Rn. 78.

[174] ArbG Ludwigsburg BB 1973, 90; Staub/*Joost* Rn. 78.

[175] Vgl. OLG Koblenz GmbHR 1986, 430 (431 f.).

[176] RGZ 102, 328 (331); Staub/*Joost* Rn. 143; *Lepke* DB 1969, 1591 f. für Kommanditisten mit Prokura.

[177] BFH BB 2007, 1829; DB 1984, 2546 noch zur Vorgängerregelung des § 108 RAO; FG Saarland BeckRS 2006, 26023909; Staub/*Joost* Rn. 144.

[178] Vgl. zB BGH DB 1966, 336 f. zu § 826 BGB; zur Nichtanwendung der arbeitsrechtlichen Haftungsprivilegierung im Außenverhältnis vgl. BGHZ 108, 305 = NJW 1989, 3273.

[179] Zur Reichweite der generellen Gesamtverantwortung bei Aufgabenverteilung vgl. BGHSt 37, 106 = NJW 1990, 2560 (Erdal-Lederspray).

standspflicht in Betracht (→ Vor § 48 Rn. 106 ff.). Der Prokurist einer Vorgesellschaft fällt nicht unter die Handelndenhaftung der § 11 Abs. 2 GmbHG, § 41 Abs. 1 S. 2 AktG.[180]

VIII. Gesamtprokura

69 **1. Grundlagen. a) Verhältnis zur Einzelprokura.** Trotz der rechtstatsächlichen Dominanz der Gesamtprokura ist die Einzelprokura[181] rechtlich der Regelfall, dh die Notwendigkeit der Mitwirkung eines Zweiten muss sich aus der ausdrücklichen Prokuraerteilung ergeben.[182] Dies bedeutet jedoch nicht, dass der Rechtsverkehr bei einer nicht im Handelsregister eingetragenen[183] Gesamtprokura und einem Auftreten als Einzelprokurist geschützt wird.[184] Eine dem § 54 Abs. 3[185] vergleichbare Regelung existiert insoweit nicht. Der Schutz des Dritten wäre auch nicht angemessen, da die Gesamtprokura eine alternative Ausformung aber keine Einschränkung der Prokura ist (vgl. Wortlaut des Abs. 2). Es fehlt an einem Rechtsscheinsträger. Rechtstatsächlich ist die Gesamtprokura auch der Regelfall. Teilt das zu vertretende Unternehmen allerdings die Prokuraerteilung ohne einen Hinweis auf eine Erteilung als Gesamtprokura mit, wird man auf die Erteilung einer Einzelprokura vertrauen dürfen.

70 **b) Verhältnis zum allgemeinen Institut der Gesamtvertretung und Einordnung.** § 48 Abs. 2 lässt die Gesamtprokura zu, die einen Unterfall des allgemeinen Rechtsinstituts der Gesamtvertretung mit seinem Regelungsschwerpunkt bei der organschaftlichen Gesamtvertretung (vgl. insbes. § 35 Abs. 2 GmbHG; § 25 Abs. 1 GenG; § 78 Abs. 2 S. 1 AktG; § 106 Abs. 2 Nr. 4 HGB, § 107 HGB, § 125 Abs. 2–3 HGB, § 150 HGB; § 26 Abs. 2 S. 1 BGB; § 1629 Abs. 1 BGB) darstellt. Die Gesamtprokura wird ganz allgemein definiert als Prokuraerteilung an mehrere Personen gemeinschaftlich. Folglich können grundsätzlich die **allgemeinen Regeln** zur Gesamtvertretung **lückenfüllend** herangezogen werden,[186] weshalb es zB zur wirksamen Aktivvertretung grundsätzlich des gemeinschaftlichen Handelns der Gesamtprokuristen bedarf. Rechtsanalog zu den § 125 Abs. 2 S. 2, § 150 Abs. 2 S. 1 HGB, § 78 Abs. 4 AktG, § 25 Abs. 3 GenG kann jedoch einem Gesamtprokuristen durch die anderen Gesamtvertreter für **bestimmte Geschäfte Einzelvertretungsmacht** erteilt werden (näher → Rn. 100). Rechtsanalog zu den § 28 Abs. 2 BGB, § 1629 Abs. 1 S. 2 BGB, § 125 Abs. 2 S. 3, § 150 Abs. 2 S. 2 HGB, § 35 Abs. 2 S. 3 GmbHG, § 78 Abs. 2 S. 2 AktG, § 25 Abs. 1 S. 3 GenG, § 171 Abs. 3 ZPO sind die Gesamtprokuristen generell zur Empfangnahme von Erklärungen einzelvertretungsberechtigt (→ Rn. 103).[187] Ebenfalls entsprechend allgemeinen Regeln können die Erklärungen der Gesamtvertreter auch nacheinander abgegeben werden.[188]

71 Die Gesamtprokura ist keine Durchbrechung des § 50 Abs. 1, denn sie beschränkt nicht den sachlichen Umfang der Prokura, sondern stellt nur ein besonderes personales Erfordernis an die Ausübung der Prokura – eine persönliche Beschränkung – dar.[189] Daraus folgt, für den Fall einer **unzulässigen Gesamtprokura,** dass die Prokura **insgesamt unwirksam**

[180] BGHZ 66, 359 (361) = NJW 1976, 1685.
[181] Zur synonymen Verwendung der Begriffe Alleinvertretung und Einzelvertretung BGH NZG 2007, 519.
[182] BeckOGK/*Schärtl* Rn. 183.
[183] Bei einer eingetragenen und bekanntgegebenen Prokura muss der Dritte gem. § 15 Abs. 2 S. 1 die Erteilung als Gesamtprokura gegen sich gelten lassen.
[184] Staub/*Joost* Rn. 134; vgl. auch BGH NJW 1988, 1199 (1200) für gesamtvertretungsberechtigten Geschäftsführer.
[185] Entgegen der hM findet § 54 Abs. 3 auch nicht auf die Gesamtvertretungsmacht von Handlungsbevollmächtigten Anwendung, → § 54 Rn. 22.
[186] Staub/*Joost* Rn. 84; BeckOGK/*Schärtl* Rn. 177.2.
[187] Zur Prokura mit einem gesamtvertretungsberechtigten Geschäftsführer OLG Hamm BB 1983, 1303 m. krit. bzw. abl. Anm. *Bräutigam* BB 1983, 1629 und *Ziegler* Rpfleger 1984, 5.
[188] BeckOGK/*Schärtl* Rn. 186.
[189] So schon *v. Hahn,* Kommentar zum ADHGB, 4. Aufl. 1894, ADHGB Art. 51 § 5 zur Vorgängerregelung; vgl. auch Staub/*Joost* Rn. 87; Torggler/*Schopper/Trenker* UGB Rn. 16; GroßkommUGB/*Torggler/Trenker* Rn. 104.

ist[190] und nicht etwa eine Einzelprokura entsteht. Soweit es um die persönliche Beschränkung geht, unterfällt sie den allgemeinen Prokuraregeln, insbesondere dem Ausdrücklichkeitsgebot und der deklaratorischen Wirkung der Eintragung im Handelsregister.

c) Normzweck, Bedeutung. Die Gesamtprokura ist das zentrale Instrument zur Verhinderung fehlerhafter und missbräuchlicher Handlungen der Prokuristen (Vieraugenprinzip). Sie dürfte angesichts des weiten und unbeschränkbaren Umfangs der Prokura in der Praxis den Regelfall bilden. Sie dient, was bei der Auslegung des § 48 Abs. 2 zu berücksichtigen ist, ausschließlich dem Interesse des Kaufmanns[191] und bedeutet daher einen wesentlichen Einschnitt in den – ansonsten in den §§ 48 ff. im Mittelpunkt stehenden – Verkehrsschutz. Mehr noch als der Ausschluss der Grundlagengeschäfte aus dem Umfang der Prokura ist die Gesamtprokura Grund dafür, dass die Bezeichnung des Prokuristen als „alter ego des Kaufmanns" heute unzutreffend ist.[192] 72

2. Formen der Gesamtprokura. a) Echte Gesamtprokura. Alleiniger Gegenstand von § 48 Abs. 2 ist die echte Gesamtprokura im weiteren Sinne, dh die **gemeinschaftliche Vertretung durch mehrere Prokuristen.** Eine Unterform ist die **allseitige Gesamtprokura** (echte Gesamtprokura im engeren Sinne), bei der jeder Gesamtprokurist nur gemeinschaftlich mit allen anderen Gesamtprokuristen aktiv vertreten kann.[193] Unter einer **Gruppenprokura**[194] versteht man eine Prokura, bei der der einzelne einer größeren Zahl von Gesamtprokuristen nur mit einem bestimmten anderen oder einer bestimmten Gruppe von Gesamtprokuristen handeln kann. 73

Problematisch erscheint die ganz hM,[195] die die Zulässigkeit der **halbseitigen Gesamtprokura** zwischen einem Einzelprokuristen und einem Gesamtprokuristen bejaht, denn sie widerspricht dem Funktionalitätsgebot: Zwar kann der Gesamtprokurist nicht ohne den Einzelprokuristen, dieser kann aber jederzeit allein handeln. Die halbseitige Gesamtprokura erfüllt somit nicht die Funktion der Prokura, eine (zusätzliche) Vertretungsmöglichkeit im Umfang der Prokura zu schaffen. 74

Das Funktionalitätserfordernis wird als zwingendes Prinzip der handelsrechtlichen Vollmacht stillschweigend vorausgesetzt (näher → Vor § 48 Rn. 35 ff.), aber nicht konsequent beachtet. Mit ihm wird begründet, dass einem (einzelvertretungsberechtigten) gesetzlichen Vertreter nicht zusätzlich Prokura[196] und einem Einzelprokuristen nicht zusätzlich (eine nicht weitergehende) Handlungsvollmacht erteilt werden kann,[197] sowie dass die Bestellung eines allein lediglich passiv vertretungsberechtigten Gesamtprokuristen selbst bei beabsichtigter Bestellung eines weiteren Gesamtprokuristen unwirksam ist;[198] ebenso wird eine 75

---

190 Vgl. *Kötter* FS Hefermehl, 1976, 95, 101 f.

191 Vgl. Staub/*Joost* Rn. 83; *Kötter* FS Hefermehl, 1976, 75 f.

192 Vgl. hierzu, sowie zur historischen Entwicklung der Gesamtprokura *Kötter* FS Hefermehl, 1976, 75 ff.

193 Bei einer Vielzahl von Prokuristen kann diese Form der Gesamtprokura das Vieraugenprinzip nur unvollkommen verwirklichen, da die Möglichkeit besteht, sich jeweils den Mitprokuristen herauszusuchen, der am ehesten zur zweiten Unterschrift bereit ist.

194 Vgl. Heymann/*Teichmann* Rn. 52; Oetker/*Schubert* Rn. 48.

195 BGHZ 62, 166 (170 ff.) = NJW 1974, 1194; OGH GesRZ 1991, 49; OLG Neustadt DNotZ 1963, 760 Ls.; *K. Schmidt* HandelsR § 16 Rn. 43; Staub/*Joost* Rn. 94; BeckOGK/*Schärtl* Rn. 181.1; EBJS/*Weber* Rn. 40; Heymann/*Teichmann* Rn. 53; *Canaris* HandelsR § 12 Rn. 28; Oetker/*Schubert* Rn. 49; krit. *Krebs* ZHR 159 (1995), 635 (656 ff., 660); *Kötter* FS Hefermehl, 1976, 75 (99); *Beuthien/Harrer* DB 1995, 461 (462); *Harrer* RdW 1984, 34 (36); *Reinert,* Unechte Gesamtvertretung und unechte Gesamtprokura im Recht der Aktiengesellschaft, 1990, 119 ff.

196 HM, vgl. Staub/*Joost* Rn. 26; *K. Schmidt* HandelsR § 16 Rn. 22; Schlegelberger/*Schröder* Rn. 12; Baumbach/Hopt/*Hopt* Rn. 2; aA *Canaris* HandelsR § 12 Rn. 6.

197 Staub/*Joost* § 54 Rn. 17; Straube/Ratka/Rauter/*Schinko* UGB § 54 Rn. 3; Schlegelberger/*Schröder* § 54 Rn. 2; Heymann/*Teichmann* § 49 Rn. 22; GK-HGB/*B. Schmidt* § 54 Rn. 10; Baumbach/Hopt/*Hopt* § 54 Rn. 7.

198 HM, KG JW 1938, 876; OLG Hamm DNotZ 1968, 445 f. mAnm *Braun*; OLG Stuttgart Rpfleger 1969, 245; OLG Frankfurt DB 1973, 1234 mAnm *Lüdtke-Handjery* 2502; Staub/*Joost* Rn. 89; vgl. aber auch BGHZ 62, 166 (173 f.) = NJW 1974, 1194, wo aus registerökonomischen Gründen eine Eintragungsfähigkeit bejaht wurde.

gemischte Gesamtvertretung zwischen einem Prokuristen und dem Inhaber von der hM für unzulässig gehalten.[199]

76 Die Zulässigkeit der halbseitigen Gesamtprokura wird damit gerechtfertigt, dass (immerhin) eine passive Vertretungsmacht entstehe.[200] Diese entspricht jedoch gerade nicht dem vom Gesetz als unbeschränkbar ausgestalteten Umfang der Prokura und wird auch von demselben Autor bei der Erteilung einer isolierten Gesamtprokura ohne zweiten Gesamtprokuristen nicht für ausreichend gehalten.[201] Die Möglichkeit, dass der Gesamtprokurist verhandelt und sich für den Abschluss die Genehmigung des Einzelprokuristen holt,[202] betrifft das Phänomen der bloßen Verhandlungsvollmacht,[203] aber auch dies rechtfertigt keine neue Prokuraform. Zur Rechtfertigung der halbseitigen Gesamtprokura wird auch angeführt, dass der Vertretene ein berechtigtes Interesse an ihr haben könne, zB um eine interne Mitwirkungsbefugnis des Gesamtprokuristen für seinen Zuständigkeitsbereich anzuzeigen.[204] Dagegen ist einzuwenden, dass die Prokura nicht in erster Linie den Interessen des Vertretenen, sondern dem Verkehrsschutz dient. Aufgrund der einschneidenden Wirkung der Gesamtvertretungsmacht für den Verkehrsschutz bedarf es im Verhältnis zum Rechtsverkehr einer besonderen Rechtfertigung für die Ausdehnung der Gesamtprokura. Wenn die hM im Ergebnis ein innerorganisatorisches Bedürfnis als Rechtfertigung für eine Vertretungskonstruktion ausreichen lässt, missachtet sie die Trennung von Vertretung und zugrunde liegendem Rechtsverhältnis. Wie § 50 Abs. 1 zeigt, sollen für den Rechtsverkehr innerorganisatorische Beschränkungen außer Acht bleiben, so dass es nicht zulässig sein kann, allein deswegen unter Durchbrechung des Funktionalitätserfordernisses eine neue Vertretungsform zu schaffen. Im Übrigen ist die genannte innerorganisatorische Funktion – der Bekanntmachung besonderer interner Mitwirkungsbefugnisse des Prokuristen – nicht notwendiger oder auch nur überwiegend wahrscheinlicher Zweck dieser Konstruktion: Zumindest ebenso großes Gewicht hat der Wunsch des Vertretenen nach einer ungefährlicheren **Titularprokura** (Prokura ohne effektive Vertretungsmacht). Der innerorganisatorische Zweck der Konstruktion ist somit für den Verkehr nicht ohne weiteres zu erkennen.

77 **b) Gemischte Gesamtvertretung (unechte Gesamtprokura).** Als unechte Gesamtprokura (gemischte Gesamtvertretung) bezeichnet man die von § 48 Abs. 2 nicht geregelte Gesamtvertretung zwischen einem Prokuristen und einem Vertreter, dessen Vertretungsmacht auf einer anderen Grundlage beruht (zB gemeinschaftliche Vertretung mit einem gesetzlichen Vertreter). Konstruktiv geht es um die Analogiefähigkeit des Abs. 2.

78 **aa) Meinungsstand. Unbestritten zulässig** ist die **echte gemischte Gesamtvertretung** zwischen einem echten Gesamtprokuristen und einem echten gesetzlichen Gesamtvertreter. Der Prokurist ist „echt“, weil er auch mit einem anderen Prokuristen und der gesetzliche Gesamtvertreter ist „echt“, weil er auch mit einem anderen gesetzlichen Vertreter handeln kann. Beide sind also nicht auf diese gemischte Gesamtvertretung beschränkt. Nach heute hM sind zwei Fallgruppen (Klassen) der gemischten Vertretung zu unterscheiden: die **Bindung des gesetzlichen Vertreters an die Mitwirkung des Prokuristen,** die vom Gesetz in den § 125 Abs. 3 HGB, § 78 Abs. 2 AktG und § 25 Abs. 2 GenG geregelt sei, und die **Bindung des Prokuristen an die Mitwirkung des gesetzlichen Vertreters,**[205] die nicht geregelt, aber zulässig sei. Im erstgenannten Fall sollen Prokurist und gesetzlicher

[199] *Canaris* HandelsR § 12 Rn. 29; Schlegelberger/*Schröder* Rn. 20; GK-HGB/*B.Schmidt* Rn. 29; § 125 Rn. 33.
[200] Staub/*Joost* Rn. 94; Oetker/*Schubert* Rn. 49.
[201] Staub/*Joost* Rn. 89 mwN.
[202] Darauf stellen *K. Schmidt* HandelsR § 16 Rn. 43 f. und Oetker/*Schubert* Rn. 49 ab.
[203] Vgl. *Jung/Krebs,* Die Vertragsverhandlung, 2016, 413 f.
[204] BGHZ 62, 166 (171 f.) = NJW 1974, 1194; Staub/*Joost* Rn. 94 f.; *Canaris* HandelsR § 12 Rn. 28.
[205] Für Unzulässigkeit letzterer aber *Kötter* FS Hefermehl, 1976, 75 (95 ff., 100 f.); *Honsell* JA 1984, 17 (21); *Beuthien/Müller* DB 1995, 461 ff.

Vertreter die Gesellschaft im Umfang der Vertretungsmacht des gesetzlichen Vertreters,[206] im letztgenannten Fall im Umfang der Prokura vertreten können.[207] Für die hM ergeben sich verschiedene Kombinationsmöglichkeiten und damit erhebliche Rechtsunsicherheiten zumal die Terminologie keinesfalls klar ist.[208] Teilweise[209] wird versucht, dies durch Annahme der doppelseitigen Bindung als Regelfall zu entschärfen. Dadurch bestände nicht mehr die Unsicherheit, welche der beiden Formen der gemischten Gesamtvertretung vorliegt. Noch weiter[210] geht die Ansicht, die stets Vertretungsmacht im Umfang der gesetzlichen Vertretungsmacht bejaht. Konsequent, aber nicht mit dem geltenden Recht (zB der Anwendung des § 165 BGB) zu vereinbaren, ist die Ansicht, dass ein Prokurist im Rahmen einer gemischten Gesamtvertretung echtes Organ ist.[211]

Problematisch, aber anerkannt ist der Fall, dass der Prokurist nicht als echter Prokurist 79
allein oder mit einem anderen Prokuristen zusammen zur Ausübung der Prokura berechtigt ist: Zulässig sei die Beschränkung seiner Vertretungsmacht **ausschließlich** auf eine **gemischte Gesamtvertretung.**[212] Nach einer Meinung sei er in diesem Fall „Einzelprokurist mit Beschränkung".[213] Nach einer anderen Meinung sei er Gesamtprokurist, dem organschaftlichen Vertreter werde zusätzlich zu seiner organschaftlichen Vertretungsmacht Gesamtprokura erteilt.[214] Den gesetzlichen Vertreter von der gesetzlichen Vertretungsmacht auszuschließen und auf ein Handeln mit einem Prokuristen zu beschränken, soll dagegen unzulässig sein: Mangels gesetzlicher Vertretungsmacht sei er dann kein gesetzlicher Vertreter mehr, so dass es auch keine gemischte Gesamtvertretung geben könne.[215] Jede der möglichen Konstellationen der gemischten Gesamtvertretung zwischen Prokurist und gesetzlichem Vertreter soll im Übrigen ebenso für den gesetzlichen Einzelvertreter wie für den gesetzlichen Gesamtvertreter und für den Prokuristen möglich sein.[216] Eine **halbseitige gemischte Gesamtvertretung,** bei der auf einer Seite ein einzelvertretungsberechtigter gesetzlicher Vertreter (Prokurist) steht, dem ein gesamtvertretungsberechtigter Prokurist (gesetzlicher Vertreter) gegenüber steht, soll dementsprechend ebenfalls zulässig sein.[217]

---

[206] RGZ 134, 303 (305 ff.); BGHZ 13, 61 (64) = NJW 1954, 1158; BGHZ 62, 166 (170) = NJW 1974, 1194; BGHZ 99, 76 (81) = NJW 1987, 841; Staub/*Joost* Rn. 112; Schlegelberger/*Schröder* Rn. 7; *Canaris* HandelsR § 12 Rn. 24; Heymann/*Teichmann* Rn. 57; Baumbach/Hopt/*Hopt* § 49 Rn. 3; Oetker/Schubert Rn. 54; GroßkommUGB/*Torggler/Trenker* Rn. 114; Torggler/*Schopper/Trenker* UGB Rn. 20 betr. Organprokurist; *K. Schmidt* HandelsR § 16 Rn. 47; 3. Aufl. § 125 Rn. 42. AA vor der RG Entscheidung OLG Celle OLGE 27 (1913), 315 (316 f.); später OLG München HRR 1939 Nr. 839; 1941 Nr. 37; wohl auch OLG Hamm NJW 1971, 1369 (1371); ausf. *Reinert,* Unechte Gesamtvertretung und unechte Gesamtprokura im Recht der Aktiengesellschaft, 1990, 39 ff.; *Krebs* ZHR 159 (1995), 635 (645 ff.).

[207] BGHZ 99, 76 (78 ff.) = NJW 1987, 841; *Canaris* HandelsR § 12 Rn. 26; Baumbach/Hopt/*Hopt* § 49 Rn. 3; Staub/*Joost* Rn. 112; *Hackbarth* JuS 1994, 496 (498); Oetker/*Schubert* Rn. 54.

[208] Vgl. Oetker/*Schubert* Rn. 54.

[209] *Canaris* HandelsR § 12 Rn. 25; *Drexl/Mentzel* Jura 2002, 289 (291); *K. Schmidt* HandelsR § 16 Rn. 47.

[210] *K. Schmidt* HandelsR § 16 Rn. 47; *Heymann/Teichmann* Rn. 58; *Roth* HandelsR/GesR § 27 Rn. 633; vgl. auch *Canaris* HandelsR § 12 Rn. 26: Vermutung des Umfangs der gesetzlichen Vertretungsmacht.

[211] So *Köhl* NZG 2005, 197 (199 f.); *Fischer* WiB 1996, 921 (923 f.).

[212] BGHZ 99, 76 (78) = NJW 1987, 841; Staub/*Joost* Rn. 103; *Pabst* BB 1956, 1055 (1056); OGH EvBl. 1991/28; OLG Wien HS 9085; Straube/Ratka/Rauter/*Schinko* UGB Rn. 29; aA für Österreich früher *Wahle* ÖJZ 1948, 270; ihm folgend OGH HS 1156, 3034; vgl. auch *Harrer* RdW 1984, 34 ff.; ausf. gegen die hM *Reinert,* Unechte Gesamtvertretung und unechte Gesamtprokura, 1990, 119 ff.; vgl. auch *Beuthien/Müller* DB 1995, 461 (462 ff.); *Krebs* ZHR 159 (1995), 635 (660 f.).

[213] BayObLG WM 1970, 333; NJW 1971, 810 (811); Staub/*Joost* Rn. 96; *Beuthien/Müller* DB 1995, 461 ff. sehen dies als unvereinbar mit § 50 Abs. 1 an (→ § 50 Rn. 3).

[214] *Canaris* HandelsR § 12 Rn. 26; *Grooterhorst* Vollmachten im Unternehmen III 46.

[215] Vgl. Staub/*Joost* Rn. 104; *Pabst* BB 1956, 1055 (1056).

[216] Vgl. BGHZ 62, 166 (170) = NJW 1974, 1194; BGHZ 99, 76 (78) = NJW 1987, 841; OLG Stuttgart Rpfleger 1969, 245; OLG Hamm DB 1983, 1700 (1701); OLG Düsseldorf BB 1986, 2089; Staub/*Joost* Rn. 102; *K. Schmidt* HandelsR § 16 Rn. 51; *Canaris* HandelsR § 12 Rn. 24 ff.

[217] Vgl. BGHZ 62, 166 (170) = NJW 1974, 1194; BGHZ 99, 76 (79) = NJW 1987, 841; OLG Stuttgart Rpfleger 1969, 245; BB 1998, 2546 f. unter der Prämisse, dass der Hauptbevollmächtigte der deutschen Zweigniederlassung eines ausländischen Versicherungsunternehmens eine Art gesetzlicher Vertreter ist; *Canaris* HandelsR § 12 Rn. 28; Staub/*Joost* Rn. 103; EBJS/*Weber* Rn. 46; *Stötter* BB 1975, 767 (768); aA *Krebs* ZHR 195 (1995), 635 (660 f.); *Beuthien/Müller* DB 1995, 463; *Honsell* JA 1984, 17 (21).

80 Bei der **GmbH & Co. KG** soll die zulässige gemischte Gesamtvertretung zwischen dem Prokuristen der GmbH & Co. KG auf der einen und der GmbH als gesetzlichem Vertreter auf der anderen Seite bestehen.[218] Eine gemischte Gesamtvertretung zwischen dem Prokuristen der GmbH & Co. KG und dem gesetzlichen Vertreter der Komplementär-GmbH ist dagegen auch nach hM unzulässig.[219] Dies folgt aus der organisatorischen Trennung zwischen KG und GmbH, womit der gesetzliche Vertreter außenstehender Dritter ist.

81 Teilweise wird sogar die **gemischte Gesamtvertretung zwischen Prokurist und Inhaber** dergestalt für möglich gehalten, dass der Prokurist an die Mitwirkung des Inhabers gebunden ist.[220] Dass der „Inhaber" nicht sein eigener „Vertreter" sein könne, wird als rein begriffliches Bedenken abgetan.[221] Umgekehrt besteht Einigkeit darüber, dass sich der Inhaber nicht vertretungsrechtlich an den Prokuristen binden kann, auch nicht, indem er sich selbst zum Gesamtprokuristen bestellt.[222]

82 Eine gemischte Gesamtvertretung zwischen Prokurist und Handlungsbevollmächtigtem wird jedenfalls dann für unzulässig gehalten, wenn der Prokurist der Mitwirkung des Handlungsbevollmächtigten bedarf.[223] Die Rspr. begründet dies damit, dass die Handlungsvollmacht hinter der Prokura zurückbleibe, die gemeinschaftliche Vertretungsmacht folglich nur den Umfang der Handlungsvollmacht haben könne, was gegen § 50 Abs. 1 (Unbeschränkbarkeit der Prokura) verstoße. Nach anderer Begründung[224] soll diese Form der Vertretung daran scheitern, dass die Handlungsvollmacht nicht eintragungsfähig ist. Nicht ausgeschlossen ist damit, dass ein Gesamtprokurist neben seiner Gesamtprokura noch eine Gesamthandlungsvollmacht[225] hat.

83 Eine gemischte **Gesamtvertretung gemeinsam mit einem Vertreter mit sonstiger rechtsgeschäftlicher Vertretungsmacht** (BGB-Vollmacht) ist, wenn diese Vertretungsmacht nicht eintragungsfähig ist, nach allgemeiner Meinung unzulässig.[226] Teilweise[227] wird ausnahmsweise eine gemischte Gesamtvertretung zwischen dem Prokuristen und einem Hauptbevollmächtigten eines ausländischen Versicherungsunternehmens bzw. dem Geschäftsleiter der deutschen Zweigstelle eines ausländischen Kreditinstituts für zulässig gehalten, da beide einzutragen sind (§ 68 Abs. 2 S. 4 VAG). Jedoch handelt es sich bei diesen Vollmachten nach richtiger Ansicht nicht um BGB-Vollmachten, sondern entweder um Handlungsvollmachten iSd § 54 mit einer Erweiterung nach § 54 Abs. 2 oder eine Form von gesetzlicher Vertretung.[228]

---

218 Vgl. BayObLG WM 1970, 333; Schlegelberger/*Martens* § 161 Rn. 112; *Germer* BaWüNotZ 1986, 54 (56); *Grüter* BB 1979, 243 (245); *Stötter* BB 1975, 767 (769); Staub/*Joost* Rn. 101.

219 BGH WM 1961, 321 (322); OLG Hamburg GmbHR 1961, 128 mAnm *Kesselmann*; BayObLG WM 1970, 333 f.; NJW 1994, 2965; OLG Frankfurt NZG 2001, 222; *Germer* BaWüNotZ 1986, 54 (56); *Grüter* BB 1979, 243 (245); Staub/*Joost* Rn. 101.

220 OLG Hamm NJW 1971, 1369 (1370); LG Bremen NJW 1963, 2279; *Bärwaldt/U. Hadding* NJW 1998, 1103 ff.; Staub/*Joost* Rn. 97; BeckOGK/*Schärtl* Rn. 182.15; aA die h.M. OLG Frankfurt MDR 1973, 764 unter zutr. Berufung auf den Funktionalitätsgrundsatz; BayObLG NJW 1998, 1161; *Canaris* HandelsR § 12 Rn. 29; Schlegelberger/*Schröder* Rn. 20; EBJS/*Weber* Rn. 48; *Stötter* BB 1975, 767 (768); Heymann/*Teichmann* Rn. 59; *K. Schmidt* HandelsR § 16 Rn. 52; Baumbach/Hopt/*Hopt* Rn. 7; *Beuthien/Müller* DB 1995, 461 (464).

221 Vgl. Staub/*Joost* Rn. 97, allerdings im Widerspruch zu Staub/*Joost* Rn. 24, wenn er dasselbe Argument für die Unvereinbarkeit von Inhaberstellung und Prokuristenstellung heranzieht; zweifelnd *K. Schmidt* HandelsR § 16 Rn. 52.

222 OLG Hamm NJW 1971, 1369 (1370); LG Bremen NJW 1963, 2279; vgl. KG KGJ 48 (1916), 125 (126 f.); Staub/*Joost* Rn. 98.

223 Vgl. BGH WM 1961, 321 (322); BB 1964, 151; KG HRR 1940, Nr. 614; OLG München HRR 1941, Nr. 37; OLG Frankfurt Rpfleger 1976, 314; BeckOK HGB/*Meyer* Rn. 43.

224 Staub/*Joost* Rn. 106.

225 OLG München BeckRS 2011, 23050.

226 OLG Frankfurt Rpfleger 1976, 314 f.; Baumbach/Hopt/*Hopt* Rn. 7; EBJS/*Weber* Rn. 49; Staub/*Joost* Rn. 108.

227 OLG Stuttgart BB 1998, 2546; *Staub/Joost* Rn. 109.

228 So OLG Stuttgart BB 1998, 2546 f.: allein vertretungsberechtigtes Organ. Danach bestimmt sich dann auch die Zulässigkeit einer solchen Gesamtvertretungsmacht.

bb) Stellungnahme. Entgegen der ganz hM ist de lege lata **nur** die **echte gemischte Gesamtvertretung** als zusätzliche Vertretungsmacht zwischen dem echten Gesamtprokuristen (gemeinsame Ausübung mit anderen Gesamtprokuristen) und dem echten gesetzlichen Gesamtvertreter (gemeinsame Ausübung mit anderen gesetzlichen Gesamtvertretern) als zulässig **anzuerkennen** (→ Rn. 85):[229] Nur sie ist vom Reichsoberhandelsgericht 1873 rechtsfortbildend geschaffen[230] und vom Gesetzgeber zugelassen (§ 125 Abs. 3 HGB, § 78 Abs. 3 AktG, § 25 Abs. 2 GenG)[231] und für eintragungspflichtig erklärt worden (§ 125 Abs. 4). Dass die in diesen Normen geregelte echte gemischte Gesamtvertretung eine **zusätzliche Vertretungsmacht** beinhaltet, folgt daraus, dass „Prokuristen" bzw. „gesetzliche Vertreter" vorausgesetzt werden und diese Bezeichnungen nur zutreffen, wenn beide als solche vertretungsbefugt sind.[232] Alle anderen Formen werden letztlich nicht primär aus vertretungsrechtlicher, sondern aus Geschäftsführungssicht von der hM befürwortet. Das Vertretungsrecht hat aber nicht die Aufgabe jedem innerorganisatorischem Wunsch nach möglichem gemeinsamen Auftreten auch vertretungsrechtlich Bedeutung zu verleihen. 84

Was gesetzliche Vertreter anbelangt, hat der Gesetzgeber die **gemischte Gesamtvertretung lediglich für Gesamtvertreter** zugelassen. Dies ergibt sich für die Personengesellschaft aus § 125 Abs. 3 S. 1 („wenn nicht mehrere zusammen handeln"), der den ergänzenden Charakter der gemischten Gesamtvertretung im Vergleich zu einer Gesamtvertretung der gesetzlichen Vertreter hervorhebt.[233] Bei Aktiengesellschaft und Genossenschaft ist die Gesamtvertretung der gesetzliche Grundfall. Die gemischte Gesamtvertretung wird nur alternativ neben der Möglichkeit der Einzelvertretung zugelassen (vgl. § 78 Abs. 2 S. 1, Abs. 3 S. 1 AktG, § 25 Abs. 1 S. 1, Abs. 2 S. 1 GenG). Dass der Gesetzgeber nicht nur von gesetzlichen Gesamtvertretern, sondern auch von Gesamtprokuristen als Beteiligten ausging, folgt im Übrigen daraus, dass ihm die – vertretungsrechtlich funktionslose – halbseitige Gesamtvertretung zwischen Einzel- und Gesamtvertreter unbekannt war. 85

Alle anderen Arten der gemischten Gesamtvertretung stellen moderne Rechtsfortbildungen dar, deren Zulässigkeit davon abhängt, ob im Bereich der Prokura bzw. gesetzlichen Vertretungsmacht ein **Erfindungsrecht für neue Vollmachtsarten** besteht.[234] Auch wer die neuen Formen der Gesamtvertretung unter Beteiligung eines Prokuristen mit einer Analogie zu § 48 Abs. 2 rechtfertigt, sollte sich dieser Frage, wegen der Notwendigkeit einer Gesetzeslücke, stellen. Allein aus der Tatsache, dass diese Arten der Vertretung eintragungspflichtig sind (vgl. auch die ausdrückliche Regelung in § 106 Abs. 2 Nr. 4, § 107), folgt, dass ihre Zulassung nicht bereits von der allgemeinen Handlungsfreiheit gedeckt wird, sondern einer rechtsfortbildenden – und daher besonders zu rechtfertigenden – Erweiterung des grundsätzlich enumerativen Kreises eintragungspflichtiger Tatsachen bedarf.[235] In keinem der von der hM für zulässig erachteten Fälle wird die Rechtsfortbildung jedoch hinreichend begründet.[236] Zu kritisieren ist insbesondere die – nicht legitimierte – Erfindung des „Einzelprokuristen mit Beschränkung",[237] der nur zusammen mit einem gesetzlichen Vertreter handeln kann: einer Rechtsfigur, die dem Gesetz offensichtlich fremd ist. 86

---

229 *Krebs* ZHR 159 (1995), 635 (660 f.).

230 ROHGE 8, 337 (340 f.).

231 Für die GmbH folgt die Zulässigkeit aus einer Rechtsanalogie zu den genannten Vorschriften, vgl. auch BGHZ 99, 76 (78) = NJW 1987, 841.

232 Heute nur noch (teilweise) für den gesetzlichen Vertreter anerkannt, vgl. Staub/*Joost* Rn. 104; vgl. auch Heymann/*Teichmann* Rn. 56.

233 *Viehöfer/Eser* BB 1984, 1326 (1327) gegen OLG Hamm DB 1983, 1700.

234 So die hM, vgl. OGH EvBl. 1991/28; Staub/*Joost* Rn. 95 ff.; vgl. aber auch Staub/*Joost* Rn. 71; *Geitzhaus* GmbHR 1989, 229 (232); *Joussen* WM 1994, 273 (274); Straube/Ratka/Rauter/*Schinko* UGB Rn. 1.

235 Zur grds. Enumeration vgl. *K. Schmidt* HandelsR § 13 Rn. 8; *Canaris* HandelsR § 4 Rn. 10; speziell für die Schaffung neuer Vollmachtsarten *Kuttner* DR 1942, 1488; *Beuthien/Müller* DB 1995, 461 (464); *Beuthien* FS Kim, 1995, 126, 128 ff.

236 Deutlich Staub/*Joost* Rn. 95, der einräumt, dass es an einer überzeugenden dogmatischen Rechtfertigung fehlt und diese Vertretungsformen nicht durch § 48 Abs. 2 oder eine andere Norm gedeckt sind, der aber die Praxis dennoch für berechtigt hält, solche Vertretungsformen zu schaffen.

237 BayObLG WM 1970, 333; NJW 1971, 810 f.; OLG Hamm DNotZ 1968, 445 (446) mAnm *Braun*; OLG Frankfurt DB 1973, 1234 mAnm *Lüdtke-Handjery* DB 1973, 2502; Staub/*Joost* Rn. 96.

87 Die **Beschränkung auf wenige** zugelassene **Vertretungsarten** legitimiert sich für die Prokura und die gesetzliche Vertretungsmacht mit dem **Verkehrsschutz,** dem diese Vertretungsformen mit ihrer unbeschränkbaren Vertretungsmacht primär dienen. Auch bei einem Recht zur Erfindung neuer Vertretungskombinationen würden, wie die hM zeigt, notwendigerweise Zulässigkeitsgrenzen bestehen (→ Rn. 80 ff.), die jedoch für den Rechtsverkehr nicht ohne weiteres erkennbar sind. Insbesondere bei einer nicht eingetragenen gemischten Vollmacht führt die hM dazu, dass der Rechtsverkehr umfassende Überlegungen zur rechtlichen Zulässigkeit der konkreten Vollmachtsart anstellen muss, während sich die nach hier vertretener Auffassung zulässigen Vollmachtsarten unmittelbar aus dem Gesetz ergeben. Unter Zugrundelegung der **hM** kann sich der **Verkehr** auch über den **Umfang der Vertretungsmacht nicht sicher** sein, soll es eine gemischte Gesamtvertretung doch sowohl im Umfang gesetzlicher Vertretung als auch im Umfang der Prokura geben (→ Rn. 79).

88 Darüber hinaus bestehen **zusätzliche Bedenken gegen einzelne Vollmachtskombinationen:** So bedarf es einer halbseitigen gemischten Gesamtvertretung vertretungsrechtlich nicht, da keine echte aktive Vertretungsmacht geschaffen wird und für die handelsrechtliche Vertretung der Grundsatz besteht, dass eine Vertretung funktional im Sinne einer tatsächlichen Erweiterung der Vertretungsmöglichkeiten sein muss (→ Rn. 75 ff.; → Vor § 48 Rn. 35 ff.).[238] Bei der gemischten Gesamtvertretung zwischen Inhaber und Gesamtprokuristen sowie gesetzlichem Vertreter mit Einzelvertretungsmacht und Gesamtprokuristen entfällt das – ohnehin abzulehnende (→ Rn. 76) – für die Zulässigkeit der halbseitigen Gesamtvertretung angeführte Argument, man wolle ein internes Mitwirkungsrecht des Gesamtprokuristen bzw. das Vieraugenprinzip[239] dokumentieren.[240] Organisationsrechtlich ist ein Mitwirkungsrecht unzulässig; denn damit würde ein Angestellter an der den Organen vorbehaltenen internen Geschäftsführung notwendig beteiligt.[241] Die Bedenken sind so gravierend, dass trotz Begründungslast bei einem Abweichen von der Rechtsprechungspraxis[242] diese Praxis aufgegeben werden sollte.[243] Gänzlich abzulehnen ist die Meinung, der Prokurist sei im Rahmen der gemischten Gesamtvertretung echtes Organ,[244] denn damit wird der Boden des Gesetzes gänzlich verlassen.

89 Die grundlegende Unterscheidung der hM zwischen der Bindung des Prokuristen an die Mitwirkung des gesetzlichen Vertreters und der Bindung des gesetzlichen Vertreters an die Mitwirkung des Prokuristen war ursprünglich selbst nach Zulassung der halbseitigen gemischten Gesamtvertretung noch unbekannt.[245] Sie beruht wohl auf der Zulassung der halbseitigen Gesamtvertretung bei der Prokura und auf der – entgegen dem erklärten Willen des Gesetzgebers erfolgten, nicht zu rechtfertigenden (→ Rn. 92 ff.) – Zuweisung von Vertretungsmacht im Umfang eines gesetzlichen Vertreters in den gesetzlich geregelten Fällen gemischter Gesamtvertretung durch das RG.[246] Hierdurch entstand ein Bedürfnis für eine alternative Kombination mit einer Vertretungsmacht nur im Umfang der Prokura. Rechtsfolge der Erteilung einer unzulässigen Prokuraform oder Form der gemischten Gesamtvertretung ist ihre Unwirksamkeit.

---

238 Ähnlich wie hier *Reinert,* Unechte Gesamtvertretung und unechte Gesamtprokura, 1990, 122 f.; aA BeckOK HGB/*Meyer* Rn. 52.
239 So OLG Stuttgart BB 1998, 2546 f.
240 Vgl. BGHZ 62, 166 (170 f.) = NJW 1974, 1194; *Canaris* HandelsR § 12 Rn. 28.
241 So für die Beschränkung des Inhabers auch die hM, *Canaris* HandelsR § 12 Rn. 29; Schlegelberger/*Schröder* Rn. 20; *Walchshöfer* Rpfleger 1975, 381 (383); *Stötter* BB 1975, 767 (768); tendenziell auch *K. Schmidt* HandelsR § 16 Rn. 51; aA OLG Hamm NJW 1971, 1369 (1370); LG Bremen NJW 1963, 2279; *Pabst* BB 1956, 1055 (1056); Staub/*Joost* Rn. 97; für Zulässigkeit beim gesetzlichen Vertreter BGHZ 62, 166 (170) = NJW 1974, 1194; Staub/*Joost* Rn. 111; *Stötter* BB 1975, 767 (768); krit. hierzu *Kötter* FS Hefermehl, 1976, 75 (98 ff.); *Harrer* RdW 1985, 34 (36 ff.).
242 Vgl. *Krebs* AcP 195 (1995), 171 ff.
243 Für höhere Gewichtung der Kontinuität dagegen OLG Stuttgart BB 1998, 2546 f.
244 So *Köhl* NZG 2005, 197 (199 f.).
245 Vgl. OLG Dresden OLGE 28 (1913), 343 (344).
246 RGZ 134, 303 (305 ff.).

cc) Umfang der Vertretungsmacht in gesetzlichen Fällen gemischter Gesamtvertretung. Nicht ausdrücklich geregelt, aber von zentraler Bedeutung für die vom Gesetz zugelassene echte gemischte Gesamtvertretung und für die Zulässigkeit weiterer Formen der gemischten Gesamtvertretung ist der Umfang der Vertretungsmacht von gesetzlichem Vertreter und Prokuristen bei der **echten gemischten Gesamtvertretung.** 90

Das Reichsoberhandelsgericht,[247] das diese Art der Vertretung erstmals 1873 für zulässig erklärte, und der HGB-Gesetzgeber[248] sahen es als so selbstverständlich an, dass bei dieser Art gemischter Gesamtvertretung die **Vertretungsmacht nur im Umfang der Prokura** besteht, dass es der HGB-Gesetzgeber für überflüssig ansah, dies auch noch ausdrücklich anzuordnen. Dagegen nimmt seit einer Grundsatzentscheidung des RG aus dem Jahre 1931 die ganz hM an, die gemischte Gesamtvertretung habe jedenfalls dann, wenn es um die Bindung des gesetzlichen Vertreters an die Mitwirkung des Prokuristen gehe,[249] den **Umfang gesetzlicher Vertretungsmacht.**[250] Dies schließt die Vertretungsmacht zur Prokuraerteilung ein. 91

Hiergegen bestehen derart schwerwiegende Bedenken, dass die hM trotz ihrer langen Tradition und weiten Verbreitung in Rspr. und Lit. de lege lata **abzulehnen** ist, die Vertretungsmacht bei der gemischten Gesamtvertretung also nur den Umfang der Prokura hat. 92

Die hM widerspricht dem Willen des historischen Gesetzgebers[251] und lässt sich auch nicht mit der Unbeschränkbarkeit der Vertretungsmacht des gesetzlichen Vertreters begründen.[252] Zum einen regelt das Gesetz eben nicht den Umfang der Vertretungsmacht bei der gemischten Gesamtvertretung, sondern nur die Vertretungsmacht gesetzlicher Vertreter (zB § 126 Abs. 2). Der Prokurist ist im Rahmen der gemischten Gesamtvertretung nicht gesetzlicher Vertreter,[253] weshalb er weder nach der ZPO[254] noch nach strafrechtlichen oder arbeitsrechtlichen[255] Regelungen als gesetzlicher Vertreter behandelt werden kann. Außerdem kann auch nicht von der „Unbeschränkbarkeit" der Vertretungsmacht auf eine gesetzliche Regelung des Vollmachtsumfangs geschlossen werden, denn sie bezeichnet nur die Unzulässigkeit vertraglicher Beschränkungen des gesetzlichen Umfangs der Vertretungsmacht, nicht den gesetzlichen Umfang der Vertretungsmacht selbst (→ § 50 Rn. 3). 93

Die gesetzliche Anordnung der Anwendbarkeit der allgemeinen Grundsätze zur Passivvertretung durch jeden gemischten Gesamtvertreter (§ 125 Abs. 3 S. 2), sowie die Möglichkeit, einen einzelnen von ihnen für bestimmte Arten von Geschäften zu bevollmächtigen, erlauben keinen Schluss auf die Anwendung der Regeln über die gesetzliche Vertretungsmacht;[256] denn hiermit werden lediglich Regelungen übernommen, die für jede Gesamtvertretung gelten, unabhängig davon, welchen Umfang sie hat (→ Rn. 71). Eher lässt sich aus dem Gesetz, das nur diese Regelungen auch auf die gemischte Gesamtvertretung für 94

247 ROHGE 8, 337 (340 f.) noch zum ADHGB.

248 Denkschrift zum RJA E I S. 79 f. = *Schubert/Schmiedel/Krampe* II 1 S. 79 f.; Protokolle S. 77–79 = *Schubert/Schmiedel/Krampe* II 1 S. 323 f.; Denkschrift zur RT-Vorlage S. 91 f. = *Schubert/Schmiedel/Krampe* II 2 S. 1025.

249 Weitergehend für alle Fälle der gemischten Gesamtvertretung zwischen gesetzlichem Vertreter und Prokurist *K. Schmidt* HandelsR § 16 Rn. 47; differenziert Heymann/*Teichmann* Rn. 54 ff.

250 RGZ 134, 303 (305 ff.); BGHZ 13, 61 (64) = NJW 1954, 1158; BGHZ 62, 166 (170) = NJW 1974, 1194; BGHZ 99, 76 (81) = NJW 1987, 841; Staub/*Joost* Rn. 112; *Canaris* HandelsR § 12 Rn. 24; Schlegelberger/*Schröder* Rn. 7; vgl. Heymann/*Teichmann* Rn. 57; Baumbach/Hopt/*Hopt* § 49 Rn. 3; *K. Schmidt* HandelsR § 16 Rn. 47; EBJS/*Weber* Rn. 52; aA vor der RG-Entscheidung OLG Celle OLGE 27 (1913), 315 (316 f.); später OLG München HRR 1939 Nr. 839; 1941 Nr. 37; wohl auch OLG Hamm NJW 1971, 1369 f.; ausf. gegen die hM *Reinert,* Unechte Gesamtvertretung und unechte Gesamtprokura im Recht der Aktiengesellschaft, 1990, 39 ff.; *Krebs* ZHR 159 (1995), 635 (645 ff.).

251 Denkschrift zum RJA E I S. 79 f. = *Schubert/Schmiedel/Krampe* II 1 S. 79 f.; Prot. 77–79 = *Schubert/Schmiedel/Krampe* II 1 S. 323 f.; Denkschrift zur RT-Vorlage S. 91 f. = *Schubert/Schmiedel/Krampe* II 2 S. 1025.

252 So aber RGZ 134, 303 (305 f.).

253 AA – Prokurist hier als echtes Organ – *Köhl* NZG 2005, 197 (199 f.).

254 So ausdrücklich selbst RGZ 134, 303 (304).

255 OGH EvBl. 1984/71.

256 So aber RGZ 134, 303 (307).

anwendbar erklärt, ableiten, dass die Anwendbarkeit der gesetzlichen Gesamtvertretungsregeln hinsichtlich des Umfangs der Vertretungsmacht keinesfalls selbstverständlich ist. Die Möglichkeit, die Prokura gem. § 49 Abs. 2 zu erweitern, ist zumindest kein Argument für eine Vertretungsmacht im Umfang der gesetzlichen Vertretungsmacht.[257] Denn nahezu unstreitig gibt es einen Kernbereich gesetzlicher Stellvertretung, auf den weder die Prokura noch eine andere rechtsgeschäftlichen Vollmacht erstreckt werden darf (zur Generalvollmacht → Vor § 48 Rn. 96).

95 Die **Zuweisung der spezifischen gesetzlichen Vertretungsmachtkompetenzen** (Grundlagenentscheidungen, Insolvenzantrag, Gründungsbericht etc) an rechtsgeschäftliche Vertreter ist **unzulässig.** Denn an die gesetzliche Vertretung knüpfen besondere strafrechtliche (zB § 14 Abs. 1 StGB), öffentlich-rechtliche (zB § 34 AO) sowie allgemeine organisationsrechtliche Pflichten an. So bestehen spezifische Haftungen gegenüber dem eigenen Unternehmen (zB § 43 Abs. 2 GmbHG, § 93 Abs. 2 AktG) und anderen Rechtsträgern (zB § 309 Abs. 2 AktG, § 317 Abs. 3 AktG, § 323 Abs. 1 S. 2 AktG iVm § 309 Abs. 2 AktG; Haftung des gesetzlichen Vertreters der Komplementär-GmbH gegenüber der GmbH & Co. KG),[258] was bei der Prokura nicht vorstellbar ist. Diese Haftungen sind selbst gegenüber dem Unternehmensträger nicht im Voraus verzichtbar. Sie sind dem Prokuristen, der minderjährig sein kann und der Prokuraerteilung nicht zustimmen muss (einseitige empfangsbedürftige Willenserklärung), auch nicht zumutbar.

96 Einen **Gesamtprokuristen mit der Vertretungsmacht eines gesetzlichen Vertreters ohne dessen spezifische Haftung** darf es auch bei der gemischten Gesamtvertretung nicht geben.[259] Der Umfang der Vertretungsmacht entsprechend der Prokura wird dadurch bestätigt, dass die Begründung der gesetzlichen Vertretungsmacht und die zusätzliche Zulassung halbseitiger Gesamtvertretung dazu geführt haben, dass es bei der gemischten Gesamtvertretung Vertretungsmacht sowohl im Umfang der Prokura als auch im Umfang gesetzlicher Vertretungsmacht, nach Wahl und von außen grundsätzlich nicht erkennbar, geben soll. Dies ist mit dem vom Gesetz in den §§ 48 ff. in den Mittelpunkt gerückten Verkehrsschutz nicht vereinbar.

97 Nach alledem kann im Fall der echten gemischten Gesamtvertretung zwischen einem echten Gesamtprokuristen und einem echten gesetzlichen Gesamtvertreter Vertretungsmacht nur in dem Umfang bestehen, in dem sich die jeweiligen Gesamtvertretungsbefugnisse überschneiden.[260] Da die in der Vertretungsmacht des Prokuristen enthaltenen Handlungen in der des gesetzlichen Vertreters vollständig enthalten sind, hat die gemeinsame Vertretungsmacht (nur) den Umfang der Prokura.

98 **3. Ausübung der Gesamtprokura/gemischten Gesamtvertretung. a) Aktive Vollmachtsausübung.** Die aktive Ausübung der Gesamtprokura bzw. gemischten Gesamtvertretung kann durch gleichzeitige Erklärungen am selben Ort, aber auch durch Erklärungen an verschiedenen Orten und zu unterschiedlicher Zeit ausgeübt werden.[261] Daher kann die Rechtshandlung eines zunächst als Vertreter ohne Vertretungsmacht handelnden Gesamtvertreters nachträglich genehmigt werden. Die §§ 180 S. 1, 182–184 BGB finden analoge Anwendung.[262] Die Genehmigung kann auch stillschweigend erfolgen[263] und

[257] So aber RGZ 134, 303 (306).

[258] Zum dahinter stehenden Prinzip der Haftung für sorgfaltswidrige Leitung vgl. *Krebs,* Geschäftsführungshaftung bei der GmbH & Co. KG und das Prinzip der Haftung für sorgfaltswidrige Leitung, 1991, 154 ff., 232 ff.

[259] Vgl. BGHZ 64, 72 (75) = NJW 1975, 1117, wonach die Ermächtigung eines gesetzlichen Gesamtvertreters keine rechtsgeschäftliche Vollmacht begründe, weil ein gesetzlicher Vertreter nicht zugleich rechtsgeschäftliche Vollmacht haben könne.

[260] So für gemischte Gesamtvertretung zwischen Prokurist und Handlungsbevollmächtigten auch BGH WM 1961, 321 (322); BB 1964, 151; KG HRR 1940, Nr. 614; OLG München HRR 1941 Nr. 37.

[261] Staub/*Joost* Rn. 115; EBJS/*Weber* Rn. 54.

[262] MüKoBGB/*Schubert* BGB § 164 Rn. 203 f.; Staub/*Joost* Rn. 117.

[263] RGZ 75, 419 (421 ff.); OLG München BB 1972, 113 (114); EBJS/*Weber* Rn. 54.

sowohl gegenüber dem anderen Vertragsteil als auch gegenüber dem Gesamtprokuristen[264] erklärt werden.[265] Die zu genehmigende Willenserklärung muss im Zeitpunkt der Genehmigung noch bestehen, da erst die Erklärung beider Gesamtvertreter eine wirksame Erklärung begründet. Bis dahin soll der erste Gesamtvertreter seine Erklärung noch widerrufen können.[266]

Eine **vorherige Zustimmung** (Ermächtigung) – der Sache nach die Erteilung von Einzelvollmacht – ist in Rechtsanalogie zu § 125 Abs. 2 S. 2 HGB, § 78 Abs. 4 AktG, § 25 Abs. 3 GenG zulässig,[267] zum Schutz des Vertretenen und zur Aufrechterhaltung der Natur der Gesamtvertretung allerdings nur für einzelne Geschäfte oder einzelne Arten von Geschäften.[268] Sie ist nicht eintragungsfähig. **99**

Streitig ist, ob rechtstechnisch nur die vorherige Zustimmung[269] oder (auch) eine echte Bevollmächtigung einer der beiden Gesamtvertreter möglich ist.[270] Die vom BGH für die Unzulässigkeit einer echten Bevollmächtigung beim gesetzlichen Vertreter angeführte Begründung – ein gesetzlicher Vertreter könne nicht auch eine rechtsgeschäftliche Vollmacht haben – erfasst die Prokura nicht. Allerdings ist diese Art der Vollmachtserteilung für den Gesamtvertreter, dem Einzelvertretungsmacht erteilt wird, ein Insichgeschäft,[271] so dass es einer Befreiung vom Selbstkontrahierungsverbot des § 181 BGB bedarf, damit die Einzelvollmacht wirksam erteilt werden kann. Eine solche Vollmacht ist nach allgemeinen Regeln widerruflich. Da es sich um eine besondere Vollmachtsart handelt, muss der Prokurist darauf hinweisen, dass er in Ausübung dieser Vollmacht handelt.[272] **100**

Ist ein Rechtsgeschäft formbedürftig, bedürfen die Willenserklärungen aller beteiligten Gesamtvertreter dieser **Form.**[273] Handelt ein Gesamtprokurist unter Vertretung des anderen allein, ist zwar seine Willenserklärung, nicht aber die notwendige Spezialvollmacht bzw. die nachträgliche Genehmigung (vgl. § 167 Abs. 2 BGB, § 182 Abs. 2 BGB) formbedürftig.[274] **101**

b) Passive Vertretung. Das Gesetz ordnet für die gemischte Gesamtvertretung passive **Alleinvertretungsmacht** zur Empfangnahme von Willenserklärungen für jeden Gesamtvertreter an (§ 125 Abs. 3 S. 2 iVm Abs. 2 S. 3 HGB, § 178 Abs. 3 S. 3 AktG iVm § 178 Abs. 2 S. 2 AktG, § 25 Abs. 2 S. 2 GenG iVm § 25 Abs. 1 S. 3 GenG). Hierbei handelt es sich, wie aus einer Rechtsanalogie zu § 28 Abs. 2 BGB, § 125 Abs. 2 S. 3, § 150 Abs. 2 S. 2 HGB, § 78 Abs. 2 S. 2 AktG, § 25 Abs. 1 S. 3 GenG, § 35 Abs. 2 S. 3 GmbHG folgt, um ein allgemeines Prinzip, das daher auch für die Gesamtprokura gilt.[275] Das Gesetz regelt unmittelbar nur die Empfangnahme von Willenserklärungen. Es ist analog auf rechtsgeschäftsähnliche Erklärungen wie Mahnung, Mängelrügen etc. und auf die prozessuale Zustellung anwendbar. Der empfangende Prokurist muss am Abschluss des Rechtsgeschäfts, auf das sich die Willenserklärung des anderen Teils bezieht, nicht beteiligt gewesen sein.[276] **102**

---

264 Zur Anwendbarkeit auch des § 174 BGB vgl. BAG NJW 1981, 2374 f.

265 RGZ 81, 325 (327 ff.); 101, 342 (343); für Unzulässigkeit noch RGZ 40, 17 (18 f.); 61, 223, 224 ff.; 75, 419 (423).

266 RGZ 81, 325 (329); BGH WM 1976, 1053 (1054); Staub/*Joost* Rn. 118.

267 BGHZ 64, 72 (75); Staub/*Joost* Rn. 120, 115 f.

268 BGHZ 34, 27 (31) = NJW 1961, 506; BGH WM 1978, 1047 (1048); NJW-RR 1986, 778; für Zulässigkeit befristeter Generalvollmacht OLG Hamburg AG 1959, 286 m. abl. Anm. *Heim* AG 1959, 271 ff. alle zur gesellschaftsrechtlichen Gesamtvertretung; Schlegelberger/*Schröder* Rn. 23; Staub/*Joost* Rn. 117; für Unzulässigkeit einer Generalhandlungsvollmacht *Canaris* HandelsR § 12 Rn. 22.

269 So BGHZ 64, 72 (75) = NJW 1975, 1117 für die gesetzliche Gesamtvertretung; MüKoBGB/*Schubert* BGB § 164 Rn. 203; Soergel/*Leptien* BGB § 164 Rn. 29.

270 Vgl. RGZ 106, 268 (269); Staub/*Joost* Rn. 120.

271 Staub/*Joost* Rn. 121; aA früher RGZ 106, 268 (269); 102, 215 (221); vgl. zu § 125 Abs. 2 S. 2 auch BGHZ 64, 72 (74 ff.) = NJW 1975, 1117.

272 Vgl. RGZ 106, 268 (269) mN; Staub/*Joost* Rn. 122.

273 Vgl. RGZ 106, 268 (269); vgl. aber auch BAG NZA 1985, 429 mit einer Ausnahme in einem Sonderfall.

274 RGZ 106, 268 (269); 118, 168 (170 f.); BGH WM 1976, 1063 (1054) jeweils für gesamtvertretungsberechtigte Geschäftsführer.

275 BGHZ 62, 166 (173) = NJW 1974, 1194; OLG München BB 1972, 113 (114).

276 OLG München BB 1972, 113 (114).

103 Löst das Schweigen auf eine Erklärung Rechtsfolgen aus (zB kaufmännisches Bestätigungsschreiben, § 663 BGB, § 91a HGB), kann die passive Vertretungsmacht den Kaufmann binden.[277] Denn aufgrund der passiven Vertretungsmacht des einzelnen Gesamtvertreters muss er die zugegangene Erklärung gegen sich gelten lassen und ist damit für die unterbliebene Antwort verantwortlich, auch wenn diese auf der Nichtweitergabe der Erklärung durch den Gesamtvertreter beruht.[278] Soweit es für eine Vertrauensschutzhaftung des Inhabers auf den Erhalt der Erklärung eines Dritten ankommt, gilt die gegenüber einem einzelnen Gesamtprokuristen abgegebene Erklärung als dem Inhaber zugegangen.[279] Von der Passivvertretungsmacht des Gesamtvertreters sind dagegen die **aktiven Erklärungen** des Gesamtvertreters im Zusammenhang mit der Entgegennahme der Willenserklärung des Dritten nicht gedeckt, sei es zB die Anerkennung einer Mängelrüge als berechtigt[280] oder die Bildung und Betätigung des Willens zur Annahme eines Vertragsangebotes in den Fällen des § 151 BGB.[281]

104 Die Gesamtprokuristen unterfallen dem **Selbstkontrahierungsverbot** des § 181 BGB mit den dort anerkannten Ausnahmen (Erfüllung einer Verbindlichkeit, Gestattung, lediglich vorteilhaftes oder neutrales Geschäft). Der Tatbestand des § 181 BGB ist bereits erfüllt, wenn ein Gesamtvertreter auf beiden Seiten beteiligt ist oder wenn beide Gesamtvertreter einen von ihnen für bestimmte Geschäfte zur Einzelvertretung bevollmächtigen (→ Rn. 99).

105 Dem Vertretenen werden **Kenntnis und Kennenmüssen** bereits *eines* Gesamtvertreters zugerechnet (§ 166 BGB),[282] sei es, dass der Inhaber aufgrund eines Irrtums eines seiner Vertreter oder dass der Geschäftspartner wegen arglistiger Täuschung eines der Gesamtvertreter anfechten will.[283]

106 Die **Verhinderung eines Gesamtprokuristen** erweitert nicht die Vertretungsbefugnis des anderen. Falls dieser nicht mit Hilfe eines dritten Gesamtprokuristen tätig werden kann, ist eine aktive Ausübung der Gesamtprokura solange ausgeschlossen.[284]

107 Insbesondere für Verhinderungsfälle kann ein Bedarf für eine zusätzliche Einzelhandlungsvollmacht oder eine Gesamthandlungsvollmacht mit einem anderen Handlungsbevollmächtigten bestehen. Deren Erteilung ist bei allen Formen der Handlungsvollmacht neben der Gesamtprokura zulässig.[285] Die Handlungsvollmacht kann stillschweigend erteilt werden. Hiervon ist aber nur bei Vorliegen besonderer Anhaltspunkte auszugehen.[286] Tritt ein Gesamtprokurist als Einzelprokurist auf, kann dies – soweit der Geschäftsherr dies duldet oder ihm dies im Sinne der Anscheinsvollmacht zurechenbar ist – Rechtsscheinsvollmacht im Umfang der Einzelprokura begründen. Das Auftreten als Einzelprokurist reicht jedoch nicht aus.[287]

IX. Darlegungs- und Beweislast

108 Derjenige, der sich auf die Erteilung der Prokura beruft, ist vorbehaltlich § 15 Abs. 2 darlegungs- und beweispflichtig.[288] Obwohl die Gesamtprokura praktisch die Regel ist,

---

277 OLG München BB 1972, 113 (114).

278 Vgl. BGHZ 20, 149 (152 f.) = NJW 1956, 869 zur Gesamtvertretung bei der gesetzlichen Vertretung einer Genossenschaft.

279 Staub/*Joost* Rn. 125.

280 Vgl. Schlegelberger/*Schröder* Rn. 25.

281 Vgl. Staub/*Joost* Rn. 123.

282 BGHZ 62, 166 (173) = NJW 1974, 1194 betr. gemischte Gesamtvertretung; BGHZ 20, 149 (153) = NJW 1956, 869 betr. Gesamtvertretung gesetzlicher Vertreter; Staub/*Joost* Rn. 127; EBJS/*Weber* Rn. 56.

283 Vgl. Staub/*Joost* Rn. 127.

284 Vgl. Staub/*Joost* Rn. 130; vgl. aber auch BGH WM 1990, 1671: Treuwidrigkeit der Berufung des Vertretenen auf die Gesamtprokura.

285 RGZ 48, 56 (57 ff.): Erteilung einer Handlungsvollmacht an ein gesamtvertretungsberechtigtes Vorstandsmitglied; RGZ 90, 299 (300); BGH WM 1961, 321 (322); 1964, 151; LG Siegen Rpfleger 1986, 482.

286 RGZ 90, 299 (300); BGH WM 1961, 321 (322); 1964, 151; zu den Nachweisanforderungen für eine solche Vollmacht gegenüber dem Grundbuchamt LG Siegen Rpfleger 1986, 482.

287 Staub/*Joost* Rn. 134; vgl. auch BGH NJW 1988, 1199 (1200): gesamtvertretungsberechtigte Geschäftsführer.

288 *Reinicke* in Baumgärtel Beweislast-HdB, Bd. IV, 1988, §§ 49, 50 Rn. 1.

geht das Gesetz von der Einzelprokura aus, so dass derjenige, der sich darauf beruft, die Prokura sei nur Gesamtprokura, die Darlegungs- und Beweislast trägt.

X. Rechtslage in Österreich

Der im Rahmen der UGB-Reform überarbeitete § 48 UGB wurde in seinem im Übrigen dem deutschen § 48 HGB entsprechendem Wortlaut insoweit angepasst, als die Prokura nunmehr nur von „einem in das Firmenbuch eingetragenen Unternehmer“ oder seinem gesetzlichen Vertreter erteilt werden kann. Die Prokurafähigkeit wurde somit strikt an die Eintragung in das Firmenbuch (Handelsregister) gebunden. Kleinunternehmen, Freiberufler (§ 4 Abs. 2 UGB) und Land- und Forstwirte sind daher prokurafähig, wenn sie sich freiwillig in das Firmenbuch eintragen lassen. Dem Rechtsverkehr wird die Unsicherheit darüber genommen, ob ein nicht eingetragenes Unternehmen prokurafähig ist. Der zu Recht oder zu Unrecht[289] eingetragene Unternehmer kann Prokura erteilen, die im Geschäftsverkehr zu beobachtende Art und der Umfang des Handelsgewerbes und selbst ein fehlendes Gewerbe[290] bleiben dafür de lege lata unbeachtlich. 109

Bei der Anwendung der Norm ist zu beachten, dass Masseverwalter und Abwickler keine Prokura erteilen können.[291] Im Übrigen ergeben sich aber bei Anwendung und Auslegung der Norm zum deutschen Recht grundsätzlich keine Unterschiede. 110

§ 49 [Umfang der Prokura]

(1) Die Prokura ermächtigt zu allen Arten von gerichtlichen und außergerichtlichen Geschäften und Rechtshandlungen, die der Betrieb eines Handelsgewerbes mit sich bringt.

(2) Zur Veräußerung und Belastung von Grundstücken ist der Prokurist nur ermächtigt, wenn ihm diese Befugnis besonders erteilt ist.

Schrifttum: *Eufinger;* Zur Kündigungsbefugnis eines Personalleiters bei Gesamtprokura, BB 2015, 376; Joost, Die Vertretungsmacht des Prokuristen für Anmeldungen zum Handelsregister, ZIP 1992, 463; *Pabst,* Gesetzliche und gewillkürte Vertretung einer Handelsgesellschaft, BB 1956, 1055; Seebach, Die Mitwirkung des Prokuristen bei Handelsregisteranmeldungen des Prinzipals, RNotZ 2015, 68; *Weimar,* Aufnahme von Krediten durch Vertreter nach dem HGB, MDR 1980, 993.

Übersicht

289 *Krejci,* Unternehmensrecht, 2008, 234.
290 Vgl amtliche Erläuterung zu § 3 UGB, wiedergegeben bei *Krejci* Reform-Kommentar UGB.
291 *Krejci,* Unternehmensrecht, 2008, 236.

I. Grundlagen

1 **1. Normzweck.** Die Norm legt, ergänzt durch § 48 Abs. 2 und § 50 Abs. 3, im Interesse der **Sicherheit des Handelsverkehrs** den sehr weiten und – sieht man von § 48 Abs. 2 und § 50 Abs. 3 ab – zwingenden gesetzlichen Umfang der mit der Prokura verliehenen rechtsgeschäftlichen Vertretungsmacht fest. Über § 49 Abs. 2 hinausgehende Vollmachtserweiterungen sind als solche kein Bestandteil der Prokura (zur Zulässigkeit → Rn. 61 ff.). Da die Vertretungsmacht nach außen nicht eingeschränkt werden kann (§ 50 Abs. 1) und auch die Erweiterungsmöglichkeiten limitiert sind, kommt es auf die Konkretisierung des § 49 in besonderer Weise an.[1] Die Vorschrift ist im Kern unverzichtbarer Bestandteil des Rechts der Prokura.[2]

2 **2. Abgrenzung von Handlungsvollmacht, Generalvollmacht und gesetzlicher Vertretung. a) Handlungsvollmacht.** Die Regelung des § 49 ist rechtstechnisch Vorbild für die Regelungen zum Vollmachtsumfang bei der Handlungsvollmacht in den §§ 54, 55, 56, was insbesondere in der Art der Umfangsbeschreibung – gesetzliche Umfangsbestimmung der rechtsgeschäftlichen Vollmacht – und der Trennung zwischen allgemeinen, von der Vollmacht umfassten Geschäften (§ 49 Abs. 1, § 54 Abs. 1, § 55 Abs. 1 iVm § 54 Abs. 1) und solchen Geschäften, für die es einer besonderen Vollmacht bedarf (§ 49 Abs. 2, § 54 Abs. 2, § 55 Abs. 3), zum Ausdruck kommt.

3 Die Prokura unterscheidet sich von der Handlungsvollmacht zum einen dadurch, dass ihr Umfang zwingend festgelegt ist (§ 50 Abs. 1), und zum anderen dadurch, dass der gesetzliche Mindestumfang erheblich weiter ist. Zur Möglichkeit der Erweiterung einer Generalhandlungsvollmacht → § 54 Rn. 34 ff. Während die **Generalhandlungsvollmacht** lediglich die Geschäfte erfasst, die ein **solches Handelsgewerbe gewöhnlich** mit sich bringt, bevollmächtigt die **Prokura** zum Abschluss **aller** (nicht nur der gewöhnlichen) **Geschäfte,** die der **Betrieb irgendeines** (nicht nur eines solchen) **Handelsgewerbes** mit sich bringt. Folglich bedarf der Prokurist einer besonderen Befugnis nur für die Veräußerung und Belastung von Grundstücken (§ 49 Abs. 2), der (General-)Handlungsbevollmächtigte hingegen auch für die Eingehung von Wechselverbindlichkeiten, für die Aufnahme von Darlehen und für die Prozessführung (§ 54 Abs. 2).

4 **b) Generalvollmacht.** Die nicht geregelte Generalvollmacht, die nur im Bereich der nichtorganisationsrechtlichen Tätigkeit zulässig ist (→ Vor § 48 Rn. 96), ist richtigerweise für aus dem Unternehmen heraus handelnde Vertreter eine gem. § 54 Abs. 2 erweiterte

[1] Daher für Bezeichnung Formalvollmacht GroßkommUGB/*Torggler/Trenker* Rn. 5.
[2] Vgl. schon Art. 42 ADHGB; de lege ferenda *K. Schmidt* DB 1994, 515 (520).

Generalhandlungsvollmacht, ist also weder außerhandelsrechtliche BGB-Vollmacht, noch eine Sonderform der Prokura und enthält auch nicht notwendig eine Prokura (→ Vor § 48 Rn. 90 f.). Für eine weitergehende Form der Prokura besteht weder hinsichtlich der Vertretung noch aus hierarchischen Gründen ein Bedarf, letzteres auch weil die Generalvollmacht (der Generalbevollmächtigte) als hierarchischer Titel unmodern geworden ist (→ Vor § 48 Rn. 91)

c) Gesetzliche/organschaftliche Vertretungsmacht. Die Prokura ist trotz ihres gesetzlich umschriebenen, sehr weiten Umfangs eine gewillkürte **rechtsgeschäftliche** Vollmacht. Auswirkungen hat dies auf den **Umfang der Vollmacht,** denn nach allgemeiner Meinung gibt es einen Bereich, in dem ausschließlich der Inhaber bzw. die gesetzlichen Vertreter oder Mitglieder des Vertretungsorgans wirksam handeln können (Grundlagengeschäfte). Der Unterschied wird auch bei der **gemischten Gesamtvertretung** zwischen einem Prokuristen und einem gesetzlichen Vertreter (persönlich haftender Gesellschafter) bedeutsam (→ Rn. 60). 5

3. Umfang der Prokura und die Grenzen der Vertretungsmacht. a) Gesetzlich nicht erfasste Vertretungshandlungen. Das Gesetz lässt unmittelbar nur wenige Vertretungshandlungen erkennen, zu denen die Prokura nicht bevollmächtigt. Dies sind vor allem die Vertretung des Kaufmanns in privaten Angelegenheiten eines Einzelkaufmanns (denn diese gehören nicht zum Betrieb eines Handelsgewerbes), die Erteilung und Übertragung der Prokura (§ 48 Abs. 1, § 52 Abs. 2), die Veräußerung und Belastung von Grundstücken (§ 49 Abs. 2) sowie einige weitere, auf den ersten Blick zusammenhangslose **Regelungen** wie zB das Insolvenzantragsrecht seitens des Schuldners (§§ 13, 15 InsO), der aktienrechtliche Gründungsbericht (§ 32 Abs. 1 AktG) und die Unterzeichnung des Jahresabschlusses (vgl. § 245). Auch allgemeine Regelungen wie § 181 BGB (Verbot des Insichgeschäfts) beschränken die Vertretungsmacht. 6

b) Historische Entwicklung ungeschriebener Grenzen. Der weite Umfang der Prokura sowie die Tatsache, dass es – bevor sich Ende des 19. Jahrhunderts die Kapitalgesellschaft durchsetzte (GmbH-Gesetz von 1892 und Folgeentwicklung) – häufiger Inhaber von (Einzel-)Handelsgeschäften gab, die sich im Wesentlichen auf die Kapitalhingabe beschränkten und den Prokuristen das Geschäft führen ließen, führte zur Bezeichnung des Prokuristen als **alter ego** des Kaufmanns. Der Umfang der Vertretungsmacht wurde von *Thöl*[3] in einem berühmten Beispiel dahingehend veranschaulicht, dass die Prokura so weit reiche, dass sich ein Weinhändler nach Rückkehr von einer Reise als Bankier wiederfinden könne. Inzwischen hat sich jedoch die Erkenntnis durchgesetzt, dass es auch **ungeschriebene Grenzen der Vertretungsmacht** geben müsse.[4] Zur gleichlaufenden Veränderung der regelmäßigen hierarchischen Stellung der Prokuristen → Vor § 48 Rn. 13. Die hiernach nicht erfassten Geschäfte, zu denen aufgrund der damit verbundenen Änderung des Unternehmensgegenstandes (→ Rn. 26) auch das Beispiel *Thöls* gehört, werden mit den Begriffen **Prinzipalgeschäft, Bereich der nur organschaftlichen Vertretung** und **Grundlagengeschäft** umschrieben, wobei die Konkretisierung bisher weitgehend fallweise erfolgt. Dabei ist die Tendenz zu beobachten, den Umfang der Prokura einzuschränken. Dieser Umstand und die Entwicklung der Gesamtprokura (→ § 48 Rn. 79; → § 48 Rn. 83 ff.) führen dazu, dass die Bezeichnung des Prokuristen als alter ego des Kaufmanns heute irreführend ist.[5] 7

c) Systematisierung der dem Inhaber und den gesetzlichen Vertretern vorbehaltenen (Vertretungs-)Handlungen. aa) Grundlagen-/Strukturgeschäfte. Der ungeschriebene Begriff des Grundlagengeschäfts deutet auf das Gesellschaftsrecht hin, in dem zwischen Geschäftsführung, Aufsicht und Grundlagen-/Strukturentscheidungen unterschieden wird.[6] Grundlagen-/Strukturentscheidungen sind zB im Aktienrecht grund- 8

[3] *Thöl,* Das Handelsrecht, 4. Aufl. 1879, Bd. I, 181.
[4] Zust. BeckOGK/*Schärtl* Rn. 16.
[5] GroßkommUGB/*Torggler/Trenker* Rn. 2.
[6] Vgl. *Wiedemann* GesR I § 6 III, 323 ff.

sätzlich der Hauptversammlung zugewiesen; die Vertretungsmacht der gesetzlichen Vertreter steht unter dem Vorbehalt der Zustimmung der Hauptversammlung.[7] Es erscheint gerechtfertigt, auch die Prokuristen von der Vertretung in Grundlagen-/Strukturentscheidungen generell auszuschließen: Es ist nicht erkennbar, aus welchem Grund die Vertretungsmacht eines Prokuristen weiter reichen sollte als die der gesetzlichen Vertreter.[8] Außerdem bringt der Betrieb eines Handelsgeschäfts Grundlagen- und Strukturentscheidungen auch nicht „mit sich" iSv § 49 Abs. 1. Grundlagen- und Strukturentscheidungen betreffen zB die **Gründung,** die **Struktur,** die **Firma** und die **Beendigung der Inhaberstellung** (→ Rn. 24 f.). Insoweit handelt es sich **nicht** um **Verkehrsgeschäfte,**[9] hinsichtlich derer der Prokurist den Unternehmensträger entlasten soll; der Inhaber bedarf hier auch keiner Entlastung. Hinzu kommt, dass die Grundlagen- und Strukturentscheidungen aufgrund ihrer **einschneidenden Wirkung** für das Unternehmen so bedeutsam (und gefährlich) sind, dass dem Prokuristen auch aus diesem Grunde keine Vertretungsmacht eingeräumt sein sollte. Grundlagen- und Strukturentscheidungen zeichnen sich vor allem dadurch aus, dass sie **(auch) eigennützig** sind:[10] Der Inhaber, die Gesellschafter der unternehmenstragenden Gesellschaft oder die Repräsentanten der Gesellschafter (Aufsichtsrat, Beirat) dürfen bei ihren Entscheidungen auch ihre eigenen Interessen berücksichtigen. Darin liegt ein zentraler Unterschied zur rechtsgeschäftlichen Vertretung als Teil der Geschäftsführung. Während diese strikt dem Unternehmensinteresse verpflichtet ist, darf der Vertreter bei den auch eigennützigen Entscheidungen sein eigenes Interesse an die Stelle des Interesses des Vertretenen setzen. Für die Konkretisierung der Grundlagen- und Strukturentscheidungen kann auf die gesetzlichen Regelungen und Erkenntnisse des Aktienrechts zurückgegriffen werden. Wegen der weit reichenden Bedeutung von Registereintragungen (§ 15) ist auch die Anmeldung einer Grundlagenentscheidung beim Handelsregister der Grundlagenentscheidung selbst zuzuordnen und daher nicht von der Prokura erfasst.[11] Auch die Prokuraerteilung ist als Quasi-Grundlagenentscheidung anzusehen.[12]

9 **bb) Höchstpersönliche Inhaber- und Organpflichten.** Einige wenige Regelungen schreiben ausdrücklich ein unmittelbares Handeln des Inhabers bzw. des organschaftlichen gesetzlichen Vertreters bzw. geschäftsführenden Gesellschafters vor und schließen damit jede rechtsgeschäftliche Vertretung, also auch die durch den Prokuristen, aus. Hierzu gehören zB der Insolvenzantrag des Schuldners (§§ 13, 15 InsO), die Unterzeichnung des Gründungsberichts (§ 32 Abs. 1 AktG) und die Unterzeichnung des Jahresabschlusses (§ 245). Zu beachten ist, dass Regelungen, die (lediglich) die persönliche Verantwortung des Inhabers oder der Organmitglieder für die Erfüllung einer gesetzlichen Pflicht verlangen, als solche noch nicht die Vertretung ausschließen. Denn der Normzweck solcher Regelungen – über die persönliche Verantwortung des Inhabers/Organs die gesetzliche Pflicht durchzusetzen – ist nicht grundsätzlich gefährdet, wenn die Handlung selbst der Vertretung gleichwohl offen steht.[13] Bei einer solchen Regelung ist vielmehr entscheidend, ob über die persönliche Verantwortlichkeit des Inhabers/Organs hinausgehend auch eine unmittelbare Handlung dieser Person verlangt wird. Zum Problem der Auslegung in diesem Bereich → Rn. 50.

10 **cc) Veräußerung und Belastung von Grundstücken.** Die Notwendigkeit einer besonderen Vollmacht für die Veräußerung und Belastung von Grundstücken gem. § 49

---

[7] Vgl. MüKoAktG/*Spindler* AktG § 76 Rn. 21; MüKoAktG/*Kubis* AktG § 119 Rn. 31.

[8] Zust. BeckOGK/*Schärtl* Rn. 16.1.

[9] Vgl. *K. Schmidt* HandelsR § 16 Rn. 30; vgl. auch GroßkommUGB/*Torggler/Trenker* Rn. 16, die hier von Unternehmensinnenrecht sprechen.

[10] Vgl. Staub/*Ulmer* § 105 Rn. 219.

[11] Wie hier BGHZ 116, 190 = NJW 1992, 975; RG Recht 1923 Nr. 908; LG Berlin Rpfleger 1973, 173 f. m. abl. Anm. *Schweyer*; *Joost* ZIP 1992, 463 (464 f.); *K. Schmidt* HandelsR § 16 Rn. 30; *Canaris* HandelsR § 12 Rn. 15; enger – für Unzulässigkeit unabhängig vom Gegenstand der Eintragung – BayObLG WM 1982, 647 (648 f.); LG Koblenz Rpfleger 1973, 307 f. m. zust. Anm. *Schweyer*; Heymann/*Teichmann* Rn. 13; Baumbach/Hopt/*Hopt* Rn. 2.

[12] Vgl. GK-HGB/*B. Schmidt* Rn. 7.

[13] Vgl. BGHZ 116, 190 (197) = NJW 1992, 975; Staub/*Hüffer* § 14 Rn. 17; aA BayObLG DB 1992, 1262 zu § 14.

Abs. 2 hat keinen Bezug zu den sonstigen Grenzen der Vertretungsmacht des Prokuristen. Es handelt sich um eine **Ausnahmeregelung,** die sich rechtspolitisch mit den regelmäßig betroffenen hohen Werten (Gefährdung des Vertretenen) und vor allem mit der nicht nur historisch, sondern immer noch (rechtlich und tatsächlich) **eingeschränkten Verkehrsfähigkeit von Grundstücken** als nicht vermehrbarem Wirtschaftsgut begründen lässt (→ Rn. 36). Die historische Rechtfertigung dieser Regelung, es lägen keine Handelsgeschäfte iSd § 1 Abs. 2 vor (→ Rn. 36), ist dagegen nur vordergründig und verdeckt die eigentliche Intention des Gesetzes.

II. Von der Prokura erfasst (Abs. 1)

1. Prokura. § 49 Abs. 1 setzt eine Prokura voraus. Die Unterscheidung zwischen **Einzel- und Gesamtprokura** ist hierfür ohne Bedeutung.[14] Auch eine **Niederlassungsprokura** fällt unter Abs. 1. Ihr Umfang wird allerdings durch die Beschränkung auf die Niederlassung modifiziert (→ § 50 Rn. 13). 11

2. „Ermächtigt". „Ermächtigt" iSv § 49 Abs. 1 bedeutet **bevollmächtigt** iSv § 166 Abs. 2 BGB. Der Begriff wurde aus Art. 42 Abs. 1 ADHGB übernommen und ist Ausdruck der damals (1861) noch nicht deutlich[15] vollzogenen Trennung zwischen Vollmacht und zugrunde liegendem Rechtsverhältnis.[16] Der Wortlaut des § 49 Abs. 1 sollte daher in „bevollmächtigt" geändert werden.[17] Die Norm erfasst **nur Vertretungshandlungen,** keine rein tatsächlichen Handlungen.[18] **Vertretener** ist der Inhaber bzw. der sonstige Unternehmensträger des Handelsgeschäfts. 12

Wird der **Unternehmensträger** seinerseits nur **als gesetzlicher Vertreter** eines anderen Unternehmens tätig, so vertritt der Prokurist neben dem Unternehmensträger auch den durch diesen Vertretenen (Beispiel: GmbH & Co. KG vertreten durch die Komplementär-GmbH, diese vertreten durch den Prokuristen der GmbH).[19] 13

3. „Zu allen Arten von gerichtlichen und außergerichtlichen Geschäften und Rechtshandlungen". Diese Tatbestandsvoraussetzung ist eine verdeutlichende Umschreibung dafür, dass **jegliches Vertreterhandeln,** das sich nicht auf ein rein tatsächliches Handeln beschränkt,[20] erfasst ist. 14

4. „Betrieb eines Handelsgewerbes". a) Grundsatz. Der Umfang der Prokura wird im Wesentlichen durch die Zugehörigkeit des Geschäfts zum „Betrieb eines Handelsgewerbes" bestimmt (→ § 343 Rn. 13 ff.). Folglich wird der **Privatbereich** des Inhabers des Handelsgeschäftes, wenn es wie beim Einkaufmann einen solchen gibt, nicht von der Prokura erfasst. Zum **Betrieb** einer **Komplementär GmbH** bei einer GmbH & Co. KG gehört grundsätzlich auch die KG.[21] Gem. § 344 ist das Vorliegen eines Handelsgeschäfts zu vermuten,[22] was jedoch nicht für Geschäfte gilt, bei denen die Vertretung gesetzlich ausgeschlossen ist, zB Testamentserrichtung (§ 2064 BGB); Erbvertrag (§ 2274 BGB). Die Formulierung „eines Handelsgewerbes" belegt, wie auch die abweichende Formulierung des § 54 Abs. 1 zeigt („eines derartigen Handelsgewerbes"), die **branchenübergreifende Vertretungsmacht** des Prokuristen.[23] Der Prokurist hat, selbst wenn er über den Unter- 15

[14] LAG München NZA 1987, 464; Staub/*Joost* Rn. 5.
[15] Vgl. grdl. *Laband* ZHR 10 (1866), 183 (203 ff.).
[16] Jabornegg/Artmann/*Strasser/Jabornegg* UGB Rn. 1.
[17] So auch *K. Schmidt* DB 1994, 515 (520).
[18] Staub/*Joost* Rn. 17; aA BeckOGK/*Schärtl* Rn. 9.
[19] Vgl. OLG Hamm NJW 1967, 2163; Staub/*Joost* Rn. 4; *Germer* BaWüNotZ 1986, 54 (55); zu den Vollmachtsgrenzen in Bezug auf Grundlagenfragen bei mehrstufiger Vertretung vgl. → Rn. 31.
[20] AA für tatsächliche Handlungen mit Rechtsfolgen BeckOGK/*Schärtl* Rn. 9.
[21] OLG Hamm NJW 1967, 2163; Oetker/*Schubert* Rn. 5; Staub/*Joost* Rn. 4.
[22] Staub/*Joost* Rn. 7; GroßkommUGB/*Torggler/Trenker* Rn. 14; *Grooterhorst* Vollmachten im Unternehmen III 25; zum Drittschutz bei Unerkennbarkeit der Privatbezogenheit vgl. BGH WM 1976, 424 (425).
[23] Vgl. Heymann/*Teichmann* Rn. 2; GK-HGB/*B. Schmidt* Rn. 2; Oetker/*Schubert* Rn. 2; Schlegelberger/*Schröder* Rn. 6; Staub/*Joost* Rn. 9.

nehmenszweck (Satzungsgegenstand) hinaus tätig wird, Vertretungsmacht (Ablehnung der ultra-vires-Lehre).[24] Diese ist nicht auf den gewöhnlichen Betrieb eines Handelsgeschäftes oder typische Geschäfte beschränkt; denn das Gesetz sieht eine solche Einschränkung nicht vor (vgl. demgegenüber § 164 S. 1 BGB, § 116 Abs. 1).[25] Sie kennt keine Wertgrenzen. **Grenzen** stellen nur die Grundlagengeschäfte (→ Rn. 23 ff.) und der Missbrauch der Vertretungsmacht dar (→ Vor § 48 Rn. 73 ff.).[26] Daran ändert auch nichts die häufig relativ niedrige hierarchische Position von Prokuristen oder Verkehrserwartung von einer Vertretung durch gesetzliche Vertreter.[27] Bei ungewöhnlichen oder gar den Satzungsgegenstand überschreitenden Geschäften liegt häufig Bösgläubigkeit bezüglich eines Missbrauchs vor.

16 **b) Rechtshandlungen. aa) Rechtsgeschäfte.** Der Prokurist ist umfassend zum Abschluss und zur Durchführung von Rechtsgeschäften, zur Wahrnehmung von Leistungsstörungsrechten und zur Geltendmachung von Sekundäransprüchen bevollmächtigt. Die Geschäfte, für die der Handlungsbevollmächtigte einer besonderen Vollmacht bedarf (§ 54 Abs. 2: Eingehung von Wechselverbindlichkeiten, Aufnahme von Darlehen), werden von der Prokura umfasst.[28] Auch Grundstücksgeschäfte, soweit es sich nicht um die Veräußerung oder Belastung von Grundstücken handelt, sind von der Vertretungsmacht der Prokura gedeckt. Beispiele für erfasste Geschäfte: Lebensversicherung zu eigenen Gunsten;[29] Globalzession;[30] Einlösung eines Firmenschecks auf dem Privatkonto,[31] Schieds- und Schiedsrichterverträge.[32]

17 Die Prokura deckt auch die **Erteilung von Vollmachten,** auch aller Arten von Handlungs-, auch Generalhandlungsvollmachten,[33] nicht jedoch die Erteilung einer Prokura und wohl auch nicht einer sog. Generalvollmacht. Denn diese ist zwar eine Generalhandlungsvollmacht, aber in einer stark erweiterten Form. Der Prokurist kann das vollmachtlose Verhalten anderer Vertreter genehmigen.[34]

18 Auch die **arbeitsrechtliche Vertretung** des Unternehmens[35] gegenüber den Mitarbeitern – zB Abschluss, Durchführung und Beendigung eines Arbeitsvertrags durch Kündigung oder Aufhebungsvertrag, Zeugniserteilung sowie kollektivrechtliche Handlungen wie Abgabe einer Gesamtzusage, Einführung von Kurzarbeit, Abschluss einer Betriebsvereinbarung, eines Sozialplans oder eines Unternehmenstarifvertrags – fällt unter die von der Prokura erfassten Geschäfte.[36]

19 Vertretungshandlungen, die sich auf die **Organisation des Unternehmens** beziehen, werden, soweit es sich nicht um Grundlagenentscheidungen handelt, ebenfalls von der Prokura abgedeckt. Hierzu gehören Betriebseinschränkungen, Stilllegungen, Veräußerungen und der Erwerb einzelner Betriebe, die Einführung neuer Fertigungstechniken oder Produkte. Zu beachten ist, dass nur wenige Vorgänge im organisatorischen Bereich eine Vertretungshandlung beinhalten und die Geschäftsführungskompetenz hier streng von der Vertretungsmacht zu trennen ist. Die Vertretungsmacht ist **nicht auf den Privatrechtsverkehr beschränkt,** sondern erstreckt sich auch auf den öffentlich-rechtlichen (Stellung von Anträgen, Einlegung von Widersprüchen, Abgabe von Verpflichtungserklärungen) und grundsätzlich auch auf den strafrechtlichen Bereich (Stellung von Strafanträgen bei Delikten

---

24 Vgl. *K. Schmidt* GesR § 8 V 2, 183.
25 BGHZ 63, 32 (35) = NJW 1974, 1462 betr. Bau eines Hauses; Staub/*Joost* Rn. 6.
26 Heymann/*Teichmann* § 49 Rn. 1; Heymann/*Teichmann* § 50 Rn. 1 f.
27 OLG München BeckRS 2009, 12020.
28 AA nur *Gericke* DB 1967, 1839 f., der contra legem nicht einmal die Kontoeröffnung als von der Prokura gedeckt ansieht; dagegen *Witte* DB 1968, 254; *Weimar* MDR 1980, 993.
29 OLG Hamm BB 1956, 900.
30 OLG Stuttgart WM 1976, 700 (702).
31 LAG Hamm ZIP 1986, 1262 (1264).
32 Jabornegg/Artmann/*Strasser/Jabornegg* UGB Rn. 12.
33 BGH DB 1952, 949 Ls. = LM § 54 Nr. 1.
34 BGH WM 1966, 491 (494); Staub/*Joost* Rn. 11.
35 Vgl. auch Art. 42 Abs. 1 Hs. 2 ADHGB, der als selbstverständlich gestrichen wurde.
36 Vgl. zB BAG WM 1976, 598 (599); Schlegelberger/*Schröder* Rn. 8; GroßkommUGB/*Torggler/Trenker* Rn. 31.

von Dritten oder Mitarbeitern gegen das Unternehmen, Verfahrensanträge);[37] in den letztgenannten Fällen liegen jedoch meist „gerichtliche Geschäfte" vor.

bb) Gerichtliche Geschäfte. Soweit es sich um unternehmensbezogene Angelegenheiten handelt, hat der Prokurist – für alle Rechtszweige[38] – Vertretungsmacht für gerichtliche Geschäfte. Er kann Prozessvollmacht erteilen, Klage erheben,[39] Rechtsmittel einlegen, einen Prozessvergleich schließen etc. Versäumt er eine Rechtsmittelfrist, so wird dies dem Kaufmann zugerechnet.[40] Auch die Handlungen der freiwilligen Gerichtsbarkeit sind grundsätzlich von der Vertretungsmacht erfasst.[41] Ausnahmen können aus dem Organisationsrecht des Vertretenen folgen. So ist der Prokurist nicht zur Klageerhebung hinsichtlich eines organisationsrechtlichen Anspruchs gegen einen Gesellschafter oder Geschäftsführer befugt,[42] da das Handelsgewerbe dies nicht mit sich bringt. Konsequent sind auch Strafanträge gegen Geschäftsführer, Gesellschafter oder Mitglieder des Aufsichtsrates oder Betriebsrates[43] nicht von der Vertretungsmacht erfasst.[44] 20

Wie sich aus dem Wortlaut des Gesetzes ergibt, besteht die gerichtliche Vertretungsmacht für dieselben Angelegenheiten, für die der Prokurist bei **außergerichtlichen Handlungen Vertretungsmacht** hat. Es gelten daher grundsätzlich auch dieselben Schranken (keine Privatangelegenheiten, Grundlagengeschäfte, Grundstücksgeschäfte iSd § 49 Abs. 2). Das Prozessrecht kennt daneben **Erweiterungen** der Vertretungsmacht. Insbesondere gilt die passive **Zustellungsvollmacht** des § 171 ZPO für Prokuristen auch für Angelegenheiten, die gem. § 49 Abs. 2 nicht unter ihre Vertretungsmacht fallen.[45] 21

III. „Mit sich bringt"

Die Formulierung „mit sich bringt" bedeutet „mit sich bringen **kann**". Hierher gehören also nicht nur alle Geschäfte des laufenden Betriebs, sondern auch alle ungewöhnlichen Geschäfte, sofern sie nur zum Betrieb eines Handelsgeschäftes gehören. Die Gesetzesformulierung bildet aber auch den sprachlichen Ausgangspunkt für die Ausklammerung der Grundlagen- und Strukturentscheidungen. 22

IV. Von der Prokura nicht erfasst

1. Grundlagengeschäfte. a) Allgemeines. Grundlagen- und Strukturentscheidungen bilden eine Kategorie des gesellschaftsrechtlichen Organisationsrechts (→ Rn. 8), die auch für das Vertretungsrecht bedeutsam ist. Der Betrieb eines Handelsgewerbes bringt sie nicht „mit sich" (§ 49 Abs. 1), so dass der Prokurist für sie keine Vertretungsmacht hat.[46] Dies rechtfertigt sich zum einen mit der besonderen strukturellen Bedeutung dieser Geschäfte und der Notwendigkeit einer auch eigennützigen Entscheidung des Inhabers/der Gesellschafter, die einer Vertretung kaum zugänglich ist. Für diese – relativ seltenen – Geschäfte bedürfen die Vertretenen auch keiner Vertretung. Dem Rechtsverkehr ist für diesen abgegrenzten Bereich schließlich zumutbar, dass hier nur der Inhaber bzw. die gesetzlichen Vertreter für das Unternehmen auftreten können. Aufgrund ihrer Ableitung aus dem Organisationsrecht der Gesellschaften ist für die Konkretisierung der Grundlagen- bzw. 23

[37] Vgl. RGSt 15, 144 (145); GroßkommUGB/*Törggler/Trenker* Rn. 37; Staub/*Joost* Rn. 12; Jabornegg/Artmann/*Strasser/Jabornegg* UGB Rn. 18; zu Einschränkungen → Rn. 20 aE.

[38] Vgl. aber für Strafanträge RGSt 15, 144; OLG Dresden JW 1932, 2639.

[39] Vgl. Staub/*Joost* Rn. 38; Heymann/*Teichmann* Rn. 2.

[40] Vgl. OLG Hamm BB 1956, 900.

[41] BGHZ 116, 190 (193) = NJW 1992, 975; Oetker/*Schubert* Rn. 12.

[42] OLG Frankfurt NJW-RR 1997, 31 (GmbH-Geschäftsführer); BeckOK HGB/*Meyer* Rn. 6; BeckOGK/*Schärtl* Rn. 18.6.

[43] Vgl. BGHSt NJW 2010, 92 Rn. 73 f. Ls. 2 zu § 119 Abs. 2 BetrVG.

[44] Der OGH lehnt in solchen Fällen, die sonst bejahte gesetzliche Vertretungsmacht eines Gesamtprokuristen ab, wenn dieser nur zusammen mit einem gesamtvertretungsberechtigten Organmitglied handeln könnte, OGH RdW 2009, 337.

[45] MüKoZPO/*Häublein* ZPO § 171 Rn. 2; *Thomas/Hüßtege* ZPO § 171 Rn. 4.

[46] *K. Schmidt* HandelsR § 16 Rn. 30; *Grooterhorst* Vollmachten im Unternehmen III 29.

Strukturentscheidungen auf die gesellschaftsrechtliche Einordnung, insbesondere die des Aktienrechts, abzustellen. Von der Prokura nicht erfasst sind dabei auch die Handelsregisteranmeldungen in Bezug auf Grundlagenentscheidungen (→ Rn. 31, → Rn. 35). Dabei ist stets zu beachten, dass die Prokura als Vertretungsmachtsregelung für rein tatsächliche Handlungen ohne Bedeutung ist.[47]

24 **b) Konkretisierung der Grundlagen- und Strukturentscheidungen. aa) Überblick.** Satzungsänderungen sowie die sonstigen von § 119 Abs. 1 AktG genannten Entscheidungen sind Grundlagenentscheidungen im Sinne des Gesellschaftsrechts und sollten dies daher auch im Vertretungsrecht sein.[48] Der Inhalt der Satzung bestimmt sich vor allem nach § 23 Abs. 2, Abs. 3 AktG. Als Satzungsänderungen gehören zu den Grundlagenentscheidungen zB Maßnahmen der Kapitalbeschaffung (§§ 182 ff. AktG) und -herabsetzung (§§ 222 ff. AktG), ein Auflösungsbeschluss (§ 262 Abs. 1, 2 AktG), die Bestellung der Abwickler (§ 265 Abs. 2 AktG), ein Fortsetzungsbeschluss (§ 274 AktG), der Abschluss von Unternehmensverträgen gem. §§ 291 ff. AktG, eine Verschmelzung gem. §§ 39 ff. UmwG, eine Spaltung gem. §§ 123 ff. UmwG und ein Formwechsel gem. §§ 190 ff. UmwG sowie die Vermögensübertragung gem. §§ 179a AktG, §§ 174 ff. UmwG.[49] Den Grundlagenentscheidungen sind auch die vertretungsrechtlichen Ausführungsakte zuzurechnen, weil anderenfalls das Selbstbestimmungsrecht der Inhaber durch die vertretungsrechtlichen Ausführungshandlungen gegenüber den Grundlagenentscheidungen entwertet würde. Dies betrifft namentlich schuldrechtliche Abreden und Handelsregisteranträge, aber auch prozessuale Handlungen. Handlungen, die sich gegen **Mitglieder von Organen** wie Vorstand, Aufsichtsrat, Gesellschafterversammlung oder Betriebsrat richten, sind den Grundlagengeschäften gleichzustellen (→ Rn. 20 aE).

25 Im Ergebnis entspricht dies weitgehend der hM, die sich allerdings nicht so deutlich am gesellschaftsrechtlichen Organisationsrecht orientiert. So werden zB **als Grundlagengeschäfte anerkannt:** Entscheidungen, die den Kreis und die Beteiligungsquote der Gesellschafter verändern,[50] Entscheidungen über die Abwicklung der Gesellschaft, die Veräußerung oder Verpachtung[51] des Handelsgeschäfts,[52] Umwandlung der Rechtsform des Unternehmens Änderung der Firma, wobei für einige dieser Entscheidungen ein Vertreterhandeln ohnehin nur hinsichtlich der Registeranmeldung möglich wäre. Dementsprechend ist bei Vorliegen einer Grundlagenentscheidung der Prokurist nicht zur Registeranmeldung befugt.[53]

26 **bb) Problematische Fälle.** Die **Änderung des Unternehmensgegenstandes** ist ein von der Prokura nicht erfasstes Grundlagengeschäft.[54] Dem widerspricht nicht, dass auch außerhalb des Unternehmensgegenstandes liegende Geschäfte von der Prokura erfasst werden („Betrieb eines Handelsgewerbes"); denn nur die Änderung des Unternehmensgegenstandes selbst berührt die Struktur des Unternehmens; zudem besteht hierbei auch kein anerkennenswertes Verkehrsschutzbedürfnis. Eine Änderung des Unternehmensgegenstandes stellt insbesondere die Änderung einer entsprechenden Satzungsbestimmung dar. Die

---

47 Vgl. Staub/*Joost* Rn. 17; Heymann/*Teichmann* Rn. 10.

48 Wohl nur im Sinne einer Anregung BECKOGK/*Schärtl* Rn. 16.2.

49 Hierbei sind insbes. die Übertragung des gesamten Gesellschaftsvermögens (§ 179a AktG, früher § 361 AktG) sowie die sich an die Holzmüller-Entscheidung – BGHZ 83, 122 = NJW 1982, 1703 – und die Gelatine-Entscheidung – BGHZ 159, 30 = NJW 2004, 1860 – anknüpfenden Überlegungen zur Ausdehnung dieser Vorschrift zu beachten, wobei der BGH zuletzt die analoge Ausdehnung auf die GmbH abgelehnt hat, BGH NJW 2019, 1512.

50 Zu Vollmachten bei Handelsregisteranmeldungen bei Publikumsgesellschaften *Gustavus* GmbHR 1978, 219.

51 Oetker/*Schubert* Rn. 18; Heidel/Schall/*B. Schmidt* Rn. 12.

52 BGH BB 1965, 1373 (1374); für den hierauf gerichteten Kaufvertrag ROHGE 23 (1878), 28; vgl. auch BGH NJW 1995, 596.

53 Vgl. BGHZ 116, 190 = NJW 1992, 975; *Joost* ZIP 1992, 463 (465).

54 Staub/*Joost* Rn. 18; *K. Schmidt* HandelsR § 16 Rn. 30; EBJS/*Weber* Rn. 13; aA Baumbach/Hopt/*Hopt* Rn. 1.

bloß faktische Änderung des Unternehmensgegenstandes – durch Abschluss von Geschäften einer anderen oder durch Nichtabschluss von Geschäften der eigenen Branche – ist keine den Unternehmensgegenstand berührende Vertretungshandlung und gerät daher nicht in Konflikt mit dem gesetzlichen Umfang der Prokura.[55] Allerdings wird in diesen Fällen relativ häufig ein Missbrauch der Vertretungsmacht vorliegen. Auch ein einzelkaufmännisches Geschäft hat einen Unternehmensgegenstand,[56] der allerdings nur selten präzise festgelegt ist.[57] Da dem Unternehmensgegenstand, genauer: der Branche, erhebliche Bedeutung für den Umfang der Vollmacht gem. §§ 54 ff. zukommt, kann dies relevant werden, wenn der Prokurist Erklärungen zum Unternehmensgegenstand abgibt. Folglich darf sich seine Vertretungsmacht nicht auf Erklärungen erstrecken, mit denen der Prokurist einen anderen Unternehmensgegenstand bekundet als den, der durch die Satzung oder den Inhaber bestimmt wurde.

Die **Sitzverlegung** ist eine Grundlagenentscheidung und fällt daher, soweit ein 27 Vertretungsakt erforderlich ist (vgl. § 3 Abs. 1 Nr. 1 GmbHG, § 5 AktG),[58] nicht unter die Vertretungsmacht des Prokuristen.[59] Dies gilt ebenso für rechtsgeschäftliche Erklärungen über eine Sitzverlegung, die für den Gerichtsstand von Bedeutung sein können. Verkehrsgeschäfte im Zuge der Verlegung sind dagegen von der Vertretungsmacht gedeckt.[60] Eine Adressänderung innerhalb des gleichen Registerbezirks ist keine Grundlagenentscheidung.[61]

Die **Änderung der Firma** stellt ebenfalls eine Grundlagenentscheidung dar.[62] Dies 28 wird dadurch belegt, dass die Firma zum notwendigen Satzungsinhalt gehört (§ 23 Abs. 3 Nr. 1 AktG, § 3 Abs. 1 Nr. 1 GmbHG). Zwar gibt es auch marginale Firmenänderungen, aber eine rechtssichere Abgrenzung erscheint nicht möglich. Für den Einzelkaufmann darf nichts Abweichendes gelten, da ein Grund für eine umfassendere Vollmacht als bei den juristischen Personen nicht besteht.

Die Errichtung einer **Zweigniederlassung** ist hingegen kein Grundlagengeschäft,[63] 29 obwohl die Prokura für eine solche Zweigniederlassung nur vom Inhaber oder vom gesetzlichen Vertreter erteilt werden kann. Die Aufhebung einer Zweigniederlassung ist dann nicht von der Prokura gedeckt, wenn eine Niederlassungsprokura besteht.

Die Entscheidungen über die **Auflösung** (§ 131) und damit die **Liquidation des** 30 **Unternehmens** (§ 145) sind – ebenso wie die Bestellung der Liquidatoren (§ 146 Abs. 1) – Grundlagenentscheidungen und werden daher nicht von der Prokura erfasst. Da die Prokura nach zutreffender Ansicht[64] (→ § 52 Rn. 28; → § 48 Rn. 11) auch für die Liquidation bestehen bleibt, bevollmächtigt die Prokura zu den während der Liquidation anfallenden Vertretungshandlungen, soweit es nicht um ohnehin ausgeschlossene Handlungen, namentlich Grundlagenentscheidungen, geht. Folglich besitzt der Prokurist Vertretungsmacht für den Abschluss eines Sozialplans während der Liquidation.[65] Jedoch fragt es sich, ob der begrenzte Zweck der Liquidation es nicht gebietet, die Vertretungs-

---

55 Staub/*Joost* Rn. 18; Heidel/Schall/*B. Schmidt* Rn. 8.
56 AA *Canaris* HandelsR § 12 Rn. 15.
57 Vorstellbar ist eine Selbstbeschreibung auf Geschäftsschreiben, zB „Importeur von Obst und Gemüse aller Art".
58 Zum Streit über nur tatsächliche oder vertragliche Sitzverlegung bei der Personengesellschaft vgl. nur Staub/*Ulmer* § 106 Rn. 19 f.
59 KG MittBayNot 2014, 178 (179); Staub/*Joost* Rn. 19; *K. Schmidt* HandelsR § 16 Rn. 30; BeckOGK/*Schärtl* Rn. 83; aA *Canaris* HandelsR § 12 Rn. 14; Schlegelberger/*Schröder* Rn. 6.
60 Staub/*Joost* Rn. 19; vgl. auch BeckOK HGB/*Meyer* Rn. 9.
61 KG GmbHR 2016, 821; OLG Karlsruhe GmbHR 2014, 1046; aA OLG München ZIP 2016, 285.
62 Heymann/*Teichmann* Rn. 7; EBJS/*Weber* Rn. 13; vgl. auch BGH NZG 2020, 223: keine Firmenänderung durch Insolvenzverwalter ohne Satzungsänderung.
63 Schlegelberger/*Schröder* Rn. 6; Staub/*Joost* Rn. 19; Baumbach/Hopt/*Hopt* Rn. 1; aA Oetker/*Schubert* Rn. 14; KKRD/*Roth* Rn. 2.
64 Staub/*Joost* Rn. 22; Staub/*Hüffer* § 31 Rn. 15.
65 Ebenso Staub/*Joost* Rn. 22; Oetker/*Schubert* Rn. 17; vgl. Heymann/*Teichmann* Rn. 14; BeckOK HGB/*Meyer* Rn. 11; aA LAG München NZA 1987, 464 f.

macht des Prokuristen ausnahmsweise auf die Geschäfte des zu liquidierenden Unternehmens zu beschränken.[66]

31 Wird der Prokurist für eine **Gesellschaft** tätig, die **gesetzliche Vertreterin einer zweiten Gesellschaft** ist (zB Prokurist der Komplementär-GmbH handelt für die GmbH & Co. KG), so stellt sich das Problem, ob Vorgänge, die für die zweite Gesellschaft Grundlagenentscheidungen darstellen, von der Vertretungsmacht des Prokuristen gedeckt sind. Die hM bejaht dies – insbesondere für Handelsregistereintragungen in Grundlagenentscheidungen – mit dem Argument, bezogen auf die Gesellschaft, zu der das Prokuraverhältnis besteht, liege keine Grundlagenentscheidung vor.[67] Dies trifft zwar zu,[68] vernachlässigt aber, dass für die zweite Gesellschaft eine Grundlagenentscheidung getroffen wird. Zum Schutz dieser Gesellschaft erscheint es daher vorzugswürdig, nur den gesetzlichen Vertretern der ersten Gesellschaft Vertretungsmacht zuzugestehen.

32 Die Gründung einer Tochtergesellschaft ist von der Prokura mit umfasst. Der Erwerb oder die Veräußerung eines Unternehmens oder einer wesentlichen unternehmerischen Beteiligung müsste schon wegen der abstrakten Gefährlichkeit der Prokura entzogen sein. Obwohl damit die Konzernstruktur verändert wird, lehnt die hM eine Einordnung als Grundlagengeschäft ab und bejaht die Vertretungsmacht des Prokuristen.[69]

33 Maßnahmen, die die **Struktur** bzw. die **Organisation des Inhabers** des Handelsgeschäfts, insbesondere die Aufnahme neuer Gesellschafter, betreffen, werden nicht von der Vertretungsmacht der Prokura erfasst.[70] Streitig ist die **Aufnahme stiller Gesellschafter.** Da es sich um eine kapitalmäßige, den Gewinn der bisherigen Gesellschafter schmälernde Beteiligung handelt und selbst die typische stille Gesellschaft Kontrollrechte verleiht (§ 233), ist entgegen der hM[71] die Aufnahme eines stillen Gesellschafters als Grundlagengeschäft einzuordnen.[72] Für die atypische stille Gesellschaft ist die Einordnung als nicht von der Prokura erfasst hM.[73]

34 Auch die Ausgabe von Genussrechten dürfte ein Grundlagengeschäft darstellen, weil auch hier eine die Gesellschafterinteressen gefährdende Kapital-(Gewinn-)Beteiligung vorliegt;[74] überdies wird die Zugehörigkeit zu den Grundlagenentscheidungen durch die Erforderlichkeit belegt, einen Hauptversammlungsbeschluss herbeizuführen (§ 221 Abs. 3 AktG iVm § 221 Abs. 1 AktG). Wegen der generellen Zuordnung der Ausführungsakte zu den Grundlagenentscheidungen darf entgegen der hM[75] die Prokura auch nicht zur Geltendmachung von gesellschaftsrechtlichen Ansprüchen der das Unternehmen tragenden Gesellschaft gegenüber den Gesellschaftern bevollmächtigen.[76] Hier handelt es sich nicht um ein Verkehrsgeschäft, das der Betrieb des Handelsgewerbes mit sich bringt, sondern um eine organi-

---

66 Vgl. *K. Schmidt* BB 1989, 229.

67 Vgl. BGHZ 116, 190 = NJW 1992, 975; *Joost* ZIP 1992, 463 (465); ganz generell für die GmbH & Co. KG OLG Hamm NJW 1967, 2163; Staub/*Joost* Rn. 4, 15; Schlegelberger/*Martens* § 161 Rn. 12; *Germer* BaWüNotZ 1986, 54 (55).

68 Nach der Holzmüller-Entscheidung (BGHZ 83, 122 = NJW 1982, 1703; einschr. BGH NJW 2004, 1860 – Gelatine) gibt es Entscheidungen im Rahmen einer Tochtergesellschaft, die für die Muttergesellschaft so bedeutend sind, dass sie dort als Grundlagenentscheidung anzusehen sind.

69 OLG Wien NZ 2006, 96 betr. Beteiligungserwerb; OGH britische Zone OGHZ 1, 62 (64); GroßkommUGB/*Torggler/Trenker* Rn. 33; Staub/*Joost* Rn. 20.

70 Vgl. BGHZ 49, 117 (120) = NJW 1968, 398; Annahmeerklärung einer GmbH zur Übernahme einer Stammeinlage durch einen Gesellschafter nach einer Kapitalerhöhung; KG OLGE 24 (1912), 158 f.: Einberufung der Gesellschafterversammlung; Staub/*Joost* Rn. 23.

71 RGZ 153, 371 (373 f.); EBJS/*Weber* Rn. 3; *K. Schmidt* HandelsR § 16 Rn. 30 Fn. 59; *Grooterhorst* Vollmachten im Unternehmen III 29.

72 Ebenso Staub/*Joost* Rn. 24; Straube/Ratka/Rauter/*Schinko* UGB Rn. 3; Jabornegg/Artmann/*Strasser/Jabornegg* Rn. 15; vgl. Heymann/*Teichmann* Rn. 8 f.

73 *K. Schmidt* HandelsR § 16 Rn. 30 Fn. 59; Staub/*Joost* Rn. 24; *Blaurock,* Handbuch Stille Gesellschaft, 8. Aufl. 2016, Rn. 9.14.

74 Vgl. *Wiedemann* GesR I § 6 III 2 a, 335; aA *Claussen* FS Werner, 1984, 82: für wirksame Verpflichtung der Gesellschaft, wenn der Vorstand Genussscheine ohne Zustimmung der Hauptversammlung ausgibt.

75 ROHGE 7 (1873), 412 (416 f.); Staub/*Joost* Rn. 26: Einforderung von Einlagen.

76 Diff. zu gesellschafts- bzw. organisationsrechtlichen Maßnahmen Heymann/*Teichmann* Rn. 8 ff.

sationsrechtliche Angelegenheit. Verträge über Gesellschafterdarlehen sind hingegen keine Grundlagengeschäfte.

Anmeldungen zum Handelsregister sind entgegen einer früher hM[77] nicht per se Grundlagengeschäfte und auch nicht höchstpersönliche Geschäfte. Vielmehr ist entscheidend, ob der materielle Vorgang eine Grundlagenentscheidung darstellt,[78] was allerdings bei fast allen Anmeldungen der Fall sein wird. Zur Anmeldung für eine Grundlagenentscheidung einer anderen Gesellschaft → Rn. 31. Handelt es sich um eine Grundlagenentscheidung, bedarf der Prokurist der besonderen Bevollmächtigung gem. § 12 Abs. 1 S. 2. 35

2. Grundstücksgeschäfte (§ 49 Abs. 2). a) Normzweck. Die (Regel-)Prokura bevollmächtigt nicht zur Veräußerung und Belastung von Grundstücken des Kaufmanns; hierzu bedarf es vielmehr einer besonderen Vollmachtserteilung.[79] Der Gesetzgeber des ADHGB rechtfertigte dies nicht mit der Bedeutung dieser Geschäfte,[80] sondern damit, dass Geschäfte über Immobilien – wohl auch wegen der nur eingeschränkten Verkehrsfähigkeit von Immobilien – keine Handelsgeschäfte iSd § 1 Abs. 2 aF seien.[81] Bei den Beratungen zum HGB wurde zunächst die Streichung dieser Einschränkung der Prokura vorgeschlagen.[82] Dieser Vorschlag wurde aber letztlich mit der Begründung verworfen, unter den Kaufleuten bestehe eine Abneigung gegen die Vermischung des Grundbesitzes mit dem Geschäftsbetrieb, und es komme häufig zu Meinungsverschiedenheiten zwischen dem Kaufmann und dem Prokuristen über die Zweckmäßigkeit von Grundstücksverfügungen.[83] 36

Die Begründung überzeugt nicht: § 49 erfasst grundsätzlich alle Geschäfte und Rechtshandlungen, die ein Handelsgewerbe mit sich bringt, und nicht nur die, die ein Geschäft iSd § 1 Abs. 2 aF darstellen. So wird der Erwerb von Grundstücken – obwohl ebenfalls kein Geschäft iSd § 1 Abs. 2 aF – von der allgemeinen Vertretungsmacht der Prokura erfasst.[84] Selbst de lege ferenda sprechen dennoch die überzeugenderen Gründe für eine Beibehaltung des § 49 Abs. 2:[85] Er ist Ausdruck der Tatsache, dass Grundstücke ein nicht vermehrbares Wirtschaftsgut (Produktionsfaktor Boden) sind, das daher auch zu keiner Zeit in seiner rechtlichen und tatsächlichen Verkehrsfähigkeit den anderen Wirtschaftsgütern gleichstand. Dem Rechtsverkehr ist die geringere Verkehrsfähigkeit von Grundstücken seit jeher bewusst. Die zumeist äußerst eingeschränkte Möglichkeit einer Ersatzbeschaffung sowie der Umstand, dass insbesondere das Betriebsgrundstück oftmals den bedeutendsten Vermögenswert des Unternehmens darstellt, begründen die besondere Schutzbedürftigkeit des Unternehmensinhabers hinsichtlich der Veräußerung von Grundstücken. Dass auch die Belastung von Grundstücken von der Prokura nicht gedeckt wird, dient der Absicherung des Veräußerungsverbots. 37

b) Veräußerung von Grundstücken. aa) Grundstücke (des Kaufmanns). Unmittelbar gilt § 49 Abs. 2 nur für Grundstücke des Kaufmanns. Die Veräußerung fremder Grundstücke, zB in Fällen, in denen dem Unternehmen Vertretungsmacht erteilt wurde, ist nicht erfasst.[86] Auf **grundstücksgleiche Rechte** wie das Erbbaurecht und das Woh- 38

---

77 Vgl. BayObLG DB 1974, 1521 f.; WM 1982, 647 (648 f.); KGJ 47 (1915), 242 f.; LG Koblenz Rpfleger 1973, 307 f.

78 So zu Recht BGHZ 116, 190 (193 f.) = NJW 1992, 975; OLG Köln MittRhNotK 1993, 250; *Canaris* HandelsR § 12 Rn. 15; vgl. EBJS/*Weber* Rn. 6; Oetker/*Schubert* Rn. 12; Staub/*Joost* Rn. 40; *Joost* ZIP 1992, 463 (464 f.); BeckOK HGB/*Meyer* Rn. 10.

79 Zur Eintragung einer solchen „Immobiliarklausel" in das Handelsregister BayObLG Rpfleger 1971, 152; *Walchshöfer* Rpfleger 1975, 381 (384).

80 So aber KG HRR 1929, Nr. 1607.

81 *Lutz,* Protokolle zum ADHGB, 1858, 77; dazu KG RJA 3 (1903), 231 (232).

82 Denkschrift zum RJA E I, 45 = *Schubert/Schmiedel/Krampe* II 1 S. 45.

83 Protokolle zum HGB S. 171 = *Schubert/Schmiedel/Krampe* II 1 S. 383.

84 Vgl. Staub/*Joost* Rn. 28, der den Widerspruch zum historischen Normzweck sieht und daraus die Verfehltheit der Norm insgesamt ableitet.

85 Für Beibehaltung auch *K. Schmidt* DB 1994, 515 (520); aA Staub/*Joost* Rn. 28.

86 Vgl. LG Chemnitz NotBZ 2008, 241; diff. Heymann/*Teichmann* Rn. 16.

nungseigentum wird die Norm **analog** angewandt,[87] obwohl § 11 ErbbauRG von den sich auf Grundstücke beziehenden Normen nur die §§ 925, 927, 928, 311b Abs. 1 BGB für anwendbar erklärt. Die analoge Anwendung des § 49 Abs. 2 ist berechtigt; denn Grundeigentum und grundstücksgleiche Rechte sind, was die eingeschränkte Verkehrsfähigkeit und den regelmäßig sehr bedeutenden Wert anbelangt, rechtlich ähnlich.

39 **Sonstige dingliche Rechte an einem (fremden) Grundstück** – Hypothek, Grundschuld, Reallast, Dienstbarkeit etc. – sind nicht wie ein Grundstück zu behandeln. Der Prokurist kann daher solche Rechte veräußern, dingliche Rechte verpfänden, Rangänderungen bewilligen und die Löschung von für den Kaufmann eingetragenen Rechten bewilligen,[88] sofern nicht – wie bei der Eigentümergrundschuld – eine Belastung des Grundstücks des Kaufmanns vorliegt[89] (→ Rn. 47).

40 Auf **eingetragene Seeschiffe**[90] und **eingetragene Luftfahrzeuge**[91] ist § 49 Abs. 2 **nicht** analog anwendbar. Soweit in diesen Bereichen die Grundstücksregelungen Anwendung finden, geschieht dies allein, um effektiver Sicherheiten bestellen zu können. Die rechtliche und faktische Verkehrsfähigkeit von Luftfahrzeugen und Seeschiffen ist – wegen der Möglichkeit der Ersatzherstellung – erheblich höher als die von Grundstücken, so dass es an der Rechtsähnlichkeit fehlt.

41 Eine **Bruchteilsbeteiligung** an einem Grundstück ist dem Eigentum an einem Grundstück gleichzustellen,[92] die Beteiligung an einer Gesellschaft, die **Eigentümerin von Grundstücken** ist, hingegen grds. nicht, weil dies – insbesondere bei einer Beteiligung an einer Aktiengesellschaft – zu einer nicht zu rechtfertigenden Einschränkung der allgemeinen Verkehrsfähigkeit von Anteilen führen und die Rechtsfähigkeit der Gesellschaft außer Acht lassen würde. Letzteres sollte auch für die Beteiligung an einer teilrechtsfähigen Gesellschaft bürgerlichen Rechts gelten. Problematisch sind allerdings reine Grundstücksbesitzgesellschaften, die aus steuerlichen Gründen existieren, um nach bisherigem Recht die Grunderwerbssteuer bei Übertragung von 95 % der Anteile zu sparen. Hier könnte in Bezug auf § 49 Abs. 2 eine Umgehung vorliegen, der die analoge Anwendung gebietet.

42 § 49 Abs. 2 bezieht sich ausschließlich auf **Grundstücke des Kaufmanns;**[93] bezogen auf Grundstücke anderer Personen wird die Vertretungsmacht nicht eingeschränkt; denn § 49 Abs. 2 dient lediglich dem Schutz des Inhabers,[94] was auch der Umstand belegt, dass allein der Inhaber durch besondere Bevollmächtigung über diesen Schutz disponieren kann. § 49 Abs. 2 erfasst weder den Fall der unrichtigen Grundbucheintragung zugunsten des Kaufmanns noch den des bloß wirtschaftlichen Eigentums des Kaufmanns (zB bei Verkaufskette ohne Übereignung).[95]

43 **bb) Veräußerung.** „Veräußerung" bezeichnet zunächst das dingliche Verfügungsgeschäft, mit dem das Eigentum übertragen wird.[96] Dieses ist anders als bei § 181 BGB auch dann nicht von der Vertretungsmacht gedeckt, wenn eine wirksame Verpflichtung zur Übereignung besteht. § 49 Abs. 2 gilt (analog) auch für das obligatorische Geschäft, das den

---

[87] Schlegelberger/*Schröder* Rn. 12; Heymann/*Teichmann* Rn. 16; Oetker/*Schubert* Rn. 24; Staub/*Joost* Rn. 30.

[88] KG KGJ 37 (1909), 226 (229); BayObLG WM 1982, 647 (649); *Grooterhorst* Vollmachten im Unternehmen III 32.

[89] Vgl. Heymann/*Teichmann* Rn. 17; Baumbach/Hopt/*Hopt* Rn. 4; aA KG JW 1937, 1743 (1744); GroßkommHGB/*Würdinger* Anm. 7.

[90] LG Braunschweig NJW-RR 1987, 23 f.; EBJS/*Weber* Rn. 16; Staub/*Joost* Rn. 30; *Schaps/Abraham,* Das deutsche Seerecht, Bd. I, 3. Aufl. 1959, SchiffRG § 8 Anm. 16, 383 (ohne Stellungnahme in der 4. Aufl. 1978); BeckOK HGB/*Meyer* Rn. 41.

[91] LG Braunschweig NJW-RR 1987, 23 f.; Staub/*Joost* Rn. 30; BeckOK HGB/*Meyer* Rn. 41.

[92] Oetker/*Schubert* Rn. 24; EBJS/*Weber* Rn. 16.

[93] Schlegelberger/*Schröder* Rn. 12, 15; Düringer/Hachenburg/*Hoeninger* Anm. 5; *Oetker* HandelsR § 5 Rn. 31, 141; diff. Heymann/*Teichmann* Rn. 16; aA LG Freiburg BaWüNotZ 1992, 58; Staub/*Joost* Rn. 31.

[94] Vgl. Heymann/*Teichmann* Rn. 16; GK-HGB/*B. Schmidt* Rn. 12; Schlegelberger/*Schröder* Rn. 15.

[95] AA Staub/*Joost* Rn. 31.

[96] Oetker/*Schubert* Rn. 27; Staub/*Joost* Rn. 30; Heymann/*Teichmann* Rn. 17.

Kaufmann schuldrechtlich zur Übereignung verpflichtet;[97] denn nur auf diese Weise kann der Ausschluss der Vertretungsmacht für das dingliche Geschäft effektiv durchgesetzt werden. Der Wortlaut des Gesetzes steht dem nicht entgegen; denn der Begriff der Veräußerung entstammt dem ADHGB, das weniger deutlich zwischen Verfügungs- und Verpflichtungsgeschäft unterschied. Für Verträge, die keinen Erfüllungsanspruch gewähren, gilt die Regelung nicht, da § 49 Abs. 2 nicht vor rein wirtschaftlichen Schäden schützt. Zum Normzweck → Rn. 36 f.

Erfasst werden auch die Einräumung eines Miteigentumsanteils und die Einbringung des Grundstücks in eine Gesellschaft; denn auch hierdurch wird dem Kaufmann das Grundstück zumindest partiell entzogen (Teilveräußerung).[98] Der **Erwerb** kann der Veräußerung hingegen auch nicht im Wege der Analogie gleichgestellt werden, da es an einem entsprechenden Schutzbedürfnis des Inhabers fehlt.[99] Der **Tausch** von Grundstücken beinhaltet den Verlust des derzeitigen Grundstücks und stellt daher einen Fall der Veräußerung dar. 44

c) Belastung. Belastungen iSd § 49 Abs. 2 sind die **dinglichen Belastungen** eines Grundstücks des Kaufmanns durch Hypothek, Grundschuld, Reallast und Dienstbarkeit.[100] Ihnen sind die **hierauf gerichteten Verpflichtungsverträge** gleichzustellen.[101] Wegen ihrer weit reichenden Wirkung muss dies auch für die Vormerkung zur Sicherung eines solchen Anspruchs, für ein Vorkaufsrecht und die Bestellung eines grundstücksgleichen Rechts gelten.[102] 45

Nicht zu **Belastungen** in diesem Sinne führen jedoch nach allgemeiner Meinung sonstige schuldrechtliche Geschäfte, die sich zwar auf das Grundstück beziehen, aber unmittelbar nur den Kaufmann verpflichten und das Grundstück allenfalls wirtschaftlich belasten (zB Miet-, Pachtverträge, Verträge im Rahmen der Grundstücksverwaltung und selbst Geschäfte zum Bau eines Hauses auf dem Grundstück).[103] Die Nichtanwendung des § 49 Abs. 2 auf **Wohnungsmietverträge** ist nicht unproblematisch,[104] lässt sich doch bei der Wohnungsmiete eine fortschreitende Verdinglichung in dem Sinne beobachten, dass das Vertragsverhältnis weitgehend unabhängig von der Person des Eigentümers bzw. Vertragspartners wird. Auch soll die Wohnungsmiete nach Auffassung des BVerfG durch Art. 14 GG geschützt sein.[105] 46

Die Übertragung einer dem Kaufmann als Eigentümer zustehenden **Eigentümergrundschuld** unter automatischer Umwandlung in eine Fremdgrundschuld ist eine (dingliche) Belastung,[106] weil die Eigentümergrundschuld vorher nur konstruktiv, nicht aber wirtschaftlich eine Belastung darstellte. Entsprechendes gilt für die Übertragung von sonstigen „Belastungen", die dem Kaufmann an eigenen Grundstücken zustehen.[107] Die Bestellung der Eigentümergrundschuld ohne Übertragung ist dagegen, weil nur konstruktiv, aber nicht wirtschaftlich eine Belastung, entgegen der hM[108] von der Vertretungsmacht des Prokuristen gedeckt.[109] 47

---

97 OLG Rostock OLGE 21 (1910), 379 f.; Heymann/*Teichmann* Rn. 17; *K. Schmidt* HandelsR § 16 Rn. 32; EBJS/*Weber* Rn. 16.

98 Vgl. Oetker/*Schubert* Rn. 26; Staub/*Joost* Rn. 30.

99 Vgl. KG KGJ 43 (1913), 162 (163 ff.); Heymann/*Teichmann* Rn. 19.

100 Oetker/*Schubert* Rn. 28; Staub/*Joost* Rn. 33; Schlegelberger/*Schröder* Rn. 13; Heymann/*Teichmann* Rn. 17.

101 Staub/*Joost* Rn. 33.

102 Vgl. Staub/*Joost* Rn. 33; Heymann/*Teichmann* Rn. 16 f.; *K. Hofmann/Fladung/van Ghemen,* Der Prokurist, 8. Aufl. 2007, 3.3.2.2, 63.

103 Für Letzteres vgl. BGHZ 63, 32 (35) = NJW 1974, 1462; vgl. auch Staub/*Joost* Rn. 32.

104 So tendenziell auch BeckOGK/*Schärtl* Rn. 28.1.

105 Vgl. BVerfG NJW 1993, 2035.

106 Staub/*Joost* Rn. 34; Baumbach/Hopt/*Hopt* Rn. 4; Schlegelberger/*Schröder* Rn. 13; Heymann/*Teichmann* Rn. 17; aA KG JW 1937, 1743 (1744); Düringer/Hachenburg/*Hoeniger* Anm. 6.

107 Vgl. Heymann/*Teichmann* Rn. 17.

108 Vgl. Staub/*Joost* Rn. 33; Düringer/Hachenburg/*Hoeniger* Anm. 6.

109 So auch Oetker/*Schubert* Rn. 29; Heymann/*Teichmann* Rn. 17.

48 Die so genannte **Restkaufgeldhypothek** – zur Finanzierung des Kaufpreises wird das für den Kaufmann erworbene Grundstück mit einer Hypothek oder Grundschuld belastet – wird nach heute ganz hM[110] nicht von § 49 Abs. 2 erfasst, weil diese Art des Erwerbs dem Erwerb eines bereits belasteten Grundstücks gleichkomme. Dem ist zuzustimmen, wenn die Verpflichtung zur Bestellung der Hypothek bzw. Grundschuld wie im Normalfall vor der Übereignung des Grundstücks an den Kaufmann begründet wird.[111] Bei formaler Betrachtung ist es in diesen Fällen auch der Veräußerer, der die Belastung bewilligt. Nur wirtschaftlich trifft bei durchgeführten Transaktionen das erwerbende Unternehmen die Belastung. Es ist insgesamt allerdings nicht schutzwürdig.

49 Die Belastung fremder Grundstücke fällt nicht unter § 49 Abs. 2 (→ Rn. 42). Allerdings hängt in solchen Fällen die Vertretungsmacht des Prokuristen von der Vertretungsmacht des Kaufmanns sowie davon ab, ob dieser seine Vertretungsmacht an den Prokuristen weitergeben darf.[112]

V. Gesetzliche Beschränkungen

50 **1. Höchstpersönliche Inhaber-/Organpflichten.** In einigen Fällen hat der Gesetzgeber dem Inhaber bzw. dem gesetzlichen Vertreter nicht nur unmittelbare Pflichten im Sinne einer haftungsrechtlichen Verantwortung auferlegt, sondern auch die persönliche Ausführung angeordnet und damit diese Handlungen der Vertretungsmacht des Prokuristen entzogen.[113] Eindeutig sind im Aktienrecht insoweit die Regelungen zur Unterzeichnung des Gründungsberichts (§ 32 Abs. 1 AktG) und des Jahresabschlusses (§ 245). Problematisch ist die Auslegung von Regelungen, in denen – wie bei § 78 Hs. 2 GmbHG und § 36 AktG – eine **Pflicht aller oder sämtlicher Organmitglieder** angeordnet wird.[114] Dieser Formulierung dürfte lediglich zu entnehmen sein, dass eine organisatorische Gesamtverantwortung vorliegt, die durch innerorganschaftliche Aufgabenzuweisungen nicht abgeändert werden kann; eine Aussage zur Vertretungsfähigkeit bei der Ausführung wird dabei nicht getroffen, so dass eine Vertretung durch Prokuristen möglich ist,[115] soweit keine Grundlagengeschäfte betroffen sind (→ Rn. 23 ff.). Die **Handelsregistereintragung** ist keine eigenhändige gesetzliche Inhaber- bzw. Organpflicht, wie man früher zum Teil stillschweigend annahm, indem man den Prokuristen für verpflichtet hielt, unter der Firma zu zeichnen (§ 51).[116] Dennoch wird neu bevollmächtigten Prokuristen die Mitwirkung an ihrer eigenen Eintragung verwehrt, um aufwendige Prüfungen zu vermeiden.[117] Keine auf die gesetzlichen Vertreter beschränkte Handlung ist ein vergaberechtliches Gebot.[118]

51 **2. Höchstpersönlichkeit nach allgemeinem Recht.** Auch außerhalb der speziellen Regelungen der Höchstpersönlichkeit bestimmter Pflichten des Inhabers bzw. gesetzlichen Vertreters gibt es Regelungen, die eine Stellvertretung nicht zulassen: zB Parteivernehmung im Prozess (§ 447 ZPO) und Eidesleistung (§ 478 ZPO).[119] Auch presserechtliche Gegendarstellungen sollen hierunter fallen.[120]

---

110 KG HRR 1929 Nr. 1607; Baumbach/Hopt/*Hopt* Rn. 4; Heymann/*Teichmann* Rn. 17; Schlegelberger/*Schröder* Rn. 14; *K. Schmidt* HandelsR § 16 Rn. 36; vgl. auch RGZ 108, 356 (359 ff.).

111 AA – Gleichzeitigkeit reicht aus – GK-HGB/*B. Schmidt* Rn. 13.

112 Vgl. Schlegelberger/*Schröder* Rn. 15.

113 Vgl. Staub/*Joost* § 50 Rn. 28.

114 Für Ausschluss der Vertretung Staub/*Hüffer* § 12 Rn. 6; aA OLG Köln NJW 1987, 135; offengelassen von BGHZ 116, 190 (196) = NJW 1992, 975.

115 Vgl. OLG Köln NJW 1987, 135; vgl. auch Düringer/Hachenburg/*Hachenburg* § 191 Anm. 4; Düringer/Hachenburg/*Hachenburg* § 195 Anm. 6.

116 Vgl. BayObLG DB 1982, 1262 f.; aA zu Recht BGHZ 116, 190 (195) = NJW 1992, 975.

117 BayObLG NJW 1973, 2068; OLG Frankfurt NJW-RR 2005, 982; aA *Bärwaldt* NJW 1997, 1404.

118 OLG München BeckRS 2009, 12020.

119 BeckOK HGB/*Meyer* Rn. 22; vgl. Staub/*Joost* § 50 Rn. 28.

120 OLG Frankfurt BeckRS 2003, 7075.

3. Allgemeine prozessrechtliche Schranken. Ist der Kaufmann prozessunfähig und existiert auch kein gesetzlicher Vertreter, so kann der Prokurist den prozessunfähigen Kaufmann nicht gem. §§ 51 f. ZPO vertreten, weil er nicht gesetzlicher Vertreter ist.[121] Er ist daher auch nicht als Partei zu vernehmen.[122] Gleiches gilt bei einer Handelsgesellschaft, der es an einem organschaftlichen Vertreter fehlt.[123] Der beschränkt geschäftsfähige, zB minderjährige Prokurist kann mangels Prozessfähigkeit (§ 52 ZPO) den Kaufmann nicht wirksam im Prozess vertreten (§ 79 ZPO).[124] 52

4. Beschränkungen zum Schutz Minderjähriger als Inhaber oder Gesellschafter. Der Prokurist eines minderjährigen (Einzel-)Kaufmanns bedarf anders als der gesetzliche Vertreter gem. §§ 1821 ff. BGB auch für die in diesen Vorschriften aufgezählten (gefährlichen) Geschäfte **keiner** Genehmigung des Familiengerichts.[125] Dies ist mit dem verfassungsrechtlich gebotenen Schutz des Minderjährigen vereinbar,[126] weil der Minderjährige durch die Notwendigkeit einer familiengerichtlicher Genehmigung für die Prokuraerteilung (§ 1822 Nr. 11 BGB) und den Erwerb eines Handelsgeschäfts (§ 1822 Nr. 3 BGB) und durch § 1629a BGB geschützt wird. Bei einem Erwerb der Beteiligung von Todes wegen sah das BVerfG den aus Art. 2 Abs. 1 GG iVm Art. 1 Abs. 1 GG abzuleitenden Mindestschutz des Selbstbestimmungsrechts des Minderjährigen aufgrund der Möglichkeit einer unbegrenzten Verpflichtung des Minderjährigen als nicht gewährleistet an. Der Gesetzgeber hat mit der Einführung des § 1629a BGB (Beschränkung der Haftung auf das bei Volljährigkeit vorhandene Vermögen) den Minderjährigen effektiv geschützt. Zum Verhältnis dieses Schutzes zu § 15 bei fehlender oder falscher Eintragung des Geburtsdatums → § 15 Rn. 24 f.; → § 15 Rn. 56; → § 15 Rn. 97 f. 53

5. Insichgeschäft/Missbrauch der Vertretungsmacht. Die Vertretungsmacht des Prokuristen wird für Insichgeschäfte durch § 181 BGB[127] (→ § 48 Rn. 101) und auch durch die Regeln über den Missbrauch der Vertretungsmacht beschränkt (→ Vor § 48 Rn. 68 ff.). Eine Befreiung von § 181 BGB ist zulässig (→ Rn. 61). In Österreich wird auf Basis von § 271 f. ABGB kein unzulässiges Insichgeschäft angenommen,[128] wobei über Missbrauchsregeln ähnliche Ergebnisse erzielt werden.[129] 54

VI. Erweiterung der Prokura und zusätzliche selbstständige Vollmachten

Die Prokura kann gem. § 49 Abs. 2 auf die Veräußerung und Belastung von Grundstücken erweitert werden. Zusätzlich können selbstständige Vollmachten erteilt werden. 55

1. Prokuraerweiterung (Abs. 2). Die vom Gesetz vorgesehene besondere generelle Befugnis zur Veräußerung und Belastung von Grundstücken stellt eine prokuraimmanente Erweiterung der Vertretungsmacht dar.[130] Dies hat zur Folge, dass die Erweiterung als Teil der Prokura in das Handelsregister einzutragen ist.[131] Die Eintragung ist deklaratorisch.[132] Daneben besteht die Möglichkeit einer als Handlungsvollmacht einzuordnenden Vollmacht für einen Einzelfall oder für bestimmte Arten von Grundstücksgeschäften. 56

---

[121] RGZ 66, 240 (244); vgl. auch RGZ 102, 328 (331); Staub/*Joost* Rn. 41.
[122] GroßkommUGB/*Torggler/Trenker* Rn. 52.
[123] RGZ 66, 240 (243 f.); Staub/*Joost* Rn. 41.
[124] Staub/*Joost* Rn. 42; aA Schlegelberger/*Schröder* Rn. 7.
[125] RGZ 106, 185 (186); OLG Hamm BB 1956, 900; Staub/*Joost* § 50 Rn. 29.
[126] Vgl. BVerfGE 72, 155 = NJW 1986, 1859 (1860 f.).
[127] BGH NJW 1980, 1577; vgl. auch BayObLG BB 1980, 1487; OLG Hamm DB 1983, 982, beide auch zur Eintragungspflicht der Befreiung vom Selbstkontrahierungsverbot; BeckOK HGB/*Meyer* Rn. 46.
[128] GroßkommUGB/*Torggler/Trenker* Rn. 55.
[129] GroßkommUGB/*Torggler/Trenker* Rn. 54 f.; *Torggler* GesRZ 2007; 272 (273 f.).
[130] KG RJA 3 (1903), 231 (232 f.); BayObLG NJW 1971, 810; OGH RdW 1992, 340; Staub/*Joost* Rn. 35; GroßkommUGB/*Torggler/Trenker* Rn. 21.
[131] KG RJA 3 (1903), 231, 232 f.; JW 1937, 1743 (1744); BayObLG NJW 1971, 810 f.; DB 1980, 2232 (2233); LG Aachen DNotZ 1969, 562; Staub/*Joost* Rn. 35; *Walchshöfer* Rpfleger 1975, 381 (384).
[132] Vgl. Schlegelberger/*Schröder* Rn. 11.

57 Konsequenterweise sind auch die übrigen Regelungen der Prokura auf diese Prokuraerweiterung anzuwenden: So muss die besondere Befugnis entsprechend § 48 Abs. 1 ausdrücklich erteilt werden;[133] eine nicht ausdrücklich erteilte Prokuraerweiterung kann jedoch in eine wirksame Handlungsvollmacht umgedeutet werden (→ § 54 Rn. 52).[134] Auch gelten die Grundsätze über die Beendigung der Prokura, den Ausschluss der Übertragung und die Filialprokura[135] für die besondere Befugnis iSd § 49 Abs. 2.

58 Nach hM[136] kann die Befugnis iSd § 49 Abs. 2 auch beschränkt **auf die Belastungen oder die Veräußerung des Grundstücks** erteilt werden. Dies ist jedoch, obwohl ein praktisches Bedürfnis für die Beschränkung der Befugnis auf die Belastung bestehen kann (zB für die regelmäßige Nutzung der Betriebsgrundstücke als Kreditsicherheit zur Verbilligung der vom Unternehmer aufgenommenen Darlehen), abzulehnen: Die Teilungsmöglichkeit widerspricht der bloßen Hilfsfunktion des Belastungsverbots für das Veräußerungsverbot, weshalb die Befugnis nur einheitlich erteilt werden kann. Auch die Befugnis iSd § 49 Abs. 2 kann – wie die Prokura selbst – nicht auf einen bestimmten Vorgang beschränkt werden.[137]

59 **2. Besondere Vollmachten. a) Gemischte Gesamtvertretung mit gesetzlicher Vertretungsmacht?** Nach ganz hM[138] erweitert sich bei einer gemischten Gesamtvertretung zwischen einem Prokuristen und einem nur gesamtvertretungsberechtigten Organmitglied (zB gem. § 125 Abs. 3) die Vollmacht auf den Umfang der gesetzlichen Vertretungsmacht, wenn der Organvertreter an die Mitwirkung des Prokuristen gebunden ist (sog. Organprokurist). Diese Erweiterung wird als Ausübung der Vollmacht angesehen, so dass es zB keiner besonderen Bevollmächtigung für die Grundstücksveräußerung und Belastung bedarf.[139] Für den umgekehrten Fall, dass der Prokurist an die Mitwirkung des Organmitglieds gebunden ist, wird hingegen herrschend von einer Vertretungsmacht im Umfang der Prokura ausgegangen.[140]

60 **Stellungnahme:** Die Erweiterung im ersten Fall widerspricht dem Willen des historischen Gesetzgebers, der die Beschränkung auf den Umfang der Rechtsmacht des Prokuristen als so selbstverständlich betrachtete, dass er darauf verzichtete, dies festzuschreiben.[141] Die hM ist auch mit dem Gesetz selbst nicht vereinbar, weil sie die gesetzliche Regelung des Umfangs der Vertretungsmacht des Prokuristen missachtet: Bei der gemischten Gesamtvertretung wird der Prokurist als Prokurist bestellt und unterliegt daher sowohl bei der Bestellung – ausreichend ist beschränkte Geschäftsfähigkeit – als auch bei der Abberufung dem Recht der Prokura und nicht dem der Organe.[142] Vor allem unterfällt er nicht der funktional unentbehrlichen Organhaftung, der alle gesetzlichen Organvertreter unterliegen und auf die nicht generell von vornherein verzichtet werden kann. Die hM ließe also den

[133] Staub/*Joost* Rn. 36; Heymann/*Teichmann* Rn. 20; Schlegelberger/*Schröder* Rn. 11; aA GroßkommHGB/*Würdinger* Rn. 6; Baumbach/Hopt/*Hopt* Rn. 4; Düringer/Hachenburg/*Hoeniger* Anm. 7; möglicherweise auch OLG Hamm NJW 1967, 2163.

[134] Vgl. Staub/*Joost* Rn. 36.

[135] Vgl. KG JW 1937, 1743 (1744).

[136] Staub/*Joost* Rn. 37; aA Heymann/*Teichmann* Rn. 18.

[137] Ebenso Staub/*Joost* Rn. 37; vgl. Heymann/*Teichmann* Rn. 21.

[138] RGZ 134, 303 (305, 307 f.); BGHZ 13, 61 (64 f.) = NJW 1954, 1158; BGHZ 62, 166 (170) = NJW 1974, 1194; BGHZ 99, 76 (81) = NJW 1987, 841; OGH SZ 56/177; OGH SZ 74/169; OGH RdW 2009, 337; *Stötter* BB 1975, 767 (768); Oetker/*Schubert* Rn. 32; Staub/*Joost* § 48 Rn. 112; *K. Schmidt* HandelsR § 16 Rn. 47; *Grooterhorst* Vollmachten im Unternehmen III 45; aA OLG Hamm NJW 1971, 1369 (1370); *Kirberger* Rpfleger 1979, 48 (51); *Reinert,* Unechte Gesamtvertretung und unechte Gesamtprokura im Recht der Aktiengesellschaft, 1990, 39 ff.; *Krebs* ZHR 159 (1995), 635 (645 ff.).

[139] KG KGJ 43 (1913), 162 (165); AG Langen/Hessen Rpfleger 1980, 288 mAnm *Lerch*; Staub/*Joost* Rn. 29.

[140] BGHZ 99, 76 (81); OLG Hamm BB 1983, 1303; Staub/*Joost* § 48 Rn. 112; *Canaris* HandelsR § 12 Rn. 26; *Grooterhorst* Vollmachten im Unternehmen III 46; aA – auch hier organschaftliche Vertretungsmacht – *K. Schmidt* HandelsR § 16 Rn. 47; Heymann/*Teichmann* § 48 Rn. 58.

[141] Vgl. Denkschrift zum RJA E I S. 79 f. = *Schubert/Schmiedel/Krampe* II 1 S. 79 f.; Protokolle zum HGB S. 77–79 = *Schubert/Schmiedel/Krampe* II 1 S. 323 f.; Denkschrift zur RT-Vorlage S. 91 f. = *Schubert/Schmiedel/Krampe* II 2 S. 1025.

[142] AA *Köhl* NZG 2005, 197 (199 f.).

Prokuristen als haftungsfreien Geschäftsführer zu. Zudem gebietet es die Logik anzuerkennen, dass zwei Gesamtbevollmächtigte mit einem gesetzlich umschriebenen Vollmachtsumfang nur insoweit *gemeinsam* Vertretungsmacht haben können, als sich ihre jeweilige (Gesamt-)Vertretungsmacht überschneidet (ausführlich → § 48 Rn. 91 ff.). Der OGH[143] sieht für Österreich im Übrigen zu Recht das Problem, dass die interne Abhängigkeit des (Gesamt-)Prokuristen einer organschaftlichen Vertretungsmacht mit dem einzigen verbleibenden Organmitglied entgegensteht.

b) Zusätzliche Vollmachten. Der Kaufmann kann dem Gesamt- oder Filialprokuristen eine in dieser Hinsicht nicht eingeschränkte zusätzliche Handlungsvollmacht erteilen.[144] Problematisch ist, ob allein aufgrund einer hierarchischen Stellung (zB Personalleiter) von einer solchen parallelen Handlungsvollmacht neben der Gesamtprokura auszugehen ist. Dies ist im Personalbereich insbesondere hinsichtlich der Frage der Zurückweisbarkeit einer Kündigung nach § 174 S. 1 BGB relevant. Damit würde die hierarchische Stellung mit der Vertretung vermischt, was hier generell abgelehnt wird.[145] Bei Einzelprokuristen ist eine Handlungsvollmacht nur zulässig, wenn sie entsprechend dem den §§ 48 ff. innewohnenden Funktionalitätsgrundsatz (→ Vor § 48 Rn. 35 ff.) eine neue Vertretungsmöglichkeit schafft (zB Handlungsvollmacht zur Veräußerung von Grundstücken). Da das handelsrechtliche Vollmachtssystem abschließend ist (eingehend → Vor § 48 Rn. 35 ff.),[146] sind rein bürgerlich-rechtliche Vollmachten grundsätzlich nicht zulässig, soweit hier eine Handlungsvollmacht möglich ist: Der Prokurist kann aber zusätzlich zu Anmeldungen zum Handelsregister gem. § 12 Abs. 1 S. 2 bevollmächtigt werden, die von der Prokura nicht erfasst werden, aber auch zu einzelnen Grundstücksverkäufen.[147] Entweder man ordnet dies – richtigerweise – als Spezialhandlungsvollmacht ein, oder es handelt sich – bei entsprechender Einschränkung des § 54 Abs. 1 – um eine dann zulässige BGB-Vollmacht. Die Befreiung von § 181 BGB wäre keine zusätzliche Vollmacht, sondern eine gem. § 53 eintragungspflichtige Vollmacht, für die wohl auch das Ausdrücklichkeitsgebot gilt (→ § 53 Rn. 5). 61

Problematisch ist, ob dem Prokuristen für Grundlagen- und Strukturentscheidungen, die nicht von § 49 erfasst werden (→ Rn. 8, → Rn. 24), durch eine zusätzliche Vollmacht Vertretungsmacht eingeräumt werden kann.[148] Durch eine im Voraus erteilte abstrakt-generelle Vollmacht ist dies nicht möglich, würden doch die Gesellschaftsorgane hierdurch in ihrem Recht, auch eigennützig über Grundlagen- und Strukturentscheidungen zu entscheiden, gefährdet. Bei einer im Einzelfall, nach interner Entscheidung durch das zuständige Organ, erteilten Vollmacht bestehen diese Bedenken nicht im gleichen Maße. Jedoch besteht insoweit anders als bei Handelsregisteranmeldungen wohl kein Bedürfnis für die Zulassung der Vertretung. 62

Die Regeln über die Erteilung der Prokura sind nicht auf zusätzliche Vollmachten übertragbar; soweit sich nicht aus der Art der zusätzlichen Vollmacht besondere Formerfordernisse ergeben, kann sie gem. § 167 BGB formlos erteilt werden.[149] Zusätzliche selbstständige Vollmachten können nicht in das Handelsregister eingetragen werden.[150] 63

VII. Überschreitung der Vertretungsmacht

Überschreitet der Prokurist seine gesetzlich umschriebene Vertretungsmacht und ist sein Handeln auch nicht durch eine von der Prokura unabhängige Vollmacht bzw. eine 64

---

143 OGH RdW 2009, 337 betr. Klage auf Nichtigkeit eines Gesellschafterbeschlusses.
144 Staub/*Joost* Rn. 46; Schlegelberger/*Schröder* Rn. 3.
145 AA *Eufinger* BB 2015, 376 (377).
146 AA Staub/*Joost* Rn. 48.
147 Ebenso Staub/*Joost* Rn. 45.
148 Zu Vollmachten für Handelsregisteranmeldungen bei Publikumsgesellschaften *Gustavus* GmbHR 1978, 219.
149 Vgl. BGHZ 49, 117 (120) = NJW 1968, 398; Staub/*Joost* Rn. 49.
150 BayObLG NJW 1971, 810; Staub/*Joost* Rn. 50; aA für die Generalvollmacht *U. Hübner* ZHR 143 (1979), 1 (8).

entsprechende Duldungs- oder Anscheinsvollmacht gedeckt, so sind die allgemeinen Regeln über den Vertreter ohne Vertretungsmacht anwendbar (§§ 177 ff. BGB). Gem. § 180 BGB ist ein einseitiges Geschäft unwirksam, während ein zweiseitiges gem. § 177 BGB genehmigt werden kann. Die Regelung des § 91a, wonach auch das Schweigen des Geschäftsherrn als Genehmigung gelten kann, ist nicht analog auf die Prokura übertragbar, weil sich diese Regelung mit den erheblichen Unsicherheiten hinsichtlich der Vollmachtsgrenzen der Handlungsbevollmächtigten rechtfertigt,[151] die so bei der Prokura nicht bestehen.

VIII. Beweislast

65 Der Dritte, der Rechte aus der Vertretungshandlung des Prokuristen herleiten will, muss, wenn es sich um eine Handlung außerhalb des Regelungsumfangs der Prokura handelt, darlegen und beweisen, dass dem Prokuristen eine prokuraimmanente Befugnis gem. § 49 Abs. 2 oder eine die Handlung abdeckende selbstständige Vollmacht bzw. Erweiterung der Prokura verliehen wurde.[152] Hierbei ist § 15 Abs. 2 zu beachten.[153] Gleiches gilt, soweit dies ausnahmsweise Tatsachenfrage ist, auch für die Erfassung eines Geschäfts durch den Umfang der Prokura.[154]

IX. Rechtslage in Österreich

66 § 49 UGB entspricht weitgehend der deutschen Regelung. Während jedoch § 49 HGB aF des österreichischen Rechts und die deutsche Vorschrift auf alle Arten von Geschäften und Rechtshandlungen abstellt, „die der Betrieb eines Handelsgewerbes mit sich bringt", kommt es nach § 49 UGB auf den Betrieb eines **Unternehmens** an. Die grundsätzliche Weite der Vertretungsmacht soll sich jedoch durch diese Anpassung des § 49 UGB an den Grundtatbestand des § 1 UGB nicht ändern.[155] Allerdings sind nun auch freiberufliche, land- und forstwirtschaftliche Tätigkeiten sowie Unternehmer erfasst, soweit diese Unternehmen eingetragen wurden (vgl. § 3 UGB), die bisher von § 1 HGB ausgenommen waren.[156] Die Voraussetzungen des § 1008 AGBG, der für bestimmte Geschäfte eine Spezialvollmacht vorschreibt, wurden bis zur Unternehmensrechtreform 2005 durch Art. 6 Nr. 10 EVHGB für den Prokuristen für nicht notwendig erklärt. Mit Aufhebung des Art. 6 Nr. 10 EVHGB wurde die Bestimmung in § 49 Abs. 1 UGB übernommen.[157] § 49 Abs. 2 UGB entspricht der deutschen Vorschrift und wurde durch die Unternehmensrechtreform nicht geändert.

67 § 49 UGB lautet:

§ 49 UGB Umfang der Prokura

(1) Die Prokura ermächtigt zu allen Arten von gerichtlichen und außergerichtlichen Geschäften und Rechtshandlungen, die der Betrieb eines Unternehmens mit sich bringt. Für diese bedarf es keiner besonderen Vollmacht nach § 1008 ABGB.

(2) Zur Veräußerung und Belastung von Grundstücken ist der Prokurist nur ermächtigt, wenn ihm diese Befugnis besonders erteilt ist.

§ 50 [Beschränkung des Umfangs]

(1) Eine Beschränkung des Umfanges der Prokura ist Dritten gegenüber unwirksam.

---

151 Vgl. *Reinicke* in Baumgärtel Beweislast-HdB, Bd. IV, 1988, §§ 49, 50 Rn. 1.
152 *Reinicke* in Baumgärtel Beweislast-HdB, Bd. IV, 1988, §§ 49, 50 Rn. 1.
153 BeckOGK/*Schärtl* Rn. 39.
154 BeckOGK/*Schärtl* Rn. 40.
155 Krejci/*Krejci* Reform-Kommentar UGB Rn. 1.
156 Krejci/*Krejci* Reform-Kommentar UGB Rn. 1.
157 Krejci/*Krejci* Reform-Kommentar UGB Rn. 2.

(2) Dies gilt insbesondere von der Beschränkung, daß die Prokura nur für gewisse Geschäfte oder gewisse Arten von Geschäften oder nur unter gewissen Umständen oder für eine gewisse Zeit oder an einzelnen Orten ausgeübt werden soll.

(3) [1]Eine Beschränkung der Prokura auf den Betrieb einer von mehreren Niederlassungen des Geschäftsinhabers ist Dritten gegenüber nur wirksam, wenn die Niederlassungen unter verschiedenen Firmen betrieben werden. [2]Eine Verschiedenheit der Firmen im Sinne dieser Vorschrift wird auch dadurch begründet, daß für eine Zweigniederlassung der Firma ein Zusatz beigefügt wird, der sie als Firma der Zweigniederlassung bezeichnet.

Übersicht

I. Grundlagen

1 **1. Inhalt und Normzweck.** § 50 bildet mit § 49 eine Wirkungseinheit.[1] Er erklärt den aus § 49 folgenden **Umfang** der Prokura im Verhältnis **zu Dritten** für zwingend (Abs. 1, Abs. 2; vgl. auch die konstruktiv parallelen Regelungen von § 126 Abs. 2 HGB, § 37 Abs. 2 GmbHG, § 82 Abs. 1 AktG, § 27 Abs. 2 GenG), stellt also nicht auf Kenntnis oder gar bloße Erkennbarkeit von Beschränkungen ab. Rechtsfolge ist die Unwirksamkeit der Beschränkung und nicht der Prokuraerteilung (→ Rn. 6). Dies dient der **Sicherheit und Leichtigkeit des Rechtsverkehrs**[2] und betont die Trennung zwischen Vertretung und zugrunde liegendem Rechtsverhältnis, welches frei regelbar bleibt.[3] Für denjenigen, der eine Prokura erteilt, birgt § 50 ein erhebliches Gefährdungspotential: Um dem entgegenzusteuern, bleiben dem Vertretenen nur die (unabdingbare) Möglichkeit des jederzeitigen Widerrufs (§ 52 Abs. 1) sowie die Erteilung einer bloßen Gesamtprokura (§ 48 Abs. 2) oder Niederlassungsprokura (§ 50 Abs. 3).

2 **2. Rechtspolitische Bewertung.** Die **Gefährdung des Vertretenen** wird heutzutage – da der starken Betonung der Rechtssicherheit durch das HGB generell kritischer begegnet wird und sich der Rang eines Prokuristen im Unternehmen grundlegend verändert hat (Inflation der Prokura) – stärker als früher empfunden. Insbesondere wirkt sich dies auf die **Konkretisierung** der Voraussetzungen **des Rechtsmissbrauchs** aus. Durch großzügige Annahme eines Rechtsmissbrauchs könnte § 50 Abs. 1 unterlaufen werden.[4] Vereinzelt wird sogar eine teleologische Reduktion des Abs. 1 für die Fälle einer ausdrücklichen Vereinbarung mit der Gegenseite befürwortet.[5] Da durch neue hie-

[1] Vgl. Schlegelberger/*Schröder* Rn. 1; Staub/*Joost* Rn. 1; EBJS/*Weber* Rn. 1; Oetker/*Schubert* § 49 Rn. 1.

[2] Oetker/*Schubert* Rn. 1; Staub/*Joost* Rn. 1.

[3] Schlegelberger/*Schröder* Rn. 1; Staub/*Joost* Rn. 2; *K. Schmidt* HandelsR § 16 Rn. 38.

[4] Dies gilt für die inzwischen hM, die einen Rechtsmissbrauch auch dann annimmt, wenn der Vertretene dem Prokuristen intern feste Handlungsgrenzen setzt, er diese dem Geschäftspartner mitteilt und der Prokurist diese überschreitet.

[5] GK-HGB/*Nickel*, 6. Aufl. 1999, Rn. 6.

rarchische Titel die Prokura ihre hierarchische Bedeutung erheblich eingebüßt hat, wäre es auch vorstellbar das Problem durch drastische Reduzierung der Prokura zu bewältigen. Aber auch wenn man die Entwicklung zu einer Beschränkung der Gefahren der Prokura rechtspolitisch billigt (vgl. die Vorschläge de lege ferenda → Vor § 48 Rn. 23), fragt es sich doch, ob der Missbrauch der Vertretungsmacht das geeignete Instrument zur Lösung der Gefährdungsproblematik ist. Besser erscheint es, de lege ferenda eine Einschränkung der Vertretungsmacht zuzulassen (umfassend → Vor § 48 Rn. 73 ff.),[6] zumal die Unbeschränkbarkeit einer rechtsgeschäftlichen Vertretungsmacht in Europa eher einen Fremdkörper darstellt. Abs. 2 hat keine eigenständige Bedeutung, weshalb er de lege ferenda gestrichen werden sollte.[7] Abs. 3 erklärt (ausnahmsweise) eine Beschränkung der Prokura auf eine von mehreren Niederlassungen (Niederlassungsprokura) für zulässig. Dies ist rechtstatsächlich von Bedeutung und – obwohl Abs. 3 die Vertretungsmacht weniger weit einschränkt, als der Wortlaut vermuten lässt – als nützliches Element der Risikobegrenzung auch de lege ferenda unverzichtbar.[8]

II. Unzulässige Umfangsbeschränkung (Abs. 1, 2)

3 **1. Beschränkung des Umfangs der Prokura.** Unter „Beschränkungen" fallen nur die rechtsgeschäftlicher Art,[9] nicht die, die sich aus dem Gesetz ergeben. Die Formulierung der Regelung bezieht sich auf § 49. Daher ist die Gesamtprokura (§ 48 Abs. 2) im Gegensatz zur Niederlassungsprokura keine Umfangsbeschränkung iSd § 50 Abs. 1, sondern eine Ausgestaltung in personeller Hinsicht.[10] Zur Übertragbarkeit dieses Gedankens auf die Handlungsvollmacht → § 54 Rn. 22 f.

4 **2. „Ist Dritten gegenüber".** Die Formulierung „ist Dritten gegenüber" besagt, dass im zugrunde liegenden Rechtsverhältnis zum Kaufmann Beschränkungen möglich bleiben und verdeutlicht die Trennung zwischen Vollmacht und zugrunde liegendem Rechtsverhältnis in Bezug auf den Umfang der Kompetenzen.[11] Erfasst wird jedes Handeln des Prokuristen gegenüber einer vom Inhaber des Handelsgeschäfts verschiedenen Person.

5 **3. „Unwirksam".** Die Unwirksamkeit der vom Vertretenen gewillkürten Beschränkung der Vertretungsmacht ist de lege lata ausnahmslos: Die Vertretungsmacht kann weder durch **Handelsbrauch,** noch durch **AGB** oder **individuelle Vereinbarung** mit dem Geschäftspartner wirksam eingeschränkt werden.[12] Beschränkungen können daher auch nicht in das Handelsregister eingetragen werden;[13] dennoch erfolgte Eintragungen sind ohne Bedeutung.

6 Bisweilen wird erwogen, zumindest in engem Rahmen **Ausnahmen** zuzulassen (zB Ausschluss des Rechts, bei kurzzeitiger Abwesenheit des Geschäftsherrn Mitarbeiter aus wichtigem Grund zu kündigen).[14] Wird der Ausschluss der Vertretungsmacht hinsichtlich bestimmter Gestaltungsrechte (zB Anfechtung, Kündigung, Rücktritt) mit dem Vertragspartner ausdrücklich vereinbart, wird vereinzelt eine teleologische Reduktion des § 50 Abs. 1 mit dem Argument befürwortet, der Dritte bedürfe keines Schutzes.[15] **De lege lata**

---

[6] Vgl. aber für Weiterentwicklung der Rspr. zum Missbrauch der Vertretungsmacht *K. Schmidt* DB 1994, 515 (521).

[7] Ebenso *K. Schmidt* DB 1994, 515 (521).

[8] Vgl. auch *K. Schmidt* DB 1994, 515 (521); aA Staub/*Joost* Rn. 25.

[9] Heymann/*Teichmann* Rn. 2; *Schlegelberger/Schröder* Rn. 1; Staub/*Joost* Rn. 27.

[10] Vgl. ROHGE 8, 337 (340); RGZ 40, 17; BGHZ 62, 166 (170) = NJW 1974, 1194; BGH NJW-RR 1991, 357; Staub/*Joost* Rn. 5; aA *Beuthien/Müller* DB 1995, 461 (462 ff.).

[11] Heymann/*Teichmann* Rn. 1; *Schlegelberger/Schröder* Rn. 1.

[12] Staub/*Joost* Rn. 4; Heymann/*Teichmann* Rn. 2.

[13] OLG Hamburg HansGZ 1927, 12.

[14] So obiter dictum BAG WM 1976, 598 (599 f.) = AP BGB § 626 Nr. 8 Ausschlussfrist mAnm *Nickel/Brause*; *Wenzel* MDR 1977, 985 (987); zur für den Fall relevanten Frage, auf welche Person für die Kenntnis iSd § 626 Abs. 2 BGB abzustellen ist vgl. Staub/*Joost* Rn. 12.

[15] GK-HGB/*Nickel*, 6. Aufl. 1999, Rn. 6; *P. Bydlinki* FS F. Bydlinski, 2002, 31 ff.

ist derartigen Überlegungen **zu widersprechen:**[16] Der Wortlaut des Gesetzes ist eindeutig und zu respektieren; nach ihm schadet nicht einmal die Kenntnis der Beschränkung. Der Gesetzgeber hat das Problem gesehen (vgl. § 54 Abs. 3) und war sich auch der Möglichkeit eines Ausschlusses des Verkehrsschutzes bei Kenntnis bewusst (vgl. § 15 Abs. 1, 3; § 15 Abs. 2, § 25 Abs. 2, § 28 Abs. 2). Eine teleologische Reduktion ist unter Wahrung des die Rechtssicherheit abstrakt-generell verkehrsschützenden Charakters der Norm nicht möglich und daher abzulehnen. Erst recht sind mit § 50 Abs. 1 und dem von ihm beabsichtigten Verkehrsschutz Überlegungen unvereinbar, die Prokuraerteilung als unwirksam anzusehen, wenn Beschränkungen vorgenommen worden sind.[17] Abs. 1 ist hinsichtlich seiner Rechtsfolge im Verhältnis zu § 139 BGB Spezialvorschrift. Die Einschränkung des Absatzes 1 ist eine rechtspolitische Entscheidung, die dem Gesetzgeber vorbehalten ist. Von der Unbeschränkbarkeit der Prokura sind jedoch, jedenfalls grundsätzlich, die Voraussetzungen des **Missbrauchs** der **Vertretungsmacht** zu trennen (→ Vor § 48 Rn. 73 ff.).

4. Beispiele unwirksamer Einschränkungen (Abs. 2). Abs. 2 enthält (überflüssigerweise) einige Beispielsfälle unzulässiger Beschränkungen: Sie betreffen die Art der Geschäfte, Art und Weise der Ausübung sowie Ort und Dauer der Prokura.[18] Nicht erwähnt, aber von § 50 Abs. 1 erfasst, sind auch Beschränkungen des Inhalts von Vertragsbedingungen (Konditionen). Die Diskussion um eine Einschränkung des § 50 Abs. 1 hinsichtlich bestimmter Gestaltungsrechte bei kurzfristiger Abwesenheit des Geschäftsherrn (→ Rn. 6), insbesondere der Kündigung aus wichtigem Grund, beinhaltet sowohl eine unzulässige Beschränkung auf gewisse Geschäfte als auch auf gewisse Umstände. Bei bestehender Prokura kann die Vollmacht nicht zeitlich beschränkt und ihre Ausübung nicht von Bedingungen abhängig gemacht werden. Entgegen verbreiteter Ansicht[19] enthält § 50 zur **Bedingung oder Befristung** der Prokura selbst keine Aussage. Dies ergibt sich aus dem Begriff „ausgeübt". Eine Bedingung oder Befristung des Beginns oder Endes der Prokura betrifft nicht die bloße Ausübung der Prokura. Die richtigerweise zu bejahende[20] Bedingungs- und Befristungsfeindlichkeit der Prokura ergibt sich vielmehr aus dem hohen Bedürfnis nach Rechtssicherheit für dieses Institut (→ § 52 Rn. 15). 7

III. Niederlassungsprokura

1. Erteilung der Niederlassungsprokura. a) Grundsatz. Die Prokura bezieht sich auf ein konkretes Unternehmen, weshalb es bei mehreren Unternehmen mehrerer Prokuren bedarf. Umgekehrt gibt es außerhalb der Filialprokura keine Prokura für bloße Unternehmensbereiche. Die Erteilung einer Niederlassungsprokura (Filialprokura) setzt voraus, dass das Unternehmen zumindest eine Haupt- und eine sich firmenmäßig unterscheidende Zweigniederlassung hat,[21] wobei hierfür bereits ein Niederlassungszusatz ausreicht (Abs. 3 S. 2). Die Niederlassungsprokura kann auf die Hauptniederlassung beschränkt sein[22] sowie für mehrere Niederlassungen erteilt werden.[23] Ihre Erteilung richtet sich nach den allgemeinen Regeln, weshalb die Beschränkung auf die Niederlassung ausdrücklich erfolgen muss.[24] 8

---

[16] Vgl. Heymann/*Teichmann* Rn. 3; Staub/*Joost* Rn. 4.

[17] Anders bei zwingend gewollten Beschränkungen *Tietz,* Vertretungsmacht und Vertretungsbefugnis im Recht der BGB-Vollmacht und der Prokura, 1990, 198 ff.; ähnlich KKRD/*Roth* Rn. 5.

[18] Näher zu diesen Jabornegg/Artmann/*Strasser/Jabornegg* UGB Rn. 10; GroßkommUGB/*Torggler/Trenker* Rn. 8 ff.

[19] Hinsichtlich Bedingung Staub/*Joost* Rn. 9; Schlegelberger/*Schröder* § 48 Rn. 16; hinsichtlich Befristung Staub/*Joost* Rn. 10; Heymann/*Teichmann* Rn. 3.

[20] AA – für auflösende Bedingung bei GmbH-Geschäftsführer – OLG Stuttgart DB 2004, 645 f. mit Verweis auf die bei Abberufungen von GmbH-Geschäftsführern bestehenden Rechtsunsicherheiten. Gerade diese sind jedoch bei der Prokura sehr selten.

[21] Vgl. KG OLGE 43 (1924), 282 (283); Heymann/*Teichmann* Rn. 4 f.; Staub/*Joost* Rn. 15 f.; *K. Schmidt* HandelsR § 16 Rn. 39.

[22] BayObLG OLGE 42 (1922), 212; KG JW 1937, 1743 (1744).

[23] Schlegelberger/*Schröder* Rn. 11; Staub/*Joost* Rn. 18.

[24] Schlegelberger/*Schröder* Rn. 16; Staub/*Joost* Rn. 17; *Knieper/Jahrmarkt* S. 110.

Anderenfalls ist eine umfassende Prokura erteilt.[25] Die Anwendbarkeit der allgemeinen Regeln hat zur Folge, dass eine auf eine Niederlassung beschränkte Gesamtprokura erteilt werden kann.[26] Unzulässig ist ein Nebeneinander von Niederlassungsprokura und Einzelprokura für das gesamte Unternehmen, weil die Prokura für das ganze Unternehmen die Niederlassungsprokura bereits mit umfasst.[27] Die Niederlassungsprokura kann auch für die inländische **Niederlassung** einer **ausländischen Gesellschaft** und zwar auch bei einer sog. Scheinauslandsgesellschaft erteilt werden (→ § 48 Rn. 7).

9 **b) Niederlassung, Betriebsstätte, Unternehmen.** Die (Zweig-)Niederlassung ist von der bloßen Betriebsstätte und dem Unternehmen abzugrenzen. Sie muss räumlich von der Hauptniederlassung getrennt sein und anders als die Betriebsstätte auch im Rechtsverkehr auf Dauer angelegt selbstständig auftreten, wobei hierfür die Verkehrsanschauung mit heranzuziehen ist.[28] Anders als das selbstständige Unternehmen ist die Zweigniederlassung von der Hauptniederlassung organisatorisch abhängig.[29]

10 Unproblematisch ist die Abgrenzung von Unternehmen und Niederlassung, wenn Gesellschaften Inhaber des Handelsgeschäfts sind, kann doch eine Gesellschaft nicht Inhaber mehrerer Unternehmen sein. Problematisch ist die Abgrenzung hingegen beim **Einzelkaufmann,** da dieser nach hM[30] Inhaber mehrerer Unternehmen sein kann: Betreibt er **mehrere Unternehmen,** sind deren Prokuren schon dadurch getrennt; § 50 Abs. 3 ist nicht anwendbar.[31] Die organisatorische Abhängigkeit ist ein nur begrenzt brauchbares Kriterium für die Beantwortung der Frage, ob eine Niederlassung vorliegt.[32] Denn auch selbstständige Unternehmen sind vom Einzelkaufmann abhängig, die Niederlassung kann als eigenes Profitcenter geführt werden und eine Organisationsstruktur oberhalb des Prokuristen fehlt bei Einzelkaufleuten häufig. Hier kann nur die **Firmierung** über die Einordnung als Niederlassung entscheiden. Denn anders als sonst wird man beim Einzelkaufmann nur bei einer das Abhängigkeitsverhältnis ausdrückenden Firma (insbesondere Zusatz) von einer **Niederlassung** ausgehen können, während eine gegenüber der Hauptniederlassung völlig selbstständige Firma Ausdruck **getrennter Unternehmen** unter derselben Inhaberschaft ist.[33]

11 **c) Verschiedene Firmen.** Eine Verschiedenheit der Firmen iSd § 50 Abs. 3 S. 2 liegt auch vor, wenn mehrere Zweigniederlassungen dieselbe von der Hauptniederlassung verschiedene Firma haben.[34] Problematisch ist allerdings, ob in diesem Fall für eine der Zweigniederlassungen allein eine Niederlassungsprokura erteilt werden kann, unterscheidet sich diese doch in ihrer Firma nicht hinreichend von den anderen Niederlassungen. Liegen nach der Verkehrsanschauung keine verschiedenen Firmen vor oder ist nicht eindeutig, auf welche Niederlassung sich die Prokura beziehen soll (Ausdrücklichkeitsgebot), ist die Beschränkung unwirksam; es handelt sich dann um eine umfassende Prokura.[35]

12 **d) Eintragung im Handelsregister.** Die Errichtung einer Zweigniederlassung ist beim Gericht der Hauptniederlassung, von einer Handelsgesellschaft beim Gericht des Sitzes der Gesellschaft zur Eintragung anzumelden, § 13 Abs. 1 S. 1 (→ § 53 Rn. 11).

---

25 Schlegelberger/*Schröder* Rn. 16.

26 Vgl. BayObLG OLGE 30 (1915), 389 (390); Heymann/*Teichmann* Rn. 7 f.; Schlegelberger/*Schröder* Rn. 18.

27 AA Schlegelberger/*Schröder* Rn. 11.

28 Staub/*Hüffer* Vor § 13 Rn. 10; vgl. EBJS/*Pentz* § 13 Rn. 22, 25.

29 Staub/*Joost* Rn. 14; Staub/*Hüffer* Vor § 13 Rn. 12.

30 Staub/*Hüffer* § 17 Rn. 26; *Canaris* HandelsR § 11 Rn. 35.

31 Oetker/*Schubert* Rn. 10; Baumbach/Hopt/*Hopt* Rn. 3; Jabornegg/Artmann/*Strasser/Jabornegg* UGB Rn. 18; aA wohl *K. Schmidt* HandelsR § 12 Rn. 70.

32 So aber Staub/*Joost* Rn. 14.

33 Im Ergebnis ähnlich Heymann/*Teichmann* Rn. 6; aA *Canaris* HandelsR § 11 Rn. 35, der mehrere Firmen auch bei nur einem Unternehmen eines Einzelkaufmanns zulässt.

34 AA wohl GroßkommHGB/*Würdinger* Anm. 4.

35 KG OLGE 43 (1924), 282 (283); OLG Celle OLGE 27 (1913), 315 (316); BeckOK HGB/*Meyer* Rn. 15; BeckOGK/*Schärtl* Rn. 13.

2. Rechtsfolgen der Beschränkung. Aus der Beschränkung auf die Niederlassung folgt nicht, dass Geschäfte vorliegen müssten, die der Betrieb der konkreten Niederlassung mit sich bringt.[36] Vielmehr bleibt es grundsätzlich bei der Vertretungsmacht für alle Arten von Geschäften, die der **Betrieb irgendeines Handelsgeschäfts mit sich bringt.**[37] Dem Geschäftsverkehr wäre es nicht zumutbar, über den Geschäftsbereich der Niederlassung Erkundigungen einziehen zu müssen. Entgegen *Joost*[38] ist die Beschränkung auf die Niederlassung aber auch nicht völlig bedeutungslos und verzichtbar. Denn nach zutreffender hM beschränkt sich die Niederlassungsprokura auf **Geschäfte,** die **über die Niederlassung und auf deren Rechnung** abgewickelt werden.[39] Folglich bedarf es für die wirksame Vertretung der Zeichnung der Firma der Niederlassung durch den Niederlassungsprokuristen, zumindest aber eines Auftretens als Prokurist der Niederlassung;[40] solange die Niederlassung besteht, ist die Erfüllung (zunächst) von der Niederlassung zu verlangen.[41] Dies ändert nichts daran, dass das gesamte Unternehmen haftet. Nur diese Interpretation gesteht § 50 Abs. 3 eigene Bedeutung zu und trägt dem Gebot anwendungsfreundlicher Auslegung sowie den Vorstellungen des historischen Gesetzgebers Rechnung.[42] Diese Beschränkung der Vertretungsmacht bewirkt auch, dass Vertretungserklärungen, die Rechtsverhältnisse einer anderen Niederlassung betreffen wie zB Grundbucherklärungen hinsichtlich anderer als für die Niederlassung eingetragener Grundstücke oder die Kündigung von Arbeitsverhältnissen einer anderen Niederlassung grundsätzlich nicht von der Vertretungsmacht gedeckt werden.[43] Auch für Geschäfte zwischen der Niederlassung und der Hauptniederlassung ist die Prokura nicht einschlägig, weil es an einem Geschäft zwischen zwei selbständigen Rechtsträgern fehlt.[44] 13

Da die Niederlassungsprokura eine Beschränkung der Prokura darstellt, muss der Inhaber bzw. gesetzliche Vertreter darlegen und beweisen, dass diese Beschränkung vorlag. Nach allgemeinen Grundsätzen muss der Dritte darlegen und beweisen, dass es sich um eine Handlung handelt, die von der Niederlassungsprokura gedeckt ist.[45] 14

3. Erlöschen der Niederlassungsprokura. Es gelten die allgemeinen Regeln für das Erlöschen der Prokura. Die Niederlassungsprokura erlischt auch mit der Auflösung der Niederlassung, für die die Prokura erteilt wurde.[46] 15

IV. Beschränkungen im Innenverhältnis

Im Innenverhältnis zum Vertretenen dürfen dem Prokuristen Beschränkungen jeglicher Art auferlegt werden.[47] Der Prokurist hat keinen Anspruch auf ein Minimum an Kompeten- 16

---

36 Staub/*Joost* Rn. 20; BeckOK HGB/*Meyer* Rn. 21.

37 Ebenso Oetker/*Schubert* Rn. 13; Staub/*Joost* Rn. 20; vgl. auch Protokolle zum HGB S. 172 = *Schubert/Schmiedel/Krampe* II 1, 384; Jabornegg/Artmann/*Strasser/Jabornegg* UGB Rn. 21.

38 Staub/*Joost* Rn. 20 f., 24, 25; ähnlich für die Schweiz *Merz* FS H. Westermann, 1974, 399 (400); wie hier BeckOK HGB/*Meyer* Rn. 28; BeckOGK/*Schärtl* Rn. 10.

39 Vgl. BGHZ 104, 61 (63) = NJW 1988, 1840; BGHZ 2, 218 = NJW 1951, 652 mit Einschränkung für Banküberweisungen innerhalb eines Filialnetzes derselben Bank; Oetker/*Schubert* Rn. 13; Jabornegg/Artmann/*Strasser/Jabornegg* UGB Rn. 21; Straube/Ratka/Rauter/*Schinko* UGB Rn. 4; Röhricht/Graf v. Westphalen/Haas/*Wagner/Wöstmann* Rn. 21; BeckOK HGB/*Meyer* Rn. 28; vgl. aber Heymann/*Teichmann* Rn. 8.

40 Schlegelberger/*Schröder* Rn. 14; Heymann/*Teichmann* Rn. 8; Jabornegg/Artmann/*Strasser/Jabornegg* UGB Rn. 21; Straube/Ratka/Rauter/*Schinko* UGB Rn. 4; aA Staub/*Joost* Rn. 23.

41 HM, Schlegelberger/*Schröder* Rn. 15; Oetker/*Schubert* Rn. 13; vgl. aber BGHZ 2, 218 (226) = NJW 1951, 652; aA Staub/*Joost* Rn. 22; BeckOK HGB/*Meyer* Rn. 24; Heymann/*Teichmann* Rn. 9.

42 Schlegelberger/*Schröder* Rn. 14; aA Staub/*Joost* Rn. 23.

43 BGHZ 104, 61 (63) = NJW 1988, 1840; OLG Stettin OLGE 3 (1901), 122; OGH HS 9090; Schlegelberger/*Schröder* Rn. 17; Straube/Ratka/Rauter/*Schinko* UGB Rn. 4; BeckOK HGB/*Meyer* Rn. 20; aA Staub/*Joost* Rn. 20.

44 BeckOK HGB/*Meyer* Rn. 19; BeckOGK/*Schärtl* Rn. 18.

45 AA insoweit wohl Staub/*Joost* Rn. 21; wie hier Schlegelberger/*Schröder* Rn. 14; *Reinicke* in Baumgärtel Beweislast-HdB, Bd. IV, 1988, §§ 49, 50 Rn. 1.

46 Vgl. Staub/*Joost* Rn. 26; Schlegelberger/*Schröder* Rn. 11.

47 Vgl. RGZ 122, 143 (145); Staub/*Joost* Rn. 2, 54; EBJS/*Weber* Rn. 4; Oetker/*Schubert* Rn. 9.

zen; diese können gänzlich fehlen, ohne dass sich an der durch die Prokura vermittelten Vertretungsmacht etwas ändern würde. Die Beschränkung der Innenkompetenzen kann Inhalt des der Prokura meist zugrunde liegenden Anstellungsvertrages sein.[48] Diese Beschränkungen haben keine Auswirkungen auf den Umfang der Prokura als Vertretungsmacht (aber zum **Missbrauch der Vertretungsmacht** → Vor § 48 Rn. 73 ff.).

17 Vorbehaltlich abweichender vertraglicher Regelungen können dem Prokuristen einseitige Bindungen auferlegt und Weisungen erteilt werden (§§ 665, 675 BGB analog), während der Prokurist unter den Voraussetzungen des § 665 BGB berechtigt ist, von den Weisungen des Kaufmanns abzuweichen. Auch eine Notgeschäftsführung kommt in Betracht. Überschreitet der Prokurist seine Geschäftsführungskompetenz, stellt dies regelmäßig einen wichtigen Grund zur Beendigung des Anstellungsverhältnisses dar (§ 626 Abs. 1 BGB).[49] Sollte der Kaufmann in Folge der Kompetenzüberschreitung einen Schaden erleiden, steht ihm bei einem Verschulden des Prokuristen ein Schadensersatzanspruch gem. § 280 BGB zu. Die arbeitsrechtlichen Haftungsprivilegien sind zu berücksichtigen.[50] Selbst eine vorsätzliche Kompetenzüberschreitung begründet keine Ansprüche aus § 678 BGB. Eine nachträgliche Billigung des Verhaltens des Prokuristen hat zur Folge, dass an dieses Verhalten keine Sanktionen mehr geknüpft werden dürfen. Die Billigung kann auch stillschweigend erfolgen. Jedoch liegt sie nicht in der Erfüllung der Verpflichtung gegenüber dem Dritten, da der Kaufmann aufgrund der wirksamen Vertretung zur Erfüllung verpflichtet ist.

V. Rechtslage in Österreich

18 § 50 UGB entspricht nahezu vollständig der deutschen Vorschrift. Durch die Unternehmensrechtreform 2005 wurde lediglich der Begriff des „Geschäftsinhabers" in Abs. 3 durch den des „Unternehmers" ersetzt.[51]

§ 51 [Zeichnung des Prokuristen]

Der Prokurist hat in der Weise zu zeichnen, daß er der Firma seinen Namen mit einem die Prokura andeutenden Zusatze beifügt.

I. Normzweck und Bedeutung

1 Sinn dieser, auf Art. 44 Abs. 1 ADHGB zurückgehenden reinen **Ordnungsvorschrift**[1] ist es, auf eine Zeichnung hinzuwirken, die dem Handelsverkehr erkennbar macht, dass der Erklärende als Prokurist für den Inhaber handelt.[2] Sie gibt ein Beispiel für eine ordnungsgemäße Zeichnung (vgl. für den Handlungsbevollmächtigten § 57). Eine entsprechende Zeichnung ermöglichte bis Ende 2006 einen Vergleich mit der gem. § 53 Abs. 2 aF zu hinterlegenden Zeichnung, insbesondere der Handschrift (→ § 53 Rn. 1). § 51 gilt für alle **schriftlichen Erklärungen** des Prokuristen.[3] Bei elektronischer Form (§ 126a BGB) bzw. Textform (§ 126b BGB) erstellen Schreiben ist bis auf die handschriftliche Form des Namens als Gebot ableitbar.[4]

---

[48] Staub/*Joost* Rn. 54; GK-HGB/*B. Schmidt* Rn. 2.
[49] Vgl. Heymann/*Teichmann* Rn. 10; Schlegelberger/*Schröder* Rn. 7.
[50] Vgl. dazu im Anschluss an BAG GS NZA 1993, 547; BGH NZA 1994, 270 f. die Darstellung MHdB ArbR/*Reichold* § 57.
[51] Krejci/*Krejci* Reform-Kommentar UGB Rn. 3.
[1] Zu Art. 44 ADHGB *Lutz*, Protokolle zum ADHGB, 1858, 953 (im Vorentwurf vgl. aaO Beilagenband S. 149 war noch vorgesehen, dass die ordnungsgemäße Zeichnung Voraussetzung der Rechtsgültigkeit der Vertretung wäre); ROHGE 18, 99 (100); zu § 51 HGB RGZ 50, 51 (60); BGH NJW 1966, 1077; BAG NZA 1992, 449 (450, 452); OGH HS 11.415; Staub/*Joost* Rn. 10; Heymann/*Teichmann* Rn. 1; GK-HGB/*B. Schmidt* Rn. 2; BeckOK HGB/*Meyer* Rn. 9.
[2] Staub/*Joost* Rn. 11; GK-HGB/*B. Schmidt* Rn. 2; GroßkommUGB/*Torggler*/*Trenker* Rn. 1.
[3] Heymann/*Teichmann* Rn. 3.
[4] BeckOk/*Meyer* Rn. 1.

§ 51 ist **keine Formvorschrift** und hat auch keine Auswirkungen auf andere Formvorschriften.[5] Daher bleibt auch ein Abweichen von der gem. § 53 Abs. 2 hinterlegten Zeichnung des Namens folgenlos. Auch für die **Offenlegung des Handelns als Vertreter** gelten allein die allgemeinen Regeln (§ 164 BGB).[6] Erkennbar ist die Vertretung zB auch, wenn der Prokurist unterhalb des Firmenstempels mit seinem Namen eigenhändig oder ohne Vertretungszusatz[7] oder nur mit der vertretenen Firma ohne seinen eigenen Namen oder ohne einen Vertretungszusatz unterzeichnet.[8] Der fehlende Prokurazusatz eröffnet bei einer eingetragenen und bekannt gemachten Prokura auch nicht die Möglichkeit zur Zurückweisung eines einseitigen Rechtsgeschäftes (zB Kündigung) iSd § 174 S. 1 BGB.[9] Auch ohne Nennung der vertretenen Firma kann sich die Vertretung aus sonstigen Umständen, zB aus dem Charakter als unternehmensbezogenem Geschäft, ergeben (→ Vor § 48 Rn. 47 ff.). Will der Prokurist die Gefahr der Inanspruchnahme als Vertragspartner vermeiden, ist die von § 51 empfohlene Zeichnung der sicherste Weg. Im Einzelfall kann eine nicht ordnungsgemäße Zeichnung eine Haftung nach allgemeinen Regeln (§ 280 Abs. 1 BGB, § 311 Abs. 2 BGB, § 241 Abs. 2 BGB – c.i.c. bzw. § 179 BGB analog) auslösen. Da § 51 die für die Offenkundigkeit der Vertretung problematischen Fälle nicht regelt, sollte de lege ferenda entweder eine Erweiterung der Norm auf die problematischen Fälle oder eine ersatzlose Streichung des § 51 erwogen werden.[10] 2

II. Zeichnungsweise

1. Firma. Erforderlich ist die Angabe der vollständigen Firma[11] (bei § 50 Abs. 3 Niederlassungsfirma), für die der Prokurist konkret handelt.[12] Ob die Zeichnung der **Firma** handschriftlich erfolgen soll, ist § 51 nicht eindeutig zu entnehmen. Aus der 1998 erfolgten Änderung des § 53 Abs. 2 (vgl. auch § 29 für den Kaufmann), der damals nur noch eine Namensunterschrift verlangte, folgte, dass die Firma nicht handschriftlich gezeichnet werden soll. Damit wurden die üblichen Vordrucke bzw. Stempel vom Gesetz anerkannt.[13] Zum 1.1.2007 wurde die Zeichnungspflicht nach § 53 Abs. 2 vor dem Handelsregister ganz aufgehoben. Zur Firma gehört der **Rechtsformzusatz** (vgl. § 19 Abs. 1, § 80 AktG, § 35a GmbHG, § 25a GenG und für Kapitalgesellschaften Art. 26 GesR-RL, früher Art. 4 Publizitäts-RL).[14] Für eine Prokura bei Unternehmen in Insolvenz und in der Liquidation bedarf es wegen der besonderen Gefahren auch eines eigenen **Insolvenz- bzw. Liquidationshinweises** (vgl. für die Liquidation von Kapitalgesellschaften Art. 26 GesR-RL, früher Art. 5 Abs. 1 Publizitäts-RL). Ein Fehlen eines solchen Hinweises kann eine c.i.c. Haftung auslösen.[15] 3

2. Name des Prokuristen, Gesamtprokura. Der Prokurist soll **handschriftlich** mit seinem **Familiennamen** zeichnen.[16] Trotz Abschaffung der Hinterlegung der Unterschrift nach § 53 Abs. 2 aF durch den Gesetzgeber mit Wirkung vom 1.1.2007, sollte die handschriftliche Zeichnung beibehalten werden, auch wegen der vertretungsrechtlichen Stellung 4

5 Staub/*Joost* Rn. 10; Baumbach/Hopt/*Hopt* Rn. 1; GroßkommUGB/*Torggler/Trenker* Rn. 1; Heymann/*Teichmann* Rn. 6, 8.
6 Staub/*Joost* Rn. 11; GroßkommUGB/*Torggler/Trenker* Rn. 1; Schlegelberger/*Schröder* Rn. 3 f.
7 BGHZ 64, 11 (14 ff.) = NJW 1975, 1166 (Wechsel).
8 ROHGE 18, 99 (100 f.); RGZ 50, 51 (60); BGH NJW 1966, 1077; LG Berlin Rpfleger 1972, 421 (422); OLG Düsseldorf DB 1992, 2080 zum Auftreten unter dem Namen des Kaufmanns unter Nachahmung seiner Unterschrift durch Handlungsbevollmächtigten.
9 BAG AP BGB § 174 Nr. 9; BeckOK HGB/*Meyer* Rn. 10.
10 Für Beibehaltung *K. Schmidt* DB 1994, 515 (520).
11 BeckOK HGB/*Meyer* Rn. 4; vgl. näher *Beck* BB 1962, 1265 f.
12 Wichtig bei Prokurastellung für mehrere Unternehmen, vgl. Staub/*Joost* Rn. 3.
13 Vgl. EBJS/*Weber* Rn. 4.
14 BeckOK HGB/*Meyer* Rn. 4; aA BeckOGK/*Schärtl* Rn. 4.1.
15 *K. Schmidt* BB 1989, 229 (234); GroßkommUGB/*Torggler/Trenker* Rn. 6; Torggler/*Schopper/Trenker* UGB Rn. 3.
16 BGH NJW 1966, 1077; Heymann/*Teichmann* Rn. 4; Staub/*Joost* Rn. 3; *Grooterhorst,* Vollmachten in Unternehmen, III 23; Baumbach/Hopt/*Hopt* Rn. 1; aA zB Oetker/*Schubert* Rn. 5.

der Prokura. In Österreich ist die handschriftliche Zeichnung auf jeden Fall geboten, da hier auch die handschriftliche Zeichnung beim Register gem. § 53 Abs. 2 UGB zu hinterlegen ist.[17] Dass unter „Name" lediglich der Familienname zu verstehen ist, belegt ein Rückschluss aus dem bis 1998 geltenden § 18 Abs. 1: Dieser erforderte, anders als vor 1900, ausdrücklich die Führung eines Vornamens neben dem Familiennamen, während an anderer Stelle – zB in den §§ 19, 51, 57 – lediglich der „Name" vorausgesetzt wird.

5 Die besondere Regelung für die **Gesamtprokura** (Art. 44 Abs. 2 ADHGB) wurde – weil selbstverständlich – nicht ins HGB übernommen.[18] Daher verlangt die vom Gesetzgeber angestrebte ideale Zeichnung nicht nur die Zeichnung eines jeden Gesamtprokuristen, sondern auch einen Hinweis auf die Gesamtprokura.[19] Auch im Hinblick auf eine mögliche Anwendung der c.i.c. ist dies zu empfehlen. Üblich ist die Linkszeichnung des hierarchisch Höherrangigen.

6 **3. Vollmachtszusatz.** Der „Zusatz", der das Handeln als Prokurist klarstellen soll, ist gesetzlich nicht näher konkretisiert. Übliche Kurzform eines Zusatzes ist die Abkürzung **„ppa."**, die die ältere Form „pp"[20] verdrängt hat. Langformen sind „als Prokurist", „per Prokura" und „in Prokura" (vgl. Art. 18 Abs. 1 WG). Bei einem Vertreterzusatz ohne Prokurabezug (zB i.V.) ist § 51 verletzt, aber dies hat keine materiellen Konsequenzen. Ein komplettes Fehlen des Vollmachtszusatzes kann zur Folge haben, dass die Schriftform bei einem Vertretergeschäft als nicht gewahrt angesehen wird.[21] Bei einer Niederlassungsprokura ist auch dies mit aufzunehmen.[22]

7 **4. Reihenfolge der Zeichnungselemente.** § 51 geht davon aus, dass die **Firma** vor oder über dem **Namen** und dem die Prokura kennzeichnenden **Zusatz** steht, wobei dieser üblicherweise unmittelbar vor dem Namen des Prokuristen aufgeführt ist.

III. Besondere Formvorschriften

8 Sonstige Formvorschriften werden durch § 51 nicht berührt. Bei **Rechtsmittelschriftsätzen** ist die Nennung des eigenen Namens des Vertreters erforderlich.[23] Nach hM[24] sollen bei **wertpapierrechtlichen Erklärungen** aus Gründen des Verkehrsschutzes für die Auslegung außer den aus der Urkunde selbst erkennbaren nur die Umstände heranzuziehen sein, die einem am Begebungsvertrag nicht beteiligten Dritten mutmaßlich bekannt oder ohne weiteres erkennbar sind. Dem ersten Nehmer, dem Vertragspartner des Begebungsvertrags, wird eine Berufung hierauf als Verstoß gegen Treu und Glauben verwehrt. Demgegenüber will *Joost,*[25] gestützt auf die moderne Erklärung der Entstehung der wertpapierrechtlichen Verpflichtung durch die Kombination von Begebungsvertrag und Vertrauensschutz, alle auch außerhalb der Urkunde liegenden Umstände für die Auslegung berücksichtigen und nur die gutgläubigen weiteren Nehmer nach den Grundsätzen des Vertrauensschutzes schützen. Dieser Streit ist vor allem dogmatischer Natur; sachliche Konsequenzen sind allenfalls für Grenzbereiche und die Beweislast vorstellbar. Der hM ist zuzu-

---

[17] Torggler/*Schopper/Trenker* UGB Rn. 3; Straube/Ratka/Rauter/*Schinko* UGB Rn. 1; Jabornegg/Artmann/*Strasser/Jabornegg* UGB Rn. 4.

[18] Vgl. Denkschrift zur RT-Vorlage S. 50 = *Schubert/Schmiedel/Krampe* II 2 S. 990; Düringer/Hachenburg/*Hoeniger* Anm. 1.

[19] BeckOK HGB/*Meyer* Rn. 7; aA Staub/*Joost* Rn. 8; Oetker/*Schubert* Rn. 7.

[20] Vgl. zB ROHGE 18, 99 (100f.).

[21] Allg. BGH NJW 2002, 33; LAG Hamm NZA-RR 2005, 428 betr. Prokura.

[22] Staub/*Joost* Rn. 7; BeckOK HGB/*Meyer* Rn. 8; aA BeckOGK/*Schärtl* Rn. 6.

[23] BGH NJW 1966, 1077.

[24] BGHZ 64, 11 (14) = NJW 1975, 166 betr. Wechsel; BGHZ 65, 218 (219) = NJW 1976, 329 betr. Scheck; BGH WM 1976, 1244 (1245); NJW 1979, 2141; WM 1981, 375; NJW 1994, 447 (448); *Zöllner* Wertpapierrecht, 14. Aufl. 1987, § 12 X, 80; Baumbach/*Hefermehl,* Wechselgesetz und Scheckgesetz, 23. Aufl. 2008, WG Einl. Rn. 56f.; *Richardi,* Wertpapierrecht, 1987, 123; *Pflug* ZHR 148 (1984), 1 (21ff.); MüKoBGB/*Busche* BGB § 133 Rn. 36; GroßkommUGB/*Torggler/Trenker* Rn. 13.

[25] Staub/*Joost* Rn. 15; *Joost* WM 1977, 1394; vgl. auch *Hueck/Canaris,* Recht der Wertpapiere, 12. Aufl. 1986, § 6 VI 2 b, 72.

stimmen: Der Wortlaut des Art. 17 WG sollte Vorrang vor einem bloßen Erklärungsmodell für die internationalen Einheitsgesetze für Wechsel und Scheck genießen.

IV. Rechtslage in Österreich

§ 51 UGB entspricht der deutschen Vorschrift. Durch die Unternehmensrechtsreform 2005 haben sich keine Änderungen ergeben. Die Unterschiede bei § 53 führen zu einem unterschiedlichen Meinungsstand bei der eigenhändigen Zeichnung (→ Rn. 4). 9

§ 52 [Widerruflichkeit; Unübertragbarkeit; Tod des Inhabers]

(1) Die Prokura ist ohne Rücksicht auf das der Erteilung zugrunde liegende Rechtsverhältnis jederzeit widerruflich, unbeschadet des Anspruchs auf die vertragsmäßige Vergütung.

(2) Die Prokura ist nicht übertragbar.

(3) Die Prokura erlischt nicht durch den Tod des Inhabers des Handelsgeschäfts.

Schrifttum: *Brox,* Erteilung, Widerruf und Niederlegung von Prokura und Handlungsvollmacht im neuen Aktienrecht, NJW 1967, 801; *Dempewolf,* Zum Verhältnis von Testamentsvollstreckung und Prokura nach dem Tode des Erblassers, DB 1955, 889; *Frey,* Rechtsnachfolge in Vollmachtnehmer- und Vollmachtgeberstellungen, 1997; *Hopt,* Die Auswirkungen des Todes des Vollmachtsgebers auf die Vollmacht und das zugrunde liegende Rechtsverhältnis, ZHR 133 (1970), 305; *Köhler,* Fortbestand betrieblicher Vollmachten bei Betriebsübergang?, BB 1979, 912; *Kruse,* Zum Verhältnis von Testamentsvollstreckung und Prokura nach dem Tode des Erblassers, DB 1956, 885; *K. Schmidt,* Die Prokura in Liquidation und Konkurs der Handelsgesellschaften, BB 1989, 229.

Übersicht

I. Widerruf der Prokura (Abs. 1)

1. Normzweck und Bedeutung. Abs. 1 ordnet zum Schutz des Kaufmanns vor den Gefahren der Prokura in Abweichung von § 168 Abs. 1 S. 2 BGB **zwingend** die **jederzei-** 1

tige Widerruflichkeit der Prokura an. Diese Regelung ist **Korrektiv zur Unbeschränkbarkeit der Vertretungsmacht** gem. § 50[1] und soll eine Selbstentmündigung des Kaufmanns verhindern.[2] Die Vorschrift ist daneben auch Ausdruck des besonderen Vertrauens, das seitens des Inhabers mit der Prokura verbunden ist.[3] Dieser Aspekt rechtfertigt aus Gründen der Rechtssicherheit abstrakt generell die Widerruflichkeit. Eine konkrete Zerstörung des Vertrauensverhältnisses muss nicht bestehen. Wie § 50 und § 52 Abs. 3 ist auch § 52 Abs. 1 Ausdruck der (partiellen) **Trennung** der **Prokura vom zugrunde liegenden Rechtsverhältnis** (→ Vor § 48 Rn. 6). Insoweit besteht ein entscheidender Unterschied zu den gesetzlichen Vertretern von Gesellschaften, die notwendig Geschäftsführungskompetenz haben müssen, weshalb auch kein Wertungswiderspruch zu § 84 Abs. 3 S. 2 AktG und § 38 Abs. 2 GmbHG besteht. Nur in § 52 Abs. 1 nimmt das Gesetz ausdrücklich zum Verhältnis von kaufmännischer Vollmacht und zugrunde liegendem Rechtsverhältnis (meist Anstellung) Stellung und fixiert die grundsätzliche Trennung zwischen Vollmacht und zugrunde liegendem Rechtsverhältnis (→ Vor § 48 Rn. 43 ff.).[4] Die Zuständigkeit für den Widerruf ergibt sich aus dem Gesellschaftsrecht. Mangels Anwendbarkeit des § 46 Nr. 7 GmbHG obliegt auch in der GmbH grundsätzlich allein den Geschäftsführern die Entscheidung, Die Gesellschafterversammlung der GmbH kann jedoch verbindliche Weisungen erteilen.

2 **2. Freie Widerruflichkeit. a) Ohne Rücksicht jederzeit widerruflich.** Diese Formulierung bezeichnet in erster Linie die freie Widerruflichkeit der Prokura. Der Widerruf bedarf weder eines objektiven noch eines nachvollziehbaren subjektiven Grundes und schon gar nicht eines Fehlverhaltens des Prokuristen.[5] Dies folgt zum einen aus dem Begriff „jederzeit“, der nicht nur auf den Zeitpunkt bezogen zu verstehen ist. Infolge des Trennungsgrundsatzes darf das der Prokuraerteilung zugrunde liegende Rechtsverhältnis nicht berücksichtigt werden. Da sich die objektiven Gründe aber nur aus ihm ergeben können, sind sie bei der Frage des Widerrufs nicht berücksichtigungsfähig. Damit ist auch ein Rechtsmissbrauch des Widerrufs praktisch nicht vorstellbar.[6] Die **zwingende**[7] **Regelung** des § 52 Abs. 1 ist als (notwendiges) Korrektiv zur unbeschränkbaren Vertretungsmacht (§ 50) verfassungsrechtlich unbedenklich.[8] Gegen die zwingende Wirkung verstoßen auch Abreden, die ein zeitlich verzögertes Wirksamwerden des Widerrufs vorsehen.[9] Rein formale Regeln sind zulässig, solange sie nicht zu einer mittelbaren Beschränkung führen.[10] Zur mittelbaren Beschränkung → Rn. 6 f. Auch wenn der Prokurist einen vertraglichen Anspruch auf die Prokura hat, bleibt es bei der zwingenden freien Widerruflichkeit, zumal auch dieser Anspruch auf Prokura nicht durchsetzbar ist.[11]

3 **b) Ausnahme: Gesellschaftsrechtlich begründete Prokura?** Die hM[12] hält § 52 – wohl aufgrund teleologischer Reduktion – nicht für anwendbar, wenn einem geschäftsführungsberechtigten Kommanditisten im Gesellschaftsvertrag[13] mit Rücksicht auf seine

---

1 Denkschrift zur RT-Vorlage S. 49 = *Schubert/Schmiedel/Krampe* II 2 S. 990; BAG NJW 1987, 862; *v. Westphalen* DStR 1993, 1186 (1188); BeckOK HGB/*Meyer* Rn. 1.

2 Ähnlich BGHZ 17, 392 (394) = NJW 1955, 1394; Staub/*Joost* § 48 Rn. 68.

3 BGHZ 17, 392 (394) = NJW 1955, 1394; Staub/*Joost* § 48 Rn. 68.

4 LAG Hamburg BeckRS 2014, 65060; Staub/*Joost* Rn. 19 f.; GroßkommUGB/*Torggler/Trenker* Rn. 7.

5 OLG Düsseldorf NJW-RR 1999, 107; Staub/*Joost* Rn. 4; Heymann/*Teichmann* Rn. 3; Straube/Ratka/Rauter/*Schinko* UGB Rn. 1.

6 GroßkommUGB/*Torggler/Trenker* Rn. 8; Jabornegg/Artmann/*Strasser/Jabornegg* UGB Rn. 10.

7 ROHGE 23, 326 zur Vorgängerregelung; Denkschrift zur RT-Vorlage S. 50 = *Schubert/Schmiedel/Krampe* II 2 S. 990; *Canaris* HandelsR § 12 Rn. 9; KKRD/*Roth* Rn. 1.

8 BAG NJW 1987, 862.

9 Vgl. Staub/*Joost* Rn. 24.

10 GroßkommUGB/*Torggler/Trenker* Rn. 22.

11 BAG NJW 1987, 862.

12 BGHZ 17, 392 (394 f.) = NJW 1955, 1394; Staub/*Joost* Rn. 5; Heymann/*Teichmann* Rn. 5; EBJS/*Weber* Rn. 4; nur iErg Straube/Ratka/Rauter/*Schinko* UGB Rn. 1. *Staab* BB 1959, 435 (436) will daraus ableiten, dass ein solcher Kommanditist haftungsrechtlich einem Komplementär gleichzustellen sei; gegen ihn zu Recht *Niethammer* BB 1959, 725 (726).

13 Gegen diese Voraussetzung *Weipert* EWiR 1986, 79 (80).

Geschäftsführungsaufgabe[14] Prokura erteilt wird. Zulässig soll der Widerruf der Prokura in diesem Fall analog § 127 nur bei **Vorliegen eines „wichtigen Grundes"** sein.[15] Begründet wird dies damit, dass die Prokura in diesem Fall die Kehrseite der Geschäftsführungskompetenz darstelle und der Gesetzgeber lediglich das Abhängigkeitsverhältnis eines Dienstverpflichteten habe regeln wollen.[16] Zum Schutz des Rechtsverkehrs soll die Prokura allerdings im Außenverhältnis erlöschen und nur im Innenverhältnis ein Anspruch auf Wiedererteilung der Prokura bestehen.[17]

Dies überzeugt nur im Ergebnis, aber nicht in der Konstruktion.[18] Es ist bereits widersprüchlich, die Nichtanwendung des Abs. 1 auf das Innenverhältnis zu beschränken,[19] insbesondere da der Verkehrsschutz durch § 15 grundsätzlich hinreichend gewahrt wird. Zudem hat der Gesetzgeber[20] auch eigennützige Vollmachten, zB im Rahmen eines Pachtverhältnisses oder eines Nießbrauchs, bedacht, so dass die Eigennützigkeit der Vollmacht bei einem geschäftsführenden Kommanditisten eine teleologische Reduktion des Abs. 1 nicht rechtfertigen kann. Auch sonst gibt es keine Rechtfertigung für eine teleologische Reduktion. Ferner richtet sich das gesellschaftsvertragliche Recht auf Prokura nicht gegen die Gesellschaft, sondern die Mitgesellschafter. 4

Rechtfertigen lässt sich dagegen das Ergebnis der hM, einen **internen Wiedererteilungsanspruch** zu gewähren, wenn der Widerruf entgegen dem gesellschaftsvertraglichen Sonderrecht auf Prokura und ohne wichtigen Grund iSd § 127 erfolgt.[21] Denn der interne Wiedererteilungsanspruch kollidiert weder mit dem Wortlaut noch mit dem Zweck der freien Widerruflichkeit. Die rein interne gesellschaftsvertragliche Regelung schränkt nicht die zu schützende Gesellschaft in ihrer Rechtsmacht ein, die Prokura zu widerrufen. Denn die Geschäftsführungsvorschriften über die Prokuraerteilung bzw. den Widerruf haben keine Auswirkungen auf die Vertretungsmacht (→ § 48 Rn. 50). Die gesellschaftsvertragliche Regelung nimmt lediglich Einfluss auf den internen Willensbildungsprozess (die Geschäftsführungsentscheidung), der nicht Schutzobjekt der freien Widerruflichkeit ist. Der gesellschaftsvertragliche Anspruch auf Prokura ist insoweit nicht anders zu beurteilen als eine ebenfalls mögliche Übertragung der Geschäftsführungsentscheidung darüber, wer Prokurist sein soll, auf einen Gesellschafter. 5

c) Mittelbare Beschränkung der Widerruflichkeit durch das zugrundeliegende Rechtsverhältnis. Problematisch ist, inwieweit ein dem zugrundeliegenden Rechtsverhältnis innewohnender wirtschaftlicher Druck, nicht zu widerrufen, mit der freien Widerruflichkeit vereinbar ist. Gesetzlich geregelt ist, dass die freie Widerruflichkeit den Anspruch auf die vertragliche Vergütung nicht berührt. Dies ist bemerkenswert, da bei dem vom HGB vorausgesetzten Realtypus des Prokuristen die Ausübung der Prokura wesentlicher Teil der Dienstverpflichtung ist, der Vertretene also trotz Wegfalls eines Teils der Leistungspflicht den Angestellten unverändert vergüten muss. Nach ganz hM[22] steht die freie Widerruflichkeit einer Kündigung des Dienstvertrages durch den Prokuristen aus § 626 Abs. 1 BGB wegen des Entzugs der Prokura nicht entgegen. Bejaht wurden die Voraussetzungen 6

---

14 Für Ausdehnung auch auf nicht geschäftsführungsbefugte Kommanditisten OLG Celle EWiR 1986, 79 m. abl. Anm. *Weipert.*

15 RG SeuffA 94 (1940) Nr. 8; BGHZ 17, 392 (395) = NJW 1955, 1394; Heymann/*Teichmann* Rn. 5; Staub/*Joost* Rn. 5; *Canaris* HandelsR § 12 Rn. 11; GK-HGB/*B. Schmidt* Rn. 4; *K. Schmidt* HandelsR § 16 Rn. 81.

16 BGHZ 17, 392 (394) = NJW 1955, 1394.

17 BGHZ 17, 392 (396) = NJW 1955, 1394; OLG Saarbrücken JZ 1968, 386 m. krit. Anm. *Baur*; vgl. auch OGH HS 1159; HS 7088; GesRZ 1990, 161; Staub/*Joost* Rn. 6; für Unwirksamkeit des Widerrufs aber *Canaris* HandelsR § 12 Rn. 11, der den Schutz des Rechtsverkehrs durch § 15 für ausreichend hält.

18 Ebenfalls krit. *Honsell* JA 1984, 17 (19 f.); Düringer/Hachenburg/*Hoeniger* Anm. 3.

19 Insoweit ebenso *Canaris* HandelsR § 12 Rn. 11.

20 Vgl. Denkschrift zur RT-Vorlage S. 52 f. = *Schubert/Schmiedel/Krampe* II 2 S. 992 f.

21 Wie hier BeckOGK/*Schärtl* Rn. 3.3; GroßkommUGB/*Torggler/Trenker* Rn. 10 f.; Torggler/*Schopper/Trenker* UGB Rn. 2.

22 RAGE 3 (1929), 281 (283 f.); BAG AP BGB § 628 Nr. 5 = BB 1971, 270; offengelassen in BAG NJW 1987, 862 (863); Schlegelberger/*Schröder* Rn. 11; Staub/*Joost* § 48 Rn. 73.

des § 626 Abs. 1 BGB bisher allerdings nur bei einer unzumutbaren Diskriminierung.[23] Dies erscheint zu eng. Wenn die Prokura, wie in vielen Unternehmen, Ausdruck einer bestimmten hierarchischen Position ist, sollte ein Prokuraentzug ohne Rechtfertigung in aller Regel einen wichtigen Grund iSd § 626 Abs. 1 BGB darstellen[24] (→ § 48 Rn. 64).

7 Die freie Widerruflichkeit der Prokura gebietet nicht, den Widerruf im Rahmen des zugrunde liegenden Rechtsverhältnisses (meist Anstellungsvertrag) als rechtmäßig anzusehen.[25] Hier wirkt sich die Trennung zwischen Prokura und zugrunde liegendem Rechtsverhältnis aus. Daher steht mit der hM[26] **Schadensersatzansprüchen** aus **§ 628 Abs. 1 BGB** nichts entgegen, wenn der bisherige Prokurist – falls der Prokurawiderruf einen wichtigen Grund iSd § 626 Abs. 1 BGB darstellt (→ Rn. 6) – wegen des Widerrufs gem. § 626 Abs. 1 BGB kündigt. Wegen des in der Regel nur geringen Schadens ist der Schadensersatzanspruch auch unter dem Gesichtspunkt der effektiven Gewährleistung der Widerrufsmöglichkeit unbedenklich. Auch sonst kommen bei Verletzung eines Prokuraversprechens grundsätzlich Schadensersatzansprüche aus § 280 BGB in Betracht, auch wenn es meist an einem Schaden fehlen wird (→ § 48 Rn. 64). **Bedenklich** sind allerdings **Vertragsstrafenversprechen,** da sie gezielt gegen den freien Widerruf gerichtet sind und daher grundsätzlich als Umgehung des Gebots der freien Widerruflichkeit anzusehen sind.[27] Erst recht gilt dies, wenn hiervon ein spürbarer wirtschaftlicher Druck ausgeht.

8 **3. Zuständigkeit.** Zum Widerruf als dem actus contrarius zur Bestellung sind diejenigen berechtigt, die im Widerrufszeitpunkt auch zur Erteilung einer Prokura befugt wären.[28] Zuständig sind daher der **Kaufmann,** sein **gesetzlicher Vertreter,**[29] sowie diesen gleichgestellte Verwalter.[30] Bei Gesamtvertretung bedarf es des gemeinschaftlichen Handelns der gemeinsam Vertretungsberechtigten.[31] § 116 Abs. 3, § 46 Nr. 7 GmbHG und parallele Regelungen für andere Gesellschaftsformen und entsprechende vertragliche Regelungen betreffen grundsätzlich nur die Prokuraerteilung und im Übrigen auch nur die Geschäftsführungsbefugnis.[32] Einen **Missbrauch der Vertretungsmacht** im technischen Sinne kann es bei einem Widerruf durch einen gesetzlichen Vertreter, als nur einseitigem Vertretungsakt, nicht geben.[33] Ein **Rechtsmissbrauch** iSd § 242 BGB erscheint möglich, wenn man wie hier (→ Vor § 48 Rn. 6) nur von einer partiellen Trennung von Vertretungsmacht und zugrunde liegendem Rechtsverhältnis ausgeht.[34] Zum Schutze des Vertretenen und zur Wahrung der Rechtssicherheit erscheint es vorzugswürdig den Widerruf zunächst – wie auch sonst – als wirksam zu behandeln und dafür einen internen Anspruch auf Neuerteilung zu gewähren. Der für den Widerruf Zuständige muss nicht bei der Erteilung der Prokura beteiligt gewesen sein. § 1822 Nr. 11 BGB gilt nur für die Erteilung der Prokura, so dass der Widerruf stets ohne familiengerichtliche Genehmigung möglich ist.[35]

9 Andere Personen, zB Prokuristen, aber auch **Generalbevollmächtigte,** sind **nicht** befugt, eine Prokura zu widerrufen.[36] Ihnen kann diese Befugnis auch nicht verliehen werden.

---

23 RAGE 3 (1929), 281 (283 f.); BAG AP BGB § 628 Nr. 5; Staub/*Joost* § 48 Rn. 74.
24 Vermittelnd MüKoBGB/*Henssler* BGB § 626 Rn. 276: wichtiger Grund bei vertragswidrigem Widerruf.
25 Anders nur Staub/*Joost* § 48 Rn. 73, 80.
26 Vgl. RAGE 3 (1929), 281 (284 f.); BAG AP BGB § 628 Nr. 5; AP KSchG 1969 § 4 Nr. 8 unter D; offengelassen von BAG NJW 1987, 862 (863); der Rspr. folgend *Grunsky* BB 1973, 194 (195); aA nur Staub/*Joost* § 48 Rn. 80; → § 48 Rn. 64.
27 Staub/*Joost* Rn. 25; KKRD/*Roth* Rn. 1; GroßkommUGB/*Torggler/Trenker* Rn. 12; Jabornegg/Artmann/*Strasser/Jabornegg* UGB Rn. 9; Straube/Ratka/Rauter/*Schinko* UGB Rn. 1.
28 Staub/*Joost* Rn. 7; Heymann/*Teichmann* Rn. 6; GK-HGB/*B. Schmidt* Rn. 6.
29 KG JW 1931, 2995 (2996) mAnm *Goldschmit*; Schlegelberger/*Schröder* Rn. 4.
30 KG NJW 1959, 1086 (1088) betr. Testamentsvollstrecker; Staub/*Joost* Rn. 7; Heymann/*Teichmann* Rn. 6.
31 Staub/*Joost* Rn. 10.
32 Vgl. RG DR 1942, 1698 (1699); OLG Düsseldorf DB 1998, 1026 betr. GmbH; Schlegelberger/*Martens* § 116 Rn. 31.
33 Undeutlich OLG Düsseldorf DB 1998, 1026.
34 Offengelassen durch OLG Düsseldorf DB 1998, 1026.
35 GK-HGB/*B. Schmidt* Rn. 6; Heymann/*Teichmann* Rn. 31; Staub/*Joost* Rn. 7.
36 Für Prokuristen KG JW 1931, 2995 (2996) mAnm *Goldschmit*; Schlegelberger/*Schröder* Rn. 5.

Für die unternehmenstragende **Erbengemeinschaft** wird herrschend vertreten,[37] jeder Miterbe könne, weil er Mitinhaber sei, für sich persönlich als Vertretenen die Prokura widerrufen; wegen der Einheitlichkeit der Prokura erlösche damit die Prokura für die Gemeinschaft insgesamt. Diese Begründung berücksichtigt jedoch nicht angemessen die stetig fortschreitende rechtliche Verselbstständigung der Erbengemeinschaft gegenüber den Erben. Sie gebietet, die Erbengemeinschaft als Inhaber zu behandeln (→ § 48 Rn. 19) und damit die Vertretungsregeln der Erbengemeinschaft als maßgeblich für die Widerrufszuständigkeit anzusehen. Ein Widerrufsrecht jedes Einzelnen käme daher für die Miterbengemeinschaft nicht in Betracht, wenn man für die Vertretung der unternehmenstragenden Erbengemeinschaft die §§ 2038 ff. BGB als maßgeblich ansähe.[38] Allenfalls könnte im Rahmen des § 2038 BGB eine Rechtsanalogie zu § 116 Abs. 3 S. 2 erwogen werden.[39] Befürwortete man aber zum Schutz des Rechtsverkehrs rechtsfortbildend generell die analoge Anwendung des § 125 auf die unternehmenstragende Erbengemeinschaft,[40] dann bestände auch für den Widerruf der Prokura eine Einzelvertretungsmacht.[41] 10

Soweit, wie häufig bei Handelsgesellschaften und GmbHs, die Vertretungsmacht und die **interne Geschäftsführungskompetenz** divergieren, ist für die Wirksamkeit des Widerrufs allein die Vertretungsmacht entscheidend, sodass zB interne Zustimmungserfordernisse nach außen keine Wirkung entfalten.[42] Verweigert ein Gesamtvertretungsberechtigter unter Verstoß gegen seine Treuepflichten als geschäftsführender Gesellschafter bzw. Geschäftsführer seine Mitwirkung, so kann er klageweise auf Zustimmung zum Widerruf in Anspruch genommen werden.[43] Widerruft umgekehrt ein einzelvertretungsberechtigter gesetzlicher Vertreter unter Verletzung der Geschäftsführungskompetenz oder unter Verstoß gegen seine Treuepflichten, so kann er nach hM verurteilt werden, die Prokura neu zu erteilen.[44] Dies ist trotz der Möglichkeit, die Prokura sofort erneut zu widerrufen, nicht unsinnig, da in diesem Verfahren die interne Berechtigung zum Prokurawiderruf geklärt werden kann. 11

Bei **gegenläufigen Erklärungen mehrerer** einzelvertretungsberechtigter gesetzlicher Vertreter ist die Prokura wirksam widerrufen.[45] Die entgegenstehende Erklärung des zweiten gesetzlichen Vertreters kann, wenn sie dem Ausdrücklichkeitsgebot genügt (vgl. § 48 Abs. 1), eine Neuerteilung der Prokura enthalten.[46] Ob diese Wiedererteilung bei weiter bestehender Divergenz eintragungsfähig ist, ist zweifelhaft;[47] denn zumindest bei mehrfacher Wiederholung dieses Vorgangs würde die Informationsfunktion des Handelsregisters gefährdet. 12

4. Erklärung des Widerrufs. Für die **Form** der Erklärung des Widerrufs ist auf die Regeln über die Erteilung der Prokura zurückzugreifen.[48] Entsprechend § 48 Abs. 1 erfordert der Widerruf zwar keine formbedürftige, aber – aus Gründen der Rechtssicherheit – eine **ausdrückliche Erklärung.**[49] Eine Kündigung des Anstellungsvertrages stellt daher 13

[37] BGHZ 30, 391 (397 f.) = NJW 1959, 2114; KG HRR 1937 Nr. 1, 368; DR 1939, 1949 = HRR 1939 Nr. 1472; Staub/*Joost* Rn. 8; EBJS/*Weber* Rn. 6; *Beuthien* FS Fischer, 1979, 1 (5 f.); KKRD/*Roth* Rn. 3.

[38] Vgl. BFH NJW 1988, 1343 (1344); *Canaris* HandelsR § 9 Rn. 14; *Hohensee,* Die unternehmenstragende Erbengemeinschaft, 1994, 218 f.; *Strothmann* ZIP 1985, 969 (974 f.); *M. Wolf* AcP 181 (1981), 480 (495 ff.); *Welter* MittRhNotK 1986, 140 (144).

[39] So GroßkommUGB/*Torggler*/*Trenker* Rn. 13.

[40] Befürwortend für GbR § 27 Rn. 84 f.; *K. Schmidt* GesR § 58 V 2 a, 1722; *Wiedemann* JZ 2001, 661 (664); mit beachtlichen Gründen abl. *Canaris* ZGR 2004, 69 (72 f.).

[41] *K. Schmidt* NJW 1985, 2785 (2789).

[42] RGZ 163, 35 (38).

[43] RGZ 163, 35 (38); Staub/*Joost* Rn. 9.

[44] Vgl. nur RGZ 163, 35 (38 f.); Staub/*Joost* Rn. 10.

[45] Vgl. Staub/*Joost* Rn. 12.

[46] GroßkommUGB/*Torggler*/*Trenker* Rn. 17.

[47] Verneinend BayObLG HRR 1928, Nr. 638; vgl. auch RGZ 163, 35 (39); OLG Hamm BB 1957, 448; für Eintragung hingegen GroßkommUGB/*Torggler*/*Trenker* Rn. 23.

[48] KG ZIP 2016, 1772; GK-HGB/*B. Schmidt* Rn. 7; Staub/*Joost* Rn. 13.

[49] Staub/*Joost* Rn. 13; Heymann/*Teichmann* Rn. 11; GK-HGB/*B. Schmidt* Rn. 8; Straube/Ratka/Rauter/*Schinko* UGB Rn. 3.

allein keinen Widerruf dar.[50] Davon unabhängig führt die Beendigung des Anstellungsverhältnisses zum Erlöschen der Prokura (→ Rn. 37).

14 Der Widerruf ist eine einseitige empfangsbedürftige Erklärung.[51] Gem. § 167 Abs. 1 BGB iVm § 168 S. 3 BGB kann er sowohl gegenüber dem Bevollmächtigten (Prokuristen) als auch gegenüber dem Dritten, dem gegenüber die Vertretung stattfinden soll, erfolgen. Eine wirksame Form des Widerrufs der Prokura ist die Verlautbarung gegenüber der Öffentlichkeit, insbesondere durch Antrag auf Löschung der Prokura im Handelsregister und entsprechende Bekanntmachung.[52] Zur Vereinbarkeit mit dem Erfordernis einer ausdrücklichen Erklärung → § 48 Rn. 47. Zulässig ist aber auch eine andere Form der Veröffentlichung, wobei die Dritten durch § 15 Abs. 1 geschützt werden. Der Widerruf ist ebenso wie die Erteilung gegenüber einem einzelnen Dritten zulässig.[53] Zur Erteilung → § 48 Rn. 48. Insbesondere dann, wenn der Prokurist nicht erreichbar ist, ist ein Widerruf gegenüber dem Dritten, dem gegenüber die Ausübung der Prokura am wahrscheinlichsten ist (mit anschließender Anmeldung des Widerrufs beim Register), eine empfehlenswerte Möglichkeit, Gefahren aus dieser Prokura zu begegnen.

15 **5. Inhaltliche Zulässigkeitsschranken.** Der Widerruf ist **bedingungsfeindlich** und darf **nicht befristet** werden.[54] Dies rechtfertigt sich mit der mit dem Institut der Prokura angestrebten Rechtssicherheit und Verkehrsfreundlichkeit, die auch im Ausdrücklichkeitsgebot bei der Erteilung zum Ausdruck kommt. Wohl nicht gegen dieses Bedingungsverbot, aber gegen den, den Rechtsverkehr schützenden, § 52 Abs. 3 verstößt der in einer letztwilligen Verfügung enthaltene Widerruf.[55] Die Unsicherheit über die Wirksamkeitv des Widerrufs, ist dem rechtsverkehr nicht zumutbar. Ein Widerruf, der an die für das zugrunde liegende Rechtsverhältnis geltende Kündigungsfrist gebunden wird, verletzt das Befristungsverbot.[56] Ein teilweiser Widerruf der Prokura ist unzulässig.[57] Auch die Beschränkung der für das gesamte Handelsgeschäft geltenden Prokura auf eine oder mehrere Niederlassungen scheidet aus.[58] Zulässig sind dagegen der Widerruf der selbstständigen Bevollmächtigung gem. § 49 Abs. 2 zur Veräußerung und Belastung von Grundstücken[59] sowie der eine Niederlassung betreffende Widerruf einer für mehrere Niederlassungen erteilten Prokura.[60] Der in der Lit. hierfür verwendete Begriff **Teilwiderruf** ist aber unglücklich, da die eigentliche Prokura nicht angetastet wird. Nicht geregelt sind die **Rechtsfolgen** einer **unzulässigen Bedingung, Befristung** oder **Beschränkung** eines **Widerrufs.** Ein Abstellen auf den Einzelfall kommt aufgrund des hier sogar durch die Ausdrücklichkeit der Erklärung geschützten Rechtssicherheitsbedürfnisses nicht in Betracht. Nach allgemeinen Regeln führt eine unwirksame Bedingung zur Unwirksamkeit der gesamten Willenserklärung. § 50 Abs. 2 ordnet für die unwirksame Beschränkung der Prokura jedoch die Wirksamkeit der Prokura an. Entsprechendes muss für die unzulässige Beschränkung bzw. Befristung und Bedingung des Widerrufs gelten, da sich der Rechtsverkehr nur so auf den ausdrücklich geäußerten Widerruf bzw. die Erteilung der Prokura verlassen kann, ohne weitere Prüfungen vornehmen zu müssen. Im Ergebnis bedeutet dies in jedem Falle einen unbefristeten, uneingeschränkten Widerruf.[61]

16 **6. Rechtsfolgen des Widerrufs. a) Erlöschen der Vollmacht.** Ein Widerruf gegenüber dem Prokuristen oder einem einzelnen Dritten wird **mit** dem **Zugang** bei

---

50 Vgl. Schlegelberger/*Schröder* Rn. 3; GK-HGB/*B. Schmidt* Rn. 8.
51 Staub/*Joost* Rn. 13; Heymann/*Teichmann* Rn. 11; GK-HGB/*B. Schmidt* Rn. 7.
52 OLG Düsseldorf NJW-RR 1999, 107 (108).
53 Vgl. Staub/*Joost* Rn. 14; Heymann/*Teichmann* Rn. 12.
54 Staub/*Joost* Rn. 15; Heymann/*Teichmann* Rn. 13; EBJS/*Weber* Rn. 9.
55 AA BeckOGK/*Schärtl* Rn. 6.1.
56 Staub/*Joost* Rn. 15.
57 Staub/*Joost* Rn. 17; Heymann/*Teichmann* Rn. 13.
58 Staub/*Joost* Rn. 17; aA GroßkommUGB/*Torggler/Trenker* Rn. 26.
59 Heymann/*Teichmann* Rn. 13; Schlegelberger/*Schröder* Rn. 6.
60 Staub/*Joost* Rn. 17; Heymann/*Teichmann* Rn. 13.
61 Vgl. Heymann/*Teichmann* Rn. 13; EBJS/*Weber* Rn. 9; aA GroßkommUGB/*Torggler/Trenker* Rn. 23; Jabornegg/Artmann/*Strasser/Jabornegg* UGB Rn. 24.

diesen **wirksam.** Ein Widerruf durch **Verlautbarung** gegenüber der Öffentlichkeit wird nach richtiger Ansicht[62] mit der **Möglichkeit der Kenntnisnahme** wirksam. Mit der Wirksamkeit des Widerrufs erlischt die Prokura.[63] Im Handelsregister wird nur das Erlöschen eingetragen und bekanntgemacht. Ob eine parallele sonstige Vollmacht mit erlöschen soll, ist Auslegungsfrage.[64] Würde der Wegfall eines Gesamtprokuristen zum Verbleiben einer isolierten, nicht aktiv ausübbaren **Gesamtprokura** führen, so erlischt auch diese,[65] da anderenfalls eine reine Titular-Gesamtprokura geschaffen werden könnte.

Der **Schutz gutgläubiger Dritter** erfolgt für das gem. § 53 Abs. 3 eintragungspflichtige Erlöschen der Prokura ausschließlich durch § 15 Abs. 1. Solange das Erlöschen nicht eingetragen und bekannt gemacht ist, kann es einem Dritten nur entgegengehalten werden, wenn es diesem bekannt war. Dies gilt nach zutreffender Ansicht auch, wenn bereits die Prokuraerteilung nicht eingetragen war. Zu dieser Problematik der sog. Rosinentheorie → § 15 Rn. 24 ff. Dies dient der Informationsfunktion des Handelsregisters, ist dem Vertretenen ohne weiteres zumutbar, schützt die Gegenseite, wie auch sonst abstrakt generell ohne ein Erfordernis konkreten Vertrauens und führt zu einem erwünschten Eintragungsdruck. 17

b) Zugrunde liegendes Rechtsverhältnis. Widerruf und Erlöschen der Prokura berühren das zugrunde liegende Rechtsverhältnis (meist Anstellung) wegen der Trennung von Vollmacht und zugrunde liegendem Rechtsverhältnis nicht kraft Gesetzes. Dies zeigt sich schon daran, dass die Prokura ohne Rücksicht auf das zugrunde liegende Rechtsverhältnis widerrufbar ist und wird auf der Rechtsfolgenseite hinsichtlich des Vergütungsanspruchs noch einmal ausdrücklich klargestellt (zu Ansprüchen aus dem zugrunde liegenden Rechtsverhältnis bei Widerruf trotz Prokurazusage → Rn. 7 f.). Erfolgt der Widerruf unbegründet, soll eine Erwähnung des Widerrufs im Arbeitszeugnis unzulässig sein.[66] 18

Es ist jedoch möglich, mit dem **Widerruf** zugleich auch das zugrunde liegende Rechtsverhältnis zu kündigen.[67] Ob dies gewollt ist, ist eine Frage der Auslegung. Die Wirksamkeit dieser **Kündigung** bemisst sich nach dem für das zugrunde liegende Rechtsverhältnis geltenden Recht. § 52 Abs. 1, wonach der Vergütungsanspruch durch den Widerruf nicht berührt wird, steht vertraglichen Abreden, die bestimmte Lohnbestandteile an den Bestand der Prokura knüpfen, nicht generell entgegen.[68] Diese unterliegen jedoch dem arbeitsrechtlichen Schutzinstrumentarium. Gemäß § 307 Abs. 1 BGB sieht sich eine Prokurazulage, die mit dem Widerruf entfällt, jedoch erheblichen Bedenken ausgesetzt.[69] 19

II. Unübertragbarkeit der Prokura (Abs. 2)

1. Übertragung der Prokura durch den Prokuristen. § 52 Abs. 2 weicht sowohl von der Vorgängerregelung des Art. 53 ADHGB als auch von der Parallelvorschrift des § 58 ab, die eine Übertragung mit Zustimmung des Vertretenen zulassen. § 52 Abs. 2 ist daher weniger selbstverständlich,[70] als teilweise angenommen wird.[71] 20

---

62 Soergel/*Leptien* BGB § 171 Rn. 5; MüKoBGB/*Schubert* BGB § 171 Rn. 17; aA – „Bekanntmachung" – RGRK-BGB/*Steffen* BGB § 171 Rn. 1.

63 Staub/*Joost* Rn. 16.

64 Vgl. für den Bankverkehr *Gericke* DB 1967, 1839.

65 OGH NZ 1963, 27; Staub/*Joost* Rn. 18; EBJS/*Weber* Rn. 10; Schlegelberger/*Schröder* Rn. 6; *Grooterhorst* Vollmachten im Unternehmen III 53; aA Heymann/*Teichmann* Rn. 14; Straube/Ratka/Rauter/*Schinko* UGB Rn. 15; GroßkommUGB/*Torggler/Trenker* Rn. 23 mit Ausnahme für den Fall, dass der konkret benannte Mitprokurist wegfällt.

66 LAG Niedersachsen BeckRS 2007, 46079.

67 Vgl. Heymann/*Teichmann* Rn. 16; Schlegelberger/*Schröder* Rn. 3; Staub/*Joost* Rn. 20.

68 BAG AP BetrAVG § 1 Nr. 12 Wartezeit mAnm *Blomeyer.*

69 Für grundsätzliche Unzulässigkeit LAG Hamburg BeckRS 2014, 65060; aA *Kleinebrink* ArbRB 2012, 90 (92); Staub/*Joost* Rn. 21, letzterer allerdings bevor es die umfassende AGB-Inhaltskontrolle gab.

70 Zust. BeckOGK/*Schärtl* Rn. 42.1.

71 Vgl. Staub/*Joost* Rn. 59.

21 Die Regelung ist nur sinnvoll, wenn man **„Übertragen" nicht** mit der hM **eng** im Sinne einer **„Abtretung"** der Vollmacht versteht, die zum Erlöschen der Vollmacht des bisherigen Prokuristen führt (sog. Ersatzbevollmächtigung),[72] sondern **ganz weit** als jede Handlung, mit der der Prokurist einem Dritten Vollmacht im Umfang der Prokura verschafft, insbesondere auch durch die Erteilung einer **Untervollmacht:**[73] Die Übertragung im Sinne einer Abtretung ist schon nach allgemeinem Recht unzulässig,[74] da die Vollmacht kein subjektives Recht darstellt. Dies gilt unabhängig von einer Zustimmung des Vertretenen.[75] Wenn die Übertragung mit Zustimmung des Vertretenen gem. § 58 (Handlungsvollmacht) und Art. 53 ADHGB (Prokura und Handlungsvollmacht) gleichwohl möglich ist bzw. war, kann sie sich nur auf die Untervollmacht beziehen. § 52 Abs. 2 vermeidet damit eine Interpretation des § 48, wonach der Inhaber bzw. gesetzliche Vertreter nur das Recht zur letzten Entscheidung über die Prokuraerteilung haben muss.[76] Der Vergleich mit § 58, aber auch mit Art. 53 ADHGB zeigt, dass – entgegen der hM[77] – der Zweck der Regelung nicht im Schutz des Inhabers besteht, denn diesem wäre mit dem Zustimmungsvorbehalt (Art. 53 ADHGB, § 58) hinreichend gedient. Die Unzulässigkeit der Übertragung selbst mit Zustimmung des Inhabers rechtfertigt sich vielmehr mit dem **Interesse des Rechtsverkehrs,** Unsicherheiten über die Existenz der Prokura zu vermeiden. Eine dennoch erteilte Unterprokura lässt sich in eine einfache, also nicht erweiterte, Generalhandlungsvollmacht umdeuten.[78]

22 **2. Übertragung der Vollmachtgeberstellung.** Die Norm regelt nicht den rechtsgeschäftlichen Austausch des Vollmachtgebers durch Übertragung der Vollmachtgeberstellung.[79] Dem historischen Gesetzgeber war eine solche Vorstellung erkennbar fremd. Da die Vollmacht keine Verpflichtung zur Vollmachtsausübung enthält, hat der Vollmachtgeber keine subjektive Rechtsposition, die grundsätzlich übertragbar sein könnte. Ein praktisches Bedürfnis für die rechtsfortbildende Zulassung einer rechtsgeschäftlichen Übertragung der Vollmachtgeberstellung ist angesichts der problemlosen Möglichkeit der auch konkludenten Neuerteilung und dem automatischen Erlöschen gem. § 168 S. 1 BGB nicht erkennbar. Die drohenden Folgefragen bei Zulassung der Übertragung, insbesondere bei Unkenntnis des Bevollmächtigten von diesem Vorgang,[80] sprechen ebenfalls gegen die rechtsfortbildende Zulassung der rechtsgeschäftlichen Übertragung der Vollmachtgeberstellung.[81]

III. Kein Erlöschen bei Tod des Inhabers (Abs. 3)

23 Der Tod des Vertretenen lässt die Prokura nicht erlöschen. Besondere Erlöschensgründe bei Gelegenheit des Todes (Beispiel: der Prokurist beerbt den Inhaber) werden hierdurch nicht berührt.[82] Die Entstehung einer Erbengemeinschaft ist kein solcher Erlöschensgrund (→ § 48 Rn. 10).[83] Das im Gegensatz zu § 672 BGB zwingende Weiterbestehen der Prokura über den Tod des Inhabers hinaus dient der **Sicherheit und Leichtigkeit des Handelsverkehrs,** indem gewährleistet wird, dass es auch nach dem Tode des Inhabers und

[72] Vgl. für die hM Staub/*Joost* Rn. 59; Jabornegg/Artmann/*Strasser/Jabornegg* UGB Rn. 49; *P. Bydlinsky,* Die Übertragung von Gestaltungsrechten, 1986, 257 f.
[73] So auch iErg mit etwas anderer Begr. GroßkommUGB/*Torggler/Trenker* Rn. 30 f.; wohl ebenfalls in diese Richtung Heymann/*Teichmann* Rn. 17.
[74] Vgl. MüKoBGB/*Schubert* BGB § 167 Rn. 79; Staub/*Joost* Rn. 59.
[75] Vgl. *Schlegelberger/Schröder* Rn. 14.
[76] Vgl. Denkschrift zur RT-Vorlage S. 52 = *Schubert/Schmiedel/Krampe* II 2 S. 992.
[77] Staub/*Joost* Rn. 2; GK-HGB/*B. Schmidt* Rn. 26; EBJS/*Weber* Rn. 1; Oetker/*Schubert* Rn. 1.
[78] *Canaris* HandelsR § 13 Rn. 17.
[79] Vgl. hierzu *Frey,* Rechtsnachfolge in Vollmachtnehmer- und Vollmachtgeberstellungen, 1997, 105 ff.
[80] Vgl. *Frey,* Rechtsnachfolge in Vollmachtnehmer- und Vollmachtgeberstellungen, 1997, 119 ff.
[81] AA *Frey,* Rechtsnachfolge in Vollmachtnehmer- und Vollmachtgeberstellungen, 1997, 223 ff. mit Gesetzesvorschlag.
[82] KG OLGE 34 (1917), 333: Prokurist Erbe des Inhabers; Staub/*Joost* Rn. 36; zu weiteren Beispielen vgl. Heymann/*Teichmann* Rn. 32 ff.
[83] *Gruß* DB 1955, 573.

trotz unter Umständen unklarer Erbfolge einen umfassend Bevollmächtigten gibt.[84] § 52 Abs. 3 hat zur Folge, dass der Prokurist unabhängig von der Eintragung der Prokura weiter bevollmächtigt bleibt.[85] Es bedarf keiner Neueintragung des eingetragenen Prokuristen.[86] Zur Innenbefugnis sagt die Norm nichts, doch ist es angemessen, dass die Innenbefugnis zumindest im Regelfall bestehen bleibt.[87]

Der **zwingende Charakter** der Regelung steht der Wirksamkeit eines Widerrufs der Prokura durch eine **Verfügung auf den Todesfall** entgegen.[88] Diese kann einem Widerruf unter Lebenden nicht gleichgestellt werden und fällt daher unmittelbar in den Anwendungsbereich des § 52 Abs. 3. Im **Innenverhältnis** sind dagegen Regelungen zulässig, die eine Ausübung der Vertretungsmacht nach dem Tod des Inhabers untersagen.[89] Gegen die Zulässigkeit einer Vertragsstrafenbewährung bestehen Bedenken, da durch sie die zwingende Wirkung des § 52 Abs. 3 und die Gewährleistung eines umfassend Bevollmächtigten nach dem Tod des Inhabers unterlaufen würden. Abgesehen von eventuellen Schadensersatzverpflichtungen bleibt der Verstoß gegen ein internes Verbot daher ohne Folgen. 24

IV. Weitere Erlöschensgründe

§ 52 regelt in Abs. 1 und 3 nur einen geringen Teil der zahlreichen Gründe für das Erlöschen der Prokura, ist also unstreitig nicht abschließend. 25

1. Gründe in der Person des Kaufmanns. Erlöschensgründe, die in der Person des Kaufmanns liegen, werden (noch) recht großzügig bejaht. Tendenziell scheinen jedoch der **Kontinuitätsgedanke** und die erhebliche rechtstatsächliche Abwertung der Position des Prokuristen nicht hinreichend berücksichtigt zu werden. Die Entwertung der Prokura und die Vervielfachung der Zahl der Prokuristen gebieten eine veränderte **Abwägung** zwischen den Gefahren der Prokurakontinuität und dem Aufwand für die Neubevollmächtigung. Sollte sich allerdings die Unmodernität des hierarchischen Titels Prokurist in Form eines wieder sehr deutlichen Rückgangs der Zahl von Prokuren niederschlagen, wäre die Abwägungsfrage unter anderen Vorzeichen erneut zu durchdenken. Der Wegfall des letzten gesetzlichen Vertreters beendet die Vertretungsmacht des Prokuristen nicht.[90] Gerade für die Zwischenzeit bis zur Bestellung eines neuen gesetzlichen Vertreters kann die Prokura wertvoll sein. Wenn schon der Tod des Inhabers von Gesetzes wegen nicht zum Erlöschen führt, muss dies hier erst recht gelten. 26

a) Einstellung des Handelsgewerbes. Spätestens mit der vollständigen Beendigung der Abwicklung des Handelsgewerbes erlischt die Prokura.[91] Ein **Wechsel** des kaufmännischen Unternehmensgegenstandes steht dem nicht gleich.[92] Bei der Niederlassungsprokura (§ 50 Abs. 3) ist die Beendigung der Tätigkeit der Niederlassung maßgeblich, für die die Prokura bestellt ist.[93] Soweit eine Einstellung der Tätigkeit ohne Abwicklung möglich ist, führt diese zum Erlöschen der Prokura.[94] § 5 hilft nach zutreffender hM[95] bei der Einstellung 27

---

84 Vgl. *Roth* HandelsR/GesR § 27 Rn. 624; *Hopt* ZHR 133 (1970), 305 (309); *Honsell* JA 1984, 17 (19); für Abschaffung de lege ferenda *K. Schmidt* DB 1994, 515 (520).

85 Vgl. KG KGJ 48 (1916), 125 (126); Staub/*Joost* Rn. 35.

86 KG HRR 1939 Nr. 313.

87 Für bloße Regel GroßkommUGB/*Torggler/Trenker* Rn. 34; weitergehend Straube/Ratka/Rauter/*Schinko* UGB Rn. 6; Torggler/*Schopper/Trenker* UGB Rn. 7.

88 KG JW 1927, 2433; Schlegelberger/*Schröder* Rn. 15.

89 Staub/*Joost* Rn. 36; Schlegelberger/*Schröder* Rn. 16; GK-HGB/*B. Schmidt* Rn. 29.

90 BGH NZG 2019, 511.

91 Staub/*Joost* Rn. 45; Heymann/*Teichmann* Rn. 24.

92 Vgl. Staub/*Joost* Rn. 32.

93 Schlegelberger/*Schröder* Rn. 18; Heymann/*Teichmann* Rn. 24.

94 OLG Karlsruhe NJW 1969, 1724 mAnm *Coring*.

95 Vgl. *Canaris* HandelsR § 3 Rn. 55 f.; KKRD/*Roth* Rn. 9; Baumbach/Hopt/*Hopt* § 5 Rn. 3; Röhricht/Graf v. Westphalen/Haas/*Ries* § 5 Rn. 15 f., 35; aA EBJS/*Weber* Rn. 16; *K. Schmidt* ZHR 163 (1999), 87 (96 f.); *Siems*, Der personelle Anwendungsbereich des Handelsrechts nach dem Handelsrechtsreformgesetz, 1999, 116 f.

nicht.[96] Der Verkehrsschutz wird über § 15 iVm § 31 Abs. 2 gewährleistet (→ § 15 Rn. 65).[97] Dies gilt auch, wenn noch letzte Forderungen und Verbindlichkeiten abzuwickeln sind. Für diese Fälle kommt eine ergänzende Auslegung (Umdeutung) in eine Abwicklungsvollmacht in Betracht. Der Einstellung der Tätigkeit ist gleichzustellen, wenn die Filiale, für die der Prokurist Prokura besitzt, oder das gesamte Unternehmen **auf einen anderen Rechtsträger übertragen** werden und der Prokurist wegen Widerspruchs (§ 613a Abs. 6 BGB) nicht zu dem neuen Inhaber wechselt, denn das noch bestehende Anstellungsverhältnis mit dem alten Inhaber kann nicht darüber hinweghelfen, dass die Filiale, auf die sich die Prokura bezog, übertragen wurde.[98] Die **Löschung im Handelsregister** ist deklaratorisch und lässt die Prokura nicht entfallen; zu prüfen ist aber, ob dies auf einem Vorgang beruht, der selbst die Prokura entfallen lässt (zB Vollbeendigung, Verlust der Kaufmannseigenschaft).[99] Fehlt es an der Löschung im Handelsregister, wird der Verkehr gem. § 15 Abs. 1 geschützt.

28 **b) Absinken zum Kleingewerbetreibenden.** Ein mögliches Vorstadium der Einstellung des Handelsgewerbes ist dessen Absinken zum Kleingewerbe. Da der nicht eingetragene Kleingewerbetreibende keine Prokura erteilen kann (→ § 48 Rn. 6), erlischt die Prokura, sofern die Firma nicht oder nicht mehr im Handelsregister eingetragen ist.[100] Zugleich kann im Wege der ergänzenden Auslegung (nach aA[101] im Wege der Umdeutung) eine Handlungsvollmacht analog § 54 entstehen, wenn man – wie hier – dies auch bei Kleingewerbetreibenden zulässt (→ § 54 Rn. 8). Ist das Unternehmen eingetragen, ist der Inhaber gem. § 5 weiter als Kaufmann zu behandeln; die Prokura bleibt bestehen.[102] Auf die Gutgläubigkeit des Verkehrs kommt es nicht an. Der Verkehr hat in diesen Fällen auch kein Wahlrecht, wie in den Rechtsscheintatbeständen.[103] Zwischen Löschung der Firma und Bekanntmachung der Löschung wird der Verkehr gem. § 15 Abs. 1 geschützt. Parallel ist die Rechtslage bei einer Filialprokura.[104]

29 **c) Auflösung einer Handelsgesellschaft.** Vor der Vollbeendigung des Unternehmens steht das Liquidationsverfahren. Der beschränkte Abwicklungszweck der **Liquidation** schließt die Zulässigkeit der Prokura nicht aus, sondern führt, wenn man der hM hinsichtlich der durch den Liquidationszweck beschränkten Vertretungsmacht der Liquidatoren folgt, zu einer Beschränkung der Vertretungsmacht des Prokuristen entsprechend dem Liquidationszweck (→ § 48 Rn. 11). Weder bei Kapital- noch bei Personenhandelsgesellschaften[105] erlischt daher die Prokura durch den Eintritt in das Liquidationsstadium. In Österreich ordnet § 210 öAktG die Umwandlung in eine Handlungsvollmacht an. Streitig ist, ob diese Norm analog auf eine österreichische GmbH anzuwenden ist.[106]

30 **d) Insolvenz.** Die Insolvenz steht einer Prokura trotz ihres besonderen Zwecks nicht entgegen (→ § 48 Rn. 13). Die Prokura erlischt dennoch mit der Insolvenz,[107] weil sie

[96] In Österreich reicht § 3 UGB jedoch weiter, weshalb dort ein Rückgriff auf § 15 Abs. 1 selten benötigt wird.
[97] Vgl. KKRD/*Roth* Rn. 9.
[98] Der einfache Betriebsübergang nach § 613a BGB beinhaltet einen Inhaberwechsel, → Rn. 31.
[99] Vgl. Staub/*Joost* Rn. 58.
[100] Staub/*Joost* Rn. 31; Heymann/*Teichmann* Rn. 23; *K. Schmidt* HandelsR § 16 Rn. 85 (auch zur Umdeutung in eine Handlungsvollmacht).
[101] Vgl. *Drexl/Mentzel* Jura 2002, 289 (292).
[102] Vgl. Heymann/*Teichmann* Rn. 23; GK-HGB/*B. Schmidt* Rn. 17; KKRD/*Roth* Rn. 9; aA ohne Begr. *Beater* JA 1991, 355 (356, 358).
[103] AA *Drexl/Mentzel* Jura 2002, 289 (292).
[104] GroßkommUGB/*Torggler/Trenker* Rn. 39.
[105] OLG München NZG 2011, 1183; Staub/*Joost* Rn. 47; EBJS/*Weber* Rn. 19; Oetker/*Schubert* Rn. 23; aA RGZ 72, 119 (123) für Personengesellschaft unter Aufrechterhaltung als Handlungsvollmacht; → § 48 Rn. 11.
[106] Dafür Jabornegg/Artmann/*Strasser/Jabornegg* UGB Rn. 44; dagegen GroßkommUGB/*Torggler/Trenker* Rn. 42.
[107] BGH WM 1958, 430 (431); Staub/*Joost* Rn. 48 f.; vgl. Heymann/*Teichmann* Rn. 30; *K. Schmidt* BB 1989, 229 (234); ebenso für Österreich unter Berufung auf § 1024 ABGB GroßkommUGB/*Torggler/Trenker* Rn. 44.

nicht an das Unternehmen, sondern an den Inhaber des Handelsgeschäfts gebunden ist und auf dessen Vertrauen in den Prokuristen fußt; spätestens[108] mit der Insolvenzeröffnung geht die Verfügungsbefugnis des Inhabers aber gem. § 80 Abs. 1 InsO auf den Insolvenzverwalter über. Die Insolvenz ähnelt insoweit einem Inhaberwechsel. Die Vertretungsmacht des Prokuristen bleibt auch nicht im Umfang einer Handlungsvollmacht bestehen. Inzwischen ergibt sich dies aus § 117 Abs. 1 InsO.[109] Lediglich in dringenden Fällen behält der Prokurist gem. § 117 Abs. 2 InsO iVm § 115 Abs. 2 InsO beschränkt auf diese dringenden Fälle seine interne Handlungsbefugnis und daher auch seine Vertretungsmacht. Die bloße Insolvenzantragstellung reicht hierfür nicht aus.[110]

e) Unternehmensträger-/Inhaberwechsel. Die Prokura ist **inhaber-** und **nicht unternehmensbezogen.**[111] Sie setzt ein besonderes Vertrauensverhältnis voraus. Ein **Wechsel** des **Unternehmensträgers**/Inhabers (z.B. durch Verschmelzung) **lässt** die **Prokura** daher grundsätzlich **erlöschen.**[112] Bei der Aufspaltung bleibt die Prokura für das Unternehmen bestehen, in dem der Prokurist tätig ist.[113] Beim anderen Nachfolgeunternehmen erlischt die Prokura aufgrund des fehlenden Dienstverhältnisses. Ein Inhaberwechsel durch Betriebsübergang führt nicht zu einem Übergang der Prokura,[114] da der Betriebsübergang gem. § 613a BGB nur das Anstellungsverhältnis betrifft und das zugrunde liegende Rechtsverhältnis zwar notwendig, aber nicht hinreichend für die Prokura ist. Vor allem ist die Prokura eine Vertrauensstellung, die bei einem gesetzlichen Übergang des zugrundeliegenden Rechtsverhältnisses nicht automatisch beim neuen Geschäftsherrn besteht. Auch kann die Prokura anders als die Handlungsvollmacht nicht vertraglich übergeleitet werden (§ 52 Abs. 2). Es bedarf daher nach dem Inhaberwechsel einer Neuerteilung der Prokura. Eine **Ausnahme** bildet der **Tod des Inhabers;** sie ist auf das schützenswerte Interesse des Rechtsverkehrs an der Existenz eines umfassend Bevollmächtigten nach dem Tod des Kaufmanns zurückzuführen. 31

Formen des Wechsels des Unternehmensinhabers sind die Veräußerung des einzelkaufmännischen Unternehmens,[115] die übertragende Umwandlung, die Spaltung und die Verschmelzung auf eine andere Gesellschaft,[116] aber zB auch der Beginn einer Testamentsvollstreckung nach dem **sog. Treuhandmodell,** bei dem der Testamentsvollstrecker das Unternehmen im eigenen Namen weiterführt.[117] Die Prokura erlischt nicht schon mit dem zugrunde liegenden schuldrechtlichen Geschäft, sondern erst bei **Vollendung** des **Inhaberwechsels.**[118] 32

Eine bloße **Änderung der Rechtsform** – zB der Formwechsel gem. §§ 190 ff. UmwG einer Gesellschaft unter Wahrung ihrer Identität im Übrigen – oder gar die bloße Änderung der **Firma** oder des Geschäftsgegenstands[119] ändert nicht die Identität des Unternehmensträgers und führt daher **nicht** zum Erlöschen der Prokura.[120] Stellt das Gesetz dagegen keine Möglichkeit der bloß formwechselnden Umwandlung zur Verfügung, bedarf es also einer Singularsukzession, erlischt wegen der damit verbundenen Diskontinuität auch die 33

---

108 Dies kann auch durch Bestellung eines starken Insolvenzverwalters gem. § 22 Abs. 1 InsO erfolgen.

109 Vgl. Begr. RegE, BT-Drs. 12/2443, 152; HK-InsO/*Marotzke* § 117 Rn. 5; Rattunde/Smid/Zeuner/*Zeuner* InsO § 117 Rn. 3; *Grooterhorst* Vollmachten im Unternehmen III 56.

110 Krit. hierzu *Joost* FS K. Schmidt, 817 (819 f.).

111 Vgl. Staub/*Joost* Rn. 51.

112 HM, vgl. KG OLGE 11 (1905), 378 (379); KG JW 1927, 2433; BayObLG BB 1971, 238 (239); Staub/*Joost* Rn. 51 f.; BeckOGK/*Schärtl* Rn. 27; Heymann/*Teichmann* Rn. 25; Jaborneg/Artmann/*Strasser*/*Jabornegg* UGB Rn. 45; Straube/Ratka/Rauter/*Schinko* UGB Rn. 10; aA Schlegelberger/*Schröder* Rn. 19; EBJS/*Weber* Rn. 19; GroßkommUGB/*Torggler*/*Trenker* Rn. 45 f.

113 AA BeckOGK/*Schärtl* Rn. 27.

114 Staub/*Joost* Rn. 52; Heymann/*Teichmann* Rn. 26; *Köhler* BB 1979, 912 (914).

115 Vgl. KG JW 1927, 2433; BayObLG BB 1971, 238 (239).

116 Vgl. OLG Hamm Rpfleger 1962, 351; Staub/*Joost* Rn. 56; diff. insoweit Heymann/*Teichmann* Rn. 28.

117 Vgl. KG JW 1936, 1137 (1138); Staub/*Joost* Rn. 37.

118 Staub/*Joost* Rn. 51.

119 Staub/*Joost* Rn. 32; BeckOGK/*Schärtl* Rn. 21.

120 OLG Köln GmbHR 1996, 773 f.; Staub/*Joost* Rn. 32, 56; BeckOGK/*Schärtl* Rn. 26.

Prokura. Dies betrifft zB den Fall der „Umwandlung“ einer Erbengemeinschaft in eine OHG.[121] Ein **Wechsel in der Person des gesetzlichen Vertreters** berührt die Inhaberstellung **nicht** und darf daher auch nicht zum Erlöschen der Prokura führen. Dies betrifft zB auch den Beginn der Testamentsvollstreckung nach der **Vollmachts- und der Testamentsvollstreckerkonzeption,**[122] da der Testamentsvollstrecker hiernach – anders als nach der Treuhandkonzeption – gesetzlicher Vertreter und nicht Inhaber iSd § 48 Abs. 1 ist. Wird der Prokurist Nacherbe, so erlischt die Prokura auch erst mit dem Nacherbfall und nicht schon mit dem Vorerbfall.[123]

34 Der **Gesellschafterwechsel** bei der juristischen Person berührt die Rechtsträgerschaft der juristischen Person nicht und lässt daher auch die Prokura bestehen.[124] Ein Gesellschafterwechsel bei einer Personengesellschaft lässt die Prokura zumindest dann unberührt, wenn nicht alle Gesellschafter ausgetauscht werden.[125] Bei der vollständigen Auswechslung aller persönlich haftenden Gesellschafter der Personengesellschaft kommt es entscheidend darauf an, inwieweit man eine Angleichung an die juristische Person befürwortet. Bejaht man mit einer neueren Strömung die weitgehende Angleichung an die Rechtssubjektivität der juristischen Person, führt auch der Wechsel aller Gesellschafter nicht zum Erlöschen der Prokura.[126]

35 Problematisch ist der **Eintritt eines Gesellschafters** in ein **einzelkaufmännisches Geschäft,** durch den eine offene Handelsgesellschaft oder Kommanditgesellschaft entsteht. Jedenfalls dann, wenn der bisherige Einzelkaufmann Komplementär und der eintretende neue Gesellschafter Kommanditist wird, besteht eine gewisse Nähe zur bloßen formwechselnden Umwandlung, die nicht zum Erlöschen der Prokura führt.[127] Dennoch erlischt auch in diesem Fall in Übereinstimmung mit der hM[128] die Prokura. Denn die Einbringung eines einzelkaufmännischen Geschäfts in eine zu gründende Personengesellschaft ist eine Singularsukzession (→ § 28 Rn. 1) und ist daher wegen der damit verbundenen teilweisen Diskontinuität ein Inhaberwechsel, der das Erlöschen der Prokura zur Folge hat.

36 **f) Geschäftsunfähigkeit.** Durch den Eintritt der Geschäftsunfähigkeit des Inhabers erlischt die Prokura nicht,[129] da Inhaberschaft und Vertrauensverhältnis nicht unmittelbar berührt werden und bis zur Bestellung eines gesetzlichen Vertreters – ebenso wie bei § 52 Abs. 3 – der Rechtsverkehr des Fortbestandes einer umfassenden Vollmacht bedarf. Das gilt ebenso für den Eintritt einer beschränkten Geschäftsfähigkeit des Inhabers.[130] Wird ein Minderjähriger Erbe oder Miterbe, so wird er durch § 1629a BGB geschützt, weshalb die Prokura weiter besteht (→ § 49 Rn. 53).

37 **2. Beendigung des zugrunde liegenden Rechtsverhältnisses.** Erlischt das zugrunde liegende Rechtsverhältnis (meist ein Anstellungsvertrag), endet vorbehaltlich einer abweichenden Vereinbarung auch die Vollmacht (§ 168 S. 1 BGB).[131] Bei einer **Kündigung des Anstellungsverhältnisses** seitens des Vertretenen bedarf es daher nicht unbedingt eines ausdrücklichen Widerrufs. Der **Widerruf** der Prokura hat allerdings den großen Vorteil,

---

121 BayObLG OLGE 34 (1917), 332 f.; Staub/*Joost* Rn. 55.

122 Vgl. Staub/*Joost* Rn. 37.

123 BGHZ 32, 60 (67) = NJW 1969, 959; Staub/*Joost* Rn. 37.

124 LG Düsseldorf Rpfleger 1968, 228; Staub/*Joost* Rn. 54; Heymann/*Teichmann* Rn. 29; GroßkommUGB/*Torggler/Trenker* Rn. 47.

125 Staub/*Joost* Rn. 54; GK-HGB/*B. Schmidt* Rn. 20.

126 Vgl. Staub/*Joost* Rn. 54; Heymann/*Teichmann* Rn. 29.

127 Vgl. Staub/*Joost* Rn. 32, 56.

128 Vgl. KG OLGE 11 (1905), 378 (379); KG JW 1927, 2433; BayObLGZ 1970, 317 (318 f.); Heymann/*Teichmann* Rn. 27; Staub/*Joost* Rn. 53; KKRD/*Roth* Rn. 9; Soergel/*Leptien* BGB § 168 Rn. 3; aA Schlegelberger/*Schröder* Rn. 19; EBJS/*Weber* Rn. 21.

129 Zur Geltung des § 1822 Nr. 11 BGB vgl. RGZ 88, 345 (350); 106, 185 (186).

130 Vgl. Staub/*Joost* Rn. 40.

131 Staub/*Joost* Rn. 28; Baumbach/Hopt/*Hopt* Rn. 5; aA GroßkommUGB/*Torggler/Trenker* Rn. 54; Straube/Ratka/Rauter/*Schinko* UGB Rn. 14; Torggler/*Schopper/Trenker* Rn. 11; abw. Jabornegg/Artmann/*Strasser/Jabornegg* Rn. 39.

dass er sofort wirksam ist, während anderenfalls erst die Kündigung wirksam werden muss. Auf den Erlöschensgrund kommt es nicht an. Ein Grund ist zB auch, dass das Anstellungsverhältnis ohne Widerspruch des Arbeitnehmers gem. § 613a BGB auf den neuen Arbeitgeber übergeht und im Verhältnis zum alten erlischt.[132] Die Prokura geht auch nicht auf den Erwerber über (→ Rn. 30). Erlischt das Anstellungsverhältnis aufgrund der **Anfechtung** nur ex nunc, erlischt auch die Prokura erst mit der Anfechtung, fällt also nicht rückwirkend weg.[133] Dies folgt aus § 168 S. 1 BGB; ein Bedürfnis, von dieser Regel abzuweichen, ist nicht erkennbar.[134]

3. Gründe in Person und Rechtsstellung des Prokuristen. Anders als nach dem BGB (§ 168 S. 1 BGB, § 673 S. 1 BGB), das nur im Zweifel vom Erlöschen der Vollmacht beim Tod des Bevollmächtigten ausgeht, erfordert das Vertrauensverhältnis zwischen Inhaber und Prokurist zwingend ein Erlöschen der Prokura mit dem **Tod** des Prokuristen.[135] 38

Der Eintritt der **Geschäftsunfähigkeit** des Prokuristen führt, selbst wenn sie nur eine Zeitlang andauert, zum endgültigen Erlöschen der Prokura.[136] Bei nur zeitweiser Geschäftsunfähigkeit ist dies erheblich rechtssicherer als eine ausschließliche Berücksichtigung der Geschäftsunfähigkeit im Rahmen des § 105 BGB, da die nachträgliche Feststellung einer Störung der Geschäftsfähigkeit im konkreten Zeitpunkt sehr schwierig ist. Zugunsten des Verkehrs wirkt hinsichtlich der Prokurastellung § 15 Abs. 1, der jedoch nicht über eine fehlende Geschäftsfähigkeit des Prokuristen hinweghilft (→ § 15 Rn. 33 f.).[137] Die Beschränkung der Geschäftsfähigkeit des Prokuristen ist entsprechend § 165 BGB für die Prokura unbeachtlich, obwohl de lege ferenda die Voraussetzung der vollen Geschäftsfähigkeit eingeführt werden sollte (→ § 48 Rn. 29). 39

Die **Insolvenz** des Prokuristen berührt den Bestand der Prokura nicht,[138] es sei denn, im Verlauf des Insolvenzverfahrens endet das zugrunde liegende Rechtsverhältnis. Daneben verbleibt die Möglichkeit des Widerrufs der Prokura. 40

Erlangt der Prokurist eine **mit der Prokura unvereinbare Rechtsposition** (→ § 48 Rn. 30 ff.) – wird er zB Inhaber, gesetzlicher Vertreter, Mitglied des zur gesetzlichen Vertretung berufenen Organs oder Aufsichtsrat des vertretenen Unternehmens (§ 105 Abs. 1 AktG, § 52 Abs. 1 GmbHG, § 6 Abs. 2 MitbestG 1976) –, erlischt die Prokura.[139] Entscheidend ist der Zeitpunkt, in dem die unvereinbare Rechtsstellung tatsächlich eintritt (zB Annahme der Bestellung zum Geschäftsführer). Die Vor- und Nacherbschaft führt für den Nacherben, der Prokurist ist, erst bei Anfall der Nacherbschaft zum Erlöschen der Prokura.[140] Bei einem Miterben erlischt die Prokura wegen seiner Geschäftsführungsbefugnis.[141] Der Rechtsverkehr wird in diesen Fällen durch § 15 Abs. 1 geschützt. 41

4. Erlöschen bei Gesamtprokura. Erlischt die Gesamtprokura eines der Vertreter derart, dass der oder die verbleibenden auch zusammen nicht mehr aktiv vertretungsberechtigt sind, so erlöschen sämtliche betroffenen Gesamtprokuren, da anderenfalls eine funktionslose Titularprokura geschaffen werden könnte.[142] 42

---

132 Vgl. Staub/*Joost* Rn. 57.

133 Schlegelberger/*Schröder* Rn. 17; Heymann/*Teichmann* Rn. 22.

134 AA Staub/*Joost* Rn. 29; EBJS/*Weber* Rn. 15.

135 AA diff. wie bei § 673 BGB *Beck* JA 2016, 969 (977).

136 Staub/*Joost* Rn. 41.

137 Vgl. BGH ZIP 1991, 1002 (1003 f.) betr. Geschäftsführer.

138 Staub/*Joost* Rn. 50; aA für Österreich unter Berufung auf § 1024 ABGB GroßkommUGB/*Torggler/Trenker* Rn. 50.

139 Staub/*Joost* Rn. 42; GroßkommUGB/*Torggler/Trenker* Rn. 51; *K. Schmidt* HandelsR § 16 Rn. 85; aA soweit ein Prokurist nicht zugleich Aufsichtsratsmitglied sein kann *Brox/Henssler* NJW 1967, 801 (804 f.), der eine Pflicht zur Niederlegung der Prokura befürwortet; zu diesen Fällen → § 48 Rn. 43.

140 BGHZ 32, 60 (67) = NJW 1960, 959.

141 BGHZ 32, 60 (67) = NJW 1960, 959; BGHZ 30, 391 (397) = NJW 1959, 2114; Oetker/*Schubert* Rn. 25; aA Baumbach/Hopt/*Hopt* Rn. 4.

142 KG KGJ 48 (1916), 125 (127); OGH HS 3033; Staub/*Joost* Rn. 44; Oetker/*Schubert* Rn. 24; EBJS/*Weber* Rn. 24; aA Heymann/*Teichmann* Rn. 14; Straube/Ratka/Rauter/*Schinko* UGB Rn. 15 die nach aktiver und passiver Vertretungsbefugnis differenzieren.

43 **5. Niederlegung der Prokura.** Verbreitet wird es für zulässig erachtet, dass der Prokurist die Prokura niederlegt.[143] Betrachtet man die Vertretungskonstruktion scheint eine Rechtfertigung für die Niederlegung zu fehlen, weil die Prokura nur eine Rechtsmacht vermittelt und nicht belastet.[144] Dies ist allerdings nicht ganz zutreffend, weil mit der Ausübung der Vertretung Haftungsgefahren verbunden sind (fahrlässig fehlende Angabe der Haftungsbeschränkung des Vertretenen, fahrlässige Überschreitung der Vertretungsmacht, steuerrechtliche Pflichten gem. § 35 AO). Das Gesetz negiert diese Gefahren, dürfte der Vertreter doch sonst nicht ohne seine Kenntnis durch Außenvollmacht bevollmächtigt werden können (vgl. § 167 Abs. 1 Alt. 2 BGB). Andererseits ist nicht zu verkennen, dass der Bevollmächtigte ein erhebliches Interesse an der Zurückweisung/Niederlegung einer Prokura haben kann. Man denke nur an den Fall, dass der bekannte und vertrauenswürdige Prokurist seinen Namen nicht mit einem vertrauensunwürdigen Unternehmen verbunden wissen will. Da das Unternehmen nicht schützenswert ist, ist rechtsfortbildend die Niederlegung (wie die Zurückweisung → § 48 Rn. 44) der Prokura zuzulassen.[145] Die Niederlegung hat durch ausdrückliche Erklärung gegenüber dem zum Widerruf Berechtigten oder dem Handelsregister zu erfolgen. Zur Eintragung der Niederlegung → § 53 Rn. 14. Die Niederlegung ist in ihrer Wirksamkeit unabhängig von einer etwaigen schuldrechtlichen Verpflichtung des Prokuristen die Prokura wahrzunehmen.[146]

V. Darlegungs- und Beweislast, Verkehrsschutz gem. § 15

44 Die Darlegungs- und Beweislast trifft denjenigen, der sich auf das Erlöschen der Prokura beruft.[147] Der Widerruf der Prokura ist eine einzutragende und bekannt zu machende Tatsache. Der Verkehr wird mithin bis zur Bekanntmachung durch § 15 Abs. 1 (→ § 15 Rn. 28 ff.) und hinsichtlich Bekanntmachungsfehlern gem. § 15 Abs. 3 (→ § 15 Rn. 85 ff.) geschützt. Erlischt die Prokura aus anderen Gründen (zB Inhaberwechsel) gilt Entsprechendes. Einen Ausnahmefall bildet die Einstellung des Unternehmens/des Erlöschens der Firma. Da bei einer erloschenen Firma keine Prokura bestehen kann, bedarf es aufgrund der Gesamtlöschung keiner separaten Löschung der Prokura (→ § 53 Rn. 14).[148] Für den Verkehrsschutz ist daher § 15 iVm der gem. § 31 Abs. 2 eintragungspflichtigen und bekannt zu machenden Tatsache der Firmenlöschung relevant.[149] Die nicht eingetragene Löschung schützt den Verkehr auch hinsichtlich der Weiterexistenz der Prokura.

VI. Rechtslage in Österreich

45 § 52 UGB entspricht nahezu vollständig der deutschen Vorschrift. Durch die Unternehmensrechtsreform 2005 wurde lediglich der Begriff des „Inhabers des Handelsgeschäfts" in Abs. 3 durch den des „Unternehmers" ersetzt.

§ 53 [Anmeldung der Erteilung und des Erlöschens]

(1) [1]Die Erteilung der Prokura ist von dem Inhaber des Handelsgeschäfts zur Eintragung in das Handelsregister anzumelden. [2]Ist die Prokura als Gesamtprokura erteilt, so muß auch dies zur Eintragung angemeldet werden.

---

[143] Staub/*Joost* Rn. 43; Baumbach/Hopt/*Hopt* Rn. 1; BeckOGK/*Schärtl* Rn. 29 f.; MüKoBGB/*Schubert* BGB § 168 Rn. 35; *Flume* BGB AT II § 51, 3; *Medicus/Petersen,* BGB AT, 11. Aufl. 2016, Rn. 943; *Grothus* DB 1960, 775 (777 f.).

[144] RGRK-BGB/*Steffen* BGB § 168 Rn. 1; wohl aA Erman/*Maier-Reimer* BGB § 168 Rn. 3.

[145] GroßkommUGB/*Torggler/Trenker* Rn. 52; Baumbach/Hopt/*Hopt* Rn. 1; Staub/*Joost* Rn. 43; Oetker/*Schubert* Rn. 28; MüKoBGB/*Schubert* BGB § 168 Rn. 35; Staudinger/*Schilken,* 2019, BGB § 168 Rn. 18; KKRD/*Roth* Rn. 8; *Grooterhorst* Vollmachten im Unternehmen III 61; *Heymann/Teichmann* Rn. 35; aA Schlegelberger/*Schröder* Rn. 1; EBJS/*Weber* Rn. 26; *Müller-Freienfels,* Die Vertretung beim Rechtsgeschäft, 1955, 46; Jabornegg/Artmann/*Strasser/Jabornegg* UGB Rn. 40.

[146] *Grooterhorst* Vollmachten im Unternehmen III 53.

[147] Oetker/*Schubert* Rn. 32.

[148] LG Halle NZI 2004, 631; Staub/*Joost* § 53 Rn. 10.

[149] KKRD/*Roth* Rn. 9.

(2) Das Erlöschen der Prokura ist in gleicher Weise wie die Erteilung zur Eintragung anzumelden.

Übersicht

I. Regelungsinhalt und Normzweck

1 § 53 begründet die **Pflicht zur Eintragung** der Prokura (Abs. 1) und ihres Erlöschens (Abs. 2), regelt den **Inhalt der Eintragung** (Abs. 1 S. 2) und bestimmt den **Anmeldepflichtigen** (Abs. 1 S. 1). § 53 ist **Ordnungsnorm.**[1] Die Eintragung der Prokura und des Erlöschens sind deklaratorisch und heilen keine Mängel der entsprechenden Vorgänge.[2] Aus der Eintragungspflicht folgt der **Schutz** des **gutgläubigen Rechtsverkehrs** bei fehlender oder fehlerhafter Eintragung und Bekanntmachung durch **§ 15 Abs. 1 und 3.**[3] Außerdem ist die Eintragungspflicht öffentlich-rechtlich durchsetzbar (Zwangsgeld gem. § 14). Der Zweck der Eintragungspflicht besteht in der Information und dem Schutz des Rechtsverkehrs.[4] Die früher erforderliche eigenhändige Zeichnung durch den Prokuristen zur Aufbewahrung bei Gericht, die heute noch in Österreich besteht, sollte dem Rechtsverkehr ermöglichen, die Echtheit der Unterschrift des Prokuristen zu prüfen.[5] Dies wurde von der Praxis nicht genutzt. Obwohl das elektronische Handelsregister diese Prüfung erleichtert hätte, hat der Gesetzgeber diese Pflicht für Deutschland mit der Einführung des elektronischen Handelsregisters zum 1.1.2007 abgeschafft. Hierdurch wurde der bisherige Abs. 3 zu Abs. 2.

II. Anmeldepflicht

2 Die gesetzliche Regelung erfasst nur die Erteilung der Prokura (unter Einschluss der Gesamtprokura) und das Erlöschen. Dies sind jedoch nicht alle eintragungspflichtigen Fälle, weshalb eine Neuregelung zu erwägen ist.[6]

3 **1. Erteilung der Prokura. a) Die Eintragungspflicht begründender Vorgang.** Anmeldepflichtig ist jede wirksam erteilte oder durch die Eintragung und Bekanntmachung wirksam werdende Prokura, unabhängig davon, ob es sich um eine Einzel-, Niederlassungs-, Gesamtprokura oder unechte Gesamtprokura (gemischte Gesamtvertretung) handelt.[7] Nach

1 Staub/*Joost* Rn. 1; Heymann/*Teichmann* Rn. 2; BeckOK HGB/*Meyer* Rn. 32.
2 RGZ 134, 303 (307); BGH WM 1956, 727 (728); BGH NJW 2013, 297 Rn. 13; Heymann/*Teichmann* Rn. 2; *K. Schmidt* HandelsR § 16 Rn. 27.
3 BGH WM 1956, 727 (728); BGH NJW 2013, 297 Rn. 13; Staub/*Joost* Rn. 1; *Canaris* HandelsR § 12 Rn. 12; *K. Schmidt* HandelsR § 16 Rn. 27. Zum Problem der zukünftigen Weiterexistenz des § 15 Abs. 3 nach Änderung der Richtlinien → § 15 Rn. 5.
4 Heymann/*Teichmann* Rn. 2; GK-HGB/*B. Schmidt* Rn. 1.
5 OLG Düsseldorf BB 1978, 728.
6 Vgl. den Vorschlag von *K. Schmidt* DB 1994, 515 (521).
7 BGHZ 62, 166 = NJW 1974, 1194; Heymann/*Teichmann* Rn. 4 ff., insbes. 6; GroßkommUGB/*Torggler/Trenker* Rn. 5; zur spezifischen Behandlung einer Filialprokura *Groß* Rpfleger 1977, 153 ff.

hM[8] bedarf es keiner Zustimmung des Prokuristen, die daher auch nicht geprüft wird. Eine eintragungspflichtige Erteilung der Prokura liegt auch in der Erneuerung einer erloschenen Prokura und zwar selbst dann, wenn diese noch nicht gelöscht wurde.[9] Wechselt nur die Rechtsform des Vertretenen ist aufgrund der Kontinuität der Prokura eine Neuanmeldung nicht erforderlich.[10] Die Erweiterung einer Niederlassungsprokura auf eine **weitere Niederlassung** ist bezüglich dieser Niederlassung eine Erteilung der Prokura.[11]

4 Eine **Generalvollmacht** ist weder als solche eine – hinsichtlich der Eintragung – der Prokura notwendig durch Analogie gleichzustellende Vollmacht,[12] noch beinhaltet sie als Minus stets eine eintragungspflichtige Prokura.[13] Es fehlt an der ausdrücklichen Prokuraerteilung. Auch Verkehrsschutzüberlegungen rechtfertigen keine Eintragungspflicht, schließlich handelt es sich richtiger Ansicht nach nur um eine erweiterte Generalhandlungsvollmacht (→ § 54 Rn. 15; → Vor § 48 Rn. 99 ff.). Der Geschäftsleiter der deutschen Zweigniederlassung eines ausländischen Kreditinstitutes ist gem. § 53 Abs. 2 Nr. 1 S. 3 KWG und der Hauptbevollmächtigte der deutschen Zweigniederlassung eines ausländischen Versicherungsunternehmens ist gem. § 106 Abs. 3 S. 4 VAG einzutragen.[14]

5 **b) Eintragungspflichtige Tatsachen.** Der Kreis der eintragungspflichtigen und bekannt zu machenden Tatsachen ist nicht nur für § 53, sondern vor allem für den Anwendungsbereich des § 15 von Bedeutung. Eintragungspflichtig sind die **Erteilung der Prokura als solche** und die **Person des Prokuristen** (Vorname, Familienname, Geburtsdatum und Wohnort des Prokuristen § 40 Nr. 4 HRV, § 43 Nr. 5 HRV; für Österreich § 3 Abs. 2 FGB),[15] nicht jedoch die Art, wie die Prokura erteilt wurde, oder Einzelheiten des zugrunde liegenden Rechtsverhältnisses. Anzugeben sind alle zulässigen vertretungsrechtlichen Besonderheiten gegenüber der gesetzlichen Regelprokura.[16] Vorgeschrieben ist die Eintragungspflicht auch für die **Gesamtprokura** (Abs. 1 S. 2) und die echte gemischte Gesamtvertretung iSd § 125 Abs. 3 S. 1 (§ 125 Abs. 4). Dies erfordert auch beim Erlöschen die Benennung der betroffenen Personen.[17] Für die gesetzlich nicht vorgesehenen Formen der gemischten Gesamtvertretung besteht rechtsanalog zu § 125 Abs. 4 eine Eintragungspflicht, wenn man diese Formen trotz der hier geäußerten Bedenken (→ § 48 Rn. 83 ff.) mit der hM für zulässig hält.[18] Nach zutreffender Ansicht sind auch die **Erweiterung der Prokura** auf die Veräußerung und Belastung von Grundstücken gem. § 49 Abs. 2[19] und die Befreiung vom Verbot des Selbstkontrahierens gem. § 181 BGB[20] eintragungsfähig und -pflichtig. Auch insoweit besteht das die Eintragung rechtfertigende Verkehrsschutzbedürfnis. Insbesondere die Prokuraerweiterung gem. § 49 Abs. 2 erscheint jedenfalls heute als eine bloße Prokuramodalität, rechtlich ähnlich der Niederlassungs- oder Gesamtprokura.

6 **c) Zeitpunkt der Eintragungspflicht.** Die Eintragungspflicht wird durch die wirksame Prokuraerteilung begründet.[21] Wird die Prokura durch die Anmeldung zum Handels-

---

8 Oetker/*Schubert* Rn. 8; Jabornegg/Artmann/*Strasser/Jabornegg* UGB § 53 Rn. 5; aA GroßkommUGB/*Torggler/Trenker* Rn. 4.

9 BayObLG BB 1971, 239: Eintragung, dass Prokura bestehen bleibt.

10 OLG Köln DNotZ 1996, 700.

11 Vgl. Heymann/*Sonnenschein/Weitemeyer* Rn. 8.

12 OLG Hamburg NZG 2009, 957; OLG Frankfurt NZG 2006, 262 (263); Staub/*Joost* Rn. 4; EBJS/*Weber* Rn. 2; Oetker/*Schubert* Rn. 4; *Flume* BGB AT I 1 § 10 II, 367; *Joussen* WM 1994, 273; aA *Canaris* HandelsR § 4 Rn. 11: uneingeschränkte Generalvollmacht; Baumbach/Hopt/*Hopt* § 48 Rn. 5; KKRD/*Roth* Rn. 2; *U. Hübner* ZHR 143 (1979), 1 (21); *Schroeder/Oppermann* JZ 2007, 178 (181 f.).

13 Staub/*Joost* Rn. 4; *U. Hübner* ZHR 143 (1979), 1 (21); aA *Canaris* HandelsR § 4 Rn. 11.

14 Vgl. Staub/*Joost* Rn. 4; anders noch OLG Frankfurt Rpfleger 1976, 314 f.

15 Für Eintragungsfähigkeit auch der Berufsbezeichnung LG Augsburg NJW-RR 1989, 869.

16 Staub/*Joost* Rn. 7; GK-HGB/*B. Schmidt* Rn. 2; BeckOK HGB/*Meyer* Rn. 16.

17 OLG Düsseldorf WM 1994, 1443.

18 BayObLG NJW 1971, 810 (811); Staub/*Joost* Rn. 7, 22.

19 KG JW 1937, 1743 (1744); BayObLG NJW 1971, 810; DB 1980, 2232 (2233); Staub/*Joost* Rn. 19; *K. Schmidt* HandelsR § 16 Rn. 27; *Canaris* HandelsR § 4 Rn. 9.

20 BayObLG BB 1980, 1487; Heymann/*Teichmann* Rn. 8; *Canaris* HandelsR § 4 Rn. 9; vgl. aber OLG Hamm DB 1983, 982; GroßkommUGB/*Torggler/Trenker* Rn. 6.

21 BGH DB 1956, 521; Heymann/*Teichmann* Rn. 1; Schlegelberger/*Schröder* Rn. 2.

register erteilt, genügt Gleichzeitigkeit.[22] Bei einer **Gesamtprokura** ist zu beachten, dass sie nur funktionsfähig ist, wenn mindestens zwei Personen vorhanden sind, die diese Gesamtprokura wirksam aktiv ausüben können.[23] Ist dies nicht der Fall, ist eine Eintragung (noch) nicht möglich.[24] Eine **gemischte Gesamtvertretung** soll dagegen bereits funktionsfähig und eintragungspflichtig sein, wenn nur der weitere gesetzliche Vertreter, aber noch nicht der weitere Gesamtprokurist bestellt ist.[25]

d) Person des Anmeldepflichtigen. Anmeldepflichtig ist gem. § 53 Abs. 1 S. 1 (§ 53 7
Abs. 2 für das Erlöschen) der **Inhaber** des **Handelsgeschäfts.**[26] Dies ist eine Pflichtenzuweisung, die durch die Möglichkeit, gem. § 14 ein Zwangsgeld festzusetzen, sanktioniert wird. Bei nicht handlungsfähigen natürlichen Personen und bei juristischen Personen trifft diese Pflicht die gesetzlichen Vertreter.[27] Bei Personenhandelsgesellschaften sind entgegen dem Wortlaut des § 108 hierzu nur die vertretungsberechtigten Gesellschafter verpflichtet.[28] Die Pflicht trifft dagegen **nicht** Prokuristen oder andere rechtsgeschäftliche Vertreter (zB Generalbevollmächtigte).[29] Dies müsste selbst dann gelten, wenn man mit der unzutreffenden, aber hM (ausführlich → § 48 Rn. 91 ff.; → § 49 Rn. 59) bei einer **gemischten Gesamtvertretung,** bei der der gesetzliche Vertreter an die Mitwirkung des Prokuristen gebunden ist, dem Prokuristen Vertretungsmacht im Umfang der gesetzlichen Vertretungsmacht zubilligte: Die Zuweisung einer Anmeldepflicht würde das gesetzliche Grundverständnis der gewillkürten Vertretung, die gem. § 165 BGB auch beschränkt Geschäftsfähigen ohne Genehmigung erteilt werden kann, zerstören. Denn dieses Grundverständnis setzt voraus, dass mit der Vollmacht als solcher keine Pflichten verbunden sind.

e) Vertretung bei der Anmeldung. Von der Anmeldepflicht ist die **Vertretungs-** 8
bzw. bei mehreren Inhabern die **Handlungsbefugnis** zu unterscheiden.[30] Diese richtet sich nach den allgemeinen Regeln. Dies bedeutet, dass der einzelne gesetzliche Vertreter oder Inhaber, der nur gemeinsam mit anderen handlungsbefugt ist, die Anmeldung nicht allein wirksam vornehmen kann; ihm bleibt nur die Möglichkeit, die anderen im Klagewege zur Erfüllung der Anmeldepflicht anzuhalten oder die Erteilung der Prokura dem Registergericht anzuzeigen, welches dann gem. § 14 ein Zwangsgeld festsetzen kann.[31]

Auch eine spezielle rechtsgeschäftliche Bevollmächtigung zur Anmeldung ist zulässig.[32] 9
Problematisch ist, ob die Prokura auch ohne eine **besondere Bevollmächtigung** in der Form des § 12 Abs. 1 S. 2 hierzu bevollmächtigt. Früher wurde dies ganz herrschend abgelehnt, da eine Anmeldung zum Handelsregister keine Angelegenheit sei, die der Betrieb eines Handelsgewerbes iSd § 49 Abs. 1 mit sich bringe.[33] Der BGH differenziert danach, ob es sich um eine Anmeldung handelt, die die **Grundlagen des eigenen Handelsgeschäfts betrifft** oder nicht. Die Erfüllung von Anmeldepflichten, die das vom Prokuristen vertretene Unternehmen als gesetzlichen Vertreter einer anderen Gesellschaft treffen, soll durch die Prokura gedeckt sein, weil es sich bei der einzutragenden Tatsache nicht um eine Grundlagenfrage für seine Gesellschaft handele.[34] Die Anmeldung der Prokura für das eigene

---

22 Oetker/*Schubert* Rn. 8; Schlegelberger/*Schröder* Rn. 2; aA Staub/*Joost* Rn. 5.

23 KG JW 1938, 876; OLG Stuttgart OLGZ 1969, 73; Staub/*Joost* Rn. 5; Heymann/*Sonnenschein/Weitemeyer* Rn. 6.

24 Oetker/*Schubert* Rn. 8.

25 BGHZ 62, 166 (173 f.) = NJW 1974, 1194; Staub/*Joost* Rn. 5; Heymann/*Sonnenschein/Weitemeyer* Rn. 6.

26 Zum Verhältnis von § 42 GenG, der die Prokuraregeln bei Genossenschaften für anwendbar erklärt, zur Formvorschrift des § 157 GenG vgl. *Hornung* Rpfleger 1975, 384 (387 f.).

27 Für Kapitalgesellschaft LG Mainz NJW-RR 2000, 1567.

28 RGZ 134, 303 (307); Staub/*Joost* Rn. 14.

29 KG RJA 17, 77; vgl. auch Heymann/*Teichmann* Rn. 7 für die Generalvollmacht; Schlegelberger/*Schröder* Rn. 3.

30 Vgl. BGHZ 116, 190 (197) = NJW 1992, 975.

31 Staub/*Joost* Rn. 13; vgl. Heymann/*Teichmann* Rn. 9; eine solche Anzeige kann jedoch treuwidrig sein.

32 Staub/*Joost* Rn. 12; Schlegelberger/*Schröder* Rn. 3.

33 BayObLG DB 1982, 1262 (1263); Staub/*Joost* Rn. 14.

34 BGHZ 116, 190 (193 f.) = NJW 1992, 975; zust. *Joost* ZIP 1992, 463 (465); vgl. auch OLG Köln MittRhNotK 1993, 250.

Unternehmen dürfte dagegen im Sinne des BGH eine Grundlagenangelegenheit sein, für die ein Prokurist keine Vertretungsmacht hat. Der Prokurist einer Komplementär-GmbH wäre aber zB nach dem BGH-Verständnis automatisch vertretungsberechtigt, für die Kommanditgesellschaft eine Prokura anzumelden.[35] Der Ansatz des BGH überzeugt nicht. Die generell fehlende Vertretungsmacht des Prokuristen für Grundlagengeschäfte rechtfertigt sich aus dem in abstracto höheren Schutzbedürfnis des Vertretenen bei solchen Geschäften (zum Ganzen → § 49 Rn. 8; → § 49 Rn. 23), was in der Formulierung „mit sich bringt" in § 49 nur ansatzweise zum Ausdruck kommt. Grundlagengeschäfte behalten aus Sicht des letztlich Vertretenen (hier zB der Kommanditgesellschaft) diesen Charakter auch dann, wenn sie selbst durch dessen gesetzlichen Vertreter (die Komplementär-GmbH) ausgeführt werden. Somit bedarf es auch in Beteiligungsfällen einer besonderen Bevollmächtigung iSd § 12 Abs. 1 S. 2. Liegt diese vor, kann der Prokurist auch seine eigene Prokura anmelden.[36]

10 Handelt der **Prokurist** im Rahmen **unechter Gesamtvertretung,** bei der der gesetzliche Vertreter an die Mitwirkung des Prokuristen gebunden ist, so bejaht die hM[37] im Gegensatz zur hier vertretenen Meinung (→ § 48 Rn. 91 ff.; → § 49 Rn. 60) eine gemeinsame Vertretungsmacht im Umfang der des gesetzlichen Vertreters. Damit ist auch die Anmeldung der Prokura erfasst.[38] Im Anschluss an eine Entscheidung des BayObLG[39] lehnt die hM[40] dennoch die Mitwirkung eines solchen Prokuristen bei der **Anmeldung der eigenen** zuvor erteilten **Prokura** ab, da das Gericht sonst zur Prüfung der wirksamen Prokuraerteilung gezwungen wäre, was nicht seine Pflicht sei. Dem wird zu Recht die Rechtslage bei der Anmeldung der Bestellung von Organen und § 12 Abs. 1 S. 2 entgegengehalten,[41] der hier selbst rechtsgeschäftliche Vollmachten zulässt. Wer der hM daher hinsichtlich der erweiterten Vollmacht des Prokuristen im Rahmen einer gemischten Gesamtvertretung folgt, sollte auch die Mitwirkung bei der Anmeldung der eigenen bereits erteilten Prokura zulassen.

11 **f) Anmeldung.** Die Anmeldung hat beim Gericht des Sitzes bzw., soweit ein besonderer Sitz nicht besteht, bei dem der Hauptniederlassung zu erfolgen. Auch die Niederlassungsprokura bedarf gem. § 13 Abs. 1 nur noch der Anmeldung beim Gericht der Hauptniederlassung. Die früher vorgesehene Eintragung der Niederlassungsprokura beim Gericht der Zweigniederlassung wurde durch das EHUG mit Wirkung vom 1.1.2007 abgeschafft. Die **Unterzeichnung** der Anmeldung muss eigenhändig durch den Verpflichteten bzw. seinen gem. § 12 Abs. 1 S. 2 bevollmächtigten Vertreter vorgenommen werden. Der Einzelkaufmann kann sich statt seines bürgerlichen Namens der Firma bedienen.[42]

12 **g) Prüfung der Anmeldung und Eintragung.** Das Registergericht prüft die formale Ordnungsgemäßheit der Anmeldung. Einer besonderen materiellen Prüfung der Prokura bedarf es grundsätzlich nicht.[43] Eine Ausnahme gilt für besondere gesetzliche Wirksamkeitsvoraussetzungen wie zB die Notwendigkeit einer familiengerichtlichen Genehmigung gem. § 1822 Nr. 11 BGB, deren Vorliegen geprüft wird. Rein interne Zustimmungsregeln wie § 46 Nr. 7 GmbHG werden dagegen nicht geprüft.[44] Nach neuester Rspr. des BGH kommt in solchen Fällen bei der Ausübung der Prokura jedoch ein Missbrauch der Vertre-

35 BGHZ 116, 190 (193 f.) = NJW 1992, 975.
36 Oetker/*Schubert* Rn. 6.
37 RGZ 134, 303 (305, 307 f.); BGHZ 13, 61 (64 f.) = NJW 1954, 1158; BGHZ 62, 166 (170) = NJW 1974, 1194; BGHZ 99, 76 (81) = NJW 1987, 841; Staub/*Joost* § 48 Rn. 112, 44; *K. Schmidt* HandelsR § 16 Rn. 47.
38 RGZ 134, 303 (307 f.); KG NJW 1962, 1349 (130); Staub/*Joost* Rn. 15; *Walchshöfer* Rpfleger 1975, 381 (383).
39 BayObLGZ 1973, 158 = NJW 1973, 2068 (2069).
40 OLG Frankfurt NJW-RR 2005, 982 = DB 2005, 1103 f.; Staub/*Joost* Rn. 15; vgl. Heymann/*Teichmann* Rn. 11.
41 *Bärwaldt* NJW 1997, 1404 (1405 f.).
42 KG OLGE 40 (1920), 178; Staub/*Joost* Rn. 16.
43 OLG Frankfurt DB 1973, 1234; Staub/*Joost* Rn. 17.
44 RGZ 134, 303 (307); BGHZ 62, 166 (169) = NJW 1974, 1194; OLG Düsseldorf NJW-RR 1999, 107.

tungsmacht in Betracht.[45] Es ist unabhängig von der fehlenden Voreintragung anderer Vorgänge einzutragen, soweit sich nicht ausnahmsweise durch die Eintragung ein unzutreffendes Bild der jetzigen Vertretungsverhältnisse ergäbe.[46]

Eingetragen werden alle anmeldepflichtigen sowie – soweit angemeldet – auch bloß eintragungsfähigen Informationen. Für die Gesamtprokura wird dies in Abs. 1 S. 2 ausdrücklich angeordnet. Bei der Niederlassungsprokura bedarf es im Register der Hauptniederlassung eines Beschränkungsvermerks, weil sonst die beschränkte Prokura von einer unbeschränkten nicht unterschieden werden könnte. Dies gilt sowohl für eine Beschränkung der Prokura auf die Zweigniederlassung, als auch für eine auf die Hauptniederlassung beschränkte Prokura.[47] Eine besondere Form der Eintragung wird für möglich gehalten, wenn eine Neuerteilung der Prokura in anderem Umfang unmittelbar auf ein gesetzliches Erlöschen, insbesondere aufgrund Inhaberwechsels, folgt und gemeinsam angemeldet wird: Verkürzend wird das Bestehenbleiben der Prokura eingetragen.[48] 13

2. Erlöschen der Prokura (Abs. 2). Als Kehrseite der Erteilung ist auch das Erlöschen der Prokura eintragungspflichtig; die Ausführungen zur Erteilung gelten grundsätzlich entsprechend. Die möglichen **Erlöschensgründe** ergeben sich aus § 52 und aus allgemeinen Grundsätzen (→ § 52 Rn. 24 ff.). Die Eintragung des Erlöschens wird weder dadurch entbehrlich, dass bereits die Eintragung der Erteilung im Handelsregister unterblieben ist (→ § 15 Rn. 24 ff.),[49] noch dadurch, dass zwischenzeitlich die Prokura wieder erteilt worden ist. Liegt ein eintragungspflichtiger Tatbestand vor, der kraft Gesetzes zum Erlöschen der Prokura führt, so wird der Anmeldepflicht bereits dann genügt, wenn der das Erlöschen der Prokura auslösende Tatbestand angemeldet wird (zB Erlöschen der Firma, neue alleinige Inhaberstellung des bisherigen Prokuristen, Bestellung zum Geschäftsführer, Eröffnung des Insolvenzverfahrens, übertragende Umwandlung).[50] Beim Erlöschen der Firma bedarf es richtiger Ansicht nach nicht einmal der Eintragung des automatischen Erlöschens der Prokura. Dies ist für § 15 bedeutsam (→ § 15 Rn. 64; → § 52 Rn. 44). Eine formwandelnde Umwandlung lässt die Prokura bestehen (→ § 52 Rn. 33), weshalb es für die Prokura auch keiner Löschung bedarf.[51] Erlischt die Prokura durch Zurückweisung (→ § 48 Rn. 44) oder durch Niederlegung (→ § 52 Rn. 43), so hat der Prokurist das Recht, aber nicht die Pflicht, die Löschung anzumelden. Die Pflicht trifft den Inhaber. 14

3. Änderungen. Das Gesetz regelt nur Eintragung und Löschung der Prokura. Es können sich jedoch auch einzelne eintragungspflichtige Angaben zur Prokura verändern. So kann sich der Name des Prokuristen ändern oder eine Vollmachtserweiterung gem. § 49 Abs. 2 wieder entzogen werden. Die Informationsaufgabe des Handelsregisters gebietet die Anmeldepflicht aller Änderungen einzutragender Tatsachen bei der Prokura.[52] Die **Namensänderung** ist eine echte einzutragende Änderung. Die **formwechselnde Umwandlung** führt nicht zu einem Erlöschen der Prokura und auch nicht zu einer eintragungspflichtigen Änderung.[53] Die übrigen Fälle betreffen ein Erlöschen ggf. mit Neuerteilung. Aus Vereinfachungsgründen sollte auch die „Änderung" einer Gesamtprokura in eine 15

---

[45] BGH NJW 2019, 1512, 1513 f.

[46] Staub/*Joost* Rn. 17.

[47] Oetker/*Schubert* Rn. 9; GK-HGB/*B. Schmidt* Rn. 5; zur früheren Rechtslage BGHZ 104, 61 (64 ff.) = NJW 1988, 1840 = Rpfleger 1988, 315 f. mAnm *Ziegler.*

[48] BayObLGZ 1970, 317 (319); KG OLGE 11 (1905), 378 (379); zust. Staub/*Joost* Rn. 20.

[49] OGH ecolex 2007/18; Staub/*Joost* Rn. 10; Oetker/*Schubert* Rn. 8; GroßkommUGB/*Torggler/Trenker* Rn. 7.

[50] Vgl. OLG Düsseldorf NJW-RR 2012, 1124 (1125); OLG Hamm Rpfleger 1962, 351; OLG Karlsruhe NJW 1969, 1724 mAnm *Coring*; OLG Oldenburg NJW-RR 1996, 1180; LG Bremen NJW-RR 1998, 1332 f.; LG Halle NZI 2004, 631; LG Leipzig ZIP 2007, 1381; Staub/*Joost* Rn. 10; Heymann/*Teichmann* Rn. 4; *Krafka* RegisterR Rn. 373.

[51] Vgl. OLG Köln DNotZ 1996, 700.

[52] Vgl. Staub/*Bondi*, 14. Aufl. 1932, Einl. § 53; vgl. auch Heymann/*Teichmann* Rn. 13; Oetker/*Schubert* Rn. 14; aA für die Namensänderung Staub/*Joost* Rn. 11: nur Berücksichtigung von Amts wegen.

[53] OLG Köln DNotZ 1996, 700 (701).

Einzelprokura als solche eingetragen werden können. Eine **Berichtigung von Amts wegen** ist wegen der Fehlergefahr grundsätzlich abzulehnen,[54] soweit sie nicht rechtlich zwingende Folgen einer angemeldeten Änderung betrifft.

16 Anlässlich einer **Sitzverlegung** des Unternehmens oder der Hauptniederlassung in den Bezirk eines anderen Registergerichts sind von Amts wegen alle Eintragungen, auch die der Prokuren, ohne Nachprüfung zu übertragen (§ 13h Abs. 2 S. 4).[55]

17 **4. Sich widersprechende Anmeldungen.** Als besonderes Problem stellen sich widersprechende Anmeldungen von mehreren einzelvertretungsberechtigten gesetzlichen Vertretern dar. Hier wäre es möglich, entsprechend der Reihenfolge der Anträge – zB erst die Bevollmächtigung und dann das Erlöschen – einzutragen.[56] Bei dauerhaften Meinungsverschiedenheiten der gesetzlichen Vertreter führt dies jedoch binnen kurzer Zeit zu einer Vielzahl von Anmeldungen, die das Handelsregister überlasten und dessen Informationsfunktion vereiteln. Die Rspr.[57] lehnt daher in derartigen Fällen jegliche Eintragung ab, so dass es bis zur internen Klärung zwischen den gesetzlichen Vertretern beim status quo ante verbleibt. Zum Schutz des Vertretenen erscheint es vorzugswürdig, die bestehende Prokura zu löschen und so den für das vertretene Unternehmen sichersten Zustand herzustellen (→ § 52 Rn. 12).

III. Prozessuales

18 **1. Kosten.** Die Prokuraeintragung bzw. das Erlöschen ist kein eigenständiger Gebührentatbestand, wenn die Änderung bei der Prokura nur die rechtliche Konsequenz einer anderen gebührenpflichtigen Veränderung ist[58] (zB Verlegung der Niederlassung in den Bezirk eines anderen Registergerichts, Erlöschen der Prokura aufgrund Erlöschens der Firma). Im Übrigen richten sich die Gebühren für die Prokuraeintragung nach der HRegGebV (§ 58 GNotKG).

19 **2. Rechtsmittel.** Gegen eine Eintragung in das Handelsregister ist wegen des hiervon ausgehenden Verkehrsschutzes eine Beschwerde nicht möglich. Es ist ein Amtslöschungsverfahren zu betreiben.[59] Eine vollständige Nichteintragung des Beantragten ist dagegen mit der Beschwerde anzugreifen. Bei einer teilweisen Nichteintragung gilt dies nur, soweit diese selbstständig ist (zB Vollmachtserweiterung nach § 49 Abs. 2).

IV. Rechtsfolgen fehlender Eintragung

20 § 53 ist Ordnungsvorschrift. Verstöße gegen die Eintragungspflicht bleiben daher für die Wirksamkeit der Erteilung, der Änderung oder des Widerrufs der Prokura folgenlos.[60] Die Eintragung kann auch Mängel der Erteilung oder des Widerrufs nicht heilen.[61] Die Eintragungspflicht kann öffentlich- rechtlich durch Zwangsgeld (in Höhe von maximal 5.000 Euro, § 14 S. 2) gegenüber dem Kaufmann durchgesetzt werden. In **Österreich** sind Zwangsstrafen gem. § 24 FGB möglich. Aus der Eintragungspflicht folgt außerdem der Schutz des gutgläubigen Rechtsverkehrs bei fehlender oder fehlerhafter Eintragung und Bekanntmachung durch § 15 Abs. 1 und 3. Die Nichtbeachtung von § 53 kann unter Umständen einen Verstoß gegen § 3a UWG begründen. Allerdings wird die Bagatellgrenze des § 3 UWG häufig nicht überschritten sein.

[54] AA BayObLGZ 1920, 63 (64 f.); Staub/*Joost* Rn. 11.
[55] OLG Köln Rpfleger 1988, 28; Staub/*Joost* Rn. 6.
[56] Dafür Staub/*Joost* Rn. 21.
[57] BayObLG HRR 1928 Nr. 638; OLG Hamm BB 1957, 448.
[58] OLG Karlsruhe NJW 1969, 1724 mAnm *Coring*.
[59] BayObLG DB 1986, 1769.
[60] RGZ 134, 303 (307); Staub/*Joost* Rn. 1; KKRD/*Roth* Rn. 1.
[61] RGZ 134, 303 (307); BGH WM 1956, 727 (728); Staub/*Joost* Rn. 1.

V. Rechtslage in Österreich

§ 53 UGB entspricht weitgehend der deutschen Vorschrift. Durch die Unternehmensrechtsreform 2005 wurde lediglich der Begriff des „Inhabers des Handelsgeschäfts" in Abs. 1 durch den des „Unternehmers" ersetzt. Im Unterschied zum deutschen Recht enthält Abs. 2 nach wie vor die Zeichnungspflicht des Prokuristen. 21

§ 54 [Handlungsvollmacht]

(1) Ist jemand ohne Erteilung der Prokura zum Betrieb eines Handelsgewerbes oder zur Vornahme einer bestimmten zu einem Handelsgewerbe gehörigen Art von Geschäften oder zur Vornahme einzelner zu einem Handelsgewerbe gehöriger Geschäfte ermächtigt, so erstreckt sich die Vollmacht (Handlungsvollmacht) auf alle Geschäfte und Rechtshandlungen, die der Betrieb eines derartigen Handelsgewerbes oder die Vornahme derartiger Geschäfte gewöhnlich mit sich bringt.

(2) Zur Veräußerung oder Belastung von Grundstücken, zur Eingehung von Wechselverbindlichkeiten, zur Aufnahme von Darlehen und zur Prozeßführung ist der Handlungsbevollmächtigte nur ermächtigt, wenn ihm eine solche Befugnis besonders erteilt ist.

(3) Sonstige Beschränkungen der Handlungsvollmacht braucht ein Dritter nur dann gegen sich gelten zu lassen, wenn er sie kannte oder kennen mußte.

Schrifttum: *Bork,* Notiz zur Dogmatik des § 54 HGB, JA 1990, 249; *Brox,* Erteilung, Widerruf und Niederlegung von Prokura und Handlungsvollmacht im neuen Aktienrecht, NJW 1967, 801; *Drexl/Mentzel,* Handelsrechtliche Besonderheiten der Stellvertretung, Jura 2002, 289 und Jura 2002, 375; *Frey,* Rechtsnachfolge in Vollmachtnehmer- und Vollmachtgeberstellungen, 1997; *Köhler,* Fortbestand betrieblicher Vollmachten bei Betriebsübergang?, BB 1979, 912; *Lindacher,* Zur Vertretungsmachtbegrenzung durch formularmäßige Schriftform- und Bestätigungsvorbehaltsklauseln, JR 1982, 1; *Trost,* Die Arten der Handlungsvollmacht, Diss. Leipzig 1933; *v. Westphalen,* Die Handlungsvollmacht – Erteilung, Umfang, Mißbrauch und Erlöschen, DStR 1993, 1562; *Winter,* Handlungsvollmacht und patentgerichtliches Beschwerdeverfahren, GRUR 1978, 233.

Übersicht

I. Grundlagen

1 **1. Regelungsinhalt.** Die Norm befasst sich, ebenso wie die §§ 55–58, mit der Handlungsvollmacht als dem **Regelfall kaufmännischer Stellvertretung.** In Abs. 1 Hs. 1 definiert sie die Handlungsvollmacht in ihren drei Abstufungen nach dem Umfang (Generalhandlungsvollmacht, Arthandlungsvollmacht, Spezialhandlungsvollmacht) und regelt daneben ausschließlich den Umfang einer bestehenden Handlungsvollmacht. Sie bildet das Gegenstück zu den Prokuravorschriften von § 49 und § 50: Ihr Abs. 1 regelt – entsprechend § 49 Abs. 1 – abstrakt den generellen (typisierten) Umfang der Handlungsvollmacht, Abs. 2 verlangt – entsprechend § 49 Abs. 2 – für besonders gefährliche Geschäfte eine besondere Ermächtigung, und Abs. 3 beschäftigt sich – entsprechend § 50 – mit „Beschränkungen“ des Umfangs der Prokura gegenüber dem Umfang nach § 54 Abs. 1, Abs. 2. Jedenfalls nach den Vorstellungen des historischen Gesetzgebers sollten Handlungsvollmacht und Prokura die Gesamtheit aller Vertretungsfälle für aus dem Unternehmen heraus handelnde Vertreter abdecken, womit sich ein geschlossenes System ergab. Heute geht hingegen die hM trotz einer Definition, die den abschließenden Charakter bewahrt (→ Rn. 6) davon aus, es gäbe auch im Handelsrecht reine BGB Vollmachten, eine Vorstellung, die vor allem für die sog. Generalvollmacht genutzt wird (→ Rn. 15).

2 **2. Normzweck.** Allgemein[1] wird der Zweck der Norm darin gesehen, den Handelsverkehr zu sichern und zu erleichtern, indem ihm eine feste Grundlage für das Vertreterhandeln gegeben wird (Verkehrsschutznorm). Dies ist, verglichen mit den allgemein gültigen Vollmachtsregeln des BGB, zutreffend, stellt jedoch, wie insbesondere Abs. 2 zeigt, in gewisser Weise eine Verkürzung des Normzwecks dar, denn der Gesetzgeber berücksichtigt auch die Interessen des Vertretenen. Zweck des § 54 ist es daher, einen **Ausgleich** zwischen dem sich aus dem Bedürfnis nach Schnelligkeit und Reibungslosigkeit des Geschäftsverkehrs ergebenden, hohen **Verkehrsschutzbedürfnis** einerseits und den **Interessen des Vertretenen** andererseits zu finden, dessen Schutz sich mit der allgemeinen Handlungsfreiheit (Art. 2 Abs. 1 GG) und vor allem mit den aus der Vertretungsmacht resultierenden Gefahren für den Vertretenen rechtfertigt. Der Vertretene kann diese Gefahren weniger gut über die Auswahl der Vertreter steuern als bei der Prokura, da die Zahl der Handlungsbevollmächtig-

[1] Heymann/*Teichmann/Körber* Rn. 2; *Canaris* HandelsR § 13 Rn. 2; *K. Schmidt* HandelsR § 16 Rn. 111; Staub/*Joost* Rn. 1, 31; Oetker/*Schubert* Rn. 3; *Bork* JA 1990, 249 (251).

ten die der Prokuristen notwendigerweise deutlich übersteigt. Sein Schutzbedürfnis ist dementsprechend größer als bei der Prokura. Die rechtspolitische Berechtigung des § 54 wird zu Unrecht bestritten.[2] Allerdings sollte de lege ferenda erwogen werden das Problem der Generalvollmacht zu lösen (→ Vor § 48 Rn. 23). Wegen der heutigen Unüblichkeit von Vollmachtsurkunden bzw. nach außen bekannt gegebenen Vollmacht, kann der Verkehr sehr häufig nicht beurteilen, ob eine Handlungsvollmacht existiert und um welchen Typ Handlungsvollmacht es sich handelt. Hier wäre de lege ferenda zu überlegen, den Verkehrsschutz durch weitreichende Vermutungen zu verstärken, die zB an die Tätigkeit im Vertrieb oder im Procurement anknüpfen. Eine gesetzgeberische Klarstellung wäre hinsichtlich kleingewerblicher Unternehmen (→ Rn. 8) und den Spielräumen hinsichtlich der Art der Vollmacht (→ Rn. 18 ff.) wünschenswert.

3. Dogmatische Einordnung. a) Meinungsstand. Die Abs. 1 und 3 bedingen sich 3
gegenseitig in ihrer dogmatischen Einordnung. Abs. 2 beschränkt Abs. 1 lediglich dem Umfang nach; seine Einordnung bereitet keine dogmatischen Probleme. Vereinfacht dargestellt gibt es **zwei Grundansätze:**[3] Nach hM enthält § 54 Abs. 1 eine Vermutung über den Umfang der Vollmacht und § 54 Abs. 3 die komplementäre Regelung über den Gutglaubensschutz (Rechtsscheinsvorschrift) bei einem Abweichen dieser Vermutung vom tatsächlichen Umfang.[4] Nach dem zweiten Ansatz enthält Abs. 1 eine gesetzliche Regelung des Vollmachtumfangs. Sollte sie dispositiv sein, so wäre Abs. 3 eine Verkehrsschutzregelung für den Fall des Abweichens vom gesetzlichen Umfang der Vertretungsmacht, die das Vertrauen in den gesetzlichen Umfang schützt.[5] Sollte Abs. 1 hingegen zwingend sein, so stellte Abs. 3 eine Regelung über den Missbrauch der Vertretungsmacht dar.[6]

b) Stellungnahme. Vorzugswürdig erscheint die hM, die **Abs. 1** als **dispositive** 4
gesetzliche Umfangsbeschreibung der bestehenden Handlungsvollmacht versteht und dementsprechend **Abs. 3** als eine **Verkehrsschutzregelung** für den Fall begreift, dass der Vollmachtgeber die Vollmacht in einem abweichenden geringeren Umfang erteilt.

Wortlaut und Systematik lassen nur diese dogmatische Einordnung zu. Der Normzweck 5
steht ihr nicht entgegen, da der Verkehrsschutz regelungstechnisch nicht nur mittels einer widerleglichen Vermutung gewährleistet werden kann. Die Formulierung in Abs. 1 „so erstreckt sich die Vollmacht" enthält keine bloße Vermutung, sondern die gesetzliche Festlegung des Umfangs der Vertretungsmacht. Auch Abs. 2 („ermächtigt") und Abs. 3 („Beschränkungen") sind ihrem Wortlaut nach nur mit einer (dispositiven) gesetzlichen Beschreibung des Vertretungsumfangs in Abs. 1 vereinbar, ist doch die „Beschränkung" einer Vollmacht nur bei einem gesetzlichen Vollmachtumfang möglich. Dieser Interpretation entspricht der systematische Vergleich zwischen der Handlungsvollmacht als „der kleinen Schwester der Prokura"[7] und dieser, denn § 54 folgt eindeutig der Regelungstechnik von § 49 und § 50: § 49 Abs. 1 enthält eine gesetzliche Festlegung des Vollmachtumfangs, die allerdings anders als bei § 54 Abs. 1 zwingend ist (§ 50 Abs. 1, 2).[8] Die hier befürwortete

---

2 Vgl. den Gesetzesvorschlag von *K. Schmidt* DB 1994, 515 (521). Einen zu schwachen Verkehrsschutz mangels Registereintrag bemängelt *Joost* FS K. Schmidt, 2009, 822.

3 Zu den praktischen Auswirkungen vgl. *Bork* JA 1990, 249.

4 BGH BeckRS 2011, 01762 (Strafurteil), Staub/*Joost* Rn. 71; BeckOGK/*Schärtl* Rn. 6; Heymann/*Teichmann/Körber* Rn. 4, 46; *K. Schmidt* HandelsR § 16 Rn. 111 f.; *Canaris* HandelsR § 13 Rn. 2, 11, 25; Baumbach/Hopt/*Hopt* Rn. 9; *Bork* JA 1990, 249 (251 f.); Oetker/*Schubert* Rn. 2, 16, 38.

5 LAG Hamm BeckRS 2007, 44049 unter I. B.: „gesetzliche Fiktion"; GroßkommHGB/*Würdinger* Anm. 7; *Hopt/Mössle* Rn. 415; *Hadding* HGB-Klausur, 1980, 40 f.

6 So wohl *Honsell* JA 1984, 17 (22) m. Fn. 64; noch anders Schlegelberger/*Schröder* Rn. 20: Abs. 1 nur zwingend bezüglich nachträglicher Einschränkungen und für diesen Fall Abs. 3 als Regelung zum Missbrauch der Vertretungsmacht, bei anderem Vollmachtumfang von Anfang an kein Schutz des Verkehrs.

7 *K. Schmidt* HandelsR § 16 Rn. 92; *Honsell* JA 1984, 17 (21); der geringe Verkehrsschutz bei § 54 ändert entgegen *Canaris* HandelsR § 13 Rn. 1 nichts an der parallelen Rechtstechnik und inhaltlichen Verwandtschaft zwischen Prokura und Handlungsvollmacht.

8 Ebenso schon für das ADHGB *v. Hahn,* Kommentar zum ADHGB, 4. Aufl. 1894, ADHGB Art. 41 § 15.

Einordnung als dispositive gesetzliche Vollmacht entspricht schließlich der Regelungstechnik des § 55 Abs. 2, 4 („bevollmächtigen sie nicht", „gelten als ermächtigt") und des § 56 (→ § 56 Rn. 5). Dies entspräche auch der neuen amtlichen Überschrift des § 69 VVG „Gesetzliche Vollmacht").[9] Die entgegenstehende hM beruht letztlich auf dem Wunsch, alle Verkehrsschutzregeln einheitlich als Rechtsscheinvorschriften zu erklären,[10] doch wird dies der normativen Vielfalt nicht gerecht.

II. Genereller Umfang der Handlungsvollmacht (Abs. 1)

6 **1. Gesetzliche Definition der Handlungsvollmacht.** Abs. 1 Hs. 1 enthält eine gesetzliche Definition der Handlungsvollmacht. Elemente dieser Definition sind die Abgrenzung zur Prokura, die Bezugnahme auf ein Handelsgewerbe und die Unterteilung in die drei Arten Generalhandlungsvollmacht, Arthandlungsvollmacht und Spezialhandlungsvollmacht. Die Handlungsvollmacht wird in der Lit. auch definiert als jede Vollmacht außer der Prokura, die ein Kaufmann im Betrieb seines Handelsgewerbes erteile.[11] Diese Definition ist im Hinblick auf Bevollmächtigte, die nicht als Teil des Unternehmens handeln (→ Rn. 10), und auf die analoge Anwendung auf nichtkaufmännische Unternehmen (→ Rn. 8) problematisch. Vorzugswürdig erscheint folgende **Definition:** Handlungsvollmacht ist jede Vollmacht[12] außer der Prokura,[13] die von einem Unternehmen[14] an eine aus dem Unternehmen heraus agierende[15] natürliche (aA die hM, → Rn. 11) Person erteilt wird.

7 **2. Vertretener.** Jeder **Inhaber eines Handelsgeschäfts** kann Vertretener sein. Für die Genossenschaft als Formkaufmann wird dies ausdrücklich in § 42 Abs. 2 GenG bestätigt. Der Inhaber eines eingetragenen Unternehmens kann sich gem. § 2 und § 5 nicht darauf berufen, dass das ausgeübte Gewerbe keinen kaufmännischen Umfang erreicht. (Ob § 2 und § 5 völlig parallel nebeneinander stehen, hängt davon ab, ob § 2 auch beim Absinken des Umfanges der Geschäftsfähigkeit ohne erneuten Antrag greift; → § 2 Rn. 7). Daher ist auch § 54 auf ein solches Unternehmen anwendbar.[16] Für **Vorgesellschaften** einer juristischen Person (Vor-GmbH, Vor-AG) ist die Handlungsvollmacht anerkannt, wenn sie Träger eines (voll-)kaufmännischen Unternehmens sind.[17] Ein konsequentes zu Ende Denken der Rechtsfortbildung zur Vorgesellschaft gebietet es demgegenüber, in analoger Anwendung des § 6 jede Vorgesellschaft als berechtigt anzusehen, Handlungsbevollmächtigte zu berufen. Ohne diese Konsequenz bliebe die Vorgesellschaft – wenn man § 54 nicht ohnehin auf alle nichtkaufmännischen Unternehmen für analog anwendbar hält – trotz Teilrechtsfähigkeit in ihrer Handlungsfähigkeit erheblich eingeschränkt.

8 § 54 ist auf **nichtkaufmännische Unternehmen** (Kleingewerbetreibende, Freiberufler), die Leistungen am Markt anbieten, analog anzuwenden.[18] Dem entspricht, dass das

9 Hierzu *Joost* FS K. Schmidt, 2009, 824.

10 Vgl. insbes. *Canaris,* Die Vertrauenshaftung im deutschen Privatrecht, 1971, et passim.

11 Staub/*Joost* Rn. 5; *K. Schmidt* HandelsR § 16 Rn. 89; *v. Gierke/Sandrock* HandelsR § 23 I 1, 363; *Honsell* JA 1984, 17 (21); *v. Westphalen* DStR 1993, 1562 (diese Definition würde an sich eine andersartige BGB Vollmacht ausschließen).

12 Damit gibt es in diesem Bereich keine BGB-Vollmacht und keine gesonderte vertretungsrechtliche Kategorie der Generalvollmacht; näher → Rn. 15.

13 Daher auch die Bezeichnung der Handlungsvollmacht als kleine Schwester der Prokura.

14 Wegen der analogen Anwendung der §§ 54 ff. auf Unternehmen, die keine Kaufleute sind; näher → Rn. 8.

15 Dies schließt Handlungsbevollmächtigte, die Handelsvertreter sind (§ 55), ein; zu letzteren → Rn. 10.

16 Staub/*Joost* Rn. 11; Straube/Ratka/Rauter/*Schinko* UGB § 54 Rn. 2.

17 Hachenburg/*Ulmer* GmbHG § 11 Rn. 47; Scholz/*K. Schmidt* GmbHG § 11 Rn. 74; *Baumann/Jula* JuS 1993, 659 (660).

18 *K. Schmidt* HandelsR § 16 Rn. 97; *Canaris* HandelsR § 13 Rn. 33, § 16 Rn. 11; Baumbach/Hopt/*Hopt* Rn. 6; KKRD/*Roth* Rn. 4; *Drexl/Mentzel* Jura 2002, 289 (298); *Grooterhorst* Vollmachten im Unternehmen II 6; *Schmitt,* Die Rechtsstellung der Kleingewerbetreibenden nach dem Handelsrechtsreformgesetz, 2003, 257 ff.; *Schäch,* Die kaufmannsähnlichen Personen als Ergänzung zum normierten Kaufmannsbegriff, 1989, 326; aA Staub/*Joost* Rn. 12; Heymann/*Teichmann/Körber* Rn. 13; EBJS/*Weber* Rn. 2; Röhricht/Graf v. Westphalen/Haas/*Wagner/Wöstmann* Rn. 7; Oetker/*Schubert* Rn. 6; GK-HGB/*B. Schmidt* Rn. 6; BeckOGK/*Schärtl* Rn. 18.3.

Gesetz in § 91 Abs. 1 für Handelsvertreter eines nichtkaufmännischen Unternehmens selbst ausdrücklich die Anwendbarkeit des § 55 und damit auch die des § 54 anordnet. Weitgehend anerkannt ist die analoge Anwendung des § 91 Abs. 1 auch für angestellte Bevollmächtigte im Außendienst.[19] Für eine Beschränkung auf den Fall des § 91 Abs. 1 besteht kein Grund: Der Rechtsverkehr ist, was den Umfang der Vertretungsmacht anbelangt, bei jeder unternehmerischen Tätigkeit am Markt gleichermaßen schutzbedürftig. Dem nichtkaufmännischen Unternehmen ist § 54 auch zumutbar, da diese Norm nur den Umfang der Vollmacht betrifft und der Unternehmer den guten Glauben hinsichtlich dieses Umfangs zerstören kann. Das Gesetz enthält hinsichtlich der Anwendbarkeit von handelsrechtlichen Regelungen auf Kleingewerbetreibende ausweislich der Regierungsbegründung,[20] die eine analoge Anwendung des § 56 für möglich hält, nur eine scheinbare Enumeration. Im Rahmen der Handelsrechtsreform 1998 hat keine abschließende Erörterung der Analogiefähigkeit stattgefunden. Die analoge Anwendung des § 54 ist angesichts der weitgehend akzeptierten analogen Anwendung des § 56 (→ § 56 Rn. 9 f.) konsequent. Auch für **Unternehmen in der Liquidation**[21] und in der **Insolvenz** kann Handlungsvollmacht erteilt werden.[22]

3. Vertreter. Der Handlungsbevollmächtigte muss eine andere Person als der Inhaber 9
sein, da nur dann Vertretung vorliegt.[23] Bei einer Gesellschaft bürgerlichen Rechts bzw. Erbengemeinschaft ist die Gesellschaft (Erbengemeinschaft) selbst Inhaber, nicht ihre Gesellschafter (Erben, → § 48 Rn. 19). Eine natürliche Person muss, um Handlungsbevollmächtigte sein zu können, zumindest **beschränkt geschäftsfähig** sein (§ 165 BGB).[24] Anders als bei der Prokura ist der Verzicht auf die volle Geschäftsfähigkeit auch rechtspolitisch angemessen, da hier auch Vertretungen mit geringem Umfang erfasst sind.

Nach zutreffender Ansicht[25] ist die Handlungsvollmacht auf **Vertreter** zu beschrän- 10
ken, die **„von innen heraus"** als Teil des Unternehmens handeln, wofür es einer Anstellung, einer mitgliedschaftlichen Verbundenheit oder einer einfachen familiären Verbundenheit[26] mit dem Unternehmensträger bedarf. **Nicht** durch § 54 erfasst ist daher die **Bevollmächtigung wirtschaftlich und organisatorisch Außenstehender.**[27] Diese Einschränkung knüpft an Art. 47 ADHGB, die Vorläuferregelung des § 54, an, in der dies noch deutlicher zum Ausdruck kam („Wenn ein Principal … in seinem Handelsgewerbe bestellt", → Vor § 48 Rn. 10, → Vor § 48 Rn. 25). Sie rechtfertigt sich mit der bei Außenstehenden eher lockeren Verbindung zwischen Vertreter und Vertretenem, die diesem einen Verkehrsschutz weniger zumutbar macht, und ist systemgerecht. Das handelsrechtliche Vertretungsrecht der §§ 48 ff. befasst sich ausschließlich mit dieser Art von Vertretung (zur allg. Rechtfertigung dieses Grundsatzes → Vor § 48 Rn. 25 ff.):[28] So handeln Prokuristen und organschaftliche gesetzliche Vertreter „von innen heraus", und auch die Erfassung selbstständiger Handelsvertreter durch § 55 steht dem nicht entgegen, weil man diesen – anders als gewöhnlichen außenstehenden Vertretern – ihren Status als

---

[19] Staub/*Joost* § 55 Rn. 15.

[20] Vgl. BT-Drs. 13/8444, 30.

[21] RGZ 72, 119 (123).

[22] Staub/*Joost* Rn. 13; Jaeger/*Henckel* KO § 23 Rn. 49; *Obermüller* BB 1957, 412; *Grothus* DB 1960, 775; Kuhn/*Uhlenbruck* KO § 23 Rn. 7b; MüKoInsO/*Ott/Vuia* InsO § 117 Rn. 117; BeckOK HGB/*Meyer* Rn. 2.

[23] Staub/*Joost* Rn. 14.

[24] Staub/*Joost* Rn. 14; Straube/Ratka/Rauter/*Schinko* UGB Rn. 3; Oetker/*Schubert* Rn. 9; aA Schlegelberger/*Schröder* Rn. 2; EBJS/*Weber* Rn. 4.

[25] Vgl. *K. Schmidt* HandelsR § 16 Rn. 89; BeckOGK/*Schärtl* Rn. 44.1; Heymann/*Teichmann/Körber* Rn. 8; Baumbach/Hopt/*Hopt* Rn. 1; *Wieland* HandelsR I, 1921, 370; *v. Hahn,* 4. Aufl. 1894, ADHGB Art. 47; Oetker/*Schubert* Rn. 10; aA Staub/*Joost* Rn. 9 f.; GK-HGB/*B. Schmidt* Rn. 5; EBJS/*Weber* Rn. 5; zur generellen Problematik → Vor § 48 Rn. 25 ff.; *Krebs* ZHR 159 (1995), 635 (647 ff.).

[26] Vgl. BGH NZG 2002, 813 (814), wo ein vom BGH nicht erörterter Grenzfall, mit dem Sohn, der gleichzeitig Anwalt war, vorlag. Nur bei einer Handlung als Sohn war die Anwendung des § 54 zutreffend.

[27] Beispiele: Rechtsanwalt bei Prozessvollmacht oder auch Makler, Heymann/*Teichmann/Körber* Rn. 8.

[28] *Krebs* ZHR 159 (1995), 635 (647 ff.).

Außenstehende regelmäßig nicht ansieht und sie wegen ihrer ständigen Beauftragung ohnehin an der Grenze zu einem Handeln „von innen heraus“ tätig werden.[29] § 55 kompensiert lediglich die ohne diese Norm bestehende Unsicherheit über die Grenzen dieses Prinzips. Dass § 55 nur Handlungsgehilfen und Handelsvertreter erfasst, spricht des Weiteren dafür, dass andere von außen kommende Personen auch nicht unter § 54 fallen. Die Beschränkung auf von innen heraus operierende Vertreter verletzt schließlich nicht die Trennung von Vertretung und zugrunde liegendem Rechtsverhältnis,[30] denn es wird an die nach außen hervortretende Selbstständigkeit angeknüpft.

11 Eine Handlungsvollmacht – selbst eine Generalhandlungsvollmacht – soll nach hM grundsätzlich auch **juristischen Personen** und sonstigen Personenvereinigungen erteilt werden können.[31] Die Unübertragbarkeit der Handlungsvollmacht ohne Zustimmung des Inhabers (§ 58) sowie die – mangels einer § 52 Abs. 1 vergleichbaren Regelung – bestehende Möglichkeit, die Widerruflichkeit einzuschränken, zeigen, dass der Gesetzgeber den Vertretenen hier im Verhältnis zur Prokura für weit weniger schutzbedürftig gegenüber dem Vertreterhandeln und weniger abhängig von einem persönlichen Vertrauen hielt. Dennoch ist der hM zu widersprechen. Eine Gesellschaft kann nicht, wie es erforderlich ist (→ Rn. 10; → Vor § 48 Rn. 25 ff.), organisatorisch eingegliedert aus dem Unternehmen heraus handeln.[32] Die Aufhebung der Beschränkung auf **natürliche Personen** ist auch nicht rechtsfortbildend geboten, da es für eine solche Vollmacht keine dringenden Bedürfnisse des Rechtsverkehrs gibt.

12 Die Erteilung einer **Generalhandlungsvollmacht an ein Aufsichtsratsmitglied** derselben Aktiengesellschaft ist gem. § 105 Abs. 1 AktG unzulässig. Gleiches gilt gem. § 52 GmbHG für Aufsichtsratsmitglieder einer GmbH, wobei dort allerdings eine abweichende Satzungsregelung zulässig ist. Art- und Spezialhandlungsvollmacht werden durch dieses Verbot nicht berührt.

13 Unzulässig ist die Erteilung einer Handlungsvollmacht, wenn bereits eine weitergehende, umfassende Vertretungsmacht (gesetzliche Vertretungsvollmacht oder Prokura) besteht. Die Handlungsvollmacht muss zumindest in einer Hinsicht (zB Einzelgeneralhandlungsvollmacht an gesamtvertretungsberechtigten Prokuristen) eine **Erweiterung** der **aktiven Vertretungsmacht** enthalten,[33] um dem **Funktionalitätsgebot** zu genügen, das dem Schutz des Rechtsverkehrs dient und gesetzlich in der enumerativen Aufzählung derjenigen Vertreter seinen Ausdruck gefunden hat, die aus einem Unternehmen heraus handeln (gesetzliche Vertretung, Prokuristen, Handlungsbevollmächtigte).[34]

14 **4. Abgrenzung zu anderen Vollmachten. a) Prokura, BGB-Vollmacht.** § 54 Abs. 1 grenzt die Handlungsvollmacht ausdrücklich von der Prokura und durch die Bezugnahme auf das „Handelsgewerbe“ auch von BGB-Vollmachten ab, die sich auf die Privatsphäre des Inhabers beziehen.[35] Außerdem sind von den §§ 48 ff. Vollmachten für Außenstehende (Makler, Rechtsanwälte,[36] normale Vertragspartner) generell nicht erfasst (→ Vor § 48 Rn. 25 ff.; → § 54 Rn. 10 f.). Teilweise wird vertreten,[37] dass ein vereinzeltes, einmaliges Geschäft (zB einmalige Kündigung) niemals Gegenstand einer Handlungsvollmacht sein

---

29 *K. Schmidt* HandelsR § 16 Rn. 89; Heymann/*Teichmann/Körber* Rn. 8 f.

30 So aber Staub/*Joost* Rn. 10.

31 Heymann/*Teichmann/Körber* Rn. 11; *K. Schmidt* HandelsR § 16 Rn. 89; Baumbach/Hopt/*Hopt* Rn. 7; GK-HGB/*B. Schmidt* Rn. 10; einschr. Oetker/*Schubert* Rn. 11 aA EBJS/*Weber* Rn. 4; *Bondi* ZBH 1929, 34 ff.; *v. Westphalen* DStR 1993, 1562; für Zulässigkeit im Einzelfall *Grooterhorst* Vollmachten im Unternehmen II 11; für Zulässigkeit nur von Spezialvollmachten Staub/*Joost* Rn. 15.

32 Ähnlich Oetker/*Schubert* Rn. 11.

33 Staub/*Joost* Rn. 17; Heymann/*Teichmann/Körber* Rn. 10; Baumbach/Hopt/*Hopt* Rn. 7; Straube/Ratka/Rauter/*Schinko* UGB § 54 Rn. 3; Schlegelberger/*Schröder* Rn. 2; GK-HGB/*B. Schmidt* Rn. 10.

34 Zum Funktionalitätsgebot → Vor § 48 Rn. 35 ff. sowie *Krebs* ZHR 159 (1995), 635 (656 ff.).

35 BGH WM 1976, 769: Handlungsvollmacht für Schecks.

36 Vgl. allerdings den Grenzfall BGH NZG 2002, 813 (814), wo der Sohn der Hauptgesellschafterin und Geschäftsführerin Anwalt war.

37 *U. Hübner* Rn. 76; *Wieland* HandelsR I, 1921, § 32 3 I 1 a; Staub/*Bondi* HGB, 14. Aufl. 1932, Anm. 16.

könne. Diese Einschränkung des Wortlauts von § 54 Abs. 1 ist nicht erforderlich: Es reicht völlig aus, dass in einem solchen Fall § 54 keine Rechtswirkungen zeitigt.

15 **b) Generalvollmacht.** Probleme bereitet die Einordnung der von der Generalhandlungsvollmacht zu unterscheidenden gesetzlich nicht geregelten, sog. Generalvollmacht. Richtiger Ansicht nach sind **zwei Arten** der Generalvollmacht zu unterscheiden. Eine Generalvollmacht an eine organisatorisch nicht eingegliederte selbstständige Person, zB an eine Gesellschaft im Rahmen eines Betriebsführungsvertrages, ist reine BGB-Vollmacht, also nicht von § 54 erfasst (→ Vor § 48 Rn. 97 f.).[38] Eine Generalvollmacht an eine organisatorisch, aus dem Unternehmen heraus handelnde Person,[39] die hierarchisch meist zwischen Prokuristen und Geschäftsführer angesiedelt, ist dagegen erweiterte Generalhandlungsvollmacht und zwar mangels abweichender Festsetzung des Umfangs mit den Kompetenzen nach § 54 Abs. 2 (→ Vor § 48 Rn. 99).[40] Unzulässig wäre eine Generalvollmacht mit Übertragung organschaftlicher Befugnisse (→ Vor § 48 Rn. 97).[41] Um eine auf nicht-organschaftliches Handeln beschränkte Vollmacht für alle Rechtsgeschäfte zu erteilen, kann eine als solche bezeichnete „rechtsgeschäftliche Generalvollmacht" vergeben werden.[42] Der BGH[43] legt selbst bei ausdrücklicher Nennung organschaftlicher Befugnisse die Vollmacht (geltungserhaltend) als Generalhandlungsvollmacht aus. Andere lehnen eine Umdeutung ab.[44]

16 **5. Die Erscheinungsformen der Handlungsvollmacht.** Die **Generalhandlungsvollmacht** bezieht sich auf den gesamten Betrieb eines konkreten Handelsgewerbes, die **Arthandlungsvollmacht** auf eine bestimmte Art von Geschäften und die **Spezialhandlungsvollmacht** auf einzelne Rechtshandlungen oder einen konkreten Geschäftsabschluss.[45] Ob die **Gesamthandlungsvollmacht** und die **Niederlassungshandlungsvollmacht** als Erscheinungsformen, deren Gegenstücke für die Prokura gesetzlich (§ 48 Abs. 2, § 50 Abs. 3) besonders geregelt sind, auch im Rahmen des § 54 als besondere Vollmachtarten einzuordnen sind, berührt die zentrale Frage der Abgrenzung von Vollmachtart iSd Abs. 1 und Vollmachtbegrenzung iSd Abs. 3 (→ Rn. 17 ff.).

17 **a) Abgrenzung von Vollmachtart und Beschränkung iSd Abs. 3.** Der Vertretene bestimmt, ob er eine Generalhandlungsvollmacht bzw. ob und welche Art- oder Spezialhandlungsvollmacht er erteilt. Was gewollt ist, ist durch Auslegung aus der Sicht des Empfangers der Bevollmächtigung zu bestimmten. Ohne Anhaltspunkte wird keine der Vollmachtsarten vermutet.[46] Die **Generalhandlungsvollmacht** ist gesetzlich definiert. Abweichungen, die die Vollmacht einschränken, stellen folglich „Beschränkungen" iSd Abs. 3 dar.

18 Bei **Art- und Spezialhandlungsvollmacht** ist die Abgrenzung zwischen der Bestimmung der Art der Vollmacht gem. Abs. 1 und der Einschränkung der Vollmacht gem. Abs. 3 problematisch: Könnte der Vertretene nach freiem Ermessen die Art der Vollmacht abgrenzen (zB Konkretisierung nach Art der Geschäfte, Zeitpunkt und Ort des Geschäftsabschlusses, Inhalt des Rechtsgeschäfts, Preislimit, Gesamtvertretung, Niederlassungsvoll-

---

38 *Krebs* ZHR 159 (1995), 635 (651 f.).

39 Auch eine Generalvollmacht innerhalb einer Komplementärgesellschaft für den Bereich der Kommanditgesellschaft ist Vollmacht aus dem Unternehmen heraus (vgl. den Fall OLG Hamburg NZG 2009, 957 ff.).

40 Wie hier *Krebs* ZHR 159 (1995) 635 (653 f.); GroßkommUGB/*Torggler/Trenker* UGB § 54 Rn. 59; Torggler/*Schopper/Trenker* UGB § 54 Rn. 16; *G.H.Roth/Fitz,* Unternehmensrecht, 2006, Rn. 877; *Enzinger* ÖZW 1985, 83; *Eder* GmbHR 1962, 225.

41 BGHZ 13, 61 (65) = NJW 1954, 1158; BGHZ 34, 27 (30) = NJW 1961, 506; BGHZ 64, 72 (76) = NJW 1975, 1117; BGH NZG 2002, 813.

42 Die stets auf eine zulässige Generalhandlungsvollmacht nach § 54 HGB zu reduzieren sein soll, BGH NJW 2009, 293 Rn. 8. Ob eine außerhalb des § 54 stehende rechtsgeschäftliche Generalvollmacht zulässig ist, wurde offengelassen.

43 BGH NZG 2002, 813.

44 Vgl. OLG Brandenburg BeckRS 2010, 03477 (ohne Bezug auf den BGH).

45 Krit. zu dieser Dreiteilung *Joost* FS K. Schmidt, 2009, 822.

46 AA für Österreich *Krejci,* Unternehmensrecht, 2008, 252.

macht), so hätte § 54 kaum mehr Bedeutung. Geschäfte und Rechtshandlungen, die die entsprechende Art der Vollmacht gewöhnlich mit sich bringt, ließen sich bei individueller Bestimmung der Art der Vollmacht nicht benennen, weil für eine konkrete individuelle Vollmacht keine allgemeine Übung besteht. Außerdem bedürfte der Vertretene keiner Beschränkungsmöglichkeiten, da er durch die extreme Konkretisierung der Vollmachtart diese Einschränkungen sogar unabhängig vom Gutglaubensschutz durchsetzen könnte. Wäre – umgekehrt – die Wahlmöglichkeit des Vertretenen hinsichtlich der Vollmachtart stark eingeschränkt, stiege die Bedeutung der gesetzlichen Umfangserstreckung nach § 54 Abs. 1 und der Einschränkung gem. Abs. 3.

19 **b) Meinungsstand.** *Schröder*[47] sieht einerseits nur **nachträgliche Beschränkungen** als von Abs. 3 erfasst an, will aber andererseits die Vollmachtarten im Rahmen des § 54 Abs. 1 objektiv bestimmen. Nach ihm wäre davon auszugehen, dass **anfängliche individuelle Beschränkungen,** die an der objektiven Kategorie der Arthandlungsvollmacht nichts ändern können, vom Gesetz nicht geregelt werden. Andere[48] folgen ihm zumindest, was die Abgrenzung der Vollmachtarten nach objektiven Maßstäben anbelangt. Wieder andere[49] äußern sich insbesondere zur Einordnung der Gesamtvertretungsmacht, die sie als Beschränkung iSd Abs. 3 ansehen, gehen aber damit stillschweigend ebenfalls davon aus, dass die Vollmachtsarten objektiv abzugrenzen sind.

20 **c) Stellungnahme.** Eine Sonderrolle nachträglicher Beschränkungen ist weder mit Abs. 1, noch mit Abs. 3 vereinbar. Allein dem Vertretenen die Entscheidung darüber zuzuweisen, ob eine Zuordnung zu Abs. 3 oder eine Konkretisierung der Art der Vollmacht vorliegt (zB durch Abstellen auf negative oder positive Formulierung), wäre willkürlich und würde vor allem dem Verkehrsschutzzweck der Vorschrift widersprechen. Nur abstrakt zu verlangen, es müsse sich um allgemein definierte Vollmachten handeln, wäre nicht justiziabel. Es muss vielmehr **objektive Grenzen** für die möglichen Vollmachtarten geben. Auch die §§ 55, 56 knüpfen an Vollmachtarten an, die objektiv begrenzt sind. Dabei handelt es sich um sehr allgemeine Vollmachtarten. Wenn § 54 Abs. 1 für den Vollmachtumfang auf die Geschäfte abstellt, die gewöhnlich mit einer solchen Vollmachtart verbunden sind, bedeutet dies zugleich, dass auch die **Vollmachtart üblich** sein muss, weil es sonst keine gewöhnlich damit verbundenen Geschäfte gäbe. Dem entspricht auch, dass der zu schützende Rechtsverkehr regelmäßig nur übliche abstrakte Vollmachtarten unterscheiden kann. Die Vollmachtkategorien müssen dabei so abstrakt wie die gesetzlichen Kategorien (§ 56: Ladenverkäufe, § 55: Abschlussvertreter außerhalb des Betriebes) sein. Andere Arthandlungsvollmachten wären zB Filialleiter ohne Prokura einer bestimmten Branche, Schalterangestellte einer Bank, Einkäufer, Kellner. Auch bei der **Spezialhandlungsvollmacht** ist ein entsprechender abstrakter Maßstab geboten.

21 **d) Sonderproblem: Niederlassungsvollmacht und Gesamtvertretungsmacht.** Die Begrenzung auf eine Niederlassung ist bei allen Arten der Handlungsvollmacht möglich[50] und führt zu einer echten inhaltlichen Beschränkung der Vertretungsmacht. Dies spricht für eine Einordnung als Beschränkung iSd Abs. 3. Auch bei der Prokura wird die Niederlassungsvollmacht als Beschränkung (§ 50 Abs. 3) angesehen.

22 Die Erteilung als bloße **Gesamtvertretungsmacht** ist entgegen der hM[51] keine Beschränkung der Handlungsvollmacht, sondern eine Frage ihrer Ausgestaltung. Deshalb

[47] Schlegelberger/*Schröder* Rn. 20, 29.

[48] OLG Düsseldorf DB 1992, 2080; GK-HGB/*B. Schmidt* Rn. 15; Heymann/*Teichmann/Körber* Rn. 31; *Roth* HandelsR/GesR § 28 Rn. 640 ff.: typisierte Form, die in der Organisation zu Tage tritt, fällt unter Abs. 1.

[49] *Canaris* HandelsR § 13 Rn. 10; Oetker/*Schubert* Rn. 25; Staub/*Joost* Rn. 71, widersprüchlich Staub/*Joost* Rn. 34: individuelle Festlegung, Staub/*Joost* Rn. 46: Branchenüblichkeit.

[50] RG LZ 1911, Sp. 221 f.

[51] *Canaris* HandelsR § 13 Rn. 10; EBJS/*Weber* Rn. 25; GK-HGB/*B. Schmidt* Rn. 19; Staub/*Joost* Rn. 71; nur iErg wie hier *Grooterhorst* Vollmachten im Unternehmen II 19 und *Drexl/Mentzel* Jura 2002, 289 (297), die ein Vertrauen auf eine Einzelvertretungsmacht im Regelfall als fahrlässig ansehen. Wie hier KKRD/*Roth* Rn. 14; Oetker/*Schubert* Rn. 28 f., 40.

werden **Geschäftspartner,** die mit einem Gesamtvertreter kontrahieren, ihn aber für einen Vertreter mit Einzelvertretungsmacht halten, **nicht durch § 54 Abs. 3 geschützt.** Die Nichtanwendung des Abs. 3 rechtfertigt sich damit, dass die Gesamtvertretungsmacht der Erteilung der Vollmacht näher als der Beschränkung steht. So knüpft die Beschränkung iSd Abs. 3 an die Gewöhnlichkeit in Abs. 1 an, die sich mit bestimmten Geschäften, aber nicht mit rein personalen Grenzen der Vollmacht befasst. Vor allem folgt aus § 48 Abs. 2, dass die Gesamtvertretung bei der Prokura keine Beschränkung iSd § 50 ist.[52] Dann darf für die parallele Handlungsvollmacht die Gesamtvertretung auch nicht unter die § 50 entsprechende Regelung des § 54 Abs. 3 fallen.

Die **Gesamtvertretungsmacht** hat verschiedene **Erscheinungsformen:** Echte Gesamthandlungsvollmacht liegt vor, wenn auf allen Seiten nur Handlungsbevollmächtigte beteiligt sind. Werden nur Gesamthandlungsbevollmächtigte tätig, liegt eine **beidseitige echte Gesamthandlungsvollmacht** vor. Bei Bindung an die Mitwirkung eines Einzelhandlungsbevollmächtigten spricht man von einer **halbseitigen echten Gesamthandlungsvollmacht.** Verlangt man allerdings zutreffend (→ Vor § 48 Rn. 35 ff.),[53] dass eine handelsrechtliche Vertretungsmacht nicht funktionslos sein darf, so ist diese von der hM anerkannte Vertretungskonstruktion unzulässig. Zur halbseitigen Gesamtprokura → § 48 Rn. 74.[54] Ein Gesamthandlungsbevollmächtigter kann zusätzlich auch eine weniger weitgehende Einzelhandlungsvollmacht haben.[55] Eine **gemischte Gesamtvertretung** mit einem Vertreter, der nicht Handlungsbevollmächtigter ist, soll grundsätzlich zulässig sein.[56] In Betracht käme hier die Vertretung gemeinsam mit einem Prokuristen oder einem organschaftlichen Vertreter. Gesamtprokurist und organschaftlicher Gesamtvertreter dürfen jedoch nach hM[57] nicht einseitig an die Mitwirkung eines Handlungsbevollmächtigten gebunden werden. Die pauschale Zulassung der gemischten Gesamtvertretung ist problematisch. Zur gemischten Gesamtvertretung mit einem Prokuristen ausführlich → § 48 Rn. 78 ff.[58] 23

6. Umfang der Vertretungsmacht nach Abs. 1. Generell nicht von der Vertretungsmacht umfasst, sind die Geschäfte, die selbst die Prokura nicht umfasst. Dies sind insbesondere organschaftliche Handlungen,[59] Grundlagengeschäfte und auch dazugehörige Registeranmeldungen.[60] Die Umfangsbeschreibung nach Abs. 1 orientiert sich an den Merkmalen: a) Geschäft, Rechtshandlung, b) Art des Handelsgewerbes, c) Üblichkeit, d) Art der Handlungsvollmacht. 24

a) Geschäft, Rechtshandlung. Die bewusst weite Formulierung „Geschäfte und Rechtshandlungen" schließt lediglich rein tatsächliche Handlungen aus, die ohnehin keine Anwendungsfälle der Stellvertretung sind. Jede auf eine Rechtsfolge gerichtete Rechtshandlung ist erfasst. 25

b) Art des Handelsgewerbes. Mit der Bezugnahme auf die Geschäfte eines **„derartigen Handelsgewerbes"** grenzt der Gesetzgeber die (General-)Handlungsvollmacht gegenüber der Prokura ab, die Geschäfte jedes denkbaren Handelsgewerbes erfasst (§ 49 Abs. 1). Für die Handlungsvollmacht ist es daher grundsätzlich notwendig, dass es sich um ein der Branche des Kaufmanns zugehöriges Geschäft handelt. Problematisch ist, ob die Generalhandlungsvollmacht auch weiter zB mit dem Umfang der Prokura erteilt werden kann,[61] 26

---

52 Staub/*Joost* § 48 Rn. 87.
53 *Krebs* ZHR 159 (1995), 635 (656 ff.).
54 *Krebs* ZHR 159 (1995), 635 (660 ff.).
55 BGH WM 1957, 1055 (1056); OLG Hamburg MDR 1961, 855 (856).
56 BGH WM 1964, 151; 1961, 321 (322); LG Berlin JW 1937, 2835; Staub/*Joost* Rn. 38; Heymann/*Teichmann/Körber* Rn. 64.
57 BGH WM 1961, 321 (322); BB 1964, 151; KG HRR 1940 Nr. 614; OLG München HRR 1941 Nr. 37; OLG Hamburg OLGE 46 (1928), 257.
58 *Krebs* ZHR 159 (1995), 635 (660 ff.).
59 Vgl. BGHZ 62, 166 (168); KG BeckRS 2011, 25843.
60 Vgl. KG NZG 2014, 150 (151) betr. Adressänderung unter Beibehaltung des Firmensitzes keine Anmeldung in einer Grundlagenangelegenheit.
61 Abl. *U. Hübner* ZHR 143 (1979), 1 (3); vgl. auch BeckOK HGB/*Meyer* Rn. 21.

was bei einer Bezeichnung als „Generalvollmacht" anzunehmen sein könnte (→ Vor § 48 Rn. 98; → Rn. 36). Die Branche bestimmt sich nach den allgemeinen Verkehrsanschauungen (zB Hypothekenbanken, Teppichgeschäfte, Gaststätten, Buchverlage). Zu beachten ist die Vermutung des § 344 Abs. 1. Die Formulierung „Betrieb des" ist nicht örtlich zu verstehen, begrenzt also nicht den Ort des Vertragsabschlusses. Sie schließt aber insbesondere die ihrer Eigenart nach nicht von rechtsgeschäftlichen Vertretern – auch nicht von Prokuristen – auszuführenden Handlungen (Grundlagenentscheidungen, organschaftliche Handlungen) aus (ausführlich → § 49 Rn. 23 ff.; → § 49 Rn. 50 ff.).

27 **c) Üblichkeit.** Im Gegensatz zur Prokura, die auch zu unüblichen Geschäften bevollmächtigt, erstreckt sich die Handlungsvollmacht üblicherweise nur auf gewöhnliche Geschäfte und Rechtshandlungen. Hier ist eine Erweiterung auf den Umfang der Prokura wohl zulässig und bei einer „Generalvollmacht" aus dem Unternehmen heraus auch anzunehmen (→ Vor § 48 Rn. 100 f.).

28 Nicht eindeutig geklärt ist, ob für die Üblichkeit nur auf die Branche oder auch konkret auf örtliche Gewohnheiten oder gar (für Art- und Spezialhandlungsvollmacht) auf Gewohnheiten im konkreten Unternehmen abzustellen ist.[62] Vorzugswürdig erscheint, allein auf die **Branchenüblichkeit** abzustellen. So findet sich im Gesetz, das an die Branche anknüpft, schon kein Anhaltspunkt für die Berücksichtigung örtlicher Gewohnheiten. Eine Einschränkung der Vollmacht gegenüber dem Branchenüblichen, aufgrund örtlichem oder geschäftsbezogenem Gebrauch, kommt nicht in Betracht. Denn dies wäre mit dem abstrakten Verkehrsschutz unvereinbar. Örtliche Gewohnheiten nur zum Anlass für eine Erweiterung der üblichen Vollmacht zu nehmen, erscheint nicht erforderlich, weil es in dieser Hinsicht – anders als bei allgemeinen Handelsbräuchen (§ 346) – nur sehr selten örtliche Unterschiede geben wird. Es fehlt auch an einer Rechtfertigung dafür, dem Einzelunternehmer örtliche Gewohnheiten ausschließlich zu seinen Lasten (Erweiterung der Vertretungsmacht) zuzurechnen. Die Individualität wird bereits durch die Besonderheiten des Geschäftes hinreichend erfasst.

29 **Bedeutung** für die Üblichkeit kann zahlreichen, nicht abschließend aufzählbaren Umständen zukommen, wie **Gegenstand**[63] und äußere **Umstände** des Geschäfts[64] (zB Abschlussort,[65] Kommunikationsmittel wie E-Mail oder Telefon), Üblichkeit der Aufgabentrennung[66] (in Großunternehmen ausgeprägter als in Kleinunternehmen), wirtschaftliche und finanzielle **Tragweite,** insbesondere **im Verhältnis zur Größe des Unternehmens,**[67] Ausmaß der Bindung des Vertretenen[68] (zB Vorvertrag). § 55 Abs. 2–4 stellt eine gesetzgeberische Entscheidung für einen Spezialfall dar, enthält aber keine Aussage zur Üblichkeit, die im Rahmen des § 54 verwertbar wäre.[69] Der OGH[70] hat für Österreich die generelle Regelung aufgestellt, dass ungewöhnlich große Verpflichtungen, die Gewährung unüblicher Bedingungen und generell alle vom betriebswirtschaftlichen Standpunkt her nicht vertretbaren Handlungen nicht gewöhnlich sind. Aus deutscher Sicht ist das betriebswirtschaftliche Kriterium eine sehr weitgehende Relativierung der Abstraktion von Vertretungsmacht und

[62] RG LZ 1911, Sp. 221 f. stellt bei Niederlassungsvollmacht auf das Übliche in der Niederlassung des konkreten Kaufmanns ab; BGH DB 1978, 2118 (2119) berücksichtigt die Größenklasse, Branche, Art und Größe des Unternehmens, Eigenart des Geschäfts; OGH Arb 13.009 unter 3.3.; *Canaris* HandelsR § 13 Rn. 20 ff.: Branche, Art und Größe des Unternehmens, Eigenart des Geschäfts; Staub/*Joost* Rn. 46 geht von der Branchenüblichkeit aus, erweitert dies aber um nur im konkreten Geschäft übliche Vorgänge; ähnlich Heymann/*Teichmann/Körber* Rn. 27; allein für Branchenüblichkeit Schlegelberger/*Schröder* Rn. 15.

[63] RG JW 1904, 475 (476); OLG Celle BB 1983, 1495; Staub/*Joost* Rn. 48.

[64] Staub/*Joost* Rn. 48.

[65] BGH NJW 2019, 2469 Rn. 18: außerhalb der Arbeitsstelle und der Arbeitszeit.

[66] Heymann/*Sonnenschein/Weitemeyer,* 2. Aufl. 1995, Rn. 25; *v. Gierke/Sandrock* HandelsR § 23 IV 1, 370.

[67] RGZ 52, 89 (90); RG Recht 1923 Nr. 762; BGH DB 1978, 2118 (2119); NJW-RR 2002, 968; Staub/*Joost* Rn. 48; *Canaris* HandelsR § 13 Rn. 22.

[68] OLG Düsseldorf DB 1988, 1063; Staub/*Joost* Rn. 48.

[69] Vgl. Staub/*Joost* Rn. 47.

[70] Zusammenfassend OGH Arb 13.009 unter 3.3.

Geschäftsführungsbefugnis. Es wäre eher ein Indiz für einen Missbrauch der Vertretungsmacht (→ Vor § 48 Rn. 73 ff.).

d) Art der Handlungsvollmacht. Der Umfang der Handlungsvollmacht wird entscheidend durch die Art der Vollmacht bestimmt. Die **Generalhandlungsvollmacht** umfasst, vorbehaltlich des § 54 Abs. 2, alle Geschäfte und Rechtshandlungen, die für ein Unternehmen dieser Branche üblich sind. Bei einer **Arthandlungsvollmacht** kommt es auf die konkrete Art der Geschäfte an, für die diese Vollmacht erteilt wurde und welche Rechtshandlungen gem. der **Branchenüblichkeit** zu dieser Arthandlungsvollmacht gehören. Entsprechendes gilt bei einer **Spezialhandlungsvollmacht,** wobei hier meist nur die Vertretungsmacht für gewisse Nebenabreden üblich sein wird. Zu beachten ist, dass die Arthandlungsvollmacht aus dem Kreis der üblichen Arthandlungsvollmachten stammen muss, so dass eine Modifizierung, soweit sie nicht üblich ist, immer unter § 54 Abs. 3 fällt (→ Rn. 17 ff.). 30

e) Einzelfälle. Gerichtsentscheidungen haben primär für die betroffene Vollmachtsart und Branche Bedeutung. Einer Übertragung auf andere Fälle können selbst bei gleicher Vollmachtsart und Branche Unterschiede in der konkret zu beurteilenden Rechtshandlung, Unterschiede bei der Größe des Geschäfts im Verhältnis zur Unternehmensgröße, sowie zwischenzeitlich geänderte Gewohnheiten entgegenstehen.[71] 31

Die Gewöhnlichkeit iSv § 54 Abs. 1 wurde **bejaht** für die Annahme von Zahlungen durch Kassenangestellte,[72] Zahlungen durch Scheck (für Wechsel → Rn. 38),[73] Errichtung weiterer Konten mit gleicher Zeichnungsbefugnis bei Bankvollmacht,[74] Gestaltung von Vertragsklauseln durch einen cif-Agenten,[75] Zusicherung einer verbindlichen Reparaturzeit durch Beschäftigte in der Reparaturannahme eines Großunternehmens,[76] Anmietung eines Wagens durch ein Transportunternehmen.[77] Gleiches gilt im Ergebnis, nicht in der Begründung für die Entgegennahme von Festgeldern mit Zinsabrede durch Zweigstellenleiter einer Bank,[78] Abgabe eines abstrakten Schuldanerkenntnisses durch den zur wirtschaftlichen Baubetreuung Bevollmächtigten,[79] Erfinderbenennung,[80] Abrechnungsvergleich bei längerer Geschäftsbeziehung,[81] Schuldanerkenntnis eines Stationsleiters einer Tankstelle bei Falschbetankung.[82] 32

Die Gewöhnlichkeit iSv § 54 Abs. 1 wurde **verneint** für ein von einem Handlungsreisenden abgeschlossenes, der Steuerhinterziehung dienendes Geschäft,[83] Manipulationen zur kurzfristigen Kreditschöpfung durch Bankangestellte,[84] den Abschluss eines Automatenaufstellungsvertrages im Rahmen eines Gaststättengewerbes,[85] eine langjährige Ausschließlichkeitsbindung,[86] eine Zahlungsverpflichtungserklärung in ungewöhnlicher Art und Form,[87] Garantie zugunsten eines Unternehmens zu dem keine Geschäftsbeziehung besteht, für Forderungen gegen einen Dienstleister des Garantiegebers,[88] Kündigung von Arbeitneh- 33

71 Deswegen werden nur Entscheidungen seit 1949 wiedergegeben, wegen älterer Entscheidungen vgl. Staub/*Joost* Rn. 52 f.; für Österreich vgl. Straube/Ratka/Rauter/*Schinko* UGB Rn. 10.
72 RGZ 119, 272 (278).
73 Vgl. BGH WM 1976, 769; vgl. auch RG Recht 1926 Nr. 2409.
74 BGH WM 1961, 321 (322).
75 OLG Hamburg DB 1953, 169.
76 BGH ZIP 1982, 588 (589) mAnm *Bunte.*
77 OGH Köln VRS 2 (1950) Nr. 14; Nr. 33; Nr. 35.
78 Vgl. BGH BB 1980, 1605 f., dort Lösung über c.i.c. der Bank.
79 OLG München NJW 1984, 63 (64).
80 BPatG Blatt für Patent-, Muster- und Zeichenwesen 1975, 379 (380).
81 OGH ecolex 2010, 1165.
82 OLG Hamm NJW-RR 2011, 532.
83 BGH LM BGB § 177 Nr. 5.
84 Deckungslose Schecks mit Garantieerklärungen der Bank: BGH WM 1964, 224 (225).
85 OLG Celle BB 1983, 1495; zu Recht krit. *K. Schmidt* HandelsR § 16 Rn. 101.
86 OLG Düsseldorf DB 1988, 1063.
87 BGH WM 1966, 491 (493).
88 OGH RdW 2007, 531.

mern,[89] die Anmeldung zum Handelsregister durch einen Generalhandlungsbevollmächtigten[90] und für den Abschlussvertreter die Einziehung des kreditierten Kaufpreises.[91]

III. Erfordernis besonderer Erteilung (Abs. 2)

34 **1. Grundsatz.** Abs. 2 schränkt – dem Vorbild des § 49 Abs. 2 entsprechend, inhaltlich aber über diesen hinausgehend – den Umfang der Vollmacht ein, um den Vertretenen vor einigen besonders gefährlichen Geschäften zu schützen.[92] Abs. 2 betrifft insbesondere auch die Fälle, in denen das Geschäft aufgrund Branchenüblichkeit an sich von § 54 Abs. 1 erfasst wäre. Der Schutz ist nicht umfassend. Die Aufzählung des Gesetzes ist **enumerativ;** eine Erweiterung im Wege der Analogie ist nicht zulässig.[93] § 54 Abs. 2 betrifft Verpflichtungsgeschäfte, Erfüllungsgeschäfte und bindende Vorverträge, die einen Erfüllungsanspruch auf Abschluss des Hauptvertrages gewähren.[94] Ein Letter of Intent (LOI) oder ähnliche Instrumente, von denen (nur) der (milde) wirtschaftliche Druck ausgeht, einen entsprechenden Vertrag zu schließen, werden nicht erfasst. Für sie wird jedoch auch nur dann Vollmacht bestehen, wenn der Einsatz solcher Instrumente in der Vorvertragsverhandlung üblich ist und mindestens eine Verhandlungsvollmacht besteht. Weitere Schranke ist der Missbrauch der Vertretungsmacht (→ Vor § 48 Rn. 73 ff.).

35 Die besondere Bevollmächtigung kann – anders als bei § 49 Abs. 2 – **stillschweigend** erteilt werden,[95] weil auch die Erteilung der Handlungsvollmacht selbst stillschweigend möglich ist. Abs. 2 soll nur verhindern, dass die Vollmacht für solche Geschäfte allein mit der Üblichkeit begründet wird.[96] Die **besondere Bevollmächtigung** soll bereits **in der allgemeinen Bevollmächtigung** liegen können.[97] Dies gefährdet – zu großzügig praktiziert – den vom Gesetz durch § 54 Abs. 2 beabsichtigten Schutz des Kaufmanns. Die Annahme einer konkludenten Erweiterung ist unproblematisch nur möglich, wenn außerhalb der Erteilung eine besondere schlüssige Erklärung vorliegt. Zusammen mit der Handlungsvollmacht kann eine konkludente Erweiterung nur unter strengen Voraussetzungen angenommen werden. Zumindest bei der Auslegung der Erteilung der Handlungsvollmacht ist Zurückhaltung geboten, um § 54 Abs. 2 nicht auszuhöhlen.[98] Möglich ist auch eine **Duldungs- oder Anscheinsvollmacht** hinsichtlich der Gegenstände des Abs. 2.[99]

36 Streitig ist, ob eine **unwirksame Prokuraerteilung** in eine Generalhandlungsvollmacht **umgedeutet** werden kann, die die Fälle des § 54 Abs. 2 außer der Veräußerung und Belastung von Grundstücken erfasst. Dies ist grundsätzlich zu bejahen.[100] Etwas anderes gilt nur, wenn erkennbar ein geringerer Vollmachtsumfang gewünscht ist. Eine **Generalvollmacht** an eine Person, die in der Hierarchie über dem Prokuristen angesiedelt ist, enthält – wenn man sie wie hier als erweiterte Generalhandlungsvollmacht einordnet – eine umfassende besondere Erteilung iSd Abs. 2.[101] Die besondere Befugnis ist eine Art- oder Spezialhandlungsvollmacht auf die wiederum § 54 Abs. 1 anzuwenden ist,[102] wobei aller-

---

89 LAG Niedersachsen BeckRS 2010, 74864 (und erst recht keine Kenntnis hiervon iSd § 174 Abs. 2 BGB).

90 BGH WM 1969, 43.

91 BGH WM 1976, 715.

92 Staub/*Joost* Rn. 55.

93 Staub/*Joost* Rn. 56.

94 Staub/*Joost* Rn. 57; Heymann/*Teichmann/Körber* Rn. 40; Schlegelberger/*Schröder* Rn. 25; *Grooterhorst/Preuß* II 21; Oetker/*Schubert* Rn. 22.

95 *Lutz,* Protokolle zum ADHGB, 1858, 952; RGZ 76, 202 (203); 117, 164 (165); BGH WM 1961, 321 (322); 1969, 43; 1978, 1046 (1047); OLG München WM 1984, 834 (835).

96 Staub/*Joost* Rn. 57.

97 Besonders weitgehend BGH WM 1961, 321 (322) Erteilung einer Handlungsvollmacht für den Bankverkehr soll Aufnahme von Bankkrediten decken; vgl. auch BGH WM 1969, 43.

98 Vgl. Staub/*Joost* Rn. 59; Oetker/*Schubert* Rn. 31.

99 BGH WM 1978, 1046; Staub/*Joost* Rn. 58.

100 AA *U. Hübner* Rn. 78: generell keine Erweiterung nach Abs. 2.

101 Vgl. RGZ 76, 202 (203); Straube/Ratka/Rauter/*Schinko* UGB § 54 Rn. 18.; aA Schlegelberger/*Schröder* Rn. 25.

102 Vgl. BGH WM 1961, 321 (322) (übliche Bankdarlehen).

dings mit der Üblichkeit nicht die Erfassung eines anderen Falls des § 54 Abs. 2 begründet werden kann.

2. Veräußerung oder Belastung von Grundstücken. Die Herausnahme der Veräußerung oder Belastung von Grundstücken entspricht § 49 Abs. 2 (→ § 49 Rn. 10; → § 49 Rn. 38 ff.). Hinzu kommt die Möglichkeit der Umdeutung einer als solcher unwirksamen konkludenten Prokuraerweiterung nach § 49 Abs. 2.[103] 37

3. Wechselverbindlichkeiten. Von Abs. 2 erfasste Wechselverbindlichkeiten sind insbesondere die Wechselausstellung, das Akzept, die Wechselbürgschaft und das Wechselindossament nebst den zugrunde liegenden schuldrechtlichen Verpflichtungen.[104] Die Rspr. hat eine stillschweigende besondere Bevollmächtigung bejaht, wenn der Kaufmann wissentlich längere Zeit hindurch die Wechselzeichnung nicht beanstandet hat oder wenn bei der Erteilung einer Generalhandlungsvollmacht erklärt wurde, sie gelte für „überhaupt alle Rechtshandlungen ohne Ausnahme".[105] Nicht ausreichend ist die bloße Erteilung einer Generalhandlungsvollmacht,[106] die Überlassung der gesamten Geschäftsführung[107] oder eine Vollmacht zur Scheckbegebung.[108] Schecks sind nicht von Abs. 2 erfasst und können wegen der geringeren Gefährlichkeit auch nicht gleichgestellt werden.[109] 38

4. Aufnahme von Darlehen. Einer besonderen Bevollmächtigung bedarf die Aufnahme eines **Geld- oder Sachdarlehens,** auch bei Dispositionskrediten und (geduldeten) Kontoüberziehungen.[110] Dies gilt wie in allen Fällen des Abs. 2 ohne Rücksicht auf die Höhe. Angesichts der heutigen Üblichkeit von Darlehen ist dies rechtspolitisch nicht unbedenklich, de lege lata aber zu akzeptieren. Ein **Austauschgeschäft mit Teilzahlungsabrede** ist, selbst wenn sich dadurch der Umfang der Gegenleistung (Preis) erhöht, **kein Darlehen,** sondern enthält nur eine Nebenabrede. Auch sonstige Finanzierungshilfen sind nicht erfasst. Diese einschränkende Interpretation rechtfertigt sich mit Verkehrsschutzerwägungen in diesen Fällen und dem geringeren Schutzbedürfnis des Vertretenen.[111] Wohl wegen rechtspolitischer Bedenken hat der BGH die Verfügung eines zeichnungsberechtigten Handlungsbevollmächtigten mittels **Scheckziehung** nicht als Fall des Darlehens nach Abs. 2 angesehen.[112] In einem Zeichnungsrecht kann die stillschweigende Erlaubnis zu geringfügigen Überziehungen im laufenden Verkehr gesehen werden.[113] Die zeitweise Überlassung der gesamten Geschäftsführung soll die Darlehensaufnahme iSd Abs. 2 mit umfassen.[114] 39

5. Prozessführung. Die Prozessführung bedarf in allen Gerichtszweigen einer **besonderen Vollmacht.** Grund ist, dass selbst Prozesse um kleine Summen Geschäftsbeziehungen nachhaltig beschädigen können. Erfasst sind alle rechtlich erheblichen Verfahrenshandlungen ab Einleitung des Verfahrens (zB Antrag auf Mahnbescheid), nicht aber Handlungen, die sich außergerichtlich auf den Streitgegenstand beziehen. Eine Vollmacht zum Abschluss von **Vergleichen** erfasst nicht die Prozessführung.[115] Der Bereich der **freiwilligen Gerichtsbarkeit** soll mangels kontradiktorischen Verfahrens keiner besonderen Vollmacht bedürfen, 40

---

[103] Staub/*Joost* Rn. 59.
[104] RG HRR 1928 Nr. 1211; OLG Rostock OLGE 21 (1910), 379 (schuldrechtliche Verpflichtung).
[105] Vgl. RGZ 76, 202 (203); Staub/*Joost* Rn. 60.
[106] Vgl. RG JW 1901, 844; Staub/*Joost* Rn. 61.
[107] RG WarnR 18 (1926) Nr. 119; 22 (1930) Nr. 18; OLG München OLGZ 1966, 25 (26); aA BGH WM 1969, 43.
[108] RG Recht 1926, Nr. 2409.
[109] BGH WM 1976, 769; Baumbach/Hopt/*Hopt* Rn. 13; Oetker/*Schubert* Rn. 33.
[110] Staub/*Joost* Rn. 66; Heymann/*Teichmann/Körber* Rn. 43; Schlegelberger/*Schröder* Rn. 26.
[111] Oetker/*Schubert* Rn. 34.
[112] BGH NJW 1969, 694 (695); zust. Staub/*Joost* Rn. 66; Heymann/*Teichmann/Körber* Rn. 42.
[113] Vgl. BGH WM 1961, 321 (322); Staub/*Joost* Rn. 60; Heymann/*Teichmann/Körber* Rn. 43; Schlegelberger/*Schröder* Rn. 25.
[114] BGH WM 1969, 43.
[115] RG LZ 1918, Sp. 1144 f.

was insbesondere für das patentgerichtliche Verfahren gelten soll.[116] Dem ist zuzustimmen soweit mangels betroffenem anderem Unternehmen Geschäftsbeziehungen nicht unmittelbar betroffen sind. Widerspruchs- und Löschungsverfahren auf Antrag eines anderen Unternehmens fallen daher unter Prozessführung.

41 **Schiedsgerichtsverfahren**[117] und selbst eine **Mediation**[118] weisen die gleichen Risiken für Geschäftsbeziehungen auf wie gerichtliche Verfahren. Wird eine Schiedsabrede bei einem schon bestehenden Streit geschlossen, ist dies bereits Teil der Einleitung des Verfahrens und daher Prozessführung. Klauseln im ursprünglichen Vertrag über den Gerichtsstand, das anwendbare Recht, eine Mediation oder eine sonstige Form der Alternative Disput Resolution (ADR) fallen dem Wortlaut nach nicht unter Prozessführung. Dennoch wird hier verbreitet Abs. 2 angewandt.[119] Dies ist abzulehnen.[120] Zumindest Gerichtsstandsklauseln sind so alt, dass der Gesetzgeber sie nicht übersehen haben kann und schon deshalb eine Analogie ausscheidet. Der Normzweck passt auch nicht. Die Geschäftsbeziehung zur Gegenseite wird nicht potentiell durch die Klausel gefährdet. Solche Klauseln dürften darüber hinaus auch nicht ungewöhnlich iSd Abs. 1 sein.

IV. Beschränkung der Handlungsvollmacht und Gutglaubensschutz (Abs. 3)

42 **1. Beschränkung.** Versteht man, wie hier, § 54 Abs. 1 und 2 als Festlegung eines dispositiven gesetzlichen Umfanges einer rechtsgeschäftlichen Vollmacht (→ Rn. 4), so ist der Wortlaut „Beschränkung" zutreffend. Die hM, die Abs. 1 als (widerlegliche) Vermutung begreift, muss den Wortlaut dagegen als verfehlt ansehen.[121] Abs. 3 **schützt** das **Vertrauen** in den gesetzlichen Umfang der Handlungsvollmacht bzw. nach hM das Vertrauen in den vermuteten Umfang der Handlungsvollmacht **nicht** aber das **Vertrauen** in den **Bestand der Handlungsvollmacht.** Die Norm erfasst die Beschränkung gegenüber dem sich aus Abs. 1 iVm Abs. 2 ergebenden Umfang einer tatsächlich bestehenden Vollmacht. Der Geschäftsherr ist im Umfang der Beschränkung frei, da der Verkehrsschutz durch die Anforderungen an die Bösgläubigkeit gewährleistet ist.[122] **Beschränkungen im Innenverhältnis (rechtliches Dürfen)** fallen nicht unter Abs. 3, sofern sie nicht zugleich eine stillschweigende Beschränkung der Innenvollmacht **(rechtliches Können)** enthalten.[123] Ist der Handlungsbevollmächtigte, wie meist, Erklärungsadressat (Innenvollmacht), kommt es für die Auslegung gem. §§ 133, 157 BGB und § 346 auf den Empfängerhorizont des Handlungsbevollmächtigten an. Ergibt die Auslegung, dass die interne Beschränkung nicht auch die Vollmacht erfasst, bleibt ein **Missbrauch der Vertretungsmacht** zu prüfen. Zu den Voraussetzungen → Vor § 48 Rn. 78 f.

43 Da die Anordnung einer **Gesamtvertretungsmacht** entgegen der hM § 54 Abs. 1 vorgelagert ist, fällt sie unabhängig von der Üblichkeit nicht unter § 54 Abs. 3 (→ Rn. 22). Die **Beschränkung auf eine Niederlassung** ist dagegen, sofern sie nicht dem Üblichen iSd Abs. 1 entspricht, eine Beschränkung iSd Abs. 3 (→ Rn. 21). Auch sonst ist zu beach-

---

116 Allg. *Winter* GRUR 1978, 233; Staub/*Joost* Rn. 67 f.; Oetker/*Schubert* Rn. 37; Heymann/*Teichmann*/*Körber* Rn. 45 speziell für das patentgerichtliche Verfahren BPatGE 19, 156 (157) = BB 1977, 267; BPatG GRUR 1989, 664; Oetker/*Schubert* Rn. 37; anders LG Hildesheim BB 1960, 1076 für Anmeldungen zum Geschmacksmusterregister.

117 RG LZ 1918, Sp. 1144 f.; EBJS/*Weber* Rn. 17.

118 Anders noch → 4. Aufl. 2016, Rn. 40; Staub/*Joost* Rn. 68; GroßkommUGB/*Torggler*/*Trenker* Rn. 53.

119 Für Schiedsabrede: OLG München NJW-RR 2009, 417 (419); OLG Jena BeckRS 2011, 06845 zugleich für internationale Gerichtsstandsklausel; EBJS/*Weber* Rn. 17 für Schiedsklausel; KKRD/*Roth* Rn. 12; Röhricht/Graf v. Westphalen/Haas/*Wagner*/*Wöstmann* Rn. 34.

120 Ebenso Baumbach/Hopt/*Hopt* Rn. 15; Oetker/*Schubert* Rn. 36; in Österreich ist dies für Schiedsabreden in § 54 Abs. 1 Hs. 2 UGB ausdrücklich geregelt, vgl. dazu OGH JBL 2006, 726; daher auch für Gerichtsstandsvereinbarungen GroßkommUGB/*Torggler*/*Trenker* UGB § 54 Rn. 42.

121 Vgl. Staub/*Joost* Rn. 69.

122 AA OLG Düsseldorf DB 1992, 2080: Beschränkungen nur auf objektiv abgrenzbare Gegenstände zulässig.

123 BGH ZIP 1982, 588 (589) mAnm *Bunte*; Staub/*Joost* Rn. 73, 41 f.; Oetker/*Schubert* Rn. 39.

ten, dass sich die existierenden Arten der Vollmacht aus dem Üblichen ergeben, eine einschränkende Abweichung daher eine Einschränkung iSd § 54 Abs. 3 ist (→ Rn. 21).

2. „Kannte oder kennen musste". Das „Kennen müssen" bezieht sich auf die Beschränkung selbst und nicht auf die Umstände, aus denen auf eine Beschränkung geschlossen werden könnte.[124] Obwohl der HGB-Gesetzgeber die Definition des § 122 Abs. 2 S. 2 BGB, die erst dem zweiten Entwurf des BGB entstammt, nicht bewusst zugrunde legte, sondern lediglich zum Ausdruck bringen wollte, dass der Dritte grundsätzlich „von dem Gewöhnlichen ausgehen" dürfe,[125] wird das **„Kennen müssen"** heute herrschend iSd § 122 Abs. 2 S. 2 BGB als **einfache Fahrlässigkeit** interpretiert.[126] Dies bedeutet für einen Kaufmann den strengeren Sorgfaltsmaßstab eines ordentlichen Kaufmanns (§ 347 Abs. 1). Um dem Verkehrsschutzbedürfnis zu genügen, wird der Maßstab der erforderlichen Sorgfalt in der Praxis aber zu Recht dem angenähert, was im BGB unter **grobe Fahrlässigkeit** eingeordnet wird (vgl. auch → § 56 Rn. 40). So besteht Einigkeit darüber, dass den Geschäftspartner keine allgemeine Nachforschungspflicht trifft.[127] De lege ferenda sollte für den gesamten Gutglaubensschutz im kaufmännischen Vertretungsrecht die Übernahme des Maßstabes der groben Fahrlässigkeit erwogen werden (vgl. bereits de lege lata für Österreich § 10 KSchG, wonach für Konsumenten – vereinfacht – der Maßstab der groben Fahrlässigkeit maßgeblich ist; vgl. auch § 93 Abs. 1 S. 2 AktG). Verallgemeinerungen hinsichtlich der Sorgfaltspflichten sind nur eingeschränkt möglich, da Besonderheiten des Einzelfalls eine erhebliche Rolle spielen.[128] 44

Beispiele: Bei einem deutlich sichtbaren Anschlag in einem Ladenlokal bzw. in einer Schalterhalle[129] musste der Vertragspartner die Einschränkung kennen.[130] Gleiches soll bei einem Aufdruck auf einem Bestellschein gelten.[131] Das Studium rückseitiger oder hinter der Kasse aufgehängter AGB gehört dagegen grundsätzlich nicht zur verkehrserforderlichen Sorgfalt.[132] Ein Aushang, der die zur Quittierung befugten Angestellten benennt, ist nicht geeignet, auf das Fehlen sonstiger Befugnisse hinzuweisen, sodass es auf die Präsentation des Aushanges nicht ankommt.[133] Der Abschluss eines ersten Vertrages mit dem Vorstand lässt die fehlende Vertretungsmacht eines Mitarbeiters für Folgeverträge nicht erkennen.[134] 45

3. Verkehrsschutz und Wahlrecht. Bei Gutgläubigkeit muss der Dritte die Beschränkung nicht gegen sich gelten lassen. Problematisch ist, ob er ein Wahlrecht hat. Verbreitet wird ein Wahlrecht des Dritten, sich nicht auf den Gutglaubensschutz berufen zu müssen, bejaht,[135] wobei streitig ist, ob der Dritte bei Gutgläubigkeit auch noch die Möglichkeit hat, gem. § 179 BGB gegen den Vertreter vorzugehen.[136] Nach der hier vorgenommenen Einordnung des Abs. 1 als Regelung dispositiven gesetzlichen Umfangs und nicht als vermuteter Umfang der Vollmacht scheidet ein Wahlrecht aus, weil § 54 Abs. 1 hiernach keine Vertrauensvorschrift ist. Wer der hM folgt, sollte ein Wahlrecht allerdings unter Ausschluss des § 179 BGB gegen den Vertreter anerkennen. 46

---

124 Vgl. BGH WM 2004, 417.

125 Denkschrift zur RT-Vorlage S. 51 = *Schubert/Schmiedel/Krampe* II 2 S. 991.

126 Vgl. Staub/*Joost* Rn. 74; BeckOGK/*Schärtl* Rn. 69; Zweifel, ob grobe Fahrlässigkeit angemessen bei *K. Schmidt* HandelsR § 16 Rn. 102.

127 *K. Schmidt* HandelsR § 16 Rn. 102; Oetker/*Schubert* Rn. 41; vgl. Staub/*Joost* Rn. 75.

128 Vgl. RGZ 118, 234 (240 f.); Staub/*Joost* Rn. 75.

129 Zur Parallelproblematik bei § 56 → § 56 Rn. 36.

130 Vgl. BGH ZIP 1982, 588 (589) mAnm *Bunte*; OLG Düsseldorf DB 1992, 2080 (2081).

131 RG Recht 1924 Nr. 658; HRR 1931 Nr. 529; krit. *Lenz* JR 1931, 150 f.

132 Vgl. näher zu AGB, insbes. zu Schriftform- und Bestätigungsvorbehaltsklauseln *Lindacher* JR 1982, 1.

133 Vgl. RGZ 118, 234 (240).

134 Vgl. BGH DB 2002, 1156 f.

135 Staub/*Joost* Rn. 77; Oetker/*Schubert* Rn. 42; *Altmeppen,* Disponibilität des Rechtsscheins, 1993, 179; grds. für Vertrauensschutzregeln *Lieb* FS H. Hübner, 1984, 575 ff.; grds. gegen ein Wahlrecht im Verhältnis von § 179 zu Vertrauensschutzregeln BGHZ 86, 273 (275) = NJW 1983, 1308; BGHZ 61, 59 (68) = NJW 1973, 1691; OLG Braunschweig MDR 2002, 42 zu § 54; *K. Schmidt* FS Gernhuber, 1993, 435 ff.

136 Dafür *Altmeppen,* Disponibilität des Rechtsscheins, 1993, 179; Oetker/*Schubert* Rn. 42; aA OLG Braunschweig MDR 2002, 42; Staub/*Joost* Rn. 77 iVm Staub/*Joost* § 56 Rn. 46.

V. Erteilung der Handlungsvollmacht

47 § 54 knüpft an einer vorhandenen Handlungsvollmacht an, ohne deren Erteilung zu regeln.

48 **1. Rechtsgeschäftliche Erklärung. a) Erklärungsperson.** Die Handlungsvollmacht kann vom **Inhaber des Handelsgeschäfts,** seinem gesetzlichen Vertreter, dem Verwalter (zB Insolvenzverwalter) bzw., wenn es sich um eine Handelsgesellschaft handelt, von seinem organschaftlichen Vertreter, aber auch von jedem rechtsgeschäftlichen Vertreter, der entsprechende Vertretungsmacht besitzt, erteilt werden. **Prokuristen** besitzen stets die notwendige Vertretungsmacht.[137] Hat die Erklärungsperson nur Gesamtvertretungsmacht bedarf es der Mitwirkung eines weiteren Gesamtvertreters.[138] Innenbeschränkungen – wie zB die Notwendigkeit eines Gesellschafterbeschlusses gem. § 46 Nr. 7 GmbHG oder entsprechende Regelungen in der Satzung – haben keine Auswirkungen auf die Vertretungsmacht und die Vollmachtserteilung.[139] Sie werden in jüngerer Zeit allerdings als Ansatzpunkt für einen Missbrauch der Vertretungsmacht angesehen.[140] Die Erteilung der Handlungsvollmacht für einen minderjährigen Inhaber bedarf anders als die Prokuraerteilung keiner Genehmigung des Familiengerichts. Die Vertretungsmacht von **Generalhandlungsbevollmächtigten** beinhaltet regelmäßig die Befugnis zur Erteilung von Art- und Spezialhandlungsvollmachten. Im Übrigen kommt es auf die Üblichkeit an. Auch eine Bevollmächtigung durch einen Vertreter ohne Vertretungsmacht mit nachträglicher Genehmigung ist zulässig.

49 **b) Bevollmächtigung.** Die Bevollmächtigung geschieht durch **einseitige empfangsbedürftige Willenserklärung,** die einer Annahme durch den Handlungsbevollmächtigten nicht bedarf.[141] Der Regelfall ist eine Bevollmächtigung gegenüber dem zukünftigen Handlungsbevollmächtigten (**Innenvollmacht** iSd § 167 Abs. 1 Alt. 1 BGB). Die Vollmacht kann aber auch durch **öffentliche Bekanntmachung** (§ 171 Abs. 1 BGB) und gegenüber dem Dritten, dem gegenüber die Vollmacht ausgeübt werden soll, erklärt werden (§ 167 Abs. 1 Alt. 2 BGB – **Außenvollmacht**).

50 Anders als bei der Prokura kann die Bevollmächtigung auch **stillschweigend** erfolgen.[142] Die Erteilung kann daher auch dadurch erfolgen, dass dem Bevollmächtigten gewisse Aufgaben zugewiesen werden, die eine Handlungsvollmacht typischerweise voraussetzen.[143] Ein Unternehmen könnte aber für seine Geschäftspartner ein privates Register hinsichtlich der Generalhandlungsvollmachten und anderen weitergehenden Vollmachten einrichten. Die Handlungsvollmacht ist **weder eintragungspflichtig noch eintragungsfähig.**[144] Eine Formvorschrift kann beim Vertretenen die Wirksamkeit einer konkludenten Erteilung ausschließen, da die Vollmachterteilung in den Verkehrsschutz bei § 54 nicht einbezogen ist.[145] Kontovollmachten werden aufgrund der Regelung des § 154 Abs. 2 AO weder konkludent noch mündlich von einer Bank akzeptiert, da die kontoführende Bank durch die Akzeptanz einer solchen Vollmachterklärung ihre Pflicht zur Kontenwahrheit verletzen würde. Erfordern Spezialregeln eine schriftliche Vollmacht, gilt dies auch für eine Handlungsvollmacht.[146] In der Rspr. wird häufig, anknüpfend an die Stellung im Unternehmen, eine stillschweigende Bevollmächtigung bejaht, wobei die **Grenzziehung zur Duldungs-**

---

[137] BGH DB 1952, 949.

[138] Vgl. KG BeckRS 2011, 25843.

[139] RGZ 75, 164 (166 ff.); BGHZ 62, 166 (168) = NJW 1974, 1194; BGH WM 1978, 1047 (1048); NJW 1988, 1199 (1200).

[140] Vor. § 48 Rn. 69.

[141] Staub/*Joost* Rn. 21; Heymann/*Teichmann/Körber* Rn. 14.

[142] Vgl. nur RGZ 1, 8; 102, 295 (297); 118, 236; BGH NJW 1982, 1389 (1390); Staub/*Joost* Rn. 23; GK-HGB/*B. Schmidt* Rn. 8; Straube/Ratka/Rauter/*Schinko* UGB Rn. 5.

[143] BGH NJW 2014, 2790 (2788), für eine Arthandlungsvollmacht; BGH NJW 2015, 2584, 2588; Oetker/*Schubert* Rn. 12; EBJS/*Weber* Rn. 11; Heymann/*Teichmann/Körber* Rn. 20.

[144] Vgl. ausf. OLG Hamburg NZG 2009, 957 (958) betr. Generalvollmacht.

[145] RGZ 116, 247 (252 ff.): Ausschluss konkludenter Erteilung durch Satzung einer Sparkasse.

[146] Vgl. OGH ZaK 2012, 15 zu § 31Abs. 6 GBG, der österreichischen Grundbuchformvorschrift.

und Anscheinsvollmacht undeutlich ist.[147] Sie hängt auch davon ab, ob man in der Duldungsvollmacht eine rechtsgeschäftliche Vollmacht sieht (→ Vor § 48 Rn. 53 ff.). Der BGH[148] nimmt an, dass die hierarchische Stellung zusammen mit dem bisherigen Auftreten auch die Kenntnis von der Vollmacht iSd § 174 Abs. 2 BGB vermittelt.

2. Duldungs- und Anscheinsvollmacht. Die Handlungsvollmacht iSd § 54 kann auch eine Duldungs- oder Anscheinsvollmacht sein, wobei die Abgrenzung gegenüber einer stillschweigenden Bevollmächtigung schwierig ist (zu Duldungs- und Anscheinsvollmacht → Vor § 48 Rn. 50 ff.). In Betracht kommen Duldungs- und Anscheinsvollmacht bei originär fehlender Vollmacht und für die Zeit nach Wegfall einer rechtsgeschäftlichen Vollmacht (vgl. aber auch § 173 BGB).[149] Trotz der Trennung von Vollmacht und hierarchischen Titeln kann unter Umständen auch ein hierarchischer Titel Anknüpfungspunkt für einen Rechtsschein sein.[150] 51

3. Handlungsvollmacht durch Umdeutung. Eine Handlungsvollmacht kann durch Umdeutung einer weiter gehenden, ursprünglich oder nachträglich unwirksamen Bevollmächtigung entstehen. Zur Erfassung von Vorgängen iSd § 54 Abs. 2 in diesen Fällen → Rn. 37. Dies betrifft vor allem die Fälle der Prokura (zB konkludente Prokuraerteilung, Prokura durch Kleingewerbetreibende, späterer Verlust der Kaufmannseigenschaft und Kenntnis der Gegenseite) und der Generalvollmacht, soweit mit ihr unzulässigerweise organschaftliche Kompetenzen verbunden sind.[151] Eine solche Vollmacht enthält zugleich die besondere Bevollmächtigung gem. Abs. 2 (→ Rn. 36). Unter Umständen kommt die Umdeutung auch im Bereich der Handlungsvollmacht selbst in Betracht. 52

4. Einklagbarer Anspruch auf Erteilung. Ein einklagbarer Anspruch auf Erteilung einer Handlungsvollmacht kann sich aus einer entsprechenden Vereinbarung ergeben, da die Handlungsvollmacht, anders als die Prokura (§ 52 Abs. 1), nicht zwingend jederzeit widerruflich ist (§ 168 S. 2 BGB). Allerdings unterliegt ein solcher Anspruch auf Erteilung der Vollmacht den gleichen Zulässigkeitsschranken, wie der Ausschluss des Widerrufs der Vollmacht (→ Rn. 60 f.). Wegen der damit verbundenen Risiken sollte dies aber nur zurückhaltend bejaht werden. 53

5. Genehmigung vollmachtlosen Handelns. Bei vollmachtlosem Handeln ist gem. § 177 BGB eine Genehmigung möglich. Zu beachten ist, dass Geschäfte, die vollmachtlos von Handlungsgehilfen und Handelsvertretern geschlossen wurden, die nur mit der Vermittlung von Geschäften betraut sind, bei Unkenntnis des Dritten von der fehlenden Vertretungsmacht als genehmigt gelten, wenn der Inhaber nicht unverzüglich nach Kenntnis des vollmachtlosen Vertreterhandelns widerspricht (§ 75h, § 91a).[152] 54

VI. Auswechslung von Vollmachtgeber und Bevollmächtigtem

1. Wechsel des Vollmachtgebers. Die Rechtsstellung des Vollmachtgebers kann **nicht** als solche **per Rechtsgeschäft** vom bisherigen Vollmachtgeber auf einen anderen übertragen werden.[153] Dem historischen Gesetzgeber war eine solche Vorstellung erkennbar fremd. Ein praktisches Bedürfnis für die Zulassung einer rechtsgeschäftlichen Übertragung der Vollmachtgeberstellung ist angesichts der problemlosen Möglichkeit der auch konklu- 55

---

147 Vgl. RGZ 50, 75 (76); 90, 299 (300); 102, 295; 118, 234 (240 f.); RG Recht 1923, Nr. 1026; LZ 1926, Sp. 925 f.; OLG München OLGE 36 (1918), 248 f.

148 BGH NJW 2009, 293 (294) betr. Generalbevollmächtigten; aA Oetker/*Schubert* Rn. 12.

149 Vgl. RGZ 1, 8 (9); 100, 48 (49 f.); 117, 164 (165 f.); 119, 198 (203 f.); 133, 97 (100); RG Recht 1924, Nr. 1531; WarnR 18 (1926) Nr. 119, Nr. 154; BGH WM 1969, 43; 1969, 1301 (1302); 1978, 1046.

150 Vgl. *Borsch* GmbHR 2004, 1376 ff.

151 Vgl. BGH NZG 2002, 813 (814), dort als restriktive Auslegung zur Vermeidung der Umdeutung; gegen Umdeutung aber OLG Brandenburg BeckRS 2010, 03477.

152 Zur Genehmigung durch Prokuristen vgl. BGH WM 1966, 491 (493 f.).

153 AA *Frey,* Rechtsnachfolge in Vollmachtnehmer- und Vollmachtgeberstellungen, 1997, 105 ff., 223 ff. mit Gesetzesvorschlag.

denten Neuerteilung und dem automatischen Erlöschen gem. § 168 S. 1 BGB nicht erkennbar. Die drohenden Folgefragen bei Unkenntnis des Bevollmächtigten von diesem Vorgang[154] sprechen ebenfalls gegen eine rechtsfortbildende Zulassung der rechtsgeschäftlichen Übertragung der Vollmachtgeberstellung.

56 Wechselt dagegen der Vertragspartner des Bevollmächtigten aus dem Anstellungsvertrag (der Inhaber) **per Gesetz** – zB durch Erbfall, gem. § 613a BGB oder nach dem Umwandlungsgesetz – existieren keine Wertungsbedenken gegen die **Kontinuität** der **Handlungsvollmacht.** Gerade bei einem großen Betrieb oder Unternehmen führt der gesetzliche Übergang zu einer Entlastung des Vertretenen. Da der Vertreter den Rechtsübergang hier in aller Regel kennt, gibt es auch keine größeren praktischen Folgeprobleme. Ein Inhaberwechsel mit gesetzlichem Wechsel im Grundverhältnis (Anstellung) zum Bevollmächtigten führt daher anders als bei der Prokura nicht zum Erlöschen der Handlungsvollmacht, da diese nicht an die Person des Inhabers und sein persönliches Vertrauen gebunden ist.[155] Vielmehr geht – entgegen der hM – mit dem Grundverhältnis auch die Handlungsvollmacht über, zumal diese, anders als die Prokura, gem. § 58 übertragungsfähig ist.[156] Rechtstechnisch lässt sich der Vollmachtsübergang mit einer Analogie zu § 168 S. 1 BGB rechtfertigen.[157] Die hM erreicht ähnliche Ergebnisse, wenn sie in der Belassung des Wirkungskreises eine stillschweigende Neuerteilung bzw. Rechtsscheinsvollmacht sieht.[158]

57 **2. Wechsel des Bevollmächtigten.** Der Vollmachtgeber kann seinen Bevollmächtigten auswechseln, indem er ganz einfach die bisherige Vollmacht widerruft (→ Rn. 59) und zu Gunsten eines Anderen neu erteilt (zur Übertragung der Vollmacht durch den Bevollmächtigten selbst vgl. § 58). Ein gesetzlicher Übergang in Folge eines gesetzlichen Wechsels auf Seiten des Vertreters ist, wenn man wie hier (→ Rn. 11) die Handlungsvollmacht auf natürliche Personen beschränkt, nur beim Tod des Bevollmächtigten denkbar. Selbst dann erlöschen aber nach den § 673 S. 1 BGB, § 168 S. 1 BGB im Zweifel sowohl das Grundverhältnis als auch die Vollmacht.

VII. Erlöschen der Vollmacht

58 **1. Allgemeines.** Das Erlöschen der Handlungsvollmacht ist im HGB nicht besonders geregelt. Zentrale – wenn auch unvollständige – Vorschrift ist § 168 BGB. Die Rechtslage entspricht im Wesentlichen der bei der Prokura (→ § 52 Rn. 8 ff.; → § 52 Rn. 24 ff.), sodass an dieser Stelle vor allem auf die Abweichungen hinzuweisen ist.

59 **2. Grundverhältnis, Widerruf, Niederlegung.** Gemäß § 168 S. 1 BGB erlischt die Vollmacht automatisch mit dem Erlöschen des zugrunde liegenden Rechtsverhältnisses (meist einer Anstellung). Der Widerruf der Vollmacht ist grundsätzlich jederzeit frei möglich (§ 168 S. 2 BGB). Er erfolgt in derselben Weise wie die Vollmachtserteilung. Der Widerruf kann auch in einer außerordentlichen – selbst einer unwirksamen – Kündigung des Grundverhältnisses enthalten sein. Eine Niederlegung der Vollmacht durch den Bevollmächtigten bzw. eine Zurückweisung unmittelbar im Anschluss an die Vollmachtserteilung ist rechtsfortbildend zuzulassen (str., im Einzelnen → § 52 Rn. 43).[159] Der Vertreter kann hieran zB zur Sicherung des eigenen Rufes bei einer Vollmacht durch ein unseriöses Unternehmen ein legitimes eigenes Interesse haben, während ein legitimes Interesse des Vertretenen an einem Weiterbestand der Vollmacht nicht besteht (→ § 52 Rn. 43).

---

[154] Vgl. *Frey,* Rechtsnachfolge in Vollmachtnehmer- und Vollmachtgeberstellungen, 1997, 199 ff.

[155] AA hM, vgl. Staub/*Joost* Rn. 91; GK-HGB/*B. Schmidt* Rn. 24; *Köhler* BB 1979, 912 (914 f.); Röhricht/Graf v. Westphalen/Haas/*Wagner/Wöstmann* Rn. 51; wie hier *Grooterhorst,* Vollmachten in Unternehmen, II 39; EBJS/*Weber* Rn. 32.

[156] Ebenso MüKoBGB/*Schubert* BGB § 168 Rn. 5; *Honsell* JA 1984, 17 (21).

[157] *Frey,* Rechtsnachfolge in Vollmachtnehmer- und Vollmachtgeberstellungen, 1997, 80 f.

[158] Vgl. Staub/*Joost* Rn. 9; *Köhler* BB 1979, 912 (915).

[159] Wie hier Oetker/*Schubert* Rn. 50; BeckOGK/*Schärtl* Rn. 64.

Die freie Widerruflichkeit kann eingeschränkt werden.[160] Ein völliger Ausschluss ist unzulässig, da in Rechtsanalogie zur Zulässigkeit der Kündigung bei Dauerschuldverhältnissen (§ 314 BGB) die Möglichkeit eines Widerrufs aus wichtigem Grund unverzichtbar ist.[161] Der Begriff „unwiderrufliche Vollmacht" ist daher irreführend. Auch der bloße Ausschluss des jederzeitigen Widerrufsrechts ist zur Sicherung der Selbstbestimmung unzulässig, wenn die Vollmacht allein dem Interesse des Vertretenen dient.[162] Eine Handlungsvollmacht an kaufmännisches Personal dient in diesem Sinne grundsätzlich allein dem Interesse des Vertretenen, es sei denn, sie ist – wie allerdings häufig – mit einem bestimmten hierarchischen Status fest verbunden, so dass sich der Widerruf als de facto-Eingriff in diesen Status darstellt. Nur im letzteren Fall wird der Meinungsstreit um die Konkretisierung der Zulässigkeitsgrenzen der sog. unwiderruflichen Vollmacht relevant. 60

Weder die Zulässigkeitsvoraussetzung mindestens gleichgewichtiger Interessen des Vertreters[163] noch die Voraussetzung, die Vollmacht müsse der Erfüllung eines gegen den Vertretenen gerichteten Anspruchs des Vertreters oder eines Dritten, für den der Vertreter handeln soll, dienen,[164] lassen sich rechtfertigen. Die Gleichwertigkeit der Interessen von Vertreter und Vertretenem hat allerdings grundsätzlich zur Folge, dass auch ohne besondere Abrede die jederzeitige freie Widerruflichkeit der Vollmacht ohne Grund ausgeschlossen ist.[165] In Rechtsanalogie zu § 52 Abs. 2 und den Regeln für gesetzliche Vertreter ist ein Ausschluss der jederzeitigen Widerruflichkeit für umfassende Vollmachten unzulässig. Erreicht also eine Vollmacht den Umfang einer Prokura, so kann die jederzeitige Widerruflichkeit nicht ausgeschlossen werden.[166] Wegen der besonderen Gefährlichkeit sollte Gleiches auch für den Widerruf der besonderen Bevollmächtigung gem. Abs. 2 gelten. Nach zutreffender Meinung ist ein Ausschluss der jederzeitigen Widerruflichkeit nur durch Vertrag und nicht einseitig möglich.[167] Denn der Ausschluss der Widerruflichkeit gehört nicht zu den grundsätzlich enumerativen Formen einseitiger Rechtsgestaltung. Er ist nicht bloße Inhaltsgestaltung der Vollmacht, sondern Teil des zugrunde liegenden Rechtsverhältnisses. 61

3. Veränderungen in der Person des Kaufmanns. Die **Vollbeendigung der kaufmännischen** (unternehmerischen) **Aktivitäten,** nicht jedoch die Eröffnung des Liquidationsverfahrens (→ Rn. 8 aE), führt zum Erlöschen der Vollmacht (→ § 52 Rn. 29).[168] Ein **Absinken eines kaufmännischen Geschäfts** auf das Niveau eines Kleingewerbetreibenden ist dagegen unerheblich, solange das Unternehmen im Handelsregister eingetragen ist (§§ 2, 5). Bejaht man wie hier die analoge Anwendbarkeit des § 54 auf nichtkaufmännische Unternehmen, wirkt die Vollmacht auch ohne Eintragung des Unternehmens im Register, solange ein Unternehmen besteht. Für die Gegenmeinung stellt sich das Problem der Umdeutung in eine BGB-Vollmacht.[169] Der Tod des Inhabers führt, wenn nichts anderes vereinbart ist, nicht zum Erlöschen der Vollmacht (§ 168 S. 1 BGB iVm § 672 S. 1 BGB, § 675 BGB, § 727 Abs. 1 BGB).[170] 62

---

160 AA nur Schlegelberger/*Schröder* Rn. 8 in Analogie zu § 52 Abs. 1.

161 BGH WM 1969, 1009; OGH JBl. 1970, 618; Staub/*Joost* Rn. 83 f.; Heymann/*Teichmann/Körber* Rn. 71; Soergel/*Leptien* BGB § 168 Rn. 26; Staudinger/*Schilken,* 2019, BGB § 168 Rn. 14; aA *Flume* BGB AT I 1 § 53 Rn. 4, 881 f.

162 BGHZ 3, 354 (358) = NJW 1952, 178; BGH WM 1971, 956; Soergel/*Leptien* BGB § 168 Rn. 22; Staudinger/*Schilken,* 2019, BGB § 168 Rn. 8.

163 RG JW 1927, 1349; BGH WM 1971, 956; Soergel/*Leptien* BGB § 168 Rn. 22; MüKoBGB/*Schubert* BGB § 168 Rn. 23; Staub/*Joost* Rn. 28, 84.

164 So *Flume* BGB AT I 1 § 53 Rn. 2, 3, 878 f.; AK-BGB/*Ott* BGB § 168 Rn. 9.

165 RG JW 1927, 1139; HRR 1934 Nr. 2; BGH WM 1965, 1006 (1007); 1969, 1009; 1985, 647; NJW-RR 1991, 441.

166 Ähnlich für die allgemeine Generalvollmacht die hM, vgl. KG KGJ 47, 150; Staudinger/*Schilken,* 2019, BGB § 168 Rn. 9; Soergel/*Leptien* BGB § 168 Rn. 25; *H. Hübner,* BGB AT, 2. Aufl. 1996, Rn. 1273.

167 RGZ 62, 335 (337); 109, 331 (333); RG JW 1932, 1548; OLG Schleswig MDR 1963, 675; *Hopt* ZHR 133 (1970), 305 (317); aA Staudinger/*Schilken,* 2019, BGB § 168 Rn. 11; Soergel/*Leptien* BGB § 168 Rn. 23; MüKoBGB/*Schubert* BGB § 168 Rn. 26.

168 RGZ 72, 119 (123); Staub/*Joost* Rn. 89.

169 Vgl. Staub/*Joost* Rn. 87.

170 Staub/*Joost* Rn. 87; Heymann/*Teichmann/Körber* Rn. 69; *Hopt* ZHR 133 (1970), 305 (311 ff.).

63 Mit der **Eröffnung des Insolvenzverfahrens** über das Vermögen des Kaufmanns erlischt die Handlungsvollmacht.[171] Die Ziele des Insolvenzverfahrens erfordern ein zeitweises Ruhen jeglicher Vertretungshandlung. Dies folgt heute eindeutig aus § 117 InsO und gilt mit der dort festgeschriebenen Ausnahme für eilbedürftige Handlungen. Der Insolvenzverwalter kann – auch stillschweigend – neue Vollmachten erteilen.[172] Zu den Auswirkungen eines Inhaberwechsels auf den Bestand einer Handlungsvollmacht → Rn. 55 f. Die laufende Liquidation lässt die Handlungsvollmacht bestehen.[173]

64 **4. Veränderungen in der Person des Vertreters.** Die Handlungsvollmacht erlischt mit dem Tod des Bevollmächtigten und dem Eintritt der Geschäftsunfähigkeit[174] (→ § 52 Rn. 38 ff.) sowie dann, wenn der Bevollmächtigte Inhaber des Unternehmens wird. Eine Generalhandlungsvollmacht endet zudem, wenn der Bevollmächtigte Aufsichtsratsmitglied wird. Näher zur Unvereinbarkeit der Positionen gem. § 105 Abs. 1 AktG → § 48 Rn. 40 ff.

65 **5. Verkehrsschutz bei Erlöschen.** Erlischt die Handlungsvollmacht, kommt ein Verkehrsschutz gutgläubiger Dritter nur im Rahmen der **§§ 170–173 BGB** sowie der **Duldungs- und Anscheinsvollmacht** in Betracht. Insbesondere die Beschäftigung auf einer üblicherweise mit Handlungsvollmacht verbundenen Stelle wird als eine öffentliche Bekanntmachung iSd § 171 BGB angesehen, so dass für einen Widerruf die § 171 Abs. 2 BGB, § 173 BGB zu beachten sind. Daneben kommt auch eine Anscheinsvollmacht in Betracht.[175]

66 **6. Anfechtung.** Die Bevollmächtigung des Vertreters ist gem. den allgemeinen Regeln anfechtbar (→ Vor § 48 Rn. 61 ff.). Eine Anfechtung in Bezug auf die Rechtsfolgen des § 54 oder wegen eines Irrtums über diese Folgen ist nicht möglich.

VIII. Sonstiges

67 **1. Innenverhältnis.** Die Handlungsvollmacht ist grundsätzlich von dem ihr zugrunde liegenden Rechtsverhältnis zu trennen (→ Vor § 48 Rn. 43 ff.). Diese Trennung ist jedoch nicht vollständig. So endet das Vollmachtsverhältnis grundsätzlich mit der Beendigung des zugrunde liegenden Rechtsverhältnisses. Im Innenverhältnis ist der Vertreter regelmäßig **Handlungsgehilfe** gem. § 59, der aufgrund eines Anstellungsvertrages tätig wird.[176] Die **Beschränkungen des Innenverhältnisses** sind auch bei weitergehender Vollmacht zu beachten. Sie lösen bei Verstoß eine entsprechende Haftung aus und berechtigten unter Umständen zur Kündigung des Grundverhältnisses.

68 **2. Haftung gegenüber dem Rechtsverkehr.** Der Kaufmann hat für Handlungen des Handlungsbevollmächtigten gem. §§ 278, 831 BGB einzustehen.[177] § 31 BGB ist dagegen nicht anwendbar, da der Handlungsbevollmächtigte weder gesetzlicher noch verfassungsmäßig berufener Vertreter ist. Der BGH hält neben der Anwendung des § 54 eine Haftung des Vertretenen aus c.i.c. (heute § 280 BGB, § 311 Abs. 3 BGB, § 41 Abs. 2 BGB) wegen unterlassener Aufklärung über die Beschränkung der Vertretungsmacht für möglich.[178] Dies ist abzulehnen. § 54 Abs. 3 gewährleistet einen abschließenden Verkehrsschutz hinsichtlich der Beschränkung der Handlungsvollmacht.

69 Der Handlungsbevollmächtigte selbst ist, soweit sein Handeln von der Vertretungsmacht gedeckt ist (§ 179 BGB), grundsätzlich nicht verantwortlich (→ Rn. 46). Für die Verletzung vorvertraglicher Pflichten (zB Aufklärung) haftet er nur persönlich, wenn er ein besonderes

[171] So schon RG LZ 1916, Sp. 22 (25 ff.); BGH WM 1958, 430 (431); Baumbach/Hopt/*Hopt* § 52 Rn. 5; Jaeger/*Henckel* KO § 23 Rn. 48; aA vor Inkrafttreten der InsO *K. Schmidt* BB 1989, 229 (233).
[172] Staub/*Joost* Rn. 90; Baumbach/Hopt/*Hopt* Rn. 6; *Obermüller* BB 1957, 412; Oetker/*Schubert* Rn. 5, 49.
[173] Staub/*Joost* Rn. 89; Oetker/*Schubert* Rn. 49.
[174] GK-HGB/*B. Schmidt* Rn. 24; GK-HGB/*B. Schmidt* § 52 Rn. 24.
[175] RG Recht 1923 Nr. 1026; Staub/*Joost* Rn. 95.
[176] Staub/*Joost* Rn. 97; Oetker/*Schubert* Rn. 15; EBJS/*Weber* Rn. 7.
[177] BGH WM 1966, 491 (495); Staub/*Joost* Rn. 98, 82.
[178] BGH BB 1980, 1605 f.

Vertrauen in seine Person erweckt (Regelbeispiel des § 311 Abs. 3 S. 2 BGB) oder ein besonderes vertretungspartnergleiches Eigeninteresse am Geschäft hat (zum Ganzen → Vor § 48 Rn. 106 ff.). Unter Umständen kommt bei mindestens grober Fahrlässigkeit und entsprechender interner Aufgabenzuweisung auch eine Haftung wegen Verletzung persönlicher steuerrechtlicher Pflichten in Betracht (§ 69 AO iVm §§ 34, 35 AO).[179]

3. Beweislast. Die Partei, die Rechte aus der Vollmacht herleiten will (der Dritte), 70 muss das Bestehen einer Handlungsvollmacht, die für das Geschäft notwendige Art der Handlungsvollmacht (General-, Art-, Spezialhandlungsvollmacht), die Zugehörigkeit der Handlung zum Gewöhnlichen iSd § 54 Abs. 1 und ggf. eine notwendige besondere Befugnis nach Abs. 2 beweisen. Der Kaufmann muss beweisen, dass er die Vollmacht gegenüber dem nach § 54 Abs. 1, Abs. 2 bestehenden Umfang eingeschränkt hat und dass der Dritte die Beschränkung kannte oder kennen musste.[180] Wegen der stark von der näheren Ausgestaltung und weiteren Umständen abhängigen Vertretungsmacht ist die Handlungsvollmacht nur selten für den Urkundenprozess geeignet.[181]

IX. Rechtslage in Österreich

Der größte Unterschied zu § 54 HGB liegt darin, dass der Wortlaut des § 54 UGB 71 auch den Abschluss von Schiedsvereinbarungen erfasst. Gemeint ist hiermit nicht die Vertretung im Schiedsprozess,[182] sondern die vertragliche Vereinbarung, Streitigkeiten, die aus dem unter die Handlungsvollmacht fallenden Geschäft entstehen, vor einem Schiedsgericht zu verhandeln.[183] Außerdem wird befürwortet, dass auch der Abschluss von Schiedsrichterverträgen erfasst sein soll;[184] diese betreffen die Auswahl und Honorierung der Schiedsrichter sowie die sonstigen üblichen Abreden.[185] Von der für Vollmachten zum Abschluss von Schiedsvereinbarungen erforderlichen Schriftform[186] trifft § 54 UGB zwar keine Ausnahme, zutreffend wird aber eine schlüssige Erteilung für ausreichend gehalten, da andernfalls der Regelungszweck unterlaufen würde.[187] § 55 UGB enthält wortgleich die Vertrauensschutzregel des § 54 Abs. 3. Gemäß § 10 Konsumentenschutzgesetz (KSchG) schadet dem Verbraucher nur grobe Fahrlässigkeit. Selbst dann kommt der Vertrag mit dem vereinbarten Inhalt zustande. Der Unternehmer hat lediglich ein Rücktrittsrecht gegenüber dem Verbraucher. Die in Deutschland nicht geregelten, aber bei § 54 diskutierten, Erlöschensgründe sind in § 58 Nr. 1, 3 UGB teilweise geregelt. In Österreich ist weiterhin eine sehr starke Meinung[188] dafür, die Generalvollmacht lediglich als erweiterte Generalhandlungsvollmacht einzuordnen.

§§ 54, 55 UGB lauten: 72

§ 54 UGB Umfang der Handlungsvollmacht

(1) Ist jemand ohne Erteilung der Prokura zum Betrieb eines Unternehmens oder zur Vornahme einer bestimmten zu einem Unternehmen gehörigen Art von Geschäften oder zur

179 Vgl. BFH/NV 1988, 139.

180 Staub/*Joost* Rn. 78 f.; *K. Schmidt* HandelsR § 16 Rn. 112; *Reinicke* in Baumgärtel Beweislast-HdB, Bd. IV, 1988, § 54 Rn. 2, 3; *v. Westphalen* DStR 1993, 1562 (1564); für Österreich *Holzhammer,* Allgemeines Handelsrecht- und Wertpapierrecht, XI D 5. mN; aA für die Erteilung der Vollmacht *Bunte* ZIP 1982, 590 (591).

181 Vgl. OGH JBl. 2009, 636 mAnm *Holzner.*

182 Krejci/*S. Bydlinski/Krejci* Reform-Kommentar UGB § 54 Rn. 11.

183 Krejci/*S. Bydlinski/Krejci* Reform-Kommentar UGB § 54 Rn. 7. Diese verneinte das OLG München NJW-RR 2009, 417 (419) für § 54; aber → Rn. 40.

184 Krejci/*S. Bydlinski/Krejci* Reform-Kommentar UGB § 54 Rn. 9; *Krejci,* Unternehmensrecht, 2008, 250 f.

185 Krejci/*S. Bydlinski/Krejci* Reform-Kommentar UGB § 54 Rn. 7.

186 *Aburuhmieh/Koller/Pöltner* ÖJZ 2006, 439.

187 Krejci/*S. Bydlinski/Krejci* Reform-Kommentar UGB § 54 Rn. 5; *Krejci,* Unternehmensrecht, 2008, 250.

188 *Enzinger* ÖZW 1985, 83; GroßKommUGB/*Torggler/Trenker* § 54 Rn. 59; Torggler/*Schopper/Trenker* UGB § 54 Rn. 16.

Vornahme einzelner zu einem Unternehmen gehöriger Geschäfte ermächtigt, so erstreckt sich die Vollmacht (Handlungsvollmacht) auf alle Geschäfte und Rechtshandlungen, die der Betrieb eines derartigen Unternehmens oder die Vornahme derartiger Geschäfte gewöhnlich mit sich bringt; dies umfasst auch den Abschluss von Schiedsvereinbarungen. Für solche Geschäfte und Rechtshandlungen bedarf es keiner besonderen Vollmacht nach § 1008 ABGB.

(2) Zur Veräußerung oder Belastung von Grundstücken, zur Eingehung von Wechselverbindlichkeiten, zur Aufnahme von Darlehen und zur Prozessführung ist der Handlungsbevollmächtigte nur ermächtigt, wenn ihm eine solche Befugnis besonders erteilt ist.

§ 55 UGB Beschränkbarkeit der Handlungsvollmacht

Sonstige Beschränkungen der Handlungsvollmacht braucht ein Dritter nur dann gegen sich gelten zu lassen, wenn er sie kannte oder kennen musste.

§ 55 [Abschlussvertreter]

(1) Die Vorschriften des § 54 finden auch Anwendung auf Handlungsbevollmächtigte, die Handelsvertreter sind oder die als Handlungsgehilfen damit betraut sind, außerhalb des Betriebes des Prinzipals Geschäfte in dessen Namen abzuschließen.

(2) Die ihnen erteilte Vollmacht zum Abschluß von Geschäften bevollmächtigt sie nicht, abgeschlossene Verträge zu ändern, insbesondere Zahlungsfristen zu gewähren.

(3) Zur Annahme von Zahlungen sind sie nur berechtigt, wenn sie dazu bevollmächtigt sind.

(4) Sie gelten als ermächtigt, die Anzeige von Mängeln einer Ware, die Erklärung, daß eine Ware zur Verfügung gestellt werde, sowie ähnliche Erklärungen, durch die ein Dritter seine Rechte aus mangelhafter Leistung geltend macht oder sie vorbehält, entgegenzunehmen; sie können die dem Unternehmer (Prinzipal) zustehenden Rechte auf Sicherung des Beweises geltend machen.

Übersicht

I. Grundlagen

1 Die Norm regelt den Umfang einer erteilten Handlungsvollmacht für Mitarbeiter im **Außendienst.** Einerseits wird § 54 klarstellend für anwendbar erklärt. Vor allem handelt

es sich um eine **Konkretisierung des § 54** für die spezielle Interessenlage bezüglich des Außendienstes (zur Erfassung der Handelsvertreter → Rn. 5 f.), die den Interessenkonflikt zwischen dem Schutzbedürfnis des Kaufmanns und dem des Rechtsverkehrs ausgleicht. Der Verkehrsschutz ist wegen der geringeren Risikobeherrschung des Vertretenen bei Vertretern im Außendienst geringer als im räumlichen Unternehmensbereich.[1] Durch die modernen Kommunikationsmittel werden aber gerade diese Unterschiede bei der Risikobeherrschung deutlich kleiner.

Als einzige materielle Norm des kaufmännischen Vertretungsrechts ist § 55 schon seit damals (1953) (partiell) modernen Bedürfnissen angepasst worden, so dass eine Rechtseinheit mit Österreich nicht mehr bestand. Art. 49 ADHGB ordnete an, dass sog. Fernreisende Inkassovollmacht für die von ihnen abgeschlossenen Geschäfte sowie das Recht zur Stundung dieser Forderungen haben sollten und im Übrigen der Vorläufer des heutigen § 54 (Art. 47 ADHGB) anwendbar sei. Vor Verabschiedung des HGB war die Beibehaltung von Inkassovollmacht und Stundungsvollmacht sehr umstritten.[2] Letztlich kam es aber nur zu einer Erweiterung des Verkehrsschutzes in Bezug auf Mängelrügen als für den Kaufmann ungefährliche Passivvertretung (§ 55 Abs. 3 aF). Mit der sog. **Handelsvertreternovelle** von **1953** schaffte der Gesetzgeber die Inkassovollmacht und die Stundungsvollmacht ab, weil er angesichts der modernen Kommunikations- und Zahlungsmittel[3] keinen Bedarf für eine so weitgehende Regelvertretungsmacht mehr sah. Darüber hinaus führte er für diese Fälle und die **Änderung von Verträgen** die Notwendigkeit einer besonderen Bevollmächtigung ein (§ 55 Abs. 2, Abs. 3 nF). Erweitert wurde die Vollmacht um **Beweissicherungsrechte** des Unternehmers (§ 55 Abs. 4 Hs. 2 nF). Da nach diesen Änderungen die Berechtigung für die materielle Trennung zwischen den sog. Fernreisenden und den Stadtreisenden entfallen war, erfasst die Norm nun alle vertretungsberechtigten **Außendienstmitarbeiter** (→ Rn. 4 ff.). Sie wird durch die §§ 75g, 75h sowie die §§ 91, 91a und § 92 iVm §§ 69 ff. VVG ergänzt. 2

Rechtspolitisch ist die Norm umstritten. *K. Schmidt*[4] hält (wie in Österreich geschehen) eine Zusammenfassung mit § 54 für geboten und will nur die Notwendigkeit einer besonderen Bevollmächtigung für Vertragsänderungen, Stundungen und Annahme von Zahlungen in eine neue, vereinigte Norm übernehmen. *Joost*[5] hält zumindest § 55 Abs. 1 für obsolet, weil deklaratorisch. Letzteres ist jedenfalls dann nicht zutreffend, wenn man, wie auch hier befürwortet, für eine Handlungsvollmacht ein Handeln aus dem Unternehmen heraus verlangt (→ § 54 Rn. 10),[6] da bei Handelsvertretern die Erfüllung dieser Voraussetzung zumindest zweifelhaft ist.[7] Der Norm kommt somit zumindest Klarstellungsfunktion zu. Außerdem ist Abs. 1 notwendige Definitionsnorm für die Folgeabsätze. Für Handlungsgehilfen, also Mitarbeiter des Unternehmens könnte die in der Praxis zu beobachtende Verwischung der Abgrenzung zwischen Innendienst und Außendienst zum Problem werden, da ein Vollmachtsumfang in Abhängigkeit vom konkreten Handlungsort des Vertreters wenig überzeugend wirkt. Verbunden mit der sich verbessernden Risikobeherrschung im Außendienst durch moderne Kommunikationsmittel sollte die Unterscheidung zwischen Handlungsgehilfen im Innendienst und im Außendienst überdacht werden. 3

---

[1] Vgl. *K. Schmidt* HandelsR § 16 Rn. 119; Oetker/*Schubert* Rn. 1.

[2] Vgl. *Schubert/Schmiedel/Krampe,* Quellen zum HGB von 1897, Bd. I, 1986, 360 und 484; Bd. II 1, 1987, 47 f.

[3] BT-Drs. 1/3856, 44; zum Ganzen *Wolf,* Der reisende Handlungsgehilfe und der Handelsvertreter als Bevollmächtigte. Geschichtliche Entwicklung von den Beratungen zum ADHGB bis zur Handelsvertreternovelle von 1953, 1971.

[4] *K. Schmidt* DB 1994, 515 (521). Durch eine starke Erweiterung des § 56 auf alle Geschäfte innerhalb eines Ladens soll die Notwendigkeit einer besonderen Bevollmächtigung für die Annahme von Zahlungen auf den Außendienst beschränkt bleiben.

[5] Staub/*Joost* Rn. 5.

[6] *K. Schmidt* HandelsR § 16 Rn. 89.

[7] Dagegen *K. Schmidt* HandelsR § 16 Rn. 89, der aber in seinem Gesetzgebungsvorschlag (§ 34 Abs. 2 seines Entwurfs) de lege ferenda – inkonsequent – keine besondere Regelung vorsieht, DB 1994, 515 (521); → Rn. 14.

II. Grundsätzliche Anwendbarkeit des § 54 (Abs. 1)

4 **1. Vertreter.** Vereinfacht erfasst § 55 die Vertreter, die Mitarbeiter im **Außendienst** sind.[8] Im Einzelnen bezieht sich die Norm jedoch nur auf **selbstständige Handelsvertreter** und **unselbstständige Handlungsgehilfen,** sodass bei sonstigen Mitarbeitern im Außendienst nur eine analoge Anwendung in Betracht kommt.[9]

5 **a) Handelsvertreter.** Handelsvertreter ist gem. § 84 Abs. 1 S. 1, wer als **selbstständiger Gewerbetreibender ständig** damit **betraut** ist, für einen anderen Unternehmer Geschäfte zu vermitteln oder abzuschließen. Charakteristisch ist, dass der Handelsvertreter ständig mit der Vertretung betraut ist. Nur deshalb kann man ihn den anderen aus dem Unternehmen handelnden Vertretern gleichstellen (→ § 54 Rn. 10). Daher sind auch nur die **Handelsvertreter des Vertretenen** erfasst.[10] Dies unterscheidet ihn insbesondere auch vom Makler (§ 93). Die Tätigkeit im Namen des Unternehmers unterscheidet den Handelsvertreter vom Eigenhändler, vom Kommissionär (§ 383) und vom Kommissionsagenten, die im eigenen Namen tätig werden. Auf Eigenhändler, Kommissionäre, Kommissionsagenten und Makler ist § 55 auch nicht analog anwendbar.[11]

6 Einen Sonderfall des Handelsvertreters stellt der **Versicherungsvertreter** dar (vgl. § 92 Abs. 1). Sofern die für Versicherungsvertreter geltenden §§ 69 ff. VVG Besonderheiten vorsehen, kommt eine Anwendung des § 55 nicht in Betracht. Auch eine subsidiäre Anwendung ist abzulehnen.[12] Die § 69 Abs. 2 S. 2 VVG, § 72 VVG enthalten eine eigenständige erschöpfende Regelung, die, wie die Unterschiede zu § 55 (Inkassovollmacht, Änderung von Vertragsbedingungen) und die § 54 Abs. 3 nachgebildete Regel der § 69 Abs. 2 S. 2 VVG, § 72 VVG zeigen, abschließend sind. Bemerkenswert ist die neue amtliche Überschrift zu § 69 VVG, die diese Vertretungsmacht als gesetzliche Vertretungsmacht einordnet, etwas was hier für die §§ 54 ff. ebenfalls bejaht, von der hM aber abgelehnt wird.

7 **b) Handlungsgehilfe.** Handlungsgehilfe ist gem. § 59, wer zur Leistung kaufmännischer Dienste gegen Entgelt angestellt ist. Angestellt in diesem Sinne sind dabei insbesondere auch diejenigen, die nur deshalb, weil sie unselbstständig sind, nicht zu den Handelsvertretern zählen (§ 84 Abs. 2).

8 **2. Vertretener.** Die Handlungsvollmacht bezieht sich unmittelbar nur auf Handelsgewerbe (§ 54 Abs. 1). Gleiches gilt speziell für Handlungsgehilfen (§ 59 S. 1). Unter den Wortlaut des § 55 fallen daher nur Kaufleute als Vertretene. § 91 Abs. 1 erweitert dies bei Handelsvertretern auf **Unternehmer, die nicht Kaufleute sind.** Hierzu gehören insbesondere nicht eingetragene Kleingewerbetreibende, aber zB auch nicht eingetragene Landwirte und sogar Freiberufler. Für Handlungsgehilfen fehlt es an einer entsprechenden Regelung, doch ist auch hier § 55 **analog** auf Fälle anwendbar, in denen **Handlungsgehilfen bei nichtkaufmännischen Unternehmen** angestellt sind.[13] Dies gilt entweder, weil man, wie hier (→ § 54 Rn. 8), die Regeln der Handlungsvollmacht generell analog auch auf nicht kaufmännische Unternehmen für anwendbar hält oder aber zumindest auf im Außendienst tätige Vertreter, da der Geschäftsverkehr bei ihnen häufig weder den Status des Geschäftsherrn noch den Status des Vertreters (Handelsvertreter oder Handlungsgehilfe)

---

[8] Staub/*Joost* Rn. 8; Oetker/*Schubert* Rn. 1; EBJS/*Weber* Rn. 4.

[9] *v. Gierke/Sandrock* HandelsR § 23 VII 1, 372 f.

[10] Vgl. *K. Schmidt* HandelsR § 16 Rn. 89.

[11] Staub/*Joost* Rn. 12; Heymann/*Teichmann/Körber* Rn. 8; Baumbach/Hopt/*Hopt* Rn. 4; Oetker/*Schubert* Rn. 9.

[12] EBJS/*Weber* Rn. 6; Röhricht/Graf v. Westphalen/Haas/*Wagner/Wöstmann* Rn. 10; GK-HGB/*B. Schmidt* Rn. 5; Oetker/*Schubert* Rn. 9; *Grooterhorst* Vollmachten im Unternehmen II 24, inzidenter für das alte VVG auch BGH NJW 1999, 1633 (keine Erwähnung des § 55); aA Staub/*Joost* Rn. 13.

[13] Staub/*Joost* Rn. 15; KKRD/*Roth* Rn. 3; Baumbach/Hopt/*Hopt* Rn. 2; Oetker/*Schubert* Rn. 7, 10; aA EBJS/*Weber* Rn. 3; Heymann/*Teichmann/Körber* Rn. 6.

erkennen kann.[14] Die Handelsrechtsreform 1998 regelte die Anwendung von HGB-Regeln auf nicht kaufmännische Unternehmen nur in den Fällen, in denen man sich diesbezüglich sicher war. Eine eingehende Prüfung der genauen Reichweite der kaufmännischen Regeln erschien zu aufwändig.[15] Da überdies die Regierungsbegründung für § 56 die analoge Anwendung als möglich ansieht,[16] liegt keine gesetzgeberische Entscheidung gegen eine Erstreckung des § 55 auf angestellte Außendienstler von nicht kaufmännischen Unternehmen vor, die der Analogie entgegenstehen könnte.

3. Zugrunde liegende Vollmacht. Wie § 54 setzt auch § 55 eine **tatsächlich bestehende Vollmacht,** sei es aufgrund rechtsgeschäftlicher Erteilung, sei es aufgrund Duldungs- oder Anscheinsvollmacht, voraus. Bei einer vor Geschäftsabschluss widerrufenen Vollmacht ist § 171 BGB zu beachten.[17] Bei einer rechtsgeschäftlichen Erteilung gelten die allgemeinen Regeln zur Anfechtung einer Vollmacht (→ Vor § 48 Rn. 61 ff.), während die Anfechtung einer Duldungs- und Anscheinsvollmacht, jedenfalls im Regelfall, nicht möglich ist (→ Vor § 48 Rn. 68 ff.). Die § 55 zugrunde liegende Vollmacht kann eine **Generalhandlungsvollmacht** oder eine **Arthandlungsvollmacht** sein,[18] wobei eine Generalhandlungsvollmacht bei Abs. 2 und Abs. 3 Besonderheiten aufweist (→ Rn. 17, → Rn. 21). Wegen der notwendigen „ständigen Betrauung" ist eine **Spezialhandlungsvollmacht** nur schwer vorstellbar.[19] 9

Die Norm bezieht sich unmittelbar nur auf Vertreter mit **Abschlussvollmacht.** Für Handlungsgehilfen ergibt sich dies eindeutig aus dem Wortlaut des § 55 Abs. 1 und der nur auf § 55 Abs. 4 beschränkten Erstreckungsnorm des § 75g für Vermittlungsgehilfen. Für Handelsvertreter folgt das Gleiche aus § 55 Abs. 2 sowie § 91 Abs. 2, der für Vermittlungsvertreter (nur) den Inhalt der Regelung des § 55 Abs. 4 für anwendbar erklärt.[20] 10

4. „Außerhalb des Betriebes des Prinzipals". Die Norm bezieht sich nur auf Vertreter, die eine Vollmacht für Abschlüsse außerhalb des Betriebes des Unternehmens haben. Wortlaut und Entstehungsgeschichte[21] befassen sich insoweit zwar nur mit den **Handlungsgehilfen.** Für den **Handelsvertreter** fehlt es aber wohl nur deshalb an einer ausdrücklichen Regelung, weil es zum traditionellen Bild eines selbstständigen Handelsvertreters gehört, dass er außerhalb des Betriebes des Unternehmens tätig ist. Zumindest ist diese Voraussetzung wegen gleicher Interessenlage analog auf Handelsvertreter zu erstrecken.[22] 11

„Außerhalb des Betriebes" bedeutet im Rahmen des § 55 Abs. 1 außerhalb der Geschäftsräume des Unternehmens, also Geschäfte im **Außendienst,**[23] für die die Vollmacht erteilt sein muss. Auf die Entfernung zu den Geschäftsräumen kommt es heute, da die Unterscheidung zwischen den sog. Fernreisenden und Stadtreisenden aufgegeben ist (→ Rn. 2), nicht mehr an. Eine Vollmacht für Geschäftsabschlüsse in den Geschäftsräumen einer Zweigniederlassung betrifft Geschäfte im Innendienst und nicht im Außendienst,[24] sodass in diesen Fällen nur § 54 anwendbar ist. 12

---

14 Staub/*Joost* Rn. 15; Oetker/*Schubert* Rn. 7; aA Heymann/*Teichmann/Körber* Rn. 6: § 91 Abs. 1 insoweit abschließend.

15 Vgl. Begr. RefE, ZIP 1996, 1401 (1404).

16 Begr. RegE, BR-Drs. 340/97, 30.

17 Hierzu bereits OLG Dresden OLGE 35 (1917), 314 (315); Staub/*Joost* Rn. 21.

18 Staub/*Joost* Rn. 25; Heymann/*Teichmann/Körber* Rn. 10, jedoch mit dem Hinweis, dass eine Generalhandlungsvollmacht eher selten vorkommen wird; so auch *v. Gierke/Sandrock* HandelsR § 23 VII 2, 373.

19 AA Staub/*Joost* Rn. 25; Oetker/*Schubert* Rn. 12.

20 Vgl. auch Begr. RegE zu § 91, BT-Drs. 1/3856, 43; für den Handelsvertreter iE str.; wie hier Staub/*Joost* Rn. 23, 24; Heymann/*Teichmann/Körber* Rn. 16; Schlegelberger/*Schröder* Rn. 4; aA GroßkommHGB/*Würdinger* Rn. 1, der § 55 auch auf den Vermittlungsvertreter anwenden will.

21 Vgl. BT-Drs. 1/3856, 43.

22 Staub/*Joost* Rn. 16; Heymann/*Teichmann/Körber* Rn. 13.

23 Staub/*Joost* Rn. 17; Heymann/*Teichmann/Körber* Rn. 13; BeckOK HGB/*Meyer* Rn. 12.

24 Staub/*Joost* Rn. 18; Heymann/*Teichmann/Körber* Rn. 14; Oetker/*Schubert* Rn. 4; insoweit wohl aA BGH BB 1980, 1605, wo die Inkassovollmacht eines Geschäftsstellenleiters einer Bank mit § 55 Abs. 3 in Zusammenhang gebracht wird.

13 Die Formulierung „außerhalb des Betriebes" bedeutet auch, dass die Vollmacht im Außendienst ausgeübt werden muss, um die Rechtsfolgen des § 55 nach sich zu ziehen.[25] Die Gegenmeinung,[26] die bei Vollmacht innerhalb oder außerhalb des Betriebes die §§ 54, 55 derart kumulieren will, dass der Vertreter unabhängig vom Ort stets jede Vertretungsmacht hat, berücksichtigt nicht hinreichend die Spezialität des § 55. Auch die Rechtfertigung des § 55, der der besonderen Situation im Außendienst, insbesondere der fehlenden Überwachungsmöglichkeit durch den Unternehmer und dem Bedürfnis nach Verkehrsschutz bei Mängelanzeigen, Rechnung trägt, verbietet eine Anwendung auf die **Geschäftsräume des Unternehmens,** in denen diese besonderen Umstände nicht vorliegen. Allerdings ist der hM zuzugestehen, dass die gesetzgeberische Entscheidung der Unterscheidung zwischen Innendienst und Außendienst im heutigen Kommunikationszeitalter mit guten Überwachungsmöglichkeiten auch erheblich an Überzeugungskraft verloren hat. De lege lata aber ist die gesetzgeberische Entscheidung zu respektieren.

14 **5. Rechtsfolge: Anwendbarkeit des § 54.** Die Rechtsfolge des Abs. 1, die Anwendbarkeit des § 54, ist hinsichtlich der Handlungsgehilfen deklaratorisch. Hinsichtlich der Handelsvertreter ist dies, wenn man, wie hier, für § 54 ein Handeln aus dem Unternehmen heraus verlangt (→ § 54 Rn. 10 f.),[27] zumindest nicht eindeutig. Denn ob allein die Tatsache, dass der Handelsvertreter ständig mit der Vertretung betraut ist, es erlaubt, von einem Handeln aus dem Unternehmen heraus zu sprechen, ist zumindest zweifelhaft.

III. Vertragsänderungen, insbesondere nachträgliche Zahlungsfristen (Abs. 2)

15 Trotz anderer Formulierung entspricht die Regelung des Abs. 2 der **Rechtstechnik** des **§ 54 Abs. 2.** Vertragsänderungen, insbesondere die nachträgliche Einräumung von Zahlungsfristen, werden nicht vom gesetzlichen Umfang der Vollmacht der Vertreter im Außendienst iSv Abs. 1 iVm § 54 gedeckt.[28]

16 **Vertreter im Außendienst** bedürfen daher für nachträgliche Vertragsänderungen einer besonderen, auch stillschweigend erteilbaren, Vollmacht, die Teil der zugrunde liegenden Vollmacht zum Abschluss von Geschäften außerhalb des Betriebes sein kann. Eigenständige Bedeutung hat § 55 Abs. 2 nur, wenn sich ansonsten aus § 54 Abs. 1 ein anderer gesetzlicher Umfang ergäbe.[29] Die Regelung gilt unabhängig davon, wer den Vertrag geschlossen hat und ob der Vertreter bei Vertragsabschluss die Vertretungsmacht für eine entsprechende Regelung, die durch Änderung erreicht werden soll, gehabt hat.[30]

17 **Vertrauensschutz** hinsichtlich des Bestehens einer Vollmacht für nachträgliche Änderungen kommt nur im Falle ihres Wegfalls (§ 173 BGB) sowie im Rahmen von Duldungs- und Anscheinsvollmacht in Betracht.[31] Um dem Normzweck hinreichend Rechnung zu tragen, ist bei der Annahme einer konkludenten Vollmachtserweiterung oder einer Rechtsscheinsvollmacht Zurückhaltung geboten.[32] In der Erteilung einer Generalhandlungsvollmacht, die weit über die regelmäßig erteilte Arthandlungsvollmacht hinausgeht, liegt zugleich die Vollmacht für Vertragsänderungen.

18 **Vertragsänderung** ist jede ein- oder mehrseitige Rechtshandlung, die Auswirkungen auf Bestand und Pflichteninhalt des geschlossenen Vertrages hat.[33] Aus Gründen der Rechts-

---

[25] Schlegelberger/*Schröder* Rn. 5; Heymann/*Teichmann/Körber* Rn. 15.
[26] Staub/*Joost* Rn. 19; *Grooterhorst* Vollmachten im Unternehmen II 25.
[27] *K. Schmidt* HandelsR § 16 Rn. 89.
[28] Staub/*Joost* Rn. 26; Heymann/*Teichmann/Körber* Rn. 17; vgl. abw. § 71 VVG für Vertragsänderungen durch Versicherungsagenten.
[29] Vgl. Heymann/*Teichmann/Körber* Rn. 11; diff. Staub/*Joost* Rn. 26.
[30] Staub/*Joost* Rn. 27; Heymann/*Teichmann/Körber* Rn. 17; GK-HGB/*B. Schmidt* Rn. 6 f.
[31] Staub/*Joost* Rn. 28; Heymann/*Teichmann/Körber* Rn. 12.
[32] Vgl. Staub/*Joost* Rn. 28, der eine eindeutige Vollmacht verlangt.
[33] Staub/*Joost* Rn. 29; Oetker/*Schubert* Rn. 14; Heymann/*Teichmann/Körber* Rn. 18.

sicherheit zählen hierzu auch Vertragsänderungen zugunsten des Vertretenen und marginale Änderungen. Auch Rechtshandlungen, die eine Änderung der Pflichten des sich bereits in der Abwicklung befindlichen Vertrages bewirken, stellen Vertragsänderungen dar. Auch die Annahme einer Leistung an Erfüllung statt[34] ist – ebenso wie die Annahme erfüllungshalber – wegen der damit verbundenen Stundung[35] eine Änderung.

Nicht erfasst sind Handlungen, die – wie Mängelanzeigen gem. § 377 – nur Rechte 19
erhalten oder – wie die Mahnung – lediglich neue zusätzliche gesetzliche Ansprüche ohne Änderung der vertraglichen Pflichten begründen.[36]

(Nachträgliche) Zahlungsfristen werden vom Gesetz nur beispielhaft genannt und 20
haben keine eigene Bedeutung. Die Regelung hat keinen Einfluss auf die sich nach § 54 Abs. 1 richtende Vertretungsmacht für die ursprüngliche, bei Vertragsschluss erfolgende Vereinbarung von Zahlungsfristen.[37]

IV. Annahme von Zahlungen (Abs. 3)

Wie Abs. 2, so stellt auch Abs. 3 eine § 54 Abs. 2 nachgebildete **dispositive gesetzli-** 21
che Umfangsbestimmung[38] einer vertraglichen Vollmacht dar, so dass auf die entsprechenden Bemerkungen verwiesen werden kann (→ § 54 Rn. 4). Abs. 3 gilt grundsätzlich für alle Vertreter iSd Abs. 1, allerdings ist bei Generalhandlungsbevollmächtigten von einer konkludenten Bevollmächtigung für das Inkasso auszugehen.

Zahlung im engeren Sinn ist nur die Übereignung von **Bargeld** zur Forderungsbe- 22
gleichung. Aber auch die Hingabe eines **Barschecks** wird als Zahlung eingeordnet,[39] wobei bereits die Annahme erfüllungshalber bzw. an Erfüllung statt als Änderung des Vertrages nicht von der generellen Vertretungsmacht der Außendienstmitarbeiter abgedeckt wird (→ Rn. 18). Auch sonstige Zahlungen im weiteren Sinne sind erfasst, soweit bei ihnen die Gefahr besteht, dass der Vertreter den Vermögenswert seinem eigenen Vermögen einverleibt. Damit sind zB auch Kreditkarten, EC-Karten und Geldkarten erfasst, obwohl es hier viel schwieriger für den Abschlussvertreter ist, sich den Vermögenswert einzuverleiben.[40] Aktuell wird man hier wohl nur durch die großzügige Bejahung einer diesbezüglichen Inkassovollmacht helfen können.

Eine **stillschweigende**[41] **Inkassovollmacht** ist zB zu bejahen, wenn der Prinzipal 23
dem Vertreter ein Kreditkartenlesegerät oder Quittungen mitgibt (§ 370 BGB).[42] Verschafft sich der Vertreter Firmenquittungen auf andere Weise, kommt eine Anscheinsvollmacht[43] in Betracht. Ist in einem formularmäßigen Vertrag vereinbart, dass der Käufer einen Betrag anzahlt und der Restbetrag auf ein Konto des Kaufmanns überwiesen werden soll, so soll der Abschlussvertreter nach Ansicht des BGH[44] auch dann keine Inkassovollmacht haben, wenn er bei reinen Bargeschäften die Zahlung entgegennehmen darf. Ob sich dieses Ergebnis wirklich mit § 55 Abs. 3 rechtfertigen lässt, erscheint zweifelhaft. Bei einer Scheckzahlung an den Vertreter liegt die Annahme einer Vertragsänderung näher (§ 55 Abs. 2).

---

34 Vgl. Soergel/*Zeiss* § 364 Rn. 1 f.

35 Vgl. Soergel/*Zeiss* § 364 Rn. 6.

36 Vgl. Staub/*Joost* Rn. 32; Oetker/*Schubert* Rn. 15; Heymann/*Teichmann/Körber* Rn. 20.

37 Staub/*Joost* Rn. 31; BeckOK HGB/*Meyer* Rn. 18.

38 Eine AGB-Klausel, die dies wiederholt, ist deklaratorisch und daher kontrollfrei (§ 307 Abs. 3 BGB), OLG Hamm ZIP 1982, 594 (595) mAnm *Bunte* ZIP 1982, 590 ff.; Staub/*Joost* Rn. 34.

39 BGH WM 1976, 715 (716); Staub/*Joost* Rn. 35.

40 Oetker/*Schubert* Rn. 16.

41 RG HRR 1931 Nr. 529 mAnm *Lenz* JR 1931, 150 f.; Staub/*Joost* Rn. 33; Heymann/*Teichmann/Körber* Rn. 11, 22.

42 Zu Quittungen Staub/*Joost* Rn. 36; Heymann/*Teichmann/Körber* Rn. 22; Baumbach/Hopt/*Hopt* Rn. 13; GK-HGB/*B. Schmidt* Rn. 8.

43 ROHGE 13, 210 (211 f.); RG HRR 1931 Nr. 529 mAnm *Lenz* JR 1931, 150 f.; vgl. auch BGH WM 1976, 715 (716); OLG Hamm ZIP 1982, 594 (595) mAnm *Bunte* ZIP 1982, 590 ff.; Staub/*Joost* Rn. 33.

44 BGH WM 1976, 715 (716); Staub/*Joost* Rn. 34; EBJS/*Weber* Rn. 12.

V. Entgegennahme von Mängelanzeigen und Geltendmachung von Beweissicherungsrechten für den Unternehmer (Abs. 4)

24 **1. Grundsätzliches.** Diese Regelung entspricht, ebenso wie die gleichartigen Regelungen in § 75g für den Vermittlungsgehilfen und § 91 Abs. 2 für den Vermittlungsvertreter, rechtstechnisch denen des § 54 Abs. 1 und § 56. Nach hiesiger Ansicht handelt es sich daher um eine dispositive Regelung des gesetzlichen Umfangs einer gewillkürten Vollmacht, während die hM, ohne dies allerdings mit Wortlaut und Systematik vereinbaren zu können, eine widerlegliche Vermutung annimmt.[45]

25 Abs. 4 dient den **Interessen des Rechtsverkehrs,** vom Kaufmann verursachte Leistungsstörungen ungehindert geltend machen zu können, und berücksichtigt den bei passiver Vertretungsmacht und Beweissicherung nur geringen Eingriff in die Interessen des Kaufmanns.[46] Eine abweichende engere Festlegung des Vollmachtsumfangs durch den Vertretenen ist möglich, wobei der Geschäftspartner gem. § 55 Abs. 1, § 54 Abs. 3 geschützt wird, wenn er die engere Vollmachtsfestsetzung weder kannte noch kennen musste (vgl. die § 54 Abs. 3 nachgebildeten Regelungen in § 75g S. 2, § 91 Abs. 2 S. 2).[47] Dieser **Gutglaubensschutz** gilt auch für die Beweissicherungsrechte des Kaufmanns gem. § 55 Abs. 4,[48] was in § 91 Abs. 2 S. 2 und § 75g S. 2 ausdrücklich niedergelegt ist und sich damit rechtfertigt, dass eine insgesamt wirksame Beweissicherung im Interesse des Rechtsverkehrs liegen kann.[49] Zu unterscheiden ist zwischen der **Beschränkung der internen Befugnis** und der **Beschränkung der Vertretungsmacht,**[50] wenn auch beide miteinander verknüpft sein können. Das bei einer Innenvollmacht Gewollte ist aus dem Empfängerhorizont des Vertreters zu ermitteln.

26 Erfasst werden generell alle Geschäfte zwischen dem vertretenen Kaufmann und dem Dritten. Die Vollmacht beschränkt sich nicht auf die ursprünglich vom Vertreter selbst geschlossenen Geschäfte.[51] Dies gebietet der Verkehrsschutz, der wegen der hohen Fluktuation der Mitarbeiter im Außendienst sonst weitgehend leer liefe.

27 **2. Entgegennahme von Mängelanzeigen und ähnliche Erklärungen (Abs. 4 Hs. 1). a) Passivvertretungsmacht.** Die Ermächtigung zur Entgegennahme von Mängelanzeigen und ähnlichen Erklärungen räumt dem Vertreter nur eine Passivvertretungsmacht ein, ermächtigt ihn aber nicht zu eigenen Erklärungen, sei es in Bezug auf vom Geschäftspartner angezeigte Mängel oder Gewährleistungsbegehren, sei es in Bezug auf Mängelanzeigen oder ähnliche Erklärungen hinsichtlich Waren oder Leistungen, die der Kaufmann empfangen hat.[52] Die Vollmacht bestimmt sich insoweit ausschließlich nach § 54 und konkreten Vollmachtsabreden.

28 **b) Ermächtigung zur Entgegennahme.** „Ermächtigt“ bedeutet nicht, dass es einer **Bereitschaft** des Handlungsbevollmächtigten zum Empfang bedürfte[53] oder der Vertreter den Empfang ablehnen könnte.[54] „Ermächtigt“ ist gleichbedeutend mit **„bevollmächtigt“.** Sprachlich handelt es sich um ein Relikt aus der Zeit des ADHGB, das noch nicht deutlich zwischen Vertretung und Geschäftsführung trennte (→ Vor § 48 Rn. 5 f.). Entspre-

---

45 Vgl. Staub/*Joost* Rn. 41.

46 Staub/*Joost* Rn. 39.

47 Vgl. auch Staub/*Joost* Rn. 43; Heymann/*Teichmann/Körber* Rn. 24; Baumbach/Hopt/*Hopt* Rn. 14; GK-HGB/*B. Schmidt* Rn. 9; *Canaris* HandelsR § 13 Rn. 34; *v. Gierke/Sandrock* HandelsR § 23 VII 2, 373.

48 Heymann/*Teichmann/Körber* Rn. 24.

49 Staub/*Joost* Rn. 43.

50 RAG HRR 1936 Nr. 1432, Nr. 1633; Heymann/*Teichmann/Körber* Rn. 32.

51 Vgl. Staub/*Joost* Rn. 47; Baumbach/Hopt/*Hopt* Rn. 7.

52 Vgl. Staub/*Joost* Rn. 45; Heymann/*Teichmann/Körber* Rn. 27; Baumbach/Hopt/*Hopt* Rn. 9; GK-HGB/*B. Schmidt* Rn. 12.

53 Staub/*Joost* Rn. 46; Oetker/*Schubert* Rn. 18; Heymann/*Teichmann/Körber* Rn. 26; aA GroßkommHGB/*Würdinger* Rn. 6.

54 So aber Schlegelberger/*Schröder* Rn. 10, mit dem Hinweis, dass eine solche Ablehnung eindeutig erfolgen müsse.

chend den allgemeinen Regeln (§ 164 Abs. 3 BGB) kommt es nur auf den Zugang beim Vertretungsberechtigten an.[55]

29 **c) Ähnliche Erklärungen.** Zentral für § 55 Abs. 4 Hs. 1 sind nicht die vom Gesetz aufgezählten Beispielsfälle, sondern die in der Formulierung „ähnliche Erklärungen" enthaltene Verallgemeinerung. Die Erklärung muss sich auf eine **„Leistung" des Geschäftsherrn an Dritte** (Unternehmer oder Private), nicht (auch) auf eine Leistung Dritter an den Prinzipal beziehen.[56]

30 Dem Begriff **„Leistung"** ist zu entnehmen, dass nicht nur Waren und damit Kaufverträge, sondern zB auch Werkverträge oder freie Dienstverträge erfasst sind, auch wenn Kaufverträge, wie die Beispiele zeigen, im Mittelpunkt stehen. Des Weiteren muss es sich um Erklärungen handeln, mit denen **Rechte aus mangelhafter Leistung** geltend gemacht oder vorbehalten werden. Mangel ist hier in einem weiten Sinne als nichtgehörige – zB auch die nicht rechtzeitige – Leistung zu verstehen.[57] Auch die **Verletzung einer Neben- oder Schutzpflicht**[58] ist ein Mangel iSd § 55 Abs. 4 Hs. 1. Wer Schutzpflichten aufgrund des Wortlautes nicht unmittelbar als erfasst ansieht, müsste die Regelung wegen gleicher Interessenlage analog anwenden. Zur Geltendmachung sind auch noch Handlungen im Rahmen einer etwaigen **Rückabwicklung** zu rechnen. **Nicht erfasst** sind jedoch Handlungen im Rahmen des Vertragsschlusses,[59] der ordnungsgemäßen Erfüllung sowie einer von Dritten verursachten Leistungsstörung.

31 Neben dem gesetzlichen Beispielsfall der Mängelanzeige (vgl. §§ 377, 391) fallen hierunter zB Erklärungen bezüglich der Geltendmachung von Nachbesserung, Nachlieferung, Minderung, Schadensersatz, Mahnung, Fristsetzung, Androhung und, soweit auf einer mangelhaften Leistung beruhend, auch Anfechtung, Kündigung, Ausübung eines Zurückbehaltungs- oder Leistungsverweigerungsrechts.[60] Wegen der gleichen Interessenlage ist Abs. 4 analog auch auf die Entgegennahme eines Verbraucherwiderrufs (§ 355 BGB) anzuwenden.

32 In seinen Grenzen unklar ist das gesetzliche Beispiel der **Empfangsvollmacht** hinsichtlich der Erklärung, dass eine **Ware zur Verfügung gestellt** wird. So wird teilweise vertreten, dass auch die **Inempfangnahme der Ware** abgedeckt sei,[61] was jedoch weder mit dem Wortlaut noch mit der Interessenlage vereinbar ist.[62] Die Entgegennahme der Ware als Erfüllung der Rücknahmepflicht ist nicht Ausübung rein passiver Vertretungsmacht und vom Risiko für den Vertretenen sogar eher dem Inkasso (§ 55 Abs. 3) ähnlich. Für die Entgegennahme zurückgegebener Ware ist daher ausschließlich § 54 maßgeblich.[63]

33 **3. Beweissicherung (Abs. 4 Hs. 2).** Die nach § 55 Abs. 4 Hs. 2 zum dispositiven gesetzlichen Umfang der Vollmacht eines Außendienstmitarbeiters gehörende Ermächtigung zur Wahrnehmung der Beweissicherungsrechte des Unternehmers betrifft – anders als die Vollmacht nach § 55 Abs. 4 Hs. 1 – die **aktive Vertretung.** Trotzdem handelt es sich hier um eine den Hs. 1 ergänzende Regelung, die folglich unter Berücksichtigung dieser **Ergänzungsfunktion** auszulegen ist. Dies ist insoweit anerkannt, als aus dem Zusammenhang mit § 55 Abs. 4 Hs. 1 geschlossen wird, die Beweissicherung müsse im Zusammenhang mit einer mangelhaften Leistung (Leistungsstörung) stehen.[64]

---

55 Staub/*Joost* Rn. 46; Heymann/*Teichmann/Körber* Rn. 26.
56 Staub/*Joost* Rn. 50; Oetker/*Schubert* Rn. 18.
57 Staub/*Joost* Rn. 50.
58 ZB Beschädigung des Eigentums des Dritten bei Lieferung; so auch Oetker/*Schubert* Rn. 19.
59 Widerspruch gegen Bestätigungsschreiben: Staub/*Joost* Rn. 52; GroßkommHGB/*Würdinger* Anm. 6.
60 So BGH NJW 1985, 1333 (1335) für §§ 377, 378; Staub/*Joost* Rn. 51; Oetker/*Schubert* Rn. 19; Heymann/*Teichmann/Körber* Rn. 30.
61 Schlegelberger/*Schröder* Rn. 10; unter bestimmten Bedingungen auch GroßkommHGB/*Würdinger* Anm. 5; für unverlangt zugesandte Waren wohl auch Sächs. OLG 28 (1907), 429 (431).
62 Im Ergebnis auch Staub/*Joost* Rn. 49; Heymann/*Teichmann/Körber* Rn. 29; Baumbach/Hopt/*Hopt* Rn. 9.
63 Oetker/*Schubert* Rn. 19.
64 Staub/*Joost* Rn. 53; Heymann/*Teichmann/Körber* Rn. 32.

34 Die Regelung bezieht sich daher auch nur auf **vom Prinzipal verursachte Leistungsstörungen.**[65] Dem entspricht der generelle Zweck des § 55 Abs. 4, den Interessen des Rechtsverkehrs zu dienen: An einer verbindlichen Vertretungsmacht für den Fall der Beweissicherung zugunsten des Kaufmanns ist der Verkehr nicht interessiert. Eine andere Auslegung würde zu Wertungswidersprüchen führen, weil der Außendienstmitarbeiter auch im Übrigen keine generelle Vertretungsmacht für rechtssichernde Handlungen zugunsten des Kaufmanns wie zB Mängelanzeigen hat. Die Beweissicherung zugunsten des Prinzipals fällt daher ausschließlich unter § 54.

35 Die Wahrnehmung der Beweissicherungsrechte des Unternehmers gilt sowohl für außergerichtliche als auch für gerichtliche Rechtshandlungen.[66] Hierunter fallen insbesondere Einleitung und Durchführung des **Beweissicherungsverfahrens** iSd §§ 485 ff. ZPO sowie Einholung von **Sachverständigengutachten.**[67] Soweit es für die Rechtswirksamkeit eines Realaktes auf das Einverständnis ankommt, ist § 55 Abs. 4 Hs. 1 anwendbar.[68]

VI. Sonstiges

36 **1. Vertreter ohne Vertretungsmacht.** Handelt der Außendienstmitarbeiter ohne Vertretungsmacht, so finden die allgemeinen Regeln der §§ 177 ff. BGB Anwendung.[69] Zu beachten ist die Besonderheit, dass gem. **§§ 75h, 91a** die Genehmigung des Kaufmanns als erteilt gilt, wenn dieser **schweigt,** also nicht unmittelbar, nachdem er durch den Vertreter oder den Dritten vom Geschäft erfahren hat, widerspricht, wobei der Dritte die fehlende Vertretungsmacht bei Vornahme der Rechtshandlung nicht kennen durfte. § 91a gilt gem. § 84 Abs. 4 auch für Kleingewerbetreibende. § 75h sollte wegen der gleichen Interessenlage und der teilweise sehr schwierigen Abgrenzung zwischen Handelsvertretern und Handlungsgehilfen analog auf Kleingewerbetreibende angewandt werden.[70]

37 **2. Beweislast.** Dem Dritten obliegt der Beweis, dass der Vertreter als Handelsvertreter oder Handlungsgehilfe zum Abschluss von Geschäften außerhalb der Geschäftsräume des Unternehmens bevollmächtigt war.[71] Er hat ebenfalls zu beweisen, dass eine Änderungsvollmacht (Abs. 2) bzw. eine Inkassovollmacht (Abs. 3)[72] vorlag. Der Unternehmer trägt bei von § 55 Abs. 4 erfassten Vorgängen die Beweislast dafür, dass die erteilte Vollmacht einen abweichenden engeren Umfang hatte und der Dritte dies wusste oder wissen musste. Zur Beweislast bei § 54 Abs. 3 → § 54 Rn. 70.

VII. Rechtslage in Österreich

38 Der österreichische Gesetzgeber hat den bisherigen § 55 entfallen lassen und dafür den bisherigen § 54 Abs. 3 in § 55 UGB überführt. Er sah § 55 aF für entbehrlich an, da sich die wesentlichen Aussagen bereits aus § 54 Abs. 1 UGB (entsprechend § 54 Abs. 1 HGB) ergeben würden.[73] Im Übrigen wäre der Katalog des bisherigen § 55 notwendig unvollständig.[74]

§ 56 [Angestellte in Laden oder Warenlager]

Wer in einem Laden oder in einem offenen Warenlager angestellt ist, gilt als ermächtigt zu Verkäufen und Empfangnahmen, die in einem derartigen Laden oder Warenlager gewöhnlich geschehen.

[65] Ebenso Heymann/*Teichmann/Körber* Rn. 32; Baumbach/Hopt/*Hopt* Rn. 8; aA Staub/*Joost* Rn. 54, der dem jedoch nur geringe Bedeutung beimisst.
[66] Staub/*Joost* Rn. 53; Heymann/*Teichmann/Körber* Rn. 32.
[67] Staub/*Joost* Rn. 55; Heymann/*Teichmann/Körber* Rn. 32; GK-HGB/*B. Schmidt* Rn. 13.
[68] AA Staub/*Joost* Rn. 55, weil nur auf Realakt abstellend.
[69] Staub/*Joost* Rn. 22; Heymann/*Teichmann/Körber* Rn. 33; GK-HGB/*B. Schmidt* Rn. 14.
[70] So auch Oetker/*Schubert* Rn. 22; aA EBJS/*Boecken/Rudkowski* § 75h Rn. 2.
[71] Staub/*Joost* Rn. 44.
[72] BGH WM 1976, 715 (716); Staub/*Joost* Rn. 33.
[73] Vgl. Krejci/*S. Bydlinski/Krejci* Reform-Kommentar UGB Wiedergabe der Erläuterungen der Regierungsvorlage.
[74] Vgl. Krejci/*Krejci,* Reform-Kommentar UGB Rn. 3.

Schrifttum: *Häublein,* Die Ladenvollmacht, JuS 1999, 624; *Manigk,* Stillschweigend bewirkte Vollmachten im Handelsrecht, FS Heymann, Bd. II, 1931, 590; *Schmitt,* Die Rechtsstellung der Kleingewerbetreibenden nach dem Handelsrechtsreformgesetz, 2003, 253; *Thomale/Schüßler,* Das innere System des Rechtsscheins, ZfPW 2015, 454; *Weimar,* Vertretungsmacht der Ladenangestellten, MDR 1968, 901; *Weimar,* Die Vollmachtsfiktion für Ladenangestellte gemäß§ 56 HGB, JR 1979, 103.

Übersicht

I. Grundlagen

1 **1. Normzweck.** § 56 entspricht weitgehend dem Wortlaut des Art. 50 ADHGB. Die geringen Änderungen sollten den Normzweck nicht berühren.[1] Zwecke der Vorschrift sind – weitgehend unabhängig von der streitigen dogmatischen Einordnung – der **Schutz des Rechtsverkehrs** gegenüber dem Risiko der Vollmachtlosigkeit von „Angestellten“ im Laden, sowie die Schaffung eines den Bedürfnissen des Handelsverkehrs nach **Leichtigkeit und Sicherheit** entsprechenden Rechtszustandes.[2] Der Schutz des Rechtsverkehrs rechtfertigt sich mit der typischerweise bei „Angestellten“ im Laden tatsächlich bestehenden Vertretungsmacht **(Typizität der Vertretungsmacht),** die im Rechtsverkehr zu entsprechenden Vorstellungen führt und der Zurechenbarkeit der typisierten Stellung der „Angestellten“ im Laden zu dessen Inhaber.[3] Aufgrund der Typizität entsteht für den Ladeninhaber nur in den seltenen Fällen nicht gewollter Vertretungsmacht ein Aufwand, während umgekehrt ohne die Norm der Kunde in jedem Falle im Unklaren über die Vertretungsmacht wäre oder sie ihm stets bekannt gemacht werden müsste. Es besteht auch ein besonderes Bedürfnis nach **Rechtssicherheit** für die Kunden. Aus der fehlenden Nachforschungspflicht des Rechtsverkehrs folgen **Problemlosigkeit und Schnelligkeit des Erwerbs über den „Angestellten“ im Laden,** die ökonomisch dem Ladeninhaber zugutekommen (Transak-

[1] Vgl. *Schubert/Schmiedel/Krampe* Bd. I S. 232, 484, Bd. II 1 S. 48.
[2] Vgl. Heymann/*Teichmann* Rn. 1; *K. Schmidt* HandelsR § 16 Rn. 120; Staub/*Joost* Rn. 1.
[3] Vgl. Staub/*Joost* Rn. 1.

tionskostenminimierung) und die die wirtschaftlichen Risiken durch die Vertretungsmacht kompensieren, zumal der Ladeninhaber die Möglichkeit hat, den abgegrenzten Verkaufsraum „Laden“ zu kontrollieren. Es handelt sich um eine gut funktionierende und wertungsmäßig angemessene Norm. Dies begünstigt wertungsmäßig ihre Ausdehnung[4] auf andere Absatzgeschäfte als Verkäufe (→ Rn. 31). Anlass und Rechtfertigung ist die veränderte Typizität des Absatzes aus Ladenlokalen.

2 **2. Systematische Einordnung.** § 56 regelt eine **Arthandlungsvollmacht** iSd **§ 54 Abs. 1 S. 1 Alt. 2.**[5] Er geht über den Verkehrsschutz der §§ 54 f. hinaus, da er nicht nur den Umfang einer bestimmten Art Vollmacht, sondern **Erteilung und Umfang der Vollmacht** für den besonderen Tätigkeitsbereich des Ladens regelt. Trotz Fehlens einer § 54 Abs. 3 entsprechenden Regelung besteht zwischen § 56 und §§ 54 f. hinsichtlich des Erfordernisses der **Gutgläubigkeit des Rechtsverkehrs** kein grundsätzlicher Unterschied;[6] dieses Erfordernis war bereits für die Vorgängerregelung des Art. 50 ADHGB anerkannt.[7] Zur dogmatischen Begründung dieser Voraussetzung → Rn. 37.

3 **3. Dogmatische Erklärung.** Große Unsicherheit herrscht hinsichtlich der näheren dogmatischen Erklärung der Bestimmung: *Joost*[8] nennt 13 Ansätze. Diese gehören, genau betrachtet, zu drei verschiedenen, trotz einer gewissen Abhängigkeit zu trennenden Fragestellungen:

4 **a) Regelungstechnik.** Zum einen geht es um die Einordnung der Gesetzesformulierung **„gilt als ermächtigt“** im Verhältnis zur rechtsgeschäftlich tatsächlich erteilten Vollmacht. Hier kommen fünf Deutungen in Betracht: 1. **Fiktion,** dh das Gesetz regelt Fälle einer rechtsgeschäftlich nicht bestehenden Vollmacht und ordnet für diese zwingend eine gesetzliche Vollmacht an;[9] 2. **Klarstellungsfunktion,** dh das Gesetz regelt nur Fälle, bei denen ohnehin rechtsgeschäftlich eine Vollmacht besteht;[10] 3. **unwiderlegliche Vermutung,** dh das Gesetz regelt sowohl Fälle rechtsgeschäftlich bestehender als auch nicht bestehender Vollmacht, wobei der gesetzlichen Vermutung der Vollmacht ihr Nichtbestehen nicht entgegengesetzt werden kann;[11] 4. **widerlegliche Vermutung** unter Schutz des guten Glaubens analog § 54 Abs. 3;[12] 5. **dispositive gesetzliche Vertretungsmacht,**[13] dh im Unterschied zu 1.–3. ist die Vertretungsmacht nicht der Disposition des Geschäftsherrn entzogen, und anders als bei 4. bedarf es einer abweichenden rechtsgeschäftlichen Bevollmächtigung oder eines völligen Ausschlusses der Vollmacht, um die gesetzliche Vertretungsmacht des § 56 Abs. 1 einzuschränken oder zu widerrufen, wobei der Gutglaubensschutz entweder über § 173 BGB (analog) oder § 54 Abs. 3 (analog) gewährleistet wird.

5 **Stellungnahme:** Fiktion und unwiderlegliche Vermutung scheiden als Erklärungsmodelle aus, da sie nicht das nahezu allgemein akzeptierte Ergebnis erklären können, wonach bei rechtsgeschäftlich eingeschränkter Vollmacht nur gutgläubige Geschäftspartner geschützt werden.[14] Die Annahme einer bloßen Klarstellung, dass die Anstellung im Laden eine

---

4 Vgl. Oetker/*Schubert* Rn. 1.

5 Vgl. OGH RdW 2011, 19 für einen Spezialfall; *K. Schmidt* HandelsR § 16 Rn. 134 (gleichgestellt); Straube/Ratka/Rauter/*Schinko* UGB § 56 Rn. 1; GroßkommUGB/*Torggler/Trenker* UGB § 56 Rn. 14, 19.

6 Vgl. BGH NJW 1975, 2191; Staub/*Joost* Rn. 44; Heymann/*Teichmann* Rn. 29.

7 Vgl. *v. Hahn,* Kommentar zum ADHGB, 4. Aufl. 1894, ADHGB Art. 50 § 12 mwN.

8 Staub/*Joost* Rn. 4.

9 So *Frotz,* Verkehrsschutz im Vertretungsrecht, 1972, 366 f.; *Weimar* JR 1979, 103; anders *Honsell* JA 1984, 17 (22), der eine nur durch den Missbrauch der Vertretungsmacht begrenzte gesetzliche Vollmacht annimmt.

10 *Flume* BGB AT I 1 § 49, 3, 829; Schlegelberger/*Schröder* Rn. 1.

11 *Kohte* JR 1990, 61 (63); HK/*Ruß* Rn. 1.

12 Vgl. RGZ 69, 307 (309); BGH NJW 1975, 2191; 1988, 2109; diff. auch Heymann/*Teichmann* Rn. 4; *Canaris* HandelsR § 16 Rn. 6; *Kindl,* Rechtsscheintatbestände und ihre rückwirkende Beseitigung, 1999, 222.

13 Vgl. BGH NJW 1975, 642 (643); *Hadding* JuS 1976, 726 (730); *Weimar* MDR 1968, 901.

14 Vgl. nur BGH NJW 1975, 642 (643); LG Hamburg ZIP 1981, 746; LG Bremen NJW 1992, 915; Staub/*Joost* Rn. 7; *K. Schmidt* HandelsR § 16 Rn. 123; konsequent anders *Honsell* JA 1984, 17 (23).

konkludente Vollmacht enthalte, überdehnt die Rechtsgeschäftslehre[15] und widerspricht der Gesetzesgeschichte.[16] Die danach verbleibenden Erklärungsansätze der widerleglichen Vermutung und der **dispositiven gesetzlichen Vollmacht** unterscheiden sich nur geringfügig: Der letztgenannte erscheint **vorzugswürdig,** da nur er mit dem Wortlaut „gilt als ermächtigt", der sprachlich keine bloße Vermutung enthält, vereinbar ist. Das heutige VVG hat bei gleicher Gesetzesformulierung die Vollmacht des Versicherungsvertreters in der amtlichen Überschrift zu § 69 VVG ausdrücklich als gesetzliche Vollmacht bezeichnet. Dies entspricht auch der Regelungstechnik im gesamten 5. Abschnitt des HGB, was für § 50 allgemein anerkannt ist, aber auch für § 54 und § 55 gilt (→ § 54 Rn. 4). Auch die für den Gutglaubensschutz des Verkehrs herangezogenen § 173 BGB, § 54 Abs. 3 gehen von einer Einschränkung oder Beseitigung einer bestehenden Vollmacht aus. Der hierin zum Ausdruck kommende **Wechsel der Initiativlast**[17] ist ökonomisch zweckmäßig. Derjenige, der vom ohnehin Üblichen abweichen will, muss handeln. Damit wird die Zahl der Handlungen minimiert. Dieser gewollte Initiativlastwechsel kann nur mit dem Verständnis als dispositive gesetzliche Vertretungsregelung erklärt werden.

b) Rechtsgeschäftliche Erklärung oder Vertrauensschutznorm. Weiteres Problem der dogmatischen Erklärung des § 56 ist die abstrakte Einordnung der Norm als **rechtsgeschäftliche Norm**[18] **oder Vertrauensschutznorm**[19] oder **zusammengesetzte Norm,**[20] von der nur ein Teil reiner Vertrauensschutz ist. Folgt man der obigen Deutung der Gesetzeskonstruktion als dispositiver gesetzlich begründeter Vertretungsmacht, kommt nur Letzteres allgemein in Betracht. Nur der gesetzlich gerade nicht geregelte Schutz des Kunden vor der Einschränkung der dispositiven gesetzlichen Vollmacht des § 56 folgt den Regeln des Vertrauensschutzes. Die Anordnung der dispositiven gesetzlichen Vollmacht selbst dient ganz allgemein dem abstrakten Verkehrsschutz. So bedarf es hinsichtlich der Entstehung der dispositiven gesetzlichen Vertretungsmacht keines guten Glaubens des Kunden. Aber auch, wenn man die Regelung mit der hM als Vermutung deuten würde, so stände der Einordnung der gesamten Norm als Vertrauensschutzvorschrift entgegen, dass die Norm auch bei Fällen der tatsächlich bestehenden Vollmacht eingreift.[21] 6

c) Zurechnung. Ein weiteres Problem bei der dogmatischen Erklärung ist der Zurechnungsgrund, der es rechtfertigt, zu Lasten des Geschäftsherrn eine dispositive gesetzliche Vollmacht zu statuieren oder iSd hM zu vermuten. Erwogen werden neben der insoweit unproblematischen rechtsgeschäftlichen Erklärung[22] die Verletzung einer Obliegenheit,[23] die Verletzung einer Aufsichtspflicht,[24] eine Verantwortlichkeit für missverständliches Erklärungsverhalten innerhalb einer rechtlichen Sonderverbindung,[25] Verwirkung seitens des Vertretenen wegen der Schaffung des Anscheins einer Vollmacht.[26] Auswirkungen kann dieser Streit auf das Tatbestandsmerkmal „angestellt" und auf den räumlichen Bereich haben, für den die Vollmacht gilt (→ Rn. 19, → Rn. 24). Geht man von der Formulierung „angestellt" aus, so ist Zurechnungsgrund zunächst die willentliche Einräumung der Stellung im Laden des Vertretenen.[27] Diese sowie die durch die Norm bewirkte Transaktionskostenminimierung, ferner die ohnehin im Regelfall gewünschte Vertretungsmacht, die Möglichkeit, 7

[15] So aber Schlegelberger/*Schröder* Rn. 1.
[16] Vgl. Denkschrift zum RJA – E I S. 48 = *Schubert/Schmiedel/Krampe* II 1, 48.
[17] Vgl. auch Staub/*Hüffer* § 25 Rn. 29 für die rechtstechnisch parallele Regelung des § 25.
[18] Vgl. *Flume* BGB AT I 1 § 49, 3, 829; Schlegelberger/*Schröder* Rn. 1.
[19] Vgl. BGH NJW 1975, 2191; WM 1988, 1061 (1062 ff.); *Canaris* HandelsR § 14 Rn. 5; *Kindl,* Rechtsscheintatbestände und ihre rückwirkende Beseitigung, 1999, 221.
[20] Staub/*Joost* Rn. 7; *K. Schmidt* HandelsR § 16 Rn. 123.
[21] Vgl. die gespaltenen Erklärungsversuche von *K. Schmidt* HandelsR § 16 Rn. 123 und Staub/*Joost* Rn. 7.
[22] Vgl. *Flume* BGB AT I 1 § 49, 3, 829; Schlegelberger/*Schröder* Rn. 1.
[23] *Reimer Schmidt,* Die Obliegenheiten, 1953, 125.
[24] *Fabricius* JuS 1966, 50 (55 f.).
[25] *Frotz,* Verkehrsschutz im Vertretungsrecht, 1972, 386 ff., 397.
[26] *v. Gierke/Sandrock* HandelsR § 23 VIII 2, 378.
[27] Vgl. RGZ 108, 48 (49 f.); BGH NJW 1975, 2191; *Canaris* HandelsR § 14 Rn. 7.

die Vollmacht einzuschränken und auszuschließen, und die abstrakte Möglichkeit des Inhabers, alle Vorgänge zu überwachen, machen die in § 56 vorgenommene Risikoverteilung dem Vertretenen zumutbar. Eine nähere dogmatische Qualifizierung erscheint nicht notwendig.

8 **4. Reformbedarf.** Die Norm ist praktisch bewährt (→ Rn. 1). Die dogmatischen Erklärungsschwierigkeiten (→ Rn. 3 ff.) sind von Rspr. und Lit. zu klären und erfordern kein gesetzgeberisches Eingreifen. Es gibt unpräzise Begrifflichkeiten wie „angestellt" (→ Rn. 19 f.) oder „ermächtigt" (→ Rn. 22). Da die gewollten Inhalte aber seit langem geklärt sind, erzeugt dies jedoch ebenfalls keine Reform. Ungeklärt ist jedoch die analoge Anwendung des § 56 auf kaufrechtsähnliche Absatzverträge (→ Rn. 31), auf ladenähnliche Strukturen im Onlinehandel (→ Rn. 32) und beim Einsatz von technischen Verkaufssystemen anstelle von menschlichen Verkäufern (→ Rn. 14 f.). Hier sollte der Gesetzgeber zumindest mittelfristig reagieren. Bei dieser Gelegenheit wären dann auch die Anwendung auf nicht kaufmännische Unternehmen (→ Rn. 10) und der bei Einschränkungen auf die Kunden anwendbare Sorgfaltsmaßstab (→ Rn. 40) mit zu regeln.

II. Beteiligte

9 **1. Vertretener.** Vertretener kann jeder **Kaufmann** sein. **Streitig** ist die analoge Anwendung der Norm auf nichtkaufmännische Unternehmen. Dies betrifft primär nicht eingetragene **Kleingewerbetreibende,** aber zB auch Hofläden von landwirtschaftlichen Betrieben. Ein Teil der Lehre[28] lehnt die Analogie ab, und verweist zur Begründung auf die Regelungstechnik des Gesetzgebers, der nur in wenigen Fällen und damit scheinbar enumerativ die Anwendung des Handelsrechts auf Kleingewerbetreibende angeordnet hat.[29] Außerdem wird der Verkehrsschutz durch Duldungs- und Anscheinsvollmacht als ausreichend angesehen. In Österreich wird die Anwendung generell auf Unternehmen iSd UGB begrenzt.[30]

10 Demgegenüber wird von der **hM**[31] für Deutschland **zu Recht** die **analoge Anwendung** auf **alle Unternehmen** vertreten. Das Enumerationsargument wird vom Gesetzgeber selbst widerlegt, der in der Regierungsbegründung[32] ausdrücklich eine analoge Anwendung des § 56 auf **Kleingewerbetreibende** für möglich ansieht, ohne sich allerdings zu entscheiden. Die vom Gesetzgeber, wenn auch in rechtsstaatlich bedenklicher Weise,[33] bewusst offengelassene Regelungslücke ist aufgrund der Rechtsähnlichkeit des ungeregelten Falles durch Analogie zu schließen. Es gibt keine Unterschiede beim **Schutzbedürfnis der Käufer.** Die Käufer kennen meist nicht die Rechtsform, vor allem ist ihnen die Bedeutung der Rechtsform unbekannt. Gerade beim Massengeschäft ist ihnen auch eine Erkundigungspflicht hinsichtlich der Rechtsform und entsprechender Konsequenzen nicht zumutbar. Auch eine Erkundigungspflicht hinsichtlich des Umfangs der Vertretungsmacht ist beim Massengeschäft zu aufwändig. Jeder **Inhaber eines Ladengeschäfts** hat die gleichen Interessen an einem reibungslosen Absatz und die gleichen Kontrollmöglichkeiten hinsichtlich eines Missbrauches bzw. die gleichen Möglichkeiten durch Bekanntmachung abweichender Regelungen, die Vertretungsmacht einzuschränken. Auch den Kleingewerbetreibenden und anderen nichtkaufmännischen Unternehmen ist die analoge Anwendung der Norm daher

[28] EBJS/*Weber* Rn. 3; BeckOGK/*Schärtl* Rn. 7.1; Oetker/*Schubert* Rn. 7; GK-HGB/*B. Schmidt* Rn. 3; Staub/*Joost* Rn. 8.

[29] EBJS/*Weber* Rn. 3.

[30] GroßkommUGB/*Torggler/Trenker* UGB § 56 Rn. 24; Straube/Ratka/Rauter/*Schinko* UGB § 56 Rn. 3; Jabornegg/Artmann/*Strasser/Jabornegg* UGB § 56 Rn. 5.

[31] *Canaris* HandelsR § 14 Rn. 10; *K. Schmidt* § 16 Rn. 128; *Schmitt,* Die Rechtsstellung der Kleingewerbetreibenden nach dem Handelsrechtsreformgesetz, 2003, 255 f.; Röhricht/Graf v. Westphalen/Haas/*Wagner/Wöstmann* Rn. 4a; KKRD/*Roth* Rn. 3; Baumbach/Hopt/*Hopt* Rn. 1; *Grooterhorst,* Vollmachten in Unternehmen, II 35; *Häublein* JuS 1999, 624; BeckOK HGB/*Meyer* Rn. 3.

[32] Vgl. BT-Drs. 13/8444, 30.

[33] *Schmitt,* Die Rechtsstellung der Kleingewerbetreibenden nach dem Handelsrechtsreformgesetz, 2003, 254.

zumutbar. Die **Rechts- und Wirtschaftsordnung** ist an der analogen Anwendung des § 56 aufgrund der damit verbundenen Reduzierung der **Transaktionskosten** und der Schaffung eines **rechtssicheren Zustandes** interessiert. Die Alternativlösung, sich mit Duldungs- und Anscheinsvollmacht zu behelfen, ist weitaus weniger rechtssicher (Streit um das Vorliegen einer Anscheinsvollmacht und häufig auch um die Einordnung als Kleingewerbetreibender) und verursacht unnötige Transaktionskosten. Vor allem entständen erhebliche Schutzlücken[34] für die Kunden, da Anscheins- und Duldungsvollmacht im Regelfall erst nach mehreren gleich gelagerten Vorgängen greifen (→ Vor § 48 Rn. 51; → Vor § 48 Rn. 54 für Duldungsvollmacht; → Vor § 48 Rn. 56 für Anscheinsvollmacht) und gerade diese Voraussetzung von den Kunden im Regelfall zumindest nicht nachgewiesen werden könnte. Sollte der Gesetzgeber in Folge des Mauracher Entwurfs[35] zur Reform der GbR die Außengesellschaft weiter den Personenhandelsgesellschaften annähern, wäre dies ein weiteres Argument für die analoge Anwendung des § 56 HGB.

Auch ein **Geschäftsunfähiger** kann **Vertretener** sein.[36] Davon zu trennen sind die Anforderungen an eine Anstellung (→ Rn. 19 ff.).[37] § 56 ist zumindest analog auch auf Fälle anwendbar, in denen der Ladenangestellte zwar für den Inhaber auftritt, aber der **Inhaber** insoweit **selbst Vertreter** ist und daher letztlich der vom Inhaber vertretene Dritte verpflichtet wird (zB Gebrauchtwagenverkauf im Agenturmodell,[38] Herstellergarantie). § 56 hilft dann über die fehlende Vollmacht im Verhältnis zwischen Ladenangestelltem und Ladeninhaber, nicht aber über eine fehlende Vollmacht im Verhältnis zwischen Ladeninhaber und letztlich vertretenem Dritten hinweg. 11

2. Begünstigter Personenkreis. Der begünstigte Personenkreis wird nur mittelbar durch den gesetzlichen Umfang der Vertretungsmacht und den Zweck des Verkehrsschutzes eingegrenzt: Danach ist zu verlangen, dass es sich um **Kunden** handelt,[39] wobei es keines Ausschlusses von Mitarbeitern des Vertretenen bedarf, die als Kunden auftreten (Personalkauf); denn mangelnde Gutgläubigkeit ist erst über § 54 Abs. 3 (analog) bzw. § 173 BGB analog zu berücksichtigen (→ Rn. 37 ff.). Entsprechendes gilt für Gesellschafter, wenn Ladeninhaber eine Gesellschaft ist. 12

3. Vertreter. § 56 enthält keine Einschränkung des Kreises möglicher Vertreter. Aus § 165 BGB folgt, dass eine natürliche Person als Vertreter **zumindest beschränkt geschäftsfähig** sein muss.[40] **Juristische Personen** können **nicht** Vertreter sein,[41] da dies im Bereich des §§ 54 ff. generell ausgeschlossen ist. Es muss sich um einen aus dem Unternehmen heraus handelnden, organisatorisch eingegliederten Vertreter handeln (→ § 54 Rn. 10).[42] Vertreter können auch leitende Angestellte sein.[43] 13

4. Technische Verkaufssysteme als Vertreter? Der Einsatz untechnischer Verkaufssysteme beim Vertrieb dergestalt, dass die Kunden nur noch mit dem technischen System und nicht mehr mit Menschen kommunizieren, nimmt zu. Dies gilt insbesondere im Onlinevertrieb (→ Rn. 32), nimmt aber auch in klassischen Ladengeschäften (zB bei Selbstbedienungsläden mit Selbstbedienungsscannerkassen) zu. Da kein menschlicher Ladenangestellter involviert ist, ist der **Wortlaut** des § 56 **nicht erfüllt.** Das gilt unabhängig davon, 14

---

34 Vgl. auch *Schmitt,* Die Rechtsstellung der Kleingewerbetreibenden nach dem Handelsrechtsreformgesetz, 2003, 256.

35 Entwurf vom BMJV am 20.4.2020 veröffentlicht.

36 *K. Schmidt* HandelsR § 16 Rn. 136; Staub/*Joost* Rn. 9; aA *Frotz,* Verkehrsschutz im Vertretungsrecht, 1972, 367; Heymann/*Teichmann* Rn. 7.

37 Vgl. *K. Schmidt* HandelsR § 16 Rn. 136.

38 Ebenso BGH NJW 1975, 642 (643); OLG Düsseldorf WM 1973, 473 (474); gegen Einordnung als Verkauf Staub/*Joost* Rn. 30.

39 Zum Großhandel → Rn. 29; gegen die weitere Einschränkung auf mit den Verhältnissen nicht vertraute Kunden zu Recht BGH NJW 1975, 2191; OLG Karlsruhe MDR 1980, 849 (850).

40 AG *Stolp* DR 1941, 277 mAnm *Lenz*; Staub/*Joost* Rn. 10; aA *EBJS/Weber* Rn. 4; → § 48 Rn. 29.

41 Str., allg. zur Handlungsvollmacht Staub/*Joost* § 54 Rn. 15; → § 54 Rn. 11 f.

42 Zu § 56 *Fabricius* JuS 1966, 50 (55).

43 OLG Karlsruhe MDR 1980, 849 (850) (Filialleiter); AG Berlin JW 1936, 1700; Staub/*Joost* Rn. 13.

ob im Hintergrund das technische System noch von Menschen beherrscht/kontrolliert wird oder sogar schon echte künstliche Intelligenz (KI) vorliegt, deren exaktes Verhalten nicht vorausgesehen werden kann. Denn selbst wenn im Hintergrund noch Menschen agieren, sind diese keine Vertreter iSd § 56.

15 Es stellt sich die Frage, ob in Bezug auf **technische Systeme,** die anstelle von menschlichen Vertretern eingesetzt werden, § 56 **rechtsanalog** angewandt werden kann. Das **Schutzbedürfnis** der Kunden ist eher noch größer, da sie in diesen Fällen die Übereinstimmung des Handelns des Systems mit dem Willen des Inhabers des Ladens erst recht nicht überprüfen können. Aufgrund des Absatzinteresses und der Beherrschbarkeit in einem abstrakten Sinn, der Inhaber hat den Einsatz des Systems veranlasst und kann ihn beenden, wäre die analoge Anwendung des § 56 dem Inhaber auch **zumutbar.** Sie wäre sogar in gewisser Weise im **Interesse des Inhabers,** da die analoge Anwendung des § 56, die Bereitschaft zur Nutzung solcher Systeme durch die Kunden erhöhen dürfte. Die notwendige Lücke folgt aus dem vom Gesetzgeber nicht vorhergesehenen technischen Wandel. Daher ist eine rechtsanaloge Anwendung auf technische Verkaufssysteme zu erwägen.

III. Zurechnungstatbestand „Anstellung"

16 Zurechnungstatbestand für die Vertretungsmacht ist die „Anstellung" in einem Laden oder offenen Warenlager. Beide Voraussetzungen sind zu eng formuliert. Dies beruht auf der Regelungstechnik des ADHGB, die sich stark an konkreten Lebenssachverhalten orientierte und nur geringe Bemühungen unternahm, nach abstrakten Formulierungen zu suchen.

17 **1. „Im Laden oder offenen Warenlager".** Diese Aufzählung bezeichnet die Orte, auf die sich die „Anstellung" beziehen muss. Sie wird heute **funktionell** verstanden: Die Örtlichkeit muss **dem Verkauf dienen.**[44] Aus der Nennung des offenen Warenlagers folgt, dass der Verkauf in diesem Verhältnis Nebenzweck sein darf; für andere Bereiche (Werkstatt, Büro) gilt dies nicht. Anerkannt ist, dass die Verkaufsörtlichkeit weder fest noch dauerhaft noch besonders eingerichtet sein muss,[45] und § 56 auch bei ausschließlicher Stammkundschaft Anwendung findet.[46] Zu verlangen ist aber wohl, dass entweder ein **abgegrenzter Raum oder** eine **Verkaufstheke** besteht.[47]

18 Einzelfälle: **Erfasst:** Messestand, der auch von Verkäufern genutzt wird,[48] Musterzimmer, in dem die dort als Modell ausgestellten Möbel verkauft werden,[49] Großhandel mit nicht besonders eingerichtetem, aber praktiziertem Einzelhandel,[50] Verkaufsraum eines Kraftfahrzeughändlers.[51] **Nicht erfasst:** Büroräume,[52] reine Lager,[53] Produktionsstätten,[54] Kassenraum einer Versicherung[55] (zur schwierigen Frage der Ausdehnung des § 56 auf andere Geschäfte als den Verkauf → Rn. 31 f.).

19 **2. „Angestellt". a) Grundlagen.** Die Formulierung „angestellt" bezog sich **ursprünglich** nur auf **Dienstverhältnisse.** Die dies konkretisierende Voraussetzung „Handlungsgehülfe" im preußischen Entwurf zum ADHGB wurde nicht Gesetz, weil Unsicherheit über den Umfang des erfassten Personenkreises bestand und es für unzumutbar gehalten wurde, dass sich der Kunde über die konkrete dienstvertragliche Stellung erkundigen

---

44 Vgl. RGZ 69, 307 (308); zum Problem des Großhandels → Rn. 29.
45 RGZ 69, 307 (308 f.); GroßkommHGB/*Würdinger* Anm. 2; *K. Schmidt* HandelsR § 16 Rn. 129.
46 BGH NJW 1975, 2191; OLG Karlsruhe MDR 1980, 849 (850).
47 Vgl. Heymann/*Teichmann* Rn. 16 f.; Schlegelberger/*Schröder* Rn. 2.
48 RGZ 69, 307 (308 f.); AG Stolp DR 1941, 277 mAnm *Lenz.*
49 RG Recht 1923, Sp. 290 f.
50 BGH NJW 1975, 2191.
51 OLG Köln JMBl. NW 1972, 189.
52 KG JW 1924, Sp. 1181; OLG Frankfurt WM 1999, 794.
53 Vgl. Heymann/*Teichmann* Rn. 17.
54 Vgl. KG JW 1924, Sp. 1181.
55 Wie hier Staub/*Joost* Rn. 19; aA LG Berlin VersR 1951, 170 (171).

müsse.[56] Nach der sich allmählich durchsetzenden Trennung von Vollmacht und zugrunde liegendem Rechtsverhältnis[57] fehlte die Rechtfertigung für ein dienstvertragliches Verständnis des „Angestellten". Demzufolge wurden bereits unter Art. 50 ADHGB mithelfende Familienangehörige als „angestellt" betrachtet.[58] Heute ist anerkannt, dass es auf das Innenverhältnis zwischen Vertreter und Vertretenem (Status, Entgeltlichkeit der Beschäftigung, besitzrechtliche Stellung) nicht ankommt; ausreichend ist es, wenn der Vertreter **mit Wissen und Wollen** des Vertretenen[59] **in die Verkaufstätigkeit** aus dem Laden[60] **eingeschaltet** ist.[61] Dem Vertretenen sind die vertretungsberechtigten, die dies dulden, zuzurechnen. Fahrlässigkeit reicht nicht, da „angestellt" eine bewusste Handlung iSd Veranlassungsprinzips erfordert.[62]

b) Rechtsschein der Anstellung. Eine bloß **fahrlässige Unkenntnis** der Tätigkeit des Vertreters ist **kein** hinreichender **Zurechnungsgrund;**[63] eine solche Auslegung der „Anstellung" überschritte die Wortlautgrenze des Gesetzes. Auch ist eine Analogie nicht gerechtfertigt, und zwar nicht einmal, wenn man § 56 mit der hM (→ Rn. 6) für den Fall einer nicht erteilten Vollmacht als reine Vertrauensschutzregel auffasste. Während in **Österreich** dennoch ganz herrschend[64] das „angestellt" bejaht wird, wird in Deutschland zu Recht darauf abgestellt, ob eine Duldungs- und Anscheinsvollmacht vorliegt, auf die sich § 56 dann analog hinsichtlich des Umfanges anwenden lässt.[65] 20

c) Einzelheiten. Auf die Dauer der Tätigkeit (Aushilfskräfte) kommt es nicht an.[66] Reinigungskräfte oder auch Lagerarbeiter sind nicht erfasst, weil ihre Stellung keinen Anlass bietet, Vorstellungen zu einer Vertretungsmacht zu entwickeln.[67] Der Inhaber muss sich nach den allgemeinen Regeln Wissen und Wollen derjenigen zurechnen lassen, die bevollmächtigt sind, jemanden mit einer Arthandlungsvollmacht im Umfang des § 56 anzustellen (gesetzliche Vertreter, Generalbevollmächtigte, Prokuristen, Generalhandlungsbevollmächtigte), sowie derjenigen, die zumindest wirksam einer Person eine verkaufsbezogene Tätigkeit im Laden zuweisen können. Diese die Anstellung vermittelnden Personen bedürfen lediglich der beschränkten Geschäftsfähigkeit (§ 165 BGB analog). Für Wissen und Wollen der verkaufsbezogenen Tätigkeit durch den Inhaber persönlich ist dagegen dessen volle Geschäftsfähigkeit erforderlich.[68] Dies kann allerdings durch das Wissen und Wollen eines Vertretungsberechtigten ersetzt werden. Die Anstellung muss sich auf den konkreten Laden beziehen, dessen Inhaber Vertragspartner werden soll. Dies schränkt die Anwendung des § 56 beim **„shop in the shop"** ein. Sollte dies allerdings nicht erkennbar sein, könnte § 56 in Verbindung mit dem Rechtsschein eines einheitlichen Ladens[69] anzuwenden sein. Auch 21

---

56 Vgl. die Nachweise bei *v. Hahn,* Kommentar zu ADHGB, 4. Aufl. 1894, Art. 50 § 1.

57 *Laband* ZHR 10 (1866), 183 (203 ff.); → Vor § 48 Rn. 6.

58 Vgl. *Puchelt,* Kommentar zum ADHGB, 3. Aufl. 1882, ADHGB Art. 50 Anm. 2.

59 Dem Vertretenen sind die Vertretungsberechtigten, die dies dulden, zuzurechnen.

60 Also keine Außendienstmitarbeiter, vgl. Staub/*Joost* Rn. 15.

61 Vgl. RGZ 108, 48 (49 f.); BGH NJW 1975, 2191; sehr zurückhaltend BGH BB 1968, 1099 (1100) (Strafurteil); OLG Düsseldorf NJW-RR 2008, 1044; Staub/*Joost* Rn. 11; Heymann/*Teichmann* Rn. 12; *K. Schmidt* HandelsR § 16 Rn. 131; *Fabricius* JuS 1966, 50 (55).

62 AA BeckOGK/*Schärtl* Rn. 14.5 (wegen der Schutzbedürftigkeit des Verkehrs).

63 OLG Hamm BeckRS 2010, 22726; KKRD/*Roth* Rn. 12; aA *v. Gierke/Sandrock* HandelsR § 23 VIII 2 c, 378; *v. Seeler* ArchBürgR 28 (1906), 1 (48) für direkte Anwendung; *Westermann* JuS 1963, 1 (7) für analoge Anwendung.

64 OGH 30.6.1982 HS 12.088 für grobe Fahrlässigkeit; GroßkommUGB/*Torggler/Trenker* UGB § 56 Rn. 28; Jabornegg/Artmann/*Strasser/Jabornegg* UGB § 56 Rn. 3; Torggler/*Schopper/Trenker* UGB § 56 Rn. 7; Straube/Ratke/Rauter/*Schinko* UGB § 56 Rn. 2.

65 OLG Hamm BeckRS 2010, 22726; Staub/*Joost* Rn. 11; *K. Schmidt* HandelsR § 16 Rn. 131.

66 Heymann/*Teichmann* Rn. 11; Schlegelberger/*Schröder* Rn. 2; *Kindl,* Rechtsscheinstatbestände und ihre rückwirkende Beseitigung, 1999, 224.

67 Vgl. RGZ 108, 48 (49 f.); Baumbach/Hopt/*Hopt* Rn. 3; GK-HGB/*B. Schmidt* Rn. 6; EBJS/*Weber* Rn. 5; vgl. aber BGH NJW 1988, 2109 (2110); einschr. Staub/*Joost* Rn. 14; *Honsell* JA 1984, 17 (22).

68 Vgl. BGH NJW 1977, 622 (623); Baumbach/Hopt/*Hopt* Rn. 1; *K. Schmidt* HandelsR § 16 Rn. 136; diff. Heymann/*Teichmann* Rn. 7 ff.

69 Vgl. BGH DB 1978, 2118 f.: Kombination von Duldungsvollmacht und § 54.

der vom Inhaber selbst gesetzte **Rechtsschein** einer **Anstellung**[70] kann zur entsprechenden Anwendung des § 56 führen (zB Bezeichnung eines Lagerarbeiters als Verkäufer; verkäufertypische Bekleidung auch für Lagerarbeiter). Neben diesen Fällen einer Kombination von Rechtsschein und § 56 bleibt bei Ablehnung des § 56 hinsichtlich des Vollmachtumfangs generell die Möglichkeit einer Duldungs- oder Anscheinsvollmacht (→ Vor § 48 Rn. 50 ff.).[71]

IV. Rechtsfolge: Vollmacht

22 **1. „Gilt als ermächtigt".** Die aus dem ADHGB übernommene Formulierung „ermächtigt" stammt aus einer Zeit, als zwischen Vollmacht und zugrunde liegendem Rechtsverhältnis noch nicht getrennt wurde und ist als „bevollmächtigt" zu verstehen. Vgl. allerdings auch für die besitzrechtliche Empfangnahme von Sachen → Rn. 34. „Gilt als" kann nur im Sinne einer dispositiven gesetzlichen Vollmacht verstanden werden. Mit der – herrschend vertretenen – Einordnung der Rechtsfolge als (widerleglicher) Vermutung ist der Wortlaut kaum zu vereinbaren (→ Rn. 5).

23 **2. Umfang der Vollmacht. a) Anwendbarkeit des § 54 (§ 55).** Die gesetzliche Umschreibung des Vollmachtsumfangs erscheint unvollständig, weil Ort und Art der Vollmachtsausübung (nur unter Anwesenden?) sowie selbstständige Nebenabreden (Finanzierungsvereinbarungen, wirtschaftlich mit dem Verkauf verbundene, rechtlich selbstständige Verträge wie Garantieversprechen, Ankäufe etc., Umtausch verkaufter Ware) vom Gesetz zumindest nicht ausdrücklich geregelt werden. Die hM[72] versucht diese Probleme durch sehr weite Auslegungen und nicht immer ausgewiesene Rechtsfortbildungen zu lösen. Demgegenüber scheint für einen Teil dieser Fälle eine direkte, zumindest aber eine analoge Anwendung des § 54 (einschließlich Abs. 3) und ggf. des § 55 vorzugswürdig.[73] Unstreitig entspricht der **Umfang** der Vollmacht des § 56 einer **Arthandlungsvollmacht.** Geht man von einer tatsächlich bestehenden Vollmacht aus – sei es, dass man § 56, wie hier befürwortet, im Sinne einer dispositiven gesetzlichen Vollmacht versteht, sei es, dass man eine rechtsgeschäftliche an der Stellung anknüpfende Vollmacht annimmt[74] –, so ist **§ 54 unmittelbar** anwendbar, sofern nicht § 56 im Einzelfall speziellere Regelungen enthält. Auch unter Zugrundelegung der hM, die § 56 bei fehlender Vollmacht allein als durch das Rechtsscheinsprinzip gerechtfertigte Vermutung versteht, ist **zumindest** die **analoge Anwendung** des § 54 gerechtfertigt, soweit § 56 eine in § 54 geregelte Frage nicht behandelt. Dies vermeidet eine Überdehnung des Wortlauts von § 56 – bzw. die Notwendigkeit einer gesetzesübersteigenden Rechtsfortbildung – und ermöglicht, von den Erfahrungen mit § 54 Abs. 1 zu profitieren. Die Analogie steht schließlich im Einklang mit der von der hM[75] bejahten Analogie zu § 54 Abs. 3. Sie beinhaltet auch eine analoge Anwendung des § 54 Abs. 2 als Vollmachtsgrenze.

24 **b) Ort der Vollmachtsausübung.** Anders als Art. 50 ADHGB, der durch ein „daselbst" den Laden als Ort der Vollmachtsausübung festlegte,[76] fehlt es heute an einer ausdrücklichen Regelung.[77] Eine Ansicht[78] hält es für ausreichend, dass der Vertreter in

[70] KKRD/*Roth* Rn. 4; Oetker/*Schubert* Rn. 8.
[71] Vgl. BGH NJW 1988, 2109 (2110).
[72] Vgl. nur BGH NJW 1988, 2109; Staub/*Joost* Rn. 30 f.; *K. Schmidt* HandelsR § 16 Rn. 130.
[73] Vgl. auch Straube/Ratka/Rauter/*Schinko* UGB § 56 Rn. 1: Sonderfall des § 54 Abs. 1; aA wohl BGH NJW 1988, 2109 (2110), wenn für einen Ladenangestellten die Prüfung der Existenz einer Arthandlungsvollmacht verlangt wird.
[74] Vgl. die Nachweise → Rn. 4.
[75] Vgl. BGH NJW 1975, 642 (643); Baumbach/Hopt/*Hopt* Rn. 5; Schlegelberger/*Schröder* Rn. 3; aA Heymann/*Teichmann* Rn. 29.
[76] Vgl. *v. Hahn,* Kommentar zum ADHGB, 3. Aufl. 1882, ADHGB Art. 50 § 5; *Puchelt,* Kommentar zum ADHGB, 4. Aufl. 1894, ADHGB Art. 50 Anm. 6.
[77] Heymann/*Teichmann* Rn. 18 sieht das Verständnis auch in der heutigen Formulierung des § 56 aufgrund des „in" umfasst.
[78] *K. Schmidt* HandelsR § 16 Rn. 130.

Ausübung seiner Funktion als Ladenangestellter zB auch als Bote tätig wird und ersetzt damit die örtliche Beschränkung der Vollmachtsausübung durch einen lediglich funktionellen Bezug. Die hM[79] verlangt eine räumliche und zeitliche Verknüpfung der Vollmachtsausübung mit dem Laden: Dafür soll eine **Geschäftsanbahnung im Laden** mit einem sich zeitlich und räumlich anschließenden Vertragsabschluss ausreichen. Schließlich wird aber auch vertreten, dass **nur im Laden** bzw. im offenen Warenlager abgeschlossene Geschäfte von § 56 erfasst werden.[80]

Für letztere Ansicht spricht, dass der Wegfall des Wortes „daselbst" ausweislich der Gesetzesbegründung[81] nicht im Zusammenhang mit einer bewussten inhaltlichen Abweichung von Art. 50 ADHGB stand; er ist vielmehr als rein sprachliche Modernisierung einer für selbstverständlich gehaltenen Voraussetzung zu verstehen. Für eine solche Interpretation spricht ferner, dass der Vertretene einen Vertreter außerhalb des Ladens erheblich schlechter kontrollieren kann, die Rechtsfolge des § 56 folglich bei Geschäften außerhalb des Hauses deutlich weniger zumutbar ist.[82] Wertungsmäßig liegt eine vom Regelfall des § 56 verschiedene Konstellation vor, weshalb § 56 auf den Vertragsabschluss im Laden beschränkt werden sollte. Weiter ist anzuführen, dass § 56 an die Typizität der Vertretungsmacht anknüpft (→ Rn. 1): Zumeist ist der Ladenangestellte rechtsgeschäftlich zum Verkauf bevollmächtigt. Außerhalb des Ladens abgeschlossene Geschäfte dürfte seine rechtsgeschäftliche Vollmacht aber in der Regel nicht erfassen, sodass der Grundsatz, für den Verkehrsschutz an das Übliche anzuknüpfen, bei Zugrundelegung der hM durchbrochen würde. 25

Andererseits ist nicht zu verkennen, dass es Fälle gibt, in denen es branchen- oder geschäftstypisch ist, dass Ladenangestellte, insbesondere nach vorheriger Geschäftsanbahnung im Laden, auch zum Geschäftsabschluss außer Haus bevollmächtigt sind (zB Verkauf von Orientteppichen nach Präsentation beim Kunden). Diese Fälle, denen die hM durch das geringere Erfordernis der Geschäftsanbahnung im Laden genügen will, können jedoch durch **Anwendung des § 54 Abs. 1** besser bewältigt werden: Nur bei Branchenüblichkeit erstreckt sich die spezielle Arthandlungsvollmacht des § 56 auch auf außerhalb des Ladens geschlossene Geschäfte (§ 54 Abs. 1).[83] Gegebenenfalls liegt auch ein Fall des § 55 Abs. 1 vor, mit der Folge der weiteren Konkretisierung der Vollmacht durch § 55 Abs. 2–4. 26

c) Art der Vollmachtsausübung. § 56 regelt nicht ausdrücklich, ob die **Vollmacht** nur gegenüber Anwesenden oder auch **gegenüber Abwesenden** (Telefon, E-Mail, Fax, Brief) gilt. Die hM neigt dazu, zumindest telefonische Geschäftsabschlüsse zu erfassen,[84] obwohl diese Art der Vollmachtsausübung in der Praxis der Willenserklärung unter Anwesenden nicht völlig gleichsteht, es insbesondere für einige Branchen an der Verkehrstypizität einer entsprechenden rechtsgeschäftlichen Vertretungsmacht fehlen dürfte, an die ein Verkehrsschutz aber regelmäßig anknüpft. Auch ist diese Art der Vollmachtsausübung für den Vertretenen gefährlicher. Das Zurechnungsmerkmal der Anstellung verliert an Wert. Gleiches gilt für den Laden als leicht zu überwachender Ort. Dem ist – wie bei Geschäftsabschlüssen außerhalb des Ladens (→ Rn. 24 ff.) – durch Anwendung des § 54, auf die Vollmacht gem. § 56 und dort der Gewöhnlichkeitsvoraussetzung, Rechnung zu tragen. 27

d) Verkäufe. Primär umfasst § 56 Verkäufe, dh den Abschluss von Kaufverträgen iSd § 433 BGB einschließlich aller **unselbstständigen Nebenabreden,** auch soweit damit 28

---

79 Vgl. RGZ 108, 48 (49); LG Bochum MDR 1959, 130; vgl. auch BGH BB 1968, 1099 (1100); Schlegelberger/*Schröder* Rn. 2; Heymann/*Teichmann* Rn. 18; Oetker/*Schubert* Rn. 9.

80 Staub/*Joost* Rn. 24; BeckOK HGB/*Meyer* Rn. 13.

81 Vgl. Begr. zum Entwurf des RJA E I S. 48 = *Schubert/Schmiedel/Krampe* II 1, 48.

82 So auch Staub/*Joost* Rn. 24.

83 Vgl. Baumbach/Hopt/*Hopt* § 54 Rn. 4, 10; Staub/*Joost* § 54 Rn. 46.

84 RG SeuffA 80 (1926) Nr. 48; Staub/*Joost* Rn. 25; *K. Schmidt* HandelsR § 16 Rn. 130; aA Heymann/*Teichmann* Rn. 21.

von der Dispositivität des Gesetzes Gebrauch gemacht wird.[85] Dies schließt zB eine Abweichung von § 320 BGB durch eine Ratenzahlungsvereinbarung und einen Preisrabatt ein.[86] Erfasst werden auch Kaufverträge über nicht vorrätige Waren und größere Mengen[87] sowie **Verkäufe im Namen eines Dritten,**[88] für den der Ladeninhaber Vertretungsmacht hat. Die Grenze bildet die „Gewöhnlichkeit" im Sinne der Branchenüblichkeit des Geschäfts, wobei Geschäftsvolumen und Ladengröße mit zu berücksichtigen sind.[89] Der **Vertrieb von Standardsoftware** ist zumindest kaufähnlich,[90] sodass § 56 ihn erfasst. Entsprechendes gilt für **Werklieferungsverträge,**[91] denn auf sie ist generell Kaufrecht anwendbar (§ 651 BGB), und erhebliche Wertungsunterschiede bestehen nicht. Dies gilt auch für unvertretbare Werke. Die geringen Unterschiede im Gewährleistungsrecht sind für § 56 unerheblich, wie die Vertretungsmacht für Nebenbedingungen – zB Gewährleistungsrechte – belegt.

29 Die wohl hM[92] beschränkt § 56 auf den Einzelhandel, der jedoch Nebengeschäft eines Großhandels sein dürfe. Dem liegt wohl die Vorstellung zugrunde, dass im Großhandel dem Kunden Nachforschungen hinsichtlich der Vertretungsmacht eher und dem Vertretenen die Rechtsfolgen des § 56 weniger zuzumuten seien. Zumindest bei **Großhandelsunternehmen,** die sich eines Ladengeschäftes für den Warenabsatz bedienen – insbesondere etwa bei Großhandelsmärkten – trifft dies jedoch nicht zu:[93] Dem Vertretenen ist es auch gegenüber kaufmännischen Kunden zumutbar, sein Risiko durch Kontrolle der im Laden „Angestellten" wirksam zu begrenzen. Insoweit bestehen auch keine erheblichen Unterschiede in der Üblichkeit rechtsgeschäftlicher Vollmacht (Typizität), an die die zu schützende Verkehrserwartung anknüpft (→ Rn. 1). Diese Auslegung vermeidet bei einem gemischten Groß- und Einzelhandel ansonsten notwendige Differenzierungen.

30 Das 1857 verfasste ADHGB berücksichtigte das Abstraktionsprinzip begrifflich noch nicht, weshalb es gerechtfertigt ist, unter dem „Verkauf" das gesamte Umsatz-(Absatz-)Geschäft einschließlich der **Übereignung** zu verstehen.[94] Dies deckt auch eine Übereignung ohne Kaufpreissicherung ab,[95] da es nicht angemessen ist, Verdachtsmomente für einen Missbrauch der Vertretungsmacht in § 56 hinein zu verlagern. Damit verbunden ist die Frage, ob Geschäfte, die wirtschaftlich mit den Umsatzgeschäften verbunden sind, wie zB der **Umtausch** der verkauften Sache,[96] die **Inzahlungnahme** (zB Auto)[97] bzw. die Übernahme einer **Vermittlungstätigkeit** für den Verkauf einer

---

[85] Vgl. OLG Köln JMBl. NW 1972, 189 f.; RG Recht 1922 Nr. 25.

[86] Vgl. OLG Karlsruhe MDR 1980, 849 (850) (trotz des damaligen RabattG).

[87] Staub/*Bondi,* 14. Aufl. 1932, Anm. 4.

[88] So für Gebrauchtwagenverkauf im Agenturmodell BGH NJW 1975, 642 (643); 1988, 2109; OLG Düsseldorf WM 1973, 473 (474); aA Staub/*Joost* Rn. 30.

[89] RG SeuffA 80 (1926) Nr. 48 mit überholten Vorstellungen zum Autoverkauf; *K. Schmidt* HandelsR § 16 Rn. 132; Staub/*Joost* Rn. 39; Heymann/*Teichmann* Rn. 28; *v. Gierke/Sandrock* HandelsR § 23 VIII 3, 379.

[90] So zu Recht BGHZ 102, 135 = NJW 1988, 406; BGHZ 109, 97 = NJW 1990, 320; BGHZ 110, 130 (135 ff.) = NJW 1990, 1290; *Grooterhorst* Vollmachten im Unternehmen II 35.

[91] Wie hier Baumbach/Hopt/*Hopt* Rn. 4; *K. Schmidt* HandelsR § 16 Rn. 132; Heymann/*Teichmann* Rn. 25; aA Staub/*Joost* Rn. 34 (wegen der Herstellungspflicht); obiter dictum auch BGH NJW 1988, 2109 f.

[92] BGH NJW 1975, 2191; Heymann/*Teichmann* Rn. 16; Staub/*Bondi,* 14. Aufl. 1932, Anm. 5; GK-HGB/*B. Schmidt* Rn. 2; *K. Schmidt* HandelsR § 16 Rn. 129.

[93] Ähnlich schon *Puchelt,* Kommentar zum ADHGB, 3. Aufl. 1882, ADHGB Art. 50 Anm. 4; *v. Hahn* Kommentar zum ADHGB, 4. Aufl. 1984, ADHGBArt. 50 § 2; Oetker/*Schubert* Rn. 11; undeutlich Staub/*Joost* Rn. 18.

[94] Vgl. BGH NJW 1988, 2109 f.; Staub/*Joost* Rn. 32; *Grooterhorst* Vollmachten im Unternehmen II 35 Heymann/*Teichmann* Rn. 22; GK-HGB/*B. Schmidt* Rn. 4.

[95] AA OLG Bremen OLGR 2006, 3 = BeckRS 2005, 30362534.

[96] Für Erfassung *K. Schmidt* HandelsR § 16 Rn. 132; Staub/*Joost* Rn. 32; EBJS/*Weber* Rn. 10; Heymann/*Teichmann* Rn. 24; aA BeckOK HGB/*Meyer* Rn. 15.

[97] Befürwortend OLG Brandenburg BeckRS 2008, 20920 betr. Ablösung einer Altwagenfinanzierung als Nebengeschäft; OGH HS 10 167; Straube/*Schinko* Rn. 5, beide für Österreich; EBJS/*Weber* Rn. 10; diskussionswürdig *K. Schmidt* HandelsR § 16 Rn. 132.

gebrauchten Sache des Kunden als unselbstständiges Gegengeschäft (zB Agenturgeschäft beim Auto)[98] oder die Ausstellung einer **Quittung** von § 56 erfasst werden. Aufgrund der erforderlichen wirtschaftlichen Interpretation des Begriffs „Verkäufe" ist dies grundsätzlich möglich, wobei die Risikobegrenzung des Ladeninhabers durch die Beschränkung auf „Verkäufe", die in einem derartigen Laden gewöhnlich geschehen, gewährleistet wird. Bei engerer Auslegung ergäbe sich dasselbe Ergebnis aus der Anwendung des § 54 Abs. 1[99] auf die besondere Arthandlungsvollmacht des § 56. Für den **Umtausch** dürfte allerdings wegen des nur mittelbaren Bezugs zum Umsatzgeschäft nicht § 56, sondern nur § 54 anwendbar sein, wobei aber gewöhnlich nicht jeder Vertreter mit einer für Verkäufe bestehenden Arthandlungsvollmacht auch zum Umtausch bevollmächtigt ist. Erst recht gilt dies für sonstige Fälle der **Rückabwicklung** (Anfechtung, Rücktrittsvereinbarung), aber auch nachträgliche Erklärungen zur **Gewährleistung,** die keinesfalls dem Verkauf zugerechnet werden können.[100] Eine rechtsfortbildende Erfassung dieser Fälle durch § 56 scheitert trotz entsprechender Verkehrserwartung daran, dass diese Erklärungen nicht neutral wie Empfangnahmen und nicht im Interesse des Unternehmens wie Verkäufe sind. De lege ferenda sollte § 56 hier allerdings erweitert werden.

e) (Rechtsanaloge) Anwendung auf alle Absatzverträge. Eine der zentralen Fra- 31
gen der heutigen Anwendung des § 56 ist die Erstreckung auf alle anderen Absatzverträge. Während eine beachtliche Meinung dies noch immer ablehnt,[101] bejaht die inzwischen schon hM zu Recht die Erstreckung auch auf (einige) andere Absatzgeschäfte.[102] Der Versuch, eine umfassende Auslegungsfreiheit im Sinne der hM dadurch zu gewinnen, dass man „Verkäufe" als untechnischen Begriff ansieht,[103] ist abzulehnen. Es gibt keinen Grund anzunehmen, ausgerechnet ein solcher Zentralbegriff, sei vom Gesetzgeber des 19. Jahrhunderts unpräzise und untechnisch gemeint gewesen. Die zutreffende **hM** bedarf vielmehr der **Rechtfertigung** durch eine **Rechtsanalogie.** Die für die Rechtsfortbildung notwendige **Lücke** ist **nachträglich** entstanden. Während im 19. Jahrhundert „Verkäufe" fast[104] der einzige Absatzvertrag aus einem Laden heraus waren, für die die **Typizität** der Vertretungsmacht (→ Rn. 1) mit den entsprechenden Verkehrserwartungen bestand, gibt es heute die verschiedensten Absatzverträge (zB Miete, Leasing, Dienstvertrag, Werkvertrag, Reisevertrag, Handyvertrag) aus Ladengeschäften heraus, die (als Massengeschäfte) die gleiche Typizität der Vertretungsmacht und die gleiche Verkehrserwartung haben, aber auch die Zumutbarkeit für den Vertretenen gleich ist.[105] Der Reformgesetzgeber des Jahres 1998 hat sich mit der Frage nicht beschäftigt, womit die Lücke fortbesteht. Es darf vermutet werden, dass die Mehrheit derer, die den Kunden in Vertriebsräumen (Läden) bei all diesen Absatzverträgen gegenüberstehen, zum Abschluss von Verträgen bevollmächtigt sind, auch wenn es sich nicht um Verkäufe handelt. Folglich besteht eine Verkehrsauffassung hinsichtlich der Existenz einer solchen Vollmacht. Diese Ausdehnung des § 56 ist dem Vertretenen zuzumuten, da er die Einrichtung besonderer Vertriebsräume (Läden), die „Anstellung" und das kon-

---

[98] Vgl. BGH NJW 1975, 642 (643); Staub/*Joost* Rn. 30.

[99] Zur grundsätzlichen Anwendbarkeit des § 54 Abs. 1 in § 56 GK-HGB/*B. Schmidt* Rn. 8.

[100] Staub/*Joost* Rn. 32; aA für Rücktrittsvereinbarungen *K. Schmidt* HandelsR § 16 Rn. 132; *Roth* HandelsR/GesR § 28 Rn. 648.

[101] OLG Frankfurt WM 1999, 794 (implizit bei Dienstverträgen); Staub/*Joost* Rn. 34; Röhricht/Graf v. Westphalen/Haas/*Wagner/Wöstmann* Rn. 14; GK-HGB/*B. Schmidt* Rn. 8; Staub/*Joost* Rn. 34; EBSJ/*Weber* Rn. 11.

[102] BGH NJW 1988, 2109 obiter dictum; LG Berlin VersR 1951, 151 (170 f.) betr. Versicherungsverträge; LG Bonn 14.5.2004 – 1 O 17/04 Rn. 46, nv, betr. Frachtverträge; *K. Schmidt* HandelsR § 16 Rn. 132; BeckOK HGB/*Meyer* Rn. 18 betr. Verträge mit Warenerwerb zB Leasingverträge; Baumbach/Hopt/*Hopt* Rn. 4 betr. Leasingverträge; Oetker/*Schubert* Rn. 16; KKRD/*Roth* Rn. 8; GroßkommUGB/*Torggler/Trenker* UGB § 56 Rn. 34; Torggler/*Schopper/Trenker* UGB § 56 Rn. 10; Heymann/*Teichmann* Rn. 25.

[103] So zB Baumbach/Hopt/*Hopt* Rn. 4; im Wege der funktionalen Auslegung Heymann/*Teichmann* Rn. 25.

[104] Ein anderer Fall waren Geldwechsler; daher für Anwendung unter dem ADHGB *v. Hahn,* Kommentar zum ADHGB, 4. Aufl. 1894, AGHGB Art. 50 Fn. 1.

[105] Speziell auf Massengeschäfte abstellend BeckOGK/*Schärtl* Rn. 32.

krete tätig werden seiner Vertreter kontrollieren kann und auch das Absatzinteresse besteht. Die daher zulässige und gebotene Rechtsanalogie vermeidet auch Abgrenzungsschwierigkeiten zwischen den Vertragsarten.[106] Die Rechtsanalogie greift nicht, wenn wie bei Versicherungsverträgen eine Spezialregelung existiert.[107] Eine noch weitergehende Ausdehnung des § 56 auch auf alle **Absatzgeschäfte** im **Fernabsatz** bedarf getrennter Prüfung (→ Rn. 32).

32 **f) (Rechtsanaloge) Anwendung im Onlinehandel.** Die Absatzstrukturen von Waren haben sich in den letzten beiden Jahrzehnten dramatisch geändert. Der Vertrieb über Ladengeschäfte geht immer mehr zurück und der Onlinevertrieb nimmt immer mehr zu. Aus Sicht der Kunden und auch der Unternehmen sind die Vertriebsmethoden ähnlich, was auch durch den Begriff **Onlineshop** ausgedrückt wird. Die Kunden vertrauen auf die Gültigkeit der Onlinekäufe wie auf die im (Offline-)Laden. Der Onlineshop fungiert als Rechtsscheinsträger und die Vertretungsmacht besteht auch tatsächlich in aller Regel. Die Beherrschbarkeit seitens des Inhabers ist gleichwertig und ein „Vertrauen können" in die Wirksamkeit der Onlineverträge ist auch im Interesse derjenigen die Onlineshops oder vergleichbare Onlineabsatzkanäle betreiben. Auch der europäische Gesetzgeber hat sich in der **RL (EU) 2019/771** (Warenkauf-RL) für eine **Gleichbehandlung von Offline- und Onlinevertrieb** (bezüglich des allgemeinen Kaufrechts) entschieden. Dem sollte im Wege der Rechtsanalogie auch für § 56 für Onlineshops gefolgt werden.[108] Im Onlinehandel kann sich zusätzlich das Problem stellen, dass nur scheinbar ein Mensch agiert, in Wirklichkeit aber ein Bot handelt. In diesem Fall wäre die analoge Anwendung des § 56 für Verkäufe aus einem Onlineshop noch mit einem veranlassten Rechtsschein bezüglich menschlichen Handelns zu kombinieren (→ Rn. 14).

33 **g) Ankauf.** Auf den wirtschaftlich selbstständigen Ankauf ist § 56 **weder direkt noch analog** anwendbar.[109] Er liegt nicht in demselben Maße im Interesse des Vertretenen wie das Absatzgeschäft und enthält ein Mehrfaches an Risiken, was dem Vertretenen eine solche Erweiterung unzumutbar macht. Auch über § 54 Abs. 1 lässt sich meist kein anderes Ergebnis erzielen, da der selbstständige Ankauf nicht gewöhnlich mit der Arthandlungsvollmacht „Verkauf" verbunden ist (anders vielleicht bei Secondhandläden).

34 **h) Empfangnahmen.** Empfangnahmen sind einer Passivvertretung ähnlich und bedürfen daher gleichartiger Regelungen.[110] Im Mittelpunkt steht die Empfangnahme des **Kaufpreises,** wobei der Kaufvertrag auch von einem anderen Vertreter zu früherer Zeit abgeschlossen worden sein kann.[111] Dem weiten Wortlaut gem. ist jede Entgegennahme von **Sachen oder Erklärungen** im Laden mit Bezug zu den im Laden vorgenommenen Geschäften gemeint. Hierzu gehört auch die Anlieferung neuer Waren.[112] Die fehlende Beschränkung auf die Empfangnahme bei der Durchführung und Rückabwicklung von Absatzgeschäften rechtfertigt sich mit den bei der Passivvertretung bzw. dem Besitzwechsel geringeren Risiken für den Vertretenen, wobei weitere Schranke das „gewöhnliche Geschäft" ist. Die Befugnis zur Entgegennahme von Sachen ist unabhängig von der sachenrechtlichen Stellung des in Empfang nehmenden.[113] Bei der Empfangnahme von Sachen treten die gleichen Wirkungen wie bei der Übergabe an den Inhaber ein.[114] Keine Emp-

[106] Ebenso Oetker/*Schubert* Rn. 16.
[107] Oetker/*Schubert* Rn. 16.
[108] AA Oetker/*Schubert* Rn. 16 bei Fernabsatz wegen fehlendem Rechtsscheinsträger; ähnlich Heymann/*Teichmann* Rn. 21, der das Vertrauen in den räumlichen Gegebenheiten sieht, welches im Fernabsatz nicht besteht.
[109] BGH NJW 1988, 2109 = JR 1990, 59 mAnm *Kohte*; Staub/*Joost* Rn. 33; *K. Schmidt* HandelsR § 16 Rn. 132; *Canaris* HandelsR § 14 Rn. 8; Heymann/*Teichmann* Rn. 26.
[110] AG Hechingen BeckRS 2012, 19021; *Taupitz* JuS 1992, 449 (452).
[111] Straube/Ratke/Rauter/*Schinko* UGB § 56 Rn. 4; vgl. auch LG Bochum MDR 1959, 130.
[112] Staub/*Joost* Rn. 36.
[113] Staub/*Joost* Rn. 37.
[114] Staub/*Joost* Rn. 37; Heymann/*Teichmann* Rn. 27.

fangnahme sind aktive Willenserklärungen wie die Anerkennung einer Mängelrüge des Kunden.[115]

i) Gewöhnliches Geschäft. Das gewöhnliche Geschäft konkretisiert und beschränkt den Umfang der von § 56 erfassten Verkäufe und Empfangnahmen.[116] Anders als § 54 Abs. 1 ist es nicht Ansatzpunkt für eine Ausdehnung auf andere Geschäfte und wohl auch nicht auf andere Örtlichkeiten oder Umstände (Telefon) des Vertragsabschlusses (→ Rn. 24 ff.). Der Begriff **„derartiger Laden"** schließt sprachlich die Gewohnheiten des konkreten Ladens, aber wohl auch die der Läden eines bestimmten Ortes aus und meint eine **Gewöhnlichkeit nach dem Ladentyp** (konkrete Branche), wobei auch die Größe des Ladens mit zu beachten ist (zB Verkauf von größeren Stückzahlen).[117] Soweit die konkreten Gewohnheiten zu engeren Vollmachten führen würden, ergibt sich ihre Nichtberücksichtigung aus dem mit § 56 beabsichtigten abstrakten Verkehrsschutz, mit dem Erkundigungspflichten nach den konkreten Gebräuchen vermieden werden sollen. Aber auch soweit unter Berücksichtigung der konkreten Umstände die Vollmacht weiter reicht, kann dies von § 56, der an die Verkehrstypizität anknüpft, nicht berücksichtigt werden.[118] Es bleibt in solchen Fällen nur die Anwendung der Grundsätze zur **Duldungs- und Anscheinsvollmacht.**[119] 35

Beispiele für gewöhnliche Geschäfte: Abschluss des Kfz-Kaufvertrages im Laden des Händlers,[120] Vermittlung von Kraftfahrzeugkaufverträgen zwischen zwei Kunden über einen Neuwagen durch die Niederlassung des Herstellers,[121] Zusicherung von Eigenschaften eines Gebrauchtwagens,[122] Gewährung eines Rabatts von 15% durch den Filialleiter.[123] 36

V. Einschränkung, Beseitigung, Gutglaubensschutz

1. Abdingbarkeit und Gutglaubensschutz. a) Abdingbarkeit. Nach zu Recht ganz hM kann die Vollmacht – vorbehaltlich des Gutglaubensschutzes – bezüglich einzelner Angestellter und Gruppen ausgeschlossen oder beschränkt werden. Dies folgt aus dem im Verhältnis zur Prokura geringeren Bedürfnis nach einer fest umrissenen Vollmacht und dem Interesse des Vertretenen, Existenz und Umfang der Vollmacht den Besonderheiten des Ladens und der persönlichen Zuverlässigkeit der Angestellten anzupassen. Unter Zugrundelegung des hier befürworteten Verständnisses der Norm als gesetzliche Zuweisung von Vertretungsmacht obliegt es dem Vertretenen, die Vertretungsmacht einzuschränken.[124] Begreift man die Norm hingegen als Vermutung, so müsste bereits das Schweigen des Vertretenen zur Verneinung einer Vollmacht ausreichen.[125] 37

Einschränkung und Ausschluss der Vollmacht bezüglich bestimmter Angestellter können entgegen der hM,[126] soweit die Interessen der Kunden am reibungslosen Geschäftsablauf durch die verbleibenden Vertretungsberechtigten hinreichend gewahrt sind, sowie vorbehaltlich des Gutglaubensschutzes, auch durch **AGB** vorgenommen werden. Dem entspricht die breite Akzeptanz von Schildern (AGB iSv § 305 Abs. 1 BGB), die ausschließlich 38

115 Staub/*Joost* Rn. 38; Straube/Ratke/Rauter/*Schinko* UGB § 56 Rn. 5; BeckOK HGB/*Meyer* Rn. 19.
116 BGH NJW 1988, 2109; Staub/*Joost* Rn. 39.
117 Vgl. Heymann/*Teichmann* Rn. 28; *K. Schmidt* HandelsR § 16 Rn. 133; KKRD/*Roth* Rn. 10; Oetker/*Schubert* Rn. 14; EBJS/*Weber* Rn. 13.
118 AA RG SeuffA 80 (1926) Nr. 48; Staub/*Joost* Rn. 40; Straube/Ratke/Rauter/*Schinko* UGB Rn. 5.
119 BeckOGK/*Schärtl* Rn. 34.
120 Vgl. OLG Köln JMBl. NW 1972, 189; OLG Düsseldorf WM 1973, 473; *K. Schmidt* HandelsR § 16 Rn. 140; Staub/*Joost* Rn. 41; anders noch RG SeuffA 80 (1926) Nr. 48.
121 BGH NJW 1975, 642 (643).
122 OLG Köln JMBl. NW 1972, 189.
123 OLG Karlsruhe MDR 1980, 849 (850); allerdings ist aufgrund der Abschaffung des Rabattgesetzes die Rabattgewährung heute in viel größerem Maße üblich.
124 Ähnlich die rechtsgeschäftlichen Erklärungsversuche für § 56.
125 Vgl. Staub/*Joost* Rn. 43.
126 LG Hamburg ZIP 1981, 746; LG Bonn 14.5.2004 – 10 O 17/04 Rn. 47, nv; *Bunte* ZIP 1982, 591; Staub/*Joost* Rn. 43; wie hier *Lindacher* JR 1982, 1 (2 f.).

Kassierern Inkassovollmacht zuweisen.[127] Davon zu trennen ist die Beeinflussung des guten Glaubens durch AGB (→ Rn. 40 f.). Die Einschränkung kann auch **stillschweigend** geschehen (zB Selbstbedienungsgeschäft mit Kassen am Ausgang;[128] nicht ausreichend: Preisaufdruck für Unzulässigkeit abweichender Preisgestaltung;[129] ebenfalls nicht: frühere Verkäufe allein durch den anwesenden Inhaber). Umgekehrt kann eine ausdrücklich einschränkende Erklärung durch ein entgegengesetztes tatsächliches Verhalten aufgehoben werden.[130]

39 **b) Gutglaubensschutz.** § 56 regelt den Gutglaubensschutz nicht ausdrücklich. Dennoch stimmt man weitgehend dahin überein, dass der Kunde einen Ausschluss oder eine Beschränkung der Vertretungsmacht gegenüber § 56 nur bei **Kenntnis oder Kennenmüssen** gegen sich gelten lassen muss, weil § 56 nur so seiner Verkehrsschutzfunktion genügen kann.[131] Konstruktiv folgt dieses Ergebnis entweder aus einer Analogie zu § 173 BGB[132] oder zu § 54 Abs. 3[133] oder nach hiesiger Ansicht unmittelbar aus **§ 54 Abs. 3,** weil die Vollmacht des § 56 gesetzliche Arthandlungsvollmacht iSd § 54 ist, auf die, vorbehaltlich von Sonderregelungen des § 56, die allgemeinen Regelungen des § 54 anwendbar sind (→ Rn. 23).

40 **„Kennenmüssen"** iSd § 54 Abs. 3 bedeutet nach **hM,** dass **jede Fahrlässigkeit** schadet (vgl. § 122 Abs. 2 BGB).[134] Jedoch werden an den Kunden keine zu hohen Anforderungen gestellt, insbesondere besteht **keine generelle Erkundigungspflicht.**[135] **AGB** – zB Schilder wie „Zahlen nur an der Kasse",[136] „Verkauf nur gegen Barzahlung"[137] – können den guten Glauben zerstören. Dabei kommt es auf die Aufmachung und die Art an, wie sie den Kunden zugänglich gemacht werden: An der Wand angeschlagene, kleingedruckte AGB wird er nicht lesen müssen.[138] Ohne besondere Bekanntmachung wird der Kunde auch nicht davon ausgehen müssen, dass sich angeschlagene Beschränkungen auch auf den Leiter des Ladens (Filialleiter) beziehen.[139] Nicht nur wegen der tendenziellen Großzügigkeit der Rspr. stellt sich die Frage, ob nicht richtiger Weise **grobe Fahrlässigkeit** der richtige Maßstab sein sollte.[140] Sieht man § 56 als Rechtsscheinsnorm, rechtfertigt sich die grobe Fahrlässigkeit als Maßstab mit dem im Vergleich zu § 54 stärkeren Rechtsscheinsträ-

---

127 OLG Karlsruhe MDR 1980, 849 (850); Staub/*Joost* Rn. 45; HK/*Ruß* Rn. 5.

128 Vgl. LG Hamburg ZIP 1981, 746 für Warenhaus; Heymann/*Teichmann* Rn. 30; *K. Schmidt* HandelsR § 16 Rn. 134; auf den Einzelfall abstellend Staub/*Joost* Rn. 45.

129 Staub/*Joost* Rn. 45.

130 Beispiel Schilder wie „feste Preise" und trotzdem praktizierte Rabattgewährung.

131 AA nur *Bader,* Duldungs- und Anscheinsvollmacht, 1979, 154 ff. und *Honsell* JA 1984, 17 (20), die auf die problematischen Fälle allein die Regeln über den Missbrauch der Vertretungsmacht anwenden wollen.

132 *Frotz,* Verkehrsschutz im Vertretungsrecht, 1972, 369 f.; für Existenz der Vollmacht auch *Kindl,* Rechtsscheinstatbestände und ihre rückwirkende Beseitigung, 1999, 222.

133 GK-HGB/*B. Schmidt* Rn. 5; Straube/Ratke/Rauter/*Schinko* UGB Rn. 6; Staub/*Joost* Rn. 44 für § 54 HGB und § 173 BGB; *K. Schmidt* HandelsR § 16 Rn. 134.

134 Staub/*Joost* Rn. 44; GK-HGB/*B. Schmidt* Rn. 5; vielfach wird der genaue Maßstab offengelassen, vgl. zB BeckOK HGB/*Meyer* Rn. 33; KKRD/*Roth* Rn. 11; gegen eine Anwendung (direkt oder analog) des § 54 Abs. 3 Heymann/*Teichmann* Rn. 29, verlangt aber für die Bösgläubigkeit die Kenntnis oder dass der Kunde deutlich erkennbare Hinweise auf die fehlende Vertretungsmacht übersehen hat (Richtung grobe Fahrlässigkeit).

135 Heymann/*Teichmann* Rn. 5, 29; Staub/*Joost* Rn. 44; Oetker/*Schubert* Rn. 16.

136 OLG Karlsruhe MDR 1980, 849 (850); Baumbach/Hopt/*Hopt* Rn. 5; Heymann/*Teichmann* Rn. 30, aber gegen die Verwendung im Rahmen von AGB, wobei hier vermutlich nur AGB-Regelungen verstanden werden, bei denen der Hinweis nicht direkt erkennbar ist.

137 Staub/*Joost* Rn. 45; Heymann/*Teichmann* Rn. 30 setzt einen gut sichtbaren Anschlag voraus.

138 LG Bonn 14.5.2004 – 10 O 17/04 Rn. 53, nv; OLG Düsseldorf NJW-RR 2009, 1043 (1045) betr. nicht hervorgehobenen Hinweis in Autobestellformular; so auch Heymann/*Teichmann* Rn. 30.

139 Vgl. OLG Karlsruhe MDR 1980, 849 (850); OLG Stuttgart BB 1984, 2218 f.; LG Nürnberg-Fürth VuR 1995, 271 (273); Heymann/*Teichmann* Rn. 30, Fn. 103.

140 Für tendenzielle Annäherung an grobe Fahrlässigkeit *K. Schmidt* HandelsR § 16 Rn. 134, 102; → 4. Aufl. 2016, § 56 Rn. 129; ebenfalls Heymann/*Teichmann* Rn. 29; ausdrücklichst für grobe Fahrlässigkeit *Thomale/Schüßler* ZfPW 2015, 454 (471).

ger.[141] Auch wenn man wie hier § 56 als dispositive gesetzliche Vertretungsmacht versteht, ist im Interesse der Leichtigkeit des Verkehrs die grobe Fahrlässigkeit der angemessene Maßstab.

Die Frage, ob der gutgläubige Kunde dann, wenn der Vertretene nicht genehmigt, zwischen der Inanspruchnahme des Vertretenen über § 56 und der Inanspruchnahme des Vertreters (§ 179 BGB) wählen kann, ist bisher nur von dogmatischem Interesse. Für die hM stellt sie sich als Teil der grundsätzlicheren Frage nach der **Dispositivität des Rechtsscheins:** Vertreten werden der grundsätzliche Ausschluss der Wahlmöglichkeit,[142] die Wahlmöglichkeit bezüglich der Geltendmachung der Gutgläubigkeit, aber ohne Anspruch aus § 179 BGB,[143] und die Wahlmöglichkeit mit einem Anspruch aus § 179 BGB für den Fall, dass der Geschäftspartner sich nicht auf den Rechtsschein beruft.[144] Versteht man § 56 wie hier als dispositive gesetzliche Vollmacht zur Verwirklichung des abstrakten Verkehrsschutzes (→ Rn. 5 f.),[145] kann es ein Wahlrecht nicht geben, weil die Vollmacht selbst nicht Teil eines konkreten, einem Wahlrecht zugänglichen Vertrauensschutzes ist. Legt man hingegen die hM (→ Rn. 4, → Rn. 6) zugrunde, die § 56 als widerlegliche Vermutung und somit als Vertrauensschutznorm begreift, wäre ein Wahlrecht an sich zu bejahen, da sich niemand den konkreten Vertrauensschutz aufdrängen lassen muss.[146] Unter Verweis auf die besondere Bedeutung der Rechtssicherheit für § 56 gelangen aber auch Vertreter der hM zur Ablehnung des Wahlrechts.[147] 41

2. Anfechtbarkeit, Erlöschen der Vertretungsmacht. Die Rechtsfolge des § 56 ist einer Anfechtung durch den Vertretenen nicht zugänglich.[148] Für den hier befürworteten Konstruktionsvorschlag der dispositiven gesetzlichen Vertretungsmacht ist dies nahezu zwangsläufig. Für die hM lässt sich hierfür, unabhängig vom generellen Streit über die Anfechtung (→ Vor § 48 Rn. 61 ff.), das besondere Verkehrsschutzbedürfnis bei der Ladenvollmacht anführen.[149] Zu trennen ist davon die Anfechtung des abgeschlossenen Geschäfts selbst.[150] 42

Der Schutz des Rechtsverkehrs bei Erlöschen einer Vertretungsmacht nach § 56 ist durch analoge Anwendung des § 173 BGB zu gewährleisten. Dies betrifft insbesondere Fälle, in denen der bisher im Laden Angestellte sich gegen den Willen des Vertretenen weiter im Laden aufhält.[151] 43

VI. Darlegungs- und Beweislast

Der Kunde, der sich auf § 56 beruft, muss die Anspruchsvoraussetzungen, der Vertretene das Fehlen der Vertretungsmacht und die Bösgläubigkeit des Kunden darlegen und beweisen.[152] 44

---

141 *Thomale/Schüßler* ZfPW 2015, 454 (471).

142 *Hopt/Mössle/Schmitt* Rn. 367; *K. Schmidt* HandelsR § 16 Rn. 135, beide mit Argumentation zu § 56.

143 Staub/*Joost* Rn. 46; wohl auch BeckOGK/*Schärtl* Rn. 40; vgl. auch OLG Braunschweig MDR 2002, 42 zu § 54, wo jedenfalls eine Haftung aus § 179 BGB verneint wird.

144 *Altmeppen,* Disponibilität des Rechtsscheins, 1993, 177; KKRD/*Roth* Rn. 11.

145 Vgl. auch *K. Schmidt* HandelsR § 16 Rn. 135: § 56 einheitliche Verkehrsschutznorm, die nicht nur Rechtsscheinsfälle erfasst.

146 Näher *Canaris,* Die Vertrauenshaftung im deutschen Privatrecht, 1971, 520 f.; *Lieb* FS H. Hübner, 1984, 575 ff.; aA BGHZ 86, 273 (275) = NJW 1983, 1308; BGHZ 61, 59 (68 f.) = NJW 1973, 1691; *K. Schmidt* FS Gernhuber, 1993, 435 ff.

147 *K. Schmidt* HandelsR § 16 Rn. 135; *Hopt/Mössle/Schmidt* Rn. 367.

148 Staub/*Joost* Rn. 26; KKRD/*Roth* Rn. 6; Baumbach/Hopt/*Hopt* Rn. 5; BeckOK HGB/*Meyer* Rn. 31; *K. Schmidt* HandelsR § 16 Rn. 131; *Stüsser,* Die Anfechtung der Vollmacht nach bürgerlichem Recht und Handelsrecht, 1986, 234 ff.; aA – für Zulassung der Anfechtung bei Irrtümern im Rahmen der „Anstellung" (error in persona) sowie nach § 123 Abs. 1 BGB für den Fall das die „Anstellung" auf einer widerrechtlichen Drohung beruht – *Kindl,* Rechtsscheinstatbestände und ihre rückwirkende Beseitigung, 1999, 232.

149 *K. Schmidt* HandelsR § 16 Rn. 131; KKRD/*Roth* Rn. 6.

150 Speziell zur Frage, ob das fehlerhafte Ablesen einer Preisangabe oder die Benutzung einer falschen Preisliste ein Anfechtungsrecht gem. § 119 Abs. 1 BGB begründet, LG Hamburg NJW-RR 1986, 156; LG Bremen NJW 1991, 915; *Habersack* JuS 1992, 548.

151 Vgl. RG Recht 1923, Sp. 290 f.

152 Staub/*Joost* Rn. 49; *K. Schmidt* HandelsR § 16 Rn. 126; *Reinicke* in Baumgärtel Beweislast-HdB, Bd. IV, 1988, HGB § 56 Rn. 1.

VII. Duldungs- und Anscheinsvollmacht

45 Soweit § 56 weder direkt noch analog Anwendung findet, kommen Duldungs- bzw. Anscheinsvollmacht in Betracht (→ Vor § 48 Rn. 50 ff.). Zu denken ist insbesondere an Fälle, in denen der Vertretene Tätigkeiten im Laden zwar nicht kennt, aber bei Beachtung der gebotenen Sorgfalt hätte erkennen und verhindern müssen. Der Anwendungsbereich der Duldungs- und Anscheinsvollmacht ist unter anderem davon abhängig, ob, wie hier vorgeschlagen, § 56 rechtsanalog auch auf andere Absatzgeschäfte als den Verkauf (→ Rn. 31) und analog auf alle Unternehmen (→ Rn. 10) Anwendung findet. Scheitert die Anwendung des § 56 nur an der fehlenden Anstellung durch den Inhaber, liegt aber insoweit ein zurechenbarer Rechtsschein vor, so ist § 56 in Verbindung mit den Rechtsscheinsgrundsätzen anzuwenden, weshalb sich eine solche Rechtsscheinsvollmacht im Umfang an § 56 ausrichtet (→ Rn. 20).

VIII. Zurechnung des Vertreterhandelns und Außenhaftung des Inhabers

46 § 56 regelt nicht, unter welchen Voraussetzungen der Ladeninhaber für das Verhalten seiner Angestellten nach außen einzustehen hat. Die Zurechnung erfolgt über §§ 831, 823 BGB (fehlerhafte Organisation), § 278 BGB und, wenn der Inhaber eine Gesellschaft ist, über § 31 BGB.[153] Sehr problematisch ist dabei eine Anwendung der §§ 31, 278 BGB bei einer Vollmachtsüberschreitung.[154] Es liegt nahe, hier eine Spezialität des § 179 BGB und des Schutzzwecks der Vertretungsbeschränkung anzunehmen.

IX. Rechtslage in Österreich

47 § 56 gilt unverändert als § 56 UGB. Die heutige amtliche Überschrift lautet „Ladenvollmacht“. Andere Auffassungen gibt es insbesondere hinsichtlich der Begrenzung auf Unternehmen (→ Rn. 9) und in den Fällen des Rechtsscheins der Anstellung (→ Rn. 20).

§ 57 [Zeichnung des Handlungsbevollmächtigten]

Der Handlungsbevollmächtigte hat sich bei der Zeichnung jedes eine Prokura andeutenden Zusatzes zu enthalten; er hat mit einem das Vollmachtsverhältnis ausdrückenden Zusatze zu zeichnen.

I. Grundlagen

1 § 57 ist – wie die Parallelvorschrift des § 51 für die Prokura – **Ordnungsvorschrift** (Sollbestimmung) und nicht Formvorschrift.[1] Sie gilt für **alle schriftlichen Erklärungen** von Handlungsbevollmächtigten iSd §§ 54–56 und bezweckt eine leichtere Erkennbarkeit des Handelns als Handlungsbevollmächtigter.[2] Die Norm dient dem Verkehrsschutz[3] und wird zur Vermeidung einer scheinbaren Prokura bzw. von Unklarheiten über die Vertreterstellung weitgehend eingehalten.

2 Die Vorschrift entspricht wörtlich Art. 48 ADHGB. Ihre Formulierungen sind daher durch die Rechtslage vor Erlass des ADHGB 1861 geprägt. Ursprünglich sollte der **erste Halbsatz** die begriffliche **Trennung** zwischen der – für das ADHGB neuen – **Prokura**

[153] Vgl. OLG Düsseldorf WM 1973, 473 (474) betr. unterlassene Aufklärung über Mängel; KG GRUR 1983, 676 (677) betr. Wettbewerbsverstoß des Kaufmanns aufgrund Angestelltenauskunft.

[154] Anwendung offengelassen durch BGH NJW 1988, 2109 (2110); abl. RGZ 160, 310 (313); *Canaris* JuS 1980, 332 (334 f.); für Anwendung *Coing* FS Fischer, 1979, 65 (78); *Kindl,* Rechtsscheinstatbestände und ihre rückwirkende Beseitigung, 1999, 222.

[1] So bereits für Art. 48 ADHGB ROHGE 5, 263 (266 f.); 12, 133 (134); RG JW 1894, 431; zu § 57 BGH NJW 1966, 1077; Staub/*Joost* Rn. 8; BeckOK HGB/*Meyer* Rn. 2; zu § 57 UGB OGH RPA 2006, 92; Jabornegg/Artmann/*Strasser/Jabornegg* UGB § 57 Rn. 1; Straube/Ratka/Rauter/*Schinko* UGB § 57 Rn. 1.

[2] Staub/*Joost* Rn. 1 f.; Heymann/*Teichmann* Rn. 1.

[3] Oetker/*Schubert* Rn. 1; GroßkommUGB/*Torggler/Trenker* UGB § 57 Rn. 1.

und der **Handlungsvollmacht** unterstützen.[4] Zu unterlassen sind daher Zeichnungen, die – zB wegen des Schriftbildes – wie Prokurazusätze wirken. Rechtsfolgen eines „Verstoßes" können sich nur aus allgemeinen Regeln (Anscheinsvollmacht, Duldungsvollmacht § 179 BGB) ergeben. Soweit die Handlungsvollmacht reicht, ist eine Zeichnung als Prokurist unschädlich;[5] bei Überschreitung der Vollmacht greift § 179 BGB ein.[6] Ob die Notwendigkeit einer ausdrücklichen Prokuraerteilung einer „Duldungsprokura", bei Duldung der Zeichnung als Prokurist, entgegensteht, ist streitig. Entsprechend der wohl hM[7] (→ § 48 Rn. 54) steht das dem Schutz des Vertretenen dienende Ausdrücklichkeitsgebot einer Rechtsscheinsvollmacht mit dem Umfang der Prokura nicht entgegen, da mit der alternativen einfachen Rechtsscheinsvollmacht auch kein rechtssicherer Zustand erreicht würde.

Der **zweite Halbsatz** erkannte die kaufmännische Übung an, das **Vertretungsverhältnis** (nur) durch einen **standardisierten Zusatz** anzuzeigen.[8] Dies ist inzwischen so selbstverständlich, dass der Wert dieser Ordnungsvorschrift zweifelhaft ist, zumal die eigentlich problematische Frage, wann trotz einer von § 57 abweichenden Zeichnung das Vertretungsverhältnis hinreichend offen gelegt ist, nicht geregelt ist. So soll das Vertretungsrecht selbst dann anwendbar sein, wenn ein Handlungsbevollmächtigter unter dem Namen des Kaufmanns auftritt und dessen Unterschrift fälscht.[9] De lege ferenda sollte entweder eine Regelung der eigentlich problematischen **Offenkundigkeit der Vollmacht** versucht oder der zweite Halbsatz ersatzlos gestrichen werden.[10] 3

II. Zeichnungsweise

1. Vollmachtszusatz und Vertretername. Die häufigsten, eine Vollmacht ausdrückenden Zusätze sind die Abkürzungen **„i.V."** und **„i.A."**, die die älteren Formen wie „per", „pro", „für" und „AA" (aus Auftrag)[11] verdrängt haben. Daneben sind auch Langformen wie **„im Auftrag"**, „in Vollmacht", „in Handlungsvollmacht" und vor allem **„in Vertretung"** gebräuchlich. Der Zusatz wird üblicherweise dem **(Familien-)Namen** des Vertreters vorangestellt. Die Angabe des Namens ist zur Identifizierung des Vertreters erforderlich.[12] Von einer generellen Üblichkeit der eigenhändigen Namenszeichnung kann nicht mehr ausgegangen werden.[13] Die Art der Handlungsvollmacht (Generalhandlungsvollmacht, Arthandlungsvollmacht, Spezialhandlungsvollmacht) ist nicht Teil des vom Gesetz gewünschten Vertretungszusatzes.[14] Bei **Gesamtvertretung** soll jeder Vertreter eigenhändig mit seinem Namen zeichnen, üblicherweise zeichnet dabei links der hierarchisch höherrangige Vertreter. Die Zeichnung „i.A." ist im Verhältnis zu „i.V." generell Ausdruck einer niedrigeren hierarchischen Ebene. Bei einer „i.A."-Zeichnung für ein bedeutendes Geschäft ist daher an eine Nachforschungsobliegenheit des Vertragspartners zu denken. Die Verletzung dieser Obliegenheit könnte sich bei der Prüfung einer Rechtsscheinsvollmacht und bei einem Missbrauch der Vertretungsmacht auswirken. Deutlich zu weit geht es allerdings, wenn das LAG Rheinland Pfalz[15] ohne Auseinandersetzung mit der handelsrechtlichen Lit. 4

---

4 *v. Hahn,* Kommentar zum ADHGB, 4. Aufl. 1894, ADHGB Art. 48.

5 *K. Schmidt* HandelsR § 16 Rn. 3; Oetker/*Schubert* § 57 Rn. 4.

6 Heymann/*Kötter* Anm. 2; Düringer/*Hachenburg/Hoeniger* Anm. 1; Schlegelberger/*Schröder* Rn. 1.

7 *Canaris* HandelsR § 16 Rn. 14; EBJS/*Weber* Rn. 5; Staub/*Joost* Rn. 10; für Österreich Straube/Ratka/Rauter/*Schinko* UBG § 57 Rn. 2.

8 *v. Hahn* Kommentar zum ADHGB, 4. Aufl. 1894, ADHGB Art. 48.

9 OLG Düsseldorf DB 1992, 2080.

10 Für Letzteres *K. Schmidt* DB 1994, 515 (521).

11 Zu diesen älteren Abkürzungen *Puchelt,* Kommentar zum ADHGB, 3. Aufl. 1882, ADHGB Art. 48 Rn. 2.

12 BeckOGK/*Schärtl* Rn. 7.

13 Für Eigenhändigkeit BeckOGK/*Schärtl* Rn. 9; Röhricht/Graf v. Westphalen/Haas/*Wagner/Wöstmann* § 57 Rn. 3; Heymann/*Teichmann* Rn. 3; für Österreich GroßkommUGB/*Torggler/Trenker* UGB § 57 Rn. 4; dagegen Oetker/*Schubert* Rn. 3; EBJS/*Weber* Rn. 3; die Frage wird teilweise nicht mehr diskutiert.

14 Staub/*Joost* Rn. 4; Torggler/*Schopper/Trenker* UGB § 57 Rn. 2.

15 LAG Rheinland-Pfalz DB 2008, 821 f.

der Auffassung ist, ein i. A. lasse nicht ein Handelns als Vertreter erkennen. Dies entspricht für Unternehmen, anders als für Behörden und Gerichte, nicht der Verkehrsanschauung.

5 **2. Bezeichnung des Vertretenen.** Anders als bei der Prokura (§§ 51, 53 Abs. 2) wird die Bezeichnung des Vertretenen in der Regelung für den Handlungsbevollmächtigten nicht erwähnt. Daraus folgt, dass eine **Bezeichnung der Firma an dieser Stelle nicht erforderlich** ist.[16] Dementsprechend erfolgt die Angabe des Vertretenen (seiner Firma) häufig nur im Briefkopf. Oftmals wird der Name des Vertretenen aber auch unmittelbar über oder vor dem Vertretungszusatz und dem Vertreternamen angegeben. Bei einer auf eine **Niederlassung** beschränkten Handlungsvollmacht ist die Firma der Niederlassung zu bezeichnen.

6 **3. Besondere Formbestimmungen.** § 57 lässt die allgemeinen Formbestimmungen unberührt. So ist bei der **Einlegung eines Rechtsmittels** die Nennung des eigenen Namens des Handlungsbevollmächtigten für die Wirksamkeit erforderlich.[17] Bei **wertpapierrechtlichen Erklärungen** sind nach zutreffender hM[18] nur die aus der Urkunde – für Dritte – erkennbaren Umstände für die Offenkundigkeit des Handelns als Vertreter heranzuziehen (→ § 51 Rn. 8).

III. Rechtslage in Österreich

7 § 57 wurde 2005 wortgleich zu § 57 UGB und bekam die schon bisher übliche Überschrift als amtlichen Titel. Daher ist die Rechtslage in Österreich kraft Gesetzes die Gleiche wie in Deutschland.

§ 58 [Unübertragbarkeit der Handlungsvollmacht]

Der Handlungsbevollmächtigte kann ohne Zustimmung des Inhabers des Handelsgeschäfts seine Handlungsvollmacht auf einen anderen nicht übertragen.

Schrifttum: *P. Bydlinski,* Die Übertragung von Gestaltungsrechten, 1986, 254 ff.; *Frey,* Rechtsnachfolge in Vollmachtnehmer – und Vollmachtgeberstellungen, 1997.

Übersicht

I. Grundlagen

1 **1. Regelungsinhalt.** § 58 erklärt eine **„Übertragung“** der Handlungsvollmacht durch den Vertreter **ohne Zustimmung** des Vertretenen für **unwirksam** und weicht damit

[16] Röhricht/Graf v. Westphalen/Haas/*Wagner/Wöstmann* Rn. 3; *Grooterhorst,* Vollmachten in Unternehmen, II 12; aA Staub/*Joost* Rn. 3; EBJS/*Weber* Rn. 2.
[17] BGH NJW 1966, 1077; Staub/*Joost* Rn. 8.
[18] Vgl. BGHZ 64, 11 (14) = NJW 1975, 1166 betr. Wechsel; BGHZ 65, 218 (219) = NJW 1976, 329; BGH WM 1976, 1244 (1245); NJW 1979, 2141; WM 1981, 375; NJW 1994, 447 (448); *Pflug* ZHR 148 (1984), 1 (21 ff.); aA Staub/*Joost* Rn. 8.

von § 52 Abs. 2 ab, der die „Übertragung“ der Prokura generell untersagt. Ein Wechsel in der Person des Vertretenen wird hier nicht geregelt (→ § 54 Rn. 55). Gleiches gilt für einen Wechsel des Vertreters kraft Gesetzes (→ § 54 Rn. 57). Probleme bei der Auslegung der Vorschrift bereitet der Begriff „Übertragung“.

a) ADHGB und HGB. § 58 entspricht für die Handlungsvollmacht Art. 53 ADHGB. 2
Da bei Erlass des ADHGB 1861 die Trennung zwischen Vollmacht und zugrunde liegendem Rechtsverhältnis noch nicht deutlich vollzogen war (vgl. auch § 56: „ermächtigt“),[1] zielte diese Regelung ursprünglich nicht vorrangig auf die Übertragung der Vollmacht, sondern – was die heutigen Interpretationsschwierigkeiten erklärt – auf die Übertragung des mit der Vollmacht „verbundenen“ Mandatsvertrags,[2] der eine Form des Auftrags darstellte **(Substitution des Auftrags).**[3] Hierauf deutet auch § 1010 S. 2 ABGB (Österreich) hin, der die Übertragung des Auftrags mit der Übertragung der Vollmacht vermischt.[4] Bei Erlass des HGB blieb die Übertragung des Auftrags insoweit Bezugspunkt, als § 58 lediglich als Norm verstanden wurde, die die Regelung der Übertragung des Auftrags (§ 664 Abs. 1 S. 1 BGB) nach außen absichert.[5]

b) Herrschende Meinung. Nach hM bedeutet „Übertragung“ **Substitution im Sinne einer Auswechselung des Bevollmächtigten;**[6] nur der vollständige Wechsel des Vollmachtsinhabers (Ersatzvollmacht) soll der Zustimmung des Inhabers des Handelsgeschäftes bedürfen. Die **„Untervollmacht“** (→ Rn. 6 ff.), die den Umfang der gesamten Handlungsvollmacht hat, aber die **bisherige Vollmacht bestehen lässt,** soll nicht unmittelbar und – nach heute wohl überwiegender Ansicht[7] – auch nicht analog erfasst sein. Die hM[8] kommt dennoch im Wege der Auslegung des § 54 zum Erfordernis einer Zustimmung, was angesichts der Klarstellungsfunktion (→ Rn. 5) nicht überrascht. 3

c) Stellungnahme. Der hM ist zu widersprechen. § 58 erfasst auch und sogar primär die **Untervollmacht,** die denselben Umfang wie die Vollmacht des Erstvertreters hat, dessen Vollmacht aber nicht schmälert.[9] Dies entspricht den Interessen des Geschäftsherrn.[10] Der Wortlaut des § 58 steht dieser Auslegung, die allein dem Sinn des Gesetzes entspricht (→ Rn. 5), nicht entgegen. Die hM vermag das Gesetz nicht sinnvoll zu erklären: Eine unmittelbare **„Übertragung“ im Sinne einer Auswechselung** des Rechtsinhabers durch diesen kennt das Gesetz nur in Form der **Abtretung.** Die Abtre- 4

1 Grdl. für die Trennung *Laband* ZHR 10 (1866), 183 (203 ff.); → Vor § 48 Rn. 5 ff.

2 Näher zum Mandatsvertrag und seinem Verhältnis zur Stellvertretung *Coing,* Europäisches Privatrecht, Bd. II, 1989, 457 f., 487 f.

3 Vgl. *Endemann* HandelsR, 3. Aufl. 1876, 122, wo die „Übertragung“ der Prokura mit der „Bestellung zum vollständigen Organ“ gleichgesetzt wird.

4 Näher *Bydlinski,* Die Übertragung von Gestaltungsrechten, 1986, 259 f.; zur Verbindung zu § 1010 ABGB auch Straube/Ratka/Rauter/*Schinko* UGB § 58 Rn. 11.

5 Denkschrift zur RT-Vorlage S. 52 = *Schubert/Schmiedel/Krampe* II 2 S. 992.

6 *Bydlinski,* Die Übertragung von Gestaltungsrechten, 1986, 257 ff.; EBJS/*Weber* Rn. 3; Oetker/*Schubert* Rn. 2; Heymann/*Teichmann/Körber* Rn. 3 f.; Röhricht/Graf v. Westphalen/Haas/*Wagner/Wöstmann* Rn. 1; Staub/*Joost* Rn. 2 f.; für wörtliches Verständnis als echte Übertragung GroßkommUGB/*Torggler/Trenker* UGB § 58 Rn. 74; aA (also wie hier) *K. Schmidt* HandelsR § 16 Rn. 98, der die Übertragung mit der Untervollmacht gleichsetzt; ebenso Torggler/*Schopper/Trenker* UGB § 58 Rn. 5; Staudinger/*Schilken,* 2019, BGB § 167 Rn. 60; MüKoBGB/*Schubert* BGB § 167 Rn. 79.

7 Staub/*Joost* Rn. 6; Straube/Ratka/Rauter/*Schinko* UGB § 58 Rn. 11; aA GK-HGB/*Nickel* Rn. 2; Düringer/Hachenburg/*Hoeninger* Anm. 1; Heymann/*Teichmann/Körber* Rn. 5.

8 Staub/*Joost* Rn. 6, 8; *Grooterhorst* Vollmachten im Unternehmen II 9; EBJS/*Weber* Rn. 5; GK-HGB/*Nickel* Rn. 2.

9 Für die Gleichsetzung von Übertragung und Untervollmacht *K. Schmidt* HandelsR § 16 Rn. 98; MüKoBGB/*Schubert* BGB § 167 Rn. 79, 86; BeckOK HGB/*Meyer* Rn. 4; Heymann/*Sonnenschein/Weitemeyer* Rn. 5; Torggler/*Schopper/Trenker* UGB § 58 Rn. 5; GroßkommHGB/*Würdinger* Anm. 2; vgl. auch *v. Bar/Zimmermann,* Grundregeln des Europäischen Vertragsrechts, 2002, 243: „Übertragung an einen Untervertreter“.

10 BeckOK HGB/*Meyer* Rn. 7.

tung einer Vollmacht ist jedoch stets – selbst mit Genehmigung – unzulässig,[11] weil die Vollmacht kein subjektives Recht des Vertreters darstellt. Die an Stelle der unzulässigen Abtretung angebotene Konstruktion zur „Übertragung" einer Handlungsvollmacht – die Erteilung einer **Ersatzvollmacht,** bei der der Erstvertreter einen Zweiten bevollmächtigt und anschließend auf seine Vollmacht verzichtet[12] – war bei Schaffung des HGB unbekannt und wird auch heute nicht praktiziert; für die Parallelvorschrift der Prokura (§ 52 Abs. 2) fehlt es denn auch an einem entsprechenden Deutungsversuch. Das für diese Konstruktion zentrale Element – der **Verzicht auf die Vollmacht** – ist dem Gesetz unbekannt und bislang nicht Gegenstand einer Gerichtsentscheidung geworden. Selbst wenn man von der Zulässigkeit eines Verzichts auf die Vollmacht und damit von der Zulässigkeit der Ersatzvollmacht ausgeht (→ § 52 Rn. 43; → § 54 Rn. 59), gibt eine Beschränkung der Norm auf diesen Fall keinen Sinn: Der einzige Unterschied zwischen der Ersatzvollmacht und der Untervollmacht (im Sinne einer nicht notwendig vom Fortbestand der Erstvollmacht abhängigen zweiten Vollmacht) – der Vollmachtsverzicht des Erstvertreters – kann § 58 nicht tragen,[13] weil gerade dieser Verzicht unabhängig von der in § 58 verlangten Zustimmung des Vertretenen sein müsste.

5 **2. Normzweck und Bedeutung.** Die hM, die den Inhaber nur gegen die Substitution der Vollmacht schützt, wäre nur zu rechtfertigen, wenn § 58 einen **substitutionsbezogenen Normzweck** hätte. Stattdessen stellt man aber entweder darauf ab, dass das **persönliche Vertrauen in den Bevollmächtigten** eine Zustimmung des Vertretenen für die „Vollmachtsübertragung" verlange,[14] oder der Norm wird – zutreffender – eine **Klarstellungsfunktion** hinsichtlich des gewöhnlichen Umfangs der Handlungsvollmacht[15] zugewiesen. Diese Klarstellungsfunktion harmoniert in idealer Weise mit der hier bejahten Erfassung einer Untervollmacht im Umfang der Erstvollmacht, liegt doch insoweit eine Klarstellung zu § 54 Abs. 1 vor.[16] Die praktische Bedeutung der Norm ist, weil nur klarstellend, gering. Bei Zugrundelegung der hM, die eine Substitution im Sinne einer Auswechselung des Bevollmächtigten als einzigen Anwendungsfall ansieht, wäre § 58 praktisch sinnlos. De lege ferenda sollte trotz der hier angenommenen Klarstellungsfunktion seine Streichung erwogen werden.[17]

II. Übertragung seiner Handlungsvollmacht – Untervollmacht

6 § 58 regelt ausschließlich die „Übertragung" der gesamten Handlungsvollmacht durch den Bevollmächtigten. Dies erlaubt keine Rückschlüsse auf die Zulässigkeit der „Übertragung" von Teilen der Handlungsvollmacht.[18] Die Norm erfasst richtiger Ansicht nach zumindest die Einräumung einer **Untervollmacht** im Umfang der Handlungsvollmacht (→ Rn. 4 f.).

7 Die Untervollmacht gibt es nach zutreffender Auffassung der Rspr. in **zwei Formen:** a) als **Regelfall** in Form der – nur bei der Vollmachtsbegründung von der Erstvollmacht abhängigen – Vollmacht, **im Namen des Vertretenen** auftreten zu dürfen, womit diese Untervollmacht auch nach Erlöschen der Hauptvollmacht besteht,[19] b) als **Ausnahme** in Form des sog. **Vertreters des Vertreters,** wobei die Vollmacht in ihrer Wirksamkeit

---

[11] Ganz hM, vgl. *Bydlinski* S. 257 ff.; MüKoBGB/*Schubert* BGB § 167 Rn. 79; Staub/*Joost* Rn. 2; aA *Frey* S. 110 ff., 223 f.; GroßkommUGB/*Torggler*/*Trenker* UGB § 58 Rn. 14.

[12] Staub/*Joost* Rn. 2; *Grooterhorst* Vollmachten im Unternehmen I 29.

[13] Vgl. MüKoBGB/*Schubert* BGB § 167 Rn. 79.

[14] Zu Art. 53 ADHGB RG JW 1891, 556 Nr. 15; Heymann/*Teichmann*/*Körber* Rn. 1.

[15] Vgl. Denkschrift zum RJA-E I = *Schubert*/*Schmiedel*/*Krampe* II 1, 48; Staub/*Joost* Rn. 3; Heymann/*Teichmann*/*Körber* Rn. 2.

[16] Vgl. aber auch Heymann/*Teichmann*/*Körber* Rn. 5: Untervollmacht im Umfang der Handlungsvollmacht könne nach Abwägung der Interessen mit § 54 vereinbar sein.

[17] Ebenso *K. Schmidt* DB 1994, 515 (521).

[18] Zu Art. 53 ADHGB RG JW 1891, 566 Nr. 15.

[19] KG KGJ 37 A 239, 242 (1908); OLG Frankfurt NZG 2014, 909 (910); *Bous* RNotZ 2004, 483 (485 f.).

vom Weiterbestehen der Erstvollmacht abhängt; konstruktiv handelt es sich bei der Ausübung der Vertretungsmacht im zweiten Fall um die Vertretung des Inhabers des Unternehmens durch den Erstvertreter, dieser vertreten durch den Zweitvertreter, wobei dessen Handlungen unmittelbar für den Inhaber wirken. Die Zulässigkeit dieser Konstruktion ist im Bereich der gesetzlichen Vertretung seit langem anerkannt (zB GmbH & Co. KG gesetzlich vertreten durch die Komplementär-GmbH diese vertreten durch ihren Geschäftsführer), sodass entgegen der hL kein Grund besteht, dies für den Bereich der rechtsgeschäftlichen Vertretung abzulehnen.[20] Die zweite Form der Untervollmacht ist für den Vertretenen weniger gefährlich, weil er mit dem Widerruf der Vollmacht des Erstvertreters zugleich die Vollmacht des – ihm von der Person möglicherweise unbekannten – Zweitvertreters beseitigt. Dennoch handelt es sich um eine „Übertragung", so dass auch dieser Fall von § 58 erfasst wird.

Für die **Erteilung einer engeren Untervollmacht** als der Vollmacht des (Erst-)Hand- 8
lungsbevollmächtigten sind trotz der mit der Untervollmacht verbundenen besonderen Gefahren nur die allgemeinen Regeln maßgeblich. Die Untervollmacht darf daher in keinem Punkt über den Rahmen der Vertretungsmacht nach § 54 hinausgehen.[21] Maßgeblich für die Zulässigkeit einer solchen engeren Vollmacht ist, ob diese Untervollmacht als gewöhnliches Geschäft iSd § 54 Abs. 1 anzusehen ist.[22] Ein Gesichtspunkt hierfür ist, ob für die konkrete Vertretungsmacht ein Vertrauensverhältnis zwischen Vertretenem und Vertreter üblich ist;[23] bejahendenfalls ist eine Unterbevollmächtigung ohne Zustimmung nicht von § 54 gedeckt. Besondere Zurückhaltung ist ferner bei den – besonders gefährlichen – Geschäften geboten, für die selbst der Handlungsbevollmächtigte nur aufgrund einer ausdrücklichen Bevollmächtigung vertretungsbefugt ist (§ 54 Abs. 2).[24] Für eine Zulässigkeit einer Untervollmacht spricht es hingegen, wenn die hierdurch hervorgerufenen Risiken gering sind und wenn für bestimmte Vertretungsakte eine persönliche Handlung vernünftigerweise nicht erwartet wird.[25]

III. „Kann nicht ohne Zustimmung"

Erfasst ist die vorherige oder nachträgliche[26] Zustimmung des Inhabers, gesetzlichen 9
Vertreters oder Prokuristen, die auch stillschweigend erteilt werden kann.[27] Fehlt sie, ist das Geschäft nach den allgemeinen Regeln schwebend unwirksam (§§ 177 f. BGB). Wird die Genehmigung verweigert oder auf Aufforderung des anderen Teils nicht binnen zwei Wochen genehmigt, so wird das Geschäft endgültig unwirksam (§ 177 Abs. 2 BGB). Die Genehmigungsfiktion des § 91a ist nicht analog anwendbar. Es gelten die Haftungsregeln des § 179 BGB für den Vertreter ohne Vertretungsmacht. Die Vertretungsmacht gem. § 56 ist nicht übertragbar, da es sich bezüglich des Umfangs nicht um eine rechtsgeschäftliche Vertretungsmacht handelt.[28]

---

20 Für Zulässigkeit RGZ 108, 405 (407); BGHZ 32, 250 (253) = NJW 1960, 1565; BGH BB 1963, 1193; NJW 1977, 1535; GmbHR 1979, 271; Düringer/Hachenburg/*Hoeninger* Vor § 48 Anm. 39; *Müller-Freienfels,* Die Vertretung beim Rechtsgeschäft, 1955, 28; aA die hL, Staudinger/*Schilken,* 2019, BGB § 167 Rn. 62; Soergel/*Leptien* BGB § 167 Rn. 60; MüKoBGB/*Schubert* BGB § 167 Rn. 82; *Siebenhaar* AcP 162 (1963), 354 ff.

21 Baumbach/Hopt Rn. 2.

22 Heymann/*Teichmann/Körber* Rn. 10, aber hierzu sollen auch die Umstände des Einzelfalls maßgeblich sein, ob ein schutzwürdiges Interesse besteht, dass kein Untervertreter handelt.

23 OLG München WM 1984, 834 (835); zu Art. 53 ADHGB RG JW 1891, 556 Nr. 15.

24 Vgl. aber OLG München WM 1984, 834 (835) mit einer Ausnahme für den Fall, dass der Hauptbevollmächtigte die Ausführung des Geschäfts so steuert, dass der Unterbevollmächtigte keine selbständigen Risiken setzen kann.

25 Auf Letzteres stellt Art. 3: 206 PECL (Lando-Kommission) ab.

26 Oetker/*Schubert* Rn. 3; Baumbach/Hopt/*Hopt* Rn. 1; Straube/Ratka/Rauter/*Schinko* UGB § 58 Rn. 11.

27 Oetker/*Schubert* Rn. 3; KKRD/*Roth* Rn. 2; GroßkommUGB/*Torggler/Trenker* UGB § 58 Rn. 15.

28 Jabornegg/Artmann/*Strasser/Jabornegg* UGB § 58 Rn. 25.

IV. Andere Formen der Vollmachtsübertragung

10 **1. Rechtsgeschäftliche Übertragung der Vollmachtgeberstellung.** Die Norm regelt nicht den rechtsgeschäftlichen Austausch des Vollmachtgebers durch Übertragung der Vollmachtgeberstellung.[29] Dem historischen Gesetzgeber war eine solche Vorstellung erkennbar fremd. Da die Vollmacht keine Verpflichtung zur Vollmachtsausübung enthält, hat der Vollmachtgeber keine subjektive Rechtsposition, die grundsätzlich übertragbar wäre. Ein praktisches Bedürfnis für die rechtsfortbildende Zulassung einer rechtsgeschäftlichen Übertragung der Vollmachtgeberstellung ist angesichts der problemlosen Möglichkeit der auch konkludenten Neuerteilung und dem automatischen Erlöschen gem. § 168 S. 1 BGB nicht erkennbar, zumal es sich nur um einzelne Vollmachten handelt. Die drohenden Folgefragen bei Zulassung der Übertragung, insbesondere bei Unkenntnis des Bevollmächtigten von diesem Vorgang,[30] sprechen ebenfalls gegen die rechtsfortbildende Zulassung der rechtsgeschäftlichen Übertragung der Vollmachtgeberstellung.[31]

11 **2. Gesetzlicher Übergang der Vollmacht bei gesetzlichem Übergang des Grundverhältnisses.** Ein gesetzlicher Übergang des Grundverhältnisses auf Seiten des **Vertreters** ist bei einer natürlichen Person in Folge des Todes des Vertreters möglich, da § 673 S. 1 BGB nur eine „im Zweifel"-Regelung enthält. Beschränkt man, wie hier (→ § 54 Rn. 11), die Handlungsvollmacht auf natürliche Personen, sind andere Fälle eines gesetzlichen Übergangs auf Seiten des Vertreters nicht vorstellbar. Der Vertragspartner des Grundverhältnisses (der **Vertretene**) kann gesetzlich durch Erbfall, gem. § 613a BGB und gem. dem Umwandlungsgesetz wechseln. Aus § 52 Abs. 3 (analog) folgt der grundsätzliche Übergang beim Tod des Vollmachtgebers. Die anderen Fälle sind vom Gesetzgeber nicht bedacht worden. Anders als bei der Prokura ist nicht generell ein besonderes persönliches Vertrauen des Inhabers in den Vertreter erforderlich (→ § 52 Rn. 1). Der Schutz des Vertretenen spricht somit nicht gegen die Kontinuität der Vollmacht. Gerade bei einem großen Betrieb, im Falle des § 613a BGB, oder im großen Unternehmen in den übrigen Fällen, führt der gesetzliche Übergang zu einer Entlastung des Vertretenen. Da der Vertreter den Rechtsübergang hier in aller Regel kennt, gibt es auch keine größeren praktischen Folgeprobleme. Der danach zu befürwortende[32] **Übergang der Vollmachtgeberstellung** auf den neuen Vertragspartner des Grundgeschäftes lässt sich rechtsfortbildend durch eine Analogie zu § 168 S. 1 rechtfertigen.[33] Die Gegenansicht korrigiert ihren Grundansatz indem sie sehr großzügig eine stillschweigende Neuerteilung der Handlungsvollmacht durch den neuen Geschäftsherrn annimmt.[34]

V. Rechtslage in Österreich

12 § 58 Abs. 2 UGB entspricht sprachlich modernisiert § 58 HGB, wobei vor allem der Wandel vom Handelsgesetzbuch zum Unternehmensgesetzbuch nachvollzogen wird. Inhaltlich gibt es im Übrigen keine Unterschiede. In Anlehnung an die Regelungen in § 52 HGB (= § 52 UGB) zur Prokura wird in § 58 Abs. 1 UGB die grundsätzliche freie Widerruflichkeit und in Abs. 3 eine regelmäßige Weiterexistenz der Handlungsvollmacht nach dem Tod des Vollmachtgebers normiert. Dies wird im deutschen Recht bei § 54

[29] Vgl. *Frey*, Rechtsnachfolge in Vollmachtnehmer- und Vollmachtgeberstellungen, 1997, 105 ff.
[30] Vgl. *Frey*, Rechtsnachfolge in Vollmachtnehmer- und Vollmachtgeberstellungen, 1997, 119 ff.
[31] AA *Frey*, Rechtsnachfolge in Vollmachtnehmer- und Vollmachtgeberstellungen, 1997, 223 ff. mit Gesetzesvorschlag.
[32] *Larenz/Wolf* BGB AT, 9. Aufl. 2004, § 47 Rn. 71; *Honsell* JA 1984, 17 (21); aA Staub/*Joost* § 54 Rn. 91; *Wolf/Neuner* BGB AT § 50 Rn. 56, 60; *Grooterhorst* Vollmachten im Unternehmen II 38; *Köhler* BB 1979, 912 (914 f.).
[33] *Frey*, Rechtsnachfolge in Vollmachtnehmer- und Vollmachtgeberstellungen, 1997, 80 f.; im Regelfall wird auf eine konstruktive Rechtfertigung des Übergangs verzichtet.
[34] So zB Staub/*Joost* § 54 Rn. 91; *Köhler* BB 1979, 912 (915); *Grooterhorst* Vollmachten im Unternehmen II 38.

behandelt (→ § 54 Rn. 59 f.; → § 54 Rn. 62). Größere inhaltliche Unterschiede bestehen nicht.

§ 58 UGB lautet: 13

§ 58 UGB Widerruflichkeit und Übertragbarkeit der Handlungsvollmacht

(1) Die Handlungsvollmacht ist unbeschadet des Anspruchs auf die vertragsmäßige Vergütung jederzeit widerruflich, sofern sich aus dem ihrer Erteilung zugrunde liegenden Rechtsverhältnis nicht das Gegenteil ergibt.

(2) Die Handlungsvollmacht ist nur mit Zustimmung des Unternehmers auf einen anderen übertragbar.

(3) Die Handlungsvollmacht erlischt im Zweifel nicht durch den Tod des Unternehmers.

Sechster Abschnitt. Handlungsgehilfen und Handlungslehrlinge

Vorbemerkung (Vor § 59)

Schrifttum (allgemeines Arbeitsrecht): *Annuß/Thüsing,* TzBfG, 3. Aufl. 2012; *Ascheid/Preis/Schmidt,* Kündigungsrecht, 5. Aufl. 2017; *Bader* ua, Gemeinschaftskommentar zum Kündigungsrecht, 12. Aufl. 2019; *Bauer/Göpfert/Krieger,* AGG, 5. Aufl. 2018; Blomeyer/Rolfs/Otto, BetrAVG, 7. Aufl. 2018; *Baumbach/Hopt,* HGB, 39. Aufl. 2020; *Boecken/Joussen,* TzBfG, 3. Aufl. 2012; *Boemke/Lembke,* AÜG, 4. Aufl. 2019; *Däubler,* Das Arbeitsrecht, Bd. 1, 16. Aufl. 2006; Bd. 2, 12. Aufl. 2009; *Däubler,* TVG, 4. Aufl. 2016; *Däubler/Bertzbach,* AGG, 4. Aufl. 2018; *Deinert/Heuschmid/Zwanziger,* Arbeitsrecht, 10. Aufl. 2019; *Dütz/Thüsing,* Arbeitsrecht, 24. Aufl. 2019; Erfurter Kommentar, 20. Aufl. 2020; *Fitting* ua, BetrVG, 30. Aufl. 2020; Gemeinschaftskommentar-BetrVG, 11. Aufl. 2018; *Fuchs/Marhold,* Europäisches Arbeitsrecht, 5. Aufl. 2017; *Germelmann/Matthes/Prütting,* ArbGG, 9. Aufl. 2017; *Halbach/Mertens/Schwedes/Wlotzke,* Übersicht über das Arbeitsrecht, 8. Aufl. 2000; *Hanau/Adomeit,* Arbeitsrecht, 14. Aufl. 2007; *Henssler/Willemsen/Kalb,* Arbeitsrechtskommentar, 9. Aufl. 2020; *Hess/Worzalla/Glock/Nicolai/Rose/Huke,* BetrVG, 10. Aufl. 2018; *v. Hoyningen-Huene,* Betriebliches Arbeitsrecht, 4. Aufl. 1997; *v. Hoyningen-Huene,* Betriebsverfassungsrecht, 6. Aufl. 2007; *Linck/Krause/Bayreuther,* KSchG, 16. Aufl. 2019; *Hueck/Nipperdey,* Lehrbuch des Arbeitsrechts, 3 Bände, 7. Aufl. 1963/1970; *Kempen/Zachert,* TVG, 5. Aufl. 2014; *Kiel/Lunk/Oetker,* Münchener Handbuch zum Arbeitsrecht, 4. Aufl. 2018; *Löwisch/Caspers/Klumpp,* Arbeitsrecht, 12. Aufl. 2019; *Löwisch/Kaiser,* BetrVG, 7. Aufl. 2017; *Löwisch/Rieble,* TVG, 4. Aufl. 2017; *Löwisch/Spinner,* KSchG, 11. Aufl. 2018; *Meinel/Heyn/Herms,* TzBfG, 5. Aufl. 2015; *Neumann/Biebl,* ArbZG, 16. Aufl. 2012; *Neumann/Fenski* BurlG, 11. Aufl. 2016; *Nikisch,* Arbeitsrecht, 3 Bde., 3. Aufl. 1959/1966; *Preis,* Der Arbeitsvertrag, 5. Aufl. 2015; *Preis,* Arbeitsrecht, Bd. I, 5. Aufl. 2017; Bd. II, 4. Aufl. 2017; *Richardi,* BetrVG, 16. Aufl. 2018; *Rolfs/Giesen/Kreikebohm/Udsching,* BeckOK ArbR, 55. Ed. 2020; *Schaub/Linck,* Arbeitsrechtshandbuch, 18. Aufl. 2019; *Schiek,* Europäisches Arbeitsrecht, 4. Aufl. 2019; *Schliemann* ArbZG, 3. Aufl. 2017; *Schüren,* AÜG, 5. Aufl. 2018; *Thüsing,* AÜG, 4. Aufl. 2018; *Thüsing,* Europäisches Arbeitsrecht, 3. Aufl. 2017; *Thüsing/Laux/Lembke,* KSchG, 4. Aufl. 2018; *Waltermann,* Arbeitsrecht, 19. Aufl. 2018; *v. Westphalen/Thüsing,* Vertragsrecht und AGB-Klauselwerke, 43. EL. April 2019; *Wiedemann,* TVG, 8. Aufl. 2019; *Zöllner/Loritz/Hergenröder,* Arbeitsrecht, 7. Aufl. 2015.

Schrifttum (zum Recht des Handlungsgehilfen allgemein): *Ramrath,* Entwicklung des Rechts der Handlungsgehilfen von den Kodifikationen bis zum Entwurf eines Arbeitsvertragsgesetzes, FS Sandrock, 1995, 255; *K. Schmidt,* Handlungsgehilfenrecht und Handelsgesetzbuch, FS Söllner, 2000, 1047; *Wagner,* Die Besonderheiten beim Arbeitsverhältnis des Handlungsgehilfen, 1992.

Übersicht

I. Gegenstand der Regelung

1. Das kaufmännische Personal. Der sechste Abschnitt des ersten Buches des HGB (§§ 59–83) behandelt nach der ursprünglichen Zielsetzung aus dem „Berufsrecht" des Handelsstandes die kaufmännischen, unselbstständigen Hilfspersonen, das kaufmännische Personal, und regelt damit systemfremd im HGB **Arbeitsrecht.** Davon sind insbesondere – wie die Überschrift zeigt – die Handlungsgehilfen und Handlungslehrlinge erfasst. Trotz dieser Einschränkung handelt es sich bei dem sechsten Abschnitt von vornherein um **eine lückenhafte Regelung,** die nur einige handelsrechtliche Besonderheiten für das kaufmännische Personal aufgreift. Außerdem werden nicht alle Mitarbeiter des Kaufmanns erfasst, namentlich nicht die Arbeiter und technischen Angestellten oder freien Mitarbeiter, wie § 83 deutlich zeigt. Soweit keine handelsrechtlichen Besonderheiten bestehen, gelten für die kaufmännischen Hilfspersonen die allgemeinen arbeitsrechtlichen Grundsätze, die seit dem 1.1.2003 in den Vorschriften der §§ 105 ff. GewO geregelt sind. Diese finden auf alle Arbeitnehmer Anwendung (vgl. § 6 Abs. 2 GewO). Im Übrigen greifen die Regelungen der §§ 611 ff. BGB subsidiär ein (vgl. Art. 2 Abs. 1 EGHGB). 1

2. Änderungen und Einschränkungen. Davon abgesehen hat der sechste Abschnitt seit Erlass des HGB verschiedene Änderungen und zusätzliche Einschränkungen erfahren müssen.[1] Auf Grund des Gesetzes zur Änderung des Kündigungsrechts und anderer arbeitsrechtlicher Vorschriften (1. Arbeitsrechtsbereinigungsgesetz) vom 14.8.1969 (BGBl. 1969 I 1106) wurden die Regelungen über die Kündigung des Handlungsgehilfen (§§ 66–72 aF) gestrichen und diese Materie mit Wirkung vom 1.9.1969 dem Kündigungsrecht im BGB unterstellt (vgl. §§ 620 ff. BGB). Ebenfalls am 1.9.1969 ist das Berufsbildungsgesetz (BBiG) vom 14.8.1969 (BGBl. 1969 I 1112) in Kraft getreten, dessen § 106 Abs. 1 Nr. 1 BBiG die §§ 76–82 zu den kaufmännischen Handlungslehrlingen aufhob. Im Übrigen hat das Beurkundungsgesetz vom 28.8.1969 (BGBl. 1969 I 1513) § 73 Abs. 2 gestrichen, das Gesetz über Konkursausfallgeld vom 17.7.1974 (BGBl. 1974 I 1481) den § 75e aufgehoben, und das Strafrechtsreformergänzungsgesetz vom 28.8.1975 (BGBl. 1975 I 2289) § 63 Abs. 1 S. 2 eingefügt. Mit Erlass des Entgeltfortzahlungsgesetz (Art. 53 Pflegeversicherungsgesetz) vom 26.5.1994 (BGBl. 1994 I 1014) wurde § 63 und durch das Gewerbeordnungsänderungsgesetz vom 24.8.2002 (BGBl. 2002 I 3412) § 73 aufgehoben. Zuletzt wurde durch das Gesetz zur Anpassung von Verjährungsvorschriften an das Schuldrechtsmodernisierungsgesetz vom 9.12.2004 (BGBl. 2004 I 3214) § 61 Abs. 2 neu gefasst. 2

3. Heutiger Inhalt. Damit enthält heute der sechste Abschnitt des HGB nur noch **wenige, bruchstückhafte Regelungen** über das Rechtsverhältnis zwischen dem Kaufmann und dem Handlungsgehilfen. Neben der allgemeinen Bestimmung des § 59 über die Dienstleistung und die Vergütung regeln die § 60 und § 61 das gesetzliche Wettbewerbsverbot des Handlungsgehilfen während des bestehenden Handlungsgehilfenverhältnisses. § 62 trifft Bestimmungen über die Fürsorgepflicht des Arbeitgebers im Hinblick auf den Arbeitsschutz; diese Norm entspricht weitgehend dem § 618 BGB. Besonderheiten bei der Gehaltszahlung sind in § 64 geregelt, der von § 614 BGB abweicht. § 65 enthält eine Verweisung auf bestimmte Vorschriften des Handelsvertreterrechts, wenn der Handlungsgehilfe Provisionen erhalten soll. Schließlich betreffen die §§ 75h, 82a und 83 einige Besonderheiten für Vermittlungsgehilfen, Volontäre und andere Beschäftigte des Kaufmanns. 3

4. Heutige Bedeutung. Der sechste Abschnitt des HGB über die Handlungsgehilfen und Handlungslehrlinge hat heute stark an Bedeutung verloren.[2] Das liegt zum einen an den Vereinheitlichungstendenzen des Arbeitsrechts, die abgesehen vom 1. Arbeitsrechtsbe- 4

[1] Zur heute nicht mehr relevanten früheren Entwicklung der §§ 59 ff. s. Heymann/*Henssler/Markworth* Rn. 2–6; *Ramrath* FS Sandrock, 1995, 255 (260 ff.); außerdem *Wagner,* Die Besonderheiten beim Arbeitsverhältnis des Handlungsgehilfen, 1993, 19 f.; aus damaliger Zeit *Titze* in Ehrenbergs HdB, Das kaufmännische Hilfspersonal, 1918, 103 ff.

[2] *Ramrath* FS Sandrock, 1995, 273; *K. Schmidt* FS Söllner, 2000, 1047; Oetker/*Kotzian-Marggraf* Rn. 2; Staub/*Weber* Rn. 2; MHdB ArbR/*Giesen* § 152 Rn. 1.

reinigungsgesetz von 1969 insbesondere durch die zunehmende Bedeutung des Richterrechts intensiviert wurden. Darüber hinaus finden sogar gelegentlich die Sonderregelungen des HGB zugunsten allgemeiner arbeitsrechtlicher Bestimmungen keine Anwendung mehr.[3] Auf der anderen Seite haben aber die Regelungen über **nachvertragliche Wettbewerbsverbote (§§ 74 ff.)** auch heute erhebliche Bedeutung, weil sie auf alle Arbeitnehmer anwendbar sind (vgl. § 110 S. 2 GewO).[4] Davon abgesehen werden die Inhalte von Arbeitsverhältnissen zunehmend stärker von Tarifverträgen und Betriebsvereinbarungen gestaltet (→ Rn. 23 ff.), so dass das gesamte gesetzliche Individualarbeitsrecht, also auch das gesetzliche Arbeitsrecht für die Handlungsgehilfen insoweit mehr in den Hintergrund tritt.

5 **5. Umfang der Erläuterungen.** Die Kommentierung des sechsten Abschnitts kann und will nicht das gesamte Arbeitsrecht des kaufmännischen Personals darstellen, sondern nur die im Gesetz noch vorhandenen **besonderen Regeln für das Handlungsgehilfenverhältnis** aufgreifen. Soweit hierzu auf allgemeine arbeitsrechtliche Grundlagen zurückgegriffen werden muss, werden diese nur knapp in den wesentlichen Linien mit weiterführenden Nachweisen erörtert. Der Schwerpunkt der Kommentierung liegt demgemäß im Rahmen des § 59 beim Inhalt des Arbeitsverhältnisses des Handlungsgehilfen, das durch Sonderregelungen in den §§ 60 ff. ergänzt wird. Daneben haben die Bestimmungen über das gesetzliche Wettbewerbsverbot während und nach Beendigung des Handlungsgehilfenverhältnisses (§§ 74 ff.) besondere Bedeutung, was bei der Kommentierung entsprechend berücksichtigt wird. Das Kündigungsrecht des Handlungsgehilfen wird hier nicht behandelt, weil diese Materie nach Aufhebung der §§ 66–73 dem allgemeinen Kündigungsrecht unterstellt ist.

II. Überschneidungen und Abgrenzungen

6 **1. Prokura und Handlungsvollmacht.** Die Vorschriften des sechsten Abschnitts **überschneiden** sich teilweise mit den Regelungen über die Prokura und Handlungsvollmacht (fünfter Abschnitt). Denn der Handlungsgehilfe kann gleichzeitig Prokurist oder Handlungsbevollmächtigter sein. Dabei ist aber zu beachten, dass Prokura und Handlungsvollmacht nur besondere Vertretungsbefugnisse darstellen, mithin also die Rechtsbeziehungen im Verhältnis zu Dritten betreffen. Diese Regelungen beziehen sich allein auf das sog. Außenverhältnis. Demgegenüber bezeichnet der Begriff des Handlungsgehilfen die Rechtsbeziehung zu dem Kaufmann. Daraus wird gelegentlich geschlossen, dass damit das sog. Innenverhältnis erfasst werden soll.[5] Diese Formulierung ist missverständlich, weil sie an die Unterscheidung von Vertretungsbefugnis und Geschäftsführungsbefugnis bei der Gesellschaft anknüpft (vgl. § 114 einerseits, § 125 andererseits). Der Begriff Innenverhältnis passt nicht auf das Rechtsverhältnis zwischen dem Kaufmann und dem Handlungsgehilfen, weil es sich insoweit ebenfalls um eine Rechtsbeziehung im Außenverhältnis handelt. Das zeigt sich etwa daran, dass beim Abschluss eines Handlungsgehilfenvertrags durch eine OHG es nicht nur auf die Geschäftsführungsbefugnis, sondern entscheidend auf die Vertretungsbefugnis, also auf das Außenverhältnis, ankommt. Jedoch steckt an diesem Gedankengang insoweit etwas Richtiges, als das Rechtsverhältnis des Handlungsgehilfen sich auf den **Innenbereich des Handelsgewerbes** bezieht, und erst die Prokura oder Handlungsvollmacht den Handlungsgehilfen ermächtigt, nach außen mit Dritten oder Kunden des Kaufmanns in eine Rechtsbeziehung zu treten. Andererseits gibt es auch Prokuristen und Handlungsbevollmächtigte, die keine Handlungsgehilfen sind, zB Kommanditisten (§§ 161, 170) oder Familienangehörige des Kaufmanns (§§ 1356, 1619 BGB).

7 **2. Handelsvertreter.** Auf der anderen Seite kann ein Handlungsgehilfe nach §§ 59 ff. nicht Handelsvertreter gem. § 84 Abs. 1 sein. Denn der Handlungsgehilfe ist eine unselbstständige kaufmännische Hilfsperson, der Handelsvertreter dagegen selbstständiger Kauf-

[3] ZB im Bereich des früheren § 63; dazu BAG AP BGB § 616 Nr. 49 m. zust. Anm. *Herschel.*
[4] So schon früher BAG AP BGB § 616 Konkurrenzklausel Nr. 24.
[5] So früher Heymann/*Kötter* Rn. 2; heute ebenso *Karsten Schmidt* HandelsR § 17 Rn. 3.

mann. Selbstständiger Handelsvertreter und unselbstständiger Handlungsgehilfe sind also rechtlich ein aliud. Das zeigt namentlich die Regelung des § 84 Abs. 2, der den unselbstständigen Handelsvertreter als Angestellten bezeichnet und damit in den Bereich der §§ 59 ff. verweist. Dies wird auch an der Regelung des § 65 über den Provisionsangestellten deutlich, der als solcher gerade nicht Handelsvertreter ist.

III. Das System der arbeitsrechtlichen Gestaltungsfaktoren

1. Kaufmännisches Individualarbeitsrecht. Das Rechtsverhältnis zwischen dem Kaufmann und dem Handlungsgehilfen ist wegen der Unselbstständigkeit des Handlungsgehilfen trotz der Regelung im HGB in Wahrheit dem Arbeitsrecht zuzuordnen; genauer ausgedrückt handelt es sich um besonderes kaufmännisches Individualarbeitsrecht. Daher sind die §§ 59–83 nach heutigem Verständnis ein Fremdkörper im HGB, welches an sich das Recht der selbstständigen Kaufleute und bestimmter Gesellschaften regelt, nicht aber der unselbstständig Tätigen. Es liegt also ein Sonderarbeitsrecht für eine bestimmte Arbeitnehmergruppe vor, die heute meist **kaufmännische Angestellte** genannt werden. Von daher greifen für die Handlungsgehilfen zunächst die allgemeinen arbeitsrechtlichen Grundsätze ein, die durch die besonderen Regeln der §§ 59–83 als leges speciales ergänzt werden (vgl. auch Art. 2 Abs. 1 EGHGB). 8

2. Aufgabe des Arbeitsrechts. Aufgabe des Arbeitsrechts ist es, die Rechtsbeziehungen zwischen Arbeitgeber und Arbeitnehmer zu regeln, also das Arbeitsverhältnis zwischen ihnen rechtlich zu ordnen und damit berechenbar zu machen. Da der Arbeitnehmer, also auch der kaufmännische Angestellte (Handlungsgehilfe), aber persönlich und wirtschaftlich vom Arbeitgeber abhängig ist, bedarf es zum Ausgleich seiner schwächeren Position eines besonderen Schutzes. Diesen Schutz will das Arbeitsrecht dadurch gewährleisten, dass der Arbeitgeber verpflichtet wird, bestimmte **Schutzregelungen zugunsten der Arbeitnehmer** zu beachten und einzuhalten. Diese betreffen zum einen den Inhalt des Arbeitsverhältnisses, wie Entgeltschutz, Persönlichkeitsschutz, Gesundheitsschutz und Arbeitszeitschutz, zum anderen die Sicherheit des Arbeitsplatzes, den **Bestandsschutz.** 9

Der Schutz des Arbeitnehmers wird insbesondere durch zwingende Normen erreicht, die sich im **Individualarbeitsrecht,** dem **Arbeitsschutzrecht,** dem **kollektiven Arbeitsrecht** und dem **Arbeitsverfahrensrecht** finden. Diese Aufgliederung des Arbeitsrechts in vier Teilrechtsgebiete ist zwar aus dogmatisch-systematischen Gründen sinnvoll, in der Praxis sind die jeweiligen Probleme aber eng verzahnt, dh bei der Lösung der konkreten Rechtsfrage muss stets das Zusammenspiel der jeweiligen Teilgebiete besonders beachtet werden. Als **Definition** für das Arbeitsrecht ergibt sich somit: Arbeitsrecht regelt die unselbstständige, abhängige sowie weisungsgebundene Arbeit und versucht, die schwächere Position des Arbeitnehmers durch eine Vielzahl von Schutzregelungen gegenüber dem Arbeitgeber auszugleichen. 10

3. Internationales Privat(Arbeits-)recht. Gelegentlich kann sich als Vorfrage stellen, ob überhaupt deutsches Arbeitsrecht anwendbar ist, was insbesondere in Fällen sog. **Auslandsberührung** Bedeutung erlangen kann.[6] Solche Fragen können bei der Beschäftigung ausländischer Arbeitnehmer in der Bundesrepublik Deutschland wie auch bei der Beschäftigung deutscher Arbeitskräfte im Ausland auftauchen. Das wird namentlich bei multinationalen Konzernen bedeutsam, bei denen Versetzungen aus dem Ausland und ins Ausland vorkommen. Soweit Arbeitnehmer eines inländischen Unternehmens nur vorübergehend im Ausland tätig sind, bleibt es bei der Anwendung des deutschen Arbeitsrechts. Entsprechendes gilt für die vorübergehende Entsendung Arbeitnehmer ausländischer Arbeitgeber ins Inland, für die das ausländische Recht weiter gilt. 11

Die §§ 59 ff. finden keine Anwendung, wenn die Arbeitsvertragsparteien durch **Rechtswahl** gem. Art. 3 Rom I-VO die Anwendung einer anderen, ausländischen Rechts- 12

6 Dazu MHdB ArbR/*Oetker* § 13 mwN; *Linck* in Schaub ArbR-HdB § 7; *Zöllner/Loritz/Hergenröder* ArbR § 11.

ordnung vereinbart haben.[7] Die Rechtswahl unterliegt lediglich den Beschränkungen des Art. 8 Abs. 1 Rom I-VO, wenn dem Handlungsgehilfen der Schutz entzogen wird, der ihm durch zwingende Bestimmungen des deutschen Rechts gewährt wird.[8] Als derartige zwingende Bestimmungen werden zum Teil die §§ 74 ff. angesehen.[9] Von der Rechtswahl unberührt bleiben zudem gem. Art. 9 Rom I-VO die international zwingenden Vorschriften.[10]

13 Soweit keine ausdrückliche oder konkludente (aber eindeutige, Art 3 Abs. 1 S. 2 Rom I-VO) Rechtswahl erfolgt ist, muss durch **objektive Anknüpfung** festgestellt werden, **welches Recht** angewendet werden soll. Dafür sieht Art. 8 Abs. 2, 3 Rom I-VO sog. **Regelanknüpfungen** vor, wonach das Arbeitsverhältnis dem Recht desjenigen Staates unterliegt, in dem der Arbeitnehmer seine Arbeitsverpflichtung erfüllt oder in dem sich die Niederlassung des Arbeitgebers befindet, sofern die Arbeit gewöhnlich nicht in ein und demselben Staat verrichtet wird. Wird demzufolge die Arbeit des Handlungsgehilfen in Deutschland verrichtet, sind regelmäßig die §§ 59 ff. anwendbar. Das gilt auch bei einem inländischen Unternehmen mit einem ausländischen Unternehmensträger, ebenso für ausländische Arbeitskräfte in inländischen Unternehmen.[11] Im Übrigen kommen als Umstände, die nach der Ausnahmeklausel des Art. 8 Rom I-VO wegen enger Verbindungen zu einem anderen Staat die Anwendung des Rechts dieses anderen Staates zur Folge haben können, insbesondere die Staatsangehörigkeit der Parteien, der Sitz des Arbeitgebers, die Vertragssprache, die Währung, in der die Vergütung bezahlt wird, der Ort des Vertragsschlusses und der Wohnsitz in Betracht.[12]

14 **4. Vielzahl von unterschiedlichen Rechtsquellen.** Im Gegensatz zu fast allen anderen Rechtsgebieten zeichnet sich das Arbeitsrecht dadurch aus, dass es eine Vielzahl von unterschiedlichen Rechtsquellen oder Regelungsmechanismen gibt, die gestaltend auf das Arbeitsverhältnis einwirken.[13] Das hat zur Folge, dass für die Arbeitsbedingungen des Handlungsgehilfen sehr verschiedenartige Gestaltungsfaktoren anwendbar sein können. Man spricht in diesem Zusammenhang von dem **Pyramidenaufbau der arbeitsrechtlichen Gestaltungsfaktoren**[14] oder vom Stufenbau des Arbeitsrechts.[15] Diese sollen im Folgenden nach Bedeutung und Stärke „von oben nach unten" in der Rangfolge dargestellt werden.

IV. Die einzelnen Rechtsquellen für Handlungsgehilfen

15 **1. Europäisches Gemeinschaftsrecht.** Die Rechtsbeziehung zwischen dem Kaufmann und dem Handelsgehilfen wird zunächst durch den **AEUV** beeinflusst, dessen Vertragsbestimmungen unmittelbar geltendes Recht in der Bundesrepublik Deutschland darstellen, wenn sie unbedingt sind und auf Grund ihrer inhaltlichen Bestimmtheit keiner weiteren Umsetzung bedürfen und auf eine nationale Geltung hin intendiert sind.[16] Für das Arbeitsrecht sind hier insbesondere die Art. 45–48 AEUV und Art. 151–161 AEUV (früher Art. 39–42 EG-Vertrag und Art. 136–145 EG-Vertrag) von Bedeutung, namentlich Art. 157 AEUV (früher Art. 141 EG-Vertrag) hinsichtlich des Grundsatzes der Chancengleichheit von Männern und Frauen bei gleicher Arbeit, aber auch Art. 45 AEUV (früher Art. 39 EG-Vertrag) bezüglich der Freizügigkeit der Arbeitnehmer. Daneben erzeugen die **Verordnungen der EU** gem. Art. 288 Abs. 2 AEUV (früher Art. 249

---

[7] Dazu *Thüsing* Europäisches Arbeitsrecht Rn. 13; MHdB ArbR/*Oetker* § 13 Rn. 14 f.; *Markovska* RdA 2007, 352 ff.
[8] MüKoBGB/*Martiny* Rom I-VO Art. 8 Rn. 34 ff.; MHdB ArbR/*Oetker* § 13 Rn. 25.
[9] HessLAG IPRspr. 2000, Nr. 108, 231; ausf. *Thomas/Weidmann* DB 2004, 2694 (2696) mwN.
[10] Dazu ErfK/*Schlachter* ROM I-VO Art. 8 Rn. 18 f.
[11] BAG AP Internat. Privatrecht Arbeitsrecht Nr. 3 mAnm *Gamillscheg.*
[12] BAG NZA 1990, 841 = SAE 1990, 317 mAnm *Junker;* NZA 1993, 743 = AR-Blattei ES 920 Nr. 3 mAnm *Franzen; Thüsing* Europäisches Arbeitsrecht Rn. 13; ErfK/*Schlachter* Rom I-VO Art. 8 Rn. 17.
[13] Vgl. dazu grdl. *Adomeit,* Rechtsquellenfragen im Arbeitsrecht, 1969.
[14] *Zöllner/Loritz/Hergenröder* ArbR § 7 II.
[15] Vgl. *Hanau/Adomeit* ArbR Rn. 45 ff.
[16] EuGH Slg. 1963, 1 = NJW 1963, 974; *Herdegen,* Europarecht, 21. Aufl. 2019, § 8 Rn. 13 f.

Abs. 2 EG-Vertrag) unmittelbar geltendes Recht;[17] hier sind die VO (EU) 492/2011 über die Freizügigkeit der Arbeitnehmer innerhalb der EU (zur Ablösung der VO (EWG) 1612/68) sowie die VO (EG) 883/2004 und die dazu ergangene Durchführungsverordnung VO (EG) 987/2009 zur Koordinierung der Systeme der sozialen Sicherheit auf Arbeitnehmer (zur Ablösung der VO (EWG) 1408/71 und der VO (EWG) 574/72) zu nennen.

Die **Richtlinien der EU** bedürfen demgegenüber grundsätzlich zur Geltung in der Bundesrepublik Deutschland gem. Art. 288 Abs. 3 AEUV der **Umsetzung** durch den Gesetzgeber in verbindliches nationales Recht.[18] Für den Handlungsgehilfen ist insbesondere die RL 2006/54/EG zur Verwirklichung des Grundsatzes der Chancengleichheit und Gleichbehandlung von Männern und Frauen in Arbeits- und Beschäftigungsfragen von Bedeutung.[19] Diese Richtlinie fasst die älteren Gleichbehandlungsrichtlinien (RL 75/117/EWG und RL 76/207/EWG) in einem einheitlichen Text zusammen. Die beiden zuletzt genannten Richtlinien wurden zunächst durch das EG-Anpassungsgesetz vom 13.8.1980 (BGBl. 1980 I 1308) als §§ 611a, 611b BGB aF und § 612 Abs. 3 BGB aF in nationales Recht umgesetzt und sind nunmehr nach der Aufhebung der genannten BGB-Vorschriften im Allgemeinen Gleichbehandlungsgesetz (AGG) vom 14.8.2006 geregelt. Das AGG dient dabei insbesondere der Umsetzung der Antidiskriminierungs-RL (RL 2000/43/EG), der Gleichstellungsrichtlinien (RL 2002/73/EG und RL 2004/113/EG) sowie der Gleichbehandlungs-Rahmen-RL (RL 2000/78/EG).[20] Ebenso wesentlich sind die Richtlinien 97/81/EG und 99/70/EG, zu deren Umsetzung in das deutsche Recht das TzBfG geschaffen wurde. Soweit die Umsetzung einer Richtlinie im nationalen Recht **nicht oder nur mangelhaft** erfolgt ist,[21] können auch Richtlinien nach Ablauf der Umsetzungsfrist unmittelbare Geltung entfalten, wenn sie hinreichend genau und bestimmt sind. Eine unmittelbare Geltung kommt allerdings **nur vertikal,** im Verhältnis zwischen Bürgern und öffentlichen Stellen,[22] nicht auch horizontal im Verhältnis Privater untereinander[23] in Betracht. Dies beruht auf dem Gedanken, dass sich der Staat nicht durch Unterlassen der Umsetzung der Richtlinie innerhalb ihrer Umsetzungsfrist Vorteile gegenüber den Bürgen einräumen soll. Unter Privaten können nicht umgesetzte Richtlinien nur im Rahmen einer richtlinienkonformen Auslegung gesetzlicher Bestimmungen eine gewisse Wirkung entfalten.[24] Ferner muss der Mitgliedstaat bis zur Umsetzung gem. Art 288 Abs. 3 AEUV vom Erlass von Vorschriften absehen, die geeignet wären, das von der Richtlinie vorgegebene Ziel ernstlich in Frage zu stellen (sog. Frustrationsverbot).[25] Dagegen sind Empfehlungen und Stellungnahmen der EU gem. Art. 288 Abs. 4 AEUV in der Bundesrepublik Deutschland nicht 16

---

17 Dazu MHdB ArbR/*Oetker* § 12 Rn. 25 f.; zur Übersicht *Fuchs/Marhold,* Europäisches Arbeitsrecht, 5. Aufl. 2017; *Hanau/Steinmeyer/Wank,* Handbuch europäisches Arbeits- und Sozialrecht, 2002; *Kilian/Wendt,* Europäisches Wirtschaftsrecht, 6. Aufl. 2017; *Krimphove,* Europäisches Arbeitsrecht, 2. Aufl. 2001; *Schiek,* Europäisches Arbeitsrecht, 3. Aufl. 2007.

18 Dazu ErfK/*Wißmann/Schlachter* AEUV Vorbem. Rn. 24 ff.; MHdB ArbR/*Oetker* § 12 Rn. 27.

19 Zu weiteren Richtlinien vgl. die Übersicht bei *Zöllner/Loritz/Hergenröder* ArbR § 11 III 2 b cc.

20 Zur Übersicht *Bauer/Krieger/Günther,* Gleichbehandlungsgesetz und Entgelttransparenzgesetz, 5. Aufl. 2018, AGG Einl. Rn. 1 ff.; *Wendeling-Schröder/Stein,* Allgemeines Gleichbehandlungsgesetz, 2008; *Linck* in Schaub ArbR-HdB § 36; zur Entstehungsgeschichte des AGG ausf. MüKoBGB/*Thüsing* AGG Einl. Rn. 1 ff.

21 So für die RL 75/117/EWG und die RL 76/207/EWG EuGH AP BGB § 611a Nr. 1; Nr. 2.

22 BAG NZA 2006, 862 (866); 2003, 742 (749); ErfK/*Wißmann/Schlachter* AEUV Vorbem. Rn. 28 ff.; *Mayer* in Deinert/Heuschmid/Zwanziger ArbR § 7 Rn. 30 ff.; MHdB ArbR/*Oetker* § 12 Rn. 27; *Schiek,* Europäisches Arbeitsrecht, 3. Aufl. 2007, 91 ff.

23 StRspr des EuGH, grdl. EuGH Slg. 1986, 723 = NJW 1986, 2178 – Marshall; in der Lit. umstr., zum Streitstand *Hanau/Steinmeyer/Wank,* Handbuch europäisches Arbeits- und Sozialrecht, 2002, § 10 Rn. 85 ff.; *Streinz,* Europarecht, 11. Aufl. 2019, Rn. 495 ff.

24 StRspr des EuGH, zuletzt EuGH NZA 2008, 581 (586) – Impact; *Hanau/Steinmeyer/Wank,* Handbuch europäisches Arbeits- und Sozialrecht, 2002, § 10 Rn. 48 ff.; MHdB ArbR/*Oetker* § 12 Rn. 27; *Schiek,* Europäisches Arbeitsrecht, 3. Aufl. 2007, 92 f.

25 EuGH NZA 2005, 1345 (1348) – Mangold; EuZW 1998, 167 (170) – Inter-Environnement Wallonie; BAG NZA 2006, 1162 (1166).

verbindlich; ebenfalls nicht Aktionsprogramme, Entschließungen oder gar nur Entwürfe für derartige Regelungen.[26]

17 **2. Verfassung.** An der Spitze der nationalen arbeitsrechtlichen Regelungen steht die Verfassung. Das Grundgesetz (GG) enthält aber keinen eigenen Abschnitt über die Arbeits- und Sozialordnung. Vielmehr haben hier nur einige **Grundrechte** wichtige Auswirkungen auf das Arbeitsrecht.[27] Abgesehen von der Regelung über die Koalitionsfreiheit in Art. 9 Abs. 3 GG können die Grundrechte aber nicht unmittelbar auf das jeweilige Arbeitsverhältnis angewendet werden, sie haben also **keine unmittelbare Drittwirkung.**[28] Vielmehr wirken die Grundrechte nur mittelbar als Ordnungsprinzipien und Wertungsmaßstäbe über die zivilrechtlichen Generalklauseln (zB §§ 138, 242, 315 BGB)[29] oder dienen zur verfassungskonformen Auslegung sonstiger arbeitsrechtlicher Bestimmungen. Davon abgesehen sind die Grundrechte ethische Grundprinzipien, die dem Gesetzgeber als Handlungsanleitung dienen, um sozial gerechte Gesetze für die Arbeitnehmer zu schaffen. In gleicher Weise wirkt das in Art. 20 Abs. 1 GG und Art. 28 Abs. 1 S. 1 GG zum Ausdruck gekommene **Sozialstaatsprinzip,** das ebenfalls nur einen Auftrag an den Gesetzgeber enthält. Unmittelbare Ansprüche können aber auch aus dem Sozialstaatsprinzip wegen seiner Unbestimmtheit nicht hergeleitet werden.[30]

18 Daher kann auch aus dem Grundgesetz (etwa aus Art. 12 GG) kein **„Recht auf Arbeit“** geltend gemacht werden. Zwar ist nach § 1 SGB III (Arbeitsförderung) dafür zu sorgen, dass ein hoher Beschäftigungsstand erzielt und aufrechterhalten wird; ein individueller Anspruch des Einzelnen auf Zuweisung irgendeiner oder einer bestimmten Arbeit besteht aber nicht. Das sog. Recht auf Arbeit ist also nur ein „moralischer Anspruch“, der nicht durchgesetzt werden kann, weil anderenfalls eine Verpflichtung der Arbeitgeber geschaffen werden müsste, Arbeitslose einzustellen.[31]

19 **3. Arbeitsrechtsgesetze.** Wie in → Rn. 3 ausgeführt, enthält der sechste Abschnitt des HGB nur wenige, bruchstückhafte Regelungen über das Rechtsverhältnis zwischen dem Kaufmann und dem Handlungsgehilfen. Es wird daher durch zahlreiche arbeitsrechtliche Gesetze und Verordnungen ergänzt. Diese gehören fast ausschließlich zum Bundesrecht, weil Arbeitsrecht Gegenstand der konkurrierenden Gesetzgebung gem. Art. 74 Nr. 12 GG ist. Da der Bund von seinem Gesetzgebungsrecht vielfältig Gebrauch gemacht hat, hat Arbeitsrecht der Länder nur geringe praktische Bedeutung, zB bei den Sonderurlaubs- und Bildungsurlaubsgesetzen.[32]

20 Daneben gibt es noch Landesgesetze über das Schlichtungswesen, die in der Praxis aber nur eine untergeordnete Bedeutung haben. Arbeitsrechtliche Gesetzesvorschriften sind ganz überwiegend zum Schutz des Arbeitnehmers **einseitig zwingend** ausgestaltet. Zum Teil ist dies ausdrücklich angeordnet (vgl. § 619 BGB, § 62 Abs. 4 HGB, § 13 Abs. 1 S. 3 BUrlG, § 12 EFZG, § 17 Abs. 3 BetrAVG). Bei den anderen ergibt es sich durch Auslegung vor allem im Hinblick auf den Normzweck. Verbesserungen zugunsten des Arbeitnehmers sind also möglich, nicht jedoch Verschlechterungen. Daneben gibt es, wenn auch weitaus seltener, **zweiseitig zwingende** Gesetze, die auch nicht zugunsten des Arbeitnehmers geändert werden können.

---

[26] Zur Übersicht *Thüsing,* Europäisches Arbeitsrecht, 2. Aufl. 2017, 14 ff.; *Kilian/Wendt,* Europäisches Wirtschaftsrecht, 6. Aufl. 2017, Rn. 113; *Hanau/Steinmeyer/Wank,* Handbuch des europäischen Arbeits- und Sozialrechts, 2002, § 9 Rn. 126 ff.

[27] Zum Überblick aus verfassungsrechtlicher Sicht *Söllner* NZA 1992, 721 ff.; *Söllner* FS Kissel, 1994, 1121 ff.; *Dieterich* RdA 1995, 129 ff.; *Gamillscheg,* Die Grundrechte im Arbeitsrecht, 1989; *Oetker* RdA 2004, 8 ff.; *Ramm* JZ 1991, 1 ff.; MHdB ArbR/*Fischinger* § 7.

[28] So BVerfG AP GG Art. 2 Nr. 28; BAG GS AP BGB § 611 Beschäftigungspflicht Nr. 14; AP BGB § 611 Persönlichkeitsrecht Nr. 27 mAnm *Brox*; Erman/*Edenfeld* BGB § 611 Rn. 165 ff.; MHdB ArbR/*Fischinger* § 7 Rn. 9 ff.; aA *J. Hager* JZ 1994, 373 ff.; außerhalb des Arbeitsrecht ausf. BVerfGE 148, 267 = NJW 2018, 1667; hierzu *Hellgardt* JZ 2018, 901 ff.

[29] *Waltermann* ArbR § 6 Rn. 76 ff.; *Zöllner/Loritz/Hergenröder* ArbR § 9 I.

[30] MüKoBGB/*Spinner* BGB § 611a Rn. 192 mwN.

[31] Vgl. BAG NJW 1964, 1922; *Badura,* Staatsrecht, 7. Aufl. 2018, C Rn. 93; MüKoBGB/*Spinner* BGB § 611a Rn. 243 ff. mwN; *Zöllner/Loritz/Hergenröder* ArbR § 9 II 9 mwN.

[32] Vgl. *Nipperdey* Bd. I, Arbeitsgesetze, Nr. 135 ff.

Sie dienen Dritt- oder Allgemeininteressen wie zB § 5 Abs. 1 S. 1 MuSchG. Daneben gibt es dispositive Normen, die sowohl zu Lasten als auch zugunsten des Arbeitnehmers abgeändert werden können. Hierzu zählen die §§ 613, 614, 615 BGB. Teilweise gilt diese Dispositivität nicht für die arbeitsvertragliche, sondern nur für die tarifvertragliche Regelung. Zu diesen **tarifdispositiven Gesetzen** gehören die Kündigungsfristen (§ 622 Abs. 4 BGB), Regelungen der Lohnfortzahlung (§ 4 Abs. 4 EFZG), des Befristungsrechts (§ 14 Abs. 2 S. 2 TzBfG), des Teilzeitarbeitsrechts (§ 12 Abs. 3 TzBfG, § 13 Abs. 4 TzBfG), der BetrAV (§ 17 Abs. 3 BetrVG), des Arbeitszeitschutzes (§ 7 ArbZG, § 21a JArbSchG), das Gleichbehandlungsgebot in der Arbeitnehmerüberlassung (§ 3 Nr. 3 AÜG, § 9 Nr. 2 AÜG), das Urlaubsrecht (§ 13 BUrlG), einige Vorschriften im Arbeitsrecht der Seeleute (§ 49 SeeArbG) sowie Zuständigkeitsregelungen im Arbeitsgerichtsprozess (§ 48 Abs. 2 ArbGG und § 101 Abs. 1, 2 ArbGG). Grund hierfür ist die Angemessenheitsvermutung des Tarifvertrags. Weil mit den Gewerkschaften der Arbeitgeberseite ein gleichgewichtiger Verhandlungspartner gegenübertritt, besteht eine größere Gewähr als beim Arbeitsvertrag dafür, dass die Interessen des Arbeitnehmers hinreichend berücksichtigt werden und die Bestimmungen keine einseitige Verschlechterung zu Lasten des Arbeitnehmers, sondern eine einzelfallgerechte, ausgewogene Konkretisierung darstellen. Daher sieht das Gesetz in zahlreichen Bestimmungen vor, dass auch nicht tarifgebundene Parteien im Anwendungsbereich eines Tarifvertrags die tariflichen Regelungen vereinbaren können, s. § 17 Abs. 3 S. 2 BetrAVG, § 622 Abs. 4 S. 2 BGB, § 13 Abs. 1 S. 2 BUrlG, § 12 Abs. 3 S. 2 TzBfG, § 13 Abs. 4 S. 2 TzBfG, § 14 Abs. 4 S. 2 TzBfG.

4. Gewohnheitsrecht. Wie auch sonst im deutschen Recht ist echtes Gewohnheitsrecht mit Rechtsnormqualität (Art. 2 EGBGB) im Arbeitsrecht verhältnismäßig selten. Im arbeitsrechtlichen Schadensersatzrecht spielen die „positive Vertragsverletzung" und „culpa in contrahendo" eine Rolle, die seit 2001 durch die Schuldrechtsreform in §§ 311, 280 BGB gesetzlich geregelt sind. Daher ist fraglich, ob es darüber hinaus im Arbeitsrecht wirkliches Gewohnheitsrecht gibt. Zu bejahen ist dies für den arbeitsrechtlichen **Gleichbehandlungsgrundsatz** (→ § 59 Rn. 297 ff.) und für die Grundsätze über die Haftungseinschränkung im Arbeitsrecht (→ § 59 Rn. 239 ff.). Auch die Rspr. zur betrieblichen Übung wird zuweilen als Gewohnheitsrecht eingeordnet[33] (→ Rn. 33 ff.). Ausdrücklich abgelehnt wurde jedenfalls von der Rspr. ein angeblich bestehender gewohnheitsrechtlicher Grundsatz, dass der sog. Personaleinkauf gegen Vorzugspreise und unter Einräumung eines zinslosen Kredits entgegen § 115 Abs. 2 S. 1 GewO aF gestattet sei.[34] Auch das Weisungsrecht des Arbeitgebers beruht nicht auf Gewohnheitsrecht,[35] sondern auf dem Arbeitsvertrag bzw. auf dem inzwischen geregelten § 106 GewO (→ Rn. 40). Vom Gewohnheitsrecht zu unterscheiden sind die Verkehrssitte (§§ 157, 242 BGB) und der Handelsbrauch (→ § 346) sowie das **Richterrecht** (→ Rn. 46), die allesamt keine Rechtsnormqualität haben. 21

5. Unfallverhütungsvorschriften (UVV). Eine Rechtsquelle eigener Art stellen die Unfallverhütungsvorschriften der Berufsgenossenschaften als den Trägern der gesetzlichen Unfallversicherung dar. Sie werden auf Grund der § 14 Abs. 1 SGB VII, § 15 SGB VII, § 114 SGB VII erlassen und gelten mit Rechtsnormqualität unmittelbar und verbindlich für die betroffenen Arbeitgeber und Arbeitnehmer.[36] 22

6. Tarifverträge. Erhebliche Bedeutung in der betrieblichen Praxis haben Tarifverträge[37] als Rechtsquellen des kollektiven Arbeitsrechts, bei denen es sich um nichtstaatliches, 23

---

33 So etwa *Canaris,* Die Vertrauenshaftung im deutschen Privatrecht, 1971, 408; *Gamillscheg* FS Hilger/Stumpf, 1983, 227 (228); *Hromadka* NZA 1984, 241 (244); *Seiter,* Die Betriebsübung, 1967, 97 f.; *Waltermann* RdA 2006, 257 (259); offengelassen von BAG AP BGB § 611 Gratifikation Nr. 257.

34 BAG AP GewO § 115 Nr. 4 mAnm *Weitnauer.*

35 So früher *Böker,* Das Weisungsrecht des Arbeitgebers, 1971, 48 ff.

36 Dazu die Kommentare zu § 15 SGB VII, insbes. Kollmer/Klindt/Schucht/*Leube* ArbSchG, 3. Aufl. 2016, SGB VII § 14 Rn. 59 ff.

37 Vgl. dazu die Kommentare zum TVG, insbes. *Däubler* TVG, 4. Aufl. 2016; *Kempen/Zachert* TVG, 5. Aufl. 2014; *Löwisch/Rieble* TVG, 4. Aufl. 2017; *Thüsing/Braun,* Tarifrecht, 2. Aufl. 2016; *Wiedemann* TVG, 8. Aufl. 2019.

autonomes Recht handelt. Tarifverträge werden auf Grund der Tarifautonomie (Art. 9 Abs. 3 GG) von Gewerkschaften mit einzelnen Arbeitgebern (Firmentarifverträge) oder Arbeitgebervereinigungen (Branchentarifverträge) abgeschlossen (§ 2 Abs. 1 TVG).

24 Der normative Teil eines Tarifvertrags (§ 1 Abs. 1 Hs. 2 TVG) gilt gesetzesgleich, dh unmittelbar und zwingend (§ 4 Abs. 1 TVG) zwischen den tarifgebundenen Arbeitnehmern und Arbeitgebern (§ 3 TVG). Allein die Rechtsnormen des Tarifvertrags über betriebliche und betriebsverfassungsrechtliche Fragen gelten für alle Betriebe, deren Arbeitgeber tarifgebunden sind (§ 3 Abs. 2 TVG). Abweichende Vereinbarungen sind nur insoweit wirksam, als sie im Tarifvertrag gestattet wurden oder Änderungen zugunsten des Arbeitnehmers enthalten (§ 4 Abs. 3 TVG). Durch Allgemeinverbindlicherklärung gem. § 5 TVG, die praktisch nur in besonders schutzbedürftigen Branchen vorkommt, kann die normative Wirkung auf alle Arbeitnehmer und Arbeitgeber innerhalb seines Geltungsbereichs erstreckt werden.[38] Durch Bezugnahmeklausel können Nichtorganisierte die Geltung des Tarifvertrags vereinbaren. Zur Vermeidung von Tarifkollision soll § 4a TVG dienen.

25 Eine große Rolle spielt die sog. **Bezugnahme auf den Tarifvertrag.**[39] Diese zulässige Vereinbarung bewirkt, dass auch für die nichtorganisierten Arbeitgeber und Handlungsgehilfen die tariflichen Regelungen einschlägig werden. Häufig erfolgt die Bezugnahme auf den Tarifvertrag in Formularverträgen, wobei sich die Bezugnahme auch auf die jeweils geltenden Tarifverträge erstrecken kann (sog. dynamische Verweisung).[40] Nach früherer Auffassung des BAG waren bei Tarifbindung des Arbeitgebers derartige Verweisungsklauseln in aller Regel als sog. Gleichstellungsabreden auszulegen.[41] Nach **heutiger Rspr. des BAG** hat sich die Auslegung von Verweisungsklauseln in Formularverträgen, die nach dem Inkrafttreten der Schuldrechtsreform zum 1.1.2002 abgeschlossen worden sind, in erster Linie am Wortlaut der Verweisungsklausel zu orientieren. Ist die Tragweite der Verweisung auf Tarifnormen zweifelhaft, geht das nach § 305c Abs. 2 BGB zu Lasten des Arbeitgebers.[42] Wenn sich weder aus dem Vertragswortlaut noch aus den Umständen, die den Vertragsschluss begleiteten, ein Anhaltspunkt ergibt, stehen einer großzügigen Auslegung als Gleichstellungsabrede auch das Transparenzgebot des § 307 Abs. 1 S. 2 BGB sowie das Verbot der geltungserhaltenden Reduktion in § 306 BGB entgegen.[43] Welcher Tarifvertrag einschlägig ist, kann durch Einsicht in das Tarifregister sowie der registrierten Tarifverträge festgestellt werden, das bei dem Bundesministerium für Arbeit und Soziales geführt wird (§ 6 TVG, § 16 TVGDV).

26 **7. Betriebsvereinbarungen.** Die Betriebsvereinbarung[44] ist ein Vertrag zwischen Arbeitgeber und Betriebsrat, der – abgesehen von den leitenden Angestellten (§ 5 Abs. 3 BetrVG) – für alle oder die in der Betriebsvereinbarung bezeichneten Arbeitnehmer des Betriebs unmittelbar und zwingend gilt (§ 77 Abs. 4 BetrVG). Im Gegensatz zum Tarifvertrag hängt die Geltung einer Betriebsvereinbarung also nicht von der Organisationszugehörigkeit des Arbeitgebers oder Arbeitnehmers ab.[45] Betriebsvereinbarungen kommen insbesondere dort in Betracht, wo im Betriebsverfassungsgesetz Mitbestimmungsrechte des Betriebsrats vorgesehen sind, zB im Rahmen der sozialen Angelegenheiten gem. § 87 BetrVG. Allerdings dürfen Betriebsvereinbarungen keine Gegenstände regeln, die bereits Inhalt oder jedenfalls üblicher Inhalt eines Tarifvertrags sind, sog. Tarifvorrang (§ 77 Abs. 3 BetrVG). Häufig wird in größeren Betrieben eine „Arbeitsordnung“ in Form einer Betriebs-

---

[38] S. zur Bedeutung der AVE nur ErfK/*Franzen* TVG § 5 Rn. 1–4.

[39] Ausf. *v. Hoyningen-Huene* RdA 1974, 146 ff.; Wiedemann/*Oetker* TVG § 3 Rn. 297 ff.; ErfK/*Franzen* TVG § 3 Rn. 29 ff.

[40] Vgl. zur nur eingeschränkten Zulässigkeit der dynamischen Verweisung von Gesetzen auf Tarifverträge BVerfG NJW 1984, 1225.

[41] So zuletzt BAG NZA 2005, 578 mwN.

[42] Ausf. *Thüsing* in v. Westphalen/Thüsing, Vertragsrecht und AGB-Klauselwerke, Arbeitsverträge, Rn. 223 ff.

[43] BAG NZA 2006, 607 (610).

[44] Dazu ausf. *v. Hoyningen-Huene* BetrVR § 11 Rn. 27 ff.

[45] Vgl. zur Abgrenzung zum Tarifvertrag BAG NZA 2008, 1074 Rn. 20.

vereinbarung erlassen, in der Regeln über das Verhalten der Arbeitnehmer im Betrieb, über Beginn und Ende der Arbeitszeit und ähnliches enthalten sind.[46]

8. Allgemeine Arbeitsbedingungen. Da viele Einzelprobleme im Arbeitsverhältnis sinnvollerweise nur generell geregelt sein können, werden häufig auf individualrechtlicher Grundlage im Betrieb oder Unternehmen sog. allgemeine Arbeitsbedingungen (AAB)[47] geschaffen, um eine möglichst einheitliche Rechtslage herzustellen (Ordnungsfunktion) und dadurch eine möglichst gleichmäßige Behandlung der Arbeitnehmer zu erreichen und auf diese Weise zum Betriebsfrieden beizutragen (Gleichbehandlungsfunktion). AAB bezeichnen **als Oberbegriff mehrere Erscheinungen:** Zum einen versteht man darunter arbeitsvertragliche Einheitsregelungen, etwa Formularverträge, die für den jeweils abzuschließenden Einzelarbeitsvertrag verwendet werden. Zum anderen zählen zu den AAB verschiedene Arten von einseitigen, aber generellen Regelungen durch den Arbeitgeber, insbesondere Gesamtzusagen. Schließlich gehört dazu die betriebliche Übung, ein über längere Zeit geübtes Verhalten des Arbeitgebers, auf Grund dessen ein individualrechtlicher Anspruch auf bestimmte Leistungen für die Arbeitnehmer entstehen kann. 27

AAB dienen wegen ihrer tendenziellen Gleichbehandlungsabsicht nicht nur dem Arbeitgeber und dem betrieblichen Ablauf, sondern auch den **Interessen der Belegschaft** und gleichzeitig dem einzelnen Arbeitnehmer, der diese Generalisierung von Bedingungen als gerechte Behandlung empfindet. Erfüllen die AAB die Voraussetzungen der Legaldefinition des § 305 Abs. 1 S. 1 BGB, unterliegen sie nun gem. § 310 Abs. 4 BGB einer Inhaltskontrolle durch die gesetzlichen AGB-Bestimmungen, soweit nicht Besonderheiten des Arbeitsrechts dem entgegenstehen.[48] 28

AAB nehmen innerhalb der arbeitsrechtlichen Rechtsquellen eine Sonderstellung ein, weil sie zwischen der arbeitsvertraglichen Einzelregelung und den kollektivrechtlichen Gesamtvereinbarungen stehen (sog. **Doppelnatur**). Einerseits haben sie generellen (oft missverständlich genannt: „kollektiven") Charakter, da sie ihrer Natur nach und vom Zweck her für mehrere oder alle Arbeitnehmer des Betriebs gelten sollen, ohne dadurch schon normative Wirkung wie Betriebsvereinbarungen (§ 77 Abs. 4 S. 1 BetrVG) und Tarifverträge (§ 4 Abs. 1 TVG) zu erhalten. Andererseits wirken sie sich stets auf der individualrechtlichen Ebene in jedem einzelnen Arbeitsverhältnis aus. Demzufolge werden insbesondere generell vorformulierte vertragliche Einheitsregelungen nur durch beiderseitige Willenserklärung in den Einzelarbeitsvertrag als dessen Bestandteil aufgenommen. Da die Vorschriften über die Einbeziehung von AGB (§ 305 Abs. 2 und 3 BGB) gem. § 310 Abs. 4 S. 2 Hs. 2 BGB keine Anwendung finden, genügt zur Einbeziehung jede auch stillschweigende Willensübereinkunft.[49] Es ist jedoch § 2 Abs. 1 NachwG zu beachten, wonach der Arbeitgeber dem Arbeitnehmer die wesentlichen Vertragsbestimmungen schriftlich zu dokumentieren und auszuhändigen hat. AAB gelten infolgedessen nur auf der **Ebene des Individualarbeitsrechts** für jedes einzelne Arbeitsverhältnis, dh jeder Arbeitnehmer wird davon nur über seinen Arbeitsvertrag unmittelbar in seinem Arbeitsverhältnis betroffen.[50] 29

a) Arbeitsvertragliche Einheitsregelungen. Arbeitsvertragliche Einheitsregelungen sind in der Regel Formulararbeitsverträge bzw. Musterarbeitsverträge[51] bzw. inhaltlich gleich 30

---

46 Muster bei *Schrader* in Schaub ArbRFV-HdB, 13. Aufl. 2019, B Rn. 154 ff.

47 Dazu ausf. *Thüsing* in v. Westphalen/Thüsing, Vertragsrecht und AGB-Klauselwerke, Arbeitsverträge, Rn. 58 ff.; MHdB ArbR/*Fischinger* § 8 Rn. 43 ff. mwN.

48 Dazu allg. *Aretz,* Allgemeine Geschäftsbedingungen im Arbeitsvertrag, 2006; MüKoBGB/*Basedow* BGB § 310 Rn. 129 ff.; *Däubler/Bonin/Deinert,* AGB-Kontrolle im Arbeitsrecht, 4. Aufl. 2014; *Deinert* AiB 2008, 217 ff.; ErfK/*Preis* BGB §§ 305–310; *Preis* NZA-Sonderbeil. 16/2003, 19 ff.; *Richardi* NZA 2002, 1057 ff.; *Linck* in Schaub ArbR-HdB § 35; *Söllner* ZfA 2003, 145 ff.; *Thüsing* in v. Westphalen/Thüsing, Vertragsrecht und AGB-Klauselwerke, Arbeitsverträge, Rn. 113 ff.

49 BAG NZA 2013, 148; MüKoBGB/*Basedow* BGB § 310 Rn. 132; ErfK/*Preis* BGB §§ 305–310 Rn. 26; *Preis* ArbR I § 25 IV 3 a.

50 MHdB ArbR/*Fischinger* § 8 Rn. 44, 47; aA *Reuter* SAE 1983, 202; *Reuter* RdA 1991, 193 (198).

51 Beispiele dafür bei *Schaub,* Arbeitsrechtliches Formular- und Verfahrenshandbuch, 13. Aufl. 2019, 2. Teil, II.

lautende Arbeitsvertragsbedingungen (vgl. sinngemäß § 305 Abs. 1 S. 1 BGB). Derartige arbeitsvertragliche Einheitsregelungen unterliegen einer richterlichen Inhaltskontrolle. Soweit arbeitsvertragliche Einheitsregelungen gegen zwingendes, höherrangiges Recht verstoßen, sind sie anhand dieses Maßstabs zu kontrollieren. Eine darüber hinausgehende Inhaltskontrolle war unter Geltung des AGB-Gesetzes nur anhand des generalisierenden Maßstabs von § 242 BGB möglich,[52] heute ist eine Inhaltskontrolle gem. der §§ 305 ff. BGB durchzuführen. Dabei sind die Erweiterungen der Inhaltskontrolle durch § 310 Abs. 3 BGB[53] sowie gem. § 310 Abs. 4 S. 2 BGB die arbeitsrechtlichen Besonderheiten zu beachten.[54]

31 **b) Einseitige generelle Regelungen des Arbeitgebers.** Einseitige generelle Regelungen des Arbeitgebers beziehen sich auf bestimmte Gruppen von Arbeitnehmern oder den gesamten Betrieb. Dazu gehören vor allem generelle Weisungen oder Leistungsbestimmungen im Rahmen des Direktionsrechts (→ Rn. 40 ff.), etwa generelle Anordnungen hinsichtlich der Arbeitszeit, der Ordnung im Betrieb, von Torkontrollen uÄ. Derartige Regelungen unterliegen meist der Mitbestimmung des Betriebsrats gem. § 87 BetrVG und daher bereits einer betrieblichen Kontrolle. Zusätzlich ist eine Ausübungskontrolle nach Maßgabe des § 106 GewO möglich (→ Rn. 41).

32 **c) Gesamtzusage.** Einen Sonderfall der generellen einseitigen Leistungsbestimmung stellt die Gesamtzusage dar. Das ist nach hM eine einseitige Erklärung des Arbeitgebers gegenüber bestimmten oder allen Arbeitnehmern, meist hinsichtlich einer besonderen freiwilligen finanziellen Leistung in Form von Prämien, Zulagen, Gratifikationen oder Ruhegeldzusagen, die stillschweigend von den betroffenen Arbeitnehmern angenommen wird. Derartige Gesamtzusagen sind ebenfalls Gestaltungsfaktoren des Individualarbeitsrechts[55] und unterliegen daher wegen ihres generalisierenden Charakters ebenfalls der Inhaltskontrolle nach §§ 305 ff. BGB.[56] Diese Problematik wird namentlich bei Änderungen der Gesamtzusage relevant. Nach Auffassung des BAG ist allerdings eine allgemeine Billigkeitskontrolle namentlich bei Ruhegeldordnungen in besonderem Maße geboten, weil es mit der sozialen Gerechtigkeit nicht zu vereinbaren sei, dass ein Arbeitnehmer auf eine im Betrieb angewendete Versorgungsordnung und auf die Beständigkeit seiner Alterssicherung vertraut und im vorgerückten Alter durch eine nachträgliche, unerwartete und durch anderweitige Maßnahmen nicht mehr ausgleichbare Verschlechterung enttäuscht wird.[57]

33 **d) Betriebliche Übung.** Die betriebliche Übung[58] stellt kein betriebliches Gewohnheitsrecht dar, hat also keine unmittelbare und normative Wirkung auf die Einzelarbeitsverhältnisse.[59] Sie ist vielmehr Inhalt des Arbeitsvertrages der betroffenen Arbeitnehmer, die aus ihr individualrechtliche Ansprüche erlangen.[60] Im Bereich der betrieblichen Altersversorgung ist die betriebliche Übung vom Gesetzgeber ausdrücklich als Rechtsquelle aner-

---

[52] Zur früheren Rechtslage statt vieler *Becker* NJW 1973, 1913 ff.; *v. Hoyningen-Huene,* Die Billigkeit im Arbeitsrecht, 1978, 153 ff. mwN.

[53] Zum Verbraucherstatus des Arbeitnehmers vgl. ausf. BAG NZA 2005, 1111; BVerfG NZA 2007, 85.

[54] *Bratz,* Arbeitsrechtliche Besonderheiten bei der Kontrolle Allgemeiner Geschäftsbedingungen, 2005; *Hanau* FS Konzen, 2006, 249 ff.; *Thüsing* in v. Westphalen/Thüsing, Vertragsrecht und AGB-Klauselwerke, Arbeitsverträge Rn. 113 ff.

[55] MHdB ArbR/*Fischinger* § 8 Rn. 48 f. mwN; aA *Hilger,* Das betriebliche Ruhegeld, 1959, 51 ff., 61 ff.: kollektivrechtlicher Gestaltungsfaktor.

[56] Vgl. *Soiné* ZTR 2006, 465 ff.

[57] BAG AP BGB § 242 Ruhegehalt-Unterstützungskassen Nr. 1; AP BGB § 242 Ruhegehalt Nr. 144; Nr. 170; dazu ausf. ErfK/*Steinmeyer* BetrAVG Vorbem. Rn. 21 ff.

[58] Vgl. *Backhaus* AuR 1983, 65 ff.; *Bepler* RdA 2004, 226 ff.; *Bepler* RdA 2005, 323 ff.; ErfK/*Preis* BGB § 611a Rn. 220 ff.; MHdB ArbR/*Fischinger* § 10; *Thüsing* NZA 2005, 718 ff.; *Waltermann* RdA 2006, 257 ff.

[59] Vgl. BAG AP BGB § 242 Betriebliche Übung Nr. 5; Nr. 11; aA ErfK/*Preis* BGB § 611a Rn. 220 mwN: „gewohnheitsrechtlich anerkannt". Zu den verschiedenen Theorien zum Geltungsgrund der betrieblichen Übung vgl. ausf. MHdB ArbR/*Fischinger* § 10 Rn. 4 ff.

[60] BAG AP BGB § 242 Betriebliche Übung Nr. 10; auch BAG NZA 2012, 1279; bestätigt von BAG NZA 2013, 40.

kannt (§ 1b Abs. 1 S. 4 BetrAVG).[61] Die betriebliche Übung setzt ein langdauerndes, gleichmäßiges tatsächliches Verhalten des Arbeitgebers voraus, bei dem die Arbeitnehmer bestimmte Leistungen des Arbeitgebers entgegennehmen und dadurch ein rechtsgeschäftlicher Vertrauenstatbestand entsteht, dass der Arbeitgeber sich in Zukunft ebenso verhalten werde.[62] Dem Verhalten des Arbeitgebers wird eine konkludente Willenserklärung entnommen, die vom Arbeitnehmer gem. § 151 BGB angenommen werden kann, wodurch ein vertragliches Schuldverhältnis geschaffen wird, aus dem bei Eintritt der vereinbarten Anspruchsvoraussetzungen ein einklagbarer Anspruch auf die üblich gewordene Vergünstigung erwächst.[63] Die betriebliche Übung greift auch für neu eintretende Arbeitnehmer ein,[64] selbst wenn sie ihre Voraussetzungen noch nicht erfüllen.[65] Für den Anspruch aus betrieblicher Übung ist es demnach unerheblich, ob der betreffende Arbeitnehmer selbst bisher schon in die Übung einbezogen worden ist.[66] Allerdings kann sie bei neu eintretenden Arbeitnehmern vertraglich ausgeschlossen werden, was keinen Verstoß gegen den Grundsatz der Gleichbehandlung darstellt.[67] Der Arbeitgeber kann freilich das Entstehen einer Betriebsübung durch den klaren und verständlich formulierten Ausschluss einer Bindung oder durch einen Vorbehalt für die Zukunft grundsätzlich ausschließen (sog. Freiwilligkeitsvorbehalt, → § 59 Rn. 321).[68] Ein allgemeiner Freiwilligkeitsvorbehalt reicht aber in der Regel nicht aus, denn er kann wegen Verstoßes gegen das Transparenzgebot unwirksam sein.[69] Eine bestehende betriebliche Übung kann aber nicht für die Zukunft einseitig durch Widerruf des Arbeitgebers beendet werden, sondern bedarf einer Kündigung oder eines Änderungs- bzw. Aufhebungsvertrages.[70]

Der nach den Grundsätzen der betrieblichen Übung entstandene Rechtsanspruch ist 34
kein vertraglicher **Anspruch** minderer Rechtsbeständigkeit. Das BAG hat daher folgerichtig seine frühere Auffassung, wonach eine betriebliche Übung ebenso wie sie gebildet worden ist, **geändert** werden konnte (sog. negative betriebliche Übung), aufgegeben.[71] Erklärt ein Arbeitgeber, dass die bisherige betriebliche Übung einer vorbehaltlosen Sonderzahlung beendet wird und durch eine Leistung ersetzt werden soll, auf die in Zukunft kein Rechtsanspruch mehr besteht, kann nach § 308 Nr. 5 BGB eine dreimalige widerspruchslose Entgegennahme der Sonderzahlung durch den Arbeitnehmer nicht mehr den Verlust des Anspruchs bewirken.[72] Auch die Ablösung einer betrieblichen Übung durch Betriebsvereinbarung war früher von der Rspr. als möglich angesehen worden,[73] ist aber nach neuerer Auffassung wegen des Günstigkeitsprinzips nur im eingeschränkten Umfang zulässig.[74]

Beispiele für eine betriebliche Übung sind:[75] Die jahrelange Zahlung von Trennungs- 35
entschädigung,[76] eines Wechselschichtzuschlages[77] oder eines 13. Monatsgehalts,[78] die wiederholte Gehaltserhöhung[79] und die jahrzehntelang gewährte Versorgungszusage (vgl. auch § 1b Abs. 1 S. 4 BetrAVG).[80] Hingegen dürfte es sich bei der Anspruchsentstehung nach

61 Vgl. auch BAG AP BGB § 242 Betriebliche Übung Nr. 79 = NZA-RR 2008, 263.
62 StRspr des BAG, vgl. etwa BAG AP BGB § 242 Betriebliche Übung Nr. 80 mwN.
63 BAG BeckRS 2019, 19410 Rn. 67.
64 BAG AP BGB § 242 Betriebliche Übung Nr. 2; Nr. 32.
65 BAG AP BGB § 242 Betriebliche Übung Nr. 6; Nr. 10.
66 BAG NJW 2019, 2563; AP BGB § 242 Betriebliche Übung Nr. 80.
67 BAG AP BGB § 242 Gleichbehandlung Nr. 30.
68 BAG NZA 2009, 310; 2008, 1173 (1174); *Kroeschell* NZA 2008, 1393 ff.; krit. ErfK/*Preis* BGB §§ 305–310 Rn. 68 ff.; *Preis* NZA 2009, 281 ff.
69 BAG NZA 2012, 81; ausf. *Preis* NZA 2009, 281.
70 ErfK/*Preis* BGB § 611a Rn. 225.
71 BAG DB 2009, 1186.
72 BAG DB 2009, 1186; anders noch BAG AP BGB § 242 Betriebliche Übung Nr. 50; Nr. 55.
73 BAG AP BGB § 242 Betriebliche Übung Nr. 10.
74 BAG GS AP BetrVG 1972 § 77 Nr. 17; Nr. 43; MHdB ArbR/*Fischinger* § 10 Rn. 35 ff.
75 Vgl. auch die Übersicht bei ErfK/*Preis* BGB § 611a Rn. 228.
76 BAG AP TVArb Bundespost § 3 Nr. 1 mAnm *Scheuring*.
77 BAG AP BGB § 242 Betriebliche Übung Nr. 12 mAnm *Scheuring*.
78 BAG AP BetrAVG § 1 Betriebliche Übung mAnm *Hromadka*.
79 BAG NZA 2015, 1059; s. auch HWK/*Thüsing* BGB § 611a Rn. 393; *Bieder* RdA 2019, 377.
80 BAG AP BetrAVG § 1 Nr. 73; AP BGB § 242 Betriebliche Übung Nr. 8; Nr. 10.

dreimal vorbehaltloser Zahlung einer Gratifikation um eine gewohnheitsrechtlich anerkannte Regel handeln (→ Rn. 21). Bei der Gewährung zusätzlicher freier Tage oder Stunden aus besonderem Anlass (zB Rosenmontag, Heiliger Abend) kann in der Regel nicht von dem Entstehen einer betrieblichen Übung ausgegangen werden.[81]

36 **Keine betriebliche Übung** entsteht, wenn der Arbeitgeber in fehlerhafter und irrtümlicher Anwendung von Tarifvorschriften Leistungen gewährt; diese fehlerhafte Rechtsanwendung kann korrigiert werden, wenn nicht besondere Anhaltspunkte für die unbefristete Weitergewährung der Vergünstigung vorliegen.[82] Ebenso wenig entsteht eine betriebliche Übung, wenn der Arbeitgeber die Gehälter seiner außertariflichen Angestellten während mehrerer Jahre in Anlehnung an die Tarifentwicklung erhöht[83] oder übertarifliche Lohnzulagen auf eine Tariflohnerhöhung anrechnet, obwohl er die Zulage jahrelang vorbehaltlos zum Tariflohn gewährt hatte.[84] Auch kann nicht von einer betrieblichen Übung ausgegangen werden, wenn der Arbeitgeber zu den zu ihrer Begründung angeführten Verhaltensweisen durch andere Rechtsgrundlagen verpflichtet war.[85]

37 **9. Arbeitsvertrag.** Anknüpfungspunkt für die Gestaltung des Arbeitsverhältnisses ist der Einzelarbeitsvertrag, der in § 59 S. 1 als **Anstellung** bezeichnet wird. Aus dem Arbeitsvertrag, dessen Pflichtenprogramm seit dem 1.4.2017 in § 611a BGB geregelt wird, leiten sich die Hauptleistungspflichten des Kaufmanns und des Handlungsgehilfen ab, nämlich die Dienstleistungs- (§ 611a Abs. 1 S. 1 BGB) und Vergütungsverpflichtung (§ 611a Abs. 2 BGB). Zu den arbeitsvertraglichen Regelungen gehören nicht nur der ursprüngliche Vertrag, sondern auch alle weiteren, zusätzlichen Vereinbarungen, die häufig später stillschweigend festgelegt werden. Davon abgesehen enthält der Arbeitsvertrag relativ wenige Regelungen, weil der größte Teil des Arbeitsverhältnisses bereits durch Gesetz, Tarifvertrag und Betriebsvereinbarung bestimmt ist. Bedeutsame arbeitsvertragliche Regelungen sind daher insbesondere die Bezugnahme auf den Tarifvertrag (→ Rn. 25) sowie Ergänzungen, Konkretisierungen und günstige Abweichungen von höherrangigem Recht. Denn der Arbeitsvertrag kann nur im Rahmen der vom objektiven Recht gezogenen Grenzen vereinbart werden.

38 Davon abgesehen enthält der Arbeitsvertrag hinsichtlich der Leistungsverpflichtung des Handlungsgehilfen nur eine **rahmenmäßige Festlegung,** die durch das Direktionsrecht (→ Rn. 40 ff.; s. auch § 611a Abs. 1 BGB), näher konkretisiert wird. Aus all diesen Gründen hat der Arbeitsvertrag heute mehr die Funktion des Begründungsaktes für das Arbeitsverhältnis als die eines echten Gestaltungsmittels.[86] Gleichwohl ist der Arbeitsvertrag nach wie vor unverzichtbar, weil er vielfältige privatautonome Gestaltungsmöglichkeiten einräumt und seine besondere praktische Bedeutung als Ergänzung gegenüber generellen und kollektiven Regelungen hat, namentlich wenn er günstiger ist.[87]

39 Eine **Inhaltskontrolle** von individuell ausgehandelten Einzelarbeitsverträgen (vgl. § 305 Abs. 1 S. 3 BGB) kann grundsätzlich nur als Rechtskontrolle erfolgen; es darf also nur überprüft werden, ob der Arbeitsvertrag gegen höherrangiges zwingendes Recht verstößt. Im Übrigen ist eine Billigkeitskontrolle des Arbeitsvertrages wegen der Vertragsfreiheit unzulässig.[88] Dieser kann gem. § 305 Abs. 1 S. 3 BGB auch nicht einer Inhaltskontrolle nach dem Recht der Allgemeinen Geschäftsbedingungen unterzogen werden. Allerdings ist eine Inhaltskontrolle gem. § 310 Abs. 3 Nr. 2 BGB zulässig, wenn der Einzelarbeitsvertrag vom Arbeitgeber vorformuliert wurde (→ Rn. 30).

---

[81] BAG AP BGB § 242 Betriebliche Übung Nr. 1; Nr. 9; Nr. 43; Nr. 45; Nr. 46.

[82] BAG AP BGB § 242 Betriebliche Übung Nr. 15, 16 und 19.

[83] BAG AP BGB § 242 Betriebliche Übung Nr. 22.

[84] BAG AP TVG § 4 Übertariflicher Lohn und Tariflohnerhöhung Nr. 15 = EzA TVG § 4 Tariflohnerhöhung Nr. 6 mAnm *v. Hoyningen-Huene.*

[85] BAG AP TVG § 1 Bezugnahme auf Tarifvertrag Nr. 147; ArbRAktuell 2018, 451.

[86] Vgl. dazu insbes. *Adomeit,* Rechtsquellenfragen im Arbeitsrecht, 1969, 92 ff.

[87] Dazu *Boemke* NZA 1993, 532 ff.; *Zöllner/Loritz/Hergenröder* ArbR § 14 III 4.

[88] Dazu ausf. *v. Hoyningen-Huene,* Die Billigkeit im Arbeitsrecht, 1978, 130 ff.; MHdB ArbR/*Benecke* § 37 Rn. 24; aA offenbar früher BAG AP § 65 Nr. 6 mAnm *Herschel.*

10. Weisungsrecht. Die Rechtsgrundlage des Weisungsrechts des Arbeitgebers (Leitungsmacht, Direktionsrecht) findet sich nicht eigens im HGB, sondern ist seit dem 1.1.2003 in § 106 GewO geregelt, wird aber auch schon in § 611a Abs. 1 BGB näher bestimmt. Das Weisungsrecht des Arbeitgebers dient dazu, die „offengelassenen" Stellen des Arbeitsvertrags auszufüllen und damit den Arbeitsvertrag zu ergänzen und zu konkretisieren. Es ist wesentlicher Inhalt jedes Arbeitsverhältnisses.[89] Namentlich kann die nur rahmenmäßig umschriebene Leistungspflicht des Handlungsgehilfen (§ 59) nach Zeit, Ort und Art der Leistung näher bestimmt werden.[90] 40

Das Weisungsrecht des Arbeitgebers ist zunächst durch die höherrangigen Rechtsquellen wie Gesetz, Tarifvertrag und Betriebsvereinbarung **eingeschränkt.** Außerdem reicht es nur innerhalb der Grenzen des Arbeitsvertrags, kann aber durch den Arbeitsvertrag selbst erweitert werden, zB durch sog. Versetzungsklauseln. Im Übrigen muss das Weisungsrecht nach billigem Ermessen gem. § 106 GewO ausgeübt werden.[91] Insoweit verdrängt § 106 S. 1 GewO die Zweifelsregelung des § 315 Abs. 1 BGB.[92] In diesem Rahmen ist durch Interessenabwägung festzustellen, ob die angeordnete Arbeit einerseits betrieblich erforderlich und andererseits dem Arbeitnehmer zumutbar ist. Das Weisungsrecht des Arbeitgebers unterliegt folglich einer Rechtskontrolle im Hinblick auf die Vereinbarkeit mit höherrangigem Recht und einer Inhaltskontrolle in Form der Billigkeitskontrolle gem. § 106 S. 1 GewO.[93] 41

Vom Direktionsrecht zu unterscheiden sind arbeitsvertragliche oder tarifliche **Vorbehalte** und **Bestimmungsklauseln,** nach denen der Arbeitgeber zu bestimmten Regelungsbefugnissen über das Direktionsrecht hinaus ermächtigt wird.[94] Bei den arbeitsvertraglichen Vorbehalten und Bestimmungsklauseln ist eine Inhaltskontrolle gem. §§ 305 ff. BGB durchzuführen, wobei insbesondere § 308 Nr. 4 BGB zu beachten ist. Auf Versetzungsklauseln ist § 308 Nr. 4 BGB hingegen nicht anzuwenden; diese unterliegen nur der Transparenzkontrolle nach § 307 BGB.[95] Gleiches gilt für sog. Rückzahlungsklauseln, etwa für Aus- und Fortbildungskosten (→ § 59 Rn. 327 ff.)[96] oder Sonderzahlungen (→ § 59 Rn. 314 ff.).[97] Sind Vorbehalt oder Bestimmungsklausel im Tarifvertrag geregelt, dann unterliegen sie keiner weiteren Inhaltskontrolle (§ 310 Abs. 4 S. 3 BGB). Bei der Ausübung des Bestimmungsrechts muss der Arbeitgeber jedoch **billiges Ermessen** wahren.[98] 42

Beispiele sind: 43

- Der Vorbehalt des Arbeitgebers, eine Abteilung des Arbeitnehmers als selbstständig abzutrennen und diese einem anderen leitenden Arbeitnehmer zu unterstellen;[99]
- Bestimmungen im Arbeitsvertrag, wonach einer dauernden außerordentlichen Teuerung durch entsprechende Zulagen Rechnung getragen werden solle;[100]
- der Vorbehalt, bestimmte Ruhegeldzusagen zu ändern, anzurechnen oder zu erhöhen;[101]
- der Widerruf einer Vorarbeiterstellung auf Grund Tarifvertrags;[102]
- die Vereinbarung von sog. Arbeit auf Abruf;[103]

---

89 ErfK/*Preis* BGB § 611a Rn. 233.
90 BAG AP BGB § 611 Direktionsrecht Nr. 26 mAnm *Löwisch*; Nr. 36; NZA 2009, 1011.
91 BAG AP BGB § 611 Direktionsrecht Nr. 36; dazu ausf. *v. Hoyningen-Huene,* Die Billigkeit im Arbeitsrecht, 1978, 141 ff.; *Söllner,* Einseitige Leistungsbestimmung im Arbeitsverhältnis, 1966.
92 BAG NZA 2017, 1452 (1460).
93 Vgl. BAG AP BGB § 611 Direktionsrecht Nr. 24; Nr. 36; Nr. 38.
94 Dazu *v. Hoyningen-Huene/Meier-Krenz* ZfA 1988, 293 ff.; ErfK/*Preis* BGB §§ 305–310 Rn. 51 ff.
95 BAG NZA 2006, 1149 (1151); ausf. *Hunold* NZA 2007, 19 ff.
96 BAG NZA 2006, 542; NZA-RR 2008, 107; NZA 2008, 1004; *Stück* DStR 2008, 2020 ff.
97 Vgl. etwa BAG NZA 2008, 40; ausf. ErfK/*Preis* BGB § 611a Rn. 57 ff. mwN.
98 BAG NZA 2005, 465; 2007, 87.
99 BAG AP ZPO § 767 Nr. 2; AP BGB § 611 Arzt-Krankenhaus-Vertrag Nr. 3.
100 ArbG Hannover BB 1973, 980.
101 BAG AP BGB § 315 Nr. 13; AP BGB § 242 Ruhegehalt Nr. 174.
102 BAG AP LPVG NW § 72 Nr. 6 mAnm *v. Hoyningen-Huene.*
103 BAG NZA 2006, 423 m. zust. Anm. *Bauer/Günther* DB 2006, 950 ff. und m. krit. Anm. *Pleßner* RdA 2007, 249 ff.

– vertraglich vereinbarte Widerrufvorbehalte[104] bezüglich laufender Entgelte (zB übertarifliche Zulagen, → § 59 Rn. 314 ff.),[105] Sonderzahlungen[106] (zB Jubiläumszuwendungen, → § 59 Rn. 321 ff.) oder der Überlassung eines auch zur Privatnutzung zur Verfügung gestellten Firmenwagens.[107]

44 Bei der Ausübung des Direktionsrechts muss der Arbeitgeber unter Umständen das **Mitbestimmungsrecht des Betriebsrats,** insbesondere nach § 87 BetrVG beachten. Dabei können nicht nur sog. Kollektivmaßnahmen mitbestimmungspflichtig sein, sondern auch auf dem Direktionsrecht beruhende Einzelmaßnahmen, zB nach § 87 Abs. 1 Nr. 1 BetrVG die Verhängung einer Verwarnung oder Betriebsbuße (heute selten, nicht zu verwechseln mit der Abmahnung nach § 314 Abs. 2 BGB),[108] die Festsetzung der zeitlichen Lage des Urlaubs für einzelne Arbeitnehmer, wenn zwischen Arbeitgeber und dem beteiligten Arbeitnehmer kein Einverständnis erzielt wird (§ 87 Abs. 1 Nr. 5 BetrVG), und nach § 87 Abs. 1 Nr. 9 BetrVG die Zuweisung und Kündigung von Werkswohnungen. Gelegentlich sehen auch Tarifverträge bei der Ausübung des Direktionsrechts die Mitbestimmung des Betriebsrats vor.[109]

45 **11. Rechtsprechung, Richterrecht und Rechtsfortbildung.** Die Rspr. der Arbeitsgerichte ist im Regelfall keine eigenständige Rechtsgrundlage, vielmehr wird nur durch Anwendung und Auslegung der einschlägigen arbeitsrechtlichen Gestaltungsfaktoren ein konkreter Einzelfall entschieden. Lediglich rechtskräftige Entscheidungen der Gerichte für Arbeitssachen, die in Rechtsstreitigkeiten zwischen Tarifvertragsparteien aus dem Tarifvertrag oder über das Bestehen oder Nichtbestehen des Tarifvertrags ergangen sind, sind in Rechtsstreitigkeiten zwischen tarifgebundenen Parteien sowie zwischen diesen und Dritten für die Gerichte und Schiedsgerichte nach § 9 TVG bindend.

46 Da jedoch eine einheitliche Kodifikation des Arbeitsrechts fehlt, müssen neue Fragestellungen und Wertungswidersprüche von der Rspr. durch Weiterentwicklung des Rechts gelöst werden. In manchen Bereichen fehlen gesetzliche Regelungen überhaupt (zB im Arbeitskampfrecht), so dass die Arbeitsgerichte an die Stelle des untätigen Gesetzgebers treten müssen.[110] Das **Richterrecht** ist zwar unter methodischen Gesichtspunkten keine eigenständige Rechtsquelle, kommt ihr aber faktisch nahe.[111] Denn in der Praxis, auch von den Instanzgerichten, werden die Rechtssätze des BAG weitgehend wie Gesetze beachtet. Im Einzelnen ist außerordentlich umstritten, inwieweit **richterliche Rechtsfortbildung,** insbesondere im Arbeitsrecht zulässig ist (vgl. § 45 Abs. 4 ArbGG).[112] Richterrecht kann faktisch zwingend, dispositiv oder tarifdispositiv sein.[113]

47 **12. Verhältnis der Rechtsquellen zueinander.** Das Verhältnis der verschiedenen arbeitsrechtlichen Gestaltungsfaktoren bestimmt sich nach dem **Rangprinzip** und dem **Günstigkeitsprinzip.** Nach dem Rangprinzip geht die ranghöhere Norm der rangniedrigeren vor. Daher sind verfassungswidrige Gesetze und gesetzeswidrige Verordnungen nicht anzuwenden, ebenso wie gesetzeswidrige Tarifverträge unzulässig sind. Neben das Rangprinzip tritt in Durchbrechung des Rangprinzips als arbeitsrechtliche Besonderheit das Günstigkeitsprinzip. Weil Arbeitsrecht Arbeitnehmer-Schutzrecht ist, geht der günstigere Arbeitsvertrag gegenüber dem Tarifvertrag vor (§ 4 Abs. 3 TVG) und grundsätzlich auch gegenüber der Betriebsvereinbarung.[114] Das Spezialitätsprinzip und das Ordnungsprinzip betreffen demgegenüber das Verhältnis gleichrangiger Normquellen. **Lex specialis derogat**

[104] ErfK/*Preis* BGB §§ 305–310 Rn. 57 ff.; *Kroeschell* NZA 2008, 1393 ff.; *Raab* FS Birk, 2008, 659 ff.
[105] BAG NZA 2007, 87; 2005, 465.
[106] LAG Köln NZA-RR 2007, 120.
[107] BAG NZA 2007, 809.
[108] BAG AP BetrVG 1952 § 56 Betriebsbuße Nr. 1 mAnm *Dietz*; BetrVG 1972 § 87 Betriebsbuße Nr. 1.
[109] Vgl. dazu BAG AP BGB § 611 Akkordlohn Nr. 11; AP BGB § 319 Nr. 2.
[110] So ausdrücklich BAG GS AP GG Art. 9 Arbeitskampf Nr. 43; s. auch ErfK/*Preis* BGB § 611a Rn. 234.
[111] Vgl. *Larenz/Canaris,* Methodenlehre der Rechtswissenschaft, 3. Aufl. 2000, 252 ff.
[112] Dazu ausf. *v. Hoyningen-Huene* BB 1986, 2133 ff.
[113] Zu letzterem BAG AP BGB § 611 Gratifikation Nr. 54 mAnm *Biedenkopf*; *Vossen,* Tarifdispositives Richterrecht, 1974; krit. *Lieb* RdA 1972, 129.
[114] Zu den Einzelheiten HWK/*Thüsing* BGB § 611a Rn. 589 ff.

legi generali und auch der speziellere Tarifvertrag geht dem allgemeineren vor, unabhängig davon, welcher von beiden früher abgeschlossen wurde. Ist eine speziellere Regelung nicht auszumachen, verdrängt nach dem Ordnungsprinzip die spätere Regelung die frühere: **lex posterior derogat legi priori.** Ein Tarifvertrag kann daher sowohl zugunsten als auch zu Lasten des Arbeitnehmers durch einen nachfolgenden Tarifvertrag verdrängt werden;[115] das Gleiche gilt für die Betriebsvereinbarung.

Ausgangspunkt für die Ermittlung der anzuwendenden Regelung ist zunächst der 48
Arbeitsvertrag, denn aus ihm ergeben sich in der Regel die entscheidenden Weichenstellungen. Europarecht steht ihm nur entgegen, soweit es unmittelbare Wirkung unter den Bürgern entfaltet und nicht lediglich die Mitgliedstaaten bindet. Abweichendes Gesetzesrecht kann zur Unwirksamkeit führen, je nach dem, ob es eine Abweichung zugunsten oder zu Lasten des Arbeitnehmers formuliert und ob es sich um zweiseitig oder einseitig zwingendes Gesetzesrecht handelt (→ Rn. 20).

Gegenüber einer Betriebsvereinbarung besteht daher der Vorrang des **Tarifvertrags** 49
gem. § 77 Abs. 3 S. 1 BetrVG. Allerdings kann der Tarifvertrag durch sog. Öffnungsklauseln gem. § 77 Abs. 3 S. 2 BetrVG den Abschluss ergänzender Betriebsvereinbarungen zulassen. Davon abgesehen ist umstritten, ob im Verhältnis Tarifvertrag-Betriebsvereinbarung auch das arbeitsrechtliche Günstigkeitsprinzip gilt. Nach wohl hM sind auch günstigere Betriebsvereinbarungen gegenüber dem Tarifvertrag unwirksam.[116] In der Praxis kommen freilich Verstöße gegen den Tarifvorrang in Betriebsvereinbarungen relativ häufig vor, die jedoch selten gerichtlich geltend gemacht werden. Für das Verhältnis des Tarifvertrags zum einzelnen Arbeitsvertrag gilt dagegen das Günstigkeitsprinzip gem. § 4 Abs. 3 TVG.

Für das Verhältnis von **Betriebsvereinbarung** zum Einzelarbeitsvertrag fehlt eine dem 50
§ 4 Abs. 3 TVG entsprechende Regelung. Trotzdem wird nach überwiegender Auffassung auch hier das Günstigkeitsprinzip angewendet. Das gilt in gleicher Weise im Verhältnis von Betriebsvereinbarungen zu allgemeinen Arbeitsbedingungen.[117] Schließlich darf auch das Weisungsrecht des Arbeitgebers gegenüber den vorrangigen Gestaltungsfaktoren keine nachteiligen Abweichungen vornehmen (vgl. § 106 GewO).

§ 59 [Handlungsgehilfe]

[1]Wer in einem Handelsgewerbe zur Leistung kaufmännischer Dienste gegen Entgelt angestellt ist (Handlungsgehilfe), hat, soweit nicht besondere Vereinbarungen über die Art und den Umfang seiner Dienstleistungen oder über die ihm zukommende Vergütung getroffen sind, die dem Ortsgebrauch entsprechenden Dienste zu leisten sowie die dem Ortsgebrauch entsprechende Vergütung zu beanspruchen. [2]In Ermangelung eines Ortsgebrauchs gelten die den Umständen nach angemessenen Leistungen als vereinbart.

Schrifttum: *v. Hoyningen-Huene,* Die Billigkeit im Arbeitsrecht, 1978; *Willemsen/Hohenstatt/Schweibert/Seibt,* Umstrukturierung und Übertragung von Unternehmen, 5. Aufl. 2016 (zitiert: WHSS/*Bearbeiter*); s. auch Vor § 59.

Übersicht

115 BAGE 80, 139.
116 BAG AP BetrVG 1972 § 77 Nr. 2; dazu *v. Hoyningen-Huene* DB 1984, 4; aA ErfK/*Franzen* TVG § 4 Rn. 32.
117 BAG GS DB 1987, 383; *v. Hoyningen-Huene* BetrVR § 11 Rn. 67 f.

I. Bedeutung des § 59

1 **1. Entwicklung.** § 59 geht auf § 57 ADHGB zurück, das am 5.6.1869 Gesetz des Norddeutschen Bundes wurde.[1] Diese Vorschrift wurde am 1.1.1900 durch § 59 des HGB vom 10.5.1897 abgelöst.[2] § 59 ist wortgleich mit § 58 des Entwurfs eines HGB vom 22.1.1897 in der Fassung der dem Reichstag erarbeiteten Vorlage.[3] Der Wortlaut dieser Vorschrift ist seither praktisch unverändert geblieben. Es wurde lediglich der altertümliche Begriff Handlungsgehülfe durch den etwas moderneren Begriff Handlungsgehilfe ersetzt. Heute spricht man in der Praxis vom **kaufmännischen Angestellten.**

[1] Das Allgemeine Deutsche Handelsgesetzbuch idF vom 5.6.1869, BGBl. des Norddeutschen Bundes, 404, abgedruckt in *Schubert/Schmiedel/Krampe* Bd. I S. 97, 109.

[2] RGBl. S. 219, abgedruckt in *Schubert/Schmiedel/Krampe* Bd. I S. 715, 729.

[3] RT-Drs. Nr. 632, abgedruckt in *Schubert/Schmiedel/Krampe* Bd. I S. 593, 605.

Im ADHGB war der Begriff des Handlungsgehilfen nicht näher bezeichnet. Um eine schärfere Abgrenzung des Berufsstandes der Handlungsgehilfen von anderen Beschäftigten zu erreichen, wurde **in § 59 gesetzlich bestimmt,** wer Handlungsgehilfe ist. Die gesetzlichen Merkmale, nämlich Anstellung in einem Handelsgewerbe zur Leistung kaufmännischer Dienste gegen Entgelt, waren aber schon zuvor in der Rspr. und Wissenschaft zu § 57 ADHGB als maßgebend angesehen worden.[4] 2

In Abweichung zum früheren Recht enthält das HGB jedoch keine Begriffsbestimmung des Arbeitgebers, der als **Prinzipal** bezeichnet wurde. Die in Art. 41 Abs. 1 ADHGB enthaltene Definition des Prinzipals als dem Eigentümer einer Handelsniederlassung wurde aufgegeben, weil sie als zu ungenau und mit Rücksicht auf die Bestimmungen über Inhalt und Umfang der Prokura als entbehrlich galt.[5] 3

2. Regelungsinhalt. § 59 normiert nur das Rechtsverhältnis zwischen dem Arbeitgeber und dem Handlungsgehilfen (→ Vor § 59 Rn. 6 f.). Die Vertretung des Arbeitgebers nach außen durch seine Angestellten ist in den §§ 48–58 geregelt. 4

3. Ergänzende Regelungen. § 59 wird durch zahlreiche gesetzliche Regelungen ergänzt (→ Vor § 59 Rn. 15 ff.). Insbesondere sind für die Handlungsgehilfen als kaufmännische Angestellte die §§ 105 ff. GewO zu beachten, die durch das dritte Gesetz zur Änderung der Gewerbeordnung und sonstiger gewerberechtlicher Vorschriften vom 24.8.2002 (BGBl. 2002 I 3412) eingeführt wurden und am 1.1.2003 in Kraft traten.[6] Gem. § 6 Abs. 2 GewO findet die Gewerbeordnung auf alle Arbeitnehmer Anwendung. 5

Die Regelung des § 59 wird aber nicht nur durch andere gesetzliche Bestimmungen ergänzt, sondern darüber hinaus auch durch **Tarifverträge** und **Betriebsvereinbarungen** (→ Vor § 59 Rn. 23 ff.; → Vor § 59 Rn. 26). Außerdem sind auch die im BetrVG geregelten Mitbestimmungsrechte des Betriebsrats zu beachten. Die sich daraus ergebenden Fragen werden bei der Kommentierung der Einzelprobleme jeweils miterörtert. 6

4. Praktische Bedeutung des § 59. Die praktische Bedeutung von § 59 ist als **eher gering** zu bewerten. Die in § 59 enthaltene Definition des Handlungsgehilfen und die daraus resultierende Abgrenzung dieses Personenkreises von sonstigen Angestellten und Arbeitern führen nur in seltenen Fällen zu unterschiedlichen Rechtsfolgen.[7] Das beruht zum einem darauf, dass es für Arbeiter und sonstige Angestellte häufig die gleichen gesetzlichen Regelungen gibt wie für Handlungsgehilfen. So sind die allgemeinen arbeitsrechtlichen Grundsätze für alle Arbeitnehmer in den §§ 105 ff. GewO geregelt. Auch § 74 ist gem. § 110 S. 2 GewO auf alle Arbeitnehmer anwendbar. Jedoch wurde § 74 bereits vorher im Wege der Rechtsanalogie auf andere Personen angewendet.[8] § 62 findet seine Entsprechung in § 618 BGB. Die früher bestehenden Unterschiede zwischen Handlungsgehilfen und Arbeitern bei den Kündigungsfristen von § 622 Abs. 2 S. 2 BGB aF sind vom Bundesverfassungsgericht für verfassungswidrig erklärt[9] und seit dem 15.10.1993 in § 622 BGB nF vereinheitlicht worden. Durch das BetrVG-Reformgesetz vom 23.7.2001 (BGBl. 2001 I 1852) wurde § 6 BetrVG aufgehoben. Dadurch sind nun auch im BetrVG Arbeiter und Angestellte gleichgestellt. Die bestehenden Unterschiede im Bereich der Lohnfortzahlung (vgl. § 63 einerseits und § 1 Abs. 3 Nr. 2 LFG andererseits) sind mit dem Entgeltfortzahlungsgesetz vom 26.5.1994 ebenfalls vereinheitlicht worden. In diesen Entwicklungen zeigt 7

---

4 Vgl. Denkschrift zum Entwurf eines HGB vom 22.1.1897 idF der dem Reichstag gemachten Vorlage, 60.

5 Vgl. Denkschrift zum Entwurf eines HGB vom 22.1.1897 idF der dem Reichstag gemachten Vorlage, 53; Düringer/Hachenburg/*Hoeniger* Anm. 1.

6 Vgl. hierzu *Boemke,* Kommentar zu §§ 105–110 GewO, 2003; HWK/*Lembke* GewO Vor §§ 105–110 Rn. 1; ErfK/*Preis* GewO § 105 Rn. 1.

7 Dazu ausf. *Wagner,* Die Besonderheiten beim Arbeitsverhältnis des Handlungsgehilfen, 1993.

8 Vgl. BAG AP BGB § 611 Konkurrenzklausel Nr. 24 und 26 m. zust. Anm. *Wiedemann* und *Küchenhoff.*

9 BVerfG NJW 1983, 617.

sich eine allgemeine Tendenz zur rechtlichen Gleichstellung von Arbeitern und Angestellten, die auch die Bedeutung des § 59 weiterhin schwinden lässt.[10]

II. Der Kaufmann als Arbeitgeber

8 **1. Bedeutung.** Nach § 59 ist Handlungsgehilfe nur derjenige, der in einem Handelsgewerbe angestellt ist. Wer in einem Nichthandelsgewerbe kaufmännische Dienste leistet, ist nicht Handlungsgehilfe, sondern Gewerbegehilfe.[11] Die Leistung kaufmännischer Dienste allein macht danach einen Arbeitnehmer noch nicht zum Handlungsgehilfen. Erforderlich ist vielmehr, dass diese Dienste auch in einem Handelsgewerbe ausgeübt werden (→ Rn. 25).

9 **2. Arbeitgeberbegriff.** Arbeitgeber des Handlungsgehilfen ist der Inhaber des Handelsgewerbes, bei dem der Handlungsgehilfe angestellt ist. Das HGB verwendet aber nicht den Begriff Arbeitgeber, sondern das altertümliche Wort **Prinzipal.** Dies macht in der Sache aber keinen Unterschied.[12] Der Arbeitgeber ist Gläubiger des Anspruchs auf Arbeitsleistung und zugleich Schuldner des Arbeitsentgelts.[13]

10 Für den Begriff des Arbeitgebers kommt es nicht darauf an, ob er **natürliche** oder **juristische Person,** ob er Privatperson oder Person des öffentlichen Rechts ist.[14] Arbeitgeber eines Handlungsgehilfen kann daher auch eine AG oder GmbH sein. Wegen der rechtlichen Selbstständigkeit, die den Personenhandelsgesellschaften OHG und KG in § 124 (iVm § 161 Abs. 2) eingeräumt ist, sind auch diese Gesellschaften selbst Arbeitgeber des Handlungsgehilfen und nicht die einzelnen Gesellschafter.[15] Dies galt nach alter Rspr. des BAG nicht für die BGB-Gesellschaft, insoweit waren vielmehr die Gesellschafter als Arbeitgeber anzusehen.[16] Seitdem der BGH jedoch grundlegend[17] entschieden hat, dass die BGB-Gesellschaft Rechtsfähigkeit besitzt, muss auch die Arbeitgeberfähigkeit der BGB-Gesellschaft anerkannt werden.[18] Der Gesellschafter einer BGB-Gesellschaft kann aber nicht gleichzeitig ihr Arbeitnehmer sein.[19]

11 **a) Abstrakter und konkreter Arbeitgeberbegriff.** Nach einer früher verbreiteten Auffassung ist aber nicht nur derjenige Arbeitgeber, dem – wie beim Einzelkaufmann – sowohl der Anspruch auf die Arbeitsleistung als auch die Weisungsbefugnis gegenüber dem Arbeitnehmer zustehen. In den Fällen, in denen Träger des Anspruchs auf Arbeitsleistung und Träger der obersten Weisungsbefugnis zwei verschiedene Personen sind, wie insbesondere bei juristischen Personen, bei denen die Arbeitsleistung gegenüber der juristischen Person zu erbringen ist, während die Weisungsbefugnis dem Vorstand oder den Geschäftsführern der juristischen Person zusteht, unterscheidet diese Auffassung zwischen dem **„abstrakten“** und dem **„konkreten“ Prinzipal.**[20] Abstrakter Prinzipal ist danach der aus dem Arbeitsvertrag Berechtigte, also beispielsweise die juristische Person Aktiengesellschaft. Der konkrete Prinzipal ist derjenige, der die Weisungsbefugnis wahrnimmt, also etwa das Vorstandsmitglied der AG.

---

[10] Dazu ausf. *Wank,* Arbeiter und Angestellte, 1992, mit Rezension *v. Hoyningen-Huene* NJW 1993, 1055; *Hiery* AuB 2006, 305 ff.; *Zander* Personal 2001, 604 f.

[11] Vgl. RG JW 1906, 396; Düringer/Hachenburg/*Hoeniger* Anm. 2; Heymann/*Henssler/Markworth* Rn. 18.

[12] Baumbach/Hopt/*Roth* Rn. 13.

[13] BAG AP BGB § 705 Nr. 1.

[14] *Hueck/Nipperdey* ArbR I S. 88; *Linck* in Schaub ArbR-HdB § 16 Rn. 1; *Bauschke* AR-Blattei SD 100 (2005); ErfK/*Preis* BGB § 611a Rn. 184.

[15] Vgl. BAG NJW 1980, 1710; BSG AP § 161 Nr. 1.

[16] BAG AP BGB § 705 Nr. 1; Nr. 4 mAnm *K. Schmidt.*

[17] BGH NJW 2001, 1056.

[18] So jetzt auch BAG NZA 2009, 485; 2008, 118; 2005, 318; ErfK/*Preis* BGB § 611a Rn. 184; *Diller* NZA 2003, 401 ff.; *Dollmann* ArbRB 2005, 30 ff.

[19] HessLAG NZA-RR 2002, 263; ErfK/*Preis* BGB § 611a Rn. 184.

[20] So erstmals *Tietze* in Ehrenbergs HdB, Bd. II, 1918, 549 ff.; ebenso BSGE 18, 190 (196); *Birk,* Die arbeitsrechtliche Leitungsmacht, 1973, 141 f.; *Hueck/Nipperdey* ArbR I S. 89 f.; *Nikisch* ArbR I S. 145; s. zu dem Streit auch MHdB ArbR/*Richter* § 23 Rn. 10 f.

Diese **Unterscheidung** ist jedoch **abzulehnen** und hat sich mithin auch nicht durchgesetzt.[21] Sie ist sachlich nicht geboten und trägt nur zur begrifflichen Verwirrung bei. Betrachtet man nämlich den Vorstand einer AG als Arbeitgeber, so müsste man bei einem Wechsel in der Person eines Vorstandsmitglieds von einem Arbeitgeberwechsel sprechen, ohne daran jedoch die üblichen Rechtsfolgen eines Arbeitgeberwechsels zu knüpfen.[22] Der Begriff des konkreten Arbeitgebers ist auch nicht erforderlich, weil mit ihm nur Selbstverständliches gesagt wird. Juristische Personen und Personenhandelsgesellschaften können als solche ihre Rechte nicht wahrnehmen.[23] Sie bedienen sich hierfür vielmehr ihrer gesetzlichen Vertreter wie Vorstand, Geschäftsführer, vertretungsbefugter Gesellschafter oder sonstiger Vertreter, wie zB Prokuristen (§ 48) oder anderer Führungskräfte.[24] Durch deren Handeln werden die Handelsgesellschaften als Arbeitgeber berechtigt und verpflichtet.[25] Die Organe juristischer Personen und die vertretungsberechtigten Geschäftsführer nehmen daher lediglich **Arbeitgeberfunktionen** wahr, ohne jedoch selbst Arbeitgeber zu sein. Das Handelsgewerbe als Arbeitgeber des Handlungsgehilfen ist bei den Handelsgesellschaften daher die Gesellschaft als solche.[26] 12

b) Arbeitgeberbegriff in § 2 ArbGG. Von diesem handelsrechtlichen Arbeitgeberbegriff zu trennen ist jedoch der Arbeitgeberbegriff in § 2 ArbGG. Im Sinne dieser Vorschrift sind auch die Gesellschafter einer OHG bzw. die Komplementäre einer KG[27] Arbeitgeber. Weil sie gem. § 128 (iVm § 161 Abs. 2) für Ansprüche der Arbeitnehmer persönlich haften, sind auch bei Ansprüchen aus dem Arbeitsverhältnis, die gegen die Gesellschafter geltend gemacht werden, die Arbeitsgerichte zuständig.[28] Dasselbe gilt bei juristischen Personen für die als Organ handelnden natürlichen Personen,[29] die Partei kraft Amtes[30] und auf Grund der nunmehr anerkannten akzessorischen Haftung auch für die Gesellschafter der GbR[31] (→ Rn. 10). 13

c) Mehrere Arbeitgeber. Davon zu unterscheiden ist der Fall, in dem der gesetzliche Vertreter der juristischen Person bzw. der vertretungsberechtigte Gesellschafter einer Personenhandelsgesellschaft mit dem Handlungsgehilfen ein **weiteres Dienstverhältnis neben dem Anstellungsverhältnis** zur Gesellschaft begründet. So etwa bei einer Sekretärin, die vormittags für die Gesellschaft tätig ist und nachmittags im gleichen Büro privat für den Geschäftsführer der Gesellschaft arbeitet. Hier ist der Geschäftsführer neben der Gesellschaft zweiter Arbeitgeber der Sekretärin. Dabei ist es nach den Umständen des Einzelfalles durchaus denkbar, dass hier nur ein **„einheitliches Arbeitsverhältnis"** vorliegt.[32] Wenn auf Arbeitgeberseite mehrere Personen vorhanden sind, liegt nach Auffassung des BAG dann ein einheitliches Arbeitsverhältnis vor, wenn die Beziehungen des Arbeitnehmers zu den Arbeitgebern selbst in einem solchen rechtlichen Zusammenhang stehen, dass die Rechtsordnung ihre isolierte rechtliche Bewertung verbietet.[33] Entscheidend soll sein, dass die Vereinbarungen miteinander „stehen und fallen".[34] Folge einer solchen rechtlichen Bezie- 14

---

21 Ebenso *Heinze* ZfA 1976, 183 (197 ff.); *Bauschke* AR-Blattei SD 100 Rn. 33 (2005); MHdB ArbR/*Richter* § 23 Rn. 1; *Zöllner/Loritz/Hergenröder* ArbR § 5 III 2 a.

22 So zutr. *Zöllner/Loritz/Hergenröder* ArbR § 5 III 2 a.

23 Vgl. *Windbichler* GesR, 24. Aufl. 2017, § 14 Rn. 8; *Windbichler* GesR, 24. Aufl. 2017, § 25 Rn. 10.

24 Zutr. Richardi/*Richardi* BetrVG Einl. Rn. 123 f.

25 Vgl. zur OHG *A. Hueck* OHG, 4. Aufl. 1971, 293.

26 Ebenso BAG NJW 1980, 1710.

27 BAG NZA 2006, 453.

28 Ebenso BAG NJW 1980, 1710; zuletzt BAG NZA 2006, 453 mwN; ErfK/*Koch* ArbGG § 2 Rn. 11.

29 BAG NZA 1997, 115; ErfK/*Koch* ArbGG § 2 Rn. 11.

30 LAG BE NZA 2003, 630; LAG MV ZInsO 2000, 680; iE auch BAG ZIP 2003, 1617; ErfK/*Koch* ArbGG § 2 Rn. 11.

31 Ebenso *Diller* NZA 2003, 401 (405).

32 Vgl. hierzu BAG AP BGB § 611 Arbeitgebergruppe Nr. 1 m. krit. Anm. *Wiedemann*.

33 BAG NJW 2013, 104; AP BGB § 611 Arbeitgebergruppe Nr. 1 unter I 2; ErfK/*Preis* BGB § 611a Rn. 191.

34 BAGE 40, 145.

hung ist, dass die Kündigung nur durch alle Vertragspartner erfolgen kann.[35] Eine betriebsbedingte Kündigung könnte außerdem nur dann erfolgen, wenn bei keinem Arbeitgeber eine Weiterbeschäftigung möglich wäre.[36] Zudem sind alle Vertragspartner Gesamtschuldner.[37] Sind die genannten Voraussetzungen nicht erfüllt, handelt es sich um ein Doppelarbeitsverhältnis, bei dem ein (jeweils teilzeitbeschäftigter) Arbeitnehmer eigenständige, voneinander unabhängige Arbeitsverhältnisse mit verschiedenen Arbeitgebern eingeht. Verstöße gegen die gesetzl. Höchstarbeitszeit führen nach instanzgerichtlicher Rspr. grundsätzlich nicht zur Nichtigkeit beider, sondern allein des zweiten Arbeitsverhältnis.[38] Dass zwei getrennte Arbeitsverhältnisse vorliegen ist wohl der Regelfall.

15 Praktische Relevanz haben diese „einheitlichen Arbeitsverhältnisse" aber beispielsweise bei Arbeitsverhältnissen innerhalb eines gemeinsamen Betriebs sowie bei der Arbeitsgemeinschaft (ARGE; → Rn. 23 f.).[39] Vorkommen kann dies außerdem bei Auslandsentsendung von Arbeitnehmern zu Tochterunternehmen.[40]

16 **3. Abgrenzung zu anderen Begriffen.** Der Arbeitgeberbegriff ist von verschiedenen anderen Begriffen abzugrenzen, die immer wieder im Zusammenhang mit dem Handelsgewerbe eine Rolle spielen.

17 **a) Betrieb.** Der Inhaber des Handelsgewerbes als Arbeitgeber des Handlungsgehilfen ist nicht identisch mit dem Betrieb, in dem der Handlungsgehilfe tätig ist. Während der Arbeitgeber der Dienstberechtigte ist, versteht man unter einem Betrieb die organisatorische Einheit, innerhalb derer ein Arbeitgeber allein oder in Gemeinschaft mit seinen Mitarbeitern mit Hilfe von sächlichen und immateriellen Mitteln bestimmte arbeitstechnische Zwecke fortgesetzt verfolgt.[41] Anspruchsgegner des Handlungsgehilfen ist der Arbeitgeber und nicht der Betrieb. Auch wenn der konkrete Betrieb, in dem der kaufmännische Angestellte tätig ist, keine handelsgewerblichen Zwecke verfolgt, ist der Angestellte trotzdem Handlungsgehilfe, sofern der Arbeitgeber ein Handelsgewerbe betreibt. Der Betrieb ist allerdings der Anknüpfungspunkt für zahlreiche gesetzliche Regelungen insbesondere im Kündigungsrecht, Betriebsverfassungsrecht und Tarifrecht. Dort spielen auch die Begriffe **Kleinstbetrieb** (§ 4 Abs. 2 BetrVG), **Betriebsabteilung** (§ 15 Abs. 5 KSchG) und **Betriebsteil** (§ 4 Abs. 1 BetrVG, s. auch § 613a Abs. 1 S. 1 BGB) eine Rolle.[42] Zu dem Begriff „außerhalb des Betriebs" → § 55 Rn. 11.

18 **b) Unternehmen.** Der Begriff des Arbeitgebers darf auch nicht mit dem **Unternehmen** gleichgesetzt werden. Unter einem Unternehmen versteht man die organisatorische Einheit, die bestimmt wird durch den wirtschaftlichen oder ideellen Zweck, dem ein Betrieb oder mehrere organisatorisch verbundene Betriebe desselben Unternehmens dienen.[43] Ein Unternehmen wird von einem Unternehmer (Rechtsträger) geführt, der dann der Arbeitgeber des Handlungsgehilfen ist. In diesem Sinne ist das Handelsgewerbe des Kaufmanns das Unternehmen.

19 Der **Unternehmensbegriff** ist zwar weiter als der Betriebsbegriff. Die Unterscheidung von Unternehmen und Betrieb spielt aber dann keine Rolle, wenn ein Unternehmen nur einen Betrieb hat. Sie wird jedoch relevant, wenn das Unternehmen aus mehreren Betrieben besteht (vgl. beispielsweise § 47 BetrVG für die Verpflichtung zur Errichtung eines Gesamt-

---

35 BAGE 37, 1; HessLAG BeckRS 2007, 44565.
36 APS/*Kiel* KSchG § 1 Rn. 593.
37 ErfK/*Preis* BGB § 611a Rn. 191; BAGE 37, 1; so wohl auch LAG Düsseldorf ARST 1998, 262.
38 LAG Nürnberg LAGE § 611 BGB Doppelarbeitsverhältnis Nr. 1; ebenso ErfK/*Preis* BGB § 611a Rn. 150.
39 HWK/*Thüsing* BGB § 611a Rn. 139.
40 BAG NZA 2013, 27; ausf. *Thüsing* NZA 2003, 1303.
41 BAG AP BetrVG 1972 § 3 Nr. 1; Nr. 4; Nr. 5; Nr. 7; Nr. 9; BetrVG 1972 § 4 Nr. 2; Nr. 13; Nr. 15; BetrVG 1972 § 81 Nr. 1; BetrVG 1972 § 88 Nr. 1; MHdB ArbR/*Richter* § 24 Rn. 5 ff.; *Linck* in Schaub ArbR-HdB § 17 Rn. 1.
42 Zum Ganzen ErfK/*Koch* BetrVG § 1 Rn. 7 ff.; MHdB ArbR/*Richter* § 24 Rn. 24 ff.
43 MHdB ArbR/*Richter* § 24 Rn. 20 ff.

betriebsrats). Denkbar ist aber auch der umgekehrte Fall, dass mehrere Unternehmen Rechtsträger eines einheitlichen Betriebes sind (sog. Gemeinschaftsbetrieb, auch gemeinsamer Betrieb).[44] Eine eigenständige gesetzliche Definition des Begriffs des Gemeinschaftsbetriebes fehlt. In § 1 Abs. 2 BetrVG ist durch das BetrVG-Reformgesetz vom 23.7.2001 (BGBl. 2001 I 1852) eine Vermutungsregelung für das Vorliegen eines gemeinsamen Betriebes aufgestellt worden.[45] Greifen die Vermutungstatbestände nicht ein, schließt dies das Bestehen eines gemeinsamen Betriebes nicht aus. Die Neufassung des Gesetzes führt die vorhandene Rspr. fort, diese ist daher weiter heranzuziehen.[46]

Ein **Gemeinschaftsbetrieb** liegt vor, wenn mindestens zwei Unternehmen die in 20
einer Betriebsstätte vorhandenen materiellen und immateriellen Betriebsmittel für einen einheitlichen arbeitstechnischen Zweck zusammenfassen, ordnen und gezielt einsetzen, und der Einsatz der menschlichen Arbeitskraft von einem einheitlichen Leitungsapparat gesteuert wird.[47] Hierzu bedarf es einer ausdrücklichen oder wenigstens stillschweigenden rechtlichen Leitungsvereinbarung, die sich aber auch aus den näheren tatsächlichen Umständen des Einzelfalles ergeben kann.[48] Indiz für das Vorliegen einer konkludenten Leitungsvereinbarung ist insbesondere die institutionell einheitliche Ausübung von Arbeitgeberfunktionen im sozialen und personellen Bereich.[49] Arbeitgeber des Handlungsgehilfen bleibt aber der Inhaber des Unternehmens, mit dem der Arbeitsvertrag geschlossen wurde.[50] Auch die Befugnis zur Ausübung des Direktionsrechts wird nicht auf die Betriebsführungsgesellschaft übertragen, sondern das Direktionsrecht wird lediglich in seiner faktischen Ausübung koordiniert. Daher liegt auch kein Betriebsübergang gem. § 613a BGB vor.[51] Eine Gleichbehandlung von Arbeitnehmern eines Gemeinschaftsbetriebs mehrerer Unternehmer ist nicht erforderlich.[52]

c) Konzern. Ein Konzern ist nach § 18 Abs. 1 AktG die Zusammenfassung eines 21
herrschenden mit einem oder mehreren abhängigen Unternehmen unter der einheitlichen Leitung des herrschenden Unternehmens, sog. **Unterordnungskonzern,** oder nach § 18 Abs. 2 AktG die Zusammenfassung mehrerer rechtlich selbstständiger Unternehmen unter einheitlicher Leitung, ohne dass das eine Unternehmen von dem anderen abhängig ist, sog. **Gleichordnungskonzern.** Der Konzern als solcher verfügt über keine eigene Rechtspersönlichkeit. Rechtssubjekte sind nur die einzelnen Konzernunternehmen.[53]

Wegen seiner fehlenden Rechtspersönlichkeit kann der Konzern nicht der Anknüp- 22
fungspunkt von Rechten und Pflichten sein. Auch ist der **Konzern kein Arbeitgeber.**[54] Durch die Zusammenfassung mehrerer Unternehmen zu einem Konzern wird weder dieser noch die leitende Konzernobergesellschaft Arbeitgeber der bei den übrigen konzerngebundenen Unternehmen beschäftigten Arbeitnehmer. Jedes einzelne der zum Konzern zusammengefassten Unternehmen ist vielmehr Arbeitgeber der in dem Unternehmen beschäftig-

---

44 Dazu ErfK/*Koch* BetrVG § 1 Rn. 13 ff.; MHdB ArbR/*Richter* § 24 Rn. 35 ff.

45 BAG NZA 2004, 618; DB 2005, 1914.

46 BAG NZA 2004, 618; DB 2005, 1914; ErfK/*Koch* BetrVG § 1 Rn. 15; *Fitting* BetrVG § 1 Rn. 108; *Koch* in Schaub ArbR-HdB § 211 Rn. 7.

47 BAG AP BetrVG 1972 § 5 Rotes Kreuz Nr. 3; AP AÜG § 1 Nr. 24; AP BetrVG 1972 § 1 Gemeinsamer Betrieb Nr. 8; Nr. 9; Nr. 23; NZA-RR 2008, 298; ErfK/*Koch* BetrVG § 1 Rn. 14; vgl. auch *Kreutz* FS Richardi, 2007, 637 ff.

48 StRspr, vgl. etwa BAG AP BetrVG 1972 § 1 Gemeinsamer Betrieb Nr. 12; Nr. 21; Nr. 22; Nr. 23; Nr. 28; NZA 2002, 56; DB 2005, 1914; NZA-RR 2008, 298; ZTR 2011, 566; NZA-RR 2013, 521; *v. Hoyningen-Huene* EWiR § 1 BetrVG 1/85, 727; ErfK/*Koch* BetrVG § 1 Rn. 14; MHdB ArbR/*Richter* § 24 Rn. 40.

49 BAG NZA 2005, 1248 (1249); 2004, 618.

50 So ausdrücklich BAG AP KSchG 1969 § 1 Nr. 10 unter A III 5a.

51 BAG BeckRS 1999, 30780253; ZInsO 2001, 383; NZA 2006, 592 (594).

52 BAG NZA 1993, 405; AP BetrVG 1972 § 1 Gemeinsamer Betrieb Nr. 27 unter III 2b bb.

53 MHdB ArbR/*Richter* § 25 Rn. 1 ff.

54 Ebenso im Grundsatz *Henssler,* Arbeitsvertrag im Konzern, 1983, 39; *Deinert* in Deinert/Heuschmid/Zwanziger ArbR § 5 Rn. 56; *Konzen* ZfA 1982, 259 (305 f.); *Martens* FS BAG, 1979, 367 (371); MHdB ArbR/*Richter* § 25 Rn. 1; *Linck* in Schaub ArbR-HdB § 16 Rn. 20; *Windbichler,* Arbeitsrecht im Konzern, 1989, 68 f.

ten Arbeitnehmer, wenn die Voraussetzungen der Begründung eines Arbeitsverhältnisses bei ihm vorliegen.

23 **d) Arbeitsgemeinschaft (ARGE).** Besonderheiten gelten bei der Freistellung eines Handlungsgehilfen zu einer Arbeitsgemeinschaft (ARGE). Eine solche ARGE wird im Baugewerbe häufig dann gegründet, wenn sich mehrere Unternehmen zur Erstellung größerer Bauprojekte wie U-Bahnen oder Flughäfen zusammenschließen, weil sie einzeln das Projekt nicht ausführen können.[55] Dieser Zusammenschluss der Bauunternehmen stellt in der Regel eine Gesellschaft bürgerlichen Rechts dar.[56] Die an der ARGE beteiligten Unternehmen stellen entsprechend ihrem Beteiligungsverhältnis Personal an die ARGE ab.[57]

24 Für die Dauer der Freistellung treten die abgeordneten Handlungsgehilfen nach vorheriger Zustimmung in ein **Anstellungsverhältnis zur ARGE.**[58] Das Arbeitsverhältnis mit seinem Stammarbeitgeber ruht in dieser Zeit.[59] Das bedeutet, dass das Anstellungsverhältnis zum Stammarbeitgeber in diesem Zeitraum nicht aufgehoben ist, sondern lediglich die Arbeits- und Entgeltzahlungspflichten vorübergehend suspendiert sind.[60] Der Handlungsgehilfe hat also in dieser Zeit **zwei Arbeitgeber:** einmal den Arbeitgeber seines Stammbetriebs und zum anderen die Gesellschaft bürgerlichen Rechts als Gesamthandelsgemeinschaft. Nach Auffassung des BAG führt das bei betriebsbedingten Kündigungen im Stammbetrieb dazu, dass es an einem dringenden betrieblichen Erfordernis für die Kündigung des freigestellten Handlungsgehilfen fehlt und dieser daher auch nicht in die soziale Auswahl nach § 1 Abs. 3 KSchG einzubeziehen ist.[61]

25 **4. Kaufmann als Betreiber des Handelsgewerbes. a) Kaufmann.** Die Einstellung des Handlungsgehilfen muss in einem Handelsgewerbe erfolgen. Der Betreiber eines Handelsgewerbes wird dabei nach § 1 Abs. 1 als Kaufmann bezeichnet (näher → § 1 Rn. 10 ff.). Wann ein Gewerbebetrieb die Voraussetzungen eines Handelsgewerbes erfüllt, bestimmt sich nach § 1 Abs. 2. Diese Vorschrift wird ergänzt durch die §§ 2–7. Wegen der Einzelfragen ist auf die Kommentierung zu diesen Vorschriften zu verweisen. Inwieweit **Gesellschaften** Kaufleute sind, richtet sich ebenfalls nach den einschlägigen Bestimmungen.

26 **b) Betriebsführungsgesellschaft.** Betriebsführungsgesellschaften sind regelmäßig nicht Arbeitgeber, sie üben nur das Weisungsrecht (§ 106 GewO) aus.[62] Durch Abschluss eines Betriebsführungsvertrags überträgt der Eigentümer des Handelsgewerbes die Führung des Betriebs einer sog. Betriebsführungsgesellschaft.[63] Die Betriebsführungsgesellschaft führt den Betrieb im Namen und für Rechnung des Eigentümers. Beispielhaft für einen Betriebsführungsvertrag ist die Vertragsgestaltung in dem vom BGH entschiedenen „Holiday Inn-Fall“:[64] Hier hatte eine KG der Holiday Inn-Hotelkette ihr Hotelgebäude nebst Betriebsmitteln zur Verfügung gestellt und sie ermächtigt, im Namen, für Rechnung und auf Kosten der KG den Hotelbetrieb zu führen. Die Holiday Inn-Kette war in diesem Fall die Betriebsführungsgesellschaft, während die KG als sog. Eigentümergesellschaft fungierte.[65]

---

55 Vgl. hierzu näher *Knigge* DB-Beil. Heft 4/1982; *Schwab* AR-Blattei SD 370.6 (2005); *Schwab* NZA-RR 2008, 169 ff.; allg. *Weber* JA 1996, 969 ff.

56 Vgl. MüKoBGB/*Schäfer* BGB Vor § 705 Rn. 43 mwN; ErfK/*Wank* AÜG § 1 Rn. 61.

57 Vgl. § 12.1 ARGE-Mustervertrag des Hauptverbandes der Deutschen Bauindustrie e.V., Stand 2005; zur Übersicht vgl. *Jagenburg/Schröder,* Der ARGE-Vertrag – Kommentar, 3. Aufl. 2012.

58 Vgl. § 9 Nr. 2.1 Bundesrahmentarifvertrag für das Baugewerbe vom 3.2.1981 idF vom 20.8.2007.

59 Vgl. BAG NZA 1987, 775; *Schwab* AR-Blattei SD 370.6 Rn. 24 mwN (2005).

60 BAG NZA 1996, 154 (156); vgl. auch *Hueck/Nipperdey* ArbR I, 215.

61 BAG NZA 1987, 775.

62 MHdB ArbR/*Richter* § 25 Rn. 15 f.; WHSS/*Willemsen* G 77 ff.; zu abweichenden Vertragsgestaltungen s. MHdB ArbR/*Richter* § 25 Rn. 17.

63 Hierzu BGH NJW 1982, 1817; *Forst/Hoffmann* EStB 2005, 195 ff.; *Große* StW 2005, 270 ff.; *Henssler,* Der Arbeitsvertrag im Konzern, 1983, 67 ff.; *U. Huber* ZHR 152 (1988), 1 ff. und 123 ff.; *Otte-Gräbener/Deilmann* NZG 2016, 1361; *Veelken,* Der Betriebsführungsvertrag im deutschen und amerikanischen Aktien- und Konzernrecht, 1975; *Weißmüller* BB 2000, 1949 ff.; WHSS/*Willemsen* G 77 ff.

64 BGH NJW 1982, 1817.

65 Vgl. zur Terminologie *Rüthers* BB 1977, 605.

Die **arbeitsrechtliche Besonderheit** bei Betriebsführungsverträgen besteht typischerweise darin, dass die Betriebsführungsgesellschaft das Direktionsrecht (§ 106 GewO) gegenüber den Beschäftigten ausübt, die Arbeitsverträge jedoch zwischen der Eigentümergesellschaft und den Arbeitnehmern abgeschlossen sind.[66] Man könnte nun daran denken, in der Übertragung des Direktionsrechts auf die Betriebsführungsgesellschaft einen Betriebsübergang nach § 613a BGB zu sehen mit der Folge, dass die Betriebsführungsgesellschaft in die Arbeitgeberstellung der Eigentümergesellschaft eintritt. Das würde voraussetzen, dass die Betriebsführungsgesellschaft nach Abschluss des Betriebsführungsvertrags die gleiche Rechtsstellung wie die Eigentümergesellschaft erhält. Dies ist jedoch nicht der Fall. Die Betriebsführungsgesellschaft bekommt zwar die Betriebsmittel zur Verfügung gestellt und ist auch berechtigt das Direktionsrecht auszuüben. Sie übt das Direktionsrecht aber nicht im eigenen Namen aus, sondern im Namen der Eigentümergesellschaft. Die Betriebsführungsgesellschaft hat damit die gleiche Funktion wie jeder sonstige Generalbevollmächtigte des Arbeitgebers.[67] Das ist für einen Betriebsübergang nach § 613a BGB nicht ausreichend[68] (→ Rn. 34). 27

Der Abschluss eines Betriebsführungsvertrags (→ Rn. 26) führt auch **nicht** zu einer **Aufspaltung der Arbeitgeberstellung.**[69] Die Eigentümergesellschaft als Arbeitgeber hat hier lediglich das Weisungsrecht auf die Betriebsführungsgesellschaft delegiert. Die Betriebsführungsgesellschaft nimmt damit Arbeitgeberfunktionen wahr, ohne selbst Arbeitgeber zu sein.[70] Nur die Eigentümergesellschaft ist Arbeitgeber des Handlungsgehilfen, nicht auch die Betriebsführungsgesellschaft.[71] 28

5. Besondere Handelsgewerbe. a) Handelsgewerbe der öffentlichen Hand. Das Handelsgewerbe des Arbeitgebers muss nicht unbedingt in privatrechtlicher Rechtsform betrieben werden, es kann vielmehr auch öffentlich-rechtlich organisiert sein. Ob für das Vorliegen eines Handelsgewerbes erforderlich ist, dass die Unternehmen der öffentlichen Hand auch mit der Absicht handeln, Gewinne zu erzielen,[72] wird zunehmend in Zweifel gezogen (→ § 1 Rn. 31).[73] 29

b) Sparkassen und Bundesbank. Während das Reichsgericht anfänglich bei kommunalen **Sparkassen** noch im Einzelfall prüfen wollte, ob sie das Ziel verfolgen, regelmäßige Überschüsse zu erzielen, die nicht nur zur Bildung von Reserven verwendet werden sollen, und ob sich ihre regelmäßige Tätigkeit auch auf die Besorgung eigentlicher Bankgeschäfte erstreckt,[74] werden die öffentlich-rechtlichen Sparkassen inzwischen von der hM mit Rücksicht auf ihre generell übliche Tätigkeit im allgemeinen Bankgeschäft ohne Einzelprüfung als gewerbliche Unternehmen angesehen (→ § 1 Rn. 31).[75] 30

Neben den öffentlich-rechtlich organisierten Sparkassen ist auch die **Bundesbank** Kaufmann, obwohl sie keine Gewinnabsicht hat. Die Kaufmannseigenschaft der Bundesbank ergibt sich aus einem Gegenschluss zu § 29 Abs. 3 BBankG, wonach die Vorschriften des 31

---

66 *Henssler,* Arbeitsvertrag im Konzern, 1983, 69; *U. Huber* ZHR 152 (1988), 1 (7 f.); s. dazu auch Habersack/Henssler/*Habersack* MitbestG § 5 Rn. 29 ff.; MHdB ArbR/*Richter* § 25 Rn. 15 f.

67 So zutr. *U. Huber* ZHR 152 (1988), 1 (8).

68 *Beisel/Klumpp,* Der Unternehmenskauf, 7. Aufl. 2016, § 10 Rn. 31; Staudinger/*Annuß,* 2019, BGB § 613a Rn. 101; WHSS/*Willemsen* G 77; *Rüthers* BB 1977, 605 (608); aA *Weißmüller* BB 2000, 1949 (1953); s. auch BAG BeckRS 2018, 2098.

69 Vgl. dazu BAG AP GesamthafenbetriebsG § 1 Nr. 1; *Konzen* ZfA 1973, 263.

70 *Henssler,* Arbeitsvertrag im Konzern, 1983, 69; MHdB ArbR/*Richter* § 25 Rn. 16 f., dort auch zu möglichen Ausnahmen; *Rüthers* BB 1977, 605 (609).

71 Zur Frage, ob der Abschluss eines Betriebsführungsvertrag zum Betriebsübergang führen kann, *Thüsing/Flink* FS Moll, 2019, 659 ff.

72 So die früher hM; vgl. BGHZ 36, 273 (276); 49, 258 (260); 53, 222 (223); 63, 32 (33); 66, 48 (49); 83, 382 (387); 95, 155 (158); Oetker/*Kotzian-Marggraf* Rn. 10; Staub/*Weber* Rn. 28.

73 Vgl. etwa Baumbach/Hopt/*Hopt* § 1 Rn. 16; ausf. Röhricht/Graf v. Westphalen/Haas/*Ries* § 1 Rn. 51 ff.

74 So RGZ 116, 227 (229).

75 Dieser Tendenz folgend schon RGZ 138, 6 (16 ff.); Baumbach/Hopt/*Hopt* § 1 Rn. 27; EBJS/*Kindler* § 1 Rn. 30; Oetker/*Kotzian-Marggraf* Rn. 12; Röhricht/Graf v. Westphalen/Haas/*Ries* § 1 Rn. 53 mwN.

HGB über die Eintragung in das Handelsregister auf die Deutsche Bundesbank nicht anzuwenden sind.[76] Die Regelung in § 29 Abs. 3 BBankG hätte nämlich keinen Sinn, wenn die Bundesbank nicht als Kaufmann anzusehen wäre. Die nichtbeamteten kaufmännischen Angestellten bei Sparkassen und der Deutschen Bundesbank sind daher Handlungsgehilfen.

32 **c) Kommunale Versorgungsbetriebe.** Handelsgewerbe können auch die kommunalen Versorgungsbetriebe sein.[77] So ist zB nach § 8 BayEBV[78] deren Betriebsführung auf die Erzielung von Gewinnen angelegt, die so hoch sein sollen, dass die Bildung eines Rücklagenkapitals und die Verzinsung des in sie investierten Eigenkapitals gewährleistet sind. Bei kommunalen Versorgungsbetrieben beschäftigte kaufmännische Angestellte sind daher Handlungsgehilfen. Gleiches gilt auch für die kaufmännischen Angestellten in **sonstigen Handelsgewerben** der öffentlichen Hand wie etwa kommunalen Gaststätten.[79]

33 **6. Arbeitgeberwechsel.** Von erheblichen Auswirkungen auf die Rechtsstellung des Handlungsgehilfen ist ein Arbeitgeberwechsel. Ein solcher Wechsel des Arbeitgebers kann sich in sehr **unterschiedlichen Formen** vollziehen. Der Wechsel eines Gesellschafters bei einer Personengesellschaft stellt aber keinen Arbeitgeberwechsel dar, denn die Identität der Gesellschaft als Rechtssubjekt ist hierdurch nicht betroffen.[80]

34 **a) Betriebsübergang (§ 613a BGB).** Zunächst kommt die rechtsgeschäftliche Übertragung des Betriebs oder Betriebsteils, der sog. Betriebsübergang nach § 613a BGB in Betracht.[81] Ein Betriebsübergang nach § 613a BGB kann auch auf Grund einer Unternehmensspaltung gem. § 123 UmwG (Spaltung, Abspaltung, Ausgliederung) vorliegen.[82] Der Betriebsübergang bewirkt, dass der neue Arbeitgeber in die Rechte und Pflichten aus den im Zeitpunkt des Übergangs bestehenden Arbeitsverhältnissen eintritt.[83] Ein Betriebsübergang wirkt sich auf die Rechtsstellung des Handlungsgehilfen daher dann aus, wenn der übernehmende Unternehmer kein Handelsgewerbe betreibt. In diesem Fall verlieren die kaufmännischen Angestellten ihren Status als Handlungsgehilfen vom Zeitpunkt des Betriebsübergangs an. Soweit gesetzliche Vorschriften an besondere Eigenschaften des Arbeitgebers anknüpfen, wie hier an das Betreiben eines Handelsgewerbes, kommt es auf den neuen Betriebsinhaber an.

35 Die **Umwandlung der Gesellschaft** kann im Einzelfall zu einem Arbeitgeberwechsel führen.[84] Rechtsgrundlage für die Umwandlung der Gesellschaft ist das Umwandlungsgesetz.[85] In dem Umwandlungsvertrag müssen die Folgen der Umwandlung für die Arbeitnehmer enthalten sein (§ 5 Abs. 1 Nr. 9 UmwG, § 126 Abs. 1 Nr. 11 UmwG, § 176 Abs. 1

---

[76] EBJS/*Kindler* § 1 Rn. 30.
[77] BGH NJW 1991, 2134; ausf. Röhricht/Graf v. Westphalen/Haas/*Ries* § 1 Rn. 53 f.
[78] Eigenbetriebsverordnung vom 29.5.1987, GVBl. 1987, 195.
[79] Vgl. BGHZ 70, 134.
[80] BAG NZA 2017, 981; 2007, 1428 (1430); AP § 128 Nr. 4; ErfK/*Preis* BGB § 613a Rn. 43.
[81] Dazu ausf. *Bernsau/Dreher/Hauck,* Betriebsübergang, 3. Aufl. 2010; *Burgmer/Richter,* Der Betriebsübergang im Arbeitsrecht, 2008; *Commandeur/Kleinebrink* NJW 2008, 3467 ff.; ErfK/*Preis* BGB § 613a Rn. 2 ff.; MHdB ArbR/*Wank* § 142; *Meyer* SAE 2008, 145 ff.; *Müller-Bonanni* NZA-Beil. 2009, 13 ff.; *Schiefer/Worzalla* DB 2008, 1566 ff.; *Wißmann/Schneider* BB 2009, 1126 ff., jeweils mwN zur umfangreichen Kasuistik; s. zur aktuellen Rspr. *Fuhlrott* ArbRAktuell 2019, 427 ff.; *Grau/Flockenhaus* NZA-RR 2019, 289 ff.
[82] Zu den Einzelheiten *Deinert* RdA 2001, 368 ff.; *Simon/Zerres* FS Leinemann, 2006, 255 ff.; *Wlotzke* DB 1995, 40 ff.
[83] Vgl. *Ahrendt* in Schaub ArbR-HdB § 118.
[84] Vgl. allg. *Müller-Bonanni,* Der Betriebsinhaberwechsel im Rahmen des Umwandlungsgesetzes, 2004; *Karsten Schmidt* GesR § 12 mwN.
[85] Dazu *Lutter* UmwG, 5. Aufl. 2014; *Semler/Stengel* UmwG, 4. Aufl. 2017; *Schmitt/Hörtnagl/Stratz* UmwG, UmwStG, 8. Aufl. 2018, *Habersack/Wicke* UmwG, 2019; BeckOGK UmwG, 2020; zu den arbeitsrechtlichen Aspekten des neuen Umwandlungsrechts vgl. *Bachner/Gerhardt/Matthießen,* Arbeitsrecht bei der Umstrukturierung von Unternehmen und Betrieben, 5. Aufl. 2018; *Bauer/Lingemann* NZA 1994, 1057 ff. sowie *Berscheid* FS Stahlhacke, 1995, 25 ff.; *Deinert* RdA 2001, 368 ff.; *Kreßel* BB 1995, 925 ff.; *Nießen* NJW-Spezial 2008, 623 f.; *Wlotzke* DB 1995, 40 ff.

UmwG, § 194 Abs. 1 Nr. 7 UmwG).[86] Beim Formwechsel (§ 1 Abs. 1 Nr. 4 UmwG, §§ 190 ff. UmwG) bleibt der Rechtsträger erhalten (§ 202 Abs. 1 Nr. 1 UmwG), so dass das Arbeitsverhältnis zwischen Kaufmann und Handlungsgehilfen unverändert bleibt.

Bei den **anderen Fällen der Umwandlung** (Verschmelzung, Spaltung, Vermögensübertragung, § 1 Abs. 1 Nr. 1–3 UmwG) ist gem. § 324 UmwG die Regelung des § 613a Abs. 1 BGB anwendbar.[87] Es kommt also bei den übertragenden Umwandlungen darauf an, ob im Verhältnis zum Handlungsgehilfen ein Arbeitgeberwechsel durch Wechsel des Rechtsträgers stattgefunden hat. 36

b) Unternehmensnachfolge nach § 25. Von dem Betriebsübergang ist die Firmenfortführung nach § 25 zu unterscheiden. Nach hM sind § 25 und § 613a BGB nebeneinander anwendbar.[88] In der Regel sind mit dem rechtsgeschäftlichen Erwerb des Betriebes auch die Voraussetzungen des zwingend wirkenden § 613a BGB erfüllt. Soweit zusätzlich eine Firmenfortführung vorliegt, kommt § 25 neben § 613a BGB zur Anwendung und begründet eine zusätzliche Haftung des Erwerbers.[89] Zu Einzelheiten und abweichenden Auffassungen → § 25 Rn. 1 ff. Die Firmenfortführung als solche hat daher keinen Einfluss auf die Stellung des Handlungsgehilfen. 37

c) Tod des Einzelkaufmanns (§ 1922 BGB). Im Falle des Todes des Einzelkaufmanns treten dessen Erben gem. § 1922 BGB im Wege der Gesamtrechtsnachfolge in die Stellung des Arbeitgebers ein.[90] Das Arbeitsverhältnis geht damit vom bisherigen Rechtsträger automatisch auf die Erben über. Ein rechtsgeschäftlicher Übertragungsakt ist nicht erforderlich. Nur in besonders gelagerten Ausnahmefällen, in denen die Dienstverpflichtung eng an die Person des Arbeitgebers gebunden war (wie etwa bei einem Privatsekretär), erlischt das Arbeitsverhältnis mit dem Tode des Arbeitgebers.[91] 38

d) Eröffnung des Insolvenzverfahrens. Mit der Eröffnung des Insolvenzverfahrens ist kein Arbeitgeberwechsel verbunden. Die Insolvenz über das Handelsgewerbe und die Bestellung eines Insolvenzverwalters zur Abwicklung des Insolvenzverfahrens führt nicht dazu, dass der Insolvenzverwalter Träger des Unternehmens und damit Arbeitgeber wird. Dies ist und bleibt vielmehr die in Insolvenz gefallene Handelsgesellschaft bzw. der in Insolvenz gefallene Einzelkaufmann. Der Insolvenzverwalter wird daher auch nicht Kaufmann.[92] Nach der herrschenden Amtstheorie tritt der Insolvenzverwalter als Partei kraft Amtes materiellrechtlich und prozessual im eigenen Namen auf.[93] Arbeitgeber des Handlungsgehilfen bleibt daher bis zur Beendigung des Insolvenzverfahrens trotzdem der Insolvenzschuldner. Der Insolvenzverwalter übt lediglich das Weisungsrecht aus. 39

e) Zwangsverwaltung. Auch im Falle der Zwangsverwaltung von Grundstücken des Handelsgewerbes ändert sich grundsätzlich nichts an der Arbeitgebereigenschaft des bisherigen Unternehmensträgers. Der Zwangsverwalter tritt grundsätzlich nicht in die Arbeitsver- 40

[86] Dazu ausf. *Hausch* RNotZ 2007, 308 ff.; *Hausch* RNotZ 2007, 396 ff.; *Hohenstatt/Schramm* FS Arbeitsgemeinschaft Arbeitsrecht im DAV, 2006, 629 ff.

[87] Vgl. ErfK/*Preis* BGB § 613a Rn. 181; Semler/Stengel/*Simon* UmwG § 324 Rn. 4; Schmitt/Hörtnagl/Stratz/*Langner* UmwG § 324 Rn. 1; *Kreßel* BB 1995, 928.

[88] So auch in der Rspr., s. BAG NZA 2013, 961 – aber iE verneint mangels Firmenfortführung; LAG SH BeckRS 2013, 65941; LAG SchlH BeckRS 2006, 42943.

[89] Erman/*Edenfeld* BGB § 613a Rn. 68 f.; EBJS/*Reuschle* § 25 Rn. 66; MüKoBGB/*Müller-Glöge* BGB § 613a Rn. 171; ErfK/*Preis* BGB § 613a Rn. 141 ff.; HWK/*Willemsen/Müller-Bonanni* BGB § 613a Rn. 300; aA → 2. Aufl. 2005, § 25 Rn. 128 *(Lieb)*: Verdrängung des § 25 HGB, sofern die Voraussetzungen des § 613a BGB vorliegen.

[90] Vgl. ErfK/*Preis* BGB § 611a Rn. 316; *Zöllner/Loritz/Hergenröder* ArbR § 23 I.

[91] Vgl. *Linck* in Schaub ArbR-HdB § 121 Rn. 6.

[92] Vgl. *Uhlenbruck* InsO, 15. Aufl. 2019; MüKoInsO/*Graeber* InsO § 56 Rn. 148; *Obermüller/Hess* InsO – Eine Systematische Darstellung des neuen Insolvenzrechts, 4. Aufl. 2003, Rn. 558; *K. Schmidt* HandelsR § 5 Rn. 92.

[93] Vgl. zur Stellung des Insolvenzverwalters BGHZ 24, 393 (396); 32, 114 (118); 68, 16 (17); 88, 331 (334); ErfK/*Koch* ArbGG § 10 Rn. 9; *Jauernig/Berger,* Zwangsvollstreckungs- und Insolvenzrecht, 23. Aufl. 2010, § 43 VIII; *Lakies* in Deinert/Heuschmid/Zwanziger ArbR § 100 Rn. 34.

hältnisse ein.[94] Die Anordnung der Zwangsverwaltung bewirkt nach § 148 Abs. 1 ZVG nur die Beschlagnahme des Grundstücks nebst Zubehör. Die Zwangsverwaltung von Grundstücken wirkt sich daher grundsätzlich nicht auf das Anstellungsverhältnis zum Handlungsgehilfen aus. Nur wenn der Zwangsverwalter den Betrieb fortführen will, muss er nach § 613a BGB in die Arbeitsverhältnisse eintreten.[95]

41 **7. Besonderheiten der Leiharbeit.** Bei Leiharbeitsverhältnissen ist grundsätzlich nur der **Verleiher Arbeitgeber.** Früher wurde zur Bestimmung der arbeitsvertraglichen Beziehungen im Einzelfall ist zwischen der gewerbsmäßigen Arbeitnehmerüberlassung iSd § 1 Abs. 1 AÜG (sog. unechte Leiharbeit) und der nichtgewerbsmäßigen Arbeitnehmerüberlassung (sog. echte Leiharbeit) unterschieden, wobei auf die echte Leiharbeit das AÜG nicht direkt anwendbar war.[96] Bei echter Leiharbeit war der Arbeitnehmer zwar gewöhnlich in den Betrieb seines Arbeitgebers eingegliedert und dort tätig, aber vorübergehend einem Dritten überlassen.[97] Bei der unechten Leiharbeit wurde er gerade zu dem Zweck eingestellt, Dritten zeitweise gegen Entgelt zur Verfügung zu stehen.[98] Durch die **Neufassung des § 1 AÜG** vom 28.4.2011 (gültig vom 1.12.2011 bis zum 31.3.2017) hat die Unterscheidung aber ihre Bedeutung verloren. Maßgeblich ist jetzt, ob die Überlassung durch den Verleiher „im Rahmen seiner wirtschaftlichen Tätigkeit" (vgl. § 1 Abs. 1 S. 1 AÜG) stattfindet.[99] Erneut geändert wurde das AÜG mit Wirkung zum 1.4.2017, wobei insbesondere die Legaldefinition der Arbeitnehmerüberlassung in § 1 Abs. 1 AÜG eingeführt sowie eine Überlassungshöchstdauer in § 1 Abs. 1b AÜG festgelegt wurde.[100]

42 **a) Arbeitnehmerüberlassung nach dem AÜG.** Arbeitnehmerüberlassung ist jede nicht nur gelegentliche, sondern auf Dauer angelegte und auf die Erzielung unmittelbarer oder mittelbarer wirtschaftlicher Vorteile ausgerichtete selbstständige Tätigkeit eines Verleihers zu verstehen, die darauf gerichtet ist, Arbeitnehmer Dritten (= Entleiher) zur Arbeitsleistung zu überlassen.[101] Voraussetzungen sind das Bestehen eines Arbeitsvertrags zwischen Leiharbeitnehmer und Verleiher (Leiharbeitsvertrag), ein Vertrag zwischen Verleiher und Entleiher (Arbeitnehmerüberlassungsvertrag), die tatsächliche Überlassung eines Arbeitnehmers an den Entleiher zur Arbeitsleistung und eine Arbeitnehmerüberlassung im Rahmen einer wirtschaftlichen Tätigkeit.[102] Arbeitsvertragliche Beziehungen bestehen dabei nach § 1 Abs. 1 AÜG grundsätzlich nur zwischen dem Verleiher und dem Leiharbeitnehmer (vgl. auch § 14 Abs. 1 AÜG). Der Entleiher übt lediglich das Weisungsrecht aus.[103] Kaufmännische Angestellte sind daher bei Arbeitnehmerüberlassung nach dem AÜG als Leiharbeitnehmer nur dann Handlungsgehilfen, wenn der Verleiher ein Handelsgewerbe betreibt. In Betracht kommt hierbei bei entsprechender Unternehmensgröße ein Handelsgewerbe nach § 1 Abs. 2 AÜG[104] oder ein Handelsgewerbe kraft Rechtsform bei Unternehmen, die in der Form einer GmbH[105] oder AG geführt werden.

[94] BAG AP BGB § 613a Nr. 19 mAnm *Vollkommer*; ErfK/*Preis* BGB § 613a Rn. 65; MüKoBGB/*Müller-Glöge* BGB § 613a Rn. 70; ausf. Staudinger/*Annuß*, 2019, BGB § 613a Rn. 133 ff.

[95] Vgl. BAG AP BGB § 613a Nr. 19 unter II 4; AP BGB § 613a Nr. 36; Staudinger/*Annuß*, 2019, BGB § 613a Rn. 135.

[96] Zur entsprechenden Anwendung des § 14 AÜG s. BAG AP AÜG § 14 Nr. 2.

[97] Vgl. BAG AP RVO § 637 Nr. 7; EzAÜG Nr. 126; Thüsing/*Waas* AÜG § 1 Rn. 22.

[98] BAG AP BGB § 611 Leiharbeitsverhältnis Nr. 1; Thüsing/*Thüsing* AÜG § 1 Rn. 22.

[99] Zu den Einzelheiten Thüsing/*Thüsing* AÜG Einf. Rn. 13.

[100] Zu den weiteren Änderungen HWK/*Höpfner* AÜG § 1 Rn. 3.

[101] Vgl. BAG SAE 1985, 71 m. lesenswerter Anm. *Wank*; AP AÜG § 1 Nr. 2; *Boemke/Lembke* AÜG § 1 Rn. 9 ff.; ErfK/*Wank* AÜG § 1 Rn. 13; HWK/*Höpfner* AÜG § 1 Rn. 6 ff.; Thüsing/*Waas* AÜG § 1 Rn. 22 ff.; *Ulber* AÜG § 1 Rn. 180.

[102] Schüren/Hamann/*Hamann* AÜG § 1 Rn. 38 ff.; Thüsing/*Waas* AÜG § 1 Rn. 26.

[103] Vgl. BAG AP AÜG § 10 Nr. 2; BB 2004, 669 (671); *Boemke/Lembke*, 3. Aufl. 2013, AÜG § 1 Rn. 29 ff.; HWK/*Höpfner* AÜG § 1 Rn. 21; Schüren/Hamann/*Hamann* AÜG § 1 Rn. 93 f.; *Ulber* AÜG § 1 Rn. 20, 50.

[104] Vgl. Baumbach/Hopt/*Hopt* § 1 Rn. 5.

[105] So etwa Adecco Personaldienstleistungen GmbH.

43 Der Verleiher betreibt **illegale Arbeitnehmerüberlassung,** wenn er nicht Inhaber der nach § 1 Abs. 1 S. 1 AÜG erforderlichen Erlaubnis ist. Das hat nach § 9 Nr. 1 AÜG zur Folge, dass der Vertrag zwischen dem Verleiher und dem Leiharbeitnehmer unwirksam ist. Die Unwirksamkeit des Vertrages zwischen Verleiher und Leiharbeitnehmer führt nach § 10 Abs. 1 AÜG dazu, dass ein Arbeitsverhältnis zwischen dem Entleiher und dem Leiharbeitnehmer zu dem zwischen dem Entleiher und dem Verleiher für den Beginn der Tätigkeit vorgesehenen Zeitpunkt als zustande gekommen gilt.[106] Die Wirkung dieser Fiktion besteht darin, dass trotz des Fehlens einer Willenserklärung zwischen dem Entleiher und dem Leiharbeitnehmer die Rechtswirkungen eines Arbeitsverhältnisses zwischen ihnen eintreten, sofern der Verleiher nicht Inhaber der erforderlichen Erlaubnis ist.[107] Der Inhalt des fingierten Arbeitsverhältnisses richtet sich nach den für den Betrieb des Entleihers geltenden Vorschriften. Dies kann dazu führen, dass auf den Leiharbeitnehmer die Vorschriften der §§ 59 ff. Anwendung finden, sofern der Entleiherbetrieb ein Handelsgewerbe betreibt.

44 **b) Ausnahmen von der Erlaubnispflicht.** § 1 Abs. 3 AÜG enthält eine Aufzählung von Fällen der Arbeitnehmerüberlassung, auf die das AÜG (außer den eingangs genannten Vorschriften) nicht anwendbar ist. Dazu zählen die arbeitsplatzsichernde Arbeitnehmerüberlassung (§ 1 Abs. 3 Nr. 1 AÜG), die konzerninterne Arbeitnehmerüberlassung (→ Rn. 45; § 1 Abs. 3 Nr. 2 AÜG) und die gelegentliche Arbeitnehmerüberlassung (§ 1 Abs. 3 Nr. 2a AÜG) sowie die Personalgestellung im öffentlichen Dienst (§ 1 Abs. 3 Nr. 2b AÜG), die Arbeitnehmerüberlassung zwischen juristischen Personen des öffentlichen Rechts (§ 1 Abs. 3 Nr. 2c AÜG) und der Auslandsverleih an ein deutsch-ausländisches Gemeinschaftsunternehmen (§ 1 Abs. 3 Nr. 3 AÜG).[108]

45 In § 1 Abs. 3 Nr. 2 AÜG ist die **konzerninterne Arbeitnehmerüberlassung** (ein Fall der früher sog. echten Leiharbeit) geregelt.[109] Danach ist das Gesetz auf die vorübergehende Abstellung eines Arbeitnehmers zu einem anderen konzernangehörigen Unternehmen (beispielsweise zwecks Durchführung von Spezialarbeiten oder Kontrollaufgaben) nicht anwendbar.[110] Eine derartige Überlassung von Handlungsgehilfen an konzernangehörige Unternehmen kann daher nicht dazu führen, dass ein Arbeitsverhältnis zum Entleiher nach § 10 AÜG fingiert wird.

46 Bei konzernabhängigen **Personalführungsgesellschaften** (zu unterscheiden von Betriebsführungsgesellschaften, → Rn. 26), deren Geschäftszweck darin besteht, Arbeitnehmer in eigenem Namen einzustellen und auf Dauer an deren Konzernunternehmen zum Zwecke der Arbeitsleistung zur Verfügung zu stellen, greift § 1 Abs. 3 Nr. 2 AÜG nicht ein. Denn hier fehlt es an dem Erfordernis, dass der Arbeitnehmer „nicht zum Zweck der Überlassung eingestellt und beschäftigt wird", was durch die entsprechende Änderung vom 28.4.2011 klargestellt werden sollte.[111] Zuvor setzte § 1 Abs. 3 Nr. 2 AÜG voraus, dass der Arbeitnehmer in der Regel nur „vorübergehend" anderen Unternehmen zur Verfügung gestellt wurde,[112] sodass wohl auch hiernach die Personalführungsgesellschaften nicht erfasst waren. Für kaufmännische Angestellte einer solchen Personalführungsgesellschaft hat dies zur Folge, dass das AÜG Anwendung findet und sie daher nach § 10 AÜG als Angestellte des Entleihers gelten. Sie sind daher nur dann Handlungsgehilfen, wenn der Entleiher ein Handelsgewerbe betreibt.

47 **c) Drittbeschäftigungen auf Grund Dienst- oder Werkvertrags.** Von der Arbeitnehmerüberlassung sind Drittbeschäftigungen auf Grund eines Dienst- oder Werkvertrags

---

[106] Vgl. dazu BAG AP AÜG § 10 Nr. 2; Nr. 4; Nr. 5; Nr. 6; Nr. 7; Nr. 8; Nr. 10; Nr. 16.

[107] Vgl. *Boemke/Lembke,* 3. Aufl. 2013, AÜG § 10 Rn. 7 ff.; ErfK/*Wank* AÜG § 10 Rn. 3; Schüren/Hamann/*Schüren* AÜG § 10 Rn. 45 ff.; *Ulber* AÜG § 10 Rn. 10.

[108] Zu den Einzelheiten Schüren/Hamann/*Hamann* AÜG § 1 Rn. 564 ff.; Thüsing/*Waas* AÜG § 1 Rn. 197 ff.

[109] Vgl. hierzu *Boemke/Lembke* AÜG § 1 Rn. 188 ff.; ErfK/*Wank* AÜG § 1 Rn. 86 ff.; Schüren/Hamann/*Hamann* AÜG § 1 Rn. 623 ff.; *Ulber* AÜG § 1 Rn. 455.

[110] Dazu BAG AP AÜG § 1 Nr. 15.

[111] BT-Drs. 17/4804, 8; Thüsing/*Waas* AÜG § 1 Rn. 230.

[112] Schüren/Hamann/*Hamann* AÜG § 1 Rn. 624 ff.; Thüsing/*Thüsing* AÜG Einf. Rn. 13e.

zu unterscheiden. Während bei der Arbeitnehmerüberlassung nach § 1 Abs. 1 AÜG Vertragsgegenstand das Überlassen von Arbeitnehmern zur Arbeitsleistung ist, geht es bei sonstigen Drittbeschäftigungen um die Herstellung eines Werkes oder die Erbringung einer Dienstleistung unabhängig von der ausführenden Person.[113] Bei Dienst- oder Werkverträgen organisiert der Unternehmer die zur Erreichung eines wirtschaftlichen Erfolges notwendigen Handlungen selbst, wobei er sich auch eines Erfüllungsgehilfen bedienen kann, die seinen Weisungen unterliegen. Der Werkbesteller kann aber auch, wie sich aus § 645 Abs. 1 S. 1 BGB ergibt, dem Werkunternehmer selbst oder dessen Erfüllungsgehilfen Anweisungen für die Ausführung des Werks erteilen.[114] Das gilt entsprechend für Dienstverträge. Der Unternehmer bleibt für die Erfüllung der im Vertrag vorgesehenen Dienste oder die Herstellung des geschuldeten Werks verantwortlich. Bei der Arbeitnehmerüberlassung überlässt er dagegen dem Vertragspartner geeignete Arbeitskräfte, die dieser nach eigenen betrieblichen Erfordernissen in seinem Betrieb einsetzt.[115]

48 Die Abgrenzung zwischen Arbeitnehmerüberlassung und sonstigen Drittbeziehungen ist für die Bestimmung des Arbeitgebers von Bedeutung. Wird nämlich ein Dienst- oder Werkvertrag nur **zum Schein** abgeschlossen, so liegt in Wahrheit Arbeitnehmerüberlassung vor, für die regelmäßig keine Erlaubnis vorhanden ist. Bei illegaler Arbeitnehmerüberlassung durch Abschluss von Scheinwerk- oder Scheindienstverträgen wird dann gem. § 10 Abs. 1 AÜG ein Arbeitsverhältnis zwischen dem Handlungsgehilfen und dem Entleiher fingiert (→ Rn. 43).[116] Arbeitgeber ist dann der Entleiher und nicht das Unternehmen, das den Werk- oder Dienstvertrag ausführt. Dieser muss dann ein Handelsgewerbe betreiben, damit „entliehene“ kaufmännische Angestellte die Stellung eines Handlungsgehilfen erlangen.

III. Handlungsgehilfe

49 Handlungsgehilfe ist nach § 59 S. 1 derjenige, der in einem Handelsgewerbe zur Leistung kaufmännischer Dienste gegen Entgelt angestellt ist. Die Bestimmung enthält damit eine **Legaldefinition** des Begriffs des Handlungsgehilfen. Wesentlich für den Handlungsgehilfen ist, dass er in einem Anstellungsverhältnis kaufmännische Dienste leistet. Der Handlungsgehilfe ist damit Arbeitnehmer. Als solcher und durch das Erfordernis der Leistung kaufmännischer Dienste lässt sich der Handlungsgehilfe von anderen Personengruppen abgrenzen.

50 **1. Unselbstständige Tätigkeit.** Der Handlungsgehilfe ist **Arbeitnehmer,** weil er auf Grund eines privatrechtlichen Vertrags bei einem Arbeitgeber („in einem Handelsgewerbe“) abhängige, unselbstständige und weisungsgebundene Arbeit leistet. Er ist damit vom selbstständigen Unternehmer abzugrenzen, wie auch die Regelungen in § 84 Abs. 1 einerseits und § 84 Abs. 2 andererseits zeigen (→ § 84 Rn. 28 ff.). Die Unterscheidung ist von erheblicher Bedeutung, weil grundsätzlich nur auf Arbeitnehmer die arbeitsrechtlichen Schutzgesetze, wie etwa KSchG oder MuSchG, anwendbar sind. Auch im Sozialversicherungsrecht ist die Unterscheidung von Bedeutung, weil grundsätzlich nur abhängig Beschäftigte sozialversicherungspflichtig sind (vgl. § 2 Abs. 2 Nr. 1 SGB IV, § 7 SGB IV).[117] Schließlich ist die Abgrenzung zwischen Arbeitnehmern und Selbstständigen auch steuerrechtlich von Belang, da Selbstständige ihr Einkommen selbst versteuern, während bei Arbeitnehmern der Arbeitgeber die Lohnsteuer einzubehalten und abzuführen hat (§ 38 EStG).

[113] Vgl. *v. Hoyningen-Huene* BB 1985, 1669 (1671 ff.) mwN; ErfK/*Preis* AÜG § 1 Rn. 14 ff.; Schüren/Hamann/*Hamann* AÜG § 1 Rn. 153 ff.

[114] BAG BeckRS 2017, 145967 Rn. 27 f.; NZA 2017, 49 Rn. 30; NZA-RR 2012, 455 Rn. 27; AP AÜG § 10 Nr. 19 Rn. 14.

[115] So BAG AP AÜG § 1 Nr. 2 mAnm *Hj. Weber*; AP AÜG § 10 Nr. 8; EzA AÜG § 631 Werkvertrag Nr. 39; zuletzt BAG AP AÜG § 10 Nr. 19.

[116] Ebenso BAG AP AÜG § 1 Nr. 2; AP AÜG § 10 Nr. 5; AP AÜG § 1 Nr. 29; *v. Hoyningen-Huene* BB 1985, 1669 (1674); Schüren/Hamann/*Schüren* AÜG § 10 Rn. 85 ff.; vgl. auch *Hamann*, Erkennungsmerkmale der illegalen Arbeitnehmerüberlassung in Form von Scheindienst- und Scheinwerkverträgen, 1995.

[117] Hierzu ausf. *v. Hoyningen-Huene* BB 1987, 1730.

Für die Bestimmung des Arbeitsvertrages ist nach **§ 611a Abs. 1 S. 1 BGB** wesentlich, dass die Arbeit **im Dienst eines anderen** geleistet werden muss.[118] Dieses Merkmal bezeichnet den Unterschied zum freien Dienstvertrag. Es geht also um die **Abgrenzung von den Selbständigen,** auf die Arbeitsrecht keine Anwendung findet. Wie diese Unselbständigkeit zu bestimmen ist, wird nunmehr durch § 611a Abs. 1 S. 1 BGB kodifiziert. Ansatzpunkte sind wie auch bereits nach stRspr. die **persönliche Abhängigkeit** und **Weisungsgebundenheit.** Auch nach der Einführung des § 611a BGB bleibt damit eine **typologische Bestimmung** erforderlich, wie sie nach der alten Rechtslage vom BAG bereits praktiziert wurde: Für die Abgrenzung von Arbeitnehmern und „freien Mitarbeitern" gibt es kein Einzelmerkmal, das aus der Vielzahl möglicher Merkmale unverzichtbar vorliegen muss, damit man von persönlicher Abhängigkeit sprechen kann. Damit ist dogmatischer Ausgangspunkt nicht der tatbestandlich scharf umrissene Begriff, der eine einfache Subsumtion ermöglicht, sondern die **Rechtsfigur des Typus,** der den Begriff des Arbeitnehmers nicht im Detail definiert, sondern ausgehend vom Normalfall beschreibt. Den jeweiligen Typus und dessen Kenntnis setzt das Gesetz stillschweigend voraus; es übernimmt ihn so, wie ihn der Gesetzgeber in der sozialen Wirklichkeit idealtypisch, dh im Normal- oder Durchschnittsfall vorfindet. Es ist nicht erforderlich, dass stets sämtliche den Typus kennzeichnenden Merkmale vorliegen. Diese können vielmehr in unterschiedlichem Maße und verschiedener Intensität gegeben sein; je für sich genommen haben sie nur die Bedeutung von Anzeichen oder Indizien. Entscheidend sind jeweils ihre Verbindung, die Intensität und die Häufigkeit ihres Auftretens im konkreten Einzelfall. Maßgeblich ist das Gesamtbild, das in wertender Betrachtung zu beurteilen ist.[119] Die Abgrenzung richtet sich also nach der **persönlichen Weisungsgebundenheit:** 51

a) Allgemeines. Nach § 611a Abs. 1 S. 1 BGB bleibt die **persönliche Abhängigkeit** des zur Dienstleistung Verpflichteten vom Dienstberechtigten maßgebliches Kriterium des Arbeitsvertrages. Die Ausfüllung des Begriffs kann an die umfangreiche Rspr. des BAG[120] anknüpfen. In leichter Akzentverschiebung definierte das BAG den Arbeitnehmer auch als denjenigen Mitarbeiter, der seine Dienstleistung „im Rahmen einer von Dritten bestimmten Arbeitsorganisation erbringt".[121] Insoweit enthalte § 84 Abs. 1 S. 2 ein typisches Abgrenzungsmerkmal. Nach dieser Bestimmung ist selbständig, wer im Wesentlichen frei seine Tätigkeit gestalten und seine Arbeitszeit bestimmen kann. Unselbständig und deshalb persönlich abhängig ist dagegen der Mitarbeiter, dem dies nicht möglich ist. Zwar gilt diese Regelung unmittelbar nur für die Abgrenzung des selbständigen Handelsvertreters vom abhängig beschäftigten kaufmännischen Angestellten.[122] Über diesen Anwendungsbereich hinaus enthalte diese Bestimmung jedoch eine allgemeine gesetzgeberische Wertung, die bei der Abgrenzung des Dienstvertrages vom Arbeitsvertrag zu beachten sei. Für die Abgrenzung von Bedeutung sind die tatsächlichen Umstände, unter denen die Dienstleistung zu erbringen ist, nicht die Bezeichnung, die die Parteien ihrem Rechtsverhältnis gegeben haben, vgl. auch § 611a Abs. 1 S. 6 BGB.[123] Nach der Rspr. des BAG sind damit vor allem **drei Merkmale mögliche Indizien der persönlichen Abhängigkeit:** die Weisungsgebundenheit in zeitlicher, örtlicher und fachlicher Hinsicht, die organisatorische Abhängigkeit für die Erbringung der Arbeitsleistung und – wenn auch weniger deutlich – die Fremdnützigkeit der Arbeitsleistung. Die dadurch vermittelte Fremdbestimmung muss über die eines freien Dienstvertrags hinausgehen. Entscheidend ist der **Grad der persönlichen** 52

[118] BAG AP BGB § 611 Abhängigkeit Nr. 120.
[119] BVerfG NZA 1996, 1063.
[120] Dazu BAG NJW 2003, 161; NZA 2002, 1232; BAGE 93, 310; AP BGB § 613a Nr. 69; AP BGB § 611 Abhängigkeit Nr. 53; Nr. 59; BAGE 77, 226; 84, 124 (133).
[121] BAG AP BGB § 611 Lehrer, Dozenten Nr. 158; BAGE 77, 226; AP BGB § 611 Abhängigkeit Nr. 61; Nr. 68; NZA 1994, 169.
[122] Vgl. dazu BAG NZA 2004, 39.
[123] BAG AP BGB § 611 Abhängigkeit Nr. 109; Nr. 120; BAGE 93, 218, (222); stRspr, vgl. BAGE 93, 218; 88, 263 mwN.

Abhängigkeit, in der sich der zur Dienstleistung Verpflichtete jeweils befindet. Das Merkmal ist also ein relatives, vergleichendes Kriterium.[124]

53 Bei der Frage, in welchem Maße der Mitarbeiter persönlich abhängig ist, sei vor allem die **Eigenart der jeweiligen Tätigkeit** zu berücksichtigen.[125] Denn abstrakte, für alle Arbeitsverhältnisse geltende Kriterien ließen sich nicht aufstellen. Eine Anzahl von Tätigkeiten kann sowohl im Rahmen eines Arbeitsverhältnisses als auch im Rahmen eines freien Dienstverhältnisses (freien Mitarbeiterverhältnisses) erbracht werden.[126] Umgekehrt gibt es Tätigkeiten, die für andere regelmäßig nur im Rahmen eines Arbeitsverhältnisses ausgeübt werden können. Das Bestehen eines Arbeitsverhältnisses kann also auch aus Art oder Organisation der zu verrichtenden Tätigkeiten folgen. Das BAG hat diesem Gedanken in mehreren Entscheidungen maßgebliche Bedeutung beigemessen.[127]

54 Zeitliche Vorgaben und die Verpflichtung, bestimmte Termine für die Erledigung der übertragenen Aufgaben einzuhalten, sind kein ausreichendes Merkmal für ein Arbeitsverhältnis. Das Versprechen, eine Leistung zu einem bestimmten Zeitpunkt zu erbringen oder zu einem bestimmten Zeitpunkt fertig zu stellen, macht den Leistenden im arbeitsrechtlichen Sinne nicht weisungsabhängig.[128] Widersprechen sich schriftliche Vereinbarung und tatsächliche Durchführung des Vertrages, ist die Letztere maßgebend; das ergibt sich auch aus § 611a Abs. 1 S. 6 BGB. Aus der **praktischen Handhabung** lassen sich Rückschlüsse darauf ziehen, von welchen Rechten und Pflichten die Parteien ausgegangen sind.[129] Das Recht der selbstständigen Leistungserbringung kennt **Rahmenverträge,** in denen die Vertragsparteien lediglich die grundsätzliche Ausgestaltung ihrer Geschäftsbeziehung regeln. Für die rechtliche Einordnung des Vertrags kommt es darauf an, ob der Rahmenvertrag der einen Partei das Recht zubilligt, frei über die Annahme der künftigen Einzelverträge zu entscheiden, oder ob einer Partei ein Weisungsrecht zustehen soll, infolge dessen sie die zu erbringende Leistung einseitig und für die andere Partei verbindlich festzulegen berechtigt ist.[130]

55 **b) Fachliche, zeitliche und örtliche Weisungsgebundenheit.** Das Merkmal der persönlichen Abhängigkeit wird – entsprechend der Rspr. des BAG vor Inkrafttreten des § 611a BGB – durch die **fachliche Weisungsgebundenheit** bei Erbringung der Arbeitsleistung in § 611a Abs. 1 S. 2 BGB konkretisiert:[131] Das Gesetz spricht vom Weisungsrecht bzgl. des Inhalts und der Durchführung der Tätigkeit. Dass der Dienstverpflichtete hinsichtlich seiner **Arbeitsleistung** dem Weisungsrecht des Arbeitgebers unterliegt, ist aber nur ein, wenn auch besonders wichtiges **Indiz** für die Feststellung eines Arbeitsverhältnisses. Für sich allein vermag es dennoch eine Arbeitnehmer-Eigenschaft nicht belegen, denn auch ein durch freien Dienstvertrag Verpflichteter kann den Weisungen des Dienstgebers verpflichtet sein. Dies gilt selbst beim Werkvertrag, wie § 645 Abs. 1 BGB belegt. Damit die fachliche Weisungsgebundenheit ein Indiz bilden kann, müssen daher regelmäßig die Weisungen umfassend oder doch von einer gewissen Erheblichkeit sein und nicht nur den groben Rahmen vorgeben oder untergeordnete Teile der Tätigkeit betreffen.[132] **Fehlt**

---

[124] Vgl. BAG AP BGB § 611 Nr. 6; Nr. 7; AP BGB § 611 Lehrer, Dozenten Nr. 10; AP BGB § 611 Abhängigkeit Nr. 6; Nr. 12; AP BetrVG § 9 Nr. 2 zu 1972.

[125] BAGE 30, 163.

[126] BAG AP BGB § 611 Nr. 59.

[127] Für Orchestermusiker BAGE 25, 505 und AP BGB § 611 Abhängigkeit Nr. 16; ebenso AP BGB § 620 Befristeter Arbeitsvertrag Nr. 41; für Lehrkräfte an allg. bildenden Schulen und in schulischen Lehrgängen: BAG AP BGB § 611 Abhängigkeit Nr. 61; Nr. 120; für Mitarbeiter fremdsprachl. Dienste von Rundfunkanstalten mit routinemäßig anfallender Tätigkeit als Sprecher, Aufnahmeleiter und Übersetzer: BAG AP BGB § 611 Abhängigkeit Nr. 15; BAGE 76, 21; vgl. auch BAG AP BGB § 611 Abhängigkeit Nr. 21.

[128] BAG ZTR 2002, 290; BAGE 93, 218; 68, 74.

[129] BAGE 30, 163.

[130] BAG NZA 2019, 1411.

[131] So BAGE 14, 17; AP BGB § 611 Lehrer, Dozenten Nr. 10.

[132] S. auch BAG AP BGB § 611 Lehrer, Dozenten (Lehrkraft an einer privaten Berufsschule) Nr. 158; NZA 2002, 527 (Programmlehrkraft an einem Fremdsprachengymnasium).

andererseits die fachliche Weisungsgebundenheit, so spricht auch dies nicht notwendigerweise gegen die Arbeitnehmer-Eigenschaft. Das gilt insbesondere bei Diensten höherer Art.[133] Die Art der Tätigkeit kann es mit sich bringen, dass dem Dienstverpflichteten ein hohes Maß an Gestaltungsfreiheit, Eigeninitiative und fachlicher Selbständigkeit verbleibt.[134] Die Besonderheit der zu leistenden Arbeit hat hier zur Folge, dass eine fachliche Weisungsgebundenheit nicht in Betracht kommt.[135] Ein Ausdruck fachlicher Weisungsgebundenheit sind Berichts- oder sonstige Anzeigepflichten. Einer umfassenden Kontrolle unterliegt nur der Arbeitnehmer; der Selbständige braucht sich Kontrollen nicht in gleichem Maße gefallen zu lassen.[136]

Neben der fachlichen Weisungsgebundenheit hat die Rspr. sehr früh auch auf eine **Weisungsgebundenheit nach Ort und Zeit der Arbeitsleistung** abgestellt.[137] Auch diese Kriterien sind nun in § 611a Abs. 1 S. 2 BGB ausdrücklich aufgenommen. Es kann hierbei unmittelbar an das Vorbild des § 84 Abs. 1 S. 2 angeknüpft werden. Das BAG verneint deshalb bei **freier Einteilung der Arbeitszeit** häufig eine Arbeitnehmer-Eigenschaft.[138] Wie die fachliche ist aber auch die Weisungsgebundenheit nach Ort und Zeit der Arbeitsleistung nur ein Indiz, sodass es der Annahme einer persönlichen Abhängigkeit nicht entgegensteht, dass sich die Tätigkeit eines Mitarbeiters nicht nach Zeit und Ort festlegen lässt.[139] Eine zeitliche Weisungsgebundenheit kann auch aus der Festlegung eines in einer bestimmten Zeitspanne zu erledigenden **Mindestsolls** folgen. Dies ist jedoch dann nicht anzunehmen, wenn den Mitarbeitern ein erheblicher Spielraum verbleibt,[140] denn auch im Rahmen von Dienst- und Werkverträgen können Termine für die Erledigung der Arbeit bestimmt werden, ohne dass daraus eine zeitliche Weisungsabhängigkeit folgt.[141] 56

Die Aufnahme in **Dienstpläne** ist ein gewichtiges Indiz für eine zeitliche Weisungsgebundenheit, lässt jedoch nicht zwingend auf die Arbeitnehmer-Eigenschaft schließen.[142] Die Weisungsgebundenheit braucht nicht rechtlich begründet zu sein, sondern kann auch **faktisch** sein. Wer eine Zuteilung oder eine zeitliche Anfrage des Dienstgebers nicht ablehnen kann, ohne den Bestand der Vertragsbeziehungen zu riskieren, der ist zeitlich weisungsbedungen.[143] Dies ist dann der Fall, wenn die ständige Dienstbereitschaft erwartet wird oder wenn der Mitarbeiter in nicht unerheblichem Umfang auch ohne entsprechende Vereinbarung herangezogen wird, ihm die Arbeiten letztlich also zugewiesen werden.[144] Entscheidend ist allein, ob der Dienstverpflichtete substantiellen Freiraum zur Gestaltung seiner Arbeitszeit hat. 57

---

[133] StRspr, BAGE 41, 247; 77, 226; AP BGB § 611 Abhängigkeit Nr. 59.

[134] ZB Chefarzt: BAG AP BGB § 611 Beschäftigungspflicht Nr. 2; AP GemeindeO Bayern Art. 38 Nr. 1; AP BGB § 611 Ärzte, Gehaltsansprüche Nr. 24; Nr. 26; BAGE 11, 236; oder Honorarlehrkraft: NZA 1992, 407 mwN.

[135] Vgl. auch BAG AP BGB § 611 Lehrer, Dozenten Nr. 10; AP BGB § 611 Abhängigkeit Nr. 16 für Orchestermusiker; AP BGB § 611 Abhängigkeit Nr. 20 für Außenrequisiteur; AP BGB § 611 Abhängigkeit Nr. 21 für Journalist; AP BGB § 611 Abhängigkeit Nr. 59 für Honorarlehrkraft.

[136] BAG NZA 2000, 481.

[137] Vgl. BAG AP ZPO § 554 Nr. 3; AP BGB § 611 Urlaubsrecht Nr. 18; AP ArbGG 1953§ 5 Nr. 7; AP BGB § 611 Ärzte, Gehaltsansprüche Nr. 24; AP BGB § 611 Abhängigkeit Nr. 1; Nr. 3; Nr. 324; AP BGB § 611 Lehrer, Dozenten Nr. 10; BAGE 30, 163.

[138] Vgl. BAG AP ArbGG 1953 § 5 Nr. 7 für Kürschnermeister; AP BGB § 611 Abhängigkeit Nr. 1 für Messtätigkeit für Wettervorhersage in einer vom Vertragspartner gemieteten Berghütte; AP BGB § 611 Abhängigkeit Nr. 25 für Musikbearbeiter; AP BGB § 611 Lehrer, Dozenten Nr. 13 für Volkshochschuldozent; BAGE 36, 77 für Psychologen mit zeitlicher Rahmenvereinbarung; NZA 1991, 933 für Lektor; BAGE 68, 74 für Aushilfs-Taxifahrer.

[139] Vgl. BAGE 30, 163.

[140] BAG NZA 2000, 481; 1999, 983; s. auch *Hanau/Strick* AuA 1998, 185 (187) bzgl. des Versicherungsvertreters.

[141] BAG NZA 1991, 933; ständige Dienstbereitschaft ist starkes Indiz für die Arbeitnehmer-Eigenschaft (vgl. BAGE 78, 343 (353); AP BGB § 611 Abhängigkeit Nr. 74 unter B.II.2.b (3); NZA 1998, 364).

[142] BAGE 93, 218 (Rundfunk); BAG NZA 2001, 551 (abl. in Bezug auf Rundfunkmitarbeiter); NZA 1998, 839 (Rundfunk); NZA 1998, 1277 (Kameraassistent); DB 1994, 2504 (Copilot); BAGE 78, 343; EzA BGB § 611 Arbeitnehmerbegriff Nr. 52, 53.

[143] BAG NZA 2000, 1102; in Abgrenzung zu BAG AP BetrVG 1972 § 5 Nr. 47 mAnm *Wank*.

[144] BAG NZA-RR 2010, 172.

58 Die örtliche Weisungsgebundenheit wird in der Rspr. des BAG stets im Zusammenhang mit der fachlichen und zeitlichen Weisungsgebundenheit genannt, ist aber soweit ersichtlich nie als entscheidendes Indiz herangezogen worden. Oftmals ergibt sich der Ort schon zwingend aus der Art der Tätigkeit, sodass das Kriterium der örtlichen Weisungsgebundenheit dann in dem Kriterium der Eingliederung in die betriebliche Organisation des Arbeitgebers (→ Rn. 59 ff.) aufgeht. Bei anderen Mitarbeitern (Außendienst, Telearbeitsplätze, Journalist, Bildberichterstatter) entfällt die örtliche Weisungsgebundenheit gänzlich, ohne dass dies gegen den Arbeitnehmer-Status sprechen würde.[145] Oft wird eine zeitliche Weisungsgebundenheit mit einer örtlichen zusammenfallen und damit ein gemeinsames, regelmäßig gewichtiges Indiz für die Arbeitnehmer-Eigenschaft bilden.

59 **c) Eingliederung in die Organisation des Arbeitgebers.** Prima facie verwundern mag die nicht in § 611a BGB aufgeführte **betriebliche Eingliederung** als Wesensmerkmal eines Arbeitsvertrages. Formal betrachtet findet dies seine Begründung in einer Entwicklung der Rspr., die in neueren Judikaten in ihren Obersatz die betriebliche Eingliederung nicht mehr aufgenommen hat.[146] Häufig gehen Weisungsbindung und Eingliederung ineinander über: Sie sind im Regelfall eng miteinander verknüpft und bedingen sich gegenseitig. Der Arbeitnehmer nutzt die Betriebsmittel des Arbeitgebers, gerade weil eine entsprechende Weisung vorliegt. Richtig ist aber auch, dass die Eingliederung daneben durchaus eigenständige Bedeutung haben kann: Wirkt der Auftragnehmer eng mit Arbeitnehmer des Auftraggebers zusammen, nutzt er dieselben betrieblichen Arbeitsmittel (ohne ausdrückliche Weisung) und nimmt er etwa an betrieblichen Festen teil, sind dies Indizien für das Vorliegen eines Arbeitsverhältnisses.[147] Gewichtiges Indiz für die Arbeitnehmer-Eigenschaft kann es aber sein, dass eine Tätigkeit regelmäßig nur im Rahmen eines Arbeitsverhältnisses ausgeübt wird. Das Bestehen eines Arbeitsverhältnisses kann dann aus der Art der zu verrichtenden Tätigkeiten folgen: Die Tätigkeit ist so in eine vom Arbeitgeber vorgegebene Organisation eingefügt, dass sie per se eine Fremdbestimmtheit mit sich bringt.[148] Maßgebend ist hier **die personelle und organisatorische Abhängigkeit für die Erbringung der Arbeitsleistung.**[149] Verfügt der Auftragnehmer demgegenüber über eine eigene Betriebsstätte oder setzt er eigene Arbeitsmittel ein, spricht dies gegen das Bestehen eines Arbeitsverhältnisses.[150]

60 Damit stehen arbeitsvertragliches Weisungsrecht und betriebliche Eingliederung **nebeneinander** und formen den Begriff der persönlichen Abhängigkeit als Wesensmerkmal des Arbeitnehmers weiter aus.[151] Diese ist zwar von besonderer Bedeutung zur Abgrenzung von Beschäftigung und selbstständiger Tätigkeit.[152] Es bleibt aber dabei: Die betriebliche Eingliederung ist **weder notwendiges noch hinreichendes Kriterium,** denn beides widerspräche dem Gedanken einer typologischen Begriffsbestimmung. Die Eingliederung in eine fremde Arbeitsorganisation ist also ein Kriterium von vielen, das für eine persönliche Abhängigkeit sprechen kann.

61 Die fehlende ausdrückliche Nennung der betrieblichen Eingliederung lässt sich **im Wege der Auslegung korrigieren.** Die Eingliederung bleibt demnach weiterhin ein Indiz

---

145 S. auch ErfK/*Preis* BGB § 611a Rn. 38.

146 Zuletzt in BAG NZA 2002, 1294.

147 *Wank* AuR 2017, 140 (150 f.).

148 Entscheidende Bedeutung etwa für Orchestermusiker: BAG AP BGB § 611 Abhängigkeit Nr. 12; Nr. 16; AP BGB § 620 Befristeter Arbeitsvertrag Nr. 41; für Lehrkräfte an allg. bildenden Schulen: BAG NZA 1993, 174; für für die Tätigkeit eines Mitarbeiters des fremdsprachlichen Dienstes einer Rundfunkanstalt mit täglich routinemäßig anfallender Sprecher- und Übersetzertätigkeit: BAG AP BGB § 611 Abhängigkeit Nr. 15; Nr. 21; für Copiloten: BAG AP BGB § 611 Abhängigkeit Nr. 68; für Tankwartaushilfe: BAGE 83, 168.

149 BAG AP BGB § 611 Abhängigkeit Nr. 34.

150 Vgl. LAG Brl. LAGE BGB § 611 Arbeitnehmerbegriff Nr. 26; *Wank* DB 1992, 90; ErfK/*Preis* BGB § 611a Rn. 41.

151 Dazu ErfK/*Preis* BGB § 611a Rn. 38, 41.

152 S. etwa BAG AP BGB § 611 Abhängigkeit Nr. 68 für Co-Piloten.

bei der Bestimmung von Arbeitsvertrag und selbständiger Tätigkeit. Die Regelung in § 611a Abs. 1 S. 1 BGB enthält mit dem Begriff der persönlichen Abhängigkeit das Einfallstor für die Berücksichtigung nicht ausdrücklich in der Vorschrift benannter Indizien. Zu keinem anderen Ergebnis kommt man, wenn man die Eingliederung als Unterfall der Fremdbestimmtheit der Leistungserbringung anerkennt.[153] Daher ist das Vorliegen der betrieblichen Eingliederung, trotz fehlender Benennung in § 611a Abs. 1 BGB weiterhin ein Kriterium der Bestimmung der Arbeitnehmer-Eigenschaft.

d) Fremdnützigkeit der Arbeitsleistung. Ein in seiner Bedeutung nur unscharfes Indiz ist die Fremdnützigkeit der Arbeitsleistung. Neben dem Merkmal, dass ein Arbeitnehmer fremdbestimmte Arbeit zu leisten hat, stellt das BAG auch darauf ab, dass Arbeitnehmer „ihre Arbeitskraft nicht – wie ein Unternehmer – nach selbstgesetzten Zielen unter eigener Verantwortung und mit eigenem Risiko am Markt verwerten können, sondern dass sie darauf angewiesen sind, ihre Arbeitsleistung fremdnützig der Anstalt zur Verwertung nach deren Programmplanung zu überlassen".[154] Der Formulierung wird aber zu Recht entgegengehalten, dass hiermit **Ursache und Wirkung** miteinander **vertauscht** werden: Wer keinen durch Arbeit herbeizuführenden Erfolg verspricht, sondern eine Dienstleistung als solche, überlässt die Verwertung stets dem Empfänger der Dienstleistung.[155] Das BAG ist deshalb wohl zu Recht soweit ersichtlich nicht mehr auf das Merkmal der Fremdnützigkeit zurückgekommen,[156] und es wird auch im Normtext des § 611a BGB nicht ausdrücklich erwähnt. Wohl aber orientierte sich die Rspr. in einigen Entscheidungen am unternehmerischen Risiko und marktbezogenen Gestaltungsmöglichkeiten. Für die Selbständigkeit spreche etwa die Berechtigung, andere berufliche und gewerbliche Aktivitäten zu entfalten.[157] Dafür spreche es auch, wenn die Arbeitsleistung nicht in eigener Person erbracht werden muss, sondern ergänzend fremde Hilfe hinzugenommen werden kann. Das eigene Personal auszuwählen, einzuweisen und zu kontrollieren, seien wesentliche Merkmale selbständigen Tätigwerdens.[158] Auch diese Kriterien können weiterhin über das Einfallstor des unbestimmten Rechtsbegriffs der „persönlichen Abhängigkeit" berücksichtigt werden. 62

e) Hilfskriterien. Die von der Lit. vorgeschlagenen Hilfskriterien haben die formale Ausgestaltung des Arbeitsverhältnisses zum Gegenstand, der – nach der stRspr des BAG – aber gerade **keine ausschlaggebende Bedeutung** zukommt. Dennoch werden genannt: die Modalitäten in der Entgeltzahlung (Festvergütung), insbesondere das (über einen längeren Zeitraum) erfolgte Ausweisen von Mehrwertsteuer durch den Beschäftigten, das Abführen von Lohnsteuer und Sozialversicherungsbeiträgen, die Führung von Personalakten, die Weiterbezahlung des Entgelts im Krankheitsfall, antragsgemäße Gewährung von Urlaub und Weiterbezahlung des Entgelts im Urlaubsfall, die Anmeldung eines Gewerbes.[159] Das BAG hat diese formellen Merkmale als nicht oder nur sehr eingeschränkt tragfähig angesehen.[160] Sie dürften daher eher geeignet sein, einen Arbeitsvertrag zu belegen als ihn zu verwerfen, da ein Arbeitsverhältnis auch mit einem Dienstnehmer vereinbart werden kann, der kein Arbeitnehmer ist. Aber auch dies kann nur mit Zurückhaltung zu bejahen sein, zumindest soweit diese Kriterien nicht die Pflichten des Dienstnehmers, sondern ein Verhalten des Dienstgebers betreffen; Letztere können die Fremdbestimmung wenn überhaupt, dann nur mittelbar charakterisieren. 63

f) Untaugliche Kriterien. Daneben gibt es zahlreiche Kriterien, die von der Rspr. ausdrücklich als untauglich gewertet wurden, um die Arbeitnehmer-Eigenschaft zu begründen. Ein im Anstellungsvertrag **vereinbartes Wettbewerbsverbot** stellt demnach kein Indiz 64

---

[153] So wohl *Wank* AuR 2017, 140 (144).
[154] BAGE 30, 163.
[155] MHdB ArbR/*Richardi* § 16 Rn. 39 ff.
[156] Vgl. BAGE 77, 226; 78, 343.
[157] S. BAG NZA 2002, 787.
[158] S. BAG NZA 2002, 787; BAGE 86, 170; BGH NZA 1999, 11.
[159] ZB *Reiserer/Freckmann* NJW 2003, 180.
[160] BAG AP BGB § 611 Abhängigkeit Nr. 10; Nr. 16; Nr. 21; s. auch BAG NZA 1992, 407.

für oder gegen die Selbständigkeit eines Mitarbeiters dar.[161] Eine **wirtschaftliche Abhängigkeit** – die den Arbeitnehmerähnlichen kennzeichnet – ist weder erforderlich noch ausreichend.[162] Die **Art der Vergütung** spielt schon deshalb keine nennenswerte Rolle, weil sich die persönliche Abhängigkeit danach bestimmt, inwieweit die Ausführung der versprochenen Dienste weisungsgebunden und damit fremdbestimmt erfolgt. Entscheidend sind die Umstände der Dienstleistung, nicht aber die Modalitäten der Entgeltzahlung.[163]

65 Selbst wenn eine hauptberufliche Vollzeitbeschäftigung auf eine für Arbeitsverhältnisse typische persönliche Abhängigkeit hindeuten sollte,[164] bedeutet dies nicht, dass eine Nebenbeschäftigung mit geringer Arbeitszeit gegen ein Arbeitsverhältnis spricht.[165] Die rechtliche Einordnung eines Mitarbeiterverhältnisses hängt auch nicht davon ab, ob es **projektbezogen oder auf Dauer** angelegt ist. Die Annahme eines Dauerrechtsverhältnisses allein hat keinen arbeitsrechtlichen Aussagewert.[166] Sowohl bei einer dauerhaften als auch bei einer befristeten Vertragsbeziehung sind beide Rechtsformen denkbar.

66 **g) Juristische Personen.** Juristische Personen können keine Handlungsgehilfen sein.[167] Nur natürliche Personen sind Arbeitnehmer, da die Arbeitsleistung nach § 613 BGB höchstpersönlich zu erbringen ist. Nicht entscheidend ist hier das Merkmal der Abhängigkeit. Auch juristische Personen können voneinander abhängig sein (§ 17 AktG). Sie können dann einen Konzern nach § 18 Abs. 1 AktG bilden.

67 **2. Abgrenzung zu Selbstständigen.** Das Merkmal der unselbstständigen Tätigkeit ermöglicht es, den Handlungsgehilfen von anderen selbstständig tätigen Personen abzugrenzen.

68 **a) Handelsvertreter.** Zunächst ist der Handlungsgehilfe abzugrenzen vom Handelsvertreter. Der Handelsvertreter übt nach § 84 Abs. 1 eine selbstständige Tätigkeit aus. Fehlt es an dieser Selbstständigkeit, so gilt er, auch wenn er ständig damit betraut ist, für einen Unternehmer Geschäfte zu vermitteln oder in dessen Namen abzuschließen, nach § 84 Abs. 2 als Angestellter. Betreibt der Unternehmer, für den der Geschäftsmittler tätig ist, ein Handelsgewerbe, so erlangt er bei unselbstständiger Tätigkeit nach § 84 Abs. 2 die Rechtsstellung eines Handlungsgehilfen. Ist hingegen der Unternehmer nicht kaufmännischer Gewerbetreibender, dann ist auch der angestellte Geschäftsmittler nicht Handlungsgehilfe iSd § 59, sondern sonstiger Angestellter (→ § 84 Rn. 137).[168]

69 **b) Freier Mitarbeiter.** Durch das Merkmal der unselbstständigen Tätigkeit ist der Handlungsgehilfe auch gegenüber dem freien Mitarbeiter abzugrenzen.[169] Freie Mitarbeiter sind Personen, die ohne als Arbeitnehmer zu gelten, für bestimmte Auftraggeber im Wesentlichen persönlich tätig sind.[170] Grundlage der vertraglichen Beziehungen zum Auftraggeber ist dabei regelmäßig ein Dienst- oder Werkvertrag. Ob ein Mitarbeiter in persönlicher Abhängigkeit oder als selbstständiger freier Mitarbeiter für das Handelsgewerbe tätig wird, muss im Einzelfall unter Berücksichtigung aller maßgeblichen Umstände nach der Gesamtsituation beurteilt werden. Auf die Tätigkeitsbezeichnung der Parteien kommt es nicht an. Wichtiges Abgrenzungs-

[161] BAG NZA 2000, 481.

[162] BAG AP BGB § 611 Abhängigkeit Nr. 6; Nr. 12; EzBAT BAT § 1 Arbeitnehmerbegriff Nr. 8; NZA 2012, 733.

[163] BAG EzBAT BAT § 1 Arbeitnehmerbegriff Nr. 8.

[164] BAG AP BGB § 611 Abhängigkeit Nr. 28.

[165] BAG NZA 2000, 1102 (freies Mitarbeiterverhältnis von 42 Stunden die Woche); AP BGB § 611 Abhängigkeit Nr. 10; Nr. 18; NZA 1992, 407.

[166] BAG NZA 2000, 1102 (freies Mitarbeiterverhältnis von über 10 Jahren); NZA 1992, 407; BAGE 30, 163; BAG NZA 1991, 933.

[167] Ebenso EBJS/*Boecken/Rudkowski* Rn. 16; GK-HGB/*Etzel* Rn. 4; Heymann/*Henssler/Markworth* Rn. 9; aA Schlegelberger/*Schröder* Rn. 6; Baumbach/Hopt/*Roth* Rn. 25.

[168] Vgl. BVerfG NJW 1978, 365; EBJS/*Löwisch* § 84 Rn. 160; GK-HGB/*Genzow* § 84 Rn. 25.

[169] Vgl. hierzu *Bade,* Freier Mitarbeiter oder Arbeitnehmer, 1999; *Bauschke* AR-Blattei SD 720 (2000); *Goltz,* Freie Mitarbeit im Betrieb, 2004; *Hille,* Freie Mitarbeit und andere Formen der Zusammenarbeit, 4. Aufl. 2000; *v. Hoyningen-Huene* BB 1987, 1730; *Hromadka* NJW 2003, 1847 ff.; *Reiserer/Freckmann,* Freie Mitarbeit und Mini-Jobs nach der Hartz-Reform, 2003.

[170] *Bauschke* AR-Blattei SD 720 Rn. 54 ff. (2000).

kriterium ist dabei die persönliche Abhängigkeit, die sich insbesondere durch das Weisungsrecht hinsichtlich Ort, Zeit und Dauer der Tätigkeit konkretisiert (vgl. § 84 Abs. 1 S. 2); ein Unternehmerrisiko trägt der Arbeitnehmer nicht.[171] Indiz für die Selbstständigkeit ist demgegenüber die Erbringung der Leistung mit eigenen Betriebsmitteln.[172]

3. Beispiele unselbstständiger Tätigkeit. Die **unselbstständige Leistung kaufmännischer Dienste** wurde von der Rspr. in folgenden Fällen **bejaht:** 70
- Handelsagent (BAG AP HGB § 90a Nr. 1);
- Hausverwalter (RAG ARS 14, 33), verneint dagegen bei Kantinenverwalter der Bundeswehr (BAG AP BGB § 611 Abhängigkeit Nr. 37);
- Immobilienmakler, bei Eingliederung in Immobilienbüro (BGH AP HGB § 84 Nr. 2);
- Propagandistin im Kaufhaus (BGH AP HGB § 84 Nr. 3);
- Subdirektor einer Versicherung (BAG AP HGB § 92 Nr. 1);
- Versicherungsvertreter (BAG AP HGB § 92 Nr. 2, 3; BSG AP HGB § 92 Nr. 4), je nach den Umständen des Einzelfalles auch abzulehnen (BAG NZA 2001, 210; AP HGB § 84 Nr. 12).

Die Unselbstständigkeit der Leistung kaufmännischer Dienste wurde dagegen **verneint** bei: 71
- Bezirksstellen-Lottoleiter (BSG AP BGB § 611 Abhängigkeit Nr. 27);
- Subunternehmer im Paketdienst, der selbst Arbeitnehmer beschäftigte (LAG Köln BB 1997, 1212);
- Tankstellenbesitzer (BSG AP BGB § 611 Abhängigkeit Nr. 5).

4. Leistung kaufmännischer Dienste. Handlungsgehilfe ist nur, wer kaufmännische Dienste verrichtet; anderenfalls finden gem. § 83 die §§ 59 ff. keine Anwendung. Was kaufmännische Dienste sind, ist gesetzlich nicht geregelt,[173] hierunter versteht die Rspr. aber überwiegend geistige, nicht mechanische Tätigkeiten,[174] die notwendig und üblich sind, um den Warenumsatz erfolgreich und sachgerecht zu gestalten. Dazu gehören Dienste, die mit dem Einkauf und Verkauf, dem Kassenwesen, der Buchführung und verwandten Geschäften zu tun haben.[175] Erforderlich sind kaufmännische Kenntnisse und Fähigkeiten, zumindest aber kaufmännische Übung.[176] Ob kaufmännische Dienste verrichtet werden, beurteilt sich nach der Verkehrsanschauung.[177] 72

a) Arbeitsvertragliche Verpflichtung. Für die rechtliche Qualifizierung einer Tätigkeit als kaufmännisch ist nicht entscheidend, welche **Vorbildung** der Angestellte hat, insbesondere ob er eine kaufmännische Ausbildung abgeschlossen hat und wie die Parteien die Tätigkeit bezeichnen.[178] Erforderlich ist vielmehr, dass die Leistung kaufmännischer Dienste dem Handlungsgehilfen **nach seinem Arbeitsvertrag obliegt.** Dabei kommt es nicht nur auf das im Arbeitsvertrag vereinbarte Aufgabengebiet an, sondern auf die tatsächlich ausgeübte Beschäftigung.[179] 73

b) Indizwirkung des Tarifvertrags. Für eine bestehende Verkehrsauffassung ist die entsprechende Bewertung der Arbeiten in den einschlägigen **Tarifverträgen** ein entscheidendes Indiz.[180] Wird etwa in einem Tarifvertrag bestimmt, dass Arbeitnehmer, die an 74

---

[171] Vgl. etwa BAG AP BGB § 611 Rundfunk Nr. 33; AP BGB § 611 Abhängigkeit Nr. 45; Nr. 5; Nr. 3; Nr. 60; Nr. 61; AP BGB § 611 Lehrer, Dozenten Nr. 32; AP § 84 Nr. 2; *Worzalla* FS BAG, 2004, 311 ff.
[172] *Zöllner/Loritz/Hergenröder* ArbR § 5 I 1 b aa.
[173] S. auch EBJS/*Boecken/Rudkowski* Rn. 27.
[174] BAG AP Nr. 2; Nr. 4; Nr. 5; Nr. 12; Nr. 15.
[175] Vgl. BAG AP Nr. 23 mAnm *Gitter*; EBJS/*Boecken/Rudkowski* Rn. 30; Staub/*Weber* Rn. 33.
[176] BAG AP Nr. 4 mAnm *Hefermehl*; AP Nr. 15; Nr. 22; Staub/*Weber* Rn. 33.
[177] StRspr, vgl. BAG AP Nr. 1; Nr. 3; Nr. 5; Nr. 12; Nr. 24 mAnm *v. Hoyningen-Huene*; Baumbach/Hopt/*Roth* Rn. 28; Oetker/*Kotzian-Marggraf* Rn. 15; *Vogelsang* in Schaub ArbR-HdB § 12 Rn. 11; Röhricht/v. Westphalen/*Wagner/Vogt* § 59 Rn. 24.
[178] BAG AP Nr. 3; GK-HGB/*Etzel* Rn. 5; Staub/*Weber* Rn. 33.
[179] Vgl. BAG AP Nr. 12; Nr. 23; AP GewO § 133 Nr. 19.
[180] BAG AP Nr. 12; Nr. 23; Nr. 24; *v. Hoyningen-Huene* Anm. zu BAG AP Nr. 24.

einem rechnergesteuerten Textsystem tätig sind, den Gehaltstarifverträgen für kaufmännische Angestellten zuzuordnen sind, so ist dies ein wichtiges Anzeichen dafür, dass die Verkehrsanschauung diese Tätigkeit als kaufmännische Angestelltentätigkeit bewertet.[181]

75 **Unbeachtlich** für die Einordnung der Tätigkeit sind allerdings solche Tarifverträge, die einem Arbeiter den Angestelltenstatus verleihen, obwohl er nach seiner ausgeübten Tätigkeit eindeutig Arbeiter ist. Denn die Tarifpartner können einen Arbeitnehmer, der als Arbeiter anzusehen ist, nicht dadurch zum Angestellten im Rechtssinne machen, dass sie ihn tarifvertraglich als Angestellten bezeichnen.[182]

76 **c) Objektive Kriterien.** Nicht erheblich ist auch, wie die Arbeitsvertragsparteien einen Arbeitnehmer einordnen; entscheidend ist die objektive Rechtslage. Kommt man auf Grund der objektiven Kriterien zu dem Ergebnis, dass ein Arbeitnehmer als Arbeiter einzustufen ist, so kann ihm nicht durch vertragliche Vereinbarung mit Wirkung für die übrige Rechtsordnung der Status eines Angestellten verliehen werden.[183] Eine solche Vereinbarung hat allenfalls Bindungswirkung im Verhältnis der Arbeitsvertragsparteien untereinander. Jedoch hat auch dies praktisch wenig Auswirkungen, da die Ungleichbehandlung von Arbeitern und Angestellten gegen den Gleichheitssatz verstößt, wenn kein sachlich rechtfertigender Grund für die Differenzierung besteht.[184]

77 **d) Gemischte Tätigkeit.** Übt ein Arbeitnehmer eine gemischte Tätigkeit aus, zB kaufmännische und gewerbliche Arbeit bei einem Verkaufsfahrer, so kommt es nicht entscheidend auf den Zeit- und Energieaufwand für Einzelarbeiten für die Qualifizierung an. Für die rechtliche Einordnung ist vielmehr erheblich, welche der ausgeübten Tätigkeiten dem Arbeitsverhältnis in seiner Gesamtheit das kennzeichnende Gepräge gibt.[185] Ist das die kaufmännische Tätigkeit, so ist der Arbeitnehmer Handlungsgehilfe.

78 **5. Abgrenzung zu anderen Personen.** Durch das Erfordernis der Leistung kaufmännischer Dienste lassen sich Handlungsgehilfen von sonstigen Arbeitnehmern abgrenzen. Zu unterscheiden ist einerseits zwischen Handlungsgehilfen und sonstigen Angestellten, andererseits zu Arbeitern.

79 **a) Technische und sonstige Angestellte.** Von den **technischen Angestellten** unterscheidet sich der Handlungsgehilfe dadurch, dass er kaufmännische Tätigkeiten verrichtet, während der technische Angestellte im betrieblich-technischen Bereich eines Betriebes überwiegend leitende Funktionen wahrnimmt, etwa als Braumeister,[186] Bautechniker, Chemiker, Ingenieur oder technischer Zeichner.[187] Von den übrigen Angestellten[188] unterscheidet sich der Handlungsgehilfe dadurch, dass jene keine kaufmännischen Dienste leisten.

80 **b) Arbeiter.** Die kaufmännischen Angestellten sind weiter von den Arbeitern abzugrenzen. Arbeiter verrichten überwiegend körperliche Arbeit (Handarbeit), die Angestellten dagegen überwiegend geistige Arbeit.[189] Sowohl Handlungsgehilfen als auch Arbeiter gehören zwar rechtssystematisch zu den **gewerblichen Arbeitnehmern;** dieser Begriff wird aber nach Aufhebung des § 154 GewO vom Gesetzgeber nicht mehr verwendet. In der

---

181 So BAG AP Nr. 24 m. zust. Anm. *v. Hoyningen-Huene.*

182 So zutr. BAG AP Nr. 12; EBJS/*Boecken/Rudkowski* Rn. 29.

183 BAG AP TOA § 3 Nr. 48; Röhricht/Graf v. Westphalen/Haas/*Wagner/Vogt* § 59 Rn. 24; *Zöllner/Loritz/Hergenröder* ArbR § 5 II 3a.

184 Vgl. zB zur betrieblichen Altersvorsorge BAG AP BetrAVG § 1 Gleichbehandlung Nr. 56; zur Differenzierung bei Gratifikationen BVerfG NZA 1997, 1339; BAG NZA 2005, 1418; zu unterschiedlichen Ausschlussfristen in Tarifverträgen BAG AP TVG § 4 Ausschlussfristen Nr. 143.

185 BAG AP Nr. 1; Nr. 2; Nr. 3; Nr. 5; Nr. 12; AP TVG § 1 Auslegung Nr. 118; *Farthmann* FS Hilger/Stumpf, 1983, 177 (183); GK-HGB/*Etzel* Rn. 8; Heymann/*Henssler/Markworth* Rn. 31; Staub/*Weber* Rn. 34.

186 RGZ 37, 279.

187 BAG AP GewO § 133 Nr. 19 mAnm *Duden*; GK-HGB/*Etzel* Rn. 7; Staub/*Weber* Rn. 33.

188 Vgl. hierzu die Auflistung bei § 133 Abs. 2 SGB VI aF.

189 Dazu ausf. *Wank,* Arbeiter und Angestellte, 1992; Beispiele bei Heymann/*Henssle/Markworth* Rn. 28.

Praxis werden jedoch unter gewerblichen Arbeitnehmern nach wie vor regelmäßig die ehemaligen Arbeiter verstanden.

Die **Unterscheidung zwischen Arbeitern und Handlungsgehilfen** ist heute nur noch von geringer Bedeutung. Nach der Aufhebung des § 6 BetrVG durch das BetrVG-Reformgesetz vom 23.7.2001 (BGBl. 2001 I 1852) spielt die Unterscheidung auch im Betriebsverfassungsrecht keine Rolle mehr. Im Individualarbeitsrecht sind durch die Neufassung des § 622 BGB nF die Kündigungsfristen für Arbeiter und Angestellte ausgeglichen worden. Lediglich im Personalvertretungsrecht und in manchen Tarifverträgen wird die Differenzierung noch vorgenommen. 81

c) Auszubildende und Volontäre. Der Handlungsgehilfe ist weiterhin abzugrenzen von den Auszubildenden. Auszubildender ist, wer auf Grund eines Berufsausbildungsvertrages systematisch mit einem geordneten Ausbildungsgang eine breit angelegte berufliche Grundausbildung und die für die Ausbildung einer qualifizierten beruflichen Tätigkeit notwendigen fachlichen Fähigkeiten und Kenntnisse vermittelt erhält (vgl. § 1 Abs. 3 BBiG). Der Auszubildende ist kein Arbeitnehmer;[190] allerdings sind nach § 10 Abs. 2 BBiG auf das Berufsausbildungsverhältnis die für das Arbeitsverhältnis geltenden Rechtsvorschriften oder Rechtsgrundsätze anzuwenden, soweit sich aus Wesen und Zweck des Ausbildungsverhältnisses und dem BBiG nichts anderes ergibt. Anders als der kaufmännische Angestellte erbringt der Auszubildende aber keine kaufmännischen Dienste, sondern erlernt diese erst. 82

Vom Handlungsgehilfen und Auszubildenden ist ferner der **Volontär** zu unterscheiden. Volontär ist nach § 82a eine Person, die, ohne als Lehrling angenommen zu sein, zum Zwecke ihrer Ausbildung unentgeltlich mit kaufmännischen Diensten beschäftigt ist.[191] Volontäre unterscheiden sich von den Auszubildenden dadurch, dass sie ohne Lehrvertrag beschäftigt werden. Von den Handlungsgehilfen unterscheiden sie sich dadurch, dass sie nicht zur Leistung kaufmännischer Dienste angestellt sind, sondern zur Ausbildung mit kaufmännischen Diensten beschäftigt werden. Soweit der Ausbildungszweck im Vordergrund steht, gelten gem. § 26 BBiG die §§ 10 ff. BBiG auch für den Volontär.[192] 83

d) Familienangehörige. Auch Familienangehörige sind keine Handlungsgehilfen, sofern sie entsprechend ihrer familienrechtlichen Verpflichtungen im Handelsgewerbe mitarbeiten. Eine familienrechtliche Verpflichtung zur Mitarbeit kann sich für Ehegatten aus § 1360 BGB und für Kinder aus § 1619 BGB ergeben. In diesen Fällen liegt zwischen den Familienmitgliedern kein Arbeitsverhältnis vor, kann aber vereinbart werden.[193] 84

e) Hausgehilfen. Keine Handlungsgehilfen sind ferner die Hausgehilfen des Kaufmannes.[194] Auf diese Dienstverhältnisse kommen nur die Bestimmungen des BGB über den Dienstvertrag nach §§ 611 ff. BGB zur Anwendung, weil sie nicht im Handelsgewerbe tätig sind und keine kaufmännischen Dienste leisten. 85

f) Telemitarbeiter. Handlungsgehilfe kann auch der Telearbeitnehmer sein (vgl. § 5 Abs. 1 S. 1 BetrVG).[195] Bei der Telearbeit werden Arbeiten in die Wohnung des Telearbeitnehmers verlagert, wobei jedoch eine kommunikationstechnische Anbindung des Arbeits- 86

190 BAG NZA 2004, 269 (270); 1994, 713; ErfK/*Schlachter* BBiG § 10 Rn. 3a; *Vogelsang* in Schaub ArbR-HdB § 174 Rn. 5; aA *Zöllner/Loritz/Hergenröder* ArbR § 6 IV 3.

191 Zum Begriff und Rechtsstatus des Volontärs ausf. *Maties* RdA 2007, 135 (140 ff.).

192 Vgl. *Maties* RdA 2007, 135 (141) mwN.

193 S. dazu Kommentare zu § 1360 BGB und § 1619 BGB sowie *Ballof* EStB 2005, 230 ff.; *Hergenröder* AR-Blattei SD 615.1 (2003); *Seier/Seier* ZFE 2006, 164 ff.; aus der Rspr. BSG SGb 1994, 388 mAnm *v. Hoyningen-Huene*; LAG Mainz AR-Blattei ES 615 Nr. 5 mAnm *Hergenröder*; OLG Frankfurt NZA-RR 1996, 229.

194 Düringer/Hachenburg/*Hoeniger* Anm. 8.

195 Vgl. hierzu *Danko/Plesterninks* Telearbeitsverträge, 2002; *Fenski,* Außerbetriebliche Arbeitsverhältnisse. Heimarbeit und Telearbeit, 1994; *Kappus,* Rechtsfragen der Telearbeit, 1981; *Lammeyer,* Telearbeit, 2007; *Wedde,* Telearbeit, 2002 sowie *Boemke/Wedde* BB 2000, 147 ff.; *Boemke/Ankersen* BB 2000, 1570 ff. und 2254 ff.; *Brandl* AiB 2004, 349 ff.; MHdB ArbR/*Heinkel* § 201; *Vogelsang* in Schaub ArbR-HdB § 164; *Wank* AR-Blattei SD 1565 (2003).

platzes an das zentrale Büro vorhanden ist. Der Telemitarbeiter kann Selbstständiger, Arbeitnehmer, Heimarbeiter oder arbeitnehmerähnliche Person sein. Leistet er **kaufmännische Dienste,** so ist er Handlungsgehilfe, sofern er die Arbeitsleistung in persönlicher Abhängigkeit erbringt.

87 Bei Arbeitsleistungen in einem Regional- oder Nachbarschaftsbüro wird dies regelmäßig zu bejahen sein. Problematischer ist dies allerdings, wenn der Telearbeitnehmer **in eigener Wohnung** arbeitet. Eine Abhängigkeit in zeitlicher Hinsicht wird man dort dann annehmen können, wenn der Telearbeitnehmer Abrufarbeit leistet, kurze Ankündigungs- und Erledigungsfristen bestehen und eine Bindung an den Zentralrechner erfolgt. Die persönliche Abhängigkeit ergibt sich dabei aus der Möglichkeit der technischen Überwachung und Kontrolle.[196]

88 **g) Vertretungsbefugte Gesellschafter und Organmitglieder.** Von den Handlungsgehilfen sind weiterhin die vertretungsbefugten Gesellschafter oder Organmitglieder von Handelsgesellschaften abzugrenzen. Diese sind nach herrschender Rspr. nicht Arbeitnehmer,[197] doch können auch arbeitsrechtliche Vorschriften (zB § 622 BGB) auf sie angewendet werden.[198] Ihre Tätigkeit beruht auf einem Dienstvertrag (§ 611 BGB) und nicht auf einem Arbeitsvertrag.[199] Sie sind daher auch nicht Handlungsgehilfen.

89 Möglich ist jedoch, dass das Anstellungsverhältnis eines Handlungsgehilfen einer GmbH nach dessen **Bestellung zum Geschäftsführer** als **ruhendes Arbeitsverhältnis** neben dem Dienstverhältnis sowie der darauf beruhenden Organstellung fortbesteht und von diesem überlagert wird. Ob das ursprüngliche Arbeitsverhältnis fortbesteht, hängt von dem Willen und der wirksamen Vereinbarung der Parteien ab. Wird etwa der Handlungsgehilfe zum Geschäftsführer der GmbH berufen, ohne dass sich an den Vertragsbedingungen im Übrigen etwas ändert, und fehlt es in einem solchen Fall an einer ausdrücklichen oder konkludenten Vereinbarung, so wurde früher im Zweifel teilweise angenommen, dass der Handlungsgehilfe mit der Bestellung zum Vertretungsorgan sein bisheriges Anstellungsverhältnis mit dem erworbenen Bestandsschutz nicht aufgeben wolle.[200] Nach **heutiger Rspr. des BAG** endet mit Abschluss eines Geschäftsführerdienstvertrags und der Bestellung zum Geschäftsführer das bis dahin bestehende Arbeitsverhältnis. Sofern die Parteien nicht etwas anderes vereinbart haben, liegt im Abschluss eines Geschäftsführerdienstvertrags im Zweifel die konkludente Aufhebung eines zuvor bestehenden Arbeitsverhältnisses. Durch einen schriftlichen Geschäftsführerdienstvertrag wird in diesen Fällen auch das Schriftformerfordernis des § 623 BGB für den Auflösungsvertrag gewahrt.[201]

90 **h) Franchise-Nehmer.** Ob ein Franchisenehmer zugleich Arbeitnehmer ist, hängt von der konkreten Ausgestaltung des Franchisevertrags ab (→ Vor § 84 Rn. 18). Ein Franchisevertrag liegt vor, wenn ein Unternehmer (Franchise-Geber) einem anderen Unternehmer (Franchise-Nehmer) für dessen Betriebsführung zur Nutzung gegen Entgelt und Übernahme bestimmter Pflichten Handelswaren oder Handelsmarken, Warenzeichen, Geschäftsform, Vertriebsmethoden und Know-how sowie das Recht überlässt, bestimmte

---

[196] Vgl. *v. Hoyningen-Huene* BB 1987, 1730 (1731); *Vogelsang* in Schaub ArbR-HdB § 164 Rn. 15 f.; *Wank* AR-Blattei SD 1565 (2003) Rn. 8 ff.

[197] BGHZ 10, 187 (191); 12, 1 (8); 36, 142 (143); BGH AP BGB § 197 Nr. 1; AP GmbHG § 3 Nr. 1; NJW 1981, 1270; NJW-RR 2001, 173; BAG NZA 2006, 366 (367); 2007, 1095 (1096); einschr. jedoch BAG NZA 1999, 987, wonach das Anstellungsverhältnis eines (stellvertretenden) GmbH-Geschäftsführers im Einzelfall ein Arbeitsverhältnis sein kann.

[198] Vgl. MüKoBGB/*Spinner* BGB § 611a Rn. 122.

[199] Für den GmbH-Geschäftsführer in der Lit. umstr.; vgl. zum Streitstand *Schrader/Schubert* BB 2007, 1617 ff.; *Wank/Maties* NZA 2007, 353 ff.

[200] So noch BAG NZA 1987, 845; AP ArbGG 1979 § 5 Nr. 3 m. krit. Anm. *Martens.*

[201] Zum Ganzen BAG NZA 2009, 669; 2007, 1095 m. zust. Anm. *Gravenhorst* NJW 2007, 2330 f. und *Nimmerjahn* EWiR § 623 BGB 1/08, 77; vgl. auch MüKoBGB/*Hergenröder* KSchG § 14 Rn. 13; *Moll* GmbHR 2008, 1024 ff.; *Müller-Glöge* FS Hromadka, 2008, 255 ff.; aA MüKoBGB/*Henssler* BGB § 623 Rn. 25; *Jooß* RdA 2008, 285 ff.; *Wackerbath* RdA 2008, 376 ff.

Waren oder Dienstleistungen zu vertreiben.[202] Der Franchise-Nehmer betreibt sein Geschäft grundsätzlich im eigenen Namen und für eigene Rechnung und ist demnach selbstständiger Unternehmer.

Bindungen zwischen dem Franchise-Geber und dem Franchise-Nehmer können allerdings so stark werden, dass der Franchise-Nehmer nicht mehr als selbstständiger Unternehmer angesehen werden kann.[203] Weder aus der Beziehung noch aus dem Wesen des Franchisevertrages lässt sich schließen, dass der Franchise-Nehmer kein Arbeitnehmer ist. Wird der Franchise-Nehmer durch eine vertragliche Vereinbarung **vollständig in die Organisation des Franchise-Gebers einbezogen** und verliert er dadurch die Möglichkeit, seine Tätigkeit im Wesentlichen frei zu gestalten (vgl. § 84 Abs. 1 S. 2), so ist er Arbeitnehmer.[204] Betreibt der Franchise-Geber in diesem Fall ein Handelsgewerbe, so hat der Franchise-Nehmer regelmäßig die Rechtsstellung eines Handlungsgehilfen, da er kaufmännische Dienste verrichtet. 91

i) Arbeitnehmerähnliche Personen. Der Handlungsgehilfe ist weiterhin abzugrenzen von den arbeitnehmerähnlichen Personen nach § 12a TVG. Darunter versteht man Dienstleistende, die mangels persönlicher Abhängigkeit keine Arbeitnehmer, die aber wegen ihrer wirtschaftlichen Abhängigkeit wie Arbeitnehmer schutzbedürftig sind.[205] Hierher gehören insbesondere Heimarbeiter (für die die Vorschriften des HAG vorrangig sind), Hausgewerbetreibende und Zwischenmeister sowie Handelsvertreter, vor allem Einfirmenvertreter (§ 92a) mit geringem Einkommen. 92

j) Beamte. Keine Handlungsgehilfen sind Beamte. Beamte sind nicht Arbeitnehmer. Sie erbringen ihre Leistungen in einem öffentlich-rechtlichen Dienst- und Treueverhältnis (vgl. Art. 33 GG), das den besonderen Regelungen des Beamtenrechts unterliegt. Die Abgrenzung von Handlungsgehilfen und Beamten ist von Bedeutung bei öffentlich-rechtlichen Handelsgewerben wie beispielsweise den Sparkassen und der Deutschen Bundesbank. 93

6. Verbotene Tätigkeiten. Aufgrund spezialgesetzlicher Regelungen dürfen bestimmte Personengruppen nicht als Handlungsgehilfen tätig sein. So ist etwa mit der Tätigkeit als **Steuerberater oder Steuerbevollmächtigter** nach § 57 Abs. 4 Nr. 2 StBerG grundsätzlich eine Tätigkeit als Arbeitnehmer und damit auch als Handlungsgehilfe unvereinbar. Ausnahmen von diesem Grundsatz gelten für bestimmte, in den §§ 58, 59 StBerG im Einzelnen festgelegte Tätigkeiten als Handlungsgehilfe bei Rechtsanwälten, Wirtschaftsprüfern, Lohnsteuervereinen, Steuerberaterkammern und ähnlichen Einrichtungen. 94

7. Sonderfälle. Für verschiedene Gruppen von Handlungsgehilfen sind besondere gesetzliche Bestimmungen zu beachten. 95

a) Minderjährige. Auch Minderjährige können Handlungsgehilfen sein. Hier sind jedoch bei Abschluss des Arbeitsvertrags die allgemeinen bürgerlich-rechtlichen Vorschriften des Minderjährigenrechts nach §§ 104 ff. BGB zu beachten (→ Rn. 150). Für die Beschäftigung der Minderjährigen als Handlungsgehilfen sind dann die Vorschriften des Jugendarbeitsschutzgesetzes zu beachten. 96

---

[202] ErfK/*Preis* BGB § 611a Rn. 110 ff.; HWK/*Thüsing* BGB § 611a Rn. 17; *Vogelsang* in Schaub ArbR-HdB § 9 Rn. 17 f.; *Flohr* DStR 2003, 1622 ff.; *Franzen* FS BAG, 2004, 31; *Horn/Henssler* ZIP 1998, 589 ff.; allg. *Giesler/Nauschütts,* Franchiserecht, 3. Aufl. 2015; *Nolting,* Die individualarbeitsrechtliche und betriebsverfassungsrechtliche Beurteilung von Franchisesystemen, 1994.

[203] Sehr instruktiv der Fall LAG Düsseldorf NJW 1988, 725; BGH NJW-RR 2003, 277; BAG NJW 1997, 2973; OLG Düsseldorf NJW 1998, 2979; LAG Bremen BeckRS 2008, 53877; vgl. als Gegensatz dazu OLG Schleswig NJW-RR 1987, 220.

[204] BGH NJW-RR 2003, 277; OLG Düsseldorf NJW 1998, 2979; BAG AP ArbGG 1979 § 5 Nr. 37; vgl. auch OLG Düsseldorf BeckRS 2009, 5375; ErfK/*Preis* BGB § 611a Rn. 110 ff.; *Vogelsang* in Schaub ArbR-HdB § 9 Rn. 18; ausf. *Feldmann,* Der Franchise-Nehmer als Arbeitnehmer, 2006.

[205] Vgl. *Bauschke* AR-Blattei SD 120 Rn. 31 (2001); ErfK/*Preis* BGB § 611a Rn. 80 ff.; Oetker/*Kotzian-Marggraf* Rn. 6; *Vogelsang* in Schaub ArbR-HdB § 10 Rn. 1 ff. mwN; Staub/*Weber* Rn. 18 f.

97 **b) Betriebsratsmitglieder.** Ist ein Handlungsgehilfe zugleich Betriebsratsmitglied, so verliert er dadurch nicht die Rechtsstellung als Handlungsgehilfe. Auch bei einer Freistellung von der beruflichen Tätigkeit nach § 38 BetrVG bleibt der kaufmännische Angestellte Handlungsgehilfe. Das freigestellte Betriebsratsmitglied ist nämlich nur von seiner Arbeitspflicht entbunden. Die arbeitsvertragliche Rechtsstellung des Freigestellten bleibt unverändert.[206]

98 **c) Doppeltätigkeiten.** Ein kaufmännischer Angestellter bleibt auch dann Handlungsgehilfe, wenn er, etwa als Teilzeitbeschäftigter, in einem anderen Betrieb gleichzeitig eine nicht-kaufmännische Tätigkeit ausführt. Bei solchen Doppeltätigkeiten kommt es auf die Rechtsnatur des jeweiligen Arbeitsverhältnisses an. Diese Arbeitsverhältnisse sind isoliert zu betrachten. Ist der Handlungsgehilfe daneben Datenschutzbeauftragter, gelten insoweit zusätzlich diese Sonderregelungen.[207]

99 **8. Beispiele für Handlungsgehilfen.** Als Handlungsgehilfen sind danach anzusehen:[208]
- Abonnenten- und Anzeigensammler, nicht aber, sofern sie nur von Haus zu Haus gehen (RAG ARS 29, 237),
- Apothekergehilfen (RAG ARS 23, 13),
- Akquisiteure (RAGE 1, 268),
- Bezirksdirektoren einer Versicherung (AG München VersR 1952, 286),
- Buchhalter (zB Lohnbuchhalter einer Bau-AG, LAG Mannheim FJArbSozR 1 Nr. 121),
- Bürokraft/Hausmeister (zB bei einem Hausverwaltungs- und Wohnungsvermittlungsunternehmen (LAG Sachsen-Anhalt + BeckRS 2018, 1976),
- Croupiers und Aushilfscroupiers in Spielbanken (SozG Speyer AP AVG § 1 Nr. 5),
- Frachtkontrolleure (LAG Frankfurt RdA 1950, 198),
- Filialleiter (RAG ARS 34, 45; RAGE 9, 284),
- Gaststättenleiter (BAG DB 2008, 301); nicht aber Bardame, Büfettier, Kellner und Koch
- Gebietsleiter eines Fertighausherstellers (BAG NZA 2008, 1124),
- Kassierer (AP Nr. 23); nicht aber Fahrkarten- und Eintrittskartenverkäufer, Straßenbahnschaffner oder Tankwarte,
- Lagerverwalter, soweit ihnen auch die Verwaltung und Abrechnung der Bestände obliegt; nicht aber Packer (vgl. LAG Berlin FHArbSozR 15 Nr. 141),
- Prokuristen im Arbeitsverhältnis (vgl. § 5 Abs. 3 S. 2 Nr. 2 BetrVG),
- Propagandisten im Kaufhaus (BAGE 85, 347; vgl. BGH AP § 84 Nr. 3),
- Provisionsangestellte (§ 65), sofern sie nicht selbstständige Handelsvertreter sind (vgl. BAG AP HGB § 65 Nr. 5),
- Restaurantleiter (BAG NZA-RR 2008, 399),
- in Rechtsabteilungen Tätige (BAG NJW 1956, 763),
- Sachbearbeiterin (zB im Bereich Spedition und Logistik, LAG Hamm BeckRS 2019, 20177),
- Schaufenster-Dekorateur (LAG Düsseldorf AP Nr. 15),
- Sekretärin, nicht aber Telefonistin (BAG AP Nr. 12 mAnm *Nikisch*),
- Stenotypistin in einem kaufmännischen Betrieb (LAG Düsseldorf BB 1959, 704),
- in der Steuerberatung tätige Angestellte einer Steuerberatungs-GmbH (BAG AP Nr. 4 mAnm *Hefermehl;* AP § 74 Nr. 18 mAnm *Zöllner*),
- Texterfasserin im Zeitungsverlag (BAG AP Nr. 24 mAnm *v. Hoyningen-Huene*),
- Verkäufer, sofern sie nicht nur rein mechanische, einfache Tätigkeiten ausüben zB am Süßwarenstand in einer Bahnhofshalle (LSG SchlH AP Nr. 22) oder an Bahnhofskiosken (BAG AP Nr. 3 mAnm *Nikisch*),

---

206 Vgl. GK-BetrVG/*Weber* BetrVG § 38 Rn. 88; *v. Hoyningen-Huene* BetrVR § 10 Rn. 17.
207 Vgl. BAG BB 1994, 2070 = SAE 1995, 155 mAnm *v. Hoyningen-Huene.*
208 Vgl. auch die Beispiele bei Baumbach/Hopt/*Roth* Rn. 30 f.; GK-HGB/*Etzel* Rn. 10; Staub/*Weber* Rn. 35.

- Verkaufsfahrer, sofern sie dabei auch beratende und werbende Tätigkeiten ausüben (BAG AP Nr. 1 mAnm *Hefermehl*), nicht aber bloße Getränkeausfahrer, Kraftfahrer oder Boten
- Verkaufsingenieure mit kaufmännischer Haupttätigkeit (RAG JW 1939, 319),
  - nicht aber Ingenieure mit ausschließlich technischen Tätigkeiten oder Werkmeister (vgl. § 133 Abs. 2 Nr. 2 SGB VI),
- Versicherungsangestellte im Innendienst, auch wenn sie gelegentlich Geschäfte auf Provision vermitteln (BAGE 20, 123),
- Versicherungsvermittler, soweit sie nicht selbstständige Versicherungsvertreter sind (BAG AP § 92 Nr. 1 und 2; BSG AP § 92 Nr. 4),
- Versicherungsvertreter (BAG NZA-RR 2009, 593),
- Vertriebsleiter beim Verlag (LAG Hamm BeckRS 2014, 70212),
- Verwalter der Nebenzweigstelle einer Sparkasse (BSG USK 81234),
- Werkstattschreiber (§ 133 Abs. 2 Nr. 2 SGB VI; RAG ARS 13, 190),
- mit Werbung befasste Angestellte, auch im Außendienst (BAG NZA 2008, 1124), nicht aber Mannequin.

IV. Anstellung

1. Begriff. Handlungsgehilfe ist nur, wer gegen Entgelt in einem Handelsgewerbe angestellt ist. Der Begriff Anstellung ist unklar und in der arbeitsrechtlichen Terminologie nicht gebräuchlich. Die Anstellung bezeichnet allein **den privatrechtlichen, gegenseitigen Vertrag** zur Begründung eines schuldrechtlichen Dauerrechtsverhältnisses, durch das sich der Handlungsgehilfe zur Leistung von kaufmännischen Diensten und der Arbeitgeber zur Beschäftigung und Zahlung einer Vergütung verpflichten. Der Anstellung entspricht daher terminologisch der Begriff **Arbeitsvertrag.** Zu dem weitergehenden Verständnis des Begriffes der Anstellung in § 56 näher → § 56 Rn. 16 ff. 100

Von der Anstellung als dem Anstellungsvertrag ist das **Anstellungsverhältnis** zu unterscheiden. Ein Anstellungsverhältnis ist die Folge der Anstellung. Das Anstellungsverhältnis wird durch die Gesamtheit aller Arbeitsbedingungen und die tatsächliche Arbeitsaufnahme geprägt. Dem Anstellungsverhältnis entspricht der im Arbeitsrecht übliche Begriff des Arbeitsverhältnisses. 101

2. Vorbereitung der Anstellung. Der Inhaber eines Handelsgewerbes hat bei der Vorbereitung einer Anstellung bereits verschiedene gesetzliche Vorschriften zu beachten. So hat der Unternehmer nach § 106 Abs. 2 BetrVG den Wirtschaftsausschuss über die Unternehmensplanung sowie die sich daraus ergebenden Auswirkungen auf die **Personalplanung** zu unterrichten. Über die Personalplanung hat der Arbeitgeber den Betriebsrat nach § 92 Abs. 1 BetrVG rechtzeitig und umfassend zu informieren. Beabsichtigt der Arbeitgeber, einen Arbeitsplatz neu zu besetzen, so kann der Betriebsrat nach § 93 BetrVG verlangen, dass dieser Arbeitsplatz vor seiner Besetzung innerhalb des Betriebs **ausgeschrieben** wird. Über den Inhalt der Ausschreibung steht ihm aber kein Mitbestimmungsrecht zu.[209] Für Teilzeitarbeitsplätze gilt die diesbezügliche Sonderregelung des § 7 TzBfG. Möchte der Arbeitgeber Richtlinien über die personelle Auswahl bei Einstellungen aufstellen, so bedarf er hierfür nach § 95 Abs. 1 BetrVG der Zustimmung des Betriebsrats. Freie Stellen sind unter Umständen gem. § 2 Abs. 3 Nr. 1 SGB III der Agentur für Arbeit zu melden. 102

Bei der Suche nach geeigneten Arbeitskräften kann sich der Arbeitgeber an die **Agentur für Arbeit** wenden, die früher nach §§ 4 und 13 ff. AFG das Monopol zur Arbeitsvermittlung hatte; seit 1.4.1994 ist jedoch unter den Voraussetzungen der §§ 292 ff. SGB III die Arbeitsvermittlung durch Private zulässig. Der Arbeitgeber kann auch entsprechende **Stellenanzeigen** in Zeitungen aufgeben. Dabei ist er nach § 11 AGG zu einer benachteili- 103

[209] So zutr. BAG NZA 1993, 608 = AR-Blattei ES 630 Nr. 54 mAnm *v. Hoyningen-Huene*; s. auch BeckOK ArbR/*Mauer* BetrVG § 93 Rn. 3.

gungsfreien Ausschreibung verpflichtet.[210] Dadurch soll zB das Benachteiligungsverbot wegen des Geschlechts (§ 7 Abs. 1 AGG iVm § 1 Alt. 3 AGG) bereits vor der Begründung des Arbeitsverhältnisses verwirklicht werden. Der Betriebsrat hat über das Gebot einer geschlechtsneutralen Ausschreibung nach § 80 Abs. 1 Nr. 1 und 2a BetrVG zu wachen. Bei einem Verstoß gegen das Gebot einer benachteiligungsfreien Stellenausschreibung können nach § 15 AGG Schadensersatzansprüche bzw. Entschädigungsansprüche der Bewerber in Betracht kommen.[211]

104 **3. Vertragsanbahnung.** Mit der tatsächlichen Aufnahme eines vorbereitenden rechtsgeschäftlichen Kontakts zwischen dem Arbeitgeber und dem Stellenbewerber entsteht zwischen den Verhandlungsparteien ein vorvertragliches Schuldverhältnis nach § 311 Abs. 2 Nr. 1 BGB. Dieses begründet für die Beteiligten verschiedene Sorgfaltspflichten (§ 241 Abs. 2 BGB).[212] Das gesetzliche Schuldverhältnis entsteht allerdings nur, wenn der Bewerber auf Veranlassung des Arbeitgebers mit diesem in Kontakt tritt. Sendet ein Stellenbewerber dem Arbeitgeber, ohne von diesem dazu etwa durch eine Anzeige veranlasst zu sein, Bewerbungsunterlagen zu, so entsteht noch kein gesetzliches Schuldverhältnis. Der Arbeitgeber muss auch im vorvertraglichen Bereich das Benachteiligungsverbot des § 7 AGG beachten.[213] Nach § 2 Abs. 1 Nr. 1 AGG wird die gesamte Vertragsanbahnungsphase in den Geltungsbereich des Benachteiligungsverbotes einbezogen.[214]

105 **a) Bewerbung.** Die Aufnahme von Vertragsverhandlungen zwischen Arbeitgeber und Bewerber beginnt regelmäßig mit der schriftlichen Bewerbung des Stellensuchenden. Die Unterlagen, die dem Arbeitgeber vom Stellenbewerber zugesandt werden, sind vom Arbeitgeber vertraulich zu behandeln. Der Arbeitgeber ist grundsätzlich nicht befugt, die Unterlagen an fremde bzw. unbefugte Dritte weiterzureichen;[215] er hat diese sorgfältig aufzubewahren, sofern sie ihm nicht unverlangt zugesandt wurden.[216]

106 **b) Vorstellung.** Befindet sich der Bewerber noch in einem anderen Arbeitsverhältnis, das aber bereits gekündigt worden ist, so hat der Bewerber gegenüber seinem bisherigen Arbeitgeber nach § 629 BGB einen Anspruch auf Gewährung von **Freizeit zur Vorstellung.** Der Kündigung steht dabei ein Aufhebungsvertrag mit Auslauffrist gleich.[217] Bei auflösend bedingten oder befristeten Arbeitsverhältnissen besteht ein Freistellungsanspruch ab dem Zeitpunkt, bei dem fiktiv die Kündigungsfrist zu laufen beginnen würde.[218]

107 Hat der Arbeitnehmer nach § 629 BGB einen Anspruch auf Freizeitgewährung zur Stellensuche, so hat der bisherige Arbeitgeber nach § 616 Abs. 1 BGB die **vereinbarte Vergütung fortzuzahlen.**[219] Der Anspruch aus § 629 BGB ist nicht abdingbar.[220] Da jedoch § 616 BGB dispositiv ausgestaltet ist, kann die Fortzahlung der Vergütung ausgeschlossen sein.[221] Insbesondere kann durch Tarifvertrag bestimmt werden, dass nur die geleistete Arbeitszeit bezahlt wird und eine Bezahlung der Vorstellungszeit nicht besonders vorgesehen ist.[222] Hat der Arbeitnehmer während des Laufs der Kündigungsfrist Erholungs-

210 LAG Hamm BeckRS 2008, 56504; BeckRS 2008, 55306 (Geschlecht); LAG Nürnberg NZA 2009, 148 (Behinderung); LAG SchlH BeckRS 2009, 50609 (Alter); *Linck* in Schaub ArbR-HdB § 25 Rn. 5 ff.; ausf. *Ohlendorf/Schreier* BB 2008, 2458 ff.; *Grobys* NJW-Spezial 2007, 81 f.

211 Vgl. etwa LAG Hmb BeckRS 2009, 53021; LAG Hamm BeckRS 2008, 55306; zur früheren Rechtslage vgl. auch BVerfG NZA 1994, 745; BAG NZA 2004, 540.

212 MHdB ArbR/*Benecke* § 35; *Linck* in Schaub ArbR-HdB § 26 Rn. 1 ff.

213 Vgl. BAG AP AGG § 3 Nr. 9 zur Altersdiskriminierung durch Nichteinladung zum Vorstellungsgespräch.

214 Vgl. dazu ErfK/*Schlachter* AGG § 2 Rn. 4 ff. mwN; ausf. *Kania/Merten* ZIP 2007, 8 ff.

215 BeckOK ArbR/*Joussen* BGB § 611a Rn. 47.

216 ErfK/*Preis* BGB § 611a Rn. 265; BeckOK ArbR/*Joussen* BGB § 611a Rn. 47.

217 Vgl. Staudinger/*Preis,* 2019, BGB § 629 Rn. 12.

218 Vgl. ErfK/*Müller-Glöge* BGB § 629 Rn. 3; *Linck* in Schaub ArbR-HdB § 25 Rn. 18.

219 BAG AP BGB § 629 Nr. 1; AP BGB § 616 Nr. 41; ErfK/*Müller-Glöge* BGB § 629 Rn. 11.

220 S. nur MüKoBGB/*Henssler* BGB § 629 Rn. 2.

221 BAG AP BGB § 629 Nr. 1; ErfK/*Müller-Glöge* BGB § 629 Rn. 12; MüKoBGB/*Henssler* BGB § 629 Rn. 2, 25; *Sibben* DB 2003, 826 ff.

222 BAG AP BGB § 616 Nr. 8; Nr. 41.

urlaub, so kann er diesen nicht einseitig nachträglich in einen Urlaub zur Stellensuche umwandeln.[223] Dies gilt grundsätzlich auch dann, wenn die Festlegung des Urlaubs schon vor Ausspruch der Kündigung erfolgt war.[224] Er hat freilich die Möglichkeit, den Anspruch auf Stellensuche während des Erholungsurlaubs geltend zu machen und so für die Dauer der Stellensuche eine Freizeitgewährung zu erreichen.[225]

c) Vorstellungskosten. Fordert der Arbeitgeber einen Stellenbewerber zur Vorstellung auf, so hat der Bewerber unabhängig vom Zustandekommen des Arbeitsvertrags einen Anspruch auf Erstattung der Vorstellungskosten gem. §§ 662, 670 BGB.[226] Dieser erstreckt sich auf alle Aufwendungen, die der Bewerber den Umständen nach für erforderlich halten durfte.[227] Dazu gehören die notwendigen Auslagen für Fahrt und ggf. Übernachtung und Verpflegung.[228] Umstritten ist die Erstattungsfähigkeit des Verdienstausfalls.[229] Die Aufforderung des Arbeitgebers zur Vorstellung ist dabei als Angebot eines Auftrags anzusehen, der vom Bewerber ausdrücklich oder durch konkludente Handlungen angenommen wird.[230] Will der Arbeitgeber den Anspruch des Bewerbers auf Ersatz der Vorstellungskosten ausschließen, so muss er dies bei der Aufforderung zur Vorstellung mitteilen. Dabei ist ein Ausschluss noch nicht anzunehmen, wenn dem Bewerber anheimgegeben wird, sich vorzustellen oder wenn er zur unverbindlichen Rücksprache aufgefordert wird.[231] 108

d) Vorstellungsgespräch. Kommt ein Bewerber in die nähere Auswahl, so wird er vom Arbeitgeber zu einem Vorstellungsgespräch eingeladen. Dieses Gespräch dient dem gegenseitigen Kennenlernen und der Information. Den Arbeitgeber treffen dabei Obhutspflichten zur Vermeidung von Schädigungen des Bewerbers. Er hat insbesondere auch gegenüber einem Bewerber Verkehrssicherungspflichten für die Wege zu den Geschäftsräumen; Umfang und Grenzen dieser Pflichten bestimmen sich nach § 241 Abs. 2 BGB. Rechtsgrundlage für einen Schadensersatzanspruch bei Verletzung dieser Pflichten sind die § 280 Abs. 1 BGB, § 311 Abs. 2 Nr. 1 BGB, § 241 Abs. 2 BGB.[232] Gem. § 249 Abs. 1 BGB ist der Geschädigte so zu stellen, wie er gestanden hätte, wenn das schädigende Ereignis nicht eingetreten wäre. Für das Verschulden seiner Erfüllungsgehilfen hat der Arbeitgeber im Rahmen dieser vorvertraglichen Haftung nach § 278 BGB einzustehen. 109

e) Fragerecht des Arbeitgebers. Um sich vor einer Einstellung Kenntnisse über die persönlichen Verhältnisse des Bewerbers zu verschaffen, kann der Arbeitgeber ihn im Rahmen des Einstellungsgesprächs mündlich befragen. Die allgemeine **Vertragsfreiheit** umfasst auch das Recht des Arbeitgebers, sich durch Fragen – für den Vertragsabschluss relevante – Informationen über den Arbeitnehmer zu verschaffen.[233] Diese **Informationsfreiheit** gilt jedoch nicht uneingeschränkt:[234] Vor allem muss die Informationsfreiheit im Hinblick auf das verfassungsrechtlich geschützte **Persönlichkeitsrecht des Arbeitnehmers** (Art. 2 110

---

[223] LAG Düsseldorf DB 1973, 676; *Brune* AR-Blattei SD Nr. 1510 Rn. 64f. (2004); ErfK/*Müller-Glöge* BGB § 629 Rn. 5; Soergel/*Kraft* BGB § 629 Rn. 9; MüKoBGB/*Henssler* BGB § 629 Rn. 18; *Linck* in Schaub ArbR-HdB § 25 Rn. 21.

[224] *Brune* AR-Blattei SD Nr. 1510 Rn. 66 (2004); ErfK/*Müller-Glöge* BGB § 629 Rn. 5; *Linck* in Schaub ArbR-HdB § 25 Rn. 21; aA MüKoBGB/*Henssler* BGB § 629 Rn. 18.

[225] MüKoBGB/*Henssler* BGB § 629 Rn. 18.

[226] StRspr und hM, BAG AP BGB § 196 Nr. 8 = DB 1977, 1193; NZA 1989, 468; *Brune* AR-Blattei SD 1770 Rn. 2 (2004); ErfK/*Müller-Glöge* BGB § 629 Rn. 13; MüKoBGB/*Spinner* BGB § 611a Rn. 809; *Linck* in Schaub ArbR-HdB § 25 Rn. 25; krit. *Sieber/Wagner* NZA 2003, 1312ff.

[227] HWK/*Thüsing* BGB § 611a Rn. 154.

[228] BAG AP BGB § 196 Nr. 8 = DB 1977, 1193; NZA 1989, 468; *Becker-Schaffner* BlStSozArbR 1985, 161 mwN; ErfK/*Müller-Glöge* BGB § 629 Rn. 14; MHdB ArbR/*Benecke* § 35 Rn. 13.

[229] Dagegen BeckOK ArbR/*Joussen* BGB § 611a Rn. 61; HWK/*Thüsing* BGB § 611a Rn. 154; *Linck* in Schaub ArbR-HdB § 25 Rn. 17; dafür MüKoBGB/Spinner BGB § 611a Rn. 552.

[230] So zutr. *Brune* AR-Blattei SD 1770 Rn. 2 (2004).

[231] *Linck* in Schaub ArbR-HdB § 25 Rn. 26.

[232] ErfK/*Preis* BGB § 611a Rn. 260ff.

[233] Soergel/*Kraft* BGB § 611 Rn. 28; Staudinger/*Richardi/Fischinger*, 2016, BGB § 611 Rn. 562.

[234] BAG AP BGB § 123 Nr. 2; Nr. 40.

Abs. 1 GG iVm Art. 1 Abs. 1 GG) beschränkt werden.[235] Auch die **Benachteiligungsverbote des AGG** haben unmittelbare Auswirkungen auf die Reichweite des Fragerechts des Arbeitgeber gegenüber Bewerbern, die vom Schutz des AGG erfasst sind (§ 6 Abs. 1 S. 2 AGG).[236] Generell gilt: Wo eine Unterscheidung nicht gerechtfertigt wäre, darf der Arbeitgeber auch nicht die dafür erforderlichen Informationen erfragen. Ebenso wie das Diskriminierungsverbot schon im Vorfeld auf die Ausschreibung wirkt (§ 1 Abs. 1 AGG), wirkt es auf die Informationsrechte des Arbeitgebers bei Begründung des Arbeitsverhältnisses ein.

111 Die stRspr des BAG hat dem Informationswunsch des Arbeitgebers demnach zu Recht Grenzen gesetzt. Ein Fragerecht des Arbeitgeber bei Einstellungsverhandlungen ist nur insoweit anerkannt, als der Arbeitgeber ein „berechtigtes, billigenswertes und schutzwürdiges Interesse an der Beantwortung seiner Fragen im Hinblick auf das Arbeitsverhältnis" hat.[237] Ein solches berechtigtes Interesse ist nur dann gegeben, wenn das Interesse des Arbeitgebers so gewichtig ist, dass dahinter das Interesse des Arbeitnehmers zurückzutreten hat, seine persönlichen Lebensumstände zum Schutz seines Persönlichkeitsrechts und zur Sicherung der Unverletzlichkeit seiner Individualsphäre geheim zu halten.[238] Aus diesem die gegenseitigen Interessen abwägenden Ansatz haben sich zwei Begrenzungen des Fragerechts herausgebildet:[239] Zum einen muss die Antwort auf die Frage **erheblich für die Beurteilung** der Fähigkeit sein, die Arbeit zu verrichten; zum anderen darf auch Arbeitsplatzrelevantes nicht gefragt werden, soweit dies mit einem **unverhältnismäßigen Eingriff** in die Privatsphäre verbunden ist.

112 Die Unzulässigkeit einer Frage führt dazu, dass der Arbeitnehmer diese nicht beantworten muss. Darüber hinaus wird ihm von der Rspr. und der ganz überwiegenden Ansicht in der Lit. zugebilligt, die unzulässige Frage falsch zu beantworten, um durch ein bloßes Schweigen den Vertragsabschluss nicht zu gefährden. Wird eine unzulässige Frage mit der Unwahrheit beantwortet, kann der Arbeitgeber seine Willenserklärung nicht wegen arglistiger Täuschung gem. § 123 BGB anfechten, da eine Rechtswidrigkeit der Täuschung fehlt.[240] Der Arbeitnehmer hat hierdurch faktisch ein **„Recht zur Lüge"**.[241]

113 **f) Einzelne Fragen.** Fragen zum **beruflichen Werdegang,** zu **Ausbildungs- und Weiterbildungszeiten** und den entsprechenden **Zeugnissen** sind regelmäßig uneingeschränkt zulässig.[242] Das Gleiche gilt für **berufliche und fachliche Fähigkeiten und Erfahrungen** des Arbeitnehmers, soweit sie für den zukünftigen Arbeitsplatz Bedeutung haben.[243] Der Arbeitgeber darf sich ebenfalls nach **Wettbewerbsverboten** erkundigen, die wirksam mit früheren Arbeitgeber vereinbart wurden, wenn sich dieses auf die auszuübende Tätigkeit bezieht.[244] Denn in diesem Fall besteht die Gefahr, dass der Bewerber nach einer

---

[235] BAG NJW 2013, 1115; Staudinger/*Richardi/Fischinger,* 2016, BGB § 611 Rn. 563; *Linck* in Schaub ArbR-HdB § 26 Rn. 10; vgl. *Buchner* NZA 1991, 577 (579).

[236] Dazu *Kania/Merten* ZIP 2007, 8 (11 ff.); *Wisskirchen* NZA 2007, 169.

[237] BAG AP BGB § 123 Nr. 31.

[238] BAG AP BGB § 123 Nr. 38; Nr. 40; enger (und iErg verfehlt) *Däubler* CR 1994, 101 (104), der ein billigenswertes und schutzwürdiges Arbeitgeberinteresse nur bei Beeinträchtigung der Funktionsfähigkeit des Unternehmens annimmt.

[239] Sehr anschaulich *Rieble* Anm. zu BAG AP BGB § 123 Nr. 38.

[240] StRspr, BAG AP BGB § 123 Nr. 2; BGB § 123 Nr. 40; *Thüsing/Lambrich* BB 2002, 1146; ErfK/*Preis* BGB § 611a Rn. 286.

[241] Erstmals: BAG AP BGB § 123 Nr. 15; grdl. *Nikisch,* Arbeitsrecht, Bd. I, 1961, 815; krit. zur Terminologie MHdB ArbR/*Buchner* § 41 Rn. 176, der zu Recht darauf hinweist, dass es nur darum geht, dass eine unrichtige Auskunft auf eine unzulässige Frage keine arglistige Täuschung gem. § 123 BGB darstellt, ebenso ErfK/*Preis* BGB § 611a Rn. 271, 286; dagegen *Moritz* NZA 1987, 329 (336); zu den mit der Anfechtung des Arbeitsvertrags verbundenen Rechtsproblemen *Strick* NZA 2000, 695.

[242] BAG AP BGB § 242 Auskunftspflicht Nr. 24; AP BGB § 123 Nr. 17; Richardi/*Thüsing* BetrVG § 94 Rn. 22; ErfK/*Preis* BGB § 611a Rn. 273; *Linck* in Schaub ArbR-HdB § 26 Rn. 30.

[243] Richardi/*Thüsing* BetrVG § 94 Rn. 22; Staudinger/*Richardi/Fischinger,* 2016, BGB § 611 Rn. 568.

[244] Richardi/*Thüsing* BetrVG § 94 Rn. 22; ErfK/*Preis* BGB § 611a Rn. 280; Staudinger/*Richardi/Fischinger,* 2016, BGB § 611 Rn. 570; MHdB ArbR/*Buchner* § 30 Rn. 317; *Linck* in Schaub ArbR-HdB § 26 Rn. 40.

Einstellung seine Tätigkeit nicht aufnimmt oder aber unterlässt, wenn sein alter Arbeitgeber aufgrund eines wirksam vereinbarten Wettbewerbsverbots gegen ihn vorgeht.[245]

Fragen zu **Vermögensverhältnissen** des Arbeitnehmers betreffen seine Privatsphäre und sind daher nur zulässig, sofern der konkret zu besetzende Arbeitsplatz sie erfordert. Eine solche Ausnahme besteht regelmäßig bei **leitenden Angestellten** und dann, wenn die angestrebte Tätigkeit ein **besonderes Vertrauensverhältnis** voraussetzt.[246] Ob Fragen nach dem derzeitigen Vorliegen von **Lohnpfändungen oder Lohnabtretungen** gestellt werden dürfen, wird uneinheitlich beurteilt: Teilweise soll ein Fragerecht grundsätzlich unzulässig sein mit der Ausnahme, dass die Abtretungen oder Pfändungen im Einzelfall einen derart großen Arbeitsaufwand des Arbeitgebers verursachen, dass betriebliche Abläufe nachhaltig gestört werden.[247] Somit könne grundsätzlich ohne das Vorliegen von stichhaltigen Gründen ein berechtigtes Interesse des Arbeitgeber an der Kenntnis von Lohnpfändungen bzw. -abtretungen nicht angenommen werden.[248] Nach vorzugswürdiger Auffassung ist eine solche Frage immer zulässig, da vor allem in kleineren Betrieben in der Regel ein beträchtlicher Verwaltungsaufwand und haftungsrechtliche Risiken für den Arbeitgeber entstehen.[249] 114

Bei einer Angabe der Höhe des **bisherigen Entgelts** verschlechtert sich die Verhandlungsposition des Bewerbers gegenüber der Position des Arbeitgebers erheblich. Außerdem sind die bisherigen Einkommensverhältnisse grundsätzlich der geschützten Individualsphäre des Arbeitnehmers zuzurechnen. Daher sind Fragen, die ohne Zusammenhang mit dem neuen Arbeitsplatz den **bisherigen Lohn bzw. das bisherige Gehalt** betreffen, unzulässig.[250] Ein Fragerecht besteht hingegen, wenn der Arbeitnehmer von sich aus sein bisheriges Gehalt als Mindestarbeitsvergütung fordert oder – ausnahmsweise – das Gehalt Rückschlüsse auf seine Eignung zulässt.[251] Das ist nur dann möglich, wenn die angestrebte Tätigkeit zumindest vergleichbare Kenntnisse und Fähigkeiten erfordert.[252] 115

Die Frage nach **Vorstrafen** stellt einen erheblichen Eingriff in die Individualsphäre des Arbeitnehmers dar. Unter Berücksichtigung des Resozialisierungsgedankens sind diesbezüglichen Fragen nur zulässig, wenn die Vorstrafe auf Eigenschaften schließen lässt, welche für die Vertragsdurchführung unerlässlich sind und damit im unmittelbaren Zusammenhang mit dem **konkret zu besetzenden Arbeitsplatz** stehen.[253] Bei der Beurteilung ist ein objektiver Maßstab anzuwenden.[254] So darf je nach konkretem Arbeitsplatz etwa entweder nach vermögensrechtlichen (zB Bankangestellter), nach politischen (bei der Besetzung einer Stelle des Verfassungsschutzamtes) oder nach verkehrsrechtlichen (zB Kraftfahrzeugführer) Vorstrafen gefragt werden.[255] Außerdem darf sich der Bewerber als nicht vorbestraft bezeich- 116

[245] Vgl. auch MHdB ArbR/*Buchner* § 30 Rn. 317.

[246] Ansonsten ist die Frage unzulässig, vgl. *Linck* in Schaub ArbR-HdB § 26 Rn. 34; ErfK/*Preis* BGB § 611a Rn. 279 f.

[247] Vgl. BAG DB 1982, 498; *Becker* in Deinert/Heuschmid/Zwanziger ArbR § 21 Rn. 38; beachte ErfK/*Preis* BGB § 611a Rn. 280, der sich für eine generelle Unzulässigkeit der Frage ausspricht, da eine schematische Betrachtung der Fälle nicht möglich und das Interesse des Arbeitnehmers an einer Einstellung trotz Lohnpfändung als vorrangig zu bewerten sei.

[248] Vgl. auch *Becker* in Deinert/Heuschmid/Zwanziger ArbR § 21 Rn. 38.

[249] S. auch Richardi/*Thüsing* BetrVG § 94 Rn. 22; Staudinger/*Richardi/Fischinger,* 2016, BGB § 611 Rn. 576.

[250] BAG AP BGB § 123 Nr. 25; Richardi/*Thüsing* BetrVG § 94 Rn. 28; *Moritz* NZA 1987, 329.

[251] BAG AP BGB § 123 Nr. 25; ErfK/*Preis* BGB § 611a Rn. 279; Staudinger/*Richardi/Fischinger,* 2016, BGB § 611 Rn. 577; *Linck* in Schaub ArbR-HdB § 26 Rn. 33. Das ist zB bei einer leistungsbezogenen Vergütung der Fall, BAG AP BGB § 123 Nr. 25.

[252] BAG AP BGB § 123 Nr. 2.

[253] BAG AP BGB § 123 Nr. 2; AP KSchG § 1 Verhaltensbedingte Kündigung Nr. 1; Nr. 7; Richardi/*Thüsing* BetrVG § 94 Rn. 25, 26; aA Erman/*Edenfeld* BGB § 611 Rn. 264, der nicht auf das Kriterium der Arbeitsplatzbezogenheit abstellt, sondern das BZRG als abschließende Grenze begreift, mit der Konsequenz, dass nach ungetilgten Vorstrafen uneingeschränkt gefragt werden darf; so auch *Moritz* NZA 1987, 329.

[254] Vgl. BAG AP BGB § 123 Nr. 2; Nr. 50; AP KSchG § 1 Verhaltensbedingte Kündigung Nr. 7.

[255] *Linck* in Schaub ArbR-HdB § 26 Rn. 35.

nen, wenn die Verurteilung nicht in das Führungszeugnis aufzunehmen oder zu tilgen ist (vgl. §§ 51, 53 BZRG).[256] Der Arbeitgeber darf auch nach der strengen Rspr. einen Bewerber iSv § 51 BZRG nicht nach im Bundeszentralregister getilgten Vorstrafen fragen.[257] Dies schließt richtiger Ansicht nach eine Frage nach den der Verurteilung zugrundeliegenden Tatsachen nicht aus, wenn sie eine hinreichende Relevanz für das angestrebte Arbeitsverhältnis haben. Die Vorlage eines **erweiterten Führungszeugnisses** kann jedenfalls verlangt werden, wenn der Nachweis tatsächlich benötigt wird, weil der betreffenden Person eine konkrete berufliche oder ehrenamtliche Tätigkeit, die geeignet ist, Kontakt zu Minderjährigen aufzunehmen und ein Vertrauensverhältnis aufzubauen.[258]

117 Fragen nach **laufenden Ermittlungs- bzw. anhängigen Strafverfahren** sind, wie sich zumindest aus einigen Entscheidungen des BAG ergibt, **unter Umständen** zulässig, wenn durch das anhängige Ermittlungsverfahren Rückschlüsse auf eine mangelnde persönliche Eignung und Zuverlässigkeit des Bewerbers für den konkreten Arbeitsplatz gezogen werden können, wobei jedoch auch hier auf Einschränkung des Fragerechts im Einzelfall aus dem allgemeinen Persönlichkeitsrecht des Bewerbers und dem Datenschutzrecht verwiesen wird.[259] Dieser Bewertung stehe auch die strafrechtliche Unschuldsvermutung nicht entgegen, weil sich hieraus nicht der Schluss ziehen lasse, dass dem Betroffenen aus dem laufenden Ermittlungsverfahren überhaupt kein Nachteil entstehen dürfe.[260] Der Ansicht des BAG ist zu folgen, da dem Arbeitgeber in Einzelfällen je nach Ausgestaltung des konkret zu besetzenden Arbeitsplatzes ein billigenswertes Interesse zugestanden werden muss, von einem laufenden Ermittlungsverfahren, welches Zweifel an seiner persönlichen Eignung für die zu verrichtende Tätigkeit begründet, Kenntnis zu erlangen.[261] Die Zulässigkeit eines Fragerechts muss vor allem dann bejaht werden, wenn durch die Ausgestaltung der angestrebten Tätigkeit eine erhöhte **Gefahr der Begehung weiterer Straftaten** besteht.[262] Zu weitgehend und daher abzulehnen ist die Annahme einer grundsätzlichen Zulässigkeit von Fragen nach laufenden Ermittlungs- oder Strafverfahren sowie nach **abgeschlossenen Ermittlungsverfahren,** die zu keiner Verurteilung geführt haben.[263] An Letzterem besteht grundsätzlich kein berechtigtes Interesse des potenziellen Arbeitgebers, sodass eine solche Frage damit in der Regel nicht erforderlich iSv § 26 BDSG ist.[264] Fragen nach einer **erfolgten Verurteilung zu einer Freiheitsstrafe** sind uneingeschränkt zulässig, denn hier kann der Bewerber nach Haftantritt einen gewissen Zeitraum seine Arbeitsleistung nicht in der vertraglich vereinbarten Weise erbringen.[265]

118 Die Frage des Arbeitgebers nach der **Gewerkschaftszugehörigkeit** des Arbeitnehmers im Rahmen eines Bewerbungsgesprächs ist unzulässig, da hierin ein Verstoß gegen die in Art. 9 Abs. 3 S. 2 GG verankerte Koalitionsfreiheit liegt. Nach der Einstellung des Arbeitnehmers besteht hingegen ein berechtigtes Interesse des Arbeitgebers zu erfahren, ob ein geltender Tarifvertrag dadurch auf das Arbeitsverhältnis Anwendung findet, dass der Arbeitnehmer der tarifschließenden Gewerkschaft angehört (vgl. § 1 TVG, § 3 Abs. 1 TVG, § 4 Abs. 1 TVG). Die Frage nach der Gewerkschaftszugehörigkeit ist somit **nach** Entscheidung über die Einstellung zulässig,[266] es sei denn sie steht während laufender Tarifverhandlungen

[256] Vgl. BAG AP BGB § 123 Nr. 2; *Linck* in Schaub ArbR-HdB § 26 Rn. 35.
[257] BAGE 147, 358; zu der strengeren Instanz-Rspr. s. nur LAG Nürnberg ZTR 2019, 29; HWK/*Thüsing* BGB § 119 Rn. 7.
[258] Enger – „nur dann verlangt werden" – LAG Hamm NZA-RR 2018, 460 (463), im konkreten Fall verneinend.
[259] BAG AP BGB § 123 Nr. 50; ArbG Münster NZA 1993, 421.
[260] BAG AP BGB § 123 Nr. 50.
[261] So auch Richardi/*Thüsing* BetrVG § 94 Rn. 25, 26; Staudinger/*Richardi/Fischinger,* 2016, BGB § 611 Rn. 596 ff.; *Linnekohl* ArbuR 1983, 129 (140); *Ehrich* DB 2000, 421 (423).
[262] Weitergehend *Raab* RdA 1995, 36 (42 ff.).
[263] Vgl. BAG NZA 2013, 429; *Linnekohl* ArbuR 1983, 129 (140).
[264] BAG NZA 2013, 429.
[265] *Becker* in Deinert/Heuschmid/Zwanziger ArbR § 21 Rn. 43.
[266] Staudinger/*Richardi/Fischinger,* 2016, BGB § 611 Rn. 580; weitergehend *Falkenberg* BB 1970, 1013 (1016), der die Frage nach der Gewerkschaftszugehörigkeit schon bei der Einstellungsverhandlung zulassen will, wenn ein Arbeitskampf zu erwarten oder im Gange ist.

in einem koalitionspolitischen Kontext.[267] Soll der Bewerber für einen Arbeitsplatz in einer Gewerkschaft oder in einem Arbeitgeberverband eingestellt werden, kann ausnahmsweise bereits im Rahmen des Bewerbungsgesprächs nach der Mitgliedschaft in einer Gewerkschaft gefragt werden.[268]

Die Frage nach der **Religion, Weltanschauung und sexuellen Identität** war bereits 119
bisher regelmäßig unzulässig als ungerechtfertigter Eingriff in die Privatsphäre des Arbeitnehmers.[269] Nur wo sie eine wesentliche und entscheidende berufliche Anforderung darstellt, ist sie weiterhin zulässig; die Fälle sind freilich selten.[270] Das Verbot der **mittelbaren Benachteiligung** kann auch hier Auswirkungen haben.[271] Die Rspr. kommt zu diesem Ergebnis bereits ohne Bezugnahme auf das AGG.[272]

Nach **persönlichen Lebensverhältnissen** darf nur gefragt werden, wenn der Arbeit- 120
geber ein betriebsbezogenes berechtigtes Interesse an der Auskunft hat; bspw. im Hinblick auf Verwandtschaftsbeziehungen mit anderen Betriebsangehörigen.[273] Fragen zum Bestehen einer **nichtehelichen Lebensgemeinschaft** oder einer **gleichgeschlechtlichen Lebenspartnerschaft, einer Scheidung** oder der **Absicht einer Eheschließung** sind regelmäßig nicht zulässig, da diese eine nicht vertretbare Ausforschung des Intimbereichs des Bewerbers darstellen. Aufgrund ihrer verfassungsrechtlich geschützten Autonomie sind hinsichtlich der Zulässigkeit eines Fragerechts bei einer Einstellung in kirchlichen Einrichtungen Ausnahmen zu machen.[274]

Bereits vor Inkrafttreten des AGG war die Frage nach **Vorerkrankungen** des 121
Bewerbers wegen des damit verbundenen Eingriffs in seine Intimsphäre engen Grenzen unterworfen.[275] Es ist zu beachten, dass bestimmte, in der Vergangenheit ausschließlich unter dem Gesichtspunkt der Krankheit thematisierte Erscheinungen nunmehr dem **Behinderungsbegriff** des § 1 AGG unterfallen können.[276] Damit steigen regelmäßig die an die Zulässigkeit einer entsprechenden Frage zu stellenden Anforderungen. Sofern sie dem Diskriminierungsschutz behinderter Beschäftigter unterfällt, ist sie nur zulässig, wenn der Arbeitgeber nach einer Einschränkung fragt, deren Fehlen eine wesentliche und entscheidende berufliche Anforderung für die Tätigkeit ist.[277] Die Feststellung eben jener Prämisse kann im Einzelfall allerdings mit nicht unwesentlichen praktischen Schwierigkeiten verbunden sein, weil der Arbeitgeber gerade nicht nach einer Behinderung fragt, sondern sich über das – prinzipiell in weiterem Rahmen zulässige – Vorliegen einer Krankheit erkundigt. Krankheit und Behinderung sind wiederum nicht deckungsgleich, und Fragen nach ihnen folgen jeweils eigenen Regeln; sie können sich aber im Einzelfall überschneiden. In diesem Fall gelten die strengeren Anforderungen an Fragen nach einer Behinderung.[278]

Unzulässig können auch **Drogentests** als Bedingung zur Einstellung sein. Dies gilt 122
insbesondere dann, wenn durch den Drogentest auch ein lange zurückliegender Drogenkonsum überprüft werden kann, der keine Auswirkungen mehr auf die Fähigkeit der Arbeitsleistung aktuell hat. Auch ein **Gesundheitstest** als Voraussetzung für die Einstel-

---

[267] Dazu BAG NJW 2015, 1548.

[268] Staudinger/*Richardi/Fischinger,* 2016, BGB § 611 Rn. 580; vgl. Richardi/*Thüsing* BetrVG § 94 Rn. 21; *Fitting* BetrVG § 94 Rn. 17; ErfK/*Preis* BGB § 611a Rn. 278.

[269] S. auch MüKoBGB/*Thüsing* AGG § 11 Rn. 27 f.; MüKoBGB/*Thüsing* AGG § 1 Rn. 58 ff.

[270] MüKoBGB/*Thüsing* AGG § 8 Rn. 33 ff.

[271] Dazu HWK/*Thüsing* BGB § 123 Rn. 16.

[272] LAG SchH AuA 2005, 617 (Kurzwiedergabe); s. auch MüKoBGB/*Thüsing* AGG § 11 Rn. 27 f. Zur Frage nach der Scientology-Mitgliedschaft des Bewerbers HWK/*Thüsing* BGB § 123 Rn. 17.

[273] Ebenso *Moritz* NZA 1987, 329, 333.

[274] Richardi/*Thüsing* BetrVG § 94 Rn. 24; Staudinger/*Richardi/Fischinger,* 2016, BGB § 611 Rn. 579.

[275] Dazu zB BAG AP BGB § 123 Nr. 26.

[276] ZB die Neigung zu epileptischen Anfällen, LAG Hamm BehR 1999, 170; MüKoBGB/*Thüsing* AGG § 1 Rn. 48 ff.

[277] MüKoBGB/*Thüsing* AGG § 8 Rn. 40 f.

[278] Vgl. MüKoBGB/*Thüsing* AGG § 11 Rn. 25 f.; MüKoBGB/*Thüsing* AGG § 1 Rn. 49 ff.; MüKoBGB/*Thüsing* AGG § 3 Rn. 51 f.

lungszusage kann ein Indiz iSd § 22 AGG sein, wenn er dazu geeignet ist, auch Vorerkrankungen, die als Behinderungen einzustufen sind, dem Arbeitgeber zur Kenntnis zu bringen, der sie seinerseits als Kriterium der Einstellungsentscheidung nutzen könnte. Wie weit hier die Indizwirkung reicht, wird vor allem davon abhängen, wann der Drogenkonsum oder eine Krankheit als Behinderung einzuordnen sind.[279] Wenn man das zu Recht ablehnt, dann ist die Frage nach einer bestehenden **Alkohol- oder Drogenabhängigkeit** regelmäßig zulässig. Der hierdurch hervorgerufene pathologische Zustand führt regelmäßig zu einer Beeinträchtigung der erforderlichen Eignung des Bewerbers, denn es sind Auswirkungen auf seine körperliche und/oder geistige Leistungsfähigkeit zu erwarten.[280] Ferner kann es zu einer Gefährdung des Bewerbers selbst oder seiner Kollegen bzw. Dritter kommen, wenn gefährliche Tätigkeiten auszuführen sind.[281] Wird der Arbeitnehmer arbeitsunfähig, steht dem Arbeitgeber ein Fragerecht zu, ob ein Rückfall in die Alkoholanhängigkeit ursächlich ist, allerdings nicht bzgl. der Gründe des Rückfalls.[282] Einen unzulässigen Eingriff in das Persönlichkeitsrecht des Arbeitnehmers stellen hingegen die Fragen nach bloßem **freizeitlichem Alkoholgenuss** und nach **freizeitlichem Drogenkonsum** dar.[283] Ebenfalls sachlich nicht gerechtfertigt ist die Frage nach der **Nichtrauchereigenschaft** des Bewerbers, wenn sie nicht vom Behindertenbegriff des AGG erfasst ist und damit nur unter den Schutzbereich der persönlichen Handlungsfreiheit fällt.[284]

123 Fragen hinsichtlich **genetischer Veranlagungen** oder entsprechende Tests stellen einen unzulässigen Eingriff in die Intimsphäre des Bewerbers dar und sind daher stets rechtswidrig. Mit dem **Gendiagnostikgesetz,** das am 1.2.2010 in Kraft getreten ist, hat der Gesetzgeber für diesen Bereich eindeutige Regelungen geschaffen.[285]

124 Die oben aufgeführten Grundsätze sind auch hinsichtlich eines Fragerechts nach einer Aids-Erkrankung bzw. HIV-Infizierung zu beachten. Die Frage nach einer **AIDS-Erkrankung** ist zulässig, da sie nach dem bisherigen medizinischen Kenntnisstand unweigerlich ohne Heilungschancen zum Tod des Arbeitnehmers führt.[286] Unterschiedliche Auffassungen bestehen hinsichtlich der Frage nach einer **HIV-Infizierung.** Ein teilweise bejahtes unbeschränktes Fragerecht des Arbeitgebers[287] geht jedoch zu weit, da ein Arbeitnehmer nur Krankheiten offenbaren muss, die zu einer absehbaren Arbeitsunfähigkeit führen oder durch die bei der Ausführung der Tätigkeit eine **Ansteckungsgefahr** besteht.[288] Anders als bei der Aids-Erkrankung ist eine Arbeitsunfähigkeit des Bewerbers zum Zeitpunkt des Einstellungsgesprächs bei einer HIV-Infizierung noch nicht absehbar. Der Ausbruch der Krankheit kann durchaus erst nach Beendigung des Arbeitsverhältnisses erfolgen. Soweit die Krankheit nicht ausbricht, besteht regelmäßig keine Beeinträchtigung der Leistungsfähigkeit des Infizierten, sodass ein Informationsrecht des Arbeitgebers muss auf die Fälle begrenzt werden muss, in denen durch die Infizierung die Eignung des Arbeitnehmers zur Erbringung der Arbeitsleistung ausge-

---

279 MüKoBGB/*Thüsing* AGG § 1 Rn. 51.

280 MHdB ArbR/*Buchner* § 30 Rn. 314; *Künzl* BB 1993, 1581 (1582); vgl. ErfK/*Preis* BGB § 611a Rn. 274d; strenger *Fitting* BetrVG § 94 Rn. 24.

281 Der Arbeitgeber darf dann aufgrund seiner Fürsorgepflicht kein Sicherheitsrisiko aufkommen lassen, vgl. RGRK-BGB/*Schliemann* BGB § 611 Rn. 1195.

282 BAG NJW 2015, 2444.

283 MHdB ArbR/*Buchner* § 30 Rn. 314; zur strikteren US-Rspr. *Thüsing* NZA 1999, 393 für HIV-Infektion als Behinderung.

284 MHdB ArbR/*Buchner* § 30 Rn. 313.

285 Ausf. zum GenDG *Wiese* BB 2009, 2198 ff.; bereits *Wiese* RdA 1988 218 (219).

286 MHdB ArbR/*Buchner* § 30 Rn. 287; *Knipp* AR-Blattei (SD) 640 Einstellung Rn. 75; *Richardi* NZA 1988, 73 (74); *Heilmann* BB 1989, 1413 (1414).

287 So *Eich* NZA-Beil. 2/1987, 10, 12, denn das Interesse der bereits eingestellten Mitarbeiter an ihrer körperlichen Unversehrtheit sei trotz der extrem unwahrscheinlichen Infektionsübertragung höher zu bewerten als das Interesse des Bewerbers an dem Schutz seines Persönlichkeitsrechts; auch *Klak* BB 1987, 1382 (1383 f.).

288 ErfK/*Preis* BGB § 611a Rn. 274c, 282; Staudinger/*Richardi/Fischinger,* 2016, BGB § 611 Rn. 574; zum US-Recht *Thüsing* ZfA 2001, 397.

schlossen oder eingeschränkt ist; insbesondere wenn Kollegen oder Dritte der Gefahr einer Ansteckung ausgesetzt sind.[289]

Lange Zeit umstritten war die Frage nach der **Schwangerschaft.**[290] Es ist jedoch 125
inzwischen davon auszugehen, dass die Frage nach der Schwangerschaft nach der neueren Rspr. des EuGH ohne Ausnahme verboten ist. Eine Schranke für das in Einzelfällen sehr unbefriedigende Ergebnis könnte jedoch in dem Institut des Rechtsmissbrauchs oder dem Verbot des **venire contra factum proprium** gefunden werden, um eine Korrektur der unbilligen Härte herbeizuführen.[291]

Enge Grenzen sind auch der Frage nach einer **Behinderung und der Schwerbehin-** 126
derteneigenschaft gezogen. Die Rspr. ist in der Vergangenheit stets davon ausgegangen, dass die Frage nach der Schwerbehinderteneigenschaft zulässig sei,[292] da sich hieran für den Arbeitgeber während der gesamten Dauer des Arbeitsverhältnisses zahlreiche gesetzliche Pflichten knüpfen. Die Frage war damit – lässt man das Diskriminierungsrecht außen vor – auch zulässig, wenn die Behinderung, auf der die Anerkennung beruht, tätigkeitsneutral ist. Dies ist neu zu überdenken vor dem Hintergrund, dass mit § 164 Abs. 2 SGB IX und § 3 AGG ein Diskriminierungsverbot geschaffen wurde, auf dessen Fehlen sich die Rspr. stützte.[293] Eine Ungleichbehandlung behinderter Menschen ist damit nur zulässig, wenn die Differenzierung durch ähnlich schwer wiegende Erwägungen gerechtfertigt ist, die auch die Ungleichbehandlung nach dem Geschlecht legitimieren. Überträgt man die zur Frage nach der Schwangerschaft herausgearbeiteten Kriterien des EuGH auf das Diskriminierungsverbot wegen der Behinderung, dann scheint das Fragerecht deutlich eingeschränkt. Die Frage nach der Schwerbehinderteneigenschaft **während des laufenden Arbeitsverhältnis** ist zulässig, wenn es dem Arbeitgeber nur darum geht, sich im Hinblick auf eine bevorstehende Kündigung über das Eingreifen der Schutzvorschrift des § 168 SGB IX zugunsten des schwerbehinderten Arbeitnehmer zu informieren.[294] Uneingeschränkt erlaubt bleibt die Frage nach einer Behinderung nur dann, wenn ihr Fehlen eine **wesentliche und entscheidende berufliche Anforderung** für die Tätigkeit ist.[295] Die Frage muss unterbleiben, wenn dies lediglich mit finanziellen Belastungen für den Arbeitgeber verbunden sein mag. Die Frage nach der Eigenschaft als schwerbehinderter Mensch als solche ist gänzlich ausgeschlossen, denn die damit verbundenen Pflichten des Arbeitgebers können zwar nicht unerhebliche Belastungen für ihn bedeuten, das AGG sieht hierin jedoch keinen legitimen Grund zur Ungleichbehandlung. Also ist auch eine auf die Vermeidung dieser Kosten gerichtete Frage unzulässig. Allerdings ist anzuerkennen, dass damit der Arbeitgeber, der nicht um die Eigenschaft seines Arbeitnehmers als schwerbehinderter Mensch weiß, Gefahr läuft, seine gesetzlichen Pflichten nicht zu erfüllen. **Nach Einstellung** besteht also eine Offenbarungspflicht des schwerbehinderten Beschäftigten, denn sonst mag es sein, dass der Arbeitgeber, der eine ausreichende Zahl schwerbehinderter Menschen iSd § 154 SGB IX beschäftigt, zusätzlich noch einmal Ausgleichsabgabe gem. § 160 SGB IX zahlt. Weil das Interesse des Arbeitgeber anzuerkennen ist, die **Quote nach § 154 SGB IX**

---

289 Das gilt typischerweise bei Berufen im Gesundheitswesen, vgl. *Richardi/Thüsing* BetrVG § 94 Rn. 18; *Richardi* NZA 1988, 73 (75); GK-BetrVG/*Raab* BetrVG § 94 Rn. 30; MHdB ArbR/*Buchner* § 30 Rn. 288; anders *Lichtenberg/Schücking* NZA 1990, 41 (44): kein besonderes Ansteckungsrisikos; vgl. auch *Heilmann* BB 1989, 1413 (1415): wegen häufiger Nichtkenntnis der Betroffenen von der Infizierung kann in der Regel nicht zutr. geantwortet werden.

290 Vgl. die umfassende Darstellung bei *Thüsing/Lambrich* BB 2002, 1146 ff.; *Feldhoff* ZTR 2004, 58; *Koppenfels-Spies* AuR 2004, 43; *Pallasch* NZA 2007, 306.

291 Ausf. dazu *Thüsing/Lambrich* BB 2002, 1146 (1147 f.).

292 BAG AP BGB § 123 Nr. 30; Nr. 38; Nr. 40; Nr. 49; *Becker* in Deinert/Heuschmid/Zwanziger ArbR § 21 Rn. 49; für die Notwendigkeit eines Tätigkeitsbezugs Großmann NZA 1989, 702; ähnlich *Linck* in Schaub ArbR-HdB § 26 Rn. 21.

293 So auch *Düwell* BB 2001, 1527 (1530) ohne nähere Ausführungen zu den konkreten Auswirkungen für die Reichweite des Fragerechts; vgl. *Joussen* NZA 2007, 174; ausdrücklich offengelassen auch von BAG BB 2011, 1779.

294 BAG NZA 2012, 555.

295 *Wisskirchen* DB 2006, 1491 (1494); *Düwell* BB 2006, 1741 (1743).

zu erfüllen, muss es ihm möglich sein, gerade mit diesem Ziel einzustellen. Er darf daher in diesem Fall fragen, muss dem Bewerber jedoch seine Absicht mitteilen. Auch dann bleibt es beim Recht des schwerbehinderten Bewerbers, wahrheitswidrig zu antworten.[296] Darauf hat der Arbeitgeber ihn hinzuweisen – ansonsten wäre dem Missbrauch Tür und Tor geöffnet.

127 Die Frage nach einem **künftigen Wehr- oder Ersatzdienst** ist zwar nicht mehr aktuell, die nach einem bereits **abgeleisteten Wehr- oder Ersatzdiensts** dagegen schon. Sie betreffen ausschließlich Männer und knüpfen damit unmittelbar an das Geschlecht an, so dass sie eine geschlechtsspezifische Ungleichbehandlung darstellen, die als Diskriminierung unzulässig ist.[297] Bejaht man ein billigenswertes Interesse des Arbeitgebers an einem vollständigen, lückenlosen Lebenslauf,[298] darf er allerdings aufgrund der Gewissensfreiheit des Bewerbers nur nach der Ableistung der Dienstverpflichtung an sich, nicht nach der Form (Wehrdienst oder Ersatzdienst) fragen.[299]

128 Darüber hinaus steht dem Arbeitgeber ein Fragerecht zu, ob der Arbeitnehmer bereits früher bei ihm beschäftigt war. Denn nur auf diese Weise ist es möglich festzustellen, ob eine befristete Beschäftigung des Arbeitnehmers gegen das Vorbeschäftigungsverbot des § 14 Abs. 2 TzBfG verstößt.[300] Gleiches gilt für das Fragerecht nach **dem Promotionsbeginn im Rahmen einer Befristung nach dem WissZeitVG.**[301]

129 **g) Datenschutzbestimmungen im Hinblick auf das Fragerecht.** Durch das Ausfüllen der vom Arbeitgeber verwendeten Personalfragebögen werden personenbezogene Daten erhoben.[302] Nach Art. 6 Abs. 1 DS-GVO ist auch die Verarbeitung von personenbezogenen Daten nur unter den dort genannten Voraussetzungen zulässig. Im Beschäftigungskontext besteht indes mit **Art. 88 Abs. 1 DS-GVO** für die Mitgliedstaaten eine Öffnungsklausel für spezifischere Vorschriften zur Verarbeitung personenbezogener Beschäftigtendaten, die mit **§ 26 BDSG** genutzt wurde. Auf Grundlage von § 26 Abs. 1 BDSG ist die Verarbeitung personenbezogener Beschäftigtendaten im Arbeitsverhältnis dann zulässig, wenn dies für die Entscheidung über die Begründung eines Beschäftigungsverhältnisses oder nach Begründung des Beschäftigungsverhältnisses für dessen Durchführung oder Beendigung erforderlich ist.[303] Zur Aufdeckung von Straftaten dürfen personenbezogene Daten eines Beschäftigten nur dann erhoben, verarbeitet oder genutzt werden, wenn zu dokumentierende tatsächliche Anhaltspunkte den Verdacht begründen, dass der Betroffene im Beschäftigungsverhältnis eine Straftat begangen hat, dies zur Aufdeckung erforderlich ist und das schutzwürdige Interesse des Beschäftigten an dem Ausschluss der Erhebung, Verarbeitung oder Nutzung nicht überwiegt, insbesondere Art und Ausmaß im Hinblick auf den Anlass nicht unverhältnismäßig sind. Art. 6 Abs. 1 lit. f DS-GVO erlaubt zudem die Erhebung personenbezogener Daten, soweit es zur Wahrung berechtigter Interessen des Verantwortlichen (also des Arbeitgebers) erforderlich ist und kein Grund zu der Annahme besteht, dass das schutzwürdige Interesse des Betroffenen an dem Ausschluss der Verarbeitung oder Nutzung überwiegt.

130 Durch den **Personalfragebogen** kommt es zu einer Sammlung personenbezogener Daten. Diese sind in der Regel gleichartig aufgebaut und können nach bestimmten Merkmalen geordnet, umgeordnet und ausgewertet werden kann. Der Personalfragebogen unterfällt auch dann dem Anwendungsbereich des BDSG, wenn er nicht durch automatisierte Verfahren ausgewertet werden kann, denn der weiter als Art. 2 Abs. 1 DS-GVO gefasste

---

[296] Ebenso *Düwell* BB 2006, 1741 (1743).

[297] *Ehrich* DB 2000, 421 (426); *Moritz* NZA 1987, 329 (335); *Coester* Anm. zu BAG AP BGB § 123 Nr. 31; vgl. auch MHdB ArbR/*Buchner* § 30 Rn. 315; *Schierbaum* AiB 1995, 586 (591); vgl. auch ErfK/*Preis* BGB § 611a Rn. 273.

[298] So Erman/*Edenfeld* BGB § 611 Rn. 263a.

[299] *Schierbaum* AiB 1995, 586 (591); s. auch MHdB ArbR/*Buchner* § 30 Rn. 315.

[300] BT-Drs. 14/4374, 19; BAG AP TzBfG § 14 Nr. 179.

[301] S. BAG NZA 2020, 42 (46).

[302] So auch BAG AP BDSG § 23 Nr. 2.

[303] BAG NZA 2013, 1087; 429; s. zu den Maßstäben der Erforderlichkeit iSv § 26 Abs. 1 BDSG *Thüsing/Rombey* NZA 2018, 1105 (1107 ff.).

§ 26 BDSG erstreckt sich gem. Abs. 7 auch auf die Verarbeitung personenbezogener Beschäftigtendaten, die nicht in einem Dateisystem gespeichert sind oder gespeichert werden sollen. Häufig geht mit der Datenerhebung auch eine Datenspeicherung einher. Es findet insofern keine begriffliche Differenzierung statt, sowohl Erhebung als auch Speicherung der Daten unterliegen einheitlich dem Begriff der „Verarbeitung" iSv Art. 4 Nr. 2 DS-GVO. Jeder Verarbeitungsvorgang bedarf gem. Art. 6 Abs. 1 S. 1 DS-GVO einer eigenständigen Rechtfertigung. Grundsätzlich wird die Speicherung unzulässig erhobener Daten verboten, das Speichern zulässig erhobener Daten im Rahmen der Zweckbestimmung des Arbeitsverhältnisses erlaubt sein. Hierbei sind jedoch die durch das informationelle Selbstbestimmungsrecht des Bewerbers begründeten Einschränkungen zu beachten.[304]

h) Offenbarungspflichten. Unabhängig vom Fragerecht des Arbeitgebers kann der 131
Bewerber auch ohne vorheriges Fragen des Arbeitgebers zur Offenbarung bestimmter Tatsachen verpflichtet sein.[305] Grundsätzlich muss eine Vertragspartei bei Vertragsverhandlungen – auch im Rahmen der Begründung eines Arbeitsverhältnisses – nicht von sich aus auf Umstände hinweisen, die die andere Vertragspartei vom Vertragsschluss abhalten können.[306] Ausnahmen von diesem Prinzip können sich allerdings dann ergeben, wenn der Arbeitgeber nach dem Grundsatz von Treu und Glauben eine Aufklärung durch den Arbeitnehmer erwarten darf. Eine Aufklärungspflicht des Arbeitnehmers ist vor allem dann anzunehmen, wenn er die Arbeitsleistung im vertraglich vereinbarten Umfang nicht oder nur eingeschränkt vornehmen kann. Dies gilt insbesondere, wenn dem Bewerber aufgrund von Krankheiten oder anderen körperlichen oder persönlichen Umständen die Erfüllung seiner arbeitsvertraglichen Pflichten über einen nicht unerheblichen Zeitraum unmöglich ist. Ferner darf der Arbeitgeber freiwillige Auskünfte erwarten, wenn der Bewerber erkennt, dass er aufgrund fehlender Qualifikation für die Arbeit völlig ungeeignet ist.[307] Es ist allerdings zu beachten, dass eine Offenbarungspflicht dann nicht besteht, wenn bereits eine Frage des Arbeitgeber über denselben Umstand unzulässig wäre. Eine **Verletzung** der Offenbarungspflichten kann neben einer Anfechtung des Arbeitsvertrages auch zu einem Schadensersatzanspruch aus § 311 Abs. 2 BGB, § 280 BGB führen.

Eine Offenbarungspflicht besteht bei **Vorstrafen,** wenn der Bewerber sich für eine 132
Führungsposition oder besondere Vertrauensstellung beworben hat;[308] beim **bevorstehenden Antritt einer Strafhaft,** wenn hierdurch ein mehrmonatiger Arbeitsausfall bevor steht;[309] bei einer zum Zeitpunkt der Verhandlungen bestehenden **Krankheit,** wenn zu in absehbarer Zeit mit einer Arbeitsunfähigkeit zu rechnen ist;[310] bei einer **Alkoholabhängigkeit** des Bewerbers, wenn sich dieser für eine **Stelle als Kraftfahrer** bewirbt;[311] bei einem unmittelbar **bevorstehenden Heilverfahren,** wenn es den Bewerber hindert, seine **befristete Tätigkeit** auszuüben;[312] bei einer dauerhaften **ansteckenden Krankheit,** durch die Dritte aufgrund der Art der Arbeitsleistung konkret gefährdet würden;[313] bei einer **Behinderung,** wenn sie den Bewerber daran hindert, die vorgesehene Arbeit überhaupt zu über-

---

304 BAGE 53, 226.

305 Ausf. in neuerer Zeit LAG Rh.-Pf. NZA-RR 2019, 578 (580).

306 Staudinger/*Richardi/Fischinger,* 2016, BGB § 611 Rn. 601 ff.; *Hoffmann* ZfA 1975, 1 (48).

307 BAG AP BGB § 123 Nr. 35; *Moritz* NZA 1987, 329 (331); Staudinger/*Richardi/Fischinger,* 2016, BGB § 611 Rn. 601; ErfK/*Preis* BGB § 611a Rn. 288; Soergel/*Kraft* BGB § 611 Rn. 31; *Wiedemann* FS Herschel, 1982, 463 (468); zurückhaltend MHdB ArbR/*Buchner* § 30 Rn. 362.

308 Deutlich zurückhaltender aber BAG NZA 2013, 1087, aber grds. bei einschlägigen Vorstrafen eine Offenbarungspflicht nicht ausschließend.

309 HessLAG NZA 1987, 352, wobei es nach dem LAG keine Rolle spielte, dass der Einstellungsbewerber eine Strafverbüßung im offenen Vollzug beantragt und die Chance hatte, diese bewilligt zu bekommen; zust. Anm. *v. Conze* zu BAG AP BGB § 123 Nr. 32; ebenso schon *Hoffmann* ZfA 1975, 49 Fn. 217; *Knipp* AR-Blattei, Einstellung Rn. 102; Staudinger/*Richardi/Fischinger,* 2016, BGB § 611 Rn. 603; abl. *Moritz* NZA 1987, 335.

310 BAG AP BGB § 276 Verschulden bei Vertragsschluss Nr. 6; *Wiedemann* FS Herschel, 1982, 463 (468).

311 ArbG Kiel BB 1982, 804; *Gola* BB 1987, 538 (539).

312 LAG Berlin BB 1979, 1145.

313 MHdB ArbR/*Buchner* § 30 Rn. 359.

nehmen;[314] bei einem **Wettbewerbsverbot,** dem der Arbeitnehmer unterliegt, da die Möglichkeit besteht, dass er die Tätigkeit gar nicht erst annimmt oder wieder abbricht, wenn sein alter Arbeitgeber gegen ihn vorgeht;[315] und bei fehlender **Aufenthalts- oder Arbeitserlaubnis** des ausländischen Bewerbers unter dem Gesichtspunkt der fehlenden Verfügbarkeit.[316] Eine generelle Offenbarungspflicht der Bewerberin hinsichtlich einer bestehenden **Schwangerschaft** gibt es nicht.[317]

133 **i) Abbruch der Vertragsverhandlungen.** Der Abbruch der Vertragsverhandlungen führt grundsätzlich nicht zur Begründung eines Schadensersatzanspruchs.[318] Ausnahmsweise kommt jedoch eine Schadensersatzpflicht des Arbeitgebers aus § 280 Abs. 1 BGB iVm § 311 Abs. 2 und 3 BGB in Betracht, wenn dieser schuldhaft ein Vertrauen auf das Zustandekommen eines Vertrags erweckt hat und dadurch den Bewerber veranlasst hat, eine sichere Stelle zu kündigen, und sich die Verhandlungsparteien über den Inhalt des abzuschließenden Vertrages weitgehend einig waren, der Abschluss also nur noch eine bloße Formsache war.[319] Zu ersetzen ist hier der Schaden, den der Bewerber durch den Verlust des alten Arbeitsplatzes erleidet.[320]

134 **j) Mitwirkungsrechte des Betriebsrats.** Bereits bei der Vertragsanbahnung bestehen Mitwirkungsrechte des Betriebsrats (Personalrats).[321] Nach § 99 Abs. 1 S. 1 BetrVG hat der Arbeitgeber den Betriebsrat über geplante Neueinstellungen[322] zu unterrichten. Er hat dabei dem Betriebsrat die erforderlichen Bewerbungsunterlagen vorzulegen; das sind sämtliche vom Bewerber zur Person gemachten Angaben sowie die beigebrachten Unterlagen (Zeugnisse, Lebenslauf etc), nicht aber der Arbeitsvertrag.[323] Dem Betriebsrat obliegt es, der geplanten Maßnahme zuzustimmen oder unter den Voraussetzungen des § 99 Abs. 2 BetrVG die Zustimmung zu verweigern. Erforderlich sind daher die Unterlagen, die der Betriebsrat benötigt, um sachliche und betriebsbezogene Entscheidungen zu fällen, die also für sein Widerspruchsrecht nach § 99 Abs. 2 BetrVG oder für seine Überwachungsaufgaben nach § 80 BetrVG von Bedeutung sein können. Nach richtiger Auffassung und stRspr sind dabei die Unterlagen aller Bewerber miteinzubeziehen, damit der Betriebsrat interessengerecht abwägen kann; es genügt daher nicht die Vorlage der Unterlagen nur derjenigen Bewerber, die vom Arbeitgeber in die engere Wahl gezogen worden sind.[324] Dazu gehören auch vom Arbeitgeber für nicht ernsthaft eingeschätzte Bewerbungen.[325] Entsprechendes gilt für die Mitwirkung der Personalvertretung nach § 75 Abs. 1 BPersVG bzw. entsprechenden LPVG.

135 **k) Abgelehnte Bewerber.** Das Bewerbungsverfahren endet entweder mit dem Abschluss eines Anstellungsvertrages oder der Mitteilung des Arbeitgebers, dass es zu keiner Begründung eines Vertragsverhältnisses kommt. Dem abgelehnten Bewerber sind seine

[314] AA noch BAG AP BGB § 123 Nr. 30; MHdB ArbR/*Buchner* § 30 Rn. 357. Bei beschränkter Leistungsfähigkeit besteht keine Offenbarungspflicht, BAG AP BGB § 123 Nr. 19; Nr. 30.

[315] ErfK/*Preis* BGB § 611a Rn. 289.

[316] Vgl. hierzu LAG Nürnberg NZA 1995, 228.

[317] Früher noch bejahend für den Fall der Unmöglichkeit der Leistungspflicht: BAG AP MuSchG § 9 Nr. 2; BAGE 59/28. Das ist jetzt aber wegen strenger EuGH-Rspr. abzulehnen, ähnlich ErfK/*Preis* BGB § 611a Rn. 290.

[318] BGH NJW 1967, 2199; 1975, 53; ErfK/*Preis* BGB § 611a Rn. 262; HWK/*Thüsing* BGB § 611a Rn. 173.

[319] Vgl. BAG AP BGB § 276 Verschulden bei Vertragsschluss Nr. 4; Nr. 9; Nr. 10; BGH NJW 1975, 1774; DB 1977, 1548; ErfK/*Preis* BGB § 611a Rn. 262; *Linck* in Schaub ArbR-HdB § 26 Rn. 3.

[320] BAG AP BGB § 276 Verschulden bei Vertragsschluss Nr. 9.

[321] Zum Ganzen *v. Hoyningen-Huene* BetrVR § 14 Rn. 26 ff.

[322] Zu der Frage, wann eine Einstellung vorliegt, s. nur HWK/*Ricken* BetrVG § 99 Rn. 17 ff.; Richardi/*Thüsing* BetrVG § 99 Rn. 29 ff., 36 f. jeweils mwN.

[323] BAG EzA BetrVG 1972 § 99 Nr. 69 mAnm *v. Hoyningen-Huene*; NZA 2005, 827.

[324] Ebenso BAG AP BetrVG 1972 § 99 Nr. 1; Nr. 7; AP BetrVG 1972 § 118 Nr. 18; NZA 2015, 311; BVerwGE 61, 325; ErfK/*Kania* BetrVG § 99 Rn. 19; *v. Hoyningen-Huene* BetrVR § 14 Rn. 40 ff.; *Fitting* BetrVG § 99 Rn. 167 mwN; *Reiserer* BB 1992, 2499.

[325] BAG NZA 2015, 311 Rn. 29.

Bewerbungsunterlagen vollständig und auf eigene Kosten zurückzureichen.[326] Um sich nicht der Gefahr von Entschädigungs- und/oder Schadensersatzansprüchen gem. § 15 AGG auszusetzen, ist unter Risikoaspekten anzuraten, im Ablehnungsschreiben keine expliziten Gründe für die Ablehnung aufzuführen.[327] Dem abgelehnten Bewerber steht grundsätzlich kein Anspruch zu, den Grund der Absage zu erfahren und Auskunft über die Einstellung eines Mitbewerbers oder Einsicht in dessen Bewerbungsunterlagen zu erhalten.[328]

4. Vertragsschluss. Die Anstellung ist ein privatrechtlicher **gegenseitiger Vertrag.** 136
Sie kommt durch zwei korrespondierende Willenserklärungen, Angebot und Annahme (§§ 145 ff. BGB), zustande. Auf den Vertragsschluss sind die allgemeinen bürgerlich-rechtlichen Vorschriften anwendbar. Dies gilt auch dann, wenn der Arbeitgeber eine juristische Person des öffentlichen Rechts ist (zB Städte, Sparkassen), weil die Anstellung auch in diesem Fall privatrechtlicher Natur ist.

a) Grundsatz der Vertragsfreiheit. Für die Anstellung gilt der Grundsatz der Ver- 137
tragsfreiheit (§ 105 GewO).[329] Sowohl dem Arbeitgeber als auch dem Handlungsgehilfen steht es daher frei, einen Anstellungsvertrag zu schließen. Es gibt kein „Recht auf Arbeit", aus dem sich ein Anspruch auf Abschluss eines Anstellungsvertrags mit einem bestimmten Arbeitgeber ableiten ließe.[330]

b) Einschränkungen für den Arbeitgeber. Der Grundsatz der Vertragsfreiheit wird 138
für den Arbeitgeber jedoch verschiedentlich durch gesetzliche oder kollektivvertragliche Regelungen eingeschränkt. So sehen zahlreiche Tarifverträge und § 174 Abs. 6 SGB IX eine Wiedereinstellungspflicht nach Arbeitskämpfen vor, die das Arbeitsverhältnis mit lösender Wirkung beendet haben. Ausnahmsweise gibt es auch eine Wiedereinstellungsverpflichtung gegenüber zu Unrecht gekündigten Personen nach den Grundsätzen der Vertrauenshaftung oder aus nachvertraglicher Fürsorgepflicht.[331] Nach Ausspruch einer ordentlichen Kündigung besteht nach § 102 Abs. 5 BetrVG eine Weiterbeschäftigungsverpflichtung für den Arbeitgeber, wenn der Betriebsrat der Arbeitgeberkündigung nach § 102 Abs. 3 BetrVG widersprochen hat.[332]

Nach Auffassung des Großen Senats des BAG soll darüber hinaus auch dann ein **allge-** 139
meiner Weiterbeschäftigungsanspruch des Arbeitnehmers bestehen, wenn der Arbeitnehmer in der ersten Instanz des Kündigungsschutzprozesses obsiegt hat und keine berechtigten Interessen des Arbeitgebers einer Weiterbeschäftigung des Arbeitnehmers entgegenstehen.[333] Ein **Auszubildender** ist nach Beendigung des Berufsausbildungsverhältnisses weiterzubeschäftigen, wenn er Mitglied der Jugendvertretung des Betriebsrats war und innerhalb der letzten drei Monate vor Beendigung des Berufsausbildungsverhältnisses vom Arbeitgeber schriftlich die Weiterbeschäftigung verlangt hat (§ 78a Abs. 2 BetrVG). Im Übrigen besteht aber grundsätzlich keine Übernahmeverpflichtung von Auszubildenden

---

326 *Roesner* BC 2012, 214.

327 Ebenso *Schrader/Klagges* in Schaub ArbR-HdB Rn. 38.

328 EuGH NJW 2012, 2497 mAnm *Kock* NJW 2012, 499; BeckRS 2011, 81408; BAG BeckRS 2013, 68457; zur Erörtungspflicht der Besetzungsentscheidung nach § 81 Abs. 1 S. 9 SGB IX vgl. BAG NZA 2013, 840.

329 Dazu *Boemke* NZA 1993, 532 ff.

330 BAG NJW 1964, 1921 (1922); *Zöllner/Loritz/Hergenröder* ArbR § 9 II 9; zum „Recht auf Arbeit" näher *Reuter* RdA 1978, 344 ff.; *Schwerdtner* ZfA 1977, 47 ff.; *Wank,* Das Recht auf Arbeit, 1980.

331 BAG AP BGB § 611 Einstellungsanspruch Nr. 1; AP KSchG 1969 § 1 Soziale Auswahl Nr. 2 mAnm *Wank*; *Oberhofer* RdA 2006, 92 ff.; *Wulff* AiB 2007, 610 ff.

332 Dazu BAG AP BetrVG 1972 § 102 Weiterbeschäftigung Nr. 7; Richardi/*Thüsing* BetrVG § 102 Rn. 216 ff.; *v. Hoyningen-Huene* BetrVR § 14 Rn. 94 mwN.

333 So BAG GS AP BGB § 611 Beschäftigungspflicht Nr. 14 = EzA BGB § 611 Beschäftigungspflicht Nr. 9 mAnm *Gamillscheg* = SAE 1986, 37 mAnm *Lieb* = AR-Blattei Beschäftigungspflicht Entsch. 15 mAnm *Buchner* = BB 1986, 1978 mAnm *Gumpert*; Linck/Krause/Bayreuther/*Linck* KSchG § 4 Rn. 161 ff. mwN; zu den Folgen dieser Entscheidung *v. Hoyningen-Huene* BB 1988, 264 mwN; s. auch *Kempter/Steinat* NZA 2016, 913.

(vgl. auch § 14 Abs. 1 S. 2 Nr. 2 TzBfG);[334] allenfalls kann sich eine derartige Pflicht aus einer Grundrechtsverletzung ergeben.[335]

140 Nach § 99 Abs. 2 BetrVG hat der **Betriebsrat** unter bestimmten Voraussetzungen die Möglichkeit, der Einstellung von Arbeitnehmern zu widersprechen und diese dadurch im Ergebnis zu verhindern.[336] Bei einem **Betriebsübergang** nach § 613a BGB (→ Rn. 34) wird demgegenüber die Abschlussfreiheit des übernehmenden Arbeitgebers nicht berührt, da durch den Betriebsübergang keine neuen Arbeitsverhältnisse begründet werden, sondern lediglich bereits bestehende Arbeitsverhältnisse vom Betriebserwerber übernommen werden.[337]

141 Auf **Seiten des Arbeitgebers** ist die Partnerfreiheit nur geringfügig eingeschränkt. Zwar verpflichtet § 154 SGB IX den Arbeitgeber, der über mindestens 20 Arbeitsplätze verfügt, auf wenigstens 5 % der Arbeitsplätze **schwerbehinderte Menschen** zu beschäftigen. Gleichwohl resultiert aber daraus kein Einstellungsanspruch eines Schwerbehinderten, weil der Arbeitgeber für jeden unbesetzten Pflichtplatz lediglich nach § 160 SGB IX eine Ausgleichsabgabe in Höhe von derzeit 125–320 Euro zu entrichten hat. Auch das Gebot des § 7 Abs. 1 AGG, bei der Begründung des Arbeitsverhältnisses Personen nicht wegen der in § 1 AGG genannten Merkmale zu benachteiligen, gewährt bei Verstößen **dem diskriminierten Bewerber** keinen Einstellungsanspruch (§ 15 Abs. 6 AGG), sondern nach § 15 Abs. 1 AGG lediglich einen Schadensersatzanspruch und für Nichtvermögensschäden nach § 15 Abs. 2 AGG einen Entschädigungsanspruch in angemessener Höhe (§ 15 Abs. 2 S. 2 AGG: bis zu drei Monatsgehälter).[338] Dagegen wird bei **illegaler Arbeitnehmerüberlassung** gem. § 10 Abs. 1 AÜG ein Arbeitsverhältnis beim Entleiher begründet (→ Rn. 43).

142 **c) Einschränkungen auf Seiten des Handlungsgehilfen.** Bei Abschluss des Anstellungsvertrags gilt außerdem der Grundsatz der **Freiheit der Partnerwahl.**[339] Diese Freiheit besteht **für den Handlungsgehilfen** grundsätzlich uneingeschränkt. Mittelbar wird die Abschlussfreiheit des Handlungsgehilfen freilich dadurch eingeschränkt, dass ein Arbeitsloser, der Leistungen aus der Arbeitslosenversicherung in Anspruch nimmt, bereit sein muss, jede ihm von der Arbeitsvermittlung nachgewiesene zumutbare Beschäftigung anzunehmen (§ 140 Abs. 1 SGB III). Lehnt der Arbeitslose eine zumutbare Beschäftigung ab, so wird ihm das Arbeitslosengeld für eine Dauer von drei bis zwölf Wochen gesperrt (vgl. § 159 Abs. 1 Nr. 2 und Abs. 3 und 4 SGB III).

143 **Beschäftigungsverbote** führen regelmäßig nicht zu einem vertraglichen Abschlussverbot, sondern nur zu einem tatsächlichen Beschäftigungsverbot,[340] zB die Beschäftigung von Nicht-EU-Ausländern ohne Aufenthaltstitel gem. §§ 39, 18 AufenthG oder von Staatsangehörigen der neuen EU-Mitglieder ohne EU-Arbeitsgenehmigung nach § 284 SGB III,[341] die Beschäftigung eines Lehrers ohne schulaufsichtliche Genehmigung,[342] die Beschäftigung entgegen § 31 Infektionsschutzgesetz[343] und die Einstellung eines Arbeitnehmers ohne ordnungsgemäße Zustimmung des Betriebsrats,[344] zumindest wenn der Betriebsrat nach § 101 S. 1 BetrVG die Beschäftigung untersagen ließ.[345]

144 **d) Grundsatz der Formfreiheit.** Der Abschluss des Anstellungsvertrags bedarf grundsätzlich keiner bestimmten Form. Lediglich die Befristung eines Arbeitsvertrages muss

[334] BAG AP BBiG § 17 Nr. 2 mAnm *Herschel.*
[335] So BVerfG NJW 1992, 2409 unter Aufhebung der vorgenannten BAG-Entscheidung; dagegen zu Recht *Boemke* NJW 1993, 2083.
[336] Vgl. hierzu *v. Hoyningen-Huene* BetrVR § 14 Rn. 50; *Fitting* BetrVG § 99 Rn. 187 ff.; zu einer trotzdem erfolgten Einstellung *Fitting* BetrVG § 99 Rn. 278.
[337] BAG AP BGB § 613a Nr. 12 mAnm *Seiter.*
[338] Vgl. dazu ErfK/*Schlachter* AGG § 15 Rn. 4 ff. mwN.
[339] *Boemke* NZA 1993, 532 (534).
[340] Erman/*Edenfeld* BGB § 611 Rn. 256; HWK/*Thüsing* BGB § 611a Rn. 201, 206.
[341] Vgl. dazu *Huber* NVwZ 2005, 1 ff.; *Marschner* DB 2005, 499 ff.
[342] BAG AP BGB § 611 Lehrer, Dozenten Nr. 18 mAnm *v. Hoyningen-Huene.*
[343] BAG AP BSeuchenG § 18 Nr. 1; Nr. 2.
[344] BAG AP GG Art. 33 Abs. 2 Nr. 9 mAnm *Misera.*
[345] Dazu *v. Hoyningen-Huene* BetrVR § 14 Rn. 69.

schriftlich erfolgen (§ 14 Abs. 4 TzBfG); anderenfalls gilt der befristete Arbeitsvertrag als auf unbestimmte Zeit geschlossen (§ 16 S. 1 TzBfG). Das auf Grund der Nachweis-RL[346] am 21.7.1995 in Kraft getretene **Nachweisgesetz** (NachwG) vom 20.7.1995 (BGBl. 1995 I S. 946)[347] schreibt dem Arbeitgeber jedoch vor, bis spätestens einen Monat nach dem vereinbarten Beginn des Arbeitsverhältnisses eine schriftliche, von ihm unterzeichnete Niederschrift über die wesentlichen Vertragsbedingungen an den Arbeitnehmer auszuhändigen. Damit wird eine erhöhte Transparenz der Arbeitsbedingungen bezweckt. Ein Verstoß gegen die Nachweispflicht führt wegen des deklaratorischen Charakters der Niederschrift nicht zur Nichtigkeit des Arbeitsvertrags nach § 125 BGB. Die Nachweispflicht aus §§ 2, 3 NachwG ist jedoch eine selbstständig einklagbare Nebenpflicht, deren Verletzung Schadensersatzansprüche aus § 280 Abs. 1 BGB begründen kann.[348] Weitere gesetzliche Formvorschriften enthalten § 11 BBiG und § 11 Abs. 1 S. 2 AÜG.

Der Grundsatz der Formfreiheit ist in der Praxis jedoch dadurch eingeschränkt, dass 145
zahlreiche **Tarifverträge** für den Arbeitsvertrag die Schriftform vorschreiben.[349] Dabei ist stets zu prüfen, ob das Schriftformerfordernis konstitutive oder nur deklaratorische Bedeutung hat. Nur ein Verstoß gegen konstitutive Schriftformerfordernisse macht eine vereinbarte Regelung nichtig (§ 125 S. 1 BGB). In der Regel ist allerdings zum Schutz des Arbeitnehmers davon auszugehen, dass eine tarifvertragliche Formvorschrift nur Beweiszwecke verfolgt und bloß deklaratorischer Natur ist. Dann besteht lediglich ein Anspruch des Arbeitnehmers auf schriftliche Niederlegung des Arbeitsvertrags.[350]

e) Stellvertretung. Sowohl Arbeitgeber als auch Handlungsgehilfe können sich beim 146
Abschluss der Anstellung durch Stellvertreter gem. §§ 164 ff. BGB vertreten lassen. Wird das Handelsgewerbe von einer juristischen Person betrieben (zB GmbH, AG), ist die Vertretung durch Organmitglieder oder sonstige Personen zwingend erforderlich (§§ 78 AktG, 35 GmbHG; vgl. auch § 5 Abs. 2 Nr. 1 BetrVG), da die juristische Person als solche nicht handeln kann (→ Rn. 12).

Ein Vertreter des Arbeitgebers kann allerdings nicht im Namen des Arbeitgebers mit 147
sich selbst einen Anstellungsvertrag abschließen. Auch im Arbeitsrecht gilt insoweit das **Verbot von Insichgeschäften** nach § 181 BGB.[351] Danach ist ein Selbstkontrahieren beim Abschluss des Anstellungsvertrags grundsätzlich nur dann zulässig, wenn es dem Vertreter besonders gestattet ist. Eine gesetzliche Zulassung von Insichgeschäften findet sich in § 10 Abs. 3 BBiG. Demzufolge können Eltern als Ausbildende mit ihren Kindern einen Berufsausbildungsvertrag als Vertreter abschließen, ohne gegen das Verbot von Insichgeschäften nach § 181 BGB zu verstoßen.[352]

f) Geschäftsunfähige und beschränkt geschäftsfähige Arbeitgeber. Auch ein 148
minderjähriger Arbeitgeber kann einen Anstellungsvertrag mit einem Handlungsgehilfen schließen. Hat er jedoch noch nicht das 7. Lebensjahr vollendet oder ist er aus anderen Gründen nach § 104 BGB geschäftsunfähig, so muss er sich beim Abschluss des Anstellungsvertrags durch seinen gesetzlichen Vertreter vertreten lassen. Ein von einem geschäftsunfähigen Arbeitgeber geschlossener Vertrag ist nichtig (§ 105 Abs. 1 BGB), und zwar auch dann, wenn die Anstellung durch Arbeitsaufnahme in Vollzug gesetzt worden ist. Es gelten dann

---

346 RL 91/533/EWG vom 14.10.1991 über die Pflicht des Arbeitgebers zur Unterrichtung des Arbeitnehmers über die für seinen Arbeitsvertrag oder sein Arbeitsverhältnis geltenden Bedingungen, ABl. EG 1991 L 288, 32.

347 Hierzu *Birk* NZA 1996, 281 ff.; *Boudon* ArbRB 2006, 155 ff.; ErfK/*Preis* NachwG; *Preis* NZA 1997, 10 ff.; *Melms/Weck* RdA 2006, 171 ff.; *Müller-Glöge* RdA-Beil. 5/2001, 46 ff.; *Richardi* NZA 2001, 57 ff.; *Schäfer*, Das Nachweisgesetz, 2000; *Weber* NZA 2002, 641 ff.; *Zwanziger* DB 1996, 2027 ff.

348 BAG AP NachwG § 2 Nr. 6.

349 Vgl. hierzu BAG AP TVG § 4 Nr. 1; AP BAT § 4 Nr. 1; Nr. 2; Nr. 5; AP TVG § 4 Formvorschriften Nr. 2; AP § 74 Nr. 46.

350 *Zöllner/Loritz/Hergenröder* ArbR § 38 I 1 b aa; MHdB ArbR/*Benecke* § 36 Rn. 34.

351 Vgl. dazu Kommentare zu § 181 BGB, zB MüKoBGB/*Schubert* BGB § 181 Rn. 1 ff.

352 Vgl. dazu *Vogelsang* in Schaub ArbR-HdB § 174 Rn. 6.

die Grundsätze des fehlerhaften Arbeitsverhältnisses.[353] Die Übernahme von Arbeitsverhältnissen nach § 613a BGB (→ Rn. 34) durch einen geschäftsunfähigen Arbeitgeber soll aber nach Auffassung des BAG möglich sein.[354]

149 **Beschränkt geschäftsfähige Arbeitgeber,** also Minderjährige nach Vollendung des 7. Lebensjahres bis zur Vollendung des 18. Lebensjahres (§ 106 BGB), müssen sich ebenfalls grundsätzlich bei Abschluss des Anstellungsvertrags durch den gesetzlichen Vertreter vertreten lassen. Es besteht hier jedoch nach § 112 BGB die Möglichkeit, dass der gesetzliche Vertreter mit Genehmigung des Familiengerichts den Minderjährigen zum selbstständigen Betrieb eines Erwerbsgeschäftes ermächtigt. Das hat dann zur Folge, dass der Minderjährige für solche Geschäfte unbeschränkt geschäftsfähig ist, welche der Geschäftsbetrieb mit sich bringt. Dazu gehört auch der Abschluss von Anstellungsverträgen. Von der Ermächtigung ausgenommen sind nach § 112 Abs. 1 S. 2 BGB allerdings solche Rechtsgeschäfte, zu denen auch der gesetzliche Vertreter der Genehmigung des Familiengerichts bedarf (§§ 1821 ff. BGB). Wird der Anstellungsvertrag von einem beschränkt geschäftsfähigen Arbeitgeber abgeschlossen, so ist dieser nicht nichtig, sondern nach § 108 BGB schwebend unwirksam. Er wird erst dann endgültig nichtig, wenn der gesetzliche Vertreter die Zustimmung verweigert.

150 **g) Geschäftsunfähige und beschränkt geschäftsfähige Handlungsgehilfen. Geschäftsunfähige Handlungsgehilfen** müssen sich beim Vertragsschluss durch ihren gesetzlichen Vertreter vertreten lassen, sonst ist die Anstellung nichtig (§ 105 Abs. 1 BGB). **Beschränkt geschäftsfähige Handlungsgehilfen** (§ 106 BGB) bedürfen zum Abschluss des Anstellungsvertrags der Zustimmung ihres gesetzlichen Vertreters. Ermächtigt der gesetzliche Vertreter einen Minderjährigen in Arbeit zu treten, ist der Minderjährige nach § 113 Abs. 1 BGB für solche Rechtsgeschäfte unbeschränkt geschäftsfähig, welche die Eingehung oder Aufhebung des Arbeitsverhältnisses der gestatteten Art oder die Erfüllung der sich aus einem solchen Verhältnis ergebenden Verpflichtungen betreffen. Die Ermächtigung kann dabei ausdrücklich oder auch konkludent durch schlüssiges Verhalten erfolgen. Ausgenommen von der Ermächtigung sind dabei nur solche Verträge, zu denen der gesetzliche Vertreter der Genehmigung des Familiengerichts bedarf (§§ 1643, 1821 f. BGB).[355] Bei minderjährigen Handlungsgehilfen sind auch die Vorschriften des JArbSchG zu beachten.[356]

151 **h) Ausländische Handlungsgehilfen.** Ausländische Handlungsgehilfen aus Nicht-EU-Ländern bedürfen zur Ausübung einer Beschäftigung nach §§ 39, 18 AufenthG einer Erlaubnis der Bundesagentur für Arbeit, soweit in zwischenstaatlichen Vereinbarungen nichts anderes bestimmt ist.[357] Die Arbeitserlaubnis ist grundsätzlich vom ausländischen Handlungsgehilfen zu beantragen; der Arbeitgeber steht ebenfalls ein Antragsrecht zu.[358]

152 Eine wichtige Ausnahme vom Grundsatz der Erlaubnispflichtigkeit der Beschäftigung ausländischer Handlungsgehilfen gilt für **Arbeitnehmer der Mitgliedstaaten der EU und der EWR-Abkommensstaaten.** Diese bedürfen auf Grund der Freizügigkeit innerhalb der EU generell keiner Arbeitserlaubnis (§§ 2, 12 FreizügG/EU). Die Staatsangehörigen der neuen EU-Mitgliedstaaten bedürfen aber einer EU-Arbeitsgenehmigung, (vgl. § 284 SGB III).

---

353 Dazu *Boemke* AR-Blattei SD 220.5 (1999); ErfK/*Preis* BGB § 611a Rn. 145 ff.; *Joussen* NZA 2006, 963 ff.; MHdB ArbR/*Benecke* § 38 Rn. 35 f.

354 BAG AP BGB § 613a Nr. 44 = EWiR BGB § 613a Nr. 15/85 m. abl. Kurzkomm. *v. Hoyningen-Huene.*

355 Vgl. zu den Einzelheiten Kommentare zu § 113 BGB.

356 Vgl. hierzu ErfK/*Schlachter* JArbSchG; *Lakies,* Jugendarbeitsschutzgesetz, 8. Aufl. 2018; *Weyand,* Kommentar zum Jugendarbeitsschutzgesetz, 2. Aufl. 2016.

357 Vgl. hierzu *Feldgen* ZAR 2006, 168 ff.; *Heinz/Schuhmann/Busemann,* Ausländische Arbeitnehmer, 2. Aufl. 2002; *Marschner* AR-Blattei SD 330 Rn. 62 ff. (2006); *Marschner* DB 2005, 499 ff.; MHdB ArbR/*Wißmann* § 30 Rn. 9 ff.

358 BAG AP AVAVG § 35 Nr. 4.

Schließt ein **ausländischer Handlungsgehilfe ohne Arbeitserlaubnis** einen Anstellungsvertrag mit einem Arbeitgeber ab, so verstößt er damit gegen § 4 Abs. 3 AufenthG, § 284 Abs. 6 S. 2 SGB III. Da diese Vorschriften jedoch lediglich ein Beschäftigungsverbot enthalten und nicht etwa ein Genehmigungserfordernis für den Anstellungsvertrag, ist die Anstellung nicht nach § 134 BGB nichtig. Es ist dem Arbeitgeber lediglich verboten, den Handlungsgehilfen tatsächlich zu beschäftigen.[359] Der Arbeitgeber begeht eine Ordnungswidrigkeit gem. § 404 Abs. 1 SGB III. 153

i) Kündigung vor Dienstantritt. Der Anstellungsvertrag kann bereits vor dem vorgesehenen Dienstantritt gekündigt werden,[360] sofern die Parteien keine – konkludente oder ausdrückliche – abweichende Vereinbarung getroffen haben.[361] Ob für eine vor dem vereinbarten Vertragsbeginn ausgesprochene ordentliche Kündigung die Kündigungsfrist bereits mit Zugang der Kündigung oder erst mit dem vereinbarten Tag des Beginns des Arbeitsverhältnisses anläuft, hängt in erster Linie von den zwischen den Parteien getroffenen Vereinbarungen ab. Besteht keine eindeutige Vereinbarung, so ist im Wege der ergänzenden Vertragsauslegung der mutmaßliche Parteiwille zu ermitteln (§ 157 BGB). Dabei bieten insbesondere die Länge der Kündigungsfrist oder die Art der vorgesehenen Beschäftigung Anhaltspunkte dafür, ob ein Interesse an einer zumindest vorübergehenden Realisierung des Anstellungsverhältnisses besteht. Ein solches Interesse fehlt in der Regel, wenn die Parteien die kürzeste zulässige Kündigungsfrist vereinbart haben, und insbesondere wenn das Anstellungsverhältnis nur der Erprobung dienen soll. In diesen Fällen ist davon auszugehen, dass die Kündigungsfrist bereits mit dem Zugang der Kündigung anläuft.[362] 154

j) Mängel der Anstellung. Der Anstellungsvertrag kann ebenso wie andere Rechtsgeschäfte von Anfang an nichtig sein, zB wegen fehlender Geschäftsfähigkeit (§§ 104 ff. BGB, → Rn. 148 f., → Rn. 150), Verstoß gegen ein gesetzliches Verbot (§ 134 BGB) oder wegen Sittenwidrigkeit (§ 138 BGB). Unter bestimmten Voraussetzungen kann auch der Anstellungsvertrag gem. §§ 119, 123 BGB angefochten werden (→ Rn. 176 ff.). War der Anstellungsvertrag bereits durch Arbeitsaufnahme in Vollzug gesetzt worden, so entsteht ein **fehlerhaftes Anstellungsverhältnis,** das nicht mehr rückwirkend, sondern nur noch mit Wirkung für die Zukunft beseitigt werden kann.[363] Das bedeutet, dass für die zurückliegende Zeit alle arbeitsrechtlichen Vorschriften anwendbar bleiben. 155

5. Arten der Anstellung. Aufgrund der Gestaltungsfreiheit (§ 105 GewO) gibt es verschiedenste Arten der Anstellung. Man kann dabei folgende Typen unterscheiden: 156

a) Befristete und unbefristete Anstellung. Nach der Laufzeit ist zwischen einer Anstellung unbestimmter Dauer (§ 620 Abs. 2 BGB) und einer für einen bestimmten Zeitraum befristeten Anstellung zu unterscheiden (§ 3 TzBfG). Für befristete Anstellungen gilt gem. § 620 Abs. 3 BGB das Gesetz über Teilzeitarbeit und befristete Arbeitsverträge,[364] das die RL 1997/81/EG und die RL 1999/70/EG umsetzt.[365] Befristete Anstellungen sind nach § 14 Abs. 1 S. 1 TzBfG zulässig, wenn ein **sachlicher Grund** für eine Befristung besteht. In § 14 Abs. 1 S. 2 TzBfG benennt das Gesetz selbst acht Beispiele eines sachlichen Grundes, diese Aufzählung ist allerdings nicht abschließend, wie aus dem Wort „insbesondere" deutlich wird. Andere Sachgründe können die Befristung jedoch nur rechtfertigen, 157

[359] Vgl. BAG AP AFG § 19 Nr. 2; Nr. 4; aA noch BAG AP AVAVG § 35 Nr. 4; zu Gehaltsansprüchen bei verweigerter Beschäftigung LAG Düsseldorf AR-Blattei Ausländische Arbeitnehmer Entsch. 18.
[360] Zur Übersicht *Bonanni/Niklas* ArbRB 2008, 249 ff.; *Linck* AR-Blattei SD 1010.1.3 (2006).
[361] Vgl. BAG NJW 1965, 171; 1980, 1015; 1987, 148; NZA 2004, 1089; *Joussen* NZA 2002, 1177 ff.
[362] Zum Ganzen BAG NJW 1987, 148 mit ausf. Darstellung des Meinungsstands; NZA 2004, 1089.
[363] BAG AP § 63 Nr. 32 mAnm *Mayer-Maly*; ErfK/*Preis* BGB § 611a Rn. 145 mwN.
[364] TzBfG vom 21.12.2000, BGBl. 2000 I S. 1966.
[365] Vgl. hierzu *Annuß/Thüsing,* Teilzeit- und Befristungsgesetz, 3. Aufl. 2012; *Boecken/Joussen,* Teilzeit- und Befristungsgesetz, 6. Aufl. 2019; *Laux/Schlachter,* Teilzeit- und Befristungsgesetz, 2. Aufl. 2011; *Meinel/Heyn/Herms,* Teilzeit- und Befristungsgesetz, 5. Aufl. 2015; *Sievers* TzBfG, 6. Aufl, 2018.

wenn sie den in § 14 Abs. 1 TzBfG zum Ausdruck kommenden Wertungsmaßstäben entsprechen und den dort genannten Sachgründen von ihrem Gewicht her gleichwertig sind.[366]

158 Eine erleichterte Zulassung von befristeten Anstellungen besteht nach § 14 Abs. 2 S. 1 TzBfG, wonach auch **ohne sachlichen Grund** eine Befristung bis zur Dauer von zwei Jahren zulässig ist. Nach § 14 Abs. 2 S. 2 TzBfG muss es sich aber um eine Neueinstellung handeln. Im Übrigen sind in neugegründeten Unternehmen Befristungen bis zu vier Jahren zulässig (§ 14 Abs. 2a TzBfG) sowie unter besonderen Voraussetzungen Befristungen bis zu fünf Jahren für Handlungsgehilfen ab dem 52. Lebensjahr (§ 14 Abs. 3 TzBfG).

159 **b) Vollzeit- und Teilzeitanstellungen.** Nach der Dauer der Arbeitszeit ist zwischen Vollzeit- und Teilzeitanstellungen zu unterscheiden. Der Arbeitnehmer hat unter den Voraussetzungen des § 8 TzBfG Anspruch auf Verringerung seiner Arbeitszeit.[367] Diese kann nach § 9a TzBfG auf Wunsch des Arbeitnehmers auch für einen bestimmten, im Voraus festzulegenden Zeitraum verringert werden (sog. Brückenteilzeit).[368] Zu den Teilzeitanstellungsverhältnissen sind das Job-Sharing und die bedarfsabhängige variable Arbeitszeit (BAVAZ, verfehlte Bezeichnung KAPOVAZ) zu rechnen. Eine gesetzliche Regelung haben derartige Arbeitsverhältnisse in den §§ 12, 13 TzBfG erfahren.[369]

160 **c) Gruppenarbeitsverhältnisse und mittelbare Arbeitsverhältnisse.** Neben dieser Einteilung der Anstellungen nach Dauer und zeitlichem Umfang kann man Anstellungsverhältnisse auch nach der Art der Erbringung der Arbeitsleitung einordnen. So gibt es Gruppenarbeitsverhältnisse, in denen eine Mehrheit von Handlungsgehilfen die Leistungen aus dem Anstellungsverhältnis gemeinsam erbringt.[370] Weiterhin liegt ein mittelbares Arbeitsverhältnis vor, wenn jemand von einem Mittelsmann, der seinerseits Arbeitnehmer eines Dritten ist, beschäftigt wird und die Arbeit mit Wissen des Dritten unmittelbar für diesen geleistet wird, ohne dass ein unmittelbarer Anstellungsvertrag zwischen dem Dritten und dem Handlungsgehilfen zustande kommt.[371] Das mittelbare Arbeitsverhältnis ähnelt dem **Leiharbeitsverhältnis,** stellt aber keine gewerbsmäßige Arbeitnehmerüberlassung dar, da der Mittelsmann nicht Unternehmer, sondern Arbeitnehmer ist (→ Rn. 41 ff.).

161 **d) Heimarbeiter.** Kein Anstellungsverhältnis liegt vor, wenn jemand als Heimarbeiter für ein Handelsgewerbe tätig ist. Heimarbeiter sind nicht Arbeitnehmer, sondern selbstständige Unternehmer. Sie genießen jedoch durch die Einbeziehung in den Schutzbereich arbeitsrechtlicher Normen und durch das Heimarbeitsgesetz (HAG) auch einen gewissen Schutz.[372]

162 **6. Inhalt der Anstellung.** Durch die Anstellung (→ Rn. 100) werden die Rechtsbeziehungen zwischen dem Handlungsgehilfen und dem Arbeitgeber geregelt. Inhalt der Anstellung ist dabei die nähere Ausgestaltung der Hauptpflichten, also einerseits der Arbeitspflicht des Handlungsgehilfen (→ Rn. 182 ff.) und andererseits der Vergütungspflicht des Arbeitgebers (→ Rn. 286).

163 **a) Grundsatz der Gestaltungsfreiheit.** Für die inhaltliche Ausgestaltung der Anstellung gilt an sich der Grundsatz der Gestaltungsfreiheit (vgl. auch § 105 GewO; → Rn. 137).[373] Die Gestaltungsfreiheit ist freilich durch zahlreiche Vorschriften eingeschränkt. Das Grundgesetz, viele Gesetze, Tarifverträge und Betriebsvereinbarungen enthal-

366 BAG AP GVG § 20 Nr. 11; AP TzBfG § 14 Nr. 142.

367 BAG NZA 2013, 1074.

368 Hierzu auch *Thüsing* BB 2018, 1076; *Bayreuther* NZA 2018, 1577.

369 Vgl. hierzu ErfK/*Preis* TzBfG §§ 12, 13; *v. Hoyningen-Huene* NJW 1985, 1801 ff.; *Linck* in Schaub ArbR-HdB § 43 Rn. 9 ff.; MHdB ArbR/*Schüren* § 45; zu den Folgen für die Sozialversicherung vgl. *v. Hoyningen-Huene,* Folgen der Veränderung der Arbeitswelt auf die soziale Sicherung, 1985.

370 Vgl. hierzu *Koch* in Schaub ArbR-HdB §§ 181, 182.

371 BAG AP BGB § 611 Mittelbares Arbeitsverhältnis Nr. 2; Nr. 3; MüKoBGB/*Spinner* BGB § 611a Rn. 1206 f.; abl. *Waas* RdA 1993, 153 ff.

372 MHdB ArbR/*Heinkel* § 200; *Otten,* Heimarbeitsrecht, 2017; s. auch zum HAG *Deinert* RdA 2018, 359.

373 Dazu *Boemke* NZA 1993, 532 (535 ff.).

ten Mindestarbeitsbedingungen, von denen nur zugunsten des Handlungsgehilfen abgewichen werden kann (→ Vor § 59 Rn. 49 f.). Im Falle der Kollision von vertraglichen Vereinbarungen mit den einseitig zwingenden normativen Regelungen gilt das sog. **Günstigkeitsprinzip,** dh die Regelung, die für den Handlungsgehilfen günstiger ist (→ Vor § 59 Rn. 50).[374]

b) Konkretisierung durch Weisungsrecht. Der Inhalt der Anstellung wird konkretisiert durch das Weisungsrecht des Arbeitgebers (→ Vor § 59 Rn. 40 ff.). Grundlage hierfür ist § 106 GewO. Danach darf das Weisungsrecht nur nach billigem Ermessen ausgeübt werden.[375] Im Rahmen des billigen Ermessens hat der Arbeitgeber die Arbeitsleistung nach Art, Ort und Zeit näher zu bestimmen. Durch Ausübung seines Direktionsrechts kann der Arbeitgeber nicht den Inhalt der Anstellung verändern; das Direktionsrecht dient nur der Konkretisierung der Vereinbarungen des Arbeitsvertrages, es ist für das Arbeitsverhältnis demnach, wie § 611a BGB zeigt, wesentlich.[376] 164

7. Inhaltskontrolle. Der Inhalt der Anstellung kann grundsätzlich von den Gerichten überprüft werden. Umstritten ist freilich der Umfang der gerichtlichen Inhaltskontrolle.[377] 165

a) Rechts- und Billigkeitskontrolle. Herkömmlicherweise wird hier zwischen Rechts- und Billigkeitskontrolle unterschieden: 166

Rechtskontrolle bedeutet Richtigkeitskontrolle, wobei Maßstab der Richtigkeit das Recht ist.[378] Derartige Maßstäbe sind die Bestimmungen der §§ 134, 138, 242 BGB, weiterhin der Grundsatz der Gleichbehandlung, das Prinzip der Treue- und Fürsorgepflicht sowie das Verbot der Gesetzesumgehung. An diesen Maßstäben hat der Richter eine vertragliche Regelung zu prüfen und auf ihre Richtigkeit im Verhältnis zum Recht zu messen. 167

Bei der **Billigkeitskontrolle** hingegen misst der Richter die Richtigkeit der vertraglichen Regelung nicht mehr am vorgegebenen Recht, weil dieses dazu nichts mehr aussagt, sondern allein am Maßstab der Billigkeit. Der Richter muss hier in das individuelle Vertragsverhältnis eingreifen; er übt also richterliche Vertragshilfe aus.[379] Durch die richterliche Kontrolle mittels Billigkeit wird damit der Gestaltungsraum der Vertragsparteien beseitigt, weil sie keine Wahlmöglichkeit zu anderen, nämlich unbilligen Regelungen haben. Eine richterliche Billigkeitskontrolle ist demzufolge nur dann berechtigt und zulässig, wenn das Gericht auf Grund eines Gesetzes oder einer durch zulässige Rechtsfortbildung geschaffenen Rechtsnorm überhaupt zur Billigkeitskontrolle ermächtigt ist. Fehlt eine derartige Ermächtigungsnorm, so ist eine Billigkeitskontrolle rechtlich unzulässig.[380] 168

b) Inhaltskontrolle beim echten Einzelvertrag. Beim echten Einzelvertrag, dh bei der von beiden Partnern individuell ausgehandelten Anstellung, beschränkt sich die Inhaltskontrolle auf eine Rechtskontrolle.[381] Die gegenteilige Auffassung des BAG, wonach auch der echte Einzelvertrag einer gerichtlichen Billigkeitskontrolle unterzogen werden müsse, kann nicht überzeugen.[382] Es fehlt hierfür an einer Rechtsgrundlage. § 75 Abs. 1 BetrVG scheidet als Ermächtigung aus, weil diese Vorschrift nur die Überwachungsaufgaben von Arbeitgeber und Betriebsrat regelt, jedoch keine Ermächtigung des Richters zur Umgestaltung von einzelnen Arbeitsverträgen enthält.[383] Die §§ 315 ff. BGB können für eine Billig- 169

---

374 *Adomeit* NJW 1984, 26; *Annuß* FA 2001, 42 ff.; *Belling,* Das Günstigkeitsprinzip im Arbeitsrecht, 1984; *Heise* FS BAG, 2004, 657 ff.; *Höfling/Burkiczak* NJW 2005, 469 ff.; MHdB ArbR/*Klumpp* § 253 Rn. 25 ff.; *Schliemann* NZA 2003, 122 ff.; *Thüsing* GS Heinze, 2005, 901 ff.

375 *v. Hoyningen-Huene,* Billigkeit im Arbeitsrecht, 1978, 144 mwN.

376 ErfK/*Preis* GewO § 106 Rn. 1.

377 Dazu ausf. *Fastrich,* Richterliche Inhaltskontrolle im Privatrecht, 1993; *Preis,* Grundfragen der Vertragsgestaltung im Arbeitsrecht, 1993.

378 *v. Hoyningen-Huene,* Billigkeit im Arbeitsrecht, 1978, 129.

379 *Herschel* RdA 1975, 338; *Kreutz* ZfA 1975, 66.

380 *v. Hoyningen-Huene,* Billigkeit im Arbeitsrecht, 1978, 130.

381 Hierzu ausf. *v. Hoyningen-Huene,* Billigkeit im Arbeitsrecht, 1978, 130 ff.

382 BAG AP § 65 Nr. 6 m. krit. Anm. *Herschel.*

383 Zutr. GK-BetrVG/*Kreutz* BetrVG § 75 Rn. 35.

keitskontrolle nicht herangezogen werden, weil es beim echt ausgehandelten Einzelarbeitsvertrag an einem noch regelungsbedürftigen Umstand fehlt.[384]

170 Eine richterliche Billigkeitskontrolle des echten Einzelvertrags widerspricht auch dem **Grundsatz der Privatautonomie.** Durch die §§ 134, 138, 242 BGB und durch die Vielzahl der arbeitsrechtlichen Schutzgesetze wird der Arbeitnehmer ausreichend geschützt. Geringfügige Beeinträchtigungen bzw. Unbilligkeiten muss der mündige Bürger selbst verantworten. Er handelt insoweit auf eigenes Risiko.[385]

171 **c) Inhaltskontrolle Allgemeiner Arbeitsbedingungen.** Vom echt ausgehandelten Einzelvertrag zu unterscheiden sind **Allgemeine Arbeitsbedingungen** (→ Vor § 59 Rn. 27 ff.), zu denen auch vorformulierte Anstellungsverträge gehören. Derartige Formularverträge unterliegen einer Inhaltskontrolle gem. § 310 Abs. 4 BGB (→ Vor § 59 Rn. 28, 30). Eine früher von der Rspr. aus § 315 BGB direkt oder analog hergeleitete **Billigkeitskontrolle** allgemeiner Arbeitsbedingungen ist heute abzulehnen.[386]

172 **8. Dauer der Anstellung.** Die Anstellung dauert von dem vereinbarten Termin der Arbeitsaufnahme bis zum vereinbarten Ende bei befristeten Anstellungen (§ 15 Abs. 1 TzBfG) oder bis zur einseitigen oder einvernehmlichen Beendigung der Anstellung.

173 **a) Beginn.** Die Anstellung **beginnt** zu dem vereinbarten Termin der Arbeitsaufnahme. Erfolgt die Anstellung als schuldrechtlicher Vertrag vor dem vereinbarten Termin der Arbeitsaufnahme, so entstehen die Rechte und Pflichten aus der Anstellung erst zum Zeitpunkt des vereinbarten Beschäftigungsbeginns. Die Wirkung der Anstellung ist hier iSd § 163 BGB durch einen Anfangstermin bestimmt.

174 Leistet der kaufmännische Angestellte seine Dienste, **ohne dass ein rechtswirksamer Anstellungsvertrag** vorliegt, so ist er noch nicht Handlungsgehilfe und hat deshalb auch nicht die Rechte und Pflichten eines solchen. Es handelt sich dann um eine fehlerhafte Anstellung.[387] Der Anstellungsvertrag ist damit wesentliches Erfordernis für die Begründung eines Anstellungsverhältnisses. Ein Anstellungsvertrag wird freilich nur in seltenen Fällen fehlen, da die Anstellung nicht unbedingt schriftlich erfolgen muss, sondern auch konkludent vereinbart werden kann.

175 **b) Ende.** Ist in der Anstellung kein Ende vereinbart (§ 620 Abs. 2 BGB), so bedarf es zur Beendigung eines ausdrücklichen Rechtsgeschäfts. Möglich ist zum einen die einvernehmliche vertragliche Aufhebung der Anstellung durch einen Aufhebungsvertrag.[388] Beim Abschluss des Aufhebungsvertrags muss als Nebenpflicht bei den Vertragsverhandlungen das **Gebot fairen Verhandelns** berücksichtigt werden, sonst ist der Vertragspartner nach § 249 Abs. 1 BGB so zu stellen, als hätte er den Vertrag nicht geschlossen.[389] In vielen Fällen wird das Anstellungsverhältnis freilich durch **Kündigung** beendet (§ 620 Abs. 2 BGB). Die Kündigung ist ein einseitiges Rechtsgeschäft, dessen Wirksamkeit sich nach den Regelungen des Allgemeinen Teils des BGB bestimmt. Die Kündigungsfreiheit des Arbeitgebers ist durch verschiedene Kündigungsschutzvorschriften eingeschränkt. Die wichtigsten finden sich im

---

[384] Hierzu *v. Hoyningen-Huene,* Billigkeit im Arbeitsrecht, 1978, 133 f. mwN.

[385] *M. Wolf,* Rechtsgeschäftliche Entscheidungsfreiheit, 1970, 102; *Weitnauer,* Der Schutz des Schwächeren im Zivilrecht, 1975, 15; außerdem *Boemke* NZA 1993, 535 ff.

[386] So jetzt auch BAG NZA 2005, 1111 (1116); anders noch BAG AP BGB § 611 Fleischbeschauer-Dienstverhältnis Nr. 8, 9; AP BGB § 611 Akkordlohn Nr. 20; AP MTB II § 38 Nr. 4; AP BGB § 242 Ruhegehalt Nr. 170; ausf. *Thüsing* in v. Westphalen/Thüsing, Vertragsrecht und AGB-Klauselwerke Arbeitsverträge, Rn. 212 ff.

[387] Dazu MHdB ArbR/*Benecke* § 38; *Joussen* NZA 2006, 963 ff.; *Linck* in Schaub ArbR-HdB § 34.

[388] Vgl. hierzu *Bauer/Krieger/Arnold,* Arbeitsrechtliche Aufhebungsverträge, 9. Aufl. 2014; *Burkardt,* Der arbeitsrechtliche Aufhebungsvertrag, 2004; *Gaul* BB 2003, 2457 ff.; *Glatzel* AR-Blattei SD 260 (2006); *Hümmerich,* Aufhebungsvertrag und Abwicklungsvertrag, 2. Aufl. 2003; *Kroeschell* NZA 2008, 560 ff.; *Schmitt-Rolfes,* Arbeitsrechtliche Aufhebungsverträge und Abfindungsvereinbarungen, 2001; *Weber/Ehrich/Burmester,* Handbuch der arbeitsrechtlichen Aufhebungsverträge, 5. Aufl. 2009.

[389] BAG NZA 2019, 688.

KSchG, SGB IX und MuSchG.[390] Die Kündigungsfreiheit des Handlungsgehilfen ist demgegenüber nicht eingeschränkt. Er kann jederzeit unter Einhaltung der Kündigungsfristen von § 622 BGB kündigen. Die verlängerten Kündigungsfristen bei längerer Betriebszugehörigkeit gelten dabei nach § 622 Abs. 2 BGB nur für die arbeitgeberseitige Kündigung.

Die Anstellung kann außerdem durch **Anfechtung** beendet werden (selten).[391] Auch die Anfechtung ist ein einseitiges Rechtsgeschäft und unterliegt damit den Vorschriften des Allgemeinen Teils des BGB. Eine Anfechtung kann nach § 119 Abs. 2 BGB wegen **Irrtums** über eine **verkehrswesentliche Eigenschaft** erfolgen. Verkehrswesentliche Eigenschaften von Personen sind dabei körperliche Merkmale und auch die tatsächlichen oder rechtlichen Verhältnisse und Beziehungen zur Umwelt, soweit sie für die zu leistende Arbeit von Bedeutung sind.[392] Es kann das Fragerecht des Arbeitgebers zur Bestimmung, ob eine Eigenschaft verkehrswesentlich ist oder nicht, herangezogen werden.[393] Eine Anfechtung wurde zum Beispiel für zulässig gehalten bei einer epileptischen Erkrankung eines Steuergehilfen, weil diesem wegen seines Leidens nicht nur vorübergehend die notwendige Fähigkeit gefehlt hat, die vertraglich übernommenen Arbeiten auszuführen.[394] Die Schwerbehinderung ist nur dann verkehrswesentliche Eigenschaft iSd § 119 Abs. 2 BGB, wenn der Behinderte die vorgesehene Arbeit wegen seiner Behinderung nicht ausüben kann.[395] Das Fehlen einer erforderlichen fachlichen Qualifikation kann zur Anfechtung berechtigen.[396] Grundsätzlich kein Anfechtungsgrund sind Vorstrafen, denn sie stellen keine verkehrswesentliche Eigenschaft dar. Die Kenntnis von Vorstrafen kann aber den Schluss auf persönliche Eigenschaften des Arbeitnehmers ermöglichen und damit zur Anfechtung berechtigen.[397] Ein Anfechtungsrecht kann aber bei einem Zusammenhang von Vorstrafe und der angestrebten Tätigkeit gegeben sein.[398] 176

Die Anfechtung wegen Irrtums über eine verkehrswesentliche Eigenschaft hat nach § 121 Abs. 1 BGB **unverzüglich** zu erfolgen, dh. ohne schuldhaftes Zögern. Unverzüglich heißt nach Auffassung des BAG spätestens innerhalb von zwei Wochen nach Kenntnis der für die Anfechtung maßgebenden Tatsachen (§ 626 Abs. 2 BGB analog).[399] Keine verkehrswesentlichen Eigenschaften sind die Gewerkschaftszugehörigkeit und die Schwangerschaft. Letztere ist nur ein vorübergehender Zustand.[400] Die wahrheitswidrige Beantwortung der unzulässigen Frage nach der Schwangerschaft berechtigt daher in keinem Fall zur Anfechtung wegen arglistiger Täuschung.[401] Die Abgabe eines nicht eigenhändig geschriebenen Lebenslaufs kann den Arbeitgeber zu einer Anfechtung wegen arglistiger Täuschung berechtigen.[402] 177

Wird die Anfechtung erklärt, nachdem das Arbeitsverhältnis bereits vollzogen worden ist, so wird dieses durch die Anfechtung grundsätzlich mit **ex nunc-Wirkung** beendet.[403] 178

[390] Vgl. hierzu insbes. die Kommentare von *Ascheid/Preis/Schmidt,* Kündigungsrecht, 5. Aufl. 2017; Gemeinschaftskommentar zum Kündigungsrecht, 12. Aufl. 2019; *Linck/KrauseBayreuther* KSchG, 16. Aufl. 2019; *Däubler/Deinert/Zwanziger,* Kündigungsschutzrecht, 11. Aufl. 2020; *Löwisch/Schlünder/Spinner* KSchG, 11. Aufl. 2018; *Thüsing/Rachor/Lembke* KSchG, 4. Aufl. 2018; zum SGB IX *Lachwitz/Bieritz-Harder* HK-SGB IX, 4. Aufl. 2017; *Neumann/Pahlen/Greiner/Winkler/Jabben* SGB IX, 14. Aufl. 2020; zum MuSchG *Buchner/Becker* MuSchG und BEEG, 8. Aufl. 2008.

[391] Vgl. hierzu *Hergenröder* AR-Blattei SD 60 (2006); ErfK/*Preis* BGB § 611a Rn. 345 ff.; *Linck* in Schaub ArbR-HdB § 34 Rn. 48 ff.; *Strick* NZA 2000, 695 ff.

[392] BAG AP BGB § 123 Nr. 35.

[393] HWK/*Thüsing* BGB § 119 Rn. 3.

[394] BAG AP BGB § 119 Nr. 3 mAnm *Küchenhoff.*

[395] BAG AP BGB § 123 Nr. 26; NZA 1994, 407.

[396] BAG NJW 2012, 3740.

[397] S. hierzu HWK/*Thüsing* BGB § 119 Rn. 7 mwN.

[398] Vgl. auch LAG Nürnberg ZTR 2019, 299; HWK/*Thüsing* BGB § 119 Rn. 7.

[399] BAG AP BGB § 119 Nr. 4 m. krit. Anm. *Mühl.*

[400] BAG AP BGB § 123 Nr. 15 mAnm *Larenz.*

[401] BAG EzA BGB 2002 § 123 Nr. 2.

[402] BAG AP BGB § 123 Nr. 24 mAnm *Brox.*

[403] StRspr., vgl. BAG AP BGB § 123 Nr. 2; Nr. 15; Nr. 19; AP § 60 Nr. 4; AP § 63 Nr. 32; dazu Erman/*Edenfeld* BGB § 611 Rn. 266 ff.; MHdB ArbR/*Benecke* § 38 Rn. 45 ff.

Das gilt jedoch dann nicht, wenn das Anstellungsverhältnis etwa durch eine Kündigung zwischenzeitlich wieder außer Funktion gesetzt worden ist. In diesem Fall wirkt die Anfechtung auf den Zeitpunkt der Außerfunktionsetzung des Anstellungsvertrags zurück.[404] Nach der Rspr. des BAG soll dies auch dann gelten, wenn der Arbeitnehmer arbeitsunfähig krank ist.[405]

179 Das Anstellungsverhältnis wird schließlich auch durch den **Tod des Handlungsgehilfen** beendet. Da der Handlungsgehilfe nach § 613 BGB verpflichtet ist, seine Dienste höchstpersönlich zu erbringen, endet die Anstellung automatisch mit dem Tod des Handlungsgehilfen (nicht dagegen beim Tod des Arbeitgebers).

180 **c) Unterbrechungen.** Der Bestand des Anstellungsverhältnisses wird durch tatsächliche Unterbrechungen nicht beeinflusst. Erholungsurlaub und Krankheit, auch Berufs- und Erwerbsunfähigkeit, beeinflussen den Bestand der Anstellung nicht. Während Arbeitskämpfen (Streik oder Aussperrung), Elternzeit (§ 15 BEEG), sonstiger unbezahlter Freistellung von der Arbeit[406] oder Wehrdienst (§ 1 ArbPlSchG) bleibt das Anstellungsverhältnis bestehen, lediglich die beiden Hauptleistungspflichten Arbeit und Entgeltzahlung ruhen.

181 Alle **sonstigen Vorgänge** haben zunächst überhaupt keinen Einfluss auf das Bestehen des Anstellungsverhältnisses; vielmehr ist in diesen Fällen zur Beendigung eine Kündigung oder ein Aufhebungsvertrag erforderlich. Das gilt insbesondere bei Insolvenz des Arbeitgebers, beim Erreichen einer bestimmten Altersgrenze des Handlungsgehilfen,[407] beim Betriebsübergang bzw. Arbeitgeberwechsel (vgl. § 613a BGB), bei Unmöglichkeit der Arbeitsleistung (zB verkürzte Wehrdienstpflicht eines türkischen Arbeitnehmers oder Abbrennen der Betriebsgebäude, Produktionsstillstand durch Rohstoffmangel, Streik und Aussperrung) oder beim Ablauf der Arbeitserlaubnis von Ausländern (vgl. § 284 SGB III; → Rn. 131 f.).

V. Leistung der Dienste

182 **1. Überblick.** Nach § 59 S. 1 hat der Handlungsgehilfe kaufmännische Dienste zu leisten. Art und Umfang seiner Dienstleistungen richten sich zunächst nach den getroffenen Vereinbarungen. Fehlen solche vertragliche Regelungen, so haben die Dienstleistungen dem Ortsgebrauch zu entsprechen. Ist auch ein Ortsgebrauch nicht feststellbar, so werden nach S. 2 die den Umständen nach angemessenen Leistungen als vereinbart fingiert.

183 Die Regelung der Hauptleistungspflichten für Handlungsgehilfen in § 59 ist gegenüber der allgemeinen Regelung der arbeitsvertraglichen Pflichten in § 611a BGB **lex specialis** (§ 2 EGHGB). § 59 enthält dabei, anders als § 611a BGB, Regelungen für den Fall, dass keine besondere Vereinbarung über Art und Umfang der Dienstleistung getroffen worden ist. Die Dienstleistungspflicht bestimmt sich in diesem Fall für Handlungsgehilfen nach dem Ortsgebrauch, während § 611a BGB hierfür unmittelbar keine Regelung enthält. Bei anderen Arbeitnehmern bestimmt sich der Inhalt der Arbeitspflicht dann gem. §§ 157, 242 BGB nach der Verkehrssitte,[408] was aber letztlich auf das Gleiche hinausläuft.

184 Der Handlungsgehilfe hat ebenso wie andere Arbeitnehmer seine **Dienstleistung höchstpersönlich zu erbringen.** Dies folgt aus § 613 S. 1 BGB, wonach der zur Dienstleistung Verpflichtete die Dienste im Zweifel in Person zu erbringen hat. Der Handlungsgehilfe ist daher grundsätzlich weder berechtigt noch verpflichtet, zur Erledigung der ihm obliegenden Dienstleistung einen Vertreter zu stellen.

185 **2. Inhalt der Dienstleistungspflicht.** Art und Umfang der Arbeitspflicht ergibt sich regelmäßig aus dem Anstellungsvertrag. Üblich ist eine Berufsbezeichnung, zB kaufmänni-

[404] BAG AP BGB § 123 Nr. 24; Nr. 49.
[405] BAG AP BGB § 123 Nr. 49; ErfK/*Preis* BGB § 611a Rn. 369.
[406] Dazu *v. Hoyningen-Huene* NJW 1981, 713.
[407] BAG AP KSchG § 1 Personenbedingte Kündigung Nr. 1, wonach gem. § 41 S. 1 SGB VI die Erreichung des 65. oder 67. Lebensjahres allein kein Kündigungsgrund ist.
[408] Vgl. MüKoBGB/*Spinner* BGB § 611a Rn. 925.

scher Angestellter, Buchhalterin etc. In diesem Fall muss aus dem Berufsbild entnommen werden, welche Dienste zu leisten sind. Regelmäßig geht aus dem Anstellungsvertrag aber nicht hervor, wie Quantität und Qualität der Dienstleistung zu bestimmen sind. Die vertragliche Vereinbarung ist also meist nur rahmenmäßig bestimmt, so dass der Inhalt der Dienstleistungspflicht im Einzelfall konkretisiert werden muss.

a) Konkretisierung durch Weisungsrecht. Die Konkretisierung von Art und Umfang der zu erbringenden Dienstleistungen erfolgt durch Ausübung des Weisungsrechts des Arbeitgebers (auch Direktionsrecht oder Leitungsmacht genannt, → Vor § 59 Rn. 40 ff.). Grundlage hierfür ist der § 106 GewO. Danach haben die konkreten Weisungen dem billigen Ermessen zu entsprechen.[409] Durch Ausübung des Weisungsrechts können freilich nur die vereinbarten Dienstpflichten konkretisiert werden; neue oder abweichende arbeitsvertragliche Pflichten können dagegen nicht begründet werden. An eine Weisung des Arbeitgebers, die nicht aus sonstigen Gründen unwirksam ist, ist der Arbeitnehmer **vorläufig gebunden,** bis durch ein rechtskräftiges Urteil gem. § 315 Abs. 3 S. 2 BGB die Unverbindlichkeit der Leistungsbestimmung festgestellt wird.[410] 186

b) Sog. Konkretisierung durch dauernde Übung. Eine vertragliche Festlegung der Dienstpflicht kann allerdings dadurch eintreten, dass ein Handlungsgehilfe **längere Zeit** eine bestimmte Arbeit verrichtet hat und sich aus weiteren Umständen ergibt, dass der Handlungsgehilfe auch in Zukunft nur noch diese Dienste zu erbringen hat (missverständlich sog. Konkretisierung).[411] Diese Fälle sind aber sehr selten. Solche weiteren Indizien können etwa Beförderungen, betriebsinterne Weiterbildungen oder verbindliche Zusagen des Arbeitgebers sein.[412] Dagegen sind **Stellenbeschreibungen,** Arbeitsplatzbeschreibungen oder Funktionsbeschreibungen, soweit sie nicht als Teil des Anstellungsvertrags vereinbart sind, regelmäßig nur schriftlich formulierte, generelle Weisungen, die folglich auch im Rahmen des § 106 GewO wieder geändert werden können.[413] 187

c) Verpflichtung zu Nebenarbeiten. Neben den vereinbarten Dienstpflichten hat der Handlungsgehilfe auch Nebenarbeiten zu verrichten, die mit der Erledigung der ihm übertragenen kaufmännischen Dienste notwendig verbunden sind. So muss etwa ein Verkäufer nach der Beratung eines Kunden auch, sofern hierfür keine anderen Arbeitskräfte vorhanden sind, die verkauften Waren verpacken, obwohl dies nicht unmittelbar zur Leistung kaufmännischer Dienste gehört. 188

d) Umfang der Dienstleistungspflicht.[414] Der Handlungsgehilfe schuldet die vertraglich vereinbarte Tätigkeit, zB als „Verkäufer". Soweit das BAG in älteren Entscheidungen und neuerdings wieder angenommen hat, der Arbeitgeber könne vom Arbeitnehmer nur eine „individuelle Normalleistung" verlangen,[415] so kann dies nicht überzeugen. Auch wenn der Arbeitnehmer nach § 613 BGB verpflichtet ist, die Arbeitsleistung in Person zu erbringen, folgt hieraus nicht, dass Qualität und Quantität der Arbeitsleistung rein subjektiv nach den Fähigkeiten des Arbeitnehmers zu bestimmen sind. Der Arbeitgeber hat vielmehr, sofern arbeitsvertraglich nichts Abweichendes vereinbart ist, bei verständiger Auslegung des Anstellungsvertrages nach § 157 BGB einen Anspruch auf eine **objektive Normalleistung** des Handlungsgehilfen und nicht nur darauf, dass er die Arbeitsleistung im Rahmen des 189

409 Vgl. hierzu ErfK/*Preis* GewO § 106 Rn. 10; *v. Hoyningen-Huene,* Billigkeit im Arbeitsrecht, 1978, 141 ff. mwN; *Lakies* BB 2003, 364 (366); zu Besonderheiten bei Notfällen s. Heymann/*Henssler/Markworth* Rn. 51.

410 BAG NZA 2017, 1452; 2017, 605; AP BGB § 615 Nr. 127; *Preis* NZA 2015, 1 (5).

411 Vgl. BAG AP BGB § 611 Direktionsrecht Nr. 26; Nr. 48; Nr. 2 mAnm *A. Hueck* unter 3; AP BGB § 242 Gleichbehandlung Nr. 5; AP BGB § 615 Nr. 10; *Linck* in Schaub ArbR-HdB § 45 Rn. 16; außerdem *Klempt* FS Stahlhacke, 1995, 261 ff.; krit. *Hunold* AR-Blattei SD 600 Rn. 107 ff. (2005).

412 Vgl. BAG AP BGB § 611 Direktionsrecht Nr. 17.

413 BAG AP BetrVG 1972 § 95 Nr. 2; Nr. 3; AP BetrVG 1972 § 87 Lohngestaltung Nr. 21.

414 Umfassend *Fahl,* Arbeit ist Leistung, 2004; *Stender,* Die Leistung des Arbeitnehmers, 2003.

415 Vgl. BAG NZA 2004, 784; 2008, 693 (694); AP GewO § 123 Nr. 27 m. zust. Anm. *Canaris;* AP MuSchG 1968 § 11 Nr. 3 mAnm *Fenn* = SAE 1972, 45 mAnm *Adomeit.*

persönlichen Leistungsvermögens unter angemessener Anspannung seiner Kräfte und Fähigkeiten erbringt.[416] Dies ergibt sich aus einer Wertung des (an sich hier nicht direkt anwendbaren) § 243 BGB, wonach der Gattungsschuldner Sachen mittlerer Art und Güte zu leisten hat, und aus dem Fahrlässigkeitsbegriff des § 276 Abs. 2 BGB, der nicht einen individuellen, sondern einen objektiven Sorgfaltsmaßstab anlegt.[417] Das BAG eröffnet dem Arbeitgeber allerdings die Möglichkeit, die Störung des Gleichgewichts von Leistung und Gegenleistung durch die Darlegung erheblich unterdurchschnittlicher Leistungen des Arbeitnehmers zu begründen.[418] Damit kommt auch das BAG im Ergebnis zu einer Verobjektivierung der Leistungsanforderungen. Der Anspruch auf eine objektive Normalleistung ergibt sich zudem im Handlungsgehilfenrecht aus dem Wortlaut des § 59, wonach der Handlungsgehilfe die „dem Ortsgebrauch entsprechenden Dienste" (→ Rn. 182) oder in Ermangelung eines Ortsgebrauchs „angemessene Leistungen" (→ Rn. 182) zu erbringen hat.

190 **e) Dem Ortsgebrauch entsprechende Dienste.** Ist keine vertragliche Vereinbarung über Art und Umfang der zu erbringenden Dienstleistung getroffen worden, so hat der Handlungsgehilfe gem. § 59 S. 1 die **dem Ortsgebrauch entsprechenden Dienste** zu erbringen. Für die Bestimmung der dem Ortsgebrauch entsprechenden Dienste ist auf die Auffassung des Handelsverkehrs am Ort der Tätigkeit des Handlungsgehilfen zurückzugreifen. Geeignete Grundlagen hierfür sind in Zweifelsfragen Auskünfte bei der zuständigen Handelskammer.[419]

191 **f) Angemessene Dienstleistungen (§ 59 S. 2).** Lässt sich zur Bestimmung der Dienstpflichten ein Ortsgebrauch nicht feststellen, so hat der Handlungsgehilfe nach § 59 S. 2 angemessene Dienstleistungen zu erbringen. Die Pflicht zur Erbringung angemessener Leistungen wird für diesen Fall dann in S. 2 als vereinbart **fingiert.** Der Begriff der Angemessenheit ist dabei von dem des billigen Ermessens nach § 106 GewO zu unterscheiden.[420] Das bedeutet, dass beim Fehlen einer Vereinbarung über Art und Umfang der zu erbringenden Dienstleistung die Leistungsbestimmung nicht einseitig durch den Arbeitgeber nach § 106 GewO erfolgen kann. Denn soweit die Parteien bei Vertragsschluss keine vom Gesetz abweichende Regelung treffen, unterstellen sie die Ausgestaltung des Vertragsverhältnisses normalerweise den gesetzlichen Regelungen, die hier in S. 2 zur Bestimmung der Leistungspflicht den Begriff der Angemessenheit und nicht den des billigen Ermessens verwenden.[421]

192 **3. Beschränkungen der Dienstleistungspflicht.** Eine Beschränkung der Dienstleistungspflichten ergibt sich aus verschiedenen spezialgesetzlichen Beschäftigungsverboten.

193 **a) Schutzvorschriften für Schwangere.** Für Schwangere gelten besondere Schutzvorschriften, namentlich das Gesetz zum Schutz von Müttern bei der Arbeit, in der Ausbildung und im Studium (MuSchG):[422] Nach § 3 Abs. 1 S. 1 MuSchG besteht in den letzten sechs Wochen vor der Entbindung ein grundsätzliches Beschäftigungsverbot, auf das die Schwangere freilich verzichten kann; die entsprechende Verzichtserklärung ist widerruflich. Nach der Entbindung besteht nach § 3 Abs. 2 MuSchG eine Schutzfrist für acht Wochen, die sich in der Vorschrift genannten Sonderfällen auf zwölf Wochen verlängert. Grund für diese Schutzfrist ist die Schonungsbedürftigkeit der Mutter nach der Geburt.[423] Dieses Beschäftigungsverbot ist mithin zwingend.[424] Die §§ 9–12 MuSchG regeln den betriebli-

416 So aber BAG NZA 2004, 784; 2008, 693; *Maschmann* NZA-Beil. 2006, 13 (15 f.); MHdB ArbR/*Reichold* § 40 Rn. 44 ff.; MHdB ArbR/*Reichold* § 57 Rn. 10 f.; Staudinger/*Richardi/Fischinger*, 2016, BGB § 611 Rn. 1053; dagegen ausf. Linck/Krause/Bayreuther/*Krause* KSchG § 1 Rn. 651 ff.

417 MüKoBGB/*Grundmann* BGB § 276 Rn. 55.

418 BAG NZA 2004, 784 (786); 2008, 693 (694).

419 Ebenso Staub/*Weber* Rn. 43; GroßkommHGB/*Würdinger* Anm. 16.

420 Vgl. hierzu *v. Hoyningen-Huene,* Billigkeit im Arbeitsrecht, 1978, 96 ff.

421 *v. Hoyningen-Huene,* Billigkeit im Arbeitsrecht, 1978, 56.

422 S. zur Neurregelung und zum Zweck des MuSchG ErfK/*Schlachter* MuSchG § 1 Rn. 1 f.

423 ErfK/*Schlachter* MuSchG § 3 Rn. 8; HWK/*C.W. Hergenröder* MuSchG § 3 Rn. 1; das gilt jedoch nicht für Adoptivmütter, EuGH BeckRS 2014, 80565.

424 ErfK/*Schlachter* MuSchG § 3 Rn. 8.

chen Gesundheitsschutz für Schwangere: Insbesondere dürfen werdende Mütter nach § 11 MuSchG keine Tätigkeiten ausüben, bei denen sie schädlichen Einwirkungen von gesundheitsgefährdenden Stoffen oder Strahlen ausgesetzt sind; Bildschirmarbeitsplätze sind nach Auffassung des BAG (von der Vorgängerbestimmung des § 4 Abs. 1 MuSchG aF) nicht generell erfasst.[425]

b) Weitere Beschäftigungsverbote. Weitere Beschäftigungsverbote finden sich im Gesetz zum Schutz der arbeitenden Jugend (JArbSchG). Nach § 5 Abs. 1 JArbSchG ist die Beschäftigung von Kindern grundsätzlich verboten. In den §§ 22–25 JArbSchG befinden sich außerdem eine Vielzahl von absoluten Beschäftigungsverboten für Jugendliche.[426] Zu weiteren Beschäftigungsverboten → Rn. 143. 194

4. Kontrolle der Dienstleistungen. Der Arbeitgeber hat grundsätzlich das Recht, die Arbeitsleistung und das Verhalten der Handlungsgehilfen zu kontrollieren.[427] Die Kontrollen können unmittelbar durch den Arbeitgeber oder Vorgesetzten erfolgen oder aber durch technische Kontrolleinrichtungen. Jegliche Kontrollen müssen aber das allgemeine Persönlichkeitsrecht (Art. 2 GG) beachten und unterliegen unter Umständen dem Mitbestimmungsrecht des Betriebsrats nach § 87 Abs. 1 Nr. 6 BetrVG.[428] 195

a) Unmittelbare Aufsicht durch Vorgesetzte. Die Kontrolle der Handlungsgehilfen durch persönliche Aufsicht des Arbeitgebers oder der Vorgesetzten ist rechtlich unproblematisch. Soweit sich beispielsweise der Vorgesetzte neben den Handlungsgehilfen stellt und aufpasst, ob dieser richtig arbeitet, ist eine derartige Überwachung und Kontrolle auf Grund des Weisungsrechts (§ 106 GewO) zulässig. Das gilt auch dann, wenn der Vorgesetzte eine Uhr oder Stoppuhr verwendet, um die Arbeitsleistung zu messen.[429] Auch der Einsatz von Privatdetektiven ist möglich und mitbestimmungsfrei.[430] 196

b) Technische Einrichtungen. Verwendet der Arbeitgeber zur Kontrolle der Handlungsgehilfen allerdings technische Einrichtungen, die dazu geeignet sind, Leistungen und Verhalten der Handlungsgehilfen zu überwachen, so hat der Betriebsrat nach § 87 Abs. 1 Nr. 6 BetrVG ein Mitbestimmungsrecht. Denn der Handlungsgehilfe soll nicht ohne Wissen und Zustimmung des Betriebsrats anonym und automatisch ständig durch den Arbeitgeber überwacht werden.[431] Das Mitbestimmungsrecht des Betriebsrats nach § 87 Abs. 1 Nr. 6 BetrVG hat zur Folge, dass der Arbeitgeber technische Überwachungseinrichtungen nur verwenden darf, wenn der Betriebsrat zugestimmt hat. Es genügt dabei, dass die Einrichtung auf Grund ihrer technischen Gegebenheiten und ihres konkreten Einsatzes objektiv zur Überwachung der Handlungsgehilfen geeignet ist; unerheblich ist, ob dies nur ein Nebeneffekt der technischen Einrichtung ist oder ob die erfassten Daten vom Arbeitgeber ausgewertet werden.[432] 197

Von dem Mitbestimmungsrecht werden **beispielsweise** Videokameras,[433] Multimomentkameras,[434] gesetzlich nicht vorgeschriebene, zusätzlich eingebaute Fahrtenschreiber[435] 198

---

425 BAG AP BetrVG 1972 § 87 Überwachung Nr. 7 mAnm *Richardi* unter C III 3.

426 Vgl. hierzu die Kommentare zum JArbSchG von *Schoden* und *Zmarzlik* mwN.

427 *v. Hoyningen-Huene* BB 1992, 2138 (2144); *v. Hoyningen-Huene* FS Kissel, 1994, 401 f.

428 Dazu *v. Hoyningen-Huene* BetrVR § 12 Rn. 60 ff.

429 Vgl. BAG NZA 1995, 313 f.; LAG SchlH BB 1985, 1791; *Fitting* BetrVG § 87 Rn. 224, 227.

430 Dazu BAG AP BetrVG 1972 § 87 Überwachung Nr. 21; NZA 2000, 418 (421); zu den datenschutzrechtlichen Implikationen *Thüsing/Rombey* NZA 2018, 1105.

431 Vgl. grdl. BAG AP BetrVG 1972 § 87 Überwachung Nr. 2 mAnm *Hinz*; Richardi/*Richardi/Maschmann* BetrVG § 87 Rn. 492 f.

432 Vgl. BAG AP BetrVG 1972 § 87 Überwachung Nr. 1; Nr. 2; Nr. 3; Nr. 7; Richardi/*Richardi/Maschmann* BetrVG § 87 Rn. 517; GK-BetrVG/*Wiese/Gutzeit* BetrVG § 87 Rn. 522 ff. Zu datenschutzrechtlichen Fragen bei der offenen Videoüberwachung BAG NZA 2019, 1212; 2018, 1329.

433 BAG AP BetrVG 1972 § 87 Überwachung Nr. 4 mAnm *Moritz*; Nr. 41 m. insoweit zust. Anm. *Ehmann*; zuletzt BAG NZA 2008, 1187 (1189); zur Übersicht vgl. *Müller*, Die Zulässigkeit der Videoüberwachung am Arbeitsplatz, 2008.

434 BAG AP BetrVG 1972 § 87 Überwachung Nr. 1 mAnm *Wiese*.

435 BAG AP BetrVG 1972 § 87 Überwachung Nr. 3 mAnm *Moritz*.

und automatische Zählwerke erfasst.[436] Gleiches gilt für biometrische Zugangskontrollen (zB Fingerprint-Scanner)[437] sowie Einrichtungen zur automatischen Erfassung von Telefongesprächen.[438] Auch mittels Bildschirmarbeitsplätzen[439] und ähnlichen Geräten[440] sowie durch Standard-Internetprogramme[441] lassen sich vielfältige Kontrollen durchführen, insbesondere durch Personalinformationssysteme (PAISY, AiSAS oder SAP/RP),[442] die allesamt der Mitbestimmung des Betriebsrats unterliegen. Keine technischen Einrichtungen sind demgegenüber Zeitpläne, auf denen die Handlungsgehilfen die für die einzelnen Dienstleistungen aufgewendeten Arbeitsstunden aufzuschreiben (Selbstnotierungen) haben.[443]

199 Die Verwendung von automatischen Kontrolleinrichtungen machen den Handlungsgehilfen im Hinblick auf sein Recht auf informationelle Selbstbestimmung[444] und auf Datenschutz besonders schutzbedürftig.[445] Daher kann der Handlungsgehilfe wegen Verletzung des Persönlichkeitsrechts entsprechend §§ 12, 862, 1004 BGB einen **Beseitigungs- und Unterlassungsanspruch** geltend machen, sofern nicht überwiegend schutzwürdige Interessen des Arbeitgebers die Maßnahme erfordern.[446]

200 **5. Ort der Dienstleistung. a) Grundsatz: Geschäftslokal des Arbeitgebers.** Der Handlungsgehilfe hat seine Dienstleistungen an dem **vertraglich vereinbarten Ort** zu erbringen. Fehlt eine entsprechende ausdrückliche Vereinbarung im Anstellungsvertrag, so ist nach § 269 Abs. 1 BGB der Ort der Leistung nach den Umständen oder der Natur des Dienstverhältnisses zu bestimmen. Danach ist Leistungsort für den Handlungsgehilfen grundsätzlich das **Geschäftslokal des Arbeitgebers.**[447] Danach bestimmt sich auch die sog. **Betriebszugehörigkeit,** die für viele arbeitsrechtliche Folgefragen (KSchG, BetrVG, MitbestG) bedeutsam ist.[448] Die Zuweisung des konkreten Arbeitsplatzes innerhalb des Geschäftslokals erfolgt durch Ausübung des Weisungsrechts seitens des Arbeitgebers. Für verschiedene Gruppen von Handlungsgehilfen gelten jedoch Besonderheiten. Insoweit ist jeweils auf die „Weisungszuständigkeit" abzustellen.[449] Ob eine Weisung des Arbeitgebers, im Homeoffice zu arbeiten, wenn keine diesbezügliche kollektiv- oder individualvertragliche Vereinbarung getroffen wurde, von § 106 S. 1 GewO gedeckt ist, ist fraglich.[450] Zu Krisenzeiten wie der Corona-Pandemie wird man diese Frage aber wegen der durch die entsprechende Weisung bezweckten Vermeidung von Infektionsrisiken wohl bejahen können.[451]

---

[436] Vgl. BAG AP BetrVG 1972 § 87 Überwachung Nr. 13 mAnm *Kraft.*
[437] BAG AP BetrVG 1972 § 87 Überwachung Nr. 40.
[438] BAG AP BetrVG 1972 § 87 Überwachung Nr. 15; s. hierzu auch *Hilger* DB 1986, 911 ff.; *Schulin/Babl* NZA 1986, 46 ff.; *Wohlgemuth/Mostert* AuR 1986, 138 ff.; vgl. auch *Fitting* BetrVG § 87 Rn. 244 m. weit. Beispielen.
[439] BAG AP BetrVG 1972 § 87 Überwachung Nr. 7 mAnm *Richardi*; Nr. 12.
[440] Vgl. hierzu BAG AP BetrVG 1972 § 87 Überwachung Nr. 9 mAnm *Richardi*; Nr. 11.
[441] ErfK/*Kania* BetrVG § 87 Rn. 62; vgl. allg. zur Überwachung der Internetnutzung *Andres,* Die Integration moderner Technologien in den Betrieb, 2000; *Beckschulze* DB 2007, 1526 ff.; *Däubler,* Digitalisierung und Arbeitsrecht, 6. Aufl. 2018; *Dickmann* NZA 2003, 1009 ff.; *Ernst* NZA 2002, 585 ff.; *Hanau/Hoeren/Andres,* Private Internetnutzung durch Arbeitnehmer, 2003; *Koeppen,* Rechtliche Grenzen der Kontrolle der E-Mail- und Internetnutzung am Arbeitsplatz, 2007; *Mattl,* Die Kontrolle der Internet- und E-Mail-Nutzung am Arbeitsplatz, 2008; *Wedde* PersR 2007, 107 ff.; *Weißgerber* NZA 2003, 1005 ff.; vgl. auch den Beispielsfall bei *v. Hoyningen-Huene* JuS 2008, 894 ff.
[442] Vgl. BAG AP BetrVG 1972 § 87 Überwachung Nr. 14 mAnm *Kraft.*
[443] BAG AP BetrVG 1972 § 87 Ordnung des Betriebes Nr. 3 mAnm *Herschel.*
[444] BVerfG NJW 1984, 419.
[445] Vgl. hierzu *Däubler,* Gläserne Belegschaften, 7. Aufl. 2017; *Fitting* BetrVG § 75 Rn. 142 ff.; Richardi/*Richardi/Maschmann* BetrVG § 87 Rn. 492 f.
[446] Vgl. hierzu BAG AP BGB § 611 Persönlichkeitsrecht Nr. 5; Nr. 7; Nr. 23; Nr. 27.
[447] *Thüsing* in v. Westphalen/Thüsing, Vertragsrecht und AGB-Klauselwerke, Arbeitsverträge Rn. 264; BeckOK ArbR/*Joussen* BGB § 611a Rn. 398.
[448] Dazu MHdB ArbR/*Richter* § 24 Rn. 54 ff.; *v. Hoyningen-Huene* FS Stahlhacke, 1995, 173 (179 ff.).
[449] *v. Hoyningen-Huene* FS Stahlhacke, 1995, 173 (179 ff.); s. auch BAG AR-Blattei ES 1700 Nr. 23 mAnm *Franzen.*
[450] Vgl. ErfK/*Preis* GewO § 106 Rn. 28a.
[451] *Sagan/Brockfeld* NJW 2020, 1112 (1114 f.); ausf. zu Homeoffice und Mobile Office in der Corona-Krise: *Krieger/Rudnik/Povedano Peramato* NZA 2020, 473.

b) Sonderfälle. Leiharbeitnehmer (→ Rn. 41 ff.), die Handlungsgehilfen des Verleiherbetriebs sind, haben die Arbeitsleistung nicht im Geschäftslokal des Verleiherbetriebs zu erbringen, sondern im Betrieb des Entleihers. Dort unterliegen Leiharbeitnehmer dem Weisungsrecht des Entleihers, der im Rahmen des Arbeitnehmerüberlassungsvertrages (§ 12 AÜG) den Ort der Dienstleistung bestimmen kann. Handlungsgehilfen, die als **Telearbeitnehmer** (→ Rn. 86)[452] angestellt sind, haben ihre Dienstleistung regelmäßig zu Hause zu erbringen. Auch hier ist der Ort der Dienstleistung daher nicht das Geschäftslokal des Arbeitgebers, sondern der Ort, an dem der Handlungsgehilfe mittels Bildschirmgerät seine Dienstleistung erbringt. 201

Bei Handlungsgehilfen im **Außendienst** („angestellte Handelsvertreter", Verkaufsfahrer uÄ), die einen wechselnden Einsatzort haben, bleibt dagegen das Geschäftslokal Ausgangspunkt für die zu erbringenden Dienstleistungen; das spielt insbesondere für die Betriebszugehörigkeit eine Rolle. Bei Handlungsgehilfen im **Baugewerbe,** die zu einer Bauarbeitsgemeinschaft (ARGE) abgestellt sind (→ Rn. 23), ist Ort der zu erbringenden Dienstleistung für die Dauer der Abstellung der Sitz der ARGE und nicht der Sitz des Stammarbeitgebers.[453] 202

6. Arbeitszeitregelungen. Die Arbeitszeit des Handlungsgehilfen ist im HGB nicht geregelt. Gesetzliche Bestimmungen über die Arbeitszeit finden sich im **Arbeitszeitgesetz** (ArbZG) vom 6.6.1994 (BGBl. 1994 I 1170) hinsichtlich der Höchstarbeitszeiten.[454] Die Vorschriften des ArbZG werden freilich in der Praxis häufig von den besonders wichtigen tarifvertraglichen Regelungen überlagert (→ Rn. 206), die vorwiegend die Dauer der regelmäßigen Arbeitszeit (zB 40-Stunden-Woche) bestimmen. Die tarifvertraglichen Regelungen werden ihrerseits wiederum häufig auf betrieblicher Ebene durch Betriebsvereinbarungen im Hinblick auf die Lage der Arbeitszeit ergänzt (vgl. § 87 Abs. 1 Nr. 2 und 3 BetrVG; → Rn. 208 f.). Auswirkungen auf die Arbeitszeit hatte zunächst auch die RL 93/104/EG.[455] Durch das Gesetz zu Reformen am Arbeitsmarkt vom 24.12.2003 (BGBl. 2003 I 3002) wurde das Arbeitszeitgesetz an die europarechtlichen Vorgaben angepasst.[456] Die RL 93/104/EG wurde durch die **Arbeitszeit-RL**[457] abgelöst. Die Arbeitszeit-RL ist nun bei der Auslegung des ArbZG zu berücksichtigen (sog. richtlinienkonforme Auslegung, → Vor § 59 Rn. 16).[458] 203

a) Die gesetzliche Regelung des ArbZG. Nach § 2 Abs. 1 ArbZG gilt als Arbeitszeit nur die **Zeit vom Beginn bis zum Ende der Arbeit ohne die Ruhepausen** (§ 4 ArbZG). Außerdem zählen Ruhezeiten (§ 5 ArbZG) nicht zur Arbeitszeit.[459] Das ArbZG enthält grundsätzlich keine Grenze im Hinblick auf die höchstzulässige Wochenarbeitszeit (Ausnahme: § 21a Abs. 4 ArbZG). Damit unterscheidet sich das ArbZG von der Arbeitszeitrichtlinie, die für alle Arbeitnehmer eine wöchentliche Höchstarbeitszeit von 48 Stunden vorsieht (Art. 6 lit. b Arbeitszeit-RL). Allerdings geht auch das ArbZG mittelbar von einer 48-Stunden-Woche aus, nämlich von der Sechs-Tage-Woche, an der jeweils normalerweise acht Stunden gearbeitet werden muss (§ 3 ArbZG). Insoweit entspricht § 3 ArbZG der Vorgabe des Art. 6 lit. b Arbeitszeit-RL. Eine andere Verteilung der Arbeitszeit auf die einzelnen Wochentage ist im Rahmen des § 3 S. 2 ArbZG zulässig, wenn grundsätzlich 204

---

452 Dazu MHdB ArbR/*Heinkel* § 201; MHdB ArbR/*Schneider* § 19 Rn. 41 ff.; *Vogelsang* in Schaub ArbR-HdB § 164.

453 § 9 BRTV-Baugewerbe, dazu *v. Hoyningen-Huene/Boemke,* Die Versetzung, 1991, 52 ff.; s. auch BAG KSchG 1969 § 1 Soziale Auswahl Nr. 15.

454 Zur Übersicht vgl. die Kommentare von *Buschmann/Ulber* Arbeitszeitrecht, 2019; *Neumann/Biebl* ArbZG, 16. Aufl. 2012; *Schliemann* ArbZG, 3. Aufl. 2017.

455 RL 93/104/EG vom 23.11.1993 (Arbeitszeit-RL 1993), ABl. EG 1993 L 307, 18; dazu EuGH NZA 2003, 1019; *Lörcher* AuR 1994, 49.

456 Vgl. hierzu *Bermig* BB 2004, 101 ff.; *Boerner* NJW 2004, 1559 ff.; *Reim* DB 2004, 186 ff.

457 RL 2003/88/EG vom 4.11.2003 über bestimmte Aspekte der Arbeitszeitgestaltung, ABl. EG 2003 L 299, 9.

458 Zum Flexibilisierungspotential der Arbeitszeit-RL *Hanau* EuZA 2019, 423.

459 Vgl. *Neumann/Biebl* ArbZG § 5 Rn. 2.

nicht mehr als zehn Stunden pro Tag gearbeitet und innerhalb von sechs Kalendermonaten oder innerhalb von 24 Wochen im Durchschnitt acht Stunden werktäglich nicht überschritten werden.

205 Nur in **Notfällen** und **außerordentlichen Fällen,** die unabhängig vom Willen der Betroffenen eintreten und deren Folgen nicht auf andere Weise zu beseitigen sind, besonders wenn Rohstoffe oder Lebensmittel zu verderben oder Arbeitsergebnisse zu misslingen drohen, darf die tägliche Arbeitszeit von **zehn Stunden überschritten** werden (§ 14 Abs. 1 ArbZG).[460] Dasselbe gilt, wenn eine verhältnismäßig geringe Zahl von Handlungsgehilfen an einzelnen Tagen mit Arbeiten beschäftigt wird, deren Nichterledigung das Ergebnis der Arbeit gefährden oder einen unverhältnismäßigen wirtschaftlichen Schaden zur Folge haben würde (§ 14 Abs. 2 Nr. 1 ArbZG) oder bei unaufschiebbaren Vor- und Abschlussarbeiten (§ 14 Abs. 2 Nr. 2 ArbZG), und wenn dem Arbeitgeber andere Vorkehrungen nicht zugemutet werden können. Zu Zeiten der Corona-Pandemie hat der Bundesgesetzgeber die Ausnahmevorschrift außerdem um einen Abs. 4 ergänzt: Hierdurch können durch Rechtsverordnung unter bestimmten Voraussetzungen für die in der Norm aufgezählten Tätigkeitsbereiche weitere Ausnahmen zugelassen werden.[461] Der Schutz der Arbeitnehmer ist hierbei weiterhin zu wahren, § 14 Abs. 4 S. 3 ArbZG. Außerdem wurde im Zuge der Krise in einigen Bundesländern von der Möglichkeit des § 15 Abs. 2 ArbZG Gebrauch gemacht, der die Zulassung weiterer Ausnahmen von den Vorschriften des ArbZG durch die Aufsichtsbehörde für den Fall, dass diese im öffentlichen Interesse dringend nötig werden, erlaubt.[462]

206 **b) Tarifvertragliche Regelungen.** Die Arbeitszeitregelungen des ArbZG werden in der Praxis durch zahlreiche Tarifverträge ergänzt. Die tarifvertraglichen Bestimmungen weichen dabei vom gesetzlichen Modell der 48-Stunden-Woche bei sechs Arbeitstagen pro Woche in der Regel ab. In den meisten Branchen gilt die 40-Stunden-Woche und Fünf-Tage-Woche. Manche Tarifverträge, wie zB in der Metallindustrie, haben die 35-Stunden-Woche eingeführt.[463] Im Übrigen können Tarifverträge oder Betriebsvereinbarungen auf Grund eines Tarifvertrags gem. § 7 ArbZG von den dort genannten, sonst zwingenden Grenzen des ArbZG abweichen.

207 Tarifliche Arbeitszeitregelungen gelten für das Anstellungsverhältnis gem. §§ 3, 4 Abs. 1 TVG grundsätzlich nur bei **beiderseitiger Tarifbindung** (→ Vor § 59 Rn. 24), da sie die Hauptleistungspflichten des Handlungsgehilfen betreffen.[464] Sie sind daher in der Regel Inhaltsnormen und nicht Betriebsnormen iSd § 3 Abs. 2 TVG.[465] Für nicht tarifgebundene und außertarifliche Handlungsgehilfen gilt die tarifliche Arbeitszeitregelung nur bei **Bezugnahme auf den Tarifvertrag** im Anstellungsvertrag (→ Vor § 59 Rn. 25) oder bei fehlender einzelvertraglicher Regelung im Wege ergänzender Vertragsauslegung als betriebsübliche Arbeitszeit.

208 **c) Betriebliche Vereinbarungen.** In Betrieben mit Betriebsrat muss der Arbeitgeber nach § 87 Abs. 1 Nr. 2 BetrVG gemeinsam mit dem Betriebsrat **Beginn und Ende der täglichen Arbeitszeit** einschließlich der Pausen sowie die Verteilung der Arbeitszeit auf die einzelnen Wochentage durch Betriebsvereinbarungen regeln. Das Mitbestimmungsrecht bezieht sich nach zutreffender hM nur auf die Regelung der Lage der Arbeitszeit. Dagegen besteht kein Mitbestimmungsrecht bei der Festlegung des vom Handlungsgehilfen vertraglich geschuldeten wöchentlichen Arbeitszeitvolumens.[466]

---

460 Vgl. hierzu BAG AP AZO § 14 Nr. 1; OLG Bremen BB 1955, 225; LAG Hamm DB 1956, 428.

461 Vgl. BGBl. 2020 I 578.

462 So zB die Bezirksregierung Köln mittels einer Allgemeinverfügung zur Durchführung des Arbeitszeitgesetzes vom 17. April 2020 im Pandemiefall, abrufbar unter: https://www.bezreg-koeln.nrw.de/brk_internet/leistungen/abteilung05/56/allgemeinverfuegung_arbzg.pdf.

463 Vgl. etwa § 7.1 MTV Metallindustrie Nordwürttemberg/Nordbaden idF vom 14.6.2005.

464 Vgl. BAG AP KSchG 1969 § 2 Nr. 6.

465 HM; *Kempen/Zachert* TVG § 1 Rn. 73; Wiedemann/*Thüsing* TVG § 1 Rn. 710, dort auch zu den Ausnahmen.

466 So ausdrücklich BAG AP BetrVG 1972 § 87 Arbeitszeit Nr. 108 mwN; AP ArbZG § 3 Nr. 8; Richardi/*Richardi* BetrVG § 87 Rn. 264 ff.; *v. Hoyningen-Huene* BetrVR § 12 Rn. 43; *Fitting* BetrVG § 87 Rn. 103 ff.; HWK/*Clemenz* BetrVG § 87 Rn. 71.

Mitbestimmungspflichtig ist danach die Einführung der sog. **gleitenden Arbeitszeit,** bei der die Arbeitnehmer eine bestimmte Kernzeit einhalten müssen, vor und nach diesem Zeitraum aber „gleiten" können, dh innerhalb des Gleitzeitrahmens anfangen und enden dürfen.[467] Auch ihre Modalitäten und die Überwachung der Gleitzeitkonten sind mitbestimmungspflichtig.[468] Nach Auffassung des BAG besteht ein Mitbestimmungsrecht des Betriebsrats nach § 87 Abs. 1 Nr. 2 BetrVG auch dann, wenn durch die zeitliche Lage der Arbeitszeit die **Ladenöffnungszeiten** in Geschäften beeinflusst werden, obwohl der Arbeitgeber an sich die Ladenöffnungszeiten im Rahmen des Ladenschlussgesetzes allein festlegen könnte.[469] Der Mitbestimmung des Betriebsrats unterliegt nach der Rspr. des BAG auch die Aufstellung von Arbeitszeitrahmenbedingungen für Teilzeithandlungsgehilfen.[470] Ob durch erzwingbare **Betriebsvereinbarungen** aufgrund tarifvertraglicher Ermächtigung die Dauer der Arbeitszeit für einzelne Arbeitnehmer unterschiedlich festgelegt werden darf, ist heftig umstritten, wird aber vom BAG als zulässig angesehen.[471] 209

d) Einzelvertragliche Vereinbarungen. Angesichts der häufig sehr weitgehenden normativen Regelung der Arbeitszeit bleibt für eine einzelvertragliche Vereinbarung der Arbeitszeit im Anstellungsvertrag grundsätzlich nur dann Raum, wenn keine Tarifbindung besteht. Schwierigkeiten bereiten arbeitsvertragliche Vereinbarungen, die eine längere als die tariflich vereinbarte Arbeitszeit vorsehen. Eine solche Vereinbarung wäre bei Tarifbindung gem. § 4 Abs. 3 TVG nur wirksam, wenn sie eine für den Handlungsgehilfen günstigere als die tarifliche Regelung darstellen würde. Die Entscheidung über die Günstigkeit hat dabei jeweils auf Grund der konkreten Umstände wie Alter, Gesundheit, Belastung am Arbeitsplatz für den einzelnen Handlungsgehilfen zu erfolgen, wobei eine objektive Beurteilung vorzunehmen ist.[472] Nach verbreiteter Auffassung wird dabei nur die längere Arbeitszeit als solche isoliert betrachtet und daher als ungünstig definiert. Nimmt man jedoch wegen der synallagmatischen Verknüpfung die entsprechend höhere Entlohnung einschließlich etwaiger Überstundenzuschläge hinzu, so wäre die Verlängerung der Arbeitszeit **günstigkeitsneutral.** In diesem Fall sollte man der individuellen Selbstbestimmungsmöglichkeit (Privatautonomie) den Vorrang lassen.[473] Eine einzelvertraglich vereinbarte Verlängerung der tariflich geregelten wöchentlichen Arbeitszeit wäre damit zulässig. Dem Handlungsgehilfen soll es allerdings unbenommen bleiben, jederzeit wieder zur tariflichen Arbeitszeit zurückzukehren.[474] Fehlen ausdrückliche Regelungen zur Arbeitszeit im Arbeitsvertrag eines außertariflichen Mitarbeiters, gilt die betriebsübliche Arbeitszeit als vereinbart.[475] 210

Ist die Lage der Arbeitszeit durch **Betriebsvereinbarung** auf Grund § 87 Abs. 1 Nr. 2 BetrVG geregelt, stellt sich ebenfalls das Problem, inwieweit hiervon durch den Anstellungsvertrag oder entsprechende einzelvertragliche Vereinbarungen abgewichen werden darf. Wegen der unmittelbaren und zwingenden Wirkung der Betriebsvereinbarung (§ 77 Abs. 4 211

---

467 Ebenso *Fitting* BetrVG § 87 Rn. 115; *v. Hoyningen-Huene* BetrVR § 12 Rn. 45.

468 HWK/*Clemenz* BetrVG § 87 Rn. 73 mwN, auch mit weiteren Beispielen.

469 BAG AP BetrVG 1972 § 87 Arbeitszeit Nr. 8; die dagegen eingelegte Verfassungsbeschwerde ist vom BVerfG wegen fehlender Aussicht auf Erfolg nicht angenommen worden, vgl. BVerfG AP BetrVG 1972 § 87 Arbeitszeit Nr. 15; krit. *Richardi* Anm. zu BAG EzA BetrVG § 87 Arbeitszeit Nr. 13.

470 Vgl. BAG DB 1988, 431; 1986, 1729; 1986, 2131; ebenso Richardi/*Richardi* BetrVG § 87 Rn. 301 mwN; abl. *Schwerdtner* DB 1983, 2763.

471 BAG AP BetrVG 1972 § 77 Nr. 23 m. abl. Anm. *v. Hoyningen-Huene*; dazu *v. Hoyningen-Huene/Meier-Krenz* ZfA 1988, 293 ff.; Richardi/*Richardi* BetrVG Einl. Rn. 143 ff. mwN zum Streitstand.

472 Vgl. *Kempen/Zachert* TVG § 4 Rn. 387 ff.; Wiedemann/*Wank* TVG § 4 Rn. 497; auch die Gewährung einer Beschäftigungsgarantie hat das BAG nicht als günstiger angesehen, BAG AP GG Art. 9 Nr. 89.

473 So etwa BAG GS AP BetrVG 1972 § 77 Nr. 46 zum Wahlrecht des Arbeitnehmers bei der Beendigung des Arbeitsverhältnisses aus Altersgründen.

474 Zum Ganzen ebenso MHdB ArbR/*Reichold* § 40 Rn. 91; *v. Hoyningen-Huene* NZA 1985, 9 (14); *Joost* ZfA 1984, 184 ff.; *Löwisch/Rieble* TVG § 4 Rn. 476 ff.; *Treber* in Schaub ArbR-HdB § 204; *Schliemann* NZA 2003, 122 ff.; aA LAG BW DB 1989, 2828; Wiedemann/*Wank* TVG § 4 Rn. 526 ff.; zum Streitstand *Auktor* DB 2002, 1715 ff.

475 BAG DB 2013, 2215.

S. 1 BetrVG), müsste die Unwirksamkeit entgegenstehender einzelvertraglicher Regelungen angenommen werden. Doch wird man in diesen Fällen wie beim Tarifvertrag den Vorrang der individuellen Selbstbestimmung einräumen müssen, so dass die kollektiv wirkende Betriebsvereinbarung zurücktreten muss.[476] Abweichende einzelvertragliche Abreden über die Lage der Arbeitszeit sind also trotz bestehender Betriebsvereinbarung möglich.

212 **e) Arbeitsbereitschaft.** Zur Arbeitszeit im Sinne des ArbZG zählen nicht nur die Zeiten tatsächlicher Dienstleistung, sondern auch die Arbeitsbereitschaft. Darunter wird die wache Achtsamkeit im Zustand der Entspannung verstanden.[477] Es handelt sich um eine Arbeitsleistung, bei der der Wechsel zwischen vollem Arbeitseinsatz und bloßer Bereitschaft nicht festgelegt ist. Der Arbeitnehmer hat von sich aus die Arbeit aufzunehmen.[478] So leistet ein Handlungsgehilfe als Verkäufer Vollarbeit, solange er bedient, auf- und einräumt oder abrechnet. Sitzt er aber (etwa zeitungslesend) in einer Ecke, während er auf Kundschaft wartet, liegt Arbeitsbereitschaft vor.[479]

213 **f) Bereitschaftsdienst.** Von der Arbeitsbereitschaft ist der Bereitschaftsdienst zu unterscheiden. Er liegt vor, wenn sich der Handlungsgehilfe an einem vom Arbeitgeber bestimmten Ort aufhalten muss, um auf Anforderung hin unverzüglich mit der Arbeit beginnen zu können (vgl. § 7 Abs. 3 TVöD-B).[480] Im Gegensatz zur Arbeitsbereitschaft muss sich der Handlungsgehilfe beim Bereitschaftsdienst nicht im Zustand wacher Achtsamkeit befinden.[481] Nach der durch das Gesetz zu Reformen am Arbeitsmarkt vom 24.12.2003 (BGBl. 2003 I 3002) vorgenommenen Anpassung des Arbeitszeitgesetzes an europarechtliche Vorgaben ist nunmehr auch der Bereitschaftsdienst Arbeitszeit iSd ArbZG. Die arbeitszeitrechtliche Beurteilung ist jedoch unabhängig von der Frage der Vergütungspflicht.[482] Es können daher für Bereitschaftsdienst und sog. Vollarbeit unterschiedliche Vergütungssätze vorgesehen werden.[483]

214 **g) Rufbereitschaft.** Starke Ähnlichkeit mit dem Bereitschaftsdienst hat die Rufbereitschaft. Hier kann der Handlungsgehilfe seinen Aufenthaltsort selbst wählen und auch verändern. Er muss dabei jedoch in der Lage bleiben, auf Abruf die Arbeit aufzunehmen.[484] Die Rufbereitschaft unterscheidet sich somit vom Bereitschaftsdienst dadurch, dass sich der Handlungsgehilfe an einem vom Arbeitgeber bestimmten Ort aufzuhalten hat, während er bei der Rufbereitschaft in der Wahl seines Aufenthaltsorts frei ist.[485] Die Rufbereitschaft zählt nicht zur Arbeitszeit iSd ArbZG; ihre Vergütung richtet sich ebenso wie die des Bereitschaftsdienstes nach arbeitsvertraglichen bzw. tarifvertraglichen Vereinbarungen.

215 **h) Wegezeit.** Zur Arbeitszeit iSd ArbZG gehört ebenfalls nicht die **Wegezeit,** die der Handlungsgehilfe braucht, um von seiner Wohnung zum Handelsgewerbe und wieder zurück zu gelangen.[486] Anders ist dies freilich dann, wenn der Handlungsgehilfe etwa als angestellter Versicherungsvertreter direkt von seiner Wohnung zu einem Kunden fährt, um diesen zu beraten. In diesem Fall zählt die Wegezeit zu dem Kunden bereits als Arbeitszeit,

---

[476] So wohl auch BAG NZA 1993, 89; ausf. *Fitting* BetrVG § 77 Rn. 196 ff.

[477] Vgl. BAG AP AZO § 7 Nr. 5; Nr. 8; AP AZO § 12 Nr. 6; AP AZO § 13 Nr. 2; Nr. 3; AP BAT § 15 Nr. 1; AP BAT § 35 Nr. 2; NZA 2009, 45 (48); MHdB ArbR/*Koberski* § 182 Rn. 21 ff.; MHdB ArbR/*Reichold* § 40 Rn. 77.

[478] BAG AP BGB § 611 Nr. 24; s. auch die Übersicht bei HWK/*Gäntgen* ArbZG § 2 Rn. 5.

[479] Zutr. *Neumann/Biebl* ArbZG § 2 Rn. 12.

[480] BAG NZA 2004, 927.

[481] Vgl. BAG AP AZO § 7 Nr. 5; AP AZO § 12 Nr. 6; AP BAT § 17 Nr. 12; NZA 2004, 556 (559); 2007, 1108 (1109); MHdB ArbR/*Koberski* § 182 Rn. 34 f.; MHdB ArbR/*Reichold* § 40 Rn. 78.

[482] BAG NZA 2004, 165; MHdB ArbR/*Reichold* § 40 Rn. 80.

[483] BAG NZA 2004, 656 mAnm *Bauer/Krieger* BB 2004, 549 ff.; ErfK/*Wank* ArbZG § 2 Rn. 32.

[484] Vgl. BAG AP AZO § 7 Nr. 3; NZA 1992, 560; 2007, 1108 (1110); MHdB ArbR/*Koberski* § 182 Rn. 39; MHdB ArbR/*Reichold* § 40 Rn. 79.

[485] Vgl. zur Abgrenzung BVerwG BB 1988, 1046; BAG AP BGB § 611 Arbeitsbereitschaft Nr. 2; BB 1987, 478; NZA 2007, 1108 (1110).

[486] Vgl. BAG AP BGB § 611 Wegezeit Nr. 1; Nr. 2; MHdB ArbR/*Koberski* § 182 Rn. 11 ff.; MHdB ArbR/*Reichold* § 40 Rn. 68; ErfK/*Wank* ArbZG § 2 Rn. 16.

wobei sich der Handlungsgehilfe freilich die Zeit anrechnen lassen muss, die er dadurch erspart, dass er nicht erst zum Sitz seines Handelsgewerbes zu kommen braucht.[487]

i) Reisezeit. Keine Arbeitszeit iSd ArbZG ist grundsätzlich die Reisezeit bei **Dienstreisen,** dh Fahrten an einen anderen Ort, um dort Dienstgeschäfte zu erledigen.[488] Dies gilt auch für Fahrten in einem vom Arbeitgeber zur Verfügung gestellten Pkw.[489] Etwas anderes gilt allerdings dann, wenn der Arbeitgeber die Benutzung eines Pkw und dessen Steuerung durch den Handlungsgehilfen alternativlos anordnet, weil der Arbeitgeber auf diese Weise vom Handlungsgehilfen auch während der Reise bestimmte Tätigkeiten verlangt.[490] Auch bei Benutzung öffentlicher Verkehrsmittel bewirkt erst die Anweisung des Arbeitgebers, während der Reise Arbeitsaufgaben zu erledigen, dass die tatsächlich geleistete Arbeit als Arbeitszeit iSd § 2 Abs. 1 S. 1 ArbZG zu beurteilen ist.[491] Bei einem Verkaufsfahrer gehört die Fahrzeit zur Arbeitszeit.[492] Auch bei vorübergehender Entsendung ins Ausland sind die für Hin- und Rückreise erforderlichen Zeiten wie Arbeit zu vergüten.[493] **216**

j) Überstunden und Mehrarbeit. Arbeitet der Handlungsgehilfe länger als die in der Anstellung vereinbarte oder tariflich geregelte Arbeitszeit und kann diese Erhöhung nicht durch Arbeitszeitverlagerung wieder ausgeglichen werden, so leistet er Überstunden.[494] Ob Überstunden in Form von Freizeit oder Entgelt auszugleichen sind, muss der Überstundenregelung bzw. der entsprechenden Betriebsvereinbarung oder dem einschlägigen Tarifvertrag entnommen werden.[495] Der Arbeitnehmer muss die geleisteten Überstunden nachweisen.[496] Erhält der Arbeitnehmer zusätzlich zur Festvergütung für einen Teil seiner Arbeitsaufgaben in nicht unerheblichem Maße Provisionen, lässt sich das Bestehen einer objektiven Vergütungserwartung für Überstunden iSv § 612 Abs. 1 BGB nicht ohne Hinzutreten besonderer Umstände oder einer entsprechenden Verkehrssitte begründen.[497] Das Gleiche gilt für die Verpflichtung zur Zahlung etwaiger Überstundenzuschläge. Für Betriebsratsmitglieder gilt bei betriebsbedingten Überstunden § 37 Abs. 3 BetrVG. **217**

Soll in einem Betrieb, für den ein Betriebsrat besteht, eine **kollektive Überstundenregelung** geschaffen werden, so unterliegt dies nach § 87 Abs. 1 Nr. 3 BetrVG der Mitbestimmung des Betriebsrats. Ein mitbestimmungspflichtiger Tatbestand hinsichtlich der Verlängerung der betrieblichen Arbeitszeit liegt aber nur vor, wenn es sich wenigstens um eine Gruppe handelt; das ist der Fall, wenn mehrere Handlungsgehilfen voneinander abhängig arbeiten müssen oder wenn für die Zukunft einzelne Arbeitnehmer eine Vielzahl von Überstunden zu leisten haben.[498] Überstunden im Einzelfall, zB für die Chefsekretärin, sind dagegen mitbestimmungsfrei. Nach Auffassung des BAG sollen aber auch Überstunden für einzelne Arbeitnehmer der Mitbestimmung nach § 87 Abs. 1 Nr. 3 BetrVG unterliegen, wenn der Arbeitgeber die Auswahl unter mehreren Arbeitnehmern hat.[499] **218**

Der Handlungsgehilfe ist nur unter bestimmten Voraussetzungen verpflichtet, Überstunden zu leisten. Die **individualrechtliche Verpflichtung** kann sich zum einen aus dem Anstellungsvertrag ergeben, in besonderen Notfällen ist Rechtsgrundlage die Rücksichtnah- **219**

---

487 Vgl. BAG AP BGB § 611 Wegezeit Nr. 12; NZA-RR 2010, 231 Rn. 15.

488 BAG NZA 2007, 155; ausf. *Heins/Leder* NZA 2007, 249 ff.; *Hunold* NZA-Beil. 2006, 38 ff.

489 BAG AP BAT § 17 Nr. 1; Nr. 3.

490 BAG NZA 2007, 458 (460); 2007, 155; *Baeck/Lösler* NZA 2005, 247 (249); *Heins/Leder* NZA 2007, 249 (250); *Hunold* NZA-Beil. 2006, 38 (39 ff.); BeckOK ArbR/*Kock* ArbZG § 2 Rn. 16; *Linck* in Schaub ArbR-HdB § 45 Rn. 55.

491 BAG NZA 2007, 155 (158); ErfK/*Wank* ArbZG § 2 Rn. 17; MHdB ArbR/*Koberski* § 182 Rn. 14 f.

492 Vgl. auch MHdB ArbR/*Koberski* § 182 Rn. 14 m. weit. Beispielen.

493 BAG AP BGB § 611 Arbeitszeit Nr. 53 mAnm *Spengler.*

494 Vgl. BAG AP AZO § 7 Nr. 5; AP MTB II § 48 Nr. 1; ErfK/*Preis* BGB § 611a Rn. 663; MHdB ArbR/*Reichold* § 40 Rn. 70.

495 Vgl. dazu BAG NZA 2013, 1102; 1993, 1088.

496 BAG NZA 2019, 1361; s. außerdem zur Arbeitszeiterfassung EuGH NZA 2019, 683; dazu *Thüsing/Flink/Jänsch* ZfA 2019, 465 ff.

497 BAG AP BGB § 612 Nr. 76.

498 BAG DB 1981, 946.

499 BAG AP BetrVG 1972 § 87 Arbeitszeit Nr. 18; abl. *v. Hoyningen-Huene* BetrVR § 12 Rn. 47.

mepflicht des Handlungsgehilfen aus § 241 Abs. 2 BGB.[500] Daneben können auch Tarifverträge dem Arbeitgeber das Recht vorbehalten, Überstunden anzuordnen.[501] Überstunden müssen aber nur dann geleistet werden, wenn sie einerseits dringend betrieblich erforderlich und andererseits dem Arbeitnehmer zumutbar sind; AT-Angestellten und leitenden Angestellten obliegen dabei höhere Pflichten als den übrigen Handlungsgehilfen.[502] Bei der Anordnung von Überstunden muss der Arbeitgeber gem. § 106 GewO eine umfassende Interessenabwägung zwischen seinen Belangen und denen des Handlungsgehilfen vornehmen.[503]

220 **k) Kurzarbeit.** In Zeiten wirtschaftlicher Rezession bei Beschäftigungsmangel oder Arbeitsmangel kann auch die vorübergehende Einführung von Kurzarbeit erforderlich sein. Da die Einführung von Kurzarbeit die im Anstellungsvertrag geregelten Pflichten berührt, bedarf es für die Einführung der Kurzarbeit einer **besonderen Rechtsgrundlage.** Die Ermächtigung zur Einführung von Kurzarbeit kann normativ in Tarifverträgen oder Betriebsvereinbarungen enthalten sein;[504] eine bloße Regelungsabrede zwischen Arbeitgeber und Betriebsrat reicht dagegen nicht aus.[505] Daneben kann auch im Anstellungsvertrag ein entsprechender Vorbehalt aufgenommen werden. Fehlen solche Rechtsgrundlagen, so bedarf es zur Einführung von Kurzarbeit individualrechtlich grundsätzlich einer Änderungskündigung nach § 2 KSchG. Unter den besonderen Voraussetzungen der §§ 18, 19 KSchG kann die Bundesagentur für Arbeit bei Massenentlassungen den Arbeitgeber auch ermächtigen, Kurzarbeit einzuführen. Diese Ermächtigung ermöglicht dem Arbeitgeber die Einführung von Kurzarbeit auch ohne Kündigung der Arbeitsverträge.[506] Durch die bloße Ausübung des Weisungsrechts kann keine Kurzarbeit eingeführt werden, weil damit nicht der Inhalt der Arbeitspflichten konkretisiert, sondern neu festgelegt wird.

221 Neben diesen individualvertraglichen Voraussetzungen bedarf es zur Einführung von Kurzarbeit in Betrieben mit Betriebsrat nach § 87 Abs. 1 Nr. 3 BetrVG der **Mitbestimmung des Betriebsrats.** Voraussetzung ist freilich auch hier, wie bei der Einführung von Überstunden, dass ein kollektiver Tatbestand vorliegt und nicht nur für einen einzelnen Handlungsgehilfen Kurzarbeit eingeführt werden soll.[507] Problematisch ist unter betriebsverfassungsrechtlichen Gesichtspunkten dabei die **Einführung arbeitskampfbedingter Kurzarbeit.** Nach zutreffender Auffassung des BAG unterliegt die Entscheidung, ob Kurzarbeit eingeführt werden soll, im Arbeitskampf nicht der Mitbestimmung des Betriebsrats. Nur soweit es sich um die Modalitäten der Arbeitszeitverkürzung handelt, bleibt das Mitbestimmungsrecht des Betriebsrats bestehen.[508]

222 Die Einführung von Kurzarbeit ist vom Arbeitgeber bei der zuständigen Agentur für Arbeit nach §§ 95 Nr. 4, 99 SGB III anzuzeigen. Die Anzeige sowie ein Antrag nach § 325 Abs. 3 SGB III sind Voraussetzung für die Gewährung von **Kurzarbeitergeld.** Durch die Gewährung von Kurzarbeitergeld durch die Bundesagentur für Arbeit sollen den Handlungsgehilfen Arbeitsplätze gesichert und dem Betrieb die eingearbeiteten Arbeitnehmer erhalten werden. Das Kurzarbeitergeld bemisst sich nach dem Arbeitsentgelt, das der Handlungsgehilfe ohne den Arbeitsausfall in der Arbeitsstunde erreicht hätte, und nach der Zahl der Arbeitsstunden, die der Handlungsgehilfe am Ausfalltag innerhalb der Arbeitszeit geleistet hätte (§ 105 SGB III). Es beträgt für Handlungsgehilfen, die mindestens ein Kind haben 67 %, für die übrigen Handlungsgehilfen 60 % des um die gesetzlichen Abzüge, die bei

---

500 *Poeche* in Küttner, Personalbuch 2020, Überstunden Rn. 5 ff.; MHdB ArbR/*Reichold* § 40 Rn. 70; *Linck* in Schaub ArbR-HdB § 45 Rn. 45; zu einem Anordnungsvorbehalt in AGB des Arbeitgebers vgl. BAG NZA 2008, 1194.

501 Vgl. ErfK/*Preis* BGB § 611a Rn. 663.

502 BAG BB 1967, 79.

503 Vgl. BAG NZA 2008, 1194; *v. Hoyningen-Huene,* Billigkeit im Arbeitsrecht, 1978, 144 f.

504 Vgl. etwa § 8.2 MTV Metallindustrie Nordwürttemberg/Nordbaden.

505 BAG AP BGB § 615 Kurzarbeit Nr. 4.

506 Vgl. hierzu Linck/Krause/Bayreuther/*Bayreuther* KSchG § 19 Rn. 11 ff. mwN.

507 Vgl. hierzu *v. Hoyningen-Huene* BetrVR § 12 Rn. 47.

508 Vgl. BAG AP GG Art. 9 Arbeitskampf Nr. 70; Nr. 71 mAnm *Richardi.*

Handlungsgehilfen gewöhnlich anfallen, verminderten Arbeitsentgelts (§ 105 SGB III).[509] Die Voraussetzungen für den Bezug von Kurzarbeitergeld wurden jüngst im Zuge der Corona-Krise abgeschwächt.[510] Erleichterungen können über einen neuen § 109 Abs. 5 SGB III gebracht werden, welche hiernach die Bundesregierung – befristet bis zum 31. Dezember 2021 – durch Rechtsverordnung für den Fall außergewöhnlicher Umstände auf dem Arbeitsmarkt durchführen kann.[511] Auch wird ein neuer § 11a AÜG eingeführt, um Leiharbeitnehmern ebenfalls durch Rechtsverordnung der Bundesregierung den Bezug von Kurzarbeitergeld zu ermöglichen.[512] Eine entsprechende Verordnung über Erleichterungen der Kurzarbeit hat die Bundesregierung in der Folge erlassen.[513]

l) Sonn- und Feiertagsarbeit. An Sonn- und Feiertagen besteht nach § 9 ArbZG ein grundsätzliches Beschäftigungsverbot für Handlungsgehilfen.[514] § 10 ArbZG sieht allerdings eine Vielzahl von Ausnahmen vor. 15 Sonntage im Jahr müssen gleichwohl beschäftigungsfrei bleiben (§ 11 Abs. 1 ArbZG); außerdem sind Ersatzruhetage zu gewähren (§ 11 Abs. 3 ArbZG). Darüber hinaus sind abweichende Regelungen in einem Tarifvertrag oder auf Grund eines Tarifvertrags in einer Betriebsvereinbarung gem. § 12 ArbZG möglich. Außerdem können die Aufsichtsbehörden Ausnahmen nach § 13 Abs. 3 ArbZG zulassen, namentlich in Handelsgewerben an bis zu zehn Sonn- und Feiertagen im Jahr, an denen besondere Verhältnisse einen erweiterten Geschäftsverkehr erforderlich machen (§ 13 Abs. 3 Nr. 2 lit. a ArbZG). 223

7. Besitzverhältnisse an den Sachen des Arbeitgebers. Der Handlungsgehilfe ist, soweit er die tatsächliche Gewalt über eine Sache für den Arbeitgeber ausübt, nicht Besitzer, sondern nach § 855 BGB **Besitzdiener.**[515] Da der Handlungsgehilfe nur Besitzdiener ist, gilt auch nicht er, sondern der Arbeitgeber als Finder iSd §§ 965 ff. BGB, wenn er im Rahmen seiner Arbeitspflicht einen Gegenstand findet und an sich nimmt. Findet also etwa ein als Verkäufer beschäftigter Handlungsgehilfe beim Aufräumen der Waren einen Ring, so erlangt der Arbeitgeber Besitz an dem Ring und nicht der Handlungsgehilfe.[516] Daher kann auch nur der Arbeitgeber unter den Voraussetzungen des § 973 BGB Eigentum an dem gefundenen Gegenstand erwerben. Beim praktisch sehr seltenen Schatzfund gilt der Handlungsgehilfe dann als Entdecker des Schatzes iSd § 984 BGB, wenn er außerhalb einer gezielten Schatzsuche aber dennoch im Rahmen seiner für den Arbeitgeber ausgeführten Tätigkeit einen Schatz findet.[517] 224

Gehört zu den Tätigkeiten des Handlungsgehilfen auch die **Verarbeitung oder Umbildung** eines oder mehrerer Stoffe zu einer neuen beweglichen Sache, so erwirbt entgegen § 950 BGB nicht der Handlungsgehilfe das Eigentum an der neu hergestellten Sache, sondern der Arbeitgeber.[518] 225

8. Erfindungen. Die rechtliche Behandlung von Erfindungen des Handlungsgehilfen richtet sich nach dem Arbeitnehmererfindungsgesetz **(ArbNErfG).**[519] Das Gesetz unterscheidet: Diensterfindungen, dh Erfindungen, die während der Dauer eines Dienstverhältnisses gemacht wurden und aus der dem Handlungsgehilfen obliegenden Dienste entstanden 226

509 Vgl. den Überblick bei *Koch* in Schaub ArbR-HdB § 48; *Kleinebrink* DB 2009, 342 (344 f.).
510 S. dazu *Fuhlrott/Fischer* NZA 2020, 345; *Fuhlrott/Fischer* NZA 2020, 409; *Sagan/Brockfeld* NJW 2020, 1112 (1115 f.); ausf. *Geulen/Vogt* ArbRAktuell 2020, 181.
511 BGBl. 2020 I 493.
512 BGBl. 2020 I 493.
513 BGBl. 2020 I 595; ausf. dazu: *Fuhlrott/Fischer* NZA 2020, 409.
514 Zu den Einzelheiten vgl. MHdB ArbR/*Koberski* § 185; *Vogelsang* in Schaub ArbR-HdB § 159.
515 BAG NZA 1999, 141; MHdB ArbR/*Bayreuther* § 97 Rn. 4.
516 Vgl. BGHZ 8, 130; *Koch* in Schaub ArbR-HdB § 113 Rn. 12.
517 Vgl. hierzu den spektakulären Fall BGH NJW 1988, 1204.
518 Vgl. Palandt/*Herrler* BGB § 950 Rn. 7; MüKoBGB/*Füller* BGB § 950 Rn. 21; MHdB ArbR/*Bayreuther* § 97 Rn. 1 ff.
519 Vgl. zu den Einzelheiten *Bartenbach/Volz,* Arbeitnehmererfindungsgesetz, 6. Aufl. 2019; *Reimer/Schade/Schippel* ArbEG, 8. Aufl. 2007; *Rother,* Arbeitnehmererfinderrecht, 5. Aufl. 2008; *Schwab,* Arbeitnehmererfindungsrecht, 4. Aufl. 2018; MHdB ArbR/*Bayreuther* § 98; *Koch* in Schaub ArbR-HdB § 114.

sind oder maßgeblich auf Erfahrungen oder Arbeiten im Betrieb beruhen (§ 4 Abs. 2 ArbNErfG); freie Erfindungen, worunter nach § 4 Abs. 3 ArbNErfG alle sonstigen Erfindungen von Handlungsgehilfen fallen, und technische Verbesserungsvorschläge, dh Vorschläge für technische Neuerungen, die nicht patent- oder gebrauchsmusterfähig sind (§ 3 ArbNErfG).[520] Diensterfindungen kann der Arbeitgeber gegen eine Vergütung in Anspruch nehmen (§ 7 Abs. 1 ArbNErfG, § 9 ArbNErfG, § 10 ArbNErfG); verzichtet er darauf, so wird die Erfindung frei mit der Folge, dass der Handlungsgehilfe über sie verfügen kann (vgl. § 8 Abs. 1 ArbNErfG). Über freie Erfindungen hat der Handlungsgehilfe den Arbeitgeber unverzüglich zu unterrichten und ihm ein Benutzungsrecht gegen angemessene Vergütung anzubieten (§§ 18, 19 ArbNErfG). Verwertet der Arbeitgeber technische Verbesserungsvorschläge des Handlungsgehilfen, so hat dieser gegen den Arbeitgeber einen Anspruch auf angemessene Vergütung nach § 20 ArbNErfG.

227 **9. Rechtsfolgen bei Schlechterfüllung.** Erfüllt der Handlungsgehilfe seine Verpflichtungen aus dem Anstellungsvertrag nicht oder nur unzureichend, stellt sich die Frage, wie der Arbeitgeber auf die Einhaltung der Dienstpflichten dringen und welche Sanktionen er ergreifen kann. Abgesehen von Provisionsangestellten (§ 65), die eine erfolgsabhängige Arbeitsvergütung und folglich bei einer Minderleistung automatisch weniger erhalten, ist eine Reduzierung des Gehalts bei schlechter Dienstleistung in der Regel nicht möglich. Dem Arbeitgeber bleibt vielmehr neben dem Erfüllungsanspruch regelmäßig nur die Abmahnung, mit welcher der Handlungsgehilfe aufgefordert wird, künftig wieder besser zu arbeiten, andernfalls er mit einer Kündigung zu rechnen habe. Außerdem kann ein Schadensersatzanspruch des Arbeitgebers in Betracht kommen, wenn dem Arbeitgeber ein Schaden entstanden ist. Schließlich ist auch bei entsprechender Vereinbarung eine Vertragsstrafe oder Betriebsbuße möglich (→ Rn. 230).

228 **a) Durchsetzung der Leistungspflicht.** Erfüllt der Handlungsgehilfe seine Dienstleistungspflichten nicht, so kann der Arbeitgeber gegen ihn auf Erfüllung der Dienstleistung klagen.[521] Der Arbeitgeber kann aus einem obsiegenden **Urteil nicht vollstrecken.** Da die Dienstleistungspflicht nach § 613 BGB eine höchstpersönliche Pflicht des Handlungsgehilfen ist, sie also nicht von Dritten vorgenommen werden kann, handelt es sich bei der Dienstleistung um eine unvertretbare Handlung. Die Zwangsvollstreckung aus Urteilen zur Vornahme von unvertretbaren Handlungen ist nach § 888 Abs. 3 ZPO ausgeschlossen, wenn die Verurteilung zur Leistung von Diensten aus einem Dienstvertrag erfolgt.[522] Dem Arbeitgeber bleibt die Möglichkeit, die Klage auf Dienstleistung mit einem Antrag auf Entschädigung nach § 61 Abs. 2 ArbGG zu verbinden. In diesem Fall erhält der Arbeitgeber bei verweigerter Dienstleistung jedenfalls eine vom Arbeitsgericht nach freiem Ermessen (§ 287 ZPO) festgesetzte Entschädigung.[523]

229 **b) Abmahnung.** Erfüllt ein Handlungsgehilfe seine Dienstpflichten nur unzureichend, kann der Arbeitgeber eine Abmahnung aussprechen.[524] Durch die Abmahnung soll der Handlungsgehilfe an seine Dienstverpflichtung erinnert werden und die Möglichkeit zur Besserung erhalten. Die Abmahnung muss das missbilligte Verhalten klar kennzeichnen; sie muss die Aufforderung enthalten, dieses Verhalten zu ändern und die Rechtsfolgen für den Fall der Beibehaltung des vertragswidrigen Verhaltens genau androhen, insbesondere durch

[520] Vgl. zur Abgrenzung der verschiedenen Erfindungstypen BGHZ 93, 82 (85 ff.); zu sonstigen Fällen MHdB ArbR/*Bayreuther* § 98; *Koch* in Schaub ArbR-HdB § 114.

[521] Vgl. BAG AP BGB § 620 Befristeter Arbeitsvertrag Nr. 27; MHdB ArbR/*Reichold* § 42 Rn. 1.

[522] Vgl. BAG NZA 2004, 727 (731 f.); Zöller/*Seibel* ZPO § 888 Rn. 16; MHdB ArbR/*Reichold* § 42 Rn. 2; *v. Hoyningen-Huene* BB 1992, 2138.

[523] Vgl. hierzu GMP/*Schleusener* ArbGG § 61 Rn. 29 ff.; MHdB ArbR/*Reichold* § 42 Rn. 11; *Stoffels,* Der Vertragsbruch des Arbeitnehmers, 1994, 58 ff.

[524] Vgl. zur Abmahnung *v. Hoyningen-Huene* RdA 1990, 193 ff. mwN; Linck/Krause/Bayreuther/*Krause* KSchG § 1 Rn. 484 ff.; *Linck* in Schaub ArbR-HdB § 132.

eine Kündigung.[525] Eine Abmahnung gegenüber Handlungsgehilfen kann durch Zeitablauf wirkungslos werden; dies lässt sich jedoch nicht anhand einer Regelfrist, sondern nur auf Grund der Umstände des Einzelfalls beurteilen.[526] Die Abmahnung unterliegt nicht der Mitbestimmung des Betriebsrats nach § 87 Abs. 1 Nr. 1 BetrVG.[527] Der Handlungsgehilfe kann in entsprechender Anwendung der §§ 242, 1004 BGB verlangen, dass ungerechtfertigte Abmahnungen aus der Personalakte entfernt werden.[528] Erst wenn der Handlungsgehilfe trotz mehrfacher Abmahnung weiterhin seinen Dienstpflichten nicht ordnungsgemäß nachgekommen ist, kann der Arbeitgeber eine **verhaltensbedingte Kündigung** aussprechen. Dies ergibt sich aus dem Grundsatz der Verhältnismäßigkeit[529] und wird jetzt § 314 Abs. 2 BGB entnommen.[530]

c) Vertragsstrafe. Nach § 339 BGB kann eine Vertragsstrafe für den Fall vereinbart **230**
werden, dass der Schuldner eine Verbindlichkeit nicht oder nicht in gehöriger Weise erfüllt.[531] Das BAG hat in ständiger Rspr. anerkannt, dass gegen derartige einzelvertragliche Strafabreden zwischen den Parteien eines Anstellungsvertrags keine rechtlichen Bedenken bestehen, wenn der Arbeitgeber mit ihnen die Einhaltung der vertraglichen Vereinbarungen durch den Handlungsgehilfen sichern will.[532] Es gilt hier nichts anderes als allgemein im Arbeitsrecht. Vertragsstrafenabreden können auch in formularmäßigen Anstellungsverträgen getroffen werden. Die Zulässigkeit von Vertragsstrafenabreden in Formularverträgen für den Fall der Lösung vom Vertrag ohne Einhaltung der Kündigungsfrist war jedoch angesichts von § 309 Nr. 6 BGB in der Lit. umstritten.[533] Das BAG sieht diese jedoch als Besonderheiten des Arbeitsrechts iSv § 310 Abs. 4 S. 2 BGB weiterhin grundsätzlich als wirksam an (§ 75c).[534] Die Unwirksamkeit solcher Abreden kann sich jedoch aus § 307 BGB ergeben.[535] So ist eine gegenüber einem Handelsvertreter verwandte Formularbestimmung, wonach der Handelsvertreter eine Vertragsstrafe unabhängig vom Verschulden verwirkt, unwirksam.[536] Unwirksam ist auch eine Vertragsstrafe, die unverhältnismäßig hoch ist, wobei die zulässige Höhe sich nach dem sanktionierten Verhalten richtet.[537]

d) Betriebsbuße. Bei Schlechterfüllung der Dienstpflichten kommt schließlich auch **231**
eine Betriebsbuße in Betracht. Die Betriebsbuße ist von der Vertragsstrafe dadurch zu unterscheiden, dass letztere der Sicherung schuldrechtlicher Ansprüche des Arbeitgebers aus dem Dienstverhältnis dient, während die Betriebsbuße Strafcharakter hat und als Disziplinarmaßnahme die kollektive Ordnung und Sicherung aufrechterhalten soll.[538] Als Betriebsbußen kommen nicht nur Geldzahlungen in Betracht, sondern auch Verwarnungen und Verweise, die ihrerseits wiederum von der Abmahnung abzugrenzen sind.

---

525 Vgl. BAG AP BetrVG 1972 § 87 Betriebsbuße Nr. 3; AP KSchG 1969 § 1 Verhaltensbedingte Kündigung Nr. 3.

526 BAG AP KSchG 1969 § 1 Verhaltensbedingte Kündigung Nr. 17 mAnm *Conze*.

527 BAG AP BetrVG 1972 § 87 Nr. 2.

528 Vgl. BAG AP BGB § 611 Fürsorgepflicht Nr. 96, 93; NZA 2002, 965 (966).

529 Vgl. BAG AP BGB § 611 Abmahnung Nr. 34; AP BGB § 626 Nr. 57; Nr. 62; AP KSchG § 1 Verhaltensbedingte Kündigung Nr. 9 mAnm *Boden*; AP KSchG 1969 § 1 Verhaltensbedingte Kündigung Nr. 3.

530 Vgl. dazu BAG NZA 2006, 917 (921); ErfK/*Niemann* BGB § 626 Rn. 29; *v. Hase* NJW 2002, 2278 ff.; *Kleinebrink* FA 2002, 226 ff.; *Schumacher-Mohr* DB 2002, 1606 ff.; zu den Fällen der Entbehrlichkeit einer Abmahnung vgl. Linck/Krause/Bayreuther/*Krause* KSchG § 1 Rn. 480 ff.

531 Vgl. hierzu *Brors* DB 2004, 1778 ff.; *Hauck* NZA 2006, 816 ff.; *Preis,* Grundfragen der Vertragsgestaltung im Arbeitsrecht, 1993, 466 ff.; *Preis/Stoffels* AR-Blattei SD 1710 (2006).

532 Vgl. BAG AP § 67 Nr. 2; AP BGB § 611 Entwicklungshelfer Nr. 2; AP BGB § 339 Nr. 9; Nr. 12.

533 BAG NZA 2004, 727 (729 ff.); MüKoBGB/*Gottwald* BGB Vor § 339 Rn. 19, jeweils mwN zum Streitstand.

534 S. nur BAG NZA 2016, 945; 2004, 727 = SAE 2005, 116 m. insoweit zust. Anm. *v. Hoyningen-Huene*.

535 Dazu BAG NZA 2004, 727; 2005, 1053; 2006, 34; 2008, 170.

536 BGH NJW 2013, 2111 Rn. 23.

537 Ausf. *Thüsing* in v. Westphalen/Thüsing, Vertragsrecht und AGB-Klauselwerke, Arbeitsverträge Rn. 468 ff.

538 Vgl. BAG AP BetrVG 1972 § 87 Betriebsbuße Nr. 1 mAnm *Konzen*.

232 Nach Auffassung des BAG liegt eine **mitbestimmungspflichtige Betriebsbuße** vor, wenn die Erklärung des Arbeitgebers über die Geltendmachung seines Gläubigerrechts auf vertragsgemäßes Verhalten des Handlungsgehilfen einschließlich der Androhung individualrechtlicher Konsequenzen für den Wiederholungsfall hinausgeht und Strafcharakter annimmt, wenn also das beanstandete Verhalten geahndet werden soll.[539] Die Verhängung einer Betriebsbuße setzt in jedem Fall eine Bußordnung voraus, die ihrerseits nach § 87 Abs. 1 Nr. 1 BetrVG der Mitbestimmung des Betriebsrats unterliegt.[540] Die Verhängung von Betriebsbußen widerspricht freilich dem modernen, demokratischen Verständnis vom Arbeitsrecht und ist auch verfassungsrechtlich nicht unbedenklich.[541]

233 **e) Gehaltsminderung.** Erfüllt der Handlungsgehilfe seine Dienstleistungspflichten nur unzureichend, so steht dem Arbeitgeber grundsätzlich kein Recht zur Gehaltsminderung zu. Dies ergibt sich bereits daraus, dass die §§ 611 ff. BGB im Unterschied zum Kaufrecht, Mietrecht oder Werkvertragsrecht kein Gewährleistungsrecht vorsehen. Nach einer vereinzelt gebliebenen Entscheidung des BAG soll dem Arbeitgeber allerdings ein Gehaltsminderungsrecht zustehen, wenn eine werdende Mutter mit ihrer Dienstleistung bewusst zurückhält.[542] Der Handlungsgehilfe kann bei Schlechterfüllung aber schadensersatzpflichtig werden (→ Rn. 235 ff.) oder muss mit einer Kündigung rechnen.[543]

234 **10. Haftung des Handlungsgehilfen bei Schlechtleistung.** Bei schlechter Dienstleistung des Handlungsgehilfen kann dem Arbeitgeber neben Abmahnungen, Kündigungen, Vertragsstrafen und Betriebsbußen auch noch ein Schadensersatzanspruch zustehen, falls ihm ein nachweisbarer Schaden entstanden ist.[544]

235 **a) Schadensersatz bei zu vertretender Nichterfüllung.** Bei zu vertretender Nichterfüllung der Dienstleistungspflichten steht dem Arbeitgeber ein Schadensersatzanspruch nach § 280 Abs. 1 BGB, § 619a BGB zu.[545] In der Praxis kommen Schadensersatzansprüche erst dann in Betracht, wenn der Handlungsgehilfe einen über die zu langsame Dienstleistung hinausgehenden Schaden anrichtet oder fehlerhafte Arbeitsergebnisse liefert.

236 **b) Haftungseinschränkung bei Folgeschäden.** Hat der Handlungsgehilfe darüber hinausgehende Schäden angerichtet, zB Beschädigung einer Maschine, haftet er an sich nach den allgemeinen Grundsätzen, also auf Grund § 280 Abs. 1 BGB bzw. § 823 BGB. Diese allgemeinen Haftungsgrundsätze finden aber bestimmte **Einschränkungen. Früher** galt dies nach hM jedenfalls dann, wenn sog. **gefahrgeneigte Arbeit** vorlag. Grundgedanke hierfür war, dass die Haftung nach den allgemeinen Vorschriften in derartigen Fällen für den Handlungsgehilfen eine unbillige Härte bedeuten würde, wenn nämlich der Arbeitnehmer bei verschuldeten Folgeschäden außerhalb der eigentlichen Arbeitsverpflichtung vollen Schadensersatz leisten müsste.[546] Gefahrgeneigte Arbeit liegt vor, wenn die Eigenart der vom Arbeitnehmer zu leistenden Arbeit es mit großer Wahrscheinlichkeit mit sich bringt, dass auch dem sorgfältigen Handlungsgehilfen gelegentlich Fehler unterlaufen, die für sich allein betrachtet zwar jedes Mal vermeidbar wären, mit denen aber angesichts der menschlichen Unzulänglichkeiten als mit einem typischen Abirren der Dienstleistung erfahrungsge-

[539] BAG AP BetrVG 1972 § 87 Betriebsbuße Nr. 2 mAnm *Pfarr;* AP BetrVG 1972 § 87 Betriebsbuße Nr. 5 mAnm *Herschel.*

[540] BAG AP BetrVG 1972 § 87 Betriebsbuße Nr. 2; Nr. 3 mAnm *Pfarr* und *Herschel.*

[541] Dazu *v. Hoyningen-Huene* RdA 1990, 193 (203 ff.); bedenklich daher BAG AP BetrVG 1972 § 87 Betriebsbuße Nr. 12.

[542] Vgl. BAG AP MuSchG 1968 § 11 Nr. 3 = BB 1970, 1481.

[543] Zur Kündigung leistungsschwacher Arbeitnehmer vgl. BAG NZA 2008, 693.

[544] Ausf. zur Haftung des Arbeitnehmers *Schwab* NZA-RR 2016, 173.

[545] Vgl. zur Übersicht ErfK/*Preis* BGB § 619a Rn. 7 ff.; *Krause* NZA 2003, 577 ff.; *Möller* AuA 2007, 536 ff.; MHdB ArbR/*Reichold* § 57; *v. Hoyningen-Huene* in M. Rehbinder, Die Haftung des Arbeitnehmers, 1981; *Peifer* AR-Blattei SD 870.1 (2003); *Linck* in Schaub ArbR-HdB § 59; *Schwab* NZA-RR 2006, 449 ff.; instruktiv *Waltermann* RdA 2005, 98 ff.

[546] Vgl. *Dütz* NJW 1986, 1779 (1780); *v. Hoyningen-Huene* BB 1989, 1889 ff.; Otto/Schwarze/Krause/*Otto,* Die Haftung des Arbeitnehmers, 4. Aufl. 2014, § 1 Rn. 7.

mäß zu rechnen ist.[547] Dies hat insbesondere dann zu gelten, wenn die Gefahr besteht, dass der durch ein solches Versehen verursachte Schaden sehr groß ist und in keinem Verhältnis zum Arbeitseinkommen des Handlungsgehilfen steht.[548]

Die Haftungseinschränkungen bei gefahrgeneigter Arbeit finden **keine Anwendung,** wenn zugunsten des Handlungsgehilfen eine **gesetzlich vorgeschriebene Haftpflichtversicherung** besteht.[549] In einem solchen Fall hat die Versicherung für den angerichteten Schaden einzustehen, so dass eine Haftungseinschränkung des Handlungsgehilfen nicht erforderlich ist. Die Versicherung kann sich hier nicht auf die Haftungseinschränkung berufen, weil das abweichend von der gesetzlichen Regelung zum Schutz des Arbeitnehmers entwickelte Haftungsprivileg wegen einer bestehenden Haftpflichtversicherung überflüssig wird.[550] Ist der Arbeitnehmer hingegen freiwillig gegen das Risiko seiner betrieblichen Tätigkeit versichert, so haftet auch die Versicherung nur in dem Umfang, in dem der Arbeitnehmer selbst haftet. Die Anwendung der Grundsätze der Arbeitnehmerhaftung kann nicht von der Zulässigkeit des Bestehens einer privaten Haftpflichtversicherung abhängen.[551] 237

Das **Erfordernis der Gefahrgeneigtheit der Arbeit** als Voraussetzung für eine Haftungsbeschränkung des Arbeitnehmers ist inzwischen von der gesamten Rspr. **aufgegeben** worden. Der Gemeinsame Senat der Obersten Gerichtshöfe des Bundes hat auf den Vorlagebeschluss des Großen Senats des BAG, dem sich der BGH angeschlossen hat, nunmehr festgestellt, dass die von der Rspr. entwickelten Grundsätze der Beschränkung der Arbeitnehmerhaftung nicht mehr das Vorliegen von gefahrgeneigter Arbeit voraussetzen.[552] In gleicher Weise hat der Große Senat des BAG entschieden.[553] Danach finden die Grundsätze über die Beschränkung der Arbeitnehmerhaftung auf alle Arbeiten Anwendung, die durch den Betrieb veranlasst sind und auf Grund eines Arbeitsverhältnisses geleistet werden.[554] Die Gefahrgeneigtheit der Arbeit ist weiterhin für die Gewichtung der Abwägungsfaktoren – des Verschuldens auf der einen und des Betriebsrisikos auf der anderen Seite – im Rahmen einer Abwägung nach § 254 BGB von Bedeutung.[555] 238

c) Beschränkung der Haftung nach dem Grad des Verschuldens. Hat der Handlungsgehilfe einen Schaden verursacht, so ist man sich im Ergebnis einig, dass seine Haftung eingeschränkt werden und ein **innerbetrieblicher Schadensausgleich** stattfinden muss. Die Einschränkung der Haftung erfolgt dabei in der Weise, dass die Rechtsfolgen nach dem **Ausmaß des Verschuldens abgestuft** werden. Dabei hat die Rspr. des BAG zunächst eine Dreiteilung vorgenommen: 239

- Bei Vorsatz und besonders grober Fahrlässigkeit haftet der Handlungsgehilfe grundsätzlich voll;
- bei grober Fahrlässigkeit haftet der Arbeitnehmer in der Regel voll, eine Haftungserleichterung zu seinen Gunsten ist jedoch nicht ausgeschlossen, sondern von einer Abwägung im Einzelfall abhängig;[556]
- bei leichtester Fahrlässigkeit (culpa levissima) haftet der Handlungsgehilfe überhaupt nicht;

[547] Grdl. hierzu BAG GS AP RVO §§ 898, 899 Nr. 4; AP BGB § 611 Haftung des Arbeitnehmers Nr. 78 mAnm *Mühl.*

[548] BAG AP BGB § 611 Haftung des Arbeitnehmers Nr. 78 mAnm *Mühl*; *v. Hoyningen-Huene* BB 1989, 1889 ff.

[549] Vgl. BAG NZA 1998, 310; AP BGB § 611 Haftung des Arbeitnehmers Nr. 30, 36, 38; BGH AP BGB § 611 Haftung des Arbeitnehmers Nr. 68 m. insoweit zust. Anm. *Weitnauer.*

[550] So zutr. BGH AP BGB § 611 Haftung des Arbeitnehmers Nr. 68 unter III 3; ebenso *Gick* JuS 1980, 400; *v. Hoyningen-Huene* in M. Rehbinder, Die Haftung des Arbeitnehmers, 1981, 40.

[551] BAG NZA 1998, 310; ErfK/*Preis* BGB § 619a Rn. 20.

[552] GS OGB DB 1994, 428; so schon *v. Hoyningen-Huene* BB 1989, 1893 mwN.

[553] BAG GS BB 1994, 2205.

[554] Beispiele dazu bei BAG NZA 2003, 37 (38); 2007, 1230 (1233).

[555] GemS OGB DB 1994, 428; dazu *Boemke* WiB 1994, 208.

[556] BAG DB 2013, 705 Rn. 25; NZA 2003, 37 (39); 2007, 1230 (1233); AP BGB § 611 Haftung des Arbeitnehmers Nr. 121.

– bei den dazwischenliegenden Fällen der leichten und normalen (mittleren) Fahrlässigkeit erfolgt eine Schadensteilung zwischen Arbeitgeber und Handlungsgehilfen, mit der Folge, dass die Haftung des Handlungsgehilfen gemindert ist.[557]

240 Die von der Rspr. entwickelte **typisierte Haftungsbeschränkung** ist auch durch die Schuldrechtsreform 2001 **nicht gesetzlich geregelt** worden. Zwar hat der Gesetzgeber die Ansicht vertreten, dass „die neuen Vorschriften den von der Rspr. zum geltenden Recht entwickelten Grundsätze der Arbeitnehmerhaftung künftig eine tragfähige Grundlage geben."[558] Die Haftungseinschränkung könne nunmehr in § 276 Abs. 1 S. 1 BGB verankert werden. Nach nahezu einhelliger Meinung im Schrifttum ist dieses Ziel aber nicht erreicht worden.[559] Die Grundsätze der Arbeitnehmerhaftung spiegeln sich vielmehr im Gesetzestext überhaupt nicht wider. Auch das BAG hat seine bisherige Linie in den letzten Urteilen fortgesetzt, ohne die Überlegungen des Gesetzgebers zu erwähnen.[560]

241 Dogmatisch begründet wird die Haftungsprivilegierung nach wohl hM über **§ 254 BGB analog.**[561] Die Haftungsbeschränkung des Arbeitnehmers beruht auf dem vom Arbeitgeber veranlassten **Betriebsrisiko,** das der Arbeitnehmer im Interesse des Arbeitgebers wahrnimmt und trägt. Denn der Arbeitgeber setzt die Gefahrenquellen, denen der Handlungsgehilfe ausgesetzt ist, damit er die vom Arbeitgeber vorgeschriebene Arbeitsaufgabe erfüllen kann. Hinzu kommt, dass die Handlungsgehilfen den Schadensgefahren nicht durch selbstverantwortliche Gestaltung der Arbeit ausweichen können, da sie von den Weisungen des Arbeitgebers abhängen (vgl. § 81 BetrVG). Der Arbeitgeber hingegen kann die Risiken von Schäden durch Versicherungen und demzufolge höhere Preise auf die Kunden abwälzen. Die Arbeitsteilung soll mithin nicht dazu führen, dass der Arbeitgeber die Risiken dem Arbeitnehmer aufbürdet. Darüber hinaus kann unter Umständen ein nur leichter Sorgfaltsverstoß einen Schaden herbeiführen, der zum Arbeitslohn des Arbeitnehmers unverhältnismäßig ist und für den möglicherweise kein Haftpflichtversicherungsschutz des Arbeitnehmers besteht, sodass seine Existenzgrundlage bedroht ist.[562]

242 **d) Freistellungsanspruch bei Schädigung Dritter.** Hat der Handlungsgehilfe in Ausübung seiner Beschäftigung einen Dritten geschädigt oder verletzt, haftet einerseits der Arbeitgeber über § 280 Abs. 1 BGB, § 278 BGB oder § 831 BGB. Andererseits kommt daneben grundsätzlich die eigene Haftung des Handlungsgehilfen im Außenverhältnis gegenüber dem Dritten nach allgemeinen Deliktsrecht (§§ 823 ff. BGB) in Betracht. Die Haftungsbeschränkung des Handlungsgehilfen greift gegenüber dem Dritten nicht ein, da diese nur zwischen den Parteien des Anstellungsvertrages wirkt.[563]

243 In diesen Fällen hat der Handlungsgehilfe gegenüber dem Arbeitgeber im Innenverhältnis hinsichtlich des Schadensersatzanspruches des Dritten einen **Freistellungsanspruch** in der Höhe, in der ihm bei Schädigung des Arbeitgebers eine Haftungsminderung zugebilligt werden würde. Rechtsgrundlage hierfür sind die §§ 675, 670 BGB iVm § 257 S. 1 BGB; die Aufwendung liegt in der Belastung mit dem Schadensersatz.[564] Hat der Handlungsgehilfe den Anspruch des Dritten bereits erfüllt, so steht ihm gegen den Arbeitgeber ein entsprechender Erstattungsanspruch zu. Der Freistellungsanspruch kann an den Dritten abgetreten

---

557 Vgl. BAG AP BGB § 611 Haftung des Arbeitnehmers Nr. 8; Nr. 14; Nr. 23; Nr. 26; Nr. 33; Nr. 61.

558 BT-Drs. 14/6857, 48.

559 ErfK/*Preis* BGB § 619a Rn. 10; *Henssler* RdA 2002, 129 (133); *Krause* NZA 2003, 577 (581); MHdB ArbR/*Reichold* § 57 Rn. 30 mwN; *Peifer* AR-Blattei SD 870.1 Rn. 10 (2003); *Richardi* NZA 2002, 1004 (1012); aA *Walker* JuS 2002, 736 (737).

560 Vgl. dazu BAG NZA 2003, 37; 2004, 649 (650).

561 BAG NZA 2003, 37; *Waltermann* RdA 2005, 98 (99 f.); MüKoBGB/*Henssler* BGB § 619a Rn. 12; diff. HWK/*Krause* BGB § 619a Rn. 17 ff.

562 S. zB BAG NZA 2011, 345.

563 BGH NJW 1989, 3273; 1994, 852; MHdB ArbR/*Reichold* § 58; ausf. *Katzenstein* RdA 2003, 355 ff., dort auch eine Übersicht zu den Gegenstimmen aus der Lit.

564 Vgl. BAG AP BGB § 611 Haftung des Arbeitnehmers Nr. 19; Nr. 35; Nr. 37; BGHZ 66, 1; ErfK/*Preis* BGB § 619a Rn. 26; MHdB ArbR/*Reichold* § 58 Rn. 14 ff.

und von diesem gepfändet werden; er verwandelt sich durch die Übertragung an den Dritten in einen Zahlungsanspruch, so dass dieser gegenüber dem Arbeitgeber anspruchsberechtigt wird.[565] Kann sich der Arbeitgeber gegenüber dem Dritten auf eine vertragliche oder gesetzliche Haftungsbeschränkung berufen, so kommt diese auch dem Handlungsgehilfen zugute.[566]

e) Schädigung von Arbeitskollegen. Besonderheiten ergeben sich, wenn der Handlungsgehilfe einen in demselben Betrieb beschäftigten Arbeitskollegen bei einer betrieblichen Tätigkeit schädigt. Hier ist zu unterscheiden zwischen Sach- und Personenschäden. Bei **Sachschäden,** zB bei Beschädigung des Autos eines Arbeitskollegen, wird dieser wie ein sonstiger Dritter behandelt, dh. der Handlungsgehilfe ist grundsätzlich zum Schadensersatz verpflichtet, hat aber im Falle der Haftungseinschränkung (→ Rn. 239) einen entsprechenden Freistellungsanspruch gegen den Arbeitgeber.[567] Bei **Personenschäden** des Arbeitskollegen gelten hingegen die sozialversicherungsrechtlichen Bestimmungen der §§ 105 ff. SGB VII, die grundsätzlich die Haftung des Handlungsgehilfen und des Arbeitgebers ausschließen. Statt eines Schadensersatzanspruchs von diesen Personen erhält der geschädigte Arbeitskollege Sozialversicherungsleistungen von der zuständigen Berufsgenossenschaft (§§ 26 ff. SGB VII).[568] 244

f) Mankohaftung. Ein besonderes haftungsrechtliches Problem bei Handlungsgehilfen stellt die Haftung für Kassenfehlbeträge dar, die unter dem Stichwort Mankohaftung diskutiert wird.[569] Das BAG geht von einem zweiteiligen Haftungskonzept aus. Es differenziert nach der Position des Arbeitnehmers bezüglich der ihm anvertrauten Sachen. Ist der Arbeitnehmer unmittelbarer Besitzer der Sache, so haftet er wegen Unmöglichkeit der Herausgabe gem. §§ 280, 283 BGB unter entsprechender Anwendung der Vorschriften über die Verwahrung (§§ 688 ff. BGB) oder des Auftrags (§§ 662 ff. BGB); ist er wie im Regelfall nur Besitzdiener, so haftet er gem. § 280 Abs. 1 BGB.[570] Diese Differenzierung ist abzulehnen[571] und nach der Schuldrechtsreform 2001 nicht mehr entscheidend, da alleinige Anspruchsgrundlage für Unmöglichkeit und positive Vertragsverletzung § 280 BGB ggf. iVm § 283 BGB ist. Dabei gelten die Grundsätze über die beschränkte Arbeitnehmerhaftung auch für die Mankohaftung.[572] 245

Eine Haftungsverschärfung durch eine sog. **Mankoabrede,** wonach dem Handlungsgehilfen das Risiko für die Fehlbestände übertragen wird, ist wegen der Grundsätze über die eingeschränkte Arbeitnehmerhaftung nur begrenzt zulässig, weil es sich um zwingendes Arbeitnehmerschutzrecht handelt.[573] Eine Mankoabrede ist daher grundsätzlich nur zulässig, wenn berechtigte Rechtspositionen des Arbeitgebers abgesichert werden sollen und ein angemessenes Mankogeld für den Arbeitnehmer vorgesehen ist.[574] Soweit Mankoabreden in vorformulierten Vertragsbedingungen enthalten sind, kommt eine Inhaltskontrolle nach § 310 Abs. 4 BGB, § 307 BGB in Betracht.[575] 246

565 Vgl. BAG AP BGB § 611 Haftung des Arbeitnehmers Nr. 37; Nr. 45; *Schwarze* in Otto/Schwarze/Krause, Haftung des Arbeitnehmers, 4. Aufl. 2014, § 16 Rn. 21 ff.

566 Vgl. BGH NJW 1962, 388; BGHZ 49, 278.

567 Vgl. ErfK/*Preis* BGB § 619a Rn. 22; *Otto* in Otto/Schwarze/Krause, Haftung des Arbeitnehmers, 4. Aufl. 2014, 217 ff., 377 ff.; *v. Hoyningen-Huene* in M. Rehbinder, Die Haftung des Arbeitnehmers, 1981, 39.

568 Vgl. zu den Einzelheiten dieser Regelung MHdB ArbR/*Reichold* § 59.

569 Vgl. hierzu ausf. *Deinert* RdA 2000, 22 ff.; *Krause* RdA 2013, 129 ff.; ErfK/*Preis* BGB § 619a Rn. 28 ff.; MHdB ArbR/*Reichold* § 57 Rn. 69 ff.; *Linck* in Schaub ArbR-HdB § 59 Rn. 61 ff.; *Schwirtzek,* Die Mankohaftung im Arbeitsverhältnis, 2003; *Stoffels* AR-Blattei SD 870.2 (1999).

570 BAG AP BGB § 611 Mankohaftung Nr. 2.

571 Ebenso *Deinert* RdA 2000, 22 (25 ff.); ErfK/*Preis* BGB § 619a Rn. 30; MHdB ArbR/*Reichold* § 57 Rn. 71; *Stoffels* AR-Blattei SD 870.2 Rn. 17 ff. (1999).

572 BAG AP BGB § 611 Mankohaftung Nr. 2.

573 BAG AP BGB § 611 Mankohaftung Nr. 3 mAnm *Krause*; krit. ErfK/*Preis* BGB § 619a Rn. 36.

574 Zu den Einzelheiten *Deinert* RdA 2000, 22 (32 ff.); ErfK/*Preis* BGB § 619a Rn. 36 ff. mit Beispielen.

575 Vgl. hierzu MHdB ArbR/*Reichold* § 57 Rn. 74 ff.; *Schwirtzek* NZA 2005, 437 (440 ff.).

247 **g) Eigenschäden des Handlungsgehilfen.** Erleidet der Handlungsgehilfe bei betrieblicher Tätigkeit einen Sach- oder sonstigen Vermögensschaden (Eigenschäden) und haftet der Arbeitgeber mangels Verletzung seiner Schutzpflichten für diesen nicht, kommt eine Haftung des Arbeitgebers nach inzwischen gefestigter Rspr. und Lit. dennoch in Betracht, wenn der Schaden im Betätigungsbereich des Arbeitgebers entstanden ist. Die Haftungsverpflichtung des Arbeitgebers greift dann ein, wenn der Schaden so außerordentlich ist, dass er durch das Arbeitsentgelt nicht als abgegolten anzusehen ist, wenn er darüber hinaus nicht dem Lebensbereich des Arbeitnehmers zuzurechnen ist und von diesem auch nicht verschuldet wurde, wobei ggf. gem. § 254 BGB eine Schadensteilung in Betracht kommt.[576] Als Rechtsgrundlage für die Haftungsverpflichtung des Arbeitgebers bei derartigen Eigenschäden des Arbeitnehmers wird überwiegend § 670 BGB (Aufwendungsersatz) angesehen.[577]

248 **11. Wegfall der Dienstleistungspflicht.** Der Handlungsgehilfe ist grundsätzlich nach § 59 verpflichtet, während der Arbeitszeit seine vereinbarten Dienste zu erbringen. Dieser Grundsatz erfährt aber zahlreiche Ausnahmen:[578]

249 **a) Arbeitsfreie Tage.** Auf Grund Tarifvertrags, einer Betriebsvereinbarung oder des Anstellungsvertrags bzw. auf Grund betrieblicher Übung (→ Vor § 59 Rn. 33) kann von vornherein ein Anspruch auf arbeitsfreie Tage bestehen. Das gilt zB für den Rosenmontag, Faschingsdienstag, „Wäldchestag" oder Heiligabend. Ob allerdings eine derartige betriebliche Übung besteht, muss im Einzelfall ermittelt werden. Bei jährlicher erneuter Anordnung solcher freien Tage wird eine betriebliche Übung zutreffend verneint.[579]

250 **b) Annahmeverzug.** Die Dienstleistungspflichten des Handlungsgehilfen ruhen, wenn der Arbeitgeber in Annahmeverzug gerät. Voraussetzung hierfür ist, dass der Arbeitgeber nach § 293 BGB die ihm vom Handlungsgehilfen tatsächlich (§ 294 BGB) oder wörtlich (§ 295 BGB) angebotene Dienstleistung nicht annimmt und der Handlungsgehilfe zum Zeitpunkt des Angebots imstande ist, die Dienstleistung zu bewirken (§ 297 BGB).[580] Nach § 615 BGB behält der Handlungsgehilfe während des Annahmeverzugs grundsätzlich seinen Vergütungsanspruch (→ Rn. 373).

251 **c) Unmöglichkeit, Arbeitsunfähigkeit.** Der Handlungsgehilfe wird von seiner Dienstleistungspflicht nach § 275 BGB frei, wenn ihm die Erbringung der Dienstleistung subjektiv oder objektiv nachträglich unmöglich wird, zB bei Arbeitsunfähigkeit.[581] Ist die Erfüllung der Pflichten aus dem Anstellungsvertrag von Anfang an unmöglich, so ist der Anstellungsvertrag gem. § 311a Abs. 1 BGB dennoch wirksam. Dem Gläubiger steht dann allerdings ein Schadensersatzanspruch gem. § 311a Abs. 2 BGB zu.

252 **d) Stellensuche.** Der Handlungsgehilfe ist nach der Kündigung gem. § 629 BGB von der Dienstleistungspflicht für die Zeit befreit, die er zur Stellensuche benötigt (→ Rn. 106 f.).

253 **e) Mutterschutz, Elternzeit, Pflegezeit.** Die Dienstleistungspflichten schwangerer Handlungsgehilfinnen ruhen während der Schutzfristen nach den §§ 3 ff. MuSchG (→ Rn. 193). Das Gleiche gilt für die Dauer der Elternzeit nach §§ 15 ff. BEEG sowie der Pflegezeit nach §§ 3 ff. PflegeZG.[582]

---

[576] Dazu ErfK/*Preis* BGB § 619a Rn. 91 ff.; MüKoBGB/*Spinner* BGB § 611a Rn. 813 ff.

[577] Vgl. etwa BAG AP BGB § 611 Gefährdungshaftung des Arbeitgebers Nr. 6 mAnm *Brox/Henssler* = SAE 1982, 49 mAnm *v. Hoyningen-Huene*; ErfK/*Preis* BGB § 619a Rn. 88 ff., dort auch zur Kritik.

[578] Davon zu unterscheiden ist der Wegfall der Vergütungspflicht, dazu → Rn. 378 ff.

[579] BAG NZA 1993, 749; 1994, 694 = EWiR BGB § 242 1/94 m. Kurzkomm. *v. Hoyningen-Huene*; BB 1994, 2493.

[580] Vgl. hierzu MHdB ArbR/*Tillmanns* § 76; MüKoBGB/*Henssler* BGB § 615 Rn. 12 ff. mwN.

[581] Vgl. hierzu MHdB ArbR/*Reichold* § 43; *Richardi* NZA 2002, 1004 (1006 ff.).

[582] Zum PflegeZG vgl. *Glatzel* NJW 2009, 1377 ff.; *Joussen* NZA 2009, 69 ff.; *Kossens* PflegeZG, 2009; *Preis/Nehring* NZA 2008, 729 ff.

f) Erholungsurlaub. Die Dienstleistungspflichten sind weiterhin für die Dauer des gesetzlichen Erholungsurlaubs ausgesetzt.[583] Nach § 1 BUrlG hat jeder Handlungsgehilfe in jedem Kalenderjahr Anspruch auf bezahlten (→ Rn. 370) Erholungsurlaub. Auf der Grundlage einer 6-Arbeitstage-Woche beträgt der gesetzliche Mindesturlaub gem. § 3 Abs. 1 BUrlG 24 Werktage im Kalenderjahr, also vier Wochen. In der Praxis ist der Urlaubsanspruch freilich meist höher, weil viele Tarifverträge 30 Arbeitstage = sechs Wochen Urlaubsanspruch vorsehen. Schwerbehinderte haben darüber hinaus noch fünf Arbeitstage Anspruch auf Zusatzurlaub nach § 208 SGB IX (bis zum 31.12.2017: § 125 SGB IX). Manche Betriebe sehen auch für langjährige Mitarbeiter zusätzlichen bezahlten Sonderurlaub vor. 254

Im Normalfall wird der volle Urlaubsanspruch erst nach sechsmonatigem Bestehen des Dienstverhältnisses gem. § 4 BUrlG erworben. Vor Ablauf dieses Zeitraums hat der Handlungsgehilfe in der Regel überhaupt noch keinen Urlaubsanspruch (anders bei abweichenden Tarifverträgen, vgl. § 13 Abs. 1 BUrlG). Nur unter bestimmten Voraussetzungen kann er bereits vorzeitig einen Teilurlaubsanspruch geltend machen (vgl. § 5 BUrlG). Der Urlaub muss nach § 7 Abs. 3 BUrlG grundsätzlich im laufenden Kalenderjahr gewährt und genommen werden. Eine Übertragung des Urlaubs auf das nächste Kalenderjahr ist nur aus dringenden Gründen statthaft; im Fall der Übertragung muss der Urlaub in den ersten drei Monaten des folgenden Kalenderjahres gewährt und genommen werden (§ 7 Abs. 3 S. 1 BUrlG); nicht genommener Urlaub des Vorjahres entfällt sonst ersatzlos.[584] Allerdings muss die Vorschrift **richtlinienkonform** unter Berücksichtigung von Art. 7 RL 2003/88/EG ausgelegt werden: Der nicht erfüllte Anspruch auf bezahlten Jahresurlaub erlischt damit grundsätzlich nur dann, wenn der Arbeitgeber den Arbeitnehmer zuvor in die Lage versetzt hat, seinen Urlaubsanspruch wahrzunehmen, und der Arbeitnehmer den Urlaub dennoch freiwillig nicht genommen.[585] Bei Beendigung des Arbeitsverhältnisses durch den Tod des Arbeitnehmers**, haben außerdem dessen Erben Anspruch auf Abgeltung des von dem Erblasser nicht genommenen Urlaub**s gem. § 1922 Abs. 1 BGB iVm § 7 Abs. 4 BUrlG.[586] 255

Will der Arbeitgeber für seinen Betrieb **allgemeine Urlaubsgrundsätze** oder einen Urlaubsplan aufstellen, so hat der Betriebsrat nach § 87 Abs. 1 Nr. 5 BetrVG hierbei ein **Mitbestimmungsrecht.** Dies gilt namentlich für die Vereinbarung von Betriebsferien.[587] Daneben kann der Betriebsrat bei der Festsetzung der zeitlichen Lage des Urlaubs für einzelne Arbeitnehmer nur dann mitbestimmen, wenn zwischen dem Arbeitgeber und den beteiligten Arbeitnehmern kein Einverständnis erzielt wird. 256

g) Unbezahlte Freistellung. Vom bezahlten Erholungsurlaub nach dem BUrlG ist die unbezahlte Freistellung (sog. unbezahlter Urlaub) zu unterscheiden.[588] Hierauf hat der Handlungsgehilfe im Gegensatz zum bezahlten Erholungsurlaub in der Regel keinen Rechtsanspruch. Jedoch gewähren Arbeitgeber des Öfteren eine unbezahlte Freistellung, wenn beispielsweise ausländische Handlungsgehilfen eine weite Heimreise antreten wollen und der bezahlte Erholungsurlaub hierfür nicht ausreicht. Der Arbeitgeber hat nach der Rspr. des BAG türkische Handlungsgehilfen für die Dauer des zweimonatigen Grundwehr- 257

---

[583] Vgl. hierzu die Kommentare von *Hohmeister/Oppermann* BUrlG, 3. Aufl. 2013; *Neumann/Fenski* BUrlG, 11. Aufl. 2016; *Leinemann/Linck* Urlaubsrecht, 2. Aufl. 2001 sowie MHdB ArbR/*Klose* §§ 85 ff.; *Linck* in Schaub ArbR-HdB § 104.

[584] BAG AP BUrlG § 3 Rechtsmissbrauch Nr. 11 m. abl. Anm. *Boldt*; MHdB ArbR/*Klose* § 85 Rn. 11; zum Erlöschen des Anspruchs bei Arbeitsunfähigkeit des Handlungsgehilfen bis zum Ende des Übertragungszeitraums vgl. EuGH NJW 2009, 495 m. krit. Anm. *Bauer/Arnold* NJW 2009, 631 ff.; BAG DB 2009, 1018; vgl. dazu auch *Gaul/Josten/Strauf* BB 2009, 497 ff.; *Krieger/Arnold* NZA 2009, 531 ff.; *Picker* ZTR 2009, 230 ff.

[585] BAG NZA 2019, 982, Rn. 27; 2019, 977 Rn. 22 als Umsetzung von EuGH NZA 2018, 1474.

[586] BAG NJW 2019, 2046, beruhend auf EuGH NZA 2018, 1467; hierzu *Bayreuther* NZA 2019, 945; *Benkert* NJW-Spezial 2019, 434; *Garden/Fuhlrott* GWR 2019, 337; *Glatzel* NZA-RR 2019, 401.

[587] Vgl. hierzu BAG AP BetrVG 1972 § 87 Urlaub Nr. 2 mAnm *Boldt*.

[588] Vgl. hierzu *v. Hoyningen-Huene* NJW 1981, 713 ff. mwN.

dienstes auf Antrag von der Erbringung ihrer Arbeitsleistung zu befreien, wenn diese für den geordneten Betriebsablauf nicht von erheblicher Bedeutung sind und der Arbeitgeber durch den Arbeitsausfall nicht in eine unbehebbare Zwangslage gebracht wird.[589] In diesen Fällen ist eine umfassende Interessenabwägung zwischen den Belangen des Betriebs und den Interessen des Handlungsgehilfen vorzunehmen.[590] Für die Dauer der Freistellung ruht entsprechend § 326 Abs. 1 BGB auch der Anspruch des Handlungsgehilfen auf Entgelt (→ Rn. 370).

258 **h) Pausen.** Die Dienstleistungspflichten des Handlungsgehilfen ruhen weiterhin während der Pausen. Darunter sind nach § 4 ArbZG die im Voraus festgelegten Zeiten der Arbeitsunterbrechung zu verstehen, die der Erholung der Handlungsgehilfen und der Einnahme von Mahlzeiten dienen.[591] Pausen zählen nicht zur Arbeitszeit; nicht genommene Pausen lösen keinen Abgeltungsanspruch für den Arbeitgeber aus.[592] Die zeitliche Festlegung der Pausen unterliegt der Mitbestimmung des Betriebsrats nach § 87 Abs. 1 Nr. 2 BetrVG.

259 **i) Besuch der Sprechstunde des Betriebsrats.** Macht der Handlungsgehilfe während der Arbeitszeit nach §§ 82 und 84 BetrVG von seinem Anhörungs- und Beschwerderecht gegenüber dem Arbeitgeber Gebrauch, so ruhen in dieser Zeit seine Dienstleistungspflichten. Das Gleiche gilt, wenn der Handlungsgehilfe die Sprechstunden des Betriebsrats aufsucht (§ 39 Abs. 3 BetrVG), etwa um Beschwerden nach § 85 BetrVG vorzutragen.[593] Die Dienstleistungspflichten des Handlungsgehilfen ruhen ferner bei der Teilnahme an einer Betriebsversammlung gem. § 44 BetrVG sowie an betrieblichen Bildungsmaßnahmen des Arbeitgebers nach § 98 BetrVG.

260 **j) Betriebsratsmitglieder.** Die Dienstleistungspflichten von Betriebsratsmitgliedern ruhen nach § 37 Abs. 2 BetrVG, wenn und soweit es nach Umfang und Art des Betriebs zur ordnungsgemäßen Durchführung der Betriebsratsaufgaben, zB Betriebsratssitzungen (§ 30 S. 1 BetrVG), Abhalten von Sprechstunden (§ 39 Abs. 1 S. 1 BetrVG), erforderlich ist.[594] Zur Vergütungspflicht in diesen Fällen → Rn. 373 f. Dies gilt entsprechend für die Teilnahme von Betriebsratsmitgliedern an Schulungs- und Bildungsveranstaltungen, soweit diese Kenntnisse vermitteln, die für die Arbeit des Betriebsrats erforderlich sind (§ 37 Abs. 6 BetrVG).[595] Darüber hinaus haben Betriebsratsmitglieder einen Anspruch auf bezahlte Freistellung zur Teilnahme an geeigneten Schulungs- und Bildungsveranstaltungen nach § 37 Abs. 7 BetrVG. Nach § 38 BetrVG freigestellte Betriebsratsmitglieder sind für die Dauer ihrer Amtszeit von den Dienstleistungspflichten vollständig befreit.[596]

261 **k) Wehrdienst.** Die Dienstleistungspflichten von Handlungsgehilfen ruhten nach früherem Recht für die Dauer des Grundwehrdienstes oder einer **Wehrübung** (§ 1 ArbPlSchG). Entsprechendes gilt für den Zivildienst (§ 78 Abs. 1 ZDG).

262 **l) Zurückbehaltungsrecht.** Unter besonderen Umständen ruhen die Dienstleistungspflichten des Handlungsgehilfen auch dann, wenn ihm ein **Recht zur Arbeitsverweigerung** oder ein **Zurückbehaltungsrecht** zusteht.[597] So hat das BAG einem Arbeitnehmer ein Leistungsverweigerungsrecht eingeräumt, wenn er durch die zugewiesene Arbeit in

---

[589] Vgl. hierzu BAG AP KSchG 1969 § 1 Verhaltensbedingte Kündigung Nr. 7 mAnm *Ortlepp*; iErg ebenso, aber mit etwas anderer Begr. BAG AP BGB § 123 Nr. 23 m. krit. Anm. *Kramer* = SAE 1983, 265 mAnm *Misera*.

[590] Vgl. hierzu *v. Hoyningen-Huene* NJW 1981, 713 (716).

[591] Vgl. MHdB ArbR/*Koberski* § 183 Rn. 17.

[592] BAG AP AZO § 12 Nr. 9.

[593] Vgl. *Fitting* BetrVG § 39 Rn. 27 f. mwN.

[594] Vgl. hierzu *v. Hoyningen-Huene* BetrVR § 10 Rn. 5.

[595] Vgl. hierzu BAG SAE 1987, 103 mAnm *v. Hoyningen-Huene*; *Fitting* BetrVG § 37 Rn. 138 ff.

[596] *v. Hoyningen-Huene* BetrVR § 10 Rn. 13 ff.

[597] Vgl. hierzu *Hergenröder* AR-Blattei SD 1880 Rn. 17 ff., 41 ff. (2006); *Linck* in Schaub ArbR-HdB § 50; *Söllner* ZfA 1973, 1.

einen vermeidbaren Gewissenskonflikt kommt.[598] Ein Zurückbehaltungsrecht wurde von der Rspr. bejaht, wenn der Arbeitgeber mit der Vergütungszahlung in Verzug gerät oder eine unberechtigte Lohnkürzung ankündigt.[599] Auch bei einem Verstoß des Arbeitgebers gegen Arbeitnehmerschutzvorschriften nach § 62 ist der Handlungsgehilfe nicht gehalten, seine Dienstleistungspflicht zu erfüllen,[600] zB bei einem asbestbelasteten Arbeitsplatz.[601] Die Ausübung des Zurückbehaltungsrechts steht unter dem Gebot von Treu und Glauben nach § 242 BGB und unterliegt dem Grundsatz der Verhältnismäßigkeit. Der Arbeitnehmer muss daher vor Ausübung seines Zurückbehaltungsrechts dem Arbeitgeber unter Angabe des Grundes klar und eindeutig mitteilen, dass er dieses Recht aufgrund einer ganz bestimmten, konkreten Gegenforderung ausübt.[602] Wenn der Arbeitnehmer annimmt, ihm stehe ein Leistungsverweigerungs- oder Zurückbehaltungsrecht zu, muss er grundsätzlich selbst das Risiko dafür tragen, dass sich dies als rechtlich falsch erweist, es sei denn er konnte seinen Irrtum auch bei Anwendung der erforderlichen Sorgfalt nicht erkennen.[603] Üben mehrere Handlungsgehilfen gemeinsam ein bestehendes Zurückbehaltungsrecht aus, so liegt hierin keine Maßnahme des Arbeitskampfes; Kampfziel ist nämlich nicht die Durchsetzung einer zukünftigen Regelung, sondern die Verfolgung von Rechtsansprüchen.[604]

12. Änderung der Leistungspflichten. Eine Änderung der im Anstellungsvertrag festgelegten Leistungspflichten des Handlungsgehilfen ist durch einseitige Anordnung des Arbeitgebers nicht möglich. Dieser kann vielmehr nur im Rahmen des Arbeitsvertrags auf Grund Direktionsrechts die Arbeitspflicht konkretisieren und zuweisen (§ 106 GewO), nicht aber abändern. Die Zuweisung einer anderen Tätigkeit oder einem anderen Ort ist nur dann möglich, wenn sie sich im Rahmen des Arbeitsvertrags bewegt[605] oder durch eine Versetzungsklausel zulässig ist.[606] Übersteigt die gewünschte Änderung der Leistungspflichten die Grenzen des Arbeitsvertrags, muss der Arbeitgeber individualrechtlich eine Änderungskündigung (§ 2 KSchG) aussprechen oder eine einvernehmliche Änderung mit dem Arbeitnehmer herbeiführen.[607] Auch wenn der Handlungsgehilfe mit einer Änderung der Leistungspflichten einverstanden ist, kann die Mitbestimmung des Betriebsrats erforderlich sein, wenn es sich um eine Versetzung iSd § 95 Abs. 3 BetrVG, § 99 BetrVG handelt.[608] Eine Versetzung ohne Zustimmung des Betriebsrats ist nach Auffassung des BAG unwirksam.[609] 263

VI. Nebenpflichten des Handlungsgehilfen

1. Übersicht. Der Handlungsgehilfe ist nach § 59 nicht nur verpflichtet, die vereinbarten Dienste zu erfüllen. Aus der Anstellung heraus ergeben sich für ihn auch **zahlreiche Nebenpflichten.** Das sind allgemein diejenigen Pflichten, die nicht Hauptpflicht sind und zur Rücksichtnahme auf die Interessen des Vertragspartners und zum Schutz und zur Förderung der Durchführung des Vertragszwecks verpflichten.[610] Die Herleitung der Grundlage der Nebenpflichten erfolgte zunächst unter Berufung auf den Charakter des Arbeitsverhält- 264

---

598 BAG AP BGB § 611 Direktionsrecht Nr. 27 mAnm *Brox*; AuR 1986, 379 mAnm *Preuß*.

599 BAG AP BGB § 273 Nr. 3 = AR-Blattei Zurückbehaltungsrecht Entsch. 1 mAnm *Otto* = SAE 1987, 23 mAnm *Hirschberg* = NJW 1985, 2494; NZA-RR 2008, 367 (371).

600 Vgl. MHdB ArbR/*Reichold* § 41 Rn. 14; *Linck* in Schaub ArbR-HdB § 50 Rn. 4, 8.

601 BAG BB 1994, 1011.

602 Vgl. dazu BAG AP KSchG 1969 § 1 Nr. 87, wonach ein pauschales Berufen auf einen „Mobbingsachverhalt" mangels hinreichender Konkretisierung der behaupteten Pflichtverletzung nicht ausreicht.

603 BAG NZA 2016, 417.

604 Vgl. BAG AP GG Art. 9 Arbeitskampf Nr. 32; Nr. 58; *Treber* in Schaub ArbR-HdB § 192 Rn. 5 f. mwN.

605 BAG DB 2014, 123; AP BGB § 611 Direktionsrecht Nr. 26; *Hromadka* FS v. Hoyningen-Huene, 2014, 145 ff.

606 Dazu *v. Hoyningen-Huene/Boemke,* Die Versetzung, 1991, 89 ff.

607 Ausf. *v. Hoyningen-Huene/Boemke,* Die Versetzung, 1991, 73 ff.

608 Ausf. *v. Hoyningen-Huene* NZA 1993, 145 ff.

609 BAG NZA 1994, 615 = AR-Blattei ES 1700 Nr. 21 m. insoweit abl. Anm. *v. Hoyningen-Huene*; AP BetrVG 1972 Nr. 102 m. abl. Anm. *v. Hoyningen-Huene*; BAG NZA 2001, 893 (896).

610 Vgl. ErfK/*Preis* BGB § 611a Rn. 707.

nisses als **personenrechtliches Gemeinschaftsverhältnis** und die daraus resultierende allgemeine Treuepflicht des Arbeitnehmers, die neben die Pflicht zur Arbeitsleistung treten sollte und der Fürsorgepflicht des Arbeitgebers korrespondierte.[611] Das BAG konkretisierte die **Treuepflicht** des Arbeitnehmers dahin, dass sich dieser „auf Grund seines Arbeitsvertrags für die Interessen des Arbeitgebers und das Gedeihen des Betriebs einsetzen und alles unterlassen müsse, was dem Arbeitgeber oder dem Betrieb abträglich ist";[612] bei der Nebenpflicht, alle vermeidbaren Schäden vom Arbeitgeber fern zu halten, handele es sich „um einen aus dem gem. § 242 auszulegenden Arbeitsvertrag resultierenden Erfüllungsanspruch".[613] Dem BAG zufolge wird der Inhalt dieser Nebenpflicht im Arbeitsverhältnis „durch eine besondere persönliche Bindung der Vertragspartner geprägt"; das Arbeitsverhältnis beinhalte „spezifische Pflichten zur Rücksichtnahme auf die Interessen des jeweiligen Vertragspartners".[614] Auch formuliert das BAG, die Nebenpflicht des Arbeitnehmers gebiete, alles zu unterlassen, was dem Arbeitgeber oder dem Betrieb abträglich ist.[615] Gegen den Erkenntniswert derart allgemeiner Formeln werden freilich zu Recht Bedenken erhoben,[616] doch kommt es im Einzelfall weniger auf die abstrakte Begriffsbestimmung an als vielmehr auf die aus der genannten Grundlage entwickelten besonderen Fallgruppen der Nebenpflichten, die eine zum Teil sehr detaillierte Ausgestaltung erfahren haben, zumal die genaue inhaltliche Festlegung der Nebenpflicht nach den **besonderen Umständen** des jeweiligen Arbeitsverhältnisses sowie nach der **Verkehrssitte** zu erfolgen hat.[617]

265 Der Charakter des Arbeitsverhältnisses als ein personenrechtliches Gemeinschaftsverhältnis ist nach und nach zugunsten einer heute eher an der Vorstellung des **Austauschverhältnisses** orientierten Sichtweise zurückgetreten. Nach der Schuldrechtsreform sind schuldrechtliche Nebenpflichten nunmehr auch positivrechtlich in § 241 Abs. 2 BGB verortet worden. Die Norm enthält eine allgemeine Bestimmung der Nebenpflichten im Schuldverhältnis und sieht ähnlich der in der Rspr. bereits zuvor herausgearbeiteten Begriffsbestimmung vor, dass das Schuldverhältnis nach seinem Inhalt jeden Teil „zur Rücksichtnahme auf die Rechte, Rechtsgüter und Interessen des anderen Teils verpflichten" kann.

266 **2. Beginn und Ende der Nebenpflichten.** Die Nebenpflichten des Handlungsgehilfen entstehen mit dem **Abschluss des Anstellungsvertrags.** Soweit die tatsächliche Arbeitsaufnahme erst nach Abschluss des Vertrags erfolgen soll, ist der Handlungsgehilfe daher auch in der Zwischenzeit verpflichtet, über ihm bekannt gewordene Betriebs- oder Geschäftsgeheimnisse Verschwiegenheit zu bewahren.[618] Die Nebenpflichten dauern grundsätzlich nicht über die **Beendigung des Dienstverhältnisses** hinaus an, soweit nicht eine Nachwirkung stattfindet (zB Geheimhaltungspflichten).

267 Für den als Vertreter des Arbeitgebers tätigen Handlungsgehilfen sind hier freilich **Einschränkungen** zu machen. So darf der Handlungsgehilfe, der während des bestehenden Dienstverhältnisses einen Kundenauftrag so weit vorbereitet hat, dass die endgültige Auftragserteilung nur noch eine Formsache ist und dann vor Erteilung dieses Auftrags ausscheidet, nicht nach seinem Ausscheiden die endgültige Auftragserteilung an seinen früheren Arbeitgeber vereiteln. Dem steht die durch das Anstellungsverhältnis begründete und über dessen Ende fortwirkende Rücksichtnahmepflicht gegenüber dem früheren Arbeitgeber entgegen.[619] Dies gilt freilich nicht, wenn das Verhalten des ausgeschiedenen Handlungsgehilfen zur Verwirklichung seiner eigenen berechtigten Belange, insbesondere seines weiteren

[611] Zur Begriffsgeschichte ausf. Staudinger/*Richardi/Fischinger,* 2016, BGB § 611 Rn. 896 ff. mwN; auch MHdB ArbR/*Reichold* § 47 Rn. 4; s. auch *Wiedemann,* Das Arbeitsverhältnis als Austausch- und Gemeinschaftsverhältnis, 1966.
[612] BAG AP BGB § 611 Treuepflicht Nr. 7 mAnm *Canaris.*
[613] BAG AP BGB § 611 Treuepflicht Nr. 6 mAnm *Brackmann.*
[614] BAGE 81, 15.
[615] BAG NZA 1991, 141.
[616] Vgl. zB ErfK/*Preis* BGB § 611a Rn. 709.
[617] *Hueck/Nipperdey* ArbR I S. 242.
[618] *Linck* in Schaub ArbR-HdB § 53 Rn. 56.
[619] BAG AP BGB § 242 Nachvertragliche Treuepflicht Nr. 4.

beruflichen Fortkommens, erforderlich ist und dieses Verhalten nicht eine verwerfliche Schädigung des früheren Arbeitgebers darstellt.

3. Beispiele wichtiger Nebenpflichten. Abwerbung:[620] Will sich ein Handlungsgehilfe selbstständig machen, so darf er nicht versuchen, einen bisherigen Arbeitskollegen für seinen neuen Betrieb abzuwerben. Dagegen stellt es noch keine Verletzung der Rücksichtnahmepflicht dar, wenn er seinem Kollegen lediglich von dem beabsichtigten Stellenwechsel erzählt.[621] 268

Alkohol: Der Handlungsgehilfe hat auf Alkoholgenuss zu verzichten, wenn dies zum Vollzug der Arbeit unumgänglich notwendig ist.[622] Die Anordnung eines Alkoholverbots durch den Arbeitgeber kann der Mitbestimmung des Betriebsrats nach § 87 Abs. 1 Nr. 1 BetrVG unterliegen.[623] Dabei ist der Arbeitgeber durchaus in der Lage, die Maßstäbe aus Gründen eines erwünschten Schutzes vor Betriebsunfällen abweichend von der Straßenverkehrsordnung strenger festzulegen.[624] 269

Anzeigepflicht: Der Handlungsgehilfen ist verpflichtet, die ihm überlassenen und anvertrauten Betriebsmittel vorschriftsgemäß zu gebrauchen[625] und dem Arbeitgeber **Störungen** und **Schäden** in seinem Arbeitsbereich **anzuzeigen.**[626] Gehen Schädigungen von einem anderen Handlungsgehilfen aus, wie zB bei Diebstählen etc, so besteht nur bei Personenschäden oder sonstigen schweren Schäden eine Anzeigepflicht. Damit soll einem Denunziantentum begegnet werden.[627] Auch ist der Handlungsgehilfe angehalten, den Arbeitgeber über Umstände in Kenntnis zu setzen, die der Erfüllung der Arbeitspflicht entgegenstehen.[628] Eine Pflicht des arbeitsunfähigen Arbeitnehmers, dem Arbeitgeber anzuzeigen, welche Krankheit er hat, gibt es zwar im Grundsatz nicht.[629] Anders ist das aber im Kontext der Corona-Pandemie zu sehen, da den Arbeitgeber je nach Art der Erkrankung eine Schutzpflicht gegenüber den anderen Arbeitnehmern trifft.[630] Das gilt allerdings nicht, wenn der Arbeitnehmer innerhalb der 14-tägigen Inkubationszeit keinen Kontakt mit anderen Arbeitnehmern hatte.[631] 270

Berichterstattung: Reisenden obliegt die Pflicht zur Berichterstattung. Die Berichte müssen sich auf alle erheblichen Punkte erstrecken, insbesondere auch auf Fragen der Zahlungsfähigkeit von Kunden. Geschäfte mit Kunden, deren Unsicherheit ihm bekannt ist, darf der Handlungsgehilfe nicht eingehen oder vorschlagen. Hat die Tätigkeit des Handlungsgehilfen eine Geschäftsbesorgung zum Gegenstand, so tritt zur Berichtspflicht auch eine Rechenschaftspflicht nach den §§ 675, 666 BGB. Hierzu gehört nach § 259 BGB auch die Pflicht zur Zusammenstellung von Einnahmen und Ausgaben und die Vorlage der Belege (vgl. auch § 86 Abs. 2 für Handelsvertreter). 271

Einhaltung der betrieblichen Ordnung: Hierunter wird eine Vielzahl unterschiedlicher Nebenpflichten gefasst, die die allgemeine Pflicht des Handlungsgehilfen, sich innerhalb des Betriebs „ordnungsgemäß" zu verhalten, ausfüllen. Damit ist nicht allein das Verhalten des Handlungsgehilfen gegenüber seinem Arbeitgeber, sondern insbesondere auch gegenüber den anderen Handlungsgehilfen gemeint. Das BAG geht von der Möglichkeit einer scharfen **Trennung** zwischen **mitbestimmungspflichtigem Ordnungsverhalten** 272

---

620 Dazu ausf. *Schmiedl* BB 2003, 1120 ff.

621 MHdB ArbR/*Reichold* § 54 Rn. 59; *Linck* in Schaub ArbR-HdB § 53 Rn. 11; zur Abwerbung durch Dritte vgl. BGH NZA 2008, 177; *Köhler* FS Buchner, 2009, 452 ff., jeweils mwN.

622 *Bengelsdorf* FS Buchner, 2009, 108 (112 f.); MHdB ArbR/*Reichold* § 55 Rn. 21 mwN.

623 BAG AP BPersVG § 75 Nr. 20; *Bengelsdorf* FS Buchner, 2009, 108 (114 ff.); Richardi/*Richardi* BetrVG § 87 Rn. 192.

624 LAG München BB 1976, 465; *v. Hoyningen-Huene* DB 1995, 142 ff.

625 BAG NZA 2006, 980 (984) betr. Verbot der Installation von privater Software.

626 BAG NZA 2009, 193 (194); 1996, 135 (136); MHdB ArbR/*Reichold* § 55 Rn. 8 ff.

627 *Boemke* AR-Blattei SD 1228 Rn. 160 ff. (2002); MHdB ArbR/*Reichold* § 55 Rn. 10.

628 So zB über seine Untersuchungshaft und die voraussichtliche Haftdauer, BAG NZA 2015, 1180.

629 ErfK/*Reinhard* EFZG § 5 Rn. 5.

630 MüKoBGB/*Müller-Glöge* EFZG § 5 Rn. 8.

631 *Sagan/Brockfeld* NJW 2020, 1112.

und dem davon zu unterscheidenden **reinen Arbeitsverhalten** aus.[632] Das letztgenannte betreffen alle Regeln und Weisungen, die bei der unmittelbaren Erbringung der Arbeitsleistung selbst zu beachten sind; das Arbeitsverhalten wird berührt, wenn der Arbeitgeber kraft seiner Organisations- und Leitungsmacht näher bestimmt, welche Arbeiten in welcher Weise auszuführen sind. Nicht mitbestimmungspflichtig sind danach Anordnungen, mit denen die Arbeitspflicht unmittelbar konkretisiert wird.[633] Der Verpflichtung des Handlungsgehilfen zur Einhaltung der betrieblichen Ordnung ist durch das grundrechtlich geschützte **Persönlichkeitsrecht** eine **Grenze** gesetzt.[634]

273 **Einhaltung von Sicherheitsvorschriften:** Der Handlungsgehilfe ist zur Einhaltung von Sicherheitsvorschriften verpflichtet. Hierzu zählen die Vorschriften des Arbeitssicherheitsgesetzes, des Arbeitsschutzgesetzes, die einschlägigen Unfallverhütungsvorschriften und die nach § 87 Abs. 1 Nr. 7 BetrVG erlassenen Betriebsvereinbarungen, deren Einhaltung neben dem Arbeitgeber auch der Betriebsrat überwacht (§ 80 Abs. 1 Nr. 1 BetrVG).

274 **Kleidung oder Haartracht:** Zu einer bestimmten Kleidung oder Haartracht ist der Handlungsgehilfe grundsätzlich nicht verpflichtet. Der Handlungsgehilfe hat eine allgemein übliche Kleidung zu tragen. Nur soweit Sicherheitsbedenken, hygienische Gründe oder besondere betriebliche Belange bestehen, kann der Arbeitgeber eine bestimmte Kleidung oder Haartracht verlangen. So hat sich ein Handlungsgehilfe in einem Modegeschäft oder einer Bank mit Kundenkontakt sorgfältig zu kleiden.[635] Bloße subjektive Anschauungen des Arbeitgebers zu einer bestimmten Kleidung oder Haartracht sind freilich unbeachtlich.[636] Generelle Regeln über Kleidung im Betrieb bedürfen nach § 87 Abs. 1 Nr. 1 BetrVG der Mitbestimmung des Betriebsrats.[637] Das Tragen religiöser Kleidung, wie zB das Kopftuch der Muslimin am Arbeitsplatz kann vom Arbeitgeber nur unter besonderen Umständen verboten werden, etwa wenn Arbeitsschutzvorschriften entgegenstehen oder wenn eine rechtmäßig angeordnete einheitliche Dienstkleidung besteht.[638]

275 **Meinungsäußerungen:** Bei der Frage, welche Äußerungen ein Handlungsgehilfe zu unterlassen hat, ist die besondere Bedeutung des Art. 5 Abs. 1 GG zu beachten. Geschützt werden jedoch nur die Meinungsäußerung als Äußerung eines Werturteils als wertende Betrachtung von Tatsachen, Verhaltensweisen und Verhältnissen.[639] Nach ganz allgemeiner Ansicht gehören bewusst oder erwiesen unwahre Tatsachenbehauptungen nicht zum Schutzbereich des Art. 5 Abs. 1 GG.[640] Gleiches gilt grundsätzlich auch für Formalbeleidigungen und bloße Schmähkritik.[641] Nach stRspr. des BAG findet das Grundrecht im Bereich des Arbeitsrechts seine Schranken in den **Grundregeln über das Arbeitsverhältnis.**[642] Aus diesen Grundregeln leitet das BAG das allgemeine Pflichtengebot ab, sich so zu verhalten, dass der Betriebsfrieden nicht ernstlich und schwer gefährdet wird und dass die Zusammenarbeit im Betrieb zumutbar bleibt.[643] Der Handlungsgehilfe darf bei Ausübung des Grundrechts nicht den Interessen des Arbeitgebers zuwiderhandeln oder diese beeinträchtigen. Eine solche Zuwiderhandlung ist gegeben, wenn durch die Meinungsäußerung

---

632 BAGE 37, 212.

633 BAG AP BetrVG 1972 § 87 Ordnung des Betriebes Nr. 24 mAnm *Raab*.

634 ArbR-BGB/Schliemann BGB § 611 Rn. 711.

635 Vgl. BAG NZA 2014, 1407.

636 ArbG Essen BB 1966, 861; ArbG Bayreuth BB 1972, 175; *Wiese* UFITA 1972, 145 ff.

637 Dazu BAG AP BetrVG 1972 § 87 Ordnung des Betriebes Nr. 15; EzA BetrVG 1972 § 87 Betriebliche Ordnung Nr. 20 mAnm *v. Hoyningen-Huene*; BAG NZA 2007, 640 (641).

638 BVerfG AP GG Art. 12 Nr. 134; BAG NZA 2003, 483; vgl. hierzu *Adam* NZA 2003, 1375 ff.; *Hoevels* NZA 2003, 701 ff.; s. hierzu auch *Neugebauer/Sura* RdA 2018, 350; und zur entspr. EuGH-Rspr. *Sagan* EuZW 2017, 457. S. zum Thema Kleidung im Arbeitsverhältnis *Brose/Greiner/Preis* NZA 2011, 369.

639 *Linck* in Schaub ArbR-HdB § 53 Rn. 27.

640 Jüngst BAG EzA BGB 2002 § 626 Nr. 43; vgl. – auch zur Gegenauffassung – v. Münch/Kunig/*Wendt* GG Art. 5 Rn. 10 mwN.

641 S. LAG SH BB 2017, 948 Ls.

642 BAG AP KSchG § 13 Nr. 2; AP BGB § 134 Nr. 2; AP BGB § 611 Beschäftigungspflicht Nr. 5; AP GG Art. 5 Abs. 1 Meinungsfreiheit Nr. 1.

643 BAG AP KSchG § 13 Nr. 2.

das Arbeitsverhältnis konkret berührt wird.[644] Der Arbeitgeber hat im Rahmen der ihm zustehenden Meinungsfreiheit zunächst selbst darüber zu entscheiden, ob er ein Fehlverhalten des Handlungsgehilfen abmahnen will oder nicht, muss allerdings den **Grundsatz der Verhältnismäßigkeit** beachten.[645]

Meinungsäußerungen im Einzelnen: Daher darf der Handlungsgehilfe nicht öffentlich, zB in Flugblättern an alle Mitarbeiter des Betriebs, bewusst wahrheitswidrigen Behauptungen über den Arbeitgeber aufstellen und durch seine Aktionen nicht den Betriebsfrieden, den Betriebsablauf oder die Erfüllung der Arbeitspflicht stören.[646] Die **Pflicht zur Verschwiegenheit** kann insofern unwirksam sein, als sie durch den übergeordneten Gesichtspunkt des Grundrechts auf Freiheit der Meinungsäußerung gerechtfertigt ist.[647] Eine Abwägung zwischen Meinungsfreiheit und den Grundrechten des Arbeitgebers, namentlich Art. 12 Abs. 1 GG, findet auch in den Fällen des **Whistleblowing** statt, wenn also ein Handlungsgehilfe seinen Arbeitgeber bei einer Behörde anzeigt bzw. Strafanzeige erstattet. Schon nach bisheriger stRspr war hier eine **Einzelfallabwägung** vorzunehmen.[648] Diese Maßstäbe wurden vom EGMR modifiziert.[649] Handelt es sich um eine Meinungsäußerung oder sonstige Betätigung, die eine **gewerkschaftliche Betätigung** darstellt, so ist auch Art. 9 Abs. 3 GG zu beachten, der gegenüber Art. 5 Abs. 1 GG als die speziellere Vorschrift herangezogen werden soll.[650] Erlaubt ist den Gewerkschaften, zumal die durch Art. 9 Abs. 3 GG geschützte Betätigungsfreiheit alle koalitionsspezifischen Verhaltensweisen erfasst, auch die Mitgliederwerbung im Betrieb während der Arbeitszeit.[651] Dem Betätigungsrecht der Koalitionen dürfen nur solche Schranken gezogen werden, die im konkreten Fall zum Schutz anderer Rechtsgüter – namentlich des Betriebsfriedens oder ungestörten Arbeitsganges – von der Sache her geboten sind.[652] Umfasst ist auch das Recht zu **aktiver politischer Betätigung** im Rahmen der demokratischen Grundordnung.[653] 276

Mobbing: Der Betriebsfrieden kann durch Mobbing gestört werden, das der Handlungsgehilfe zu unterlassen hat. Dies beruht auf der arbeitsvertraglichen Nebenpflicht, in Bezug auf die Kollegen Rücksichtnahme zu üben und Störungen des Betriebsfriedens zu unterlassen.[654] Soweit das Mobbing sexuellen Bezug aufweist, ist es (auch) nach dem AGG zu beurteilen. 277

Nebentätigkeiten des Handlungsgehilfen sind wegen der nach Art. 12 Abs. 1 GG garantierten Berufsfreiheit, wenn sie beruflicher Natur sind (bei nichtberuflichen Tätigkeiten nach Art. 2 Abs. 1 GG),[655] grundsätzlich zulässig, soweit keine gesetzlichen, tarifvertraglichen oder einzelvertraglichen Beschränkungen bestehen und nicht gegen berechtigte Interessen des Arbeitgebers verstoßen wird.[656] Berechtigte Interessen liegen vor, wenn erhebliche Beeinträchtigungen der Arbeitskraft mit der Nebentätigkeit einhergehen oder 278

---

644 BAG AP BGB § 134 Nr. 2.

645 BAG NZA 1992, 690.

646 BAG AP BGB § 611 Beschäftigungspflicht Nr. 5; NZA 2010, 698.

647 MHdB ArbR/*Reichold* § 48 Rn. 40; ErfK/*Preis* BGB § 611a Rn. 715.

648 Rechtsvergleichend *Thüsing/Forst*, Whistleblowing – A Comparative Study, 2016, 3 ff.; ausf. LAG LAGE § 626 BGB 2002 Nr. 7b.

649 Dazu EGMR NZA 2011, 1269. Vgl. zur Grenze der Kritik im Interesse der Allgemeinheit in Abgrenzung zu einer bloß diffamierenden Äußerung ferner EGMR NZA 2017, 237.

650 MHdB ArbR/*Löwisch/Rieble* § 155 Rn. 13.

651 BVerfG EzA GG Art. 9 Nr. 60 mAnm *Thüsing*.

652 BVerfG EzA GG Art. 9 Nr. 60 mAnm *Thüsing*; s. auch BAG NJW 2005, 1596 zur Einschränkung gewerkschaftl. Betätigung zugunsten des Grundsatzes der Gesetzmäßigkeit der Verwaltung.

653 BAG AP GG Art. 5 Abs. 1 Meinungsfreiheit Nr. 1. Für Angestellte des öffentlichen Dienstes ist dieses Recht eingeschränkt durch die im Arbeitsverhältnis begründete Pflicht, bei politischen Äußerungen maßvoll und zurückhaltend zu sein.

654 MHdB ArbR/*Reichold* § 49 Rn. 42; ArbR-BGB/*Schliemann* BGB § 611 Rn. 714; *Grunewald* NZA 1993, 1071 (1072).

655 BAG NZA 2016 116 (118).

656 BAG AP BGB § 611 Doppelarbeitsverhältnis Nr. 3; AP BGB § 611 Nebentätigkeit Nr. 3; *Braun* DB 2003, 2282 ff.; ErfK/*Preis* BGB § 611a Rn. 724 ff.; *Hunold* NZA 2002, 505 ff.; *Linck* in Schaub ArbR-HdB § 42 Rn. 3; vgl. auch *Peter*, Nebentätigkeiten von Arbeitnehmern, 2006.

die Wettbewerbsinteressen des Arbeitgebers entgegenstehen.[657] Nach § 60 darf der Handlungsgehilfe ohne Einwilligung seines Arbeitgebers nämlich weder ein Handelsgewerbe betreiben noch in dem Handelszweige des Arbeitgebers für eigene oder fremde Rechnung Geschäfte machen (s. Kommentierung zu § 60). **Nebentätigkeitsverbote** in Anstellungsverträgen sind insoweit nur wirksam, wie der Arbeitgeber daran ein berechtigtes Interesse hat.[658] Die Arbeitsvertragsparteien können allerdings vereinbaren, dass der Handlungsgehilfe eine Nebentätigkeit nur mit Zustimmung des Arbeitgebers aufnehmen darf (sog. **Genehmigungsvorbehalt**).[659] Pflichten zur Anzeige von Nebentätigkeiten bestehen grundsätzlich nicht, soweit nicht Tarifverträge derartiges zulässigerweise vorsehen (zB § 3 Abs. 3 TVöD).

279 **Nebenbeschäftigungen während der Arbeitszeit** wie Radiohören, Essen, Trinken, Gewerkschaftswerbung, Flugblätterverteilen oder private Unterhaltungen mit Arbeitskollegen, sind grundsätzlich unzulässig. Dies ergibt sich daraus, dass Inhalt der Anstellung die Leistung der Dienste ist und dass daneben andere Tätigkeiten grundsätzlich nicht in Betracht kommen.[660] Ausgenommen von diesem Grundsatz sind lediglich solche Tätigkeiten, die notwendigerweise neben der Erbringung der Arbeitsleistung anfallen oder einem natürlichen Bedürfnis entspringen (Gang zur Toilette). Jede Regelung, die arbeitsbegleitende Tätigkeiten gestattet oder untersagt, stellt sich damit als Konkretisierung der Art und Weise der Arbeitserbringung und damit als Regelung des Arbeitsverhaltens dar.[661] Aus diesem Grunde unterliegen entsprechende Anordnungen des Arbeitgebers auch nicht der Mitbestimmung des Betriebsrats nach § 87 Abs. 1 Nr. 1 BetrVG.[662]

280 **Notarbeiten:** Handlungsgehilfen haben auch **Notarbeiten während des Arbeitskampfes** durchzuführen; dies ist Teil der Treuepflicht aus dem Anstellungsverhältnis.[663] Zu den Erhaltungsarbeiten, die während eines Arbeitskampfs ausgeführt werden, gehören Arbeiten zum Schutz des Betriebs, zur Erhaltung der Betriebsanlagen sowie zur Sicherung empfindlicher Rohstoffe und Fertigwaren (Lebensmittel).[664]

281 **Private Telefongespräche und Internet-Nutzung:** Grundsätzlich sind dem Handlungsgehilfen **private Telefongespräche** während der Arbeitszeit verboten. Im Anstellungsvertrag kann freilich etwas anderes vereinbart oder durch betriebliche Übung gestattet sein. Der Handlungsgehilfe muss daher die Unterbrechung privater Telefongespräche mittels Aufschaltanlage des Arbeitgebers hinnehmen, wenn dies angemessene Zeit zuvor durch einen Summton angekündigt wird.[665] Das heimliche Mithörenlassen eines Gesprächs verletzt das Persönlichkeitsrecht des Handlungsgehilfen und ist deshalb nur unter besonderen Umständen zulässig.[666] Die Erfassung von Daten über die von Handlungsgehilfen geführten Telefongespräche (zB Datum, Uhrzeit (Beginn und Ende) oder Anzahl der Gebühreneinheiten) kann nach § 26 Abs. 1 BDSG im Beschäftigungsverhältnis zulässig sein,[667] unterliegt aber der Mitbestimmung des Betriebsrats nach § 87 Abs. 1 Nr. 6 BetrVG. Nach Auffassung des BAG bestehen auch gegen die vollständige Erfassung der Zielnummer des Angerufenen

---

657 BAG AP BGB § 611 Nebentätigkeit Nr. 6; *Linck* in Schaub ArbR-HdB § 42 Rn. 4 ff.

658 BAG AP BGB § 626 Nr. 60; Nr. 68; AP § 60 Nr. 4 unter I 3c; zum Ganzen MHdB ArbR/*Reichold* § 55 Rn. 50 ff.

659 BAG NZA 2002, 965 (967); 2003, 976 (977).

660 BAG AP BetrVG 1972 § 87 Ordnung des Betriebes Nr. 10 mAnm *v. Hoyningen-Huene.*

661 BAG AP BetrVG 1972 § 87 Ordnung des Betriebes Nr. 10 mAnm *v. Hoyningen-Huene*; zum Radiohören *Hromadka* DB 1986, 1573 ff.

662 AA BAG AP BetrVG 1972 § 87 Ordnung des Betriebes Nr. 10 m. insoweit abl. Anm. *v. Hoyningen-Huene* mwN.

663 BAG GS AP GG Art. 9 Arbeitskampf Nr. 43; *Brox/Rüthers,* Arbeitskampfrecht, 1982, Rn. 291; *Waltermann* ArbR § 31 Rn. 714.

664 BAG AP GG Art. 9 Arbeitskampf Nr. 74; *Büchner,* Die Streikarbeit in der Arbeitskampfordnung, 1987; *Hirschberg* RdA 1986, 355 mwN.

665 BAG AP BGB § 611 Persönlichkeitsrecht Nr. 1; *Färber/Kappes* BB 1986, 520; *Schulin/Babel* NZA 1986, 46; aA *Linck* in Schaub ArbR-HdB § 53 Rn. 43 mwN.

666 BAG AP BGB § 611 Persönlichkeitsrecht Nr. 27 m. krit. Anm. *Otto*; BVerfG AP BGB § 611 Persönlichkeitsrecht Nr. 34; ErfK/*Schmidt* GG Art. 2 Rn. 95; *Grosjean* DB 2003, 2650 ff.; *Kopke* NZA 1999, 917 ff.; *Mengel* BB 2004, 1445 ff.; *Linck* in Schaub ArbR-HdB § 53 Rn. 44.

667 So noch zu § 32 Abs. 1 BDSG MHdB ArbR/*Reichold* § 55 Rn. 33.

keine datenschutzrechtlichen Bedenken.[668] Rechtsgrundlage nach § 26 Abs. 4 S. 1 BDSG für den Eingriff in die Rechte des Handlungsgehilfen kann dabei auch eine Betriebsvereinbarung sein.[669] Ähnliche Probleme stellen sich auch bei der **privaten Internet-Nutzung** am Arbeitsplatz. Insoweit gelten daher die gleichen Grundsätze wie bei privaten Telefongesprächen.[670] Die Einführung von Standardinternetprogrammen und Programmen zur Überwachung des Datenverkehrs unterliegen der Mitbestimmung des Betriebsrats gem. § 87 Abs. 1 Nr. 6 BetrVG, da diese objektiv zur Überwachung geeignet sind (→ Rn. 197).[671] Bezüglich der Kommunikation des Handlungsgehilfen mit Dritten per **E-Mail** sind ebenfalls die für die Telefonbenutzung geltenden Grundsätze heranzuziehen. Eine Überwachung geschäftlicher E-Mails ist daher zulässig. Bei privaten E-Mails dürfen nur die äußeren Daten erfasst werden, jedoch nicht die Empfänger- und Absenderadresse.[672]

Rauchen: Dem Handlungsgehilfen kann durch ein **Rauchverbot** des Arbeitgebers 282
verboten werden, während der Arbeitszeit zu rauchen (vgl. § 5 Abs. 1 S. 2 ArbStättV, → Rn. 430).[673] Ein solches Rauchverbot kann zur Verhütung von Brandgefahr, Intensivierung der Arbeitsleistung, Vermeidung der Verunreinigung von Arbeitserzeugnissen und der Verhinderung von Belästigungen der Mitarbeiter angeordnet werden. Es unterliegt nach § 87 Abs. 1 Nr. 1 BetrVG der Mitbestimmung des Betriebsrats, sofern es nicht auf gesetzlichen Bestimmungen beruht.[674] In Kantinen ist ein bestimmter Bereich für Nichtraucher zu reservieren. Dies ergibt sich aus der in § 62 Abs. 1 normierten Fürsorgepflicht des Arbeitgebers (→ Rn. 430; → § 62 Rn. 17) sowie aus § 5 Abs. 1 ArbStättV.

Schmiergeldverbot: Den Handlungsgehilfen trifft aufgrund seines Arbeitsverhältnis- 283
ses die Pflicht, die Annahme geldwerter Vorteile, durch die die Tätigkeit des Handlungsgehilfen von Dritten beeinflusst oder eine solche Tätigkeit nachträglich belohnt werden soll,[675] zu unterlassen.[676] Ob sich diese Pflicht auf die Beeinflussung zu oder Belohnung von pflichtwidrigen Tätigkeiten beschränkt, ist strittig.[677] Zutreffender Ansicht nach ist eine **Pflichtwidrigkeit** der honorierten Handlung **nicht zu fordern,** denn auch ein nicht pflichtwidriges Verhalten des Handlungsgehilfen, für das ein Schmiergeld zumindest mitursächlich ist, ist geeignet, das Vertrauensverhältnis zwischen Arbeitgeber und Handlungsgehilfen zu beeinträchtigen: Es gibt berechtigterweise Anlass zu der Befürchtung, die Art und Weise der Ausübung der Dienstpflichten folge anderen Interessen als denen des Arbeitgebers. Freilich können im Einzelfall Abgrenzungsprobleme zu üblichen Trinkgeldern und Gelegenheitsgeschenken auftreten,[678] die aber unter Würdigung der Umstände in den Griff bekommen werden können. Auch der BGH lässt ausreichen, dass die Sonderzuwendungen

---

668 BAG AP BetrVG 1972 § 87 Überwachung Nr. 15; krit. *Mengel* BB 2004, 1445 (1449) mwN.

669 Früher war dies bzgl. § 4 Abs. 1 BDSG aF umstritten: dafür BAG AP BetrVG 1972 § 87 Überwachung Nr. 15 unter B II 3 b aa; *Fitting* BetrVG § 83 Rn. 18; aA *Simitis,* 6. Aufl. 2006, BDSG § 4 Rn. 16 mwN zum Streitstand.

670 Vgl. zur Überwachung der Internetnutzung *Beckschulze* DB 2007, 1526 ff.; *Däubler,* Digitalisierung und Arbeitsrecht, 6. Aufl. 2018; *Dickmann* NZA 2003, 1009 ff.; *Ernst* NZA 2002, 585 ff.; *Hanau/Hoeren,* Private Internetnutzung durch Arbeitnehmer, 2003; *Koeppen,* Rechtliche Grenzen der Kontrolle der E-Mail- und Internetnutzung am Arbeitsplatz, 2007; *Mattl,* Die Kontrolle der Internet- und E-Mail-Nutzung am Arbeitsplatz, 2008; *Wedde* PersR 2007, 107 ff.; *Weißgerber* NZA 2003, 1005 ff. sowie den Beispielsfall bei *v. Hoyningen-Huene* JuS 2008, 894 ff.; vgl. auch *Schuster,* Die Internetnutzung als Kündigungsgrund, 2009.

671 ErfK/*Kania* BetrVG § 87 Rn. 62; *Fitting* BetrVG § 87 Rn. 245 f.; *Lindemann/Simon* BB 2001, 1950 ff.; *Linck* in Schaub ArbR-HdB § 53 Rn. 20.

672 *Däubler,* Digitalisierung und Arbeitsrecht, 6. Aufl. 2018, § 8 Rn. 48 ff.; *Ernst* NZA 2002, 585 (589 ff.); *Lindemann/Simon* BB 2001, 1950 ff.; *Mengel* BB 2004, 2014 (2015 ff.); *Raffler/Hellich* NZA 1997, 862.

673 BVerwG NJW 1985, 876; vgl. auch BAG NJW 2009, 2698; ausf. MHdB ArbR/*Reichold* § 55 Rn. 23 ff.; *Linck* in Schaub ArbR-HdB § 53 Rn. 34 ff. mzN.

674 *Fitting* BetrVG § 87 Rn. 71.

675 So die Definition des „Schmiergeldes" nach MHdB ArbR/*Reichold* § 48 Rn. 49.

676 KassHdB/*Künzl* v. 2.1 Rn. 139.

677 Der Geber soll nach einer Ansicht die Vorstellung/Erwarung haben, dass der Empfäunger pflichtwidrig handeln (werde), KassHdB/*Künzl* v. 2.1 Rn. 139; so iErg auch MHdB ArbR/*Reichold* § 48 Rn. 49.

678 *Linck* in Schaub ArbR-HdB § 53 Rn. 35 ff.

eine **Willensbeeinflussung** zum Nachteil des Auftraggebers **lediglich befürchten lassen.**[679] Nicht entscheidend ist, ob die Zuwendung auch subjektiv aus der Sicht des Zuwendenden und des Begünstigten in Bezug auf die dienstliche Tätigkeit erfolgte. Ausreichend ist vielmehr, dass objektiv ein enger Zusammenhang zwischen dem Geschenk und der dienstlichen Tätigkeit besteht.[680] Die Annahme von Trinkgeldern oder sonstigen Geschenken im nach der **branchenspezifischen Verkehrssitte** üblichen Rahmen ist zulässig,[681] was aufgrund einer Würdigung der Begleitumstände zu beurteilen ist. Eine Pflicht des Handlungsgehilfen zur Benachrichtigung seines Arbeitgebers wegen angebotener, aber zurückgewiesener Schmiergelder angenommen kann ohne Weiteres nicht angenommen werden,[682] denn nicht jedes gegen die Interessen des Arbeitgebers gerichtete Ansinnen muss der Handlungsgehilfen anzeigen; etwas anderes mag gelten, wenn er zu erwarten hat, dass mit weiteren Bestechungsversuchen zu rechnen ist.[683]

284 **Verschwiegenheit:** Aus dem Arbeitsvertrag ergibt sich[684] eine Pflicht für den Handlungsgehilfen, über ihm bekannt gewordene Geschäfts- und Betriebsgeheimnisse Verschwiegenheit zu bewahren. Aus dem zum 26.4.2019 in Umsetzung der RL 2016/943/EU in Kraft getretenen Geschäftsgeheimnisgesetz folgt eine dahingehende gesetzliche Verpflichtung.[685] Der **Wille des Arbeitgebers zur Geheimhaltung** muss sich für den Handlungsgehilfen erkennbar – auch konkludent – geäußert haben[686] – das wird man auch nach dem GeschGehG so sehen müssen. Problematisch ist das **schutzwürdige Interesse** an der Geheimhaltung rechtswidriger Geheimnisse.[687] Grenzen der Verschwiegenheitspflicht können sich aus den Grundrechten, insbesondere aus dem Recht auf freie Meinungsäußerung (Art. 5 Abs. 1 GG) ergeben, was auch dem GeschGehG zu Grunde liegt, das mit § 5 wichtige Ausnahme vom Verbot der Offenlegung von Geschäftsgeheimnissen aus § 4 GeschGehG statuiert: die Ausübung des Rechts der freien Meinungsäußerung (Nr. 1); die Aufdeckung rechtswidriger – nicht strafbarer! – Handlungen oder eines beruflichen Fehlverhaltens, wenn und soweit hierdurch das allgemeine öffentliche Interesse geschützt wird (Fälle des Whistleblowing, Nr. 2); die Offenlegung gegenüber der Arbeitnehmervertretung, wenn dies erforderlich ist, damit diese ihre Aufgaben erfüllen kann (Nr. 3). Der Handlungsgehilfe ist auch **nach Beendigung des Arbeitsverhältnisses** verpflichtet, Verschwiegenheit über Geschäfts- und Betriebsgeheimnisse seines Arbeitgebers zu bewahren.[688] § 1 Abs. 3 Nr. 4 GeschGehG weist sogar explizit darauf hin, dass Rechte und Pflichten aus dem Arbeitsverhältnis unberührt bleiben. Sieht man die Grundlage der Verschwiegenheitspflicht in einer Nebenpflicht aus dem Arbeitsvertrag, so die Weitergeltung nach Ende des Vertrags nicht ohne Weiteres angenommen werden, denn mit der Beendigung des Arbeitsverhältnisses finden die hierdurch begründeten beiderseitigen Rechte und Pflichten für die Zukunft grundsätzlich ihr Ende, und eine Nachwirkung kann nur in einem sehr begrenzten Umfang in Betracht kommen.[689] Sie bedarf regelmäßig einer besonderen Grundlage, zB einer Geheimhaltungsklausel.[690] Ferner kann der Arbeitgeber unter dem rechtlichen Gesichts-

---

679 BGH NJW 1991, 1224 f.; 2001, 2476 f.

680 BAG ZTR 2004, 25.

681 MHdB ArbR/*Reichold* § 48 Rn. 51.

682 Ebenso MHdB ArbR/*Reichold* § 48 Rn. 52; Soergel/*Kraft* BGB § 611 Rn. 151; aA *Linck* in Schaub ArbR-HdB § 53 Rn. 35, allerdings ohne Begr.

683 So MHdB ArbR/*Reichold* § 48 Rn. 52 unter Berufung auf die allg. Rücksichtspflicht.

684 *Preis/Rolfs,* Der Arbeitsvertrag, II V 20 Rn. 5.

685 Ausf. zu den Auswirkungen des GeschGehG im Arbeitsrecht *Naber/Peukert/Seeger* NZA 2019, 583; *Preis/Seiwerth* RdA 2019, 351.

686 ArbR-BGB/Schliemann BGB § 611 Rn. 702.

687 Dazu ausf. HWK/*Thüsing* BGB § 611a Rn. 504.

688 BAG AP BGB § 611 Fürsorgepflicht Nr. 4; BAGE 57, 159; 41, 21; das hat sich mit dem GeschGehG auch nicht geändert, *Fuhlrott/Hiéramente* DB 2019, 967 (970); *Preis/Seiwerth* RdA 2019, 351 (356).

689 BAG AP BGB § 611 Fürsorgepflicht Nr. 4; vgl. auch *Linck* in Schaub ArbR-HdB § 53 Rn. 47 ff.

690 BAGE 41, 21. Dies dürfte auch nach § 1 Abs. 3 Nr. 4 GeschGehG zulässig sein, eine Geheimhaltungsklausel kann als angemessene Maßnahme iSv § 2 Nr. 1 lit. b GeschGehG qualifiziert werden, *Naber/Peukert/Seeger* NZA 2019, 583 (585).

punkt der nachwirkenden Fürsorgepflicht gehalten sein, den Handlungsgehilfen nach dem Erlöschen des Arbeitsverhältnisses von einem fortbestehenden Schweigegebot freizustellen.[691] Eine **gesetzliche nachvertragliche Verschwiegenheitspflicht** besteht zB nach § 79 Abs. 2 S. 2 BetrVG (vgl. auch § 80 Abs. 4 BetrVG), § 116 AktG iVm § 93 Abs. S. 2 AktG.

4. Rechtsfolgen bei Verstößen gegen Nebenpflichten. Verstößt der Handlungsgehilfe gegen die ihm obliegenden Nebenpflichten, so treffen ihn grundsätzlich die gleichen Folgen wie bei einem **Verstoß gegen die Arbeitspflicht** (→ Rn. 227 ff.). Das bedeutet, dass der Arbeitgeber die Möglichkeit hat, den Handlungsgehilfen abzumahnen und ihm ggf. verhaltensbedingt zu kündigen.[692] Daneben kann er bei Vorliegen der entsprechenden Voraussetzungen eine Betriebsbuße festsetzen oder Schadensersatz fordern (→ Rn. 231 f., → Rn. 235). Bei Schmiergeldempfang und bei verbotenem Wettbewerb besteht auch ein Anspruch auf Herausgabe des erlangten Gewinns und ein Eintrittsrecht in die abgeschlossenen Geschäfte (§ 687 Abs. 2 S. 1 BGB, §§ 681, 667 BGB; § 61 Abs. 1). Wegen der Einzelheiten → § 61 Rn. 1 ff. 285

VII. Vergütungsanspruch des Handlungsgehilfen

1. Überblick. Nach § 59 muss der Handlungsgehilfe gegen **Entgelt** angestellt sein. Leistet ein kaufmännischer Angestellter unentgeltlich kaufmännische Dienste, so kann er zwar Arbeitnehmer, aber nicht Handlungsgehilfe sein. Denn die Beschäftigung gegen Entgelt ist nicht konstitutives Merkmal für Arbeitnehmer (vgl. § 612 Abs. 1 BGB),[693] wohl aber für Handlungsgehilfen nach § 59.[694] Ist über das Entgelt keine Vereinbarung getroffen, also auch nicht ausdrücklich die Unentgeltlichkeit der Beschäftigung vereinbart worden, so hat der Handlungsgehilfe gem. § 59 S. 1 aE die dem Ortsgebrauch entsprechende Vergütung zu beanspruchen, hilfsweise die angemessene Vergütung (S. 2). 286

Die **Höhe des Entgelts** richtet sich grundsätzlich nach der im Anstellungsvertrag getroffenen Vereinbarung zwischen Arbeitgeber und Handlungsgehilfen. Einen vorgegebenen „gerechten Lohn"[695] für die geleisteten Dienste gibt es nicht. Arbeitgeber und Handlungsgehilfe haben vielmehr den Preis für die Dienstleistung auszuhandeln. Dabei haben sie freilich verschiedene vorrangige Vergütungsregelungen zu beachten. 287

2. Vorrangige normative Vergütungsregelungen. Entgeltvereinbarungen zwischen Arbeitgeber und Handlungsgehilfen haben sich in den Grenzen der **gesetzlichen Bestimmungen** zu halten. Diese geben aber nur einen äußeren Rahmen vor. 288

a) Lohnwucher und Mindestlohn. Eine Grenze für Entgeltvereinbarungen stellt zunächst § 138 BGB dar, wonach in den Fällen des Lohnwuchers die Vergütungsvereinbarung nichtig ist.[696] Sektoral branchenspezifische Mindestlöhne können gem. § 3 AEntG iVm §§ 4–6 AEntG durch Allgemeinverbindlicherklärung eines Tarifvertrags nach § 5 TVG oder – alternativ – in Verbindung mit einer nach § 7 AEntG erlassenen Rechtsverordnung rechtsverbindlich festgelegt werden. Die bisher gem. § 4 AEntG einbezogenen Branchen dürften allerdings nur selten Handlungsgehilfen beschäftigen.[697] Seit 2015 gilt das **Mindestlohngesetz** (BGBl. 2014 I 1348), welches das niemals angewendete Gesetz über die Festlegung von Mindestarbeitsbedingungen von 1952 (MiArbG, BGBl. 1952 I 17) abgelöst hat. 289

691 BAG AP BGB § 611 Schweigepflicht Nr. 3.
692 Vgl. zB BAG AR-Blattei ES 20 Nr. 23 mAnm *v. Hoyningen-Huene.*
693 Vgl. *v. Hoyningen-Huene* Anm. zu BAG AP BGB § 612 Nr. 29 unter 2d; *Hueck/Nipperdey* ArbR I S. 48.
694 Vgl. Röhricht/Graf v. Westphalen/Haas/*Wagner/Vogt* § 59 Rn. 29; Staub/*Weber* Rn. 46.
695 Vgl. MHdB ArbR/*Hanau,* 2. Aufl. 2000, § 63 Rn. 3; *Mayer-Maly* FS Demelius, 1973, 139 ff.
696 BAG NZA 2012, 974; 2009, 837 (Zahlung von zwei Dritteln der tariflichen Stundenvergütung sittenwidrig); NZA 2006, 1354 (Zahlung von weniger als 74,7 % der üblichen Vergütung im Einzelfall sittenwidrig); NZA 2004, 971 (6 Euro Stundenlohn nicht sittenwidrig); EzA BGB § 138 Nr. 29 (Zahlung von 70 % der üblichen Vergütung nicht sittenwidrig); AP BGB § 138 Nr. 2; ausf. MHdB ArbR/*Krause* § 60 Rn. 85 ff. m. weit. Beispielen.
697 Arbeitnehmer-Entsendegesetz vom 20.4.2009, BGBl. 2009 I 799; vgl. *Sittard* NZA 2009, 346 ff. mwN.

Nach § 1 Abs. 2 MiLoG beträgt der Mindestlohn grundsätzlich 8.50 Euro je Zeitstunde, kann aber auf Vorschlag der Mindestlohnkommission durch Rechtsverordnung geändert werden (ab 1.1.2020: 9.35 Euro).[698] Nach **Art. 4 Abs. 1 Nr. 1 Europäische Sozialcharta** (EUSozCh vom 18.10.1961, BGBl. 1964 II 1262) über ein gerechtes Arbeitsentgelt haben die Mitgliedstaaten der EU im Übrigen dafür zu sorgen, dass das Recht der Arbeitnehmer auf ein Arbeitsentgelt anerkannt wird, welches ausreicht, um ihnen und ihren Familien einen angemessenen Lebensstandard zu sichern. Die innerstaatliche Wirkung der Sozialcharta ist allerdings umstritten.[699]

290 **b) Lohngleichheit.** Weiterhin darf bei der Vergütung für gleiche oder gleichwertige Dienste nach § 7 Abs. 1 AGG iVm § 2 Abs. 1 Nr. 2 AGG nicht wegen der in § 1 AGG genannten Merkmale (etwa Alter[700] oder Behinderung) eine geringere Vergütung vereinbart werden.[701] Insbesondere gilt der Grundsatz der Lohngleichheit für Mann und Frau (§ 1 Var. 3 AGG, vgl. auch Art. 157 AEUV[702]). Bereits vor Inkrafttreten des AGG und des früheren § 612 Abs. 3 BGB war dieser Grundsatz in der Rspr. des BAG anerkannt.[703] Er wurde seinerzeit aus Art. 3 Abs. 2 GG hergeleitet.[704] Daneben werden in § 75 Abs. 1 BetrVG Arbeitgeber und Betriebsrat verpflichtet, darüber zu wachen, dass eine unterschiedliche Behandlung wegen der dort genannten Merkmale unterbleibt.

291 An den Grundsatz der Lohngleichheit von Mann und Frau ist der Arbeitgeber bei allen **Grundvergütungen, Zulagen,** wie Erschwernis- und Leistungszulagen,[705] Sachbezügen und Sondervergütungen wie Gratifikationen,[706] Prämien und Ruhegeldern,[707] familienbezogenen Leistungen, Ehefrauenzulagen,[708] allgemeinen Lohn- und Gehaltserhöhungen gebunden.[709] Nachtschicht- und Wechseldienstzulagen brauchen dann nicht an Frauen gezahlt zu werden, wenn diese keine Nachtschicht oder keinen Wechseldienst leisten.[710] Arbeitsmarktzulagen, die gezahlt werden, weil sonst männliche Arbeitnehmer nicht angeworben werden können, sind nach Auffassung des BAG zulässig.[711] Höhere Löhne für Männer auf Grund der muskelmäßigen Anstrengung sind zulässig,[712] was bei Handlungsgehilfen aber kaum einschlägig sein dürfte. Unzulässig ist hingegen die Nichtberücksichtigung von Mutterschutzfristen bei der Bemessung eines ergebnisbezogenen Entgelts.[713]

292 Der Grundsatz der Lohngleichheit von Mann und Frau gilt auch bei der **betrieblichen Altersversorgung.** Danach ist als unzulässige Frauenbenachteiligung der Ausschluss von Teilzeitbeschäftigten unzulässig, wenn hiervon überwiegend Frauen betroffen werden und für den Ausschluss sonst kein sachlicher Grund vorhanden ist.[714]

293 **c) Teilzeitarbeitnehmer.** Gem. § 4 Abs. 1 TzBfG dürfen teilzeitbeschäftigte Arbeitnehmer ohne sachlichen Grund nicht schlechter behandelt werden als vergleichbare vollzeitbeschäftigte Arbeitnehmer, es sei denn, dass sachliche Gründe eine unterschiedliche Behand-

---

698 Dazu Erfk/*Franzen* MiLoG.
699 Dagegen BAG NZA 2004, 971 (974) mwN; offengelassen von BVerfG NJW 1982, 815 (817).
700 Dazu *Körner* NZA 2008, 497 ff.
701 Vgl. dazu *Bissels/Lützeler* BB 2009, 774 ff. und 833 ff.; *Hunold* NZA-RR 2009, 113 ff., jeweils m. Beispielen aus der Rspr.
702 Dazu BAG NZA 2006, 1159.
703 BAG AP GG Art. 3 Nr. 3; Nr. 6; Nr. 16; Nr. 17; Nr. 18; Nr. 68; Nr. 69; Nr. 70.
704 BAG AP BGB § 242 Gleichbehandlung Nr. 39 mwN.
705 BAG AP GG Art. 3 Nr. 117; AP BGB § 242 Gleichbehandlung Nr. 53.
706 BAG AP GG Art. 3 Nr. 68; AP BGB § 242 Gleichbehandlung Nr. 39.
707 RL 2006/54/EG vom 5.7.2006.
708 BAG AP GG Art. 3 Nr. 136 = SAE 1986, 161 mAnm *Scholz*.
709 BAG AP GG Art. 3 Nr. 4, 7, 16, 87; AP BGB § 242 Gleichbehandlung Nr. 36; Nr. 37; Nr. 38; Nr. 39; Nr. 40.
710 Ebenso LAG RhPf EzA GG Art. 3 Nr. 7.
711 BAG AP BGB § 242 Gleichbehandlung Nr. 53.
712 EuGH AP EWG-Vertrag Art. 119 Nr. 13.
713 Dazu BAG NZA 2006, 1411.
714 EuGH AP EWG-Vertrag Art. 119 Nr. 2; BAG AP EWG-Vertrag Art. 119 Nr. 3; NZA 2006, 1159.

lung rechtfertigen.[715] Dies gilt nach § 4 Abs. 1 S. 2 TzBfG auch für Arbeitsentgelt und andere teilbare geldwerte Leistungen. Diese sind dem teilzeitbeschäftigten Handlungsgehilfen mindestens in dem Umfang zu gewähren, der dem Anteil seiner Arbeitszeit an der Arbeitszeit eines vergleichbaren vollzeitbeschäftigten Arbeitnehmers entspricht (pro rata temporis). Ein Anspruch auf Überstundenzuschläge (→ Rn. 314) besteht für Teilzeitbeschäftigte nur dann, wenn auch Vollzeitbeschäftigte solche Zuschläge erhalte würden.[716]

d) Tarifvertragliche Regelungen. Sind sowohl Arbeitgeber als auch der Handlungsgehilfe tarifgebunden, so richtet sich die Mindesthöhe des Entgelts nach dem einschlägigen Tarifvertrag (→ Vor § 59 Rn. 23). Von der tarifvertraglichen Entgeltregelung darf gem. § 4 Abs. 3 TVG nur zugunsten des Handlungsgehilfen abgewichen werden. Das bedeutet, dass einzelvertraglich mit dem Handlungsgehilfen nur ein höheres Entgelt vereinbart werden kann, als tarifvertraglich festgelegt ist. 294

In der Praxis gilt die tarifliche Vergütung häufig auch für nicht tarifgebundene Handlungsgehilfen, da im Anstellungsvertrag oft auf den jeweils geltenden Tarifvertrag **Bezug genommen** wird (→ Vor § 59 Rn. 25).[717] Durch die Bezugnahme im Anstellungsvertrag auf den Tarifvertrag ist auf das Anstellungsverhältnis das Tarifrecht in gleicher Weise anzuwenden, wie wenn zwischen Arbeitgeber und Handlungsgehilfen eine Tarifbindung bestünde.[718] Allerdings kann von der Bezugnahme einzelvertraglich abgewichen und eine niedrigere Vergütung vereinbart werden. 295

e) Betriebsvereinbarungen. Neben den tarifvertraglichen Vereinbarungen kann auf betrieblicher Ebene durch Betriebsvereinbarungen (→ Vor § 59 Rn. 26) zwischen Arbeitgeber und Betriebsrat nach § 87 Abs. 1 Nr. 10 und 11 BetrVG eine normative Vergütungsregelung festgelegt werden. Regelungsgegenstand von Betriebsvereinbarungen nach § 87 Abs. 1 Nr. 10 und 11 BetrVG sind aber nur generelle Lohngrundsätze, nicht jedoch Einzelregelungen.[719] Derartige Betriebsvereinbarungen sind auch nicht durch den Tarifvorrang in § 77 Abs. 3 BetrVG ausgeschlossen, weil nach der jetzt herrschenden Vorrangtheorie im Bereich der Mitbestimmung nach § 87 Abs. 1 Nr. 10 BetrVG auch Betriebsvereinbarungen trotz § 77 Abs. 3 BetrVG zulässig sind.[720] 296

Von Bedeutung ist die **Mitbestimmung nach § 87 Abs. 1 Nr. 10 BetrVG** insbesondere bei der Gewährung übertariflicher Zulagen und bei Regelungen für außertarifliche Angestellte (sog. AT-Angestellte).[721] Die Mitbestimmung nach **§ 87 Abs. 1 Nr. 11 BetrVG** bezieht sich auf alle Entgeltformen, bei denen eine Leistung des Handlungsgehilfen gemessen und mit einer Bezugsleistung verglichen wird, und bei denen sich die Höhe der Vergütung nach dem Verhältnis der Leistung des Handlungsgehilfen zur Bezugsleistung ergibt.[722] Das gilt insbesondere für Prämien und Provisionen (§ 65).[723] Hieran fehlt es aber bei der reinen Abschlussprovision.[724] 297

Die durch Betriebsvereinbarung getroffenen Vergütungsregelungen gelten gem. § 77 Abs. 4 BetrVG unmittelbar und zwingend. Das hat namentlich zur Folge, dass einzelvertrag- 298

---

715 Vgl. etwa die Beispiele für das Fehlen sachlicher Gründe bei BAG EzA TzBfG § 4 Nr. 16, 18; ZTR 2009, 66; NZA 2007, 881.

716 BAG NZA 2017, 1069. Zum Diskriminierungsverbot des § 4 Abs. 1 TzBfG bzgl. Entgelt und anderer Arbeitsbedingungen ausf. HWK/*Schmalenberg* TzBfG § 4 Rn. 3–11.

717 Dazu *v. Hoyningen-Huene* RdA 1974, 138; *Löwisch/Rieble* TVG § 3 Rn. 510 ff.; Wiedemann/*Oetker* TVG § 3 Rn. 297 ff.

718 *Treber* in Schaub ArbR-HdB § 206 Rn. 1 ff.; *Treber* FS Buchner, 2009, 787 ff.

719 *v. Hoyningen-Huene* BetrVR § 12 Rn. 78 ff.

720 BAG GS AP BetrVG 1972 § 87 Lohngestaltung Nr. 51 unter C I 4; *v. Hoyningen-Huene* BetrVR § 12 Rn. 10.

721 BAG DB 1986, 914 unter Aufgabe der früheren Rspr. in SAE 1985, 290 m. abl. Anm. *v. Hoyningen-Huene*; vgl. auch BAG DB 1987, 1096; 1988, 556; ErfK/*Kania* BetrVG § 87 Rn. 107 ff.

722 BAG AP BetrVG 1972 § 87 Prämie Nr. 17 mwN; *Fitting* BetrVG § 87 Rn. 498.

723 BAG AP BetrVG 1972 § 87 Provision Nr. 6; BetrVG 1972 § 87 Prämie Nr. 8, 17; BetrVG 1972 § 87 Lohngestaltung Nr. 37.

724 BAG AP BetrVG 1972 § 87 Provision Nr. 4 mAnm *Hanau* = SAE 1985, 120 mAnm *Meisel*; unter Aufgabe der früheren Rspr. BAG AP BetrVG 1972 § 87 Provision Nr. 1.

lich nicht geringere übertarifliche Zulagen vereinbart werden können, als durch Betriebsvereinbarung für die übrigen Arbeitnehmer vorgesehen sind. Zulässig sind hingegen **einzelvertragliche Abweichungen zugunsten** des einzelnen Handlungsgehilfen.[725]

299 **3. Arbeitsrechtlicher Gleichbehandlungsgrundsatz.** Bei der Zahlung des Arbeitsentgelts hat der Arbeitgeber unter bestimmten Voraussetzungen den Grundsatz der gleichmäßigen Behandlung zu beachten.[726] Das bedeutet zB, dass der Arbeitgeber bei der Gewährung freiwilliger Leistungen oder bei Erhöhung der Arbeitsentgelte durch allgemeine Arbeitsbedingungen (Formulararbeitsvertrag, betriebliche Übung, Gesamtzusage; → Vor § 59 Rn. 27 ff.) einzelne Handlungsgehilfen gegenüber anderen, die sich in vergleichbarer Lage befinden, nicht willkürlich, dh auf Grund sachfremder Erwägungen, schlechter stellen darf, zB Arbeiter und Angestellte.[727] Das BAG beschreibt den Gleichbehandlungsgrundsatz seit vielen Entscheidungen mit immer wieder ähnlichen Worten: Wendet ein Arbeitgeber einer nach bestimmten Kriterien definierten Gruppe von Arbeitnehmern eine Leistung zu und nimmt damit andere Arbeitnehmer hiervon aus, kann dies dazu führen, dass er verpflichtet ist, dem (Kreis der) ausgeschlossenen Arbeitnehmer die der Gruppe versprochene Leistung zu gewähren, wenn er bei der Festlegung der zugrunde liegenden Anspruchsvoraussetzungen gegen den arbeitsrechtlichen Gleichbehandlungsgrundsatz verstößt. Voraussetzung für die Anwendung des arbeitsrechtlichen Gleichbehandlungsgrundsatzes auf die Regelbildung des Arbeitgebers ist, dass dieser durch ein eigenes gestaltendes Verhalten ein eigenes Regelwerk oder eine eigene Ordnung geschaffen hat. Liegen einer Leistung bestimmte Voraussetzungen zugrunde, muss die vom Arbeitgeber damit selbst geschaffene Gruppenbildung gemessen am Zweck der Leistung sachlich gerechtfertigt sein. Das ist der Fall, wenn die Differenzierungsgründe unter Berücksichtigung der Besonderheiten der jeweiligen Leistung auf vernünftigen, einleuchtenden Erwägungen beruhen und nicht gegen verfassungsrechtliche Wertentscheidungen oder gesetzliche Verbote verstoßen. Rechtsfolge einer Verletzung des arbeitsrechtlichen Gleichbehandlungsgrundsatzes ist dann die Korrektur der arbeitgeberseitig bestimmten gleichbehandlungswidrigen Voraussetzung. Die sachlich nicht gerechtfertigte Gruppenbildung führt im Ergebnis zu einer Anpassung dieses Merkmals durch ein gleichbehandlungskonformes. Der Arbeitnehmer, der ohne sachliche Rechtfertigung ungleich behandelt wurde, kann die Leistung, von der er nach der Regelbildung des Arbeitgebers wegen Nichterfüllung des gleichbehandlungswidrigen Tatbestandsmerkmals ausgeschlossen war, von diesem verlangen, wenn es keine weiteren Voraussetzungen gibt oder etwaige weitere Voraussetzungen von ihm erfüllt werden.[728] Ein Verstoß gegen den arbeitsrechtlichen Gleichbehandlungsgrundsatz ist abzulehnen, wenn der Arbeitgeber freiwillig eine Betriebsrente zahlt, bei deren Berechnung er auch Beschäftigungszeiten zugrunde legt, auf deren Berücksichtigung nach seiner Auffassung kein Rechtsanspruch besteht, diese Begünstigung stichtagsbezogen jedoch nur den Versorgungsempfängern, nicht aber den Versorgungsanwärtern gewährt.[729]

300 **a) Erfordernis einer generellen Regelung.** Dem Gleichbehandlungsgrundsatz unterfallen alle Maßnahmen und Entscheidungen des Arbeitgebers, die einen **kollektiven Bezug** haben, die sich also nicht allein in der einzelfall- und einzelpersonbezogenen Regelung erschöpfen. Erfasst werden vertragliche Vereinbarungen, insbesondere arbeitsvertragliche Einheitsregelungen und Gesamtzusagen, aber auch die Ausübung des Direktionsrechts.[730] Der Gleichbehandlungsgrundsatz ist damit nicht nur Anspruchsgrundlage, sondern auch Schranke zur Ausübung arbeitsvertraglicher Rechte durch den Arbeitgeber.

[725] BAG GS NZA 1987, 775; AP BGB § 242 Gleichbehandlung Nr. 102; *Fitting* BetrVG § 77 Rn. 196.
[726] BAG AP GG Art. 3 Nr. 117; AP BGB § 242 Gleichbehandlung Nr. 3; Nr. 4; Nr. 15; Nr. 37; Nr. 39; Nr. 54; NZA 2008, 1412 (1414); grdl. *G. Hueck,* Der Grundsatz der gleichmäßigen Behandlung im Privatrecht, 1958; MHdB ArbR/*Fischinger* § 14; *Linck* in Schaub ArbR-HdB § 112.
[727] Vgl. BAG AP BGB § 242 Gleichbehandlung Nr. 68; AP BGB § 611 Gratifikation Nr. 259.
[728] BAG NJW 2019, 538; vgl. BAG NZA 2015, 115 mwN; 2009, 547.
[729] BAG NZA 2018, 367.
[730] S. LAG Köln LAGE BGB § 611 Direktionsrecht Nr. 19.

Er ist daher nicht nur dann an den Gleichbehandlungsgrundsatz gebunden, wenn er einseitig allgemeine Anspruchsvoraussetzungen für eine Leistung bestimmt hat, sondern auch, wenn arbeitsvertragliche Vereinbarungen vorliegen. Dann begrenzt der Grundsatz um den Schutz des Arbeitnehmers willen die Gestaltungsmacht des Arbeitgebers.[731] Ob die Maßnahme kollektiven Bezug hat, kann nicht allein durch die Verhältniszahlen der jeweils begünstigten und benachteiligten Arbeitnehmer ermittelt werden,[732] sondern entscheidet sich danach, ob der Arbeitgeber nach einem bestimmten erkennbaren und **generalisierenden Prinzip** aufgrund einer abstrakten Regelung handelt und dazu bestimmte Voraussetzungen oder Zwecke festlegt.[733] Einer Maßnahme fehlt der kollektive Bezug, wenn sie **individuell mit dem Arbeitnehmer ausgehandelt** wurde. Der Gleichbehandlungsgrundsatz tritt dann hinter die Vertragsfreiheit zurück;[734] er dient nicht dazu, die Ergebnisse individueller Verhandlungen zu korrigieren und ein unzureichendes Verhandlungsgeschick auszugleichen.[735] Eine Individualvereinbarung liegt freilich nicht vor, wenn einseitig gestellte Vertragsbedingungen des Arbeitgeber akzeptiert werden. Es gilt hier nichts anderes als bei der Abgrenzung von AGB und ausgehandelter Vereinbarung. Die Tatsache allein, dass der Arbeitgeber eine Ungleichbehandlung durchsetzen kann, führt nicht dazu, dass er zu ihr berechtigt ist. Eine individuelle Vereinbarung, die die Anwendung des Gleichbehandlungsgrundsatzes ausschließt, liegt nicht schon dann vor, wenn der Arbeitsvertrag eine übertarifliche Vergütung vorsieht.[736] Im **Bereich der Arbeitsvergütung** ist der Gleichbehandlungsgrundsatz unter Beachtung des Grundsatzes der Vertragsfreiheit bei individuellen Entgeltvereinbarungen anwendbar, wenn Arbeitsentgelte durch eine betriebliche Einheitsregelung generell angehoben werden und der Arbeitgeber die Leistungen nach einem bestimmten erkennbaren und generalisierenden Prinzip gewährt, indem er bestimmte Voraussetzungen oder Zwecke festlegt.[737] Weil die Individualvereinbarung nicht an das allgemeine Gleichbehandlungsgebot gebunden ist, ist die **individuelle Besserstellung,** wenn sie Ausdruck einer einzelfallbezogenen Entscheidung ist, möglich,[738] und auch ist der **Verzicht** des einzelnen Arbeitnehmers auf seine Rechte aus dem Gleichbehandlungsgrundsatz zulässig, etwa indem er eine Vertragsänderung ablehnt, die vergleichbare Arbeitnehmer angenommen haben.[739]

b) Betriebs- oder Unternehmensbezug. Der Gleichbehandlungsgrundsatz ist nicht auf den Betrieb beschränkt, sondern ist auf das ganze Unternehmen zu erstrecken.[740] Nicht anwendbar ist der Gleichbehandlungsgrundsatz aber im Konzern.[741] 301

c) Verbot der Schlechterstellung. Der Gleichbehandlungsgrundsatz verbietet lediglich eine Schlechterstellung einzelner Handlungsgehilfen, er verhindert dagegen nicht eine Begünstigung bestimmter Handlungsgehilfen.[742] Der Arbeitgeber ist grundsätzlich nicht verpflichtet, zwischen **tarifgebundenen und nichttarifgebundenen Handlungsgehilfen** eine Gleichbehandlung vorzunehmen.[743] Dagegen hat der Arbeitgeber einseitig festgelegte, außer- und übertarifliche Leistungen nach dem Grundsatz der gleichmäßigen Behand- 302

731 BAGE 148, 139.
732 In diese Richtung aber BAG AP BGB § 242 Gleichbehandlung Nr. 102; s. auch ErfK/Preis BGB § 611a Rn. 575.
733 BAG EzA BGB § 242 Gleichbehandlung Nr. 88; Nr. 134; NZA 2002, 872; 1993, 171; BB 1988, 2178; BAGE 83, 168.
734 BAG NZA 2010, 561, 273; AP BGB § 242 Gleichbehandlung Nr. 184; BAGE 88, 23; 63, 181; BB 1988, 2178.
735 BAG AP BetrAVG § 1b Nr. 5.
736 BAG EzA BGB § 242 Gleichbehandlung Nr. 88.
737 BAG NZA 2015, 115 (222); NZA-RR 2015, 649.
738 Ebenso ErfK/*Preis* BGB § 611a Rn. 575; MüKoBGB/*Spinner* BGB § 611a Rn. 1045.
739 BAG AP BGB § 242 Gleichbehandlung Nr. 32; MHdB ArbR/*Richardi* § 9 Rn. 47 ff.; ErfK/*Preis* BGB § 611a Rn. 577.
740 BAG AP BGB § 242 Gleichbehandlung Nr. 162 mAnm *Richardi*; NZA 2009, 367.
741 BAG EzA BGB § 242 Gleichbehandlung Nr. 44; ErfK/*Preis* BGB § 611a Rn. 588 mwN.
742 BGH AP BGB § 242 Gleichbehandlung Nr. 35; Nr. 4; Nr. 5; AP KSchG 1969 § 2 Nr. 3.
743 BAG AP TVG § 4 Nr. 7; vgl. auch *Thüsing/v. Hoff* ZfA 2008, 77 (92 ff.); *Wiedemann* RdA 2007, 65 (68), jeweils mwN.

lung tarif- wie nichttarifgebundenen Handlungsgehilfen in gleichem Umfang zu gewähren. Eine Unterscheidung nach Gewerkschaftszugehörigkeit wäre hier eine sachfremde Erwägung.

303 **d) Rechtsfolgen bei Verstößen gegen den Gleichbehandlungsgrundsatz.** Verstößt der Arbeitgeber gegen den Grundsatz der gleichmäßigen Behandlung, so sind die Rechtsfolgen je nach Maßnahme unterschiedlich. Dem Handlungsgehilfen nachteilige Rechtshandlungen (etwa Kündigung, einseitige Leistungsbestimmungen, Widerruf) sind nach § 134 BGB unwirksam. Rechtsgeschäfte, die andere Beschäftigte gleichheitswidrig begünstigen, sind hingegen grundsätzlich wirksam. Das hat regelmäßig zur Folge, dass die von der Grundregel ausgenommene Gruppe in diese einbezogen wird und damit die **gleichen Ansprüche** erlangt wie die andere Gruppe.[744] Dieser Grundsatz gilt freilich nach der Rspr. nicht uneingeschränkt. Es finden sich auch Entscheidungen, nach denen bei einem Verstoß gegen den Grundsatz der Gleichbehandlung die Gesamtregelung unwirksam ist.[745] Eine **Gehaltserhöhung** kann regelmäßig dann auf Grund des Gleichbehandlungsgrundsatzes verlangt werden, wenn der Arbeitgeber zu einem bestimmten Zeitpunkt die Gehälter der tariflichen oder außertariflichen Handlungsgehilfen allgemein erhöht (sog. Lohnwelle). Mit linearen Gehaltserhöhungen sollen im Allgemeinen die Preissteigerungen ausgeglichen werden und nicht individuelle Leistungen honoriert werden.[746]

304 **4. Vereinbarung der Vergütung.** Das HGB regelt nicht die Art der Vergütung, die der Handlungsgehilfe nach § 59 beanspruchen kann. Es herrscht hier **weitgehend Vertragsfreiheit** mit sehr vielfältigen Gestaltungsmöglichkeiten.

305 **a) Monatliches Festgehalt.** Soweit nicht bestimmte, zB tarifvertragliche Regelungen des Arbeitsentgelts bestehen, sind Arbeitgeber und Handlungsgehilfe **grundsätzlich frei, Art und Höhe des Entgelts** zu vereinbaren.[747] Im Regelfall wird ein tarifliches Gehalt zugrunde gelegt und eine übertarifliche Zulage gewährt. Es kann aber von vornherein ein bestimmtes Gesamtgehalt vereinbart werden. Möglich sind insbesondere erfolgsbezogene Vergütungsbestandteile (§ 65). Die Vereinbarung der Vergütung im Einzelfall unterliegt nicht der Mitbestimmung des Betriebsrats.[748]

306 **b) Bruttovergütung.** Die Entgeltvereinbarung zwischen Arbeitgeber und Handlungsgehilfen bezieht sich regelmäßig auf die Bruttovergütung.[749] Das bedeutet, dass der Arbeitgeber von dem vereinbarten Entgelt die gesetzlichen Steuern (§ 38 Abs. 3 EStG, R 38.3 LStR 2011/2013) und Arbeitnehmeranteile zur Sozialversicherung (§ 28g SGB IV) abziehen darf und muss.[750] Die Zahlung eines **Nettogehalts** bedarf einer besonderen Vereinbarung, die ausdrücklich oder konkludent möglich ist.[751] Sie ist vom Handlungsgehilfen im Bestreitensfall zu beweisen.[752] Der Arbeitgeber hat bei einer Nettoentgeltvereinbarung zu dem vereinbarten Nettolohn die gesetzlichen Abzüge wie Lohnsteuer, Kirchensteuer und Arbeitnehmeranteil zur Sozialversicherung zusätzlich zu übernehmen.[753] Er darf daher bei einer Nettoentgeltvereinbarung die entsprechenden Beträge von der vereinbarten Vergütung nicht mehr abziehen.

307 **c) Sachleistungen.** Die Vergütung des Handlungsgehilfen muss freilich nicht unbedingt durch Zahlung einer Geldleistung erfolgen. Daneben oder stattdessen können auch

---

[744] ErfK/*Preis* BGB § 611a Rn. 606.
[745] BAG AP BetrAVG § 1 Gleichbehandlung Nr. 18; *Zöllner/Loritz/Hergenröder* ArbR § 20 V 1.
[746] BAG AP BGB § 242 Gleichbehandlung Nr. 15; Nr. 32; Nr. 36; Nr. 40; Nr. 42; Nr. 44; Nr. 47; Nr. 51; EzA BGB § 242 Gleichbehandlung Nr. 43.
[747] Zur Vergütung allg. MHdB ArbR/*Krause* § 60; MüKoBGB/*Spinner* BGB § 611a Rn. 718 ff.; Staudinger/*Richardi/Fischinger*, 2016, BGB § 611 Rn. 1317 ff.; *Vogelsang* in Schaub ArbR-HdB §§ 66 f.
[748] BAG AP BetrVG 1972 § 99 Nr. 74.
[749] BAG GS AP BGB § 288 Nr. 4 mAnm *Hanau* = SAE 2002, 146 mAnm *Boemke*.
[750] Dazu MHdB ArbR/*Krause* § 62.
[751] LAG Köln NZA-RR 1998, 393.
[752] BAG AP BGB § 670 Nr. 15, 19.
[753] BAG AP BGB § 123 Nr. 27; LAG München DB 1980, 886; LAG Nds BB 1985, 272.

Sachleistungen erbracht werden.[754] Das sog. Truckverbot, dh das Verbot, den Beschäftigten unter Anrechnung auf den Lohn Waren aus der eigenen Produktion zu geben, galt bis zum Jahr 2003 nicht für die Handlungsgehilfen (§ 154 Abs. 1 Nr. 2 GewO aF, § 115 GewO aF). Nach der Neuregelung der GewO ist das **Truckverbot** jedoch in § 107 Abs. 2 GewO normiert und auch auf die Handlungsgehilfen anwendbar. Der Arbeitgeber kann dem Handlungsgehilfen Waren zu Selbstkostenpreisen überlassen, deren Wert jedoch die Höhe des pfändbaren Teils des Arbeitsentgelts nicht übersteigen darf.[755] Stehen dem Handlungsgehilfen als Vergütung Naturalleistungen zu, so sind, sofern es sich dabei um nur der Gattung nach bestimmte Sachen handelt, **Sachen mittlerer Art und Güte** zu leisten (§ 107 Abs. 2 S. 4 GewO). Können die vereinbarten Sachbezüge nicht gewährt werden, so ist an ihrer Stelle der Betrag zu leisten, der dem Wert der Sachleistung entspricht.

Sachleistungen sind **beispielsweise** die Gewährung von Deputaten in der Landwirt- 308
schaft, Kohlen im Bergbau,[756] die Überlassung von Wohnungen und Kraftfahrzeugen zur privaten Nutzung[757] sowie die Gewährung von Personalrabatten,[758] Aktien[759] und Aktienoptionen.[760] Eine Naturalvergütung kann auch die Aufnahme des Handlungsgehilfen in die häusliche Gemeinschaft sein, also die Gewährung von Kost und Logis. Dabei ist zu beachten, dass dem Arbeitgeber in diesen Fällen nach § 62 Abs. 2 besondere Fürsorgepflichten obliegen. Zu den Sachleistungen zählt schließlich auch die Bereitstellung kostenloser Werksbusse für den Weg zur Arbeit.[761]

Keine Naturalvergütung ist dagegen die Berechtigung des Handlungsgehilfen, an 309
betrieblichen Sozialeinrichtungen teilzunehmen. Zu den betrieblichen Sozialeinrichtungen zählen regelmäßig die Kantinenverpflegung, die Überlassung spezieller Dienst- oder Arbeitskleidung sowie die Überlassung einer Werkswohnung gegen Entgelt,[762] die der Mitbestimmung des Betriebsrats nach § 87 Abs. 1 Nr. 8 und 9 BetrVG unterliegen.

d) Provisionen. Statt eines festen Gehalts, das entweder in Geld oder in Form von 310
Sachleistungen gewährt wird, können der Arbeitgeber und der Handlungsgehilfe nach § 65 auch vereinbaren, dass als Vergütung eine Provision bezahlt werden soll (→ § 65 Rn. 1 ff.). Die Höhe des Gehalts ist dann ganz oder teilweise abhängig von dem Wert der Geschäfte, die vom Handlungsgehilfen für den Arbeitgeber geschlossen oder vermittelt worden sind.

e) Prämien und Tantiemen. Zur Erhöhung der Vergütung kann der Arbeitgeber 311
dem Handlungsgehilfen auch Prämien bezahlen.[763] Prämien werden zusätzlich zum Gehalt für einen bestimmten Erfolg bezahlt, so etwa bei Qualitäts-, Ersparnis- und Verkaufsprämien. Deren generelle Regelung unterliegt der Mitbestimmung des Betriebsrats nach § 87 Abs. 1 Nr. 10 und 11 BetrVG.

Eine besondere Prämienform stellt die sog. **Anwesenheitsprämie** dar. Anwesenheit- 312
sprämien sind Sondervergütungen, die dem Handlungsgehilfen über die Grundvergütung hinaus zugesagt sind, sofern er während eines bestimmten Zeitraums tatsächlich und ununterbrochen arbeitet.[764] Sie belohnt das tatsächliche Erscheinen am Arbeitsplatz mit einer Sonderleistung, um dem unberechtigten Fernbleiben (zB „Blauer Montag") entgegenzuwir-

754 Dazu ErfK/*Preis* GewO § 107; HWK/*Thüsing* BGB § 611a Rn. 238 ff.; MHdB ArbR/*Krause* § 67; *Linck* in Schaub ArbR-HdB § 68.
755 Dazu BAG BB 2009, 1303; vgl. auch BAG NZA 2009, 861.
756 Dazu BAG AP BetrVG 1972 § 77 Nr. 4 mAnm *Hanau.*
757 Dazu BAG NZA 2009, 861; 2007, 809; ausf. ErfK/*Preis* BGB § 611a Rn. 522 ff.; HWK/*Thüsing* BGB § 611a Rn. 239 ff. jeweils mwN.
758 Dazu etwa BAG NZA 2005, 1223 betr. Erwerb eines Kfz; NZA 2007, 325 betr. Flugvergünstigungen; AP BetrAVG § 1 Nr. 52 betr. Stromkosten; vgl. auch *Kircher,* Der Personalkauf, 1996.
759 Vgl. ErfK/*Preis* GewO § 107 Rn. 4 mwN.
760 Dazu BAG NZA 2008, 1066; *Röller* in Küttner, Personalbuch 2020, Aktienoptionen Rn. 7.
761 BAG DB 1985, 1482.
762 *Linck* in Schaub ArbR-HdB § 68 Rn. 5.
763 Hierzu MHdB ArbR/*Krause* § 64 Rn. 31 ff.; *Vogelsang* in Schaub ArbR-HdB § 76.
764 *Blanke/Diederich* AuR 1991, 321 ff.; *v. Hoyningen-Huene* BB 1992, 2138 (2142 f.); *Linck* in Schaub ArbR-HdB § 79 Rn. 1 ff.

ken. Ist die Anwesenheitsprämie als Sondervergütung ausgestaltet und nicht zusätzliches unabdingbares Entgelt, kann sie bei entsprechender Vereinbarung auch im Krankheitsfall gem. § 4a EFZG gekürzt werden.[765]

313 Gelegentlich werden an Handlungsgehilfen auch **Tantiemen** (Gewinnbeteiligungen) ausbezahlt.[766] Tantiemen sind eine Erfolgsvergütung, die einzelnen Handlungsgehilfen gewährt wird, um sie am Geschäftsergebnis zu interessieren.[767] Von ihr zu unterscheiden ist die an die gesamte Belegschaft zur Anerkennung ihrer Dienste gezahlte Jahresabschlussvergütung, durch die eine stärkere Verbundenheit der Handlungsgehilfen zu dem Unternehmen erreicht werden soll. Die Tantieme wird in der Regel in Prozenten des jährlichen Reingewinns ausbezahlt.[768]

314 **f) Freiwillige Zulagen und Zuschläge.** Neben dem vertraglich oder tariflich festgelegten Gehalt werden häufig freiwillige Zulagen und Zuschläge aller Art gewährt.[769] Zur Zahlung dieser Zulagen und Zuschläge besteht an sich keine rechtliche Verpflichtung (anders bei tariflichen Zulagen, zB Überstundenzuschlag), sie werden aber als Anreiz zur besseren Arbeitsleistung und zum Verbleiben im Betrieb erbracht. Die Zulagen sind danach zu unterscheiden, ob der Arbeitgeber mit ihnen besondere Leistungen des Handlungsgehilfen vergüten will, sonstige Zwecke verfolgt oder ob er mit ihnen lediglich das tariflich festgelegte Grundgehalt erhöhen möchte.

315 Anders als bei Gratifikationen (→ Rn. 321 ff.) handelt es sich bei den Zulagen und Zuschlägen um regelmäßig ausgezahlte Vergütungsbestandteile (sog. **laufende Entgelte**). Laufende Arbeitsentgelte dürfen nicht unter den Vorbehalt der Freiwilligkeit gestellt werden (→ Rn. 332).[770] Möglich bleibt aber ein **Widerrufsvorbehalt,** aufgrund dessen die zugesagte Zulage widerrufen werden kann. Widerrufsvorbehalte in Formulararbeitsverträgen unterliegen einer Inhaltskontrolle nach § 310 Abs. 4 BGB, § 308 Nr. 4 BGB. Der widerrufliche Teil der Leistung muss daher nach Art und Höhe eindeutig sein. Die Vertragsklausel muss außerdem die Richtung angeben, aus der der Widerruf möglich sein soll. Die Vereinbarung ist ferner nur dann zulässig, soweit der im Gegenseitigkeitsverhältnis stehende widerrufliche Teil des Gesamtverdienstes unter 25 % liegt und der Tariflohn nicht unterschritten wird.[771] Von der Inhaltskontrolle ist die **Ausübungskontrolle** (§ 315 BGB) zu unterscheiden. Auch bei einem inhaltlich nicht zu beanstandenden Widerrufsvorbehalt muss geprüft werden, ob die konkrete Ausübung des Widerrufs dem billigen Ermessen entspricht.[772]

316 Zu den Zuschlägen, mit denen eine **besondere Leistung** des Handlungsgehilfen vergütet werden soll, zählen zunächst die Zulagen für ungünstige Arbeitszeiten, wie Nachtarbeitszuschläge, Schichtzuschläge, Sonn- und Feiertagszuschläge sowie Zuschläge für Mehrarbeit und Überstunden.[773] Zu diesen Zulagen für besondere Leistungen gehören auch Erschwerniszulagen, die etwa für die weite Entfernung der Arbeitsstelle vom Wohnsitz gewährt werden können.[774] Diese Entfernungszulagen sind freilich von den sog. Aufwandsentschädigungen und Auslösungen zu unterscheiden.[775] Schließlich kann eine Zulage auch für eine besonders gute Arbeitsleistung des Handlungsgehilfen gewährt werden.

---

765 Zur Abgrenzung vgl. BAG NZA-RR 2009, 385; ferner BAG AP EntgeltFG § 4a Nr. 1; ErfK/*Reinhard* EFZG § 4a Rn. 3; *Schmitt* EFZG § 4a Rn. 19; *Treber*, 2. Aufl. 2007, EFZG § 4a Rn. 8 ff.; *Linck* in Schaub ArbR-HdB § 79 Rn. 5 ff.

766 Hierzu ErfK/*Preis* BGB § 611a Rn. 494 ff.; MHdB ArbR/*Krause* § 65 Rn. 42 ff.

767 BAG NZA 1999, 824.

768 BAG NZA-RR 2006, 582 (587); zu den Einzelheiten MüKoBGB/*Spinner* BGB § 611a Rn. 672 ff.

769 Dazu allg. *Mengel*, Erfolgs- und leistungsorientierte Vergütung, 5. Aufl. 2008; MHdB ArbR/*Krause* § 64 Rn. 50 ff.; MüKoBGB/*Spinner* BGB § 611a Rn. 699 ff. *Linck* in Schaub ArbR-HdB § 69.

770 BAG NZA 2007, 853 (854).

771 Zum Ganzen BAG NZA 2005, 465; 2007, 87; 2007, 809; *Kroeschell* NZA 2008, 1393 ff.; *Reinecke* BB 2008, 554 ff.

772 Vgl. dazu BAG NZA 2005, 465; 2007, 87 (90).

773 Zu den Begriffen Mehrarbeit und Überstunden → Rn. 217 ff.; zur Frage, ob Überstunden überhaupt vergütet werden sollen, vgl. BAG NZA 2012, 1102; 1994, 1035.

774 *Linck* in Schaub ArbR-HdB § 69 Rn. 35.

775 Hierzu BAG AP AZO § 12 Nr. 6; ErfK/*Preis* BGB § 611a Rn. 481 mwN.

Neben diesen Zulagen, mit denen besondere Zwecke verfolgt werden, gibt es auch **allgemeine Zulagen,** die lediglich die tarifliche Vergütung erhöhen sollen. Hierzu zählen neben allgemeinen Teuerungszulagen, Zulagen für Ehegatten, Kinder, höheres Lebensalter, Beihilfen bei Krankheit und Mutterschaft, Zuschüsse zur Krankenversicherung und die Erstattung eines Teils der Kontoführungsgebühren.[776] Häufig sind diese Zulagen aber bereits in Tarifverträgen geregelt. 317

Die **Unterscheidung** von solchen allgemeinen übertariflichen Zulagen und den Zulagen, die einer besonderen Zweckbestimmung unterworfen sind, ist von Bedeutung für die sog. **Anrechnung auf Tariflohnerhöhungen.** Zulagen, die einer besonderen Zweckbestimmung unterworfen sind, können ohne besondere vertragliche Vereinbarung grundsätzlich nicht auf Tariflohnerhöhungen angerechnet werden.[777] Demgegenüber sind nach hM übertarifliche Zulagen, mit denen nicht besondere Leistungen vergütet werden sollen, auf Tariflohnerhöhungen anrechnungsfähig.[778] Bei Tariflohnerhöhungen verringert sich der übertarifliche Lohnbestandteil automatisch um den Betrag der Tariflohnerhöhung, so dass in Wahrheit eine automatische **Aufsaugung** der übertariflichen Lohnbestandteile erfolgt (→ Rn. 360 ff.).[779] 318

Die Grundsätze über die Gewährung von Zulagen, gleichviel ob mit ihnen ein bestimmter Zweck verfolgt wird oder ob sie nur der allgemeinen Erhöhung des tariflich festgelegten Entgelts dienen, unterliegen nach § 87 Abs. 1 Nr. 10 BetrVG der **Mitbestimmung des Betriebsrats.** Die Gewährung von Zulagen im Einzelfall ist dagegen mitbestimmungsfrei.[780] 319

Wenn sich der Arbeitgeber zur Gewährung von Zulagen entschlossen hat, darf er nicht willkürlich einzelne Handlungsgehilfen davon ausnehmen; er muss vielmehr den **Gleichbehandlungsgrundsatz** beachten (→ Rn. 299 ff.). In diesem Fall könnten also übergangene Handlungsgehilfen allein aus diesem Grunde einen Zahlungsanspruch geltend machen. 320

g) Sondervergütungen, Gratifikationen. Zu den Sondervergütungen gehören **Gratifikation, 13. Monatsgehalt, Jahresabschlussvergütung, Weihnachtsgeld, Urlaubsgeld, Jubiläumszuwendung.**[781] Sie alle haben gemeinsam, dass sie nicht regelmäßig mit dem Arbeitsentgelt ausgezahlt, sondern aus bestimmten Anlässen oder zu bestimmten Terminen gewährt werden. Sie haben grundsätzlich Entgeltcharakter, so dass Schenkungen des Arbeitgebers nur im Einzelfall bei persönlichen unentgeltlichen Zuwendungen anzunehmen sind.[782] Da es eine gesetzliche Verpflichtung zur Gewährung von Jahressonderzahlungen nicht gibt, bedürfen sie einer besonderen Rechtsgrundlage. Sondervergütungen werden typischerweise durch Tarifvertrag, (freiwillige) Betriebsvereinbarung, arbeitsvertragliche Einzelabreden oder Gesamtzusagen geregelt. Aus den regelmäßigen Zahlungen eines Bonus iVm dem tatsächlichen Verhalten des Arbeitgebers kann sich eine konkludente Einzelabrede ergeben. Eine solche ist nicht schon deshalb zu verneinen, weil die Zahlung nicht in bestimmter Höhe zugesagt wurde. Eine variable Höhe ist gerade typisch für Sondervergütungen.[783] Sondervergütungen kommt nach der Rspr. regelmäßig Erfüllungswirkung des Anspruchs auf den gesetzlichen Mindestlohn nach § 1 Abs. 1 MiLoG zu, jedenfalls dann, wenn sie jeden Monat vorbehaltlos und unwiderruflich zeitanteilig geleistet werden.[784] Etwas anderes gilt nur, wenn der Arbeitgeber sie ohne Rücksicht auf eine 321

776 Zur Mitbestimmung des Betriebsrats bei der Abgeltung der Kontenführungskosten nach § 87 Abs. 1 Nr. 4 BetrVG vgl. BAG AP BetrVG 1972 § 87 Auszahlung Nr. 1 mAnm *Wiedemann/Moll.*

777 BAG EzA TVG § 4 Lohnerhöhung Nr. 4, 5 mAnm *v. Hoyningen-Huene.*

778 StRspr des BAG, zuletzt BAG NZA 2009, 49 mwN.

779 Hierzu ausf. *v. Hoyningen-Huene* Anm. zu BAG EzA TVG § 4 Tariflohnerhöhung Nr. 6; Wiedemann/*Wank* TVG § 4 Rn. 560 ff.; vgl. auch BAG NZA 2001, 105; 1999, 208.

780 Dazu grdl. BAG GS AP BetrVG 1972 § 87 Lohngestaltung Nr. 51; *v. Hoyningen-Huene* NZA 1998, 1081 ff.

781 ErfK/*Preis* BGB § 611a Rn. 527.

782 So auch ErfK/*Preis* BGB § 611a Rn. 527.

783 BAG NZA 2010, 808.

784 BAG BeckRS 2016, 74821.

tatsächliche Arbeitsleistung des Handlungsgehilfen erbringt oder sie auf einer besonderen gesetzlichen Zweckbestimmung beruhen.[785] Nicht anzurechnen ist eine Sonderzahlung deshalb, wenn sie nicht Gegenleistung einer erbrachten Arbeitsleistung ist, sondern andere Zwecke – etwa die Honorierung der Betriebstreue – verfolgt.

322 Eine **grundlegende Weichenstellung** im Prüfungsraster bildet stets die Frage, ob die Sonderzahlung allein in der Vergangenheit geleistete Dienste entlohnen will oder aber zusätzliche Zwecke verfolgt, wie die Entgeltung von Betriebstreue. Nicht entscheidend für die Abgrenzung ist die Bezeichnung, vielmehr ist der der Rechtscharakter der Leistung anhand der zu erfüllenden Anspruchsvoraussetzungen zu bestimmen.[786] Eindeutig gegen Entgeltcharakter ieS und damit gegen eine Kürzung ohne Kürzungsabrede sprechen Rückzahlungs- oder Ausschlussklauseln für den Fall der Beendigung des Arbeitsverhältnisses oder ausdrückliche Kürzungsregeln für nur einzelne Fehlzeiten, nicht aber auch für Streik oder Aussperrung. Ist eine Zahlung demgegenüber ausdrücklich zeitanteilig zu gewähren für den Fall, dass der Handlungsgehilfe während des Jahres ausscheidet, spricht dies für einen Entgeltcharakter im engeren Sinne. Anders zu beurteilen ist dies nur, wenn der Anspruch auf anteilige Sonderzahlung im Austrittsjahr bei fristloser Kündigung entfällt, denn die Leistung verfolgt dann zumindest auch den Zweck, den Handlungsgehilfen zu einem vertragsgerechten Verhalten zu veranlassen.[787] Ob die Bezeichnung allein als Weihnachtsgeld bereits auf einen zusätzlichen Entlohnungszweck schließen lässt, wird unterschiedlich beurteilt. Richtigerweise dürfte es sich hier – fehlen gegenteilige Hinweise – um Entgelt ieS handeln, denn der bloße Name Weihnachtsgeld bezieht sich allein auf den besonderen Zeitpunkt der Auszahlung.[788]

323 Die **Einschränkung** oder **Rücknahme** von **Gratifikationen** als Anerkennung für geleistete Dienste und Anreiz für weitere Dienstleistungen[789] ist nur möglich, wenn sich der Arbeitgeber bei der Gewährung ausdrücklich den Widerruf vorbehalten oder die Leistung eindeutig unter einen **Freiwilligkeitsvorbehalt** gestellt hat. Während bei einem Widerrufsvorbehalt (→ Rn. 315) der Anspruch zunächst entsteht und erst für die Zukunft widerrufen werden kann, schließt ein Freiwilligkeitsvorbehalt auch Ansprüche für den laufenden Bezugszeitraum aus.[790] Die bloße Bezeichnung als „freiwillige Leistung" genügt nicht, sondern der Arbeitgeber kann eine vertragliche Bindung nur verhindern, wenn er klar und verständlich zum Ausdruck bringt, dass er die Sondervergütung „ohne Anerkennung einer Rechtspflicht" gewährt.[791] Sagt der Arbeitgeber dem Handlungsgehilfen im **Formulararbeitsvertrag** eine bestimmte Sonderzahlung ausdrücklich zu und ist auch deren Höhe präzise bestimmt, liegt ein Verstoß gegen das in § 307 Abs. 1 S. 2 BGB verankerte Transparenzgebot vor, wenn eine andere Vertragsklausel im Widerspruch dazu bestimmt, dass der Handlungsgehilfe keinen Rechtsanspruch auf die Sonderzahlung hat.[792] Widersprüchlich und damit unwirksam ist auch die Kombination eines Freiwilligkeits- mit einem Widerrufsvorbehalt.[793] Eine Billigkeitskontrolle der Ausübung des Freiwilligkeitsvorbehalts findet nicht statt, denn die Billigkeit kann für sich allein keinen Rechtsanspruch erzeugen.[794] Fehlt ein Freiwilligkeits- oder Widerrufsvorbehalt, so kann sich der Arbeitgeber von der

[785] BAG NZA 2016, 1327; ArbR 2017, 515.
[786] BAG NZA 1995, 1098.
[787] LAG Hamm BeckRS 2011, 68823.
[788] Ebenso BAG EzA BGB § 611 Gratifikation, Prämie Nr. 8; Nr. 119; MHdB ArbR/*Krause* § 59 Rn. 8; tendenziell aA BAG NZA 1994, 651; nach LAG Hamm NZA-RR 2005, 237: Begriff ohne Aussagekraft.
[789] BAG AP BGB § 611 Gratifikation Nr. 1 mAnm *A. Hueck*; Nr. 81 mAnm *Buchner*; Nr. 84 mAnm *Schwerdtner*; Nr. 92, 93, 98; Nr. 100 mAnm *Herschel*; Nr. 122; Nr. 123; NZA 2007, 687 (688 f.).
[790] BAG AP BGB § 611 Gratifikation Nr. 193; *v. Hoyningen-Huene* NZA 1998, 1084 ff.
[791] BAG NZA 2013, 787 Rn. 16; 2013, 1013; 2009, 535; 2009, 310; 2008, 1173; AP BGB § 611 Gratifikation Nr. 243; Nr. 247; *Kroeschell* NZA 2008, 1393 ff.; *Waltermann* SAE 2009, 98 ff.; krit. ErfK/*Preis* BGB §§ 305–310 Rn. 70 ff.; *Preis* NZA 2009, 281 ff.
[792] BAG NZA 2008, 40; 2008, 1173.
[793] BAG NZA 2008, 1173.
[794] *v. Hoyningen-Huene,* Billigkeit im Arbeitsrecht, 1978, 207; BAG NZA 2008, 1173 mwN; aA ErfK/*Preis* BGB §§ 305–310 Rn. 73.

Zahlungsverpflichtung für eine Gratifikation nur einvernehmlich oder durch Änderungskündigung befreien.

324 **h) Rückzahlungsklauseln bei Gratifikationen.** In der Praxis werden Gratifikationszahlungen häufig mit sog. Rückzahlungsklauseln verbunden.[795] Diese bedeuten, dass der Handlungsgehilfe die gewährte Gratifikation zurückbezahlen muss, wenn er nach Erhalt der Gratifikation aus dem Anstellungsverhältnis ausscheidet. Mit solchen Rückzahlungsklauseln soll gewährleistet werden, dass der Handlungsgehilfe nicht sofort nach Erhalt der Gratifikation aus dem Betrieb ausscheidet. Denn durch die Gratifikation soll gerade die bisherige und künftige Betriebstreue belohnt werden. Verbreitet ist die Vereinbarung der Rückzahlung der Weihnachtsgratifikation, wenn das Arbeitsverhältnis vor Ablauf des 31.3. des Folgejahres endet.[796]

325 Eine **ausdrückliche und eindeutige** Vereinbarung über die Rückzahlungsklausel von Sondervergütungen ist wirksam, wenn sie die Voraussetzungen für die Rückzahlungspflicht und einen eindeutig bestimmten Zeitraum für die Bindung des Handlungsgehilfen **ausdrücklich festlegt.** Sind keine entsprechenden Anhaltspunkte gegeben, kommt die ergänzende Auslegung einer solchen allgemeinen Rückzahlungsklausel dahin, dass die Rückforderung im Rahmen der von der Rspr. entwickelten Grenzen erfolgen könne, nicht in Betracht.[797] Rückzahlungsklauseln müssen also **eindeutig und klar formuliert** sein.[798] Rückzahlungsklauseln sind als vorformulierte Vereinbarung **eng auszulegen:** Sieht demnach eine einzelvertragliche Rückzahlungsklausel die Rückzahlung einer Gratifikation bei vorzeitigem Ausscheiden auf Grund einer eigenen Kündigung des Handlungsgehilfen oder einer Kündigung des Arbeitgebers vor, die durch einen in der Person des Mitarbeiters liegenden Grund ausgesprochen wurde, entsteht eine Rückzahlungsverpflichtung nicht beim Abschluss eines Aufhebungsvertrages, auch bei Abschluss auf Veranlassung des Handlungsgehilfen.[799]

326 Bei Sondervergütungen mit **reinem Entgeltcharakter** sind Rückzahlungsklauseln ausgeschlossen, weil der Handlungsgehilfe die von der Arbeitsleistung abhängige Sonderzuwendung bereits durch die erbrachte Arbeitsleistung verdient hat und somit nur die Fälligkeit aufgeschoben ist.[800] Liegt eine Rückzahlungsvereinbarung vor, handelt es sich jedoch nicht mehr um eine Leistung mit reinem Entgeltcharakter, sondern durch die Vereinbarung ist als zusätzlicher Zweck die Entlohnung von Betriebstreue hinzugetreten. Eine solche Sonderzahlung, die jedenfalls **auch Vergütung für bereits erbrachte Arbeitsleistung** darstellt, kann nach der Rspr. jedenfalls nicht vom ungekündigten Bestand des Arbeitsverhältnisses zu einem Zeitpunkt außerhalb des Bezugszeitraums abhängig gemacht werden.[801] Dies würde nämlich ebenfalls dazu führen, dass dem Arbeitgeber bereits verdientes Arbeitsentgelt entzogen würde, was eine unangemessene Benachteiligung darstellt, da der Arbeitgeber kein schützenswertes Interesse daran hat, das Verhältnis von Leistung und Gegenleistung nachträglich zu verändern.[802] Die folgenden Ausführungen beziehen sich mithin nur auf solche Gratifikationen, die lediglich für Betriebstreue des Arbeitgebers in Form von „Halteprämien“ oder „Treueprämien“ gezahlt werden. Verpflichtet sich ein Handlungsgehilfe **einzelvertraglich** zur Rückzahlung der entgegengenommenen Sondervergütung für den Fall, dass er im darauf folgenden Jahr vor einem bestimmten Termin auf Grund eigener Kündigung ausscheidet, so ist eine solche Absprache nach den Grundsätzen der Vertragsfreiheit an sich statthaft.[803] Derartige Rückzahlungsklauseln dürfen jedoch nicht für eine unbe-

795 Dazu MHdB ArbR/*Krause* § 66 Rn. 35 ff.; *Linck* in Schaub ArbR-HdB § 78 Rn. 43 ff.
796 ErfK/*Preis* BGB § 611a Rn. 550.
797 BAG AP BGB § 611 Gratifikation Nr. 176.
798 BAG BeckRS 1999, 15009; LAG RhPf NZA-RR 1997, 46; s. zB ArbG Wetzlar NZA-RR 2002, 237.
799 BAG NZA-RR 1999, 514.
800 BAG AP BGB § 611 Gratifikation Nr. 84; zum fehlenden Entgeltcharakter von Urlaubsgeld s. BAG NZA 2014, 1136.
801 BAG NZA 2012, 620.
802 BAG NZA 2014, 1136.
803 BAG AP BGB § 611 Gratifikation Nr. 20; Nr. 22.

stimmte oder unangemessen lange Zeit vereinbart werden. Die Einhaltung der Zeit, über die sich die Rückzahlungsklausel verhält, muss für den Handlungsgehilfen zumutbar, insbesondere überschaubar sein. Anderenfalls sind sie wegen Verstoßes gegen die Fürsorgepflicht des Arbeitgebers und aus dem Gesichtspunkt der Gesetzesumgehung nichtig.[804] Beide Maßstäbe gehen heute bei vorformulierten Vereinbarungen in einer Inhaltskontrolle gem. § 307 BGB auf. Im Einzelnen ist ihre Zulässigkeit nach der Dauer der Betriebsbindung und der Höhe der Zahlung gemessen an dem Monatsgehalt im Zeitpunkt der Auszahlung zu beurteilen.[805] Bei Gratifikationen, die über einem Betrag von 100 Euro, aber unter einem **Bruttomonatsbezug** liegen, kann dem Handlungsgehilfen danach zugemutet werden, eine Rückzahlungsklausel einzuhalten, die bis zum 31. März des darauf folgenden Jahres reicht.[806] Wenn der Handlungsgehilfe bis dahin **nur eine Kündigungsmöglichkeit** hat, so ist es ihm zuzumuten, diese verstreichen zu lassen. Es ist umstritten, ob in diesem Fall eine Kündigung zum 31. März zulässig ist. Teilweise wird vertreten, dass der Bindungszeitraum bis 31. März nicht eingehalten werde, wenn der Handlungsgehilfe zum 31. März kündigt und mit Ablauf dieses Tages aus dem Arbeitsverhältnis ausscheidet, da der Zeitpunkt des Ablaufs eines Tages noch zu diesem Tag gehöre und damit zu der Frist, in die der Tag falle.[807] Nach richtiger Auffassung ist aus einem Bindungszeitraum bis zum 31. März aber gerade nicht abzuleiten, dass damit vereinbart sei, der Handlungsgehilfe müsse über diesen Termin hinaus betriebstreu bleiben.[808] Eine Kündigung zum 31. März löst mithin keine Rückzahlungspflicht des Handlungsgehilfen aus. **Übersteigt** die Sondervergütung **ein Monatsgehalt,** erreicht jedoch **nicht ein zweifaches Monatsgehalt,** so ist eine Rückzahlungsverpflichtung unzulässig, wenn der Handlungsgehilfe bis dahin mehrere Kündigungsmöglichkeiten hatte. Eine hierüber hinausgehende Bindung ist nur in Ausnahmefällen zulässig; so etwa für den Fall, dass die Sonderzuwendung ein Monatsgehalt **erheblich übersteigt** und eine eindrucksvolle und beachtliche Zuwendung darstellt.[809] Wird eine vereinbarte Sondervergütung in Teilbeträgen ausgezahlt, kommt es für die Zulässigkeit einer Rückzahlungsklausel nicht auf die Höhe der jährlichen Gesamtsumme, sondern auf die des jeweiligen Teilbetrags an[810] Gleiches gilt, wenn die Parteien im Nachhinein einvernehmlich eine Gratifikation in zwei Teilbeträge aufsplitten, die jeweils zu unterschiedlichen Zeitpunkten fällig werden, wobei es insoweit nicht darauf ankommt, ob die Änderung der Zahlungsmodalitäten auf Wunsch des Handlungsgehilfen erfolgte.[811] Werden Sonderzuwendungen bis zu 100,00 Euro brutto gewährt, ist eine Rückzahlungsverpflichtung grundsätzlich unzulässig.[812] Diese Grenzwerte gelten auch für Rückzahlungsklauseln in Betriebsvereinbarungen.[813]

327 **i) Rückzahlungsklauseln bei Ausbildungs- und Umzugskosten.** Neben der Rückzahlung von Gratifikationen spielen in der Praxis auch Vereinbarungen über eine

804 BAG AP BGB § 611 Gratifikation Nr. 22.

805 Umfassend BAG AP BGB § 611 Gratifikation Nr. 150.

806 S. auch BAG NZA 2007, 875; AP BGB § 611 Gratifikation Nr. 255; AP BGB § 611 Gratifikation Nr. 106; AP BGB § 611 Gratifikation Nr. 22; AP BGB § 611 Gratifikation Nr. 23.

807 BAG AP BGB § 611 Gratifikation Nr. 84; zum fehlenden Entgeltcharakter von Urlaubsgeld s. BAG NZA 2014, 1136.

808 BAG NZA 2003, 1032 (1034); dagegen BAG NZA 2007, 875.

809 BAG AP BGB § 611 Gratifikation Nr. 25; s. zB LAG Frankfurt BeckRS 2000, 16148: Bindungsdauer von 17 Monaten ist bei einem Bonus, der das doppelte Jahresgehalt überschreitet und an eine Führungskraft gezahlt wird, zulässig, insbes. dann, wenn die Bindungsdauer aus einer vertraglichen Kündigungsfrist von einem halben Jahr zum Halbjahresende resultiert und der Arbeitgeber nur das Auslassen einer Kündigungsmöglichkeit verlangt.

810 BAG NZA 2003, 1032 (1034).

811 LAG SchlH NZA-RR 2005, 290.

812 BAG NZA 2003, 1032; AP BGB § 611 Gratifikation Nr. 110; vgl. zu den Voraussetzungen einer wirksamen Rückzahlungsklausel auch *Lakies* DB 2014, 659, 662; *Reinecke* BB 2013, 437.

813 BAG AP BGB § 611 Gratifikation Nr. 63; s. auch ErfK/*Preis* BGB § 611a Rn. 549; krit. LAG Bln-Bbg BeckRS 2011, 76282. Sie sind aber nicht ohne weiteres auf tarifvertragliche Regelungen anwendbar, BAG AP BGB § 611 Gratifikation Nr. 54.

Rückzahlung von Ausbildungs- und Umzugskosten eine große Rolle.[814] Solche Rückzahlungsvereinbarungen sehen vor, dass der Handlungsgehilfe Zuschüsse des Arbeitgebers zu Ausbildungs- und Schulungsmaßnahmen oder zu den bei der Einstellung oder Beförderung gewährten Umzugskosten ganz oder teilweise zurückzubezahlen hat, wenn er innerhalb einer bestimmten Frist nach Abschluss der Ausbildung bzw. nach der Einstellung aus dem Betrieb ausscheidet.

Diese Vereinbarungen sind grundsätzlich zulässig, soweit dadurch nicht die Freiheit der **Arbeitsplatzwahl unangemessen beeinträchtigt** wird.[815] Ein **gesetzliches Verbot** von Rückzahlungsklauseln besteht lediglich im Berufsausbildungsverhältnis (§ 12 Abs. 1 S. 1, Abs. 2 Nr. 1 BBiG). Abzugrenzen ist die Berufsausbildung von der beruflichen Fortbildung und der beruflichen Umschulung (vgl. § 1 BBiG). Für diese Maßnahmen gilt das gesetzliche Verbot des § 12 BBiG nicht, und auch eine analoge Anwendung kommt nicht in Betracht.[816] Zu den **erstattungsfähigen Kosten,** auf die sich die Rückzahlungsvereinbarung erstrecken darf, zählen neben der fortgezahlten Vergütung und den Kosten für die Fortbildungsmaßnahme an sich auch sonstige Kosten, die der Arbeitgeber vereinbarungsgemäß übernommen hat.[817] Die Kosten für die Einarbeitung auf einen bestimmten Arbeitsplatz sind nicht erstattungsfähig.[818] Bildungskosten, die der Arbeitgeber von Gesetzes wegen **zwingend zu tragen** hat, können hingegen nicht dem Handlungsgehilfen aufgebürdet werden. Dies gilt beispielsweise für die Kosten einer Betriebsratsschulung oder Ausgaben, welche dem Arbeitgeber für die Einweisung des Handlungsgehilfen in seinen Arbeitsplatz nach § 81 BetrVG entstehen.[819] Gleiches wird man für Kosten von Umschulungs- oder Fortbildungsmaßnahmen iSv § 1 Abs. 2 S. 3 KSchG bzw. § 97 Abs. 2 BetrVG annehmen müssen.[820] Nichtig sind Klauseln, die die Rückzahlungsverpflichtung des Handlungsgehilfen nicht nur auf das Arbeitsentgelt, sondern darüber hinaus auf die **Arbeitgeberanteile zur Sozialversicherung** erstrecken.[821] 328

Die Angemessenheit beurteilt sich zum einen nach dem geldwerten Vorteil, den die Ausbildung bzw. die Umzugskostenbeihilfe für den Handlungsgehilfen bedeutet, andererseits nach der Länge der Bindung und der Höhe der vom Arbeitgeber getragenen Aufwendungen. Bei vorformulierten Rückzahlungsklauseln sind die genannten Kriterien im Rahmen einer **Inhaltskontrolle nach § 307 BGB** zu berücksichtigen:[822] Ein **berechtigtes Arbeitgeberinteresse** an der Vereinbarung einer Rückzahlungsklausel ist grundsätzlich gegeben. Es besteht in der Absicherung gegen den Verlust seiner Investitionen in die Weiterbildung des Handlungsgehilfen.[823] Die Erstattung der Kosten einer Fortbildungsmaßnahme ist dem Handlungsgehilfen umso eher zuzumuten, je größer der für ihn mit der Weiterbildung verbundene Vorteil ist: Ihm muss eine **angemessene Gegenleistung,** also ein geldwerter Vorteil, in Form seiner Weiterqualifizierung zufließen.[824] Dieser Gesichtspunkt wird 329

814 Vgl. hierzu *Düwell/Ebeling* DB 2008, 406 ff.; ErfK/*Preis* BGB § 611a Rn. 436 ff.; MüKoBGB/*Spinner* BGB § 611a Rn. 792 ff.; *Vogelsang* in Schaub ArbR-HdB § 176 Rn. 18 ff.; *Stück* DStR 2008, 2020 ff.

815 Hierzu BAG AP GG Art. 12 Nr. 25; Nr. 29; Nr. 45; Nr. 50; AP BGB § 611 Ausbildungsbeihilfe Nr. 1; Nr. 2; Nr. 4; Nr. 9; NZA 2006, 1042 (1044); 2008, 1004 (1006).

816 Preis/*Stoffels,* Der Arbeitsvertrag, II A 120 Rn. 13; *Mengel* in Hümmerich/Reufels, Gestaltung von Arbeitsverträgen, 4. Aufl. 2019, § 1 Rn. 959; zur Vorgängernorm des § 5 BBiG s. BAG AP BGB § 611 Ausbildungsbeihilfe Nr. 2; *Hoß* MDR 2000, 1115 (1116).

817 BAG AP BGB § 611 Ausbildungsbeihilfe Nr. 4; *Hoß* MDR 2000, 1115 (1118).

818 BAG EzA BGB 2002 § 611 Ausbildungsbeihilfe Nr. 4.

819 Hierzu Richardi/*Thüsing* BetrVG § 37 Rn. 200; ErfK/*Preis* BGB § 611a Rn. 439.

820 *Poeche* in Küttner, Personalbuch 2020, Rückzahlungsklausel Rn. 4; *Hennige* NZA-RR 2000, 617 (619); offen ErfK/*Preis* BGB § 611a Rn. 439.

821 Preis/*Stoffels,* Der Arbeitsvertrag, II A 120 Rn. 15.

822 BAG AP BGB § 611 Ausbildungsbeihilfe Nr. 46; DB 2009, 853; NZA 2008, 1004 mAnm *Maier/Mosig*; NZA-RR 2008, 107; NZA 2006, 1042; hierzu ausf. *Thüsing* in v. Westphalen/Thüsing, Vertragsrecht und AGB-Klauselwerke, Arbeitsverträge Rn. 370 ff.

823 Das ist nicht der Fall, wenn lediglich aus rein sozialen Erwägungen die Teilnahme an der Fortbildungsveranstaltung ermöglicht wird, *Huber/Blömeke* BB 1998, 2157 (2158).

824 BAG NZA 2012, 85; 2006, 542 (543); *Becker-Schaffner* DB 1991, 1016; *Hennige* NZA-RR 2000, 617(622); *Huber/Blömeke* BB 1998, 2157; *Hoffmann* AuR 1996, 194 (195); *Sasse/Häcker* DB 2014, 600.

im Rahmen des § 307 BGB das maßgebliche Abwägungskriterium bilden. Entscheidend für die Erlangung eines **geldwerten Vorteils** ist, ob der Handlungsgehilfe durch die Fortbildungsmaßnahme Kenntnisse oder Fähigkeiten erwirbt, die er auch bei einem anderen Arbeitgeber einsetzen oder zum beruflichen Aufstieg nutzen kann. Hohe Kosten des Arbeitgebers allein reichen nicht.[825] Bei reinen **Auffrischungs- oder Vertiefungslehrgängen** fehlt es regelmäßig an einem Vorteil des Handlungsgehilfen, welcher eine Rückzahlungsvereinbarung rechtfertigen könnte.[826] Gleiches gilt für solche Fortbildungsmaßnahmen, die lediglich bereits vorhandene Kenntnisse an neue betriebliche Gegebenheiten anpassen.

330 Die inhaltliche Zulässigkeit der Rückzahlungsvereinbarung wird maßgeblich durch den Grad der mit dieser Vereinbarung verbundenen **Bindungsintensität** bestimmt. Mit der zunehmenden Bindung des Handlungsgehilfen an seinen Arbeitgeber durch die drohende Rückzahlung von Arbeitslohn und Fortbildungskosten geht eine faktische Einschränkung seiner Kündigungsfreiheit einher, welche vor dem Hintergrund des über die Generalklausel des § 307 Abs. 1 S. 1 BGB mittelbar wirkenden Art. 12 Abs. 1 GG zu steigenden Anforderungen an die Rechtfertigung der Rückzahlungsklausel führt. Die Vorteile der Ausbildung und die Dauer der Bindung des Handlungsgehilfen an das Unternehmen durch die Rückzahlungsklausel müssen in einem angemessenen Verhältnis zueinander stehen.[827] Die zulässige **Bindungsdauer** steht dabei in Abhängigkeit zur Länge der Fortbildungszeit.[828] Sind auch letztlich die Einzelfallumstände entscheidend, so hat die Rspr. gewisse **Richtlinien** zur Beurteilung eines angemessenen Verhältnisses zwischen Fortbildungsmaßnahme und Bindungsdauer herausgearbeitet.[829] Ein starres Schema ergeben diese Grundsätze nicht; für den Regelfall bilden sie aber einen wichtigen Abwägungsposten. Wenn der Arbeitgeber die durch die Fortbildung des Handlungsgehilfen erlangte Qualifikation nicht nutzen kann oder will, fehlt es an jedweder Rechtfertigung für eine lange Bindungsdauer: Ein Interesse des Arbeitgebers an der Nutzung der Qualifikation des Handlungsgehilfen kann nicht in die Abwägung gegen die Beeinträchtigung der in Art. 12 Abs. 1GG verbürgten Kündigungsfreiheit des Handlungsgehilfen ins Felde geführt werden.[830] Umgekehrt kann auch bei längerer Dauer der Fortbildung nur eine verhältnismäßig kurze Bindung gerechtfertigt sein; etwa dann, wenn der Arbeitgeber nur verhältnismäßig wenig Mittel aufwendet und die Teilnahme an der Fortbildung dem Handlungsgehilfen nur geringe Vorteile bringt.[831] Hier zeigt sich, dass der Rspr. zur Bindungsdauer die Erwägung zugrunde liegt, dass die Dauer der Fortbildung zwar ein starkes Indiz für die Qualität der erworbenen Qualifikation ist und daher in besonderem Maße bei der Interessenabwägung berücksichtigt werden muss, der Qualifikationsgrad des Handlungsgehilfen aber letztlich auch durch andere Umstände geprägt werden kann. Die **Höhe der Rückzahlungslast** ist in doppelter Hinsicht begrenzt.[832] Der Arbeitgeber kann höchstens den Betrag zurückverlangen, den er tatsächlich aufgewandt hat. Andernfalls handelt es sich auch um eine Vertragsstrafe. Aus diesem Grund kann sich eine unangemessene Benachteiligung auch daraus ergeben, dass eine **Rückzahlungspflicht kombiniert wird mit einer verringerten Vergütung,** die die Ausbildungskosten abzugelten bezweckt. Die Rückzahlungsklausel darf in diesem Fall nicht die Rückzahlung der Ausbildungskosten in voller Höhe vorsehen, sondern muss sich auf den Teil beschränken, der nicht schon durch die reduzierte Vergütung abgegolten ist.[833] Weiter hat der Handlungsgehilfe höchstens den vereinbarten Betrag zurückzuzahlen. Das gilt auch dann, wenn die

[825] Vgl. BAG NZA 1984, 288; *Dorth* RDA 2013, 287 (293); *Elking* BB 2014, 885 ff.
[826] LAG Frankfurt NZA 1989, 392; LAG RhPf EzA GG Art. 12 Nr. 18; *Becker-Schaffner* DB 1991, 1016 (1018).
[827] BAG NJW 2014, 3118 (3120).
[828] BAG NZA 2009, 666; 542 (543).
[829] Dazu iE *Thüsing* in v. Westphalen/Thüsing, Vertragsrecht und AGB-Klauselwerke, Arbeitsverträge Rn. 375 mwN.
[830] BAG NJW 2014, 3118 (3120).
[831] BAG NZA 1996, 314; für den umgekehrten Fall BAG NZA 2009, 666.
[832] BAG NZA 1994, 937; ErfK/*Preis* BGB § 611a Rn. 446.
[833] BAG BeckRS 2016, 73355.

Kosten der Aus- oder Weiterbildung höher liegen.[834] Im Übrigen ist die **Staffelung** des Rückzahlungsbetrages zeitanteilig zur Bindungsdauer für die Interessenabwägung ein mitentscheidender Gesichtspunkt.[835]

j) Vermögenswirksame Leistungen. Zu der Grundvergütung und den sonstigen Zulagen und Zuschlägen werden häufig auch vermögenswirksame Leistungen erbracht. Grundlage hierfür ist das 5. Vermögensbildungsgesetz vom 4.3.1994 (BGBl. 1994 I 406).[836] 331

k) Aufwendungsersatz. Der Handlungsgehilfe hat gegen den Arbeitgeber in verschiedenen Fällen Aufwendungsersatzansprüche. Unter dem Begriff der Aufwendungen sind grundsätzlich freiwillige Vermögensopfer zu verstehen.[837] Macht ein Handlungsgehilfe im Zusammenhang mit seinen Dienstpflichten für den Arbeitgeber **Aufwendungen,** für deren Abgeltung die ihm gewährte Arbeitsvergütung nicht bestimmt und die er auch nach dem sonstigen Inhalt seines Arbeitsvertrages in ihren belastenden Auswirkungen nicht endgültig zu tragen verpflichtet ist, kann er vom Arbeitgeber in – zumindest entsprechender – Anwendung von **§ 670 BGB** Ersatz der Aufwendungen verlangen, soweit diese von ihm gefordert wurden oder erforderlich waren oder der Handlungsgehilfe sie den Umständen nach für erforderlich halten durfte.[838] Unter den Begriff der Aufwendungen fallen auch die unfreiwilligen arbeitsbedingten Vermögensopfer des Arbeitnehmers, die dieser im Zusammenhang mit der Erbringung der Arbeitsleistung erleidet.[839] Der Aufwendungsersatz stellt **kein Entgelt** für die erbrachte Arbeitsleistung dar[840] und steht daher auch nicht im Gegenseitigkeitsverhältnis zur Arbeitspflicht. Er fällt nach § 4a EFZG nicht zum fortzuzahlenden Arbeitsentgelt, gehört aber nach § 850a Nr. 3 ZPO in der Regel zu den unpfändbaren Bezügen. Haben Arbeitgeber und Handlungsgehilfe **vertragliche Vereinbarungen** über den Ersatz von Aufwendungen getroffen, sind diese **vorrangig,** es sei denn, zwingende gesetzliche Vorschriften (zB §§ 618, 619 BGB, Unfallverhütungsvorschriften) verpflichten den Arbeitgeber zum vollen Aufwandsersatz.[841] Üblich sind auch tarifvertragliche Regelungen, die beachtet werden müssen.[842] Es ist auch möglich, den Aufwendungsersatz zu pauschalieren.[843] Hierbei ist allerdings eine gesonderte Ausweisung in der Lohnabrechnung erforderlich, da der Aufwendungsersatz nicht steuer- und sozialabgabenpflichtig ist. 332

Grundsätzlich muss durch eine **Vertragsauslegung** ermittelt werden, welche Aufwendungen im Einzelfall von der Pauschale erfasst sind. Benutzt ein Handlungsgehilfe zur Erledigung arbeitsvertraglicher Verrichtungen seinen privaten Pkw und zahlt der Arbeitgeber ihm die nach Steuerrecht anerkannte Kilometerpauschale, so hat der Arbeitgeber für die Kosten der Rückstufung in der Haftpflichtversicherung, die durch einen bei der Arbeitsverrichtung eingetretenen Unfall verursacht worden sind, nur einzutreten, wenn dies zwischen den Arbeitsvertragsparteien vereinbart ist. Haben die Parteien eine Kilometerpauschale vereinbart und war der Handlungsgehilfe in der Auswahl seines Pkw und der Versicherungsgesellschaft frei, so ist im Zweifel anzunehmen, dass mit Zahlung der Kilometerpauschale auch Rückstufungserhöhungen in der Haftpflichtversicherung abgegolten sind.[844] Fordert der Arbeitgeber den Handlungsgehilfen auf, sein eigenes Fahrzeug statt eines des Arbeitgeber zu nutzen, ist er zum Ersatz der am Fahrzeug des Handlungsgehilfen entstandenen **Unfallschäden** in entsprechender Anwendung des § 670 BGB verpflichtet, 333

[834] *Hanau/Stoffels,* Beteiligung von Arbeitnehmern an den Kosten der beruflichen Fortbildung, 1992, 38; s. auch *Schmidt* BB 1971, 44 (47).
[835] BAG NZA 1986, 741.
[836] *Schoen* BB 1987, 894; *Linck* in Schaub ArbR-HdB § 80 Rn. 13 ff.; ausf. *Rolf Thüsing,* 5. VermBG, 1992.
[837] Staudinger/*Richardi/Fischinger,* 2016, BGB § 611 Rn. 929.
[838] BAG NJW 2013, 2923; AP BGB § 670 Nr. 10; BAGE 82, 164; MHdB ArbR/*Reichold* § 85 Rn. 35; *Reichold* NZA 1994, 488; Staudinger/*Richardi/Fischinger,* 2016, BGB § 611 Rn. 928.
[839] Vgl. Palandt/*Sprau* BGB § 670 Rn. 3, 11; *Koch* in Schaub ArbR-HdB § 82 Rn. 6–12.
[840] BAG NJW 2013, 2923; NZA 1993, 661; 1995, 799.
[841] BAGE 82, 164.
[842] BAG ZTR 2005, 265 zu einem tarifvertraglichen Anspruch auf Fahrzeugentschädigung.
[843] BAG NZA 1993, 661; 1995, 799; BAGE 82, 164.
[844] BAGE 70, 197.

da das Fahrzeug in diesem Fall im Betätigungsbereich des Arbeitgebers eingesetzt wird. Selbst wenn die Unfallschäden auf einem Defekt des Fahrzeugs des Handlungsgehilfen beruhen, liegt eine Fahrt im Betätigungsbereich des Arbeitgebers vor. Der Defekt oder ein eventuelles persönliches Fehlverhalten des Handlungsgehilfen sind aber als Mitverschulden in entsprechender Anwendung des § 254 BGB zu berücksichtigen.[845] Die Kosten für den Erwerb einer sog. **Fahrerkarte,** die für den Betrieb von nach dem 1.5.2006 neu zugelassenen Lkws ab 3,5 t erforderlich ist, hat der Handlungsgehilfe selbst zu tragen, da er ein eigenes Interesse an der Verwendung der Karte hat. Sie wird für ihn persönlich ausgestellt und ist weder an ein bestimmtes Fahrzeug gebunden noch auf das bestehende Arbeitsverhältnis beschränkt.[846] Der Handlungsgehilfe hat gegen den Arbeitgeber auch einen Aufwendungsersatzanspruch analog § 670 BGB wenn er **private Räumlichkeiten** allein zur Erfüllung seiner Arbeitspflicht nutzt, da dies ein Vermögensopfer im Interesse des Arbeitgeber darstellt.[847]

334 Aufwendungen, die einem im **Betriebsrat tätigen Handlungsgehilfen** entstehen, hat der Arbeitgeber nach § 40 Abs. 1 BetrVG zu ersetzen, soweit sie zur ordnungsgemäßen Erfüllung der Betriebsratsaufgaben notwendig waren.[848] Zu den zu ersetzenden Kosten der Betriebsratsmitglieder gehören die von ihnen gemachten Aufwendungen wie beispielsweise Fahrtkosten, Telefonauslagen uÄ.[849] Zu den erstattungspflichtigen Aufwendungen zählen daneben insbesondere auch die Kosten für Schulungen gem. § 37 Abs. 6 und 7 BetrVG.[850]

335 **l) Erläuterung der Vergütung (§ 82 Abs. 2 BetrVG).** Der Handlungsgehilfe kann nach § 82 Abs. 2 BetrVG verlangen, dass ihm die Berechnung und Zusammensetzung seines Arbeitsentgelts erläutert werden.[851] Die Auskunftspflicht des Arbeitgebers erfasst auch die Grundsätze, nach denen freiwillige Nebenleistungen gewährt werden. Bei der Geltendmachung des Erläuterungsanspruchs muss der Handlungsgehilfe keine besonderen Verständnisschwierigkeiten darlegen.

336 **5. Stillschweigende Vergütungsfestsetzung.** Wurde zwischen den Parteien des Anstellungsvertrags keine besondere Entgeltvereinbarung getroffen und lässt sich auch mangels Tarifbindung aus dem einschlägigen Tarifvertrag eine Vergütungsregelung nicht entnehmen, so hat der Handlungsgehilfe nach § 59 S. 1 die dem **Ortsgebrauch entsprechende Vergütung** zu beanspruchen. Fehlt es an einem Ortsgebrauch, so gilt die den Umständen nach angemessene Leistung gem. § 59 S. 2 als vereinbart. Diese Regelung findet ihre Entsprechung in § 612 Abs. 2 BGB für die sonstigen Arbeitnehmer.

337 Die dem **Ortsgebrauch entsprechende Vergütung** bemisst sich nach dem, was am Ort der Tätigkeit in ähnlichen Gewerben und Berufen für entsprechende Arbeit unter Berücksichtigung der Ausbildung, der Berufserfahrung, des Familienstandes oder der Kinderzahl bezahlt zu werden pflegt.[852] Wegen des Benachteiligungsverbots aus § 7 Abs. 1 AGG darf bei der Bestimmung der ortsüblichen Vergütung nicht auf die in § 1 AGG genannten Merkmale abgestellt werden. Die Höhe der ortsüblichen Vergütung wird im Regelfall der **tariflichen Vergütung** entsprechen.[853] Aufgrund der besonderen Lage kann es freilich auch denkbar sein, dass in bestimmten Regionen übertarifliche Gehälter bezahlt werden, so dass die dem Ortsgebrauch entsprechende Vergütung in diesen Fällen über der tariflichen Vergütung liegt. Es ist freilich auch möglich, dass die ortsübliche Vergütung unter dem

---

845 BAG NZA 2007, 870.

846 BAGE 124, 210.

847 BAG NZA 2004, 604.

848 BAG AP BetrVG 1972 § 37 Nr. 6; AP BetrVG 1972 § 13 Nr. 1; *Fitting* BetrVG § 40 Rn. 12 ff.; *v. Hoyningen-Huene* GS Blomeyer, 2003, 141 ff.

849 *v. Hoyningen-Huene* BetrVR § 9 Rn. 32 ff.

850 StRspr, vgl. BAG AP BetrVG 1972 § 40 Nr. 2; Nr. 5; Nr. 7; Nr. 33; Nr. 35; Nr. 48; *Fitting* BetrVG § 40 Rn. 66 ff.

851 Vgl. hierzu *Fitting* BetrVG § 82 Rn. 9 ff.

852 Staub/*Weber* Rn. 51; Staudinger/*Richardi/Fischinger,* 2016, BGB § 612 Rn. 56.

853 BAG AP TVG § 3 Verbandsaustritt Nr. 2; BB 1989, 1271; LAG Düsseldorf DB 1978, 165.

Tarifentgelt liegt, sofern in einem bestimmten Gebiet eine untertarifliche Bezahlung wegen fehlender Tarifbindung zulässig und üblich ist.[854]

338 **6. Eingruppierung.** Die Höhe der Vergütung, die der Handlungsgehilfe vom Arbeitgeber zu beanspruchen hat, richtet sich häufig nach einer Vergütungsordnung. Namentlich Tarifverträge enthalten nach dem Schwierigkeitsgrad der zu verrichtenden Tätigkeit gestaffelte **Vergütungsgruppen.** Die Höhe der Vergütung des Handlungsgehilfen richtet sich aber nicht nur bei tariflichen Vergütungsregelungen nach der Zuordnung der Tätigkeit zu einer bestimmten Vergütungsgruppe, sondern auch dann, wenn der Arbeitgeber für seinen Betrieb eine betriebliche Vergütungsordnung festgelegt hat. Die Aufstellung einer solchen Vergütungsordnung ist nach § 87 Abs. 1 Nr. 10 BetrVG mitbestimmungspflichtig.[855] Sie kommt insbesondere für AT-Angestellte in Betracht, für die der Tarifvertrag nicht anwendbar ist.[856]

339 **a) Begriff.** Unter Eingruppierung ist die erste **Festsetzung** der für die Vergütung des Handlungsgehilfen **maßgeblichen Gehaltsgruppe** zu verstehen. Im Geltungsbereich von Tarifverträgen richtet sich die Eingruppierung nach der dort vorgesehenen Gruppeneinteilung,[857] bei nicht nach Tarifvertrag vergüteten Handlungsgehilfen nach der betrieblichen Vergütungsordnung.[858] Die **Eingruppierung** bestimmt sich nach der Art der vom Handlungsgehilfen geleisteten Dienste.[859] Das hat zur Folge, dass der Handlungsgehilfe durch die Ausübung einer bestimmten Tätigkeit entsprechend der dafür vorgesehenen Vergütungsgruppe zu vergüten ist.

340 **b) Bedeutung.** Die Eingruppierung hat lediglich deklaratorische Bedeutung für den Vergütungsanspruch des Handlungsgehilfen.[860] Sie ist rechtlich als Subsumtion unter die vorgegebene Vergütungsordnung zu verstehen, stellt also bloße Rechtsanwendung dar.[861] Sie knüpft an die vom Arbeitgeber übertragene Tätigkeit an, aus der dann automatisch die für diese Tätigkeit maßgebliche Bewertungsgruppe zu ermitteln ist. In der Bewertungsgruppe, die der überwiegend auszuübenden Tätigkeit des Handlungsgehilfen zuzuordnen ist, ist er einzugruppieren. Nach dieser Bewertungsgruppe richtet sich seine Vergütung. Ein formeller Eingruppierungsakt des Arbeitgebers ist zwar der Regelfall, ist aber rechtlich hierfür nicht erforderlich.[862]

341 Bei den **Rechtsfolgen fehlerhafter Eingruppierung** ist zwischen zu niedriger und zu hoher Eingruppierung zu unterscheiden. Eine mittels Leistungsklage einklagbare Pflicht des Arbeitgebers zur Eingruppierung ist abzulehnen.[863] Grundsätzlich zulässig ist hingegen eine sog. **Eingruppierungsfeststellungsklage.**[864]

342 **c) Rechtsfolgen zu niedriger Eingruppierung.** Zu niedrig eingruppierte Handlungsgehilfen haben einen Entgeltanspruch in Höhe des Gehalts der Vergütungsgruppe, in die sie richtigerweise einzugruppieren wären.

343 Bei beiderseits **tarifgebundenen** Arbeitsvertragsparteien ergibt sich dies unmittelbar aus § 4 Abs. 1 TVG, bei Allgemeinverbindlicherklärung des Tarifvertrags aus § 5 Abs. 4 TVG, weil dann dem Handlungsgehilfen das Entgelt der tariflichen Vergütungsgruppe

---

854 BAG AP TVG § 3 Verbandsaustritt Nr. 2; MüKoBGB/*Müller-Glöge* BGB § 612 Rn. 30; Staub/*Weber* Rn. 51; außerdem allg. *v. Hoyningen-Huene* NZA 1995, 969.

855 Vgl. hierzu BAG AP BetrVG 1972 § 87 Lohngestaltung Nr. 7 mAnm *Heckelmann* = SAE 1983, 12 mAnm *Löwisch/Röder*; EzA BetrVG 1972 § 99 Nr. 55; NZA 2004, 852 (855).

856 BAG AP BetrVG 1972 § 87 Lohngestaltung Nr. 61.

857 BAG AP BAT § 74 Nr. 1; Richardi/*Thüsing* BetrVG § 99 Rn. 66 ff.

858 BAG AP BetrVG 1972 § 99 Nr. 32.

859 BAG AP TVG § 1 Tarifverträge: BAV AV Nr. 6; AP BAT §§ 22, 23 Nr. 54.

860 BAG AP BPersVG § 75 Nr. 31; NZA-RR 2007, 45 (47) mwN; *Griese* in Küttner, Personalbuch 2020, Eingruppierung Rn. 3; *v. Hoyningen-Huene* JuS 1986, 139 (141).

861 BAG AP BetrVG 1972 § 99 Eingruppierung Nr. 17; Nr. 23; Nr. 26; Nr. 27.

862 BAG AP TVG § 1 Tarifverträge Brauereien Nr. 2; AP BetrVG 1972 § 99 Eingruppierung Nr. 2.

863 Vgl. ErfK/*Koch* ArbGG § 46 Rn. 31; aA BAG SAE 1992, 169 m. abl. Anm. *v. Hoyningen-Huene.*

864 Dazu ErfK/*Koch* ArbGG § 46 Rn. 27; GMP/*Germelmann/Künzl* ArbGG § 46 Rn. 106 ff.

zusteht, welche der ausgeübten Tätigkeit entspricht.[865] Das gilt auch unabhängig davon, ob die tarifwidrige Eingruppierung irrtümlich oder bewusst und gewollt gewählt worden ist. Auch eine eventuell vom Betriebsrat erteilte Zustimmung zur unrichtigen Eingruppierung steht dem nicht entgegen, da auch diese an der nur deklaratorischen Wirkung der Eingruppierungsentscheidung nichts ändert und tarifliche Ansprüche nicht beseitigen kann.[866]

344 Bei **nicht beiderseits tarifgebundenen Parteien** des Anstellungsvertrags muss differenziert werden zwischen einer irrtümlich falschen Eingruppierung und einer bewusst falschen Eingruppierung. Wird in dem Anstellungsvertrag auf den jeweils geltenden Tarifvertrag Bezug genommen, so gelten die Tarifnormen nämlich nicht nach § 4 Abs. 1 TVG unmittelbar und zwingend für die Vertragsparteien, sie werden vielmehr nur durch die Bezugnahme auf den Tarifvertrag nach hM als Vertragsrecht verbindlich (→ Vor § 59 Rn. 25).[867]

345 Wird ein Handlungsgehilfe, in dessen Anstellungsvertrag auf einen Tarifvertrag Bezug genommen worden ist, **irrtümlich** in eine falsche Vergütungsgruppe eingruppiert, so kommt ihm gleichwohl die den tariflichen Merkmalen seiner Tätigkeit entsprechende Vergütung zu. Dies ergibt sich aus dem rechtsgeschäftlichen Willen der Vertragsparteien, wonach sich die Vergütung nach der einschlägigen Vergütungsgruppe des Tarifvertrags richten soll.

346 Wird zwischen Arbeitgeber und Handlungsgehilfen demgegenüber **bewusst** eine unzutreffende Eingruppierung vereinbart, so richtet sich die Vergütung nach der zwischen den Vertragsparteien bestimmten (unrichtigen) Vergütungsgruppe. Da die tarifliche Vergütungsordnung durch die Bezugnahme auf den Tarifvertrag Teil des Anstellungsvertrags geworden ist, steht es den Anstellungsvertragsparteien auch frei, unabhängig von den tariflichen Vergütungsmerkmalen eine für den Handlungsgehilfen ungünstigere Eingruppierung zu wählen.

347 **d) Rechtsfolgen zu hoher Eingruppierungen.** Bei einer zu hohen Eingruppierung ist ebenfalls danach zu unterscheiden, ob die erhöhte Eingruppierung gewollt oder irrtümlich erfolgt ist. Wird zwischen dem Arbeitgeber und dem Handlungsgehilfen **einvernehmlich eine höhere Eingruppierung,** als im Tarifvertrag vorgesehen ist, vereinbart, so liegt darin regelmäßig die Vereinbarung einer übertariflichen Bezahlung. Eine solche übertarifliche Vergütung ist wirksam, da nach § 4 Abs. 3 TVG von den Regelungen des Tarifvertrags zugunsten des Handlungsgehilfen abgewichen werden darf.[868]

348 Anders ist demgegenüber zu entscheiden, wenn keine Tarifbindung besteht und der Handlungsgehilfe nur **irrtümlich zu hoch eingruppiert** wird. Ebenso wie bei der irrtümlich zu niedrigen Eingruppierung bestehen hier nur Ansprüche auf Bezahlung nach derjenigen Tätigkeit, die der einschlägigen Vergütungsgruppe entspricht. Bei der Eingruppierung wird nämlich lediglich die vorgegebene Regelung des Tarifvertrags vollzogen; es handelt sich dabei um einen Akt der Rechtsanwendung von nur deklaratorischer Bedeutung, nicht aber um eine den Tarifvertrag abändernde einzelvertragliche Vereinbarung.[869] Hingegen wird nach Auffassung des BAG im Bereich der Privatwirtschaft auch bei irrtümlicher Mitteilung einer Vergütungsgruppe deren konstitutive Wirkung vermutet.[870]

349 **e) Anspruch auf Korrektur der Eingruppierung.** Ist der Handlungsgehilfe irrtümlich unzutreffend eingruppiert worden oder ändert sich die tarifliche Vergütungsgruppen-

---

[865] BAG AP BAT §§ 22, 23 Lehrer Nr. 12.
[866] Vgl. ErfK/*Koch* ArbGG § 46 Rn. 31; Richardi/*Thüsing* BetrVG § 99 Rn. 94.
[867] Wiedemann/*Oetker* TVG § 3 Rn. 328, 408.
[868] *v. Hoyningen-Huene* JuS 1986, 140.
[869] Vgl. *v. Hoyningen-Huene* JuS 1986, 139 (141); *Maurer* NZA 1993, 722 ff.; ähnlich ErfK/*Koch* ArbGG § 46 Rn. 31; einschr. auf den Bereich des öffentlichen Dienstes BAG NZA 1992, 120; AP BAT-O §§ 22, 23 Nr. 21.
[870] BAG NZA 1992, 120; dem folgend *Griese* in Küttner, Personalbuch 2020, Eingruppierung Rn. 22.

ordnung, so ist der Handlungsgehilfe umzugruppieren, also in eine neue Vergütungsgruppe zu überführen.[871] Eine Änderungskündigung ist in diesen Fällen daher nicht erforderlich.

f) Rückzahlungsanspruch bei zu hoher Eingruppierung. Wird der Handlungsgehilfe irrtümlich nach einer für ihn günstigeren Vergütungsgruppe bezahlt, so steht dem Arbeitgeber ein Rückzahlungsanspruch zu. Im Wege der Leistungskondiktion nach § 812 Abs. 1 S. 1 Alt. 1 BGB kann der Arbeitgeber vom Handlungsgehilfen die Rückzahlung der ausgezahlten, tariflich aber nicht geschuldeten Vergütung verlangen.[872] Ein Bereicherungsanspruch kommt aber nur bei irrtümlicher Falscheingruppierung in Betracht; bei der bewussten Höhergruppierung besteht eine vertragliche Verpflichtung des Arbeitgebers, die Rechtsgrund für die Bezahlung ist. 350

Der Rückzahlungsanspruch ist jedoch nach § 818 Abs. 3 BGB **ausgeschlossen,** wenn der Handlungsgehilfe **nicht mehr bereichert** ist. Das ist regelmäßig bei Handlungsgehilfen der unteren und mittleren Einkommensgruppe, die irrtümlich eine geringfügig (bis etwa 10%) erhöhte Vergütung erhalten haben, anzunehmen. Denn in diesen Fällen spricht der Beweis des ersten Anscheins dafür, dass diese Überbezahlung zur Verbesserung des Lebensunterhalts des Handlungsgehilfen und seiner Familie verwendet worden ist, ohne dass sonst nötige Ausgaben erspart wurden.[873] Sog. Besserverdienende sollen sich auf eine derartige Beweislasterleichterung nicht berufen können,[874] denn es kann nicht davon ausgegangen werden, dass höhere Einkünfte in der Regel auch ausgegeben werden.[875] 351

g) Mitbestimmung des Betriebsrats. Die Eingruppierung unterliegt nach § 99 Abs. 1 BetrVG der Mitbestimmung des Betriebsrats. Auch die Eingruppierung von AT-Angestellten in betriebliche Gehaltsgruppen ist mitbestimmungspflichtig.[876] Mitbestimmungsfrei ist dagegen die vertragliche Vereinbarung übertariflicher und außertariflicher Arbeitsentgelte im Einzelfall.[877] Das Mitbestimmungsrecht des Betriebsrats nach § 99 Abs. 1 BetrVG erstreckt sich bei Eingruppierungen nur auf eine **Richtigkeitskontrolle.**[878] Hat der Arbeitgeber eine Eingruppierung ohne die Zustimmung des Betriebsrats vorgenommen, so kann der Betriebsrat nach § 101 BetrVG nicht die Aufhebung der Eingruppierung, sondern nur die nachträgliche Einholung seiner Zustimmung und bei Verweigerung der Zustimmung die Durchführung des Zustimmungsersetzungsverfahrens verlangen.[879] Bei tariflich richtiger Eingruppierung steht dem Handlungsgehilfen auch bei fehlender Zustimmung des Betriebsrats die tarifvertragliche Vergütung zu.[880] **Korrigierende Rückgruppierungen** eines Handlungsgehilfen unterliegen ebenfalls der Mitbestimmung des Betriebsrats,[881] ebenso Umgruppierungen auf Grund eines geänderten Tarifvertrags trotz gleich bleibender Entgelthöhe.[882] 352

7. Einblicksrecht des Betriebsrats in Gehaltslisten. Nach § 80 Abs. 2 S. 2 Hs. 2 BetrVG ist der Betriebsausschuss (§ 27 BetrVG) oder ein nach § 28 BetrVG gebildeter weiterer Ausschuss berechtigt, in die **Listen über die Bruttolöhne und -gehälter Einblick** zu nehmen. In kleineren Betrieben unter 100 Arbeitnehmern, in denen keine Ausschüsse gebildet werden können, nimmt das Einblicksrecht der Betriebsratsvorsitzende 353

[871] BAG AP BetrVG 1972 § 99 Nr. 101 mAnm *v. Hoyningen-Huene.*

[872] BAG AP BGB § 195 Nr. 5. Vgl. auch BAG AP BGB § 394 Nr. 5, wo der Rückzahlungsanspruch aus der arbeitsvertraglichen Treuepflicht hergleitet wurde.

[873] BAG AP BGB § 812 Nr. 13; *v. Hoyningen-Huene* JuS 1986, 139 (142).

[874] BAG AP BGB § 818 Nr. 3.

[875] BAG NZA 1994, 658 (660); zu § 814 BGB (Kenntnis der Nichtschuld) bzgl. der Rückzahlung überbezahlter Honorare BAG NZA 2019, 1558 (1562).

[876] ErfK/*Kania* BetrVG § 99 Rn. 10; *Fitting* BetrVG § 99 Rn. 87, 94.

[877] BAG AP BetrVG 1972 § 118 Nr. 27.

[878] StRspr, vgl. etwa BAG MDR 2009, 396 mwN.

[879] BAG AP BetrVG 1972 § 101 Nr. 6 mAnm *Löwisch* = SAE 1984, 59 mAnm *Kraft*; EzA BetrVG 1972 § 99 Nr. 55; SAE 1992, 169 mAnm *v. Hoyningen-Huene*; AP BetrVG 1972 § 99 Nr. 126.

[880] BAG AP BAT §§ 22, 23 Nr. 54; § 24 Nr. 3; AP BAT 1975 §§ 22, 23 Nr. 8.

[881] BAG NZA 1993, 469; ZTR 2003, 454.

[882] BAG AP BetrVG 1972 § 99 Nr. 101 mAnm *v. Hoyningen-Huene*; Nr. 126.

wahr.[883] Hierfür bedarf es nicht der Darlegung eines besonderen Anlasses oder Zwecks.[884] Das Recht zur Einsichtnahme erstreckt sich auf alle Arten des Entgelts, also die Tarifentlohnung, übertarifliche Zulagen sowie die außertarifliche Vergütung für AT-Angestellte;[885] das gilt allerdings nicht für die Gehälter der leitenden Angestellten (§ 5 Abs. 3 S. 1 BetrVG).[886] Das Einsichtsrecht des Betriebsrats in die Gehaltslisten dient insbesondere der Prüfung, ob die Tarifverträge und die Grundsätze des § 75 Abs. 1 BetrVG, namentlich die Gleichbehandlung, vom Arbeitgeber eingehalten werden.

354 Die Einblicksbefugnis in die Listen besteht **unabhängig vom Einverständnis** des Handlungsgehilfen, dessen Individualsphäre hier zugunsten der Kontrollmöglichkeiten durch den Betriebsrat zurücktritt.[887] Die Daten, die den zur Einsicht befugten Betriebsratsmitgliedern bei der Einsicht in die Bruttogehaltslisten bekannt werden, sind von diesen geheim zu halten (§ 79 BetrVG). Sie dürfen nicht an die Gewerkschaft weitergegeben werden. Ein Verstoß gegen die Verschwiegenheitspflicht ist nach § 120 Abs. 1 Nr. 1 BetrVG mit Strafe bedroht. Der Arbeitgeber hat gegen den Betriebsrat bei einem Verstoß gegen die Verschwiegenheitspflicht Unterlassungsansprüche.[888]

355 **8. Vergütungsänderungen.** Die im Anstellungsvertrag vereinbarte Vergütung steht während der Dauer des Anstellungsverhältnisses grundsätzlich fest. Die einseitige Änderung der Vergütung ist nur unter bestimmten Voraussetzungen möglich. Diese richten sich nach dem Rechtsgrund des Vergütungsanspruchs. Unproblematisch ist dagegen die einvernehmliche Änderung der Vergütung.[889] In Grenzen ist dies auch Betriebsvereinbarung und Tarifvertrag möglich.

356 **a) Veränderung der vertraglich vereinbarten Vergütung.** Beruht der Vergütungsanspruch des Handlungsgehilfen unmittelbar auf einer Vereinbarung im **Anstellungsvertrag,** so ist eine Veränderung der Vergütung nur einvernehmlich oder durch Ausspruch einer Änderungskündigung möglich.[890] Die Änderungskündigung muss dabei nach § 2 KSchG sozial gerechtfertigt sein, soweit das KSchG Anwendung findet (vgl. §§ 1, 23 KSchG).[891]

357 In der **einvernehmlichen Änderung** des Anstellungsvertrags und damit auch der Vergütung sind Arbeitgeber und Handlungsgehilfe weitgehend frei, beschränkt nur durch die allgemein für Arbeitsverträge geltenden Normen. Die Änderung kann somit auch **konkludent** geschehen: Nach der Rspr. des BAG kann die widerspruchslose Fortsetzung der Tätigkeit durch den Handlungsgehilfen nach einem Änderungsangebot des Arbeitgebers gem. §§ 133, 157 BGB dann als Annahme der Vertragsänderung angesehen werden, wenn diese sich unmittelbar im Arbeitsverhältnis auswirkt, nicht hingegen, solange deren Folgen nicht hervortreten.[892] Denn nur bei einer unmittelbar eintretenden Änderung im Arbeitsverhältnis hat der Handlungsgehilfe die Veranlassung, dieser sofort zu widersprechen. Er kann und muss in einem solchen Fall erkennen, dass seine widerspruchslose Weiterarbeit als Einverständnis mit der angebotenen Vertragsänderung verstanden wird; das darf auch der Arbeitgeber so verstehen. Dies gilt – nicht unbestritten – auch, wenn sich das Änderungsangebot des Arbeitgebers nicht in allen Punkten unmittelbar im Arbeitsverhältnis auswirkt.[893]

---

[883] BAG AP BetrVG 1972 § 80 Nr. 2.
[884] BAG DB 1982, 855.
[885] BAG AP BetrVG 1972 § 80 Nr. 15; Nr. 16; Nr. 27; Richardi/*Thüsing* BetrVG § 80 Rn. 92f.; *Fitting* BetrVG § 80 Rn. 73; *v. Hoyningen-Huene* BetrVR § 11 Rn. 107.
[886] BAG AP BetrVG 1972 § 80 Nr. 8.
[887] BAG AP BetrVG 1972 § 80 Nr. 3; Nr. 15; *Kraft* ZfA 1983, 171 (188).
[888] BAG EzA BetrVG 1972 § 79 Nr. 1 mAnm *v. Hoyningen-Huene.*
[889] Dazu *Wank* in Hromadka, Änderung von Arbeitsbedingungen, 1990, 35 ff.
[890] KR/*Rost,* 8. Aufl. 2007, Kommentierung zu § 2 KSchG.
[891] Dazu ausf. Linck/Krause/Bayreuther/*Krause* KSchG § 2 Rn. 121 ff. mwN.
[892] S. AP BGB § 305 Billigkeitskontrolle Nr. 2; NZA 1988, 95; AP BGB § 242 Ruhegehalt Nr. 101.
[893] BAG RdA 2002, 235 mAnm Franzen.

Auch **übertarifliche Zulagen,** die vom Arbeitgeber freiwillig durch Gesamtzusage oder einzelvertraglich gewährt werden, können gegen den Willen des Handlungsgehilfen grundsätzlich nur im Wege der Änderungskündigung nach § 2 KSchG eingeschränkt werden. Eine sog. ablösende oder verbösernde Betriebsvereinbarung zur Kürzung von Leistungen auf Grund betrieblicher Übung oder Gesamtzusage ist grundsätzlich nicht möglich.[894] Nur wenn sich der Arbeitgeber bei Gewährung der übertariflichen Zulage ausdrücklich **einen Widerruf** vorbehalten hat, kann er die übertariflichen Zulagen einseitig widerrufen (→ Rn. 315). Wurden generelle einseitige Leistungen unter Vorbehalt gewährt, so ist eine ablösende Betriebsvereinbarung zur Kürzung oder Streichung der Sozialleistungen zulässig.[895] 358

b) Veränderung der tariflichen Vergütung. Tarifliche Vergütungsansprüche bestimmen sich nach dem bisher geltenden Tarifvertrag. Wird nach Ablauf der Gültigkeitsdauer des Tarifvertrags in einem neuen Tarifvertrag eine andere Vergütung von den Tarifpartnern vereinbart, so richtet sich der Vergütungsanspruch wegen der unmittelbaren und zwingenden Wirkung der § 4 Abs. 1 TVG, § 5 Abs. 4 TVG künftig nach diesem neuen Lohn- oder Gehaltstarifvertrag. 359

c) Anrechnung übertariflicher Zulagen auf Tariflohnerhöhungen. Übertarifliche Zulagen, die keiner besonderen Zweckbestimmung unterworfen sind, können auf Tariflohnerhöhungen grundsätzlich angerechnet werden (→ Rn. 318 f.). Auch nachträglich vereinbarte Tariflohnerhöhungen können auf bereits geleistete übertarifliche Zulagen durch ausdrückliche oder konkludente Erklärung angerechnet werden.[896] Dies gilt auch, wenn kein ausdrücklicher Anrechnungsvorbehalt vereinbart wurde.[897] Die Anrechenbarkeit ergibt sich in solchen Fällen nach Auffassung des BAG hinreichend deutlich aus der Vereinbarung einer „übertariflichen Zulage" und entspricht damit auch dem Transparenzgebot aus § 307 Abs. 1 S. 2 BGB. Diese Auslegung unterliegt folglich auch keinen Zweifeln iSv § 305c Abs. 2 BGB.[898] 360

Der übertarifliche Lohnbestandteil verringert sich damit bei Tariflohnerhöhungen mangels gegenteiliger vertraglicher Vereinbarungen automatisch um den Betrag der Tariflohnerhöhung. In Wahrheit findet daher gar keine Anrechnung, etwa in Form einer Erklärung, eines Widerrufs oder gar einer Kündigung statt, sondern eine automatische **Aufsaugung** der übertariflichen Lohnbestandteile.[899] 361

Ob bei der sog. Anrechnung von übertariflichem Entgelt auf die Tariflohnerhöhung ein **Mitbestimmungsrecht** nach § 87 Abs. 1 Nr. 10 BetrVG besteht, hängt von dem Umfang der Kürzung ab. Mitbestimmungsfrei ist die vollständige „Anrechnung" der Tariflohnerhöhung, die volle Effektivlohnerhöhung und die prozentual gleichmäßige Anrechnung, soweit dadurch das Verhältnis der bisher gezahlten Zulagen zueinander nicht verändert wird. Dagegen sind alle übrigen „Anrechnungen" mitbestimmungspflichtig, insbesondere die differenzierte Anrechnung bei verschiedenen Arbeitnehmern oder die prozentual gleichmäßige Anrechnung bzw. Anrechnung mit Festbeträgen.[900] Mitbestimmungsfrei ist folglich nur die Anrechnung von übertariflichen Zulagen in wirklichen Einzelfällen.[901] 362

d) Kündigung freiwilliger Betriebsvereinbarungen. Werden Vergütungsleistungen in Form einer freiwilligen Betriebsvereinbarung gewährt, können diese, soweit nichts ande- 363

---

[894] BAG AP BetrVG 1972 § 77 Nr. 17 und 25; dort auch zur Zulässigkeit der sog. umstrukturierenden Betriebsvereinbarung; krit. dazu *v. Hoyningen-Huene* BetrVR § 11 Rn. 68 ff. mwN.

[895] BAG GS AP BetrVG 1972 § 77 Nr. 17; AP BGB § 611 Gratifikation Nr. 249.

[896] BAG AP BetrVG 1972 § 87 Lohngestaltung Nr. 118; bestätigt durch BAG NZA 2009, 49 (51) mwN.

[897] StRspr des BAG, BAG DB 1982, 1223 (1224); EzA TVG § 4 Tariflohnerhöhung Nr. 6 mAnm *v. Hoyningen-Huene*; AP BetrVG 1972 § 87 Lohngestaltung Nr. 54; Nr. 80; Nr. 118; NZA 2009, 49 (50 ff.).

[898] Zum Ganzen BAG NZA 2009, 49 (50 ff.); krit. *Franke* NZA 2009, 245 ff. mwN.

[899] BAG NZA 2009, 49; AP TVG § 4 Übertariflicher Lohn und Tariflohnerhöhung Nr. 7 mAnm *G. Hueck*; NZA 2001, 105; *v. Hoyningen-Huene* Anm. zu BAG EzA TVG § 4 Tariflohnerhöhung Nr. 6 mwN.

[900] BAG GS AP BetrVG 1972 § 87 Lohngestaltung Nr. 51; Nr. 118; BB 1993, 360; NZA 2009, 49 (52).

[901] BAG BB 1993, 137; zum Ganzen *v. Hoyningen-Huene* BetrVR § 12 Rn. 85 f.

res vereinbart ist, nach § 77 Abs. 5 BetrVG gekündigt werden. Eine Nachwirkung entsteht in diesem Falle nicht.[902] Will der Arbeitgeber dagegen lediglich die bisher nach der Betriebsvereinbarung gewährten Leistungen einschränken, nicht aber vollständig beseitigen, ist dies nur mit Einverständnis des Betriebsrats möglich.[903]

364 **e) Versetzung und Umgruppierung.** Der Vergütungsanspruch des Handlungsgehilfen kann sich auch bei einer Versetzung auf einen anderen Arbeitsplatz verändern, wenn damit gleichzeitig eine Umgruppierung verbunden ist. Unter Umgruppierung ist jede Änderung der Einreihung in die tarifliche oder betriebliche Vergütungsgruppenordnung zu verstehen, unabhängig davon, ob der Handlungsgehilfe wirtschaftlich besser oder schlechter gestellt wird.[904] Die Umgruppierung ist nach § 99 BetrVG mitbestimmungspflichtig. Ein Verstoß gegen das Mitbestimmungsrecht des Betriebsrats bleibt individualrechtlich ohne Auswirkungen; der Arbeitnehmer erhält also nur diejenige Vergütung, die dem neu zugewiesenen Arbeitsplatz entspricht.[905] Allerdings kann der Betriebsrat verlangen, dass die unterlassene Mitbestimmung zur Umgruppierung nachgeholt wird (→ Rn. 357).

365 **f) Vorübergehende Zuweisung einer höherwertigen Tätigkeit.** Die vorübergehende Zuweisung einer höherwertigen Tätigkeit löst grundsätzlich keinen höheren Vergütungsanspruch aus. Etwas anderes kann nur bei entsprechender Vereinbarung oder auf Grund Tarifvertrags gelten. So sieht beispielsweise § 14 TVöD für den öffentlichen Dienst vor, dass Angestellte, die vorübergehend eine andere Tätigkeit ausüben, welche den Tätigkeitsmerkmalen einer höheren als ihrer Vergütungsgruppe entspricht, und die diese mindestens einen Monat ausüben, für die Dauer der Ausübung eine persönliche Zulage rückwirkend ab dem ersten Tag der Übertragung der Tätigkeit erhalten. Ob eine Tätigkeit nur vorübergehend iSd § 14 Abs. 1 TVöD übertragen worden ist, bestimmt sich nach dem bei der Übertragung der Tätigkeit ausdrücklich oder stillschweigend zum Ausdruck gebrachten Willen des Arbeitgebers.[906] Die Höhe der zu gewährenden Zulage wird durch § 14 Abs. 3 TVöD geregelt.[907]

366 **9. Vergütung ohne Arbeitsleistung.** Grundsätzlich hat der Handlungsgehilfe nur Anspruch auf Arbeitsentgelt, wenn er auch tatsächlich arbeitet. Das folgt aus dem in § 326 BGB enthaltenen Grundsatz: „Ohne Arbeit kein Lohn" (→ Rn. 378 ff.). Dieser Grundsatz erfährt jedoch zahlreiche Ausnahmen.[908]

367 **a) Verhinderungsgründe (§ 616 BGB).** Nach § 616 BGB behält der Handlungsgehilfe seinen Vergütungsanspruch, wenn er für eine verhältnismäßig nicht erhebliche Zeit durch einen **in seiner Person liegenden Grund ohne sein Verschulden an der Dienstleistung verhindert** wird.[909] Der Grund der Leistungsverhinderung muss in der Person oder in den persönlichen Verhältnissen des Handlungsgehilfen liegen. Ein solcher Fall liegt nicht vor, wenn von einem objektiven Leistungshindernis alle oder eine Vielzahl von Arbeitnehmern betroffen werden, wie zB bei Verkehrsstörungen, Glatteis, Schneekatastrophen,[910] Hochwasser,[911] es sei denn der Arbeitnehmer wird zur Hilfeleistung und zur Abwendung weiteren Schadens dringend benötigt,[912] Streik in Verkehrsbetrieben, Verkehrseinstellungen

[902] BAG AP BetrVG 1972 § 77 Nachwirkung Nr. 5; AP BetrVG 1972 § 77 Nr. 55; AP BetrVG 1972 § 77 Betriebsvereinbarung Nr. 29; *v. Hoyningen-Huene* BetrVR § 11 Rn. 88.
[903] Zu den Einzelheiten BAG NZA 1994, 572.
[904] *Fitting* BetrVG § 99 Rn. 104; *v. Hoyningen-Huene* BetrVR § 14 Rn. 38.
[905] BAG AP BetrVG 1972 § 99 Nr. 50; AR-Blattei ES 1700 Nr. 21 mAnm *v. Hoyningen-Huene.*
[906] Döring/Kutzki/*Schwand,* 2007, TVöD § 14 Rn. 11; vgl. zum inhaltsgleichen § 24 Abs. 1 BAT auch BAG DB 1988, 1121 mwN; AP BAT § 22 Zulagen Nr. 41.
[907] Dazu ausf. Döring/Kutzki/*Schwand,* 2007, TVöD § 14 Rn. 31 ff. mwN.
[908] *v. Hoyningen-Huene* FS Adomeit, 2008, 291 (300 ff.).
[909] Hierzu allg. ErfK/*Preis* BGB § 616; MHdB ArbR/*Tillmanns* § 77; *Linck* in Schaub ArbR-HdB § 97.
[910] BAG AP BGB § 616 Nr. 58; Nr. 59.
[911] Vgl. dazu *Hantel* NJ 2002, 577.
[912] BAG AP BGB § 616 Nr. 59; *Bauer/Opolony* NJW 2002, 3503 (3507).

wegen Smog-Alarm,[913] politischen Unruhen, Kriegseinwirkungen[914] uÄ. In diesen Fällen trifft den Handlungsgehilfen zwar kein Verschulden, einen Gehaltsanspruch hat er aber nicht, weil der Grund nicht ausschließlich in seiner Person liegt.

Subjektive, persönliche Leistungshindernisse, die als Voraussetzung für den Entgeltfortzahlungsanspruch in Betracht kommen, sind **beispielsweise:** Heirat,[915] Geburten und Todesfälle naher Angehöriger,[916] goldene Hochzeit der Eltern,[917] schwerwiegende Erkrankungen naher Angehöriger,[918] Umzug,[919] Ladung zu Behörden oder Gerichten,[920] Ausübung öffentlicher Ehrenämter[921] oder unverschuldeter Verkehrsunfall. 368

Neben diesen allgemeinen Verhinderungsgründen ist besonders der **Krankheitsfall** zu erwähnen. Freilich führt nicht jede Krankheit bereits zur Arbeitsverhinderung, wie zB eine leichte Erkältung, Schnupfen oder Kopfschmerz. Vielmehr muss die Krankheit eine gewisse Intensität erreicht haben, so dass es dem Handlungsgehilfen unzumutbar ist, der Arbeitsverpflichtung nachzukommen. Der Entgeltfortzahlungsanspruch bei **Arbeitsunfähigkeit** infolge Krankheit ist in §§ 3 ff. EFZG geregelt.[922] 369

b) Erholungsurlaub. Der Vergütungsanspruch bleibt auch während des Erholungsurlaubs bestehen (→ Rn. 254 ff.).[923] Es handelt sich hierbei um einen Anspruch auf bezahlte Freistellung (§ 1 BUrlG) von den Arbeitspflichten. Die Höhe des Urlaubsentgelts muss nicht unbedingt dem laufenden Arbeitsentgelt entsprechen. Vielmehr bemisst sich das Urlaubsentgelt gem. § 11 BUrlG nach dem durchschnittlichen Arbeitsverdienst, den der Handlungsgehilfe in den letzten dreizehn Wochen vor dem Beginn des Urlaubs erhalten hat. Vom bezahlten Erholungsurlaub ist der **unbezahlte Urlaub** zu unterscheiden, auf den der Handlungsgehilfe grundsätzlich keinen Rechtsanspruch hat.[924] Während des unbezahlten Urlaubs ruhen sowohl die Arbeitspflichten als auch die Vergütungspflichten (→ Rn. 257). 370

c) Gesetzlicher Feiertag. Für die Arbeitszeit, die infolge eines gesetzlichen Feiertags ausfällt, ist vom Arbeitgeber dem Handlungsgehilfen das Gehalt zu bezahlen, das er ohne den Arbeitsausfall erhalten hätte (§ 2 EFZG).[925] Bei einer monatsweisen Vergütung wird dieser Fall aber praktisch nicht relevant. 371

d) Annahmeverzug. Der Handlungsgehilfe behält nach § 615 BGB seinen Anspruch auf Gehaltszahlung auch dann, wenn sich der Arbeitgeber in Annahmeverzug befindet (→ Rn. 250).[926] Der Arbeitgeber gerät nach § 293 BGB in Annahmeverzug, wenn er die ihm vom Handlungsgehilfen am rechten Ort, zur rechten Zeit und in der rechten Weise angebotene mögliche Arbeitsleistung nicht annimmt.[927] Im Falle des Annahmeverzugs wird der Handlungsgehilfe von der Verpflichtung der Arbeitsleistung für die Dauer des Verzugs frei. § 615 BGB gewährt freilich keinen eigenen Anspruch, sondern erhält lediglich den 372

---

913 Dazu *Ehmann* NJW 1987, 401; *Richardi* NJW 1987, 1231; *Rosendahl* DB 1987, 98.

914 Dazu *Diller/Winzer* DB 2001, 2094 (2095).

915 BAG AP BGB § 616 Nr. 34; Nr. 61 mAnm *Mayer-Maly.*

916 BAG AP BGB § 616 Nr. 38; nicht jedoch bei Niederkunft der mit dem Handlungsgehilfen nicht verheirateten Lebensgefährtin, vgl. BAG AP BGB § 616 Nr. 101; dagegen MüKoBGB/*Henssler* BGB § 616 Rn. 40 unter Verweis auf BVerfG NJW 2003, 2151.

917 BAG AP BGB § 616 Nr. 43 mAnm *Schnorr v. Carolsfeld.*

918 BAG AP BGB § 611 Nr. 47.

919 LAG Stuttgart DB 1958, 140; stark einschr. BAG AP BGB § 616 Nr. 23 mAnm *A. Hueck.*

920 LAG Hamm BB 1972, 177; BAG AP MTB II § 48 Nr. 1; AP BGB § 616 Nr. 103; verneint bei Vorfahrt zum TÜV wegen des Zusammenhangs mit privater Lebensführung, vgl. BAG AP BGB § 616 Nr. 30 mAnm *A. Hueck*; vgl. auch MüKoBGB/*Henssler* BGB § 616 Rn. 41 ff. m. weit. Beispielen.

921 BAG AP BGB § 616 Nr. 58.

922 Zu weiteren Sonderregelungen vgl. die Aufzählung bei MHdB ArbR/*Tillmanns* § 77 Rn. 10 f.

923 Vgl. hierzu *Hohmeister/Goretzki/Oppermann* BUrlG, 3. Aufl. 2013; *Neumann/Fenski* BUrlG, 10. Aufl. 2011; *Leinemann/Linck,* Urlaubsrecht, 10. Aufl. 2011; MHdB ArbR/*Klose* §§ 85 ff.

924 Hierzu *v. Hoyningen-Huene* NJW 1981, 713.

925 Zu den Einzelheiten MHdB ArbR/*Tillmanns* § 78; *Linck* in Schaub ArbR-HdB § 103.

926 Hierzu Kommentare zu § 615 BGB; außerdem *Feuerborn* JR 2003, 177 ff.; MHdB ArbR/*Tillmanns* § 76; *Linck* in Schaub ArbR-HdB § 95.

927 BAG AP BGB § 615 Nr. 34; Nr. 35 mAnm *Konzen.*

bereits bestehenden Vergütungsanspruch aufrecht.[928] Der Arbeitgeber hat danach die Vergütung weiterzubezahlen, die der Handlungsgehilfe verdient hätte, wenn er gearbeitet hätte.

373 **e) Wahrnehmung von Betriebsratsaufgaben.** Handlungsgehilfen, die Mitglieder des Betriebsrats sind, behalten nach § 37 Abs. 2 BetrVG ihren Vergütungsanspruch, wenn sie durch die Wahrnehmung von Betriebsratsaufgaben an der Erbringung ihrer Arbeitsleistung verhindert sind (→ Rn. 260).[929] Anspruchsgrundlage für den Gehaltszahlungsanspruch bei berechtigter Arbeitsversäumnis ist freilich nicht § 37 Abs. 2 BetrVG, sondern allein der Arbeitsvertrag iVm § 59.[930] Deshalb sind nach dem Lohnausfallprinzip insbesondere auch die bei der Arbeitsleistung anfallenden Nebenbezüge wie Erschwerniszulagen, Zuschläge für Mehr-, Nacht- oder Sonntagsarbeit und auch allgemeine Zuwendungen wie zB Weihnachtsgeld, Urlaubsgeld und vermögenswirksame Leistungen zu bezahlen.[931]

374 Das Gleiche gilt, wenn Betriebsratsmitglieder, die aus betriebsbedingten (nicht betriebs**rats**bedingten) Gründen ihre **Betriebsratstätigkeit außerhalb der Arbeitszeit** durchführen, nach § 37 Abs. 3 BetrVG in entsprechendem Umfang von ihren Arbeitspflichten befreit werden.[932] Nach § 38 BetrVG **freigestellte Betriebsratsmitglieder** haben nach § 38 Abs. 3 BetrVG für den Zeitraum der Freistellung einen Anspruch auf das Gehalt, das sie erhalten würden, wenn sie nicht freigestellt worden wären, sondern ihre berufliche Tätigkeit ausgeübt hätten.[933]

375 **f) Besuch der Sprechstunde des Betriebsrats.** Besuchen Handlungsgehilfen während der Arbeitszeit die Sprechstunde des Betriebsrats, so ist der Arbeitgeber nach § 39 Abs. 3 BetrVG nicht berechtigt, das Arbeitsentgelt der Handlungsgehilfen für die Dauer der Besuchszeit zu mindern. Den Handlungsgehilfen entsteht daher beim Besuch von Sprechstunden kein Verlust an Arbeitsentgelt. Auch etwaige Zuschläge sind weiterzubezahlen.[934] Das Gleiche gilt, wenn der Arbeitnehmer sich mit einer Beschwerde an den Betriebsrat nach § 85 BetrVG wendet.[935]

376 **g) Anhörung des Handlungsgehilfen und Beschwerde.** Will der Handlungsgehilfe sein Anhörungs- und Erörterungsrecht nach § 82 BetrVG beim Arbeitgeber wahrnehmen, so kann er dies während der Arbeitszeit tun (→ Rn. 259); infolgedessen bleibt sein Vergütungsanspruch auch hier bestehen.[936] Das gilt in gleicher Weise, wenn der Handlungsgehilfe **Einsicht in die Personalakten** gem. § 83 BetrVG nimmt oder sich nach § 84 BetrVG bei den zuständigen Stellen des Betriebs beschwert.[937] Auch eine Beschwerde wegen sexueller Belästigung (vgl. § 3 Abs. 4 AGG, § 13 AGG) darf nicht zu Nachteilen des Handlungsgehilfen führen (§ 16 Abs. 1 AGG; → Rn. 435).

377 **h) Entgeltfortzahlung und Corona.** Der erste naheliegende Fall, der sich im Kontext der Pandemie ergibt, ist der, dass der Arbeitnehmer an Covid-19 erkankt und daher von der Arbeitspflicht frei wird. Dann hat er nach den ganz normalen Grundsätzen über §§ 3 ff. EFZG einen Entgeltfortzahlungsanspruch (→ Rn. 369). Vorübergehend (bis zum 31. Mai 2020) war es bei Erkrankung der oberen Atemwege möglich, eine Arbeits-

---

[928] StRspr, vgl. etwa BGH NJW 1967, 248; BAG DB 1991, 445; AP BGB § 615 Nr. 99; MüKoBGB/*Henssler* BGB § 615 Rn. 51; Palandt/*Weidenkaff* BGB § 615 Rn. 3.
[929] *Fitting* BetrVG § 37 Rn. 57; Richardi/*Thüsing* BetrVG § 37 Rn. 32; *Rieble* NZA 2008, 276 ff.
[930] Zutr. *Fitting* BetrVG § 37 Rn. 58; *v. Hoyningen-Huene* BetrVR § 10 Rn. 5; *Rieble* NZA 2008, 276 mwN.
[931] BAG AP BetrVG § 37 Nr. 5 für Sonntagsarbeit; AP BetrVG § 37 Nr. 97; Nr. 131; LAG Düsseldorf DB 1974, 1966; Richardi/*Thüsing* BetrVG § 37 Rn. 34; *Löwisch/Kaiser* BetrVG § 37 Rn. 19; *Fitting* BetrVG § 37 Rn. 63 f.; anders bei betriebsratsbedingten „Überstunden", dazu BAG BB 1994, 1215.
[932] Richardi/*Thüsing* BetrVG § 37 Rn. 42 ff.
[933] Hierzu ErfK/*Koch* BetrVG § 38 Rn. 10; *Fitting* BetrVG § 38 Rn. 85 f.; *v. Hoyningen-Huene* BetrVR § 10 Rn. 13 ff.
[934] ErfK/*Koch* BetrVG § 39 Rn. 3; Richardi/*Thüsing* BetrVG § 39 Rn. 27; *Fitting* BetrVG § 39 Rn. 27; *Löwisch/Kaiser* BetrVG § 39 Rn. 6.
[935] Dazu *v. Hoyningen-Huene* BetrVR § 13 Rn. 15 ff.
[936] So zutr. *Fitting* BetrVG § 82 Rn. 2; GK-BetrVG/*Franzen* BetrVG § 82 Rn. 3.
[937] Richardi/*Thüsing* BetrVG § 83 Rn. 22 mwN.

unfähigkeitsbescheinigung nach bloß telefonischer Rücksprache mit dem Arzt zu erhalten. Befindet sich ein Arbeitnehmer in behördlich angeordneter Quarantäne, §§ 38, 30 IfSG, oder unterliegt er gar einem Tätigkeitsverbot, § 31 IfSG, hat er entweder den Anspruch nach § 616 BGB oder erlangt vom Arbeitgeber eine Entschädigung in Höhe des Arbeitsentgelts.[938] Der Arbeitgeber kann sich diese Beträge aber gem. § 56 IfSG erstatten lassen. Über den neuen § 56 Abs. 1a IfSG gibt es außerdem einen Entschädigungsanspruch für Betreuungsfälle, die sich aufgrund der Schulschließungen bundesweit häufen bzw. häuften.[939] Kommt es zu einer Betriebsschließung, trifft zwar zunächst den Arbeitgeber das Betriebsrisiko (→ Rn. 380) und er muss den Arbeitnehmer weiterbezahlen. Davon kann jedoch eine Ausnahme bei Existenzgefährdung des Unternehmens gemacht werden.[940]

10. Wegfall der Vergütung bei Unmöglichkeit. Wird dem Handlungsgehilfen die Dienstleistung unmöglich, so wird er gem. § 275 BGB von der Arbeitspflicht frei (→ Rn. 251). Der Anspruch des Handlungsgehilfen auf Zahlung der vereinbarten Vergütung entfällt demzufolge nach § 326 Abs. 1 BGB. Der Arbeitgeber ist nur dann verpflichtet, die Vergütung fortzuzahlen, wenn er gem. § 326 Abs. 2 BGB die Unmöglichkeit zu vertreten hat,[941] zB bei einseitiger Anordnung einer Betriebsruhe[942] oder Abbrennen des Betriebs durch Verschulden des Arbeitgebers.[943] Ein Anspruch des Handlungsgehilfen auf Fortzahlung der Vergütung kann sich darüber hinaus insbesondere in den Fällen des § 275 Abs. 3 BGB aus § 616 BGB oder bei Arbeitsunfähigkeit wegen Krankheit aus § 3 EFZG ergeben (→ Rn. 366 ff.). 378

Die Anwendung von § 326 Abs. 1 BGB (früher § 323 aF BGB) auf alle Fälle der Unmöglichkeit der Erbringung der Arbeitsleistung wurde aber schon bald nach Inkrafttreten des BGB als unzureichend angesehen. Als problematisch haben sich insbesondere Fälle erwiesen, in denen die Arbeitsleistung **ohne Verschulden der beiden Arbeitsvertragsparteien** unmöglich wurde, weil die Fabrik abgebrannt oder keine Energie vorhanden war.[944] Es geht hier letztlich um die Frage, wer das Risiko einer Arbeitsverhinderung zu tragen hat. 379

a) Betriebsrisiko. In den Betriebsrisikofällen wird die Arbeitsleistung aus betriebstechnischen Gründen unmöglich, die weder der Arbeitgeber noch der Arbeitnehmer zu vertreten haben. Da diese Fälle vom Gesetz nicht erfasst waren, entwickelten Rspr.[945] und Lehre[946] die sog. Betriebsrisikolehre. Mit der Einfügung des **§ 615 S. 3 BGB** knüpft der Gesetzgeber an diese Rspr. an und legt wie bisher in diesen Fällen dem Arbeitgeber das Risiko des Arbeitsausfalls auf.[947] Dementsprechend hat der Arbeitgeber bei Unterbrechungen wie Stromausfall, Maschinenstörung, Erkrankung von Mitarbeitern, Betriebseinstellung im Anschluss an eine behördliche Anordnung,[948] Witterung,[949] Betriebsbrand usw seinen Handlungsgehilfen die Vergütung auch dann fortzuzahlen, wenn er diese Unterbrechungen 380

---

938 *Sagan/Brockfeld* NJW 2020, 1112 (1113 f.).

939 S. BGBl. 2020 I 587; ausf. *Fuhlrott/Fischer* NZA 2020, 409 (411); *Hohenstatt/Krois* NZA 2020, 413 (414); *Sagan/Brockfeld* NJW 2020, 1112 (1114).

940 So grds. zB BAG NZA 1995, 468. Diese Grundsätze auch in der vorliegenden Situation für anwendbar haltend *Fuhlrott/Fischer* NZA 2020, 345 (348).

941 Vgl. dazu BAG NZA-RR 2008, 418 (420) mwN.

942 BAG AP BGB § 324 Nr. 1.

943 BAG AP BGB § 324 Nr. 2 mAnm *A. Hueck*.

944 Hierzu grdl. die „Kieler Straßenbahnentscheidung", RGZ 106, 272 (275).

945 BAG AP BGB § 615 Betriebsrisiko Nr. 2 mAnm *A. Hueck*; Nr. 13 mAnm *A. Hueck*; Nr. 15 mAnm *Nikisch*; Nr. 31 = SAE 1983, 240 mAnm *Denck*; Nr. 56.

946 Hierzu *Bletz* JR 1985, 228; *Ehmann*, Betriebsrisikolehre und Kurzarbeit, 1979; *Jahnke* ZfA 1984, 69 ff.; *Gagel* BB 1984, 2006; *Rückert* ZfA 1983, 1 ff.

947 Vgl. hierzu *Auktor* ZTR 2002, 466 ff.; ErfK/*Preis* BGB § 615 Rn. 120 ff.; *Luke* NZA 2004, 244 ff.; MHdB ArbR/*Tillmanns* § 76 Rn. 81 ff.; *Reichold* ZfA 2006, 223 ff.

948 Dazu LAG Düsseldorf LAGReport 2003, 301, dort auch zu den Ausnahmen.

949 Dazu BAG NZA 2008, 1407.

nicht zu vertreten hat.[950] Dagegen braucht der Arbeitgeber die durch Einführung der Sommerzeit ausgefallene Stunde nicht nacharbeiten zu lassen und zu vergüten.[951]

381 **b) Arbeitskampfrisikolehre.** Der Vergütungsanspruch des Handlungsgehilfen entfällt, wenn er von **Arbeitskampfmaßnahmen** (Streik und Aussperrung) **unmittelbar** betroffen ist. Denn während des Arbeitskampfes bleibt das Dienstverhältnis bestehen, es ruhen jedoch die Hauptleistungspflichten von Arbeitgeber und Handlungsgehilfen.[952] Ausnahmen von diesem Grundsatz gelten hingegen bei arbeitskampfbedingten Arbeitsausfällen in Betrieben, die nur **mittelbar** von legitimen Streiks oder Aussperrungen betroffen sind. Das BAG hat hierfür die sog. **Arbeitskampfrisikolehre** entwickelt.[953] Danach führen Betriebsstörungen wegen Streiks in anderen Betrieben nicht generell zu einem Verlust des Entgeltanspruchs der Handlungsgehilfen, sondern nur dann, wenn die Fernwirkungen eines Streiks in einem anderen Betrieb das Kräfteverhältnis der kämpfenden Parteien beeinflussen können. Das hat nach Auffassung des BAG zur Konsequenz, dass Handlungsgehilfen für die Dauer der Störung dann keinen Vergütungsanspruch haben, wenn die für den mittelbar betroffenen Betrieb zuständigen Verbände mit den unmittelbar kämpfenden Verbänden identisch oder doch organisatorisch eng verbunden sind. Ob die Betriebsstörung dabei auf einem rechtmäßigen Streik oder einer rechtmäßigen Abwehraussperrung beruht, ist unerheblich.[954] Inwieweit in diesen Fällen ein Anspruch auf Kurzarbeitergeld besteht, richtet sich nach §§ 95 ff. SGB III iVm § 100 SGB III.

382 **11. Der Gehaltsschutz.** Die Gehaltsansprüche des Handlungsgehilfen sind durch zahlreiche Regelungen außerhalb des HGB besonders geschützt.[955] Grund hierfür ist die sozialpolitische Entscheidung, dem Handlungsgehilfen möglichst die Existenzgrundlage zu erhalten **(Unterhaltsfunktion),** da anderenfalls der Handlungsgehilfe und seine Familie alsbald der staatlichen Unterstützung durch Arbeitslosengeld oder Arbeitslosengeld II zur Last fallen würden.

383 **a) Pfändungsschutzvorschriften.** Der Schutz des Vergütungsanspruchs des Handlungsgehilfen vor Zugriffen von Gläubigern des Handlungsgehilfen kommt besonders deutlich in den Pfändungsschutzvorschriften der §§ 850–850l ZPO[956] zum Ausdruck.[957] Die in § 850a ZPO aufgezählten Bezüge sind unpfändbar. Hierzu zählen auch Zulagen für Sonntags-, Feiertags- und Nachtarbeit sind Erschwerniszulagen iSv § 850a Nr. 3 ZPO.[958] Die Pfändungsschutzvorschriften sind im öffentlichen Interesse erlassene, soziale Schutzbestimmungen und daher unabdingbar.[959]

384 **b) Abtretung der Gehaltsansprüche.** Der Vergütungsanspruch des Handlungsgehilfen kann nach § 400 BGB nur abgetreten werden, soweit er auch pfändbar ist.[960] Das bedeutet, dass der Teil des Vergütungsanspruches, der dem Pfändungsschutz der §§ 850–

---

950 Vgl. auch die Aufzählung bei ErfK/*Preis* BGB § 615 Rn. 131 ff. m. weit. Beispielen.

951 BAG DB 1986, 1780.

952 Vgl. hierzu MHdB ArbR/*Ricken* § 276 Rn. 13 ff.; MHdB ArbR/*Ricken* § 277 Rn. 1 ff.

953 BAG AP GG Art. 9 Arbeitskampf Nr. 70, 71 mAnm *Richardi*; in der Tendenz ähnlich bereits BAG AP BGB § 615 Betriebsrisiko Nr. 30 mAnm *Seiter*; zu der früher vertretenen sog. Sphärentheorie vgl. BAG AP BGB § 615 Betriebsrisiko Nr. 3 mAnm *A. Hueck*.

954 Zum Ganzen auch *Kissel*, Arbeitskampfrecht, 2002, § 33 Rn. 163; MHdB ArbR/*Ricken* § 279; MüKoBGB/*Henssler* BGB § 615 Rn. 102 ff.; *Linck* in Schaub ArbR-HdB § 194, jeweils mwN.

955 Dazu ErfK/*Preis* BGB § 611a Rn. 449 ff.; MHdB ArbR/*Krause* §§ 73 ff.; *Linck* in Schaub ArbR-HdB §§ 73 ff.; *v. Hoyningen-Huene* BB 1992, 2138 ff.

956 Neu gefasst mWv 1.7.2010 durch Art. 1 Gesetz zur Reform des Kontopfändungsschutzes vom 7.7.2009, BGBl. 2009 I 1707.

957 *Jauernig*, Zwangsvollstreckungs- und Insolvenzrecht, 23. Aufl. 2010, § 33 I; *Stöber*, Forderungspfändung, 16. Aufl. 2013 sowie Kommentare zur ZPO.

958 BAG AP ZPO § 850a Nr. 7.

959 Saenger/*Kemper* ZPO § 850 Rn. 2 f.

960 Zur Berechung des pfändbaren Einkommens BAG NZA 2013, 859; AP BGB § 400 Nr. 2; zu den Einschränkungen MüKoBGB/*Roth*/*Kieninger* BGB § 400 Rn. 7 ff.

850 l ZPO unterliegt, nicht abgetreten werden darf. Bis zu dieser Höhe kann der Gehaltsanspruch des Handlungsgehilfen nach § 1274 Abs. 2 BGB auch nicht **verpfändet** werden.

385 Die **Abtretung künftiger Gehaltsansprüche** kann durch Tarifvertrag und Betriebsvereinbarung ausgeschlossen werden.[961] Durch solche Abtretungsverbote soll der Handlungsgehilfe gegen unbedachte Verfügungen, aber auch der Arbeitgeber gegen Belastungen in der Lohnbuchhaltung geschützt werden.[962] Auch ein einzelvertraglich zwischen Arbeitgeber und Handlungsgehilfen vereinbartes Abtretungsverbot ist nach § 399 BGB möglich. Soweit kein Abtretungsverbot vereinbart worden ist, kann der Handlungsgehilfe auch eine **Vorausabtretung** seiner Gehaltsansprüche vornehmen;[963] die Vergütungsansprüche gegenüber dem Arbeitgeber müssen dabei aber hinreichend bestimmt sein.[964]

386 **c) Einschränkung der Aufrechnungsmöglichkeit.** Der Arbeitgeber kann nach § 394 BGB gegen die Gehaltsforderung des Handlungsgehilfen nicht aufrechnen, soweit der Gehaltsanspruch des Handlungsgehilfen nach den §§ 850–850k ZPO unpfändbar ist.[965] Das bedeutet, dass der Arbeitgeber, auch wenn ihm Gegenansprüche zustehen, mit denen er gegen die Gehaltsforderung des Handlungsgehilfen aufrechnen könnte, stets den unpfändbaren Teil des Vergütungsanspruches auszubezahlen hat.

387 Eine **Ausnahme** gilt freilich dann, wenn der Arbeitgeber mit einem Schadensersatzanspruch aufrechnet, der aus einer vorsätzlichen unerlaubten Handlung des Handlungsgehilfen resultiert.[966] Bei einem Schadensersatzanspruch aus einer vorsätzlichen Vertragsverletzung ist die Schwere des dem Arbeitgeber zugefügten Nachteils gegenüber dem durch § 394 BGB bezweckten Lohnschutz abzuwägen.[967] Im Interesse der Allgemeinheit muss dem Schädiger jedoch das Existenzminimum verbleiben, das in Anlehnung an § 850d ZPO unter Berücksichtigung sonstiger Einkünfte zu ermitteln ist.[968]

388 **d) Zurückbehaltungsrecht.** Der Arbeitgeber kann grundsätzlich gegenüber dem Gehaltsanspruch des Handlungsgehilfen ein Zurückbehaltungsrecht ausüben (→ Rn. 262). Das Zurückbehaltungsrecht aus § 273 BGB setzt dabei einen fälligen Gegenanspruch aus demselben rechtlichen Verhältnis voraus.[969] Da die Ausübung des Zurückbehaltungsrechts auf denselben wirtschaftlichen Erfolg wie die Aufrechnung hinausläuft, ist sie ausgeschlossen, soweit auch eine Aufrechnung unzulässig wäre.[970] Bei der Ausübung des Zurückbehaltungsrechts ist daher § 394 BGB entsprechend anwendbar.

389 Bei Beendigung des Arbeitsverhältnisses steht dem Arbeitgeber an den **Arbeitspapieren kein Zurückbehaltungsrecht** zu.[971] Zu den Arbeitspapieren zählen etwa die Versicherungs- und Lohnsteuerkarte, Urlaubsbescheinigungen nach § 6 Abs. 2 BUrlG oder Arbeitsbescheinigungen nach § 312 SGB III.

390 **e) Insolvenz.** Die Gehaltsansprüche des Handlungsgehilfen sind auch in der Insolvenz des Arbeitgebers besonders geschützt.[972] In der Insolvenz ist zwischen einfachen Insolvenz-

---

961 BAG AP BGB § 399 Nr. 1 mAnm *A. Hueck*; MHdB ArbR/*Krause* § 73 Rn. 11 mwN; krit. ErfK/*Preis* BGB § 611a Rn. 462.

962 *Linck* in Schaub ArbR-HdB § 73 Rn. 1 ff.

963 Hierzu MüKoBGB/*Roth*/*Kieninger* BGB § 398 Rn. 78 ff. mwN.

964 Dazu BAG AP BGB § 398 Nr. 3; Nr. 5; AP BGB § 400 Nr. 2; BGH NJW 1965, 2197; 1978, 1050.

965 BAG EzA BGB 2002 § 394 Nr. 2, dort auch zum Umgehungsverbot; MüKoBGB/*Schlüter* BGB § 394 Rn. 1; *Linck* in Schaub ArbR-HdB § 73 Rn. 8 ff.

966 BAG AP BGB § 394 Nr. 4 mAnm *Hueck*; Nr. 8 mAnm *Pohle*; Nr. 30; MüKoBGB/*Schlüter* BGB § 394 Rn. 14.

967 BAG AP BGB § 394 Nr. 5 mAnm *A. Hueck*; Nr. 9 mAnm *Bötticher*; Nr. 30; MüKoBGB/*Schlüter* BGB § 394 Rn. 14; *Linck* in Schaub ArbR-HdB § 73 Rn. 10.

968 BAG AP BGB § 394 Nr. 8; Nr. 30; ErfK/*Preis* BGB § 611a Rn. 451.

969 Hierzu MüKoBGB/*Krüger* BGB § 273 Rn. 8 ff.

970 BAG AP BGB § 394 Nr. 11 mAnm *Erman*; BGH NJW 1984, 128 (129); LAG Nürnberg NZA-RR 1999, 402; ErfK/*Preis* BGB § 611a Rn. 458; MüKoBGB/*Schlüter* BGB § 394 Rn. 10.

971 BAG AP BGB § 611 Urlaubskarten Nr. 2 mAnm *Larenz*; LAG Frankfurt DB 1984, 2200; ausf. *Henkel* ZGS 2004, 170 (171 ff.) mwN; MüKoBGB/*Krüger* BGB § 273 Rn. 49.

972 Dazu *Lakies* NZA 2001, 521 ff.; MHdB ArbR/*Krumbiegel* § 75 mwN.

forderungen gem. § 38 InsO und Masseverbindlichkeiten gem. § 55 InsO zu unterscheiden. Nur Masseverbindlichkeiten sind besonders geschützt und werden direkt gegenüber dem Insolvenzverwalter geltend gemacht. Sie sind unabhängig von einem Verteilungsverfahren vor allen Insolvenzgläubigern vorweg zu befriedigen.[973] Gehaltsansprüche aus der Zeit vor der Insolvenzeröffnung sind nur einfache Insolvenzforderungen, danach entstandene Forderungen sind unter den Voraussetzungen des § 55 Abs. 2 S. 2 InsO Masseverbindlichkeiten.[974] Darüber hinaus steht den Handlungsgehilfen für die letzten drei Monate vor Eröffnung des Insolvenzverfahrens Insolvenzgeld gem. §§ 165 ff. SGB III zu.

391 **f) Betriebsübergang.** Bei einem Betriebsübergang (→ Rn. 34) haftet der bisherige Arbeitgeber neben dem neuen Inhaber des Betriebs gem. § 613a Abs. 2 BGB für Vergütungsansprüche des Handlungsgehilfen, die vor der Zeit des Übergangs entstanden sind und vor Ablauf von einem Jahr nach diesem Zeitpunkt fällig werden, als Gesamtschuldner.[975] Daneben kommt als weitere Haftungsgrundlage für den neuen Betriebsinhaber beim Erwerb eines Handelsgeschäfts mit gleichzeitiger Fortführung der bisherigen Firma § 25 in Betracht (→ Rn. 37).

392 **12. Einreden und Einwendungen gegen den Vergütungsanspruch.** Gegen den Vergütungsanspruch des Handlungsgehilfen kann der Arbeitgeber die allgemeinen bürgerlich-rechtlichen Einwendungen und Einreden erheben.[976]

393 **a) Verjährung.** Der Vergütungsanspruch des Handlungsgehilfen unterliegt der Einrede der Verjährung. Die **Verjährungsfrist** beträgt drei Jahre, beginnend mit dem Ende des Jahres, in dem die Vergütung fällig geworden ist (§ 195 BGB iVm § 199 Abs. 1 BGB). Der Verjährung unterliegen alle Bezüge, die ein Entgelt für geleistete Dienste darstellen. Hierzu zählen insbesondere auch Ansprüche auf Gewinnanteile und Provisionen.[977] Sowohl im Anstellungsvertrag als auch im Tarifvertrag können kürzere Verjährungsfristen vereinbart werden.

394 **b) Verzicht.** Der Handlungsgehilfe kann auf seinen Vergütungsanspruch durch Abschluss eines Erlassvertrags mit dem Arbeitgeber nach § 397 Abs. 1 BGB grundsätzlich verzichten.[978] Dabei ist freilich zu beachten, dass ein Verzicht auf entstandene tarifvertragliche Gehaltsansprüche nach § 4 Abs. 4 S. 1 TVG nur in einem von den Tarifvertragsparteien gebilligten Vergleich möglich ist.[979] Dies gilt auch für allgemeinverbindlich erklärte Tarifverträge[980] nicht aber dann, wenn der Tarifvertrag durch einzelvertragliche Bezugnahme Anwendung findet.[981]

395 **c) Verwirkung.** Der Handlungsgehilfe kann seinen Vergütungsanspruch grundsätzlich auch verwirken. Dies ist freilich nur in besonderen Ausnahmefällen anzunehmen.[982] Es bedarf wie stets eines Zeitmoments und eines Umstandsmoments. Soweit der Vergütungsanspruch des Handlungsgehilfen auf einem Tarifvertrag beruht, ist eine Verwirkung nach § 4 Abs. 4 S. 2 TVG ausgeschlossen. Gleiches gilt für den Mindestlohnanspruch des Arbeitnehmers (§ 3 S. 3 MiLoG).

---

[973] *Linck* in Schaub ArbR-HdB § 92 Rn. 7.

[974] MHdB ArbR/*Krumbiegel* § 75 Rn. 3; zu dieser Thematik auch MüKoInsO/*Hefermehl* InsO § 55 Rn. 146.

[975] MüKoBGB/*Müller-Glöge* BGB § 613a Rn. 159 ff.; zur Haftung für Versorgungsansprüche vgl. BAG NZA 1988, 501; 2002, 1391 ff. sowie *Rolfs* NZA-Beil. 2008, 164 ff. mwN.

[976] Dazu MHdB ArbR/*Krause* § 71; *Linck* in Schaub ArbR-HdB § 72.

[977] BAG AP § 88 Nr. 1 mAnm *Naendrup*.

[978] Dazu MHdB ArbR/*Krause* § 71 Rn. 1 ff.

[979] Hierzu Wiedemann/*Wank* TVG § 4 Rn. 737 ff.

[980] Wiedemann/*Wank* TVG § 4 Rn. 757, 773.

[981] *Kempen/Zachert* TVG § 4 Rn. 586; *Linck* in Schaub ArbR-HdB § 72 Rn. 13; Wiedemann/*Wank* TVG § 4 Rn. 758, 759.

[982] Hierzu BAG NJW 1955, 159; AP BGB § 242 Verwirkung Nr. 46; NZA 2007, 690 mwN; weniger strenge Anforderungen bezüglich der Verwirkung einer Überstundenvergütung stellt LAG Köln MDR 1999, 1005; ErfK/*Preis* BGB § 611a Rn. 471; MüKoBGB/*Schubert* BGB § 242 Rn. 296 ff.

d) Tarifvertragliche Ausschlussfrist. Für die Geltendmachung des Gehaltsanspruchs des Handlungsgehilfen kann eine tarifvertragliche oder vertragliche[983] Ausschlussfrist vorgesehen werden.[984] Das sind Fristen, innerhalb derer ein Anspruch oder ein sonstiges Recht geltend gemacht werden muss, damit es nicht erlischt.[985] Solche Ausschlussfristen nach § 4 Abs. 4 S. 3 TVG sind in der Praxis sehr häufig. Die Versäumung der Ausschlussfrist bringt den Anspruch zum Erlöschen, begründet also nicht nur wie die Verjährung eine Einrede.[986] Aus diesem Grunde sind Ausschlussfristen im Gegensatz zu Einreden auch von Amts wegen zu beachten.[987] Mit Gehaltsansprüchen, die durch Ablauf einer Ausschlussfrist erloschen sind, kann auch nicht mehr aufgerechnet werden. § 390 S. 2 BGB, nach dem die Aufrechnung mit verjährten Forderungen unter bestimmten Umständen möglich ist, findet auf Gehaltsansprüche, die durch Versäumung der Ausschlussfrist erloschen sind, keine Anwendung.[988] 396

e) Ausschlussfristen in AGB. Werden Ausschlussfristen in **AGB**[989] vereinbart, muss die Mindestfrist für die schriftliche Geltendmachung der Ansprüche drei Monate ab Fälligkeit betragen.[990] Eine kürzere Frist benachteiligt den Handlungsgehilfen unangemessen und ist damit gem. § 307 Abs. 1 S. 1 BGB unwirksam. Zu unterscheiden sind einseitige Ausschlussfristen zulasten des Handlungsgehilfen von zweiseitigen Ausschlussfristen, die für Ansprüche von Handlungsgehilfe und Arbeitgeber gleichermaßen gelten. Weiterhin ist zwischen **einstufigen** und zweistufigen Ausschlussfristen zu differenzieren. Erstere führen zum Erlöschen eines Rechts, wenn es nicht innerhalb der vereinbarten Frist geltend gemacht wird. Von einer **zweistufigen** Ausschlussfrist wird dagegen gesprochen, wenn es nach der erfolglosen Geltendmachung des Anspruchs noch der Klageerhebung bedarf, um den Anspruch vor dem Erlöschen zu bewahren.[991] 397

Einseitige Ausschlussfristen in Formulararbeitsverträgen, die nur für den Handlungsgehilfen zum Anspruchsverlust führen, sind nach § 307 Abs. 1 S. 1 BGB unwirksam.[992] Sie widersprechen nach Ansicht des BAG einer ausgewogenen Vertragsgestaltung, denn derartige Klauseln erschweren allein dem Handlungsgehilfen die Anspruchsdurchsetzung und der bei Fristversäumnis eintretende völlige Anspruchsverlust treffe gleichfalls nur ihn.[993] **Zweiseitige** Ausschlussfristen können grundsätzlich auch in Formulararbeitsverträgen vereinbart werden.[994] Ungeachtet ihrer Ausgestaltung als ein- oder zweistufige Ausschlussfristen, teilen sie im Grundsatz dieselben Wirksamkeitsgrenzen. 398

Seit der Schuldrechtsreform war umstritten, ob **zweistufige Ausschlussfristen** mit dem Klauselverbot des **§ 309 Nr. 13 BGB** vereinbar sind.[995] Das Bundesarbeitsgericht hat diese 399

---

983 Hierzu *Krause* RdA 2004, 36 ff.; *Krause* RdA 2004, 106 ff.

984 Dazu ausf. *Matthiessen,* Arbeitsvertragliche Ausschlussfristen, 2007; MHdB ArbR/*Krause* § 71 Rn. 12 ff.; MüKoBGB/*Spinner* BGB § 611a Rn. 1089 ff.; *Koch* in Schaub ArbR-HdB § 231 Rn. 33; zum Beginn der Ausschlussfrist beim Betriebsübergang (→ Rn. 34) s. BAG AP TVG § 4 Ausschlussfristen Nr. 126.

985 *Bauer* NZA 1987, 440; Wiedemann/*Wank* TVG § 4, Rn. 713.

986 ErfK/*Preis* BGB §§ 214–218 Rn. 33; MüKoBGB/*Spinner* BGB § 611a Rn. 1089.

987 BAG AP BGB § 611 Haftung des Arbeitnehmers Nr. 56; AP AZO § 15 Nr. 9; AP BGB § 611 Lohnanspruch Nr. 10; ErfK/*Preis* BGB §§ 214–218 Rn. 33; *Krause* RdA 2004, 36 (39).

988 BAG AP BGB § 390 Nr. 2; Nr. 3; Nr. 4; GmS OGB AP BGB § 390 Nr. 5 mAnm *Wiedemann/Stumpf;* Wiedemann/*Wank* TVG § 4 Rn. 898 f.

989 Ausf. *Thüsing* in v. Westphalen/Thüsing, Vertragsrecht und AGB-Klauselwerke, Arbeitsverträge Rn. 172 ff.

990 BAG NZA 2006, 149; 2006, 783; *Müller* BB 2005, 1333 ff.; *Preis/Roloff* RdA 2005, 144 ff.

991 *v. Medem* NZA 2013, 345; Preis/*Preis,* Der Arbeitsvertrag, II A 150 Rn. 45 ff.

992 BAG NZA 2006, 324 (326); LAG Bln-Bbg BeckRS 2013, 74549; LAG Hamm BeckRS 2013, 74889; LAG SchlH BeckRS 2010, 32534; *Krause* RdA 2004, 36 (47); *Preis/Roloff* RdA 2005, 144 (154); *Reinecke* BB 2005, 378 (381); *Thüsing/Leder* BB 2005, 1563 (1564); anders noch *Lingemann* NZA 2002, 181 (190).

993 Dem steht nicht entgegen, dass die Rspr. einseitige Ausschlussfristen in Tarifverträgen für zulässig erachtet, BAG BB 1998, 588 (589); NJW 1990, 468 (471); s. auch *Bauer* NZA 1987, 440 (441); *Löwisch/Rieble* TVG § 1 Rn. 1919.

994 BAG NZA 2012, 861; NJW 2006, 2205; 2006, 795 (797); 2005, 3305 (3306).

995 Dafür Preis/*Preis,* Der Arbeitsvertrag, II A 150 Rn. 17; *Thüsing/Leder* BB 2005, 1563 (1564 f.); dagegen *Hönn* ZfA 2003, 325 (340 f.); *Hümmerich* NZA 2003, 753 (755); *Nägele/Chwalisz* MDR 2002, 1341 (1343 f.); *Lakies* NZA 2004, 569 (575); *Reinecke* BB 2005, 378 (382); *Singer* RdA 2003, 194 (201).

Frage bejaht.[996] Als Begründung hat das Gericht auf die angemessene Berücksichtigung arbeitsrechtlicher Besonderheiten (§ 310 Abs. 4 S. 2 BGB) verwiesen. Zweistufige Ausschlussfristen dienten seit langem der im Arbeitsleben anerkanntermaßen besonders gebotenen raschen Klärung von Ansprüchen und der Bereinigung offener Streitpunkte. Dogmatisch stimmiger – da logisch vorrangig – wäre es jedoch gewesen, die Anwendung des Klauselverbots bereits am **Wortlaut** und Sinn und Zweck der Vorschrift scheitern zu lassen.[997] Auch im sonstigen Zivilrecht ist die Verpflichtung zur gerichtlichen Geltendmachung eines Anspruchs nämlich kein Anwendungsfall des § 309 Nr. 13 BGB. Die zweite Stufe enthält allein das Gebot, dass der Anspruch gerichtlich geltend zu machen ist. Die Klageerhebung ist aber keine Erklärung oder Anzeige, die dem Arbeitgeber gegenüber abzugeben ist. Adressat ist das Gericht, dieses wiederum ist aber nicht Dritter iSd Vorschrift. Selbst wenn man das Gericht einem Dritten gleichstellen wollte, statuiert die zweite Stufe einer Ausschlussfrist im Regelfall keine Anforderungen, die bei einer Klageerhebung nicht ohnehin zu beachten wären. Dass von Gesetzes wegen besondere Erfordernisse bei der Abfassung der Klageschrift zu beachten sind, bleibt bei § 309 Nr. 13 BGB außer Betracht. Schutz gewährt die Vorschrift nur vor vom Verwender „bestimmten" Formanforderungen. Auch der Hinweis, der Weg über das Gericht allein sei ein besonderes Zugangserfordernis,[998] überzeugt nicht. Ein besonderes Zugangserfordernis iSd § 309 Nr. 13 BGB kann die Benennung einer anderen Stelle nur dann darstellen, wenn dieser Stelle gegenüber eine Erklärung abzugeben ist, für welche ohne Vereinbarung der Arbeitgeber empfangszuständig wäre. Dies ist bei der zweiten Stufe einer Ausschlussfrist nicht der Fall. Die Geltendmachung des Anspruchs gegenüber dem Arbeitgeber erfolgte bereits auf der ersten Stufe, die zweite verpflichtet lediglich zum Tätigwerden vor Gericht. Allein davor, dass der Untergang eines Anspruchs gegen den Verwender mit einer Handlung gegenüber einem „sonstigen Dritten" verknüpft wird, schützt nicht § 309 Nr. 13 BGB, sondern nur § 307 BGB. Der **Sinn und Zweck** des § 309 Nr. 13 BGB stützt diesen Befund. Mit dem Verbot besonderer Form- und Zugangserfordernisse soll es dem Verwender untersagt werden, „Barrieren für die Rechtsdurchsetzung" errichten zu dürfen.[999] Allein das Erfordernis, einen Anspruch, dessen Erfüllung der Vertragspartner verweigert hat, gerichtlich geltend zu machen, schafft eine solche Barriere nicht. Anderen Faktoren, die im Einzelfall eine zweistufige Ausschlussfrist dennoch als unangemessene Benachteiligung erscheinen lassen, ist im Rahmen des § 307 BGB Rechnung zu tragen.

400 Erfasst werden können **vertragliche und gesetzliche Ansprüche.** Während dies für abdingbare gesetzliche Rechte allgemein anerkannt ist, ist die Rechtslage bei **unabdingbaren gesetzlichen Ansprüchen** nicht unstrittig. Nach der überwiegenden, insbesondere von der Rspr. vertretenen Ansicht, ist die Erstreckung auf diese Ansprüche weitgehend zulässig,[1000] denn entsprechende Ausschlussfristen bezögen sich nicht auf das Recht als solches, sondern lediglich auf seine Geltendmachung. Eine Abweichung von **kollektivrechtlichen Ansprüchen** ist dagegen durch eine einzelvertragliche Ausschlussfrist nicht möglich; das folgt aus § 4 Abs. 3 TVG und § 77 Abs. 4 S. 4 BetrVG. **Ansprüche, die noch nicht fällig sind,** können nicht erfasst werden: Sie können im Zeitraum der Fristverstreichung nicht erfolgreich geltend gemacht werden.[1001] Ausschlussfristen können sich nicht auf **Ansprüche aus Vorsatzhaftung** erstrecken, dies folgt aus den § 202 Abs. 1 BGB, § 276 Abs. 3 BGB. Bezweckt werde ein umfassender Schutz gegen im Voraus vereinbarte Einschränkungen von Haftungsansprüchen aus vorsätzlichen Schädigungen.[1002] Deshalb verbiete § 202 Abs. 1 BGB nicht nur Vereinbarungen über die Verjährung, sondern auch über Ausschlussfristen. Vorformulierte Aus-

---

[996] BAG NJW 2005, 3305 (3306).
[997] Vgl. dazu bereits *Thüsing/Leder* BB 2005, 1563 (1564 f.).
[998] Däubler/Bonin/Deinert/*Däubler,* AGB-Kontrolle im Arbeitsrecht, BGB § 309 Nr. 13 Rn. 6.
[999] MüKoBGB/*Wurmnest* BGB § 309 Nr. 13 Rn. 1; BeckOK BGB/*Becker* BGB § 309 Nr. 13 Rn. 1.
[1000] BAG NZA 1989, 101; vgl. aber auch BAG NZA 1984, 257, wonach eine einzelvertraglich vereinbarte Ausschlussklausel nicht für gesetzliche Urlaubsansprüche gelten soll; krit. Preis/*Preis,* Der Arbeitsvertrag, II A 150 Rn. 31.
[1001] Vgl. BAG NJW 2006, 2205.
[1002] BAG NZA-RR 2014, 177 (180); NJW 2006, 795 (797).

schlussfristen, die solche Ansprüche nicht ausdrücklich ausklammern, seien laut BAG, soweit Ansprüche aus Vorsatzhaftung erfasst würden, gem. § 139 BGB lediglich teilnichtig.[1003] Das Verbot der geltungserhaltenden Reduktion findet somit keine Anwendung.

Das Klauselverbot des **§ 309 Nr. 7 BGB** findet auf Ausschlussklauseln **keine Anwendung.** Nunmehr setzt aber **§ 3 S. 1 MiLoG** der Vereinbarkeit Grenzen: Danach sind Vereinbarungen, die den Anspruch auf Mindestlohn unterschreiten oder seine Geltendmachung beschränken oder ausschließen, insoweit unwirksam. Voraussetzung ist indes, dass arbeits- oder tarifvertragliche Entgeltansprüche einerseits und der eigenständig daneben tretende Mindestlohnanspruch aus § 1 MiLoG andererseits bereits nebeneinander existieren.[1004] Eine parallel gelagerte Problematik stellt sich im Hinblick auf **§ 9 S. 3 AEntG.** Die Unwirksamkeitsfolge wird zwar hier nicht unmittelbar durch § 9 S. 3 AEntG statuiert, folgt aber aus **§ 134 BGB.** 401

VIII. Nebenpflichten des Arbeitgebers

1. Überblick. Der Arbeitgeber schuldet dem Handlungsgehilfen nicht nur das Entgelt; ihn treffen vielmehr darüber hinaus eine Anzahl weiterer Schutz-, Obhuts- und Auskunftspflichten, die herkömmlicherweise unter dem Begriff **Fürsorgepflicht** zusammengefasst werden.[1005] Der **Begriff** geht zurück auf die Rspr. des RAG, das durch den Fürsorgegedanken dem einzelnen Arbeitnehmer über Gesetz und Tarifvertrag hinaus sozialen Schutz hat angedeihen lassen.[1006] Mit dem Begriff der Fürsorge lassen sich aber die dem Arbeitgeber auferlegten Rechtspflichten nur unzureichend kennzeichnen. Bei den nach überkommenem Sprachgebrauch als Fürsorgepflichten bezeichneten Rechtspflichten handelt es sich heute entweder um gesetzlich ausdrücklich normierte oder aus den § 241 Abs. 2 BGB, § 242 BGB ableitbare Pflichten, die besser entsprechend der allgemeinen Zivilrechtsdogmatik als **Nebenpflichten** bezeichnet werden sollten. Die Nebenpflichten werden dabei unterteilt in sog. **Nebenleistungspflichten,** die eng mit der Hauptleistungspflicht zusammenhängen und deren Grundlage die §§ 242, 241 Abs. 1 BGB bilden, und sog. **Schutz- bzw. Rücksichtnahmepflichten,** die nunmehr ausdrücklich in § 241 Abs. 2 BGB geregelt sind.[1007] 402

Der **Grund** für diese Nebenpflichten besteht darin, dass sich der Handlungsgehilfe durch die Eingliederung in den Betrieb in den **vom Arbeitgeber gestalteten Gefahren- und Einwirkungsbereich** begibt, dem er sich nicht entziehen kann. In diesem Ausgeliefertsein an Umstände, Handlungen und Entwicklungen, für die der Arbeitgeber verantwortlich ist, steckt die Wurzel für die meisten Nebenpflichten des Arbeitgebers im Arbeitsverhältnis.[1008] 403

Der **Schutz von Leib und Leben** des Handlungsgehilfen ist in § 62 Abs. 1 besonders geregelt und wird daher in den Erläuterungen zu § 62 im Einzelnen dargestellt. Gegenstand der nachfolgenden Erläuterungen sind deshalb nur die Nebenpflichten des Arbeitgebers, die nicht aus § 62 abgeleitet werden können. 404

2. Rechtsgrundlage. Die Nebenpflichten des Arbeitgebers können ganz verschiedene Rechtsgrundlagen haben. Nebenpflichten folgen zum Teil aus gesetzlichen Vorschriften oder Rechtsverordnungen und Unfallverhütungsvorschriften. Daneben können auch in Tarifverträgen, Betriebsvereinbarungen und Einzelarbeitsverträgen ausdrücklich bestimmte Nebenpflichten geregelt sein. Soweit Nebenpflichten keine spezialgesetzliche Regelung 405

[1003] BAG NJW 2006, 795 (796); 2005, 3305.

[1004] BAG NZA 2018, 57 (58); s. dazu *Lipinski/Jungbauer* DB 2018, 449.

[1005] *Boemke* AR-Blattei SD 1225 (2003); MHdB ArbR/*Reichold* §§ 91 ff.; MüKoBGB/*Spinner* BGB § 611a Rn. 895 ff.; *Ahrendt* in Schaub ArbR-HdB § 106.

[1006] *Kahn-Freund,* Das soziale Ideal des Reichsarbeitsgerichts, 1931, wieder abgedruckt bei *Ramm,* Arbeitsrecht und Politik, 1966, 149, 194 ff.; zur Entwicklung MHdB ArbR/*Reichold* § 91 Rn. 2 ff.

[1007] Vgl. BAG NZA 2007, 262; 2006, 545 (549); 2006, 502 (504); ErfK/*Preis* BGB § 611a Rn. 615; MüKoBGB/*Spinner* BGB § 611a Rn. 900; MHdB ArbR/*Reichold* § 91 Rn. 1, 7 f.; von einer (allgemeinen) Fürsorgepflicht aus § 242 BGB spricht aber noch BAG NZA 2008, 223 (225).

[1008] Zutr. *Zöllner/Loritz/Hergenröder* ArbR Einl. zu § 19.

erfahren haben (zB § 12 Abs. 1 AGG, § 618 Abs. 1 BGB, § 2 NachwG), ergibt sich ihr Inhalt aus § 241 Abs. 2 BGB sowie dem in § 242 BGB normierten Grundsatz von Treu und Glauben.[1009]

406 **3. Beginn und Ende der Nebenpflichten.**[1010] **Nebenleistungspflichten** des Arbeitgebers gegenüber dem Handlungsgehilfen bestehen grundsätzlich nur dann, wenn ein wirksamer Anstellungsvertrag geschlossen worden ist. Dies ergibt sich daraus, dass § 242 BGB, der Rechtsgrundlage der nicht konkret geregelten Nebenleistungspflichten des Arbeitgebers ist, ein wirksames Schuldverhältnis voraussetzt.[1011] Daneben bestehen aber auch im fehlerhaften, sog. faktischen Arbeitsverhältnis Nebenpflichten des Arbeitgebers, soweit diese jedenfalls im Zusammenhang mit der Erbringung der Arbeitsleistung stehen.

407 Hingegen obliegen **Schutz- bzw. Rücksichtnahmepflichten** aus § 241 Abs. 2 BGB dem Arbeitgeber bereits vor der Begründung des Anstellungsverhältnisses.[1012] Diese **vorvertraglichen** Schutzpflichten (vgl. § 241 Abs. 2 BGB) beruhen auf einem Vertragsanbahnungsverhältnis zwischen Bewerber und Arbeitgeber (§ 311 Abs. 2 BGB; → Rn. 104). Die Verletzung dieser Pflichten kann zu Schadensersatzansprüchen des Handlungsgehilfen führen (§ 311 Abs. 2 BGB iVm § 280 Abs. 1 BGB, § 241 Abs. 2 BGB).

408 Auch **nach Beendigung des Anstellungsverhältnisses** ergeben sich für den Arbeitgeber verschiedene Nebenpflichten. Dabei ist zu unterscheiden zwischen den Nebenpflichten, die sich während der Weiterbeschäftigung nach rechtswirksamer Kündigung, und denen, die sich nach der endgültigen Beendigung und dem Ausscheiden des Handlungsgehilfen aus dem Betrieb des Arbeitgebers ergeben. Für die Zeit der Weiterbeschäftigung des Handlungsgehilfen während des Kündigungsschutzprozesses nach § 102 Abs. 5 BetrVG bzw. nach Geltendmachung des allgemeinen Weiterbeschäftigungsanspruchs[1013] entsteht zwischen den Parteien des Anstellungsverhältnisses ein gesetzliches Schuldverhältnis, für das die gleichen Rechte und Pflichten gelten wie für ein gekündigtes Anstellungsverhältnis.[1014] Rechtsgrundlage für die nachwirkenden Nebenpflichten des Arbeitgebers sind, soweit keine spezialgesetzlichen Regelungen wie etwa das BetrAVG oder § 629 BGB vorliegen, wiederum die § 241 Abs. 2 BGB, § 242 BGB.

409 **4. Abdingbarkeit.** Die Nebenpflichten des Arbeitgebers gegenüber dem Handlungsgehilfen können als solche **nicht abbedungen werden,** da sie notwendiger Bestandteil des Anstellungsverhältnisses sind. Es ist freilich möglich, einzelne Nebenpflichten abweichend zu regeln.[1015] Dabei ist zu beachten, dass die gesetzlichen Schutzpflichten aus § 62 gem. § 62 Abs. 4 nicht im Voraus durch Vertrag aufgehoben oder beschränkt werden können (→ § 62 Rn. 1 ff.).

410 **5. Rechtsfolgen bei Verletzung der Nebenpflichten.** Die Rechtsfolgen der Verletzung der arbeitgeberseitigen Nebenpflichten richten sich nach den allgemeinen Grundsätzen. Bei Verstößen gegen Nebenleistungspflichten (Auskunfts-, Rechenschafts- und Aufklärungspflichten) sowie gegen Schutzpflichten kommen als Sanktionen **Erfüllungs-, Beseitigungs- bzw. Unterlassungsansprüche** des Handlungsgehilfen in Betracht. Bei einer schweren Pflichtverletzung des Arbeitgebers, kann der Handlungsgehilfe auch seine Arbeitsleistung zurückbehalten (§ 273 BGB).[1016] Ferner kann er nach den Gesichtspunkten der Pflichtverletzung (§ 280 Abs. 1 BGB) und der Deliktshaftung (§§ 823 ff. BGB) Schadensersatz nach den allgemeinen Vorschriften verlangen. Ein Recht zur außerordentlichen

---

[1009] BAG NZA 2006, 502 (504) mwN; MüKoBGB/*Spinner* § 611 Rn. 900.
[1010] Hierzu MHdB ArbR/*Reichold* § 91 Rn. 14 mwN.
[1011] Zur Abgrenzung zur Nebenpflicht MHdB ArbR/*Reichold* § 91 Rn. 1 ff.
[1012] *Ahrendt* in Schaub ArbR-HdB § 106 Rn. 2.
[1013] Hierzu BAG GS AP BGB § 611 Beschäftigungspflicht Nr. 14; dazu krit. *v. Hoyningen-Huene* BB 1988, 264 ff.; Linck/Krause/Bayreuther/*Linck* KSchG § 4 Rn. 161 ff.; MHdB ArbR/*Rachor* § 131 Rn. 1 ff. mwN.
[1014] MHdB ArbR/*Reichold* § 91 Rn. 14; *Ahrendt* in Schaub ArbR-HdB § 106 Rn. 2.
[1015] Ebenso *Ahrendt* in Schaub ArbR-HdB § 106 Rn. 4, dort auch zu den Einschränkungen.
[1016] BeckOK ArbR/*Joussen* BGB § 611a Rn. 290.

Kündigung gem. § 626 Abs. 1 BGB soll dem Handlungsgehilfen allerdings nur bei einer besonders schwerwiegenden Nebenpflichtverletzung des Arbeitgebers zustehen.[1017]

411 Eine Einschränkung ist aber bei der **Haftung für Personenschäden aus Arbeitsunfällen** zu beachten: Nach §§ 104 ff. SGB VII haftet der Arbeitgeber in diesen Fällen nur bei Vorsatz, oder wenn der Arbeitsunfall bei der Teilnahme am allgemeinen Verkehr eingetreten ist; im Übrigen ist seine Haftung ausgeschlossen. In diesen Fällen genießt der Handlungsgehilfe stattdessen Unfallversicherungsschutz nach den §§ 2 ff. SGB VII. Weitergehende Ansprüche des Handlungsgehilfen, seiner Angehörigen und Hinterbliebenen aus anderen Rechtsgründen (Vertrag, Delikt) einschließlich Schmerzensgeld sind hierdurch bei Personenschäden des Handlungsgehilfen ausgeschlossen.[1018]

412 **6. Die Nebenpflichten im Einzelnen.** Die nachfolgend im Einzelnen aufgelisteten Nebenpflichten (alphabetisch) wurden teilweise wegen des besonderen Sachzusammenhangs bereits an anderer Stelle ausführlicher behandelt. Auf diese Erläuterungen wird jeweils gesondert Bezug genommen.

413 **a) Arbeitsschutz und Arbeitssicherheit.** Der Arbeitgeber hat zahlreiche Arbeitsschutz- und Arbeitssicherheitsvorschriften zu beachten.[1019] Es geht dabei zum einen um den Schutz des Handlungsgehilfen vor Gefahren für Leben und Gesundheit (s. § 62) und zum anderen auch um eine menschengerechte Gestaltung des Arbeitsplatzes.[1020] Die Pflicht zur menschengerechten Arbeitsplatzgestaltung hat in den §§ 90, 91 BetrVG eine gesetzliche Ausgestaltung gefunden.[1021] Der Arbeitgeber ist daher auch verpflichtet, zumutbare Maßnahmen zum Schutz seiner Arbeitnehmer vor Infektionen zu ergreifen.[1022] Um dieser Pflicht wirksam nachkommen zu können, darf der Arbeitgeber zB zu Krisenzeiten wie während der Corona-Pandemie seine Arbeitnehmer hinsichtlich des Kontakts zu erkrankten Personen oder des Aufenthalts in Risikogebieten befragen; ob darüber hinaus auch Gesundheitskontrollen zulässig sind, ist fraglich.[1023]

414 **b) Nachvertragliche Nebenpflichten.** Zahlreiche Nebenpflichten treffen den Arbeitgeber bei Beendigung des Anstellungsverhältnisses. Nach § 629 BGB ist der Arbeitgeber verpflichtet, dem Handlungsgehilfen angemessene Zeit zum Aufsuchen eines neuen Dienstverhältnisses zu gewähren (→ Rn. 106). Auf Verlangen des Handlungsgehilfen hat er diesem nach § 109 GewO ein **Zeugnis** über Art und Dauer der Beschäftigung zu erteilen.[1024]

415 Der Arbeitgeber hat dem Handlungsgehilfen nach Beendigung des Arbeitsverhältnisses weiterhin unverzüglich die **Arbeitspapiere** einschließlich einer Arbeitsbescheinigung nach § 312 SGB III auszuhändigen. Dabei steht dem Arbeitgeber wegen noch offener Forderungen gegenüber dem Handlungsgehilfen kein Zurückbehaltungsrecht zu (→ Rn. 388 f.).

416 Beim Ausscheiden älterer Handlungsgehilfen aus dem Anstellungsverhältnis kann der Arbeitgeber verpflichtet sein, diesen ein **betriebliches Ruhegeld** zu gewähren, wenn die entsprechenden Voraussetzungen nach der betrieblichen Ruhegeldvereinbarung bzw. dem BetrAVG vorliegen.[1025]

1017 ErfK/*Preis* BGB § 611a Rn. 617.

1018 ErfK/*Rolfs* SGB VII § 104 Rn. 14 f.

1019 Vgl. hierzu die Zusammenstellung in *Nipperdey* Bd. II: Arbeitssicherheit, Loseblattsammlung.

1020 *Zöllner/Loritz/Hergenröder* ArbR § 2 VIII; *Zöllner* RdA 1973, 212; *Hanau* in Fürstenberg ua, Menschengerechte Gestaltung der Arbeit, 1983.

1021 Vgl. hierzu *v. Hoyningen-Huene* BetrVR § 13 Rn. 2 ff.

1022 ErfK/*Wank* BGB § 618 Rn. 2; MüKoBGB/*Henssler* BGB § 618 Rn. 50; speziell zu Corona mit verschiedenen möglichen Maßnahmen zur Prävention *Sagan/Brockfeld* NJW 2020, 1112 (1113).

1023 Dazu *Sagan/Brockfeld* NJW 2020, 1112 (1113).

1024 Dazu *Gäntgen* RdA 2016, 147; *Grimm* AR-Blattei SD 1850 (2007); *Löw* NZA-RR 2008, 561 ff.; *Stück* MDR 2006, 791 ff.

1025 Hierzu die Kommentare zum BetrAVG, insbes. von *Blomeyer/Otto* BetrAVG, 7. Aufl. 2018; *Höfer/Reiners/Wüst* BetrAVG, Loseblattsammlung; ferner MHdB ArbR/*Cisch* § 202.

417 Nach früherer Rspr. des BAG[1026] wurde aus der nachwirkenden Fürsorgepflicht ein **Wiedereinstellungsanspruch** des gekündigten Arbeitnehmers hergeleitet, wenn sich im Nachhinein herausstellt, dass der vermeintliche Kündigungsgrund nicht vorlag. Neuerdings leitet das BAG den Wiedereinstellungsanspruch aus einer vertraglichen Nebenpflicht des zwar gekündigten, aber noch fortbestehenden Arbeitsverhältnisses ab.[1027] Gesetzlich geregelt ist der Wiedereinstellungsanspruch für schwerbehinderte Menschen in § 174 Abs. 6 SGB IX, denen lediglich aus Anlass eines Streiks oder einer Aussperrung fristlos gekündigt worden ist.

418 **c) Beschäftigungspflicht.** Den Arbeitgeber trifft eine Beschäftigungspflicht gegenüber dem Handlungsgehilfen.[1028] Diese Verpflichtung besteht aber nur dann, wenn ein wirksames Anstellungsverhältnis begründet worden ist.[1029] Die Beschäftigungspflicht ist abzuleiten aus den §§ 611, 242 BGB iVm Art. 1 und 2 GG.[1030] Aus dem daraus resultierenden Beschäftigungsanspruch des Handlungsgehilfen hat der Große Senat des BAG unter bestimmten weiteren Voraussetzungen auch nach Ablauf der Kündigungsfrist einen allgemeinen Weiterbeschäftigungsanspruch für die Dauer des Kündigungsrechtsstreits abgeleitet.[1031]

419 **d) Datenschutz.** Bundesdatenschutzrechtliche Belange sind insbesondere bei der **Führung** von **Personalakten** zu beachten. Nach Art. 13 f. DS-GVO hat der Arbeitnehmer einen Anspruch auf Auskunft über die in Dateien zu seiner Person gespeicherten Daten. Weitere spezielle Regelungen sind in den §§ 82, 83 BetrVG sowie in § 26 SprAuG enthalten. Darüber hinaus hat der Arbeitnehmer gem. § 241 Abs. 2 BGB iVm Art. 2 Abs. 1 GG und Art. 1 Abs. 1 GG auch nach Beendigung des Arbeitsverhältnisses Anspruch auf Einsicht in seine vom ehemaligen Arbeitgeber weiter aufbewahrte Personalakte.[1032] Personalakten dürfen **nicht allgemein zugänglich** sein, sondern müssen sorgfältig verwahrt werden.[1033] Der Arbeitgeber muss bestimmte Informationen vertraulich behandeln oder für die vertrauliche Behandlung durch Sachbearbeiter Sorge tragen. Außerdem muss der Kreis der mit Personalakten befassten Beschäftigten möglichst eng gehalten werden. Soweit Dritte in die Personalakte des Arbeitnehmers Einsicht nehmen wollen, bedarf es grundsätzlich seines Einverständnisses.[1034] Nach Beendigung des Arbeitsverhältnisses sind besondere Aufbewahrungsvorschriften für einzelne Vorgänge zu beachten (vgl. § 257 zu kaufmännischen Aufbewahrungsfristen, § 14 Abs. 1 S. 9 EStG zu Lohnkosten). Der Arbeitgeber ist ferner verpflichtet, unberechtigterweise zu den Personalakten hinzugefügte Schriftstücke zu entfernen. Diese Nebenpflicht ist vor allem im Hinblick auf rechtswidrige Abmahnungen relevant. Der Arbeitnehmer hat zudem einen Anspruch auf Entfernung einer dienstlichen Beurteilung aus seiner Personalakte, wenn sich ein Fehler im Beurteilungsverfahren auf das Beurteilungsergebnis auswirken kann.[1035]

420 **e) Gehaltsfortzahlung.** Bei unverschuldeten Unglücksfällen ist der Arbeitgeber zur Gehaltsfortzahlung verpflichtet. Es handelt sich hierbei um eine gesetzliche Nebenpflicht nach § 3 EFZG (→ Rn. 369).

[1026] BAG AP KSchG 1969 § 1 Soziale Auswahl Nr. 2 mAnm *Wank*; AP BGB § 611 Einstellungsanspruch Nr. 1 mAnm *Natzel*.

[1027] BAG AP KSchG 1969 § 1 Wiedereinstellung Nr. 6, 14; MüKoBGB/*Hergenröder* KSchG § 1 Rn. 79, dort auch zu weiteren Begründungsansätzen; ausf. auch *Oberhofer* RdA 2006, 92 ff.

[1028] Vgl. dazu *Böhm*, Der Beschäftigungsanspruch des Arbeitnehmers, 2007; MHdB ArbR/*Reichold* § 92; *Weber/Weber* RdA 2007, 344 ff., dort auch zur Kritik.

[1029] Vgl. BAG AP BGB § 611 Beschäftigungspflicht Nr. 9.

[1030] BAG GS AP BGB § 611 Beschäftigungspflicht Nr. 14; s. hierzu auch bereits früher BAG AP BGB § 611 Beschäftigungspflicht Nr. 2 mAnm *A. Hueck*; aA MHdB ArbR/*Reichold* § 92 Rn. 7: Rechtsgrundlage sei § 241 Abs. 2 BGB; grds. abl. *Weber/Weber* RdA 2007, 344 ff.

[1031] Hierzu BAG GS AP BGB § 611 Beschäftigungspflicht Nr. 14; dazu krit. *v. Hoyningen-Huene* BB 1988, 264 mwN.

[1032] BAG DB 2011, 822.

[1033] BAG AP BGB § 611 Personalakte Nr. 1; dazu *Kammerer* AuR 2007 189.

[1034] BAGE 64, 308.

[1035] BAGE 128, 299.

f) Grundsatz der Gleichbehandlung. Bei Maßnahmen und Entscheidungen, die über einzelne Dienstverhältnisse hinausreichen, muss der Arbeitgeber den Grundsatz der Gleichbehandlung beachten (→ Rn. 299 ff.).[1036] Der Grundsatz der gleichmäßigen Behandlung bedeutet freilich nicht, dass alle Handlungsgehilfen stets gleich zu behandeln sind. Nur was sachlich gleich ist, muss gleich behandelt werden. Es handelt sich daher genau genommen nicht um ein Gebot gleichmäßiger Behandlung, sondern vielmehr um ein Verbot unsachlicher Differenzierung.[1037] 421

g) Informations- und Aufklärungspflichten. Den Arbeitgeber treffen gegenüber dem Handlungsgehilfen zahlreiche Informations- und Aufklärungspflichten.[1038] So hat der Arbeitgeber nach § 81 Abs. 1 S. 1 BetrVG den Handlungsgehilfen über dessen Aufgabe und Verantwortung sowie über die Art seiner Tätigkeit und ihrer Einordnung in den Ablauf des Betriebs zu unterrichten. Vor einem Betriebsübergang müssen der bisherige Inhaber und der neue Inhaber eines Betriebs die von dem Übergang betroffenen Handlungsgehilfen über die in § 613a Abs. 5 Nr. 1–4 BGB benannten Aspekte unterrichten.[1039] Auch aus Art. 12 ff. DS-GVO und §§ 32, 33 BDSG ergeben sich Informationspflichten. Weitere Aufklärungspflichten bestehen bezüglich der Möglichkeiten einer betrieblichen Altersversorgung,[1040] der Möglichkeit des Verzichts auf eine Gehaltserhöhung, um im Genuss der Krankenversicherung zu bleiben,[1041] der Steuerpflicht,[1042] der Meldepflichten gegenüber einer vom Arbeitgeber zugunsten seiner Angestellten abgeschlossenen Gruppenunfallversicherung,[1043] der konkreten Möglichkeit einer Hepatitis-C-Infektion am Arbeitsplatz[1044] sowie des Risikos beim Erwerb noch nicht börsennotierter Aktien, welche der Arbeitgeber durch die Gewährung von zweckgebundenen Darlehen besonders fördert.[1045] Davon abgesehen hat der Arbeitgeber vielfältige betriebliche Bekanntmachungspflichten in Form von Aushängen und Verzeichnissen.[1046] 422

Zur Aufklärungspflicht des Arbeitgebers gehört es dagegen **nicht,** den Handlungsgehilfen darauf aufmerksam zu machen, dass bei eigener Kündigung das Arbeitslosengeld gesperrt wird. Auch § 2 Abs. 2 S. 2 Nr. 3 SGB III enthält lediglich eine Sollvorschrift und begründet keine selbstständige Nebenpflicht des Arbeitgebers.[1047] Beim Abschluss von Aufhebungsverträgen können allerdings bestimmte Informationspflichten hinsichtlich der Rechtsfolgen bestehen.[1048] 423

h) Lohnsteuer und Sozialabgaben. Der Arbeitgeber ist verpflichtet, die auf die Dienstvergütung entfallende Lohnsteuer und die entsprechenden Sozialabgaben an die zuständigen Stellen **abzuführen** (→ Rn. 306; → § 64 Rn. 8). 424

i) Obhuts- und Verwahrungspflichten. Den Arbeitgeber treffen Obhuts- und Verwahrungspflichten für bestimmte eingebrachte Sachen des Handlungsgehilfen, soweit dieser 425

[1036] Grdl. hierzu *G. Hueck,* Der Grundsatz der gleichmäßigen Behandlung im Privatrecht, 1958; HWK/*Thüsing* BGB § 611a Rn. 331 ff.; MHdB ArbR/*Fischinger* § 14; *Linck* in Schaub ArbR-HdB § 112.

[1037] So zutr. *Zöllner/Loritz/Hergenröder* ArbR § 20 IV 1.

[1038] *Boemke* AR-Blattei SD 320 (1997); *v. Hoyningen-Huene* BetrVR § 13 Rn. 8.

[1039] Hierzu BAG NZA 2008, 642 mwN; 2008, 1297; *Meyer,* Die Unterrichtung der Arbeitnehmer vor Betriebsübergang, 2007; *Meyer* DB 2007, 858; *Schiefer/Worzalla* NJW 2009, 558 ff.

[1040] BAG AP BGB § 242 Ruhegehalt Nr. 106, 128; AP BGB § 242 Ruhegehalt-Pensionskassen Nr. 3–5; AP BetrAVG § 1 Zusatzversorgungskassen Nr. 6; AuR 1986, 156; AP BGB § 611 Fürsorgepflicht Nr. 116, 120; AP BetrAVG § 1 Auskunft Nr. 1, 2.

[1041] BAG AP BAT § 70 Nr. 2 mAnm *Gaul.*

[1042] BAG AP BGB § 611 Nettolohn Nr. 2; einschr. BAG NZA 2009, 608: keine Hinweispflicht auf mögliche Doppelbesteuerung bei Auslandseinsätzen des Handlungsgehilfen.

[1043] BAG DB 2007, 2319.

[1044] BAG NZA 2007, 262.

[1045] BAG NZA 2006, 545; AP BGB § 242 Auskunftspflicht Nr. 45.

[1046] *Pulte* AR-Blattei SD 300 (1999).

[1047] Zum Ganzen BAG NZA 2005, 1406 mwN.

[1048] BAG AP BGB § 620 Aufhebungsvertrag Nr. 4; Nr. 27; AP BGB § 611 Fürsorgepflicht Nr. 116; AP BGB § 611 Haftung des Arbeitgebers Nr. 25; AP BetrAVG § 1 Auskunft Nr. 2; dazu MHdB ArbR/*Wank* § 135 Rn. 8 f. mwN.

nicht selbst Vorsorge treffen kann.[1049] Diese Pflichten haben seit der Schuldrechtsreform ihre gesetzliche Grundlage in § 241 Abs. 2 BGB (→ Rn. 405). Dabei ist nach der Art der eingebrachten Sachen zu differenzieren.[1050] Für **persönlich unentbehrliche Sachen** des Handlungsgehilfen, wie beispielsweise Straßen- und Arbeitskleidung,[1051] Fahrkarten, angemessener Geldbetrag, Uhr etc., muss der Arbeitgeber geeignete Verwahrungsmöglichkeiten schaffen; er hat also beispielsweise Schränke oder Kleiderspinde aufzustellen. Das Gleiche gilt **für unmittelbar arbeitsdienliche Sachen** des Handlungsgehilfen, die in engem Zusammenhang mit der Erbringung der Arbeitsleistung stehen, wie beispielsweise Tabellen für die Lohnbuchhaltung oder Fachbücher. Auch hierfür hat der Arbeitgeber für Aufbewahrungsmöglichkeiten zu sorgen.[1052]

426 An die Obhuts- und Verwahrungspflichten für nur **mittelbar arbeitsdienliche Sachen** sind geringere Anforderungen zu stellen. So hat der Arbeitgeber zwar grundsätzlich für Unterstellungsmöglichkeiten für Fahrräder[1053] und Mopeds oder Mofas zu sorgen. Einen Parkplatz für Kraftwagen der Handlungsgehilfen hat der Arbeitgeber aber nur dann zur Verfügung zu stellen, wenn er dadurch nicht übermäßig und unverhältnismäßig belastet wird.[1054] Stellt der Arbeitgeber einen Parkplatz zur Verfügung, so treffen ihn freilich auch die üblichen Verkehrssicherungspflichten.[1055] Die Aufstellung allgemeiner Regelungen unterliegt der Mitbestimmung des Betriebsrats nach § 87 Abs. 1 Nr. 1 BetrVG, die häufig in einer „Betriebsordnung" oder „Arbeitsordnung" zusammengefasst werden.[1056]

427 **j) Persönlichkeitsrecht.** Im Rahmen seiner Fürsorgepflicht hat der Arbeitgeber auch das Persönlichkeitsrecht der angestellten Handlungsgehilfen zu schützen. Positivrechtlich ausgestaltet worden ist diese Verpflichtung etwa in § 75 Abs. 2 BetrVG sowie § 12 AGG. Daneben wird der grundgesetzlich verbürgte Persönlichkeitsschutz (Art. 2 Abs. 1 GG) jetzt zusätzlich durch § 241 Abs. 2 BGB gewährleistet.[1057] Eine Konkretisierung dieses verfassungsrechtlich gewährleisteten allgemeinen Persönlichkeitsrechts ist auch das Recht auf informationelle Selbstbestimmung.[1058] Die Verpflichtung des Arbeitgebers, das Recht auf informationelle Selbstbestimmung des Handlungsgehilfen zu achten, hat große Bedeutung für die Zulässigkeit der Datenerhebung und Datenspeicherung, insbesondere bei der Mitbestimmung des Betriebsrats nach § 87 Abs. 1 Nr. 6 BetrVG (→ Rn. 195 ff.; zum Schutz → Rn. 419).[1059] Zur Kontrolle der Telefon- und Internetnutzung durch den Arbeitgeber → Rn. 281.

428 **k) Personalakten.** Der Arbeitgeber hat Personalakten ordnungsgemäß zu führen. Unter Personalakten ist die Sammlung von Urkunden und Vorgängen zu verstehen, welche die persönlichen und dienstlichen Verhältnisse des Handlungsgehilfen betreffen und in einem inneren Zusammenhang mit dem Anstellungsverhältnis stehen.[1060] Zur Personalakte gehören Unterlagen des Werkschutzes, ärztliche Gutachten, bei Bewerbungen entstandene Unterlagen, Abmahnungen, mitbestimmungspflichtige Verwarnungen und Betriebsbußen.

[1049] BAG AP BGB § 611 Gefährdungshaftung Nr. 2; AP BGB § 611 Fürsorgepflicht Nr. 26; Nr. 36; Nr. 58; Nr. 75; AP BGB § 618 Nr. 7; AP BGB § 324 Nr. 2.

[1050] Vgl. dazu *Boemke* AR-Blattei SD 1225 Rn. 361 ff. (2003); MHdB ArbR/*Reichold* § 93 Rn. 16 ff.; *Ahrendt* in Schaub ArbR-HdB § 106 Rn. 23 ff.

[1051] BAG AP BGB § 611 Fürsorgepflicht Nr. 75.

[1052] Zum Ganzen MHdB ArbR/*Reichold* § 93 Rn. 16 ff. mwN.

[1053] LAG BW DB 1969, 2282.

[1054] BAG AP BGB § 618 Nr. 7; Nr. 9.

[1055] BGH VersR 1968, 399 betr. ausreichende Beleuchtung; NJW 1966, 202 betr. Streupflicht; BAG AP BGB § 611 Parkplatz Nr. 1; Nr. 5; Nr. 8; LAG Hanau NZA-RR 2004, 69.

[1056] Dazu *v. Hoyningen-Huene* BetrVR § 12 Rn. 36 ff.

[1057] Vgl. BAG NZA 2009, 38; 2008, 223; 2007, 1154 jeweils zum sog. „Mobbing".

[1058] BVerfGE 65, 1 = NJW 1984, 419; vgl. auch BAG NZA 2008, 1187 zur Videoüberwachung.

[1059] BAG AP BDSG § 23 Nr. 2.

[1060] Vgl. BAG AuR 1981, 124 mAnm *Herschel*; NZA 2008, 367 (368); MHdB ArbR/*Reichold* § 95 Rn. 1; *Stück* MDR 2008, 430; zur elektronischen Personalakte vgl. *Diller/Schuster* DB 2008, 928 ff.

Der Handlungsgehilfe kann die Personalakten nach § 83 Abs. 1 BetrVG ohne besonderen Anlass **einsehen.**[1061] Zur Einsichtnahme kann der Handlungsgehilfe ein Mitglied des Betriebsrats hinzuziehen.[1062] Der Handlungsgehilfe kann in entsprechender Anwendung von § 1004 BGB die Entfernung unbegründeter Abmahnungen, missbilligender Äußerungen oder rechtswidriger Beurteilungen aus der Personalakte verlangen, wenn daraus für die berufliche Entwicklung Nachteile erwachsen können.[1063] Daneben besteht ein schuldrechtlicher Entfernungsanspruch aus §§ 611a, 241 Abs. 2 BGB.[1064] Im Übrigen hat der Handlungsgehilfe gem. § 83 Abs. 2 BetrVG einen Anspruch auf Aufnahme einer Gegendarstellung zum Inhalt der Personalakte. 429

l) Rauchverbot. Ob der Arbeitgeber auch verpflichtet ist, zum Schutz der nichtrauchenden Handlungsgehilfen ein Rauchverbot zu erlassen, war lange umstritten.[1065] Angesichts der heute nachgewiesenen Gefahren, die vom Passivrauchen für die Gesundheit der Handlungsgehilfen ausgehen, hat der Arbeitgeber gem. § 5 Abs. 1 S. 1 ArbStättV Maßnahmen zu treffen, damit die nichtrauchenden Beschäftigten in den Arbeitsstätten vor den Gesundheitsgefahren durch Tabakrauch geschützt sind. Soweit erforderlich, hat der Arbeitgeber nunmehr gem. § 5 Abs. 1 S. 2 ArbStättV iVm § 618 BGB ein allgemeines oder auf einzelne Bereiche der Arbeitsstätte beschränktes Rauchverbot zu erlassen.[1066] Zur Wahrung des Persönlichkeitsrechts muss der Arbeitgeber dann aber den Rauchern grundsätzlich die Möglichkeit geben, in Pausen in hierfür besonders bestimmten Räumen rauchen zu können;[1067] eine derartige Regelung unterliegt nach § 87 Abs. 1 Nr. 1 BetrVG der Mitbestimmung des Betriebsrats (→ Rn. 282). 430

m) Urlaubsgewährung. Zu den gesetzlich geregelten Nebenpflichten des Arbeitgebers zählt auch die Gewährung von Urlaub (→ Rn. 254 ff.). 431

n) Versicherungsschutz. Den Arbeitgeber trifft auch die Pflicht, seinen Handlungsgehilfen bei Ausübung ihrer Tätigkeit ausreichenden Versicherungsschutz zu gewähren.[1068] Dies gilt insbesondere dann, wenn es sich um gefährliche Tätigkeiten handelt, bei denen auch bei leichter Unachtsamkeit ein hoher Schaden entstehen kann (→ Rn. 236 ff.). Kommt der Arbeitgeber dieser Verpflichtung zur ausreichenden Versicherung seiner Angestellten nicht nach, so ist ihm dieses Versäumnis bei einem Schadensersatzanspruch gegen den Handlungsgehilfen schadensmindernd zuzurechnen (Rechtsgedanke von § 254 BGB).[1069] 432

IX. Streitigkeiten zwischen Arbeitgeber und Handlungsgehilfen

Streitigkeiten zwischen dem Arbeitgeber und Handlungsgehilfen können auf verschiedenste Art und Weise ausgetragen und bewältigt werden. Zunächst bietet sich eine **innerbetriebliche Streitschlichtung** an,[1070] wobei der Betriebsrat ggf. hinzuzuziehen ist. Daneben oder anschließend kommt die gerichtliche Klärung in Betracht. 433

[1061] Hierzu MHdB ArbR/*Reichold* § 95 Rn. 18 ff.; *v. Hoyningen-Huene* BetrVR § 13 Rn. 20 ff.

[1062] Vgl. hierzu ErfK/*Kania* BetrVG § 83 Rn. 7.

[1063] BAG AP BGB § 611 Abmahnung Nr. 34; AP BGB § 611 Fürsorgepflicht Nr. 84; NZA 2002, 965; EzA-SD 2009 Nr. 8, 12; NZA 2009, 206; *v. Hoyningen-Huene* RdA 1990, 193 (209); MHdB ArbR/*Reichold* § 95 Rn. 24 f.; *Stück* MDR 2008, 430 (434); zu Fragen der Beweislast vgl. *Kopke* NZA 2007, 1211 ff.

[1064] Dazu BAG NZA 2009, 206.

[1065] Hierzu *Bergwitz* NZA-RR 2004, 196 ff.; *Dietrich,* Nichtraucherschutz am Arbeitsplatz, 2008; ErfK/*Wank* BGB § 618 Rn. 15 ff.; MHdB ArbR/*Reichold* § 93 Rn. 10 ff.; *Stück* AuA 2009, 140 ff.; *Uhl/Polloczek* BB 2008, 1114 ff.; *Wellenhofer-Klein* RdA 2003, 155 ff.

[1066] § 5 Abs. 1 S. 2 ArbStättV eingeführt durch Art. 2 Passivrauchen-Schutzgesetz vom 20.7.2007, BGBl. 2007 I 1595; hierzu BAG NJW 2009, 2698; MHdB ArbR/*Reichold* § 935 Rn. 11 ff.; *Uhl/Polloczek* BB 2008, 1114 ff., jeweils mwN.

[1067] Dazu BAG NZA 1999, 546 (548) mwN.

[1068] S. dazu MHdB ArbR/*Reichold* § 57 Rn. 53 f.; *v. Hoyningen-Huene* BB 1989, 1896 ff.

[1069] BAG NZA 1988, 584; 2007, 1230 (1235).

[1070] Dazu BAG NZA-RR 2015, 26; *v. Hoyningen-Huene* NZA 1987, 577 ff.

434 **1. Außergerichtliche Streitschlichtung.** Arbeitgeber und Handlungsgehilfe können zunächst versuchen, Streitigkeiten außergerichtlich in einem Schlichtungsgespräch beizulegen, zB durch Mediation.[1071] Eine Rechtspflicht der Arbeitsvertragsparteien zur vorherigen innerbetrieblichen Konfliktbewältigung besteht dabei grundsätzlich nicht.

435 **a) Beschwerderecht beim Arbeitgeber.** Jeder Handlungsgehilfe hat nach § 84 Abs. 1 BetrVG das Recht, sich bei den **zuständigen Stellen des Betriebs zu beschweren,** wenn er sich vom Arbeitgeber oder von Arbeitnehmern des Betriebes benachteiligt oder ungerecht behandelt oder in sonstiger Weise beeinträchtigt fühlt.[1072] In der Regel ist für die Beschwerde der unmittelbare Dienstvorgesetzte, bei Beschwerden über diesen dessen Vorgesetzter zuständig.[1073] Das Beschwerderecht des Handlungsgehilfen folgt bereits aus den arbeitsvertraglichen Nebenpflichten (→ Rn. 402 ff.).[1074]

436 Die eigentliche **Bedeutung von § 84 BetrVG** besteht in der Regelung des Beschwerdeverfahrens und der Möglichkeit, ein Betriebsratsmitglied zur Unterstützung hinzuzuziehen. Voraussetzung der Beschwerdemöglichkeit ist lediglich, dass sich der Beschwerdegrund aus dem Arbeitsverhältnis ergibt oder dieses jedenfalls berühren muss.[1075] Dagegen ist die sog. Popularbeschwerde über allgemeine, nicht den Handlungsgehilfen selbst betreffende Angelegenheiten, nicht durch § 84 BetrVG gerechtfertigt.[1076] Hält der Arbeitgeber die Beschwerde für begründet, so hat er ihr abzuhelfen; in jedem Falle aber hat er nach § 84 Abs. 2 BetrVG den Handlungsgehilfen innerhalb angemessener Frist über ihre Behandlung zu bescheiden.

437 Neben § 84 BetrVG gewährt auch **§ 13 AGG** das Recht, sich bei den zuständigen Stellen des Betriebs, des Unternehmens oder der Dienststelle zu beschweren, wenn sich der Handlungsgehilfe im Zusammenhang mit seinem Beschäftigungsverhältnis vom Arbeitgeber, von Vorgesetzten, anderen Beschäftigten oder Dritten wegen der in § 1 AGG genannten Gründe benachteiligt fühlt.[1077] Zum Kreis der beschwerdefähigen Angelegenheiten gehört dabei insbesondere der Tatbestand der sexuellen Belästigung am Arbeitsplatz (vgl. § 3 Abs. 4 AGG). Gem. § 13 Abs. 2 AGG bleiben die Vorschriften der §§ 84, 85 BetrVG unberührt, so dass der Handlungsgehilfe auf diese Weise die in § 13 AGG nicht genannte Möglichkeit der Hinzuziehung eines Betriebsratsmitglieds nutzen kann.[1078]

438 **b) Beschwerde beim Betriebsrat.** Neben der Möglichkeit der Beschwerde gegenüber dem Arbeitgeber hat der Handlungsgehilfe nach § 85 BetrVG auch die Möglichkeit, während der Arbeitszeit (§ 39 Abs. 3 BetrVG) beim Betriebsrat Beschwerden vorzubringen, der dann beim Arbeitgeber nach § 85 Abs. 1 BetrVG auf Abhilfe hinzuwirken hat. Die Beschwerde beim Betriebsrat setzt nicht voraus, dass sich der Handlungsgehilfe zunächst an den Arbeitgeber bzw. seinen Vorgesetzten nach § 84 BetrVG gewandt hat.[1079] Wird aber eine Beschwerde unmittelbar beim Betriebsrat eingelegt, so zeigt dies häufig ein gestörtes Vertrauensverhältnis des Handlungsgehilfen zum Arbeitgeber bzw. zu seinen Vorgesetzten an.[1080] Eine Beschwerde beim Betriebsrat ist auch dann noch möglich, wenn die unmittel-

[1071] Dazu *Andrelang,* Mediation im Arbeitsrecht, 2003; *Hergenröder* AR-Blattei SD 1185 (2007); *Lembke,* Mediation im Arbeitsrecht, 2001; *Ponschab/Mauder/v. Thun* NZA-Beil. 2004, 12 ff.

[1072] Vgl. *Hallmen,* Die Beschwerde des Arbeitnehmers als Instrument innerbetrieblicher Konfliktregelung, 1997; *Uhl/Polloczek* BB 2008, 1730 ff. mwN und Beispielen.

[1073] GK-BetrVG/*Franzen* BetrVG § 84 Rn. 16.

[1074] GK-BetrVG/*Franzen* BetrVG § 84 Rn. 4; *Uhl/Polloczek* BB 2008, 1730.

[1075] Richardi/*Thüsing* BetrVG § 84 Rn. 6; GK-BetrVG/*Franzen* BetrVG § 84 Rn. 12; s. dazu auch ArbG Mannheim BB 1979, 833.

[1076] BAG NZA 2006, 803 (805).

[1077] Dazu ausf. *Gach/Julis* BB 2007, 773 ff.; *Grobys* NJW-Spezial 2007, 417 ff.; *Oetker* HandelsR NZA 2008, 264 ff., jeweils mwN; zu mitbestimmungsrechtlichen Aspekten vgl. *Westhauser/Sediq* NZA 2008, 78 ff.

[1078] ErfK/*Kania* BetrVG § 84 Rn. 3; *Oetker* HandelsR NZA 2008, 264 f.; Richardi/*Thüsing* BetrVG § 84 Rn. 7.

[1079] Richardi/*Thüsing* BetrVG § 85 Rn. 7; GK-BetrVG/*Franzen* BetrVG § 85 Rn. 1.

[1080] *v. Hoyningen-Huene* BetrVR § 13 Rn. 17; *Uhl/Polloczek* BB 2008, 1730 (1732).

bare Beschwerde des Handlungsgehilfen nach § 84 BetrVG nicht erfolgreich war.[1081] Gesetzlich geregelter Fall einer Konfliktlösung durch den Betriebsrat ist § 87 Abs. 1 Nr. 5 BetrVG über die Festsetzung der zeitlichen Lage des Urlaubs, wenn zwischen dem Arbeitgeber und dem Handlungsgehilfen kein Einverständnis erzielt wird.

Kommt es im Falle des § 85 BetrVG zwischen Arbeitgeber und Betriebsrat zu keiner Einigung über die Berechtigung der Beschwerde, so kann der Betriebsrat – nicht aber der Arbeitgeber oder der betroffene Handlungsgehilfe – nach § 85 Abs. 2 S. 1 BetrVG die **Einigungsstelle** anrufen.[1082] Der Betriebsrat bedarf dazu nicht der Zustimmung des Handlungsgehilfen, da dieser seine Beschwerde jederzeit zurücknehmen kann.[1083] 439

c) Gesetzlich angeordnetes Schiedsverfahren. Kommt es zwischen Arbeitgeber und Handlungsgehilfen über eine Streitigkeit zu keiner außergerichtlichen Einigung, so ist in bestimmten Fällen dem gerichtlichen Verfahren noch ein gesetzlich angeordnetes Schiedsverfahren vorgeschaltet. So können beispielsweise Klagen, die auf das **Arbeitnehmererfindungsgesetz** gestützt sind, erst dann erhoben werden, wenn ein Verfahren bei einer nach §§ 37, 28 ff. ArbNErfG eingerichteten Schiedsstelle vorausgegangen ist. Ausnahmen hierzu sind in § 37 Abs. 2, 3, 5 ArbNErfG geregelt.[1084] Zur Beilegung von Streitigkeiten zwischen Ausbilder und Auszubildenden aus dem bestehenden **Berufsausbildungsverhältnis** ist in § 111 Abs. 2 ArbGG ein außergerichtliches Schlichtungsverfahren vorgesehen.[1085] Nach § 111 Abs. 2 S. 5 ArbGG hat einer Klage in diesen Fällen immer die Verhandlung vor dem Ausschuss voranzugehen. 440

Neben diesen besonders geregelten Fällen können Schiedsgerichte in Arbeitssachen nur **ausnahmsweise** an der Stelle von Arbeitsgerichten entscheiden.[1086] Dies ergibt sich aus § 4 ArbGG, wonach in den Fällen des § 2 Abs. 1 und 2 die Arbeitsgerichtsbarkeit nur nach Maßgabe der §§ 101–110 ArbGG **ausgeschlossen** werden kann. 441

d) Einigungsstelle. Bei Streitigkeiten zwischen **Arbeitgeber und Betriebsrat** entscheidet nach § 76 BetrVG die Einigungsstelle, soweit nicht unmittelbar die Anrufung des Arbeitsgerichts erforderlich ist (zB § 99 Abs. 4 BetrVG). Die Einigungsstelle wird nach § 76 Abs. 1 BetrVG freilich nur zur Beilegung von Meinungsverschiedenheiten zwischen Arbeitgeber und Betriebsrat tätig. Sie kann daher grundsätzlich nicht bei Meinungsverschiedenheiten zwischen dem Handlungsgehilfen und dem Arbeitgeber angerufen werden; eine Ausnahme von diesem Grundsatz ergibt sich allerdings aus § 85 Abs. 2 S. 1 BetrVG, wonach die Einigungsstelle bei einem Streit zwischen Arbeitgeber und Betriebsrat über die Berechtigung einer Beschwerde des Handlungsgehilfen vom Betriebsrat zur Entscheidung angerufen werden kann. Denn in diesem Fall geht es letztendlich um die Entscheidung einer Meinungsverschiedenheit zwischen Arbeitgeber und Handlungsgehilfen, über die sich der Handlungsgehilfe beim Betriebsrat nach § 85 Abs. 1 BetrVG beschwert hat (→ Rn. 438). 442

2. Gerichtliches Verfahren. Haben die außergerichtlichen Schlichtungsversuche eine Streitigkeit zwischen dem Arbeitgeber und dem Handlungsgehilfen nicht beenden können, so steht dem Beteiligten nach § 2 ArbGG der Weg zu den Arbeitsgerichten offen. Die Arbeitsgerichte entscheiden in diesen Fällen nach § 2 Abs. 5 ArbGG, §§ 46 ff. ArbGG im Urteilsverfahren, für das – soweit das ArbGG nichts anderes bestimmt – die Vorschriften der Zivilprozessordnung über das Verfahren vor den Amtsgerichten entsprechend gelten. In besonders dringenden Sachen kann im Wege der einstweiligen Verfügung nach den §§ 935 ff. ZPO auch eine vorläufige Streitentscheidung herbeigeführt werden. 443

[1081] Richardi/*Thüsing* BetrVG § 85 Rn. 7.

[1082] Hierzu BAG NZA 2006, 803; vgl. auch *v. Hoyningen-Huene* BetrVR § 13 Rn. 17; *Hunold* NZA 2006, 1025 ff.; Richardi/*Thüsing* BetrVG § 85 Rn. 15 ff.; *Uhl/Polloczek* BB 2008, 1730 (1733 ff.).

[1083] BAG AP BetrVG 1972 § 85 Nr. 1; Richardi/*Thüsing* BetrVG § 85 Rn. 15; *Fitting* BetrVG § 85 Rn. 4; GK-BetrVG/*Franzen* BetrVG § 85 Rn. 9.

[1084] Vgl. hierzu MHdB ArbR/*Bayreuther* § 98 Rn. 64; *Koch* in Schaub ArbR-HdB § 114 Rn. 47 ff.

[1085] GMP/*Prütting* ArbGG § 111 Rn. 16 f. mwN.

[1086] Vgl. Denkschrift zum Entwurf eines HGB vom 22.1.1897 idF der dem Reichstag gemachten Vorlage, 53; MHdB ArbR/*Jacobs* § 394 Rn. 1 f.

§ 60 [Gesetzliches Wettbewerbsverbot]

(1) Der Handlungsgehilfe darf ohne Einwilligung des Prinzipals weder ein Handelsgewerbe betreiben noch in dem Handelszweige des Prinzipals für eigene oder fremde Rechnung Geschäfte machen.

(2) Die Einwilligung zum Betrieb eines Handelsgewerbes gilt als erteilt, wenn dem Prinzipal bei der Anstellung des Gehilfen bekannt ist, daß er das Gewerbe betreibt, und der Prinzipal die Aufgabe des Betriebs nicht ausdrücklich vereinbart.

Schrifttum: *Bauer/Diller,* Wettbewerbsverbote, 8. Aufl. 2019; *Beer,* Die Grundlagen des vertragsbegleitenden Wettbewerbsverbotes im deutschen Arbeitsrecht, 2017; *Bettinghausen,* Wenn Mitarbeiter Konkurrenz machen, AuA 2017, 150; *Boemke,* Nebenpflichten des Arbeitnehmers, AR-Blattei SD 1228 (2002); *Bossmann,* Die Auswirkungen des Betriebsübergangs nach § 613a BGB auf die Wettbewerbsverbote der Arbeitnehmer, 1993; *Braun,* Arbeitsrechtliche Rahmenbedingungen der Nebenbeschäftigung, AuR 2004, 47; *Buchner,* Das Wettbewerbsverbot während der Dauer des Arbeitsverhältnisses, AR-Blattei SD 1830.2 (2006); *Buchner* Wettbewerbsverbote vor und nach Beendigung des Arbeitsverhältnisses, 1995; *Fischer,* Wettbewerbstätigkeit des gekündigten Arbeitnehmers während des Kündigungsschutzprozesses, NJW 2009, 331; *Gaul,* Die Kennzeichnung des unerlaubten Wettbewerbs bei arbeitsrechtlichen Wettbewerbsbeschränkungen, BB 1984, 346; *Gaul,* Der erfolgreiche Schutz von Betriebs- und Geschäftsgeheimnissen, 1994; *Glöckner,* Nebentätigkeitsverbote im Individualarbeitsrecht, 1993; *Grunsky,* Wettbewerbsverbote für Arbeitnehmer, 2. Aufl. 1987; *Hoß,* Vorbereitung einer späteren Konkurrenztätigkeit, ArbRB 2002, 87; *Kempen/Kreuder,* Nebentätigkeit und arbeitsrechtliches Wettbewerbsverbot bei verkürzter Arbeitszeit, AuR 1994, 218; *Krause,* Mitarbeit in Unternehmen, 2002, § 11; *Kunz,* Betriebs- und Geschäftsgeheimnisse und Wettbewerbsverbot während der Dauer und nach Beendigung des Anstellungsverhältnisses, DB 1993, 2482; *Leuchten,* Konkurrenztätigkeit im gekündigten Arbeitsverhältnis, NZA 2011, 391; *Nägele,* Freistellung und anderweitiger Erwerb, NZA 2008, 1039; *Parafianowicz,* Die Zulässigkeit von Beschränkungen der Arbeitnehmerfreizügigkeit durch Wettbewerbsverbote und Verschwiegenheitspflichten, 2016; *Röhsler/Borrmann,* Wettbewerbsbeschränkungen für Arbeitnehmer und Handelsvertreter, 1981; *Salamon/Fuhlrott,* Die Reichweite des Wettbewerbsverbotes im gekündigten Arbeitsverhältnis, BB 2011, 1018; *Schmiedl,* Mitarbeiterabwerbung durch Kollegen während des laufenden Arbeitsverhältnisses, BB 2003, 1120; *Schwarze,* Freistellung nach der Kündigung unter Anrechnung von Urlaubsansprüchen, RdA 2007, 301; *Wertheimer/Krug,* Rechtsfragen zur Nebentätigkeit von Arbeitnehmern, BB 2000, 1462.

Übersicht

I. Bedeutung

1. Überblick. § 60 regelt für Handlungsgehilfen ein **Wettbewerbsverbot.** Das Wettbewerbsverbot aus § 60 trifft den Handlungsgehilfen aber nur für die Dauer der Anstellung (näher → Rn. 12 ff.). Es ist daher von dem nachvertraglichen Wettbewerbsverbot der §§ 74 ff. zu unterscheiden. Das Wettbewerbsverbot aus § 60 gilt, anders als das nachvertragliche Wettbewerbsverbot, unabhängig davon, ob dem Handlungsgehilfen im Hinblick auf die Wettbewerbsbeschränkung eine Karenzentschädigung versprochen oder gezahlt wird. Das Verbot aus § 60 gilt kraft Gesetzes, ohne dass es, wie bei §§ 74 ff., einer entsprechenden Parteivereinbarung bedarf. 1

2. Zweck. Die Regelung in § 60 enthält einen allgemeinen Rechtsgedanken und ist eine gesetzliche Konkretisierung der dem Handlungsgehilfen ohnehin obliegenden vertraglichen Nebenpflicht zur Unterlassung von Wettbewerb.[1] Das Wettbewerbsverbot bezweckt, den Unternehmer vor **Konkurrenz durch die eigenen Angestellten in derselben Branche zu schützen.**[2] Es dient dazu, *Interessenkollisionen zwischen den Parteien des Arbeitsvertrages zu vermeiden.*[3] *§ 60 konkretisiert die nunmehr explizit in § 241 Abs. 2 BGB normierte vertragliche Interessenwahrnehmungspflicht.*[4] *Das Wettbewerbsverbot schützt auch Arbeitgeber, die kein Handelsgewerbe betreiben, insbesondere Freiberufler.*[5] Zweck der Regelung des § 60 ist es hingegen nicht, den Arbeitgeber davor zu schützen, dass sich der Handlungsgehilfe in einer anderen Tätigkeit verausgabt und so seine vertraglichen Verpflichtungen aus dem Anstellungsverhältnis nicht mehr vollwertig erfüllen kann (→ Rn. 3, → Rn. 48 ff.).[6] 2

Die Beschränkung des Wettbewerbsverbots auf eine Konkurrenztätigkeit in der Branche des Arbeitgebers ergibt sich aus einer **verfassungskonformen Auslegung** von § 60 im Lichte der durch Art. 12 GG garantierten Berufsfreiheit (→ Rn. 31 f.). Danach besteht für den Arbeitgeber lediglich dann ein schutzwürdiges Interesse an einem Wettbewerbsverbot, wenn der Handlungsgehilfe in der gleichen Branche wie er tätig wird. Es ist demgegenüber keine Frage des Wettbewerbsverbots, wenn ein Handlungsgehilfe in seiner Freizeit Nebentätigkeiten ausübt, die ihn derart beanspruchen, dass er zu einer ordnungsgemäßen Erfüllung seiner arbeitsvertraglichen Pflichten nicht mehr in der Lage ist (→ Rn. 48 ff.). Eine solche Beeinträchtigung der Arbeitsleistung kann sich nämlich nicht nur aus einer gewerblichen Nebentätigkeit ergeben, sondern auch aus einem anstrengenden Hobby oder intensiv betriebenem Sport. Ist ein Handlungsgehilfe auf Grund solcher Freizeitbeschäftigungen nicht in der Lage, seine Arbeitsleistung ordnungsgemäß zu erfüllen, so verletzt er seine Pflicht zur Erbringung der vereinbarten Dienstleistungen (→ § 59 Rn. 227 ff.). Der Arbeitgeber kann hiergegen arbeitsrechtlich nur mit Abmahnungen bzw. verhaltensbedingten Kündigungen vorgehen. 3

3. Abdingbarkeit. Die Regelung des § 60 ist abdingbar; es kann daher sowohl vereinbart werden, dass der Handlungsgehilfe eine sonst nach § 60 verbotene Tätigkeit frei ausüben dürfe, als auch insbesondere, dass ihm eine weitere Tätigkeit, die nicht unter § 60 fallen würde, während des Bestehens des Anstellungsverhältnisses verboten sein soll.[7] Eine Erweiterung des Wettbewerbsverbots ist jedoch wegen der verfassungsrechtlich durch Art. 12 GG gewährleisteten Berufsfreiheit nur insoweit möglich, als sie durch ein berechtigtes Interesse des Arbeitgebers gerechtfertigt ist.[8] 4

---

1 BAG BB 2015, 761 (763), AP § 61 Nr. 4 mAnm *Diller* = NJW 2008, 392; AP BGB § 611 Treuepflicht Nr. 7 mAnm *Canaris*; MHdB ArbR/*Reichold* § 54 Rn. 1, 16.

2 So ausdrücklich BAG AP Nr. 4; bestätigt in AP Nr. 10 = AR-Blattei Wettbewerbsverbot Entsch. 136 mAnm *Buchner* = BB 1984, 406; Staub/*Weber* Rn. 2.

3 EBJS/*Boecken/Rudkowski* Rn. 1.

4 ErfK/*Oetker* Rn. 1; EBJS/*Boecken/Rudkowski* Rn. 1.

5 BAG AP § 61 Nr. 4; AP BGB § 611 Treuepflicht Nr. 10.

6 So zutr. BAG AP Nr. 4.

7 Ebenso *Buchner* AR-Blattei SD 1830.2 Rn. 65; *Röhsler/Borrmann,* Wettbewerbsbeschränkungen für Arbeitnehmer und Handelsvertreter, 1981, 35 ff.

8 Vgl. hierzu BAG AP BGB § 626 Nr. 68 mAnm *Löwisch/Röder*; *Buchner* AR-Blattei SD 1830.2 Rn. 67; MHdB ArbR/*Reichold* § 54 Rn. 4; Oetker/*Kotzian-Marggraf* Rn. 8; *Röhsler/Borrmann,* Wettbewerbsbeschränkungen für Arbeitnehmer und Handelsvertreter, 1981, 37.

5 Wettbewerbsverbote können auch in **kollektivvertraglichen Vereinbarungen** geregelt sein. Eine über § 60 hinausgehende Wettbewerbsbeschränkung des Handlungsgehilfen ist wegen der Bindung der Tarifvertragsparteien an Art. 12 GG freilich nur insoweit möglich, als berechtigte Interessen des Arbeitgebers hierdurch geschützt werden.[9] Das Gleiche gilt auch für Betriebsvereinbarungen, da auch die Betriebspartner die Grundrechte beachten müssen.[10]

6 **4. Verhältnis zu § 61.** § 60 regelt die Voraussetzungen für ein Wettbewerbsverbot. Ergibt sich danach, dass ein Handlungsgehilfe verbotenerweise Wettbewerb betreibt, so stehen dem Arbeitgeber die in § 61 genannten Ansprüche zu. Die §§ 60 und 61 sind daher stets im Zusammenhang zu sehen. § 60 ist gewissermaßen der **Tatbestand,** während § 61 bestimmte **Rechtsfolgen** regelt.

II. Voraussetzungen

7 **1. Persönliche. a) Handlungsgehilfen.** Nach der ausdrücklichen Regelung des § 60 gilt das dort normierte Wettbewerbsverbot nur für Handlungsgehilfen. Handlungsgehilfen sind nach der Legaldefinition des § 59 Personen, die in einem Handelsgewerbe zur Leistung kaufmännischer Dienste angestellt sind (→ § 59 Rn. 49 ff.).

8 **b) Sonstige Arbeitnehmer.** Nach Auffassung des BAG enthält das in § 60 geregelte Wettbewerbsverbot einen **allgemeinen Rechtsgedanken,** der seine Grundlage in der Treuepflicht des Arbeitnehmers hat.[11] Hieraus hat die Rspr. in Einklang mit der hL abgeleitet, dass auch für die sonstigen Arbeitnehmer für die Dauer des Arbeitsverhältnisses ein Wettbewerbsverbot gilt, einschließlich der Arbeitnehmer der freien Berufe.[12]

9 Die Rechtsgrundlage ist dabei umstritten. Teile der Rspr. sprechen sich für eine Anwendung des § 241 Abs. 2 BGB aus (→ § 59 Rn. 265).[13] Mag dies auch vom rechtsdogmatischen Standpunkt aus gesehen durchaus vertretbar sein, so erscheint es doch sachgerechter, die gesetzliche Konkretisierung der allgemeinen vertraglichen Nebenpflichten in Form der §§ 60, 61 im Wege der teleologischen Extension auch für sonstige Arbeitnehmer heranzuziehen. Vorzugswürdig ist daher die von der hL[14] und Teilen der Rspr.[15] vertretene Position, das Wettbewerbsverbot für sonstige Arbeitnehmer auf eine **analoge Anwendung** des § 60 zu stützen. Hierfür spricht insbesondere, dass § 241 Abs. 2 BGB zur Anwendung der dreijährigen Verjährungsfrist des § 195 BGB und nicht zur Anwendung der strengen dreimonatigen Verjährungsfrist des § 61 Abs. 2 führt (→ § 61 Rn. 28).[16] Zum anderen hat der Gesetzgeber aufgrund ihrer historischen Bedeutung die Problematik der Konkurrenz zwischen Handlungsgehilfe und Prinzipal im kaufmännischen Kontext gesehen, ohne dabei eine Konkurrenz außerhalb dieses Bereichs erlauben zu wollen.

---

[9] *Röhsler/Borrmann,* Wettbewerbsbeschränkungen für Arbeitnehmer und Handelsvertreter, 1981, 39 f.; *Braun* AuR 2004, 47 (48).

[10] Enger *Röhsler/Borrmann,* Wettbewerbsbeschränkungen für Arbeitnehmer und Handelsvertreter, 1981, 40, nach denen eine über § 60 hinausgehende Wettbewerbsbeschränkung im Allgemeinen unzulässig sein soll.

[11] Vgl. AP BGB § 611 Treuepflicht Nr. 7 mAnm *Canaris;* NZA 2007, 977 (978).

[12] Vgl. BAG AP Nr. 15; AP Nr. 14; AP § 61 Nr. 4 mAnm *Diller* = NJW 2008, 392; AP Nr. 8 mAnm *Beuthien/Janzen* = RdA 1975, 266; HESSLAG BeckRS 2017, 139137; *Buchner* AR-Blattei SD 1830.2 Rn. 161 ff.; ebenso *Grunsky,* Wettbewerbsverbote für Arbeitnehmer, 2. Aufl. 1987, 2 ff.; Oetker/*Kotzian-Marggraf* Rn. 2; MüKoBGB/*Spinner* BGB § 611a Rn. 1020; MHdB ArbR/*Reichold* § 54 Rn. 2, 5.

[13] BAG AP GG Art. 12 Nr. 141; AP § 60 Nr. 13; s. auch *Glöckner,* Nebentätigkeitsverbote im Individualarbeitsrecht, 1993, 32 f. mwN.

[14] EBJS/*Boecken/Rudkowski* Rn. 7; ErfK/*Oetker* Rn. 2; Staub/*Weber* Rn. 4; MHdB ArbR/*Reichold* § 54 Rn. 5; KKRD/*Koller* Rn. 1; *Röhsler/Borrmann,* Wettbewerbsbeschränkungen für Arbeitnehmer und Handelsvertreter, 1981, 65; *Buchner* AR-Blattei SD 1830.2 „Wettbewerbsverbot II" Rn. 197; ausf. zu dieser Frage *Wagner,* Die Besonderheiten beim Arbeitsverhältnis des Handlungsgehilfen, 1993, 66 ff.

[15] BAG AP § 61 Nr. 4; Nr. 15; Nr. 14.

[16] Ausf. zu den unterschiedlichen Positionen EBJS/*Boecken/Rudkowski* Rn. 7; EBJS/*Boecken/Rudkowski* § 61 Rn. 2.

Im Rahmen eines **Leiharbeitsverhältnisses** wirkt das Wettbewerbsverbot zwischen dem (Verleih-)Arbeitgeber und dem Handlungsgehilfen bzw. Arbeitnehmer.[17] Jedenfalls aufgrund der vertraglichen Treuepflicht ist ein Leiharbeitnehmer auch gegenüber dem Entleiher gehalten sein, keinen Wettbewerb zu betreiben.[18] 10

c) Nichtabhängig Beschäftigte. § 60 findet keine Anwendung auf Personen, die in **keinem Arbeitsverhältnis,** also in einem nicht dem Arbeitsrecht unterliegenden Dienstverhältnis stehen. Nicht von § 60 erfasst sind damit namentlich die gesetzlichen Vertreter von Handelsgesellschaften, Prokuristen und Handlungsbevollmächtigte, soweit diese nicht gleichzeitig als Handlungsgehilfen angestellt sind.[19] Ebenso wenig unterliegen Handelsvertreter dem Wettbewerbsverbot nach § 60, da auch zu diesen kein Arbeitsverhältnis besteht.[20] Eine Ausnahme bilden Auszubildende, die zwar nicht als Arbeitnehmer zu betrachten sind (→ § 59 Rn. 82), für die aber § 60 über § 10 Abs. 2 BBiG Anwendung findet.[21] Gleiches gilt gem. § 26 BBiG iVm § 10 Abs. 2 BBiG für Volontäre (→ § 82a Rn. 5).[22] Für die GbR wird ein vertraglicher Wettbewerbsschutz erwogen.[23] 11

2. Zeitlicher Anwendungsbereich. Das Verbot des § 60 gilt nur für den, der Handlungsgehilfe ist, also nur für die Dauer des Anstellungsverhältnisses. Hierbei kommt es allein auf den rechtlichen, nicht dagegen auf den tatsächlichen Bestand des Anstellungsverhältnisses an.[24] Eine Ausnahme wird nach einhelliger Meinung dahingehend gemacht, dass das Verbot auch während der Dauer eines fehlerhaften Arbeitsverhältnisses gilt.[25] 12

a) Beginn des Verbots. Das Wettbewerbsverbot beginnt mit dem vereinbarten **Termin der Arbeitsaufnahme.** Erfolgt der Abschluss des Anstellungsvertrags vor dem Termin der Arbeitsaufnahme, so entsteht das Wettbewerbsverbot erst zu dem im Anstellungsvertrag vereinbarten Zeitpunkt der Beschäftigungsaufnahme. Die Wirkung der Anstellung ist in diesem Falle iSd § 163 BGB durch einen Anfangstermin bestimmt (→ § 59 Rn. 173 f.). 13

Das Wettbewerbsverbot gilt daher grundsätzlich auch dann, wenn der Handlungsgehilfe entgegen der vertraglichen Vereinbarung zum festgesetzten Anfangstermin seinen **Dienst nicht antritt** oder wenn er das Anstellungsverhältnis gekündigt hat, ohne dass die Kündigung wegen fehlender Einhaltung der Kündigungsfrist bereits wirksam ist. Das Verbot des § 60 gilt hier bis zur rechtlichen Beendigung des Anstellungsverhältnisses.[26] 14

Weigert sich umgekehrt der **Arbeitgeber,** die **Dienste** des Handlungsgehilfen zum vereinbarten Termin **entgegenzunehmen,** so bleibt grundsätzlich das Wettbewerbsverbot bestehen. Der Arbeitgeber handelt in diesem Fall freilich arglistig, wenn er den Handlungsgehilfen bei einem Verstoß gegen das Wettbewerbsverbot aus § 61 in Anspruch nimmt. Vielmehr ist der Handlungsgehilfe bei Annahmeverzug des Arbeitgebers (§ 615 BGB) gehalten, seine Arbeitskraft anderweitig zu verwerten, um der Anrechnung eines 15

---

17 S. dazu *Boemke,* 3. Aufl. 2013, AÜG § 11 Rn. 34; Schüren/Hamann/*Schüren* AÜG Einl. Rn. 249.

18 Vgl. BAG NJW 1984, 886; LAG Bln DB 1981, 1095; EBJS/*Boecken/Rudkowski* Rn. 9; Oetker/*Kotzian-Marggraf* Rn. 2.

19 EBJS/*Boecken/Rudkowski* Rn. 9; Staub/*Weber* Rn. 4.

20 Vgl. BGH LM § 61 Nr. 1; ebenso Oetker/*Kotzian-Marggraf* Rn. 4.

21 BAG AP Nr. 13; Staub/*Weber* Rn. 4.

22 Staub/*Weber* Rn. 4.

23 *Borsch/Erni* ZAP Fach 15, 603; Oetker/*Kotzian-Marggraf* Rn. 4.

24 Vgl. BAG AP BGB § 626 Nr. 227; BGH AP Nr. 1; *Buchner* AR-Blattei SD 1830.2 „Wettbewerbsverbot II" Rn. 68 f.; *Glöckner,* Nebentätigkeitsverbote im Individualarbeitsrecht, 1993, 33; *Grunsky,* Wettbewerbsverbote für Arbeitnehmer, 2. Aufl. 1987, 21; Oetker/*Kotzian-Marggraf* Rn. 6; MHdB ArbR/*Reichold* § 54 Rn. 16; *Röhsler/Borrmann,* Wettbewerbsbeschränkungen für Arbeitnehmer und Handelsvertreter, 1981, 41; *Vogelsang* in Schaub ArbR-HdB § 54 Rn. 5.

25 EBJS/*Boecken/Rudkowski* Rn. 11; MHdB ArbR/*Reichold* § 58 Rn. 19; Oetker/*Kotzian-Marggraf* Rn. 6.

26 Baumbach/Hopt/*Roth* Rn. 5; aA bei Nichtantritt des Dienstes *Buchner* AR-Blattei SD 1830.2 Rn. 79 ff.; MHdB ArbR/*Reichold* § 48 Rn. 17; Staub/*Weber* Rn. 32, die in diesem Fall unter Bezugnahme auf den Schutzzweck des § 60 für eine teleologische Reduktion plädieren.

fiktiven Einkommens wegen böswilligen Unterlassens einer Erwerbstätigkeit zu entgehen.[27]

16 **b) Freigestellte Handlungsgehilfen.** Das Wettbewerbsverbot aus § 60 wird durch eine Freistellung (Suspendierung) von den Dienstleistungen nicht aufgehoben.[28] Handlungsgehilfen unterliegen daher für die Zeitdauer von Arbeitskämpfen, Krankheit, Erholungsurlaub, Mutterschutz, Wehrübungen und sonstigen Freistellungen uneingeschränkt dem Wettbewerbsverbot aus § 60.[29] Dieser Grundsatz erfährt freilich eine Einschränkung, wenn der Handlungsgehilfe mit dem Zusatz freigestellt worden ist, seine Arbeitskraft für die Dauer der Freistellung anderweitig verwerten zu dürfen. Mit Abschluss einer solchen Vereinbarung wird regelmäßig das gesetzliche Wettbewerbsverbot aus § 60 abbedungen sein (→ Rn. 21).[30]

17 Keine Einschränkung erfährt das Wettbewerbsverbot im Fall der **Teilzeitarbeit.**[31] Zwar besteht grundsätzlich ein (durch Art. 12 GG geschütztes) Interesse des Handlungsgehilfen an der vollen wirtschaftlichen Verwertung seiner Arbeitskraft. Diesem Interesse wird jedoch bereits durch die verfassungskonforme Einschränkung des Abs. 1 Alt. 1 entsprochen (→ Rn. 32). Dem teilzeitbeschäftigten Handlungsgehilfen stehen demnach alle Betätigungen offen, die nicht im Geschäftszweig des Arbeitgebers liegen und bloße Hilfstätigkeiten. Ließe man darüber hinaus eine Konkurrenz durch Teilzeitbeschäftigte zu, würde der Zweck des § 60, den Prinzipal vor Wettbewerb durch eigene Arbeitnehmer zu schützen, konterkariert.[32]

18 Diese Erwägungen gelten auch, soweit es zu betriebsbedingten **Arbeitszeitreduzierungen** (Kurzarbeit, vgl. § 87 Abs. 1 Nr. 3 BetrVG, §§ 95 ff. SGB III) kommt – etwa um Entlassungen zu vermeiden –, die zu Einkommenseinbußen führen. In gleichem Maße, wie in einer solchen Situation die Schutzbedürftigkeit des Handlungsgehilfen zunimmt, steigt regelmäßig die wirtschaftliche Bedeutung des Wettbewerbsverbots für den Unternehmer. Der Anwendungsbereich des § 60 bleibt daher unverändert und ist nicht zugunsten des Handlungsgehilfen einzuschränken.[33]

19 **c) Ende des Verbots.** Das Wettbewerbsverbot endet mit der rechtlichen Beendigung des Anstellungsverhältnisses (zu den Ausnahmen von diesem Grundsatz → Rn. 20 f.). Das Anstellungsverhältnis ist rechtlich erst mit Ablauf der Kündigungsfrist und nicht schon bereits mit einer möglicherweise zuvor erfolgten Freistellung von den Arbeitspflichten (Suspendierung) beendet.[34] Wird das Anstellungsverhältnis einvernehmlich durch einen Aufhebungsvertrag beendet, so endet das Wettbewerbsverbot mit dem vertraglich vereinbarten Ende des Arbeitsverhältnisses. Nach Beendigung des Anstellungsverhältnisses besteht freier Wettbewerb, nur Verschwiegenheitspflichten können noch fortdauern.[35]

20 **d) Zeit des Kündigungsschutzprozesses.** Problematisch ist die Behandlung des Wettbewerbsverbots, wenn der Arbeitgeber das Dienstverhältnis durch Kündigung beendet hat und der Handlungsgehilfe gegen die Kündigung **Kündigungsschutzklage** erhoben hat. Erst mit der rechtskräftigen Entscheidung steht hier nämlich fest, ob das Arbeits-

---

[27] Vgl. MHdB ArbR/*Reichold* § 54 Rn. 17.

[28] BAG AP Nr. 9 mAnm *Schröder* = AR-Blattei Wettbewerbsverbot Entsch. 125 mAnm *Buchner* = BB 1979, 325; *Buchner* AR-Blattei SD 1830.2 Rn. 71 ff.; *Vogelsang* in Schaub ArbR-HdB § 54 Rn. 5.

[29] Ebenso *Grunsky,* Wettbewerbsverbote für Arbeitnehmer, 2. Aufl. 1987, 23; EBJS/*Boecken/Rudkowski* Rn. 12; zur Wirkung in der Elternzeit vgl. LAG Düsseldorf NZA-RR 2000, 232.

[30] BAG AP BGB § 615 Nr. 118 = NZA 2007, 36 (38); *Grunsky,* Wettbewerbsverbote für Arbeitnehmer, 2. Aufl. 1987, 22 f.

[31] So auch EBJS/*Boecken/Rudkowski* Rn. 8; Oetker/*Kotzian-Marggraf* Rn. 2.

[32] EBJS/*Boecken/Rudkowski* Rn. 8; Oetker/*Kotzian-Marggraf* Rn. 2.

[33] EBJS/*Boecken/Rudkowski* Rn. 8; Oetker/*Kotzian-Marggraf* Rn. 2; *Kempen/Kreuder* AuR 1994, 220.

[34] BAG AP Nr. 9 mAnm *Schröder*; Nr. 14; AP BGB § 626 Nr. 252; AP Nr. 16 mAnm *Laskawy/Lomb* DB 2019, 1211; Staub/*Weber* Rn. 31.

[35] BAG AP BGB § 611 Treuepflicht Nr. 11.

verhältnis durch die Kündigung beendet wurde oder ununterbrochen fortbestand.[36] Für das Wettbewerbsverbot, das an den rechtlichen Bestand des Dienstverhältnisses anknüpft, hat dies zur Folge, dass der Handlungsgehilfe erst im Nachhinein erfährt, ob er für die Dauer des Kündigungsschutzprozesses einem Wettbewerbsverbot unterlag oder nicht. Eine unberechtigte Kündigung hat auf den Bestand des Wettbewerbsverbots keinen Einfluss.[37] Kündigt der Arbeitgeber unberechtigt und nimmt er den Handlungsgehilfen dennoch aus dem Wettbewerbsverbot in Anspruch, kann der Handlungsgehilfe die Einrede der Arglist erheben.[38]

Zur Lösung dieser Frage ist auf die **gesetzlichen Wertungen** der § 615 S. 2 BGB und § 11 KSchG zurückzugreifen. Nach diesen beiden Vorschriften ist der Handlungsgehilfe, der sich gegen eine Kündigung mit einer Kündigungsschutzklage zur Wehr setzt und über die Kündigungsfrist hinaus nicht weiterbeschäftigt wird, verpflichtet, zumutbare andere Dienstleistungen auszuüben. Tut er dies nicht, so wird ihm der Wert desjenigen angerechnet, was er zumutbarerweise hätte erwerben können. Dabei ist unerheblich, ob der Erwerb auf Grund einer abhängigen oder einer selbstständigen Tätigkeit erzielt wird.[39] Diese beiden Vorschriften verpflichten daher den Handlungsgehilfen, während des schwebenden Kündigungsschutzprozesses einer Beschäftigung nachzugehen, wenn er nicht im Betrieb des Arbeitgebers weiterbeschäftigt wird. Es muss dem Handlungsgehilfen daher auch möglich sein, durch selbstständige Tätigkeit in Konkurrenz zu seinem Arbeitgeber zu treten. Das bedeutet, dass das Wettbewerbsverbot des § 60 während eines Kündigungsschutzprozesses grundsätzlich dann nicht gilt, wenn der Handlungsgehilfe vom Arbeitgeber nicht weiterbeschäftigt wird (aber → Rn. 22 zur Freistellung ohne Anrechnung anderweitigen Verdiensts).[40] Gleichermaßen endet das Wettbewerbsverbot bereits vor Ablauf der Kündigungsfrist, wenn ein Arbeitnehmer unwiderruflich unter dem Vorbehalt der Anrechnung etwaigen anderweitigen Verdienstes freigestellt wird.[41] 21

Beschäftigt der Arbeitgeber demgegenüber den **Handlungsgehilfen** für die Dauer des Kündigungsverfahrens weiter bzw. stellt er ihn vor Ablauf der Kündigungsfrist ohne Anrechnung anderweitigen Verdiensts frei, so unterliegt der Handlungsgehilfe weiterhin dem Wettbewerbsverbot aus § 60.[42] In diesem Fall besteht für den Handlungsgehilfen kein schutzwürdiges Interesse an einer Aufhebung des Wettbewerbsverbots. Es spielt in diesem Zusammenhang keine Rolle, ob die Weiterbeschäftigung durch den Arbeitgeber freiwillig erfolgt oder gerichtlich erzwungen worden ist.[43] Erfolgt die Weiterbeschäftigung nach § 102 Abs. 5 BetrVG oder auf der Grundlage des richterrechtlich geschaffenen Weiterbeschäftigungsanspruchs,[44] so ist Rechtsgrund für die Weiterbeschäftigung das hierdurch entstandene Schuldverhältnis zwischen Arbeitgeber und Handlungsgehilfen.[45] Dieses Schuldverhältnis ist dem Anstellungsverhältnis als Rechtsgrund für das Wettbewerbsverbot aus § 60 im Ergebnis gleichzustellen.[46] 22

e) Ruhestandsverhältnis. Das Wettbewerbsverbot aus § 60 gilt **nicht** für Handlungsgehilfen, die sich im Ruhestand befinden und vom Arbeitgeber noch ein Ruhegehalt 23

36 Linck/Krause/Bayreuther/*Linck* KSchG § 4 Rn. 153.
37 BAG AP BGB § 626 Nr. 252; LAG Brl-Brbg BeckRS 2010, 74476.
38 BAG AP BGB § 626 Nr. 104; ErfK/*Oetker* Rn. 3.
39 Vgl. MüKoBGB/*Henssler* BGB § 615 Rn. 68; Linck/Krause/Bayreuther/*Linck* KSchG § 11 Rn. 6.
40 Ebenso iErg *Grunsky,* Wettbewerbsverbote für Arbeitnehmer, 2. Aufl. 1987, 25; MHdB ArbR/*Reichold* § 54 Rn. 18; aA BAG AP BGB § 626 Nr. 227; *Fischer* NJW 2009, 331 (333 f.); Staub/*Weber* Rn. 37.
41 BAG AP BGB § 615 Nr. 118 mAnm *Bayreuther* = NZA 2007, 36 (38); aA *Schwarze* RdA 2007, 301 (304); *Nägele* NZA 2008, 1039 (1041).
42 So zur Freistellung ohne Anrechnung anderweitigen Verdiensts BAG AP BGB § 615 Nr. 118 mAnm *Bayreuther* = NZA 2007, 36 (38).
43 Vgl. *Grunsky,* Wettbewerbsverbote für Arbeitnehmer, 2. Aufl. 1987, 24.
44 Vgl. dazu BAG (GS) AP BGB § 611 Beschäftigungspflicht Nr. 14; AP BGB § 611 Weiterbeschäftigung Nr. 1 mAnm *v. Hoyningen-Huene.*
45 Vgl. hierzu *v. Hoyningen-Huene* BB 1988, 256.
46 So auch ErfK/*Oetker* Rn. 3; *Glöckner,* Nebentätigkeitsverbote im Individualarbeitsrecht, 1993, 35.

beziehen.[47] Das Ruhestandsverhältnis ist insoweit nicht dem Anstellungsverhältnis gleichzusetzen. Es steht dem Arbeitgeber allerdings frei, das Ruhegehalt vertraglich mit einem Wettbewerbsverbot zu verknüpfen, das sich in diesem Fall nach den §§ 74 ff. richtet (→ § 74 Rn. 14).[48] Rechtsgrundlage eines solchen Wettbewerbsverbots ist dann allerdings die Ruhegehaltsvereinbarung und nicht § 60.

24 **3. Fehlende Einwilligung.** Das Wettbewerbsverbot gilt nur dann, wenn der Arbeitgeber für die Wettbewerbstätigkeit keine Einwilligung erteilt hat.

25 **a) Rechtsnatur der Einwilligung.** Die Einwilligung ist eine **Willenserklärung** des Arbeitsgebers, die grundsätzlich auch formfrei erteilt werden kann.[49] Auf die Einwilligung finden daher die Vorschriften des BGB über die Wirksamkeit und Anfechtbarkeit von Willenserklärungen Anwendung.[50] Die Einwilligung des Arbeitgebers kann daher sowohl zeitlich als auch sachlich beschränkt sein. Der Widerruf einer einmal erteilten Einwilligung ist nur möglich, wenn sich der Arbeitgeber bei Erteilung der Einwilligung einen Widerruf ausdrücklich vorbehalten hat.[51] Eine unwiderruflich erklärte Einwilligung ist nur im Wege einer Änderungskündigung nach § 2 KSchG oder durch einvernehmliche Änderungsvereinbarung zu beseitigen.

26 **b) Einwilligung durch konkludentes Handeln.** Eine Einwilligung kann auch in einem konkludenten Verhalten des Arbeitgebers gesehen werden. Das ist insbesondere der Fall, wenn der Arbeitgeber trotz Kenntnis der Konkurrenztätigkeit des Arbeitnehmers diese über längere Zeit duldet, ohne dagegen einzuschreiten. Entscheidend ist hier, ob der Handlungsgehilfe das Schweigen des Arbeitgebers nach §§ 133, 157 BGB als Einwilligung in diese Konkurrenzgeschäfte auffassen durfte.[52] Die Schwelle ist hier höher als bei einer möglichen Verwirkung. Aus der Ermahnung des Arbeitgebers an den Handlungsgehilfen, nicht während der Arbeitszeit für ein Konkurrenzunternehmen tätig zu sein, kann allerdings keine Einwilligung herausgelesen werden, dass der Handlungsgehilfe außerhalb der Arbeitszeit zum Arbeitgeber in Konkurrenz treten darf.[53] Ist eine Genehmigung nur für ein einziges Geschäft erteilt worden, so liegt hierin regelmäßig keine generelle Einwilligung zur Konkurrenztätigkeit.[54]

27 **c) Beweislast.** Der Handlungsgehilfe ist für das Vorliegen der Einwilligung beweispflichtig, da es sich hierbei um einen Rechtfertigungsgrund für ein bestimmtes Verhalten handelt, das an sich verboten ist.[55]

28 **d) Fiktion des Abs. 2.** Ist dem Arbeitgeber bei der Anstellung des Handlungsgehilfen bekannt, dass dieser ein Gewerbe betreibt, und vereinbart der Arbeitgeber mit dem Handlungsgehilfen nicht ausdrücklich die Aufgabe des Betriebs, so gilt nach Abs. 2 die Einwilligung zum Betrieb des Handelsgewerbes als erteilt. Voraussetzung für diese Fiktion ist, dass der Arbeitgeber positiv von dem Betrieb des Handelsgewerbes Kenntnis hat. Ein bloßes Kennenmüssen, dh fahrlässige Unkenntnis, genügt nicht. Die **Beweislast** hierfür trägt der Handlungsgehilfe.[56]

---

47 BAG AP BGB § 611 Konkurrenzklausel Nr. 40 mAnm *Reinfeld*; Staub/*Weber* Rn. 42.

48 Dazu BAG BB 1994, 1078 = AP BGB § 611 Konkurrenzklausel Nr. 40 mAnm *Reinfeld*.

49 Zum Anspruch auf Zustimmung zur Nebentätigkeit BAG AP BGB § 611 Nebentätigkeit Nr. 8 mAnm *Singer*.

50 Vgl. *Buchner* AR-Blattei SD 1830.2 Rn. 93; *Grunsky*, Wettbewerbsverbote für Arbeitnehmer, 2. Aufl. 1987, 28; Staub/*Weber* Rn. 27.

51 Vgl. RGZ 38, 20; Heymann/*Henssler/Markworth* Rn. 38; *Vogelsang* in Schaub ArbR-HdB § 54 Rn. 18; Staub/*Weber* Rn. 30; einschr. *Grunsky*, Wettbewerbsverbote für Arbeitnehmer, 2. Aufl. 1987, 31.

52 So zutr. *Buchner* AR-Blattei SD 1830.2 Rn. 94 f.; MHdB ArbR/*Reichold* § 54 Rn. 14.

53 BAG AP Nr. 6; RGZ 109, 55.

54 Ebenso *Grunsky*, Wettbewerbsverbote für Arbeitnehmer, 2. Aufl. 1987, 30.

55 BAG AP Nr. 15; AP BGB § 611 Treuepflicht Nr. 8 = SAE 1977, 226 mAnm *Baumgärtel* = NJW 1977, 646; ErfK/*Oetker* Rn. 9; MHdB ArbR/*Reichold* § 54 Rn. 14; *Vogelsang* in Schaub ArbR-HdB § 54 Rn. 16; Staub/*Weber* Rn. 27.

56 *Buchner* AR-Blattei SD 1830.2 Rn. 96; *Grunsky*, Wettbewerbsverbote für Arbeitnehmer, 2. Aufl. 1987, 29.

Die Fiktion des **Abs. 2 gilt nur für den Betrieb eines Handelsgewerbes** durch den Handlungsgehilfen (Abs. 1 Alt. 1). Hat der Handlungsgehilfe vor seiner Anstellung einzelne Geschäfte im Handelszweige des Unternehmens gemacht, ohne aber ein Handelsgewerbe zu betreiben (Abs. 1 Alt. 2), so kommt die Fiktion des Abs. 2 nicht zur Anwendung.[57] Die Beschränkung der Einwilligungsfiktion auf das Betreiben eines Handelsgewerbes ergibt sich aus dem eindeutigen Wortlaut von Abs. 2, wonach nur die Einwilligung zum Betrieb eines Handelsgewerbes als erteilt gilt. 29

III. Inhalt

Das Wettbewerbsverbot nach Abs. 1 umfasst **zwei Tatbestände:** Dem Handlungsgehilfen ist es sowohl verboten, ohne Einwilligung seines Arbeitgebers ein Handelsgewerbe zu betreiben als auch in dem Handelszweig des Arbeitgebers für eigene oder fremde Rechnung Geschäfte zu machen. Der Arbeitgeber trägt die Beweislast für das Vorliegen eines Wettbewerbsverstoßes des Handlungsgehilfen (→ § 61 Rn. 13 f.).[58] 30

1. Verbot, Handelsgewerbe zu betreiben. Nach Abs. 1 Alt. 1 ist dem Handlungsgehilfen das Betreiben eines Handelsgewerbes ohne Einwilligung des Arbeitgebers verboten. 31

a) Verfassungskonforme Einschränkung. Nach dem Wortlaut des Gesetzes ist dem Handlungsgehilfen das Betreiben eines Handelsgewerbes schlechthin verboten, unabhängig davon, ob es der Branche des Arbeitgebers zuzurechnen ist. Ein derart weitgehendes Wettbewerbsverbot ist jedoch mit dem Schutzzweck der Vorschrift und dem verfassungsrechtlich durch Art. 12 GG verbürgten Grundrecht auf Berufsfreiheit nicht vereinbar (→ Rn. 3). Es ist daher heute allgemein anerkannt, dass Abs. 1 Alt. 1 verfassungskonform einengend auszulegen ist. Der Betrieb eines Handelsgewerbes ohne Einwilligung des Arbeitgebers kann dem Handlungsgehilfen nur dann verwehrt sein, wenn dies den Arbeitgeber schädigen kann, dh wenn der Handlungsgehilfe ein Handelsgewerbe im Handelszweig des Arbeitgebers betreibt, so dass dieses Handelsgewerbe für den Arbeitgeber wettbewerbsmäßig eine Gefahr bedeutet.[59] Anders formuliert heißt das, dass dem Handlungsgehilfen alle anderweitigen Betätigungen offen stehen, die nicht im Geschäftszweig des Arbeitgebers liegen. Dabei kommt es nicht auf den abstrakt möglichen Betätigungsbereich des Arbeitgebers an, sondern auf das konkrete Geschäftsgebaren.[60] Es erfolgt eine einzelfallbezogene Bewertung der Tätigkeit des Arbeitnehmers.[61] Der Arbeitnehmer darf jedoch auch dann keine Konkurrenzgeschäfte tätigen, wenn sicher ist, dass der Arbeitgeber den vom Arbeitnehmer betreuten Bereich oder die betreffenden Kunden nicht erreichen wird.[62] 32

b) Handelsgewerbe. Dem Handlungsgehilfen ist es verboten, ein Handelsgewerbe zu betreiben. Wann ein Handelsgewerbe betrieben wird, richtet sich nach den allgemeinen Voraussetzungen der §§ 1–7. Wegen der Einzelfragen ist daher auf die Kommentierung zu diesen Vorschriften zu verweisen. Das Wettbewerbsverbot gilt unabhängig davon, ob das Handelsgewerbe des Arbeitnehmers gemeinnützige Zwecke iSv § 52 AO verfolgt.[63] 33

c) Betreiben. Durch § 60 ist dem Handlungsgehilfen das Betreiben eines Handelsgewerbes verboten. Gleichgültig ist, ob das Handelsgewerbe vom Handlungsgehilfen für eigene oder für fremde Rechnung betrieben wird, wem der Ertrag der Geschäfte zufließen 34

---

57 Ebenso *Buchner* AR-Blattei SD 1830.2 Rn. 97; *Vogelsang* in Schaub ArbR-HdB § 54 Rn. 17; Staub/*Weber* Rn. 29; Baumbach/Hopt/*Roth* Rn. 7; GK-HGB/*Etzel* Rn. 11; zweifelnd *Grunsky*, Wettbewerbsverbote für Arbeitnehmer, 2. Aufl. 1987, 29.

58 Sowohl bei dem Nachweis eines Verstoßes als auch für einen evtl. bestehenden Schadensersatzanspruch sind dabei die Grenzen des Beschäftigtendatenschutzes einzuhalten, vgl. LAG RhPf ZD 2019, 369.

59 So ausdrücklich BAG AP Nr. 4 unter I 3; ebenso AP Nr. 7; Nr. 10; Baumbach/Hopt/*Roth* Rn. 2; *Buchner* AR-Blattei SD 1830.2 Rn. 22 f.; MHdB ArbR/*Reichold* § 54 Rn. 6.

60 BAG AP Nr. 10; NJW 1984, 886 (887).

61 EBJS/*Boecken/Rudkowski* Rn. 20.

62 BAG AP Nr. 15; NZA 2013, 748.

63 LAG Hamm RDG 2016, 20.

soll und wem die Mittel gehören, mit denen der Betrieb geführt wird. Durch das Vorschieben eines Strohmannes oder das Betreiben des Gewerbes durch Treuhänder kann sich der Handlungsgehilfe nicht von dem Verbot des § 60 befreien.[64]

35 Dem Handlungsgehilfen ist nach § 60 auch untersagt, als **persönlich haftender Gesellschafter einer OHG** oder KG in derselben Branche tätig zu werden. Die Tätigkeit als **leitendes Organ einer juristischen Person** steht dem Betreiben eines Handelsgewerbes iSv Abs. 1 gleich.[65] Das Wettbewerbsverbot erstreckt sich in diesem Fall auch auf die Gesellschaft, da diese keine weitergehenden Rechte für sich beanspruchen kann als ihr persönlich haftender Gesellschafter.[66]

36 Eine nur **kapitalmäßige Beteiligung** an einem anderen Unternehmen, etwa als Kommanditist, stiller Gesellschafter oder Aktionär, ist dem Handlungsgehilfen durch § 60 grundsätzlich nicht verboten.[67] Denn in diesem Falle hat der Handlungsgehilfe auf die Entscheidungen des Konkurrenzunternehmens keinen Einfluss, so dass er auch kein Handelsgewerbe betreibt. In der finanziellen Beteiligung an einem anderen Unternehmen kann jedoch ein „Geschäftemachen" iSv Abs. 1 Alt. 2 liegen (→ Rn. 42).[68] Anders ist die Situation zu bewerten, wenn die kapitalmäßige Beteiligung dem Handlungsgehilfen einen maßgeblichen Einfluss auf den Geschäftsbetrieb des Konkurrenzunternehmens ermöglicht.[69] Die Grenze der grds. zulässigen kapitalmäßigen Beteiligung ist überschritten, wenn der Handlungsgehilfe Kapital für die Gründung eines Konkurrenzunternehmens (auch ohne Beteiligung an diesem Unternehmen) zur Verfügung stellt.[70] Hierzu zählt auch das Unterlassen der Rückforderung eines (zinslosen) Darlehens, das für den Fortbestand des Konkurrenzunternehmens von erheblicher Bedeutung ist.[71]

37 **d) Vorbereitung des künftigen Handelsgewerbes.** Ein Handlungsgehilfe, der sich selbstständig machen will, darf sein künftiges eigenes Handelsgewerbe schon vor Beendigung seines Anstellungsverhältnisses vorbereiten.[72] Nach Ansicht des BAG darf hierdurch jedoch nicht bereits das Tatbestandsmerkmal des Geschäftemachens erfüllt sein.[73] Zur Vorbereitung eines eigenen Handelsgewerbes zählen namentlich die Anmietung von Geschäftsräumen,[74] die Anwerbung von Mitarbeitern,[75] Vorstellungsgespräche bei Konkurrenzunternehmen,[76] der Erwerb von Waren oder das Betreiben einer Berufszulassung.[77] Sofern die Tätigkeit des Arbeitnehmers geeignet ist, unmittelbar in die Geschäfts- oder Wettbewerbsinteressen des Arbeitgebers einzugreifen, liegt eine unzulässige Vorbereitungshandlung vor.[78]

38 Dementsprechend kann beispielsweise das Betreiben eines **eigenen Handelsgewerbes als Handelsvertreter** so lange nicht angenommen werden, als nicht eine Tätigkeit entfaltet

---

64 Ebenso Baumbach/Hopt/*Roth* Rn. 2; *Buchner* AR-Blattei SD 1830.2 Rn. 26 f.; MHdB ArbR/*Reichold* § 54 Rn. 7; Staub/*Weber* Rn. 16.

65 BAG AP § 61 Nr. 1 mAnm *Hefermehl*; Staub/*Weber* Rn. 17.

66 Vgl. BGH GmbHR 1951, 173.

67 Vgl. *Grunsky*, Wettbewerbsverbote für Arbeitnehmer, 2. Aufl. 1987, 15; Heymann/*Henssler/Markworth* Rn. 24; Staub/*Weber* Rn. 17; abw. LAG Köln NZA 1995, 994 Ls.

68 MHdB ArbR/*Reichold* § 54 Rn. 11; Röhricht/Graf v. Westphalen/Haas/*Wagner/Vogt* § 60 Rn. 17; ebenso *Röhsler/Borrmann*, Wettbewerbsbeschränkungen für Arbeitnehmer und Handelsvertreter, 1981, 30 f.; *Boemke* AR-Blattei SD 1228 Rn. 262, 270; aA LAG Köln LAGE Nr. 3.

69 BAG AP § 74 Nr. 87; LAG SH BeckRS 2017, 115772; ErfK/*Oetker* Rn. 5.

70 BAG AP § 74 Nr. 87.

71 BAG AP § 74 Nr. 87.

72 Vgl. BAG AP Nr. 16; NZA 2019, 571 (574); 2018, 1425 (1429); 2013, 748 (749); LAG Köln AR-Blattei ES 1830 Nr. 170 mAnm *Reinfeld*; *Bauer/Diller* Wettbewerbsverbote Rn. 127; *Buchner* AR-Blattei SD 1830.2 Rn. 35 f.; *Grunsky*, Wettbewerbsverbote für Arbeitnehmer, 2. Aufl. 1987, 16 ff.; *Röhsler/Borrmann*, Wettbewerbsbeschränkungen für Arbeitnehmer und Handelsvertreter, 1981, 31; *Vogelsang* in Schaub ArbR-HdB § 54 Rn. 11; Staub/*Weber* Rn. 18.

73 BAG AP BGB § 626 Nr. 213; Nr. 227; Nr. 252; AP § 61 Nr. 5; AP § 60 Nr. 16.

74 BAG AP Nr. 3.

75 BAG AP Nr. 6; LAG Kiel AP Nr. 2; zu den Grenzen bei der Abwerbung von Kollegen s. BAG NZA 2019, 574.

76 *Grunsky*, Wettbewerbsverbote für Arbeitnehmer, 2. Aufl. 1987, 17.

77 BAG BB 1958, 877; LAG Bremen LAGE Nr. 7.

78 BAG AP Nr. 16; NZA 2019, 571 (574).

wird, die unmittelbar auf die Vermittlung von sofort oder auch später abzuwickelnden Geschäften oder auf den Abschluss derartiger Geschäfte im Namen eines anderen Unternehmers gerichtet ist.[79] Eine zulässige Vorbereitungshandlung und noch nicht das Betreiben eines Handelsgewerbes ist ferner der **Abschluss eines GmbH-Vertrags** und die Eintragung der GmbH in das Handelsregister, wenn die Gesellschaft ihren Geschäftsbetrieb noch nicht aufgenommen hat.[80] Auch der Abschluss eines **Franchisevertrags** durch den Handlungsgehilfen mit dem Franchisegeber ist bloße Vorbereitungshandlung.[81]

Der Handlungsgehilfe darf auch mit anderen Arbeitnehmern seines Arbeitgebers Arbeitsverträge abschließen.[82] Ein u**nzulässiges Abwerben von Kollegen** liegt indes vor, wenn der Handlungsgehilfe „ernsthaft und beharrlich" auf diese einwirkt, um diese zu veranlassen für ihn oder einen anderen Arbeitgeber tätig zu werden.[83] Nach zutreffender Ansicht des BAG ist für den Arbeitnehmer die Kündigungsrelevanz eines Abwerbegesprächs nicht ohne weiteres erkennbar, sodass regelmäßig eine arbeitgeberseitige Abmahnung erforderlich ist.[84] Es ist dem Handlungsgehilfen auch nicht erlaubt, während seines Anstellungsverhältnisses einen vertragsbrüchig gewordenen Kollegen zur Aufnahme einer konkurrierenden Tätigkeit zu unterstützen.[85] 39

Durch § 60 ist es dem Handlungsgehilfen untersagt, **Kunden des Arbeitgebers** gezielt für eigene Zwecke **abzuwerben.**[86] Der Begriff des Abwerbens ist dabei weit zu verstehen. Auch das „Vorfühlen" bei einzelnen Kunden kann einen Verstoß gegen das Wettbewerbsverbot darstellen, selbst wenn noch keine Geschäfte abgeschlossen wurden.[87] Verboten ist dem Handlungsgehilfen weiterhin die Werbung für sein künftiges Handelsgewerbe, weil dadurch die geschäftlichen Interessen des Arbeitgebers in erheblichem Umfang beeinträchtigt werden.[88] Allein in der Angabe eines Arbeitnehmers einer Steuerberaterkanzlei auf einer Internetplattform, er sei als „Freiberufler" tätig, ist noch kein Verstoß zu sehen. Etwas anders gilt, wenn der Arbeitnehmer über das Portal bereits aktiv konkurrierende Mandate sucht.[89] 40

2. Verbot des Geschäftemachens. Nach Abs. 1 Alt. 2 ist es dem Handlungsgehilfen verboten, im Handelszweige seines Arbeitgebers für eigene oder fremde Rechnung Geschäfte zu machen. Im Gegensatz zur Alt. 1 von Abs. 1 ist hier das Verbot der Konkurrenztätigkeit ausdrücklich und zutreffend auf den Handelszweig des Arbeitgebers beschränkt. 41

a) Begriff des Geschäftemachens. Der Begriff des Geschäftemachens wird von der Rspr. **weit gefasst.** Unter Geschäftemachen wird dabei jede, wenn auch nur spekulative, auf Gewinn gerichtete Teilnahme am Geschäftsverkehr verstanden, die nicht nur zur Befriedigung der eigenen privaten Bedürfnisse des Handlungsgehilfen erfolgt.[90] Voraussetzung ist freilich auch hier, dass Arbeitgeber und Handlungsgehilfe als Wettbewerber auftreten.[91] Das ist auch der Fall, wenn der Handlungsgehilfe dem Arbeitgeber durch systematische Schwarzarbeit Aufträge wegschnappt.[92] Geschäfte, die der Handlungsgehilfe mit dem Prinzipal als Anbieter oder Abnehmer schließt, werden von dem Verbot nicht erfasst.[93] 42

---

79 BAG AP Nr. 3.
80 BAG AP Nr. 7; ebenso LAG Kiel AP Nr. 2 für die Anmeldung einer OHG zum Handelsregister.
81 BAG AP Nr. 9.
82 BAG AP BGB § 626 Nr. 213; Nr. 252; Nr. 16.
83 BAG AP Nr. 16.
84 BAG AP BGB § 626 Nr. 213.
85 BAG AP Nr. 8.
86 BAG AP Nr. 15; Nr. 5; LAG Hamm DB 1971, 2415; AP Nr. 16; LAG RhPf BeckRS 2016, 68762; LAG München BeckRS 2009, 72963.
87 BAG NZA 2019, 571 (575).
88 Ebenso *Röhsler/Borrmann,* Wettbewerbsbeschränkungen für Arbeitnehmer und Handelsvertreter, 1981, 32; Staub/*Weber* Rn. 22.
89 LAG Köln NZA-RR 2017, 353.
90 Vgl. BAG AP Nr. 1; Nr. 3; Nr. 5; Staub/*Weber* Rn. 23. Darüber hinaus für eine Geringfügigkeitsschwelle LAG SH LAGE Nr. 9.
91 EBJS/*Boecken/Rudkowski* Rn. 24; vgl. auch LAG Hamm BeckRS 2001, 31009838.
92 Zutreffend Oetker/*Kotzian-Marggraf* Rn. 15.
93 So BAG AP Nr. 10 unter B II 2c; ebenso *Grunsky,* Wettbewerbsverbote für Arbeitnehmer, 2. Aufl. 1987, 7; vgl. auch BAG NZA 1997, 1284.

43 Abs. 1 Alt. 2 soll den Arbeitgeber schon vor einer **bloßen Gefährdung seiner Geschäftsinteressen** durch den Handlungsgehilfen schützen. Es kommt deshalb entscheidend auf die Zielrichtung der geschäftlichen Tätigkeit des Handlungsgehilfen an und nicht auf deren Erfolg und deren Intensität.[94] Der Handlungsgehilfe darf auch dann keine Konkurrenzgeschäfte tätigen, wenn sicher ist, dass der Arbeitgeber den vom Arbeitnehmer betreuten Sektor oder die betreffenden Kunden nicht erreichen wird.[95] Vom Geschäftemachen erfasst ist daher auch das bloße Vorbereiten der Vermittlung und des Abschlusses von Geschäften.[96] Der Grund hierfür liegt darin, dass durch ein Geschäft in dem Handelszweig des Arbeitgebers dessen Interessen in der Regel unmittelbar berührt, zumindest aber gefährdet sind.[97]

44 **b) Handelszweig des Arbeitgebers.** Dem Handlungsgehilfen ist es verboten, in dem Handelszweige des Arbeitgebers Geschäfte zu machen. Erfasst werden damit nur Geschäfte in dem Bereich, in dem der Arbeitgeber (das Unternehmen) des Handlungsgehilfen tätig ist. Kein Verstoß gegen das Wettbewerbsverbot liegt daher vor, wenn sich die angebotene Produktpalette unterscheidet.[98] Das Wettbewerbsverbot bezieht sich nicht auf den Tätigkeitsbereich eines Konzerns.[99] Beispielsweise genießt eine ausgegliederte Tochtergesellschaft für die von ihr übernommenen Bereiche keinen Wettbewerbsschutz gegenüber den Mitarbeitern der Konzernmutter.[100] Die organisatorische Einbindung des Arbeitgebers in einen Konzern kann nicht zu einer Ausweitung der Pflichten der Handlungsgehilfen führen,[101] sie bleiben vielmehr arbeitgeberbezogen, zumal umgekehrt – etwa im Rahmen von § 1 KSchG – die Mitarbeiter aus der Konzernbindung keine Vorteile für sich ableiten können.[102] Neben dem Handelszweig des Arbeitgebers kommt es auch auf die konkrete Stellung des Handlungsgehilfen an. Dieser unterliegt strengeren Anforderungen, sofern er eine besonders hervorgehobene Stellung bekleidet, etwa zuständig für einen bestimmten Marktsektor des Prinzipals ist.[103]

45 Der Umfang des Wettbewerbsverbots ist nicht statisch, dh er definiert sich nicht nach dem Beginn der Tätigkeit des Handlungsgehilfen, vielmehr kann sich der Umfang im Laufe der Zeit verändern.[104] Das Wettbewerbsverbot aus § 60 besteht auch dann, wenn der Arbeitgeber die Geschäftsart erst nach der Anstellung des Gehilfen in seinen Betrieb aufgenommen hat. Durch eine **Geschäftserweiterung** des Unternehmens können daher die geschäftlichen Betätigungsfelder der außerhalb des Dienstverhältnisses tätigen Handlungsgehilfen nachträglich eingeschränkt werden.[105] Die Tätigkeit des Arbeitnehmers bleibt allerdings trotz der Geschäftserweiterung durch den Unternehmer zulässig, wenn die Änderung des Tätigkeitsbereichs des Arbeitgebers außerhalb der vorhersehbaren Entwicklung liegt, etwa bei Aufnahme eines völlig neuen, mit dem bisherigen nicht in Zusammenhang stehenden Geschäftszweigs. Hier ist das Vertrauen des Arbeitnehmers auf Zulässigkeit der bisher ausgeübten Tätigkeit gerade mit Blick auf Art. 12 GG schutzwürdig.[106]

---

[94] So BAG AP Nr. 3.

[95] So BAG AP Nr. 15.

[96] Vgl. BAG AP Nr. 3; Nr. 5; Nr. 6; AP § 61 Nr. 1; *Röhsler/Borrmann,* Wettbewerbsbeschränkungen für Arbeitnehmer und Handelsvertreter, 1981, 33; MHdB ArbR/*Reichold* § 54 Rn. 11.

[97] Vgl. BAG AP Nr. 6.

[98] LAG RhPf BeckRS 2016, 72973.

[99] *Glöckner,* Nebentätigkeitsverbote im Individualarbeitsrecht, 1993, 41; *Grunsky,* Wettbewerbsverbote für Arbeitnehmer, 2. Aufl. 1987, 8; *Vogelsang* in Schaub ArbR-HdB § 54 Rn. 13.

[100] So schon BAG AP § 74a Nr. 2.

[101] *Windbichler,* Arbeitsrecht im Konzern, 1989, 128; diff. *Henssler,* Der Arbeitsvertrag im Konzern, 1983, 174 ff.

[102] Linck/Krause/Bayreuther/*Krause* KSchG § 1 Rn. 711.

[103] LAG Niedersachsen BeckRS 2016, 66158.

[104] Ebenso EBJS/*Boecken/Rudkowski* Rn. 28.

[105] Vgl. *Buchner* AR-Blattei SD 1830.2 Rn. 43; diff. Heymann/*Henssler/Markworth* Rn. 29; Baumbach/Hopt/*Roth* Rn. 3; *Vogelsang* in Schaub ArbR-HdB § 54 Rn. 14; Staub/*Weber* Rn. 24.

[106] *Buchner* AR-Blattei SD 1830.2 Rn. 43 f.; restriktiver Staub/*Weber* Rn. 12, der eine nachträgliche Einschränkung grds. ablehnt, wenn der Arbeitnehmer sein Handelsgewerbe bereits vor Beginn des Arbeitsverhältnisses ausgeübt hat. EBJS/*Boecken/Rudkowski* Rn. 23 und Oetker/*Kotzian-Marggraf* Rn. 14 sprechen sich im Verhältnis Handlungsgehilfe/Arbeitgeber sogar für das Recht des ersten Zugriffs aus.

c) Beispiele. Nach Abs. 1 Alt. 2 ist beispielsweise verboten: Das Vorfühlen bei Kunden zum Zwecke der späteren Vermittlung eines Geschäftsabschlusses,[107] 46
- das Anbieten von Diensten und Leistungen gegenüber Dritten im Marktbereich des Arbeitgebers,[108]
- der Versuch, dem Arbeitgeber Geschäftsverbindungen abzuwerben,[109]
- das Abwerben von Mandanten des Noch-Arbeitgebers,[110]
- der Eintritt in eine GmbH als Gesellschafter, die im Handelszweig des Arbeitgebers Konkurrenzgeschäfte tätigt,[111]
- die Vermittlungstätigkeit eines Handlungsreisenden für andere Firmen über längere Zeit,[112]
- die Gewährung von Darlehen und sonstigen Geldmitteln zur Stärkung konkurrierender Dritter,[113] sowie
- die Unterstützung vertragsbrüchiger Kollegen bei der Konkurrenztätigkeit.[114]

Von dem Wettbewerbsverbot in § 60 **nicht erfasst** werden demgegenüber sonstige Dienstleistungen, insbesondere unterstützender Art, die in keinem direkten Zusammenhang zum Warenumsatz stehen, wie etwa Buchführungs-, Schreib- oder Verpackungsarbeiten.[115] Die jüngere Rspr. und Teile der Lit.[116] vertreten an dieser Stelle zutreffenderweise mit Blick auf Art. 12 GG ein einschränkendes Verständnis der Reichweite des § 60. In diesen Fällen tritt der Handlungsgehilfe nicht in ein Wettbewerbsverhältnis zum Arbeitgeber, weil diesen Tätigkeiten der dem Geschäftemachen immanente spekulative Charakter fehlt.[117] Allerdings ist dahingehend Vorsicht geboten, § 60 bei Hilfstätigkeiten als gänzlich unanwendbar einzuordnen.[118] Auch hier kommt es auf den konkreten Einzelfall an. So verletzt ein bei einer Steuerberatungsgesellschaft mit Aufgaben der Steuerberatung befasster Mitarbeiter das Wettbewerbsverbot, wenn er bei einem konkurrierenden Arbeitgeber Verwaltungs- und Bürotätigkeiten ausübt und hierdurch die Gefahr eines Informationstransfers besteht. Dabei muss es sich nicht bereits um Betriebs- oder Geschäftsgeheimnisse des Arbeitgebers handeln.[119] Kein Verstoß gegen das Wettbewerbsverbot liegt im Falle eines Wechsels von einem Dienstleistungs- zu einem Produktionsunternehmen vor.[120] Kein Geschäftemachen liegt weiterhin dann vor, wenn es dem Handlungsgehilfen bei seinen Geschäften darum geht, seinen Arbeitgeber zu schädigen, indem er über dessen Vermögen verfügt.[121] Hier fehlt es an einem Geschäftemachen, weil der Handlungsgehilfe nicht als Wettbewerber seines Arbeitgebers auftritt, also nicht zu seinem eigenen Vorteil die Marktchancen wie sein Arbeitgeber ausnutzt.[122] 47

3. Sonstige Nebentätigkeiten. Zu den sonstigen Nebentätigkeiten eines Handlungsgehilfen zählen alle Beschäftigungen, denen er außerhalb des Arbeitsverhältnisses mit dem 48

---

[107] Vgl. BAG AP Nr. 5; Nr. 16; LAG Frankfurt BB 1970, 709.
[108] BAG AP BGB § 611 Treuepflichten Nr. 8 und 10.
[109] BAG AP Nr. 3.
[110] HessLAG ArbRB 2017, 337.
[111] BAG AP § 61 Nr. 1; LAG SH AP § 60 Nr. 1.
[112] LAG BW BB 1969, 835.
[113] RG JW 1906, 736; 1937, 2654; LAG Düsseldorf BB 1949, 468; 1950, 535; BAG AP § 74 Nr. 87.
[114] BAG AP Nr. 8.
[115] Vgl. BAG AP Nr. 15 Rn. 17; BVerfG AP GG Art. 12 Nr. 141.
[116] Diese Einschränkung wird teilweise auf ein restriktives Verständnis der dem Handlungsgehilfen untersagten Tätigkeit mit Blick auf Art. 12 GG gestützt und zum anderen durch das Erfordernis einer konkreten Gefährdung der Interessen des Arbeitsgebers als Voraussetzung auch für das Verbot des Geschäftemachens, s. Oetker/*Kotzian-Marggraf* Rn. 17.
[117] Vgl. BAG AP § 61 Nr. 1; LAG Hamm MDR 2000, 1255; *Buchner* AR-Blattei SD 1830.2 Rn. 53 ff.; EBJS/*Boecken/Rudkowski* Rn. 26a; *Röhsler/Borrmann,* Wettbewerbsbeschränkungen für Arbeitnehmer und Handelsvertreter, 1981, 33; *Vogelsang* in Schaub ArbR-HdB § 54 Rn. 12; Staub/*Weber* Rn. 25.
[118] S. zur Diskussion der Reichweite *Fuhlrott/Fabritius* FA 2010, 194; *Diller* Anm. AP GG Art. 12 Nr. 14; *Boemke* JuS 2010, 926.
[119] LAG Rheinland-Pfalz DStR 2013, 159 mAnm *Arens/Pelke.*
[120] BAG AP BGB § 611 Konkurrenzklausel Nr. 44; NZA 1997, 1284.
[121] Vgl. BAG DB 1988, 508 = EWiR § 60 1/88, 279 m. Kurzkomm. *v. Hoyningen-Huene.*
[122] In diesem Fall handelt es sich um eine Verletzung der arbeitsvertraglichen Treuepflicht.

Arbeitgeber nachgeht, soweit es sich nicht um wettbewerbswidrige Konkurrenztätigkeiten handelt. In Betracht kommen dabei sowohl berufliche Nebentätigkeiten als auch alle Arten von Freizeitbeschäftigungen. Eine **berufliche Nebentätigkeit** genießt grundrechtlichen Schutz nach Art. 12 Abs. 1 S. 1 GG.[123] Dabei kann der Handlungsgehilfe im Rahmen eines Arbeits-, Werk- oder Dienstvertrags oder auch selbstständig tätig werden. In Betracht kommen beispielsweise literarische, journalistische oder wissenschaftliche Arbeiten, Vortragsveranstaltungen, die Tätigkeit als Vertreter für Versicherungen, künstlerische Tätigkeit etc.

49 **Nichtberufliche Nebentätigkeiten** sind im Grundsatz durch das Recht auf freie Entfaltung der Persönlichkeit geschützt (Art. 2 Abs. 1 GG). Zu nennen sind hier alle Arten von Freizeitbeschäftigungen wie zB politische und sonstige Ehrenämter, sportliche Betätigungen sowie jedes andere Hobby. Die Grenzen der Zulässigkeit von Nebentätigkeiten werden dann erreicht, wenn sie mit der Arbeitspflicht kollidieren.[124] Als gesetzliche Grenze greift neben dem Wettbewerbsverbot das Arbeitszeitschutzrecht nach §§ 3 ff. ArbZG und § 8 BUrlG (bei Kollision mit dem Zweck des Urlaubs) ein.[125] Weitere Beschränkungen der Nebentätigkeitsfreiheit ergeben sich aus der arbeitsvertraglichen Pflicht zur Rücksichtnahme auf den Arbeitgeber.[126] Der Handlungsgehilfe hat alle Nebentätigkeiten zu unterlassen, die seine Fähigkeit zur Erbringung der Arbeitsleistung herabsetzen oder stören können, sofern eine konkrete Gefahr einer Beeinträchtigung der Arbeitsleistung besteht.[127]

50 Bei der Beurteilung der Zulässigkeit von allgemein als **gefährlich angesehenen Freizeitaktivitäten** kommt es jeweils auf die Verhältnisse im einzelnen Fall an. Bei einem entsprechend geübten und ausgerüsteten Hobbysportler sind daher Boxen, Karate, Drachenfliegen, Fallschirmspringen, free-climbing usw. nicht zu beanstanden.[128] Umgekehrt verletzt derjenige seine Rücksichtspflicht, der die besonderen Anforderungen an Konstitution, Training und Ausrüstung bei anspruchsvollen Freizeitbeschäftigungen in der Weise missachtet, dass ihm keine vernünftige Erfolgschance bleibt. Das gilt beispielsweise für schwierige Klettertouren im Gebirge durch Ungeübte oder mit völlig unzureichender Ausrüstung sowie für eine Rallyeteilnahme durch Fahranfänger.[129]

51 Ist ein Handlungsgehilfe auf Grund von **Überbeanspruchungen** seiner Körper- und Geisteskräfte durch die Nebentätigkeit nicht in der Lage, seine Arbeitspflicht ordnungsgemäß zu erfüllen, so verletzt er seine Pflicht zur Erbringung der vereinbarten Dienstleistungen gem. § 59 (→ § 59 Rn. 227). Bei hinreichendem Gewicht der Beeinträchtigung kann der Arbeitgeber hiergegen mit Abmahnungen bzw. der verhaltensbedingten Kündigung vorgehen.[130] Sofern der Arbeitgeber dagegen für – an sich pflichtwidrige – Nebentätigkeiten seine Einwilligung erteilt oder etwa einen Spitzensportler auch nach mehrfachen Verletzungen durch zusätzliche Freizeitgewährung zum Training aktiv unterstützt, kann er sich nicht mehr auf vertragswidriges Verhalten des Handlungsgehilfen berufen, um daran weitere Rechtsfolgen anzuknüpfen.

52 **4. Auswirkungen beim Betriebsübergang.** Das Wettbewerbsverbot greift auch im Falle eines Betriebs- oder Betriebsteilübergangs iSd § 613a BGB.[131] Es kann sich jedoch inhaltlich ändern, wechselt es doch den Bezugspunkt. Da sich die Reichweite des gesetzli-

---

[123] BVerfG AP GG Art. 12 Nr. 37; BAG AP Nr. 4; AP BGB § 242 Auskunftspflicht Nr. 25; MHdB ArbR/*Reichold* § 54 Rn. 4 mwN.

[124] BAG AP Nr. 4; AP BGB § 242 Auskunftspflicht Nr. 25.

[125] ErfK/*Preis* BGB § 611a Rn. 727.

[126] *Braun* AuR 2004, 47 (48 f.); MHdB ArbR/*Reichold* § 54 Rn. 1.

[127] BAG AP Nr. 4; ErfK/*Preis* BGB § 611a Rn. 727; großzügiger *Glöckner,* Nebentätigkeitsverbote im Individualarbeitsrecht, 1993, 84, der insoweit eine unmittelbare Beeinträchtigung der Arbeitgeberinteressen verlangt; strenger dagegen die Verhaltensanforderungen im öffentlichen Dienst – hier genügt bereits ein vernünftiger Grund für die Annahme, dass eine Beeinträchtigung der Arbeitskraft eintreten werde, BVerwG v. 30.6.1976, ZBR 1977, 27.

[128] Vgl. Rspr. des BAG zum Lohnfortzahlungsrecht, BAG AP LohnFZG § 1; s. auch *Glöckner,* Nebentätigkeitsverbote im Individualarbeitsrecht, 1993, 82 ff.

[129] *Glöckner,* Nebentätigkeitsverbote im Individualarbeitsrecht, 1993, 85 mwN.

[130] ErfK/*Preis* BGB § 611a Rn. 729.

[131] So auch ErfK/*Oetker* Rn. 7.

chen Wettbewerbsverbots nach dem Umfang des Geschäftsfeldes des Arbeitgebers richtet, kommt es beim Betriebsübergang vor allem darauf an, inwieweit sich der Handelszweig des bisherigen Betriebsinhabers mit demjenigen des Erwerbers deckt. Dabei sind folgende Fälle zu unterscheiden: fortführender, eingliedernder und ausgliedernder Betriebsübergang.

Beim **fortführenden Betriebsübergang** findet lediglich ein Wechsel des Betriebsin- 53
habers statt, ohne dass es auf der Arbeitgeberseite im Zuge des Betriebsübergangs zu Veränderungen des Geschäftszweigs kommt. In diesen Fällen bewirkt der Betriebsübergang keinerlei Veränderungen des Umfangs des Wettbewerbsverbots.[132]

Eine andere Situation ergibt sich, wenn der Erwerber den übernommenen Betrieb 54
nicht unverändert weiterführt, sondern gleichzeitig in eine bereits bestehende Betriebsorganisation **eingliedert.** Sofern sich dadurch das Tätigkeitsfeld des Arbeitgebers ausweitet, wächst auch der Umfang des Wettbewerbsverbots. Ein vom Handlungsgehilfen betriebenes Handelsgewerbe muss deshalb aufgegeben werden, wenn es infolge des Betriebsübergangs vom Schutzbereich des Wettbewerbsverbots erfasst wird.[133] Ausnahmsweise ist der Handlungsgehilfe vor einer derartigen Erweiterung des Wettbewerbsverbots geschützt, wenn er begründetes Vertrauen in den Fortbestand seines Gewerbes entwickeln durfte.[134] Dazu reicht aber eine allgemeine Nebentätigkeitserlaubnis nicht aus, vielmehr muss die Erlaubnis bereits die Einwilligung in eine Konkurrenztätigkeit umfassen.[135] Die gleichen Grundsätze gelten, wenn anlässlich des Betriebsübergangs der übernommene und ein bereits bestehender Betrieb zu einem neuen Betrieb zusammengelegt werden.

Wird der Betriebsübergang durch **Ausgliederung** des Betriebs bzw. eines Betriebsteils 55
verwirklicht und schränkt sich das Geschäftsfeld des Arbeitgebers dadurch ein, reduziert sich entsprechend der Umfang des Wettbewerbsverbots für die Handlungsgehilfen. Ein bei dem Veräußerer verbleibender Geschäftszweig ist dann nicht mehr durch das Wettbewerbsverbot geschützt.[136]

Besteht das Arbeitsverhältnis eines Arbeitnehmers aufgrund seines Widerspruchs gegen- 56
über dem Betriebsübergang mit dem Betriebsveräußerer fort, ist der Arbeitnehmer gehalten, Konkurrenztätigkeit, die ihm vor dem Betriebsübergang im Verhältnis zum Betriebsveräußerer auferlegt war, zumindest im Zeitraum des Laufes der (ggf. fiktiven) Kündigungsfrist zu unterlassen, auch wenn der Arbeitgeber selbst in diesem Bereich nicht mehr auf dem Markt tätig wird.[137] Das LAG Nürnberg stützt dies auf die arbeitsvertragliche Treuepflicht des Arbeitnehmers.

5. Umwandlung des Rechtsträgers. Bei der Umwandlung des Rechtsträgers nach § 1 57
Abs. 1 UmwG (→ § 59 Rn. 35 f.) ist zwischen den möglichen Arten einer Umwandlung zu unterscheiden. Bei der formwechselnden Umwandlung (§ 1 Abs. 1 Nr. 4 UmwG, §§ 190 ff. UmwG) bleibt der Rechtsträger erhalten (§ 202 Abs. 1 Nr. 1 UmwG), sodass die Identität des Unternehmens nicht berührt wird. Deshalb gilt das gesetzliche Wettbewerbsverbot unverändert weiter. Bei der verschmelzenden Umwandlung erweitert sich das Tätigkeitsfeld des Arbeitgebers, so dass auch im gleichen Umfang das Wettbewerbsverbot wächst. Demgegenüber schränkt sich bei der Spaltung das Geschäftsfeld des Arbeitgebers ein, so dass sich in entsprechendem Umfang auch das Wettbewerbsverbot für den Handlungsgehilfen reduziert. Ein in einen anderen Unternehmensträger abgespaltener Geschäftszweig ist dann nicht mehr durch das Wettbewerbsverbot geschützt. Es gilt also das Gleiche wie bei einem Betriebsübergang.

---

[132] Vgl. iErg *Bossmann,* Die Auswirkungen des Betriebsübergangs nach § 613a BGB auf die Wettbewerbsverbote der Arbeitnehmer, 1993, 52 ff.; Staub/*Weber* Rn. 13.

[133] AA ErfK/*Oetker* Rn. 7; Staub/*Weber* Rn. 13.

[134] Für einen großzügigeren Bestandsschutz Heymann/*Henssler/Markworth* Rn. 29; diff. nach der Vorhersehbarkeit der Unternehmerentscheidung *Buchner* AR-Blattei SD 1830.2 Rn. 43 f.

[135] *Bossmann,* Die Auswirkungen des Betriebsübergangs nach § 613a BGB auf die Wettbewerbsverbote der Arbeitnehmer, 1993, 54 ff.

[136] *Bossmann,* Die Auswirkungen des Betriebsübergangs nach § 613a BGB auf die Wettbewerbsverbote der Arbeitnehmer, 1993, 70 ff.

[137] LAG Niedersachsen BeckRS 2003, 40477.

IV. Rechtsfolgen

58 Ein Verstoß gegen das Wettbewerbsverbot führt nicht zur Unwirksamkeit des verbotswidrigen Geschäfts; dieses ist vielmehr voll wirksam, da § 60 kein Verbotsgesetz iSd § 134 BGB ist.[138] Bei einem Verstoß des Handlungsgehilfen gegen § 60 steht dem Arbeitgeber nach § 61 jedoch ein **Schadensersatzanspruch** gegen den Handlungsgehilfen zu (→ § 61 Rn. 1 ff.). Daneben hat er aber auch noch weitere Ansprüche und Rechte.

59 **1. Kündigung.** Der Verstoß gegen das Wettbewerbsverbot aus § 60 stellt regelmäßig einen wichtigen Grund zur **außerordentlichen Kündigung** nach § 626 Abs. 1 BGB dar.[139] Nach § 626 BGB ist auch bei Wettbewerbsverstößen eine Abwägung der Interessen beider Vertragsparteien im Einzelfall vorzunehmen. Toleriert der Arbeitgeber über längere Zeit eine Konkurrenztätigkeit, so rechtfertigt diese regelmäßig keine fristlose Kündigung.[140]

60 In sonstigen Fällen kommt eine **ordentliche verhaltensbedingte Kündigung** nach § 1 Abs. 2 S. 1 KSchG in Betracht.[141] Hier gelten die allgemeinen Grundsätze des Kündigungsrechts. Im Übrigen ist bei jeder verhaltensbedingten Kündigung (ordentlich oder außerordentlich)[142] zunächst grundsätzlich eine **Abmahnung** gegenüber dem Handlungsgehilfen erforderlich[143] (→ § 59 Rn. 229). Nur bei schwerwiegenden Verstößen gegen das Wettbewerbsverbot kommt auch eine Kündigung ohne Abmahnung in Betracht.[144]

61 **2. Unterlassungsanspruch.** Neben der Kündigung hat der Arbeitgeber die Möglichkeit, den Handlungsgehilfen bei Verstößen gegen das Wettbewerbsverbot aus § 60 auf Unterlassung zu verklagen.[145] Dies setzt voraus, dass der Verstoß unmittelbar droht oder eine Wiederholungsgefahr besteht.[146] In besonders dringenden Fällen hat der Arbeitgeber auch die Möglichkeit, im Wege der einstweiligen Verfügung Unterlassung des Wettbewerbs zu erwirken.[147]

62 **3. Keine Gehaltskürzung.** Weder für die Vergangenheit noch für die Zukunft eröffnet ein Verstoß gegen das Wettbewerbsverbot die Möglichkeit von Gehaltskürzungen, da der vertragliche Entgeltanspruch durch den Wettbewerbsverstoß nicht beeinträchtigt wird.[148] Eine derartige Sanktion bedürfte als Vertragsstrafe einer besonderen Vereinbarung.[149]

63 **4. Schadensersatz bei fristloser Kündigung durch den Arbeitgeber.** Bei einer fristlosen Kündigung des Handlungsgehilfen durch den Arbeitgeber endet das Wettbewerbs-

[138] *Vogelsang* in Schaub ArbR-HdB § 54 Rn. 19.
[139] Vgl. BAG BB 2015, 761; AP BGB § 626 Nr. 227; Nr. 97; LAG Sachsen-Anhalt BeckRS 2018, 1976; LAG RhPf NZA-RR 1998, 496; KR/*Fischermeier,* BGB § 626 Rn. 478; MüKoBGB/*Henssler* BGB § 626 Rn. 170; MHdB ArbR/*Reichold* § 54 Rn. 30.
[140] Ebenso *Buchner* AR-Blattei SD 1830.2 Rn. 149.
[141] Linck/Krause/Bayreuther/*Krause* KSchG § 1 Rn. 647.
[142] BAG BB 1994, 1148.
[143] BAG AP BGB § 626 Nr. 213; AP BGB § 174 Nr. 20; LAG Köln NZA-RR 2017, 353.
[144] BAG AP BGB § 626 Nr. 137; Nr. 149; AP BGB § 611 Nebentätigkeit Nr. 5; Nr. 8; Stahlhacke/Preis/Vossen/*Preis,* Kündigung und Kündigungsschutz im Arbeitsverhältnis, 11. Aufl. 2015, Rn. 1207 f.; MHdB ArbR/*Reichold* § 54 Rn. 30; aA EBJS/*Boecken/Rudkowski* § 61 Rn. 22; *Buchner* AR-Blattei SD 1830.2 Rn. 147 ff.; Röhricht/Graf v. Westphalen/Haas/*Wagner/Vogt* § 61 Rn. 27; zur ausnahmsweisen Entbehrlichkeit s. *Glöckner,* Nebentätigkeitsverbote im Individualarbeitsrecht, 1993, 196; Linck/Krause/Bayreuther/*Krause* KSchG § 1 Rn. 477 f.
[145] BAG AP BGB § 611 Treuepflicht Nr. 7 mAnm *Canaris* = DB 1970, 497; EBJS/*Boecken/Rudkowski* § 61 Rn. 20; MHdB ArbR/*Reichold* § 54 Rn. 29.
[146] Eingehend ErfK/*Oetker* § 61 Rn. 2.
[147] LAG BW BB 1968, 708; LAG Düsseldorf DB 1972, 878; LAG RhPf BeckRS 2010, 68214; *Grunsky,* Wettbewerbsverbote für Arbeitnehmer, 2. Aufl. 1987, 38; *Heinze* RdA 1986, 273 (280 f.); MHdB ArbR/*Reichold* § 54 Rn. 29; *Röhsler/Borrmann,* Wettbewerbsbeschränkungen für Arbeitnehmer und Handelsvertreter, 1981, 54.
[148] BGH BB 1988, 88; MHdB ArbR/*Reichold* § 54 Rn. 31; aA EBJS/*Boecken/Rudkowski* § 61 Rn. 9.
[149] S. BAG NJW 1981, 1799 = AP BGB § 339 Nr. 7 mAnm *Lindacher*; MHdB ArbR/*Reichold* § 54 Rn. 31.

verbot mit dem Zugang der Kündigung. Beruht die Kündigung auf einem vertragswidrigen Verhalten des Handlungsgehilfen, so steht dem Arbeitgeber nach § 628 Abs. 2 BGB ein **Schadensersatzanspruch** zu. Dieser Anspruch umfasst auch den Ersatz des Schadens, der dem Arbeitgeber durch den Wegfall des Wettbewerbsverbots und damit durch den Verlust seiner Ansprüche aus § 61 entsteht.[150] Da der Handlungsgehilfe jederzeit unter Einhaltung der Kündigungsfristen kündigen kann, beschränkt sich seine Ersatzpflicht auf Wettbewerbsverstöße in dem Zeitraum, innerhalb dessen der Handlungsgehilfe das Anstellungsverhältnis seinerseits nicht durch Kündigung hätte aufheben können.[151]

§ 61 [Verletzung des Wettbewerbsverbots]

(1) Verletzt der Handlungsgehilfe die ihm nach § 60 obliegende Verpflichtung, so kann der Prinzipal Schadensersatz fordern; er kann statt dessen verlangen, daß der Handlungsgehilfe die für eigene Rechnung gemachten Geschäfte als für Rechnung des Prinzipals eingegangen gelten lasse und die aus Geschäften für fremde Rechnung bezogene Vergütung herausgebe oder seinen Anspruch auf die Vergütung abtrete.

(2) Die Ansprüche verjähren in drei Monaten von dem Zeitpunkt an, in welchem der Prinzipal Kenntnis von dem Abschluss des Geschäfts erlangt oder ohne grobe Fahrlässigkeit erlangen müsste; sie verjähren ohne Rücksicht auf diese Kenntnis oder grob fahrlässige Unkenntnis in fünf Jahren von dem Abschluss des Geschäfts an.

Schrifttum: *Buchner,* Das Wettbewerbsverbot während der Dauer des Arbeitsverhältnisses, AR-Blattei SD 1830.2 (2006); *Beer,* Die Grundlagen des vertragsbegleitenden Wettbewerbsverbotes im deutschen Arbeitsrecht, 2017; *Grunsky,* Wettbewerbsverbote für Arbeitnehmer, 2. Aufl. 1987; *Parafianowicz,* Die Zulässigkeit von Beschränkungen der Arbeitnehmerfreizügigkeit durch Wettbewerbsverbote und Verschwiegenheitspflichten, 2016; *Röhsler/Borrmann,* Wettbewerbsbeschränkungen für Arbeitnehmer und Handelsvertreter, 1981. – S. außerdem bei § 60.

Übersicht

[150] BAG AP BGB § 628 Nr. 8 m. krit. Anm. *Lieb* = SAE 1976, 216 m. zust. Anm. *Hadding* = BB 1975, 1112; *Buchner* AR-Blattei SD 1830.2 Rn. 152; MüKoBGB/*Henssler* BGB § 628 Rn. 28 ff.; krit. *Röhsler/Borrmann,* Wettbewerbsbeschränkungen für Arbeitnehmer und Handelsvertreter, 1981, 44 f.

[151] Ebenso BAG AP § 75 Nr. 6 unter III 2 c; *Buchner* AR-Blattei SD 1830.2 Rn. 153; *Grunsky,* Wettbewerbsverbote für Arbeitnehmer, 2. Aufl. 1987, 26; Staudinger/*Preis,* 2019, BGB § 628 Rn. 47.

I. Bedeutung

1 **1. Überblick.** Bei Verstößen des Handlungsgehilfen gegen das Wettbewerbsverbot aus § 60 sieht das Gesetz in § 61 Abs. 1 ausdrücklich zwei Rechtsfolgen vor: Nach Abs. 1 Alt. 1 hat der Arbeitgeber einen Schadensersatzanspruch, nach Abs. 1 Alt. 2 hat er das Recht, in die wettbewerbswidrig abgeschlossenen Geschäfte des Handlungsgehilfen einzutreten.

2 **2. Zweck.** § 61 begründet für den Arbeitgeber ein Wahlrecht. Es steht ihm frei, Schadensersatz zu fordern oder in die Geschäfte des Handlungsgehilfen einzutreten. Wenn er sich freilich einmal für eine der beiden Möglichkeiten entschieden hat, so ist die getroffene Wahl unwiderruflich.[1] Abs. 1 begründet für den Arbeitgeber kein Wahlschuldverhältnis iSv § 262 BGB. Der Handlungsgehilfe hat daher nicht die Möglichkeit, den Arbeitgeber nach § 264 Abs. 2 BGB unter Bestimmung einer angemessenen Frist zur Vornahme der Wahl aufzufordern.[2] Der Arbeitgeber ist nicht berechtigt, zunächst Schadensersatz zu verlangen und später sein Eintrittsrecht auszuüben.[3]

3 Nach der Auffassung des BAG besteht das Wahlrecht aus § 61 nur für die gesamte vertragswidrige Tätigkeit.[4] Der Arbeitgeber hat daher nicht die Möglichkeit, in einzelne Geschäfte einzutreten und im übrigen Schadensersatz zu fordern. Für eine derartige Einschränkung des Wahlrechts zu Lasten des Arbeitgebers besteht aber nur dann Veranlassung, wenn die verschiedenen Geschäfte des Handlungsgehilfen miteinander in Zusammenhang stehen. Hat der Handlungsgehilfe jedoch mehrere voneinander unabhängige Geschäfte abgeschlossen, so besteht kein Grund, dem Arbeitgeber für die einzelnen Geschäfte das Wahlrecht zu nehmen. Hat also beispielsweise der Angestellte eines Maklers verbotswidrig zwei verschiedenen Käufern zwei verschiedene Objekte nachgewiesen, so ist es dem Makler möglich, bezüglich des einen Objekts Schadensersatz zu verlangen und beim anderen Objekt sein Eintrittsrecht auszuüben.[5]

II. Allgemeine Anspruchsvoraussetzungen

4 **1. Persönlicher Geltungsbereich.** Ob die Ansprüche aus § 61 dem Arbeitgeber nur gegenüber Handlungsgehilfen oder auch gegenüber sonstigen Arbeitnehmern zustehen, ist weiterhin umstritten. Die Rspr. neigte lange Zeit dazu, § 61 wörtlich auszulegen und so seinen Anwendungsbereich **auf Handlungsgehilfen zu beschränken.**[6] Von Arbeitnehmern, die nicht Handlungsgehilfen waren, konnte der Arbeitgeber danach bei Verstößen gegen das Wettbewerbsverbot Schadensersatz nur gem. § 280 Abs. 1 BGB und Herausgabe des durch die vertragswidrige Handlungsweise Erlangten nur wegen unerlaubter Eigengeschäftsführung nach § 687 Abs. 2 BGB verlangen.[7]

5 Diese Auffassung hat das **BAG** zwischenzeitlich aufgegeben.[8] Zu Recht hat es sich der Argumentation der hL angeschlossen, dass sich eine Anwendung des § 61 ausschließlich auf Handlungsgehilfen nicht rechtfertigen lässt, wenn zugleich § 60 (→ Rn. 9) und §§ 74 ff. (→ Rn. 8 ff.) auch auf nichtkaufmännische Arbeitnehmer analog angewendet werden.[9] In späteren Entscheidungen rekurrierte das BAG hinsichtlich des Wettbewerbsverbots für

[1] Vgl. *Buchner* AR-Blattei SD 1830.2 Rn. 114; GK-HGB/*Etzel* Rn. 3; *Grunsky,* Wettbewerbsverbote für Arbeitnehmer, 2. Aufl. 1987, 33; MHdB ArbR/*Reichold* § 54 Rn. 22; *Röhsler/Borrmann,* Wettbewerbsbeschränkungen für Arbeitnehmer und Handelsvertreter, 1981, 50.

[2] Ebenso GK-HGB/*Etzel* Rn. 3; MHdB ArbR/*Reichold* § 54 Rn. 22; *Röhsler/Borrmann,* Wettbewerbsbeschränkungen für Arbeitnehmer und Handelsvertreter, 1981, 50; Staub/*Weber* Rn. 5.

[3] ErfK/*Oetker* Rn. 5.

[4] BAG AP Nr. 1.

[5] Ebenso *Grunsky,* Wettbewerbsverbote für Arbeitnehmer, 2. Aufl. 1987, 34; Heymann/*Henssler/Markworth* Rn. 13; Röhricht/Graf v. Westphalen/Haas/*Wagner/Vogt* § 61 Rn. 16.

[6] Vgl. BAG AP BGB § 242 Auskunftspflicht Nr. 13 mAnm *Lüderitz* = BB 1971, 86.

[7] S. *Wagner,* Die Besonderheiten beim Arbeitsverhältnis des Handlungsgehilfen, 1993, 65 f.

[8] BAG AP Nr. 4 m. zust. Anm. *Diller* = NJW 2008, 392 m. zust. Anm. *Kock.*

[9] BAG AP Nr. 4 m. zust. Anm. *Diller* = NJW 2008, 392 m. zust. Anm. *Kock*; ebenso *Buchner* AR-Blattei SD 1830.2 Rn. 175 ff.; EBJS/*Boecken/Rudkowski* Rn. 2; *Boemke* AR-Blattei SD 228 Rn. 284; Staub/*Weber* Rn. 27; aA Röhricht/Graf v. Westphalen/Haas/*Wagner/ Vogt* § 61 Rn. 3.

nichtkaufmännische Arbeitnehmer allein auf § 241 Abs. 2 BGB.[10] Demnach wäre konsequenterweise auch hinsichtlich der Rechtsfolgen eines Verstoßes gegen das Wettbewerbsverbot auf das allgemeine Schuldrecht – so insbesondere die § 280 Abs. 1, 2 BGB, § 282 BGB, § 241 Abs. 2 BGB iVm § 611 BGB bzw. das Deliktsrecht zurückzugreifen. Anstelle der kurzen Verjährungsfrist des § 61 Abs. 2 wären die §§ 194 ff. BGB – dh insbesondere die Regelverjährung von drei Jahren (§ 195 BGB) – anzuwenden.[11] In zwei jüngeren Urteilen spricht sich das BAG[12] – wenn auch ohne nähere Begründung – für eine entsprechende Anwendung des § 61 auf sonstige Arbeitnehmer aus.

Dennoch sprechen die besseren Argumente für eine analoge Anwendung des § 61 auf sonstige Arbeitnehmer. Dies gilt insbesondere vor dem Hintergrund, dass der Herausgabeanspruch aus **§ 687 Abs. 2 BGB weitergehende Voraussetzungen** hat als das Eintrittsrecht nach § 61 Abs. 1 Alt. 2. § 687 Abs. 2 BGB setzt nämlich voraus, dass der Arbeitnehmer wusste, dass er zu Konkurrenzgeschäften nicht berechtigt war. Fahrlässige Unkenntnis genügt hier nicht, es ist vielmehr eine positive Kenntnis vom Verbot der Konkurrenztätigkeit erforderlich.[13] Demgegenüber besteht auch bei fahrlässiger Unkenntnis vom Verbot des Geschäftemachens ein Eintrittsrecht des Arbeitgebers in die verbotswidrigerweise abgeschlossenen Geschäfte nach § 61 Abs. 1.[14] Angesichts dieser unterschiedlichen Anforderungen an einen Herausgabeanspruch nach § 61 und § 687 BGB ist eine analoge Anwendung von § 61 auf sonstige Arbeitnehmer geboten.[15] 6

2. Verstoß gegen Verbot aus § 60. Die Ansprüche aus Abs. 1 stehen dem Arbeitgeber nur dann zu, wenn der Handlungsgehilfe das Wettbewerbsverbot aus § 60 verletzt hat. § 61 gilt also sowohl für den Fall, dass der Handlungsgehilfe verbotswidrig ein Handelsgewerbe betreibt (§ 60 Abs. 1 Alt. 1), als auch für den Fall, dass er im Handelszweig des Unternehmers Geschäfte für eigene oder fremde Rechnung macht (§ 60 Abs. 1 Alt. 2). Eines Rückgriffs auf § 823 Abs. 1 BGB aufgrund einer Beeinträchtigung des Rechts am eingerichteten und ausgeübten Gewerbebetrieb bedarf es mangels Vorliegens einer Haftungslücke regelmäßig nicht (s. auch → Rn. 32).[16] 7

3. Verschulden. Dem Arbeitgeber stehen die Ansprüche aus § 61 nur dann zu, wenn ein **schuldhafter Verstoß (§ 276 BGB)** gegen das Verbot aus § 60 vorliegt.[17] Da die Rechtsfolgen des § 61 nur bei Verletzung vertraglicher Nebenpflichten (Treuepflichtverletzungen) aus § 60 eintreten, können sie, auch wenn § 61 dies nicht ausdrücklich ausweist, nur dann anerkannt werden, wenn die Treuepflichten mindestens fahrlässig verletzt wurden. Analog § 280 Abs. 1 S. 2 BGB muss der Handlungsgehilfe beweisen, dass er den Verbotsverstoß nicht zu vertreten hat. 8

III. Ansprüche des Arbeitgebers aus § 61

1. Schadensersatz. a) Anspruchsgegner. Nach Abs. 1 Alt. 1 kann der Arbeitgeber vom Handlungsgehilfen Schadensersatz fordern. Anspruchsgegner des Arbeitgebers ist der Handlungsgehilfe; gegen den Geschäftspartner des Handlungsgehilfen stehen dem Arbeitgeber keine Schadensersatzansprüche aus § 61 zu. Nur ausnahmsweise können auch gegen den Dritten Schadensersatzansprüche begründet sein, wenn er durch sein Zusammenwirken 9

10 BAG AP GG Art. 12 Nr. 141; AP § 60 Nr. 13.
11 Hierzu eingehend EBJS/*Boecken/Rudkowski* Rn. 2.
12 BAG AP § 60 Nr. 15; Nr. 14.
13 Palandt/*Sprau* BGB § 687 Rn. 2a.
14 *Buchner* AR-Blattei SD 1830.2 Rn. 109; Staub/*Weber* Rn. 26.
15 Für restriktive Anwendung des § 61 Abs. 1 Hs. 2 auf vorsätzliches Handeln dagegen *Wagner,* Die Besonderheiten beim Arbeitsverhältnis des Handlungsgehilfen, 1993, 76 f.
16 Vgl. HessLAG BeckRS 2017, 139137; dagegen Palandt/*Sprau* BGB § 823 Rn. 133.
17 Ebenso EBJS/*Boecken/Rudkowski* Rn. 4; *Buchner* AR-Blattei SD 1830.2 Rn. 100; Heymann/*Henssler/Markworth* Rn. 6; Oetker/*Kotzian-Marggraf* Rn. 4; MHdB ArbR/*Reichold* § 54 Rn. 24; Staub/*Weber* Rn. 7.

mit dem Handlungsgehilfen bewusst auf eine sittenwidrige Schädigung des Unternehmers ausgegangen ist (§ 826 BGB, §§ 3, 4 Nr. 4 UWG).[18]

10 **b) Umfang.** Der Umfang des **Schadensersatzanspruchs** richtet sich nach den §§ 249 ff. BGB. Das bedeutet, dass der Arbeitgeber nicht nur Ersatz des ihm tatsächlich entstandenen Schadens verlangen kann, sondern nach § 252 BGB auch Erstattung des ihm **entgangenen Gewinns.** Als entgangenen Gewinn kann der Arbeitgeber den Betrag beanspruchen, den er erzielt hätte, wenn er das Handelsgewerbe des Handlungsgehilfen selbst betrieben oder das Geschäft selbst abgeschlossen hätte. Dieser Gewinn ist freilich nicht unbedingt deckungsgleich mit dem Gewinn, den der Handlungsgehilfe erzielt hat.[19] So ist es durchaus denkbar, dass der Gewinn, den der Arbeitgeber erzielt hätte, höher als der vom Handlungsgehilfen erzielte Gewinn gewesen wäre. In diesem Fall kann der Arbeitgeber diesen höheren Gewinn verlangen. Hat dagegen der Handlungsgehilfe auf Grund besonderer Beziehungen zu seinem Geschäftspartner einen höheren Gewinn erzielt, als der Arbeitgeber hypothetisch erzielt hätte, so kann der Arbeitgeber nur den von ihm erzielten Gewinn ersetzt verlangen, nicht aber den darüberhinausgehenden Gewinn, den der Handlungsgehilfe tatsächlich erzielt hat.

11 Neben dem entgangenen Gewinn kann der Arbeitgeber vom Handlungsgehilfen nach § 249 BGB auch Ersatz der **Kosten** verlangen, die ihm zur **Aufdeckung von Art und Umfang der Pflichtverletzung** entstanden sind.[20] Hierzu zählen namentlich Gehaltsaufwendungen, die der Arbeitgeber für andere Arbeitnehmer erbracht hat. Dabei ist es unerheblich, ob der Arbeitgeber neues Personal einstellt oder die genannten Arbeiten durch ohnehin vorhandene Mitarbeiter erledigt werden.[21] Ebenso hat der Handlungsgehilfe dem Arbeitgeber die durch das Tätigwerden eines Detektivs entstandenen Kosten zu erstatten, wenn der Arbeitgeber aufgrund eines konkreten Tatverdachts gegen den Arbeitnehmer einem Detektiv dessen Überwachung überträgt.[22] Dies setzt voraus, dass die Maßnahme erforderlich war und der Arbeitgeber nicht etwa bereits vorher positive Kenntnis vom Wettbewerbsverstoß des Handlungsgehilfen hatte. Die dem Arbeitgeber durch die Erhebung einer Auskunftsklage entstehenden Kosten kann er dagegen grundsätzlich nicht verlangen; § 12a Abs. 1 ArbGG schließt eine Kostenerstattung für arbeitsgerichtliche Prozesse erster Instanz aus, mit der Folge, dass diese grundsätzlich auch nicht Gegenstand eines materiellrechtlichen Erstattungsanspruchs sein können.[23]

12 Werden durch den Wettbewerbsverstoß auch Betriebsgeheimnisse des Arbeitgebers verletzt, so kann der Arbeitgeber den entstandenen Schaden im Wege der „Lizenzanalogie" berechnen, also **Lizenzgebühren** verlangen, die bei einer Lizenzvergabe erzielt worden wären.[24] Dies hat für den Arbeitgeber den Vorteil, dass er nicht konkret nachweisen muss, dass ihm durch die Konkurrenztätigkeit seines Handlungsgehilfen ein Gewinn entgangen ist.

13 **c) Darlegungs- und Beweislast.** Die Darlegungs- und Beweislast für den entstandenen Schaden trägt der Arbeitgeber.[25] Er muss mithin nachweisen, dass er selbst die verbotenen Geschäfte abgeschlossen hätte, wäre ihm der Handlungsgehilfe nicht zuvorgekommen. Im Hinblick auf den entgangenen Gewinn kommt dem Arbeitgeber freilich die Beweiserleichterung des § 252 S. 2 BGB zustatten. Ferner wird die Durchsetzung eines Schadensersatzanspruchs für den Geschädigten durch § 287 ZPO erleichtert.[26] Dies gilt insbesondere für den Nachweis eines wettbewerblichen Schadens, für den es im Hinblick auf künftige

[18] LAG RhPf BeckRS 2016, 68762; *Buchner* AR-Blattei SD 1830.2 Rn. 105; Staub/*Weber* Rn. 2.
[19] *Röhsler/Borrmann,* Wettbewerbsbeschränkungen für Arbeitnehmer und Handelsvertreter, 1981, 51 f.; *Vogelsang* in Schaub ArbR-HdB § 54 Rn. 22.
[20] Oetker/*Kotzian-Marggraf* Rn. 4.
[21] BAG AP § 60 Nr. 5; *Grunsky,* Wettbewerbsverbote für Arbeitnehmer, 2. Aufl. 1987, 32.
[22] AP BGB § 611 Haftung des Arbeitnehmers Nr. 135, Ls.
[23] BAG AP ArbGG 1953 § 61 Kosten Nr. 13; *Grunsky* ArbGG § 12a Rn. 3.
[24] BAG AP BGB § 611 Betriebsgeheimnis Nr. 4 mAnm *Hubmann* = NZA 1986, 781.
[25] HESSLAG BeckRS 2017, 139137.
[26] BAG AP § 60 Nr. 15; AP Nr. 5; vgl. auch Oetker/*Kotzian-Marggraf* Rn. 14.

Entwicklungen des Geschäftsverlaufs naturgemäß Beweisschwierigkeiten gibt.[27] Allerdings sind auch für § 287 ZPO Anknüpfungstatsachen notwendig, die es ermöglichen, den behaupteten Schaden dem pflichtwidrigen Verhalten des Handlungsgehilfen, zumindest zum Teil, zuzuordnen.[28] Dem Gericht steht es nicht zu, das Vorliegen und die Höhe eines Schadens nach bloßer Billigkeit anzunehmen. Sofern der Arbeitgeber die Höhe seines Ersatzanspruchs noch nicht beziffern kann, liegt in der Regel das für eine ***Feststellungsklage*** notwendige Feststellungsinteresse (§ 256 ZPO) vor, wenn zumindest eine gewisse Möglichkeit des Schadenseintritts besteht.[29]

Der Arbeitgeber muss die Möglichkeit haben, dem Handlungsgehilfen den Verstoß gegen das Wettbewerbsverbot und den dadurch entstandenen Schaden nachzuweisen. Allerdings unterliegt er dabei den Grenzen des **Beschäftigtendatenschutzes,** insbesondere denen des § 26 Abs. 1 S. 1 BDSG. Hierdurch ist eine Mitarbeiterkontrolle jedoch nicht gänzlich ausgeschlossen. Die Überwachung darf indes nicht grenzenlos erfolgen, selbst dann nicht, wenn der Arbeitgeber seinen Arbeitnehmern die Nutzung betrieblicher IT-Einrichtungen für private Zwecke untersagt hat, sind vielmehr angemessene Maßnahmen gegen Missbrauch und Willkür vorzusehen. Den Gerichten obliegt es sicherzustellen, dass Maßnahmen eines Arbeitgebers zur Überwachung der Korrespondenz oder sonstiger Kommunikation von Arbeitnehmern unabhängig von deren Intensität und Dauer von angemessenen und ausreichenden Garantien gegen Missbrauch begleitet werden.[30] Der Arbeitgeber hat das Recht, alle Daten zu speichern und zu verwenden, die er benötigt, um die ihm obliegende Darlegungs- und Beweislast in einem potenziellen Rechtsstreit um die Wirksamkeit einer Kündigung und/oder das Bestehen von Schadensersatzansprüchen zu erfüllen.[31] 14

2. Eintrittsrecht. Nach der Alt. 2 von Abs. 1 kann der Arbeitgeber anstelle von Schadensersatz verlangen, dass der Handlungsgehilfe die für eigene Rechnung gemachten Geschäfte als für Rechnung des Arbeitgebers eingegangen gelten lässt und die aus dem Geschäft für fremde Rechnung bezogene Vergütung herausgibt oder seinen Anspruch auf die Vergütung abtritt. Soweit diese Befugnis üblicherweise als „Eintrittsrecht" des Arbeitgebers bezeichnet wird, ist dies freilich irreführend, weil der Arbeitgeber nicht selbst Vertragspartner mit dem Geschäftspartner des Handlungsgehilfen wird. Der Arbeitgeber hat lediglich einen Anspruch gegen den Handlungsgehilfen auf Abführung des wirtschaftlichen Erfolgs aus den von ihm eingegangenen Geschäften.[32] Da der Begriff „Eintrittsrecht" jedoch inzwischen in Rspr. und Lit. zur fest eingeführten Terminologie gehört, soll an ihm auch hier festgehalten werden. 15

a) Geschäfte für eigene Rechnung. Bei Geschäften für eigene Rechnung muss der Handlungsgehilfe den Gewinn aus den Geschäften an den Unternehmer abführen. Durch die Ausübung des Eintrittsrechts erhält der Arbeitgeber den Gewinn, den der Handlungsgehilfe aus dem Geschäft erzielt hat. Der Arbeitgeber kann hier auch dann keinen höheren Gewinn verlangen, wenn er nachweist, dass er selbst einen höheren Gewinn erzielt hätte. Diese Möglichkeit steht ihm nur bei der Geltendmachung eines Schadensersatzanspruchs offen.[33] Der Vorteil des Eintrittsrechts gegenüber dem Schadensersatzanspruch gegen den Handlungsgehilfen besteht freilich darin, dass der Arbeitgeber nicht nachzuweisen braucht, dass er den Gewinn, den der Handlungsgehilfe aus dem wettbewerbswidrig abgeschlossenen Geschäft erzielt hat, ebenfalls erzielt hätte. Das Eintrittsrecht kann daher als eine „pauschale 16

---

27 BAG AP § 60 Nr. 16.
28 LAG RhPf BeckRS 2019, 31176.
29 BAG AP § 60 Nr. 16 unter I.2.b.
30 LAG RhPf ZD 2019, 369: für eine restriktive Auslegung im Falle eines Detektiveinsatzes bei einem Verdacht auf das Vorliegen eines Wettbewerbsverstoßes; noch bzgl. § 32 BDSG aF: LAG BW ZD 2017, 88.
31 BAG AP BGB § 626 Nr. 271 unter B. I. 2. g aa) (1).
32 Zutr. EBJS/*Boecken/Rudkowski* Rn. 13; *Buchner* AR-Blattei SD 1830.2 Rn. 107; MHdB ArbR/*Reichold* § 54 Rn. 25; Staub/*Weber* Rn. 1.
33 *Buchner* AR-Blattei SD 1830.2 Rn. 112.

Schadensregelung" bezeichnet werden.[34] Der Abschluss eines Arbeitsvertrages mit einem Wettbewerber stellt kein Geschäft iSd §§ 60, 61 dar,[35] sodass der Prinzipal keinen Anspruch auf Herausgabe des Festgehalts hat.[36]

17 Das Eintrittsrecht des Arbeitgebers besteht auch dann, wenn es sich um ein **Geschäft im Handelszweige des Arbeitgebers handelt, das dieser nicht hätte abschließen können,** weil er beispielsweise zu dem Geschäftspartner des Handlungsgehilfen keine Verbindungen gehabt hatte. Der Handlungsgehilfe kann der Ausübung des Eintrittsrechts daher nicht damit begegnen, dass er nachweist, der Dritte hätte das Geschäft mit dem Unternehmer niemals abgeschlossen.

18 Der Arbeitgeber kann nur den erzielten **Nettogewinn** verlangen; Auslagen und Aufwendungen des Handlungsgehilfen sind vorher abzusetzen.[37] Ist das Geschäft seitens des Vertragspartners des Handlungsgehilfen noch nicht erfüllt, so kann der Arbeitgeber vom Handlungsgehilfen nur gegen Ersatz aller Aufwendungen die Abtretung der Forderung verlangen. Die in seinem Besitz befindlichen zum Beweis der Forderung dienenden Urkunden hat der Handlungsgehilfe herauszugeben (§ 402 BGB).[38] Der Handlungsgehilfe kann grundsätzlich für seine Tätigkeit keine besondere Vergütung verlangen, es sei denn, er hätte auch sonst – wie etwa als Provisionsvertreter – eine Vergütung zu beanspruchen.[39]

19 **b) Beitritt in konkurrierende Gesellschaft.** Als problematisch erweist sich die Ausübung des Eintrittsrechts dann, wenn der Handlungsgehilfe einer mit dem Arbeitgeber konkurrierenden Gesellschaft beitritt. Ein solcher Eintritt als Gesellschafter in ein Konkurrenzunternehmen stellt ein für eigene Rechnung gemachtes, verbotenes Geschäft dar.[40] Der Arbeitgeber kann in diesen Fällen nicht verlangen, anstelle des Handlungsgehilfen als Gesellschafter in die konkurrierende Gesellschaft einzutreten. Das wäre mit dem Wesen einer Gesellschaft und den Rechten der übrigen Gesellschafter nicht vereinbar, weil ihnen auf diesem Wege ein gesetzlicher Gesellschafterwechsel aufgezwungen würde.[41]

20 Nach Auffassung des BAG kann der Arbeitgeber in diesen Fällen aber auch nicht die **Herausgabe des Gewinnanteils** des Handlungsgehilfen an der Gesellschaft verlangen.[42] Die Verwirklichung des Eintrittsrechts durch Herausgabe des Gewinnanteils stelle eine so wesentliche Umgestaltung der Rechtsbeziehungen zwischen dem Handlungsgehilfen und der Gesellschaft dar, die in dieser Form von Abs. 1 nicht mehr gedeckt werde. Dies ist indes nicht überzeugend. Wie das BAG nämlich selbst feststellt, ist hier das verbotswidrige Geschäft der Eintritt in die Gesellschaft. Für diesen Eintritt erhält der Handlungsgehilfe als Gegenleistung einen Anspruch auf Gewinnbeteiligung. Diesen Gewinn kann der Arbeitgeber vom Handlungsgehilfen herausverlangen, ohne dass dies zu einer Beeinträchtigung der übrigen Gesellschafter führt.[43] Denn für die Gesellschaft ist es unerheblich, ob der Handlungsgehilfe den Gewinn aus einer Gesellschafterbeteiligung behalten darf oder ihn an seinen Arbeitgeber abführen muss.

21 Diese Auffassung entspricht im Übrigen auch der **Rspr. des BGH zum gleichlautenden § 113 Abs. 1,** der die Rechtsfolgen der Verletzung von Wettbewerbsverboten von Gesellschaftern der OHG betrifft.[44] Auch danach kann die Gesellschaft zwar nicht verlangen, an Stelle des wettbewerbswidrig handelnden Gesellschafters in die andere Gesellschaft

[34] So BAG AP Nr. 1.
[35] BAG AP § 60 Nr. 14; AP § 61 Nr. 1.
[36] BAG AP § 60 Nr. 14; *Vogelsang* in Schaub ArbR-HdB § 54 Rn. 23.
[37] LAG NI BeckRS 2016, 66178; *Grunsky,* Wettbewerbsverbote für Arbeitnehmer, 2. Aufl. 1987, 37; *Röhsler/Borrmann,* Wettbewerbsbeschränkungen für Arbeitnehmer und Handelsvertreter, 1981, 53.
[38] Heymann/*Henssler/Markworth* Rn. 15.
[39] LAG NI BeckRS 2016, 66178; *Vogelsang* in Schaub ArbR-HdB § 54 Rn. 24.
[40] BAG AP Nr. 1 mAnm *Hefermehl* = BB 1962, 638.
[41] AllgM, vgl. BAG AP Nr. 1; *Buchner* AR-Blattei SD 1830.2 Rn. 120, 115; *Grunsky,* Wettbewerbsverbote für Arbeitnehmer, 2. Aufl. 1987, 35; Heymann/*Henssler/Markworth* Rn. 20; Staub/*Weber* Rn. 21.
[42] Vgl. BAG AP Nr. 1; *Buchner* AR-Blattei SD 1830.2 Rn. 121.
[43] Ebenso EBJS/*Boecken/Rudkowski* Rn. 18; *Buchner* AR-Blattei SD 1830.2 Rn. 120; Heymann/*Henssler/Markworth* Rn. 20; Röhricht/Graf v. Westphalen/Haas/*Wagner/Vogt* § 61 Rn. 15; Staub/*Weber* Rn. 21.
[44] Vgl. BGHZ 38, 306 (310 f.); 89, 162 (171).

einzutreten; sie kann aber durch Ausübung des Eintrittsrechts nach § 113 Abs. 1 verlangen, dass der wettbewerbswidrig handelnde Gesellschafter ihr die Gewinne, die er durch die Beteiligung an der anderen Gesellschaft erzielt hat, abführt.

Dies gilt auch dann, wenn der Handlungsgehilfe eine **Einmanngesellschaft** gegründet 22
hat. Auch hier ist es nicht möglich, dass der Arbeitgeber in die Gesellschafterstellung einrückt.[45] Die Ausübung des Eintrittsrechts nach § 61 führt nämlich nicht dazu, dass der Arbeitgeber in unmittelbare Rechtsbeziehungen zu Dritten tritt.[46] Der Arbeitgeber kann in jedem Fall nur verlangen, dass der wettbewerbswidrig handelnde Handlungsgehilfe ihm die Gewinne aus den abgeschlossenen Geschäften abführt.

Das Eintrittsrecht umfasst nicht den Anspruch auf Herausgabe der **Vergütung,** die der 23
Arbeitnehmer aus einem sonstigen **Anstellungsverhältnis zur Gesellschaft** bezieht.[47] Bei der vom Handlungsgehilfen bezogenen Vergütung muss es sich um ein Entgelt handeln, das für einen bestimmten Geschäftsabschluss bezogen wurde, dh es muss unmittelbar aus dem Drittgeschäft erzielt worden sein.[48]

c) Geschäfte für fremde Rechnung. Bei Geschäften für fremde Rechnung hat der 24
Handlungsgehilfe die von ihm bezogene Vergütung an den Unternehmer abzuführen oder den Anspruch auf die noch nicht gezahlte Vergütung an ihn abzutreten.

d) Betreiben eines Handelsgewerbes. Betreibt der **Handlungsgehilfe verbots-** 25
widrig ein Handelsgewerbe, so kann der Arbeitgeber grundsätzlich ebenfalls Eintritt in die einzelnen Geschäfte verlangen, die innerhalb dieses Handelsgewerbes abgeschlossen wurden. Das Eintrittsrecht besteht jedoch nicht für alle in dem Handelsgewerbe abgeschlossenen Geschäfte, sondern nur für diejenigen, die in dem gleichen Handelszweige wie dem des Arbeitgebers abgeschlossen wurden. Denn aus der Fassung des § 61 ist zu entnehmen, dass der Gesetzgeber bei der Regelung des Eintritts in erster Linie an das Geschäftemachen gedacht hat und nicht auch an den Betrieb des Handelsgewerbes. Das Eintrittsrecht setzt daher gedanklich das Vorliegen bestimmter Geschäfte voraus, die aber nach § 60 nur dann verboten sind, wenn sie in dem Handelszweig des Arbeitgebers vorgenommen wurden. Aus diesem Grund ist dem Arbeitgeber auch nur insoweit ein Eintrittsrecht zuzubilligen. Dem Arbeitgeber steht daher hinsichtlich solcher Geschäfte kein Eintrittsrecht zu, die der Handlungsgehilfe zwar im Rahmen des Betreibens eines wettbewerbswidrigen Handelsgewerbes abgeschlossen hat, die aber nicht konkret den Handelszweig des Arbeitgebers berühren.

3. Auskunftsanspruch. Der Handlungsgehilfe ist seinem Arbeitgeber gegenüber **zur** 26
Auskunft über die von ihm abgeschlossenen Geschäfte **verpflichtet,** wenn er durch sein Verhalten begründeten Anlass zu der Annahme eines Verstoßes gegen das Wettbewerbsverbot gegeben hat.[49] Rechtsgrundlage für den Auskunftsanspruch des Arbeitgebers ist der Anstellungsvertrag iVm § 242 BGB.[50] Danach besteht eine Auskunftspflicht bei solchen Rechtsverhältnissen, deren Wesen es mit sich bringt, dass der Anspruchsberechtigte in entschuldbarer Weise über Bestehen und Umfang seines Rechts im Ungewissen ist, während der Verpflichtete unschwer Auskunft erteilen kann.[51] Der Auskunftsanspruch des Arbeitgebers ist begründet, wenn der Handlungsgehilfe erheblichen Anlass gegeben hat, zu vermuten, er habe seine Vertragspflichten verletzt.[52] Dabei ist dem Auskunftsinteresse des Arbeitgebers selbst dann der Vor-

---

45 AA *Grunsky,* Wettbewerbsverbote für Arbeitnehmer, 2. Aufl. 1987, 36.
46 *Vogelsang* in Schaub ArbR-HdB § 54 Rn. 24.
47 BAG AP § 60 Nr. 14; vgl. auch EBJS/*Boecken/Rudkowski* Rn. 19.
48 BAG NJW 1962, 1365; AP § 60 Nr. 14 unter I.1. e) cc).
49 Vgl. BAG AP BGB § 242 Auskunftspflicht Nr. 12 mAnm *Lüderitz* = SAE 1968, 40 mAnm *Reinhardt* = BB 1967, 839; AP BGB § 242 Auskunftspflicht Nr. 13 mAnm *Lüderitz* = BB 1971, 86; AP BGB § 611 Treuepflicht Nr. 8 = SAE 1977, 226 mAnm *Baumgärtel* = BB 1977, 296.
50 EBJS/*Boecken/Rudkowski* Rn. 25; *Buchner* AR-Blattei SD 1830.2 Rn. 125.
51 BAG AP BGB § 242 Auskunftspflicht Nr. 12.
52 BAG AP § 60 Nr. 6; *Buchner* AR-Blattei SD 1830.2 Rn. 126; zu weit AP BGB § 242 Auskunftspflicht Nr. 12, wonach schon eine „recht geringe Wahrscheinlichkeit", die Vertragspflicht verletzt zu haben, einen Auskunftsanspruch des Arbeitgebers rechtfertigen soll; einschr. Oetker/*Kotzian-Marggraf* Rn. 6, demnach muss der Richter vom *Vorliegen des haftungsbegründenden Tatbestands überzeugt sein.*

rang einzuräumen, wenn sich der Handlungsgehilfe durch die Auskunftserteilung in einem staatsanwaltlichen Ermittlungsverfahren selbst belasten könnte.[53]

27 Ergibt sich aus der Auskunft des Handlungsgehilfen, dass er wettbewerbswidrige Geschäfte getätigt hat, so kann der Arbeitgeber über die vom Handlungsgehilfen getätigten Geschäfte auch **Rechnungslegung** nach § 259 BGB verlangen.[54] Bei Wettbewerbsverstößen kann der Arbeitgeber daher im Wege der **Stufenklage gem. § 254 ZPO** gegen den Arbeitgeber seine Rechte aus § 61 durchsetzen (zur Verjährungshemmung → Rn. 38).

IV. Verjährung (Abs. 2)

28 Nach Abs. 2 unterliegen sowohl der Schadensersatzanspruch als auch die Geltendmachung des Eintrittsrechts einer **kurzen Verjährung.** Diese beträgt drei Monate von dem Zeitpunkt an, in welchem der Arbeitgeber Kenntnis von dem Abschluss des Geschäfts erlangt hat oder bei grob fahrlässiger Unkenntnis und ohne Rücksicht auf diese Kenntnis oder grob fahrlässige Unkenntnis in fünf Jahren von dem Abschluss des Geschäfts. Die kurze Verjährungsfrist dient einer schnellen Klärung und Bereinigung der sich aus der Wettbewerbstätigkeit ergebenden Rechtsfolgen.[55] Abs. 2 wurde durch das Gesetz zur Anpassung von Verjährungsvorschriften an das Gesetz zur Modernisierung des Schuldrechts vom 9.12.2004 (BGBl. 2004 I 3214) mit Wirkung vom 15.12.2004 neu gefasst und betrifft nun auch den Fall der grob fahrlässigen Unkenntnis, so wie es auch § 199 Abs. 1 Nr. 2 BGB vorsieht.

29 **1. Sachlicher Geltungsbereich. a) Wettbewerbsverstöße aus § 60.** Nach dem Wortlaut des Abs. 2 unterliegen nur Ansprüche wegen wettbewerbswidrigen Geschäftemachens, nicht auch wegen Betreibens eines Handelsgewerbes der kurzen Verjährung. Die Beschränkung der kurzen Verjährungsfrist auf die Alt. 2 von Abs. 1 beruht freilich auf einem Redaktionsversehen des Gesetzgebers.[56] Eine wortgetreue Auslegung von Abs. 2 wäre nicht sachgerecht, sie wird daher auch nicht vertreten. Bereits in der Rspr. des Reichsgerichts wurden die **beiden Tatbestände des § 60** Abs. 1 in der Verjährungsfrage im Rahmen von Abs. 2 gleichbehandelt.[57] Der Verjährung nach Abs. 2 unterliegen damit sowohl Ansprüche wegen verbotenen Geschäftemachens als auch wegen wettbewerbswidrigen Betreibens eines Handelsgewerbes nach Abs. 1.

30 **b) Konkurrierende Ansprüche.** Die kurze Verjährungsfrist aus Abs. 2 gilt aber nicht nur für die Ansprüche aus Abs. 1, sondern darüber hinaus auch für die konkurrierenden Schadensersatzansprüche aus unerlaubter Handlung (§§ 823, 826 BGB),[58] § 3 UWG und § 280 BGB[59] sowie für den **Herausgabeanspruch** nach § 687 Abs. 2 BGB.[60] Nach Ablauf der kurzen Verjährungsfrist des § 61 Abs. 2 soll der Arbeitgeber nicht weiterhin der Gefahr ausgesetzt werden, aus dem gleichen Sachverhalt – wenn auch aufgrund eines anderen Rechtsgrundes – in Anspruch genommen zu werden.[61] Dieser Gleichklang gilt nicht für Ansprüche, deren Entstehung nicht auf dem Wettbewerbsverstoß beruht, etwa pflichtwidrige Vermögensverfügungen oder andere Handlungen zu Lasten des Arbeitgebers ohne

[53] LAG Hamm CCZ 2010, 237.
[54] BAG AP BGB § 242 Auskunftspflicht Nr. 13; AP BGB § 611 Treuepflicht Nr. 8.
[55] BAG AP Nr. 5.
[56] So zutr. BAG AP § 60 Nr. 4; *Buchner* AR-Blattei SD 1830.2 Rn. 127 ff.
[57] Vgl. RGZ 63, 252 (253).
[58] BAG AP Nr. 5, indes offengelassen für § 823 Abs. 2 BGB iVm § 266 StGB.
[59] BAG AP Nr. 3 = EWiR § 61 HGB 2/01, 77 m. Kurzkomm. *v. Hoyningen-Huene*; AP § 60 Nr. 6; *Röhsler/Borrmann*, Wettbewerbsbeschränkungen für Arbeitnehmer und Handelsvertreter, 1981, 61; *Vogelsang* in Schaub ArbR-HdB § 54 Rn. 28; aA LAG BW LAGE Nr. 1; diff. zum Auskunftsanspruch *Wagner*, Die Besonderheiten beim Arbeitsverhältnis des Handlungsgehilfen, 1993, 82.
[60] BAG AP Nr. 5; hierzu Anm. *Lipinski/Kaindl* DB 2018, 2763; *Buchner* AR-Blattei SD 1830.2 Rn. 129; Heymann/*Henssler/Markworth* Rn. 17; Oetker/*Kotzian-Marggraf* Rn. 12; MHdB ArbR/*Reichold* § 54 Rn. 28; aA BAG AP BGB § 687 Nr. 3; *aA Beer, Die Grundlagen des vertragsbegleitenden Wettbewerbsverbotes im deutschen Arbeitsrecht, 2016, 270 ff.*
[61] Vgl. BAG AP Nr. 3; Nr. 5; AP BGB § 611 Haftung des Arbeitnehmers Nr. 90.

Wettbewerbsbezug.[62] Dies gilt etwa im Falle eines Schadensersatzanspruchs aus § 823 Abs. 2 BGB iVm strafrechtlichen Schutzgesetzen, insbesondere der Untreue gem. § 266 StGB.[63]

c) Unterlassungsansprüche. Nach mittlerweile aufgegebener Auffassung des BAG galt die kurze Verjährungsfrist nicht für Unterlassungsansprüche des Arbeitgebers.[64] Dies führte zu dem unerträglichen Ergebnis, dass der Arbeitgeber noch nach Jahren vom Handlungsgehilfen Unterlassung verlangen konnte, obwohl er während der ganzen Zeit Kenntnis von dessen verbotener Tätigkeit besaß.[65] Der Zweck der kurzen Verjährungsfrist, den Arbeitgeber zu veranlassen, seine Ansprüche möglichst rasch geltend zu machen, gilt aber gerade auch für Unterlassungsansprüche.[66] Ist der Arbeitgeber daher nicht bereit, das wettbewerbswidrige Tätigwerden seines Handlungsgehilfen zu dulden, so hat er ihn innerhalb von drei Monaten nach Kenntnis des wettbewerbswidrigen Verhaltens auf Unterlassung zu verklagen, anderenfalls kann der Handlungsgehilfe gegen eine entsprechende Klage die Einrede der Verjährung erheben. Ausgenommen von der kurzen Verjährung nach Abs. 2 sind Ansprüche, deren Entstehung nicht auf dem Wettbewerbsverstoß beruht.[67] Dies ist zB dann der Fall, wenn der Handlungsgehilfe pflichtwidrig über das Vermögen des Prinzipals verfügt.[68] 31

2. Persönlicher Geltungsbereich. Die hL und die wohl überwiegende Rspr. sprechen sich zutreffenderweise dafür aus, den persönlichen Geltungsbereich von Abs. 2 nicht nur auf Handlungsgehilfen zu beschränken, sondern auch Ansprüche des Arbeitgebers gegen **sonstige wettbewerbswidrig handelnde Arbeitnehmer** der kurzen Verjährung zu unterwerfen (→ Rn. 5 f.).[69] Die teilweise vertretende Unterscheidung von Handlungsgehilfen und sonstigen Arbeitnehmern ist mit Blick auf die ansonsten von der Rspr. durch Rechtsfortbildung vorgenommene Gleichstellung von Handlungsgehilfen und sonstigen Arbeitnehmern abzulehnen. Es spricht nichts dafür, dem Arbeitgeber nur gegenüber wettbewerbswidrig handelnden Handlungsgehilfen die Pflicht aufzuerlegen, besonders schnell seine Rechte geltend zu machen und ihm gegenüber sonstigen Arbeitnehmern eine lange Überlegungsfrist zuzubilligen, da die Interessenlage in beiden Situationen gleich ist.[70] 32

Schließlich ist auch zu berücksichtigen, dass die kurze Verjährungsfrist in Abs. 2 nicht etwa eine verunglückte Einzelregelung ist, sondern dass in **§ 113 Abs. 3 HGB und in § 88 Abs. 3 AktG** für wettbewerbswidrig handelnde Gesellschafter, Vorstandsmitglieder und Aufsichtsratsmitglieder ebenfalls die kurze Verjährungsfrist von drei Monaten gilt.[71] Hierin kommt die Grundwertung des Gesetzgebers zum Ausdruck, dass sich der Dienstberechtigte bei Verstößen gegen Wettbewerbsverbote innerhalb kurzer Frist darüber klar werden muss, ob er gegen die betreffenden Personen vorgeht oder nicht. 33

3. Beginn der Verjährung. a) Geschäftemachen. Die kurze Verjährungsfrist von drei Monaten beginnt beim wettbewerbswidrigen Geschäftemachen nur dann zu laufen, 34

62 BAG AP Nr. 3; AP BGB § 611 Haftung des Arbeitnehmers Nr. 90.
63 EBJS/*Boecken/Rudkowski* Rn. 33; zuletzt offengelassen durch BAG AP Nr. 5.
64 BAG AP § 60 Nr. 8; aufgegeben in BAG AP Nr. 3 = NJW 2001, 172 = EWiR § 61 HGB 7/01, 77 m. Kurzkomm. *v. Hoyningen-Huene.*
65 So schon RGZ 63, 252 (255).
66 Ebenso HK/*Ruß* Rn. 4; *Grunsky,* Wettbewerbsverbote für Arbeitnehmer, 2. Aufl. 1987, 43; Heymann/*Henssler/Markworth* Rn. 28; MHdB ArbR/*Reichold* § 54 Rn. 28; Staub/*Weber* Rn. 25.
67 *Buchner* AR-Blattei SD 1830.2 Rn. 129; MHdB ArbR/*Reichold* § 54 Rn. 28.
68 BAG DB 1988, 508 = EWiR § 60 HGB 1/88 mAnm *v. Hoyningen-Huene*; LAG BW LAGE Nr. 1.
69 BAG AP Nr. 4 m. zust. Anm. *Diller* = NJW 2008, 392 m. zust. Anm. *Kock*; zur aufgegebenen Rspr. vgl. BAG AP § 60 Nr. 8 m. insoweit abl. Anm. *Beuthien/Janzen.*
70 So bereits RGZ 63, 252 (255); ebenso *Grunsky,* Wettbewerbsverbote für Arbeitnehmer, 2. Aufl. 1987, 43; *Röhsler/Borrmann,* Wettbewerbsbeschränkungen für Arbeitnehmer und Handelsvertreter, 1981, 66; ähnlich *Wagner,* Die Besonderheiten beim Arbeitsverhältnis des Handlungsgehilfen, 1993, 89.
71 Vgl. *Wagner,* Die Besonderheiten beim Arbeitsverhältnis des Handlungsgehilfen, 1993, 90; Staub/*Weber* Rn. 28.

wenn der Arbeitgeber **positive Kenntnis vom Abschluss** des Geschäfts hat oder ohne **grobe Fahrlässigkeit** erlangen müsste. Grob fahrlässige Unkenntnis liegt dabei vor, wenn die Unkenntnis auf einer besonders schweren Vernachlässigung der im Verkehr erforderlichen Sorgfalt beruht, also wenn schon einfachste, ganz nahe liegende Überlegungen nicht angestellt werden und das nicht beachtet wird, was im gegebenen Fall jedem einleuchten musste.[72] Es muss dem Arbeitgeber dabei ein subjektiv besonders schwerer Verstoß zur Last fallen.[73] Nicht erforderlich ist, dass der Arbeitgeber den genauen Inhalt des Geschäfts kennt. Hat der Handlungsgehilfe verbotswidrigerweise mehrere Geschäfte abgeschlossen, so verjähren jeweils die Geschäfte, deren Abschluss länger als drei Monate zurückliegt.[74] Der Kenntnis des Arbeitgebers ist die Kenntnis seiner gesetzlichen Vertreter oder der Personen zuzurechnen, die zur Aufsicht über den Handlungsgehilfen bevollmächtigt sind.[75] Ausnahmsweise ist nach der Rspr. des BAG auch die Kenntnis eines sonstigen Dritten zurechenbar, wenn dessen Stellung im Betrieb nach den Umständen des Einzelfalls erwarten lässt, er werde den Kündigungsberechtigten von dem Kündigungssachverhalt unterrichten.[76] Auf eine erst später erlangte Kenntnis darf sich der Unternehmer dann nicht berufen, wenn dies darauf beruht, dass die Organisation des Betriebs zu einer Verzögerung des Fristbeginns führt, obwohl eine andere Organisation sachgemäß und zumutbar wäre.[77]

35 **b) Betreiben eines Handelsgewerbes.** Betreibt der Handlungsgehilfe wettbewerbswidrig ein Handelsgewerbe in der Branche des Arbeitgebers, so beginnt die Verjährung mit dem Zeitpunkt zu laufen, zu dem der Arbeitgeber von dem Betrieb des Handelsgewerbes **Kenntnis erlangt** hat. Für den Beginn der Verjährung ist nicht erforderlich, dass der Arbeitgeber Kenntnis von einzelnen Geschäften in diesem Handelsgewerbe erlangt.[78] Dies ist damit zu rechtfertigen, dass der Arbeitgeber gegen seinen Handlungsgehilfen im Wege der Stufenklage vorgehen kann und so erfährt, in welchem Umfang dieser wettbewerbswidrig aufgetreten ist.[79]

36 **4. Fünfjahresfrist.** Ohne Rücksicht auf die Kenntnis des Geschäftsabschlusses verjähren die Ansprüche in fünf Jahren seit dem Geschäftsabschluss. Betreibt der Handlungsgehilfe also seit mehr als fünf Jahren verbotswidrig ein Handelsgewerbe, so entfallen der Schadensersatzanspruch, das Eintrittsrecht und alle konkurrierenden Ansprüche hinsichtlich aller in dem Betrieb des Handelsgewerbes vorgenommenen Geschäfte, einschließlich der Geschäfte, die erst in den letzten fünf Jahren vorgenommen worden sind. Die Ansprüche des Arbeitgebers knüpfen hier nämlich nicht an den einzelnen Geschäftsabschluss an, sondern an das verbotswidrige Betreiben eines Handelsgewerbes.

37 Schließt der Handlungsgehilfe dagegen nur **einzelne verbotene Geschäfte** ab, ohne dabei gleichzeitig ein Handelsgewerbe zu betreiben, so sind nur Ansprüche wegen solcher Geschäfte, die vor mehr als fünf Jahren vorgenommen worden sind, verjährt. Für die übrigen Ansprüche gilt die kurze Verjährungsfrist von drei Monaten.

---

[72] BGH NJW 1992, 3235 f.; NJW-RR 1994, 1469 (1471); MüKoBGB/*Grothe* BGB § 199 Rn. 28; Palandt/*Grüneberg* BGB § 277 Rn. 5.

[73] Palandt/*Ellenberger* BGB § 199 Rn. 39.

[74] *Grunsky,* Wettbewerbsverbote für Arbeitnehmer, 2. Aufl. 1987, 41; *Vogelsang* in Schaub ArbR-HdB § 54 Rn. 27.

[75] *Buchner* AR-Blattei SD 1830.2 Rn. 133; *Röhsler/Borrmann,* Wettbewerbsbeschränkungen für Arbeitnehmer und Handelsvertreter, 1981, 60; ähnlich Oetker/*Kotzian-Marggraf* Rn. 12; einschr. Heymann/*Henssler/Markworth* Rn. 32; aA EBJS/*Boecken/Rudkowski* Rn. 30.

[76] BAGE 29, 158 = NJW 1978, 723 = AP BGB § 626 Ausschlussfrist Nr. 11 mAnm *Wiedemann/Strohn* = SAE 1978, 278 m. zust. Anm. *v. Hoyningen-Huene,* im Anschluss an BAG AP BGB § 626 Ausschlussfrist Nr. 1; Nr. 3.

[77] BAGE 29, 158.

[78] RGZ 63, 252 (255 f.); Röhricht/Graf v. Westphalen/Haas/*Wagner/Vogt* § 61 Rn. 29; Staub/*Weber* Rn. 23; aA EBJS/*Boecken/Rudkowski* Rn. 31; *Buchner* AR-Blattei SD 1830.2 Rn. 132; ErfK/*Oetker* Rn. 7.

[79] Vgl. BAG AP § 61 Nr. 2.

5. Berechnung der Verjährungsfrist. Die Berechnung der Verjährungsfrist erfolgt nach den §§ 187 ff. BGB. Die Verjährungsfrist wird gehemmt, wenn der Arbeitgeber im Wege der Stufenklage Auskunftsansprüche zusammen mit einem noch unbezifferten Hauptantrag geltend macht.[80] 38

§ 62 [Fürsorgepflicht des Arbeitgebers]

(1) Der Prinzipal ist verpflichtet, die Geschäftsräume und die für den Geschäftsbetrieb bestimmten Vorrichtungen und Gerätschaften so einzurichten und zu unterhalten, auch den Geschäftsbetrieb und die Arbeitszeit so zu regeln, daß der Handlungsgehilfe gegen eine Gefährdung seiner Gesundheit, soweit die Natur des Betriebs es gestattet, geschützt und die Aufrechterhaltung der guten Sitten und des Anstandes gesichert ist.

(2) Ist der Handlungsgehilfe in die häusliche Gemeinschaft aufgenommen, so hat der Prinzipal in Ansehung des Wohn- und Schlafraums, der Verpflegung sowie der Arbeits- und Erholungszeit diejenigen Einrichtungen und Anordnungen zu treffen, welche mit Rücksicht auf die Gesundheit, die Sittlichkeit und die Religion des Handlungsgehilfen erforderlich sind.

(3) Erfüllt der Prinzipal die ihm in Ansehung des Lebens und der Gesundheit des Handlungsgehilfen obliegenden Verpflichtungen nicht, so finden auf seine Verpflichtung zum Schadensersatze die für unerlaubte Handlungen geltenden Vorschriften der §§ 842 bis 846 des Bürgerlichen Gesetzbuchs entsprechende Anwendung.

(4) Die dem Prinzipal hiernach obliegenden Verpflichtungen können nicht im voraus durch Vertrag aufgehoben oder beschränkt werden.

Schrifttum: *Benecke,* „Mobbing" im Arbeitsrecht, NZA-RR 2003, 225; *Bergwitz,* Das betriebliche Rauchverbot, NZA-RR 2004, 169; *Bücker/Feldhoff/Kothe,* Vom Arbeitsschutz zur Arbeitsumwelt – europäische Herausforderungen für das deutsche Arbeitsrecht, 1994; *Denck,* Arbeitsschutz und Anzeigerecht des Arbeitnehmers, DB 1980, 2132; *Dietrich,* Nichtraucherschutz am Arbeitsplatz, 2008; *Düwell,* Nichtraucherschutz im Betrieb, AiB 2002, 400; *Ehmann,* Arbeitsschutz und Mitbestimmung bei neuen Technologien, 1981; *Eich,* Aids und Arbeitsrecht, NZA-Beil. Heft 2/1987, 10; *Grimm,* Heiße Tage am Arbeitsplatz – Arbeitsrechtliche Konsequenzen überhitzter Arbeitsräume im Sommer, DB 2004, 1666; *Heinen/Uhlig/Steinborn,* Kommentar zur ArbStättV, Loseblattsammlung, 2014; *Herschel,* Zur Dogmatik des Arbeitsschutzrechts, RdA 1978, 69; *Herzberg,* Die Verantwortung für Arbeitsschutz und Unfallverhütung im Betrieb, 1984; *v. Hoyningen-Huene/Compensis,* Deutsche Unfallverhütungsvorschriften im EG-Binnenmarkt, NZS 1993, 233; *Jeiter/Klindt,* Gerätesicherheitsgesetz, 3. Aufl. 2003; *Pieper,* Arbeitsschutzrecht, 6. Aufl. 2017; *Kollmer,* Arbeitsschutzgesetz und -verordnungen, 3. Aufl. 2008; *Kreßel,* Parkplätze für Betriebsangehörige, RdA 1992, 169; *Lorenz,* Nichtraucherschutz am Arbeitsplatz, DB 2003, 721; *Lorenz,* Kontra dem Tabakqualm am Arbeitsplatz, AuA 2002, 212; *Löwisch,* Arbeitsrechtliche Fragen von Aids-Erkrankung und Aids-Infektion, DB 1987, 939; *Märtins,* Arbeitsschutz und Unfallverhütung im öffentlichen Dienst, ZTR 1992, 223, 267; *Möx,* Außerbetriebliche Beschwerde bei Gesundheitsgefährdung am Arbeitsplatz, AiB 1992, 382; *Richardi,* Arbeitsrechtliche Probleme bei Einstellung und Entlassung Aidsinfizierter Arbeitnehmer, NZA 1988, 73; *Schönleber,* Psychische Belastungen in der Arbeitswelt, 2017; *Schwab,* Die Haftung des Arbeitgebers – Ein Überblick, AiB 2007, 233; *Stück,* Nichtraucherschutz, AuA 2009, 140; *Thüsing/Bleckmann,* Schutz vor Mobbing am Arbeitsplatz: Eine Aufgabe für den Gesetzgeber?, BB 2020, 249; *Uhl/Polloczek,* Die Auswirkungen des neuen Passivrauchschutzgesetzes auf das Rauchen im Betrieb, BB 2008, 1114; *Wank/Börgmann,* Deutsches und europäisches Arbeitsschutzrecht, 1992; *Weber,* ArbStättV mit Erläuterungen, 7. Aufl. 2003; *Wellenhofer-Klein,* Der rauchfreie Arbeitsplatz – Was bringt die Änderung der Arbeitsstättenverordnung?, RdA 2003, 155; *Wlotzke,* Technischer Arbeitsschutz im Spannungsverhältnis von Arbeits- und Wirtschaftsrecht, RdA 1992, 85; *Wlotzke,* Das neue Arbeitsschutzgesetz – zeitgemäßes Grundlagengesetz für den betrieblichen Arbeitsschutz, NZA 1996, 1017; *Wlotzke,* Das betriebliche Arbeitsschutzrecht – Ist-Zustand und künftige Aufgaben, NZA 2000, 10; *Wlotzke,* Das Arbeitsschutzgesetz und die Arbeitsschutzpflichten der Beschäftigten, FS Hanau, 1999, 317; *Wlotzke,* Ausgewählte Leitlinien des Arbeitsschutzgesetzes, FS Däubler, 1999, 654; *Wlotzke,* Zur stufenweise Neuordnung des Arbeitsschutzrechts, FS Kehrmann, 1997, 141.

80 Vgl. BAG AP Nr. 4 mAnm *Diller* = NJW 2008, 392 mAnm *Kock.*

Übersicht

I. Bedeutung und Anwendungsbereich

1 **1. Zweck der Regelung. a) Teilausprägung der Fürsorgepflicht.** Abs. 1 und Abs. 2 konkretisieren inhaltlich einen Teilbereich der dem Arbeitgeber (Prinzipal) gegenüber dem Handlungsgehilfen obliegenden Nebenpflichten. Für den Fall der Verletzung dieser Pflichten ordnet Abs. 3 über die allgemeinen vertraglichen Ersatzansprüche hinausgehende Rechtsfolgen an. Insgesamt ist § 62 eine gesetzliche Teilregelung der allgemeinen Fürsorgepflicht des Arbeitgebers, insbesondere gem. §§ 618, 619, 241 Abs. 2 BGB.[1] Der Einigungsvertrag nimmt Abs. 2–4 von einer Anwendung in den neuen Bundesländern aus,[2] insoweit ist auf die allgemeine Regelung des § 614 BGB zurückzugreifen.

2 **b) Rechtsnatur der Pflicht.** Ob die in § 62 geregelten Pflichten des Arbeitgebers lediglich privatrechtlicher Natur sind[3] oder zugleich dem allgemeinen sozialen Interesse dienen und daher auch öffentlich-rechtliche Bedeutung haben,[4] kann dahinstehen. Für die praktische Rechtsanwendung ist die unterschiedliche Qualifizierung der Rechtsnatur ohnehin ohne Bedeutung.[5]

3 **2. Ergänzende Bestimmungen, Verhältnis zu anderen Normen.** § 62 verdrängt als **lex specialis** die inhaltlich im Wesentlichen entsprechenden, allgemeinen Bestimmungen der §§ 618, 619 BGB. § 62 geht über § 618 Abs. 1 BGB inhaltlich insofern hinaus, als diese Vorschrift ausdrücklich auch der Aufrechterhaltung der guten Sitten und des Anstands dient (→ Rn. 18).

1 EBJS/*Boecken/Rudkowski* Rn. 2; ErfK/*Preis* BGB § 611a Rn. 612; Heymann/*Henssler/Markworth* Rn. 1; MüKoBGB/*Henssler* BGB § 618 Rn. 1 f.; Staub/*Weber* Rn. 1.
2 Einigungsvertrag Anlage I Kap. VIII Sachgebiet D Abschnitt III Nr. 1; s. EBJS/*Boecken/Rudkowski* Rn. 12.
3 So Soergel/*Kraft* BGB § 618 Rn. 32.
4 So die hM, RGZ 87, 82 (84); RG WarnRspr. 1909, 348 f.; Heymann/*Henssler/Markworth* Rn. 1.
5 Vgl. Soergel/*Kraft* BGB § 618 Rn. 32; Staub/*Weber* Rn. 3.

Die dem Arbeitgeber obliegenden Pflichten werden durch zahlreiche Bestimmungen des **öffentlich-rechtlichen Arbeitsschutzrechts,** die im Wesentlichen durch europäische Richtlinienvorgaben beeinflusst wurden,[6] überlagert und, soweit es sich nicht lediglich um Organisations- oder Ordnungsvorschriften handelt, zugleich inhaltlich konkretisiert.[7] Zu nennen sind insbesondere folgende Gesetze und Vorschriften: 4

- Arbeitsschutzgesetz vom 7.8.1996 (BGBl. 1996 I 1246),
- Arbeitssicherheitsgesetz, Gesetz über Betriebsärzte, Sicherheitsingenieure und andere Fachkräfte für Arbeitssicherheit vom 12.12.1973 (BGBl. 1973 I 1885),
- Arbeitsstättenverordnung vom 12.8.2004 (BGBl. 2004 I 2179),
- Bildschirmarbeitsverordnung vom 4.12.1996 (BGBl. 1996 I 1841),
- Arbeitszeitgesetz vom 6.6.1994 (BGBl. 1994 I 1170),
- Gefahrstoffverordnung vom 26.11.2010 (BGBl. 2010 I 1643),
- Produktsicherheitsgesetz vom 8.11.2011 (BGBl. 2011 I 2178),
- Ladenschlussgesetz in der Fassung der Bekanntmachung vom 2.6.2003 (BGBl. 2003 I 744),[8]
- Mutterschutzgesetz in der Fassung der Bekanntmachung vom 20.6.2002 (BGBl. 2002 I 2318),[9]
- Strahlenschutzverordnung vom 20.7.2001 (BGBl. 2001 I 1714),
- Betriebssicherheitsverordnung vom 27.9.2002 (BGBl. 2002 I 3777),
- Lärm- und Vibrations-Arbeitsschutzverordnung vom 6.3.2007 (BGBl. 2007 I 261),
- Unfallverhütungsvorschriften der Berufsgenossenschaften,
- EG-Richtlinien zum Arbeitsschutz.[10]

Durch **Tarifvertrag** oder **Betriebsvereinbarung** können dem Arbeitgeber über diese gesetzlichen Anforderungen hinausgehende Pflichten auferlegt, diese jedoch nicht eingeschränkt werden (vgl. Abs. 4, → Rn. 53 ff.). 5

Die **Überwachung** der nach Abs. 1 erforderlichen Maßnahme ist Ländersache (Art. 83 f. GG) und obliegt in der Regel den **Gewerbeaufsichtsbehörden.**[11] Diese können den Arbeitgeber ggf. anweisen, bestimmte Maßnahmen vorzunehmen. Daneben hat der Arbeitgeber auch den **Betriebsrat** zu beteiligen. Dieser wirkt bei Fragen des Arbeitsschutzes mit (§ 89 BetrVG) und überwacht nach § 80 Abs. 1 S. 1 BetrVG die Einhaltung der Schutzvorschriften. Hinsichtlich der Lage der Arbeitszeit sowie der Regelungen der Unfallverhütung und des Gesundheitsschutzes steht ihm nach § 87 Abs. 1 Nr. 2 und 7 BetrVG ein **Mitbestimmungsrecht** zu. 6

Abs. 1 wird für bestimmte Beschäftigtengruppen durch **Sonderregelungen** verdrängt, wie zB § 12 HAG, §§ 28 ff. JArbSchG, §§ 2 ff. MuSchG. Abs. 3 findet wegen § 104 SGB VII bei **Arbeitsunfällen** nur dann Anwendung, wenn der Arbeitgeber den Unfall vorsätzlich oder auf einem nach § 8 Abs. 2 Nr. 1–4 SGB VII versicherten Weg herbeiführt.[12] 7

II. Fürsorgepflicht (Abs. 1)

1. Persönlicher Anwendungsbereich. Nach seinem Wortlaut beschränkt sich die Schutzpflicht des Abs. 1 auf die als **Handlungsgehilfen** angestellten Arbeitnehmer. Darüber hinaus sind jedoch auch die **Familienangehörigen** des Handlungsgehilfen in den Schutzbereich einzubeziehen, die sich berechtigt in den Geschäftsräumen aufhalten.[13] Dogmatisch 8

6 Staub/*Weber* Rn. 3; Hanau/Steinmeyer/*Wank* § 18 Rn. 430 ff.

7 BAG AP BGB § 618 Nr. 17 mAnm *Herschel*. Ausf. zum öffentlich-rechtlichen Arbeitsschutz MüKoBGB/*Henssler* BGB § 618 Rn. 10 ff.; MHdB ArbR/*Kohte* §§ 172–175; Staub/*Weber* Rn. 2. Zur Systematik *Kollmer* in Nipperdey Bd. II, Einführung, Loseblattsammlung.

8 Dazu *Neumann/Biebl* ArbZG, 16. Aufl. 2012.

9 Dazu *Buchner/Becker* MuSchG, Kommentar, 8. Aufl. 2008.

10 EBJS/*Boecken/Rudkowski* Rn. 6 mwN; ausf. *v. Hoyningen-Huene/Compensis* NZS 1993, 233 ff.; Staudinger/*Oetker*, 2019, BGB § 618 Rn. 55 ff.

11 MHdB ArbR/*Kohte* § 174 Rn. 85.

12 ErfK/*Wank* BGB § 618 Rn. 30; Oetker/*Kotzian-Marggraf* Rn. 2.

13 RGZ 159, 283 (285); Soergel/*Kraft* BGB § 618 Rn. 10; EBJS/*Boecken/Rudkowski* Rn. 7; Oetker/*Kotzian-Marggraf* Rn. 2.

ist die Erstreckung des persönlichen Anwendungsbereichs auf Familienangehörige wohl am besten auf die Rechtsfigur des Vertrages zugunsten Dritter zurückzuführen.[14] Auch die auf Grund eines **Leiharbeitsverhältnisses** als Handlungsgehilfen beschäftigten Arbeitnehmer werden von Abs. 1 erfasst.[15] Hingegen bedarf es einer Erstreckung auf nicht als Handlungsgehilfen beschäftige Arbeitnehmer wegen der im Wesentlichen inhaltsgleichen allgemeinen Bestimmung in § 618 BGB nicht.[16]

9 **2. Pflichtenbereich.** Die dem Arbeitgeber obliegenden Sorgfaltspflichten beziehen sich sachlich auf die Geschäftsräume, die für den Geschäftsbetrieb bestimmten Vorrichtungen und Gerätschaften, den Geschäftsbetrieb selbst sowie die Arbeitszeit. Hinsichtlich der Geschäftsräume und Gerätschaften treffen den Arbeitgeber die Fürsorgepflichten unabhängig davon, ob diese in seinem Eigentum stehen oder nicht. Die Fürsorgepflichten knüpfen allein daran an, dass er Räume oder Gerätschaften zur Ausübung seines Betriebs verwendet. Ebenfalls unerheblich ist es, ob den Arbeitgeber eine Verpflichtung trifft, bestimmte Räumlichkeiten oder Gerätschaften zur Verfügung zu stellen. Die Fürsorgepflicht knüpft allein daran an, dass der Handlungsgehilfe im Rahmen der Erbringung seiner Dienstleistung berechtigterweise **tatsächlich in Kontakt mit Räumen und Gerätschaften kommt.** Entsprechend dem mit § 62 bezweckten Schutz des Arbeitnehmers ist auch im Übrigen eine **weite Auslegung** geboten.[17]

10 **a) Geschäftsräume. aa) Grundsatz.** Geschäftsraum iSv Abs. 1 ist nicht nur die in einem Gebäude liegende besondere Arbeitsstelle des Handlungsgehilfen. Hierunter ist vielmehr jede betriebszugehörige Örtlichkeit zu verstehen, die der Handlungsgehilfe im Zusammenhang mit der Erfüllung seiner Dienstpflichten und im Einvernehmen mit dem Arbeitgeber aufsucht.[18] Diesen weiten Begriff legt auch § 2 ArbStättV zugrunde.

11 **bb) Beispiele.** Unter den Begriff der Geschäftsräume fallen daher **insbesondere** Arbeitsplätze auf dem Betriebsgelände im Freien, Arbeitsräume in Gebäuden, Baustellen,[19] Bereitschaftsräume, Böden, Fahrstühle,[20] Garderoben, Gebäude, Gebäudeteile, Grundstücke, Kantinen, Keller, Lagerräume, Maschinenräume, Nebenräume, Pausenräume, Räume für körperliche Ausgleichsübungen, Ruheräume, Sanitärräume, Sanitätsräume, Treppen, Verkaufsstände, Wege und Zugänge, soweit diese vom Arbeitgeber zur Verfügung gestellt werden.[21]

12 **cc) Abgrenzungen.** Von der Schutzpflicht nach § 62 werden diejenigen Zugänge zur Arbeitsstätte **nicht** erfasst, deren Unterhaltung nicht Sache des Arbeitgebers ist. Ob dies der Fall ist, muss nach der Verkehrssitte beurteilt werden. So ist der Arbeitgeber nicht für die dem **allgemeinen öffentlichen Verkehr** gewidmeten Wege verantwortlich, welche der Arbeitnehmer auf dem Weg zu seiner Arbeitsstelle benutzt.[22] Kommt der Handlungsgehilfe auf dem Gehweg vor dem Betriebsgelände des Arbeitgebers wegen Schneeglätte zu Fall, so hat der Arbeitgeber nicht nach § 62, sondern allein nach deliktischen Regeln einzustehen, wenn ihm die Streupflicht oblag. Betreibt der Arbeitgeber sein Geschäft in einer gemieteten Etage eines Bürohauses, dann ist er weder für die zu seinem Geschäft führenden Treppen noch die Fahrstühle verantwortlich. Er ist gegenüber den bei ihm angestellten Handlungsgehilfen nur verpflichtet, als Mieter seinen Instandhaltungsanspruch gegen den Vermieter geltend zu machen.[23] Demgegenüber treffen ihn die Sorgfaltspflichten nach § 62

[14] EBJS/*Boecken/Rudkowski* Rn. 7.
[15] Vgl. Staudinger/*Oetker*, 2019, BGB § 618 Rn. 99; Staub/*Weber* Rn. 2; EBJS/*Boecken/Rudkowski* Rn. 8.
[16] GK-HGB/*Etzel* Rn. 1.
[17] Vgl. BGHZ 25, 365 (371); Staub/*Weber* Rn. 10.
[18] EBJS/*Boecken/Rudkowski* Rn. 21; GK-HGB/*Etzel* Rn. 5; Heymann/*Henssler/Markworth* Rn. 8; Erman/*Belling/Riesenhuber* BGB § 618 Rn. 10; Soergel/*Kraft* BGB § 618 Rn. 10; Staub/*Weber* Rn. 10.
[19] BGHZ 25, 365 (371); ErfK/*Wank* BGB § 618 Rn. 7.
[20] RG JW 1920, 377.
[21] Vgl. ErfK/*Wank* BGB § 618 Rn. 7.
[22] RG Gruchot 42, 928 (931 f.).
[23] Oetker/*Kotzian-Marggraf* Rn. 5.

für die Zugangswege, die sich auf dem Betriebsgelände befinden.[24] Nach geltendem Unfallversicherungsrecht handelt es sich in diesen Fällen unter Umständen. dennoch um Arbeitsunfälle, worunter auch Wegeunfälle (§ 8 Abs. 2 SGB VII) fallen.[25] Die Schutzpflicht nach § 62 erstreckt sich nicht auf diejenigen Räume und Örtlichkeiten, deren Betreten dem Handlungsgehilfen **verboten** ist.[26]

b) Vorrichtungen und Gerätschaften. aa) Grundsatz. Zu den für den Geschäftsbetrieb bestimmten Vorrichtungen und Gerätschaften zählen die Gegenstände, welche zur Erbringung der von dem Handlungsgehilfen geschuldeten Dienste erforderlich sind.[27] Auch insoweit knüpft die Schutzpflicht nur daran an, dass der Handlungsgehilfe bei der Arbeitsleistung mit den Gerätschaften berechtigterweise in Berührung kommt. Die Eigentumsverhältnisse sind ebenso unerheblich[28] wie der Umstand, ob der Arbeitgeber die Gerätschaften beschaffen muss bzw. beschaffen hat oder ob sie vom Handlungsgehilfen gestellt worden sind.[29] 13

bb) Beispiele. Gerätschaften und Einrichtungen sind **insbesondere** Arbeitsgeräte, Aufzüge, Bänke, Beförderungsmittel,[30] Beleuchtungen,[31] Fußbänke, Heizungen, Leitern, Lüftungen, Maschinen, zu verarbeitendes Material, Schutzkleidung, Schutzvorrichtungen, Stühle, Tische, Trittbretter, Werkzeuge. Da § 62 den Arbeitgeber verpflichtet, die Sicherheit der Arbeitnehmer bei der Ausübung ihrer Tätigkeit zu gewährleisten, ist die Vorschrift auch auf jene Gegenstände anzuwenden, die sich in den Geschäftsräumen befinden, ohne dem Geschäftsbetrieb zu dienen, wie zB besondere Waren. 14

c) Geschäftsbetrieb. Zur Reglung des Geschäftsbetriebs gehören die zur Organisation des Arbeitsablaufs erforderlichen Maßnahmen.[32] Diese können sowohl den personellen Bereich betreffen (Arbeitseinteilung, Arbeitsplatz- und Aufgabenzuweisung) als auch die organisatorische Ausgestaltung des Arbeitsplatzes (Ausstattung der Geschäftsräume mit technischen Hilfsmitteln, Verteilung der Arbeitsgeräte, Bereitstellung von Sitzgelegenheiten). 15

d) Arbeitszeit. Der Begriff der Arbeitszeit umfasst sowohl die Dauer als auch die Lage der vom Handlungsgehilfen zu erbringenden Dienstleistungen (→ § 59 Rn. 203 ff.). Bei der Regelung der Arbeitszeit ist der Arbeitgeber erheblich durch gesetzliche und außergesetzliche Bestimmungen eingeschränkt. So wird die **Dauer** der Arbeitszeit vorrangig durch einzel- bzw. tarifvertragliche Regelungen bestimmt, wobei insbesondere das ArbZG und das JArbSchG zu beachten sind. Die **Lage** der Arbeitszeit wird neben den Bestimmungen in Einzel- und Tarifvertrag in erster Linie durch Betriebsvereinbarung (§ 87 Abs. 1 Nr. 2 und 3 BetrVG) festgelegt. Diese haben die gesetzlichen Anforderungen, insbesondere des ArbZG, des JArbSchG, des LadSchlG sowie des MuSchG zu beachten (→ Rn. 4). Im Übrigen kann der Arbeitgeber Einzelheiten der Arbeitszeit kraft seines Weisungsrechts regeln. 16

3. Schutzgüter. a) Gesundheit. Die Sorgfaltspflichten des Arbeitgebers dienen zunächst dem Schutz des Handlungsgehilfen vor Gefahren für seine Gesundheit. Der Begriff der Gesundheit ist hier nicht umfassend iSd WHO zu verstehen, welche auf ein allgemeines Wohlbefinden in geistiger und sozialer Hinsicht abzielt. Gesundheit iSv § 62 meint lediglich die **physische Integrität** bzw. **Nicht-Krankheit im physiologischen Sinne.**[33] Hierun- 17

24 RG JW 1906, 460; Gruchot 62, 111 ff.
25 Vgl. KKW/*Holtstraeter* SGB VII § 8 Rn. 104.
26 RG Gruchot 53, 966 (968) = WarnRspr. 1909 Nr. 205; Soergel/*Kraft* BGB § 618 Rn. 10.
27 Heymann/*Henssler/Markworth* Rn. 9; Erman/*Belling/Riesenhuber* BGB § 618 Rn. 11; MüKoBGB/*Henssler* BGB § 618 Rn. 38; EBJS/*Boecken/Rudkowski* Rn. 22; Erfk/*Wank* BGB § 618 Rn. 10.
28 GK-HGB/*Etzel* Rn. 6.
29 Soergel/*Kraft* BGB § 618 Rn. 19; Oetker/*Kotzian-Marggraf* Rn. 6.
30 Staub/*Weber* Rn. 10.
31 RG LZ 1918, 1076 f.
32 GK-HGB/*Etzel* Rn. 7; Schlegelberger/*Schröder* Rn. 6; Staub/*Weber* Rn. 12.
33 *Scholz* DB-Beil. Heft 10/1979, 7; Erman/*Belling/Riesenhuber* BGB § 618 Rn. 9; MüKoBGB/*Henssler* BGB § 618 Rn. 13.

ter können unter Umständen auch Fälle schwerwiegenden Mobbings fallen, die häufig neben psychischen auch mit physischen Beeinträchtigungen der Betroffenen einhergehen.[34] Soweit allerdings nach öffentlich-rechtlichen Arbeitsschutzvorschriften unterhalb der Erkrankungsschwelle liegende Beeinträchtigungen verhindert werden sollen, ist der Arbeitgeber dem Handlungsgehilfen auch nach § 62 zur Einhaltung dieser Vorschriften verpflichtet.[35] So darf der Arbeitgeber den Handlungsgehilfen beispielsweise nicht im asbestverseuchten Raum arbeiten lassen.[36]

18 **b) Gute Sitten und Anstand.** Die Pflichten des Arbeitgebers dienen weiterhin der Aufrechterhaltung der guten Sitten und des Anstands. Sofern hierfür keine konkretisierenden Regelungen wie beispielsweise das AGG herangezogen werden können,[37] ist hierfür das Anstandsgefühl aller billig und gerecht Denkenden maßgeblich. Dieses steht nicht ein für alle Mal fest, sondern ist dem Wandel der Zeiten und Anschauungen unterworfen. Maßgebend ist die Anschauung der Allgemeinheit, wobei ein durchschnittlicher Maßstab anzuwenden ist.[38]

19 **c) Nicht sonstige Rechtsgüter.** § 62 dient dagegen nicht dem Schutz sonstiger Rechtsgüter des Arbeitnehmers, wie zB Eigentum oder Vermögen.[39] Schutzpflichten des Arbeitgebers können sich insoweit jedoch aus den § 241 Abs. 2 BGB, § 242 BGB ergeben (→ § 59 Rn. 402; → § 59 Rn. 405; → § 59 Rn. 439 f.).

20 **4. Durchführung der Fürsorgepflichten. a) Grundsatz.** Die Erfüllung der dem Arbeitgeber obliegenden Fürsorgepflicht richtet sich zunächst nach den Bestimmungen des **öffentlich-rechtlichen Arbeitsschutzrechts.** Stellt dieses Spezialregelungen zur Verfügung, so konkretisieren diese den Inhalt der dem Arbeitgeber obliegenden Pflichten (→ Rn. 3 ff.). Der Arbeitnehmer kann vom Arbeitgeber grundsätzlich nicht weniger, aber auch nicht mehr verlangen, als in diesen Vorschriften zu seinem Schutz vorgesehen ist.[40] Da diese Normen von einem durchschnittlichen Gesundheitszustand des Arbeitnehmers ausgehen, können besonders **schutzbedürftige Personen** darüber hinausgehende Maßnahmen verlangen.[41] Der Arbeitgeber ist auch dann zu weitergehenden Maßnahmen verpflichtet, wenn diese durch Einzelvertrag, Betriebsvereinbarung oder Tarifvertrag geregelt sind.

21 Fehlen spezielle Regelungen im Arbeitsschutzrecht, so kann der Handlungsgehilfe diejenigen Schutzvorkehrungen verlangen, die nach dem **Stand der Technik**[42] erforderlich sind.[43] Was erforderlich ist, muss im Einzelfall – auch wenn anerkannte Regeln der Technik nicht bestehen – nach der **Verkehrsanschauung** beurteilt werden. Im Rahmen dieser Abwägung sind besonders die Schwere und der Grad der dem Handlungsgehilfen drohenden Gefahren sowie die Zumutbarkeit der Vornahme bestimmter Schutzmaßnahmen für den Dienstpflichtigen zu berücksichtigen. Hierbei kann § 91 BetrVG als Richtmaßstab dienen.

---

34 Vgl. AP BGB § 611 Mobbing Nr. 5; *Thüsing/Bleckmann* BB 2020, 249.

35 Vgl. dazu BAG AP BGB § 618 Nr. 17 mAnm *Herschel.*

36 S. BAG AP BGB § 273 Nr. 4 mAnm *Wank*; AP BGB § 618 Nr. 24.

37 EBJS/*Boecken/Rudkowski* Rn. 18.

38 BAG AP BGB § 138 Nr. 3; BGHZ 10, 228 (232); OLG Brandenburg JZ 2005, 84; ausf. *v. Hoyningen-Huene,* Die Billigkeit im Arbeitsrecht, 1978, 108 ff. mwN.

39 AllgM, BAG AP BGB § 611 Fürsorgepflicht Nr. 26 unter I 2 zum Eigentum, das der Arbeitnehmer im Zusammenhang mit der Verwirklichung seiner Arbeit einbringt, mAnm *A. Hueck*; Heymann/*Henssler/Markworth* Rn. 1; GK-HGB/*Etzel* Rn. 4; Erman/*Belling/Riesenhuber* BGB § 618 Rn. 1; MüKoBGB/*Henssler* BGB § 618 Rn. 4.

40 AllgM, BAG AP BGB § 618 Nr. 17; BAGE 83, 95; *Richardi* NZA 1988, 73 (78); Erman/*Belling/Riesenhuber* BGB § 618 Rn. 7; MHdB ArbR/*Kohte* § 175 Rn. 14; grdl. *Herschel* RdA 1964, 7 ff., 44 ff.

41 BAG AP BGB § 618 Nr. 26 mAnm *Börgmann*; MüKoBGB/*Henssler* BGB § 618 Rn. 59.

42 Zur Ermittlung des jeweiligen Stands der Technik ausf. *Nicklisch* NJW 1984, 481 ff.; *Nicklisch* BB 1983, 261 ff.

43 Staub/*Weber* Rn. 14; EBJS/*Boecken/Rudkowski* Rn. 27; MüKoBGB/*Henssler* BGB § 618 Rn. 57; Soergel/*Kraft* BGB § 618 Rn. 8; Oetker/*Kotzian-Marggraf* Rn. 8.

Die Sorgfaltspflichten treffen den Arbeitgeber auch und besonders dann, wenn die **Natur des Betriebs eine Gefährdung** des Handlungsgehilfen mit sich bringt.[44] Der Handlungsgehilfe kann hier zwar nicht die Abstellung der aus der Natur des Betriebs folgenden Gefahren verlangen. Der Arbeitgeber hat den Handlungsgehilfen aber über die bestehenden Gefahren zu informieren und angemessene Schutzmaßnahmen zu treffen, um den Eintritt eines Schadensfalls nach Möglichkeit zu verhindern oder den Umfang der Schäden möglichst zu begrenzen (→ Rn. 26).[45] Insbesondere sind einschlägige Spezialgesetze zu beachten, zB in einem Sprengstoffbetrieb das Sprengstoffgesetz (SprengG). Vom Arbeitgeber können grundsätzlich keine Maßnahmen des Gesundheitsschutzes verlangt werden, wenn dies zu einer Veränderung der unternehmerischen Betätigung führt, soweit es sich um eine rechtlich zulässige Betätigung handelt, bei welcher der Arbeitnehmer eingesetzt wird.[46] Umstritten ist jedoch inzwischen, ob der Arbeitgeber ein Rauchverbot gem. § 5 Abs. 1 S. 2 ArbStättV iVm § 618 BGB erlassen muss (→ § 59 Rn. 282; → § 59 Rn. 430 mwN).[47] 22

Soweit sich allerdings eine aus der Natur des Betriebs folgende **Gefahr realisiert,** der nicht durch geeignete Informations- und Schutzmaßnahmen entgegengetreten werden kann, ist der Arbeitgeber dem Handlungsgehilfen **nicht nach § 62 verantwortlich:**[48] Betreut eine Krankenschwester in einem Privathaushalt eine geistesgestörte, bettlägerige Person, dann haftet der Arbeitgeber nicht, wenn die Krankenschwester durch die zu betreuende Person verletzt wird;[49] der Betreiber eines Delikatessengeschäfts ist dem Handlungsgehilfen nicht für Schäden verantwortlich, die infolge der für die Konservierung der Waren erforderlichen, herabgesetzten Raumtemperatur eintreten.[50] Der Arbeitgeber genügt seiner Fürsorgepflicht, wenn er einen Arbeitsplatz zur Verfügung stellt, dessen Belastung mit Schadstoffen nicht über das in der Umgebung übliche Maß hinausgeht.[51] 23

Bei der Durchführung der Schutzmaßnahmen hat der Arbeitgeber ein etwaiges **Mitbestimmungsrecht des Betriebsrats** nach § 87 Abs. 1 Nr. 7 BetrVG zu beachten. Danach kann er erforderliche Schutzmaßnahmen ohne Mitwirkung des Betriebsrats nur dann durchführen, wenn diese auf einen bestimmten Einzelfall zugeschnitten sind[52] oder der Arbeitgeber lediglich zwingende Normen des Arbeitsschutzrechts vollzieht, ohne dass ihm ein Regelungsspielraum verbleibt.[53] Zur Auswirkung des Mitbestimmungsrechts auf den Erfüllungsanspruch des Arbeitnehmers → Rn. 49. 24

b) Beispiele. Im Einzelnen können folgende **Pflichten des Arbeitgebers** bestehen: 25

aa) Informationspflichten. Den Arbeitgeber treffen Informationspflichten hinsichtlich der Unfall- und Gesundheitsgefahren, denen der Arbeitnehmer bei der Beschäftigung ausgesetzt ist. Er hat den Handlungsgehilfen auch über Maßnahmen und Einrichtungen zur Abwendung dieser Gefahren zu belehren. Dies folgt unmittelbar aus § 12 ArbSchG[54] und § 81 BetrVG.[55] Diese Pflichten sind darüber hinaus spezialgesetzlich geregelt, vgl. insbesondere § 14 GefStoffV, § 6 Abs. 1 Nr. 4 12. BImSchV (Störfall-Verordnung), § 15 SGB VII iVm den Unfallverhütungsvorschriften der Berufsgenossenschaften. Soweit keine Spezialre- 26

44 Staub/*Weber* Rn. 14; EBJS/*Boecken/Rudkowski* Rn. 25.
45 RGZ 138, 37; *Richardi* NZA 1988, 73 (78).
46 BAG NZA 1996, 927 (928); ArbG Berlin AE 2007, 38; aA EBJS/*Boecken/Rudkowski* Rn. 29.
47 Hierzu BAG AP BGB § 618 Nr. 30; krit. EBJS/*Boecken/Rudkowski* Rn. 28 f.
48 EBJS/*Boecken/Rudkowski* Rn. 25, 28 f.; Staub/*Weber* Rn. 14.
49 AA RG JW 1933, 2603 f. m. abl. Anm. *Oppermann*.
50 RG LZ 1912, 453.
51 BAGE 83, 105 (118 ff.) = AP BGB § 618 Nr. 23 m. zust. Anm. *Wlotzke*; BAG NZA 1997, 849 m. krit. Anm. *Molkentin* = SAE 1997, 329 m. zust. Anm. *Mummenhoff*.
52 BAG AP BetrVG 1972 § 87 Arbeitssicherheit Nr. 1 unter II 3; *Denck* ZfA 1976, 447 (453, 458); GK-BetrVG/*Gutzeit* BetrVG § 87 Rn. 633.
53 BAG AP BetrVG 1972 § 87 Arbeitssicherheit Nr. 3 unter II 1 b; *Denck* ZfA 1976, 447 (453); GK-BetrVG/*Gutzeit* BetrVG § 87 Rn. 631. Zum Initiativrecht des Betriebsrats vgl. Richardi/*Richardi* BetrVG § 87 Rn. 578.
54 ErfK/*Wank* BGB § 618 Rn. 12.
55 Richardi/*Thüsing* BetrVG § 81 Rn. 6; GK-BetrVG/*Franzen* BetrVG § 81 Rn. 12.

gelungen eingreifen, hat der Arbeitgeber den Handlungsgehilfen auf die allgemeinen und besonderen Gefahren der Dienstleistung hinzuweisen[56] und ihn darüber zu belehren, wie diesen Gefahren vorgebeugt werden kann. Hierzu gehören sowohl sachkundige Arbeitsanweisungen bei gefährlicher Tätigkeit als auch Hinweise über den Bestand und die Verwendung von Schutzvorrichtungen.[57] Nach § 15 Abs. 5 Hs. 2 SGB VII muss der Arbeitgeber die Arbeitnehmer über den Inhalt der Unfallverhütungsvorschriften unterrichten. Wie er dies zweckmäßig vornimmt, ist ihm anheimgestellt, in der Regel sind aber ein Aushang sowie Erläuterungen zur praktischen Anwendung empfehlenswert.[58]

27 **bb) Organisationspflichten.** Den Arbeitgeber treffen auch Organisationspflichten, die zum Teil in Sondervorschriften geregelt sind (vgl. zB §§ 10 ff. GefStoffV). Der Arbeitgeber hat durch die Organisation seines Geschäftsbetriebs den Gefahren für die Gesundheit des Handlungsgehilfen entgegenzuwirken und für die Aufrechterhaltung des Anstands und der guten Sitten Sorge zu tragen. So hat der Arbeitgeber den Handlungsgehilfen vor gesundheitsgefährdender Überlastung zu bewahren und ihm ggf. außerhalb der gesetzlichen oder betrieblich (vgl. § 87 Abs. 1 Nr. 2 BetrVG) vorgesehenen Ruhezeiten Erholung zu gewähren;[59] der Arbeitgeber darf dem Handlungsgehilfen nicht Arbeiten übertragen, die zwar einem gesunden Menschen zugemutet werden können, von dem Handlungsgehilfen aber auf Grund seiner allgemeinen oder besonderen Konstitution nicht ohne Gesundheitsschäden durchgeführt werden können;[60] der Arbeitgeber hat vor durch die Arbeit bedingten gesundheitsschädlichen Einwirkungen zu bewahren, zB vor schädlicher Staubeinwirkung;[61] der Arbeitgeber hat den Handlungsgehilfen vor der Ansteckung durch erkrankte Arbeitskollegen zu schützen.[62] Zum Schutz der Arbeitnehmer kann oder muss der Arbeitgeber sogar unter bestimmten Voraussetzungen und unter Beachtung der Mitbestimmung des Betriebsrats nach § 87 Abs. 1 Nr. 1 und 7 BetrVG auch Rauchverbote erlassen (vgl. § 5 ArbStättV; → Rn. 22).[63]

28 **cc) Überwachungspflichten.** Dem Arbeitgeber obliegen weiterhin Überwachungspflichten (vgl. zB § 3 Abs. 1 S. 2 ArbSchG, § 7 GefStoffV, § 24 Abs. 2 Nr. 2 SprengG). Er hat gefährliche Tätigkeiten zu überwachen und die Einhaltung von Schutzmaßnahmen zu kontrollieren.[64] Unter bestimmten Voraussetzungen sind nach §§ 2 ff. ASiG, § 22 SGB VII Betriebsärzte und Sicherheitsbeauftragte zu bestellen.

29 **dd) Verkehrssicherungspflichten.** Schließlich treffen den Arbeitgeber im Rahmen des Abs. 1 auch allgemeine Verkehrssicherungspflichten gegenüber dem Handlungsgehilfen. So müssen die von ihm verwandten Maschinen den jeweils geltenden gesetzlichen Bestimmungen[65] oder Unfallverhütungsvorschriften entsprechen.[66] Er hat die von ihm neu angeschafften Maschinen hierauf zu kontrollieren[67] und diese regelmäßig zu warten.[68] Der Arbeitgeber muss weiterhin die gesetzlich vorgeschriebenen oder erforderlichen Schutzausrüstungen bereitstellen[69] und geeignete Sicherungsvorschriften erlassen.

---

56 RG JW 1913, 372; 1920, 377 f.; Gruchot 62, 616 (619).
57 GK-BetrVG/*Franzen* BetrVG § 81 Rn. 14.
58 KassKommSozR/*Ricke* SGB VII § 15 Rn. 16.
59 BAG AP BGB § 618 Nr. 5 mAnm *A. Hueck*; Soergel/*Kraft* BGB § 618 Rn. 18.
60 RAG ARS 4, 257 (259 f.); 15, 144 (146 f.) mAnm *A. Hueck*; ARS 28, 126 (132 f.).
61 RAG ARS 4, 257 (259 f.).
62 RG Gruchot 62, 616; RGZ 90, 103 f.; *Richardi* NZA 1988, 73 (78).
63 Hierzu BAG AP BGB § 618 Nr. 30.
64 RG LZ 1910, 681; Staub/*Weber* Rn. 12; Oetker/*Kotzian-Marggraf* Rn. 8.
65 Ausf. insbes. unter Berücksichtigung der EU-Richtlinien *v. Hoyningen-Huene/Compensis* NZS 1993, 233 ff.
66 BGH NJW 1970, 1546 (1548); Oetker/*Kotzian-Marggraf* Rn. 8.
67 BGH NJW 1970, 1546 (1548).
68 Erman/*Belling/Riesenhuber* BGB § 618 Rn. 11.
69 BAG AP BGB § 618 Nr. 17; Nr. 19.

III. Besonderheiten bei häuslicher Gemeinschaft (Abs. 2)

Sinn des Abs. 2 ist es, die dem Arbeitgeber nach Abs. 1 hinsichtlich des Geschäftsbetriebs obliegenden Pflichten auch auf Wohnung und Verpflegung des Handlungsgehilfen auszudehnen, wenn der Arbeitgeber diesen in die häusliche Gemeinschaft aufgenommen hat.[70] 30

1. Begriff der häuslichen Gemeinschaft. Entsprechend dem Schutzzweck des Abs. 2 sind die besonderen Pflichten nicht nur dann begründet, wenn der Handlungsgehilfe mit dem Arbeitgeber unter einem Dach lebt und von ihm beköstigt wird. Vielmehr greift die Vorschrift auch dann ein, wenn der Arbeitgeber dem Handlungsgehilfen das Zusammenleben in einer Gemeinschaft mit anderen Arbeitnehmern, zB in einem Wohnheim oder einer Gemeinschaftsunterkunft, bietet, ohne selbst hieran teilzuhaben.[71] Bei einer Unterbringung in einer Werkswohnung gilt nicht Abs. 2, sondern Mietrecht und die §§ 823 ff. BGB.[72] 31

2. Pflichtenbereich. Durch Abs. 2 werden die dem Arbeitgeber obliegenden Verpflichtungen auf den Wohn- und Schlafraum, also die von ihm zur Verfügung gestellte Unterkunft, sowie die Verpflegung erstreckt. Sie beziehen sich damit auch auf den privaten Lebensbereich des Handlungsgehilfen. Hinsichtlich der Arbeits- und Erholungszeit ergeben sich die Pflichten des Arbeitgebers schon aus Abs. 1. 32

3. Schutzgüter. Soweit nach Abs. 2 die Gesundheit und die Sittlichkeit geschützt werden sollen, ergeben sich keine Erweiterungen zu Abs. 1. Der Schutz der Religion verpflichtet den Arbeitgeber jedoch zusätzlich, auf religiöse Besonderheiten, zB auch im Bereich der Verpflegung, Rücksicht zu nehmen. Der Gesetzgeber bezweckt damit den Schutz der Persönlichkeit des Handlungsgehilfen.[73] 33

4. Durchführung der Fürsorgepflichten. Hinsichtlich der Durchführung der Fürsorgepflicht ergeben sich gegenüber Abs. 1 keine Besonderheiten.[74] Sie richtet sich, soweit keine ausdrücklichen gesetzlichen Regelungen bestehen nach der Verkehrssitte. Der Arbeitgeber hat dabei dafür Sorge zu tragen, dass die von ihm gestellte Kost gesundheitlich einwandfrei ist und der Religion des Arbeitnehmers Rechnung trägt.[75] Darüber hinaus hat der Arbeitgeber dem Arbeitnehmer auch die Ausübung seiner religiösen Pflichten zu ermöglichen. 34

IV. Rechtsfolgen der Pflichtverletzung (Abs. 3)

1. Bedeutung der Regelung. Abs. 3 regelt weder den Rechtsgrund noch abschließend die Rechtsfolgen einer Verletzung der dem Arbeitgeber nach Abs. 1 und 2 obliegenden Pflichten. Die Pflicht des Arbeitgebers zum Ersatz des durch die Pflichtverletzung entstandenen Schadens richtet sich nach allgemeinem Vertragsrecht (§ 280 BGB).[76] Daneben bestehende weitergehende Rechte des Arbeitnehmers bleiben unberührt. 35

2. Ausdrücklich geregelter Schadensersatzanspruch. a) Rechtsnatur. Abs. 3 erweitert lediglich durch die Verweisung auf das Deliktsrecht den Umfang eines Schadenser- 36

70 BAG AP BGB § 618 Nr. 1 unter II.

71 BAG AP BGB § 618 Nr. 2 unter II; LAG Hamburg DB 1954, 629; EBJS/*Boecken/Rudkowski* Rn. 31; Erman/*Belling/Riesenhuber* BGB § 618 Rn. 29; MüKoBGB/*Henssler* BGB § 618 Rn. 61; Soergel/*Kraft* BGB § 618 Rn. 20; Staudinger/*Oetker*, 2019, BGB § 618 Rn. 240; ErfK/*Wank* BGB § 618 Rn. 21; Oetker/*Kotzian-Marggraf* Rn. 10; einschr. Heymann/*Henssler/Markworth* Rn. 15; aA LAG Stuttgart BB 1954, 629; GK-HGB/*Etzel* Rn. 10.

72 Baumbach/Hopt/*Roth* Rn. 4; Oetker/*Kotzian-Marggraf* Rn. 10.

73 Staub/*Weber* Rn. 17; EBJS/*Boecken/Rudkowski* Rn. 33.

74 Vgl. EBJS/*Boecken/Rudkowski* Rn. 34.

75 Erman/*Belling/Riesenhuber* BGB § 618 Rn. 29.

76 Baumbach/Hopt/*Roth* Rn. 5; MüKoBGB/*Henssler* BGB § 618 Rn. 94; Staudinger/*Oetker*, 2019, BGB § 618 Rn. 288 ff.

satzanspruchs des Handlungsgehilfen. Abs. 3 ist daher eine **Rechtsfolgen-, nicht aber** eine **Rechtsgrundverweisung.**[77] Auch soweit wegen einer Pflichtverletzung iVm Abs. 3 Ansprüche nach §§ 842–846 BGB geltend gemacht werden, sind diese **vertraglicher Natur.**[78]

37 **b) Verschuldensabhängigkeit.** Wegen ihrer vertraglichen Grundlage sind die Schadensersatzansprüche des Handlungsgehilfen verschuldensabhängig;[79] § 62 statuiert keine Gefährdungshaftung des Arbeitgebers.[80] Dieser hat nach § 276 BGB nur für Vorsatz und Fahrlässigkeit einzustehen.[81]

38 Für **Erfüllungsgehilfen** haftet der Arbeitgeber nach **§ 278 BGB** für fremdes Verschulden.[82] Dabei kann als Erfüllungsgehilfe nur angesehen werden, wer nach seiner Stellung im Betrieb oder kraft besonderer Anweisung für den Gefahrenschutz verantwortlich ist.[83] Überträgt also ein weisungsbefugter Angestellter des Arbeitgebers einem Handlungsgehilfen Tätigkeiten, denen dieser erkennbar nicht gewachsen ist oder die mit vermeidbaren Gefahren verbunden sind, so hat der Arbeitgeber für das Verschulden seines Angestellten gegenüber dem Handlungsgehilfen nach § 278 BGB einzustehen.[84] Überträgt der Arbeitgeber die Installation oder Wartung von Maschinen bzw. sonstigen Anlagen einem freien Unternehmer und kommt durch dessen Verschulden ein Handlungsgehilfe zu Schaden, dann ist der Arbeitgeber diesem nach § 278 BGB verantwortlich.[85]

39 Der Arbeitgeber **haftet jedoch nicht** für das Verschulden eines Arbeitnehmers, der nicht für den Gefahrenschutz verantwortlich ist. Wird der Handlungsgehilfe bei einer gefährlichen Tätigkeit durch das Verschulden eines zu demselben Zwecke **Mitangestellten** verletzt, so haftet der Arbeitgeber nicht über § 278 BGB.[86] Der Arbeitgeber haftet in solchen Fällen nur für eigenes Verschulden, zB mangelnde Beaufsichtigung, unzureichende Information über die Gefahren, Übertragung gefährlicher Arbeiten auf einen ungeeigneten Arbeitnehmer.[87]

40 Der Arbeitgeber wird auch nicht dadurch entlastet, dass die zum Schutz der Arbeitnehmer erkennbar unzureichenden Regelungen unter Wahrung der Mitbestimmungsrechte des **Betriebsrats** oder gar auf dessen Anregung zustande gekommen sind.[88] Der Betriebsrat ist nämlich nicht Stellvertreter des Handlungsgehilfen,[89] vielmehr bei seinem Handeln an die geltenden Gesetze gebunden.

41 Der Anspruch auf Schadensersatz kann durch mitwirkendes Verschulden des Arbeitnehmers gemindert werden (§ 254 BGB). Das **Mitverschulden** des Handlungsgehilfen muss sich nicht unmittelbar auf den Eintritt des Schadens beziehen. Ein Mitverschulden kann auch darin liegen, dass der Handlungsgehilfe den Arbeitgeber auf Gefahrenquellen oder eigene Unzulänglichkeiten[90] nicht aufmerksam macht. Hierbei ist jedoch zu beachten, dass die Übernahme einer gefährlichen Tätigkeit an sich für die Begründung eines Mitverschuldens des Handlungsgehilfen noch nicht ausreicht.[91] Etwas anderes gilt aber dann, wenn er

---

77 Ebenso Staub/*Weber* Rn. 29.

78 RGZ 127, 218 (224); Soergel/*Kraft* BGB § 618 Rn. 23; Staub/*Weber* Rn. 29; Oetker/*Kotzian-Marggraf* Rn. 12.

79 Soergel/*Kraft* BGB § 618 Rn. 24.

80 BAG AP BGB § 611 Gefährdungshaftung Nr. 2; Staudinger/*Oetker*, 2019, BGB § 618 Rn. 290.

81 Soergel/*Kraft* BGB § 618 Rn. 24. Unklar Heymann/*Henssler/Markworth* Rn. 17, demzufolge ein „strenger Maßstab" gelten soll.

82 RGZ 77, 408 (409 f.); 127, 218 (224); GK-HGB/*Etzel* Rn. 13; Heymann/*Henssler/Markworth* Rn. 18; MüKoBGB/*Henssler* BGB § 618 Rn. 97.

83 Erman/*Belling/Riesenhuber* BGB § 618 Rn. 35; Soergel/*Kraft* BGB § 618 Rn. 26; Staub/*Weber* Rn. 26.

84 Vgl. RGZ 77, 408.

85 RGZ 127, 218 (224); Oetker/*Kotzian-Marggraf* Rn. 13.

86 RGZ 106, 293 f.

87 Vgl. Staudinger/*Oetker*, 2019, BGB § 618 Rn. 296; Staub/*Weber* Rn. 26.

88 Heymann/*Henssler/Markworth* Rn. 17.

89 Ausf. MHdB ArbR/*Boemke* § 286 Rn. 14, 31 ff.

90 RG JW 1904, 290 f.

91 Soergel/*Kraft* BGB § 618 Rn. 27.

eine Tätigkeit übernimmt, der er gesundheitlich, körperlich oder geistig nicht gewachsen ist und er dieses erkennen muss.[92] Auch obliegt es zunächst dem Arbeitgeber, für eine, soweit es die Natur des Betriebs gestattet, gefahrenfreie Tätigkeit zu sorgen. Liegen daher bereits bei Übernahme der Tätigkeit durch den Handlungsgehilfen Mängel im Gefahrenschutz vor, die für den Arbeitgeber erkennbar waren, so trifft den Handlungsgehilfen regelmäßig kein Mitverschulden, wenn ihm hieraus Schäden entstehen, ohne dass er dem Arbeitgeber die Mängel angezeigt oder auf deren Beseitigung gedrungen hat.[93]

c) Inhalt. Der **Umfang** der dem Handlungsgehilfen zu ersetzenden Schäden richtet 42
sich in erster Linie nach **§§ 249 ff. BGB.**[94] Der Handlungsgehilfe ist danach so zu stellen, wie er ohne das schädigende Ereignis gestanden hätte. Soweit es dem Handlungsgehilfen durch das schädigende Ereignis unmöglich wird, die zugesagten Naturalleistungen entgegenzunehmen, tritt an deren Stelle ein Anspruch auf Geldentschädigung.

Neben diesen allgemeinen vertraglichen Schadensersatzansprüchen kann der Hand- 43
lungsgehilfe zusätzlich die Ansprüche aus **§§ 842–846 BGB** geltend machen. Diese Verweisung in Abs. 3 hat im Wesentlichen folgende Bedeutung: Der Handlungsgehilfe kann Ersatz der Nachteile verlangen, die aus dem schädigenden Ereignis für seinen Erwerb oder sein Fortkommen entstehen (§ 842 BGB). Er kann bei verminderter Erwerbsfähigkeit oder bei durch den Unfall verursachten erhöhten Bedürfnissen eine Geldrente und bei Vorliegen eines wichtigen Grundes eine Kapitalabfindung verlangen (§ 843 BGB). Nach § 844 BGB können Dritte die Beerdigungskosten bei Tötung des Handlungsgehilfen verlangen sowie den Unterhalt, den der verstorbene Handlungsgehilfe kraft Gesetzes zu leisten hatte. Dritte, denen der Handlungsgehilfe kraft Gesetzes dienstverpflichtet war, können für die ihnen entgehenden Dienste Ersatz durch Entrichtung einer Geldrente, aus wichtigem Grunde auch durch Kapitalabfindung verlangen (§ 845 BGB). Sowohl im Rahmen vertraglicher als auch deliktischer Haftung des Arbeitgebers kann dem Handlungsgehilfen gem. § 253 Abs. 2 BGB bei Verletzung der dort genannten Rechtsgüter ein **Schmerzensgeldanspruch** zustehen.[95]

d) Verjährung, Ausschlussfrist. Der Anspruch unterliegt der regelmäßigen **Verjäh-** 44
rungsfrist des § 195 BGB. Soweit tarifliche Ausschlussfristen den Anspruch wegen Verletzung der Sorgfaltspflichten nach Abs. 1 und 2 erfassen, muss eine Forderung innerhalb dieser Fristen geltend gemacht werden. Abs. 4 steht solchen Vereinbarungen nicht entgegen.[96]

e) Arbeitsunfälle. Die Schadensersatzpflicht wegen Verletzung der dem Arbeitgeber 45
nach § 62 obliegenden Schutzpflichten wird **regelmäßig durch die gesetzliche Unfallversicherung verdrängt.** Nach § 104 SGB VII haftet der Arbeitgeber dem Handlungsgehilfen für durch Arbeitsunfälle verursachte **Personenschäden** nur dann, wenn er den Unfall vorsätzlich oder auf einem der nach § 8 Abs. 2 Nr. 1–4 SGB VII versicherten Weg herbeigeführt hat.[97]

f) Gerichtliche Zuständigkeit, Insolvenz. Bestehen **Streitigkeiten** über Grund 46
oder Höhe eines Anspruchs wegen Verletzung der Pflichten aus § 62, so sind nach § 2 Abs. 1 Nr. 3a ArbGG die Arbeitsgerichte zuständig. In der Insolvenz gehört dieser Anspruch zu den sonstigen Masseverbindlichkeiten nach § 55 Abs. 1 Nr. 2 InsO.

3. Deliktische Ansprüche. Neben dem vertraglichen Anspruch können auch Scha- 47
densersatzansprüche nach §§ 823 ff. BGB bestehen, wenn die Pflichtverletzung zugleich den Tatbestand einer unerlaubten Handlung erfüllt. Dabei ist zu beachten, dass § 62 **kein**

---

[92] BAG AP BGB § 618 Nr. 15 unter IV; Nr. 16 unter II 4.
[93] RG Recht 1911 Nr. 1922; 1912 Nr. 1290; RAG ARS 4, 257 (216); Soergel/*Kraft* BGB § 618 Rn. 27.
[94] GK-HGB/*Etzel* Rn. 17; MüKoBGB/*Henssler* BGB § 618 Rn. 100.
[95] Baumbach/Hopt/*Roth* Rn. 5; zum Schmerzensgeld bei Verletzung des Persönlichkeitsrechts vgl. *Benecke* NZA-RR 2003, 225 (230 f.).
[96] Ebenso Baumbach/Hopt/*Roth* Rn. 7.
[97] Vgl. EBJS/*Boecken/Rudkowski* Rn. 49; *Lauterbach* Unfallversicherung SGB VII § 104.

Schutzgesetz iSd § 823 Abs. 2 BGB ist.[98] Andernfalls wäre die Verweisung in Abs. 3 auf die §§ 842–846 BGB überflüssig.[99]

48 **4. Erfüllungsanspruch, Zurückbehaltungsrecht.** Der Handlungsgehilfe kann die zu seinem Schutz nach Abs. 1 und Abs. 2 erforderlichen Maßnahmen gegenüber dem Arbeitgeber einklagen.[100] Dies gilt unabhängig davon, ob den Arbeitgeber an dem vorschriftswidrigen Zustand ein Verschulden trifft. Praktisch ist dieser Anspruch aber bedeutungslos, weil sich schon der Betriebsrat nach § 80 Abs. 1 Nr. 1 BetrVG, § 89 BetrVG für die Beachtung dieser Vorschriften einzusetzen hat und die Aufsichtsbehörden die Einhaltung ebenfalls zu überwachen haben und ggf. die erforderlichen Maßnahmen anordnen können. Darüber hinaus kann sich der Handlungsgehilfe – nachdem er sich zunächst innerbetrieblich um Abhilfe bemüht hat – gem. § 17 Abs. 2 S. 1 ArbSchG an die zuständige Behörde wenden.

49 Problematisch ist der Einfluss eines etwa bestehenden **Mitbestimmungsrechts des Betriebsrats** (→ Rn. 24) auf den Erfüllungsanspruch des Handlungsgehilfen. Da in diesem Fall die Mitwirkung des Betriebsrats Voraussetzung für die Wirksamkeit der erforderlichen Maßnahme ist,[101] ist dem Arbeitgeber eine einseitige Durchführung rechtlich nicht möglich. Ein unmittelbarer Anspruch auf Einhaltung von Schutzmaßnahmen scheidet aus. Ob der Handlungsgehilfe den Arbeitgeber klageweise dazu zwingen kann, mit dem Betriebsrat eine Einigung zu suchen, ist umstritten,[102] muss aber richtigerweise abgelehnt werden,[103] weil schon im Ergebnis der Betriebsrat nicht zu einer bestimmten Regelung gezwungen werden kann. Regelmäßig wird der Arbeitnehmer auf Schadensersatzansprüche bzw. ein Leistungsverweigerungsrecht zu verweisen sein.[104]

50 Kommt der Arbeitgeber seinen Pflichten nicht nach, kann der Arbeitnehmer nach **§ 273 BGB** die **Leistung verweigern.**[105] Bei weniger gravierenden Verstößen muss der Handlungsgehilfe allerdings zunächst den Arbeitgeber abmahnen,[106] damit dieser einen pflichtgemäßen Zustand herbeiführen kann. In Annahmeverzug mit der Folge des § 615 BGB kommt der Arbeitgeber nur dann, wenn der Handlungsgehilfe bei der Arbeitsverweigerung konkret auf die verletzte Pflicht hinweist und erkennen lässt, er werde die Arbeit wieder aufnehmen, sobald der Arbeitgeber seine Vertragspflichten erfüllt.[107]

51 Neben § 273 BGB sind besondere Leistungsverweigerungsrechte in Arbeitsschutzgesetzen, etwa § 9 Abs. 3 S. 1 ArbSchG und § 14 S. 1 AGG, zu berücksichtigen.[108]

52 **5. Kündigungsrecht.** Bei schwerwiegenden Verstößen des Arbeitgebers gegen seine Pflichten steht dem Handlungsgehilfen das Recht zur außerordentlichen Kündigung zu, wenn ihm die weitere Arbeitsleistung nicht zumutbar ist (§ 626 BGB).[109] Allerdings setzt auch das

---

[98] LAG RhPf BeckRS 2017, 142466; hM, Erman/*Belling/Riesenhuber* BGB § 618 Rn. 39; Heymann/*Henssler/Markworth* Rn. 22; MüKoBGB/*Henssler* BGB § 618 Rn. 104; Soergel/*Kraft* BGB § 618 Rn. 6; Staub/*Weber* Rn. 25; aA RG JW 1907, 829 (830); RAG ARS 25, 115 (116) m. abl. Anm. *A. Hueck*; *Herschel* RdA 1978, 69 (72); GK-HGB/*Etzel* Rn. 25.

[99] Zutr. *A. Hueck* Anm. zu RAG ARS 25, 115 ff.

[100] AllgM, *Söllner* ZfA 1973, 1 (17); EBJS/*Boecken/Rudkowski* Rn. 37; ErfK/*Wank* BGB § 618 Rn. 23; Soergel/*Kraft* BGB § 618 Rn. 21.

[101] Vgl. ausf. *v. Hoyningen-Huene* DB 1987, 1426 ff.

[102] Befürwortend *Löwisch* AuR 1972, 359 (362 f.); krit. *Blomeyer* GS Dietz, 1973, 147 (169 f.); s. auch *Fitting* BetrVG § 75 Rn. 24.

[103] Ausf., aber zT abw. *Boemke* ZfA 1992, 473 (484).

[104] Vgl. zu dieser Problematik auch *v. Hoyningen-Huene* BetrVR § 4 Rn. 32 ff.

[105] AllgM, BAG SAE 1997, 316 mAnm *Mummenhoff*; AP BGB § 618 Nr. 28; NZA 1994, 610 (611 f.). betr. Asbestbelastung; *Söllner* ZfA 1973, 1 (15 ff.); EBJS/*Boecken/Rudkowski* Rn. 40; Staub/*Weber* Rn. 24; Oetker/*Kotzian-Marggraf* Rn. 14; MüKoBGB/*Henssler* BGB § 618 Rn. 89.

[106] *Ahrens* AR-Blattei SD 1310 Rn. 124; EBJS/*Boecken/Rudkowski* Rn. 42; vgl. grdl. zur Abmahnung *v. Hoyningen-Huene* RdA 1990, 193 ff.

[107] BAG AP BGB § 615 Nr. 28; *Söllner* ZfA 1973, 1 (17); Oetker/*Kotzian-Marggraf* Rn. 14.

[108] Eingehend EBJS/*Boecken/Rudkowski* Rn. 44 f.; *Thüsing/Bleckmann* BB 2020, 249.

[109] Staub/*Weber* Rn. 24; GK-HGB/*Etzel* Rn. 31; Heymann/*Henssler/Markworth* Rn. 24; zum Schadensersatz vgl. EBJS/*Boecken/Rudkowski* Rn. 50.

Recht zur außerordentlichen Kündigung nach hM regelmäßig eine Abmahnung des Arbeitgebers durch den Handlungsgehilfen voraus (vgl. § 314 Abs. 2 BGB).[110] Das Recht des Handlungsgehilfen wegen des Pflichtenverstoßes ordentlich zu kündigen, besteht uneingeschränkt.

V. Unabdingbarkeit (Abs. 4)

Die Verpflichtungen des Arbeitgebers nach Abs. 1–3 sind gem. Abs. 4 **zwingendes Recht.** Sie können im Voraus weder einzelvertraglich noch durch Tarifvertrag oder Betriebsvereinbarung wirksam abbedungen werden. Dies gilt sowohl für den Inhalt der Schutzpflichten als auch für die aus der Verletzung der Fürsorgepflicht resultierenden Schadensersatzansprüche.[111] Verstöße gegen das in Abs. 4 verankerte gesetzliche Verbot führen zur Nichtigkeit des Rechtsgeschäfts (§ 134 BGB).[112] Ist der Arbeitgeber verpflichtet, dem Handlungsgehilfen Schutzkleidung zu stellen, so hat er auch deren **Kosten** zu tragen. Wegen Abs. 4 kann eine abweichende Kostenregelung auch nicht in einem Tarifvertrag oder einer Betriebsvereinbarung getroffen werden. Eine Kostenbeteiligung des Arbeitnehmers ist nur zulässig, soweit der Arbeitgeber ihm über seine gesetzliche Verpflichtung hinaus Vorteile bei der Benutzung oder Verwendung der Schutzkleidung anbietet und der Arbeitnehmer von diesem Angebot freiwillig Gebrauch macht, zB die Kleidung auch in der Freizeit trägt.[113] 53

Hiervon **unberührt** bleiben allerdings **gesetzliche Vorschriften,** die den Inhalt der Schutzpflichten konkretisieren (→ Rn. 4, → Rn. 20) oder nach denen ein Schadensersatzanspruch nur unter bestimmten Voraussetzungen geltend gemacht werden kann (zB § 104 SGB VII, → Rn. 45). Abs. 4 steht auch nicht **tariflichen Ausschlussfristen** entgegen. Diese schließen den Anspruch weder aus noch verändern sie ihn inhaltlich, sondern betreffen allein seine Geltendmachung.[114] 54

Nach Eintritt des Schadensfalls unterliegt der Schadensersatzanspruch des Handlungsgehilfen der **Parteidisposition.**[115] Das folgt aus dem ausdrücklichen Wortlaut und dem Regelungszweck des Abs. 4,[116] der sich auf die Prävention beschränkt. Die Beteiligten können einen Erlassvertrag schließen oder sich vergleichen. Auch kann der Handlungsgehilfe einseitig auf die Geltendmachung von Schadensersatzansprüchen verzichten. 55

VI. Beweislast

Der **Handlungsgehilfe** hat zunächst den **objektiven Tatbestand** einer Pflichtverletzung sowie die **Kausalität** zwischen Pflichtverletzung und Schaden darzulegen und ggf. zu beweisen. Er muss jedoch nicht den vollen Beweis führen, sondern nur Mängel nachweisen, die nach dem gewöhnlichen Verlauf der Dinge geeignet waren, den später eingetretenen Schaden hervorzurufen.[117] Ist dem Handlungsgehilfen dieser Nachweis gelungen, dann muss nun der Arbeitgeber seinerseits beweisen, dass der Schaden nicht auf der Pflichtverletzung beruht, also eine andere Schadensursache gegeben ist, oder der Mangel auch bei 56

---

110 BAG EZA § 626 BGB Nr. 2a; *v. Hoyningen-Huene* RdA 1990, 193 (197).

111 BAGE 40, 50; Heymann/*Henssler/Markworth* Rn. 25 f.; GK-HGB/*Etzel* Rn. 32; Staub/*Weber* Rn. 30; Oetker/*Kotzian-Marggraf* Rn. 16.

112 EBJS/*Boecken/Rudkowski* Rn. 51; Oetker/*Kotzian-Marggraf* Rn. 16.

113 BAG AP BGB § 618 Nr. 17 mAnm *Herschel* und Nr. 18 mAnm *Lorenz*; Erman/*Belling/Riesenhuber* BGB § 619 Rn. 1. Allg. zur grundsätzlichen Unzulässigkeit einer Kostenbeteiligung des Arbeitnehmers an der Einführung einer einheitlichen Arbeitskleidung, wenn dies allein im Interesse des Arbeitgebers liegt, BAG AP BetrVG 1972 § 87 Ordnung des Betriebes Nr. 20.

114 So BAG AP BGB § 611 Urlaubsrecht Nr. 81 zum Urlaubsanspruch.

115 Baumbach/Hopt/*Roth* Rn. 7; EBJS/*Boecken/Rudkowski* Rn. 52; Staub/*Weber* Rn. 31; Oetker/*Kotzian-Marggraf* Rn. 16.

116 Heymann/*Henssler/Markworth* Rn. 26.

117 BAGE 83, 105 (111); BAG AP BGB § 618 Nr. 1 mAnm *A. Hueck* und Nr. 16 mAnm *Sieg*; RGZ 130, 357 (359); 138, 37 (39); BGHZ 27, 79 (84); LAG Bremen NZA-RR 2003, 234; NZA-RR 2003, 234; EBJS/*Boecken/Rudkowski* Rn. 46; Erman/*Belling/Riesenhuber* BGB § 618 Rn. 38; GK-HGB/*Etzel* Rn. 16; MüKoBGB/*Henssler* BGB § 618 Rn. 102.

Beobachtung der im Verkehr erforderlichen Sorgfalt nicht hätte erkannt werden können.[118] Es tritt nämlich zugunsten des Arbeitnehmers eine echte Beweislastumkehr ein, weil den Arbeitgeber die erfolgsbezogene Pflicht trifft, Räume, Gerätschaften und Vorrichtungen so zur Verfügung zu stellen, dass durch sie kein Verletzungsrisiko entsteht. Hat er diese Pflicht nachweislich verletzt, dann ist es nach dem Grundgedanken des § 280 Abs. 1 S. 2 BGB gerechtfertigt, dem Arbeitgeber den vollen Gegenbeweis führen zu lassen, dass der Schaden auf eine andere Ursache zurückgeht.[119] Es reicht nicht aus, wenn der Arbeitgeber lediglich eine andere ernsthaft in Frage kommende Schadensursache aufzeigt.[120]

57 Dem **Arbeitgeber** obliegt der Nachweis, dass er **nicht schuldhaft** gehandelt hat.[121] Auch ein etwaiges **Mitverschulden des Handlungsgehilfen** hat entsprechend allgemeinen Grundsätzen[122] der Arbeitgeber zu beweisen.[123]

§ 63 *[aufgehoben]*

1 § 63 wurde aufgehoben durch das Gesetz zur sozialen Absicherung des Risikos der Pflegebedürftigkeit vom 26.5.1994 (BGBl. 1994 I 1014). Die Vorschrift regelte die Dienstverhinderung des Handlungsgehilfen. Regelungen zur Entgeltfortzahlung im Krankheitsfall finden sich nun im EFZG.

§ 64 [Gehaltszahlung]

[1]Die Zahlung des dem Handlungsgehilfen zukommenden Gehalts hat am Schlusse jedes Monats zu erfolgen. [2]Eine Vereinbarung, nach der die Zahlung des Gehalts später erfolgen soll, ist nichtig.

Schrifttum: *Linck,* Lohnzahlung, AR-Blattei SD 1160.1 (1992); *Pauly/Osnabrügge,* Das neue Arbeits- und Sozialrecht – Die Hartz-Gesetze in der anwaltlichen Praxis, 2003; *Söllner,* „Ohne Arbeit kein Lohn“, AcP 167 (1967), 132.

Übersicht

I. Normzweck

1 § 64 regelt abweichend von §§ 271, 614 BGB die **Fälligkeit** des Gehaltsanspruchs des Handlungsgehilfen. Zwar statuiert die Regelung wie die allgemeine Bestimmung des § 614

[118] BAG AP BGB § 618 Nr. 1 mAnm *A. Hueck*; RGZ 130, 357 (359); 138, 37 (39); BGHZ 27, 79 (84); Baumbach/Hopt/*Roth* Rn. 5; Erman/*Belling/Riesenhuber* BGB § 618 Rn. 38; Palandt/*Weidenkaff* BGB § 618 Rn. 8; Staub/*Weber* Rn. 27.

[119] *Gäntgen* in Baumgärtel/Laumen/Prütting Beweislast-HdB BGB § 618 Rn. 4.

[120] So aber BAG AP BGB § 611 Gefährdungshaftung des Arbeitgebers Nr. 2; Soergel/*Kraft* BGB § 618 Rn. 29.

[121] AllgM, BAG AP BGB § 618 Nr. 1, 16; BGHZ 27, 79 (85); Heymann/*Henssler/Markworth* Rn. 19; Erman/*Belling/Riesenhuber* BGB § 618 Rn. 38; aA noch RG JW 1912, 529 (530).

[122] Vgl. nur *v. Hoyningen-Huene* EWiR § 89a HGB 1/90, 167 (168).

[123] AllgM, BAG AP BGB § 618 Nr. 16; RG Recht 1920 Nr. 866; MüKoBGB/*Henssler* BGB § 618 Rn. 102; Erman/*Belling/Riesenhuber* BGB § 618 Rn. 38.

BGB die **Vorleistungspflicht des Handlungsgehilfen.**[1] Abweichend von § 614 S. 2 BGB sind aber längere Gehaltsabschnitte als einen Monat unzulässig. Der Handlungsgehilfe soll mit einer festen laufenden Mindesteinnahme rechnen können.

Die Bestimmung ist von der Überleitung des Bundesrechts auf das **Beitrittsgebiet** 2
durch den Einigungsvertrag[2] ausgenommen. In den neuen Bundesländern findet die Vorschrift daher keine Anwendung; es bleibt dort bei der allgemeinen Regel des § 614 BGB.[3]

II. Gehalt

Entsprechend dem Regelzweck sind **Gehalt** iSd § 64 neben **den festen laufenden** 3
Geldbezügen[4] auch die garantierten, laufenden Mindestprovisionen, -prämien und -gewinnbeteiligungen.[5] Im Übrigen werden Provisionen (wegen deren Fälligkeit → § 65 Rn. 26), Gewinnbeteiligungen und Prämien ebenso wenig von der Fälligkeitsregelung des § 64 erfasst[6] wie sonstige Einkünfte oder Sachbezüge.

III. Zahlungsverpflichtung

1. Fälligkeit. Der Gehaltsanspruch des Handlungsgehilfen wird nach S. 1 am **Schluss** 4
eines jeden Monats fällig (zur Zulässigkeit abweichender Vereinbarungen → Rn. 12 f.). Mit Monat ist nicht notwendig der Kalendermonat gemeint.[7] Die Monatsfrist ist vielmehr nach dem vereinbarten Beginn der Dienstleistung bzw. dem letzten Fälligkeitszeitpunkt zu berechnen.[8] Beginnt das Arbeitsverhältnis nicht am ersten eines Kalendermonats, kann vereinbart werden, dem Handlungsgehilfen am Schluss dieses Kalendermonats ein der verkürzten Arbeitsleistung entsprechendes anteiliges Gehalt und die folgenden Gehälter jeweils am Schluss des Kalendermonats zu zahlen. Dies verstößt nicht gegen § 64, weil dadurch lediglich der Zeitpunkt der ersten Fälligkeit vorverlegt wird.[9] Fällt der Monatsschluss auf einen Samstag, Sonn- oder staatlich anerkannten Feiertag, dann braucht die Zahlung erst am nächsten Werktag zu erfolgen (§ 193 BGB). Endet das Arbeitsverhältnis vor Monatsschluss, ist nach § 614 S. 1 BGB das Gehalt bei **Beendigung** des Arbeitsverhältnisses fällig.[10]

2. Sonstige Modalitäten. Soweit keine besonderen Vereinbarungen über die Art 5
und Weise der Zahlung bestehen, hat der Arbeitgeber dem Handlungsgehilfen das Gehalt in Euro zu berechnen und grundsätzlich **bar auszuzahlen** (vgl. § 107 GewO).[11] Im Hinblick auf die Einheitlichkeit des Leistungsorts bei Arbeitsverhältnissen ist in diesem Fall der Leistungsort für die Gehaltszahlungspflicht die Niederlassung des Arbeitgebers, in welcher der Handlungsgehilfe beschäftigt wird (vgl. § 269 BGB).[12] Allerdings ist heute weitgehend durch Einzelvertrag, Betriebsvereinbarung oder Tarifvertrag die **bargeldlose Lohnzahlung** vereinbart. Der Arbeitgeber muss dann das Gehalt auf seine Gefahr und Kosten auf ein Konto des Handlungsgehilfen überweisen (vgl. § 270 Abs. 1 BGB).[13]

---

1 Ausf. *Wagner,* Die Besonderheiten beim Arbeitsverhältnis des Handlungsgehilfen, 1993, 46 ff.
2 Nach Anlage 1 zum Einigungsvertrag, Kap. VIII, Sachgebiet A, Abschnitt III Nr. 2, BGBl. 1990 II 1020.
3 S. RGRK-BGB/*Hilger* § 614 Rn. 21; Staub/*Weber* Rn. 1; Oetker/*Kotzian-Marggraf* Rn. 2.
4 Baumbach/Hopt/*Roth* Rn. 1; GK-HGB/*Etzel* Rn. 2; Heymann/*Henssler/Markworth* Rn. 2; Staudinger/*Richardi/Fischinger,* 2019, BGB § 614 Rn. 44; Staub/*Weber* Rn. 2.
5 GK-HGB/*Etzel* Rn. 2; Heymann/*Henssler/Markworth* Rn. 2; Oetker/*Kotzian-Marggraf* Rn. 2; aA Baumbach/Hopt/*Roth* Rn. 1; Röhricht/Graf v. Westphalen/Haas/*Wagner/Vogt* § 64 Rn. 2.
6 Baumbach/Hopt/*Roth* Rn. 1; GK-HGB/*Etzel* Rn. 3; Heymann/*Henssler/Markworth* Rn. 2; Staudinger/*Richardi/Fischinger,* 2019, BGB § 614 Rn. 44; Staub/*Weber* Rn. 2.
7 Baumbach/Hopt/*Roth* Rn. 1; GK-HGB/*Etzel* Rn. 4; Röhricht/Graf v. Westphalen/Haas/*Wagner/Vogt* § 64 Rn. 3; Staub/*Weber* Rn. 4.
8 Heymann/*Henssler/Markworth* Rn. 3; GK-HGB/*Etzel* Rn. 4.
9 GK-HGB/*Etzel* Rn. 4; Heymann/*Henssler/Markworth* Rn. 3; Staub/*Weber* Rn. 4.
10 Baumbach/Hopt/*Roth* Rn. 1; GK-HGB/*Etzel* Rn. 8; Heymann/*Henssler/Markworth* Rn. 4.
11 So früher *Linck* AR-Blattei SD 1160.1 Rn. 11.
12 GK-HGB/*Etzel* Rn. 7; Heymann/*Henssler/Markworth* Rn. 6; *Linck* AR-Blattei SD 1160.1 Rn. 67 ff.; Röhricht/Graf v. Westphalen/Haas/*Wagner/Vogt* § 64 Rn. 4; Oetker/*Kotzian-Marggraf* Rn. 4.
13 Jetzt allgM, *Linck* in Schaub ArbR-HdB § 70 Rn. 7; Oetker/*Kotzian-Marggraf* Rn. 4.

In diesem Fall bleibt allerdings der Leistungsort unverändert (§ 270 Abs. 4 BGB). Bis zur Änderung des Überweisungsrechts im Jahr 2009 reichte es für die rechtzeitige Zahlung aus, wenn der Arbeitgeber das Gehalt zum Fälligkeitszeitpunkt abgesandt hatte, auf den rechtzeitigen Eingang beim Handlungsgehilfen kam es nicht an. Demnach erfolgte eine Zahlung noch rechtzeitig, wenn der Überweisungsvertrag (§ 676a BGB aF) zwischen Arbeitgeber und Bank am Monatsende zustande kam und das Gehalt daher erst im Laufe des folgenden Monats auf dem Konto des Handlungsgehilfen eintraf. Nach Neufassung des ***Überweisungsrechts*** in den §§ 675c ff. BGB und mit Blick auf die jüngere Rspr. des EuGH[14] im Anwendungsbereich der Zahlungsverzugs-RL (RL 2011/7/EU, früher RL 2000/35/EG) liegt im Falle einer Gehaltszahlung durch Überweisung nur dann eine rechtzeitige Leistungshandlung vor, wenn der Arbeitgeber die Überweisung so rechtzeitig auf den Weg gebracht hat, dass – unter Berücksichtigung der gesetzlichen Ausführungsfristen für Zahlungsvorgänge (§§ 675s, 675t BGB) – mit einer fristgerechten Gutschrift auf dem Konto des Handlungsgehilfen zu rechnen war. Die Übergabe des Überweisungsträgers an das Kreditinstitut genügt nicht.[15] Dabei spielt es im Ergebnis keine Rolle, ob die Zahlung als Einzelzahlungsvertrag (§ 675f Abs. 1 BGB) oder im Rahmen eines Zahlungsdiensterahmenvertrages aufgrund eines ***Zahlungsauftrages*** vorgenommen wird (§ 675f Abs. 4 S. 1 BGB).[16]

6 **3. Mitbestimmungsrecht.** In Betrieben mit Betriebsrat unterliegen, soweit keine zwingenden gesetzlichen oder tarifvertraglichen Regelungen bestehen, **Zeit, Ort** und **Art der Auszahlung** der Arbeitsentgelte der Mitbestimmung (§ 87 Abs. 1 Nr. 4 BetrVG). Der Betriebsrat hat daher insbesondere über die Frage mitzubestimmen, ob der Lohn in bar auszuzahlen oder bargeldlos zu überweisen ist,[17] und ob der Arbeitgeber die hiermit verbundenen Gebühren für das Gehaltskonto des Arbeitnehmers tragen soll.[18] Allerdings kann der Arbeitgeber nicht gegen seinen Willen durch Spruch der Einigungsstelle verpflichtet werden, die Arbeitnehmer unter Lohnfortzahlung zum Ausgleich des mit der bargeldlosen Auszahlung verbundenen Aufwands monatlich eine Stunde von der Arbeit freizustellen, es sei denn, die bargeldlose Auszahlung führt notwendigerweise zur Inanspruchnahme von Freizeit.[19]

7 Darüber hinaus unterliegen auch die **Zeitabschnitte der Entgeltzahlung,** zB der Übergang von der wöchentlichen zu der monatlichen Auszahlung, aber auch der Zeitpunkt der einzelnen Entgeltzahlung, dem Mitbestimmungsrecht des Betriebsrats. Allerdings ist auch in einer Betriebsvereinbarung eine von § 64 abweichende Vereinbarung zu Lasten des Handlungsgehilfen unzulässig.[20]

8 **4. Steuerschuldner. Steuerschuldner** im materiellen Sinn des Einkommensteuergesetzes ist sowohl bei einer Nettolohn- als auch bei einer Bruttolohnvereinbarung nicht der Arbeitgeber, sondern nach § 38 Abs. 2 EStG der Handlungsgehilfe.[21] Unabhängig davon ist der Arbeitgeber verpflichtet, nach § 38 Abs. 3 EStG (dazu Richtlinie 38.3 LStR 2011) die Lohnsteuer einzubehalten und an das Finanzamt abzuführen.

9 Bei **teilzeitbeschäftigten** Handlungsgehilfen, die dem Pauschallohnsteuerverfahren nach § 40a EStG unterliegen, ist der Arbeitgeber gem. § 40 Abs. 3 S. 2 EStG Steuer-

---

[14] EuGH NJW 2008, 1935; unter den Anwendungsbereich der Zahlungsverzug-RL fallen ua. auch Entgeltforderungen für Dienstleistungen; zur überobligatorischen Umsetzung der RL ins deutsche Recht auch im Verhältnis Unternehmber/Verbraucher vgl. BT-Drs. 18/1309, 10, 19.

[15] MüKoBGB/*Krüger* BGB § 270 Rn. 25; Staudinger/*Bittner/Kolbe,* 2019, BGB § 270 Rn. 37 f.; MHdB ArbR/*Krause* § 69 Rn. 3; aA EBJS/*Boecken/Rudkowski* Rn. 18.

[16] MüKoBGB/*Krüger* BGB § 270 Rn. 25.

[17] Richardi/*Richardi* BetrVG § 87 Rn. 322; GK-BetrVG/*Wiese/Gutzeit* BetrVG § 87 Rn. 454; GK-HGB/*Etzel* Rn. 9; Oetker/*Kotzian-Marggraf* Rn. 4.

[18] BAG AP BetrVG 1972 § 87 Auszahlung Nr. 1 mAnm *Wiedemann/Moll*; SAE 2003, 1 (4) m. krit. Anm. *Löwisch* = RdA 2003, 111 m. krit. Anm. *Fischer;* AP BetrVG 1972 § 58 Nr. 2; BB 2006, 2250.

[19] BAG AP BetrVG 1972 § 87 Auszahlung Nr. 12.

[20] GK-HGB/*Etzel* Rn. 9.

[21] Vgl. MAH ArbR/*Hexel*, 4. Aufl. 2017, § 19 Rn. 53.

schuldner der pauschalen Lohnsteuer. Die Übernahme der Steuerschuld gegenüber dem Finanzamt bedeutet aber nicht, dass der Arbeitgeber auch im arbeitsrechtlichen Innenverhältnis die Lohnsteuer tragen muss.[22] Es gibt keinen Grundsatz, dass der Arbeitgeber dem Handlungsgehilfen die Lohnsteuer abnehmen muss, wenn er sich für das Pauschallohnsteuerverfahren entscheidet. Das hat zur Folge, dass der Arbeitgeber vom vereinbarten Entgelt den pauschalierten Lohnsteuersatz nach § 40 EStG abziehen und an das Finanzamt abführen kann.[23]

5. Sozialversicherungsbeiträge. Vom vereinbarten Entgelt hat der Arbeitgeber die Sozialversicherungsbeiträge **abzuziehen,** sofern ein beitragspflichtiges Beschäftigungsverhältnis vorliegt,[24] und an die sog. Einzugsstelle (das ist die jeweils zuständige Krankenkasse des Handlungsgehilfen) nach §§ 28d ff. SGB IV zu zahlen. Der Arbeitgeber ist Beitragsschuldner auch der Sozialversicherungsanteile, die auf den Handlungsgehilfen entfallen.[25] Der Handlungsgehilfe hat nur eine öffentlich-rechtliche Duldungspflicht, den Beitragsabzug zu dulden (§ 28g SGB IV).[26] 10

Nicht sozialversicherungspflichtig sind **geringfügige Beschäftigungen.**[27] Eine solche liegt vor bei Entgeltgeringfügigkeit gem. § 8 Abs. 1 Nr. 1 SGB IV,[28] wenn das regelmäßige Arbeitsentgelt 450 Euro monatlich nicht übersteigt sowie im Falle der Zeitgeringfügigkeit gem. § 8 Abs. 1 Nr. 2 SGB IV, wenn die Beschäftigung innerhalb eines Kalenderjahres auf längstens drei Monate oder 70 Arbeitstage nach ihrer Eigenart begrenzt zu sein pflegt oder im Voraus vertraglich begrenzt ist, es sei denn, dass die Beschäftigung berufsmäßig ausgeübt wird und ihr Entgelt 450 Euro im Monat übersteigt. Übt ein Handlungsgehilfe **mehrere geringfügige Beschäftigungen** aus, so sind diese nach § 8 Abs. 2 SGB IV zusammenzurechnen mit der Folge, dass eine geringfügige Beschäftigung nicht mehr vorliegt, sobald nach Addition der beiden Beschäftigungen die Voraussetzungen von § 8 Abs. 1 SGB IV entfallen; in diesen Fällen müssen also wieder die Sozialversicherungsbeiträge abgeführt werden. Übt der Handlungsgehilfe jedoch nur eine geringfügig entlohnte Beschäftigung gem. § 8 Abs. 1 Nr. 1 SGB IV neben einem nicht geringfügigen Hauptarbeitsverhältnis aus, so findet eine Zusammenrechnung gem. § 8 Abs. 2 S. 1 SGB IV nicht statt, so dass es bei der Sozialversicherungsfreiheit bleibt.[29] 11

IV. Unabdingbarkeit (S. 2)

Die Regelungen über den Fälligkeitszeitpunkt sind, soweit sie das laufende feste Gehalt betreffen, nach S. 2 **zugunsten des Handlungsgehilfen zwingendes Recht.** Der Fälligkeitszeitpunkt darf nicht, auch nicht teilweise über die in S. 1 genannte Zeit hinaus verlegt werden. Insbesondere ist es unzulässig, die Fälligkeit von Gehaltsansprüchen davon abhängig zu machen, dass ein Kunde seine Schulden begleicht, für den der Handlungsgehilfe im Auftrag des Arbeitgebers gearbeitet hat.[30] Demgegenüber kann durch Tarifvertrag, Betriebsvereinbarung oder Einzelarbeitsvertrag die Fälligkeit der Vergütung zeitlich vorverlegt, also insbesondere bestimmt werden, dass das Gehalt im Voraus oder zur Monatsmitte zu zahlen 12

22 BAG AP EStG § 40a Nr. 1; AP EStG § 40a Nr. 2; BFH BB 2002, 866.

23 So ausdrücklich BAG AP EStG § 40a Nr. 2; BFH BB 2002, 866; *Westhoff* DB 1987, 534.

24 Vgl. hierzu den Überblick bei *Linck* in Schaub ArbR-HdB § 71 Rn. 20 ff.; *Igl/Welti,* Sozialrecht, 8. Aufl. 2007, § 10 Rn. 27 ff.; zu den Besonderheiten bei Teilzeitbeschäftigten mit schwankendem Arbeitsentgelt *v. Hoyningen-Huene,* Veränderungen, in der Arbeitswelt und soziale Sicherung, Schriftenreihe des deutschen Sozialrechtsverbandes, Bd. XXVIII, 1985, 62, 73 ff.; *Knospe/Ewert/Marx* NZS 2001, 459.

25 *Igl/Welti,* Sozialrecht, 8. Aufl. 2007, § 16 Rn. 22.

26 *Linck* in Schaub ArbR-HdB § 71 Rn. 25 ff.; *Igl/Welti,* Sozialrecht, 8. Aufl. 2007, § 16 Rn. 24.

27 Hierzu *Niermann/Plenker* DB 2003, 304 ff.; *Rolfs* NZA 2003, 65 ff.; ausf. *Schlegel* in Küttner, Personalbuch 2020, Geringfügige Beschäftigung Rn. 25 ff.; *Waltermann* Sozialrecht Rn. 136 ff.

28 Neugefasst durch Bekanntmachung vom 12.11.2009, BGBl. 2009 I 3710, ber. 3973.

29 Ausf. zu den Zusammenrechnungstatbeständen *Schlegel* in Küttner, Personalbuch 2020, Geringfügige Beschäftigung Rn. 79 ff.; krit. zur sprachlich unklaren Regelung *Waltermann* Sozialrecht Rn. 140.

30 LAG Frankfurt AP Nr. 1; Staub/*Weber* Rn. 6; EBJS/*Boecken/Rudkowski* Rn. 13.

ist.[31] Auch hinsichtlich der sonstigen, nicht von S. 1 erfassten Einkünfte (→ Rn. 3) kann ein späterer Fälligkeitszeitpunkt vereinbart werden.

13 Das Verbot schließt aber eine Stundung nach Fälligkeit des Gehaltsanspruchs nicht aus.[32] Demgegenüber ist eine **Stundung vor Fälligkeit unwirksam,** da sie im Ergebnis auf eine Umgehung des S. 1 hinausläuft.[33]

V. Rechtsfolgen eines Verstoßes

14 **1. Inhaltlich unzulässige Vereinbarung.** Ist entgegen S. 1 ein späterer Fälligkeitszeitpunkt als der Monatsschluss vereinbart, so ist diese Abrede nichtig. Sie wird durch die **gesetzliche Regelung** des S. 1 ersetzt. Der Anstellungsvertrag als solcher bleibt wirksam, weil es sich um eine Schutzvorschrift zugunsten des Handlungsgehilfen handelt.[34]

15 **2. Verspätete Zahlung.** Zahlt der Arbeitgeber am Monatsschluss das Gehalt des Handlungsgehilfen nicht, kommt er ohne weiteres in **Schuldnerverzug,** da die Leistungszeit kalendermäßig bestimmt ist (§ 286 Abs. 2 Nr. 1 BGB).[35] Er muss ab diesem Zeitpunkt dem Handlungsgehilfen den Verzugsschaden ersetzen (§ 280 Abs. 1 und 2 BGB, § 286 BGB) und Verzugszinsen zahlen (§ 288 BGB). Ein Anspruch auf Zahlung der Pauschale in Höhe von 40 Euro gem. § 288 Abs. 5 BGB besteht nach wohl verbreiteter Ansicht für Arbeitslohn nicht.[36] Darüber hinaus steht dem Handlungsgehilfen, soweit es sich nicht um unbedeutende Spitzenbeträge handelt, ein **Zurückbehaltungsrecht** gem. § 273 BGB an seiner Arbeitsleistung zu (→ § 59 Rn. 262). Der Arbeitgeber kommt in Annahmeverzug (§ 298 BGB) und ist zur Gehaltsfortzahlung nach § 615 BGB verpflichtet, ohne eine Nachleistung fordern zu können.

§ 65 [Provision]

Ist bedungen, daß der Handlungsgehilfe für Geschäfte, die von ihm geschlossen oder vermittelt werden, Provision erhalten solle, so sind die für die Handelsvertreter geltenden Vorschriften des § 87 Abs. 1 und 3 sowie der §§ 87a bis 87c anzuwenden.

Schrifttum: *Becker-Schaffner,* Die Rechtsprechung zur Gewinnbeteiligung, AuR 1991, 304; *Diepold,* Die leistungsbezogene Vergütung, 2005; *Grimm/Walk,* Das Schicksal erfolgsbezogener Vergütungsformen beim Betriebsübergang, BB 2003, 577; *Gründel/Butz,* Provisionen bei Fehlzeiten eines Arbeitnehmers, BB 2014, 1210; *Heinze,* Die Mitbestimmungsrechte des Betriebsrats bei Provisionsentlohnung, NZA 1986, 1; *Heuking,* Provisionen als Entgelte i.S.v. § 87 Abs. 1 Nr. 11 BetrVG, DB 1982, 279; *Lieb,* Zur Problematik der Provisionsfortzahlung im Urlaubs-, Krankheits- und Feiertagsfall, DB 1976, 2207; *Löwisch,* Die Mitbestimmung des Betriebsrats bei Provisionsregelungen für kaufmännische Angestellte, ZHR 139 (1975), 362; *Moritz,* Mitbestimmung des Betriebsrats bei Leistungsvergütung – insbesondere bei Provisionsregelungen, AuR 1983, 97; *Oehme,* Ergebnisorientierte Vergütung als Instrument zur Flexibilisierung von Arbeitsentgelten, 2007; *Ricken,* Gewinnbeteiligungen im Arbeitsverhältnis?, NZA 1999, 236; *Seifert,* Der Angestellte mit Provisionsbezahlung, DB 1979, 2034; *Rieble/Gutzeit,* Individualarbeitsrechtliche Kontrolle erfolgsabhängiger Vergütungsformen, JbArbR 37 (2000), 41; *Stötter/Lindner/Karrer,* Die Provision und ihre Abrechnung, 2. Aufl. 1980; *Wagner,* Ergebnisorientierte variable Vergütung, BB 1997, 150; *Westhoff,* Die Fortzahlung der Provision bei Krankheit, Urlaub und in anderen Fällen der Arbeitsverhinderung, NZA-Beil. 3/1986; *Zorn,* Provision im Arbeitsvertrag, AuA 2007, 658. – Vgl. auch bei §§ 87–87c.

---

[31] Baumbach/Hopt/*Roth* Rn. 2; EBJS/*Boecken/Rudkowski* Rn. 15; Staudinger/*Richardi/Fischinger,* 2019, BGB § 614 Rn. 12; Oetker/*Kotzian-Marggraf* Rn. 5.

[32] Staudinger/*Richardi/Fischinger,* 2019, BGB § 614 Rn. 12; Oetker/*Kotzian-Marggraf* Rn. 5.

[33] EBJS/*Boecken/Rudkowski* Rn. 14.

[34] Vgl. auch EBJS/*Boecken/Rudkowski* Rn. 16.

[35] Staub/*Weber* Rn. 5; Oetker/*Kotzian-Marggraf* Rn. 5; GK-HGB/*Etzel* Rn. 13.

[36] Gegen die Anwendbarkeit BAG AP BGB § 288 Nr. 6; LAG Nürnberg NZA-RR 2017, 185; LAG Brl-Brbg DB 2017, 1657; Palandt/*Grüneberg* BGB § 288 Rn. 15; *Diller* NZA 2015, 1095; dafür: LAG Köln AuR 2017, 220; *Hülsemann* ArbRAktuell 2015, 146, *Lembke* NZA 2016, 1501; *Färber/Pipoh* DB 2017, 67.

Übersicht

I. Bedeutung

1. Normzweck und Anwendungsbereich. Die Vorschrift wurde neu gefasst durch Art. 2 Nr. 3 Gesetz zur Änderung des Handelsgesetzbuches (Recht der Handelsvertreter) vom 6.8.1953 (BGBl. 1953 I 771). Ziel der Gesetzesänderung war es, den **Provisionsanspruch** des abhängig beschäftigten Handlungsgehilfen dem des selbstständigen Handelsvertreters **anzugleichen.** Die Bestimmung gilt für alle Handlungsgehilfen, deren Vergütung ganz oder – neben einem Gehaltsfixum – zum Teil in einer Provision aus den von ihnen geschlossenen oder vermittelten Geschäften besteht. 1

Vereinbart der Arbeitgeber mit **anderen Arbeitnehmern** eine Provision für die Vermittlung solcher Geschäfte, findet § 65 entsprechende Anwendung.[1] Dies entspricht der Gesetzesintention, den Provisionsanspruch des abhängig Beschäftigten dem des Selbstständigen anzugleichen. 2

2. Sachlicher Umfang der Verweisung. Durch die Verweisung auf § 87 Abs. 1 und 3, §§ 87a–87c wird der Provisionsanspruch in den wichtigsten Beziehungen, nämlich hinsichtlich der **Voraussetzungen,** der **Fälligkeit,** der **Höhe** und der **Abrechnung,** dem des Handelsvertreters gleichgestellt. Bei der Anwendung dieser Vorschriften auf den Handlungsgehilfen sind jedoch die **Unterschiede** in der rechtlichen und wirtschaftlichen Stellung des Handelsvertreters einerseits und des Arbeitnehmers andererseits zu beachten.[2] Dieses kann dazu führen, dass die Vertragsfreiheit bei der Vereinbarung von Provisionsbedingungen für Handlungsgehilfen einzuschränken ist (→ Rn. 30 f.). 3

Unanwendbar sind die Vorschriften über die Ausstattung mit Unterlagen und Mitteilungspflichten (§ 86a), die Bezirksprovision (§ 87 Abs. 2), die Inkassoprovision (§ 87 Abs. 4) und den Ausgleichsanspruch (§ 89b). Insoweit bleibt es aber den Beteiligten unbenommen, im Rahmen der Vertragsfreiheit hierüber Vereinbarungen zu treffen. Darüber hinaus besteht zu Lasten des Arbeitgebers eine arbeitsvertragliche Nebenpflicht, den Handlungsgehilfen vor leerlaufenden Vermittlungsbemühungen zu bewahren.[3] Teilt der Arbeitgeber dem Handlungsgehilfen nicht unverzüglich mit, ob er ein vom Handlungsgehilfen angestrebtes Geschäft zu schließen bereit ist oder nicht, macht er sich nach § 280 Abs. 1 BGB schadensersatzpflichtig. Der Handlungsgehilfe kann dann von ihm den Vertrauensschaden ersetzt verlangen, also nutzlose Aufwendungen und ggf. auch den durch Unterlassen anderweitiger Bemühungen entgangenen Gewinn. 4

[1] BAG AP § 92 Nr. 8; EBJS/*Boecken/Rudkowski* Rn. 4; Heymann/*Henssler/Markworth* Rn. 7; Oetker/*Kotzian-Marggraf* Rn. 2; Staub/*Weber* Rn. 5 mwN.

[2] BAG AP Nr. 6; *v. Hoyningen-Huene,* Die Billigkeit im Arbeitsrecht, 1978, 181 f.; Staub/*Weber* Rn. 1, 8.

[3] Heymann/*Henssler/Markworth* Rn. 13.

II. Tatbestandsvoraussetzungen des Provisionsanspruchs

5 **1. Provisionsvereinbarung. a) Vereinbarung.** Voraussetzung des Provisionsanspruchs ist zunächst eine Provisionsvereinbarung zwischen Arbeitgeber und Handlungsgehilfen, also die Abrede über ein **erfolgsbezogenes** Entgelt (→ § 87 Rn. 12 f.). Die Bemühungen des Handlungsgehilfen werden danach nur vergütet, wenn sie zum Abschluss eines Geschäfts führen. Soweit eine erfolgsbezogene Vergütung vereinbart ist, handelt es sich um eine Provision, gleichgültig ob sie als solche bezeichnet wird oder als „Leistungsprämie", „Bonus", „Umsatzbonus" oÄ.[4]

6 Bei der Provision wird die Vergütung stets nach dem Wert der auf die **Tätigkeit des einzelnen Handlungsgehilfen zurückzuführenden Geschäfte** bemessen. Die Provision ist daher insbesondere von der Umsatzbeteiligung und dem Prämienlohn zu unterscheiden, auf die § 65 keine Anwendung findet. Die Umsatzbeteiligung ist zwar wie die Provision erfolgsbezogene Vergütung, bezieht sich aber auf den Umsatz oder Gewinn des **gesamten** Unternehmens in einem bestimmten Zeitabschnitt (sog. Tantieme).[5] Die Prämie ist anders als die Provision nicht erfolgsbezogen, sondern leistungsbezogen, weil der Lohn auf Grund der Quantität und Qualität der vom Arbeitnehmer erbrachten Leistungen bestimmt wird.[6] Abzugrenzen ist die Provision auch von sonstigen Sondervergütungen, die an besondere Leistungen bzw. Aufwendungen des Arbeitnehmers oder an sonstige Umstände anknüpfen (→ § 59 Rn. 321 ff.).

7 Die Provisionsabrede muss nicht ausdrücklich getroffen werden, sondern kann sich auch **aus den Umständen** des jeweiligen Einzelfalls, insbesondere der Üblichkeit (vgl. § 59 S. 1) ergeben. Die Vereinbarung eines Festgehalts spricht regelmäßig gegen einen Provisionsanspruch.[7] Auch die Übertragung von Tätigkeiten iSd § 65, also der Abschluss und die Vermittlung von Geschäften durch den Handlungsgehilfen für den Arbeitgeber, lässt für sich allein noch nicht auf eine Provisionsvereinbarung schließen. Dies gilt grundsätzlich auch dann, wenn dem Handlungsgehilfen **vorübergehend** die Aufgabe eines provisionsberechtigten Handelsvertreters oder Handlungsgehilfen zugewiesen wird.[8] Der Arbeitgeber hat in der Regel kein Interesse daran, eine Provision doppelt auszubezahlen (→ Rn. 9). Eine konkludente Provisionsvereinbarung wird man daher nur dann annehmen können, wenn der ursprünglich Berechtigte seinerseits den Anspruch auf entgangene Provision verliert.[9]

8 **b) Gesetzlicher Umfang.** Ist zwischen Arbeitgeber und Handlungsgehilfen eine Provision vereinbart, der Umfang der provisionspflichtigen Geschäfte aber nicht festgelegt, dann kann der Handlungsgehilfe nur für die auf seine Tätigkeit zurückzuführenden Geschäfte eine Provision verlangen (§ 87 Abs. 1 und Abs. 3). Eine Bezirks- oder Inkassoprovision (§ 87 Abs. 2 und Abs. 4) steht ihm gesetzlich nicht zu. Ein solcher Provisionsanspruch des Handlungsgehilfen bedarf einer entsprechenden Abrede mit dem Arbeitgeber.[10] Ob eine Bezirksprovision im Einzelfall vereinbart ist, muss im Wege der Auslegung ermittelt werden. Die Zuweisung eines bestimmten Verkaufsbezirks führt für sich allein genommen noch nicht zur Anwendbarkeit des § 87 Abs. 2.[11] Sie kann aber in Verbindung mit weiteren Umständen Anhaltspunkt für eine entsprechende Abrede sein.[12]

---

4 BAG AP Nr. 3; Nr. 4.

5 Dazu MHdB ArbR/*Krause* § 65 Rn. 2, 42 ff.; vgl. auch BAG AP § 87a Nr. 4; zur Anwendbarkeit des § 65 auf umsatzorientierte Sondervergütungen kleinerer Mitarbeitergruppen (sog. Gruppenprovision) vgl. HWK/*Diller* HGB § 65 Rn. 3; Oetker/*Kotzian-Marggraf* Rn. 3.

6 Vgl. hierzu BAG AP BetrVG 1972 § 87 Provision Nr. 4; MHdB ArbR/*Krause* § 64 Rn. 31; Staudinger/*Richardi/Fischinger*, 2016, BGB § 611 Rn. 1426 ff.

7 BAG AP § 87a Nr. 6; Heymann/*Henssler/Markworth* Rn. 6; Oetker/*Kotzian-Marggraf* Rn. 4.

8 AA HWK/*Diller* HGB § 65 Rn. 2; Staub/*Weber* Rn. 4.

9 Dazu BAG AP § 63 Nr. 13: Verlust bei widerspruchsloser wiederholter Aufgabenübertragung auf andere Kollegen ohne Fortzahlung der Provision.

10 BAG AP Nr. 3; GK-HGB/*Etzel* Rn. 11; Staub/*Weber* Rn. 7.

11 LAG Hamm LAGE HGB § 65 Nr. 1; GK-HGB/*Etzel* Rn. 11; Heymann/*Henssler/Markworth* Rn. 14.

12 BAG AP Nr. 3.

Ist dem Handlungsgehilfen vertraglich ein bestimmter Verkaufsbezirk zugewiesen, hat sich der Arbeitgeber aber eine **Bezirksänderung** vorbehalten, so darf eine Änderung nur unter Berücksichtigung billigen Ermessens (§ 315 BGB) erfolgen. Durch **Formularvertrag** kann ein solcher Vorbehalt nur bei Vorliegen sachlicher, im Einzelnen ausdrücklich festgelegter Voraussetzungen wirksam begründet werden (§ 308 Nr. 4 BGB; auch → Rn. 15).[13] Der Handlungsgehilfe muss wissen „was auf ihn zukommen kann“. Ohne Änderungsvorbehalt bedarf es zum Entzug des Verkaufsbezirks einer Änderungskündigung. Betraut der Arbeitgeber einen auf Provisionsbasis tätigen Handlungsgehilfen vorübergehend mit den Aufgaben eines verhinderten, nicht provisionsberechtigten Kollegen (→ Rn. 7), muss er dem Handlungsgehilfen dadurch entgehende Provisionen abgelten.[14] 9

Dem Handlungsgehilfen steht grundsätzlich ein Provisionsanspruch nur für die zugunsten seines Arbeitgebers vermittelten oder abgeschlossenen Geschäfte zu. Unter besonderen Umständen können aber auch die **zugunsten eines Dritten** getätigten Geschäfte von der Provisionsabrede erfasst werden, so wenn der Handlungsgehilfe auf Wunsch seines Arbeitgebers auch für andere Unternehmen arbeitet, die mit diesem in einem Konzern verbunden sind. Hier kann der Handlungsgehilfe im Zweifel darauf vertrauen, dass diese Tätigkeit bei der Berechnung seiner Provision insoweit berücksichtigt wird, wie sie zum Erfolg geführt hat.[15] 10

c) Wirksamkeit. Die Provisionsvereinbarung muss mit **höherrangigem Recht** vereinbar sein. Soweit **Tarifbindung** besteht, muss das monatliche Fixum des Handlungsgehilfen mindestens dem Tarifgehalt entsprechen.[16] Dabei ist es allerdings gleichgültig, ob dieser Mindestbetrag durch ein monatliches Grundgehalt, eine Garantieprovision oder eine Kombination von beiden sichergestellt wird.[17] Bleibt der Garantiebetrag hinter dem tariflichen Grundbetrag zurück, so ist der Arbeitgeber verpflichtet, mindestens das monatliche Tarifgehalt auszuzahlen (zu Anrechnung von Provisionen auf das Grundgehalt → Rn. 18). Soweit keine Tarifbindung besteht, kann die Provision grundsätzlich auch als **einzige Vergütung** des Handlungsgehilfen vereinbart werden. Aus § 65 ergibt sich, dass auch eine vollständig erfolgsabhängige Vergütung für Arbeitsleistungen zulässig ist.[18] Solche Vereinbarungen sind allerdings nur dann wirksam, wenn es dem Handlungsgehilfen im Einzelfall möglich ist, durch vollen Einsatz seiner Arbeitskraft ein **ausreichendes Einkommen** – mit der BAG-Rspr. durchschnittlich etwa zwei Drittel der nach Tarif und Markt üblichen Vergütung (→ § 59 Rn. 289) – zu erzielen.[19] Ist dies nicht der Fall, ist die Vereinbarung nach § 138 Abs. 1 BGB sittenwidrig, etwa wenn durch extreme Provisionsschwankungen oder Provisionsausfälle der genannte Durchschnittswert nicht oder nur unregelmäßig erreicht werden kann. An die Stelle der Provisionsvereinbarung tritt dann die übliche Vergütung iSd § 59. 11

d) AGB-Kontrolle. Hat der Arbeitgeber die Provisionsvereinbarung **vorformuliert,** so unterliegt sie der **Inhaltskontrolle** nach §§ 307–310 Abs. 4 BGB. Bei Klauseln, die auf einen in sich geschlossenen Teil eines tarifvertraglichen Regelungssystems verweisen, unterliegt jedoch nur die Bezugnahmeklausel selbst der Inhaltskontrolle. Das Bezugnahmeobjekt, also der in Bezug genommene tarifvertragliche Regelungsabschnitt, ist der Inhaltkontrolle entzogen, da gem. § 310 Abs. 4 S. 3 BGB Tarifverträge Rechtsvorschriften iSd § 307 Abs. 3 BGB gleichstehen.[20] Die Inhaltskontrolle bezieht sich – anders als § 138 BGB – 12

---

13 Ulmer/Brandner/Hensen/*Schmidt* AGB, Teil 2 (24) Rn. 4 mwN; allg. zum Änderungsvorbehalt im Arbeitsvertrag auch BAG AP BGB § 308 Nr. 1; NZA 2009, 428.

14 BAG AP § 63 Nr. 13.

15 BAG AP Nr. 10.

16 BAG NZA 2012, 1307; AP HGB § 87 Nr. 12.

17 BAG AP TVG § 1 Tarifverträge: Einzelhandel Nr. 14; NZA 2000, 1300.

18 BAG NZA 2012, 1307.

19 BAG NZA 2012, 1307 (1311); AP HGB § 87 Nr. 12; LAG Bln AP Nr. 14; LAG Hamm ZIP 1990, 880; LAG Köln ARST 2002, 260; LAG RhPf BeckRS 2018, 45748; EBJS/*Boecken/Rudkowski* Rn. 9; HWK/*Diller* § 65 Rn. 5; *Vogelsang* in Schaub ArbR-HdB § 75 Rn. 7; Staub/*Weber* Rn. 9; aA MHdB ArbR/*Krause* § 65 Rn. 4: feste Mindestvergütung erforderlich.

20 BAG AP BGB § 307 Nr. 44.

gem. § 307 Abs. 3 BGB nicht auf die Hauptleistungspflichten im Arbeitsverhältnis. Gegenstand der Kontrolle ist daher nicht die Provisionsvereinbarung an sich (Umfang der Provision), sondern allein ihre Ausgestaltung.

13 **aa) Freiwilligkeitsvorbehalt.** Bei der Zahlung der Provision handelt es sich um eine Hauptleistungspflicht des Arbeitgebers, die im Gegenseitigkeitsverhältnis zur Arbeitspflicht des Handlungsgehilfen steht und zudem regelmäßig gewährt wird (sog. **laufende Entgelte**). Nach zutreffender Auffassung des BAG sind laufende Entgelte einem **Freiwilligkeitsvorbehalt** (→ § 59 Rn. 315; → § 59 Rn. 332) nicht zugänglich.[21] Soweit der Arbeitgeber deshalb ein Provisionssystem implementiert hat, kann er die Entstehung des Provisionsanspruchs nicht einseitig mit einem Freiwilligkeitsvorbehalt verhindern. Eine Klausel, die dem Handlungsgehilfen einen Anspruch auf Provision einräumt und diesen gleichzeitig unter Freiwilligkeitsvorbehalt stellt, ist widersprüchlich und damit nach § 307 Abs. 1 S. 2 BGB unwirksam.[22]

14 **bb) Widerrufsvorbehalt.** Wird die Provision **zusätzlich zu einem Fixgehalt** gewährt, kann der Arbeitgeber den Provisionsanteil grundsätzlich widerruflich ausgestalten. Ein **Widerrufsvorbehalt** bei laufenden Vergütungsbestandteilen (etwa übertarifliche Zulagen und Zuschläge, → § 59 Rn. 314 f.) wird sowohl in der Rspr. als auch in der Lit. für zulässig gehalten, wenn der Kernbereich des Arbeitsverhältnisses dadurch nicht umgangen wird (§ 307 Abs. 2 BGB). Der Kernbereich wird nach der neueren Rspr. des BAG dann nicht berührt, wenn der widerrufliche Anteil am Gesamtverdienst unter 25–30 % liegt und der übliche, d.h. regelmäßig der Tariflohn nicht unterschritten wird.[23] Bei Spitzenverdienern konnte sich der Arbeitgeber zumindest nach älterer Rspr. vertraglich weiter reichende einseitige Bestimmungsrechte vorbehalten als gegenüber anderen Arbeitnehmern (bis zu 40 Prozent).[24] Es bestehen dabei keine Bedenken, diese Einschränkungen auch auf Provisionsvereinbarungen anzuwenden.[25] Solange daher der durch Provisionen verdiente Anteil im Durchschnitt nicht mehr als 25–30 % der Gesamtvergütung ausmacht (bei Spitzenverdienern auch ein höherer Prozentsatz), kann dieser widerruflich ausgestaltet werden. Aus § 308 Nr. 4 BGB folgt zudem, dass die **Widerrufsgründe** wenigstens schlagwortartig in der Klausel bezeichnet werden müssen.[26] Lässt sich allerdings aufgrund extremer Provisionsschwankungen ein verlässlicher Durchschnittswert nicht ermitteln, scheidet ein Widerrufsvorbehalt aus. Möglich bleibt dann nur noch eine vertraglich vorbehaltene Flexibilisierung des zugrunde gelegten Provisionssatzes (→ Rn. 15).

15 **cc) Änderungsvorbehalt.** Handelt es sich bei der Provision um die **einzige Vergütung** des Handlungsgehilfen (→ Rn. 11), ist ein Vorbehalt, der den Anspruch auf die vereinbarte Provision als Ganzes widerruflich gestaltet, nicht möglich, weil der Arbeitgeber auf diese Weise einseitig seine Hauptleistungspflicht vollständig beseitigen könnte. Gleiches gilt für einen Vorbehalt, der dem Arbeitgeber ermöglicht, bereits verdiente Provisionsanteile ganz oder anteilig zu kürzen. Dem Arbeitgeber muss aber die Möglichkeit verbleiben, durch einen **Änderungsvorbehalt** den **Provisionssatz** für die Zukunft flexibel zu gestalten, um auf veränderte Marktverhältnisse, Produkte, Preise und Margen reagieren zu können.[27] Aus § 308 Nr. 4 BGB folgt wiederum, dass ein solcher Vorbehalt nur dann wirksam vereinbart

[21] BAG AP BGB § 308 Nr. 7.

[22] BAG AP BGB § 307 Nr. 32; NZA 2008, 1173.

[23] Dazu BAG AP BGB § 308 Nr. 1; AP BGB § 308 Nr. 6; AP BGB § 611 Sachbezüge Nr. 21; *Kroeschell* NZA 2008, 1393 ff.; *Reinecke* BB 2008, 554 ff.

[24] BAG BB 1997, 2224; *Reinecke* NJW 2005, 3383 (3388); *Singer* RdA 2006, 362 (369).

[25] Ebenso HessLAG BeckRS 2008, 58168; LAG München BeckRS 2008, 56116; HWK/*Diller* HGB § 65 Rn. 4; *Vogelsang* in Schaub ArbR-HdB § 75 Rn. 14; Staub/*Weber* Rn. 9; gegen eine Einschränkung der Widerrufsmöglichkeit bei Provisionen *Singer* RdA 2006, 362 (373) unter Verweis auf die fehlende Schutzwürdigkeit des Arbeitnehmers.

[26] BAG AP BGB § 308 Nr. 1; AP BGB § 308 Nr. 6.

[27] Ebenso HWK/*Diller* HGB § 65 Rn. 4; vgl. auch BGH NJW-RR 2005, 1496 (1500); OLG München NJW-RR 2009, 458 (460 f.) für einen Handelsvertreter.

werden kann, wenn das Ausübungsrecht auf sachliche Änderungsgründe begrenzt wird und diese ausdrücklich in der Klausel benannt sind.[28] Erforderlich ist somit, dass die Voraussetzungen und der Umfang des Rechts tatbestandlich hinreichend konkretisiert sind. Zu einer vorbehaltenen Bezirksänderung → Rn. 9.

Ist ein inhaltlich nicht zu beanstandenden Änderungs- oder Widerrufsvorbehalt vereinbart, muss zusätzlich geprüft werden, ob die konkrete **Ausübung** des Vorbehalts dem billigen Ermessen entspricht (§ 315 BGB).[29] 16

dd) Befristung. Auch die Möglichkeit der Befristung von Vergütungsbestandteilen aller Art ist grundsätzlich anerkannt. Unangemessen ist die Befristung entsprechend den oben dargestellten Grundsätzen aber dann, wenn der Umfang der befristeten Provisionsvereinbarung im Durchschnitt mehr als 25–30 % der Gesamtvergütung ausmacht und dadurch der Kernbereich des Arbeitsverhältnisses berührt ist.[30] 17

2. Geschäftsabschluss. a) Während des Anstellungsverhältnisses. Dem Handlungsgehilfen steht der Provisionsanspruch für die während des Anstellungsverhältnisses von ihm abgeschlossenen oder vermittelten Geschäfte zu. Soweit er das Geschäft lediglich vermittelt hat, ist für den Provisionsanspruch nicht Voraussetzung, dass ausschließlich die Bemühungen des Handlungsgehilfen zum Vertragsabschluss geführt haben. Auch wenn es hierzu zusätzlicher Bemühungen des Arbeitgebers oder eines von diesem hinzugezogenen Dritten bedurfte, kann der Handlungsgehilfe die Provision verlangen. Es reicht aus, wenn er das Zustandekommen des Geschäfts **mitveranlasst** hat (→ § 87 Rn. 36 ff.).[31] Ohne Bedeutung für den Anspruch des Handlungsgehilfen ist ferner, wenn das Geschäft bereits vor Beendigung des Vertragsverhältnisses abgeschlossen wird und lediglich die Ausführung nach Beendigung erfolgt (sog. **Überhangprovision,** zur Abdingbarkeit → Rn. 30 f.). Dem Handlungsgehilfen steht aber der Provisionsanspruch trotz Vermittlung oder Abschluss dann nicht zu, wenn ein anderer ausgeschiedener Handlungsgehilfe oder Handelsvertreter nach § 87 Abs. 3 die Provision verlangen kann. Zu den Einzelheiten → § 87 Rn. 23 ff. 18

b) Nach Beendigung des Anstellungsverhältnisses. Auch für die erst nach Beendigung des Anstellungsverhältnisses **abgeschlossenen** Geschäfte steht dem ausgeschiedenen Handlungsgehilfen ein Provisionsanspruch zu, wenn er das Geschäft angebahnt hat und dieses innerhalb einer angemessenen Frist nach Beendigung des Anstellungsverhältnisses abgeschlossen worden ist (§ 87 Abs. 3; → § 87 Rn. 113 ff.). Wegen der Abdingbarkeit dieser Regelung → Rn. 30 f. 19

c) Provisionsanspruch ohne Geschäftsausführung. In entsprechender Anwendung von § 87a Abs. 3 (→ § 87a Rn. 41 ff.) bleibt der Provisionsanspruch des Handlungsgehilfen auch dann erhalten, wenn das von ihm vermittelte oder durch ihn abgeschlossene Geschäft vom Unternehmer nicht durchgeführt wird. Nur wenn die Ausführung des Geschäfts aus vom Unternehmer nicht zu vertretenden Gründen unmöglich geworden oder die Ausführung diesem nicht zuzumuten ist, geht der Provisionsanspruch verloren.[32] So behält der Handlungsgehilfe seinen Provisionsanspruch auch dann, wenn die Ausführung wegen einer Unternehmensveräußerung unterbleibt.[33] 20

d) Provisionsanspruch und Entgeltzahlung ohne Arbeit. Soweit der Arbeitgeber zur Entgeltzahlung ohne Arbeit verpflichtet ist, gehören zum fortzuzahlenden Gehalt auch 21

---

28 BAG AP BGB § 308 Nr. 1; ebenso für den Handelsvertreter BGH NJW 1984, 1182 (1183); NJW-RR 2005, 1496 (1500); OLG München NJW-RR 2009, 458 (460 f.).

29 Vgl. dazu BAG AP BGB § 308 Nr. 1; AP BGB § 308 Nr. 6.

30 HessLAG BeckRS 2008, 58168; vgl. auch *Reiserer* NZA 2007, 1249 (1252); *Willemsen/Grau* NZA 2005, 1137 (1141 ff.).

31 BAG AP Nr. 5; Oetker/*Kotzian-Marggraf* Rn. 10; *Vogelsang* in Schaub ArbR-HdB § 75 Rn. 20 f.

32 MHdB ArbR/*Krause* § 65 Rn. 19 f.

33 BAG AP Nr. 4.

die Provisionen.[34] Wegen der Entgeltfortzahlung bei Arbeitsverhinderung durch Krankheit vgl. § 3 EFZG. Im Fall des bezahlten **Erholungsurlaubs** (→ § 59 Rn. 254 ff.) ist auf die vom Handlungsgehilfen in den letzten 13 Wochen vor dem Beginn des Urlaubs durchschnittlich erzielte Provision abzustellen (§ 11 Abs. 1 BUrlG).[35] Bei einem sehr unregelmäßigen Provisionsverdienst kann im Einzelfall auch ein längerer Berechnungszeitraum zugrunde gelegt werden.[36] Provisionen aus vor dem Urlaub abgeschlossenen Geschäften, die erst während des Urlaubs fällig werden, mindern das Urlaubsentgelt nicht.[37] Hierbei handelt es sich nämlich um Einnahmen, die auf einer tatsächlichen Arbeitsleistung des Klägers während einer Zeit beruhen, zu der er seine vertragsmäßigen Leistungen erbracht hat.

22 Auch bei der Entgeltfortzahlung an gesetzlichen Wochenfeiertagen (§ 2 EFZG) ist der Provisionsausfall des Handlungsgehilfen pauschal abzugelten. Es muss nicht im Einzelnen festgestellt werden, welche Provisionen ihm an dem **Feiertag** entgangen sind.[38] Der Anspruch besteht auch dann, wenn der Handlungsgehilfe den feiertagsbedingten Provisionsausfall durch Vor- und Nacharbeit ausgleichen kann.[39] Zur Berechnung des Provisionsausfalls ist in erster Linie auf Bestimmungen in Tarifverträgen, Betriebsvereinbarungen oder Einzelverträgen abzustellen.[40] Soweit einschlägige Regelungen nicht vorhanden sind, ist der Provisionsausfall nach § 287 ZPO zu schätzen. Hierfür kann das Provisionsaufkommen des Monats, in den der Feiertag fällt, als Berechnungsgrundlage dienen.[41] Wahlweise kann auch auf 1/25 des monatlichen Durchschnittsverdienstes der letzten zwölf Monate vor dem Feiertag abgestellt werden.[42] Zu weiteren Fällen der Entgeltzahlung ohne Arbeit → § 59 Rn. 366 ff.

III. Inhalt des Anspruchs

23 **1. Höhe.** Die Höhe der Provision richtet sich in erster Linie nach der Vereinbarung, wobei tarifvertragliche Bestimmungen zu beachten sind (→ Rn. 11). Soweit weder einzel- noch tarifvertragliche Regelungen bestehen, bestimmt sich die Höhe der Provision nach der Üblichkeit.

24 Ist dem Handlungsgehilfen eine **Mindestprovision** (auch Garantieprovision) zugesagt, können unterhalb der Provisionsgarantie liegende Verdienste eines Monats im Zweifel nicht mit den Verdienstspitzen anderer Monate verrechnet werden.[43]

25 Im Rahmen des § 87a Abs. 2 ist der Handlungsgehilfe verpflichtet, **empfangene Provisionen zurückzugewähren** (→ § 87a Rn. 38).[44] Auf die Rückzahlung nicht verdienter Provisionsvorschüsse in **anderen Fällen** ist § 87a Abs. 2 hingegen nicht anzuwenden.[45] Der Rückzahlungsanspruch des Arbeitgebers folgt hier bereits aus der (stillschweigend getroffenen) Vorschussvereinbarung[46] oder bei Fehlen einer solchen aus dem Bereicherungsrecht.[47] Zweifelhaft ist aber, ob der Arbeitgeber diese Rückzahlungsansprüche mit bestehenden Provisionsansprüchen des Handlungsgehilfen verrechnen darf.[48] Dies ist in erster Linie

[34] BAG NZA 2001, 153; AP § 63 Nr. 39; BB 1998, 264; 1998, 1796; *Ricken* NZA 1999, 236 (238); Heymann/*Henssler/Markworth* Rn. 17; MHdB ArbR/*Krause* § 65 Rn. 34 f.; Staub/*Weber* Rn. 14; eingehend *Gründel/Butz* BB 2014, 1210.

[35] BAG AP BUrlG § 11 Nr. 48.

[36] BAG AP BGB § 611 Urlaubsrecht Nr. 48: drei Jahre; AP BUrlG § 11 Nr. 12: zwölf Monate.

[37] BAG AP BGB § 611 Urlaubsrecht Nr. 48.

[38] MHdB ArbR/*Krause* § 65 Rn. 36.

[39] BAG AP FeiertagsLohnzahlungsG § 1 Nr. 32.

[40] BAG AP FeiertagsLohnzahlungsG § 1 Nr. 28.

[41] BAG AP FeiertagsLohnzahlungsG § 1 Nr. 32.

[42] BAG AP FeiertagsLohnzahlungsG § 1 Nr. 27.

[43] BAG AP Nr. 8 mAnm *Schulze-Osterloh*.

[44] Vgl. auch MHdB ArbR/*Krause* § 65 Rn. 18; *Vogelsang* in Schaub ArbR-HdB § 75 Rn. 39.

[45] BAG AP BGB § 611 Lohnrückzahlung Nr. 6; Oetker/*Kotzian-Marggraf* Rn. 15.

[46] BAG AP § 87 Nr. 8; MHdB ArbR/*Krause* § 65 Rn. 33.

[47] Dazu BAG AP BGB § 611 Lohnrückzahlung Nr. 6; vgl. auch Oetker/*Kotzian-Marggraf* Rn. 15.

[48] Dazu BAG AP Nr. 9 mAnm *Herschel*; *Mummenhoff* AR-Blattei SD 1340 Rn. 156 ff.

der Parteiabrede zu entnehmen. Besteht eine solche nicht, dann ist eine Verrechnung zumindest insoweit unzulässig, wie ein dem Handlungsgehilfen zugesagtes Gehaltsfixum unterschritten würde.[49] Ist kein Gehaltsfixum vereinbart, dann ist entsprechend § 394 BGB eine Verrechnung nur insoweit unzulässig, wie die zugunsten des Arbeitnehmers bestehenden Pfändungsfreigrenzen (§§ 850 ff. ZPO) unterschritten würden. Im Übrigen vgl. zur Höhe der Provision § 87b.

2. Fälligkeit. Wegen der Fälligkeit der Provision vgl. § 87a Abs. 4 iVm § 87c. 26

3. Abrechnung. Wegen der Abrechnung und der Ansprüche des Handlungsgehilfen 27 auf Erteilung eines Buchauszugs, auf Mitteilung wesentlicher Umstände und auf Einsichtnahme in die Bücher des Unternehmers vgl. die Kommentierung zu § 87c.[50] Gerät der Arbeitgeber gegenüber seinem auf Provisionsbasis tätigen Handlungsgehilfen sowohl mit der Abrechnung als auch mit der Zahlung der Provision in Verzug, so hat der Arbeitgeber die durch die Heranziehung eines Buchprüfers zur Ermittlung der Provision entstehenden Kosten als Verzugsschaden zu ersetzen.[51] Der Anspruch auf Abrechnung unterliegt tariflichen Ausschlussfristen.[52]

4. Verjährung. Der Anspruch des Handlungsgehilfen auf Provision verjährt innerhalb 28 der regelmäßigen Verjährungsfrist von drei Jahren gem. §§ 195, 199 BGB.[53] Die Geltendmachung des Anspruchs auf Abrechnung unterbricht die Verjährung nicht. Dem Handlungsgehilfen steht es jedoch offen, im Wege der Stufenklage vorzugehen.[54]

Auch eine **tarifliche Ausschlussfrist** wird hinsichtlich des Provisionsanspruchs durch 29 die Geltendmachung des Abrechnungsanspruchs nicht gewahrt. Allerdings darf sich der Arbeitgeber nach stRspr. des BAG nach Treu und Glauben (§ 242 BGB) nicht auf eine Verkürzung oder Versäumung der Ausschlussfrist berufen, solange er schuldhaft eine Abrechnung verzögert, ohne die der Arbeitnehmer seine Ansprüche nicht erkennen und erheben kann.[55] In diesen Fällen wird der Lauf einer Verfallfrist für Zahlungsansprüche durch die Nichterteilung einer Abrechnung solange gehemmt, wie die fehlende Abrechnung noch verlangt werden kann. Voraussetzung für die Hemmung ist aber stets, dass der Arbeitnehmer die Abrechnung für die Geltendmachung seiner Ansprüche benötigt.[56] Dies ist für den Provisionsanspruch stets der Fall, weil § 87c iVm § 65 dem Handlungsgehilfen zum Zwecke der Realisierung dieses Anspruchs einen unabdingbaren Anspruch auf Abrechnung gewährt. Hat der Arbeitgeber die Provisionsforderung des Handlungsgehilfen durch Abrechnung vorbehaltlos ausgewiesen, braucht der Handlungsgehilfe die Provisionsforderung nur dann geltend zu machen, wenn zur Wahrung der Ausschlussfrist Klageerhebung erforderlich ist. Reicht zur Fristwahrung bloße schriftliche Geltendmachung aus, dann wird dies nach dem Sinn und Zweck der Ausschlussfrist durch die eigene schriftliche Abrechnung des Arbeitgebers erfüllt, und zwar auch dann, wenn der Arbeitgeber die Abrechnung später widerruft.[57]

IV. Abdingbarkeit

Die Vorschriften über den Provisionsanspruch ohne Geschäftsausführung (§ 87a Abs. 3), 30 die Fälligkeit des Provisionsanspruchs (§ 87a Abs. 4) sowie die Bestimmungen über die Abrechnung (§ 87c Abs. 5) sind wie beim Handelsvertreter unabdingbar. Darüber hinaus

49 HWK/*Diller* HGB § 65 Rn. 11; MHdB ArbR/*Krause* § 65 Rn. 33.
50 Dazu auch MHdB ArbR/*Krause* § 65 Rn. 26 ff.; *Vogelsang* in Schaub ArbR-HdB § 75 Rn. 56 ff.
51 BAG AP Nr. 3.
52 BAG DB 1985, 2154 (2155).
53 Ebenso EBJS/*Boecken*/*Rudkowski* Rn. 16.
54 BAG AP BGB § 242 Auskunftspflicht Nr. 35; DB 1971, 1563; ebenso für die Klage auf Auskunft BAG NZA 1996, 251.
55 BAG AP TVG § 4 Ausschlussfrist Nr. 27; Nr. 37; Nr. 41; Nr. 89; Nr. 94; *Langer,* Gesetzliche und vereinbarte Ausschlussfristen im Arbeitsrecht, 1993, Rn. 161; *Stahlhacke* BB 1967, 1437 (1438).
56 BAG AP TVG § 4 Ausschlussfrist Nr. 89; Nr. 94; HWK/*Diller* HGB § 65 Rn. 13.
57 BAG AP TVG § 4 Ausschlussfrist Nr. 124.

sind der Parteidisposition **engere Grenzen als im Recht der Handelsvertreter** gesetzt, weil den Besonderheiten der abhängigen Beschäftigung der Handlungsgehilfen Rechnung getragen werden muss.[58] So ist der Provisionsanspruch für **Abschlüsse nach Vertragsende** (§ 87 Abs. 3; → Rn. 19) beim Handelsvertreter auch ohne sachlichen Grund abdingbar, weil nur der Handelsvertreter für die hierdurch entstehenden Provisionsverluste nach § 89b ausgleichsrechtlich entschädigt wird (→ § 87 Rn. 69).[59] Der wirksame Ausschluss von § 87 Abs. 3 bei einem provisionsberechtigten Handlungsgehilfen erforderte daher nach früherer Rspr. des BAG neben sachlichen Gründen für die Abbedingung auch eine finanzielle Kompensation iSd § 89b;[60] anderenfalls war der Ausschluss unwirksam. Diese Beschränkungen galten gleichermaßen für den Ausschluss sog. **überhängender,** dh erst nach der Beendigung des Arbeitsverhältnisses durch Ausführung des Geschäfts entstehender **Provisionen** (§ 87 Abs. 1 S. 1; → Rn. 18),[61] denn auch hier steht dem Handlungsgehilfen ein Ausgleichsanspruch nach § 89b nicht zu. Begründet wurde diese Auffassung mit der teleologischen Reduktion des an sich dispositiven § 87.[62]

31 Nach **heutiger Rechtslage** unterfallen gem. § 310 Abs. 3, Abs. 4 BGB praktisch alle Arbeitsverträge einer Inhaltskontrolle nach §§ 307 ff. BGB (→ Rn. 12 ff.). Daraus ergibt sich, dass es der telelogischen Korrektur von § 87 nicht mehr bedarf, da die Prüfung der sachlichen Gründe nunmehr in der Interessenabwägung des § 307 BGB vollständig aufgeht.[63] Wird dem Handlungsgehilfen durch AGB des Arbeitgebers eine bereits erarbeitete Provision ohne Ausgleich ganz oder teilweise entzogen, liegt darin ein Verstoß gegen die wesentlichen Grundgedanken der §§ 59, 65, 87 Abs. 1 S. 1. Folglich ist eine vorformulierte Klausel, die die Überhangprovision pauschal auf die Hälfte der vereinbarten Provision vermindert, nach § 307 Abs. 2 Nr. 1 BGB unwirksam.[64] Ebenso verhält es sich, wenn einem Handlungsgehilfen eine Abverkaufsprovision für maximal einen Zeitraum bis zu einem Monat nach dem Ausscheiden aus der Gesellschaft gewährt wird, wenn innerhalb dieses Zeitraums die Abverkaufsprovision entstanden ist.[65]

V. Mitbestimmung des Betriebsrats

32 Nach **§ 87 Abs. 1 Nr. 10 BetrVG** unterliegen Fragen der betrieblichen Lohngestaltung dem Mitbestimmungsrecht des Betriebsrats. Der Betriebsrat hat darüber mitzubestimmen, ob überhaupt ein Provisionssystem eingeführt und ob daneben auch ein Lohnfixum gezahlt werden soll.[66] Das Mitbestimmungsrecht des Betriebsrats erstreckt sich ferner auf die Arten der Provisionen, das Verhältnis der Provision zum Lohnfixum (Anrechenbarkeit), das Verhältnis der Provisionen zueinander, die Festsetzung der Bezugsgrößen, zB ob bei Erreichen einer bestimmten Provisionshöhe diese und/oder andere Provisionen progressiv oder degressiv beeinflusst werden, ob also auch eine Provision ganz oder teilweise wegfällt, sowie schließlich die abstrakte Staffelung der Provisionssätze.[67] Die Ein- und Zuteilung des Ver-

58 Vgl. auch EBJS/*Boecken/Rudkowski* Rn. 21; aA wohl Baumbach/Hopt/*Roth* Rn. 5; GK-HGB/*Etzel* Rn. 7.

59 BGH NJW 1960, 1996; BAG AP § 87 Nr. 9; AP Nr. 2 mAnm *Hefermehl*; AP Nr. 6 mAnm *Herschel*; AP Nr. 7 mAnm *Fenn*; Röhricht/Graf v. Westphalen/Haas/*Wagner/Vogt* § 65 Rn. 9; Staub/*Emde* § 87 Rn. 87.

60 BAG NZA 1996, 1151 (1153) = EWiR § 622 BGB 1/96, 1017 mAnm *v. Hoyningen-Huene*; HWK/*Diller* HGB § 65 Rn. 10; Staub/*Weber* Rn. 11.

61 BAG AP Nr. 2 mAnm *Hefermehl*; AP Nr. 6 mAnm *Herschel*; AP Nr. 7 mAnm *Fenn*.

62 Dazu schon *v. Hoyningen-Huene,* Die Billigkeit im Arbeitsrecht, 1978, 181 f.; zur Abdingbarkeit des § 87 vgl. BGH BB 1998, 391 (392); daran zweifelnd BAG AP § 87 Nr. 11 m. insoweit krit. Anm. *v. Hoyningen-Huene.*

63 So auch iErg BAG AP § 87 Nr. 11 mAnm *v. Hoyningen-Huene*; wie hier Oetker/*Kotzian-Marggraf* Rn. 6.

64 Dazu BAG AP Nr. 18.

65 LAG Berlin-Brandenburg BeckRS 2015, 70810.

66 BAG AP BetrVG 1972 § 87 Provision Nr. 1 mAnm *Schulze-Osterloh.*

67 BAG AP BetrVG 1972 § 87 Provision Nr. 1; AR-Blattei: Betriebsverfassung XIV B Entsch. 78 mAnm *v. Hoyningen-Huene*; vgl. zum Ganzen auch *v. Hoyningen-Huene* BetrVR § 12 Rn. 87.

kaufsgebiets ist allerdings mitbestimmungsfrei, auch wenn sie mittelbar die Vergütungshöhe determiniert.[68]

Demgegenüber steht dem Betriebsrat **kein** Mitbestimmungsrecht nach **§ 87 Abs. 1 Nr. 11 BetrVG** zu. Ein leistungsbezogenes Entgelt im Sinne dieser Vorschrift setzt eine Vergütungsform voraus, bei der eine „Leistung" des Arbeitnehmers gemessen und mit einer Bezugsleistung verglichen wird, um die Höhe der Vergütung in irgendeiner Weise nach dem Verhältnis der Leistung des Arbeitnehmers zur Bezugsleistung zu bemessen. Reine Abschlussprovisionen sind kein solches vergleichbares leistungsbezogenes Entgelt, weil es an einer Bezugsleistung fehlt.[69] Ist ein Provisionssystem derart ausgestaltet, dass mit jedem Abschluss eines bestimmten Geschäfts auch eine bestimmte Zahl von Provisionspunkten verdient wird, die einheitlich mit einem bestimmten Euro-Betrag zu vergüten sind, so unterliegt die Festlegung der Punktwertzahl für jedes Geschäft der Mitbestimmung des Betriebsrats nach § 87 Abs. 1 Nr. 10 BetrVG. Die Bestimmung des Euro-Betrages je Provisionspunkt ist mitbestimmungsfrei.[70] 33

§§ 66–73 *[aufgehoben]*

§§ 66–72 wurden aufgehoben durch das 1. ArbRBerG vom 14.8.1969 (BGBl. 1969 I 1106). Statt dessen gelten nun die §§ 620 ff. BGB. 1

§ 73 zum Zeugnisanspruch des Handlungsgehilfen wurde aufgehoben mit Wirkung vom 1.1.2003 durch das 3. GewOÄndG vom 24.8.2002 (BGBl. 2002 I 3412). § 630 S. 4 BGB bestimmt seit der Schuldrechtsreform 2001, dass für den Fall, dass der Dienstverpflichtete ein Arbeitnehmer ist, § 109 GewO anzuwenden ist. 2

§ 74 [Vertragliches Wettbewerbsverbot; bezahlte Karenz]

(1) Eine Vereinbarung zwischen dem Prinzipal und dem Handlungsgehilfen, die den Gehilfen für die Zeit nach Beendigung des Dienstverhältnisses in seiner gewerblichen Tätigkeit beschränkt (Wettbewerbverbot), bedarf der Schriftform und der Aushändigung einer vom Prinzipal unterzeichneten, die vereinbarten Bestimmungen enthaltenden Urkunde an den Gehilfen.

(2) Das Wettbewerbverbot ist nur verbindlich, wenn sich der Prinzipal verpflichtet, für die Dauer des Verbots eine Entschädigung zu zahlen, die für jedes Jahr des Verbots mindestens die Hälfte der von dem Handlungsgehilfen zuletzt bezogenen vertragsmäßigen Leistungen erreicht.

Schrifttum: Zur Lit. vor 1990 → 2. Aufl. 2005; *Bauer,* Kein Widerspruchsrecht des Arbeitnehmers bei Betriebsübergang, NZA 1990, 881; *Bauer,* Aktuelle Probleme des nachvertraglichen Wettbewerbsverbots, NZA-Beil. 3/1991, 29; *Bauer,* Nachvertragliches Wettbewerbsverbot, in Arbeitsrechtliche Aufhebungsverträge, 8. Aufl. 2007, IV Rn. 100 ff.; *Bauer/Diller,* Indirekte Wettbewerbsverbote, BB 1995, 426; *Bauer/Diller,* Wechselwirkungen zwischen Wettbewerbstätigkeit, Ruhestand und betrieblicher Altersversorgung, BB 1997, 990; *Bauer/Diller,* Zulässige und unzulässige Bedingungen in Wettbewerbsverboten, DB 1997, 94; *Bauer/Diller,* Nachvertragliche Wettbewerbsverbote mit GmbH-Geschäftsführern, GmbHR 1999, 885; *Bauer/Diller,* Nachvertragliche Wettbewerbsverbote: Änderungen durch die Schuldrechtsreform, NJW 2002, 1609; *Bauer/Diller,* Wettbewerbsverbote, 8. Aufl. 2019; *Bauer/Hahn,* Anrechnung und Erstattung von Arbeitslosengeld bei nachvertraglichen Wettbewerbsverboten, DB 1991, 2591; *Becker-Schaffner,* Die Nutzung von Firmenfahrzeugen bei Beendigung des Arbeitsverhältnisses, DB 1993, 2078; *Beise,* Erstattung von Arbeitslosengeld bei nachvertraglicher Wettbewerbsabrede, DB 1990, 1037; *Bengelsdorf,* Das örtlich zuständige Gericht bei Streitigkeiten aus einem nachvertraglichen Wettbewerbsverbot, DB 1992, 1340; *Beer,* Die Grundlagen des vertragsbegleitenden Wettbewerbsverbotes im deutschen Arbeitsrecht, 2017; Bernhardt/

[68] BAG AP BetrVG 1972 § 87 Lohngestaltung Nr. 49.

[69] BAG EWiR § 76 BetrVG 1/02, 3 mAnm *Willemsen/Steineke*; AP BetrVG 1972 § 87 Provision Nr. 4 mAnm *Hanau*; *v. Hoyningen-Huene* BetrVR § 12 Rn. 91.

[70] BAG AP BetrVG 1972 § 87 Provision Nr. 4.

Merget, Nachvertragliche Wettbewerbsverbote, AuA 2018, 19; *Bettinghausen,* Das nachvertragliche Wettbewerbsverbot unter Berücksichtigung der bisherigen BAG-Rechtsprechung – Was Arbeitgeber zu beachten haben, BB 2019, 1016; *Blanke,* Handbuch Außertarifliche Angestellte, 3. Aufl. 2003; *Boecken,,* Unternehmensumwandlungen und Arbeitsrecht, 1996; *Bossmann,* Die Auswirkungen des Betriebsübergangs nach § 613a BGB auf die Wettbewerbsverbote der Arbeitnehmer, Diss. Bielefeld 1993; *Brinker/Diller/Spoerr,* Wettbewerbsverbote zwischen Ärzten, NJW 1997, 3056; *Buchner,* Wettbewerbsverbote während und nach Beendigung des Arbeitsverhältnisses, 1995; *Buchner,* Das Wettbewerbsverbot nach Beendigung des Arbeitsverhältnisses, AR-Blattei SD 1830.3 (2007); *Butters,* Modifizierte Teilnichtigkeit sittenwidriger nachvertraglicher Wettbewerbsverbote, JuS 2001, 324; *Diller,* Nachvertragliche Wettbewerbsverbote und AGB-Recht, NZA 2005, 250; *Diller,* Anrechnung von Arbeitslosengeld auf Karenzentschädigung: Brutto oder Netto?, BB 2008, 1680; *Diller,* Parallele nachvertragliche Wettbewerbsverbote in Anstellungs-, Gesellschafts- und Unternehmenskaufverträgen, FS Buchner, 2009, 177; *Diller/Dannecker,* Erstattungspflicht für Arbeitslosengeld bei Wettbewerbsverboten verfassungswidrig – Rückzahlungsanspruch auch in Altfällen?, NJW 1999, 897; *Diller/Wilske,* Grenzüberschreitende Durchsetzung nachvertraglicher Wettbewerbsverbote, DB 2007, 1866; *Dombrowski/Zettelmeyer,* Die Wertermittlung der Nutzungsvorteile von Firmenwagen im Rahmen der Karenzentschädigung nach § 74 Abs. 2 HGB, NZA 1995, 155; *Düwell,* Das nachvertragliche Wettbewerbsverbot in der Gewerbeordnung, DB 2002, 2270; *Ebert,* Nachvertragliches Wettbewerbsverbot – Berechnung der Karenzentschädigung, FA 1999, 346; *Ebert,* Nachvertragliches Wettbewerbsverbot, ArbRB 2002, 118; *Fischer,* Wettbewerbstätigkeit des gekündigten Arbeitnehmers während des Kündigungsschutzprozesses, NJW 2009, 331; *Flatten,* Nachvertragliches Wettbewerbsverbot aus Unternehmersicht, ZIP 1999, 1701; *B. Gaul,* Neues zum nachvertraglichen Wettbewerbsverbot, DB 1995, 874; *B. Gaul/Khanian,* Zulässigkeit und Grenzen arbeitsrechtlicher Regelungen zu Wettbewerbsverboten, MDR 2006, 181; *D. Gaul,* Die Wettbewerbsbeschränkungen des Geschäftsführers der GmbH innerhalb und im Anschluß an den stillschweigend verlängerten Vertrag, GmbHR 1991, 144; *Gravenhorst,* Rechtliche Grenzen für die Vereinbarung von nachvertraglichen Wettbewerbsverboten mit GmbH-Geschäftsführern, 1998; *Gravenhorst,* Die Zusage der Karenzentschädigung nach § 74 II HGB, NJW 2006, 3609; *Gravenhorst,* Wettbewerbsverbot für GmbH-Geschäftsführer, DB 2019, 1572; *Grüll/Janert,* Wettbewerbsvereinbarungen mit Arbeitnehmern und Handelsvertretern, 5. Aufl. 1993; *Grüll/Janert,* Die Konkurrenzklausel, 5. Aufl. 1993; *Grunsky,* Das nachvertragliche Wettbewerbsverbot (§§ 74 ff. HGB) als gegenseitiger Vertrag, FS Söllner, 1990, 41; *Gruss,* Nochmals: Rechtsfragen zum Dienstfahrzeug, BB 1994, 71; *Gumpert,* Gutachten D zum 59. DJT 1992, §§ 92 ff.; *Heilmann/Koch,* Karenzentschädigung im Rahmen eines nachvertraglichen Wettbewerbsverbotes nach § 74 HGB bei Altersteilzeitarbeitsverträgen, NZA 2018, 339; *Hiekel/Hund,* Nachvertragliches Wettbewerbsverbot, in Tschöpe, Anwalts-Handbuch Arbeitsrecht, 11. Aufl. 2019; *Hoffmann-Becking,* Nachvertragliche Wettbewerbsverbote für Vorstandsmitglieder und Geschäftsführer, FS Quack, 1991, 274; *Hunold,* Rechtsprechung zum nachvertraglichen Wettbewerbsverbot, NZA-RR 2007, 617; *Hurek,* Abwerbungs- und Einstellungsverbote im Arbeitsvertrag, Diss. Berlin 2004; *Kallenbach,* Das nachvertragliche Wettbewerbsverbot von Arbeitnehmern bei Betriebsübergang, 1997; *Kamanabrou,* Teilverbindlichkeit überschießender nachvertraglicher Wettbewerbsverbote für GmbH-Geschäftsführer, ZGR 2002, 898; *Kielkowski,* Zur Problematik von nachvertraglichen Wettbewerbverboten für Geschäftsführer, NZG 2015, 900; *Koch,* Das nachvertragliche Wettbewerbsverbot im einseitig vorformulierten Arbeitsvertrag, RdA 2006, 28; *König/Steiner,* Die Vereinbarkeit nachvertraglicher Wettbewerbsverbote mit der Arbeitnehmerfreizügigkeit des EG-Vertrags, NJW 2002, 3583; *Kramer/Marhold,* Ausgleichsquittung, AR-Blattei SD 290 (2001); *Krause,* Mitarbeit in Unternehmen, 2002; *Kunst,* Wettbewerbsbeschränkungen, LzK 1470 (1995); *Kunz,* Betriebs- und Geschäftsgeheimnisse und Wettbewerbsverbot während der Dauer und nach Beendigung des Anstellungsverhältnisses, DB 1993, 2482; *Laskawy,* Die Tücken des nachvertraglichen Wettbewerbsverbots im Arbeitsrecht, NZA 2012, 1011; *Leder/Morgenroth,* Die Vertragsstrafe im Formulararbeitsvertrag, NZA 2002, 952; *Lembke,* Nachvertragliche Wettbewerbsverbote in der Praxis, BB 2020, 52; *Maiß,* keine AGB-Inhaltskontrolle von nachvertraglichen Wettbewerbsverboten, GWR 2012, 499; *Meier,* Das Ende der Mandatsübernahmeklausel?, NZA 2013, 253; *Menke,* Gestaltung nachvertraglicher Wettbewerbsverbote mit GmbH-Geschäftsführern – Verzicht statt Karenzentschädigung, NJW 2009, 636; *Michalski/Römermann,* Wettbewerbsbeschränkungen zwischen Rechtsanwälten, ZIP 1994, 433; *Molkenburg,* Pflicht zur Geheimniswahrung nach Ende des Arbeitsverhältnisses?, BB 1990, 1196; *Naber,* Wettbewerbsverbote in gesellschaftsrechtlichen Vereinbarungen mit Arbeitnehmern und Organmitgliedern, NZA 2013, 870; *Naber/Seeger,* Auswirkungen von Virtual-Stock-Programmen auf die Bemessung einer Karenzentschädigung, GWR 2016, 117; *Nägele/Schmidt,* Das Dienstfahrzeug, BB 1993, 1797; *Parafianowicz,* Die Zulässigkeit von Beschränkungen der Arbeitnehmerfreizügigkeit durch Wettbewerbsverbote und Verschwiegenheitspflichten, 2016; *Plagemann,* Anrechnung von Arbeitslosengeld auf die Karenzentschädigung des GmbH-Geschäftsführers, ZIP 1991, 1121; *Reinfeld,* Das nachvertragliche Wettbewerbsverbot im Arbeits- und Wirtschaftsrecht, 1993; *Reinhard,* Das nachvertragliche Wettbewerbsverbot im Arbeitsrecht – Durchsetzung einzelner wettbewerbsrechtlicher Ansprüche, ArbRB 2007, 297; *Sahavi,* Die Wirksamkeit nachvertraglicher Wettbewerbsbeschränkungen im englischen und deutschen Recht, Diss. Bonn 2005; *Schmid,* Probleme beim Zusammentreffen von Freistellung und nachvertraglichem Wettbewerbsverbot bei Arbeitnehmern und Organmitgliedern, Diss. Augsburg 2006; *Schroeder,* Die Nutzungsentschädigung des Arbeitnehmers wegen Entzugs des Firmenwagens nach unwirksamer Kündigung, NZA 1994, 342; *Schwedes,* Vertragliche Wettbewerbsbeschränkungen für die Zeit nach der Beendigung des Arbeitsverhältnisses, 1990; *Storf,* Nachvertragliche Wettbewerbsverbote bei den freien Berufen, Diss. Kiel 2006; *Thomas/Weidmann,* Wirksamkeit nachvertraglicher Wettbewerbsverbote mit Auslandsbezug, DB 2004, 2694; *Thüsing/Leder,* Neues zur Inhaltskontrolle bei Formulararbeitsverträgen, BB 2004, 42; *Vesper,* Indirekte nachvertragliche Wettbewerbsbeschränkungen, 2015; *Wagner,* Die Besonderheiten beim Arbeitsverhältnis des Handlungsgehilfen, Diss. Heidelberg 1993; *Wank,* Arbeiter und Angestellte, 1992, 387; *Welslau,* Wettbewerbsverbote in HzA Gruppe 1 Rn. 2181 ff., Stand August 2019; *Wernicke,* Die Rückführung überlanger Wettbewerbsverbote in der BGH-Rechtsprechung, BB 1990, 2209; *Wertheimer,* Abhängigkeit der Karenzentschädigungspflicht vom Abschlußzeitpunkt des nachvertraglichen Wettbewerbsverbots, BB 1996, 1714; *Wertheimer,* Wirksamkeit nachvertraglicher Wettbewerbsverbote bei nicht kündigungsbedingter Beendigung des Arbeitsverhältnisses, NZA 1997, 522; *Wertheimer,* Nachvertragliche Wettbewerbsverbote bei Arbeitsverhältnissen, 1998; *Wertheimer,* Bezahlte Karenz oder entschädigungslose Wettbewerbsenthaltung des ausgeschiedenen Arbeitnehmers?, BB 1999, 1600; *Weuster,* Aufhebungsvertrag und nachvertragliches Wettbewerbsverbot, AiB 1996, 177.

Übersicht

I. Vorbemerkungen zu §§ 74–75h

1. Bedeutung. a) Normzweck. Der Arbeitnehmer kann **nach Beendigung des** 1
Arbeitsverhältnisses anders als während des Bestehens des Arbeitsverhältnisses (§§ 60, 61)

grundsätzlich zu seinem ehemaligen Arbeitgeber in **Konkurrenz** treten.[1] Daran wird er auch durch die nachvertragliche Treuepflicht nicht gehindert, die nur treuwidrigen Verhaltensweisen des Arbeitnehmers unter dem Gesichtspunkt der sich aus § 242 BGB ergebenden Anstands- und Treuepflicht eine Grenze zieht.[2] Tätigkeiten des Arbeitnehmers, die den Wettbewerbsinteressen des früheren Arbeitgebers zuwiderlaufen, wie zB die Eingehung eines Arbeitsverhältnisses bei einem Konkurrenten des alten Arbeitgebers, werden dadurch nicht berührt.

2 Will der Arbeitgeber sich vor Wettbewerb nach Beendigung des Arbeitsverhältnisses schützen, so kann und muss er mit dem Handlungsgehilfen ein **vertragliches Wettbewerbsverbot** vereinbaren.[3] Da ein solches Wettbewerbsverbot aber den in der Regel schwächeren Handlungsgehilfen in der Ausübung seiner Berufsfreiheit nicht unerheblich einschränken kann, sehen die §§ 74 ff. zugunsten des Handlungsgehilfen eine Reihe gesetzlicher Beschränkungen und Anforderungen an die Wettbewerbsabrede vor.[4]

3 **b) Entwicklung und Grundgedanke.** Der Schutz des Handlungsgehilfen gegenüber vertraglichen Wettbewerbsverboten für die Zeit nach Beendigung des Dienstvertrages wurde durch die gesetzliche **Neuregelung** der §§ 74, 75 aus dem Jahre **1914** wesentlich erweitert. Ursprünglich hatte sich das HGB damit begnügt, für das vereinbarte nachvertragliche Wettbewerbsverbot eine zeitliche Höchstdauer von drei Jahren festzulegen (§ 74a aF) und eine Wettbewerbsabrede für unzulässig zu erklären, welche die Erwerbsfreiheit des Handlungsgehilfen unbillig beschränkt.

4 Erst die Neuregelung aus dem Jahre 1914 brachte eine wichtige Ausdehnung des Schutzes für den Handlungsgehilfen: die sog. **bezahlte Karenz** (§ 74 Abs. 2). Die Wirksamkeit eines Wettbewerbsverbots ist seitdem grundsätzlich von der Zusage einer Entschädigungszahlung abhängig. § 74 Abs. 2 ist das Ergebnis einer Abwägung zwischen den berechtigten geschäftlichen Interessen des Arbeitgebers, dass die in seinem Betrieb erlangten Kenntnisse und geschäftlichen Beziehungen nicht zu seinem Schaden ausgenützt werden, und den berechtigten Interessen des Arbeitnehmers, nach Beendigung seines Dienstverhältnisses seine Arbeitskraft frei nutzen zu können.[5]

5 Wettbewerbsabreden nach den §§ 74 ff. sind auch heute noch zulässig, soweit sie die durch § 1 GWB, § 1 UmwG, §§ 823, 826 BGB gezogenen Grenzen beachten. Sie stellen insbesondere **keine unzulässige Beschränkung der Grundrechte** zur freien Entfaltung der Persönlichkeit und zur freien Wahl des Arbeitsplatzes dar.[6] Die §§ 74 ff. dienen einem (verfassungskonformen) Ausgleich zwischen den Interessen des Arbeitnehmers auf der einen Seite (insbesondere Art. 12, 14 GG) und denen des Arbeitgebers auf der anderen Seite (Art. 12 GG).[7] Allerdings sind **einzelne Regelungen für verfassungswidrig** erklärt worden, so § 75 Abs. 3,[8]

[1] BAG AP BGB § 611 Konkurrenzklausel Nr. 40 mAnm *Reinfeld;* AP BGB § 611 Betriebsgeheimnisse Nr. 5; NJW 1999, 2062; AP Nr. 88; zur Vorbereitung einer Konkurrenztätigkeit noch im laufenden Arbeitsverhältnis BAG AP § 60 Nr. 16; EBJS/*Boecken/Rudkowski* Rn. 1; ErfK/*Oetker* Rn. 1; *Wagner,* Die Besonderheiten beim Arbeitsverhältnis des Handlungsgehilfen, 1993, 93; Staub/*Weber* Vor § 74 Rn. 1.

[2] BAG AP BGB § 611 Betriebsgeheimnis Nr. 5; LAG Hamm BB 2005, 164 Ls.; *Bauer/Diller* Wettbewerbsverbote Rn. 29 f.; HzA/*Welslau* Gruppe 1 Rn. 2183.

[3] BAG AP § 611 BGB Betriebsgeheimnis Nr. 5 = AR-Blattei Geheimnisschutz im Arbeitsrecht, Entsch. 7 m. zust. Anm. *Röder;* AP BGB § 611 Treuepflicht Nr. 11; EBJS/*Boecken/Rudkowski* Rn. 1. Ein Muster für eine Wettbewerbsvereinbarung findet sich in HzA/*Welslau* Gruppe 1 Rn. 2320, 2321 und *Bauer/Diller* Wettbewerbsverbote Anh. I. Zu tarifvertraglichen Regelungen über Wettbewerbsverbote s. *Bauer/Diller* Wettbewerbsverbote Rn. 16 ff.

[4] EBJS/*Boecken/Rudkowski* Rn. 1; Staub/*Weber* Vor § 74 Rn. 3; allg. zur Entwicklung *Bauer/Diller* Wettbewerbsverbote Rn. 1 ff.

[5] BGHZ 91, 1 (4); BAG AP BGB § 611 Konkurrenzklausel Nr. 40 mAnm *Reinfeld;* EBJS/*Boecken/Rudkowski* Rn. 2.

[6] So die ganz überwM in Rspr. und Lit.; vgl. nur BAG AP GG Art. 12 Nr. 20 m. zust. Anm. *Hefermehl* = SAE 1960, 182 mAnm *A. Hueck; Bauer/Diller* Wettbewerbsverbote Rn. 366; EBJS/*Boecken/Rudkowski* Rn. 1; Staub/*Weber* Rn. 3; HzA/*Welslau* Gruppe 1 Rn. 2191.

[7] EBJS/*Boecken/Rudkowski* Rn. 1.

[8] BAG AP § 75 Nr. 6 mAnm *Beitzke* = AR-Blattei Wettbewerbsverbot Entsch. 120 m. krit. Anm. *Buchner* = SAE 1977, 241 m. zust. Anm. *Pestalozza;* Staub/*Weber* Vor § 74 Rn. 3.

die in § 74a Abs. 2 S. 1 und § 75b S. 2[9] festgesetzten Verdienstgrenzen, sowie § 75b S. 1.[10] § 75e, der die Entschädigung als bevorrechtigte Konkursforderung und die Unpfändbarkeit betraf, wurde mit Gesetz vom 17.7.1974 (BGBl. 1974 I 1481) aufgehoben.

2. Anwendungsbereich. a) Zeitlicher Anwendungsbereich. Die §§ 74 ff. gelten 6
nur für Wettbewerbsabreden für die **Zeit nach Beendigung des Dienstverhältnisses.** Dabei ist unerheblich, worauf die Beendigung des Dienstverhältnisses beruht (wirksame Kündigung, Zeitablauf, Eintritt einer auflösenden Bedingung, vertragliche Aufhebung des Dienstvertrages etc).[11] Auch im Falle des Ausscheidens des Arbeitnehmers während der Probezeit kann das nachvertragliche Wettbewerbsverbot zur Anwendung kommen.[12] Etwas anders gilt nur, wenn sich aus der Auslegung des Wettbewerbsverbots ergibt, dass dieses erst eingreifen soll, sofern das Arbeitsverhältnis über die Dauer der Probezeit hinaus besteht. Vertragliche Vereinbarungen, die lediglich das gesetzliche Wettbewerbsverbot der §§ 60, 61 während der Dauer des Dienstverhältnisses erweitern oder beschränken wollen, fallen nicht unter die Regelungen der §§ 74 ff.[13] Die Wirksamkeit einer derartigen Wettbewerbsabrede hängt nicht davon ab, dass der Arbeitgeber die Zahlung einer Entschädigung zusagt.[14] § 74 Abs. 2 ist insoweit auch nicht entsprechend anwendbar.

Maßgeblicher Zeitpunkt für das Inkrafttreten der Wettbewerbsbeschränkung ist die 7
rechtliche Beendigung des Dienstverhältnisses und nicht die faktische Einstellung der Dienste.[15] Bis dahin kann weder der Unternehmer Ansprüche aus der Wettbewerbsabrede nach den §§ 74 ff. noch der Handlungsgehilfe Ansprüche auf die gem. § 74 Abs. 2 festzusetzende Entschädigung erheben. Dies gilt insbesondere für den Fall der fristlosen, unberechtigten Kündigung durch den Arbeitgeber und bei der Weiterbeschäftigung des Arbeitnehmers im Anschluss an eine Kündigung auf Grund eines erst- oder zweitinstanzlichen Urteils.[16] In diesen Fällen wirkt das gesetzliche Verbot des § 60 Abs. 1 fort (→ § 60 Rn. 12 ff.).

b) Persönlicher Geltungsbereich. Die §§ 74 ff. gelten nach ihrem Wortlaut unmit- 8
telbar zwar nur für Handlungsgehilfen (§ 59 S. 1), waren aber schon früher nach überwiegender Ansicht grundsätzlich **auf alle Arbeitnehmer anwendbar.**[17] Diese analoge Anwendung der §§ 74 ff. auf die nicht kaufmännischen Angestellten gebietet das gleichliegende Schutzbedürfnis aller Arbeitnehmer vor übermäßigen Einschränkungen der Berufsausübungsfreiheit. Wettbewerbsabreden gelten aus diesem Grund auch für Heimarbeiter und arbeitnehmerähnliche Personen.[18] Letztere sind zwar auf Grund eines Wettbewerbsverbots keine Arbeitnehmer. Wirtschaftlich sind sie aber vom Arbeitgeber abhängig und daher vergleichbar einem Arbeitnehmer schutzbedürftig. Seit 2003 ist die analoge Anwendung in § 110 S. 2 GewO festgeschrieben.[19] Im Folgenden wird daher anstelle der gesetzlichen Parteibezeichnungen Prinzipal/Handlungsgehilfe verallgemeinernd von Arbeitgeber und Arbeitnehmer gesprochen.

---

9 BAG AP § 75b Nr. 14 m. zust. Anm. *Beitzke* = AR-Blattei Wettbewerbsverbot Entsch. 116 mit iErg zust. Anm. *Buchner* = SAE 1977, 128 m. zust. Anm. *Canaris.*

10 BAG AP § 75b Nr. 15 m. zust. Anm. *Reuter* = AR-Blattei Wettbewerbsverbot Entsch. 128 m. zust. Anm. *Buchner* = SAE 1981, 232 mAnm *Leipold.*

11 *Bauer/Diller* Wettbewerbsverbote Rn. 688; EBJS/*Boecken/Rudkowski* Rn. 11; ErfK/*Oetker* Rn. 2; Staub/*Weber* Rn. 10 f.; *Wertheimer* NZA 1997, 522.

12 BAG AP Nr. 80; EBJS/*Boecken/Rudkowski* Rn. 11a.

13 AllgM, vgl. Baumbach/Hopt/*Roth* § 60 Rn. 1.

14 *Wertheimer* BB 1996, 1714.

15 EBJS/*Boecken/Rudkowski* Rn. 11; Heymann/*Henssler/Michel* Rn. 21; Baumbach/Hopt/*Roth* Rn. 8; Staub/*Weber* Rn. 12.

16 BAG BB 1970, 214; *Bauer/Diller* Wettbewerbsverbote Rn. 91, 691; Heymann/*Henssler/Michel* Rn. 21.

17 StRspr, BAG AP BGB § 611 Konkurrenzklausel Nr. 24 m. zust. Anm. *Wiedemann/Steinberg*; BGH NJW 2003, 1864; *Bauer/Diller* Wettbewerbsverbote Rn. 66 ff.; EBJS/*Boecken/Rudkowski* Rn. 7; Oetker/*Kotzian-Marggraf* Rn. 10; ErfK/*Oetker* Rn. 2; Staub/*Weber* Vor § 74 Rn. 17; ausf. *Wagner,* Die Besonderheiten beim Arbeitsverhältnis des Handlungsgehilfen, 1993, 94 ff.

18 GK-HGB/*Etzel* § 75d Rn. 2; Oetker/*Kotzian-Marggraf* Rn. 10.

19 IdF des Dritten Gesetzes zur Änderung der GewO und sonstiger gewerberechtlicher Vorschriften vom 24.8.2002, BGBl. 2002 I 3412.

9 Der Schutz der §§ 74 ff. kommt **nicht** in Betracht, soweit eine Tätigkeit nicht im Rahmen eines Arbeitsverhältnisses erbracht wird. Dies gilt vor allem für **freie Mitarbeiter.**[20] Handelt es sich aber um Rechtsverhältnisse wirtschaftlich abhängiger freier Mitarbeiter, so ist § 74 HGB entsprechend anwendbar, weil sie kaufmännischen Angestellten vergleichbar sozial schutzbedürftig sind.[21] Für **Organmitglieder bei juristischen Personen,** zB Vorstände von Aktiengesellschaften oder GmbH-Geschäftsführer,[22] finden die §§ 74 ff. ebenfalls keine Anwendung,[23] da diese Arbeitgeberfunktionen ausüben. Insoweit ist auf § 88 Abs. 1 AktG direkt oder analog zurückzugreifen.[24] Dies gilt nach zutreffender Ansicht auch für arbeitnehmerähnliche Geschäftsführer.[25] Eine Anwendung der §§ 74 ff. ist hier nicht erforderlich. Zwar steht auch der Geschäftsführer im Verhältnis zur Gesellschaft in einem Anstellungsverhältnis, das ihn wie einen Arbeitnehmer verpflichtet, seine Arbeitskraft hauptberuflich zur Verfügung zu stellen. Die Schutzbedürftigkeit des Geschäftsführers ist aber im Vergleich zu den Angestellten erheblich geringer, da Stellung und Wirkungsmöglichkeiten des Geschäftsführers von wesentlicher Bedeutung sind. Ohne ausdrückliche Vereinbarung besteht ein Wettbewerbsverbot somit für den Geschäftsführer lediglich während seiner Amtszeit.[26]

10 Da Wettbewerbsabreden mit **Auszubildenden, Volontären** (vgl. hierzu § 82a) und gleichgestellten Personen (vgl. § 26 BBiG) nach Maßgabe des § 12 Abs. 1 S. 1 BBiG unzulässig sind, kommen die §§ 74 ff. nicht zur Anwendung.[27] Ebenso wenig können nach § 74a Abs. 2 S. 2 Wettbewerbsabreden mit **Minderjährigen** getroffen werden. Dies gilt auch bei einer Einwilligung des gesetzlichen Vertreters (§ 107 BGB) oder bei einer Ermächtigung des Minderjährigen im Rahmen des § 113 BGB.[28]

11 **c) Sachlicher Geltungsbereich. aa) Mandantenschutzklausel.** Die §§ 74 ff. gelten analog für sog. Mandantenschutzklauseln in Anstellungsverträgen (→ § 75d Rn. 7).[29] Solche Vereinbarungen, die zwischen Angehörigen sog. freier Berufe (zB Rechtsanwalt, Wirtschaftsprüfer, Steuerberater) und ihren Angestellten getroffen werden, enthalten das Verbot, nach dem Ausscheiden Mandanten des (früheren) Arbeitgebers als Selbstständiger oder als Angestellter in einem anderen Arbeitsverhältnis weiter zu betreuen.[30] Bei der Verwendung einer Mandantenschutzklausel gegenüber einem angestellten Rechtsanwalt ist jedoch § 3 Abs. 2 BRAO zu beachten.[31]

---

[20] BAG NJW 1998, 99 (100) zu § 74b Abs. 2 und § 75a; OLG München NJW-RR 1998, 393; LAG Köln NZA-RR 2000, 19 (21); 2000, 65 (67); EBJS/*Boecken/Rudkowski* Rn. 8; aA wohl OLG München BB 1997, 224; Oetker/*Kotzian-Marggraf* Rn. 10; ErfK/*Oetker* Rn. 5.

[21] BGH WM 2003, 2059 (2061); OLG Dresden IBR 2012, 548; OLG München NJW-RR 1998, 393; LAG Köln NZA-RR 2000, 19 (21); 2000, 65 (67); Staub/*Weber* Vor § 74 Rn. 19.

[22] Ausf. *Thüsing* NZA 2004, 9; s. auch *Lembke* NZA-RR 2019, 65; vgl. Staub/*Weber* Vor § 74 Rn. 21 f. mwN; zum nachvertraglichen Wettbewerbsverbot, das im Anstellungsvertrag eines GmbH-Geschäftsführers vereinbart war, BGH ZIP 2002, 709 m. Kurzkomm. *v. Hoyningen-Huene* EWiR § 74 HGB 1/02, 521; DB 2008, 2187; *Gravenhorst* DB 2019, 1572; *Kielkowski* NZG 2015, 900; *Menke* NJW 2009, 636.

[23] BGHZ 91, 1; BGH ZIP 2002, 709 m. Kurzkomm. *v. Hoyningen-Huene* EWiR § 74 HGB 1/02, 521; OLG Hamm ZIP 1988, 1254; EBJS/*Boecken/Rudokowski* Rn. 8; Staub/*Weber* Vor § 74 Rn. 20; HzA/*Welslau* Gruppe 1 Rn. 2200 ff.; vgl. auch BGH NJW 1992, 1892; BB 1991, 1640; OLG Rostock NJW-RR 1995, 173; OLG Düsseldorf WiB 1997, 84; GmbHR 1998, 180; ausf. *Bauer/Diller* Wettbewerbsverbote Rn. 1024 ff.; *Diller* FS Buchner, 2009, 177 ff.; diff. GK-HGB/*Etzel* § 75d Rn. 2.

[24] Vgl. Henssler/Strohn/*Oetker* GmbHG § 35 Rn. 20.

[25] BGHZ 91, 1 (4); aA OLG Köln NJW-RR 1991, 1316; vgl. OLG Hamm GmbHR 1988, 344 = EWiR 1988, 1097 m. krit. Kurzkomm. *Baums*; GK-HGB/*Etzel* § 75d Rn. 2.

[26] OLG Frankfurt GmbHR 1998, 376; OLG Köln NZG 2000, 740; ErfK/*Oetker* Rn. 5.

[27] OLG Koblenz NJW-RR 1993, 611 = BB 1993, 387 (388); EBJS/*Boecken/Rudkowski* Rn. 10; Heymann/*Henssler/Michel* Vor § 74 Rn. 8; Staub/*Weber* Vor § 74 Rn. 18; HzA/*Welslau* Gruppe 1 Rn. 2198.

[28] BAG AP § 90a Nr. 1 m. zust. Anm. *Hefermehl*; Staub/*Weber* Vor § 74 Rn. 9.

[29] BAG BB 2002, 2386; EBJS/*Boecken/Rudkowski* Rn. 13a; GK-HGB/*Etzel* § 75d Rn. 10, 11; Oetker/*Kotzian-Marggraf* Rn. 18; ErfK/*Oetker* Rn. 3; Staub/*Weber* Vor § 74 Rn. 24; ausf. hierzu *Bauer/Diller* Wettbewerbsverbote Rn. 111 ff.

[30] BAG AP BGB § 611 Konkurrenzklausel Nr. 35 = EzA BGB § 611 Konkurrenzklausel Nr. 1 mAnm *Kraft/Raab*; LAG München DB 1987, 1444; LAG BW BB 1985, 1534.

[31] BGH AnwBl. 1986, 339; vgl. auch *Bauer/Diller* Wettbewerbsverbote Rn. 362 f.

Das Wettbewerbsverbot muss im Zusammenhang mit der bisher vom Arbeitnehmer ausgeübten Tätigkeit stehen.[32] Vereinbarungen sind unzulässig, die ein **allgemeines Wettbewerbsverbot** enthalten und die Mitarbeitern der freien Berufe für die Zeit nach Beendigung des Dienstverhältnisses die Ausübung ihres Berufs völlig untersagen. Ein Wettbewerbsverbot dieses Inhaltes verstößt gegen Art. 12 GG, da die Berufsfreiheit des betroffenen Angestellten unverhältnismäßig eingeschränkt wird,[33] und ist deshalb nach § 134 BGB nichtig. Dagegen ist die Vereinbarung eines Abwerbungsverbots, wonach dem Angestellten lediglich verwehrt ist, sich aktiv um die Mitnahme früherer Mandate zu bemühen, sogar entschädigungslos zulässig. Denn diese Verbote bestehen auch schon kraft Standesrechts.[34] Umgekehrt fallen marginale wirtschaftliche Folgen für den Arbeitnehmer nicht unter das Wettbewerbsverbot (→ Rn. 23).[35] 12

bb) Befristete Verträge. Ein Wettbewerbsverbot kann grundsätzlich auch mit einem befristet[36] oder **auf Probe**[37] **eingestellten Arbeitnehmer** vereinbart werden und auch für den Fall, dass das Arbeitsverhältnis während der Probezeit oder mit deren Ablauf beendet wird.[38] Das Wettbewerbsverbot kann aber auch wirksam von der Bedingung abhängig gemacht werden, dass das Arbeitsverhältnis nicht vor Ablauf der Probezeit gekündigt[39] oder innerhalb eines bestimmten Zeitraumes beendet[40] wird. Wird ein befristeter Arbeitsvertrag, der ein nachvertragliches Wettbewerbsverbot enthielt, unbefristet fortgesetzt, bedarf die Verlängerung der Wettbewerbsabrede der Schriftform (→ Rn. 33).[41] 13

cc) Ruhestandsverhältnis. Die Wettbewerbsabrede tritt mit dem Eintritt des Arbeitnehmers in den Ruhestand grundsätzlich nicht außer Kraft.[42] Ein solcher Arbeitnehmer im Ruhestand hat einen Anspruch auf Karenzentschädigung als Gegenleistung für unterlassenen Wettbewerb.[43] Das gilt ebenso, wenn der Arbeitnehmer eine Betriebsrente bezieht.[44] Die Parteien können jedoch eine Anrechnung der Betriebsrente auf die Karenzentschädigung[45] oder eine auflösend bedingte Wettbewerbsabrede vereinbaren, die endet, wenn der Arbeitnehmer als Pensionär in den Ruhestand eintritt.[46] Für eine solche Bedingung müssen allerdings Anhaltspunkte in der Wettbewerbsabrede vorhanden sein, wenn sie nicht ausdrücklich vereinbart ist. 14

II. Die Wettbewerbsabrede (Abs. 1)

1. Zustandekommen der Vereinbarung.[47] **a) Allgemeine Vertragslehren.** Bei der Vereinbarung zwischen Arbeitgeber und Arbeitnehmer über die Beschränkung des 15

---

[32] BAG AP Nr. 87.
[33] Vgl. BGH AP GG Art. 12 Nr. 57 = EWiR 1986, 1065 m. zust. Kurzkomm. *Bunte*; LAG München DB 1987, 1444; GK-HGB/*Etzel* § 75d Rn. 11.
[34] BAG AP BGB § 611 Konkurrenzklausel Nr. 25 mAnm *Küchenhoff*; EBJS/*Boecken/Rudkowski* Rn. 13.
[35] BAG AP Nr. 10.
[36] *Bauer/Diller* Wettbewerbsverbote Rn. 69; Heymann/*Henssler/Michel* Rn. 3.
[37] BAG AP BGB § 123 Nr. 25 mAnm *Mühl* = AR-Blattei Wettbewerbsverbot Entsch. 137 mAnm *Buchner* = SAE 1984, 173 m. abl. Anm. *Misera* = EzA BGB § 123 Nr. 23 mAnm *Wank*.
[38] BAG AP Nr. 25 m. zust. Anm. *Simitis*; AP BGB § 628 Nr. 6 m. zust. Anm. *Canaris* = AR-Blattei Kündigung VIII Entsch. 28 mAnm *Herschel*; AP Nr. 80; EBJS/*Boecken/Rudkowski* Rn. 11a; Staub/*Weber* Rn. 10.
[39] BAG AP BGB § 620 Probearbeitsverhältnis Nr. 16; AP Nr. 78; AP Nr. 80 Rn. 18; EBJS/*Boecken/Rudkowski* Rn. 11a; Staub/*Weber* Rn. 10.
[40] LAG Hamm BeckRS 2010, 70152.
[41] LAG Hamm BeckRS 2009, 59250.
[42] BAG AP Nr. 46 m. zust. Anm. *Beitzke*; AP Nr. 61 m. zust. Anm. *van Venrooy*; *Bauer/Diller* Wettbewerbsverbote Rn. 92; EBJS/*Boecken/Rudkowski* Rn. 28; Staub/*Weber* Rn. 13.
[43] BAG AP Nr. 61; vgl. AP BGB § 611 Konkurrenzklausel Nr. 40 mAnm *Reinfeld*; Blomeyer/Rolfs/Otto/*Rolfs* BetrAVG Anh. § 1 Rn. 251 f.
[44] BAG AP BGB § 611 Konkurrenzklausel Nr. 30; AP Nr. 46 m. zust. Anm. *Beitzke*; EBJS/*Boecken/Rudkowski* Rn. 28; Staub/*Weber* Rn. 13.
[45] BAG AP BGB § 611 Konkurrenzklausel Nr. 30 mAnm *Beitzke*; Staub/*Weber* Rn. 13.
[46] BAG AP Nr. 46; Staub/*Weber* Rn. 13.
[47] S. dazu LAG Bln 15.8.1997 – 6 Sa 82/97 und 6 Sa 91/97.

nachvertraglichen Wettbewerbs handelt es sich um einen gegenseitigen Vertrag,[48] auf den die allgemeinen Vertragslehren Anwendung finden.[49] Hierbei spielt es keine Rolle, ob die Wettbewerbsabrede in einer gesonderten Vereinbarung geregelt wird oder ob sie Bestandteil des Arbeitsvertrags ist. Grundvoraussetzung einer wirksamen Wettbewerbsabrede ist demnach das Vorliegen zweier übereinstimmender Willenserklärungen. In der Zustimmung des Arbeitnehmers zur vorzeitigen Beendigung des Arbeitsverhältnisses unter erheblicher Aufstockung der Versorgungsbezüge liegt jedoch noch nicht die Vereinbarung eines Wettbewerbsverbots.[50]

16 **b) Wettbewerbsabreden und Arbeitsvertrag.** Ist die Wettbewerbsabrede **nichtig** oder anfechtbar, so hat dieser rechtliche Mangel grundsätzlich **keinen Einfluss auf die Wirksamkeit des Arbeitsverhältnisses.**[51] Der Arbeitsvertrag hat Bestand. Nur ausnahmsweise, wenn besondere Umstände vorliegen, die darauf schließen lassen, dass die nachvertragliche Wettbewerbsenthaltung Voraussetzung für den Abschluss des Arbeitsvertrags war, wird nach der Auslegungsregel des § 139 BGB die Unwirksamkeit des Arbeitsvertrags anzunehmen sein.[52] Diese Auslegung kommt aber nur für Wettbewerbsabreden in Betracht, die bereits mit Abschluss des Arbeitsvertrags geschlossen wurden.

17 Für die umgekehrte Frage, ob die **Wettbewerbsabrede von der Gültigkeit des Arbeitsvertrages abhängig** ist, bedarf es einer Differenzierung danach, ob das Arbeitsverhältnis bereits in Vollzug gesetzt worden ist oder nicht.[53] Ein Wettbewerbsverbot erlangt in der Regel keine Bedeutung, wenn der unwirksam abgeschlossene **Arbeitsvertrag** tatsächlich **nicht vollzogen** wird.[54] Das Wettbewerbsverbot ist in diesem Fall entbehrlich, da der Arbeitnehmer normalerweise noch keine Kenntnisse und Erfahrungen in dem Betrieb machen konnte, die er in das Unternehmen eines Wettbewerbers mitnehmen könnte. Eine vertragliche Wettbewerbsklausel erlangt deshalb keine Bedeutung, wenn der Arbeitnehmer unter Verletzung des Arbeitsvertrags die Tätigkeit nicht aufnimmt, sondern sein Arbeitsverhältnis in einem Konkurrenzunternehmen fortsetzt.[55] Etwas anderes gilt nur, wenn der Arbeitnehmer bereits vor der tatsächlichen Eingliederung in den Betrieb im Rahmen einer Einweisung wichtige Informationen über betriebliche Belange erhalten hat, die über die notwendigen Informationen zur Anwerbung eines Mitarbeiters erheblich hinausgehen. Beispiele sind hierfür Einzelheiten über die wirtschaftliche Lage des Betriebs, Betriebsergebnisse, Personalausstattung, geschäftliche Strategien etc.

18 War der Arbeitnehmer jedoch bereits in den Betrieb eingegliedert worden, war das **Arbeitsverhältnis** also schon **vollzogen,** wird zu Recht die Wirksamkeit der Wettbewerbsabrede unabhängig von der Gültigkeit des Arbeitsvertrags bejaht.[56] Mit der Eingliederung in den Betrieb hat der Arbeitnehmer Gelegenheit erhalten, wettbewerblich bedeutsame Kenntnisse zu erlangen. Trotz Unwirksamkeit des Arbeitsvertrags (sog. faktisches Arbeitsverhältnis) besteht somit ein Interesse des Arbeitgebers an Geheimhaltung.

19 **c) Wettbewerbsabrede als Gegenstand kollektiver Regelungen.** Die **Regelung eines Wettbewerbsverbots** für die Zeit nach Beendigung des Arbeitsverhältnisses kann

---

48 BAG AP Nr. 87; Nr. 89 mAnm *Ley*; Nr. 89; EBJS/*Boecken/Rudkowski* Rn. 5.

49 Hierzu HzA/*Welslau* Gruppe 1 Rn. 2189; BAG AP Nr. 42 mAnm *Beitzke*; zur Auslegung von Wettbewerbsabreden Staub/*Weber* Rn. 2.

50 BAG NZA 1994, 502.

51 BAG AP Nr. 54; EBJS/*Boecken/Rudkowski* Rn. 17; Staub/*Weber* Rn. 14.

52 EBJS/*Boecken/Rudkowski* Rn. 17, die allerdings einen Rückgriff auf § 139 BGB für entbehrlich halten.

53 LAG München BeckRS 2009, 67579; 2009, 67545.
EBJS/*Boecken/Rudkowski* Rn. 16; Staub/*Weber* Rn. 15 f.

54 BAG AP BGB § 123 Nr. 25 mAnm *Mühl* = AR-Blattei Wettbewerbsverbot Entsch. 137 m. zust. Anm. *Buchner* = SAE 1984, 173 m. abl. Anm. *Misera* = EzA BGB § 123 Nr. 23 mAnm *Wank*; AP Nr. 54 = EWiR 1992, 1005 m. zust. Kurzkomm. *Griebeling*; EBJS/*Boecken/Rudkowski* Rn. 16; ErfK/*Oetker* Rn. 7; GK-HGB/*Etzel* § 75d Rn. 5, 29; Heymann/*Henssler/Michel* Rn. 2.

55 HzA/*Welslau* Gruppe 1 Rn. 2209.

56 HM, vgl. BAG AP Nr. 54; LAG Köln LAGE Nr. 4; GK-HGB/*Etzel* § 75d Rn. 29; EBJS/*Boecken/Rudkowski* Rn. 16; Heymann/*Henssler/Michel* Rn. 2.

auch **mittels einer Betriebsvereinbarung**[57] oder eines **Tarifvertrages**[58] erfolgen.[59] Bei einem Wettbewerbsverbot im Rahmen einer Betriebsvereinbarung sind die Grenzen der §§ 74 ff. zu beachten. Denn anders als dem Tarifvertrag ist der Betriebsvereinbarung ein Abweichen von gesetzlich oder richterrechtlich gezogenen inhaltlichen Grenzen verwehrt.[60] Dagegen sind die an sich zwingenden Vorschriften der §§ 74 ff. für einen Tarifvertrag nur im beschränkten Umfang verbindlich. Wegen der bei Tarifverträgen bestehenden Richtigkeitsgewähr sind nur gewisse Mindestanforderungen, wie der Grundsatz der Entschädigungspflicht und die zeitliche, räumliche und sachliche Begrenzung des Wettbewerbsverbots unabdingbar.[61]

2. Zeitpunkt der Vereinbarung. a) Vor Beendigung des Arbeitsverhältnisses. 20
Die §§ 74 ff. gelten für alle Vereinbarungen, die vor Beendigung des Arbeitsverhältnisses abgeschlossen werden.[62] Nachvertragliche Wettbewerbsabreden können somit schon vor Abschluss des Arbeitsvertrags durch Vorvertrag,[63] zugleich mit dem Arbeitsvertrag, während des Arbeitsverhältnisses und auch noch nach der Kündigung, aber vor Dienstende abgeschlossen werden.[64] Zulässig ist zudem die Vereinbarung einer aufschiebenden Bedingung, nach der das Wettbewerbsverbot erst zu einem in der Zukunft liegenden Zeitpunkt wirksam wird.[65]

b) Nach Beendigung des Arbeitsverhältnisses. Wettbewerbsverbote, die nach 21
Ablauf der Kündigungsfrist, nach wirksamem Ausspruch einer fristlosen Kündigung oder nach vertraglicher Aufhebung des Arbeitsvertrags vereinbart werden, fallen nicht unter §§ 74 ff. Da der Arbeitnehmer nach Beendigung des Arbeitsverhältnisses nicht mehr in einem persönlichen Abhängigkeitsverhältnis zum Arbeitgeber steht, bedarf er auch nicht länger des Schutzes durch die Bestimmungen der §§ 74 ff.[66] Die Wirksamkeit einer Wettbewerbsabrede hängt zu diesem Zeitpunkt somit nicht mehr von der Zusage einer Entschädigungszahlung ab.[67]

Erfolgt die Vereinbarung der Wettbewerbsabrede dagegen bereits **im Zusammenhang** 22
mit der Beendigung des Arbeitsverhältnisses, bleiben die §§ 74 ff. nach zutreffender Ansicht anwendbar, da der Arbeitnehmer zum Abschlusszeitpunkt noch in einem Arbeitsverhältnis steht und seine Schutzbedürftigkeit bis zur rechtlichen Beendigung des Arbeitsverhältnisses fortbesteht.[68] Dies gilt vor allem für die Vereinbarung einer Wettbewerbsabrede zugleich mit der einvernehmlichen Aufhebung des Arbeitsvertrags,[69] auch im Rahmen eines

---

57 *Bauer/Diller* Wettbewerbsverbote Rn. 22; GK-BetrVG/*Kreutz* BetrVG § 77 Rn. 380; aA *Fitting* BetrVG § 77 Rn. 56.

58 BAG AP Nr. 28 m. zust. Anm. *Canaris* = AR-Blattei Tarifvertrag VI Entsch. 17 mAnm *Buchner;* AP Nr. 30 mAnm *Thiele/Weschenfelder; Bauer/Diller* Wettbewerbsverbote Rn. 16 ff.; *Vogelsang* in Schaub ArbR-HdB § 55 Rn. 34; *Wagner,* Die Besonderheiten beim Arbeitsverhältnis des Handlungsgehilfen, 1993, 107 ff.; Staub/*Weber* Vor § 74 Rn. 5.

59 AA EBJS/*Boecken/Rudkowski* Rn. 15.

60 BAG AP BGB § 611 Gratifikation Nr. 63 m. zust. Anm. *Gamillscheg* = SAE 1968, 121 mAnm *Küchenhoff;* Richardi/*Richardi* BetrVG § 77 Rn. 100.

61 BAG AP Nr. 28 m. zust. Anm. *Canaris;* einen guten Überblick über den Meinungsstand gibt *Wagner,* Die Besonderheiten beim Arbeitsverhältnis des Handlungsgehilfen, 1993, 107 ff.

62 EBJS/*Boecken/Rudkowski* Rn. 12.

63 BAG AP Nr. 84; Nr. 90; AP GewO § 133f Nr. 22; *Bauer/Diller* Wettbewerbsverbote Rn. 488 ff.; EBJS/*Boecken/Rudkowski* Rn. 12; Heymann/*Henssler/Michel* Rn. 3; HzA/*Welslau* Gruppe 1 Rn. 2208; ausf. Staub/*Weber* Rn. 55.

64 *Bauer/Diller* Wettbewerbsverbote Rn. 72 ff.; Baumbach/Hopt/*Roth* Rn. 4; Staub/*Weber* Rn. 10.

65 BAG AP Nr. 78.

66 EBJS/*Boecken/Rudkowski* Rn. 12; *Vogelsang* in Schaub ArbR-HdB § 55 Rn. 24.

67 BAG AP Nr. 23 m. zust. Anm. *Weitnauer;* Nr. 24 m. zust. Anm. *Diederichsen;* Baumbach/Hopt/*Roth* Rn. 5; Staub/*Weber* Rn. 11.

68 BAG WiB 1995, 27 m. zust. Anm. *Krauß;* EBJS/*Boecken/Rudkowski* Rn. 12; Baumbach/Hopt/*Roth* Rn. 4; Heymann/*Henssler/Michel* Rn. 6; *Vogelsang* in Schaub ArbR-HdB § 55 Rn. 24; aA RGZ 67, 333; 101, 278.

69 BAG NZA 1995, 72 = WiB 1995, 27 m. zust. Anm. *Krauß;* Heymann/*Henssler/Michel* Rn. 6; Baumbach/Hopt/*Roth* Rn. 4; aA *Bauer/Diller* Wettbewerbsverbote Rn. 77.

Prozessvergleichs.[70] Entschädigungslos zulässig ist aber eine im Rahmen eines Prozessvergleichs getroffene Wettbewerbsabrede, wenn das Arbeitsverhältnis rückwirkend beendet wird.[71]

23 **3. Inhalt der Wettbewerbsabrede.**[72] **a) Umfang der Wettbewerbsbeschränkung.** Der Umfang der Wettbewerbsbeschränkung ist von Arbeitgeber und Arbeitnehmer in der Wettbewerbsabrede grundsätzlich frei bestimmbar, da eine gesetzliche Beschränkung wie beim Handelsvertreter fehlt (§ 90a Abs. 1 S. 2 Hs. 2). Grenzen ergeben sich aber aus § 74a (→ § 74a Rn. 1 ff.). Das Wettbewerbsverbot muss dem Arbeitnehmer nicht jede gewerbliche Tätigkeit unmöglich machen. Es kann auch sachlich, zeitlich oder örtlich begrenzt werden,[73] sofern die Tätigkeit des Arbeitnehmers nicht lediglich in wirtschaftlich unbedeutender Weise behindert wird oder Tätigkeiten untersagt werden, die noch keinen Wettbewerb darstellen (zB Vorbereitungsmaßnahmen für die Eröffnung eines eigenen Betriebs nach Ablauf der Laufzeit).[74] § 110 S. 1 GewO geht neuerdings weiter. Danach liegt ein Wettbewerbsverbot schon vor, wenn allgemein die berufliche Tätigkeit des Arbeitnehmers beschränkt wird.[75] Dennoch sind wirtschaftlich irrelevante Beschränkungen, die etwa lediglich ausgewählte Kunden des Arbeitgebers betreffen, weiterhin nicht als Wettbewerbsverbot anzusehen.[76]

24 Die Wettbewerbsabrede kann sich auf selbstständige und/oder nichtselbstständige Tätigkeiten oder auf die Aufnahme von Geschäftskontakten zu Kunden des alten Arbeitgebers erstrecken.[77] Das Verbot kann sowohl **tätigkeits-**[78] als auch **unternehmensbezogen** gestaltet sein.[79] Während das tätigkeitsbezogene Wettbewerbsverbot bestimmte, in der Vereinbarung näher präzisierte Arbeiten verbietet, wird durch das umfassendere unternehmensbezogene Wettbewerbsverbot allgemein die Tätigkeit in einem Konkurrenzunternehmen untersagt.[80] Allerdings reicht die bloße Kapitalbeteiligung an anderen Unternehmen nicht aus.[81] Möglich ist ebenso die Beschränkung auf bestimmte Geschäftsbereiche (zB Produktion, Vertrieb), bestimmte Absatzmärkte oder einen fest umgrenzten Kundenkreis.[82]

25 Für die Anwendbarkeit der §§ 74 ff. spielt es keine Rolle, ob die **Beschränkung direkt** erfolgt oder ob sie **mittelbar** wirkt. Eine mittelbare Beschränkung der Wettbewerbstätigkeit erfolgt beispielsweise durch Wettbewerbsabreden, welche die Konkurrenztätigkeit des Arbeitnehmers unter den Genehmigungsvorbehalt des Arbeitgebers stellen.[83] Das Gleiche gilt für Rückzahlungsklauseln, nach denen der Arbeitnehmer im Fall der wettbewerbswidrigen Tätigkeit die bereits bezogene Vergütung zurückzahlen muss.[84] Denn damit wird der Arbeitnehmer einem starken wirtschaftlichen Druck dahingehend ausgesetzt, sich während eines bestimmten Zeitraums nach Vertragsende einer Konkurrenztätigkeit zu enthalten. Er bedarf deshalb des Schutzes der §§ 74 ff. Dies gilt auch für die Vereinbarung in einem Auflösungsvertrag, in der

---

70 BAG NZA 2003, 100 = EWiR 2003, 227 m. Kurzkomm. *Joost*; Staub/*Weber* Rn. 11.

71 BAG AP Nr. 23 mAnm *Weitnauer*; Heymann/*Henssler/Michel* Rn. 5.

72 S. dazu LAG Bln 15.8.1997 – 6 Sa 82/97 und 6 Sa 91/97; *Bauer/Diller* Wettbewerbsverbote Rn. 224 ff.; EBJS/*Boecken/Rudkowski* Rn. 22 ff.; Staub/*Weber* Rn. 17 ff.

73 EBJS/*Boecken/Rudkowski* Rn. 23; Baumbach/Hopt/*Roth* Rn. 6; Oetker/*Kotzian-Marggraf* Rn. 16; Staub/*Weber* Rn. 17.

74 Staub/*Weber* Rn. 17.

75 ErfK/*Oetker* Rn. 10.

76 Zum Fall einer Patientenschutzklausel LAG Hamm RDG 2016, 287; EBJS/*Boecken/Rudkowski* Rn. 13.

77 BAG AP BGB § 611 Betriebsgeheimnis Nr. 5 = NJW 1988, 1686; AP Nr. 10 m. zust. Anm. *Hefermehl*; EBJS/*Boecken/Rudkowski* Rn. 23; Staub/*Weber* Rn. 17.

78 BAG AP Nr. 63 m. krit. Anm. *van Venrooy*; Staub/*Weber* Rn. 17, 23.

79 BAG AP GewO § 133f Nr. 24 m. zust. Anm. *Simitis*; NJW 1998, 99; *Bauer/Diller* Wettbewerbsverbote Rn. 232 ff.; EBJS/*Boecken/Rudkowski* Rn. 23; Oetker/*Kotzian-Marggraf* Rn. 15; Staub/*Weber* Rn. 17, 23.

80 BAG AP GewO § 133f Nr. 19 mAnm *Duden*; EBJS/*Boecken/Rudkowski* Rn. 23; ErfK/*Oetker* Rn. 10; HzA/*Welslau* Gruppe 1 Rn. 2252.

81 BAG DB 2015, 2516 Rn. 25; *Bauer/Diller* Wettbewerbsverbote Rn. 256; Heymann/*Henssler/Michel* Rn. 12.

82 GK-HGB/*Etzel* § 75d Rn. 8.

83 BAGE 22, 324; Oetker/*Kotzian-Marggraf* Rn. 17; *Lembke* BB 2020, 52 (54).

84 BAG NJW 1973, 144 zu § 90a; Heymann/*Henssler* Rn. 47 f.

der Arbeitgeber die Zahlung einer Abfindung nur unter der Voraussetzung verspricht, dass der Arbeitnehmer keine Tätigkeit bei einem Wettbewerber aufnimmt.[85]

b) Abgrenzung zu anderen Wettbewerbsbeschränkungen. Nicht unter die Regelungen der §§ 74 ff. fallen die nachvertraglichen **Geheimhaltungspflichten,** die den Arbeitnehmer auch ohne Vereinbarung eines vertraglichen Wettbewerbsverbots zur Verschwiegenheit verpflichten.[86] Dies gilt vor allem für den **Verrat von Betriebsgeheimnissen,**[87] was für Betriebsratsmitglieder in §§ 79, 120 BetrVG geregelt ist.[88] Die entschädigungslose Schweigepflicht des Arbeitnehmers, die sich auf geschäftsbetriebsbezogene Tatsachen erstreckt, ergibt sich bereits aus der allgemeinen Treuepflicht des Arbeitnehmers gegenüber dem Arbeitgeber und wirkt auch nach Beendigung des Arbeitsverhältnisses fort.[89] Ein Unterlassungsanspruch von Wettbewerbshandlungen kann daraus nicht geltend gemacht werden.[90] Die §§ 74 ff. greifen erst ein, wenn die Geheimhaltungsverpflichtung praktisch dazu führt, dass der Arbeitnehmer jedwede Wettbewerbstätigkeit unterlassen muss. Dies ist zB der Fall, wenn die Anschriften der Kunden des alten Arbeitgebers nicht nutzbar gemacht werden dürfen, und es sich um einen wirtschaftlich bedeutenden Teil potentieller Kunden handelt.[91] Die §§ 74 ff. gelten dagegen nicht für die vertragliche Vereinbarung von Sanktionen, die bei Verstößen gegen Vorschriften des kürzlich in Umsetzung der RL 2016/943 zum Schutz von Geschäftsgeheimnissen vor rechtswidrigem Erwerb sowie rechtswidriger Nutzung und Offenlegung erlassenen Gesetzes zum Schutz von Geschäftsgeheimnissen (GeschGehG; insbesondere § 23 GeschGehG, früher § 17 UWG) oder des bürgerlichen Deliktsrechts wirksam werden sollen.[92] 26

c) Auslegung der Wettbewerbsabrede. Ihrem Inhalt nach **unklar gefasste Wettbewerbsabreden sind** gem. §§ 133, 157 BGB nach Treu und Glauben unter Berücksichtigung der Verkehrssitte und dem wirklichen oder mutmaßlichen Willen der Parteien auszulegen.[93] Besteht ein übereinstimmender Wille der Parteien über den Inhalt der Wettbewerbsabrede, hat das gemeinsam Gewollte Vorrang vor dem Wortlaut der Erklärung.[94] Jedenfalls bei einseitig vom Arbeitgeber verfassten Wettbewerbsverboten ist aufgrund der Schutzfunktion der §§ 74 ff. im Zweifel eine restriktive Auslegung zugunsten des Arbeitnehmers zu wählen.[95] Wird ein Wettbewerbsverbot auf bestimmte Erzeugnisse oder Produktionszweige beschränkt, so wird im Zweifel damit dem Arbeitnehmer nur die Tätigkeit im Konkurrenzbetrieb verboten, soweit er dort mit der Herstellung oder dem Vertrieb der geschützten Artikel befasst ist.[96] Etwas anderes gilt, wenn der Arbeitnehmer durch seine leitende Funktion in der Lage ist, außerhalb seines engen Aufgabenbereichs seine durch Wettbewerbsverbot geschützten Kenntnisse dem neuen Arbeitgeber zur Verfügung zu stellen.[97] Geht die Vereinbarung dahin, dass nur die Tätigkeit für ein Unternehmen untersagt ist, das mit dem Vertragspartner in Wettbewerb steht, kann der Arbeitnehmer trotzdem für ein anderes Unternehmen tätig sein, dessen 27

---

85 LAG Bremen NZA 1994, 889; Oetker/*Kotzian-Marggraf* Rn. 17.

86 BAG NZA 1999, 200; 1994, 502; *Kunz* DB 1993, 2482 (2485 ff.); Staub/*Weber* Rn. 20; ausf. *Bauer/Diller* Wettbewerbsverbote Rn. 115 ff.

87 EBJS/*Boecken/Rudkowski* Rn. 24; Staub/*Weber* Rn. 20.

88 Vgl. dazu BAG EzA BetrVG 1972 § 79 Nr. 1 m. zust. Anm. *v. Hoyningen-Huene.*

89 BAG AP BGB § 611 Betriebsgeheimnis Nr. 5 = AR-Blattei Geheimschutz im Arbeitsrecht Entsch. 7 mAnm *Röder* = AuR 1988, 388 mAnm *Eisemann*; AP BGB § 611 Nr. 1.

90 BAG NZA 1999, 200.

91 BAG AP BGB § 611 Betriebsgeheimnis Nr. 5; EBJS/*Boecken/Rudkowski* Rn. 24; Staub/*Weber* Rn. 20.

92 Heymann/*Henssler/Michel* Rn. 18 f.

93 Zur Auslegung s. BGH BB 2002, 800 m. Kurzkomm. *v. Hoyningen-Huene* EWiR 2002, 521; BAG BB 1997, 1796 (1797); EBJS/*Boecken/Rudkowski* Rn. 25; Oetker/*Kotzian-Marggraf* Rn. 14; Staub/*Weber* Rn. 18.

94 BAG AP BGB § 133 Nr. 29 m. zust. Anm. *Mayer-Maly.*

95 Baumbach/Hopt/*Roth* Rn. 7; weiter EBJS/*Boecken/Rudkowski* Rn. 25 die sich generell, dh nicht nur bei einseitig vom Arbeitgeber aufgestellten Verbotsvereinbarungen, für eine restiktive Auslegung aussprechen.

96 BAG AP GewO § 133f Nr. 17 m. zust. Anm. *Grüll*; EBJS/*Boecken/Rudkowski* Rn. 25.

97 BAG AP GewO § 133f Nr. 24 m. zust. Anm. *Simitis.*

Produktions- und Dienstleistungsangebot sich nicht mit dem des Vertragspartners überschneidet.[98]

28 Schwierigkeiten bei der Überwachung des Wettbewerbsverbots rechtfertigen keine Ausdehnung des Verbots im Wege der Auslegung.[99] Ob ein Verbot, als Arbeitnehmer im Konkurrenzbetrieb tätig zu werden, im Zweifel auch eine selbstständige konkurrierende Tätigkeit ausschließt, kann nur im Einzelfall und nach den Grundsätzen der **ergänzenden Vertragsauslegung** ermittelt werden.[100] Im Übrigen ist der Umfang des Verbots, ob unternehmens- oder tätigkeitsbezogen, nicht schematisch, sondern nach den tatsächlichen Gegebenheiten zu beurteilen.[101]

29 Vereinbaren die Arbeitsvertragsparteien ein **tätigkeitsbezogenes Wettbewerbsverbot,** so ist im Zweifel davon auszugehen, dass es nur dann Gültigkeit erlangen soll, wenn der Arbeitnehmer seine Tätigkeit aufgenommen hat. Wird das Arbeitsverhältnis vor der Arbeitsaufnahme gekündigt und der Arbeitnehmer für die Dauer der Kündigungsfrist von der Arbeit freigestellt, besteht regelmäßig kein Anspruch auf Karenzentschädigung.[102]

30 Ein Wettbewerbsverbot, das sich vor der deutschen Wiedervereinigung auf das **frühere Bundesgebiet** bezog, kann im Wege der ergänzenden Vertragsauslegung auf das gesamte Gebiet der heutigen Bundesrepublik Deutschland erstreckt werden.[103]

31 **d) Laufzeit.** Die Laufzeit des Wettbewerbsverbots beginnt grundsätzlich mit der rechtlichen Beendigung des Arbeitsverhältnisses und endet spätestens nach zwei Jahren (§ 74a Abs. 1 S. 3). Darüber hinausgehend wird unwiderleglich eine unbillige Erschwerung des Fortkommens vermutet. Die Wettbewerbsabrede ist dann insoweit unverbindlich, als sie die Obergrenze überschreitet.[104] Da die Grenze von **zwei Jahren** eine Höchstgrenze darstellt, kann im Einzelfall schon bei einer zeitlich kürzeren Bindung eine Unbilligkeit vorliegen.[105]

32 Ausnahmsweise ist für den **Beginn der Laufzeit** die tatsächliche Beendigung des Arbeitsverhältnisses maßgebend. Hat der Arbeitgeber zu Unrecht fristlos gekündigt und schließen die Parteien nach der gerichtlichen Feststellung der Rechtswidrigkeit der Kündigung einen Aufhebungsvertrag, läuft die Frist von der tatsächlichen Beendigung des Arbeitsverhältnisses an, da anderenfalls der Arbeitgeber aus seiner unwirksamen Maßnahme Vorteile in Form einer Verlängerung der Wettbewerbsbindung ziehen würde.[106] Das Gleiche gilt bei einem Kündigungsschutzprozess, in dessen Verlauf der Arbeitnehmer weiterbeschäftigt wird, da ansonsten infolge langer Prozessdauer unter Umständen gar kein Wettbewerbsverbot mehr greifen würde.[107] Ein abweichender späterer Anfangstermin oder eine zeitliche Befristung muss von den Parteien im Rahmen der Wettbewerbsabrede bestimmt werden.

III. Form (Abs. 1)

33 **1. Schriftform. a) Eigenhändige Unterschrift.** Die Wettbewerbsabrede bedarf nach Abs. 1 der Schriftform (§ 126 BGB).[108] Diesem Formerfordernis unterliegt auch ein, auf den späteren Abschluss eines nachvertraglichen Wettbewerbsverbots gerichteter, Vorvertrag.[109]

---

[98] BAG NJW 1998, 99 (100).

[99] BAG AP GewO § 133 Nr. 17 m. zust. Anm. *Grüll.*

[100] Baumbach/Hopt/*Roth* Rn. 7; zur Auslegung von Wettbewerbsabreden allg. vgl. *Bauer/Diller* Wettbewerbsverbote Rn. 224 ff.; Staub/*Weber* Rn. 18, 20 ff.

[101] BAG AP GewO § 133f Nr. 24 mAnm *Simitis*; LAG BW NZA 1986, 641; Baumbach/Hopt/*Roth* Rn. 7.

[102] BAG AP Nr. 63 m. krit. Anm. *van Venrooy*; Staub/*Weber* Rn. 12.

[103] LAG Bln EWiR 1991, 797 m. zust. Kurzkomm. *Lepke*; Staub/*Weber* Rn. 30; krit. *Reinfeld* AuA 1993, 143; zum räumlichen Geltungsbereich allg. *Bauer/Diller* Wettbewerbsverbote Rn. 94.

[104] BAG AP GewO § 133f Nr. 18 = SAE 1968, 125 mAnm *Diederichsen.*

[105] *Bauer/Diller* Wettbewerbsverbote Rn. 275; EBJS/*Boecken/Rudkowski* Rn. 27; *Vogelsang* in Schaub ArbR-HdB § 55 Rn. 64; Staub/*Weber* Rn. 12.

[106] *Vogelsang* in Schaub ArbR-HdB § 55 Rn. 64.

[107] HzA/*Welslau* Gruppe 1 Rn. 2243.

[108] BAG AP Nr. 84; Nr. 90; *Bauer/Diller* Wettbewerbsverbote Rn. 189 ff.; EBJS/*Boecken/Rudkowski* Rn. 18; Oetker/*Kotzian-Marggraf* Rn. 25; Staub/*Weber* Rn. 4.

[109] BAG NJW 2019, 1394; AP Nr. 84 Rn. 29; LAG RhPf BeckRS 2017, 107364.

Danach müssen entweder Arbeitgeber und Arbeitnehmer auf derselben Urkunde (§ 126 Abs. 2 S. 1 BGB) oder jeder von beiden auf der für den anderen bestimmten Urkunde (§ 126 Abs. 2 S. 2 BGB) eigenhändig durch Namensunterschrift unterzeichnen. Der bloße Briefwechsel genügt nicht, da § 127 Abs. 2 S. 1 BGB nicht für die gesetzlich vorgesehene Schriftform gilt. Die Schriftform kann durch notarielle Beurkundung ersetzt werden (§ 126 Abs. 4 BGB). Eine spätere einvernehmliche Aufhebung des wirksam vereinbarten Wettbewerbsverbots unterliegt dagegen nicht dem Formzwang des Abs. 1, sondern kann mündlich erfolgen.[110] Haben die Parteien jedoch einen schriftlichen Arbeitsvertrag unter formwirksamer Vereinbarung eines Wettbewerbsverbots geschlossen, wird dieser Vertrag gekündigt und später aufgrund mündlicher Vereinbarung fortgesetzt, entfällt das Wettbewerbsverbot.[111]

Der Schriftform ist genüge getan, wenn die Wettbewerbsabrede fest mit dem Arbeits- 34 vertrag zu einer **Gesamturkunde** verbunden ist und in dem Arbeitsvertrag auf die Wettbewerbsklausel verwiesen wird.[112] Stets notwendig ist eine feste körperliche Verbindung jedoch nicht.[113] Dagegen reicht nicht aus, wenn in dem von beiden Parteien unterschriebenen Anstellungsvertrag auf eine gesonderte Niederschrift über das Wettbewerbsverbot verwiesen wird und dieses Schriftstück vom Arbeitgeber nicht unterschrieben ist.[114] Dies gilt auch dann, wenn die Anlage als wesentlicher Vertragsbestandteil bezeichnet wird.[115]

Die Aufnahme des Wettbewerbsverbots in eine **Betriebsvereinbarung** oder einen 35 **Tarifvertrag** (→ Rn. 19) ersetzt nach zutreffender Ansicht die Schriftform nur, wenn Betriebsvereinbarung bzw. Tarifvertrag dem Arbeitnehmer ausgehändigt werden.[116] Die Einhaltung der Schriftform ist von demjenigen zu beweisen, der sich auf die Wettbewerbsabrede beruft.[117]

b) Umfang des Formzwangs. In der Urkunde müssen das Wettbewerbsverbot, 36 mögliche Nebenabreden und insbesondere die vereinbarte Entschädigungspflicht des Arbeitgebers **festgehalten werden.**[118] Hinsichtlich Entstehung und Höhe der Entschädigungspflicht genügt eine Verweisung auf §§ 74 ff.[119] Die Parteien können darüber hinaus **vertragliche Änderungen** des Wettbewerbsverbots dem Schriftformzwang unterwerfen. In diesem Fall sind ausnahmsweise mündliche Änderungsvereinbarungen dann wirksam, wenn die Parteien die Maßgeblichkeit der mündlichen Vereinbarung übereinstimmend gewollt haben.[120]

2. Aushändigung der Urkunde. a) Aushändigung. Die vom Arbeitgeber oder 37 gemeinsam unterzeichnete Urkunde muss dem Arbeitnehmer ausgehändigt werden.[121] Nur im Fall der notariellen Beurkundung ersetzt die Ausfertigung der Niederschrift die Aushändigung der Urkunde (§ 47 BeurkG).[122] Unterbleibt die in Abs. 1 vorgeschriebene Aushän-

[110] BAG AP Nr. 57 = NJW 1989, 2149; *Bauer/Diller*, Wettbewerbsverbote, Rn. 712; EBJS/*Boecken/Rudkowski* Rn. 19; Oetker/*Kotzian-Marggraf* Rn. 25; Staub/*Weber* Rn. 6.

[111] LAG Hamm BeckRS 2016, 69103.

[112] BAG AP Nr. 46 m. zust. Anm. *Beitzke* = NJW 1986, 152; EBJS/*Boecken/Rudkowski* Rn. 19; ErfK/*Oetker* Rn. 13; Staub/*Weber* Rn. 4.

[113] BAG AP Nr. 84.

[114] LAG Köln EzA Nr. 43; *Bauer/Diller* Wettbewerbsverbote Rn. 191.

[115] LAG Hamm DB 1974, 1532.

[116] *Bauer/Diller* Wettbewerbsverbote Rn. 192; GK-HGB/*Etzel* § 75d Rn. 26; Baumbach/Hopt/*Roth* Rn. 18; aA *Buchner AR-Blattei* SD 1830.3 Rn. 139a.

[117] *Bauer/Diller* Wettbewerbsverbote Rn. 216 f.; HzA/*Welslau* Gruppe 1 Rn. 2211.

[118] BAG AP Nr. 86 mAnm *Diller.*

[119] BAG AP Nr. 80 Rn. 14; Nr. 35; *Bauer/Diller* Wettbewerbsverbote Rn. 199 ff.; Heymann/*Henssler/Michel* Rn. 33; Staub/*Weber* Rn. 5; abl. *Gravenhorst* NJW 2006, 3609 (3610 f.).

[120] BAG AP Nr. 57 im Anschluss an BGH NJW 1975, 1653; EBJS/*Boecken/Rudkowski* Rn. 19; Oetker/*Kotzian-Marggraf* Rn. 25.

[121] *Bauer/Diller* Wettbewerbsverbote Rn. 201; EBJS/*Boecken/Rudkowski* Rn. 20; KKRD/*Koller* §§ 74–75d Rn. 4; Oetker/*Kotzian-Marggraf* Rn. 26; Röhricht/Graf v. Westphalen/Haas/*Wagner/Vogt* § 74 Rn. 31; Staub/*Weber* Rn. 8.

[122] *Bauer/Diller* Wettbewerbsverbote Rn. 202; Heymann/*Henssler/Michel* Rn. 28; *Vogelsang* in Schaub ArbR-HdB § 55 Rn. 39; Staub/*Weber* Rn. 8.

digung, führt dies nicht zur Formunwirksamkeit des Wettbewerbsverbots nach § 125 S. 1 BGB. Denn die Übergabe der Urkunde nach Abs. 1, 2. Tatbestandsmerkmal stellt keine Formvorschrift, sondern lediglich eine Dokumentationsregelung dar.[123] In diesem Fall kommt dem Arbeitnehmer ein **Wahlrecht** zu – entweder er hält sich an das Wettbewerbsverbot oder er unterlässt es.[124]

38 **b) Angemessene Frist.** Die Aushändigung der Urkunde muss nach zutreffender hM innerhalb angemessener Frist erfolgen.[125] Verzögert der Arbeitgeber die Aushändigung unangemessen, hängt es von der Reaktion des Arbeitnehmers ab, ob dem Erfordernis des Abs. 1 noch Genüge getan ist: Nimmt der Arbeitnehmer die verspätet ausgehändigte Urkunde an, ist der Mangel geheilt.[126]

39 **c) Annahmeverweigerung durch den Arbeitnehmer.** Verhindert der Arbeitnehmer die fristgemäß angebotene Aushändigung der Urkunde (Annahmeverweigerung, Angabe falscher Adresse), so gilt die Aushändigung als erfolgt (vgl. § 162 BGB).[127] Im Streitfall trägt der Arbeitgeber die **Beweislast** für die Aushändigung der Urkunde.[128]

40 **3. Formfehler.** Die Verletzung der Schriftform führt zur **Nichtigkeit** der Wettbewerbsabrede (§ 125 S. 1 BGB);[129] zur Auswirkung auf das Arbeitsverhältnis → Rn. 16. Die Berufung auf den Formmangel ist regelmäßig nicht treuwidrig.[130] Eine Ausnahme gilt nur dann, wenn der Arbeitgeber sich auf einen Formmangel beruft, den er selbst verschuldet hat.[131]

IV. Karenzentschädigung (Abs. 2)

41 **1. Karenzentschädigung als Wirksamkeitsvoraussetzung.** Die Wettbewerbsabrede ist gem. Abs. 2 nur verbindlich, wenn gleichzeitig eine **Karenzentschädigungsabrede** getroffen wird, nach welcher der Arbeitgeber verpflichtet ist, eine **Mindestentschädigung** für jedes Jahr des Verbots in Höhe der Hälfte des letzten Verdienstes des Arbeitnehmers zu gewähren.[132] Diese Entschädigungspflicht soll sicherstellen, dass der Arbeitnehmer einen finanziellen Ausgleich für die im Interesse des Arbeitgebers vereinbarte Wettbewerbsenthaltung erhält.[133] Die Rechtswirksamkeit der Wettbewerbsabrede ist deshalb davon abhängig, dass der Arbeitgeber eine dem Abs. 2 entsprechende Karenzentschädigung zusagt.[134]

42 **a) Die Entschädigungszusage.** Die Entschädigungszusage des Arbeitgebers muss gleichzeitig mit der Wettbewerbsvereinbarung erfolgen. Obwohl nach dem Wortlaut des Abs. 2 die Zahlungspflicht in der Person des Arbeitgebers begründet sein muss, genügt

---

[123] BAG AP Nr. 75 = RdA 2006, 46 mAnm *Diller* = SAE 2005, 261 mAnm *Kort* = EWiR 2005, 569 m. zust. Kurzkomm. *Wank*; Staub/*Weber* Rn. 9.

[124] BAG AP Nr. 84; BAG NZA 2005, 411; ErfK/*Oetker* Rn. 14.

[125] EBJS/*Boecken/Rudkowski* Rn. 20; Heymann/*Henssler/Michel* Rn. 29: § 147 BGB analog; Baumbach/Hopt/*Roth* Rn. 18; *Vogelsang* in Schaub ArbR-HdB § 55 Rn. 40; vgl. auch *Bauer/Diller* Wettbewerbsverbote Rn. 210 ff.

[126] GK-HGB/*Etzel* § 75d Rn. 25; Oetker/*Kotzian-Marggraf* Rn. 26; Staub/*Weber* Rn. 8.

[127] EBJS/*Boecken/Rudkowski* Rn. 20; Baumbach/Hopt/*Roth* Rn. 18; Staub/*Weber* Rn. 8.

[128] BAG AP BGB § 626 Nr. 97 m. zust. Anm. *Baumgärtl*.

[129] BAG NZA 2011, 413 Rn. 28; AP Nr. 86 mAnm *Diller*; Nr. 90; *Bauer/Diller* Wettbewerbsverbote Rn. 213 ff.; EBJS/*Boecken/Rudkowski* Rn. 21; Oetker/*Kotzian-Marggraf* Rn. 25; Staub/*Weber* Rn. 7.

[130] BAG AP Nr. 2 m. zust. Anm. *Larenz*; BGH NJW 1996, 1467 (1469 f.); EBJS/*Boecken/Rudkowski* Rn. 21; Oetker/*Kotzian-Marggraf* Rn. 25; Staub/*Weber* Rn. 7.

[131] RAGE 14, 148; BAG AP Nr. 75; LAG Hamm BeckRS 2003, 31031398; EBJS/*Boecken/Rudkowski* Rn. 21; Baumbach/Hopt/*Roth* Rn. 19; Staub/*Weber* Rn. 7; krit. *Bauer/Diller* Wettbewerbsverbote Rn. 214.

[132] BAG BeckRS 2010, 71640; OLG Koblenz NJW-RR 1993, 611 = BB 1993, 387; EBJS/*Boecken/Rudkowski* Rn. 41; Staub/*Weber* Rn. 33. Auch eine salvatorische Klausel ist nicht geeignet, die Nichtigkeitsfolge zu beseitigen oder zu heilen, BAG NZG 2017, 1392.

[133] EBJS/*Boecken/Rudkowski* Rn. 41; Staub/*Weber* Rn. 33.

[134] AllgM, BAG NZA 2014, 536; KKRD/*Koller* §§ 74–75d Rn. 4a.

ausnahmsweise auch die Entschädigungszusage des Konzerns oder eines anderen Betriebs des Unternehmens.[135]

Die Pflicht zur Karenzentschädigung ist **unabhängig vom Umfang der Tätigkeitsbeschränkung**[136] und wird auch nicht durch eine anderweitig gesicherte Versorgung des Arbeitnehmers berührt.[137] Denn die Pflicht zur Unterlassung von Wettbewerb und die Entschädigungszahlung stehen sich als gegenseitig verpflichtende Leistungen gegenüber.[138] Eine für den Verlust des Arbeitsplatzes zugesagte Abfindung ist deshalb keine Karenzentschädigung.[139] Die Abfindung ist eine Entschädigung für den Verlust des Arbeitsplatzes,[140] und stellt damit keine Gegenleistung des Arbeitgebers für die nachvertragliche Wettbewerbsenthaltung des Arbeitnehmers dar. Trotz der irreführenden Bezeichnung handelt es sich bei der Karenzentschädigung nicht um eine Entschädigung im Sinne eines Schadensersatzanspruchs, sondern vielmehr um ein aufgrund des gegenseitigen Vertrags geschuldetes Entgelt.[141] 43

Der Anspruch auf Zahlung der Karenzentschädigung besteht – von dem Sonderfall des § 74c Abs. 1 S. 3 (Verbüßung einer Freiheitsstrafe) abgesehen – **unabhängig davon, ob der Arbeitnehmer tatsächlich in der Lage ist, Konkurrenz zu machen.**[142] Der Zahlungsanspruch entfällt somit nicht, wenn der Arbeitnehmer infolge einer Erkrankung dauerhaft nicht in der Lage ist, Wettbewerb zu betreiben.[143] Der Zahlungsanspruch entfällt auch dann nicht, wenn der Arbeitnehmer mit einem Studium beginnt, das ihm ein im Wesentlichen völlig neues Berufsfeld erschließen soll, und er auf Grund dessen eine auf seiner bisherigen beruflichen Qualifikation und seinem bisherigen beruflichen Werdegang gründende Erwerbstätigkeit nicht mehr aufnehmen will.[144] Denn das Wettbewerbsverbot verpflichtet den Arbeitnehmer nicht zu positivem Handeln, sondern begründet lediglich eine Unterlassungspflicht. 44

Die Leistung der Wettbewerbsenthaltung kann der Arbeitnehmer also auch erbringen, wenn eine Wettbewerbsmöglichkeit für ihn nicht oder nicht mehr besteht. Lediglich beim Tod des Arbeitnehmers erlischt das Wettbewerbsverbot. Die Pflicht des Arbeitnehmers zum Unterlassen von Wettbewerb geht als höchstpersönliche Verpflichtung (§ 613 BGB) nicht auf den Erben über.[145] Hinsichtlich der **Höhe der Entschädigung** kann die Entschädigungszusage auf **Abs. 2** verweisen.[146] Hierin liegt im Zweifel eine Verweisung auf die gesetzliche Mindesthöhe. 45

b) Höhe der Entschädigung. Die Höhe der Entschädigung muss mindestens die Hälfte der **„vertragsmäßigen Leistungen"** des Arbeitnehmers betragen.[147] Die Hälfte des Gehaltes genügt nicht.[148] Ebenso wenig genügt die laufende Zahlung von Teilbeträgen während des Arbeitsverhältnisses, da hierdurch die gesetzlich vorgeschriebene Mindestkarenzentschädigung nicht gewährleistet ist.[149] Ausgangspunkt für die Bestimmung der 46

[135] *Bauer/Diller* Wettbewerbsverbote Rn. 433; *Vogelsang* in Schaub ArbR-HdB § 55 Rn. 76; Staub/*Weber* Rn. 38; HzA/*Welslau* Gruppe 1 Rn. 2215: jeder solvente Dritte.
[136] Heymann/*Henssler/Michel* Rn. 40; Staub/*Weber* Rn. 33.
[137] BAG AP BGB § 242 Ruhegehalt Nr. 172 m. krit. Anm. *Grunsky.*
[138] EBJS/*Boecken/Rudkowski* Rn. 42; Heymann/*Henssler/Michel* Rn. 37; Oetker/*Kotzian-Marggraf* Rn. 27; *Krauß* WiB 1995, 27; Staub/*Weber* Rn. 33; zu den Leistungsstörungen → Rn. 55 ff.
[139] BAG WiB 1995, 27 mAnm *Krauß* = DB 1995, 50; EBJS/*Boecken/Rudkowski* Rn. 42; Staub/*Weber* Rn. 33.
[140] Linck/Krause/Bayreuther/*Linck* KSchG § 10 Rn. 4.
[141] BAG AP Nr. 88; EBJS/*Boecken/Rudkowski* Rn. 41.
[142] BAG AP § 74c Nr. 4 mAnm *Küchenhoff/Reinhardt*; NJW 1996, 2677; LAG Köln NZA-RR 2011, 513; EBJS/*Boecken/Rudkowski* Rn. 44; Staub/*Weber* Rn. 33.
[143] BAG AP § 74c Nr. 4; AP Nr. 75; EBJS/*Boecken/Rudkowski* Rn. 44.
[144] BAG BB 1996, 1720; EBJS/*Boecken/Rudkowski* Rn. 44.
[145] Heymann/*Henssler/Michel* Rn. 51; MüKoBGB/*Leipold* BGB § 1922 Rn. 23; Staub/*Weber* Rn. 67.
[146] BAG AP Nr. 35; EBJS/*Boecken/Rudkowski* Rn. 43; Staub/*Weber* Rn. 36.
[147] BAG AP Nr. 86 mAnm *Diller*; EBJS/*Boecken/Rudkowski* Rn. 45; GK-HGB/*Etzel* § 75d Rn. 47; Oetker/*Kotzian-Marggraf* Rn. 28; Staub/*Weber* Rn. 42; zur Rechnung vgl. LAG Frankfurt DB 1991, 709; ausf. *Bauer/Diller* Wettbewerbsverbote Rn. 373 ff.
[148] LAG Hamm BeckRS 2010, 70152; HessLAG LAGE § 74a Nr. 1.
[149] BAG AP Nr. 38 mit iErg zust. Anm. *Stumpf*; Staub/*Weber* Rn. 42.

„zuletzt bezogenen vertragsmäßigen Leistungen" iSd Abs. 2 ist alles, was der Arbeitnehmer in der fraglichen Zeit als Gegenleistung für seine Arbeitsleistung erhalten hat.[150] Für die Bemessung der Entschädigung ist dabei unerheblich, mit welchen Zahlungen der Arbeitnehmer auch in Zukunft sicher hätte rechnen können. Vielmehr ist nur entscheidend, was der Arbeitnehmer als Gegenleistung für seine Arbeitsleistung zu dem maßgeblichen Zeitpunkt tatsächlich erhalten hat bzw. hätte erhalten müssen.[151] Auf Fragen der Entstehung und Fälligkeit kommt es hierbei nicht an.[152]

47 Neben dem eigentlichen Entgelt **gehören zu den vertragsmäßigen Leistungen auch sonstige Einkommensbestandteile** wie Leistungszulagen (zB beim Akkord), das 13. Monatsgehalt, Weihnachtsgratifikationen, Provisionen, Tantiemen und Gewinn- und Umsatzbeteiligungen.[153, 154] Gleiches gilt für Aktienoptionen oder Dividenden, die der Arbeitnehmer im Rahmen seines Arbeitsverhältnisses vertragsgemäß vom Arbeitgeber erhält.[155] Auch Naturalleistungen, wie die Nutzung eines Dienstwagens, die Bereitstellung einer Werkdienstwohnung oder die Überlassung eines (dienstlichen) Mobiltelefons, sind umfasst.[156] Umstritten ist, wie mit bloßen Wertstellungen bzw. Vesting ohne Auszahlung zu verfahren ist. Mit Blick auf den umfassenden Schutzgehalt der §§ 74 ff. und im Sinne eines Gleichlaufs mit der Gewinn- und Umsatzbeteiligung des Arbeitgebers sprechen die besseren Argumente dafür, dem Handlungsgehilfen auch einen Anspruch auf unverfallbare virtuelle Unternehmensanteile zuzusprechen.[157] Nicht erforderlich ist, dass der Arbeitnehmer einen Rechtsanspruch auf die Leistungen hatte. Es genügt die faktische Gewährung.[158] Dagegen **bleibt** ein **Auslagenersatz** wie etwa Spesen **außer Betracht,** da diese Zahlungen nicht die Arbeitsleistung vergüten, sondern im Zusammenhang mit der Arbeitsleistung entstandene Unkosten ersetzen (vgl. § 74b Abs. 3).[159] Auch freiwillige Beiträge des Arbeitgebers zur Lebensversicherung und zur freiwilligen Krankenversicherung müssen nach ihrer Zweckbestimmung von der Vergütung für die geleistete Arbeit unterschieden werden.[160] Näheres zur Berechnung der Karenzentschädigung vgl. § 74b.

48 **c) Verjährung.** Die Ansprüche auf Karenzentschädigung gem. § 74 unterliegen der dreijährigen Verjährung des § 195 BGB.[161]

49 **2. Rechtsfolgen bei mangelhafter Karenzentschädigung. a) Unverbindlichkeit bei fehlender Entschädigungszusage.** Fehlt die Entschädigungszusage in der Wettbewerbsabrede völlig, können sich weder Arbeitgeber noch Arbeitnehmer auf die Vereinbarung berufen.[162] Der Arbeitnehmer ist in seiner Konkurrenztätigkeit frei. Er kann aber auch dann, wenn er dem Wettbewerbsverbot nachgekommen ist, vom Arbeitgeber keine

---

150 BAG NJW 2009, 618 (619); EBJS/*Boecken/Rudkowski* Rn. 46; ErfK/*Oetker* Rn. 15; Röhricht/Graf v. Westphalen/Haas/*Wagner/Vogt* § 74 Rn. 64; Röhricht/Graf v. Westphalen/Haas/*Wagner/Vogt* § 74b Rn. 8 ff.

151 BAG NJW 2009, 618 (619).

152 BAG AP Nr. 59 = NJW 1990, 1870 = AR-Blattei ES 1830 Nr. 165 mAnm *Buchner,* unter Aufgabe von BAG AP Nr. 20; EBJS/*Boecken/Rudkowski* Rn. 45.

153 BAG AP Nr. 59 = AR-Blattei ES 1830 Nr. 165 mAnm *Buchner*; EBJS/*Boecken/Rudkowski* Rn. 46; Oetker/*Kotzian-Marggraf* Rn. 28; Staub/*Weber* § 74b Rn. 12 f.

154 BAG AP Nr. 83; LAG Düsseldorf BeckRS 2015, 73316; einhM, vgl. nur *Bauer/Diller* Wettbewerbsverbote Rn. 389; EBJS/*Boecken/Rudkowski* Rn. 46; GK-HGB/*Etzel* § 75d Rn. 50; Oetker/*Kotzian-Marggraf* Rn. 28; Staub/*Weber* § 74b Rn. 12; zur Wertermittlung der Nutzungsvorteile von Firmenwagen s. *Dombrowski/Zettelmeyer* NZA 1995, 155 ff.

155 BAG AP BGB § 305 Nr. 12 mAnm *Lingemann/Gotham*; LAG BW BeckRS 2011, 65940; EBJS/*Boecken/Rudkowski* Rn. 46; *Naber/Seeger* GWR 2016, 117 (118).

156 LAG Düsseldorf BeckRS 2015, 73316; ErfK/*Oetker* Rn. 15.

157 EBJS/*Boecken/Rudkowski* Rn. 46; aA *Naber/Seeger* GWR 2016, 117 (118).

158 BAG NJW 2009, 618 (619); AP Nr. 40 m. zust. Anm. *Brackmann*; EBJS/*Boecken/Rudkowski* Rn. 46; Staub/*Weber* § 74b Rn. 12.

159 GK-HGB/*Etzel* § 75d Rn. 50.

160 BAG AP Nr. 40; Staub/*Weber* § 74b Rn. 14; diff. EBJS/*Boecken/Rudkowski* Rn. 47.

161 BAG NZA 1998, 258 (259); EBJS/*Boecken/Rudkowski* Rn. 48; Oetker/*Kotzian-Marggraf* Rn. 30.

162 BAG AP BGB § 611 Konkurrenzklausel Nr. 24; AP Nr. 65; Nr. 80 Rn. 11; Nr. 88; ErfK/*Oetker* Rn. 18; Staub/*Weber* Rn. 39.

Entschädigungszahlung verlangen. Die Unverbindlichkeit der Klausel kommt in diesem Fall praktisch ihrer Nichtigkeit gleich.[163] Eine salvatorische Ersetzungsklausel ist nicht geeignet, die gesetzlich angeordnete Folge zu beseitigen bzw. die Nichtigkeit zu heilen.[164]

b) Unverbindlichkeit bei ungenügender Entschädigungszugsage. Enthält die Wettbewerbsabrede dagegen eine Entschädigungszusage, **die** jedoch den **Mindestbetrag** des Abs. 2 **nicht erreicht,** so **ist** das Wettbewerbsverbot nicht unwirksam, sondern nur **unverbindlich.**[165] Gleiches gilt, sofern die Höhe der Entschädigung in das **Ermessen** des Arbeitgebers gestellt wird, ohne dass eine Mindesthöhe der Entschädigung vereinbart wird.[166] 50

aa) Wahlrecht des Arbeitnehmers. Der Arbeitnehmer hat dann ein Wahlrecht, ob er die Abrede gelten lassen will oder nicht.[167] Die Wahl muss im Interesse des Arbeitgebers grundsätzlich **zu Beginn der Karenzzeit** ausgeübt werden;[168] sie ist unwiderruflich.[169] Ausnahmsweise kann die Ausübung des Wahlrechts hinausgeschoben werden, wenn und solange über die Wirksamkeit der Beendigung des Arbeitsverhältnisses oder über die Wirksamkeit der Wettbewerbsabrede ein Rechtsstreit geführt wird.[170] In diesem Fall kann bei einem vorläufigen Unterlassen des Wettbewerbs die Wahl auch erst nach dem Urteil vorgenommen werden. Löst der Arbeitnehmer sich dann von dem Wettbewerbsverbot, hat er bis dahin einen zeitanteiligen Anspruch auf Karenzentschädigung.[171] Die Ausübung des Wahlrechts durch den Arbeitnehmer kann nicht dadurch beschränkt werden, dass ihm bereits während des Arbeitsverhältnisses Vorschussleistungen auf die Karenzentschädigung gezahlt werden, welche unterhalb der Mindestgrenze der gesetzlichen Entschädigung bleiben. In einem solchen Fall kann der Arbeitgeber nicht verlangen, dass der Arbeitnehmer die bezogenen Teilleistungen zurückzahlt, wenn er sich auf die Unverbindlichkeit der Wettbewerbsabrede beruft. Andernfalls wäre das Wahlrecht des Arbeitnehmers zur Vermeidung der Rückzahlungspflicht einseitig beschränkt.[172] 51

Für die **Inanspruchnahme der Karenzentschädigung** bedarf es **keiner Erklärung** durch den Arbeitnehmer.[173] Es genügt, wenn der Arbeitnehmer sich zu Beginn der Karenzzeit etwa durch die Aufnahme einer nicht wettbewerbswidrigen Tätigkeit konkludent für das Wettbewerbsverbot entscheidet. Um dem Interesse des Arbeitgebers an Rechtssicherheit gerecht zu werden, hat der Arbeitgeber allerdings in Anlehnung an § 264 Abs. 2 S. 1 BGB die Möglichkeit, den wahlberechtigten Arbeitnehmer unter Bestimmung einer angemessenen Frist zur Vornahme der Wahl aufzufordern. Mit Ablauf der Frist geht das Wahlrecht auf den Arbeitgeber über (§ 264 Abs. 2 S. 2 BGB).[174] 52

---

163 Ganz überwM, vgl. BAG AP Nr. 86; BGB § 611 Konkurrenzklausel Nr. 24 mAnm *Wiedemann/Steinberg* = AR-Blattei Wettbewerbsverbot Entsch. 71 mAnm *Diederichsen* = SAE 1971, 106 mAnm *Canaris*; DB 1995, 50 mwN; LAG Bln LAG-Report 2003, 253; EBJS/*Boecken/Rudkowski* Rn. 50; GK-HGB/*Etzel* § 75d Rn. 39; ErfK/*Oetker* Rn. 18; Staub/*Weber* Rn. 39; krit. *Bauer/Diller* Wettbewerbsverbote Rn. 472.

164 BAG AP Nr. 88.

165 BAG AP Nr. 59 = AR-Blattei ES 1830 Nr. 165 mAnm *Buchner*; AP Nr. 88; *Bauer/Diller* Wettbewerbsverbote Rn. 473; EBJS/*Boecken/Rudkowski* Rn. 51; Oetker/*Kotzian-Marggraf* Rn. 27; Staub/*Weber* Rn. 45.

166 BAG AP Nr. 86 mAnm *Diller.*

167 BAG AP Nr. 88; EBJS/*Boecken/Rudkowski* Rn. 51; Oetker/*Kotzian-Marggraf* Rn. 27; Staub/*Weber* Rn. 45.

168 BAG AP Nr. 37; Nr. 88; EBJS/*Boecken/Rudkowski* Rn. 53; Oetker/*Kotzian-Marggraf* Rn. 27; ErfK/*Oetker* Rn. 19; Staub/*Weber* Rn. 45.

169 BAG AP Nr. 42 m. zust. Anm. *Beitzke*; EBJS/*Boecken/Rudkowski* Rn. 53; Staub/*Weber* Rn. 45.

170 BAG AP Nr. 53 m. abl. Anm. *Hadding/Hammen*; EBJS/*Boecken/Rudkowski* Rn. 53; Oetker/*Kotzian-Marggraf* Rn. 27; Staub/*Weber* Rn. 45.

171 BAG AP Nr. 37; Staub/*Weber* Rn. 45.

172 BAG AP Nr. 38 mAnm *Stumpf.*

173 BAG AP Nr. 60; LAG Hamm DB 1981, 1243; Abweichung zu BAG AP Nr. 51 mAnm *Küstner* und BAG AP Nr. 53 m. abl. Anm. *Hadding/Hammen* = EWiR 1987, 907 m. Kurzkomm. *Grunsky*; EBJS/*Boecken/Rudkowski* Rn. 54; krit. Staub/*Weber* Rn. 46.

174 BAG AP Nr. 60; aA EBJS/*Boecken/Rudkowski* Rn. 54.

53 **bb) Unverbindlichkeit oder Einhaltung der Wettbewerbsabrede.** Macht der Arbeitnehmer die Unverbindlichkeit der Wettbewerbsabrede geltend, kann er in Wettbewerb zu dem bisherigen Arbeitgeber treten.[175] Entscheidet sich der Arbeitnehmer für die Einhaltung des Wettbewerbsverbots, hat er nicht nur einen Anspruch auf die vereinbarte, sondern auf die **gesetzliche Mindestvergütung.**[176] Der Arbeitgeber kann dann umgekehrt Unterlassung des Wettbewerbs verlangen. Die Rspr.[177] und Teile der Lit.[178] vertreten demgegenüber die Auffassung, der Arbeitnehmer könne sich – sofern er von seinem Wahlrecht in dem Sinne Gebrauch mache, dass er das Wettbewerbsverbot einhalten wolle – der Höhe nach nur auf die vertraglich vereinbarte Karenzentschädigung berufen. Begründet wird diese Auffassung mit Blick auf den lediglich einseitig zwingenden Charakter des § 75d, wonach dieser lediglich den Arbeitgeber bindet und der Arbeitnehmer die Verbindlichkeit der Vereinbarung herbeiführen kann.[179] Zudem würde dem Schutzinteresse des Arbeitnehmers durch das Wahlrecht ausreichend Rechnung getragen.[180] Dem ist jedoch entgegenzuhalten, dass Abs. 2 die Mindestentschädigung zwingend vorschreibt. Das BAG hat in einem Fall, in dem die Höhe der Karenzentschädigung vertraglich in das **Ermessen** des Arbeitgebers gestellt wurde und sich der Arbeitnehmer für die Einhaltung des Wettbewerbsverbots entschied indes statuiert, dass dem Arbeitnehmer in diesem Fall mindestens 50% der zuletzt bezogenen vertragsmäßigen Leistungen, dh die gesetzliche Mindesthöhe der Karenzentschädigung gem. Abs. 2 zustünden.[181] Somit stünden Arbeitnehmer, die vertraglich vereinbart haben, die Höhe der Karenzentschädigung in das Ermessen des Arbeitgebers zu stellen, schlechter, als diejenigen, die vertraglich eine zu niedrige Karenzentschädigung vereinbart haben. Eine solche Ungleichbehandlung ist nicht ohne weiteres nachvollziehbar.

54 **3. Bedingte Wettbewerbsverbote.** Bei dem sog. bedingten Wettbewerbsverbot[182] behält sich der Arbeitgeber vor, die Wettbewerbsabrede geltend zu machen und den Arbeitnehmer auf Unterlassung von Wettbewerb in Anspruch zu nehmen. Vor Eintritt der Bedingung besteht kein Wettbewerbsverbot und damit auch keine Entschädigungspflicht des Arbeitgebers. Damit wird die Entschädigung unter die Bedingung der Geltendmachung der Wettbewerbsabrede durch den Arbeitgeber gestellt. Dies führt zur Unverbindlichkeit der Wettbewerbsabrede.[183] Auch hier hat der Arbeitnehmer eine Wahlmöglichkeit, ob er die Wettbewerbsabrede gelten lassen will oder nicht (→ Rn. 51).[184]

V. Ansprüche bei Verletzung der Wettbewerbsabrede

55 **1. Ansprüche des Arbeitgebers. a) Unterlassen der wettbewerbswidrigen Tätigkeit.** Verstößt der Arbeitnehmer während der Laufzeit des Wettbewerbsverbots gegen die ihm durch die Vereinbarung auferlegten Beschränkungen, so kann der Arbeitgeber gegen den Arbeitnehmer auf Unterlassung oder ggf. auf Beseitigung der fortbestehenden Störungen (zB Schließung eines dem Wettbewerbsverbot zuwiderlaufenden Betriebs)[185] klagen. Zuständig sind die Gerichte für Arbeitssachen (§ 2 Abs. 1 Nr. 3c ArbGG).

---

[175] So bereits BAG AP Nr. 1 m. zust. Anm. *A. Hueck.*

[176] Offengelassen von BAG AP Nr. 59 = AR-Blattei ES 1830 Nr. 165 m. krit. Anm. *Buchner.*

[177] BAG AP Nr. 10 mAnm *Hefermehl* und Nr. 19 m. zust. Anm. *Herschel*; AP Nr. 84; Nr. 86 mAnm *Diller*; LAG Hamm BuW 2002, 704; BeckRS 2010, 70152.

[178] EBJS/*Boecken/Rudkowski* Rn. 52; Heymann/*Michel* Rn. 45; MHdB ArbR/*Nebendahl* § 140 Rn. 46; ErfK/*Oetker* Rn. 19.

[179] EBJS/*Boecken/Rudkowski* Rn. 52.

[180] LAG Hamm BuW 2002, 704; LAG Hamm BeckRS 2010, 70152.

[181] BAG AP Nr. 86.

[182] Vgl. hierzu ausf. *Bauer/Diller* DB 1997, 94 ff.; *Bauer/Diller* Wettbewerbsverbote Rn. 484 ff.; Staub/*Weber* Rn. 47 ff.

[183] BAG AP Nr. 60; Nr. 67 mAnm *Henssler*; Nr. 86 Rn. 24 mAnm *Diller*; Nr. 90 unter I. 3. unter b) bb) (1) m. krit. Anm. *Fehrenbach*; Heymann/*Henssler/Michel* Rn. 45; HzA/*Welslau* Gruppe 1 Rn. 2217 ff.; vgl. auch *Bauer/Diller* Wettbewerbsverbote Rn. 484 ff.

[184] BAG AP Nr. 36 = AR-Blattei Wettbewerbsverbot Entsch. 123 mAnm *Buchner* = SAE 1978, 108 m. krit. Anm. *Canaris*; krit. Staub/*Weber* Rn. 53.

[185] EBJS/*Boecken/Rudkowski* Rn. 56; Baumbach/Hopt/*Roth* Rn. 10; Oetker/*Kotzian-Marggraf* Rn. 31; Staub/*Weber* Rn. 59; ausf. *Bauer/Diller* Wettbewerbsverbote Rn. 867 ff.

Um dem Arbeitgeber die Beurteilung zu ermöglichen, ob Verstöße gegen die Wettbewerbsabrede vorliegen oder drohen, hat der Arbeitgeber gegen den bisherigen Arbeitnehmer ein **Auskunftsrecht** (vgl. auch § 74c Abs. 2).[186] Der Anspruch auf Auskunft besteht auch ohne ausdrückliche Vereinbarung und kann im Wege der Stufenklage (§ 254 ZPO) mit dem Erfüllungsanspruch geltend gemacht werden.[187] Zu den notwendigen Angaben des Arbeitnehmers gehören dabei je nach Umfang des Wettbewerbsverbots der Name des neuen Arbeitgebers, die Art der Betätigung, wenn der neue Arbeitgeber ein Konkurrent des bisherigen Arbeitgebers ist[188] uÄ. 56

Nach Ablauf der Karenzzeit kann der Arbeitgeber auch noch in der Revisionsinstanz von der Leistungsklage zur **Klage auf Feststellung** übergehen, dass der Arbeitnehmer während der Karenzzeit zur Wettbewerbsunterlassung verpflichtet gewesen ist.[189] Für die geänderte Klage besteht wegen möglicher Schadensersatz- oder Vertragsstrafenansprüche des Arbeitgebers regelmäßig ein Feststellungsinteresse gem. § 256 ZPO.[190] 57

Muss der Arbeitgeber auf Grund besonderer Umstände befürchten, dass der ehemalige Arbeitnehmer das Wettbewerbsverbot nicht einhält, so kann der Arbeitgeber gegen den ausgeschiedenen Arbeitnehmer auch im Wege der **vorbeugenden Unterlassungsklage** vorgehen.[191] In besonderen Eilfällen kann der Arbeitgeber den Erlass einer einstweiligen Verfügung (§ 935 ZPO) beantragen.[192] Handelt der Arbeitnehmer dem auf Unterlassung lautenden Urteil zuwider, so kann der Arbeitgeber gem. § 890 ZPO Ordnungsgeld bzw. -haft beantragen. 58

b) Sekundäransprüche. Die Pflicht des Arbeitgebers zur Zahlung der Karenzentschädigung steht im Gegenseitigkeitsverhältnis zur Unterlassungspflicht des Arbeitnehmers. Bei Nichterfüllung und Verzug ergeben sich somit die folgenden Ansprüche (von dem Sonderfall einer zu Lasten des Arbeitnehmers vereinbarten Vertragsstrafe gem. § 75c abgesehen): 59

aa) Verschulden des Arbeitnehmers. Der Arbeitgeber kann, solange der Arbeitnehmer gegen das Wettbewerbsverbot verstößt, die fällige Entschädigung gem. § 320 BGB zurückhalten.[193] **Bei schuldhafter Verletzung des Wettbewerbsverbots** wird der Arbeitgeber gem. § 326 Abs. 1 S. 1 BGB für die Dauer der Verletzungshandlung von der Zahlungspflicht frei. Denn der Verstoß gegen die Wettbewerbsabrede macht die Unterlassungspflicht für die fragliche Zeit unmöglich.[194] Bereits gezahlte Beträge kann der Arbeitgeber daher gem. §§ 326, 346 ff. BGB zurückfordern, soweit sie die Zeit der Zuwiderhandlung betreffen.[195] 60

Wenn der Arbeitgeber nach dem Wettbewerbsverstoß an der weiteren Erfüllung der Wettbewerbsabrede kein Interesse mehr hat, kann er auch gem. § 326 Abs. 5 iVm § 323 Abs. 5 BGB ohne Fristsetzung von der Wettbewerbsabrede insgesamt **zurücktreten.**[196] Das Gleiche gilt bei endgültiger Erfüllungsverweigerung durch den Arbeitnehmer.[197] Der 61

[186] BAG AP BGB § 242 Auskunftspflicht Nr. 12 m. zust. Anm. *Lüderitz*; Nr. 24 mAnm *Diederichsen*; *Bauer/Diller* Wettbewerbsverbote Rn. 862 ff.; EBJS/*Boecken/Rudkowski* Rn. 56; Heymann/*Henssler/Michel* Rn. 56; Oetker/*Kotzian-Marggraf* Rn. 31; Staub/*Weber* Rn. 64.

[187] LAG BW BeckRS 2012, 68185; *Bauer/Diller* Wettbewerbsverbote Rn. 865; Baumbach/Hopt/*Roth* Rn. 14.

[188] Vgl. BAG AP BGB § 242 Auskunftspflicht Nr. 12; *Bauer/Diller* Wettbewerbsverbote Rn. 863.

[189] BAG AP Nr. 22 mAnm *Weitnauer*; *Bauer/Diller* Wettbewerbsverbote Rn. 878; Staub/*Weber* Rn. 60.

[190] BAG AP Nr. 22 mAnm *Weitnauer*; *Bauer/Diller* Wettbewerbsverbote Rn. 878.

[191] LAG BW NZA 1986, 641 Ls.; Staub/*Weber* Rn. 59.

[192] LAG Köln BeckRS 2012, 68079; BW BB 1967, 1426; *Bauer/Diller* Wettbewerbsverbote Rn. 887 ff.; EBJS/*Boecken/Rudkowski* Rn. 56; Staub/*Weber* Rn. 59.

[193] *Bauer/Diller* Wettbewerbsverbote Rn. 906; EBJS/*Boecken/Rudkowski* Rn. 57; Heymann/*Henssler/Michel* Rn. 65; Staub/*Weber* Rn. 61.

[194] BAG DB 2015, 2516 Rn. 29; Oetker/*Kotzian-Marggraf* Rn. 31; ErfK/*Oetker* Rn. 23; Staub/*Weber* Rn. 61.

[195] BAG Nr. 24 m. zust. Anm. *Diederichsen*; EBJS/*Boecken/Rudkowski* Rn. 58; Staub/*Weber* Rn. 61.

[196] *Bauer/Diller*Wettbewerbsverbote Rn. 914 ff.; EBJS/*Boecken/Rudkowski* Rn. 58; Oetker/*Kotzian-Marggraf* Rn. 31; Staub/*Weber* Rn. 62.

[197] Heymann/*Henssler/Michel* Rn. 63; Staub/*Weber* Rn. 62.

Rücktritt vom nachvertraglichen Wettbewerbsverbot entfaltet *ex nunc* Wirkung, dh die wechselseitigen Pflichten entfallen erst für die Zeit nach dem Zugang der Erklärung.[198] Macht der Arbeitgeber von seinem **Rücktrittsrecht** keinen Gebrauch, bleibt er zur Zahlung der Entschädigung weiter verpflichtet, sobald der Arbeitnehmer der Wettbewerbsabrede wieder gerecht wird.[199]

62 Der Arbeitgeber kann des Weiteren **Schadensersatz** statt der Leistung gem. § 280 Abs. 1 und Abs. 3 BGB iVm § 283 BGB verlangen (§ 325 BGB).[200] Der Schadensersatzanspruch erstreckt sich dabei insbesondere auf den Ersatz des entgangenen Gewinns (§ 252 BGB). Anders als beim gesetzlichen Wettbewerbsverbot während des Bestehens des Arbeitsverhältnisses (§ 61 Abs. 1) kann der Arbeitgeber aber nicht in die Konkurrenzgeschäfte des Arbeitnehmers eintreten.

63 **bb) Ohne Verschulden des Arbeitnehmers.** Trifft den Arbeitnehmer bei dem Wettbewerbsverstoß kein Verschulden, wird der Arbeitgeber gleichwohl gem. § 326 Abs. 1 S. 1 BGB für die Zeit des Wettbewerbsverstoßes von der Zahlungspflicht frei.[201] Hält der Arbeitnehmer anschließend das Wettbewerbsverbot wieder ein, lebt der Anspruch auf Zahlung der Karenzentschädigung wieder auf.[202]

64 **cc) Widerruf der Ruhegeldzusage.** Bei einem Wettbewerbsverstoß des im Ruhestand befindlichen Arbeitnehmers kann der Arbeitgeber die Ruhegeldzusage grundsätzlich nicht widerrufen.[203] Nur in Ausnahmefällen kann die Berufung des Arbeitnehmers auf die Versorgungszusage rechtsmissbräuchlich sein.[204] Im Übrigen ist der Arbeitgeber auf Schadensersatzansprüche oder auf Einstellung der Karenzentschädigung angewiesen.

65 **2. Ansprüche des Arbeitnehmers. a) Zahlung der Karenzentschädigung.** Hält der Arbeitnehmer das Wettbewerbsverbot ein und zahlt der Arbeitgeber am gesetzlichen (§ 74b Abs. 1) oder vereinbarten Fälligkeitstermin die Karenzentschädigung nicht, kommt der Arbeitgeber gem. § 286 Abs. 1 BGB iVm § 286 Abs. 2 Nr. 1 BGB ohne Mahnung in Verzug.[205] Neben dem Erfüllungsanspruch kann der Arbeitnehmer nach § 280 Abs. 1 und Abs. 2 BGB iVm § 286 Abs. 1 und Abs. 2 Nr. 1 BGB außerdem den Verzögerungsschaden und gem. § 288 BGB die Verzugszinsen geltend machen.

66 **b) Sekundäransprüche. Bei Nichtzahlung oder verspäteter Zahlung** steht dem unterlassungspflichtigen Arbeitnehmer nicht die Einrede des nichterfüllten Vertrages (§ 320 BGB) zu.[206] Die Zulassung des Wettbewerbs würde die geschuldete Leistung, die Unterlassung von Wettbewerb, nicht nur vorübergehend zurückhalten, sondern zumindest zeitweilig unmöglich machen.[207] Der Arbeitnehmer darf also trotz Zahlungsverzug des Arbeitgebers keinen Wettbewerb treiben.

67 Will sich der Arbeitnehmer bei ausbleibender Zahlung von der Wettbewerbsabrede lösen, muss er vielmehr nach Maßgabe des § 326 Abs. 5 BGB iVm § 323 BGB von der

---

198 BAG AP Nr. 89; EBJS/*Boecken/Rudkowski* Rn. 58; *Lembke* BB 2020, 52; krit. *Oetker* EWiR 2018, 317 (318).

199 BAG Nr. 49 m. zust. Anm. *Beitzke* = AR-Blattei Wettbewerbsverbot Entsch. 146 mAnm *Buchner*; EBJS/*Boecken/Rudkowski* Rn. 58.

200 *Bauer/Diller* Wettbewerbsverbote Rn. 907 ff.; EBJS/*Boecken/Rudkowski* Rn. 58; Heymann/*Henssler/Michel* Rn. 62; Baumbach/Hopt/*Roth* Rn. 11; Staub/*Weber* Rn. 63.

201 EBJS/*Boecken/Rudkowski* Rn. 57; Heymann/*Henssler/Michel* Rn. 61; Staub/*Weber* Rn. 61.

202 BAG AP Nr. 49 m. zust. Anm. *Beitzke* = AR-Blattei Wettbewerbsverbot Entsch. 146 mAnm *Buchner*; Staub/*Weber* Rn. 61.

203 BAG AP BGB § 242 Ruhegehalt Nr. 172 mAnm *Grunsky*; HzA/*Welslau* Gruppe 1 Rn. 2314.

204 Freilich findet sich nur ältere Rspr., und die Fälle werden selten sein: BAG AP BetrAVG § 1 Treuebruch Nr. 1 = SAE 1982, 250 mAnm *Richardi* = EzA BGB § 242 Ruhegeld Nr. 82 mAnm *Birk*.

205 EBJS/*Boecken/Rudkowski* Rn. 59; GK-HGB/*Etzel* § 75d Rn. 117; Oetker/*Kotzian-Marggraf* Rn. 32; Staub/*Weber* Rn. 66.

206 BAG AP Nr. 42 mAnm *Beitzke*; GK-HGB/*Etzel* § 75d Rn. 117; Heymann/*Henssler/Michel* Rn. 66; Oetker/*Kotzian-Marggraf* Rn. 32; aA EBJS/*Boecken/Rudkowski* Rn. 61 f.

207 BAG AP Nr. 42 mAnm *Beitzke*.

Wettbewerbsvereinbarung **zurücktreten.**[208] Bei verspäteter Zahlung gilt § 323 BGB. Der Arbeitnehmer kann aber auch Schadensersatz statt der Leistung gem. § 280 Abs. 1 und Abs. 3 BGB iVm §§ 281, 283 BGB verlangen. War die Wettbewerbsabrede bereits teilweise durchgeführt worden, beseitigt der Rücktritt allerdings nur die Rechte und Pflichten aus der Wettbewerbsabrede für die Zukunft. Der Anspruch auf Karenzentschädigung für die Vergangenheit bleibt also bestehen.[209]

VI. Beendigung und Übertragung der Wettbewerbsabrede

1. Vertragliche Aufhebung. Die Wettbewerbsabrede kann von den Parteien **jederzeit** einvernehmlich aufgehoben werden.[210] Dies ist zB der Fall bei Abschluss eines Vergleichs mit dem Wortlaut, dass „mit der Erfüllung dieser Vereinbarung sämtliche Ansprüche der Parteien hinüber und herüber aus dem Arbeitsverhältnis und seiner Beendigung abgegolten und ausgeglichen" sein sollen.[211] Eine Aufhebung der Wettbewerbsabrede ist auch in einem gerichtlichen Vergleich möglich.[212] Wird lediglich das Arbeitsverhältnis einvernehmlich beendet, hat dies wegen der Trennung von Arbeitsvertrag und Wettbewerbsabrede in der Regel keinen Einfluss auf die Wirksamkeit des Wettbewerbsverbots.[213] Etwas anderes gilt nur, wenn sich die Aufhebung des Arbeitsverhältnisses auch auf das Wettbewerbsverbot bezieht, was durch Auslegung der Aufhebungsvereinbarung ermittelt werden muss.[214] Das Wettbewerbsverbot tritt im Zweifelsfall nicht mit der Aufhebung des Arbeitsverhältnisses durch Eintritt in den **Ruhestand** außer Kraft. Dies gilt auch dann, wenn der Arbeitnehmer Ruhegeld bezieht.[215] 68

Die Parteien können bei der Vertragsaufhebung durch ausdrückliche Erklärung oder durch stillschweigende Einigung zugleich den etwa bestehenden Schriftformzwang aufheben.[216] Auch das **Schriftformerfordernis** des § 75a gilt nicht für die vertragliche Aufhebung der Wettbewerbsabrede.[217] Zum **Verzicht** des Arbeitgebers und zur Kündigung der Wettbewerbsvereinbarung vgl. §§ 75a, 75. 69

2. Wettbewerbsverbot und Betriebsveräußerung. Die Rechte aus dem Wettbewerbsverbot dienen dem Schutz des von dem Unternehmer betriebenen Handelsgewerbes. Sie sind deshalb nach Maßgabe des § 399 BGB nur an den Geschäftsnachfolger übertragbar.[218] Geht ein Betrieb im Wege der **Universalsukzession** (zB Erbfolge) auf einen neuen Arbeitgeber über, so tritt dieser neben den Rechten und Pflichten aus dem Arbeitsverhältnis auch in das Wettbewerbsverbot ein.[219] 70

a) Umwandlung des Rechtsträgers. Bei der Umwandlung des Rechtsträgers nach § 1 Abs. 1 UmwG[220] (→ § 59 Rn. 35) ist zwischen den möglichen Arten einer Umwand- 71

[208] BAG AP Nr. 42 mAnm *Beitzke*; Nr. 89; EBJS/*Boecken/Rudkowski* Rn. 60; Oetker/*Kotzian-Marggraf* Rn. 32; Staub/*Weber* Rn. 66.

[209] BAG AP Nr. 42 mAnm *Beitzke*; GK-HGB/*Etzel* § 75d Rn. 118.

[210] BAG AP Nr. 82 = NJW 2009, 1019 (1021) mAnm *Kock*; AP Nr. 57 = EWiR 1989, 691 m. Kurzkomm. *Grunsky*; AP Nr. 74 = EzA Nr. 63 mAnm *Gravenhorst*; AP BGB § 611 Konkurrenzklausel Nr. 48; AP Nr. 79; *Bauer/Diller* Wettbewerbsverbote Rn. 712 ff.; EBJS/*Boecken/Rudkowski* Rn. 27; KKRD/*Koller* §§ 74–75d Rn. 9; Oetker/*Kotzian-Marggraf* Rn. 24; Staub/*Weber* Rn. 6.

[211] BAG AP Nr. 74; NZA 2004, 554.

[212] BAG AP Nr. 79; Staub/*Weber* Rn. 11.

[213] GK-HGB/*Etzel* § 75d Rn. 72; s. auch BAG AP § 74c Nr. 4 mAnm *Küchenhoff/Reinhardt*; *Wertheimer* NZA 1997, 522 (523).

[214] BAG NZA 2004, 554; *Bauer/Diller* BB 2004, 1274.

[215] BAG AP Nr. 46 mAnm *Beitzke* = NJW 1986, 152; *Bauer/Diller* BB 1997, 990 (992 ff.); EBJS/*Boecken/Rudkowski* Rn. 28; Staub/*Weber* Rn. 13.

[216] BAG AP Nr. 57 = EWiR 1989, 691 m. Kurzkomm. *Grunsky*; AP Nr. 74; EBJS/*Boecken/Rudkowski* Rn. 27; HzA/*Welslau* Gruppe 1 Rn. 2274.

[217] EBJS/*Boecken/Rudkowski* § 75a Rn. 6.

[218] *Bauer/Diller* Wettbewerbsverbote Rn. 1013; Palandt/*Grüneberg* BGB § 399 Rn. 4; Staub/*Weber* Rn. 68.

[219] *Bauer/Diller* Wettbewerbsverbote Rn. 1012; EBJS/*Boecken/Rudkowski* Rn. 33; GK-HGB/*Etzel* § 75d Rn. 75; *Vogelsang* in Schaub ArbR-HdB § 55 Rn. 44; Staub/*Weber* Rn. 68.

[220] Zum Umwandlungsgesetz vom 28.10.1994 (BGBl. 1994 I 3210) s. *Dörrie* WiB 1995, 1 ff.; *Lüttge* NJW 1995, 417 ff.; *Wlotzke* DB 1995, 40 ff. zu arbeitsrechtlichen Aspekten des neuen Umwandlungsrechts.

lung zu unterscheiden. Bei der **formwechselnden Umwandlung** (§ 1 Abs. 1 Nr. 4 UmwG, §§ 190 ff. UmwG) bleibt der Rechtsträger erhalten (§ 202 Abs. 1 Nr. 1 UmwG), so dass die Identität des Unternehmens nicht berührt wird. Deshalb gilt das Wettbewerbsverbot weiter im Verhältnis zwischen Unternehmen und Arbeitnehmer. Bei den anderen Fällen der Umwandlung (Verschmelzung, Spaltung, Vermögensübertragung, § 1 Abs. 1 Nr. 1–3 UmwG) ist gem. § 324 UmwG die Regelung des § 613a Abs. 1 BGB anwendbar. Es kommt also bei der übertragenden Umwandlung darauf an, ob im Verhältnis zum Arbeitnehmer ein Arbeitgeberwechsel durch Wechsel des Rechtsträgers stattgefunden hat. Ist dies der Fall, gilt das Wettbewerbsverbot im Verhältnis zum neuen Arbeitgeber.[221]

72 Erfolgt der **Betriebsübergang** dagegen rechtsgeschäftlich gem. **§ 613a BGB,** muss differenziert werden, ob der Arbeitnehmer zum Zeitpunkt der Veräußerung noch dem Unternehmen angehört, oder ob er bereits ausgeschieden ist.[222]

73 **b) Betriebsveräußerung vor Beendigung des Arbeitsverhältnisses.** Bei **noch bestehendem Arbeitsverhältnis** gehen die Rechte und Pflichten aus der Wettbewerbsabrede gem. § 613a Abs. 1 S. 1 BGB zunächst automatisch auf den Erwerber über.[223] Keine Rolle spielt dabei, ob das Arbeitsverhältnis bereits gekündigt ist.[224] Auch ist es unerheblich, ob die Wettbewerbsvereinbarung bereits Bestandteil des Arbeitsvertrags war oder ob sie gesondert abgeschlossen wurde. Die Wettbewerbsabrede ist jedenfalls iSd § 613a BGB Bestandteil des Arbeitsverhältnisses geworden.[225] Das Wettbewerbsverbot gegenüber dem bisherigen Arbeitgeber erlischt,[226] sodass der veräußernde Arbeitgeber keine Rechte mehr aus dem Wettbewerbsverbot herleiten kann.[227] Die Rechte und Pflichten aus einer Wettbewerbsabrede gehen auch dann auf den Erwerber eines Betriebsteils über, wenn die von der Wettbewerbsvereinbarung erfassten Geschäftsbereiche beim Veräußerer verbleiben und dem Betriebsteilerwerber somit in den von dem Wettbewerbsverbot erfassten Geschäftsbereichen keinerlei Konkurrenz gemacht werden kann.[228]

74 Der **Umfang des Wettbewerbsverbots** zwischen Arbeitnehmer und neuem Arbeitgeber richtet sich zunächst nach der bisherigen vertraglichen Vereinbarung. Das Wettbewerbsverbot kann sich jedoch inhaltlich erweitern (zB der Veräußerer hat nur Pkw vertrieben, während der Erwerber Fahrzeuge aller Art vertreibt) oder umgekehrt auch beschränken.[229] Denn für den konkreten Inhalt des Wettbewerbsverbots ist letztlich der Zeitpunkt der Beendigung des Arbeitsverhältnisses und damit der Tätigkeitsbereich des Erwerbers entscheidend.[230] Soll das Wettbewerbsverbot allerdings auf andere Geschäftszweige ausgedehnt werden, bedarf es einer inhaltlichen Anpassung der Wettbewerbsvereinbarung.[231]

---

221 *Bauer/Diller* Wettbewerbsverbote Rn. 1007 f.; EBJS/*Boecken/Rudkowski* Rn. 34; *Boecken,* Unternehmensumwandlungen und Arbeitsrecht, 1996, Rn. 143 ff.; *Wlotzke* DB 1995, 40 ff.

222 *Bauer/Diller* Wettbewerbsverbote Rn. 985; Staub/*Weber* Rn. 69; vgl. hierzu ausf. *Bossmann,* Die Auswirkungen des Betriebsübergangs nach § 613a BGB auf die Wettbewerbsverbote der Arbeitnehmer, 1993, 144 ff.

223 Ganz überwM; Staudinger/*Annuß,* 2019, BGB § 613a Rn. 136; EBJS/*Boecken/Rudkowski* Rn. 29; *Bossmann,* Die Auswirkungen des Betriebsübergangs nach § 613a BGB auf die Wettbewerbsverbote der Arbeitnehmer, 1993, 155, 156 mwN; GK-HGB/*Etzel* § 75d Rn. 75; Heymann/*Henssler/Michel* Rn. 49; MüKoBGB/*Müller-Glöge* BGB § 613a Rn. 101 f.; Staub/*Weber* Rn. 69; ausf. *Bauer/Diller* Wettbewerbsverbote Rn. 986 ff.

224 *Bossmann,* Die Auswirkungen des Betriebsübergangs nach § 613a BGB auf die Wettbewerbsverbote der Arbeitnehmer, 1993, 156.

225 *Bossmann,* Die Auswirkungen des Betriebsübergangs nach § 613a BGB auf die Wettbewerbsverbote der Arbeitnehmer, 1993, 147 ff.

226 EBJS/*Boecken/Rudkowski* Rn. 30; GK-HGB/*Etzel* § 75d Rn. 75; *Seiter,* Betriebsinhaberwechsel, 1980, 80.

227 EBJS/*Boecken/Rudkowski* Rn. 30; *Bossmann,* Die Auswirkungen des Betriebsübergangs nach § 613a BGB auf die Wettbewerbsverbote der Arbeitnehmer, 1993, 156 mwN; Staub/*Weber* Rn. 69.

228 LAG Stuttgart LAGE § 613a BGB Nr. 70.

229 Vgl. hierzu ausf. *Bossmann,* Die Auswirkungen des Betriebsübergangs nach § 613a BGB auf die Wettbewerbsverbote der Arbeitnehmer, 1993, 234 ff.

230 Ausf. zum Inhalt des Wettbewerbsverbots *Bauer/Diller* Wettbewerbsverbote Rn. 990 ff.

231 EBJS/*Boecken/Rudkowski* Rn. 30; Heymann/*Henssler/Michel* Rn. 49; Baumbach/Hopt/*Roth* Rn. 9.

Darüber hinaus setzt der Übergang des Wettbewerbsverbots auf den **Erwerber** voraus, dass dieser ein **berechtigtes geschäftliches Interesse** an der Einhaltung des Verbots hat (§ 74a Abs. 1 S. 1).[232] Fehlt es daran, so ist das Wettbewerbsverbot zwischen Betriebserwerber und Arbeitnehmer unverbindlich. Lag dagegen umgekehrt in der Person des Veräußerers kein schutzwürdiges Interesse vor, während es beim Erwerber nun gegeben ist, wird das bis dahin unverbindliche Wettbewerbsverbot zum Zeitpunkt der Übertragung voll wirksam.[233] 75

Widerspricht der Arbeitnehmer der Betriebsveräußerung, bleibt das Arbeitsverhältnis nach hM mit dem bisherigen Betriebsinhaber bestehen.[234] Dies führt dazu, dass auch eine im Zeitpunkt der Betriebsübergabe bestehende Wettbewerbsabrede mit dem Betriebsveräußerer vom Grundsatz her weiterhin Geltung entfaltet, wenn nicht im Zusammenhang mit dem Betriebsübergang beim Betriebsveräußerer das Interesse an Wettbewerbsenthaltung (§ 74a) entfallen ist.[235] 76

c) Betriebsveräußerung nach Ausscheiden des Arbeitnehmers. Ist der Arbeitnehmer bereits vor der Betriebsveräußerung ausgeschieden, ist § 613a BGB weder direkt[236] noch analog[237] anwendbar. Denn die Übernahmeregelung des § 613a BGB setzt ein bestehendes Arbeitsverhältnis voraus. Allerdings kann die Wettbewerbsvereinbarung von dem Betriebserwerber durch Vertrag übernommen werden. Diese Verfügung über das Schuldverhältnis kann als „dreiseitiger Vertrag" abgeschlossen werden oder durch Vertrag zwischen Betriebsveräußerer und Betriebserwerber unter Zustimmung des Arbeitnehmers.[238] 77

3. Insolvenz des Arbeitgebers. a) Eröffnung des Insolvenzverfahrens vor Ausscheiden des Arbeitnehmers. Die Verfahrenseröffnung über das Vermögen des Arbeitgebers berührt das **bestehende Arbeitsverhältnis** und die Wettbewerbsvereinbarung grundsätzlich nicht.[239] § 113 InsO gewährt dem jeweils anderen Teil ein Recht zur ordentlichen Kündigung mit einer Kündigungsfrist von drei Monaten zum Monatsende. 78

Kündigt der Arbeitnehmer das Arbeitsverhältnis, so bleibt die Wettbewerbsabrede grundsätzlich wirksam. Jedoch gewährt § 103 InsO dem **Insolvenzverwalter** ein **Wahlrecht** zwischen beiderseitiger **Erfüllung** und Ablehnung der Wettbewerbsabrede. Wählt der Insolvenzverwalter Erfüllung, bleibt der Arbeitnehmer an das Wettbewerbsverbot gebunden.[240] Der Entschädigungsanspruch gehört dann gem. § 55 Abs. 1 Nr. 2 InsO zur Masseschuld.[241] Reicht die Masse voraussichtlich nicht aus, kann der Arbeitnehmer die Wettbewerbsvereinbarung außerordentlich kündigen.[242] 79

---

232 BAG AP § 74a Nr. 1 m. zust. Anm. *Grüll*; Heymann/*Henssler/Michel* Rn. 49; *Vogelsang* in Schaub ArbR-HdB § 55 Rn. 45; Staub/*Weber* Rn. 70; ausf. *Bossmann,* Die Auswirkungen des Betriebsübergangs nach § 613a BGB auf die Wettbewerbsverbote der Arbeitnehmer, 1993, 260 ff.

233 Staub/*Weber* Rn. 70.

234 StRspr, vgl. BAG AP BGB § 613a Nr. 55 mAnm *Lüke*; s. dazu auch EuGH Slg. 1992, I-6577 Rn. 21 ff. – Katsikas; Slg. 2002, I-969 Rn. 34 ff. – Temco Service Industries SA; *Bauer/Diller* Wettbewerbsverbote Rn. 998 ff.; Oetker/*Kotzian-Marggraf* Rn. 24; Staub/*Weber* Rn. 71.

235 GK-HGB/*Etzel* § 75d Rn. 76; Staub/*Weber* Rn. 71.

236 EinhM, vgl. *Bossmann,* Die Auswirkungen des Betriebsübergangs nach § 613a BGB auf die Wettbewerbsverbote der Arbeitnehmer, 1993, 168 ff., 198 f.

237 LAG Köln ZIP 2012, 243; *Bauer/Diller* Wettbewerbsverbote Rn. 1004; EBJS/*Boecken/Rudkowski* Rn. 31; GK-HGB/*Etzel* § 75d Rn. 76; Heymann/*Henssler/Michel* Rn. 50; *Vogelsang* in Schaub ArbR-HdB § 55 Rn. 46; Staub/*Weber* Rn. 74; aA *Bossmann,* Die Auswirkungen des Betriebsübergangs nach § 613a BGB auf die Wettbewerbsverbote der Arbeitnehmer, 1993, 200 ff., 229 ff.; MüKoBGB/*Müller-Glöge* BGB § 613a Rn. 102; Erfk/*Preis* BGB § 613a Rn. 80.

238 GK-HGB/*Etzel* § 75d Rn. 76; ErfK/*Oetker* Rn. 25.

239 *Bauer/Diller* Wettbewerbsverbote Rn. 1015; Staub/*Weber* § 74b Rn. 23 f.

240 *Bauer/Diller* Wettbewerbsverbote Rn. 1020; EBJS/*Boecken/Rudkowski* Rn. 38; FK-InsO/*Eisenbeis* InsO § 113 Rn. 110; Staub/*Weber* § 74b Rn. 24; HzA/*Welslau* Gruppe 1 Rn. 2302.

241 LAG Nürnberg NZI 2015, 290; *Bauer/Diller* Wettbewerbsverbote Rn. 1020; EBJS/*Boecken/Rudkowski* Rn. 38; FK-InsO/*Eisenbeis* InsO § 113 Rn. 110; HK-InsO/*Linck* InsO Vor § 113 Rn. 20; Staub/*Weber* § 74b Rn. 24.

242 *Bauer/Diller* Wettbewerbsverbote Rn. 1020; EBJS/*Boecken/Rudkowski* Rn. 38; FK-InsO/*Eisenbeis* InsO § 113 Rn. 110; Staub/*Weber* § 74b Rn. 24.

80 Lehnt der Insolvenzverwalter die Erfüllung ab, wird der Arbeitnehmer von der Verpflichtung zur Unterlassung frei.[243] Er hat **Schadensersatzansprüche** wegen Wegfalls der Karenz, die er als einfache Insolvenzforderung gem. § 103 Abs. 2 InsO geltend machen kann.[244] **Kündigt der Insolvenzverwalter** das Arbeitsverhältnis, so gilt zugunsten des Arbeitnehmers die Regel des § 75 Abs. 2 HGB[245] (→ § 75 Rn. 1 ff.).

81 **b) Eröffnung des Insolvenzverfahrens nach Ausscheiden des Arbeitnehmers.** Erfolgt die Verfahrenseröffnung erst nach Ausscheiden des Arbeitnehmers, handelt es sich bei den rückständigen Raten um Insolvenzforderungen gem. § 38 InsO.[246] Für die erst nach Verfahrenseröffnung fälligen Karenzentschädigungszahlungen ist dagegen ebenfalls wie bei der Verfahrenseröffnung vor Ausscheiden des Arbeitnehmers § 103 InsO anwendbar.[247]

§ 74a [Unverbindliches oder nichtiges Verbot]

(1) [1]Das Wettbewerbverbot ist insoweit unverbindlich, als es nicht zum Schutze eines berechtigten geschäftlichen Interesses des Prinzipals dient. [2]Es ist ferner unverbindlich, soweit es unter Berücksichtigung der gewährten Entschädigung nach Ort, Zeit oder Gegenstand eine unbillige Erschwerung des Fortkommens des Gehilfen enthält. [3]Das Verbot kann nicht auf einen Zeitraum von mehr als zwei Jahren von der Beendigung des Dienstverhältnisses an erstreckt werden.

(2) [1]Das Verbot ist nichtig, wenn der Gehilfe zur Zeit des Abschlusses minderjährig ist oder wenn sich der Prinzipal die Erfüllung auf Ehrenwort oder unter ähnlichen Versicherungen versprechen läßt. [2]Nichtig ist auch die Vereinbarung, durch die ein Dritter an Stelle des Gehilfen die Verpflichtung übernimmt, daß sich der Gehilfe nach der Beendigung des Dienstverhältnisses in seiner gewerblichen Tätigkeit beschränken werde.

(3) Unberührt bleiben die Vorschriften des § 138 des Bürgerlichen Gesetzbuchs über die Nichtigkeit von Rechtsgeschäften, die gegen die guten Sitten verstoßen.

Schrifttum: s. § 74.

Übersicht

[243] EBJS/*Boecken/Rudkowski* Rn. 40; Staub/*Weber* § 74b Rn. 24.
[244] *Bauer/Diller* Wettbewerbsverbote Rn. 1021; EBJS/*Boecken/Rudkowski* Rn. 37; zur Anwendbarkeit von § 103 InsO FK-InsO/*Eisenbeis* InsO § 113 Rn. 111 ff.; Baumbach/Hopt/*Roth* § 75 Rn. 4; Staub/*Weber* § 74b Rn. 24.
[245] Staub/*Weber* § 74b Rn. 25.
[246] ErfK/*Oetker* Rn. 27.
[247] EBJS/*Boecken/Rudkowski* Rn. 39; FK-InsO/*Eisenbeis* InsO § 113 Rn. 107.

I. Unverbindliche Wettbewerbsabreden

Neben dem in der Praxis wichtigen Fall der unzureichenden Entschädigungspflicht (§ 74 Abs. 2) enthält Abs. 1 weitere **Unverbindlichkeitsgründe** für eine Wettbewerbsabrede.[1] Während aber im ersteren Fall (§ 74 Abs. 2) die gesamte Wettbewerbsabrede unverbindlich ist, können die in Abs. 1 angeführten Gründe zu einer **teilweisen** Aufrechterhaltung der Vereinbarung führen („insoweit"). Mehrere Unverbindlichkeitsgründe können nebeneinander bestehen und jeweils für sich betrachtet zur teilweisen Unverbindlichkeit führen. Durch ihre Verbindung kann jedoch die Unverbindlichkeit der Wettbewerbsabrede insgesamt eintreten. 1

Wie allgemein die Vorschriften über die Wettbewerbsklauseln, gilt auch § 74a **zugunsten anderer Arbeitnehmer** gem. § 110 S. 2 GewO entsprechend[2] (im Einzelnen → § 74 Rn. 8). Im Folgenden wird daher anstelle der gesetzlichen Parteibezeichnungen Prinzipal/Handlungsgehilfe verallgemeinernd von Arbeitgeber und Arbeitnehmer gesprochen. 2

1. Unverbindlichkeitsgründe. a) Fehlen eines berechtigten Interesses des Arbeitgebers (Abs. 1 S. 1). Eine Wettbewerbsklausel ist unverbindlich, soweit kein berechtigtes geschäftliches Interesse des Arbeitgebers besteht. Denn der Arbeitgeber soll durch die Wettbewerbsklausel nur vor solchen geschäftlichen Nachteilen geschützt werden, die sich aus einer späteren Konkurrenztätigkeit des Arbeitnehmers ergeben können.[3] An diesem in die Zukunft gerichteten übergeordneten Schutzziel haben sich alle Wettbewerbsvereinbarungen auszurichten. Wettbewerbsverbote sind deshalb unverbindlich, soweit sie weder die Weitergabe geschäftlicher Geheimnisse noch den Einbruch in den Kunden- oder Lieferantenstamm verhindern wollen.[4] Dies gilt für Abreden, die lediglich bezwecken, den Arbeitnehmer an den Betrieb zu binden[5] oder eine Abwerbung durch ein Konkurrenzunternehmen zu erschweren, ohne dass die Gefahr der Weitergabe von Geschäftsgeheimnissen oder des Einbruchs in den Kundenstamm zu besorgen ist.[6] Anhaltspunkt für eine solche Zielrichtung kann die geringe zeitliche Begrenzung des Wettbewerbsverbots sein.[7] Darlegungs- und beweispflichtig ist für die rechtsvernichtende Einwendung der Arbeitnehmer.[8] 3

aa) Beurteilungszeitpunkt. Wegen dieses Schutzzieles muss auch das berechtigte Interesse in dem Zeitpunkt (noch) bestehen, in welchem sich der Arbeitgeber auf die Wettbewerbsabrede beruft.[9] Daher kann eine ursprünglich verbindliche Wettbewerbsabrede im Laufe der Zeit unverbindlich werden, da für diese Beurteilung immer der Zeitpunkt der Geltendmachung entscheidend ist. Ein typischer Fall für den nachträglichen Wegfall der Verbindlichkeit ist die Geschäftsveräußerung durch den Arbeitgeber. Allerdings kann die Wettbewerbsabrede weiterhin verbindlich bleiben, wenn der Betriebsübernehmer gleichermaßen ein berechtigtes geschäftliches Interesse am Konkurrenzschutz hat[10] (→ § 74 Rn. 70 ff.). 4

---

1 EBJS/*Boecken/Rudkowski* Rn. 3; Staub/*Weber* Vor § 74 Rn. 10.

2 Vgl. nur BAG AP BGB § 611 Konkurrenzklausel Nr. 24 m. zust. Anm. *Wiedemann/Steinberg* = SAE 1971, 106 mAnm *Canaris*; speziell BAG AP BGB § 611 Konkurrenzklausel Nr. 22; Heymann/*Henssler/Michel* Rn. 3; Baumbach/Hopt/*Roth* § 74 Rn. 3; KKRD/*Koller* §§ 74–75d Rn. 2; ErfK/*Oetker* Rn. 1; *Wagner*, Die Besonderheiten beim Arbeitsverhältnis des Handlungsgehilfen, 1993, 93 ff.

3 EBJS/*Boecken/Rudkowski* Rn. 5; ErfK/*Oetker* Rn. 2; ausf. *Bauer/Diller* Wettbewerbsverbote Rn. 156 ff.

4 BAG DB 2015, 2516 Rn. 23; AP Nr. 6; EzA § 74 Nr. 57; AP GewO § 133f Nr. 21 m. zust. Anm. *Simitis* = SAE 1970, 43 m. zust. Anm. *Weitnauer*; LAG Hamm BeckRS 2019, 29813; EBJS/*Boecken/Rudkowski* Rn. 6.

5 BAG AP GewO § 133f Nr. 21; LAGE Frankfurt Nr. 1.

6 BAG EzA § 74 Nr. 57; AP Nr. 2 m. krit. Anm. *Duden* = SAE 1967, 200 m. krit. Anm. *Schnorr v. Carolsfeld*; LAGE Frankfurt Nr. 1; LAGE Bln Nr. 2.

7 BAG AP GewO § 133f Nr. 21; *Bauer/Diller* Wettbewerbsverbote Rn. 305, 314.

8 BAG DB 2015, 2516 Rn. 23; NZA 1996, 310 (311).

9 BAG AP § 74 Nr. 18; AP § 74 Nr. 87; LAG BW NZA-RR 2008, 508; EBJS/*Boecken/Rudkowski* Rn. 4; Oetker/*Kotzian-Marggraf* Rn. 5; ErfK/*Oetker* Rn. 3; Staub/*Weber* Rn. 6; diff. *Bauer/Diller* Wettbewerbsverbote Rn. 328 ff.

10 Dazu BAG AP Nr. 1 m. zust. Anm. *Grüll* = SAE 1964, 208 mAnm *Schnorr v. Carolsfeld*.

5 **bb) Interessengefährdung.** Da die Wettbewerbsklausel den Arbeitgeber vor Nachteilen schützen soll, die ihm aus einer möglichen Konkurrenztätigkeit des Arbeitnehmers erwachsen können, muss sich dieser Zweck im Inhalt der durch die Abrede verbotenen Tätigkeit widerspiegeln. Es muss daher ein **Zusammenhang zwischen dem Verbot** einerseits **sowie der bisherigen Funktion des Arbeitnehmers** andererseits bestehen[11] (→ § 74 Rn. 12). Das Verbot muss sich deshalb auf spezifische Gefahren beziehen, die aus dieser Funktion erwachsen können und an deren Vermeidung der Arbeitgeber ein geschäftliches Interesse hat (Interessengefährdung). Üblicherweise wird dieser Zusammenhang von solchen Klauseln erfüllt, mittels denen der Arbeitnehmer an der späteren Verwertung der beim Arbeitgeber erworbenen Kenntnisse, Fertigkeiten, Erfahrungen und Kundenkontakte bei einem anderen (hieran interessierten) Arbeitgeber gehindert werden soll.[12]

6 Daher ist insgesamt ein berechtigtes Interesse des Arbeitgebers auch nur für den **konkreten Bereich** anzuerkennen, in dem der Arbeitnehmer an seinem bisherigen Arbeitsplatz für den Arbeitgeber gearbeitet hat.[13] Eine Ausnahme gilt nur für solche Arbeitnehmer, die auf Grund des spezifischen Inhalts ihrer Tätigkeit notwendig über den Arbeitsplatz hinausreichende Kenntnisse und Kontakte bekommen. Dies gilt insbesondere für **leitende Angestellte,** die auf Grund ihrer Stellung im Unternehmen Zugang auch zu solchen betrieblichen Vorgängen haben, die nicht direkt zu ihrem Aufgabenbereich gehören.[14]

7 Da die mögliche **Interessengefährdung** bezogen auf den Arbeitgeber und seinen Geschäftsbetrieb **individualisierbar** sein muss, ist eine Abrede unverbindlich, wenn das in ihr vereinbarte Verbot keine Beziehung zur früheren Tätigkeit hat, sondern allgemein die Möglichkeit von Konkurrenz beschränken will.[15] Gleiches gilt für solche Klauseln, deren Verbot sich über den Geschäftszweig des Arbeitnehmers hinaus erstreckt.[16]

8 Aus der Notwendigkeit der geschäftlichen Individualisierbarkeit folgt zugleich, dass es sich um ein **eigenes Interesse** des Arbeitgebers handeln muss.[17] Wettbewerbsabreden zugunsten Dritter können daher nicht verbindlich verabredet werden. Die Abgrenzung zur unzulässigen Wettbewerbsabrede zugunsten Dritter bereitet jedoch dann Schwierigkeiten, wenn der Arbeitgeber über **mehrere Geschäftsbetriebe** verfügt.[18] Hier wird man danach zu unterscheiden haben, ob die Geschäftsinhalte der verschiedenen Betriebe einander weitgehend angenähert sind oder aber sich auf verschiedene Erwerbszweige beziehen. Während im letzteren Fall formal von einer Drittbeziehung auszugehen ist, kann im ersteren Fall ein Konkurrenzverbot auch auf die zur Unternehmensgruppe des Arbeitgebers gehörenden anderen Betriebe bzw. den Konzern bezogen werden. Die rein organisatorische Aufspaltung kann hier das berechtigte Schutzinteresse des Arbeitgebers nicht berühren.[19] Gleiches muss auch bei einer **nachträglichen Betriebs- bzw. Unternehmensaufspaltung** gelten. Daher bleibt die Wirksamkeit einer Konkurrenzklausel unberührt, wenn der Betriebsteil,

---

[11] BAG DB 2015, 2516 Rn. 23; *Bauer/Diller* Wettbewerbsverbote Rn. 305; EBJS/*Boecken/Rudkowski* Rn. 6; Heymann/*Henssler/Michel* Rn. 5; Oetker/*Kotzian-Marggraf* Rn. 3; Röhricht/Graf v. Westphalen/Haas/*Wagner/Vogt* § 74a Rn. 3; Staub/*Weber* Rn. 5.

[12] Zum Verbot der Betriebstätigkeit auf einer anderen Handelsstufe BAG AP Nr. 6 m. krit. Anm. *v. Hoyningen-Huene*; BAG AP Nr. 4 m. zust. Anm. *Hofmann* = SAE 1971, 65 mAnm *Herschel*; AP GewO § 133f Nr. 16; AP BGB § 611 Konkurrenzklausel Nr. 22; OLG Düsseldorf DB 1990, 1960; *Bauer/Diller* Wettbewerbsverbote Rn. 305; EBJS/*Boecken/Rudkowski* Rn. 7; *Vogelsang* in Schaub ArbR-HdB § 55 Rn. 62.

[13] *Bauer/Diller* Wettbewerbsverbote Rn. 306; EBJS/*Boecken/Rudkowski* Rn. 7.

[14] BAG AP GewO § 133f Nr. 21 mAnm *Simitis* = SAE 1970, 43 mAnm *Weitnauer*; EBJS/*Boecken/Rudkowski* Rn. 8; Oetker/*Kotzian-Marggraf* Rn. 4; *Vogelsang* in Schaub ArbR-HdB § 55 Rn. 62; Staub/*Weber* Rn. 8.

[15] BAG BB 1966, 1025; vgl. auch BAG AP Nr. 1 mAnm *Grüll* = SAE 1964, 208 mAnm *Schnorr v. Carolsfeld* (allgemeines Konkurrenzverbot im Rahmen einer illegalen Tätigkeit); NJW 1996, 1364 (1365); Oetker/*Kotzian-Marggraf* Rn. 3.

[16] LAG Düsseldorf BB 1997, 316; GK-HGB/*Etzel* § 75d Rn. 55; Baumbach/Hopt/*Roth* Rn. 1.

[17] EBJS/*Boecken/Rudkowski* Rn. 10; HzA/*Welslau* Gruppe 1 Rn. 2235.

[18] Dazu *Bauer/Diller* Wettbewerbsverbote Rn. 316; Staub/*Weber* Rn. 7.

[19] Vgl. EBJS/*Boecken/Rudkowski* Rn. 9; Heymann/*Henssler/Michel* Rn. 8.

in dem der Arbeitnehmer beschäftigt ist, bei maßgeblicher Beteiligung des Arbeitgebers an der neuen Rechtsperson verselbstständigt wird.[20]

9 **b) Unbillige Erschwerung des Fortkommens (Abs. 1 S. 2).** Die Wettbewerbsabrede soll zwar einerseits den Arbeitgeber vor Nachteilen schützen, die sich aus einer Konkurrenztätigkeit des Arbeitnehmers an einem anderen Arbeitsplatz ergeben können. Andererseits soll der Arbeitnehmer in seinem beruflichen Fortkommen nicht in dem Maß eingeschränkt werden, dass ein Ausgleich durch die Karenzentschädigung nicht möglich ist. Deshalb ist ein Wettbewerbsverbot unverbindlich, soweit es eine unbillige Erschwerung des Fortkommens des Arbeitnehmers enthält (Abs. 1 S. 2). Die Wettbewerbsabrede hat deshalb auf der einen Seite zu berücksichtigen, dass die Einschränkung des Arbeitnehmers angemessen durch die vereinbarte Entschädigungsleistung auszugleichen ist.[21] Auf der anderen Seite sind jedoch auch die Interessen des Arbeitgebers am Schutz vor Wettbewerb einzubeziehen.[22]

10 Wenngleich in die **Billigkeitsabwägung**[23] die Interessen des Arbeitgebers miteinzubeziehen sind, so sind im Ausgangspunkt die Interessen des Arbeitnehmers an der Verhinderung einer unzumutbaren Erschwerung seines Fortkommens selbstständig zu prüfen. Daher kann eine Wettbewerbsvereinbarung auch bei einem ganz erheblichen Interesse des Arbeitgebers bereits als unbillig einzustufen sein, sofern bereits vor einer möglichen Abwägung mit dem Arbeitgeberinteresse eine unbillige Fortkommenserschwerung für den Arbeitnehmer zu bejahen ist.[24]

11 Die Frage der unbilligen Erschwerung des Fortkommens muss im **Einzelfall unter Berücksichtigung aller** in Betracht kommenden **Umstände** geprüft werden.[25] Hierbei ist das Alter des Arbeitnehmers, die Höhe der Entschädigung, die Stellung im Betrieb, der Umfang des Wettbewerbsverbots und die Mobilität der Berufsgruppenangehörigen zu berücksichtigen.[26] So kann beispielsweise eine Ausdehnung der Wettbewerbsabrede auf das Gebiet der gesamten Bundesrepublik nur in Ausnahmefällen bei Arbeitnehmern in herausragenden Positionen in Betracht kommen.[27] Je nach ihrer Ausgestaltung im Einzelfall können auch auf den Abschluss eines nachvertraglichen Wettbewerbsverbots gerichtete **Vorverträge** eine unbillige Erschwerung des Fortkommens für den betroffenen Arbeitnehmer darstellen.[28] Das gilt insbesondere dann, wenn der Arbeitgeber auch noch nach Erklärung einer Kündigung des Arbeitsvertrags durch eine Partei oder nach Abschluss eines Aufhebungsvertrags ein nachvertragliches Wettbewerbsverbot verlangen kann.[29] Allerdings bedeutet dies nicht, dass Vorverträge auf einen bestimmten Zeitpunkt bereits vor Erklärung einer Kündigung oder Abschluss eines Aufhebungsvertrags begrenzt werden müssen.[30]

12 Das **Ergebnis der Interessenabwägung** wird im jeweiligen Einzelfall unterschiedlich sein. Auch kann es, weil in die Billigkeitsabwägung die Interessen des Arbeitgebers miteinzubeziehen sind, Überschneidungen mit dem Unverbindlichkeitsgrund nach

[20] Dazu BAG AP GewO § 133f Nr. 19 mAnm *Duden* = SAE 1967, 284 m. zust. Anm. *Hofmann*; vgl. auch *Bauer/Diller* Wettbewerbsverbote Rn. 1007 f.

[21] BAGE 3, 296; BAG AP GewO § 133f Nr. 19; EBJS/*Boecken/Rudkowski* Rn. 11; Staub/*Weber* Rn. 14.

[22] *Bauer/Diller* Wettbewerbsverbote Rn. 341 f.; EBJS/*Boecken/Rudkowski* Rn. 12; Heymann/*Henssler/Michel* Rn. 11; Staub/*Weber* Rn. 14.

[23] Zur Billigkeitsabwägung *v. Hoyningen-Huene,* Die Billigkeit im Arbeitsrecht, 1978, 113 ff.

[24] HzA/*Welslau* Gruppe 1 Rn. 2238; eine Übersicht über einzelne Umstände findet sich bei *v. Hoyningen-Huene,* Die Billigkeit im Arbeitsrecht, 1978, 119 f.

[25] BAG NZA 2010, 1175 Rn. 17; AP § 74 Nr. 90 m. krit. Anm. *Fehrenbach*; zu den Anwendungsgrundsätzen für die Billigkeit ausf. *v. Hoyningen-Huene,* Die Billigkeit im Arbeitsrecht, 1978, 113 ff.; EBJS/*Boecken/Rudkowski* Rn. 11 f.

[26] HzA/*Welslau* Gruppe 1 Rn. 2238; vgl. auch *Bauer/Diller* Wettbewerbsverbote Rn. 343 f. mwN.

[27] GK-HGB/*Etzel* § 75d Rn. 60; Röhricht/Graf v. Westphalen/Haas/*Wagner/Vogt* § 74a Rn. 11; Staub/*Weber* Rn. 15.

[28] BAG AP § 74 Nr. 90 m. krit. Anm. *Fehrenbach.*

[29] BAG AP HGB § 74 Nr. 84; AP § 74 Nr. 90 m. krit. Anm. *Fehrenbach.*

[30] BAG AP HGB § 74 Nr. 84; AP § 74 Nr. 90 Rn. 40 m. krit. Anm. *Fehrenbach.*

Abs. 1 S. 1 (Fehlen eines berechtigten Interesses des Arbeitgebers) geben.[31] So kann zB eine überregionale Wettbewerbsabrede deshalb unverbindlich sein, weil in diesem Umfang kein berechtigtes Schutzinteresse des Arbeitgebers besteht. Sie kann aber auch den Tatbestand der unbilligen Erschwerung des Fortkommens erfüllen, weil die Entschädigungsvereinbarung außer Verhältnis zum Ausmaß der Einschränkungen des Arbeitnehmers steht. Für die Wechselwirkung der genannten Faktoren spielt insbesondere die Höhe der vereinbarten Entschädigung eine Rolle. Je höher die zugesagte Karenzentschädigung ist, umso mehr kann es dem Arbeitnehmer zugemutet werden, sich an das Wettbewerbsverbot zu halten. Im Zweifel wird eine **großzügige Entschädigung** eine örtliche, zeitliche und gegenständlich weitgehende Einschränkung der Handlungsfreiheit des Arbeitnehmers rechtfertigen können.[32]

13 **Maßgeblicher Zeitpunkt** für die Beurteilung der Verbindlichkeit unter dem Gesichtspunkt der Fortkommenserschwerung ist der Zeitpunkt, in dem der Arbeitnehmer die Konkurrenztätigkeit aufnehmen will. Auf den Zeitpunkt des Abschlusses des Wettbewerbsverbots kommt es nicht an. Daher kann im Laufe der Zeit ein ursprünglich unbedenkliches Verbot unverbindlich werden, weil erst auf Grund der eingetretenen Veränderung der wirtschaftlichen Verhältnisse und der Arbeitsmarktlage die Einhaltung des Konkurrenzverbots zu einer unbilligen Fortkommenserschwerung führen würde.[33]

14 **c) Überschreitung der gesetzlichen Höchstlaufzeit (Abs. 1 S. 3).** Eine Wettbewerbsabrede, die die gesetzliche Höchstlaufzeit von zwei Jahren überschreitet, ist ebenfalls unwirksam (Abs. 1 S. 3).[34] Der Unverbindlichkeitsgrund des Abs. 1 S. 3 ist genau genommen eine gesetzliche Konkretisierung des Unverbindlichkeitsgrundes nach Abs. 1 S. 2. Bei Überschreiten der Höchstlaufzeit von zwei Jahren wird **unwiderlegbar vermutet,** dass eine unbillige Erschwerung des Fortkommens des Arbeitnehmers gegeben ist.[35] Dies bedeutet umgekehrt, dass im Einzelfall freilich auch bereits bei einer kürzeren Frist ein Fall der Unverbindlichkeit nach Abs. 1 S. 2 angenommen werden kann.[36]

15 Die Zweijahresfrist berechnet sich ab Beendigung des Arbeitsverhältnisses. Dabei kommt es allein auf die **rechtliche Beendigung** an, nicht auf das tatsächliche Ausscheiden.[37]

16 Zwar sind die §§ 74 ff. auf freie Mitarbeitsverhältnisse nicht anwendbar (→ § 74 Rn. 9). Schließt sich jedoch an ein Arbeitsverhältnis mit Wettbewerbsabrede ein **freies Mitarbeitsverhältnis** an, beginnt nach der Rspr. des BAG die Zweijahresfrist erst ab diesem Zeitpunkt zu laufen.[38] Dem ist zuzustimmen, da durch die freie Mitarbeitertätigkeit eine Gefährdung des Arbeitgebers durch Konkurrenzhandlungen hinausgeschoben wird.

17 Im Unterschied zu den Unverbindlichkeitsgründen nach Abs. 1 S. 1 und 2 führt eine Überschreitung der gesetzlichen Höchstdauer von zwei Jahren **nicht** zur **vollständigen Unverbindlichkeit** der Wettbewerbsabrede; vielmehr ist diese, sofern nicht andere Unverbindlichkeitsgründe hinzutreten, bis zur gesetzlichen Grenze zwei Jahre lang verbindlich.[39]

---

[31] Für ein Stufenverhältnis BAG NZA 2010, 1175 Rn. 18; *Bauer/Diller* Wettbewerbsverbote Rn. 348.

[32] BAG NJW 2019, 1394; AP Nr. 6 mAnm *Hoyningen-Huene*; AP GewO § 133f Nr. 19 mAnm *Duden* = SAE 1967, 284 mAnm *Hofmann*; Staub/*Weber* Rn. 15.

[33] Staub/*Weber* Rn. 14.

[34] Dazu BAG AP BGB § 611 Konkurrenzklausel Nr. 24 m. zust. Anm. *Wiedemann/Steinberg* = SAE 1971, 106 mAnm *Canaris*; AP GewO § 133f Nr. 18; AP BGB § 123 Nr. 25; *Bauer/Diller* Wettbewerbsverbote Rn. 358 f.; Staub/*Weber* Rn. 16.

[35] *Bauer/Diller* Wettbewerbsverbote Rn. 358; Staub/*Weber* Rn. 16.

[36] ErfK/*Oetker* Rn. 4 hinsichtlich besonders innovativer Industriezweige; *Vogelsang* in Schaub ArbR-HdB § 55 Rn. 64; Staub/*Weber* Rn. 16.

[37] BAG BB 1970, 1010; bei Beurlaubung unter Weiterzahlung des Entgelts LAG München BB 1977, 1049; *Bauer/Diller* Wettbewerbsverbote Rn. 358; EBJS/*Boecken/Rudkowski* Rn. 14; Röhricht/Graf v. Westphalen/Haas/*Wagner/Vogt* § 74a Rn. 12; Staub/*Weber* Rn. 17.

[38] BAG AP Nr. 4 m. zust. Anm. *Hofmann* = SAE 1971, 65 mAnm *Herschel*; EBJS/*Boecken/Rudkowski* Rn. 14; Heymann/*Henssler/Michel* Rn. 14; Baumbach/Hopt/*Roth* Rn. 4; Staub/*Weber* Rn. 22.

[39] RGZ 101, 376; BAG AP GewO § 133f Nr. 18; AP § 74 Nr. 25 mAnm *Simitis*; AP BGB § 123 Nr. 25; BB 1984, 535; LAG Düsseldorf NZA-RR 1998, 58; Heymann/*Henssler/Michel* Rn. 14; Baumbach/Hopt/*Roth* Rn. 4.

Daher handelt es sich, wie auch der von Abs. 1 S. 1 und 2 abweichende Regelungswortlaut zeigt, bei Abs. 1 S. 3 nicht um einen Unverbindlichkeitsgrund im eigentlichen Sinne. Denn die Unverbindlichkeit der Wettbewerbsabrede tritt erst nach zwei Jahren ein. Bis dahin ist die Wettbewerbsabrede verbindlich.

2. Rechtsfolgen der Unverbindlichkeit. a) Wahlrecht des Handlungsgehilfen (Arbeitnehmers). Die gesetzlichen Voraussetzungen für die Wirksamkeit eines Wettbewerbsverbots dienen überwiegend dem Schutz des Arbeitnehmers. Daher kann sich nur der Arbeitnehmer auf die Unverbindlichkeit der Wettbewerbsabrede berufen. Dem Arbeitnehmer steht es aber frei, sich auf die Unverbindlichkeit zu berufen; ihm kommt insoweit ein Wahlrecht zu.[40] Die Ausübung des Wahlrechts muss bei Inkrafttreten der Wettbewerbsabrede erfolgen und ist unwiderruflich.[41] 18

aa) Erfüllung. Der Arbeitgeber ist ebenso wie der Arbeitnehmer an die Wettbewerbsabrede gebunden, wenn der Arbeitnehmer die Unverbindlichkeit nicht geltend macht, sondern Erfüllung verlangt. Der Arbeitnehmer ist dann zur Einhaltung des vereinbarten Konkurrenzverbots verpflichtet, der Arbeitgeber zur Zahlung der Karenzentschädigung. Der Arbeitnehmer muss die Erfüllung nicht erklären. Vielmehr genügt es, dass er sich zu Beginn der Karenzzeit endgültig für das Wettbewerbsverbot entscheidet und seiner Unterlassungsverpflichtung nachkommt.[42] 19

bb) Berechtigte Zuwiderhandlung. Der **Arbeitnehmer** kann sich aber auch auf die **Unverbindlichkeit berufen.** In diesem Fall ist er grundsätzlich berechtigt, Wettbewerbshandlungen entgegen der Abrede vorzunehmen. Im Unterschied zur unzureichenden Entschädigungsverpflichtung (§ 74 Abs. 1) ist der Arbeitnehmer in den Fällen der Unverbindlichkeit gem. Abs. 1 jedoch nicht vollständig zur Zuwiderhandlung berechtigt. Denn die Wettbewerbsabrede ist jeweils nur insoweit unverbindlich, als sie nicht von einem berechtigten Interesse des Arbeitgebers gedeckt ist, den Arbeitnehmer unbillig im Fortkommen beschwert oder die gesetzliche Höchstlaufzeit von zwei Jahren überschreitet. Im Rahmen der jeweiligen **Teilverbindlichkeit** ist der Arbeitnehmer somit an das Konkurrenzverbot auch dann gebunden, wenn er nicht Erfüllung wählt. Methodisch handelt es sich hierbei um eine (gesetzlich angeordnete) **geltungserhaltende Reduktion.**[43] Hingegen ist ein völliges Freiwerden von der Verpflichtung nur in solchen Fällen denkbar, in denen das Interesse des Arbeitgebers zum Zeitpunkt des Inkrafttretens der Abrede entfallen ist.[44] 20

b) Anspruch auf die Gegenleistung. Nicht geregelt sind in § 74a die **Rechtsfolgen für den Entschädigungsanspruch** bei (Teil-)Unverbindlichkeit der Wettbewerbsabrede. Entscheidet sich der Arbeitnehmer für **Erfüllung,** so kann er zweifellos die Gegenleistung im vereinbarten Umfang geltend machen.[45] Denn seine Entscheidung hat die ursprünglich unverbindliche Abrede de facto vollständig verbindlich gemacht. Dabei bleibt es jeweils bei der Höhe der vereinbarten Entschädigung. Eine automatische Erhöhung als Ausgleich für eine unbillige Erschwerung des Fortkommens kommt dagegen nicht in Betracht.[46] Darin läge eine einseitige Abänderung einer zweiseitigen Vereinbarung durch den Arbeitnehmer.[47] 21

---

[40] EBJS/*Boecken/Rudkowski* Rn. 15; Oetker/*Kotzian-Marggraf* Rn. 8; Staub/*Weber* Rn. 23; zu den Rechtsfolgen der Unverbindlichkeit s. auch *Bauer/Diller* Wettbewerbsverbote Rn. 157 ff., 333 ff.

[41] BAG AP § 74 Nr. 42 m. zust. Anm. *Beitzke*; Oetker/*Kotzian-Marggraf* Rn. 8; Staub/*Weber* Rn. 23.

[42] BAG NZA 2011, 413 Rn. 22; AP § 74 Nr. 60; anders noch BAG AP § 74 Nr. 51 mAnm *Küstner/v. Manteuffel* und Nr. 53 mAnm *Hadding/Hammen*; ausf. *Bauer/Diller* Wettbewerbsverbote Rn. 162 ff.

[43] BAG AP Nr. 6 mAnm *v. Hoyningen-Huene*; AP § 74 Nr. 22 mAnm *Weitnauer* = SAE 1969, 43 m. zust. Anm. *Rüthers*; AR-Blattei ES 1830 Nr. 173 m. abl. Anm. *Reinfeld*; EBJS/*Boecken/Rudkowski* Rn. 15; Oetker/*Kotzian-Marggraf* Rn. 8; Staub/*Weber* Rn. 24; zur Teilverbindlichkeit von Wettbewerbsverboten für GmbH-Geschäftsführer ausf. *Kamanabrou* ZGR 2002, 898; zur Reduktion bei Wettbewerbsverboten in AGB vgl. LAG Hamm NZA-RR 2003, 513 (515).

[44] Vgl. dazu auch Heymann/*Henssler/Michel* Rn. 18, 20.

[45] BAG AP Nr. 3 mAnm *Hofmann*; EBJS/*Boecken/Rudkowski* Rn. 16.

[46] BAG BeckRS 2010, 71640; LAG BW LAGE § 74 Nr. 16; EBJS/*Boecken/Rudkowski* Rn. 16.

[47] IErg zutr. Heymann/*Henssler/Michel* Rn. 19.

22 Beruft sich der Arbeitnehmer auf die Unverbindlichkeit der Abrede, entfällt sein Entschädigungsanspruch, wenn vollständige Unverbindlichkeit vorliegt. Im Falle der **Teilunverbindlichkeit** bleibt sein Anspruch auf die vereinbarte Entschädigung vollständig bestehen, sofern der Arbeitnehmer das Wettbewerbsverbot insoweit einhält, als es verbindlich ist.[48] Der Fortbestand des Entschädigungsanspruchs in vollem Umfang soll als Ausgleich unterschiedlicher Risikoverteilung dienen. Denn der Arbeitnehmer trägt das Risiko einer Fehleinschätzung über den Umfang der Verbindlichkeit der Abrede. Demgegenüber hat der Arbeitgeber den Vorteil, trotz des bestehenden Unverbindlichkeitsgrundes nach Abs. 1 vom Arbeitnehmer die teilweise Unterlassung von Wettbewerbshandlungen verlangen zu können.[49]

23 **c) Prozessuale Geltendmachung der Unverbindlichkeit.** Weil sich der Umfang der (Teil-)Unverbindlichkeit der Wettbewerbsabrede oftmals schwer ermitteln lässt, kann der Arbeitnehmer über diese Frage **Feststellungsklage** erheben.[50] Das erforderliche Feststellungsinteresse (§ 256 Abs. 1 ZPO) ist insbesondere im Fall des Abs. 1 S. 2 gegeben, da die „unbillige Erschwerung des Fortkommens" ein unbestimmter Rechtsbegriff ist.

24 Der Arbeitnehmer kann jedoch bei durch ihn festgestellter (Teil-)Unverbindlichkeit auch ohne eine gerichtliche Feststellung der Abrede zuwiderhandeln. Denn ihm steht bei Unverbindlichkeit der Wettbewerbsabrede ein **Wahlrecht zwischen Erfüllung und Zuwiderhandlung** zu (→ § 74 Rn. 51).[51] Die Entscheidung muss der Arbeitnehmer grundsätzlich mit Inkrafttreten des Wettbewerbsverbots treffen. Bei dieser direkten Vorgehensweise geht der Arbeitnehmer allerdings das Risiko ein, dass er Grund und Umfang der Unverbindlichkeit verkennt. In einem vom Arbeitgeber gegen eine Zuwiderhandlung des Arbeitnehmers eingeleiteten Rechtsstreit kann dann zu seinen Lasten eine abweichende Feststellung erfolgen.[52]

II. Nichtige Wettbewerbsabreden

25 **1. Nichtigkeitsgründe.** Abs. 2 enthält **vier Tatbestände,** deren Erfüllung zur Unwirksamkeit der Wettbewerbsabrede führt. Es handelt sich hierbei um Nichtigkeitsgründe,[53] die – entgegen dem Wortlaut des Abs. 3 – gegenüber der allgemeinen Vorschrift des § 138 BGB leges speciales[54] bilden (→ Rn. 31).

26 **a) Geringbesoldung (Abs. 2 S. 1 aF).** Nach Abs. 2 S. 1 aF waren Wettbewerbsabreden unwirksam, wenn die vertragsmäßige Vergütung des Arbeitnehmers jährlich 1.500 DM nicht überstieg. Wettbewerbsabreden mit geringbesoldeten Arbeitnehmern waren danach generell nichtig, gleichgültig welchen Inhalt die Beschränkungen und welchen Umfang eine vereinbarte Entschädigungsleistung hatten. Durch Art. 24 Nr. 1a Gesetz zur Einführung des Euro im Sozial- und Arbeitsrecht sowie zur Änderung anderer Vorschriften (4. Euro-Einführungsgesetz) vom 21.12.2000 (BGBl. 2000 I 1983) wurde **Abs. 2 S. 1 aufgehoben.**

27 **b) Minderjährigkeit des Arbeitnehmers (Abs. 2 S. 1 Alt. 1 nF).** Abs. 2 S. 1 Alt. 1, wonach Wettbewerbsabreden mit Minderjährigen unwirksam sind, ist eine Sonderregelung

---

48 BAG AP Nr. 6 mAnm *v. Hoyningen-Huene.*

49 S. auch *Bauer/Diller* Wettbewerbsverbote Rn. 336; Heymann/*Henssler/Michel* Rn. 20; Staub/*Weber* Rn. 26.

50 Vgl. RGZ 77, 401 (402); EBJS/*Boecken/Rudkowski* Rn. 17; nach aA kann die Klage erst zu Beginn des Verbotszeitraums erhoben werden: LAG Hamm NZA-RR 2003, 513 (515); ErfK/*Oetker* Rn. 6; Staub/*Weber* Rn. 25; wohl auch *Bauer/Diller* Wettbewerbsverbote Rn. 338.

51 BAG AP § 74 Nr. 36 = AR-Blattei Wettbewerbsverbot Entsch. 123 mAnm *Buchner* = SAE 1978, 180 mAnm *Canaris*; AP § 74 Nr. 37.

52 Dazu BAG § 74 Nr. 22 mAnm *Weitnauer* = SAE 1969, 43 mAnm *Rüthers.*

53 Hierzu Staub/*Weber* Vor § 74 Rn. 9.

54 BAG AP § 74 Nr. 22; *Bauer/Diller* Wettbewerbsverbote Rn. 174; Heymann/*Henssler/Michel* Rn. 31; Baumbach/Hopt/*Roth* Rn. 8; *Vogelsang* in Schaub ArbR-HdB § 55 Rn. 61.

gegenüber den §§ 106–113 BGB.[55] Daher ist auch die mit Einwilligung des gesetzlichen Vertreters (§ 107 BGB) oder auf Grund einer Ermächtigung gem. § 113 BGB getroffene Abrede generell nichtig.[56] Wegen der Nichtigkeit von Anfang an, kann auch der inzwischen volljährig gewordene Arbeitnehmer die Wettbewerbsabrede nicht durch **Genehmigung** nachträglich wirksam machen (vgl. § 108 Abs. 3 BGB). Eine solche Genehmigung kann jedoch als Bestätigung der Vereinbarung (§ 141 BGB) und damit als erneute Vornahme ausgelegt werden.[57] Hierbei ist jedoch erneut das Formerfordernis des § 74 Abs. 1 zu beachten.[58]

c) Versprechen auf Ehrenwort (Abs. 2 S. 1 Alt. 2 nF). Wettbewerbsabreden, die unter dem Ehrenwort (eidlich oder auch unter einer eidesstattlichen Versicherung)[59] des Arbeitnehmers getroffen worden sind, sind ebenfalls nichtig **(Abs. 2 S. 1 Alt. 2).** Damit will der Gesetzgeber verhindern, dass die Ehre in vermögensrechtlichen Beziehungen zugunsten anderer verwendet wird.[60] Nicht von dieser Vorschrift erfasst werden jedoch die Fälle, in denen der Arbeitnehmer außerhalb der schriftlichen Abrede unaufgefordert oder nachträglich sein Ehrenwort erklärt.[61] Es fehlt an der besonderen Drucksituation, wenn der Arbeitnehmer freiwillig sein Ehrenwort zusätzlich zur bereits getroffenen Abrede erklärt. 28

d) Abrede zwischen Unternehmer und Dritten (Abs. 2 S. 2 nF). Abs. 2 S. 2 will den Arbeitnehmer davor schützen, dass gesetzliche Mindestanforderungen für **Wettbewerbsvereinbarungen** dadurch umgangen werden, dass der Arbeitgeber sie mit einem Dritten abschließt.[62] Solche Wettbewerbsabreden sind daher nichtig. Erfasst werden auch solche Vereinbarungen, in denen sich ein Dritter zu einer bloßen Einflussnahme auf den Arbeitnehmer verpflichtet, damit dieser künftigen Wettbewerb unterlässt.[63] Abs. 2 S. 2 betrifft jedoch nur **selbstständige Wettbewerbsabreden** zwischen Arbeitgeber und Dritten. Besteht eine Wettbewerbsklausel zwischen Arbeitgeber und Arbeitnehmer, so kann diese durch das Versprechen eines Dritten wirksam bestärkt werden. Da der Arbeitnehmer vorab für sich selbst entschieden hat, besteht in diesem Fall keine besondere Gefährdung seiner Interessen. 29

2. Rechtsfolgen. Im Unterschied zu den Unverbindlichkeitsgründen des Abs. 1, bei denen zwischen vollständiger und teilweiser Unverbindlichkeit zu differenzieren ist, führen sämtliche Nichtigkeitsgründe des Abs. 2 **zur vollständigen Unwirksamkeit** der Wettbewerbsklausel. Deshalb können beiderseits keine Rechte aus der Wettbewerbsabrede hergeleitet werden.[64] Das nichtige Wettbewerbsverbot führt also nicht nach § 139 BGB zur Gesamtnichtigkeit des Arbeitsvertrags.[65] Umgekehrt bleibt auch die Wettbewerbsabrede von dem nichtigen Arbeitsverhältnis unberührt, es sei denn, dieses ist noch nicht in Vollzug gesetzt worden und der Arbeitnehmer hat noch keine Betriebsgeheimnisse erfahren. Sofern trotz 30

---

55 Statt vieler EBJS/*Boecken/Rudkowski* Rn. 22.

56 *Bauer/Diller* Wettbewerbsverbote Rn. 560; EBJS/*Boecken/Rudkowski* Rn. 22; Staub/*Weber* Rn. 29; HzA/*Welslau* Gruppe 1 Rn. 2197.

57 Oetker/*Kotzian-Marggraf* Rn. 9; HzA/*Welslau* Gruppe 1 Rn. 2197.

58 Vgl. Heymann/*Henssler/Michel* Rn. 25.

59 Vgl. RGZ 78, 260; Staub/*Weber* Rn. 32.

60 RGZ 78, 260; EBJS/*Boecken/Rudkowski* Rn. 25; vgl. *v. Hoyningen-Huene* BB 1992, 2138 (2142) zum vergleichbaren Fall des Gelöbnisses von Arbeitnehmern im öffentlichen Dienst.

61 Heymann/*Henssler/Michel* Rn. 27; für den nachträglichen Fall nach Beratung befürwortend Baumbach/Hopt/*Roth* Rn. 6; aA wohl EBJS/*Boecken/Rudkowski* Rn. 26; Röhricht/Graf v. Westphalen/Haas/*Wagner/Vogt* § 74a Rn. 19; Staub/*Weber* Rn. 32.

62 EBJS/*Boecken/Rudkowski* Rn. 27 f.; Röhricht/Graf v. Westphalen/Haas/*Wagner/Vogt* § 74a Rn. 20; Staub/*Weber* Rn. 33.

63 EBJS/*Boecken/Rudkowski* Rn. 27; Heymann/*Henssler/Michel* Rn. 28; Staub/*Weber* Rn. 33.

64 BAGE 22, 125 = NJW 1970, 626 (627); EBJS/*Boecken/Rudkowski* Rn. 29.

65 EBJS/*Boecken/Rudkowski* Rn. 30; *Vogelsang* in Schaub ArbR-HdB § 55 Rn. 55; HzA/*Welslau* Gruppe 1 Rn. 2250.

nichtiger Abrede Leistungen erbracht wurden, erfolgt eine Rückabwicklung nach den Grundsätzen des Bereicherungsrechts.[66]

III. Sittenwidrige Wettbewerbsabreden

31 Von den Nichtigkeitsgründen gem. Abs. 2 bleibt die **Nichtigkeit** der Wettbewerbsklausel gem. **§ 138 BGB** unberührt (Abs. 3).[67] Für die Beurteilung der Sittenwidrigkeit einer Abrede kommt es auf die Auffassung der beteiligten Kreise und die Verhältnisse im Zeitpunkt der Abrede an.[68] Sittenwidrigkeit liegt regelmäßig dann vor, wenn die Wettbewerbsabrede zu einer Knebelung des Arbeitnehmers in seiner beruflichen Bewegungsfreiheit führt. Das gilt insbesondere dann, wenn dem Arbeitnehmer dadurch die Berufsausübung weitgehend unmöglich gemacht wird.[69]

32 Die Tatbestände der **§ 74 Abs. 2 sowie § 74a Abs. 1 und 2** sind entgegen dem Gesetzeswortlaut des Abs. 3 **leges speciales** gegenüber § 138 BGB.[70] Diese Konkurrenzproblematik hat aber nur Bedeutung im Verhältnis zu den Unverbindlichkeitsgründen des Abs. 1. Da der Arbeitnehmer bei Unverbindlichkeit der Wettbewerbsabrede die Erfüllung wählen kann, soll ihm dieses Wahlrecht nicht genommen werden, wenn zugleich der Tatbestand der Sittenwidrigkeit erfüllt ist.[71] § 138 BGB tritt somit gegenüber Abs. 1 und Abs. 2 zurück.[72]

IV. AGB-Kontrolle

33 Gem. § 310 Abs. 4 S. 2 BGB finden die §§ 305 ff. BGB auch Anwendung auf Arbeitsverträge, wobei die Besonderheiten des Arbeitsrechts angemessen zu berücksichtigen sind.[73] In der Regel wird das Wettbewerbsverbot nicht als überraschende Klausel iSd § 305c Abs. 1 BGB anzusehen sein,[74] es sei denn, dass es unter dem Vertragsabschnitt „Vertragsstrafe" geregelt ist[75] oder sonst unter einer irreführenden Überschrift. Auch dürfte als besonders belastende Vorschrift regelmäßig eine ausdrückliche Hervorhebung erforderlich sein. Im Übrigen dürfte § 74a gegenüber § 307 Abs. 2 BGB vorgehen,[76] sodass eine Inhaltskontrolle wegen unangemessener Benachteiligung ausscheidet.[77] Allerdings könnte eine Wettbewerbsklausel an der Unklarheitenregel des § 307 Abs. 1 S. 2 BGB scheitern, wenn sie nicht mehr auslegungsfähig ist (→ § 74 Rn. 27).[78]

---

66 EBJS/*Boecken/Rudkowski* Rn. 30.

67 Zur Frage der Teilnichtigkeit vgl. *Butters* JuS 2001, 324.

68 Heymann/*Henssler/Michel* Rn. 30.

69 LAG München VersR 1987, 218; LAG Düsseldorf BB 1997, 319; *Butters/Hirte* WuB IV A § 138 BGB 4.98; Staub/*Weber* Rn. 35. S. auch OLG München NZA-RR 2019, 88: Nichtigkeit eines Verbots für Tätigkeiten bei Konkurrenzunternehmen in jeglicher Weise.

70 BAG AP § 74 Nr. 22 mAnm *Weitnauer* = SAE 1969, 43 m. zust. Anm. *Rüthers*; *Bauer/Diller* Wettbewerbsverbote Rn. 174; ErfK/*Oetker* Rn. 1, 8; *Vogelsang* in Schaub ArbR-HdB § 55 Rn. 61; Staub/*Weber* Rn. 35; aA bezgl. Abs. 2 EBJS/*Boecken/Rudkowski* Rn. 32.

71 Zutr. *Bauer/Diller* Wettbewerbsverbote Rn. 174; EBJS/*Boecken/Rudkowski* Rn. 32; Heymann/*Henssler/Michel* Rn. 31.

72 S. aber zur Sittenwidrigkeit von Wettbewerbsverboten für Ärzte ErfK/*Oetker* HGB § 74 Rn. 3 aE; *Brinker/Diller/Spoerr* NJW 1997, 3056 (3059).

73 Zum Verbraucherstatus eines Arbeitnehmers BVerfG AP BGB § 307 Nr. 22; BAG AP HGB § 60 Nr. 16; AP BGB § 310 Nr. 1 mAnm *Preis*; vgl. auch *Bauer/Diller* Wettbewerbsverbote Rn. 26 mwN.

74 So auch *Bauer/Diller* NJW 2002, 1609 (1614); Baumbach/Hopt/*Roth* Rn. 9; eingehend zur AGB-Kontrolle von nachvertraglichen Wettbewerbsverboten *Lembke* BB 2020, 52,55.

75 LAG Hamm LAGE § 305c BGB Nr. 2; krit. *Gaul/Khanian* MDR 2006, 181 (187). Zum Erfordernis ausdrücklicher Hervorhebung besonders belastender Regelungen s. BAG NZA 2019, 166 mwN.

76 *Diller* NZA 2005, 250 (251); Oetker/*Kotzian-Marggraf* Rn. 1; *Thüsing/Leder* BB 2004, 42 (46); Staub/*Weber* Rn. 4.

77 LAG RhPf NZA-RR 2013, 15; Hamm NZA-RR 2003, 513; zust. *Thüsing/Leder* BB 2004, 46; Staub/*Weber* Rn. 4; aA *Koch* RdA 2006, 28 (29 ff.).

78 Vgl. auch BAG AP § 74 Nr. 67 mAnm *Henssler*; *Maiß* GWR 2012, 499.

§ 74b [Zahlung und Berechnung der Entschädigung]

(1) Die nach § 74 Abs. 2 dem Handlungsgehilfen zu gewährende Entschädigung ist am Schlusse jedes Monats zu zahlen.

(2) [1]Soweit die dem Gehilfen zustehenden vertragsmäßigen Leistungen in einer Provision oder in anderen wechselnden Bezügen bestehen, sind sie bei der Berechnung der Entschädigung nach dem Durchschnitt der letzten drei Jahre in Ansatz zu bringen. [2]Hat die für die Bezüge bei der Beendigung des Dienstverhältnisses maßgebende Vertragsbestimmung noch nicht drei Jahre bestanden, so erfolgt der Ansatz nach dem Durchschnitt des Zeitraums, für den die Bestimmung in Kraft war.

(3) Soweit Bezüge zum Ersatze besonderer Auslagen dienen sollen, die infolge der Dienstleistung entstehen, bleiben sie außer Ansatz.

Schrifttum: s. § 74.

Übersicht

I. Grundsätzlicher Regelungsinhalt

1 § 74b regelt nur Zahlung und Berechnung der Karenzentschädigung. Die Voraussetzungen des Anspruchs ergeben sich allein aus § 74. Abs. 1 betrifft die **Fälligkeit** der Entschädigung, Abs. 2 regelt die Besonderheiten der **Berechnung** des Karenzentgelts, wenn dem Arbeitnehmer während des Arbeitsverhältnisses wechselnde Bezüge zugestanden haben. Abs. 1 hat seine Entsprechung in der Regelung des § 64 über die Gehaltszahlung des Handlungsgehilfen.[1]

II. Zahlung der Karenzentschädigung (Abs. 1)

2 **1. Fälligkeit.** Dem Handlungsgehilfen ist die Karenzentschädigung **am Schluss jedes Monats** auszuzahlen (Abs. 1). Ist die Karenzentschädigung nach Jahren bemessen, so ist sie monatlich mit je einem Zwölftel zu zahlen. Das gilt auch dann, wenn der Handlungsgehilfe wechselnde Bezüge, Provisionen und Tantiemen bezogen hat. Die Ratenzahlung beginnt mit dem Monat nach Beendigung des Dienstverhältnisses.[2] Endet das Dienstverhältnis zum Monatsende, ist Zahlungsbeginn am Ende des Folgemonats.

3 Abweichende Vereinbarungen über **längere Zahlungstermine** oder Aufschub der Fälligkeit der Karenzzahlung sind **unzulässig** (vgl. auch § 64 S. 2).[3] Dies folgt zwingend aus Abs. 1. Ebenso wenig kann eine Entschädigungszahlung pro rata schon während des Arbeitsverhältnisses gewährt werden.[4] Im Unterschied zu den Fällen des § 74 Abs. 2 und

1 EBJS/*Boecken/Rudkowski* Rn. 2; Oetker/*Kotzian-Marggraf* Rn. 1; Staub/*Weber* Rn. 1.

2 EBJS/*Boecken/Rudkowski* Rn. 2; GK-HGB/*Etzel* § 75d Rn. 117; Baumbach/Hopt/*Roth* Rn. 2; Staub/*Weber* Rn. 4; aA *Bauer/Diller* Wettbewerbsverbote Rn. 737 f.

3 ErfK/*Oetker* Rn. 1; Röhricht/Graf v. Westphalen/Haas/*Wagner/Vogt* § 74b Rn. 3; Staub/*Weber* Rn. 5; HzA/*Welslau* Gruppe 1 Rn. 2229.

4 BAG AP § 74 Nr. 38 m. zust. Anm. *Stumpf.*

§ 74a Abs. 2 führt die Unwirksamkeit einer solchen Zahlungsvereinbarung aber nicht zur Ungültigkeit der Gesamtvereinbarung über das Wettbewerbsverbot.

4 Jedoch lässt § 75d S. 1 Abweichungen von Abs. 1 zugunsten des Arbeitnehmers zu.[5] Eine **Vereinbarung kürzerer Zeitabschnitte** zur Auszahlung der Entschädigung läuft daher der Vorschrift nicht zuwider. Auch kann ein Auszahlungstermin während der Dauer des Dienstverhältnisses vereinbart werden. Gleichfalls wirksam ist eine Vereinbarung, wonach die gesamte Karenzentschädigung in einem Betrag bei Beendigung des Dienstverhältnisses fällig wird.[6] Ob in diesem Fall eine Abzinsung zulässig ist, ist hingegen zweifelhaft.[7] Schon unter dem Gesichtspunkt des Umgehungsverbots des § 75d S. 2 dürfte die Maximalgrenze einer zulässigen Abzinsung aber bei einem Restbetrag in Höhe der Mindestentschädigung nach § 74 Abs. 2 bestehen.

5 **2. Durchsetzung und Verjährung des Zahlungsanspruchs.** Tarifliche **Ausschlussfristen** können die Geltendmachung des Anspruchs begrenzen. Dabei bezieht sich die Verfallklausel im Zweifel nur auf den jeweils fälligen monatlichen Anspruch, nicht auf das Stammrecht; die Ausschlussfrist ist also ab Fälligkeit der Einzelrate zu berechnen.[8] Dies gilt regelmäßig auch dann, wenn nach dem Tarifvertrag für sonstige Ansprüche die Ausschlussfrist ab Beendigung des Arbeitsverhältnisses zu laufen beginnt.[9] Die Vereinbarung einer Ausschlussfrist kann auch im Rahmen eines **Formulararbeitsvertrags** erfolgen.[10] Sowohl einzelvertraglich vereinbarte als auch tarifliche Verfallklauseln erfassen „alle beiderseitigen Ansprüche aus dem Arbeitsverhältnis und solche, die mit dem Arbeitsverhältnis in Verbindung stehen" und damit auch den monatlich fällig werdenden Anspruch auf Karenzentschädigung.[11]

6 Der Anspruch ist undurchsetzbar, wenn der Arbeitnehmer nach Beendigung des Arbeitsverhältnisses in einer **Ausgleichsquittung** ausdrücklich auf die Karenzentschädigung verzichtet.[12] Eine Ausgleichsquittung, die mit der üblichen pauschalen Schlussformel endet, dass dem Arbeitnehmer im Zweifel keine weiteren Ansprüche aus dem Arbeitsverhältnis sowie dessen Beendigung zustehen, enthält im Zweifel keinen Verzicht auf die Wettbewerbsverbotsentschädigung.[13]

7 Da der Leistungszeitpunkt für die monatliche Entschädigung kalendermäßig bestimmt ist, kommt der Arbeitgeber bei Nichtzahlung mit Ablauf des Monats auch ohne Mahnung in **Verzug** (§ 286 Abs. 2 Nr. 1 BGB).[14] Der Arbeitnehmer hat dann Anspruch auf Ersatz eines etwa entstandenen Verzögerungsschadens; er kann jedoch nicht unter Berufung auf die Einrede des § 320 BGB Wettbewerb betreiben.[15] Unter den Voraussetzungen des § 323 Abs. 1 BGB hat er jedoch ein Recht zum Rücktritt[16] bzw. kann Schadenersatz wegen Nichterfüllung verlangen.

---

[5] *Bauer/Diller* Wettbewerbsverbote Rn. 432; EBJS/*Boecken/Rudkowski* Rn. 4; Röhricht/Graf v. Westphalen/Haas/*Wagner/Vogt* § 74b Rn. 3.

[6] Vgl. BAG AP GewO § 133f Nr. 19 mAnm *Duden* = SAE 1967, 284 mAnm *Hofmann*; EBJS/*Boecken/Rudkowski* Rn. 4; Staub/*Weber* Rn. 6.

[7] Abl. HzA/*Welslau* Gruppe 1 Rn. 2229; vgl. *Bauer/Diller* Wettbewerbsverbote Rn. 432 mwN.

[8] BAG AP TVG § 4 Ausschlussfristen Nr. 87; Heymann/*Henssler/Michel* Rn. 11; Oetker/*Kotzian-Marggraf* Rn. 30; *Vogelsang* in Schaub ArbR-HdB § 55 Rn. 89; Staub/*Weber* Rn. 8.

[9] BAG AP TVG § 4 Ausschlussfristen Nr. 41 m. zust. Anm. *G. Hueck* = SAE 1970, 57 mAnm *Hofmann* und AP TVG § 4 Ausschlussfristen Nr. 87; *Vogelsang* in Schaub ArbR-HdB § 55 Rn. 89.

[10] BAG AP Nr. 2, dabei sind jedoch die Grenzen des § 305c Abs. 1 BGB (überraschende Klauseln) zu beachten.

[11] BAG NJW 1998, 1732; Staub/*Weber* Rn. 8; aA EBJS/*Boecken/Rudkowski* Rn. 6 die Ausschlussfristen als von den Vorschriften der §§ 74 ff. zum Nachteil des Arbeitnehmers abweichende Vereinbarungen und daher als unzulässig ansehen; diff. *Bauer/Diller* Wettbewerbsverbote Rn. 744.

[12] LAG Düsseldorf DB 1974, 1915.

[13] BAG AP § 74 Nr. 39 m. zust. Anm. *Stumpf*; GK-HGB/*Etzel* § 75d Rn. 123; Baumbach/Hopt/*Roth* Rn. 1; *Kramer/Marhold* AR-Blattei SD 290; aA wohl *Vogelsang* in Schaub ArbR-HdB § 55 Rn. 89.

[14] Staub/*Weber* Rn. 10.

[15] BAG AP § 74 Nr. 42 mAnm *Beitzke*; Staub/*Weber* Rn. 10; vgl. auch *Bauer/Diller* Wettbewerbsverbote Rn. 754 mwN.

[16] RGZ 79, 311; BAG AP § 74 Nr. 89; Baumbach/Hopt/*Roth* Rn. 1; Staub/*Weber* Rn. 10.

Als **Erfüllungsort** für die Zahlung der Karenzentschädigung gilt in Ermangelung einer abweichenden Vereinbarung gem. § 269 BGB der Ort der Niederlassung des Arbeitgebers. 8

Der Anspruch auf die monatliche Karenzentschädigung unterliegt der regelmäßigen **Verjährung** gem. §§ 195, 199 BGB.[17] In der Zwangsvollstreckung (Pfändungsschutz nach § 850 Abs. 3a ZPO) und in der Insolvenz (§§ 38, 55 InsO) wird der Entschädigungsanspruch wie ein Anspruch auf Dienstvergütung behandelt.[18] 9

III. Berechnung der Karenzentschädigung (Abs. 2 und Abs. 3)

1. Berechnungsgrundlagen. Die Karenzentschädigung darf nicht unter der Mindestgrenze des § 74 Abs. 2 liegen. Für ihre Berechnung sind **sämtliche Einkommensbestandteile** zu berücksichtigen, auch soweit es sich um widerrufliche Zulagen handelt.[19] In Ansatz zu bringen sind insbesondere: Gehalt, Leistungszulagen (zB Umsatzprämie), Provisionen, Gratifikationen und ähnliche Sonderleistungen,[20] über reinen Unkostenersatz hinausgehende feste Reisespesen[21] sowie Sachleistungen.[22] Weiterhin zählen hierzu Aktien oder Aktienoptionen, die der Arbeitgeber vertraglich gewährt.[23] Dabei ist unerheblich, ob der Arbeitnehmer einen Anspruch auf die Leistung hatte; auch eine freiwillige Sonderleistung des Arbeitgebers ist mitzuberechnen.[24] Naturalleistungen, wie Kost und Wohnung, sind ebenfalls zu berücksichtigen, wobei sie mit ihrem letzten Wert einzubeziehen sind.[25] Auch die private Nutzung eines Dienstwagens stellt einen bei der Berechnung der Karenzentschädigung zu berücksichtigenden Vorteil dar. Heftig umstritten ist allerdings die Frage, ob als Berechnungsgrundlage zur Bestimmung des anzurechnenden Betrages auf die Tabellen von *Sanden/Danner/Küppersbusch* (vgl. § 287 Abs. 2 ZPO),[26] die Kostentabellen des ADAC[27] oder die Grundsätze, die das BAG für Schadensersatzansprüche wegen Entziehung des Dienstfahrzeugs entwickelt hat,[28] zurückzugreifen ist. 10

Hingegen bleiben Vergütungsbestandteile, die erst nach Beendigung des Arbeitsverhältnisses fällig werden (zB Gewinnbeteiligungen), **außer Ansatz.**[29] Das Gleiche gilt für die Arbeitgeberanteile zur gesetzlichen Kranken- und Rentenversicherung, die vom Arbeitgeber freiwillig ausgezahlten Beiträge zu einer ersetzenden Lebensversicherung[30] und das Übergangsgeld nach § 20 SGB VI als Leistung der Rehabilitation.[31] Auch der Krankenversi- 11

---

[17] BAG AP § 74 Nr. 44 m. zust. Anm. *Beitzke*; EBJS/*Boecken/Rudkowski* Rn. 9; Baumbach/Hopt/*Roth* Rn. 2; Staub/*Weber* Rn. 7.

[18] Vgl. GK-HGB/*Etzel* § 75d Rn. 124, 127; Baumbach/Hopt/*Roth* Rn. 2; *Vogelsang* in Schaub ArbR-HdB § 55 Rn. 48; Staub/*Weber* Rn. 22 f.

[19] BAG AP § 74 Nr. 19 m. zust. Anm. *Herschel*; *Bauer/Diller* Wettbewerbsverbote Rn. 409; KKRD/*Koller* §§ 74–75d Rn. 11; Röhricht/Graf v. Westphalen/Haas/*Wagner/Vogt* § 74b Rn. 9; Staub/*Weber* Rn. 13.

[20] BAG AP § 74 Nr. 30 m. zust. Anm. *Thiele/Weschenfelder* und AP § 74 Nr. 34 m. zust. Anm. *Schröder* = AR-Blattei Wettbewerbsverbot Entsch. 106 m. zust. Anm. *Buchner* = SAE 1974, 253 m. krit. Anm. *Herschel*; unter teilweiser Aufgabe von BAG AP GewO § 133f Nr. 23 mAnm *Hofmann*; einschr. BAG AP Nr. 1 = SAE 1977, 174 mAnm *Beitzke* (anteilmäßig 13. Gehalt); *Bauer/Diller* Wettbewerbsverbote Rn. 415 f.; EBJS/*Boecken/Rudkowski* Rn. 13; Röhricht/Graf v. Westphalen/Haas/*Wagner/Vogt* § 74b Rn. 9; Staub/*Weber* Rn. 12.

[21] BAG AP § 74 Nr. 44 m. krit. Anm. *Beitzke.*

[22] BAG AP § 74 Nr. 59 = AR-Blattei ES 1830 Nr. 165 mAnm *Buchner*; *Bauer/Diller* Wettbewerbsverbote Rn. 389 ff.; Staub/*Weber* Rn. 12.

[23] LAG BW BeckRS 2011, 65940; HessLAG BeckRS 2017, 123014.

[24] BAG AP § 74 Nr. 30 mAnm *Thiele/Weschenfelder*; AP § 74 Nr. 34 mAnm *Schröder* = AR-Blattei Wettbewerbsverbot Entsch. 106 mAnm *Buchner* = SAE 1974, 243 mAnm *Herschel*; EBJS/*Boecken/Rudkowski* Rn. 13.

[25] GK-HGB/*Etzel* § 75d Rn. 50; Heymann/*Henssler/Michel* Rn. 3; *Vogelsang* in Schaub ArbR-HdB § 55 Rn. 79.

[26] So GK-HGB/*Etzel* § 75d Rn. 50 mwN.

[27] So *Bauer/Diller* Wettbewerbsverbote Rn. 393 ff. mwN; ebenso Staub/*Weber* Rn. 17; offengelassen von BAG AP Nr. 2.

[28] So LAG Hamm EzA SD 2000 Nr. 12, 9–12.

[29] BAG AP § 74 Nr. 20; diff. *Bauer/Diller* Wettbewerbsverbote Rn. 396 f.

[30] BAG AP § 74 Nr. 40 mAnm *Brackmann*; *Bauer/Diller* Wettbewerbsverbote Rn. 387; Staub/*Weber* Rn. 14.

[31] BAG AP § 74c Nr. 15 = DB 1990, 889; Staub/*Weber* Rn. 14.

cherungszuschuss nach § 257 SGB V bleibt als nicht zu den vertragsmäßigen Bezügen gehörend unberücksichtigt.[32] Ebenso sind Vergütungen für Sonderleistungen im Arbeitsverhältnis (zB für Arbeitnehmererfindungen und Verbesserungsvorschläge) von der Berechnung auszunehmen, da sie nicht für die Arbeitsleistung selbst gewährt werden.[33]

12 Da die **„zuletzt bezogenen vertraglichen Leistungen"** (§ 74 Abs. 2) maßgeblich sind, ist unerheblich, was der Arbeitnehmer im selben Arbeitsverhältnis zu einem früheren Zeitpunkt verdient hat. Scheidet er als Teilzeitarbeitnehmer aus, kommt es nur auf den **Teilzeitverdienst** an, auch wenn der Arbeitnehmer zuvor lange Zeit beim Arbeitgeber vollzeitbeschäftigt war. Im umgekehrten Fall ist allein der Vollzeitverdienst maßgeblich.[34] Entsprechend kommt es auch allgemein nicht darauf an, wie sich der Verdienst bei Fortbestehen des Arbeitsverhältnisses weiterentwickelt hätte.[35] Insbesondere bleiben zwischenzeitliche Tariferhöhungen unberücksichtigt.[36] Höchstrichterlich ungeklärt ist bisher die Frage, wie im Falle der Teilzeitbeschäftigung während der **Altersteilzeit** zu verfahren ist. Dabei erscheint es nur konsequent, die von der Rspr. im Zusammenhang mit der Teilzeitarbeit vor Beginn des nachvertraglichen Wettbewerbsverbots entwickelten Grundsätze entsprechend anzuwenden.[37] Auch hier erfolgt regelmäßig ein Wechsel von Voll- in Teilzeitarbeit, der oftmals sogar nicht unmittelbar vor dem Ausscheiden erfolgt. Gründe für eine Besserstellung von Arbeitnehmern in Teilzeitbeschäftigung während der Altersteilzeit und solchen in Teilzeitbeschäftigung unabhängig von der Altersteilzeit sind nicht ersichtlich. Bei der Berechnung der Karenzentschädigung sind dabei jedenfalls die vom Arbeitgeber im gesetzlich verpflichtenden Umfang gezahlten Aufstockungsbeiträge zu berücksichtigen.[38]

13 Nach Abs. 3 sind **Auslagen,** die dem Arbeitnehmer ersetzt wurden, ausdrücklich aus der Berechnung der Karenzentschädigung ausgenommen. Dies gilt jedoch nur für solche Auslagen, die als reiner Unkostenersatz gezahlt werden (zB Fahrtkosten, Verpflegungsgeld, Teuerungszuschläge bei Auslandstätigkeit und Trennungsentschädigung bei auswärtiger Tätigkeit). Hingegen haben Spesen Vergütungscharakter, soweit sie als **pauschale Zahlungen** nicht nur dem Auslagenersatz dienen.[39] Solche festen Reisespesen sind bei der Berechnung der Karenzentschädigung als vertragsmäßige Leistung iSd § 74 Abs. 2 HGB und zwar in Höhe des als Vergütung anzusehenden Anteils in Ansatz zu bringen.[40]

14 **2. Berechnung im Einzelnen. a) Feste Bezüge.** Für die Berechnung der Karenzentschädigung bei ursprünglich festen Bezügen enthält § 74b keine ausdrückliche Regelung. Sie ergibt sich jedoch mittelbar aus Abs. 1 (monatlicher Zahlungszeitraum) iVm § 74 Abs. 2 (Mindesthöhe). Hieraus folgt, dass die im letzten Bezugszeitraum vor Vertragsbeendigung fällig gewordene feste Vergütung – je nachdem, ob es sich um Monats-, Wochen- oder Tagesbezüge handelt – durch Multiplikationen mit 12, 52, 365 auf ein Jahr hochzurechnen

[32] BAG AP § 74 Nr. 40 m. zust. Anm. *Brackmann*; *Bauer/Diller* Wettbewerbsverbote Rn. 387; GK-HGB/*Etzel* § 75d Rn. 50; Baumbach/Hopt/*Roth* Rn. 3; *Vogelsang* in Schaub ArbR-HdB § 55 Rn. 79; Staub/*Weber* Rn. 14.

[33] *Vogelsang* in Schaub ArbR-HdB § 55 Rn. 79; Staub/*Weber* Rn. 14.

[34] BAG AP § 74 Nr. 83; *Heilmann/Koch* NZA 2018, 339, 340; Staub/*Weber* Rn. 15; HzA/*Welslau* Gruppe 1 Rn. 2227; aA *Bauer/Diller* Wettbewerbsverbote Rn. 414.

[35] BAG DB 2009, 404 (405); AP § 74 Nr. 34 mAnm *Schröder* = AR-Blattei Wettbewerbsverbot Entsch. 106 mAnm *Buchner* = SAE 1974, 243 mAnm *Herschel*; AP Nr. 1 = SAE 1977, 174 mAnm *Beitzke*; Staub/*Weber* Rn. 15.

[36] ErfK/*Oetker* Rn. 3; *Vogelsang* in Schaub ArbR-HdB § 55 Rn. 79; Staub/*Weber* Rn. 15.

[37] *Heilmann/Koch* NZA 2018, 339, 340.

[38] Im Einzelnen zur Berücksichtigung von Aufstockungsleistungen bei der Berechnung der Karenzentschädigung s. *Heilmann/Koch* NZA 2018, 339, 340 ff.

[39] BAG AP § 74c Nr. 20 m. krit. Anm. *Wertheimer*; *Bauer/Diller* Wettbewerbsverbote Rn. 384; EBJS/*Boecken/Rudkowski* Rn. 14; Oetker/*Kotzian-Marggraf* Rn. 5; Staub/*Weber* Rn. 21.

[40] BAG AP § 74 Nr. 44 mAnm *Beitzke*; AP LohnFG § 2 Nr. 14 für sog. Nahauslösungen; EBJS/*Boecken/Rudkowski* Rn. 14; GK-HGB/*Etzel* § 75d Rn. 50; Heymann/*Henssler/Michel* Rn. 7; *Vogelsang* in Schaub ArbR-HdB § 55 Rn. 79; Röhricht/Graf v. Westphalen/Haas/*Wagner/Vogt* § 74b Rn. 15; Staub/*Weber* Rn. 21.

ist. 1/24 des ermittelten Betrages ergibt die **Mindestentschädigung** (§ 74 Abs. 2) für die monatlich zu zahlende Rate (§ 74b Abs. 1).[41]

b) Wechselnde Bezüge. Für die Berechnung der Karenzentschädigung bei wechselnden Bezügen aus dem Arbeitsverhältnis enthält Abs. 2 eine ausdrückliche Regelung. Zu solchen wechselnden Bezügen zählen Provisionen, Tantiemen und sonstige von äußeren Umständen abhängige Leistungen.[42] Gewinnbeteiligungen sind auch dann zu berücksichtigen, wenn sie erst nach Beendigung des Arbeitsverhältnisses fällig bzw. ausgezahlt werden.[43] Solche Bezüge stehen dem Arbeitnehmer ohnehin unabhängig von Wettbewerbsverbotsvereinbarungen vollständig nach Beendigung des Arbeitsverhältnisses zu.[44] 15

Für die Berechnung der Karenzentschädigung ist nach Abs. 2 S. 1 auf den Durchschnitt der **Bezüge während der letzten drei Jahre** abzustellen. Dabei kommt es nur darauf an, was der Arbeitnehmer für diesen Zeitraum zu erhalten hat, auch wenn die tatsächliche Auszahlung erst nach Beendigung des Arbeitsverhältnisses erfolgt.[45] Bei kürzerer Vertragsdauer als drei Jahre ist der jeweilige Vertragszeitraum maßgeblich (Abs. 2 S. 2). Für den zu zahlenden Monatsbetrag ist wie bei festen Bezügen der Jahresdurchschnitt zugrunde zu legen. 16

3. Kontrollfunktion des Abs. 1 und 2. Die Berechnungsregelung nach Abs. 1 und 2 ist kein zwingender Maßstab. Abweichungen hiervon machen die Entschädigungsvereinbarung nicht uneingeschränkt unwirksam. Vielmehr können Karenzentschädigungen der Höhe nach an sich frei vereinbart werden. Sie müssen sich jedoch immer am Mindestmaß des § 74 Abs. 2 orientieren. Durch die Berechnung nach Abs. 1 und Abs. 2 ist deshalb zugleich ein **Kontrollmaßstab** für die Verbindlichkeit einer frei vereinbarten Entschädigung gegeben. Sie ist nur dann verbindlich, wenn sie mindestens die Hälfte der nach Abs. 1 bzw. Abs. 2 errechneten Beträge ergibt.[46] 17

§ 74c [Anrechnung anderweitigen Erwerbs]

(1) [1]Der Handlungsgehilfe muß sich auf die fällige Entschädigung anrechnen lassen, was er während des Zeitraums, für den die Entschädigung gezahlt wird, durch anderweite Verwertung seiner Arbeitskraft erwirbt oder zu erwerben böswillig unterläßt, soweit die Entschädigung unter Hinzurechnung dieses Betrags den Betrag der zuletzt von ihm bezogenen vertragsmäßigen Leistungen um mehr als ein Zehntel übersteigen würde. [2]Ist der Gehilfe durch das Wettbewerbverbot gezwungen worden, seinen Wohnsitz zu verlegen, so tritt an die Stelle des Betrags von einem Zehntel der Betrag von einem Viertel. [3]Für die Dauer der Verbüßung einer Freiheitsstrafe kann der Gehilfe eine Entschädigung nicht verlangen.

(2) Der Gehilfe ist verpflichtet, dem Prinzipal auf Erfordern über die Höhe seines Erwerbes Auskunft zu erteilen.

Schrifttum: s. § 74; zur Lit. vor 1990 → 2. Aufl. 2005; *Diller,* Anrechnung von Arbeitslosengeld auf Karenzentschädigung: Brutto oder Netto?, BB 2008, 1680; *Kukat,* Vorsicht ist besser als Nachsicht – Praktische

[41] Vgl. ausf. *Bauer/Diller* Wettbewerbsverbote Rn. 402 ff.; Heymann/*Henssler/Michel* Rn. 2; Baumbach/Hopt/*Roth* Rn. 3; *Vogelsang* in Schaub ArbR-HdB § 55 Rn. 78; Berechnungsschema bei HzA/*Welslau* Gruppe 1 Rn. 2324; aA LAG Frankfurt a. M. LAGE § 74 Nr. 5; LAGE § 74a Nr. 1.

[42] BAG AP § 74 Nr. 19 mAnm *Herschel* und AP § 74 Nr. 30 mAnm *Thiele/Weschenfelder*; ErfK/*Oetker* Rn. 5; Röhricht/Graf v. Westphalen/Haas/*Wagner/Vogt* § 74b Rn. 12; Staub/*Weber* Rn. 18; vgl. auch *Bauer/Diller* Wettbewerbsverbote Rn. 415 ff.

[43] BAG AP § 74 Nr. 59 = AR-Blattei ES 1830 Nr. 165 mAnm *Buchner* unter Aufgabe von BAG AP § 74 Nr. 20; Staub/*Weber* Rn. 18.

[44] Vgl. auch Heymann/*Henssler/Michel* Rn. 5; ErfK/*Oetker* Rn. 5.

[45] BAG AP § 74 Nr. 34 mAnm *Schröder* = AR-Blattei Wettbewerbsverbot Entsch. 106 mAnm *Buchner* = SAE 1974, 243 mAnm *Herschel*; EBJS/*Boecken/Rudkowski* Rn. 13; GK-HGB/*Etzel* § 75d Rn. 51; Staub/*Weber* Rn. 20.

[46] BAG AP HGB § 74 Nr. 86; zutr. Heymann/*Henssler/Michel* Rn. 6; zu den Rechtsfolgen einer unverbindlichen Entschädigungsvereinbarung → § 74 Rn. 49 ff.

Hinweise zur Vereinbarung nachvertraglicher Wettbewerbsverbote für Geschäftsführer und zur Anrechnung anderweitigen Erwerbs, BB 2001, 951; *Schütze,* Zur Anrechnung anderweitigen Arbeitseinkommens auf die Karenzentschädigung, DB 1991, 918.

Übersicht

I. Zweck der Regelung

1 § 74c stellt eine deutliche **Einschränkung der Pflicht zur** Zahlung einer **Karenzentschädigung** dar.[1] Im Einzelfall kann die Anrechnung anderweitigen Erwerbs auf Grund dieser Regelung dazu führen, dass die Zahlungspflicht vollständig entfällt. Die Anrechnungsvoraussetzungen sind durch § 74c begrenzt. Abweichende Vereinbarungen zu Lasten des Arbeitnehmers sind gem. § 75d unwirksam. Hingegen kann durch Vereinbarung eine Anrechnung anderweitigen Erwerbs ausgeschlossen werden. Diese Vereinbarung muss entgegen der Ansicht des BAG[2] nicht ausdrücklich getroffen werden.[3] Denn es liegt kein Grund vor, von den allgemeinen Anforderungen der Rechtsgeschäftslehre abzuweichen, wonach ausreicht, dass der beiderseitige rechtsgeschäftliche Wille der Vertragsbeteiligten aus dem Gesamtverhalten erkennbar ist.[4] Vereinbaren die Parteien beispielsweise, dass die Entschädigung für die ganze Dauer des Wettbewerbsverbots in einem Betrag im Voraus zu zahlen ist, muss mangels gegenteiliger ausdrücklicher Abrede angenommen werden, dass der Arbeitnehmer die Entschädigung ohne Rücksicht auf etwaige, sonst nach § 74c anrechenbarer Einnahmen erhalten soll.[5]

2 Die Regelung des § 74c will eine **„Übersicherung" des Arbeitnehmers verhindern.**[6] Denn die Karenzentschädigung dient allein dem Zweck, Einkommensverluste des Arbeitnehmers auszugleichen, die ihm bei einer anderweitigen Verwertung seiner Arbeitskraft auf Grund der Einhaltung des Wettbewerbsverbots entstehen. In Situationen, in denen die Notwendigkeit eines Ausgleichs verringert ist oder sogar entfällt, ist daher eine Einschränkung oder ein Wegfall der Entschädigungspflicht geboten. Denn es besteht kein Grund, einem Arbeitnehmer, dessen neuer Verdienst sein früheres Einkommen erreicht oder übersteigt, eine Vergütung für die Wettbewerbsenthaltung zu gewähren.[7] – Dem § 74c **vergleichbare Regelungen** finden sich in **§ 615 S. 2 BGB**[8] und **§ 11 KSchG.**[9]

[1] EBJS/*Boecken/Rudkowski* Rn. 1 f.; Oetker/*Kotzian-Marggraf* Rn. 1; ErfK/*Oetker* Rn. 1.
[2] BAG AP Nr. 3.
[3] So auch ErfK/*Oetker* Rn. 1; Staub/*Weber* Rn. 2; aA wohl *Bauer/Diller* Wettbewerbsverbote Rn. 825.
[4] *Buchner* in Anm. zu BAG AR-Blattei Wettbewerbsverbot Entsch. 122; *Reuter* in Anm. zu BAG AP Nr. 3.
[5] LAG Hamm DB 1992, 1784; Oetker/*Kotzian-Marggraf* Rn. 1; Staub/*Weber* Rn. 2.
[6] EBJS/*Boecken/Rudkowski* Rn. 2; Röhricht/Graf v. Westphalen/Haas/*Wagner/Vogt* § 74c Rn. 1.
[7] Staub/*Weber* Rn. 1.
[8] Hierzu Staudinger/*Richardi/Fischinger,* 2019, BGB § 615 Rn. 148 ff.; Palandt/*Weidenkaff* BGB § 615 Rn. 18 ff.
[9] Hierzu Linck/Krause/Bayreuther/*Linck* KSchG § 11 mwN.

II. Anrechnung anderweitigen Erwerbs (Abs. 1 S. 1 und Abs. 1 S. 2)

1. Tatsächlicher Erwerb. Gem. § 74c Abs. 1 S. 1 Alt. 1 sind – nach Maßgabe der gesetzlichen Beitragsgrenzen (zum Anrechnungsmodus → Rn. 18 ff.) – auf die Entschädigungsleistung grundsätzlich solche Einkünfte anzurechnen, die der Arbeitnehmer durch **anderweitige Verwertung seiner Arbeitskraft** während des Entschädigungszeitraumes erzielt.[10] Hiervon werden alle geldwerten Leistungen zur Abgeltung der Arbeitsleistung des Arbeitnehmers erfasst.[11] Erfasst werden indes nicht sämtliche Einkünfte des Arbeitnehmers, sondern nur solche, die er infolge seiner frei gewordenen Arbeitskraft nach Beendigung des Arbeitsverhältnisses mit seinem bisherigen Arbeitgeber erwirbt.[12] 3

a) Anrechenbares Einkommen. Anzurechnen ist in erster Linie das aus einem **neuen** Arbeitsverhältnis vergütete **Arbeitseinkommen.** Wie bei der Berechnung der Karenzentschädigung selbst (→ § 74b Rn. 10 ff.) zählen zum Anrechnungsgegenstand neben der Grundvergütung sowohl feste Zulagen und Gratifikationen als auch wechselnde Bezüge (Provisionen, Tantiemen).[13] Gleiches gilt für geldwerte Vorteile, wie die Privatnutzung eines Dienstfahrzeugs.[14] Auch auf freiwilliger Basis gewährte Vergütungsbestandteile sind zu berücksichtigen.[15] Ersparte Aufwendungen sind dem anzurechnenden Arbeitseinkommen hinzuzuzählen, wenn sie in unmittelbarem Zusammenhang mit dem früheren Arbeitsverhältnis stehen und jetzt nicht mehr anfallen (zB Fahrtkosten zur Arbeitsstelle, Kosten für Arbeitskleidung usw, s. § 74b Abs. 3).[16] 4

Unberücksichtigt bleiben hingegen ersparte Aufwendungen durch Verwendung der Arbeitskraft im Bereich der privaten Lebensführung (zB Haus- und Gartenarbeiten). Denn hierbei handelt es sich nicht um Erwerbstätigkeit iSd § 74c.[17] Ebenso wenig anrechenbar sind Einnahmen, die auch bei Fortsetzung des alten Arbeitsverhältnisses angefallen wären, insbesondere Einnahmen aus Nebentätigkeit.[18] Das Gleiche gilt für Einnahmen aus der Privatsphäre, wie beispielsweise Miet- und Kapitalerträge[19] und Sozialleistungen (zum Arbeitslosengeld → Rn. 11). Auch eine gezahlte Abfindung ist nicht anrechenbar, denn hierbei handelt es sich noch um eine Gegenleistung für die Tätigkeit während des Arbeitsverhältnisses.[20] 5

b) Einzelfälle. aa) Selbstständige Tätigkeit. Da es für die Anrechnung auf den Erwerb durch Verwertung der Arbeitskraft des Arbeitnehmers ankommt, sind auch Einkommen aus selbstständiger Tätigkeit miteinzubeziehen.[21] Eine Anrechnung des aus selbstständiger Tätigkeit erzielten Gewinns setzt voraus, dass der Gewinn innerhalb des Karenzzeitraums realisiert wird (§ 252 Abs. 1 Nr. 4 Hs. 2 HGB).[22] Davon ist nach Ansicht des BAG auszugehen, wenn der frühere Arbeitnehmer die von ihm geschuldeten Erfüllungshandlungen während des Karenzzeitraums in der Weise erbracht hat, dass ihm der 6

10 EBJS/*Boecken/Rudkowski* Rn. 6; Oetker/*Kotzian-Marggraf* Rn. 3; ErfK/*Oetker* Rn. 2; Röhricht/Graf v. Westphalen/Haas/*Wagner/Vogt* § 74c Rn. 5; Staub/*Weber* Rn. 4; ausf. *Bauer/Diller* Wettbewerbsverbote Rn. 771 ff.

11 BAG AP Nr. 15.

12 BAG NJW 1970, 443 (445).

13 BAG AP Nr. 21; AP § 74 Nr. 34 m. zust. Anm. *Schröder* = AR-Blattei Wettbewerbsverbot Entsch. 106 m. zust. Anm. *Buchner* = SAE 1974, 253 m. krit. Anm. *Herschel*; EBJS/*Boecken/Rudkowski* Rn. 7.

14 LAG SH NZA-RR 2018, 525.

15 BAG AP § 74 Nr. 34; Röhricht/Graf v. Westphalen/Haas/*Wagner/Vogt* § 74c Rn. 4; Staub/*Weber* Rn. 7.

16 GK-HGB/*Etzel* § 75d Rn. 113; Staub/*Weber* Rn. 5; aA *Bauer/Diller* Wettbewerbsverbote Rn. 798.

17 GK-HGB/*Etzel* § 75d Rn. 113.

18 BAG AP GewO § 133f Nr. 23 mAnm *Hofmann* = AR-Blattei Wettbewerbsverbot Entsch. 70 mAnm *Diedrichsen*; LAG RhPf BeckRS 2005, 42358; EBJS/*Boecken/Rudkowski* Rn. 8; Oetker/*Kotzian-Marggraf* Rn. 5; Staub/*Weber* Rn. 5.

19 BAG AP § 74 Nr. 20; EBJS/*Boecken/Rudkowski* Rn. 8; Oetker/*Kotzian-Marggraf* Rn. 5; Staub/*Weber* Rn. 5.

20 LAG Hamm BeckRS 2000, 30784037 = EzA SD 2000 Nr. 12, 9–12; *Bauer/Diller* Wettbewerbsverbote Rn. 772; Staub/*Weber* Rn. 5.

21 BAG AP Nr. 7; EBJS/*Boecken/Rudkowski* Rn. 7; Oetker/*Kotzian-Marggraf* Rn. 4.

22 *Bauer/Diller* Wettbewerbsverbote, Rn. 803.

Anspruch auf die Gegenleistung – von den mit jeder Forderung verbundenen Risiken abgesehen – so gut wie sicher ist.[23] Die Realisierung wird nicht nach dem Zuflussprinzip des § 11 Abs. 1 S. 1 EStG bemessen. Zudem kommt es – um Rechtsmissbrauch seitens des Arbeitnehmers zu verhindern – auch nicht auf die Abrechnung des Anspruchs innerhalb der Karenzzeit bzw. dessen Fälligkeit an. Indem der Arbeitnehmer durch eine Verzögerung des Fälligkeitszeitpunkts seiner Ansprüche Einfluss auf die Höhe der Karenzentschädigung nehmen könnte, würde er den Arbeitgeber schädigen.[24] Gleichgestellt sind selbstständige Tätigkeiten mit beabsichtigt unangemessen niedrigem Einkommen. Hier findet eine Kombination der Anrechnung erzielten Erwerbs mit böswillig unterlassenem Erwerb (§ 74c Abs. 1 S. 1 Alt. 2; → Rn. 13 ff.) statt.

7 **bb) Gewinnbeteiligungen, Kapitalerträge. Nicht** aus der Verwertung von Arbeitskraft bezogen sind hingegen Kapitalerträge und Gewinnbeteiligungen. Sie werden deshalb nicht angerechnet.[25] Begründet der Arbeitnehmer ein eigenes Unternehmen, können Erwerb durch Einsatz von Arbeitskraft und Kapitalisierung zusammentreffen. In diesem Fall ist die Differenzierung nach anrechenbarem und unanrechenbarem Erwerb schwierig.[26] Ob hier allein aus Praktikabilitätsgründen das gesamte steuerpflichtige Einkommen aus Unternehmenstätigkeit anzurechnen ist,[27] erscheint nach dem Gesetzeswortlaut zweifelhaft. Richtiger Ansatz dürfte vielmehr die nach steuerrechtlichen Grundsätzen zu ermittelnde Leistung des Unternehmers für sein Unternehmen sein.[28] Denn insoweit besteht eine Parallele zum anrechenbaren Einkommen aus selbstständiger Tätigkeit.

8 **cc) Gesellschaftsbeteiligungen.** Gleichermaßen ist zu differenzieren, wenn der dem Wettbewerbsverbot unterliegende Arbeitnehmer später als **Gesellschafter** oder **Geschäftsführer** ein Gehalt bezieht. Auch hier ist nur das aus dem Arbeitskrafteinsatz bezogene Gehalt anrechenbar, während Gewinnbeteiligungen außer Ansatz bleiben.[29]

9 **dd) Leistungen aus der Sozialversicherung.** Eine Wechselwirkung besteht bei Leistungen aus der Sozialversicherung. Zwar kann sich die Zahlung der Karenzentschädigung als sozialversicherungspflichtiges Einkommen auf die Sozialleistungen auswirken. Sozialleistungen selbst werden jedoch grundsätzlich nicht aus der aktuellen Verwertung von Arbeitskraft bezogen, sondern haben ihren selbstständigen Rechtsgrund im Erwerb von Ansprüchen oder Anwartschaften aus der gesetzlichen Sozialversicherung. Als solche sind Sozialleistungen daher nach dem Wortlaut des Abs. 1 S. 1 **nicht anrechenbar.**[30]

10 Entsprechend ist die **Anrechenbarkeit von Altersruhegeld** (§ 33 Abs. 2 SGB VI) aus der gesetzlichen Rentenversicherung verneint worden.[31] Ob eine Betriebsrente anzurechnen ist, hat das BAG bislang offengelassen.[32] Eine Anrechnung ist aber abzulehnen, da die Betriebsrente nur die frühere Arbeitsleistung vergütet.[33] Auch das nach § 119 SGB III

[23] BAG AP Nr. 23 Rn. 51 ff. mAnm *Diller*; zur Realisierung des Gewinns BFH DStR 2017, 1473 (1475).
[24] *BAG* BeckRS 1967, 00007.
[25] BAG AP § 74 Nr. 20; *Bauer/Diller* Wettbewerbsverbote Rn. 783; Oetker/*Kotzian-Marggraf* Rn. 4; ErfK/*Oetker* Rn. 3; HzA/*Welslau* Gruppe 1 Rn. 2266.
[26] Dazu ausf. *Bauer/Diller* Wettbewerbsverbote Rn. 783.
[27] So Heymann/*Henssler/Michel* Rn. 5.
[28] Ebenso *Vogelsang* in Schaub ArbR-HdB § 55 Rn. 79.
[29] BAG AP § 74 Nr. 20.
[30] EBJS/*Boecken/Rudkowski* Rn. 9; Oetker/*Kotzian-Marggraf* Rn. 5; *Vogelsang* in Schaub ArbR-HdB § 55 Rn. 85; Staub/*Weber* Rn. 9; diff. *Bauer/Diller* Wettbewerbsverbote Rn. 795 ff.
[31] BAG AP § 74 Nr. 14 m. zust. Anm. *Hefermehl* = SAE 1961, 224 mAnm *G. Hueck*; AP § 74 Nr. 46 m. zust. Anm. *Beitzke* = NJW 1986, 152; AP § 74 Nr. 75; EBJS/*Boecken/Rudkowski* Rn. 12; GK-HGB/*Etzel* § 75d Rn. 110; Heymann/*Henssler/Michel* Rn. 6; Staub/*Weber* Rn. 6; HzA/*Welslau* Gruppe 1 Rn. 2312; zweifelnd *Vogelsang* in Schaub ArbR-HdB § 55 Rn. 3.
[32] BAG AP § 74 Nr. 46 mAnm *Beitzke*.
[33] LAG München BeckRS 2009, 61889; *Beitzke* in Anm. zu BAG AP § 74 Nr. 46; *Bauer/Diller* Wettbewerbsverbote Rn. 786; EBJS/*Boecken/Rudkowski* Rn. 12; ErfK/*Oetker* Rn. 3; Staub/*Weber* Rn. 6; HzA/*Welslau* Gruppe 1 Rn. 2312.

gezahlte **Übergangsgeld** ist **nicht** auf die Karenzentschädigung **anrechenbar.**[34] Gem. § 3 Abs. 4 Nr. 3 SGB III gehört das Übergangsgeld zwar zu den Entgeltersatzleistungen, dient aber der Umschulung und nicht der anderweitigen Verwertung von Arbeitskraft; daher kommt eine Anrechnung gem. § 74c nicht in Betracht.[35] Anrechenbar ist dagegen der Gründungszuschuss nach § 93 SGB III, da er den Einsatz eigener Arbeitskraft für den Aufbau einer wirtschaftlichen Existenz voraussetzt.[36]

ee) Arbeitslosengeld. Vom Wortlaut des § 74c ist das Arbeitslosengeld nicht erfasst. 11
Denn auf die Karenzentschädigung ist nur anzurechnen, was der Handlungsgehilfe durch anderweitige Verwertung seiner Arbeitskraft erwirbt. Zwar wird das Arbeitslosengeld von der Solidargemeinschaft der Versicherten und der Wirtschaft als Sozialleistung aufgebracht, dennoch kommt ihm eine Lohnersatzfunktion zu.[37] Deshalb muss es nach Sinn und Zweck des § 74c auf die Karenzentschädigung angerechnet werden.[38] Die Frage, ob eine Anrechnung in direkter oder entsprechender Anwendung des § 148 SGB III aF in Betracht kommt, ist durch die Aufhebung der Vorschrift hinfällig geworden.[39] Angerechnet wird der tatsächliche Auszahlungsbetrag, nicht hingegen ein fiktiv aus dem Arbeitslosengeld hochgerechneter Bruttobetrag.[40] In jüngerer Rspr. hat das BAG eine analoge Anwendung des § 74c erwogen, dies im Ergebnis jedoch offengelassen.[41] Auch ein aufgrund einer wirksam eingeführten Kurzarbeit bei einem neuen Arbeitgeber gewährter Anspruch auf **Kurzarbeitergeld** gem. §§ 95 ff. SGB III ist auf die Karenzentschädigung anzurechnen.[42]

ff) Nebentätigkeit. Für Nebentätigkeiten ist zu unterscheiden: Nebentätigkeiten, die 12
bereits während des Arbeitsverhältnisses ausgeübt wurden, sind nicht anrechenbar. Zwar beruhen sie auf der Verwertung von Arbeitskraft; es besteht aber kein innerer Zusammenhang zwischen Karenz und Erwerb.[43] Hingegen sind alle im Laufe der Karenzfrist aufgenommenen Nebentätigkeiten anzurechnen, auch wenn sie bereits während des Arbeitsverhältnisses hätten ausgeübt werden können. Denn in diesem Fall liegt grundsätzlich eine anderweitige Verwertung der Arbeitskraft vor.[44]

2. Fiktiv anrechenbarer Erwerb. Ebenso wie den tatsächlichen Erwerb muss sich 13
der Arbeitnehmer gem. Abs. 1 S. 1 Alt. 2 auch den **böswillig unterlassenen Erwerb** anrechnen lassen.

a) Begriff des böswillig unterlassenen Erwerbs. Für den Begriff der Böswilligkeit 14
ist auf die gleichen Grundsätze abzustellen, wie beim Merkmal der Böswilligkeit beim Annahmeverzug des Arbeitgebers (§ 615 S. 2 BGB) und bei der Anrechnung auf entgange-

---

34 BAG AP Nr. 15 = AR-Blattei Wettbewerbsverbot Entsch. 159 m. krit. Anm. *Buchner* = EWiR 1990, 485 m. zust. Kurzkomm. *Dalichau*; EBJS/*Boecken/Rudkowski* Rn. 12; Staub/*Weber* Rn. 9; zur alten Regelung des § 17 AVG BSG NZA 1990, 906.

35 BAG NZA 1990, 397 (398) m. Kurzkomm. *Dalichau* EWiR 1/90, 485; Staub/*Weber* Rn. 9.

36 BAG AP Nr. 21; GK-HGB/*Etzel* § 75d Rn. 108; Baumbach/Hopt/*Roth* Rn. 1; Röhricht/Graf v. Westphalen/Haas/*Wagner*/*Vogt* § 74c Rn. 13; Staub/*Weber* Rn. 9.

37 So BAG AP Nr. 22 Rn. 16.

38 Krit. BAG AP Nr. 22 bejahend zur früheren Rechtslage nach § 128a AFG BAG AP Nr. 11 m. krit. Anm. *Beitzke*; offengelassen von BAG AP § 74 Nr. 86; *Bauer/Diller* Wettbewerbsverbote Rn. 787 ff.; ErfK/*Oetker* Rn. 4; Staub/*Weber* Rn. 11; ausf. *Diller* DB 2008, 1680 ff.; aA LAG Düsseldorf BeckRS 2015, 73316; EBJS/*Boecken/Rudkowski* Rn. 11.

39 Art. 1 Nr. 82 Drittes Gesetz für moderne Dienstleistungen am Arbeitsmarkt (Hartz III) vom 23.12.2003 mWv 1.1.2004, BGBl. 2004 I 2848.

40 BAG AP Nr. 22; *Vogelsang* in Schaub ArbR-HdB § 55 Rn. 85 mit Hinweis auf die daraus resultierende geringe praktische Bedeutung; aA *Bauer/Diller* Wettbewerbsverbote Rn. 791 f.

41 BAG AP Nr. 22; AP § 74 Nr. 86, 89.

42 EBJS/*Boecken/Rudkowski* Rn. 15.

43 BAG AP GewO § 133f Nr. 23 (wissenschaftliche Nebentätigkeit) mAnm *Hofmann* = AR-Blattei Wettbewerbsverbot Entsch. 70 mAnm *Diedrichsen*; *Bauer/Diller* Wettbewerbsverbote Rn. 784; EBJS/*Boecken/Rudkowski* Rn. 8; Heymann/*Henssler/Michel* Rn. 8; ebenso für ein zweites Arbeitsverhältnis GK-HGB/*Etzel* § 75d Rn. 109.

44 Heymann/*Henssler/Michel* Rn. 9; aA *Bauer/Diller* Wettbewerbsverbote Rn. 784; Baumbach/Hopt/*Roth* Rn. 1; Staub/*Weber* Rn. 5.

nen Zwischenverdienst nach § 11 Nr. 2 KSchG.[45] Ein böswillig unterlassener Erwerb liegt folglich dann vor, wenn der Arbeitnehmer während der Karenzzeit in Kenntnis der objektiven Umstände, nämlich Arbeitsmöglichkeit, Zumutbarkeit der Arbeit und Nachteilsfolge für den Arbeitgeber, vorsätzlich untätig bleibt oder sich in Hinblick auf die Zahlungspflicht des Arbeitgebers vorsätzlich mit einer geringeren Vergütung zufrieden gibt.[46] Die rechtliche Problematik dieser Alternative liegt daher vor allem in der **Zumutbarkeit der Erwerbstätigkeit,** die sich nach Treu und Glauben beurteilt,[47] und im Nachweis des vorsätzlichen Unterlassens einer angemessen vergüteten Erwerbstätigkeit.

15 Ein **böswilliges Unterlassen** einer angemessenen Erwerbstätigkeit liegt nach diesen Grundsätzen dann **nicht** vor, wenn die Entscheidung des Arbeitnehmers vernünftigen Überlegungen entspricht.[48] So muss beispielsweise der Arbeitnehmer bei der Aufnahme einer neuen Tätigkeit sein Interesse an einem angemessenen beruflichen Fortkommen nicht zurückstellen.[49] Insofern handelt es sich nicht um böswilliges Unterlassen, wenn der Arbeitnehmer dort bei tarifgerechter Entlohnung und voller Beschäftigung weniger verdient als in einer anderen Stelle.[50]

16 **b) Einzelfälle.** Von der Rspr. sind vornehmlich solche Fälle entschieden worden, in denen eine Anrechnung böswillig unterlassenen Erwerbs im Ergebnis abgelehnt worden ist. Eine Böswilligkeit wurde im Einzelfall **verneint für** die Aufnahme eines Studiums während der Karenzzeit.[51] Zugunsten des studienwilligen Arbeitnehmers sei dabei der sich aus Art. 12 Abs. 1 GG ergebende Spielraum für eine freie Entscheidung bei der Wahl oder Planung einer neuen Tätigkeit und seine individuellen Interessen an einem besseren beruflichen Fortkommen zu berücksichtigen; andererseits brauche der Arbeitgeber nach den Redlichkeitsmaßstäben des § 242 BGB nicht damit zu rechnen, dass auf Kosten der Karenzentschädigung ein schulisch Minderbegabter studiert oder ein studium generale oder ein sinn- und planloses Studium betrieben wird.[52] Es muss sich im Ergebnis daher um ein **berufsförderndes Studium** handeln.

17 **Nicht** als Böswilligkeit eingestuft, weil mit dem Grundsatz von Treu und Glauben nach § 242 BGB vereinbar, wurden auch die Fälle des **Unterlassens vorübergehender berufsfremder Tätigkeit**[53] und die Aufnahme einer selbstständigen Tätigkeit, bei der vorübergehend geringere Einkünfte als bei abhängiger Tätigkeit[54] bzw. bei Bezug von Arbeitslosengeld erzielt wurden.[55] Ebenso wenig unterlässt ein Arbeitnehmer, dessen Arbeitsverhältnis nach dem Arbeitsvertrag mit Vollendung des 63. Lebensjahres endet, böswillig anderweitigen Erwerb, wenn er sich nicht mehr um eine weitere Beschäftigung

---

[45] BAG AP Nr. 1 mAnm *A. Hueck* = RdA 1967, 159 mAnm *Mössner* RdA 1969, 111; EBJS/*Boecken/Rudkowski* Rn. 16; Linck/Krause/Bayreuther/*Linck* KSchG § 11 Rn. 35 ff.; Staub/*Weber* Rn. 13.

[46] BAG AP Nr. 1 m. zust. Anm. *A. Hueck* = RdA 1967, 159 m. abl. Anm. *Mössner* RdA 1969, 111; vgl. BAG AP Nr. 4 mAnm *Küchenhoff/Reinhardt*; NJW 1996, 2677; EBJS/*Boecken/Rudkowski* Rn. 16; Heymann/*Henssler/Michel* Rn. 10; Röhricht/Graf v. Westphalen/Haas/*Wagner/Vogt* § 74c Rn. 15; Staub/*Weber* Rn. 13.

[47] BAG AP Nr. 7; vgl. auch BAG Nr. 4 mAnm *Küchenhoff/Reinhardt*; EBJS/*Boecken/Rudkowski* Rn. 17; Heymann/*Henssler/Michel* Rn. 10; ErfK/*Oetker* Rn. 5; Staub/*Weber* Rn. 14.

[48] *Bauer/Diller* Wettbewerbsverbote Rn. 801; EBJS/*Boecken/Rudkowski* Rn. 17; GK-HGB/*Etzel* § 75d Rn. 114; Oetker/*Kotzian-Marggraf* Rn. 7.

[49] BAG AP Nr. 4 mAnm *Küchenhoff/Reinhardt*; AP § 74 Nr. 61 mAnm *van Venrooy*; aA HessLAG LAGE § 74 Nr. 10; EBJS/*Boecken/Rudkowski* Rn. 17; Staub/*Weber* Rn. 15.

[50] BAG BeckRS 1967, 00007.

[51] BAG AP Nr. 4 mAnm *Küchenhoff/Reinhardt* und Nr. 5 mAnm *Reinhardt*; AP Nr. 18 m. Kurzkomm. *Steinmeyer* EWiR 1996, 889; *Bauer/Diller* Wettbewerbsverbote Rn. 802; EBJS/*Boecken/Rudkowski* Rn. 17; Oetker/*Kotzian-Marggraf* Rn. 7; *Vogelsang* in Schaub ArbR-HdB § 55 Rn. 80; Staub/*Weber* Rn. 16.

[52] BAG AP Nr. 4; Nr. 5; iErg auch Baumbach/Hopt/*Roth* Rn. 2; Staub/*Weber* Rn. 16.

[53] LAG BW BB 1966, 943.

[54] BAG AP Nr. 7; vgl. auch LAG Nürnberg LAGE Nr. 2; *Bauer/Diller* Wettbewerbsverbote Rn. 803; EBJS/*Boecken/Rudkowski* Rn. 17; GK-HGB/*Etzel* § 75d Rn. 114.

[55] BAG AP Nr. 13 m. zust. Anm. *Küstner/v. Manteuffel* = AR-Blattei Wettbewerbsverbot Entsch. 155 m. zust. Anm. *Buchner*; EBJS/*Boecken/Rudkowski* Rn. 18; aA *Bauer/Diller* Wettbewerbsverbote Rn. 804.

bemüht.[56] Dies gilt auch, wenn das Arbeitsverhältnis durch Aufhebungsvertrag gem. § 623 BGB, § 41 S. 2 SGB VI beendet wird.[57] Auch muss der Arbeitnehmer ein Weiterbeschäftigungsangebot des Arbeitgebers nicht annehmen.[58]

III. Anrechnungsgrenzen

1. Allgemeine Anrechnungsgrenzen. Eine Anrechnung des anderweitigen bzw. fiktiven Erwerbs erfolgt keineswegs zwingend im vollen Umfang. Vielmehr schreibt Abs. 1 S. 1 und 2 bestimmte Anrechnungsgrenzen vor. Grundsätzlich (zur Ausnahme bei Wohnsitzwechsel → Rn. 19) erfolgt eine Anrechnung nur, soweit die Summe aus anzurechnendem Erwerb und Entschädigung mehr als **110%** der bisherigen vertragsmäßigen Leistungen beträgt (Abs. 1 S. 1 aE). Eine Anrechnung erfolgt also nur ab einem Betrag von 110% aufwärts. Die Anrechnungsgrenzen seien an folgendem Rechenbeispiel erläutert: 18

Beispiel:

(a)	bisherige vertragsgemäße Leistungen:	2.000 Euro
(b)	110% aus (a) = Anrechnungsgrenze:	2.200 Euro
(c)	vereinbarte Karenzentschädigung	1.000 Euro
(d)	aktueller monatlicher Erwerb	1.750 Euro

(1.000 Euro + 1.750 Euro) ./. 2.000 Euro = Anrechnungsbetrag
2,750 Euro ./. 2.200 Euro = 550 Euro = Anrechnungsbetrag
Im Beispielsfall muss sich daher der Arbeitnehmer 550 Euro auf die Entschädigungsleistung anrechnen lassen. Der Arbeitnehmer hat demnach einen verminderten Anspruch auf Karenzentschädigung in Höhe von 450 Euro.

2. Anrechnungsgrenze bei Wohnsitzwechsel des Arbeitnehmers. Die Grenze einer Anrechnung des anderweitigen Erwerbs erhöht sich gem. Abs. 1 S. 2 auf **125%,** wenn der Arbeitnehmer infolge des Wettbewerbsverbots einen Wohnsitzwechsel vornehmen musste. Ein solcher **Zwang zum Wohnsitzwechsel** besteht dann, wenn der Arbeitnehmer wegen des Wettbewerbsverbots eine neue Arbeitsstelle außerhalb seines bisherigen Wohnorts antreten muss, weil er nur dort eine seiner bisherigen Tätigkeit entsprechende Arbeitsstelle findet.[59] Dagegen fehlt es an einem erzwungenen Wohnsitzwechsel, wenn der Arbeitnehmer am bisherigen Wohnort eine entsprechende Arbeitsstelle hätte finden können.[60] Die Beweislast hinsichtlich der Ursächlichkeit des Wettbewerbsverbotes für den Wohnsitzwechsel trifft den Arbeitnehmer.[61] Tritt der Arbeitnehmer wegen des Wettbewerbsverbots eine auswärtige Stelle an, die nach sachlichen und vernünftigen Erwägungen mit einem Umzug verbunden sein muss, hat er auch schon vor dem tatsächlich vollzogenen Umzug einen Anspruch auf Berücksichtigung der erhöhten Freigrenze, wenn sich diese aus Gründen verzögert, die er nicht zu vertreten hat.[62] 19

Im obigen **Beispielsfall** (→ Rn. 18) ergibt sich dann folgender Anrechnungsbetrag: 20

(a)	bisherige vertragsgemäße Leistungen:	2.000 Euro
(b)	125% aus (a) = Anrechnungsgrenze:	2.500 Euro
(c)	vereinbarte Karenzentschädigung	1.000 Euro
(d)	aktueller monatlicher Erwerb	1.750 Euro

---

56 BAG AP § 74 Nr. 61 mAnm *van Venrooy*; *Bauer/Diller* Wettbewerbsverbote Rn. 810; EBJS/*Boecken/Rudkowski* Rn. 17; Röhricht/Graf v. Westphalen/Haas/*Wagner/Vogt* § 74c Rn. 19; Staub/*Weber* Rn. 15.

57 Vgl. *v. Hoyningen-Huene* BB 1994, 640; ErfK/*Rolfs* SGB VI § 41 Rn. 1, 10 ff.

58 BAG AP Nr. 1 mAnm *A. Hueck* = RdA 1967, 159 mAnm *Mössner* RdA 1969, 111; *Bauer/Diller* Wettbewerbsverbote Rn. 807; GK-HGB/*Etzel* § 75d Rn. 114; Baumbach/Hopt/*Roth* Rn. 2; Oetker/*Kotzian-Marggraf* Rn. 8; Staub/*Weber* Rn. 15.

59 BAG AP Nr. 2 = SAE 1975, 20 m. zust. Anm. *Hadding*; AP Nr. 17 = WiB 1995, 634 mAnm *Krauß*; AP Nr. 20 mAnm *Wertheimer*; EBJS/*Boecken/Rudkowski* Rn. 21; Staub/*Weber* Rn. 22; diff. *Bauer/Diller* Wettbewerbsverbote Rn. 767.

60 BAG AP Nr. 9; krit. hierzu Oetker/*Kotzian-Marggraf* Rn. 6.

61 *Bauer/Diller* Wettbewerbsverbote Rn. 768; EBJS/*Boecken/Rudkowski* Rn. 21; ErfK/*Oetker* Rn. 6; Staub/*Weber* Rn. 22; HzA/*Welslau* Gruppe 1 Rn. 2261; zu den Anforderungen an die Darlegungs- und Beweislast s. BAG AP Nr. 17 = WiB 1995, 634 mAnm *Krauß*.

62 BAG AP Nr. 14, 17, 20; EBJS/*Boecken/Rudkowski* Rn. 22.

(1.000 Euro + 1.750 Euro) ./. 2.500 Euro = Anrechnungsbetrag
2.750 Euro ./. 2.500 Euro = 250 Euro = Anrechnungsbetrag
Im Beispielsfall muss sich daher der den Wohnsitz wechselnde Arbeitnehmer 250 Euro auf die Entschädigungsleistung anrechnen lassen. Er hat also einen Anspruch auf Karenzentschädigung in Höhe von 750 Euro.

21 Die **erhöhte Anrechnungsgrenze** von 125% **bleibt außer Betracht,** wenn kein wirklicher Wohnsitzwechsel stattfindet; insbesondere ein Umzug innerhalb derselben politischen Gemeinde genügt nicht.[63] Dagegen gilt die erhöhte Anrechnungsgrenze, wenn der Handlungsgehilfe nicht seinen Wohnsitz wechselt, sondern nur einen Zweitwohnsitz begründet.[64] Denn auch hier muss der Arbeitnehmer wegen des Wettbewerbsverbots eine neue Arbeitsstelle außerhalb seines bisherigen Wohnorts antreten, weil er nur dort eine seiner bisherigen Tätigkeit entsprechende Arbeitsstelle findet.[65] Zudem entsprechen die wirtschaftlichen Nachteile beim Wohnsitzwechsel der Begründung eines Zweitwohnsitzes.

22 **3. Anrechnungseinzelheiten.** Die Anrechnung des anderweitigen bzw. böswillig unterlassenen Erwerbs erfolgt bei **Einkünften aus unselbstständiger Tätigkeit** auf jede fällige Monatsrate der Entschädigung.[66] Maßgeblich ist im Gegensatz zu der Anrechnung bei § 615 S. 2 BGB und § 11 KSchG[67] nicht der **Erwerb** während der gesamten Karenzzeit, sondern während **des jeweiligen Monats,** für den die Entschädigung gezahlt wird (arg. § 74b Abs. 1).[68] Einmalzahlungen, die sich auf das Jahr oder einen anderen größeren Zeitraum beziehen (Jahresgratifikationen und ähnliche Sonderzuwendungen), müssen für ihre Anrechenbarkeit auf Monatszeiträume umgerechnet werden, während denen überhaupt ein Erwerb erzielt wird.[69] Es sind daher immer monatliche Durchschnittsbeträge auf die jeweilige Monatsentschädigung anzurechnen. Dagegen darf der während der gesamten Karenzzeit erzielte Erwerb nicht als Grundlage für die Berechnung des monatlichen Erwerbs herangezogen werden.[70] Dies hat deutliche Auswirkungen auf den Umfang der Karenzentschädigung, wenn während der Anfangszeit des geltenden Wettbewerbsverbots kein, später aber ein besonders hoher Verdienst erzielt wird.

23 Da die Höhe der Karenzentschädigung von der Vergütung in einem früheren Bezugszeitraum abhängt (vgl. § 74 Abs. 2: „zuletzt bezogenen vertraglichen Leistungen"), wirken sich **zwischenzeitliche Tariferhöhungen** nicht aus. Hingegen sind sie, da es auf den aktuellen Erwerb durch Einsatz von Arbeitskraft ankommt (Abs. 1 S. 1), beim anrechenbaren Einkommen zu berücksichtigen.[71] Dies führt dazu, dass sich die Karenzentschädigung zunehmend durch Aufsaugung verringert, weil der Entschädigungsbetrag entsprechend der allgemeinen Lohn- und Gehaltsentwicklung anwächst. Gleichwohl kommt eine Anpassung der Karenzentschädigung nicht in Betracht.[72] Sie widerspräche auch dem Zweck der Karenzentschädigung, wonach Einkommensverluste ausgeglichen werden sollen, die dem Arbeitnehmer durch anderweitige Verwertung seiner Arbeitskraft auf Grund der Einhaltung des Wettbewerbsverbots entstehen. Denn die Tariferhöhungen mindern infolge der Erhö-

---

[63] Heymann/*Henssler/Michel* Rn. 13; Staub/*Weber* Rn. 22.
[64] So auch ErfK/*Oetker* Rn. 6; Staub/*Weber* Rn. 22; aA *Bauer/Diller* Wettbewerbsverbote Rn. 766.
[65] BAG AP Nr. 2.
[66] BAG AP § 74 Nr. 34 mAnm *Schröder* = AR-Blattei Wettbewerbsverbot Entsch. 106 m. zust. Anm. *Buchner* = SAE 1974, 253 mAnm *Herschel*; EBJS/*Boecken/Rudkowski* Rn. 23; Staub/*Weber* Rn. 17.
[67] BAG NZA 1994, 116; 2000, 818.
[68] BAG AP Nr. 20 m. krit. Anm. *Wertheimer*; AP § 74 Nr. 34 m. krit. Anm. *Schröder*; AP GewO § 133f Nr. 23 m. zust. Anm. *Hofmann* = AR-Blattei Wettbewerbsverbot Entsch. 70 mAnm *Diedrichsen*; AP Nr. 1 mAnm *A. Hueck* unter Aufgabe von BAG AP Nr. 1; *Bauer/Diller* Wettbewerbsverbote Rn. 816; EBJS/*Boecken/Rudkowski* Rn. 23; Oetker/*Kotzian-Marggraf* Rn. 3; ErfK/*Oetker* Rn. 7; Staub/*Weber* Rn. 17.
[69] BAG AP § 74 Nr. 34; Staub/*Weber* Rn. 20.
[70] BAG AP § 74 Nr. 34; AP GewO § 133f Nr. 23; *Bauer/Diller* Wettbewerbsverbote Rn. 817 f.; EBJS/*Boecken/Rudkowski* Rn. 23; Heymann/*Henssler/Michel* Rn. 15; *Vogelsang* in Schaub ArbR-HdB § 55 Rn. 78.
[71] Staub/*Weber* Rn. 19.
[72] *Bauer/Diller* Wettbewerbsverbote Rn. 776; ErfK/*Oetker* Rn. 7.

hung des aktuellen Verdienstes schrittweise die Notwendigkeit, einen Ausgleich wegen der Wettbewerbsbeschränkung zu schaffen.

24 Schwierigkeiten bereitet die Anrechnung von **Einkünften aus selbstständiger Tätigkeit.**[73] Zutreffend dürfte sein, hier das kalenderjährlich ermittelte steuerpflichtige Einkommen bzw. den zu versteuernden Betriebsgewinn auf die Monate der Tätigkeit umzulegen und diesen monatlichen Durchschnittsbetrag auf die monatliche Entschädigung anzurechnen.[74]

IV. Befreiung von der Entschädigungspflicht (Abs. 1 S. 3)

25 Hat der Arbeitnehmer während der Karenzzeit eine **Freiheitsstrafe** zu verbüßen, entfällt die Entschädigungspflicht des Arbeitgebers. Die Entschädigungspflicht entfällt nur für die Dauer der Haft (Abs. 1 S. 3). Gelangt der Arbeitnehmer noch vor Ablauf der Karenzzeit wieder in Freiheit, kann er ab diesem Zeitpunkt durch die Wettbewerbsabrede wieder in seinem beruflichen Fortkommen beschränkt werden.

26 Abs. 1 S. 3 ist eine **Ausnahmeregelung. Für andere Hinderungsgründe** (zB Erkrankung) ist sie **nicht entsprechend anwendbar,**[75] da durch eine entsprechende Anwendung die strengen Voraussetzungen des Abs. 1 S. 1 umgangen werden könnten. Für die Berücksichtigung anderer Gründe im Rahmen der Entschädigungspflicht müssen die Voraussetzungen des Abs. 1 S. 1 (böswilliges Unterlassen anderweitigen Erwerbs) vorliegen, was bei krankheits- oder altersbedingter Hinderung am Erwerb gerade nicht der Fall ist.[76]

V. Auskunftspflicht des Arbeitnehmers (Abs. 2)

27 **1. Entstehung und Durchsetzung des Auskunftsanspruchs.** Den Arbeitgeber trifft die Darlegungs- und Beweislast hinsichtlich des Vorliegens von auf den Entschädigungsanspruch anrechenbaren Einkünften des Arbeitnehmers.[77] Dies setzt jedoch Kenntnis über die Höhe dieser Einkünfte voraus. Der Arbeitnehmer ist deshalb nach Abs. 2 verpflichtet, dem Arbeitgeber auf dessen Anfordern über die Höhe seines Erwerbs Auskunft zu erteilen.[78] Die Entstehung dieses selbstständigen Auskunftsanspruchs **setzt** jedoch **voraus,** dass die Situation der Anrechenbarkeit nach Abs. 1 eingetreten ist bzw. eintreten kann.[79] Deshalb besteht der Anspruch nicht vor Beendigung des Dienstverhältnisses und Inkrafttreten der Wettbewerbsabrede.[80] Er wird auf Verlangen des Arbeitgebers fällig. Umgekehrt erlischt der Anspruch mit dem Zeitpunkt, in dem der Arbeitgeber auf eine Anrechnung verzichtet bzw. die gesamte Karenzentschädigung im Voraus bezahlt.[81] Der Anspruch ist selbstständig einklagbar[82] und gem. § 888 ZPO vollstreckbar.[83]

---

[73] BAG AP § 74 Nr. 34 mAnm *Schröder* = AR-Blattei Wettbewerbsverbot Entsch. 106 mAnm *Buchner* = SAE 1974, 253 mAnm *Herschel.*

[74] So Heymann/*Henssler/Michel* Rn. 16; Staub/*Weber* Rn. 20; aA GK-HGB/*Etzel* § 75d Rn. 112; Röhricht/Graf v. Westphalen/Haas/*Wagner/Vogt* § 74c Rn. 29.

[75] Ebenso EBJS/*Boecken/Rudkowski* Rn. 25; Heymann/*Henssler/Michel* Rn. 19; Oetker/*Kotzian-Marggraf* Rn. 2; ErfK/*Oetker* Rn. 8; Staub/*Weber* Rn. 24.

[76] BAG AP § 75a Nr. 3; AP § 74 Nr. 75; Heymann/*Henssler/Michel* Rn. 19.

[77] BAG NJW 1979, 285.

[78] BAG NJW 1994, 2041; HessLAG BeckRS 2012, 68412; HessLAG RDV 2018, 339; *Bauer/Diller* Wettbewerbsverbote Rn. 828 ff.; EBJS/*Boecken/Rudkowski* Rn. 26; Oetker/*Kotzian-Marggraf* Rn. 9; Staub/*Weber* Rn. 25.

[79] Ebenso Oetker/*Kotzian-Marggraf* Rn. 9; ErfK/*Oetker* Rn. 9.

[80] BAG AP § 75a Nr. 3; Heymann/*Henssler/Michel* Rn. 20; Staub/*Weber* Rn. 25.

[81] BAG AP § 74 Nr. 24 mAnm *Diedrichsen* = SAE 1969, 38 m. krit. Anm. *Schnorr v. Carolsfeld*; Staub/*Weber* Rn. 26.

[82] LAG Hamm DB 1974, 972; *Bauer/Diller* Wettbewerbsverbote Rn. 838; EBJS/*Boecken/Rudkowski* Rn. 29; Heymann/*Henssler/Michel* Rn. 22; Baumbach/Hopt/*Roth* Rn. 6; Oetker/*Kotzian-Marggraf* Rn. 11; Staub/*Weber* Rn. 32.

[83] *Bauer/Diller* Wettbewerbsverbote Rn. 840; EBJS/*Boecken/Rudkowski* Rn. 29; Heymann/*Henssler/Michel* Rn. 22; ErfK/*Oetker* Rn. 9; Oetker/*Kotzian-Marggraf* Rn. 11; *Vogelsang* in Schaub ArbR-HdB § 55 Rn. 88; Staub/*Weber* Rn. 32.

28 Dem **Arbeitnehmer** steht bezüglich seiner Auskunftspflicht kein Zurückbehaltungsrecht zu, da er insoweit gegenüber dem Arbeitgeber **vorleistungspflichtig** ist.[84] Entsprechend hat der Arbeitgeber ein Leistungsverweigerungsrecht, solange der Arbeitnehmer die Auskunft nicht erteilt;[85] der Arbeitgeber kommt durch eine solche Verweigerung der Karenzzeit im Ergebnis nicht in Verzug.[86]

29 Umstritten ist indes die **Rechtsgrundlage für das Recht** des Arbeitgebers **zur Zahlungsverweigerung.** Das BAG sieht die Rechtsgrundlage in § 320 BGB[87] und geht dabei zu Unrecht von einem Gegenseitigkeitsverhältnis zwischen Karenzzahlungspflicht und Pflicht zur Auskunftserteilung aus.[88] Der Auskunftsanspruch ist vielmehr ein selbstständiger gesetzlicher Nebenanspruch;[89] denn es fehlt an der erforderlichen engen Verknüpfung im Synallagma. Der Bestand des Entschädigungsanspruchs ist als solcher nicht von der Erfüllung der Auskunftspflicht abhängig. Die Entschädigung ist mangels Auskunftserteilung durch den Arbeitnehmer lediglich nicht berechenbar. Dieses vorübergehende Leistungshindernis hinsichtlich der Pflicht des Arbeitgebers, eine Karenzentschädigung an den Arbeitnehmer zu zahlen, ist bei einer Auskunftsverweigerung des Arbeitnehmers nicht vom Arbeitgeber zu vertreten, so dass der Arbeitgeber nach § 286 Abs. 4 BGB nicht in Schuldnerverzug kommt.[90] Der Arbeitgeber hat ein Leistungsverweigerungsrecht nach § 273 Abs. 1 BGB,[91] das mit dem Zeitpunkt der Auskunftserteilung entfällt; ab diesem Zeitpunkt ist der Umfang des Entschädigungsanspruchs berechenbar und die Entschädigungspflicht erfüllbar.

30 **2. Inhalt des Auskunftsanspruchs.** Der Arbeitnehmer muss wahrheitsgemäße Angaben über den tatsächlichen Erwerb machen.[92] Schematische Regeln zum Inhalt und Umfang des Auskunftsanspruchs gibt es angesichts der vielfachen Erscheinungsformen des Geschäftslebens nicht. Dabei kommt es maßgeblich darauf an, welche Angaben und Belege dem Arbeitnehmer möglich und zumutbar sind, um die Überprüfung des Einkommens durch den früheren Arbeitgeber zu ermöglichen. Zum anderen ist entscheidend, welche Einwände der Arbeitgeber erhebt. Die zugrunde liegenden Tatsachen müssen in dem Umfang vorgetragen werden, dass eine **Nachprüfbarkeit durch den Arbeitgeber** möglich ist,[93] bei unselbstständiger Arbeit zB durch Benennung des neuen Arbeitgebers, bei Selbstständigen in der Regel durch Vorlage der Einkommensteuerbescheide.[94] Eine Einsicht in die Bilanz nebst Gewinn- und Verlustrechnung oder die Vorlage einzelner Buchungsunterlagen ist hingegen – sofern keine Anhaltspunkte für unrichtige Angaben des Arbeitnehmers hinsicht-

---

[84] BAG AP Nr. 6 mAnm *Moritz*; AP GewO § 133f Nr. 23 mAnm *Hofmann* = AR-Blattei Wettbewerbsverbot Entsch. 70 mAnm *Diedrichsen*; *Bauer/Diller* Wettbewerbsverbote Rn. 840; GK-HGB/*Etzel* § 75d Rn. 116; Heymann/*Henssler/Michel* Rn. 21; Oetker/*Kotzian-Marggraf* Rn. 10; *Vogelsang* in Schaub ArbR-HdB § 55 Rn. 88; Staub/*Weber* Rn. 30.

[85] BAG AP Nr. 8 mAnm *Herschel* = AR-Blattei Wettbewerbsverbot Entsch. 122 mAnm *Buchner*; NJW 1994, 2041 (2042); AP Nr. 23 mAnm *Diller*; EBJS/*Boecken/Rudkowski* Rn. 28; Staub/*Weber* Rn. 30.

[86] BAG AP GewO § 133f Nr. 23 = AR-Blattei Wettbewerbsverbot Entsch. 122 mAnm *Buchner*; EBJS/*Boecken/Rudkowski* Rn. 28.

[87] BAG AP Nr. 8 mAnm *Herschel* = AR-Blattei Wettbewerbsverbot Entsch. 122 mAnm *Buchner*; so auch Röhricht/Graf v. Westphalen/Haas/*Wagner/Vogt* § 74c Rn. 37.

[88] Ebenso abl. *Bauer/Diller* Wettbewerbsverbote Rn. 839; EBJS/*Boecken/Rudkowski* Rn. 28; Heymann/*Henssler/Michel* Rn. 21; Oetker/*Kotzian-Marggraf* Rn. 10.

[89] *Herschel* Anm. zu BAG AP Nr. 9 ordnet die Auskunfts„pflicht" entgegen dem Gesetzeswortlaut („ist verpflichtet") als bloße Obliegenheit ein; ebenso *Bauer/Diller* Wettbewerbsverbote Rn. 839.

[90] Vgl. auch *Herschel* Anm. zu BAG AP Nr. 8.

[91] *Bauer/Diller* Wettbewerbsverbote Rn. 839; EBJS/*Boecken/Rudkowski* Rn. 28; Oetker/*Kotzian-Marggraf* Rn. 10; Staub/*Weber* Rn. 30.

[92] BAG AP Nr. 23 mAnm *Diller*.

[93] Vgl. BAG NJW 1994, 2041 (2043); EBJS/*Boecken/Rudkowski* Rn. 26; Oetker/*Kotzian-Marggraf* Rn. 9; Staub/*Weber* Rn. 28.

[94] BAG AP Nr. 6 mAnm *Moritz*; *Bauer/Diller* Wettbewerbsverbote Rn. 862 ff.; LAG SH NZA-RR 2018, 525 mAnm *Diller*; EBJS/*Boecken/Rudkowski* Rn. 30; GK-HGB/*Etzel* § 75d Rn. 116; Baumbach/Hopt/*Roth* Rn. 6; Oetker/*Kotzian-Marggraf* Rn. 9; *Vogelsang* in Schaub ArbR-HdB § 55 Rn. 88; Röhricht/Graf v. Westphalen/Haas/*Wagner/Vogt* § 74c Rn. 33 ff.; Staub/*Weber* Rn. 29.

lich seines Einkommens vorliegen – nicht erforderlich.[95] Gegebenenfalls müssen Belege beigebracht werden.[96] Bei begründeten Einwänden des Arbeitgebers kann die Auskunftspflicht des Arbeitnehmers im Einzelfall darüber hinaus gehen.[97] Der Arbeitnehmer wird seiner Auskunftspflicht durch Vorlage eines den Karenzzeitraum betreffenden Einkommenssteuerbescheids indes nicht gerecht, wenn dieser auf unglaubhaften Angaben in der zugrundeliegenden Einkommenssteuererklärung beruht.[98] Das gilt selbst dann, wenn die Richtigkeit und Vollständigkeit der Angaben an Eides Statt versichert wird. In einem solchen Fall ist dem Arbeitnehmer die Vorlage der Gewinn- und Verlustrechnung gem. § 242 BGB zumutbar.[99] Der Auskunftsanspruch bezieht sich hingegen nicht auf Tatsachen zum böswillig unterlassenen Erwerb; insoweit ist vielmehr der Arbeitgeber im Prozess beweispflichtig.[100]

§ 75 [Unwirksamwerden des Wettbewerbsverbots]

(1) Löst der Gehilfe das Dienstverhältnis gemäß den Vorschriften der *§§ 70 und 71* wegen vertragswidrigen Verhaltens des Prinzipals auf, so wird das Wettbewerbverbot unwirksam, wenn der Gehilfe vor Ablauf eines Monats nach der Kündigung schriftlich erklärt, daß er sich an die Vereinbarung nicht gebunden erachte.

(2) [1]In gleicher Weise wird das Wettbewerbverbot unwirksam, wenn der Prinzipal das Dienstverhältnis kündigt, es sei denn, daß für die Kündigung ein erheblicher Anlaß in der Person des Gehilfen vorliegt oder daß sich der Prinzipal bei der Kündigung bereit erklärt, während der Dauer der Beschränkung dem Gehilfen die vollen zuletzt von ihm bezogenen vertragsmäßigen Leistungen zu gewähren. [2]Im letzteren Falle finden die Vorschriften des § 74b entsprechende Anwendung.

(3) *Löst der Prinzipal das Dienstverhältnis gemäß den Vorschriften der §§ 70 und 72 wegen vertragswidrigen Verhaltens des Gehilfen auf, so hat der Gehilfe keinen Anspruch auf die Entschädigung.*

Schrifttum: s. § 74.

Übersicht

[95] BAG AP Nr. 6 mAnm *Moritz* = BB 1975, 653; LAG Nürnberg LAGE Nr. 2; EBJS/*Boecken/Rudokowski* Rn. 30; GK-HGB/*Etzel* § 75d Rn. 116; Oetker/*Kotzian-Marggraf* Rn. 9; ErfK/*Oetker* Rn. 9; Staub/*Weber* Rn. 29; aA Röhricht/Graf v. Westphalen/Haas/*Wagner/Vogt* § 74c Rn. 36.

[96] Vgl. zum Recht der Kontrolle der Angaben des Arbeitnehmers bei begründeten Zweifeln des Arbeitgebers AP BGB § 615 Nr. 52.

[97] BAG AP Nr. 8 mAnm *Herschel* = AR-Blattei Wettbewerbsverbot Entsch. 122 mAnm *Buchner.*

[98] BAG AP Nr. 23 Rn. 28 ff. mAnm *Diller.*

[99] BAG AP Nr. 23 Rn. 62 ff. mAnm *Diller.*

[100] BAG AP Nr. 1 mAnm *A. Hueck* = RdA 1967, 159 mAnm *Mössner* RdA 1969, 111; EBJS/*Boecken/Rudkowski* Rn. 26; Oetker/*Kotzian-Marggraf* Rn. 12; Staub/*Weber* Rn. 28.

I. Bedeutung des § 75

1 Die Norm regelt die **Auswirkungen der Beendigung des Arbeitsverhältnisses** durch außerordentliche Kündigung einer der beiden Parteien oder durch arbeitgeberseitige ordentliche Kündigung auf die Wettbewerbsabrede.[1] Unter den Voraussetzungen des § 75 kann sich der Arbeitnehmer nach Beendigung des Arbeitsverhältnisses von einer wirksamen Wettbewerbsvereinbarung nachträglich lösen. Die Tatbestände eröffnen somit ein auf Widerruf der Wettbewerbsabrede gerichtetes Gestaltungsrecht, dessen Ausübung dem Arbeitnehmer bei Vorliegen der Voraussetzungen zur Wahl frei steht. § 75 enthält zugleich Einschränkungen dieses Widerrufsrechts zugunsten des Arbeitgebers. Über die gesetzlichen Tatbestandsvoraussetzungen hinaus ist jeweils erforderlich, dass eine wirksame Wettbewerbsvereinbarung vorliegt. Bei Unverbindlichkeit der Konkurrenzklausel (vgl. § 74a Abs. 1) besteht ein erweitertes Wahlrecht zwischen der Auslösung der Unverbindlichkeitsfolgen (→ § 74a Rn. 18 ff.) und dem Widerruf der Vereinbarung nach § 75. **Abs. 3,** der bei einer arbeitgeberseitigen außerordentlichen Kündigung wegen vertragswidrigen Verhaltens des Arbeitnehmers einen Entschädigungsanspruch des Arbeitnehmers trotz Fortbestehen des Wettbewerbsverbots versagte, wurde vom BAG wegen Verstoßes gegen Art. 3 GG für **nichtig** erklärt (→ Rn. 17).

II. Widerrufsrecht des Arbeitnehmers

2 **1. Voraussetzungen des Widerrufs. a) Kündigung des Arbeitnehmers (Abs. 1).** Nach dem Wortlaut des Abs. 1 muss der Arbeitnehmer das Arbeitsverhältnis wegen vertragswidrigen Verhaltens des Arbeitgebers gem. den Vorschriften der § 70 und § 71[2] gelöst haben. Seit der Aufhebung der§ 70 und § 71 ist lückenausfüllend § 626 BGB heranzuziehen. Es muss sich daher grundsätzlich um eine außerordentliche Kündigung des Arbeitnehmers handeln **(Abs. 1).** Voraussetzung des Widerrufsrechts ist die Wirksamkeit der Kündigung. Eine unwirksame Kündigung kann auch bei Einverständnis des Arbeitgebers mit dem Ausscheiden des Arbeitnehmers das Widerrufsrecht nicht auslösen[3] (zur Anwendung des § 75 auf Aufhebungsverträge → Rn. 20). Ebenso wenig berechtigt die ordentliche Kündigung des Arbeitnehmers zum Widerruf der Wettbewerbsabrede.[4]

3 **aa) Kündigungsgrund.** Als Kündigungsgrund genügt nicht jeder Grund iSd § 626 Abs. 1 BGB. Vielmehr muss der außerordentliche Kündigungsgrund stets in einem **vertragswidrigen Verhalten des Arbeitgebers** bestehen.[5] Gründe, die in der Person des Arbeitgebers liegen, scheiden daher aus. Ist ein außerordentlicher Kündigungsgrund wegen vertragswidrigen Verhaltens des Arbeitgebers gegeben, ist Abs. 1 auch dann anwendbar, wenn der Arbeitnehmer nur fristgemäß kündigt. Der Arbeitnehmer, der einen außerordentlichen Kündigungsgrund hat, aber dennoch das schwächere Mittel der fristgemäßen Kündigung wählt, soll nicht schlechter gestellt sein und sich gleichermaßen von der Wettbewerbsvereinbarung lösen können.[6] Anderenfalls würde die Wettbewerbsbeschränkung eine unbillige und untragbare Einschränkung der Kündigungsfreiheit bewirken.[7] Der Zusammenhang zwischen der fristgemäßen Kündigung und dem vertragswidrigen Verhalten muss jedoch für den Arbeitgeber erkennbar sein.[8] Auch muss die fristgemäße Kündigung inner-

---

[1] *Bauer/Diller* Wettbewerbsverbote Rn. 616 ff.; EBJS/*Boecken/Rudkowski* Rn. 1; HzA/*Welslau* Gruppe 1 Rn. 2279.

[2] Aufgehoben durch Arbeitsrechtsbereinigungsgesetz vom 14.8.1969 (BGBl. 1969 I 1106).

[3] BAG AP Nr. 3 m. zust. Anm. *G. Hueck* = SAE 1966, 177 m. krit. Anm. *Brecher*; Staub/*Weber* Rn. 13.

[4] Baumbach/Hopt/*Roth* Rn. 5; ErfK/*Oetker* Rn. 2.

[5] *Bauer/Diller* Wettbewerbsverbote Rn. 623; EBJS/*Boecken/Rudkowski* Rn. 4; Oetker/*Kotzian-Marggraf* Rn. 3; Staub/*Weber* Rn. 16.

[6] BAG AP Nr. 3 mAnm *G. Hueck* = SAE 1966, 177 mAnm *Brecher*; EBJS/*Boecken/Rudkowski* Rn. 6; GK-HGB/*Etzel* § 75d Rn. 84; Heymann/*Henssler/Michel* Rn. 8; Baumbach/Hopt/*Roth* Rn. 1; Staub/*Weber* Rn. 15.

[7] BAG AP Nr. 3 mAnm *G. Hueck* = SAE 1966, 177 mAnm *Brecher.*

[8] BAG AP § 74 Nr. 21 m. zust. Anm. *Hofmann* = SAE 1969, 1 mAnm *Simitis.*

halb der Zweiwochenfrist des § 626 Abs. 2 BGB ausgesprochen werden. Anderenfalls entfällt der Kündigungsgrund und das Widerrufsrecht nach § 75 Abs. 1 gelangt nicht zur Entstehung.[9]

4 Die strenge Voraussetzung eines im Verhalten des Arbeitgebers liegenden außerordentlichen Kündigungsgrundes führt dazu, dass das Widerrufsrecht **nicht bei** anderen besonderen Fällen der Kündigung durch den Arbeitnehmer entsteht.[10] Insbesondere lässt eine **Kündigung des Arbeitnehmers gem. § 113 S. 1 InsO** nach Eröffnung eines Insolvenzverfahrens über den Arbeitgeber die Wettbewerbsabrede unberührt.[11]

5 **bb) Verschulden des Arbeitgebers.** Umstritten ist, ob als ungeschriebene Tatbestandsvoraussetzung für die Entstehung des Widerrufsrechts der Arbeitgeber sein vertragswidriges Verhalten verschuldet haben muss.[12] In der Praxis wird sich die Problematik freilich eher selten stellen, weil im Regelfall die Vertragswidrigkeit des Arbeitgebers ohnehin auf einem Verschulden beruht. Für eine Verschuldensabhängigkeit spricht, dass die dem aufgehobenen § 70 Abs. 2 entsprechende Parallelvorschrift des § 628 Abs. 2 BGB als vertragswidriges Verhalten ein schuldhaftes Verhalten erfordert.[13] Andererseits handelt es sich hierbei um eine Schadensersatzregelung, die (wie notwendig das gesamte Schadensersatzrecht) auf dem Verschuldensprinzip beruht. Hingegen geht es bei § 75 Abs. 1 nur um die Loslösung von einer vertraglichen Vereinbarung. Hierfür muss auch ein **nicht schuldhaftes vertragswidriges Verhalten** genügen, soweit es dem Ausmaß nach einen außerordentlichen Kündigungsgrund darstellt.[14] Eben diese letztere Einschränkung verhindert bereits, dass ein Widerruf der Wettbewerbsabrede bei jedem vertragswidrigen Verhalten des Arbeitgebers ausgesprochen werden kann.

6 Auch spricht das durch Abs. 1 geschützte Interesse des Arbeitnehmers für eine **Verschuldensunabhängigkeit.** Denn mit dem Widerrufsrecht soll verhindert werden, dass der Arbeitnehmer sich wegen der (die Arbeitsplatzsuche erschwerenden) Beschränkungen durch die Konkurrenzklausel an ein Arbeitsverhältnis gebunden hält, das er ohne die Konkurrenzklausel durch Kündigung gem. § 626 Abs. 2 BGB beenden würde. Die außerordentliche Kündigung als solche ist aber vom Verschulden des Arbeitgebers unabhängig. Bei Auslegung des Abs. 1 als verschuldensabhängigen Tatbestand würde die außerordentliche Kündigung von Arbeitsverhältnissen mit Wettbewerbsklauseln über die gesetzlichen Grenzen hinaus erschwert.

7 **b) Kündigung des Arbeitgebers (Abs. 2).** Das Widerrufsrecht des Arbeitnehmers besteht auch, wenn der Arbeitgeber kündigt (Abs. 2). Im Unterschied zur Arbeitnehmerkündigung (Abs. 1) genügt eine ordentliche Kündigung[15] sowie eine außerordentliche, die nicht auf einem vertragswidrigen Verhalten des Arbeitnehmers beruht.[16] Dem Arbeitnehmer soll bei Auflösung des Arbeitsverhältnisses durch den Arbeitgeber in jedem Fall[17] freigestellt werden, seine Entscheidung über den Abschluss der Wettbewerbsabrede zu revidie-

---

9 EBJS/*Boecken/Rudkowski* Rn. 5; Heymann/*Henssler/Michel* Rn. 8; Staub/*Weber* Rn. 14.

10 *Bauer/Diller* Wettbewerbsverbote Rn. 623; Staub/*Weber* Rn. 37.

11 *Bauer/Diller* Wettbewerbsverbote Rn. 623; FK-InsO/*Eisenbeis* InsO § 113 Rn. 111; GK-HGB/*Etzel* § 75d Rn. 90; Heymann/*Henssler/Michel* Rn. 9; Baumbach/Hopt/*Roth* Rn. 4; Oetker/*Kotzian-Marggraf* Rn. 3; ausf. Staub/*Weber* Rn. 38 f.

12 Bejahend Heymann/*Henssler/Michel* Rn. 7; verneinend EBJS/*Boecken/Rudkowski* Rn. 5; Oetker/*Kotzian-Marggraf* Rn. 3; ErfK/*Oetker* Rn. 2; Staub/*Weber* Rn. 16; zweifelnd *Bauer/Diller* Wettbewerbsverbote Rn. 624.

13 AllgM zu § 628 Abs. 2 BGB, vgl. BAG AP BGB § 628 Nr. 2, 5 und 6; MüKoBGB/*Henssler* BGB § 628 Rn. 69, 81; Soergel/*Kraft* BGB § 628 Rn. 11; Palandt/*Weidenkaff* BGB § 628 Rn. 6.

14 So auch EBJS/*Boecken/Rudkowski* Rn. 5; ErfK/*Oetker* Rn. 2.

15 BAG AP Nr. 1 mAnm *Grüll* = SAE 1964, 88 mAnm *G. Hueck*; EBJS/*Boecken/Rudkowski* Rn. 11; Staub/*Weber* Rn. 30.

16 EBJS/*Boecken/Rudkowski* Rn. 11; Röhricht/Graf v. Westphalen/Haas/*Wagner/Vogt* § 75 Rn. 13; Staub/*Weber* Rn. 30; ausf. *Bauer/Diller* Wettbewerbsverbote Rn. 659 ff.

17 Zu den besonderen Ausnahmen nach § 75 Abs. 2 → Rn. 13 ff.

ren.[18] Entsprechend ist auch ein vertraglicher Ausschluss des Widerrufsrechts bei Kündigung durch den Arbeitgeber unwirksam (vgl. § 75d).[19]

8 **2. Ausübung des Widerrufsrechts. a) Erklärung.** Die Ausübung des Widerrufsrechts erfolgt durch **empfangsbedürftige Willenserklärung** (§ 130 BGB).[20] In der Erklärung muss klar und zweifelsfrei zum Ausdruck kommen, dass der Arbeitnehmer sich von den Pflichten aus dem Wettbewerbsverbot entbinden und selbst keine Karenzentschädigung in Anspruch nehmen will.[21] Daher genügt für einen Widerruf nach Abs. 1 nicht die bloße außerordentliche Kündigung des Arbeitsverhältnisses.[22] Er kann freilich mit einem Kündigungsschreiben verbunden werden.

9 **b) Form.** Der Widerruf muss gem. Abs. 1 schriftlich erklärt werden. Eine Widerrufserklärung in elektronischer Form, etwa per E-Mail, genügt mangels entsprechendem gesetzlichen Ausschluss den Vorgaben ebenfalls (§ 126 Abs. 3 BGB).[23] Ein nur mündlicher Widerruf der Wettbewerbsabrede kann jedoch als Angebot zum Abschluss eines Aufhebungsvertrags ausgelegt werden,[24] dessen Annahme dem Arbeitgeber jedoch freisteht.

10 **c) Frist.** Der Widerruf muss innerhalb eines Monats nach Ausspruch der Kündigung erklärt werden (Abs. 1). Die **Monatsfrist** beginnt mit Zugang der Kündigung zu laufen. Da es nur auf den formellen Zugang der Kündigungserklärung ankommt, ist für den Fristlauf unerheblich, ob die Kündigung wirksam ist. Daher wird die Monatsfrist auch nicht durch einen Rechtsstreit über die Wirksamkeit der Kündigung gehemmt.[25] Wird in dem Kündigungsrechtsstreit ein Aufhebungsvertrag geschlossen, kommt es für den Fristlauf nicht auf den Vergleichsschluss an; maßgeblich ist vielmehr der Fristlauf im Anschluss an die zugegangene Kündigungserklärung.[26]

11 Der **Lauf der Widerrufsfrist ab Zugang der Kündigungserklärung** führt im gesetzlichen Fall des Abs. 1 (außerordentliche Kündigung) dazu, dass der Arbeitnehmer sich innerhalb eines Monats nach Inkrafttreten des Wettbewerbsverbots entscheiden kann, ob er sich hieran für die Zukunft binden will oder nicht. Anders ist es bei der fristgemäßen Kündigung aus wichtigem Grund, auf die Abs. 1 gleichermaßen anzuwenden ist (→ Rn. 3). Hier tritt die Beendigung des Arbeitsverhältnisses und damit das Inkrafttreten der Wettbewerbsvereinbarung in der Regel erst nach Ablauf der Widerrufsfrist ein.[27]

12 **3. Rechtsfolgen des Widerrufs.** Ein frist- und formgerechter Widerruf durch den Arbeitnehmer führt zur **Unwirksamkeit der Wettbewerbsabrede** insgesamt. Mit Zugang der Widerrufserklärung wird der Arbeitnehmer von seiner Karenzpflicht entbunden und die Entschädigungspflicht des Arbeitgebers entfällt.[28]

---

[18] Vgl. BAG AP Nr. 1 mAnm *Grüll* = SAE 1964, 88 mAnm *G. Hueck*.

[19] BAG AP Nr. 8 (zum Ausschluss bei ordentlicher Kündigung) m. zust. Anm. *Stumpf* = SAE 1983, 84 mit iErg zust. Anm. *Koller*; AP BGB § 611 Konkurrenzklausel Nr. 31; LAG SH BeckRS 2018, 5587; Staub/*Weber* Rn. 32.

[20] EBJS/*Boecken/Rudkowski* Rn. 8; GK-HGB/*Etzel* § 75d Rn. 85; Heymann/*Henssler/Michel* Rn. 10; Oetker/*Kotzian-Marggraf* Rn. 4; ErfK/*Oetker* Rn. 3; *Vogelsang* in Schaub ArbR-HdB § 55 Rn. 97.

[21] Vgl. BAG AP Nr. 7 = AR-Blattei Wettbewerbsverbot Entsch. 124 mAnm *Buchner*; AP § 74 Nr. 86; *Bauer/Diller* Wettbewerbsverbote Rn. 635; EBJS/*Boecken/Rudkowski* Rn. 8; Oetker/*Kotzian-Marggraf* Rn. 4; Staub/*Weber* Rn. 17.

[22] Staub/*Weber* Rn. 17.

[23] BAG AP § 74 Nr. 89 Rn. 35; s. Anm. *Klumpp* DB 2018, 1092.

[24] Zutr. *Bauer/Diller* Wettbewerbsverbote Rn. 638; Heymann/*Henssler/Michel* Rn. 11; Oetker/*Kotzian-Marggraf* Rn. 4; Röhricht/Graf v. Westphalen/Haas/*Wagner/Vogt* § 75 Rn. 10; Staub/*Weber* Rn. 18.

[25] BAG AP Nr. 4 mAnm *Lindacher* = SAE 1974, 73 m. zust. Anm. *Beitzke*; *Bauer/Diller* Wettbewerbsverbote Rn. 632 ff.; EBJS/*Boecken/Rudkowski* Rn. 8; Heymann/*Henssler/Michel* Rn. 12; Oetker/*Kotzian-Marggraf* Rn. 5; *Vogelsang* in Schaub ArbR-HdB § 55 Rn. 97; Staub/*Weber* Rn. 19.

[26] BAG AP Nr. 4 m. insoweit zust. Anm. *Lindacher*; aA OLG Schleswig NZG 2000, 894.

[27] S. dazu *Bauer/Diller* Wettbewerbsverbote Rn. 632; Staub/*Weber* Rn. 19.

[28] Ebenso EBJS/*Boecken/Rudkowski* Rn. 9; Oetker/*Kotzian-Marggraf* Rn. 6; Röhricht/Graf v. Westphalen/Haas/*Wagner/Vogt* § 75 Rn. 11; aA Rückwirkung des Widerrufs bei außerordentlicher fristloser Kündigung: *Bauer/Diller* Wettbewerbsverbote Rn. 636; Staub/*Weber* Rn. 20.

III. Einschränkung des Widerrufsrechts des Arbeitnehmers

Kündigt der Arbeitgeber das Arbeitsverhältnis, so steht dem Arbeitnehmer in **zwei Ausnahmefällen** ein Widerrufsrecht nicht zu. Diese Ausnahmen beruhen im Ergebnis auf Billigkeitserwägungen. Die Konkurrenzklausel bleibt daher in diesen Fällen wirksam bestehen. 13

1. Erheblicher Anlass für Kündigung (Abs. 2 S. 1 Alt. 1). Hat der Arbeitnehmer selbst einen erheblichen Anlass für die ordentliche oder außerordentliche Kündigung durch den Arbeitgeber gesetzt, entfällt sein Widerrufsrecht gem. Abs. 2 S. 1 Alt. 1. Der Anlass in der Person des Arbeitnehmers braucht keinen wichtigen Grund iSd § 626 BGB darzustellen.[29] Vielmehr genügt jeder Grund, der eine **personen- oder verhaltensbedingte Kündigung** iSd § 1 Abs. 2 S. 1 KSchG rechtfertigen würde.[30] Anderenfalls würde das Wettbewerbsverbot die kündigungsrechtlich zulässige Auflösung des Arbeitsverhältnisses individuell erschweren. Hingegen genügt eine betriebsbedingte Kündigung nicht, es sei denn, sie erfolgt mit dem Ziel, dem Arbeitnehmer eine anders begründete, peinliche Kündigung zu ersparen[31] (auch → Rn. 3). Für den Arbeitnehmer muss allerdings erkennbar sein, dass ein Zusammenhang zwischen dem sein Widerrufsrecht beseitigenden Anlass und der Kündigung besteht.[32] Der Arbeitgeber trägt im Prozess die **Beweislast** für das Vorliegen eines erheblichen Anlasses.[33] 14

2. Fortentrichtung der vertragsmäßigen Leistungen (Abs. 2 S. 1 Alt. 2). Sagt der Arbeitgeber bei der Kündigung dem Arbeitnehmer die Fortentrichtung der vertragsmäßigen Leistungen für die gesamte Karenzzeit zu, kann der Arbeitnehmer die Wettbewerbsvereinbarung ebenfalls nicht widerrufen. Da die zugesagten Vertragsleistungen während der Karenzzeit Bestandteil der (erweiterten) Karenzentschädigung sind, ist auf sie anderweitiges Einkommen iSd § 74c anzurechnen.[34] 15

Die **Zusage des Arbeitgebers** ist eine einseitige empfangsbedürftige Willenserklärung. Sie muss für die erforderlichen Abwägungen des Arbeitnehmers inhaltlich klarstellen, dass der Arbeitgeber zur Aufrechterhaltung des Wettbewerbsverbots bereit ist, anstelle der Karenzentschädigung die vertragsgemäßen Bezüge in voller Höhe fortzuzahlen. Im Unterschied zum Widerrufsrecht des Arbeitnehmers ist die Zusage des Arbeitgebers weder form- noch fristgebunden. Sie muss spätestens gleichzeitig mit der Arbeitnehmerkündigung ausgesprochen werden.[35] Anderenfalls steht dem Arbeitnehmer das Widerrufsrecht unbeschränkt zu. Eine zu einem späteren Zeitpunkt erklärte Zusage des Arbeitgebers kann als Angebot ausgelegt werden, das Konkurrenzverbot gegen Fortentrichtung der vertragsgemäßen Leistungen aufrechtzuerhalten.[36] In diesem Fall hat der Arbeitnehmer die Wahl, die Konkurrenzklausel endgültig durch Widerruf unwirksam zu machen oder sich auf die Zusagevereinbarung einzulassen. 16

IV. Widerrufsrecht des Arbeitgebers

1. Ursprüngliche Rechtslage (Abs. 3). Nach Abs. 3 konnte der Arbeitgeber bei Kündigung infolge vertragswidrigen Verhaltens des Arbeitnehmers das Wettbewerbsverbot 17

[29] EBJS/*Boecken/Rudkowski* Rn. 13; Heymann/*Henssler/Michel* Rn. 17; Staub/*Weber* Rn. 34; HzA/*Welslau* Gruppe 1 Rn. 2284.

[30] EBJS/*Boecken/Rudkowski* Rn. 13; GK-HGB/*Etzel* § 75d Rn. 88; Heymann/*Henssler* Rn. 17; Oetker/*Kotzian-Marggraf* Rn. 8; *Vogelsang* in Schaub ArbR-HdB § 55 Rn. 100; Staub/*Weber* Rn. 34; aA ausf. *Bauer/Diller* Wettbewerbsverbote Rn. 664 ff.

[31] EBJS/*Boecken/Rudkowski* Rn. 13; Staub/*Weber* Rn. 34.

[32] Staub/*Weber* Rn. 34.

[33] *Bauer/Diller* Wettbewerbsverbote Rn. 667; EBJS/*Boecken/Rudkowski* Rn. 13; GK-HGB/*Etzel* § 75d Rn. 88; Oetker/*Kotzian-Marggraf* Rn. 11; Staub/*Weber* Rn. 34.

[34] EBJS/*Boecken/Rudkowski* Rn. 15; GK-HGB/*Etzel* § 75d Rn. 89; Baumbach/Hopt/*Roth* Rn. 3; Oetker/*Kotzian-Marggraf* Rn. 9.

[35] RGZ 59, 125 (127 f.); *Bauer/Diller* Wettbewerbsverbote Rn. 672; GK-HGB/*Etzel* § 75d Rn. 89; Baumbach/Hopt/*Roth* Rn. 3; Staub/*Weber* Rn. 35.

[36] Staub/*Weber* Rn. 35.

aufrechterhalten, ohne zur Gegenleistung (Karenzentschädigung) verpflichtet zu sein. Diese Regelung wurde vom BAG für **verfassungswidrig** erachtet.[37] Dabei beruhte die Argumentation auf einem Vergleich zwischen Abs. 3 und Abs. 1. Das BAG sah darin eine gegen Art. 3 GG verstoßende Ungleichbehandlung. Bei vertragswidrigem Verhalten des jeweils anderen Teils käme dem Arbeitnehmer nur ein die Wettbewerbsabrede generell aufhebendes Widerrufsrecht zu, während der Arbeitgeber die aus ihr folgenden Rechte ohne Gegenleistung in Anspruch nehmen könne. Entsprechend ist Abs. 3 von den neuen Bundesländern nicht übernommen worden.[38] Derzeit wird vom Bundestag der Entwurf eines Gesetzes zur Bereinigung arbeitsrechtlicher Regelungen (Arbeitsrechtsbereinigungsgesetz) beraten, der unter anderem die ersatzlose Streichung des Abs. 3 vorsieht.[39] Die für Handelsvertreter geltende Parallelvorschrift des § 90a Abs. 2 S. 2 erklärte das BAG aufgrund der geringeren Schutzbedürftigkeit von Handelsvertretern für weiterhin anwendbar.[40] Für den Fall einer Anfechtung des Arbeitsvertrages gem. § 123 BGB spricht sich das LAG München für eine **analoge** Anwendung des Abs. 3 HGB aus.[41]

18 **2. Ausfüllung der Regelungslücke.** Aus der Begründung des BAG folgt, dass die Regelungslücke durch **entsprechende Anwendung des Abs. 1** auszufüllen ist.[42] Der Arbeitgeber kann deshalb unter den gleichen Voraussetzungen (→ Rn. 2 ff.) wie der Arbeitnehmer das Arbeitsverhältnis kündigen und binnen Monatsfrist die Wettbewerbsabrede widerrufen.[43] Grundsätzlich muss eine auf einem vertragswidrigen Verhalten beruhende außerordentliche Kündigung ausgesprochen worden sein.[44] Wie beim Arbeitnehmer (→ Rn. 3) genügt eine befristete außerordentliche Kündigung.[45] Ausnahmsweise besteht ein Widerrufsrecht bei einer ordentlichen Kündigung, wenn für den Arbeitnehmer klar ist, dass diese Form der Vertragsbeendigung Ersatz für eine fristlose Kündigung sein soll.[46] Der Arbeitgeber kann sich also entscheiden, ob er sich vollständig von der Wettbewerbsvereinbarung lösen oder diese gegen Aufrechterhalten der Entschädigungspflicht bestehen lassen will.[47]

19 Dabei muss der Widerruf gleichermaßen wie der des Arbeitnehmers **eindeutig zu erkennen geben,** dass der Arbeitgeber keine Karenzentschädigung zahlen will und dass der Arbeitnehmer mit sofortiger Wirkung vom Wettbewerbsverbot befreit werden soll. Bei Zweifeln liegt keine wirksame Widerrufserklärung vor.[48] Unberührt von diesen Erfordernissen bleibt ein bei vorausgegangener ordentlicher Kündigung erklärter **Verzicht** auf das Wettbewerbsverbot; hier entfällt die Entschädigungspflicht des Arbeitgebers ohne weitere Erklärung.[49]

---

[37] BAG AP Nr. 6 m. zust. Anm. *Beitzke*; zuletzt BAG DB 2015, 2516 Rn. 12; EBJS/*Boecken/Rudkowski* Rn. 2, 19 ff.; Staub/*Weber* Rn. 21 f.; ausf. *Bauer/Diller* Wettbewerbsverbote Rn. 642 ff.; einschr. LG Stuttgart BeckRS 2019, 8317, das sich für eine Anwendung des Abs. 3 auf GmbH-Geschäftsführer ausspricht.

[38] Anlage I zum Einigungsvertrag vom 31.8.1990, BGBl. 1990 II 959.

[39] BT-Drs. 19/15786.

[40] BAG AP Nr. 6 unter II.b.

[41] LAG München BeckRS 2009, 67545.

[42] BAG AP Nr. 6, 10; AP § 74 Nr. 87; AP § 75a Nr. 4; *Bauer/Diller* Wettbewerbsverbote Rn. 644; EBJS/*Boecken/Rudkowski* Rn. 21; Baumbach/Hopt/*Roth* Rn. 2; Oetker/*Kotzian-Marggraf* Rn. 2; *Vogelsang* in Schaub ArbR-HdB § 55 Rn. 101; Staub/*Weber* Rn. 23; HzA/*Welslau* Gruppe 1 Rn. 2288.

[43] BAG AP Nr. 6 mAnm *Beitzke*; AP § 74 Nr. 75; *Bauer/Diller* Wettbewerbsverbote Rn. 644; EBJS/*Boecken/Rudkowski* Rn. 21.

[44] EBJS/*Boecken/Rudkowski* Rn. 21; ErfK/*Oetker* Rn. 5; Staub/*Weber* Rn. 25; für Verschuldenserfordernis *Bauer/Diller* Wettbewerbsverbote Rn. 647.

[45] BAG AP Nr. 2 mAnm *Grüll*.

[46] BAG BB 1968, 379; 1970, 1050; Baumbach/Hopt/*Roth* Rn. 2; ErfK/*Oetker* Rn. 5.

[47] BAG AP § 75a Nr. 4; Heymann/*Henssler/Michel* Rn. 22; Baumbach/Hopt/*Roth* Rn. 2; *Vogelsang* in Schaub ArbR-HdB § 55 Rn. 101.

[48] BAG AP Nr. 7 = AR-Blattei Wettbewerbsverbot Entsch. 124 mAnm *Buchner*; zur Entbehrlichkeit der Widerrufserklärung bei Wiederholungskündigung BAG AP Nr. 10; EBJS/*Boecken/Rudkowski* Rn. 21.

[49] BAG AP § 75a Nr. 4; Heymann/*Henssler/Michel* Rn. 22; Baumbach/Hopt/*Roth* Rn. 2; Staub/*Weber* Rn. 27; aA EBJS/*Boecken/Rudkowski* Rn. 22a.

V. Widerruf bei einvernehmlicher Aufhebung des Arbeitsvertrags

1. Herrschende Auffassung. Obgleich § 75 nur die Widerrufsmöglichkeiten bei Kündigung des Arbeitsverhältnisses regelt, wird die Vorschrift nach hM[50] auch bei Abschluss eines einvernehmlichen **Aufhebungsvertrags** angewandt, sofern die Gründe, die zur Aufhebung geführt haben, mit denen des § 75 Abs. 1 und Abs. 2 S. 1 vergleichbar sind.[51] Der zur außerordentlichen Kündigung Berechtigte dürfe nämlich durch die Bereitschaft, das mildere Mittel des Aufhebungsvertrags zu wählen, nicht schlechter gestellt werden.[52] 20

Rechtsfolge des Aufhebungsvertrags wäre demnach, dass der an sich Kündigungsberechtigte entsprechend Abs. 1 innerhalb eines Monats nach Abschluss des Aufhebungsvertrags die Wettbewerbsabrede widerrufen kann. Hat der Arbeitnehmer die Aufhebung infolge vertragswidrigen Verhaltens veranlasst, entfällt nach hM sein Widerrufsrecht entsprechend Abs. 2 S. 1 Alt. 1;[53] auch könne das Widerrufsrecht des Arbeitnehmers durch eine Vereinbarung im Aufhebungsvertrag über die Fortzahlung der Vertragsbezüge abgewendet werden (Abs. 2 S. 1 Alt. 2 analog).[54] 21

2. Ablehnende Stellungnahme. Eine **entsprechende Anwendung des § 75 auf Fälle des Aufhebungsvertrags** bei Vorliegen der Voraussetzungen einer außerordentlichen Kündigung ist abzulehnen.[55] Die Interessenlage ist mit dem gesetzlich geregelten Fall nicht vergleichbar. Diese wird in der Regel so gestaltet sein, dass beide Seiten des Arbeitsverhältnisses eine einvernehmliche Beendigung vorziehen. Beide Beteiligten sind also willens und bereit, durch Verhandlungen die Bedingungen der Vertragsbeendigung im Einzelnen abzuklären und auszuhandeln. Daher kann ein Widerruf der Wettbewerbsabrede zum Bestandteil des Aufhebungsvertrags gemacht werden.[56] Der an sich Kündigungsberechtigte, gleichgültig ob es sich um Arbeitgeber oder Arbeitnehmer handelt, bedarf nicht des durch § 75 gewährten Schutzes. Denn er verfügt mit der Möglichkeit einer außerordentlichen Kündigung über ein Druckmittel, um eine einvernehmliche Regelung über die Aufhebung oder Aufrechterhaltung der Wettbewerbsabrede im Aufhebungsvertrag durchzusetzen.[57] Daher besteht auch kein Bedürfnis, den Schutz des Abs. 1 bzw. Abs. 2 S. 1 über den Regelungswortlaut hinaus auf Aufhebungsverträge auszudehnen. Es besteht keine für die Analogie notwendige Regelungslücke.[58] 22

§ 75a [Verzicht des Prinzipals auf Wettbewerbsverbot]

Der Prinzipal kann vor der Beendigung des Dienstverhältnisses durch schriftliche Erklärung auf das Wettbewerbverbot mit der Wirkung verzichten, daß er mit dem Ablauf eines Jahres seit der Erklärung von der Verpflichtung zur Zahlung der Entschädigung frei wird.

Schrifttum: s. § 74.

---

50 Vgl. nur BAG AP BGB § 611 Konkurrenzklausel Nr. 1; AP § 74 Nr. 2; Nr. 3; Nr. 21; Nr. 25; *Bauer/Diller* Wettbewerbsverbote Rn. 651; EBJS/*Boecken/Rudkowski* Rn. 17; *Vogelsang* in Schaub ArbR-HdB § 55 Rn. 102; Röhricht/Graf v. Westphalen/Haas/*Wagner/Vogt* § 75 Rn. 21 f.; Staub/*Weber* Rn. 40; HzA/*Welslau* Gruppe 1 Rn. 2285.

51 BAG AP Nr. 1 mAnm *Grüll*; Nr. 3; AP § 74 Nr. 21; Nr. 25; Baumbach/Hopt/*Roth* Rn. 6; Staub/*Weber* Rn. 40; einschr. Heymann/*Henssler/Michel* Rn. 24 ff.: nur bei Aufhebung anstelle einer außerordentlichen Kündigung; ebenso *Vogelsang* in Schaub ArbR-HdB § 55 Rn. 102.

52 BAG AP Nr. 2 m. zust. Anm. *Grüll*; AP Nr. 3 m. zust. Anm. *G. Hueck* = SAE 1966, 177 m. krit. Anm. *Brecher*; AP § 74 Nr. 25 mAnm *Simitis*.

53 Baumbach/Hopt/*Roth* Rn. 7; Staub/*Weber* Rn. 41.

54 Baumbach/Hopt/*Roth* Rn. 6; *Vogelsang* in Schaub ArbR-HdB § 55 Rn. 102.

55 So auch *Wertheimer* NZA 1997, 522 (523).

56 LAG BW NZA-RR 1996, 163; vgl. auch *Wertheimer* NZA 1997, 523.

57 Von Baumbach/Hopt/*Roth* Rn. 7 lediglich „empfohlen".

58 Ähnlich Heymann/*Henssler/Michel* Rn. 24; *Wertheimer* NZA 1997, 523.

Übersicht

I. Verzicht vor Beendigung des Arbeitsverhältnisses

1 Der Arbeitgeber kann vor Beendigung des Arbeitsverhältnisses nachträglich auf die Geltung des Wettbewerbsverbots verzichten. Bei dem Verzicht handelt es sich um ein einseitiges Gestaltungsrecht, dem sich der Arbeitnehmer bei Vorliegen der förmlichen Voraussetzungen (trotz seines Gegenanspruchs auf die Karenzentschädigung) nicht entziehen kann. Die Regelung des § 75a[1] stellt das **Gegenstück zum Widerrufsrecht des Arbeitnehmers** nach § 75 dar. Trotz der unterschiedlichen Voraussetzungen sind sowohl das Widerrufsrecht nach § 75 als auch die Verzichtsmöglichkeit nach § 75a darauf gerichtet, Arbeitnehmer bzw. Arbeitgeber bei Veränderung der Umstände ein Überdenken der Wettbewerbsvereinbarung zu ermöglichen.[2] Speziell der Verzicht ermöglicht es dem Arbeitgeber, bei Wegfall des berechtigten geschäftlichen Interesses an der Wettbewerbsregelung (vgl. § 74a Abs. 1; → § 74a Rn. 3 f.), die – den Arbeitnehmer begünstigenden – Rechtsfolgen einer unverbindlichen Wettbewerbsklausel (→ § 74a Rn. 18 ff.) abzuwenden.[3]

2 **1. Ausübung des Verzichts. a) Inhalt und Form der Verzichtserklärung.** Die Ausübung des Verzichts erfolgt durch **einseitige, empfangsbedürftige Erklärung** gegenüber dem Arbeitnehmer (§ 130 BGB). Die Verzichtserklärung muss die Wettbewerbsabrede insgesamt betreffen; ein teilweiser Verzicht wird von § 75a nicht erfasst und kann nur im Wege beiderseitiger Vereinbarung (einvernehmliche Teilaufhebung) erfolgen.[4] Auch eine einseitige Herabsetzung der Verbotsdauer mittels des Verzichts ist nicht möglich.[5]

3 Die Verzichtserklärung bedarf der **Schriftform.** Mangels entsprechendem gesetzlichen Ausschluss kann die Erklärung auch in elektronischer Form abgegeben werden (§ 126 Abs. 3 BGB).[6] Die Erklärung muss inhaltlich so klar gefasst sein, dass für den Arbeitnehmer die völlige Freistellung von der Karenzpflicht bei gleichzeitigem Wegfall seines Entschädigungsanspruchs eindeutig ist.[7] Die bloße Weigerung zur Zahlung der Karenzentschädigung genügt hierfür nicht.[8] Auch liegt noch kein wirksamer Verzicht iSd § 75a vor, solange sich der Arbeitgeber noch Rechte aus der Wettbewerbsabrede vorbehält.[9] Ein Verzicht liegt im Zweifel auch nicht in der Ausgleichsquittung, die mit der Feststellung endet, dass dem

[1] Hierzu allg. *Bauer/Diller* Wettbewerbsverbote Rn. 566 ff.; zur entsprechenden Anwendung auf GmbH-Geschäftsführer BGH EWiR 2002, 521 m. iErg zust. Kurzkomm. *v. Hoyningen-Huene* = NZG 2002, 605 m. krit. Anm. *Heidenhain*; OLG Hamm ZIP 1991, 1169; aA OLG Düsseldorf EWiR 1997, 119 m. krit. Kurzkomm. *Finken*.

[2] BAG NJW 1979, 2166; Heymann/*Henssler/Michel* Rn. 1.

[3] Vgl. BAG AP Nr. 3; *Bauer/Diller* Wettbewerbsverbote Rn. 567.

[4] *Bauer/Diller* Wettbewerbsverbote Rn. 586; EBJS/*Boecken/Rudkowski* Rn. 15; GK-HGB/*Etzel* § 75d Rn. 80; Oetker/*Kotzian-Marggraf* Rn. 2; Staub/*Weber* Rn. 6.

[5] Vgl. *Bauer/Diller* Wettbewerbsverbote Rn. 587; *Vogelsang* in Schaub ArbR-HdB § 55 Rn. 96 zum zeitlich eingeschränkten Verzicht.

[6] ErfK/*Oetker* Rn. 2.

[7] BAG AP § 75 Nr. 7; zuletzt BAG AP § 74 Nr. 67 m. krit. Anm. *Henssler*; EBJS/*Boecken/Rudkowski* Rn. 4; Oetker/*Kotzian-Marggraf* Rn. 2; Staub/*Weber* Rn. 5.

[8] LAG Hamm LAGReport 2004, 187; ErfK/*Oetker* Rn. 2.

[9] BAG AP § 75 Nr. 7 = AR-Blattei Wettbewerbsverbot Entsch. 124 mAnm *Buchner*; EBJS/*Boecken/Rudkowski* Rn. 4; GK-HGB/*Etzel* § 75d Rn. 78; Oetker/*Kotzian-Marggraf* Rn. 2; Staub/*Weber* Rn. 5.

Arbeitnehmer keine weiteren Ansprüche aus dem Arbeitsverhältnis sowie dessen Beendigung zustehen.[10]

Wegen des Eindeutigkeitserfordernisses kann auch **die bloße Kündigung nicht zugleich** als **Verzichtserklärung** ausgelegt werden.[11] Insbesondere liegt in einer Änderungskündigung mit dem Angebot zum Abschluss eines neuen Arbeitsvertrags ohne Wettbewerbsverbot weder eine Lossageerklärung iSd § 75a, noch kann sie in eine solche umgedeutet werden.[12] Ebenso verhält es sich bei einer Freistellungserklärung.[13] 4

b) Zeitpunkt der Verzichtserklärung. Ein wirksamer Verzicht kann nur nach Zustandekommen des Wettbewerbsverbots und **bis zur Beendigung des Arbeitsverhältnisses** ausgesprochen werden. Durch diese zeitliche Einschränkung soll verhindert werden, dass der Arbeitgeber seine Entscheidung über den Verzicht von der beruflichen Entwicklung des Arbeitnehmers (mehr oder weniger große Konkurrenzgefahr am neuen Arbeitsplatz) abhängig macht. Zugleich soll der Arbeitnehmer spätestens zum Zeitpunkt der Beendigung des Arbeitsverhältnisses Klarheit über den Bestand des Konkurrenzverbots haben.[14] 5

Hieraus folgt, dass ein **gleichzeitig mit der Kündigung erklärter Verzicht** (noch) genügt.[15] Ebenso ausreichend ist eine Verzichtserklärung, die zeitgleich mit dem Abschluss eines **Aufhebungsvertrages** erfolgt; dies gilt auch dann, wenn eine rückwirkende Auflösung des Arbeitsverhältnisses vereinbart wird.[16] Auch kann der Arbeitgeber zwischen dem Ausspruch einer ordentlichen Kündigung und dem Ablauf der Kündigungsfrist auf die Wettbewerbsabrede verzichten.[17] 6

Ein erst **nach Auflösung des Arbeitsverhältnisses** vom Arbeitgeber **ausgesprochener Verzicht** ist hingegen wirkungslos. Da § 75a eine zwingende Regelung darstellt, ist eine Vereinbarung, wonach der Verzicht auch nach Beendigung des Arbeitsverhältnisses ausgesprochen werden kann, unwirksam (§ 75d).[18] Ein verspäteter Verzicht kann jedoch als Angebot zum Abschluss eines Aufhebungsvertrags über das Wettbewerbsverbot ausgelegt werden, dessen Annahme dem Arbeitnehmer freisteht.[19] 7

2. Rechtsfolgen des Verzichts. a) Für den Arbeitnehmer. Ein wirksamer Verzicht nach § 75a **befreit den Arbeitnehmer** vollständig und mit sofortiger Wirkung[20] von seiner Verpflichtung zur Einhaltung des Wettbewerbsverbots. Die Unterlassungspflicht gelangt insgesamt nicht zur Entstehung.[21] Der nur auf einen Teil der **Wettbewerbsabrede** bezogene Verzicht ist dagegen unwirksam und entfaltet keinerlei Rechtsfolgen (→ Rn. 2). 8

---

10 BAG AP § 74 Nr. 39 mAnm *Stumpf*; AP BGB § 611 Konkurrenzklausel Nr. 48; OLG Köln BB 1997, 1328; LAG Hamm BeckRS 2003 30461215; *Bauer/Diller* Wettbewerbsverbote Rn. 581; EBJS/*Boecken/Rudkowski* Rn. 7; Oetker/*Kotzian-Marggraf* Rn. 2.

11 EBJS/*Boecken/Rudkowski* Rn. 4; Baumbach/Hopt/*Roth* Rn. 1; Staub/*Weber* Rn. 5.

12 BAG AP § 74 Nr. 49 mAnm *Beitzke* = AR-Blattei Wettbewerbsverbot Entsch. 146 mAnm *Buchner*; LAG Hamm LAGReport 2004, 187; *Bauer/Diller* Wettbewerbsverbote Rn. 582; GK-HGB/*Etzel* § 75d Rn. 78; Oetker/*Kotzian-Marggraf* Rn. 2; Staub/*Weber* Rn. 5.

13 LAG Köln NZA-RR 2011, 513 mAnm *Gromann*.

14 BAG AP Nr. 2; AP § 74 Nr. 90 Rn. 40 m. krit. Anm. *Fehrenbach*; EBJS/*Boecken/Rudkowski* Rn. 11; Heymann/*Henssler/Michel* Rn. 3; Oetker/*Kotzian-Marggraf* Rn. 3.

15 BAG AP Nr. 4 = EWiR 1987, 695 m. Kurzkomm. *Schaub*; EWiR 2003, 227 m. Kurzkomm. *Joost*; BAG AP § 74 Nr. 90 Rn. 40 m. krit. Anm. *Fehrenbach*; *Bauer/Diller* Wettbewerbsverbote Rn. 573; EBJS/*Boecken/Rudkowski* Rn. 10; Oetker/*Kotzian-Marggraf* Rn. 3.

16 So auch *Bauer/Diller* Wettbewerbsverbote Rn. 573.

17 BAG AP Nr. 2 und 4; EBJS/*Boecken/Rudkowski* Rn. 10; Oetker/*Kotzian-Marggraf* Rn. 3; Staub/*Weber* Rn. 8.

18 BAG AP § 74 Nr. 53 mAnm *Hadding/Hammen*; AP Nr. 4 = EWiR 1987, 695 m. Kurzkomm. *Schaub*; *Bauer/Diller* Wettbewerbsverbote Rn. 574.

19 Heymann/*Henssler/Michel* Rn. 3; Staub/*Weber* Rn. 10.

20 BAG AP Nr. 4 = EWiR 1987, 695 m. Kurzkomm. *Schaub*; *Bauer/Diller* Wettbewerbsverbote Rn. 591; EBJS/*Boecken/Rudkowski* Rn. 14; GK-HGB/*Etzel* § 75d Rn. 81; Baumbach/Hopt/*Roth* Rn. 1; Oetker/*Kotzian-Marggraf* Rn. 4; Staub/*Weber* Rn. 12.

21 Vgl. *Gaul* DB 1995, 874 (875); ebenso EBJS/*Boecken/Rudkowski* Rn. 14; GK-HGB/*Etzel* § 75d Rn. 81.

9 **b) Für den Arbeitgeber.** Die Rechtsfolge des Verzichts ist für den Arbeitgeber zeitlich hinausgeschoben. Er wird **erst mit Ablauf eines Jahres** nach Abgabe der Verzichtserklärung von seiner Verpflichtung zur Zahlung der Karenzentschädigung befreit. Die Jahresfrist beginnt mit der Abgabe der Erklärung.[22] Dies führt bei einem gleichzeitig mit der Kündigung erklärten Verzicht dazu, dass der Arbeitnehmer die Entschädigung für ein Jahr in Anspruch nehmen kann, obgleich er selbst keiner Karenzpflicht mehr unterliegt. Das Gesetz gewährt dem Arbeitnehmer hierdurch einen zeitlichen Spielraum, um sich auf die neue Lage einzustellen.[23] Will der Arbeitgeber dieses Auseinanderfallen der beiderseitigen Pflichten vermeiden, muss er mindestens ein Jahr vor Beendigung des Arbeitsverhältnisses auf die Wettbewerbsabrede verzichten.[24] Kündigt der Arbeitgeber im Anschluss an einen Verzicht auf die Einhaltung des Wettbewerbsverbots berechtigt außerordentlich, so verliert der Arbeitnehmer den Anspruch auf Karenzentschädigung, ohne dass der Arbeitgeber eine weitere Erklärung zum Wettbewerbsverbot abzugeben braucht (§ 75 Abs. 1 analog).[25] Die Jahresfrist ist unabhängig von der Dauer des Wettbewerbsverbots und verkürzt sich daher nicht, wenn die Parteien ein nur einjähriges Wettbewerbsverbot vereinbaren.[26]

II. Mit dem Verzicht zusammenhängende Vereinbarungen

10 **1. Überblick.** Inhalt und Rechtsfolgen des Verzichts auf die Wettbewerbsabrede sind in dem gesetzlichen Leitbild des § 75a festgelegt. Für den Arbeitnehmer nachteilige Abweichungen von Inhalt und Zweck dieses Leitbildes sind regelmäßig unwirksam (vgl. § 75d). Umgekehrt ist jede Abrede, die sich zum Vorteil des Arbeitnehmers auswirkt, zulässig. Daher kann im Rahmen einer Wettbewerbsabrede von vornherein (auch konkludent) vereinbart werden, dass ein Verzicht des Arbeitgebers auf das Wettbewerbsverbot ausgeschlossen ist.[27] Fehlt es an einem vereinbarten **Ausschluss des Verzichtsrechts,** kann das Verzichtsrecht nach Treu und Glauben (venire contra factum proprium) entfallen,[28] wenn der Arbeitgeber den Anschein erweckt, er werde davon keinen Gebrauch machen.

11 Die **vertraglichen Gestaltungs- und Umgehungsmöglichkeiten** zugunsten des Arbeitgebers sind vielfältig. Von den rechtlich problematischen, die gesetzliche Verzichtsregelung zum Nachteil des Arbeitnehmers ergänzenden oder erweiternden Vereinbarungen sind insbesondere folgende zu nennen:

12 **2. Auskunftsvereinbarungen.** Nicht selten wird bereits in der Wettbewerbsabrede eine **Auskunftspflicht des Arbeitnehmers** vereinbart. Danach schuldet der Arbeitnehmer (spätestens) im Zeitraum zwischen Kündigung und Beendigung des Arbeitsverhältnisses Auskunft über künftige Tätigkeiten. Die Auskunftspflicht dient dem Interesse des Arbeitgebers, noch vor Beendigung des Arbeitsverhältnisses eine konkrete Entscheidungsgrundlage dafür zu schaffen, ob er auf die Wettbewerbsabrede verzichten oder aber diese aufrechterhalten will. Denn droht nach erteilter Auskunft kein Wettbewerb des Arbeitnehmers in einem Konkurrenzunternehmen, kann durch einen Verzicht nach § 75a ein erheblicher Teil der Karenzentschädigung eingespart werden. Demgegenüber entsteht die gesetzliche Auskunfts-

[22] LAG Brl-Brbg BeckRS 2016, 115376; EBJS/*Boecken/Rudkowski* Rn. 14; Oetker/*Kotzian-Marggraf* Rn. 4.

[23] EBJS/*Boecken/Rudkowski* Rn. 14; Heymann/*Henssler/Michel* Rn. 5; Oetker/*Kotzian-Marggraf* Rn. 4.

[24] BAG AP § 74 Nr. 61 mAnm *van Venrooy* = AiB 1991, 211 mAnm *Maier*; AP § 74 Nr. 74 = EWiR 2003, 227 m. Kurzkomm. *Joost*; EBJS/*Boecken/Rudkowski* Rn. 14; Oetker/*Kotzian-Marggraf* Rn. 4.

[25] BAG AP Nr. 4 = EWiR 1987, 695 m. Kurzkomm. *Schaub*; ebenso bei einer Wiederholungskündigung BAG AP § 75 Nr. 10; Staub/*Weber* Rn. 16 aA EBJS/*Boecken/Rudkowski* Rn. 16.

[26] LAG RhPf LAGE Nr. 1; *Bauer/Diller* Wettbewerbsverbote Rn. 593; Oetker/*Kotzian-Marggraf* Rn. 4; Staub/*Weber* Rn. 14.

[27] *Bauer/Diller* Wettbewerbsverbote Rn. 598 f.; GK-HGB/*Etzel* § 75d Rn. 79; Heymann/*Henssler/Michel* Rn. 6; Oetker/*Kotzian-Marggraf* Rn. 5; *Vogelsang* in Schaub ArbR-HdB § 55 Rn. 96; Staub/*Weber* Rn. 19; vgl. auch BAG AP Nr. 3.

[28] BAG AP Nr. 3; EBJS/*Boecken/Rudkowski* Rn. 13; Heymann/*Henssler/Michel* Rn. 6; Oetker/*Kotzian-Marggraf* Rn. 5.

pflicht gem. § 74c Abs. 2 erst nach Beendigung des Arbeitsverhältnisses und Inkrafttreten der Wettbewerbsklausel.

13 **a) Auskunft des Arbeitnehmers.** § 75a eröffnet dem Arbeitgeber nur deshalb eine Verzichtsmöglichkeit auf die Wettbewerbsklausel, weil sich nachträglich ergeben kann, dass ein berechtigtes wirtschaftliches Interesse für ein Wettbewerbsverbot nicht mehr besteht (→ Rn. 1). Die Gewissheit, dass der Arbeitnehmer in Zukunft keine verbotene Tätigkeit ausüben wird, soll hingegen nicht Grundlage der Entscheidung über den Verzicht nach § 75a sein. Durch die Auskunft des Arbeitnehmers verschafft sich der Arbeitgeber daher einen nicht von § 75a erfassten Vorteil. Sein Verzichtsrecht wird hierdurch unangemessen erleichtert. Deshalb sind solche vereinbarten Auskunftspflichten unwirksam.[29] Hat der Arbeitnehmer trotz der Unwirksamkeit der Auskunftsvereinbarung die Auskunft dennoch erteilt, kann der **Verzicht** des Arbeitgebers auf das Wettbewerbsverbot **nach § 242 BGB unwirksam** sein (Verstoß gegen das Verbot des venire contra factum proprium).[30]

14 **b) Auskunft des Arbeitgebers.** Da der Arbeitgeber bis zum letzten Tag des Bestands des Arbeitsverhältnisses sein Verzichtsrecht uneingeschränkt ausüben kann, ist auch eine die **Auskunftspflicht des Arbeitgebers betreffende Vereinbarung unwirksam.** Insbesondere ist der Arbeitgeber nicht verpflichtet, auf Aufforderung des Arbeitnehmers vor dem letztmöglichen Zeitpunkt des Verzichts nach § 75a zu erklären, ob er an dem Wettbewerbsverbot festhalten will.[31] Denn hierdurch würde die gesetzliche (Überlegungs-)Frist des § 75a einseitig zugunsten des Arbeitnehmers verkürzt.

15 **3. Bedingte Wettbewerbsverbote.** Bedingte Wettbewerbsverbote verstoßen gegen den Grundsatz der bezahlten Karenz (→ § 74 Rn. 54) und sind bereits aus diesem Grund **unwirksam.**[32] Zugleich sind bedingte Wettbewerbsverbote wegen Umgehung des § 75a nichtig.[33] Denn bei solchen Wettbewerbsverboten behält sich der Arbeitgeber die Entscheidung über ihr späteres Inkrafttreten vor. Ihre Nichtgeltung nach Beendigung des Arbeitsverhältnisses läge somit allein in der Hand des Arbeitgebers, ohne dass die Voraussetzungen des § 75a erfüllt sein müssen.[34]

16 Rechtsfolge solcher bedingter Wettbewerbsverbote ist ein **Wahlrecht des Arbeitnehmers** über die Geltung oder Nichtgeltung des Wettbewerbsverbotes, das er zu Beginn der Karenzzeit (Ende des Arbeitsverhältnisses) ausüben muss.[35] Entscheidet er sich für die Einhaltung des Wettbewerbsverbots und kommt er seinen Unterlassungspflichten nach, hat er einen Anspruch auf Karenzentschädigung. Dagegen entfällt bei einer Wettbewerbstätigkeit sein Entschädigungsanspruch. Im Ergebnis wird damit aber nur der Begünstigte des bedingten Wettbewerbsverbotes ausgetauscht. Hatte ursprünglich der Arbeitgeber durch das

---

29 BAG AP § 74a Nr. 3 mAnm *Hofmann*; *Bauer/Diller* Wettbewerbsverbote Rn. 602; EBJS/*Boecken/Rudkowski* Rn. 13; Heymann/*Henssler/Michel* Rn. 11; Oetker/*Kotzian-Marggraf* Rn. 6; ErfK/*Oetker* Rn. 5; *Vogelsang* in Schaub ArbR-HdB § 55 Rn. 96; aA Staub/*Weber* Rn. 2, 18: „unverbindlich".

30 BAG AP § 74a Nr. 3 mAnm *Hofmann*; *Bauer/Diller* Wettbewerbsverbote Rn. 603; EBJS/*Boecken/Rudkowski* Rn. 13; Oetker/*Kotzian-Marggraf* Rn. 6; Röhricht/Graf v. Westphalen/Haas/*Wagner/Vogt* § 75a Rn. 17; aA wohl Staub/*Weber* Rn. 2.

31 BAG AP Nr. 3; GK-HGB/*Etzel* § 75d Rn. 82; *Bauer/Diller* Wettbewerbsverbote Rn. 600; Oetker/*Kotzian-Marggraf* Rn. 6; Staub/*Weber* Rn. 19.

32 Vgl. nur BAG AP § 74 Nr. 26 mAnm *Buchner*; AP § 74 Nr. 27 mAnm *P. Hofmann*; AP § 74 Nr. 33 mAnm *Dorndorf*; AP § 74 Nr. 36 = AR-Blattei Wettbewerbsverbot Entsch. 123 mAnm *Buchner* = SAE 1978, 180 mAnm *Canaris*; AP § 74 Nr. 42 mAnm *Beitzke*; AP § 74 Nr. 51 mAnm *Küstner/v. Manteuffel*; AP § 74 Nr. 53 mAnm *Hadding/Hammen* und zuletzt AP Nr. 86 mAnm *Diller*; AP Nr. 90 m. krit. Anm. *Fehrenbach*; *Bauer/Diller* DB 1997, 94; EBJS/*Boecken/Rudkowski* Rn. 17; Baumbach/Hopt/*Roth* Rn. 2; Staub/*Weber* § 74 Rn. 47 ff.

33 Vgl. hierzu BAG AP § 74 Nr. 50; Nr. 51 mAnm *Küstner/v. Manteuffel*; Heymann/*Henssler/Michel* Rn. 8 ff.; Baumbach/Hopt/*Roth* Rn. 2; Oetker/*Kotzian-Marggraf* Rn. 7; aA EBJS/*Boecken/Rudkowski* Rn. 17: „unverbindlich".

34 Vgl. BAG AP Nr. 1.

35 Vgl. zuletzt BAG AP § 74 Nr. 51; Nr. 53; Nr. 60; zust. EBJS/*Boecken/Rudkowski* Rn. 17; Heymann/*Henssler/Michel* Rn. 9; Baumbach/Hopt/*Roth* Rn. 2; Oetker/*Kotzian-Marggraf* Rn. 7; *Vogelsang* in Schaub ArbR-HdB § 55 Rn. 25; HzA/*Welslau* Gruppe 1 Rn. 2218; aA Staub/*Weber* § 74 Rn. 53.

bedingte Wettbewerbsverbot ein Wahlrecht, ob das Verbot gelten solle, so steht es nunmehr dem Arbeitnehmer zu.

§ 75b *[aufgehoben]*

1 Die Norm von 1914 betraf Ausnahmen von der Entschädigungspflicht für außerhalb Europas Tätige und Hochbesoldete und wurde aufgehoben mit Wirkung vom 1.1.2002 durch das 4. EuroEG 2000 vom 21.12.2000 (BGBl. 2000 I 1983).

§ 75c [Vertragsstrafe]

(1) [1]Hat der Handlungsgehilfe für den Fall, daß er die in der Vereinbarung übernommene Verpflichtung nicht erfüllt, eine Strafe versprochen, so kann der Prinzipal Ansprüche nur nach Maßgabe der Vorschriften des § 340 des Bürgerlichen Gesetzbuchs geltend machen. [2]Die Vorschriften des Bürgerlichen Gesetzbuchs über die Herabsetzung einer unverhältnismäßig hohen Vertragsstrafe bleiben unberührt.

(2) Ist die Verbindlichkeit der Vereinbarung nicht davon abhängig, daß sich der Prinzipal zur Zahlung einer Entschädigung an den Gehilfen verpflichtet, so kann der Prinzipal, wenn sich der Gehilfe einer Vertragsstrafe der in Absatz 1 bezeichneten Art unterworfen hat, nur die verwirkte Strafe verlangen; der Anspruch auf Erfüllung oder auf Ersatz eines weiteren Schadens ist ausgeschlossen.

Schrifttum: s. § 74; Kommentarlit. zu §§ 340, 343 BGB.

Übersicht

I. Vertragsstrafe bei entschädigungspflichtigen Wettbewerbsabreden (Abs. 1)

1 **1. Wirksame Vereinbarung der Vertragsstrafe.** Die Vereinbarung einer Vertragsstrafe ist wie bei anderen Leistungsabreden grundsätzlich auch in Arbeitsverträgen **zulässig.**[1] Sie ist ein Druckmittel zur Durchsetzung des Wettbewerbsverbots und verstärkt den Erfüllungszwang für den Handlungsgehilfen. Darüber hinaus werden Vertragsstrafen in der Praxis auch deshalb neben der Wettbewerbsabrede vereinbart, weil der aus der Zuwiderhandlung folgende Schaden des Arbeitgebers häufig schwer nachweisbar ist.[2] Der Arbeitnehmer wird insofern geschützt, als die Rechte des Arbeitgebers auf diejenigen des Vertragsstrafengläubigers bei Nichterfüllung (§ 340 BGB) beschränkt sind (→ Rn. 7). Ein vertraglicher Ausschluss dieser Beschränkung ist gem. § 75d unwirksam (→ Rn. 10).

[1] BAG DB 2004, 1616; *Vogelsang* in Schaub ArbR-HdB § 55 Rn. 104.
[2] LAG Bln NZA-RR 1998, 53; *Bauer/Diller* Wettbewerbsverbote Rn. 921; Oetker/*Kotzian-Marggraf* Rn. 1; ErfK/*Oetker* Rn. 1; Staub/*Weber* Rn. 1.

Die wirksame Vereinbarung der Vertragsstrafe setzt voraus, dass das Wettbewerbsverbot seinerseits wirksam vereinbart wurde. Ein unverbindliches Wettbewerbsverbot kann nicht durch eine Vertragsstrafenvereinbarung geschützt werden.[3] Als Bestandteil der Wettbewerbsabrede bedarf die Vertragsstrafe wie die Abrede selbst für ihre Wirksamkeit der **Schriftform.**[4] Dies gilt auch bei nachträglicher Vereinbarung der Vertragsstrafe.[5] Außerdem ist die Wirksamkeit der Vertragsstrafenvereinbarung davon abhängig, dass die Wettbewerbsvereinbarung selbst wirksam und verbindlich ist (vgl. § 344 BGB).[6] Anderenfalls könnten über den Weg der Vertragsstrafe auch unwirksame oder unverbindliche Wettbewerbsverbote durchgesetzt werden. 2

Es bedarf einer vertraglichen Vereinbarung, eine einseitige Willenserklärung begründet keine Vertragsstrafe.[7] Soweit Vertragsstrafen im **Einzelvertrag** vereinbart wurden, gelten keine Besonderheiten; zu unverhältnismäßig hohen Vertragsstrafen → Rn. 11 ff. Werden Vertragsstrafen in **Formulararbeitsverträgen** (AGB) festgelegt, erfolgt gem. § 310 Abs. 4 S. 2 BGB eine Inhaltskontrolle.[8] Dabei sind die im Arbeitsrecht geltenden Besonderheiten angemessen zu berücksichtigen. Infolgedessen bleiben Vertragsstrafenabreden in AGB grundsätzlich zulässig, sie sind nach hM nicht nach § 309 Nr. 6 BGB unwirksam.[9] Die Vertragsstrafenklausel kann jedoch eine unangemessene Benachteiligung darstellen und deshalb nach § 307 BGB unwirksam sein. Das ist etwa der Fall, wenn die Höhe der Vertragsstrafe den zu erwartenden Schaden unverhältnismäßig übersteigt.[10] Demnach liegt eine unangemessene Benachteiligung vor, wenn ein gravierender Vertragsverstoß in jedem Einzelfall mit einer Vertragsstrafe in Höhe des ein- bis dreifachen Monatsgehalts belegt wird.[11] Eine geltungserhaltende Reduktion gem. § 306 Abs. 2 BGB kommt nach Auffassung von BAG und BGH nicht in Betracht.[12] § 343 BGB zur Herabsetzung der Vertragsstrafe (→ Rn. 12) soll nicht anwendbar sein, was sehr zweifelhaft erscheint. 3

2. Verwirkung der Vertragsstrafe. a) Verwirkungstatbestand. Im Vertragsstrafenversprechen können die Einzelheiten des Verwirkungstatbestands ausdrücklich festgelegt werden. Zulässig ist zB die Vereinbarung, dass die Vertragsstrafe für jeden Fall der Zuwiderhandlung bzw. bei Dauerverstößen für jeden Monat neu verwirkt sein soll.[13] Fehlt es an einer ausdrücklichen vertraglichen Regelung des Verwirkungstatbestands, ist durch Auslegung zu ermitteln (§§ 133, 157, 242 BGB), bei welchem Verstoß gegen die Wettbewerbsabrede die versprochene Vertragsstrafe verwirkt ist.[14] 4

Im **Unterschied zu rein zivilrechtlichen Abreden** (vgl. § 339 S. 2 BGB) muss nicht bereits jede Zuwiderhandlung gegen das Wettbewerbsverbot zu einer Verwirkung der Vertragsstrafe führen. Vielmehr ist durch Auslegung der Abrede zu ermitteln, ob der jeweilige Verstoß die Vertragsstrafe begründen soll. Bei der Auslegung sind insbesondere die 5

---

3 ArbG Solingen BeckRS 2017, 116832; ErfK/*Oetker* Rn. 1; EBJS/*Boecken/Rudkowski* Rn. 6.

4 *Bauer/Diller* Wettbewerbsverbote Rn. 932; EBJS/*Boecken/Rudkowski* Rn. 5; GK-HGB/*Etzel* § 75d Rn. 96; Oetker/*Kotzian-Marggraf* Rn. 2; *Vogelsang* in Schaub ArbR-HdB § 55 Rn. 105; Staub/*Weber* Rn. 2.

5 *Bauer/Diller* Wettbewerbsverbote Rn. 932; EBJS/*Boecken/Rudkowski* Rn. 5; Heymann/*Henssler/Michel* Rn. 1; Staub/*Weber* Rn. 2.

6 HessLAG DB 1991, 709; *Bauer/Diller* Wettbewerbsverbote Rn. 933; EBJS/*Boecken/Rudkowski* Rn. 6; Oetker/*Kotzian-Marggraf* Rn. 2; ErfK/*Müller-Glöge* BGB §§ 339–345 Rn. 19; Staub/*Weber* Rn. 1.

7 BGH NJW 2016, 1230.

8 BAG DB 2004, 1616; Oetker/*Kotzian-Marggraf* Rn. 4; Staub/*Weber* Rn. 3; ausf. *Bauer/Diller* Wettbewerbsverbote Rn. 924 ff., 938 ff., 962 ff.

9 BAG DB 2004, 1616; EBJS/*Boecken/Rudkowski* Rn. 3; Oetker/*Kotzian-Marggraf* Rn. 4; ErfK/*Preis* BGB §§ 305–310 Rn. 97; Staub/*Weber* Rn. 3.

10 BAG DB 2004, 1616; ErfK/*Preis* BGB §§ 305–310 Rn. 98; Staub/*Weber* Rn. 5.

11 BAG AP BGB § 336 Nr. 1.

12 BAG DB 2004, 1616 = SAE 2005, 116 m. abl. Anm. *v. Hoyningen-Huene*; NJW-RR 2003, 1056; BGHZ 153, 311.

13 BAG AP § 75 Nr. 1 mAnm *Grüll* = BB 1963, 1483 mAnm *Gumpert* = SAE 1964, 88 mAnm *G. Hueck*; *Bauer/Diller* Wettbewerbsverbote Rn. 958; EBJS/*Boecken/Rudkowski* Rn. 9; Staub/*Weber* Rn. 9.

14 Vgl. BAG AP Nr. 1 mAnm *Westermann*; LAG Mannheim BB 1973, 40 m. krit. Anm. *Trinkner*; Staub/*Weber* Rn. 7.

Höhe der vereinbarten Vertragsstrafe sowie die Bedeutung des Interesses des Arbeitgebers an der Einhaltung des Wettbewerbsverbotes (Indiz: Höhe der Karenzentschädigung[15]) heranzuziehen.[16] Je höher die Strafe ist, umso mehr spricht dafür, dass im Zweifel ein geringfügiger, kurzfristiger oder einmaliger Wettbewerbsverstoß zur Verwirkung der Vertragsstrafe nicht ausreicht. Jedoch kann ein einmaliger Verstoß die Vertragsstrafenschuld auslösen, wenn das Interesse des Arbeitgebers durch Preisgabe von Betriebsgeheimnissen erheblich verletzt wird.[17] Die Verwirkung der Vertragsstrafe setzt jedoch einen schuldhaften Verstoß des Arbeitnehmers gegen das Wettbewerbsverbot voraus.[18]

6 **b) Teilverwirkung.** Bei einem einmaligen Verstoß kann auch eine Teilverwirkung in Betracht kommen, mit der Folge, dass nur ein Teil der vereinbarten Vertragsstrafe zu zahlen ist.[19] In der Abrede kann auch vereinbart werden, dass die Vertragsstrafe für jeden Fall der Zuwiderhandlung zu zahlen ist; die Auslegung kann dann ergeben, dass die Strafe nur für denjenigen Monat zu zahlen ist, in dem eine Zuwiderhandlung erfolgt ist.[20]

7 **3. Rechtsfolgen bei Zuwiderhandlung.** Abs. 1 S. 1 verweist für die Rechtsfolgen eines Verstoßes gegen das Wettbewerbsverbot auf § 340 BGB. Aus **§ 340 Abs. 1 BGB** folgt somit, dass der Arbeitgeber die verwirkte Strafe nur anstelle der Erfüllung verlangen kann; der Erfüllungsanspruch (Einhaltung des Wettbewerbsverbots) ist bei Geltendmachung der Vertragsstrafe also ausgeschlossen. § 341 Abs. 1 BGB, wonach der Anspruch auf die Vertragsstrafe und auf Erfüllung nebeneinander bestehen, ist im Rahmen des § 75c nicht anwendbar.

8 **a) Wahlrecht des Arbeitgebers (Abs. 1 S. 1 iVm § 340 BGB).** Der Arbeitgeber muss daher bei einem Verstoß gegen die Wettbewerbsabrede grundsätzlich **zwischen dem Recht auf Erfüllung und dem Anspruch auf die verwirkte Vertragsstrafe wählen.**[21] Die Rechtsfolge ist im Einzelnen unterschiedlich, je nachdem, ob die Strafe durch eine Zuwiderhandlung insgesamt oder aber für jeden einzelnen Fall des Verstoßes verwirkt ist. Wählt der Arbeitgeber im ersteren Fall die Vertragsstrafe, muss er den Wettbewerbsverstoß hinnehmen und sein Anspruch auf Unterlassung von Wettbewerb erlischt für die Zukunft (§ 340 Abs. 1 S. 2 BGB).[22] Wählt er Erfüllung, entsteht bei wiederholter Verletzung sein Wahlrecht zwischen Vertragsstrafe und Erfüllungsanspruch von neuem.[23] Ergibt die Auslegung der Vertragsstrafenvereinbarung, dass die Strafe für jeden Fall der Zuwiderhandlung verwirkt ist, lässt die Entscheidung des Arbeitgebers für die Vertragsstrafe den Unterlassungsanspruch für die Zukunft dagegen unberührt.[24]

9 **b) Schadensersatz wegen Nichterfüllung.** Entscheidet sich der Arbeitgeber im Falle eines Wettbewerbsverstoßes für die Geltendmachung der Vertragsstrafe, kann er damit zugleich Schadensersatzansprüche wegen Nichterfüllung verbinden. Die verwirkte Vertragsstrafe kann er als Mindestschaden verlangen (§ 340 Abs. 2 S. 1 BGB). Die Geltendmachung eines weiteren Schadens ist jedoch nicht ausgeschlossen (§ 340 Abs. 2 S. 2 BGB).[25] Verlangt

[15] Baumbach/Hopt/*Roth* Rn. 3.
[16] Vgl. Heymann/*Henssler/Michel* Rn. 2; *Trinkner* Anm. zu LAG Mannheim BB 1973, 41; ausf. *Bauer/Diller* Wettbewerbsverbote Rn. 957 ff.
[17] BAG AP Nr. 1 mAnm *Westermann*; ErfK/*Oetker* Rn. 2.
[18] *Bauer/Diller* Wettbewerbsverbote Rn. 955; MüKoBGB/*Gottwald* BGB § 339 Rn. 37 f.; Palandt/*Grüneberg* BGB § 339 Rn. 3; Staub/*Weber* Rn. 7; aA EBJS/*Boecken/Rudkowski* Rn. 9.
[19] BAG AP BGB § 340 Nr. 2 mAnm *Diederichsen*; ErfK/*Oetker* Rn. 2.
[20] BAG AP § 75 Nr. 1 mAnm *Grüll* = BB 1963, 1483 mAnm *Gumpert* = SAE 1964, 88 mAnm *G. Hueck*; AP BGB § 611 Konkurrenzklausel Nr. 26 mAnm *Küchenhoff*.
[21] EBJS/*Boecken/Rudkowski* Rn. 13; Oetker/*Kotzian-Marggraf* Rn. 5; Röhricht/Graf v. Westphalen/Haas/*Wagner/Vogt* § 75c Rn. 6; Staub/*Weber* Rn. 8.
[22] BAG AP § 74a Nr. 4 mAnm *Hofmann*; EBJS/*Boecken/Rudkowski* Rn. 13; ErfK/*Oetker* Rn. 3; Staub/*Weber* Rn. 8.
[23] Baumbach/Hopt/*Roth* Rn. 3; Oetker/*Kotzian-Marggraf* Rn. 5; Röhricht/Graf v. Westphalen/Haas/*Wagner/Vogt* § 75c Rn. 12; Staub/*Weber* Rn. 8.
[24] BAG AP § 75 Nr. 4 mAnm *Lindacher*; AP BGB § 340 Nr. 2 mAnm *Diederichsen*; *Bauer/Diller* Wettbewerbsverbote Rn. 966; EBJS/*Boecken/Rudkowski* Rn. 13; ErfK/*Oetker* Rn. 3.
[25] Vgl. BAG § 74a Nr. 4 mAnm *Hofmann*; EBJS/*Boecken/Rudkowski* Rn. 14.

der Arbeitgeber die Vertragsstrafe als Mindestschaden, verliert er wie bei unmittelbarer Geltendmachung der Vertragsstrafe grundsätzlich den Erfüllungsanspruch. Anders aber in den Fällen, in denen eine Vertragsstrafe für jeden Fall der Zuwiderhandlung gegen das Wettbewerbsverbot vereinbart ist: Hier kann neben dem Schadensersatzanspruch für einen Verstoß weiterhin Erfüllung des Karenzverbots für die Zukunft verlangt werden.

4. Beschränkungen zugunsten des Arbeitnehmers. Die Rechtsfolgen des § 75c sind zu Lasten des Arbeitnehmers nicht beschränkbar (§ 75d); hingegen sind Beschränkungen zugunsten des Arbeitnehmers jederzeit möglich. So kann das Wahlrecht des § 340 Abs. 1 BGB für den Erfüllungsanspruch ausgeschlossen und die Rechtsfolge des Wettbewerbsverstoßes auf die Geltendmachung der Vertragsstrafe beschränkt werden. Auch die Geltendmachung eines weiteren Schadens (§ 340 Abs. 2 S. 2 BGB) kann beschränkt oder ganz ausgeschlossen werden.[26] Wirksam ist auch die Vereinbarung, dass der Arbeitnehmer durch Entrichtung der Vertragsstrafe den Erfüllungsanspruch des Arbeitgebers zum Erlöschen bringt.[27] 10

5. Höhe und Herabsetzung der Vertragsstrafe. a) Höhe. Die Höhe der Vertragsstrafe muss sich nicht an der Höhe der Karenzentschädigung orientieren. Insbesondere muss nicht in jedem Fall ein angemessenes Verhältnis zwischen Vertragsstrafe und Karenzentschädigung bestehen.[28] Vielmehr kann die vereinbarte Vertragsstrafe umso höher sein, je bedeutender die Folgen eines Wettbewerbsverstoßes für den Arbeitgeber sind (vgl. § 343 Abs. 1 S. 2 BGB). Im Einzelfall kann deshalb die Vertragsstrafe unter Umständen die vereinbarte Karenzentschädigung überschreiten.[29] 11

b) Herabsetzung (Abs. 1 S. 2 iVm § 343 BGB). Der Arbeitnehmer kann gem. Abs. 1 S. 2 iVm § 343 Abs. 1 S. 1 BGB die Herabsetzung einer unverhältnismäßig hohen Vertragsstrafe beantragen. Die Herabsetzung ist jedoch ausgeschlossen, wenn der Arbeitnehmer die Vertragsstrafe bereits entrichtet hat (§ 343 Abs. 1 S. 3 BGB). Für die Beurteilung der **Verhältnismäßigkeit**[30] einer vereinbarten **Vertragsstrafe** ist eine Abwägung zwischen Arbeitgeber- und Arbeitnehmerinteressen erforderlich. Dabei ist jedes berechtigte Interesse des Arbeitgebers zu berücksichtigen (§ 343 Abs. 1 S. 2 BGB). Maßgebliche Kriterien sind auch die für die Auslegung des Vertragsstrafenversprechens heranzuziehenden Gesichtspunkte sowie die Abwägungskriterien, die bei der Verbindlichkeitsprüfung der Karenzentschädigung (§ 74a Abs. 1; → § 74a Rn. 9 ff.) in Betracht kommen.[31] Zu beachten sind insbesondere der Umfang des beim Arbeitgeber entstehenden Schadens, Schwere und Dauer der Zuwiderhandlung, die wirtschaftlichen Verhältnisse sowie das Maß der Fortkommenserschwerung für den Arbeitnehmer. Allerdings kommt es auf ein angemessenes Verhältnis zwischen Karenzentschädigung und Vertragsstrafe nicht an.[32] 12

§ 343 Abs. 1 S. 1 BGB ermöglicht **nur die gerichtliche Herabsetzung** einer vereinbarten Vertragsstrafe; die Höhe der Vertragsstrafe kann nicht von vornherein in das Ermessen des Gerichts gestellt werden.[33] Denn der durch die Vertragsstrafe erhöhte Druck zur Einhaltung des Wettbewerbsverbotes muss für die Arbeitnehmer berechenbar sein. § 343 BGB kommt jedoch nur bei wirksam vereinbarten Vertragsstrafen in Betracht.[34] Er führt nach 13

---

26 Heymann/*Henssler/Michel* Rn. 6 f.; Baumbach/Hopt/*Roth* Rn. 5; Röhricht/Graf v. Westphalen/Haas/*Wagner/Vogt* § 75c Rn. 14.

27 RGZ 70, 442; Heymann/*Henssler/Michel* Rn. 7; Baumbach/Hopt/*Roth* Rn. 5; Staub/*Weber* Rn. 15.

28 BAG AP Nr. 1 mAnm *Westermann*; Oetker/*Kotzian-Marggraf* Rn. 6; ErfK/*Müller-Glöge* BGB §§ 339–345 Rn. 20; ErfK/*Oetker* Rn. 5; *Vogelsang* in Schaub ArbR-HdB § 55 Rn. 111.

29 BAG AP Nr. 1 mAnm *Westermann*; vgl. *Bauer/Diller* Wettbewerbsverbote Rn. 934 ff.

30 Zum Begriff der Verhältnismäßigkeit vgl. *v. Hoyningen-Huene,* Die Billigkeit im Arbeitsrecht, 1978, 99 ff.

31 Vgl. BAG AP § 74a Nr. 1 mAnm *Grüll*; LAG RhPf BeckRS 2012, 69951; Heymann/*Henssler/Michel* Rn. 9; Röhricht/Graf v. Westphalen/Haas/*Wagner/Vogt* § 75c Rn. 18 ff.; ausf. *Bauer/Diller* Wettbewerbsverbote Rn. 946 ff.

32 BAG AP Nr. 1 mAnm *Westermann*; EBJS/*Boecken/Rudkowski* Rn. 16.

33 BAG AP BGB § 339 Nr. 7 mAnm *Lindacher*; BGH BB 1978, 12 m. abl. Anm. *Lindacher* BB 1978, 270; EBJS/*Boecken/Rudkowski* Rn. 17; ErfK/*Oetker* Rn. 5; Staub/*Weber* Rn. 18.

34 BAG DB 2004, 1616 = SAE 2005, 116 m. abl. Anm. *v. Hoyningen-Huene*; Staub/*Weber* Rn. 21.

Ansicht des BAG nicht dazu, dass in Formulararbeitsverträgen vereinbarte Vertragsstrafen herabgesetzt werden können (→ Rn. 3).

II. Vertragsstrafe bei entschädigungslosen Wettbewerbsabreden (Abs. 2)

14 Nach Abs. 2 kann der Arbeitgeber nur die Vertragsstrafe, nicht aber wahlweise Erfüllung bzw. ergänzend Ersatz des weiteren Schadens verlangen, wenn die Wettbewerbsabrede unabhängig von einer Entschädigungsleistung des Arbeitgebers erfolgt.[35] Die Regelung ist jedoch gegenstandlos geworden.[36] § 75b, der Ausnahmen von der Entschädigungspflicht normierte, wurde vom BAG[37] für verfassungswidrig erklärt und ist mit Wirkung vom 1.1.2002 aufgehoben worden.

§ 75d [Abweichende Vereinbarungen]

[1]Auf eine Vereinbarung, durch die von den Vorschriften der §§ 74 bis 75c zum Nachteil des Handlungsgehilfen abgewichen wird, kann sich der Prinzipal nicht berufen. [2]Das gilt auch von Vereinbarungen, die bezwecken, die gesetzlichen Vorschriften über das Mindestmaß der Entschädigung durch Verrechnungen oder auf sonstige Weise zu umgehen.

Schrifttum: s. § 74.

Übersicht

I. Schutz des Arbeitnehmers vor nachteiligen Abreden (S. 1)

1 **1. Zweck.** Die §§ 74–75c enthalten Regelungen zum Schutz des Arbeitnehmers, die an das ungleichgewichtige Kräfteverhältnis zwischen Arbeitgeber und Arbeitnehmer anknüpfen. Sie schreiben zum Ausgleich dieses Kräfteungleichgewichts der Arbeitsvertragsparteien Einschränkungen für den zulässigen Inhalt von Wettbewerbsvereinbarungen vor. Der bezweckte **Schutz des Arbeitnehmers** ginge jedoch ins Leere, wenn diese Schutzvorschriften kein zwingendes Recht wären. Entsprechend ist eine Abweichung von den §§ 74–75c zu Lasten des Arbeitnehmers gem. S. 1 ausgeschlossen.

2 Das ausgleichsbedürftige Kräfteungleichgewicht der Arbeitsvertragsparteien besteht jedoch nur während eines bestehenden Arbeitsverhältnisses. Vor Beginn und nach Beendigung des Arbeitsverhältnisses steht der Arbeitnehmer in keinem Abhängigkeitsverhältnis und seine rechtliche Abschlussfreiheit für Wettbewerbsabreden ist auch nicht tatsächlich eingeschränkt. Daher sind die Schutzvorschriften der §§ 74 ff. zwingendes Recht **nur für** solche **Wettbewerbsvereinbarungen,** die **während des Bestehens des Arbeitsverhältnisses** getroffen werden.[1] Die Vorschrift gilt **entsprechend für Mandantenschutzklauseln** (→ § 74 Rn. 11).[2]

[35] Vgl. hierzu BAG AP § 74a Nr. 4; EBJS/*Boecken/Rudkowski* Rn. 18; Staub/*Weber* Rn. 22.
[36] Ebenso ErfK/*Oetker* Rn. 6; EBJS/*Boecken/Rudkowski* Rn. 18.
[37] BAG AP § 75b Nr. 15 mAnm *Reuter.*
[1] Heymann/*Henssler/Michel* Rn. 1; ErfK/*Oetker* Rn. 1; *Vogelsang* in Schaub ArbR-HdB § 55 Rn. 24; Staub/*Weber* Rn. 5; aA EBJS/*Boecken/Rudkowski* Rn. 3: zwingende Wirkung bereits vor Beginn des Arbeitsverhältnisses; Baumbach/Hopt/*Roth* Rn. 1; *Wertheimer* BB 1996, 1714 (1715).
[2] BAG AP Nr. 4; AP § 74 Nr. 85 Rn. 20 ff.; ErfK/*Oetker* Rn. 1.

2. Nachteilige Abreden. Das Abweichungsverbot des S. 1 erfasst nur die für den Arbeitnehmer nachteiligen Abreden. Wann eine solche nachteilige Abrede vorliegt, beurteilt sich jeweils nach Inhalt und Zweck der einzelnen in den §§ 74–75c enthaltenen Schutzbestimmungen. Dabei ist jede Abweichung von der einzelnen Schutzbestimmung für sich zu beurteilen.[3] Insbesondere kann eine vom Schutzzweck nachteilig abweichende Vereinbarung nicht dadurch ausgeglichen werden, dass die Wettbewerbsabrede in anderer Hinsicht für den Arbeitnehmer besonders vorteilhaft (zB durch eine die Mindestentschädigung nach § 74 Abs. 2 weit übersteigende Entschädigung) ist.[4] Für den Arbeitnehmer **günstige Abreden** oder günstigkeitsneutrale Regelungen werden vom Abweichungsverbot des S. 1 nicht erfasst.[5] Deshalb können die Vertragsparteien von den §§ 74–75c zugunsten des Arbeitnehmers abweichen. 3

3. Rechtsfolgen beim Verstoß gegen S. 1. Eine von den §§ 74–75c zum Nachteil des Arbeitnehmers abweichende **Vereinbarung ist unverbindlich** (vgl. auch § 74a Abs. 2). Jedoch kann sich nur der Arbeitnehmer, nicht aber der Arbeitgeber auf die Unverbindlichkeit berufen.[6] Der Arbeitnehmer hat ein Wahlrecht, ob er die Vereinbarung gelten lassen oder die Unverbindlichkeit durchgreifen lassen will (→ § 74 Rn. 51). Beruft sich der Arbeitgeber auf ein unverbindliches Wettbewerbsverbot, verletzt er unter Umständen seine Pflicht zur Rücksichtnahme nach § 241 Abs. 2 BGB und macht sich schadensersatzpflichtig (§ 280 BGB).[7] 4

Betrifft die Unverbindlichkeit die **Wettbewerbsabrede** als solche, so bleibt sie **insgesamt wirkungslos.** Ist hingegen nur eine einzelne Nebenabrede wirkungslos, so tritt an ihre Stelle die gesetzliche (Schutz-)Regelung.[8] Denn das Abweichungsverbot nach S. 1 kann nicht dazu führen, dass eine völlige Regelungslücke entsteht. 5

Nicht erfasst von der Unverbindlichkeitsfolge des S. 1 werden nachteilig abweichende Vereinbarungen, die zugleich den Tatbestand einer Nichtigkeitsregelung (zB § 74a Abs. 2) erfüllen. Solche Abreden sind **nichtig** und die Entscheidung über ihre Verbindlichkeit stellt sich für den Arbeitnehmer nicht.[9] Eine salvatorische Klausel ist nicht geeignet, diese Folge zu beseitigen oder zu heilen.[10] 6

II. Umgehungsverbot (S. 2)

Abreden, die für sich zwar nicht gegen das Abweichungsverbot zum Nachteil des Arbeitnehmers verstoßen, die jedoch dazu dienen, die Vorschriften über die gesetzliche Mindestentschädigung (§ 74 Abs. 2, § 74b, § 74c, § 75 Abs. 2) zu umgehen, sind gem. S. 2 gleichermaßen **unverbindlich,**[11] zB Mandantenübernahmeklauseln.[12] Darüber hinaus lässt sich der Vorschrift ein allgemeiner Rechtsgedanke entnehmen, wonach auch Regelungen unverbindlich sind, die auf die Umgehung anderer Schutzvorschriften der §§ 74 ff. gerichtet sind.[13] Demnach stellt eine Vereinbarung, wonach nur die Kündigung durch den Arbeitnehmer das Wettbewerbsverbot auslösen kann, eine unzulässige Umgehung dar.[14] 7

---

[3] EBJS/*Boecken/Rudkowski* Rn. 2; GK-HGB/*Etzel* § 75d Rn. 128 mit Beispielen.

[4] EBJS/*Boecken/Rudkowski* Rn. 2; Heymann/*Henssler/Michel* Rn. 2; ErfK/*Oetker* Rn. 2.

[5] GK-HGB/*Etzel* § 75d Rn. 129; Staub/*Weber* Rn. 4.

[6] BAG AP § 75 Nr. 8 mAnm *Stumpf* = SAE 1983, 84 mAnm *Koller*; EBJS/*Boecken/Rudkowski* Rn. 5; ErfK/*Oetker* Rn. 2; Staub/*Weber* Rn. 2.

[7] Vgl. BAG NJW 2013, 2027 (2031).

[8] GK-HGB/*Etzel* § 75d Rn. 128; Heymann/*Henssler/Michel* Rn. 4; Staub/*Weber* Rn. 3.

[9] EBJS/*Boecken/Rudkowski* Rn. 5; ErfK/*Oetker* Rn. 2; Staub/*Weber* Rn. 2.

[10] BAG AP § 74 Nr. 88.

[11] Vgl. dazu EBJS/*Boecken/Rudkowski* Rn. 6; Oetker/*Kotzian-Marggraf* Rn. 3; Staub/*Weber* Rn. 1; zur entspr. Anwendbarkeit bei Mandantenübernahmeklauseln BAG NZA 2014, 433 Rn. 21; AP Nr. 4 mAnm *Bauer* = EWiR 2002, 1049 m. Kurzkomm. *Diller*; LAG Düsseldorf DB 2002, 150; *Bauer/Diller* Wettbewerbsverbote Rn. 134.

[12] S. etwa BAG AP § 74 Nr. 85.

[13] EBJS/*Boecken/Rudkowski* Rn. 6; Heymann/*Henssler/Michel* Rn. 6.

[14] LAG Schleswig-Holstein BeckRS 2018, 5587.

III. Abweichungen durch Tarifvertrag

8 Ein nachvertragliches Wettbewerbsverbot kann auch auf Grund Tarifvertrags[15] vereinbart werden (→ § 74 Rn. 19).[16] Außerdem können die Tarifvertragsparteien ein einzelvertraglich vereinbartes Wettbewerbsverbot inhaltlich konkreter ausgestalten. Hiervon wurde ursprünglich zum Schutz der Arbeitnehmer Gebrauch gemacht, denen die Einhaltung gewisser Mindestbedingungen (insbesondere die Zahlung einer Karenzentschädigung) garantiert werden sollte. Die Notwendigkeit solcher **tarifvertraglicher Wettbewerbsverbote** hat sich heute jedoch weitgehend durch die entsprechende Anwendung der §§ 74 ff. gem. § 110 S. 2 GewO auf alle Arbeitnehmer erübrigt.[17]

9 Weiterhin stellt sich jedoch die Frage, ob in tarifvertraglichen Wettbewerbsverboten von den Vorschriften der §§ 74 ff. **zu Lasten der Arbeitnehmer abgewichen** werden kann oder ob auch insoweit § 75d entgegensteht.[18] Das BAG hat in seiner älteren Rspr. eher befürwortend erwogen, die §§ 74 ff. als tarifdispositives Gesetzesrecht[19] einzustufen. Allerdings hat es die Einhaltung gewisser Mindesterfordernisse (Prinzip der Entschädigungspflicht sowie zeitliche, räumliche und sachliche Begrenzung des Wettbewerbsverbotes) für zwingend erachtet.[20] Diese Einstufung der §§ 74 ff. als weitgehend tarifdispositives Recht widerspricht aber der späteren Rspr. des BAG in Zusammenhang mit anderen, der Regelung des § 75d vergleichbaren Vorschriften.[21] Auszugehen ist bei der Problematik von dem Grundsatz, dass nach § 1 TVG die Tarifvertragsparteien zwar Rechtsnormen setzen, hierbei aber nicht von zwingenden gesetzlichen Regelungen zum Nachteil des Arbeitnehmers abweichen können. Eine Ausnahme gilt nur dann, wenn eine solche tarifvertragliche Abweichung ausdrücklich durch das Gesetz gestattet wird. Solche Tariföffnungsklauseln sind zB enthalten in § 13 Abs. 1 BUrlG, § 622 Abs. 4 BGB, § 4 Abs. 4 EFZG und § 7 ArbZG. Fehlt es bei dem jeweiligen gesetzlichen Abdingungsverbot jedoch an einer Öffnungsklausel zugunsten des Tarifvertrags, so bleibt es beim **Vorrang des Gesetzes.**[22]

10 Dem Gesetzgeber ist diese Rechtslage bekannt. Da eine Tariföffnungsklausel auch nicht nachträglich dem § 75d zugefügt worden ist, ist vom zwingenden Charakter der §§ 74 ff. auszugehen.[23] Tarifverträge können daher **Abweichungen** von diesen Schutzvorschriften **nur** insoweit vorsehen, **soweit die tarifliche Regelung den jeweiligen Schutzzweck nicht umgeht.** Dies dürfte insbesondere für solche tariflichen Wettbewerbsvereinbarungen gelten, die lediglich der Konkretisierung der §§ 74 ff., insbesondere der in ihnen enthaltenen unbestimmten Rechtsbegriffe (zB berechtigtes geschäftliches Interesse des Arbeitgebers,

---

15 Beispiel: § 6 Manteltarifvertrag für akademisch gebildete Angestellte in der chemischen Industrie, Stand Mai 2000.

16 *Bauer/Diller* Wettbewerbsverbote Rn. 16; EBJS/*Boecken/Rudkowski* Rn. 4; ErfK/*Oetker* Rn. 3; *Vogelsang* in Schaub ArbR-HdB § 55 Rn. 34; *Wagner,* Die Besonderheiten beim Arbeitsverhältnis des Handlungsgehilfen, 1993, 106.

17 Oetker/*Kotzian-Marggraf* Rn. 2; ErfK/*Oetker* Rn. 3; *Wagner,* Die Besonderheiten beim Arbeitsverhältnis des Handlungsgehilfen, 1993, 94 ff.; *Wertheimer,* Nachvertragliche Wettbewerbsverbote bei Arbeitsverhältnissen, 1998, 42 f.

18 Hierzu ausf. *Wagner,* Die Besonderheiten beim Arbeitsverhältnis des Handlungsgehilfen, 1993, 107 ff. mwN und der Darstellung des Streitstandes.

19 Zum tarifdispositiven Recht vgl. Wiedemann/*Jacobs* TVG Einl. Rn. 585 ff.

20 BAG AP § 74 Nr. 28 m. zust. Anm. *Canaris* = AR-Blattei Tarifvertrag VI Entsch. 17 m. abl. Anm. *Buchner;* AP § 74 Nr. 30 mAnm *Thiele/Weschenfelder;* vgl. auch EBJS/*Boecken/Rudkowski* Rn. 4; Staub/*Weber* Rn. 6 f.

21 BAG AP § 63 Nr. 38 m. zust. Anm. *Meisel* = AR-Blattei Krankheit des Arbeitnehmers Entsch. 172 mAnm *Buchner;* AP GewO § 133c Nr. 25 m. zust. Anm. *A. Hueck;* AP BGB § 616 Nr. 62 m. zust. Anm. *Trieschmann.*

22 BAG AP BGB § 616 Nr. 62; AP § 63 Nr. 38; *Wagner,* Die Besonderheiten beim Arbeitsverhältnis des Handlungsgehilfen, 1993, 114.

23 IErg ebenso *Bauer/Diller* Wettbewerbsverbote Rn. 17; EBJS/*Boecken/Rudkowski* Rn. 4; GK-HGB/*Etzel* § 75d Rn. 130; Heymann/*Henssler/Michel* Rn. 7; ErfK/*Oetker* Rn. 3; *Vogelsang* in Schaub ArbR-HdB § 55 Rn. 34; *Wagner,* Die Besonderheiten beim Arbeitsverhältnis des Handlungsgehilfen, 1993, 114; Staub/*Weber* Rn. 7; aA *Gamillscheg* KollArbR I S. 704: §§ 74 ff. ohne Differenzierung tarifdispositiv.

§ 74a Abs. 1 S. 1) dienen.[24] Die Diskussion um die Tarifdispositivität der §§ 74 ff. hat jedoch zurzeit keine praktische Relevanz, da nur wenige Tarifverträge Wettbewerbsverbote enthalten und diese sich auf eine rein deklaratorische Wiederholung der gesetzlichen Bestimmungen beschränken.[25]

Ebenso wenig können **Betriebsvereinbarungen** von den zwingenden Regelungen der §§ 74 ff. zum Nachteil der Arbeitnehmer abweichen.[26] Dies folgt bereits auf Grund der fehlenden Regelungsmacht der Parteien, von den §§ 74 ff. abzuweichen. Bei allgemeinen Arbeitsbedingungen in Formularverträgen oder einzelvertraglichen Absprachen ergibt sich das Abweichungsverbot bereits aus § 75d und dessen analoger Anwendung.[27] 11

§ 75e *[aufgehoben]*

Die Norm galt seit 1914 und wurde aufgehoben durch Gesetz vom 17.7.1974 (BGBl. 1974 I 1481). 1

§ 75f [Sperrabrede unter Arbeitgebern]

[1]Im Falle einer Vereinbarung, durch die sich ein Prinzipal einem anderen Prinzipal gegenüber verpflichtet, einen Handlungsgehilfen, der bei diesem im Dienst ist oder gewesen ist, nicht oder nur unter bestimmten Voraussetzungen anzustellen, steht beiden Teilen der Rücktritt frei. [2]Aus der Vereinbarung findet weder Klage noch Einrede statt.

Schrifttum: s. § 74; *Busch/Dendorfer,* Abwerbung von Mitarbeitern, BB 2002, 301; *Eggert,* Sperrabreden unter Arbeitgebern, Diss. Konstanz 2001; *Glöckner,* **Vereinbarte Abwehrverbote** „No poaching, please!", JuS 2018, 1130; *Hartmann,* Sperrabreden zwischen Arbeitgebern, ZfA 2019, 486; *Salje,* Individualarbeitsrecht und Kartellverbot, ZfA 1991, 653; *Schloßer,* Effektiver Schutz der Belegschaft durch vertragliche Abwerbeverbote?, BB 2003, 1382.

I. Geheime Wettbewerbsklauseln (Sperrabreden)

1. Begriff. Die §§ 74–75d betreffen unmittelbar Wettbewerbsabreden zwischen Arbeitgeber und Arbeitnehmer. Möglich sind jedoch auch **Absprachen zwischen Arbeitgebern, welche die Anstellung von Arbeitnehmern** eines Arbeitgebers **für andere Arbeitgeber sperren.** Die Vereinbarungen gehen dahin, einen Arbeitnehmer des anderen Arbeitgebers gar nicht bzw. nur unter bestimmten Voraussetzungen (zB Zustimmung des alten Arbeitgebers) einzustellen.[1] Der Arbeitnehmer wird selbst nicht in die Vereinbarung miteinbezogen, sie bleibt ihm auch zumeist unbekannt. Solche Abreden werden von § 75f erfasst und als geheime Wettbewerbsklauseln oder **Sperrabreden** bezeichnet.[2] In der Praxis sind solche Absprachen insbesondere zwischen Kaufhausunternehmen bekannt geworden; so wird zB vereinbart, dass Verkäuferinnen nicht ohne Beteiligung des bisherigen Unternehmens oder nur zum gleichen Gehalt neu eingestellt werden. 1

2. Schutzzweck. § 75f ergänzt die §§ 74–75d. Durch diese Schutzvorschriften soll im Wesentlichen verhindert werden, dass der Arbeitnehmer durch Wettbewerbsklauseln in seinem beruflichen Fortkommen unangemessen behindert wird. Entsprechend muss die Wirk- 2

---

24 Heymann/*Henssler/Michel* Rn. 7; zur Abgrenzung zwischen tarifvertraglicher Ausfüllung unbestimmter Rechtsbegriffe und tarifdispositivem Recht vgl. Wiedemann/*Jacobs* TVG Einl. Rn. 607.

25 Vgl. § 6 Manteltarifvertrag für akademisch gebildete Angestellte in der chemischen Industrie idF von Mai 2000 als umfassendste Regelung; *Bauer/Diller* Wettbewerbsverbote Rn. 18.

26 *Bauer/Diller* Wettbewerbsverbote Rn. 22; GK-HGB/*Etzel* § 75d Rn. 130; ErfK/*Oetker* Rn. 3; *Wagner,* Die Besonderheiten beim Arbeitsverhältnis des Handlungsgehilfen, 1993, 114.

27 *Wagner,* Die Besonderheiten beim Arbeitsverhältnis des Handlungsgehilfen, 1993, 115.

1 Vgl. BGH AP Nr. 1.

2 Zur rechtlichen Einordnung vgl. *Eggert,* Sperrabreden unter Arbeitgebern, 2001, 52 ff.

samkeit und Durchsetzbarkeit von Sperrabreden zwischen Arbeitgebern eingeschränkt sein, damit durch solche Vereinbarungen der Schutzzweck der §§ 74–75d nicht indirekt ausgehöhlt wird.[3] § 75f dient damit im weitesten Sinne der freien Wahl des Arbeitsplatzes durch den Arbeitnehmer (Art. 12 Abs. 1 GG).[4]

3 **3. Anwendungsbereich. a) Persönlicher Anwendungsbereich.** Wie die §§ 74–75d entsprechend auf alle Arbeitnehmer anzuwenden sind (→ § 74 Rn. 8), findet § 75f gem. § 110 S. 2 GewO analoge Anwendung auch auf Sperrklauseln zwischen nichtkaufmännischen Arbeitgebern.[5] § 75f gilt darüber hinaus nicht nur für Vereinbarungen zwischen Arbeitgebern, sondern auch zwischen Verbänden.[6] Erfasst werden zugleich verdeckte Wettbewerbsvereinbarungen zwischen Verleihern und Entleihern, mittels denen Leiharbeitsunternehmen den Wechsel des Personals zum Entleiher verhindern wollen.[7] Insoweit sind die Spezialregelungen des § 9 Abs. 1 Nr. 3, 4 AÜG zu beachten.[8] Für Auszubildende ist zudem auf § 12 Abs. 1 S. 1 BBiG hinzuweisen, wonach eine Vereinbarung, die Auszubildende für die Zeit nach Beendigung des Berufsausbildungsverhältnisses in der Ausübung ihrer beruflichen Tätigkeit beschränkt, nichtig ist.

4 **b) Sachlicher Anwendungsbereich.** § 75f betrifft grundsätzlich nur Absprachen, wonach ein möglicher künftiger Arbeitgeber den Arbeitnehmer des Vertragspartners nicht oder nur unter bestimmten Voraussetzungen einstellen kann. Die Regelung ist aber **entsprechend** auf Sperrabreden **anzuwenden,** durch die sich ein Dritter dem Arbeitgeber gegenüber verpflichtet, dessen Angestellte nach ihrem Ausscheiden nicht als selbstständige Unternehmer zu beschäftigen.[9] Das Abwerbeverbot gilt jedoch nicht unbegrenzt. Es darf längstens für einen Zeitraum von zwei Jahren nach dem Ende der vertraglichen Zusammenarbeit abgeschlossen werden. Danach ist eine Durchsetzung nicht mehr möglich.[10] Die Zweijahresgrenze gilt jedoch nicht ausnahmslos, ein längeres Abwehrverbot kann im Einzelfall dem schutzwürdigen Interesse einer Partei entsprechen.[11]

5 Umstritten ist, ob § 75f auch auf Vereinbarungen anzuwenden ist, in denen sich die Arbeitgeber lediglich zur Unterlassung von Abwerbung[12] verpflichten. Hierfür hat sich die Rspr. in jüngerer Zeit ausgesprochen.[13] Dies sei jedoch nicht der Fall, wenn es sich hierbei lediglich um Nebenbestimmungen handelt und die Vereinbarung einem besonderen Vertrauensverhältnis der Parteien oder einer besonderen Schutzbedürftigkeit einer der beiden Seiten Rechnung trage.[14] Ein solcher Fall ist etwa bei einer gemeinsamen Zusammenarbeit (zB gemeinsamer Vertrieb) zweier Unternehmen gegeben. Dennoch ist eine Anwendung des § 75f auch auf **Abwerbungsverbote** insgesamt abzulehnen. Sie widerspräche dem Regelungszweck. Denn es soll hierdurch verhindert werden, dass der durch die §§ 74–75d

---

[3] EBJS/*Boecken/Rudkowski* Rn. 1 f.; Röhricht/Graf v. Westphalen/Haas/*Wagner/Vogt* § 75f Rn. 2; Staub/*Weber* Rn. 1.

[4] *Eggert,* Sperrabreden unter Arbeitgebern, 2001, 250 ff.; GK-HGB/*Etzel* Rn. 1; Röhricht/Graf v. Westphalen/Haas/*Wagner/Vogt* § 75f Rn. 2; Staub/*Weber* Rn. 10 f.

[5] Bisher schon stRspr, BGH NJW 1974, 1282; AP Nr. 2; zuletzt BGH NJW 2014, 3442 (3443); EBJS/*Boecken/Rudkowski* Rn. 4; GK-HGB/*Etzel* Rn. 1; Baumbach/Hopt/*Roth* Rn. 1; ErfK/*Oetker* Rn. 1; Röhricht/Graf v. Westphalen/Haas/*Wagner/Vogt* § 75f Rn. 4.

[6] BGH AP Nr. 1; EBJS/*Boecken/Rudkowski* Rn. 3; *Eggert,* Sperrabreden unter Arbeitgebern, 2001, 43; ErfK/*Oetker* Rn. 1; Röhricht/Graf v. Westphalen/Haas/*Wagner/Vogt* § 75f Rn. 3; Staub/*Weber* Rn. 2.

[7] BGH AP Nr. 1; EBJS/*Boecken/Rudkowski* Rn. 6; Heymann/*Henssler/Markworth* Rn. 2; Baumbach/Hopt/*Roth* Rn. 1; aA *Eggert,* Sperrabreden unter Arbeitgebern, 2001, 43 f.; GK-HGB/*Etzel* Rn. 1; Staub/*Weber* Rn. 4.

[8] Vgl. auch ErfK/*Wank* AÜG § 9 Rn. 14. Zur Rechtslage vor 2004 s. *Thüsing* DB 2003, 2122 ff.

[9] BGH AP Nr. 2; EBJS/*Boecken/Rudkowski* Rn. 8; ErfK/*Oetker* Rn. 1; Staub/*Weber* Rn. 2.

[10] BGH NJW 2014, 3442 (3443); LG Mannheim BeckRS 2016, 11889 mAnm *Naber/Deiß* GWR 2016, 444.

[11] Vgl. auch EBJS/*Boecken/Rudkowski* Rn. 9a.

[12] Allg. zum vertraglichen Abwerbungsverbot *Schloßer* BB 2003, 1382.

[13] Offengelassen noch von BGH AP Nr. 1; jetzt BGH NJW 2014, 3442 (3443) = BB 2014, 2897 mAnm *Schwarzfischer*; LG Hamburg BeckRS 2016, 126460.

[14] BGH NJW 2014, 3442 (3443).

gewährte besondere Schutz des Arbeitnehmers bei Wettbewerbsverboten (Vermeidung einer unzumutbaren Erschwerung des beruflichen Fortkommens des Arbeitnehmers) durch Sperrabreden zwischen Arbeitgebern indirekt ausgehöhlt wird. Durch Abwerbungsverbote, die lediglich ein Tätigwerden des Arbeitgebers betreffen, ist hingegen der Arbeitnehmer in seiner Entscheidungsfreiheit und Initiative zum Arbeitsplatzwechsel **nicht** beschränkt. Derartige Abreden fallen daher nach bisher hM nicht in den Anwendungsbereich des § 75 f.[15]

II. Rechtsfolgen von Sperrabreden

1. Grundsätzliche Unverbindlichkeit. Die Zulässigkeit von geheimen Wettbewerbsklauseln zwischen Arbeitgebern ist gesetzlich durch § 75f nicht ausgeschlossen. Solche Sperrabreden sind aber grundsätzlich insofern unverbindlich, als beide Parteien von der Vereinbarung jederzeit und ohne Angabe von Gründen[16] zurücktreten können. Das **Rücktrittsrecht** kann nicht vertraglich ausgeschlossen werden.[17] Es besteht weder ein Erfüllungszwang, noch kann der Rücktritt Schadensersatzansprüche auslösen (aber → Rn. 9 f.). Die Erfüllung der Vereinbarung kann auch nicht mittelbar durch ein Vertragsstrafenversprechen erzwungen werden.[18] 6

Auch wenn die Erfüllung der Sperrabrede gegenüber der anderen Partei nicht durchsetzbar ist, kann die Sperrabrede jedoch von beiden Seiten jederzeit **freiwillig erfüllt** werden.[19] Für den mittelbar betroffenen Arbeitnehmer besteht weder ein Unterlassungsanspruch, noch kann er die Ausübung des Rücktrittsrechts verlangen.[20] Entsprechend dem fehlenden Erfüllungszwang kann eine Sperrabrede weder durch Klage durchgesetzt noch als Einrede geltend gemacht werden (S. 2). 7

2. Nichtigkeit. § 75f findet auf **nichtige** und damit unwirksame **Sperrabreden keine Anwendung.** Nichtigkeit gem. § 138 BGB kann insbesondere dann vorliegen, wenn die Sperrabrede nicht auf einem berechtigten Interesse des Arbeitgebers iSd § 74a Abs. 1 beruht, sondern anderen Zwecken dient (zB Einschränkung der Personalfluktuation, Wahrung des Lohn- oder Gehaltsniveaus).[21] Denn durch solche Sperrabreden würde eine unerlässliche Voraussetzung für die Verbindlichkeit der Wettbewerbsvereinbarung umgangen.[22] Eine Sperrabrede ist auch dann gem. § 138 BGB nichtig, wenn sie zwischen mehreren Arbeitgebern so umfassend geschlossen ist, dass für den Arbeitnehmer praktisch das Recht auf freie Wahl des Arbeitsplatzes beseitigt ist (Art. 12 Abs. 1 S. 1 GG).[23] Dies ist insbesondere dann der Fall, wenn an der Sperrabrede die weitaus überwiegende Zahl der Arbeitgeber beteiligt ist, die bei einem Arbeitsplatzwechsel des Arbeitnehmers für seinen Beruf in Betracht kommen.[24] 8

3. Schadensersatzansprüche. a) Beteiligte Arbeitgeber. Da bei Sperrabreden kein Erfüllungszwang besteht und sie jederzeit widerrufbar sind, folgen aus ihrer Nichteinhaltung durch einen Arbeitgeber auch keine vertraglichen Schadensersatzansprüche (→ Rn. 6).[25] Ein Schadensersatz- bzw. Unterlassungsanspruch kann sich unter Umständen aber aus Delikt 9

---

15 Oetker/*Kotzian-Marggraf* Rn. 2; ErfK/*Oetker* Rn. 1; Staub/*Weber* Rn. 3; aA *Schloßer* BB 2003, 1382 (1383); inzwischen aA Heymann/*Henssler/Markworth* Rn. 4 f.; der einschr. Auslegung der Rspr. folgend EBJS/*Boecken/Rudkowski* Rn. 9.

16 GK-HGB/*Etzel* Rn. 4; Baumbach/Hopt/*Roth* Rn. 2; Staub/*Weber* Rn. 5.

17 Heymann/*Henssler/Markworth*Rn. 7; Staub/*Weber* Rn. 5.

18 BGH NJW 1978, 1282; EBJS/*Boecken/Rudkowski* Rn. 11; Heymann/*Henssler/Markworth* Rn. 7; Baumbach/Hopt/*Roth* Rn. 2; *Vogelsang* in Schaub ArbR-HdB § 55 Rn. 116; Staub/*Weber* Rn. 5.

19 *Schloßer* BB 2003, 1382 (1384).

20 Heymann/*Henssler/Markworth* Rn. 8.

21 Heymann/*Henssler/Markworth*Rn. 6; *Vogelsang* in Schaub ArbR-HdB § 55 Rn. 115; Staub/*Weber* Rn. 7; aA EBJS/*Boecken/Rudkowski* Rn. 12.

22 Ähnlich *Vogelsang* in Schaub ArbR-HdB § 55 Rn. 115.

23 EBJS/*Boecken/Rudkowski* Rn. 12; Heymann/*Henssler/Markworth* Rn. 6; Baumbach/Hopt/*Roth* Rn. 2.

24 GK-HGB/*Etzel* Rn. 3.

25 EBJS/*Boecken/Rudkowski* Rn. 13; ErfK/*Oetker* Rn. 1; offengelassen von BGH AP Nr. 1.

(§ 826 BGB) ergeben.[26] Dazu zählen die Fälle, in denen ein an der Sperrabrede beteiligter Arbeitgeber einen Arbeitnehmer des Vertragspartners im Wege rechtswidriger Abwerbung zum Vertragsbruch verleitet:[27] zB durch unwahre Behauptung des bevorstehenden geschäftlichen Zusammenbruchs des aktuellen Arbeitgebers, durch Überreden zum überraschenden Ausscheiden aus dem Arbeitsverhältnis ohne Einhaltung von Kündigungsfristen oder durch Verleiten zur Preisgabe von Geschäftsgeheimnissen gegen hohes Entgelt.[28]

10 **b) Betroffener Arbeitnehmer.** Die grundsätzliche Widerruflichkeit und Undurchsetzbarkeit von Sperrabreden muss von beiden Vertragspartnern anerkannt werden. Entsprechend kann ein rechtswidriger Druck eines Arbeitgebers, der auf Einhaltung einer (unter Umständen sogar nichtigen) Sperrabrede gerichtet ist und den Wechsel seines Arbeitnehmers zum Vertragspartner verhindern will, sittenwidrig sein. Dem hiervon betroffenen Arbeitnehmer, der an sich keine Rechte auf Nichteinhaltung der Sperrabrede hat (→ Rn. 7), kann in diesem Fall ein **Schadensersatzanspruch** gem. § 826 BGB zustehen.[29] Schadensersatzansprüche des Arbeitnehmers aus § 826 BGB können darüber hinaus auch dann bestehen, wenn die Sperrabrede selbst sittenwidrig und damit gem. § 138 BGB nichtig (→ Rn. 8) ist.[30] Daneben kommen auch Ansprüche aus § 280 BGB wegen Verletzung des Arbeitsvertrags (Verstoß des Arbeitgebers gegen die Fürsorgepflicht) in Betracht.[31]

§ 75g [Vermittlungsgehilfe]

[1]§ 55 Abs. 4 gilt auch für einen Handlungsgehilfen, der damit betraut ist, außerhalb des Betriebes des Prinzipals für diesen Geschäfte zu vermitteln. [2]Eine Beschränkung dieser Rechte braucht ein Dritter gegen sich nur gelten zu lassen, wenn er sie kannte oder kennen mußte.

Übersicht

I. Bedeutung

1 § 75g wurde durch Gesetz vom 6.8.1953 neu in das Handlungsgehilfenrecht aufgenommen. Die Vorschrift dient ebenso wie der entsprechend gefasste § 91 Abs. 2 dem Verkehrsschutz.[1] Die Regelung begründet für den im Außendienst tätigen Vermittlungsgehilfen im Verhältnis zum Dritten eine beschränkte **passive Vertretungsmacht** zur Entgegennahme von Mängelanzeigen und eine noch engere **aktive Vertretungsmacht** zur Geltendmachung der dem Arbeitgeber (Unternehmer) zustehenden Beweissicherungsrechte.[2] Im Inte-

[26] EBJS/*Boecken/Rudkowski* Rn. 13; GK-HGB/*Etzel* Rn. 6; Oetker/*Kotzian-Marggraf* Rn. 3; Staub/*Weber* Rn. 8.
[27] Zutr. EBJS/*Boecken/Rudkowski* Rn. 13; GK-HGB/*Etzel* Rn. 6; Heymann/*Henssler/Markworth*Rn. 9.
[28] *Busch/Dendorfer* BB 2002, 301; GK-HGB/*Etzel* Rn. 6.
[29] EBJS/*Boecken/Rudkowski* Rn. 14; GK-HGB/*Etzel* Rn. 7; Heymann/*Henssler/Markworth*Rn. 10; Baumbach/Hopt/*Roth* Rn. 2; Röhricht/Graf v. Westphalen/Haas/*Wagner/Vogt* § 75f Rn. 8; Staub/*Weber* Rn. 8; ausf. *Eggert* S. 115 ff.
[30] EBJS/*Boecken/Rudkowski* Rn. 14; GK-HGB/*Etzel* Rn. 7.
[31] Vgl. auch *Eggert* S. 113 ff.; Heymann/*Henssler/Markworth* Rn. 10; zu Ansprüchen aus § 823 BGB vgl. *Eggert* S. 117 ff., 277 ff.
[1] EBJS/*Boecken/Rudkowski* Rn. 1; Oetker/*Kotzian-Marggraf* Rn. 1.
[2] EBJS/*Boecken/Rudkowski* Rn. 6 f.; Heymann/*Henssler/Markworth* Rn. 1; Oetker/*Kotzian-Marggraf* Rn. 1.

resse der Rechtssicherheit soll sich der Geschäftsgegner insoweit auf die Kompetenz des vermittelnden Handlungsgehilfen verlassen dürfen.

Der **gutgläubige Dritte** ist deshalb gegen eine Beschränkung dieser Ermächtigung durch Rechtsgeschäft zwischen Unternehmer und Handlungsgehilfe oder durch einseitige Maßnahmen des Unternehmers geschützt (S. 2). Er braucht die Beschränkung grundsätzlich nicht gegen sich gelten zu lassen, da ihm die Ausgestaltung des sog. Innenverhältnisses zwischen Arbeitgeber und Vermittlungsgehilfen regelmäßig nicht erkennbar und eine Nachforschung nicht zumutbar ist. 2

II. Der Vermittlungsgehilfe

Von der Regelung des § 75g werden nur **Vermittlungsgehilfen** umfasst.[3] Darunter fallen alle Handlungsgehilfen (§ 59), die für den Unternehmer außerhalb des Betriebs Geschäfte vermitteln. 3

1. Handlungsgehilfe. § 75g bezieht sich nur auf Handlungsgehilfen iSd § 59 (dazu die Erläuterungen zu → § 59 Rn. 49 ff.), nicht dagegen auf nichtkaufmännische Arbeitnehmer (→ § 59 Rn. 69 ff.). Hinsichtlich letzterer verbleibt es bei den allgemeinen Vorschriften. Eine analoge Anwendung auf nichtkaufmännische Arbeitnehmer ist abzulehnen,[4] da § 75g als Sondervorschrift des Handelsrechts nicht auf andere Rechtsverhältnisse ausgedehnt werden kann. Die Vertretungsmacht solcher Arbeitnehmer kann sich aber aus den Grundsätzen über die Anscheins- und Duldungsvollmacht ergeben.[5] Ebenso wenig werden Gehilfen von Nichtkaufleuten von § 75g erfasst. Hat der Unternehmer nicht die Rechtsstellung eines Kaufmanns, so finden auf die Rechte und Pflichten des Geschäftsvermittlers die Vorschriften des allgemeinen Dienstvertragsrechts des BGB einschließlich ergänzender arbeitsrechtlicher Vorschriften Anwendung.[6] Denn im Gegensatz zum Handelsvertreterverhältnis fehlt es an einer dem § 91 Abs. 1 entsprechenden Sonderregelung für den Handlungsgehilfen. 4

2. Vermittlung von Geschäften. Aufgabe des Handlungsgehilfen muss die Vermittlung von Geschäften für den Unternehmer sein. Eine Vermittlungstätigkeit liegt vor, wenn der Handelsvertreter den Abschluss von Geschäften durch Einwirkung auf den Dritten fördert, dh den Geschäftsabschluss vorbereitet, ermöglicht oder herbeiführt.[7] Dabei ist die **Förderung eines konkreten Geschäftsabschlusses** durch den Handlungsgehilfen notwendig (zum Begriff der Vermittlung → § 84 Rn. 72 ff.). § 75g gilt nicht für Handlungsgehilfen, die Geschäfte nicht nur vermitteln, sondern selbst abschließen sollen und die deshalb mit entsprechender Abschlussvollmacht ausgestattet sind. Für diese Personengruppe greift § 55 Abs. 4 unmittelbar ein. 5

3. Vermittlung außerhalb des Betriebs. Die Vorschrift gilt nur für Handlungsgehilfen, die außerhalb des Betriebs tätig werden.[8] Außerhalb des Betriebs vermittelt der Handlungsgehilfe, wenn sich sein örtlicher Tätigkeitsbereich über die Geschäftsräume des Betriebs hinaus erstreckt,[9] wobei aber die Geschäftsräume einer Zweigniederlassung zum Betrieb gehören.[10] Soweit die Vermittlung außerhalb der Geschäftsräume erfolgt, ist der Ort des 6

---

[3] GK-HGB/*Etzel* § 75h Rn. 2.

[4] Ebenso EBJS/*Boecken/Rudkowski* Rn. 2; Heymann/*Henssler/Markworth* Rn. 6; Oetker/*Kotzian-Marggraf* Rn. 2; Röhricht/Graf v. Westphalen/Haas/*Wagner/Vogt* § 75g Rn. 1.

[5] EBJS/*Boecken/Rudkowski* Rn. 2; Röhricht/Graf v. Westphalen/Haas/*Wagner/Vogt* § 75g Rn. 1; Staub/*Weber* Rn. 2; zum Begriff vgl. Palandt/*Ellenberger* BGB § 172 Rn. 6 ff.; MüKoBGB/*Schubert* BGB § 167 Rn. 93 ff.

[6] EBJS/*Boecken/Rudkowski* Rn. 2.

[7] BGH NJW 1983, 42; EBJS/*Boecken/Rudkowski* Rn. 4; Staub/*Weber* Rn. 3.

[8] EBJS/*Boecken/Rudkowski* Rn. 5; Oetker/*Kotzian-Marggraf* Rn. 2; Staub/*Weber* Rn. 4; zum Betriebsbegriff vgl. *Joost,* Betrieb und Unternehmen als Grundbegriffe im Arbeitsrecht, 1988, wonach der Betriebsbegriff nicht einheitlich sein soll, sondern von der jeweiligen Norm abhängt; dagegen *v. Hoyningen-Huene* FS Stahlhacke, 1995, 173 (179 ff.); ausf. *Preis* RdA 2000, 257 ff.; zur Rspr. *Waas* ZfA 2001, 377 ff.

[9] Heymann/*Henssler/Markworth* Rn. 5.

[10] EBJS/*Boecken/Rudkowski* Rn. 5.

Geschäftsabschlusses unerheblich. Deshalb ist eine Tätigkeit in einer anderen Stadt nicht erforderlich. Die frühere Unterscheidung zwischen Stadtreisenden und Fernreisenden (§ 55 aF) ist nach der Neufassung des § 55 und der Einfügung des § 75g überholt.

7 Die Vermittlung außerhalb des Betriebs muss **Inhalt des Auftrags** sein. Es reicht nicht aus, dass sich die Vermittlungstätigkeit nur tatsächlich außerhalb des Betriebs abspielt, es sei denn, dass der Unternehmer dies weiß und stillschweigend duldet und damit eine solche Tätigkeit des Handlungsgehilfen genehmigt. Andererseits ist aber § 75g auch dann anwendbar, wenn der zur Vermittlung außerhalb des Betriebs bestellte Handlungsgehilfe ein einzelnes Geschäft tatsächlich in den Räumen des Unternehmens vermittelt.[11]

III. Vertretungsmacht des Vermittlungsgehilfen

8 **1. Umfang der Vertretungsmacht.** § 75g verweist hinsichtlich des Umfangs der Vertretungsmacht auf § 55 Abs. 4. Demnach gilt der Vermittlungsgehilfe als ermächtigt, die Anzeige von Mängeln einer Ware, die Erklärung, dass eine Ware zur Verfügung gestellt werde, sowie ähnliche Erklärungen, durch die ein Dritter seine Rechte aus mangelhafter Leistung geltend macht oder sich vorbehält, entgegenzunehmen. Er kann seinerseits die dem Unternehmer zustehenden Rechte auf Sicherung des Beweises geltend machen.

9 Die Vertretungsmacht erstreckt sich zum einen auf die **Entgegennahme von Erklärungen** des Vertragspartners im Zusammenhang mit mangelhaften Leistungen des Unternehmers und zum anderen auf die **Geltendmachung von Rechten** des Unternehmers zur Beweissicherung, wobei es nicht darauf ankommt, ob der betreffende Gehilfe das bemängelte Geschäft selbst vermittelt hat.[12] Im Übrigen kann auf die Kommentierung zu § 55 Abs. 4 verwiesen werden.

10 **2. Beschränkung der Vertretungsmacht.** Die Rechte aus § 75g iVm § 55 Abs. 4 stehen dem Vermittlungsgehilfen kraft Gesetzes zu. Der Unternehmer kann aber durch einseitige Erklärung dem Vermittlungsgehilfen die gesetzlich eingeräumten Befugnisse entziehen.[13] Eine Beschränkung dieser Rechte braucht ein **Dritter** nach S. 2 jedoch nur **gegen sich gelten zu lassen,** wenn er die Beschränkung kannte oder kennen musste. Die Vertretungsmacht, die dem Vermittlungsgehilfen im Rahmen des S. 1 zukommt, kann im sog. Innenverhältnis zwischen Arbeitgeber und Vermittlungsgehilfe vertraglich eingeschränkt oder ausgeschlossen werden.

11 Im **Außenverhältnis,** also im Verhältnis zwischen Kaufmann und Drittem, wirkt die Beschränkung aber nur, wenn der Dritte sie kannte oder kennen musste. Dies entspricht der für den Abschlussvertreter geltenden Regelung des § 54 Abs. 3 iVm § 55 Abs. 1. Der Rechtsverkehr soll sich auf einen Umfang der Vertretungsmacht nach dem gesetzlichen Rahmen verlassen dürfen. Dritte sind nur dann nicht schutzbedürftig, wenn sie die Beschränkung positiv kannten oder wenn sie die Beschränkung kennen mussten, dh wenn sie ihnen infolge von Fahrlässigkeit verborgen geblieben ist (§ 122 Abs. 2 BGB). Die Kenntnis bzw. das Kennenmüssen müssen gegeben sein, bevor der Dritte die nach § 75g iVm § 55 Abs. 4 möglichen Erklärungen dem Vermittlungsgehilfen gegenüber abgibt. Die Darlegungs- und Beweislast für die Bösgläubigkeit des Dritten trägt der Arbeitgeber des Vermittlungsgehilfen.[14]

§ 75h [Unkenntnis des Mangels der Vertretungsmacht]

(1) Hat ein Handlungsgehilfe, der nur mit der Vermittlung von Geschäften außerhalb des Betriebes des Prinzipals betraut ist, ein Geschäft im Namen des Prinzipals abgeschlossen, und war dem Dritten der Mangel der Vertretungsmacht nicht

[11] AA Heymann/*Henssler/Markworth* Rn. 5.
[12] Vgl. EBJS/*Boecken/Rudkowski* Rn. 6 ff.
[13] GK-HGB/*Etzel* § 75h Rn. 3.
[14] EBJS/*Boecken/Rudkowski* Rn. 9.

bekannt, so gilt das Geschäft als von dem Prinzipal genehmigt, wenn dieser dem Dritten gegenüber nicht unverzüglich das Geschäft ablehnt, nachdem er von dem Handlungsgehilfen oder dem Dritten über Abschluß und wesentlichen Inhalt benachrichtigt worden ist.

(2) Das gleiche gilt, wenn ein Handlungsgehilfe, der mit dem Abschluß von Geschäften betraut ist, ein Geschäft im Namen des Prinzipals abgeschlossen hat, zu dessen Abschluß er nicht bevollmächtigt ist.

Übersicht

I. Bedeutung

Die Vorschrift regelt, inwieweit der Unternehmer an Verträge gebunden ist, die der von ihm beauftragte Handlungsgehilfe im Namen des Unternehmers, aber ohne dessen Vertretungsmacht abschließt. Der Gesetzgeber unterscheidet dabei zwischen dem **Vermittlungsgehilfen,** dem jede Vollmacht zum Abschluss von Geschäften fehlt **(Abs. 1)** und dem Handlungsgehilfen, der zwar Abschlussvollmacht besitzt, diese aber überschreitet **(Abs. 2).** 1

§ 75h bezieht sich nur auf Handlungsgehilfen und entspricht inhaltlich dem § 91a, der die gleiche Materie für das Handelsvertreterrecht regelt. In Abweichung von § 177 BGB wird durch § 75h ein besonderer **handelsrechtlicher Vertrauenstatbestand** geschaffen. Aus Verkehrsschutzgründen soll der Dritte, der mit dem Handlungsgehilfen ohne Vertretungsmacht einen Vertrag geschlossen hat, darauf vertrauen dürfen, dass der Vertrag als genehmigt gilt, wenn der Prinzipal das Geschäft nach Benachrichtigung über den Vertragsschluss nicht unverzüglich ablehnt.[1] Damit gilt im Gegensatz zu § 177 Abs. 2 S. 2 BGB das bloße Schweigen als Genehmigung. § 75h beinhaltet einen Anwendungsfall des allgemeinen handelsrechtlichen Grundsatzes, wonach Schweigen ohne Rücksicht auf den Willen des Erklärungspflichtigen als Zustimmung gilt (vgl. § 362), wenn Geschäftssitte und Treu und Glauben die Erklärung einer ablehnenden Antwort erfordern.[2] 2

II. Vertragsschluss durch Vermittlungsgehilfen (Abs. 1)

1. Begriff des Vermittlungsgehilfen. Abs. 1 gilt nur für Geschäfte des Vermittlungsgehilfen.[3] Darunter sind Handlungsgehilfen (vgl. § 59) zu verstehen, die vom Unternehmer zur Vermittlung von Geschäften, nicht aber zu deren Abschluss, beschäftigt werden, wobei die Vermittlung außerhalb des Betriebs zu erfolgen hat (→ § 75g Rn. 6 f.).[4] Nicht erforderlich ist jedoch, dass im Außendienst tätige Vermittlungsgehilfen ausschließlich mit Geschäf- 3

[1] BGH NJW-RR 2006, 1106 (1107); LG Düss BeckRS 2016, 130335.
[2] EBJS/*Boecken/Rudkowski* Rn. 10.
[3] Zum Anwendungsbereich vgl. EBJS/*Boecken/Rudkowski* Rn. 2 ff.; Oetker/*Kotzian-Marggraf* Rn. 2; Röhricht/Graf v. Westphalen/Haas/*Wagner/Vogt* § 75h Rn. 1; Staub/*Weber* Rn. 4 f.
[4] Heymann/*Henssler/Markworth* Rn. 4.

ten außerhalb des Betriebs betraut sind.[5] Eine Vermittlungstätigkeit liegt vor, wenn der Handlungsgehilfe den **Abschluss von Geschäften** durch Einwirkung auf den Dritten **fördert,** dh den Geschäftsabschluss vorbereitet, ermöglicht oder herbeiführt (→ § 84 Rn. 16; → § 86 Rn. 22 ff.). Zum Abschluss von Verträgen für den Unternehmer ist der Vermittlungsgehilfe dagegen nicht befugt, da ihm eine Abschlussvollmacht fehlt.

4 **2. Handeln ohne Vertretungsmacht.** Schließt der Vermittlungsgehilfe dennoch Verträge mit Dritten ab, handelt er als Vertreter ohne Vertretungsmacht. **Kein Vertragsschluss** liegt jedoch vor, wenn der Vermittlungsgehilfe lediglich ein Angebot des Dritten als Empfangsvertreter oder Bote entgegengenommen hat, ohne seinerseits namens des Unternehmers die Annahme dieses Angebots zu erklären. Gleiches gilt für den Fall, dass der Vermittlungsgehilfe das Angebot zwar namens des Unternehmers angenommen hat, sich dabei aber für den Dritten klar erkennbar die Genehmigung des Unternehmers vorbehalten hat (Abschluss unter Vorbehalt).

5 **3. Unkenntnis des Dritten.** Dem Dritten darf zum Zeitpunkt des Geschäftsabschlusses mit dem Vermittlungsgehilfen die fehlende Abschlussvollmacht des Handlungsgehilfen nicht bekannt gewesen sein.[6] Die Unkenntnis des Dritten begründet seine Schutzbedürftigkeit. Deshalb schadet dem Dritten nur **positive Kenntnis,** dagegen reicht bloßes Kennenmüssen, auch grobe Fahrlässigkeit nicht aus.[7] Schließt der Vermittlungsgehilfe ein Geschäft unter Vorbehalt der Genehmigung durch den Unternehmer ab, ist positive Kenntnis des Dritten gegeben.[8] Hat der Dritte Kenntnis von dem Fehlen der Vertretungsmacht und schließt er trotzdem im Vertrauen auf die **Genehmigung** des Unternehmers den Vertrag ab, greift Abs. 1 nicht ein, jedoch kann der Vertrag nach § 177 BGB genehmigt werden.

6 **4. Benachrichtigung des Unternehmers.** Abs. 1 setzt weiter voraus, dass der Unternehmer von dem Vermittlungsgehilfen oder dem Dritten über den Abschluss und den wesentlichen Inhalt des Geschäfts benachrichtigt worden ist. Dritter ist hier der Vertragspartner. Die Benachrichtigung muss jedoch **nicht persönlich** erfolgen, sowohl aufseiten des Dritten als auch aufseiten des Unternehmers können Vertreter oder Boten dazwischengeschaltet werden.[9] Die Benachrichtigung durch sonstige Personen oder die Kenntniserlangung durch eigene Maßnahmen des Unternehmers reichen dagegen nicht aus.[10] Die Benachrichtigung muss den **wesentlichen Inhalt** des Geschäfts umfassen. Der Begriff ist nicht unmittelbar mit den essentialia negotii gleichzusetzen.[11] Wesentlich ist alles, was nach der Lage des Falles für die Entschließung des Unternehmers bedeutsam sein kann, insbesondere Leistung und Gegenleistung, unter Umständen auch relevante Einzelpunkte des Geschäfts wie Lieferfrist, Qualitätsanforderungen, Garantien und Haftungsausschlüsse.[12] Eine unvollständige Benachrichtigung löst die Rechtsfolgen des § 75h nicht aus. Wird der Unternehmer von derartigen Abreden erst später benachrichtigt, tritt die Genehmigungsfiktion ein, wenn er weiterhin schweigt. Die Benachrichtigung kann **formlos** erfolgen. Für den Zugang gelten die allgemeinen Regeln (§ 130 BGB). Da der Dritte darlegungs- und beweisbelastet ist, empfiehlt sich für die Praxis die Schriftform.[13]

---

[5] BGH NJW-RR 2006, 1106 (1107); Baumbach/Hopt/*Roth* Rn. 1; Oetker/*Kotzian-Marggraf* Rn. 2; Staub/*Weber* Rn. 5; aA GK-HGB/*Etzel* Rn. 5; Röhricht/Graf v. Westphalen/Haas/*Wagner/ Vogt* § 75h Rn. 1.

[6] BGH NJW-RR 2006, 1106 (1107); EBJS/*Boecken/Rudkowski* Rn. 5; Staub/*Weber* Rn. 6.

[7] EBJS/*Boecken/Rudkowski* Rn. 5; Baumbach/Hopt/*Hopt* § 91a Rn. 3; Oetker/*Kotzian-Marggraf* Rn. 3; Staub/*Weber* Rn. 6.

[8] Heymann/*Froitzheim* § 91a Rn. 7.

[9] Heymann/*Froitheim* § 91a Rn. 8; Staub/*Weber* Rn. 7.

[10] EBJS/*Boecken/Rudkowski* Rn. 7; Baumbach/Hopt/*Hopt* § 91a Rn. 5; Staub/*Weber* Rn. 7.

[11] EBJS/*Boecken/Rudkowski* Rn. 8; zum Begriff der essentialia negotii s. Palandt/*Ellenberger* Einf. vor BGB § 145 Rn. 3.

[12] BGH NJW-RR 2006, 1106 (1108); Baumbach/Hopt/*Hopt* § 91a Rn. 6.

[13] Ebenso EBJS/*Boecken/Rudkowski* Rn. 9.

5. Schweigen des Unternehmers. Die Genehmigungsfiktion des Abs. 1 tritt nicht ein, wenn der Unternehmer das Geschäft unverzüglich ablehnt. 7

a) Form und Inhalt der Ablehnung. Die Ablehnung kann formlos und ohne Gründe, aber nur dem Dritten, dh dem Vertragspartner, gegenüber erklärt werden. Sie wird wirksam, wenn sie dem Dritten zugeht (§ 130 BGB). Zur Übermittlung der Erklärung kann sich der Unternehmer eines Vertreters oder eines Boten bedienen.[14] Dies kann auch der Vermittlungsgehilfe sein. 8

b) Unverzüglich. Die Ablehnung muss unverzüglich erfolgen, dh ohne schuldhaftes Zögern (§ 121 Abs. 1 S. 1 BGB). Der Unternehmer muss sich demnach nicht sofort entscheiden, vielmehr wird ihm eine angemessene Überlegungsfrist zugebilligt. Er soll die Gelegenheit haben, über die Person, Leistungsfähigkeit und Kreditwürdigkeit des Dritten Erkundigungen einzuziehen. In der Regel ist eine Frist von zwei Wochen als Obergrenze ausreichend.[15] Insoweit ist eine Orientierung an der Zweiwochenfrist des § 177 Abs. 2 S. 2 BGB zulässig.[16] Jedoch verbietet der handelsrechtliche Vertrauenstatbestand eine starre analoge Anwendung des § 177 Abs. 2 S. 2 BGB.[17] Entscheidend für die Fristbestimmung sind immer die Umstände des Einzelfalls. 9

c) Anfechtbarkeit der Ablehnung. Als rechtlich gestaltender Akt ist die Ablehnung der Genehmigung **unwiderruflich.**[18] Da die Ablehnung eine einseitige empfangsbedürftige Willenserklärung beinhaltet, unterliegt sie den allgemeinen Vorschriften über die **Anfechtbarkeit** nach § 119 BGB.[19] Der Willensmangel muss sich indes auf die Ablehnungserklärung beziehen und nicht auf das zugrundeliegende Hauptgeschäft.[20] Mit der Anfechtung der Ablehnungserklärung wird diese beseitigt und der ursprüngliche Schwebezustand tritt wieder ein. Der Anfechtende kann nunmehr genehmigen oder die Genehmigungsfiktion durch Schweigen herbeiführen.[21] Teilweise ist bereits in der Anfechtung der Ablehnung zugleich die Genehmigung zu sehen. Ob dies der Fall ist, muss durch Auslegung ermittelt werden. Die Anfechtbarkeit der Ablehnung kann nicht mit der Begründung verneint werden, der Dritte dürfe auf die Versagung der Genehmigung und damit auf die Beendigung des Schwebezustands **vertrauen.** Der Gesetzgeber hat bei Vorliegen eines Anfechtungsgrundes gerade den Interessen des Anfechtenden Vorrang vor den Interessen des Vertragsgegners eingeräumt. 10

Das **unbewusste Unterlassen der Ablehnungserklärung** und damit das Herbeiführen der Genehmigungsfiktion ist nicht anfechtbar, da es insoweit an einer Willenserklärung fehlt. Dagegen ist die bewusste Nichtabgabe der Ablehnungserklärung durch den Unternehmer mit dem Ziel, das Geschäft für sich bindend zu machen, als Willenserklärung zu qualifizieren, die nach den allgemeinen Regeln angefochten werden kann.[22] 11

III. Genehmigungsfiktion

1. Geschäftsschluss zwischen Unternehmer und Drittem. Das Geschäft gilt als vom Unternehmer genehmigt, wenn dieser nicht unverzüglich nach der Benachrichtigung dem Dritten gegenüber ablehnt. Der Unternehmer kann deshalb nicht mit dem Einwand gehört werden, durch das Stillschweigen habe keine Genehmigung erklärt werden sollen. 12

[14] Heymann/*Froitzheim* § 91a Rn. 10.

[15] BGH NJW-RR 2006, 1106 (1108); LG Düss BeckRS 2016, 130335; EBJS/*Boecken/Rudkowski* Rn. 11; Baumbach/Hopt/*Roth* Rn. 1; Oetker/*Kotzian-Marggraf* Rn. 3; Röhricht/Graf v. Westphalen/Haas/*Wagner/Vogt* § 75h Rn. 2.

[16] EBJS/*Boecken/Rudkowski* Rn. 11.

[17] Baumbach/Hopt/*Hopt* § 91a Rn. 8; aA Heymann/*Froitzheim* § 91a Rn. 10.

[18] BGHZ 13, 179 (187); EBJS/*Boecken/Rudkowski* Rn. 12.

[19] EBJS/*Boecken/Rudkowski* Rn. 12; Baumbach/Hopt/*Hopt* § 91a Rn. 10; Heymann/*Froitzheim* § 91a Rn. 10, 12.

[20] EBJS/*Boecken/Rudkowski* Rn. 12 mit Verweis auf Palandt/*Ellenberger* BGB § 182 Rn. 4.

[21] So auch EBJS/*Boecken/Rudkowski* Rn. 12.

[22] AA EBJS/*Boecken/Rudkowski* Rn. 14.

13 Die Genehmigung hat zur Folge, dass das **Geschäft** mit dem vom Vermittlungsgehilfen vereinbarten Inhalt **in vollem Umfang für und gegen den Unternehmer wirkt.** Dieser ist auch an solche Abreden innerhalb des abgeschlossenen Geschäfts gebunden, die er nicht kannte, soweit sie nicht zum wesentlichen Inhalt des Geschäfts gehören. Außerdem muss sich der Unternehmer alle Umstände, die dem Vermittlungsgehilfen bekannt sind oder bekannt sein müssen und im Rahmen der Verhandlungen liegen bzw. vereinbart sind, gegen sich gelten lassen.[23]

14 **2. Rechtsstellung des Vermittlungsgehilfen.** Bei einer entsprechenden Vereinbarung (§ 65) entsteht dem Vermittlungsgehilfen für die Vermittlung des Geschäfts ein **Provisionsanspruch.** Dass der Vermittlungsgehilfe ohne Vertretungsmacht gehandelt hat, ist für den Provisionsanspruch ohne Bedeutung, weil das Geschäft erst durch das Schweigen des Unternehmers zustande gekommen ist und dieses Verhalten dem Vertreter nicht zugerechnet werden kann.[24]

15 Der Unternehmer kann grundsätzlich keine **Schadensersatzansprüche** aus § 280 Abs. 1 BGB, § 241 Abs. 2 BGB, §§ 611, 611a BGB gegen den Vermittlungsgehilfen geltend machen, weil die Wirksamkeit des Geschäfts auf eigenem Verhalten des Unternehmers beruht.[25] Der Vertrag zwischen ihm und dem Dritten ist erst durch sein Schweigen zustande gekommen. Allerdings kann sich aus den gesamten Umständen des Einzelfalls eine andere Beurteilung ergeben.

16 **3. Verhältnis des § 75h zu den §§ 177 ff. BGB.** Sowohl § 75h Abs. 1 als auch die Vorschriften der §§ 177 ff. BGB regeln die Vertretung ohne Vertretungsmacht. Im Gegensatz zu § 177 Abs. 2 S. 2 BGB gilt jedoch im Handelsrecht das **Schweigen** des Unternehmers, nachdem er vom Dritten zu einer Erklärung über das vollmachtlose Handeln des Vermittlungsgehilfen aufgefordert wurde, **als Genehmigung.**

17 § 75h Abs. 1 verdrängt jedoch nicht die allgemeinen Vorschriften der §§ 177 ff. BGB. Die Vorschriften sind **nebeneinander anwendbar.**[26] Der Dritte hat demzufolge zwei Möglichkeiten, den Schwebezustand hinsichtlich des Geschäftsabschlusses zu beenden. Er kann nach § 177 Abs. 2 BGB den Vertragsgegner auffordern, sich über die Genehmigung zu erklären, oder er kann den Unternehmer nach § 75h Abs. 1 benachrichtigen.[27] Je nachdem welcher Regelung sich der Dritte bedient, führt das Schweigen des Unternehmers zum Geschäftsabschluss oder nicht.

18 Das **Widerrufsrecht des Dritten** aus **§ 178 BGB** wird ebenso wenig ausgeschlossen. Bis zur erfolgten Genehmigung des Abschlusses kann der Dritte widerrufen. Dabei ist es unerheblich, ob die Genehmigung nach § 177 BGB erfolgt oder nach § 75h fingiert wird.[28] Bei **Ablehnung der Genehmigung** haftet der Vertreter dem Dritten nach § 179 Abs. 1 BGB unabhängig davon, ob der Unternehmer die Genehmigung nach § 177 BGB oder nach § 75h abgelehnt hat.

IV. Vertragsschluss durch den Handlungsgehilfen mit Abschlussvollmacht (Abs. 2)

19 Gem. Abs. 2 gilt die Regelung des Abs. 1 auch, wenn der Handlungsgehilfe seine **Abschlussvollmacht** überschreitet, da der Dritte in gleicher Weise wie beim Vertragsschluss durch einen vollmachtlosen Vermittlungsgehilfen schutzbedürftig ist. Die Vorschrift des Abs. 2 entspricht dem für das Handelsvertreterrecht geltenden § 91a Abs. 2.

20 Der **Anwendungsbereich** des Abs. 2 ist gering, da sich die rechtsgeschäftliche Verpflichtung des Unternehmers bei vorangegangener Vollmachterteilung regelmäßig schon

---

[23] Heymann/*Froitzheim* § 91a Rn. 12 mwN.

[24] Oetker/*Kotzian-Marggraf* Rn. 4; aA EBJS/*Boecken/Rudkowski* Rn. 18.

[25] Oetker/*Kotzian-Marggraf* Rn. 4; Heymann/*Froitzheim* § 91a Rn. 12; aA Baumbach/Hopt/*Hopt* § 91a Rn. 9; EBJS/*Boecken/Rudkowski* Rn. 18 (aber Anspruch in der Regel gem. § 254 BGB ausgeschlossen).

[26] So auch EBJS/*Boecken/Rudkowski* Rn. 15 f.; Oetker/*Kotzian-Marggraf* Rn. 1; Staub/*Weber* Rn. 1.

[27] EBJS/*Boecken/Rudkowski* Rn. 16; Heymann/*Froitzheim* § 91a Rn. 5.

[28] EBJS/*Boecken/Rudkowski* Rn. 14, 17.

aus den § 55 iVm § 54 ergibt. Danach erstreckt sich die Handlungsvollmacht auf alle Geschäfte und Rechtshandlungen, die der Betrieb eines Handelsgewerbes oder die Vornahme derartiger Geschäfte gewöhnlich mit sich bringt. Eine Überschreitung der Vollmacht durch den Handlungsgehilfen und damit eine Genehmigung nach Abs. 2 ist nur möglich bei „ungewöhnlichen Geschäften" iSd § 54 Abs. 1 oder bei Abschluss eines „gewöhnlichen Geschäfts" iSd § 54, soweit dieses von der Abschlussermächtigung ausgenommen war (§ 54 Abs. 3) und der Dritte die Beschränkung der Vollmacht kennen musste.[29]

Abs. 2 ist weiterhin nicht anwendbar, wenn der Handlungsgehilfe eine **unbeschränkte** 21
Abschlussvollmacht hat und nur im sog. Innenverhältnis zu dem Unternehmer bestimmten Einschränkungen unterworfen ist. Missachtet der Handlungsgehilfe bei Geschäftsabschluss die sich aus dem Innenverhältnis ergebenden Weisungen, überschreitet er aber nicht die Grenzen der sich aus § 54 ergebenden Außenvollmacht, wirkt das Geschäft unabhängig von Abs. 2 bereits nach § 164 Abs. 1 BGB für und gegen den Unternehmer.

§§ 76–82 *[aufgehoben]*

Die Normen wurden aufgehoben durch das Berufsbildungsgesetz vom 14.8.1969 1
(BGBl. 1969 I 1112).

§ 82a [Wettbewerbsverbot des Volontärs]

Auf Wettbewerbsverbote gegenüber Personen, die, ohne als Lehrlinge angenommen zu sein, zum Zwecke ihrer Ausbildung unentgeltlich mit kaufmännischen Diensten beschäftigt werden (Volontäre), finden die für Handlungsgehilfen geltenden Vorschriften insoweit Anwendung, als sie nicht auf das dem Gehilfen zustehende Entgelt Bezug nehmen.

Schrifttum: *Bengelsdorf,* Berufliche Bildung, HzA Gruppe 9/1, August 2019; *Faulhaber,* Praktikanten und Volontäre zwischen Ausbildungs- und Arbeitsrecht, Diss. Heidelberg 2008; *Knopp/Kraegeloh,* Berufsbildungsgesetz, 5. Aufl. 2005; *Lakies,* Volontär und Praktikant, AR-Blattei SD 1740 (2007); *Leinemann/Taubert,* Berufsbildungsgesetz, 2. Aufl. 2008; *Maties,* Generation Praktikum – Praktika, Einfühlungsverhältnisse und ähnliche als umgangene Arbeitsverhältnisse?, RdA 2007, 135.

I. Regelungsgehalt des § 82a

§ 82a ist anwendbar auf Volontäre. Volontäre sind nach dieser Regelung Personen, die, 1
ohne als Lehrlinge angenommen zu sein, zum Zwecke ihrer Ausbildung unentgeltlich mit kaufmännischen Diensten beschäftigt werden. Die drei wesentlichen Merkmale des Volontärs sind danach: Der Volontär ist zur Ausbildung beschäftigt, **ohne** in einem **Lehrlings(ausbildungs-)verhältnis** zu stehen; er leistet **kaufmännische Dienste** zum Zwecke seiner Ausbildung, und er leistet die Dienste **unentgeltlich.**[1]

§ 82a verbietet Wettbewerbsverbote gegenüber Volontären nicht. Vielmehr sind auf 2
Wettbewerbsvereinbarungen mit Volontären die §§ 74 ff. insoweit **entsprechend anwendbar,** als das Gesetz dort nicht auf ein Entgelt Bezug nimmt. Entsprechend sind Wettbewerbsabreden mit Volontären entschädigungslos zulässig. Ansonsten sind sie nach den allgemeinen Regeln zu beurteilen; zB besteht für sie Schriftformzwang (§ 74 Abs. 1), ihre Höchstdauer ist gem. § 74a Abs. 1 auf zwei Jahre begrenzt, für den Widerruf der Vereinbarung gilt § 75 usw.

II. Verhältnis zum Berufsbildungsgesetz

Seit dem Inkrafttreten des Berufsbildungsgesetzes (BBiG) zum 1.9.1969 hat **§ 82a keine** 3
praktische Bedeutung mehr. Denn gem. § 26 BBiG sind die besonderen Regeln der

[29] So auch EBJS/*Boecken/Rudkowski* Rn. 20.
[1] S. zum Begriff auch *Maties* RdA 2007, 135 (140).

§§ 10–23 und 25 BBiG grundsätzlich auch auf Personen anzuwenden, „die eingestellt werden, um berufliche Fertigkeiten, Kenntnisse, Fähigkeiten oder berufliche Erfahrungen zu erwerben, ohne dass es sich um eine Berufsausbildung im Sinne dieses Gesetzes handelt".

4 Bei Anwendung des § 26 BBiG auf den Volontär iSd § 82a sind Wettbewerbsverbote gegenüber Volontären **generell unwirksam.** Denn nach der entsprechend anwendbaren Regelung des § 12 Abs. 1 S. 1 BBiG sind alle Vereinbarungen nichtig, die den Auszubildenden (entsprechend: den Volontär) für die Zeit nach Beendigung des Berufsausbildungsverhältnisses (entsprechend: des Volontariats) in der Ausübung seiner beruflichen Tätigkeit beschränken. Die dazu im sachlichen Gegensatz stehende Vorschrift des § 82a, wonach nachvertragliche Wettbewerbsverbote gegenüber Volontären zugelassen sind, wäre demgegenüber nicht mehr anwendbar.

5 Nach zutreffender Ansicht ist die **Anwendung des § 26 BBiG** auf Volontäre iSd § 82a **zu bejahen.**[2] Denn die Regelung stellt im Wesentlichen zwei Voraussetzungen auf: Die erfasste Person darf zum einen weder in einem Arbeitsverhältnis noch in einem Berufsausbildungsverhältnis stehen; zum anderen muss die Einstellung dem Erwerb beruflicher Kenntnisse dienen. Der Volontär iSd § 82a leistet seine kaufmännischen Dienste unentgeltlich und steht deshalb nicht in einem Arbeitsverhältnis. Die Ausbildung des Volontärs ist aber auch keine Berufsausbildung iSd BBiG, da ihm nicht Kenntnisse in einem geordneten Ausbildungsgang innerhalb eines anerkannten Ausbildungsberufs vermittelt werden.[3] Entsprechend ist das zugrundeliegende Rechtsverhältnis kein Ausbildungsverhältnis. Gleichwohl dient das Volontariat – auch nach der Voraussetzung des § 82a – beruflichen Ausbildungszwecken und damit dem Erwerb beruflicher Kenntnisse.[4]

6 Neben den speziellen Vorschriften des BBiG ist gem. §§ 26, 10 Abs. 2 BBiG Arbeitsvertragsrecht anzuwenden, soweit es sich nicht auf das Arbeitsentgelt und die Dienstpflicht[5] bezieht und die Regeln für das Arbeitsverhältnis nicht dem BBiG zuwiderlaufen.[6] Im Ergebnis ist somit § 82a durch Inkrafttreten des BBiG **gegenstandslos** geworden.[7]

§ 83 [Andere Arbeitnehmer]

Hinsichtlich der Personen, welche in dem Betrieb eines Handelsgewerbes andere als kaufmännische Dienste leisten, bewendet es bei den für das Arbeitsverhältnis dieser Personen geltenden Vorschriften.

I. Bedeutung der Vorschrift

1 Die Vorschriften des 6. Abschnitts gelten für Handlungsgehilfen, kaufmännische Auszubildende und Volontäre. Nach der **ursprünglichen Konzeption** sollte es sich hierbei um eine ausschließliche und **abschließende Sonderregelung** für diese Arbeitnehmergruppen handeln. Tatsächlich enthält dieser Abschnitt in seiner geltenden Fassung nur noch wenige, bruchstückhafte Regelungen über das Rechtsverhältnis zwischen dem Kaufmann und dem Handlungsgehilfen. Sie werden durch zahlreiche arbeitsrechtliche Gesetze und Verordnungen ergänzt (→ Vor § 59 Rn. 15 ff.). Teilweise finden diese Vorschriften auch auf andere

---

[2] AllgM: *Bauer/Diller* Wettbewerbsverbote Rn. 10; GK-HGB/*Etzel* Rn. 2; Heymann/*Henssler/Markworth* Rn. 2 ff.; Baumbach/Hopt/*Roth* Rn. 1; *Knopp/Kraegeloh* § 19 Rn. 2; Oetker/*Kotzian-Marggraf* Rn. 1; ErfK/*Oetker* Rn. 1; ErfK/*Schlachter* BBiG § 26 Rn. 1 f.; *Vogelsang* in Schaub ArbR-HdB § 15 Rn. 8; Staub/*Weber* Rn. 2; abl. noch *Hueck/Nipperdey* Grundriss, 5. Aufl. 1970, § 9 IV; ausf. zum Streitstand *Faulhaber,* 2008, 4 ff.

[3] BAG AP BetrVG 1972 § 78 Nr. 10; EzA BeschFG 1985 § 1 Nr. 13 m. zust. Anm. *Berger-Delhey.*

[4] Ebenso Heymann/*Henssler/Markworth* Rn. 3; Baumbach/Hopt/*Roth* Rn. 1; *Leinemann/Taubert* BBiG § 26 Rn. 19.

[5] Vgl. Baumbach/Hopt/*Roth* Rn. 3.

[6] Heymann/*Henssler/Markworth* Rn. 3.

[7] *Bauer/Diller* Wettbewerbsverbote Rn. 565; EBJS/*Boecken/Rudkowski* Rn. 2 f.; GK-HGB/*Etzel* Rn. 1; Heymann/*Henssler/Markworth* Rn. 3; Baumbach/Hopt/*Roth* Rn. 4; Oetker/*Kotzian-Marggraf* Rn. 1; *Leinemann/Taubert* BBiG § 26 Rn. 18; Röhricht/Graf v. Westphalen/Haas/*Wagner*/ *Vogt* § 82a Rn. 1; Staub/*Weber* Rn. 2.

Arbeitnehmer Anwendung (vgl. die Erläuterungen zu den einzelnen Vorschriften). Für die ***neuen Bundesländer*** wurde die Norm nicht in Kraft gesetzt.

II. Anwendbare Normen bei sonstigen Dienstverhältnissen

Welche Vorschriften auf das Arbeitsverhältnis eines Arbeitnehmers Anwendung finden, 2
bestimmt sich nach dem Inhalt des einzelnen Arbeitsverhältnisses und nach der Art **der obliegenden Tätigkeit.** Hat ein Arbeitsverhältnis nicht die Leistung kaufmännischer Dienste zum Gegenstand (zum Begriff des Handlungsgehilfen → § 59 Rn. 49 ff.) gilt **allgemeines Arbeitsrecht,** soweit nicht Sondervorschriften bestehen. Diese können an die Person (zB MuSchG, JArbSchG) oder die Art des Arbeitsverhältnisses (vgl. für Auszubildende §§ 10 ff. BBiG; für Arbeitnehmer in der Schifffahrt §§ 28 ff. SeeArbG, §§ 21 ff. BinSchG, §§ 476 ff. HGB) anknüpfen.

Siebenter Abschnitt. Handelsvertreter

Vorbemerkung (Vor § 84)

Schrifttum: *Balke/de Groot,* Der Handelsvertreterausgleich nach § 89b HGB im Umbruch, NJOZ 2010, 1551; *Billing/Metzlaff,* E-Commerce in Franchise- und anderen Vertriebssystemen – zulässiger Vertriebskanal oder vertragswidrige Konkurrenz durch den Franchisegeber?, BB 2015, 1347; *Billing/Röschenkemper,* Zur AGB-rechtlichen Zulässigkeit von Laufzeitregelungen in Franchiseverträgen – Zugleich eine Besprechung des Urteils des OLG Frankfurt vom 8.10.2014 (4 U 41/14), ZVertriebsR 2015, 139; *Creutzig,* Vertrieb und Betreuung neuer Kraftfahrzeuge im 21. Jahrhundert – Fragen und Antworten zur Kfz-GVO 1400/2002, BB 2002, 2133; *Dieselhorst/Grages,* Der Onlineshop-Betreiber als Handelsvertreter? Anwendung der §§ 84 ff. HGB auf Shopbetreiber im Internet, MMR 2011, 368; *Eberstein,* Der Handelsvertreter-Vertrag, 9. Aufl. 2008; *Emde,* Das Handelsvertreter-Kartellrecht nach den Leitlinien zur GVO 2790/99, BB 2002, 949; *Emde/Valdini,* Die Handelsvertreter – Richtlinie (Teil 1), ZVertriebsR 2016, 353; *Emde/Valdini,* Online-Hotelportale als Handelsvertreter BB 2016, 899; *Ensthaler/Funk,* Zukunft des selektiven Kfz-Vertriebs – Vertikal-GVO und Leitlinien der Kommission, BB 2000, 1685; *Ensthaler/Gesmann-Nuissl,* Entwicklung des Kfz-Vertriebsrechts unter der GVO 1400/2002, BB 2006, 2589; *Flohr/Wauschkuhn,* Vertriebsrecht, 2. Aufl. 2018; *Funk,* Kfz-Vertrieb und EU-Kartellrecht – Status quo und notwendige Veränderungen für Vertragshändler und Handelsvertreter, 2002; *v. Gierke,* Das neue Recht der Handelsvertreter, ZHR 117 (1955), 138; *Gräfe/Boerner,* Aktuelle Entwicklungen beim Unternehmervorteil als Anspruchsvoraussetzung des Ausgleichsanspruchs nach § 89b Abs. 1 HGB, ZVertriebsR 2017, 282; *Hopt,* Handelsvertreterrecht, 6. Aufl. 2019; *Immenga/Kessel/Schwedler,* Die kartellrechtliche Beurteilung von Vereinbarungen in der Automobil-Zulieferindustrie – Ein praktischer Leitfaden, BB 2008, 902; *Kapp,* Das Wettbewerbsverbot des Handelsvertreters – Korrekturbedarf bei den Vertikal-Leitlinien der Kommission?, WuW 2007, 1218; *Kapp/Andresen,* Der Handelsvertreter im Strudel des Kartellrechts, BB 2006, 2253; *Koch,* Das „neue" Ausgleichsrecht des Handelsvertreters im Lichte der europäischen Vorgaben, ZIP 2011, 1752; *Küstner,* Das neue Recht des Handelsvertreters, 4. Aufl. 2003; *Küstner/Thume,* Handbuch des gesamten Vertriebsrechts, Band 1, Das Recht des Handelsvertreters (ohne Ausgleichsrecht), 5. Aufl. 2016; *Küstner/Thume,* Handbuch des gesamten Vertriebsrechts, Band 2, Der Ausgleichsanspruch des Handelsvertreters, 9. Aufl. 2014; *Küstner/Thume,* Handbuch des gesamten Vertriebsrechts, Band 3, Besondere Vertriebsformen, 4. Aufl. 2014; *Lange,* Handelsvertretervertrieb nach den neuen Leitlinien der Kommission, EWS 2001, 18; *Lilje,* Die Unternehmervorteile bei der Berechnung des Handelsvertreterausgleichs im Versicherungsvertrieb, ZVertriebsR 2016, 211; *Martinek,* Moderne Vertragstypen, Band II: Franchising, Know-How-Verträge, Management- und Consultingverträge, 1992; *Martinek,* Vom Handelsvertreterrecht zum Recht der Vertriebssysteme, ZHR 161 (1997), 67; *Martinek/Semler/Flohr,* Handbuch des Vertriebsrechts. 4. Aufl. 2016; *Metzlaff/Schaper,* Der Online-Vertrieb von Markenartikeln über Drittplattformen nach dem Coty-Urteil des EuGH, ZVertriebsR 2018, 1; *Moritz,* Das Verbot von Drittplattformen im Selektivvertrieb – Ergänzung zu Rohrßen, ZVertriebsR 2016, 278 („Coty Germany") – ZVertriebsR 2017, 31; *Niebling,* Musterverträge für Handelsvertreter, Händler und Franchisepartner, 4. Aufl. 2009; *Nocker,* Das Handelsvertreterrecht in Österreich, IHR 2007, 145; *Pauly,* Aktuelle Entwicklungen zum Handelsvertreterausgleich nach § 89b HGB, MDR 2013, 694; *Pfeffer,* Die neue Gruppenfreistellungsverordnung (EG) Nr. 1400/2002 für die Automobilbranche, NJW 2002, 2910; *Polley/Seeliger,* Die neue Gruppenfreistellungsverordnung für Vertikalverträge Nr. 2790/1999 – Ihre praktische Anwendung –, WRP 2000, 1203; *Pukall,* Neue EU-Gruppenfreistellungsverordnung für Vertriebsbindungen, NJW 2000, 1375; *Rahlmeyer,* Welche Vorgaben eines Herstellers für den Onlinevertrieb seiner Produkte sind kartellrechtlich zulässig?, ZVertriebsR 2015, 144; *Rittner,* Die EG-Kommission und das Handelsvertreterrecht – Zum geplanten EG-Recht über Vertikalverträge, DB 1999, 2097; *Rittner,* Die Handelsvertreterpraxis nach dem neuen EG-Kartellrecht für Vertikalvereinbarungen, DB 2000, 1211; *Karsten Schmidt,* Handelsrecht, 5. Aufl. 1999; *Karsten Schmidt,* Vom Handelsvertreterrecht zum modernen Vertriebsrecht – Handelsrecht, Vertriebspraxis und Kartellrecht, JuS 2008, 665; *Schultze/Pautke/Wagener,* Vertikal-GVO, 3. Aufl. 2011; *Schultze/Wauschkuhn/Spenner/Dau/Kübler,* Der Vertragshändlervertrag, 5. Aufl. 2016; *Semler,* EuGH „Semen" – Neues zum Ausgleichsanspruch oder mehr?, BB 2009, 2327; *Semler/Bauer,* Die neue EU-Gruppenfreistellungsverordnung für vertikale Wettbewerbsbeschränkungen – Folgen für die Rechtspraxis, DB 2000, 193; *Siegert,* Selektivvertrieb – ein Luxusphänomen? Das Coty-Urteil des EuGH zum Plattformverbot und seine Folgen für die Praxis, BB 2018, 131; *Skaupy,* Franchising, 2. Aufl. 1995; *Sommer,* Vertragsgestaltung bei Vertriebssystemen im internationalen Vergleich: Handelsvertreter, Kommissionsvertrieb, Franchising, Vertragshändler, Diss. Köln 2000; *Spix,* Verkaufsverbote in Servicepartnerverträgen für Neufahrzeuge der herstellereigenen Marke, ZVertriebsR 2015, 283; *Steinhauer,* Auswirkungen der Neufassung des § 89b I HGB, EuZW 2009, 887; *Stötter,* Das Recht der Handelsvertreter, Vertrag, Provision, Wettbewerbsverbot, Ausgleichsanspruch, 6. Aufl. 2007; *Stauber,* Neues zum „echten" Handelsvertreter, NZKart 2015, 423; *Thume,* Zur richtlinienkonformen Anwendung der §§ 84 ff. HGB im gesamten Vertriebsrecht, BB 2011, 1800; *Thume,* Paralleler Online-Vertrieb des Herstellers im Spannungsfeld seiner Dispositionsfreiheit und Treuepflicht, BB 2018, 770; *Ulmer,* Der Vertragshändler, 1969; *Voss,* Handelsvertreter-Handbuch, 3. Aufl. 1977; *Walzel,* Bundeskartellamt veröffentlicht Hinweise zum Preisbindungsverbot, ZVertriebsR 2017, 71; *Wauschkuhn,* Der Ausgleichsanspruch des Vertragshändlers, ZVertriebsR 2016, 79; *Wendel,* Bewertungsbericht der EU-Kommission – Steht die Kfz-GVO vor dem Aus?, BB 2008, 1294; *Westphal,* Neues Handelsvertreterrecht, 1991; *Westphal,* Handelsvertretervertrag, 2. Aufl. 2000; *Westphal,* Vertriebsrecht Band 1 – Handelsvertreter, 1998; *Westphal,* Vertriebsrecht, Band 2 – Vertragshändler, 2000; *Westphal,* Evolution statt Revolution – Das neue Ausgleichsrecht des Handelsvertreters, DB 2010, 1333.

Übersicht

I. Systeme des Waren- und Dienstleistungsvertriebs

1. Überblick. Der **Handelsvertreter** gehört in die Gruppe der Absatzmittler, die für 1 einen in der Regel kaufmännischen Unternehmer am Markt tätig werden und den Absatz fördern. Dabei tritt der Handelsvertreter nach außen im Namen des Unternehmers auf, indem er für diesen unmittelbar Geschäfte abschließt oder zumindest vermittelt. Neben dem Handelsvertreter gibt es aber noch **andere selbständige Hilfspersonen,** die der Unternehmer zur Förderung seines Absatzes ein- oder zwischenschaltet.[1]

2 Gesetzlich geregelt ist insoweit der **Handelsmakler** (§§ 93 ff.), der auf Grund besonderen Auftrags im Einzelfall die Vermittlung von Verträgen für den Unternehmer übernimmt, sowie der **Kommissionär** (§§ 383 ff.), der im Einzelfall Geschäfte im eigenen Namen, aber für Rechnung des Unternehmers abschließt. Wer ständig damit betraut ist, Geschäfte im eigenen Namen, aber für Rechnung des Unternehmers abzuschließen, ist **Kommissionsagent** (→ Rn. 9). Nicht vom Gesetzgeber in Betracht gezogen ist der als Zwischenhändler eingeschaltete **Eigen- oder Vertragshändler,** der vom Unternehmer Waren kauft und im eigenen Namen für eigene Rechnung weiterverkauft (→ Rn. 13). Daneben haben sich in der Praxis weitere Formen der Absatzmittlung herausgebildet, wie vor allem das **Franchising** (→ Rn. 17).

3 Die **Abgrenzung** des Handelsvertreters von den sonstigen Absatzmittlern erlangt für die Rechtsfolgenseite besondere Bedeutung. Entsprechend der besonderen Ausgestaltung des Vertragsverhältnisses sind im Einzelfall die hierauf anwendbaren Rechtsvorschriften zu bestimmen. Dabei soll im vorliegenden Zusammenhang die Frage nach den Merkmalen und nach der rechtlichen Einordnung der einzelnen Absatzmittlerverhältnisse sowie die Frage nach der analogen Anwendung von Handelsvertreterrecht[2] im Vordergrund stehen.

[1] Grdl. zu der neuen Entwicklung vom Handelsvertreterrecht zum modernen Vertriebsrecht *K. Schmidt* JuS 2008, 665; *K. Schmidt* HandelsR § 25 II Rn. 11 ff.

[2] Dazu *K. Schmidt* HandelsR § 28 III Rn. 42.

Für die Abgrenzung im Einzelfall ist nicht allein die von den Parteien vorgenommene Einordnung des Vertrages, die gewählte Parteibezeichnung oder die tatsächliche Vertragsdurchführung maßgeblich; vielmehr ist auf das Gesamtbild der Verhältnisse abzustellen und dabei sowohl die vertragliche Gestaltung als auch deren tatsächliche Handhabung zu berücksichtigen.[3]

4 **2. Direktvertrieb.** Vertriebsrechtliche Fragen ergeben sich nicht beim sog. Direktvertrieb ieS, wenn also der Unternehmer seine Leistungen selbst oder nur unter Einschaltung unselbständiger Hilfspersonen vermarktet. Hier bestehen nur unmittelbare Rechtsbeziehungen des Unternehmers zu dem Kunden sowie arbeitsrechtliche Beziehungen zu den unselbständigen Hilfspersonen.

5 **3. Handelsmakler (§§ 93 ff.). a) Begriff.** Nach der Legaldefinition des § 93 ist Handelsmakler, wer für andere Personen, ohne von ihnen auf Grund eines Vertragsverhältnisses ständig damit betraut zu sein, die Vermittlung von Verträgen über Anschaffung oder Veräußerung von Waren oder Wertpapieren, über Versicherungen, Güterbeförderungen, Schiffsmiete oder sonstige Gegenstände des Handelsverkehrs übernimmt (zur Abgrenzung → § 93 Rn. 29).

6 **b) Rechtsnatur und Vertragsinhalt.** Wie der Zivilmakler (§ 652 BGB) **vermittelt** der Handelsmakler **Vertragsabschlüsse gegen Maklerlohn.** Mangels abweichender Vereinbarung ist er in seiner Entscheidung frei, ob er eine Vermittlungstätigkeit entfalten will (→ § 93 Rn. 56 f.). Der Handelsmakler schließt die Verträge weder selbst noch im eigenen Namen ab, sondern führt nur die Parteien des Geschäfts zusammen.

7 **c) Abgrenzungen.** Der Handelsmakler **unterscheidet** sich vom Handelsvertreter dadurch, dass er nicht ständig von demselben Auftraggeber (= Unternehmer – zum Begriff des Unternehmers iSv § 84 → § 84 Rn. 80 ff.) betraut ist. Der wesentliche Unterschied besteht also darin, dass anders als der Handelsmakler der Handelsvertreter die Pflicht hat, sich um die Vermittlung und den Abschluss von einer unbestimmten Anzahl von Geschäften zu bemühen.[4] Der Handelsmakler ist nicht zur Tätigkeit verpflichtet und wird für seinen Auftraggeber von Fall zu Fall tätig. Der Maklervertrag ist auf einzelne Objekte bezogen. Dies schließt es allerdings nicht aus, dass der Handelsmakler in ständiger Geschäftsverbindung zu seinem Auftraggeber stehen kann. Er bleibt rechtlich gleichwohl Handelsmakler und ist nicht Handelsvertreter, solange die dauernde Geschäftsverbindung nicht zu einem ständigen Tätigwerden hinsichtlich einer unbestimmten Vielzahl von Geschäften verpflichtet, sondern wegen jeden Geschäfts ein neuer Auftrag erteilt werden muss. Der Handelsmakler unterscheidet sich wiederum vom **Gelegenheitsvertreter** dadurch, dass der Handelsmakler gewerbsmäßig tätig ist. Beiden ist jedoch gemein, dass sie nicht ständig betraut sind. Zur Abgrenzung des Handelsmaklers vom Kommissionsagenten → Rn. 11.

8 **d) Analoge Anwendung von Handelsvertreterrecht.** Die Regelungen des Handelsvertreterrechts finden auf das Vertragsverhältnis des Handelsmaklers grundsätzlich **keine analoge Anwendung.** Dies gilt namentlich auch für die Bestimmungen über den Provisionsanspruch in §§ 87–87c (wegen der Einzelheiten → § 93 Rn. 29 ff.).

9 **4. Kommissionär und Kommissionsagent (§§ 383 ff.). a) Begriff.** Der **Kommissionär** ist als selbständiger Gewerbetreibender damit betraut, Waren oder Wertpapiere für Rechnung eines anderen im eigenen Namen zu kaufen oder zu verkaufen (vgl. § 383). Ist er vertraglich ständig mit solchen Abschlüssen im eigenen Namen für fremde Rechnung

---

[3] BGH NJW 2010, 873 (874); s. auch OLG München ZVertriebsR 2020, 56.

[4] BGH NJW 1992, 2818 (2819 f.) zur Abgrenzung Handelsvertreter/Handelsmakler mit Alleinauftrag; VersR 1984, 534; OLG Düsseldorf ZVertriebsR 2016, 306 Rn. 36; OLG Stuttgart BB 1959, 537 zur Abgrenzung Handelsvertreter/Rahmenvertrag des Handelsmaklers; *K. Schmidt* HandelsR § 26 I Rn. 6 f.; Staub/*Emde* Rn. 380.

betraut, dann ist er **Kommissionsagent.**[5] Der Kommissionsagent verhält sich zum Kommissionär wie der Handelsvertreter zum Handelsmakler.

10 **b) Rechtsnatur und Vertragsinhalt.** Der **Kommissionsagent** verbindet Züge des Kommissionärs mit Zügen des Handelsvertreters.[6] Wie der Kommissionär übernimmt der Kommissionsagent den Ankauf oder Verkauf von Waren oder Wertpapieren im eigenen Namen, aber auf fremde Rechnung. Wie der Handelsvertreter, anders als der Kommissionär, wird er nicht auf Grund eines gesonderten Einzelauftrags tätig, sondern steht zu seinem Auftraggeber in einem **Dauerschuldverhältnis.** Der Vertrag des Kommissionsagenten ist ein Dienstvertrag iSv §§ 611 ff. BGB, der eine in §§ 383 ff. speziell geregelte Geschäftsbesorgung (§ 675 BGB) zum Gegenstand hat.[7] Grundsätzlich findet für den Kommissionsagenten das Kommissionsrecht Anwendung.[8]

11 **c) Abgrenzungen.** Der **Kommissionsagentenvertrag** steht als Typus zwischen Kommissions- und Handelsvertretervertrag.[9] Die Abgrenzung zum Kommissionär besteht darin, dass der Kommissionär nur auf Grund eines Einzelauftrags tätig wird, während der Kommissionsagent verpflichtet ist, ständig für seinen Auftraggeber tätig zu werden, insbesondere ein Kommissionslager zu unterhalten.[10] Er unterscheidet sich vom Handelsvertreter und damit auch vom Handelsmakler dadurch, dass er nicht lediglich Geschäfte für, dh im Namen seines Auftraggebers vermittelt, sondern im eigenen Namen tätigt.[11] Zur Abgrenzung zum Vertragshändler → Rn. 15. Im Außenverhältnis liegt also ein Kaufvertrag des Kommissionsagenten mit dem einzelnen Kunden vor und nicht, wie beim Handelsvertreter, ein Kaufvertrag zwischen Kunde und Unternehmer.[12] Im Innenverhältnis steht die Kaufpreisforderung infolge Abtretung bzw. der erlöste Kaufpreis dem Kommittenten zu. Insoweit unterscheidet er sich vom Eigen- bzw. Vertragshändler, welcher auf eigene Rechnung tätig ist und mithin die Kaufpreisforderung nicht an den Unternehmer abzutreten bzw. den erlösten Kaufpreis nicht an den Unternehmer herauszugeben hat. Kommissionsagent kann auch sein, wer für einen (Haupt-)Handelsvertreter tätig ist.[13]

12 **d) Analoge Anwendung von Handelsvertreterrecht.** Der Kommissionsagent steht wie der Handelsvertreter zu seinem Auftraggeber in einem Dauerschuldverhältnis, das ihn zum Tätigwerden im Interesse und für Rechnung seines Auftraggebers verpflichtet. Daher können die Regelungen des Handelsvertreterrechts auf das Vertragsverhältnis des Kommissionsagenten analoge Anwendung finden, soweit nicht in §§ 383 ff. vorrangige Regelungen für die Durchführung der Geschäftsbesorgung normiert sind.[14] Wegen der Analogiefähigkeit im Einzelnen wird auf die Kommentierung zu den jeweiligen Vorschriften verwiesen (insbesondere → § 87d Rn. 4; → § 89a Rn. 11; → § 89b Rn. 29; → § 90a Rn. 7).

13 **5. Vertragshändler.**[15] **a) Begriff.** Nach der grundlegenden Definition von *Ulmer* ist der Vertragshändler „ein Kaufmann, dessen Unternehmen in die Vertriebsorganisation eines

[5] Dazu auch BGH NJW 2017, 475 Rn. 12 mwN; OLG München ZVertriebsR 2018, 27 Rn. 36 ff.; OLG Frankfurt GRUR-RS 2020, 16302.
[6] *Wank* in MSF VertriebsR-HdB § 16 Rn. 4.
[7] Zum Versteigerer *v. Hoyningen-Huene* NJW 1973, 1473 (1475 f.).
[8] BGH IHR 2017, 79 (81); NJW-RR 2003, 1056 (1058).
[9] Baumbach/Hopt/*Hopt* § 383 Rn. 3; Staub/*Koller* § 383 Rn. 33.
[10] Staub/*Koller* § 383 Rn. 33.
[11] *K. Schmidt* HandelsR § 31 III Rn. 30 ff.; Staub/*Koller* § 383 Rn. 33.
[12] *K. Schmidt* JuS 2008, 665 (667); insoweit missverständlich wohl OLG München ZVertriebsR 2018, 27 Rn. 41.
[13] OLG München ZVertriebsR 2018, 27 Rn. 48.
[14] Vgl. allg., zT abw. zur analogen Anwendung des Handelsvertreterrechts auf den Kommissionsagenten Baumbach/Hopt/*Hopt* § 84 Rn. 19; *Evans-v. Krbek,* Die analoge Anwendung des Handelsvertreterrechts auf den Vertragshändler, 1976, 118 ff.; Staub/*Koller* § 383 Rn. 34.
[15] Zum Überblick über das Recht des Vertragshändlers vgl. *Evans-v. Krbek,* Die analoge Anwendung des Handelsvertreterrechts auf den Vertragshändler, 1976, 118 ff.; *Manderla* in MSF VetriebsR-HdB § 26; *K. Schmidt* HandelsR § 28 II Rn. 11 ff.; Schultze/Wauschkuhn/Spenner/Dau/*Kübler,* Der Vertragshändlervertrag, 5. Aufl. 2016; *Ulmer,* Der Vertragshändler, 1969; *Westphal,* Vertriebsrecht, Bd. II, Vertragshändler, 2000.

Herstellers von Markenwaren in der Weise eingegliedert ist, dass er es durch Vertrag mit dem Hersteller oder einem von diesem eingesetzten Zwischenhändler ständig übernimmt, im eigenen Namen und auf eigene Rechnung die Vertragswaren im Vertragsgebiet zu vertreiben und ihren Absatz zu fördern, die Funktionen und Risiken seiner Handelstätigkeit hieran auszurichten und im Geschäftsverkehr das Herstellerzeichen neben der eigenen Firma herauszustellen".[16]

14 **b) Rechtsnatur und Vertragsinhalt.** Der Vertragshändler ist nach dem Vertragsinhalt verpflichtet, sich für den Warenabsatz und für die Marke des Herstellers einzusetzen.[17] Dabei kauft er vom Hersteller Ware und verkauft diese im eigenen Namen und auf eigene Rechnung weiter. Darüber hinaus können ihn je nach vertraglicher Ausgestaltung Schulungspflichten, Pflichten zur sachlichen und personellen Ausgestaltung des Geschäftslokals, diverse Weisungsrechte, Kontroll- und Überwachungsbefugnisse des Unternehmers sowie ggf. noch weitergehende Pflichten treffen, wie zB der Kundendienst und das Unterhalten eines Ersatzteillagers bei technischen Erzeugnissen.[18] Bei dem Vertragshändlervertrag handelt es sich um einen Dienstvertrag, der eine Geschäftsbesorgung zum Gegenstand hat.[19] Es finden daher die §§ 675, 611 ff. BGB Anwendung, soweit sich aus der Rechtsnatur des Vertragshändlervertrages nicht etwas anderes ergibt.[20]

15 **c) Abgrenzungen.** Vom Handelsvertreter unterscheidet sich der Vertragshändler dadurch, dass er im eigenen Namen und auf eigene Rechnung tätig wird.[21] Demgegenüber wird der Handelsvertreter im Namen und auf Rechnung des von ihm vertretenen Unternehmers tätig. Der rechtliche **Unterschied zum Kommissionsagenten** besteht darin, dass dieser zwar auch im eigenen Namen handelt, aber für Rechnung des Unternehmers.[22] Anders als der Kommissionsagent erwirbt also der Vertragshändler die Ware durch Kaufvertrag vom Unternehmer und verkauft sie an den Verbraucher weiter (Käuferkette). Trotz dieser rechtlich eindeutigen Unterscheidung kann die Abgrenzung im Einzelfall auf Grund der tatsächlichen Ausgestaltung des Vertragsverhältnisses, insbesondere die Einbindung des Vertragshändlers in das Vertriebssystem des Unternehmers, Schwierigkeiten bereiten.[23]

16 **d) Analoge Anwendung von Handelsvertreterrecht.** Der Vertragshändler kann (nicht: muss) ähnlich wie ein Handelsvertreter in die **Absatzorganisation des Herstellers** eingebunden[24] und in seiner Tätigkeit bestimmten Weisungen des Herstellers unterworfen sein. Daher kommt eine analoge Anwendung von Regelungen des Handelsvertreterrechts auf den Vertragshändler nicht stets, sondern nur dann in Betracht, wenn sich das Rechtsverhältnis zwischen dem Vertragshändler und dem Unternehmer nicht in einer bloßen Käufer-Verkäufer-Beziehung erschöpft, sondern der Vertragshändler in der Weise in die Absatzorganisation des Unternehmers eingegliedert ist, dass er wirtschaftlich in erheblichem Umfang dem Handelsvertreter vergleichbare Aufgaben zu erfüllen hat.[25] Diese Voraussetzung ist in jedem Einzelfall zu prüfen. Analogiefähig sind zumindest die Vorschriften, die an die Struktur des Handelsvertretervertrags als dauernder Geschäftsbesorgung anknüpfen. Demgegenüber ist die Analogiefähigkeit derjenigen Vorschriften zu verneinen, die sich auf die Funktion des Handelsvertreters und die Art des ihm gewährten Entgelts beziehen.[26] Wegen der

---

16 *Ulmer,* Der Vertragshändler, 1969, 206. Vgl. zum Begriff des Vertragshändlers auch BGHZ 29, 83 (87 f.); 34, 282 (287 f.); 54, 383 (340 f.); BGH BB 2002, 2520 m. Kurzkomm. *v. Hoyningen-Huene* EWiR § 89 HGB 1/03, 587; WM 2003, 842 (843); *K. Schmidt* HandelsR § 28 II Rn. 11.

17 Muster zum Vertragshändlervertag bei *Hopt* HVR 2. Teil X, S. 380 ff.

18 Ausf. zum Inhalt von Vertragshändlerverträgen *Ulmer,* Der Vertragshändler, 1969, 107 ff.

19 Ausf. *Ulmer,* Der Vertragshändler, 1969, 251 ff.

20 Staub/*Emde* Vor § 84 Rn. 303.

21 Heymann/*Stöber* § 84 Rn. 19; *Ulmer,* Der Vertragshändler, 1969, 207.

22 *K. Schmidt* HandelsR § 31 III Rn. 31; Staub/*Koller* § 383 Rn. 50.

23 Vgl. hierzu BGH NJW 2017, 475 Rn. 10 ff.; *K. Schmidt* JuS 2008, 665 (667 f.); *K. Schmidt* HandelsR § 31III Rn. 32 ff.

24 Beispiele für handelsvertretertypische Bindungen eines Vertragshändlers OLG München BB 1997, 595.

25 StRspr des BGH, vgl. nur BGH IHR 2017, 79 (82) mwN.

26 Zum Ganzen *Ulmer,* Der Vertragshändler, 1969, 397 ff.

Analogiefähigkeit im Einzelnen wird auf die Kommentierung zu den jeweiligen Vorschriften verwiesen.

6. Franchisenehmer.[27] **a) Begriff.** Beim Franchising[28] gestattet ein Unternehmer (Franchise-Geber) einem anderen Unternehmer (Franchise-Nehmer) gegen Vergütung eine Gesamtheit von Rechten an gewerblichem oder geistigem Eigentum selbst zu verwerten, zB Markenzeichen, Handelsnamen, Ladenschilder, Gebrauchsmuster, Geschmacksmuster, Urheberrechte, Know How oder Patente, die zum Zwecke des Weiterverkaufs von Waren oder Erbringung von Dienstleistungen an Endverbraucher genutzt werden. Das Franchising ist also eine Form der **vertikalen Absatzkooperation,** bei welcher der Franchise-Geber zahlreiche Franchise-Nehmer ständig damit betraut, unter einer von ihm festgelegten einheitlichen Geschäftsbezeichnung Waren oder Leistungen am Markt anzubieten. 17

b) Rechtsnatur und Vertragsinhalt. Der Franchisevertrag verpflichtet den Franchise-Geber, dem Franchise-Nehmer Waren und/oder Dienstleistungen einschließlich Schutzrechten und gesammelter Erfahrungen (Know How) zur Verwertung im selbständig geführten Gewerbebetrieb zu überlassen, ihn laufend zu unterstützen und ggf. auch das Personal zu schulen. Der Franchise-Geber erhält dafür ein Entgelt, das häufig neben einem Festbetrag als „Einstandsgebühr" eine jährliche „Franchise-Gebühr" vorsieht, die nach dem Umsatz des Franchise-Nehmers bemessen wird. Darüber hinaus bestehen regelmäßig Kontrollrechte für den Franchise-Geber, um die Einheit des Waren- und Leistungsvertriebs zu gewährleisten.[29] Der Franchisevertrag ist **gesetzlich nicht normiert** und lässt sich auch keinem gesetzlich geregelten Vertragstypus zuordnen. Es handelt sich hierbei um einen gemischt typischen Vertrag, durch den ein Dauerschuldverhältnis mit überwiegenden Dienstleistungselementen (Geschäftsbesorgungen iSv § 675 BGB) zustande kommt.[30] 18

c) Abgrenzungen. Die Abgrenzung des Franchising von sonstigen Formen der Absatzkooperation kann im Einzelfall schwierig sein, weil das Franchising zum einen in erster Linie ein Begriff der Betriebspraxis und kein Rechtsbegriff ist.[31] Zum anderen sind viele Franchise-Systeme aus Fachhändler-, Kommissionsagenten- und Handelsvertretersystemen hervorgegangen.[32] Vom Handelsvertreter unterscheidet sich der Franchise-Nehmer dadurch, dass er im eigenen Namen und für eigene Rechnung tätig wird, während der Handelsvertreter nur für Rechnung und im Namen des von ihm vertretenen Unternehmens Geschäfte abschließt oder vermittelt.[33] Damit ist zugleich auch der **Unterschied zum Kommissionsagenten** dargelegt, der zwar wie der Franchise-Nehmer im eigenen Namen handelt, anders als dieser jedoch für Rechnung seines Auftraggebers. 19

Besonders problematisch ist die **Abgrenzung des Franchise-Nehmers vom Vertragshändler,** weil beide Dauerschuldverhältnisse in ihrer Ausgestaltung stark angenähert 20

[27] Lit. zum Franchising: *Ekkenga,* Die Inhaltskontrolle von Franchise-Verträgen, 1991; *Flohr,* Franchise-Vertrag, 4. Aufl. 2010; *Forkel* ZHR 153 (1989), 511 ff.; *Giesler* ZIP 2002, 420; *Giesler,* Franchiseverträge, 2002; *Liesegang,* Der Franchise-Vertrag, 7. Aufl. 2011; EBJS/*Löwisch* § 84 Rn. 208 ff.; *Martinek,* Moderne Vertragstypen, Bd. II: Franchising, Know-How-Verträge, Management- und Consultingverträge, 1992; *Martinek* ZIP 1988, 1362 ff.; *Flohr* in MSF VertriebsR-HdB § 30; *Metzlaff* BB 2000, 1201; *Metzlaff,* Praxishandbuch Franchising, 2003; *Nebel/Schulz/Wessels,* Das Franchise-System – Handbuch für Franchisegeber und Franchisenehmer, 4. Aufl. 2008; *Niebling,* Musterverträge für Handelsvertreter, Händler und Franchisepartner, 4. Aufl. 2009; *Schulze,* Franchising im Europäischen Privatrecht, 2001; *Skaupy* Franchising, 2. Aufl. 1995; Rspr.-Übersicht: *Flohr* BB 2006, 389; *Haager* NJW 1999, 2081; 2002, 1463; 2005, 3394.

[28] Zur Abgrenzung des Subordinations-Franchising vom Partnerschafts-Franchising ausf. *Martinek* Moderne Vertragstypen II 65 ff.; diff. zwischen Subordinationsfranchising und Partnerschaftsfranchising EBJS/*Löwisch* § 84 Rn. 211 ff.

[29] Zum Vertragsinhalt BGH NJW 1985, 1894 f.; zur Rechtsfigur des Franchising *Köhler* NJW 1990, 1689 mwN; *Martinek* Moderne Vertragstypen II 35 ff.; *K. Schmidt* HandelsR § 28 II Rn. 13 f.; *Skaupy* Franchising, 2. Aufl. 1995; *Skaupy* NJW 1992, 1785; *Weltrich* DB 1988, 806.

[30] Vgl. *Martinek* Moderne Vertragstypen II 35 ff.; *K. Schmidt* HandelsR § 28 II Rn. 30.

[31] S. auch *Escher* BB 1998, 1269; *Horn/Henssler* ZIP 1998, 589.

[32] *Martinek* Moderne Vertragstypen II 30 ff.; *K. Schmidt* HandelsR § 28 II Rn. 22.

[33] *Skaupy,* Franchising, 2. Aufl. 1995, 11 ff.

sind bzw. je nach vertraglicher Ausgestaltung sein können (man denke zB an die Kfz-Vertragshändlerverträge mit einem sehr hohen Grad der Einbindung und Detaillierungsgrad).[34] Der Grad der Einbindung in die Absatzorganisation des Unternehmers ist daher kein taugliches Abgrenzungskriterium. Anders als der Franchise-Nehmer hat der Vertragshändler aber dem Unternehmer regelmäßig keine „Einstandsgebühr" sowie eine jährliche „Franchise-Gebühr" zu entrichten. Der Vertragshändler einsetzende Unternehmer erwirtschaftet seine Erlöse allein oder in erster Linie aus dem Verkauf der Vertragsprodukte an seine Vertragshändler (oder direkt an seine Kunden). Auch wird es sich eher um ein Franchise-Verhältnis handeln, wenn der Franchise-Nehmer spezifische Dienstleistungen zu vertreiben hat, da der Vertragshändler solche bereits per se nicht ein- und weiterverkaufen kann. Letztlich spielt diese eher theoretische Abgrenzung aber keine so erhebliche Rolle, weil weder der Typus des Vertragshändlers noch der des Franchise-Nehmers gesetzlich geregelt ist, so dass die jeweiligen Rechtsfolgen stets von der Ausgestaltung des einzelnen Vertragsverhältnisses abhängig sind.

21 **d) Analoge Anwendung von Handelsvertreterrecht.** Der Franchise-Nehmer ist beim Franchising **vergleichbar dem Vertragshändler** in das Absatzmittlungssystem des Unternehmers eingebunden. Daher kommt hier vergleichbar den zum Vertragshändler entwickelten Grundsätzen eine analoge Anwendung des Handelsvertreterrechts in Betracht (→ Rn. 16).[35]

22 **7. Sonstige Absatzmittlungsformen; gemischte Vertriebsformen.** Über die hier dargestellten Absatzmittlungsformen hinaus gibt es noch weitere, ganz unterschiedliche Möglichkeiten, durch die Einschaltung Dritter den Waren- oder Dienstleistungsabsatz zu fördern.[36] Hingewiesen sei zB auf die gebundenen Fachhändler, den Strukturvertrieb im Wege einer progressiven Kundenwerbung (sog. Schneeballsysteme) sowie die sog. vertikalisierten Verbundgruppen, insbesondere die freiwilligen Ketten und die Genossenschaften der Händler, die sich als Einkaufs- oder Verkaufsgemeinschaften zusammengefunden haben. In der Praxis trifft man zunehmend auch gemischte Vertriebsformen an, in welchen der jeweilige Absatzmittler für unterschiedliche Produkte und Dienstleistungen des Unternehmers parallel als Handelsvertreter, als Kommissionsagent und/oder als Vertragshändler eingesetzt wird.

II. Handelsvertreter-RL

23 Bei der Auslegung der §§ 84 ff. ist die **RL 86/653/EWG (Handelsvertreter-RL)** zur Koordinierung des Handelsvertreterrechts vom 18.12.1986 zu beachten. Obgleich sie nach Art. 1 Abs. 2 Handelsvertreter-RL nur für **Warenvertreter** gilt, hat sie faktisch erhebliche **Auswirkungen** auf das Recht der **Dienstleistungsvertreter, Kommissionsagenten, Vertragshändler und Franchise-Nehmer,** soweit die §§ 84 ff. analog anwendbar sind und die Auslegung der jeweiligen Regelung durch die Handelsvertreter-RL beeinflusst wird. Denn nach zutreffender Ansicht des BGH kann eine für bestimmte Sachverhalte gebotene richtlinienkonforme Auslegung einer EU-Richtlinie auf nicht von der Richtlinie erfasste Konstellationen zu erstrecken sein, wenn der nationale Gesetzgeber die beiden Fallgestaltungen parallel regeln wollte.[37] Gestützt auf diesen Grundsatz hat der **BGH** entschieden, dass das Gebot der richtlinienkonformen Auslegung des § 89b Abs. 3 Nr. 2 nicht nur für das Recht der Handelsvertreterverhältnisse gelte, sondern auch für das Recht der

[34] *K. Schmidt* HandelsR § 28 II Rn. 30; *Skaupy,* Franchising, 2. Aufl. 1995, 10 f.; *Flohr* in MSF VertriebsR-HdB § 29 Rn. 40.

[35] BGH DB 2002, 1992; zum Überblick über die analoge Anwendung des Handelsvertreterrechts auf das Franchise-Verhältnis s. *Martinek* Moderne Vertragstypen II 105 ff.; *Martinek,* Aktuelle Fragen des Vertriebsrechts, 1992, Rn. 113 ff.; *Matthießen* ZIP 1988, 1089 (1094 ff.); *K. Schmidt* HandelsR § 28 III Rn. 42 ff.

[36] Zu anderen modernen Vertriebsformen *K. Schmidt* JuS 2008, 665; *Flohr/Pohl* in MSF VertriebsR-HdB §§ 33–39.

[37] BGH IHR 2012, 63 Rn. 26 mwN.

Vertragshändler.[38] Etwas später hat der BGH auch eine richtlinienkonforme Auslegung von § 90a Abs. 1 S. 2 mit Blick auf einen Versicherungsvertreter befürwortet, obgleich die RL 86/653/EWG (Handelsvertreter-RL) nicht auf Versicherungsvertreter anwendbar ist.[39] Diesen Entscheidungen, welchen zuzustimmen ist,[40] kommt Bedeutung weit über die Auslegung der § 89b Abs. 3 Nr. 2 und § 90a Abs. 1 S. 2 hinaus zu. Sie lassen sich in der Weise verallgemeinern, dass wegen des Gebots der einheitlichen Auslegung des nationalen Rechts eine richtlinienkonforme Auslegung der RL 86/653/EWG (Handelsvertreter-RL) über ihren Anwendungsbereich hinaus immer dann erforderlich ist, wenn die Auslegung der relevanten Regelung der §§ 84 ff. durch die Handelsvertreter-RL beeinflusst wird und die jeweilige Regelung entweder direkt (zB Warenvertreter, Dienstleistungsvertreter) oder entsprechend (zB Kommissionsagent, Vertragshändler, Franchise-Nehmer) anwendbar ist. Eine Ausnahme gilt jedoch insoweit, als der Gesetzgeber die jeweiligen Konstellationen **unterschiedlich** regeln wollte, wie dies zB bei dem Ausgleichsanspruch des Waren- und Dienstleistungsvertreters einerseits und des Versicherungs- bzw. Bausparkassenvertreters andererseits (§ 89b Abs. 5) der Fall ist.[41] In solchen Fällen kommt eine gespaltene Auslegung in Betracht.

Der **EuGH** wiederum nimmt in stRspr eine Auslegung von Normen der Handelsver- 24
treter-RL auch dann vor, wenn das streitige Vertragsverhältnis an sich nicht dem Anwendungsbereich der Handelsvertreter-RL unterfällt, aber sich die jeweiligen nationalen Rechtsvorschriften nach den in der Handelsvertreter-RL getroffenen Regelungen richten. Es bestehe *„ein unbestreitbares Interesse der Union daran, dass zur Vermeidung künftiger Auslegungsdivergenzen die aus dem Unionsrecht übernommenen Bestimmungen oder Begriffe unabhängig davon, unter welchen Voraussetzungen sie angewendet werden sollen, einheitlich ausgelegt werden"*.[42]

Vereinzelt wurde zum Teil aus der Entscheidung des EuGH vom 26.3.2009[43] der 25
Schluss gezogen, bei **mehreren möglichen vertretbaren Auslegungen** der RL 86/653/EWG (Handelsvertreter-RL) sei immer die **handelsvertreterfreundlichste** zu bevorzugen.[44] Die überwiegende Ansicht folgt diesem Ansatz zu Recht **nicht;** ein solches Postulat gibt es nicht.[45] Zuvorderst ist festzustellen, dass der EuGH auch und gerade im Zusammenhang mit der Auslegung der RL 86/653/EWG (Handelsvertreter-RL) jüngst betont hat, dass nach seiner stRspr bei der Bestimmung der Tragweite einer Vorschrift des Unionsrechts sowohl ihr Wortlaut als auch ihr Zusammenhang und ihre Ziele zu berücksichtigen seien.[46] Maßgeblich ist also schon grundsätzlich nicht alleine der Sinn und Zweck der Richtlinie und erst recht nicht ein bestimmter Zweck der Richtlinie. Auch zeigt die Entscheidungspraxis des EuGH, dass er der Auslegung nach dem Wortlaut eine besondere Bedeutung zukommen lässt. Was den Sinn und Zweck der Richtlinie anbelangt, ergibt sich aus Erwägungsgründen 2 und 3 Handelsvertreter-RL, dass die Richtlinie nicht nur das Ziel verfolgt, den Handelsvertreter vor dem Unternehmer zu schützen. Darüber hinaus soll die Richtlinie die Sicherheit des Handelsverkehrs fördern und den Warenaustausch zwischen den Mitgliedstaaten erleichtern, indem die Rechtsordnungen der Mitgliedstaaten auf dem Gebiet der Handelsvertretungen angeglichen werden. Dass ein Zweck gewichtiger sei als ein anderer, lässt sich der Richtlinie nicht entnehmen. Vor allem hat der EuGH lediglich klargestellt, dass in Anbetracht des Ziels der RL 86/653/EWG (Handelsvertreter-RL) jede Auslegung (Art. 17 Handelsvertreter-RL), die sich für den Handelsvertreter von vorneherein als nach-

[38] BGH NJW-RR 2011, 614 Rn. 19; krit. dazu *Thume* BB 2011, 1800.
[39] BGH NJW 2013, 2027 Rn. 38.
[40] Vgl. auch Heymann/*Stöber* § 84 Rn. 9 f.
[41] BGH IHR 2012, 63 Rn. 26; BeckRS 2013, 4616 Rn. 2.
[42] Vgl. nur EuGH EuZW 2011, 24 Rn. 25; s. auch EuGH Slg. 2006, I-2505 Rn. 16.
[43] EuGH BB 2009, 1607.
[44] Vor allem *Emde* DStR 2009, 1478 (1479); *Steinhauer* EuZW 2009, 887 (889); EBJS/*Löwisch* § 86 Rn. 3.
[45] S. nur *Balke/de Groot* NJOZ 2010, 1551 (1554); *Gräfe/Boerner* ZVertriebsR 2017, 282 (283); *Koch* ZIP 2011, 1752 (1753); *Lilje* ZVertriebsR 2016, 211 (212); *Pauly* MDR 2013, 694; *Semler* BB 2009, 2327 (2328 f.); *Westphal* DB 2010, 1333 (1337).
[46] EuGH ZVertriebsR 2018, 169 Rn. 22; 2016, 172 Rn. 29.

teilig erweisen könnte, ausgeschlossen ist.[47] An anderer Stelle hat der EuGH darauf verwiesen, dass eine Auslegung vorzunehmen sei, die zum Schutz des Handelsvertreters beiträgt.[48] Ergo ist nur eine Auslegung, die für den Handelsvertreter von vorneherein nachteilig ist oder die nicht zum Schutze des Handelsvertreters beiträgt, ausgeschlossen. Lediglich ein bestimmter Mindestschutz darf nicht unterschritten werden. Das bedeutet aber nicht, dass von mehreren möglichen Auslegungen immer diejenige zu bevorzugen gibt, die dem Handelsvertreter den größtmöglichen Schutz bietet. Gleichwohl ist festzustellen, dass der EuGH dem mit der Handelsvertreter-RL verfolgten Schutz des Handelsvertreters faktisch eine besondere Bedeutung zukommen lässt in dem Bestreben, die Reichweite des Schutzes des Handelsvertreters nicht einzuschränken und somit das von der Richtlinie verfolgte Ziel nicht zu beeinträchtigen.[49]

III. Wettbewerbsbeschränkungen und Kartellrecht

26 **1. Grundsatz.** Vertriebsverträge, wie insbesondere Handelsvertreter-, Vertragshändler-, Kommissionsagentur- und Franchiseverträge enthalten regelmäßig wettbewerbsbeschränkende Abreden wie vertragliche bzw. nachvertragliche Wettbewerbsverbote, Gebiets- oder Kundenkreisbeschränkungen und Preisbindungen[50] und in neuerer Zeit Beschränkungen des Vertriebs über das Internet,[51] Verbote zur Unterstützung von Preisvergleichsmaschinen[52] und sog. Plattformverbote.[53] Für den Handelsvertretervertrag folgt das Wettbewerbsverbot bereits aus § 86 Abs. 1 Hs. 2. Gesetzliche und vertraglich begründete Wettbewerbsbeschränkungen sind immer auf Verstöße gegen das **Kartellrecht** zu prüfen. Vorrang genießt dabei das europäische Kartellrecht, das unmittelbar auch in Deutschland gilt und im Folgenden den Regelungen des deutschen GWB vorangestellt wird.

27 **2. Europarechtliches Kartellverbot.** Der Vertrag zur Gründung der Europäischen Gemeinschaft enthielt in Art. 81 ff. EGV unter dem Titel „Wettbewerbsregeln" umfassende Kartellverbote. Heute sind diese in Art 101 ff. AEUV geregelt. Dem Kartellverbot in Art. 101 AEUV und dem Verbot des Missbrauchs marktbeherrschender Stellungen nach Art. 102 AEUV entsprechen die inhaltlich identischen Art. 53, 54 des Abkommens über den europäischen Wirtschaftsraum (EWR-Abk.), sodass der räumliche Anwendungsbereich der Vorschriften die gesamten EU- und EFTA-Staaten umfasst. Art. 101, 102 AEUV (früher Art. 81, 82 EGV) erfassen auch nationale Sachverhalte, denn das Erfordernis der Eignung zur Beeinträchtigung des zwischenstaatlichen Handels (sog. Zwischenstaatsklausel) wird sehr weit verstanden.[54] Um der bedeutenden Rolle der mitgliedstaatlichen Gerichte bei der Anwendung der gemeinschaftsrechtlichen Wettbewerbsregeln Rechnung zu tragen, sieht **Art. 3 Abs. 1 VO (EG) 1/2003**[55] entgegen der früheren Rspr. des EuGH zum Vorrang der Art. 101, 102 AEUV die grundsätzlich parallele Anwendbarkeit von gemeinschaftsrechtlichem und nationalem Kartellrecht vor. Gem. Art. 3 Abs. 2 S. 1 VO (EG) 1/2003 genießt

---

47 EuGH ZVertriebsR 2018, 169 Rn. 35; BB 2009, 1607 Rn. 21.

48 EuGH ZVertriebsR 2016, 172 Rn. 33.

49 Vgl. nur EuGH ZVertriebsR 2019, 20 Rn. 27, 44; 2018, 169 Rn. 33.

50 Zum Preisbindungsverbot außerhalb des Handelsvertreterrechts s. die Hinweise des BKartA unter https://www.bundeskartellamt.de/SharedDocs/Publikation/DE/Diskussions_Hintergrundpapier/Hinweispapier%20Preisbindung%20im%20Lebensmitteleinzelhandel.html (zuletzt abgerufen am 8.6.2020); dazu *Walzel* ZVertriebsR 2017, 71.

51 S. nur *Rahlmeyer* ZVertriebsR 2015, 144.

52 S. BGH VertriebsR 2018, 118; OLG Düsseldorf ZVertriebsR 2019, 329.

53 Vgl. dazu nur EuGH NJW 2018, 281 – Coty; nachfolgend OLG Frankfurt GRUR 2018, 1171; OLG Hamburg ZVertriebsR 2018, 195; *Metzlaff* ZVertriebsR 2018, 1; *Moritz* ZVertriebsR 2017, 31; *Siegert* BB 2018, 131.

54 Ausf. *Emmerich* KartellR, 13. Aufl. 2014, § 3 Rn. 18 ff.; *Rahlmeyer* in MSF VertriebsR-HdB § 40 Rn. 4.

55 VO (EG) 1/2003 zur Durchführung der in den Art. 81 und 82 des Vertrags niedergelegten Wettbewerbsregeln v. 16.12.2002, ABl. EG 2002 L 1, 1, in Kraft getreten zum 1.5.2004; vgl. Erwägungsgrund 7 VO (EG) 1/2003.

Art. 81 EGV (heute: Art. 101 AEUV) jedoch Vorrang vor dem nationalen Kartellrecht.[56] Vereinbarungen oder aufeinander abgestimmte Verhaltensweisen, die nach dieser Norm zulässig sind, dürfen demnach nicht nach nationalem Recht verboten werden. Dabei ist gleichgültig, ob die Zulässigkeit sich aus der fehlenden Tatbestandsmäßigkeit iSd Art. 101 Abs. 1 AEUV oder aus dem Vorliegen der Voraussetzungen des Freistellungstatbestandes gem. Art. 101 Abs. 3 AEUV ergibt. Dieser Vorrang gilt gem. Art. 3 Abs. 3 VO (EG) 1/2003 allerdings nicht für Vorschriften der nationalen Fusionskontrolle.

Zuvorderst ist zu prüfen, ob die fragliche wettbewerbsbeschränkende Abrede überhaupt 28 unter Art. 101 Abs. 1 AEUV fällt. Dies ist zB nicht der Fall, wenn das sog. **Handelsvertreter-Privileg** anwendbar ist. Ist dies der Fall, fallen **Gebiets- und Kundenkreisbeschränkungen** sowie **Abreden zu Preisen** und **Bedingungen,** zu denen der Absatzmittler die fraglichen Waren oder Dienstleistungen verkaufen oder ankaufen muss, **nicht unter das Kartellverbot** des Art 101 Abs. 1 AEUV. Es gibt hier jedoch unterschiedliche Ansätze, unter welchen Voraussetzungen das Handelsvertreter-Privileg gilt:

Die Europäische Kommission unterscheidet dafür in ihren **Leitlinien für vertikale** 29 **Beschränkungen**[57] („Vertikal-LL") zwischen einerseits Handelsvertreterverträgen, die nicht unter das Kartellverbot des Art. 101 Abs. 1 AEUV fallen (früher: sog. **„echte Handelsvertreterverträge"**), und andererseits sonstigen Verträgen, für die das Kartellverbot des Art. 101 Abs. 1 AEUV anwendbar ist (früher: sog. **„unechte Handelsvertreterverträge"**). Die Vertikal-LL geben die Grundsätze für die Beurteilung vertikaler Vereinbarungen nach Maßgabe des Art. 101 AEUV durch die Kommission wieder und sollen es den Unternehmen erleichtern, vertikale Vereinbarungen selbst nach Maßgabe der EU-Wettbewerbsregeln zu beurteilen, haben jedoch zumindest für die Gerichte keinen bindenden Charakter. Die Kommission **definiert den Begriff des Handelsvertreters** in Tz. 12 Vertikal-LL **eigenständig;** die Definition des § 84 HGB ist insoweit also belanglos (Tz. 13 Vertikal-LL). Hiernach ist ein Handelsvertreter eine juristische oder natürliche Person, die mit der Vollmacht ausgestattet ist, im Auftrag einer anderen Person (des Auftraggebers) entweder im eigenen Namen oder im Namen des Auftraggebers Verträge auszuhandeln und/oder zu schließen, die den Ankauf von Waren oder Dienstleistungen durch den Auftraggeber, oder den Verkauf von Waren oder Dienstleistungen des Auftraggebers zum Gegenstand haben. Die Europäische Kommission behandelt mithin auch Kommissionsagenten und Kommissionäre in kartellrechtlicher Hinsicht als Handelsvertreter. Entscheidend für die Beurteilung, ob Art. 101 Abs. 1 AEUV anwendbar ist, ist indes nicht allein die Einordnung des Absatzmittlers als Handelsvertreter gemäß dieser Definition. Maßgeblich sind auch die **finanziellen oder geschäftlichen Risiken,** die der Handelsvertreter bezüglich der ihm vom Unternehmer übertragenen Tätigkeiten trägt. Dabei ist es unerheblich, ob der Vertreter für einen oder für mehrere Unternehmer handelt. Die Kommission unterscheidet nunmehr drei (früher: zwei) Arten finanzieller oder geschäftlicher Risiken, die für die Beurteilung von Bedeutung sind: Erstens gibt es Risiken, die – wie die Finanzierung von Lagerbeständen – unmittelbar mit den Verträgen zusammenhängen, die der Vertreter für den Unternehmer geschlossen und/oder ausgehandelt hat. Zweitens sind Risiken zu nennen, die mit marktspezifischen Investitionen verbunden sind, also mit Investitionen, die für die Art der vom Vertreter auszuführenden Tätigkeit erforderlich sind und die dieser benötigt, um den betreffenden Vertrag schließen und/oder aushandeln zu können. Solche Investitionen stellen normalerweise versunkene Kosten dar, weil sie nach Aufgabe des betreffenden Geschäftsfelds nicht für andere Geschäfte genutzt oder nur mit erheblichem Verlust veräußert werden können. Drittens existieren insofern Risiken in Verbindung mit anderen Tätigkeiten auf demselben sachlich relevanten Markt, als der Unternehmer vom Handelsvertreter verlangt, diese durchzuführen, allerdings nicht im Namen des Unternehmers, sondern auf eigenes Risiko (so Tz. 14 Vertikal-LL). In Tz. 16 Vertikal-LL führt die Kommission im Einzelnen beispielhaft und

56 Ausf. *Hossenfelder/Lutz* WuW 2003, 118 (120f.) mwN; vgl. ferner *Bechtold* DB 2004, 235 (236f.).
57 ABl. EG 2010 C 130, 1.

nicht erschöpfend spezifische Investitionen und Risiken an, die für die Beurteilung relevant sind. Für die Anwendung von Art. 101 Abs. 1 AEUV gilt eine Vereinbarung als Handelsvertretervertrag, wenn der Handelsvertreter bezüglich der Verträge, die er im Namen des Auftraggebers schließt und/oder aushandelt, bezüglich marktspezifischer Investitionen für diesen Tätigkeitsbereich und bezüglich anderer Tätigkeiten, die der Auftraggeber für denselben sachlich relevanten Markt als erforderlich erachtet, keine oder nur unbedeutende Risiken trägt. Risiken, die mit der Erbringung von Handelsvertreterleistungen generell zusammenhängen, wie zB die Abhängigkeit des Einkommens des Handelsvertreters von seinem Erfolg als Vertreter oder von allgemeinen Investitionen in Geschäftsräume oder Personal, sind hingegen für die Beurteilung irrelevant (Tz. 15 Vertikal-LL). Wegen lit. g der Tz. 16 Vertikal-LL sind ferner sog. Handelsvertreter mit Doppelprägung riskant; um einen solchen handelt es sich, wenn der Unternehmer einen Absatzmittler für den Vertrieb eines Produkts sowohl als Handelsvertreter als auch als Eigenhändler einsetzt. In Fällen, in denen der Handelsvertreter ein oder mehrere für die Beurteilung relevante **Risiken trägt oder eine Doppelprägung aufweist,** gilt die Vereinbarung zwischen dem Vertreter und dem Unternehmer **für die Zwecke des Art. 101 Abs. 1 AEUV nicht als Handelsvertretervertrag.**[58] Daraus folgt aber nicht, dass der Handelsvertretervertrag unzulässig wäre; stattdessen wird der Vertreter kartellrechtlich lediglich als ein unabhängiges Unternehmen betrachtet mit der Folge, dass das **Handelsvertreter-Privileg** (→ Rn. 28) für die Beurteilung der fraglichen Gebiets- oder Kundenkreisbeschränkung oder der Abreden zu Preisen und Bedingungen, zu denen der Absatzmittler die fraglichen Waren oder Dienstleistungen verkaufen oder ankaufen muss, **nicht gilt.** Die wettbewerbsrechtlich relevante Abrede fällt somit unter Art. 101 Abs. 1 AEUV. Die fragliche **Gebiets- oder Kundenkreisbeschränkung** kann indes nach Art. 101 Abs. 3 AEUV vom Kartellverbot freigestellt sein (→ Rn. 34). Was die **Abrede zu Preisen,** zu denen der „unechte" Handelsvertreter die fraglichen Waren oder Dienstleistungen verkaufen oder ankaufen muss, anbelangt, kann ihm zwar – wie auch dem „echten" Handelsvertreter – untersagt werden, dem Kunden Preisnachlässe zu Lasten des Unternehmers zu gewähren. Ein dem „unechten" Handelsvertreter auferlegtes Verbot, dem Kunden Preisnachlässe aus seinem eigenen Vermögen zu gewähren (sog. **Provisionsweitergabeverbot**), würde indes unzweifelhaft unter Art. 101 Abs. 1 AEUV fallen (und auch eine Kernbeschränkung nach Art. 4 lit. a) Vertikal-GVO darstellen;[59] s. auch → Rn. 34). Umstritten ist dagegen, ob ein Provisionsweitergabeverbot auch in einem „echten" Handelsvertretervertretervertrag unter Art. 101 Abs. 1 AEUV fällt (zur Freistellungsfähigkeit eines solchens Verbots nach Art. 101 Abs. 3 AEUV, wenn man die Anwendbarkeit des Art. 101 Abs. 1 AEUV bejaht s. → Rn. 34).[60] Der Streit entzündet sich daran, dass regelmäßig der Unternehmer die Geschäftsstrategie am Markt bestimmt und bei einem „echten" Handelsvertreter er es ist, der die wesentlichen Risiken trägt. Demzufolge muss er seine Verkaufspreise festsetzen können. Allerdings erleidet der Unternehmer keine Einbußen, wenn der Handelsvertreter dem Kunden aus seinem eigenen Vermögen Preisnachlässe gewährt. Auch wird der Restwettbewerb unter den Handelsvertretern belebt, wenn diese die Möglichkeiten haben, aus ihren eigenen Vermögen Nachlässe zu gewähren.

30 EuGH und EuG scheinen für die Beurteilung, ob eine wettbewerbsbeschränkende Abrede in einem Handelsvertretervertrag unter Art. 101 Abs. 1 AEUV fällt, einen etwas anderen Ansatz zu wählen als die Kommission. Aber auch nach der **Rspr. des EuGH und EuG** gilt Art. 101 Abs. 1 AEUV nicht, wenn der Handelsvertreter keines der Risiken aus

---

[58] Gleichwohl kann der Handelsvertretervertrag ausnahmsweise unter Art. 101 Abs. 1 AEUV fallen, wenn er kollusive Verhaltensweisen fördert, Tz. 20 Vertikal-LL.

[59] Vertikal-LL Tz 49; s. auch EuGH VersR 1989, 349 für Reisevermittler.

[60] Verneinend und wohl zutreffend zB OLG München NJW-RR 2005, 770; *Kirchhoff* in Wiedemann KartellR-HdB § 11 Rn. 37 mit Einschränkungen im Hinblick auf unionsrechtlich zulässige gesetzliche Verbote; aA zB *Kapp/Schumacher* WuW 2007, 26; *Kapp* WuW 2007, 1218; s. auch *Freund/Schlimpert* in Bauer/Rahlmeyer/Schöner VertriebskartellR § 14 Rn. 45 ff.; *Löffler* ZVertriebsR 2015, 71 für Anzeigenvertrieb.

dem vermittelten Geschäft trägt und als Hilfsorgan in das Unternehmen des Geschäftsherrn eingegliedert ist, wobei **unklar** ist, ob es sich bei der **Eingliederung** um ein **selbständiges Tatbestandsmerkmal** handelt.[61] Durch die CEPSA-Entscheidung des EuGH wird deutlich, dass sich dieser auf die Kommission zubewegt.[62]

Die Reichweite des **Handelsvertreter-Privilegs** (→ Rn. 28) ist jedoch beschränkt: 31
Es gilt nur für **Gebiets- und Kundenkreisbeschränkungen** sowie für **Abreden zu Preisen** und **Bedingungen,** zu denen der Absatzmittler die fraglichen Waren oder Dienstleistungen verkaufen oder ankaufen muss. Handelsvertreterverträge enthalten **darüber hinaus** oftmals auch **Bestimmungen,** die das Verhältnis zwischen dem Vertreter und dem Unternehmer betreffen. Solche Klauseln **können unter Art. 101 Abs. 1 AEUV fallen,** selbst wenn ansonsten das Handelsvertreter-Privileg greift. Dies gilt insbesondere für Klauseln, die den Unternehmer daran hindern, andere Vertreter für eine bestimmte Art von Geschäft, Kunden oder Gebiet zu ernennen **(Alleinvertreterklauseln)** und/oder Bestimmungen, die den Vertreter daran hindern, als Vertreter oder Händler für Unternehmen tätig zu werden, die mit dem Auftraggeber im Wettbewerb stehen (sog. **Wettbewerbsverbote** bzw. **Markenzwangklauseln**). Da Handelsvertreter und Auftraggeber insoweit kartellrechtlich als zwei verschiedene selbständige Unternehmen behandelt werden, können Bestimmungen, die das Verhältnis zwischen ihnen regeln, gegen Art. 101 Abs. 1 AEUV verstoßen.[63] Alleinvertreterklauseln sollen nach Auffassung der Kommission in der Regel keine wettbewerbsschädigenden Auswirkungen entfalten. Wettbewerbsverbote, auch nachvertragliche, betreffen hingegen den Wettbewerb zwischen verschiedenen Unternehmen und können unter Art. 101 Abs. 1 AEUV fallen, wenn sie zur (kumulativen) Abschottung des relevanten Marktes führen, auf dem die Vertragswaren oder -dienstleistungen verkauft oder gekauft werden (Tz. 19 Vertikal-LL).[64] Möglicherweise kann die Wettbewerbsabrede aber unter den Voraussetzungen des Art. 5 Vertikal-GVO bzw. Art. 101 Abs. 3 AEUV freigestellt sein (Tz. 19 und 129 ff. Vertikal-LL).

Die Annahme, das **gesetzliche Wettbewerbsverbot** nach **§ 86 Abs. 1 Hs. 2** sowie 32
die Vereinbarung eines **nachvertraglichen Wettbewerbsverbots** unter den Voraussetzungen des **§ 90a,** seien kartellrechtlich unbedenklich, greift mithin zu kurz.[65] Die gesetzlichen Regelungen stehen einem Kartellverstoß nicht entgegen. So hat der EuGH bereits entschieden, dass Art. 85 und 86 EWG-Vertrag (heute: Art. 101 und 102 AEUV) zwar das Verhalten von Unternehmen und nicht **Rechtsvorschriften** der Mitgliedsstaaten betreffen, der EWG-Vertrag aber gleichwohl auch für letztere die Verpflichtung begründet, keine Maßnahmen zu treffen oder beizubehalten, die die praktische Wirksamkeit dieser Bestimmungen ausschalten könnten.[66] Daher können auch gesetzlich begründete wettbewerbsbeschränkende Abreden gegen das Kartellrecht verstoßen. Etwas anderes würde nur dann gelten, wenn den Unternehmen ein wettbewerbswidriges Verhalten durch nationale Rechtsvorschriften vorgeschrieben würde oder diese einen rechtlichen Rahmen bilden würden, der selbst jede Möglichkeit eines Wettbewerbsverhaltens ihrerseits ausschließt. Dann wären die Art. 85 und 86 EWG-Vertrag nicht (zu Lasten der beteiligten Unternehmen) anwendbar. Denn in einem solchen Fall würde die Wettbewerbsbeschränkung nicht, wie diese Vorschriften voraussetzen, in selbständigen Verhaltensweisen der Unternehmen ihre Ursache fin-

---

61 S. EuGH VersR 1989, 349 für Reisevermittler; EuZW 2007, 150 = NJW 2007, 3706 – CEPSA I; EuG EuZW 2005, 766 = DB 2005, 2127 – Daimler/Chrysler; IHR 2015, 217 mAnm *Schnell* BB 2015, 1614; krit. zur „Eingliederung" als zusätzliches Kriterium *Kapp/Andresen* BB 2006, 2253; *Kapp* WuW 2007, 1218; *Emmerich* KartellR § 3 V Rn. 33; *Emmerich* KartellR § 4 VII Rn. 90 ff. mwN; s. auch *Kirchhoff* in Wiedemann KartellR-HdB § 11 Rn. 12; Baumbach/Hopt/*Hopt* § 86 Rn. 38.

62 Baumbach/Hopt/*Hopt* § 86 Rn. 38.

63 Dazu auch *Freund/Schlimpert* in Bauer/Rahlmeyer/Schöner VertriebskartellR § 14 Rn. 9.

64 Bestätigt auch durch EuGH EuZW 2007, 150 = NJW 2007, 3706 – CEPSA I; EuZW 2008, 668 Rn. 41 – CEPSA II.

65 So aber zB Staub/*Emde* § 90a Rn. 47 und Heymann/*Froitzheim* Rn. 6 für das nachvertragliche Wettbewerbsverbot; zutr. hingegen *Freund/Schlimpert* in Bauer/Rahlmeyer/Schöner VertriebskartellR § 14 Rn. 56 ff.; *Reher/Crasemann* in Bauer/Rahlmeyer/Schöner VertriebskartellR § 12 Rn. 82.

66 EuGH VersR 1989, 349 für Reisevermittler.

den.[67] Indes sind § 86 Abs. 1 Hs. 2 (in Bezug auf das Wettbewerbsverbot → § 86 Rn. 65), § 90a dispositiv, so dass nicht damit argumentiert werden kann, Unternehmer und Handelsvertreter hätten aufgrund einer zwingenden Rechtsvorschrift keine Handlungsfreiheit.[68] Die Frage der kartellrechtlichen Wirksamkeit stellt sich also grundsätzlich nicht nur bei einem aus einer ausdrücklichen Vertragsklausel, sondern auch bei einem aus dem Gesetz hergeleiteten vertraglichen Wettbewerbsverbot.[69]

33 In vertriebsrechtlicher Hinsicht sind noch **weitere Vereinbarungen** von Bedeutung, nämlich solche die unter die de-minimus-Bekanntmachung der Kommission[70] fallen oder die den Absatzmittler in einem qualitativ selektiven Vertriebssystem daran hindern, Vertragsprodukte an unautorisierte Wiederverkäufer zu verkaufen,[71] oder die Lieferanten Beschränkungen auferlegen, für welche die sog. Zulieferbekanntmachung[72] gilt. Für die jeweiligen wettbewerbsrelevanten Abreden kann also, sofern die jeweiligen spezifischen Voraussetzungen vorliegen, Art. 101 Abs. 1 AEUV nicht anwendbar sein. Es würde jedoch den Rahmen sprengen, die jeweiligen Voraussetzungen hier darzustellen.

34 Ist das Kartellverbot des Art. 101 Abs. 1 AEUV anwendbar, bedeutet dies noch nicht, dass die fragliche wettbewerbsbeschränkende Abrede automatisch nach Art. 101 Abs. 2 AEUV nichtig ist. Stattdessen kann sie unter den Voraussetzungen des Art. 101 Abs. 3 AEUV vom Kartellverbot des Art. 101 Abs. 1 AEUV **freigestellt** sein. Von besonderer Bedeutung ist an dieser Stelle die **Gruppenfreistellungs-VO (EU) 330/2010** (Vertikal-GVO), die die Freistellung von wettbewerbsbeschränkenden Abreden (zu Lasten des Absatzmittlers und des Unternehmers) unter spezifischen Voraussetzungen regelt und noch bis zum 31.5.2022 gilt (Art. 10 Vertikal-GVO). Mit der Vertikal-GVO wurde das ursprüngliche System sektor- und vertragstypischer Gruppenfreistellungsverordnungen abgelöst. Sie erfasst mit wenigen Ausnahmen alle Branchen und Typen von Vertriebsbindungen, auch Franchiseverträge.[73] Ziel ist es, den Unternehmen die Einschätzung zu erleichtern, ob Vereinbarungen oder abgestimmte Verhaltensweisen dem Kartellverbot unterfallen.[74] Die Vertikal-GVO findet auf Handelsvertreter, Kommissionäre, Kommissionsagenten und Vertragshändler Anwendung. Sie findet auch für den Vertrieb von Neufahrzeugen Anwendung (Art. 3 Kfz-GVO[75]); für den Vertrieb von Ersatzteilen und Kundendienstleistungen für Kraftfahrzeuge gelten nach Art. 4 Kfz-GVO sowohl die Vertikal-GVO als auch die Kfz-GVO; letztere gilt nach Art. 8 Kfz-GVO bis zum 31.5.2023. Fällt eine wettbewerbsbeschränkende Abrede unter eine sog. Kernbeschränkung nach Art. 4 Vertikal-GVO (und/oder Art. 5 Kfz-GVO), sind damit alle wettbewerbsbeschränkenden Abreden in der fraglichen Vereinbarung nicht mehr durch die Vertikal-GVO (bzw. Kfz-GVO) freigestellt, mithin also auch solche, die für sich alleine betrachtet nach der jeweiligen GVO freigestellt wären. Kommt auch eine Einzelfreistellung nach Art. 101 Abs. 3 AEUV nicht in Betracht, sind die jeweiligen wettbewerbsbeschränkenden Abreden im Vertriebsvertrag nach Art. 101 Abs. 2 AEUV nichtig. Zu den Kernbeschränkungen des Art. 4 Vertikal-GVO gehören ua Preisbindungen (Art. 4 lit. a) Vertikal-GVO) sowie Gebiets- und Kundenkreisbeschränkungen (Art. 4 lit. b Vertikal-GVO). Bei der Beurteilung der Regelungen der Vertikal-GVO (bzw. der Kfz-GVO) helfen die Vertikal-LL (bzw. die Ergänzende Leitlinien für vertikale Beschränkungen in Vereinba-

---

67 S. nur EuG BeckRS 2008, 70678 mwN.

68 Dazu auch BGH BB 1991, 89.

69 BGH NJW 1984, 2101 mwN.

70 ABl. EU 2014 C 291, 1; dazu *Heinrich/Ströbl* BB 2014, 2506; s. auch Tz. 8 ff. Vertikal-LL.

71 Vgl. dazu die stRspr des EuGH, grdl. EuGH BeckRS 2004, 72718 – Metro/SABA I; zuletzt EuGH NZKart 2018, 36 mwN – Coty.

72 Bekanntmachung der Kommission vom 18.12.1978 über die Beurteilung von Zulieferverträgen nach Art. 85 Abs. 1 AEUV, ABl. EG 1979 C 1, 2.

73 *Emde* BB 2002, 949 (951); *Polley/Seeliger* WRP 2000, 1203 (1206); *Semler/Bauer* DB 2000, 193; *Funk* S. 195; zur VO (EG) 2790/99 und Franchisesystemen *Metzlaff* BB 2000, 1201; s. auch *Bräutigam* RIW 1997, 470.

74 *Pukall* NJW 2000, 1375 (1376).

75 VO (EU) 461/2010 vom 1.6.2010, ABl. EG 2010 L 129, 52.

rungen über den Verkauf und die Instandsetzung von Kraftfahrzeugen und den Vertrieb von Kraftfahrzeugersatzteilen[76]).

Sind eine oder mehrere wettbewerbsbeschränkenden Abreden nach Art. 101 Abs. 2 AEUV nichtig, beurteilt sich die **Gesamtnichtigkeit des Vertrages** nach nationalem Recht, dh bei Anwendung des deutschen Rechts nach § 139 BGB und im Falle von AGB nach § 306 Abs. 3 BGB.[77] 35

3. Nationales Kartellrecht. a) Allgemeines Kartellverbot (§ 1 GWB). Im Rahmen des Siebten Gesetzes zur Änderung des GWB (7. GWB-Novelle) vom 12.7.2005 (BGBl. 2005 I 1954) wurde die bisher bestehende Differenzierung zwischen horizontalen und vertikalen Vereinbarungen aufgehoben und damit das deutsche Kartellrecht an die bestehenden Regelungen des europäischen Rechts angeglichen. Auf nationaler Ebene besteht nunmehr gem. § 1 GWB ein allgemeines Verbot wettbewerbsbeschränkender Vereinbarungen. Entsprechend dem weitgehend wortgleichen Art. 101 Abs. 1 AEUV wird dadurch auch im deutschen Recht das Kartellverbot auf vertikale Wettbewerbsbeschränkungen ausgedehnt. Bei Auslegung und Anwendung der Norm ist daher auch auf die in § 1 GWB nicht enthaltenen Regelbeispiele des Art. 101 Abs. 1 AEUV zurückzugreifen.[78] Die bisherigen kasuistisch ausgestalteten Tatbestände der Administrativfreistellung nach §§ 2–7 GWB aF wurden zugunsten eines generalklauselartigen Freistellungstatbestandes nach dem Prinzip der Legalausnahme in § 2 Abs. 1 GWB aufgegeben. Eine sachliche Änderung ist damit jedoch nicht verbunden, da die Voraussetzungen des § 2 Abs. 1 GWB sich weitestgehend mit den speziellen Regelungen der §§ 2 ff. GWB aF decken.[79] In § 2 Abs. 2 GWB wird jedoch der Regelungsgehalt der Gruppenfreistellungsverordnungen im Wege der dynamischen Verweisung ins deutsche Recht übertragen. Bei Anwendung des § 2 Abs. 1 GWB gelten daher auch diese entsprechend, wobei es auf die Möglichkeit einer Beeinträchtigung des zwischenstaatlichen Handels nicht ankommt. Infolge dieser Änderungen hat das Europäische Kartellrecht in der Praxis auch bei Vereinbarungen, die nicht geeignet sind, den Handel zwischen Mitgliedstaaten zu beeinträchtigen, erheblich an Bedeutung gewonnen. Es kann daher auf die Ausführungen oben zum Europäischen Kartellrecht verwiesen werden. 36

b) Verbotenes Verhalten von Unternehmen mit relativer oder überlegener Marktmacht (§§ 19, 20 GWB). Darüber hinaus spielen die §§ 19, 20 GWB in der vertriebsrechtlichen Praxis eine große Rolle, weil hiernach – anders als bei Art. 102 AEUV – eine sog. marktstarke Stellung ausreicht. Liegen die Voraussetzungen der §§ 19, 20 GWB vor, darf der Unternehmer seine Absatzmittler nicht unmittelbar oder mittelbar unbillig behindern oder ohne sachlich gerechtfertigten Grund unmittelbar oder mittelbar anders behandeln. 37

c) Verhältnis zum Gemeinschaftsrecht. Art. 101 Abs. 1 AEUV ist anwendbar auf Vereinbarungen, Beschlüsse und aufeinander abgestimmte Verhaltensweisen, die geeignet sind, den Handel zwischen Mitgliedstaaten zu beeinträchtigen. Sofern die Voraussetzungen der sog. Zwischenstaatlichkeitsklausel erfüllt sind, folgt aus § 22 GWB und aus Art. 3 Abs. 1 VO (EG) 1/2003, dass die nationalen Wettbewerbsbehörden jedenfalls **auch** die Wettbewerbsregeln des **AEUV anwenden müssen,** es steht ihnen jedoch frei, ob sie auf den fraglichen Fall zugleich das nationale Wettbewerbsrecht anwenden wollen oder nicht.[80] § 22 Abs. 1 und Abs. 3 S. 1, 2 GWB enthält also den **Grundsatz der parallelen Anwendung** des AEUV und des GWB. Dadurch soll möglichen Konflikten zwischen beiden Rechtsordnungen – wegen des Anwendungsvorrangs des Gemeinschaftsrechts – vorgebeugt werden.[81] 38

---

[76] ABl. EG 2010 C 138, 16.

[77] Vgl. dazu nur BGH GRUR Int 1991, 734 – Kaschierte Hartschaumplatten; OLG Düsseldorf BeckRS 2014, 12436; *Mestmäcker/Schweitzer* EuWettbR § 23 Rn. 16. ABl. EG 2010 C 138, 16.

[78] Begr. GesE, BT-Drs. 15/3640, 5.

[79] Begr. GesE, BT-Drs. 15/3640, 9 f.

[80] *Emmerich* KartellR § 3 IV Rn. 18.

[81] *Emmerich* KartellR § 3 IV Rn. 18.

§ 84 [Begriff des Handelsvertreters]

(1) [1]Handelsvertreter ist, wer als selbständiger Gewerbetreibender ständig damit betraut ist, für einen anderen Unternehmer (Unternehmer) Geschäfte zu vermitteln oder in dessen Namen abzuschließen. [2]Selbständig ist, wer im wesentlichen frei seine Tätigkeit gestalten und seine Arbeitszeit bestimmen kann.

(2) Wer, ohne selbständig im Sinne des Absatzes 1 zu sein, ständig damit betraut ist, für einen Unternehmer Geschäfte zu vermitteln oder in dessen Namen abzuschließen, gilt als Angestellter.

(3) Der Unternehmer kann auch ein Handelsvertreter sein.

(4) Die Vorschriften dieses Abschnittes finden auch Anwendung, wenn das Unternehmen des Handelsvertreters nach Art oder Umfang einen in kaufmännischer Weise eingerichteten Geschäftsbetrieb nicht erfordert.

Schrifttum: s. Vor § 84; *Bicker/Reischl,* Compliance-Red Flags bei Handelsvertretern – Hinweise zu zivilrechtlichen Reaktionsmöglichkeiten und Zurückbehaltungsrechten, CCZ 2018, 27; *Billing/Metzlaff,* E-Commerce in Franchise- und anderen Vertriebssystemen – zulässiger Vertriebskanal oder vertragswidrige Konkurrenz durch den Franchisegeber?, BB 2015, 1347; *Buchner,* Scheinselbständige und arbeitnehmerähnliche Selbständige in der Sozialversicherung – Gesetz zu „Korrekturen in der Sozialversicherung", DB 1999, 146; *Dreyer/Haskamp,* Der Darlehensvermittler nach § 655a BGB, ZVertriebsR 2018, 225; *Dreyer/Haskamp,* Die Vermittlungstätigkeit von Plattformen, ZVertriebsR 2017, 359; *Emde,* Beschränkung des Auskunftsrechts des Handelsvertreters in mehrstufigen Vertriebssystemen, MDR 1999, 1108; *Emde/Valdini,* Die Handelsvertreter-RL (Teil 1), ZVertriebsR 2016, 353; *Emde/Valdini,* Online-Hotelportale als Handelsvertreter, BB 2016, 899; *Goretzki/Hohmeister,* Scheinselbständigkeit – Rechtsfolgen im Sozialversicherungs-, Steuer- und Arbeitsrecht, BB 1999, 635; *Griebeling,* Die Merkmale des Arbeitsverhältnisses, NZA 1998, 1137; *Hanau,* Rundschreiben der Spitzenverbände zur Scheinselbständigkeit, ZIP 1999, 252; *Hohmeister,* Arbeits- und sozialversicherungsrechtliche Konsequenzen eines vom Arbeitnehmer gewonnenen Statusprozesses – Fehlerhafte Rechtsformenwahl bei Begründung eines Mitarbeiterverhältnisses, NZA 1999, 1009; *Hümmerich,* Arbeitsverhältnis als Wettbewerbsgemeinschaft – zur Abgrenzung von Arbeitnehmern und Selbständigen, NJW 1998, 2625; *Küstner/v. Manteuffel,* Die Änderungen des Handelsvertreterrechts aufgrund der EG-Harmonisierungsrichtlinie vom 18.12.1986, BB 1990, 291; *Leuchten/Zimmer,* Das neue Gesetz zur „Scheinselbständigkeit" – Probleme in der Praxis, DB 1999, 381; *Martinek,* Compliance im Vertriebsrecht – Die Rechtsinstrumente des Risikomanagements in vertraglichen Vertriebssystemen, ZVertriebsR 2019, 138; *Melcher,* Die Anwendung des Handelsvertreterrechts auf Kapitalanlageberater, BB 1981, 2101; *Oberthür/Lohr,* Der Handelsvertreter im Arbeits- und Sozialversicherungsrecht, NZA 2001, 126; *Preis/Stoffels,* Die Inhaltskontrolle der Verträge selbständiger und unselbständiger Handelsvertreter, ZHR 160 (1996), 442; *Reinecke,* Die gerichtliche Feststellung der Arbeitnehmereigenschaft und ihre Rechtsfolgen für Vergangenheit und Zukunft, RdA 2001, 357; *Reiserer,* „Schluß mit dem Mißbrauch der Scheinselbständigkeit", BB 1999, 366; *Renz,* Rechte und Pflichten zwischen Arbeitgeber und Arbeitnehmer und zwischen Unternehmer und Handelsvertreter, 2001; *Rohrßen,* Handelsvertreter als Ein- und Mehrfirmenvertreter sowie im Nebenberuf: Die Irrelevanz von Tätigkeitsort und -art (stationär, ambulant oder online), ZVertriebsR 2019, 153; *Söbbing/Jakob,* Online-Plattformen – Die Hotspots der Digitalwirtschaft rechtlich betrachtet, InTer 2016, 149; *Sommer,* Das Ende der Scheinselbständigkeit?, NZS 2003, 169; *Stolterfoht,* Die Selbständigkeit des Handelsvertreters, 1973; *Weimar/Goebel,* Neue Grundsatzfragen um Scheinselbständigkeit und arbeitnehmerähnliche Selbständige, ZIP 1999, 217; *Westphal,* Die Handelsvertreter-GmbH: Renaissance mit Unterstützung des BFH?, BB 1999, 2517; *v. Westphalen,* Scheinselbständigkeit nach § 2 Nr. 9 SGB VI und der Ausgleichsanspruch des Handelsvertreters, ZIP 1999, 1083; *v. Westphalen,* Die Umsetzung der Verbrauchsgüterkauf-Richtlinie im Blick auf den Regreß zwischen Händler und Hersteller, DB 1999, 2553; *Ziemann,* Der arbeitsgerichtliche Statusprozeß, MDR 1999, 513.

Übersicht

A. Gegenstand und Bedeutung der Regelung

I. Entwicklung

1 Noch das **ADHGB von 1860** enthielt nur Regelungen des Rechts der Handelsmakler als amtlich bestellte Vermittler von Handelsgeschäften (Art. 66 ff. ADHGB), während die Tätigkeit des Handelsvertreters nach allgemeinen Dienst- oder Werkvertragsrecht beurteilt wurde. **Die besondere Regelung** des Handelsvertreterrechts geht zurück auf das **HGB vom 10.5.1897** (RGBl. 1897, 219), bei der allerdings der wirtschaftlichen und sozialen Sicherung des Handelsvertreters wegen dessen Selbständigkeit keine besondere Beachtung geschenkt wurde.

2 Ziel der **grundlegenden Reform** durch das **Gesetz** zur Änderung des HGB (Recht der Handelsvertreter) **vom 6.8.1953** (BGBl. 1953 I 771) war infolgedessen, die Rechtsstellung des Handelsvertreters zu stärken. Neben der Einführung zwingender Schutzvorschriften sowie des Ausgleichsanspruchs nach § 89b wurde der Begriff des Handelsvertreters in § 84 Abs. 1 neu bestimmt und in Abs. 2 dem „unselbständigen Handelsvertreter" der Angestelltenstatus zugewiesen.

3 Das aufgrund der **Handelsvertreter-RL** (→ Vor § 84 Rn. 23) erlassene Gesetz vom 23.10.1989 (BGBl. 1989 I 1910)[1] hat den Schutz des Handelsvertreters weiter verbessert, insbesondere die Kündigungsfristen in § 89 verlängert. **Abs. 4** wurde durch das am 1.7.1998 in Kraft getretene HRefG[2] eingefügt. Dies war auf Grund des durch das HRefG neu geregelten Kaufmannsbegriffs[3] notwendig geworden (→ § 1 Rn. 1 ff.). Durch diese Neuregelung ist die Figur des sog. Minderkaufmanns gem. § 4 aF entfallen. Nach der Neuregelung des § 1 fehlt dem bisher „minderkaufmännischen" Handelsvertreter die Kaufmannseigenschaft, weswegen er des Schutzes durch die unabdingbaren Vorschriften der §§ 84 ff. in besonderem Maße bedarf. Daher bestimmt Abs. 4, dass die Vorschriften des siebten Abschnitts[4] auch in diesem Fall zur Anwendung kommen. Eine sachliche Änderung des Handelsvertreterrechts ist dadurch jedoch nicht erfolgt.[5]

II. Zweck

4 § 84 steckt mit der Bestimmung des Begriffs des Handelsvertreters den Anwendungsbereich der §§ 85–92c ab. Wie Abs. 2 ausdrücklich klarstellt, findet Handelsvertreterrecht nur auf die selbständigen Umsatzmittler eines Unternehmens Anwendung. Der Vorschrift kommt daher im 7. Abschnitt des 1. Buches zentrale Bedeutung zu, weil sie **Weichenstellungsfunktion** für die Abgrenzung und Anwendbarkeit von **Handelsvertreter- oder Arbeitsrecht** hat. Ist der Handelsvertreter als Selbständiger für einen anderen Unternehmer tätig, findet das Recht der Handelsvertreter Anwendung. Insoweit ist es unschädlich, wenn der andere Unternehmer ebenfalls ein Handelsvertreter ist (Abs. 3). Wer allerdings als „unselbständiger Handelsvertreter" Aufgaben wahrnimmt, der gilt nach Abs. 2 als Angestell-

[1] Hierzu *Ankele* DB 1989, 2211 ff.; *Eckert* NZA 1990, 384 ff.; *Küstner/v. Manteuffel* BB 1990, 291 ff.; *Kuther* NJW 1990, 304 f.; *Lakis* in MSF VertriebsR-HdB § 57 Rn. 2.

[2] S. auch *Schaefer* DB 1998, 1269; *Kögel* BB 1998, 1645; *Krebs* DB 1996, 2013; *K. Schmidt* NJW 1998, 2161; *K. Schmidt* JZ 2003, 585.

[3] Bestandsaufnahme der Rspr. zum neuen Kaufmannsbegriff bei *Siems* NJW 2003, 1296.

[4] Dazu Röhricht/Graf v. Westphalen/Haas/*Thume* Rn. 47.

[5] EBJS/*Löwisch* Rn. 5.

ter. Insoweit finden dann nicht die §§ 85–92c Anwendung, sondern Arbeitsrecht und, falls der Unternehmer Kaufmann ist, das Recht der Handlungsgehilfen (§§ 59 ff.).

III. Ergänzende Regelungen

5 Das Recht der Handelsvertreter ist nicht abschließend in §§ 85–92c normiert. Soweit diese Vorschriften keine speziellen Bestimmungen beinhalten, ist **hinsichtlich des Grundverhältnisses** auf § 675 BGB iVm §§ 611 ff. BGB,[6] §§ 665–670 BGB,[7] §§ 672–674 BGB zurückzugreifen, wenn und soweit sich aus dem Vertrag oder der Rechtsnatur des Vertrages nicht etwas anderes ergibt.[8] Soweit der Handelsvertreter zum unmittelbaren Abschluss von Geschäften beauftragt ist, sind die Regelungen über die **Vollmacht** (§§ 54 f. HGB, §§ 164 ff. BGB) zu beachten.

B. Begriff und Arten des Handelsvertreters

I. Begriff

6 Abs. 1 S. 1 gibt eine **Legaldefinition** des Begriffs des Handelsvertreters. Diese handelsrechtliche Begriffsbestimmung gilt auch in anderen Rechtsgebieten.[9] Bei dem Begriff des Handelsvertreters handelt es sich allerdings **nicht** um eine **gesetzliche Berufsbezeichnung.** Sie kann grundsätzlich auch von Personen geführt werden, die nach § 84 nicht Handelsvertreter sind,[10] zB von angestellten Reisenden oder auch von Personen, die nicht mit der Umsatzmittlung für andere betraut sind. Nur soweit die Bezeichnung als Handelsvertreter im geschäftlichen Verkehr zur Irreführung geeignet ist, indem sie eine bestimmte Qualifikation vortäuscht, oder gegen die guten Sitten verstößt, kann der Nichthandelsvertreter nach §§ 3, 5, 8 UWG auf Unterlassung in Anspruch genommen werden.

II. Arten

7 Entsprechend der Vielgestaltigkeit des Wirtschaftslebens gibt es in der Praxis **kein einheitliches Bild** des Handelsvertreters. Vielmehr ergeben sich im Einzelfall unterschiedliche Ausgestaltungen, die sowohl mit der Art der vermittelten Geschäfte als auch den der Vermittlung zugrunde liegenden Rechtsbeziehungen im Zusammenhang stehen.

8 **1. Abgrenzung nach der Art der Tätigkeit. a) Warenvertreter.** Den **Grundtypus des Handelsvertreters,** auf den die gesetzlichen Vorschriften der §§ 84 ff. im Wesentlichen zugeschnitten sind, bildet der Warenvertreter. Die Tätigkeit des Warenvertreters ist darauf ausgerichtet, die Erzeugnisse der von ihm vertretenen Unternehmen zu verkaufen oder Kaufverträge darüber zu vermitteln und durch Werbung neuer Kunden laufende Geschäftsbeziehungen zwischen den vertretenen Unternehmen und dem Abnehmer herzustellen und bestehende Geschäftsverbindungen zu erweitern.

9 **b) Versicherungsvertreter.** Ausdrücklich gesetzlich geregelt ist der Versicherungsvertreter, der nach **§ 92** Versicherungsverträge zu vermitteln oder abzuschließen hat. Im Gegensatz zum Warenvertreter ist die Tätigkeit des Versicherungsvertreters regelmäßig auf die Vermittlung oder den Abschluss langfristiger Verträge ausgerichtet. Die Tätigkeit zielt insoweit auf einen einmaligen Umsatz ab, während sich an die von dem Warenvertreter vermittelten Geschäfte oftmals weitere Geschäfte der gleichen Art anknüpfen. Diesem Unterschied

[6] Diff. Flohr/Wauschkuhn/*Billing* Vor §§ 84 ff. Rn. 25 ff.; *Schröder* in Küstner/Thume VertriebsR-HdB I Kap. II Rn. 4 ff.; Baumbach/Hopt/*Hopt* § 86 Rn. 4.

[7] BGH BB 1993, 1105.

[8] Ausf. Staub/*Emde* Vor § 84 Rn. 20 ff.

[9] Vgl. zum Steuerrecht BFH BStBl. III 1959, 357 (358) zu § 4 Nr. 17 UStG in der bis zum 1.1.1961 gültigen Fassung; zum Versicherungsrecht OLG Köln VersR 1984, 634 zu § 4 Abs. 1f ARB.

[10] Baumbach/Hopt/*Hopt* Rn. 6.

hat der Gesetzgeber in § 92 Abs. 3 und 4 durch die unterschiedliche Ausgestaltung der Provisionsregelungen Rechnung getragen (im Einzelnen → § 92 Rn. 1 ff.). Zu beachten ist das Gesetz zur Neuregelung des Versicherungsvermittlerrechts.

10 **c) Bausparkassenvertreter.** Der Bausparkassenvertreter steht durch die Verweisung in **§ 92 Abs. 5** den Versicherungsvertretern gleich.

11 **d) Dienstleistungsvertreter.** Der Dienstleistungsvertreter vermittelt Verträge über vom Unternehmer angebotene Dienstleistungen. Gegenstand der Verträge können sowohl einmalige Leistungen als auch fortlaufend zu erbringende Leistungen sein.

12 **e) Anzeigenvertreter.** Der Anzeigenvertreter[11] hat im Gegensatz zum Warenvertreter nicht die Aufgabe, den Absatz eines körperlichen Produkts des von ihm vertretenen Unternehmens zu fördern. Seine Tätigkeit ist darauf ausgerichtet, Inserenten für einen Werbeträger zu finden. Wie bei den Versicherungsvertretern handelt es sich hierbei meist um den Abschluss langfristiger Verträge.

13 **f) Online-Plattform; Online-Shop.** Auch derjenige, der Produkte oder Dienstleistungen auf seiner Online-Plattform für ein oder mehrere Unternehmer anbietet, kann je nach Ausgestaltung der Vertragsbeziehungen Handelsvertreter sein.[12] Für die Beurteilung, ob ein Handelsvertretervertragsverhältnis vorliegt, kommt es entscheidend auf den Pflichtenkreis gemäß des zwischen den Parteien geschlossenen Vertrages an. Im Vordergrund steht dabei regelmäßig die Frage, ob das die Online-Plattform betreibende Unternehmen verpflichtet ist, für den Unternehmer Geschäfte zu vermitteln. Eine Vermittlungstätigkeit wird entfaltet, wenn der Abschluss von Geschäften durch Einwirkung auf den Dritten gefördert, dh der Geschäftsabschluss vorbereitet, ermöglicht oder herbeigeführt wird (→ Rn. 72). Es bedarf allerdings keines besonderen werblichen Aufwands, keiner besonderen Mühewaltung, keiner Beratungsleistung, keines besonderen Vertrauens und keines persönlichen Auftretens, um eine Vermittlungstätigkeit zu entfalten. Indes scheint es auf den ersten Blick so, als könnte es an einer Einwirkung auf den Kunden fehlen, weil der Plattform-Betreiber regelmäßig lediglich als Bote Willenserklärungen des Kunden durch technische Infrastrukturen übermittelt. Dabei könnte ins Feld geführt werden, dass der BGH zum Ausgleichsanspruch nach § 89b bereits entschieden hat, dass ein fest zum Vertragsschluss entschlossener Kunde vom Handelsvertreter nicht mehr geworben werden könne, wenn dieser lediglich als Empfangsvertreter oder Bote tätig werde.[13] Auch leistet der Betreiber der Plattform in der Regel mangels eines persönlichen Kontakts zum Kunden nicht einen Rest an Überzeugungsarbeit, um den Kunden zum Abschluss des Geschäfts zu bewegen. Demgegenüber ist anerkannt, dass für die Werbung eines Kunden und für die Vermittlung jede Mitursächlichkeit ausreicht, sofern sie nicht von völlig untergeordneter Bedeutung ist. An die Mitursächlichkeit werden keine besonders hohen Anforderungen gestellt (→ § 87 Rn. 36 ff.). Bereits das Offenhalten eines Ladenlokals reicht aus (→ § 87 Rn. 42). Auch die passive Entgegennahme und Weiterleitung von Bestellungen genügt. Überträgt man die bisherige Kasuistik auf den digitalen Vertrieb, könnte also bereits das technische und digitale Zurschaustellen des Angebots des Unternehmers auf der Online-Plattform als eine Vermittlungsleistung des Betreibers angesehen werden, wenn dem Kunden unmittelbar die Möglichkeit eröffnet wird, ein Geschäft über das beworbene Produkt über die Online-Plattform abzuschließen. Eine Handelsvertretertätigkeit liegt mithin nahe, auch wenn die Anwendung des Handelsvertreterrechts inso-

---

[11] Hierzu *Schröder* DB 1970, 1625 ff.

[12] Ausf. *Dreyer/Haskamp* ZVertriebsR 2017, 359, die auch auf eine etwaige Erlaubnispflicht der Vermittlungstätigkeit nach der GewO hinweisen; *Emde/Valdini* BB 2016, 899 mit Ausblick auf die rechtlichen Folgen einer Einordnung des ein Online-Portal betreibenden Unternehmens als Handelsvertreter (Wettbewerbsverbot, Interessenwahrnehmungspflicht, Ausgleichsanspruch); *Rohrßen* ZVertriebsR 2019, 143 (159); zweifelhaft hingegen *Dieselhorst/Grages* MMR 2011, 368; *Söbbing/Jakob* InTer 2016, 149 (154). Zur Haftung von Plattformbetreibern s. nur *Hauck/Blaut* NJW 2018, 1425 ff., wobei sehr fraglich ist, ob zwischen dem Nutzer und dem Plattformbetreiber ein Vermittlungsvertrag zustande kommt.

[13] BGH NJW 1996, 2302 (2304).

weit zum Teil als unpassend empfunden wird.[14] Zuzugeben ist, dass die Konturlosigkeit der Kriterien „Vermittlung" und „Mitursächlichkeit" bei der Einordnung einer Online-Plattform nunmehr besonders deutlich wird. Tatsächlich hat der BGH bereits eine Tätigkeit eines Online-Unternehmens als die eines Versicherungsvermittlers eingestuft, weil das Online-Unternehmen konkrete Produkte des Versicherungsunternehmens beworben und die Möglichkeit zu einem Online-Vertragsabschluss gegeben hat.[15] Für die Einordnung als Handelsvertreter im Einzelfall ist jedenfalls erforderlich, dass die Online-Plattform nicht nur allgemein die Produkte bzw. Dienstleistungen des Unternehmers bewirbt, sondern eine Vermittlungstätigkeit erbringt, die auf Abschluss eines konkreten Geschäfts gerichtet ist. Das bloße Schaffen einer Geschäftsbeziehung zwischen Unternehmer und interessierten Kunden reicht nicht aus (→ Rn. 75). Außerdem muss eine ständige Betrauung gegeben sein; fehlt es daran, ist der Betreiber der Plattform nicht Handelsvertreter (→ Rn. 69 ff.), sondern Gelegenheitsvertreter bzw. unter Umständen Handelsmakler gemäß § 93.

Ist die technische Errichtung und der Betrieb eines „White-Label"-Shops im individuellen Unternehmensdesign und die Integration der bestehenden Produktpalette geschuldet, liegt ein Handelsvertretervertrag nicht vor. Stattdessen handelt es sich um einen Mietvertrag über die Shop-Software mit werk- und dienstvertraglichen Elementen.[16] Die Tätigkeit des Dienstleisters erschöpft sich dann im Wesentlichen darin, dem Kunden einen elektronischen Zugang zum Angebot des Unternehmers zu verschaffen.[17] 14

g) Sonstige Tätigkeiten. Ein abschließender Überblick über die **einzelnen Arten der Handelsvertretertätigkeit** kann an dieser Stelle nicht gegeben werden, weil diese abhängig sind von den vom Handelsvertreter vermittelten Geschäften. Wegen weiterer Beispielsfälle daher → Rn. 76, → Rn. 78. 15

2. Abgrenzung nach der rechtlichen Stellung. a) Vermittlungs- und Abschlussvertreter. Im Hinblick auf den Inhalt der Aufgabe ist der Vermittlungs- vom Abschlussvertreter zu unterscheiden. Der, in der Praxis weitaus überwiegend vorkommende, **Vermittlungsvertreter** ist verpflichtet, den Abschluss von Verträgen zwischen dem von ihm vertretenen Unternehmer und Dritten als Kunden in die Wege zu leiten. Demgegenüber ist der **Abschlussvertreter** auch zum Abschluss von Geschäften im Namen und für Rechnung des vertretenen Unternehmers befugt. 16

b) Ein- und Mehrfirmenvertreter. Bei der rechtlichen Beurteilung ist zu berücksichtigen, ob der Handelsvertreter nur einen Unternehmer **(Einfirmenvertreter)** oder gleichzeitig verschiedene Unternehmer **(Mehrfirmenvertreter)** vertritt. Bei einem Einfirmenvertreter ist stets besonders sorgfältig zu prüfen, ob nicht eine Einbindung in die betriebliche Organisation des Unternehmens vorliegt (→ Rn. 47 ff.), die zur Anwendung des Abs. 2 führt. Darüber hinaus kann der Bundesminister der Justiz nach **§ 92a** für den Einfirmenvertreter Mindestarbeitsbedingungen, insbesondere Mindestentgelte, festlegen. 17

c) Bezirksvertreter. Dem Bezirksvertreter ist vertraglich ein bestimmter Bezirk oder ein bestimmter Kundenkreis für seine Vermittlungstätigkeit zugewiesen. Nach **§ 87 Abs. 2 S. 1** steht ihm in diesen Fällen nicht nur ein Provisionsanspruch für die von ihm vermittelten Geschäfte zu, sondern auch für Abschlüsse ohne seine Mitwirkung mit Personen seines Bezirks oder seines Kundenkreises während des Vertragsverhältnisses. Vergütet werden insofern die Gesamtbemühungen (→ § 87 Rn. 74 f.).[18] 18

d) Alleinvertreter. Vom Bezirksvertreter zu unterscheiden ist der Alleinvertreter. Alleinvertretung ist dann gegeben, wenn nur der Handelsvertreter berechtigt ist, in dem ihm zugewiesenen Bezirk Geschäfte für den vertretenen Unternehmer zu vermitteln bzw. 19

---

14 *Dieselhorst/Grages* MMR 2011, 368; *Söbbing/Jakob* InTer 2016, 149 (154).
15 BGH GRUR 2014, 398.
16 *Kaufhold* in Bräutigam/Rücker, E-Commerce, 2017, 3. Teil Rn. 10.
17 *Ende* in Bräutigam/Leopold, Online-Handel 2003, Rn. 437 ff.
18 Flohr/Wauschkuhn/*Billing* Rn. 7.

abzuschließen. Die Alleinvertretung geht insoweit über die Bezirksvertretung hinaus, als letztere kein Ausschließlichkeitsrecht in dem zugewiesenen Bezirk begründet.

20 **e) Untervertreter.** Der Handelsvertreter kann sich zur Erfüllung seiner Verpflichtungen, soweit nichts anderes vereinbart ist, weiterer Personen zu seiner Vertretung bedienen. Dabei ist die **echte Untervertretung,** bei welcher der Handelsvertreter im eigenen Namen den Vertrag mit dem Untervertreter abschließt, von dem **unechten Untervertreterverhältnis** zu unterscheiden. Bei diesem wird der Untervertreter nicht für den Handelsvertreter, sondern direkt für das von dem Handelsvertreter vertretene Unternehmen tätig (→ Rn. 118 f.). Einen Sonderfall der Untervertretung stellt der sog. Strukturvertrieb dar.[19] Es handelt sich dabei um eine mehrstufige Vertriebsform, bei der ein Vertriebsmittler, in der Regel ein Handelsvertreter, Untervertreter oder freie Mitarbeiter für sich tätig werden lässt.[20]

21 **f) Generalvertreter.** Keinen fest umrissenen Inhalt hat der Begriff des sog. Generalvertreters. Es handelt sich hierbei nicht um einen terminus technicus im handelsrechtlichen Sinne, vielmehr wird diese Bezeichnung in den verschiedensten Bedeutungen verwendet. Oft wird als Generalvertreter ein Handelsvertreter bezeichnet, der für einen oder mehrere unechte Untervertreter (→ Rn. 20, → Rn. 118 f.) verantwortlich ist und für den Unternehmer administrative Aufgaben beim Einsatz von unechten Untervertretern übernommen hat.[21] Die Bezeichnung wird im Einzelfall auch gebraucht, um einen Eigenhändler mit Alleinvertriebsrecht zu bezeichnen. Welche rechtliche Stellung einem Generalvertreter im Einzelfall zukommt, ist auf Grund der jeweiligen konkreten Rechtsbeziehungen des Einzelfalls zu beurteilen. Ohne weitere Anhaltspunkte folgt aus der Bezeichnung als Generalvertreter jedenfalls noch nicht, dass dem Absatzmittler ein Alleinvertriebs- oder Vertretungsrecht zustehen soll.[22]

22 **g) Handelsvertreter im Nebenberuf.** Zum Handelsvertreter im **Nebenberuf** → § 92b Rn. 1 ff.

III. Minderjährige und juristische Personen als Handelsvertreter

23 **1. Minderjährige als Handelsvertreter.** Auch Minderjährige, die das siebente Lebensjahr vollendet haben (§ 106 BGB), können Handelsvertreter sein. Zum Abschluss des Handelsvertretervertrags ist jedoch die **Einwilligung des gesetzlichen Vertreters** erforderlich (§ 107 BGB). Hierbei ist zu unterscheiden, ob der gesetzliche Vertreter den Minderjährigen zur Aufnahme einer selbständigen Tätigkeit oder einer Tätigkeit im Angestelltenverhältnis ermächtigt. Willigt der gesetzliche Vertreter in eine **angestellte Tätigkeit** ein, dann findet allein **§ 113 BGB** Anwendung.[23] Von der Ermächtigung sind nur diejenigen Rechtsgeschäfte gedeckt, welche die Eingehung, Aufhebung und Erfüllung des Vertragsverhältnisses betreffen, insbesondere auch der Wechsel des Unternehmers. Die Ermächtigung kann jederzeit von dem gesetzlichen Vertreter zurückgenommen oder eingeschränkt werden, ohne dass es hierzu der Genehmigung des Familiengerichts bedarf (§ 113 Abs. 2 BGB).[24] Demgegenüber findet auf die **selbständige Handelsvertretertätigkeit** neben § 113 BGB auch **§ 112 BGB** Anwendung. Danach kann die Ermächtigung von dem gesetzlichen Vertreter (§§ 1629, 1773, 1793 BGB) nur mit Genehmigung des Familiengerichts erteilt oder zurückgenommen werden (§ 112 Abs. 1 und 2 BGB). Darüber hinaus erstreckt

---

[19] EBJS/*Löwisch* Rn. 37.

[20] OLG Celle ZIP 2006, 858 Ls.; EBJS/*Löwisch* Rn. 37; *Schürr* in Küstner/Thume VertriebsR-HdB I Kap. I Rn. 190; *Martinek* in MSF VertriebsR-HdB § 3 Rn. 32.

[21] BGH NJW 1970, 1040; Flohr/Wauschkuhn/*Billing* Rn. 12; GK-HGB/*Genzow* Rn. 9; Baumbach/Hopt/*Hopt* Rn. 32.

[22] BGH NJW 1970, 1040.

[23] BAG AP HGB § 90a Nr. 1 mAnm *Hefermehl.*

[24] MüKoBGB/*Spickhoff* BGB § 113 Rn. 35.

sich die Ermächtigung auf alle Rechtsgeschäfte, welche der Geschäftsbetrieb eines selbständigen Handelsvertreters mit sich bringt.

Die **Wirksamkeit eines** von einem minderjährigen (selbständigen) Handelsvertreter eingegangenen **Wettbewerbsverbots** beurteilt sich ua nach den allgemeinen Vorschriften des Bürgerlichen Rechts (§§ 106 ff. BGB). § 74a Abs. 2 S. 2 findet keine entsprechende Anwendung.[25] Eine bloße **Vermittlertätigkeit** kann auch ein **Geschäftsunfähiger** entfalten, weil bei dieser keine eigene Willenserklärung abgegeben wird. Eine Abschlussvertretung durch einen Geschäftsunfähigen ist jedoch rechtlich unmöglich, weil dieser auch für einen anderen keine wirksamen Willenserklärungen abgeben kann (§ 105 Abs. 1 BGB). 24

2. Juristische Personen und Personenvereinigungen als Handelsvertreter. Auch **juristische Personen,** zB AG, GmbH, e.V., eG, können Handelsvertreter sein.[26] Diese sind stets selbständig iSv Abs. 1.[27] Sollen durch den Handelsvertretervertrag mit der juristischen Person allerdings persönliche Pflichten für deren Organe begründet werden, dann kann im Einzelfall in Wahrheit ein Vertragsverhältnis zwischen dem Unternehmer und dem Organ der juristischen Person begründet sein.[28] Insoweit wäre dann jeweils eigenständig zu prüfen, ob nach der Vertragsgestaltung und -durchführung Selbständigkeit gegeben ist oder ein Anstellungsverhältnis vorliegt. 25

Handelsvertreter können auch nichtrechtsfähige, aber **im eigenen Namen** handelnde **Personengesellschaften,** zB OHG, KG, sein.[29] Betreibt die Personengesellschaft ein Vollhandelsgewerbe, dann wird diese durch den Betrieb des Handelsvertretergewerbes unter gemeinschaftlicher Firma OHG (§ 105) und ist selbst Handelsvertreter.[30] Diese ist stets selbständig iSv Abs. 1 S. 2,[31] weil nur natürlichen Personen die Arbeitnehmereigenschaft zukommen kann.[32] Infolge des Urteils vom 29.1.2001, mit welchem der BGH die **(Teil-)Rechtsfähigkeit der (Außen-)GbR** anerkannt hat,[33] ist auch die GbR, die nur ein Kleingewerbe betreibt (§ 1 Abs. 2), selbst Handelsvertreter (§ 84 Abs. 4).[34] 26

IV. Selbständige und „unselbständige" Handelsvertreter

§ 84 trifft in Abs. 1 und 2 die Unterscheidung zwischen selbständigen und „unselbständigen" Handelsvertretern. Die **Unterscheidung** ist deshalb von besonderer Bedeutung, weil hieran die anwendbaren gesetzlichen Regelungen anknüpfen. Insoweit ist die Abgrenzung maßgebend für die sich aus dem Vertragsverhältnis ergebenden Rechtsfolgen. Dabei ist zu beachten, dass nach der gesetzlichen Definition der Handelsvertreter stets selbständig ist. Vor allem in der früheren Praxis wurden dann häufig auch kaufmännische Hilfspersonen als „Handelsvertreter" bezeichnet, die nach der Vertragsausgestaltung unselbständig iSv Abs. 2 sind und auf deren Vertragsverhältnis somit Arbeitsrecht Anwendung findet. Die hier gebrauchte Terminologie vom „unselbständigen" oder „angestellten" Handelsvertreter hat daher Signalfunktion, weil mit der Vertragsbezeichnung noch nicht über die rechtliche Einordnung des Vertragsverhältnisses entschieden ist (s. auch → Rn. 137 f.). 27

---

25 BAG AP HGB § 90a Nr. 1 mAnm *Hefermehl;* aA LAG BW BB 1963, 1193 f. (als Vorinstanz).

26 BFH BStBl. III 1959, 357 (358); BB 1999, 249; OLG Hamburg BB 1998, 971; OLG München HVR 2006, 1168; LG Münster BB 1982, 1748; Baumbach/Hopt/*Hopt* Rn. 8; Heymann/*Stöber* Rn. 27; *Westphal* BB 1999, 2517; ausf. *Emde,* Die Handelsvertreter-GmbH, 1994, 16 ff.; zur Frage, ob auch eine Rechtsanwaltsgesellschaft Handelsvertreter sein kann, s. BGH ZVertriebsR 2016, 225 mAnm *Henssler/Pommerening* EWIR 2016, 495.

27 IErg auch *Emde,* Die Handelsvertreter-GmbH, 1994, 87 ff., demzufolge auf einen mit einer juristischen Person abgeschlossenen Vermittlungsvertrag bei Vorliegen der sonstigen Tatbestandsvoraussetzungen des § 84 Abs. 1 Handelsvertreterrecht auch dann anzuwenden ist, wenn nach dem Vertragsinhalt die Voraussetzungen einer Selbständigkeit iSv § 84 Abs. 1 S. 2 nicht gegeben sind.

28 Vgl. LAG Düsseldorf NJW 1988, 725 (727).

29 LG Essen MDR 1982, 852; Baumbach/Hopt/*Hopt* Rn. 8; Heymann/*Stöber* Rn. 27.

30 Baumbach/Hopt/*Hopt* Rn. 9.

31 *Stolterfoht,* Die Selbständigkeit des Handelsvertreters, 1973, 259 f.

32 Dazu Erman/*Edenfeld* BGB § 611 Rn. 108.

33 BGH NJW 2001, 1056; Oetker/*Busche* Rn. 17.

34 So auch Baumbach/Hopt/*Hopt* Rn. 9; *Boin* GmbHR 2001, 513.

C. Abgrenzung Selbständiger/Unselbständiger

28 Die Abgrenzung des selbständigen vom „unselbständigen" Handelsvertreter hat wegen der **Weichenstellungsfunktion** für die Anwendung von Handelsvertreter- oder Arbeitsrecht zentrale Bedeutung. Dabei ist die Unterscheidung des Selbständigen vom Unselbständigen nicht nur von materiell-rechtlicher, sondern auch von prozessualer Relevanz, da mit der Zuordnung in der Regel zugleich über den Rechtsweg zu den ordentlichen Gerichten oder den Arbeitsgerichten (Ausnahme § 5 Abs. 3 ArbGG, → § 92a Rn. 5 f.) entschieden wird.[35] Die Abgrenzung des selbständigen vom „unselbständigen" Handelsvertreter ist keine spezifische Fragestellung aus dem Recht des Handelsvertreters, sondern eine **allgemeine Abgrenzungsproblematik,** die generell für den Anwendungsbereich des Arbeitsrechts, aber auch für die Rechtsfolgenbestimmung in anderen Rechtsgebieten, wie zB dem Sozialversicherungsrecht[36] oder dem Steuerrecht,[37] Bedeutung erlangt.

I. Abgrenzungsmerkmal (Abs. 1 S. 2)

29 Die Abgrenzung selbständiger Handelsvertretertätigkeit von unselbständiger Arbeitnehmertätigkeit sowie Selbständiger von abhängig Beschäftigten kann im Falle natürlicher Personen erhebliche Schwierigkeiten bereiten. Das Sekundärrecht der Europäischen Union stellt eine Definition nicht zur Verfügung. Die Abgrenzung erfolgt auf Grundlage des Gesetzeswortlauts des § 84 Abs. 1 S. 2. Nach der dortigen Legaldefinition ist selbständig, wer im Wesentlichen frei seine Tätigkeit gestalten und seine Arbeitszeit bestimmen kann. Abs. 1 S. 2 enthält insoweit ein typisches Abgrenzungsmerkmal und über den unmittelbaren Anwendungsbereich hinaus eine gesetzgeberische Wertung. Mit dieser gesetzlichen Begriffsbestimmung werden allerdings keine eindeutigen Unterscheidungsmerkmale an die Hand gegeben, die eine stets zutreffende Subsumtion in Theorie oder Praxis ermöglichen.

30 Zur Beantwortung der Frage, ob die speziellen handelsvertreterrechtlichen Vorschriften Anwendung finden oder nicht, bietet sich im Ergebnis – wie von der Rspr. in der Praxis vollzogen[38] – das Unterscheidungskriterium der „persönlichen Abhängigkeit" an (→ Rn. 31 f.). Die Frage der sozialrechtlichen Einordnung entlang des Begriffs des abhängig Beschäftigten in § 7 Abs. 1 SGB IV ist, weil dieser nicht deckungsgleich mit dem Arbeitnehmerbegriff ist, gesondert vorzunehmen (→ Rn. 34 f.). Nicht überzeugend ist eine Abgrenzung entlang der „wirtschaftlichen Abhängigkeit" (→ Rn. 58).

31 **1. Handelsvertreter- und Arbeitnehmerbegriff.** Handelsvertreter ist nach § 84 Abs. 1 S. 1, wer als selbständiger Gewerbetreibender ständig damit betraut ist, für einen anderen Unternehmer Geschäfte zu vermitteln oder in dessen Namen abzuschließen. Demgegenüber ist nach dem neu eingeführten § 611a Abs. 1 BGB Arbeitnehmer, wer durch den Arbeitsvertrag im Dienste eines anderen zur Leistung weisungsgebundener, fremdbestimmter Arbeit in persönlicher Abhängigkeit verpflichtet ist. Das Weisungsrecht kann Inhalt, Durchführung, Zeit und Ort der Tätigkeit betreffen. Weisungsgebunden ist, wer nicht im Wesentlichen frei seine Tätigkeit gestalten und seine Arbeitszeit bestimmen kann. Der Grad der persönlichen Abhängigkeit hängt dabei auch von der Eigenart der jeweiligen Tätigkeit ab. Für die Feststellung, ob ein Arbeitsvertrag vorliegt, ist eine Gesamtbetrachtung aller Umstände vorzunehmen. Zeigt die tatsächliche Durchführung des Vertragsverhältnisses, dass es sich um ein Arbeitsverhältnis handelt, kommt es auf die Bezeichnung im Vertrag nicht an.

---

[35] BAG NZA 2003, 668; NJW 1997, 2973.

[36] Vgl. BSG NZS 2010, 569 Ls.; *v. Hoyningen-Huene* BB 1987, 1730 ff.; *Oberthür/Lohr* NZA 2001, 126.

[37] BVerfG NJW 1978, 365; BFH DStRE 2008, 1152.

[38] BAG NZA-RR 2010, 172 (173); AP BGB § 611 Arbeitnehmerähnlichkeit Nr. 16; AP BGB § 611 Abhängigkeit Nr. 42, 44, 45; BB 2001, 2220; AP BGB § 611 Nr. 152; NJW 2008, 2872; ebenso BGH BeckRS 1964, 31190752; ZIP 1998, 2176 (2178); LAG Bremen AP BGB § 611 Abhängigkeit Nr. 50; LAG Düsseldorf BB 1999, 793; LAG Hamm LAGE § 611 BGB Arbeitnehmerbegriff Nr. 13; s. dazu *Griebeling* NZA 1998, 1137.

Mit der durch Art. 2 Gesetz zur Änderung des Arbeitnehmerüberlassungsgesetzes und anderer Gesetze vom 21.2.2017 (BGBl. 2017 I 258) eingefügten, am 1.4.2017 in Kraft getretenen Regelung des § 611a BGB wurde erstmalig eine eigenständige Regelung des Arbeitsvertrags und somit inzident diejenigen des Arbeitnehmers im BGB kodifiziert. Die Regelung des § 611a BGB entspricht hinsichtlich der Abgrenzung von Arbeitsverhältnis und freiem Dienstverhältnis in Abs. 1 den nach der bisherigen Rspr. des BAG geltenden, aus § 84 Abs. 1 S. 2 und § 84 Abs. 2 abgeleiteten Grundsätzen.[39] 32

Auch nach der ständigen höchstrichterlichen Rspr.[40] ist die persönliche Abhängigkeit des Dienstleistungsverpflichteten vom Dienstleistungsberechtigten, die aus der Einbindung in eine fremde Arbeitsorganisation oder der Weisungsgebundenheit folgt, typisches Kriterium der Arbeitnehmereigenschaft und somit zentrales Abgrenzungsmerkmal zwischen Arbeitnehmer und Handelsvertreter. 33

2. Abgrenzung Selbständige und abhängig Beschäftigte iSd § 7 Abs. 1 SGB IV. Die Abgrenzung zwischen Selbständigen und abhängig Beschäftigten erfolgt nach stRspr des BSG ebenfalls nach dem Vorliegen persönlicher Abhängigkeit.[41] Nach der Legaldefinition des Abs. 1 S. 2 ist selbständig, wer im Wesentlichen frei seine Tätigkeit gestalten und seine Arbeitszeit bestimmen kann. Im Gegensatz dazu wird Beschäftigung in § 7 Abs. 1 S. 1 SGB IV als die nicht selbständige Arbeit, insbesondere in einem Arbeitsverhältnis, definiert. 34

Während eine selbständige Tätigkeit überwiegend durch das eigene Unternehmerrisiko, das Vorhandensein einer eigenen Betriebsstätte, die Verfügungsmöglichkeit über die eigene Arbeitskraft und die im Wesentlichen frei gestaltete Tätigkeit und Arbeitszeit gekennzeichnet ist, liegt eine abhängige Beschäftigung vor, wenn der Beschäftigte in den Betrieb eingegliedert ist und dabei einem Zeit, Dauer, Ort und Art der Ausführung umfassenden Weisungsrecht des Arbeitgebers unterliegt.[42] Ob jemand abhängig beschäftigt oder selbständig tätig ist, richtet sich ausgehend von den genannten Umständen nach dem Gesamtbild der Arbeitsleistung und hängt davon ab, welche Merkmale überwiegen.[43] Ausgangspunkt ist dabei die vertragliche Gestaltung; weicht die tatsächliche von der vertraglichen ab, ist die tatsächliche maßgebend.[44] 35

3. Gestaltungsfreiheit. Den unterschiedlichen Abgrenzungsversuchen in Gesetzgebung, Rspr. und Lit. ist insofern beizupflichten, als der Begriff des Arbeitnehmers und damit die Abgrenzung der Unselbständigen von den Selbständigen nicht ontologisch vorgegeben ist. Die Rechtsfigur des Arbeitnehmers ist kein einheitlicher Begriff mit feststehenden Tatbestandsmerkmalen, unter den sich sowohl die Reinigungskraft, der Arbeiter am Fließband, der Spezialist am Schaltbrett einer modernen Computeranlage, der Chefarzt, der Justitiar, der Künstler oder das Mannequin fassen lassen.[45] Es gibt keine abstrakten, für alle Arten von Arbeitnehmern schlechthin geltenden Kriterien.[46] Nach stRspr des BAG ist die Abgrenzung zwischen Selbständigen und Unselbständigen durch eine **Gesamtwürdigung** 36

---

[39] BAG BeckRS 2018, 140191; NZA-RR 2016, 288; NZA 2019, 490.

[40] So bereits BAG AP BGB § 611 Abhängigkeit Nr. 1; AP BGB § 611 Abhängigkeit Nr. 53; AP BGB § 611 Abhängigkeit Nr. 73; AP BGB § 611 Lehrer, Dozenten Nr. 122; AP BGB § 611 Zeitungsausträger Nr. 4; AP BGB § 611 Rundfunk Nr. 25; AP BGB § 611 Rundfunk Nr. 33; AP BGB § 611 Abhängigkeit Nr. 115.
BAG AP BGB § 611 Arbeitnehmerähnlichkeit Nr. 16; AP BGB § 611 Abhängigkeit Nr. 42, 44, 45; BB 2001, 2220; AP BGB § 611 Nr. 152; NZA 2019, 490; ebenso BGH BeckRS 1964, 31190752; ZIP 1998, 2176 (2178); LAG Bremen AP BGB § 611 Abhängigkeit Nr. 50; LAG Düsseldorf BB 1999, 793; LAG Hamm LAGE § 611 BGB Arbeitnehmerbegriff Nr. 13; s. dazu *Griebeling* NZA 1998, 1137.

[41] BSG BeckRS 2013, 73365; NZS 2014, 436.

[42] BSG NJOZ 2016, 666.

[43] StRspr; vgl. zum Ganzen zB BSG BeckRS 2013, 73365 Rn. 13 mwN; BSGE 111, 257 Rn. 15 = NZA-RR 2013, 252 = SozR 4-2400 § 7 Nr. 17 mwN; zur Verfassungsmäßigkeit der Abgrenzung zwischen Beschäftigung und selbständiger Tätigkeit vgl. BVerfG BeckRS 9998, 22733 = NJW 1996, 2644.

[44] BSG NZS 2007, 648.

[45] *Hilger* RdA 1989, 1 (2).

[46] BAG AP BGB § 611 Abhängigkeit Nr. 26.

der Umstände des Einzelfalles **typologisch** vorzunehmen.[47] Dafür werden zahlreiche Merkmale und Kriterien herangezogen. Die für den Arbeitnehmer typischen Merkmale haben die Bedeutung von Kennzeichen und Indizien, um die Einordnung zu dem Typus des Unselbständigen zu tragen. Die Merkmale sind abstufbar und bis zu einem gewissen Grade gegeneinander austauschbar.

37 Auch § 611a Abs. 1 S. 5 BGB gibt vor, dass für die Feststellung, ob ein Arbeitsvertrag vorliegt, eine Gesamtbetrachtung aller Umstände vorzunehmen ist. Somit geht auch der Gesetzgeber davon aus, dass der Arbeitnehmer ein typologischer Begriff ist, der keinen fest umrissenen Inhalt hat, sondern stattdessen durch einen offenen Katalog von Kriterien auszufüllen ist, deren wichtigsten nun in § 611a Abs. 1 BGB verankert sind.[48] Daraus folgt, dass die in § 611a Abs. 1 BGB genannten Kriterien nicht vollständig vorliegen müssen, um die Existenz eines Arbeitsvertrages zu bejahen. Vielmehr knüpft der Gesetzgeber an einen Typus an, wie er ihn in der sozialen Wirklichkeit „sozialtypisch vorfindet",[49] so dass es in jedem Einzelfall einer Würdigung aller Merkmale bedarf.

38 Stimmen in der Lit.[50] kritisieren die typologische Methode, an der das BAG auch nach Inkrafttreten des § 611a BGB festzuhalten scheint.[51] Mit § 611a BGB sei die letzte Berechtigung der typologischen Begriffsbildung entfallen. Denn die ehemalige – seinerseits vom BVerfG gebilligte – Annahme des BAG, dass es außerstande sei, abstrakte Kriterien zur Bewertung des Arbeitnehmers zu etablieren, könne keine Gültigkeit mehr haben, wenn der Gesetzgeber diese Kriterien nunmehr normativ vorgebe.[52]

39 Diese Feststellung erübrigt jedoch nicht die Bestimmung des Interpretationsziels, an Hand dessen die Unterscheidung zwischen Selbständigen und Unselbständigen zu treffen ist. Dieses ist für die Abgrenzung des (selbständigen) Handelsvertreters von den unselbständigen Umsatzmittlern in Abs. 1 S. 2 gesetzlich festgelegt. Wesentlich ist die freie Gestaltung der Tätigkeit und der Arbeitszeit. **Leitfunktion** hat somit die vertraglich geregelte **Gestaltungsfreiheit** für die zu leistende Tätigkeit. Damit wird zwar terminologisch, nicht aber der Sache nach von der stRspr des BAG und der hL abgewichen, für die eine persönliche Abhängigkeit entscheidend ist. Wesentlich ist auch hiernach die freie Gestaltung von Art und Zeit der Tätigkeit.

40 Demgegenüber kann durch das **Merkmal der sozialen Schutzbedürftigkeit** die Abgrenzung **nicht verbessert** werden.[53] Insoweit handelt es sich um eine petitio principii, da mit der Abgrenzung zwischen Selbständigen und Unselbständigen gerade darüber entschieden wird, ob der soziale Schutz des Arbeitsrechts eingreifen soll oder es bei den allgemeinen Regelungen über die Handelsvertretertätigkeit verbleibt. Soweit die Abgrenzung an Hand der Lehre vom Unternehmerrisiko getroffen werden soll, setzt sich diese über den eindeutigen Gesetzeswortlaut hinweg. Außerhalb des Evidenzbereichs ist das Kriterium des Unternehmerrisikos auch nicht geeignet, zur angemessenen Lösung der Problemfälle beizutragen.[54]

---

[47] BAG AP BGB § 611 Abhängigkeit Nr. 34 mAnm *G. Küchenhoff, Otto* und *Wank*; *Herschel* Anm. zu BAG AP BGB § 611 Abhängigkeit Nr. 42 und 43; *Hilger* RdA 1989, 1 (2); *Martens* RdA 1979, 347 (348); *Otto* Anm. zu BAG AP BGB § 611 Abhängigkeit Nr. 34–36 zu I 3 a; *Rosenfelder,* Der arbeitsrechtliche Status des freien Mitarbeiters, 1982, 111 f.; MüKoBGB/*Spinner* BGB § 611a Rn. 88; *Wank,* Arbeitnehmer und Selbständige, 1988, 126; krit. *Heuberger,* Sachliche Abhängigkeit als Kriterium des Arbeitsverhältnisses, 1982, 127 ff.; *Stolterfoht,* Die Selbständigkeit des Handelsvertreters, 1973, 167 ff.

[48] BeckOK ArbR/*Joussen,* 53. Ed. 1.9.2019, BGB § 611a Rn. 30.

[49] *Deinert* RdA 2017, 65; BeckOK ArbR/*Joussen,* 53. Ed. 1.9.2019, BGB § 611a Rn. 30.

[50] *Preis* NZA 2018, 817 (821 ff.); *Richardi* NZA 2017, 36 (38); *Wank* AUR 2017, 140 (144); ErfK/*Preis* BGB § 611a Rn. 53.

[51] BAG NZA 2017, 1463 Rn. 24.

[52] *Preis* NZA 2018, 817; ErfK/*Preis* BGB § 611a Rn. 53 mwN; *Schneider* RdA 2018, 306.

[53] Ebenso EBJS/*Löwisch* Rn. 24; anders aber BAG ZIP 1997, 2208 (2209); 1997, 1714; LAG Nürnberg BB 1999, 793; so zur Abgrenzung von arbeitnehmerähnlichen Personen BGH BB 2003, 198 (199).

[54] Zur Kritik vgl. *Rosenfelder,* Der arbeitsrechtliche Status des freien Mitarbeiters, 1982, 159 ff.; s. auch *v. Hoyningen-Huene* BB 1987, 1730 (1732 f.), wonach dem Unternehmerrisiko für die Abgrenzung eine Indizfunktion zukommt, ohne selbst entscheidende Leitfunktion für die Abgrenzung zu haben.

4. Gemeinschaftsrechtlicher Arbeitnehmerbegriff. Auch im Gemeinschaftsrecht wird zwischen Arbeitnehmern und Selbständigen unterschieden (s. zB Art. 45, 49 AEUV, Art. 39, 43 EGV aF). Der Arbeitnehmerbegriff ist im Gemeinschaftsrecht jedoch nicht definiert und es existiert kein für das EU-Recht allgemeingültiger Arbeitnehmerbegriff.[55] Er ist vielmehr im jeweiligen Regelungszusammenhang auszulegen.[56] Im Rahmen des Art. 45 AEUV gilt der arbeitsrechtliche Arbeitnehmerbegriff, der vom EuGH unter Zustimmung der Lit. definiert ist.[57] Wesentliches Kriterium des Arbeitsverhältnisses ist danach auch im Gemeinschaftsrecht die **Weisungsgebundenheit** des Arbeitsnehmers.[58] Eine Tätigkeit nach Weisungen liegt dann vor, wenn eine Leistung für fremde Rechnung und auf fremdes Risiko erbracht wird. Es bestehen also insoweit keine Unterschiede zwischen dem gemeinschaftlichen und dem deutschen Arbeitnehmerbegriff.[59] 41

II. Beurteilungsgrundlage

Für die Beurteilung der Selbständigkeit ist weder isoliert auf die von den Parteien gewählte Einordnung des Vertrags[60] oder die von diesen gewählte Bezeichnung als Angestellter bzw. Handelsvertreter noch die tatsächliche Durchführung des Vertrags abzuheben. Dies folgt einerseits daraus, dass die Parteien nicht durch eine formale Etikettierung über die Anwendbarkeit zwingender Schutznormen des Handelsvertreter- bzw. allgemeinen Arbeitsrechts disponieren können.[61] Andererseits ist es aber auch nicht zulässig, durch eine von der vertraglichen Gestaltung abweichende tatsächliche Durchführung den Schutz arbeitsrechtlicher Vorschriften zu erschleichen. Entscheidend ist daher das **Gesamtbild** der Verhältnisse **unter Würdigung sowohl der vertraglichen Gestaltung als auch (entscheidend) der tatsächlichen Handhabung** des Vertrags (Schwerpunkttheorie).[62] 42

Die **Einordnung** ist dann unproblematisch, wenn sowohl die Vertragsgestaltung als auch die tatsächliche Durchführung für eine selbständige bzw. unselbständige Tätigkeit sprechen. Spricht die tatsächliche Gestaltung einer Tätigkeit gleichermaßen für eine abhängige Beschäftigung wie für eine selbständige Tätigkeit, so ist für die Beurteilung der in den vertraglichen Vereinbarungen zum Ausdruck kommende Wille der Vertragspartner maßgebend.[63] Umgekehrt kann dann, wenn der Vertrag sowohl in dem einen als auch in dem anderen Sinne auszulegen ist, auf Grund der tatsächlichen Handhabung die Entscheidung darüber getroffen werden, ob eine selbständige oder unselbständige Tätigkeit vorliegt.[64] 43

---

55 *Griebeling* NZA 1998, 1137 (1142); *Wank* in Hanau/Steinmeyer, Handbuch des europäischen Arbeits- und Sozialrechts, 2002, § 14 Rn. 1.

56 EuGH Slg. 1982, 1035 Rn. 9 – Levin; Slg. 1985, 2639 Rn. 23 – Mikkelsen.

57 EuGH Slg. 1964, 381 (396 f.) – Unger; Slg. 1982, 1035 Rn. 23 – Levin; *Wank* in Hanau/Steinmeyer, Handbuch des europäischen Arbeits- und Sozialrechts, 2002, § 14 Rn. 5 mwN.

58 EuGH Slg. 1986, 2121 Rn. 17 – Lawrie-Blum; Slg. 1986, 3205 Rn. 21 – Brown; Slg. 1992, 1054 Rn. 10 – V. J. M. Raulin.

59 Dazu *Griebeling* NZA 1998, 1137 (1142).

60 So aber *Stolterfoht,* Die Selbständigkeit des Handelsvertreters, 1973, 189 ff.

61 LAG Bln AP BGB § 611 Abhängigkeit Nr. 50 unter I 2 der Gründe; Heymann/*Stöber* Rn. 30; *Rosenfelder,* Der arbeitsrechtliche Status des freien Mitarbeiters, 1982, 122 ff.; *Wank,* Arbeitnehmer und Selbständige, 1988, 104 ff.

62 BAG AP HGB § 84 Nr. 1 mAnm *Küstner*; NZA 1999, 983 (984); BB 2000, 826 und 1469; DB 2008, 1575; LAG Bln AP BGB § 611 Abhängigkeit Nr. 50; LAG Nürnberg BB 1999, 783 (784); BGH AP HGB § 84 Nr. 2, 3 = NJW 1982, 1757; OLG Karlsruhe VersR 2007, 207; OLG Saarbrücken VersR 2005, 1388; Baumbach/Hopt/*Hopt* Rn. 36; Heymann/*Stöber* Rn. 30; *Rosenfelder,* Der arbeitsrechtliche Status des freien Mitarbeiters, 1982, 118 ff., 190 ff.; *Wank,* Arbeitnehmer und Selbständige, 1988, 102 ff.

63 BAG AP BGB § 611 Abhängigkeit Nr. 12 mAnm *Lieb* = SAE 1974, 248 mAnm *Mayer-Maly*; BSG AP BGB § 611 Abhängigkeit Nr. 29 und 30; *Heuberger,* Sachliche Abhängigkeit als Kriterium des Arbeitsverhältnisses, 1982, 190 ff.; *v. Hoyningen-Huene* BB 1987, 1734; krit. *Hilger* RdA 1989, 1 (6 f.).

64 BAG AP BGB § 611 Abhängigkeit Nr. 21 mAnm *Beuthien/Wehler*; DB 2008, 1575; *Wank,* Arbeitnehmer und Selbständige, 1988, 111.

44 Weichen Vertragsgestaltung und Vertragsdurchführung voneinander ab, ist die Beurteilung danach zu treffen, wie das Rechtsverhältnis nach objektiven Maßstäben praktiziert worden ist.[65] Gemäß § 611a Abs. 1 S. 6 BGB sowie der stRspr des BAG hat daher die **tatsächliche Vertragsdurchführung Vorrang vor der Vertragsgestaltung.**[66] Diese lässt einen Rückschluss darauf zu, dass der im Vertragstext zum Ausdruck gekommene Wille nicht dem tatsächlichen Willen der Parteien über die sich aus dem Rechtsverhältnis ergebenden Rechte und Pflichten entspricht[67] oder dass zumindest durch die tatsächliche Handhabung eine andere Einordnung konkludent vereinbart worden ist.[68] Lässt sich an Hand dieser Kriterien eine abschließende Beurteilung nicht treffen, dann muss darauf abgestellt werden, von welcher der beiden Arten von Erwerbstätigkeiten das Berufsleben der in Betracht kommenden Personen geprägt ist.[69]

45 Liegt nach Wortlaut und Gestaltung der vertraglichen Vereinbarungen eine selbständige Tätigkeit vor, nach der tatsächlichen Vertragsdurchführung aber ein abhängiges Arbeitsverhältnis, so handelt es sich um sog. **Scheinselbständigkeit.**[70] Diese genügt nicht dem zwingenden Merkmal der Selbständigkeit iSv Abs. 1 S. 2 und kann nicht von den zwingenden Rechtsfolgen des Abs. 2 befreien.[71] Zur Bekämpfung der in den letzten Jahren zunehmenden Scheinselbständigkeit wurden das zur Bekämpfung der Scheinselbständigkeit das Gesetz zu Korrekturen in der Sozialversicherung und zur Sicherung der Arbeitnehmerrechte vom 19.12.1998 (BGBl. 1998 I 3843), das Gesetz zur Förderung der Selbständigkeit vom 20.12.1999 (BGBl. 2000 I 2) sowie das Zweite Gesetz für moderne Dienstleistungen am Arbeitsmarkt („Hartz II") vom 23.12.2002 (BGBl. 2002 I 4621) erlassen, die aber teilweise wieder abgeändert worden sind (→ Rn. 61). Zuletzt hat sich der Gesetzgeber mit dem Thema der Scheinselbständigkeit durch Erlass des Gesetzes zur Änderung des Arbeitnehmerüberlassungsgesetzes und anderer Gesetze vom 21.2.2017 (BGBl. 2017 I 258) auseinandergesetzt.

III. Beurteilungskriterien

46 Bei der Entscheidung über die Frage der Selbständigkeit im Einzelfall ist auf eine Reihe von Kriterien zurückzugreifen, die für eine Einordnung Bedeutung gewinnen können.[72] Allerdings ist auch hier zu beachten, dass keines dieser Merkmale zwingend vorliegen muss, um von abhängiger oder selbständiger Tätigkeit sprechen zu können. Demzufolge gibt es ambivalente Merkmale, die sowohl bei Selbständigen als auch bei Arbeitnehmern gefunden werden können. Ausschlaggebend ist folglich stets eine **Gesamtschau** unter Berücksichtigung der Ausprägung im konkreten Fall.[73] Die dabei berücksichtigten Umstände müssen sich jeweils den in Abs. 1 S. 2 genannten Kriterien zuordnen lassen, auf die sich der Gesetzeswortlaut beschränkt.[74]

---

[65] BAG AP HGB § 88 Nr. 1 mAnm *Naendrup* = SAE 1973, 45 mAnm *Herschel*; AP BGB § 611 Abhängigkeit Nr. 34, 42, 50; Röhricht/Graf v. Westphalen/Haas/*Thume* Rn. 26.

[66] BAG AP BGB § 611 Abhängigkeit Nr. 123 Rn. 13; BB 2000, 1469; DB 2008, 1575; BSG AP BGB § 611 Abhängigkeit Nr. 29; *v. Hoyningen-Huene* BB 1987, 1730 (1734).

[67] BAG AP BGB § 611 Abhängigkeit Nr. 21 mAnm *Beuthien/Wehler*; *Rosenfelder*, Der arbeitsrechtliche Status des freien Mitarbeiters, 1982, 134 ff.; *Wank*, Arbeitnehmer und Selbständige, 1988, 111.

[68] *Rosenfelder*, Der arbeitsrechtliche Status des freien Mitarbeiters, 1982, 125 ff.; *Wank*, Arbeitnehmer und Selbständige, 1988, 111.

[69] BSG AP BGB § 611 Abhängigkeit Nr. 30; *v. Hoyningen-Huene* BB 1987, 1730 (1734).

[70] Vgl. BAG BB 1997, 2220; LAG Düsseldorf BB 1997, 891, 892; LAG BW BeckRS 2009, 63619; LAG München AuA 2008, 110; ausf. *Schmidt* in Schmidt/Schwerdtner, Scheinselbständigkeit, 2. Aufl. 2000, Rn. 429; *Goretzki/Hohmeister* BB 1999, 635; *Buchner* DB 1999, 146 f. Zum Begriff *Reiserer* DStR 2003, 292.

[71] BAG BB 1997, 2220; LAG Düsseldorf BB 1999, 891 (892); LG München BB 1997, 1762 f.; EBJS/*Löwisch* Rn. 28 mwN.

[72] Vgl. die Kriterien bei BGH NJW 1998, 2057; BAG DB 2008, 1575; LAG RhPf BeckRS 2006, 40042.

[73] BAG AP BGB § 611 BGB Abhängigkeit Nr. 121; BB 2000, 826; BGH ZIP 1998, 2176 (2178) m. Kurzkomm. *Plagemann* EWiR § 2 ArbGG 1/99, 99 = NJW 1998, 2057; BAG DB 2008, 1575; LAG Nürnberg ZIP 1999, 769; LG Osnabrück VersR 2000, 633.

[74] BAG NZA 2000, 481 (482); 2004, 39.

47 **1. Eingliederung in den Betrieb.** Anhaltspunkt für die Gestaltungsfreiheit ist insbesondere die organisatorische Eingliederung in den Betrieb des Unternehmers.[75] Der nicht selbständig Beschäftigte ist grundsätzlich in einem fremden Betrieb eingegliedert und hat fremdbestimmte Arbeit persönlich zu verrichten (§ 613 BGB). Die Eingliederung in einen fremden Wirtschaftsbetrieb steht im Gegensatz zur selbständigen Erwerbstätigkeit, weil dem Beschäftigten damit die Möglichkeit genommen wird, die von ihm zu verrichtende Tätigkeit frei zu gestalten.

48 Die Eingliederung in den Betrieb ist **nicht** immer **nur räumlich** zu verstehen. Auch wer ausschließlich in seiner eigenen Wohnung (zB Telearbeitnehmer; → § 59 Rn. 86 f.) oder außerhalb des Betriebs des Unternehmers arbeitet, kann aufgrund der Einordnung in die betriebliche Organisation Arbeitnehmer und damit Unselbständiger sein. Entscheidend ist auch in diesem Zusammenhang die **Verfügungsmöglichkeit über Arbeitszeit und Arbeitskraft.** Die Gestaltungsfreiheit kommt darin zum Ausdruck, dass der Unternehmer keinen Arbeitsplan, keine Mindestarbeitszeit und kein bestimmtes Arbeitspensum vorschreiben kann.[76] Diese Freiheiten sollen Recht des Handelsvertreters sein, selbst wenn seine Arbeitszeit weitgehend von den Wünschen der Kunden bestimmt wird. Es steht der Selbständigkeit nicht entgegen, wenn der Handelsvertreter in Kombination noch andere Tätigkeiten für den Unternehmer wahrnimmt, solange er bei der Ausübung der Vermittlungs- und Abschlusstätigkeit unabhängig ist.[77]

49 So wird die **Selbständigkeit** nicht berührt, wenn der Handelsvertreter Bürozeiten einhalten oder zu bestimmten Zeiten telefonisch erreichbar sein muss, wenn dies in seinem eigenen Interesse liegt oder wenn er im Hinblick auf die Berichtspflicht aus § 86 Abs. 2 sich zu regelmäßigen Zeiten im Büro des Unternehmers einzufinden hat bzw. laufende Meldungen über vermittelte Versicherungsverträge, monatliche Kassenabrechnungen sowie monatliche formularmäßige Meldungen über seine Tätigkeit abzugeben hat.[78] Auch steht die Ausübung der Handelsvertretertätigkeit **in den Geschäftsräumen** des Unternehmers nicht für sich allein der Selbständigkeit entgegen, wenn der Handelsvertreter seine Tätigkeit unabhängig ausüben kann.[79] **Gegen die Selbständigkeit** spricht jedoch der Umstand, dass der Unternehmer den Handelsvertreter jederzeit kurzfristig in den Innendienst berufen kann[80] oder der Handelsvertreter seine gesamte Arbeitskraft in den Dienst des Unternehmers stellen muss.[81] Deutliches Indiz für abhängige Tätigkeit ist es auch, wenn die Korrespondenz des Handelsvertreters auf Firmenpapier des Unternehmens unterzeichnet wird.[82] Ebenso führt eine hohe Inanspruchnahme der Arbeitskraft des Vertreters, seine Pflicht, Arbeitsunfähigkeitszeiten nachzuweisen, Schulungsveranstaltungen des Arbeitgebers zu besuchen und in kurzen Zeitabständen regelmäßig über seine Berufstätigkeit zu berichten, zu einer Eingliederung in den Betrieb des Unternehmers.[83]

50 **2. Weisungsgebundenheit.** Ein wesentliches Merkmal fehlender Gestaltungsfreiheit bei der Arbeit ist das Weisungsrecht des Arbeitgebers (§ 106 GewO), dem die Weisungsgebundenheit des Arbeitnehmers entspricht.[84] Gesetzlich untermauert wird die Bedeutung

[75] BAG AP BGB § 611 Abhängigkeit Nr. 11, 37, 38 mAnm *Stumpf*; DB 2008, 1575; LAG Bln AP BGB § 611 Abhängigkeit Nr. 50; *Hilger* RdA 1989, 1 (3); *v. Hoyningen-Huene* BB 1987, 1730 f.; *Wank*, Arbeitnehmer und Selbständige, 1988, 154 ff.

[76] BVerfG NJW 1978, 365; BAG DB 2008, 1575.

[77] EuGH BeckRS 2018, 29214 Rn. 37 ff.; s. dazu auch *Rohrßen* ZVertriebsR 2019, 153.

[78] BAG AP § 92 Nr. 2 = SAE 1966, 221 mAnm *G. Hueck*.

[79] EuGH BeckRS 2018, 29214.

[80] OLG Düsseldorf WM 1985, 524 (526).

[81] BAG AP BGB § 611 Abhängigkeit Nr. 35 mAnm *Otto* (I) und *Wank* (II).

[82] BAG AP § 92 Nr. 2 = SAE 1966, 221 mAnm *G. Hueck*.

[83] LAG Hamm LAGE BGB § 611 Arbeitnehmerbegriff Nr. 13.

[84] BAG AP BGB § 611 Abhängigkeit Nr. 45; NJW 1998, 3796; LAG Bln AP BGB § 611 Abhängigkeit Nr. 50; BAG NZA-RR 2007, 424; DB 2008, 1575; Baumbach/Hopt/*Hopt* Rn. 38; Erman/*Edenfeld* BGB § 611 Rn. 59 ff.; Heymann/*Stöber* Rn. 32; *v. Hoyningen-Huene* BB 1987, 1730 (1731 f.); MüKoBGB/*Spinner* BGB § 611a Rn. 91; Röhricht/Graf v. Westphalen/Haas/*Thume* Rn. 33; *Wank*, Arbeitnehmer und Selbständige, 1988, 145 ff.

der Weisungsgebundenheit als wesentliches Merkmal für die Einordnung als Arbeitnehmer durch § 611a Abs. 1 S. 2–4 BGB. § 611a Abs. 1 S. 2 BGB enthält die – gewiss nicht abschließende – Beschreibung des Weisungsrechts, wonach dieses Inhalt, Durchführung, Zeit und Ort der Tätigkeit betreffen kann. Ein Verweis auf § 106 GewO, der zentralen normativen Regelung des Direktionsrechts, wäre an dieser Stelle wünschenswert gewesen.[85] § 611a Abs. 1 S. 3 BGB definiert den Kern der die Abhängigkeit prägenden Weisungsbindung. Die Legaldefinition in § 106 Abs. 1 S. 3 BGB ist der Gegenspieler zu § 84 Abs. 2 S. 1 und dreht methodisch dessen Definition um, dem zufolge derjenige selbständig ist, wer im Wesentlichen frei seine Tätigkeit gestalten und seine Arbeitszeit bestimmen kann.

51 Auch bei einer abhängigen Beschäftigung iSv § 7 Abs. 1 SGB IV ist charakteristisches Merkmal die Tätigkeit nach Weisungen. Der hinreichende Grad persönlichen Abhängigkeit zeigt sich vor allem darin, dass der Beschäftigte einem Direktionsrecht seines Vertragspartners unterliegt, welches Inhalt, Durchführung, Zeit, Dauer, Ort oder sonstige Modalitäten der zu erbringenden Tätigkeit betreffen kann. Diese Weisungsgebundenheit kann – vornehmlich bei Diensten höherer Art – eingeschränkt und zur „funktionsgerecht dienenden Teilhabe am Arbeitsprozess" verfeinert sein.[86] Dabei lässt sich mit Hilfe des Begriffs der Weisungsgebundenheit eine abstrakte Differenzierung zwischen Arbeitnehmer und Handelsvertreter aber nicht erreichen. Denn auch der Handelsvertreter unterliegt den Weisungen des Unternehmers, die sich im Rahmen des Vertragsprogramms bewegen (s. § 86). Die Weisungsmöglichkeit folgt teils aus den §§ 675, 665 BGB und teils aus der in § 86 Abs. 1 verorteten „Interessenwahrnehmungspflicht".[87] Das Weisungsrecht besteht dem Grunde nach neben der in § 84 Abs. 2 S. 1 vorausgesetzten Selbständigkeit des Handelsvertreters und wird durch diese lediglich begrenzt.[88] Dafür ist das Weisungsinteresse des Unternehmers jeweils im konkreten Fall in Bezug auf dessen Umfang und Bezugspunkte gegen das Interesse des Handelsvertreters auf Selbständigkeit abzuwägen, wobei der Kernbereich der Selbständigkeit unangetastet bleiben muss.[89]

52 Näherungsweise lässt sich sagen, dass die Bezugspunkte des Weisungsrechts des Arbeitnehmers sich von denen des Handelsvertreters unterscheiden:

53 **Fachliche, ergebnisorientierte Weisungen** sind grundsätzlich mit der Selbständigkeit des Handelsvertreters vereinbar,[90] da auch etwa beim freien Dienstvertrag der Dienstnehmer die Art und den Inhalt der vom Dienstleistungsverpflichteten zu erbringenden Leistung bestimmt. Entscheidend für die Unselbständigkeit des Beschäftigten spricht hingegen ein **personenbezogenes und ablauforientiertes Weisungsrecht hinsichtlich der Umstände, unter denen die Leistung erbracht wird.**[91] Entscheidend kommt es aber auch hier auf eine Gesamtschau der Umstände des Einzelfalles an (zu den Grundsätzen → Rn. 36). Die fehlende Gestaltungsfreiheit kann sich insbesondere darin zeigen, dass der Arbeitgeber befugt ist, Ort und Zeit der Arbeitsleistung zu bestimmen sowie die arbeitsbegleitenden Verhaltensregeln aufzustellen.

54 Denn bei abhängiger Beschäftigung ist die **Arbeitszeit** regelmäßig **fremdbestimmt** und verbunden mit der Pflicht zum regelmäßigen Erscheinen. Demgegenüber ist Indiz für eine selbständige Tätigkeit die Möglichkeit, die Arbeitszeit frei einzuteilen (zur Arbeitszeit → Rn. 29). Der Handelsvertreter kann im Einzelfall verpflichtet werden, seine Urlaubspläne dem Prinzipal mitzuteilen; indes darf kein Genehmigungsvorbehalt vereinbart oder

---

[85] So auch *Preis/Wieg* AuR 2016, 313; ErfK/*Preis* BGB § 611a Rn. 33.

[86] BSG NZA-RR 2000, 434; NZA 2000, 550; *Schlegel* NZA-Beilage 2016, 13 (15); ErfK/*Rolfs* SGB IV § 7 Rn. 8.

[87] Vgl. nur BAG NZA 2000, 481 (483); OLG München ZVertriebsR 2020, 56 Rn. 18.

[88] Vgl. nur Flohr/Wauschkuhn/*Franke* § 86 Rn. 72.

[89] BGH NJW 1966, 882 (883); NJW-RR 1989, 862; 2007, 1327 Rn. 21.

[90] *Schürr* in Küstner/Thume VertriebsR-HdB I Kap. III Rn. 157; EBJS/*Löwisch* § 86 Rn. 24, 26; OLG Saarbrücken NJW-RR 2002, 542 (543); vgl. auch OLG Nürnberg BeckRS 2009, 23266.

[91] BAG AP BGB § 611 BGB Abhängigkeit Nr. 121; NZA 1998, 368 (369); BAGE 95, 324 (326); LAG München NZA-RR 2004, 365; *v. Hoyningen-Huene* BB 1987, 1730 (1731); *v. Hoyningen-Huene* Anm. zu BAG EzA BetrVG 1972 § 99 Nr. 102; *Wank,* Arbeitnehmer und Selbständige, 1988, 149.

ein solcher gelebt werden.[92] Ein Genehmigungsvorbehalt ist mit der Selbständigkeit des Handelsvertreters nicht vereinbar.[93] Große Bedeutung kommt der Weisungsgebundenheit über den Ort der Arbeitsleistung zu.[94] Bei abhängiger Beschäftigung ist die Arbeitsstätte regelmäßig fremdbestimmt, also meist im fremden Betrieb. Kann der Beschäftigte die **Arbeitsstätte** selbst wählen, so spricht dies für eine selbständige Tätigkeit. Freilich sind hier Ausnahmen möglich. Diese können sich beispielsweise aus der Eigenart einer Tätigkeit ergeben, denn wenn die Einschränkung der Gestaltungsfreiheit tätigkeitstypisch ist, kann ihr keine besondere Bedeutung zukommen.[95] Die Selbständigkeit kann durch Weisungen über Art und Umfang der Kundenbesuche sowie die Reiseroute berührt werden.[96] Eine abhängige Tätigkeit ist danach gegeben, wenn der Handelsvertreter bestimmte Tourenpläne einzuhalten, die Kunden in bestimmten Zeitabständen zu besuchen oder zu bestimmten Zeiten an bestimmten Orten anwesend zu sein hat.[97] Kann der Handelsvertreter hingegen frei entscheiden, welchen Kunden er in dem ihm zugewiesenen Bereich wann besuchen will, spricht dies für eine selbständige Tätigkeit.[98] Die Bereichszuweisung ist dabei regelmäßig unschädlich, da die Möglichkeit der Zuweisung eines Bezirks oder Kundenkreises im Gesetz angelegt ist (§ 87 Abs. 2, § 92a) und die dahingehende Vertragsregelung nur eine Konkretisierung der §§ 84 ff. darstellt.[99]

3. Mehrfachvertretung. Bei der Beurteilung der Gestaltungsfreiheit kann auch 55
berücksichtigt werden, ob dem Handelsvertreter die Möglichkeit der Mehrfachvertretung gegeben ist. Wer von mehreren Unternehmen betraut ist, kann in der Regel als selbständig beurteilt werden.[100] Daneben ist ein Nebenbeschäftigungsverbot Indiz für die Unselbständigkeit des Handelsvertreters. Dieses verstärkt nicht nur die wirtschaftliche Abhängigkeit von dem Unternehmer, sondern sichert diesem auch die Möglichkeit der tatsächlichen Einflussnahme auf die Arbeitsleistungen.[101] Allerdings lässt sich aus einem Nebentätigkeitsverbot nicht zwingend auf die Unselbständigkeit schließen, da das Gesetz selbst in § 92a von der Möglichkeit ausgeht, dem selbständigen Handelsvertreter die Tätigkeit für weitere Unternehmen zu untersagen.[102]

4. Einsatz von Erfüllungsgehilfen. Für die Eigenschaft als Selbständiger spricht 56
regelmäßig, wenn der Beschäftigte seinerseits Hilfskräfte für sich arbeiten und die ihm vertraglich obliegenden Leistungen durch Erfüllungsgehilfen erbringen lassen kann.[103] Das Recht zum Einsatz von Erfüllungsgehilfen ist nämlich unmittelbarer Ausdruck der **Freiheit, die eigene Tätigkeit selbstverantwortlich zu gestalten.** Ein Handelsvertreter ist daher als selbständig anzusehen, wenn für ihn zwar eine bestimmte Arbeitszeit vorgeschrieben ist, es aber in seinem freien Ermessen steht, die Tätigkeit selbst wahrzunehmen oder durch Personal zu erledigen. Insoweit kann er seine Arbeitszeit und die seiner Mitarbeiter im Rahmen der gesetzlichen Bestimmungen selbst festsetzen und den Einsatz im Innen- oder Außendienst selbst regeln.[104] Indiz für die Unselbständigkeit ist

[92] Vgl. LAG Hamm ZVertriebsR 2017, 392 (394).
[93] BAG NJW 2004, 461 (462).
[94] *Wank* in MSF VertriebsR-HdB § 13 Rn. 29.
[95] Vgl. zur Bindung an eine Arbeitsstätte BAG NZA-RR 2016, 344 (347).
[96] BAG AP HGB § 90a Nr. 1; OLG Stuttgart BB 1970, 1112; Heymann/*Stöber* Rn. 32.
[97] BAG NZA 1998, 364 (366); OLG Stuttgart BB 1970, 1112; LAG SchlH BeckRS 2006, 40253.
[98] ArbG München EzA BGB § 611 Arbeitnehmerbegriff Nr. 33.
[99] Vgl. BAG NZA 2000, 447; AP BGB § 611 Abhängigkeit Nr. 28; *Oberthür/Lohr* NZA 2001, 126 (131); NK-ArbR/*Schöne* BGB § 611 Rn. 93.
[100] Begr. zu § 84 Abs. 2, BT-Drs. 1/3856, 17; BAG AP BGB § 611 Abhängigkeit Nr. 44; OLG Celle BB 1958, 246; Baumbach/Hopt/*Hopt* Rn. 36; Heymann/*Stöber* Rn. 34; Staub/*Emde* Rn. 29. Der Einfirmenvertreter kann aber ebenfalls Handelsvertreter sein, so ArbG Lübeck BB 1996, 177.
[101] BGH AP HGB § 84 Nr. 2; LAG Bremen BeckRS 2008, 53677.
[102] BAG AP HGB § 92 Nr. 2 = SAE 1966, 221 mAnm *G. Hueck* = AR-Blattei Handelsgewerbe III Entsch. 89 mAnm *Gros*; LAG Hamm BeckRS 2000, 30784778.
[103] BAG AP HGB § 84 Nr. 1 mAnm *Küstner*; BB 2000, 826; BGH AP Nr. 3; ZIP 1998, 420 (421); DB 2003, 198; Staub/*Emde* Rn. 29; *Wank*, Arbeitnehmer und Selbständige, 1988, 162 f.
[104] BAG AP HGB § 84 Nr. 1; BGH AP HGB § 84 Nr. 3; BAG NZA 2004, 39; DB 2008, 1575.

es hingegen, wenn der Handlungsgehilfe seine Tätigkeit persönlich erbringen muss (vgl. § 613 BGB) und im Urlaub oder bei sonstiger Abwesenheit die laufenden Geschäfte durch Mitarbeiter des Unternehmers wahrgenommen werden.[105] Nicht für sich alleine für die Unselbständigkeit sprechend ist hingegen eine vertragliche Regelung, durch die sich der Unternehmer die Zustimmung zum Einsatz von Untervertretern durch den Handelsvertreter vorbehält.[106]

57 **5. Unternehmerrisiko.** Der abhängig beschäftigte Arbeitnehmer trägt grundsätzlich kein Entgeltrisiko, weil das Entgelt nach der Arbeitszeit, nicht aber nach dem Arbeitsergebnis bezahlt wird (Ausnahme Provision nach § 65). Demgegenüber trägt der Selbständige das eigene Unternehmerrisiko; er ist also vom Markt abhängig und kann demgemäß auch ohne Gewinn bleiben, falls keine Tätigkeit für ihn anfällt. Ein unternehmerisches Risiko ist **wesentliches Indiz** für eine selbständige Tätigkeit.[107] Für eine unselbständige Tätigkeit kann mithin der Umstand sprechen, dass der Auftragnehmer ohne nennenswertes eigenes Kapital sein Betriebskapital vom Auftraggeber gegen Entgelt gestellt bekommt.[108] Aber auch das Bestehen eines Unternehmerrisikos ist nicht schlechthin entscheidend, sondern nur im Rahmen der Würdigung des Gesamtbildes zu beachten.[109] Außerdem kann die Belastung mit Risiken nur dann für Selbständigkeit sprechen, wenn dem Unternehmerrisiko eine größere Freiheit bei der Gestaltung und der Bestimmung des Umfangs des Einsatzes der eigenen Arbeitskraft gegenübersteht. Wird ein Erwerbstätiger, der im Übrigen nach der Gestaltung des Vertragsverhältnisses als Arbeitnehmer einzustufen wäre, mit zusätzlichen Risiken belastet, so vermag dies noch keine Selbständigkeit zu begründen,[110] sondern geradezu die Anwendbarkeit arbeitsrechtlicher Schutznormen erfordern.

58 **6. Wirtschaftliche Abhängigkeit.** Nicht entscheidend ist die wirtschaftliche Abhängigkeit für die Abgrenzung von Selbständigen und Unselbständigen.[111] Auch § 611a BGB zieht diese nicht heran. Die wirtschaftliche Abhängigkeit ist zwar charakteristisches Merkmal der abhängigen Beschäftigung, sie kann aber auch beim selbständig Tätigen vorhanden sein.[112] Lässt somit die wirtschaftliche Abhängigkeit eine zwingende Unterscheidung nicht zu, kann umgekehrt aus der **wirtschaftlichen Unabhängigkeit** regelmäßig auf die **Selbständigkeit** geschlossen werden. Wirtschaftliche Unabhängigkeit lässt regelmäßig den für die Gestaltungsfreiheit nötigen Spielraum.[113]

59 **7. Formale Kriterien.** Auch formalen Kriterien kann im Rahmen der Gesamtabwägung bei der Abgrenzung zwischen Selbständigkeit und Unselbständigkeit Bedeutung zukommen. Lässt die vertragliche Vereinbarung oder die tatsächliche Durchführung eine eindeutige Einordnung zu, können formale Kriterien im Rahmen der Gesamtabwägung eher vernachlässigt werden. Bestehen nach der Gesamtabwägung noch Zweifel im Hinblick auf die rechtliche Einordnung, dann kann an Hand der formalen Kriterien darauf geschlos-

[105] BAG AP HGB § 84 Nr. 2.
[106] LAG Hamm ZVertriebsR 2017, 392 (394).
[107] BVerfG NJW 1978, 365; BAG AP BGB § 611 Abhängigkeit Nr. 37; AP BGB § 611 Ärzte, Gehaltsanspruch Nr. 24 mAnm *Molitor*; BSG AP BGB § 611 Abhängigkeit Nr. 27 und 29; OLG Saarbrücken VersR 2005, 1388; Heymann/*Stöber* Rn. 37; *Schürr* in Küstner/Thume VertriebsR-HdB I Rn. 71 ff.; Röhricht/Graf v. Westphalen/Haas/*Thume* Rn. 37; *Wank*, Arbeitnehmer und Selbständige, 1988, 122 ff., 261 ff.
[108] LAG Köln ZVertriebsR 2019, 119.
[109] AA *Wank* DB 1992, 90.
[110] *v. Hoyningen-Huene* BB 1987, 1730 (1733); *Heuberger, Sachliche Abhängigkeit als Kriterium des Arbeitsverhältnisses, 1982*, 60 f. Vgl. auch BGH AP HGB § 84 Nr. 2 unter II 2.
[111] BAG AP BGB § 611 Abhängigkeit Nr. 6 mAnm *Schnorr* Nr. 42, 45; AP BGB § 611 Lehrer, Dozenten Nr. 32; DB 2008, 1575; Erman/*Edenfeld* BGB § 611 Rn. 58; Baumbach/Hopt/*Hopt* Rn. 35; *v. Hoyningen-Huene* BB 1987, 1730 (1733); MüKoBGB/*Spinner* BGB § 611a Rn. 103; aA *Beuthien* RdA 1979, 2 (5); *Ranke* AuR 1979, 9 (15 ff.); *Wank*, Arbeitnehmer und Selbständige, 1988, 125 ff.
[112] *Hilger* RdA 1989, 1 (5 f.); *v. Hoyningen-Huene* BB 1987, 1730 (1733).
[113] BAGE 95, 324 (328) = NZA 2001, 210.

sen werden, ob nach den vertraglichen Vereinbarungen eine selbständige oder unselbständige Tätigkeit gewollt war.

Für eine selbständige Tätigkeit sprechen **reine Provisionszahlungen** ohne festes Entgelt,[114] ein Honorar nebst Umsatzsteuer für die erbrachten Leistungen nach festen Gebührenvorschriften, wie etwa bei Architekten, Steuerberatern, Rechtsanwälten oder Ärzten;[115] eine kaufmännische Buchführung;[116] Eintragung einer Firma in das Handelsregister;[117] eigene Geschäftsräume;[118] eigene Unternehmensorganisation;[119] eine Gewerbeanmeldung;[120] Zahlung von Umsatz- und Gewerbesteuer;[121] sowie die Zahlung von Beiträgen an die IHK.[122] Demgegenüber deutet die **Abführung von Lohnsteuer und Sozialversicherungsbeiträgen** durch den Unternehmer auf eine unselbständige Tätigkeit hin;[123] ebenso wie die Gewährung von Erholungsurlaub durch den Unternehmer an den Beschäftigten;[124] sowie die Übergabe von Arbeitspapieren, insbesondere der Lohnsteuerkarte, durch den Beschäftigten an den Unternehmer.[125] Die Art der Vergütung (zB Stundensätze) spielt keine entscheidende Rolle, weil die Art der Dienstleistung entscheidend ist.[126] 60

8. Sozialversicherungsrechtliche Normen. § 2 S. 1 Nr. 9 SGB VI betrifft die Rentenversicherungspflicht von **arbeitnehmerähnlichen Selbständigen** und soll verhindern, dass durch die Überführung von Beschäftigten in arbeitnehmerähnliche selbständige Tätigkeiten die Anzahl rentenversicherungspflichtiger Personen abnimmt.[127] Bezüglich § 2 S. 1 Nr. 9 SGB VI idF des Korrekturgesetzes vom 19.12.1998 (BGBl. 1998 I 3843) sowie des Gesetzes zur Förderung der Selbständigkeit vom 20.12.1999 (BGBl. 2000 I 2) wurde die Ansicht vertreten, dass die dort aufgeführten Tatbestandselemente für das Vorliegen arbeitnehmerähnlicher Selbständigkeit die in § 84 Abs. 1 S. 2 vorhandene Definition der Selbständigkeit konkretisieren. Daraus wurde teilweise gefolgert, dass ein Handelsvertreter, der gem. § 2 S. 1 Nr. 9 SGB VI als arbeitnehmerähnlicher Selbständiger eingestuft wird, nicht selbständig iSv § 84 Abs. 1 S. 2 sein kann.[128] Dieser Ansicht kann jedoch nicht gefolgt werden.[129] Dem steht der Wille des Gesetzgebers[130] entgegen sowie die Tatsache, dass es sich auch bei § 2 S. 1 Nr. 9 SGB VI um eine spezifisch sozialversicherungsrechtliche Regelung handelt.[131] Durch das zweite „Hartz-Gesetz" ergaben sich keine Änderungen, die bei § 2 S. 1 Nr. 9 SGB VI in diesem Zusammenhang von Relevanz wären. Mit denselben Erwägungen sind auch für die Vorschrift des § 2 S. 1 Nr. 10 SGB VI Auswirkungen auf den Begriff der Selbständigkeit iSv § 84 Abs. 1 S. 2 abzulehnen. 61

---

114 BGH AP HGB § 84 Nr. 3 = NJW 1982, 1757 (1758); OLG Karlsruhe VersR 2007, 207 (208); LAG Bln AP BGB § 611 Abhängigkeit Nr. 44, 50; *v. Hoyningen-Huene* BB 1987, 1730 (1733). Vgl. auch *Heuberger,* Sachliche Abhängigkeit als Kriterium des Arbeitsverhältnisses, 1982, 189, der zutr. darauf hinweist, dass eine Beschäftigung auf Provisionsbasis dann noch keine Selbständigkeit begründen kann, wenn dieser Vertragsform Elemente gegenüberstehen, die eine weitgehende Einschränkung der Gestaltungsfreiheit bewirken.

115 *v. Hoyningen-Huene* BB 1987, 1730 (1733); BGH AP Nr. 3 = NJW 1982, 1757 (1758).

116 BGH AP HGB § 84 Nr. 3 = NJW 1982, 1757 (1758); Baumbach/Hopt/*Hopt* Rn. 36.

117 GK-HGB/*Genzow* Rn. 16; Heymann/*Stöber* Rn. 38.

118 BAG AP HGB § 84 Nr. 1.

119 *Wank,* Arbeitnehmer und Selbständige, 1988, 163 f.

120 BGH AP HGB § 84 Nr. 3 = NJW 1982, 1757 (1758).

121 OLG Koblenz VersR 2007, 1222 (1223); GK-HGB/*Genzow* Rn. 16; Heymann/*Stöber* Rn. 38.

122 RAG WarnRspr. 1936 Nr. 179.

123 OLG Düsseldorf WM 1985, 524 (526); LAG Nürnberg BB 1999, 793 (794) m. zust. Anm. *Plagemann* EWiR § 84 HGB 1/99, 363.

124 LAG Bln AP BGB § 611 Abhängigkeit Nr. 44; *v. Hoyningen-Huene* BB 1987, 1730 (1733). Zu Urlaubssperrklauseln BAG NJW 2004, 461.

125 LAG Bln AP BGB § 611 Abhängigkeit Nr. 44.

126 BAG NZA 2012, 731 Rn. 28.

127 BT-Drs. 14/45, 20; vgl. auch *Leuchten/Zimmer* DB 1999, 381 (383).

128 *v. Westphalen* ZIP 1999, 1083 (1084 f.).

129 So auch *Goretzki/Hohmeister* BB 1999, 635 (636); *Löwisch* BB 1999, 102 (106); *Thume* BB 1999, 2309 (2310).

130 BT-Drs. 14/45, 1 (19); 14/1855, 1 (6); so auch *Thume* BB 1999, 2309 (2310).

131 BT-Drs. 14/45, 1 (20); *Buchner* DB 1999, 146 (149); *Goretzki/Hohmeister* BB 1999, 635 (636).

IV. Zusammenfassung

62 Die Abgrenzung von selbständiger und unselbständiger Tätigkeit richtet sich nach dem **Grad der Gestaltungsfreiheit.** Dieser Grundsatz kommt auch in § 611a Abs. 1 BGB zum Ausdruck. Die selbständige Tätigkeit ist dadurch gekennzeichnet, dass der Beschäftigte im Wesentlichen seine Tätigkeit und Arbeitszeit frei gestalten kann (Abs. 1 S. 2). Im Einzelfall ist dies unter Berücksichtigung aller **maßgeblichen Umstände nach der Gesamtsituation** zu beurteilen. Entscheidend sind hierfür die Vertragsgestaltung sowie die tatsächliche Vertragsdurchführung. Trotz entgegenstehender Bezeichnung liegt daher eine abhängige Beschäftigung vor, wenn auf Grund verschiedener Indizien eine Eingliederung in einen fremden Betrieb und damit die Gebundenheit hinsichtlich Tätigkeit und Arbeitszeit festgestellt werden kann. Bedeutsames Abgrenzungskriterium ist dabei die für Arbeitnehmer typische Weisungsgebundenheit hinsichtlich Zeit, Ort und Dauer der Tätigkeit (§ 611a Abs. 1 S. 2 BGB).[132] Bei Diensten höherer Art tritt die Weisungsgebundenheit in den Hintergrund. Hier kommt es in erster Linie darauf an, ob der Mitarbeiter durch Beteiligung an Verlust und Gewinn ein Unternehmerrisiko trägt.

V. Feststellung der Selbständigen- bzw. Arbeitnehmereigenschaft

63 Ob tatsächlich eine selbständige Tätigkeit vorliegt oder ob der Selbständige eigentlich Arbeitnehmer ist, kann durch Gerichts- oder Verwaltungsverfahren **festgestellt** werden.

64 **1. Gerichtsverfahren.** Für eine gerichtliche Feststellung kommen die arbeitsgerichtliche Statusklage sowie die Feststellungs- und Leistungsklage in Betracht. Die arbeitsgerichtliche Statusklage ist eine (Feststellungs-)Klage, mittels derer das Vorliegen eines Arbeitsverhältnisses geklärt werden soll.[133] Auch im Rahmen der allgemeinen Feststellungs- oder Leistungsklage kann die Arbeitnehmereigenschaft Streitgegenstand sein oder inzident geprüft werden.[134] Die **Rechtswegzuständigkeit** richtet sich nach § 2 Abs. 1 Nr. 3 ArbGG. Voraussetzung für die Zuständigkeit der Arbeitsgerichte ist, dass es sich bei den Parteien um Arbeitnehmer und Arbeitgeber handelt. Hängt der Erfolg der Klage von der Arbeitnehmereigenschaft des Klägers ab (zB Statusklage),[135] so genügt allein die Behauptung der Arbeitnehmereigenschaft.[136] Entscheidend für die Beurteilung sind die Umstände im Zeitpunkt des Entstehens des eingeklagten Anspruchs.[137] Auf die Gegenwart bezogene Statusklagen auf Feststellung der Arbeitnehmereigenschaft sind ohne weiteres zulässig. Das gem. § 256 Abs. 1 ZPO notwendige **Feststellungsinteresse** ergibt sich daraus, dass bei Bestehen eines Arbeitsverhältnisses die zwingenden Normen des Arbeitsrechts anzuwenden sind.[138] Zulässig sind ferner vergangenheitsbezogene Feststellungsklagen, soweit sich aus der Feststellung Folgen für Gegenwart oder Zukunft ergeben. Nicht ausreichend ist, dass sich derartige Folgen ergeben können.[139] Unzulässig ist dagegen die ausschließlich vergangenheitsbezogene Statusklage.[140]

65 **2. Verwaltungsverfahren, insbesondere Anfrageverfahren gem. § 7a SGB IV.** Im Übrigen besteht schon vor einem Arbeitsgerichtsprozess die Möglichkeit einer Anerken-

---

[132] BGH ZIP 1998, 2176 (2178); ArbG Passau BB 1998, 1266.
[133] *Reinecke* RdA 2001, 357; zur Statusklage *Hochrathner* NZA 1999, 1016; *Hohmeister* NZA 1999, 1009; *Ziemann* MDR 1999, 513.
[134] *Reinecke* RdA 2001, 357 (358); *Ziemann* MDR 1999, 513.
[135] BAG NZA 1996, 1005; 1999, 1175; 2001, 341; s. auch BVerfG NZA 1999, 1234.
[136] BGH NJW 1996, 3012 f.; DB 1997, 767; OLG Düsseldorf OLGR 1997, 128; BAG MDR 1996, 1042; EWiR § 5 ArbGG 4/96, 1109 m. Kurzkomm. *Künzl*; EWiR § 17 GVG 1/97, 525 m. Kurzkomm. *Wank*; ZIP 1997, 1714; LAG Köln MDR 1998, 752; LAG München MDR 1998, 784; zum Ganzen *Ziemann* MDR 1999, 513 (515 ff.).
[137] BGH NJW 1999, 648 (650 f.).
[138] BAG AP ZPO 1977 § 256 Nr. 53; EzA ZPO § 256 Nr. 53.
[139] BAG AP ZPO 1977 § 256 Nr. 53; NZA 2000, 775; aA *Hochrathner* NZA 2000, 1083 (1084).
[140] BAG AP ZPO 1977 § 256 Nr. 41, 53; NZA 2000, 775.

nung der Beschäftigteneigenschaft, etwa wenn gem. § 7a SGB IV[141] von der Deutschen Rentenversicherung Bund das Vorliegen eines Beschäftigungsverhältnisses festgestellt wurde. Das Anfrageverfahren gem. § 7a SGB IV soll eine schnelle und unkomplizierte Klärung der Statusfrage ermöglichen sowie divergierende Entscheidungen verhindern. Es handelt sich aber um ein sozialversicherungsrechtliches Verfahren, dh die Feststellung bezieht sich auf das (Nicht-)Vorliegen einer Beschäftigung im sozialversicherungsrechtlichen Sinne (§ 7 Abs. 1 SGB IV), nicht aber eines Arbeitsverhältnisses.[142] Die Entscheidung der Deutschen Rentenversicherung Bund kann für die Frage, ob Selbständigkeit iSv § 84 Abs. 1 S. 2 vorliegt allenfalls indizielle Bedeutung haben.[143] Die Arbeitnehmer- bzw. Handelsvertretereigenschaft wird für das Arbeits- bzw. Handelsvertreterrecht jedoch nur von den zuständigen Gerichten festgestellt.[144]

D. Der selbständige Handelsvertreter

I. Begriff des Handelsvertreters

1. Selbständigkeit. Selbständig ist ein Handelsvertreter nach Abs. 1 S. 1, wenn er im 66
Wesentlichen frei seine Tätigkeit gestalten und seine Arbeitszeit bestimmen kann (wegen der Einzelheiten → Rn. 28 ff.). Dieses Kriterium für die Abgrenzung des selbständigen Handelsvertreters vom Angestellten erlangt nur Bedeutung für natürliche Personen, nicht aber für juristische Personen und Personengemeinschaften. Letztere sind stets selbständig iSv Abs. 1 S. 2, weil die Arbeitnehmereigenschaft nur natürlichen Personen zukommen kann (→ Rn. 25 f.). Daher ist eine Handelsvertreter-GmbH auch dann selbständiger Handelsvertreter iSv §§ 84 ff., wenn das Vertragsverhältnis als abhängiges Unternehmen iSv § 17 Abs. 1 AktG zum herrschenden Unternehmen besteht.[145]

2. Gewerbe/Kaufmannseigenschaft. a) Gewerbsmäßige Tätigkeit. Voraussetzung für die Handelsvertretereigenschaft ist neben der Selbständigkeit die gewerbsmäßige 67
Tätigkeit. Diese verlangt die **Ausübung einer berufsmäßigen Tätigkeit am Markt mit der Absicht dauernder Gewinnerzielung**[146] (zu den Einzelheiten → § 1 Rn. 1 ff.). Die Tätigkeit muss also auf Dauer angelegt (zum Tatbestandsmerkmal „ständig" demgegenüber → Rn. 69 ff.) und darf nicht auf gelegentliche Geschäfte beschränkt sein. Die unentgeltliche Tätigkeit im Einzelfall schließt die Absicht dauernder Gewinnerzielung nicht aus.[147] Die Vermittlung oder der Abschluss von Geschäften für einen anderen ist auch dann kein freier Beruf, wenn im Einzelfall die wissenschaftliche oder geistige Leistung des Vermittlers[148] ausschlaggebend war. Auch die hochqualifizierte Beratungstätigkeit eines Ärztepropagandisten, die auf wissenschaftlicher Grundlage beruht, ist als gewerblich zu beurteilen.[149]

b) Handelsgewerbe und Kaufmann. Der Handelsvertreter betreibt gem. § 84 Abs. 1 68
ein Gewerbe und ist daher nach § 1 Abs. 1 iVm Abs. 2 kraft Gesetzes Kaufmann, sofern sein Unternehmen nach Art und Umfang einen in kaufmännischer Weise eingerichteten Geschäftsbetrieb erfordert.[150] Gem. § 2 ist der Handelsvertreter auch Kaufmann, wenn er

141 Dazu *Reiserer/Freckmann/Träumer,* Scheinselbständigkeit, geringfügige Beschäftigung, 2002, Rn. 207 ff.; *Reiserer/Freckmann,* Freie Mitarbeit und Mini-Jobs nach der Hartz-Reform, 2003, Rn. 177 ff.; *Reiserer/Freckmann* NJW 2003, 180 (182).

142 *Reiserer/Freckmann* NJW 2003, 180 (182).

143 BAG NZA 1999, 983 (984); BSG NZA-RR 1999, 376 (378).

144 BAG NZA 1999, 983 (984); BSG NZA-RR 1999, 376 (378).

145 Näher *Emde,* Die Handelsvertreter-GmbH, 1994, 87 ff.

146 BAG AP § 161 Nr. 9 mAnm *Hirte;* BGHZ 74, 273 (276 f.); 95, 155 (157).

147 EBJS/*Löwisch* Rn. 18; aA Oetker/*Busche* Rn. 24.

148 Zu diesem Kriterium für die Abgrenzung der gewerblichen Tätigkeit vom freien Beruf vgl. Heymann/*Förster* § 1 Rn. 33 ff.

149 *Neflin* DB 1961, 833.

150 Dazu EBJS/*Kindler* § 1 Rn. 42 ff.

ins Handelsregister eingetragen ist. Liegt keiner dieser Fälle vor, so findet gem. § 84 Abs. 4 das Handelsvertreterrecht der §§ 84 ff. trotzdem Anwendung; der Handelsvertreter ist in diesem Fall aber kein Kaufmann (§ 1 Abs. 2). Der kleingewerbliche Handelsvertreter bleibt damit geschützt, auch wenn er als Nichtkaufmann sonst nicht dem HGB unterfällt.[151]

69 **3. Ständige Betrauung.** Der Handelsvertreter muss mit seiner Tätigkeit durch den Unternehmer ständig betraut sein. Es handelt sich hierbei um ein eigenständiges Tatbestandsmerkmal, das nicht mit dem der gewerbsmäßigen Tätigkeit verwechselt werden darf. Das heißt, auch derjenige, der gewerbsmäßig tätig ist, muss nicht ständig damit betraut sein, für den Unternehmer Geschäfte zu vermitteln oder abzuschließen.

70 **a) Betrauung.** Der rechtlich farblose Ausdruck des „Betrauens" wurde vom Gesetzgeber verwandt, um der Beurteilung der Rechtsnatur des Vertragsverhältnisses zwischen Handelsvertreter und Unternehmer nicht vorzugreifen.[152] Inzwischen entspricht es allgemeiner Auffassung, dass der Handelsvertretertätigkeit ein **Dienstvertrag** zugrunde liegt, der eine **Geschäftsbesorgung** zum Gegenstand hat (§§ 611 ff., 675 BGB). Der Begriff „betraut" ist daher gleichbedeutend mit beauftragt iSv § 675 BGB.[153] Mithin wird der Handelsvertreter vom Unternehmer damit beauftragt, sich ständig um die Vermittlung bzw. den Abschluss von Geschäften zu bemühen (§ 86 Abs. 1); den Handelsvertreter trifft mithin eine Tätigkeitspflicht.

71 **b) Ständigkeit.** Die Ständigkeit muss sich nicht auf das Tätigwerden, sondern den Inhalt des Vertrags beziehen.[154] Gegenstand muss also ein **Dauerschuldverhältnis** sein, demzufolge der Betraute eine unbestimmte Vielzahl von Geschäften für den Unternehmer abschließen oder vermitteln soll.[155] Eine bestimmte Zeitdauer oder gar ein langfristiger bzw. auf unbestimmte Zeit geschlossener Vertrag ist hierfür nicht erforderlich. Im Einzelfall genügt die Betrauung für eine Saison, eine Kampagne oder die Dauer einer Messe bzw. Ausstellung, wenn der Betraute zu der Vermittlung bzw. dem Abschluss einer unbestimmten Vielzahl von Geschäften verpflichtet ist.[156] Sollte er dagegen eine bestimmte Anzahl von einzelnen Geschäften vermitteln oder nur gelegentlich – also sporadisch von Fall zu Fall – für den Unternehmer tätig werden, liegt ein Handelsvertretervertrag nicht vor (bei Gewerbsmäßigkeit uU Handelsmakler, ansonsten Gelegenheitsvertreter). Dies gilt auch dann, wenn die Vermittlung dieser Geschäfte eine längere Tätigkeit des Beauftragten erforderlich macht.[157]

72 **4. Geschäftsvermittlung/Geschäftsabschluss für andere Unternehmer. a) Geschäftsvermittlung.** Eine **Vermittlungstätigkeit** wird entfaltet, wenn der Handelsvertreter den Abschluss von Geschäften **durch Einwirkung auf den Dritten fördert,** dh den Geschäftsabschluss vorbereitet, ermöglicht oder herbeiführt.[158] Mitursächlichkeit genügt, wenn der Handelsvertreter die von ihm vertraglich geforderte Tätigkeit entfaltet hat.[159] Daher ist es unschädlich, wenn nicht allein die Bemühung des Handelsvertreters, sondern erst zusätzliche Anstrengungen des Unternehmers oder eines von diesem Beauftragten zum Geschäftsabschluss geführt haben, zB wenn der Handelsvertreter nur die zum Vertragsschluss führenden Verhandlungen veranlasst hat[160] oder durch Werbemaßnahmen des Unternehmers der Dritte veranlasst worden ist, an den Handelsvertreter heranzutreten.[161] Dagegen

151 Zur Abgrenzung *Emde* RIW 2003, 509.
152 Begr. RegE eines Gesetzes zur Änderung des HGB (Recht der Handelsvertreter), BT-Drs. 1/3856, 15.
153 Baumbach/Hopt/*Hopt* Rn. 41.
154 Begr. RegE eines Gesetzes zur Änderung des HGB (Recht der Handelsvertreter), BT-Drs. 1/3856, 16; Heymann/*Stöber* Rn. 52.
155 OLG Nürnberg NJW 1957, 1720; OLG Bamberg BB 1965, 1167.
156 OLG Nürnberg NJW 1957, 1720; Röhricht/Graf v. Westphalen/Haas/*Thume* Rn. 9.
157 OLG Nürnberg NJW 1957, 1720; OLG Hamburg NJW-RR 1996, 869; *Schürr* in Küstner/Thume VertriebsR-HdB I Kap. I Rn. 17, 197.
158 BGH AP HGB § 84 Nr. 4 unter III 2; Umstände, die für eine Vermittlungstätigkeit sprechen, s. OLG Köln VersR 1998, 760; Baumbach/Hopt/*Hopt* Rn. 22; Heymann/*Stöber* Rn. 40.
159 BAG BB 1971, 492; BGH AP HGB § 84 Nr. 3; BB 2006, 1300 (1301).
160 BAG DB 1969, 266.
161 BGH AP HGB § 84 Nr. 3 unter II 1 c.

ist es für die Einordnung als Handelsvertreter nicht erforderlich, dass er über die Möglichkeit verfügen muss, die Preise der Vertragsprodukte zu ändern.[162]

Der Handelsvertreter vermittelt nur dann, wenn er mittelbar oder unmittelbar auf den Dritten einwirkt, um einen Geschäftsabschluss herbeizuführen.[163] Hierzu bedarf es keines persönlichen Auftretens gegenüber dem Dritten. Es genügt, wenn der Handelsvertreter **Untervertreter** leitet und beaufsichtigt, die gegenüber dem Dritten eine Vermittlungstätigkeit entfalten.[164] Insoweit ist auch ein mehrfach gestuftes Vertreterverhältnis denkbar, bei dem die vom (General-)Handelsvertreter geleiteten und beaufsichtigten Vertreter ihrerseits Untervertreter einsetzen, die erst den Kontakt zu Dritten zwecks Förderung von Geschäftsabschlüssen herstellen. Zum online tätigen Handelsvertreter → Rn. 13. S. weiter → Rn. 78. 73

Eine Vermittlungstätigkeit wird hingegen nicht entfaltet, wenn der Beauftragte dem Unternehmer **lediglich Personen benennt,** die zu einem Vertragsabschluss bereit oder an einem solchen interessiert sind.[165] Es reicht ebenfalls nicht aus, wenn der Handelsvertreter nur auf den Unternehmer einwirkt, damit dieser das Angebot eines nicht von ihm vermittelten Kunden annimmt. 74

Ein Vermitteln erfordert weiterhin die **Förderung eines konkreten Geschäftsabschlusses** durch den Handelsvertreter.[166] Es reicht nicht aus, wenn der Beauftragte für einen Unternehmer oder dessen Produkte nur allgemein wirbt oder Kaufanreize hervorruft, ohne einen konkreten Geschäftsabschluss anzustreben.[167] Die bloße Kontaktpflege und Betreuung fällt ebenso wenig unter eine Vermittlungstätigkeit iSv § 84 wie die Herstellung allgemeiner Geschäftsbeziehungen zwischen dem Unternehmer und einem Dritten.[168] Daher sind die Ärztepropagandisten der Arzneimittelhersteller keine Handelsvertreter, wenn sie lediglich Ärzte auf Heilmittel hinweisen,[169] weil es hier zumindest der Förderung eines konkreten Geschäftsabschlusses ermangelt. Vermittlungstätigkeit wird jedoch entfaltet, wenn Apotheken unmittelbar für den Bezug von Arzneimitteln geworben werden.[170] Auch in dem Betreiben einer Online-Plattform kann eine Vermittlungstätigkeit zu sehen sein → Rn. 13. 75

Soweit der Handelsvertreter den Abschluss eines konkreten Geschäfts fördert, kommt es nicht darauf an, ob es hierzu eines **besonderen, werbenden Aufwands** bedarf oder die Vermittlung keine besondere Mühe erfordert. Es genügt, wenn die Tätigkeit des Beauftragten sich darauf beschränkt, die abschlussbereiten Parteien zusammenzubringen,[171] zB den Kaufgegenstand in seinen Geschäftsräumen oder an seinem Verkaufsstand bereitzuhalten.[172] In der Rspr. sind daher beispielsweise als Handelsvertreter anerkannt worden: Der Pächter einer Selbstbedienungs-Tankstelle;[173] der Leiter einer Lotto-Annahmestelle;[174] der Betreiber einer Vorverkaufsstelle,[175] eines Reisebüros,[176] eines Verkaufsstands für Markenar- 76

---

162 EuGH ZVertriebsR 2020, 252 mAnm *Kutscher-Puis* ZVertriebsR 2020, 255.
163 Begr. RegE eines Gesetzes zur Änderung des HGB (Recht der Handelsvertreter), BT-Drs. 1/3856, 15.
164 BGHZ 56, 290 (293) = NJW 1971, 1610; BGHZ 59, 87 (93) = NJW 1972, 1662; BGH ZIP 1998, 420 (421).
165 Begr. RegE eines Gesetzes zur Änderung des HGB (Recht der Handelsvertreter), BT-Drs. 1/3856, 15.
166 *Schürr* in Küstner/Thume VertriebsR-HdB I Kap. I Rn. 29.
167 LG Bielefeld BB 1975, 7 (8); OLG Hamm HVR (2000) Nr. 970.
168 BGH AP HGB § 84 Nr. 4 zu III 2.
169 LG Dortmund DB 1971, 524; Baumbach/Hopt/*Hopt* Rn. 23; Heymann/*Stöber* Rn. 41; Staub/*Emde* Rn. 57; aA *Neflin* DB 1961, 833 f.
170 BGH NJW 1984, 2695.
171 BGHZ 43, 108 (112) = NJW 1965, 1132.
172 BGH AP HGB § 84 Nr. 3.
173 BGHZ 42, 244 (245); 52, 171 (174); BGH NJW-RR 2003, 821; aA *M. Rehbinder,* Der Tankstellenvertrag im Blickfeld der Rechtstatsachenforschung, 1971, 17 ff.
174 BGHZ 43, 108 (112 f.) = NJW 1965, 1132; BGHZ 59, 87 = NJW 1972, 1662; *Schürr* in Küstner/Thume VertriebsR-HdB I Kap. I Rn. 32.
175 BGH NJW-RR 1986, 709 (710).
176 BGHZ 62, 71 (73) = NJW 1974, 852; BGHZ 82, 219 (221) = NJW 1982, 377; BGH NJW 2003, 743. Etwas anderes kann aber gelten, wenn und soweit das Reisebüro nicht ständig mit der Vermittlung von Reiseleistungen (wie zB Flugtickets) betraut wird und es ihm freisteht, mit dem Kunden einen Beratungsvertrag abzuschließen.

tikel in einem Kaufhaus.[177] Ebenfalls als Vermittlungstätigkeiten sind beispielsweise anerkannt worden die Mitwirkung beim An- und Verkauf von Immobilien,[178] die Transportvermittlung,[179] die Anlageberatung,[180] die Kreditvermittlung,[181] Vermittlung von Ferienhäusern,[182] Vermittlung von Telekommunikationsdienstleistungen,[183] Online-Vermittlung von Versicherungen[184] sowie die Vermittlung von Verträgen über die Partnervermittlung.[185] Indes ist offen, ob ein Darlehensvermittler nach § 655a BGB Handelsvertreter sein kann.[186]

77 **b) Geschäftsabschluss.** Das Gesetz stellt neben die Vermittlung den Abschluss von Geschäften im Namen des Unternehmers. Im Grunde ist dies nur ein Unterfall der Vermittlung,[187] bei welcher der Handelsvertreter an dem Austausch der zum Geschäftsabschluss führenden rechtsgeschäftlichen Erklärungen unmittelbar beteiligt ist. Es gelten die Ausführungen zur Vermittlung (→ Rn. 72 ff.) entsprechend. Daher liegt ein Geschäftsabschluss durch den Handelsvertreter auch dann vor, wenn sein im Namen des Unternehmers abgegebenes Angebot vom Kunden unmittelbar gegenüber dem Unternehmer angenommen wird. Zum unmittelbaren Geschäftsabschluss ist der Handelsvertreter im Zweifel aber nicht berechtigt. Es bedarf hierzu eines entsprechenden Auftrags nebst Vollmacht. Zur Vollmacht → Rn. 95 f.

78 **c) Art der Geschäfte.** Die Art der Geschäfte, die durch den Handelsvertreter vermittelt oder abgeschlossen werden können, ist im Gesetz nicht näher definiert. Der Gesetzgeber hat bewusst davon Abstand genommen, die Handelsvertretertätigkeit auf Handelsgeschäfte und Rechtsgeschäfte über bewegliche Sachen, Rechte oder Arbeiten zu beschränken.[188] Auch gehen die §§ 84 ff. weiter als die RL 86/653/EWG (Handelsvertreter-RL), weil letztere gem. Art. 1 Abs. 2 Handelsvertreter-RL nur für Handelsvertreter gilt, die Waren (und nicht Dienstleistungen) vertreiben (zur richtlinienkonformen Auslegung → Vor § 84 Rn. 23 ff.). Die Vermittlungs- oder Abschlusstätigkeit des Handelsvertreters kann sich daher auf alle Arten von Geschäften beziehen, die im Rahmen der gewerblichen Tätigkeit des Unternehmers vorkommen können. Neben der Mitwirkung bei Kaufverträgen über Gegenstände jeder Art kann daher die Vermittlung oder der Abschluss sonstiger Verträge Gegenstand der Handelsvertretertätigkeit sein, wie zB Werkverträge, Dienstverträge, Miet- oder Pachtverträge, Maklerverträge, Lizenzverträge, Grundstücksverträge, Verwaltungsverträge, Versicherungsverträge, Bausparverträge, Beleihungsverträge, Darlehensverträge, Beförderungsverträge, Verträge auf Übernahme von Anzeigen, Beteiligungsverträge (im Übrigen → Rn. 76).

79 Der **Umfang des Geschäfts** oder die Qualität der geschuldeten Dienste spielt keine Rolle.[189] Unerheblich ist daher, ob sich die Mitwirkung auf ein Grundhandelsgeschäft bezieht. Es muss sich aber um Geschäfte handeln, die der Betrieb des Unternehmers im Allgemeinen mit sich bringt. Hierzu gehören nicht Abwicklungsmaßnahmen angesichts drohender Insolvenz[190] oder Vergleichsverträge bei der Abwicklung früher abgeschlossener Geschäfte.[191]

---

177 BGH AP HGB § 84 Nr. 3.
178 BGH BB 1982, 1876 f.
179 OLG Hamm BB 1968, 1017.
180 BGH BB 2007, 2766; *Melcher* BB 1981, 2101 (2103 f.).
181 *Schürr* in Küstner/Thume VertriebsR-HdB I Kap. I Rn. 38.
182 LAG Nds HVR (2005) Nr. 1182.
183 BGH IHR 2010, 65; OLG Düsseldorf BeckRS 2012, 20203; BeckRS 2005, 03515; ZVertriebsR 2020, 257 ff. und 263 ff.; OLG München BeckRS 2008, 01692.
184 BGH GRUR 2014, 398.
185 BGH NJW-RR 2018, 1390.
186 Vgl. dazu nur *Dreyer/Haskamp* ZVertriebsR 2018, 225.
187 LG Dortmund DB 1971, 524; Baumbach/Hopt/*Hopt* Rn. 24.
188 Begr. RegE eines Gesetzes zur Änderung des HGB (Recht der Handelsvertreter), BT-Drs. 1/3856, 15.
189 BGH NJW-RR 1986, 709 (710).
190 RGZ 140, 80 (82).
191 KG OLG Rspr. 14, 347.

d) Anderer Unternehmer. aa) Begriff des Unternehmers. Nach der früheren Fassung des § 84 musste der Handlungsagent „für das Handelsgewerbe eines anderen", also für einen Kaufmann tätig werden. Mit der Neufassung durch das Änderungsgesetz von 1953 ist diese Beschränkung aufgegeben worden, um den Geltungsbereich des Handelsvertreterrechts zu erweitern.[192] Der Handelsvertreter muss **für einen anderen Unternehmer** tätig werden. Folglich muss ein Drei-Personen-Verhältnis bestehen. Der Begriff „Unternehmer" im Sinne der Vorschrift ist weit auszulegen.[193] Er umfasst jeden Gewerbetreibenden[194] sowie Unternehmer ohne Gewerbe.[195] Der Auftraggeber kann Kaufmann, muss es aber nicht sein (wegen des Vertragsinhalts → Rn. 92 ff.). Wer für einen Künstler oder eine Tanzschule Aufträge vermittelt[196] ist daher ebenso Handelsvertreter wie derjenige, welcher für einen freiberuflich tätigen Schriftsteller Werke verbreitet.[197] 80

Die **Rechtsform,** in der das Unternehmen betrieben wird, ist **unerheblich.** Neben natürlichen und juristischen Personen privaten Rechts kommen auch Körperschaften oder Anstalten des öffentlichen Rechts in Betracht. Entscheidend ist nur die Beteiligung des Unternehmens am Rechtsverkehr mit Hilfe des Privatrechts.[198] 81

bb) Handelsvertreter als Unternehmer. Unternehmer iSv § 84 ist nur derjenige, der sich für den Betrieb seines Unternehmens eines Handelsvertreters bedient.[199] Im Rahmen mehrstufiger Handelsvertreterverhältnisse kann daher der Unternehmer auch ein Handelsvertreter sein (Abs. 3; → Rn. 117 ff.). Solange die Tätigkeiten in der **Privatsphäre** verbleiben, zB bei der Beschaffung von Kunstwerken für eine private Sammlung, findet Handelsvertreterrecht keine Anwendung. Gibt sich der Auftraggeber allerdings fälschlich als Unternehmer aus, so ist im Innenverhältnis Handelsvertreterrecht anzuwenden.[200] Zur Frage, ob Handelsvertreterrecht auch dann anwendbar ist, wenn der Unternehmer Nichtkaufmann ist, → Rn. 97. 82

cc) Drei-Personen-Verhältnis. Die Tätigkeit des Handelsvertreters erfolgt in einem Drei-Personen-Verhältnis. Ebenso wie es sich bei Handelsvertreter und Unternehmer um unterschiedliche Personen handeln muss, dürfen Handelsvertreter und Kunde nicht identisch sein.[201] Dies folgt unmittelbar aus dem Begriff der Vermittlung (vgl. auch § 93). Eine Vermittlung iSv § 84 liegt auch vor, wenn rechtlich drei, wirtschaftlich aber nur zwei Personen beteiligt sind.[202] 83

II. Vertretervertrag

1. Rechtsnatur. Der Handelsvertretervertrag ist kein eigenständiger Vertragstypus, sondern ein Dienstvertrag, der eine Geschäftsbesorgung zum Gegenstand hat.[203] Die Erfolgsbezogenheit der Vergütung macht den Handelsvertretervertrag nicht zum Werkvertrag. Der Handelsvertreter schuldet nämlich **nicht** den **Vermittlungserfolg** als solchen, sondern allein die **Vermittlungsbemühungen** (§ 86 Abs. 1). Soweit das Handelsrecht nicht Sonderregelungen enthält, sind deshalb die §§ 611 ff. BGB und über § 675 BGB die Bestim- 84

---

192 Begr. RegE eines Gesetzes zur Änderung des HGB (Recht der Handelsvertreter), BT-Drs. 1/3856, 16.

193 BGHZ 43, 108 (109) = NJW 1965, 1132; BGH DB 1982, 590; Röhricht/Graf v. Westphalen/Haas/*Thume* Rn. 13.

194 BGH DB 1982, 590.

195 Baumbach/Hopt/*Hopt* Rn. 27.

196 LG Göttingen BB 1956, 226; zweifelnd OLG Hamburg GRUR 2006, 788.

197 Baumbach/Hopt/*Hopt* Rn. 27.

198 BGHZ 43, 108 (111) = NJW 1965, 1132.

199 Begr. RegE eines Gesetzes zur Änderung des HGB (Recht der Handelsvertreter), BT-Drs. 1/3856, 16; Heymann/*Stöber* Rn. 44.

200 Heymann/*Stöber* Rn. 44.

201 Staub/*Emde* Rn. 48; Heymann/*Stöber* Rn. 47.

202 Baumbach/Hopt/*Hopt* Rn. 23.

203 BAG AP § 90a Nr. 1 mAnm *Hefermehl;* AP § 92 Nr. 2 = SAE 1966, 221 mAnm *G. Hueck* = AR-Blattei Handelsgewerbe III Entsch. 89 mAnm *Gros; Ulmer,* Der Vertragshändler, 1969, 289; Heymann/*Stöber* Rn. 49; Oetker/*Busche* Rn. 53.

mungen des Auftragsrechts anwendbar. Hinsichtlich der im Gegenseitigkeitsverhältnis stehenden Rechte und Pflichten greifen die §§ 320 ff. BGB ein.

85 Vom Handelsvertretervertrag sind die allein auf **familienrechtlicher Grundlage** erfolgenden Tätigkeiten zu unterscheiden. Daher sind der Ehegatte oder das Kind des Unternehmers, die nach § 1353 BGB bzw. § 1619 BGB im Unternehmen tätig werden, auch dann nicht Handelsvertreter, wenn ihre Aufgabenstellung der in Abs. 1 S. 1 niedergelegten entspricht. Allerdings kann der Unternehmer auch mit seinem Ehegatten oder seinem Kind ein Handelsvertreterverhältnis eingehen. Dies ist anhand der Umstände des jeweiligen Einzelfalls zu bestimmen, wobei es darauf ankommt, ob (noch) „Mithilfe aufgrund der Familienzugehörigkeit" oder, in Abgrenzung dazu, eine abhängige oder selbständige Beschäftigung vorliegt. Fehlt es an einer expliziten Vertragsreglung, können erhebliche Abgrenzungsprobleme auftreten.[204]

86 **2. Vertragsabschluss.** Der Abschluss des Handelsvertretervertrags bedarf keiner besonderen Form. Er kann auch **mündlich** geschlossen werden oder durch **schlüssiges Verhalten** zustande kommen.[205] Den Parteien steht es jedoch offen, ein Formgebot zu vereinbaren. Von einem konkludenten Vertragsschluss ist in der Regel auszugehen, wenn der Vertrag von den Parteien tatsächlich durchgeführt wird.[206] Dies gilt selbst dann, wenn der Unternehmer die Dienste des Handelsvertreters erstmalig in Anspruch nimmt, soweit er durch sein ganzes Verhalten zu erkennen gibt, er werde dies auch in Zukunft für eine unbestimmte Zahl von Geschäften ständig tun.[207] Anhaltspunkt hierfür kann die Zuweisung eines bestimmten Verkaufsgebiets, die Einladung zu Vertreterversammlungen, die Übersendung von Vertreterrundschreiben oder Informationen sowie die individuelle Mitteilung von Angeboten aus dem Vertreterbezirk sein.[208] Die Verpflichtung des Handelsvertreters, sich ständig um die Vermittlung oder den Abschluss von Geschäften für den Unternehmer zu bemühen, kann sich ferner aus einer tatsächlichen Handhabung zu einer Rechtspflicht entwickeln.[209]

87 Die **Wirksamkeit** des Handelsvertretervertrags richtet sich nach den allgemeinen Bestimmungen. Insbesondere kann der Vertrag von beiden Seiten bei einem Irrtum über wesentliche Eigenschaften der Person oder der Sache angefochten werden (§ 119 BGB), zB bei einem Irrtum des Handelsvertreters über die Vertrauenswürdigkeit des Unternehmers[210] oder Eigenschaften des zu vermittelnden Gegenstandes,[211] vom Unternehmer, wenn ihm Vorstrafen des Handelsvertreters, die für die persönliche Beurteilung wesentlich sind, erst später bekannt geworden sind.[212]

88 **Nichtigkeit** des Handelsvertretervertrags kann nach § 125 Abs. 2 BGB, § 134 BGB, § 138 BGB gegeben sein, wenn eine rechtsgeschäftlich bestimmte Form nicht eingehalten worden ist, gegen ein gesetzliches Verbot verstoßen worden ist, zB der Handelsvertretervertrag zur Umgehung kartellrechtlicher Bindungsverbote geschlossen worden ist (→ Vor § 84 Rn. 26 ff.), oder der Vertrag gegen die guten Sitten verstößt (§ 138 BGB). Letzteres kann unter besonderen Umständen dann der Fall sein, wenn dem Handelsvertreter zu geringe Verdienstmöglichkeiten belassen werden,[213] der Vertrag mit einer Verpflichtung des Handelsvertreters gekoppelt wird, die von ihm zu vermittelnde Ware selbst in einem bestimmten

---

204 Zu Einzelheiten vgl. MüKoBGB/*v. Sachsen Gessaphe* BGB § 1619 Rn. 32 f.; MüKoBGB/*Roth* BGB § 1356 Rn. 23 ff.

205 BGHZ 62, 71 (74) = NJW 1974, 852; BGH NJW 1983, 1727 (1728); WM 1987, 293; DB 1997, 773; Heymann/*Stöber* Rn. 57; *Schröder* in Küstner/Thume VertriebsR-HdB I Kap. II Rn. 62 ff.

206 BGH NJW 1983, 1727 (1728).

207 BGHZ 62, 71 (74) = NJW 1974, 852; Staub/*Emde* Rn. 75.

208 BGH WM 1987, 293 (294).

209 S. nur OLG Hamm ZVertriebsR 2017, 166 (171) mwN.

210 RG WarnRspr. 1918–20 Nr. 185.

211 RG LZ 1932, 753 (754 f.).

212 RAGE 15, 49 (50 f.).

213 BGH DB 1981, 2274 f.

Mindestumfang zu beziehen[214] oder das unternehmerische Risiko nicht auf beide Vertragsparteien verteilt ist.[215] In diesen Fällen ist entgegen § 139 BGB nicht der gesamte Vertrag nichtig. Die unzulässigen Bestimmungen werden durch die Regelungen des dispositiven Rechts, zB § 87b Abs. 1 ersetzt. Ist davon auszugehen, dass der Handelsvertretervertrag ohne die nichtige Bestimmung nicht abgeschlossen worden wäre, so führt ausnahmsweise die Teilnichtigkeit gem. § 139 BGB zur Gesamtnichtigkeit. Bei AGB ist § 306 Abs. 3 BGB maßgeblich.[216] Des Weiteren kann der Handelsvertretervertrag nach § 117 BGB nichtig sein. Dies ist etwa dann der Fall, wenn ein Versicherungsunternehmen einen Handelsvertretervertrag mit einer 20jährigen Schülerin abschließt, weil der ursprünglich mit deren Vater geplante Vertrag wegen dessen schlechtem Leumund nicht zustandekam, und der Vater anschließend abredegemäß allein die Vertretertätigkeit ausübt.[217] Zu den Folgen eines nichtigen Handelsvertretervertrages → § 87 Rn. 24 (Provisionsansprüche) und → § 89b Rn. 38 (Ausgleichsanspruch).

Die Vertragsfreiheit findet ihre **Grenzen** in den zwingenden Normen des Handelsver- 89
treterrechts sowie den allgemeinen gesetzlichen Schranken. Bei nicht individuell ausgehandelten, sondern von einer Seite gestellten Verträgen ist insbesondere **§ 307 BGB** zu beachten.[218] Demgegenüber finden die Klauselverbote der §§ 308 und 309 BGB gem. § 310 Abs. 1 S. 1 BGB auf Unternehmer keine Anwendung. Von der Unternehmereigenschaft iSd § 14 BGB ist schon dann auszugehen, wenn diese erst durch den Vertragsschluss begründet wird.[219] Unternehmer ist auch der Kaufmann, so dass die §§ 308 f. BGB auf den Handelsvertreter dann nicht unmittelbar anwendbar sind, wenn er Kaufmann ist bzw. erst durch den Vertragsschluss zum Kaufmann wird.[220] Allerdings kann auch im kaufmännischen Verkehr ein Verstoß gegen eines der Verbote der §§ 308 f. BGB einen wesentlichen Anhaltspunkt für die Klauselunwirksamkeit sein.[221] An die Stelle der unwirksamen Bestimmungen tritt nach § 306 Abs. 2 BGB die gesetzliche Regelung.[222]

Die Vertragsfreiheit wird **nicht durch den allgemeinen Gleichbehandlungsgrund- 90
satz[223] eingeschränkt.** Dieser findet grundsätzlich nur im Rahmen eines Gemeinschaftsverhältnisses Anwendung.[224] Ein solches besteht aber zwischen dem Unternehmer einerseits und dessen Handelsvertretern andererseits nicht. Der Unternehmer kann daher die vertraglichen Rechte und Pflichten der für ihn tätigen Handelsvertreter unterschiedlich regeln. Er kann insbesondere einzelne Handelsvertreter von Vergünstigungen, zB Provisionsanhebungen, ausschließen, die anderen gewährt werden.[225] Hat der Unternehmer aber in der Vergangenheit Vergünstigungen grundsätzlich sämtlichen Handelsvertretern gewährt, kann das Vertrauen eines einzelnen Handelsvertreters darauf, in der Zukunft nicht ohne sachlichen Grund von allgemeinen Vergünstigungen ausgenommen zu werden, schutzwürdig sein und ein Anspruch auf Gleichbehandlung entstehen.[226] Entsprechendes gilt, wenn der Unternehmer ein Vertriebsnetz bestehend aus mehreren Handelsvertretern unterhält und mit ihnen

---

214 OLG Stuttgart NJW 1957, 1281.
215 OLG Oldenburg OLGR 2008, 24.
216 Staub/*Emde* Rn. 86; s. auch *Emde* MDR 2006, 301.
217 BGH NJW 1993, 2767.
218 KKRD/*Roth* Vor § 84 Rn. 2; zur formularmäßigen Wirksamkeit von Provisionsausschlussklauseln BGH NJW 2010, 298.
219 BGH DB 2005, 1375.
220 Zum Ganzen *Preis/Stoffels* ZHR 160 (1996), 442 (452 f.); aA OLG Koblenz NJW 1987, 74.
221 *Boemke-Albrecht,* Rechtsfolgen unangemessener Bestimmungen in allgemeinen Geschäftsbedingungen, 1989, 44 f.; *v. Hoyningen-Huene,* Die Inhaltskontrolle nach § 9 AGBG, 1991, Rn. 305 f.
222 Zu den Einzelheiten vgl. *Boemke-Albrecht,* Rechtsfolgen unangemessener Bestimmungen in allgemeinen Geschäftsbedingungen, 1989, 44 f. insbes. 125 ff.
223 Ausf. hierzu *G. Hueck,* Der Grundsatz der gleichmäßigen Behandlung im Privatrecht, 1958; Oetker/*Busche* Rn. 61.
224 *G. Hueck,* Der Grundsatz der gleichmäßigen Behandlung im Privatrecht, 1958, 170.
225 BGH BB 1971, 584; *Schröder* in Küstner/Thume VertriebsR-HdB I Kap. II Rn. 135 f.
226 BGH BB 1971, 584. Zum „angestellten Handelsvertreter" s. BAG AP BetrAVG § 1 Gleichbehandlung Nr. 11.

im Wesentlichen gleichlautende Handelsvertreterverträge abgeschlossen hat.[227] Die Pflicht zur Gleichbehandlung kann ferner aus §§ 19, 20 GWB resultieren.[228] Soweit es die Bedingungen für den Zugang zur Erwerbstätigkeit sowie den beruflichen Aufstieg betrifft, gilt auch für Handelsvertreter die Gleichbehandlung nach dem AGG (§ 6 Abs. 3 AGG).[229] Solche können beispielhaft die Auswahlentscheidung des Unternehmers sowie die Gebietserweiterung sein.[230]

91 Nach einer in der Rspr. vertretenen Ansicht unterliegt zwar nicht der Abschluss des Handelsvertretervertrags, wohl aber die Einweisung des Handelsvertreters in sein Arbeitsgebiet der **Zustimmung des Betriebsrats** nach § 99 Abs. 1 BetrVG, wenn der Handelsvertreter in die Organisation des Unternehmers eingegliedert und fachlich weisungsgebunden ist.[231] Diese Auffassung überzeugt jedoch nicht, weil das gesamte BetrVG sich nur mit dem Arbeitsrecht, nicht jedoch mit sonstigen Rechtsgebieten beschäftigt. Daher setzt die Mitbestimmung nach § 99 BetrVG voraus, dass vom Arbeitgeber ein Arbeitnehmer eingestellt wird. Die Beschäftigungsaufnahme durch sonstige Personen, insbesondere Selbständige, ist betriebsverfassungsrechtlich unerheblich.[232]

92 **3. Vertragsinhalt.** Grundlage sämtlicher Pflichten des Handelsvertreters ist der mit dem Unternehmer geschlossene Vertrag.[233] Für diesen gilt der Grundsatz der **Vertragsfreiheit.** Die Parteien können also die gegenseitigen Rechte und Pflichten grundsätzlich frei ausgestalten, soweit keine Einschränkungen bestehen (→ Rn. 88 ff.).

93 **a) Hauptleistungspflicht.** Die Hauptpflicht **des Handelsvertreters** besteht darin, sich um die Vermittlung oder den Abschluss einer unbestimmten Vielzahl von Geschäften für den Unternehmer zu bemühen.[234] Es handelt sich insoweit um eine echte Pflicht zum Tätigwerden, nicht um eine bloße Berechtigung. Ein Handelsvertretervertrag liegt daher nicht vor, wenn es im Belieben des Beauftragten steht, ob er tätig werden will oder nicht.[235] Nicht ausreichend ist daher, dass der Unternehmer mit einem Provisionssystem lediglich Anreize für eine Tätigkeit des Absatzmittlers schafft und der Absatzmittler aufgrund dessen rein faktisch bemüht ist, möglichst hohe Umsätze mit dem Vertrieb der Vertragsprodukte zu erzielen.[236] Die Hauptpflicht **des Unternehmers** besteht in der Zahlung der vereinbarten Vergütung. Diese ist regelmäßig eine Provision, kann aber auch in anderer Form, zB in festem Entgelt, erfolgen (zu Einzelheiten → § 87 Rn. 1 ff.).

94 **b) Nebenpflichten.** Auf Grund des Handelsvertreterverhältnisses bestehen für beide Seiten zahlreiche Nebenpflichten, die zum Teil gesetzlich geregelt sind, so für den **Handelsvertreter** in **§ 86,** für den **Unternehmer** in **§§ 86a ff.,** und sich im Übrigen aus den allgemeinen Grundsätzen des Dienstvertrags- und Auftragsrechts ergeben. Besonders bedeutsam ist die in § 86 Abs. 1 geregelte Pflicht des Handelsvertreters, die Interessen des Unternehmers wahrzunehmen (→ § 86 Rn. 28 ff.). Für den Unternehmer ist die Förderungspflicht nach § 86a besonders bedeutsam (→ § 86a Rn. 1 ff.).

95 **c) Vollmacht.** Der Inhalt der dem Handelsvertreter erteilten Vollmacht ergibt sich zunächst aus den vertraglichen Bestimmungen. Ist hierzu nichts Ausdrückliches bestimmt,

---

[227] *Vogels* in Giesler Praxis desVertriebsR § 3 Rn. 303 betr. Vertragshändler.
[228] Vgl. OLG Celle WuW 2002, 504 zur Gleichbehandlung von Vertragshändlern.
[229] Dazu *Budde* BB 2007, 731 (732); Oetker/*Busche* Rn. 61; vgl. im Umkehrschluss OLG München ZVertriebsR 2017, 242 (243).
[230] S. Baumbach/Hopt/*Hopt* § 86 Rn. 10.
[231] LAG Düsseldorf LAGE BetrVG 1972 § 99 Nr. 46; BAG NZA 1995, 649; ebenso allg. zur Einstellung freier Mitarbeiter BAG AP BetrVG 1972 § 99 Nr. 35 mAnm *Streckel*; MHdB ArbR/*Lunk* § 340 Rn. 40.
[232] *v. Hoyningen-Huene* Anm. zu BAG EzA BetrVG 1972 § 99 Nr. 102 unter 2.
[233] Muster zum Handelsvertretervertrag bei *Ströbl* in BeckOF Vertrag Form. 23.2; *Hopt* HVR 2. Teil IX, S. 352 ff.
[234] OLG Düsseldorf OLGR 2000, 385.
[235] BGH BB 1972, 11; 1982, 1876 (1877); OLG Bamberg BB 1965, 1167 (1168); OLG Frankfurt ZVertriebsR 2016, 395; Heymann/*Stöber* Rn. 50; Staub/*Emde* Rn. 67.
[236] OLG Hamm ZVertriebsR 2017, 166 (171); OLG Köln BeckRS 2013, 2968.

dann ist der **Vermittlungsvertreter** als ermächtigt anzusehen, als Empfangsvertreter des Unternehmers die **Vertragsangebote** Dritter **entgegenzunehmen.**[237]

Demgegenüber kann der **Abschlussvertreter** mit Wirkung für und gegen den Unternehmer die zum Geschäftsabschluss erforderlichen Willenserklärungen selbständig abgeben. Der Inhalt der Vollmacht richtet sich nach §§ 54 f., erstreckt sich durch § 91 Abs. 1 auch auf Handelsvertreter von Nichtkaufleuten, sowie nach den Grundsätzen zur Rechtsscheinvollmacht.[238] Wegen der Überschreitung der Vollmacht → Rn. 104 ff.; → § 91a Rn. 1 ff. 96

d) Unternehmer als Nichtkaufmann. Auf die Rechtsbeziehungen zwischen dem Handelsvertreter und dem Unternehmer findet neben dem Handelsvertreterrecht auch das sonstige Handelsrecht uneingeschränkt Anwendung, wenn der Unternehmer Kaufmann ist. Ob dieses auch im Verhältnis des Handelsvertreters zu einem Nichtkaufmann als Unternehmer gilt, ist umstritten,[239] richtigerweise aber abzulehnen. Durch § 84 werden nur die Vorschriften des Handelsvertreterrechts (§§ 85 ff.) auf das Verhältnis zwischen Handelsvertreter und Unternehmer, unabhängig von der Kaufmannseigenschaft des Unternehmers, für anwendbar erklärt. Eine darüber hinausgehende Anordnung der **Geltung von Handelsrecht** ist dieser Norm nicht zu entnehmen. Nicht anwendbar sind in diesem Fall zB die Regelungen über das kaufmännische Zurückbehaltungsrecht (§§ 369 ff.), die Geltung von Handelsbräuchen (§ 346) sowie über die Zuständigkeit der Kammer für Handelssachen (§§ 93 ff. GVG). 97

4. Leistungsstörungen. Hierfür gelten die allgemeinen Bestimmungen über Pflichtverletzungen gem. §§ 280 ff. BGB. Wegen der Unmöglichkeit der Ausführung des abgeschlossenen Geschäfts vgl. § 87a Abs. 3 mit Erläuterungen. 98

5. Beendigung. a) Zeitablauf (§ 620 BGB). Ist der Handelsvertretervertrag auf **bestimmte Zeit** geschlossen, so endet er mit dem Ablauf der vereinbarten Vertragsdauer **(§ 620 Abs. 1 BGB).** Einer zusätzlichen auf den Eintritt der Vertragsbeendigung gerichteten Willenserklärung bedarf es nicht. Setzen beide Parteien den Handelsvertretervertrag fort, gilt er nach § 89 Abs. 3 auf unbestimmte Zeit verlängert. Eine einseitige Fortsetzung des Vertrages durch den Handelsvertreter mit Wissen des Unternehmers genügt nicht; § 89 Abs. 3 geht **§ 625 BGB** vor (lex specialis). Mit § 89 Abs. 3 wurden die Regelungen der Art. 14 RL 86/653/EWG und Art. 15 Abs. 6 RL 86/653/EWG (Handelsvertreter-RL) umgesetzt.[240] 99

b) Kündigung (§§ 89, 89a). Ist der Vertrag auf **unbestimmte Zeit** geschlossen worden oder ist der auf eine bestimmte Zeit abgeschlossene Vertrag mit einer Verlängerungsklausel versehen, bedarf es zur Vertragsbeendigung einer einvernehmlichen Vertragsaufhebung (→ Rn. 101) oder des Ausspruchs einer **Kündigung.** Die Fristen für eine ordentliche Kündigung richten sich nach **§ 89,** für Handelsvertreter im Nebenberuf nach **§ 92b Abs. 1.** Wegen der außerordentlichen Kündigung vgl. **§ 89a.** 100

c) Aufhebungsvertrag. Eine weitere Möglichkeit zur Beendigung des Handelsvertreterverhältnisses ist der Aufhebungsvertrag. Er stellt sozusagen das Gegenteil vom Abschluss des Handelsvertretervertrags dar. Der Aufhebungsvertrag ist jederzeit zulässig, da er auf dem gegenseitigen Einverständnis von Unternehmer und Handelsvertreter beruht. 101

d) Andere Beendigungsgründe. Zu sonstigen Beendigungsgründen → § 89 Rn. 7 ff. 102

---

237 BGHZ 82, 219 (221) = NJW 1982, 377; LG Hamburg RRa 2002, 175; Baumbach/Hopt/*Hopt* Rn. 22; Heymann/*Stöber* Rn. 40.

238 BGH NJW 1998, 1854 (1855 f.); BFH BeckRS 2008, 25013680.

239 Befürwortend *Schröder* in Küstner/Thume VertriebsR-HdB I Kap. II Rn. 25 ff.; für einzelne HGB-Normen KKRD/*Roth* Rn. 1. Abl. Baumbach/Hopt/*Hopt* Rn. 28; Staub/*Emde* Rn. 52; Heymann/*Stöber* Rn. 48.

240 BT-Drs. 11/3077, 9; OLG Schleswig BeckRS 2013, 12655.

III. Rechtsverhältnis zu Dritten

103 **1. Allgemeines.** Im Rahmen des Handelsvertreterverhältnisses bestehen unmittelbare Vertragsbeziehungen nur zwischen dem Unternehmer und dem Handelsvertreter sowie zwischen dem Unternehmer und dem Kunden, wenn es zum Geschäftsabschluss kommt.[241] Unabhängig davon, ob der Handelsvertreter das Geschäft lediglich anbahnt oder im Namen des Unternehmers mit dem Kunden abschließt, tritt er **nicht in unmittelbare Rechtsbeziehung zum Kunden.**[242] Er ist kein neutraler Mittler, sondern nimmt lediglich die Interessen für den Unternehmer wahr.

104 **2. Haftung des Handelsvertreters gegenüber Dritten.** Trotz fehlender vertraglicher Beziehungen zum Kunden können sich aus dem Verhalten des Handelsvertreters **gesetzliche Ansprüche** des Kunden ergeben. Schließt der Handelsvertreter im Namen des Unternehmers einen Vertrag mit dem Kunden ab, der nicht von seiner Vertretungsmacht gedeckt wird, so haftet er als **Vertreter ohne Vertretungsmacht** (§ 179 BGB), wenn der Unternehmer das Geschäft nicht genehmigt oder das Geschäft nach § 91a nicht als vom Unternehmer genehmigt gilt (zu Einzelheiten → § 91a Rn. 1 ff.).

105 Darüber hinaus kommt eine Haftung des Handelsvertreters gegenüber dem Kunden gem. § 280 Abs. 1 BGB iVm § 311 Abs. 3 BGB (Verschulden bei Vertragsschluss, **c.i.c.**) in Betracht. Dies ist zum einen dann der Fall, wenn der Kunde mit erhöhtem Vertrauen die besondere Sachkunde des Handelsvertreters in Anspruch genommen hat.[243] Hierzu reicht allerdings der bloße Hinweis des Handelsvertreters auf seine Sachkunde nicht aus.[244] Vielmehr muss er bei dem Kunden berechtigterweise den Eindruck erweckt haben, er stehe mit seinem Wissen und Können für die ordnungsgemäße Durchführung des Vertrags ein.[245] Zum anderen ist eine Haftung des Handelsvertreters dann in Betracht zu ziehen, wenn er die Vertragsverhandlungen im eigenen Interesse maßgeblich führt und aus dem Geschäftsabschluss einen besonderen persönlichen Nutzen erstrebt.[246] Hierfür ist allerdings das bloße Provisionsinteresse nicht ausreichend.[247]

106 Schließlich kann der Handelsvertreter gegenüber dem Geschäftsgegner und anderen Dritten wegen **deliktischen Verhaltens** nach §§ 823 ff. BGB haften, so zB wenn er den Vertragsabschluss mittels Betrugs (§ 263 StGB) herbeigeführt hat.[248]

107 **3. Haftung des Unternehmers für den Handelsvertreter. a) Aus § 278 BGB.** Gegenüber dem Kunden hat der Unternehmer für das Verhalten des Handelsvertreters nach **§ 278 BGB** einzustehen. Dies gilt auch für das vorvertragliche Verhalten des Handelsvertreters, unabhängig davon, ob es zum Vertragsschluss kommt. Nach der Rspr. des BGH reicht die Einstandspflicht des Unternehmers dabei sehr weit und erfasst auch eigenmächtiges und deliktisches, ja sogar strafbares Verhalten des Handelsvertreters. Hiernach soll sie nur dann zu verneinen sein, wenn die Verfehlung des Handelsvertreters sich von dem ihm übertragenen Aufgabenbereich so weit entfernt, dass aus der Sicht eines Außenstehenden ein innerer Zusammenhang zwischen dem Handeln des Handelsvertreters und dem allgemeinen Rahmen der ihm übertragenen Aufgaben nicht mehr zu erkennen ist.[249] Dies soll etwa dann der Fall sein, wenn der Handelsvertreter rein zufällig mit den Rechtsgütern des Geschädigten

---

241 BGH ZIP 1999, 193; Baumbach/Hopt/*Hopt* Rn. 49; GK-HGB/*Genzow* Rn. 21.

242 BGH ZIP 1999, 193; s. aber BGH ZIP 1998, 1753; 2000, 355; OLG Köln MDR 2000, 99, die Fälle behandeln, in denen es ausnahmsweise doch zu vertraglichen Beziehungen zwischen dem Handelsvertreter und dem Kunden gekommen ist.

243 BGH BB 1971, 543; WM 1984, 127 (128); NJW 2006, 2321; OLG Düsseldorf VersR 1970, 126; NJW-RR 1998, 395; zur Haftung des Anlagevermittlers *Benedict* ZIP 2005, 2129.

244 BGH NJW 1997, 1233 f.

245 BGH WM 1984, 927 (928); BGHZ 88, 67 (69 f.) = NJW 1983, 2696.

246 BGH BB 1971, 543; NJW 2006, 2321 (2322); OLG Düsseldorf VersR 1970, 126.

247 BGH BB 1971, 543; NJW 1997, 1233 f.; aA OLG Düsseldorf VersR 1970, 926.

248 OLG Köln BB 1965, 768 f.; zur Eigenhaftung des Handelsvertreters wegen des Vertriebs wertloser Zertifikate BGH BB 1971, 543.

249 Jedoch nur ausnahmsweise Zurechnung bei der Verletzung von Aufklärungspflichten im Zuge der Vermittlung von Kapitalanlagegeschäften, BGH NJW 2017, 2268 (2269).

in einer Weise in Berührung gekommen ist, die ihm lediglich die Gelegenheit bot, wie ein deliktisch handelnder Dritter eine von den ihm übertragenen Aufgaben völlig losgelöste unerlaubte Handlung zu begehen. Einen allgemeinen Rechtssatz mit dem Inhalt, der Geschäftsherr müsse sich strafbare Handlungen, die Hilfspersonen zu seinem Nachteil begehen, nicht nach § 278 BGB zurechnen lassen, gäbe es nicht. Voraussetzung für die Anwendung des § 278 BGB sei ein unmittelbarer sachlicher Zusammenhang zwischen dem schuldhaften Verhalten der Hilfsperson und den Aufgaben, die ihr im Hinblick auf die Vertragserfüllung zugewiesen waren. In diesem Rahmen habe der Geschäftsherr auch für strafbares Verhalten seiner Hilfsperson zu haften. Das gelte selbst dann, wenn diese seinen Weisungen oder Interessen vorsätzlich zuwiderhandelt, um eigene Vorteile zu erzielen.[250] Diese Auffassung ist nach diesseitiger Ansicht zumindest dann zu weitgehend, wenn der Handelsvertreter dem Kunden bei der Vermittlung eines Geschäfts für den Unternehmer eigenmächtig für den Fall des Abschlusses Leistungen aus seinem eigenen Vermögen verspricht und der Handelsvertreter den Kunden über seine Absicht bzw. sein Vermögen, sein Versprechen zu erfüllen, täuscht. Zuzustimmen ist hingegen dem BGH, als er eine Haftung des Unternehmers für das Verhalten des Handelsvertreters verneinte, weil der Handelsvertreter – für die Kunden erkennbar – (Anlage-)Produkte vermittelte, die von denen des Unternehmers abwichen.[251]

b) Aus Verschulden bei Vertragsschluss. Ferner kommt eine Haftung der Anlage- 108
beratungsgesellschaft aus eigenem Verschulden gem. § 280 Abs. 1 BGB iVm § 311 Abs. 3 BGB (Verschulden bei Vertragsschluss, **c.i.c.**) in Betracht, wenn sie nicht nur solche Handelsvertreter mit der Anlageberatung betraut, von deren Zuverlässigkeit sie sich auf der Grundlage eines polizeilichen Führungszeugnisses überzeugt hat, und Kunden von einem einschlägig wegen Betrugs vorbestraften Handelsvertreter durch den Abschluss von kriminellen Eigengeschäften geschädigt werden.[252] Die Dauer der Schutzwirkung einer solchen Pflicht bestimmt sich nach den Umständen des Einzelfalls; sie endet spätestens mit Ablauf der Tilgungsfristen nach Maßgabe des Bundeszentralregistergesetzes.[253]

c) Aus Delikt. Eine eigene **deliktische Haftung** des Unternehmers nach §§ 823, 109
831 BGB wird wegen der Selbständigkeit des Handelsvertreters nur in besonderen Ausnahmefällen in Betracht kommen.[254] Nach der Rspr. des BGH ist dies der Fall, wenn der Handelsvertreter vom Unternehmer in besonderer Weise abhängig ist; die gewöhnliche Abhängigkeit des Handelsvertreters reicht nicht aus.[255] Ebenfalls nur ausnahmsweise kommt eine Haftung des Unternehmers wegen unerlaubter Handlung des Handelsvertreters unter dem Aspekt der Repräsentantenhaftung gem. § 31 BGB in Betracht.[256]

d) Arglistige Täuschung des Handelsvertreters. Beruht der Vertragsabschluss auf 110
einer **arglistigen Täuschung** des Handelsvertreters, dann ist der Kunde gegenüber dem Unternehmer nach § 123 BGB zur Anfechtung des vom Handelsvertreter vermittelten oder abgeschlossenen Vertrags berechtigt. Der Handelsvertreter ist aus der Sicht des Unternehmers nicht „Dritter" iSd § 123 Abs. 2 BGB.[257] Nach § 166 Abs. 1 BGB muss der Unternehmer Umstände, die seinem Handelsvertreter bekannt sind oder bekannt sein müssen, im Allgemeinen gegen sich gelten lassen. Dies ist auch dann anzunehmen, wenn der Handelsvertreter nur mit der Vermittlung von Geschäften betraut und ihm keine Abschlussvollmacht

---

250 BGH DB 2012, 1747 mwN.
251 BGH NJW-RR 2013, 1513 Rn. 12 ff.; s. auch OLG Köln VersR 2018, 550 (551 f.).
252 BGH NJW-RR 2013, 1513 Rn. 21 ff.
253 BGH NJW-RR 2013, 1513 Rn. 32; s. auch OLG Köln VersR 2018, 550 (551 f.).
254 Zu einem solchen Fall s. OLG Köln WM 2006, 122; vgl. auch BGH NJW-RR 2013, 1513 Rn. 19; OLG Köln VersR 2018, 550 (552).
255 BGH NJW-RR 2013, 1513 Rn. 19.
256 BGH NJW-RR 2013, 1513 Rn. 16; BB 1998, 917 = EWiR § 167 BGB 1/98, 531 m. Kurzkomm. *Kort*.
257 OLG Hamburg BB 1959, 612; s. auch Heymann/*Stöber* Rn. 71 mwN.

erteilt worden war.[258] Etwas anderes muss jedoch nach diesseitiger Ansicht gelten, wenn der Handelsvertreter dem Kunden für den Fall des Abschlusses des Geschäfts – für den Kunden erkennbar – eine Leistung aus seinem eigenen Vermögen verspricht und dabei über seinen Leistungswillen bzw. seine Leistungsfähigkeit täuscht. In einem solchen Fall ist der Handelsvertreter „Dritter" iSd § 123 Abs. 2 BGB.

111 **e) Vollmachtsmißbrauch.** Etwas anderes gilt nach den allgemeinen Grundsätzen dann, wenn der Handelsvertreter im Einverständnis mit dem Kunden **hinter dem Rücken des Unternehmers** zu dessen Nachteil eine Vereinbarung trifft. In diesem Fall ist der Kunde nicht schutzwürdig; das Geschäft ist sittenwidrig und gem. § 138 BGB nichtig.[259] Gemäß den auch hier anwendbaren Grundsätzen über den **Missbrauch der Vertretungsmacht** ist der Kunde ferner nicht schutzwürdig, wenn der Handelsvertreter seine Vertretungsmacht missbraucht und der Kunde dies erkannt oder grob fahrlässig die Augen davor verschlossen hat; dem Unternehmer steht dann der Einwand aus Treu und Glauben (§ 242 BGB) gegen die Wirksamkeit des Geschäfts zu.[260] Da jedoch grundsätzlich der Vertretene (hier: Unternehmer) das Risiko eines Vollmachtsmissbrauchs trägt, setzt der Einwand einer unzulässigen Rechtsausübung gegenüber dem Kunden eine auf massiven Verdachtsmomenten beruhende Evidenz des Missbrauchs der Vertretungsmacht voraus.[261]

112 **f) Haftung für Kartellrechtsverstöße des Handelsvertreters.** Mit Urteil vom 15.7.2015 hat das EuG seine frühere Rspr. aus 2003[262] bestätigt, wonach sich der Unternehmer selbst **Kartellrechtsverstöße** der von ihm eingesetzten Handelsvertreter zurechnen lassen muss und mithin für Kartellverstöße der Handelsvertreter kenntnis- und verschuldensabhängig haftet, wenn zwischen ihm und den Handelsvertretern eine wirtschaftliche Einheit besteht[263] – es sich also bei den Handelsvertretern um solche handelt, die in den Anwendungsbereich des Art. 101 Abs. 1 AEUV fallen (→ Vor § 84 Rn. 29 ff.). Eine mangelnde Kenntnis des Unternehmers von dem kartellrechtswidrigen Verhalten der Handelsvertreter könne sich indes nur mildernd auf die Höhe des Bußgeldes auswirken.

113 **g) Haftung für Wettbewerbsverstöße des Handelsvertreters.** Des Weiteren haftet der Unternehmer auch für **Wettbewerbsverstöße** des Handelsvertreters nach § 8 Abs. 2 UWG.[264]

114 **h) Strafrechtliche Verantwortlichkeit des Unternehmers.** Der Unternehmer haftet unter Umständen sogar selbst **strafrechtlich** für strafbares Verhalten des Handelsvertreters (zB wenn der Handelsvertreter Geschäftsabschlüsse mit Hilfe von „Sonderzahlungen" anbahnt).

115 **i) Compliance-Organisation.** Aus den vorgenannten Gründen ist dem Unternehmer zu empfehlen, bei seiner **Compliance-Organisation** auch das Verhalten der von ihm eingesetzten Handelsvertreter zu berücksichtigen.[265]

116 **j) Übertragbarkeit.** Die vorstehenden Grundsätze sind auf die Haftung des Unternehmers für Fehlverhalten eines **Handelsmaklers, Kommissionsagenten, Vertragshändlers bzw. Franchisenehmers** nicht übertragbar.

---

258 BGH BB 1957, 729; NJW 1965, 1174 f.; DB 1985, 805; Palandt/*Ellenberger* BGB § 166 Rn. 2 ff.
259 S. nur BGH NJW 2014, 2790 Rn. 23 ff. mwN.
260 S. nur BGH NJW 2014, 2790 Rn. 18 mwN.
261 S. nur BGH NJW 2014, 2790 Rn. 18 mwN.
262 EuG BeckRS 2008, 70678 Rn. 125 – Minoan Lines/Kommission.
263 EuG IHR 2015, 217 mAnm *Schnell* BB 2015, 1614; s. auch *Freund/Schlimpert* in Bauer/Rahlmeyer/Schöner VertriebskartellR § 14 Rn. 62 ff.
264 LG Frankfurt a. M. BeckRS 2018, 38107 mAnm *Muhl* GWR 2018, 109.
265 Zu etwaigen Reaktionsmöglichkeiten des Unternehmers *Bicker/Reischl* CCZ 2018, 27; *Martinek* ZVertriebsR 2019, 132; *Muhl* GWR 2019, 109.

IV. Untervertreter (Abs. 3)

1. Zweck. Nach Abs. 3 kann der Unternehmer auch ein Handelsvertreter sein. Die Vorschrift stellt insoweit klar, dass bei der Einstellung eines selbständigen Untervertreters durch einen Handelsvertreter **zwischen beiden (ebenfalls) ein Handelsvertreterverhältnis** besteht. Darüber hinaus hat die Vorschrift in den Fällen eigenständige Bedeutung, in denen der Untervertreter nicht unmittelbar für den Handelsvertreter tätig wird, sondern im Auftrag des Handelsvertreters eine diesem obliegende Abschluss- oder Vermittlungstätigkeit für das Handelsgewerbe des Unternehmers (als Auftraggeber des Hauptvertreters) erbringt. Tatsächlich übernimmt der Untervertreter damit nicht die Vermittlung oder den Abschluss von Rechtsgeschäften für den Handelsvertreter, sondern für den Unternehmer, für den der Handelsvertreter tätig ist.[266] Diese Tätigkeit des Untervertreters ist jedoch mit der geschäftsabschließenden oder vermittelnden Handelsvertretertätigkeit iSd Abs. 1 tatsächlich und wirtschaftlich in Hinsicht ihrer Zielsetzung so eng verknüpft, dass es sachlich gerechtfertigt ist, auch auf sie die Vorschriften des Handelsvertreterrechts anzuwenden.[267] 117

2. Unechte Untervertretung. Hier kommt der Untervertretervertrag unmittelbar **zwischen** dem **Unternehmer und dem Untervertreter** zustande. Es handelt sich insoweit nicht um einen Anwendungsfall des Abs. 3. Vielmehr findet **Abs. 1** unmittelbare Anwendung. Provisionspflichtig gegenüber dem Untervertreter ist allein der Unternehmer. 118

Die Aufgabe des Hauptvertreters beschränkt sich je nach vertraglicher Ausgestaltung darauf, neue **Untervertreter zu werben, die Untervertreter zu führen, zu kontrollieren und zu beaufsichtigen.**[268] Diese Gestaltung findet sich häufig im Strukturvertrieb.[269] Der Hauptvertreter steht allerdings nicht in unmittelbaren rechtlichen Beziehungen zu den Untervertretern. Seine Weisungs- und Leitungsbefugnisse leitet er aus dem Vertragsverhältnis mit dem Unternehmer ab. Dies gilt auch dann, wenn er berechtigt ist, im Namen des Unternehmers eigenständig Untervertreter in das Vertriebssystem aufzunehmen. Der Vermittlungserfolg der Untervertreter wird dem Handelsvertreter als eigener mitzugerechnet, da auch seine Führungs- und Beaufsichtigungstätigkeit als mitursächlich hierfür angesehen wird.[270] An dem Vermittlungserfolg wird er meist durch sog. Superprovisionen (→ § 87 Rn. 16) beteiligt oder ihm die Berechtigung eingeräumt, eine „Provisionsspitze" von den bei ihm durchlaufenden Untervertreterprovisionen als eigene Vergütung einzubehalten. 119

3. Echte Untervertretung. a) Rechtsbeziehungen. In diesem Fall bestehen unmittelbare vertragliche Beziehungen nur zwischen dem Unternehmer und dem Handelsvertreter einerseits sowie dem Handelsvertreter und dem Untervertreter andererseits. Es handelt sich insoweit um ein **mehrstufiges Handelsvertreterverhältnis,** bei dem der Handelsvertreter als Vertragspartner des Unternehmers gleichzeitig Unternehmer im Verhältnis zum Untervertreter ist. Hierbei wird dem Handelsvertreter gegenüber dem Unternehmer die Tätigkeit des Untervertreters rechtlich zugerechnet (§ 278 BGB).[271] Andererseits ist gegenüber dem Untervertreter allein der Handelsvertreter, nicht aber der Unternehmer provisionspflichtig. Die echte Untervertretung fällt in den Anwendungsbereich des Abs. 3. 120

b) Berechtigung. Eine andere Frage ist, ob der Handelsvertreter im Verhältnis zu seinem eigenen Unternehmer **Untervertreter beschäftigen darf.** Nach § 613 BGB hat der Dienstverpflichtete zwar im Zweifel in Person zu leisten. Das bedeutet aber **nicht,** dass der Handelsvertreter die geschuldeten Tätigkeiten **zwingend höchstpersönlich** erbringen 121

---

[266] Begr. RegE eines Gesetzes zur Änderung des HGB (Recht der Handelsvertreter), BT-Drs. 1/3856, 17; BGHZ 91, 370 (373) = NJW 1984, 2881; Oetker/*Busche* Rn. 49.

[267] BGHZ 91, 370 (373) = NJW 1984, 2881; OLG Düsseldorf NJW-RR 1993, 1188.

[268] BFH DB 1999, 1988 (1989); Heymann/*Stöber* Rn. 76; Staub/*Emde* Rn. 118.

[269] *Emde* MDR 1999, 1108 ff.

[270] BGHZ 56, 290 (293) = NJW 1971, 1610; BGHZ 59, 87 (91 ff.).

[271] BGHZ 59, 87 (92) = NJW 1972, 1662; OLG Köln VersR 2006, 71; Oetker/*Busche* Rn. 50.

muss.[272] § 613 S. 2 BGB enthält lediglich eine Auslegungsregel; die Parteien können etwas Abweichendes vereinbaren. Vor allem folgt aus der selbständigen Stellung des Handelsvertreters die Berechtigung, sich zur Erfüllung der obliegenden Aufgaben Hilfskräfte zu bedienen. Würde man grundsätzlich die Pflicht des Handelsvertreters annehmen, die geschuldeten Tätigkeiten höchstpersönlich zu erbringen, ergäbe sich zudem ein Wertungswiderspruch zu der von der hM vertretenen Auffassung, dass der Handelsvertretervertrag in der Insolvenz des Handelsvertreters nach § 108 InsO fortbesteht und mithin vom Insolvenzverwalter mit Wirkung für die Masse zu erfüllen ist, sofern er nicht durch Kündigung oder einvernehmlich beendet wird (→ § 89 Rn. 26).[273] Der Handelsvertreter kann daher in seinem Betrieb Angestellte beschäftigen, um ihnen die Erledigung der ihm von dem Unternehmer übertragenen Arbeiten anzuvertrauen. Entsprechendes muss für die Mithilfe anderer selbständiger Gewerbetreibender gelten. Der Handelsvertreter ist daher grundsätzlich auch befugt, sich der Mithilfe anderer Handelsvertreter zu bedienen. An ihn erteilte Abschlussvollmacht darf der Handelsvertreter dann als **Untervollmacht** an die Untervertreter weitergeben, sofern der Unternehmer und der Handelsvertreter nicht etwas anderes bestimmt haben.[274] Ist der Handelsvertreter nur zur Vermittlung und nicht zum Abschluss von Verträgen berechtigt, darf er dem Untervertreter keine Abschlussvollmacht einräumen.[275]

122 Diese Grundsätze finden dann keine Anwendung, wenn der Unternehmer mit dem Handelsvertreter (ausnahmsweise) ausdrücklich oder konkludent **vereinbart** hat, dieser müsse die geschuldeten Tätigkeiten (etwa aufgrund seiner spezifischen Erfahrungen und Fähigkeiten) höchstpersönlich erbringen bzw. er dürfe **keine Untervertreter** oder nur nach vorheriger Zustimmung des Unternehmers hinzuziehen. Ist der Einsatz von Untervertretern vereinbarungsgemäß von der Zustimmung des Unternehmers abhängig, darf der Unternehmer seine Zustimmung nicht willkürlich, sondern entsprechend § 315 BGB nur nach billigem Ermessen verweigern.[276] Wenn dem Handelsvertreter der Einsatz von Untervertretern erlaubt ist, darf der Unternehmer dem Handelsvertreter aus kartellrechtlichen Gründen keine Vorgaben zur Vergütung des Untervertreters machen.

123 **4. Haftung des Handelsvertreters gegenüber dem Unternehmer.** Ist der Handelsvertreter zur Einschaltung von Untervertretern berechtigt, haftet er gegenüber dem Unternehmer für deren Verschulden nach § 278 BGB.[277] Darüber hinaus kommt ein eigenes Verschulden des Handelsvertreters dann in Betracht, wenn er den Untervertreter nicht sorgfältig ausgewählt oder nicht ordnungsgemäß überwacht hat.[278]

124 Ist nach dem Vertrag zwischen Unternehmer und Handelsvertreter Untervertretung ausgeschlossen (→ Rn. 122), so verletzt der Handelsvertreter bereits durch die **Hinzuziehung eines Untervertreters** seine vertraglichen Pflichten schuldhaft. Er ist dem Unternehmer dann für den hieraus entstehenden Schaden unabhängig davon ersatzpflichtig, ob im Einzelfall ein Verschulden des Untervertreters gegeben ist.

V. Gerichtsverfahren

125 Für Rechtsstreitigkeiten aus dem Handelsvertreterverhältnis ist grundsätzlich die Zuständigkeit der **ordentlichen Zivilgerichte** gegeben. Ausnahmsweise ist für sog. arbeitnehmerähnliche Handelsvertreter gem. § 92a unter den Voraussetzungen des § 5 Abs. 3 ArbGG der Rechtsweg zu den Arbeitsgerichten eröffnet (zu den Einzelheiten → § 92a Rn. 5 f.). Soweit sachlich die Landgerichte zuständig sind, ist der Rechtsstreit vor der Kammer für Handelssachen (§§ 93 ff. GVG) zu verhandeln, wenn der Unternehmer Kaufmann

[272] BGH NJW 2015, 3373 (3374); aA OLG Düsseldorf NZI 2010, 105 mAnm *Ströbl* EWiR 2010, 159; Oetker/*Busche* Rn. 54.
[273] *Ströbl* EWiR 2010, 159 (160).
[274] EBJS/*Löwisch* Rn. 157.
[275] EBJS/*Löwisch* Rn. 157.
[276] Heymann/*Stöber* Rn. 77.
[277] BGHZ 59, 87 (92) = NJW 1972, 1662; OLG Hamm MDR 1959, 1016; OLG Köln VersR 2006, 71.
[278] Oetker/*Busche* Rn. 48; aA EBJS/*Löwisch* Rn. 158.

ist und dies der Kläger in der Klageschrift (§ 96 GVG) oder der Beklagte (§ 98 GVG) beantragt.

126 Die örtliche Zuständigkeit bestimmt sich gem. §§ 12 ff. ZPO nach dem allgemeinen Gerichtsstand bzw. gem. § 29 ZPO nach dem Gerichtsstand des Erfüllungsorts. Dabei ist zu beachten, dass beim Handelsvertreterverhältnis mangels abweichender Vereinbarung grundsätzlich nicht davon ausgegangen werden kann, dass ein einheitlicher Erfüllungsort für die beiderseitigen Leistungen besteht.[279] Für die Tätigkeit des Handelsvertreters ist sein Tätigkeitsort, für die Leistungen des Unternehmers dessen Sitz maßgeblich.

VI. Internationales Privatrecht

127 **1. Allgemeines.** Handelsvertreterverhältnisse mit Auslandsberührungen können in verschiedenen Konstellationen vorkommen. Zu denken ist an den Auslandsvertreter eines deutschen Unternehmens, den im Inland tätigen ausländischen Handelsvertreter sowie den inländischen Handelsvertreter eines ausländischen Unternehmens. Die Anwendbarkeit der Rechtsordnung richtet sich hierbei nach Art. 3 f. Rom I-VO.

128 **2. Vertragsstatut kraft Rechtswahl. a) Ausdrückliche Parteivereinbarung.** Die maßgebliche Rechtsordnung richtet sich in erster Linie nach der Parteivereinbarung **(Art. 3 Abs. 1 Rom I-VO).** Dabei kann von den Parteien grundsätzlich frei bestimmt werden, ob deutsches oder ausländisches Recht Anwendung findet. Dies gilt auch dann, wenn durch die Vereinbarung ausländischen Rechts **zwingende Schutznormen** der §§ 85 ff. ausgeschaltet werden, soweit nicht die besonderen Voraussetzungen des Art. 3 Abs. 3, 4 Rom I-VO oder des Art. 9 Rom I-VO vorliegen. Der Anwendbarkeit ausländischen Rechts werden in diesen Fällen nur durch die Grundsätze des ordre public (Art. 6 EGBGB) Grenzen gesetzt. Die Vereinbarung ausländischen Rechts wird auch nicht dadurch ausgeschlossen, dass der zu beurteilende Sachverhalt keinen Anknüpfungspunkt zu dieser Rechtsordnung aufweist.[280] So kann zB zwischen dem selbständigen Tochterunternehmen eines ausländischen Konzerns in Deutschland und dem deutschen Handelsvertreter, der ausschließlich auf deutschem Gebiet tätig werden soll, die für den ausländischen Mutterkonzern maßgebliche Rechtsordnung für anwendbar erklärt werden. In diesem Sonderfall werden allerdings nach Art. 3 Abs. 3 Rom I-VO von der Rechtswahl nicht die **zwingenden Bestimmungen** des **deutschen Handelsvertreterrechts** berührt, weil der Sachverhalt keine Bezugspunkte zu dem in Bezug genommenen Recht anführt. Übt der Handelsvertreter seine Tätigkeit in einem Mitgliedstaat der EU aus, während der Unternehmer seinen Sitz in einem Drittland hat und unterliegt der Vertrag vereinbarungsgemäß dem Recht dieses Landes, so finden die Art. 17, 18 RL 86/653/EWG (Handelsvertreter-RL) trotzdem auf den Handelsvertreter Anwendung (→ § 92c Rn. 18; → § 89b Rn. 252).

129 **b) Konkludente Rechtswahl.** Die Rechtswahl muss **nicht ausdrücklich** getroffen werden. Sie kann nach Art. 3 Abs. 1 S. 2 Rom I-VO **konkludent** erklärt werden, sofern sich mit hinreichender Sicherheit aus den Bestimmungen des Vertrags oder aus den Umständen des Falles ein entsprechender Parteiwille ergibt. Hierfür reichen nicht vage Anhaltspunkte aus, die Rechtswahl muss mit Bestimmtheit aus konkreten Umständen folgen. Insbesondere kommen hierfür folgende Kriterien in Betracht:

130 **aa) Gerichtsstandsvereinbarung.** Die Vereinbarung eines einheitlichen Gerichtsstands deutet auf die **Geltung des Rechts am Sitz des vereinbarten Gerichts** hin.[281] Die Parteien gehen regelmäßig davon aus, das als zuständig vereinbarte Gericht werde am besten sein eigenes Recht anwenden können. Nicht ausreichend ist allerdings ein formularmäßiger Gerichtsstands-

---

279 BGH NJW 1988, 966 f.; BB 2003, 2709.

280 Denkschrift zum EVU, BT-Drs. 10/503, 22; MüKoBGB/*Martiny* Rom I-VO Art. 3 Rn. 8 ff.; Palandt/*Thorn* Rom I-VO Art. 3 Rn. 4; aA *Kindler* RIW 1987, 660 (661).

281 BGH JZ 1976, 607 (608) mAnm *Mummenhoff* = RIW 1976, 447 (448); OLG München WM 2006, 1556 (1557 f.); MüKoBGB/*Martiny* Rom I-VO Art. 3 Rn. 48; aA *Emde* MDR 2002, 190 (195).

vermerk auf einer Rechnung (Fakturengerichtsstand)[282] oder eine Gerichtsstandsvereinbarung, die von den Parteien lediglich im Hinblick auf die Klärung einer bestimmten Frage getroffen wurde.[283] Zu beachten ist allerdings, dass eine solche Gerichtsstandsvereinbarung vor dem Entstehen der Streitigkeiten grundsätzlich nur geschlossen werden kann, wenn beide Parteien Kaufleute sind (§ 38 Abs. 1 ZPO) oder eine der Parteien keinen allgemeinen Gerichtsstand im Inland hat (§ 38 Abs. 2 ZPO). Zu Gerichtsstandsvereinbarungen zugunsten der Gerichte eines Drittstaates außerhalb der EU → § 89b Rn. 252.

131 **bb) Verwendung von AGB.** Auch die Verwendung von AGB kann auf eine stillschweigende Rechtswahl hindeuten. Regelmäßig sind diese im Hinblick auf eine bestimmte Rechtsordnung entworfen worden, sodass mit der Verwendung der AGB auch diese Rechtsordnung in Bezug genommen worden ist.[284] Entsprechendes gilt für die Verwendung von Lieferbedingungen oder anderen Formularen, die auf eine bestimmte Rechtsordnung aufbauen.[285]

132 **cc) Prozessverhalten.** Schließlich kann auch auf das Prozessverhalten der Parteien abgestellt werden, wenn diese im Rechtsstreit übereinstimmend von der Anwendung einer bestimmten Rechtsordnung ausgehen.[286] Die Einigkeit der Parteien kann auf eine ursprüngliche Rechtswahl oder eine zulässige, nachträgliche Vereinbarung hindeuten.

133 **3. Vertragsstatut kraft objektiver Anknüpfung.** Lässt sich den Parteivereinbarungen weder eine ausdrückliche noch eine stillschweigende Rechtswahl entnehmen, dann unterliegt der Vertrag nach **Art. 4 Abs. 4 Rom I-VO** dem Recht des Staates, mit dem er die engsten Verbindungen aufweist. In Art. 4 Abs. 1 lit. a–h Rom I-VO findet sich diesbezüglich ein Katalog mit normierten Anknüpfungen für einzelne Vertragstypen.

134 Wird ein inländischer Handelsvertreter für einen **ausländischen Unternehmer** tätig, dann untersteht regelmäßig das Handelsvertreterverhältnis deutschem Recht. Bedient sich hingegen ein deutsches Unternehmen eines **ausländischen Handelsvertreters,** ist regelmäßig das Recht maßgeblich, das am Sitz der Niederlassung des Handelsvertreters gilt.

135 Diese Grundsätze finden grundsätzlich auch Anwendung, wenn Tätigkeitsgebiet und Niederlassung des Handelsvertreters in **zwei verschiedenen Staaten** liegen.[287] Das Recht des Sitzes des Unternehmers ist allerdings dann maßgeblich, wenn der Handelsvertreter zwar offiziell seine Niederlassung im Ausland hat, er seine Vermittlungstätigkeit aber ausschließlich in dem Staat entfaltet, in dem der Unternehmer ansässig ist.

136 **4. Vollmacht.** Ist dem Handelsvertreter Abschlussvollmacht erteilt worden, dann beurteilt sich die Wirksamkeit der Vollmachtserteilung nicht nach dem Recht, das auf das von ihm für den Unternehmer vermittelte Rechtsgeschäft Anwendung findet, sondern nach dem am Sitz seiner Niederlassung geltenden Recht.[288] Nach diesem Vollmachtstatut beurteilen sich sowohl die Wirksamkeit der Vollmacht als auch die Rechtswirkungen für den vollmachtslosen Vertreter.[289] Hingegen entscheiden sich nach dem Geschäftsstatut, also nach

---

282 BGH DB 1969, 195; OLG Karlsruhe NJW-RR 1993, 567; Zöller/*Schultzky*/*Vollkommer* ZPO § 38 Rn. 26.

283 OLG Düsseldorf WM 1971, 968 (970).

284 BGH JZ 1976, 607 (608) mAnm *Mummenhoff* = RIW 1976, 447 (448); OLG Schleswig NJW-RR 1988, 283 (284); LG München I IPRspr 1998 Nr. 50; MüKoBGB/*Martiny* Rom I-VO Art. 3 Rn. 61.

285 BGH JZ 1963, 167; BB 1997, 988; OLG Hamburg RIW 1968, 462 (463).

286 BGHZ 53, 189 (193); BGH NJW 1988, 1592; BAG NJW-RR 1988, 482 (483); OLG Karlsruhe NJW-RR 2002, 1206; OLG Köln VersR 2002, 1374; OLG Rostock IHR 2003, 17; MüKoBGB/*Martiny* Rom I-VO Art. 3 Rn. 53 ff.; ausf. *Buchta,* Die nachträgliche Bestimmung des Schuldstatus durch Prozeßverhalten im deutschen, österreichischen und schweizerischen IPR, 1986; krit. *Schack* NJW 1984, 2736 ff.

287 *Kindler* RIW 1987, 660 (663 f.); *Sura* DB 1981, 1269 (1271).

288 BGH JZ 1963, 167 (168) mAnm *Lüderitz*; DB 1990, 2217; LG Hamburg RIW 1978, 124 (125); aA *Ebenroth* JZ 1983, 821 (824): Recht am Ort der Niederlassung des Vertretenen; Soergel/*Lüderitz* EGBGB Anh. Art. 10 Rn. 101: Recht, unter dem der Vertreter erkennbar auftritt.

289 Soergel/*Lüderitz* EGBGB Anh. Art. 10 Rn. 102, 105.

dem Recht, welches das Vertretergeschäft beherrscht, sowohl die Zulässigkeit einer Stellvertretung überhaupt[290] als auch die Rechtswirkungen für den Vertretenen bei einem Vertragsschluss ohne Vertretungsmacht.[291]

E. Der „unselbständige Handelsvertreter"

Angestellter nach Abs. 2 ist nur derjenige, dessen Tätigkeit alle Tatbestandsmerkmale der Handelsvertreterstellung aufweist, mit Ausnahme der Selbständigkeit. Insoweit stellt die Bestimmung klar, dass im Bereich der ständigen Geschäftsvermittlung nur die **Alternative** zwischen der Tätigkeit als selbständiger Handelsvertreter und der als angestellter Geschäftsvermittler besteht. Der angestellte Absatzmittler ist Handlungsgehilfe, wenn der Unternehmer Kaufmann ist, ansonsten ist er normaler Arbeitnehmer.[292] Solange der mit der ständigen Geschäftsvermittlung für den Unternehmer Betraute nicht selbständig ist, kommt diesem auch dann Angestelltenstatus zu, wenn er im Vertrag als Handelsvertreter, Verkaufsbetreuer, Firmenrepräsentant, freier Mitarbeiter oÄ, bezeichnet wird.[293] Dies ergibt sich auch ohne ausdrückliche gesetzliche Anordnung[294] schon aus dem arbeitsrechtlichen Rechtsformzwang.[295] **137**

Ebenso wie der Selbständige muss auch der „angestellte Handelsvertreter" ständig damit betraut sein, für einen Unternehmer Geschäfte zu vermitteln oder in dessen Namen abzuschließen. Im Gegensatz zu jenem ist der angestellte Handelsvertreter aber **unselbständig** und damit Arbeitnehmer im Sinne arbeitsrechtlicher Vorschriften. Es wird daher auf die Kommentierung zum Arbeitsrecht verwiesen. **138**

§ 85 [Vertragsurkunde]

[1]Jeder Teil kann verlangen, daß der Inhalt des Vertrages sowie spätere Vereinbarungen zu dem Vertrag in eine vom anderen Teil unterzeichnete Urkunde aufgenommen werden. [2]Dieser Anspruch kann nicht ausgeschlossen werden.

Übersicht

290 Soergel/*Lüderitz* EGBGB Anh. Art. 10 Rn. 103.
291 BGH JZ 1963, 167 (168) mAnm *Lüderitz*; DB 1990, 2217; OLG Celle WM 1984, 494 (500).
292 Oetker/*Busche* Rn. 81.
293 BGH AP HGB § 84 Nr. 2; ThürLSG BeckRS 2006, 42496.
294 *Dersch* RdA 1957, 114 (115); *Trinkhaus* RdA 1958, 11 (13).
295 Hierzu *Wank*, Arbeitnehmer und Selbständige, 1988, 102 ff.

I. Bedeutung

1 Die Vorschrift ist durch das Änderungsgesetz von 1953 (Recht der Handelsvertreter) in das HGB **eingefügt** worden. Sie bezweckt, den Parteien den Nachweis des Vertragsinhalts zu erleichtern, weil bei den über längere Zeit andauernden Vertragsverhältnissen leicht Unklarheiten über den vereinbarten Inhalt entstehen können.[1] Die Bestimmung findet auf den Vertragshändler (→ Vor § 84 Rn. 13 ff.)[2] und auf den Franchise-Nehmer (→ Vor § 84 Rn. 17 ff.)[3] analoge Anwendung. In der Praxis hat die Vorschrift kaum Bedeutung, da die Parteien regelmäßig ihre vertraglichen Rechte und Pflichten in einer Vertragsurkunde festhalten bzw. kaum Rechtsstreitigkeiten hierzu führen.

II. Inhalt und Form der Vertragsurkunde

2 **1. Inhalt.** In die Urkunde sind sämtliche Vereinbarungen der Parteien aufzunehmen, die Inhalt des Vertrags geworden sind. Hierzu gehört insbesondere die Festlegung der Aufgaben des Handelsvertreters, zB Art und Umfang der von ihm zu vermittelnden oder abzuschließenden Geschäfte, Inhalt und etwaige Beschränkungen einer erteilten Abschlussvollmacht, die Umgrenzung eines ihm zugewiesenen Bezirks, Abreden über den Provisionsanspruch, Regelungen über Dauer des Vertrags und Kündigungsmöglichkeiten, sowie Wettbewerbsabreden.

3 **Nicht** in die Urkunde aufgenommen werden müssen Regelungen, die sich unmittelbar aus dem Gesetz ergeben. Soweit die gesetzlichen Bestimmungen gelten, genügt ein pauschaler Hinweis auf diese,[4] ist aber an sich nicht erforderlich.

4 Zum Urkundenanspruch nach **Vertragsänderungen** → Rn. 11.

5 **2. Form.** Die Vertragsurkunde bedarf der Schriftform iSv **§ 126 BGB.** Sie muss aber nur vom Anspruchsgegner, nicht von dem Vertragsteil unterzeichnet werden, der die Urkundsausstellung verlangt. Allerdings kann auch der Antragsgegner seinerseits nach § 85 Ausstellung einer Vertragsurkunde begehren. In diesem Fall ist der andere Teil ebenfalls zur Mitunterzeichnung verpflichtet.[5]

6 Ein **kaufmännisches Bestätigungsschreiben** über den Inhalt der getroffenen Vereinbarung entspricht grundsätzlich den Anforderungen an eine Vertragsurkunde im Sinne dieser Vorschrift. Gibt das Schreiben den Vertragsinhalt nicht zutreffend wieder, kann es nach den Grundsätzen über ein kaufmännisches Bestätigungsschreiben konstitutive Wirkung haben, soweit der andere Teil dem Bestätigungsschreiben nicht widerspricht.[6]

7 Die Vorschrift begründet nur einen Anspruch auf Urkundenausstellung, **keinen gesetzlichen Formzwang.** Der Abschluss eines Handelsvertretervertrags ist grundsätzlich formfrei (→ § 84 Rn. 86).[7] Die Parteien können allerdings den Vertragsabschluss oder zumindest Vertragsänderungen von der Einhaltung einer bestimmten Form abhängig machen. In diesem Fall bedarf der Vertragsschluss bzw. eine Vertragsänderung zur Wirksamkeit der Wahrung der vereinbarten Form (§ 127 BGB).

8 **3. Wirkung.** Die Urkunde hat regelmäßig keine konstitutive, sondern nur deklaratorische Bedeutung. Sie dient **Beweiszwecken.**[8] Wird sie vom Anspruchsteller vorbehaltlos angenommen, hat sie die widerlegbare Vermutung der Richtigkeit und Vollständigkeit für

---

1 Begr. RegE, BT-Drs. 1/3856, 18; BGH BB 2006, 905 (906).

2 *Renz,* Rechte und Pflichten zwischen Arbeitgeber und Arbeitnehmer und zwischen Unternehmer und Handelsvertreter, 2001, 61 f.; Staub/*Emde* Rn. 24; *Ulmer,* Der Vertragshändler, 1969, 397 Fn. 14; aA *Schuler* NJW 1959, 649 (652).

3 *Matthießen* ZIP 1988, 1089 (1095); EBJS/*Löwisch* Rn. 3.

4 Heymann/*Stöber* Rn. 7; Staub/*Emde* Rn. 12.

5 Heymann/*Stöber* Rn. 8.

6 Staub/*Emde* Rn. 13.

7 Röhricht/Graf v. Westphalen/Haas/*Thume* Rn. 1, 7 f.; zur Registereintragung und RL 86/653/EWG (Handelsvertreter-RL), aus der die Formfreiheit des Handelsvertretervertrags noch nicht folgt, s. EuGH NJW 2000, 3267.

8 OLG München VersR 1957, 97; Oetker/*Busche* Rn. 2; EBJS/*Löwisch* Rn. 11.

sich.[9] Gibt die Urkunde den Vertragsinhalt nach Auffassung des Anspruchsstellers nicht zutreffend wieder, muss dieser die Annahme ablehnen. Anderenfalls kann je nach Lage des Einzelfalls in der widerspruchslosen Annahme eine konkludente Zustimmung zu einer Vertragsänderung liegen.[10]

4. Rechtsnatur. Die Ausstellung der Vertragsurkunde ist vergleichbar der Erteilung einer Quittung iSv § 368 BGB kein Rechtsgeschäft. Sie ist das bloße Bekenntnis, zwischen den Parteien sei ein Handelsvertreterverhältnis mit dem in der Urkunde niedergelegten Inhalt zustande gekommen. Sie ist daher eine reine Wissenserklärung.[11] 9

III. Anspruch auf Vertragsurkunde

1. Entstehung des Anspruchs. a) Handelsvertreterverhältnis. Der Anspruch entsteht **mit Abschluss** des Handelsvertretervertrags. Ab diesem Zeitpunkt kann jeder Vertragsteil die Ausstellung einer Urkunde über den Vertragsinhalt zur **Klarstellung** der vertraglichen Abmachungen verlangen. 10

b) Vertragsänderung. Der Anspruch entsteht bei jeder Vertragsänderung neu.[12] Er ist in diesem Fall grundsätzlich auf die schriftliche Fixierung der geänderten Bedingungen beschränkt. Der ursprüngliche Vertragsinhalt muss nicht in die Urkunde über die Vertragsänderung aufgenommen werden.[13] Soweit allerdings Zweifel über den Vertragsinhalt entstehen können, aber auch bei umfangreichen Änderungen kann der Anspruchsteller die Aufnahme des gesamten Vertragsinhalts in eine einheitliche Urkunde verlangen.[14] 11

2. Geltendmachung. Der Anspruch wird erst fällig, wenn der Antragsteller die Ausstellung einer Vertragsurkunde von dem anderen Teil begehrt. Dieses Begehren ist eine rechtsgeschäftsähnliche Handlung, die erst mit Zugang beim Antragsgegner wirksam wird (§ 130 Abs. 1 S. 1 BGB). 12

3. Anspruchsberechtigter. Anspruchsberechtigt sind beide Parteien des Handelsvertretervertrags, sowohl der Unternehmer als auch der Handelsvertreter. Unerheblich ist, ob es sich um einen normalen Handelsvertreter, einen Untervertreter (§ 84 Abs. 3), einen Einfirmenvertreter (§ 92a) oder einen Handelsvertreter im Nebenberuf (§ 92b) handelt.[15] Der Anspruch steht auch juristischen Personen und Personengesellschaften, die Handelsvertreter sind, zu. 13

Beim **Tod des Unternehmers** geht der Anspruch auf dessen Erben über. Dies gilt auch für den **Tod des Handelsvertreters.** Zwar erlischt dann im Zweifel das Vertragsverhältnis (§ 673 BGB), der Zweck der Bestimmung, Beweisschwierigkeiten bei der Vertragsabwicklung zu vermeiden, rechtfertigt es aber, auch in diesem Fall beiden Seiten den Anspruch einzuräumen.[16] Entsprechendes gilt bei **Insolvenz des Unternehmers** (auch hier erlischt das Vertragsverhältnis, §§ 115, 116 InsO). In der Insolvenz des Handelsvertreters besteht der Handelsvertretervertrag ohnehin nach § 108 InsO fort (→ § 89 Rn. 26), so dass der Anspruch des Handelsvertreters bzw. Unternehmers auf Ausstellung einer Vertragsurkunde von der **Insolvenz des Handelsvertreters** von vorneherein unbeeinflusst bleibt. 14

4. Anspruchsverpflichteter. Schuldner des Anspruchs auf Urkundenausstellung ist der andere Teil des Handelsvertretervertrags. Dies richtet sich im Einzelfall danach, ob der Unternehmer oder der Handelsvertreter die Urkundsausstellung begehrt. 15

---

9 LAG Bremen DB 1960, 1212; Baumbach/Hopt/*Hopt* Rn. 10.
10 Heymann/*Stöber* Rn. 10.
11 So zur Quittung auch RGZ 108, 50 (55); Jauernig/*Stürner* BGB §§ 368, 369 Rn. 1; Palandt/*Grüneberg* BGB § 368 Rn. 2.
12 Baumbach/Hopt/*Hopt* Rn. 6; Heymann/*Stöber* Rn. 7.
13 Staub/*Emde* Rn. 10; Oetker/*Busche* Rn. 9.
14 Heymann/*Stöber* Rn. 7.
15 Heymann/*Stöber* Rn. 2.
16 Heymann/*Stöber* Rn. 5.

16 **5. Anspruchsinhalt.** Der Anspruch ist darauf gerichtet, dass der gesamte Vertragsinhalt in eine Urkunde aufgenommen und die Urkunde unterzeichnet wird. Gegenstand des Anspruchs ist mithin nicht nur die Unterzeichnung einer vom Anspruchsteller richtig und vollständig erstellten Urkunde, sondern auch deren Erstellung.[17] Der Anspruchsteller kann indes die Urkunde selbst erstellen oder von einem Dritten erstellen lassen. In diesem Fall genügt der Antragsgegner seiner Pflicht, wenn er die vom Antragssteller oder einem Dritten erstellte Urkunde unterzeichnet, die den Vertragsinhalt verständlich und zutreffend wiedergibt (zur Form → Rn. 5 ff.).[18] Im Fall der Vertragsänderung (→ Rn. 11) beschränkt sich der Anspruch auf diese, kann aber auch durch Unterzeichnung einer kompletten Neufassung erfüllt werden.

17 **6. Erlöschen des Anspruchs. a) Erfüllung.** Der Anspruch auf Ausstellung einer Vertragsurkunde erlischt durch Erfüllung, wenn der Antragsgegner dem Antragssteller ein den Anforderungen des § 85 genügendes Schriftstück aushändigt (§ 362 Abs. 1 BGB).

18 **b) Beendigung des Vertragsverhältnisses.** Der Anspruch auf Urkundenausstellung erlischt nicht automatisch mit der Beendigung des Vertragsverhältnisses. Er bleibt bis zur vollständigen Abwicklung des Vertragsverhältnisses bestehen.[19] Der mit dem Urkundenanspruch verfolgte Zweck der Beweiserleichterung kann nämlich auch noch nach Ablauf der Kündigungsfristen zum Tragen kommen, zB wegen Provisionen (§ 87), Ausgleichszahlungen (§ 89b) oder etwaiger Wettbewerbsabreden (§ 90a).

19 **c) Verzicht.** Während der Dauer des Vertragsverhältnisses kann auf den Anspruch nicht verzichtet werden. Ein solcher Verzicht stünde im Widerspruch zum Zweck des S. 2, der zum Schutz des Handelsvertreters, aber auch des Unternehmers die Unabdingbarkeit anordnet (→ Rn. 22). Nach Ablauf der Kündigungsfristen kann während der Vertragsabwicklung auf den Anspruch verzichtet werden, weil in diesem Zeitraum kein besonderes Schutzbedürfnis für eine der Seiten besteht.

20 **d) Verwirkung, Rechtsmissbrauch.** Im Abwicklungsstadium kann Verwirkung ausnahmsweise eintreten, wenn der Antragsgegner berechtigterweise darauf vertrauen durfte, der andere Teil werde den Urkundenanspruch nicht mehr geltend machen, und er im Vertrauen hierauf Handlungen vorgenommen hat, die ihm die Urkundenausstellung nunmehr unzumutbar erscheinen lassen.[20] Außerdem kann die Geltendmachung des Anspruchs rechtsmissbräuchlich sein, wenn der beendete Handelsvertretervertrag weitestgehend abgewickelt ist und es für die restliche Abwicklung nicht mehr auf die Vertragsurkunde ankommt, etwa weil die noch bestehenden Ansprüche unstreitig sind.[21]

21 **7. Verjährung.** Der Anspruch auf die Vertragsurkunde verjährt drei Jahre nach Schluss des Jahres, in dem der Vertrag endet, weil sich der Anspruch bis zu diesem Zeitpunkt immer wieder erneuert.[22] Sofern eine der beiden Parteien die Vertragsurkunde für die vollständige Abwicklung des Vertrages benötigt, ist es ihr zumutbar, diesen Anspruch binnen dieser Verjährungsfrist geltend zu machen. Es ist nicht notwendig, den Verjährungsbeginn an die vollständige Abwicklung aller Ansprüche zu koppeln.

22 **8. Unabdingbarkeit (S. 2).** Zum Schutz des Handelsvertreters, aber auch des Unternehmers und im Interesse der Rechtssicherheit kann der Anspruch auf schriftliche Festlegung des Vertragsinhalts nicht ausgeschlossen werden.[23] Unter dieses Verbot fallen alle Vereinbarungen, durch die der Anspruch inhaltlich oder zeitlich beschränkt wird, zB an bestimmte Voraussetzungen oder Termine gebunden wird.

---

[17] So auch Baumbach/Hopt/*Hopt* Rn. 6; wohl auch Heymann/*Stöber* Rn. 6.

[18] BGH BB 2006, 905 (906).

[19] HM, Baumbach/Hopt/*Hopt* Rn. 6; EBJS/*Löwisch* Rn. 7; Heymann/*Stöber* Rn. 4; Staub/*Emde* Rn. 15; *Schröder* in Küstner/Thume VertriebsR-HdB I Kap. II Rn. 127.

[20] AA EBJS/*Löwisch* Rn. 7; Oetker/*Busche* Rn. 14.

[21] Ähnlich auch Heymann/*Stöber* Rn. 9.

[22] Staub/*Emde* Rn. 17; Baumbach/Hopt/*Hopt* Rn. 7; Oetker/*Busche* Rn. 15; aA Röhricht/Graf v. Westphalen/Haas/*Thume* Rn. 8.

[23] Begr. RegE, BT-Drs. 1/3856, 18.

IV. Folgen der Nichterfüllung

1. Gerichtliche Durchsetzung. Der Anspruch auf die Vertragsurkunde ist **einklagbar.** Der Klageantrag kann auf die Erstellung, Unterzeichnung und Aushändigung einer Vertragsurkunde mit einem bestimmten Inhalt gerichtet sein. Möglich ist aber auch, dass Inhalt des Klageantrags die Unterzeichnung und Aushändigung einer vom Kläger vorgelegten, den Vertragsinhalt wiedergebenden Urkunde ist. Bestreitet der Anspruchsverpflichtete das Zustandekommen eines Vertrags mit dem behaupteten Inhalt, so obliegt die Beweislast dem Kläger. Gelingt dem Kläger nicht der Nachweis aller von ihm als Vertragsinhalt behaupteten Vereinbarungen, so sind nur die nachgewiesenen Vereinbarungen als Urkundeninhalt im erkennenden Teil des Urteils festzulegen. Im Übrigen ist die Klage abzuweisen. 23

Die **Zwangsvollstreckung** richtet sich nach zutreffender, aber nicht unumstrittener Ansicht nach § 888 ZPO und nicht nach § 894 ZPO und zwar unabhängig davon, ob der Urteilstenor die Erstellung der Vertragsurkunde durch den Anspruchsgegner umfasst. Entscheidend ist, dass keine Willenserklärung abzugeben ist, sondern eine Urkunde vom Schuldner zu unterschreiben und zu überlassen ist.[24] 24

2. Außerordentliches Kündigungsrecht. Kommt der Anspruchsgegner dem Begehren auf Ausstellung einer Vertragsurkunde nicht nach, kann der Antragsteller auf Unterzeichnung und Aushändigung einer Vertragsurkunde klagen, die den Vertragsinhalt vollständig und richtig wiedergibt (→ Rn. 23 f.). Daneben kann der Antragsteller den Handelsvertretervertrag auch nach § 89a fristlos kündigen und Schadensersatz verlangen.[25] Anerkennenswerte Gründe gegen die schriftliche Festlegung des Vertragsinhalts lassen sich kaum denken, so dass die Weigerung das gegenseitige Vertrauen untergräbt und daher zur fristlosen Kündigung berechtigt.[26] 25

§ 86 [Pflichten des Handelsvertreters]

(1) Der Handelsvertreter hat sich um die Vermittlung oder den Abschluß von Geschäften zu bemühen; er hat hierbei das Interesse des Unternehmers wahrzunehmen.

(2) Er hat dem Unternehmer die erforderlichen Nachrichten zu geben, namentlich ihm von jeder Geschäftsvermittlung und von jedem Geschäftsabschluß unverzüglich Mitteilung zu machen.

(3) Er hat seine Pflichten mit der Sorgfalt eines ordentlichen Kaufmanns wahrzunehmen.

(4) Von den Absätzen 1 und 2 abweichende Vereinbarungen sind unwirksam.

Schrifttum: *Fischer,* Der Handelsvertreter im deutschen und europäischen Recht, ZVglRWiss 101 (2002), 143; *Ostendorf,* Grenzen der analogen Anwendung von § 89b HGB auf Händler außerhalb des Kfz-Vertriebs, MDR 2008, 1377; *Röhsler/Borrmann,* Wettbewerbsbeschränkungen für Arbeitnehmer und Handelsvertreter, 1981.

Übersicht

[24] EBJS/*Löwisch* Rn. 12; Heymann/*Stöber* Rn. 9; Oetker/*Busche* § 85 Rn. 16; aA *Schröder* in Küstner/Thume VertreibsR-HdB I Kap. II Rn. 132; Staub/*Emde* Rn. 22.

[25] OLG München VersR 1957, 97; KKRD/*Roth* § 89a Rn. 2, 8.

[26] BGH BB 2006, 905.

I. Bedeutung

1 Der **Regelungsgegenstand** der Vorschrift war in der ursprünglichen Fassung des HGB im Wesentlichen in § 84 enthalten. Abs. 1–3 der Vorschrift wurden durch das ÄndG 1953 (Recht der Handelsvertreter) eingefügt. Damit sollte das Bemühen um Geschäftsvermittlung und -abschluss als wesentliche Hauptpflicht des Handelsvertreters, die zuvor aus dem dienstvertraglichen Charakter abgeleitet worden war, ausdrücklich normiert werden. Darüber hinaus dient die Neufassung der Klarstellung, dass der Handelsvertreter die Interessen des Unternehmers wahrnimmt und nicht neutraler Makler zwischen diesem und der Kundschaft ist.[1]

2 **Abs. 4** wurde neu eingeführt durch das Durchführungsgesetz zur **Handelsvertreter-RL** vom 23.10.1989 (→ § 84 Rn. 3).[2] Von geplanten, weitergehenden Änderungen der Vorschrift durch Streichung des Abs. 3 und Ergänzung des Abs. 1 um die Verpflichtung des Handelsvertreters, sachgerechten Weisungen des Unternehmers Folge zu leisten,[3] wurde Abstand genommen.

3 Die Bestimmung enthält somit eine nicht abschließende Regelung der **wesentlichen Pflichten des Handelsvertreters** mit den Hauptpflichten zur Geschäftsvermittlung, zum Geschäftsabschluss und zur Interessenwahrung sowie der Nebenpflicht zur Benachrichtigung.[4] Ergänzend zu dieser handelsrechtlichen Vorschrift greifen die allgemeinen bürgerlich-rechtlichen Regelungen über den Dienstvertrag (§§ 611 ff. BGB) und iVm § 675 BGB die des Auftragsrechts (§§ 662 ff. BGB) ein (zur Rechtsnatur des Handelsvertretervertrags → § 84 Rn. 84 f.). Die Bestimmung ist auf Vertragshändler (→ Vor § 84 Rn. 13 ff.)[5] sowie

[1] Begr. RegE, BT-Drs. 1/3856, 18 f.
[2] Hierzu *Ankele* DB 1989, 2211 ff.; *Eckert* NZA 1990, 384 ff.; *Küstner/v. Manteuffel* BB 1990, 291 ff.; *Kuther* NJW 1990, 304 f.
[3] So noch RegE, BT-Drs. 11/3077.
[4] Heymann/*Stöber* Rn. 1; Oetker/*Busche* Rn. 1; aA EBJS/*Löwisch* Rn. 1 f.; krit. zu dieser Vorschrift Staub/*Emde* Rn. 2.
[5] BGH NJW 1984, 2101 (2102); Baumbach/Hopt/*Hopt* § 84 Rn. 11; Heymann/*Stöber* Rn. 4; *K. Schmidt* HandelsR § 28 III Rn. 43; Staub/*Emde* Rn. 11 und 86; *Ulmer*, Der Vertragshändler, 1969, 398, 422 ff.; aA *Renz*, Das Rechtsverhältnis zwischen dem Vertragshändler und seinem Lieferanten, 1966, 62.

auf Franchise-Nehmer (→ Vor § 84 Rn. 17)[6] und Kommissionsagenten (→ Vor § 84 Rn. 9 ff.)[7] entsprechend anzuwenden.

II. Handelsvertreterverhältnis

1. Voraussetzungen. Soweit die Parteien keine besonderen Vereinbarungen getroffen haben oder getroffene Vereinbarungen unwirksam sind, richtet sich der **Inhalt des Vertrags** nach den §§ 84 ff., ergänzend nach den §§ 611 ff. BGB, §§ 662 ff. BGB (→ Rn. 3; → § 84 Rn. 84 f.). 4

2. Verpflichteter. Die Pflichten aus dem Handelsvertretervertrag treffen den Handelsvertreter als natürliche oder juristische Person. Bei Personengesellschaften ist zunächst die OHG oder KG als solche verpflichtet (§ 124 Abs. 1, § 161 Abs. 2). Gleichzeitig haften aber auch deren Gesellschafter nach § 128 als Gesamtschuldner.[8] Sie sind nicht etwa bloße Erfüllungsgehilfen. 5

Bei einer **Handelsvertreter-GmbH** oder ggf. auch **-AG** treffen die Pflichten aus dem Handelsvertreterverhältnis die juristische Person als solche. Daher werden die Gesellschafter einer Handelsvertreter-GmbH nicht aus dem Handelsvertreterverhältnis der GmbH selbst verpflichtet. Dies folgt aus § 13 Abs. 1 und 2 GmbHG (vgl. entsprechend zur AG § 1 Abs. 1 AktG), wonach die Gesellschaft als eigene Rechtspersönlichkeit selbständig Rechte und Pflichten erwerben kann und nur mit ihrem Gesellschaftsvermögen haftet.[9] Für die Erstreckung dieser Verpflichtungen auf die Gesellschafter bedarf es eines entsprechenden rechtsgeschäftlichen Verpflichtungstatbestandes, an dem der verpflichtete Gesellschafter selbst oder ein bevollmächtigter Vertreter beteiligt sein muss.[10] 6

Auch die **Mitglieder der Vertretungsorgane** (Vorstand, Geschäftsführer) werden grundsätzlich nicht persönlich gegenüber dem Unternehmer verpflichtet, weil nach allgemeinen Grundsätzen aus Rechtsgeschäften mit der Gesellschaft ausschließlich diese selbst, nicht aber ihre Organe berechtigt und verpflichtet werden.[11] Zu einer Verpflichtung der Organmitglieder bedarf es ebenfalls einer Vereinbarung, durch welche die Pflichten aus dem Handelsvertreterverhältnis insgesamt oder in bestimmter Hinsicht auf diese erstreckt werden. Allerdings führt auch ohne eine solche Vereinbarung im Verhältnis zum Unternehmer eine Verletzung der Pflichten der Handelsvertretergesellschaft aus § 86 durch ihre Geschäftsführungsorgane zu einer Einstandspflicht der Gesellschaft selbst über § 31 BGB. Im Verhältnis zur Handelsvertretergesellschaft verletzt das betreffende Organmitglied hierdurch seine Pflichten aus der Organanstellung und ist unter Umständen nach § 93 Abs. 2 AktG, § 43 Abs. 2 GmbHG schadensersatzpflichtig. 7

Der Handelsvertreter ist nach § 613 S. 1 BGB im Zweifel zur **persönlichen Dienstleistung** verpflichtet (zu einer etwaigen höchstpersönlich zu erbringenden Dienstleistung → § 84 Rn. 121). Juristische Personen handeln daher durch ihre Organe. Mangels abweichender Vereinbarung darf der Handelsvertreter sich jedoch zur Erfüllung der ihm obliegenden Aufgaben eigener Hilfskräfte sowie der Mithilfe anderer selbständiger Gewerbetreibender bedienen (→ § 84 Rn. 117 ff.). Für deren Verschulden haftet er dem Unternehmer nach § 278 BGB (→ § 84 Rn. 123 f.). Ist dem Unternehmer – wie regelmäßig – bei Abschluss des Vertrages mit einer juristischen Person oder einer Personengesellschaft daran gelegen, dass der Vertrag seitens des Absatzmittlers unter den **bestehenden Geschäftsführer- und** 8

---

6 *K. Schmidt* HandelsR § 28 III Rn. 43.

7 Staub/*Koller* § 383 Rn. 38.

8 Heymann/*Stöber* Rn. 4.

9 Vgl. allg. Lutter/Hommelhoff/*Lutter/Bayer* GmbHG § 13 Rn. 1 ff.; Scholz/*Bitter,* 12. Aufl. 2018, GmbHG § 13 Rn. 55 ff.

10 Vgl. allg. *Emde,* Die Handelsvertreter-GmbH, 1994, 171 ff.; Lutter/Hommelhoff/*Lutter/Bayer* GmbHG § 13 Rn. 1 ff., 24; Scholz/*Bitter* GmbHG § 13 Rn. 93.

11 Lutter/Hommelhoff/*Lutter/Hommelhoff* GmbHG § 36 Rn. 10; Scholz/*U. H. Schneider* GmbHG § 43 Rn. 217 ff.

Beteiligungsverhältnissen erfüllt wird, kann eine change-of-control-Klausel vereinbart werden.[12]

9 **3. Berechtigter.** Gläubiger der dem Handelsvertreter obliegenden Pflichten ist der Unternehmer, mit dem der Handelsvertretervertrag geschlossen worden ist. Dieser kann seinen Anspruch gegen den Handelsvertreter nicht auf Dritte übertragen, soweit sich nichts anderes aus den Umständen des Einzelfalles ergibt (§ 613 S. 2 BGB).

10 Der Anspruch gegen den Handelsvertreter geht auch im Fall einer **Betriebsveräußerung** nicht automatisch auf den Erwerber über.[13] § 613a BGB findet keine entsprechende Anwendung, weil diese Vorschrift nur eine Lücke im Kündigungsschutzsystem für Arbeitnehmer schließen soll.[14] Wegen seiner Selbständigkeit bedarf es für den Handelsvertreter keines über die §§ 89 f. hinausgehenden Schutzes. Zur Betriebsveräußerung und den Vorgängen nach dem Umwandlungsgesetz → § 89 Rn. 28 f.

11 **4. Dauer der Pflichten.** Die Pflichten des Handelsvertreters aus dem Vertragsverhältnis bestehen während der Dauer der vertraglichen Beziehung.[15] Durch ausdrückliche Vereinbarung, aber auch aus der Natur der Verpflichtung kann sich eine nachvertragliche Wirkung ergeben, zB in Bezug auf noch nicht erfüllte Mitteilungspflichten,[16] bei einem nachvertraglichen Wettbewerbsverbot (§ 90a) oder einer Vereinbarung, keine Kunden oder Mitarbeiter des Unternehmers abzuwerben.[17] Ohne ausdrückliche Abrede ist dem Handelsvertreter nachvertraglicher Wettbewerb nicht untersagt. Auf Grund der **Nachwirkung** der Vertragsbeziehungen ist er jedoch gegenüber dem Unternehmer verpflichtet, im Geschäftsverkehr darauf hinzuweisen, dass vertragliche Beziehungen seinerseits zum Unternehmer nicht mehr bestehen.[18] Demgegenüber ist es ihm nicht untersagt, sich bei seiner Wettbewerbstätigkeit auf den Unternehmer zu konzentrieren und dessen Methoden in breitem Rahmen kritiklos zu übernehmen.[19] Grenzen werden nur dadurch gesetzt, dass der Handelsvertreter Geschäfts- und Betriebsgeheimnisse des Unternehmers nicht verwerten darf (§ 90).

12 Unter besonderen Umständen können auch aus einer **vorvertraglichen Beziehung** Pflichten entstehen. Werden dem Handelsvertreter im Rahmen von Vertragsverhandlungen Geschäfts- oder Betriebsgeheimnisse bekannt, ist er in entsprechender Anwendung von § 90 auch dann zur Geheimhaltung verpflichtet, wenn es nicht zum Vertragsschluss kommt.[20]

13 **5. Weisungsgebundenheit (§ 665 BGB). a) Umfang.** Der Unternehmer ist berechtigt, die dem Handelsvertreter obliegenden Pflichten durch Weisungen zu konkretisieren. Dieses folgt mittelbar aus § 665 BGB, soweit der Umfang des Weisungsrechts nicht vertraglich festgelegt ist. Vergleichbar dem Direktionsrecht des Arbeitgebers (→ Vor § 59 Rn. 40 ff.)[21] darf der Unternehmer aber nur bereits bestehende Pflichten des Handelsvertreters präzisieren. Er ist grundsätzlich nicht berechtigt, per Weisungsrecht den Umfang der Tätigkeit des Handelsvertreters zu verändern oder diesem zusätzliche Pflichten aufzuerlegen. Hierzu bedarf es einer entsprechenden Vertragsänderung, soweit sich der Unternehmer nicht vertraglich ein einseitiges Bestimmungsrecht vorbehalten hat.[22]

14 Die rechtliche Selbständigkeit des Handelsvertreters steht seiner Weisungsgebundenheit nicht entgegen, setzt ihr aber **Grenzen.** Die Weisungen dürfen nicht die Selbständigkeit des Handelsvertreters in ihrem Kerngehalt beeinträchtigen (zur Abgrenzung Handelsvertreter und Arbeitnehmer im Hinblick auf das Weisungsrecht des Unternehmers → § 84

[12] Zur formularmäßigen Vereinbarung einer solchen Klausel BGH NJW 1985, 623 (624 f.).
[13] BGH NJW 1963, 100 (101).
[14] Staudinger/*Annuß*, 2019, BGB § 613a Rn. 18.
[15] OLG Düsseldorf DB 1969, 2077; LAG Hamm BeckRS 2007, 43975; Heymann/*Stöber* Rn. 5.
[16] OLG München ZVertriebsR 2017, 196.
[17] BGH BB 1983, 2136 (2137); LAG Hamm BeckRS 2007, 43975.
[18] LG Düsseldorf WRP 1969, 462 (463); Oetker/*Busche* Rn. 7; aA EBJS/*Löwisch* Rn. 16.
[19] AA LG Düsseldorf WRP 1969, 462 (463).
[20] Staub/*Emde* Rn. 54.
[21] Vgl. ausf. zum Direktionsrecht *v. Hoyningen-Huene/Boemke,* Die Versetzung, 1991, 83 ff.
[22] Staub/*Emde* § 89 Rn. 185.

Rn. 50 ff.). Weisungen gegenüber einem Handelsvertreter, die in den Kernbereich der Selbständigkeit eingreifen, sind unverbindlich.

b) Bindung. Der Handelsvertreter ist an solche Weisungen hinsichtlich seiner Tätigkeit gebunden, die ihn nicht in seiner Selbständigkeit beeinträchtigen. **Abweichen** darf er nach § 665 BGB nur, wenn er den Umständen nach annehmen darf, der Unternehmer würde bei Kenntnis der Sachlage die Abweichung billigen. In diesem Fall hat der Handelsvertreter vor der Abweichung zunächst dem Unternehmer Anzeige zu machen und dessen Entschließung abzuwarten, wenn nicht mit dem Aufschub Gefahr – im Hinblick auf das Zustandekommen eines für den Unternehmer bedeutenden Geschäfts – verbunden ist. Weisungen, zu denen der Unternehmer nach dem Vertrag nicht berechtigt war oder die den Handelsvertreter in seiner Selbständigkeit beeinträchtigen, sind für ihn unverbindlich. Er hat den Unternehmer jedoch davon zu verständigen, dass und warum er der Weisung nicht Folge leistet. Andernfalls kann er dem Unternehmer auf das negative Interesse haftbar sein.[23] 15

c) Einzelfälle. Die Weisungen des Unternehmers können sich auf die **gesamte Tätigkeit** des Handelsvertreters beziehen. Der Unternehmer kann den Handelsvertreter insbesondere anweisen, Absatzbemühungen gegenüber einem bestimmten Abnehmerkreis vorzunehmen[24] oder Geschäftsabschlüsse bzw. Vermittlungstätigkeit gegenüber bestimmten Personen insgesamt zu unterlassen bzw. Lieferungen nur gegen Barzahlung vorzunehmen.[25] Dies gilt selbst dann, wenn hierdurch das Interesse des Handelsvertreters an Provisionszahlungen beeinträchtigt wird. 16

Die Weisungen können sich weiterhin auf die **Geschäftsbedingungen** beziehen, zu denen der Handelsvertreter den Abschluss zu vermitteln hat,[26] sowie auf die technische Gestaltung und Durchführung seiner Tätigkeit,[27] zB die Verwendung von Auftragsformularen anordnen bzw. die Erhebung einer Kreditkartengebühr über die festgesetzten Preise hinaus untersagen.[28] Auch Weisungen zur Geschäftspolitik sind zulässig, etwa ob ausschließlich der Fachhandel oder Endverbraucher vom Handelsvertreter zu betreuen sind.[29] Anweisungen können sich auch auf die Art der **Werbung** des Handelsvertreters für die Produkte des Unternehmers beziehen.[30] 17

Bei berechtigtem Interesse des Unternehmers können sich Weisungen auch auf den Umfang der **Berichterstattungspflicht** beziehen. Gehen die Umsätze des Handelsvertreters auffällig zurück, kann der Unternehmer Berichte in dichterer und **regelmäßigerer** Folge verlangen, zB wöchentlich, um beurteilen zu können, ob die Ursache in einer nachlassenden Tätigkeit des Handelsvertreters oder in einer sich kontinuierlich verschlechternden Marktlage zu suchen ist.[31] 18

Über diese generellen Weisungen hinaus kann der Unternehmer dem Handelsvertreter unter besonderen Voraussetzungen auch hinsichtlich **bestimmter Geschäftsabschlüsse** konkrete Weisungen erteilen. Dies gilt wegen der Schwierigkeit der Materie und der Langfristigkeit der zu übernehmenden Risiken insbesondere für die Tätigkeit von Versicherungsvertretern.[32] 19

Hingegen ist der Unternehmer nicht berechtigt, dem Handelsvertreter durch Weisung **Sollvorgaben** für einen zu erzielenden Mindestumsatz aufzuerlegen[33] oder ihn zu ver- 20

---

23 Staub/*Emde* Rn. 192.
24 BGH DB 1981, 1772.
25 BGH BB 1960, 574; OLG Stuttgart BB 1960, 956; OLG Nürnberg MDR 1974, 144; KG DB 2007, 1355.
26 OLG Stuttgart BB 1960, 956; OLG Nürnberg MDR 1974, 144.
27 OLG Nürnberg MDR 1974, 144.
28 OLG Düsseldorf WM 1991, 913 (914 ff.).
29 OLG München NJW-RR 2003, 401 (402); Staub/*Emde* Rn. 188.
30 OLG Stuttgart BB 1960, 956; OLG München NJW-RR 2003, 401 (402).
31 BGH NJW 1966, 882 (883) = BB 1966, 265; vgl. auch BGH NJW 1988, 287 = WM 1988, 33 (34); BAG DB 2000, 1618.
32 SG Köln VersR 1962, 1150 (1151).
33 OLG Nürnberg DB 1964, 866; OLG Karlsruhe DB 1972, 572.

pflichten, so viele Abschlüsse hereinzuholen, wie ihm bei größter Anstrengung möglich wäre.[34]

21 **6. Erfüllungsort.** Der Erfüllungsort bestimmt sich in erster Linie nach der Parteivereinbarung. Geben weder diese noch die Umstände des Einzelfalls etwas Besonderes her, so ist Erfüllungsort der Ort, an dem der Handelsvertreter bei Begründung des Handelsvertreterverhältnisses seine **Niederlassung** hat (§ 269 Abs. 2 BGB). Besteht keine Niederlassung des Handelsvertreters, kommt es auf den geschäftlichen Mittelpunkt an.[35] Dieser beurteilt sich danach, wo der Handelsvertreter seine Geschäftsräume unterhält, wohin seine Geschäftsbriefe gehen, in welchem Ort er seine Reisen antritt und an welchen Ort er wieder zurückkehrt. Der Erfüllungsort ist maßgeblich für die Feststellung von **Handelsbräuchen** und den **Gerichtsstand** nach § 29 ZPO.[36]

III. Hauptpflichten des Handelsvertreters (Abs. 1)

22 **1. Geschäftsvermittlung/-abschluss (Hs. 1). a) Vermittlung.** Die Geschäftsvermittlung und der Geschäftsabschluss sind die eigentlichen, im Synallagma stehenden Pflichten des Handelsvertreters.[37] Zur Vermittlung gehören alle Tätigkeiten, die geeignet sind, den späteren Abschluss eines Geschäfts zwischen dem Dritten und dem Unternehmer vorzubereiten und herbeizuführen. Ziel der Vermittlung ist es, den Dritten zu einem Geschäftsabschluss geneigt zu machen. Hierzu zählt sowohl die Pflege des Altkundenstammes als auch das Erschließen neuer Kundenschichten durch Kontaktaufnahme.[38]

23 Welche Geschäfte der Handelsvertreter zu vermitteln hat, bestimmt sich in erster Linie nach dem Vertrag. Ist dort keine genaue Bestimmung getroffen, erstreckt sich die **Vermittlungspflicht** im Zweifel auf das gesamte aktuelle Leistungs- oder Lieferspektrum des Unternehmers.[39] Dies gilt auch für ein erst nach Abschluss des Handelsvertretervertrags eingeführtes Warensortiment, soweit der Artikel nicht zu einer völlig anderen Branche gehört. Dem Handelsvertreter kann in diesem Fall sogar zugemutet werden, sich um einen neuen Abnehmerkreis zu bemühen.[40] Ohne entsprechende Vereinbarung ist der Handelsvertreter allerdings dann nicht zur Vermittlung der neu aufgenommenen Waren verpflichtet, wenn es sich um Waren handelt, die er bereits für einen anderen Unternehmer vertreibt (auch → Rn. 37).

24 Der **Umfang** der Vermittlungspflicht bestimmt sich in erster Linie nach dem Vertrag. Sind dem Handelsvertreter zum Zwecke der Geschäftsvermittlung bestimmte Pflichten ausdrücklich auferlegt, zB Kundenbesuche in bestimmten Zeitintervallen, hat er diesen nachzukommen. Im Übrigen ist er verpflichtet, sich mit der Sorgfalt eines ordentlichen Kaufmanns (Abs. 3) darum zu bemühen, Geschäfte für den Unternehmer zu vermitteln. Danach ist der Handelsvertreter insbesondere verpflichtet, Angebote Dritter zum Geschäftsabschluss mit dem Unternehmer in Empfang zu nehmen und weiterzuleiten. Er ist insoweit Empfangsvertreter des Unternehmers. Hierzu gehört es auch, erkannte Marktlücken zugunsten des Unternehmers nutzbar zu machen.[41] Keinesfalls darf er den ihm zugewiesenen Bezirk vernachlässigen oder gegenüber anderen Tätigkeiten hintansetzen.[42] Andererseits ist der Handelsvertreter aber auch nicht gehalten, so viele Abschlüsse hereinzuholen, wie es ihm bei größter Anstrengung möglich wäre.[43]

25 Regelmäßig können an einen **Einfirmenvertreter** (§ 92a) und erst recht an einen Handelsvertreter mit Bezirks- oder Kundenschutz höhere Anforderungen als an sonstige

[34] OLG Celle Nds.Rpfl. 1959, 109.
[35] Heymann/*Stöber* Rn. 7.
[36] Heymann/*Stöber* Rn. 7; Baumbach/Hopt/*Hopt* Rn. 46.
[37] BGHZ 30, 98 (102) = NJW 1959, 1430; KG DB 2007, 1355.
[38] Heymann/*Stöber* Rn. 11; Staub/*Emde* Rn. 16.
[39] Heymann/*Stöber* Rn. 12; Staub/*Emde* Rn. 15.
[40] BGH DB 1981, 1772.
[41] OLG Celle BB 1970, 228.
[42] OLG München BB 1957, 714.
[43] OLG München WM 2011, 1625 (1627).

Handelsvertreter gestellt werden. Ein Einfirmenvertreter hat sich grundsätzlich voll seiner Vertretung zu widmen. Ansonsten muss es der Unternehmer hinnehmen, dass der Handelsvertreter noch andere Vertretungen übernimmt oder sonstigen Erwerbstätigkeiten nachgeht, soweit ein Wettbewerbsverbot nicht greift. In diesem Fall ist nur eine Tätigkeit im Maß der persönlichen Einsatzmöglichkeiten geschuldet.

b) Abschluss. Ist dem Handelsvertreter auch der **Geschäftsabschluss übertragen,** muss er diesen nicht nur vorbereiten, sondern er hat im Namen des Unternehmers mit dem Interessenten den Vertragsabschluss selbst vorzunehmen. Ob der Handelsvertreter neben der Vermittlung auch zum Geschäftsabschluss verpflichtet ist, richtet sich nach den vertraglichen Bestimmungen. Voraussetzung ist die Erteilung einer Abschlussvollmacht (§ 54), aus der sich Art und Umfang der von ihm abzuschließenden Geschäfte ergeben. Die Vollmacht kann schon bei Vertragsschluss, aber auch erst nachträglich erteilt werden. 26

Für Gegenstand und Intensität der **Abschlusspflicht** gelten die Ausführungen zur Geschäftsvermittlung entsprechend (→ Rn. 22 ff.). Der Handelsvertreter ist insbesondere verpflichtet, konkreten Hinweisen des Unternehmers auf Interessenten für einen Geschäftsabschluss nachzugehen. Kommt der Handelsvertreter dem nicht nach, dann verwirkt er den Anspruch auf die Bezirksprovision (§ 87 Abs. 2), wenn der Unternehmer daraufhin unmittelbar abschließt.[44] 27

2. Interessenwahrung (Hs. 2). a) Grundsatz. Der Handelsvertreter ist nach Abs. 1 Hs. 2 verpflichtet, die Interessen des Unternehmers wahrzunehmen. Im Grundsatz lässt sich hieraus folgern, dass der Handelsvertreter alles zu tun hat, was im Interesse des Unternehmers erforderlich ist, und alles zu unterlassen hat, was dessen Interessen widerspricht.[45] Gegenüber dem Interesse des Unternehmers muss der Handelsvertreter sein eigenes Interesse, zB an möglichst hoher Provisionszahlung, und das Interesse Dritter, insbesondere des Geschäftsgegners, zurückstellen.[46] 28

Der Handelsvertreter hat das **Gewerbe des Unternehmers** dadurch zu **fördern,** dass er alles zu einer erfolgreichen Vermittlungs- oder Abschlusstätigkeit Erforderliche veranlasst. Unter Umständen kann die Interessenwahrungspflicht sogar dazu führen, dass der Handelsvertreter von einer Geschäftsvermittlung oder einem Geschäftsabschluss Abstand nimmt. Dies gilt, wenn der Unternehmer wegen Lieferschwierigkeiten oder aus anderen Gründen, zB Preisgestaltung, Liefertermin, Gewährleistungen, an dem Geschäft kein Interesse hat. Auch der Geschäftsabschluss mit kreditunwürdigen Geschäftspartnern hat zu unterbleiben. Ferner darf der Handelsvertreter Kunden nicht veranlassen, sich wieder vom Vertrag mit dem Unternehmer zu lösen[47] – auch nicht, um im eigenen Provisionsinteresse einen neuen Vertrag mit dem Kunden zu vermitteln. 29

Ferner hat der Handelsvertreter Rücksicht auf die konkrete **Ausgestaltung der Vertriebssysteme** des Unternehmers zu nehmen. Unterhält der Unternehmer parallel zwei oder mehrere Vertriebssysteme für seine Vertragsprodukte und -dienstleistungen (zB für die Vertragsprodukte A und B) und ist der Handelsvertreter/Absatzmittler nur für den Vertrieb eines Teils der Produkte und -dienstleistungen (zB hier Vertragsprodukt A) eingesetzt, hat der Handelsvertreter/Absatzmittler aufgrund seiner Interessenwahrnehmungspflicht den Vertrieb der anderen vom Unternehmer angebotenen Produkte (zB hier Produkt B) auch ohne eine entsprechende ausdrückliche Vereinbarung gänzlich – zB als Eigenhändler – zu unterlassen, sofern der Unternehmer damit nicht einverstanden ist.[48] Er darf das Vertriebs- 30

[44] OLG Hamm NJW 1959, 677.

[45] BGHZ 42, 59 (61) = NJW 1964, 1621; BGH DB 1988, 751; EBE 1999, 13 (15); OLG Koblenz BB 1973, 866; *Emde* Rn. 58; KKRD/*Roth* Rn. 4; *Fischer* ZVglRWiss 101 (2002), 143.

[46] OLG Koblenz BB 1973, 866.

[47] Heymann/*Stöber* Rn. 15 mwN.

[48] *Wendel/Ströbl* WRP 2004, 1340 für den Vertrieb von Kundendienstleistungen und Ersatzteilen einerseits und von Neufahrzeugen andererseits; aA OLG Jena GRUR-RR 2008, 397 (399); *Ensthaler/Gesmann-Nuissl* BB 2005, 1749 (1756); Kartellrechtlich kann ein solches ausdrückliches Verbot durch die GVO Nr. 330/2010 oder mittels der Grundsätze zur Trittfahrerproblematik gerechtfertigt sein, vgl. LG Frankfurt a. M. ZVertriebsR 2018, 400; aA *Spix* ZVertriebsR 2015, 283. Vgl. auch → Rn. 41.

system des Unternehmers nicht torpedieren. Gleiches gilt, wenn der Unternehmer unterschiedliche Vertriebssysteme für verschiedene Kundengruppen (zB Privat- und Geschäftskunden) unterhält und der Handelsvertreter mit dem Vertrieb nur an eine Kundengruppe betraut worden ist, oder der Unternehmer seine Produkte bzw. Dienstleistungen parallel über unterschiedliche Vertriebsformen (zB stationäre Ladenlokale, online,[49] Call-Center, etc) vertreibt und der Handelsvertreter nach dem Vertrag nur mit einer Tätigkeit in einer bestimmten Vertriebsform betraut ist. Der Handelsvertreter hat die Entscheidung des Unternehmers für unterschiedliche Vertriebssysteme zu respektieren, da der Unternehmer diese grundsätzlich so organisieren darf, wie er es für zweckmäßig hält.

31 Die Interessenwahrungspflicht ist nicht auf die Zeit bis zum Geschäftsabschluss begrenzt. Der Handelsvertreter hat auch **während der Geschäftsabwicklung** die Interessen des Unternehmers wahrzunehmen. Sogar nach endgültiger Abwicklung eines Einzelgeschäfts ist der Handelsvertreter im Rahmen der Altkundenpflege zur Interessenwahrung verpflichtet.[50]

32 Der Handelsvertreter nimmt **einseitig** die Interessen des Unternehmers wahr.[51] Er kann daher nicht zugleich für den geworbenen Kunden als Makler tätig werden.[52]

33 **b) Wettbewerbsverbot. aa) Allgemeines.** Sofern das Kartellrecht dem nicht entgegensteht (→ Vor § 84 Rn. 26 ff.), hat der Handelsvertreter sich während der Dauer des Handelsvertreterverhältnisses **Konkurrenztätigkeiten** zu enthalten.[53] Dies folgt aus der Interessenwahrungspflicht und gilt daher, anders als im nachvertraglichen Bereich, auch ohne ausdrückliche Vereinbarung.

34 Von diesem gesetzlichen Wettbewerbsverbot wird **jede Tätigkeit** erfasst, die geeignet ist, die Interessen des Unternehmers zu beeinträchtigen.[54] Gleichgültig ist, ob der Handelsvertreter als Unternehmer auf eigene Rechnung und im eigenen Namen tätig wird oder zugunsten eines anderen Unternehmers (zB als Handelsvertreter, Angestellter) Tätigkeiten entfaltet. Insbesondere darf der Handelsvertreter nicht gezielt Kunden des Unternehmers abwerben.[55] Auch sind dem Handelsvertreter Hilfs- und Mittlerdienste für Wettbewerber des Unternehmers untersagt. Hierzu zählen die Zurverfügungstellung von Geschäfts- oder Lagerräumen, die Beratung von anderen Unternehmern, das Anwerben und die Schulung von Absatzmittlern eines Konkurrenzunternehmens,[56] die Zulieferung an konkurrierende Hersteller, das Abwerben anderer Handelsvertreter, die „Überlassung" einer erforderlichen Gewerbeerlaubnis nach § 34c GewO,[57] das Vorschieben anderer Personen, etwa der Ehefrau oder eines anderen sog Strohmannes.[58] Es kommt auch nicht darauf an, ob der Handelsvertreter „aus Gefälligkeit" für die Kunden oder in Gewinnerzielungsabsicht handelt.[59]

35 Die **Kunden des Unternehmers** fallen grundsätzlich nicht unter den Konkurrenzschutz.[60] Im Einzelfall kann sich jedoch aus der Interessenwahrungspflicht die Pflicht ergeben, die Kunden des Unternehmers nicht zu schädigen.[61]

---

[49] Im Anwendungsbereich des Art. 101 Abs. 1 AEUV (→ Vor § 84 Rn. 29 ff.) kann dem Absatzmittler der Vertrieb über das Internet hingegen nicht ohne weiteres untersagt werden; ein entsprechendes „Totalverbot" wäre nicht nach Art. 4 lit. b Vertikal-GVO vom Kartellverbot freigestellt, vgl. auch EuGH EuZW 2012, 28 – Pierre Fabre. Anders ist dies, wenn der Handelsvertretervertrag nicht unter Art. 101 Abs. 1 AEUV fällt; s. nur BGH NJW-RR 2008, 1491 – Post-Wettannahmestelle.

[50] OLG Koblenz BB 1973, 866.

[51] BGH BB 1979, 242.

[52] BGH NJW 1974, 137.

[53] BGHZ 42, 59 (61) = NJW 1964, 1621; BGHZ 52, 171 (177) = NJW 1969, 1662; BGH NJW 1984, 2101 (2102); DB 1999, 216; *Maier* BB 1979, 500; Röhricht/Graf v. Westphalen/Haas/*Thume* Rn. 29 ff.; *Röhsler/Borrmann,* Wettbewerbsbeschränkungen für Arbeitnehmer und Handelsvertreter, 1981, 148 ff.

[54] BGH NJW 1991, 490 (491); Wauschkuhn/Flohr/*Franke* Rn. 41.

[55] Vgl. dazu BGH ZVertriebsR 2019, 259.

[56] OLG München IHR 2015, 87 Rn. 17.

[57] OLG München ZVertriebsR 2016, 35 Rn. 40, 43.

[58] OLG Hamm NJW-RR 1987, 1114 = DB 1988, 751.

[59] OLG München ZVertriebsR 2016, 35 Rn. 39.

[60] OLG Köln OLGR 2002, 358; Baumbach/Hopt/*Hopt* Rn. 26.

[61] Staub/*Emde* Rn. 89.

Gegenständlich bezieht sich das Wettbewerbsverbot nicht auf sämtliche Artikel und Leistungen des Unternehmers. Es ist vielmehr **auf die Geschäfte beschränkt,** die der Handelsvertreter nach dem Vertrag zu vermitteln oder abzuschließen hat. Dabei ist für die Konkurrenzsituation nicht die Identität der angebotenen Leistungen erforderlich. Es genügt, wenn diese dem gleichen Gattungsspektrum angehören, also nach Art, Qualität und Preis vergleichbar sind.[62] Auch genügt ein potentieller Wettbewerb aus Sicht der Kunden, weil eine entsprechende Tätigkeit des Handelsvertreters den Unternehmer schädigen kann. Erkennbar bevorstehende oder nahe liegende Produkt-, Gebiets- oder Kundenerweiterungen sind also mitumfasst.[63] Auch die Überschneidung hinsichtlich einzelner Sortimente genügt, auch wenn das konkret vertriebene Sortiment vom Unternehmer nicht produziert wird.[64] Eine Konkurrenzlage ist jedoch dann nicht gegeben, wenn sich das Warenangebot an verschiedene Käuferkreise richtet, die nicht ohne weiteres austauschbar sind.[65] Der Vertrieb von Konkurrenzprodukten kann unter Umständen auch wegen einer Interessen- und Pflichtenkollision zulässig sein.[66] 36

Die Konkurrenzsituation kann auch **nachträglich** ohne Mitwirkung des Handelsvertreters entstehen, zB wenn einer der von ihm vertretenen Unternehmer sein Sortiment ausweitet. In diesem Fall hat der Handelsvertreter das Unternehmen, dessen Produkte zeitlich früher auf dem Markt waren, von diesem Tatbestand zu informieren und mit dem anderen Unternehmer eine Klärung und Regelung im Interesse aller Beteiligten herbeizuführen. Notfalls muss er das Vertragsverhältnis mit demjenigen Unternehmer kündigen, dessen Erzeugnisse sich dem des anderen Unternehmers angeglichen haben.[67] 37

Das Wettbewerbsverbot erstreckt sich **räumlich** auf das gesamte Absatzgebiet des Unternehmers und beschränkt sich nicht nur auf das dem Handelsvertreter zur Bearbeitung übertragene Gebiet bzw. den ihm zugewiesenen Kundenkreises.[68] Das folgt aus der Interessenwahrnehmungspflicht des Handelsvertreters. 38

Ist die vom Handelsvertreter ausgeübte weitere Tätigkeit wettbewerbsneutral, bedarf er hierzu – soweit nicht etwas anderes vereinbart wurde – keiner Erlaubnis des Unternehmers. Als selbständiger Kaufmann ist er in seiner wirtschaftlichen Betätigung grundsätzlich nicht beschränkt.[69] Sofern allerdings die **Möglichkeit einer Beeinträchtigung der Unternehmerinteressen** besteht, ist der Handelsvertreter nach Treu und Glauben verpflichtet, den Unternehmer von der Übernahme einer weiteren Tätigkeit zu informieren und bei Zweifeln seine Zustimmung einzuholen.[70] 39

bb) Erlaubte Zweitvertretung. Eine Konkurrenztätigkeit ist dem Handelsvertreter gestattet, soweit der **Unternehmer** mit dieser **einverstanden** ist. Ihm steht jedoch kein Anspruch auf das Einverständnis des Unternehmers deswegen zu, weil dieser anderen Handelsvertretern eine Zweitvertretung gestattet hat.[71] Denn der Gleichbehandlungsgrundsatz findet im Handelsvertreterrecht keine Anwendung (→ § 84 Rn. 90). In einem solchen Fall ist aber bei gleicher Wettbewerbssituation besonders sorgfältig zu prüfen, ob die Interessen des Unternehmers durch die Wettbewerbstätigkeit überhaupt beeinträchtigt werden.[72] 40

cc) Vertragliches Wettbewerbs- und sonstiges Tätigkeitsverbot. Vertraglich können die Pflichten aus dem gesetzlichen Wettbewerbsverbot konkretisiert oder dem Handels- 41

[62] OLG Celle BB 1970, 228; aA Oetker/*Busche* Rn. 25.
[63] Baumbach/Hopt/*Hopt* Rn. 27.
[64] OLG Düsseldorf OLGR 1999, 53; Baumbach/Hopt/*Hopt* Rn. 27; EBJS/*Löwisch* Rn. 33; Oetker/*Busche* Rn. 25.
[65] *Maier* BB 1979, 500 (501); Heymann/*Stöber* Rn. 23; Wauschkuhn/Flohr/*Franke* Rn. 45.
[66] Vgl. zum Vertrieb von Schmierölen einer Konkurrenzfirma durch einen Tankstellenpächter und Automobilvertragshändler BGH BB 1968, 60 f.; BGHZ 52, 171 (179 f.) = NJW 1969, 1662.
[67] *Schürr* in Küstner/Thume VertriebsR-HdB I Kap. III Rn. 81 ff.; Staub/*Emde* Rn. 110; *Emde* Rn. 110.
[68] BGH MDR 1977, 289; Heymann/*Stöber* Rn. 23; EBJS/*Löwisch* Rn. 34; Wauschkuhn/Flohr/*Franke* Rn. 45; Oetker/*Busche* Rn. 25; diff. nach den Umständen des Einzelfalls Staub/*Emde* Rn. 104 f.
[69] AA OLG Düsseldorf BB 1969, 330.
[70] S. nur OLG München IHR 2015, 87 Rn. 17; GK-HGB/*Genzow* Rn. 7.
[71] Wauschkuhn/Flohr/*Franke* Rn. 58.
[72] BGH NJW 1984, 2101 (2102).

vertreter **darüber hinausgehende Wettbewerbsbeschränkungen** auferlegt werden. So kann dem Handelsvertreter eine wettbewerbsneutrale Tätigkeit untersagt oder an die Erlaubnis des Unternehmers gebunden werden. Allerdings muss dieses Wettbewerbsverbot die Grenzen des Kartellrechts berücksichtigen (→ Vor § 84 Rn. 26 ff.), wobei Art. 5 Vertikal-GVO nur Konkurrenzprodukte umfasst und infolgedessen im Anwendungsbereich der Vertikal-GVO der Unternehmer seinen Absatzmittlern den Verkauf von Produkten (oder Dienstleistungen), die nicht im Wettbewerb zu seinen Vertragswaren (oder Dienstleistungen) stehen, grundsätzlich zeitlich unbefristet untersagen oder unter einen Zustimmungsvorbehalt stellen kann. Es ist also im Anwendungsbereich der Vertikal-GVO kartellrechtlich grundsätzlich möglich, dem Absatzmittler (zeitlich unbefristet) zu untersagen, außerhalb des Wettbewerbsumfeldes sonstige Tätigkeiten zu ergreifen.[73] Wird ein solches Verbot allerdings in AGB vereinbart, muss der Unternehmer ein berechtigtes Interesse an einem solchen geltend machen können (zB Schutz des Markenimage) und die schutzwürdigen Belange des Absatzmittlers berücksichtigen.

42 **dd) Rechtsfolgen eines Verstoßes.** Wegen der mit einem Verstoß des Handelsvertreters gegen das Wettbewerbsverbot verbundenen Erschütterung des Vertrauensverhältnisses ist der Unternehmer zur **fristlosen Kündigung** des Vertragsverhältnisses nach § 89a berechtigt.[74] Die Kündigung verstößt allerdings gegen Treu und Glauben, wenn dem Unternehmer bei Abschluss des Handelsvertretervertrages die Konkurrenztätigkeit bekannt war oder er diese über einen längeren Zeitraum ohne Beanstandung hingenommen hat.[75]

43 Der Unternehmer kann nach § 280 Abs. 1 und 3 BGB iVm § 283 BGB neben der Kündigung **Ersatz des** aus dem Wettbewerbsverbot entstandenen **Schadens** verlangen. Gem. § 249 BGB ist der Unternehmer so zu stellen, als habe der Handelsvertreter den Wettbewerbsverstoß nicht begangen. Regelmäßig wird er den Gewinn ersetzt verlangen können, den er gehabt hätte, wenn der Handelsvertreter nicht mit Artikeln der Konkurrenz Geschäfte gemacht hätte.[76] Bei wettbewerbsneutraler Tätigkeit ist darauf abzuheben, welche Geschäfte der Handelsvertreter in dieser Zeit zugunsten des Unternehmers hätte abschließen oder vermitteln können, wenn er die Zweittätigkeit unterlassen hätte. Beweispflichtig ist der Unternehmer, dem allerdings die Beweiserleichterungen des § 287 ZPO zugutekommen.[77] Über das Ausmaß der wettbewerbswidrigen Geschäfte ist der Handelsvertreter auskunftspflichtig.[78]

44 Demgegenüber steht dem Unternehmer weder ein **Eintrittsrecht** in die verbotswidrig getätigten Geschäfte noch ein Anspruch auf **Herausgabe** der Provision und auf **Abtretung** des Provisionsanspruchs zu. §§ 61, 113 finden auf den Handelsvertreter keine analoge Anwendung.[79] Ist das Wettbewerbsverbot durch eine **Vertragsstrafe** gesichert, kann der Unternehmer die verwirkte Strafe als Mindestbetrag seines Schadens verlangen. Die Geltendmachung eines weiteren Schadens ist nicht ausgeschlossen (§ 340 Abs. 2 S. 2 BGB). Es ist jedoch unzulässig, neben der Vertragsstrafe den vollen Schadensersatz geltend zu machen.[80] Die Vertragsstrafe ist schon dann verwirkt, wenn der Handelsvertreter sich einer Konkurrenzfirma gegenüber erbietet, für deren Fabrikate zu werben. Zu einer tatsächlichen Werbung muss es nicht kommen.[81]

---

73 *Bechtold/Bosch/Brinker,* EU-Kartellrecht, 3. Aufl. 2014, VO 330/2010 Art. 5 Rn. 4.

74 BGHZ 42, 59 (61) = NJW 1964, 1621; BGH NJW 1984, 2101 (2102); OLG Köln VersR 2003, 642; *Thume* in Küstner/Thume VertriebsR-HdB I Rn. 518 ff. mwN; Staub/*Emde* Rn. 131.

75 *Schürr* in Küstner/Thume VertriebsR-HdB I Kap. III Rn. 106.

76 Staub/*Emde* Rn. 134; s. auch OLG München BeckRS 2015, 7779.

77 Zur Darlegungslast des Unternehmers und zur ggf. erforderlichen Schätzung eines Mindestschadens s. nur OLG München BeckRS 2015, 7779.

78 BGH ZVertriebsR 2019, 259; *Schürr* in Küstner/Thume VertriebsR-HdB I Kap. III Rn. 113; Staub/*Emde* Rn. 134.

79 BAG NJW 1964, 817 f.; BGH ZIP 1996, 1006 (1008); *Schürr* in Küstner/Thume VertriebsR-HdB I Kap. III Rn. 112; Staub/*Emde* Rn. 135; Oetker/*Busche* Rn. 31; aA *Canaris* HandelsR § 15 Rn. 44.

80 BGHZ 63, 256 (259) = NJW 1975, 163; aA *Schürr* in Küstner/Thume VertriebsR-HdB I Kap. III Rn. 114.

81 OLG Nürnberg BB 1961, 64 f.

c) Marktbeobachtungspflicht. Zur Interessenwahrung gehört auch die Marktbeobachtung und **Kundenpflege** durch den Handelsvertreter. Demgegenüber gehören weder Marktpflege noch allgemeine Werbung zu seinen Pflichten.[82] Dieses sind Aufgaben, die dem Unternehmer obliegen. 45

d) Interessenwahrungspflicht des Untervertreters. Der echte Untervertreter (→ § 84 Rn. 118 ff.) ist ausschließlich zur Wahrung der Interessen des Handelsvertreters verpflichtet. Die Interessen des Unternehmers, mit dem der Handelsvertreter in vertraglicher Beziehung steht, hat er nicht wahrzunehmen. Sie haben für den Inhalt der Pflichten des Untervertreters allerdings mittelbare Bedeutung. Die Interessen des Handelsvertreters werden indirekt durch die des Unternehmers mitbestimmt, weil er nach Abs. 1 Hs. 2 dessen Interessen wahrzunehmen hat. Der Untervertreter **verletzt seine Pflichten** gegenüber dem Handelsvertreter, wenn er mit dem Unternehmer eine Absprache trifft, der zufolge ihm nach Kündigung des Untervertretervertrages die Vertretung des Handelsvertreters übertragen wird.[83] 46

3. Vertragliche Vereinbarungen. Die Parteien können über die gesetzlichen Bestimmungen hinaus vertragliche Vereinbarungen über die Hauptpflicht des Handelsvertreters treffen. In Betracht kommen insbesondere Abreden betreffend die Einziehung der von dem Kunden zu zahlenden Gelder (vgl. § 87 Abs. 4), die Unterhaltung von Auslieferungslagern, die allgemeine Werbung für den Unternehmer, die Erzielung eines bestimmten Mindestumsatzes (auch in einem AGB-Vertrag,[84] wobei in einem AGB-Vertrag ein Recht des Unternehmers zur außerordentlichen Kündigung nicht an das Nichterreichen der Mindestumsätze geknüpft werden kann; → § 89a Rn. 42). 47

IV. Nebenpflichten

1. Benachrichtigungspflicht (Abs. 2). a) Umfang. Nach Abs. 2 hat der Handelsvertreter dem Unternehmer die erforderlichen Nachrichten zu geben. Was erforderlich ist, bestimmt sich unter sachgerechter Abwägung der Interessen des Handelsvertreters danach, was das objektive Interesse des Unternehmers nach Besonderheit und Dringlichkeit des Falls erfordert.[85] Dieses hängt allgemein von dem Umfang und der Bedeutung der dem Handelsvertreter übertragenen Geschäfte ab. Im Einzelfall ist für die Mitteilungspflicht der Wert des Geschäfts und die Dringlichkeit des Anlasses von Bedeutung. Die Benachrichtigungspflicht erlischt nicht mit Beendigung des Handelsvertretervertrages. Ist der Handelsvertreter vertragswidrig seiner Benachrichtigungspflicht während des Vertragsverhältnisses nicht nachgekommen, kann der Unternehmer auch noch nach dessen Beendigung die entsprechenden Auskünfte verlangen.[86] Etwas anderes kann sich aber nach Treu und Glauben, § 242 BGB, ergeben, zB wenn der Unternehmer unter keinem denkbaren Aspekt ein schützenswertes Interesse an der Auskunft mehr haben kann.[87] 48

Abs. 2 Hs. 2 konkretisiert die Pflicht dahingehend, dass von jeder Geschäftsvermittlung und von jedem Geschäftsabschluss **unverzüglich Mitteilung** zu machen ist. Bei größeren Geschäften kann je nach Einzelfall ein **Zwischenbericht** über den Stand laufender Vermittlungsbemühungen erforderlich sein.[88] Der Handelsvertreter ist nach § 666 BGB insbesondere verpflichtet, dem Unternehmer über den Stand der jeweiligen Bemühungen und über die Aussicht auf Abschlüsse zu berichten (→ Rn. 53).[89] 49

---

[82] Baumbach/Hopt/*Hopt* Rn. 13; KKRD/*Roth* Rn. 3; Staub/*Emde* Rn. 72.
[83] BGHZ 42, 59 (61 f.) = NJW 1964, 1621; Baumbach/Hopt/*Hopt* Rn. 25.
[84] BGH GRUR 2005, 62 Rn. 57.
[85] BAG NZA 2000, 481 (483); BGH NJW 1966, 882 (883); *Schürr* in Küstner/Thume VertriebsR-HdB I Kap. III Rn. 117; GK-HGB/*Genzow* Rn. 21.
[86] OLG München ZVertriebsR 2017, 196; Staub/*Emde* Rn. 146; aA EBJS/*Löwisch* Rn. 21.
[87] OLG München ZVertriebsR 2017, 196.
[88] Staub/*Emde* Rn. 147.
[89] OLG Köln BB 1971, 543; *Schürr* in Küstner/Thume VertriebsR-HdB I Kap. III Rn. 125; *Ostendorf* MDR 2008, 1377 (1378).

50 Die Mitteilungspflicht nach Abs. 2 betrifft nur diejenigen Auskünfte und Nachrichten, die für den Unternehmer gerade im Hinblick auf die dem Handelsvertreter übertragenen Geschäfte von Bedeutung sind.[90] Der **Umfang der Mitteilungspflicht** erstreckt sich daher auf Kundenbesuche (je nach Größe des potentiellen Abnehmerkreises der Vertragsprodukte bzw. -dienstleistungen ggf. auch ausführlich über jeden einzelnen),[91] Abreden zu zukünftigen Abschlüssen von Kunden,[92] Einzelheiten von Kundenwünschen,[93] die Vertragsverletzung durch Kunden,[94] Informationen über die Kreditwürdigkeit von Kunden (ausführlich → Rn. 59 ff.), erbrachte geschäftsbezogene Gefälligkeiten, die zu künftigen Abschüssen führen können,[95] angewandte Werbemethoden und deren Erfolg,[96] aus der Marktbeobachtung gewonnene Erkenntnisse, wie Berichte über Konkurrenzangebote und Aktivitäten von Konkurrenten,[97] Anregungen für die Produktion, spezielle Beobachtungen aus den Kundenbesuchen,[98] die allgemeine Absatzlage und die Geschmacksrichtung des Publikums,[99] Erkrankungen oder sonstige Verhinderungen des Handelsvertreters.[100] Die Mitteilungspflicht nach Abs. 2 umfasst demgegenüber nicht die Pflicht des Handelsvertreters, den Unternehmer von einer (geplanten) erlaubten Aufnahme einer Konkurrenztätigkeit während der Dauer des Handelsvertreters zu unterrichten, diese Pflicht folgt indes aus der Interessenwahrnehmungspflicht nach Abs. 1. Davon zu unterscheiden sind etwaige Auskunftsansprüche des Unternehmers nach § 242 BGB infolge einer vertragswidrigen Aufnahme einer Konkurrenztätigkeit durch den Handelsvertreter.[101] Über eine geplante zulässige Konkurrenztätigkeit nach Vertragsbeendigung muss der Handelsvertreter den Unternehmer nicht ungefragt unterrichten (→ § 89 Rn. 75).

51 **b) Form.** Die Form der Berichterstattung richtet sich nach den vertraglichen Abreden; das Gesetz sieht keine bestimmte Form vor. Sind solche nicht getroffen, kann der Unternehmer dem Handelsvertreter diesbezüglich Weisungen erteilen, soweit hierdurch dessen Selbständigkeit nicht berührt wird (→ Rn. 13 ff.). Insbesondere kann der Unternehmer den Handelsvertreter anweisen, die erforderlichen Berichte ihm im Wege elektronischer Datenübertragung zukommen zu lassen[102] oder für Mitteilungen über Geschäftsvermittlungen und -abschlüsse Vordrucke zu verwenden.[103]

52 **c) Berichtsintervalle.** Die **Häufigkeit der Berichterstattung** richtet sich nach den vertraglichen Abreden, die allerdings der Selbständigkeit des Handelsvertreters Rechnung tragen müssen. Soweit vertragliche Bestimmungen nicht bestehen, kommt es auf die Verhältnisse des Einzelfalles an. Der Handelsvertreter ist nicht schlechthin verpflichtet, regelmäßig Informationen zu geben, zB Tages- oder Wochenberichte zu erstatten,[104] soweit dieses nicht durch ein berechtigtes Interesse des Unternehmers gefordert wird (→ Rn. 18). Jedoch ist der Handelsvertreter bei wichtigen Informationen zu unverzüglicher Berichterstattung, also ohne schuldhaftes Zögern, verpflichtet; im Übrigen müssen diese so zeitig kommen, dass sie vom Unternehmer noch verwertet werden können.

---

[90] OLG München ZVertriebsR 2017, 196; Wauschkuhn/Flohr/*Franke* Rn. 78.
[91] OLG München ZVertriebsR 2017, 196; aA OLG Köln BB 1971, 543; Baumbach/*Hopt* Rn. 42.
[92] OLG München ZVertriebsR 2017, 196.
[93] OLG München ZVertriebsR 2017, 196; OLG Köln BB 1971, 543; *Ostendorf* MDR 2008, 1377 (1378).
[94] BGH BB 1979, 242.
[95] OLG München ZVertriebsR 2017, 196.
[96] OLG München ZVertriebsR 2017, 196; aA OLG Köln BB 1971, 543; enger Baumbach/*Hopt* Rn. 42: „höchstpersönliche Werbekünste".
[97] OLG München ZVertriebsR 2017, 196.
[98] GK-HGB/*Genzow* Rn. 22; *Ostendorf* MDR 2008, 1377 (1378).
[99] *Schürr* in Küstner/Thume VertriebsR-HdB I Kap. III Rn. 118.
[100] OLG München ZVertriebsR 2017, 196; Heymann/*Stöber* Rn. 30.
[101] Vgl. dazu BGH ZVertriebsR 2013, 380 mwN; insoweit zweifelhaft OLG München ZVertriebsR 2017, 196.
[102] EBJS/*Löwisch* Rn. 19.
[103] BAG AP § 92 Nr. 2 unter II 3b = SAE 1966, 221 (223) mAnm *G. Hueck* = AR-Blattei Handelsgewerbe III Entsch. 89 mAnm *Gros*.
[104] GK-HGB/*Genzow* Rn. 24; Staub/*Emde* Rn. 163.

2. Rechenschaftspflicht (§ 666 BGB). Gem. § 666 BGB ist der Handelsvertreter verpflichtet, Rechenschaft abzulegen. Gemeint ist damit die Bekanntgabe der mit der Tätigkeit für den Unternehmer verbundenen Einnahmen und Ausgaben in verständlicher, übersichtlicher, eine Nachprüfung ermöglichender Form iSv § 259 Abs. 1 BGB. Da zwischen Handelsvertreter und Unternehmer ein Dauerschuldverhältnis besteht, ist der Handelsvertreter nicht nach jedem einzelnen Geschäftsabschluss zur Rechenschaft verpflichtet, sondern periodisch nach festen Zeiträumen.[105] Maßgeblich hierfür sind in erster Linie die Parteivereinbarungen. Bestehen solche nicht, so hat der Handelsvertreter analog § 87c Abs. 1 S. 1 Hs. 1 monatlich abzurechnen. Zur vollständigen Rechenschaftslegung gehört die Vorlage von Belegen, soweit üblich und vorhanden. 53

3. Aufbewahrungs- und Herausgabepflichten (§ 667 BGB). a) Aufbewahrungspflicht. Der Handelsvertreter ist nach Treu und Glauben verpflichtet, die ihm vom Unternehmer gem. § 86a Abs. 1 zur Ausübung seiner Tätigkeit anvertrauten Gegenstände ordnungsgemäß zu verwahren. Hierzu rechnen insbesondere Muster, Zeichnungen, Preislisten, Werbedrucksachen, Geschäftsbedingungen. Der Handelsvertreter ist hiernach zB **verpflichtet,** das Kopieren der **Muster** durch Dritte zu verhindern.[106] Auch hat er dafür Sorge zu tragen, dass Dritte nicht Kenntnis von Geschäftsgeheimnissen erlangen. Ob und gegen welche Gefahr der Handelsvertreter ihm übergebene Muster zu **versichern** hat, richtet sich nach Handelsbrauch. Im Zweifel ist dies Aufgabe des Unternehmers als Eigentümer der Muster (s. auch → § 86a Rn. 13).[107] Insgesamt ist festzuhalten, dass die Anforderungen an die zu beachtende Sorgfalt steigen, je höher der Wert der Gegenstände ist.[108] 54

b) Herausgabepflicht. Der Handelsvertreter hat weiterhin nach § 667 BGB dem Unternehmer alles herauszugeben, was er zur Ausführung des Auftrags erhält[109] und was er aus seiner Tätigkeit für den Unternehmer erlangt.[110] Hierzu rechnen auch Kreditkartengebühren, die der Handelsvertreter weisungswidrig erhoben hat.[111] Hinsichtlich des **Zeitpunkts** der Herausgabe der ihm vom Unternehmer überlassenen Gegenstände ist zu unterscheiden: Was nur zur Bearbeitung eines bestimmten Geschäfts überlassen worden ist, muss nach Erledigung dieses Einzelgeschäfts zurückgegeben werden. Was aber für eine Vielzahl von Geschäften dem Handelsvertreter ausgehändigt ist (zB allgemeine Preislisten, Werbematerial), ist grundsätzlich dann zurückzugeben, wenn es gegenstandslos geworden ist, spätestens jedoch bei Vertragsende. 55

Was der Handelsvertreter aus der Vermittlung oder dem Abschluss eines einzelnen Geschäfts **von Dritten erlangt** hat, muss er alsbald nach der Vermittlung bzw. dem Abschluss dieses Geschäfts an den Unternehmer herausgeben und diesem Rechnung legen. Hierzu zählen insbesondere vom Kunden einkassierte Gelder (§ 87 Abs. 4) bzw. vom Versicherungskunden einkassierte Prämien. Weiterhin fallen hierunter Muster der von dem Handelsvertreter für den Unternehmer eingekauften Waren, der Schriftwechsel mit Vertragspartnern während der Vorbereitung des Abschlusses, das Bestellschreiben des Dritten, erfüllungshalber hingegebene Wechsel und Schecks, ihm übergebene Traditionspapiere, Protokolle über ein vom Handelsvertreter beantragtes Beweissicherungsverfahren, die vom Gericht an ihn zugestellt worden sind. Schmiergelder darf der Handelsvertreter weder vom Geschäftsgegner noch von Dritten annehmen.[112] Ihm gleichwohl ausbezahlte Schmiergelder hat er an den Unternehmer herauszugeben.[113] Aus einem Vielfliegerprogramm erworbene Bonusmeilen muss der Handelsvertreter hingegen nicht 56

105 MüKoBGB/*Schäfer* BGB § 666 Rn. 10, 26; Oetker/*Busche* Rn. 38.
106 Staub/*Emde* Rn. 62.
107 AA LG Hannover MDR 1994, 1028 f.; GK-HGB/*Genzow* Rn. 14.
108 Staub/*Emde* Rn. 61.
109 BGH BB 1993, 1105.
110 Wauschkuhn/Flohr/*Franke* Rn. 100.
111 OLG Düsseldorf WM 1992, 913 (915).
112 Baumbach/Hopt/*Hopt* Rn. 23.
113 Baumbach/Hopt/*Hopt* Rn. 23; Heymann/*Stöber* Rn. 33; Staub/*Emde* Rn. 43.

herausgeben, sofern er die den Vorteilen zugrunde liegenden Kosten selbst getragen hat.[114]

57 **4. Pflicht zur Verschwiegenheit.** Auch nach Beendigung des Vertragsverhältnisses darf der Handelsvertreter Geschäfts- und Betriebsgeheimnisse nach § 90 nicht verwerten und anderen mitteilen, die ihm anvertraut oder als solche durch seine Tätigkeit für den Unternehmer bekannt geworden sind. Diese Geheimhaltungspflicht trifft den Handelsvertreter aber auch schon **während des Vertragsverhältnisses** in noch stärkerem und strengerem Maße. Eine weitergehende Pflicht zur Verschwiegenheit während bzw. nach Beendigung des Vertrages – also in Bezug auf Umstände, die keine Geschäfts- und Betriebsgeheimnisse darstellen – kann sich ferner aus der Interessenwahrnehmungspflicht ergeben (→ § 90 Rn. 5). So hat der Handelsvertreter auch über alle sonstigen Umstände Stillschweigen zu bewahren, deren Weitergabe bzw. Veröffentlichung für den Unternehmer nachteilig sein könnte.[115] Auch nach dem GeschGehG ist der Handelsvertreter zur Wahrung der Geschäftsgeheimnisse des Unternehmers verpflichtet (s. auch → § 90 Rn. 11).

V. Sorgfaltsmaßstab (Abs. 3)

58 **1. Grundsatz.** Der Handelsvertreter hat die ihm obliegenden Pflichten mit der Sorgfalt eines **ordentlichen Kaufmanns** wahrzunehmen. Die Vorschrift bestimmt nur den Sorgfaltsmaßstab, nicht den Inhalt der Pflichten.[116] Sie entspricht § 347 Abs. 1 und ist deswegen überflüssig.[117] Für die Anwendung des Sorgfaltsmaßstabs des Abs. 3 ist es gleichgültig, ob es sich um **Haupt- oder Nebenpflichten** handelt. An den Handelsvertreter sind dabei umso höhere Anforderungen zu stellen, je bedeutender die Angelegenheit ist, in der er handelt.[118] Besteht zwischen den Parteien über die Beobachtung der erforderlichen Sorgfalt Streit, dann trägt der Handelsvertreter die **Beweislast.**[119]

59 **2. Einzelfälle. a) Kreditwürdigkeit.** Zu den Pflichten eines ordentlichen Kaufmanns gehört es insbesondere, vor dem Geschäftsabschluss oder einer Geschäftsvermittlung die Kreditwürdigkeit des Geschäftspartners zu überprüfen.[120] Zusicherungen über die Kreditwürdigkeit darf der Handelsvertreter nur geben, wenn sichere Beweise hierfür vorliegen.[121] Erhält der Handelsvertreter Mitteilungen über die Kreditunwürdigkeit eines Geschäftspartners, hat er den Unternehmer hiervon unverzüglich zu benachrichtigen.[122] Dies gilt auch dann, wenn der Handelsvertreter die Mitteilung erst nach Geschäftsabschluss erhält und er von deren Richtigkeit nicht überzeugt ist.[123]

60 Die **Ermittlungspflicht** des Handelsvertreters ist auf die Umstände beschränkt, die er ohne Kosten und Schwierigkeiten über die Kreditwürdigkeit des Kunden in Erfahrung bringen kann. Er ist nicht verpflichtet, auf eigene Kosten **Kreditauskünfte** einzuholen.[124] Stand der zahlungsunfähig gewordene Kunde zB auch mit anderen vom Handelsvertreter vertretenen Unternehmen in geschäftlichen Beziehungen und hatte er stets sofort bezahlt, dann darf der Handelsvertreter auf ausreichende Zahlungsfähigkeit schließen.[125]

---

[114] Staub/*Emde* Rn. 44; nicht übertragbar ist die zu Arbeitnehmern ergangene Entscheidung des BAG BB 2006, 2137.
[115] Heymann/*Stöber* Rn. 27; Staub/*Emde* § 90 Rn. 4.
[116] Begr. RegE, BT-Drs. 1/3856, 19.
[117] Vgl. RegE, BT-Drs. 11/3077, 7.
[118] BGH BB 1993, 1105.
[119] OLG Karlsruhe DB 1969, 741 (742); Heymann/*Stöber* Rn. 6.
[120] RGZ 18, 112; KKRD/*Roth* Rn. 7; Röhricht/Graf v. Westphalen/Haas/*Thume* Rn. 15; Staub/*Emde* Rn. 64.
[121] LG Heidelberg BB 1959, 942.
[122] RGZ 18, 112; BGH BB 1969, 1196.
[123] BGH BB 1969, 1196.
[124] *Schürr* in Küstner/Thume VertriebsR-HdB I Kap. III Rn. 29; Staub/*Emde* Rn. 64.
[125] *Schürr* in Küstner/Thume VertriebsR-HdB I Kap. III Rn. 111.

61 Für die unbedingte **Richtigkeit seiner Beurteilungen** der Vertrauens- und Kreditwürdigkeit des Geschäftspartners hat der Handelsvertreter gegenüber dem Unternehmer nicht einzustehen.[126] Erfüllt der Kunde trotz sorgfältiger Prüfung der Kreditwürdigkeit durch den Handelsvertreter seine Verpflichtung nicht, so hat der Unternehmer als Vertragspartner den daraus entstehenden Schaden zu tragen.[127] Die **Bonitätsprüfung** ist nicht ausschließlich Sache des Handelsvertreters, sondern obliegt auch dem Unternehmer. Dieser muss sich daher die Vernachlässigung der eigenen Prüfungspflicht schadensmindernd entgegenhalten lassen (§ 254 Abs. 1 BGB).

62 **b) Prüfungspflichten.** Im gleichen Umfang ist der Handelsvertreter zur Prüfung verpflichtet, ob der Kunde seinen zur Vertragserfüllung unerlässlichen **öffentlich-rechtlichen Voraussetzungen** genügt.[128] Soweit konkrete Verdachtsmomente vorliegen, hat er sich daher zu erkundigen, ob der Geschäftspartner ihm etwa obliegenden öffentlich-rechtlichen Pflichten nachgekommen ist oder sonstige öffentlich-rechtliche Zulassungsvoraussetzungen erfüllt hat, zB im Besitz einer erforderlichen Erlaubnis oder **Konzession** ist.[129]

63 **c) Führung von Handelsbüchern.** Der Handelsvertreter hat nach §§ 238 ff. Handelsbücher zu führen. Er darf daher eine Abrechnung gegenüber dem Unternehmer nicht mit der Begründung verweigern, dieser enthalte ihm Belege vor, wenn er bei ordnungsgemäßer Buchführung die zur Abrechnung notwendige Kenntnis gehabt hätte.[130]

64 **d) Aufbewahrungspflichten.** Der Handelsvertreter hat schließlich ihm vom Unternehmer überlassene **Waren und Musterkollektionen** mit der Sorgfalt eines ordentlichen Kaufmanns aufzubewahren.[131] An seine Sorgfaltspflicht sind umso größere Anforderungen zu stellen, je höher der Wert der ihm anvertrauten Waren ist. Gegen diese Sorgfaltspflichten verstößt der Handelsvertreter, wenn er eine ihm überlassene Schmuckkollektion im Wert von ca. 30.000 Euro über die Mittagszeit in einem Fahrzeug ohne besondere Sicherungsvorkehrungen belässt, das auf einem unbewachten Parkplatz in der Nähe einer Fußgängerzone abgestellt ist, und sich für ca. 40 Minuten vom Fahrzeug entfernt.[132] Er darf die ihm anvertrauten Gegenstände weder selbst verbrauchen noch auf eigene Rechnung an Dritte veräußern.[133] Lässt er die Aufbewahrung durch Dritte durchführen, steht er dem Unternehmer für deren Verhalten nach § 278 BGB ein.[134]

VI. Unabdingbarkeit (Abs. 4)

65 Die dem Handelsvertreter nach Abs. 1 und 2 obliegenden Pflichten und der nach Abs. 3 zugrunde zu legende Sorgfaltsmaßstab sind **zwingendes Recht** (Abs. 4). Von diesen Bestimmungen kann weder zu Lasten noch zugunsten des Handelsvertreters abgewichen werden.[135] Die Parteien bleiben aber trotz Abs. 4 berechtigt, den Inhalt der Pflichten im Einzelnen durch **vertragliche Regelungen** zu konkretisieren. Sie können insbesondere einvernehmlich festlegen, was unter dem Begriff der „erforderlichen Nachrichten" zu verstehen und wie der Handelsvertreter seiner Interessenwahrungspflicht nachzukommen hat.[136] Zulässig bleibt weiterhin die inhaltliche Regelung zum Bestehen und zum Umfang des vom Handelsvertreter zu beachtenden Wettbewerbsverbots. Die Interessenwahrnehmungspflicht des Handelsvertreters führt nicht zu einem umfassenden Wettbewerbsverbot

[126] GK-HGB/*Genzow* Rn. 19.
[127] Begr. RegE, BT-Drs. 1/3856, 20.
[128] AA OLG Hamm BB 1968, 1017; Staub/*Emde* Rn. 75.
[129] AA Baumbach/Hopt/*Hopt* Rn. 13; EBJS/*Löwisch* Rn. 10.
[130] OLG Köln BB 1971, 760.
[131] BGH BB 1993, 1105; Wauschkuhn/Flohr/*Franke* Rn. 101.
[132] BGH BB 1993, 1105 f.
[133] *Thume* in Küstner/Thume VertriebsR-HdB I Kap. IV Rn. 18; Oetker/*Busche* Rn. 41.
[134] OLG Celle BB 1958, 894.
[135] *Ankele* DB 1989, 2211; Heymann/*Stöber* Rn. 35; GK-HGB/*Genzow* Rn. 27; *Küstner/v. Manteuffel* BB 1990, 291 (294).
[136] *Ankele* DB 1989, 2211; *Küstner/v. Manteuffel* BB 1990, 291 (294).

schlechthin. Der durch das Durchführungsgesetz zur Handelsvertreter-RL vom 23.10.1989 eingeführte Abs. 4 gilt nur für den kodifizierten Kern von Abs. 1 und Abs. 2, nicht aber in Bezug auf die hergeleiteten Nebenpflichten.[137] Daher kann ausdrücklich oder durch schlüssiges Verhalten vereinbart werden, dass ein Wettbewerbsverbot überhaupt nicht oder nur eingeschränkt (zB nicht in Bezug auf bestimmte Konkurrenzprodukte, die der Handelsvertreter schon bei Abschluss des Vertrages vertreibt) besteht. Ausnahmsweise kann selbst aus der Natur der Handelsvertretung bei Üblichkeit oder Notwendigkeit des Vertriebs von Konkurrenzprodukten wie zB bei Reisebüros[138] auch ohne ausdrückliche Zustimmung des Unternehmers auf die Erlaubnis zum Vertrieb der jeweiligen Konkurrenzprodukte geschlossen werden.[139]

66 **Zeitlicher Geltungsbereich.** Die zwingende Ausgestaltung der Pflichten des Handelsvertreters galt zunächst nicht für die vor dem 1.1.1990 begründeten Vertragsverhältnisse. Insoweit blieb es bis zum 31.12.1993 beim geltenden Recht (Art. 29 EGHGB). Soweit diese Verträge Regelungen enthalten, die nach geltendem Recht nicht getroffen werden können, wurden diese am 1.1.1994 unwirksam. An ihre Stelle tritt die gesetzliche Regelung, sofern nicht die Vertragspartner eine neue Vereinbarung innerhalb des geänderten gesetzlichen Rahmens treffen.

VII. Rechtsfolgen einer Pflichtverletzung

67 **1. Erfüllungsanspruch.** Verletzt der Handelsvertreter Pflichten aus dem Handelsvertretervertrag, kommt in erster Linie ein Erfüllungsanspruch des Unternehmers in Betracht. Dies gilt für die Pflicht zur Geschäftsvermittlung und zum Geschäftsabschluss ebenso wie für die Interessenwahrungspflicht sowie die Nebenpflichten aus dem Handelsvertreterverhältnis. Der Anspruch ist ggf. im Wege der Zwangsvollstreckung durchzusetzen. Dies kommt auch für das Wettbewerbsverbot in Betracht (vgl. § 890 ZPO), nicht aber für den Anspruch auf Geschäftsvermittlung und Geschäftsabschluss (vgl. § 888 Abs. 2 ZPO).[140]

68 **2. Schadensersatz.** Anstelle bzw. neben dem Erfüllungsanspruch kann ein Schadensersatzanspruch des Unternehmers bestehen. Dieser steht ihm bei der Verletzung von Hauptpflichten aus § 280 BGB iVm §§ 281, 283 BGB zu.[141] Bei der Verletzung von Nebenpflichten kommen Ansprüche auf Schadensersatz gem. § 280 BGB iVm § 282 BGB in Betracht. Ein Mitverschulden des Unternehmers kann sich hierbei nach § 254 BGB anspruchsmindernd auswirken.

69 **3. Recht zur außerordentlichen Kündigung.** Je nach Gewicht des Verstoßes und Schwere des Verschuldens des Handelsvertreters kann der Unternehmer auf Grund des Pflichtenverstoßes zur fristlosen Kündigung des Vertrags berechtigt sein. Wegen der Einzelheiten → § 89a Rn. 1 ff.

70 **4. Beweislast.** Der Unternehmer trägt die Beweislast für pflichtwidriges Verhalten des Handelsvertreters und einen hieraus entstandenen Schaden.[142] Wegen Entstehung und Höhe des Schadens kommt dem Unternehmer die Beweiserleichterung des § 287 ZPO zugute. Steht die Pflichtverletzung des Handelsvertreters und ein hieraus entstandener Schaden fest, kann sich der Handelsvertreter **exkulpieren.**[143] Er hat darzulegen und ggf. zu beweisen, dass ihn kein Verschulden trifft, er also die Sorgfalt eines ordentlichen Kaufmanns beobachtet hat.[144]

[137] BGH BB 1991, 89; Baumbach/Hopt/*Hopt* Rn. 50; EBJS/*Löwisch* Rn. 69, 71.
[138] BGH BB 1991, 89.
[139] EBJS/*Löwisch* Rn. 25 mwN.
[140] AA Staub/*Emde* Rn. 207.
[141] BGH BB 1985, 823 (824).
[142] Heymann/*Stöber* Rn. 34; Staub/*Emde* Rn. 197.
[143] Dazu auch *v. Hoyningen-Huene/Boemke* NJW 1994, 1757 ff.
[144] Heymann/*Stöber* Rn. 34; Staub/*Emde* Rn. 197.

§ 86a [Pflichten des Unternehmers]

(1) Der Unternehmer hat dem Handelsvertreter die zur Ausübung seiner Tätigkeit erforderlichen Unterlagen, wie Muster, Zeichnungen, Preislisten, Werbedrucksachen, Geschäftsbedingungen, zur Verfügung zu stellen.

(2) [1]Der Unternehmer hat dem Handelsvertreter die erforderlichen Nachrichten zu geben. [2]Er hat ihm unverzüglich die Annahme oder Ablehnung eines vom Handelsvertreter vermittelten oder ohne Vertretungsmacht abgeschlossenen Geschäfts und die Nichtausführung eines von ihm vermittelten oder abgeschlossenen Geschäfts mitzuteilen. [3]Er hat ihn unverzüglich zu unterrichten, wenn er Geschäfte voraussichtlich nur in erheblich geringerem Umfange abschließen kann oder will, als der Handelsvertreter unter gewöhnlichen Umständen erwarten konnte.

(3) Von den Absätzen 1 und 2 abweichende Vereinbarungen sind unwirksam.

Schrifttum: S. Vor § 84 und § 84; *Evers/Kiene,* Auslagerung von Finanzdienstleistungen auf Handelsvertreter: Anforderungen an die Einwilligungserklärung hinsichtlich der Weitergabe von Kundendaten, DB 2003, 2762; *Hopt,* Moderne Vertriebsformen und Einzelheiten ihrer handelsrechtlichen Zulässigkeit, ZIP 1996, 1809; *Hübsch,* Der Unterlagenbegriff nach § 86a HGB im Tankstellenvertrieb, ZVertriebsR 2018, 88; *Roth,* Zur unentgeltlichen Überlassung von Unterlagen an den Handelsvertreter, BB 2010, 2000; *Schipper,* Verletzung vorvertraglicher Wahrheits- und Aufklärungspflichten des Unternehmers bei Handelsvertreterverträgen und ihre Folgen, NJW 2007, 734; *Thelen,* Unterfallen „Kundenzeitschriften" eines im Finanzdienstleistungsbereich tätigen Vertriebsunternehmens § 86a I HGB?, VersR 2009, 1025; *Thume,* Die Musterkollektion des Handelsvertreters, BB 1995, 1913; *Thume,* Paralleler Online-Vertrieb des Herstellers im Spannungsfeld seiner Dispositionsfreiheit und Treuepflicht, BB 2018, 770.

Übersicht

I. Bedeutung und persönlicher Anwendungsbereich

1 Die Bestimmung ist durch ÄndG 1953 (Recht der Handelsvertreter, BGBl. 1953 I 771) **neu eingefügt** und durch das Durchführungsgesetz zur Handelsvertreter-RL vom 23.10.1989 (BGBl. 1989 I 1910) inhaltlich **geringfügig verändert worden.** Sinn und Zweck der Regelung ist es, neben der in §§ 87 ff. geregelten Hauptpflicht zur Provisionszahlung die Unterstützungs- und Benachrichtigungspflichten als besonders wichtige Nebenpflichten des Unternehmers durch ausdrückliche gesetzliche Regelung hervorzuheben. Die Regelung ist **nicht abschließend.** Weitergehende Nebenpflichten können sich aus den allgemeinen Vorschriften des Dienstvertrags (§§ 611 ff. BGB) und des Auftragsrechts (§§ 662 ff. BGB iVm § 675 BGB) ergeben (zur Rechtsnatur des Handelsvertretervertrags → § 84 Rn. 84 f.).

2 Die Frage, ob die Bestimmungen des § 86a auf **Vertragshändler, Franchise-Nehmer** und **Kommissionsagenten** analog anzuwenden sind, kann nicht einheitlich für diese und die Regelungen des § 86a beantwortet werden. Entgegen einer weit verbreiteten Ansicht[1] ist auch nicht nur danach zu differenzieren, ob der Vertragshändler, Franchise-Nehmer bzw. Kommissionsagent einem Handelsvertreter vergleichbare Aufgaben übernommen hat; auch die Natur des jeweiligen Rechtsverhältnisses ist entscheidend:[2] Auf den **Kommissionsagenten** sind Abs. 1, Abs. 2 S. 1 und S. 3 entsprechend anwendbar, wenn er einem Handelsvertreter vergleichbare Aufgaben übernommen hat; dagegen ist Abs. 2 S. 2 nicht entsprechend anwendbar, weil der Kommissionsagent selbst das Geschäft abschließt und ausführt.[3] Aus dem gleichen Grund ist Abs. 2 S. 2 auch auf den **Vertragshändler** und **Franchise-Nehmer** nicht entsprechend anwendbar.[4] Auch Abs. 1 ist auf den Vertragshändler und Franchisenehmer nicht entsprechend anwendbar, weil sie die Waren bzw. Dienstleistungen im eigenen Namen und auf eigene Rechnung verkaufen und es ihnen zumutbar ist, die zur Ausübung ihrer Tätigkeit erforderlichen Unterlagen zu erwerben.[5] Abs. 2 S. 1 und S. 3 sind hingegen auf diese entsprechend anwendbar.[6] Über die in § 86a hervorgehobenen Pflichten treffen den Unternehmer gegenüber einem Handelsvertreter auch weitere Pflichten, wie insbesondere die Pflicht zur Rücksichtnahme. Danach darf der Unternehmer nicht willkürlich ohne einen vertretbaren Grund bei seinen geschäftlichen Dispositionen den Interessen des Handelsvertreters zuwiderhandeln (→ Rn. 61). Diese Rspr. hat der BGH im Grundsatz zu Recht zunächst auf den Vertragshändler[7] und sodann auf den Franchise-Nehmer[8] übertragen. Aus der Rücksichtnahmepflicht wird wiederum ein Wettbewerbsverbot des Unternehmers gefolgert (→ Rn. 50 ff.). Bei der Prüfung, ob die jeweilige Rspr. bzw. die entwickelten Grundsätze auf andere Absatzmittlungsverhältnisse übertragen werden können, müssen stets die **bestehenden Unterschiede** in angemessener Weise **berücksichtigt** werden; aus der Natur des jeweiligen Rechtsverhältnisses können sich Abweichungen und Differenzierungen ergeben.[9]

II. Zurverfügungstellung von Unterlagen (Abs. 1)

3 **1. Sinn und Zweck der Regelung.** Nach Abs. 1 hat der Unternehmer dem Handelsvertreter die zur Ausübung seiner Tätigkeit erforderlichen Unterlagen unentgeltlich zur

---

[1] Dazu nur Oetker/*Busche* Rn. 34; EBJS/*Löwisch* Rn. 65; Baumbach/Hopt/*Hopt* § 84 Rn. 11, 13.

[2] Für eine Differenzierung auch Flohr/Wauschkuhn/*Dau* Rn. 49 ff. (Vertragshändler) und Flohr/Wauschkuhn/*Dau* Rn. 78 ff. (Franchise-Nehmer).

[3] Flohr/Wauschkuhn/Dau Rn. 89 ff.

[4] Flohr/Wauschkuhn/*Dau* Rn. 56 (Vertragshändler).

[5] Flohr/Wauschkuhn/*Dau* Rn. 51 f. (Vertragshändler) und Flohr/Wauschkuhn/*Dau* Rn. 80 (Franchise-Nehmer); aA Staub/*Emde* Rn. 14.

[6] Flohr/Wauschkuhn/*Dau* Rn. 55, 57 (Vertragshändler) und Flohr/Wauschkuhn/*Dau* Rn. 82 (Franchise-Nehmer); Staub/*Emde* Rn. 14 f.; aA *Matthießen* ZIP 1988, 1089 (1095).

[7] S. nur BGH NJW 1958, 1138; 1985, 623; NJW-RR 1993, 678.

[8] BGH NJW 1997, 3304 (3307).

[9] OLG Düsseldorf BeckRS 2012, 20203; Flohr/Wauschkuhn/*Dau* Rn. 49, 79, 89; GK-HGB/*Genzow* Rn. 15.

Verfügung zu stellen.[10] Die **Unentgeltlichkeit** ergibt sich daraus, dass der Handelsvertreter als selbständiger Vermittler von Geschäften tätig wird und nur das wirtschaftliche Risiko für seine eigenen Absatzbemühungen zu tragen hat.[11] Für das wirtschaftliche Risiko des Unternehmers hat er hingegen nicht einzustehen.[12] Dem Handelsvertreter wird damit ein einklagbarer Anspruch gegen den Unternehmer auf Übergabe derjenigen Unterlagen gewährt, die er zu seiner Tätigkeit benötigt. Die Bestimmung ist konkrete Ausprägung der allgemeinen Rechtspflicht des Unternehmers, den Handelsvertreter bei seiner Arbeit zu unterstützen und dessen Tätigkeit nicht vertragswidrig zu beeinträchtigen oder gar zu vereiteln.[13]

2. Erforderliche Unterlagen. Die Überlassungspflicht nach Abs. 1 betrifft sämtliche 4 Gegenstände, die notwendig sind, damit der Handelsvertreter die Ware oder Leistung bei der Kundschaft anpreisen kann.[14] Dazu gehören nur die Hilfsmittel, die der Handelsvertreter spezifisch aus der Sphäre des Unternehmers benötigt, um seine Tätigkeit überhaupt ausüben zu können.[15] Welche Unterlagen im Einzelnen darunter fallen, ist unter Berücksichtigung der betreffenden Branche, der Unternehmensgröße und der konkreten Aufgabenstellung des Handelsvertreters zu bestimmen.[16]

Die **Aufzählung** der „Muster, Zeichnungen, Preislisten, Werbedrucksachen,[17] 5 Geschäftsbedingungen" in Abs. 1 ist nur **beispielhaft,** nicht aber erschöpfend.[18] Ist der Handelsvertreter für eine erfolgreiche Tätigkeit auf weitere Unterlagen angewiesen, die der Unternehmer hat oder sich verschaffen kann, so sind auch diese bereitzustellen.[19] Soll der Handelsvertreter zB einen bisher vom Unternehmer selbst oder einem anderen Handelsvertreter betreuten Bezirk übernehmen, hat ihm der Unternehmer auch etwa vorhandene Kundenlisten zur Verfügung zu stellen;[20] ebenso wie die vom Unternehmer für die Auftragsbestellung erstellte firmeneinheitliche Software.[21]

Nicht als erforderliche Unterlagen iSv Abs. 1 einzuordnen sind übliche, nicht produkt- 6 spezifische Arbeitsmittel, die der Handelsvertreter wie jeder andere Gewerbetreibende zur Ausübung seiner Geschäftstätigkeit üblicherweise benötigt.[22] Dabei handelt es sich um Geschäftsräume (auch wenn deren Standort vertraglich vereinbart ist → § 87d Rn. 13) sowie um Gegenstände, die zur Büroausstattung oder Geschäftseinrichtung gehören, wie zB Telekommunikation, PC, Drucker, Büromaterial[23] und Kraftfahrzeuge.[24]

Im Hinblick auf die Kosten für vom Unternehmer durchgeführte **Schulungen und** 7 **Fortbildungen** des Handelsvertreters ist zu differenzieren: Werden in den Schulungen und Fortbildungsveranstaltungen allgemeine und nicht produktspezifische Kenntnisse vermittelt,

---

10 OLG München BB 1999, 2320; OLGR 2002, 82.

11 BGH BeckRS 2011, 13569; LG Hamburg BeckRS 2016, 2433; Oetker/*Busche* Rn. 6.

12 Oetker/*Busche* Rn. 6; *Hübsch* ZVertriebsR 2018, 88 (89).

13 Begr. RegE, BT-Drs. 1/3856, 19.

14 Oetker/*Busche* Rn. 5; Heymann/*Stöber* Rn. 3.

15 BGH NJW 2011, 2423; *Thelen* VersR 2009, 1025 (1030).

16 OLG München BB 1999, 2320; HVR (01) Nr. 991; Röhricht/Graf v. Westphalen/Haas/*Thume* Rn. 3; Oetker/*Busche* Rn. 5; s. zB OLG Frankfurt BeckRS 2009, 13200 für Vorführwagen.

17 Abl. für Werbegeschenke („Give-aways") als nicht produktbeschreibende Werbedrucksachen BGH NJW 2011, 2423 Rn. 28.

18 BGH NJW 2011, 2423; OLG Hamm NJW-RR 2016, 1134 (1135); *Thelen* VersR 2009, 1025 (1030); neben den im Gesetz genannten Beispielen s. für weitere Beispiele Flohr/Wauschkuhn/*Teichmann* Rn. 10.

19 Zur Weitergabe von kundenbezogenen Daten *Evers/Kiene* DB 2003, 2762.

20 Staub/*Emde* Rn. 70.

21 BGH NJW 2011, 2423; OLG Bremen NJW-RR 2011, 1542; OLG Köln VersR 2006, 407; Röhricht/Graf v. Westphalen/Haas/*Thume* Rn. 11.

22 Oetker/*Busche* Rn. 5; BeckOK HGB/*Lehmann* Rn. 2; Röhricht/Graf v. Westphalen/Haas/*Thume* Rn. 3.

23 BGH NJW 2011, 2423 Rn. 27: Einordnung als erforderliche Unterlage verneint bei Briefpapier, Visitenkarten und Erhebungsbögen, auch wenn diese Artikel mit dem Logo des Prinzipals versehen sind.

24 Oetker/*Busche* Rn. 5; Flohr/Wauschkuhn/*Teichmann* Rn. 11; LG Hamburg ZVertriebsR 2018, 110 (112).

die der Handelsvertreter allgemein zum Vertrieb von Produkten der fraglichen Art benötigt, hat er die Kosten selbst zu tragen.[25] Offen ist demgegenüber, ob der Handelsvertreter verlangen kann, dass der Unternehmer die Kosten für produktspezifische Schulungen trägt. Während der BGH diese Frage offengelassen hat,[26] hat das OLG Celle sie (ohne Differenzierung) mit der Begründung verneint, dass eine Schulung oder ein Fortbildungsseminar schon keine „Unterlage" iSd Abs. 1 sei. Zwar handele es sich bei der Aufzählung in Abs. 1 nur um eine beispielhafte und nicht um eine abschließende Aufzählung. Jedoch müsse es sich bei den „Unterlagen" um körperliche Gegenstände handeln. Auch finde § 86 seinen Sinn darin, dass der Unternehmer als Geschäftsherr seinem Produkt näher stehe als der Handelsvertreter und die Hilfsmittel, die speziell auf die von der Vertriebspflicht erfassten Produkte abgestimmt sind, bereitzustellen habe. Dies gelte jedoch für Fortbildungen und Schulungen des Handelsvertreters nicht. Sie würden in erster Linie zur Sphäre des Handelsvertreters gehören, dem diese Fortbildungen und Schulungen zugutekommen.[27] Diese Begründung überzeugt nicht. Ersetzt die Schulung die physische Überlassung von produktspezifischen Informationen, auf die der Handelsvertreter zum Vertrieb der Produkte angewiesen ist, hat der Unternehmer die Kosten zu tragen. Es kann keinen Unterschied machen, ob der Unternehmer die erforderlichen Informationen gegenständlich zur Verfügung stellt – dann muss er sie zweifelsfrei unentgeltlich überlassen – oder die erforderlichen Kenntnisse mittels einer Schulung vermittelt.[28] Dies gilt jedoch nur für die Schulungskosten an sich; die Reisekosten, Übernachtungskosten und Verpflegungskosten hat der Handelsvertreter selbst nach § 87d zu tragen. Indes ist der Unternehmer nicht verpflichtet, produktspezifische Schulungen und Fortbildungsveranstaltungen durchzuführen; er kann die erforderlichen Informationen dem Handelsvertreter auch anderweitig (kostenlos) überlassen.

8 **3. Leistungszeit und Leistungsort. a) Leistungszeit.** Die Unterlagen sind dem Handelsvertreter so **rechtzeitig** zur Verfügung zu stellen, dass er sie im Rahmen seiner Tätigkeit für den Abschluss oder die Vermittlung von Geschäften verwenden kann. Daher müssen ihm allgemeine Unterlagen, zB Preislisten, Geschäftsbedingungen, Muster, spätestens zu dem Zeitpunkt überlassen werden, für den die Aufnahme seiner Handelsvertretertätigkeit vorgesehen ist. Handelt es sich hingegen um spezielle Unterlagen, die nur für ein ganz bestimmtes Geschäft benötigt werden, dann sind ihm diese bei der Aufnahme der hierauf gerichteten Tätigkeit zu überlassen.

9 **b) Leistungsort.** Der Leistungsort richtet sich in erster Linie nach der Parteivereinbarung. Wurde eine solche nicht getroffen, dann hat der Unternehmer die Unterlagen auf seine Kosten an den Ort zu übermitteln, an dem der Handelsvertreter seine gewerbliche Niederlassung hat oder von dem aus dieser seine Handelsvertretertätigkeit entfaltet (§ 269 Abs. 1 BGB).[29]

10 **4. Eigentums- und Besitzverhältnisse; Unentgeltlichkeit.** Die dem Handelsvertreter überlassenen Unterlagen bleiben grundsätzlich Eigentum des Unternehmers. Der Handelsvertreter wird allerdings unmittelbarer Besitzer der Unterlagen, nicht bloßer Besitzdiener.[30] Er hat die Unterlagen sorgfältig zu verwahren und zurückzugeben, wenn diese für seine Tätigkeit nicht mehr benötigt werden, spätestens aber nach Ende des Handelsvertreterverhältnisses (→ § 86 Rn. 55).

---

[25] BGH NJW 2011, 2423 Rn. 37.
[26] BGH NJW 2011, 2423 Rn. 37.
[27] OLG Celle BeckRS 2009, 88792; Flohr/Wauschkuhn/*Teichmann* Rn. 11; Baumbach/Hopt/*Hopt* Rn. 5, jedoch ohne Differenzierung zwischen allgemeinen und produktspezifischen Schulungen und Fortbildungen.
[28] EBJS/*Löwisch* Rn. 34; Staub/*Emde* Rn. 105; vgl. auch OLG Hamm NJW-RR 1990, 567.
[29] BGH NJW 2017, 662 (663); OLG München BB 1999, 2320; Staub/*Emde* Rn. 78; Baumbach/Hopt/*Hopt* Rn. 6; Heymann/*Stöber* Rn. 7.
[30] OLG München BB 1999, 2320; Staub/*Emde* Rn. 76; Oetker/*Busche* Rn. 6; Heymann/*Stöber* Rn. 8; anders für den Handlungsgehilfen RGZ 74, 248.

Wegen Abs. 3 können die Parteien nicht wirksam vereinbaren, dass der Handelsvertreter die ihm zur Verfügung gestellten **Unterlagen käuflich übernehmen** muss.[31] Wird dem Handelsvertreter individualvertraglich lediglich die Möglichkeit eingeräumt, bei Saison- oder Vertragsende Teile aus der Kollektion käuflich zu erwerben, liegt hingegen keine unzulässige Einschränkung des § 86a vor.[32] 11

Der Unternehmer genügt seiner Pflicht nicht, die erforderlichen Unterlagen unentgeltlich zur Verfügung zu stellen, wenn er dem Handelsvertreter die erforderlichen Unterlagen lediglich elektronisch unentgeltlich zur Verfügung stellt, der Handelsvertreter diese jedoch **physisch in Papierform** benötigt und er sie auf eigene Kosten ausdrucken muss (etwa weil er gesetzlich dazu verpflichtet ist, dem Kunden die Unterlagen in Papierform auszuhändigen). 12

Der Unternehmer kann dem Handelsvertreter idR nur dann wirksam die Verpflichtung auferlegen, die überlassenen Unterlagen zu **versichern,** wenn er sich verpflichtet, die Kosten für die Versicherung zu tragen.[33] S. auch → § 86 Rn. 54. 13

5. Abgrenzung zu § 87d. Bei der Ermittlung, ob es sich um „erforderliche Unterlagen" iSv Abs. 1 handelt, ist der **Regelungsgehalt von § 87d** zu berücksichtigen.[34] Der Handelsvertreter hat nach § 87d nur dann einen Anspruch auf seine im regelmäßigen Geschäftsbetrieb entstehenden Aufwendungen, wenn dies handelsüblich ist.[35] Daraus folgt, dass der Handelsvertreter grundsätzlich die Kosten seines Geschäftsbetriebs selbst zu tragen hat.[36] Mithin ist ein Spannungsverhältnis zwischen § 86a und § 87d gegeben, das im Einzelfall schwierige Abgrenzungsfragen aufwirft. So gibt es Gegenstände, die sowohl Komponenten enthalten, die dem regelmäßigen Geschäftsbetrieb des Handelsvertreters zuzurechnen sind, als auch Komponenten, die als erforderliche Unterlage nach Abs. 1 zu werten sind (wie zB Vertriebssoftware[37] und Kassensysteme[38]). Die höchstrichterliche Rspr. ist in solchen Fällen im Hinblick auf die Rechtsfolgen leider uneinheitlich: So hat der BGH im Falle der Vertriebssoftware die Vergütungsvereinbarung nach Abs. 3 für insgesamt unwirksam angesehen. Auch wenn die Vertriebssoftware zumindest auch dem regelmäßigen Geschäftsbetrieb des Handelsvertreters diente, konnte – so der BGH – die Vergütungsvereinbarung nicht teilweise aufrechterhalten werden.[39] Demgegenüber hat der BGH eine Vergütungsvereinbarung für die Überlassung eines Kassensystems nur insoweit als unwirksam gewertet, als es sich bei dem Kassensystem um eine erforderliche Unterlage nach Abs. 1 handelte; er hat sodann Raum für eine ergänzende Vertragsauslegung gelassen.[40] In welchen Fällen die Vergütungsabrede ganz oder nur teilweise unwirksam ist, ist also im Ergebnis offen. Es bleibt abzuwarten, ob der BGH zukünftig in vergleichbaren Fällen allgemein eine Teilbarkeit annimmt und eine ergänzende Vertragsauslegung zulässt. Hat der Handelsvertreter Zahlungen auf der Grundlage einer unwirksamen Vergütungsvereinbarung erbracht, kann er sie nach § 812 Abs. 1 S. 1 Alt. 1 BGB zurückfordern. 14

6. Rechtsfolgen von Pflichtverletzungen. Stellt der Unternehmer die für die Tätigkeit des Handelsvertreters erforderlichen Unterlagen nicht oder nicht rechtzeitig zur Verfügung, kann der Handelsvertreter auf Erfüllung klagen.[41] Verhindert der Unternehmer das 15

---

31 Oetker/*Busche* Rn. 6; Baumbach/Hopt/*Hopt* Rn. 6.
32 So auch *Thume* BB 1995, 1913 (1914); KKRD/*Roth* Rn. 2.
33 Heymann/*Stöber* Rn. 5.
34 *Berscheid* in MSF Vertriebs-HdB § 50 Rn. 100.
35 *Berscheid* in MSF Vertriebs-HdB § 50 Rn. 100.
36 *Berscheid* in MSF Vertriebs-HdB § 50 Rn. 100.
37 BGH NJW 2011, 2423 Rn. 30; OLG Hamm BeckRS 2016, 13804; OLG Bremen NJW-RR 2011, 1542; OLG Köln VersR 2006, 407; BeckRS 2008, 20519.
38 BGH BB 2017, 144 mAnm *Ströbl*; *Frings* EWiR 2017, 529; *Emde* NJW 2017, 665; *Teichmann* ZVertriebsR 2017, 44; s. auch *Hübsch* ZVertriebsR 2018, 88.
39 BGH NJW 2011, 2423 Rn. 30.
40 BGH BB 2017, 144 Rn. 31 ff.; so auch LG Köln BeckRS 2018, 29796; LG Hamburg ZVertriebsR 2018, 110 (113).
41 Flohr/Wauschkuhn/*Teichmann* Rn. 46; EBJS/*Löwisch* Rn. 60.

Entstehen der Provision, kommt der Unternehmer im Hinblick auf die durch den Handelsvertreter zu leistenden Dienste in Annahmeverzug, so dass der Handelsvertreter gem. § 615 BGB seinen Vergütungsanspruch behält, ohne zur Nachleistung verpflichtet zu sein.[42] Ein vertragliches Fixum ist in der vereinbarten Höhe zu zahlen, erfolgsbezogene Bestandteile sind gem. § 287 Abs. 2 ZPO zu schätzen. Die Entschließungsfreiheit des Unternehmers steht der Anwendbarkeit des § 615 BGB nicht entgegen.[43] Der Anspruch aus § 615 BGB steht dabei jedoch in Konkurrenz zum Provisionsanspruch (§§ 87 ff. HGB, § 162 BGB) und zum Schadensersatzanspruch wegen Schlechterfüllung (§ 280 BGB).[44] In besonders schwerwiegenden Fällen steht dem Handelsvertreter das Recht zu, das Vertragsverhältnis fristlos zu kündigen (§ 89a).

III. Benachrichtigungspflichten (Abs. 2)

16 **1. Allgemein erforderliche Nachrichten (Abs. 2 S. 1). a) Sinn und Zweck der Regelung.** Nach Abs. 2 S. 1 hat der Unternehmer dem Handelsvertreter ganz allgemein die erforderlichen Nachrichten zukommen zu lassen. Auch diese Benachrichtigungspflicht ist Ausdruck der allgemeinen Rechtspflicht des Unternehmers, den Handelsvertreter bei seiner Arbeit zu unterstützen und nicht dessen Tätigwerden zu beeinträchtigen. Dem Handelsvertreter sollen daher einerseits die Informationen gegeben werden, auf die er zur sachgemäßen Erfüllung seiner Aufgaben angewiesen ist. Andererseits soll der Handelsvertreter aber auch davor bewahrt werden, Zeit und Kosten in die Vermittlung von Geschäften zu investieren, die der Unternehmer von vornherein nicht bereit ist abzuschließen.

17 **b) Begriff der „erforderlichen Nachrichten".** Erforderlich sind sämtliche für die Tätigkeit des Handelsvertreters bedeutsamen Nachrichten.[45] Hierzu gehören zum einen die **Informationen,** derer der Handelsvertreter bedarf, um seinen Vertragspflichten für den Unternehmer optimal nachkommen zu können, zB Informationen über potentielle neue Kunden, Fertigungssituationen, Kapazitätsauslastungen, beabsichtigte Änderungen in der Produktion bezüglich der Preise oder Lieferbedingungen.[46] Zum anderen zählen dazu aber auch Nachrichten darüber, welche Aufträge der Unternehmer jeweils zu übernehmen in der Lage ist und mit welchen Kunden er keine Geschäftsbeziehungen (mehr) pflegen will.[47]

18 Ob eine Nachricht **erforderlich** ist, bestimmt sich danach, ob die Nachricht sich objektiv auf den Tätigkeitserfolg auswirken kann. Dabei ist von einem weiten Verständnis auszugehen, weil der Erfolg einer Handelsvertretertätigkeit im Wesentlichen von einer umfassenden Unterrichtung über solche Umstände abhängt, die mit seiner Verkaufstätigkeit im Zusammenhang stehen.[48] Im Einzelfall kann jedoch eine Abwägung des Mitteilungsinteresses des Handelsvertreters gegenüber einem Geheimhaltungsbedürfnis des Unternehmers erforderlich sein.[49]

19 **c) Einzelfälle.** Zu den erforderlichen Nachrichten zählen zB Änderungen des Herstellungsprogramms, erweiterte oder eingeschränkte bzw. verbesserte oder verschlechterte Liefermöglichkeiten, Teilnahme an Ausstellungen und Messen, Prämierungen und Preise für die zu vertreibenden Produkte. Demgegenüber ist der Unternehmer grundsätzlich nicht verpflichtet, dem Handelsvertreter über eine wirtschaftlich schwierige **Lage des Unternehmens** Kenntnis zu geben, und zwar auch dann nicht, wenn nicht ausgeschlossen werden kann, dass sie zu einem Insolvenzverfahren führen könnte.[50] Im Einzelfall kann etwas anderes

---

42 Staub/*Emde* Rn. 125.
43 EBJS/*Löwisch* Rn. 61; Staub/*Emde* Rn. 125.
44 Staub/*Emde* Rn. 125.
45 Begr. RegE, BT-Drs. 1/3856, 19; Baumbach/Hopt/*Hopt* Rn. 8; Heymann/*Stöber* Rn. 9; Röhricht/Graf v. Westphalen/Haas/*Thume* Rn. 14.
46 *Thume* in Küstner/Thume VertriebsR-HdB I Kap. IV Rn. 41; Staub/*Emde* Rn. 89; KKRD/*Roth* Rn. 3.
47 Begr. RegE, BT-Drs. 1/3856, 19.
48 *Thume* in Küstner/Thume VertriebsR-HdB I Kap. IV Rn. 42.
49 Heymann/*Stöber* Rn. 12, 24; Staub/*Emde* Rn. 89.
50 BGH BB 1960, 606; aA EBJS/*Löwisch* Rn. 52; Oetker/*Busche* Rn. 18.

gelten, wenn der Unternehmer beim Handelsvertreter ein besonderes Vertrauen hinsichtlich der Stabilität des Unternehmens geweckt und ihn dadurch zum Vertragsschluss[51] veranlasst oder von einer Kündigung des Handelsvertretervertrags abgehalten hat.

Zu **Betriebsstilllegungen** und -veräußerungen, Einschränkungen der Verkaufsmög- **20** lichkeiten, Änderungen im Vertriebssystem sowie qualitativen Minderlieferungen → Rn. 39 ff.

2. Annahme, Ablehnung oder Nichtausführung eines Geschäfts (Abs. 2 S. 2). **21** **a) Sinn und Zweck der Regelung.** Der Unternehmer hat dem Handelsvertreter unverzüglich die Annahme oder Ablehnung eines vom Handelsvertreter vermittelten oder ohne Vertretungsmacht abgeschlossenen Geschäfts und die Nichtausführung eines von ihm vermittelten oder abgeschlossenen Geschäfts mitzuteilen. Diese Informationen sind für den Handelsvertreter von besonderer Bedeutung, weil der Provisionsanspruch erst mit Abschluss des Geschäfts (§ 87 Abs. 1), aufschiebend bedingt durch dessen Ausführung (§ 87a), entsteht.[52] Die Informationen sind aber auch für die zukünftigen Planungen des Handelsvertreters wichtig. Dieser muss wissen, welche Kunden er nicht mehr oder nur noch eingeschränkt in seine Bemühungen einzubeziehen hat, zB weil diese sich wiederholt als unzuverlässig erwiesen haben (vgl. § 87a Abs. 2) oder weil der Unternehmer mehrfach Geschäftsabschlüsse mit ihnen abgelehnt hat.

b) Entscheidungsfreiheit des Unternehmers. Die Benachrichtigungspflicht nach **22** Abs. 2 S. 2 schränkt die unternehmerische Entscheidungsfreiheit nicht ein, sondern setzt diese gerade voraus. Der Handelsvertreter ist zwar zur Geschäftsvermittlung verpflichtet, hat aber seinerseits keinen Rechtsanspruch darauf, dass der Unternehmer die Geschäfte abschließt, die der Handelsvertreter vermittelt hat oder vermitteln könnte. Es unterliegt vielmehr der freien unternehmerischen Entscheidung, ob der Unternehmer die ihm angetragenen Geschäfte abschließen will oder nicht.

Allerdings hat der Unternehmer durch den **Abschluss des Handelsvertretervertrags** **23** **mitveranlasst,** dass der Handelsvertreter in seinem Interesse wirtschaftlich tätig wird und hierauf Zeit und Kosten verwendet. Zwischen dem Unternehmer und dem Handelsvertreter besteht eine Verbindung von mehr oder weniger längerer Dauer, für deren Ausgestaltung der Handelsvertreter teilweise recht hohe Aufwendungen zur Einführung des von ihm vertretenen Unternehmers erbringt. Diese Aufwendungen an Zeit und Geld werden von dem Handelsvertreter in der Erwartung getätigt, dass diese dann auch zu entsprechenden Geschäftsabschlüssen mit dem von ihm bearbeiteten Kundenkreis führen und ihm damit einen entsprechenden Verdienst erbringen. Auf diese Leistung des Handelsvertreters an Arbeit und Geld muss der Unternehmer unbeschadet seiner eigenen kaufmännischen Entschließungsfreiheit nach Treu und Glauben (§ 242 BGB) **Rücksicht nehmen.**[53] Aus diesem Grund trifft den Unternehmer bei seinen Entschließungen die Pflicht, auch die Belange des Handelsvertreters gebührend zu beachten. Der Unternehmer kann daher zwar nicht zum Geschäftsabschluss gezwungen werden, er wird aber dem Handelsvertreter gegenüber schadensersatzpflichtig, wenn er aus bloßer Willkür oder gar in der Absicht, den Handelsvertreter zu schädigen, den Abschluss vom Handelsvertreter **vermittelter Geschäfte ablehnt.**[54]

Umstritten ist, ob der Unternehmer dem Handelsvertreter ungefragt die **Gründe sei-** **24** **ner Ablehnung** in jedem Einzelfall mitteilen muss.[55] Zumindest bei Massengeschäften ist diese Frage zu verneinen. Denn über Nachrichten, die generell für den Tätigkeitserfolg des Handelsvertreters wesentlich sind, hat der Unternehmer bereits nach Abs. 2 S. 1 und ggf.

---

51 Dazu BAG AP GmbHG § 13 Nr. 1 unter II 2 b mAnm *Mertens.*

52 Begr. RegE, BT-Drs. 1/3856, 19.

53 BGHZ 26, 161 (164 f.); 136, 295; Röhricht/Graf v. Westphalen/Haas/*Thume* Rn. 19.

54 BGH BB 1960, 1221 (1222); OLG Düsseldorf OLGR 1998, 11 (13); Baumbach/Hopt/*Hopt* Rn. 14; *Thume* in Küstner/Thume VertriebsR-HdB I Kap. IV Rn. 91; Staub/*Emde* Rn. 48.

55 Bejahend zB Baumbach/Hopt/*Hopt* Rn. 10; Heymann/*Stöber* Rn. 15; aA EBJS/*Löwisch* Rn. 46: nur auf Nachfrage; Staub/*Emde* Rn. 101.

nach Abs. 2 S. 3 im Voraus zu informieren; eine Pflicht zur ungefragten Offenbarung in Bezug auf die Gründe der Ablehnung in jedem Einzelfall ist daher nicht notwendig dafür, dass der Handelsvertreter seine Tätigkeit entsprechend ausrichten kann. Es besteht auch nicht deshalb eine Pflicht zur ungefragten Auskunft, damit der Handelsvertreter erkennen kann, ob die Ablehnung aus reiner Willkür oder mit Schädigungsabsicht vorgenommen wurde.[56] Vielmehr hat der Handelsvertreter den allgemeinen Auskunftsanspruch nach § 242 BGB ua dann, wenn er begründete Anhaltspunkte dafür hat, dass der Unternehmer aus reiner Willkür oder mit Schädigungsabsicht Aufträge des Handelsvertreters abgelehnt hat.[57] Entsprechendes gilt in Bezug auf die Pflicht zur **Mitteilung über nicht ausgeführte Geschäfte;** auch hier muss der Unternehmer zumindest bei Massengeschäften nicht ungefragt die Gründe für die Nichtausführung mitteilen.[58] Im Falle einer **Nachfrage** hat der Unternehmer aber entsprechende Angaben richtig und vollständig zu machen, damit der Handelsvertreter beurteilen kann, ob sein Provisionsanspruch gleichwohl nach § 87a Abs. 3 erhalten bleibt. Zusätzlich stehen hier dem Handelsvertreter die Kontrollrechte nach § 87c Abs. 2–4 zur Verfügung, so dass er auch darüber die Gründe erfahren kann.

25 **Willkürlich ist eine Ablehnung** jedenfalls dann nicht, wenn der Unternehmer aus unternehmerisch nachvollziehbaren Gründen zu der Ablehnung veranlasst worden ist. Solche Gründe können etwa in der Überlastung seines Betriebs, in Materialknappheit oder in der Unsicherheit des Geschäftspartners, den der Handelsvertreter angeboten hat, bestehen.[59] Willkür ist auch dann nicht gegeben, wenn der Unternehmer lediglich subjektive Zweifel in dieser Richtung hat und nach den ihm bekannten Umständen auch haben durfte. Willkür ist hingegen gegeben, wenn der Unternehmer lediglich deshalb ablehnt, um den Handelsvertreter die weitere Tätigkeit zu verleiden oder wenn der Unternehmer das Geschäft zwar für seine Person ablehnt, aber durch ein Unternehmen, das er beherrscht und dessen wirtschaftliches Interesse er teilt, gleichwohl ausführen lässt.[60]

26 **c) Vermittelte Geschäfte.** Die Mitteilungspflicht bezieht sich zunächst auf die **Annahme oder Ablehnung** eines vom Handelsvertreter vermittelten Geschäfts. Es muss sich also um Geschäfte handeln, hinsichtlich derer der Handelsvertreter eine eigene, unmittelbare Vermittlungstätigkeit entfaltet hat (zum Begriff der Vermittlungstätigkeit → § 84 Rn. 72 ff.). Die Benachrichtigungspflicht bezieht sich daher zum einen nicht auf Abschlussvertreter, weil diese den Abschluss selbst verbindlich tätigen. Eine Benachrichtigung ist zum anderen auch hinsichtlich der Ablehnung oder Annahme solcher Geschäfte nicht erforderlich, die ohne Mitwirkung des Bezirksvertreters (§ 87 Abs. 2 S. 1) an den Unternehmer herangetragen wurden;[61] entsprechendes gilt bei Geschäften, die mit Dritten zustande kommen, die der Handelsvertreter als Kunden für Geschäfte der gleichen Art früher einmal geworben hat (§ 87 Abs. 1 S. 1 Alt. 2).

27 **d) Ohne Vertretungsmacht abgeschlossene Geschäfte.** Der Unternehmer hat weiterhin dem Handelsvertreter die Annahme oder Ablehnung eines von diesem ohne Vertretungsmacht abgeschlossenen Geschäfts mitzuteilen (zur Rechtsstellung des Dritten → Rn. 32). Erfasst wird hiervon sowohl der Vermittlungsvertreter, der nicht nur vermittelt, sondern ohne Vollmacht abgeschlossen hat (§ 91a Abs. 1), als auch der Abschlussvertreter, der bei Abschluss des Geschäfts seine Vollmacht überschritten hat (§ 91a Abs. 2). Der Handelsvertreter soll insbesondere über die Beendigung des durch den Abschluss eines Geschäfts als Vertreter ohne Vertretungsmacht eintretenden Schwebezustandes (vgl. § 91a) vergewissert werden und sich im Falle der Ablehnung auf die Inanspruchnahme durch den Kunden nach § 179 BGB einstellen können.

---

56 Wie hier offenbar EBJS/*Löwisch* Rn. 13; aA Staub/*Emde* Rn. 88, 101; Baumbach/Hopt/*Hopt* Rn. 10.
57 Flohr/Wauschkuhn/*Teichmann* Rn. 30.
58 So wohl auch EBJS/*Löwisch* Rn. 13; aA Staub/*Emde* Rn. 107; Baumbach/*Hopt*, Rn. 10; Röhricht/Graf v. Westphalen/Haas/*Thume* Rn. 16.
59 Staub/*Emde* Rn. 100.
60 BGH NJW 1981, 1785 (1786).
61 *Thume* in Küstner/Thume VertriebsR-HdB I Kap. IV Rn. 53; EBJS/*Löwisch* Rn. 47.

e) Nichtausführung eines Geschäfts. Schließlich hat der Unternehmer dem Handelsvertreter auch die Nichtausführung eines von ihm vermittelten oder abgeschlossenen Geschäfts mitzuteilen. Diese zusätzliche Mitteilungspflicht ist durch das Durchführungsgesetz zur EG-Richtlinie zur Koordinierung des Rechts der Handelsvertreter aufgenommen worden. Durch die Mitteilung soll der Handelsvertreter davon in Kenntnis gesetzt werden, dass zwar ein provisionspflichtiges Geschäft abgeschlossen wurde, der Provisionsanspruch aber infolge der Nichtausführung des Geschäfts nicht zur Entstehung gelangt.[62] 28

Aufgrund dieses Sinn und Zwecks der Regelung besteht die Mitteilungspflicht nicht nur bei vollständiger Nichtausführung, sondern auch dann, wenn das Geschäft nur **teilweise nicht zur Ausführung** gelangt. Zur Begründungspflicht → Rn. 24. 29

f) Zeitpunkt der Benachrichtigung. Der Unternehmer muss den Handelsvertreter **unverzüglich,** also ohne schuldhaftes Zögern (§ 121 Abs. 1 S. 1 BGB), von der Nichtausführung eines Geschäfts bzw. der Annahme oder Ablehnung eines vermittelten oder ohne Vertretungsmacht abgeschlossenen Geschäfts **informieren.** Hierdurch wird allerdings keine Pflicht des Unternehmers zu einer unverzüglichen Entscheidung begründet. Kann sich der Unternehmer aber nicht zu der alsbaldigen Annahme des Geschäfts entschließen, hat er hierüber dem Handelsvertreter eine Zwischennachricht zu geben.[63] Dem Handelsvertreter soll hierdurch die Möglichkeit gegeben werden, sich ggf. persönlich einzuschalten und etwaige Bedenken oder Hemmnisse, die dem Geschäftsabschluss entgegenstehen, auszuräumen. Die Informationspflicht besteht vertragsbegleitend.[64] Nach Beendigung des Vertrages besteht diese nicht mehr, weil es dann nicht mehr darum geht, dass der Handelsvertreter seine Tätigkeit entsprechend ausrichten kann. Aus Abs. 2 kann kein Kontrollrecht des Handelsvertreters nach Beendigung des Vertrages in Bezug auf vom Unternehmer abgelehnte Aufträge hergeleitet werden.[65] Unter Umständen kann aber (nach Vertragsbeendigung) der allgemeine Auskunftsanspruch nach § 242 BGB gegeben sein, insbesondere wenn der begründete Verdacht besteht, dass der Unternehmer willkürlich oder in Schädigungsabsicht Aufträge abgelehnt hat, und Schadensersatzansprüche wahrscheinlich gegeben sind. 30

g) Rechtsfolgen im Außenverhältnis. Die Mitteilung nach Abs. 2 berührt zunächst nur das **Innenverhältnis** zwischen dem Unternehmer und dem Handelsvertreter. Diesem gegenüber, nicht dem Dritten gegenüber, mit dem der Handelsvertreter das Geschäft vermittelt oder ohne Vollmacht abgeschlossen hat, ist der Unternehmer zur Mitteilung über Annahme und Ablehnung verpflichtet. Die Benachrichtigung des Handelsvertreters bringt weder das Geschäft mit dem Dritten zustande, noch schließt sie einen Geschäftsabschluss mit dem Dritten aus. Im Einzelnen gilt Folgendes: 31

Bei reiner **Vermittlungstätigkeit** (→ § 86 Rn. 22 ff.) des Handelsvertreters kommt das Geschäft nicht dadurch zustande, dass der Unternehmer dem Handelsvertreter mitteilt, er nehme das Geschäft an. Vielmehr wird das **Geschäft erst wirksam** durch die Einigung zwischen Unternehmer und Drittem. Bei einem von dem Handelsvertreter als **Vertreter ohne Vertretungsmacht** vorgenommenen Geschäftsabschluss gilt für das Verhältnis zum Dritten die Vorschrift des § 91a. Die Benachrichtigung nach Abs. 2 S. 2 berührt ebenso wie im Falle der bloßen Vermittlung zunächst nur das Innenverhältnis zwischen Unternehmer und Handelsvertreter. So schließt die Erklärung der Annahme des Geschäfts etwaige Schadensersatzansprüche des Unternehmers gegen den Handelsvertreter wegen einer in dem Handeln ohne Vertretungsmacht liegenden Vertragsverletzung aus. Auch kann in dieser Mitteilung an den Handelsvertreter zugleich eine **Genehmigung** des ohne Vertretungsmacht abgeschlossenen Vertrags **nach § 177 BGB** liegen. Eine solche Genehmigung kann nämlich nicht nur gegenüber dem Dritten, sondern auch dem Handelsvertreter gegenüber erklärt werden. Nur die Ablehnungserklärung 32

---

62 Begr. RegE, BT-Drs. 1/3077, 7; *Eckert* NZA 1990, 384.

63 Heymann/*Stöber* Rn. 15; Staub/*Emde* Rn. 88.

64 Staub/*Emde* Rn. 88.

65 OLG Düsseldorf 4.11.2016 – I-16 U 73/15, nv; 16.9.2016- I-16 U 39/15, nv.

muss dem Dritten gegenüber abgegeben werden, um die unwiderlegliche Vermutung der Genehmigung nach § 91a auszuschließen.

33 **3. Geschäftsabschluss in erheblich geringerem Umfang (Abs. 2 S. 3). a) Sinn und Zweck der Regelung.** Nach Abs. 2 S. 3 hat der Unternehmer den Handelsvertreter schließlich unverzüglich zu unterrichten, wenn er Geschäfte voraussichtlich nur in erheblich geringerem Umfang abschließen kann oder will, als der Handelsvertreter unter gewöhnlichen Umständen erwarten konnte. Die Vorschrift ist auf den Vermittlungsvertreter zugeschnitten und betrifft die allgemeine, zukünftige Geschäftsentwicklung des Unternehmers, nicht ein bestimmtes Einzelgeschäft. Sie ist konkrete Ausprägung der allgemeinen Pflicht des Unternehmers, den Handelsvertreter nicht zu unnötigen und wirtschaftlich erfolglosen Bemühungen zu veranlassen. Dem Handelsvertreter soll durch die Benachrichtigung die Möglichkeit gegeben werden, angesichts veränderter geschäftlicher Dispositionen des Unternehmers seine künftigen Verdienstmöglichkeiten zu prüfen und über sein weiteres Verhalten zu entscheiden.[66] Namentlich kann der Handelsvertreter seinen künftigen Arbeitseinsatz dem verringerten Geschäftsumfang anpassen, insbesondere aber auch erwägen, ob eine Anpassung des Vertretervertrags an die veränderten Umstände, äußerstenfalls sogar eine Beendigung durch Kündigung in Betracht zu ziehen ist.

34 **b) Entscheidungsfreiheit des Unternehmers.** Die Benachrichtigungspflicht schränkt wiederum nicht die Freiheit des Unternehmers ein, seinen Betrieb so einzurichten und ggf. umzugestalten, wie es ihm wirtschaftlich oder persönlich vernünftig und sinnvoll erscheint.[67] Dieser darf sogar Maßnahmen treffen, die den Tätigkeitsspielraum des Handelsvertreters einengen oder gar zum Erliegen bringen. Der Unternehmer ist gegenüber dem Handelsvertreter nicht verpflichtet, eine unrentabel werdende Produktion oder eine nicht mehr nutzbringend absetzbare Produktion weiter fortzusetzen.[68] Aus vernünftigen wirtschaftlichen Gründen sind Betriebsveräußerungen, Betriebsstilllegungen oder Produktionseinschränkungen im Verhältnis zum Handelsvertreter stets zulässig. Eine Pflichtverletzung ist gegenüber dem Handelsvertreter hierin nur dann zu sehen, wenn sich der Unternehmer über dessen schutzwürdige Belange willkürlich oder ohne vertretbaren Grund hinweggesetzt.[69]

35 **c) Begriff des erheblich geringeren Umfangs.** Die **Benachrichtigungspflicht** besteht nur dann, wenn der Umfang der **Geschäftsabschlüsse erheblich vermindert** werden soll. Bezugspunkt ist hierbei seit dem Inkrafttreten des Durchführungsgesetzes zur EG-Richtlinie zur Koordinierung des Rechts der Handelsvertreter am 1.1.1990[70] der Geschäftsumfang, den der Handelsvertreter unter gewöhnlichen Umständen erwarten konnte. Dies bedeutet in der Sache keine Abweichung zur früheren Gesetzeslage, wonach auf den nach den Umständen zu erwartenden Geschäftsumfang abzuheben war. Auch nach der neuen Rechtslage ist nicht die subjektive Erwartung des Handelsvertreters maßgeblich,[71] sondern allein das, was der Handelsvertreter unter Berücksichtigung der ihm bekannten Umstände redlicher Weise erwarten durfte. Maßgebend ist also der Umfang, der nach der ganzen Vertragsgestaltung und der aus ihr ersichtlichen Zielsetzung für die Tätigkeit des Handelsvertreters unter objektiver Würdigung dieser Gesamtumstände zu erwarten ist. Dabei ist auch ein berechtigtes Vertrauen auf die Fortsetzung des bisherigen Geschäftsumfangs zu berücksichtigen. Demgegenüber bleiben subjektive Erwartungen und Hoffnungen des Handelsvertreters unberücksichtigt, die in den konkreten Umständen keine Grundlage finden.

---

[66] BGHZ 49, 39 (44) = NJW 1968, 394; Heymann/*Stöber* Rn. 16; Staub/*Emde* Rn. 109.
[67] BGHZ 49, 39 (42) = NJW 1968, 394.
[68] BGH NJW 1959, 1964 f.
[69] BGHZ 49, 39 (42) = NJW 1968, 394.
[70] Wegen der Übergangsregelung für Altverträge bis zum Ablauf des Jahres 1993 vgl. Art. 29 EGHGB.
[71] Staub/*Emde* Rn. 108; Oetker/*Busche* Rn. 16; unklar allerdings Begr. RegE, BT-Drs. 11/3077, 7.

Die Mitteilungspflicht besteht nur bei einer **erheblichen,** nicht aber bei nur geringfügigen **Verringerungen des Geschäftsumfangs.** Die Erheblichkeit des Rückgangs ist im Einzelfall im Verhältnis zum bisherigen Geschäftsumfang zu bestimmen. Dabei werden zu erwartende Minderungen um 10% oder auch um 20% als verkehrsübliche Schwankungen die Benachrichtigungspflicht nicht auslösen.[72] Demgegenüber ist im Regelfalle eine Verringerung des Geschäftsumfangs um mehr als 25% eine signifikante Veränderung, bei der ein berechtigtes Interesse des Handelsvertreters besteht, seine weiteren Dispositionen zu überdenken, so dass der Unternehmer insoweit die entsprechenden Mitteilungen machen muss. Unerheblich ist hierbei, ob der Geschäftsrückgang auf die Geschäftspolitik des Unternehmers oder die objektive Geschäftslage zurückzuführen ist. 36

d) Zeitpunkt der Benachrichtigung. Die Pflicht zur Unterrichtung des Handelsvertreters besteht schon dann, wenn die Verringerung des Geschäftsumfangs abzusehen ist und nicht erst nach dem tatsächlichen Eintritt der Verringerung. Welches der späteste Zeitpunkt für die Mitteilung ist, lässt sich nicht allgemein, sondern nur unter Berücksichtigung der Umstände des Einzelfalls festlegen. Dabei sind etwaige berechtigte Interessen des Unternehmers an möglichst langer Geheimhaltung gegen die berechtigten Interessen des Handelsvertreters an einer möglichst frühzeitigen Unterrichtung zwecks Bemühung um eine andere Tätigkeit gegeneinander abzuwägen.[73] Die Anzeige muss jedenfalls so rechtzeitig erstattet werden, dass der Handelsvertreter hieraus die nötigen Konsequenzen für seine Tätigkeit ziehen kann. 37

e) Entfallen der Benachrichtigungspflicht. Die Benachrichtigungspflicht entfällt, wenn der Handelsvertreter nach den Umständen selbst auch ohne Benachrichtigung mit einer erheblichen Einschränkung der Abschlüsse rechnen muss.[74] Ob diese Voraussetzung vorliegt, ist anhand der konkreten Umstände des Einzelfalls zu beurteilen. Sind dem Handelsvertreter Tatsachen bekannt, die zu einem Geschäftsrückgang führen, wie zB allgemeiner Geschäftsrückgang in der gesamten Branche, Produktionsausfälle beim Unternehmer durch Brand, Streik, Insolvenz eines Zuliefererbetriebs, dann müssen diese ihm nicht erst mitgeteilt werden. Grundsätzlich wird jedoch ein strenger Maßstab an die Benachrichtigungspflicht des Unternehmers zu legen sein. In allen Zweifelsfällen muss und sollte der Unternehmer im Interesse einer vertrauensvollen Zusammenarbeit den Handelsvertreter von beabsichtigten Beschränkungen benachrichtigen. 38

f) Einzelfälle. aa) Betriebsstilllegung. Der Unternehmer muss den Handelsvertreter rechtzeitig über eine beabsichtigte Betriebsstilllegung informieren, weil hierdurch dem Handelsvertreter die Vermittlung weiterer Geschäfte unmöglich gemacht wird.[75] Die Information hat spätestens dann zu erfolgen, wenn die Stilllegung beschlossen ist. Zeichnet sich die Betriebsstilllegung bereits zu einem früheren Zeitpunkt ab, ist das Unternehmen zB zahlungsunfähig oder überschuldet, dann besteht die Informationspflicht unter Umständen schon zu einem früheren Zeitpunkt. Allerdings besteht in einem solchen Fall dann keine Pflicht zur vorzeitigen Mitteilung, wenn dadurch etwa Sanierungsversuche gefährdet werden könnten.[76] 39

bb) Betriebsveräußerung. Der Unternehmer hat den Handelsvertreter auch über eine geplante Betriebsveräußerung zu informieren. Im Rahmen der Betriebsveräußerung geht nämlich das Handelsvertreterverhältnis nicht kraft Gesetzes auf den Betriebserwerber über (→ § 89 Rn. 28). Auch können Betriebsveräußerer und Betriebserwerber nicht mit Wirkung für und gegen den Handelsvertreter einen Übergang des Handelsvertreterverhält- 40

---

72 AA EBJS/*Löwisch* Rn. 50.

73 BGH NJW 1974, 795.

74 Begr. RegE, BT-Drs. 1/3856, 20; aA Baumbach/Hopt/*Hopt* Rn. 12; Heymann/*Stöber* Rn. 19: Mitteilungspflicht soll dann entfallen, wenn der Handelsvertreter positive Kenntnis von dem bevorstehenden Rückgang des Geschäftsumfangs hat.

75 BGH NJW 1974, 795.

76 Heymann/*Stöber* Rn. 18; Staub/*Emde* Rn. 88; EBJS/*Löwisch* Rn. 51.

nisses vereinbaren. Zur Übertragung des Handelsvertretervertrags auf einen anderen Unternehmer bedarf es vielmehr der Zustimmung des Handelsvertreters.[77]

41 **cc) Betriebseinschränkung.** Mitteilungspflichten treffen den Unternehmer auch bei Betriebseinschränkungen, die sich auf die Vermittlungsmöglichkeiten des Handelsvertreters signifikant auswirken können. Der Unternehmer muss den Handelsvertreter darauf hinweisen, wenn er mit Kunden aus dem gesamten Gebiet, das er diesem zur Bearbeitung überlassen hat, keine Geschäfte mehr abzuschließen beabsichtigt.[78] Die Pflicht zur Mitteilung kann den Unternehmer auch dann treffen, wenn sich der Entschluss des Unternehmers nur auf einzelne oder bestimmte Kunden des Handelsvertreters bezieht. Voraussetzung für die Benachrichtigungspflicht ist in diesem Fall allerdings, dass der Handelsvertreter laufend mit diesen Kunden Geschäfte vermittelt hat und diese Geschäfte einen nicht unerheblichen Teil der Gesamttätigkeit des Handelsvertreters darstellen.

42 **dd) Änderungen im Vertriebssystem.** Der Unternehmer hat den Handelsvertreter auch über Umstellungen des Vertriebs zu informieren, wenn sich hierdurch die Vermittlungsmöglichkeiten des Handelsvertreters deutlich einschränken. Hiervon ist zB auszugehen, wenn der Unternehmer aus Rationalisierungsgründen beabsichtigt, in der Zukunft nahezu vollständig nur noch einen Großabnehmer zu beliefern.[79]

43 **ee) Qualitative Minderlieferungen.** Den quantitativen Einschränkungen von der Interessenlage her gleich liegen die Fälle, in denen der Unternehmer bei gleichbleibendem Geschäftsumfang nur noch zu veränderten Bedingungen (zB längere Lieferfristen)[80] oder in veränderter Beschaffenheit der Ware (herabgesetzte Qualität) liefern will und sich diese Veränderung auf den Umfang der von dem Handelsvertreter vermittelten Geschäfte auswirken kann.[81]

44 **4. Rechtsfolgen von Pflichtverletzungen.** Eine Verletzung der Benachrichtigungspflicht durch den Unternehmer löst regelmäßig nur Ansprüche des Handelsvertreters auf **Schadensersatz** aus. Dabei kann der Handelsvertreter grundsätzlich Ersatz derjenigen Aufwendungen verlangen, die er gerade aufgrund unterbliebener oder unzureichender Information getätigt hat. Informiert der Unternehmer den Handelsvertreter zB nicht darüber, dass er mit bestimmten Kunden keine weiteren Geschäfte mehr tätigen will, muss er dem Handelsvertreter diejenigen Kosten ersetzen, die dieser in die Vermittlung weiterer Geschäfte mit dem bestimmten Kunden investiert hat.

45 Daneben kann der Handelsvertreter als Schadensersatz gem. § 252 BGB auch **entgangenen Gewinn** ersetzt verlangen. Dies ist zum einen denkbar, wenn der Handelsvertreter aufgrund unzureichender Information nutzlose Anstrengungen unternommen und es deswegen unterlassen hat, Geschäftsvermittlungen zugunsten des Unternehmers mit anderen Kunden zu tätigen. Informiert der Unternehmer über eine Geschäftsbeschränkung nicht rechtzeitig, dann kann der Handelsvertreter zum anderen einen Schadensersatzanspruch nach § 252 BGB auch darauf stützen, dass er bei rechtzeitiger Mitteilung den bestehenden Vertrag gekündigt und mit einem anderen Unternehmen einen neuen Handelsvertretervertrag geschlossen hätte.[82] Ausnahmsweise kommt als ersatzpflichtiger Schaden die entgangene Provision in Betracht, wenn bei zutreffender und ausreichender Information des Handelsvertreters das Geschäft als dann durch weitere Vermittlungsbemühungen zu den gleichen oder anderen Bedingungen abgeschlossen und ausgeführt worden wäre.[83]

---

77 BGH NJW 1963, 100 (101).
78 BGH NJW-RR 1987, 873 = DB 1987, 1297 (1298).
79 BGHZ 49, 39 (44 f.) = NJW 1968, 394.
80 Allg. zur Informationspflicht bei Lieferschwierigkeiten BGH WM 1988, 1234 (1235).
81 BGHZ 26, 161 (167); BGH IHR 2006, 164; Baumbach/Hopt/*Hopt* Rn. 11; Staub/*Emde* Rn. 92; aA Heymann/*Stöber* Rn. 17, wonach den Unternehmer dann die allg. Mitteilungspflicht nach Abs. 2 S. 1 trifft.
82 BGH NJW-RR 1988, 1060 f. = WM 1988, 1234 (1235); IHR 2006, 164.
83 Staub/*Emde* Rn. 113; Flohr/Wauschkuhn/*Teichmann* Rn. 47; EBJS/*Löwisch* Rn. 61.

Bei schwerwiegenden, insbesondere nachhaltigen Verletzungen der Informationspflicht steht dem Handelsvertreter das Recht zu, das Handelsvertreterverhältnis **fristlos zu kündigen** (§ 89a). 46

Die **Beweislast** für die Voraussetzungen des Schadensersatzanspruchs und des Kündigungsrechts treffen grundsätzlich den Handelsvertreter. Soweit es bei der Verletzung von Benachrichtigungspflichten um das Vertretenmüssen des Unternehmers geht, hat dieser sich gem. § 280 Abs. 1 S. 2 BGB zu entlasten. 47

IV. Unabdingbarkeit (Abs. 3)

Durch das Durchführungsgesetz zur EG-Richtlinie zur Koordinierung des Rechts der Handelsvertreter ist Abs. 3 neu eingefügt worden. Nach der früheren Rechtslage war lediglich der Anspruch auf Unterrichtung über einen geringeren Geschäftsumfang nach Abs. 2 S. 3 unabdingbar. Nunmehr können bei nach dem 31.12.1989 geschlossenen Verträgen sämtliche in Abs. 1 und Abs. 2 geregelten Pflichten des Unternehmers nicht zum Nachteil des Handelsvertreters vertraglich **eingeschränkt** werden. Der Gesetzgeber trägt damit dem Grundgedanken Rechnung, dass der Handelsvertreter zwar grundsätzlich das Risiko für das Zustandekommen der von ihm vermittelten Geschäfte selbst trägt, der Unternehmer den Handelsvertreter aber auch nicht zu unnötigen, mit finanziellen Lasten verbundenen wirtschaftlichen Bemühungen veranlassen soll. 48

Die Parteien können allerdings **durch vertragliche Vereinbarung** den Inhalt der Pflichten nach Abs. 1 und 2 **konkretisieren,** sofern dadurch nicht der Pflichtenkreis des Unternehmers zum Nachteil des Handelsvertreters eingeschränkt wird. Sie können zB namentlich bestimmen, welche Unterlagen nach Abs. 1 zur Verfügung zu stellen und welche Nachrichten nach Abs. 2 S. 1 zu geben sind. 49

V. Sonstige Pflichten

1. Wettbewerbsverbot. In Zeiten, in welchen Omni-Channeling-Vertriebsstrategien[84] (mit teils eigenen Internet-Vertriebskanälen) aufgrund geänderter Kundenerwartungen für Unternehmer immer größere Bedeutung erlangen, stellt sich verstärkt die Frage, ob und inwieweit einem Unternehmer **Direktgeschäfte** in Bezug auf die Vertragsprodukte bzw. -dienstleistungen mit Kunden aus dem Vertrags- bzw. Tätigkeitsgebiet des Absatzmittlers verboten sind und mithin ein Wettbewerbsverbot zu seinen Lasten besteht, wenn er ein Vertriebssystem bestehend aus selbständig tätigen Absatzmittlern betreibt. Der Absatzmittler wendet Zeit und Kosten auf, um die wirtschaftlichen Interessen des Unternehmers zu fördern. Andererseits entledigt sich der Unternehmer nicht deshalb komplett seiner unternehmerischen Dispositions- und Entscheidungsfreiheit, weil er für den Vertrieb seiner Waren oder Dienstleistungen Absatzmittler eingeschaltet hat. Es steht ihm vielmehr grundsätzlich frei, den Absatz seiner Erzeugnisse so zu organisieren, wie es ihm am zweckmäßigsten erscheint. Allerdings begibt er sich dieser unternehmerischen Freiheit in gewissem Umfang, wenn er sich dazu entschließt, seine Produkte durch selbständige Unternehmen vertreiben zu lassen. In diesem Fall muss er fortan neben seinen eigenen unternehmerischen Interessen auch diejenigen seiner Absatzmittler gebührend berücksichtigen. Diese Grundsätze hat der BGH bislang in erster Linie im Verhältnis Unternehmer und Vertragshändler entwickelt und angewendet.[85] 50

Im Einzelfall ist jedoch nicht immer leicht zu bestimmen, ob, in welchem Umfang und unter welchen Voraussetzungen dem Unternehmer Direktgeschäfte erlaubt sind. Pauschalantworten verbieten sich; vielmehr ist zu differenzieren: Zuvorderst ist zwischen dem „ob“ und dem „wie“ (zB Preisspaltung; → Rn. 59) strikt zu trennen. Der Umstand, dass 51

[84] Verknüpfung von stationärem Vertrieb und Internetvertrieb, *Billing/Metzlaff* BB 2015, 1347; *Thume* BB 2018, 770 (772); s. weiterführend auch BKartA, Vertikale Beschränkungen in der Internetökonomie, 2013, 19.

[85] BGH NJW-RR 1987, 628 (629); 1993, 678 (681 f.); NJW 1994, 1060 (1061 f.); NJW-RR 2005, 1496 (1497 f.).

dem Unternehmer Direktgeschäfte erlaubt sind, bedeutet nicht, dass er die Preise, die er über seine Handelsvertreter anbietet, unterbieten darf. Gegenstand ist zunächst die Frage, ob dem Unternehmer Direktgeschäfte erlaubt sind. Höchstrichterliche Rspr. zur Zulässigkeit von Direktgeschäftsvorbehalten in Handelsvertreterverträgen gibt es nicht. Der BGH hat jedoch im **Vertragshändlerrecht** folgendes **Prüfungsschema** entwickelt:[86] Ausgangspunkt ist der Grundsatz, dass Direktgeschäfte des Unternehmers grundsätzlich zulässig sind.[87] Ausnahmsweise kann aber etwas anderes gelten. Für die Beurteilung der Frage, ob ein Ausnahmefall vorliegt und mithin dem Unternehmer Direktgeschäfte nicht erlaubt sind, kommt es zuvorderst auf die Frage an, ob dem Vertragshändler ein Alleinvertriebsrecht oder eine dem nahekommende Position eingeräumt worden ist. Steht dem Vertragshändler ein **Alleinvertriebsrecht** oder eine dem nahekommende Position zu, sind Direktgeschäfte des Unternehmers grundsätzlich unzulässig, es sei denn, es liegen gewichtige Gründe vor bzw. es sind für bestimmte Kunden oder Kundenkreise und/oder bestimmte Verkaufsanlässe Ausnahmen vertraglich vorgesehen. Interessenten hat der Unternehmer an den Vertragshändler weiterzuleiten. Ist dem Vertragshändler ein Alleinvertriebsrecht oder eine dem nahekommende Position nicht eingeräumt, bedeutet dies nicht automatisch, dass Direktgeschäfte zulässig sind. Nach dem BGH können dem Unternehmer unter Umständen aufgrund seiner Rücksichtnahme- und Treuepflichten Direktgeschäfte verwehrt sein: Indes hänge der Grad der gebotenen Rücksichtnahme auf die Interessen des Vertragshändlers von der konkreten Ausgestaltung des Vertragsverhältnisses ab. Wo die Grenzen der Rücksichtnahmepflicht gegenüber einem nicht alleinvertretungsberechtigten Vertragshändler verlaufen, müsse anhand des im Wege der Auslegung zu ermittelnden Vertragsinhalts im Einzelfall bestimmt werden. Der BGH bringt die insoweit maßgeblichen Kriterien wie folgt auf den Punkt: *„Je mehr der Vertragshändler in die Vertriebsorganisation eingliedert ist und den Hersteller durch den Einsatz von Kapital und Personal zu unterstützen hat, desto mehr sind diesem Eigenvertriebsaktivitäten auf der Handelsstufe des Vertragshändlers nach der Natur des Vertrages verboten.*“[88] Dem BGH ist im Grundsatz zuzustimmen, auch wenn sich hiernach der Einzelfall nicht immer sicher beurteilen lässt. Nach hM ist die Grenze jedenfalls dann überschritten, wenn der Unternehmer den Vertragshändler in eine existenzbedrohende Lage bringt oder sich willkürlich und ohne eine vertretbaren Grund über schutzwürdige Belange des Vertragshändlers hinweggesetzt, insbesondere ihn mit Schädigungsabsicht „ausschaltet“.[89]

52 Indes sind Einzelfragen für den Fall, dass der Vertragshändler sehr weitgehend in die Absatzorganisation des Unternehmers eingebunden ist und einen **sehr hohen Kapital- und Personaleinsatz** (wie zB regelmäßig der Kfz-Vertragshändler) schuldet, nicht abschließend geklärt. Klar ist nach der Rechtsprechung des BGH nur, dass dem Unternehmer Direktgeschäfte in einem solchen Fall grundsätzlich verboten sind. Offen ist aber, in welchen Ausnahmefällen sie ihm erlaubt sind. Soweit für bestimmte Kunden oder Kundenkreise (oder für bestimmte Anlässe) Ausnahmen vertraglich vorgesehen sind (Direktgeschäftsvorbehalte), sollen dem Unternehmer Direktgeschäfte erlaubt sein. In AGB-Verträgen müssten die jeweiligen Ausnahmen der AGB-Kontrolle nach § 307 BGB standhalten; insbesondere müsste der Unternehmer ein berechtigtes Interesse an solchen geltend machen können.[90] Die BGH-Rspr. zu formularmäßig vereinbarten Direktgeschäftsvorbehalten in Kfz-Vertragshändlerverträgen[91] ist ferner wohl dahingehend zu verstehen, dass es für deren Wirksamkeit auch einer Entschädigungsklausel[92] bedarf. Die Rechtsprechung des BGH ist jedoch kritisch

[86] BGH NJW-RR 1993, 678 (681 f.); NJW 1994, 1060 (1061 f.); NJW-RR 2005, 1496 (1497 f.); s. auch OLG Düsseldorf BB 2012, 2656; ZVertriebsR 2013, 224 mAnm *Zarth* GWR 2013, 382; *Billing/Metzlaff* BB 2015, 1347 (1349).
[87] BGH NJW-RR 1987, 628 (629).
[88] BGH NJW 1994, 1060 (1061); s. dazu auch schon BGH NJW-RR 1993, 678 (681).
[89] So ausdrücklich OLG Düsseldorf BB 2012, 2656, mit Verweis auf BGH NJW 1997, 3304; OLG München BeckRS 2010, 20435; s. hierzu auch EBJS/*Löwisch* Rn. 20; Staub/*Emde* Rn. 44 ff.
[90] ZB für Großabnehmer BGH NJW-RR 2005, 1496 (1498).
[91] Vor allem BGH NJW-RR 2005, 1496 (1498). Der Entscheidung BGH NJW 1994, 1060 lag hingegen ein einschränkungsloser Direktgeschäftsvorbehalt zugrunde.
[92] Zur Wirksamkeit einer solchen BGH NJW-RR 2005, 1496 (1498).

zu hinterfragen. Hat sich der Unternehmer die direkte Belieferung von bestimmten Kunden oder Kundenkreisen (oder von Kunden zu bestimmten Anlässen) vorbehalten, hat der Händler mit Blick auf diese Kunden bzw. Kundenkreise eine geschützte Rechtsposition von vorneherein nicht erworben; der Aufnahme einer Entschädigungspflicht bedarf es dann nicht. Umgekehrt dürfte die Aufnahme einer (wirksamen) Entschädigungsklausel alleine ausreichen, ohne dass es dann noch einer Beschränkung auf bestimmte Kunden bzw. Kundenkreise oder Anlässe bedarf. So kann der AGB-Vertrag vorsehen, dass der Unternehmer zum Vertrieb über das Internet berechtigt ist und er etwaige Nachteile des Händlers ausgleicht, soweit der Händler nachweist, dass durch solche Direktverkäufe sein Absatz nachweislich beeinträchtigt wird. Im Ergebnis sind dem Unternehmer also bei einem entsprechend hohen Grad der Eingliederung des Händlers in die Absatzorganisation des Unternehmers und einem hohen Personal- und Kapitaleinsatz des Händlers Direktgeschäfte dann erlaubt, wenn er sie sich für bestimmte Kunden oder Kundenkreise (oder für bestimmte Anlässe) wirksam vorbehalten *oder* (nicht: und) er sich zur Entschädigung des Händlers verpflichtet hat.

Da der BGH seine Rspr. zu Treuepflichten im Verhältnis Unternehmer/Handelsvertreter grundsätzlich auf das Verhältnis Unternehmer/Vertragshändler übertragen hat, kann auch umgekehrt die zum Verhältnis Unternehmer/Vertragshändler ergangene Rspr., die insbesondere auf das Ausmaß der Eingliederung in die Vertriebsorganisation und den Umfang des Einsatzes von Kapital und Personal seitens des Vertragshändlers abstellt, **unter angemessener Berücksichtigung der bestehenden Unterschiede zwischen den jeweiligen Rechtsbeziehungen** bei der Beurteilung der Grenzen der Treuepflichten gegenüber einem **Handelsvertreter** übertragen werden.[93] Die Rspr. des BGH zur Zulässigkeit von Direktgeschäften in Vertragshändlervertragsverhältnissen kann sicher nicht 1:1 auf Handelsvertretervertragsverhältnisse übertragen werden. Ein Handelsvertreter – insbesondere ein („echter") Handelsvertreter, der in den Anwendungsbereich des Art. 101 Abs. 1 AEUV fällt (→ Vor § 84 Rn. 29 ff.) – schuldet regelmäßig nicht einen Kapital- und Personaleinsatz wie ein (Kfz-)Vertragshändler. Er trägt auch keine Absatz-, Lager- und Preisschwankungsrisiken, da er die Waren und Dienstleistungen nicht kauft und weiterverkauft, sondern lediglich Verträge für den Unternehmer vermittelt bzw. abschließt. Von daher sind in einem Handelsvertretersystem Direktgeschäfte des Unternehmers noch viel eher zulässig als in einem Vertragshändler- oder Franchisesystem;[94] dies gilt erst recht, wenn zugunsten des Handelsvertreters ein Bezirksschutz nach § 87 Abs. 2 vereinbart ist.[95] Im Handelsvertreterrecht entspricht es mithin der Regel, dass dem Unternehmer Direktgeschäfte erlaubt sind, wenn nicht ausnahmsweise ein Alleinvertriebsrecht oder ein dem nahestehende Position zugunsten des Handelsvertreters vereinbart wurde.[96] Daher bedarf es im Regelfall selbst in einem formularmäßigen Handelsvertretervertrag nicht der Aufnahme einer Entschädigungspflicht für einen nach § 307 BGB wirksamen Direktgeschäftsvorbehalt, wie der BGH sie bislang nur für die Wirksamkeit von Direktgeschäftsvorbehaltsklauseln in Kfz-Vertragshändlerverträgen für erforderlich angesehen hat (→ Rn. 52). Vielmehr bleibt es bei dem Grundsatz, dass der Handelsvertreter mit dem Vertrieb der Vertragsprodukte bzw. -dienstleistungen unter Berücksichtigung des von ihm vertraglich geschuldeten Personal- und Kapitaleinsatzes Gewinn erzielen können muss. Insoweit besteht also zwischen der Aufnahme und der Unterhaltung des parallelen Direktvertriebs durch den Unternehmer auf der einen Seite und den vom Handelsvertreter geschuldeten Investitionen bzw. der Höhe der Provision auf der anderen Seite eine zu beachtende Wechselwirkung. Die vorstehenden Grundsätze sind auch in Bezug auf den Aufbau und die Unterhaltung eines eigenen Online-Vertriebskanals des Prinzipals übertragbar.[97] 53

[93] So ausdrücklich OLG Düsseldorf BB 2012, 2656; OLG Karlsruhe NJW 2015, 290 (292).
[94] OLG Karlsruhe NJW 2015, 290 (292); *Thume* BB 2018, 770 (774).
[95] OLG Düsseldorf BB 2012, 2656; OLG Karlsruhe NJW 2015, 290 (292).
[96] Wauschkuhn/Flohr/*Teichmann* Rn. 39 f.
[97] *Thume* BB 2018, 770 (773); aA *Billing/Metzlaff* BB 2015, 1347 (1352), die ein uneingeschränktes Recht des Franchisegebers zum Onlinevertrieb befürworten.

54 Eine weitere Grenze ist in der Regel dann überschritten, wenn der Unternehmer ohne einen vertretbaren Grund **Stammkunden des Absatzmittlers aktiv und gezielt abwirbt, dh in dessen laufende intakte, ungekündigte Geschäftsbeziehungen eingreift,** indem er die Stammkunden zum Direktbezug veranlasst.[98] Allerdings darf der Unternehmer – selbst bei Einräumung eines Alleinvertriebsrechts oder einer einem solchen Recht nahestehenden Position – mit (Stamm-)Kunden des Absatzmittlers jedenfalls dann direkt Geschäfte abschließen, wenn der Kunde darauf besteht.[99] Solange das Handelsvertreterverhältnis noch ungekündigt ist, darf der Unternehmer grundsätzlich auch nicht **Untervertreter** (§ 84 Abs. 3) des Handelsvertreters abwerben.[100] Soweit der Unternehmer unzulässigen Wettbewerb betreibt, steht dem Handelsvertreter insoweit ein Auskunftsanspruch zu.[101]

55 Es kommt zudem immer auf die konkreten **Auswirkungen** auf die Tätigkeit des Absatzmittlers und insbesondere auf etwaige Nachteile an. Daher ist auch insoweit eine Einzelfallbetrachtung geboten. Steht dem Handelsvertreter eine Bezirksprovision nach § 87 Abs. 2 zu, wird man Direktgeschäfte des Prinzipals kaum als unzulässig ansehen können. Auch wird zu beachten sein, dass sich die jeweiligen Vertriebskanäle – insbesondere ein eigener Online-Vertriebskanal des Unternehmers und ein Vertriebskanal über von Absatzmittlern betriebene Ladenlokale – gegenseitig befeuern und befruchten können.[102] Ein eigener Online-Shop des Unternehmers kann daher selbst bei einem hohen Grad der Einbindung des Absatzmittlers in die Vertriebsorganisation des Unternehmers und einem hohen geschuldeten Personal- und Kapitaleinsatz des Absatzmittlers gerechtfertigt sein, wenn damit keine spürbaren Beeinträchtigungen für den Absatzmittler verbunden sind und insbesondere Kunden nicht in signifikanter Zahl zum Online-Shop des Unternehmers abwandern.[103]

56 Das Urteil des OLG Düsseldorf vom 26.11.2004[104] wird indes in der Praxis häufig missverstanden bzw. überbewertet: Dort hatte der beklagte Prinzipal Kundenadressen von einem einzelnen Handelsvertreter, mit welchem er sich im Streit befand (!), an andere Handelsvertreter weitergegeben zu dem Zweck, diesen die Möglichkeit zu geben, den jeweiligen Kunden des in Ungnade gefallenen Handelsvertreters für eine Vertragsverlängerung zu werben. Mithin richtete sich das Verhalten des beklagten Prinzipals in einem isolierten Einzelfall explizit gegen **einen einzelnen Handelsvertreter,** ohne dass es hierfür einen sachlich gerechtfertigten Grund gegeben hätte. Für die Beantwortung, ob einem Prinzipal, der ein Vertriebssystem über Absatzmittler betreibt, Direktgeschäfte grundsätzlich verboten sind, gibt das Urteil wenig her.

57 Es ist zu empfehlen, die Berechtigung zum parallelen Onlinevertrieb des Unternehmers im Vertrag zu regeln.[105]

58 Fällt der Handelsvertretervertrag in den Anwendungsbereich des Art. 101 AEUV (→ Vor § 84 Rn. 29 ff.), kann sich der Unternehmer rein **kartellrechtlich** betrachtet den Vertrieb über das Internet selbst vorbehalten.[106] Zivilrechtlich können jedoch nach dem oben Gesagten Schranken gegeben sein. Bei parallelem Vertrieb über Vertragshändler einerseits und Direktvertrieb des Unternehmers andererseits (also beim sog. „dualem Vertrieb") besteht die Gefahr eines kartellrechtlich unzulässigen Informationsaustauschs von wettbewerbsrechtlich sensiblen Daten.[107]

---

98 OLG Düsseldorf OLGR 2005, 169.
99 OLG Düsseldorf ZVertriebsR 2013, 224 mAnm *Zarth* GWR 2013, 382.
100 BGHZ 42, 59 (62) = NJW 1964, 1621; BGH BB 1982, 1626; Staub/*Emde* Rn. 29.
101 BGH BB 1957, 452.
102 Ähnlich *Billing/Metzlaff* BB 2015, 1347 (1354 f.); vgl. dazu auch BKartA, Vertikale Beschränkungen in der Internetökonomie, 2013, 16 f.
103 OLG Düsseldorf ZVertriebsR 2016, 44 zum parallelen Onlinevertrieb eines Franchisegebers bei geringerer Sortimentsüberschneidung.
104 OLG Düsseldorf OLGR 2005, 169 = BeckRS 2004, 30346897.
105 *Thume* BB 2018, 770 (774).
106 BGH NJW-RR 2008, 1491 – Post-Wettannahmestelle.
107 Dazu nur *Schultze/Pautke/Wagener,* Vertikal-GVO – Gruppenfreistellungsverordnungen für vertikale Vereinbarungen, 4. Aufl. 2018, Rn. 593; *Schöner/Schlimpert* in Bauer/Rahlmeyer/Schöner VertriebskartellR § 2 Rn. 22 ff.

2. Verbot der Preisspaltung. Eine von dem Wettbewerbsverbot strikt zu unterscheidende Frage ist, ob es dem Unternehmer erlaubt ist, die Vertragsprodukte bzw. -dienstleistungen anderweitig günstiger anzubieten als über seinem aus Absatzmittlern bestehenden Vertriebskanal, soweit er denselben Interessentenkreis anspricht **(Preisspaltung).** Insoweit geht es nicht um die Frage, ob der Unternehmer zu Direktgeschäften berechtigt ist, sondern wie er ein solches Recht auszuüben hat. Die Rspr. hierzu war bislang sehr streng. Sie hat entschieden, dass der Unternehmer allenfalls bei Vorliegen gewichtiger Gründe diejenigen Endkunden-Verkaufspreise unterbieten bzw. durch von ihm eingesetzte Dritte unterbieten lassen darf, die er über seine Absatzmittler den Kunden anbietet.[108] Mit einer Preisspaltung werde indirekt ein Preisdruck auf den Absatzmittler erzeugt, weil der Kunde den vom Unternehmer anderweitig angebotenen Preis auch beim Absatzmittler erwarte. Der BGH spricht davon, dass der Prinzipal so seinen Vertriebspartnern Kunden „*abjagen*" könne, und weiter von einem „*schwerwiegenden Eingriff in die Absatzchancen*" der Vertriebspartner, der die „*gebotene Rücksichtnahme auf die Interessen*" der Vertriebspartner „*völlig vermissen*" lasse. Zur Rechtfertigung dieses schwerwiegenden Eingriffs in die Marktposition der Vertriebspartner müssten sich auf Seiten des Unternehmers „*gewichtige Gründe*" anführen lassen.[109] Zwar stammt diese Rspr. aus einer Zeit, in welcher es noch keinen Internetvertrieb und keine bzw. kaum Omni-Channeling-Vertriebsstrategien gab. Von daher stellt sich die Frage, ob diese Rspr. auch heute noch gilt. Angesichts der Omni-Channeling-Strategien dürfte sie aktueller denn je sein. Die im Vergleich zum stationären Vertriebskanal geringeren Vertriebskosten im eigenen Onlinekanal des Unternehmers rechtfertigen es jedenfalls nicht, die Kostenersparnisse nur in diesem Kanal und nicht auch über den von Absatzmittlern betriebenen Vertriebskanal abzubilden, da eine Mischkalkulation über die jeweiligen Vertriebskanäle hinweg durchaus möglich ist. Umgekehrt ist es aber auch nicht so, dass ein Totalverbot hinsichtlich einer Preisspaltung besteht; besteht ein gewichtiger Grund ist eine solche möglich. Außerdem wird es auch hier auf die konkreten Auswirkungen (→ Rn. 55) ankommen. 59

3. Verschwiegenheitspflicht. Ebenso wie den Handelsvertreter (→ § 86 Rn. 57) trifft auch den Unternehmer eine Pflicht zur Verschwiegenheit. Der Unternehmer darf sich daher weder abfällig über den Handelsvertreter gegenüber Dritten äußern,[110] noch vertrauliche Kundenberichte des Handelsvertreters, in denen dieser sich kritisch oder ungünstig über Kunden äußert, diesen zugänglich machen.[111] Der Handelsvertreter hat nämlich im Rahmen seiner Benachrichtigungspflicht auch ungünstige Tatsachen über den Kunden mitzuteilen (→ § 86 Rn. 48 ff.; → § 86 Rn. 59 ff.), seine wirtschaftliche Existenz beruht aber auf einem guten Verhältnis zu seinen Kunden. Ferner darf der Unternehmer unter Beachtung der datenschutzrechtlichen und wettbewerbsrechtlichen Bestimmungen die Kunden nach einer ordentlichen Kündigung oder Abschluss einer Aufhebungsvereinbarung über die bevorstehende Beendigung des Handelsvertretervertragsverhältnisses informieren. Offen ist der Zeitpunkt, wann der Unternehmer die Kunden hiervon unterrichten darf. Diese Frage ist unter Berücksichtigung der wechselseitigen Interessen im Einzelfall zu beantworten, sofern hierzu eine vertragliche Regelung nicht getroffen ist (→ § 89 Rn. 68). 60

4. Allgemeine Unterstützungs-/Rücksichtnahmepflicht. Den Unternehmer trifft darüber hinaus die allgemeine Rechtspflicht, die Tätigkeit des Handelsvertreters zu unterstützen und jedenfalls alles zu unterlassen, was dessen Tätigkeit und den Erfolg dieser Tätigkeit ohne vertretbaren Grund beeinträchtigen kann; er darf insbesondere nicht willkür- 61

---

108 Vgl. nur BGH NJW-RR 1993, 678 (682); NJW 1986, 2954 Rn. 52 f.; OLG Bremen NJW 1967, 254; LG Stuttgart HVR Nr. 668, LG Frankfurt BB 1969, 1326; s. auch KG BeckRS 2002, 162205 für Franchise; Baumbach/Hopt/*Hopt* Rn. 17; EBJS/*Löwisch* Rn. 54; *Thume* BB 2018, 770 (773); Flohr/Wauschkuhn/*Teichmann* Rn. 42.

109 BGH NJW-RR 1993, 678 (682).

110 Heymann/*Stöber* Rn. 22; Staub/*Emde* Rn. 29.

111 LG Freiburg BB 1966, 999.

lich oder in Schädigungsabsicht handeln.[112] So darf der Unternehmer dem Handelsvertreter die in dessen Interesse eingeräumten Vollmachten nicht beliebig entziehen. Ist ein Handelsvertreter mit Inkassovollmacht berechtigt, sich wegen seiner Provisionen durch Einbehaltung aus den eingezogenen Geldern zu befriedigen, darf ihm diese Vollmacht nicht ohne zwingenden Grund entzogen werden.[113] Darüber hinaus können den Unternehmer auch vor- oder nachvertragliche Pflichten treffen.[114] So muss er den Handelsvertreter schon vor Vertragsabschluss über seine Arbeitsmöglichkeiten zutreffend informieren[115] und darf ihn nach Beendigung des Handelsvertreterverhältnisses nicht in seiner weiteren Tätigkeit behindern.[116] Auch muss der Unternehmer den Handelsvertreter bei einem Informationsgefälle über die für ihn relevanten Umstände ungefragt informieren, wie etwa über die Aufnahme des parallelen Direktvertriebs (da andernfalls für den Handelsvertreter ein wichtiger Grund für eine außerordentliche Kündigung vorliegen könnte),[117] Produktfehler[118] oder das Auslaufen von Lizenzen für die vom Handelsvertreter zu vertreibenden Produkte.[119] Allerdings ist der Unternehmer bei seinen Entscheidungen und insbesondere seiner Werbung nicht auf bewährte Maßnahmen oder den „sichersten Weg" beschränkt, er darf auch neue Wege suchen und risikobehaftete Entscheidungen treffen, die sich unter Umständen negativ für ihn und seine Handelsvertreter auswirken.[120] Auch stellt die Lieferung mangelhafter Ware an den Kunden durch den Unternehmer nicht eine Pflichtverletzung gegenüber dem Handelsvertreter dar und zwar selbst dann nicht, wenn die Kunden im Hinblick auf die Schlechtlieferungen eine weitere Tätigkeit des Handelsvertreters, sei es für denselben, sei es für einen anderen Unternehmer, zurückweisen. Etwas anderes gilt nur, wenn der Unternehmer durch die Lieferung mangelhafter Ware willkürlich, ohne irgendeinen vertretbaren Grund den Interessen des Handelsvertreters zuwiderhandelt. Dabei rechtfertigen auch Mängel in einem über das handelsübliche Maß hinausgehenden Umfang noch nicht die Annahme einer willkürlichen Handlungsweise.[121]

62 **5. Rechtsfolgen von Pflichtverletzungen.** Auch die Verletzung sonstiger, in § 86a nicht unmittelbar geregelter Pflichten, kann sowohl Erfüllungs- als auch Schadensersatzansprüche auslösen und bei besonders schwerwiegenden Verstößen ein Recht zur fristlosen Kündigung durch den Handelsvertreter begründen (§ 89a). So steht dem Handelsvertreter bei Wettbewerbsverstößen des Unternehmers ein Unterlassungsanspruch zu, wenn Wiederholungsgefahr besteht. Daneben kann der Handelsvertreter aber auch Schadensersatz für die durch den Wettbewerbsverstoß entgangenen Provisionsansprüche verlangen.

§ 86b [Delkredereprovision]

(1) [1]Verpflichtet sich ein Handelsvertreter, für die Erfüllung der Verbindlichkeit aus einem Geschäft einzustehen, so kann er eine besondere Vergütung (Delkredereprovision) beanspruchen; der Anspruch kann im voraus nicht ausgeschlossen werden. [2]Die Verpflichtung kann nur für ein bestimmtes Geschäft oder für solche Geschäfte mit bestimmten Dritten übernommen werden, die der Handelsvertreter vermittelt oder abschließt. [3]Die Übernahme bedarf der Schriftform.

[112] BGHZ 136, 295; OLG Düsseldorf OLGR 2005, 169; Baumbach/Hopt/*Hopt* Rn. 15 f.; Heymann/*Stöber* Rn. 20; KKRD/*Roth* Rn. 4; *Thume* in Küstner/Thume VertriebsR-HdB I Kap. IV Rn. 72; Röhricht/v. Westphalen/*Thume* Rn. 20.
[113] OLG Celle DB 1961, 369.
[114] Zu den vorvertraglichen Pflichten *Schipper* NJW 2007, 734.
[115] OLG Nürnberg BB 1956, 352.
[116] Heymann/*Stöber* Rn. 20.
[117] OLG München BB 1993, 1472 (1473); Baumbach/Hopt/*Hopt* § 89a Rn. 23.
[118] Heymann/*Stöber* § 84 Rn. 66.
[119] OLG Düsseldorf OLGR 2001, 339.
[120] BGH NJW 1997, 3304 (3307) zur „Schockwerbung".
[121] BGHZ 26, 161 (163); BGH IHR 2006, 164.

(2) Der Anspruch auf die Delkredereprovision entsteht mit dem Abschluß des Geschäfts.

(3) [1]Absatz 1 gilt nicht, wenn der Unternehmer oder der Dritte seine Niederlassung oder beim Fehlen einer solchen seinen Wohnsitz im Ausland hat. [2]Er gilt ferner nicht für Geschäfte, zu deren Abschluß und Ausführung der Handelsvertreter unbeschränkt bevollmächtigt ist.

Schrifttum: *Kapp/Schumacher,* Die Delkredere-Haftung des Handelsvertreters im Kartellrecht, EuZW 2008, 167; *Masing,* Die Delkrederevereinbarung nach § 86b Abs. 3 HGB, BB 1995, 2589; *Valdini,* Die Delkrederehaftung des Handelsvertreters, ZVertriebsR 2016, 207.

Übersicht

I. Bedeutung

1 Zu den Pflichten des Handelsvertreters gehört es zwar, die Zahlungsfähigkeit eines Kunden, zu dem er in geschäftliche Verbindungen tritt, zu prüfen (→ § 86 Rn. 59 ff.); er hat aber gegenüber dem Unternehmer grundsätzlich **nicht für die Erfüllung der Verbindlichkeiten** des Kunden aus einem von ihm vermittelten Geschäft einzustehen. Erfüllt der Kunde seine Verpflichtungen nicht, so hat der Unternehmer als Vertragspartner zunächst den daraus entstehenden Schaden zu tragen.[1] Der Unternehmer kann nur ausnahmsweise dann vom Handelsvertreter seinen Schaden ersetzt verlangen, wenn dieser die Kreditwürdigkeit des Kunden nicht ordnungsgemäß geprüft oder den Unternehmer über bestehende Bedenken nicht pflichtgemäß unterrichtet hat.

2 Die Parteien können jedoch gem. § 86b **vertraglich eine Einstandspflicht** des Handelsvertreters für die Erfüllung der Verbindlichkeit durch den Kunden **vereinbaren.** Da eine solche Verpflichtung für den Handelsvertreter mit erheblichen Risiken verbunden sein kann und diese Verpflichtung weit über die allgemeine Interessenwahrnehmungspflicht hinausgeht, stellt diese Vorschrift gewisse Mindestvoraussetzungen im Hinblick auf Inhalt und Form einer solchen Vereinbarung zum Schutze des Handelsvertreters auf.

3 § 86b ist durch das **ÄndG 1953** (Recht der Handelsvertreter) neu **eingefügt** worden. Da hier eine über den allgemeinen Provisionsanspruch hinausgehende besondere Vergütung

[1] Begr. RegE, BT-Drs. 1/3856, 20.

geregelt wird, hätte sie systematisch im Anschluss an die Bestimmung des § 87a als § 87b in das Gesetz gestellt werden müssen. Hinzu kommt, dass, mangels abweichender Vereinbarungen für Berechnung und Abrechnung der Delkredereprovision, die §§ 87b und 87c entsprechende Anwendung zu finden haben, soweit sich daraus nichts anderes ergibt. Grund hierfür ist, dass es sich bei den Provisionen gem. § 87 um laufend entstehende Provisionen handelt (→ Rn. 34). Die Bestimmung ist weder auf den Vertragshändler[2] noch den Franchise-Nehmer[3] oder den Kommissionsagenten[4] analog anzuwenden. Insgesamt lässt sich feststellen, dass dieser Vorschrift, abgesehen möglicherweise von Geschäften im Ausland, tatsächlich wenig Bedeutung zukommt.[5]

4 Die Bestimmung darf aber nicht darüber hinwegtäuschen, dass auch die wirksame Vereinbarung einer Einstandspflicht nach Auffassung der Kommission wohl dazu führt, dass der Handelsvertretervertrag **kartellrechtlich** nicht mehr unter das sog. Handelsvertreterprivileg fällt und mithin an sich zulässige Gebiets- und Kundenkreisbeschränkungen und Preisbindungen nunmehr nach Art. 101 AEUV zu beurteilen sind (→ Vor § 84 Rn. 26 ff.).[6] Daran dürften auch die engen Voraussetzungen des § 86b nichts ändern, weil dennoch (erhebliche) Risiken beim Handelsvertreter verbleiben. Es ist ja naheliegend, dass diese Risiken durch die Delkredereprovision nicht vollständig kompensiert werden. Die Vertikal-LL (→ Vor § 84 Rn. 29) sehen jedenfalls keine Ausnahme für den Fall vor, dass der Handelsvertreter eigens für die Risikoübernahme eine Provision enthält.

5 Die Delkrederevereinbarung ist wohl nicht **erlaubnispflichtiges Bankgeschäft** iSd § 1 Abs. 1 S. 2 Nr. 8 KWG.[7]

II. Begriff und Rechtsnatur des Delkredere

6 **1. Begriff.** Die Vorschrift regelt die Fälle, in denen der Handelsvertreter sich verpflichtet, für die Erfüllung der Verbindlichkeit aus einem Kundengeschäft einzustehen. Die Übernahme dieser Einstandspflicht wird im Gesetz mit dem altertümlichen, aus dem italienischen stammenden Ausdruck der Handelssprache Delcredere (in der amtlichen Schreibweise: Delkredere) bezeichnet.

7 **2. Rechtsnatur.** Wenn sich aus der Vereinbarung nichts anderes ergibt, ist die Übernahme des Delkredere, wie der Vergleich mit dem Wortlaut des § 765 Abs. 1 BGB nahelegt, rechtlich **im Zweifel** eine Bürgschaft.[8] Dann findet subsidiär Bürgschaftsrecht (§§ 765 ff. BGB) Anwendung. Ist der Handelsvertreter Kaufmann, dann ist nach § 349 S. 1 die Einrede der Vorausklage (§ 771 BGB) ausgeschlossen (→ Rn. 22).

8 § 86b gilt aber auch unmittelbar für einen Garantievertrag oder Schuldbeitritt, weil auch in diesen Fällen der Handelsvertreter *„für die Erfüllung der Verbindlichkeit aus einem Geschäft“* einsteht.[9] Voraussetzungen und Umfang der Haftung können demgemäß verschieden sein. Auf sonstige schuldsichernde Vereinbarungen findet § 86b nach seinem Sinn und Zweck zumindest **entsprechende Anwendung.**[10] Mit der Bestimmung soll nämlich sichergestellt werden, dass eine Übernahme von Schadensrisiken aus dem vermittelten

---

2 Staub/*Emde* Rn. 10; *Ulmer,* Der Vertragshändler, 1969, 397 f.
3 *Matthießen* ZIP 1988, 1089 (1095); Staub/*Emde* Rn. 10.
4 Staub/*Emde* Rn. 10; aA EBJS/*Löwisch* Rn. 32; Heymann/*Stöber* Rn. 1; Oetker/*Busche* Rn. 25.
5 EBJS/*Löwisch* Rn. 2; Staub/*Emde* Rn. 1.
6 Kommission, Leitlinien für vertikale Beschränkungen, Tz. 12 ff., insbes. Tz. 16d; s. auch Flohr/Wauschkuhn/*Fröhlich* Rn. 57; *Rittner* DB 2000, 1211 (1215); *Nolte* WuW 2006, 252 (261 ff.); krit. *Kapp/Andresen* BB 2006, 2253 (2256); *Kapp/Schumacher* EuZW 2008, 167 (170); *Kirchhoff* in Wiedemann KartellR-HdB § 11 Rn. 18.
7 Heymann/*Stöber* Rn. 5; *Valdini* ZVertriebsR 2016, 207 (210).
8 Baumbach/Hopt/*Hopt* Rn. 6; EBJS/*Löwisch* Rn. 4; Heymann/*Stöber* Rn. 5; KKRD/*Roth* Rn. 1; Staub/*Emde* Rn. 5; vgl. auch RGZ 107, 194 (195); *Schürr* in Küstner/Thume VertriebsR-HdB I Kap. III Rn. 168.
9 Baumbach/Hopt/*Hopt* Rn. 6; Staub/*Emde* Rn. 5; *Kapp/Schumacher* EuZW 2008, 167; *Valdini* ZVertriebsR 2016, 207 (209).
10 Befürwortend Baumbach/Hopt/*Hopt* Rn. 6; EBJS/*Löwisch* Rn. 2.

Geschäft, die nach der gesetzlichen Wertung den Unternehmer treffen sollen, nur unter eingeschränkten Voraussetzungen durch Vertrag vom Handelsvertreter übernommen werden können.

III. Begründung der Einstandspflicht (Abs. 1)

1. Vereinbarung zwischen Handelsvertreter und Unternehmer. Für die Begründung der Einstandspflicht bedarf es einer Vereinbarung zwischen Handelsvertreter und Unternehmer. Diese unterliegt den allgemeinen Regeln und kommt durch eine entsprechende Einigung von Handelsvertreter und Unternehmer zustande. Der Wille des Handelsvertreters muss hierbei erkennbar darauf gerichtet sein, für die Erfüllung der Verbindlichkeit des Kunden einstehen zu wollen. Hierfür reichen bloße, unverbindliche Kreditauskünfte ebenso wenig aus, wie Mitteilungen über die Kreditwürdigkeit des Kunden im Rahmen der allgemeinen Informationen.[11] Berichtet der Handelsvertreter zB an den Unternehmer, eine bestimmte Firma sei gut und er übernehme für diese Firma die volle Verantwortung, so ist, wenn nicht ganz besondere Umstände hinzutreten, darin regelmäßig nicht ein Antrag auf Übernahme der Delkrederehaftung zu sehen.[12] Auch der Unternehmer muss, wenn er eine Delkrederevereinbarung treffen will, dies **klar zum Ausdruck** bringen. Vor allem im Rahmen späterer Vertragsänderungen sind an die Eindeutigkeit der Erklärung besondere Anforderungen zu stellen, wenn die Haftung früher nicht vereinbart war.[13] 9

Die Übernahme der Einstandspflicht setzt weiter die **Rechtswirksamkeit** der Delkrederevereinbarung voraus. Hierbei sind insbesondere die Beschränkungen des Abs. 1 S. 2 sowie das Schriftformerfordernis des Abs. 1 S. 3 zu beachten. Aber auch aus sonstigen, allgemeinen Gründen kann nach Lage des Einzelfalls die rechtsgeschäftliche Übernahme der Delkrederehaftung nichtig sein. Dies gilt namentlich für Vereinbarungen, die unter Ausnutzung der wirtschaftlichen Überlegenheit zustande gekommen sind und bei denen der Handelsvertreter ein Risiko übernommen hat, das in auffälligem Missverhältnis zu der Delkredereprovision steht gem. § 138 Abs. 2 BGB (zur Anpassung unangemessener Provisionen → Rn. 32 f.), zB wenn es sich bei dem Handelsvertreter um einen Beauftragten handelt, der aus seiner Tätigkeit für den Unternehmer nur geringe Einnahmen erzielen kann, denen gegenüber die übernommene Belastung mit der Delkrederehaftung auf Druck des Unternehmers hin trotz des Anspruchs auf die Delkredereprovision übermäßig groß ist.[14] Die Delkrederevereinbarung gehört zur Vertragsurkunde (§ 85). Eine Vereinbarung in AGB ist nur sehr bedingt möglich, weil das Geschäft (konkretes Delkredere) bzw. der Kunde (generelles Delkredere) genau bezeichnet werden müssen;[15] es erscheint aber möglich, die Kunden, für die das Delkredere übernommen wird, individuell und die sonstigen Bestandteile der Delkrederevereinbarung formularmäßig zu vereinbaren.[16] 10

2. Kundenverbindlichkeit (Abs. 1 S. 2). Der Handelsvertreter kann die Einstandspflicht nur für ein bestimmtes Geschäft oder für solche Geschäfte mit bestimmten Dritten übernehmen, die er selbst vermittelt oder abschließt. Durch dieses Bestimmtheitsgebot soll der Handelsvertreter davor geschützt werden, nicht für eine unbestimmte Vielzahl von Geschäften die Delkrederehaftung zu übernehmen. 11

a) Bestimmtes Kundengeschäft (Abs. 1 S. 2 Alt. 1). Nach Abs. 1 S. 2 Alt. 1 **(konkretes Delkredere)** kann die Einstandspflicht nur für **ein bestimmtes** Geschäft übernommen werden. Die Verbindlichkeit, für die der Handelsvertreter die Einstandspflicht übernimmt, muss eindeutig bezeichnet werden. Zur näheren Individualisierung kommen hier 12

[11] EBJS/*Löwisch* Rn. 5.
[12] OLG München JW 1930, 1424.
[13] Vgl. OLG Karlsruhe VersR 1973, 857; Staub/*Emde* Rn. 9.
[14] LG Heidelberg BB 1958, 7.
[15] EBJS/*Löwisch* Rn. 14; Oetker/*Busche* Rn. 4.
[16] *Valdini* ZVertriebsR 2016, 207 (208) – allerdings zu weitgehend für ein vom Handelsvertreter zu führendes Delkredere-(kunden-)register, weil der Handelsvertreter vor dem Hintergrund der Provisionspflicht des Unternehmers nicht einseitig bestimmen kann, für welche Kunden er ein Delkredere übernimmt.

in Betracht: Art und Umfang der zu liefernden Ware oder der zu erbringenden Leistung, Name des Kunden, Auftragsnummer, Datum und Rechnungsbetrag. Es muss also in der Haftungsübernahmeerklärung ganz eindeutig klargestellt sein, für welches Geschäft die Haftung übernommen wird.

13 Die Haftung kann auch für solche Geschäfte übernommen werden, die **noch nicht abgeschlossen** sind. In diesem Fall muss das Geschäft aber nach seinen wesentlichen Merkmalen schon so bestimmbar sein, dass es Gegenstand einer individuellen Haftungsvereinbarung sein kann.[17] Soweit in diesen Fällen der Rechnungsbetrag noch nicht endgültig feststeht, kann die Haftung auch auf einen bestimmten oder bestimmbaren Betrag begrenzt werden.

14 Der Beschränkung zulässiger Vereinbarungen auf ein bestimmtes Geschäft steht es nicht entgegen, wenn innerhalb einer Vereinbarung die Haftung **für mehrere bestimmte Geschäfte gleichzeitig** übernommen wird. Die Beschränkung der Delkrederehaftung auf „ein bestimmtes Geschäft" soll den Handelsvertreter nur davor bewahren, die Einstandspflicht für eine unbestimmte Vielzahl von Geschäften zu übernehmen. Er soll aufgrund der Beschränkung auf ein bestimmtes Geschäft sein Risiko überblicken können. Diesem Gesetzeszweck wird hinreichend Rechnung getragen, wenn der Handelsvertreter zwar die Haftung für mehrere Geschäfte übernimmt, jedes einzelne dieser Geschäfte aber eindeutig und bestimmt bezeichnet ist.[18]

15 Die Delkrederehaftung ist im Rahmen der 1. Alternative nicht auf solche Geschäfte beschränkt, die der Handelsvertreter selbst oder sein Untervertreter vermittelt oder abgeschlossen hat. Diese Einschränkung bezieht sich nur auf die 2. Alternative. Die Einstandspflicht des Handelsvertreters kann daher auch für **bestimmte Bezirksgeschäfte,** für Geschäfte eines anderen Handelsvertreters, zB eines Rechtsvorgängers, und sogar für Eigengeschäfte des Unternehmers übernommen werden.[19]

16 **b) Geschäfte mit einem bestimmten Kunden (Abs. 1 S. 2 Alt. 2).** Nach Abs. 1 S. 2 Alt. 2 **(generelles Delkredere)** kann der Handelsvertreter die Haftung für die Erfüllung der Verbindlichkeit aus einer **unbestimmten Vielzahl von Geschäften** übernehmen, sofern es sich um Geschäfte mit einem bestimmten Dritten handelt, die der Handelsvertreter vermittelt oder abschließt. Das Bestimmtheitsgebot bezieht sich hier nicht auf das vermittelte Geschäft, sondern die Person des Geschäftspartners. Zusätzliche Voraussetzung für die Wirksamkeit der Übernahme der Einstandspflicht ist hier, dass der Handelsvertreter die Geschäfte selbst vermittelt oder abgeschlossen hat. Der Handelsvertreter hat es in diesen Fällen nämlich selbst in der Hand, die Bonität des Kunden zu prüfen und ggf. eine Vermittlung oder einen Abschluss zu unterlassen und damit zugleich zu verhindern, dass seine Einstandspflicht begründet wird.[20]

17 Die Vorschrift findet jedoch keine Anwendung auf den Bezirksvertreter hinsichtlich solcher Geschäfte, die zwar für ihn unter dem Gesichtspunkt der Bezirksvertretung provisionspflichtig sind, die er aber weder selbst noch durch einen von ihm Beauftragten vermittelt oder abgeschlossen hat.

18 Auch bei der 2. Alternative kann der Handelsvertreter gleichzeitig die Haftung für die Erfüllung der Verbindlichkeiten aus den vom ihm vermittelten oder abgeschlossenen Geschäften mit **mehreren bestimmten Dritten** übernehmen. Die entsprechende Vereinbarung kann in eine einzige nach Abs. 1 S. 3 errichtete Urkunde aufgenommen werden. Die Dritten müssen namentlich nur genau bestimmt sein.

19 **3. Schriftform (Abs. 1 S. 3).** Die Übernahme der Einstandspflicht bedarf nach Abs. 1 S. 3 der Schriftform. Ähnlich der Regelung des § 766 S. 1 BGB bezieht sich das Schriftform-

---

[17] Heymann/*Stöber* Rn. 9; *Schürr* in Küstner/Thume VertriebsR-HdB I Kap. III Rn. 173; Staub/*Emde* Rn. 18.

[18] Heymann/*Stöber* Rn. 9; Staub/*Emde* Rn. 18.

[19] Heymann/*Stöber* Rn. 10; Staub/*Emde* Rn. 18.

[20] EBJS/*Löwisch* Rn. 9; Heymann/*Stöber* Rn. 12.

erfordernis nur auf die Übernahmeerklärung des Handelsvertreters, dem hierdurch die besondere Gefährlichkeit der Vereinbarung vor Augen geführt werden soll.[21] Die schriftliche Übernahmeerklärung muss also nach § 126 Abs. 1 BGB von dem Handelsvertreter eigenhändig durch Namensunterschrift oder mittels notariell beglaubigten Handzeichens unterzeichnet werden. Als Schutzvorschrift zugunsten des Handelsvertreters ist Abs. 1 S. 3 unabdingbar und verdrängt als lex specialis § 350.[22] Demgegenüber kann die entsprechende Willenserklärung des Unternehmers formlos abgegeben werden.

Da auf die Delkrederehaftung die Vorschriften über das Bürgschaftsrecht (§§ 765 ff. 20
BGB) entsprechend Anwendung finden, kann eine **formunwirksame Delkredereübernahme geheilt** werden, wenn der Handelsvertreter eine Verbindlichkeit, hinsichtlich derer er die Einstandspflicht übernommen hat, dem Unternehmer gegenüber erfüllt (§ 766 S. 3 BGB). Eine Umdeutung der formunwirksamen Delkredereerklärung nach § 140 BGB in eine formlos wirksame Garantieerklärung oÄ ist nicht möglich.[23]

4. Einwendungen des Handelsvertreters. Der Handelsvertreter haftet dem Unter- 21
nehmer in Höhe des Bestands der Forderung gegen den Kunden. Daher ist trotz wirksamer Übernahme der Einstandspflicht eine Haftung des Handelsvertreters ausgeschlossen, wenn das Geschäft mit dem Dritten überhaupt nicht zustande gekommen, nichtig oder mit Rückwirkung durch Anfechtung vernichtet worden ist. Es fehlt in diesen Fällen an einer wirksamen Verbindlichkeit, für die der Handelsvertreter einstehen könnte.

Der Handelsvertreter kann dem Unternehmer auch die **Einreden aus §§ 768, 770** 22
BGB entgegenhalten, sofern eine Bürgschaft vorliegt (→ Rn. 7 f.). Ihm steht, soweit vertraglich nichts anderes vereinbart worden ist, auch die **Einrede der Vorausklage** nach § 771 BGB zu. Auch wenn der Handelsvertreter Kaufmann und daher die Einrede der Vorausklage grundsätzlich nach § 349 ausgeschlossen ist, besteht nach Treu und Glauben aus dem Handelsvertreterverhältnis heraus die Verpflichtung des Unternehmers, zunächst eine Befriedigung beim Kunden zu versuchen, bevor er sich an den Handelsvertreter hält.[24] Der Unternehmer braucht in diesen Fällen allerdings nicht unbedingt seine gegen den Dritten bestehende Forderung einzuklagen und die Zwangsvollstreckung bis zur Abgabe der eidesstattlichen Versicherung gem. § 807 ZPO durchzuführen. Ob und inwieweit der Unternehmer gegen den Dritten zunächst vorgehen muss, richtet sich nach den Umständen des einzelnen Falles, insbesondere nach den getroffenen Vereinbarungen[25] und den Aussichten einer Inanspruchnahme des Dritten.

5. Haftungsumfang. Der Handelsvertreter haftet aufgrund des übernommenen Del- 23
kredere nicht nur wegen des Anspruchs des Unternehmers auf Erfüllung des Geschäfts gegen den Dritten, sondern – sofern sich aus der Delkrederevereinbarung nichts anderes ergibt – im Zweifel auch wegen der Ansprüche des Unternehmers, die diesem für den Fall der Nichtdurchführung des Geschäfts gegen den Dritten zustehen. Namentlich erfasst die Haftung Ansprüche auf Schadensersatz wegen Nichterfüllung, Ansprüche aus Verzug und Sachmängelgewährleistung sowie Schadensersatzansprüche aus § 280 Abs. 1 BGB bzw. § 311 Abs. 2 BGB, § 241 Abs. 2 BGB, § 280 Abs. 1 BGB (vgl. auch § 767 Abs. 1 S. 1, 2 BGB).[26] Ist die gesicherte Hauptverbindlichkeit durch Anfechtung des Kunden vernichtet worden, dann erstreckt sich die Delkrederehaftung auch auf Schadensersatzansprüche wegen des negativen Interesses nach § 122 BGB. Ob darüber hinaus bereicherungsrechtliche Ansprüche, die dem Unternehmer gegen den Kunden wegen bereits erbrachter Leistungen zustehen, erfasst werden, ist eine Frage der Auslegung der Haftungsvereinbarung.[27]

---

[21] Begr. RegE, BT-Drs. 1/3856, 20.

[22] EBJS/*Löwisch* Rn. 13; Staub/*Emde* Rn. 14; Oetker/*Busche* Rn. 5.

[23] EBJS/*Löwisch* Rn. 17.

[24] Baumbach/Hopt/*Hopt* Rn. 8; KKRD/*Roth* Rn. 5; *Schürr* in Küstner/Thume VertriebsR-HdB I Kap. III Rn. 169; Heymann/*Stöber* Rn. 14; Staub/*Emde* Rn. 7.

[25] Vgl. dazu nur Heymann/*Stöber* Rn. 14.

[26] EBJS/*Löwisch* Rn. 11; ähnlich wohl auch Oetker/*Busche* Rn. 11; aA Baumbach/Hopt/*Hopt* Rn. 7: nur bei ausdrücklicher Vereinbarung.

[27] Dazu Erman/*Zetzsche* BGB § 765 Rn. 39 f.

24 **6. Rechtsfolgen unwirksamer Vereinbarungen.** Ist eine wirksame Haftungsvereinbarung nicht geschlossen worden, zB das Schriftformerfordernis des Abs. 1 S. 3 nicht gewahrt, wird eine Einstandspflicht des Handelsvertreters nicht begründet. In diesem Fall entsteht aber auch der Anspruch des Handelsvertreters auf die Delkredereprovision nicht (→ Rn. 26 ff.).

25 Ausnahmsweise kommt eine bloße **Teilnichtigkeit** der Delkrederevereinbarung gem. § 139 BGB in Betracht,[28] wenn der Handelsvertreter die Einstandspflicht für Geschäfte mit einem bestimmten Dritten übernommen hat, ohne seine Haftung auf die von ihm vermittelten oder abgeschlossenen Geschäfte zu beschränken. In diesem Fall ist die Vereinbarung nur insoweit unwirksam, als es um die Haftung aus solchen Geschäften geht, die der Handelsvertreter nicht vermittelt oder abgeschlossen hat.

IV. Der Provisionsanspruch

26 **1. Entstehung des Anspruchs (Abs. 2). a) Wirksame Haftungsvereinbarung.** Voraussetzung für die Entstehung des Provisionsanspruchs ist zunächst eine wirksame Haftungsvereinbarung zwischen Unternehmer und Handelsvertreter. Der unabdingbare Provisionsanspruch nach § 86b entsteht nur, wenn der Handelsvertreter die Einstandspflicht für eine Verbindlichkeit des Kunden aus Geschäften iSv Abs. 1 S. 2 gegenüber dem Unternehmer übernommen hat. Die Bestimmung findet hingegen keine Anwendung, wenn der Handelsvertreter sich für Verbindlichkeiten des Dritten verbürgt, die zwar wirtschaftlich in Zusammenhang mit Geschäften nach Abs. 1 S. 2 stehen, nicht aber gegenüber dem Unternehmer eingegangen worden sind. Vermittelt der Handelsvertreter zB einen Lieferungsvertrag zwischen dem Dritten und dem Unternehmer sowie gleichzeitig einen Finanzierungsvertrag zwischen dem Dritten und einem Kreditinstitut wegen der Verbindlichkeiten des Dritten aus dem Lieferungsvertrag, dann steht ihm gegen den Unternehmer kein Anspruch auf Delkredereprovision zu, wenn er gegenüber dem Kreditinstitut für die Kreditverbindlichkeit des Dritten, etwa durch Mitunterzeichnung von Wechseln, die Einstandspflicht übernimmt.[29]

27 § 86b findet auch dann **keine Anwendung,** wenn sich der Handelsvertreter dem Dritten gegenüber verpflichtet hat, für die Erfüllung der Verbindlichkeiten des Unternehmers einzustehen. Ob in einem solchen Fall der Handelsvertreter von dem Unternehmer oder dem Dritten für die Übernahme der Haftung eine Vergütung verlangen kann, richtet sich nach den insoweit zwischen ihm und dem Unternehmer bzw. dem Dritten getroffenen Abreden.

28 Grundlage für den Provisionsanspruch kann nur eine **wirksame Haftungsvereinbarung** sein. Daher entfällt der Provisionsanspruch auch dann, wenn die Haftungsvereinbarung unwirksam, zB sittenwidrig bzw. angefochten worden ist oder der Handelsvertreter Haftungsverpflichtungen für andere als in Abs. 1 S. 2 bezeichnete Geschäfte übernommen hat. Wurde eine wirksame Haftungsvereinbarung getroffen, kann der Unternehmer nicht nachträglich dem Handelsvertreter dadurch den Provisionsanspruch entziehen, dass er einseitig auf die Geltendmachung der Haftung verzichtet, obwohl der Kunde nicht erfüllt hat. Hierzu bedürfte es nach § 397 BGB eines Erlassvertrages, der beiderseitiges Einvernehmen voraussetzt.[30]

29 Ob eine **vertragliche Aufhebung** der Haftungsvereinbarung bereits entstandene Provisionsansprüche erfasst, richtet sich nach dem Parteiwillen. Ohne besondere Anhaltspunkte ist hinsichtlich der Wirkung des Aufhebungsvertrages zu differenzieren: War die Verpflichtung nur für ein bestimmtes Geschäft übernommen (Abs. 1 S. 2 Alt. 1), wird mit dem Abschluss des Aufhebungsvertrags auch der Provisionsanspruch hinfällig. Bezog sich hingegen die Haftungsvereinbarung auf Geschäfte mit bestimmten Dritten iSv Abs. 1 S. 2 Alt. 2,

---

[28] EBJS/*Löwisch* Rn. 17; Staub/*Emde* Rn. 28.
[29] *v. Brunn* NJW 1954, 56 (57).
[30] Heymann/*Stöber* Rn. 16; Staub/*Emde* Rn. 27; Oetker/*Busche* Rn. 14.

dann werden im Zweifel von einem Aufhebungsvertrag bereits entstandene Provisionsansprüche nicht erfasst.

30 **b) Wirksame Kundenverbindlichkeit.** Weiter setzt der Provisionsanspruch voraus, dass eine wirksame Kundenverbindlichkeit entstanden ist. Ist das Geschäft, für das die Einstandspflicht übernommen wurde, nicht zustande gekommen oder unwirksam, besteht kein Provisionsanspruch. Wird das Geschäft wirksam angefochten, entfällt damit auch rückwirkend die Provision. Umstritten ist, ob der Provisionsanspruch auch dann nachträglich entfällt, wenn das Geschäft durch **Rücktritt** aufgrund Gesetzes (§§ 323, 326 Abs. 5 BGB) oder vertraglichen Vorbehalts mit Wirkung für die Zukunft in ein Rückabwicklungsschuldverhältnis umgewandelt wird.[31] Richtigerweise berührt der Rücktritt den Provisionsanspruch des Handelsvertreters nicht,[32] weil dieser schon mit der Haftungsbereitschaft während der Dauer des Vertrags seine Leistung erbracht hat und deshalb nachträgliche Veränderungen sich nicht mehr auf den Provisionsanspruch auswirken können. Daher berührt auch der Eintritt einer auflösenden Bedingung (vgl. § 158 Abs. 2 BGB) oder der Abschluss eines Aufhebungsvertrags zwischen dem Unternehmer und dem Dritten den Provisionsanspruch nicht.

31 Da der Anspruch auf die Delkredereprovision an den Abschluss des Geschäfts anknüpft, ist er auch unabhängig davon, ob das **Geschäft tatsächlich durchgeführt** wird. Entfällt aufgrund einer Vertragsverletzung des Unternehmers die Verbindlichkeit des Dritten und kommt daher die Delkrederehaftung des Handelsvertreters nicht zum Zuge, hat der Handelsvertreter gleichwohl einen Anspruch auf die Delkredereprovision.

32 **2. Höhe und Fälligkeit der Provision. a) Höhe.** Die Höhe der Provision richtet sich in erster Linie nach der **Parteivereinbarung.** Bei der Festlegung der Provisionshöhe ist dem Umfang des Risikos Rechnung zu tragen, das sich aus der Übernahme der Delkrederehaftung für den Handelsvertreter ergibt. Haben die Parteien keine Provisionsvereinbarung getroffen, bemisst sich die Höhe der Provision in entsprechender Anwendung von § 87b Abs. 1 nach den üblichen Sätzen.[33] Auch wenn die Provisionsvereinbarung unangemessen niedrig ist, führt dies nicht etwa zur Nichtigkeit der Haftungsvereinbarung, sondern es wird dann der übliche Satz geschuldet.

33 Soweit weder eine wirksame Provisionsvereinbarung besteht noch ein üblicher Satz zu ermitteln ist, finden auf die Bestimmung der Provisionshöhe §§ 315 ff. BGB Anwendung[34] (→ § 87b Rn. 13). Bei der Überprüfung der Billigkeit ist zu berücksichtigen, dass es zu den Pflichten des Handelsvertreters gehört, im Interesse des Unternehmers die Kreditwürdigkeit und Zahlungsfähigkeit des Dritten zu prüfen. Er kann daher eine besonders hohe Delkredereprovision nicht mit der Begründung verlangen, der Dritte sei nicht sicher gewesen.

34 **b) Fälligkeit.** Nach wohl hM gelten § 87a Abs. 4, § 87c Abs. 1 nicht für die Delkredereprovision, so dass sich die Fälligkeit des Provisionsanspruchs nach der Parteivereinbarung oder in Ermangelung einer solchen nach § 271 Abs. 1 BGB richten soll.[35] Zwingend ist das indes nicht, denn der Wortlaut von § 87a Abs. 4, § 87c Abs. 1 differenziert nicht nach der Art der Provision. Auch spricht der Umstand, dass § 86b gesetzessystematisch besser nach § 87a verortet wäre (→ Rn. 3), für die Anwendbarkeit von § 87a Abs. 4, § 87c Abs. 1. Die Art der Delkredereprovision erfordert es jedenfalls nicht, dass für sie etwas anderes gilt als für sonstige Provisionen, die am letzten Tag des Monats fällig werden, in dem nach § 87c

---

31 Für Bestehenbleiben des Provisionsanspruchs Heymann/*Stöber* Rn. 17; Baumbach/Hopt/*Hopt* Rn. 11; Oetker/*Busche* Rn. 15. Dagegen Staub/*Emde* Rn. 20; EBJS/*Löwisch* Rn. 20.

32 KKRD/*Roth* Rn. 7; Baumbach/Hopt/*Hopt* Rn. 11.

33 Baumbach/Hopt/*Hopt* Rn. 10; Staub/*Emde* Rn. 25; Heymann/*Stöber* Rn. 19; *Schürr* in Küstner/Thume VertriebsR-HdB I Kap. III Rn. 188.

34 Staub/*Emde* Rn. 26; Heymann/*Stöber* Rn. 19.

35 Baumbach/Hopt/*Hopt* Rn. 11; KKRD/*Roth* Rn. 9; Heymann/*Stöber* Rn. 18; Flohr/Wauschkuhn/*Fröhlich* Rn. 38.

Abs. 1 abzurechnen ist. Der Gesetzgeber könnte dies aber für die Delkredereprovision anders regeln, da die RL 86/653/EWG (Handelsvertreter-RL) insoweit keine Vorgaben macht.

35 **3. Unabdingbarkeit (Abs. 1 S. 1 Hs. 2).** Der Anspruch auf die Delkredereprovision kann nach Abs. 1 S. 1 Hs. 2 nicht im Voraus ausgeschlossen werden. Entgegenstehende Abreden sind unwirksam, hindern also den Handelsvertreter nicht, den nach der gesetzlichen Vorschrift begründeten Anspruch geltend zu machen. Der Anspruch auf die Delkredereprovision steht dem Handelsvertreter bei wirksamer Übernahme der Delkrederehaftung kraft Gesetzes zu; es bedarf weder einer Vereinbarung, nach der diese Provision gezahlt werden soll, noch der Festlegung der Provisionshöhe durch vertragliche Abrede.

36 Der Provisionsanspruch kann **im Voraus nicht ausgeschlossen werden.** Auf ihn kann aber nach seiner Entstehung durch Erlass- oder Verzichtsvertrag verzichtet werden, weil der Handelsvertreter in diesem Falle nicht mehr schutzwürdig ist. Ein unzulässiger Ausschluss im Voraus ist dann gegeben, wenn der Handelsvertreter zeitlich vor der Entstehung des Anspruchs auf diesen verzichten soll.[36] Bei einer Haftungsübernahme für zukünftige Geschäfte kann der Provisionsausschluss daher nicht vor dem Zeitpunkt vereinbart werden, in dem das Geschäft wirksam zustande gekommen ist. Übernimmt der Handelsvertreter die Haftung für bereits früher abgeschlossene Geschäfte, entsteht der Provisionsanspruch grundsätzlich zugleich mit der Haftungsübernahme. In diesen Fällen kann zugleich mit der Einstandspflicht der Provisionsausschluss vereinbart werden.[37] Dies folgt aus dem eindeutigen Gesetzeswortlaut, wonach der Provisionsanspruch nur „im Voraus" nicht ausgeschlossen werden kann, während hier Entstehung und Ausschluss des Provisionsanspruchs zeitlich zusammenfallen.

37 Der Unabdingbarkeitsgrundsatz bezieht sich nur auf die **Entstehung des Provisionsanspruchs** als solchen. Daher ist nicht nur eine nachträgliche Verzichtsvereinbarung zulässig, sondern es kann auch die Fälligkeit abweichend von der sich aus Abs. 2 iVm § 271 BGB ergebenden Regelung festgelegt werden (wenn man insoweit der wohl hM folgt → Rn. 34). So könnte zB wirksam vereinbart werden, dass der Anspruch auf Delkredereprovision im gleichen Zeitpunkt fällig wird, wie gem. § 87a Abs. 4, § 87c die übrigen Provisionsansprüche aus dem Vertragsverhältnis.

V. Ausnahmetatbestände

38 **1. Sachlicher Grund und gegenständliche Reichweite der Ausnahmen. a) Sachlicher Grund.** Abs. 1 und Abs. 2 sollen den Handelsvertreter davor schützen, von Unternehmern unter Ausnutzung ihrer wirtschaftlichen Überlegenheit gezwungen zu werden, für unbestimmte Geschäfte oder ganz allgemein das Delkredere zu übernehmen. Dies rechtfertigt es, Ausnahmen von Abs. 1 und 2 dann zuzulassen, wenn entweder typischerweise aufseiten des Unternehmers ein besonderes wirtschaftliches Bedürfnis dafür besteht, mit dem Handelsvertreter einen unbeschränkten Delkrederevertrag zu schließen, oder aber die Stellung des Handelsvertreters so gestaltet ist, dass ihm auch hinsichtlich des zu übernehmenden Risikos eine weitgehende, von ihm selbst zu bestimmende Freiheit zugestanden ist, in dem Abschluss und Ausführung des Geschäfts in seiner Hand liegen.[38] Daher nimmt Abs. 3 Auslandsvertreter und Handelsvertreter mit Generalvollmacht von der Anwendung des Abs. 1 aus, weil solche Handelsvertreter in einem sehr viel geringeren Umfang schutzbedürftig sind.

39 **b) Gegenständliche Reichweite.** Die Nichtanwendung des Abs. 1 auf Auslandsvertreter und Handelsvertreter mit Generalvollmacht bedeutet zunächst, dass für kaufmännische[39] Handelsvertreter die Übernahme des Delkredere nicht der Schriftform bedarf. Darü-

---

[36] Heymann/*Stöber* Rn. 20; Staub/*Emde* Rn. 27.

[37] Staub/*Emde* Rn. 27; aA Heymann/*Stöber* Rn. 20; *Schürr* in Küstner/Thume VertriebsR-HdB I Kap. III Rn. 190; Oetker/*Busche* Rn. 19: Gleichstellung mit einem im Voraus vereinbarten Haftungsausschluss.

[38] BGH BB 1982, 2008 (2009).

[39] Vgl. *Masing* BB 1995, 2589.

ber hinaus ist das Delkredere auch nicht auf Geschäfte nach Abs. 1 S. 2 beschränkt, sondern kann auch für Geschäfte mit noch nicht bestimmten Dritten und auch für solche Geschäfte übernommen werden, die nicht der Handelsvertreter selbst oder sein Untervertreter abgeschlossen hat. Schließlich ist es in diesen Fällen auch zulässig, den Anspruch auf Delkredereprovision abzubedingen. Mit einer solchen Vereinbarung ist regelmäßig auch ein Provisionsanspruch aus § 354 ausgeschlossen.

2. Auslandsvertreter (Abs. 3 S. 1). Abs. 1 findet zunächst dann keine Anwendung, wenn der Unternehmer oder der Dritte seine Niederlassung oder beim Fehlen einer solchen seinen Wohnsitz im Ausland hat (Abs. 3 S. 1). In derartigen Fällen kann der Unternehmer häufig die Bonität seines Kunden nicht selbst prüfen und muss sich daher besonders auf die Angaben seines Handelsvertreters verlassen.[40] Üblicherweise übernimmt daher der Handelsvertreter das Delkredere als eine normale Vertragspflicht, so dass allgemein keine besondere Provision für die Übernahme des Delkredere gezahlt wird, sondern dieses bei der Festsetzung der Provisionshöhe berücksichtigt wird.[41] 40

Der Ausnahmetatbestand greift dann ein, wenn der **Unternehmer oder der Dritte im Ausland** seine Niederlassung bzw. seinen Wohnsitz hat, und zwar auch dann, wenn diese im Gebiet der EU liegen (vgl. die abweichende Regelung des § 92c Abs. 1).[42] Dies wird in der neueren Lit. kritisch gesehen;[43] da der Gesetzgeber bei den Änderungen des HGB hier aber keine Entscheidung in diese Richtung getroffen hat, ist daran festzuhalten, dass „Ausland" auch die **Staaten der EU** umfasst. Angesichts des wirtschaftlichen Zusammenwachsens wäre allerdings eine gesetzliche Einbeziehung dieser Staaten in die Inlandsregelungen wünschenswert. Der Ort der Niederlassung (des Wohnsitzes) des Handelsvertreters spielt in diesem Zusammenhang keine Rolle. Er gewinnt aber Bedeutung für die Frage, ob der Handelsvertretervertrag überhaupt deutschem Recht untersteht (→ § 84 Rn. 133 ff.). Sitzen Unternehmer und Handelsvertreter im Ausland, so wird in aller Regel der zwischen ihnen geschlossene Handelsvertretervertrag überhaupt nicht deutschem Recht unterstehen, und bereits deshalb wird auch Abs. 1 unanwendbar sein. Sitzt der Handelsvertreter im Ausland, der Unternehmer im Inland, der Dritte im Ausland, so findet nach Abs. 3 der Abs. 1 keine Anwendung. Gleiches gilt, wenn der Handelsvertreter und der Unternehmer im Inland, der Dritte im Ausland sitzt. Sitzen hingegen Unternehmer und Dritter im Inland, der Handelsvertreter aber im Ausland, so kommt Abs. 3 nicht zum Zuge, so dass es bei der Anwendung des Abs. 1 verbleibt, wenn der Handelsvertretervertrag deutschem Recht untersteht. 41

3. Unbeschränkte Bevollmächtigung (Abs. 3 S. 2). Abs. 1 ist weiterhin in vollem Umfange unanwendbar, wenn es sich um Geschäfte handelt, zu deren Abschluss und Ausführung der Handelsvertreter unbeschränkt bevollmächtigt ist (Abs. 3 S. 2). Die Bestimmung kann auf Vermittlungsvertreter keine Anwendung finden, sondern gilt **nur für** diejenigen **Abschlussvertreter** (→ § 84 Rn. 16), die zusätzlich zur Ausführung des Geschäfts unbeschränkt bevollmächtigt sind. Unerheblich ist hierbei, ob der Absatz der gesamten Produktion, eine bestimmte Art von Geschäften oder gar nur ein einzelnes Geschäft betroffen ist.[44] Auch eine Alleinbevollmächtigung ist nicht erforderlich.[45] Unbeschränkt heißt hier allein, dass der Handelsvertreter frei darüber entscheiden kann, ob und mit wem er ein Geschäft abschließt, wem er hierbei Kredit gewährt sowie zu welchem Zeitpunkt und in welcher Art das Geschäft zur Ausführung gelangen soll.[46] 42

---

[40] Staub/*Emde* Rn. 33.
[41] Begr. RegE, BT-Drs. 1/3856, 21; Oetker/*Busche* Rn. 21.
[42] Staub/*Emde* Rn. 32; Flohr/Wauschkuhn/*Fröhlich* Rn. 49; hierzu krit. de lege ferenda *Masing* BB 1995, 2589.
[43] Baumbach/Hopt/*Hopt* Rn. 12; Oetker/*Busche* Rn. 21.
[44] Heymann/*Stöber* Rn. 24.
[45] Baumbach/Hopt/*Hopt* Rn. 14.
[46] LG Essen BB 1961, 425; Staub/*Emde* Rn. 34; Baumbach/Hopt/*Hopt* Rn. 14.

43 Die Ausnahmevorschrift des Abs. 3 S. 2 greift daher für **Tankstelleninhaber** ein, die als Handelsvertreter frei darüber entscheiden können, mit welchen Kunden sie Kreditgeschäfte über die Lieferung von Waren abschließen, die sie sodann aus den von ihnen verwalteten Beständen erfüllen. Dies gilt selbst dann, wenn sie die von dem Geschäftsherrn vorgeschriebenen Preise und Geschäftsbedingungen einhalten müssen.[47] Der Ausnahmetatbestand findet auch auf **Reisebüros** Anwendung, die für Luftverkehrsgesellschaften Flugscheine verkaufen, soweit sie insoweit überhaupt noch als Handelsvertreter tätig sind – was heute zum Teil nicht mehr der Fall ist – und die Luftverkehrsgesellschaft praktisch ohne Kontrollmöglichkeit hinsichtlich der Zahlung ihre Leistung erbringt, und das Reisebüro nicht verpflichtet ist, Flugscheine auf Kredit zu verkaufen, sondern es allein darüber entscheidet, mit wem es abschließt und wem es Kredit gewährt; ansonsten wäre gerade die Luftverkehrsgesellschaft, würde ihr das vom Reisebüro eingegangene Risiko aufgebürdet, schutzlos gestellt.[48]

44 Für die Anwendbarkeit des Abs. 3 S. 2 kommt es nicht darauf an, dass der Handelsvertreter dem Unternehmer im Einzelfall **wirtschaftlich überlegen** ist und von der Vollmacht zur Ausführung tatsächlich Gebrauch macht.[49] Daher ist es unschädlich, wenn der Handelsvertreter die Übersendung der Waren an die Kunden dem Unternehmer überlässt und insoweit die Vollmacht nicht gebraucht.[50]

§ 87 [Provisionspflichtige Geschäfte]

(1) [1]Der Handelsvertreter hat Anspruch auf Provision für alle während des Vertragsverhältnisses abgeschlossenen Geschäfte, die auf seine Tätigkeit zurückzuführen sind oder mit Dritten abgeschlossen werden, die er als Kunden für Geschäfte der gleichen Art geworben hat. [2]Ein Anspruch auf Provision besteht für ihn nicht, wenn und soweit die Provision nach Absatz 3 dem ausgeschiedenen Handelsvertreter zusteht.

(2) [1]Ist dem Handelsvertreter ein bestimmter Bezirk oder ein bestimmter Kundenkreis zugewiesen, so hat er Anspruch auf Provision auch für die Geschäfte, die ohne seine Mitwirkung mit Personen seines Bezirkes oder seines Kundenkreises während des Vertragsverhältnisses abgeschlossen sind. [2]Dies gilt nicht, wenn und soweit die Provision nach Absatz 3 dem ausgeschiedenen Handelsvertreter zusteht.

(3) [1]Für ein Geschäft, das erst nach Beendigung des Vertragsverhältnisses abgeschlossen ist, hat der Handelsvertreter Anspruch auf Provision nur, wenn
1. er das Geschäft vermittelt hat oder es eingeleitet und so vorbereitet hat, daß der Abschluß überwiegend auf seine Tätigkeit zurückzuführen ist, und das Geschäft innerhalb einer angemessenen Frist nach Beendigung des Vertragsverhältnisses abgeschlossen worden ist oder
2. vor Beendigung des Vertragsverhältnisses das Angebot des Dritten zum Abschluß eines Geschäfts, für das der Handelsvertreter nach Absatz 1 Satz 1 oder Absatz 2 Satz 1 Anspruch auf Provision hat, dem Handelsvertreter oder dem Unternehmer zugegangen ist.

[2]Der Anspruch auf Provision nach Satz 1 steht dem nachfolgenden Handelsvertreter anteilig zu, wenn wegen besonderer Umstände eine Teilung der Provision der Billigkeit entspricht.

(4) Neben dem Anspruch auf Provision für abgeschlossene Geschäfte hat der Handelsvertreter Anspruch auf Inkassoprovision für die von ihm auftragsgemäß eingezogenen Beträge.

---

[47] LG Essen BB 1961, 425.
[48] BGH BB 1982, 2008 (2009); Staub/*Emde* Rn. 34.
[49] KKRD/*Roth* Rn. 12.
[50] BGH BeckRS 1966, 31179675.

Schrifttum: *Christoph/Effenberger,* Der Provisionsanspruch des Versicherungsvertreters bei Anfechtung des Versicherungsvertrags, VersR 2007, 593; *Conreder/Schneider/Hausemann,* Gesetz zur Umsetzung der Zweiten Zahlungsdiensterichtlinie – Besonderheiten und Stolpersteine für Unternehmen, DStR 2018, 1722; *Emde,* Weichenstellung beim Entscheid über den Abschluss von Vertriebsverträgen, NJOZ 2018, 441; *Knütel,* Die Provisionsteilung bei Mitwirkung mehrerer Makler oder Handelsvertreter, ZHR 144 (1980), 289; *Kroll,* Dynamische Verweisung in Franchiseverträgen, ZVertriebsR 2016, 285; *H. Krüger,* Der Anspruch mehrerer Handelsvertreter auf Provision, DB 1964, 1399; *H. J. Maier,* Der Provisionsanspruch des Handelsvertreters bei Bestellungen von verbundenen Unternehmen oder Zweigniederlassungen, BB 1970, 1327; *Meyer,* Strategien der Vertriebsunternehmer bei (drohender) Insolvenz eines Vertragspartners (Kunde oder Hersteller), ZVertriebsR 2020, 225; *Schmidt/Jungmann,* Anmeldung von Insolvenzforderungen mit Rechnungslegungslast des Schuldners, NZI 2002, 65; *Schnitzler,* Provision für Eigengeschäfte des Handelsvertreters, DB 1965, 463; *Schröder,* Außerbezirkliche Geschäfte des Handelsvertreters, DB 1963, 541; *Stötter/Lindner/Karrer,* Die Provision und ihre Abrechnung, 2. Aufl. 1980; *Thume,* Überhangprovisionen des Handelsvertreters bei der Akquisition von Dauergeschäften – zugleich eine Besprechung des BGH-Urteils vom 20.12.2018 – VII ZR 69/18, BB 2019, 835; *Walter,* Zugang ist nicht gleich Zugang – Nachvertraglicher Provisionsanspruch des Handelsvertreters und Unionsrecht, NJW 2019, 959; *Wauschkuhn/Fröhlich,* Der nachvertragliche Provisionsanspruch des Handelsvertreters, BB 2010, 524; *Wessel,* Provisionsanspruch des Bezirksvertreters bei Sitzverlegung eines Kunden in einen anderen Bezirk, BB 1962, 473; *Westphal,* Provisionskollisionen durch Zusammenwirken mehrerer Handelsvertreter für einen Geschäftsabschluß, BB 1991, 2027.

Übersicht

I. Bedeutung

1 **1. Entstehungsgeschichte.** In der ursprünglichen Fassung des HGB war der Provisionsanspruch des Handelsvertreters in den §§ 88 f. nur rudimentär normiert. Eine tiefgreifende Änderung brachte insoweit erst das Änderungsgesetz 1953. Die Bestimmung des § 87 wurde neu gefasst und regelt nunmehr die provisionspflichtigen Geschäfte des Handelsvertreters. Die §§ 87a–87d wurden neu eingefügt und bestimmen die Entstehung, die Höhe und die Abrechnung des Provisionsanspruchs sowie den Aufwendungsersatz des Handelsvertreters. Weitere wichtige Änderungen des Abs. 3 wurden durch das Gesetz zur Durchführung der Handelsvertreter-RL vom 23.10.1989 (BGBl. 1989 I 1910) eingefügt (→ Rn. 113).

2 **2. Zweck der Regelung.** Die Bestimmung regelt, für welche Geschäfte der Unternehmer mangels abweichender Vereinbarung an den Handelsvertreter Provision zu zahlen hat. Zweck der Vorschrift ist es, den Kreis der provisionspflichtigen Geschäfte eindeutig zu bestimmen. Durch die jetzige Gesetzesfassung konnte eine Reihe von Zweifelsfragen ausgeräumt werden, die angesichts der allgemeinen Fassung des § 88 aF früher bestanden.[1]

3 **3. Ergänzende Bestimmungen und Verhältnis zu anderen Normen. a) Ergänzende Bestimmungen.** Die Bestimmung steht an der Spitze der Vorschriften der §§ 87–87d, welche die Vergütung des Handelsvertreters regeln. **§ 87** bestimmt die Tatbestandsvoraussetzungen, aufgrund derer der Provisionsanspruch, aufschiebend bedingt durch die Ausführung des Geschäfts,[2] entsteht (sog Provisionsanwartschaft). **§ 87a** normiert, wann die nach § 87 erworbene Provisionsanwartschaft zum Vollrecht erstarkt. § 87a Abs. 4 bestimmt die Fälligkeit, **§ 87b** die Höhe (insbesondere bei Fehlen einer Vereinbarung) und **§ 87c** die Abrechnung der Provision und die Kontrollrechte des Handelsvertreters in Bezug auf deren Richtig- und Vollständigkeit. Schließlich regelt § **87d** die Frage, ob der Handelsvertreter neben der Provision Aufwendungsersatz verlangen kann.

4 **Sonderregelungen** gelten nach § 92 Abs. 3 und Abs. 5 **für Versicherungs- und Bausparkassenvertreter.** Diese haben grundsätzlich nur Anspruch auf Provisionen für solche Geschäfte, die auf ihre Tätigkeit zurückzuführen sind. Ein Provisionsanspruch für Nachbestellungen und Folgeaufträge besteht mangels ausdrücklicher abweichender Vereinbarung ebenso wenig (ausführlich → § 92 Rn. 15 ff.) wie ein Anspruch auf Bezirks- oder Kundenprovision (→ Rn. 77; → § 92 Rn. 14).

5 **b) Verhältnis zu anderen Normen.** Die **Abschlussprovision** stellt die **Vergütung des Handelsvertreters** für die von ihm nach dem Handelsvertretervertrag geschuldete Vermittlung bzw. den Abschluss von Verträgen dar. Erbringt der Handelsvertreter darüber nach dem Handelsvertretervertrag hinausgehende Leistungen, so können ihm unmittelbar

1 Vgl. Begr. RegE, BT-Drs. 1/3856, 21 ff.
2 BGH NJW 2004, 3118 (3120); *K. Schmidt* HandelsR § 27 IV Rn. 59.

kraft Gesetzes zusätzliche Vergütungsansprüche zustehen, wie zB die Delkredereprovision (§ 86b) oder die Inkassoprovision (§ 87 Abs. 4).

Neben der Abschluss- und Vermittlungsprovision nach § 87 können sich **zusätzliche** 6 **Provisionsansprüche** des Handelsvertreters aus **§ 354** ergeben. Voraussetzung ist, dass der Handelsvertreter für und im Interesse des Unternehmers Geschäfte besorgt oder Dienste leistet, zu denen er dem Unternehmer gegenüber berechtigt, aber nicht nach dem Handelsvertreterverhältnis verpflichtet ist.[3] Der zusätzliche Vergütungsanspruch des Handelsvertreters nach § 354 kommt zB in Betracht, wenn der Handelsvertreter als Verkaufsvertreter Verhandlungen zur Abwehr von Rügen des Käufers in einem über das normale Maß hinausgehenden Umfange führt.[4] Auch wenn der Verkaufsvertreter nicht unmittelbar ein Geschäft, sondern nur einen Bezugsvertrag vermittelt oder abschließt, kann sich aus § 354 ein Provisionsanspruch für solche Geschäfte ergeben, die im Rahmen des Bezugsvertrags erst nach Beendigung des Handelsvertreterverhältnisses zustande kommen.[5] Eine Provisionsberechtigung nach § 354 besteht aber nicht, wenn der Handelsvertreter seine Zuständigkeit eigenmächtig überschreitet, zB außerhalb des ihm zugewiesenen Bezirks Abschlüsse tätigt.[6]

Ob die von dem Handelsvertreter geleisteten Dienste oder die Geschäftsbesorgung 7 **provisionspflichtig** nach § 354 oder bereits durch die sonstigen Leistungen des Unternehmers abgegolten sind, ist unter Berücksichtigung der Ausgestaltung des Handelsvertretervertrags, der Umstände des Einzelfalles sowie der Verkehrssitte zu entscheiden.

4. Abweichende Vereinbarungen. Der Kreis der provisionspflichtigen Geschäfte 8 kann abweichend von § 87 durch Parteivereinbarung bestimmt werden (→ Rn. 68 ff., → Rn. 109 ff., → Rn. 126).[7] Solche vertraglichen Regelungen sind vielfach sogar empfehlenswert, zB im Hinblick auf den Provisionsanspruch, wenn für den Abschluss eines Geschäfts die Tätigkeit mehrerer Handelsvertreter ursächlich werden kann (→ Rn. 55 ff.). Von den gesetzlichen Bestimmungen abweichende Vereinbarungen, auch zum Nachteil des Handelsvertreters, müssen nicht ausdrücklich, sondern können auch stillschweigend getroffen werden.[8] Aber auch in diesem Fall bedarf es einer einvernehmlichen Regelung zwischen Handelsvertreter und Unternehmer. Erklärt eine Partei einseitig eine Vertragsänderung, ist dies grundsätzlich auch dann unbeachtlich, wenn der andere Teil hierzu schweigt, soweit nicht ausnahmsweise die Voraussetzungen für ein kaufmännisches Bestätigungsschreiben gegeben sind oder eine Vereinbarung unter Berücksichtigung der Voraussetzungen des § 308 Nr. 5 BGB vorliegt.[9] Dessen ungeachtet können die Parteien auch vereinbaren, dass die Provision vom Unternehmer nach § 315 BGB festgesetzt wird; übt dieser sein Leistungsbestimmungsrecht in der Weise aus, dass die von ihm festgesetzte Vergütung zeitlich befristet gilt, liegt eine vertragswidrige einseitige Änderung der Provision nicht vor, wenn der Unternehmer die Provisionssätze nach Ablauf der Befristung ändert (→ § 87b Rn. 5).

Im Gegensatz zur Parteidispositivität können die Bestimmungen des § 87 **nicht durch** 9 **einen entgegenstehenden Handelsbrauch** ausgeschlossen werden, weil durch diese Regelung ein gerechter Interessenausgleich und ein besonderer Schutz des Handelsvertreters sichergestellt werden soll.[10] Wegen weiterer Einzelheiten → Rn. 68 ff.

5. Analoge Anwendung. Die §§ 87–87c finden gem. § 65 auf den Handlungsgehilfen 10 und nach hM auf den Kommissionsagenten entsprechende Anwendung,[11] soweit die Rege-

---

3 OLG München VersR 2000, 360; OLG Jena BeckRS 2004, 12526 = OLG-NL 2005, 7; vgl. auch Oetker/*Busche* Rn. 7.

4 BGH BB 1962, 1345; Flohr/Wauschkuhn/*Fröhlich* Rn. 16; vgl. auch Oetker/*Busche* Rn. 7 mit weiteren Beispielen.

5 BGH NJW 1958, 180; vgl. aber BGH ZVertriebsR 2016, 242.

6 Staub/*Emde* Rn. 31.

7 BGH NJW 2014, 1735 (1736); zur Möglichkeit abweichender Vereinbarungen gegenüber Handlungsgehilfen s. BAG AP HGB § 87 Nr. 11 (offengelassen) mAnm *v. Hoyningen-Huene*; → § 65 Rn. 30 f.

8 BGH BB 1961, 497.

9 OLG Nürnberg BB 1957, 560 f.; Heymann/*Stöber* Rn. 4.

10 OLG Celle BB 1961, 1341; Heymann/*Stöber* Rn. 4; krit. Baumbach/Hopt/*Hopt* Rn. 48.

11 Staub/*Koller* § 383 Rn. 39; Flohr/Wauschkuhn/*Fröhlich* § 87 Rn. 161 ff.

lungen nicht gerade darauf abstellen, dass der Unternehmer selbst das „Ausführungsgeschäft" abschließt (zur analogen Anwendung des § 87 auf den Kommissionsagenten → Rn. 78, Rn. 103). Demgegenüber ist eine analoge Anwendung auf den Vertragshändler[12] und auf den Franchise-Nehmer[13] grundsätzlich ausgeschlossen (→ Rn. 78, → Rn. 114). Für Gelegenheitsvermittler gilt § 87 nicht.[14]

11 Im **Vertragshändlerrecht** ist der Unternehmer berechtigt, seine Verkaufspreise und mithin die Einkaufspreise des Vertragshändlers bzw. die Gewinnspanne (Marge) für den Bezug der Vertragswaren einseitig festzulegen und jederzeit anzupassen (sofern nicht ausnahmsweise etwas anderes vereinbart wurde).[15] Jedoch muss er dabei aufgrund seiner besonderen Treue- und Rücksichtnahmepflichten sicherstellen, dass dem Vertragshändler eine **angemessene Gewinnspanne** verbleibt.[16] Es ist nicht notwendig, dass dem Vertragshändler eine Grundmarge vertraglich (fix) eingeräumt wird.[17] Für das **Franchiserecht** kann nicht etwas anderes gelten.[18]

II. Die Provision

12 **1. Begriff und Rechtsnatur. a) Begriff.** Das übliche Entgelt des Handelsvertreters ist die Provision (Abs. 1 S. 1).[19] Dabei versteht man unter Provision allgemein eine Vergütung für geleistete Dienste oder Geschäftsbesorgungen, die nach einem im Einzelfall bestimmten Prozentsatz vom Wert des ausgeführten Geschäfts oder der geleisteten Dienste bemessen oder betragsmäßig bestimmt wird.

13 **b) Rechtsnatur.** Im Rahmen des Handelsvertreterverhältnisses ist die Provision die Gegenleistung des Unternehmers, also die Vergütung des Handelsvertreters. Obwohl der Handelsvertreter nicht einen bestimmten Erfolg schuldet, sondern nur einer Bemühungspflicht unterliegt (→ § 84 Rn. 93), ist die Provision als Vergütung des Handelsvertreters nicht leistungs-, sondern **erfolgsorientiert.** Die Bemühungen des Handelsvertreters werden nämlich nur dann vergütet, wenn sie zum Abschluss eines Geschäfts führen. Bleibt sein Arbeitseinsatz ohne Erfolg, erhält er selbst bei größter Anstrengung keine Provision. Umgekehrt wird ein Erfolg ohne Rücksicht auf die zugrunde liegende Anstrengung vergütet.[20] Die Provision ist daher nicht Leistungs-, sondern Erfolgsvergütung.[21] Die Provision ist die Hauptleistungspflicht des Unternehmers und steht daher im **Synallagma** des Handelsvertreterverhältnisses.

14 **2. Gegenstand des Provisionsanspruchs und Abgrenzungen. a) Gegenstand.** Den Beteiligten bleibt es vorbehalten, **vertraglich** näher zu regeln, **welche Leistungen**

[12] Baumbach/Hopt/*Hopt* § 84 Rn. 11; Staub/*Emde* Rn. 7; Flohr/Wauschkuhn/*Fröhlich* § 87 Rn. 144 ff.; *Ulmer,* Der Vertragshändler, 1969, 397.

[13] OLG Celle BB 2007, 1862 (1863) m. zust. Anm. *Fohr;* Flohr/Wauschkuhn/*Fröhlich* § 87 Rn. 154 ff.; *Matthießen* ZIP 1988, 1089 (1095).

[14] OLG Hamburg NJW-RR 1996, 869.

[15] Vgl. nur OLG Frankfurt ZVertriebsR 2017, 244 Rn. 42 ff.; OLG München OLGR 2004, 197; OLG Köln BeckRS 2010, 143557; für Kfz-Händlerverträge offengelassen von BGH NJW-RR 2005, 1496 (1500) – hier kann aber nichts anderes gelten.

[16] Vgl. nur OLG München OLGR 2004, 197; OLG Köln BeckRS 2010, 143557.

[17] So wohl auch *Emde* NJOZ 2018, 441 (444); zweifelhaft hingegen BGH NJW-RR 2005, 1496 mAnm *Emde* EWiR 2005, 815 und *Kappus* NJW 2006, 15.

[18] Vgl. dazu OLG Düsseldorf BeckRS 2009, 89466; zweifelhaft hingegen *Kroll* ZVertriebsR 2016, 285 (290), wonach ein Preisänderungsrecht nur gegeben sein soll, wenn ein solches wirksam vereinbart wurde.

[19] Zu steuer- und bilanzrechtlichen Aspekten der Provision vgl. ausf. EBJS/*Löwisch* Rn. 18, 90 ff.; *Thurow* BC 2010, 437.

[20] Heymann/*Stöber* Rn. 6.

[21] Baumbach/Hopt/*Hopt* Rn. 2; Heymann/*Stöber* Rn. 6; Oetker/*Busche* Rn. 5; *Stötter/Lindner/Karrer,* Die Provision und ihre Abrechnung, 2. Aufl. 1980, 3; ebenso zur Abschlussprovision von „angestellten Handelsvertretern" BAG AP BetrVG 1972 § 87 Provision Nr. 4 mAnm *Hanau* = SAE 1985, 120 (121 ff.) m. zust. Anm. *Meisel* = EzA BetrVG 1972 § 87 Leistungslohn Nr. 10 m. zust. Anm. *Otto.*

durch die Provision abgegolten werden sollen.[22] Sie können insbesondere vereinbaren, dass mit der Provision nicht nur die erfolgreiche Geschäftsvermittlung bzw. der erfolgreiche Abschluss eines Geschäfts, sondern zB die Geschäftsabwicklung durch den Handelsvertreter oder ein Inkasso (→ Rn. 127 ff.) abgegolten sein soll.

b) Zusatz- oder Sondervergütungen, Prämien, Boni. Neben der Vermittlungs- und Abschlussprovision können dem Handelsvertreter für darüber hinausgehende, besondere Zusatzleistungen Zusatz- oder Sonderprovisionen zustehen. Gesetzlich geregelte Fälle sind zB die Delkredereprovision nach § 86b und die Inkassoprovision nach Abs. 4. Darüber hinausgehend kann vertraglich vereinbart werden, dass der Handelsvertreter besondere Aufgaben wie zB die Bestandspflege, die Lagerhaltung oder Auslieferung übernimmt und hierfür zusätzliche Provisionen erhält. Im Regelfall sind Zusatz- oder Sonderprovisionen nicht erfolgs-, sondern tätigkeitsbezogen.[23] 15

Sog **Superprovisionen** vergüten erfolgsbezogen eine werbende Tätigkeit des Handelsvertreters[24] und werden dem Handelsvertreter gezahlt, wenn dieser zwar nicht unmittelbar am Geschäftsabschluss beteiligt war, seine Tätigkeit aber dennoch als mitursächlich für das Zustandekommen des Geschäfts anzusehen ist.[25] Von Superprovisionen wird in der Regel bei der Beteiligung des Hauptvertreters am Vermittlungserfolg der ihm unterstellten Untervertreter gesprochen.[26] 16

Darüber hinaus können die Parteien auch **Prämien bzw. Boni** für bestimmte Erfolge, die der Handelsvertreter nach dem Handelsvertretervertrag nicht schuldet, vereinbaren. Bei Prämien und Boni handelt es sich um freiwillige Leistungen des Unternehmers, die nicht im Gegenseitigkeitsverhältnis zu den vertraglich geschuldeten Leistungen des Handelsvertreters stehen (zB Erfolgsprämie für das Erreichen bestimmter Jahresziele, da der Handelsvertreter nicht einen bestimmten Erfolg schuldet, sondern nur einer Bemühenspflicht unterliegt). Folglich können die Parteien – auch in AGB – beispielsweise vereinbaren, dass der Bonusanspruch für Handelsvertreter, deren Vertragsverhältnis während des Jahres endet, erlischt.[27] Zum Teil werden Prämien und Boni nicht vereinbart, sondern einseitig vom Unternehmer ausgelobt. Der Unternehmer kann, wie er das Versprechen einer freiwilligen Leistung ganz hätte unterlassen können, Inhalt und Umfang dieses Versprechens von vornherein frei ausgestalten. Allerdings kann er nach Abgabe des Zahlungsversprechens dessen Erfüllung nicht mehr aus anderen als den bei seiner Abgabe aufgestellten Bedingungen oder Einschränkungen oder aus gesetzlichen Gründen verweigern. Ansonsten ist aber in seiner Fortführung und Abänderbarkeit frei.[28] §§ 87–87d sind nicht anwendbar. Indes ist die Vereinbarung oder das einseitige Zahlungsversprechen unwirksam, wenn sie bzw. es geeignet ist, den Handelsvertreter von der Kündigung des Vertrages abzuhalten (→ § 89 Rn. 63). 17

Die **Einordnung** der Vergütung als Abschluss- bzw. Vermittlungsprovision, Zusatzprovision oder als Prämie bzw. Bonus ist für den Ausgleichsanspruch nach § 89b von Bedeutung. Regelmäßig sind nur die erfolgsbezogenen, nicht aber die tätigkeitsbezogenen Provisionen nach dieser Bestimmung ausgleichspflichtig (wegen der Einzelheiten → § 89b Rn. 101 ff.). Erfolgsabhängig gewährte Prämien und Boni sind indes bei der Bemessung des Ausgleichsanspruchs zu berücksichtigen, sofern der Handelsvertreter – beispielsweise 18

---

22 BAG DB 2000, 2530 f.

23 Heymann/*Stöber* Rn. 7.

24 BGH BB 1989, 1075; EWiR § 89b 2/89, 693 m. Kurzkomm. *v. Hoyningen-Huene*; BGHZ 59, 125 = NJW 1972, 1664; Wauschkuhn/Flohr/*Fröhlich* Rn. 11; zur Abgrenzung der Superprovision zum Aufwendungsersatz → § 89b Rn. 112.

25 Vgl. BGHZ 59, 125 = NJW 1972, 1664; BGH BB 1989, 1075; für den Versicherungsvertreter entsteht der Anspruch erst mit Prämienzahlung gemäß § 92 Abs. 4, dazu BAG NZA 2015, 871 Rn. 28.

26 *Thume* in Küstner/Thume VertriebsR-HdB I Kap. V Rn. 96.

27 BGH NJW 1994, 1060 (1065) für Vertragshändler; anders BAG DB 1996, 2292 für einen angestellten Außendienstmitarbeiter; vgl. auch BGH BB 2016, 18; BGH NZG 2020, 64 zur Zahlung variabler Vergütung für einen AG-Vorstand.

28 BGH NJW 1994, 1060 (1065) für Vertragshändler; vgl. auch BGH BB 2016, 18; OLG Düsseldorf ZVertriebsR 2020, 90.

aufgrund jahrelanger Übung – berechtigterweise erwarten konnte, auch in Zukunft vergleichbare Leistungen zu erhalten. Darauf, ob der Handelsvertreter einen vertraglichen Anspruch auf diese hatte, kommt es nicht an (→ § 89b Rn. 111). Zur Bedeutung von sog. Verwaltungsprovisionen bei der Berechnung des Ausgleichsanspruchs → § 89b Rn. 108 ff.

19 **c) Überhangprovisionen.** Überhangprovisionen entstehen, wenn vor Beendigung des Handelsvertreterverhältnisses Geschäfte abgeschlossen, aber erst danach ausgeführt werden[29] (zur Möglichkeit des vertraglichen Ausschlusses derselben → Rn. 69).

20 **3. Sonstige Vergütungsformen.** Die Provision ist die gesetzlich geregelte, regelmäßige Art der Vergütung des Handelsvertreters. Im Rahmen der Vertragsfreiheit steht es jedoch den Parteien frei, als Gegenleistung für die vom Handelsvertreter geschuldeten Bemühungen eine andere Form der Vergütung zu vereinbaren.[30] In Betracht kommt insoweit namentlich eine **feste Vergütung** oder auch eine am Gesamtumsatz oder Gewinn des vertretenen Unternehmens orientierte Umsatz- bzw. Gewinnbeteiligung **(Tantieme).**[31] Auf diese Formen der Vergütung sind die §§ 87–87d nicht anwendbar. Die genannten Vergütungsformen werden in der Praxis häufig **miteinander gekoppelt.** Vielfach wird dem Handelsvertreter zB für die zum Zwecke der Geschäftsvermittlung getätigten Aufwendungen ein Fixum gezahlt und daneben erfolgsabhängige Provisionen oder Beteiligungen am Gewinn- bzw. Umsatz des Unternehmers gewährt. Soweit der Vertreter jedoch eine Beteiligung an den Umsätzen aus den Verträgen, die er vermittelt bzw. abgeschlossen hat, erhält (wie zB in manchen Branchen in Bezug auf die mit dem Kunden monatlich generierten Rechnungsumsätze), handelt es sich um eine Provision, auf die die §§ 87–87d anwendbar sind. Vermittelt indes ein Kraftfahrzeughändler einer Leasinggesellschaft gegen Provision Finanzierungsleasingverträge über Neufahrzeuge, die die Leasinggesellschaft jeweils von ihm bezieht und zu deren Rückkauf nach Ablauf der Leasingverträge er auf Grund eines Rahmenvertrags mit der Leasinggesellschaft verpflichtet ist, so kann nach der Rechtsprechung des BGH die Gewinnchance, die für den Händler mit dem Rückkauf und der Weiterveräußerung der von den Leasingnehmern zurückgegebenen Fahrzeuge verbunden ist, nicht als Teil seiner Provision für die Vermittlung der betreffenden Leasingverträge angesehen werden. Denn die Vermittlungsleistung habe der Händler spätestens in dem Zeitpunkt erbracht, in welchem ein von ihm vermittelter Kunde den Leasingvertrag abschließt. Mit dem Eintritt dieses Vermittlungserfolgs sei die werbende Tätigkeit des Händlers in Bezug auf den jeweiligen Leasingkunden abgeschlossen. Der nach Beendigung des vermittelten Leasingvertrags anstehende Rückkauf des Leasingfahrzeugs könne nicht der vermittelnden Tätigkeit des Händlers zugerechnet werden.[32]

21 Das **Fixum** darf nicht mit der Provisionsgarantie verwechselt werden. Aufgrund der **Provisionsgarantie** steht dem Handelsvertreter zwar eine Mindestvergütung zu, diese Mindestvergütung wird aber nicht neben den Provisionen gezahlt, sondern etwa erworbene Provisionsansprüche sind zunächst auf die Provisionsgarantie zu verrechnen. Steht dem Handelsvertreter nach den vertraglichen Abreden eine Mindestvergütung zu, so handelt es sich im Zweifel um eine solche Provisionsgarantie, nicht um ein Fixum.[33]

22 Auch beim **Provisionsvorschuss** handelt es sich um keine sonstige Vergütungsform, sondern um die Vereinbarung einer von § 87a abweichenden begrenzten Vorleistungspflicht des Unternehmers. Dieser hat auf die zu erwartenden Provisionsansprüche des Handelsvertreters einen Vorschuss zu zahlen. Decken die vom Handelsvertreter auf Grund seiner Tätigkeit erworbenen Provisionen den Provisionsvorschuss nicht, muss der Handelsvertreter den Differenzbetrag, anders als bei der Provisionsgarantie, an den Unternehmer – auch bei

---

29 BGH WM 1998, 723; Baumbach/Hopt/*Hopt* Rn. 2, 38; *v. Hoyningen-Huene* Kurzkomm. zu BGH EWiR § 89b 1/97, 175.

30 Vgl. auch die Übersichten bei EBJS/*Löwisch* Rn. 8; Staub/*Emde* Rn. 24 f.

31 Zur Abgrenzung einer Provision von einer Erfolgsbeteiligung BAG NZA-RR 2006, 582 (586).

32 BGH NJW-RR 2006, 824 (827) mAnm. *Stoffels/Born* LMK 2006, 182247; *Reinking* EWiR 2006, 491.

33 OLG Nürnberg BB 1964, 866.

Fehlen einer ausdrücklichen vertraglichen Regelung – zurückzahlen; bereicherungsrechtliche Ansprüche finden keine Anwendung.[34]

III. Vermittlungs- und Abschlussprovision (Abs. 1)

1. Allgemeines. Nach Abs. 1 steht dem Handelsvertreter ein Provisionsanspruch für die während des Vertragsverhältnisses abgeschlossenen Geschäfte zu, die auf seine Tätigkeit zurückzuführen oder mit einem Dritten abgeschlossen worden sind, die er als Kunden für Geschäfte der gleichen Art geworben hat (S. 1). Die Bestimmung steckt damit den Kreis derjenigen Geschäfte ab, für die der Handelsvertreter auf Grund seines Tätigwerdens eine Provisionsanwartschaft erwirbt (→ Rn. 3). 23

Voraussetzung für die Entstehung des aufschiebend bedingten Provisionsanspruchs nach Abs. 1 ist **nicht,** dass zwischen dem Handelsvertreter und dem Unternehmer ein **wirksames Handelsvertreterverhältnis** begründet wurde. Ist der Handelsvertretervertrag nichtig oder ist aus sonstigen Gründen kein wirksames Handelsvertreterverhältnis begründet worden, steht dem Handelsvertreter gleichwohl ein Provisionsanspruch zu. Dies gilt nicht nur für Geschäfte, die der Handelsvertreter in Kenntnis der Unwirksamkeit des Handelsvertreterverhältnisses abschließt, sondern auch für Geschäfte, die er in der Vergangenheit in Unkenntnis der Unwirksamkeit abgeschlossen oder vermittelt hat. Die im Arbeitsrecht entwickelten Grundsätze zum fehlerhaften Arbeitsverhältnis,[35] wonach die Unwirksamkeit eines bereits in Vollzug gesetzten Arbeitsverhältnisses nicht mehr mit rückwirkender Kraft, sondern nur noch für die Zukunft geltend gemacht werden kann,[36] müssen hier entsprechend gelten (→ § 89 Rn. 17). Der BGH hat diese Grundsätze bereits bei Nichtigkeit des Handelsvertretervertrages infolge Anfechtung mit Blick auf den Ausgleichsanspruch angewendet (→ § 89b Rn. 38). Zumindest im Hinblick auf die Provisionsansprüche des Handelsvertreters kann nichts anderes gelten.[37] 24

2. Geschäftsabschluss während des Vertragsverhältnisses (Abs. 1 S. 1). a) Geschäftsabschluss. aa) Begriff des Geschäfts. Provisionspflichtig sind nur Geschäfte, die während der Vertragszeit abgeschlossen worden sind. Dabei ist für die Art der provisionspflichtigen Geschäfte nach Abs. 1 S. 1 der Inhalt des Handelsvertreterverhältnisses maßgeblich. Da der Provisionsanspruch auf dem Handelsvertreterverhältnis beruht, ist der Anspruch nur für den Abschluss solcher Geschäfte gegeben, mit deren Vermittlung oder Abschluss der Handelsvertreter nach dem **Inhalt des Handelsvertretervertrages** und den darin gesetzten Aufgaben betraut war. Handelt es sich hingegen um Geschäfte, mit deren Vermittlung oder Abschluss der Handelsvertreter nicht beauftragt war, so begründet der Abschluss keinen Provisionsanspruch (auch nicht nach § 354, → Rn. 6). Diese Geschäfte liegen außerhalb seiner Vertragsverpflichtung.[38] Dies gilt auch dann, wenn der Unternehmer Waren verschiedener Art vertreibt, der Handelsvertreter aber nur mit dem Absatz einer dieser Warenarten betraut ist, gleichwohl aber Waren der anderen Art absetzt. Hingegen ist dem Bezirksvertreter (Abs. 2 S. 1) einer Betätigung außerhalb des vertraglich zugewiesenen Bereichs nicht ohne weiteres verwehrt (ausführlich → Rn. 81). Ferner muss der Handelsvertreter das Geschäft auch hinsichtlich der Art und Weise ordnungs- und vertragsgemäß vermittelt bzw. abgeschlossen haben; an die Art und Weise der Vermittlung dürfen spezifische Anforderungen gestellt werden. Sind diese nicht erfüllt, ist ein Provisionsanspruch nicht gegeben.[39] Ist zB ein Handelsvertreter nur zum Vertrieb über ein stationäres Ladenlokal berechtigt oder darf er die Anträge beim Unternehmer nur über ein spezifisches EDV- 25

34 S. nur OLG Düsseldorf ZVertriebsR 2016, 100 mwN.

35 Vgl. dazu nur ErfK/*Preis* BGB § 611a Rn. 145 ff.; ausf. *v. Hoyningen-Huene,* AR-Blattei: Arbeitsvertrag-Arbeitsverhältnis VI, Tatsächliches Arbeitsverhältnis, 1980.

36 Vgl. nur MHdB ArbR/*Benecke* § 38 Rn. 48 ff.

37 OLG Hamm IHR 2016, 85; Staub/*Emde* Rn. 54.

38 Baumbach/Hopt/*Hopt* Rn. 7; EBJS/*Löwisch* Rn. 38; Heymann/*Stöber* Rn. 9; Oetker/*Busche* Rn. 10, dort auch zu den Ausnahmen.

39 EBJS/*Löwisch* Rn. 38; Staub/*Emde* Rn. 11.

System einreichen, steht ihm ein Provisionsanspruch nicht zu, wenn er über das Internet das Geschäft vermittelt oder die Anträge anderweitig eingereicht hat.

26 Aufgabe des Handelsvertreters ist die Geschäftsvermittlung oder der Geschäftsabschluss mit Dritten. Daher sind **Eigengeschäfte** des Handelsvertreters grundsätzlich nicht provisionspflichtige Geschäfte iSv Abs. 1.[40] Ein Provisionsanspruch kann bei Eigengeschäften nur dann entstehen, wenn dies vertraglich vereinbart wurde oder ein dahingehender Handelsbrauch besteht.

27 Problematisch sind die Fälle, in denen das vom Handelsvertreter vermittelte Geschäft nicht mit dem Unternehmer, sondern mit einem mit diesem verbundenen **dritten Unternehmen** zustande kommt. In diesem Fall steht dem Handelsvertreter gleichwohl der Provisionsanspruch gegen den Unternehmer zu, wenn dieser zwar nicht selbst, aber durch ein von ihm beherrschtes drittes Unternehmen abschließen lässt.[41] Entsprechendes gilt, wenn ein den Unternehmer beherrschendes anderes Unternehmen (wirtschaftliche Einheit) das vermittelte Geschäft abschließt,[42] und zwar auch dann, wenn keine Umgehungsabsicht vorliegt. Allerdings genügt nicht schon jede Unternehmensverbindung, auch nicht die bloße Zugehörigkeit zum gleichen Konzern.[43] So soll kein Provisionsanspruch entstehen, wenn das Geschäft mit einem vermittelten Kunden nicht durch den Unternehmer selbst, sondern durch eine personenidentische Schwestergesellschaft mit gleichem Produktionsprogramm abgeschlossen wird, die aber in Produktion und Vertrieb selbständig handelt.[44] Zu Geschäften mit Zweigniederlassungen eines Unternehmens → Rn. 100 f.

28 **bb) Abschluss des Geschäfts.** Weitere Voraussetzung für den Provisionsanspruch ist, dass das Geschäft abgeschlossen ist. Voraussetzung hierfür ist ein nach den allgemeinen Regeln **wirksamer Vertragsschluss** zwischen dem Unternehmer und dem Geschäftspartner. Ein Provisionsanspruch wird daher nicht erworben, wenn das Geschäft von vornherein nichtig oder nachträglich mit Rückwirkung, zB durch Anfechtung vernichtet worden ist und deswegen unausgeführt bleibt.[45] Hat der Unternehmer die Unwirksamkeit des Vertrages zu vertreten, kann dem Handelsvertreter ggf. ein Anspruch auf Schadensersatz aus § 280 Abs. 1 BGB iVm § 311 Abs. 2 BGB zustehen.[46] Bei bloß teilweiser Nichtigkeit (vgl. § 139 BGB) besteht ein Provisionsanspruch nur für den gültig bleibenden Teil des Geschäfts.[47] Haben Unternehmer und Dritter hingegen das unwirksame Geschäft tatsächlich durchgeführt und seine Wirksamkeit nicht in Zweifel gezogen und mithin das Geschäft wie ein wirksames behandelt, besteht ein Provisionsanspruch des Handelsvertreters.[48]

29 Ein wirksamer Geschäftsabschluss iSv Abs. 1 S. 1 liegt auch bei Verträgen vor, die nur unter einer **aufschiebenden Bedingung** abgeschlossen worden sind. Diese sind grundsätzlich provisionspflichtig, und zwar ohne Rücksicht darauf, zu welchem Zeitpunkt die aufschiebende Bedingung eintritt.[49] Allerdings ist hier der Provisionsanspruch im doppelter

[40] Baumbach/Hopt/*Hopt* Rn. 15 und § 84 Rn. 23; Heymann/*Stöber* Rn. 12; *Thume* in Küstner/Thume VertriebsR-HdB I Kap. V Rn. 43 ff.; Staub/*Emde* Rn. 75; aA LG Frankfurt ZVertriebsR 2018, 252 Rn. 50; OLG Hamburg OLGE 36, 258 f. – es sei denn, der Handelsvertreter erhält für Eigengeschäfte besondere Vergünstigungen; *Schnitzler* DB 1965, 463 f.

[41] BGH NJW 1981, 1785; BB 1987, 1417.

[42] BGH WM 1987, 546; *v. Hoyningen-Huene* Kurzkomm. zu BGH EWiR § 87 1/87, 380.

[43] Baumbach/Hopt/*Hopt* Rn. 14.

[44] LG Münster MDR 1983, 673; Baumbach/Hopt/*Hopt* Rn. 14; Heymann/*Stöber* Rn. 12; Oetker/*Busche* Rn. 13.

[45] EBJS/*Löwisch* Rn. 25; Oetker/*Busche* Rn. 11; Staub/*Emde* Rn. 62; ausf. *Christoph/Effenberger* VersR 2007, 593 ff., dort auch zum Sonderfall der Anfechtung eines Versicherungsvertrages mit zT abw. Auffassung.

[46] Baumbach/Hopt/*Hopt* Rn. 7; aA *Canaris* HandelsR § 15 Rn. 57; Oetker/*Busche* Rn. 11: Provisionsanspruch gem. § 87a Abs. 3 analog.

[47] Staub/*Emde* Rn. 68; bei Verstoß gegen Preisvorschriften ist für den Provisionsanspruch der gesetzlich zugelassene Preis ohne Rücksicht darauf maßgeblich, was wirklich gezahlt worden ist: OLG Düsseldorf MDR 1957, 168.

[48] OLG Hamburg BeckRS 2015, 6180 mwN.

[49] OLG Düsseldorf OLGR 1997, 146; Baumbach/Hopt/*Hopt* Rn. 7; *Thume* in Küstner/Thume VertriebsR-HdB I Kap. V Rn. 147; Staub/*Emde* Rn. 64; EBJS/*Löwisch* Rn. 24.

Hinsicht aufschiebend bedingt: einmal vom Eintritt der dem Geschäft selbst anhaftenden aufschiebenden Bedingung, zum anderen von der weiteren aufschiebenden Bedingung der Ausführung des Geschäfts (§ 87a). Zur Provisionspflicht beim Abschluss eines Vorvertrags und zum Optionsrecht → Rn. 66 f.

Bei **Geschäftsabschluss unter auflösender Bedingung** ist der **Entstehungsgrund** 30 für die Provisionsanwartschaft zunächst gegeben; mit der Ausführung des Geschäfts iSv § 87a erstarkt diese zum Vollrecht (→ Rn. 3). Mit Eintritt der auflösenden Bedingung tritt gem. § 158 Abs. 2 BGB der frühere Rechtszustand wieder ein. In diesem Fall entfällt der Provisionsanspruch des Handelsvertreters, soweit der Unternehmer den Eintritt der Bedingung nicht wider Treu und Glauben herbeigeführt hat (§ 162 Abs. 2 BGB).[50] Für das Geschäft bereits empfangene Provisionen muss der Handelsvertreter nach den Grundsätzen über die ungerechtfertigte Bereicherung herausgeben.

Dem Handelsvertreter steht ferner ein Provisionsanspruch nach Abs. 1 zu, wenn er 31 Verträge vermittelt oder abschließt, die der Kunde nach § 355 BGB widerrufen kann. Denn der vermittelte bzw. abgeschlossene Vertrag ist wirksam; dem Kunden steht lediglich ein Gestaltungsrecht zu. Übt der Kunde sein Widerrufsrecht fristgemäß aus, entfällt der Provisionsanspruch nach § 87a Abs. 3, weil der Unternehmer die Nichtausführung des Geschäfts in diesem Fall nicht zu vertreten hat (→ § 87a Rn. 59). Entsprechendes gilt für vertraglich vereinbarte Widerrufs- und Rücktrittsrechte und deren Ausübung (→ § 87a Rn. 59).

b) Abschluss während des Vertragsverhältnisses. Provisionspflichtig sind nur sol- 32 che Geschäfte, die während des Vertragsverhältnisses abgeschlossen worden sind. Hierfür ist maßgeblich, ob der Abschlusstatbestand in die Vertragszeit fällt. Die während des Laufs einer Kündigungsfrist abgeschlossenen Geschäfte sind provisionspflichtig. Entscheidend ist insoweit nicht, wann der Kündigungsgrund eingetreten ist, sondern in welchem Zeitpunkt die Kündigung wirksam wird.[51] Bei **bedingt abgeschlossenen Geschäften** kommt es daher nicht darauf an, wann die Bedingung eingetreten ist.[52] Unerheblich ist auch, zu welchem Zeitpunkt das Geschäft zur Ausführung gelangt.[53] Zum Provisionsanspruch beim Abschluss von Sukzessivlieferungs-, Rahmen- oder Bezugsverträgen → Rn. 63 ff.

Bedarf ein abgeschlossenes Geschäft zu seiner Wirksamkeit der **Genehmigung** einer 33 Behörde oder eines Dritten, dann ist selbst bei einer Genehmigung nach Vertragsende ein Provisionsanspruch gegeben, wenn – wie im Regelfalle – die Genehmigung der Behörde[54] oder des Dritten (§ 184 Abs. 1 BGB) zurückwirkt.[55] In diesem Falle wird nämlich auf Grund der Rückwirkung ein bereits zum Zeitpunkt des Abschlusses und damit während des Bestehens des Vertragsverhältnisses wirksames Geschäft fingiert, so dass die Voraussetzungen für den Provisionsanspruch gegeben sind. Nur soweit der Genehmigung (Zustimmung) lediglich Wirkung für die Zukunft zukommt, war während des Bestehens des Handelsvertreterverhältnisses noch kein wirksamer Abschlusstatbestand gegeben, so dass ein Provisionsanspruch nicht entsteht. Aus dem gleichen Grund scheidet bei den formunwirksamen Rechtsgeschäften, die erst nach Beendigung des Handelsvertreterverhältnisses durch Erfüllung geheilt oder bestätigt werden, ein Provisionsanspruch aus. Während der Dauer des Vertragsverhältnisses war nämlich kein wirksamer provisionspflichtiger Geschäftsabschluss gegeben.

3. Provisionspflichtige Geschäfte (Abs. 1 S. 1). a) Auf die Tätigkeit des Han- 34 delsvertreter zurückzuführende abgeschlossene Geschäfte (Alt. 1). Der Provisionsanspruch nach S. 1 Alt. 1 entsteht nur für den Abschluss solcher Geschäfte, die auf eine Tätigkeit des Handelsvertreters zurückzuführen sind.

---

50 Baumbach/Hopt/*Hopt* Rn. 7, 8; *Thume* in Küstner/Thume VertriebsR-HdB I Kap. V Rn. 150 mit weiteren Beispielen; Staub/*Emde* Rn. 64; aA EBJS/*Löwisch* Rn. 27.

51 *v. Gamm* NJW 1979, 2489 (2492); Oetker/*Busche* Rn. 15.

52 OLG Düsseldorf OLGR 1997, 146; Baumbach/Hopt/*Hopt* Rn. 7, 38; Heymann/*Stöber* Rn. 13.

53 Baumbach/Hopt/*Hopt* Rn. 38; Heymann/*Stöber* Rn. 13.

54 Vgl. Palandt/*Ellenberger* BGB Einf. v. § 182 Rn. 6.

55 EBJS/*Löwisch* Rn. 24; aA Schlegelberger/*Schröder* Rn. 10; Staub/*Emde* Rn. 62.

35 **aa) Vermittlungs- bzw. Abschlusstätigkeit.** Auf die **Tätigkeit des Handelsvertreters** zurückzuführen sind alle Geschäftsabschlüsse, die durch eine Tätigkeit des Handelsvertreters veranlasst worden sind. Die Tätigkeit des Handelsvertreters muss danach **kausal** für das Zustandekommen des Geschäfts in dem Sinne gewesen sein, dass das Geschäft ohne die Mitwirkung des Handelsvertreters nicht oder zumindest nicht in der abgeschlossenen Form zustande gekommen wäre. Daher ist nicht erforderlich, dass für den Geschäftsabschluss allein und ausschließlich die Tätigkeit des Handelsvertreters ausschlaggebend war.[56] Grundsätzlich genügt jede Mitursächlichkeit der Tätigkeit des Handelsvertreters, wenn sie das Zustandekommen gerade dieses Geschäfts im Ergebnis gefördert und dadurch mitbewirkt hat.[57] Der Handelsvertreter muss das Geschäft nicht selbst vermittelt oder abgeschlossen haben.[58]

36 **bb) Mitursächlichkeit.** Die **Mitursächlichkeit** iSv Abs. 1 S. 1 Alt. 1 ist immer dann gegeben, wenn der Handelsvertreter als **Abschlussvertreter** das Geschäft mit dem Dritten selbst abgeschlossen hat. In diesem Fall ist der Geschäftsabschluss unmittelbar auf das Vertreterhandeln zurückzuführen. Der Provisionsanspruch entsteht daher auch dann, wenn der Dritte bereits fest zum Geschäftsabschluss entschlossen war und ohne das Tätigwerden des Handelsvertreters unmittelbar mit dem Unternehmer abgeschlossen hätte.[59]

37 Mitursächlichkeit des **Vermittlungsvertreters** ist ferner dann gegeben, wenn er die für den Geschäftsabschluss erforderlichen Willenserklärungen von Unternehmer und/oder Kunden übermittelt hat.[60] Aber auch **ohne Übermittlung der Willenserklärungen** kann eine Mitursächlichkeit des Vermittlungsvertreters für den Geschäftsabschluss zu bejahen sein, wenn der Handelsvertreter das Zustandekommen des Geschäfts im Ergebnis **gefördert** und dadurch mitbewirkt hat. Dabei entsteht der Provisionsanspruch auch dann, wenn der Unternehmer von der Mitursächlichkeit des Handelsvertreters keine Kenntnis hatte.[61] Entscheidend ist immer, dass die Tätigkeit des Handelsvertreters nicht hinweggedacht werden kann, ohne das Zustandekommen des konkreten Abschlusses in Zweifel zu ziehen.

38 Unschädlich ist es daher, wenn **nicht allein die Bemühungen** des Handelsvertreters, sondern erst zusätzliche Anstrengungen des Unternehmers oder eines von ihm beauftragten Dritten zu dem Geschäftsabschluss geführt haben. Dies gilt selbst dann, wenn der Geschäftsabschluss überwiegend auf das Tätigwerden des Unternehmers zurückzuführen ist, soweit nur eine Mitursächlichkeit der Tätigkeit des Handelsvertreters bestehen bleibt.[62] Dementsprechend ist Mitursächlichkeit auch dann gegeben, wenn die Tätigkeit des Handelsvertreters zunächst erfolglos geblieben ist, jedoch erfolgreiche Verhandlungen zwischen dem Unternehmer und Kunden ausgelöst hat.[63]

39 Ob eine Mitursächlichkeit der Tätigkeit des Handelsvertreters für den Geschäftsabschluss gegeben ist, kann jeweils nur im konkreten **Einzelfall** festgestellt werden. Allgemein lässt sich jedoch sagen, dass von dem Handelsvertreter für den Erwerb der Provisionsanwartschaft nicht mehr an Mitwirkungshandlungen erwartet werden kann als er nach dem Handelsvertreterverhältnis verpflichtet ist. Hat der Handelsvertreter es nach dem Vertragsverhältnis nur übernommen, ihm vom Unternehmer benannte Kunden zu beraten, dann hat er die Provisionsanwartschaft erworben, wenn die vom ihm beratenen Kunden einen Kaufvertrag mit dem Unternehmer abschließen. Der Unternehmer kann hiergegen nicht einwenden, dass die Interessenten bereits vor der Beratung zum Kaufabschluss entschlossen waren

---

[56] Vgl. BGH NJW-RR 2002, 1548 (1551) für den Fall, dass der Abschluss mit dem Handelsvertreter durch vom Unternehmer ausgegebene Kundenkarten initiiert worden war, vgl. auch BGH NJW-RR 2003, 821 (822).

[57] AllgM, BGH NJW-RR 2006, 976 (978); LAG Köln NZA-RR 2007, 236 (237); *Thume* in Küstner/Thume VertriebsR-HdB I Kap. V Rn. 47; Oetker/*Busche* Rn. 17 mwN; Staub/*Emde* Rn. 77.

[58] LAG Hamm BB 1993, 2236.

[59] AA *Canaris* HandelsR § 15 Rn. 62 mwN.

[60] Baumbach/Hopt/*Hopt* Rn. 11; EBJS/*Löwisch* Rn. 37; Oetker/*Busche* Rn. 17.

[61] OLG Nürnberg BB 1959, 391; Baumbach/Hopt/*Hopt* Rn. 11; Oetker/*Busche* Rn. 17; Staub/*Emde* Rn. 77.

[62] BAG DB 1971, 779; *Habersack/Sanz* EWS 1997, 289 (291).

[63] LAG Rheinland-Pfalz BeckRS 2016, 74051.

oder es zusätzlicher, weiterer Anstrengungen seinerseits bedurfte, um die Interessenten zum Abschluss des Kaufvertrags zu bewegen.[64]

Andererseits wird die Entstehung des Provisionsanspruchs nicht dadurch ausgeschlossen, dass die **Vermittlungstätigkeit hinter dem zurückbleibt,** was nach dem Handelsvertretervertrag vom Handelsvertreter an Vermittlungsbemühungen geschuldet war. Ist sein Beitrag mitursächlich für den Geschäftsabschluss gewesen, dann entsteht nach Abs. 1 S. 1 Alt. 1 die Provisionsanwartschaft. **Beispiel:** Ist der Handelsvertreter nach dem Vertrag verpflichtet, Kunden ausfindig zu machen, zu beraten und bei Interesse mit diesen unmittelbar im Namen des Unternehmers Geschäfte abzuschließen, dann wird die Provisionsanwartschaft auch dann erworben, wenn der Handelsvertreter nur einen ihm vom Unternehmer benannten Kunden berät und dieser Kunde dann unmittelbar mit dem Unternehmer auf Grund der Beratung abschließt. Je nach Lage des Falles kann der Unternehmer allerdings Schadensersatzansprüche wegen zusätzlicher Aufwendungen auf Grund einer Verletzung der Pflichten aus dem Handelsvertretervertrag geltend machen. 40

cc) Weiterempfehlung durch Dritte. Besondere Schwierigkeiten bereiten diejenigen Fälle, in denen der Kunde auf Grund einer vom Vermittlungsvertreter herbeigeführten Weiterempfehlung eines Dritten unmittelbar mit dem Unternehmer abschließt. In diesem Falle ist die Mitursächlichkeit besonders sorgfältig zu prüfen. So genügt es nicht schon, wenn andere mit dem Kunden verbundene Unternehmen[65] oder sonst zusammenarbeitende Unternehmen bestellen, oder der Kunde das Produkt lediglich weiterempfiehlt, weil er mit diesem zufrieden ist.[66] Demgegenüber kann jedoch im Einzelfall ein Provisionsanspruch gegeben sein, wenn der Kunde zwar nicht selbst mit dem Unternehmer abschließt, aber seinen selbständigen Zweigniederlassungen empfiehlt, die Waren unmittelbar bei dem Unternehmer zu beziehen.[67] Zu den Fällen wirtschaftlicher Einheit zwischen Unternehmer und Kunden → Rn. 27. 41

dd) Einzelfälle.[68] Mitursächlichkeit und damit ein provisionspflichtiger Geschäftsabschluss ist in folgenden Fällen angenommen worden: Offenhalten eines Ladenlokals;[69] unmittelbare Bestellung eines Kunden bei dem Unternehmer, wenn sich der Kunde als Ausstellungsbesucher auf Grund einer von dem Handelsvertreter veranstalteten Ausstellung der Erzeugnisse des Unternehmers mit dem Unternehmer in Verbindung gesetzt hat;[70] unmittelbarer Abschluss des Unternehmers mit einem Kunden, den der Handelsvertreter ausfindig gemacht und vor dem Geschäftsabschluss ausführlich beraten hat;[71] Abschluss eines Kaufvertrags zwischen dem Unternehmer und einem Kunden, den der Unternehmer zwar ausfindig gemacht hat, der Handelsvertreter aber auf Grund des Handelsvertretervertrags zuvor ausführlich beraten und über das Kaufobjekt konkret informiert hat;[72] Direktauftrag des Kunden an den Unternehmer aufgrund eines vom Handelsvertreter vermittelten oder unmittelbar abgeschlossenen Musterkaufs.[73] 42

Demgegenüber wurden als **nicht mitursächliche** Beiträge und daher nicht provisionspflichtige Geschäftsabschlüsse angesehen: Bloße Schreibhilfe des Handelsvertreters, zB Ausfüllen eines Formulars;[74] Übersetzungshilfe durch den Handelsvertreter;[75] bloßer Nachweis einer Gelegenheit zum Vertragsabschluss für den Unternehmer.[76] 43

---

64 BAG DB 1971, 779.
65 Dazu OLG Celle BB 1970, 51 f.
66 Baumbach/Hopt/*Hopt* Rn. 13; Oetker/*Busche* Rn. 17.
67 BGH NJW 1960, 433.
68 Staub/*Emde* Rn. 81 f.
69 BGH NJW 1998, 66; BB 1985, 353; EBJS/*Löwisch* Rn. 40. Sicherlich als unterste Grenze der Vermittlungsleistung/der Einwirkung auf den Kunden, Staub/*Emde* § 84 Rn. 55.
70 *Thume* in Küstner/Thume VertriebsR-HdB I Kap. V Rn. 48; Staub/*Emde* Rn. 81.
71 BAG DB 1969, 266.
72 BAG DB 1971, 779.
73 OLG Düsseldorf DB 1956, 376.
74 OLG Köln DB 1971, 327.
75 LAG BW DB 1959, 236.
76 LAG Hamm DB 1959, 236.

44 **b) Nachbestellungen (Alt. 2). aa) Grundgedanke und Begriff.** Der Handelsvertreter kann auch ohne weiteres Tätigwerden einen Provisionsanspruch für solche Geschäfte erwerben, die der Unternehmer mit Dritten abschließt, die der Handelsvertreter als **Kunden für Geschäfte der gleichen Art** geworben hat. Dem Handelsvertreter wird damit ein provisionsrechtlicher Kundenschutz für alle Kunden eingeräumt, zu denen er Geschäftsbeziehungen zum Unternehmer hergestellt hat. Dem liegt der Gedanke zugrunde, dass diese Geschäfte zumeist wenigstens mittelbar auf die Tätigkeit des Handelsvertreters zurückzuführen sind, weil dieser den Kunden bereits mit **Nachbestellung** oder Folgeauftrag für den Unternehmer geworben hat. Die Mitursächlichkeit bei Nachbestellungen wird daher kraft Gesetzes unwiderleglich vermutet.[77] Aufgrund der unwiderleglichen Vermutung ist dem Unternehmer der Nachweis abgeschnitten, dass die Bestellungen nicht auf die frühere Tätigkeit des Handelsvertreters zurückzuführen sind.[78] Dies soll den Unternehmer unter anderem daran hindern, den vom Handelsvertreter geworbenen Kunden direkt zu beliefern und so den Provisionsanspruch zu umgehen.[79] Sind die Nachbestellungen allerdings durch erneute Tätigkeit des Handelsvertreters veranlasst, dann ergibt sich der Provisionsanspruch bereits aus Abs. 1 S. 1 Alt. 1. Dies kann von Bedeutung sein, wenn der Provisionsanspruch für Nachbestellungen vertraglich ausgeschlossen oder hierfür eine niedrigere Provision festgesetzt ist.[80]

45 Der Provisionsanspruch für Nachbestellungen besteht allerdings kraft Gesetzes **nicht für Versicherungs- und Bausparkassenvertreter.** Diese können Provision nur für Geschäfte verlangen, die direkt auf ihre Tätigkeit zurückzuführen sind (§ 92 Abs. 3 und 5).

46 Als Nachbestellung ist ein Geschäftsabschluss nur dann nach Abs. 1 S. 1 Alt. 2 provisionspflichtig, wenn der Handelsvertreter den Geschäftspartner als Kunden für **Geschäfte der gleichen Art** geworben hat. Das Gesetz vermutet insoweit unwiderleglich, dass der Abschluss gleichartiger Geschäfte durch den Kunden auf die Werbung durch den Handelsvertreter zurückzuführen ist. Damit ist nach dem Gesetz weder ein Provisionsanspruch nach S. 1 Alt. 2 generell bei Altkunden ausgeschlossen noch ist jedes von einem durch den Handelsvertreter neu angeworbenen Kunden getätigte Geschäft als Nachbestellung provisionspflichtig. Ausschlaggebend ist zunächst allein, ob der Handelsvertreter den Kunden für Geschäfte der abgeschlossenen Art **geworben** hat.

47 **bb) Neuwerbung bei Altkunden.** Für Altkunden, die bereits mit dem Unternehmer in Geschäftskontakt standen, gilt für die Provisionspflicht von Nachbestellungen folgendes: Einlaufende Nachbestellungen von Altkunden, die der Handelsvertreter bereits übernommen hat, sind nicht nach S. 1 Alt. 2 provisionspflichtig. Hat der Handelsvertreter sich allerdings für eine solche Nachbestellung aktiv eingesetzt, steht ihm ein Provisionsanspruch nach Abs. 1 S. 1 Alt. 1 zu. Hieran anschließende Nachbestellungen sind dann nach Abs. 1 S. 2 Alt. 2 nur provisionspflichtig, wenn sie auf den vorausgegangenen eigenen Einsatz des Handelsvertreters zurückzuführen sind.[81]

48 Hatte der Altkunde mit dem Unternehmer zwar schon Geschäfte der gleichen Art abgeschlossen, war die Geschäftsverbindung aber zwischenzeitlich abgebrochen oder zum Erliegen gekommen, dann kann der Handelsvertreter **diesen Kunden** dem Unternehmer iSv Abs. 1 S. 1 Alt. 2 **neu zuführen.** Der Handelsvertreter erwirbt dann für das erste Geschäft eine Provisionsanwartschaft aus Abs. 1 S. 1 Alt. 1 und Provisionsanwartschaften für alle späteren Nachbestellungen, die sich aus dieser durch den Handelsvertreter reaktivierten Geschäftsbeziehung ergeben.[82] Analog § 89b Abs. 1 S. 2 steht es der Werbung eines neuen Kunden gleich, wenn der Handelsvertreter die Geschäftsverbindung mit einem Kunden so

---

[77] Baumbach/Hopt/*Hopt* Rn. 17; Heymann/*Stöber* Rn. 23; Oetker/*Busche* Rn. 19; Staub/*Emde* Rn. 89.
[78] BGH BB 1960, 1354 (1355); Baumbach/Hopt/*Hopt* Rn. 17; Heymann/*Stöber* Rn. 23; Oetker/*Busche* Rn. 19.
[79] *Habersack/Sanz* EWS 1997, 289 f.
[80] Staub/*Emde* Rn. 89.
[81] Staub/*Emde* Rn. 91.
[82] *Thume* in Küstner/Thume VertriebsR-HdB I Kap. V Rn. 68; Staub/*Emde* Rn. 92.

wesentlich erweitert hat, dass dies wirtschaftlich der Werbung eines neuen Kunden entspricht.[83] Dabei setzt die **Erweiterung der bestehenden Geschäftsbeziehung** nicht voraus, dass der Altkunde für zusätzliche Geschäfte einer anderen als der bisher abgeschlossenen Art geworben wird. Es genügt, wenn der Altkunde Nachbestellungen in einem quantitativ größeren Umfang aufgibt als vor dem Tätigwerden des Handelsvertreters. In einem solchen Fall sind sämtliche nach dem Tätigwerden des Handelsvertreters vorgenommenen Nachbestellungen provisionspflichtig.

Schließlich fallen auch Geschäfte mit alten Kunden des Unternehmers unter Abs. 1 S. 1 Alt. 2, wenn diese Altkunden bisher nur Geschäfte anderer Art mit dem Unternehmer abgeschlossen hatten und der Handelsvertreter sie nunmehr als Kunden für **Geschäfte einer neuen Art** wirbt. Provisionspflichtig sind in einem solchen Falle alle späteren Geschäfte der neuen Art, für die der Handelsvertreter den Kunden geworben hat. Nachbestellungen, die sich auf Geschäfte beziehen, für die der Handelsvertreter den Kunden nicht geworben hat, sind nicht provisionspflichtig. 49

cc) Kunden des Handelsvertreters. Für den Unternehmer neu geworben sind auch solche Kunden, die vor der Begründung des Handelsvertreterverhältnisses bereits in Geschäftsverbindung mit dem Handelsvertreter, nicht aber mit dem Unternehmer standen. Der eigene Kundenstamm des Handelsvertreters wird daher ab dem Zeitpunkt geschützt, in dem der Handelsvertreter seine eigenen Altkunden als neue Kunden dem Unternehmer zuführt. 50

dd) Geschäfte der gleichen Art. Hat der Handelsvertreter für das Unternehmen Kunden neu geworben, sind gleichwohl nicht sämtliche Geschäfte, die der Kunde daraufhin mit dem Unternehmer abschließt, provisionspflichtig. Eine Nachbestellung iSv Abs. 1 S. 1 Alt. 2 ist nur gegeben, wenn es sich um ein Geschäft handelt, für das der Handelsvertreter den Kunden dem Unternehmer **neu zugeführt** hat. Der Begriff der Geschäfte gleicher Art kann nicht allgemein bestimmt werden, sondern ist nach der Verkehrsanschauung in den beteiligten Wirtschaftskreisen festzulegen.[84] Für die Gleichartigkeit ist nicht notwendig, dass sich die Geschäfte auf den gleichen Artikel beziehen. Es genügt, wenn sie sich innerhalb des vom Handelsvertreter vertriebenen Sortiments bewegen.[85] Gleichartigkeit ist daher zB gegeben, wenn ein Kraftfahrzeugvertreter einen Kunden als Neuwagenkäufer geworben hat und dieser sich alsdann alljährlich das neueste Modell derselben Marke über denselben Vertreter kauft. 51

Im Einzelfall kann der Begriff des gleichartigen Geschäfts **weit zu verstehen** sein. Bezieht zB ein Einzelhändler auf Vermittlung des Handelsvertreters sämtliche Nahrungsmittel bei einem Nahrungsmittelgroßhändler, dann handelt es sich auch dann um eine provisionspflichtige Nachbestellung, wenn der Einzelhändler ein neu in das Sortiment aufgenommenes Nahrungsmittel bei dem Nahrungsmittelgroßhändler bezieht. Hier hat der Handelsvertreter den Einzelhändler allgemein für den Kauf von Nahrungsmitteln beim Nahrungsmittelgroßhändler geworben, so dass unter die von ihm vermittelte Art von Geschäften auch neu aufgenommene Nahrungsmittel fallen. Allerdings lassen sich allgemein gültige Richtlinien nicht aufstellen. Entscheidend müssen immer die **Umstände des Einzelfalls** bleiben. 52

c) Beweislast. Den Handelsvertreter trifft die Darlegungs- und Beweislast für sämtliche den Provisionsanspruch begründende Tatbestandsmerkmale. Danach obliegt es dem Handelsvertreter, darzulegen und ggf. zu beweisen, dass zurzeit des Abschlusses des Geschäftes ein Handelsvertreterverhältnis bestanden hat und dass es zu einem Geschäftsabschluss zwischen dem Unternehmer und einem Dritten gekommen ist. Schließlich liegt beim Handelsvertreter die Darlegungs- und Beweislast dafür, dass das Geschäft auf seine Tätigkeit zurück- 53

83 Heymann/*Stöber* Rn. 24; *Thume* in Küstner/Thume VertriebsR-HdB I Kap. V Rn. 69; Staub/*Emde* Rn. 91.

84 Begr. RegE, BT-Drs. 1/3856, 22; Heymann/*Stöber* Rn. 24; Oetker/*Busche* Rn. 20; Staub/*Emde* Rn. 93.

85 Heymann/*Stöber* Rn. 24.

zuführen ist oder dass es sich um ein Geschäft mit einem Dritten handelt, den er als Kunden für Geschäfte der gleichen Art geworben hat. Auch obliegt ihm die Darlegungs- und Beweislast, dass er das Geschäft ordnungs- und vertragsgemäß vermittelt bzw. abgeschlossen hat.

54 Für die Beweisführungspflicht des Handelsvertreters hinsichtlich seiner **Mitursächlichkeit** für den Abschluss eines Geschäfts gelten die Grundsätze des **Anscheinsbeweises.** Danach muss der Handelsvertreter nur darlegen und ggf. beweisen, dass er sich in Richtung auf den Geschäftsabschluss mit dem Kunden betätigt hat und dass das Geschäft auch zustande gekommen ist. Steht ein solcher Sachverhalt fest, dann ist es Sache des Unternehmers den Gegenbeweis dafür zu führen, dass die Tätigkeit des Handelsvertreters den späteren Geschäftsabschluss weder veranlasst noch auch nur mitveranlasst hat.

55 **4. Beteiligung mehrerer Handelsvertreter am Geschäftsabschluss.** Für den Abschluss eines Geschäfts kann die Tätigkeit mehrerer Handelsvertreter ursächlich sein. In einem solchen Fall ist fraglich, ob jeder einzelne Handelsvertreter den vollen Provisionsanspruch erwirbt oder ob zwischen den Handelsvertretern eine Provisionsteilung zu erfolgen hat.[86]

56 **a) Tätigwerden nacheinander (S. 2). Gesetzlich geregelt** ist in Abs. 1 S. 2 und Abs. 3 nur der Fall, in dem ein Handelsvertreter Anspruch auf Provision für erst nach Beendigung des Vertragsverhältnisses abgeschlossene Geschäfte hat, für deren Zustandekommen auch sein Nachfolger nach Abs. 1 S. 1 Alt. 1 mitursächlich geworden ist. Werden die Handelsvertreter in diesem Sinne nacheinander tätig, steht nach Abs. 1 S. 2 und Abs. 3 S. 1 der Anspruch auf Provision grundsätzlich nur dem ausgeschiedenen Handelsvertreter zu. Sein Nachfolger geht demzufolge grundsätzlich leer aus, auch wenn er an dem Abschluss des Geschäfts mitgewirkt hat. Nur ausnahmsweise findet nach Abs. 3 S. 2 eine Provisionsteilung statt, wenn wegen besonderer Umstände eine solche Teilung der Billigkeit entspricht (zu Einzelheiten → Rn. 123 ff.).

57 **b) Tätigwerden nebeneinander. Umstritten** ist demgegenüber die Rechtslage, wenn mehrere Handelsvertreter berechtigterweise nebeneinander tätig und für den Abschluss des Geschäfts mitursächlich geworden sind. Nach früher vertretener Auffassung sollte auch in diesen Fällen eine Provisionsteilung stattfinden.[87] Demgegenüber gesteht die jetzt hM im Regelfalle jedem Handelsvertreter einen vollen Provisionsanspruch gegen den Unternehmer zu, sofern die Parteien nicht etwas anderes im Handelsvertretervertrag vereinbart haben.[88]

58 Bei der Problemlösung ist zunächst zu beachten, dass sich eine **Provisionskollision** nur ergeben kann, wenn die beteiligten Handelsvertreter zum Vermittlungserfolg **in zulässiger Weise beigetragen** und daher nach der allgemeinen Regelung des Abs. 1 S. 1 einen Provisionsanspruch erworben haben.[89] Ist es zB einem Handelsvertreter untersagt, sich um bestimmte Kunden zu bemühen, erwirbt er keinen Provisionsanspruch, wenn auf Grund seiner Bemühungen mit diesen Kunden ein Geschäft zustande kommt. Auch ein Bezirksvertreter, dem eine Tätigkeit außerhalb des ihm zugewiesenen Bezirks vertraglich untersagt ist, kann keinen Provisionsanspruch erwerben, wenn er mit außerbezirklichen Kunden Geschäfte vermittelt (auch → Rn. 81).[90]

59 Sind unter Berücksichtigung dieser Grundsätze mehrere Handelsvertreter befugtermaßen für einen Geschäftsabschluss ursächlich geworden, richtet sich im Einzelfall der Provisionsanspruch zunächst nicht nach den gesetzlichen Bestimmungen, sondern nach der **vertraglichen Abrede.** Der Unternehmer kann durch Vereinbarungen mit seinen

---

86 Ausf. zum Problem *H. Krüger* DB 1964, 1399 ff.

87 *Knütel* ZHR 144 (1980), 289 ff.; *Thume* in Küstner/Thume VertriebsR-HdB I Kap. V Rn. 104 ff. mwN.

88 LAG Hamm BB 1993, 2236; *Canaris* HandelsR § 15 Rn. 64; EBJS/*Löwisch* Rn. 55; GK-HGB/*Genzow* Rn. 12; Heymann/*Stöber* Rn. 25; *H. Krüger* DB 1964, 1399 ff.; Oetker/*Busche* Rn. 18; Staub/*Emde* Rn. 154 f.; *Westphal* BB 1991, 2027 ff.

89 *Westphal* BB 1991, 2027.

90 *G. Schröder* DB 1963, 541 (542); *Westphal* BB 1991, 2027.

Handelsvertretern der Gefahr einer Provisionskollision vorbeugen (→ Rn. 72). Namentlich kann geregelt werden, ob und in welcher Höhe Provisionsansprüche entstehen, wenn mehrere Handelsvertreter für den Geschäftsabschluss mitursächlich geworden sind.[91] Hat der Unternehmer mit den für den Geschäftsabschluss ursächlich gewordenen Handelsvertretern eine dahingehende Vereinbarung getroffen, richtet sich nach dieser vertraglichen Abrede, wem in welcher Höhe ein Provisionsanspruch zusteht. In einer solchen Vereinbarung kann zB festgelegt werden, dass nach dem Überwiegensprinzip nur demjenigen Handelsvertreter ein Provisionsanspruch zusteht, der den Geschäftsabschluss maßgeblich herbeigeführt hat. Es kann aber auch eine Provisionsteilung, zB nach Tatbeiträgen oder zu gleichen Anteilen, festgelegt und insbesondere festgeschrieben werden, wer über die Höhe des Provisionsteils entscheidet.

Eine solche vertragliche Abrede über Provisionsteilungen muss nicht ausdrücklich 60
getroffen werden, sondern ist auch stillschweigend möglich. Allerdings sind an eine solche **stillschweigende Teilungsabrede** besonders strenge Anforderungen zu stellen. Sie kann zB angenommen werden, wenn der Unternehmer die einzelnen Handelsvertreter von vornherein und für diese klar erkennbar in einem Vertriebssystem mit einer Mehrzahl von Handelsvertretern so einsetzt, dass mitursächliche Beiträge vom System her angelegt sind.[92] Demgegenüber bestehen für eine stillschweigende Teilungsabrede dann keine Anhaltspunkte, wenn mehrere Handelsvertreter sich unabhängig voneinander, ohne Kenntnis vom Tätigwerden des anderen um denselben Kunden bemühen.

Besteht weder eine ausdrückliche noch eine stillschweigende Teilungsabrede, dann hat 61
in Fällen der **Mitursächlichkeit jeder** ursächlich tätig gewordene Handelsvertreter **den vollen Provisionsanspruch.** Eine Aufteilung folgt auch nicht aus § 420 BGB, weil dort „eine" teilbare Leistung gerade Tatbestandsvoraussetzung ist.[93] Nur ausnahmsweise kann der Provisionsanspruch gem. § 242 BGB geteilt werden.[94] Dies ergibt sich zwingend aus Abs. 1 S. 1. Für eine Provisionsteilung besteht keine dogmatische Grundlage.[95] Insbesondere kann sie auch nicht auf einen Schutz des Unternehmers vor Mehrfachzahlungen gestützt werden, weil dieser die Möglichkeit hat, eine von der geltenden Gesetzeslage abweichende Regelung zu vereinbaren.

5. Sonderfälle. a) Dauerschuldverhältnisse. Steht dem Handelsvertreter nach S. 1 62
Alt. 2 ein Anspruch auf Folgeprovisionen bei Fortsetzung eines Dauerschuldverhältnisses zu und haben Unternehmer und Kunde untereinander vereinbart, dass sich das Vertragsverhältnis automatisch um ein weiteres Jahr verlängert, wenn es nicht von einer Seite gekündigt wird, dann kann der Handelsvertreter Folgeprovisionen auch bei Vertragsverlängerungen verlangen, die sich auf einen Zeitraum nach Beendigung des Handelsvertreterverhältnisses beziehen.[96]

aa) Sukzessivlieferungsverträge. Hat sich der Kunde in einem Sukzessivlieferungs- 63
vertrag verpflichtet, über einen längeren Zeitraum hinweg eine bestimmte Warenmenge vom Unternehmer zu beziehen, dann sind damit die Rechte und Pflichten aus dem Geschäft verbindlich festgelegt und dieses damit iSv Abs. 1 S. 1 abgeschlossen. Der Handelsvertreter erwirbt mit dem Abschluss des Sukzessivlieferungsvertrags eine Provisionsanwartschaft auch hinsichtlich derjenigen Teile des Geschäfts, die erst nach Beendigung des Handelsvertreterverhältnisses zur Ausführung gelangen (sog. **Überhangprovision,** → Rn. 19).[97] Dies gilt

[91] Vgl. hierzu *Thume* in Küstner/Thume VertriebsR-HdB I Kap. V Rn. 816; Oetker/*Busche* Rn. 18; Staub/*Emde* Rn. 155.

[92] Baumbach/Hopt/*Hopt* Rn. 21; Oetker/*Busche* Rn. 18; *Canaris* HandelsR § 15 Rn. 64.

[93] Baumbach/Hopt/*Hopt* Rn. 21; Staub/*Emde* Rn. 153.

[94] Baumbach/Hopt/*Hopt* Rn. 21.

[95] Ausf. Staub/*Emde* Rn. 153; Flohr/Wauschkuhn/*Fröhlich* Rn. 57; EBJS/*Löwisch* Rn. 55; aA *Thume* in Küstner/Thume VertriebsR-HdB I Kap. V Rn. 106 ff.

[96] OLG Düsseldorf DB 1977, 817; Baumbach/Hopt/*Hopt* Rn. 38.

[97] Baumbach/Hopt/*Hopt* Rn. 38; *Thume* in Küstner/Thume VertriebsR-HdB I Kap. V Rn. 161; Oetker/*Busche* Rn. 14; Staub/*Emde* Rn. 72.

unabhängig davon, ob der Termin der Ausführung bereits im Vertrag festgelegt oder eine Lieferung jeweils auf Abruf vereinbart worden ist. Auch wenn die Teillieferungen zeitlich erst weit nach Beendigung des Vertreterverhältnisses erfolgen, stehen dem Handelsvertreter hierfür Provisionen zu, weil das maßgebliche Geschäft noch während des Vertragsverhältnisses geschlossen wurde. Namentlich in diesen Fällen besteht wegen des Interesses an einer möglichst raschen Abwicklung des Handelsvertreterverhältnisses in der Praxis ein besonderes Bedürfnis, die nachvertragliche Entstehung von Provisionsansprüchen durch vertragliche Vereinbarung auszuschließen.[98] Indes hat der BGH im Zusammenhang mit Serienbelieferungsverträgen in der Automobilindustrie mit Recht betont, dass für die Frage, für welche Geschäfte der Handelsvertreter eine Provision erhält und auf welchen Zeitpunkt es für das Entstehen des Provisionsanspruchs ankommt, die von den Parteien getroffene Vergütungsvereinbarung von entscheidender Bedeutung ist und es daher auch nicht auf die rechtliche Qualifizierung des Vertrages als Sukzessivlieferungs- oder Bezugs- bzw. Rahmenvertrag ankommt.[99] Dieser Auffassung ist zuzustimmen.

64 **bb) Bezugs- und Rahmenverträge.** Der Sukzessivlieferungsvertrag ist vom **Bezugs- oder Rahmenvertrag** abzugrenzen, der sich nicht auf ein konkretes Geschäft bezieht, sondern nur generell dem Kunden Bezugsrechte einräumt oder diesen verpflichtet, in der Zukunft Geschäfte bestimmter Art nur noch mit dem Unternehmer abzuschließen. Diese Rahmen- oder Bezugsverträge begründen noch kein Umsatzgeschäft, sondern stellen lediglich eine Bindung oder Berechtigung des Kunden dar, seinen zukünftigen Bedarf bei dem Unternehmer zu decken. Der Abschluss des Bezugs- oder Rahmenvertrages sollte daher nach bisheriger hM grundsätzlich noch keine Provisionspflicht auslösen; nur die auf Basis des Rahmen- bzw. Bezugsvertrages getätigten Einzelgeschäfte sollten provisionspflichtig sein.[100] Soweit die Einzelabschlüsse nach Beendigung des Handelsvertretervertrages erfolgten, sollte Abs. 3 Nr. 1 zur Anwendung kommen (→ Rn. 120). Für die Frage, ob bereits der Abschluss des Rahmen- bzw. Bezugsvertrages provisionspflichtig ist, sollte maßgeblich sein, ob sich der Kunde bereits in dem während des Bestehens des Handelsvertreterverhältnisses abgeschlossenen Vertrag zur Durchführung des konkreten Geschäfts verpflichtet hatte. Der BGH hat indes entschieden, dass es für die Frage, ob und wann der Handelsvertreter einen Provisionsanspruch verdient hat, vorrangig auf die zwischen den Parteien getroffene Vereinbarung ankommt und weniger auf die rechtliche Qualifizierung des vom Handelsvertreter vermittelten Vertrages als Bezugs- bzw. Rahmenvertrag oder als Sukzessivlieferungsvertrag.[101] Dieser Auffassung ist zuzustimmen. Sie führt dazu, dass die Frage der Provisionspflicht bei der Vermittlung von Dauerschuldverhältnissen neu überdacht werden muss.[102] Ausgangspunkt muss die Feststellung sein, welche Art von Geschäften iSv § 84 der Handelsvertreter nach dem Vertrag vermitteln muss. Denn die Parteien haben es in der Hand, im Handelsvertretervertrag festzulegen, welches Geschäft iSv § 84 der Handelsvertreter zu vermitteln bzw. abzuschließen hat und welches Geschäft mithin nach § 87 provisionspflichtig sein soll. Gegenstand der Provisionspflicht kann also sogar ein Rahmenvertrag sein, wenn der Handelsvertreter verpflichtet ist, solche zu vermitteln. Ist der Handelsvertreter hingegen zur Vermittlung von Bezugs- und Bedarfsdeckungsverträgen verpflichtet, stellen *diese* Verträge die nach §§ 84, 87 provisionspflichtigen Geschäfte dar. Auf die davon zu unterscheidenden Einzelaufträge (und Einzelumsätze), die aufgrund dieser Geschäfte erfolgen, kommt es dann für die Frage der Entstehung des Provisionsanspruchs nicht mehr an, sofern die Parteien nicht ausdrücklich vereinbart haben, dass der Handelsvertreter an den Einzelaufträ-

[98] Vgl. *Thume* in Küstner/Thume VertriebsR-HdB I Kap. V Rn. 161 mit Beispielen.

[99] BGH NJW 2015, 1107 mAnm *Emde* EWiR 2015, 413; *Grünvogel* ZVertriebsR 2015, 173; *Muhl* GWR 2015, 162; *Schnell* BB 2015, 1230; vgl. dazu auch BGH ZVertriebsR 2016, 242 (243).

[100] BGH NJW 1958, 180; OLG Koblenz BeckRS 2007, 17218; Baumbach/Hopt/*Hopt* Rn. 7, 38, 41; Staub/*Emde* Rn. 74; aA *Thume* in Küstner/Thume VertriebsR-HdB I Kap. V Rn. 166.

[101] BGH NJW 2015, 1107 mAnm *Emde* EWiR 2015, 413; *Grünvogel* ZVertriebsR 2015, 173; *Muhl* GWR 2015, 162; *Schnell* BB 2015, 1230; vgl. dazu auch BGH ZVertriebsR 2016, 242 (243).

[102] *Thume* BB 2019, 835 (837).

gen in Form einer Provision partizipieren soll. Aus der Pflicht des Handelsvertreters, Bezugs- oder Bedarfsdeckungsverträge zu vermitteln, folgt jedenfalls nicht zwingend, dass der Handelsvertreter an den Einzelaufträgen des Kunden (unter Umständen für die gesamte Laufzeit des Bezugs- oder Bedarfsdeckungsvertrages) Teilhabe nimmt.[103] Ferner können die Parteien von Abs. 1 abweichende Vergütungsvereinbarungen treffen (wie Garantie- oder Mindestprovisionen, vertragliches Fixum, etc); die Vorschrift ist dispositiv.

Entsprechendes gilt, wenn ein Versicherungsvertreter sog. **Aufbauversicherungen** 65
vermittelt, bei denen sich die Versicherungssumme in regelmäßigen Zeitabständen erhöht, soweit der Versicherungsnehmer nicht widerspricht. In diesen Fällen gehen die Erhöhungen auf die Vermittlungstätigkeit bei Abschluss des Versicherungsvertrags zurück und sind daher nach Abs. 1 S. 1 Alt. 1 provisionspflichtig. Die Erhöhungen sind nämlich bereits mit dem Vertragsabschluss vereinbart worden. Der Versicherungsnehmer hat nur die Möglichkeit, die Erhöhung durch Ausübung eines einseitigen Gestaltungsrechts in Form des Widerrufs zu verhindern.[104]

b) Vorverträge. Demgegenüber begründet ein Vorvertrag noch keinen Geschäftsab- 66
schluss iSv Abs. 1 S. 1, soweit der Handelsvertreter nicht gerade mit der Vermittlung von Vorverträgen betraut worden ist. Zwar liegt hier schon eine echte Verpflichtung des Kunden zum Abschluss eines Hauptvertrags vor, das Umsatzgeschäft ist aber noch nicht in der Weise festgelegt, wie es nach dem Inhalt des Handelsvertreterverhältnisses und der darin festgelegten Tätigkeitspflicht des Handelsvertreters vorausgesetzt worden ist.[105]

c) Optionsrecht. Vom Vorvertrag unterscheidet sich das Optionsrecht[106] dadurch, 67
dass es sich aus einem bereits geschlossenen, aufschiebend bedingten Kaufvertrag ergibt. Hier erwirbt der Handelsvertreter eine Provisionsanwartschaft.[107]

6. Abweichende Vereinbarungen. Die gesetzlichen Bestimmungen über die provisi- 68
onspflichtigen Geschäfte sind insgesamt **dispositiv.**[108] Die Parteien können also innerhalb der allgemeinen Grenzen (§§ 134, 138 BGB) abweichende Vereinbarungen treffen. Soweit AGB verwendet werden, findet die besondere Inhaltskontrolle nach den §§ 305 ff. BGB statt. Unzulässig ist in AGB beispielsweise die Verpflichtung des Handelsvertreters, vor Auszahlung der Provision ausreichende Sicherheiten beizubringen.[109]

Im Interesse einer schnellen Abwicklung des Handelsvertreterverhältnisses und zur 69
Vermeidung von Streitigkeiten **empfiehlt es sich** vielfach, den **Kreis der provisionspflichtigen Geschäfte enger** als nach der gesetzlichen Bestimmung zu ziehen. So können die Vertragsparteien grundsätzlich frei vereinbaren, für welche Geschäfte der Handelsvertreter eine Provision erhalten soll und auf welchen Zeitpunkt es für das Entstehen des Provisionsanspruchs ankommt.[110] Dementsprechend ist eine Vereinbarung zulässig, wonach für die **Vermittlungsprovision** nicht schon jede Mitursächlichkeit des Handelsvertreters ausreicht, sondern die Vermittlungsprovision nur dann geschuldet ist, wenn der Handelsvertreter das konkrete Geschäft vermittelt und das Angebot des Kunden auf Abschluss des Kaufvertrages vorbereitet und an den Unternehmer weitergereicht hat.[111] Auch kann zumindest in einer Individualvereinbarung unter Beachtung von § 87a Abs. 3

---

103 AA *Thume* BB 2019, 835 (837 f.).

104 BAG AP HGB § 87 Nr. 5 mAnm *Herschel*; GK-HGB/*Genzow* Rn. 11.

105 Oetker/*Busche* Rn. 12; Staub/*Emde* Rn. 70.

106 Dazu Palandt/*Ellenberger* BGB Einf. v. § 145 Rn. 23.

107 OLG Düsseldorf OLGR 1997, 146; *Thume* in Küstner/Thume VertriebsR-HdB I Kap. V Rn. 148.

108 BGH NJW 2015, 1107 (1108); BGH NJW 2014, 1735 (1736); BGH NJW-RR 1998, 629 (630); Oetker/*Busche* Rn. 39; Staub/*Emde* Rn. 11, 47; zweifelnd BAG AP HGB § 87 Nr. 11 m. insoweit krit. Anm. *v. Hoyningen-Huene.*

109 OLG Köln NJW-RR 2002, 1464; vgl. auch die Übersicht bei Staub/*Emde* Rn. 12.

110 BGH NJW 2015, 1107 Rn. 12; EBJS/*Löwisch* Rn. 81; Oetker/*Busche* Rn. 39; Staub/*Emde* Rn. 11 f.

111 Wie hier im Ergebnis wohl auch Staub/*Emde* § 87 Rn. 12, aA OLG München HVR 1357 für den Fall einer formularmäßigen Abrede und der Unternehmer das vom Handelsvertreter angebahnte Geschäft selbst abschließen kann.

vereinbart werden, dass nur die während der Dauer des Vertreterverhältnisses ausgeführten Geschäfte provisionspflichtig sein sollen.[112] Die dem Handelsvertreter dadurch nicht mehr zustehenden Provisionen können im Rahmen des Ausgleichsanspruchs geltend gemacht werden (§ 89b Abs. 1 S. 1 Nr. 2).[113] Diese **Überhangprovisionen** (→ Rn. 19) sind im Rahmen der Ausgleichsgrenze zu berücksichtigen.[114] Streitig und vom BGH bislang offengelassen ist hingegen bislang die Frage, ob eine solche Vereinbarung auch in **AGB** in den Grenzen zwingenden Rechts (§ 87a Abs. 3, 5) zulässig ist.[115] Diese Frage ist im Regelfall zu verneinen. Zwar hat der Unternehmer ein berechtigtes Interesse an einer zügigen und endgültigen Abwicklung des Vertragsverhältnisses. Umgekehrt verliert der Handelsvertreter Provisionsansprüche für von ihm während des Handelsvertretervertrages erfolgreich vermittelte bzw. abgeschlossene Geschäfte. Der Handelsvertreter hat zudem keinen Einfluss darauf, wann das Geschäft vom Unternehmer ausgeführt wird. Vor allem stellt der Ausgleichsanspruch mit Blick auf die ausgeschlossenen Überhangprovisionen keine gleichwertige Kompensation dar. Der Handelsvertreter hat insoweit nämlich gerade keine gesicherte Rechtsposition. So kann der Ausgleichsanspruch nach § 89b Abs. 3 ausscheiden. Ferner ist ein solcher nur gegeben, wenn und soweit der Unternehmer Vorteile iSd § 89b Abs. 1 S. 1 Nr. 1 hat und der Anspruch der Billigkeit nach § 89b Abs. 1 S. 1 Nr. 2 entspricht. Für die Versicherungsbranche dürfte jedoch aufgrund der dort bestehenden Besonderheiten (große Anzahl von Verträgen, die über viele Jahre fortbestehen und sich teils dynamisieren, Berücksichtigung im Rahmen der „Grundsätze" bei der Berechnung des Ausgleichsanspruchs, etc.) etwas anderes gelten. Hier dürfte ausnahmsweise das berechtigte Interesse des Versicherers an entsprechenden Provisionsverzichtsklauseln die Interessen der Versicherungsvermittler an dem Fortbestand der Überhangprovisionen überwiegen, da die Handhabung und Abwicklung der Verträge ansonsten kaum oder nur mittels eines immensen Aufwands möglich ist.[116] Jedenfalls ist auch der in AGB vereinbarte Ausschluss des Provisionsanspruchs für alle nach Ausscheiden des Handelsvertreters ausgeführte Geschäfte wegen Verstoßes gegen die zwingenden Bestimmungen des § 87a Abs. 3 S. 1 und Abs. 5 unwirksam.[117] Führt der Unternehmer bewusst und entgegen der mit dem Dritten vereinbarten Bedingungen das Geschäft erst nach Abschluss des Handelsvertreterverhältnisses aus, um der Provisionspflicht zu entgehen, dann greift der Ausschluss des Provisionsanspruchs wegen § 87a Abs. 3 S. 1 und Abs. 5 ebenfalls nicht durch.[118] Der Unternehmer bleibt zur Provisionszahlung verpflichtet. Demgegenüber greift ein wirksam vereinbarter Provisionsausschluss auch in den Fällen ein, in denen der Handelsvertreter sich aus wichtigem, vom Unternehmer zu vertretenden Grunde vom Vertragsverhältnis löst. In diesem Fall wird der Verlust des Provisionsanspruchs durch den Schadensersatzanspruch nach § 89a Abs. 2 kompensiert.

70 Der Anspruch auf **Abschlussprovision** kann weiter auf solche Geschäfte **beschränkt** werden, die ausschließlich auf die Tätigkeit des Handelsvertreters zurückzuführen sind. Mit dem Vorliegen derartiger Vereinbarungen entfällt ein Provisionsanspruch für solche Geschäfte, die der Handelsvertreter durch seine Tätigkeiten nur mitverursacht hat. Ebenso kann der Provisionsanspruch auf die Geschäfte beschränkt werden, die überwiegend auf die Tätigkeit des Handelsvertreters zurückzuführen sind. Abweichende Vereinbarungen können sich insoweit auch auf die Provisionshöhe beziehen.

[112] BGHZ 33, 92 (94) = NJW 1960, 1996; BGH NJW 2010, 298 (299).
[113] *Thume* in Küstner/Thume VertriebsR-HdB I Kap. V Rn. 172.
[114] BGH BB 1997, 59 = EWiR § 89b 1/97, 175 m. Kurzkomm. *v. Hoyningen-Huene*.
[115] Offengelassen von BGH NJW 2010, 299; NJW-RR 1998, 629; bejahend OLG Frankfurt BeckRS 2011, 7287; OLG Jena BeckRS 2010, 30695; Flohr/Wauschkuhn/*Fröhlich* Rn. 69; abl. Staub/*Emde* § 89b Rn. 144; Heymann/*Froitzheim* Rn. 13; *Daum* VersR 2011, 565; *Thume* BB 2012, 979; einschr. für die Überhangprovision eines Handlungsgehilfen auch BAG AP HGB § 87 Nr. 11 mAnm *v. Hoyningen-Huene*.
[116] *Thume* BB 2019, 835 (839); aA Heymann/*Froitzheim* Rn. 13.
[117] BGH NJW-RR 1998, 629 (630); NJW 2010, 299; OLG Hamm IHR 2016, 85.
[118] BGHZ 33, 92 (94) = NJW 1960, 1996; BGH NJW 2010, 298 (299).

Häufig beziehen sich abweichende Vereinbarungen auch auf die **Nachbestellungen** (→ Rn. 44). Insoweit kann vertraglich vereinbart werden, dass der Provisionsanspruch für gleichartige Geschäfte mit Kunden, die der Handelsvertreter als Kunden für Geschäfte dieser Art geworben hat, insgesamt ausgeschlossen oder der Höhe nach beschränkt wird. Ein solcher Ausschluss muss nicht ausdrücklich vereinbart werden. Er kann sich auch daraus ergeben, dass in dem Handelsvertretervertrag bestimmt ist, dass der Handelsvertreter einen Provisionsanspruch nur für von ihm vermittelte bzw. abgeschlossene Geschäfte hat. 71

Von besonderer Bedeutung sind vertragliche Regelungen über den Provisionsanspruch, wenn mehrere Handelsvertreter an dem Zustandekommen des Geschäfts beteiligt sind oder aus sonstigen rechtlichen Gesichtspunkten **mehrere Handelsvertreter Provisionsansprüche** haben könnten. Mangels abweichender vertraglicher Regelung hat in einem solchen Fall jeder der beteiligten Handelsvertreter den Anspruch auf die volle, ihm nach dem Vertrage zustehende Provision (→ Rn. 55 ff.). Es empfiehlt sich daher, für solche Fallgestaltungen in dem Handelsvertretervertrag besondere Provisionssätze festzulegen oder eine Verteilung der anfallenden Provisionen auf die verschiedenen Handelsvertreter vorzusehen.[119] 72

Statt oder neben einer einmalig geschuldeten Abschlussprovision können für die Dauer des vermittelten Vertrages zeitlich **befristet** – jedoch unabhängig von der Beendigung des Handelsvertreterverhältnisses – zu zahlende **Teilprovisionen** vereinbart werden.[120] Mit den jeweiligen Teilprovisionen wird dann der volle Provisionsanspruch abgegolten. Eine solche vertragliche Abrede ist insbesondere bei der Vermittlung von Verträgen mit einer langen Laufzeit von Bedeutung. Vermittelt der Handelsvertreter beispielsweise Verträge auf unbestimmte Zeit oder solche mit einer Laufzeit von zwei oder mehreren Jahren, so können die Parteien wirksam (auch in AGB) vereinbaren, dass Teilprovisionen für die Dauer des vermittelten Vertrages, jedoch maximal für x Jahre geschuldet sind. Dann gelten für jede einzelne zu leistende Teilprovision ggf. die Vorschriften der § 87a Abs. 2 bis 3. Mit der Frage der Wirksamkeit eines Ausschlusses von Überhangprovisionen (→ Rn. 69) hat dies nichts zu tun; jene Frage stellt sich erst, wenn zusätzlich vereinbart wird, dass der Anspruch auf Teilprovision entfällt, wenn der Handelsvertretervertrag endet. 73

IV. Bezirks- und Kundenprovision (Abs. 2)

1. Allgemeines. a) Grundgedanken der Regelung. Ist dem Handelsvertreter ein bestimmter Bezirk oder ein bestimmter Kundenkreis zugewiesen (sog Bezirksvertreter), so hat er Anspruch auf Provision auch für solche Geschäfte, die ohne seine Mitwirkung mit Personen seines Bezirks oder seines Kundenkreises während des Vertragsverhältnisses abgeschlossen worden sind (sog Bezirksprovision). Vergleichbar der Provision für Nachbestellungen (Abs. 1 S. 1 Alt. 2) handelt es sich auch bei der Bezirksprovision um eine **tätigkeitsunabhängige Provision.** Dem Bezirksvertreter wird mit der Bezirksprovision über die durch seine Bemühungen im Einzelfall verdiente Provision hinaus eine weitere Vergütung für seine Gesamttätigkeit gewährt. Die Bezirksprovision rechtfertigt sich aus dem Gedanken, dass dem Bezirksvertreter die Wahrnehmung der Belange des Unternehmers in dem betreffenden Bezirk ganz allgemein übertragen ist. Ihn trifft hieraus die Verpflichtung, dem zugewiesenen Bereich eine besondere und kontinuierliche vertreterische Pflege angedeihen zu lassen.[121] Meist wird ein Bezirksvertreter vom Unternehmer bei der Erschließung neuer Märkte eingesetzt, weil die Bereitschaft von Handelsvertretern naturgemäß gering ist, einen Markt zu erschließen, wenn sie (provisionsmindernden) Wettbewerb durch andere Handelsvertreter oder den Unternehmer zu befürchten haben. Vielfach ist mit der Einräumung der Bezirksvertretung vertraglich die Verpflichtung verbunden, eine Betätigung außerhalb des 74

---

119 *Habersack/Sanz* EWS 1997, 289 f. empfehlen, mit einem System ausschließlicher Gebietszuweisungen zu arbeiten und es dem Handelsvertreter zugleich zu untersagen, außerhalb des ihm zugewiesenen Gebietes tätig zu werden.

120 Vgl. EBJS/*Löwisch* § 87a Rn. 10 sowie EBJS/*Löwisch* § 92 Rn. 10 für den Versicherungsvermittler.

121 OLG München NJW-RR 2003, 401 (402).

zugewiesenen Arbeitsfeldes zu unterlassen. Die Bezirksprovision ist somit eine wirtschaftliche Gegenleistung für die Gesamtheit der von dem Handelsvertreter dem Unternehmer vertraglich geschuldeten Bemühungen.[122] Da es sich bei der Bezirksprovision um eine tätigkeitsunabhängige Provision handelt, sollte sorgfältig geprüft werden, ob eine solche tatsächlich vereinbart werden soll. Insoweit muss auch in Erwägung gezogen werden, dass sich der Bezirksvertreter unter Umständen nicht hinreichend um den Absatz der Vertragsprodukte bzw. -dienstleistungen bemüht und daher aus wirtschaftlichen Gründen bis zur Beendigung des Handelsvertretervertrages der Einsatz eines weiteren Handelsvertreters, der weitere Provisionsansprüche nach sich zieht, erforderlich ist.

75 Der Bezirksvertreter erhält die Bezirksprovision wegen seiner **Bemühungen um den ihm zugewiesenen Bezirk bzw. Kundenkreis.** Die Bezirksprovision ist daher eine synallagmatische Hauptleistungspflicht des Unternehmers, auf welche die §§ 320 ff. BGB unmittelbar anwendbar sind.[123]

76 **b) Verhältnis zu Abs. 1.** Die Regelung des Abs. 2 über die Bezirksprovision schließt **Provisionsansprüche nach Abs. 1** nicht aus, sondern **ergänzt** diese Bestimmungen. Ist ein Geschäft bereits auf die Tätigkeit des Bezirksvertreters zurückzuführen oder gibt der Kunde eine provisionspflichtige Nachbestellung auf, dann gebührt dem Bezirksvertreter bereits auf Grund seiner Tätigkeit als Handelsvertreter die Provision nach Abs. 1 S. 1. Eine Heranziehung des Abs. 2 zur Begründung des Provisionsanspruchs ist in einem solchen Falle nicht erforderlich. Eine zusätzliche Provision neben der Tätigkeitsprovision wird nach Abs. 2 grundsätzlich nicht gewährt. Die Unterscheidung ist zunächst von Bedeutung, wenn für die Bezirksprovision als solche vertraglich andere Bedingungen festgesetzt sind, zB ein niedrigerer Provisionssatz vereinbart wurde. Darüber hinaus gewinnt die Unterscheidung zwischen Tätigkeits- und Bezirksprovision Bedeutung für den Ausgleichsanspruch nach § 89b. Die Bezirksprovision ist als solche nicht Ausgleichsgrundlage (→ § 89b Rn. 67), sondern wird nur bei der Ermittlung des Ausgleichshöchstbetrags nach § 89b Abs. 2 berücksichtigt (→ § 89b Rn. 169).

77 **c) Versicherungs- und Bausparkassenvertreter (§ 92 Abs. 3 S. 2 und Abs. 5).** Die Regelungen über die Bezirksprovision nach Abs. 2 **gelten nicht** für Versicherungs- und Bausparkassenvertreter (§ 92 Abs. 3 S. 2 und Abs. 5). In der Versicherungswirtschaft hat die Zuweisung eines bestimmten Bezirks nämlich regelmäßig nicht die Bedeutung, dass der Versicherungsvertreter auch Provisionen für ohne seine Mitwirkung abgeschlossene Geschäfte erhalten soll.[124]

78 **d) Vertragshändler, Franchise-Nehmer, Kommissionsagent.** Die Regelung des Abs. 2 über die Bezirksprovision findet grundsätzlich keine analoge Anwendung auf den Vertragshändler[125] und auf den Franchise-Nehmer.[126] Eine Analogie kann aber geboten sein, wenn im Einzelfall ein dem Abs. 2 vergleichbarer Bezirks- oder Kundenschutz eingeräumt wird.[127] Demgegenüber findet die Regelung auf den Kommissionsagenten entsprechende Anwendung.[128]

79 **2. Begründung. a) Vereinbarung.** Die Bezirks- oder Kundenvertretung wird dem Handelsvertreter durch eine Vereinbarung mit dem Unternehmer übertragen. Die Vereinbarung hat zum Gegenstand, dass der Handelsvertreter die Kundenpflege in einem bestimmten Bezirk oder für einen bestimmten Kundenkreis übernimmt und er als Gegenleistung hierfür

[122] BGHZ 41, 292 (295); *Thume* in Küstner/Thume VertriebsR-HdB I Kap. V Rn. 90; Oetker/*Busche* Rn. 21; Staub/*Emde* Rn. 107.
[123] Staub/*Emde* Rn. 107.
[124] Begr. RegE, BT-Drs. 1/3856, 23.
[125] BGH NJW 1984, 2411; *K. Schmidt* HandelsR § 28 III Rn. 43; Baumbach/Hopt/*Hopt* Rn. 29; aA Flohr/Wauschkuhn/*Fröhlich* Rn. 145; *Ulmer*, Der Vertragshändler, 1969, 397, 429 Fn. 96.
[126] *K. Schmidt* HandelsR § 28 Rn. 43.
[127] BGH NJW 1964, 152 für Vertragshändler; Staub/*Emde* Rn. 7; EBJS/*Löwisch* Rn. 818.
[128] RG JW 1917, 156; Baumbach/Hopt/*Hopt* § 84 Rn. 19; einschr. Staub/*Emde* Rn. 7.

auch Provisionsansprüche aus solchen Geschäften innerhalb des Bezirks oder mit dem betreffenden Kundenkreis erhält, die ohne seine Mitwirkung abgeschlossen worden sind. Eine solche Abrede muss nicht ausdrücklich getroffen, sondern kann auch konkludent vereinbart werden.

Von einer Bezirksvertretung ist danach auszugehen, wenn der Handelsvertreter im Vertrag selbst ausdrücklich **als Bezirksvertreter bezeichnet** worden ist. Für die Vereinbarung einer Bezirksvertretung genügt im Regelfalle aber auch die **Zusicherung von Kundenschutz,** das Versprechen von Provisionen auch für solche Geschäfte, die innerhalb eines bestimmten Bezirks von Dritten getätigt wurden[129] oder eine Klausel, wonach alle „direkten und indirekten" oder „unmittelbaren und mittelbaren" Geschäfte innerhalb eines bestimmten Bereichs provisionspflichtig sind.[130] 80

Trotz einer solchen Zuweisung ist dem Handelsvertreter eine Betätigung **außerhalb des zugeteilten Bereichs** nicht ohne weiteres verwehrt. Erfolgt diese mit Zustimmung des Unternehmers und nimmt dieser den vermittelten Auftrag an, so erwirbt der Handelsvertreter in der Regel auch für solche Geschäfte die volle Provisionsanwartschaft nach § 87 Abs. 1 S. 1.[131] Dies gilt grundsätzlich auch dann, wenn in dem nicht zugewiesenen Bezirk ebenfalls ein Bezirksvertreter tätig ist. Zur Vermeidung von Kollisionen kann die Provisionspflicht für Tätigkeiten außerhalb des Bezirks vertraglich ausgeschlossen werden.[132] Fehlt ein solcher Ausschluss, erfolgt die Auflösung einer dadurch entstehenden Provisionskonkurrenz nach den in → Rn. 57 f. dargelegten Grundsätzen. Akzeptiert der Unternehmer über längere Zeit hinweg eine außerbezirkliche Tätigkeit des Handelsvertreters, kann darin im Einzelfall eine stillschweigende Erweiterung des Bezirks oder Kundenkreises liegen.[133] 81

Ist dem Handelsvertreter hingegen nur ein **bestimmtes Tätigkeitsgebiet** zugewiesen worden, dann hängt es von den Umständen des Einzelfalles ab, ob diese Zuweisung zugleich eine Bezirksvertretung begründet. Wird dem Handelsvertreter nur die Vertretung für ein bestimmtes Gebiet übertragen, dann liegt hierin regelmäßig nur die Begrenzung des Wirkungskreises des Handelsvertreters, ohne dass hierdurch eine Bezirksvertretung zustande kommt.[134] Etwas anderes gilt dann, wenn sich aus dem zwischen den Parteien vereinbarten Handelsvertretervertrag ergibt, dass der Handelsvertreter eine tätigkeitsunabhängige Provision für alle Geschäfte mit Kunden im zugewiesenen Bezirk bzw. aus dem zugewiesenen Kundenkreis erhalten soll.[135] Indes ist eine Vereinbarung zulässig, wonach dem Handelsvertreter ein bestimmtes Tätigkeitsgebiet zugewiesen wird, sich die Bezirksvertretung aber nur auf ein Teilgebiet erstreckt. 82

Nach verbreiteter Auffassung kann die Bezirksvertretung nicht durch **einseitige Zuweisung eines Bezirks** oder Kundenkreises seitens des Unternehmers an den Handelsvertreter begründet werden. Dies ist insoweit zutreffend, als es für die Begründung der Bezirksvertretung dogmatisch einer vertraglichen Grundlage, also einer Vereinbarung zwischen Unternehmer und Handelsvertreter bedarf. Allerdings wird regelmäßig die einseitige Zuweisung durch den Unternehmer an den Handelsvertreter als Angebot zur Begründung einer Bezirksvertreterstellung ausgelegt werden können, das der Handelsvertreter ggf. auch nur konkludent annehmen kann. 83

b) Änderungen. Ist Bezirksvertretung vereinbart, dann kann der Unternehmer grundsätzlich **nicht einseitig** dem Handelsvertreter **einen anderen Bezirk zuteilen** oder sons- 84

---

129 BGH WM 1982, 635.

130 BGH DB 1956, 95.

131 Zum Ganzen BGH NJW-RR 2006, 976 (977 f.); Baumbach/Hopt/*Hopt* Rn. 28; Staub/*Emde* Rn. 105.

132 BGH NJW-RR 2006, 976 (978); Staub/*Emde* Rn. 105.

133 BGH NJW-RR 2006, 976 (978).

134 BGH WM 1982, 635 betr. Vertriebsvereinbarung für Deutschland; OLG Düsseldorf DB 1968, 611 f. betr. Übertragung des Postleitzahlbezirks 22c; OLG Karlsruhe OLGR 2005, 847 Rn. 57; zu weitgehend *v. Hase* BuW 2003, 685 (689), der grds. von einer Bezirksvertretung ausgeht, wenn ein Tätigkeitsgebiet zugewiesen wurde.

135 So zutr. auch OLG München ZVertriebsR 2016, 31.

tige Beschränkungen der Bezirksvertretung vornehmen. Vielmehr bedarf es zu einer solchen Änderung grundsätzlich einer entsprechenden Vereinbarung zwischen Handelsvertreter und Unternehmer, eventuell durch eine Änderungskündigung. Zu einer einseitigen Änderung des Bezirksvertreterverhältnisses ohne Zustimmung des Handelsvertreters ist der Unternehmer nur berechtigt, wenn er sich ein entsprechendes Gestaltungsrecht im zugrunde liegenden Vertrag – in AGB nach § 307 BGB[136] wirksam (s. auch → § 87b Rn. 8) – vorbehalten hat. Die Änderung der Bezirkszuweisung unterliegt dann aber einer Billigkeitskontrolle gem. § 315 BGB. Sie ist bei „angestellten Handelsvertretern" grundsätzlich nicht mitbestimmungspflichtig iSd § 87 Abs. 1 Nr. 10 BetrVG.[137]

85 Eine Vereinbarung bei einer Änderung des Bezirksvertreterverhältnisses muss nicht unbedingt ausdrücklich getroffen werden, obwohl dies im Interesse der Rechtssicherheit zu empfehlen ist. Die **Änderungsvereinbarung** kann auch **konkludent** erfolgen. Allerdings reichen auch hier einseitige Mitteilungen, auf die der andere Teil nicht reagiert, grundsätzlich nicht aus, es sei denn, es ist eine Vereinbarung nach § 308 Nr. 5 BGB getroffen worden. Hat zB ein Unternehmer seinem Bezirksvertreter schriftlich mitgeteilt, er werde ihm für Direktgeschäfte mit einem bestimmten Kunden seines Bezirks keine Provisionen mehr zahlen, da der Vertreter diesen Kunden nicht mehr besuche, so gilt das Schweigen des Vertreters nicht als Zustimmung. Eine wirksame Änderung des Bezirksvertreterverhältnisses kommt hierdurch nicht zustande.[138]

86 Der Unternehmer ist jedoch befugt, unter Beobachtung der Kündigungsfristen das Handelsvertreterverhältnis insgesamt aufzukündigen und gleichzeitig die Fortsetzung des Verhältnisses zu geänderten Bedingungen anzubieten **(Änderungskündigung).** Kommt es dabei nicht zu einer Einigung zwischen Unternehmer und Handelsvertreter über die Fortsetzung des Verhältnisses unter geänderten Bedingungen, so findet das Vertragsverhältnis sein Ende.[139] Unzulässig ist demgegenüber grundsätzlich eine sog. Teilkündigung einzelner vertraglicher Abreden, soweit diese nicht ausdrücklich im Vertrag wirksam vorgesehen ist.[140] Der Unternehmer kann daher insbesondere nicht durch Teilkündigung bestimmte Bezirksteile der Zuständigkeit des Handelsvertreters entziehen und das Handelsvertreterverhältnis im Übrigen fortsetzen. Die Kündigung muss sich mangels abweichender vertraglicher Vereinbarung stets auf das gesamte Vertragsverhältnis beziehen.

87 Demgegenüber können die Parteien **vereinbaren,** dass die Bezirksvertretung von vorneherein nur **zeitlich befristet** oder nur gilt, solange der Handelsvertretervertrag ungekündigt besteht (→ Rn. 94 f.).

88 **c) Abgrenzung zur Alleinvertretung.** Vom Bezirksvertreter zu unterscheiden ist der Alleinvertreter. Während dem Bezirksvertreter nur Provisionsansprüche aus sämtlichen in dem ihm zugewiesenen Bezirk abgeschlossenen Geschäften zustehen, steht dem Alleinvertreter das ausschließliche Recht zu, sich in einem bestimmten Bezirk oder für einen bestimmten Kundenkreis für den Unternehmer zu betätigen.[141] Im Gegensatz zur Bezirksvertretung darf der Unternehmer nicht selbst oder durch Beauftragte im Bezirk tätig werden. Ein Direktabschluss des Unternehmers verstößt daher bei der Alleinvertretung gegen dessen Vertragspflichten aus dem Handelsvertreterverhältnis. Der Alleinvertreter ist in einem solchen Falle berechtigt, nach § 280 BGB Schadensersatz, zB wegen des ihm hierdurch entgangenen Gewinns, zu verlangen.[142] Je nach Schwere des Verstoßes kann er auch das Vertrags-

---

[136] Vgl. dazu BGH NJW 1985, 623 (628 f.); NJW-RR 1988, 1077 (1080); NJW 1994, 1060 (1061), jeweils zum Recht des Unternehmers, das Vertragsgebiet eines Vertragshändlers abzuändern; s. dazu auch *Ströbl,* Änderungsvorbehalte in Kfz-Vertragshändlerverträgen, 2. Aufl. 2007, 201 ff.
[137] BAG NZA 1992, 178.
[138] OLG Nürnberg BB 1957, 560.
[139] Ebenso BGH NJW 2007, 3943 (3945).
[140] Vgl. ausf. *Thume* in Küstner/Thume VertriebsR-HdB I Kap. VIII Rn. 36 mzN.
[141] Ebenso OLG Karlsruhe NJW-RR 2015, 290; OLGR 2005, 847 (848); Baumbach/Hopt/*Hopt* Rn. 24; Oetker/*Busche* Rn. 23; Staub/*Emde* Rn. 125.
[142] BGH BB 1975, 1409; OLG Düsseldorf ZVertriebsR 2013, 224 (225).

verhältnis fristlos nach § 89a kündigen.[143] Bei Bezirks- oder Kundenkreisschutz steht dem Bezirksvertreter bei Direktabschlüssen des Unternehmers dagegen lediglich ein Anspruch auf Bezirksprovision zu. Mithin begibt sich der Unternehmer bei Vereinbarung einer Alleinvertretung in größere Abhängigkeit als bei Vereinbarung einer Bezirksvertretung, weshalb Vor- und Nachteile im Einzelfall genauestens abgewogen werden sollten.

Bezirks- und Alleinvertretung schließen sich nicht gegenseitig aus, sondern können 89 auch **kombiniert** auftreten. Was im Einzelfalle gegeben ist, richtet sich nach der vertraglichen Vereinbarung. Dabei sind an die Einräumung der Alleinvertretung strenge Anforderungen zu stellen. Es bedarf hierbei einer eindeutigen Abrede zwischen dem Unternehmer und dem Handelsvertreter, dass letzterer ausschließlich berechtigt sein soll, in einem bestimmten Gebiet tätig zu werden.[144] Im Regelfall reicht hierfür die Bezeichnung des Handelsvertreters als „Generalvertreter" für ein bestimmtes Gebiet nicht aus.[145]

3. Provisionspflichtige Geschäfte. a) Art der Geschäfte. Dem Bezirksvertreter 90 stehen Provisionsansprüche für solche Geschäfte zu, die ohne seine Mitwirkung mit Personen seines Bezirks oder seines Kundenkreises während des Vertragsverhältnisses abgeschlossen sind, soweit der Provisionsanspruch nicht nach Abs. 3 einem ausgeschiedenen Handelsvertreter zusteht. Die Provisionspflicht beschränkt sich dabei auf Geschäfte der Art, auf die sich die **Vermittlungs- oder Abschlusspflicht des Bezirksvertreters** erstreckt. Dies folgt daraus, dass Grundlage des Anspruchs auf die Bezirksprovision das Handelsvertreterverhältnis ist. Der Anspruch auf Bezirksprovision unterscheidet sich daher von dem allgemeinen Provisionsanspruch nach Abs. 1 nur insofern, als die Mitwirkung des Bezirksvertreters beim Geschäftsabschluss nicht Voraussetzung für das Entstehen des Provisionsanspruchs ist. Ist es zB Aufgabe des Bezirksvertreters Kaufverträge über Lastkraftwagen zu vermitteln, dann steht ihm kein Anspruch auf Bezirksprovision zu, wenn der Unternehmer an seine Gläubiger Lastkraftwagen zur Abgeltung von Zahlungsansprüchen liefert, um die Insolvenz oder die sonstige Einstellung seines Betriebs zu vermeiden.[146]

b) Zugehörigkeit zum Bezirks- oder Kundenkreis. Weitere Voraussetzung für 91 die Entstehung des Anspruchs auf Bezirksprovision ist, dass das Geschäft mit einer Person geschlossen wird, die zum Bezirk oder zum Kundenkreis des Bezirksvertreters gehört. Personen des Bezirks sind grundsätzlich solche, die ihren Wohnsitz bzw. geschäftliche Niederlassung im Bezirk des Handelsvertreters haben. Das ergibt sich aus dem Sinn der Bezirksprovision. Deren Zubilligung beruht darauf, dass den Bezirksvertreter die Wahrnehmung der Belange des Unternehmers gegenüber den in seinem Bezirk ansässigen Kunden allgemein übertragen ist, wobei die Bezirksprovision die wirtschaftliche Gegenleistung für die vom Vertreter in seinem Bezirk dem Unternehmer geschuldeten allgemeinen Bemühungen darstellt (→ Rn. 74 f.).[147] Unerheblich sind demgegenüber Leistungs- und Erfolgsort des vereinbarten Geschäfts[148] sowie der Ort des Geschäftsabschlusses.[149] Bei juristischen Personen ist es nach Ansicht des EuGH möglich, den Schwerpunkt auf andere Weise zu bestimmen. Hier können Verhandlungs- und Lieferort oder der Ort der Niederlassung, die die Bestellung aufgegeben hat, eine Rolle spielen.[150] Zentral ist für den EuGH der „Ort der tatsächlichen geschäftlichen Tätigkeit".[151] Zu den Sonderfällen → Rn. 100 ff.

Soll zB im Auftrage eines bezirkszugehörigen Kunden die Ware an einen Empfänger 92 **außerhalb des Bezirks geliefert** werden, so entsteht aus einem solchen Geschäft der

143 Baumbach/Hopt/*Hopt* Rn. 24.
144 OLG Karlsruhe NJW-RR 2015 290 (291 Rn. 20).
145 BGH NJW 1970, 1040.
146 RGZ 140, 80 (82); *Emde/Kelm* ZIP 2005, 58 (60).
147 BGH DB 1976, 2152; Baumbach/Hopt/*Hopt* Rn. 28; Staub/*Emde* Rn. 107, 110.
148 BGH NJW 1958, 180; Staub/*Emde* Rn. 110.
149 Begr. RegE, BT-Drs. 1/3856, 22 f.; Baumbach/Hopt/*Hopt* Rn. 26; Heymann/*Stöber* Rn. 31; *Thume* in Küstner/Thume VertriebsR-HdB I Kap. V Rn. 81.
150 EuGH EuZW 1997, 248 – Kontogeorgas; krit. *Habersack/Sanz* EWS 1997, 289 (293 ff.).
151 EuGH EuZW 1997, 248 – Kontogeorgas; mit Beispielen Staub/*Emde* Rn. 110.

Anspruch auf Bezirksprovision.[152] Dieser entsteht auch dann, wenn ein außerhalb des Bezirks sitzender Fabrikant im Namen und für Rechnung eines bezirkszugehörigen Kunden Aufträge über Rohmaterialien erteilt, die er für den bezirksangehörigen Kunden bearbeiten bzw. verarbeiten und ihm dann liefern will.[153]

93 Umgekehrt entsteht **kein Anspruch** auf Bezirksprovision, wenn sich der Kunde zwar zur Zeit des Geschäftsabschlusses vorübergehend, etwa auf einer Reise oder anlässlich einer Messe, in dem Bezirk aufgehalten bzw. den Geschäftsabschluss an der innerhalb des Bezirks liegenden Niederlassung des Unternehmers vorgenommen hat, die geschäftliche Niederlassung des Kunden aber nicht in dem Bezirk des Handelsvertreters liegt. Provisionsansprüche entstehen auch dann nicht, wenn ein außerbezirklicher Kunde des Unternehmers Ware in der Absicht bezieht, diese alsbald an einen im Bezirk des Handelsvertreters ansässigen Interessenten weiter zu veräußern.[154] **Welcher Bezirk oder Kundenkreis** dem Handelsvertreter zugewiesen ist, muss im Einzelfall im Wege der Vertragsauslegung unter Berücksichtigung der Verkehrssitte bestimmt werden.

94 **c) Geschäftsabschluss während des Vertragsverhältnisses und der Bezirksvertreterstellung.** Weitere Voraussetzung für die Entstehung des Bezirksprovisionsanspruchs ist, dass das Geschäft während der Dauer des Vertragsverhältnisses abgeschlossen worden ist. Über Abs. 1 hinausgehend muss zum Zeitpunkt des Geschäftsabschlusses nicht nur das Handelsvertreterverhältnis bestehen, sondern dem Handelsvertreter auch eine Bezirksvertreterstellung eingeräumt worden sein.

95 Wird zunächst nur ein Handelsvertreterverhältnis begründet, die Zuweisung des Bezirks aber erst später vorgenommen, so sind provisionspflichtig nach Abs. 2 nicht die vor der Zuweisung des Bezirks vorgenommenen Geschäfte, sondern nur die erst im Anschluss hieran abgeschlossenen Geschäfte. Wird die Bezirkszuweisung aufgehoben, bleibt das Handelsvertreterverhältnis im Übrigen aber bestehen, dann besteht kein Provisionsanspruch nach Abs. 2 für solche Geschäfte, die erst im Anschluss an die Beendigung der Bezirksvertreterstellung abgeschlossen worden sind. Eine dahingehende vertragliche Vereinbarung empfiehlt sich für den Unternehmer für den Zeitpunkt ab Zugang der ordentlichen Kündigungserklärung für die Restlaufzeit des Handelsvertretervertrages, damit der Unternehmer mit Blick auf die weitere Bearbeitung des Gebietes möglichst frühzeitig einen Nachfolgevertreter ohne zusätzliche Provisionsansprüche einsetzen kann.

96 **d) Mitwirkung des Bezirksvertreters.** Der Anspruch auf Bezirksprovision ist nicht von einer Mitwirkung des Bezirksvertreters bei dem Abschluss des Geschäfts mit bezirksangehörigen Kunden abhängig.[155] Die Bezirksprovision ist nämlich Entgelt für die Gesamtbemühungen des Vertreters, nicht für bestimmte Leistungen im Hinblick auf einen konkreten Geschäftsabschluss. Insoweit kommt es daher auch nicht darauf an, aus welchem Grund das Geschäft nicht vom Handelsvertreter selbst vermittelt oder abgeschlossen wurde. Der Anspruch auf Bezirksprovision entsteht folglich auch für solche Geschäfte, die zu einem Zeitpunkt abgeschlossen worden sind, in dem der Handelsvertreter selbst arbeitsunfähig gewesen ist (→ Rn. 108).[156] Stellt der Handelsvertreter nach einer unberechtigten fristlosen Kündigung durch den Unternehmer seine Tätigkeit ein, kann er gleichwohl den Bezirksprovisionsanspruch für solche Geschäfte geltend machen, die vor dem nächsten ordentlichen Kündigungstermin abgeschlossen worden sind. Da es sich insoweit um einen vertraglichen Erfüllungsanspruch handelt, scheidet eine Minderung dieser Ansprüche unter dem Gesichtspunkt der Ersparnis oder der Möglichkeit anderweitigen Erwerbs (§ 615 S. 2 BGB) oder aus dem Gesichtspunkt der Vorteilsausgleichung aus.[157]

---

[152] BGH NJW 1958, 180; vgl. auch OLG Celle DB 1956, 61.
[153] LG Bochum BB 1958, 895.
[154] BGH BB 1960, 956.
[155] EuGH EuZW 1997, 249; NJW 2008, 1211.
[156] BGHZ 41, 292 (295); OLG Braunschweig NJW-RR 1994, 34 (35); Baumbach/Hopt/*Hopt* Rn. 31; Oetker/*Busche* Rn. 24.
[157] BGH BB 1992, 1192 f.; Baumbach/Hopt/*Hopt* Rn. 31; so wohl auch EBJS/*Löwisch* Rn. 68.

e) Mitwirkung des Unternehmers. Ein Anspruch auf Bezirksprovision besteht allerdings nur, wenn der Unternehmer an dem Abschluss des Geschäfts mit dem bezirksansässigen Kunden beteiligt war. Dementsprechend entsteht der Anspruch auf Bezirksprovision nicht, wenn ein Geschäft mit einem bezirksansässigen Dritten (zB selbständige Zwischenhändler oder Einkaufszentralen) abgeschlossen wird und der Unternehmer daran **weder direkt noch indirekt beteiligt** war (→ Rn. 27).[158] Ob eine solche Beteiligung vorliegt, haben die nationalen Gerichte unter Berücksichtigung des Schutzgedankens des Art. 7 Abs. 2 RL 86/653/EWG (Handelsvertreter-RL) sowie von Treu und Glauben zu bestimmen.[159] 97

4. Beteiligung mehrerer Handelsvertreter am Geschäftsabschluss. a) Tätigwerden nacheinander (S. 2). Der Anspruch auf Bezirksprovision entsteht für während des Bestands des Bezirksvertreterverhältnisses abgeschlossene Geschäfte insoweit nicht, als die Provision nach Abs. 3 einem ausgeschiedenen Handelsvertreter zusteht (Abs. 2 S. 2). Insoweit gilt für das Verhältnis von nacheinander tätig werdenden Handelsvertretern bei der Bezirksprovision dasselbe wie allgemein nach Abs. 1 S. 2 bei der Tätigkeitsprovision (→ Rn. 56). Wenn und soweit die Provision dem Vorgänger zusteht, hat der Nachfolger keinen Provisionsanspruch. 98

b) Tätigwerden nebeneinander. Werden mehrere Handelsvertreter nebeneinander tätig, dann stellt sich ebenso wie bei Abschluss- und Vermittlungsvertretern nach Abs. 1 das Problem einer **Provisionskonkurrenz** (→ Rn. 57 ff.). Soweit keine abweichenden vertraglichen Vereinbarungen bestehen, fehlt es auch für den Anspruch des Bezirksvertreters auf Bezirksprovision an einer Rechtsgrundlage, den Provisionsanspruch nur deshalb zu kürzen, weil im Hinblick auf das provisionspflichtige Geschäft einem anderen Handelsvertreter nach Abs. 1 oder Abs. 2 ebenfalls ein Provisionsanspruch zusteht. Schließt zB ein Handelsvertreter mit einem zum Bezirk des Bezirksvertreters zugehörigen Kunden berechtigterweise ein Geschäft für den Unternehmer ab, so steht diesem Handelsvertreter nach Abs. 1 S. 1 ein Provisionsanspruch zu. Für den Bezirksvertreter ergibt sich in diesem Fall der Provisionsanspruch aus Abs. 2. Eine anteilige Kürzung der Provisionsansprüche oder ein Ausschluss des Provisionsanspruchs für einen der Handelsvertreter bedarf im Regelfall einer besonderen vertraglichen Abrede. Wegen weiterer Einzelheiten → Rn. 59 ff. 99

5. Sonderfälle. a) Geschäfte mit Haupt- und Zweigniederlassungen. Hat ein Unternehmen sowohl Haupt- als auch Zweigniederlassungen, dann wird aus den von der Zweigniederlassung abgeschlossenen Geschäften mangels eigener Rechtspersönlichkeit immer nur die Hauptniederlassung berechtigt und verpflichtet. Formaljuristisch würde somit ein Provisionsanspruch immer nur für den Bezirksvertreter entstehen, der für den Bezirk der Hauptniederlassung zuständig ist. Damit wird man allerdings dem Sinn und Zweck des Abs. 2 nicht gerecht. Vielmehr kommt es darauf an, ob die Hauptniederlassung oder die Zweigniederlassung in selbständiger Entscheidungsbefugnis das Geschäft abgeschlossen hat.[160] Tritt die Zweigniederlassung auf Grund ihrer Entscheidungsfreiheit und Selbständigkeit nach außen als Besteller auf, erwirbt der für den Sitz der Zweigniederlassung zuständige Bezirksvertreter einen Provisionsanspruch, während der für den Sitz der Hauptniederlassung zuständige Bezirksvertreter leer ausgeht.[161] Umgekehrt steht dem für die Hauptniederlassung zuständigen Bezirksvertreter der Anspruch auf Bezirksprovision zu, wenn die Hauptniederlassung den Auftrag erteilt, und zwar auch dann, wenn die Lieferung an eine bezirksfremde Zweigniederlassung erfolgen soll.[162] 100

---

158 EuGH NJW 2008, 1211 m. krit. Anm. *Beier* EWS 2008, 337; Staub/*Emde* Rn. 106; Flohr/Wauschkuhn/*Fröhlich* Rn. 90.

159 EuGH NJW 2008, 1211 (1212).

160 BGH BB 1957, 9; 1978, 1137; Baumbach/Hopt/*Hopt* Rn. 27; *Thume* in Küstner/Thume VertriebsR-HdB I Kap. V Rn. 114 ff.; *Maier* BB 1970, 1327 (1328); Oetker/*Busche* Rn. 13.

161 BGH BB 1957, 9; *Thume* in Küstner/Thume VertriebsR-HdB I Kap. V Rn. 117.

162 *Maier* BB 1970, 1327 (1328).

101 Im Einzelfall kann die Beurteilung, ob eine hinreichende rechtliche Selbständigkeit und weitgehende **Entscheidungsfreiheit der Filialen** gegeben ist, schwierig sein.[163] Ermächtigt die Zentrale durch Stammorder die Filiale, selbständige Bestellungen aufzugeben, dann ist im Regelfall der Filiale hierdurch eine hinreichende Entscheidungsfreiheit eingeräumt. Bestellungen der Filiale lösen deshalb Provisionsansprüche des für diesen Bezirk zuständigen Bezirksvertreters aus, nicht aber für den Bezirksvertreter, der für den Bezirk der Zentrale zuständig ist.[164] Entsprechende Grundsätze gelten auch dann, wenn ein Einzelkaufmann **zwei Unternehmen** betreibt, deren Sitze sich in verschiedenen Vertreterbezirken befinden. Für den Anspruch auf Bezirksprovision ist nicht ausschlaggebend, wohin die bestellte Ware geliefert werden soll. Maßgeblich ist in der Regel der Sitz des Unternehmens, in dessen Namen die Bestellung aufgegeben worden ist.[165]

102 **b) Sitzverlegung eines Bezirkskunden.** Probleme hinsichtlich der Provisionspflichtigkeit von Geschäften können auch dann auftreten, wenn ein Bezirkskunde seinen Sitz in einen anderen Vertretungsbezirk verlegt. Für den bisher zuständigen Bezirksvertreter besteht ein Provisionsanspruch für die vor der Sitzverlegung zustande gekommenen Geschäfte mit diesem Kunden. Für die nach der Sitzverlegung abgeschlossenen Geschäfte steht ein Anspruch auf Bezirksprovision nach Abs. 2 nur dem Handelsvertreter zu, in dessen Bezirk der Kunde seinen Sitz verlegt hat.[166] Hat der bisher zuständige Bezirksvertreter den Kunden allerdings für Geschäfte der nach der Sitzverlegung abgeschlossenen Art geworben, dann handelt es sich um Nachbestellungen iSv Abs. 1 S. 1 Alt. 2 mit einem entsprechenden Provisionsanspruch[167] (falls nicht etwas anderes vertraglich bestimmt ist). Dies ergibt sich daraus, dass der Provisionsanspruch nach Abs. 1 S. 1 Alt. 2 nicht von der Bezirkszugehörigkeit des Kunden abhängig ist.

103 **c) Messegeschäfte.** Bei Messegeschäften steht der Anspruch auf Bezirksprovision nicht dem Handelsvertreter zu, in dessen Bezirk die Messe stattgefunden hat. Ausschlaggebend ist auch hier die Bezirkszugehörigkeit des Kunden, so dass der Anspruch auf Bezirksprovision dem Handelsvertreter zusteht, in dessen Bezirk der Kunde seinen Wohnsitz oder seine gewerbliche Niederlassung hat. Fraglich kann sein, ob daneben ein Anspruch auf Tätigkeitsprovision nach Abs. 1 S. 1 Alt. 1 für den Handelsvertreter besteht, der das Geschäft mit dem Kunden tatsächlich abgeschlossen hat. Auf Messen arbeiten nämlich Handelsvertreter häufig in einem **Team** in der Art und Weise zusammen, dass der Vertreter, der gerade frei ist, den jeweiligen Interessenten ohne Rücksicht auf seine Bezirkszugehörigkeit bedient. Ein solcher Provisionsanspruch für den das Geschäft vermittelnden Handelsvertreter muss allerdings in der Regel schon deswegen ausscheiden, weil er durch Vermittlung von Geschäften mit nicht bezirkszugehörigen Kunden gegenüber dem Unternehmer seine eingeräumten Befugnisse überschreitet.[168]

104 Rechtsdogmatisch ist die **Teamvereinbarung** als Abrede zwischen den Handelsvertretern darüber anzusehen, dass sie gegenüber nicht bezirkszugehörigen Kunden als Erfüllungsgehilfen des Bezirksvertreters tätig werden, dessen Bezirk der Kunde angehört. Daher kann der Bezirksvertreter bei späteren Nachbestellungen eines auf der Messe geworbenen Kunden auch dann den Provisionsanspruch nach Abs. 1 S. 1 Alt. 2 geltend machen, wenn er das Messegeschäft mit diesem Kunden nicht persönlich abgeschlossen hat. Das Handeln des tätig werdenden Handelsvertreters ist ihm nach § 278 BGB als eigenes zuzurechnen.[169]

[163] Vgl. dazu BGH BB 1978, 1136 (1137).
[164] *Thume* in Küstner/Thume VertriebsR-HdB I Kap. V Rn. 117; Staub/*Emde* Rn. 113; vgl. auch OLG Stuttgart BB 1960, 753 f.
[165] BGH BB 1976, 1530 f.
[166] OLG Nürnberg BB 2001, 1169; Staub/*Emde* Rn. 113.
[167] *G. Schröder* DB 1963, 541; EBJS/*Löwisch* Rn. 73; Oetker/*Busche* Rn. 26; Staub/*Emde* Rn. 113; *Thume* in Küstner/Thume VertriebsR-HdB I Kap. V Rn. 130 ff.; aA OLG Nürnberg BB 2001, 1169; *Wessel* BB 1962, 473 (474); für Provisionsteilung Baumbach/Hopt/*Hopt* Rn. 35.
[168] Gegen einen Provisionsanspruch auch Flohr/Wauschkuhn/*Fröhlich* Rn. 98; Staub/*Emde* Rn. 112; aA Oetker/*Busche* Rn. 26.
[169] KG BB 1969, 1062; *Thume* in Küstner/Thume VertriebsR-HdB I Kap. V Rn. 134 ff.

d) Belegschaftsverkauf. Ein Anspruch auf Bezirksprovision entsteht nicht, wenn der Unternehmer an unternehmensangehörige **Arbeitnehmer Waren für deren eigenen Gebrauch** zu Sonderkonditionen abgibt.[170] Es handelt sich hierbei nämlich um selbständige Annexgeschäfte im Rahmen des Arbeitsverhältnisses, zu deren Vermittlung der Handelsvertreter gerade nicht beauftragt ist. Gibt der Unternehmer allerdings an Betriebsangehörige Warenmengen ab, welche die Grenzen des Eigenbedarfs überschreiten, dann handelt es sich hierbei um ein Umsatzgeschäft, aus dem der Bezirksvertreter einen vollen Provisionsanspruch erwirbt. 105

e) Untätigkeit des Handelsvertreters. Die Bezirksprovision ist wirtschaftliche Gegenleistung des Unternehmers für die Wahrnehmung seiner Belange durch den Bezirksvertreter in dem diesem zugewiesenen Bezirk (→ Rn. 74 f.). Erfüllt der Bezirksvertreter diese Verpflichtung zum Tätigwerden für den Unternehmer nicht, so ist fraglich, ob er gleichwohl Provision für die ohne seine Mitwirkung geschlossenen Geschäfte mit bezirkszugehörigen Personen verlangen kann. Da der Anspruch auf Bezirksprovision nach Abs. 2 ein Tätigwerden des Bezirksvertreters nicht voraussetzt, lässt dessen Untätigkeit grundsätzlich den Anspruch auf die Bezirksprovision unberührt.[171] Dies gilt insbesondere dann, wenn der Unternehmer dem Handelsvertreter durch sein eigenes Verhalten die Tätigkeit unmöglich gemacht hat.[172] Der Handelsvertreter behält dann nach § 326 Abs. 2 S. 1 BGB den Anspruch auf seine Gegenleistung.[173] Richtigerweise umfasst der Anspruch auf die Gegenleistung nach § 326 Abs. 2 S. 1 BGB nicht nur diejenigen Provisionen, die sich bei normaler Betreuungsarbeit im Bezirk ergeben hätten. Auch außergewöhnliche Steigerungen durch einen zwischenzeitlich eingesetzten neuen Bezirksvertreter oder eigene Bemühungen des Unternehmers müssen nach dem Grundgedanken des Abs. 2 berücksichtigt werden.[174] Der Anspruch auf die Bezirksprovision ist nämlich gerade davon unabhängig, dass der Handelsvertreter irgendwelche Initiative entfaltet hat und entsteht auch dann, wenn das Geschäft allein auf das Tätigwerden des Unternehmers oder eines Dritten zurückzuführen ist. 106

Auch soweit der **Bezirksvertreter schuldhaft untätig** bleibt oder seinen Absatzförderungspflichten nicht hinreichend nachkommt, lässt dies den Anspruch auf die Bezirksprovision nicht entfallen.[175] Der Unternehmer kann allerdings in einem solchen Fall unter Umständen mit Schadensersatzansprüchen aus §§ 280 ff. BGB für die ihm entgangenen Geschäfte und für seine Kosten und Aufwendungen, die ihm der Handelsvertreter hätte ersparen sollen, aufrechnen und ggf. das Vertragsverhältnis außerordentlich kündigen (§ 89a).[176] Den Anspruch auf die Bezirksprovision verliert der Handelsvertreter nur ausnahmsweise nach Treu und Glauben (§ 242 BGB), wenn der Bezirksvertreter eine Tätigkeit für den Unternehmer in einer gegen Treu und Glauben verstoßenden Weise unterlassen hat. Hierfür reicht es nicht aus, wenn die allgemeine Bezirksvertretertätigkeit des Handelsvertreters den berechtigten Anforderungen des Unternehmers nicht genügt, dieser zB die Kunden seltener als vertraglich vereinbart oder als vom Unternehmer erwartet besucht.[177] Auch eine vorübergehende Verhinderung durch Wehrdienst lässt den Anspruch auf Bezirksprovision nicht entfallen.[178] Demgegenüber entfällt der Anspruch auf Bezirksprovision, wenn der Unternehmer ein Tätigwerden des Bezirksvertreters im Hinblick auf ein bestimmtes Geschäft wünscht und dieser ohne ersichtlichen Grund sich weigert, dem Wunsch des Unternehmers nachzukommen.[179] 107

---

170 EBJS/*Löwisch* Rn. 74; Oetker/*Busche* Rn. 25; Staub/*Emde* Rn. 116.
171 Baumbach/Hopt/*Hopt* Rn. 32; *Thume* in Küstner/Thume VertriebsR-HdB I Kap. V Rn. 94; Oetker/*Busche* Rn. 24; Staub/*Emde* Rn. 120.
172 OLG Düsseldorf NJW 1959, 52.
173 AA Staub/*Emde* Rn. 122, der dem Handelsvertreter nur einen Schadensersatzanspruch nach § 280 BGB zugestehen will.
174 AA OLG Düsseldorf NJW 1959, 52.
175 AA EBJS/*Löwisch* Rn. 69, 12 für den Fall dauerhafter Untätigkeit.
176 Baumbach/Hopt/*Hopt* Rn. 32; Staub/*Emde* Rn. 121.
177 OLG Stuttgart BB 1970, 1112 f.
178 RGZ 109, 254 (257); vgl. auch EBJS/*Löwisch* Rn. 11.
179 OLG Hamm NJW 1959, 677; Staub/*Emde* Rn. 121.

108 **f) Erkrankung des Handelsvertreters.** Ist der Bezirksvertreter aus krankheitsbedingten Gründen vorübergehend oder dauernd an der Ausübung jeglicher Tätigkeit gehindert, so ist ihm die weitere Leistungserbringung unmöglich (§ 275 Abs. 1 BGB). Entgegen einer früher in Rspr.[180] und Lit.[181] vertretenen Auffassung führt dieser Umstand aber nicht zu einer Beendigung des Handelsvertreterverhältnisses. Die Regelung des § 275 BGB befreit den Schuldner nämlich nur von seiner Leistungspflicht, ohne den Bestand des Schuldverhältnisses im Übrigen zu berühren. Die krankheitsbedingte Unmöglichkeit der Leistungserbringung führt daher grundsätzlich nur zu einem Ausschluss der Gegenleistung nach § 326 Abs. 1 S. 1 BGB. Allerdings handelt es sich bei der Bezirksprovision um eine **tätigkeitsunabhängige** Provision, die gerade nicht als Gegenleistung für den konkreten Abschluss, sondern für die fortlaufende Betreuung und Pflege des Bezirks gewährt wird (→ Rn. 74 f.). Sie ist damit stets auch Abgeltung für bereits geleistete Arbeit. Der Handelsvertreter behält daher auch bei dauernder Arbeitsunfähigkeit bis zur Beendigung des Vertragsverhältnisses durch Kündigung oder einvernehmlichen Aufhebungsvertrag den Anspruch auf Bezirksprovision, soweit die während der Verhinderungszeit zustande gekommenen Geschäfte noch auf die zuvor ausgeübte allgemeine Bezirksbetreuung zurückgeführt werden können.[182] Demgegenüber kann eine Gesellschaft oder eine juristische Person nicht erkranken.

109 **6. Abweichende Vereinbarungen.** Auch die gesetzlichen Regelungen über die Bezirksprovision sind in den allgemeinen Grenzen **dispositiv.**[183] Vereinzelt wird unter Hinweis auf eine Entscheidung des EuGH[184] vertreten, dass eine vertragliche Beschränkung der Bezirksprovision nicht möglich sei. Jedoch lässt sich aus der in Bezug genommenen Entscheidung eine solche Folgerung nicht ableiten; denn der EuGH behandelte lediglich die Frage, welche Regelung eingreift, wenn von den Parteien keine Vereinbarung getroffen wurde.[185] Insbesondere kann daher vereinbart werden, dass Provisionen für solche Geschäfte, die ohne Mitwirkung des Handelsvertreters zustande gekommen sind, nur mit einem **niedrigeren Provisionssatz** zu vergüten sind. Wird der Anspruch auf Bezirksprovision ganz ausgeschlossen, handelt es sich rechtlich nicht mehr um Bezirksvertretung. Vielmehr bedeutet dann die Bezirksvereinbarung nur eine Beschränkung des Tätigkeitskreises des Handelsvertreters.

110 Vertraglich kann auch die **Art der provisionspflichtigen Geschäfte** eingeschränkt werden. Es kann zB vereinbart werden, dass Direktverkäufe „an oder über" bestimmte Kunden des dem Handelsvertreter zugewiesenen Bezirks nicht verprovisioniert werden sollen, die ohne Mitwirkung des Bezirksvertreters abgeschlossen werden.

111 Wie bei der Provisionskonkurrenz **mehrerer Handelsvertreter** nach Abs. 1 empfiehlt sich auch bei Bezirksvertretern, Regelungen darüber zu treffen, wem Provisionsansprüche zustehen sollen, wenn mehrere Vertreter nebeneinander oder nacheinander tätig werden und so einen Provisionsanspruch erwerben (→ Rn. 55 ff.).

112 Auch können die Parteien vereinbaren, dass die Bezirksvertretung als solche von vorneherein nur **zeitlich befristet** oder nur gilt, solange der Handelsvertretervertrag **ungekündigt** besteht, damit der Unternehmer mit Blick auf die weitere Bearbeitung des Gebietes möglichst frühzeitig einen Nachfolgevertreter ohne zusätzliche Provisionsansprüche einsetzen kann (→ Rn. 94 f.).

V. Provision für Abschlüsse nach Vertragsende (Abs. 3)

113 **1. Zweck der Regelung.** Unter den besonderen Voraussetzungen des Abs. 3 entsteht ein Provisionsanspruch des Handelsvertreters auch für Geschäfte, die erst nach Beendigung

[180] LG Berlin NJW 1969, 513 m. zust. Anm. *Weiß.*
[181] *Thume* in Küstner/Thume VertriebsR-HdB I Kap. V Rn. 95 bezogen auf dauernde Arbeitsunfähigkeit.
[182] BGHZ 41, 292 (295 f.); EBJS/*Löwisch* Rn. 12; Staub/*Emde* Rn. 121.
[183] BGH NJW 2014, 1735; OLG Karlsruhe OLGR 2005, 847 (848); *Canaris* HandelsR § 15 Rn. 23; EBJS/*Löwisch* Rn. 81; Oetker/*Busche* Rn. 39; Staub/*Emde* Rn. 47; aA *Schmidt* ZHR 156 (1992), 512 (519).
[184] EuGH EuZW 1997, 248.
[185] BGH NJW 2014, 1735; *v. Hase* BuW 2003, 685 (689); vgl. auch Baumbach/Hopt/*Hopt* Rn. 48.

des Vertragsverhältnisses **abgeschlossen** worden sind (sog nachvertragliche Provisionen). Zu unterscheiden ist dieser Fall von der sog Überhangprovision, bei der das Geschäft bereits vor Beendigung des Vertragsverhältnisses abgeschlossen wird und lediglich die Ausführung nach Beendigung erfolgt (→ Rn. 19). Die Vorschrift will eine **Benachteiligung** desjenigen Handelsvertreters **verhindern,** der erhebliche Mühen in die Vermittlung eines Geschäfts investiert hat, das erst nach Beendigung seines Vertreterverhältnisses abgeschlossen worden ist.[186] Die Bestimmung geht zurück auf das Änderungsgesetz 1953. Sie hat erhebliche Änderungen durch das Gesetz zur Durchführung Handelsvertreter-RL vom 23.10.1989 (BGBl. 1989 I 1910) erfahren (→ § 84 Rn. 3). Zum einen bleibt dem ausgeschiedenen Handelsvertreter danach der Provisionsanspruch immer dann erhalten, wenn das Angebot des Dritten zum Abschluss eines Geschäfts vor Beendigung des Vertragsverhältnisses dem Handelsvertreter oder dem Unternehmer zugegangen ist (Abs. 3 S. 1 Nr. 2).

114 Zum anderen wurde erstmals unter bestimmten Voraussetzungen die Möglichkeit einer **Provisionsteilung** zwischen ausgeschiedenem Handelsvertreter und Nachfolger vorgesehen (Abs. 3 S. 2). Die Möglichkeit einer Provisionsteilung beruht auf der Erwägung, dass es in besonderen Fällen ungerechtfertigt sein kann, den Provisionsanspruch des Vertreternachfolgers in vollem Umfange auszuschließen, wenn der Geschäftsabschluss letztlich auch auf sein Tätigwerden mit zurückzuführen ist.[187] Abs. 3 S. 1 und 2 sind auf den **Vertragshändler**[188] und auf den **Franchise-Nehmer**[189] nicht entsprechend anwendbar. Verkauft der Vertragshändler/der Franchisenehmer die Vertragsware noch nach Vertragsbeendigung, realisiert er damit die bereits während des Vertragsverhältnisses angelegte Gewinnchance. Kommt hingegen das Geschäft mit dem Nachfolger zustande, profitiert er davon alleine. Das folgt aus der Natur als Eigenhändler. Auf den **Kommissionsagenten** kann Abs. 3 Nr. 1 mit der Maßgabe Anwendung finden, dass dem Provisionsanspruch die Vertragsbeendigung nicht entgegensteht, wenn der Kommissionsagent die auf den Abschluss des Geschäfts in seinem Namen gerichteten Willenserklärung bereits vor Beendigung des Vertragsverhältnisses abgegeben, der Dritte allerdings dieses Angebot noch nicht angenommen hatte.

115 **2. Voraussetzungen des Provisionsanspruchs (Abs. 3 S. 1). a) Zugang des Vertragsangebots des Dritten vor Vertragsende (Nr. 2).** Nach Abs. 3 S. 1 Nr. 2 entsteht für den ausgeschiedenen Handelsvertreter der Provisionsanspruch für erst nach Beendigung des Vertragsverhältnisses zustande gekommene Geschäfte auch dann, wenn das Angebot des Dritten zum Abschluss eines Geschäfts vor Beendigung des Vertragsverhältnisses dem Handelsvertreter oder dem Unternehmer bereits zugegangen war (§ 130 BGB).[190] Hierdurch soll verhindert werden, dass der Unternehmer die Provisionspflicht vermeidet, indem er die Annahme des Kundenangebots bis nach der Beendigung des Handelsvertreterverhältnisses hinausschiebt.[191] Erforderlich ist aber auch hier zunächst, dass es sich um ein nach Abs. 1 S. 1 oder Abs. 2 S. 1 provisionspflichtiges Geschäft handelt, bei dem es nur noch an einem Abschluss fehlt. Für die Entstehung des Provisionsanspruchs ist daher weder eine überwiegende Verursachung des Geschäftsabschlusses noch eine Vermittlungstätigkeit durch den Handelsvertreter Voraussetzung, so dass auch der Bezirksvertreter geschützt wird.[192]

---

[186] Begr. RegE, BT-Drs. 1/3856, 23 f.; *Thume* in Küstner/Thume VertriebsR-HdB I Kap. V Rn. 175; *Wauschkuhn/Fröhlich* BB 2010, 524 (525). Wegen des Verhältnisses zum Ausgleichsanspruchs → § 89b Rn. 103.

[187] *Küstner/v. Manteuffel* BB 1990, 291 (295); Oetker/*Busche* Rn. 28.

[188] Zu Recht anzweifelnd, aber dahinstehen lassend BGH NJW 2000, 1191 (1192); aA Baumbach/Hopt/*Hopt* § 84 Rn. 11; EBJS/*Löwisch* Rn. 88: ausnahmsweise Anwendung von Abs. 3, insbesondere S. 1 Nr. 2; zurückhaltend Staub/*Emde* Rn. 7; *Ulmer,* Der Vertragshändler, 1969, 488 f.

[189] OLG Celle BB 2007, 1862 (1863) m. zust. Anm. *Fohr;* aA *Matthießen* ZIP 1988, 1089 (1095); EBJS/*Löwisch* Rn. 88: ausnahmsweise Anwendung von Abs. 3, insbes. S. 1 Nr. 2; Staub/*Emde* Rn. 7.

[190] Kritisch dazu *Walter* NJW 2019, 959, der aufgrund einer richtlinienkonformen Auslegung den Eingang des Angebots als entscheidend ansieht.

[191] *Eckert* NZA 1990, 384 (385); *Küstner/v. Manteuffel* BB 1990, 291 (295).

[192] Baumbach/Hopt/*Hopt* Rn. 44; GK-HGB/*Genzow* Rn. 25; *Küstner/v. Manteuffel* BB 1990, 291 (295); Oetker/*Busche* Rn. 32.

Nicht erforderlich ist ferner, dass der Handelsvertreter für das konkrete Angebot des Kunden mitursächlich war.[193]

116 Anders als für die Entstehung des Provisionsanspruchs nach Abs. 3 S. 1 Nr. 1 ist eine **zeitliche Grenze** für den Geschäftsabschluss in Abs. 3 S. 1 Nr. 2 **nicht vorgesehen.** Der Provisionsanspruch entsteht auch dann, wenn der Unternehmer das Angebot erst erhebliche Zeit nach Beendigung des Vertreterverhältnisses annimmt. Unerheblich ist es auch, wenn der Unternehmer das Angebot nur mit geringfügigen Veränderungen annimmt.[194] Zwar handelt es sich rechtsdogmatisch insoweit um eine abgeänderte Annahme, die gem. § 150 Abs. 2 BGB als neuer Antrag gilt, der seinerseits zunächst vom Geschäftspartner angenommen werden muss;[195] entscheidend muss aber auch hier der Sinn und Zweck der Regelung sein. Der Unternehmer soll nicht die Möglichkeit haben, durch geringfügige Änderungen der Entstehung des Provisionsanspruchs zu entgehen. Daher reicht es aus, wenn in dem vor Beendigung des Vertragsverhältnisses abgegebenen Angebot des Kunden die wesentlichen Regelungen des später zustande gekommenen Geschäfts bereits beinhaltet waren. Ist dies nicht mehr der Fall, kann sich ein Provisionsanspruch aus Abs. 3 S. 1 Nr. 1 ergeben.

117 **b) Tätigwerden des Handelsvertreters (Nr. 1).** Hat der Kunde zum Zeitpunkt der Beendigung des Vertreterverhältnisses das Vertragsangebot noch nicht abgegeben, dann entsteht bei einem **späteren Geschäftsabschluss** der Provisionsanspruch des Handelsvertreters nur unter besonderen sachlichen und zeitlichen Voraussetzungen. Der Handelsvertreter muss zum einen noch vor der Vertragsbeendigung das Geschäft vermittelt oder soweit eingeleitet und vorbereitet haben, dass der Abschluss **überwiegend auf seine Tätigkeit zurückzuführen** ist. Hierfür hat der Handelsvertreter die Voraussetzungen darzulegen.[196] Zum anderen muss das Geschäft innerhalb einer angemessenen Frist nach der Vertragsbeendigung abgeschlossen worden sein.

118 **aa) Sachliche Voraussetzungen.** Von einer **Vermittlung iSv Nr. 1** kann nur dann ausgegangen werden, wenn die Vertragsbedingungen im Wesentlichen festliegen und zum rechtswirksamen Zustandekommen des abschlussreifen Geschäfts nur noch die abschließenden Erklärungen des Unternehmers oder des Geschäftspartners ausstehen. Dabei wird der Fall, dass der Kunde sein Angebot bereits bindend abgegeben hat, schon von Nr. 2 erfasst. Nr. 1 Alt. 1 hat daher praktisch wenig Bedeutung.[197]

119 Praxisrelevanter, rechtlich aber auch schwieriger zu beurteilen sind die Fallgestaltungen, in denen der Handelsvertreter das **Geschäft nur eingeleitet und vorbereitet** hat. Das Einleiten muss dabei durch ein Vorbereiten ergänzt werden.[198] Wie für den Provisionsanspruch nach Abs. 1 S. 1 genügt auch hier jedwede Einleitungs- und Vorbereitungshandlung, die für den späteren Geschäftsabschluss ursächlich geworden ist. Im Gegensatz zu Abs. 1 S. 1 begründet der Geschäftsabschluss nach Beendigung des Vertreterverhältnisses aber nur dann einen Provisionsanspruch für den Handelsvertreter, wenn der Abschluss überwiegend auf seine Tätigkeit zurückzuführen ist. Gleiche Mitverursachung im Verhältnis zu anderen Beteiligten, insbesondere im Verhältnis zum Unternehmer, reicht hierfür nicht aus.[199]

120 Ob der Geschäftsabschluss **überwiegend auf die Tätigkeit** des ausgeschiedenen Handelsvertreters zurückzuführen ist, muss durch vergleichende Gegenüberstellung der verschiedenen Gründe, die zu dem Geschäftsabschluss geführt haben, ermittelt werden. Entscheidend ist, ob die Bemühungen des ausgeschiedenen Handelsvertreters oder die Tätigkeit des Unternehmers oder seiner Beauftragten in stärkerem Maße den Geschäftsabschluss verursacht haben.[200] Ein überwiegendes Tätigwerden des Handelsvertreters ist zB für Fallgestal-

---

193 EBJS/*Löwisch* Rn. 37; *Thume* in Küstner/Thume VertriebsR-HdB I Kap. V Rn. 178.
194 Baumbach/Hopt/*Hopt* Rn. 45; *Küstner/v. Manteuffel* BB 1990, 291 (295).
195 MüKoBGB/*Busche* BGB § 150 Rn. 2; Staudinger/*Bork,* 2015, BGB § 150 Rn. 7.
196 OLG Düsseldorf OLGR 1999, 453 (454).
197 Ebenso Baumbach/Hopt/*Hopt* Rn. 41.
198 EBJS/*Löwisch* Rn. 37; Staub/*Emde* Rn. 136.
199 *Thume* in Küstner/Thume VertriebsR-HdB I Kap. V Rn. 181.
200 Staub/*Emde* Rn. 137: Verursachungsanteil des Handelsvertreters bei jedenfalls mehr als etwa 60 %.

tungen anerkannt worden, in denen der Handelsvertreter verschiedene Stoffmuster an den Kunden verkauft hatte und der Kunde später, nach Erprobung der aus den Mustern gefertigten Waren, größere Stoffmengen orderte.[201] Konnte der Handelsvertreter zunächst „nur" einen Bezugs- bzw. Rahmenvertrag vermitteln, kommt nach hM für die innerhalb angemessener Zeit nach Ende des Handelsvertreterverhältnisses im Rahmen des Bezugsvertrages aufgegebenen Einzelbestellungen ein Provisionsanspruch nach Abs. 3 S. 1 Nr. 1 nur in Betracht, wenn der Abschluss des Bezugsvertrages und mithin die daraus resultierenden Einzelbestellungen überwiegend auf die Tätigkeit des Handelsvertreters zurückzuführen ist.[202] Auch diese Auffassung ist wohl neu zu überdenken, wenn man im Ausgangspunkt darauf abstellt, dass der Parteiwille dafür entscheidend ist, welche Art von Geschäften der Handelsvertreter nach § 84 zu vermitteln bzw. abzuschließen hatte und mithin nach § 87 provisionspflichtig sind, und weiter die Frage aufwirft, ob der Handelsvertreter nach der getroffenen Vereinbarung überhaupt von den Einzelaufträgen partizipieren sollte (→ Rn. 64).

Abs. 3 S. 1 Nr. 1 lässt Provisionsansprüche für Geschäftsabschlüsse nach Ende des Ver- 121
treterverhältnisses nur bei überwiegender **Tätigkeit** des Handelsvertreters entstehen. Die Bestimmung findet daher auf den **Bezirksvertreter** keine Anwendung. Gleiches gilt für Nachbestellungen, die gem. Abs. 1 S. 1 Alt. 2 ohne erneute Tätigkeit des ausgeschiedenen Vertreters folgeprovisionspflichtig gewesen wären.[203]

bb) Zeitlicher Zusammenhang. Auch wenn der Handelsvertreter überwiegend tätig 122
geworden ist, entsteht der Provisionsanspruch nur, wenn der Geschäftsabschluss **innerhalb angemessener Zeit** nach Beendigung des Handelsvertreterverhältnisses erfolgt. Diese Begrenzung beruht auf Zweckmäßigkeitserwägungen und soll zu einer raschen Abwicklung des Vertragsverhältnisses beitragen.[204] Die Frist beginnt daher erst mit Beendigung des Vertragsverhältnisses und nicht schon mit dem Ende der das einzelne Geschäft vermittelnden oder vorbereitenden Tätigkeit des Handelsvertreters.[205] Welche Frist angemessen ist, bestimmt sich im Einzelfall nach Art, Inhalt und Bedeutung des abgeschlossenen Geschäfts unter Berücksichtigung der Verkehrssitte. Je länger die Vorbereitung des einzelnen Geschäfts bestimmter Art zu dauern pflegt, desto länger muss die Provisionspflicht nach Vertragsende dauern. So darf der Abschluss über **Saisonware** nicht später als das Erscheinen der Muster für die neue Saison erfolgen. Bei sofort lieferbarer **Stapelware** wird die Frist kürzer zu bemessen sein, als bei der Lieferung einer Maschine mit **Spezialanfertigung.** Für die Auftragserteilung zur Erstellung einer Beregnungsanlage ist ein Zeitraum von zwei Jahren nach Beendigung des Vertreterverhältnisses als angemessen erachtet worden,[206] im Fall der Einzelabschlüsse aus einem Rahmenvertrag über Produkte für ein spezielles Automobilmodell sogar vier Jahre.[207]

3. Provisionsteilung (Abs. 3 S. 2). Liegen die Voraussetzungen für die Entstehung 123
des Provisionsanspruchs nach Abs. 3 S. 1 vor, dann erwirbt der Handelsvertreter grundsätzlich den **vollen Provisionsanspruch.** Dies gilt auch dann, wenn der Unternehmer selbst oder sein Personal für den Geschäftsabschluss mitursächlich waren. Nach S. 2 kommt allerdings eine **Provisionsteilung** mit dem Nachfolger des Handelsvertreters in Betracht, wenn wegen besonderer Umstände eine Teilung der Provision der Billigkeit entspricht.[208]

[201] BGH DB 1957, 1086.

[202] BGH ZVertriebsR 2016, 242 (243); BGH NJW 2015, 1107 mAnm *Emde* EWiR 2015, 413; *Grünvogel* ZVertriebsR 2015, 173; *Muhl* GWR 2015, 162; *Schnell* BB 2015, 1230; vgl. dazu auch BGH ZVertriebsR 2016, 242 (243); OLG Koblenz BeckRS 2007, 17218; Baumbach/Hopt/*Hopt* Rn. 41; Oetker/*Busche* Rn. 31; Staub/*Emde* Rn. 139 mit weiteren Beispielen.

[203] Staub/*Emde* Rn. 133.

[204] Begr. RegE, BT-Drs. 1/3856, 24; krit. Staub/*Emde* Rn. 140.

[205] Heymann/*Stöber* Rn. 17; Baumbach/Hopt/*Hopt* Rn. 43; Oetker/*Busche* Rn. 30; Staub/*Emde* Rn. 142; *Thume* in Küstner/Thume VertriebsR-HdB I Kap. V Rn. 188.

[206] BGH BeckRS 1964, 105105, zitiert bei *v. Gamm* NJW 1979, 2489 (2492).

[207] OLG Koblenz BeckRS 2007, 17218.

[208] Zur Bestimmung eines Teilungsmaßstabs vgl. Staub/*Emde* Rn. 147.

Solche besonderen Umstände liegen nur vor, wenn der Nachfolger sich für den Geschäftsabschluss eingesetzt und somit zum Zustandekommen des Geschäfts mitursächlich beigetragen hat.[209]

124 Allerdings führt nicht jede Mitwirkung des Nachfolgers zur Provisionsteilung. Die Mitwirkung muss so erheblich sein, dass es der **Billigkeit** widerspräche, wenn der Nachfolger trotz seines Einsatzes leer ausginge. Dabei ist die Generalklausel Billigkeit ein unbestimmter Rechtsbegriff und normativer Begriff, der zwar selbst keine Wertung enthält, aber eine Richtlinienfunktion hat.[210] Durch den Maßstab der Billigkeit soll im jeweiligen Einzelfall ein den beteiligten Parteien gerecht werdender Ausgleich gefunden werden, bei dem die Eigenart des Sachverhalts wesentlich zu berücksichtigen ist.[211] Die Billigkeitsprüfung hat unter Berücksichtigung aller Umstände des Einzelfalls stattzufinden, wobei als Abwägungskriterien nicht nur die vertragsbezogenen,[212] sondern auch vertragsfremde Umstände heranzuziehen sind.[213] Unberücksichtigt bleiben nur sachfremde Gesichtspunkte.

125 Obwohl die Billigkeitsprüfung eine **Einzelfallabwägung** erfordert, lassen sich doch einige allgemeine Grundsätze aufstellen: Bei nur geringer Mitwirkung des Nachfolgers und klar überwiegender Mitwirkung des ausgeschiedenen Handelsvertreters bleibt es bei der Grundregel des Abs. 3 S. 1. Dem ausgeschiedenen Handelsvertreter steht der Provisionsanspruch in voller Höhe zu, weil die Einzelfallgerechtigkeit bei geringfügigen Beträgen eine Provisionsteilung nicht erfordert.[214] Demgegenüber erfordert die Billigkeit eine Provisionsteilung, wenn der Handelsvertreter dem Unternehmer zwar ein Angebot des Kunden vermittelt hat, aber noch wesentliche regelungsbedürftige Punkte offengeblieben waren, um deren Klärung sich der nachfolgende Handelsvertreter bemühen musste.[215]

126 **4. Abweichende Vereinbarungen.** Auch die Regelung des Abs. 3 ist insgesamt **dispositiv.**[216] Die Vertragspartner können also den Provisionsanspruch für Abschlüsse nach Vertragsende insgesamt ausschließen oder insoweit geringere Provisionssätze vereinbaren.[217] Soweit ein solcher Ausschluss nicht vereinbart wird, empfiehlt es sich, den Angemessenheitsbegriff des Gesetzes im Interesse der Rechtssicherheit durch eine genau begrenzte Frist zu ersetzen. Es kann also vereinbart werden, dass nachvertragliche Geschäftsabschlüsse nur dann provisionspflichtig sind, wenn sie innerhalb eines bestimmten Zeitraums nach der Vertragsbeendigung zustande kommen.[218] Das kann auch in AGB geschehen,[219] wobei die Frist dann angemessen sein muss.

VI. Inkassoprovision (Abs. 4)

127 Nach Abs. 4 steht dem Handelsvertreter neben dem Anspruch auf Abschlussprovision ein Anspruch auf Inkassoprovision für die von ihm auftragsgemäß eingezogenen Beträge zu. Der Einzug des von dem Dritten zu zahlenden Entgelts gehört nämlich nicht zu den Aufgaben eines Handelsvertreters. Vielmehr bedarf es hierzu eines **besonderen Inkasso-**

---

209 Baumbach/Hopt/*Hopt* Rn. 46.

210 *v. Hoyningen-Huene,* Die Billigkeit im Arbeitsrecht, 1978, 30 ff.

211 *v. Hoyningen-Huene,* Die Billigkeit im Arbeitsrecht, 1978, 32.

212 So aber OLG Karlsruhe BB 1957, 561.

213 BGHZ 18, 149; 23, 90 (99); *v. Hoyningen-Huene,* Die Billigkeit im Arbeitsrecht, 1978, 117; einschr. Staub/*Emde* Rn. 147 mwN: keine Berücksichtigung von Verursachungsbeiträgen des Unternehmers oder Dritter.

214 Oetker/*Busche* Rn. 33; Flohr/Wauschkuhn/*Fröhlich* Rn. 122; aA Baumbach/Hopt/*Hopt* Rn. 46.

215 *Thume* in Küstner/Thume VertriebsR-HdB I Kap. V Rn. 196; zur Provisionsaufteilung bei Einarbeitung eines Nachfolgers durch den Handelsvertreter EBJS/*Löwisch* Rn. 55.

216 Begr. RegE, BT-Drs. 11/3077, 8; BGH NJW 1960, 1996; KKRD/*Roth* Rn. 3; Oetker/*Busche* Rn. 39; Staub/*Emde* Rn. 146, 158.

217 Zur Wirksamkeit der Vereinbarung eines solchen Ausschlusses durch AGB vgl. *Wauschkuhn/Fröhlich* BB 2010, 524 (525).

218 *Thume* in Küstner/Thume VertriebsR-HdB I Kap. V Rn. 189 f.

219 AA LAG Berlin-Brandenburg BeckRS 2015, 70810.

auftrags (§ 55 Abs. 3). Übernimmt der Handelsvertreter das Inkasso, so steht ihm für die von ihm auftragsgemäß eingezogenen Beträge eine besondere Vergütung zu.[220]

Der Anspruch auf Inkassoprovision entsteht nur insoweit, als der Handelsvertreter mit der Einziehung der Beträge **beauftragt** war. Zieht er Beträge eigenmächtig ein, entsteht weder ein Provisionsanspruch nach Abs. 4 noch ein Anspruch aus § 354.[221] Allerdings hat der Unternehmer die Möglichkeit, die Einziehung nachträglich zu genehmigen und damit einen Provisionsanspruch nach Abs. 4 auszulösen. Jedoch liegt in der Geltendmachung des Anspruchs auf Abführung unbefugt eingezogener Beträge regelmäßig nicht die Genehmigung der auftragslosen Geschäftsführung, weil der Unternehmer insoweit nur seine Rechte aus §§ 681, 667 BGB geltend macht. Mit Beendigung des Handelsvertreterverhältnisses endet im Zweifel auch ein von dem Unternehmer erteilter Inkassoauftrag, so dass der Handelsvertreter für später eingezogene Beträge keine Inkassoprovision mehr verlangen kann.[222] 128

Der Anspruch auf Inkassoprovision entsteht auch bei der Einziehung von Beträgen aus solchen Geschäften, aus denen dem Handelsvertreter **kein Provisionsanspruch** nach Abs. 1 oder Abs. 2 zusteht. Es ist daher nicht Voraussetzung, dass der Handelsvertreter das Geschäft selbst vermittelt oder abgeschlossen hat oder er für das Geschäft Bezirksprovision beanspruchen kann. Die **Höhe** der Inkassoprovision wird mangels entsprechender Vereinbarung oder entsprechenden Handelsbrauchs nach § 87b bestimmt.[223] Für die **Fälligkeit** gilt § 87a Abs. 4; die Inkassoprovision wird also in Ermangelung einer anderslautenden Parteivereinbarung nicht schon gem. § 271 BGB sofort bei berechtigter Einziehung der Beträge fällig.[224] Für eine andere Ansicht gibt es im Gesetz keine Anhaltspunkte. Der Gesetzgeber könnte aber etwas anderes regeln, da die RL 86/653/EWG (Handelsvertreter-RL) insoweit keine Vorgaben macht. Bei Einziehung von Teilbeträgen ist zunächst nur eine Provision nach Maßgabe der eingezogenen Teilbeträge abzurechnen, die dann nach § 87a Abs. 4 fällig wird, wenn nichts anderes – unter Berücksichtigung von § 87a Abs. 5 – vereinbart ist. 129

In der Praxis stellt sich häufig die Frage, ob die Parteien in AGB die Teilnahme des Handelsvertreters am **SEPA-Lastschriftverfahren** vereinbaren können, um dem Unternehmer den Einzug der vom Handelsvertreter eingezogenen Kundengelder zu ermöglichen. Diese Frage ist zu bejahen. Zwar hat der BGH Klauseln in AGB, die das Lastschriftverfahren in der Form des Abbuchungsauftragsverfahrens als Zahlungsweise vorsehen, für eine regelmäßig unangemessene Benachteiligung durch den Verwender gehalten, selbst wenn der andere Teil Kaufmann oder Unternehmer ist.[225] Der BGH hat mittlerweile aber entschieden, dass diese Wertungen nicht auf das auf einer Vorabautorisierung der Schuldnerbank beruhende SEPA-Firmenlastschriftverfahren übertragbar sind.[226] Denn im Rahmen des SEPA-Firmenlastschriftmandats ist der Zahlungsempfänger verpflichtet, den Zahlungseinzug vorher anzukündigen. Dem Handelsvertreter ist es daher jetzt – anders als früher beim Lastschriftverfahren in der Form des Abbuchungsauftragsverfahren – möglich, die beabsichtigte Einziehung zu prüfen und zu widerrufen (vgl. §§ 675j, 675p BGB), sofern die vereinbarte Ankündigungsfrist so bemessen ist, dass ein Widerruf innerhalb der Frist möglich ist. 130

Zu berücksichtigen ist in diesem Zusammenhang schlussendlich, dass die Inkassotätigkeit des Handelsvertreters **erlaubnispflichtig** sein kann. Eine Erlaubnispflichtigkeit ist nach § 2 Nr. 2 ZAG indes dann nicht gegeben, wenn der Handelsvertreter aufgrund einer Vereinbarung befugt ist, den Verkauf oder Kauf von Waren oder Dienstleistungen nur im Namen 131

[220] Begr. RegE, BT-Drs. 1/3856, 24.

[221] Heymann/*Stöber* Rn. 34.

[222] Staub/*Emde* Rn. 162.

[223] Baumbach/Hopt/*Hopt* Rn. 47; EBJS/*Löwisch* Rn. 79.

[224] AA EBJS/*Löwisch* Rn. 78.

[225] BGH BB 2010, 205; diff. OLG Stuttgart BeckRS 2015, 10423 für ein Sonderkonto, das ausschließlich dazu bestimmt ist, die Erlöse aufzunehmen, welche der Handelsvertreter aus dem Verkauf der Vertragsprodukte im Namen und für Rechnung des Unternehmers vereinnahmt.

[226] BGH BB 2013, 655; zust. auch *Berscheid* in MSF Vertriebs-HdB § 50 Rn. 108.

des Zahlers oder nur im Namen des Zahlungsempfängers auszuhandeln oder abzuschließen. Maßgeblich ist, dass der Handelsvertreter über einen echten Handlungsspielraum für die Aushandlung oder den Abschluss der Verträge verfügt. Die Inkassotätigkeit eines Vermittlungsvertreters ist daher idR anders als die eines Abschlussvertreters erlaubnispflichtig. Gleiches gilt für Internetplattformen, deren Geschäftsmodell die bloße Weiterleitung von vorgegebenen Willenserklärungen beinhaltet.[227]

VII. Zwangsvollstreckung und Insolvenz

132 **1. Zwangsvollstreckung.** Der Streit, ob der Provisionsanspruch des Handelsvertreters Arbeitseinkommen iSv § 850 Abs. 1 ZPO ist und daher den besonderen Pfändungsschutzvorschriften der §§ 850 ff. ZPO unterliegt,[228] hat an Bedeutung verloren, weil zum 1.7.2010 § 850i ZPO novelliert wurde und seitdem das Gericht dem Schuldner auf Antrag während eines angemessenen Zeitraums so viel zu belassen hat, als ihm nach freier Schätzung des Gerichts verbleiben würde, wenn sein Einkommen aus laufendem Arbeits- oder Dienstlohn bestünde. Zumindest der Antrag nach § 850i ZPO dürfte also Erfolg haben.[229]

133 **Nicht der Pfändung unterworfen** sind nach § 850a Nr. 3 ZPO insbesondere Aufwandsentschädigungen, die der Handelsvertreter vom Unternehmer als Ersatz oder Entschädigung für Auslagen oder Aufwendungen erhält, die ihm aus Anlass seiner Vertretertätigkeit entstehen, zB für die Benutzung eines Pkws, auswärtige Übernachtungen oder Mehraufwendungen für Beköstigung und Kleidung.[230]

134 Soweit die Provisionsansprüche des Handelsvertreters nach §§ 850 ff. ZPO der Pfändung unterliegen, erstreckt sich das **Pfandrecht** gem. § 832 ZPO auch auf die nach der Pfändung entstehende Beträge. Problematisch kann eine solche Vorauspfändung sein, wenn der Handelsvertreter zum Inkasso berechtigt ist und auf Grund besonderer Abrede mit dem Unternehmer von den kassierten Geldern jeweils nur den Teilbetrag weiterleiten muss, der nach Deckung der ihm zustehenden Provisionen verbleibt. Nach ganz überwiegender, in der Begründung nicht ganz einheitlicher Auffassung, setzt sich eine solche Verrechnungsabrede gegen eine spätere Pfändung nicht durch. Der Handelsvertreter muss also die eingezogenen Gelder ohne Abzug seiner Provision an den Unternehmer auskehren. Der Unternehmer ist in Höhe des pfändbaren Teils der Provision von seiner Zahlungspflicht gegenüber dem Handelsvertreter frei und muss diesen Betrag als Drittschuldner an den Pfändungsgläubiger auszahlen.[231]

135 **2. Insolvenz. a) Insolvenz des Handelsvertreters.** Die Eröffnung des Insolvenzverfahrens über das Vermögen des Handelsvertreters berührt den Bestand des Handelsvertreterverhältnisses grundsätzlich nicht (→ § 89 Rn. 26). Der Unternehmer kann allerdings auf Grund der Insolvenzeröffnung das Handelsvertreterverhältnis aus wichtigem Grunde fristlos kündigen (→ § 89a Rn. 48). In die Insolvenzmasse fällt das gesamte Vermögen, das dem Schuldner zurzeit der Eröffnung des Insolvenzverfahrens gehört und das er während des Verfahrens erlangt (§ 35 InsO).

136 **b) Insolvenz des Unternehmers.** Für die Beurteilung der Frage, ob es sich bei den Provisionsansprüchen des Handelsvertreters um einfache Insolvenzforderungen oder um Masseverbindlichkeiten handelt, kommt es entscheidend auf den Zeitpunkt der Insolvenz des Unternehmers sowie auf die Handlungen des Insolvenzverwalters an:

137 Um **einfache Insolvenzforderungen** handelt es sich unproblematisch bei Provisionsansprüchen für Geschäfte, die vom Handelsvertreter vor Eröffnung des Insolvenzverfahrens

---

227 *Conreder/Schneider/Hausemann* DStR 2018, 1722.

228 BAG AP ZPO § 850 Nr. 3 m. zust. Anm. *Pohle*; OLG Hamm BB 1972, 855; BLAH/*Hartmann* ZPO § 850 Rn. 11; Heymann/*Stöber* Rn. 36; *Thume* in Küstner/Thume VertriebsR-HdB I Kap. V Rn. 612; Staub/*Emde* Rn. 36; Oetker/*Busche* Rn. 37.

229 *Emde* BB 2012, 3029 (3032).

230 OLG Hamm BB 1956, 668.

231 BLAH/*Hartmann* ZPO § 829 Rn. 71 f.; *Thume* in Küstner/Thume VertriebsR-HdB I Kap. V Rn. 609 ff.; Staub/*Emde* Rn. 38; aA LG Bochum BB 1957, 1158 f. m. zust. Anm. *Röllecke*.

vermittelt und vom Unternehmer bereits vor Eröffnung des Insolvenzverfahrens abgeschlossen und ausgeführt worden sind.[232]

Lehnt der Insolvenzverwalter oder der Kunde den Vertragsabschluss ab, hat der Handelsvertreter weder einen Provisions- noch einen Schadensersatzanspruch.[233] Nur wenn der Insolvenzverwalter das vom Handelsvertreter vermittelte Geschäft selbst nach Eröffnung des Insolvenzverfahrens abschließt, entsteht der Provisionsanspruch als **Masseanspruch** gem. § 55 Abs. 1 Nr. 1 InsO.[234] 138

Problematisch ist hingegen die Einordnung der Provisionsansprüche für **Geschäfte,** die vor Eröffnung des Insolvenzverfahrens vermittelt und abgeschlossen, aber **noch nicht ausgeführt** worden sind. Lehnt der Insolvenzverwalter die Erfüllung des Vertrags gem. § 103 Abs. 2 S. 1 InsO ab, dann hängt nach § 87a Abs. 3 der Provisionsanspruch des Handelsvertreters davon ab, ob der Unternehmer die Unmöglichkeit zu vertreten hat. Grundsätzlich fällt die Insolvenz des Unternehmers in seine Risikosphäre, weshalb er in der Regel die eigene Insolvenz zu vertreten hat[235] (zu möglichen Ausnahmen → § 87a Rn. 58 f.). Der Handelsvertreter behält in diesem Fall seinen Provisionsanspruch als einfache Insolvenzforderung gem. § 38 InsO. Wählt der Insolvenzverwalter Erfüllung, wandelt sich die Provisionsforderung des Handelsvertreters nicht in einen Masseanspruch gem. § 55 Abs. 1 Nr. 1 InsO um,[236] sondern bleibt einfache Insolvenzforderung.[237] Der Provisionsanspruch beruht nicht auf einem Geschäft oder einer Handlung des Insolvenzverwalters, sondern ist bereits durch den Vertragsschluss zwischen Unternehmer und Kunden aufschiebend bedingt durch die Ausführung des Geschäfts entstanden. 139

Geht der Insolvenzverwalter indes mit dem Handelsvertreter ein neues Vertragsverhältnis ein, sind die Provisionsforderungen aus den auf Grund dieses Vertragsverhältnisses vermittelten oder abgeschlossenen Geschäften **Masseverbindlichkeiten** (§ 55 Abs. 1 Nr. 1 InsO). Gleiches gilt für Provisionsansprüche aus Notgeschäftsführung oder berechtigter bzw. nachträglich genehmigter Geschäftsführung ohne Auftrag. 140

Für den **Einfirmenvertreter** iSv § 92a galt früher das Konkursvorrecht der § 59 Abs. 1 Nr. 3 lit. c KO, § 61 Abs. 1 Nr. 1 lit. c KO. Diese Regelungen sind durch Einführung der InsO weggefallen. 141

§ 87a [Fälligkeit der Provision]

(1) [1]Der Handelsvertreter hat Anspruch auf Provision, sobald und soweit der Unternehmer das Geschäft ausgeführt hat. [2]Eine abweichende Vereinbarung kann getroffen werden, jedoch hat der Handelsvertreter mit der Ausführung des Geschäfts durch den Unternehmer Anspruch auf einen angemessenen Vorschuß, der spätestens am letzten Tag des folgenden Monats fällig ist. [3]Unabhängig von einer Vereinbarung hat jedoch der Handelsvertreter Anspruch auf Provision, sobald und soweit der Dritte das Geschäft ausgeführt hat.

(2) Steht fest, daß der Dritte nicht leistet, so entfällt der Anspruch auf Provision; bereits empfangene Beträge sind zurückzugewähren.

(3) [1]Der Handelsvertreter hat auch dann einen Anspruch auf Provision, wenn feststeht, daß der Unternehmer das Geschäft ganz oder teilweise nicht oder nicht so

---

232 BGH NJW 1990, 1665; zur Anmeldung von Insolvenzforderungen zur Tabelle vgl. *Schmidt/Jungmann* NZI 2002, 65 ff.

233 *Thume* in Küstner/Thume VertriebsR-HdB I Kap. V Rn. 641.

234 Staub/*Emde* § 87a Rn. 89; krit. *Thume* in Küstner/Thume VertriebsR-HdB I Kap V Rn. 642.

235 BGH WM 2008, 923 Rn. 18; näher dazu Staub/*Emde* § 87a Rn. 93; *Thume* in Küstner/Thume VertriebsR-HdB I Kap V Rn. 645 ff.

236 So aber *Thume* in Küstner/Thume VertriebsR-HdB I Kap. V Rn. 653 f.

237 BGH NJW 1990, 1665; Baumbach/Hopt/*Hopt* Rn. 51; Heymann/*Stöber* Rn. 38; dazu Staub/*Emde* § 87a Rn. 94–98; *Emde/Kelm* ZIP 2005, 61; *Meyer* ZVertriebsR 2020, 225 (228).

ausführt, wie es abgeschlossen worden ist. [2]Der Anspruch entfällt im Falle der Nichtausführung, wenn und soweit diese auf Umständen beruht, die vom Unternehmer nicht zu vertreten sind.

(4) Der Anspruch auf Provision wird am letzten Tag des Monats fällig, in dem nach § 87c Abs. 1 über den Anspruch abzurechnen ist.

(5) Von Absatz 2 erster Halbsatz, Absätze 3 und 4 abweichende, für den Handelsvertreter nachteilige Vereinbarungen sind unwirksam.

Schrifttum: *Altmeppen,* Provisionsansprüche bei Vertragsauflösung, 1987; *Bonvie,* Der Provisionsanspruch des ausscheidenden Versicherungsvertreters bei stornogefährdeten Verträgen, VersR 1986, 119; *Dänekamp/Kölln,* Provisionsvergütung(en) bei der Vermittlung von Dauerbezugsverträgen, NJW 2015, 3126; *Franke/Rohrßen,* Provisionsrückzahlung bei teilweiser Nichtausführung des Vertrags, IWRZ 2018, 107; *Hans,* Die Provision des Handelsvertreters – insbesondere des Versicherungsvertreters bei Nichtausführung des vermittelten Geschäfts, BB 1957, 1060; *Holling,* Der Provisionsanspruch des Handelsvertreters bei Nichtausführung eines abgeschlossenen Geschäfts durch das vertretene Unternehmen, DB 1960, 79; *Kempfler,* Der Provisionsanspruch bei Werk- und Werklieferungsverträgen, NJW 1963, 524; *Killinger,* Die Provisionsschuld des Geschäftsherrn gegenüber seinem Handelsvertreter, BB 1981, 1925; *Scherer,* Nachforderung von Provision – Verzicht durch widerspruchslose Hinnahme der Abrechnungen?, BB 1996, 2205; *Schröder,* Gesetzlicher und vertraglicher Provisionsanspruch des Handelsvertreters, BB 1963, 567; *Sundermann,* Die Provision des Versicherungsvertreters bei Nichtausführung des vermittelten Geschäfts, BB 1958, 542; *Treffer,* Pfändung von Provisionsansprüchen, MDR 1998, 384.

Übersicht

I. Bedeutung

1. Entstehungsgeschichte. Die Bestimmung geht inhaltlich zurück auf § 88 der ursprünglichen Fassung des HGB. Sie wurde durch das ÄndG 1953 neu eingefügt und sollte insbesondere klarstellen, dass die Provisionsanwartschaft des § 87 erst durch die Geschäftsausführung durch den Unternehmer oder den Dritten zu einem endgültigen Provisionsanspruch erstarkt. 1

Weitergehende Änderungen hat die Bestimmung durch das Gesetz zur Durchführung der **Handelsvertreter-RL** vom 23.10.1989 (BGBl. 1989 I 1910) erfahren (→ § 84 Rn. 3). Insbesondere wurde Abs. 3 S. 2 dahingehend geändert, dass bei Nichtausführung des Geschäfts durch den Unternehmer der Provisionsanspruch nur entfällt, wenn dies auf vom Unternehmer nicht zu vertretenden Umständen beruht. Nach der früheren Rechtslage entfiel der Provisionsanspruch bereits, soweit die Ausführung dem Unternehmer unzumutbar war, und zwar auch dann, wenn die Unzumutbarkeit auf vom Unternehmer zu vertretenden Gründen beruhte.[1] Darüber hinaus sind die Bestimmungen durch Neufassung des Abs. 5 in weitem Umfang zugunsten des Handelsvertreters einseitig zwingend ausgestaltet worden. 2

2. Zweck. Während § 87 bestimmt, welche Geschäfte provisionspflichtig sind, regelt § 87a zunächst, wann die durch § 87 begründete, aufschiebend bedingte Provisionsanwartschaft zum Vollrecht erstarkt, wann also der Provisionsanspruch entsteht. Die Bestimmung normiert also nicht nur die Fälligkeit oder Liquidierbarkeit des Provisionsanspruchs,[2] sondern ist die maßgebliche **Norm für die Anspruchsentstehung.** 3

Dabei hält die Regelung am **Grundsatz** der **Erfolgsabhängigkeit** der Handelsvertretervergütung fest.[3] Nicht schon der Abschluss des Geschäfts, sondern erst dessen Ausführung durch den Unternehmer oder den Dritten bringt den Provisionsanspruch zur Entstehung. Die Vorschrift trägt den berechtigten Interessen von Unternehmer und Handelsvertreter in zweierlei Hinsicht Rechnung: Der bereits entstandene Provisionsanspruch steht unter der auflösenden Bedingung, dass der Dritte nicht leistet und daher das Geschäft im Ergebnis doch scheitert (Abs. 2). Hingegen entsteht der Provisionsanspruch trotz Nichtausführung, wenn diese vom Unternehmer zu vertreten ist (Abs. 3); der Unternehmer soll sich also durch Nichtausführung der Provisionspflicht nicht entziehen können. 4

3. Anwendungsbereich. Die Bestimmung gilt für die in § 87 Abs. 1–3 geregelten Erfolgsvergütungen, also sowohl für die Tätigkeitsprovision nach Abs. 1 S. 1 Alt. 1 und Abs. 3 als auch für Folgeprovisionen nach Abs. 1 S. 1 Alt. 2 und für Bezirksprovisionen nach Abs. 2. Insoweit gilt die Vorschrift auch im Verhältnis von Haupt- und Untervertreter.[4] Demgegenüber findet die Bestimmung keine Anwendung auf Verwaltungsprovisionen (Inkasso-, Lagerhaltungs-, Bestandspflegeprovision) sowie für die Delkredereprovision (§ 86b).[5] Diese Provisionen werden für konkrete Tätigkeiten des Handelsvertreters gewährt, die von der Ausführung des Geschäfts durch den Kunden unabhängig sind. Sie entstehen daher unter den gesetzlich oder vertraglich festgelegten Modalitäten. Die Regelung findet auf den Kommissionsagenten analoge Anwendung,[6] nicht aber auf den Vertragshändler, den Versicherungsmakler (jedoch streitig, wenn der Versicherungsmakler im Einzelfall als genauso schutzwürdig angesehen wird wie ein Versicherungsvertreter)[7] oder den Franchise- 5

---

1 *Eggert* NZA 1990, 384 (385); *Küstner/v. Manteuffel* BB 1990, 291 (296).

2 BGH NJW 1980, 1665; 2007, 2640 (2642); Baumbach/Hopt/*Hopt* Rn. 1; Oetker/*Busche* Rn. 1; ebenso jetzt *K. Schmidt* HandelsR § 27 IV Rn. 59.

3 Begr. RegE, BT-Drs. 1/3856, 24 f.

4 BGH WM 2008, 923 (924); OLG Köln VersR 2006, 71.

5 Oetker/*Busche* Rn. 3 mwN; aA Staub/*Emde* Rn. 13.

6 LG Wuppertal NJW 1966, 1129; Baumbach/Hopt/*Hopt* § 84 Rn. 19; EBJS/*Löwisch* Rn. 73; aA Staub/*Emde* Rn. 14. Indes wird nach dem Vertrag zu prüfen sein, inwiefern der Kommissionsagent selbst das Geschäft auszuführen hat.

7 Von BGH NJW 2011, 1590 offengelassen; die Analogie verneinend OLG Düsseldorf ZVertriebsR 2016, 306 Rn. 60 mwN; diff. nach Schutzwürdigkeit im Einzelfall OLG Hamm NJW-RR 1997, 1482 (1483);

Nehmer (→ § 87 Rn. 10). Für Versicherungs- und Bausparkassenvertreter gilt die Sonderregelung in § 92 Abs. 4 und 5.

II. Provisionsanspruch bei Geschäftsausführung (Abs. 1)

6 **1. Grundsatz.** Abs. 1 S. 1 und S. 3 regelt den Grundtatbestand für die Entstehung des Provisionsanspruchs. Danach entsteht der Provisionsanspruch, wenn das gem. § 87 provisionspflichtige Geschäft entweder vom Unternehmer (Abs. 1 S. 1) oder aber von dem Dritten (Abs. 1 S. 3) ausgeführt worden ist. Der Provisionsanspruch ist danach in seiner Entstehung von der Durchführung des Geschäfts durch einen der Geschäftspartner abhängig.[8]

7 **2. Geschäftsausführung. a) Begriff.** Der Begriff der Ausführung des Geschäfts lässt sich aus einem systematischen Vergleich mit dem in § 87 geregelten Geschäftsabschluss erschließen. Während § 87 für die Provisionsanwartschaft auf das rechtliche Zustandekommen des Vertrags abstellt, bedeutet die Ausführung, dass der **Vertrag vollzogen** wird, also der Unternehmer **oder** der Dritte die ihm nach dem Grundverhältnis obliegende Leistung erbringt.[9] Maßgeblich ist in beiden Fällen die Vornahme der Leistungshandlung, nicht der Eintritt des Leistungserfolgs. Aufgrund des identischen Wortlauts von Abs. 1 S. 1 und 3 ist der Begriff der Ausführung einheitlich auszulegen.[10]

8 Wann die **Leistungshandlung erbracht** ist, hängt von der Art des Geschäfts und den jeweiligen vertraglichen Vereinbarungen ab. Hat der Unternehmer sich zu einer Werkleistung verpflichtet, ist von ihm das Geschäft bereits mit der Herstellung des Werks, nicht erst mit der Abnahme durch den Besteller (§ 640 Abs. 1 BGB) ausgeführt. Wurde ein Versendungskauf vereinbart, entsteht der Provisionsanspruch des Handelsvertreters bereits mit Aufgabe der Kaufsache zum Versand durch den Unternehmer und nicht erst, wenn die Ware bei dem Kunden eintrifft. Beim Verkauf unter Eigentumsvorbehalt (§ 449 BGB) ist das Geschäft bereits mit Übergabe der Kaufsache an den Käufer und der Übereignung unter der aufschiebenden Bedingung vollständiger Kaufpreiszahlung, nicht erst mit Bedingungseintritt ausgeführt.

9 **Keine Ausführung** liegt vor, wenn der Dritte eine nicht vertragsgemäße Leistung des Unternehmers zurückweist, zB als mangelhaft, als Teilleistung (§ 266 BGB) oder mangels Fälligkeit. Dies gilt auch, wenn die Zurückweisung unberechtigt erfolgt.[11] Der Provisionsanspruch kann in diesen Fällen nicht mehr aus Abs. 1, sondern nunmehr aus Abs. 3 folgen. Nimmt der Dritte hingegen eine nicht vertragsgemäße Leistung an, ist damit das Geschäft ausgeführt. Allerdings kann in einem solchen Falle der Provisionsanspruch nachträglich nach Abs. 2 wieder entfallen, wenn der Dritte die Erbringung der von ihm geschuldeten Leistung verweigert. Ob dem Handelsvertreter in einem solchen Falle trotz Nichtleistung des Dritten ein Provisionsanspruch zusteht, richtet sich dann nach Abs. 3.

10 **b) Teilleistungen.** Führt der Unternehmer bzw. der Dritte das Geschäft zunächst nicht vollständig, sondern nur teilweise aus, dann entsteht ein anteiliger Provisionsanspruch in dem Umfange, wie es dem Verhältnis der teilweisen zur vollen Ausführung entspricht.[12] Dabei ist es für die Entstehung des Provisionsanspruchs unerheblich, ob der ausführende Teil zu einer Teilleistung berechtigt war (§ 266 BGB), solange der andere Teil die Annahme

---

BeckRS 2005, 08775. Im Einzelfall soll sich aber eine Obliegenheit des Versicherers zur Nachbearbeitung aus Treu und Glauben und einer hieran orientierten Auslegung des Vertrages zwischen dem Versicherungsmakler und dem Versicherer ergeben können, s. nur BGH NJW 2011, 1590; OLG Düsseldorf ZVertriebsR 2016, 306 Rn. 64.

[8] AA *Killinger* BB 1981, 1925.

[9] OLG Hamm IHR 2016, 85 (87); Heymann/*Stöber* Rn. 3; Baumbach/Hopt/*Hopt* Rn. 5; Oetker/*Busche* Rn. 6.

[10] Oetker/*Busche* Rn. 6; Staub/*Emde* Rn. 34; aA EBJS/*Löwisch* Rn. 11, der bei Ausführung durch den Dritten den Eintritt des Leistungserfolgs verlangt.

[11] Baumbach/Hopt/*Hopt* Rn. 5; EBJS/*Löwisch* Rn. 15; krit. Staub/*Emde* Rn. 18.

[12] Heymann/*Stöber* Rn. 5; *Thume* in Küstner/Thume VertriebsR-HdB I Kap. V Rn. 248; Oetker/*Busche* Rn. 7; Staub/*Emde* Rn. 24, 36; vgl. auch EuGH BB 2017, 1420.

nicht verweigert. In Höhe des noch nicht geleisteten Teils bleibt es bei der Provisionsanwartschaft aus § 87, die erst mit der vollständigen Ausführung des Geschäfts zum Provisionsanspruch erstarkt.

Wird das Geschäft über die Teilleistung hinaus **nicht mehr ausgeführt,** bleibt der bereits entstandene Anspruch auf Teilprovision bestehen. Für die übrigen Teil des Provisionsanspruchs gilt Abs. 3 (ausführlich → Rn. 29, → Rn. 32). 11

c) Ersatzleistungen, Erfüllungssurrogate. Der Ausführung des Geschäfts durch den Kunden steht es gleich, wenn **ein anderer** für diesen **erfüllt,** gleichgültig ob dies freiwillig (§§ 267 f. BGB) oder aus eigener Verpflichtung heraus (§ 765 BGB) geschieht.[13] 12

Der Provisionsanspruch entsteht auch dann, wenn der Dritte das Geschäft zwar nicht ausführt, der Unternehmer aber infolge der Nichtausführung eine rechtlich vollwertige **Ersatzleistung** erhält, mit der sein wirtschaftliches Interesse an dem Geschäft befriedigt wird. Gelangt das Geschäft nicht zur Ausführung, erhält aber der Unternehmer Schadensersatz statt der Leistung (früher Schadensersatz wegen Nichterfüllung),[14] Ersatzleistungen durch eine Versicherung[15] oder das stellvertretende commodum nach § 285 BGB,[16] so kommt dem Vertreter die Provision zu;[17] bei teilweisem Schadensersatz oder im Fall der Unterversicherung mindert sich die Provision entsprechend.[18] Demgegenüber ist der Provisionsanspruch nicht verdient, wenn dem Unternehmer bloß die Verzugsschäden (§ 280 Abs. 2 BGB, § 286 BGB) ersetzt werden, er aber keinen Schadensersatz statt der Leistung erhält.[19] Da an die Stelle des Erfüllungsanspruchs des Unternehmers Schadensersatz statt der Leistung tritt, ist der Unternehmer regelmäßig gehalten, die Schadensersatzansprüche durchzusetzen. Sieht der Unternehmer hiervon ab, steht dies in entsprechender Anwendung des Abs. 3 S. 2 dem Provisionsanspruch des Handelsvertreters nur dann entgegen, wenn dem Unternehmer die Geltendmachung der Schadensersatzansprüche nicht zuzumuten ist.[20] Von Bedeutung kann dieser Grundsatz etwa dann sein, wenn der Unternehmer das vom Handelsvertreter vermittelte Dauerschuldverhältnis vorzeitig wegen Zahlungsverzugs des Kunden außerordentlich kündigt; der Unternehmer kann dann gehalten sein, die Schadensersatzansprüche für die Restlaufzeit des Vertrages weiter zu verfolgen. 13

Der Erfüllung stehen die **Erfüllungssurrogate** gleich, weil sie die Verbindlichkeit des Dritten tilgen und rechtlich zu einer Befriedigung des Unternehmerinteresses führen. Zu nennen sind in diesem Zusammenhang namentlich Aufrechnung durch den Kunden (§ 389 BGB), Hinterlegung (§ 378 BGB) und Selbsthilfeverkauf durch den Dritten bei Annahmeverzug des Unternehmers (§ 373 Abs. 2 und 3). 14

Auch die Entgegennahme einer Leistung an **Erfüllungs Statt** (§ 364 Abs. 1 BGB) begründet den vollen Provisionsanspruch und zwar selbst dann, wenn die an Erfüllungs Statt vorgenommene Leistung wertmäßig hinter der geschuldeten zurückbleibt.[21] Nimmt der Unternehmer nämlich die andere Leistung als vollwertig hin, muss er dies auch im Verhältnis zum Handelsvertreter gegen sich gelten lassen. Eine Kürzung der Provision kommt auch dann nicht in Betracht, wenn dem Unternehmer durch die Verwertung der an Erfüllungs Statt entgegengenommenen Leistung zusätzlich Kosten entstehen.[22] 15

---

13 Baumbach/Hopt/*Hopt* Rn. 11; Staub/*Emde* Rn. 23.

14 BGH DB 1957, 185; NJW-RR 1991, 156 (158); OLG Frankfurt NJW-RR 1991, 674 (677).

15 OLG Frankfurt NJW-RR 1991, 674 (677); OLG Köln VersR 2002, 1374; Baumbach/Hopt/*Hopt* Rn. 11.

16 Baumbach/Hopt/*Hopt* Rn. 11.

17 Oetker/*Busche* Rn. 6 mit weiteren Beispielen; zT abw. EBJS/*Löwisch* Rn. 12, der einen Provisionsanspruch verneint, wenn es dem Unternehmer auf die vereinbarte Kundenleistung ankommt.

18 Baumbach/Hopt/*Hopt* Rn. 5, 11; Oetker/*Busche* Rn. 6; Staub/*Emde* Rn. 26.

19 BGH DB 1957, 185 f.

20 EBJS/*Löwisch* Rn. 31; Staub/*Emde* Rn. 78; vgl. auch BGH NJW-RR 1991, 156 (158 f.) für den Fall, dass der Unternehmer Schadensersatzansprüche im Konkursverfahren nicht weiter verfolgte.

21 BGHZ 85, 134 (138 f.) = NJW 1983, 629; Baumbach/Hopt/*Hopt* Rn. 11; Oetker/*Busche* Rn. 6; Staub/*Emde* Rn. 26.

22 RGZ 121, 125 (126 f.).

16 Demgegenüber ist das Geschäft bei einer Leistung **erfüllungshalber** noch nicht ausgeführt. Der Provisionsanspruch entsteht erst, wenn der Unternehmer aus der erfüllungshalber hingegebenen Leistung Befriedigung erlangt. Zahlt der Dritte zB durch Hingabe eines Wechsels oder Schecks, ist das Geschäft von ihm erst mit der Einlösung ausgeführt.[23] Der Unternehmer ist dabei gegenüber dem Handelsvertreter verpflichtet, für die ordnungsgemäße Einziehung zu sorgen.[24]

17 Unter besonderen Voraussetzungen kann auch die Ausführung eines **Ersatzgeschäftes mit einem anderen Vertragspartner** der Ausführung des Geschäfts durch den Dritten iSv Abs. 1 S. 3 gleichstehen (zum Begriff der Ausführung → Rn. 7). Der Leistung des Kunden steht es nach Treu und Glauben gleich, wenn ein anderer Vertragspartner wegen seines Interesses, die Ausführung des mit dem Dritten abgeschlossenen Geschäftes zu verhindern, sich erbietet, den Unternehmer für das nicht ausgeführte Geschäft dadurch schadlos zu stellen, dass er die bereits produzierte Ware anstelle des Dritten abnimmt, mit dem vereinbarten Preis vergütet und er dem Unternehmer darüber hinaus auch die sonstigen ihm aus der Nichtausführung des Geschäftes entstehenden Nachteile ersetzt.[25] In einem solchen Fall ist der mit dem ursprünglichen Geschäft verfolgte wirtschaftliche Erfolg für den Unternehmer nämlich eingetreten.

18 **d) Rückabwicklung.** Auf den Provisionsanspruch des Handelsvertreters hat es keinen Einfluss, wenn die Parteien das Geschäft nach seiner Durchführung auf freiwilliger Basis ganz oder teilweise rückabwickeln (zum Rücktrittsrecht → Rn. 32, → Rn. 58). Dies gilt insbesondere dann, wenn der Unternehmer an den Kunden vereinbarungsgemäß ausgelieferte, von diesem aber nicht mehr benötigte Ware aus Kulanz zurücknimmt und dem Kunden den Gesamt- oder einen Teilbetrag rückvergütet. Dem durch die Ausführung des Geschäfts entstandenen Provisionsanspruch kann der Unternehmer nicht nachträglich durch Vereinbarungen mit dem Dritten wieder die Basis entziehen. Zu den Fällen des Abs. 3 S. 2 → Rn. 49 ff.[26]

19 **3. Sonderfälle. a) Dauerschuldverhältnisse, Sukzessivlieferungsverträge.** Bei Dauerschuldverhältnissen, etwa Sparverträgen, ist bereits der Beginn der Erfüllung des Vertrags (zB Verwahrung der Spareinlagen für die Kunden) als Ausführung iSv Abs. 1 anzusehen.[27] Bei Sukzessivlieferungsverträgen verpflichtet sich eine Partei, über einen längeren Zeitraum hinweg eine bestimmte Warenmenge von der anderen Partei zu beziehen. Mit dem Abschluss sind die Rechte und Pflichten aus dem Geschäft verbindlich festgelegt, damit ist die Provisionsanwartschaft nach § 87 Abs. 1 entstanden. Bei einzelnen Lieferungen oder Zahlungen im Rahmen des Sukzessivlieferungsvertrags handelt es sich um Teilleistungen, zu denen die Vertragspartei jeweils berechtigt ist, und die daher einen entsprechenden anteiligen Provisionsanspruch des Handelsvertreters nach Abs. 1 begründen, sofern nicht etwas anderes vertraglich bestimmt ist (→ § 87 Rn. 63 ff.).

20 **b) Gebrauchsüberlassungs- und Nutzungsverträge.** Bei Gebrauchsüberlassungs- und Nutzungsverträgen erwirbt der Handelsvertreter mit Abschluss des Geschäfts eine aufschiebend bedingte Provisionsanwartschaft. Sowohl bei Verträgen von bestimmter als auch unbestimmter Dauer wird das Geschäft insgesamt mit der Gebrauchsüberlassung ausgeführt.[28] Der Provisionsanspruch nach Abs. 1 S. 1 entsteht bereits in diesem Zeitpunkt und nicht erst mit Ende der Nutzung bei Vertragsende.[29] Wegen der vorzeitigen Beendigung des Dauerrechtsverhältnisses → § 87b Rn. 40 ff.

---

[23] *Thume* in Küstner/Thume VertriebsR-HdB I Kap. V Rn. 245; Staub/*Emde* Rn. 26.
[24] EBJS/*Löwisch* Rn. 12; Staub/*Emde* Rn. 26.
[25] OLG Frankfurt NJW-RR 1991, 674 (677).
[26] BGH NJW-RR 1991, 155 (156).
[27] OLG Frankfurt OLGR 2007, 500 (501); Staub/*Emde* Rn. 19.
[28] Baumbach/Hopt/*Hopt* Rn. 5; Oetker/*Busche* Rn. 6.
[29] Baumbach/Hopt/*Hopt* Rn. 5.

c) Untervertretung. Im Fall einer Untervertretung (→ § 84 Rn. 117 ff.) bezieht sich der Begriff des Unternehmers bei der Anwendung des § 87a auf den Geschäftspartner des vermittelten Hauptgeschäfts und nicht auf den Hauptvertreter (auch → Rn. 36, → Rn. 57). Daher ist für die Frage, ob ein vom Untervertreter vermitteltes Geschäft ausgeführt ist, allein auf die Ausführung des vermittelten Geschäfts durch den Unternehmer als Auftraggeber des Hauptvertreters abzustellen.[30] Die Bemühungen des Untervertreters beschränken sich nämlich darauf, dem Hauptvertreter bei der Erfüllung der vom Hauptvertreter gegenüber dem Unternehmer übernommenen Vertretungsaufgabe zuzuarbeiten. Die Vergütung dafür entnimmt der Hauptvertreter der Provision, die er seinerseits vom Unternehmer erhält. Steht fest, dass entweder der Unternehmer die Provision an den Hauptvertreter nicht leistet oder der Kunde nicht zahlt, entfällt der Provisionsanspruch des Untervertreters (→ Rn. 36). Entsprechendes gilt, wenn der Provisionsanspruch des Hauptvertreters nach Abs. 3 S. 2 entfällt. Der Untervertreter ist damit an dem **Risiko beteiligt,** das der Hauptvertreter hinsichtlich seines Provisionsanspruchs trägt. Der Provisionsanspruch des Untervertreters ist daher dann als nach Abs. 1 gerechtfertigt anzusehen, wenn seine Bemühungen zu einer erfolgreichen Anbahnung und Abwicklung der Vertragsbeziehungen zwischen dem Unternehmer (Auftraggeber des Hauptvertreters) und dessen Kunden geführt haben. 21

d) Kündigung. Kündigt der Besteller einen vom Handelsvertreter dem Unternehmer vermittelten Werkvertrag, verliert der Handelsvertreter den Provisionsanspruch nicht, weil der Besteller nach § 649 S. 2 BGB zur Werklohnzahlung nach der Maßgabe verpflichtet bleibt, dass der Unternehmer sich Ersparnisse anrechnen lassen muss.[31] Mit der Zahlung des Bestellers wird der Provisionsanspruch des Handelsvertreters gem. Abs. 1 S. 3 unbedingt. 22

4. Abweichende Vereinbarungen (Abs. 1 S. 2 und 3). Durch Parteivereinbarung können zugunsten des Handelsvertreters abweichende Vereinbarungen hinsichtlich des Zeitpunkts der Entstehung des Provisionsanspruchs getroffen werden. Namentlich ist es möglich, einen früheren Zeitpunkt als den der Ausführung des Geschäfts zu vereinbaren. Zugunsten des Handelsvertreters kann insbesondere vereinbart werden, dass dieser bereits bei einer nur teilweisen Ausführung durch den Unternehmer oder den Dritten die volle Provision erhalten soll. Derartige Vereinbarungen werden insbesondere dann in Frage kommen, wenn es sich um Geschäfte handelt, die in Teillieferung und Teilleistung abzuwickeln sind und deren Abwicklung sich voraussichtlich über längere Zeit erstrecken wird. 23

Unabdingbar ist demgegenüber, dass dem Handelsvertreter der Anspruch auf Provision spätestens zusteht, sobald und soweit der Dritte das Geschäft ausgeführt hat (Abs. 1 S. 3). Der Provisionsanspruch entsteht also spätestens in dem Zeitpunkt, in dem der Dritte seine Leistung erbringt. Das gilt auch für die Teilprovision infolge von Teilleistungen des Dritten. Mithin ist eine vertragliche Vereinbarung unwirksam, wonach Provisionsansprüche des Vertreters nur dann gegeben sind, wenn der Dritte den vom Vertreter vermittelten bzw. abgeschlossenen Vertrag (während einer festgelegten Sprunghaftungsfrist) vollständig erfüllt hat; ergo können die Parteien das Entstehen eines (Teil-)Provisionsanspruchs zu Lasten des Handelsvertreters nicht davon abhängig machen, dass der Kunde seinen Pflichten aus dem Vertrag über einen gewissen Zeitraum nachkommt.[32] Aus diesem Grund ist auch ein Provisionsmodell unwirksam, in welchem zum Nachteil des Handelsvertreters die Teilprovision des Vertreters nicht strikt im Verhältnis zum Ausmaß der Teilleistung steht.[33] Von besonderer Bedeutung sind diese Grundsätze bei der Ausgestaltung und der Bemessung der Provisionsansprüche des Vertreters bei der Vermittlung von Dauerschuldverhältnissen. Für die Beurteilung des Teilprovisionsanspruchs ist hier also entscheidend, wie lange der Dritte Zahlungen 24

30 BGH WM 2008, 923 (924); BGHZ 91, 370 (371 f.) = NJW 1984, 2881; OLG Düsseldorf NJW-RR 1993, 1188 (1189); OLG Frankfurt OLGR 2007, 500 (501); OLG Schleswig OLGR 2009, 514.
31 BGH NJW 1984, 1455; OLG Koblenz MDR 1993, 1187; OLG Koblenz NJW-RR 1994, 295 (296); OLG Köln NJW-RR 1994, 226 (227).
32 EuGH BB 2017, 1420; BGH NJW 2015, 1754; OLG Hamburg BeckRS 2015, 6180.
33 EuGH BB 2017, 1420; aA aber wohl BGH NJW 2015, 1754 mAnm *Roth* GWR 2015, 186.

erbracht hat und wie lange solche nach dem Vertrag zu erbringen gewesen wären; ein vereinbarter Teilprovisionsanspruch muss sich dazu entsprechend proportional verhalten oder aber für den Handelsvertreter günstiger sein.[34] Demgegenüber können die Parteien (zugunsten des Handelsvertreters) vereinbaren, dass der volle Provisionsanspruch bereits dann verdient ist, wenn der Dritte über einen bestimmten Zeitraum seine Leistungen erbracht hat (zB über einen Zeitraum von sechs Monaten bei einem Abonnement- oder Bezugsvertrag mit einer Laufzeit von zwei Jahren).[35] Entsprechendes gilt auch in den Fällen der Untervertretung (→ Rn. 21). Eine formularmäßige Vereinbarung, wonach ein Anspruch auf Provision bei einem Untervertreter erst dann entsteht, wenn bei dem Hauptvertreter für das vom Untervertreter vermittelte Geschäft Provisionszahlungen tatsächlich eingegangen sind, ist daher wegen Verstoßes gegen § 307 Abs. 2 Nr. 1 BGB als nichtig anzusehen.[36]

25 Hingegen kann von Abs. 1 S. 1 durch die Parteien abgewichen, insbesondere vereinbart werden, dass der Provisionsanspruch nicht bereits mit der **Ausführung des Geschäfts** durch den Unternehmer, sondern erst mit der Ausführung des Geschäfts durch den Dritten entsteht. Allerdings hat, wenn eine solche Vereinbarung getroffen wird, der Handelsvertreter mit der Ausführung des Geschäfts durch den Unternehmer einen unabdingbaren Anspruch auf einen angemessenen **Vorschuss,** der spätestens am letzten Tag des folgenden Monats fällig ist (Abs. 1 S. 2). Der Anspruch entsteht nicht, wenn der Handelsvertreter das Kundengeschäft anstelle des Unternehmers ohne dessen Zustimmung selbst ausführt.[37] Die angemessene Höhe ist dabei nach den Umständen des Einzelfalls zu beurteilen und hängt namentlich von dem voraussichtlichen Zeitpunkt der Gegenleistung des Dritten ab.[38] Die Höhe des Vorschusses kann durch Vertrag genauer bestimmt werden, zB in Form eines bestimmten Prozentsatzes,[39] wobei allerdings die Grenzen der Angemessenheit zu beachten sind. Wird keine Vereinbarung getroffen, kann der Unternehmer nach § 315 BGB die Höhe des Vorschusses nach billigem Ermessen (insbesondere unter Berücksichtigung des Zeitpunkts, in welchem der Dritte zu leisten hat, und sein Ausfallrisiko)[40] bestimmen. Die Anwendung des § 316 BGB wäre hingegen nicht interessengerecht.[41]

III. Wegfall des Provisionsanspruchs (Abs. 2)

26 **1. Anwendungsbereich.** Nach **Abs. 2 Hs. 1** entfällt der Anspruch auf Provision, wenn feststeht, dass der **Dritte nicht leistet.** Voraussetzung für die Anwendung dieser Bestimmung ist also, dass der Provisionsanspruch bereits als unbedingter entstanden ist.

27 Abs. 2 greift daher nur in den Fällen des Abs. 1 S. 1 ein, wenn der Unternehmer das Geschäft bereits ausgeführt hat.[42] **Typisch** für Abs. 2 sind die Fälle, in denen der Unternehmer die Ware geliefert hat, während der Kunde nicht zahlen kann oder will. Rechtsdogmatisch regelt Abs. 2 eine **auflösende Bedingung** für den Provisionsanspruch. Der Provisionsanspruch steht unter der aufschiebenden Bedingung der Ausführung des Geschäfts durch den Unternehmer und unter der auflösenden Bedingung des Feststehens der Nichtleistung durch den Dritten.[43]

28 **Nicht anwendbar** ist Abs. 2 dagegen dann, wenn noch vor der Leistung des Unternehmers der Dritte seine eigene Leistung verweigert oder sich von dem Geschäft lossagt. In diesen Fällen ist der Provisionsanspruch mangels Ausführung noch nicht entstanden, so dass

---

34 *Dänekamp/Kölln* NJW 2015, 3126 (3131).
35 OLG Hamburg BeckRS 2015, 6180.
36 OLG München OLGR 2009, 249.
37 EBJS/*Löwisch* Rn. 47; Staub/*Emde* Rn. 28.
38 Baumbach/Hopt/*Hopt* Rn. 9; Heymann/*Stöber* Rn. 28; vgl. auch Staub/*Emde* Rn. 29 mit weiteren Beispielen zur Angemessenheit.
39 *Schröder* BB 1963, 567 (570).
40 Vgl. BT-Drs. 1/3856, 25.
41 AA Heymann/*Stöber* Rn. 28.
42 BGH BB 1961, 147; DB 1983, 2135; OLG Düsseldorf NJW-RR 1993, 1188 (1189); Baumbach/Hopt/*Hopt* Rn. 13; Oetker/*Busche* Rn. 17; Staub/*Emde* Rn. 39.
43 BGH NJW 1990, 1665; Baumbach/Hopt/*Hopt* Rn. 1, 13.

für die Anwendung des Abs. 2 kein Raum bleibt. Vielmehr sind diese Fälle ausschließlich nach Abs. 3 zu lösen.[44] Danach ist für die Entstehung des Provisionsanspruchs allein ausschlaggebend, ob der Unternehmer die Nichtausführung zu vertreten hat.

Ist der Provisionsanspruch nach Abs. 1 S. 1 durch Ausführung zunächst entstanden, 29
wird Abs. 2 ferner dann nicht angewendet, wenn die Nichtleistung des Dritten auf vom Unternehmer zu vertretenden Gründen beruht; in solchen Fällen hat die Regelung des Abs. 3 **Vorrang** vor Abs. 2. Anzuknüpfen ist nämlich an die Ursache der Nichtleistung. Damit scheiden aus dem Anwendungsbereich des Abs. 2 diejenigen Fälle aus, in denen die Gründe für die Nichtausführung des Geschäfts aus der **Sphäre des Unternehmers** herrühren, also entweder von ihm zu verantworten sind oder zurechenbar veranlasst wurden. Nur wenn die Nichtausführung bei wertender Betrachtung auf den Kunden zurückgeht, dh der Unternehmer zuvor ordnungsgemäß ausgeführt hat, ist Abs. 2 anwendbar.[45] Leistet der Dritte zB nicht, weil er wegen mangelhafter Lieferung sein gesetzliches Rücktrittsrecht (§ 323 BGB) geltend macht, ist Abs. 2 nicht einschlägig. In diesem Fall beruht die Nichtausführung primär auf einer Leistungsstörung des Unternehmers, so dass vorrangig Abs. 3 zur Anwendung gelangt. Gleiches gilt für den Fall, dass der Dritte zunächst in Vorleistung getreten ist und daraufhin etwa den Rücktritt nach § 323 BGB erklärt. Auch diese Konstellation wird ausschließlich von Abs. 3 erfasst, so dass trotz rücktrittsbedingter Nichtausführung der Provisionsanspruch zunächst erhalten bleibt (→ Rn. 47).[46]

2. Nichtleistung des Dritten. a) Begriff. Der Provisionsanspruch geht nicht bereits 30
dann unter, wenn der Dritte zunächst nicht leistet; vielmehr kommt es nach dem ausdrücklichen Gesetzeswortlaut darauf an, dass positiv die Nichtleistung durch den Dritten festgestellt werden kann. Es muss also feststehen, dass der Dritte weder geleistet hat noch in Zukunft leisten wird.

Maßgeblich ist allein die **Tatsache der Nichtleistung.** Diese ist dann gegeben, wenn 31
der Dritte seine Leistungspflicht aus dem von dem Handelsvertreter für den Unternehmer vermittelten oder abgeschlossenen Geschäft nicht erfüllt. Im Anwendungsbereich des Abs. 2 (→ Rn. 29) kommt es nur auf die Nichtleistung an, unerheblich sind die Gründe hierfür.

Nichtleistung des Dritten tritt insbesondere dann ein, wenn die von diesem geschuldete 32
Leistung unmöglich wird (§ 275 BGB). Allerdings bleibt in einem solchen Falle ausnahmsweise der Provisionsanspruch erhalten, wenn der Unternehmer das stellvertretende commodum nach § 285 BGB herausverlangt. Entfällt die Leistungspflicht des Dritten durch die Ausübung eines gesetzlich bestehenden **Rücktrittsrechts,** richtet sich die Provisionspflicht des Unternehmers vorrangig nach Abs. 3 (→ Rn. 29).

Keine Nichtleistung des Dritten liegt hingegen vor, wenn dieser als Besteller einen 33
Werk- oder Werklieferungsvertrag nach § 649 S. 1 BGB **kündigt.** Der Unternehmer behält nämlich dann nach § 649 S. 2 BGB den Anspruch auf die vereinbarte Vergütung und muss sich nur ersparte Aufwendungen anrechnen lassen.[47]

b) Feststellung der Nichtleistung. Die Feststellung, dass der Dritte nicht leistet, 34
muss nach **objektiven Grundsätzen** getroffen sein. Die subjektive Meinung des Unternehmers, der Dritte werde nicht leisten, reicht nicht aus. Unproblematisch sind dabei die Fälle, in denen der Dritte seine Leistung aus Rechtsgründen nicht mehr erbringen muss oder tatsächlich **nicht mehr erbringen kann.**

Schwieriger zu beurteilen sind solche Fallgestaltungen, in denen der Dritte die von 35
ihm geschuldete Leistung **nicht erbringen will.** Hier gilt der Grundsatz, dass die bloße Erfüllungsverweigerung des Kunden den Provisionsanspruch nicht ausschließt, solange es

---

44 BGH WM 2008, 923 (924); BB 1961, 147; Baumbach/Hopt/*Hopt* Rn. 13; GK-HGB/*Genzow* Rn. 13; Oetker/*Busche* Rn. 17.

45 Zum Ganzen BGH WM 2008, 923 (924) m. zust. Anm. *Emde* EWiR § 87a 1/08, 559 und *Wulff* WuB IV E § 87a 1.08; vgl. auch Baumbach/Hopt/*Hopt* Rn. 18, 20; EBJS/*Löwisch* Rn. 5, 17; Oetker/*Busche* Rn. 18; Röhricht/Graf v. Westphalen/Haas/*Thume* Rn. 13.

46 Ebenso Staub/*Emde* Rn. 41.

47 BGH WM 1984, 270 (271).

dem Unternehmer möglich und zuzumuten ist, die Leistung des Dritten zu erzwingen.[48] Im Regelfalle trifft den Unternehmer die Obliegenheit, seine Rechte zunächst einzuklagen und einen Titel zu vollstrecken. Von Klage und Vollstreckung darf nur unter ganz besonderen Voraussetzungen abgesehen werden, zB wenn es um lediglich geringfügige Beträge geht oder eine Vollstreckung aussichtslos ist.[49] Insoweit gelten die zu Abs. 3 S. 2 dargestellten Grundsätze entsprechend (→ Rn. 54 ff.), wobei im Einzelfall strengere Anforderungen an die Feststellung der Nichtleistung als an das Nichtvertretenmüssen geboten sein können.[50] In der Praxis stellt sich zudem die Frage, ob und wie sich ein gerichtlicher oder außergerichtlicher Vergleich des Unternehmers mit dem Kunden auf den Provisionsanspruch des Handelsvertreters auswirkt. Ein nur anteiliger Provisionsanspruch ist dann gegeben, wenn der Abschluss des Vergleichs unter Abwägung aller Risiken objektiv wirtschaftlich vernünftig ist. Vom Unternehmer kann nicht verlangt werden, dass er im Provisionsinteresse des Handelsvertreters jeden Rechtsstreit ggf. über mehrere Instanzen bis zu einer rechtskräftigen Entscheidung ausficht und ggf. Zwangsvollstreckungsmaßnahmen ergreift. Genauso wie sich die Zumutbarkeitsfrage vor Aufnahme eines Rechtsstreits stellt, stellt sie sich auch laufend während des Rechtsstreits. Kosten, Chancen und Risiken sind auch bei der Frage der Beendigung eines Rechtsstreits durch Vergleich abzuwägen. Ein Teilverzicht wirkt sich daher nicht per se zu Lasten des Unternehmers nach Abs. 3 S. 2 aus.[51]

36 Der Provisionsanspruch des **Untervertreters** entfällt, wenn feststeht, dass entweder der Kunde nicht an den Unternehmer zahlt oder der Unternehmer den Provisionsanspruch des Hauptvertreters nicht erfüllt, obwohl er seinerseits vom Kunden Zahlung erlangt.[52] Dementsprechend besteht der Provisionsanspruch des Untervertreters, wenn der Hauptvertreter seinen Provisionsanspruch gegenüber dem Unternehmer nicht geltend macht.[53] Zur Untervertretung → Rn. 21.

37 **c) Beispiele. Feststehen der Nichtleistung** des Dritten und damit Untergang des Provisionsanspruchs nach Abs. 2 wird angenommen,[54] wenn
- der Dritte auf absehbare Zeit zahlungsunfähig ist,[55] nicht aber bei bloßer Annahme der Zahlungsunfähigkeit durch den Unternehmer;[56]
- der Unternehmer beim Vertrieb von Massengütern des täglichen Bedarfs mit geringem Wert des Einzelvertrages, zB Zeitschriftenabonnements, seine Ansprüche gegen zahlreiche, nicht abnahme- und zahlungswillige Kunden durchsetzen müsste. Es spricht dann eine tatsächliche Vermutung dafür, dass dem Unternehmer eine Durchsetzung seiner Ansprüche durch gerichtliches Vorgehen in den meisten Fällen nicht zuzumuten ist; es ist dann Sache des Handelsvertreters, für bestimmte Einzelfälle das Gegenteil darzutun;[57]
- der Unternehmer, zB eine Bausparkasse oder ein Versicherungsunternehmen, ein berechtigtes Interesse daran hat, den Ruf eines rücksichtslosen Versicherers zu vermeiden, und er den Prozess nur im Provisionsinteresse des Handelsvertreters führen würde;[58]

48 BGH BB 1961, 147; OLG Frankfurt NJW 1982, 2564: der Provisionsanspruch des Handelsvertreters gegen den Unternehmer aus § 87a ist ein Schaden iSd §§ 325, 326 BGB aF (jetzt § 280 BGB), den der Unternehmer gegenüber dem zahlungs- bzw. abnahmeunwilligen Kunden geltend machen kann; aA AG Haldensleben NJW-RR 1995, 1245.

49 Baumbach/Hopt/*Hopt* Rn. 15; *Hans* BB 1957, 1060 (1061); Heymann/*Stöber* Rn. 16; *Kempfler* NJW 1963, 524 (525); Staub/*Emde* Rn. 48; aA *Sundermann* BB 1958, 542 (543).

50 Baumbach/Hopt/*Hopt* Rn. 16; EBJS/*Löwisch* Rn. 40; Staub/*Emde* Rn. 48.

51 Zu eng Röhricht/Graf v. Westphalen/*Thume* Rn. 16; Staub/*Emde* Rn. 43.

52 BGHZ 91, 370 (371 f.) = NJW 1984, 2881; BGH WM 2008, 923 (924); Staub/*Emde* Rn. 47.

53 OLG Düsseldorf NJW-RR 1993, 1188.

54 Vgl. auch die Auflistung bei Staub/*Emde* Rn. 48.

55 OLG Düsseldorf NJW-RR 1993, 1188 (1190); Baumbach/Hopt/*Hopt* Rn. 15; Heymann/*Stöber* Rn. 16; Oetker/*Busche* Rn. 19.

56 OLG Celle NJW 1972, 879.

57 BGH NJW 1972, 45; DB 1983, 2135 (2136); NJW 2015, 1754 (1756); OLG Celle OLGR 2001, 267 (268).

58 OLG Frankfurt DB 1983, 1591 (1592); einschr. Staub/*Emde* Rn. 48.

– der Dritte seine Zahlungspflicht unter solchen Umständen bestreitet, dass dem Unternehmer angesichts des unsicheren Prozessausgangs die Einklagung nicht zuzumuten ist,[59] zB wegen Beweisschwierigkeiten oder auch ungeklärter Rechtsfragen.[60]

3. Rückgewährung empfangener Beträge (Abs. 2 Hs. 2). Entfällt der Provisionsanspruch wegen Nichtleistung des Dritten, sind bereits empfangene Beträge nach Abs. 2 Hs. 2 zurückzugewähren. Es handelt sich hierbei um einen vertraglichen Anspruch aus einem Rückabwicklungsschuldverhältnis, auf den §§ 346 ff. BGB analoge Anwendung finden.[61] Anwendbar sind die §§ 812 ff. BGB hingegen, wenn der Provisionsanspruch durch Anfechtung des bereits ausgeführten Geschäfts entfällt; § 87a Abs. 2 ist hier nicht analog anwendbar.[62] 38

Der Unternehmer ist berechtigt, nach Vertragsende fällige Provisionen insoweit **zurückzuhalten,** als sein etwaiger späterer Rückgewähranspruch nach Abs. 2 Hs. 2 angesichts schlechter Vermögenslage des Handelsvertreters praktisch nicht durchsetzbar oder jedenfalls in hohem Maße gefährdet erscheint.[63] 39

4. Abweichende Vereinbarungen (Abs. 5). Abs. 2 Hs. 1 ist zugunsten des Handelsvertreters einseitig zwingend (Abs. 5). Von der Bestimmung, dass der Provisionsanspruch des Handelsvertreters erst entfällt, wenn feststeht, dass der Dritte nicht leistet, können nur Abreden zu Lasten des Unternehmers getroffen werden. Demgegenüber ist es unzulässig, diesen Zeitpunkt zu Lasten des Handelsvertreters vorzuverlegen. Auch früher in der Praxis häufig getroffene Vereinbarungen, wonach eine der Voraussetzungen für den Wegfall des Provisionsanspruchs im Hinblick auf bereits ordnungsgemäß ausgeführte Geschäfte, nämlich „Feststehen der Nichtleistung" des Dritten, so geregelt wurde, dass der Provisionsanspruch schon beim geringsten Anhaltspunkt bezüglich einer Nichtleistung des Dritten entfallen sollte, sind nach geltendem Recht unzulässig.[64] 40

IV. Provisionsanspruch bei nicht vertragsgemäßer Geschäftsausführung (Abs. 3)

1. Grundgedanke. Nach Abs. 3 hat der Handelsvertreter auch dann einen Provisionsanspruch, wenn feststeht, dass der Unternehmer das Geschäft ganz oder teilweise nicht bzw. nicht so ausführt, wie es abgeschlossen worden ist, es sei denn, die Nichtausführung ist auf vom Unternehmer nicht zu vertretende Umstände zurückzuführen. Der Handelsvertreter soll seine Provisionsanwartschaft nicht dadurch verlieren, dass die Ausführung des Geschäfts durch den Unternehmer ohne sachlichen Grund unterbleibt.[65] Die Bestimmung konkretisiert insoweit den allgemeinen **Rechtsgedanken des § 162 Abs. 1 BGB.**[66] Zum Verhältnis bzw. Vorrang von Abs. 3 zu Abs. 2 → Rn. 29. 41

2. Entstehung des Provisionsanspruchs (S. 1). a) Nichtausführung durch den Unternehmer (Alt. 1). Nach S. 1 Alt. 1 hängt die Entstehung des Provisionsanspruchs von der Feststellung ab, dass der Unternehmer das Geschäft ganz oder teilweise nicht ausführt. Die Anwendung dieser Bestimmung setzt daher voraus, dass überhaupt eine Leistungspflicht des Unternehmers bestanden hat, zunächst also ein wirksames Geschäft zustande gekommen war. Ist das Geschäft **nichtig,** dh mit Wirkung ex tunc vernichtet worden (§ 142 Abs. 1 BGB) oder wegen Dissenses überhaupt nicht zustande gekommen, dann besteht von 42

---

[59] OLG Düsseldorf NJW-RR 1993, 1188 (1190).

[60] Baumbach/Hopt/*Hopt* Rn. 15.

[61] Begr. RegE, BT-Drs. 1/3856, 26; BGH BB 1963, 8; NJW 2017, 3521 (3525); Baumbach/Hopt/*Hopt* Rn. 19; Heymann/*Stöber* Rn. 18; Oetker/*Busche* Rn. 20; Staub/*Emde* Rn. 49; *Thume* in Küstner/Thume VertriebsR-HdB I Kap. V Rn. 448.

[62] BAG BB 2000, 1352 f.

[63] BGH NJW 1975, 443; Baumbach/Hopt/*Hopt* Rn. 15; KKRD/*Roth* Rn. 3a; *Thume* in Küstner/Thume VertriebsR-HdB I Kap. V Rn. 450.

[64] Vgl. auch Staub/*Emde* Rn. 119 mwN.

[65] BGH NJW 2010, 298; Staub/*Emde* Rn. 56 f.

[66] *Altmeppen,* Provisionsansprüche bei Vertragsauflösung, 1987, 51 f.; EBJS/*Löwisch* Rn. 17.

vornherein keine Provisionsanwartschaft des Handelsvertreters.[67] Abs. 3 findet in diesen Fällen keine Anwendung.[68] Demgegenüber entsteht der Provisionsanspruch nach Abs. 3 S. 1 grundsätzlich dann, wenn die Leistungspflicht des Unternehmers lediglich mit Wirkung ex nunc, zB durch die Ausübung eines gesetzlichen oder vertraglichen Rücktrittsrechts, entfallen ist.[69]

43 **Nichtausführung des Geschäfts** ist gegeben, wenn der Unternehmer die ihm obliegende vertragliche Leistung insgesamt unterlässt; eine **teilweise Nichtausführung** liegt vor, wenn der Unternehmer die ihm obliegenden Leistungen nur zum Teil erbringt. Unerheblich für die Anwendung des Abs. 3 S. 1 sind die Gründe, aus denen heraus der Unternehmer das wirksame Geschäft ganz oder teilweise nicht ausführt.[70] Der Provisionsanspruch besteht vorbehaltlich der Regelung des Abs. 3 S. 2 nicht nur dann, wenn der Unternehmer sich einseitig entschließt, die Ausführung des Geschäfts zu unterlassen, sondern auch dann, wenn der Unternehmer auf das Angebot des Kunden eingeht, das Geschäft rückgängig zu machen.[71] Unterbleibt die Ausführung durch den Unternehmer mangels Wirtschaftlichkeit des Geschäfts, findet Abs. 3 S. 1 ebenfalls Anwendung.[72] Weiterhin gehören hierhin Fälle, in denen der Dritte auf Grund vom Unternehmer zu vertretender oder ihm zurechenbarer Umstände von der Durchführung des Geschäfts Abstand nimmt (→ Rn. 29).[73]

44 **b) Abweichende Ausführung durch den Unternehmer (Alt. 2).** Nach Abs. 3 S. 1 Alt. 2 hat der Handelsvertreter Anspruch auf Provision auch dann, wenn der Unternehmer das Geschäft **nicht so ausführt,** wie es abgeschlossen worden ist. Eine solche vertragswidrige Ausführung liegt vor, wenn der Unternehmer die Leistung nicht in der Art und Weise und zu der Zeit erbringt, wie er sie dem Vertrage mit dem Dritten nach hätte erbringen müssen. Erfasst werden die Fälle, in denen der Unternehmer unvollständig, mangelhaft, verspätet oder etwas anderes leistet, als er dem Vertrage mit dem Dritten nach schuldet.[74] Inhalt und Umfang der vertragsmäßigen Leistung bestimmen sich nach dem vom Handelsvertreter vermittelten Geschäft, das die Provisionsanwartschaft nach § 87 Abs. 1 entstehen lässt.[75] **Spätere Änderungen** der vereinbarten Vertragsbedingungen berühren den Provisionsanspruch des Handelsvertreters nicht. Dies gilt nicht nur für den Fall des vertraglichen Hinausschiebens der Leistungstermine, sondern auch hinsichtlich der Änderung sonstiger Vertragsbedingungen (wie zB auch nachträgliche Preissenkungen, nachträglich gewährte Rabatte), soweit nicht Abs. 3 S. 2 eingreift.

45 Im Falle der **Lieferungsverzögerung** erwirbt der Handelsvertreter den Provisionsanspruch zu dem Zeitpunkt, zu dem der Unternehmer nach den getroffenen Abreden hätte liefern müssen. Ob der Dritte die Verspätung hinnimmt, ohne Ansprüche hieraus herzuleiten, oder sich sogar mit der Verzögerung einverstanden erklärt,[76] ist für die Erstarkung der Anwartschaft zum unbedingten Provisionsanspruch unerheblich. Etwas anderes gilt nur dann, wenn die Lieferungsverzögerung von dem Unternehmer nicht zu vertreten ist.[77] Nach Abs. 3 soll nämlich nur verhindert werden, dass der Unternehmer die Entstehung des unbedingten Provisionsanspruchs vereitelt. Allerdings gehen Lieferschwierigkeiten bei

---

67 BAG BB 2000, 1352 f.

68 Baumbach/Hopt/*Hopt* Rn. 21; Heymann/*Stöber* Rn. 7; diff. für die Anfechtung *Altmeppen,* Provisionsansprüche bei Vertragsauflösung, 1987, 50 ff.

69 AA *Thume* in Küstner/Thume VertriebsR-HdB I Kap. V Rn. 453.

70 OLG Frankfurt NJW-RR 1990, 356; Baumbach/Hopt/*Hopt* Rn. 21; Heymann/*Stöber* Rn. 7 f.; Oetker/*Busche* Rn. 21; Staub/*Emde* Rn. 61.

71 Baumbach/Hopt/*Hopt* Rn. 21; Heymann/*Stöber* Rn. 8; Oetker/*Busche* Rn. 11.

72 Heymann/*Stöber* Rn. 8; Oetker/*Busche* Rn. 11.

73 BGH WM 2008, 923 (924); weitere Beispiele bei Staub/*Emde* Rn. 72.

74 EBJS/*Löwisch* Rn. 18; Oetker/*Busche* Rn. 13; Staub/*Emde* Rn. 66 ff.

75 Heymann/*Stöber* Rn. 10; Staub/*Emde* Rn. 67.

76 BGH HVuHM 1960, 367.

77 *Thume* in Küstner/Thume VertriebsR-HdB I Kap. V Rn. 460 f., 468; zur Verzögerung wegen Lieferschwierigkeiten des Vorlieferanten *Thume* in Küstner/Thume VertriebsR-HdB I Kap. V Rn. 476; aA BGHZ 33, 92 (95 f.) = NJW 1960, 1996.

den Vorlieferanten des Unternehmers zu dessen Lasten,[78] ebenso Lieferungsverzögerungen durch zu hohen Auftragsbestand des Unternehmers.[79]

Bei einer **mangelhaften Lieferung** durch den Unternehmer ist zu unterscheiden: Weist der Dritte die Lieferung von vornherein zurück, so liegt insoweit **noch gar keine Ausführung** vor. Ob ein Provisionsanspruch wegen Nichtausführung besteht, hängt davon ab, ob eine vertragsgemäße Leistung noch möglich ist. 46

Hat der Dritte die mangelhafte Leistung **entgegengenommen,** ist damit der Provisionsanspruch zunächst nach Abs. 1 S. 1 entstanden. Verlangt der Dritte aber **nunmehr Rückabwicklung** und wird diese durchgeführt, dann stehen die Parteien so, als ob das Geschäft nicht abgewickelt worden wäre. Der Provisionsanspruch richtet sich dann vorrangig nach Abs. 3 (→ Rn. 29). Verlangt der Dritte Minderung, dann bleibt der Provisionsanspruch für den dem Unternehmer verbleibenden Teil der Gegenleistung des Dritten nach Abs. 1 S. 1 und 3 bestehen. Im Ausmaß der Reduzierung ergibt sich die Provision aus Abs. 3 S. 1, so dass auch hier der Handelsvertreter die volle Provision behält. Verlangt der Dritte Schadensersatz statt der Leistung, dann ist die Leistung des Unternehmers nur noch Rechnungsposten in der Schadensabrechnung. Die Leistung kann nicht mehr erbracht werden, sodass sich der Provisionsanspruch nach Abs. 3 S. 1 bestimmt.[80] 47

c) Feststellung der Nichtausführung. Der Provisionsanspruch entsteht nur dann, wenn die Nicht- oder Andersausführung durch den Unternehmer feststeht. Es muss sich hier um eine endgültige, nach objektiven Kriterien zu beurteilende Tatsache handeln.[81] Hiervon kann namentlich ausgegangen werden, wenn die Leistung dem Unternehmer objektiv unmöglich geworden ist, die Parteien einen Aufhebungsvertrag geschlossen oder sich auf eine Nichtdurchführung geeinigt haben oder vertragliche bzw. gesetzliche Rücktrittsrechte ausgeübt wurden. Die Nichtausführung steht aber auch dann fest, wenn sich der Unternehmer weigert, seine Leistung zu erbringen und es der Dritte dabei bewenden lässt. Mangels eigener Rechtsbeziehung zu dem Handelsvertreter trifft den Dritten in diesen Fällen keine Obliegenheit, zunächst die Leistung des Unternehmers klageweise geltend zu machen.[82] 48

3. Entfallen des Provisionsanspruchs (S. 2). a) Anwendungsbereich. Nach Abs. 3 S. 2 entfällt im Falle der Nichtausführung der Provisionsanspruch, wenn und soweit die Nichtausführung auf Umständen beruht, die vom Unternehmer nicht zu vertreten sind. Diese Vorschrift ist neu gefasst worden durch das Gesetz zur Durchführung der Handelsvertreter-RL vom 23.10.1989 (BGBl. 1989 I 1910); nach der früheren Rechtslage entfiel der Provisionsanspruch auch bei Unzumutbarkeit der Ausführung durch den Unternehmer, selbst dann, wenn sich die Unzumutbarkeit aus vom Unternehmer zu vertretenen Umständen ergab. 49

Der Wegfall des Provisionsanspruchs nach Abs. 3 S. 2 beschränkt sich auf die Fälle des Abs. 3 S. 1, in denen also **weder der Unternehmer noch der Dritte** seine Leistung erbracht hat. Hat der Dritte seine Leistung erbracht, obwohl feststeht, dass der Unternehmer das Geschäft nicht ausführen wird, ergibt sich der Provisionsanspruch bereits aus Abs. 1 S. 3.[83] Hat dagegen der Unternehmer seine Leistung ordnungsgemäß erbracht, dann besteht der Provisionsanspruch nach Abs. 1 S. 1. Der Provisionsanspruch kann dann nur ausnahmsweise nachträglich entfallen, wenn feststeht, dass der Dritte trotz ordnungsgemäßer Geschäftsausführung durch den Unternehmer nicht leistet (Abs. 2). 50

Problematisch sind somit die Fallgestaltungen, in denen feststeht, dass sowohl der Dritte als auch der Unternehmer, also **beide,** nicht leisten. Hieraus könnte man schließen, dass der Provisionsanspruch des Handelsvertreters wegen der Nichtleistung des Dritten generell 51

[78] LAG Düsseldorf DB 1960, 813.
[79] LAG Bremen DB 1960, 1212.
[80] Baumbach/Hopt/*Hopt* Rn. 18, 22; Staub/*Emde* Rn. 69.
[81] Heymann/*Stöber* Rn. 11; Oetker/*Busche* Rn. 14 mwN.
[82] Baumbach/Hopt/*Hopt* Rn. 22.
[83] Staub/*Emde* Rn. 65.

gem. Abs. 2 entfallen könnte. Damit würde man aber verkennen, dass Abs. 2 sich nicht nur auf die Provisionsanwartschaft bezieht, sondern einen unbedingten Provisionsanspruch voraussetzt, daher nur in denjenigen Fallgestaltungen greift, in denen der Unternehmer bereits seine Leistung ausgeführt hat. Daher ist darauf abzustellen, ob die Nichtleistung des Dritten auf **vom Unternehmer zu vertretenden Gründen beruht** (→ Rn. 29). Soweit dies der Fall ist besteht nach Abs. 3 S. 1 ein Provisionsanspruch des Handelsvertreters.

52 **Unterbleibt die Leistung des Dritten** allerdings aus Gründen, die mit dem Verhalten des Unternehmers in keinem Zusammenhang stehen, geht dies zu Lasten des Handelsvertreters. In diesen Fällen beruht die Nichtausführung auf Umständen, die der Unternehmer nicht zu vertreten hat, so dass der der Anspruch des Handelsvertreters nach Abs. 3 S. 2 entfällt.[84] Hat sich der Kunde indes durch vertragswidriges Verhalten dem Unternehmer gegenüber schadenersatzpflichtig gemacht, muss der Unternehmer seinen Ersatzanspruch in gleicher Weise wie den Erfüllungsanspruch aus dem Vertrag durchsetzen. Entschließt sich der Unternehmer die Schadensersatzansprüche nicht geltend zu machen, steht dies in entsprechender Anwendung des Abs. 3 S. 2 nur dann entgegen, wenn dem Unternehmer die Durchsetzung der Schadensersatzansprüche nicht zumutbar war (→ Rn. 13).

53 Nach dem Wortlaut des **Abs. 3 S. 2** entfällt der Provisionsanspruch nur im Falle der **vom Unternehmer nicht zu vertretenden Nichtausführung.** Die Fälle der Andersausführung werden damit nicht ausdrücklich erfasst. Gleichwohl wird man auf diese Fallgestaltungen die Bestimmung entsprechend anwenden können. Nach dem Rechtsgedanken des Abs. 3 soll nämlich nur verhindert werden, dass der Unternehmer in zu vertretender Weise die Erstarkung der Provisionsanwartschaft zum Provisionsanspruch verhindert.[85]

54 **b) Nichtvertretenmüssen durch den Unternehmer.** Das Vertretenmüssen des Unternehmers bezieht sich nicht auf Pflichtverletzungen im engeren Sinn. Es besteht kein einklagbarer Anspruch des Handelsvertreters gegen den Unternehmer auf Ausführung des Geschäfts. Vielmehr begründet § 87 Abs. 3 S. 2 eine Obliegenheit des Unternehmers.[86] Führt dieser das Geschäft aus von ihm zu vertretenden Gründen nicht aus, macht er sich nicht schadensersatzpflichtig.[87] Vielmehr erstarkt die Provisionsanwartschaft zu einem unbedingten Provisionsanspruch.

55 Der Begriff des Vertretenmüssens umfasst zunächst wie im bürgerlichen Recht eigenes **Verschulden** (§ 276 BGB) und Verschulden von Erfüllungsgehilfen (§ 278 BGB) sowie die Übernahme des Beschaffungsrisikos zB bei Gattungsschulden. Darüber hinaus hat der Unternehmer aber auch solche Umstände zu vertreten, die in seine Risikosphäre fallen.[88] In die **Risikosphäre des Unternehmers** fallen nicht nur sein Tun und Unterlassen, sondern auch alle sonstigen in seiner Person und im Betriebe seines Handelsgewerbes liegenden Umstände. Etwas anderes kann nur gelten, wenn die seine Person oder seinen Betrieb betreffenden Umstände sich für ihn als Zufall darstellen, wie etwa unvorhersehbare Betriebsstörungen, unvorhersehbare plötzliche staatliche Zwangsmaßnahmen[89] oder rechtswidrige Eingriffe von hoher Hand.[90] Die Entscheidung, ob Nichtvertretenmüssen für den Unternehmer vorliegt, ist nach einer Gesamtwürdigung aller Umstände des Einzelfalls unter angemessener Berücksichtigung wirtschaftlicher Gegebenheiten zu treffen.[91] Dieses in der deutschen Rechtspraxis entwickelte Verständnis dürfte durch das Urteil des EuGH vom 17.5.2017 im Hinblick auf die Auslegung des Art. 11 Abs. 1 RL 86/653/EWG (Handelsver-

[84] So auch Röhricht/Graf v. Westphalen/Haas/*Thume* Rn. 25; Staub/*Emde* Rn. 64.
[85] Staub/*Emde* Rn. 76.
[86] *Bonvie* VersR 1986, 119 (121); OLG Frankfurt VersR 1981, 480.
[87] Baumbach/Hopt/*Hopt* Rn. 23; aA LAG Hamm VersR 1991, 1054; ferner Staub/*Emde* Rn. 73, der einen mit dem Provisionsanspruch des Handelsvertreters konkurrierenden Schadensersatzanspruch aus § 280 BGB für möglich hält.
[88] BGH NJW 2014, 930 Rn. 13; BeckRS 2013, 18983 Rn. 11; WM 2008, 923 (925); OLG Frankfurt NJW-RR 1991, 674 (676); OLGR 2007, 500 (501); *Holling* DB 1960, 79; Staub/*Emde* Rn. 77.
[89] OLG Frankfurt NJW-RR 1991, 674 (676).
[90] BGH NJW 2017, 3521 (3525) mwN.
[91] BGH NJW 2014, 930; BeckRS 2013, 18983 Rn. 11; Baumbach/Hopt/*Hopt* Rn. 26.

treter-RL) bestätigt sein, eine Kurskorrektur scheint nicht erforderlich.[92] So hat der EuGH darauf abgestellt, dass der Unternehmer nicht von seiner Provisionspflicht frei werden soll, wenn er die Nichtausführung des Geschäfts verursacht hat. Schließlich betont auch der EuGH, dass für die Beurteilung alle vom Unternehmer zu vertretenden rechtlichen und tatsächlichen Umstände, auf denen die Nichtausführung beruht, beachtlich sind.[93] Das dürfte der von der hM vorgenommenen Auslegung in Deutschland entsprechen.

Die Grundsätze zur Nachbearbeitungspflicht des Versicherers können nicht ohne weiteres auf Unternehmer anderer Branchen übertragen werden (→ § 92 Rn. 37). 56

Soweit es für den Wegfall des Provisionsanspruchs eines **Untervertreters** (→ Rn. 21) darauf ankommt, ob das Geschäft aus vom Unternehmer zu vertretenden Gründen nicht ausgeführt wurde, ist Unternehmer im Verhältnis zum Untervertreter nicht der Hauptvertreter, sondern der Auftraggeber des Hauptvertreters.[94] Der Hauptvertreter muss sich insoweit das Verhalten seines Unternehmers zurechnen lassen. Ein Verweis auf fehlendes eigenes Verschulden ist somit nicht möglich. Beruht die Nichtausführung ohnehin auf einem Vertretenmüssen des Hauptvertreters, ist ein Rückgriff auf dessen Auftraggeber nicht erforderlich. Abs. 3 gilt dann unmittelbar.[95] 57

c) Einzelfälle. aa) Vertretenmüssen. Als eine auf vom Unternehmer zu vertretenden Umständen beruhende Nichtausführung ist **beispielsweise** von der Rspr. anerkannt worden:[96] 58

- Eine Nichtausführung wegen Rohstoffmangels,[97] Arbeitskräftemangels,[98] wegen Arbeitsüberlastung,[99] Lieferschwierigkeiten bei Vorlieferanten;[100]
- Lieferschwierigkeiten infolge eines hohen Auftragsstands des Unternehmers;[101]
- berechtige Abnahmeverweigerung, insbesondere Rücktritt des Kunden wegen vertragswidrigen Verhaltens des Unternehmers;[102]
- Auftragsstornierung auf Wunsch bzw. im Einvernehmen mit dem Kunden.[103] Nichtvertreten kann unter Umständen allerdings gegeben sein, wenn es sich um einen guten, wichtigen Kunden handelt, der im Falle der Nichtstornierung mit dem Abbruch der Geschäftsbeziehungen droht;[104]
- Unterlassen der gerichtlichen Geltendmachung von Ansprüchen gegen den Kunden, obwohl eine solche dem Unternehmer zuzumuten ist (→ Rn. 35, s. aber auch → Rn. 37);
- Nichtausführung auf Grund der Insolvenz des Unternehmers, da diese dem Risikobereich des Unternehmers zuzuordnen ist;[105] ob es besonders gelagerte Ausnahmefälle einer unverschuldeten Insolvenz infolge höherer Gewalt (zB Kettenzusammenbrüche bei Wirtschaftskrisen) geben kann, hat der BGH offengelassen;[106]
- unterlassene Geltendmachung von Ansprüchen im Insolvenzverfahren; dies gilt auch, wenn der Insolvenzverwalter über das Vermögen des Dritten die Nichterfüllung des Vertrages nach § 103 InsO wählt; die daraus resultierenden Schadensersatzansprüche nach

---

92 So auch *Franke/Rohrßen* IWRZ 2018, 107 (110).
93 EuGH BB 2017, 1420 mAnm *Zipse* BB 2017, 1424.
94 BGH WM 2008, 923 (924) m. zust. Anm. *Emde* EWiR § 87a 1/08, 559.
95 Zum Ganzen vgl. auch Staub/*Emde* Rn. 82; Röhricht/Graf v. Westphalen/Haas/*Thume* Rn. 32.
96 Vgl. auch die Auflistung bei Staub/*Emde* Rn. 78.
97 BGH BB 1959, 864 (865); aA bei zufallsbedingtem Rohstoffmangel LAG Stuttgart DB 1950, 674.
98 BGH DB 1959, 940.
99 RGZ 74, 167 (168 f.).
100 BGH DB 1959, 940; LAG Düsseldorf BB 1960, 1075.
101 LAG Bremen DB 1960, 1212.
102 BGHZ 58, 140 (142 ff.) = NJW 1972, 629; BGH BB 1961, 147; ausf. zum Rücktritt *Altmeppen*, Provisionsansprüche bei Vertragsauflösung, 1987, 81 ff.
103 BGH BB 1961, 147; NJW-RR 1998, 1561 (1562).
104 BGH BB 1959, 864 (865); MDR 1961, 312; BAG AP HGB § 87a Nr. 2 m. zust. Anm. *Herschel* = SAE 1967, 203 (204 f.) m. krit. Anm. *Rittner*.
105 Baumbach/Hopt/*Hopt* Rn. 26.
106 BGH WM 2008, 923 (924); dafür RGZ 63, 69 (71 f.); vgl. auch die Diskussion bei Staub/*Emde* Rn. 92.

§ 103 Abs. 2 InsO hat der Unternehmer zur Insolvenztabelle anzumelden. Dem Handelsvertreter steht dann der hieraus resultierende Provisionsanspruch entsprechend der Insolvenzquote zu. Anders ist dies nur, wenn dem Unternehmer die Geltendmachung der Ansprüche im Insolvenzverfahren nicht zuzumuten ist;[107]
- Vertretenmüssen des Inhabers eines Zeitschriftenverlags, der Zeitschriften an einen anderen Verleger verkauft und es sich dadurch unmöglich macht, die vom Handelsvertreter gewonnenen und von ihm bereits angenommenen Anzeigenaufträge durchzuführen;[108]
- Zum Vertretenmüssen bei fehlender Nachbearbeitung gefährdeter Versicherungs- und Bausparverträge, insbesondere zur Stornogefahrabwehr ausführlich → § 92 Rn. 30 ff.

59 **bb) Nichtvertretenmüssen.** Ein Nichtvertretenmüssen ist von der Rspr. angenommen worden:[109]
- bei Nichtausführung auf Grund nachträglicher behördlicher Beschränkungen;[110]
- bei einem rechtswidrigem behördlichen Einschreiten, mit dem ein bereits praktiziertes Geschäftsmodell des Unternehmers zum Scheitern gebracht wird und zur Insolvenz des Unternehmers geführt hat – allerdings hat der Unternehmer grundsätzlich erfolgversprechende Rechtsschutzmaßnahmen gegen rechtswidrige Bescheide zu ergreifen;[111]
- zufällige Vernichtung der Produktionsstätte des Unternehmers;[112]
- unvorhersehbare Betriebsstörungen;[113]
- Zahlungsunfähigkeit oder berechtigter Insolvenzverdacht bezüglich des Kunden;[114]
- Kündigung eines Versicherungsvertrags durch den Versicherer als Unternehmer wegen Missverhältnisses zwischen Versicherungsprämie und versichertem Risiko;[115]
- vorhersehbare Importsperre[116] oder Möglichkeit zumutbarer Ausweichmaßnahmen;
- bei Ausübung eines dem Unternehmer zustehenden Zurückbehaltungsrechts, allerdings nur bei objektiv feststehender Zahlungsunfähigkeit des Dritten oder einem berechtigten Insolvenzverdacht;[117]
- bei Ausübung gesetzlicher (zB § 8 Abs. 1 VVG, § 312 BGB) Widerrufsrechte durch den Dritten.[118] Entsprechendes[119] muss auch bei der Ausübung von (wirksam)[120] vertraglich vereinbarten Widerrufs- oder Rücktrittsrechten durch den Unternehmer oder den Dritten gelten, weil der Handelsvertreter den Vertrag belastet mit den entsprechenden Rechten vermittelt hat;[121]
- bei Nichtausführung eines Reisevertrags nach einem Rücktritt des Reiseveranstalters wegen der Unterschreitung einer Mindestteilnehmerzahl;[122]

---

[107] BGH WM 1991, 196 (199) zur KO.
[108] BAG BB 1967, 501.
[109] Vgl. auch Staub/*Emde* Rn. 79 mit weiteren Beispielen aus der Lit.
[110] LAG Düsseldorf BB 1960, 1075; aA OLG Frankfurt NJW-RR 1991, 674 (676).
[111] BGH NJW 2017, 3521 (3525) mAnm *Emde* EWiR 2017, 593; *Wulff* WuB 2017, 673 und *Ayad* BB 2017, 2193; BGH BeckRS 2013, 18983; anders bei Erlass eines Veräußerungs- und Zahlungsverbots durch die BaFin BGH NJOZ 2008, 2449.
[112] OLG Hamburg LZ 1915, 455 f.
[113] BGH NJW 2017, 3521.
[114] OLG Frankfurt NJW-RR 1991, 674 (677); OLG Köln NJW-RR 1994, 226 (227); OLG Dresden OLGE 22, 1 f.
[115] OLG Köln VersR 1974, 287.
[116] OLG München BB 1995, 1559.
[117] OLG München NJOZ 2007, 3599; aA Staub/*Emde* Rn. 79: bloßes Zurückbehaltungsrecht genügt.
[118] OLG Celle OLGR 2001, 267; OLG Brandenburg 20.5.2009 – 3 U 20/09, juris-Rn. 51, BeckRS 2009, 15961; OLG Karlsruhe NJW-RR 1993, 1274; EBJS/*Löwisch* Rn. 31; aA OLG Köln BeckRS 2011, 4516; OLG München ZVertriebsR 2019, 194 (197) zur Nachbearbeitungspflicht des Versicherers eines nach § 8 VVG widerrufenen Versicherungsvertrages; an den Umfang und die Intensität der Nachbearbeitung sollen aber nur geringe Anforderungen zu stellen sein (zw).
[119] OLG Brandenburg 20.5.2009 – 3 U 20/09, BeckRS 2009, 15961.
[120] Die vertraglich vereinbarten Widerrufs- und Rücktrittsrechte dürfen insbesondere nicht die Regelungen der Abs. 2 und 3 unterlaufen, Abs. 5.
[121] ErfK/*Oetker* Rn. 8; *Emde* BB 2015, 1539 (1545); Baumbach/Hopt/*Hopt* § 87 Rn. 7; vgl. auch BGH NJW-RR 1991, 155 (156).
[122] BGH NJW 2014, 930.

- bei Rückgabe von Retouren, soweit die vermittelten Verträge mit dem Kunden von vorneherein die Zusage des Unternehmers enthalten haben, nicht benötigte Materialreste gegen volle Vergütung des Kaufpreises zurückzunehmen;[123]
- beim Vertrieb von Massengütern des täglichen Bedarfs mit geringem Wert des Einzelvertrages (zB Zeitschriftenabonnements) die unterlassene gerichtliche Geltendmachung von Ansprüchen gegen zahlreiche nicht abnahme- und zahlungswillige Kunden; es spricht dann eine tatsächliche Vermutung dafür, dass dem Unternehmer eine Durchsetzung seiner Ansprüche durch gerichtliches Vorgehen in den meisten Fällen nicht zuzumuten ist; es ist dann Sache des Handelsvertreters, für bestimmte Einzelfälle das Gegenteil darzutun[124] (zu Kleinstorni beim Vertrieb von Versicherungsverträgen → § 92 Rn. 32). Diese Fallgruppe kann unter Umständen auch bei verfristeten Widerrufserklärungen der Kunden zur Anwendung kommen.

d) Rückgewährung empfangener Beträge. Liegt ein Fall des Abs. 3 S. 2 vor, ergibt sich der Rückzahlungsanspruch für bereits geleistete Zahlungen – sofern ein solcher nicht vertraglich vereinbart ist[125] – aus entsprechender Anwendung von § 87a Abs. 2,[126] nicht aber aus § 812 BGB.[127] 60

4. Abweichende Vereinbarungen (Abs. 5). Zum Nachteil des Handelsvertreters von Abs. 3 abweichende Vereinbarungen sind **unwirksam** (Abs. 5). Insbesondere kann nicht über die Fälle des Abs. 3 S. 2 hinaus der Provisionsanspruch des Handelsvertreters ausgeschlossen oder eingeschränkt werden, wenn der Unternehmer das Geschäft nicht oder nicht vertragsgemäß ausführt.[128] Unwirksam sind insbesondere Vereinbarungen, wonach die Provision in jedem Falle erst bei Lieferung und Zahlung anfallen soll.[129] Dies gilt auch für eine Regelung, wonach der Provisionsanspruch eines Untervertreters (→ Rn. 21, → Rn. 36) davon abhängig gemacht wird, dass der Hauptvertreter seinerseits die Provision für ein vom Untervertreter vermitteltes Geschäft innerhalb eines bestimmten Zeitraums nach Geschäftsabschluss erhalten hat.[130] Vertragsbestimmungen, denen zufolge bei einer Vertragsänderung mit dem Dritten vor Auslieferung der Ware nur ein hälftiger Provisionsanspruch entstehen soll, verstoßen ebenfalls gegen Abs. 3 und sind daher nichtig.[131] Mit Abs. 3 unvereinbar sind auch Bestimmungen über die Übernahme von Gerichtskosten durch den Handelsvertreter für das Vorgehen des Unternehmers gegen den Kunden bei Abnahmeverzug[132] sowie Vereinbarungen, nach denen der Handelsvertreter bei Kündigung bzw. Zahlungseinstellung durch die Kunden bereits empfangene Provisionen zurückzuzahlen hat.[133] Dagegen sind rein klarstellende Klauseln, die nicht den Risikobereich des Unternehmers zu Lasten des Handelsvertreters einschränken, möglich.[134] So kann insbesondere geregelt werden, unter welchen Voraussetzungen der Unternehmer einen leistungsunwilligen Kunden gerichtlich in Anspruch nehmen muss oder inwieweit dem Handelsvertreter Gelegenheit zur Nachbearbeitung 61

[123] BGH NJW-RR 1991, 155 (156).
[124] BGH NJW 1972, 45; DB 1983, 2135 (2136); NJW 2015, 1754 (1756); OLG Hamburg BeckRS 2015, 6180; EBJS/*Löwisch* Rn. 26.
[125] EBJS/*Löwisch* Rn. 44.
[126] So ausdrücklich BGH NJW 2017, 3521 (3523); s. auch OLG Karlsruhe VersR 1982, 267; LAG Hamm VersR 1981, 1154; EBJS/*Löwisch* Rn. 35a; aA Staub/*Emde* Rn. 84; Flohr/Wauschkuhn/*Fröhlich* Rn. 43; s. auch Art. 11 Abs. 2 RL 86/653/EWG (Handelsvertreter-RL).
[127] EBJS/*Löwisch* Rn. 44; aA OLG Köln VersR 1974, 287; Oetker/*Busche* Rn. 24; Staub/*Emde* Rn. 84; Heymann/*Stöber* Rn. 18.
[128] BGHZ 33, 92 (94 f.) = NJW 1960, 1996; BGH NJW 2010, 298 (299); s. aber BGH NJW 2014, 930 (→ Rn. 59).
[129] LAG Düsseldorf BB 1960, 1075.
[130] Dazu OLG München OLGR 2009, 249.
[131] OLG Karlsruhe BB 1980, 226.
[132] OLG Karlsruhe BB 1974, 904.
[133] OLG Frankfurt OLGR 2003, 331.
[134] Baumbach/Hopt/*Hopt* Rn. 33; Staub/*Emde* Rn. 115.

gegeben werden muss.[135] Allerdings darf hierbei die Risikoverteilung nach Abs. 3 S. 2 nicht angetastet werden, zB durch einen vollständigen Ausschluss der Klageobliegenheit. Unproblematisch sind ferner Vereinbarungen, wonach eine etwaige Nichtausführung des Geschäfts durch den Unternehmer oder den Dritten nach einem bestimmten Zeitraum keinen Einfluss mehr auf den Provisionsanspruch des Handelsvertreters hat und die Provision damit als endgültig verdient gilt (sog. Stornohaftungsfrist).

62 Einem nachträglichen Erlassvertrag zwischen Handelsvertreter und Unternehmer über bereits unbedingt entstandene Provisionsansprüche steht Abs. 5 nicht entgegen.[136] Dies gilt unabhängig davon, ob die Ansprüche im Erlassvertrag einzeln aufgeführt oder ob sie darin nur generell bezeichnet sind.[137] Jedoch genügt das Unterzeichnen eines vom Unternehmer überreichten Entwurfs der Provisionsabrechnung[138] bzw. das Hinnehmen von Provisionsabrechnungen[139] nicht für ein negatives Schuldanerkenntnis (→ § 87c Rn. 57). Zulässig ist es zB, wenn in Bezug auf die bereits vom Unternehmer ausgeführte Geschäfte vereinbart wird, dass die (unbedingt entstandenen) Provisionsansprüche bei von Kunden veranlassten Stornierungen entfällt.[140]

63 **5. Beweislast.** Nach Abs. 3 S. 1 hat der Handelsvertreter darzulegen und ggf. zu beweisen, dass ein provisionspflichtiges Geschäft zustande gekommen ist, der Unternehmer dieses aber entgegen der von ihm übernommenen Vertragspflicht ganz oder teilweise nicht oder nicht gehörig ausgeführt hat. Der Unternehmer trägt demgegenüber die Darlegungs- und Beweislast dafür, dass die Nicht- oder die nicht gehörige Ausführung des Geschäfts auf Umständen beruht, die von ihm nicht zu vertreten sind.[141] Im Einzelfall können dem Unternehmer **Beweiserleichterungen** oder tatsächliche Vermutungen zugutekommen. So trifft den Unternehmer bei dem Vertrieb von Massengütern des täglichen Bedarfs mit geringem Wert grundsätzlich keine Pflicht, Ansprüche gegen zahlreiche nicht abnahme- und zahlungswillige Kunden gerichtlich geltend zu machen; es spricht dann eine tatsächliche Vermutung dafür, dass dem Unternehmer eine Durchsetzung seiner Ansprüche durch gerichtliches Vorgehen in den meisten Fällen nicht zuzumuten ist; es ist dann Sache des Handelsvertreters, für bestimmte Einzelfälle das Gegenteil darzutun.[142] Macht der Unternehmer **Rückforderungsansprüche** geltend, trägt er die Darlegungs- und Beweislast für das Fehlen von Provisionsansprüchen, insbesondere auch für solche, die nach Abs. 3 S. 2 entfallen sind.[143]

V. Fälligkeit des Provisionsanspruchs (Abs. 4)

64 **1. Fälligkeitszeitpunkt.** Nach Abs. 4 wird der Anspruch auf Provision am letzten Tag des Monats fällig, in dem nach § 87c Abs. 1 über den Anspruch abzurechnen ist. Der Abrechnungszeitraum beträgt nach § 87c Abs. 1 im Zweifel einen Monat, kann aber vertraglich auf höchstens drei Monate erstreckt werden. Die **Abrechnung** hat spätestens bis zum Ende des dem Abrechnungszeitraums folgenden Monats zu erfolgen (§ 87c Abs. 1 S. 2). Dies bedeutet, dass nicht jedem einzelnen Anspruch ein eigener Abrechnungszeitraum mit einem eigenen Zeitpunkt der Fälligkeit zukommt; vielmehr werden alle in den Abrechnungszeitraum fallenden Ansprüche gemeinsam fällig. So wird zB ein im Laufe des Monats Januar nach Abs. 1–3 unbedingt entstandener Provisionsanspruch bei monatlicher Abrechnung Ende Februar, bei quartalsmäßiger Abrechnung Ende April

[135] Baumbach/Hopt/*Hopt* Rn. 33.
[136] BGH NJW-RR 2003, 1615 = EWiR § 87a 1/04, 235 m. zust. Anm. *Becker.*
[137] BGH BB 1961, 147.
[138] OLG Hamm VersR 2001, 1106.
[139] Ausf. *Scherer* BB 1996, 2205 ff., die es bei Kaufleuten für möglich hält, Schweigen als negatives Schuldanerkenntnis zu verstehen.
[140] BGH NJW-RR 2003, 1615 (1616).
[141] BGH BB 1989, 1077; OLG Frankfurt OLGR 2003, 331; vgl. auch Staub/*Emde* Rn. 126.
[142] BGH NJW 1972, 45; s. auch BGH DB 1983, 2135 (2136); NJW 2015, 1754 (1756); OLG Celle OLGR 2001, 267 (268).
[143] S. nur OLG Dresden BeckRS 2020, 7497 mwN mAnm *Gäde* GWR 2020, 322.

fällig. Zum Abrechnungszeitraum wird der Anspruch auch dann fällig, wenn der Unternehmer entgegen der Abrechnungspflicht die Abrechnung unterlässt. Der Unternehmer kann also nicht durch gesetz- oder vertragswidrige Verzögerung der Abrechnung die Fälligkeit hinausschieben.

Mit der **Provisionszahlungspflicht** kommt der Unternehmer erst durch Mahnung nach Fälligkeit in Verzug (§ 286 Abs. 1 BGB), nicht aber bereits nach § 286 Abs. 2 Nr. 1 BGB mit dem letzten Tag des Monats, in dem die Abrechnung zu erfolgen hat. Es handelt sich hierbei nicht um eine nach dem Kalender bestimmte Leistungszeit, weil der Fälligkeitszeitpunkt an ein ungewisses künftiges Ereignis, nämlich die Ausführung des Geschäfts bzw. das Feststehen der Nichtausführung, anknüpft. Dieser Zeitpunkt, von dem die Fälligkeit abhängt, lässt sich nicht kalendermäßig bestimmen.[144] 65

2. Abweichende Vereinbarungen. Nach Abs. 5 ist die Fälligkeitsregelung des Abs. 4 zugunsten des Handelsvertreters zwingend. Es kann also nicht zum Nachteil des Handelsvertreters ein späterer Fälligkeitszeitpunkt festgelegt werden. Mittelbar können die Parteien allerdings auf den Fälligkeitszeitpunkt Einfluss nehmen, da sie gem. § 87c Abs. 1 S. 1 Hs. 2 berechtigt sind, den Abrechnungszeitraum auf bis zu drei Monate zu erstrecken. Zulässig wäre danach zB eine Vereinbarung, wonach die **Abrechnung quartalsweise** zum 15. des dem Quartalsende folgenden Monats zu erfolgen hat und Zahlung zehn Tage nach Abrechnung erfolgen soll.[145] Unzulässig wäre es demgegenüber, die Fälligkeit unabhängig vom Abrechnungszeitraum jeweils drei Monate nach Entstehen des Anspruchs eintreten zu lassen, weil die Abrechnung auch die am letzten Tage der Abrechnungsperiode entstandenen Ansprüche zu umfassen hat.[146] Unzulässig ist es auch, zugesagte Provisionsteile erst zu einem späteren Zeitpunkt als Einmalzahlung fällig werden zu lassen, auch wenn dies in die Form einer Pensionszusage gekleidet wird.[147] 66

VI. Abweichende Vereinbarungen (Abs. 5)

Von den Vorschriften der Abs. 1–4 können **zugunsten des Handelsvertreters** in den allgemeinen Grenzen abweichende Vereinbarungen getroffen werden. Demgegenüber sind vertragliche Regelungen **zu Lasten des Handelsvertreters** nur eingeschränkt zulässig.[148] Die Regelung des § 87a stellt in weitem Umfang einseitig zwingendes Recht zugunsten des Handelsvertreters dar bzw. knüpft die Wirksamkeit von Vereinbarungen zu Lasten des Handelsvertreters an kompensatorische Maßnahmen. Allerdings kommt § 87a nur zur Anwendung, soweit der Unternehmer dem Handelsvertreter für seine Bemühungen Provision schuldet. Im Rahmen der Vertragsfreiheit steht es den Parteien allerdings frei, als Gegenleistung zum Teil oder insgesamt andere Formen der Vergütung zu vereinbaren (→ § 87 Rn. 20 ff.). Abs. 5 steht solchen Vereinbarungen nicht entgegen. 67

Zwingend ist namentlich der **Anspruch auf Provision,** sobald und soweit der Dritte das Geschäft ausgeführt hat (Abs. 1 S. 3, → Rn. 23 ff.) sowie das Entstehen des Provisionsanspruchs bei Feststehen der Nichtausführung, soweit dies nicht auf Umständen beruht, die vom Unternehmer nicht zu vertreten sind (Abs. 3, → Rn. 59). Auf bereits unbedingt entstandene Provisionsansprüche kann der Handelsvertreter dagegen nachträglich verzichten (→ Rn. 62). Der Fälligkeitszeitpunkt des Abs. 4 kann zum Nachteil des Handelsvertreters nicht hinausgeschoben werden (→ Rn. 66). Demgegenüber kann abweichend von Abs. 1 S. 1 bestimmt werden, dass der Provisionsanspruch nicht schon mit der Ausführung des Geschäfts durch den Unternehmer als unbedingter entstehen soll. In diesem Fall hat jedoch der Handelsvertreter einen unabdingbaren Anspruch auf einen angemessen Vorschuss (Abs. 1 S. 2, → Rn. 23 ff.). 68

---

144 BGH BB 1962, 543; OLG Oldenburg NJW 1959, 888.
145 Baumbach/Hopt/*Hopt* Rn. 34.
146 Staub/*Emde* Rn. 85.
147 LAG Hamm BB 1985, 464.
148 Vgl. OLG München BB 1995, 1559; BGH NJW 2010, 298 (299).

§ 87b [Höhe der Provision]

(1) Ist die Höhe der Provision nicht bestimmt, so ist der übliche Satz als vereinbart anzusehen.

(2) [1]Die Provision ist von dem Entgelt zu berechnen, das der Dritte oder der Unternehmer zu leisten hat. [2]Nachlässe bei Barzahlung sind nicht abzuziehen; dasselbe gilt für Nebenkosten, namentlich für Fracht, Verpackung, Zoll, Steuern, es sei denn, daß die Nebenkosten dem Dritten besonders in Rechnung gestellt sind. [3]Die Umsatzsteuer, die lediglich auf Grund der steuerrechtlichen Vorschriften in der Rechnung gesondert ausgewiesen ist, gilt nicht als besonders in Rechnung gestellt.

(3) [1]Bei Gebrauchsüberlassungs- und Nutzungsverträgen von bestimmter Dauer ist die Provision vom Entgelt für die Vertragsdauer zu berechnen. [2]Bei unbestimmter Dauer ist die Provision vom Entgelt bis zu dem Zeitpunkt zu berechnen, zu dem erstmals von dem Dritten gekündigt werden kann; der Handelsvertreter hat Anspruch auf weitere entsprechend berechnete Provisionen, wenn der Vertrag fortbesteht.

Schrifttum: *Heckmann,* Die Exportabgabe nach dem Absicherungsgesetz und der Provisionsanspruch des ausländischen Handelsvertreters, DB 1969, 990; *Kottke,* Die Mehrwertsteuer des Handelsvertreters, BB 1968, 1076; *Preis/Stoffels,* Die Inhaltskontrolle der Verträge selbständiger und unselbständiger Handelsvertreter, ZHR 160 (1996), 442; *Schröder,* Gesetzlicher und vertraglicher Provisionsanspruch des Handelsvertreters, BB 1963, 567.

Übersicht

I. Bedeutung

1 **1. Entstehungsgeschichte.** Die Vorschrift geht zurück auf § 88 Abs. 3 der ursprünglichen Fassung des HGB. Dort war allerdings nur bestimmt, dass mangels einer Vereinbarung die übliche Provision zu entrichten sei. Die heutige Fassung beruht im Wesentlichen auf dem ÄndG 1953. Lediglich Abs. 2 S. 3, wonach die Umsatzsteuer zum Entgelt gehört, ist

durch § 31 Abs. 2 Umsatzsteuergesetz v. 29.5.1967 (BGBl. 1967 I 545) später eingefügt worden.

2. Zweck. Die Bestimmung will klarstellen, wie beim Fehlen einer (wirksamen) abweichenden Vereinbarung die Höhe des Provisionssatzes zu bestimmen und die Provision selbst zu berechnen ist. Da die Vorschrift insgesamt dispositiv ist (→ Rn. 45), finden die gesetzlich geregelten Grundsätze über Höhe und Berechnung der Provision nur Anwendung, wenn die Parteien vertraglich keine Vereinbarung über die Provision getroffen haben, was auch der Fall ist, wenn eine befristete Provisionsvereinbarung ausgelaufen oder eine Provisionsvereinbarung – bei entsprechendem Vorbehalt – widerrufen worden und eine neue nicht getroffen ist. Die befristete Provisionsvereinbarung gilt über die Befristung hinaus nicht fort; § 89 Abs. 3 ist auf eine Provisionsvereinbarung nicht isoliert anwendbar (→ § 89 Rn. 87). 2

3. Anwendungsbereich. Die Bestimmung gilt für alle unter § 84 fallenden Handelsvertreter einschließlich der Unter- und Versicherungsvertreter und umfasst sämtliche ihnen zustehende Provisionen. Sie regelt daher nicht nur die Bestimmung der Abschluss- und Vermittlungsprovision. Vielmehr ist sie auch maßgeblich für alle sonstigen Arten von Provisionen, wie zB Delkredereprovisionen nach § 86b, Inkassoprovisionen nach § 87 Abs. 4 oder Leitungsprovisionen (→ § 87 Rn. 16). Sie ist analog anwendbar bei Kommissionsagenten,[1] nicht aber bei Vertragshändlern und Franchisenehmern.[2] 3

II. Provisionshöhe (Abs. 1)

1. Vertragliche Vereinbarung. Die Höhe des Provisionssatzes bestimmt sich in aller Regel und in erster Linie nach der (wirksam vereinbarten) vertraglichen Vereinbarung.[3] Eine vertragliche Abrede über die Provisionshöhe muss nicht **ausdrücklich,** sondern kann auch **stillschweigend** getroffen werden. Eine derartige stillschweigend geschlossene Vereinbarung kann sich daraus ergeben, dass längere Zeit hindurch für gleichartige Geschäfte ein bestimmter Provisionssatz gezahlt wird und nach dem Verhalten beider Parteien in der Vergangenheit davon auszugehen ist, dass die Provisionshöhe für solche Geschäfte auch für die Zukunft beibehalten werden soll. In einem solchen Falle gilt der bisher gezahlte Provisionssatz als stillschweigend vereinbart. Der Handelsvertreter hat einen Anspruch auf Provision in dieser Höhe auch dann, wenn die übliche Provision niedriger ist, kann aber andererseits auch nicht die übliche Provision verlangen, wenn diese höher ist als die vereinbarte Provision. 4

Die Parteien müssen die Höhe des Provisionssatzes nicht unmittelbar einvernehmlich regeln, sondern können einem Vertragsteil oder einem Dritten ein **einseitiges Bestimmungsrecht** einräumen (sog Bestimmungsvorbehalt).[4] Die Bestimmung hat in diesem Fall mangels abweichender Vereinbarung nach billigem Ermessen zu erfolgen (§§ 315, 317 BGB). Die Leistungsbestimmung konkretisiert den Leistungsinhalt (ggf. für einen bestimmten Zeitraum, sofern das Bestimmungsrecht aus Gründen der Flexibilität zeitlich begrenzt ausgeübt wird) endgültig, sie ist für den Bestimmenden unwiderruflich.[5] Offen ist indes, welche Anforderungen an die Wirksamkeit eines **formularmäßig** vereinbarten Bestimmungsvorbehalts im Hinblick auf die Provision zu stellen sind. Das OLG Karlsruhe stellte dafür keine besonderen Voraussetzungen (IATA-Mustervertrag).[6] Jedoch hat der BGH in einem anderen Zusammenhang entschieden, dass sich der Verwender in Allgemeinen Geschäftsbedingungen ein einseitiges Leistungsbestimmungsrecht grundsätzlich nur vorbehalten dürfte, wenn dafür ein berechtigtes Interesse bestehe, was gewichtige (Sach-)Gründe 5

---

1 EBJS/*Löwisch* § 84 Rn. 147; aA Heymann/*Stöber* Rn. 2.
2 EBJS/*Löwisch* Rn. 46; Staub/*Emde* Rn. 1; Oetker/*Busche* Rn. 23.
3 Zu den verschiedenen Gestaltungsmöglichkeiten vgl. EBJS/*Löwisch* Rn. 16; Staub/*Emde* Rn. 8.
4 Vgl. nur OLG Karlsruhe OLGR 2008, 321 (322); Heymann/*Stöber* Rn. 4.
5 BGH NJW-RR 2005, 762 (765).
6 OLG Karlsruhe OLGR 2008, 321 (322).

voraussetze, und die Voraussetzungen und der Umfang des Leistungsbestimmungsrechts tatbestandlich hinreichend konkretisiert seien und die berechtigten Belange des anderen Teils ausreichend gewahrt würden.[7]

6 Die Parteien können sich auch darauf beschränken, die Provisionshöhe nur **teilweise,** zB für Geschäfte einer bestimmten Art zu regeln. Eine solche Vereinbarung besagt allerdings im Regelfalle nicht, dass der Handelsvertreter für andere Geschäfte überhaupt keine Provision erhalten soll; dies ist nur anzunehmen, wenn die vertragliche Bestimmung insoweit eindeutig ist. Anderenfalls kann der Handelsvertreter die für die bestimmten Geschäfte vereinbarte Provision verlangen, für andere Geschäfte im Rahmen der ihm obliegenden Aufgaben die übliche Provision nach Abs. 1.[8]

7 Die vereinbarten Provisionssätze können grundsätzlich **nicht nachträglich einseitig** durch den Unternehmer oder den Handelsvertreter **geändert** werden; hierzu bedarf es vielmehr grundsätzlich einer Änderungsvereinbarung. In einer längeren widerspruchslosen Hinnahme einer einseitigen Provisionsherabsetzung kann allerdings eine konkludente Änderungsvereinbarung liegen, wenn zB der Handelsvertreter über einen längeren Zeitraum widerspruchslos zu den jeweiligen Konditionen Aufträge vermittelt und der Unternehmer sie abrechnet.[9] Auch kann durch **Individualvereinbarung** dem Unternehmer oder dem Handelsvertreter das Recht eingeräumt werden, die Provisionssätze einseitig zu ändern (sog. **Änderungsvorbehalt**).[10] Die auf diese Art und Weise geänderte Provision durch Unternehmer oder Handelsvertreter muss der Billigkeit entsprechen und ist insoweit gem. § 315 BGB gerichtlich nachprüfbar.

8 Hingegen kann ein einseitiger, unbeschränkter **Änderungsvorbehalt durch AGB** nicht ohne weiteres in den Vertrag eingeführt werden. Handelsvertreterverträge, die für eine unbestimmte Vielzahl von Vertriebspartnern vorformuliert werden, unterfallen als Formularverträge der Inhaltskontrolle nach den §§ 305 ff. BGB. Der selbständige Handelsvertreter ist kein Verbraucher (§ 13 BGB), so dass § 310 Abs. 3 keine Anwendung findet.[11] Erfüllt der Handelsvertreter die Unternehmerqualifikation des § 14 BGB, unterliegen die Formularverträge allein der Inhaltskontrolle nach §§ 310 Abs. 1, 307 BGB;[12] die Klauselverbote der §§ 308, 309 BGB können in diesen Fällen nicht unmittelbar herangezogen werden. Nach stRspr sind danach einseitige Änderungsrechte des Unternehmers zu Lasten des Handelsvertreters nur dann wirksam, wenn sie auf schwerwiegende Änderungsgründe begrenzt werden und diese ausdrücklich in der Klausel erwähnt sind.[13] Erforderlich ist somit, dass die Voraussetzungen und der Umfang des Rechts tatbestandlich hinreichend konkretisiert sind.[14] Ohne eine derartige Einschränkung wird das für die Erreichung des Vertragszwecks wesentliche Recht des Handelsvertreters auf Provision unangemessen eingeschränkt. Die Klausel ist daher gem. § 307 Abs. 2 Nr. 1 BGB unwirksam. Zu Änderungsvorbehalten in AGB gegenüber Handlungsgehilfen → § 65 Rn. 15.

9 **2. Hoheitliche Bestimmung.** Die Höhe des Provisionssatzes kann auf Grund einer entsprechenden Rechtsgrundlage hoheitlich bestimmt werden. Ist dies geschehen, sind weder vertragliche Vereinbarungen zulässig noch kann auf den üblichen Satz abgestellt werden. Beispielsweise waren in der Kraftfahrversicherung die Entgelte für Versicherungsvermittler in den §§ 31 ff. VO über die Tarife in der Kraftfahrzeug-Haftpflichtversicherung vom 5.12.1984 (BGBl. 1984 I 1437) im Einzelnen gesetzlich bestimmt (aufgehoben durch VO vom 10.6.1994, BGBl. 1994 I 1223).[15] Aktuell sieht § 50 VAG eine Beschränkung der

[7] BGH NJW 2017, 1301; vgl. dazu aber auch die Erwägungen des BGH NJW 1985, 853.
[8] Vgl. dazu BGH BB 1961, 424.
[9] LG Mannheim BeckRS 2004, 16743; aA Staub/*Emde* Rn. 9.
[10] BGH NJW 1984, 1182 (1183); EBJS/*Löwisch* Rn. 14; krit. Staub/*Emde* Rn. 10.
[11] MüKoBGB/*Micklitz* BGB § 13 Rn. 56 f.; Staudinger/*Billing*, 2019, BGB Anh. §§ 305–310 Rn. H 35.
[12] Ulmer/Brandner/Hensen/*Schmidt* BGB Anh. § 310 Rn. 405 f.; *Emde* BB 2007, 2 (6).
[13] BGH NJW 1984, 1182 (1183); NJW-RR 2005, 1496 (1500) mwN; OLG München NJW-RR 2009, 458 (460 f.); ähnlich zu Änderungsvorbehalten im Arbeitsvertrag BAG BB 2005, 833 f.
[14] BGH NJW-RR 2005, 1496 (1500).
[15] Vgl. Staub/*Emde* Rn. 14 mit weiteren Beispielen.

an den Versicherungsvermittler zu zahlenden Provision im Rahmen der Vermittlung von sog. substitutiven Krankenversicherungsverträgen (§ 146 VAG) vor. Demgegenüber findet die Verordnung über die aufsichtsrechtlichen Anforderungen an Vergütungssysteme im Versicherungsbereich gem. § 2 Nr. 7 VersVergV[16] keine Anwendung auf Handelsvertreter. Entsprechendes gilt gem. § 2 Nr. 7 S. 3 InstitutsVergV.[17]

3. Übliches Entgelt. Ist die Höhe des Provisionssatzes weder gesetzlich noch vertraglich bestimmt, ist nach Abs. 1 das übliche Entgelt als vereinbart anzusehen. Der übliche Provisionssatz ist auch dann zugrunde zu legen, wenn die vertragliche Vereinbarung unwirksam ist, zB eine sog. Hungerprovision oder eine unwirksame Regelung zur sog. Sprunghaftung[18] vereinbart wurde. Ferner ist entgegen dem zu engen Wortlaut des Gesetzes nicht nur der übliche Provisionssatz als solcher, sondern auch die übliche Bemessungs- und Berechnungsgrundlage als vereinbart anzusehen.[19] 10

Die Üblichkeit richtet sich nach den **Gepflogenheiten** des betreffenden Geschäftszweiges und des Ortes, an dem der Handelsvertreter seine Niederlassung hat.[20] Ausschlaggebend ist dabei aber nicht die bei Abschluss des Handelsvertretervertrags übliche Provision. Abs. 1 stellt vielmehr auf die zum Zeitpunkt des jeweiligen Geschäfts übliche Provision ab, so dass der Provisionssatz je nach dem Zeitpunkt des vermittelten Geschäfts schwanken kann.[21] Zur Feststellung der üblichen Provision ist zunächst genau Art und Inhalt des Geschäftes festzustellen. Danach ist zu ermitteln, welchen Provisionssatz andere Unternehmer dieses Geschäftszweiges für die Vermittlung und den Abschluss derartiger Geschäfte zahlen. Hingegen kommt es nicht darauf an, was der auftraggebende Unternehmer anderen Handelsvertretern mit gleichen oder ähnlichen Aufgaben zugesteht.[22] Hat der Unternehmer mit der Mehrzahl seiner Handelsvertreter individuell Vereinbarungen über die Höhe des Provisionssatzes getroffen, so können andere Handelsvertreter gleichwohl **nicht** unter Berufung auf den **Gleichbehandlungsgrundsatz** ebenfalls die Anwendung eines entsprechenden Provisionssatzes verlangen. Das folgt aus dem Grundsatz des Vorranges der Vertragsfreiheit vor der Gleichbehandlungspflicht. Die Üblichkeit kann ferner durch einen Handelsbrauch bestimmt werden.[23] 11

Die Feststellung einer **üblichen Provision** kann ggf. durch Sachverständige erfolgen (§§ 402 ff. ZPO). In diesem Zusammenhang kommt zB eine gutachterliche Stellungnahme der Industrie- und Handelskammer oder eines Handelsvertreter- oder Unternehmerverbandes, zB der CDH, in Betracht.[24] 12

4. Bestimmung nach billigem Ermessen (§§ 315 f. BGB). Ist bei Fehlen einer vertraglichen oder hoheitlichen Festlegung der übliche Provisionssatz nicht festzustellen, finden die Grundsätze der §§ 315 f. BGB Anwendung. In einem solchen Falle ist der Unternehmer berechtigt, nach § 315 BGB die Höhe des Provisionssatzes zu bestimmen.[25] Diese Bestimmung ist nach billigem Ermessen zu treffen. Entspricht sie nicht billigem Ermessen, so wird die Bestimmung durch Urteil getroffen. Die Annahme, dass der Unternehmer sich einer Bestimmung der Höhe der Provision durch den Handelsvertreter nach § 316 BGB unterwerfen wolle, liegt hingegen – so zutreffend der BGH – im Allgemeinen recht fern.[26] 13

5. Beweislast. Behauptet der Handelsvertreter, eine bestimmte Vergütung sei vereinbart worden, trifft ihn im Bestreitensfall die Beweislast dafür, dass eine entsprechende Abrede 14

16 Versicherungs-Vergütungsverordnung vom 18.4.2016, BGBl. 2016 I 763.
17 Institutsvergütungsverordnung vom 16.12.2013, BGBl. 2013 I 4270.
18 BGH NJW 2015, 1754.
19 EBJS/*Löwisch* Rn. 16; Staub/*Emde* Rn. 16.
20 BGH BB 1961, 424; Baumbach/Hopt/*Hopt* Rn. 2; EBJS/*Löwisch* Rn. 18.
21 OLG Düsseldorf OLGR 2008, 321.
22 *Thume* in Küstner/Thume VertriebsR-HdB I Kap. V Rn. 311; Oetker/*Busche* Rn. 6.
23 EBJS/*Löwisch* Rn. 18; Heymann/*Stöber* Rn. 6; Staub/*Emde* Rn. 17.
24 *Thume* in Küstner/Thume VertriebsR-HdB I Kap. V Rn. 313; Röhricht/Graf v. Westphalen/Haas/*Thume* Rn. 3; Staub/*Emde* Rn. 17.
25 BGH NJW-RR 2005, 762.
26 BGH AP HGB § 87 Nr. 3; aA Heymann/*Stöber* Rn. 6 mwN.

getroffen worden ist.[27] Verlangt der Handelsvertreter demgegenüber den üblichen Provisionssatz, dann muss er ebenfalls beweisen, dass eine vom Unternehmer behauptete bestimmte Höhe nicht vereinbart ist.[28] Gelingt ihm dieser Beweis nicht, so steht dem Handelsvertreter Provision nur in der vom Unternehmer als vereinbart behaupteten Höhe zu.

III. Allgemeine Berechnungsgrundsätze (Abs. 2)

15 **1. Berechnungsgrundlagen (Abs. 2 S. 1). a) Grundsatz.** Regelmäßig bestimmt sich die Provisionshöhe als Erfolgsvergütung des Handelsvertreters nach dem provisionspflichtigen Umsatz. Überwiegend wird dabei auf den dem Kunden in Rechnung gestellten Rechnungsbetrag als Provisionsbemessungsgrundlage abgestellt. Die Parteien können allerdings auch eine andere Bezugsgröße als Bemessungsgrundlage vereinbaren, zB auf den erzielten Gewichtsumsatz (X Euro Provision pro verkaufte Tonne) oder auf die verkaufte Stückzahl des Produkts (X Euro Provision für jede verkaufte Produktionseinheit) abstellen.[29] Eine solche Handhabung hat in ausgleichsrechtlicher Hinsicht den Vorteil, dass eine Intensivierung einer Kundenbeziehung viel leichter feststellbar ist als bei der Zugrundelegung des Rechnungsbetrages für die Provisionsberechnung. Es muss dann nämlich nicht differenziert werden, inwieweit eine Steigerung des Kundenumsatzes in Wirklichkeit auf Preissteigerungen beruht und inwieweit sie auf die Vermittlungstätigkeit des Handelsvertreters zurückzuführen ist.[30]

16 Haben die Parteien **keine besondere Vereinbarung** getroffen, dann ist nach Abs. 2 S. 1 die Provision von dem Entgelt zu berechnen, das der Dritte oder der Unternehmer zu leisten hat: Bei Verkäufen des Unternehmers ist Berechnungsgrundlage der von dem Dritten, bei Einkäufen des Unternehmers der von diesem zu zahlende **Kaufpreis.** Bei Versicherungsverträgen, bei denen der Unternehmer als Versicherer auftritt, ist die Prämie maßgeblich, die der Dritte als Versicherungsnehmer zu zahlen hat.

17 Die Regelung bezieht sich nicht nur auf Fälle, in denen der Dritte oder der Unternehmer **Geldleistungen** zu erbringen hat. Handelt es sich um einen Tausch (§ 480 BGB) oder ein Kompensationsgeschäft, dann sind die Sachleistungen nach den üblichen und angemessenen Preisen in Geld umzurechnen. Bei Verschiedenwertigkeit der Sachleistungen ist der Geldwert der Leistung des Dritten entscheidend, weil es dem Unternehmer auf diese ankommt.[31]

18 **b) Volles Entgelt.** Maßgebend ist stets das volle (Brutto-)Entgelt, das der Dritte nach dem von dem Handelsvertreter abgeschlossenen oder vermittelten Vertrag dem Unternehmer zu leisten hat.[32] Besteht das Entgelt des Dritten in Wertpapieren, die zu einem festgelegten Preis berechnet werden, so vermindert sich die Provision des Handelsvertreters nicht dadurch, dass der Unternehmer beim Weiterverkauf einen geringeren Erlös erzielt.[33] Auf den Provisionsanspruch des Handelsvertreters hat es auch keinen Einfluss, wenn der Unternehmer die Forderung gegen einen Kunden unter ihrem Nennwert veräußert, selbst wenn dieser den Kunden für zahlungsunfähig halten durfte.[34] Auch bei der Annahme einer Leistung an Erfüllungs Statt (§ 364 Abs. 1 BGB) ist für die Provisionshöhe das vereinbarte Entgelt maßgeblich, unabhängig davon, ob die an Erfüllungs Statt erbrachte Leistung hinter

---

27 So zu § 632 BGB BGHZ 80, 257 (259); OLG Hamm BeckRS 2009, 87054.

28 RG WarnR 16 (1924) Nr. 135; LAG Bremen DB 1960, 1212; Baumbach/Hopt/*Hopt* Rn. 2; ebenso zu § 632 BGB BGHZ 80, 257 (258); BGH NJW 1983, 1782; aA Staub/*Emde* Rn. 12.

29 Baumbach/Hopt/*Hopt* Rn. 18; Heymann/*Stöber* Rn. 22; *Thume* in Küstner/Thume VertriebsR-HdB I Kap. V Rn. 316.

30 *Thume* in Küstner/Thume VertriebsR-HdB I Kap. V Rn. 317.

31 Baumbach/Hopt/*Hopt* Rn. 4; Staub/*Emde* Rn. 22; zT abw. Heymann/*Stöber* Rn. 8; aA Oetker/*Busche* Rn. 8: Wille der Parteien ist maßgeblich dafür, welche Leistung relevant ist.

32 BGH NJW-RR 2004, 1206.

33 RGZ 121, 125 (126 f.).

34 OLG Celle NJW 1972, 879.

dem ursprünglich vereinbarten Wert zurückbleibt oder diesen übersteigt.[35] Besteht das Entgelt in Devisen, dann ist der Umrechnungskurs zum Zeitpunkt des Eingangs beim Unternehmer für die Provisionsberechnung ausschlaggebend.[36]

Auf das vom Kunden zu zahlende Entgelt ist auch dann abzustellen, wenn der Unter- 19
nehmer einen Teil dieses Betrages an einen **Lieferanten** abführen muss. Ist nichts anderes vereinbart, dann ist bei einem einheitlichen Auftrag über eine aus mehreren Teilen zusammengesetzte Sache (zB Omnibus bestehend aus Fahrgestell und Aufbau) die Provision auch dann nach dem vollen dem Käufer in Rechnung gestellten Betrag über die Gesamtsache zu berechnen, wenn der Unternehmer sich einen Teil der Sache (zB das Fahrgestell) anderweitig beschafft und dort als Käufer bezahlt hat.[37]

Zum Entgelt iSv Abs. 2 S. 1 rechnen nicht nur die von dem Dritten zu zahlenden 20
Geldbeträge, sondern **auch geldwerte Nebenleistungen,** wie zB Preisnachlässe auf Lieferungen des Dritten. Derartige Nebenvorteile hat der Unternehmer dem Handelsvertreter mitzuteilen und bei der Provisionsabrechnung zu berücksichtigen.[38]

c) Rechtswirksam vereinbartes Entgelt. Maßgebend ist nur das auf Grund des vom 21
Handelsvertreter vermittelten oder abgeschlossenen Geschäfts rechtswirksam mit dem Dritten vereinbarte Entgelt. War der Preis nach bestehenden Preisvorschriften unzulässig überhöht, so ist die Provision nur nach dem gesetzlich zulässigen Preis zu berechnen. Dies gilt auch dann, wenn der Kunde den überhöhten Preis tatsächlich gezahlt hat.[39] Nach Abs. 2 S. 1 und vorbehaltlich § 87a Abs. 2 ist nicht ausschlaggebend, was der Dritte tatsächlich leistet, sondern in welcher Höhe eine rechtliche Verpflichtung besteht.

d) Vertragsänderungen nach Geschäftsabschluss. Für die Provisionsberechnung 22
unberücksichtigt bleiben auch vertragsändernde Vereinbarungen zwischen dem Unternehmer und dem Dritten nach Geschäftsabschluss. Soweit in einer solchen nachträglichen Vereinbarung die Nichtausführung des ursprünglich geschlossenen Geschäfts liegt, bestimmen sich die Folgen für den Provisionsanspruch des Handelsvertreters nach den Grundsätzen des § 87a Abs. 2 und Abs. 3.

2. Nachlässe (Abs. 2 S. 2 Hs. 1). Vom bei der Provisionsberechnung zugrunde zu 23
legenden Entgelt sind nach Abs. 2 S. 2 Hs. 1 Nachlässe **bei Barzahlung** nicht abzuziehen. Die Abzugsfähigkeit von Skonto oder Barzahlungsrabatt würde den Handelsvertreter dafür bestrafen, dass er einen besonders zahlungsfreudigen Kunden vermittelt hat.[40] Auch bei der Vereinbarung einer Provision nach dem „Netto-Rechnungsbetrag" sind Nachlässe bei der Provisionsberechnung nicht abzuziehen, die dem Kunden bei Barzahlung am Lieferungstage oder binnen bestimmter Frist gewährt werden.[41]

Sonstige Nachlässe, die der Unternehmer von Anfang an mit dem Dritten vereinbart 24
hat, sind zu berücksichtigen und mindern das geschuldete Entgelt und damit in der Regel auch die Provision nach Abs. 2 S. 1.[42] Dies gilt zB für Mengen-, Treue-, Aktionsrabatte, Jahresumsatzbonus.

Nicht abzuziehen vom Entgelt, nach dem die Provision zu berechnen ist, sind hingegen 25
Nachlässe, die zwischen Unternehmer und Dritten erst **nach Geschäftsabschluss** vereinbart worden sind.[43] Gewährt der Unternehmer zB dem Dritten nachträglich einen Sonder-

35 OLG Celle NJW 1972, 879; Baumbach/Hopt/*Hopt* Rn. 6; Oetker/*Busche* Rn. 9; Staub/*Emde* Rn. 21; Heymann/*Stöber* Rn. 9.

36 Baumbach/Hopt/*Hopt* Rn. 4; Staub/*Emde* Rn. 22.

37 OLG Braunschweig BB 1956, 226.

38 Baumbach/Hopt/*Hopt* Rn. 7; EBJS/*Löwisch* Rn. 25.

39 OLG Düsseldorf MDR 1957, 168 f.; Baumbach/Hopt/*Hopt* Rn. 5; Heymann/*Stöber* Rn. 10.

40 Begr. RegE, BT-Drs. 1/3856, 28.

41 OLG Düsseldorf DB 1955, 578.

42 OLG Düsseldorf OLGR 2000, 354 (357); OLG München NJW-RR 1994, 103; Baumbach/Hopt/*Hopt* Rn. 8; Heymann/*Stöber* Rn. 11; Oetker/*Busche* Rn. 11; Staub/*Emde* Rn. 23.

43 OLG Braunschweig BB 1956, 226; OLG Düsseldorf OLGR 2000, 354 (357); OLG München NJW-RR 1994, 103; Heymann/*Stöber* Rn. 11; *Thume* in Küstner/Thume VertriebsR-HdB I Kap. V Rn. 321, 329.

rabatt, kann die Höhe des Provisionsanspruchs des Handelsvertreters hierdurch nicht mehr beeinträchtigt werden.[44] Gleiches gilt, wenn der Unternehmer einem Kunden ohne vorherige Absprache zum Jahresende mit Rücksicht auf den erzielten hohen Jahresumsatz einen nachträglichen Umsatzrabatt einräumt.[45]

26 Die Grundsätze gelten auch, wenn sich die **Nachlässe zugunsten des Unternehmers** auswirken, weil sie mittelbar die Höhe des Provisionsanspruchs mindern. Soll sich zB die Höhe des Provisionsanspruchs nach der Parteivereinbarung aus der Differenz von Verkaufs- und Einkaufswert ermitteln, dann sind bei der Ermittlung des Einkaufswerts dem Unternehmer eingeräumte Sonderrabatte zu berücksichtigen. Hingegen mindern Skonti den Einkaufswert nicht, weil sie lediglich einen Anreiz für den Unternehmer bilden sollen, besonders schnell zu zahlen.[46]

27 **3. Nebenkosten (Abs. 2 S. 2 Hs. 2).** Bei der Provisionsberechnung dürfen nach Abs. 2 S. 2 Hs. 2 solche vom Unternehmer zu tragenden Nebenkosten nicht abgezogen werden, die durch das Entgelt mit abgegolten sind. Diese mindern also nicht das Entgelt, von dem die Provision zu berechnen ist. Die im Gesetz aufgezählten Nebenkosten Fracht, Verpackung, Zölle und Steuern[47] sind nur Beispiele. Unter die Regelung fallen auch sonstige Nebenkosten, insbesondere die für die Versicherung des Gutes und die für die Beschaffung der erforderlichen Versendungspapiere sowie Abnahme, Montage- und Inbetriebsetzungskosten.

28 Ausnahmsweise **mindern** derartige Nebenkosten das der Provisionsberechnung zugrunde zu legende Entgelt, wenn sie dem Dritten **besonders in Rechnung** gestellt sind. Das Gesetz geht insoweit von der Vermutung aus, dass diese Nebenkosten besondere Aufwendungen des Unternehmers für den Kunden darstellen.[48] Zu beachten ist aber, dass die bloße Inrechnungstellung allein den Abzug vom Rechnungsbetrag nicht begründet; erforderlich ist vielmehr, dass die Nebenkosten nach dem vermittelten Geschäft auch besonders in Rechnung gestellt werden dürfen. Ist frachtfreie Lieferung an den Dritten zu einem bestimmten Preis vereinbart, so kann der Unternehmer nicht die Provision des Handelsvertreters dadurch kürzen, dass er in der dem Dritten erteilten Gesamtabrechnung den Gesamtpreis in Preis für die Ware und in Frachtkosten aufgliedert. Eine nachträgliche Aufteilung des ursprünglich einheitlich vereinbarten Entgelts kann daher den Provisionsanspruch nicht mehr schmälern.[49]

29 Umgekehrt müssen bei der Provisionsberechnung solche Nebenkosten unberücksichtigt bleiben, die für Leistungen entstehen, die vom Unternehmer **erst nach Geschäftsabschluss** übernommen werden. Dies gilt unabhängig davon, ob die Nebenkosten gesondert in Rechnung gestellt werden oder aber in der Rechnung als Preiserhöhung erscheinen. Sie zählen nicht zu dem Entgelt, nach dem sich die Provision bestimmt.[50] Die Grundsätze über die Abziehbarkeit der Nebenkosten gelten in gleicher Weise in den Fällen, in denen der Provisionsbemessung die Rechnung des Dritten zugrunde gelegt wird, auch wenn das Gesetz nur die Rechnungstellung durch den Unternehmer erwähnt.[51]

30 **4. Umsatzsteuer (Abs. 2 S. 3).** Die lediglich auf Grund der steuerrechtlichen Vorschriften in der Rechnung gesondert ausgewiesene Umsatzsteuer[52] gilt nach Abs. 2 S. 3 nicht als besonders in Rechnung gestellt. Trotz des gesonderten Ausweises gehört danach die Umsatzsteuer zum Entgelt und damit zur Bemessungsgrundlage für die Provision, weil der Handelsvertreter durch die im Mehrwertsteuersystem begründete Trennung der Steuer

---

44 OLG Braunschweig BB 1956, 226.
45 *Thume* in Küstner/Thume VertriebsR-HdB I Kap. V Rn. 329.
46 OLG München NJW-RR 1994, 103.
47 Zur Sonderumsatzsteuer vgl. *Heckmann* DB 1969, 990.
48 Begr. RegE, BT-Drs. 1/3856, 28.
49 Baumbach/Hopt/*Hopt* Rn. 11; Heymann/*Stöber* Rn. 12.
50 BGH HVR Nr. 250; Heymann/*Stöber* Rn. 12; Oetker/*Busche* Rn. 12.
51 BGH HVR Nr. 250; Heymann/*Stöber* Rn. 12; Staub/*Emde* Rn. 26.
52 Wegen der Sonderumsatzsteuer in Form von Exportabgaben vgl. *Heckmann* DB 1969, 990.

vom Entgelt keine Nachteile erleiden soll.[53] In der Praxis werden insoweit allerdings vielfach abweichende Vereinbarungen getroffen.[54]

IV. Berechnungsgrundlagen bei Dauerschuldverhältnissen (Abs. 3)

1. Anwendungsbereich. Abs. 3 regelt mangels abweichender Vereinbarung die Provisionsberechnung bei vom Handelsvertreter vermittelten Gebrauchsüberlassungs- und Nutzungsverträgen. Hier können sich Besonderheiten daraus ergeben, dass nicht ein einmaliges Entgelt für eine bestimmte Leistung geschuldet wird, sondern wiederkehrende Rechte und Pflichten bestehen, deren Umfang zum Zeitpunkt des Vertragsschlusses noch nicht endgültig feststeht. 31

Abs. 3 trifft insoweit **Sonderregelungen** hinsichtlich der Berechnungsgrundlage für die Provisionsbestimmung, nicht jedoch für die Dauer einer Provisionszahlungspflicht.[55] Für die Entstehung bzw. den Wegfall des Provisionsanspruchs, die Berücksichtigung von Skontoabzügen, Nebenkosten usw., die Provisionsabrechnung und -fälligkeit gelten die allgemeinen Vorschriften.[56] 32

Der Begriff der **Gebrauchsüberlassungs- und Nutzungsverträge** ist weit auszulegen. Entsprechend dem Sinn und Zweck des Abs. 3 werden sämtliche Schuldverhältnisse erfasst, bei denen ein nach festen Zeitabschnitten vorausbestimmtes Entgelt geschuldet wird.[57] Neben den Miet- und Pachtverträgen werden auch Dienst-, Versicherungs-,[58] Filmverleih-, Patentlizenz- und Grundstücknutzungsverträge erfasst. Hingegen gilt Abs. 3 nicht für Dauerverträge mit variablem, ergebnisbezogenem Entgelt wie zB bei Bezugsverträgen, Telekommunikationsverträgen[59] (anders wohl bei Flatrate-Tarifen), Lizenzverträgen mit Stück- oder Umsatzlizenz, Autorenverträgen oder Lieferabonnements.[60] Die Provision ist in diesen Fällen besonders nach dem Entgelt für jeden vergütungspflichtigen Vorgang zu berechnen. 33

2. Verträge von bestimmter Dauer (Abs. 3 S. 1). Wird der Vertrag auf bestimmte Dauer geschlossen, ist die Provision nach Abs. 3 S. 1 vom Entgelt für die Vertragsdauer zu berechnen. Ein Vertrag mit bestimmter Dauer liegt vor, wenn das Ende des Vertragsverhältnisses kalendermäßig oder in sonstiger Form eindeutig bestimmt ist, zB durch die Angabe einer bestimmten Zeitdauer oder eines bestimmten Zeitraums. Verträge bis zu einem bestimmten Zeitpunkt, die aber mit einer auflösenden Bedingung geschlossen sind oder bei denen eine Partei unter gewissen Voraussetzungen ein vorzeitiges Kündigungsrecht oder ein Rücktrittsrecht hat, fallen ebenfalls unter Abs. 3 S. 1. 34

Ein Vertrag ist auch dann auf bestimmte Dauer geschlossen, wenn einer der Parteien das Recht eingeräumt ist, durch einseitige Erklärung das Schuldverhältnis zu verlängern **(Verlängerungsoption)**, oder vorgesehen ist, dass sich der Vertrag automatisch verlängert, wenn er nicht durch besondere Erklärung zu dem vorgesehenen Endtermin aufgelöst wird (Verlängerungsklausel).[61] Nur die fest vereinbarte Vertragszeit entscheidet in diesen Fällen. Wird das Schuldverhältnis automatisch oder durch Erklärung verlängert, richtet sich für die Zukunft der Provisionsanspruch danach, ob das Schuldverhältnis auf bestimmte oder unbestimmte Zeit verlängert wurde. Bei einer Verlängerung auf bestimmte Zeit regelt sich die Provision nach Abs. 3 S. 1, wird auf unbestimmte Zeit verlängert, gilt nunmehr Abs. 3 S. 2. 35

---

53 *Kottke* BB 1968, 1076 (1077).

54 Zu den Einzelheiten vgl. *Thume* in Küstner/Thume VertriebsR-HdB I Kap. V Rn. 353 f.

55 BGH NJW 2010, 298.

56 *Thume* in Küstner/Thume VertriebsR-HdB I Kap. V Rn. 355.

57 Baumbach/Hopt/*Hopt* Rn. 13; *Thume* in Küstner/Thume VertriebsR-HdB I Kap. V Rn. 356.

58 Offengelassen von BGH NJW-RR 2005, 1274 (1276).

59 Flohr/Wauschkuhn/*Fröhlich* Rn. 41; aA *Thume* in Küstner/Thume VertriebsR-HdB I Kap. V Rn. 356.

60 Baumbach/Hopt/*Hopt* Rn. 13; *Thume* in Küstner/Thume VertriebsR-HdB I Kap. V Rn. 357; Oetker/*Busche* Rn. 14; Staub/*Emde* Rn. 30; offengelassen von BGH NJW 2010, 298 (301).

61 BGH NJW 1975, 387; Heymann/*Stöber* Rn. 17; Baumbach/Hopt/*Hopt* Rn. 14; Oetker/*Busche* Rn. 15; Staub/*Emde* Rn. 22; aA *Thume* in Küstner/Thume VertriebsR-HdB I Kap. V Rn. 361.

36 Die Provision bemisst sich bei Verträgen auf bestimmte Dauer nach dem **Entgelt** für die gesamte Vertragszeit. Es handelt sich hierbei um eine sog. **Einmalprovision.** Für die Entstehung des Provisionsanspruchs ist nach § 87a die Ausführung des Geschäfts maßgeblich, die bereits mit der Überlassung des Gebrauchs und nicht erst mit dem Ablauf der Vertragszeit vollendet ist (→ § 87a Rn. 20). Keine Rolle spielt es, zu welchem Zeitpunkt das Entgelt, aus dem sich die Provision errechnet, geschuldet wird. Es kommt also nicht darauf an, ob es in einer Summe bei Vertragsbeginn oder bei Vertragsbeendigung oder in bestimmten zeitlichen Abständen während der Laufzeit des Vertrags zu entrichten ist.[62] Die Provision ist bei Verträgen auf bestimmte Dauer auch dann vom Entgelt für die ganze Vertragsdauer zu berechnen, wenn das Handelsvertreterverhältnis **früher** als das Gebrauchsüberlassungs- oder Nutzungsverhältnis **endet.**

37 **3. Verträge von unbestimmter Dauer (Abs. 3 S. 2).** Bei Verträgen auf unbestimmte Dauer, bei denen also der Zeitpunkt der Beendigung des Vertragsverhältnisses nicht festliegt, erhält der Handelsvertreter zunächst nur eine **Erstprovision.** Diese ist nach dem Entgelt zu berechnen, das von dem Unternehmer oder dem Dritten bis zu dem Zeitpunkt zu zahlen ist, zu dem erstmals von dem Dritten gekündigt werden kann. Der Zeitpunkt, zu dem der Unternehmer erstmals kündigen kann, ist unerheblich, und zwar auch dann, wenn der Unternehmer Schuldner des Entgeltes ist. Ob der Dritte von der ihm zustehenden **Kündigungsbefugnis** tatsächlich Gebrauch macht und in wie starkem Maße die Ausübung der Kündigungsbefugnis durch den Dritten wahrscheinlich ist, spielt keine Rolle. Hat der Dritte aber von vornherein auf eine bestimmte Kündigungsbefugnis ganz oder auf bestimmte Zeit verzichtet, so entscheidet der Zeitpunkt, der nunmehr als der frühestmögliche Kündigungszeitpunkt in Betracht kommt.

38 Wird von der Kündigungsbefugnis durch den Dritten ordnungsgemäß Gebrauch gemacht und dadurch der Vertrag beendet, so hat es bei der Erstprovision sein Bewenden. Wird von einer Kündigungsbefugnis kein Gebrauch gemacht oder wird die Kündigung nicht gehörig (zB verspätet oder nicht in der vereinbarten Form) vorgenommen und besteht deshalb das Schuldverhältnis fort, so erhält der Handelsvertreter **weiterhin Provision,** die entsprechend zu berechnen ist. Sie berechnet sich nach dem Entgelt bis zu dem Zeitpunkt, zu dem nunmehr erstmals von dem Dritten gekündigt werden kann. Kann zu jedem beliebigen Termin, einerlei ob mit Frist und mit welcher, gekündigt werden, so ergibt sich ein einziger, mit dem Vertragsablauf ständig **wachsender Provisionsanspruch.** Die zeitliche Gliederung ergibt sich dann nur aus den nach § 87c Abs. 1 maßgebenden Abrechnungszeiträumen.[63] Mit Verstreichenlassen des Kündigungsrechts entsteht jedenfalls kein neuer Provisionsanspruch.[64]

39 Problematisch sind die Fälle, in denen der Dritte gekündigt hat, diese **Kündigung** aber im Einvernehmen mit dem Unternehmer **wieder zurückgenommen** wurde, der Dritte also schließlich doch am Vertrage festhält. Soweit die Kündigung auf Verlangen des Handelsvertreters zurückgenommen worden ist, ergeben sich dann keine Schwierigkeiten, wenn der Handelsvertreter im Zeitpunkt seines Eingreifens noch als Handelsvertreter für den Unternehmer tätig war. Er erhält dann nach § 87 Abs. 1 in jedem Fall Provision. Ist die Kündigung aber nicht auf Veranlassung des Handelsvertreters oder aber nach Beendigung des Handelsvertreterverhältnisses zurückgenommen worden, dann ist der Fortbestand des Vertragsverhältnisses mit dem Dritten nicht mehr auf den für den Handelsvertreter provisionspflichtigen ursprünglichen Vertragsabschluss zurückzuführen. Rechtstechnisch kann die Kündigung als einseitiges Gestaltungsrecht nämlich nach ihrem Zugang nicht mehr zurückgenommen werden, so dass eine Fortsetzung des Gebrauchsüberlassungs- oder Nutzungsverhältnisses nur im Wege eines **neuen Vertragsabschlusses** möglich ist. Es fehlt daher an

---

[62] Heymann/*Stöber* Rn. 18; *Thume* in Küstner/Thume VertriebsR-HdB I Kap. V Rn. 362; Staub/*Emde* Rn. 32.

[63] Baumbach/Hopt/*Hopt* Rn. 15, 17; Heymann/*Stöber* Rn. 19; Oetker/*Busche* Rn. 18; Flohr/Wauschkuhn/*Fröhlich* Rn. 51.

[64] BGH NJW 2010, 298 Rn. 31.

einem Geschäftsabschluss während der Dauer des Handelsvertreterverhältnisses, der grundsätzlich allein als Grundlage eines Provisionsanspruchs in Betracht kommt.[65] Etwas anderes kann ausnahmsweise gelten, wenn der Handelsvertreter nachweist, dass beabsichtigt war, den Kundenvertrag fortzusetzen und der Neuabschluss nur gewählt worden ist, um den Provisionsanspruch des Handelsvertreters zu umgehen.[66]

4. Vorzeitige Beendigung des Dauerschuldverhältnisses. Die Provisionspflicht bei vorzeitigem Ende eines auf bestimmte oder unbestimmte Zeit geschlossenen Dauerschuldverhältnisses ist nicht in Abs. 3 geregelt. Diese Bestimmung stellt nur die Grundsätze für die Berechnung der Provision auf, besagt aber nicht, wann der Handelsvertreter bei einem Gebrauchsüberlassungs- oder Nutzungsverhältnis die Provision verdient hat. Insoweit sind die §§ 87, 87a maßgeblich.[67] Auch hier kommt der Gedanke zum Tragen, dass der Unternehmer nicht durch sein Verhalten treuwidrig die Entstehung des Provisionsanspruchs des Handelsvertreters vereiteln oder den Wegfall des einmal entstandenen Provisionsanspruchs herbeiführen soll. Daher entfällt bei vorzeitiger Beendigung des Dauerschuldverhältnisses der Provisionsanspruch des Handelsvertreters nur dann, wenn der Unternehmer diese nicht zu vertreten hat.[68] 40

Kündigt der Unternehmer oder tritt er zurück, so behält der Handelsvertreter grundsätzlich den **Anspruch auf die Provision** und braucht eine gezahlte Provision nicht zurückzuzahlen, es sei denn, es liegt ein nicht vom Unternehmer zu vertretender wichtiger Grund für den Rücktritt oder die Kündigung vor. Kündigt der Dritte oder tritt er zurück, ist der Handelsvertreter zur **anteiligen Rückzahlung** der Provision gehalten, es sei denn, die Ausübung des Gestaltungsrechts ist auf vom Unternehmer zu vertretende Gründe zurückzuführen. 41

Diese Grundsätze gelten sowohl bei einer vorzeitigen Beendigung eines auf bestimmte als auch eines auf unbestimmte Zeit geschlossenen Dauerschuldverhältnisses. Wird hingegen ein auf unbestimmte Zeit geschlossenes Dauerschuldverhältnis **fristgerecht gekündigt,** dann erhält der Handelsvertreter mangels abweichender Vereinbarung Provision nicht über den jeweils begonnenen Nutzungsabschnitt hinaus. Dies gilt sowohl für eine fristgerechte Kündigung durch den Unternehmer als auch den Dritten, gleich aus welchem Grund. Nur soweit das unbefristete Dauerschuldverhältnis vorzeitig aufgelöst wird, hängt der Fortbestand des Provisionsanspruchs für die Restlaufzeit von den Voraussetzungen des § 87a Abs. 3 ab.[69] 42

5. Beendigung des Handelsvertreterverhältnisses. a) Dauerschuldverhältnisse mit bestimmter Dauer. Bei Verträgen mit bestimmter Dauer bleibt dem Handelsvertreter die **Provision für die gesamte Zeit des Dauerschuldverhältnisses** erhalten, auch wenn das Handelsvertreterverhältnisses früher als das Gebrauchsüberlassungs- oder Nutzungsverhältnis endet. Für die Entstehung des Provisionsanspruchs ist nämlich nach allgemeinen Grundsätzen nur erforderlich, dass das Handelsvertreterverhältnis zum Zeitpunkt des Geschäftsabschlusses bestand. Der Provisionsanspruch entsteht mangels abweichender Vereinbarung für sämtliche Geschäfte, die während der Vertragsverhältnisses abgeschlossen worden sind, unabhängig davon, zu welchem Zeitpunkt die Durchführung erfolgt. Es ist aber nicht erforderlich, dass das Geschäft noch während der Dauer des Handelsvertreterverhältnisses ausgeführt wird. Die Parteien können jedoch insoweit **abweichende Regelungen** treffen, insbesondere zumindest in einer Individualvereinbarung vereinbaren, dass die Provision nur von dem Entgelt zu berechnen ist, das noch während der Dauer des Handelsvertreterverhältnisses fällig wird (s. zu sog. Überhangprovisionen → § 87 Rn. 69). 43

b) Dauerschuldverhältnisse mit unbestimmter Dauer. Demgegenüber ist die Rechtslage in den Fällen umstritten, in denen das Handelsvertreterverhältnis beendet wird, 44

---

65 Vgl. auch EBJS/Löwisch Rn. 39; Staub/*Emde* Rn. 37.
66 EBJS/*Löwisch* Rn. 39; Staub/*Emde* Rn. 37.
67 Ebenso Baumbach/Hopt/*Hopt* Rn. 16; KKRD/*Roth* Rn. 4: entspr. Anwendung von § 87a Abs. 3.
68 Baumbach/Hopt/*Hopt* Rn. 16; Staub/*Emde* Rn. 39.
69 Baumbach/Hopt/*Hopt* Rn. 16.

während das vom **Handelsvertreter vermittelte Rechtsverhältnis zwischen dem Unternehmer und dem Dritten** auf unbestimmte Dauer **fortbesteht.** Nach einer in der Lit. vertretenen Auffassung soll der Provisionsanspruch nach Beendigung des Handelsvertreterverhältnisses nur noch bis zu dem Zeitpunkt fortbestehen, zu dem erstmals von dem Dritten das Dauerrechtsverhältnis hätte gekündigt werden können. Über diesen Zeitpunkt hinaus fortgesetzte Rechtsverhältnisse seien provisionsrechtlich so zu behandeln, als ob das zugrunde liegende Geschäft erst nach Beendigung des Handelsvertreterverhältnisses zustande gekommen sei.[70] Hierbei wird jedoch nicht genügend berücksichtigt, dass die Fortsetzung eines auf unbestimmte Zeit geschlossenen Schuldverhältnisses über die einzelnen Kündigungstermine hinaus nicht auf einem Neuabschluss beruht, sondern ein und dasselbe Vertragsverhältnis fortbesteht. Die Zerlegung in einzelne Nutzungsabschnitte hat nur rechtstechnische Bedeutung, um eine zeitnahe Berechnung der Provision des Handelsvertreters zu ermöglichen. Für die **Provisionsberechnung** ist aber der Wert des Geschäftes maßgeblich, das der Handelsvertreter vermittelt hat. Bei einem Dauerrechtsverhältnis mit unbestimmter Dauer ist dies nicht nur der Zeitraum bis zum ersten Kündigungstermin für den Dritten nach Beendigung des Handelsvertreterverhältnisses, sondern die gesamte tatsächliche Vertragsdauer.[71] Will der Unternehmer verhindern, dass der Handelsvertreter auch für diese Zeiträume nach Beendigung des Handelsvertreterverhältnisses Provision einstreicht, muss er mit diesem entsprechende Provisionsverzichtsklauseln vereinbaren (s. zu sog. Überhangprovisionen → § 87 Rn. 69).

V. Abweichende Vereinbarungen

45 Alle Bestimmungen des § 87b sind im Rahmen der durch die allgemeinen Vorschriften, insbesondere §§ 134, 138 BGB, gezogenen Grenzen **dispositiv.** Die Parteien können also durch ausdrückliche oder stillschweigende Abrede von den gesetzlichen Bestimmungen abweichende Regelungen über Höhe, Berechnungsweise und Berechnungsmaßstab der Provision treffen.[72] In diesem Rahmen ist es den Parteien insbesondere möglich, die Höhe des Provisionssatzes nach Abs. 1 frei zu vereinbaren, soweit die Höhe des Provisionssatzes nicht durch hoheitliche Bestimmung festgelegt ist (→ Rn. 9) oder der Wuchertatbestand (§ 138 BGB) erfüllt wird.

46 **Abweichend von Abs. 2** kann festgelegt werden, dass die Provision nicht nach dem **geschuldeten Entgelt zu berechnen** ist. Es ist zB möglich, einen Festbetrag als Provision zu vereinbaren oder bei Inzahlungnahme gebrauchter Sachen Provision nur auf den Barpreis zu gewähren.[73] Anstelle des Entgelts kann aber auch auf die Stückzahl, das Gewicht oder das Volumen einer verkauften Ware abgestellt oder diese Werte bei der Berechnung der Provision mit dem Entgelt kombiniert werden.[74] Ebenso kann geregelt werden, dass Nachlässe bei Barzahlung abzuziehen sind, ebenso Nebenkosten, auch dann, wenn sie nicht besonders in Rechnung gestellt sind. Abweichend von Abs. 2 S. 3 kann vereinbart werden, dass Provision auf Umsatzsteuer nicht zu zahlen ist.[75]

47 Auch bei **Dauerschuldverhältnissen** können die Parteien von **Abs. 3** abweichende Regelungen treffen.[76] So kann bei Dauerverträgen auf bestimmte Zeit lediglich ein Teil des Entgelts für die gesamte Laufzeit der Provisionspflicht unterworfen oder eine Einmalprovision vereinbart werden. Auch können gestaffelte Provisionssätze für das Erreichen bestimmter Laufzeiten vereinbart werden, wobei jedoch die zwingenden Regelungen der § 87a Abs. 1 S. 3 (→ § 87a Rn. 24) und Abs. 3 zu beachten sind. Bei Verträgen auf unbestimmte Zeit können sich die Parteien auf eine einmalige Provision beschränken, die nach

[70] Staub/*Emde* Rn. 35.
[71] Ebenso BGH NJW 2010, 298 (301); Heymann/*Stöber* Rn. 19; *Thume* in Küstner/Thume VertriebsR-HdB I Kap. V Rn. 365 ff.; Oetker/*Busche* Rn. 19; Staub/*Emde* Rn. 38.
[72] BGH NJW-RR 2004, 1206; LAG Bln DB 1964, 189.
[73] BAG BB 1966, 386 = AP HGB 3 87b Nr. 1 m. zust. Anm. *Herschel*; LAG BW BB 1965, 788.
[74] Baumbach/Hopt/*Hopt* Rn. 18; Heymann/*Stöber* Rn. 22; Oetker/*Busche* Rn. 22.
[75] BAG BB 1983, 197.
[76] BGHZ 30, 98 (107) = NJW 1959, 1430; Staub/*Emde* Rn. 32.

einer bestimmten Zeitdauer bemessen wird und in ihrer Höhe unabhängig ist von der weiteren Vertragsdauer.[77] Schließlich können die Parteien, insbesondere bei Verträgen auf unbestimmte Dauer, die Folgeprovision aus nach Beendigung des Vertreterverhältnisses fällig werdenden Leistungen des Dritten ausschließen.

§ 87c [Abrechnung über die Provision]

(1) [1]Der Unternehmer hat über die Provision, auf die der Handelsvertreter Anspruch hat, monatlich abzurechnen; der Abrechnungszeitraum kann auf höchstens drei Monate erstreckt werden. [2]Die Abrechnung hat unverzüglich, spätestens bis zum Ende des nächsten Monats, zu erfolgen.

(2) Der Handelsvertreter kann bei der Abrechnung einen Buchauszug über alle Geschäfte verlangen, für die ihm nach § 87 Provision gebührt.

(3) Der Handelsvertreter kann außerdem Mitteilung über alle Umstände verlangen, die für den Provisionsanspruch, seine Fälligkeit und seine Berechnung wesentlich sind.

(4) Wird der Buchauszug verweigert oder bestehen begründete Zweifel an der Richtigkeit oder Vollständigkeit der Abrechnung oder des Buchauszuges, so kann der Handelsvertreter verlangen, daß nach Wahl des Unternehmers entweder ihm oder einem von ihm zu bestimmenden Wirtschaftsprüfer oder vereidigten Buchsachverständigen Einsicht in die Geschäftsbücher oder die sonstigen Urkunden so weit gewährt wird, wie dies zur Feststellung der Richtigkeit oder Vollständigkeit der Abrechnung oder des Buchauszuges erforderlich ist.

(5) Diese Rechte des Handelsvertreters können nicht ausgeschlossen oder beschränkt werden.

Schrifttum: *Andrelang/Penners,* Anforderungen an einen elektronischen Buchauszug nach § 87c Abs. 2 HGB, ZVertriebsR 2013, 218; *Behrend,* Aktuelle handelsvertreterrechtliche Fragen in Rechtsprechung und Praxis, NJW 2003, 1563; *Czajkowski/Mainz,* Datenschutz-Grundverordnung: Gemeinsame Verantwortlichkeit im Handelsvertreterverhältnis, ZVertriebsR 2019, 159; *Emde,* Abrechnung und Buchauszug als Informationsrechte des Handelsvertreters, MDR 2003, 1151; *Gräfe,* Buchauszug und Ausgleichsanspruch – Zeitliche und inhaltliche Grenzen der Geltendmachung des Anspruchs auf Erteilung des Buchauszuges, ZVertriebsR 2015, 227; *Harten,* Der Buchauszug in der prozessrechtlichen Praxis, ZVertriebsR 2015, 288; *Holling,* Der Anspruch des Handelsvertreters auf einen Buchauszug, BB 1959, 687; *Knorn,* Kosten der Abrechnungs- und Auskunftspflicht des Unternehmers gegenüber dem Handelsvertreter, BB 1972, 989; *Kukat,* Der Anspruch des Handelsvertreters auf Erteilung eines Buchauszugs gemäß § 87c Abs. 2 HGB, DB 2002, 1646; *Reif/David,* Zur Verjährung des Buchauszugsanspruchs des Handelsvertreters gemäß § 87c Abs. 2 HGB – 11 Jahre der Diskussion und kein Ende in Sicht, ZVertriebsR 2015, 343; *Löwisch,* Verjährung und Vollstreckung des Anspruchs auf Buchauszug, IHR 2017, 192; *Schröder,* Anspruch des Handelsvertreters auf einen Auszug, BB 1955, 181; *Schröder,* Abrechnungszeitraum für neben Festgehalt gezahlte Provisionen, DB 1963, 651; *Seetzen,* Die Kontrollrechte des Handelsvertreters nach § 87c HGB und ihre Durchsetzung, WM 1985, 213; *Stötter,* Einzelfragen der Provisionsabrechnung zwischen Unternehmer und Handelsvertreter, DB 1970, 1473; *Stötter,* Die Provisionsabrechnung nach § 87c Abs. 1 HGB (iVm. den anderen Hilfsansprüchen nach Abs. 2–4) und der Abschluß eines Schuldanerkenntnisvertrages, DB 1983, 867; *Stötter/Lindner/Karrer,* Die Provision und ihre Abrechnung, 2. Aufl. 1980; *Ulrici,* Verjährung unterstützender Informationsansprüche, NJW 2018, 2001; *Wolff,* Anmerkung zum Aufsatz von Andrelang und Penners in ZVertriebsR 2013, 218 f.: Anforderungen an einen elektronischen Buchauszug nach § 87c Abs. 2 HGB, ZVertriebsR 2013, 360.

Übersicht

[77] BGHZ 30, 98 (107) = NJW 1959, 1430.

I. Bedeutung

1 **1. Entstehungsgeschichte.** Die Bestimmung geht zurück auf § 88 Abs. 4, § 91 in der ursprünglichen Fassung des HGB. Danach sollten die Provisionen am Schluss eines jeden Kalenderhalbjahres abgerechnet werden und der Handelsvertreter berechtigt sein, einen Buchauszug über die durch seine Tätigkeit zustande gekommenen Geschäfte zu fordern. Ihre heutige Fassung erhielt die Vorschrift durch das ÄndG 1953. Hierbei wurden insbesondere die allgemein als zu lang empfundene Abrechnungsfrist verkürzt und die Kontrollrechte des Handelsvertreters erheblich erweitert.[1]

2 **2. Inhalt und Zweck der Regelung.** Die Vorschrift normiert zunächst in Abs. 1 die Abrechnungspflicht des Unternehmers über die Provisionsansprüche des Handelsvertreters, indem konkrete gesetzliche Regelungen über den Abrechnungszeitraum und den Abrechnungszeitpunkt getroffen werden. Dem Handelsvertreter werden bezüglich der erteilten Abrechnung mit dem Anspruch auf Erteilung eines Buchauszugs nach Abs. 2, dem Auskunftsanspruch nach Abs. 3 sowie dem Einsichtsrecht nach Abs. 4 unabdingbare Kontrollrechte (Abs. 5) eingeräumt.

[1] S. Begr. RegE, BT-Drs. 1/3856, 28 ff.

Die Bestimmung will im Interesse des Handelsvertreters eine **möglichst zeitnahe Abrechnung** des Provisionsanspruchs sicherstellen, da gem. § 87a Abs. 4 die Fälligkeit des Provisionsanspruchs an die Abrechnung geknüpft ist. Darüber hinaus soll sich der Handelsvertreter auf Grund der umfangreichen Kontrollrechte zuverlässig Gewissheit darüber verschaffen können, ob der Unternehmer seiner Hauptleistungspflicht aus dem Handelsvertreterverhältnis, nämlich der Pflicht zur Provisionszahlung, ordnungsgemäß nachgekommen ist.[2] 3

3. Verhältnis zum Provisionsanspruch und zu sonstigen Vorschriften. a) Verhältnis zum Provisionsanspruch. Die Ansprüche aus § 87c sollen dem Handelsvertreter die Durchsetzung des Provisionsanspruchs ermöglichen und erleichtern. Im Verhältnis zum Provisionsanspruch handelt es sich um **unselbständige Hilfsrechte,** die weder selbständig abtretbar[3] noch verpfändbar oder pfändbar[4] sind. Als Hilfsrechte gehen sie mit der Abtretung des Provisionsanspruchs auf den Zessionar über (§ 401 BGB).[5] Im Falle der Pfändung der Provisionsansprüche erstreckt sich die Pfändung nach §§ 412, 401 BGB auch auf die Hilfsrechte, wobei der Handelsvertreter aktivlegitimiert bleibt und auf Leistung an den Pfändungsgläubiger klagen kann.[6] Als Hilfsrechte werden die Ansprüche aus § 87c gegenstandslos, wenn feststeht, dass der Provisionsanspruch gar nicht entstanden, erloschen oder nicht mehr durchsetzbar (weil zB verjährt) ist.[7] Auch schließt die Anerkennung des Provisionsanspruchs nach erfolgter Abrechnung die weiteren Kontrollrechte aus.[8] Entsprechendes gilt, wenn eine Einigung über denselben erzielt worden ist. 4

Bei den Ansprüchen aus § 87c handelt es sich nicht um Nebenleistungen im Sinne der Verjährungsvorschrift des § 217 BGB, weil sie nicht vom Provisionsanspruch abhängen, sondern erst dessen Geltendmachung vorbereiten helfen sollen. Die Ansprüche unterliegen daher gegenüber dem Provisionsanspruch nach der stRspr des BGH einer **selbständigen Verjährungsfrist.**[9] Diese Auffassung wird zum Teil kritisiert, weil sie dazu führt, dass die Hilfsrechte zu einem Zeitpunkt verjähren, zu dem der jeweilige Provisionsanspruch aufgrund der regelmäßigen kenntnisabhängigen Verjährungsfrist des § 195 BGB noch nicht verjährt ist.[10] Hintergrund dieser Kritik ist der (empirisch nicht belegte) Gedanke, dass der Handelsvertreter von der Geltendmachung seiner Kontrollrechte während des Vertragsverhältnisses absieht, weil er etwaige Missstimmungen zwischen ihm und dem Unternehmer infolge der Ausübung der Kontrollrechte befürchtet. Infolgedessen soll die Verjährung erst mit Vertragsbeendigung beginnen und die Kontrollrechte sollen regelmäßig etwaige Provisionsansprüche aus den letzten zehn Jahren nach § 199 Abs. 4 BGB erfassen, weil der Handelsvertreter ja keine Kenntnis bzw. fahrlässige Unkenntnis von nicht abgerechneten Provisionen habe. Diese Auffassung ist jedoch aus Gründen des Rechtsfriedens und der Rechtssicherheit abzulehnen; die Auffassung des BGH verdient den Vorzug. Der Gesetzgeber hat dem Handelsvertreter zu seinem Schutze mit den Kontrollrechten Mittel an die Hand gegeben, die Richtigkeit und Vollständigkeit der Provisionsabrechnungen nach Abs. 1 zu prüfen. Die 5

---

2 BGH LM Nr. 3.

3 LAG Bremen BB 1955, 97; aA EBJS/*Löwisch* Rn. 32.

4 BGH ZVertriebsR 2017, 389 (390) mwN: gilt auch für den Vorauszahlungsanspruch des Handelsvertreters im Hinblick auf die Erstellungskosten im Zuge der Zwangsvollstreckung des Anspruchs auf Erteilung des Buchauszugs.

5 Zum Übergang von Hilfsrechten vgl. Jauernig/*Stürner* BGB § 401 Rn. 3.

6 LG Köln BeckRS 2019, 4987.

7 BGH NJW 1979, 764 = AP HGB § 87c Nr. 15; NJW 1982, 235 (236); BeckRS 2016, 4895; BAG NJW 1973, 1343 = AP HGB § 87c Nr. 3 mAnm *Grunsky*. Einer Klage, mit welcher die Hilfsrechte geltend gemacht werden, soll dann das Rechtsschutzbedürfnis fehlen, OLG München ZVertriebsR 2018, 176; Oetker/*Busche* Rn. 17.

8 Baumbach/Hopt/*Hopt* Rn. 19, 29; Oetker/*Busche* Rn. 16; Staub/*Emde* Rn. 32, 99.

9 S. nur BGH ZVertriebsR 2017, 298 (299) mwN m. zust. Anm. *Valdini* EWiR 2017, 691 und m. abl. Anm. *Thume* BB 2017, 2196; OLG Oldenburg GWR 2011, 184; OLG Hamm ZVertriebsR 2017, 117; Baumbach/Hopt/*Hopt* § 87 Rn. 53; *Gräfe* ZVertriebsR 2015, 227; *Reif/David* ZVertriebsR 2015, 343; Flohr/Wauschkuhn/*Fröhlich* Rn. 109; *Ulrici* NJW 2018, 2001 (2006).

10 *Thume* BB 2017, 2196; dazu auch *Löwisch* IHR 2017, 192 (193 f.).

Anforderungen für deren Geltendmachung sind niedrig, insbesondere in Relation zu dem allgemeinen Auskunftsanspruch nach § 242 BGB. Es liegt in der alleinigen unternehmerischen Entscheidung des Handelsvertreters, ob und wann er diese Kontrollrechte nach der jeweiligen Provisionsabrechnung nach Abs. 1 geltend macht. Es ist dem Handelsvertreter möglich und zumutbar, sie im unverjährten Zeitraum und auch während der Dauer des Handelsvertretervertragsverhältnisses geltend zu machen. Eine etwaige Befürchtung des Handelsvertreters im Einzelfall, die Ausübung der Kontrollrechte während des Handelsvertretervertrages würde zu Missstimmungen im Verhältnis zwischen ihm und den Unternehmer führen, rechtfertigt ein anderes Ergebnis nicht. Dass die (ggf. auch gerichtliche) Geltendmachung von Ansprüchen eine Vertragsbeziehung im Einzelfall belasten kann, ist keine den Kontrollrechten des § 87c innewohnende spezifische Besonderheit.[11] Auch besteht kein Widerspruch in sich darin, dass ein unselbständiges Hilfsrecht selbständig verjähren kann.[12] Würde man der Auffassung Recht geben, dass die Kontrollrechte nach § 87c nicht vor dem Hauptanspruch verjähren können, hieße das, das Institut der selbständigen und vom Hauptanspruch unabhängigen Verjährung der Kontrollrechte aufzugeben. Dafür gibt es im Verjährungsrecht jedoch keine Grundlage. Folge wäre auch, dass die Anwendung der Verjährungshöchstfrist nach § 199 Abs. 4 BGB für den Provisionsanspruch und die Kontrollrechte zum Regelfall wird. Hat der Handelsvertreter seine Ansprüche nach Abs. 2 bis 4 verjähren lassen und hat er sich damit selbst (bewusst) in die Schwierigkeit begeben, von etwaigen Provisionsansprüchen Kenntnis erlangen zu können, besteht kein Bedürfnis, dieses Ergebnis im Nachhinein zu „korrigieren" – auch nicht durch einen Rückgriff auf den allgemeinen Auskunftsanspruch nach § 242 BGB (→ Rn. 8).[13] Der Handelsvertreter ist hier ja gerade nicht in entschuldbarer Weise über Bestehen oder Umfang seines Rechts im Ungewissen.[14] Nach allem besteht auch kein Wertungswiderspruch zur (zweifelhaften) Entscheidung des BGH vom 25.7.2017,[15] in welcher der BGH festgestellt hat, dass der allgemeine Auskunftsanspruch nach § 242 BGB nicht vor dem Hauptanspruch, dem er diene, verjähren könne.[16] Seit dem 15.12.2004 richtet sich im Übrigen die Verjährung der Ansprüche aus dem Handelsvertretervertrag nach den allgemeinen Verjährungsregelungen des BGB und nicht mehr nach § 88 aF.[17]

6 Bedeutung erlangt die Selbständigkeit der Verjährungsfrist auch im **Verhältnis der Hilfsrechte untereinander.** Eine einheitliche Verjährung dieser Hilfsansprüche kann nicht angenommen werden, weil sie von unterschiedlichen Voraussetzungen abhängig sind und die Verjährung nicht beginnen kann, solange der jeweilige Hilfsanspruch weder entstanden noch fällig geworden ist. Beispiel: Verlangt der Handelsvertreter zur Überprüfung einer Provisionsabrechnung, die unrichtig oder unvollständig erscheint, zunächst die Erteilung eines Buchauszugs und setzt er diesen Anspruch im Klagewege durch, so beginnt die Verjährung des Anspruchs auf Gewährung von Bucheinsicht nach §§ 195, 199 BGB erst mit dem Schluss des Jahres, in dem der Handelsvertreter den Buchauszug erhalten hat, nicht schon mit dem Schluss des Jahres, in dem der Provisionsanspruch abgerechnet worden ist.[18]

7 **b) Verhältnis zu sonstigen Vorschriften.** Neben den gesetzlich geregelten Kontrollrechten steht dem Handelsvertreter als ultima ratio das Recht zu, in entsprechender Anwendung der §§ 259, 260 BGB vom Unternehmer die **Abgabe einer eidesstattlichen Versicherung** über die Richtigkeit des ihm erteilten Buchauszuges zu fordern. Allerdings kann der Handelsvertreter erst dann die Abgabe einer eidesstattlichen Versicherung verlangen,

[11] BGH ZVertriebsR 2017, 298 (300).
[12] So aber *Emde* EWiR 2017, 755 (756).
[13] AA *Korte* GWR 2017, 355; *Thume* BB 2017, 2196.
[14] So auch OLG München ZVertriebsR 2018, 106 (108).
[15] NJW 2017, 2755 m. zust. Anm. *Regenfus* NJW 2017, 2758; zu Recht krit. aber *Ulrici* NJW 2018, 2001 (2003). Vgl. in diesem Zusammenhang auch BGH NJW 2018, 950 zur Verjährung des Anspruchs auf Auskunft zum Zugewinnausgleich nach § 1379 BGB.
[16] So aber *Thume* BB 2017, 2196; *Emde* EWiR 2017, 755 (756).
[17] Dazu auch BGH BeckRS 2016, 4895.
[18] BGH NJW 1979, 764 f. = AP HGB § 87c Nr. 15; zum Ganzen vgl. auch EBJS/*Löwisch* Rn. 60 ff.

wenn ihm keine besseren und leichteren Möglichkeiten mehr offen stehen, sich über die Richtigkeit der Abrechnung Gewissheit zu verschaffen.[19] Hat der Unternehmer einen Buchauszug erteilt, ist er erst dann zur Abgabe einer eidesstattlichen Versicherung verpflichtet, wenn die in Abs. 4 eröffnete Möglichkeit zur Nachprüfung des Buchauszuges erfolglos erschöpft ist, wenn also zB auch die Bucheinsicht keine Klarheit gebracht hat oder wenn Bücher, die eingesehen werden könnten, nicht vorhanden sind.[20]

Nach teilweise vertretener Ansicht sollen die Kontrollmöglichkeiten des § 87c eine **abschließende Regelung** darstellen mit der Folge, dass dem Handelsvertreter der allgemeine Auskunftsanspruch nach § 242 BGB und über § 87c hinausgehende Erkundigungsrechte nicht zustehen sollen.[21] Dem ist jedoch nicht beizupflichten, weil § 87c eine im Interesse des Handelsvertreters geschaffene Schutzregelung ist. Sie soll daher gerade nicht die Rechte des Handelsvertreters beschneiden, die ihm auf Grund allgemeiner Vorschriften zustehen.[22] Daher kann der Handelsvertreter grundsätzlich auch den allgemeinen Auskunftsanspruch nach § 242 BGB geltend machen (sofern dessen Tatbestandsvoraussetzungen vorliegen) oder auch auf sonstigem Wege, zB durch eigene Nachforschungen oder Erkundigungen, die Richtigkeit der ihm erteilten Abrechnung überprüfen. Allerdings ist der Auskunftsanspruch nach § 242 BGB nachrangig gegenüber den Kontrollrechten nach Abs. 2–4. Denn bei einem auf Treu und Glauben gestützten Auskunftsbegehren muss der Anspruchsberechtigte in entschuldbarer Weise über das Bestehen oder den Umfang seines Rechts im Ungewissen sein und sich die notwendigen Informationen nicht selbst auf zumutbare Weise beschaffen können. Das bedeutet, dass er zunächst alle ihm zumutbaren Anstrengungen unternehmen muss, die Auskunft auf andere Weise zu erlangen. Eine vorrangig zu nutzende Informationsmöglichkeit ist regelmäßig dann gegeben, wenn ein unmittelbarer, nicht auf § 242 BGB gestützter gesetzlicher oder vertraglicher Auskunftsanspruch gegen eine andere Person oder Stelle besteht. Sieht der Berechtigte von vornherein schuldhaft davon ab, auf andere Erkenntnismöglichkeiten zuzugreifen, kann er einen Auskunftsanspruch nicht mehr auf § 242 BGB stützen.[23] 8

Allerdings hat der Handelsvertreter bei der Ausübung seiner Erkundigungsrechte zu beachten, dass er schützenswerte Interessen und **Rechte des Unternehmers** nicht verletzen, insbesondere nicht in dessen nach § 823 Abs. 1 BGB geschütztes Recht am Gewerbebetrieb eingreifen darf. Ein solcher Eingriff liegt zB vor, wenn der Handelsvertreter im Wege des öffentlichen Aufrufs Personen zu ermitteln sucht, die bei dem Unternehmer irgendwelche Waren gekauft haben, um sich auf diese Weise Beweismittel wegen vermeintlicher Provisionsansprüche zu verschaffen. Ein solcher Aufruf ist nämlich geeignet, Misstrauen von ehemaligen oder auch künftigen Kunden des Unternehmers gegen die Lauterkeit dessen Geschäftsgebarens zu wecken und so den wirklichen oder jedenfalls möglichen Kundenstamm und damit den Umsatz zu verringern.[24] 9

4. Anwendungsbereich. Der Anwendungsbereich des § 87c erfasst neben dem Handlungsgehilfen (§ 65) nur den Provisionsvertreter,[25] insoweit aber unabhängig davon, ob es sich um Vermittlungs-, Inkasso- (§ 87 Abs. 4),[26] Delkredere- (§ 86b) oder sonstige Provisionen handelt. Bei einer Beteiligung am Umsatz des Unternehmers steht dem Vertreter hingegen ein Anspruch auf Rechnungslegung entsprechend den §§ 666, 675, 259 BGB zu.[27] Auf Handelsvertreter, die nur gegen Fixum oder Pauschalvergütung arbeiten, findet die Vorschrift 10

[19] BGH NJW 1998, 1636.
[20] BGHZ 32, 302 (305) = NJW 1960, 1662; Heymann/*Stöber* Rn. 37.
[21] EBJS/*Löwisch* Rn. 6; zweifelnd auch OLG Düsseldorf ZVertriebsR 2013, 53 Rn. 87; aA Baumbach/Hopt/*Hopt* Rn. 1; Oetker/*Busche* Rn. 1; *Emde* RIW 2003, 505 (510); Staub/*Emde* Rn. 17.
[22] So auch Oetker/*Busche* Rn. 1; Staub/*Emde* Rn. 17; Baumbach/Hopt/*Hopt* Rn. 1; *Emde* RIW 2003, 505 (510).
[23] BGH WM 2018, 508.
[24] OLG Düsseldorf DB 1956, 664.
[25] OLG Oldenburg NJW-RR 2014, 814 (815); Oetker/*Busche* Rn. 3; Staub/*Emde* Rn. 19.
[26] OLG München VersR 1966, 235 (236).
[27] OLG Karlsruhe BB 1966, 1169.

keine Anwendung. Erhält der Handelsvertreter neben einer Provision auch ein Fixum, so hat er die Ansprüche aus § 87c nur hinsichtlich der Provision. Zur Vorbereitung von Ausgleichsansprüchen nach § 89b stehen dem Handelsvertreter die Auskunftsansprüche des § 87c ebenfalls nicht zur Verfügung,[28] allerdings kann der Handelsvertreter zunächst die Kontrollrechte nach § 87c geltend machen, um sich Gewissheit darüber zu verschaffen, ob die Provisionsabrechnungen des Unternehmers richtig und vollständig sind, um dann in einem nächsten Schritt gestützt auf die gewonnenen Erkenntnisse im Hinblick auf seine Provisionen/Provisionsverluste einen Ausgleichsanspruch geltend zu machen. In zeitlicher Hinsicht gilt § 87c auch für Provisionsansprüche, die nach Vertragsbeendigung entstehen (wie zB nachvertragliche Provisionsansprüche nach § 87 Abs. 3 und Überhangprovisionen).[29]

11 § 87c setzt **abgeschlossene Geschäfte** voraus.[30] Lediglich vom Handelsvertreter vermittelte, aber vom Unternehmer nicht oder noch nicht angenommene Aufträge genügen nicht. Das folgt aus Abs. 1, weil hiernach der Unternehmer über die Provision abzurechnen hat, auf die der Handelsvertreter Anspruch hat. Nach § 87 Abs. 1 wiederum hat der Handelsvertreter Anspruch auf Provision nur für abgeschlossene Geschäfte. Folglich gilt § 87c nicht in Bezug auf Aufträge, die der Handelsvertreter vermittelt, der Unternehmer aber (noch) nicht angenommen hat. Es besteht auch kein Bedürfnis, noch nicht angenommene bzw. abgelehnte Aufträge in die Provisionsabrechnung aufzunehmen; über die Ablehnung eines vom Handelsvertreter vermittelten Auftrags hat der Unternehmer nach § 86 Abs. 2 zu informieren. Die Kontrollrechte nach Abs. 2–4 dienen der Kontrolle der Richtigkeit und Vollständigkeit der Abrechnung; aus der Gesetzessystematik folgt daher, dass sich auch die Kontrollrechte nach Abs. 2–4 nur auf abgeschlossene Geschäfte beziehen. Dementsprechend dienen sie nicht der Kontrolle, warum der Unternehmer vom Handelsvertreter vermittelte Aufträge abgelehnt hat, insbesondere ob er willkürlich oder in Schädigungsabsicht gehandelt hat (→ § 86a Rn. 23). Ein solches Verhalten würde auch Schadensersatzansprüche begründen, nicht aber Provisionsansprüche. Etwaige Schadensersatzansprüche hat der Unternehmer wiederum nicht nach Abs. 1 abzurechnen. Nichts anderes gilt für Bezirksprovisionen nach § 87a Abs. 2.

12 Im mehrstufigen Vertriebssystem **(sog. Strukturvertrieb)** bestehen die Informationsrechte des § 87c nur in dem jeweiligen Vertragsverhältnis zwischen Untervertreter und dem Hauptvertreter sowie diesem und Unternehmer.[31] Dem Untervertreter stehen keine unmittelbaren Informationsansprüche aus § 87c gegen den Unternehmer zu, außer ggf. nach § 242 BGB.[32]

13 Auf **Vertragshändler, Franchisenehmer, Kommissionsagenten** und sonstige handelsvertreterähnlich ausgestaltete Rechtsverhältnisse kann § 87c nur dann entsprechende Anwendung finden, wenn der Unternehmer dem Vertriebsmittler eine provisionsähnliche Vergütung schuldet (→ § 87 Rn. 12 ff.).[33] Im Übrigen ist § 87c auf die genannten Rechtsverhältnisse nicht entsprechend anwendbar, die Informationsrechte bestimmen sich dann nach den allgemeinen Regeln (§§ 666, 242 BGB).[34]

II. Abrechnung der Provision (Abs. 1)

14 **1. Begriff und Zweck der Abrechnung.** Die Abrechnung ist eine vollständige, klare und übersichtliche Aufstellung der Geschäfte, aus denen dem Handelsvertreter nach Auffas-

---

28 BGH NJW 1996, 2100; OLG Celle r+s 2004, 349; OLG Köln OLGR 1997, 245; OLG Hamm BeckRS 1995, 12592; Oetker/*Busche* Rn. 14; ähnlich EBJS/*Löwisch* Rn. 19: allenfalls ein ergänzender Anspruch nach Abs. 3; aA Staub/*Emde* Rn. 11 f.

29 S. nur OLG Köln IHR 2016, 85.

30 So speziell zum Anspruch auf Erteilung eines Buchauszugs: BGH NJW 2001, 2333; OLG München ZVertriebsR 2018, 174 (175); OLG Düsseldorf 4.11.2016 – I-16 U 73/15, nv; 16.9.2016 – I-16 U 39/15, nv; OLG Brandenburg NJOZ 2002, 1724 (1728); EBJS/*Löwisch* Rn. 1, 33; Staub/*Emde* Rn. 9; Baumbach/Hopt/*Hopt* Rn. 15.

31 Staub/*Emde* Rn. 19.

32 Dazu ausf. EBJS/*Löwisch* Rn. 756 mit Beispielen.

33 OLG München ZVertriebsR 2018, 27 (30) für Kommissionsagenten.

34 EBJS/*Löwisch* Rn. 74; Staub/*Emde* Rn. 19; weitergehend Oetker/*Busche* Rn. 37.

sung des Unternehmers Provisionsansprüche zustehen. Sie gibt Auskunft, wie sich diese Provisionsansprüche zusammensetzen und errechnen.[35] Die Abrechnung soll den Handelsvertreter in die Lage versetzen, unter Vergleich mit seinen eigenen Unterlagen zu prüfen, ob sämtliche Provisionen, auf die er nach §§ 87, 87a Anspruch hat, lückenlos erfasst und damit zur Grundlage für die ihm zu erbringenden Zahlungen gemacht worden sind.[36]

2. Inhalt der Abrechnung.[37] In die Abrechnung sind geordnet und übersichtlich diejenigen in dem Abrechnungszeitraum entstandenen Provisionen vollständig aufzunehmen, die anzuerkennen und zu erfüllen der Unternehmer bereit ist.[38] Der Unternehmer muss dabei alle aus seiner Sicht provisionspflichtigen Geschäftsvorfälle des jeweiligen Abrechnungszeitraums auflisten, die auf die Einzelfälle entfallende Provision ausrechnen, die Einzelprovisionen addieren und etwaige Provisionsvorschüsse abziehen.[39] Ist der Unternehmer der Auffassung, der Handelsvertreter habe während des Abrechnungszeitraums keine Provision verdient, genügt er seiner Abrechnungspflicht durch die Mitteilung, ein Provisionsanspruch sei nicht entstanden (sog. Fehlanzeige).[40] 15

Dabei muss die Abrechnung so gestaltet werden, dass der Handelsvertreter die provisionspflichtigen Geschäfte identifizieren und die **Berechnung der Provision** überprüfen kann. Daher ist in der Abrechnung anzugeben, welche Geschäfte mit welchen Kunden in dem Abrechnungszeitraum durchgeführt worden sind, welches der Provisionswert (Warenpreis) ist und welchen Provisionsbetrag der Handelsvertreter zu fordern hat.[41] Der Unternehmer kann sich nicht darauf beschränken, Rechnungsdurchschriften zu übersenden und zu Zwecken der Abrechnung hierauf zu verweisen. Die Einzelprovisionen sind weiterhin zu addieren und etwaige Provisionsvorschüsse abzuziehen.[42] Abzusetzen sind ebenfalls früher ausgezahlte Provisionen, die inzwischen, zB nach § 87a Abs. 2 wieder entfallen sind.[43] 16

Die Abrechnung muss **inhaltlich diejenigen Provisionen umfassen,** auf die der Handelsvertreter **Anspruch** hat. Hierzu rechnen neben den Abschluss- und Vermittlungsprovisionen, die durch beiderseitige Durchführung des Geschäfts unbedingt entstanden sind, auch die nach § 87a Abs. 3 provisionspflichtigen Geschäfte (→ § 87a Rn. 41 ff.). 17

Die Abrechnung muss **die fälligen und zahlbaren Provisionsansprüche** des Handelsvertreters erfassen. Daher sind solche Provisionsansprüche zu berücksichtigen, die auf Grund der Ausführung des Geschäfts durch den Unternehmer nach § 87a Abs. 1 S. 1 **auflösend** bedingt durch das Feststehen der Nichtleistung des Dritten (§ 87a Abs. 2) entstanden sind.[44] Nach der Wertung des § 87a Abs. 1 S. 1 hat sich der Handelsvertreter diese Provisionsansprüche, wenn auch auflösend bedingt, bereits verdient, so dass sie insoweit auch in die Abrechnung einzustellen sind. 18

Demgegenüber müssen bloße **Provisionsanwartschaften,** die durch den Geschäftsabschluss entstanden sind, vor der Geschäftsdurchführung nicht abgerechnet werden.[45] Über diesen **aufschiebend** bedingten Provisionsanspruch wird der Handelsvertreter bereits durch die Mitteilung des Unternehmers nach § 86a Abs. 2 informiert. Es liegt insoweit eine bloße Provisionsanwartschaft vor, die sich gegenüber dem in Abs. 1 vorausgesetzten Provisionsanspruch als Minus darstellt. Die früher zum Teil vertretene Gegenansicht hat sich nicht durchgesetzt.[46] 19

---

[35] BGH WM 1990, 710 (711); Baumbach/Hopt/*Hopt* Rn. 3; Heymann/*Stöber* Rn. 6 f.
[36] BGH BB 1961, 424 (425); ZIP 1989, 707 (708).
[37] Zu den einzelnen Abrechnungsposten vgl. auch die Auflistung bei Staub/*Emde* Rn. 76 ff.
[38] BGH WM 1981, 991 (993); 1990, 710 (711); NJW-RR 2007, 246 (247).
[39] BGH WM 1990, 710 (711).
[40] BGH WM 1990, 710 (711).
[41] *Stötter/Lindner/Karrer,* Die Provision und ihre Abrechnung, 2. Aufl. 1980, 89.
[42] BGH WM 1990, 710 (711).
[43] OLG Düsseldorf BeckRS 2015, 119205; vgl. auch EBJS/*Löwisch* Rn. 77e mwN.
[44] AA Oetker/*Busche* Rn. 7.
[45] Wie hier Baumbach/Hopt/*Hopt* Rn. 3; Heymann/*Stöber* Rn. 9; KKRD/*Roth* Rn. 4; Oetker/*Busche* Rn. 7; Staub/*Emde* Rn. 83.
[46] Vgl. dazu nur *Riemer* in Küstner/Thume VertriebsR-HdB I Kap. VI Rn. 26 ff. mwN; Heymann/*Stöber* Rn. 9 mwN.

20 Die Abrechnung muss weiter Inkasso-, Delkredere- und **sonstige Provisionen** des Handelsvertreters, die keine handelsvertretertypischen Vergütungsbestandteile sind, enthalten[47] (zur Fälligkeit der Inkassoprovisionen → § 87 Rn. 129; zur Fälligkeit der Delkredereprovisionen → § 86b Rn. 34). Auch Provisionsvorschüsse sind zu berücksichtigen, unabhängig davon, ob es sich um gesetzliche iSd § 87a Abs. 1 S. 2 oder vertragliche handelt.[48]

21 Entstehen **Provisionsansprüche erst nach Vertragsende,** weil entweder das Geschäft erst zu diesem Zeitpunkt durchgeführt worden ist oder das Geschäft zwar erst nach Beendigung des Handelsvertreterverhältnisses abgeschlossen wurde, aber nach § 87 Abs. 3 provisionspflichtig ist, müssen diese gleichwohl unaufgefordert vom Unternehmer solange abgerechnet werden, bis alle Provisionsansprüche der bezeichneten Art abgewickelt sind (zum Abrechnungszeitpunkt → Rn. 33).[49] Provisionen, die bereits gesondert abgerechnet worden sind, müssen in der Gesamtabrechnung nicht berücksichtigt werden.[50]

22 Der Unternehmer muss nur diejenigen Provisionsansprüche aufnehmen, die er **annehmen und erfüllen** will. Zu den Handlungsmöglichkeiten des Handelsvertreters bei Unrichtigkeit, Unvollständigkeit oder Unbrauchbarkeit der Abrechnung → Rn. 34.

23 **3. Form der Abrechnung.** Obwohl gesetzlich nicht ausdrücklich normiert, ist die Abrechnung in Textform zu erteilen.[51] Die Angaben müssen in eine geordnete und übersichtliche Zusammenstellung so aufgenommen werden, dass der Handelsvertreter die einzelnen Geschäfte identifizieren und die Berechnung der Provision nach Bemessungsgrundlage und zugrunde gelegtem Provisionssatz überprüfen kann.[52]

24 **4. Rechtsnatur der Abrechnung.** Die Abrechnung ist zunächst einmal Erfüllungshandlung des Unternehmers im Hinblick auf seine Pflichten nach Abs. 1 S. 1. Darüber hinaus ist die Abrechnung auch rechtsgeschäftliche Willenserklärung, nämlich ein Antrag des Unternehmers auf **Abschluss eines abstrakten Schuldanerkenntnisses** (§ 781 BGB), die jedenfalls gem. § 782 BGB nicht der Schriftform bedarf (aber → Rn. 23) und vom Handelsvertreter angenommen werden kann, indem er die Abrechnung als richtig anerkennt.[53] Mit dem Zustandekommen des Schuldanerkenntnisses ist nicht nur der Unternehmer zunächst in Höhe des anerkannten Betrages verpflichtet, sondern für den Handelsvertreter entfallen auch die in Abs. 2–4 geregelten weiteren **Kontrollrechte.** Diese sollen nämlich nur dem Handelsvertreter ermöglichen, die Richtigkeit der Abrechnung zu überprüfen, so dass sie gegenstandslos werden, wenn der Handelsvertreter die Abrechnung anerkannt hat. Daher ist für das Anerkenntnis der Abrechnung eine eindeutige Willenserklärung des Handelsvertreters zu fordern. Hat der Handelsvertreter das Anerkenntnis nicht ausdrücklich erklärt, kann allein aus dem Umstand, dass er über mehrere Jahre hinweg keine Beanstandungen gegen die Abrechnungen des Unternehmers erhoben hat, in der Regel kein stillschweigend erklärtes Einverständnis mit den Abrechnungen gesehen werden.[54]

25 Die Provisionsabrechnung ist für den Unternehmer grundsätzlich **verbindlich** und begründet zu Gunsten des Vertreters die Vermutung der Vollständigkeit und Richtigkeit.[55] Stellt sich nach Anerkennung der **Provisionsabrechnung** heraus, dass diese **unrichtig** ist, weil irrtümlich nicht bestehende Posten einbezogen oder bestehende Posten ausgelassen worden sind, so kommen auch nach Erstellung der Abrechnung noch **Bereicherungsansprüche** in Betracht. Jeder Vertragsteil kann das erteilte Schuldanerkenntnis aus ungerecht-

[47] *Riemer* in Küstner/Thume VertriebsR-HdB I Kap. VI Rn. 41.
[48] *Stötter/Lindner/Karrer,* Die Provision und ihre Abrechnung, 2. Aufl. 1980, 90.
[49] Heymann/*Stöber* Rn. 9; Staub/*Emde* Rn. 76.
[50] Staub/*Emde* Rn. 83.
[51] Staub/*Emde* Rn. 47, 85: Textform genügt; aA Baumbach/Hopt/*Hopt* Rn. 6; Oetker/*Busche* Rn. 5: Schriftform soll erforderlich sein.
[52] Baumbach/Hopt/*Hopt* Rn. 3, 6; Heymann/*Stöber* Rn. 8; Oetker/*Busche* Rn. 5.
[53] BGH WM 1990, 710 (711); Baumbach/Hopt/*Hopt* Rn. 4; *Riemer* in Küstner/Thume VertriebsR-HdB I Kap. VI Rn. 10; Oetker/*Busche* Rn. 6; Flohr/Wauschkuhn/*Fröhlich* Rn. 15.
[54] BGH NJW-RR 2007, 246 (248); NJW 1996, 588; BAG AP HGB § 87c Nr. 18 Ls. 1; für Handelsvertreter-GmbH OLG Hamburg BB 1998, 971.
[55] EBJS/*Löwisch* Rn. 83; Staub/*Emde* Rn. 95.

fertigter Bereicherung zurückfordern, soweit er die Unrichtigkeit des Schuldanerkenntnisses und damit den fehlenden Rechtsgrund nachweist.[56]

5. Abrechnungspflicht. a) Grundsatz. Die Abrechnung über die Provision hat vom Unternehmer auch ohne ausdrückliche Aufforderung des Handelsvertreters zu erfolgen. Die Abrechnungspflicht wird nicht dadurch ausgeschlossen, dass der Handelsvertreter die Provisionsansprüche aufgrund seiner eigenen Unterlagen feststellen könnte.[57] Auch wenn der Handelsvertreter seinerseits falsche Angaben über sein Inkasso gemacht und Beträge nicht abgeführt hat, bleibt der Unternehmer zu ordnungsgemäßer Abrechnung verpflichtet.[58] 26

Da für die **Erteilung der Abrechnung** nach § 87c Abs. 1 S. 2 eine Zeit kalendermäßig iSv § 286 Abs. 2 Nr. 1 BGB bestimmt ist, kommt der Unternehmer auch ohne Mahnung des Handelsvertreters in **Schuldnerverzug,** wenn er nicht zu dem gesetzlichen oder dem vertraglich vereinbarten Termin abrechnet. Unterbleibt die Abrechnung allerdings infolge eines Umstandes, den der Unternehmer nicht zu vertreten hat, ist gem. § 286 Abs. 4 BGB Verzug ausgeschlossen. Dies ist zB insoweit der Fall, wie der Unternehmer nur deswegen nicht abrechnen kann, weil der Handelsvertreter die Mitteilungen nach § 86 Abs. 2 unterlassen hat.[59] 27

b) Zurückbehaltungsrecht. Ein Zurückbehaltungsrecht hinsichtlich der Abrechnung steht dem Unternehmer auch dann nicht zu, wenn er seinerseits Ansprüche gegen den Handelsvertreter, zB auf Schadensersatz aus einer von diesem begangenen Vertragsverletzung oder unerlaubten Handlung, hat.[60] Ein solches Recht könnte er allenfalls gegenüber dem Provisionsanspruch geltend machen. Die Abrechnung und auch die weiteren Kontrollrechte aus § 87c sollen aber gerade erst klären, in welchem Umfang solche Provisionsansprüche gegeben sind.[61] 28

6. Abrechnungszeitraum. Der Zeitraum, über den abzurechnen ist, beträgt nach Abs. 1 S. 1 Hs. 1 grundsätzlich **einen Monat.** Gemeint ist damit im Zweifel der Kalendermonat. In die Abrechnung sind sämtliche Provisionsansprüche aufzunehmen, die innerhalb dieses Zeitraums entstanden sind. 29

Die **Parteien können den Abrechnungszeitraum** nach Abs. 1 S. 1 Hs. 2 **auf bis zu drei Monate verlängern.** Sie sind dabei weder an den Kalendermonat noch an das Kalendervierteljahr gebunden, sondern können einen anderweitigen, bis zu drei Monate langen Zeitraum festlegen (Beispiel: Abrechnungsstichtage 15.1., 15.4., 15.7. und 15.10. jeden Jahres).[62] Haben die Parteien einen längeren als den gesetzlich zulässigen Abrechnungszeitraum von drei Monaten vereinbart, dann ist die Vereinbarung nicht insgesamt unwirksam. Vielmehr wird der Abrechnungszeitraum auf das gesetzliche Höchstmaß von drei Monaten reduziert (geltungserhaltende Reduktion).[63] 30

7. Abrechnungszeitpunkt. a) Während des Vertreterverhältnisses. Nach Abs. 1 S. 2 hat der Unternehmer **unverzüglich,** dh ohne schuldhaftes Zögern (§ 121 Abs. 1 BGB) nach Ende des Abrechnungszeitraums abzurechnen, spätestens aber bis zum Ende des nächsten Monats. Der Unternehmer darf nicht willkürlich den Abrechnungszeitpunkt auf das 31

---

[56] Baumbach/Hopt/*Hopt* Rn. 4; *Riemer* in Küstner/Thume VertriebsR-HdB I Kap. VI Rn. 44; Oetker/*Busche* Rn. 6; Staub/*Emde* Rn. 100.

[57] BGH BB 1961, 424 (425); *Emde* BB 2007, 12; Baumbach/Hopt/*Hopt* Rn. 5; *Seetzen* WM 1985, 213; Flohr/Wauschkuhn/*Fröhlich* Rn. 16.

[58] BGH BB 1961, 424 (425).

[59] Baumbach/Hopt/*Hopt* Rn. 5.

[60] RGZ 102, 110 (111).

[61] Staub/*Emde* Rn. 53.

[62] Baumbach/Hopt/*Hopt* Rn. 8; Heymann/*Stöber* Rn. 10; Oetker/*Busche* Rn. 8; Flohr/Wauschkuhn/*Fröhlich* Rn. 20.

[63] EBJS/*Löwisch* Rn. 80; *Riemer* in Küstner/Thume VertriebsR-HdB I Kap. VI Rn. 12; Staub/*Emde* Rn. 87.

Monatsende hinausschieben.[64] Das Monatsende ist nur der späteste Abrechnungszeitpunkt, zu dem der Abrechnungsanspruch ohne weiteres fällig wird und der Schuldner wegen der kalendermäßigen Bestimmtheit (§ 286 Abs. 2 Nr. 1 BGB) ohne Mahnung in Verzug kommt (→ Rn. 27).[65]

32 Fällt der Abrechnungszeitraum nicht mit Kalendermonaten zusammen, dann darf der Unternehmer mit der Abrechnung nicht bis zum Ende des darauf folgenden Kalendermonats warten.[66] Vielmehr hat die Abrechnung spätestens **binnen eines Monats** nach Ablauf des Abrechnungszeitraums zu erfolgen.[67] Dies folgt daraus, dass nach dem Gesetz höchstens ein Monat zwischen dem Ende des Abrechnungszeitraums und der Vornahme der Abrechnung liegen soll. Die **Fristberechnung** richtet sich nach § 187 Abs. 1 BGB, § 188 Abs. 1 und 3 BGB. Beispiel: Läuft bei monatlicher Abrechnungsweise der Abrechnungszeitraum jeweils vom 16. eines Monats bis zum 15. des Folgemonats, dann sind die im Zeitraum vom 16.1. bis 15.2. entstandenen Provisionsansprüche spätestens bis zum 15.3. abzurechnen. Bei dreimonatiger Abrechnungsweise gilt Entsprechendes, sodass für die vom 16.1. bis 15.4. entstandenen Provisionsansprüche spätestens bis zum 15.5. die Abrechnung erfolgt sein muss.[68]

33 **b) Nach Beendigung des Vertreterverhältnisses.** Nach wohl hM ist bei Beendigung des Vertreterverhältnisses über die schon erwachsenen Provisionsansprüche unabhängig vom Abrechnungszeitraum unverzüglich abzurechnen und der errechnete Provisionsbetrag auszuzahlen (sofern nicht etwas anderes vereinbart ist).[69] Dieser Auffassung ist nicht zuzustimmen. Auch hier gelten Abs. 1 S. 2 und § 87a Abs. 4 bzw. das wirksam vertraglich Vereinbarte. Entsprechendes gilt für nach Vertragsbeendigung entstehende Provisionsansprüche.[70] Über ein Stornoreservekonto ist bei dessen vertragsgemäßer Auflösung abzurechnen.[71] Eine Schlussabrechnung sieht das Gesetz nicht vor, diese kann aber vereinbart werden.

34 **8. Untergang des Abrechnungsanspruchs. a) Erfüllung.** Der Abrechnungsanspruch geht durch Erfüllung nach § 362 Abs. 1 BGB unter, wenn der Unternehmer gegenüber dem Handelsvertreter die diesem zustehenden Provisionsansprüche abgerechnet hat. Der Unternehmer braucht hierbei nur diejenigen Provisionsansprüche aufzunehmen, die er anerkennen und erfüllen will. Bereits damit tritt grundsätzlich die Erfüllungswirkung nach § 362 Abs. 1 BGB ein. Erforderlich ist aber, dass die Abrechnung den Mindestanforderungen (→ Rn. 15 ff.) noch entspricht. Insoweit dürfen die Mindestanforderungen, die an die Abrechnung zu stellen sind, nicht mit denjenigen, die an einen Buchauszug zu stellen sind, verwechselt werden. Hält der Handelsvertreter die ihm zugegangene Provisionsabrechnung nicht für richtig, so kann er nicht die Aufstellung einer neuen, seinen Vorstellungen entsprechenden Abrechnung verlangen. Er kann entweder vielmehr den Differenzbetrag zwischen der vom Unternehmer anerkannten und der von ihm beanspruchten Provision im Wege der Leistungsklage geltend machen oder zunächst die Ansprüche aus Abs. 2 und 3 geltend machen.[72] Umgekehrt darf der Unternehmer aber Mängel in der Abrechnung beseitigen.[73] Etwas anderes muss aber richtigerweise ausnahmsweise dann gelten, wenn die Abrechnung offenkundig partiell unvollständig ist, etwa weil ganze Zeiträume oder Teilbezirke komplett

---

[64] *Emde* MDR 2003, 1151 (1154); Heymann/*Stöber* Rn. 11; Oetker/*Busche* Rn. 9; *Schröder* DB 1963, 651.

[65] *Riemer* in Küstner/Thume VertriebsR-HdB I Kap. VI Rn. 19.

[66] So aber Staub/*Emde* Rn. 90; wie hier Oetker/*Busche* Rn. 9 mwN.

[67] Baumbach/Hopt/*Hopt* Rn. 9; Heymann/*Stöber* Rn. 12; *Riemer* in Küstner/Thume VertriebsR-HdB I Kap. VI Rn. 16 f.

[68] Ebenso *Riemer* in Küstner/Thume VertriebsR-HdB I Kap. VI Rn. 16 f.

[69] BGH NJW 1981, 457; Baumbach/Hopt/*Hopt* Rn. 10; Heymann/*Stöber* Rn. 12; *Riemer* in Küstner/Thume VertriebsR-HdB I Kap. VI Rn. 68 ff.; *Löwisch* IHR 2017, 192 (194); teilweise abw. Staub/Emde Rn. 90: bis zum Ende des nächsten Kalendermonats nach Vertragsende.

[70] Oetker/*Busche* Rn. 10; aA *Riemer* in Küstner/Thume VertriebsR-HdB I Kap. VI Rn. 68 ff.

[71] Vgl. EBJS/*Löwisch* Rn. 80; *Emde* MDR 2003, 1151 (1154).

[72] BGH WM 1990, 710 (711); Baumbach/Hopt/*Hopt* Rn. 11; EBJS/*Löwisch* Rn. 58 mwN; Oetker/*Busche* Rn. 11; aA Staub/*Emde* Rn. 30; *Emde* MDR 2003, 1151 (1153).

[73] EBJS/*Löwisch* Rn. 58 mwN.

fehlen oder ein bestimmter Provisionsbestandteil nicht abgerechnet wurde. In diesem Fall kann der Handelsvertreter auch die Ergänzung der Abrechnung verlangen.[74] Ist der Unternehmer indes der Auffassung, dass der Handelsvertreter insoweit während eines Abrechnungszeitraums keine Provision verdient habe, dann genügt er auch hier seiner Abrechnungspflicht durch die Mitteilung, dass kein Provisionsanspruch entstanden sei. Zur gerichtlichen Durchsetzung → Rn. 37.

b) Verzicht. Der Handelsvertreter kann für zurückliegende Zeitabschnitte auch wäh- 35
rend des bestehenden Vertragsverhältnisses auf eine Abrechnung verzichten. Abs. 5 steht nur einer Abbedingung des Abrechnungsanspruchs für die Zukunft entgegen. Allerdings sind auch im Hinblick auf einen sich auf die Vergangenheit beziehenden Verzicht strenge Maßstäbe anzulegen, so dass in der bloßen widerspruchslosen Hinnahme der erteilten Abrechnung ein solcher Verzicht nicht zu sehen ist.[75] Wegen Abs. 5 ist auch eine Vertragsbestimmung, nach der eine Provisionsabrechnung bei untätigem Verhalten oder Schweigen des Vertreters als genehmigt gelten soll, unwirksam.[76] Gleiches gilt für eine Vereinbarung, wonach bei nicht erhobenen Einwendungen die Provisionsabrechnungen als anerkannt gelten.[77]

c) Nichtbestehen von Provisionsansprüchen. Der Anspruch auf Abrechnung ent- 36
fällt weiter dann, wenn der Unternehmer alle dem Handelsvertreter gebührenden und fälligen **Provisionen unstreitig** bereits an diesen entrichtet hat. Der Anspruch auf Abrechnung ist ein Nebenanspruch zum Hauptanspruch auf Provisionszahlung. Er ist gegenstandslos, wenn feststeht, dass ein Provisionsanspruch nicht mehr besteht. Denn dem Handelsvertreter soll durch die Erteilung der Abrechnung nur die Möglichkeit einer Nachprüfung verschafft werden, ob er die ihm gebührenden und fälligen Provisionen vollständig erhalten und was er noch zu bekommen hat.

9. Durchsetzbarkeit des Abrechnungsanspruchs. a) Klageverfahren. Nimmt der 37
Unternehmer die ihm obliegende Abrechnung nicht vor, kann der Handelsvertreter auf Erteilung der Provisionsabrechnung nach Abs. 1 Klage erheben. Wegen des Bestimmtheitserfordernisses des § 253 Abs. 2 Nr. 2 ZPO sind der Abrechnungszeitraum und die sonst erforderlichen Angaben in den Klageantrag aufzunehmen.[78] Die Klage auf Erteilung der Provisionsabrechnung wird zweckmäßigerweise als **Stufenklage** mit einer Klage auf Zahlung der sich aus der Provisionsabrechnung ergebenden Provisionen verbunden (§ 254 ZPO).[79]

Im Wege einer Stufenklage kommt auch eine Klage auf Buchauszug (Abs. 2) sowie 38
Auskunftserteilung (Abs. 3) in Betracht. Demgegenüber wäre bei Verweigerung der Abrechnung eine unmittelbare Klage auf Bucheinsicht nach Abs. 4 ohne Erfolg (unbegründet), weil dieser Anspruch nach dem Gesetzeswortlaut nur besteht, wenn der Unternehmer einen bei der Abrechnung verlangten Buchauszug nicht erteilt hat oder wenn begründete Zweifel an der Richtigkeit oder Vollständigkeit der erteilten Abrechnung oder des vorgelegten Buchauszuges bestehen.[80]

b) Zwangsvollstreckung. Die Vollstreckung eines auf Abrechnung lautenden Urteils 39
erfolgt grundsätzlich nach **§ 887 ZPO;** denn in der Regel kann die Abrechnung durch

[74] Flohr/Wauschkuhn/*Fröhlich* Rn. 42; so wohl auch Staub/*Emde* Rn. 30.
[75] BGH NJW-RR 2007, 246 (248); BB 1961, 424 (425).
[76] BGH NJW-RR 2007, 246 (248); AP HGB § 87c Nr. 1; Nr. 3; Nr. 13; Nr. 18; s. ferner nur OLG Köln BeckRS 2016, 117533; KG MDR 2015, 1249; OLG München ZVertriebsR 2017, 302 (303); Staub/*Emde* Rn. 103 ff. mwN; *Stötter* DB 1983, 867 (869 f.).
[77] OLG Hamm NZA-RR 2004, 545.
[78] *Seetzen* WM 1985, 213; Flohr/Wauschkuhn/*Fröhlich* Rn. 45.
[79] *Riemer* in Küstner/Thume VertriebsR-HdB I Kap. VI Rn. 76; Flohr/Wauschkuhn/*Fröhlich* Rn. 45.
[80] *Riemer* in Küstner/Thume VertriebsR-HdB I Kap. VI Rn. 75; aA Baumbach/Hopt/*Hopt* Rn. 26; EBJS/*Löwisch* Rn. 97: Abs. 4 analog.

einen Dritten an Hand der Bücher des Unternehmers vorgenommen werden.[81] Zu diesem Zwecke kann der Handelsvertreter jedoch nicht sofort Erteilung eines Buchauszuges (Abs. 2) und, wenn dieser verweigert wird oder begründete Zweifel an seiner Richtigkeit bestehen, Bucheinsicht (Abs. 4) verlangen, weil die Ansprüche nach Abs. 2 bis 4 die Provisionsabrechnung nach Abs. 1 voraussetzen (→ Rn. 47).[82] Für die hierdurch entstehenden Kosten ist der Unternehmer vorschusspflichtig (§ 887 Abs. 2 ZPO). Scheidet eine Ersatzvornahme nach § 887 ZPO ausnahmsweise aus, zB weil der Unternehmer seine Unterlagen und Bücher nicht zur Verfügung stellt oder keine oder nur unvollständige Bücher geführt hat, ist nach § 888 ZPO zu vollstrecken.[83] Unter Umständen kommt eine Vollstreckung nach **§ 888 ZPO** auch bei Buchführung auf EDV (§ 239 Abs. 4) in Betracht, wenn wegen der Besonderheiten des Rechnungssystems oder des Programms ein Buchauszug durch einen Außenstehenden einen unverhältnismäßig hohen Aufwand erfordert.[84]

III. Buchauszug (Abs. 2)

40 **1. Begriff und Zweck.** Der Buchauszug ist eine vollständige, geordnete und übersichtliche und aus sich heraus verständliche Zusammenstellung aller Angaben aus den Geschäftsbüchern, Geschäftspapieren und sonstigen Unterlagen (zB auch EDV, Mikrofilme, Speicherchips) des Unternehmers, die für die Berechnung, Höhe und Fälligkeit der Provision des Handelsvertreters bedeutsam sein können.[85] Der Buchauszug bezweckt, dem Handelsvertreter über seine Provisionsansprüche Klarheit zu verschaffen und ihm eine Nachprüfung der vom Unternehmer erteilten oder noch zu erteilenden Provisionsabrechnung auf Richtigkeit und Vollständigkeit hin zu ermöglichen (s. auch → Rn. 42).[86]

41 **2. Inhalt.**[87] Der Buchauszug muss nach Abs. 2 **alle Geschäfte** erfassen, **für die dem Handelsvertreter** nach § 87 **Provision gebührt.** Voraussetzung ist indes, dass die jeweiligen Geschäfte zustande gekommen sind (→ Rn. 11). Der Anspruch auf Erteilung eines Buchauszugs geht weiter als der auf Abrechnung. Er umfasst nicht nur Provisionsansprüche, die nach § 87a Abs. 1 oder Abs. 3 infolge der Ausführung oder des Feststehens der Nichtausführung des Geschäfts unbedingt geworden sind. Vielmehr sind auch die nach § 87 Abs. 1 oder Abs. 3 lediglich aufschiebend bedingte Provisionsansprüche in den Buchauszug aufzunehmen.[88] Es werden also auch Geschäfte erfasst, die noch nicht ausgeführt oder storniert sind.[89] Die Erteilung des Buchauszugs soll nämlich nicht die Entscheidung vorwegnehmen, ob ein bestimmtes (abgeschlossenes) Geschäft auch provisionspflichtig ist oder nicht. Nur die zweifelsfrei nicht provisionspflichtigen Geschäfte können bei der Erteilung des Buchauszuges unberücksichtigt bleiben.[90] Was den Inhalt und die Erteilung des Buchauszugs anbelangt, sind die weiteren datenschutzrechtlichen Entwicklungen, die die DS-GVO mit sich bringt,

[81] OLG Celle NJW 1962, 1969; OLG Düsseldorf BB 1964, 191; OLG Hamburg MDR 1955, 43 f.; OLG Köln NJW-RR 1996, 100; OLG Nürnberg BB 1971, 491; Baumbach/Hopt/*Hopt* Rn. 12; EBJS/*Löwisch* Rn. 116; *Riemer* in Küstner/Thume VertriebsR-HdB I Kap. VI Rn. 81 f.; Oetker/*Busche* Rn. 12; Staub/*Emde* Rn. 182 ff.; aA OLG München BB 1960, 188; OLG Neustadt NJW 1965, 257.

[82] AA Oetker/*Busche* Rn. 12.

[83] Baumbach/Hopt/*Hopt* Rn. 12; *Seetzen* WM 1985, 213 (214); OLG Celle NJW 1962, 1968; OLG Bamberg NJW-RR 2004, 475 (476).

[84] OLG Hamm NJW-RR 1994, 489 (490).

[85] BGH NJW-RR 2007, 246 (247); NJW 2001, 2333 f.; 1981, 457; WM 1982, 152 (153); Heymann/*Stöber* Rn. 17; Oetker/*Busche* Rn. 15; *Stötter* DB 1970, 1473 (1476); *Gräfe* ZVertriebsR 2015, 227 (229); *Andrelang/Penners* ZVertriebsR 2013, 218 (219).

[86] BGH NJW-RR 2007, 246 (247); NJW 1981, 457; WM 1982, 152 (153); 1989, 1073 (1074); *Gräfe* ZVertriebsR 2015, 227 (229); *Andrelang/Penners* ZVertriebsR 2013, 218 (219).

[87] Vgl. auch die Auflistung bei Staub/*Emde* Rn. 119 ff.; *Emde* MDR 2003, 1151 (1156 ff.); *Kukat* DB 2002, 1646 ff.

[88] BGH WM 1989, 1073 (1074); Baumbach/Hopt/*Hopt* Rn. 13; Heymann/*Stöber* Rn. 18; Oetker/*Busche* Rn. 18.

[89] OLG Frankfurt VersR 2004, 780; OLG Hamburg BB 1998, 971.

[90] BGH WM 1989, 1073 (1074); OLG Bamberg NJW-RR 2004, 475 (476); OLG Köln VersR 2003, 1126.

zu beobachten.[91] Nach dem OLG München ist die mit der Erteilung des Buchauszugs verbundene Übermittlung von Daten an den Handelsvertreter nach Art. 6 Abs. 1 S. 1 lit. f DS-GVO erlaubt.[92]

Die provisionspflichtigen Geschäfte sind in dem Buchauszug vollständig, klar und übersichtlich darzustellen. Der Buchauszug hat für sämtliche provisionspflichtigen Geschäfte alle nach der zwischen dem Unternehmer und Handelsvertreter geschlossenen Vereinbarung für die Berechnung, Höhe und Fälligkeit der Provision **wesentlichen Angaben** zu enthalten.[93] Erforderlich sind zunächst Angaben zur Identifizierung des Geschäfts (wie etwa Kundennummer, Vertragsnummer oder den Namen und die Anschrift des Kunden, sofern datenschutzrechtlich zulässig[94] und im anonymen Massengeschäft vorhanden[95]); es ist aber nicht notwendig, dass mehrere Identifikationsmerkmale gemeinsam angegeben werden. Ausreichend ist eine Angabe, die dem Handelsvertreter eine Kontrolle der Provisionsabrechnungen und mithin einen entsprechenden Abgleich mit denselben ermöglicht.[96] Ferner muss der Buchauszug quasi wie ein „Spiegelbild" der Geschäftsbücher und Unterlagen des Unternehmers eine im Zeitpunkt seiner Aufstellung aktuelle und bis ins Einzelne gehende Bestandsaufnahme der Kundenbeziehung des Unternehmers beinhalten, soweit diese nach der vertraglichen Provisionsabrede für Grund, Höhe oder Fälligkeit der Provisionsansprüche des Handelsvertreters von Bedeutung ist.[97] Dementsprechend sind zB regelmäßig Gegenstand und Menge der Lieferung, Lieferdatum, Netto- und Bruttopreise, Rückgaben und Nichtausführung von Geschäften sowie deren Gründe und im Falle eines Versicherungsvertreters Bestandserhaltungsmaßnahmen[98] (nicht aber Stornogefahrmitteilungen; s. unten) anzugeben.[99] Der erteilte Buchauszug muss den Handelsvertreter in die Lage versetzen, sich umfassend über die zustande gekommenen Geschäftsabschlüsse zu informieren und anhand des Buchauszugs die erteilte Provisionsabrechnung zu überprüfen, und zwar im Hinblick auf jedes einzelne provisionspflichtige Geschäft.[100] Daher müssen gerade bei nicht ausgeführten (stornierten) Geschäften die Angaben wegen § 87a Abs. 3 S. 2 (ggf. auch schlagwortartig) so umfassend und konkret sein, dass dem Handelsvertreter eine Prüfung ermöglicht wird, ob die Nichtausführung des Geschäfts auf Gründen beruht, die der Unternehmer zu vertreten hat. Im Falle von seitens der Kunden ausgeübten gesetzlichen Widerrufsrechten hat der Unternehmer auch Angaben zum Zeitpunkt des Widerrufseingangs zu machen, obgleich es nach dem materiellen Recht nur auf die Rechtzeitigkeit des Widerrufs ankommt, weil das Datum des Eingangs Rückschlüsse auf die Rechtzeitigkeit des Widerrufs zulässt;[101] zu dem Datum der Absendung der Widerrufserklärung kann der Unternehmer regelmäßig keine Angaben machen.[102] Nicht anzugeben sind Tatsachen, die nach der Provisionsverein- 42

[91] Zu datenschutzrechtlichen Aspekten im Handelsvertreterrecht vgl. nur *Kugler* ZVertriebsR 2015, 219 vor der DS-GVO; *Czajkowski/Mainz* ZVertriebsR 2019, 159.

[92] OLG München ZVertriebsR 2019, 372 (376).

[93] BGH NJW-RR 2007, 246 (247); NJW 2001, 2333 = EWiR § 87c 1/01, 631 m. Kurzkomm. *Emde*; OLG München ZVertriebsR 2019, 254 (258); OLG Hamm BB 1997, 1329 f.; OLG Koblenz NJW 1994, 358 (359); *Gräfe* ZVertriebsR 2015, 227 (229).

[94] Bejahend OLG München ZVertriebsR 2019, 372 (376) und (378); insoweit zweifelnd *Schröder* ZD 2018, 88.

[95] OLG München ZVertriebsR 2018, 27 (30).

[96] OLG München ZVertriebsR 2018, 27 (30); ähnlich auch Staub/*Emde* Rn. 119; aA LG Frankfurt ZVertriebsR 2018, 252 Rn. 71 f.

[97] BGH WM 1989, 1073 (1074); NJW 2001, 2333; s. zB auch OLG München ZVertriebsR 2016, 304; BeckRS 2016, 13147; VersR 2010, 1367 Rn. 11; OLG Brandenburg BeckRS 2013, 1597; OLG Düsseldorf BeckRS 2013, 14364, jeweils mwN.

[98] S. nur BGH NJW 2001, 2333 (2335).

[99] BGH NJW-RR 2007, 246 (247); NJW 2001, 2333; WM 1989, 1073 (1074); 1982, 152 (153); OLG Hamm BB 1997, 1329 f. für Versicherungsvertrag; OLG Köln VersR 2004, 1413; OLG München NJW-RR 2002, 1034 (1035); OLG Saarbrücken NJW-RR 2002, 391; Baumbach/Hopt/*Hopt* Rn. 15; *Riemer* in Küstner/Thume VertriebsR-HdB I Kap. VI Rn. 94 f.; *Stötter* DB 1970, 1473 (1476).

[100] OLG Köln BeckRS 2016, 117533.

[101] OLG Hamm ZVertriebsR 2018, 375.

[102] LG Frankfurt ZVertriebsR 2018, 252 Rn. 74.

barung für den Provisionsanspruch irrelevant sind. So sind zB keine Angaben zum Zahlungsverhalten der Kunden aufzunehmen, wenn daran der Unternehmer zugunsten des Handelsvertreters (der kein Versicherungs- oder Bausparkassenvertreter ist) entgegen § 87a Abs. 2 keine provisionsrelevanten negativen Konsequenzen für den Handelsvertreter geknüpft hat. Umstände, die das Innenverhältnis der Parteien betreffen, sind ebenfalls nicht in den Buchauszug aufzunehmen.[103] Nicht anzugeben sind mithin der Provisionssatz bzw. die Provisionsbeträge; diese kann der Handelsvertreter selbst den Provisionsabrechnungen entnehmen.[104] Ähnliches gilt für Stornogefahrmitteilungen des Unternehmers: Diese sind ebenfalls nicht in den Buchauszug aufzunehmen, da der Handelsvertreter seinen eigenen Unterlagen entnehmen kann, ob und wann er solche erhalten hat, und die Mitteilungen nicht die Ausführung des Geschäfts durch den Unternehmer betreffen.[105] Ferner muss der Unternehmer keine Angaben über die Person des vom Handelsvertreter eingesetzten Untervermittlers machen, wenn die Provisionsberechtigung des Untervermittlers allein gegenüber dem Handelsvertreter bestand.[106] Außerdem muss der Unternehmer von vorneherein keine Angaben zu Umständen machen, die sich nicht aus seinen Geschäftsbüchern ergeben; insoweit steht dem Handelsvertreter unter Umständen ein Auskunftsanspruch nach Abs. 3 zu.[107] Auch muss der Unternehmer keine Angaben machen, die allein für die Bemessung des Ausgleichsanspruchs nach § 89b relevant sind (wie zB zur Stammkundeneigenschaft von Kunden, Intensivierung von Altkunden, etc.), weil der Anspruch auf Erteilung eines Buchauszugs nicht der Vorbereitung des Ausgleichsanspruchs nach § 89b dient (→ Rn. 10; → § 89b Rn. 274).

43 Der Handelsvertreter hat **keinen Anspruch auf eine bestimmte Darstellungsweise,** da der Unternehmer diejenige Form wählen darf, die für ihn die kostengünstigste ist.[108] Jedoch genügt es nicht, wenn der Unternehmer lediglich eine Vielzahl von Unterlagen zur Verfügung stellt, aus denen sich der Handelsvertreter die relevanten Informationen heraussuchen muss.[109] Der Handelsvertreter hat indes **keinen Anspruch auf die Vorlage von Belegen,** denn bei begründeten Zweifeln an der Richtigkeit und Vollständigkeit des Buchauszugs hat der Handelsvertreter das Bucheinsichtsrecht nach Abs. 4.[110] Möglich ist auch die Übermittlung des Buchauszugs in **Dateiformat** (wie zB als CD-ROM mit Excel-Tabellen, USB-Stick, etc),[111] was bei Massengeschäften regelmäßig vom Handelsvertreter begrüßt wird. Im Rechtsstreit kann der Unternehmer Beweis für die Tatsache, dass er den Anspruch auf Erteilung eines Buchauszugs in elektronischer Form erfüllt hat, durch Vorlegung (des Datenträgers: CD-ROM, USB-Stick, Festplatte, etc.) oder Übermittlung der Datei nach § 371 Abs. 1 S. 2 ZPO antreten.[112] Der Handelsvertreter hat indes keinen Anspruch darauf, einen Buchauszug in einer EDV-verwertbaren Form zu erhalten.[113] Ferner kann der Unternehmer seiner Pflicht, einen Buchauszug zu erteilen, auch dadurch nachkommen, dass er dem Handelsvertreter einen **Zugang zu einem elektronischen Portal** einräumt, welchem der Handelsvertreter jederzeit alle für den Buchauszug erforderlichen

[103] BGH NJW 2001, 2333 (2335); OLG Saarbrücken NJW-RR 2002, 391; OLG München ZVertriebsR 2016, 306.
[104] BGH NJW 2001, 2333 f.; OLG Nürnberg BB 1999, 150; Baumbach/Hopt/*Hopt* Rn. 15.
[105] BGH NJW 2001, 2333 (2335); OLG München ZVertriebsR 2018, 106 Rn. 45; Baumbach/Hopt/*Hopt* Rn. 15.
[106] OLG Hamm ZVertriebsR 2018, 375 Rn. 43.
[107] OLG München ZVertriebsR 2019, 372 (378).
[108] BGH NJW 2001, 2333 (2336); WM 2011, 1380 (1381); OLG München ZVertriebsR 2017, 302; *Andrelang/Penners* ZVertriebsR 2013, 218 (220).
[109] Dazu ausf. BGH NJW-RR 2007, 246 (247); OLG Hamm BB 1997, 1329 f.; vgl. auch Oetker/*Busche* Rn. 15; Staub/*Emde* Rn. 115.
[110] OLG München ZVertriebsR 2019, 254 (259); 2018, 174 (176); OLG Hamm BeckRS 1998, 153637 = HVR 719; EBJS/*Löwisch* Rn. 53; Baumbach/Hopt/*Hopt* Rn. 15.
[111] OLG Koblenz BeckRS 2007, 17218; OLG München ZVertriebsR 2017, 181; 2017, 302 (304); *Andrelang/Penners* ZVertriebsR 2013, 218 (220); Baumbach/Hopt/*Hopt* Rn. 15.
[112] AA *Wolff* ZVertriebsR 2013, 360, der jedoch die Möglichkeit der Vorlage nach § 371 Abs. 1 S. 2 ZPO übersieht.
[113] OLG München ZVertriebsR 2017, 302 (304); krit. *Semler* ZVertriebsR 2019, 25.

Informationen in einer geordneten und übersichtlichen Darstellung entnehmen kann. Mithin genügt ein Zugriff allein auf die Provisionsabrechnungen nicht, wenn die Provisionsabrechnungen nicht alle für den Buchauszug relevanten Daten enthalten. Gleiches gilt, wenn das Portal jeweils nur den aktuellen Stand der provisionsrelevanten Daten wiedergibt und einen Gesamtüberblick über den Zeitraum, über den sich der Buchauszug zu erstrecken hat, nicht zulässt. Denn der Handelsvertreter muss sich nicht darauf verweisen lassen, die jeweils tagesaktuellen Daten zu sammeln und aufzubewahren. Außerdem erfüllt der Unternehmer seine Pflicht auch nur dann auf diese Art und Weise, wenn er dem Handelsvertreter auch noch nach Vertragsbeendigung Zugang zu dem elektronischen Informationssystem gewährt.[114]

Eines Buchauszugs bedarf es allerdings dann **nicht mehr,** wenn die vom Handelsvertreter selbst erstellten Kassenjournale chronologisch geordnet für jedes provisionspflichtige Geschäft in einem Abschnitt zusammengefasst alle Angaben enthalten, die nach der mit Unternehmer getroffenen Provisionsvereinbarung für die Berechnung der Provision von Bedeutung sind.[115] Der Handelsvertreter muss in solchen Fällen für die Beurteilung seiner Provisionsansprüche gerade nicht Daten aus verschiedenen Erkenntnisquellen zusammensuchen, sondern hat diese vollständig zusammengefasst auf dem entsprechenden Abschnitt der Kassenaufzeichnungen. Der für ein Buchauszugsrecht notwendige Klärungsbedarf (→ Rn. 40) besteht daher insoweit nicht. Entsprechendes kann gelten, wenn bereits die Provisionsabrechnungen nach Abs. 1 alle Angaben enthalten, die in einen Buchauszug gehören, also insbesondere auch Angaben zu nach § 87a Abs. 3 nicht ausgeführten Geschäften und die Gründe für die Nichtausführung (→ Rn. 54). 44

Der Buchauszug muss nur solche Angaben enthalten, die sich aus den **Büchern des Unternehmers** ergeben.[116] Was sich nicht aus diesen Büchern ergibt, kann und braucht auch nicht in den Buchauszug aufgenommen zu werden.[117] Reichen die Eintragungen in den Büchern des Unternehmers nicht aus, dem Handelsvertreter vollständigen Aufschluss zu geben, so kann der Handelsvertreter den zusätzlichen Auskunftsanspruch (Abs. 3) geltend machen und Bucheinsicht (Abs. 4) fordern. 45

3. Geltendmachung des Anspruchs. a) Verlangen des Handelsvertreters. 46
Anders als die Abrechnung schuldet der Unternehmer den Buchauszug erst auf formloses **Verlangen** des Handelsvertreters. Dieser braucht sein Begehren nicht weiter zu begründen. Allerdings muss der Provisionsanspruch zumindest in Betracht kommen. Bei zweifelsfrei nicht provisionspflichtigen Geschäften ist der Buchauszug ausgeschlossen.[118] Hingegen sind Zweifel an der Richtigkeit oder Vollständigkeit der Provisionsabrechnung nicht Voraussetzung für den Anspruch auf den Buchauszug.[119] Verlangt der Handelsvertreter bestimmte Angaben im Rahmen des Buchauszugs, trägt er die Darlegungslast für die Provisionsrelevanz.[120]

b) Zeitpunkt. Nach dem Gesetzeswortlaut kann der Handelsvertreter den Buchauszug **bei der Abrechnung** verlangen. Damit wird klargestellt, dass kein Anspruch auf den Auszug besteht, solange der Unternehmer nicht abgerechnet hat.[121] Der Buchauszug soll näm- 47

---

114 BGH NJW-RR 2007, 246 (248); OLG München ZVertriebsR 2019, 372 (379); 2018, 27 (30); 2017, 302 (304); OLG Hamm ZVertriebsR 2018, 375 Rn. 74; OLG Köln BeckRS 2016, 117533; EBJS/*Löwisch* Rn. 87.

115 BGH NJW-RR 2009, 821 (Tankstellenpächter) m. abl. Kurzkomm. *Wenner* BB 2009, 74: OLG München OLGR 2007, 387 (388); *Emde* BB 2008, 2071 (2709).

116 BGH NJW 2001, 2333; WM 1982, 152 (153); 1989, 1073 (1074); OLG Düsseldorf OLGR 2001, 387 (388); *Riemer* in Küstner/Thume VertriebsR-HdB I Kap. VI Rn. 95; Oetker/*Busche* Rn. 15.

117 OLG Celle NJW 1962, 1968; *Emde* MDR 2003, 1151 (1158).

118 BGH NJW-RR 1989, 738 (379); OLG Bamberg NJW-RR 2004, 475 (476); OLG Köln VersR 2004, 1457; OLG Koblenz BeckRS 2007, 17218; KKRD/*Roth* Rn. 8.

119 BGH WM 1982, 152 (153); ZVertriebsR 2017, 298 (300).

120 OLG Hamm ZVertriebsR 2018, 375 mAnm *Semler* ZVertriebsR 2019, 25.

121 BGH IBRRS 2014, 3699 Rn. 11; OLG Stuttgart NJW-RR 2016, 1130 Rn. 24; Baumbach/Hopt/*Hopt* Rn. 18; Heymann/*Stöber* Rn. 21; Oetker/*Busche* Rn. 16; krit. Staub/*Emde* Rn. 126.

lich dem Handelsvertreter nur die Kontrolle ermöglichen, ob die Abrechnung seiner Ansprüche zutreffend erfolgt ist. Damit wird jedoch nur der frühestmögliche Zeitpunkt festgelegt, zu dem der Buchauszug verlangt werden kann.

48 Hingegen bedeutet die Fassung, dass der Handelsvertreter den Buchauszug „bei der Abrechnung" verlangen könne, **keine zeitliche Begrenzung** des Anspruchs auf Erteilung eines Buchauszugs.[122] Der Anspruch auf den Buchauszug kann vom Handelsvertreter vielmehr solange geltend gemacht werden, wie er und der Unternehmer sich über die Provisionsabrechnungen noch nicht geeinigt haben.[123] Dabei ist die jahrelange widerspruchslose Hinnahme der Provisionsabrechnungen des Unternehmers nicht als ein sich ständig wiederholendes negatives Schuldanerkenntnis des Handelsvertreters auszulegen, dass ihm Ansprüche auf Erteilung eines Buchauszugs und auf Zahlung weiterer Provision nicht zustehen.[124] Der Buchauszug kann daher auch für weiter zurückliegende Zeiträume geltend gemacht werden. Der Darlegung eines berechtigten Interesses bedarf es hierfür entgegen gelegentlicher Auffassung nicht.[125] Nach der gesetzlichen Wertung ist der Handelsvertreter nämlich solange zur Überprüfung der Abrechnung berechtigt, wie noch Provisionsansprüche durchgesetzt werden können und er sich mit der Abrechnung noch nicht einverstanden erklärt hat. Die zeitlichen Grenzen des Anspruchs auf den Buchauszug ergeben sich aus den Verjährungsvorschriften sowie den Grundsätzen über die unzulässige Rechtsausübung.[126]

49 **c) Kosten des Buchauszugs.** Die **Kosten** des Buchauszugs sind vom Unternehmer zu tragen.[127] Der Unternehmer kann die Erteilung des Buchauszugs nicht deshalb wegen Unzumutbarkeit nach § 242 BGB verweigern, weil er für dessen Erstellung unverhältnismäßig hohe Kosten aufzuwenden hat. Setzt der Unternehmer für den Vertrieb seiner Produkte bzw. Dienstleistungen Handelsvertreter ein, hat er seinen Geschäftsbetrieb so einzurichten, dass er einen ordnungsgemäßen Buchauszug mit verhältnismäßigem Aufwand erteilen kann.[128] Erfüllungsort ist in der Regel der Sitz oder die Niederlassung des Unternehmers.[129]

50 **d) Rechtsmissbräuchliche Geltendmachung.** Eine **rechtsmissbräuchliche Geltendmachung** ist lediglich in Ausnahmefällen denkbar,[130] etwa wenn die Forderung nach einem Buchauszug als Droh- bzw. Druckmittel in bzw. für Vergleichsverhandlungen eingesetzt wird.[131] Der Umstand, dass der Handelsvertreter Provisionsabrechnungen nicht beanstandet hat, macht sein Verlangen, einen Buchauszug zu erhalten, jedenfalls nicht rechtsmissbräuchlich.[132] Gleiches gilt, wenn der Handelsvertreter nur während des Vertragsverhältnisses Gelegenheit hatte, die Bücher des Unternehmers einzusehen und nach Vertragsbeendigung den Anspruch auf Erteilung des Buchauszugs geltend macht.[133] Mit der Erteilung eines Buchauszugs sind regelmäßig hohe Kosten und ein hoher Aufwand verbunden. Zwar rechtfertigen diese Umstände alleine kein rechtsmissbräuchliches Verhalten, weil der Unternehmer selbst rechtzeitig Vorsorge für eine einfache und kostengünstige Erfüllung des Anspruchs auf Erteilung eines Buchauszugs treffen muss (→ Rn. 49). Ein rechtsmissbräuchliches Verhalten kommt jedoch in Betracht, wenn der Handelsvertreter

---

[122] BGH BB 1961, 424; BAG AP HGB § 87c Nr. 18 unter I 3 a; Baumbach/Hopt/*Hopt* Rn. 18.

[123] BGH BB 1961, 424; WM 1982, 152 (153); NJW 1980, 457; Heymann/*Stöber* Rn. 24.

[124] BGH BB 1996, 176 unter Aufgabe von BGH LM Nr. 5; OLG Hamburg EWiR § 87c 1/99, 327 m. Kurzkomm. *Emde*.

[125] OLG Karlsruhe OLGR 2005, 847; EBJS/*Löwisch* Rn. 23; Heymann/*Stöber* Rn. 23.

[126] BGH LM Nr. 3 unter III 3 c bb; EBJS/*Löwisch* Rn. 44, 60 ff. mwN.

[127] Baumbach/Hopt/*Hopt* Rn. 15; Heymann/*Stöber* Rn. 23; Oetker/*Busche* Rn. 20.

[128] BGH NJW-RR 2007, 246 (248); NJW 2001, 2333 (2336); OLG München VersR 2004, 470 (471).

[129] OLG Düsseldorf MDR 2008, 697; NJW 1974, 2185 (2186 f.); Oetker/*Busche* Rn. 20 mwN; aA Staub/*Emde* Rn. 55: Einheitserfüllungsort am Geschäftssitz des Handelsvertreters.

[130] OLG Hamm VersR 2001, 764; OLG Karlsruhe OLGR 2005, 847; OLG Frankfurt BeckRS 2007, 14339; *Emde* BB 2007, 3 (12); *Kukat* DB 2002, 1646 (1648); Staub/*Emde* Rn. 65; aA *Löwisch* IHR 2017, 192 (193).

[131] LG Hannover VersR 2001, 764 = EWiR § 87c 1/01, 731 m. Kurzkomm. *Emde*.

[132] S. nur OLG München ZVertriebsR 2017, 181; Baumbach/Hopt/*Hopt* Rn. 13.

[133] OLG Düsseldorf ZVertriebsR 2015, 249 (254).

jahrelang während des Vertragsverhältnisses seine Kontrollrechte nicht ausgeübt hat, diese erstmals im Zuge der Beendigung des Handelsvertretervertrages geltend macht und aufgrund der geführten Korrespondenz offensichtlich ist, dass der Handelsvertreter einen Buchauszug nicht zur Kontrolle der Provisionsabrechnungen begehrt und einen erteilten Buchauszug auch nicht prüfen und weiter verwenden wird, sondern er den Anspruch auf Erteilung eines Buchauszugs einzig als Druckmittel einsetzt, um den Unternehmer für Vergleichsverhandlungen hinsichtlich anderer Ansprüche (Ausgleichs-, Schadensersatzansprüche, etc.) gefügig zu machen.[134] Wenn der Handelsvertreter den Anspruch auf Erteilung eines Buchauszugs neben sachfremden Erwägungen aber jedenfalls auch zur Prüfung der Provisionsabrechnungen begehrt und offene Provisionsansprüche noch im Raum stehen, scheidet ein Rechtsmissbrauch regelmäßig aus.[135] Der Handelsvertreter muss kein besonderes Interesse an der Erteilung eines Buchauszugs dartun, da sich dieser Anspruch bereits aus Gesetz ergibt.[136] Die mehr oder weniger begründete Befürchtung des Unternehmers, der Handelsvertreter könne die mittels Buchauszug mitgeteilten Kundendaten entgegen § 90 verwenden, schließt den Anspruch des Handelsvertreters auf Erteilung eines Buchauszugs nicht aus; denn bei einer Verletzung des § 90 kann der Unternehmer gegen den Handelsvertreter vorgehen.[137] Die Darlegungs- und Beweislast für eine rechtsmissbräuchliche Geltendmachung trägt der Unternehmer.

e) Zurückbehaltungsrecht des Unternehmers. Der Unternehmer kann wegen Gegenansprüchen dem Anspruch des Handelsvertreters auf Erteilung eines Buchauszugs ein Zurückbehaltungsrecht nicht entgegensetzen.[138] 51

4. Rechte bei Unvollständigkeit des Buchauszugs. Hat der Unternehmer einen, wenn auch unvollständigen oder lückenhaften, jedoch noch brauchbaren Buchauszug erteilt, steht dem Handelsvertreter kein Anspruch auf einen vollständigen neuen Buchauszug zu. Vielmehr kann er **Ergänzung** verlangen,[139] zB wenn der Handelsvertreter konkret darlegt, dass Angaben über bestimmte Teilbezirke oder Zeiträume fehlen.[140] Im Übrigen ist der Handelsvertreter auf den Auskunftsanspruch nach Abs. 3 und die Bucheinsicht nach Abs. 4 angewiesen. Nach erfolgloser Einsicht oder mangels einsehbarer Bücher besteht Anspruch auf Abgabe einer eidesstattlichen Versicherung (§§ 259, 260 BGB).[141] 52

Nur ausnahmsweise steht dem Handelsvertreter das Recht auf **Erteilung eines neuen Buchauszugs** zu, wenn nämlich die vorgelegte Aufstellung zwar vom Unternehmer als Buchauszug bezeichnet worden ist, diese aber von Rechts wegen nicht einmal mehr als unvollständiger Buchauszug angesehen werden kann.[142] Hiervon ist zB auszugehen, wenn das vom Unternehmer dem Handelsvertreter zur Verfügung gestellte Verzeichnis so schwere Mängel aufweist und so unzulänglich ist, dass es für den Handelsvertreter ganz unbrauchbar ist.[143] 53

5. Untergang des Anspruchs. Der Anspruch auf Erteilung des Buchauszugs geht nach § 362 Abs. 1 BGB durch **Erfüllung** unter, wenn der Unternehmer gegenüber dem Handelsvertreter die Aufstellung der provisionspflichtigen Geschäfte mit den erforderlichen Angaben vorgenommen hat. Dabei können die periodischen Provisionsabrechnungen 54

134 Ähnlich auch *Gräfe* ZVertriebsR 2015, 227, 230 für Anscheinsbeweis.

135 Vgl. dazu nur OLG München ZVertriebsR 2018, 27 Rn. 42.

136 S. nur OLG München ZVertriebsR 2017, 302 Rn. 13.

137 S. nur OLG München ZVertriebsR 2019, 372 Rn. 41; LG Frankfurt ZVertriebsR 2019, 252 Rn. 70.

138 OLG München ZVertriebsR 2019, 372 (377); 2019, 254 (256); EBJS/*Löwisch* Rn. 47 mwN.

139 OLG Bamberg NJW-RR 2008, 1422 (1423), dort auch zur Abgrenzung zwischen einem unvollständigen und einem unbrauchbaren Buchauszug; OLG Köln NJW-RR 1996, 100; vgl. auch LAG RhPf BeckRS 2009, 61430; *Emde* MDR 2003, 1151 (1158).

140 BGH NJW-RR 2007, 1475 (1477).

141 BGH AP HGB § 87c Nr. 1; OLG Frankfurt NJW-RR 1995, 351.

142 OLG Köln VersR 2004, 1457; OLG Saarbrücken NJW-RR 2002, 391 (392).

143 BGH BeckRS 1964, 31190906; s. ferner nur OLG Köln BeckRS 2017, 131320 mwN; EBJS/*Löwisch* Rn. 58 mwN; Oetker/*Busche* Rn. 21; Staub/*Emde* Rn. 132.

gleichzeitig als Buchauszug iSd Abs. 2 zu werten sein, wenn der Unternehmer mit ihrer Überlassung dem Handelsvertreter zusätzlich alle Angaben macht, die für einen ordnungsgemäßen Buchauszug erforderlich sind.[144] Jeweils monatlich in dieser Art vom Unternehmer angefertigte und dem Handelsvertreter überlassene Buchauszüge stellen in ihrer Zusammenfassung den vollständigen Buchauszug über die gesamte Laufzeit eines Handelsvertreterverhältnisses dar.[145] Die Übersendung von Rechnungskopien samt Tippstreifen mit Endzifferaddition reicht hierfür allerdings nicht aus.[146]

55 Die **Beweislast** für den Einwand, der Anspruch auf Erstellung eines Buchauszugs sei erfüllt, trägt nach allgemeinen Regeln der Unternehmer.[147] Beruft sich der Unternehmer im **Erkenntnis-** oder im **Zwangsvollstreckungsverfahren** (→ Rn. 62) auf **Erfüllung,** hat er darzulegen, dass der Buchauszug alle geschuldeten Angaben enthält und keine Angaben fehlen. Aufgrund der Unmöglichkeit, eine negative Tatsache darzulegen, obliegt es dem Handelsvertreter, auf die Behauptung, weiteres Mitteilenswertes gebe es nicht, diese negative Tatsache substantiiert dadurch zu bestreiten, dass er für das Positive sprechende Tatsachen darlegt.[148]

56 Der Anspruch auf Erteilung des Buchauszuges entfällt weiterhin, wenn der Handelsvertreter die **Abrechnung** des Unternehmers **wirksam anerkannt** (→ Rn. 24) hat.[149] Der Buchauszug kann nämlich dann seinen Zweck, der Kontrolle der Abrechnung zu dienen, nicht mehr erfüllen. Entsprechendes gilt, wenn unstreitig sämtliche Provisionsansprüche erfüllt bzw. aus sonstigen Gründen weggefallen sind oder nicht mehr geltend gemacht werden können oder sich die Parteien über die Provisionsansprüche geeinigt haben. Wegen der **Verjährung** des Abrechnungsanspruchs → Rn. 5 f.

57 Der Anspruch auf Erteilung des Buchauszuges entfällt jedoch nicht durch **widerspruchslose Hinnahme** von Abrechnungen, auch wenn dies jahrelang erfolgt[150] und der Handelsvertreter ein Kaufmann mit erheblichen Umsätzen ist.[151] Denn Schweigen ist kein negatives Schuldanerkenntnis; außerdem wäre eine Vereinbarung, die bloßes Hinnehmen als Genehmigung wertet, ein Verstoß gegen § 87a Abs. 5, § 87c Abs. 5. Daher kann, wenn keine Regelung getroffen wurde, nichts anderes gelten (→ Rn. 35, → Rn. 95).[152]

58 **6. Verjährung.** Der Anspruch auf Erteilung eines Buchauszugs **verjährt** selbständig in der regelmäßigen Verjährungsfrist des § 195 BGB (→ Rn. 5). Der BGH hat nun eine Reihe von streitigen Fragen im Zusammenhang mit der Verjährung des Anspruchs des Handelsvertreters auf Erteilung eines Buchauszugs geklärt.[153] Die Verjährungsfrist beginnt mit dem Schluss des Jahres, in dem der Unternehmer dem Handelsvertreter eine **abschließende Abrechnung** über die diesem zustehende Provision erteilt hat.[154] Ab diesem Zeitpunkt ist es dem Handelsvertreter möglich, den Anspruch auf Erteilung eines Buchauszugs gerichtlich durchzusetzen. Dabei ist von einer abschließenden Abrechnung des Unternehmers dann auszugehen, wenn dieser eine Abrechnung über die dem Handelsvertreter zustehende Provision ohne Einschränkungen oder Vorbehalte erteilt hat. In einem solchen Fall erklärt der Unternehmer stillschweigend auch, dass weitere Provisionsforderungen des Handelsvertreters nicht bestehen. Eine abschließende Abrechnung liegt auch vor, wenn der

[144] BGH NJW 2001, 2333 (2336); 1995, 2229 (2230); WM 1982, 152 (153); OLG München OLGR 2004, 24; *Holling* BB 1959, 687.

[145] BGH WM 1991, 196 (200).

[146] BGH WM 1982, 152 (153).

[147] Zu den einzelnen Voraussetzungen jetzt ausf. BGH NJW-RR 2007, 1475.

[148] Vgl. BGH NJW-RR 2007, 1475 Rn. 19; OLG Brandenburg ZVertriebsR 2020, 115 (116).

[149] *Schröder* BB 1955, 181.

[150] BGH BeckRS 1981, 30373535; NJW-RR 2007, 246 (248); NJW 1996, 588; OLG München VersR 2004, 470; OLG Köln BeckRS 2016, 117533.

[151] OLG Hamburg BB 1998, 971; aA früher BGH NJW 1965, 1136 f.

[152] BGH NJW-RR 2007, 246; aA *Behrend* NJW 2003, 1565 f., der den Handelsvertreter aufgrund seiner Sorgfaltspflicht zur Rüge verpflichtet sieht.

[153] BGH ZVertriebsR 2017, 298.

[154] S. nur BGH ZVertriebsR 2017, 298 (299) mwN; OLG München ZVertriebsR 2019, 372 (377); 2018, 106.

Unternehmer mitteilt, dass im Abrechnungszeitraum keine Provisionsforderungen zugunsten des Handelsvertreters entstanden sind.[155] Hingegen ist nicht Voraussetzung, dass die vom Unternehmer über die vom Handelsvertreter zu beanspruchenden Provisionen erteilte Abrechnung vollständig ist und sämtliche dem Handelsvertreter zustehenden Provisionen umfasst.[156] Die Verjährung des Anspruchs auf Erteilung eines Buchauszugs ist also nicht auf die Geschäfte beschränkt, die der Unternehmer tatsächlich abgerechnet hat, sondern erfasst alle provisionspflichtigen Geschäfte, über die der Handelsvertreter eine Abrechnung nach Abs. 1 verlangen konnte. Dieser Ansicht ist entgegen mancher Kritik[157] zuzustimmen: Denn für die Frage, wann der Anspruch auf Erteilung des Buchauszugs entsteht und mithin die Verjährung beginnt, ist völlig unerheblich, ob die Provisionsabrechnung vollständig ist; der Buchauszug dient ja gerade der Kontrolle, ob die Provisionsabrechnung richtig und vollständig ist, andernfalls wäre er überflüssig. Der BGH ist ferner zu Recht auch anderslautenden Ansichten, wonach der Anspruch auf Erteilung eines Buchauszugs erst entstehe, wenn der Handelsvertreter ihn geltend macht oder der Handelsvertretervertrag beendet ist, bewusst nicht gefolgt (→ Rn. 5).[158] Hat der Unternehmer hingegen einen Abrechnungszeitraum nicht abschließend abgerechnet oder die Abrechnung sogar verweigert, hat die Verjährung des Anspruchs auf Erteilung des Buchauszugs insoweit noch nicht begonnen.[159]

7. Durchsetzbarkeit des Anspruchs. a) Klageverfahren. Verweigert der Unternehmer die Erteilung des Buchauszugs, kann der Handelsvertreter den Anspruch im Klagewege durchsetzen und zugleich gem. § 254 ZPO **(Stufenklage)** auf Zahlung der nach Abrechnung geschuldeten Provision klagen.[160] Hierbei genügt es, wenn der Handelsvertreter darlegt und ggf. beweist, dass ein Handelsvertretervertrag besteht bzw. bestanden hat und dass Provisionsansprüche aufgrund der Vermittlung oder des Abschlusses von Geschäften möglich sind.[161] Bei Unvollständigkeit des Buchauszugs kann der Handelsvertreter nur die Ergänzung, bei völliger Unbrauchbarkeit auch eine Neuerstellung fordern (→ Rn. 52 f.). Zu weit geht indes die Rspr. des BGH, wonach der Handelsvertreter berechtigt sein soll, die Erteilung des Buchauszugs zusammen mit der Abrechnung über die Provision gerichtlich geltend zu machen, wenn der Unternehmer pflichtwidrig die Abrechnung über die dem Handelsvertreter zustehende Provision verweigert; die Weigerung des Unternehmers, die Abrechnung zu erteilen, begründet nicht automatisch die Besorgnis, der Unternehmer würde auch den Anspruch auf Erteilung eines Buchauszugs nicht rechtzeitig erfüllen.[162] 59

Wegen des Erfordernisses der **Bestimmtheit des Klageantrags** (§ 253 Abs. 2 Nr. 2 ZPO) hat der Handelsvertreter konkret anzugeben, für welchen Zeitraum und für welche Art von Geschäften (Vertragsprodukte, Tätigkeitsgebiete, etc) er Angaben begehrt. Demgegenüber ist es nicht erforderlich, dass der Handelsvertreter auch die jeweiligen Einzelangaben, die er begehrt, konkret benennt. Denn der notwendige Inhalt des Buchauszugs ergibt sich aus dem Gesetz bzw. seiner richterrechtlichen Ausprägung.[163] In der Praxis empfiehlt es sich indes, den Streit, welche Angaben geschuldet und insbesondere provisionsrelevant sind, schon im Erkenntnisverfahren zu führen, damit beide Parteien zügig entsprechende Klarheit gewinnen und ggf. ein etwaiges Zwangsvollstreckungsverfahren effektiver betreiben können.[164] Soweit der Handelsvertreter zur Konkretisierung seines Anspruchs bestimmte 60

[155] BGH ZVertriebsR 2017, 298 (299).
[156] BGH ZVertriebsR 2017, 298 (300).
[157] *Thume* BB 2017, 2196.
[158] BGH ZVertriebsR 2017, 298 (299 f.).
[159] S. nur OLG Stuttgart BeckRS 2016, 122908; OLG München ZVertriebsR 2019, 254 (257); 2018, 106.
[160] Baumbach/Hopt/*Hopt* Rn. 11, 24; *Holling* BB 1959, 687 (688); *Harten* ZVertriebsR 2015, 288; ausf. Staub/*Emde* Rn. 171 f.
[161] EBJS/*Löwisch* Rn. 111.
[162] AA BGH ZVertriebsR 2017, 298 (229 f.) mwN.
[163] OLG Hamm ZVertriebsR 2018, 375 Rn. 35; Staub/*Emde* Rn. 204; aA OLG Saarbrücken NJW-RR 2002, 34 (35); OLG Frankfurt BeckRS 2011, 29806; *Segger* VersR 2004, 781.
[164] So zB auch OLG Hamm ZVertriebsR 2018, 375 (378); *Harten* ZVertriebsR 2015, 288 f.

Angaben begehrt, trägt er die Darlegungs- und Beweislast, dass die von ihm begehrten Angaben provisionsrelevant sind.[165]

61 Besteht zwischen den Parteien Streit darüber, ob eine bestimmte Art oder ein **bestimmter Kreis von Geschäften überhaupt provisionspflichtig** ist, darf im Verfahren über die Erteilung des Buchauszugs diese Frage nicht offen bleiben.[166] Verlangt zB ein Bezirksvertreter Erteilung eines Buchauszugs und besteht Streit darüber, ob Geschäfte mit einem bestimmten Kundenkreis innerhalb des Bezirks vertraglich von der Provisionspflicht ausgeschlossen sind, kann dies bei der Verurteilung zur Erteilung eines Buchauszugs nicht offengelassen und der Entscheidung im Zahlungsprozess überlassen werden. Das Urteil muss den Kreis der provisionspflichtigen Geschäfte, über den ein Buchauszug zu erteilen ist, selbst klar abgrenzen.[167] Allerdings erstreckt sich die Rechtskraft des Urteils im Verfahren über Erteilung des Buchauszuges nicht auf die Frage, ob und in welcher Höhe für ein nach § 87 oder Vertrag provisionspflichtiges Geschäft auch tatsächlich ein **konkreter** Provisionsanspruch entstanden ist.[168]

62 **b) Zwangsvollstreckung.** Die Zwangsvollstreckung richtet sich wie beim Abrechnungsurteil (→ Rn. 39) nach § 887 ZPO, wenn der Buchauszug aufgrund vorhandener Unterlagen nicht vom Schuldner, sondern auch von einem Dritten erstellt werden kann.[169] Dies gilt auch dann, wenn sich die für die Erstellung des Buchauszugs erforderlichen Unterlagen im Ausland befinden.[170] Analog Abs. 4 ist mit der Ersatzvornahme ein vom Handelsvertreter zu bestimmender Wirtschaftsprüfer oder vereidigter Buchsachverständiger zu beauftragen.[171] Im Verfahren zur Vollstreckung einer Verurteilung, einen Buchauszug zu erteilen, ist der Einwand des Unternehmers zu prüfen, er habe den titulierten Anspruch bereits erfüllt.[172]

63 **c) Verhältnis zu anderen Kontrollrechten.** Der Anspruch gem. Abs. 2 wird durch den Anspruch aus Abs. 3 nicht beschränkt, sondern ergänzt (auch → Rn. 64).[173] Die Provisionsabrechnung kann den Buchauszug nur ersetzen, wenn sie für den Abrechnungszeitraum alle für einen Buchauszug erforderlichen Daten enthält.[174] Der Handelsvertreter kann an Stelle der Klage auf Buchauszug seine Kontrollrechte auch durch Bucheinsicht nach Abs. 4 verfolgen. Die bloße Möglichkeit der Bucheinsicht schließt nicht die klagweise Geltendmachung des Anspruchs auf Buchauszug aus.[175] Allerdings kann nach erfolgreicher Klage auf Bucheinsicht der vorherige Buchauszug nicht mehr beansprucht werden. Für einen Anspruch auf vorherigen Buchauszug ist nämlich kein Raum mehr, wenn der Handelsvertreter bereits über den weitergehenden Anspruch auf Bucheinsicht einen rechtskräftigen Titel hat.[176]

IV. Auskunftsanspruch (Abs. 3)

64 **1. Zweck.** Abrechnung und schriftlicher Buchauszug lassen unter Umständen Fragen hinsichtlich der Entstehung, der Fälligkeit und der Berechnung eines aufgeführten oder nicht

[165] OLG Hamm ZVertriebsR 2018, 375 mAnm *Semler* ZVertriebsR 2019, 25; OLG München ZVertriebsR 2016, 304.

[166] OLG Köln VersR 2003, 1126; EBJS/*Löwisch* Rn. 20; krit. Staub/*Emde* Rn. 118.

[167] OLG Hamburg MDR 1968, 673.

[168] OLG Bamberg NJW-RR 2004, 475 (476); EBJS/*Löwisch* Rn. 20; Heymann/*Stöber* Rn. 28; Oetker/*Busche* Rn. 22.

[169] BGH NJW-RR 2011, 470; 2007, 1475 (1476); OLG Karlsruhe ZVertriebsR 2015, 119; OLG Bamberg NJW-RR 2008, 1422 (1423); OLG Koblenz NJW-RR 1994, 358 f.; vgl. auch Oetker/*Busche* Rn. 23 mwN und Beispielen.

[170] BGH NJW-RR 2010, 279; auch zur internationalen Zuständigkeit deutscher Gerichte in diesem Fall OLG Hamburg ZVertriebsR 2019, 132; OLG München ZVertriebsR 2018, 174.

[171] OLG Koblenz NJW-RR 1994, 358 f.; *Harten* ZVertriebsR 2015, 288. Zur Höhe des Kostenvorschusses und etwaiger Nachforderungen für die Erstellung eines Buchauszugs s. nur OLG Dresden IHR 2020, 216.

[172] Dazu ausf. BGH NJW-RR 2007, 1475 (1476 f.) mwN; OLG Brandenburg ZVertriebsR 2020, 115; aA Musielak/Voit/*Lackmann* ZPO § 887 Rn. 19; *Kannowski/Distler* NJW 2005, 865 ff.

[173] BGH NJW 2001, 2333 f.

[174] BGH NJW 2001, 2333 (2336); OLG Saarbrücken NJW-RR 2002, 391 f.; Baumbach/Hopt/*Hopt* Rn. 14.

[175] BGH NJW-RR 2007, 1475 (1476); OLG Bamberg NJW-RR 2008, 1422 (1423); OLG Koblenz NJW-RR 1994, 358 f.; Baumbach/Hopt/*Hopt* Rn. 22.

[176] BGH NJW 1959, 1964; OLG Düsseldorf OLGR 2008, 52; vgl. auch Staub/*Emde* Rn. 23 f.

erwähnten Provisionsanspruchs offen. Daher räumt Abs. 3 dem Handelsvertreter das Recht ein, über alle seine Provisionsansprüche betreffenden Umstände Mitteilungen von dem Unternehmer verlangen zu können. In seiner praktischen Bedeutung **ergänzt also der Auskunftsanspruch** nach Abs. 3 den Anspruch auf den Buchauszug.[177] Er gibt dem Handelsvertreter die Möglichkeit, auch solche für die Berechnung des Provisionsanspruchs erhebliche Umstände zu erfahren, die sich nicht aus den Büchern des Unternehmers ergeben. Der Auskunftsanspruch dient somit der Erleichterung der Nachprüfung der Provisionsabrechnung.[178]

2. Inhalt und Grenzen. a) Inhalt. Inhaltlich erfasst der Auskunftsanspruch **sämtliche Umstände,** die für die Entstehung, die Berechnung und die Fälligkeit des Provisionsanspruchs von Bedeutung sind und sich nicht aus den Büchern des Unternehmers ergeben. Wieso diese Umstände aus den Büchern nicht ersichtlich sind, ist unerheblich. Dies kann darauf beruhen, dass der Unternehmer keine Buchführung eingerichtet hat oder diese nur unvollständig, mangelhaft oder verschleiert unterhält.[179] 65

Sofern diese Umstände Entstehen, Fälligkeit und Berechnung der Provision beeinflussen, werden von der Auskunftspflicht insbesondere **Mitteilungen über das Zustandekommen** von provisionspflichtigen Geschäften, der Name des Dritten, die Zahlungsbedingungen, die Höhe der vereinbarten Leistungen, deren Entrichtung und die Mitteilung über die Ausführung des Geschäfts umfasst. Bei nichtausgeführten Geschäften sind die Gründe für eine solche Nichtausführung anzugeben, damit der Handelsvertreter prüfen kann, ob ihm trotz der Nichtausführung Provisionsansprüche nach § 87a Abs. 3 zustehen. Dies gilt namentlich dann, wenn der Unternehmer sich darauf beruft, die Nichtausführung des Geschäfts sei von ihm nicht zu vertreten (§ 87a Abs. 3). Gibt der Kunde die bereits gelieferte Ware zurück (Retoure), so ist auch dies unter Mitteilung der von dem Kunden für sein Verhalten gegebenen Begründung zu berichten.[180] Weiterhin gehören zur Auskunftspflicht Preisnachlässe, Nebenkosten (§ 87b Abs. 2) und bei Dauerverträgen (§ 87b Abs. 3) auch Kündigungsfristen, sofern diese Umstände nach der getroffenen Provisionsvereinbarung provisionsrelevant sind.[181] 66

b) Grenzen. Der Auskunftsanspruch **ergänzt** den Anspruch auf Buchauszug nach Abs. 2 und greift nur ein, wenn trotz Abrechnung und Buchauszug **noch Unklarheiten** über Entstehung, Berechnung, Fälligkeit und Höhe des Provisionsanspruchs bestehen, die sich nicht aus dem bloßen Inhalt der Geschäftsbücher klären lassen.[182] Mitteilungen kann der Handelsvertreter also nur insoweit verlangen, als sich die für den Provisionsanspruch wesentlichen Umstände nicht schon aus der Abrechnung und dem Buchauszug ergeben.[183] Insoweit können also nur über den Inhalt der Geschäftsbücher hinausgehende Informationen verlangt werden. Für ein Begehren auf Vervollständigung eines Buchauszugs bietet Abs. 3 keine Anspruchsgrundlage.[184] 67

Abzulehnen ist die Ansicht, dass der Handelsvertreter auch bei einem vollständigen, jedoch sehr umfangreichen Buchauszug **ergänzende Mitteilungen** nach Abs. 3 verlangen kann.[185] 68

Nur die Umstände, die für den Provisionsanspruch, seine Fälligkeit und seine **Berechnung wesentlich** sind, hat der Unternehmer mitzuteilen. Der Handelsvertreter hat also kein uneingeschränktes Auskunftsrecht dem Unternehmer gegenüber, kann insbesondere nicht über Abs. 3 unbeschränkten Einblick in die Interna des Gewerbebetriebs des Unter- 69

---

177 BGH NJW 2001, 2333 (2334); OLG Hamm DB 1967, 592 (593).
178 *Riemer* in Küstner/Thume VertriebsR-HdB I Kap. VI Rn. 148; Flohr/Wauschkuhn/*Fröhlich* Rn. 73.
179 Heymann/*Stöber* Rn. 32; *Seetzen* WM 1985, 213 (219).
180 OLG Hamburg MDR 1955, 43.
181 Baumbach/Hopt/*Hopt* Rn. 23; Heymann/*Stöber* Rn. 32; vgl. auch die Auflistung bei Staub/*Emde* Rn. 143 f.
182 BGH NJW 2001, 2333 f.; OLG Hamm DB 1967, 592 (593); Flohr/Wauschkuhn/*Fröhlich* Rn. 73.
183 Baumbach/Hopt/*Hopt* Rn. 23.
184 BGH BeckRS 1964, 31190906.
185 AA OLG Hamm NJW-RR 1994, 489 (490).

nehmers verlangen. Im Streitfall hat der Handelsvertreter darzulegen und zu beweisen, inwieweit die Umstände, deren Mitteilung er verlangt, für seinen Provisionsanspruch, dessen Fälligkeit oder dessen Berechnung wesentlich sind.

70 Der Anspruch ist **nicht mehr gegeben,** wenn unstreitig alle Provisionsansprüche des Handelsvertreters **bereits erfüllt** sind oder wenn diesen Ansprüchen Einreden gegenüberstehen, die deren Geltendmachung dauernd ausschließen.[186] Entsprechendes gilt, wenn der Handelsvertreter die Abrechnung des Unternehmers anerkannt hat (→ Rn. 56 f.). Solange aber Streit über das Bestehen derartiger Ansprüche besteht, ist auch der Anspruch nach Abs. 3 gegeben.

71 **3. Geltendmachung.** Die Auskünfte nach Abs. 3 sind **nur auf Verlangen** des Handelsvertreters zu erteilen. Da es sich nicht um eine allgemeine Rechenschaftspflicht des Unternehmers handelt, muss der Handelsvertreter genau angeben, über welche Umstände er Auskunft haben will. Im Streitfalle muss er weiter darlegen und beweisen, inwieweit diese Umstände für seinen Provisionsanspruch wesentlich sind. Da der Auskunftsanspruch den Buchauszug ergänzt, kann Auskunft erst verlangt werden, wenn ein Buchauszug erteilt ist und weiterhin Unklarheiten über das Bestehen von Provisionsansprüchen verbleiben.[187]

72 **4. Durchsetzbarkeit des Anspruchs. a) Klageverfahren.** Der Auskunftsanspruch kann klageweise geltend gemacht werden. Im Hinblick auf das Erfordernis der Bestimmtheit des Klageantrags (§ 253 Abs. 2 Nr. 2 ZPO) reicht eine ganz allgemein gehaltene Umschreibung nicht aus, vielmehr muss die Mitteilung ganz bestimmter einzelner Umstände gefordert werden.[188]

73 Nach überwiegender Auffassung kann der Handelsvertreter die **Ansprüche** auf Erteilung einer Abrechnung, eines Buchauszuges und auf Auskunftserteilung in einer Klage **nebeneinander** geltend machen. Es soll insoweit kein Kumulierungsverbot bestehen.[189] Abgesehen von dem Ausnahmefall, dass der Handelsvertreter weiß, dass sich die erforderlichen Auskünfte nicht aus den Geschäftsbüchern des Unternehmers ergeben, ist dies allerdings weder dogmatisch haltbar noch praktikabel, weil der Auskunftsanspruch lediglich den Buchauszug im Hinblick auf die für den Provisionsanspruch wesentlichen Umstände ergänzen soll (→ Rn. 64, 71). Ein Auskunftsanspruch besteht daher nur insoweit, wie die für die Ermittlung des Provisionsanspruchs bedeutsamen Umstände sich nicht bereits aus der Abrechnung oder dem Buchauszug entnehmen lassen. Erst wenn diese erteilt sind, kann über das Bestehen und den Umfang des Auskunftsanspruchs entschieden werden. Der Handelsvertreter kann jedoch im Wege der **Stufenklage** (§ 254 ZPO) vorgehen und den Anspruch auf Auskunft mit dem Abrechnungs- und Buchauszugsanspruch verbinden.[190] Die Konkretisierung des Auskunftsanspruchs muss sich der Handelsvertreter allerdings vorbehalten, bis die Abrechnung erteilt und der Buchauszug vorgelegt worden ist.

74 **b) Zwangsvollstreckung.** Die Zwangsvollstreckung des Auskunftsanspruchs richtet sich, soweit es sich hierbei um eine vertretbare Handlung handelt, nach § 887 ZPO. Da

---

[186] Zur Verjährung des vorzubereitenden Provisionsanspruches OLG Düsseldorf BeckRS 2012, 22930.

[187] OLG Hamm DB 1967, 592 (593); *Westphal* Vertriebsrecht I Rn. 731; Flohr/Wauschkuhn/*Fröhlich* Rn. 80; vgl. auch BT-Drs. 1/3856, 29; Heymann/*Stöber* Rn. 32; Oetker/*Busche* Rn. 24; KKRD/*Roth* Rn. 12; so wohl auch BGH IHR 2012, 63 Rn. 53; NJW 2001, 2333 Rn. 22; aA Baumbach/Hopt/*Hopt* Rn. 23; Staub/*Emde* Rn. 140.

[188] Baumbach/Hopt/*Hopt* Rn. 24; *Riemer* in Küstner/Thume VertriebsR-HdB I Kap. VI Rn. 151; *Stötter/Lindner/Karrer*, Die Provision und ihre Abrechnung, 2. Aufl. 1980, 105, 122; ähnlich auch Oetker/*Busche* Rn. 26 (Verallgemeinerungen zulassend); aA Heymann/*Stöber* Rn. 33.

[189] OLG München ZVertriebsR 2016, 31; OLG Düsseldorf OLGR 2000, 382; OLG Köln IHR 2016, 38 Rn. 5; BB 1972, 467 (468); Baumbach/Hopt/*Hopt* Rn. 11 und 23; EBJS/*Löwisch* Rn. 7 f.; Heymann/*Stöber* Rn. 33; *Riemer* in Küstner/Thume VertriebsR-HdB I Kap. VI Rn. 151; Staub/*Emde* Rn. 140; diff. Röhricht/Graf v. Westphalen/Haas/*Thume* Rn. 36: Nur wenn der Handelsvertreter weiß, dass sich die erbetenen Auskünfte nicht aus den Geschäftsbüchern des Unternehmers ergeben, kann er die Ansprüche auf Erteilung eines Buchauszugs und den auf Auskunftserteilung in einer Klage nebeneinander geltend machen.

[190] Oetker/*Busche* Rn. 26; Flohr/Wauschkuhn/*Fröhlich* Rn. 80.

die Auskunft allerdings Umstände betrifft, die sich nicht aus den Geschäftsbüchern des Unternehmers entnehmen lassen, wird es sich im Regelfalle um eine unvertretbare Handlung handeln, die nach § 888 ZPO zu vollstrecken ist.[191]

c) Eidesstattliche Versicherung. Bei begründeten Zweifeln, ob die Auskunft mit der erforderlichen Sorgfalt erteilt worden ist, kann der Handelsvertreter in entsprechender Anwendung der §§ 259, 260 BGB vom Unternehmer die Abgabe einer eidesstattlichen Versicherung verlangen.[192] 75

V. Bucheinsicht (Abs. 4)

1. Zweck. Nach Abs. 4 kann der Handelsvertreter Einsicht in die Geschäftsbücher oder die sonstigen Urkunden verlangen, wenn der Buchauszug (Abs. 2) verweigert wird oder begründete Zweifel an der Richtigkeit oder Vollständigkeit der Abrechnung (Abs. 1) oder des Buchauszugs (Abs. 2) bestehen. Die Bucheinsicht dient der **Nachprüfung** von zweifelhaften bzw. unvollständigen Angaben, die für den Handelsvertreter zur Berechnung seines Provisionsanspruchs wesentlich sind.[193] Die Bucheinsicht soll dem Handelsvertreter bei Zweifeln also die Kontrolle ermöglichen, ob alle ihm zustehenden Provisionen und sonstigen Vergütungen lückenlos erfasst sind. 76

2. Voraussetzungen und Grenzen. a) Voraussetzungen. Der Anspruch auf Bucheinsicht besteht, wenn der Buchauszug verweigert wird oder begründete **Zweifel an der Richtigkeit** oder Vollständigkeit der Abrechnung oder des Buchauszugs bestehen.[194] Die Bestimmung geht weiter als die allgemeine Regelung des § 810 BGB, die ein rechtliches Interesse an der Einsicht voraussetzt. Das für § 810 BGB erforderliche rechtliche Interesse wird nur bei durchschnittlichen oder durchgängigen Unzuverlässigkeiten angenommen, während vereinzelte, eine Ausnahme bildende Unrichtigkeiten nicht genügen.[195] Demgegenüber ist nach Abs. 4 schon dann Bucheinsicht zu gewähren, wenn nur in einem Punkt Zweifel an der Richtigkeit der Abrechnung bestehen.[196] Solche begründeten Zweifel sind zB bei Kürzungen der Rechnungssummen durch den Unternehmer ohne Angabe von Gründen gegeben.[197] 77

Der Anspruch auf Bucheinsicht erfordert **objektive, begründete Zweifel** an der Richtigkeit oder Vollständigkeit von Abrechnung bzw. Buchauszug. Die bloße subjektive Meinung des Handelsvertreters bzw. allgemeine Behauptungen oder Vermutungen ohne näheren Anhalt, Abrechnung oder Buchauszug seien unrichtig oder unvollständig, genügen nicht.[198] Der Handelsvertreter muss vielmehr eine Sachlage darlegen und ggf. beweisen, nach der für einen unbefangenen Dritten die Richtigkeit oder Vollständigkeit der Abrechnung bzw. des Buchauszugs zweifelhaft ist.[199] 78

b) Grenzen. Der Anspruch auf Bucheinsicht **erlischt,** wenn Provisionsansprüche nicht mehr bestehen oder ihnen Einreden entgegenstehen, die deren Geltendmachung dauernd ausschließen.[200] Dies gilt entsprechend, wenn sich Handelsvertreter und Unternehmer über die Abrechnung geeinigt haben (dazu auch → Rn. 95).[201] 79

---

191 Vgl. *Seetzen* WM 1985, 213 (219); LAG Hessen ZVertriebsR 2016, 187 Rn. 14.
192 EBJS/*Löwisch* Rn. 106 mwN; ausf. Staub/*Emde* Rn. 159.
193 Begr. RegE, BT-Drs. 1/3856, 29.
194 OLG Köln EWiR § 87c 1/00, 1161 m. Kurzkomm. *Emde*; OLG München ZVertriebsR 2016, 31 Rn. 38.
195 RGZ 87, 10 (16).
196 Begr. RegE, BT-Drs. 1/3856, 29; OLG Celle BB 1962, 2; OLG Köln DB 2000, 2269; Baumbach/Hopt/*Hopt* Rn. 25; Oetker/*Busche* Rn. 30.
197 OLG Düsseldorf DB 1971, 1857.
198 So auch BGH WM 1979, 463 (464); *Schröder* BB 1955, 181 (182).
199 Begr. RegE, BT-Drs. 1/3856, 29.
200 BAG BB 1996, 271 f.; OLG Düsseldorf NJW 1965, 2351.
201 Baumbach/Hopt/*Hopt* Rn. 26.

80 Demgegenüber **entfällt** das Einsichtsrecht **nicht** deswegen, weil der Unternehmer das Handelsvertreterverhältnis wegen schuldhaften Verhaltens des Handelsvertreters fristlos gekündigt hat.[202] Daher ist die Bucheinsicht auch nicht für die Zeit ausgeschlossen, in welcher der Handelsvertreter seine Vertragspflichten schuldhaft nicht wahrnimmt.[203]

81 **3. Inhalt.** Inhaltlich geht der Anspruch dahin, dass der Unternehmer **Einsichtnahme in seine Geschäftsbücher** und sonstigen Unterlagen gewährt, soweit dies zur Feststellung der Richtigkeit oder Vollständigkeit der Abrechnung oder des Buchauszugs erforderlich ist. Über den ausdrücklichen Gesetzeswortlaut hinaus steht dem Handelsvertreter allerdings auch für den Fall der Verweigerung des Buchauszugs die Einsichtnahme insoweit zu, als dies zur Aufstellung des Buchauszugs erforderlich ist (zur Verweigerung der Abrechnung → Rn. 38).

82 Das Einsichtsrecht besteht allerdings **nicht uneingeschränkt.** Vielmehr kann der Handelsvertreter nur Einsicht insoweit verlangen, als dies zur Feststellung der Richtigkeit oder Vollständigkeit der Abrechnung bzw. des Buchauszugs erforderlich ist.[204] Er kann also nicht ohne weiteres, sondern nur nötigenfalls in sämtliche Bücher des Unternehmers Einsicht nehmen. Im Einzelfall kann sich eine Reihe von Fragen stellen, wie das Erforderlichkeitskriterium umzusetzen ist. Zu weit geht jedenfalls das Begehr des Handelsvertreters, ihm alle Aufbewahrungsorte der relevanten Unterlagen mitzuteilen sowie ihm bzw. dem von ihm beauftragten Wirtschaftsprüfer uneingeschränkten und unmittelbaren Zugriff auf die EDV-Systeme – gar einen Zugang mit Administrationsrechten – zu gewähren, welche Daten zu den relevanten Verkäufen enthalten; bei einer elektronischen bzw. digitalen Bucheinsicht genügt ein begleiteter Lese-Zugriff.[205]

83 Der Anspruch auf Einsichtnahme beschränkt sich nicht nur auf die Geschäftsbücher, sondern erfasst alle **sonstigen Urkunden,** die für die Feststellung der Richtigkeit oder Vollständigkeit der Abrechnung oder des Buchauszugs wesentliche Feststellungen enthalten.[206] Insbesondere kann danach auch Einsichtnahme in mit Kunden errichtete schriftliche Vertragsurkunden und den einschlägigen Schriftwechsel mit diesen verlangt werden. Auch Einsichtnahme in Schriftwechsel mit Außenstehenden, der sich im Besitz des Unternehmers befindet, kann danach verlangt werden, wenn eine solche Einsichtnahme zur Aufstellung des Buchauszugs bzw. zur Prüfung von Richtigkeit und Vollständigkeit von Abrechnung und Buchauszug erforderlich ist. Als sonstige Urkunden kommen weiter in Betracht Verträge, Lieferungs- und Zahlungsbelege.[207] Das Einsichtsrecht umfasst auch elektronisch geführte Geschäftsunterlagen und mithin die technischen Hilfsmittel zur Dokumentation und Festhaltung der geschäftlichen Vorgänge wie Computer- und EDV-Systeme.[208]

84 **4. Ausübung des Einsichtsrechts.** Der Unternehmer kann wählen, ob er die Einsicht dem **Handelsvertreter selbst** oder einem (zur Verschwiegenheit verpflichteten) **Wirtschaftsprüfer** bzw. **vereidigten Buchsachverständigen** gewährt. Bei einer Einsichtnahme durch den Handelsvertreter besteht nämlich die Gefahr, dass dieser auch von dem nicht den Provisionsanspruch betreffenden Inhalt der Bücher Kenntnis erlangt und er die so erlangten Kenntnisse für sich verwertet. Deshalb ist dem Unternehmer die Möglichkeit eingeräumt worden, anstelle des Handelsvertreters einem zur Verschwiegenheit verpflichteten Dritten die Einsichtnahme zu gewähren.[209] Die Bestimmung des Unternehmers, ob

[202] BGH LM Nr. 3.
[203] Baumbach/Hopt/*Hopt* Rn. 26; Oetker/*Busche* Rn. 29; *Emde* NJW 2008, 3199; aA OLG Celle BB 1962, 2; *Eberstein,* Der Handelsvertreter-Vertrag, 9. Aufl. 2008, 102.
[204] Begr. RegE, BT-Drs. 1/3856, 29; OLG Stuttgart ZVertriebsR 2020, 51 (53 ff.) mAnm *Schwalm/Schellmann*; OLG München NJW 1964, 2257; Heymann/*Stöber* Rn. 35; Oetker/*Busche* Rn. 30; Staub/*Emde* Rn. 147.
[205] Eingehend zu den Rechten und Pflichten der Parteien in diesem Zusammenhang OLG Stuttgart ZVertriebsR 2020, 51 mAnm *Schwalm/Schellmann.*
[206] Begr. RegE, BT-Drs. 1/3856, 29; OLG Düsseldorf OLGR 1999, 424.
[207] Baumbach/Hopt/*Hopt* Rn. 25; Heymann/*Stöber* Rn. 35.
[208] OLG Stuttgart ZVertriebsR 2020, 51 (53); OLG Frankfurt BeckRS 2015, 8272.
[209] Begr. RegE, BT-Drs. 1/3856, 29.

der Handelsvertreter oder ein Wirtschaftsprüfer bzw. Buchsachverständiger einsehen soll, erfolgt durch Erklärung des Unternehmers dem Handelsvertreter gegenüber (§ 315 Abs. 2 BGB analog). Wird die Bestimmung verzögert, so geht das Wahlrecht nach Fristsetzung und fruchtlosem Fristablauf gem. § 264 Abs. 2 BGB auf den Handelsvertreter über.[210]

Hat der Unternehmer sich für die Einsichtnahme durch den Handelsvertreter entschieden, kann dieser bei der Ausübung des Einsichtsrechts einen Wirtschaftsprüfer oder Buchsachverständigen **zuziehen** oder sich eines Wirtschaftsprüfers bedienen.[211] Das in Abs. 4 vorgesehene Wahlrecht soll dem Unternehmer lediglich ermöglichen, die Bucheinsicht einem Wirtschaftsprüfer oder Buchsachverständigen einzuräumen, wenn Zweifel an der Zuverlässigkeit oder Verschwiegenheit des Handelsvertreters bestehen. Wählt der Unternehmer jedoch die Bucheinsicht durch den Handelsvertreter, so kann diesem nicht verwehrt werden, sich bei der Bucheinsicht sachverständiger Hilfe zu bedienen.[212] 85

Entscheidet sich der Unternehmer für die Einsichtnahme durch einen Wirtschaftsprüfer oder Buchsachverständigen, steht dem Handelsvertreter das Recht zu, die **betreffende Person auszuwählen.** Der Unternehmer kann dieses Bestimmungsrecht des Handelsvertreters nicht auf eine der beiden Berufsgruppen begrenzen. Sein Interesse ist darauf beschränkt, dass eine zur Verschwiegenheit verpflichtete Person mit der Bucheinsicht betraut wird. Die Wahl ist durch den Handelsvertreter nach billigem Ermessen (§ 315 BGB) zu treffen. 86

Bei der Einsichtnahme können **Abschriften** oder **Auszüge** aus den Büchern des Unternehmers gefertigt werden, soweit diese für den Nachweis der dem Handelsvertreter zustehenden Ansprüche erforderlich sind. Die so gewonnenen Unterlagen sind vertraulich zu behandeln. **Ort der Einsichtnahme** ist das Geschäftslokal des Unternehmers. Weder der Handelsvertreter noch der Wirtschaftsprüfer (Buchsachverständige) können verlangen, dass ihnen die Bücher zur Einsichtnahme an einem anderen Ort überlassen werden. 87

5. Kostentragung. Als Vertragspartner des Wirtschaftsprüfers oder des vereidigten Buchsachverständigen trägt die Kosten der Bucheinsicht zunächst der **Handelsvertreter.**[213] Der Handelsvertreter kann aber gem. § 280 BGB vom Unternehmer die Kosten als **Schadensersatz** wegen Verletzung der Abrechnungspflicht erstattet verlangen, wenn der Unternehmer überhaupt nicht abgerechnet hat oder sich auf Grund der Bucheinsicht die Unrichtigkeit der Abrechnung oder des Auszugs ergibt.[214] War dem Handelsvertreter die Bucheinsicht gestattet, dann verstößt dieser mit der Beiziehung eines Wirtschaftsprüfers oder Buchsachverständigen nur dann gegen seine Schadensminderungspflicht, wenn die Bucheinsicht nach Gelegenheit, Umfang und Schwierigkeit keine über die Fähigkeiten des Handelsvertreters hinausgehenden unzumutbaren Anforderungen stellt.[215] 88

6. Durchsetzbarkeit des Anspruchs. a) Klageverfahren. Der Handelsvertreter kann den Anspruch auf Bucheinsicht im Klagewege geltend machen. Da er Bucheinsicht nur insoweit begehren kann, als dies zur Feststellung der Richtigkeit oder Vollständigkeit der Abrechnung bzw. des Buchauszugs erforderlich ist, muss er den Umfang der begehrten Bucheinsicht im **Klageantrag** genau angeben.[216] 89

Zugleich mit der Bucheinsicht kann der Handelsvertreter im Wege der **Stufenklage** (§ 254 ZPO) die Provisionszahlung verlangen. Dabei ist er bis zum Erlass der Entscheidung über seinen Anspruch auf Bucheinsicht von der Verpflichtung befreit, einen bestimmten 90

---

210 *Riemer* in Küstner/Thume VertriebsR-HdB I Kap. VI Rn. 142; Staub/*Emde* Rn. 154.

211 OLG Frankfurt BB 2002, 427.

212 KG DB 1971, 1204; *Knorn* BB 1972, 989 (990).

213 BGH LM Nr. 1; BGHZ 32, 302 (306) = NJW 1960, 1662; Baumbach/Hopt/*Hopt* Rn. 27; Oetker/*Busche* Rn. 32; Staub/*Emde* Rn. 158; weitergehend *Knorn* BB 1972, 989 f.

214 BGH LM Nr. 1; BGHZ 32, 302 (306) = NJW 1960, 1662; KG DB 1971, 1204; OLG Köln r+s 2001, 132; OLG Düsseldorf OLGR 2008, 52 (53); Heymann/*Stöber* Rn. 36; Staub/*Emde* Rn. 158.

215 KG DB 1971, 1204.

216 *Seetzen* WM 1985, 213 (218); *Stötter/Lindner/Karrer,* Die Provision und ihre Abrechnung, 2. Aufl. 1980, 107 f.

Leistungsantrag zu stellen. Ist die Entscheidung ergangen, so hat er zunächst seinen Anspruch auf Bucheinsicht zu verwirklichen und im weiteren Verlauf des Rechtsstreits die von ihm verlangte Leistung beziffert anzugeben. Konkretisiert er seinen Antrag nicht, wird seine Klage unzulässig.[217]

91 Demgegenüber kann der Handelsvertreter **nicht gleichzeitig** auf Erteilung eines **Buchauszugs und Bucheinsicht** klagen.[218] Verweigert nämlich der Unternehmer den Buchauszug, erstrebt aber der Handelsvertreter gleichwohl mit der Klage dessen Erteilung, so besteht kein Bedürfnis hierneben Bucheinsicht zu gewähren, da beide Anträge zu demselben Ziel führen sollen. Umgekehrt benötigt der Handelsvertreter den Buchauszug nicht, wenn er die Bucheinsicht begehrt.[219] Ein rechtskräftiges Urteil, das einen Anspruch auf einen Buchauszug wegen Erfüllung abweist, steht einer Forderung nach Bucheinsicht nicht entgegen, sofern an der Richtigkeit des Buchauszugs begründete Zweifel bestehen.[220]

92 **b) Zwangsvollstreckung.** Die Zwangsvollstreckung erfolgt in entsprechender Anwendung des § 883 ZPO und nicht nach § 887 ZPO. Das ist indes streitig.[221] Für eine entsprechende Anwendung des § 883 ZPO spricht: Der dem Handelsvertreter durch das Urteil zuerkannte Leistungsanspruch auf Einsichtsgewährung (nach Wahl des Unternehmers durch den Handelsvertreters selbst oder einem vom Handelsvertreter zu bestimmenden Wirtschaftprüfer oder vereidigten Buchsachverständigen) ist nicht Nebenpflicht einer umfassenden Auskunftspflicht, sondern isolierte Hauptpflicht des Unternehmers. Um der Verpflichtung zur Gewährung der Einsicht nachzukommen, hat der Unternehmer (lediglich) die entsprechenden Unterlagen dem Handelsvertreter vorzulegen. Eine Verpflichtung, körperliche Sachen vorzulegen, ist wie die Verpflichtung zur Herausgabe von Sachen zu vollstrecken. An die Stelle der Übergabe tritt die Vorlage und Einsichtgewährung ohne Überlassung des unmittelbaren Besitzes an den Handelsvertreter. Der Gläubiger kann die Durchsuchung der Räume des Schuldners durch den Gerichtsvollzieher veranlassen, § 758 ZPO, und den Schuldner zur Abgabe der eidesstattlichen Versicherung zwingen, wenn die Unterlagen nicht vorgefunden werden, § 883 Abs. 2 ZPO.[222]

93 **c) Einstweilige Verfügung.** Ist zu besorgen, dass zeitlicher Aufschub oder die Durchführung des Hauptsacheverfahrens den Erfolg der Einsicht gefährdet, kommt auch eine einstweilige Verfügung (§§ 935, 940 ZPO) in Betracht.[223]

VI. Unabdingbarkeit (Abs. 5)

94 Sämtliche dem Handelsvertreter in dieser Bestimmung gewährten Rechte auf Abrechnung, Buchauszug, Auskünfte und Einsicht sind unabdingbar (Abs. 5). Sie können durch einzelvertragliche Vereinbarungen weder ausgeschlossen noch beschränkt, sondern **nur erweitert** werden.[224]

---

217 OLG Düsseldorf NJW 1965, 2352.
218 BGH NJW 1971, 1610 (1611); OLG Düsseldorf OLGR 2008, 52 (53); Baumbach/Hopt/*Hopt* Rn. 28; Oetker/*Busche* Rn. 33.
219 BGH NJW 1971, 1610 (1611); Heymann/*Stöber* Rn. 37.
220 OLG Köln DB 2000, 2269 = EWiR 2000, 1161 m. zust. Kurzkomm. *Emde*.
221 Für § 883 ZPO: OLG Frankfurt NJW-RR 2018, 765 mwN; s. aber auch OLG Frankfurt BB 2002, 427 f. diff.; KKRD/*Roth* Rn. 17; Staub/*Emde* Rn. 189; s. auch allg. zur Vollstreckung eines Einsichtsrechts nach § 883 ZPO OLG Köln NJW-RR 1988, 1210; OLG Hamm NJW 1974, 653; Zöller/*Seibel* ZPO § 883 Rn. 2; Musielak/Voit/*Lackmann* ZPO § 883 Rn. 3; *Habermalz* NJW 2013, 3403 (3405); aA, dh für § 887 ZPO, OLG Stuttgart ZVertriebsR 2020, 51 (52); EBJS/*Löwisch* Rn. 122; Heymann/*Stöber* Rn. 37; Oetker/*Busche* Rn. 34.
222 OLG Frankfurt NJW-RR 2018, 765; einschr. OLG Stuttgart ZVertriebsR 2020, 51 (55) mAnm *Schwalm/Schellmann*.
223 Baumbach/Hopt/*Hopt* Rn. 28; Oetker/*Busche* Rn. 33.
224 Daher ist die Entscheidung des LAG Ba-Wü BeckRS 2020, 10032 für arbeitsvertragliche Ausschlussfristen zw.; so auch *Ledvinka* GWR 2020, 311.

95 Zulässig ist jedoch nach allgemeinen Regelungen ein Verzicht auf bereits entstandene Rechte aus § 87c (→ Rn. 56).[225] An einen solchen **Verzicht** sind jedoch strenge Anforderungen zu stellen. Regelmäßig bedarf es hierzu einer ausdrücklichen Vereinbarung zwischen Handelsvertreter und Unternehmer, bloße Untätigkeit des Handelsvertreters reicht im Allgemeinen nicht aus.[226] Auch eine Vereinbarung, wonach eine Abrechnung mangels Widerspruchs innerhalb einer bestimmten Frist durch den Handelsvertreter als genehmigt gilt, verstößt gegen Abs. 5 und ist daher unwirksam (→ Rn. 35). Abs. 5 steht aber tarifvertraglichen Ausschlussfristen nicht entgegen.[227]

96 Die Parteien können allerdings im Rahmen des Abs. 1 über den **Abrechnungszeitraum disponieren.** Übersteigt der vereinbarte Abrechnungszeitraum die Dauer von drei Monaten, gilt nicht die gesetzliche Monatsfrist, sondern im Wege der geltungserhaltenden Reduktion die gesetzliche Höchstfrist von drei Monaten (→ Rn. 29 f.).[228] Da die Kontrollrechte gem. Abs. 2–4 **Hilfsrechte** bezüglich des Provisionsanspruchs sind, enden sie mit einer Einigung zwischen Handelsvertreter und Unternehmer über die Höhe der Provision bzw. einer Einigung über die Abrechnung.

97 Auch können die Parteien in den Grenzen des § 202 BGB und – im Falle einer AGB-Vereinbarung – des § 307 BGB die Verjährungsfrist der Hilfsansprüche der Abs. 2–4 (und der Provisionsansprüche) verkürzen.[229]

§ 87d [Ersatz von Aufwendungen]

Der Handelsvertreter kann den Ersatz seiner im regelmäßigen Geschäftsbetrieb entstandenen Aufwendungen nur verlangen, wenn dies handelsüblich ist.

Schrifttum: *Evers,* Was zählt zum eigenen Geschäftsaufwand des Vertreters?, VW 2008, 1562; *Schröder,* Unkostentragung nach Handelsvertreterrecht, DB 1956, 417 und DB 1956, 441; *Steindorff,* Wertersatz für Schäden als Aufwendungsersatz im Arbeits- und Handelsrecht, FS Dölle, Bd. I, 1963, 273.

Übersicht

I. Bedeutung

1 **1. Entstehungsgeschichte.** Die Bestimmung geht zurück auf § 90 der ursprünglichen Fassung des HGB, wonach „für die im regelmäßigen Geschäftsbetrieb entstandenen Kosten und Auslagen der Handelsvertreter in Ermangelung einer entgegenstehenden Vereinbarung oder eines abweichenden Handelsgebrauchs Ersatz nicht verlangen" konnte. Die heutige

225 AA Oetker/*Busche* Rn. 36; Heymann/*Stöber* Rn. 39, jeweils mwN; s. dazu aber auch Heymann/*Stöber* Rn. 42 – insoweit missverständlich.

226 BGH NJW-RR 2007, 246 (248); NJW 1996, 588; OLG Saarbrücken NJW-RR 2002, 391; OLG Hamm VersR 2001, 1106; zu einem Sonderfall s. BGH LM Nr. 5.

227 BAG AP HGB § 87c Nr. 18.

228 *Schröder* DB 1963, 651.

229 EBJS/*Löwisch* Rn. 60; Staub/*Emde* Rn. 42; vgl. dazu zB auch BGH ZVertriebsR 2017, 386.

Fassung beruht auf dem ÄndG 1953. Trotz der sprachlichen Umformulierung war eine Änderung in der Sache damit nicht beabsichtigt.[1]

2 **2. Inhalt der Regelung.** Die Vorschrift regelt inhaltlich den Ersatz der im regelmäßigen Geschäftsbetrieb entstandenen Aufwendungen des Handelsvertreters. Abweichend vom allgemeinen Aufwendungsersatzanspruch beim Geschäftsbesorgungsvertrag nach §§ 675, 670 BGB kann der Handelsvertreter den Ersatz dieser Aufwendungen vom Unternehmer nur verlangen, wenn dies handelsüblich ist. Da die Regelung dispositiv ist, können die Parteien hiervon abweichende Vereinbarungen treffen.

3 **3. Zweck der Regelung.** Mit dieser Regelung wird der Handelsvertreter den sonstigen Kaufleuten gleichgestellt, die ebenfalls die regelmäßigen Kosten ihrer Geschäftstätigkeit selbst aufbringen müssen.[2] Diese Kosten werden nämlich durch die Vergütung, den Provisionsanspruch des Handelsvertreters, abgedeckt.

4 **4. Anwendungsbereich. a) Persönlicher Anwendungsbereich.** Die Vorschrift gilt für alle Handelsvertreter einschließlich der Versicherungs- und Bausparkassenvertreter sowie der Handelsvertreter im Nebenberuf. Erfasst werden sowohl die Vermittlungs- als auch die Abschlussvertreter. Insbesondere gilt die Bestimmung auch für den Bezirksvertreter. Entsprechende Anwendung findet die Bestimmung auch auf **Kommissionsagenten,** sofern sie einem Handelsvertreter vergleichbar in die Absatzorganisation des Unternehmers eingebunden sind.[3] Auf **Vertragshändler**[4] und **Franchisenehmer**[5] ist § 87d indes nicht entsprechend anwendbar, weil sie auf eigene Rechnung handeln und – wie die sonstigen Kaufleute auch – ihre gesamten Vertriebskosten und damit auch die regelmäßigen Kosten ihrer Geschäftstätigkeit selbst aufbringen müssen. Ohnehin wird es bei Vertragshändlern und Franchisenehmern regelmäßig keinen handelsüblichen Erstattungsanspruch geben.

5 **b) Sachlicher Anwendungsbereich.** Sachlich werden von § 87d allerdings nur Aufwendungen für **solche Tätigkeiten** erfasst, die dem regelmäßigen Geschäftsbetrieb zugeordnet sind (→ Rn. 10 ff.). Überträgt der Unternehmer im Einzelfall dem Handelsvertreter einen Auftrag, der nicht vom bestehenden Handelsvertreterverhältnis abgedeckt wird, findet die Vorschrift keine Anwendung. Für solche Fälle gelten die §§ 675, 670 BGB, wonach der Beauftragte vom Auftraggeber Ersatz für solche Aufwendungen zum Zwecke der Ausführung des Auftrags verlangen kann, die er den Umständen nach für erforderlich halten durfte, und zwar auch dann, wenn die Aufwendungen im regelmäßigen Geschäftsbetrieb des Beauftragten entstanden sind.

6 Handelt der Handelsvertreter **außerhalb des vereinbarten Tätigkeitsbereichs** ohne Auftrag, aber im Interesse des Unternehmers, kann ein Anspruch auf Aufwendungsersatz nach § 670 iVm § 683 BGB gemäß den Regeln der Geschäftsführung ohne Auftrag begründet sein. § 87d bestimmt nämlich nicht, dass die nicht im regelmäßigen Geschäftsbetrieb des Handelsvertreters entstandenen Aufwendungen in jedem Fall vom Unternehmer zu ersetzen sind.[6] In solchen Fällen kommt für den Einsatz der persönlichen Arbeitskraft eine Vergütung nach § 354 in Betracht.

7 **5. Verhältnis zu sonstigen Vorschriften.** Die Vorschrift schließt den Ersatz der im regelmäßigen Geschäftsbetrieb des Handelsvertreters entstandenen Aufwendungen grundsätzlich aus und geht damit als lex specialis den allgemeineren Bestimmungen der §§ 675, 670 BGB vor. Soweit es jedoch um Aufwendungen geht, die nicht im regelmäßigen Geschäftsbetrieb entstanden sind, bleibt es bei der allgemeinen Regelung der §§ 675, 670

---

1 Begr. RegE, BT-Drs. 1/3856, 30.
2 Begr. RegE, BT-Drs. 1/3856, 30.
3 EBJS/*Löwisch* Rn. 3; Heymann/*Stöber* Rn. 1; Oetker/*Busche* Rn. 11; Staub/Emde Rn. 5.
4 Heymann/*Stöber* Rn. 1; Oetker/*Busche* Rn. 11; aA EBJS/*Löwisch* Rn. 3; Staub/*Emde* Rn. 5.
5 Heymann/*Stöber* Rn. 1; Oetker/*Busche* Rn. 11; aA EBJS/*Löwisch* Rn. 3; Staub/*Emde* Rn. 5.
6 EBJS/*Löwisch* Rn. 4; Baumbach/Hopt/*Hopt* Rn. 5; Oetker/*Busche* Rn. 6; aA KKRD/*Roth* Rn. 1, 4: stellt auf Handelsüblichkeit ab.

BGB. Wird der Handelsvertreter im Interesse des Unternehmens ohne Auftrag tätig, dann gelten die §§ 670, 683 BGB.

Zum Verhältnis zu § 86a Abs. 1 → § 86a Rn. 13. 8

II. Aufwendungsersatz

1. Allgemeiner Aufwendungsbegriff. Unter Aufwendungen versteht man im Allgemeinen Vermögensopfer, die der Beauftragte zum Zwecke der Ausführung des Auftrags freiwillig oder auf Weisung des Auftraggebers macht bzw. die sich als notwendige Folge aus der Ausführung des Auftrags ergeben.[7] Zu den Aufwendungen zählen nach verbreiteter, allerdings umstrittener Auffassung auch Zufallsschäden und sonstige unfreiwillige Vermögensopfer, die der Beauftragte bei Ausführung des Auftrags erleidet.[8] Im vorliegenden Zusammenhang ist jedoch zu beachten, dass Zufallsschäden und andere unfreiwillige Vermögensopfer des Handelsvertreters bei der Ausführung des Auftrags grundsätzlich nicht im regelmäßigen Geschäftsbetrieb entstehen und daher von vornherein nicht in den Anwendungsbereich dieser Vorschrift fallen.[9] 9

2. Aufwendungen im regelmäßigen Geschäftsbetrieb. a) Begriff. Von der Ersatzpflicht sind nicht sämtliche Aufwendungen ausgenommen, sondern nur solche, die regelmäßig mit der Tätigkeit des betreffenden Handelsvertreters verbunden sind. Was insoweit zum regelmäßigen Geschäftsbetrieb gehört, ist nach den im jeweiligen Handelsvertretervertrag festgelegten Aufgaben zu ermitteln. Je weiter danach der Pflichtenkreis des Handelsvertreters geht, desto weiter ist auch der Kreis derjenigen Aufwendungen gezogen, die nach dieser Bestimmung von einer Ersatzpflicht ausgenommen sind. 10

Ob es sich um im regelmäßigen Geschäftsbetrieb entstandene Aufwendungen handelt, kann daher nicht generell beantwortet werden, sondern ist im **konkreten Einzelfall** aufgrund des Handelsvertretervertrags und der darin konkret übernommenen Pflichten zu entscheiden.[10] Ist zB bereits im Handelsvertretervertrag festgelegt, dass der Handelsvertreter zur Erledigung der ihm nach dem Vertrage übertragenen Aufgaben ein Auslieferungslager zu unterhalten hat, so gehören die hierdurch entstehenden Kosten (Miete, Beleuchtung, Beheizung, Bewachung usw) zu den regelmäßigen Aufwendungen dieses Handelsvertreters, sind also grundsätzlich nicht besonders erstattungsfähig. Braucht der Handelsvertreter nach dem Vertrag kein Auslieferungslager zu unterhalten, so handelt es sich nicht um im regelmäßigen Geschäftsbetrieb entstandene Aufwendungen, wenn er gleichwohl auf Wunsch des Unternehmers ein Auslieferungslager einrichtet. 11

b) Beispiele. Trotz der Abhängigkeit der Einordnung vom Einzelfall lassen sich Beispiele für Aufwendungen anführen, die regelmäßig unter den Anwendungsbereich dieser Vorschrift fallen bzw. die im Allgemeinen nicht zum regelmäßigen Geschäftsbetrieb gehören und daher nach den Vorschriften des bürgerlichen Rechts ersatzfähig bleiben:[11] 12

aa) Vom Anwendungsbereich der Bestimmung erfasste Aufwendungen. Zu den Aufwendungen im regelmäßigen Geschäftsbetrieb, für die nur bei Handelsüblichkeit (→ Rn. 16 f.) Anspruch auf Aufwendungsersatz besteht, gehören grundsätzlich die allgemeinen Kosten des **eigenen Geschäftsbetriebs** des Handelsvertreters, wie zB Kosten für eigenes Personal, Miete für Geschäftsräume (auch wenn deren Standort vertraglich 13

---

7 BGH NJW 1973, 46; 1989, 1284 (1285); Baumbach/Hopt/*Hopt* Rn. 3; Heymann/*Stöber* Rn. 3; Oetker/*Busche* Rn. 5; Palandt/*Sprau* BGB § 670 Rn. 2; aA KKRD/*Roth* Rn. 2.

8 BGH NJW 1985, 269; BGHZ 92, 270 (271); ausf. Erman/*Berger* BGB § 670 Rn. 18 ff.

9 Baumbach/Hopt/*Hopt* Rn. 3; Oetker/*Busche* Rn. 5; KKRD/*Roth* Rn. 2; Flohr/Wauschkuhn/*Fröhlich* Rn. 9.

10 Heymann/*Stöber* Rn. 5.

11 Vgl. zum Nachfolgenden auch die Übersichten bei EBJS/*Löwisch* Rn. 14 ff.; Heymann/*Stöber* Rn. 5; Baumbach/Hopt/*Hopt* Rn. 4; *Riemer* in Küstner/Thume VertriebsR-HdB I Kap. VII Rn. 8 ff.; Oetker/*Busche* Rn. 8; Staub/*Emde* Rn. 8.

vereinbart ist),[12] Post- und Fernsprechgebühren,[13] Anschaffung und Unterhaltung eines Geschäftsfahrzeugs, Reisekosten,[14] Kosten der üblichen Repräsentation, elektronische Büroausstattung (zB Notebook) und die eigenverantwortliche Teilnahme an Fortbildungsmaßnahmen.[15]

14 **bb) Nicht erfasste Aufwendungen.** Soweit keine abweichenden Vereinbarungen getroffen worden sind, gehören hingegen nachstehende Aufwendungen **nicht zum regelmäßigen Geschäftsbetrieb,** so dass unter den Voraussetzungen der §§ 670, 675 BGB ein Aufwendungsersatzanspruch in Betracht kommt: Unterhaltung eines Auslieferungslagers, Auslieferung von Ware,[16] Bereitstellung eines Kundendienstes,[17] allgemeine Werbemaßnahmen, Erstellung von Marktanalysen,[18] Produkt- und Kundenpflege,[19] Versendung von Offerten, Verzeichnissen und Mustern,[20] Aufbewahrung von für den Unternehmer bestimmten Waren, Teilnahme an Vertreterkonferenzen,[21] Messen oder Verkaufsausstellungen,[22] Erwirkung von Einfuhr- und Ausfuhrbewilligungen,[23] ferner Kosten für ein Fahrzeug, welches dem Handelsvertreter durch den Unternehmer für die Ausübung seiner Tätigkeit zur Verfügung gestellt wurde.[24] Allerdings ist zu beachten, dass im Einzelfall die soeben aufgeführten Tätigkeiten Aufwendungen im regelmäßigen Geschäftsbetrieb darstellen können, wenn der Handelsvertreter im Handelsvertretervertrag entsprechende Verpflichtungen übernommen hat.

15 **c) Erstattungsfähigkeit. aa) Grundsatz: Kein Aufwendungsersatz.** Für die im regelmäßigen Geschäftsbetrieb entstandenen Aufwendungen im soeben dargelegten Sinne stellt § 87d den Grundsatz auf, dass diese mangels Handelsüblichkeit oder abweichender Vereinbarung nicht erstattungsfähig sind. Solche Aufwendungen sind für den Handelsvertreter mit seiner Provision abgegolten.

16 **bb) Aufwendungsersatz kraft Handelsüblichkeit.** Ausnahmsweise ist der Unternehmer nach § 87d zum Ersatz der im regelmäßigen Geschäftsbetrieb entstandenen Aufwendungen verpflichtet, wenn die Erstattung solcher Aufwendungen handelsüblich ist. Ob dies der Fall ist, muss aus den Gepflogenheiten in dem betreffenden Wirtschaftszweig ermittelt werden. Ausschlaggebend sind insoweit die Gewohnheiten und Gebräuche der jeweiligen Branche, es kommt nicht auf den Geschäftsbetrieb des jeweiligen Handelsvertreters an.[25]

17 Von **Handelsüblichkeit** kann ausgegangen werden, wenn alle Unternehmer oder doch die überwiegende Mehrzahl der Unternehmer in dem betreffenden Wirtschaftszweig die im regelmäßigen Geschäftsbetrieb des Handelsvertreters entstandenen Kosten neben der Provision besonders erstatten. Die Beweislast für das Bestehen einer solchen Handelsüblichkeit trifft den Handelsvertreter. Notfalls kann eine Auskunft bei der Industrie- und Handelskammer oder den beteiligten Wirtschaftsverbänden eingeholt werden. Besteht danach Anspruch auf **Aufwendungsersatz,** kann der Handelsvertreter nach § 669 BGB **Vorschuss**

[12] LG München Urt. v. 8.4.2020 – 8 HK O 8967/19, nrkr, BeckRS 2020, 15838.
[13] Begr. RegE, BT-Drs. 1/3856, 30.
[14] OLG Düsseldorf OLGR 2003, 79.
[15] Zu den beiden letztgenannten Aufwendungen OLG Köln r+s 2009, 87 m. zT abl. Anm. *Evers* VW 2008, 1562.
[16] LAG Bremen DB 1960, 1212.
[17] Zur Frage, ob einem Vertragshändler ein Anspruch auf einen kalkulatorischen Gewinn zusteht, wenn er im Auftrag des Unternehmers Kundendienstleistungen (Garantiearbeiten) erbringt, OLG Köln BeckRS 2012, 18434; *Ströbl* BB 2012, 1625, jeweils verneinend. Für einen Handelsvertreter kann nichts anderes gelten.
[18] Baumbach/Hopt/*Hopt* Rn. 4; *Riemer* in Küstner/Thume VertriebsR-HdB I Kap. VII Rn. 9.
[19] Baumbach/Hopt/*Hopt* Rn. 4; aA EBJS/*Löwisch* Rn. 20.
[20] RGZ 109, 254 (258).
[21] AA EBJS/*Löwisch* Rn. 20.
[22] *Riemer* in Küstner/Thume VertriebsR-HdB I Kap. VII Rn. 13.
[23] RGZ 109, 254 (258).
[24] OLG Düsseldorf OLGR 2003, 79.
[25] AA EBJS/*Löwisch* Rn. 8.

verlangen und die Erledigung des ihm übertragenen und mit den Aufwendungen verbundenen Geschäfts bis zum Eingang der Vorschusszahlung zurückstellen, nicht jedoch die Vertriebstätigkeit als solche verweigern.[26]

cc) Aufwendungsersatz kraft Vereinbarung. Die im regelmäßigen Geschäftsbetrieb entstandenen Aufwendungen des Handelsvertreters sind ferner dann zu ersetzen, wenn die Parteien eine von § 87d abweichende Vereinbarung getroffen haben. Die Parteien können dabei vereinbaren, dass erforderliche oder nützliche Aufwendungen auf konkreten Nachweis zu erstatten sind. Eine solche Vereinbarung kann auch stillschweigend getroffen werden. So hat das LAG Bremen den Unternehmer für verpflichtet gehalten, vom Handelsvertreter getätigte Aufwendungen für Werbungszwecke zu erstatten, wenn er deren Durchführung über einen längeren Zeitraum geduldet hat.[27] 18

In der Praxis häufiger ist allerdings die (zulässige) Vereinbarung im Handelsvertretervertrag, wonach mit den Provisionsansprüchen alle Aufwendungen des Handelsvertreters im Zusammenhang mit der Erfüllung seiner vertragsgemäßen Aufgaben – hierzu können wie gesagt auch Aufgaben, die an sich nicht zum regelmäßigen Geschäftsbetrieb eines Handelsvertreters gehören, zählen, wenn der Handelsvertreter verpflichtet ist, die entsprechenden Aufgaben zu erbringen – abgegolten sind. Dann kann ein Aufwendungsersatzanspruch nur noch in Betracht kommen, (i) für Aufgaben, die der Unternehmer dem Handelsvertreter später im Einzelfall übertragen hat und die nicht vom bestehenden Handelsvertreterverhältnis abgedeckt sind[28] (→ Rn. 5) oder (ii) im Falle der berechtigten Geschäftsführung ohne Auftrag (→ Rn. 6). Häufig anzutreffen ist auch die Vereinbarung einer Zahlung einer monatlichen **Spesen- bzw. Kostenpauschale** durch den Unternehmer an den Handelsvertreter. Es handelt sich insoweit um einen Pauschbetrag für Auslagen, ohne dass es des jeweiligen Nachweises bedarf, dass Auslagen in entsprechender Höhe tatsächlich angefallen sind.[29] Ein solches Kostenfixum ist daher auch dann zu zahlen, wenn die Vermittlungsbemühungen des Handelsvertreters nicht zu dem vom Unternehmer gewünschten Erfolg geführt haben.[30] Allerdings entfällt der Anspruch auf Zahlung der Pauschale, wenn der Handelsvertreter in treuwidriger Weise überhaupt nicht für den Unternehmer tätig geworden ist[31] oder der Handelsvertreter infolge Freistellung bzw. längerer Krankheit am Tätigwerden gehindert war.[32] 19

3. Sonstige Aufwendungen. Aufwendungen, die nicht im regelmäßigen Geschäftsbetrieb entstanden sind, hat der Unternehmer nach § 670 BGB zu erstatten, wenn der Handelsvertreter die Aufwendung zum Zweck der Ausführung des ihm erteilten Auftrags gemacht hat und sie insoweit für erforderlich halten durfte. Hiernach hat der Unternehmer insbesondere solche Aufwendungen zu erstatten, die der Handelsvertreter auf seine **Weisung** hin gemacht hat. Hat der Unternehmer den Handelsvertreter zu bestimmten, außerhalb des regelmäßigen Geschäftsbetriebs liegenden Maßnahmen angehalten, sind diejenigen Aufwendungen erstattungsfähig, die der Handelsvertreter für erforderlich halten durfte. Inwieweit der Handelsvertreter Aufwendungen, die nicht auf ausdrückliche Weisung des Unternehmers erfolgt sind, für erforderlich halten durfte, hängt von den Umständen des Einzelfalls ab. Dies hat der Handelsvertreter aus der Interessenlage des Unternehmers zu beurteilen; im Zweifel hat er vorher Rückfrage bei diesem zu halten. Dies gilt insbesondere dann, wenn es sich um nicht unerhebliche Kosten handelt. Übernimmt der Handelsvertreter eine **zusätzliche Aufgabe,** ohne hierzu vom Unternehmer beauftragt zu sein, hängt der **Ersatzanspruch** nach § 683 S. 1 BGB davon ab, ob die Geschäftsführung dem Interesse und dem wirklichen oder mutmaßlichen Willen des Unternehmers entsprochen hat.[33] 20

---

26 Ähnlich auch EBJS/*Löwisch* Rn. 10.
27 LAG Bremen DB 1955, 535.
28 Baumbach/Hopt/*Hopt* Rn. 4; EBJS/*Löwisch* Rn. 11.
29 LAG BW DB 1959, 656.
30 OLG Braunschweig BB 1956, 226.
31 OLG Braunschweig BB 1956, 226.
32 LAG BW DB 1959, 656.
33 Ausf. MüKoBGB/*Schäfer* BGB § 683 Rn. 3 ff.

§ 88 *[aufgehoben]*

1 § 88 wurde aufgehoben mWv 15.12.2004 durch Gesetz vom 9.12.2004 (BGBl. 2004 I 3214).

§ 88a [Zurückbehaltungsrecht]

(1) Der Handelsvertreter kann nicht im voraus auf gesetzliche Zurückbehaltungsrechte verzichten.

(2) Nach Beendigung des Vertragsverhältnisses hat der Handelsvertreter ein nach allgemeinen Vorschriften bestehendes Zurückbehaltungsrecht an ihm zur Verfügung gestellten Unterlagen (§ 86a Abs. 1) nur wegen seiner fälligen Ansprüche auf Provision und Ersatz von Aufwendungen.

Schrifttum: *E. Schneider,* Aufrechnungsverbot und unabdingbares Zurückbehaltungsrecht nach § 88a HGB, DB 1969, 1229; *Schnitzler,* Gerichtsstandsvereinbarung und Zurückbehaltungsrecht des Handelsvertreters, DB 1966, 569.

Übersicht

I. Bedeutung

1 **1. Entstehungsgeschichte.** In der ursprünglichen Fassung des HGB war keine besondere Regelung über Zurückbehaltungsrechte im Handelsvertreterverhältnis enthalten. Vielmehr galten insoweit die allgemeinen, zu §§ 273 f. BGB, §§ 369 ff. HGB entwickelten Grundsätze. Die Bestimmung wurde mit dem ÄndG 1953 neu in das HGB aufgenommen.

2 **2. Inhalt und Zweck der Regelung.** Die Bestimmung will unter Berücksichtigung der Besonderheiten des Handelsvertreterverhältnisses eine angemessene Regelung hinsichtlich des Verzichts auf und die Geltendmachung von Zurückbehaltungsrechten durch den Handelsvertreter treffen. Dabei schließt Abs. 1 einen vorherigen Verzicht des Handelsvertreters auf gesetzliche Zurückbehaltungsrechte aus. Hierdurch soll seine Rechtsstellung gegenüber einem wirtschaftlich überlegenen Unternehmer gestärkt werden, weil dem Handelsvertreter die Zurückbehaltungsrechte als einzige rechtliche Mittel zur Sicherung seiner Ansprüche gegen den Unternehmer zur Verfügung stehen.[1]

3 Abs. 2 beschränkt ein nach allgemeinen Vorschriften bestehendes Zurückbehaltungsrecht an den dem Handelsvertreter zur Verfügung gestellten **Unterlagen** (§ 86a Abs. 1)

[1] Begr. RegE, BT-Drs. 1/3856, 30.

nach Beendigung des Vertragsverhältnisses auf fällige Ansprüche auf Provisionen und Ersatz von Aufwendungen. Nach der Vorstellung des Gesetzgebers soll damit die Rechtsstellung des Unternehmers verbessert werden, der gerade nach Beendigung des Vertreterverhältnisses auf diese Unterlagen für einen etwaigen Nachfolger angewiesen ist und erheblich geschädigt werden könnte, wenn das Zurückbehaltungsrecht wegen jedweder Ansprüche bestünde. Das Zurückbehaltungsrecht wird daher auf die für die Existenz des Handelsvertreters wichtigsten Ansprüche beschränkt, deren Berechtigung sich im Allgemeinen leicht klären lässt und hinsichtlich derer der Unternehmer die Zurückbehaltung durch Sicherheitsleistung (§ 369 Abs. 4 HGB, § 273 Abs. 3 BGB) abwenden kann.[2] Offenbar hatte der Gesetzgeber die Vorstellung, dass der Unternehmer die jeweiligen Unterlagen nur einmal vorliegen hat, was zumindest heute eher praxisfern ist.

3. Ergänzende Regelungen. Die Bestimmung begründet nicht etwa gesetzliche Zurückbehaltungsrechte des Handelsvertreters neu. Die Vorschrift setzt vielmehr voraus, dass dem Handelsvertreter Zurückbehaltungsrechte aufgrund allgemeiner gesetzlicher Vorschriften zustehen. 4

a) §§ 273 f. BGB. Ein **Zurückbehaltungsrecht** kann dem Handelsvertreter zunächst als Schuldner aus dem Handelsvertreterverhältnis gem. § 273 BGB zustehen, wenn er seinerseits aus dem Handelsvertreterverhältnis einen fälligen Gegenanspruch gegen den Unternehmer hat. Hierunter fallen zB Ansprüche auf Provisionen, Vorschüsse, Ausgleich nach § 89b,[3] Aufwendungsersatz und Schadensersatz aus dem Handelsvertreterverhältnis. Das Zurückbehaltungsrecht ist im Einzelfall ausgeschlossen, sofern sich dies aus dem Schuldverhältnis ergibt. Daher kann der Handelsvertreter zB nicht mit der Erfüllung der ihm obliegenden Berichtspflichten wegen ihm zustehender fälliger Ansprüche gegen den Unternehmer zurückhalten, weil die Geltendmachung eines Zurückbehaltungsrechts insoweit mit dem Wesen des Handelsvertreterverhältnisses und der Treuepflicht des Handelsvertreters in Widerspruch stünde.[4] 5

Die **Geltendmachung des Zurückbehaltungsrechts** hat zur Folge, dass dem Handelsvertreter zunächst ein Leistungsverweigerungsrecht zusteht. Der Unternehmer kann jedoch die Ausübung des Zurückbehaltungsrechts durch Sicherheitsleistung abwenden (§ 273 Abs. 3 BGB). Klagt der Unternehmer die Leistung ein, dann kann der Handelsvertreter aufgrund des Zurückbehaltungsrechts nur zur Leistung Zug um Zug verurteilt werden (§ 274 BGB). 6

b) §§ 369 ff. Unter den Voraussetzungen des § 369 steht dem Handelsvertreter grundsätzlich ein **kaufmännisches Zurückbehaltungsrecht** wegen fälliger Forderungen aus einem beiderseitigen Handelsgeschäft zu (zu den Einschränkungen → Rn. 19 f.). Voraussetzung ist insoweit, dass der Unternehmer selbst Kaufmann ist.[5] Das kaufmännische Zurückbehaltungsrecht gewährt dem Handelsvertreter nicht nur ein Leistungsverweigerungsrecht, sondern unter den besonderen Voraussetzungen des § 371 auch ein Befriedigungsrecht. Das kaufmännische Zurückbehaltungsrecht wird jedoch durch § 369 Abs. 3 eingeschränkt.[6] Ausgeschlossen ist es auch dann, wenn die Ausübung mit § 242 BGB unvereinbar ist.[7] 7

c) Zurückbehaltungsrecht und § 667 BGB. Es ist streitig, ob dem Handelsvertreter ein Zurückbehaltungsrecht an dem zur Ausführung der Geschäftsbesorgung Erhaltenen bzw. durch die Geschäftsbesorgung Erlangten, das er nach § 667 BGB an den Unternehmer herauszugeben hat, zusteht. Im Grundsatz ist diese Frage zu bejahen, es ist jedoch zu differenzieren: Im Hinblick auf die Pflicht, die zur Ausübung der Handelsvertretertätigkeit 8

---

2 Begr. RegE, BT-Drs. 1/3856, 31.

3 OLG München OLGR 2007, 182; Staub/*Emde* Rn. 6.

4 RGZ 102, 111; Heymann/*Stöber* Rn. 5.

5 Baumbach/Hopt/*Hopt* Rn. 1; Heymann/*Stöber* Rn. 4; Oetker/*Busche* Rn. 3.

6 GK-HGB/*Genzow* Rn. 1.

7 *K. Schmidt* HandelsR § 22 IV Rn. 71 begründet dies damit, dass § 369 Abs. 3 ohnehin ein Anwendungsfall des Grundsatzes von Treu und Glauben darstelle.

erforderlichen Unterlagen nach § 86a während der Dauer des Handelsvertretervertrages bestimmungsgemäß zu verwenden, besteht kein Zurückbehaltungsrecht des Handelsvertreters (→ Rn. 19). Nach Vertragsbeendigung gilt insoweit Abs. 2 (→ Rn. 20). **Im Übrigen** gilt: Wenn der Unternehmer ausnahmsweise ein überwiegend anerkennenswertes Interesse an der Herausgabe hat, ist ein Zurückbehaltungsrecht des Handelsvertreters abzulehnen.[8] Dabei ist maßgeblich, ob das Zurückbehaltungsrecht mit dem Handelsvertreterverhältnis und der Interessenwahrnehmungspflicht des Handelsvertreters vereinbar ist.[9] Es handelt sich mithin um eine Abwägung unter Berücksichtigung der berechtigten Interessen beider Parteien, Treu und Glauben sowie § 369 Abs. 3.[10] Indes ist dabei auch zu berücksichtigen, dass der Unternehmer ein Zurückbehaltungsrecht durch Sicherheitsleistung gem. § 273 Abs. 3 BGB, § 369 Abs. 4 abwenden kann. Daher ist grundsätzlich von einem unbeschränkten Zurückbehaltungsrecht des Handelsvertreters auszugehen; nur ausnahmsweise kann etwas anderes gelten. Folglich ist regelmäßig ein Zurückbehaltungsrecht des Handelsvertreters an vom Unternehmer überlassenen Warenvorräten nach Vertragsbeendigung trotz eines etwaigen Wertverlustes zu bejahen.[11] Demgegenüber kann der Handelsvertreter der Nutzung der ihm überlassenen Kundendaten und der Daten der von ihm geworbenen Kunden durch den Unternehmer nach Vertragsbeendigung nicht bis zur Zahlung des geschuldeten Ausgleichs nach § 89b widersprechen. Der Handelsvertreter kann zwar die Herausgabe des an dem zur Ausführung der Geschäftsbesorgung Erhaltenen bzw. durch die Geschäftsbesorgung Erlangten unter Umständen – wie gesehen – verweigern, nicht aber dem Unternehmer die Nutzung der ihm bereits überlassenen Sachen zeitweise verbieten. Für Kundendaten kann nichts anderes gelten (s. auch → § 89b Rn. 27).[12] Offen ist, ob dem Handelsvertreter ein Zurückbehaltungsrecht an Kundengeldern, die er aufgrund einer Inkassovollmacht für den Unternehmer eingezogen hat, zusteht.[13] Wie insbesondere der Vergleich mit dem Zurückbehaltungsrecht an Warenvorräten zeigt, wird diese Frage wohl zu bejahen sein.

9 **4. Analoge Anwendung.** Die Regelung des Abs. 1 findet analoge Anwendung auf den Kommissionsagenten sowie auf solche Vertragshändler und Franchise-Nehmer,[14] die einem Handelsvertreter vergleichbare Aufgaben übernommen haben. Sie sind dann entsprechend schutzbedürftig.[15] Dem Vertragshändler und dem Franchisenehmer stehen indes grundsätzlich – im Gegensatz zum Handelsvertreter – keine Provisionsansprüche gegen den Unternehmer zu. Ein Zurückbehaltungsrecht analog Abs. 2 kann daher nur dann geltend gemacht werden, wenn dem Vertragshändler bzw. dem Franchisenehmer ein fälliger Aufwendungsersatzanspruch zusteht oder – ausnahmsweise – ein Anspruch auf Entgelt, der mit einem Provisionsanspruch des Handelsvertreters vergleichbar ist (also zB Ansprüche auf Prämien und Boni).[16]

II. Unabdingbarkeit gesetzlicher Zurückbehaltungsrechte (Abs. 1)

10 **1. Regelungsinhalt.** Nach Abs. 1 kann der Handelsvertreter nicht im Voraus auf gesetzliche Zurückbehaltungsrechte verzichten. Ein gleichwohl vereinbarter Verzicht ist

---

[8] Flohr/Wauschkuhn/*Fröhlich* Rn. 8.
[9] Flohr/Wauschkuhn/*Fröhlich* Rn. 8.
[10] Staub/*Emde* Rn. 6.
[11] OLG Düsseldorf BB 1990, 1086 (1087).
[12] AA OLG München NJOZ 2006, 3489 (3493) m. krit. Anm. *Preuß* KTS 2007, 355, jeweils für Vertragshändler; Staub/*Emde* Rn. 6.
[13] So OLG Köln VersR 1970, 53 (54); Baumbach/Hopt/*Hopt* Rn. 1; EBJS/*Löwisch* Rn. 4; BGH BeckRS 1958, 31200866; aA OLG Düsseldorf OLGR 2000, 382 (384); OLG Hamm NJW-RR 1994, 158 (159); Staub/*Emde* Rn. 6; Heymann/*Stöber* Rn. 5; *Schröder*, Das Recht der Handelsvertreter, 1973, § 88a Rn. 3; *Westphal* Vertriebsrecht I Rn. 746; Röhricht/Graf v. Westphalen/Haas/*Thume* Rn. 7; Flohr/Wauschkuhn/*Fröhlich* Rn. 8.
[14] OLG Köln OLGR 2004, 426 (427).
[15] Oetker/*Busche* Rn. 17; *Ulmer*, Der Vertragshändler, 1969, 397 ff.; Flohr/Wauschkuhn/*Fröhlich* Rn. 31, 33; krit. EBJS/*Löwisch* Rn. 6 für den „typischen Vertragshändler".
[16] Flohr/Wauschkuhn/*Fröhlich* Rn. 32, 34; GK-HGB/*Genzow* Rn. 8.

unwirksam und bindet den Handelsvertreter nicht. Er kann insoweit nach allgemeinen Regelungen gesetzliche Zurückbehaltungsrechte geltend machen.

2. Anwendungsbereich. Die Regelung bezieht sich nur auf gesetzliche Zurückbehaltungsrechte (§§ 273 f. BGB, §§ 369 ff.). Vertragliche Zurückbehaltungsrechte werden hiervon nicht erfasst. Entsprechend ihrer privatautonomen Begründung kann auf vertragliche Zurückbehaltungsrechte auch vor ihrer Entstehung nach dem Grundsatz der Vertragsfreiheit wieder verzichtet werden. 11

3. Unzulässige Regelungen. a) Vorherige Vereinbarung. Nach Abs. 1 ist nicht nur der einseitige Verzicht des Handelsvertreters auf gesetzliche Zurückbehaltungsrechte unzulässig, sondern auch eine entsprechende vertragliche Vereinbarung. Unerheblich ist, ob der Ausschluss bereits bei der Begründung des Handelsvertreterverhältnisses vereinbart wurde oder ob die Parteien später eine gesonderte Abrede getroffen haben. 12

Unzulässig ist nicht nur der **vollständige Ausschluss** des gesetzlichen Zurückbehaltungsrechts. Vielmehr wird **jedes Rechtsgeschäft** erfasst, durch das **zum Nachteil** des Handelsvertreters von der gesetzlichen Regelung abgewichen werden soll.[17] Dies ist zB der Fall, wenn Zurückbehaltungsrechte nur unter engeren als im Gesetz geregelten Voraussetzungen entstehen sollen,[18] im Gesetz nicht normierte Vorleistungspflichten des Handelsvertreters vereinbart werden oder zum Nachteil des Handelsvertreters ein von § 371 Abs. 4 abweichender Gerichtsstand vereinbart wird.[19] Demgegenüber steht Abs. 1 einem zulässigen vertraglichen **Aufrechnungsverbot** nicht entgegen.[20] In einem wirksam vereinbarten Aufrechnungsverbot kann nicht zugleich ein gegen Abs. 1 verstoßendes Verbot eines Zurückbehaltungsrechts gesehen werden.[21] Aufrechnung und Zurückbehaltung sind in ihren Voraussetzungen und Wirkungen verschieden. Von daher kann bei einem zulässig vereinbarten Aufrechnungsverbot nicht von einer Umgehung des Schutzes des § 88a gesprochen werden.[22] Das Aufrechnungsverbot schließt jedenfalls wegen Abs. 1 ein Zurückbehaltungsrecht des Handelsvertreters bezüglich wechselseitiger, konnexer Geldforderungen nicht aus.[23] Im Falle eines wirksam vereinbarten Aufrechnungsverbots kann der Handelsvertreter also ein (gesetzliches) Zurückbehaltungsrecht geltend machen, nicht aber aufrechnen. 13

b) Zulässig: Nachträglicher Verzicht. Abs. 1 bezieht sich nur auf **noch nicht entstandene Zurückbehaltungsrechte.** Nach Entstehen und Fälligkeit eines Gegenanspruchs kann der Handelsvertreter nachträglich auf die Geltendmachung seines Zurückbehaltungsrechts wegen dieses Anspruchs verzichten. Solche nachträglichen Vereinbarungen sind wirksam und binden auch den Handelsvertreter. Sie hindern ihn aber nicht, wegen eines nach Abschluss dieser Vereinbarung neu entstandenen Gegenanspruchs insoweit ein Zurückbehaltungsrecht wieder geltend zu machen. 14

Ein solcher **nachträglicher Verzicht** kommt insbesondere nach Beendigung des Handelsvertreterverhältnisses in Betracht. Ab diesem Zeitpunkt sind fast sämtliche Ansprüche des Handelsvertreters fällig und das Zurückbehaltungsrecht also ausübbar und damit verzichtbar.[24] 15

III. Zurückbehaltungsrecht an Unterlagen (Abs. 2)

1. Regelungsinhalt. Nach Beendigung des Handelsvertreterverhältnisses kann der Handelsvertreter den Ansprüchen des Unternehmers grundsätzlich die ihm nach gesetzli- 16

[17] EBJS/*Löwisch* Rn. 8; Oetker/*Busche* Rn. 6; *Schneider* DB 1969, 1229; *Schnitzler* DB 1966, 569 (570).
[18] Vgl. BGH NJW 1995, 1552 (1554), wonach eine Regelung, die ein Zurückbehaltungsrecht des Handelsvertreters auch wegen fälliger, nicht bestrittener oder anerkannter Ansprüche ausschließt, gegen § 88a Abs. 1 verstößt und daher nach § 134 BGB nichtig ist.
[19] *Schnitzler* DB 1966, 569 ff.
[20] EBJS/*Löwisch* Rn. 9; Staub/*Emde* Rn. 8.
[21] EBJS/*Löwisch* Rn. 9.
[22] So aber Heymann/*Stöber* Rn. 8; Oetker/*Busche* Rn. 8; ähnlich wohl auch Baumbach/Hopt/*Hopt* Rn. 2.
[23] OLG Köln VersR 1970, 53 (54); Staub/*Emde* Rn. 8.
[24] OLG Köln VersR 1970, 53 (54); *Schneider* DB 1969, 1229 f.; Staub/*Emde* Rn. 8.

cher Vorschrift oder vertraglicher Abrede zustehenden Ansprüche entgegensetzen. Nach Abs. 2 kann der Handelsvertreter jedoch dem Anspruch des Unternehmers auf Rückgabe der ihm gem. § 86a Abs. 1 zur Verfügung gestellten Arbeitsunterlagen (zB Muster, Zeichnungen, Preislisten, Werbedrucksachen, Geschäftsbedingungen) nach der Beendigung des Handelsvertreterverhältnisses ein nach allgemeinen Vorschriften bestehendes Zurückbehaltungsrecht nur wegen seiner fälligen Ansprüche auf Provision und Ersatz von Aufwendungen entgegensetzen. Insoweit beschränkt Abs. 2 hinsichtlich bestimmter Ansprüche des Unternehmers das Zurückbehaltungsrecht des Handelsvertreters.

17 **2. Sachlicher Anwendungsbereich.** Sachlich ist die Einschränkung des Zurückbehaltungsrechts auf Ansprüche des Unternehmers auf Rückgabe von Unterlagen iSv § 86a Abs. 1 beschränkt. Abs. 2 betrifft also nur Unterlagen, die dem Handelsvertreter als zur Ausübung seiner Tätigkeit erforderlich zur Verfügung gestellt sind. Soweit andere dem Handelsvertreter vom Unternehmer zur Verfügung gestellte Gegenstände betroffen sind, besteht das Zurückbehaltungsrecht auch nach Beendigung des Handelsvertreterverhältnisses ohne Einschränkung innerhalb der allgemeinen Grenzen.[25] Dies gilt zB für Warenvorräte, die der Unternehmer dem Handelsvertreter zur Verfügung gestellt hat, damit dieser unmittelbar die Kunden beliefern kann[26] oder einen dem Handelsvertreter für seine Tätigkeit zur Verfügung gestellten Firmen-Pkw.[27] Die zur Aufbewahrung der Unterlagen iSv § 86a Abs. 1 überlassenen handelsüblichen Behältnisse werden von der Einschränkung des Zurückbehaltungsrechts ebenfalls nicht erfasst.[28]

18 **3. Zeitlicher Anwendungsbereich.** Abs. 2 betrifft nur die Zeit **nach Beendigung des Handelsvertreterverhältnisses.** Vor Vertragsende richtet sich das Zurückbehaltungsrecht auch hinsichtlich der Unterlagen iSv § 86a Abs. 1 nach allgemeinen Vorschriften (→ Rn. 5 ff.).

19 **a) Zurückbehaltungsrecht vor Vertragsende.** Während der Dauer des Handelsvertreterverhältnisses besteht an Unterlagen iSv § 86a Abs. 1 auch ohne die Begrenzung des Abs. 2 nur sehr eingeschränkt ein Zurückbehaltungsrecht. Der Handelsvertreter muss mit diesen Gegenständen nämlich entsprechend den vertraglichen Vereinbarungen verfahren, so dass insoweit das kaufmännische Zurückbehaltungsrecht nach § 369 Abs. 3 ausgeschlossen ist. So hat er zB die zur Abgabe bei Kunden bestimmten Unterlagen (Muster, Drucksachen) diesen zu übergeben, ein Zurückbehaltungsrecht besteht diesbezüglich nicht. Sind Unterlagen zur Vorführung bestimmt, müssen diese beim Kunden vorgeführt werden; insoweit kann zwar ein Zurückbehaltungsrecht geltend gemacht werden, aber grundsätzlich scheidet eine Verwertung durch Verkauf aus. Gleiches gilt für Vorratsware, die der Unternehmer dem Handelsvertreter während des Handelsvertretervertrages mit der Bestimmung weitergegeben hat, sie im Interesse des Unternehmers an Käufer weiterzugeben.[29] Ein unbeschränktes Zurückbehaltungsrecht hat der Handelsvertreter nur an den Sachen, die der Unternehmer zurückfordert oder die aus anderen Gründen nicht mehr zur Verwendung im Rahmen des Handelsvertreterverhältnisses bestimmt sind.[30]

20 **b) Zurückbehaltungsrecht nach Vertragsende.** Nach Vertragsende wird die Geltendmachung eines Zurückbehaltungsrechts wegen überlassener Unterlagen iSv § 86a Abs. 1 nicht mehr durch § 369 Abs. 3 eingeschränkt. Da – nach der Vorstellung des Gesetzgebers – der Unternehmer diese Unterlagen allerdings dringend für die weitere Arbeit benötigt und er deshalb durch eine Zurückbehaltung erhebliche Schäden erleiden könnte, beschränkt Abs. 2 ein nach allgemeinen Bestimmungen bestehendes Zurückbehaltungsrecht des Handelsvertreters auf fällige Ansprüche auf Provision und Ersatz von Aufwendungen.

25 Staub/*Emde* Rn. 16; OLG Düsseldorf NJOZ 2006, 3489 (3493).
26 OLG Düsseldorf BB 1990, 1086 (1087); Röhricht/Graf v. Westphalen/Haas/*Thume* Rn. 8.
27 Staub/*Emde* Rn. 16.
28 Baumbach/Hopt/*Hopt* Rn. 3.
29 OLG Düsseldorf BB 1990, 1086 (1087).
30 Baumbach/Hopt/*Hopt* Rn. 4; Oetker/*Busche* Rn. 13.

Dabei fallen unter den Begriff der Provision nicht nur Vermittlungsprovisionen, sondern auch Inkasso-, Delkredere-, Bestandpflegeprovisionen. Zur Ersatzfähigkeit von Aufwendungen → § 87d Rn. 9ff.

Wegen **sonstiger Forderungen** kann der Handelsvertreter nach Beendigung des Vertreterverhältnisses das Zurückbehaltungsrecht an Unterlagen iSv § 86a Abs. 1 nicht geltend machen. Diesbezüglich bestehende gesetzliche Zurückbehaltungsrechte schließt Abs. 2 aus. Das betrifft zB Forderungen auf Schadensersatz, auf Ausgleich (§ 89b)[31] oder auf Karenzentschädigung (§ 90a), aber auch fällige Hilfsansprüche nach § 87c Abs. 2 (Buchauszug), Abs. 3 (Auskunft) und Abs. 4 (Bucheinsicht). Abs. 2 spricht nur von fälligen Ansprüchen auf Provision und nicht von entsprechenden Hilfsansprüchen. Das ist auch sachgerecht. Nach dem Willen des Gesetzgebers sollte das Zurückbehaltungsrecht zum Schutze des Unternehmers nicht an Ansprüche geknüpft werden, bei denen – wie bei Schadensersatzansprüchen – mit langwierigen Auseinandersetzungen gerechnet werden muss.[32] Entsprechendes gilt mithin für die vorgenannten Hilfsansprüche, weil auch diese regelmäßig langwierige Auseinandersetzungen nach sich ziehen. 21

IV. Abweichende Vereinbarungen

Die Regelung des **Abs. 1 ist zwingend.** Nach gesetzlichen Vorschriften bestehende Zurückbehaltungsrechte des Handelsvertreters können im Voraus weder ausgeschlossen noch eingeschränkt werden. Ein nachträglicher Verzicht auf bereits entstandene Zurückbehaltungsrechte ist zulässig (→ Rn. 12ff.). Demgegenüber ist **Abs. 2 dispositiv.** Abweichende Vereinbarungen sind demnach zulässig, soweit darin nicht ein nach Abs. 1 unzulässiger vorheriger Verzicht des Handelsvertreters liegt. Durch privatautonome Vereinbarung können dem Handelsvertreter beispielsweise nach Beendigung des Vertreterverhältnisses Zurückbehaltungsrechte für an ihm zur Verfügung gestellten Unterlagen iSv § 86a Abs. 1 auch für andere als fällige Ansprüche auf Provision und Ersatz von Aufwendungen eingeräumt werden. Unwirksam ist jedoch eine AGB-Klausel, die dem Versicherungsvertreter ein Zurückbehaltungsrecht an Unterlagen nur einräumt, „soweit über die Ansprüche aus dem Vertretervertrag noch Meinungsverschiedenheiten bestehen".[33] Von Abs. 1 und Abs. 2 nicht erfasst werden **vertraglich vereinbarte Zurückbehaltungsrechte.** Unter welchen Voraussetzungen diese bestehen und gegenüber welchen Ansprüchen solche vertraglichen Zurückbehaltungsrechte geltend gemacht werden können, ergibt sich aus der jeweiligen Vereinbarung. 22

§ 89 [Kündigung des Vertrages]

(1) [1]Ist das Vertragsverhältnis auf unbestimmte Zeit eingegangen, so kann es im ersten Jahr der Vertragsdauer mit einer Frist von einem Monat, im zweiten Jahr mit einer Frist von zwei Monaten und im dritten bis fünften Jahr mit einer Frist von drei Monaten gekündigt werden. [2]Nach einer Vertragsdauer von fünf Jahren kann das Vertragsverhältnis mit einer Frist von sechs Monaten gekündigt werden. [3]Die Kündigung ist nur für den Schluß eines Kalendermonats zulässig, sofern keine abweichende Vereinbarung getroffen ist.

(2) [1]Die Kündigungsfristen nach Absatz 1 Satz 1 und 2 können durch Vereinbarung verlängert werden; die Frist darf für den Unternehmer nicht kürzer sein als für den Handelsvertreter. [2]Bei Vereinbarung einer kürzeren Frist für den Unternehmer gilt die für den Handelsvertreter vereinbarte Frist.

(3) [1]Ein für eine bestimmte Zeit eingegangenes Vertragsverhältnis, das nach Ablauf der vereinbarten Laufzeit von beiden Teilen fortgesetzt wird, gilt als auf unbe-

---

[31] OLG Köln OLGR 2004, 426 (427).
[32] Begr. RegE, BT-Drs. 1/3856, 31.
[33] BGH NJW 1995, 1552 = EWiR 1995, 939 mAnm *v. Manteuffel/Evers.*

stimmte Zeit verlängert. [2]Für die Bestimmung der Kündigungsfristen nach Absatz 1 Satz 1 und 2 ist die Gesamtdauer des Vertragsverhältnisses maßgeblich.

Schrifttum: *Ankele,* Das deutsche Handelsvertreterrecht nach der Umsetzung der EG-Richtlinie, DB 1989, 2211; *Billing/Röschenkemper,* Zur AGB-rechtlichen Zulässigkeit von Laufzeitregelungen in Franchiseverträgen, ZVertriebsR 2015, 139; *Boldt,* Zur vorzeitigen Kündigung eines Handelsvertreterverhältnisses, BB 1962, 906; *Ebenroth,* Absatzmittlungsverträge im Spannungsverhältnis von Kartell- und Zivilrecht, 1980; *Gräfe,* Vertriebsverträge während der laufenden Kündigungsfrist – Rechte und Pflichten der Vertragsparteien, ZVertriebsR 2013, 362; *Höld,* Verwendung von Kundendaten durch ausgeschiedene Versicherungsvertreter, NJW 2016, 2774; *v. Hoyningen-Huene/Linck,* KSchG, 15. Aufl. 2013; *Kühne,* Ordentliche Kündigung ungeschriebener gewerblicher Dauerbezugsverträge, ZVertriebsR 2015, 156; *Küstner,* Zur Teilkündigung von Handelsvertreterverträgen, VersVerm 1967, 236; *Küstner,* Die kündigungsrechtliche Behandlung von Handelsvertreterverträgen mit Verlängerungsklausel, BB 1973, 1239; *Küstner/v. Manteuffel,* Die Änderung des Handelsvertreterrechts aufgrund der EG-Harmonisierungsrichtlinie vom 18.12.1986, BB 1990, 291; *Mack,* Neuere Vertragssysteme in der Bundesrepublik Deutschland, 1975; *Mann,* Die vertriebsrechtliche Aufhebungs- und Vergleichsvereinbarung, ZVertriebsR 2017, 25; *Mesch,* Die Gestaltung von Kündigungsklauseln in Vertragshändlerverträgen, ZVertriebsR 2015, 8; *Meyer,* Strategien der Vertriebsunternehmer bei (drohender) Insolvenz eines Vertragspartners (Kunde oder Hersteller), ZVertriebsR 2020, 225; *Oetker,* Das Dauerschuldverhältnis und seine Beendigung, 1994; *Schröder,* Zum Begriff der Unternehmervorteile beim Ausgleichsanspruch des Handelsvertreters nach § 89b HGB, DB 1973, 217; *Schröder,* Handelsvertreterverträge auf bestimmte Zeit, FS Hefermehl, 1976, 113; *Schwytz,* Mindestkündigungsfrist bei Beendigung von Handelsvertreterverträgen, BB 1997, 2385; *Ulmer,* Kündigungsschranken im Handels- und Gesellschaftsrecht. Zum Einfluß der Treupflicht auf die einseitige Vertragsbeendigung, FS Möhring, 1975, 295.

Übersicht

I. Bedeutung

1 **1. Entstehungsgeschichte.** Das Recht zur ordentlichen Kündigung des Handelsvertretervertrages war in der ursprünglichen Fassung des HGB in § 92 geregelt. Im Interesse des

Handelsvertreters wurde diese Vorschrift durch das Änderungsgesetz von 1953 wesentlich geändert und als § 89 neu eingefügt. Die Koordinierung der Rechtsvorschriften in den Mitgliedstaaten der EU erforderte eine nochmalige Änderung des § 89, die durch das **Gesetz zur Durchführung der Handelsvertreter-RL** vom 23.10.1989 (BGBl. 1989 I 1910) erfolgte.[1]

2. Zweck. Die Vorschrift behandelt die ordentliche Kündigung des auf unbestimmte Zeit eingegangenen Handelsvertreterverhältnisses und setzt hierfür bestimmte Mindestfristen fest, die durch vertragliche Vereinbarung nur verlängert, nicht aber abgekürzt werden können. Damit wird der Handelsvertreter vor aufgezwungenen Vereinbarungen geschützt, welche die Kündigungsfrist zu seinem Nachteil herabsetzen.[2] Entsprechend dem Grundgedanken der arbeitsrechtlichen Regelung des § 622 BGB erhöht sich der **Schutz des Handelsvertreters** mit zunehmender Vertragsdauer durch Verlängerung der Kündigungsfristen. Zwar fällt der Handelsvertreter als selbständiger Unternehmer nicht unter den Arbeitnehmerbegriff, die im Handelsvertreterverhältnis liegende Dauerbindung lässt jedoch eine dem Arbeitsrecht ähnliche Regelung angemessen erscheinen.[3] 2

3. Verhältnis zu den Vorschriften des BGB. Für den nebenberuflichen Handels- und Versicherungsvertreter enthält § 92b Abs. 1 Sonderregelungen hinsichtlich der Kündigungsfrist. Im Übrigen stellt § 89 eine **abschließende Sonderregelung** dar, die den allgemeinen kündigungsrechtlichen Vorschriften der §§ 620 ff. BGB vorgeht.[4] Jedoch finden die §§ 620 ff. BGB auch auf die Kündigung von Handelsvertreterverhältnissen Anwendung, soweit eine Spezialregelung im § 89 fehlt und die Vorschriften des BGB nicht die beim Arbeitsverhältnis notwendige persönliche Abhängigkeit voraussetzen.[5] So gilt § 620 Abs. 1 BGB auch für befristete Handelsvertreterverträge.[6] 3

Dagegen wird nach der Neuregelung des § 89 die Vorschrift über die stillschweigende Verlängerung von Dienstverhältnissen (§ 625 BGB) von § 89 Abs. 3 verdrängt.[7] **Die Anwendung des § 625 BGB** würde zudem in Widerspruch zu Art. 14 RL 86/653/EWG (Handelsvertreter-RL) stehen, da hiernach die einseitige Fortsetzung des Handelsvertretervertrages durch den Handelsvertreter mit Wissen des Unternehmers nicht genügt.[8] Dies gilt jedenfalls für die Fortsetzung von auf bestimmte Zeit abgeschlossenen Verträgen. § 625 BGB ist aber auch nicht bei stillschweigender Fortsetzung des Vertragsverhältnisses nach Beendigung eines auf unbestimmte Zeit geschlossenen Vertrages anwendbar. Zwar gilt in diesem Fall Abs. 3 nicht. Gleichwohl bedarf es des – ggf. auch konkludenten – Abschlusses eines neuen Vertrages, wenn das Vertragsverhältnis über den Zeitpunkt der Beendigung hinaus fortgeführt werden soll.[9] Es genügt also nicht für die Verlängerung des Vertrages (wiederum auf unbestimmte Zeit), wenn der Handelsvertreter nach Ablauf der Vertragszeit seine Tätigkeit fortsetzt, der Unternehmer das erfährt und nicht unverzüglich widerspricht. 4

Umstritten ist die **Geltung des § 624 BGB.**[10] Danach können Dienstverhältnisse, die auf Lebenszeit oder für längere Zeit als fünf Jahre eingegangen sind, vom Verpflichteten nach Ablauf von fünf Jahren mit einer Frist von sechs Monaten gekündigt werden. Der 5

---

[1] Vgl. hierzu *Ankele* DB 1989, 2211 (2212); *Küstner/v. Manteuffel* BB 1990, 291 (296 f.); *Thume* in Küstner/Thume VertriebsR-HdB I Kap. VIII Rn. 5; Röhricht/Graf v. Westphalen/Haas/*Thume* Rn. 1 f.

[2] Heymann/*Froitzheim* Rn. 3.

[3] Begr. RegE eines Gesetzes zur Änderung des HGB (Recht des Handelsvertreters), BT-Drs. 1/3856, 31.

[4] *Thume* in Küstner/Thume VertriebsR-HdB I Kap. VIII Rn. 2; Staub/*Emde* Rn. 32.

[5] Begr. RegE eines Gesetzes zur Änderung des HGB, BT-Drs. 1/3856, 31.

[6] EBJS/*Löwisch* Rn. 6; KKRD/*Roth* Rn. 1.

[7] *Küstner/v. Manteuffel* BB 1990, 291 (297); teilweise aA Baumbach/Hopt/*Hopt* Rn. 6, 22; Heymann/*Froitzheim* Rn. 7, 44; aA Flohr/Wauschkuhn/*Billing* Vor § 84 Rn. 26.

[8] BT-Drs. 11/3077, 9; OLG Schleswig BeckRS 2013, 12655.

[9] AA Baumbach/Hopt/*Hopt* Rn. 6, 22; Heymann/*Froitzheim* Rn. 7, 44.

[10] Vgl. dazu nur – Anwendbarkeit bejahend – *Emde* MDR 2002, 190 (192); Staub/*Emde* Vor § 84 Rn. 65; KKRD/*Roth* § 89 Rn. 1; Anwendbarkeit verneinend EBJS/*Löwisch* Rn. 6; jeweils diff. danach, ob personen- oder unternehmensbezogene Elemente vorherrschen, Baumbach/Hopt/*Hopt* Rn. 7; Flohr/Wauschkuhn/*Billing* Vor §§ 84 ff. Rn. 32; Heymann/*Froitzheim* Rn. 5; Oetker/*Busche* Rn. 4.

BGH hat indes – was oft in der Diskussion übersehen wird – bereits entschieden, dass § 624 BGB weder direkt noch analog anwendbar und vor allem abdingbar ist.[11] Er hat dabei auch zu Recht keine Differenzierung vorgenommen, ob das Handelsvertreterverhältnis vorwiegend einen dienstvertragsähnlichen (personenbezogenen) oder unternehmensbezogenen Charakter hat. Ohnehin handelt es sich bei einem Handelsvertreter per definitionem um einen selbständigen Gewerbetreibenden (§ 84), so dass eine solche Differenzierung wenig zielführend wäre. Entscheidend ist indes, dass nach dem Grundsatz der Vertragsfreiheit die Parteien das Recht haben, Laufzeitverträge von mehr als fünf Jahre abzuschließen und ein etwaiges Recht des Handelsvertreters zur Kündigung nach Ablauf von fünf Jahren abzubedingen. Fehl geht auch die Annahme, dass es zu den Grundgedanken der gesetzlichen Regelung von Dauerschuldverhältnissen gehöre, dass sich jede Partei nach gewissen Zeiträumen durch Kündigung einseitig vom Vertrag lösen können müsse.[12] Die Grenzen der durch den Ausschluss des Rechts zur ordentlichen Kündigung bewirkten langfristigen Vertragsbindung werden allein durch §§ 138, 242 BGB (und bei Standardverträgen durch § 307 BGB) gezogen.[13] Insoweit kommt es auf die Umstände des Einzelfalls und insbesondere auf die Frage an, ob und ggf. wann die wirtschaftliche Bewegungsfreiheit und Selbständigkeit des Handelsvertreters durch den Verzicht auf das Recht zur ordentlichen Kündigung unzumutbar eingeschränkt wird.[14] Für eine (zwingende) Anwendung des § 624 BGB besteht daher kein Bedürfnis.

6 **4. Anwendungsbereich.** § 89 gilt unmittelbar nur für die ordentliche Kündigung des Handelsvertreterverhältnisses. **§ 89** kann aber unter Umständen **analog auf andere Vertriebssysteme angewandt werden.**[15] Dies gilt insbesondere für Verträge mit Kommissionsagenten, Franchisenehmern[16] und Vertragshändlern,[17] nicht aber für „Vertriebspartner" ohne eine Vertriebspflicht.[18] Voraussetzung ist, dass der Franchisenehmer/Vertragshändler handelsvertretertypische Rechte und Pflichten übernommen hat und in erheblichen Umfang Aufgaben erfüllt, wie sie auch von einem Handelsvertreter wahrgenommen werden. Allerdings können die von einem Absatzmittler getätigten Investitionen und übernommenen Risiken in Standardverträgen längere Mindestkündigungsfristen erfordern als § 89 vorsieht (→ Rn. 61). Die früher für **Kfz-Vertragshändler und Vertragswerkstätten** geltenden Händlerschutzregeln für Mindestvertragslaufzeiten und Mindestkündigungsfristen nach Art. 3 Abs. 5 der zwischenzeitlich ausgelaufenen VO (EG) 1400/2002[19] wurden ersatzlos gestrichen,[20] allerdings haben sich einige Kfz-Lieferanten im sog. Code of Conduct[21] selbst dazu verpflichtet, bei unbefristeten Verträgen eine Mindestkündigungsfrist von zwei Jahren zu vereinbaren. Diese Frist kann per Vereinbarung auf mindestens ein Jahr verkürzt werden, wenn der Lieferant gesetzlich oder aufgrund einer speziellen Vereinbarung verpflichtet ist, im Falle der Kündigung eine angemessene Entschädigung[22] zu zahlen, oder

---

[11] BGHZ 83, 313 = NJW 1982, 1692; BGH BB 1995, 1257.

[12] BGH BB 1995, 1258; aA OLG München BB 1997, 1069.

[13] BGH BB 1995, 1257.

[14] So im Grundsätz zutr. BGH BB 1995, 1257; im Einzelfall für einen Tankstellenstationärvertrag bejaht BGHZ 83, 313 = NJW 1982, 1692; OLG München BB 1997, 1069.

[15] *K. Schmidt* HandelsR § 28 II Rn. 43, der zudem unter HandelsR § 28 II Rn. 45 ff. einen guten Überblick über die Analogien Waren- und Dienstleistungsvertrieb gibt.

[16] BGH BB 2002, 2036 f. = EWiR § 89 HGB 1/02, 915 m. Kurzkomm. *Emde*; EBJS/*Löwisch* Rn. 4; Staub/*Emde* Rn. 30.

[17] BGH BB 2002, 2520 = EWiR § 89 HGB 1/03, 587 m. Kurzkomm. *v. Hoyningen-Huene*; diff. EBJS/*Löwisch* Rn. 4; Staub/*Emde* Rn. 30; ausf. *Schwytz* BB 1997, 2385; GK-HGB/*Genzow* Rn. 34 ff.

[18] Das OLG Hamm hat diese Frage offengelassen, jedoch im zu entscheidenden Fall wegen § 307 BGB eine Kündigungsfrist von sechs Monaten für erforderlich gehalten, ZVertriebsR 2017, 166, 170 ff.

[19] ABl. EG 2002 L 203, 30; dazu ausf. Staub/*Emde* Vor § 84 Rn. 152 ff.

[20] Zur früheren Regelung → 3. Aufl. 2010, Rn. 6.

[21] www.acea.be/uploads/news_documents/20100906_BER_code_of_conduct.pdf

[22] Der Ausgleich nach § 89b analog kann hiermit nicht gemeint sein, weil er nicht die vorzeitige Beendigung des Vertragsverhältnisses abgilt; vgl. dazu auch *Ströbl,* Änderungsvorbehalte in Kfz-Vertragshändlerverträgen, 2. Aufl. 2006, 186.

wenn er den Vertrag kündigt, weil es notwendig ist, das gesamte oder einen erheblichen Teil des Netzes umzustrukturieren.[23] Wird der Vertrag für einen befristeten Zeitraum geschlossen, so sollen die Parteien hiernach im Falle einer Kündigung die jeweils andere mindestens sechs Monate vorher über ihre Absicht informieren, den Vertrag nicht zu erneuern.

II. Sonstige Beendigungsgründe

1. Überblick. Neben der Kündigung besteht eine Vielzahl von Möglichkeiten, das Handelsvertreterverhältnis zu beenden. Dabei ist die Regelung der Beendigungsgründe nicht auf das HGB beschränkt, sondern kann sich auch aus den allgemeinen Vorschriften des BGB[24] oder bei der Insolvenz des Unternehmers auch aus der InsO (→ Rn. 24) ergeben. Die Art der Beendigung des Handelsvertretervertrages ist insbesondere beim Ausgleichsanspruch nach § 89b (→ § 89b Rn. 33, → § 89b Rn. 134 f., → § 89b Rn. 179 ff.), daneben aber auch beim nachvertraglichen Wettbewerbsverbot des § 90a von Bedeutung, da bei diesen Normen die verschiedenen Beendigungsgründe unterschiedliche Rechtsfolgen auslösen.[25] 7

Die Beendigungstatbestände lassen sich in zwei große Gruppen einteilen. Die erste Gruppe beinhaltet die Fälle der **einvernehmlichen Vertragsbeendigung,** unabhängig davon, ob eine solche Vereinbarung schon bei Vertragsschluss (Befristung, auflösende Bedingung) oder nachträglich (Aufhebungsvertrag) erfolgt. Die zweite Gruppe umfasst die **nicht einvernehmliche Vertragsbeendigung,** die durch rechtsgeschäftliche einseitige Willenserklärung (Anfechtung, ordentliche, außerordentliche Kündigung) oder durch Eintritt eines äußeren Ereignisses (Tod, Insolvenz des Unternehmers (→ Rn. 24)) erfolgen kann.[26] 8

2. Befristete Verträge. Wird ein Handelsvertreterverhältnis auf **bestimmte Zeit** abgeschlossen, endet es mit Ablauf der vereinbarten Vertragsdauer (§ 620 Abs. 1 BGB). Die Vereinbarung einer bestimmten Vertragszeit kann ausdrücklich erfolgen, sich aber auch aus den Umständen ergeben. Eine ausdrückliche Bestimmung liegt vor, wenn die Beendigung des Vertrages durch Angabe eines Kalendertages als Endtermin oder durch eine nach Zeiteinheiten (zB Wochen, Monat, Jahr) bemessene Frist festgelegt ist.[27] Werden mehrere befristete Verträge hintereinander geschaltet, können diese als Kettenverträge ein einheitliches unbefristetes Vertragsverhältnis bilden (→ Rn. 34).[28] Nach § 620 Abs. 2 BGB reicht es auch aus, dass sich die Befristung aus der „Beschaffenheit oder dem Zweck der Dienste" entnehmen lässt. Dies ist bei einem Vertrag für eine Messe oder eine Saison oder die Dauer der Vertretung für einen kurzfristig erkrankten Kollegen der Fall.[29] Endet der Vertrag zu einem bestimmten Zeitpunkt und wird die Option einer Verlängerung durch eine Vertragspartei nicht wahrgenommen, liegt ebenfalls ein befristetes Handelsvertreterverhältnis vor.[30] 9

Dagegen gelten Verträge, die zwar für bestimmte Zeit geschlossen wurden, die sich aber bei fehlender Kündigung automatisch verlängern, als **unbefristete Verträge.**[31] Hier läuft das Vertreterverhältnis gerade nicht ohne weiteres zu einem bestimmten Termin aus, sondern muss durch Kündigungs- oder andere Gestaltungsregelungen (Anfechtung, Aufhebungsvertrag) beendet werden.[32] Ebenso sind auf Vertragsverhältnisse, die nach Ablauf der 10

[23] Insoweit dürften aufgrund des nahezu identischen Wortlauts die gleichen Voraussetzungen zur Anwendung kommen wie zu Art. 3 Abs. 5 lit. b VO (EG) 1400/2002 aF; vgl. dazu allg. zu den Voraussetzungen einer solchen Kündigung BGH BeckRS 2010, 28755 – m. Bsp. *Grave/Klauß* GWR 2011, 19.

[24] EBJS/*Löwisch* Rn. 6 f.; Heymann/*Froitzheim* Rn. 8.

[25] Staub/*Emde* Rn. 3.

[26] EBJS/*Löwisch* Rn. 8 ff.; *Thume* in Küstner/Thume VertriebsR-HdB I Kap. VIII Rn. 117.

[27] EBJS/*Löwisch* Rn. 17; Heymann/*Froitzheim* Rn. 9.

[28] BGH BB 2002, 2036.

[29] Baumbach/Hopt/*Hopt* Rn. 19.

[30] Baumbach/Hopt/*Hopt* Rn. 19.

[31] AA GK-HGB/*Genzow* Rn. 1 unter Berufung auf BGH NJW 1975, 387.

[32] Baumbach/Hopt/*Hopt* Rn. 20; BGH NJW 1975, 387 spricht zwar nur von Zeitvertrag, wendet aber § 89 analog an; Staub/*Emde* Rn. 36 ff.

vereinbarten Laufzeit von beiden Teilen fortgesetzt werden, die Kündigungsvorschriften anzuwenden (Abs. 3). Das Gleiche gilt für Kettenverträge (→ Rn. 34 ff.). Im Gegensatz zu unbefristeten Verträgen ist die **ordentliche Kündigung eines befristeten Vertrags nicht möglich,** es sei denn, dass zusätzlich eine Kündigungsmöglichkeit vereinbart worden ist. Das Vertragsverhältnis kann aber bei Vorliegen eines wichtigen Grundes nach § 89a gekündigt werden.[33]

11 **3. Auflösende Bedingung.** Bei Vereinbarung einer auflösenden Bedingung endet das Vertragsverhältnis mit **Eintritt der Bedingung** (§ 158 Abs. 2 BGB). Eine ordentliche Kündigung ist unzulässig, es sei denn eine solche ist zusätzlich vereinbart worden. Stellt sich jedoch nachträglich heraus, dass die für die Vertragsbeendigung als maßgeblich vereinbarte Bedingung nicht eintreten kann, muss durch Auslegung ermittelt werden, ob nach dem hypothetischen Parteiwillen der Vertrag als auf unbestimmte Zeit abgeschlossen gelten soll oder ob der Vertrag enden soll, sobald sich die Unmöglichkeit des Bedingungseintritts herausstellt.[34] Im Zweifel ist davon auszugehen, dass sich der Vertrag in einen auf unbestimmte Zeit laufenden Vertrag umwandelt, der unter Einhaltung der gesetzlichen Kündigungsfristen durch ordentliche Kündigung beendet werden kann.[35]

12 Die formularmäßige Vereinbarung einer auflösenden Bedingung ist nach § 307 BGB unwirksam, wenn derartige Vereinbarungen getroffen werden, um die Kündigungsbeschränkungen zu umgehen. Dies gilt insbesondere für die Abrede, dass bei Nichterreichen eines bestimmten Verkaufsziels das Handelsvertreterverhältnis ohne weiteres enden soll und zwar unabhängig davon, ob der Handelsvertreter die nach dem Vertrag von ihm geschuldeten Bemühungen ohne entsprechenden Erfolg aufgewendet hat.[36] Die Unwirksamkeit der Abrede führt dann aber nicht zur automatischen Beendigung des Handelsvertretervertrags, vielmehr greifen nun gemäß § 306 BGB die allgemeinen Kündigungsregeln nach den §§ 89, 89a ein. In Individualverträgen kann in den Grenzen der §§ 138, 242 BGB vereinbart werden, dass der Handelsvertretervertrag automatisch endet, wenn der Handelsvertreter bestimmte Ziele nicht erreicht.

13 **4. Aufhebungsvertrag.** Durch Aufhebungsvertrag kann das Handelsvertreterverhältnis zu jedem beliebigen Zeitpunkt und ohne Einhaltung einer Frist beendet werden.[37] Der Handelsvertreter bedarf hier nicht des Schutzes durch die Kündigungsfristen, da der Vertrag nicht einseitig, sondern durch übereinstimmende Willenserklärungen aufgehoben wird. Die Vertragsfreiheit der Parteien wird durch die allgemeinen Vorschriften (§§ 134, 138 BGB) begrenzt.[38] Die Aufhebungsvereinbarung kann grundsätzlich **formlos** erfolgen (§ 623 BGB ist nicht einschlägig), soweit die Parteien im Handelsvertretervertrag keine Schriftform vereinbart haben. Bei Vorliegen einer Schriftformklausel ist zu prüfen, ob diese durch einen nur mündlich abgeschlossenen Aufhebungsvertrag abbedungen wurde,[39] was grundsätzlich möglich ist.[40] Dies gilt bei Vorliegen einer formularmäßig vereinbarten Schriftform selbst dann, wenn die Schriftformklausel ausdrücklich vorschreibt, dass das Formerfordernis der Schriftform nur durch schriftliche Vereinbarung aufgehoben werden kann (doppelte Schriftformklausel).[41] Es ist zwar offen, ob eine doppelte Schriftformklausel in einem Formularvertrag zwischen Unternehmen nach § 307 BGB unwirksam ist, weil sie darüber hinwegtäuscht, dass nach § 305b BGB eine auch nur mündliche oder konkludent getroffene

[33] Baumbach/Hopt/*Hopt* § 89a Rn. 3; EBJS/*Löwisch* Rn. 17.
[34] *Thume* in Küstner/Thume VertriebsR-HdB I Kap. VIII Rn. 122.
[35] *Thume* in Küstner/Thume VertriebsR-HdB I Kap. VIII Rn. 122.
[36] AA Staub/*Emde* Rn. 8.
[37] EBJS/*Löwisch* Rn. 9; Heymann/*Froitzheim* Rn. 11.
[38] Zur Privatautonomie vgl. *Boemke* NZA 1993, 532 ff.
[39] *Thume* in Küstner/Thume VertriebsR-HdB I Kap. VIII Rn. 141.
[40] BGHZ 66, 378 (380 f.); BAG AP BGB § 127 Nr. 1 mAnm *Erman* = SAE 1963, 221 mAnm *Mayer-Maly*; Palandt/*Ellenberger* BGB § 125 Rn. 14.
[41] BAG NZA 2008, 1233; BGH NJW 2006, 138; Staudinger/*Mäsch*, 2019, BGB § 305b Rn. 57; anders noch BGHZ 66, 378 (382).

Individualabrede Vorrang hat. Der BGH hat diese Frage bewusst offengelassen.[42] Er hat aber festgestellt, dass die Schriftformklausel auf jeden Fall wirkungslos ist, wenn eine Individualabrede getroffen wird (was regelmäßig bei einer Aufhebungsvereinbarung der Fall ist).

Unerheblich ist, ob der Aufhebungsvertrag ausdrücklich oder **stillschweigend** 14
geschlossen wird. So liegt in der unbegründeten fristlosen Kündigung regelmäßig das Angebot zu einer einvernehmlichen Vertragsaufhebung, das durch schlüssiges Verhalten oder durch Unterlassen des Vertragspartners angenommen werden kann.[43] Jedoch stellt die längere Nichtausübung der Handelsvertretertätigkeit noch keinen stillschweigenden Aufhebungsvertrag dar.[44]

5. Anfechtung. a) Anfechtungsgrund. Handelsvertreterverträge unterliegen ebenso 15
wie andere Verträge der Anfechtung wegen Irrtums, Drohung oder arglistiger Täuschung. Es gelten die allgemeinen Regeln der §§ 119 ff. BGB.

b) Rechtsfolge. Rechtsfolge der Anfechtung ist nach der allgemeinen Vorschrift des 16
§ 142 Abs. 1 BGB die Nichtigkeit ex tunc, dh das Geschäft ist als von Anfang an nichtig anzusehen. Deshalb führt eine **Anfechtung vor Vollziehung des Vertrags** zu dessen anfänglicher Nichtigkeit.

Die Anfechtung eines Handelsvertretervertrages nach seiner Vollziehung führt nach 17
wohl hM indes nicht zur Rückabwicklung des Vertragsverhältnisses, weil eine Rückabwicklung nach den Regeln des allgemeinen Bereicherungsrechts zu großen Schwierigkeiten führen würde und nicht interessengerecht ist. Die Anfechtung beendet den Handelsvertretervertrag entsprechend den Grundsätzen eines fehlerhaften Arbeitsverhältnisses[45] ex-nunc.[46] Dementsprechend steht die Nichtigkeit eines Handelsvertretervertrages auch dem Ausgleichsanspruch des Handelsvertreters nach § 89b nicht entgegen, wenn der Unternehmer die vom Handelsvertreter hergestellten Geschäftsverbindungen künftig weiterhin nutzen kann (→ § 89b Rn. 38).

6. Rücktritt. Rücktritt vom Handelsvertretervertrag ist nach den allgemeinen Regeln 18
der §§ 323, 324, 326 Abs. 5 BGB möglich. Sofern das Handelsvertreterverhältnis zum Zeitpunkt der Rücktrittserklärung bereits in Vollzug gesetzt ist, hat der Rücktritt vom fehlerhaften Handelsvertretervertrag die Wirkung einer außerordentlichen Kündigung,[47] da hier eine Rückabwicklung nicht sinnvoll möglich ist.

Die gleiche Problematik greift bei den **sonstigen Nichtigkeitsgründen** (§§ 105, 134, 19
138 BGB). Auch hier kann nach der hM die Nichtigkeit des Handelsvertreterverhältnisses nicht mit Wirkung für die Vergangenheit geltend gemacht werden.[48] Eine Ausnahme hiervon wird allerdings gemacht, wenn die Nichtigkeit ex nunc den Minderjährigen benachteiligen würde, da insoweit der Minderjährigenschutz Vorrang genießt.[49]

7. Tod einer Vertragspartei. a) Tod des Handelsvertreters. Das Handelsvertreter- 20
verhältnis erlischt gem. den §§ 673, 675 BGB im Zweifel durch den Tod des Handelsvertreters, sofern nicht im Vertrag eine abweichende Bestimmung getroffen wurde.[50] Vereinbaren die Parteien beispielsweise, dass beim Tod des Vertreters die Vertretung von dessen Erben fortgeführt werden soll, setzt sich das Rechtsverhältnis in der Person des Rechtsnachfolgers fort.[51] Gleiches gilt, wenn dem Erben oder einem Dritten eine Option zur Fortsetzung des

---

42 BGH NJW 2017, 1017 für Gewerbemietvertrag.
43 OLG München BB 1994, 2166.
44 Baumbach/Hopt/*Hopt* Rn. 9.
45 Vgl. dazu nur ErfK/*Preis* BGB § 611a Rn. 145 ff.
46 Baumbach/Hopt/*Hopt* Rn. 5; EBJS/*Löwisch* Rn. 12; Heymann/*Froitzheim* Rn. 12; aA Oetker/*Busche* Rn. 29; Heymann/*Stöber* § 84 Rn. 59.
47 EBJS/*Löwisch* Rn. 12.
48 BAG AP BGB § 125 Nr. 2 = AR-Blattei, Arbeitsvertrag – Arbeitsverhältnis IV, Entsch. 3 mAnm *A. Hueck* = JR 1958, 411 mAnm *Jaerisch*; v. Hoyningen-Huene/Linck/*Krause* KSchG § 1 Rn. 159.
49 Vgl. BAG AP JArbSchG § 7 Nr. 3 m. zust. Anm. *Volmer* = SAE 1974, 49 mAnm *Monjau*.
50 BGHZ 24, 214 (215); EBJS/*Löwisch* Rn. 14; *Semler* in MSF VertriebsR-HdB § 20 Rn. 1.
51 Staub/*Emde* § 89b Rn. 54.

Vertrags eingeräumt wird und die Option ausgeübt wird; anders ist es hingegen, wenn mit dem Optierenden ein neuer, selbständiger Vertrag geschlossen wird.[52]

21 Der **Tod des Gesellschafters einer Vertretergesellschaft** (OHG, KG, GmbH, AG → § 84 Rn. 25 f.) berührt grundsätzlich weder den Bestand der Gesellschaft (vgl. § 161 Abs. 2, § 131, § 60 GmbHG, § 262 AktG) noch des Handelsvertretervertrags.[53] Das Gleiche gilt für die Übertragung von Gesellschaftsanteilen im Wege der Universal- oder Singularsukzession. In der Praxis hat aber insbesondere bei Vertretergesellschaften, die stark durch die Person eines Gesellschafters (zB Ein-Mann-GmbH) oder mehrerer bestimmter Gesellschafter geprägt sind, der Tod des bzw. eines Gesellschafters Auswirkungen auf den Handelsvertretervertrag. In solchen Fällen wird regelmäßig ein Recht des Unternehmers zur außerordentlichen Kündigung des Handelsvertretervertretervertrages vereinbart für den Fall, dass der Gesellschafter stirbt (oder ausscheidet) (s. dazu auch → § 89a Rn. 50). In AGB-Verträgen kann ein solches Recht indes wegen der großen Bedeutung der Selbständigkeit des Handelsvertreters nicht einschränkungslos vereinbart werden.[54]

22 **Ebenso wenig** wie im Grundsatz der Tod eines Gesellschafters den Bestand des Handelsvertreterverhältnisses berührt, **führt** die **Auflösung** der Vertretergesellschaft **zur automatischen Beendigung** des Vertragsverhältnisses.[55] Denn die Gesellschaft besteht nach der Auflösung als Liquidationsgesellschaft fort (vgl. § 145, § 66 GmbHG). Das Handelsvertreterverhältnis mit der Liquidationsgesellschaft kann aber vom Liquidator nach § 70 GmbHG ordentlich gekündigt werden[56] (→ § 89b Rn. 59). Entsprechendes gilt bei der Abwicklung einer AG (vgl. §§ 264, 268 AktG)

23 **b) Tod des Unternehmers.** Der Tod des Unternehmers beendet den Vertrag grundsätzlich nicht (§§ 672, 675 BGB), sofern nicht ausdrücklich etwas anderes vereinbart wurde.[57] Handelt es sich bei dem Unternehmer um eine **Personengesellschaft** (OHG, KG) oder um eine **juristische Person** (GmbH,[58] AG), führt der Tod eines Gesellschafters nicht zur Beendigung des Vertrags. Die Gesellschaft besteht vielmehr so lange fort, bis sie vollständig liquidiert ist (→ § 89b Rn. 59).[59] In diesem Fall muss das Vertragsverhältnis durch die verbleibenden Gesellschafter gekündigt werden.[60] Das Handelsvertreterverhältnis endet also nicht automatisch mit der Auflösung, sondern erst mit der Kündigung.[61]

24 **8. Insolvenz einer Vertragspartei. a) Insolvenz des Unternehmers.**[62] Wird über das Vermögen des Unternehmers das Insolvenzverfahren eröffnet, endet das Vertragsverhältnis regelmäßig gem. § 115 Abs. 1 InsO, § 116 InsO, ohne dass es einer Kündigung bedarf.[63] Insolvenzverwalter und Handelsvertreter können jedoch die Fortsetzung des Handelsvertreterverhältnisses vereinbaren. Dann handelt es sich um den Abschluss eines neuen Vertrages[64] (zum Ausgleichsanspruch des Handelsvertreters in diesem Fall → § 89b Rn. 43). Bei den Forderungen des Handelsvertreters aus diesem neuen Vertrag handelt es sich dann um

[52] Staub/*Emde* § 89b Rn. 54.
[53] *Emde,* Die Handelsvertreter-GmbH, 1994, 44; Staub/*Emde* § 89b Rn. 11; EBJS/*Löwisch* Rn. 14.
[54] BGH NJW 1985, 623 (624 f.) für einen Vertragshändlervertrag.
[55] Staub/*Emde* Rn. 11 ff.; *Emde,* Die Handelsvertreter-GmbH, 1994, 197 f.; aA EBJS/*Löwisch* Rn. 14 mwN; Schlegelberger/*Schröder* Rn. 41b; Baumbach/Hopt/*Hopt* Rn. 3: Im Zweifel endet der Handelsvertretervertrag.
[56] *Emde,* Die Handelsvertreter-GmbH, 1994, 199; aA EBJS/Löwisch Rn. 14.
[57] Heymann/*Froitzheim* Rn. 16.
[58] Zur Handelsvertreter-GmbH ausf. *Emde,* Die Handelsvertreter-GmbH, 1994; → § 84 Rn. 25.
[59] Staub/*Emde* Rn. 11 ff.
[60] *Thume* in Küstner/Thume VertriebsR-HdB I Kap. VIII Rn. 127 f.
[61] Staub/*Emde* Rn. 11; Baumbach/Hopt/*Hopt* Rn. 3.
[62] Ausf. Staub/*Emde* Rn. 12 ff.
[63] BGH NJW-RR 2013, 1142 Rn. 11; NJW 2003, 743 zu § 23 KO; Baumbach/Hopt/*Hopt* Rn. 4; EBJS/*Löwisch* Rn. 15; MüKoInsO/*Vuia,* 4. Aufl. 2019, InsO § 116 Rn. 48; Uhlenbruck/*Sinz,* 15. Aufl. 2019, InsO § 116 Rn. 8; nach aA soll bei Vertragshändler- und Franchiseverhältnissen § 103 InsO gelten, so zB MüKoInsO/*Vuia,* 4. Aufl. 2019, InsO § 116 Rn. 12; *Meyer* ZVertriebsR 2020, 225 (229 ff.); zw.
[64] EBJS/*Löwisch* Rn. 15; Heymann/*Froitzheim* Rn. 17; *Thume* in Küstner/Thume VertriebsR-HdB I Kap. VIII Rn. 135.

Masseverbindlichkeiten.[65] Zur Möglichkeit des Handelsvertreters, den Vertrag bei Vorliegen eines Insolvenzgrundes (§§ 16 ff. InsO) vor Eröffnung des Insolvenzverfahrens über das Vermögen des Unternehmers außerordentlich zu kündigen → § 89a Rn. 60.

Im Falle des § 115 Abs. 2 InsO besteht der Handelsvertretervertrag hingegen fort; bei den nach Eröffnung des Insolvenzverfahrens entstandenen Provisionsansprüchen handelt es sich dann um Masseverbindlichkeiten (§ 116 S. 2 InsO). Die Vollmacht gilt hierfür als fortbestehend (§ 117 InsO). **25**

b) Insolvenz des Handelsvertreters. Wird der Handelsvertreter insolvent,[66] endet das Vertragsverhältnis nicht automatisch; der Unternehmer ist aber berechtigt, nach § 89a fristlos zu kündigen (→ § 89a Rn. 48). Der Insolvenzverwalter selbst kann das Vertragsverhältnis jedoch nicht durch das Wahlrecht gem. § 103 InsO beenden; ein solches steht ihm nicht zu. Vielmehr besteht der Handelsvertretervertrag mit Wirkung für die Masse gem. § 108 InsO solange fort bis er durch Kündigung oder einvernehmlich beendet wird.[67] Auch steht dem Handelsvertreter bzw. (vorläufigen) Insolvenzverwalter ein Recht zur außerordentlichen Kündigung wegen der Insolvenz nicht zu (→ § 89a Rn. 48). **26**

9. Betriebseinstellung. Die Betriebseinstellung durch den **Unternehmer beendet das Vertragsverhältnis nicht.** Der Handelsvertreter kann aber bei der Betriebseinstellung das Vertreterverhältnis kündigen, sofern die Betriebseinstellung nicht insolvenzbedingt erfolgte und das Vertragsverhältnis nicht schon deshalb nach §§ 115, 116 InsO beendet wurde. Zur Möglichkeit des Handelsvertreters, den Vertrag bei Vorliegen eines Insolvenzgrundes (§§ 16 ff. InsO) vor Eröffnung des Insolvenzverfahrens über das Vermögen des Unternehmers außerordentlich zu kündigen, → § 89a Rn. 60. Unter Umständen hat auch der Unternehmer selbst ein Recht zur außerordentlichen Kündigung (→ § 89a Rn. 53). Zum Ausgleichsanspruch bei Betriebseinstellung → § 89b Rn. 46. **27**

10. Betriebsveräußerung. Eine Betriebsveräußerung durch den **Unternehmer** führt ebenfalls **nicht** zu einer **automatischen Beendigung** des zwischen veräußerndem Unternehmer und Handelsvertreter bestehenden Vertrags.[68] Ebenso wenig tritt der erwerbende Unternehmer automatisch in das Vertragsverhältnis ein, da § 613a BGB auf den selbständigen Handelsvertreter nicht anwendbar ist.[69] Jedoch kann mit dem Handelsvertreter der Eintritt des Unternehmernachfolgers in das Vertragsverhältnis vereinbart werden, mit der Folge, dass sich das Vertragsverhältnis fortsetzt (→ § 89b Rn. 48). Fehlt eine solche Vereinbarung zur Vertragsfortsetzung, kann das Handelsvertreterverhältnis von dem veräußernden Unternehmer regelmäßig ordentlich und von dem Handelsvertreter ggf. sogar außerordentlich gekündigt werden, weil der veräußernde Unternehmer dauerhaft nicht mehr in der Lage sein wird, die von ihm geschuldeten Leistungen zu erbringen. Der Unternehmer selbst wird in der Regel hingegen nicht zur außerordentlichen Kündigung berechtigt sein, weil die Betriebsveräußerung aus seiner Sphäre kommt und er regelmäßig Gelegenheit hat, den Handelsvertretervertrag rechtzeitig ordentlich zu kündigen.[70] **28**

11. Umwandlung des Rechtsträgers. Eine Umwandlung der Rechtsträgerschaft des Unternehmers führt ebenfalls nicht automatisch zu einer Beendigung des Handelsvertretervertrags. Vielmehr ist zwischen den in § 1 Abs. 1 UmwG aufgezählten Arten der Umwandlung (Verschmelzung, Spaltung, Vermögensübertragung, Formwechsel) zu unterscheiden. Beim Formwechsel (§ 1 Abs. 1 Nr. 4 UmwG, §§ 190 ff. UmwG) bleibt der Rechtsträger **29**

---

[65] EBJS/*Löwisch* Rn. 15; *Emde/Kelm* ZIP 2005, 58.

[66] Ausf. Staub/*Emde* Rn. 20 ff.

[67] BGH NJW-RR 2013, 1142; s. dazu auch OLG Düsseldorf NZI 2010, 105, mAnm *Ströbl* EWiR 2010, 159; *Emde/Kelm* ZVI 2004, 382 (383); *Evers* VW 2010, 205; *Preuß* KTS 2007, 361 (363); *Wagner/Wexler-Uhlich* BB 2010, 2454 für Handelsvertretervertrag; *Wagner/Wexler-Uhlich* BB 2011, 519 für Vertragshändlervertrag.

[68] Staub/*Emde* Rn. 10; Staub/*Emde* § 84 Rn. 80 ff.

[69] BGH NJW 2015, 3373; 1963, 101; Staub/*Emde* Rn. 10.

[70] Vgl. Staub/*Emde* Rn. 10; *Schröder* DB 1973, 217 (219).

erhalten (§ 202 Abs. 1 Nr. 1 UmwG), sodass der Handelsvertretervertrag unverändert bleibt. Auch die anderen Fälle der Umwandlung (Verschmelzung, Spaltung, Vermögensübertragung, § 1 Abs. 1 Nr. 1–3 UmwG) führen nicht zu einer Beendigung des Handelsvertreterverhältnisses. Vielmehr wird dieses mit dem übernehmenden Rechtsträger fortgesetzt.[71] Offen ist, ob dem Handelsvertreter in diesen Fällen ein Recht zur außerordentlichen Kündigung zusteht.[72] Zum Recht des Unternehmers zur außerordentlichen Kündigung des Handelsvertretervertrages bei Umwandlung der Handelsvertretergesellschaft → § 89a Rn. 52.

30 **12. Auswechslung des Handelsvertreters.** Das Handelsvertreterverhältnis kann durch Auswechslung des Handelsvertreters mit dessen Zustimmung beendet werden (→ § 89b Rn. 50). In der Praxis erfolgt die Auswechslung grundsätzlich durch Übertragung der Handelsvertretung an einen Nachfolger.[73] Dies geschieht in der Regel durch **Vertragsübernahme,** dh durch Übertragung des Schuldverhältnisses im Ganzen.[74] Sowohl die Vertragsübernahme unter Aufrechterhaltung der vollen Identität des bestehenden Handelsvertretervertrages als auch diejenige durch Abschluss eines neuen Handelsvertretervertrags zwischen Unternehmer und eintretendem Handelsvertreter auf der Grundlage des alten Vertrages beendet den Handelsvertretervertrag zum früheren Handelsvertreter. Denn obwohl das Vertragsverhältnis als solches fortbesteht, endet aus Sicht des ausscheidenden Handelsvertreters die Vertragsbeziehung zum Unternehmer (ausführlich → § 89b Rn. 50 ff.; zu weiteren Konsequenzen für den Ausgleichsanspruch → § 89b Rn. 215 ff.).

III. Ordentliche Kündigung

31 **1. Vertragsverhältnis auf unbestimmte Zeit.** Das in § 89 Abs. 1 geregelte ordentliche Kündigungsrecht gilt nur für Verträge, die auf **unbestimmte Zeit** abgeschlossen wurden. Vertragsverhältnisse sind auf unbestimmte Zeit eingegangen, wenn die Parteien nach dem Inhalt des Vertrags keinen bestimmten Endtermin vorgesehen haben, sodass der Handelsvertretervertrag nicht durch ein äußeres Ereignis wie Zeitablauf oder Bedingungseintritt beendet wird,[75] sondern durch Kündigung oder Aufhebungsvertrag.

32 Ist dagegen ein Vertrag auf **bestimmte Zeit** abgeschlossen worden, findet § 89 Abs. 1 keine Anwendung. § 89 Abs. 3 kann indes unter den dort genannten Voraussetzungen zur Anwendung kommen. Das Recht zur außerordentlichen Kündigung wird jedoch auch bei einem auf bestimmte Zeit abgeschlossenen Vertrag nicht ausgeschlossen (vgl. § 89a Abs. 1 S. 2), weil beim Vorliegen eines wichtigen Grundes und der Interessenabwägung zugunsten des Kündigenden dem Kündigungsinteresse Vorrang vor der ursprünglichen Absicht der Vertragspartner, sich auf bestimmte Zeit vertraglich zu binden, eingeräumt werden muss.[76] Auch ein auf bestimmte Zeit abgeschlossener Vertrag kann ordentlich gekündigt werden, wenn die Parteien ein solches Recht vereinbart haben.

33 **a) Widerrufsklausel.** Ein beim Abschluss des Vertretervertrages vorbehaltener Widerruf ist unzulässig, sofern dadurch die in § 89 geregelten Mindestkündigungsfristen umgangen würden.[77] Ist ein unzulässiger Widerrufsvorbehalt vereinbart, gilt der Vertrag als auf unbestimmte Zeit geschlossen und kann bei ordentlicher Kündigung nur innerhalb der gesetzlichen Kündigungsfristen beendet werden.[78] Ein Widerruf ist dann als Kündigungserklärung zu verstehen.[79]

---

[71] Dazu auch BGH NJW 2015, 3373.
[72] BGH NJW 2015, 3373 mwN.
[73] BGH BB 1988, 2201 = EWiR § 89b HGB 1/88, 685 m. Kurzkomm. *Martinek.*
[74] *Thume* BB 1991, 490 (491).
[75] *Thume* in Küstner/Thume VertriebsR-HdB I Kap. VIII Rn. 4; Röhricht/Graf v. Westphalen/Haas/*Thume* Rn. 4.
[76] *Thume* in Küstner/Thume VertriebsR-HdB I Kap. VIII Rn. 4; Röhricht/Graf v. Westphalen/Haas/Thume Rn. 26.
[77] v. Hoyningen-Huene/Linck/*Linck* KSchG § 2 Rn. 61.
[78] BGH BB 2002, 2036; 2002, 2520 f. = EWiR § 89 HGB 1/03, 587 m. Kurzkomm. *v. Hoyningen-Huene;* Baumbach/Hopt/*Hopt* Rn. 20; EBJS/*Löwisch* Rn. 5, 18; Heymann/*Froitzheim* Rn. 20.
[79] Heymann/*Froitzheim* Rn. 20.

b) Kettenverträge. Unter einem Kettenvertrag versteht man einen zunächst auf eine bestimmte Laufzeit abgeschlossenen Vertrag, der dann wiederholt mit identischem oder wesentlich gleichem Inhalt und unveränderter äußerer Aufgliederung für einen weiteren bestimmten Zeitraum verlängert wird.[80] Charakteristisches Merkmal für Kettenverträge ist dabei, dass die nachfolgenden Verträge nicht erneut ausgehandelt werden, sondern dass der Unternehmer dem Handelsvertreter nach Ablauf des früheren Vertrags einen neuen Formularvertrag übersendet.[81] 34

Die Aufspaltung des einheitlichen, sich über längere Zeit erstreckenden, Vertragsverhältnisses in mehrere gleiche oder ähnliche Zeitverträge führt zu einer **Umgehung der Kündigungsvorschriften.** Deshalb werden solche Kettenverträge als auf unbestimmte Zeit abgeschlossene Verträge angesehen, auf die § 89 Anwendung findet.[82] Das hat zur Folge, dass das Vertragsverhältnis nicht bereits mit Zeitablauf endet. Vielmehr muss der Vertragspartner, der das Vertragsverhältnis beenden will, dem anderen unter Einhaltung der in § 89 festgelegten Fristen kündigen, wobei die fristgemäße Mitteilung, dass er zu einem erneuten Vertragsabschluss nicht bereit sei, genügt.[83] Für die Fristberechnung ist die Zeitdauer der aneinandergereihten Kettenverträge entscheidend. Will der Unternehmer ein **Kettenvertragsverhältnis ändern,** muss er eine Änderungskündigung aussprechen. Es genügt nicht, dem Handelsvertreter einen geänderten neuen Vertrag vorzulegen. Deshalb stellt die Weigerung seitens des Handelsvertreters, unter den geänderten Bedingungen das Vertragsverhältnis fortzusetzen, keine Kündigung des Handelsvertreters dar, so dass die Entstehung eines Ausgleichsanspruchs nicht ausgeschlossen ist.[84] Mit der Ablehnung des Vertragsangebots für den kommenden Zeitraum endet das Vertragsverhältnis, ohne dass eine Kündigung mit den Fristen des § 89 notwendig ist.[85] Denn der Anbieter von Kettenverträgen ist nicht schutzbedürftig.[86] 35

Von den Kettenverträgen zu unterscheiden sind Verträge mit **mehrfachen Befristungen,** bei denen die engen, an die Kettenverträge gestellten Voraussetzungen nicht vorliegen. Hier kommt es nur auf den zuletzt geschlossenen Vertrag an, da die Parteien mit dem Abschluss des neuen Vertrags regelmäßig zum Ausdruck bringen, dass sie ihre Rechtsbeziehungen auf der Grundlage dieses neu abgeschlossenen Vertrags regeln wollen.[87] 36

c) Verlängerungsklausel. Haben die Vertragspartner den Vertrag für eine bestimmte Laufzeit abgeschlossen, sich aber in einer Verlängerungsklausel zugleich das Recht zur Vertragsverlängerung vorbehalten, ist zu differenzieren. Enthält der Vertrag ein **Optionsrecht,** nach dem eine oder jede Partei berechtigt ist, das Vertragsverhältnis durch einseitige Erklärung zu verlängern, endet der Vertrag mit Zeitablauf, wenn die Option nicht wahrgenommen wird.[88] Macht ein Vertragspartner sein Optionsrecht geltend, verlängert sich der Vertrag um die vertraglich vereinbarte Zeit und kann – sofern ein Recht zur ordentlichen Kündigung nicht vereinbart wurde – nicht nach § 89 gekündigt werden.[89] Die einzige Ausnahme ist dann gegeben, wenn durch die Geltendmachung des Optionsrechts der Vertrag auf unbestimmte Zeit verlängert wird. Unzulässig kann die Vereinbarung eines einseitigen Vertragsverlängerungsrechts des Unternehmers in AGB sein, das im Fall seiner Geltendmachung die ordentliche Kündigung durch den Handelsvertreter ausschließt.[90] 37

80 Baumbach/Hopt/*Hopt* Rn. 20; *A. Hueck* RdA 1953, 85; Röhricht/Graf v. Westphalen/Haas/*Thume* Rn. 7; Staub/*Emde* Rn. 39.
81 BGH VersR 1959, 129.
82 BGH BB 2002, 2036; 2002, 2520 = EWiR § 89 HGB 1/03, 587 m. Kurzkomm. *v. Hoyningen-Huene*; Staub/*Emde* Rn. 39.
83 *Thume* in Küstner/Thume VertriebsR-HdB I Kap. VIII Rn. 63.
84 *Thume* in Küstner/Thume VertriebsR-HdB I Kap. VIII Rn. 65 ff.
85 BGH NJW 1996, 848.
86 EBJS/*Löwisch* Rn. 22; aA *Thume* in Küstner/Thume VertriebsR-HdB I Kap. VIII Rn. 68.
87 BAG AP BGB § 620 Befristeter Vertrag Nr. 97 = SAE 1987, 309 mAnm *Kreutz* = AuR 1986, 317 mAnm *Colneric*; ErfK/*Müller-Glöge* TzBfG § 14 Rn. 10.
88 Heymann/*Froitzheim* Rn. 23; Staub/*Emde* Rn. 37.
89 BGH ZIP 2000, 314 = EWiR § 9 AGBG 9/00, 461 m. Kurzkomm. *v. Westphalen*; EBJS/*Löwisch* Rn. 19.
90 OLG München BB 1997, 1069 f.

38 Im Gegensatz zum Optionsrecht können die Parteien auch vereinbaren, dass sich der auf bestimmte Zeit geschlossene **Vertrag automatisch**[91] um eine bestimmte oder unbestimmte Zeit **verlängert,** wenn nicht ein Vertragsteil innerhalb einer bestimmten Frist vor Ablauf des Vertragsverhältnisses kündigt.[92] Dann handelt es sich nach richtiger Ansicht um einen auf unbestimmte Zeit abgeschlossenen Vertrag mit einer vereinbarten Mindestlaufzeit,[93] da solche Verträge nur durch eine Kündigung beendet werden können.[94] § 89 Abs. 1, Abs. 2 sind auf solche Verträge direkt anwendbar. Infolge der automatischen Verlängerung des Vertrags bei fehlender rechtsgestaltender Erklärung ist im Zeitpunkt des Vertragsschlusses das Ende des Vertrags nicht voraussehbar und deshalb die Vertragsdauer unbestimmt.

39 Dagegen gelten nach Ansicht des BGH[95] **Verträge mit Verlängerungsklausel nicht als auf unbestimmte Zeit** eingegangen. Auf unbestimmte Zeit sei ein Vertragsverhältnis nämlich nur dann eingegangen, wenn die Parteien weder ausdrücklich noch den Umständen nach eine Bestimmung über die Laufzeit des Vertrags getroffen hätten. Dem ist entgegenzuhalten, dass die Frage, ob ein Handelsvertretervertrag auf bestimmte oder unbestimmte Zeit abgeschlossen wurde, sich nur im Hinblick auf die gesamte in Aussicht genommene Dauer des Vertragsverhältnisses beurteilen lässt, nicht aber im Hinblick auf die einzelnen Verlängerungsperioden, während deren es unkündbar sein soll.[96]

40 Der Meinungsstreit verliert jedoch an Bedeutung, weil der BGH[97] **§ 89 entsprechend anwendet,** soweit der mit dieser Norm verfolgte Zweck nach der Interessenlage auch Zeitverträge mit Verlängerungsklausel erfasst. Nach Ansicht der Rspr. müssen deshalb bei Beendigung von Zeitverträgen mit Verlängerungsklausel die Kündigungsfristen des § 89 eingehalten werden.[98] Ob § 89 auch in Bezug auf den Beendigungstermin, dh den Zeitpunkt zu dem gekündigt werden kann, entsprechend anwendbar ist, hat der BGH allerdings offengelassen. Da indes Abs. 1 S. 3 nunmehr aufgrund des Gesetzes zur Durchführung der EG-Richtlinie zur Koordinierung des Rechts der Handelsvertreter vom 23.10.1989 (BGBl. 1989 I 1910) eine Vereinbarung über einen anderen Beendigungstermin als einen solchen zum Schluss eines Kalendermonats (oder Kalendervierteljahres) zulässt, hat auch diese Frage an Bedeutung verloren.

41 **d) Verträge mit Altersgrenze.** Enthält der Handelsvertretervertrag eine Klausel, nach der mit Erreichen einer bestimmten Altersgrenze des Handelsvertreters der Vertrag endet, so liegt zwar ein bestimmter Endtermin vor, zu dem der Vertrag durch Zeitablauf beendet wird.[99] Jedoch wird durch eine solche Vereinbarung der Vertrag nicht von vornherein auf bestimmte Zeit abgeschlossen. Vielmehr ist durch Auslegung zu ermitteln, ob der Vertrag auf bestimmte oder unbestimmte Zeit eingegangen ist. Dabei kommt in der Vertragsbestimmung regelmäßig der Parteiwille zum Ausdruck, dass der Vertrag entweder durch Kündigung oder spätestens mit Erreichen der Altersgrenze enden soll und somit ein auf unbestimmte Zeit eingegangener Vertrag gewollt ist.[100] Deshalb ist § 89 auf Verträge mit Altersgrenze anwendbar.

---

91 Staub/*Emde* Rn. 36 ff.

92 Vgl. Heymann/*Froitzheim* Rn. 24.

93 Baumbach/Hopt/*Hopt* Rn. 20; EBJS/*Löwisch* Rn. 19; Heymann/*Froitzheim* Rn. 24; *Thume* in Küstner/Thume VertriebsR-HdB I Kap. VIII Rn. 56; Röhricht/Graf v. Westphalen/Haas/*Thume* Rn. 5; Staub/*Emde* Rn. 38 f.; OLG Hamm BB 1973, 1233.

94 *Küstner* BB 1973, 1239.

95 BGH NJW 1975, 387; s. auch *Schröder* BB 1974, 298; *Schröder* FS Hefermehl, 1976, 113 ff.; ebenso Heymann/*Froitzheim* Rn. 24, der aber dennoch § 89 uneingeschränkt anwenden will, da andernfalls zwingende Schutzvorschriften umgangen würden.

96 *Thume* in Küstner/Thume VertriebsR-HdB I Kap. VIII Rn. 57.

97 BGH NJW 1975, 387.

98 Ebenso *Schröder* FS Hefermehl, 1976, 113, der § 89 für die Frist, nicht aber für den Termin entsprechend anwenden will.

99 Heymann/*Froitzheim* Rn. 25.

100 BGH VersR 1969, 445 m. zust. Anm. *Boetius*; EBJS/*Löwisch* Rn. 20; *Thume* in Küstner/Thume VertriebsR-HdB I Kap. VIII Rn. 69; Röhricht/Graf v. Westphalen/Haas/*Thume* Rn. 8; Heymann/*Froitzheim* Rn. 25; Staub/*Emde* Rn. 42; aA *Hess* BB 1954, 747, wonach § 89 nur bei ausdrücklicher Vereinbarung anwendbar sein soll.

e) Verträge auf Lebenszeit. Beim Handelsvertretervertrag auf Lebenszeit liegt im Unterschied zu Verträgen, bei denen eine bestimmte Altersgrenze festgelegt ist, ein auf **bestimmte Zeit** geschlossener Vertrag vor, so dass die Kündigungsvorschriften des § 89 nicht anwendbar sind.[101] Ein Vertrag auf Lebenszeit liegt vor, wenn beide Vertragspartner erkennbar davon ausgehen, dass das Vertragsverhältnis bis zum Tode eines Vertragspartners, regelmäßig dem des Handelsvertreters, bestehen soll und vorher durch ordentliche Kündigung nicht beendet werden kann. Ob die Parteien einen Vertrag auf Lebenszeit schließen wollen, ist durch Auslegung zu ermitteln. Dabei sind wegen der weitreichenden Folgen strenge Maßstäbe anzuwenden.[102] Aus den vertraglichen Vereinbarungen muss klar hervorgehen, dass eine so lang anhaltende und weitgehende Bindung beabsichtigt ist. Des Weiteren stellt sich die Frage, ob der Ausschluss des Rechts zur ordentlichen Kündigung wirksam vereinbart ist (→ Rn. 5). Bei Vorliegen eines wichtigen Grundes (→ § 89a Rn. 13 ff.) kann der Vertrag außerordentlich und fristlos nach § 89a gekündigt werden. 42

f) Handelsvertretervertrag auf Probe. Hinsichtlich der kündigungsrechtlichen Folgen bei Handelsvertreterverträgen auf Probe ist zu unterscheiden, ob es sich um einen selbständigen befristeten Probevertrag auf Zeit handelt oder um einen auf unbestimmte Zeit abgeschlossenen Vertretervertrag, dem jedoch eine Probezeit vorgeschaltet ist.[103] Haben die Parteien einen **befristeten Probevertrag** geschlossen, liegt ein befristeter Vertrag vor, der mit Ablauf der Probezeit endet und – sofern nicht etwas anderes vereinbart wurde – nur außerordentlich, nicht aber ordentlich gekündigt werden kann.[104] Soll der Handelsvertreter nach Ablauf der Probezeit weiterbeschäftigt werden, muss ein neuer Vertrag abgeschlossen werden. 43

Demgegenüber wird bei einem **Handelsvertretervertrag mit vorgeschalteter Probezeit** das Handelsvertreterverhältnis nach Ablauf der Probezeit automatisch fortgesetzt.[105] Jedoch kann der Vertrag schon während der Probezeit ordentlich gekündigt werden. Der Handelsvertretervertrag mit vorgeschalteter Probezeit ist als ein auf unbestimmte Zeit abgeschlossenes Vertragsverhältnis zu qualifizieren, das der Regelung des § 89 unterliegt. Anderenfalls könnte der Unternehmer durch Vorschaltung überlanger Probezeiten die zwingende Regelung des § 89 umgehen.[106] Vereinbaren die Parteien für die Probezeit eine kürzere Kündigungsfrist als die in § 89 vorgesehene Mindestfrist von einem Monat, führt dies nicht zur Nichtigkeit des gesamten Vertrags, sondern vielmehr tritt an die Stelle der nichtigen Vereinbarung die gesetzliche Regelung.[107] Zur Auswirkung der Beendigung des Vertragsverhältnisses während der Probezeit auf den Ausgleichsanspruch → § 89b Rn. 34. 44

2. Kündigungserklärung. a) Rechtsnatur. Die Kündigung ist eine **einseitige empfangsbedürftige Willenserklärung,** die mit dem Zugang (§ 130 BGB) wirksam wird.[108] Die Erklärung muss eindeutig sein und den Kündigungswillen zum Ausdruck bringen.[109] Dabei ist unerheblich, ob die Kündigung ausdrücklich oder konkludent erfolgt.[110] Weder eine vorherige Androhung noch eine Rechtfertigung oder ein Kündigungsgrund sind erforderlich, da sich § 89 hierzu nichts entnehmen lässt. Als individuelles Gestaltungsrecht kann die Kündigung nicht einseitig zurückgenommen werden.[111] 45

---

101 *Thume* in Küstner/Thume VertriebsR-HdB I Kap. VIII Rn. 71.

102 OLG Hamm BB 1967, 934; RAGE 188, 36; *Thume* in Küstner/Thume VertriebsR-HdB I Kap. VIII Rn. 72.

103 *Thume* in Küstner/Thume VertriebsR-HdB I Kap. VIII Rn. 78.

104 Baumbach/Hopt/*Hopt* Rn. 19; EBJS/*Löwisch* Rn. 21; Staub/*Emde* Rn. 41.

105 BGHZ 40, 235 (236 f.) = LM Nr. 2 mAnm *Rietschel*; Baumbach/Hopt/*Hopt* Rn. 20; Heymann/*Froitzheim* Rn. 26; *Thume* in Küstner/Thume VertriebsR-HdB I Kap. VIII Rn. 80; Röhricht/Graf v. Westphalen/Haas/*Thume* Rn. 18; Staub/*Emde* Rn. 41.

106 Krit. Staub/*Emde* Rn. 41.

107 BGHZ 40, 235.

108 Zu Zugangsproblemen s. Kommentarlit. zu § 130 BGB; v. Hoyningen-Huene/Linck/*Krause* KSchG § 1 Rn. 151; *Thume* in Küstner/Thume VertriebsR-HdB I Kap. VIII Rn. 5.

109 S. nur OLG München ZVertriebsR 2017, 384 mwN; OLG Jena ZIP 2017, 1726.

110 OLG München ZVertriebsR 2017, 384; Baumbach/Hopt/*Hopt* Rn. 15.

111 Staub/*Emde* Rn. 53.

46 Eine bestimmte **Form** ist in § 89 nicht vorgesehen, auch § 623 BGB ist nicht einschlägig; Schriftform kann aber vereinbart werden (§ 127 BGB).[112] Ist Schriftform vereinbart, genügt gem. §§ 126, 126a, 126b, 127 BGB im Zweifel auch die Kündigung in elektronsicher Form, sofern sich aus den Gesamtumständen ein anderer Parteiwille nicht ergibt.[113] Vereinbaren die Parteien, dass die Kündigung durch eingeschriebenen Brief erfolgen muss und wird lediglich ein einfacher Brief übersandt, ist die Kündigung nicht wegen formaler Mängel unwirksam, da im Zweifel anzunehmen ist, dass die Form des Einschreibebriefs lediglich Beweiszwecken dienen sollte.[114]

47 **b) Kündigungsschranken.** Das Kündigungsrecht findet seine Grenzen in den allgemeinen Vorschriften des bürgerlichen Rechts. Insbesondere darf die Kündigung nicht gegen gesetzliche Vorschriften, gegen die guten Sitten oder Treu und Glauben verstoßen (§§ 134, 138, 242 BGB).[115] Hieran sind hohe Anforderungen zu stellen. Eine Kündigung des Unternehmers kann nach der Weigerung des Handelsvertreters, ein ihn einseitig belastendes Rabattsystem anzunehmen, sittenwidrig sein.[116] Dagegen ist Sittenwidrigkeit zu verneinen, wenn der Unternehmer kündigt, um eine günstigere Geschäftsentwicklung herbeizuführen.[117] So ist Sittenwidrigkeit bzw. Treuwidrigkeit auch zu verneinen, wenn der Unternehmer das Vertragsverhältnis auf eine neue und ggf. für den Handelsvertreter nachteilige Vertragsgrundlage stellt und er die Entscheidung über den Abschluss des neuen Vertrages dem Handelsvertreter überlässt.[118] Dementsprechend liegt Sittenwidrigkeit bzw. Treuwidrigkeit bei einer **Strukturkündigung** nicht vor, wenn der Handelsvertreter den Abschluss des neuen Vertrages ablehnt und der Unternehmer daraufhin den Altvertrag kündigt, da der Unternehmer berechtigt ist, sein Vertriebssystem umzustellen, und er ein Vertriebssystem auf Basis unterschiedlicher Verträge nicht dulden muss.[119] So werden Neuverträge im bestehenden Vertriebssystem meist auf folgende zwei Arten eingeführt: Entweder kündigt der Unternehmer die Altverträge netzweit und bietet den Handelsvertretern, mit welchen das Vertragsverhältnis fortgeführt werden soll, bereits mit der Kündigung oder zumindest innerhalb der Kündigungsfrist den Abschluss eines Neuvertrages an,[120] oder er bietet in einem ersten Schritt den jeweiligen Handelsvertretern den Abschluss der Neuverträge, die die Altverträge ersetzen, an und kündigt dann die Altverträge gegenüber solchen Handelsvertretern, die den neuen Vertrag nicht abgeschlossen haben und/oder mit welchen das Vertragsverhältnis nicht fortgeführt werden soll. Es besteht grundsätzlich keine Pflicht, eine Änderungskündigung vorrangig gegenüber einer das Vertragsverhältnis beendenden Kündigung auszusprechen.[121] Zur außerordentlichen Änderungskündigung s. → § 89a Rn. 62.

48 Die allgemeinen Vorschriften bilden auch die Grenze für Vereinbarungen, in denen die Parteien die **Modalitäten der Kündigung** regeln. Solche Vereinbarungen dürfen die Kündigung nicht in gesetz- oder sittenwidriger Weise erschweren, unmöglich machen oder auf Seiten des Gekündigten zu erheblichen wirtschaftlichen Nachteilen führen (→ Rn. 63).

49 **c) Kündigung vor Vertragsbeginn.** Die Kündigung des Handelsvertretervertrags kann auch schon vor Inkrafttreten des Vertragsverhältnisses erfolgen.[122] Problematisch ist

---

112 Baumbach/Hopt/*Hopt* Rn. 15; Heymann/*Froitzheim* Rn. 28; *Thume* in Küstner/Thume VertriebsR-HdB I Kap. VIII Rn. 7, aA EBJS/*Löwisch* Rn. 39.

113 OLG München WM 2012, 1743 m Anm *Noreisch* GWR 2012, 100; EBJS/*Löwisch* Rn. 39; Baumbach/Hopt/*Hopt* Rn. 15.

114 Ganz hM, vgl. nur Flohr/Wauschkuhn/*Wauschkuhn* Rn. 68; *Thume* in Küstner/Thume VertriebsR-HdB I Kap. VIII Rn. 7.

115 OLG Köln NJW-RR 2002, 602; Baumbach/Hopt/*Hopt* Rn. 16; Heymann/*Froitzheim* Rn. 36.

116 BGH NJW 1970, 855 = WM 1970, 715.

117 BGH VersR 1969, 455 mAnm *Boetius*.

118 BGH NJW 1970, 855 = WM 1970, 715.

119 BGH NJW 2007, 3568 (bei Änderung der Rechtsgrundlagen); s. auch OLG Frankfurt ZVertriebsR 2016, 244 zu einem vermeintlichen widersprüchlichen Verhaltens eines Kfz-Lieferanten.

120 So zB BGH NJW 2007, 3493 für Kfz-Vertragshändler.

121 AA wohl EBJS/*Löwisch* Rn. 29.

122 *Thume* in Küstner/Thume VertriebsR-HdB I Kap. VIII Rn. 31; Staub/*Emde* Rn. 34; Röhricht/Graf v. Westphalen/Haas/*Thume* Rn. 19; Flohr/Wauschkuhn/*Wauschkuhn* Rn. 79.

dann, zu welchem Zeitpunkt eine vor Beginn des Handelsvertreterverhältnisses ausgesprochene Kündigung die Kündigungsfrist in Lauf setzt. Für das Arbeitsrecht vertritt das BAG[123] die Auffassung, dass bei fehlender Parteivereinbarung eine Vertragslücke vorliege, die nach den Grundsätzen der ergänzenden Vertragsauslegung zu schließen sei. Folglich sei darauf abzustellen, welche Regelung die Parteien getroffen hätten, wenn sie sich dieses Umstandes bewusst gewesen wären. Auf Grund der Interessenlage und unter Berücksichtigung der besonderen Umstände des Einzelfalls müsse ermittelt werden, ob ein Interesse an einer zumindest vorübergehenden Realisierung des Arbeitsvertrages gegeben sei. Dann werde die Kündigungsfrist erst mit Beginn des Vertragsverhältnisses in Lauf gesetzt. Ein solches Interesse fehle aber, wenn die Parteien die kürzest mögliche Kündigungsfrist vereinbart hätten oder das Arbeitsverhältnis zunächst nur zur Erprobung dienen sollte.

Die Interessenslage im Handelsvertreterrecht lässt regelmäßig darauf schließen, dass der **Lauf der Kündigungsfrist** bereits **mit Zugang der Kündigungserklärung** und nicht erst mit Beginn des Handelsvertreterverhältnisses beginnen soll.[124] Danach ist es möglich, dass die gesamte Kündigungsfrist vor dem Inkrafttreten des Vertragsverhältnisses liegt. Denn es würde den Handelsvertreter unzumutbar belasten, wenn er ein bereits gekündigtes Vertragsverhältnis antreten müsste, um nach einer relativ kurzen und kaum ertragreichen Einarbeitungszeit die Tätigkeit wieder aufzugeben.[125] Hinzu kommt, dass beim Handelsvertreter gerade in der ersten Vertragszeit häufig erhebliche Kosten anfallen, die in keinem Verhältnis zum Ertrag der Tätigkeit stehen.[126] Demgegenüber muss das Vertrauen des Unternehmers, dass das Vertragsverhältnis zum vereinbarten Zeitpunkt auch angetreten werde, zurückstehen. **50**

d) Teilkündigung. Die Teilkündigung eines einheitlichen Vertragsverhältnisses ist unwirksam, weil eine Kündigung nur das gesamte Rechtsverhältnis umfassen kann.[127] Es ist deshalb bei Vorliegen eines einheitlichen Vertragsverhältnisses unzulässig, den Vertrag in räumlicher oder gegenständlicher Hinsicht nur zum Teil zu kündigen (etwa in Bezug auf bestimmte Vertragsprodukte, Provisionen, Vertragsgebiete oder Standorte, von welchen aus der Handelsvertreter seine Tätigkeit zu erbringen hat). Der Vertragspartner kann das in der Teilkündigung liegende Angebot zur Vertragsänderung annehmen oder ablehnen; eine Teilkündigung ist im Zweifel ein Grund für den Gekündigten, seinerseits den Vertrag außerordentlich zu kündigen.[128] Allerdings können die Parteien von vorneherein mehrere voneinander unabhängige Verträge in räumlicher oder gegenständlicher Hinsicht abschließen. Dann liegt keine Teilkündigung vor, wenn nur ein Vertrag und nicht das gesamte Vertragsverhältnis gekündigt wird. Auch können sich die Parteien das Recht zur einseitigen Teilkündigung vertraglich vorbehalten,[129] wobei der Vereinbarung eines Teilkündigungsrechts in AGB nach § 307 BGB Grenzen gesetzt sind, weil ein solches Recht einem Änderungsvorbehalt gleichkommt.[130] Mit einer Teilkündigung (oder einem Änderungsvorbehalt) hat es aber nichts zu tun, wenn die Parteien ein Leistungsbestimmungsrecht zugunsten des Unternehmers nach § 315 BGB (in Bezug auf die Provision des Handelsvertreters) vereinbart haben und der Unternehmer dieses Recht dahingehend ausübt, dass er zeitabschnittsweise (zB monatlich, quartalsweise, jährlich, etc.) die Leistung festlegt. Denn es wird nicht **51**

---

[123] BAG AP BGB § 620 Nr. 4.
[124] S. nur Röhricht/Graf v. Westphalen/Haas/*Thume* Rn. 19 mwN.
[125] Staub/*Emde* Rn. 34.
[126] *Thume* in Küstner/Thume VertriebsR-HdB I Kap. VIII Rn. 34.
[127] BGH WM 1977, 589 (590); Baumbach/Hopt/*Hopt* Rn. 18; EBJS/*Löwisch* Rn. 28; Heymann/*Froitzheim* Rn. 38; *Thume* in Küstner/Thume VertriebsR-HdB I Kap. VIII Rn. 36; Röhricht/Graf v. Westphalen/Haas/*Thume* Rn. 16; Staub/*Emde* Rn. 25; aA OLG Bamberg NJW 1958, 1830; OLG Köln NJW-RR 2002, 602.
[128] BGH ZIP 2000, 138 (140); EBJS/*Löwisch* Rn. 28.
[129] AA Staub/*Emde* Rn. 25; zum Vorbehalt eines einseitigen Leistungsbestimmungsrechts in AGB vgl. BGHZ 93, 29 (34 f.).
[130] Vgl. hierzu nur BGH NJW 1984, 1182; 1985, 623 (628), NJW-RR 1988, 1077 (1080); NJW 2000, 515 (517 ff.).

eine **Vereinbarung** einseitig gekündigt oder abgeändert. Des Weiteren ist eine Kündigung möglich, wenn ein aus mehreren **selbständigen Teilverträgen** zusammengesetztes Gesamtvertragsverhältnis gekündigt wird. Dann liegt jedoch keine Teilkündigung, sondern die Kündigung eines selbständigen Rechtsverhältnisses vor.[131] Hierdurch darf jedoch die Rechtsstellung des Gekündigten nicht in sonstiger Weise beeinträchtigt werden.[132]

52 **e) Änderungskündigung.** Im Gegensatz zur Teilkündigung ist eine Änderungskündigung zulässig.[133] Die Änderungskündigung ist eine regelmäßig vom Unternehmer ausgesprochene Kündigung, mit welcher der Unternehmer dem Handelsvertreter zugleich die Fortsetzung des Vertragsverhältnisses zu geänderten Bedingungen anbietet.[134] Das Schweigen des Handelsvertreters auf ein solches Angebot kann nicht als Zustimmung angesehen werden.[135] Zur außerordentlichen Änderungskündigung s. → § 89a Rn. 62.

53 **f) Bedingte Kündigung.** Kündigungserklärungen, deren Wirksamkeit vom Eintritt einer aufschiebenden Bedingung abhängig gemacht wird, sind nicht grundsätzlich unzulässig. Eine bedingte Kündigung ist nur insoweit unzulässig, als der Kündigungsempfänger in eine ungewisse Lage versetzt wird. Dies ist der Fall, wenn der Eintritt der Bedingung vom Willen des Kündigenden abhängt. Liegt dagegen die Erfüllung der Bedingung allein in der Entscheidungsgewalt des Kündigungsempfängers, bestehen keine Bedenken gegen die bedingte Kündigung, da der Gekündigte den Eintritt der Bedingung jederzeit herbeiführen und damit eine Ungewissheit vermeiden kann.[136]

54 **3. Kündigungsfristen und Kündigungstermine.** In Abs. 1 sind sowohl die **Mindestkündigungsfristen** als auch die **Kündigungstermine** gesetzlich vorgeschrieben. **Abweichende Vereinbarungen** hiervon sind nach Abs. 2 und Abs. 1 S. 3 Hs. 2 möglich, soweit die gesetzlichen Kündigungsfristen nicht verkürzt werden.

55 **a) Gesetzliche Regelung.** Die **Kündigungsfrist** ist **nach** der gesetzlichen Regelung des **Abs. 1 S. 1 und 2 gestaffelt** und hängt von der bisherigen Dauer des Vertragsverhältnisses ab. Die Frist beträgt im ersten Jahr der Vertragsdauer einen Monat, im zweiten Jahr zwei Monate, im dritten bis fünften Jahr drei Monate und nach einer Vertragsdauer von fünf Jahren sechs Monate.

56 Die Erfüllung der **Vertragsdauer** erfordert das ununterbrochene Bestehen des Handelsvertretervertrags für diese Zeit, wobei jedoch eine tatsächliche Tätigkeit nicht erforderlich ist.[137] Für die Bemessung der Vertragsdauer kommt es nicht auf die Dauer des konkret bestehenden Vertrages, sondern auf das Handelsvertretervertragsverhältnis an sich an, was bei Kettenverträgen oder Vertragsänderungen durch Beendigung des Altvertrages und Abschluss eines Neuvertrages relevant ist.[138] Relevant ist also der Beginn des ersten Vertrages. Für die Vertragsdauer ist ferner nicht der Kündigungstermin, sondern der Zeitpunkt des Zugangs der Kündigungserklärung maßgebend.[139] Wird demnach ein zu Jahresbeginn begründetes Vertragsverhältnis im Dezember gekündigt, beträgt die Vertragsdauer weniger als ein Jahr und damit die Kündigungsfrist einen Monat.

---

131 BGH BB 1977, 964; BAG AP BGB § 611 Arzt-Krankenhaus-Vertrag Nr. 25 = BB 1991, 1268; Baumbach/Hopt/*Hopt* Rn. 18.

132 EBJS/*Löwisch* Rn. 27: unzulässige Beeinträchtigung ist insbes. durch Auswirkungen auf den Ausgleichsanspruch gem. § 89b möglich.

133 Baumbach/Hopt/*Hopt* Rn. 17; EBJS/*Löwisch* Rn. 29; Heymann/*Froitzheim* Rn. 39; Röhricht/Graf v. Westphalen/Haas/*Thume* Rn. 17.

134 Vgl. v. Hoyningen-Huene/Linck/*Linck* KSchG § 2 Rn. 4.

135 BGH DB 1955, 1085; Staub/*Emde* Rn. 4.

136 *Thume* in Küstner/Thume VertriebsR-HdB I Kap. VIII Rn. 39.

137 Baumbach/Hopt/*Hopt* Rn. 11; EBJS/*Löwisch* Rn. 47.

138 BGH NJW-RR 2002, 1554 für Ketten-Franchisevertrag; NJW-RR 2003, 98 für Ketten-Vertragshändlervertrag; EBJS/*Löwisch* Rn. 47.

139 Baumbach/Hopt/*Hopt* Rn. 11; EBJS/*Löwisch* Rn. 47.

aa) Kündigungsfrist. Die Kündigungsfrist beginnt mit dem **Zugang der Kündigungserklärung** beim Empfänger.[140] Nach § 187 BGB ist der Tag des Zugangs nicht mitzurechnen. Fällt der Beginn der Kündigungsfrist, zu welcher die Kündigung spätestens erklärt werden muss, auf einen Sonntag oder gesetzlichen Feiertag, findet § 193 BGB, wonach in derartigen Fällen an die Stelle eines solchen Tages der nächste Werktag tritt, keine Anwendung.[141] Denn § 193 BGB würde die Kündigungsfrist zu Lasten des Gekündigten verkürzen und dadurch gegen den Schutzzweck der Kündigungsfristen verstoßen. Wird die gesetzliche Frist nicht eingehalten, ist die Kündigung verspätet und das Vertragsverhältnis endet erst zum nächsten Kündigungstermin. Eine nochmalige Kündigung ist aber nicht erforderlich. 57

bb) Kündigungstermin. Als Kündigungstermin ist nach Abs. 1 S. 3 nur der **Schluss eines Kalendermonats** möglich. Die Kündigungsfrist muss also spätestens am Ende des jeweiligen Kalendermonats abgelaufen sein. Anderenfalls ist die Kündigung verspätet und als neuer Kündigungstermin gilt das nachfolgende Monatsende. 58

b) Abweichende Vereinbarungen. Die Vertragsparteien können durch **vertragliche Vereinbarungen** von den gesetzlich normierten Fristen und Terminen gemäß Abs. 1 S. 3 Hs. 2, Abs. 2 abweichen. Aufgrund der Vertragsfreiheit können die Parteien innerhalb der durch §§ 138, 242 BGB – und im Falle eines Formularvertrages innerhalb der durch § 307 BGB[142] – gezogenen Grenzen (auch) bei Verträgen auf unbestimmte Zeit das Recht zur ordentlichen Kündigung völlig ausschließen.[143] Zur Anwendbarkeit des § 624 BGB → Rn. 5. Im Übrigen ist zu unterscheiden: 59

aa) Kündigungsfrist. Die Vertragsfreiheit ist bei der Vereinbarung von Kündigungsfristen jedoch insoweit eingeschränkt, als die gesetzlichen Fristen **nur verlängert,**[144] nicht aber verkürzt werden dürfen. Vereinbaren die Parteien dennoch eine kürzere Frist, tritt entgegen der Regel des § 139 BGB nicht Gesamtnichtigkeit des Vertrags ein, da dies mit dem Schutzzweck von § 89 unvereinbar wäre; vielmehr gelten dann die in dieser Vorschrift enthaltenen Fristen.[145] Auch eine Verkürzung der Frist zugunsten des Handelsvertreters ist unzulässig. 60

Allerdings kann in **Standardverträgen** die Vereinbarung einer längeren Kündigungsfrist aufgrund von Besonderheiten ausnahmsweise zum Schutz des Handelsvertreters geboten sein,[146] wobei umgekehrt die Kündigungsfrist auch nicht zu lang bemessen sein darf.[147] Entsprechendes kann erst recht für formularmäßig vereinbarte Vertragshändler- und Franchiseverträgen gelten, da diese regelmäßig Investitionen zu tätigen haben und Risiken übernehmen, die ein Handelsvertreter typischerweise nicht tätigt bzw. trägt. Eine rasche Umstellung des Geschäftsbetriebes kann dem Vertragshändler/Franchisenehmer daher innerhalb der Fristen des § 89 nicht möglich bzw. zumutbar sein.[148] Die Annahme, dass eine analoge Anwendung des § 89 in Bezug auf die Kündigungsfristen, Rechtssicherheit böte, ist daher 61

---

140 Baumbach/Hopt/*Hopt* Rn. 14; Heymann/*Froitzheim* Rn. 30.

141 BGH NJW 2005, 1354; 1972, 2083; Heymann/*Froitzheim* Rn. 30; *Thume* in Küstner/Thume VertriebsR-HdB I Kap. VIII Rn. 27; KR/*Spilger* BGB § 622 Rn. 131; Staub/*Emde* Rn. 48.

142 Dazu zB OLG München NJW-RR 1997, 1057: In einem vorformulierten Handelsvertretervertrag kann mit dem Betreiber einer Tankstelle nicht vereinbart werden, dass dieser an den Vertrag gebunden ist, solange die Mineralölgesellschaft als Unternehmer von einer zeitlich unbegrenzten Verlängerungsmöglichkeit Gebrauch macht.

143 BGH DB 1995, 1560; Staub/*Emde* Rn. 69; EBJS/*Löwisch* Rn. 58; zu den Seefelder Maximen s. OLG Köln VersR 2006, 407.

144 Auch eine in AGB vereinbarte Kündigungsfrist von neun Monaten zum Ende jedes dritten Kalenderjahres soll zulässig sein, KG MDR 1997, 1041.

145 *Canaris* HandelsR § 15 Rn. 83; *Ebenroth,* Absatzmittlungsverträge im Spannungsverhältnis von Kartell- und Zivilrecht, 1980, 172 ff.; aA *Ulmer* FS Möhring, 1975, 316 f.

146 OLG Köln BeckRS 2013, 2968.

147 Zur Wirksamkeit einer formularmäßig vereinbarten Kündigungsfrist von zwölf Monaten in einem Franchisevertrag OLG Frankfurt ZVertriebsR 2015, 172; *Billing/Röschenkemper* ZVertriebsR 2015, 139.

148 S. zB für einen Kfz-Vertragshändlervertrag BGH GRUR 1995, 765.

trügerisch.[149] Allerdings müssen die Kündigungsfristen nicht so bemessen sein, dass das Vertragsverhältnis erst bei vollständiger Amortisation der geforderten Investitionen ordentlich beendet werden darf.[150] Eine Kündigungsfrist von sechs Monaten erscheint jedenfalls dann ausreichend zu sein, wenn eine zügige Umstellung auf andere Produkte ohne große finanzielle Risiken möglich ist.[151] Entsprechendes gilt für Vertriebspartner, die zwar nicht vergleichbar einem Handelsvertreter in die Absatzorganisation eingegliedert sind, die aber einem weitreichenden vertraglichen Wettbewerbsverbot unterliegen, ihren gesamten Geschäftsbetrieb auf den Vertrieb der Produkte des Herstellers ausgerichtet haben, der ihre alleinige Einkommensquelle bildet, und sie ihre gesamte Arbeitskraft über einen Zeitraum von ca. 15 Jahren hinweg in den Dienst des Unternehmers gestellt haben.[152] Während die überwiegende Rechtsprechung eine Kündigungsfrist von sechs Monaten in Motorrad-Vertragshändlerverträgen für ausreichend angesehen hat,[153] hat sie in Kfz-Vertragshändlerverträgen eine solche – insbesondere gestützt auf die seinerzeit gültigen Regelungen in der jeweiligen Gruppenfreistellungsverordnung – von zwölf Monaten für erforderlich erachtet.[154]

62 Werden die gesetzlichen Kündigungsfristen – individualvertraglich oder formularmäßig – verlängert, darf die Kündigungsfrist für den Unternehmer nicht kürzer sein als für den Handelsvertreter (Abs. 2 S. 1 Hs. 2). Vereinbaren die Parteien für den Unternehmer eine kürzere Kündigungsfrist als für den Handelsvertreter, gilt nach der Fiktion des Abs. 2 S. 2 die für den Handelsvertreter vereinbarte längere Kündigungsfrist auch für den Unternehmer. Damit soll eine Benachteiligung des Handelsvertreters vermieden werden. Dieser **Grundsatz der Fristenparität** wird zugunsten des Handelsvertreters **durchbrochen,** da nach dem klaren Wortlaut des Gesetzes die verlängerte Kündigungsfrist für eine Kündigung durch den Handelsvertreter kürzer sein kann als für eine Kündigung durch den Unternehmer.[155] Abs. 2 S. 2 ist lex specialis zu § 134 BGB.[156]

63 Ein Verstoß gegen die Vorschrift des Abs. 2 S. 1 Hs. 2 soll nach wohl hM nach ihrem Sinn und Zweck nicht nur dann gegeben sein, wenn für den Handelsvertreter längere Kündigungsfristen oder ungünstigere Kündigungstermine festgelegt werden als für den Unternehmer, sondern bereits dann, wenn die **Kündigung** des Handelsvertreters gegenüber der des Unternehmers **erschwert** ist. So soll eine vertragliche Rückzahlungspflicht des Handelsvertreters von empfangenen Provisionsvorschüssen gem. Abs. 2 S. 1 Hs. 2 iVm § 134 BGB unwirksam sein, wenn sie geeignet ist, den Handelsvertreter von der Kündigung des Vertrages abzuhalten.[157] Entsprechendes soll für einen mit Zugang der Kündigungserklärung verbundenen zukünftigen Wegfall von Boni, Prämien und sonstigen Zuschüssen für die Restlaufzeit des Vertrages gelten, wenn der Handelsvertreter bei ordentlicher Kündigung

[149] *Mesch* ZVertriebsR 2015, 8 (10).
[150] BGH NJW-RR 1995, 1260; OLG München NJW-RR 1995, 1137 (1139); OLG Köln NJW-RR 1995, 1140 (1141); OLG Stuttgart WuW/E OLG 2708 und 3415. Zum im Vertragshändlerrecht diskutierten Investitionsersatzanspruch vgl. nur OLG München BeckRS 2019, 4388 Rn. 98 ff.; *Emde* BB 2006, 1061 (1063) mwN; *Ströbl,* Änderungsvorbehalte in Kfz-Vertragshändlerverträgen, 2. Aufl. 2006, 129 ff.
[151] BGH NJW-RR 2003, 98 (99) mwN; *Mesch* ZVertriebsR 2015, 8; aA aber wohl Ulmer/Brandner/Hensen/*Ulmer/Schäfer* Bes. Vertragstypen Vertragshändlerverträge Rn. 33; Wolf/Lindacher/Pfeiffer/*Dammann* Klauseln Vertragshändlervertrag V Rn. 363.
[152] OLG Hamm ZVertriebsR 2017, 167; BeckRS 2016, 16768.
[153] OLG Düsseldorf NZKart 2020, 483, ähnlich auch OLG Schleswig Beschluss v. 12.6.2020 – 6 W 8/20-nv; aA OLG Frankfurt BeckRS 2001, 17509 (zw.).
[154] BGH GRUR 1995, 765; OLG Köln NJW-RR 1995, 1140 (1141); OLG Stuttgart NJW-RR 1990, 491.
[155] *Echert* NZA 1990, 384 (385); EBJS/*Löwisch* Rn. 59; Staub/*Emde* Rn. 74.
[156] Baumbach/Hopt/*Hopt* Rn. 30.
[157] Dazu OLG München ZVertriebsR 2017, 177 auch zur Pflicht zur Rückzahlung einer „Einarbeitungspauschale"; OLG Köln BeckRS 2016, 117533; OLG Koblenz FamRZ 2017, 277; OLG Oldenburg NJW-RR 2015, 1071 mAnm *Börner* GWR 2015, 251; ZVertriebsR 2014, 174; OLG Frankfurt BeckRS 2013, 4898 für kurzfristige Anschubfinanzierung; OLG Hamburg BeckRS 2000, 16777; OLG Karlsruhe BeckRS 2010, 20728; OLG Celle BeckRS 2009, 139936; LG Freiburg VertriebsR 2019, 251 (253); EBJS/*Löwisch* Rn. 48.

eine mehrjährige Kündigungsfrist einzuhalten hat.[158] Auch die Pflicht zur sofortigen Rückzahlung eines Darlehens im Falle der Beendigung des Handelsvertretervertrages kann dementsprechend unwirksam sein (s. hierzu auch → § 89a Rn. 89). Entscheidend soll immer sein, ob die an eine Vertragsbeendigung geknüpften finanziellen Nachteile im konkreten Einzelfall von solchem Gewicht sind, dass sie zu einem gemäß Abs. 2 S. 1 Hs. 2 iVm § 134 BGB unwirksamen Kündigungserschwernis führen.[159] Dogmatisch begründet wird die Einordnung der Fallgruppe damit, dass Abs. 2 S. 1 2. Hs. verhindern soll, dass der Handelsvertreter einseitig in seiner Entschließungsfreiheit beschnitten wird. Eine solche einseitige Beschränkung der Entschließungsfreiheit könne sich nicht nur mittelbar durch die Vereinbarung ungleicher Kündigungsfristen, sondern auch mittelbar dadurch ergeben, dass an die Kündigung des Handelsvertreters erschwerende Nachteile geknüpft werden. Dogmatisch dürften aber §§ 138, 242 BGB und – bei Standardverträgen – § 307 BGB besser passen. Im Übrigen wird dem Handelsvertreter schon von Gesetzes wegen abverlangt, die wirtschaftlichen Folgen einer Eigenkündigung abzuwägen (§ 89b Abs. 3 Nr. 1).

Hatten die Parteien eines Kfz-Vertragshändlervertrages gem. Art. 3 Abs. 5 VO (EG) 1400/ 64
2002 aF ein Sonderkündigungsrecht des Unternehmers zur Kündigung mit verkürzter Frist binnen Jahresfrist (statt regelmäßig von zwei Jahren) vereinbart für den Fall, dass die Notwendigkeit besteht, das Vertriebsnetz ganz oder teilweise umzustrukturieren **(Strukturkündigung),** galt § 89 Abs. 2 nicht.[160] Auch wenn Art. 3 Abs. 5 VO 1400/2002 nicht mehr gilt und die aktuelle VO (EU) 330/2010 (Vertikal-GVO) eine entsprechende Regelung nicht enthält, gilt heute nichts anderes, wenn die Parteien ein solches Sonderkündigungsrecht zugunsten des Unternehmers vereinbart haben, weil insoweit im Code of Conduct[161] die Wertungen des früheren Art. 3 Abs. 5 VO (EG) 1400/2002 fortgeführt werden.

bb) Kündigungstermin. Vereinbarungen über den Kündigungstermin sind gem. 65
Abs. 1 S. 3 unbeschränkt möglich, soweit die Kündigungsfrist gewahrt bleibt. So kann beispielsweise vereinbart werden, dass die Kündigung statt zum Kalendermonatsende zur Monatsmitte oder zum Quartalsende erfolgen muss.[162] Vereinbarungen über die Kündigungsfrist beinhalten nicht ohne weiteres auch Vereinbarungen über den Kündigungstermin. Haben die Parteien lediglich die Kündigungsfrist geändert, ohne eine Absprache über einen anderen Termin zu treffen, ist als gesetzlicher Termin der Schluss des Kalendermonats maßgebend. **Abs. 2** betrifft nur die Kündigungsfristen und ist deshalb auf Kündigungstermine **nicht anwendbar.** Von daher können auch für Unternehmer und Handelsvertreter unterschiedliche Kündigungstermine vereinbart werden[163] – auch wenn dies meist nicht praktikabel ist. Für Arbeitsverhältnisse gilt § 89 Abs. 2 analog.[164]

4. Folgen der Kündigung. a) Vertragsverhältnis während der Kündigungsfrist. 66
Das Vertragsverhältnis zwischen Unternehmer und Handelsvertreter besteht während der Kündigungsfrist in vollem Umfang fort. Die Rechte und Pflichten der Parteien bleiben grundsätzlich unberührt. Allerdings kann das bevorstehende Ende des Vertragsverhältnisses zu einigen Modifikationen führen.

aa) Wettbewerbsverbot. Das Wettbewerbsverbot bleibt nach der Kündigung grund- 67
sätzlich bestehen.[165] Jedoch darf der Handelsvertreter Kontakte zu anderen Unternehmern,

[158] BGH BB 2016, 18 Rn. 27 mAnm *Thies*; *Emde* EWiR 2016, 173; *Schröder* GWR 2016, 29; in Abgrenzung zu BGH NJW 1994, 1060 (1065) zB auch OLG Oldenburg ZVertriebsR 2015, 247 Rn. 18 f.; LG München ZVertriebsR 2019, 190; Oetker/*Busche* Rn. 24.

[159] BGH BB 2016, 18; Oetker/*Busche* Rn. 24; BAG DB 2003, 1633 verneint für Rückzahlungspflicht für Kosten für die allgemeine Ausbildung des Handelsvertreters; LG München ZVertriebsR 2019, 190 verneint für den Wegfall finanzieller Zuschüsse bei einer dreimonatigen Kündigungsfrist.

[160] BGH NJW 2009, 3646; s. hierzu auch *Reimann/Ströbl* BB 2008, 1467; aA *Emde* EWiR 2008, 497.

[161] www.acea.be/uploads/news_documents/20100906_BER_code_of_conduct.pdf

[162] Baumbach/Hopt/*Hopt* Rn. 27.

[163] EBJS/*Löwisch* Rn. 59; aA Baumbach/Hopt/*Hopt* Rn. 27.

[164] BAG NJW 2005, 3230; Baumbach/Hopt/*Hopt* Rn. 29.

[165] BGH NJW-RR 2003, 981 = LMK 2003, 186 mAnm *v. Hoyningen-Huene*; für den Franchisenehmer OLG Oldenburg OLGR 2008, 24; *Gräfe* ZVertriebsR 2013, 362.

auch Konkurrenten seines Vertragspartners, knüpfen, um einen neuen Auftraggeber zu finden.[166] Ebenso darf sich der Unternehmer einen Nachfolger für den gekündigten Handelsvertreter suchen, er kann diesen auch schon vor Ende der Kündigungsfrist einsetzen, sofern nicht Exklusivitätsrechte des Handelsvertreters entgegenstehen oder der Einsatz treuwidrig ist (→ Rn. 76).[167] Es gelten keine höheren Anforderungen als in einem ungekündigten Vertragsverhältnis.

68 **bb) Information von Kunden.** Die Parteien dürfen unter Beachtung der datenschutzrechtlichen und wettbewerbsrechtlichen Bestimmungen die Kunden sachlich und wahrheitsgemäß über die bevorstehende Beendigung des Handelsvertretervertragsverhältnisses informieren.[168] Offen ist der Zeitpunkt, wann der Unternehmer die Kunden hiervon unterrichten darf. Diese Frage ist unter Berücksichtigung der wechselseitigen Interessen im Einzelfall zu beantworten, sofern hierzu eine vertragliche Regelung nicht getroffen ist.[169] Eine Information ein bis zwei Monate vor Beendigung des Vertragsverhältnisses dürfte in der Regel angemessen sein. Keinesfalls dürfen die Parteien sich nachteilig über den jeweiligen Vertragspartner äußern.[170] Der Handelsvertreter darf zudem sein „Verabschiedungsschreiben“ nicht dazu missbrauchen, nach Möglichkeit Kunden des Unternehmers abzuwerben, indem er direkt oder indirekt auf seine zukünftige Tätigkeit als Wettbewerber oder für einen Wettbewerber hinweist.[171]

69 **cc) Freistellungsprobleme.** In der Praxis behält sich der Unternehmer im Handelsvertretervertrag oft das Recht vor, den Handelsvertreter während des Laufs der Kündigungsfrist von jeder Tätigkeit freizustellen.[172] Im Gegensatz zu einer vorzeitigen einvernehmlichen Vertragsbeendigung wird bei der Freistellung das Vertragsverhältnis fortgesetzt und nur die Pflicht des Handelsvertreters zur Vermittlung oder zum Abschluss von Verträgen suspendiert.

70 Die geschuldete vertragsgemäße **Vergütung** bleibt im Zweifel von der Freistellung unberührt,[173] soweit nicht etwas anderes wirksam vereinbart wurde und die Ansprüche dem Handelsvertreter unabhängig von einer im Einzelfall ausgeübten konkreten Tätigkeit zustehen. Dies kann beispielsweise für die Provision aus Nachbestellungen von Kunden, die der Handelsvertreter als Kunde für Geschäfte gleicher Art geworben hat (§ 87 Abs. 1 S. 1 Alt. 2) und für die Bezirksprovision gem. § 87 Abs. 2 gelten.

71 Zumindest in **Individualvereinbarungen** können die Parteien wirksam vereinbaren, dass dem Handelsvertreter im Falle der Freistellung keine Provisionsansprüche zustehen. Haben die Parteien nur das Recht des Unternehmers zur Freistellung des Handelsvertreters vorgesehen, nicht aber Provisions- oder Entschädigungsansprüche des Handelsvertreters geregelt, ist davon auszugehen, dass ihm solche auch nicht zustehen sollen. Nach gegenteiliger Auffassung[174] darf die Freistellung den Handelsvertreter nicht benachteiligen; dieser müsse vielmehr so gestellt werden, wie er ohne Freistellung stehen würde. Da nach § 89 die beiderseitigen Rechte und Pflichten bis zur Beendigung des Vertragsverhältnisses nicht

[166] OLG Karlsruhe IHR 2018, 81 Rn. 80; EBJS/*Löwisch* Rn. 52; Staub/*Emde* Rn. 51; für den Franchisenehmer OLG Oldenburg OLGR 2008, 24.

[167] Vgl. dazu Baumbach/Hopt/*Hopt* Rn. 25; EBJS/*Löwisch* Rn. 52; Staub/*Emde* Rn. 51.

[168] EBJS/*Löwisch* Rn. 52; *Gräfe* ZVertriebsR 2013, 362 (364).

[169] Zur Abwägung OLG Düsseldorf BB 2012, 2656; Flohr/Wauschkuhn/*Teichmann* Rn. 37 f.; *Gräfe* ZVertriebsR 2013, 362 (364).

[170] EBJS/*Löwisch* Rn. 52.

[171] BGH NJW 2004, 2385; *Höld* NJW 2016, 2774 (2775).

[172] *Thume* in Küstner/Thume VertriebsR-HdB I Kap. VIII Rn. 86; nach GK-HGB/*Genzow* Rn. 28 ist der Unternehmer nur ausnahmsweise dazu berechtigt, den Handelsvertreter freizustellen.

[173] *Thume* in Küstner/Thume VertriebsR-HdB I Kap. VIII Rn. 88 ff.; Röhricht/Graf v. Westphalen/Haas/*Thume* Rn. 22; *Gräfe* ZVertriebsR 2013, 362 (363).

[174] *Thume* in Küstner/Thume VertriebsR-HdB I Kap. VIII Rn. 89 ff.; EBJS/*Löwisch* Rn. 55; Baumbach/Hopt/*Hopt* Rn. 16; Flohr/Wauschkuhn/Wauschkuhn Rn. 108; strenger Staub/*Emde* Rn. 52 (Ausgleich aller finanziellen Nachteile, nicht nur Zubilligung einer meist geringeren Karenzentschädigung entsprechend § 90a Abs. 1).

entfallen dürfen, verstoße der Verlust der Vergütungsansprüche des Handelsvertreters gegen diese Norm. Dem ist entgegenzuhalten, dass die Parteien auf Grund ihrer Vertragsfreiheit berechtigt sind, von § 89 abweichende Regelungen zu treffen. Wenn schon die einvernehmliche Vertragsbeendigung vor Ablauf der Kündigungsfrist grundsätzlich zulässig ist, müssen erst recht die einvernehmliche Freistellung und ein etwaiger damit verbundener Verzicht auf weitere Provisionsansprüche bzw. Entschädigungsansprüche zulässig sein. Die Freistellung entbindet den Handelsvertreter lediglich von seiner Tätigkeitspflicht für den Unternehmer; sie enthält keine Aussage zu einem etwaigen Wettbewerbsverbot für Konkurrenzunternehmen und erst recht nicht zu einem allgemeinen Tätigkeits- oder Berufsverbot des Handelsvertreters. Insoweit bleibt es bei den vertraglichen Regelungen. So kann es je nach vertraglicher Gestaltung zulässig sein, dass der Handelsvertreter eine Konkurrenztätigkeit fortführt oder eine solche während der Freistellung erstmals aufnimmt. Selbst wenn dem Handelsvertreter eine Konkurrenztätigkeit während der Laufzeit des Vertragsverhältnisses untersagt ist, entspricht es der Privatautonomie, dass die Parteien eine Freistellung für die Laufzeit der Kündigungsfrist ohne eine Provisions- bzw. Entschädigungspflicht individualvertraglich wirksam vereinbaren können.

In **AGB-Verträgen** kann das Recht des Unternehmers zur Freistellung nur dann 72 wirksam vereinbart werden, wenn der Unternehmer ein berechtigtes Interesse an einem solchen hat und den Handelsvertreter angemessen entschädigt. Ein berechtigtes Interesse wird regelmäßig darin zu sehen sein, dass der Unternehmer sich davor schützen möchte, dass der Handelsvertreter den von ihm betreuten Kundenstamm „mitnimmt" und einem Konkurrenzunternehmen zuführt.[175] Ein berechtigtes Interesse liegt auch dann vor, wenn der Unternehmer sich vor einem etwaigen fortgesetzten schädigenden Verhalten des Handelsvertreters schützen möchte. Angemessen ist jedenfalls eine Entschädigung, die – zeitanteilig – der durchschnittlichen Provision der letzten zwölf Monate entspricht.[176] Indes ist eine Entschädigung auch dann noch angemessen, wenn nach der Klausel ein angemessener Abzug für ersparte Aufwendungen vorgenommen werden soll. Nach dem BGH darf zudem das Zusammenspiel einer Freistellungsregelung für die Laufzeit der Kündigungsfrist und einer nachvertraglichen Wettbewerbsabrede nach § 90a nicht zu einer Wettbewerbsbeschränkung führen, die über die zulässige Höchstdauer von zwei Jahren des § 90a Abs. 2 hinausgeht.[177] Die Entschädigungspflicht ist davon unabhängig, ob der Handelsvertreter seine Leistungen anbietet.[178]

Fehlen entsprechende vertragliche Vereinbarungen, ist der **Unternehmer zu einer** 73 **einseitigen Freistellung** des Handelsvertreters nach der hL **nicht berechtigt.**[179] Der BGH hat diese Frage indes offengelassen.[180] Streitig ist zudem, ob der Unternehmer auch dann nicht zu einer einseitigen Freistellung berechtigt ist, wenn er von einer an sich berechtigten außerordentlichen Kündigung absieht.[181] Im Falle einer vom Unternehmer erklärten außerordentlichen Kündigung mit Auslauffrist ist der Unternehmer indes unstreitig zur einseitigen Freistellung berechtigt.[182] Folgt man der jeweiligen Ansicht, wonach der Unternehmer zu einer einseitigen Freistellung nicht berechtigt ist, gilt Folgendes: Spricht der Unternehmer eine Freistellung aus, gerät er nach einem Widerspruch des Handelsvertreters in Annahmeverzug nach §§ 295, 296 BGB. Der Handelsvertreter ist dann so zu stellen, wie er ohne die vertragswidrige Freistellung stehen würde. Jedoch muss er sich nach § 615 S. 2 BGB auf seinen Provisionsanspruch ersparte Aufwendungen anrechnen lassen. Soweit der

---

175 BGH NJW 1995, 1552 (1553).

176 BGH NJW 1995, 1552 (1553); strenger Staub/*Emde* Rn. 52: Ausgleich aller finanziellen Nachteile, nicht nur Zubilligung einer meist geringeren Karenzentschädigung entspr. § 90a Abs. 1.

177 BGH NJW 1995, 1552 (1553).

178 OLG München WM 2011, 1625 (1627); *Emde* BB 2012, 3087 (3092); EBJS/*Löwisch* 54.

179 *Thume* in Küstner/Thume VertriebsR-HdB I Kap. VIII Rn. 99; Staub/*Emde* Rn. 52; aA EBJS/*Löwisch* Rn. 54.

180 BGH NJW 2015, 3373 Rn. 35.

181 EBJS/*Löwisch* Rn. 53, Staub/*Emde* Rn. 68.

182 Baumbach/*Hopt* Rn. 25.

BGH[183] eine Anrechnung von ersparten Aufwendungen verneint hat, betraf dies nur die tätigkeitsunabhängigen Provisionen eines Bezirksvertreters. Auch kann der Handelsvertreter zur außerordentlichen Kündigung berechtigt sein; indes ist jedoch eine Abmahnung nicht von vorneherein entbehrlich, da nicht per se ausgeschlossen werden kann, dass der Unternehmer im Falle einer Abmahnung zu einem vertragsgemäßen Verhalten zurückkehrt (etwa weil er rechtsirrtümlich einseitig den Handelsvertreter freigestellt hat).[184] Die einseitige Freistellung ohne eine finanzielle Entschädigung stellt jedenfalls auch nach dem BGH einen begründeten Anlass iSd § 89b Abs. 3 Nr. 1 dar.[185] Eine vertragswidrige einseitige Freistellung begründet nicht das Recht des Handelsvertreters, sich seinerseits vertragswidrig zu verhalten. Dementsprechend darf er nun nicht plötzlich zB den Interessen des Unternehmers zuwider handeln oder für ein Konkurrenzunternehmen tätig werden, wenn ihm dies zuvor untersagt war.[186]

74 **dd) Provisionsrechtliche Fragen.** Geschäfte, die zwar vor der Beendigung des Handelsvertreterverhältnisses abgeschlossen werden, aber erst nachher zur Ausführung kommen, begründen gem. § 87 Abs. 1 Provisionsansprüche zugunsten des Handelsvertreters, auch wenn dieser bereits ausgeschieden ist. Jedoch können die Vertragspartner einen Anspruch auf solche **Überhangprovisionen** durch Individualvereinbarung ausschließen. Allerdings sind die zwingenden Vorschriften des § 87a Abs. 3 und Abs. 5 zu beachten; umfasst der vertragliche Ausschluss auch zwingende Provisionsansprüche, ist der Ausschluss unwirksam. Nicht höchstrichterlich geklärt ist indes, ob ein solcher **Provisionsausschluss** auch in **AGB** zulässig ist (zum Ganzen → § 87 Rn. 69).

75 **ee) Offenbarungspflicht des Handelsvertreters.** Eher zweifelhaft ist, ob sich aus § 86 eine Informationspflicht des Handelsvertreters dergestalt ergibt, dass er während der laufenden Kündigungsfrist verpflichtet ist, den Unternehmer ungefragt über seine Absicht zu informieren, nach der Beendigung des Vertragsverhältnisses für ein Konkurrenzunternehmen tätig zu werden.[187] Damit muss der Unternehmer jedoch ohnehin rechnen. Allerdings ist der Handelsvertreter auf ausdrückliche Nachfrage des Unternehmers zur wahrheitsgemäßen Mitteilung verpflichtet, in Zukunft für ein Konkurrenzunternehmen tätig werden zu wollen.[188] Eine Offenbarungspflicht kann indes (auch in AGB) vertraglich vereinbart werden. Durch diese Offenbarungspflicht soll dem Unternehmer die Möglichkeit eingeräumt werden, den Einsatz des Handelsvertreters in der Zeit bis zum Vertragsende so zu gestalten, dass der Handelsvertreter aus der bisherigen Tätigkeit einen möglichst geringen Nutzen für das Konkurrenzunternehmen erzielen kann, ohne dabei jedoch die gegenüber dem Handelsvertreter bestehenden Rücksichtnahme- und Treuepflichten nach § 86a zu verletzen.

76 **ff) Sonstige Rechte und Pflichten.** Soweit der Handelsvertreter nicht seine Pflichten aus dem Handelsvertretervertrag erfüllt, hat er alles zu unterlassen, was den Unternehmer den Einsatz eines Nachfolgevertreters erschweren kann.[189] Umgekehrt ist es dem **Unternehmer nicht erlaubt,** wegen des bevorstehenden Vertragsendes die vom Handelsvertreter **vermittelten Geschäfte insgesamt abzulehnen.** Zwar darf der Unternehmer die vom Handelsvertreter vermittelten Geschäfte grundsätzlich frei ablehnen. Die kaufmännische Entschließungsfreiheit ist aber begrenzt durch das Verbot, den Handelsvertreter willkürlich oder absichtlich zu schädigen. Gegen diese sich aus § 86 ergebende Pflicht verstößt der Unternehmer, wenn er die vom gekündigten Handelsvertreter vermittelten Geschäfte nur

---

183 BGH NJW 1959, 1490; NJW-RR 1992, 1059.
184 AA EBJS/*Löwisch* Rn. 53.
185 BGH NJW 2015, 3373 Rn. 35.
186 AA EBJS/*Löwisch* Rn. 53.
187 So wohl auch OLG München ZVertriebsR 2017, 196; Baumbach/Hopt/*Hopt* § 86 Rn. 42; Oetker/*Busche* § 86 Rn. 35; *Thume* in Küstner/Thume VertriebsR-HdB I Kap. VIII Rn. 110; jedenfals im konkreten Fall verneinend OLG Karlsruhe IHR 2018, 81 Rn. 80.
188 EBJS/*Löwisch* § 89 Rn. 52; Staub/*Emde* § 86 Rn. 157.
189 Staub/*Emde* § 86 Rn. 69.

ablehnt, um dessen Nachfolger eine günstige Startposition zu verschaffen. Der Unternehmer darf indes einen anderen Handelsvertreter zur Bearbeitung des Vertragsgebiets bestellen, sofern dem Handelsvertreter kein Exklusivitätsrecht eingeräumt wurde. Ein solches darf nicht mit dem Bezirks- oder Kundenkreisschutz nach § 87 Abs. 2 verwechselt werden. Genießt der Handelsvertreter Bezirks- oder Kundenkreisschutz, stehen ihm Provisionsansprüche zu, wenn der neu eingesetzte Handelsvertreter während der Restlaufzeit des Vertrages Geschäfte für den Unternehmer vermittelt oder abschließt; dem Unternehmer ist es aber nicht untersagt, während des Vertragsverhältnisses andere Handelsvertreter in den Bezirk bzw. für die jeweiligen Kunden einzusetzen (→ zur Abgrenzung zur Alleinvertretung → § 87 Rn. 80).

Im Gegensatz zu gekündigten Arbeitsverhältnissen muss der Unternehmer aber dem Handelsvertreter **keine Freizeit zur Stellensuche** gewähren, da der Handelsvertreter seine Arbeitszeit frei gestalten kann. § 629 BGB greift deshalb nicht ein. 77

Verletzt eine Vertragspartei in der Zeit zwischen Kündigung und Vertragsbeendigung ihre vertraglichen Pflichten so schwerwiegend, dass ein wichtiger Grund vorliegt und die Fortsetzung des Vertragsverhältnisses bis zum Vertragsende (ggf. nach vorheriger Abmahnung) nicht zumutbar ist, kann das Vertragsverhältnis durch **fristlose Kündigung** vorzeitig beendet werden (s. auch → § 89 Rn. 16 f.). Eine ordentliche Kündigung kann aber nicht durch Nachschieben eines wichtigen Grundes zu einer fristlosen Kündigung umgestaltet werden.[190] 78

b) Folgen der Vertragsbeendigung. Nach der Vertragsbeendigung muss der Handelsvertreter alle ihm vom Unternehmer zur Ausübung seiner Tätigkeit überlassenen **Unterlagen herausgeben,** soweit sie nicht bestimmungsgemäß verbraucht sind (→ § 86 Rn. 55 f.).[191] Diese im Handelsvertreterrecht nicht unmittelbar geregelte Herausgabepflicht ergibt sich aus der subsidiär anwendbaren Bestimmung des § 667 BGB.[192] Zu den herausgabepflichtigen Unterlagen zählen insbesondere die dem Handelsvertreter vom Unternehmer gem. § 86a Abs. 1 zur Ausübung seiner Tätigkeit anvertrauten Gegenstände wie Muster, Zeichnungen, Preislisten, Werbedrucksachen und Geschäftsbedingungen. Ebenso hat der Handelsvertreter alle gespeicherten kundenbezogenen Daten und die Kundenkartei herauszugeben. Dies gilt sowohl für die vom Unter nehmer bei Vertragsbeginn zur Verfügung gestellte Kundenkartei als auch für die vom Handelsvertreter während seiner Vermittlungstätigkeit selbst aufgebaute Kartei, da § 667 BGB nicht nur das erfasst, was der Beauftragte zur Ausführung des Auftrags erhalten hat, sondern auch das, was er aus der Geschäftsbesorgung erlangt hat.[193] Ein **Zurückbehaltungsrecht** bzw. ein Recht, dem Unternehmer die Nutzung der Kundendaten bis zur Zahlung des Ausgleichs nach § 89b zu verbieten, steht ihm nicht zu (→ § 88a Rn. 8; → § 89b Rn. 27). 79

Des Weiteren begründet die Beendigung des Handelsvertreterverhältnisses die in § 90 normierte **nachvertragliche Pflicht** des Handelsvertreters, die Geschäfts- und Betriebsgeheimnisse, die ihm anvertraut oder als solche durch seine Tätigkeit für den Unternehmer bekannt geworden sind, nicht zu verwerten oder anderen mitzuteilen, soweit dies nach den gesamten Umständen der Berufsauffassung eines ordentlichen Kaufmanns widersprechen würde (zu den Einzelheiten vgl. Kommentierung zu § 90). 80

Dagegen ist der Handelsvertreter vorbehaltlich einer entsprechenden vertraglichen Regelung (§ 90a) nicht an einer **nachvertraglichen Wettbewerbstätigkeit** gehindert. Diese darf jedoch nicht gegen die im UWG bzw. die im GeschGehG normierten Grenzen verstoßen (zu Einzelheiten → § 90a Rn. 1 ff.). 81

---

190 BAG AP BetrVG 1972 § 102 Nr. 39; OLG Nürnberg BB 1957, 561; Flohr/Wauschkuhn/*Wauschkuhn* Rn. 119.

191 Baumbach/Hopt/*Hopt* Rn. 26; *Thume* in Küstner/Thume VertriebsR-HdB I Kap. VIII Rn. 149.

192 BGH BB 1993, 1105; Staub/*Emde* § 86 Rn. 42 ff.

193 AA *Thume* in Küstner/Thume VertriebsR-HdB I Kap. VIII Rn. 149.

82 Auf die **Erteilung eines Zeugnisses** hat der Handelsvertreter keinen Anspruch.[194] Dies gilt auch für den „Einfirmenhandelsvertreter" nach § 92a.[195]

83 Wichtigste Folge der Beendigung ist das Entstehen eines **Ausgleichsanspruchs** nach § 89b (vgl. → § 89b Rn. 1 ff.).

84 Bei Beendigung eines Vertragshändlervertrages können auch nachvertragliche Ansprüche des Vertragshändlers auf **Rückkauf von Vertragswaren** nach § 242 BGB gegeben sein, wenn und soweit der Vertragshändler zur Lagerhaltung vertraglich verpflichtet war.[196] Solche Ansprüche können indes – auch in AGB – zeitlich und gegenständlich eingeschränkt werden.[197] Demgegenüber hat der Vertragshändler bei Beendigung des Vertragshändlerverhältnisses grundsätzlich keinen Anspruch darauf, dass der Hersteller solche Gegenstände zur sachlichen Ausstattung seines Geschäftsbetriebes zurückkauft, die er zum Betreiben seines Geschäfts aufgrund einer vertraglichen Vereinbarung anschaffen musste.[198] Ein **Investitionsersatzanspruch** steht dem Vertragshändler idR nicht zu.[199]

85 **5. Kündigung fortgesetzter Zeitverträge.** Wird ein auf eine bestimmte Zeit eingegangenes Vertragsverhältnis nach Abschluss der vereinbarten Laufzeit von beiden Teilen fortgesetzt, gilt es gem. **Abs. 3** als auf unbestimmte Zeit verlängert. Eine beiderseitige Fortsetzung liegt bereits vor, wenn der Handelsvertreter nach Ablauf der Vertragszeit seine Tätigkeit fortsetzt und der Unternehmer nicht unverzüglich widerspricht, sobald er davon Kenntnis erhält.[200]

86 Das auf unbestimmte Zeit verlängerte Vertragsverhältnis kann nunmehr durch Kündigung oder einvernehmlich beendet werden. Die **Kündigungsfristen** für die ordentliche Kündigung berechnen sich dabei nicht nach der Dauer der Fortsetzung, sondern nach der Gesamtdauer ab Beginn des Vertragsverhältnisses. Eine Trennung zwischen Zeitvertrag und unmittelbar anschließendem unbefristetem Vertrag würde zu einer nicht sachgemäßen Aufspaltung des einheitlichen Vertragsverhältnisses führen.

87 § 89 Abs. 3 gilt nicht (auch nicht analog), wenn einzelne Regelungen des Vertrages – wie zB Provisionsregelungen – zeitlich befristet vereinbart wurden und der Handelsvertretervertrag insgesamt nach Ablauf der Frist von beiden Teilen fortgesetzt wird. § 89 Abs. 3 gilt nur für den Handelsvertretervertrag in seiner Gesamtheit und nicht für einzelne Bestimmungen; ansonsten würde man den in der Befristung zum Ausdruck kommenden Interesse des Unternehmers nicht gerecht werden, nach Ablauf der Frist flexibel auf Marktentwicklungen reagieren und neue bzw. andere vertriebspolitische Ziele verfolgen bzw. Schwerpunkte anders setzen zu können. Die Altregelungen gelten mit Ablauf der Frist also nicht fort.[201] Für die Beurteilung der Frage, was nach Beendigung der ausgelaufenen Regelung gelten soll, gelten die allgemeinen Grundsätze unter besonderer Berücksichtigung des vertraglich Vereinbarten (zB Neuverhandlungsklauseln, etc). Können sich die Parteien im Falle des Auslaufens einer befristeten Vergütungsregelung nicht auf eine neue Vergütungsregelung für die Zeit nach Fristablauf einigen und wurde für diesen Fall keine Regelung getroffen, gilt bei Handelsvertretern § 87b Abs. 1; im Vertragshändlerrecht steht dem Unternehmer das Recht zu, seine Verkaufspreise gegenüber dem Händler für den Bezug der Vertragswaren einseitig festzusetzen, wobei er aufgrund seiner Treue- und Rücksichtnahmepflichten gehalten ist sicherzustellen, dass dem Händler eine angemessene Gewinnspanne verbleibt → § 87 Rn. 11.

---

194 OLG Celle BB 1967, 775.

195 MüKoBGB/*Henssler* BGB § 630 Rn. 9; aA Baumbach/Hopt/*Roth* GewO § 109 Rn. 3; Staudinger/*Preis*, 2019, BGB § 630 Rn. 3.

196 Grdl. BGHZ 54, 338 (343 ff.) = NJW 1971, 29; s. auch OLG Düsseldorf BeckRS 2018, 38606.

197 Vgl. nur BGH NJW-RR 2005, 1496 (1502 ff.); NJW 1995, 524; 1994, 1060 (1066 f.); NJW-RR 1988, 1077; OLG Frankfurt 19.12.2006 – 5 U 124/05, nv; zum Ganzen *Kleinmann/Siegert* BB 2006, 785; *Wauschkuhn* ZVertriebsR 2019, 148.

198 OLG Frankfurt BB 1982, 209 für Spezialwerkzeug, das ein Kfz-Vertragshändler anschaffen musste.

199 Vgl. nur OLG München BeckRS 2019, 4388 Rn. 98 ff., *Emde* BB 2006, 1061 (1063) mwN; *Ströbl*, Änderungsvorbehalte in Kfz-Vertragshändlerverträgen, 2. Aufl. 2006, 129 ff.

200 BGH NJW-RR 2005, 762; Baumbach/Hopt/*Hopt* Rn. 21; EBJS/*Löwisch* Rn. 25; Staub/*Emde* Rn. 43; GK-HGB/*Genzow* Rn. 33.

201 OLG Schleswig BeckRS 2013, 12655; aA OLG Köln BeckRS 2012, 19381.

IV. Vereinbarungen über die Laufzeit bei Zeitverträgen

§ 89 sowie die §§ 84 ff. enthalten keine Regelung zu Mindestlaufzeiten von Handelsvertreterverträgen. Von daher sind in **Individualvereinbarungen** Regelungen zur Laufzeit in den Grenzen der §§ 138, 242 BGB unproblematisch.[202] Zur Vereinbarung eines Handelsvertreterverhältnisses auf Lebenszeit → § 89 Rn. 5 und 42. 88

In **AGB** sind Laufzeiten von zehn Jahren und mehr hingegen zum Schutz der Entschließungs- und wirtschaftlichen Bewegungsfreiheit nur ausnahmsweise statthaft. So hat der BGH entschieden, dass eine in AGB vereinbarte Laufzeit einer Bierbezugsverpflichtung von zehn Jahren den Gastwirt jedenfalls im Regelfall nicht unangemessen benachteiligt.[203] Grund dafür war, dass der Regelfall einer langjährigen Bierbezugsbindung dadurch gekennzeichnet ist, dass dem Gastwirt im Zusammenhang mit einem derartigen Bierlieferungsvertrag regelmäßig ein Darlehen in erheblicher Höhe zur Verfügung gestellt wird, das dem Aufbau oder der Fortführung der Gastwirtschaft dient und das durch den kontinuierlichen Getränkebezug amortisiert wird. Aus ähnlichen Erwägungen sind Laufzeiten von 10, 20 und 25 Jahren in formularmäßig vereinbarten Tankstellen-Stationärverträgen dann gerechtfertigt, wenn die Mineralölgesellschaften langfristig erhebliches Kapital einsetzen, um die Tankstelle zu errichten und auszugestalten, sei es, dass die Mineralölgesellschaft selbst die erforderlichen Einrichtungen schafft und dem Stationär zur Verfügung stellt, sei es, dass sie diesem zur Einrichtung der Tankstelle ein langfristiges Darlehen gewährt. In allen diesen Fällen ist das investierte Kapital in der Regel nach und nach aus den Tankstelleneinnahmen zu tilgen. Das macht eine langfristige Bindung des Stationärs an den Vertrag und die Mineralölgesellschaft erforderlich. Denn nur dann erhält diese die Gewähr, dass sich ihr Kapital im Laufe der Zeit aus den Gewinnen der Tankstelle verzinst und amortisiert.[204] Der Stationär muss aber umgekehrt die Möglichkeit haben, sich nach Ablauf der Laufzeit von seinem Vertragspartner zu trennen; er darf nicht dauerhaft an diesen gebunden werden.[205] 89

Umgekehrt darf die Laufzeit in Standardverträgen auch **nicht zu kurz** bemessen sein, wenn dem Absatzmittler zu Vertragsbeginn hohe Investitionen abgefordert werden.[206] Das OLG Frankfurt hat eine formularmäßig vereinbarte Mindestlaufzeit von fünf Jahren in einem Franchisevertrag für wirksam erachtet.[207] Dem ist zuzustimmen.[208] 90

Zur Anwendbarkeit des § 624 BGB → Rn. 5. 91

§ 89a [Fristlose Kündigung]

(1) [1]Das Vertragsverhältnis kann von jedem Teil aus wichtigem Grunde ohne Einhaltung einer Kündigungsfrist gekündigt werden. [2]Dieses Recht kann nicht ausgeschlossen oder beschränkt werden.

(2) Wird die Kündigung durch ein Verhalten veranlaßt, das der andere Teil zu vertreten hat, so ist dieser zum Ersatz des durch die Aufhebung des Vertragsverhältnisses entstehenden Schadens verpflichtet.

Schrifttum: *Ascheid/Preis/Schmidt,* Kündigungsrecht, 5. Aufl. 2017 (zitiert: APS/Bearbeiter); *Boemke,* Privatautonomie im Arbeitsvertragsrecht, NZA 1993, 532; *Börner/Hubert,* Frist für die außerordentliche Kündigung des Handels- bzw. Versicherungsvertreters?, BB 1989, 1633; *Emde,* Die Konkurrenz zwischen Ausgleichs- und

---

202 Zur Wirksamkeit einer auf die Vollendung des 65. Lebensjahres abstellende automatische Beendigungsklausel OLG München ZVertriebsR 2017, 242.

203 BGHZ 147, 279 = NJW 2001, 2331.

204 BGHZ 83, 313 = NJW 1982, 1692.

205 BGHZ 83, 313 = NJW 1982, 1692.

206 *Spenner* in Schultze/Wauschkuhn/Spenner/Dau/Kübler, Der Vertragshändlervertrag, 2016, Rn. 572 ff. (für Vertragshändler).

207 OLG Frankfurt ZVertriebsR 2015, 172.

208 *Billing/Röschenkemper* ZVertriebsR 2015, 139.

Kündigungsschadensersatzansprüchen des Handelsvertreters, EuZW 2016, 218; *Evans-v. Krbek,* Die analoge Anwendung der Vorschriften des Handelsvertreterrechts auf den Vertragshändler, 1976; Gemeinschaftskommentar zum Kündigungsschutzgesetz und zu sonstigen kündigungsschutzrechtlichen Vorschriften, 10. Aufl. 2013 (zitiert: KR/Bearbeiter); *v. Hase,* Fristlose Kündigung und Abmahnung nach neuem Recht, NJW 2002, 2278; *Hoß,* Das nachvertragliche Wettbewerbsverbot während des Kündigungsschutzprozesses und im Aufhebungsvertrag, DB 1997, 1818; *v. Hoyningen-Huene/Linck,* KSchG, 15. Aufl. 2013; *Flohr,* Grundsätze zur fristlosen Kündigung eines Franchise-Vertrages, ZVertriebsR 2018, 147; *Kindler,* Verwirkung des Rechts auf außerordentliche Kündigung: Für welche Dienstvertragstypen gilt § 626 Abs. 2 BGB?, BB 1988, 2051; *Lüttge,* Das neue Umwandlungs- und Umwandlungssteuerrecht, NJW 1995, 417; *Martinek,* Die Wichtigkeit des Grundes für die fristlose Kündigung von Vertriebsverträgen – Zur Konkretisierung des § 314 BGB, ZVertriebsR 2015, 207; *Martinek,* Franchising, Grundlagen der zivil- und wettbewerbsrechtlichen Behandlung der vertikalen Gruppenkooperation beim Absatz von Waren und Dienstleistungen, 1987; *Mesch,* Die Gestaltung von Kündigungsklauseln in Vertragshändlerverträgen, ZVertriebsR 2015, 8; *Meyer,* Strategien der Vertriebsunternehmer bei (drohender) Insolvenz eines Vertragspartners (Kunde oder Hersteller), ZVertriebsR 2020, 225; *Meyer/Knaub,* Zur Wirksamkeit insolvenzabhängiger Lösungsklauseln in Vertriebsverträgen, ZVertriebsR 2016, 275; *Schumacher-Mohr,* Das Abmahnungserfordernis im Fall der außerordentlichen Kündigung von Organmitgliedern, DB 2002, 1606; *Schmülling,* Zum Rechtsschutz des Vertragshändlers gegenüber einer ihm erteilten Abmahnung, GWR 2016, 92; *Schwerdtner,* Das Recht zur außerordentlichen Kündigung als Gegenstand rechtsgeschäftlicher Vereinbarungen im Rahmen des Handelsvertreterrechts, DB 1989, 1757; *Schwerdtner,* Betriebsverfassungsrechtliches Anhörungsverfahren und Nachschieben von Kündigungsgründen, ZIP 1981, 809; *Ulmer,* Der Vertragshändler, 1969; *Wente,* Findet § 103 InsO bei Insolvenz des dienstverpflichteten Unternehmens Anwendung?, ZIP 2005, 335; *Westphal,* Die Handelsvertreter-GmbH: Renaissance mit Unterstützung des BFH?, BB 1999, 2517; *Woltereck,* Zwei-Wochen-Frist bei außerordentlicher Kündigung eines Handelsvertreters, DB 1984, 279.

Übersicht

I. Bedeutung

1 **1. Entstehungsgeschichte.** Das Recht zur außerordentlichen Kündigung des Handelsvertretervertrags wurde erstmals in § 81 Abs. 2 HGB-E II geregelt[1] und als § 92 Abs. 2

[1] Entwurf eines Handelsgesetzbuchs mit Ausschluß des Seehandelsrechts, aufgestellt im Reichsjustizamt, 1896 (RJA-E I. und II.), abgedruckt bei *Schubert/Schmiedel/Krampe,* Quellen zum HGB von 1897, Bd. I, 1986, 237, 367.

unverändert in die ursprüngliche Fassung des HGB übernommen. Das Änderungsgesetz von 1953 ergänzte die bisherige Regelung und normierte das Recht zur außerordentlichen Kündigung in § 89a. Dabei wurde im Interesse der Rechtsklarheit die Unabdingbarkeit des Rechts zur außerordentlichen Kündigung ausdrücklich in Abs. 1 S. 2 geregelt. Außerdem wurde in Abs. 2 ein Schadensersatzanspruch wegen berechtigter außerordentlicher Kündigung neu eingeführt.[2] Dies entspricht der heutigen Fassung des § 89a.

2. Zweck der Regelung. Die Vorschrift gewährt den Vertragsparteien das Recht, das Handelsvertreterverhältnis bei Vorliegen eines wichtigen Grundes vorzeitig zu beenden, unabhängig davon, ob der Vertrag unbefristet oder auf bestimmte Zeit abgeschlossen wurde. Damit wird verhindert, dass die Vertragspartner das unzumutbar gewordene Dauerschuldverhältnis bis zum Ablauf der Kündigungsfrist oder bis zum Ablauf der vereinbarten Vertragsdauer fortsetzen müssen. Die Regelung des **Schadensersatzanspruchs** in Abs. 2 entspricht § 628 Abs. 2 BGB und wurde vom Gesetzgeber wegen ihrer Wichtigkeit in das Handelsvertreterrecht aufgenommen.[3] 2

3. Verhältnis zu den allgemeinen bürgerlich-rechtlichen Vorschriften. Der Handelsvertretervertrag ist seinem Wesen nach ein Dienstvertrag, der eine Geschäftsbesorgung zum Gegenstand hat. Soweit die Spezialvorschriften der §§ 89 ff. nicht entgegenstehen, kommt daher eine ergänzende Anwendung der Kündigungsvorschriften des Dienstvertragsrechts in Betracht. Ob und in welchem Umfang eine einzelne Vorschrift des Dienstvertragsrechts auf das Handelsvertreterverhältnis anzuwenden ist, hängt in erster Linie davon ab, inwieweit die dienstvertragliche Vorschrift Ausdruck der persönlich abhängigen Stellung des Dienstverpflichteten ist. Denn wegen der Selbständigkeit des Handelsvertreters ist eine ergänzende Heranziehung der Vorschriften des BGB auf das Handelsvertreterverhältnis nur möglich, wenn die dienstvertragliche Vorschrift keine persönliche Abhängigkeit zum Arbeitgeber voraussetzt. 3

a) § 626 Abs. 1 BGB. Eine Regelungslücke fehlt im Verhältnis zwischen § 89a und § 626 Abs. 1 BGB. § 89a verdrängt als lex specialis den § 626 Abs. 1 BGB, der in seinem sachlichen Gehalt weitgehend dem § 89a Abs. 1 S. 1 entspricht.[4] 4

b) § 626 Abs. 2 S. 1 und 2 BGB. Ebenso findet die Bestimmung des § 626 Abs. 2 S. 1 und 2 BGB, wonach die außerordentliche Kündigung nur innerhalb von zwei Wochen erfolgen kann und die Frist mit Kenntniserlangung der maßgeblichen Tatsachen durch den Kündigungsberechtigten beginnt, auf die fristlose Kündigung des Handelsvertretervertrags **keine Anwendung.**[5] Denn der Grund für die zeitliche Begrenzung des Kündigungsrechts liegt in dem besonderen Schutzbedürfnis des abhängigen Arbeitnehmers[6] und lässt sich auf das Rechtsverhältnis zwischen selbständigem Handelsvertreter und Unternehmer nicht übertragen.[7] Die Kündigung muss dennoch in angemessener kurzer Frist nach Kenntniserlangung erfolgen.[8] → S. dazu Rn. 66 ff. 5

---

2 Begr. RegE eines Gesetzes zur Änderung des HGB (Recht des Handelsvertreters), BT-Drs. 1/3856, 32.

3 Begr. RegE, BT-Drs. 1/3856, 32.

4 Baumbach/Hopt/*Hopt* Rn. 2; EBJS/*Löwisch* Rn. 5; Heymann/*Froitzheim* Rn. 6; KKRD/*Roth* Rn. 1 für §§ 626 ff. BGB; *Thume* in Küstner/Thume VertriebsR-HdB I Kap. VIII Rn. 154; Staub/*Emde* Rn. 4.

5 BGH NJW 2011, 3361 Rn. 23; ZIP 1999, 1307 (1310); NJW 1994, 722 = EWiR § 89a HGB 1/94, 279 m. Kurzkomm. *Schwerdtner*; NJW 1987, 57 = EWiR § 89a HGB 2/86, 1005 m. zust. Kurzkomm. *v. Hoyningen-Huene*; NJW 1982, 2432 (2433) für die Kündigung eines Eigenhändlers; *Börner/Hubert* BB 1989, 1633; *Canaris* HandelsR § 15 Rn. 91; *Thume* in Küstner/Thume VertriebsR-HdB I Kap. VIII Rn. 154; Baumbach/Hopt/*Hopt* Rn. 2, 30; KKRD/*Roth* Rn. 6; *Semler* in MSF VertriebsR-HdB § 20 Rn. 35; Röhricht/Graf v. Westphalen/Haas/*Thume* Rn. 12; Staub/*Emde* Vor § 84 Rn. 67; aA OLG Karlsruhe BB 1977, 1672; OLG Bamberg BB 1979, 1000; *Kindler* BB 1988, 2051; *Woltereck* DB 1984, 279.

6 BAG NJW 1972, 463.

7 BGH NJW 1987, 57 (58); *Börner/Hubert* BB 1989, 1633 (1634).

8 BGH DB 1999, 2158; NJW-RR 1993, 682 (683); EBJS/*Löwisch* Rn. 5, 52; *Semler* in MSF VertriebsR-HdB § 20 Rn. 35; Röhricht/Graf v. Westphalen/Haas/*Thume* Rn. 12.

6 **c) § 626 Abs. 2 S. 3 BGB.** Dagegen ist § 626 Abs. 2 S. 3 BGB auf das Handelsvertreterverhältnis anwendbar.[9] Danach muss der Kündigende auf Verlangen des anderen Teils diesem den Kündigungsgrund unverzüglich mitteilen, falls der Gekündigte die Gründe nicht kennt und auch nicht zu durchschauen in der Lage ist.[10] Weiterführend → Rn. 64. Die Vorschrift wird von der abhängigen Stellung des Dienstverpflichteten nicht beeinflusst. Angesichts des einschneidenden Eingriffs in das Vertragsverhältnis hat nämlich der Gekündigte unabhängig von der Stellung des Absatzmittlers als selbständiger Handelsvertreter oder weisungsabhängiger Arbeitnehmer ein berechtigtes Interesse daran, den Kündigungsgrund zu erfahren.[11]

7 **d) §§ 627, 628 BGB.** § 627 BGB über die fristlose Kündigung bei einer Vertrauensstellung und § 628 BGB über Vergütung und Schadensersatz bei einer fristlosen Kündigung werden durch die handelsrechtliche Sonderregelung des § 89a ausgeschlossen.[12] § 627 BGB, der wegen der besonderen Vertrauensstellung des Dienstverpflichteten auf das Vorliegen eines wichtigen Grundes bei der außerordentlichen Kündigung verzichtet, ist auf den Handelsvertreter nicht anzuwenden, da dieser als Hilfsperson des Unternehmers zwar zur Loyalität verpflichtet ist, aber kein besonderes Vertrauen in Anspruch nimmt.[13]

8 **e) § 314 BGB.** § 89a verdrängt als Sonderregelung § 314 Abs. 1 und 4 BGB,[14] da er einen vergleichbaren bzw. darüber hinausgehenden Regelungsgehalt hat. Nicht verdrängt hingegen wird § 314 Abs. 2 und 3 BGB, da § 89a insoweit keine Sonderregelung darstellt.[15] § 314 Abs. 2 BGB enthält die allgemeine Grundlage für Abmahnungen bei außerordentlichen Kündigungen,[16] da sich aus seiner Stellung im allgemeinen Schuldrecht ergibt, dass es sich nicht um eine rein arbeitsrechtliche Regelung handelt.[17] Daher gilt § 314 Abs. 2 BGB auch für die außerordentliche Kündigung im Handelsvertreterrecht (→ Rn. 30). Dieselben Erwägungen gelten auch für § 314 Abs. 3 BGB.

9 **4. Persönlicher Anwendungsbereich. a) Handelsvertreter.** Eine außerordentliche Vertragskündigung gem. § 89a ist bei allen Handelsvertreterverträgen möglich. Dies gilt auch für den **Versicherungs- und Bausparkassenvertreter iSd § 92** sowie den **Handelsvertreter im Nebenberuf,** da § 92b nur dessen ordentliche Kündigung ausschließt.[18] Dagegen greifen für unselbständige Handelsvertreter iSd § 84 Abs. 2 (→ § 84 Rn. 137 f.) nicht die handelsrechtlichen, sondern die arbeitsrechtlichen Kündigungsvorschriften ein.[19]

10 **b) Vertragshändler.** § 89a gilt entsprechend bei der außerordentlichen Kündigung von **Eigen- oder Vertragshändler-**[20] **und Franchiseverträgen,**[21] da diese Vorschrift an

---

9 LG Köln NJW-RR 1992, 485; Baumbach/Hopt/*Hopt* Rn. 14; *Semler* in MSF VertriebsR-HdB § 20 Rn. 34; Röhricht/Graf v. Westphalen/Haas/*Thume* Rn. 11; Staub/*Emde* § 86 Rn. 67.

10 LG Köln NJW-RR 1992, 485; *v. Gamm* NJW 1979, 2489 (2494); Staub/*Emde* Vor § 84 Rn. 67; nach BGHZ 27, 220 = LM Nr. 2 mAnm *Haager* ist der Kündigende unter Umständen nach Treu und Glauben zur Angabe eines Kündigungsgrunds verpflichtet. Zum Zeitpunkt dieser Entscheidung existierte § 626 Abs. 2 S. 3 BGB noch nicht, so dass das Gericht dessen analoge Anwendung auf die Kündigung von Handelsvertreterverhältnissen nicht prüfen konnte; s. auch *Flohr* ZVertriebsR 2018, 147 (148) für das Franchiserecht.

11 LG Köln NJW-RR 1992, 485.

12 EBJS/*Löwisch* Rn. 5; *Schröder* in Küstner/Thume VertriebsR-HdB I Kap. II Rn. 20, 21; Heymann/*Froitzheim* Rn. 6, 30, der aber § 628 Abs. 1 BGB auf feste Vergütungen entsprechend anwenden will.

13 EBJS/*Löwisch* Rn. 5; Staub/*Emde* Vor § 84 Rn. 68.

14 *v. Hase* NJW 2002, 2278.

15 *Martinek* ZVertriebsR 2015, 207: es gelte § 89a iVm § 314 BGB.

16 *Schlodder,* Der Arbeitsvertrag im neuen Schuldrecht, 2004, 185.

17 *Schumacher-Mohr* DB 2002, 1606 f.; anders vor der Schuldrechtsreform BGH DB 2001, 2438.

18 Baumbach/Hopt/*Hopt* Rn. 1; Heymann/*Froitzheim* Rn. 5.

19 Baumbach/Hopt/*Hopt* Rn. 1; Heymann/*Froitzheim* Rn. 5.

20 BGH NJW 1982, 2432; 1967, 825; Baumbach/Hopt/*Hopt* § 84 Rn. 11; EBJS/*Löwisch* Rn. 11; Heymann/*Froitzheim* Rn. 5; *K. Schmidt* HandelsR § 28 II Rn. 43; *P. Ulmer,* Der Vertragshändler, 1969, 398; aA *Evans-v. Krbek,* Die analoge Anwendung der Vorschriften des Handelsvertreterrechts auf den Vertragshändler, 1976, 111.

21 KG BB 1998, 607 f.; EBJS/*Löwisch* Rn. 11; *Martinek,* Franchising, Grundlagen der zivil- und wettbewerbsrechtlichen Behandlung der vertikalen Gruppenkooperation beim Absatz von Waren und Dienstleistungen, 1987, 353 ff.; *Martinek* ZVertriebsR 2015, 207; *K. Schmidt* HandelsR § 28 II Rn. 43; aA *Flohr* ZVertriebsR 2018, 147 für § 314 BGB.

die Struktur des Handelsvertretervertrags als dauernde Geschäftsbesorgung anknüpft (→ Vor § 84 Rn. 13 ff.). Die Frage, ob es wegen § 314 BGB der analogen Anwendung des § 89a bedarf, ist nicht von praktischer Relevanz und eher akademischer Natur.

c) Kommissionsagent. Des Weiteren findet § 89a analoge Anwendung bei der außerordentlichen Kündigung des Kommissionsagenten,[22] da dieser in seinen persönlichen Beziehungen zum Unternehmer dem Handelsvertreter gleichsteht und § 89a nicht auf ein Tätigwerden im fremden Namen abhebt. Auch hier ist die Frage, ob es wegen § 314 BGB einer analogen Anwendung des § 89a bedarf, nicht von praktischer Relevanz. 11

II. Außerordentliche fristlose Kündigung (Abs. 1 S. 1)

1. Vertragsverhältnis. Nach Abs. 1 S. 1 kann das Vertragsverhältnis zwischen Handelsvertreter und Unternehmer von jedem Teil aus wichtigem Grund ohne Einhaltung einer Kündigungsfrist gekündigt werden. Zwischen den Parteien muss ein wirksames Handelsvertreterverhältnis bestehen. Dabei ist unerheblich, ob der Vertrag auf bestimmte oder unbestimmte Zeit eingegangen wurde, da auch befristete Verträge durch außerordentliche Kündigung beendet werden können.[23] Auch nach Abschluss eines Aufhebungsvertrages ist eine außerordentliche Kündigung möglich. Bestehen Handelsvertreterverträge mit mehreren Konzerngesellschaften, so soll jedenfalls bei Vertrauensverstößen jede der Gesellschaften zur Kündigung des jeweiligen Handelsvertretervertrages berechtigt sein.[24] 12

2. Wichtiger Grund. a) Begriff. Der Begriff des wichtigen Grundes wird in § 89a nicht näher bestimmt. Er wurde damit als **umfassender unbestimmter Rechtsbegriff** ausgestaltet,[25] der dem Tatsachenrichter einen Beurteilungsspielraum einräumt.[26] Ein wichtiger Grund iSd Abs. 1 liegt vor, wenn dem Kündigenden unter Berücksichtigung aller Umstände des Einzelfalls und unter Abwägung der Interessen beider Vertragsteile die Fortsetzung des Handelsvertretervertrags bis zum Ablauf der ordentlichen Kündigungsfrist oder bis zur vereinbarten Beendigung des Vertrags nicht zugemutet werden kann.[27] Die außerordentliche Kündigung erfordert damit eine doppelte Unzumutbarkeit. Dem Kündigenden muss zum einen unzumutbar sein, den Handelsvertretervertrag überhaupt fortzusetzen (Unzumutbarkeit des Grundes) und zum anderen die Kündigungsfrist einzuhalten (zeitliche Unzumutbarkeit).[28] 13

b) Unzumutbarkeit der Vertragsfortsetzung. Auf der ersten Stufe ist zu prüfen, ob **objektive Tatsachen** vorliegen, die an sich geeignet sind, die Fortsetzung des Handelsvertreterverhältnisses unzumutbar zu machen.[29] Entscheidend ist nicht der subjektive Kenntnisstand des Kündigenden, sondern der objektiv vorliegende Sachverhalt, wobei alle bis zum Ausspruch der Kündigung eingetretenen Umstände zu berücksichtigen sind. Dagegen spielt keine Rolle, ob der wichtige Grund in der Person einer der beiden Vertragsteile liegt[30] oder von ihr zu vertreten ist.[31] Ebenso ist nicht erforderlich, dass der Grund erst 14

---

22 RGZ 69, 363 (365); BGH BB 1964, 823; Baumbach/Hopt/*Hopt* § 84 Rn. 19; EBJS/*Löwisch* Rn. 11; *K. Schmidt* HandelsR § 28 II Rn. 43; dazu auch *Evans-v. Krbek,* Die analoge Anwendung der Vorschriften des Handelsvertreterrechts auf den Vertragshändler, 1976, 118 f.

23 Heymann/*Froitzheim* Rn. 8; *Thume* in Küstner/Thume VertriebsR-HdB I Kap. VIII Rn. 53.

24 OLG Bremen OLGR 2006, 489 Rn. 45; enger EBJS/*Löwisch* Rn. 7: abhängig von den Umständen des Einzelfalles.

25 KR/*Fischermeier* BGB § 626 Rn. 78.

26 KR/*Fischermeier* BGB § 626 Rn. 81.

27 BGH NJW 1986, 1931; DB 1978, 1882; OLG Stuttgart DB 1982, 800 (801); Baumbach/Hopt/*Hopt* Rn. 6; EBJS/*Löwisch* Rn. 12; Heymann/*Froitzheim* Rn. 9, 13; Röhricht/Graf v. Westphalen/Haas/*Thume* Rn. 5.

28 v. Hoyningen-Huene/Linck/*Krause* KSchG § 1 Rn. 180.

29 BAG MDR 2000, 279 = EWiR § 626 BGB 1/00, 329 m. Kurzkomm. *Wertheimer;* KR/*Fischermeier* BGB § 626 Rn. 84, 87; Staub/*Emde* Rn. 17.

30 Auch das Verhalten Dritter (Hilfspersonen) kann Kündigungsgrund sein, OLG Saarbrücken NJW-RR 1999, 1339 f.; Staub/*Emde* Rn. 17.

31 EBJS/*Löwisch* Rn. 14; *Thume* in Küstner/Thume VertriebsR-HdB I Kap. VIII Rn. 156; Staub/*Emde* Rn. 17.

nach Beginn des Handelsvertreterverhältnisses eingetreten ist.[32] Vielmehr können auch vorvertragliche Umstände einen wichtigen Kündigungsgrund abgeben, wenn sie dem Kündigenden erst nach Beginn des Vertragsverhältnisses bekannt werden.[33]

15 Liegen Tatsachen vor, die generell geeignet sind, das Handelsvertreterverhältnis mit dem Gewicht eines wichtigen Grundes zu belasten, ist auf der zweiten Stufe im Rahmen einer **Interessenabwägung** festzustellen, ob die **Fortsetzung des Handelsvertreterverhältnisses** für den Kündigenden **unzumutbar** ist.[34] Dabei sind alle Umstände des Einzelfalls, insbesondere auch das Verhältnismäßigkeitsprinzip, zu berücksichtigen und die Interessen des Kündigenden an einer vorzeitigen Beendigung des Handelsvertreterverhältnisses mit den Interessen des Gekündigten an dessen Fortsetzung abzuwägen. Zu beachten ist hierbei, dass infolge der Selbständigkeit des Handelsvertreters beim Handelsvertreterverhältnis im Gegensatz zum Arbeitsverhältnis die besonders engen Beziehungen zwischen Vertreter und Unternehmer fehlen, was ein gewisses Maß an Spannungen zwischen Vertreter und Unternehmer noch erträglich erscheinen lässt.[35] Deshalb setzt im Einzelfall die außerordentliche Kündigung des Handelsvertreters gewichtigere Gründe voraus, als sie bei der Kündigung eines Arbeitnehmers erforderlich wären. Andererseits kann die geringere soziale Schutzbedürftigkeit des selbständigen Handelsvertreters die Anforderungen an die Qualität des wichtigen Grundes im Verhältnis zum Arbeitsrecht senken.

16 **aa) Abwägungskriterien.** Als Abwägungskriterien[36] für die Unzumutbarkeit der Vertragsfortsetzung sind alle vernünftigerweise in Betracht kommenden Umstände vollständig und widerspruchsfrei zu berücksichtigen.[37] Hierzu gehören die Art und Dauer des Vertragsverhältnisses, die Ausgestaltung der persönlichen und sachlichen Beziehungen, die bisherigen Leistungen des Handelsvertreters und das eigene Verhalten des Kündigenden.

17 **bb) Dauer der restlichen Vertragsbindung.** Entscheidend ist die Unzumutbarkeit der Fortsetzung des Vertragsverhältnisses bis zu seinem vereinbarten Ende bzw. zum Ablauf der Frist für eine ordentliche Kündigung. Deshalb ist die restliche Dauer der Vertragsbindung ein wichtiges Abwägungskriterium. Dabei gilt: Je länger die Restlaufzeit des Vertrages bzw. die Kündigungsfrist für eine ordentliche Kündigung ist, umso eher ist dem Kündigenden die Fortsetzung des Vertragsverhältnisses unzumutbar.[38]

18 Dagegen ist es bei einer **kurzfristigen ordentlichen Kündigungsmöglichkeit** oder beim bevorstehenden Vertragsende für den Kündigenden eher zumutbar, das Vertragsverhältnis bis zum Ablauf der Kündigungsfrist oder bis zum Vertragsende fortzuführen.[39] Es sind deshalb umso größere Anforderungen an das Gewicht eines Kündigungsgrundes zu stellen, je kurzfristiger das Vertragsverhältnis mit einer ordentlichen Kündigung beendet werden kann bzw. je kürzer die Restlaufzeit des Vertrages ist.[40] Dies gilt insbesondere, wenn die Kündigungsfrist im Verhältnis zur bisherigen Vertragsdauer als besonders kurz erscheint, was bei einer verbleibenden Zeit von viereinhalb Monaten bis zum Vertragsende bei einer zwölf Jahre andauernden Vertragsbeziehung der Fall ist.[41]

---

[32] Staub/*Emde* Rn. 19.
[33] Zum gezielten Suchen von Kündigungsgründen OLG Köln NJW-RR 2003, 399 = EWiR § 626 BGB 2/03, 257 m. Kurzkomm. *v. Hoyningen-Huene*; OLG Bremen OLGR 2006, 489; s. auch *Diller* NZA 2006, 569.
[34] BGH NJW 1986, 1931; DB 1978, 1822.
[35] LG Düsseldorf VersR 1964, 1097; aA Staub/*Emde* Rn. 17.
[36] Vgl. auch Auflistung bei EBJS/*Löwisch* Rn. 44 ff.; Staub/*Emde* Rn. 15 ff.
[37] BAG AP BGB § 626 Nr. 4 m. zust. Anm. *A. Hueck* = AR-Blattei Kündigung IX Entsch. 7 mAnm *Molitor*.
[38] Ganz hM, s. nur Baumbach/Hopt/*Hopt* Rn. 7.
[39] BGH NJW 2000, 1866 = EWiR § 89b HGB 2/00, 445 m. Kurzkomm. *Böcker*; OLG Stuttgart DB 1982, 800 (801); Baumbach/Hopt/*Hopt* Rn. 7; Röhricht/Graf v. Westphalen/Haas/*Thume* Rn. 7; Staub/*Emde* Rn. 18.
[40] Heymann/*Froitzheim* Rn. 15.
[41] BGH DB 1978, 1882.

cc) Art und Gewicht der Vertragsverletzung. Ein weiteres wichtiges Abwägungskriterium beinhalten Art und Gewicht der Vertragsverletzung. So hat der BGH[42] das Nichttätigwerden eines Handelsvertreters für den Absatz von aus dem Rahmen der üblichen Produktpalette herausfallenden Waren für einen neuen speziellen Abnehmerkreis nicht als wichtigen Grund angesehen, wenn der Anteil des zu vertreibenden Produkts am Gesamtumsatz gering war. 19

dd) Verschulden. Ebenso ist der Grad des etwaigen Verschuldens bei einer Vertragsverletzung zu prüfen. Allerdings ist ein Verschulden des Kündigungsgegners an der Entstehung der Umstände, die als wichtiger Grund die fristlose Kündigung rechtfertigen, nicht notwendige Voraussetzung für die Unzumutbarkeit der Vertragsfortsetzung.[43] So berechtigt beispielsweise eine nicht verschuldete Insolvenz des Handelsvertreters zur fristlosen Kündigung. Das Festhalten an dem Vertrag kann unter Umständen selbst dann unzumutbar sein, wenn den Kündigenden eine Mitverantwortlichkeit für das Entstehen des wichtigen Grundes trifft (jedoch → Rn. 23 f.).[44] 20

ee) Bisherige Vertragsdauer. Weitere Beurteilungskriterien für die Interessensabwägung sind die bisherige Vertragsdauer und die **Art und Weise seiner Durchführung.**[45] Bei einer langjährigen, erfolgreichen Tätigkeit des Handelsvertreters für den Unternehmer können deshalb die Anforderungen an das Vorliegen eines wichtigen Grundes für den Unternehmer höher sein. So hat der BGH[46] das Recht zur fristlosen Kündigung verneint, wenn ein erfolgreicher und über zehn Jahre beim Unternehmer tätiger Handelsvertreter im Einzelfall seine Berichtspflicht verletzt. Auch sind besondere Dienste, die sich der Handelsvertreter um den Aufbau des Unternehmens seines Vertragspartners erworben hat, zu berücksichtigen.[47] 21

ff) Folgen der Kündigung. Die zu erwartenden Folgen der außerordentlichen Kündigung dürfen ebenfalls nicht unberücksichtigt bleiben.[48] Hier ist insbesondere zu beachten, dass bei Vorliegen der tatbestandlichen Voraussetzungen der Handelsvertreter nach § 89b Abs. 3 Nr. 2 seinen Ausgleichsanspruch verliert. 22

gg) Eigene Vertragsuntreue des Kündigenden. Die eigene Vertragsuntreue des Kündigenden kann zu einem Ausschluss des Rechts zur fristlosen Kündigung führen,[49] weil dem Kündigenden dann nach Treu und Glauben ein vorläufiges Festhalten an dem Vertrag zuzumuten ist. So berechtigt zwar die ungenehmigte Vertretung eines Konkurrenzunternehmens grundsätzlich zur fristlosen Kündigung des Vertrags. Dieses Recht kann aber ausgeschlossen sein, wenn der Handelsvertreter auch deshalb für das Konkurrenzunternehmen tätig wird, weil der Unternehmer vom Handelsvertreter vermittelte Geschäfte nicht annimmt.[50] 23

Die Unzumutbarkeit der Vertragsfortsetzung ist weiterhin abzulehnen bei einer längeren **Duldung des vertragswidrigen Verhaltens** durch den Unternehmer,[51] bei längerer Vorhersehbarkeit des Kündigungsgrundes, zB bei voraussehbarer Betriebseinstellung infolge von 24

---

42 BGH DB 1981, 1772.
43 Heymann/*Froitzheim* Rn. 11; *Thume* in Küstner/Thume VertriebsR-HdB I Kap. VIII Rn. 156 ff.; *Semler* in MSF VertriebsR-HdB § 20 Rn. 19; Staub/*Emde* Rn. 17, 22.
44 BGH BB 1960, 381.
45 BGH WM 1992, 311 (313); DB 1978, 1882; Staub/*Emde* Rn. 15.
46 DB 1978, 1882.
47 BGH DB 1981, 1772; LG Düsseldorf VersR 1964, 1097.
48 Baumbach/Hopt/*Hopt* Rn. 7; EBJS/*Löwisch* Rn. 46; *v. Gamm* NJW 1979, 2494; *Semler* in MSF VertriebsR-HdB § 20 Rn. 39.
49 BGH BB 1999, 974 f.; WM 1992, 311 (312); KG BB 1998, 607 für Franchise; DB 1981, 987; BGHZ 44, 271 (275) = LM Nr. 7 mAnm *Rietschel*; Baumbach/Hopt/*Hopt* Rn. 8; Heymann/*Froitzheim* Rn. 17; *Martinek* ZVertriebsR 2015, 207 (209 f.).
50 BGH WM 1992, 311; WM 1985, 982 = VersR 1985, 691.
51 BGH WM 1982, 633.

Verlusten[52] und bei Einräumung einer längeren Frist zum Unterlassen des vertragswidrigen Verhaltens.[53]

25 Auch kann das **Verhalten des Kündigenden** nach Eintritt des Kündigungsgrundes Aufschluss darüber geben, ob ein Kündigungsgrund tatsächlich wichtig ist.[54] Stellt der Kündigende nach Eintritt des Kündigungsgrundes eine weitere Zusammenarbeit in Aussicht oder erklärt er durch schlüssiges Verhalten, er werde aus dem Umstand keine Folgerungen herleiten, ist davon auszugehen, dass er das Verhalten des Gekündigten nicht als so schwerwiegend empfindet und eine sofortige Vertragsauflösung nicht erforderlich ist. Dies gilt zB auch, wenn der Kündigende trotz Vorliegens eines wichtigen Grundes nur ordentlich kündigt, er eine lange Frist zur Beseitigung des vertragswidrigen Verhaltens einräumt oder wenn die Kündigung erst vier Monate nach Kenntnis des Kündigungsgrundes erfolgt[55] (zum Zeitpunkt der Kündigung → Rn. 66 ff.). Führt der Unternehmer noch nach Kündigungsausspruch vom Handelsvertreter vermittelte Verträge aus, liegt dennoch keine Bestätigung des Vertragsverhältnisses vor, da es dem Unternehmer nicht zumutbar ist, seine Kunden durch Nichtannahme von Verträgen zu verärgern.[56]

26 **hh) Zusammentreffen mehrerer Gründe.** Mehrere Gründe, die bei isolierter Betrachtung für eine fristlose Kündigung nicht ausreichen würden, können durch ihr Zusammentreffen ein die Kündigung rechtfertigendes Gewicht erhalten.[57] Dabei kann auch ein früher aufgetretener Umstand, für den das Kündigungsrecht nicht mehr besteht, zur Unterstützung eines nunmehr aufgetretenen neuen Grundes herangezogen werden.[58]

27 **ii) Einzelfallentscheidung.** Die oben aufgeführten Abwägungskriterien beinhalten aber nur Entscheidungshilfen für die Prüfung der Unzumutbarkeit der Vertragsfortsetzung. Maßgebend sind stets die Umstände des jeweiligen Einzelfalls, sodass sich jede schematische Lösung verbietet.[59]

28 **c) Vertragliche Bestimmung.** Die Parteien können vertraglich bestimmen, welche Umstände als wichtiger Grund für die fristlose Kündigung gelten sollen.[60] Solche Bestimmungen sind sowohl im Einzelvertrag als auch in AGB möglich.[61] Sie sind dann nicht isoliert zu betrachten, sondern sind als Auslegungshilfe und Beurteilungsmaßstäbe bei der Prüfung der Voraussetzungen des wichtigen Grundes heranzuziehen.[62] Die einvernehmliche Vorausbewertung bestimmter Tatbestände als Grund zur außerordentlichen Kündigung kann dazu führen, dass bei Vorliegen der konkret benannten Kündigungsgründe der Vertrag ohne weitere Interessensabwägung und Prüfung der Zumutbarkeit beendet werden kann. Einer am Einzelfall orientierten Abwägung der gegenseitigen Interessen bedarf es dann nicht mehr.[63] Ob und inwieweit die Benennung bestimmter Pflichtverstöße als wichtiger Kündigungsgrund eine am Einzelfall orientierte Interessenabwägung ausschließt oder einschränkt, ist eine Frage der Auslegung des Handelsvertretervertrags.[64]

---

52 BGH NJW 1986, 1931.

53 OLG Nürnberg BB 1965, 809; Baumbach/Hopt/*Hopt* Rn. 7.

54 BGH WM 1984, 556 (558); WM 1983, 820; *Thume* in Küstner/Thume VertriebsR-HdB I Kap. VIII Rn. 159; Staub/*Emde* Rn. 20.

55 Vgl. nur BGH BB 1992, 1162; NJW 2000, 1866 (1868); Staub/*Emde* Rn. 15; EBJS/*Löwisch* Rn. 45.

56 LG Hamburg VersR 1992, 743.

57 BGHZ 44, 271 (274) = LM Nr. 7 mAnm *Rietschel*; Baumbach/Hopt/*Hopt* Rn. 9; Heymann/*Froitzheim* Rn. 14; *Semler* in MSF VertriebsR-HdB § 20 Rn. 20.

58 EBJS/*Löwisch* Rn. 44a; Staub/*Emde* Rn. 13.

59 *Thume* in Küstner/Thume VertriebsR-HdB I Kap. VIII Rn. 157; Staub/*Emde* Rn. 27.

60 BGH NJW-RR 1988, 1381 = EWiR § 242 BGB 7/88, 1059 m. Kurzkomm. *Martinek*; BB 1956, 95; *Canaris* HandelsR § 15 Rn. 90: „gewisse rechtsgeschäftliche Konkretisierung"; Baumbach/Hopt/*Hopt* Rn. 27: „in engem Rahmen"; Heymann/*Froitzheim* Rn. 12; *Thume* in Küstner/Thume VertriebsR-HdB I Kap. VIII Rn. 168; Röhricht/Graf v. Westphalen/Haas/*Thume* Rn. 9; Staub/*Emde* Rn. 25, 48; aA *Schwerdtner* DB 1989, 1757; OLG Düsseldorf VW 1978, 144.

61 BGH NJW-RR 1992, 1059 (1060); KKRD/*Roth* Rn. 3; EBJS/*Löwisch* Rn. 135 f.

62 *Martinek* ZVertriebsR 2015, 207; aus diesem Grund krit. *Flohr* ZVertriebsR 2018, 147 (150).

63 BGH NJW-RR 1988, 1381; EBJS/*Löwisch* Rn. 135; aA Staub/*Emde* Rn. 25 f., 48.

64 BGH NJW 2011, 608 Rn. 22 f.

Solche vertraglichen Bestimmungen sind aus Gründen der Vertragsautonomie grundsätzlich zulässig.[65] Soweit jedoch durch die vertragliche Regelung das außerordentliche Kündigungsrecht eines Vertragsteils beschränkt oder erschwert wird, verstößt die Regelung gegen das in Abs. 1 S. 2 normierte Unabdingbarkeitsprinzip und ist deshalb unzulässig.[66] Dies ist der Fall, wenn außer den in der Vereinbarung genannten Gründen keine anderen wichtigen Gründe zur Kündigung berechtigen.[67] Im Übrigen, dh bei Erweiterung des Kündigungsrechts durch Vereinbarung zusätzlicher wichtiger Gründe, darf die Regelung nicht gegen **Treu und Glauben** (§ 242 BGB) bzw. – im Falle von AGB – gegen § 307 BGB verstoßen.[68] Ein solcher Verstoß liegt vor, wenn der vereinbarte wichtige Grund in seiner Qualität einem objektiv wesentlichen Grund nicht entspricht, weil dann die Vereinbarung zu einer **Umgehung** der in § 89 gesetzlich geregelten **Mindestkündigungsfristen** führt.[69] Dies kann bei der Vereinbarung einer übergroßen Zahl von Tatbeständen, die fast bei jeder Vertragsverletzung das Recht zur außerordentlichen Kündigung einräumen, der Fall sein.[70] Zu weitgehend ist aber, eine Umgehung bereits dann zu bejahen, wenn nur ein vereinbarter Tatbestand keinen objektiv wichtigen Grund abgibt,[71] weil dann dem Grundsatz der Privatautonomie nicht genügend Rechnung getragen wird. Gleiches gilt, wenn die vereinbarten Gründe jeweils für sich eine außerordentliche Kündigung rechtfertigen. 29

d) Abmahnung und Anhörung vor außerordentlicher Kündigung. Im Gegensatz zur ordentlichen Kündigung besteht bei der außerordentlichen Kündigung wegen Vertragsverletzung grundsätzlich ein Erfordernis der Abmahnung (§ 314 Abs. 2 BGB).[72] Dem zu Kündigenden muss eindeutig mitgeteilt werden, dass die genau benannte Vertragsstörung den Fortbestand des Handelsvertreterverhältnisses gefährdet.[73] Die Abmahnung muss in einem angemessenen zeitlichen Verhältnis zu ihrem Anlass stehen (§ 314 Abs. 3 BGB) und ihrem Empfänger genug Zeit einräumen, um auf sie reagieren zu können.[74] Nur bei schweren Pflichtverstößen, wenn eine Billigung des Verhaltens offensichtlich ausgeschlossen ist, bedarf es ausnahmsweise keiner Abmahnung (§ 314 Abs. 2 S. 2 BGB, § 323 Abs. 2 Nr. 3 BGB).[75] Prozessrechtlich kann die Abmahnung des Unternehmers bzw. Handelsvertreters nicht isoliert zur Überprüfung durch die Gerichte gestellt werden; eine entsprechende Feststellungsklage ist unzulässig, weil sie nicht auf die Feststellung eines Rechtsverhältnisses gerichtet ist.[76] Auch kann der Handelsvertreter – anders als der Arbeitnehmer – nicht die Beseitigung der Abmahnung verlangen. Die Frage nach der (wirksamen) Abmahnung ist lediglich inzident bei der Prüfung der Wirksamkeit der außerordentlichen Kündigung von Bedeutung. 30

65 Vgl. hierzu *Boemke* NZA 1993, 532.
66 Baumbach/Hopt/*Hopt* Rn. 26; Heymann/*Froitzheim* Rn. 12; *Thume* in Küstner/Thume VertriebsR-HdB I Kap. VIII Rn. 170; *Semler* in MSF VertriebsR-HdB § 20 Rn. 21.
67 Gegen die vertragliche Ausweitung möglicher Kündigungsgründe *Preis/Stoffels* ZHR 160 (1996), 442 (468, 471).
68 BGH NJW-RR 1988, 1381; Staub/*Emde* Rn. 48 hält vertragliche Erweiterungen möglicher Kündigungsgründe für überwiegend unzulässig.
69 OLG München BB 1956, 20; Baumbach/Hopt/*Hopt* Rn. 27; Heymann/*Froitzheim* Rn. 12; *Thume* in Küstner/Thume VertriebsR-HdB I Kap. VIII Rn. 170; *Schwerdtner* DB 1989, 1757 ff.; Staub/*Emde* Rn. 25.
70 BGH HVR Nr. 203; EBJS/*Löwisch* Rn. 1355; Baumbach/Hopt/*Hopt* Rn. 27; Staub/*Emde* Rn. 48.
71 So *Schwerdtner* DB 1989, 1757 (1758).
72 BGH DB 2009, 341 = VersR 2009, 355; OLG Stuttgart VersR 2009, 218; *Thume* in Küstner/Thume VertriebsR-HdB I Kap. VIII Rn. 172; *Semler* in MSF VertriebsR-HdB § 20 Rn. 19; Röhricht/Graf v. Westphalen/Haas/*Thume* Rn. 13; für Franchisevertrag KG BB 1998, 607 f.
73 EBJS/*Löwisch* Rn. 29; Staub/*Emde* Rn. 28.
74 EBJS/*Löwisch* Rn. 32; Staub/*Emde* Rn. 30.
75 BGH NJW-RR 2001, 677 = EWiR § 89a HGB 2/01, 483 mAnm *Emde/v. Westphalen*; BB 1999, 1516 f.; BAG AP SeemG § 64 Nr. 1 m. zust. Anm. *Fettback*; OLG Stuttgart VersR 2009, 218; NJW-RR 2001, 820 = EWiR § 89a HGB 1/01, 121 m. Kurzkomm. *Emde*; *Thume* in Küstner/Thume VertriebsR-HdB I Kap. VIII Rn. 175; Röhricht/Graf v. Westphalen/Haas/*Thume* Rn. 13; Fallgruppen bei APS/*Dörner* KSchG § 1 Rn. 379 ff.
76 OLG Bremen BB 2010, 1819 m. Anm *Lamberti/Ströbl*; *Schmülling* GWR 2016, 92.

31 Der Unternehmer ist grundsätzlich nicht zu einer vorherigen **Anhörung** des Handelsvertreters verpflichtet, bevor er die Abmahnung bzw. außerordentliche Kündigung ausspricht.[77] Allerdings kann er gehalten sein, eine Anhörung vorzunehmen; das ist insbesondere der Fall, wenn die Kenntnis des Unternehmers hinsichtlich der beanstandeten Vorgänge nur auf mehr oder weniger haltbaren Vermutungen gestützten Verdächtigungen bzw. Auskünften Dritter (zB Kunden) beruht.[78] Eine sichere Kenntnis liegt dann nämlich noch nicht vor (→ Rn. 68).

32 **3. Einzelfälle.** § 89a sagt ebenso wie § 626 BGB nichts darüber aus, was als wichtiger Grund anzusehen ist. Inzwischen hat jedoch die Rspr. in einer umfangreichen **Kasuistik** verschiedene Fallgruppen des wichtigen Grundes herausgearbeitet.[79] Bei der Subsumtion des Kündigungssachverhalts unter die jeweiligen Fallgruppen ist aber immer zu beachten, dass der zu beurteilende Sachverhalt Besonderheiten aufweisen kann, die eine abweichende Beurteilung rechtfertigen. Die von der Rspr. und der Lit. aufgestellten Grundsätze dienen jedoch als Richtlinien und Orientierungshilfen.[80]

33 **a) Wichtiger Kündigungsgrund des Unternehmers.** Ein Kündigungsrecht des Unternehmers wird vorwiegend durch wesentliche Vertragsverletzungen des Handelsvertreters begründet. Ausnahmsweise stellen aber auch Umstände aus der Sphäre des Unternehmers einen wichtigen Kündigungsgrund dar[81] (→ Rn. 53). Eine begrenzte Typologie des wichtigen Grundes ergibt sich daraus, dass sich die Rspr. immer wieder mit ähnlich gelagerten Sachverhalten befassen muss. Diese typischen Sachverhalte werden im Folgenden zur besseren Übersicht nach **Fallgruppen** geordnet dargestellt.

34 **aa) Verletzung des Wettbewerbsverbots.** Die Verletzung eines Wettbewerbsverbots durch den Handelsvertreter führt zur Annahme eines schweren Verstoßes gegen die vertraglichen Treue- und Interessenwahrnehmungspflichten (→ § 86 Rn. 33 ff.) und berechtigt grundsätzlich zur außerordentlichen Kündigung,[82] sofern der Verstoß nicht nur geringfügig ist.[83] Der BGH sieht in der unzulässigen **Konkurrenztätigkeit** einen schweren Vertrauensverstoß des Handelsvertreters.[84] Eine Schädigung des Unternehmers ist nicht erforderlich.[85] Eine außerordentliche Kündigung ist daher regelmäßig bei einem Verstoß gegen eine vertragliche Wettbewerbsklausel gerechtfertigt.[86] Ein Verstoß gegen eine vertragliche Wettbewerbsklausel ist zur Begründung eines wichtigen Grundes aber nicht erforderlich; das Verbot der Konkurrenztätigkeit muss nicht ausdrücklich vertraglich vereinbart worden sein.[87] Eine Konkurrenztätigkeit liegt vor, wenn der Handelsvertreter selbst in Konkurrenz zum Unternehmer tritt oder für einen Wettbewerber des Unternehmers tätig wird. Dabei ist eine unzulässige Konkurrenztätigkeit bereits dann zu bejahen, wenn der Handelsvertreter für einen fremden Unternehmer tätig wird, dessen Angebot sich mit dem Angebot des vertretenen Unternehmers teilweise überschneidet.[88] Es kommt nicht darauf an, wo der Handelsver-

---

77 EBJS/*Löwisch* Rn. 31; aA Staub/*Emde* Rn. 11.

78 LAG Düsseldorf VersR 1980, 1143.

79 Übersicht bei EBJS/*Löwisch* Rn. 65 ff.; *Riemer* in Küstner/Thume VertriebsR-HdB I Kap. VIII Rn. 248 ff.; *Semler* in MSF VertriebsR-HdB § 20 Rn. 26 ff.; Röhricht/Graf v. Westphalen/Haas/*Thume* Rn. 16 ff.; Staub/*Emde* Rn. 27; vgl. KR/*Fischermeier* BGB § 626 Rn. 128 ff.

80 Heymann/*Froitzheim* Rn. 18.

81 Baumbach/Hopt/*Hopt* Rn. 21.

82 BGH NJW-RR 2003, 981 = LMK 2003, 186 mAnm *v. Hoyningen-Huene*; NJW-RR 2001, 677 = EWiR § 89a HGB 2/01, 483 m. Kurzkomm. *Emde/v. Westphalen*; NJW 1999, 946 f.; BB 1999, 1516; Baumbach/Hopt/*Hopt* Rn. 19; Heymann/*Froitzheim* Rn. 20; *Semler* in MSF VertriebsR-HdB § 20 Rn. 28; Staub/*Emde* Rn. 27.

83 BGH IHR 2011, 198.

84 S. nur BGH IHR 2011, 198; WM 1977, 318.

85 BGH GRUR 1968 654 (656); BGH NJW 1987, 57; OLG München ZVertriebsR 2016, 35.

86 BGH BB 1986, 2015 = EWiR § 89a HGB 2/86, 1005 m. Kurzkomm. *v. Hoyningen-Huene*; BB 1974, 714.

87 BGH WM 1992, 311 (312); BB 1974, 714.

88 LG Hamburg VersR 1992, 743; OLG Hamm NJW-RR 1992, 364.

treter die Konkurrenztätigkeit ausübt; entscheidend ist, ob er aufgrund dieser die Interessen des Unternehmers verletzt. Maßgeblich ist dabei nicht das Tätigkeitsgebiet des Handelsvertreters, sondern das des Unternehmers (→ § 86 Rn. 38). Daher stellt die Aufnahme einer Konkurrenztätigkeit durch einen Tankstellenpächter in einer Entfernung von 70 km zur vertraglichen Tankstelle eine Konkurrenztätigkeit dar.[89] Es kommt auch nicht darauf an, ob der Handelsvertreter „aus Gefälligkeit" für die Kunden oder in Gewinnerzielungsabsicht handelt.[90] Ein (zusätzlicher) schwerwiegender Vertrauensbruch kann darin liegen, dass der Handelsvertreter seine Konkurrenztätigkeit verschleiert.[91] Ein schwerwiegender Vertragsverstoß liegt weiterhin bei einer Förderung von Konkurrenzunternehmen durch mittelbare Konkurrenztätigkeit vor. Eine Geschäftsraumpartnerschaft kann hierfür genügen.[92] Ebenso ist eine Konkurrenztätigkeit des Handelsvertreters nach einer unwirksamen Kündigung des Unternehmers als wichtiger Grund anzusehen. Das Gleiche gilt bei einem wettbewerbswidrigen Tätigwerden nach Ausspruch der ordentlichen Kündigung und vor Beendigung des Handelsvertreterverhältnisses.[93] Erfolgt die Vertretung eines Konkurrenzunternehmens formal durch die Ehefrau des Handelsvertreters, praktisch aber durch den Handelsvertreter selbst, liegt eine schwerwiegende Vertragsverletzung vor.[94] Auch berechtigt die Abwerbung eines anderen Handelsvertreters des Unternehmers für ein Konkurrenzunternehmen zur außerordentlichen Kündigung.[95] Bei Zweifeln, ob die beabsichtigte Tätigkeit des Handelsvertreters gegen das Wettbewerbsverbot verstößt, hat er den Unternehmer in Kenntnis zu setzen und dessen Zustimmung einzuholen (→ § 86 Rn. 39). Das Vorliegen eines wettbewerbswidrigen Verhaltens, das einen wichtigen Kündigungsgrund begründet, hat der Unternehmer zu **beweisen.**[96]

Dagegen **scheidet** eine **fristlose Kündigung aus,** wenn dem Unternehmer das 35
Abwarten bis zum Ablauf der ordentlichen Kündigungsfrist noch zumutbar ist (→ Rn. 17 f.). Des Weiteren ist eine Kündigung nicht immer zulässig, wenn bei einer erlaubten Zweitvertretung sich das andere Unternehmen erst später zu einem echten Konkurrenten entwickelt.[97] Keine verbotene Konkurrenztätigkeit und damit kein wichtiger Kündigungsgrund liegen zudem vor, wenn die anderweitige Vertretertätigkeit einen anderen Kundenkreis anspricht, den der vertretene Unternehmer selbst nicht bedient.[98] Dies gilt beispielsweise für den Fall, dass der Handelsvertreter Kühlschränke für Privathaushalte und der Unternehmer Großkühlschränke für den Gastronomiebereich vertreibt.

bb) Verstoß gegen Mitteilungs- und Berichtspflichten. Ein wichtiger Kündi- 36
gungsgrund kann auch in einem Verstoß gegen Mitteilungs- und Berichtspflichten liegen,[99] so bei Nichtmeldung von Geschäftsabschlüssen und Sachverhalten, die für den Unternehmer besonders wichtig sind.[100] Dies gilt nicht nur, wenn sich der Handelsvertreter weigert, seiner Berichtspflicht nachzukommen, sondern auch bei mangelnder Berichterstattung wegen Nachlässigkeit.[101] Allerdings genügt nicht ohne weiteres eine einmalige Nichtmeldung.[102] Ebenso liegt kein wichtiger Grund vor, wenn nur gegen die Form der Berichtspflicht verstoßen wird, ansonsten aber dem Unternehmer die Informationen zukommen.[103]

89 BGH WM 1977, 318.
90 OLG München ZVertriebsR 2016, 35.
91 OLG München ZVertriebsR 2016, 35.
92 BGH VersR 1969, 371.
93 LG Krefeld NJW-RR 1988, 1063; OLG München BB 1995, 168.
94 BGH NJW-RR 1990, 171.
95 BGH BB 1977, 1170.
96 OLG München NJW-RR 1995, 1186.
97 BGH NJW-RR 1989; 1991 (105); VW 1978, 810.
98 OLG München HVR Nr. 699; *Thume* BB 1994, 2358 (2361).
99 Baumbach/Hopt/*Hopt* Rn. 17; Heymann/*Froitzheim* Rn. 29; *Riemer* in Küstner/Thume VertriebsR-HdB I Kap. VIII Rn. 284 ff.
100 OLG Köln BB 1971, 543.
101 AA Staub/*Emde* Rn. 27.
102 BGH BB 1979, 242.
103 BGH NJW-RR 1988, 287.

Des Weiteren ist zu berücksichtigen, ob die Benachrichtigung iSd § 86 Abs. 2 erforderlich war.[104] Grenze hierbei ist die Verletzung der persönlichen Unabhängigkeit des Handelsvertreters, was bei einer täglichen Benachrichtigungspflicht der Fall sein kann.[105]

37 Fordert der Unternehmer den Handelsvertreter nach einer ordentlichen Kündigung zur **Nachreichung von Besuchsberichten** auf und kommt der Handelsvertreter dieser Berichtspflicht nicht nach, dann liegt kein wichtiger Grund vor, wenn diese Aufforderung dem Unternehmen keine laufende Kontrolle mehr ermöglicht, sondern nur noch als Grundlage für die Prüfung einer weiteren Kündigungsmöglichkeit dienen soll.[106] Ein Verstoß gegen Benachrichtigungspflichten liegt dagegen vor bei der Nichtunterrichtung über die Haftungsbeschränkung des Handelsvertreters infolge der Umwandlung seines Handelsunternehmens in eine GmbH & Co KG.[107] Das Gleiche gilt, wenn der Handelsvertreter eine anderweitige Tätigkeit, die zu einer Interessenskollision führt,[108] oder eine Krankheit[109] nicht mitteilt. Die Unterrichtungspflicht über Tätigkeiten für andere Unternehmer besteht dabei auch dann, wenn die Berichtspflicht nicht ausdrücklich vereinbart wurde.

38 Im Hinblick auf frühere Vertretungstätigkeiten trifft den Handelsvertreter eine **Aufklärungspflicht,** sofern die Art der Beendigung des früheren Dienstvertrages für den Unternehmer Anlass zum Misstrauen bieten könnte.[110] Deren Verletzung kann einen wichtigen Kündigungsgrund darstellen. Das Gleiche gilt bei einer Verletzung der **Offenbarungspflicht.** Allerdings liegt eine Verletzung einer solchen Pflicht nicht schon dann vor, wenn der Handelsvertreter, der nach Beendigung des Vertragsverhältnisses für ein Konkurrenzunternehmen tätig werden will und mit diesem bereits vor Vertragsbeendigung entsprechende Vereinbarungen getroffen hat, es versäumt, diese dem Unternehmer mitzuteilen; denn eine solche Pflicht besteht nicht (→ § 89 Rn. 75). Dementsprechend kann ein Recht des Unternehmers zur außerordentlichen Kündigung allenfalls dann bestehen, wenn der Handelsvertreter eine entsprechende Nachfrage nicht wahrheitsgemäß beantwortet.

39 **cc) Weisungswidriges Verhalten.** Weisungswidriges Verhalten (allgemein → § 86 Rn. 13 ff.) des Handelsvertreters kann einen wichtigen Grund darstellen,[111] sofern es sich um sachgerechte Weisungen handelt und der Unternehmer seine Dispositionsfreiheit nicht überschreitet.[112] Dabei ist zu berücksichtigen, dass der selbständige Handelsvertreter seine Tätigkeit im Gegensatz zum abhängigen Arbeitnehmer im Wesentlichen frei gestalten kann (§ 84 Abs. 1 S. 2). Weigert sich der Handelsvertreter auf Weisung des Unternehmers einen Untervertreter zu bestellen, liegt ein wichtiger Kündigungsgrund vor.[113] Kommt der Vertreter einer Aufforderung des Unternehmers nicht nach, sich neben der Betreuung der Stammkundschaft mit dem üblichen Warensortiment auch für den Absatz einer zwar gleichartigen, aber qualitativ höherwertigen Ware bei einem Kundenkreis zu bemühen, zu dem das Unternehmen bisher keine geschäftlichen Kontakte unterhielt, ist bei Fehlen besonderer Umstände eine fristlose Kündigung ebenfalls gerechtfertigt.[114] Ein Mineralölunternehmen kann aber das Vertragsverhältnis mit einem Tankstellenhalter, der als Handelsvertreter Kraftstoff entgegen einer ihm kurz zuvor erteilten Weisung auf Kredit verkauft hat, nicht ohne vorherige Abmahnung aus wichtigem Grund kündigen, wenn es die Kreditgewährung über Jahre geduldet und gefördert hatte und der Tankstellenhalter die Kreditgewährung aufgrund der Weisung bereits erheblich vermindert hat.[115]

---

[104] OLG Oldenburg DB 1964, 105.
[105] BGH NJW-RR 1989, 862.
[106] BGH NJW-RR 1991, 105.
[107] BGH BB 1978, 982.
[108] BGH BB 1974, 714; OLG Bamberg BB 1979, 1000 (1001); OLG Düsseldorf BB 1969, 330.
[109] OLG Köln VersR 1970, 809.
[110] *Riemer* in Küstner/Thume VertriebsR-HdB I Kap. VIII Rn. 453.
[111] BGH BB 1960, 574; OLG Stuttgart BB 1960, 956; Baumbach/Hopt/*Hopt* Rn. 17; EBJS/*Löwisch* Rn. 65; Heymann/*Froitzheim* Rn. 28; *Semler* in MSF VertriebsR-HdB § 20 Rn. 30.
[112] OLG Celle DB 1961, 369.
[113] OLG Hamburg BB 1960, 1300; Heymann/*Froitzheim* Rn. 28; Staub/*Emde* Rn. 27.
[114] BGH DB 1981, 1772.
[115] BGH VersR 2009, 355.

40 Weitere Fälle sind die **Nichtbefolgung von Weisungen** des Unternehmers zur Bearbeitung von Versicherungsaufträgen,[116] zur Rückübertragung in der Bestandsverwaltung[117] und zur Eintragung der Preise in die Auftragsscheine.[118] Die Nichtbeachtung einer eindeutigen, uneingeschränkten Anweisung, vor Abnahme früher georderter Ware keine neuen Kundenaufträge an den Unternehmer weiterzugeben, berechtigt zur fristlosen Kündigung.[119] Unterschreibt der Versicherungsvertreter entgegen den Weisungen des Unternehmers und nach Abmahnung vereinzelt Versicherungsanträge und Schadensmeldungen selbst mit dem Namen des Versicherungsnehmers, anstatt diesen eigenhändig unterschreiben zu lassen, liegt ein wichtiger Grund vor, wenn dadurch die Interessen des Unternehmers erheblich beeinträchtigt werden.[120]

41 **dd) Schuldhafte Schlechtleistung.** Eine schuldhafte Schlechtleistung gibt dem Unternehmer das Recht zur außerordentlichen Kündigung, wenn der Handelsvertreter seine Leistungspflichten **wesentlich verletzt.**

42 Ein erheblicher Kundenschwund auf Grund der **Vernachlässigung von Betreuungspflichten** kann einen wichtigen Grund darstellen.[121] Das Gleiche gilt bei einer Verletzung von **Verwahrungspflichten** im Rahmen der Verwaltung eines Kommissionslagers[122] und bei der Verletzung der **Aufsichtspflicht gegenüber Erfüllungsgehilfen.**[123] Berechtigte **Beschwerden von Kunden** können ebenso eine außerordentliche Kündigung rechtfertigen,[124] wie die Verletzung der **Bonitätsprüfungspflicht.**[125] Dies gilt insbesondere, wenn der Handelsvertreter trotz Kenntnis der mangelnden Kreditfähigkeit des Kunden Geschäfte vermittelt. Wurde dem Handelsvertreter Inkassovollmacht zur Entgegennahme der von Kunden geschuldeten Zahlungen eingeräumt und führt dieser die Gelder nicht ab, liegt wegen Verletzung der Pflicht zur ordnungsgemäßen **Kassenführung** ein wichtiger Kündigungsgrund vor.[126] Ein **Umsatzrückgang** berechtigt zu einer fristlosen Kündigung, wenn er auf einer grob fahrlässigen Pflichtwidrigkeit[127] oder dauernden Nachlässigkeit[128] beruht. Dies hat der Unternehmer zu beweisen.[129] Dagegen stellt ein unverschuldeter Umsatzrückgang wegen Erfolglosigkeit grundsätzlich keinen wichtigen Kündigungsgrund dar.[130] Das Gleiche gilt beim Nichterreichen vorgegebener bzw. vereinbarter Umsätze und Ziele, da der Handelsvertreter lediglich verpflichtet ist, sich um den Absatz zu bemühen, nicht aber bestimmte Umsätze und Ziele zu erreichen.[131] Auch genügt es nicht, dass der Handelsvertreter in seinen Bemühungen nachlässt, sofern er noch seiner Pflicht nachkommt, sich um den Absatz der Vertragsprodukte bzw. -dienstleistungen zu bemühen.

43 **Weitere** von der Rspr. entschiedene **Fälle** zur schuldhaften Schlechtleistung sind die Verletzung des Grundsatzes der persönlich zu erbringenden Dienstleistung, die vertragswidrige Kraftfahrzeugbenutzung zu privaten Zwecken,[132] der Führerscheinverlust wegen Alkoholgenusses,[133] das dem Handelsvertreter vom Kunden erteilte Hausverbot, die Schlechterfüllung des Handelsvertretervertrags wegen Trunkenheit,[134] das Nichteinhalten von

116 BGH VersR 1986, 1072.
117 BGH VersR 1968, 642.
118 OLG Nürnberg MDR 1974, 144.
119 BGH WM 1993, 1102.
120 OLG Frankfurt VersR 1992, 492.
121 OLG Köln NJW-RR 1997, 101 f.; KKRD/*Roth* Rn. 4.
122 OLG Celle BB 1958, 894.
123 OLG Celle BB 1958, 894.
124 OLG Stuttgart BB 1960, 956.
125 OLG Karlsruhe DB 1969, 741.
126 *Riemer* in Küstner/Thume VertriebsR-HdB I Kap. VIII Rn. 348; vgl. OLG Köln VersR 1971, 1171.
127 BGH EuR 2005, 79; NJW 1982, 1814; VersR 1960, 707 (709).
128 OLG Stuttgart BB 1960, 956.
129 OLG Frankfurt DB 1967, 329.
130 OLG Düsseldorf VW 1978, 144.
131 BGH GRUR 2005, 62 Rn. 88; OLG Karlsruhe DB 1971, 572; OLG Nürnberg BB 1964, 866.
132 BGH ZFV 1966, 1061.
133 LAG Mainz DB 1990, 281.
134 OLG Celle VersR 1961, 507.

vorgeschriebenen Reisetouren,[135] die unberechtigte fristlose Kündigung des Handelsvertreters mit anschließender Tätigkeitsverweigerung (→ Rn. 83 ff.)[136] und die Nichteinhaltung der Fortsetzungsvereinbarung nach einverständlicher Rücknahme der ordentlichen Kündigung.[137]

44 **ee) Verletzung wesentlicher Vertragspflichten.** Die Verletzung wesentlicher Vertragspflichten durch den Handelsvertreter rechtfertigt eine außerordentliche Kündigung des Unternehmers. So beinhaltet die Preisgabe von **Geschäftsgeheimnissen** regelmäßig einen wichtigen Kündigungsgrund. Dies gilt unabhängig davon, ob durch die Preisgabe dem Unternehmer ein Schaden entstanden ist, weil auch ohne Schaden das Vertrauensverhältnis zwischen Unternehmer und Handelsvertreter zerstört wird. Lässt der Handelsvertreter durch einen seiner Angestellten Betriebsgeheimnisse des Unternehmers ausforschen, gilt entsprechendes.[138] Auch kann die Drohung, eigene Vorzugsbedingungen anderen Handelsvertretern mitzuteilen,[139] oder jede andere **widerrechtliche Drohung,**[140] genügen. Ein Grund zur außerordentlichen Kündigung liegt auch vor, wenn der Handelsvertreter von Empfehlungen des Unternehmers offen abrät und damit dessen **Verkaufsbemühungen unterminiert.**[141] Kündigt der Handelsvertreter an, eine neue andere und nicht weitere Tätigkeit aufzunehmen, so steht dies einer zur außerordentlichen Kündigung berechtigenden **Tätigkeitsverweigerung** gleich.[142] Befindet sich der Handelsvertreter über einen längeren Zeitraum trotz Abmahnung mit einer nicht unerheblichen Summe in **Zahlungsverzug,** soll dem Unternehmer ein Recht zur außerordentlichen Kündigung zustehen.[143] Diese Ansicht ist jedoch kritisch zu hinterfragen: Da die außerordentliche Kündigung die ultima ratio darstellt und eine außerordentliche Kündigung nicht zur Befriedigung der Ansprüche führt, kommt es richtigerweise auch darauf an, ob für den Unternehmer das Risiko besteht, dass sich bei Fortsetzung des Vertragsverhältnisses die Außenstände nicht unerheblich weiter vergrößern, und ob es dem Unternehmer zumutbar ist, seine Ansprüche notfalls gerichtlich durchzusetzen.[144] Auch die Verletzung von **Schulungspflichten** kann einen Grund zur außerordentlichen Kündigung darstellen; das ist insbesondere bei der Weigerung, an produktspezifischen Schulungen teilzunehmen, der Fall.

45 Bei der **Abwerbung** anderer Handelsvertreter des Unternehmers zugunsten eines Nichtbewerbers verletzt der abwerbende Handelsvertreter seine Interessenwahrnehmungspflicht, was eine fristlose Kündigung rechtfertigt.[145] Das Gleiche gilt, wenn der Handelsvertreter **Provisionszahlungen** durch fingierte Aufträge **erschwindelt,** indem er in nennenswertem Umfang in die Aufträge mehr Waren einträgt, als der Kunde tatsächlich bestellt hat.[146] Hierin liegt eine erhebliche Verletzung der vertraglichen Treuepflicht, die zudem die Interessen des Unternehmers gefährdet. Deshalb ist der Unternehmer auch zu einer außerordentlichen Kündigung berechtigt, wenn der Handelsvertreter beim **Einstellungsgespräch** besondere **Sachkunde vortäuscht,** was durch unberechtigte Führung von Berufsbezeichnungen und akademischen Titeln erfolgen kann.[147] **Vorsätzliche kreditschädigende Behauptungen** sind ebenso ein wichtiger Kündigungsgrund[148] **wie falsche Reisekostenabrechnungen,**[149] die Annahme von **Schmiergeldern** und **die unberech-**

[135] LG Lüneburg BB 1955, 298.
[136] BGH WM 2001, 2010; OLG Stuttgart DB 1982, 800.
[137] BGH BB 1984, 235 (237) = DB 1984, 289.
[138] BGH BB 1959, 317; s. auch OLG München ZVertriebsR 2018, 103 Rn. 17.
[139] BGH BB 1984, 235 (237) = DB 1984, 289.
[140] OLG Saarbrücken NJW-RR 2002, 542.
[141] OLG Saarbrücken NJW-RR 2002, 542.
[142] OLG München BeckRS 2005, 33850.
[143] OLG Frankfurt ZVertriebsR 2013, 42 Rn. 44 für Vertragshändler.
[144] Ähnlich auch KG BB 1998, 607 Rn. 42 ff. für Franchisenehmer.
[145] BGH BB 1977, 1170 = AP HGB § 89b Nr. 7 = DB 1977, 1046.
[146] BGH DB 1981, 987.
[147] OLG Hamburg BB 1960, 1300.
[148] BGHZ 27, 220 (226) = LM Nr. 2 mAnm *Haager.*
[149] *Riemer* in Küstner/Thume VertriebsR-HdB I Kap. VIII Rn. 389.

tigte außerordentliche Kündigung durch den Handelsvertreter[150] sowie die **sofortige Klageerhebung** gegen den Unternehmer ohne vorherigen Klärungsversuch.[151] Bereits der **Verdacht eines pflichtwidrigen Verhaltens** kann genügen, wenn er hinreichend erhärtet ist und dadurch das Vertrauensverhältnis zwischen Unternehmer und Handelsvertreter zerstört ist.[152] Der Verdacht einer strafbaren Handlung ist nicht erforderlich; es genügt bereits der Verdacht eines Vertrauensbruchs.[153] Die Aufklärungspflicht des Unternehmers vor Ausspruch der Kündigung ist begrenzt.[154]

ff) Beleidigung und andere Straftaten. Beleidigungen und andere Straftaten, die der Handelsvertreter begeht, können einen wichtigen Kündigungsgrund darstellen.[155] Dabei ist unerheblich, ob sich die Beleidigung gegen den Unternehmer selbst oder gegen dessen leitende Angestellte richtet. Auch eine Tat gegen den Hauptkunden des Geschäftsherrn, etwa die Unterstellung einer Straftat, kann ein außerordentlicher Kündigungsgrund sein.[156] Ein wichtiger Grund kann auch vorliegen, wenn ein Handelsvertreter als Domain-Inhaber eines Internetforums Beiträge duldet, die den Unternehmer beleidigen.[157] Zu prüfen ist aber immer, ob die Beleidigung so schwer ist, dass eine Fortsetzung des Handelsvertreterverhältnisses für den Unternehmer unzumutbar ist. Dies ist möglicherweise zu verneinen, wenn Beleidigungen während einer harten geschäftlichen Diskussion und in starker Erregung erfolgen.[158] Die **Unterschlagung** oder **Veruntreuung** eines Musterkoffers oder kassierter Kundengelder berechtigt ebenfalls zur außerordentlichen Kündigung.[159] Gleiches gilt im Falle der Urkundenfälschung, insbesondere wenn der Handelsvertreter dem Unternehmer bewusst einen Vertrag mit gefälschter Unterschrift vorlegt.[160] Bereits der **Verdacht einer Straftat** kann genügen, wenn er hinreichend erhärtet ist und dadurch das Vertrauensverhältnis zwischen Unternehmer und Handelsvertreter zerstört ist.[161] Der Aufklärungspflicht des Unternehmers vor Ausspruch der Kündigung sind indes Grenzen gesetzt.[162] 46

gg) Nachlassen der Leistungsfähigkeit. Das Nachlassen der Leistungsfähigkeit des Handelsvertreters stellt grundsätzlich keinen Kündigungsgrund dar, unabhängig davon, ob das Absinken der Leistungskraft durch **Alter** oder **Krankheit** verursacht wird. Bei langandauernder Krankheit und langen Kündigungsfristen kann der Unternehmer allerdings zur außerordentlichen Kündigung berechtigt sein.[163] Das Gleiche gilt bei **Berufsunfähigkeit** des Handelsvertreters.[164] 47

hh) Insolvenz des Handelsvertreters. Im Gegensatz zur Insolvenz des Unternehmers führt die Insolvenz des Handelsvertreters nicht zu einer automatischen Beendigung des Handelsvertreterverhältnisses; dieses besteht mit Wirkung für die Masse nach § 108 InsO solange fort bis es durch Kündigung oder einvernehmlich beendet wird (§ 115 Abs. 1 InsO, § 116 InsO; → § 89 Rn. 24 ff.). Insolvenz des Handelsvertreters,[165] Geschäftseinstellung 48

150 BGH BB 1966, 1410; s. aber → Rn. 87.
151 OLG Saarbrücken NJW-RR 1999, 1339 f.
152 BGHZ 29, 275 (276); KG NJW 2000, 1566; OLG München BeckRS 2015, 7780; KKRD/*Roth* Rn. 3.
153 BGH NJW 1959, 878; OLG München BeckRS 2015, 7780.
154 OLG München BeckRS 2015, 7780; Baumbach/Hopt/*Hopt* Rn. 20; Staub/*Emde* Rn. 11.
155 BGH VersR 1959, 887; OLG Stuttgart BB 1960, 956; OLG Hamburg BB 1960, 1300; OLG Celle BB 1963, 711; *Semler* in MSF VertriebsR-HdB § 20 Rn. 30; LAG BW AuA 2007, 433.
156 OLG Köln VersR 2002, 482.
157 LAG Baden-Württemberg AuA 2007, 433.
158 BGH BB 1979, 242.
159 OLG Nürnberg BB 1965, 688.
160 OLG Düsseldorf BeckRS 2017, 151716 Rn. 64; OLG München r+s 2005, 135.
161 BGHZ 29, 275 (276); KG NJW 2000, 1566; OLG München BeckRS 2015, 7780; KKRD/*Roth* Rn. 4.
162 OLG München BeckRS 2015, 7780; Baumbach/Hopt/*Hopt* Rn. 20; Staub/*Emde* Rn. 11.
163 EBJS/*Löwisch* Rn. 74: nur für Wegfall der Geschäftsgrundlage.
164 *Riemer* in Küstner/Thume VertriebsR-HdB I Kap. VIII Rn. 288.
165 BGH NJW-RR 2013, 1142; OLG Hamm NJW-RR 2004, 1554; OLG München DB 2006, 1371; Staub/*Emde* Rn. 21; Baumbach/Hopt/*Hopt* Rn. 20; EBJS/*Löwisch* Rn. 75; KKRD/*Roth* Rn. 4; *Thume* in Küstner/Thume VertriebsR-HdB I Kap. VIII Rn. 138; *K. Schmidt* HandelsR § 27 V Rn. 66; BeckOK

und Geschäftsübertragung berechtigen den Unternehmer aber zur fristlosen Kündigung. Im Falle der Insolvenz muss der Unternehmer nicht erst die Eröffnung des Insolvenzverfahrens abwarten; schon der Eigenantrag des Handelsvertreters auf Eröffnung des Insolvenzverfahrens reicht aus.[166] Die Eröffnung des Insolvenzverfahrens stellt einen neuen Grund zur außerordentlichen Kündigung dar. Der (vorläufige) Insolvenzverwalter kann indes den Handelsvertretervertrag wegen der Insolvenz des Handelsvertreters nicht fristlos kündigen.

49 Das Recht des Unternehmers zur außerordentlichen Kündigung im Falle der Insolvenz des Handelsvertreters kann **im Handelsvertretervertrag wirksam verankert** werden, weil dem Unternehmer in diesem Fall auch ohne eine solche Klausel regelmäßig ein Recht zur außerordentlichen Kündigung gemäß § 89a zusteht (→ Rn. 48) und sich das vertraglich vereinbarte Kündigungsrecht folglich nur an dieses Recht anlehnt bzw. ohnehin nur deklaratorisch ist. Mithin ist es nicht so, dass sich der Prinzipal per Vertrag ein Lösungsrecht für den Fall der Insolvenz des Absatzmittlers einräumt, das er ansonsten nicht hätte. Die grundsätzlichen Bedenken hinsichtlich einer insolvenzbedingten Lösungsklausel sind daher hier nicht durchgreifend.[167] Diese Auffassung wird bestätigt durch eine jüngere Entscheidung des BGH,[168] wonach eine Beeinträchtigung der §§ 103 ff. InsO mit einer vertraglichen Lösungsklausel nicht verbunden ist, wenn diese sich eng an eine gesetzliche Lösungsmöglichkeit anlehnt oder sogar nur deklaratorisch ist. Der BGH hat in der vorliegenden Entscheidung die außerordentliche Kündigung eines Bauvertrages durch den Auftraggeber wegen des Eigeninsolvenzantrages des Auftragnehmers für wirksam befunden. Er hat insbesondere darauf abgestellt, dass (a) die vereinbarte Kündigungsregelung des § 8 Abs. 2 Nr. 1 Fall 2 VOB/B nicht weiter als die gesetzliche Kündigungsregelung nach § 649 S. 1 BGB gehe, wonach der Auftraggeber jederzeit berechtigt sei, den Werkvertrag zu kündigen, und (b) es dem Auftraggeber häufig auch in persönlicher Hinsicht nicht zuzumuten sei, den Vertrag gegen seinen Willen mit dem Auftragnehmer, der einen Eigeninsolvenzantrag gestellt hat, oder mit dem Insolvenzverwalter fortzusetzen. Für einen Handelsvertretervertrag gilt nichts anderes.

50 **ii) Ausscheiden des Gesellschafters einer Handelsvertretergesellschaft.** Das Ausscheiden eines Gesellschafters einer Vertretergesellschaft (OHG, KG, GmbH, AG, → § 84 Rn. 25 f.) bewirkt keine Auflösung der Gesellschaft (vgl. § 131, § 60 GmbHG, § 262 AktG). Deshalb scheidet ein ordentliches oder außerordentliches Kündigungsrecht grundsätzlich aus. Allerdings kann in Ausnahmefällen das Ausscheiden eines Gesellschafters einer Handelsvertretergesellschaft einen wichtigen Kündigungsgrund darstellen.[169] Dies gilt insbesondere, wenn der Weggang eines Gesellschafters eine mit den §§ 613, 664 BGB unverträgliche Änderung im Erscheinungsbild des Vertreterunternehmens bewirkt. War der ausscheidende Gesellschafter dagegen nicht zugleich als Geschäftsführer oder Angestellter der Gesellschaft im Vertreterunternehmen tätig, ist ein außerordentliches Kündigungsrecht grundsätzlich abzulehnen.[170]

51 Bei einer **Handelsvertreter-GmbH** kann neben dem Ausscheiden eines Gesellschafters[171] auch das **Fehlverhalten eines Gesellschafters** ein Recht des Unternehmers zur fristlosen Kündigung des Handelsvertretervertrags begründen. Dies gilt auch dann, wenn der Handelsvertreter-GmbH das Handeln des Gesellschafters nicht nach den §§ 278, 831

HGB/*Lehmann* Rn. 47; *Semler* in MSF VertriebsR-HdB § 20 Rn. 27; *Ströbl/Schumacher* BB 2009, 1201; *Muhl* GWR 2014, 496; *Mesch* ZVertriebsR 2015, 8, 13; *Ströbl/Woltmann* ZVertriebsR 2014, 236; *Meyer/Knaub* ZVertriebsR 2016, 275.

166 Vgl. nur OLG München NJOZ 2006, 3489 (3490); s. auch OLG Saarbrücken NJW-RR 1998, 1191 zur Kündigung bei „bevorstehender Zahlungsunfähigkeit" ohne Insolvenzantrag (zw., richtigerweise kommt es darauf an, ob ein Insolvenzgrund nach §§ 16 ff. InsO vorliegt).

167 BGH NZI 2013, 694; *Ströbl/Woltmann* ZVertriebsR 2014, 236; *Muhl* GWR 2014, 496; *Eckhoff* NZI 2015, 972; *Meyer/Knaub* ZVertriebsR 2016, 275 (276 f.).

168 BGH NJW 2016, 1945.

169 Staub/*Emde* Rn. 27.

170 *Emde,* Die Handelsvertreter-GmbH, 1994, 208.

171 Ausf. *Emde* GmbHR 1999, 1005 (1014 f.); *Westphal* BB 1999, 2517 (2519).

BGB zugerechnet werden kann. Denn der wichtige Grund setzt nicht Verschuldenszurechnung, sondern Unzumutbarkeit der Vertragsfortsetzung voraus. Diese kann vorliegen, wenn durch das Verhalten des Gesellschafters das Vertrauen des Unternehmers in die Handelsvertretergesellschaft zerstört wurde.[172] Entscheidend hierfür ist neben der Schwere der Verfehlung und der Stellung des Gesellschafters innerhalb der GmbH der Grad der Wiederholungsgefahr. Schwere Beleidigungen des Unternehmers durch Angestellte einer Handelsvertreter-GmbH sind beispielsweise geeignet, eine fristlose Kündigung zu rechtfertigen. Das Gleiche gilt bei einer konkurrierenden Tätigkeit eines Gesellschafters der Handelsvertreter-GmbH.[173]

jj) Umwandlung der Handelsvertretergesellschaft. Die Umwandlung[174] einer Handelsvertretergesellschaft nach dem UmwG[175] kann unter bestimmten Voraussetzungen ein außerordentliches Kündigungsrecht des Unternehmers begründen. Ein **Formwechsel** (§ 1 Abs. 1 Nr. 4 UmwG, §§ 190 ff. UmwG) berechtigt den Unternehmer grundsätzlich nicht zur außerordentlichen Kündigung, da in der Umwandlung keine Verletzung der persönlichen Dienstleistungspflicht (§§ 613, 664 BGB) liegt.[176] Denn die §§ 613, 664 BGB bezwecken nur den Schutz des Unternehmers vor einer weitgehenden Delegation der Vertreteraufgaben auf andere natürliche Personen, nicht dagegen den Schutz vor einer Änderung der Rechtsform des Vertragspartners. Die anderen Fälle der Umwandlung (**Verschmelzung, Spaltung, Vermögensübertragung,** § 1 Abs. 1 Nr. 1–3 UmwG) begründen trotz Auswechslung des Rechtsträgers und der damit verbundenen Veränderung der Rahmenbedingungen des Vertretervertrags ebenfalls kein außerordentliches Kündigungsrecht. Das Haftungsrisiko des Unternehmers wird nämlich durch die Umwandlung nicht erhöht, da der Unternehmer nach den §§ 22, 125, 133 Abs. 1, Abs. 3–5 UmwG und § 134 UmwG durch Sicherheitsleistung und bei der Spaltung ferner durch gesamtschuldnerische Haftung der beteiligten Rechtsträger für Altverbindlichkeiten ausreichend geschützt wird. Führt jedoch die rechtsträgerändernde Umwandlung zu einer wirtschaftlichen Schwächung des nachfolgenden Rechtsträgers, ist ein wichtiger Kündigungsgrund zu bejahen, wenn dadurch konkrete Unternehmerinteressen in unzumutbarer Weise gefährdet werden. 52

kk) Betriebseinstellung. Kündigungsgründe aus der Sphäre des Unternehmers stellen die **Betriebs- bzw. Produktionseinstellung** und die **Betriebsumstellung** zB aus Gründen höherer Gewalt oder bei mangelnder Rentabilität des Unternehmens dar.[177] Ein wichtiger Grund kann beispielsweise auch vorliegen, wenn infolge von Provisionsgarantien schon die Tätigkeit des Handelsvertreters Verluste für den Unternehmer einbringt.[178] Auch die Einstellung der eigenen Vertriebstätigkeit und deren Übertragung auf ein im Konzernverbund stehendes Schwesterunternehmen berechtigt zur fristlosen Kündigung, wenn dies unvorhersehbar war und der Betrieb nicht für eine Übergangszeit fortgeführt wird.[179] War aber die Betriebseinstellung oder -umstellung wegen wirtschaftlicher Verluste schon länger vorhersehbar, scheidet eine fristlose Kündigung aus.[180] Dem Unternehmen ist dann ein Abwarten der ordentlichen Kündigungsfrist zumutbar. 53

b) Wichtiger Kündigungsgrund des Handelsvertreters. Ein Kündigungsrecht des Handelsvertreters wird überwiegend durch wesentliche Vertragsverletzungen des Unternehmers und die Unmöglichkeit der Erfüllung wesentlicher Vertragspflichten durch den Unter- 54

172 *Emde,* Die Handelsvertreter-GmbH, 1994, 210 ff.
173 Hierzu *Emde,* Die Handelsvertreter-GmbH, 1994, 212 ff.
174 Zur Umwandlung einer einzelkaufmännischen Handelsvertretung in eine GmbH s. LG Göttingen VersR 2007, 1696; *Westphal* BB 1999, 2517 (2519).
175 Hierzu *Lüttge* NJW 1995, 417 ff.
176 Vgl. *Emde,* Die Handelsvertreter-GmbH, 1994, 129 ff.
177 DIS Schiedsspruch vom 17.1.1997, DIS-SV-B 627/96 = BB 1999, Heft 38, 13; *Emde* NJW 1999, 326 (329); Staub/*Emde* Rn. 27; Baumbach/Hopt/*Hopt* Rn. 21; Heymann/*Froitzheim* Rn. 30 f.
178 BGH VersR 1958, 243.
179 BGH NJW 1986, 1931.
180 BGH NJW 1986, 1931; OLG München BeckRS 2008, 1692; KKRD/*Roth* Rn. 4; Staub/*Emde* Rn. 27.

nehmer begründet. Ausnahmsweise können auch Umstände aus der Sphäre des Handelsvertreters diesen zur außerordentlichen Kündigung berechtigen.

55 **aa) Verletzung wesentlicher Vertragspflichten.** Wesentliche Vertragsverletzungen kommen in erster Linie bei den Pflichten des Unternehmers in Betracht, die in §§ 86a ff. geregelt sind.[181] Nach § 86a hat der Unternehmer dem Handelsvertreter die zur Ausübung seiner Tätigkeit erforderlichen Unterlagen zur Verfügung zu stellen. Verletzt der Unternehmer diese **Bereitstellungspflicht** kann ein wichtiger Grund vorliegen.[182] Eine beharrliche Verletzung der **Informationspflicht** nach § 86a Abs. 2 kann ebenfalls einen wichtigen Kündigungsgrund darstellen.[183] Der Unternehmer ist zwar im Rahmen seiner unternehmerischen Dispositionsfreiheit grundsätzlich nicht verpflichtet, jedes vom Handelsvertreter vermittelte Geschäft abzuschließen. Jedoch stellt die **willkürliche Ablehnung von** vermittelten **Aufträgen** einen wichtigen Grund zur fristlosen Beendigung des Vertragsverhältnisses dar.[184] Verletzt der Unternehmer seine ihm gem. § 87c obliegende **Abrechnungspflicht,** ist der Handelsvertreter zur außerordentlichen Kündigung berechtigt.[185] Unerheblich ist dabei, ob der Unternehmer die Abrechnungserteilung überhaupt verweigert oder ob er ständig falsche und unvollständige Abrechnungen erteilt. Dagegen berechtigt eine nur gelegentlich verspätete Abrechnung nicht zur außerordentlichen Kündigung. Verweigert der Unternehmer die Erteilung des **Buchauszugs** unberechtigt, steht dem Handelsvertreter (ggf. nach vorheriger Abmahnung) ebenfalls ein Recht zur außerordentlichen Kündigung zu.[186] Schaltet der Unternehmer nach Erklärung einer ordentlichen Kündigung des Handelsvertreters und vor Beendigung des Vertragsverhältnisses dessen Notebook vom firmeninternen Netzwerk ab, übersendet er dem Handelsvertreter keine Stornogefahrmitteilungen mehr und meldet ihn aus bestehenden Versorgungsverträgen ab, so ist der Handelsvertreter nach vorheriger Abmahnung zur fristlosen Kündigung berechtigt.[187] Gleiches gilt, wenn Unternehmer und Handelsvertreter zur Vereinfachung der Vermittlungstätigkeit des Handelsvertreters gegen Entgelt ein Online-Portal eingerichtet haben und der Unternehmer den Zugang für den Handelsvertreter grundlos sperrt.[188]

56 Die **Abwerbung von Kunden** des Handelsvertreters mit dem Ziel, dass diese Kunden die Waren unmittelbar beim Unternehmer bestellen und damit dem Handelsvertreter Provisionsverluste entstehen, stellt als treuwidriges Verhalten einen wichtigen Kündigungsgrund dar.[189] Das Gleiche gilt, wenn der Unternehmer einen Untervertreter des Handelsvertreters abwirbt, um diesem die Vertretung im Bezirk des noch nicht gekündigten Handelsvertreters zu übertragen.[190] Ebenso kann die **Verletzung des Alleinvertretungsrechts** durch Einsatz eines weiteren Handelsvertreters im Bereich des alleinvertretungsberechtigten Handelsvertreters zur fristlosen Kündigung berechtigen.[191]

57 **Veräußert** der Unternehmer seinen **Betrieb** und versäumt er es, den Handelsvertreter rechtzeitig davon zu informieren, sodass dieser nicht mehr fristgerecht kündigen kann, hat der Handelsvertreter ein Recht zur außerordentlichen Kündigung. Dies gilt auch bei einer **vertragswidrigen Bezirksverkleinerung,**[192] die aber nicht ohne weiteres bei Wegfall eines bedeutenden Kunden und einem dadurch entstandenen Provisionsausfall vorliegt.[193] Die **Fusion** des Unternehmers mit einem anderen Unternehmen kann einen wichtigen

[181] Baumbach/Hopt/*Hopt* Rn. 22 ff.; Heymann/*Froitzheim* Rn. 35; Oetker/*Busche* Rn. 22 mit Beispielen.
[182] *Riemer* in Küstner/Thume VertriebsR-HdB I Kap. VIII Rn. 283.
[183] *Riemer* in Küstner/Thume VertriebsR-HdB I Kap. VIII Rn. 343.
[184] *Riemer* in Küstner/Thume VertriebsR-HdB I Kap. VIII Rn. 250.
[185] *Riemer* in Küstner/Thume VertriebsR-HdB I Kap. VIII Rn. 251.
[186] OLG Karlsruhe IHR 2018, 81 (62).
[187] OLG Brandenburg IHR 2007, 171.
[188] OLG München ZVertriebsR 2017, 196.
[189] BGH BB 1959, 720; EBJS/*Löwisch* Rn. 81; Baumbach/Hopt/*Hopt* Rn. 23; Staub/*Emde* Rn. 27.
[190] BGH BB 1982, 1626.
[191] Baumbach/Hopt/*Hopt* Rn. 23; *Semler* in MSF VertriebsR-HdB § 20 Rn. 32.
[192] BGH WM 1971, 561; OLG Stuttgart DB 1982, 800.
[193] BGH DB 1981, 2274.

Kündigungsgrund darstellen, wenn infolge der Fusion für das neugegründete Unternehmen eine lückenlose Außendienst-Organisation bereits vorhanden ist, so dass für den kündigenden Handelsvertreter ein Betätigungsfeld nicht mehr vorhanden ist.[194]

Eine **ungerechtfertigte fristlose Kündigung durch den Unternehmer** berechtigt 58 den Handelsvertreter seinerseits (ggf. nach vorheriger Abmahnung; → Rn. 87) außerordentlich zu kündigen,[195] weil der Unternehmer dem Handelsvertreter zu Unrecht die Weiterarbeit verweigert und damit dessen Einkommen gefährdet. Ebenso der unberechtigte **Widerruf einer Inkassovollmacht,** die auch im Interesse des Handelsvertreters erteilt wurde.[196] Die **einseitige,** vertragswidrige **Provisionskürzung** führt zu einem schwerwiegenden Eingriff in den bestehenden Vertretervertrag und begründet für den Handelsvertreter das Recht zur außerordentlichen Kündigung.[197] Das Gleiche gilt, wenn der Unternehmer die geschuldete **Provision** teilweise vorenthält,[198] seinen Provisionsverpflichtungen nur schleppend nachkommt und damit in Zahlungsverzug gerät[199] oder nur unter Vorbehalt zahlt, wobei einmalige Pflichtverletzungen jedoch nicht genügen.[200] Zum Zahlungsverzug des Handelsvertreters → Rn. 44.

Die dauerhafte **Schlechtlieferung des Unternehmers** beinhaltet einen wichtigen 59 Kündigungsgrund, weil bei verspäteter und mangelhafter Lieferung von Waren die vom Handelsvertreter vermittelten Kunden abspringen und sich damit dessen Provisionsansprüche verringern. **Täuscht** der Unternehmer bei den Vertragsverhandlungen über die Größe des bereits vorhandenen Kundenstamms, liegt ein wichtiger Grund vor. Dies gilt auch für den **ungerechtfertigten Vorwurf strafbaren Verhaltens,** zB beim Vorwurf der Unterschlagung eines Musterkoffers.[201]

bb) Sonstige Gründe. Der Handelsvertreter hat in bestimmten Fällen das Recht, 60 den Vertrag außerordentlich zu kündigen, ohne dass dem Unternehmer ein Pflichtverstoß vorgeworfen werden kann. Deshalb ist der Handelsvertreter zur außerordentlichen Kündigung berechtigt, wenn **von dritter Seite Druck auf den Handelsvertreter** ausgeübt wird, um das Vertragsverhältnis zu lösen.[202] Der Handelsvertreter kann beispielsweise ohne eigenes Zutun in eine konkurrenzbedingte Situation und damit in eine Interessenskollision geraten, indem eines der von ihm vertretenen Unternehmen die Produktion erweitert und der Handelsvertreter nunmehr für zwei Konkurrenten tätig wird. Kündigt er daraufhin unter dem Druck, selbst gekündigt zu werden, so ist dies zulässig. Weiterhin kann eine von keiner Seite verschuldete vollständige **Zerrüttung des Vertragsverhältnisses** mit der Folge, dass ein gedeihliches Zusammenwirken nicht mehr zu erwarten ist, einen wichtigen Grund darstellen. Der Wegfall eines wichtigen Kunden und der dadurch bedingte Provisionsausfall berechtigt den Handelsvertreter zur außerordentlichen Kündigung, wenn damit eine nicht mehr beseitigungsfähige Existenzgefährdung verbunden ist, was bei einem Verlust von ⅖ der Gesamtprovision der Fall sein kann.[203] Eine Liefersperre des Mineralölunternehmens stellt sich bei gleichzeitiger Aufrechterhaltung des Konkurrenzverbots als rechtsmissbräuchliche Ausübung eines Zurückbehaltungsrechtes dar, das zur außerordentlichen Kündigung des Tankstellenvertrages berechtigt.[204] Das Vorliegen eines Grunds zur Eröffnung des Insolvenzverfahrens über das Vermögen des Unternehmers (§§ 16 ff. InsO) sowie der eigene Antrag des Unternehmers auf Eröffnung des Insolvenzverfahrens über sein Vermögen

---

194 *Riemer* in Küstner/Thume VertriebsR-HdB I Kap. VIII Rn. 333.
195 BGH NJW 1999, 946 mwN.; für Franchising *Flohr* BB 2006, 289 (298).
196 OLG Celle DB 1961, 369; *Riemer* in Küstner/Thume VertriebsR-HdB I Kap. VIII Rn. 344; EBJS/*Löwisch* Rn. 81.
197 BGH VersR 1960, 42; WM 1974, 867 (870).
198 BGH WM 1970, 513.
199 *Riemer* in Küstner/Thume VertriebsR-HdB I Kap. VIII Rn. 385.
200 BGH NJW-RR 1989, 862.
201 OLG Nürnberg BB 1965, 688.
202 LG Frankfurt DB 1966, 499.
203 BGH DB 1981, 2274 (2275).
204 BGH BB 2006, 517 (518).

kann den Handelsvertreter zur außerordentlichen Kündigung des Vertrages berechtigen.[205] Etwas anderes gilt jedoch dann, wenn der Antrag nur die Sanierung des Unternehmens vorbereiten soll und der Unternehmer den Handelsvertreter umfassend und nachprüfbar über die beabsichtigten Maßnahmen aufklärt.[206] Bei Eröffnung des Insolvenzverfahrens erlischt der Vertrag allerdings nach §§ 115, 116 InsO (→ § 89 Rn. 24 f.).

61 Die **Handelsvertreter-GmbH** kann den Handelsvertretervertrag in aller Regel nicht infolge des **Ausscheidens eines Gesellschafters** kündigen.[207] Eine Ausnahme hiervon gilt jedoch, wenn die GmbH ohne den betreffenden Gesellschafter unfähig ist, ihren Vertragsverpflichtungen nachzukommen und sie dies nicht zu vertreten hat. Das kann insbesondere beim Tod des Alleingesellschafters einer Ein-Personen-GmbH der Fall sein. Auch die **eigene Insolvenz** gibt dem Handelsvertreter kein Recht zur außerordentlichen Kündigung.[208] Auch steht dem Insolvenzverwalter ein Wahlrecht nach § 103 InsO in Bezug auf den Handelsvertretervertrag nicht zu; es gilt § 108 InsO (→ § 89 Rn. 26).

62 **4. Kündigungserklärung.** Für die Erklärung der fristlosen Kündigung gilt im Wesentlichen das Gleiche wie bei der ordentlichen Kündigung (→ § 89 Rn. 45 ff.). In diesem Zusammenhang erscheint auch eine **außerordentliche Änderungskündigung** möglich, wenn dem Kündigenden zwar eine Fortsetzung des Vertragsverhältnisses nicht zu den bisherigen, aber zu geänderten Bedingungen möglich und zumutbar ist.[209] Einer solchen gebührt aber (zumindest im Vertriebsrecht) nicht der Vorrang vor einer das Vertragsverhältnis beendenden Kündigung, da der Absatzmittler keinen Anspruch auf Abschluss eines geänderten Vertrages hat; ein solcher kann auch nicht aus der Treue- und Rücksichtnahmepflicht des Unternehmers hergeleitet werden.[210]

63 **a) Form und Inhalt.** Die Kündigungserklärung ist nicht an eine bestimmte Form gebunden und kann deshalb auch mündlich ausgesprochen werden. Aus der Kündigungserklärung muss sich aber **klar und eindeutig** ergeben, dass es sich um eine außerordentliche Kündigung handelt.[211] Jedoch muss die Kündigung nicht ausdrücklich als „außerordentliche Kündigung“ bezeichnet werden. Vielmehr genügt, dass der Kündigungsempfänger aus dem Inhalt der Kündigungserklärung unzweifelhaft den Willen des Kündigenden zur außerordentlichen Kündigung erkennen kann.[212] Dies ist durch die Auslegung von Kündigungserklärung und Kündigungsbegründung zu ermitteln. Die uneingeschränkte Aufforderung des Unternehmers an den Handelsvertreter, jegliche Tätigkeit zu unterlassen und seine Unterlagen beim Unternehmer abzuliefern, ist als außerordentliche Kündigung zu verstehen.[213] Im Zweifel gilt die Kündigung als ordentliche und wird auch nicht rückwirkend durch Klarstellung des Kündigenden, er habe außerordentlich kündigen wollen, zur außerordentlichen Kündigung.[214] Eine solche Klarstellung beinhaltet aber eine neue außerordentliche Kündigung, wobei immer zu prüfen ist, ob diese rechtzeitig erklärt wurde.[215] Das richtet sich nicht nach der Zweiwochenfrist des § 626 Abs. 2 S. 1 BGB, sondern nach den Grundsätzen der Verwirkung (→ Rn. 5, → Rn. 66 ff.).

---

205 Baumbach/Hopt/*Hopt* Rn. 24; Heymann/*Froitzheim* Rn. 37.
206 OLG Dresden ZIP 1996, 73; kritisch dazu *Meyer* ZVertriebsR 2020, 225 (227).
207 *Emde*, Die Handelsvertreter-GmbH, 1994.
208 *Wente* ZIP 2005, 335 (338); Staub/*Emde* § 89 Rn. 22.
209 Vgl. zu einer außerordentlichen Änderungskündigung im Arbeitsrecht BAG AP BGB § 626 Nr. 207. Im Vertriebsrecht ist eine solche beispielsweise denkbar bei der (teilweisen) Einstellung der Produktion bzw. des Vertriebs eines Vertragsproduktes und der Aufnahme der Produktion bzw. des Vertriebs eines anderen Produkts, das bislang nicht Vertragsgegenstand war.
210 AA wohl EBJS/*Löwisch* Rn. 29.
211 BGHZ 27, 220 (225); EBJS/*Löwisch* Rn. 84; *Semler* in MSF VertriebsR-HdB § 20 Rn. 34; Röhricht/Graf v. Westphalen/Haas/*Thume* Rn. 10.
212 BAG AP BGB § 620 Kündigungserklärung Nr. 2 = NJW 1983, 303.
213 OLG Brandenburg BB 1996, 2115.
214 Baumbach/Hopt/*Hopt* Rn. 13; EBJS/*Löwisch* Rn. 85; *Thume* in Küstner/Thume VertriebsR-HdB I Kap. VIII Rn. 178.
215 BGHZ 27, 220 (222) = LM Nr. 2 mAnm *Haager*; EBJS/*Löwisch* Rn. 85.

Die Pflicht zur Abgabe einer eindeutigen und klaren Kündigungserklärung führt **nicht** zu einem **Begründungszwang.** Die Kündigung muss weder begründet werden, noch ist die Angabe bestimmter Kündigungsgründe erforderlich.[216] Es genügt daher, wenn der Kündigungsempfänger durch die Bezeichnung als „außerordentliche Kündigung" darüber Klarheit erhält, dass ihm außerordentlich gekündigt wurde. Jedoch kann der Gekündigte **analog § 626 Abs. 2 S. 3 BGB** verlangen, dass der Kündigende ihm unverzüglich den Kündigungsgrund schriftlich mitteilt (→ Rn. 6).[217] Der Kündigende genügt dabei seiner Mitteilungspflicht, wenn er den Kündigungsgrund insoweit mitteilt, dass der Gekündigte erfährt, ob sich der Kündigende auf ein schuldhaftes Verhalten des Gekündigten beruft oder nicht. Dagegen zielt der Mitteilungsanspruch nicht darauf, herauszufinden, in welchem Umfang der Unternehmer Vertragsverstöße des gekündigten Handelsvertreters in Erfahrung gebracht hat, um so die Risiken einer Rechtsverfolgung besser abschätzen zu können.[218] Mit Blick auf § 89b Abs. 3 Nr. 2 kann es im Einzelfall angezeigt sein, dass der Unternehmer die Kündigung begründet (→ § 89b Rn. 205). 64

Der Unternehmer kann aber durch vertragliche Vereinbarung verpflichtet sein, die Kündigung zu begründen.[219] Dabei ist durch Auslegung der Vereinbarung zu ermitteln, ob es sich bei der **vereinbarten Begründungspflicht,** um ein konstitutives oder deklaratorisches Formerfordernis handelt.[220] Nur soweit die Begründung tatsächlich Wirksamkeitsvoraussetzung für die Kündigung sein soll, führt eine Verletzung der Begründungspflicht nach § 125 BGB zur Nichtigkeit der Kündigung. Andernfalls bleibt es bei dem Grundsatz, dass die fehlende Begründung die Kündigung nicht unwirksam macht. 65

b) Zeitpunkt der Kündigung. aa) Angemessene Überlegungsfrist. § 626 Abs. 2 S. 1 BGB ist nicht anwendbar (→ Rn. 5). Die Kündigungserklärung braucht auch nicht sofort nach Kenntnisnahme vom Kündigungsgrund zu erfolgen.[221] Vielmehr ist dem Kündigenden eine **angemessene Überlegungsfrist** einzuräumen, deren Dauer sich nach den Umständen des jeweiligen Falles richtet.[222] Damit werden auch ohne die Ausschlussfrist des § 626 Abs. 2 BGB die Interessen des gekündigten Handelsvertreters ausreichend berücksichtigt. Sofern der BGH im Zusammenhang mit der Überlegungsfrist auch von einer angemessenen Zeitspanne zur Aufklärung des Sachverhalts spricht, erscheint dies missverständlich.[223] Bei der Frist muss es sich um eine reine Überlegungsfrist und nicht auch um eine Frist zur Aufklärung des Sachverhalts handeln. Gerade bei komplexen und schwierigen Sachverhalten kann nämlich die Aufklärung des Sachverhalts längere Zeit beanspruchen. Würde man dies anders sehen, gäbe es faktisch in zeitlicher Hinsicht eine Höchstgrenze für die Aufklärung des Sachverhalts, obgleich die Möglichkeiten zur Aufklärung des Sachverhalts für den Kündigenden begrenzt sind. Auch würde eine andere Ansicht dem Gekündigten nicht dienen, da sie den Kündigenden zur Kündigung zwingen würde, obgleich er noch keine sichere Kenntnis hat. Der Kündigende hat die Aufklärung des Sachverhalts aber zügig voranzubringen.[224] 66

---

216 BGH NJW-RR 1988, 1381; BGHZ 27, 220 (225) = LM Nr. 2 mAnm *Haager*; Baumbach/Hopt/*Hopt* Rn. 14; Heymann/*Froitzheim* Rn. 38; v. Hoyningen-Huene/Linck/*Krause* KSchG § 1 Rn. 272; KKRD/*Roth* Rn. 2; Staub/*Emde* Rn. 39 f.; aA EBJS/*Löwisch* Rn. 87, wenn der Gekündigte auf das Entstehen des Kündigungsgrundes keinen Einfluss hat oder den Grund nicht kennt; *Thume* in Küstner/Thume VertriebsR-HdB I Kap. VIII Rn. 190, wonach die Angabe der Kündigungsgründe nur dann nicht erforderlich ist, wenn dem Kündigungsempfänger die Gründe bekannt waren.

217 LG Köln NJW-RR 1992, 485; Baumbach/Hopt/*Hopt* Rn. 14; *Semler* in MSF VertriebsR-HdB § 20 Rn. 34; Röhricht/Graf v. Westphalen/Haas/*Küstner* Rn. 11; Staub/*Emde* Rn. 39 f.

218 LG Köln NJW-RR 1992, 485.

219 Staub/*Emde* Rn. 41; aA EBJS/*Löwisch* Rn. 89, 132.

220 v. Hoyningen-Huene/Linck/*Krause* KSchG § 1 Rn. 274.

221 BGH NJW 2011, 3361; OLG Nürnberg BB 1965, 688.

222 BGH NJW-RR 1992, 1059; WM 1970, 870; OLG Karlsruhe DB 1978, 1396; OLG Bamberg BB 1979, 1000 (1001); OLG Nürnberg BB 1965, 688.

223 Vgl. nur BGH MDR 1999, 1206; NJW 2011, 3361; wie hier wohl auch *Martinek* ZVertriebsR 2015, 207 (213).

224 BGH MDR 1999, 1206; OLG München BeckRS 2015, 7780.

67 Der Ausspruch einer fristlosen **Kündigung mehr als zwei Monate nach Kenntniserlangung** des maßgeblichen Grundes ist in der Regel verspätet,[225] es sei denn, dass sich die lange Dauer ausnahmsweise durch besondere Umstände erklären lässt.[226] Nach der Rspr. des BGH deute ein zu langes Zuwarten darauf hin, dass der Kündigende das beanstandete Ereignis selbst nicht als so schwerwiegend empfunden hat, dass eine weitere Zusammenarbeit mit dem anderen Teil bis zum Ablauf der Frist für eine ordentliche Kündigung oder des Vertrages unzumutbar wäre.[227]

68 Die Überlegungsfrist **beginnt** erst ab sicherer Kenntnis des Kündigungsgrundes. Eine Kenntniserlangung ist erst dann anzunehmen, wenn der Kündigende „harte, verifizierbare Fakten" in Erfahrung gebracht hat, auf die er seine Kündigung stützen und die er im Streitfall auch nachweisen kann,[228] er muss die entsprechende Gewissheit haben.[229] Allerdings muss der Unternehmer einem hinreichend konkreten Verdacht zügig und ohne Verzögerungen nachgehen.[230] Bei Beschwerden von Dritten (zB Kunden) ist der Kündigende regelmäßig gehalten, den anderen Teil vor einer außerordentlichen Kündigung anzuhören (→ Rn. 31). Der Sachverhalt kann in einem solchen Fall regelmäßig nicht ohne Anhörung des Betroffenen vollständig erfasst werden, weshalb die Frist erst frühestens mit der Anhörung beginnt.[231] Bei Verdacht einer durch den Handelsvertreter begangenen Straftat darf der Unternehmer unter Umständen sogar das Ergebnis des Strafverfahrens abwarten.[232]

69 Offen ist, wann die Überlegungsfrist bei **Dauersachverhalten** (zB Konkurrenztätigkeit; pflichtwidriges Unterlassen) beginnt. Zum Teil wird vertreten, dass sie erst mit dem letzten Vorfall, der ein weiteres oder letztes Glied in der Kette der Ereignisse bildet, beginnt.[233] Nach anderer Ansicht soll die Frist mit sicherer Kenntnis von der ersten Pflichtverletzung bzw. dem pflichtwidrigen Unterlassen beginnen, etwas anderes könne ausnahmsweise nur dann gelten, wenn sich die Grundlage für die Entscheidung, ob das Vertragsverhältnis beendet werden soll, während der Dauer des Vertragsverstoßes fortlaufend verändert.[234] Der BGH hat zwar diese Frage im Anwendungsbereich des § 89a offengelassen, aber sie dahingehend gelöst, dass die Fortsetzung des Dauersachverhalts nach fruchtlosem Ablauf einer in einer Abmahnung gesetzten Frist einen neuen, selbständigen Kündigungsgrund darstellt.[235] Aufgrund der Abmahnung(en) könne der Gekündigte nicht auf den Fortbestand des Vertrages infolge des Zuwartens des Kündigenden vertrauen. Mithin kann der Kündigende bei längerer Kenntnis von einem Dauersachverhalt eine (erneute) Abmahnung aussprechen und eine außerordentliche Kündigung auf den fruchtlosen Ablauf der mit der Abmahnung gesetzten Frist stützen. Grenze dürfte Verwirkung (→ Rn. 71) sein.

70 **Verhandlungen** über die einvernehmliche Beendigung des Handelsvertretervertrages oder über die Fortsetzung einer vertrauensvollen und erfolgreichen Geschäftsbeziehung infolge der sicheren Kenntnis von einem wichtigen Grund schieben das Ende der Überle-

---

225 BGH BB 1999, 1516 = EWiR § 89a HGB 2/99, 705 m. insoweit zust. Kurzkomm. *Emde*; OLG Köln VersR 2001, 1234; *Semler* in MSF VertriebsR-HdB § 20 Rn. 35; *Thume* in Küstner/Thume VertriebsR-HdB I Kap. VIII Rn. 185.

226 BGH ZIP 1994, 293 = EWiR § 89a HGB 1/94, 279 m. Kurzkomm. *Schwerdtner*; BB 1983, 1629 (1630); 1992, 1162 = EWiR § 89a HGB 1/92, 797 m. Kurzkomm. *v. Hoyningen-Huene* bezüglich vier Monaten; aA EBJS/*Löwisch* Rn. 52: keine Regelhöchstfrist von zwei Monaten; diff. Staub/*Emde* Rn. 35.

227 BGH, NJW 2011, 3361; BGH MDR 1999, 1206.

228 BGH MDR 1999, 1206; OLG München BeckRS 2015, 7780.

229 So *Martinek* ZVertriebsR 2015, 207 (213).

230 BGH MDR 1999, 1206; OLG München BeckRS 2015, 7780.

231 BGH NJW 1996, 1403 mwN; zweifelhaft daher OLG Köln BeckRS 2011, 04158 mAnm *Noreisch* GWR 2011, 135.

232 OLG München BeckRS 2015, 7780.

233 BGH NJW 2005, 3069 für § 626 Abs. 2 BGB; *Schwerdtner* Kurzkomm. zu BAG EWiR § 89a HGB 1/94, 279, 280; Staub/*Emde* Rn. 36.

234 OLG Stuttgart BeckRS 2010, 29456; Baumbach/Hopt/*Hopt* Rn. 30; EBJS/*Löwisch* Rn. 55; vgl. auch OLG Düsseldorf OLGR 1999, 53 (54 f.).

235 BGH NJW 2011, 3361 mAnm *Döpfer* EWIR 2011, 781 und Bspr. *Noreisch* GWR 2011, 382 sowie *Flohr* ZVertriebsR 2012, 50.

gungsfrist hinaus.[236] Der Kündigende verliert also sein Recht zur Kündigung nicht infolge von Verhandlungen. Auch hier muss der Gedanke gelten, dass der wesentliche Grund für die vom BGH vertretene Auffassung, ein zweimonatiges Zuwarten führe im Regelfall zum Verlust des Kündigungsrechts darin liegt, dass ein solches Zuwarten darauf hindeutet, dass der Kündigende das beanstandete Ereignis selbst nicht als so schwerwiegend empfunden hat, dass eine weitere Zusammenarbeit mit dem anderen Teil bis zum Ablauf der Frist für eine ordentliche Kündigung unzumutbar wäre.[237] Nimmt der zur Kündigung Berechtigte seine sichere Kenntnis vom wichtigen Grund für den anderen Teil erkennbar bzw. sogar unter dem ausdrücklichen Vorbehalt der außerordentlichen Kündigung zum Anlass, zügig Verhandlungen über die einvernehmliche Beendigung des Handelsvertretervertrages aufzunehmen, kann der andere Teil nicht auf den Fortbestand des Vertragsverhältnisses vertrauen, wenn die Verhandlungen scheitern. Außerdem sind Verhandlungen in einer solchen Situation förderungswürdig; sie würden unmöglich gemacht, wenn die Rechtsprechung daraus den Schluss ziehen würde, der Kündigende habe sein Recht zur außerordentlichen Kündigung verwirkt. Dem zu Kündigenden entsteht auch kein Nachteil. Erst recht wirkt sich eine entsprechende Vereinbarung zwischen Unternehmer und Handelsvertreter nicht nachteilig für den Kündigungsberechtigten aus.

bb) Verwirkung. Die Begründung des BGH zur Überlegungsfrist zeigt, dass es sich 71 bei ihr um einen Ausfluss des Verwirkungstatbestandes handelt.[238] Von daher werden die allgemeinen Regelungen zur Verwirkung, die für das Kündigungsrecht Anwendung finden,[239] kaum einen eigenständigen Anwendungsbereich haben. Der zur Kündigung Berechtigte kann hiernach sein Kündigungsrecht verwirken, wenn er sein Recht zur außerordentlichen Kündigung längere Zeit nicht geltend macht (Zeitmoment) und der andere Teil sich nach dem gesamten Verhalten des Berechtigten darauf einrichten durfte und auch tatsächlich eingerichtet hat, dass der Berechtigte das Recht nicht geltend machen werde (Umstandsmoment).

c) Nachschieben von Gründen. Die Kündigungserklärung erfordert für ihre Wirk- 72 samkeit nicht die Angabe von Kündigungsgründen (s. → Rn. 64). Wird die Kündigung aber auf bestimmte Gründe gestützt und rechtfertigen diese eine außerordentliche Kündigung nicht, stellt sich die Frage, ob der Kündigende an die vorgetragenen Gründe gebunden ist oder ein Nachschieben anderer Kündigungsgründe möglich ist.

Zuvor ist jedoch das Nachschieben von neuen Gründen gegenüber einer bloßen **Kon-** 73 **kretisierung** abzugrenzen. Eine Konkretisierung ist dabei die Präzisierung eines bereits vorgetragenen Kündigungsgrundes mit neuen Tatsachen. Diese ist jederzeit zulässig,[240] auch wenn die herangezogenen Tatsachen erst nach Ausspruch der Kündigung entstehen.[241] Dagegen ist beim Nachschieben von Kündigungsgründen zu differenzieren zwischen Gründen, die im Zeitpunkt der Kündigung bereits vorlagen und solchen Gründen, die erst danach entstanden sind.

aa) Vorliegen eines Kündigungsgrunds bei Kündigung. Aus der fehlenden Ver- 74 pflichtung, eine Kündigung zum Zeitpunkt des Ausspruches zu begründen, folgt, dass der Kündigende grundsätzlich uneingeschränkt **Gründe nachschieben** kann, **die** bereits **zum Zeitpunkt des Zugangs der Kündigung vorlagen.**[242] Dies hat zur Folge, dass der

---

[236] LG Hamburg VersR 1992, 743; EBJS/*Löwisch* Rn. 52; KKRD/*Roth* Rn. 6; *Martinek* ZVertriebsR 2015, 207 (213); aA Baumbach/Hopt/*Hopt* Rn. 30; *Flohr* ZVertriebsR 2018, 147 (151), der jedoch verkennt, dass es nicht um den Anwendungsbereich des § 203 BGB, sondern um einen Verwirkungstatbestand geht.

[237] S. nur BGH NJW 2011, 3361.

[238] Staub/*Emde* Rn. 35.

[239] Baumbach/Hopt/*Hopt* Rn. 31 f.; Oetker/*Busche* Rn. 26.

[240] OLG Hamburg DB 1960, 1451 (1452); *Thume* in Küstner/Thume VertriebsR-HdB I Kap. VIII Rn. 193.

[241] EBJS/*Löwisch* Rn. 92; s. auch BAG NZA 1986, 674; NJW 1981, 2316.

[242] BGH ZIP 1999, 277; BGHZ 27, 220 (225) = LM Nr. 2 mAnm *Haager*; BGHZ 40, 13; Baumbach/Hopt/*Hopt* Rn. 14; EBJS/*Löwisch* Rn. 91; Heymann/*Froitzheim* Rn. 38; Küstner/*Thume* I Kap. VIII Rn. 193; Staub/*Emde* Rn. 44; KR/*Fischermeier* BGB § 626 Rn. 173 ff.; BAG AP BGB § 626 Nachschieben von Kündigungsgründen Nr. 1 mAnm *Birk*.

Vertrag zum Zeitpunkt der ursprünglichen Kündigung endet.[243] Dabei ist unerheblich, ob dem Kündigenden die nachgeschobenen Gründe im Zeitpunkt der Kündigung bereits bekannt waren oder nicht,[244] da es für die Beurteilung der Rechtmäßigkeit der Kündigung allein auf die objektiven Umstände zum Zeitpunkt des Zugangs der Kündigung ankommt. Allerdings kann der nachgeschobene Kündigungsgrund bei fehlender Kenntnis im Zeitpunkt der Kündigung den Ausgleichsanspruch des Handelsvertreters nicht nach § 89b Abs. 3 Nr. 2 ausschließen, da es an der erforderlichen Kausalität zwischen Kündigungsgrund und Ausspruch der Kündigung fehlt (→ § 89b Rn. 204 ff.).

75 Die Gründe müssen **zeitnah** nachgeschoben werden.[245] Prozessrechtlich wird das Nachschieben durch die Vorschriften über die Zurückweisung verspäteten Vorbringens begrenzt.[246] Ein Nachschieben von Gründen ist weiterhin nicht möglich, wenn nur eine ordentliche Kündigung ausgesprochen wurde und der Kündigende mit dem Nachschieben eines wichtigen Grundes eine außerordentliche Kündigung erreichen will.[247] Vielmehr ist dann das Nachschieben als neue außerordentliche Kündigung auszulegen, die im Zeitpunkt der Mitteilung der wichtigen Kündigungsgründe wirksam wird. Ebenso kann ein Nachschieben ausgeschlossen sein, wenn der Kündigende besondere Gründe angegeben hat und der Kündigungsempfänger nach Treu und Glauben darauf vertrauen durfte, dass der Kündigende andere ihm bekannte Gründe nicht geltend machen werde.[248]

76 **bb) Nachträglich entstandene Kündigungsgründe.** Erst nach dem Ausspruch der Kündigung entstandene Gründe sind grundsätzlich nicht geeignet, die vorausgegangene Kündigung zu rechtfertigen. Sie können nur zum Anlass für eine weitere Kündigung genommen werden. Soweit der nachgeschobene neue Kündigungsgrund mit dem ursprünglich geltend gemachten Grund nicht in einem inneren Zusammenhang steht, ist dies unbestritten.[249]

77 (Ältere) Rspr.[250] und Teile der Lit.[251] verlangen dagegen beim Nachschieben **eines Kündigungsgrunds, der mit dem ursprünglichen Grund in einem inneren Zusammenhang** steht, keine neue Kündigungserklärung, sondern halten die Kündigung in dem Zeitpunkt des Entstehens des nachgeschobenen Grundes für wirksam. Begründet wird dies damit, dass der Kündigende schon mit der früheren Kündigung zum Ausdruck gebracht habe, dass er aus einem Grunde von der Art, wie er später eingetreten ist, das Vertragsverhältnis fristlos beenden wolle. Dem kann heute nicht zugestimmt werden, da diese Auffassung nicht mehr mit der heutigen Rspr. und Lehre zum Nachschieben von Kündigungsgründen (§ 626 BGB, § 1 KSchG) vereinbar ist;[252] für die Beurteilung der Rechtmäßigkeit der Kündigung ist der Zugang der Kündigungserklärung maßgebend. Eine rückwirkende Heilung gibt es ebenso wenig wie eine aufschiebend bedingte Wirksamkeit.[253] Auch muss aus Gründen der Rechtssicherheit der Zeitpunkt der Vertragsbeendigung genau bestimmbar sein, was nur beim Zugang der Kündigungserklärung als Anknüpfungspunkt und nicht beim Entstehen des Kündigungsgrundes gewährleistet ist. Deshalb können Kündigungsgründe, die erst nach der Kündigung entstanden sind, grundsätzlich nicht zur Rechtfertigung der bereits ausgesprochenen Kündigung herangezogen werden. Sie können aber Anlass für eine weitere

---

243 BAG AP BGB § 626 Nachschieben von Kündigungsgründen Nr. 1 mAnm *Birk* = AR-Blattei Kündigung IX Entsch. 58 mAnm *Mayer-Maly* = NJW 1980, 2486.

244 BGHZ 40, 13 (16); EBJS/*Löwisch* Rn. 91; Röhricht/Graf v. Westphalen/Haas/*Thume* Rn. 14.

245 OLG Saarbrücken DB 2006, 1005.

246 *Schwerdtner* ZIP 1981, 809 (811).

247 BGH BB 1961, 498.

248 BGHZ 27, 220 (225 f.); OLG Karlsruhe DB 1978, 1396.

249 BGH MDR 1961, 134; Staub/*Emde* Rn. 45.

250 BGH MDR 1961, 134; BGHZ 27, 220 (222 f.) = LM Nr. 2 mAnm *Haager.*

251 Staub/*Emde* Rn. 45.

252 Baumbach/Hopt/*Hopt* Rn. 15; EBJS/*Löwisch* Rn. 92.

253 Heymann/*Froitzheim* Rn. 48.

Kündigung sein,[254] wobei zu prüfen ist, ob das Nachschieben von Gründen als neue Kündigungserklärung ausgelegt werden kann.[255]

78 Erfolgt die **neue Kündigungserklärung während** eines **Prozesses** durch den Rechtsanwalt, ist zu berücksichtigen, dass eine Prozessvollmacht nach § 81 ZPO in ihrem gesetzlichen Umfang nicht die Vollmacht einschließt, weitere Kündigungen auszusprechen.[256]

79 **5. Folgen der Kündigung. a) Berechtigte Kündigung.** Die berechtigte Kündigung beendet das Vertragsverhältnis zu dem vorgesehenen Zeitpunkt.

80 **aa) Fristlose Beendigung.** Grundsätzlich erfolgt die Beendigung fristlos, also mit Zugang der Kündigungserklärung beim Gekündigten. Vermittelt der Handelsvertreter trotz der fristlosen Kündigung und gegen den Willen des Kündigenden weiterhin Aufträge, hat er keinen Anspruch auf Provision.[257] Auch liegt in der Ausführung der vermittelten Aufträge grundsätzlich keine Bestätigung des Vertragsverhältnisses (→ Rn. 25).

81 **bb) Beendigung mit Auslauffrist.** Eine außerordentliche Kündigung kann aber auch zu einer befristeten Beendigung des Vertragsverhältnisses führen, wenn dem Gekündigten eine Auslauffrist eingeräumt wurde.[258] Diese Auslauffrist muss kürzer als die ordentliche Kündigungsfrist sein, ansonsten wäre dem Kündigenden die Fortsetzung des Vertragsverhältnisses bis zum Ablauf der ordentlichen Kündigungsfrist gerade nicht unzumutbar.[259] Auch eine Auslauffrist, die kürzer als die ordentliche Kündigungsfrist ist, ist jedoch für den Kündigenden nicht ohne Risiken, da er mit einer Auslauffrist zum Ausdruck bringen kann, dass ihm die Fortsetzung des Vertragsverhältnisses bis zum Vertragsende bzw. zum Ablauf einer ordentlichen Kündigungsfrist gerade nicht unzumutbar ist.[260] Freilich kann sich der Kündigende freiwillig auch eher unzumutbare Bedingungen selbst zumuten; dann muss er aber darlegen können, dass er sich aus bestimmten Gründen die kurzfristige Fortsetzung des Vertrages selbst zumutet, obgleich die Fortsetzung des Vertrages eigentlich objektiv unzumutbar ist.[261] Eher zweifelhaft ist die Ansicht, wonach die Einräumung einer Auslauffrist aus Entgegenkommen die Wahrscheinlichkeit erhöhen können soll, dass die Kündigung Bestandskraft hat, weil sich die Interessenabwägung evtl. zu Gunsten des Kündigungsberechtigten verschiebt.[262] Das Gesetz kennt indes nur eine ordentliche und eine außerordentliche Kündigung „ohne Einhaltung einer Kündigungsfrist".[263] Deshalb kann die Einräumung einer Auslauffrist aus Entgegenkommen auch nicht aufgrund einer Interessenabwägung geboten sein. Aufgrund der bestehenden Rechtsunsicherheiten sollte im Ergebnis eine Auslauffrist daher nur dann eingeräumt werden, wenn und soweit sie im Interesse des Kündigenden selbst ist, weil er ansonsten bei sofortigem Ausscheiden des Handelsvertreters erhebliche Nachteile erleiden würde. Zumindest in diesem Fall ist der Handelsvertreter verpflichtet, sich auf die Auslauffrist einzulassen.[264] Aber auch wenn der Unternehmer dem Handelsvertreter lediglich aus Entgegenkommen eine Auslauffrist gewährt (und damit riskiert, dass er die an sich gerechtfertigte außerordentliche Kündigung in Frage stellt), ist der Handelsvertreter verpflichtet, die Auslauffrist anzunehmen, weil der Kündigende auf-

---

254 Baumbach/Hopt/*Hopt* Rn. 15; *Thume* in Küstner/Thume VertriebsR-HdB I Kap. VIII Rn. 201 ff.; Röhricht/Graf v. Westphalen/Haas/*Thume* Rn. 15; KR/*Fischermeier* BGB § 626 Rn. 192.

255 BGH BB 1961, 498.

256 BAG AP ZPO § 81 Nr. 2 mAnm *Rimmelspacher*; KR/*Fischermeier* BGB § 626 Rn. 194; aA EBJS/*Löwisch* Rn. 92; Staub/*Emde* Rn. 43.

257 LG Hamburg VersR 1992, 743; EBJS/*Löwisch* Rn. 101.

258 Baumbach/Hopt/*Hopt* Rn. 4, 21; Staub/*Emde* Rn. 47; EBJS/*Löwisch* Rn. 97.

259 BGH NJW 1999, 946; aA Staub/*Emde* Rn. 47.

260 EBJS/*Löwisch* Rn. 41; KKRD/*Roth* Rn. 3, aA Baumbach/Hopt/*Hopt* Rn. 4; Staub/*Emde* Rn. 47.

261 Heymann/*Froitzheim* Rn. 16.

262 So aber Staub/*Emde* Rn. 47; ähnlich wohl auch EBJS/*Löwisch* Rn. 49; *Güntzel* in Giesler Praxis des Vertriebsrechts § 4 Rn. 557.

263 BGH NJW 1999, 946.

264 Baumbach/Hopt/*Hopt* Rn. 4.

grund der Existenz des wichtigen Grundes über das Vertragsende disponiert.[265] Eine Auslauffrist kann nicht vom Gericht festgesetzt werden.[266]

82 Für die **Folgen der Vertragsbeendigung** gilt im Wesentlichen das Gleiche wie bei der ordentlichen Kündigung (→ § 89 Rn. 66 ff.). Die außerordentliche Kündigung hat jedoch besondere Auswirkungen auf den Ausgleichsanspruch (§ 89b Abs. 3 Nr. 2; → § 89b Rn. 204 ff.) und die Wettbewerbsabrede (§ 90a Abs. 2 S. 2, Abs. 3; → § 90a Rn. 63 ff., → § 90a Rn. 68 ff.). Außerdem kann nur die außerordentliche Kündigung Schadensersatzansprüche nach Abs. 2 auslösen (→ Rn. 93 ff.).

83 **b) Unberechtigte Kündigung.** Die unberechtigte außerordentliche Kündigung ist **unwirksam** und lässt das Handelsvertreterverhältnis weiterbestehen. In der unbegründeten außerordentlichen Kündigung liegt jedoch regelmäßig das Angebot zu einer einvernehmlichen Vertragsauflösung, das durch schlüssiges Verhalten oder auch durch Unterlassen der gekündigten Partei angenommen werden kann (auch → § 89 Rn. 14).[267] Davon abgesehen muss sich der **Gekündigte,** der die Rechtmäßigkeit der Kündigung bestreitet und am Vertrag festhalten will, **vertragstreu verhalten,** solange das Vertragsverhältnis fortbesteht.[268] Insbesondere ist er nicht berechtigt, während des (aus seiner Sicht) bestehenden Vertrags Konkurrenzunternehmen zu vertreten.[269] Allerdings darf der Handelsvertreter in dieser Zeit vorsorglich Verbindung mit der Konkurrenz aufnehmen, um im Falle einer endgültigen Lösung seines Vertrags dort eine Tätigkeit aufzunehmen.[270] Der Handelsvertreter ist auch nicht mehr verpflichtet, Geschäfte abzuschließen oder zu vermitteln, weil der Unternehmer durch die außerordentliche Kündigung zum Ausdruck gebracht hat, dass er auf eine weitere Tätigkeit des Handelsvertreters verzichtet.

84 **aa) Annahmeverzug.** Erklärt der Handelsvertreter seine Bereitschaft,[271] trotz der außerordentlichen Kündigung weiterzuarbeiten und lehnt der Unternehmer dies ab, verstößt er damit gegen seine Mitwirkungspflicht, dem Vertreter die Möglichkeit der Ausübung seiner Tätigkeit zu gewähren und gerät in Annahmeverzug.[272] Da die §§ 84 ff. die Provisionszahlung im Falle des Annahmeverzugs nicht ausdrücklich regeln, ist subsidiär das Dienstvertragsrecht anwendbar. Demnach hat der Handelsvertreter einen verschuldensunabhängigen **Erfüllungsanspruch nach § 615 S. 1 BGB** auf Zahlung der vereinbarten Vergütung.[273] Die Höhe der Vergütung richtet sich nach den hypothetischen Provisionseinnahmen, die der Handelsvertreter bei weiterer Tätigkeit erzielt hätte. Ein etwaiges **Mitverschulden** nach § 254 BGB **ist nicht anzurechnen,** da auf den Erfüllungsanspruch des § 615 BGB die §§ 249 ff. BGB keine Anwendung finden.[274] Jedoch muss sich der Handelsvertreter nach § 615 S. 2 BGB den Wert desjenigen anrechnen lassen, was er infolge des Unterbleibens der Handelstätigkeit erspart oder durch anderweitige Verwertung der Dienste erwirbt oder zu erwerben böswillig unterlässt.[275]

85 Eine Besonderheit besteht beim **Bezirksvertreter,** dessen Anspruch auf Provisionszahlungen nicht aus § 615 S. 1 BGB, sondern aus § 87 Abs. 2 folgt. Danach **hat der gekün-**

---

265 Staub/*Emde* Rn. 47; aA EBJS/*Löwisch* Rn. 49.

266 BGH NJW 1999, 946 f.

267 Hierzu OLG München NJW-RR 1995, 95 = BB 1994, 2166; Staub/*Emde* Rn. 53.

268 BGH NJW-RR 2003, 981 = LMK mAnm *v. Hoyningen-Huene*; Baumbach/Hopt/*Hopt* Rn. 39.

269 BGH NJW-RR 2003, 981 = EWiR § 87a HGB 1/03, 973 m. zust. Kurzkomm. *Albicker* = LMK mAnm *v. Hoyningen-Huene*; Staub/*Emde* Rn. 56; vgl. OLG München BB 1994, 2166; ausf. zum nachvertraglichen Wettbewerbsverbot *Hoß* DB 1997, 1818 ff.

270 Staub/*Emde* Rn. 56.

271 Die Erklärung ist nur entbehrlich, wenn der Unternehmer den Handelsvertreter unter keinen Umständen weiterbeschäftigen will, BGH ZIP 2000, 2199.

272 BGH NJW-RR 1992, 1059 = EWiR § 89a HGB 1/92, 797 m. Kurzkomm. *v. Hoyningen-Huene*; vgl. BGH WM 1982, 635 (636); NJW 1967, 248 (250); DB 1959, 787 (788); Staub/*Emde* Rn. 54.

273 Vgl. nur EBJS/*Löwisch* Rn. 124 f.

274 BGH NJW 1967, 248 (250); EBJS/*Löwisch* Rn. 125; *Semler* in MSF VertriebsR-HdB § 20 Rn. 43.

275 BAG ZIP 2000, 2319 Rn. 63; BGH NJW 1967, 248 (250); OLG Düsseldorf DB 1972, 181; EBJS/*Löwisch* Rn. 125.

digte Bezirksvertreter einen tätigkeitsunabhängigen Provisionszahlungsanspruch für alle Geschäfte, die ohne seine Mitwirkung mit Personen seines Bezirks während des Vertragsverhältnisses abgeschlossen werden. Da das Vertreterverhältnis durch die unwirksame Kündigung nicht beendet wird, bleibt der Anspruch nach § 87 Abs. 2 durch die Kündigung unberührt. § 615 S. 2 BGB ist nicht anwendbar. Der BGH[276] lehnt dies zu Recht mit der Begründung ab, § 87 Abs. 2 sei nicht als Entgelt für Dienstleistungen anzusehen. Bei solchen tätigkeitsunabhängigen Provisionszahlungen sei § 615 S. 2 BGB deshalb nicht anwendbar.

bb) Schadensersatz. Der Handelsvertreter hat bei verschuldeter unberechtigter 86
außerordentlicher Kündigung des Unternehmers weiterhin einen **Schadensersatzanspruch aus positiver Vertragsverletzung** (§ 280 Abs. 1 BGB, § 241 Abs. 2 BGB) auf Ersatz der mit der Tätigkeitseinstellung verbundene Provisionsverluste.[277] Dabei ist im Prozess die Rechtmäßigkeit der Kündigung vom Unternehmer zu beweisen.[278] Die Höhe des Schadensersatzes bemisst sich danach, was der Handelsvertreter bei weiterer Tätigkeit an Provisionseinnahmen hätte erzielen können. Hier sind als Maßstab die monatlichen durchschnittlichen Provisionseinnahmen in der Zeit vor der Kündigung heranzuziehen.[279] Aber auch Jahresaufträge, welche die Kundschaft bei Kenntnis vom Ausscheiden des Handelsvertreters vorweg erteilt hätte, sind zu berücksichtigen, ebenso der durch die vorzeitige Beendigung entgangene höhere Ausgleich nach § 89b.[280] Keine Rolle bei der Schadensberechnung spielen dagegen die Provisionseinnahmen desjenigen Handelsvertreters, den der Unternehmer als Nachfolger im Bereich des bisherigen Handelsvertreter einsetzt, weil als Kriterium für die Schadenshöhe nur die hypothetische eigene Tätigkeit und nicht eine fremde Arbeit herangezogen werden kann.[281] Bei der Berechnung der Schadenshöhe ist ein eventuelles Mitverschulden des Handelsvertreters nach § 254 BGB zu beachten, wenn dieser durch sein Verhalten schuldhaft Anlass zur unberechtigten Kündigung gegeben hat.[282] Der Handelsvertreter muss sich auch ersparte Aufwendungen und eine Vorteilsausgleichung anrechnen lassen.[283]

cc) Außerordentliche Gegenkündigung. Die unberechtigte außerordentliche Kün- 87
digung des einen Vertragsteils kann für den anderen Teil ein wichtiger Grund sein, das Vertragsverhältnis nunmehr seinerseits durch außerordentliche Kündigung zu beenden[284] (→ Rn. 58). Allerdings ist auch in diesem Fall regelmäßig eine vorherige **Abmahnung** erforderlich,[285] um dem anderen Teil die Unwirksamkeit seiner außerordentlichen Kündigung vor Augen zu führen und ihm Gelegenheit zu geben, zu einem vertragstreuen Verhalten zurückzukehren. Insbesondere kann der Unternehmer eine nicht gerechtfertigte außerordentliche Kündigung des Handelsvertreters zum Anlass nehmen, seinerseits eine außerordentliche Kündigung mit der Folge des **§ 89b Abs. 3 Nr. 2** auszusprechen, weil von einem Handelsvertreter, der einen begründeten Anlass nur zur fristgerechten, jedoch keinen wichtigen Grund zur fristlosen Kündigung des Vertragsverhältnisses hat, verlangt werden kann, dass er auch bei einem bestehenden Interessengegensatz zwischen den Parteien die Interessen des Unternehmers nicht außer Acht lässt, indem er plötzlich seine Tätigkeit einstellt.[286]

---

276 BGH NJW-RR 1992, 1059 = EWiR § 89a HGB 1/92, 797 m. abl. Kurzkomm. *v. Hoyningen-Huene*; wie der BGH Baumbach/Hopt/*Hopt* Rn. 38; EBJS/*Löwisch* Rn. 125; Staub/*Emde* § 84 Rn. 58.

277 BGH WM 1991, 196; BB 1966, 1410; *Semler* in MSF VertriebsR-HdB § 20 Rn. 43; zur Entschädigung bei außerordentlicher Kündigung des Handelsvertreters in Italien vgl. Corte di Cassazione RIW 1993, 680.

278 BGH MDR 1998, 237; EBJS/*Löwisch* Rn. 140.

279 OLG Karlsruhe DB 1978, 1396.

280 BGHZ 53, 150 = LM Nr. 10 mAnm *Rietschel*.

281 OLG Stuttgart BB 1960, 956 (957).

282 BGH BB 1979, 242 (243); NJW 1967, 248; *Thume* in Küstner/Thume VertriebsR-HdB I Kap. VIII Rn. 242; Staub/*Emde* Rn. 61.

283 OLG Karlsruhe DB 1978, 1396; Staub/*Emde* Rn. 60.

284 BGH NJW 1999, 946 mwN.

285 BGH NJW-RR 2006, 755 (756); aAEBJS/*Löwisch* Rn. 71.

286 BGH NJW-RR 2006, 755 mwN.

88 **6. Umdeutung.** Ist eine außerordentliche Kündigung unwirksam, weil kein wichtiger Grund besteht, kommt eine Umdeutung **in** eine **ordentliche Kündigung** nach § 140 BGB in Betracht,[287] wenn sämtliche Voraussetzungen einer ordentlichen Kündigung vorliegen[288] und der Kündigende das Vertragsverhältnis erkennbar[289] auf jeden Fall beenden will. Dann endet der Vertretervertrag mit Ablauf der für das Vertragsverhältnis maßgeblichen Kündigungsfrist.[290] Dieser Wille des außerordentlich Kündigenden liegt in der Regel vor. Im Gegensatz zu der grundsätzlich zulässigen Umdeutung einer außerordentlichen in eine ordentliche Kündigung, scheidet umgekehrt die Umdeutung einer ordentlichen in eine außerordentliche Kündigung aus,[291] weil das Rechtsgeschäft, das anstelle des unwirksamen treten soll, nicht weitergehende Folgen herbeiführen darf, als die unwirksame Erklärung gehabt hätte. Demgegenüber kommt bei einer außerordentlichen Kündigung, die unwirksam ist, auch eine Umdeutung in eine **Abmahnung** nach § 140 BGB in Betracht, sofern die Voraussetzungen einer wirksamen Abmahnung vorliegen.[292] Dann bedarf es im Falle einer fortgesetzten oder erneuten Pflichtverletzung keiner erneuten Abmahnung.

III. Unabdingbarkeit (Abs. 1 S. 2)

89 **1. Vertraglicher Ausschluss des Kündigungsrechts.** Das Recht zur außerordentlichen Kündigung ist zwingendes Recht und kann nach **Abs. 1 S. 2** durch vertragliche Regelungen **weder ausgeschlossen noch beschränkt** werden. Eine solche Beschränkung der Kündigungsfreiheit liegt zB auch dann vor, wenn an die Kündigung des Handelsvertreters wesentliche, die Vertragsbeendigung erschwerende **finanzielle Nachteile** geknüpft werden. Dies ist der Fall, wenn die Kündigung durch eine Vertragsstrafe,[293] durch die Abrede des Verfalls von Leistungen oder durch den Verlust von Provisionsansprüchen sanktioniert wird.[294] Das Gleiche gilt bei Vertragsklauseln, die eine Rückzahlung langfristiger Vorschusszahlungen oder einer Einarbeitungspauschale bei einer Kündigung durch den Handelsvertreter (→ § 89 Rn. 63 mwN) oder die Pflicht zur Leistung einer Abfindung bzw. Entschädigung durch den Unternehmer unabhängig von den Voraussetzungen des § 89b[295] vorsehen. Die Gewährung eines zinsfreien Darlehens an den Handelsvertreter mit der Pflicht zur Verzinsung der Darlehenssumme im Falle der Kündigung erschwert ebenfalls die Kündigung in unzulässiger Weise.[296] Entsprechendes gilt, wenn der Handelsvertreter verpflichtet ist, die restlichen Darlehensvaluta im Falle der außerordentlichen Kündigung des Handelsvertretervertrages sofort an den Unternehmer zurückzuzahlen; in diesem Fall verbleibt es dann bei der Regelung, die die Parteien, wäre der Handelsvertretervertrages nicht beendet worden, für die Rückzahlung des Darlehens vorgesehen haben.[297] Auch die Vereinbarung einer Einstandszahlung (→ § 89b Rn. 227; → § 89b Rn. 235 f.) kann das Kündigungsrecht des Handelsvertreters unzulässig beschränken.[298] Unter welchen Voraussetzungen die an die Vertragsbeendigung geknüpften Nachteile von solchem Gewicht sind,

---

[287] BGH NJW-RR 1992, 1059 (1060); BB 1969, 380 (381); vgl. BAG AP BetrVG 1972 § 102 Nr. 21; v. Hoyningen-Huene/Linck/*v. Hoyningen-Huene* KSchG § 13 Rn. 32 ff.; Röhricht/Graf v. Westphalen/Haas/*Thume* Rn. 21; Staub/*Emde* Rn. 5.

[288] BGH BB 2000, 631; EBJS/*Löwisch* Rn. 95.

[289] BGH DB 1998, 570; NJW-RR 1992, 1059; BB 1992, 1163; Staub/*Emde* Rn. 5.

[290] BGH NJW-RR 1992, 1059.

[291] BAG AP TV AL II § 44 Nr. 1; Baumbach/Hopt/*Hopt* Rn. 32.

[292] BGH BeckRS 2011, 26804; BAG NZA 1990, 433 (434).

[293] BAG AP BGB § 622 Nr. 12 mAnm *Leipold* = SAE 1973, 19 mAnm *Bickel*; Baumbach/Hopt/*Hopt* Rn. 26.

[294] Heymann/*Froitzheim* Rn. 43.

[295] BGH BB 2000, 1751.

[296] LG Mannheim ZIP 1990, 144; Staub/*Emde* Rn. 49.

[297] OLG Köln BeckRS 2017, 132886; OLG Karlsruhe BeckRS 2010, 20728; OLG Hamm BeckRS 2010, 11213; vgl. auch LG Freiburg VertriebsR 2019, 251 (253) für den Fall eines über zwei Jahre ratierlich zurückzahlehnenden Provisionsvorschusses in Höhe von 95.000 Euro – allerdings dürfte hier eher eine mit einem Darlehen vergleichbare Situation vorgelegen haben.

[298] OLG Düsseldorf OLGR 2001, 317.

dass eine unzulässige, mittelbare Beschränkung des Kündigungsrechts vorliegt, ist eine Frage des Einzelfalls und hängt insbesondere von der Höhe der finanziellen Nachteile ab.[299]

Zur **vertraglichen Bestimmung wichtiger Gründe** → Rn. 28 f. Unzulässig ist eine Klausel in AGB, die dem Unternehmer bei jeder „ernsthaften Störung des Vertrauensverhältnisses" eine Kündigung ermöglicht, auch wenn eine Auslauffrist von drei Monaten eingeräumt wird.[300] 90

Vereinbarungen, die gegen den Unabdingbarkeitsgrundsatz verstoßen, sind **nichtig,** da die Regelung des § 89a ein Verbotsgesetz iSd § 134 BGB darstellt.[301] Die Gültigkeit des Handelsvertretervertrags wird jedoch im Übrigen nicht berührt, da § 139 BGB nicht eingreift. An die Stelle der nichtigen Vertragsbestimmung treten die in Abs. 1 enthaltenen Regeln.[302] 91

2. Verzicht. Ein nachträglicher Verzicht auf das schon entstandene Recht zur außerordentlichen Kündigung verstößt dagegen nicht gegen Abs. 1 S. 2.[303] 92

IV. Schadensersatzanspruch (Abs. 2)

Nach Abs. 2 kann der kündigende Vertragspartner Ersatz des durch die Aufhebung des Vertragsverhältnisses entstandenen Schadens verlangen, wenn die Kündigung durch ein Verhalten veranlasst worden ist, das der Gekündigte zu vertreten hat. Die Vorschrift entspricht § 628 Abs. 2 BGB und regelt nur den **Schadensersatzanspruch des Kündigenden** bei dessen berechtigter fristloser Kündigung. Nicht von Abs. 2 erfasst werden dagegen Schadensersatzansprüche des Gekündigten. Diese sind auf § 280 Abs. 1 BGB, § 241 Abs. 2 BGB zu stützen.[304] Ein Schadensersatzanspruch nach Abs. 2 entsteht hingegen auch dann, wenn eine Partei die **unberechtigte außerordentliche Kündigung** durch die andere Partei zum Anlass nimmt, das Vertragsverhältnis **ihrerseits außerordentlich zu kündigen** (→ Rn. 58, → Rn. 87).[305] 93

1. Voraussetzungen. a) Berechtigte außerordentliche Kündigung. Ein Schadensersatzanspruch setzt nach dem Wortlaut des Abs. 2 eine berechtigte außerordentliche Kündigung eines Vertragsteils voraus, die der andere Teil durch sein schuldhaftes Verhalten verursacht hat. Dem steht es gleich, wenn die Parteien das Vertragsverhältnis anstatt durch zulässige außerordentliche Kündigung durch einvernehmlichen **Aufhebungsvertrag** beenden.[306] Entscheidend ist nämlich, dass dem Kündigenden ein außerordentliches Kündigungsrecht zusteht und dass dieses den Anlass für die Vertragsbeendigung darstellt. Dagegen kommt es für den Schadensersatzanspruch nicht darauf an, ob das Vertreterverhältnis letztendlich durch außerordentliche Kündigung oder durch Aufhebungsvertrag beendet wurde. Das Gleiche gilt, wenn der Kündigungsberechtigte aus Entgegenkommen anstatt der außerordentlichen Kündigung eine ordentliche ausspricht.[307] Jedoch kann in dem Abschluss eines Aufhebungsvertrags ein Verzicht des Kündigungsberechtigten auf seine Schadensersatzansprüche zu sehen sein, was durch Auslegung nach § 157 BGB zu ermitteln ist.[308] 94

---

299 OLG München ZVertriebsR 2018, 177 mwN.

300 BGH BB 2003, 2254 = EWiR § 89a HGB 1/04, 67 m. zust. Kurzkomm. *Emde.*

301 OLG Düsseldorf BeckRS 2014, 6492.

302 BGHZ 40, 235 = LM § 89 Nr. 2 mAnm *Rietschel*; Staub/*Emde* Rn. 49.

303 Baumbach/Hopt/*Hopt* Rn. 29; v. Hoyningen-Huene/Linck/*Krause* KSchG § 1 Rn. 244.

304 BGH DB 2001, 2189 = EWiR § 89a HGB 3/01, 1057 m. zust. Kurzkomm. *Emde*; NJW 1967, 248 (250); Staub/*Emde* Rn. 65.

305 BGH WM 1991, 196; BB 1966, 1410; *Semler* in MSF VertriebsR-HdB 20 Rn. 43.

306 BGHZ 44, 271 (274) = LM Nr. 7 mAnm *Rietschel*; BGH BB 1964, 283; NJW 1982, 2432; Baumbach/Hopt/*Hopt* Rn. 35; Röhricht/Graf v. Westphalen/Haas/*Thume* Rn. 18; aA EBJS/*Löwisch* Rn. 102: Aufhebungsvertrag bedeutet im Zweifel Verzicht auf den Anspruch.

307 Baumbach/Hopt/*Hopt* Rn. 35; Heymann/*Froitzheim* Rn. 51.

308 Das OLG Köln VersR 2006, 407 hat offengelassen, ob § 89a Abs. 2 immer dann analog anwendbar ist, wenn trotz Vorliegen eines wichtigen Grundes die Vertragsbeendigung auf anderem Wege als durch außerordentliche Kündigung herbeigeführt wird.

95 **b) Verschulden.** Die Kündigung muss durch ein Verhalten veranlasst worden sein, das der andere Teil zu vertreten hat. Es ist nach den §§ 276, 278 BGB zu beurteilen.[309] Ein Vertretenmüssen liegt also bei vorsätzlicher oder fahrlässiger Pflichtverletzung und bei einem Verschulden des Erfüllungsgehilfen vor. Das verschuldete Fehlverhalten des anderen Vertragsteils muss kausal für die Kündigung gewesen sein.

96 **2. Umfang.** Der Umfang der Schadensersatzpflicht richtet sich nach **§§ 249 ff. BGB.** Der Kündigende ist so zu stellen, wie er stehen würde, wenn das Vertragsverhältnis nicht vorzeitig beendet worden wäre,[310] dabei kann der Schadensersatzanspruch wegen entgangenen Gewinns abstrakt bezeichnet werden. Hierbei reicht der Nachweis einer gewissen Wahrscheinlichkeit, dass Gewinn in der geforderten Höhe erzielt worden wäre.[311] Dabei beschränkt sich der Schadensersatzanspruch auf den Zeitraum bis zum vornherein vereinbarten oder durch ordentliche Kündigung herbeigeführten Vertragsende.[312] Konnte dagegen das auf unbestimmte Zeit laufende Handelsvertreterverhältnis durch den Kündigungsgegner aufgrund eines Verzichts auf das Recht zur ordentlichen Kündigung nicht ordentlich gekündigt werden, kommt eine zeitliche Begrenzung des Schadensersatzanspruches nicht in Betracht.[313] Unter den Schaden fallen insbesondere die entgangenen Provisionen, die bis zu diesem Zeitpunkt zu erzielen gewesen wären.[314] Jedoch muss sich der Kündigende durch die Kündigung erlangte Vorteile anrechnen lassen,[315] so wenn der kündigende Handelsvertreter seine Arbeitskraft nunmehr für einen anderen Unternehmer einsetzt. Dies gilt aber nicht, wenn er nur Kapazitäten ausnutzt, die im Zeitpunkt der Kündigung ohnehin noch frei waren.[316] Ein etwaiger Ausgleichsanspruch nach § 89b steht neben etwaigen Schadensersatzansprüchen des Handelsvertreters nach § 89a; daran hat auch die Entscheidung des EuGH vom 3.12.2015[317] nichts geändert.[318]

97 Ein **Mitverschulden** des Kündigungsberechtigten ist nach **§ 254 BGB** zu berücksichtigen. Der berechtigt kündigende Handelsvertreter kann deshalb aus Gründen der Schadensminderungspflicht (§ 254 Abs. 2 BGB) zur Aufnahme einer neuen Tätigkeit verpflichtet sein,[319] unter Umständen auch durch Suche einer Handelsvertretertätigkeit in einer anderen Branche.[320] In dem berechtigten Ausspruch der Kündigung, liegt jedoch noch keine schuldhafte Mitverursachung.[321]

98 Der **Schadensersatzanspruch** ist ganz **ausgeschlossen,** wenn auch der andere Teil hätte fristlos kündigen können, ohne dass es darauf ankommt, ob der andere Vertragsteil von seiner Kündigungsbefugnis Gebrauch macht. Denn es würde Treu und Glauben widersprechen, wenn man den Empfänger der Kündigung deshalb schlechter stellen wollte, weil er seinerseits bereit war, trotz des vertragswidrigen Verhaltens des Kündigenden noch am Vertrag festzuhalten.[322]

99 Zur Vorbereitung des Schadensersatzanspruchs ist ein **Auskunftsanspruch** möglich.[323] Gegen den Auskunftsanspruch hat der gekündigte Unternehmer kein Zurückbehaltungs-

---

309 BGH NJW 2007, 3068 = EWiR § 89b HGB 6/07, 721 m. zust. Anm. *v. Hoyningen-Huene*; *Thume* in Küstner/Thume VertriebsR-HdB I Kap. VIII Rn. 235.

310 BGH NJW 1993, 1386; BB 1989, 2428; WM 1970, 1513; EBJS/*Löwisch* Rn. 106; Röhricht/Graf v. Westphalen/Haas/*Thume* Rn. 20.

311 BGH DB 2001, 2189 = EWiR § 89a HGB 3/01, 1057 m. Kurzkomm. *Emde.*

312 BGH NJW 1993, 1386 = BB 1993, 883; Staub/*Emde* Rn. 60.

313 BGH MDR 2009, 38 = BB 2008, 2262 mAnm *Genzow.*

314 BGH BB 1989, 2428 = EWiR § 89a HGB 1/90, 167 m. Kurzkomm. *v. Hoyningen-Huene*; BB 1964, 283.

315 Baumbach/Hopt/*Hopt* Rn. 34; Heymann/*Froitzheim* Rn. 52.

316 BGH WM 1984, 1005; Staub/*Emde* Rn. 60.

317 EuGH EuZW 2015, 221.

318 *Emde,* EuZW 2016, 218 (220).

319 BGH WM 1984, 1005 (1006).

320 BGH WM 1970, 1513 (1515); Staub/*Emde* Rn. 61.

321 Heymann/*Froitzheim* Rn. 52; Staub/*Emde* Rn. 61.

322 BGHZ 44, 271 (277) = LM Nr. 7 mAnm *Rietschel.*

323 BGHZ 44, 271 (273); WM 1978, 461 (465); EBJS/*Löwisch* Rn. 115.

recht nach § 273 BGB mit einem eigenen Anspruch auf Auskunft darüber, ob der Handelsvertreter seine Arbeitskraft anderweitig verwendet hat, weil dies lediglich ein Posten der Schadensberechnung, nicht aber ein selbständiger Anspruch ist.[324]

3. Darlegungs- und Beweislast. Die Darlegungs- und Beweislast für die Schadenshöhe trägt der ersatzberechtigte Teil. Beim entgangenen Gewinn kommen diesem die Darlegungs- und Beweiserleichterungen der § 252 S. 2 BGB, § 287 ZPO zugute,[325] sodass der Geschädigte nur die Umstände darlegen und ggf. beweisen muss, die für gewöhnlich oder nach den Umständen des Falles die Erzielung eines Gewinns wahrscheinlich machen. Ob dem Kündigenden ein Mitverschulden nach § 254 BGB trifft, hat der Schädiger zu beweisen. **100**

§ 89b [Ausgleichsanspruch]

(1) [1]Der Handelsvertreter kann von dem Unternehmer nach Beendigung des Vertragsverhältnisses einen angemessenen Ausgleich verlangen, wenn und soweit
1. **der Unternehmer aus der Geschäftsverbindung mit neuen Kunden, die der Handelsvertreter geworben hat, auch nach Beendigung des Vertragsverhältnisses erhebliche Vorteile hat und**
2. **die Zahlung eines Ausgleichs unter Berücksichtigung aller Umstände, insbesondere der dem Handelsvertreter aus Geschäften mit diesen Kunden entgehenden Provisionen, der Billigkeit entspricht.**

[2]Der Werbung eines neuen Kunden steht es gleich, wenn der Handelsvertreter die Geschäftsverbindung mit einem Kunden so wesentlich erweitert hat, daß dies wirtschaftlich der Werbung eines neuen Kunden entspricht.

(2) Der Ausgleich beträgt höchstens eine nach dem Durchschnitt der letzten fünf Jahre der Tätigkeit des Handelsvertreters berechnete Jahresprovision oder sonstige Jahresvergütung; bei kürzerer Dauer des Vertragsverhältnisses ist der Durchschnitt während der Dauer der Tätigkeit maßgebend.

(3) Der Anspruch besteht nicht, wenn
1. **der Handelsvertreter das Vertragsverhältnis gekündigt hat, es sei denn, daß ein Verhalten des Unternehmers hierzu begründeten Anlaß gegeben hat oder dem Handelsvertreter eine Fortsetzung seiner Tätigkeit wegen seines Alters oder wegen Krankheit nicht zugemutet werden kann, oder**
2. **der Unternehmer das Vertragsverhältnis gekündigt hat und für die Kündigung ein wichtiger Grund wegen schuldhaften Verhaltens des Handelsvertreters vorlag oder**
3. **auf Grund einer Vereinbarung zwischen dem Unternehmer und dem Handelsvertreter ein Dritter anstelle des Handelsvertreters in das Vertragsverhältnis eintritt; die Vereinbarung kann nicht vor Beendigung des Vertragsverhältnisses getroffen werden.**

(4) [1]Der Anspruch kann im voraus nicht ausgeschlossen werden. [2]Er ist innerhalb eines Jahres nach Beendigung des Vertragsverhältnisses geltend zu machen.

(5) [1]Die Absätze 1, 3 und 4 gelten für Versicherungsvertreter mit der Maßgabe, daß an die Stelle der Geschäftsverbindung mit neuen Kunden, die der Handelsvertreter geworben hat, die Vermittlung neuer Versicherungsverträge durch den Versicherungsvertreter tritt und der Vermittlung eines Versicherungsvertrages es gleichsteht, wenn der Versicherungsvertreter einen bestehenden Versicherungsvertrag so wesentlich erweitert hat, daß dies wirtschaftlich der Vermittlung eines neuen

---

324 BGH WM 1978, 461 (465).

325 BGH DB 1990, 40 = BB 1989, 2428 = EWiR § 89a HGB 1/90, 167 m. zust. Kurzkomm. *v. Hoyningen-Huene*; s. auch *v. Hoyningen-Huene/Boemke* NJW 1994, 1757.

Versicherungsvertrages entspricht. [2]Der Ausgleich des Versicherungsvertreters beträgt abweichend von Absatz 2 höchstens drei Jahresprovisionen oder Jahresvergütungen. [3]Die Vorschriften der Sätze 1 und 2 gelten sinngemäß für Bausparkassenvertreter.

Schrifttum: *Beck/Kirschhöfer,* Datenschutz im Vertragshändlerrecht – Ausgleichsanspruch und Verarbeitung von Kundendaten unter der DSGVO, ZVertriebsR 2019, 3; *Beiser,* Der Ausgleichsanspruch des Handelsvertreters in der Handels- und Steuerbilanz, DB 2002, 2176; *Brych,* Ausgleichsanspruch bei jedweder Art von Eigenkündigung, BB 1992, 8; *Budde,* Das Ende der Einstandszahlung im Handelsvertreterrecht?, DB 2005, 2177; *Dreyer/Haskamp,* Die Unternehmervorteile bei der Berechnung des Ausgleichsanspruches eines Bausparkassenvertreters, ZVertriebsR 2016, 366; *Eckert,* Die analoge Anwendung des Ausgleichsanspruchs nach § 89b HGB auf Vertragshändler und Franchisenehmer, WM 1991, 1237; *Emde,* Der Ausgleichsanspruch des Versicherungsvertreters, FS Karsten Schmidt, 2009, 331; *Emde,* Der Ausgleichsanspruch des Handelsvertreters beim Vertrieb von Dauerschuldverhältnissen. Eine Erwiderung auf Ströbl/Wentzel, BB 2017, 390 ff., BB 2017, 1289; *Emde,* Die vertragliche Verpflichtung zur Übertragung des Kundenstamms als Voraussetzung des Ausgleichsanspruchs eines Eigenhändlers, ZVertriebsR 2020, 3; *Emde,* Die Berechnung des Ausgleichsanspruchs (§ 89b HGB) nach den Grundsätzen der Versicherungswirtschaft, beleuchtet insbesondere anhand der „Grundsätze Sach", VersR 2020, 796; *Emde/Valdini,* Die Handelsvertreter-RL (Teil 2), ZVertriebsR 2017, 3; *Evers/Kiene,* Der Ausgleichsanspruch des Handelsvertreters: Anrechnung von Versorgungsleistungen nur bei Einstufung als „besonders günstige Vertragsbedingung", DB 2002, 1309; *Felix,* Betriebsaufgabe und Ausgleichsansprüche des Handelsvertreters nach § 89b HGB, BB 1987, 870; *Fröhlich,* Der Begriff des Neukunden für den Ausgleichsanspruch gemäß § 89b I 1 Nr. 1 HGB, GWR 2015, 313; *Fröhlich,* Zur analogen Anwendung des Ausgleichsanspruchs gemäß § 89b HGB auf Vertragshändlerverhältnisse, ZVertriebsR 2015, 280; *Fröhlich,* Praktische Probleme bei der einvernehmlichen Aufhebung von Handelsvertreterverträgen, ZVertriebsR 2018, 207; *Fuchs-Baumann,* Ausgleichsanspruch des Versicherungsvertreters: Anrechnung des Barwerts einer vom Versicherungsunternehmen finanzierten Versorgung, DB 2001, 2131; *Gräfe/Boerner,* Aktuelle Entwicklungen beim Unternehmervorteil als Anspruchsvoraussetzung des Ausgleichsanspruchs nach § 89b Absatz 1 HGB – der neue „neugeworbene Stammkunde" und „intensivierte Altkunde"(?), ZVertriebsR 2017, 282; *Gräfe/Giesa,* „Neuer Kunde" im Sinne des § 89b Abs. 1 Satz 1 Nr. 1 HGB – Produktbezogener Neukundenbegriff, ZVertriebsR 2014, 287; *Güntzel,* Kein Ausgleichsanspruch des Franchisenehmers bei bloß faktischer Überlassung des Kundenstamms, jM 2015, 278; *Haas,* Ist der Wegfall des Handelsvertreter-Ausgleichsanspruchs gemäß § 89b Abs. 3 Nr. 1 HGB bei Eigenkündigung ohne besonderen Anlaß verfassungswidrig?, BB 1991, 1441; *Herbert,* Neues zum Ausgleichsanspruch des Handelsvertreters, BB 1997, 1317; *Hirsch,* Handelsvertretervertrag und Scheingeschäft, Jura 2008, 446; *Horn,* Zum Ausgleichsanspruch des Eigenhändlers: Kundenstamm und werbende Tätigkeit, ZIP 1988, 137; *Hübsch/Hübsch,* Die neue Rechtsprechung des Bundesgerichtshofs zum Handelsvertreterrecht, WM 2005 Sonderbeilage Nr. 1 zu Nr. 9, 1; *Jayme,* Zum internationalen Geltungswillen der europäischen Regeln über den Handelsvertreterausgleich – zu EuGH 9.11.2000, IPRax 2001, 190; *Kainz/Lieber/Puszkajler,* Die Münchner Formel – oder: Berechnung des Vertragshändlerausgleichs in der Autobranche, BB 1999, 434; *Kiene,* Der Verkauf einer Handelsvertretung, NJW 2006, 2007; *Kiene,* Die Beurteilung des Kundenstamms bei einer Agenturnachfolge, VersR 2006, 1024; *Kiene,* Das Recht des Handelsvertreters in Deutschland und Frankreich, RIW 2006, 344; *Kindler,* Der lange Arm des deutschen Vertriebsrechts, NJW 2016, 1855; *Köhler,* Ausgleichsanspruch des Franchisenehmers: Bestehen, Benennung, Abwälzung, NJW 1990, 1689; *Korte,* Der Ausgleichsanspruch des Handelsvertreters in und nach der Corona-Pandemie, GWR 2020, 194; *Korte,* Die Berechnung des Ausgleichsanspruchs des Handelsvertreters nach der Novellierung des § 89b, DB 2011, 2761; *Küstner/v. Manteuffel,* Berechnung des Ausgleichsanspruchs des Vertragshändlers, BB 1988, 1972; *Küstner/v. Manteuffel,* Die Änderungen des Handelsvertreterrechts aufgrund der EG-Harmonisierungsrichtlinie vom 18.12.1986, BB 1990, 291; *Küstner/v. Manteuffel,* Gedanken zum neuen Ausgleichs-Ausschlußtatbestand gemäß § 89b Abs. 3 Nr. 3 HGB, BB 1990, 1713; *Laber,* Eigenkündigung des Handelsvertreters: Verfassungsmäßigkeit des Ausschlusses des Ausgleichsanspruchs, DB 1994, 1275; *Latzel,* Die analoge Anwendbarkeit von § 89b HGB auf Franchiseverträge unter Berücksichtigung der neuesten Rechtsprechung des BGH, ZVertriebsR 2015, 90; *Lilje,* Die Unternehmervorteile bei der Berechnung des Handelsvertreterausgleichs im Versicherungsvertrieb, ZVertriebsR 2016, 211; *Mann,* Die vertriebsrechtliche Aufhebungs- und Vergleichsvereinbarung, ZVertriebsR 2017, 25; *Martinek/Bergmann,* Künstler-Repräsentanten, -Agenten und -Manager als Handelsvertreter – Konkurrenzvertretung und Interessenwahrnehmung als Grundlagenprobleme des Handelsvertreterrechts WRP 2006, 1047; *Moritz,* Zum Wegfall des Ausgleichsanspruchs bei Kündigung durch den Handelsvertreter, DB 1987, 875; *Müller,* Ausgleichsanspruch des Handelsvertreters nach § 89b I 2 HGB wegen erweiterter Altkundenbeziehung auch bei Umsatzrückgang?, NJW 1997, 3432; *Müller-Feldhammer,* Der Ausgleichsanspruch des Vertragshändlers im deutsch-schweizerischen Handelsverkehr, RiW 1994, 926; *Müller-Stein,* Ausgleichsanspruch gemäß § 89b HGB nach Bestandsübertragungen auf Grund erteilter Makleraufträge?, VersR 1990, 561; *Niebling,* Der Ausgleichsanspruch des Vertragshändlers – Grundlagen und Berechnung, BB 1997, 2388; *Niklas,* Der Ausgleichsanspruch des Franchisenehmers beim anonymen Massengeschäft, ZVertriebsR 2016, 362; *Ostendorf,* Grenzen der analogen Anwendung von § 89b HGB auf Händler außerhalb des Kfz-Vertriebs, MDR 2008, 1377; *Peschke,* Der Vertragshändlerausgleich in internationalen Verträgen, ZVertriebsR 2016, 144; *Retzer,* Verfassungsmäßigkeit des § 89b Abs. 3 Nr. 1 HGB, BB 1993, 668, 963; *Reufels/Lorenz,* Pauschalisierung des Ausgleichsanspruchs für Kfz-Vertragshändler – ein Plädoyer gegen die Münchner Formel, BB 2000, 1586; *Rothermel/Schulz,* Vertragshändlerausgleich auch ohne Übertragung der Kundendaten?, BB 2019, 1609; *Saenger,* Das Recht des Handelsvertreters zur ausgleichswahrenden Eigenkündigung, DB 2000, 129; *Scherer,* Ausschluß von Ausgleichsansprüchen des Handelsvertreters, DB 1996, 1709; *Schmitz,* Handelsvertreterausgleichsansprüche bei Asset Deals, ZIP 2003, 59; *Schmülling,* Der Ausgleichsanspruch des Kfz-Vertragshändlers entsprechend § 89b HGB, GWR 2015, 224; *Schreiber,* Der Ausgleichsanspruch des Handelsvertreters aus prozessualer Sicht, NJW 1998, 3737; *Schröder,* Zum Begriff der Unternehmervorteile beim Ausgleichsanspruch des Handelsvertreters nach § 89b HGB, DB 1973, 217; *Semler,* Der Ausgleichsanspruch des deutschen Handelsvertreters in internationalen Handelsvertreterverhältnissen – Rechtswahl und Schiedsverfahren, ZVertriebsR 2016, 139; *Siegert,* Der Ausgleichsanspruch des Kfz-Vertragshändlers, NJW 2007, 188; *Ströbl,* Ausgleichsanspruch bei Verkauf der Kundendatei an einen Dritten BB 2006, 2258; *Ströbl,* Der Ausgleichsanspruch gem. § 89b HGB in der Telekommunikationsbranche, BB 2013, 1027; *Ströbl/Wentzel,* Der Ausgleichsanspruch beim Vertrieb von Dauerschuldverhältnissen, BB 2017, 390; *Stumpf,* Vertragshändlerausgleich analog § 89b HGB – praktische und dogmatische Fehlverortung, NJW 1998, 12; *Stumpf/Ströbl,* Der Ausgleichsanspruch eines Kfz-Vertragshändlers, MDR 2004, 1209; *Thume,* Der Ausgleichsanspruch des Handelsvertreters, BB 1990, 1645; *Thume,* Der neue Ausgleichs-Ausschlußtatbestand nach § 89b Abs. 3 Nr. 3 HGB, BB 1991, 490; *Thume,* Neues zum Ausgleichsanspruch des Handelsvertreters und des Vertragshändlers, BB 1994, 2358; *Thume,* Neue Rechtsprechung zum Ausgleichsanspruch des Handelsvertreters und des Vertragshändlers, BB 1998, 1425; *Thume,* Einige Gedanken zum Ausgleichsanspruch nach § 89b HGB, BB 1999, 2309; *Thume,* Die Bedeutung des Kundenstammes im Vertriebsrecht, BB 2009, 1026; *Thume,* Kein Ausgleichsanspruch beim Vertrieb von Dauerverträgen? – eine Erwiderung, BB 2017, 906; *Thume,* Der Ausgleichsanspruch des Handelsvertreters beim Vertrieb von Dauerverträgen, BB 2015, 387; *Thume,* Zum Ausgleichsanspruch des handelsvertreterähnlichen Vertriebsvermittlers, BB 2016, 578; *Ulmer,* Der Vertragshändler, 1969; *Veltins,* Zur analogen Anwendung von § 89b HGB auf den Ausgleichsanspruch des Eigenhändlers, NJW 1984, 2063; *Wauschkuhn,* Vereinbarungen im Hinblick auf den Ausgleichsanspruch des Vertragshändlers, BB 1996, 1517; *Wauschkuhn,* Der Ausgleichsanspruch des Vertragshändlers, ZVertriebsR 2016, 79; *Wendel/Ströbl,* Kein Ausgleichsanspruch nach § 89b HGB bei Insolvenz des Händlers, WRP 2005, 999; *Westphal,* Einstandszahlungen des Handelsvertreters, MDR 2005, 421; *Westphal,* Neues Handelsvertreterrecht, 1991; *Graf v. Westphalen,* Funktionelle Verwandtschaft zwischen Altersversorgung und Ausgleichsanspruch des Versicherungsvertreters? – BGH-Rechtsprechung auf dem Prüfstand, BB 2001, 1593; *Wolff,* Der Ausgleichsanspruch nach § 89b HGB bei Insolvenz des Handelsvertreters/Vertragshändlers, ZVI 2008, 1.

Übersicht

A. Bedeutung

I. Entstehungsgeschichte

1 Die ursprüngliche Fassung des HGB enthielt noch keine Regelung über den Ausgleichsanspruch des Handelsvertreters. Erst das **Änderungsgesetz von 1953** führte als eine der wichtigsten Neuerungen mit der Regelung des § 89b einen Ausgleichsanspruch für den Handelsvertreter ein. Der Gesetzgeber folgte damit Vorbildern aus dem österreichischen[1] und schweizerischen Recht[2] sowie früheren deutschen Entwürfen,[3] wich aber im Einzelnen erheblich von diesen Vorlagen ab.[4] In der Folgezeit wurde § 89b noch dreimal geändert. Das Gesetz über die Kaufmannseigenschaft von Land- und Forstwirten und den Ausgleichsanspruch des Handelsvertreters vom 13.5.1976 (BGBl. 1976 I 1197) ergänzte § 89b Abs. 3 dahingehend, dass dem Handelsvertreter ein Ausgleichsanspruch auch dann zusteht, wenn er das Vertragsverhältnis zwar selbst gekündigt hat, die Kündigung aber auf einer Krankheit oder dem Alter des Handelsvertreters beruht. Eine weitere Änderung erfolgte durch das **Gesetz zur Durchführung der Handelsvertreter-RL** (RL 86/653/EWG) vom 23.10.1989 (BGBl. 1989 I 1910),[5] durch welches das in den §§ 84 ff. niedergelegte Handelsvertreterrecht angepasst wurde.[6] Wichtigste Änderung hierbei war die Erweiterung der in Abs. 3 geregelten Ausschlusstatbestände um den neuen Ausschlussgrund des Abs. 3 Nr. 3.[7]

1 § 25 öHAG gewährte dem Handelsvertreter, der überwiegend mit Zuführung von Kunden beschäftigt ist, einen Anspruch auf angemessene Entschädigung, wenn das Vertragsverhältnis durch den Geschäftsherrn vor Ablauf von drei Jahren gekündigt wurde.

2 § 418 und schweizerisches AVG, vgl. *Baudenbacher* JZ 1989, 919 ff.

3 AKE, CDHE.

4 Vgl. Begr. RegE, BT-Drs. 1/3856, 33, 34; Heymann/*Herrmann* Rn. 2.

5 Hierzu *Ankele* DB 1989, 2211 ff.; *Horn* ZIP 1988, 137 (138); *Küstner/v. Manteuffel* BB 1990, 291 ff.; *Kuther* NJW 1990, 304; *Westphal* HV 1989, 1064 ff.

6 Vgl. hierzu *Thume* in Küstner/Thume VertriebsR-HdB I Kap. IX Rn. 4.

7 *Ankele* DB 1989, 2211 (2212 f.); *Küstner/v. Manteuffel* BB 1990, 1713 ff.; *Thume* BB 1991, 490 ff.

Danach führt auch eine Auswechselungsvereinbarung, dh eine Vereinbarung zwischen dem Unternehmer und dem Handelsvertreter, dass ein Dritter anstelle des Handelsvertreters in das Vertragsverhältnis eintritt, zum Verlust des Ausgleichsanspruchs. Daneben hat das Änderungsgesetz von 1989 die Anwendung des § 89b auf den Bausparkassenvertreter (Abs. 5 S. 3) erstreckt und die Ausschlussfrist für die Geltendmachung des Ausgleichsanspruchs nach Abs. 4 S. 2 auf ein Jahr verlängert.

2 Veranlasst durch die Rspr. des EuGH[8] erfolgte zum 1.8.2009 eine **erneute Anpassung** an die **Handelsvertreter-RL** (RL 86/653/EWG) vom 18.12.1986 (→ Rn. 31, → Rn. 92 ff.). Durch Artikel 6a des Gesetzes zur Neuregelung der Rechtsverhältnisse bei Schuldverschreibungen aus Gesamtemissionen und zur verbesserten Durchsetzbarkeit von Ansprüchen von Anlegern aus Falschberatung vom 31.7.2009 (BGBl. 2009 I 2512) wurde § 89b Abs. 1 S. 1 Nr. 2 aufgehoben. Die bisherige Nr. 3 des Abs. 1 S. 1 wurde zur Nr. 2 und hinter dem Wort „Umstände" wurde die Formulierung „insbesondere der dem Handelsvertreter aus Geschäften mit diesen Kunden entgehenden Provisionen" eingefügt. Diese Formulierung entspricht weitgehend der Formulierung im Gesetzesentwurf vom 7.11.1988,[9] der seinerzeit insoweit nicht umgesetzt wurde.

II. Zweck der Regelung

3 Nach der Neufassung des Abs. 1 S. 1 im Jahr 2009 liegt der Fokus weniger auf dem Ausgleich von Provisionsverlusten, die der Handelsvertreter infolge der Vertragsbeendigung erleidet, als vielmehr auf dem **Ausgleich der Vorteile des Unternehmers,** die er nach Vertragsbeendigung aus der Geschäftsverbindung mit neuen vom Handelsvertreter geworbenen Kunden hat. Die Provisionsverluste des Handelsvertreters infolge der Vertragsbeendigung sind nur noch ein im Rahmen der Billigkeit gem. Abs. 1 S. 1 Nr. 2 zu berücksichtigendes Kriterium. Daher wird man spätestens infolge dieser Neufassung den Sinn und Zweck des Ausgleichsanspruchs eher weniger mit einem Ausgleich der Provisionsverluste, die der Handelsvertreter infolge der Vertragsbeendigung erleidet, begründen können. Der Ausgleichsanspruch stellt keinen Ersatzanspruch für wegen der Vertragsbeendigung erlittene Provisionsverluste dar. Stattdessen dient der Ausgleichsanspruch dem Zweck, in erster Linie die **Unternehmervorteile** und erst in zweiter Linie die Provisionsverluste nach Maßgabe der Billigkeit auszugleichen, die sich daraus ergeben, dass der Unternehmer voraussichtlich für einige Zeit noch Folgegeschäfte mit solchen Kunden (Stamm- oder Mehrfachkunden) abschließen wird, zu denen der inzwischen ausgeschiedene Handelsvertreter eine Geschäftsbeziehung hergestellt hat, der Handelsvertreter aber an dieser Spätwirkung seiner früheren Vermittlungstätigkeit nicht mehr in Form von Provisionen partizipiert.[10]

III. Rechtsnatur des Ausgleichsanspruchs

4 **1. Kein modifizierter Vergütungsanspruch.** Der Ausgleichsanspruch ist nicht als Schadensersatzanspruch,[11] etwa wegen einer zu missbilligenden Kündigung durch den Unternehmer, oder als Bereicherungsanspruch[12] zu qualifizieren. Die Einordnung als Bereicherungsanspruch scheidet schon deshalb aus, weil der Unternehmer den rechtlichen Vorteil des Kundenstamms nicht ohne rechtlichen Grund erlangt, sondern auf Grund der vertraglichen Tätigkeit des Handelsvertreters.[13] Auch die Auslegung als Versorgungsanspruch[14] geht fehl. Nach wohl immer noch hM soll es sich bei dem Ausgleichsanspruch um einen modifi-

[8] EuGH DStR 2009, 759 = BB 2009, 729.
[9] BT-Drs. 11/3077, 4.
[10] Ähnlich auch BGH Urt. v. 24.9.2020 VII ZR 69/19 mwN; BGH NJW 2011, 1143; s. auch BT-Drs. 11/3077, 9; Bericht der Kommission, KOM (96) 364 endg.; BGH NJW 1985, 3076 (3077).
[11] Vgl. Staub/*Emde* Rn. 25.
[12] S. hierzu Begr. RegE, BT-Drs. 1/3856, 33 (34 f.); LG Hamburg MDR 1955, 44; Staub/*Emde* Rn. 23; Heymann/*Herrmann* Rn. 4.
[13] Staub/*Emde* Rn. 23.
[14] BGH NJW 1958, 1966 (1967).

zieren **Vergütungsanspruch für die Überlassung des vom Handelsvertreter geschaffenen Kundenstamms an den Unternehmer handeln.**[15] Dieser nachvertragliche Vergütungsanspruch soll zwingend neben die Provisionsansprüche des Handelsvertreters während des Vertragsverhältnisses treten. Dieser Begründungsansatz ist indes kritisch zu hinterfragen.[16] Grund und Höhe des Ausgleichsanspruchs hängen gerade nicht allein von der Überlassung des vom Handelsvertreter geschaffenen Kundenstamms ab, sondern auch – wie Abs. 1 und Abs. 3 zeigen – maßgeblich davon, ob der Unternehmer überhaupt erhebliche Vorteile nach Vertragsbeendigung im Hinblick auf den vom Handelsvertreter geworbenen Kundenstamm hat, und ob die Zahlung eines Ausgleichs der Billigkeit entspricht. Der Handelsvertreter kann mithin erhebliche Leistungen für die Schaffung eines Kundenstamms erbracht haben, aber gleichwohl keinen Anspruch auf Ausgleich („Vergütung" und mithin auf die „Gegenleistung") haben, weil der Unternehmer den Kundenstamm nicht weiter nutzen kann (wie zB im Falle der Einstellung des Geschäftsbetriebs → Rn. 80) oder die Zahlung eines Ausgleichs nicht der Billigkeit entspricht. Bei dem Anspruch nach § 89b handelt es sich daher um einen besonderen gesetzlich normierten Anspruch auf Ausgleich dafür, dass der Unternehmer voraussichtlich für einige Zeit nach Vertragsbeendigung noch Folgegeschäfte mit solchen Kunden (Stamm- oder Mehrfachkunden) abschließen wird, zu denen der inzwischen ausgeschiedene Handelsvertreter eine Geschäftsbeziehung hergestellt hat, der Handelsvertreter aber an dieser Spätwirkung seiner früheren Vermittlungstätigkeit nicht mehr in Form von Provisionen partizipiert (→ Rn. 3). Nach diesseitiger Ansicht besteht keine Notwendigkeit, den Ausgleichsanspruch als einen modifizierten Vergütungsanspruch zu klassifizieren; jedenfalls dürfte die Frage der Klassifizierung des Ausgleichsanspruchs in der Praxis bei der Beurteilung der Frage, ob einem Handelsvertreter ein Ausgleichsanspruch zusteht, nicht ausschlaggebend sein.

Gegen die Regelung des § 89b bestehen **keine verfassungsrechtlichen Bedenken.** 5
Insbesondere verstößt **Abs. 3 Nr. 1,** wonach ein Ausgleichsanspruch entfällt, wenn der Handelsvertreter das Vertragsverhältnis ohne Grund gekündigt hat, nicht gegen die durch Art. 12 GG geschützte Freiheit der Berufsausübung.[17] Zwar wird durch den Ausschluss des Ausgleichsanspruchs die Kündigung durch den Handelsvertreter wirtschaftlich erschwert. Dies erreicht aber noch nicht die Qualität eines Grundgesetzverstoßes,[18] zumal die Freiheit der Berufsausübung nicht willkürlich erschwert wird.[19]

Ebenso wenig verstößt **Abs. 3 Nr. 2** gegen das im Grundgesetz verankerte Prinzip der 6
Rechtsstaatlichkeit oder gegen die Art. 12 GG und Art. 14 GG.[20] Abs. 3 Nr. 2 engt nämlich die Voraussetzungen für den Verlust des Ausgleichsanspruchs so sehr ein, dass es hingenommen werden kann, dem Handelsvertreter bei schuldhafter Herbeiführung eines wichtigen Kündigungsgrundes den stark von Billigkeitsgedanken geprägten Ausgleichsanspruch zu versagen.[21] Der Ausgleichsanspruch soll nämlich den Handelsvertreter nur bei nicht vertretbarer Beendigung des Vertragsverhältnisses vor wirtschaftlichen Einbußen schützen, nicht aber dem Unternehmer die Ausgleichslast aufbürden, wenn der Unternehmer das Vertragsverhältnis wegen eines schuldhaften Verhaltens des Handelsvertreters gekündigt hat und der Unternehmer wegen dieses Verhaltens zur außerordentlichen Kündigung berechtigt war.

---

15 BGH ZIP 2010, 1700 Rn. 16; NJW 2011, 848, 849; BGHZ 41, 292 (296) = LM § 87 Nr. 8 mAnm *Rietschel*; BGHZ 24, 214 (222) = LM Nr. 2 mAnm *Selowksy*; *K. Schmidt* HandelsR § 27 V Rn. 69; EBJS/*Löwisch* Rn. 21; KKRD/*Roth* Rn. 1; Flohr/Wauschkuhn/*Wauschkuhn* Rn. 6; BeckOK HGB/*Lehmann* Rn. 5; Baumbach/Hopt/*Hopt* Rn. 2 f.; Heymann/*Herrmann* Rn. 4; *Matthies* DB 1986, 2065.

16 So auch *Franke* IHR 2016, 100 (102).

17 BVerfG NJW 1996, 381 = WM 1995, 1761; OLG Hamm BB 1987, 1761 = NJW-RR 1988, 45; *Brych* BB 1992, 8 f.; *Hartl* Kurzkomm. zu LG Koblenz EWiR § 89b HGB 1/93, 467; *Laber* DB 1994, 1275; EBJS/*Löwisch* Rn. 12; *Retzer* BB 1993, 668 ff.; BB 1993, 963; Heymann/*Herrmann* Rn. 5; aA Vorlagebeschluss des LG Koblenz BB 1991, 2032; *Haas* BB 1991, 1441; *Moritz* DB 1987, 875 ff.

18 *Brych* BB 1992, 8 (9).

19 Nach LG Koblenz NJW 1993, 406 = EWiR § 89b HGB 1/93, 467 m. krit. Kurzkomm. *Hartl*.

20 OLG Hamm NJW-RR 1992, 364; OLG München BB 1993, 1835.

21 OLG Hamm NJW-RR 1992, 364 (365).

Damit stellt die Regelung eine angemessene Abwägung der Interessen des Handelsvertreters und des Unternehmers dar.

7 **2. Künftiger Anspruch.** Der Ausgleichsanspruch ist kein bedingter, sondern ein zukünftiger Anspruch,[22] weil er mit der Vertragsbeendigung überhaupt erst zur Entstehung gelangt.[23] Als zukünftiger Anspruch kann er schon vor Beendigung des Vertragsverhältnisses **abgetreten** (§ 398 BGB), **verpfändet** (§ 1204 BGB) oder **gepfändet** (§ 829 ZPO) werden.[24] Wie bei der Pfändung von Provisionsansprüchen des Handelsvertreters (→ § 87 Rn. 132) hat der Streit, ob der Ausgleichsanspruch des Handelsvertreters Arbeitseinkommen iSv § 850 Abs. 1 ZPO ist[25] und daher den besonderen Pfändungsschutzvorschriften der §§ 850 ff. ZPO unterliegt, an Bedeutung verloren, weil zum 1.7.2010 § 850i ZPO novelliert wurde und seitdem das Gericht dem Schuldner auf Antrag während eines angemessenen Zeitraums so viel zu belassen hat, als ihm nach freier Schätzung des Gerichts verbleiben würde, wenn sein Einkommen aus laufendem Arbeits- oder Dienstlohn bestünde. Zumindest der Antrag nach § 850i ZPO dürfte also auch in Bezug auf den Ausgleichsanspruch Erfolg haben.[26] Nach § 394 BGB ist dieser Teil auch nicht abtretbar.

8 Als zukünftiger Anspruch ist der Ausgleichsanspruch, der mit dem Tod des Handelsvertreters entsteht, **vererbbar.**[27] Nicht zu berücksichtigen ist jedoch der zukünftige Ausgleichsanspruch bei der Berechnung des Vermögenswerts beim Zugewinnausgleich (§ 1375 BGB), da insoweit nur eine Erwerbschance vorliegt.[28]

IV. Anwendungsbereich

9 **1. Handelsvertreter. a) Begriff.** § 89b gilt für alle **Handelsvertreter iSd § 84 Abs. 1** (→ § 84 Rn. 6 ff.), unabhängig von der Rechtsform des Handelsvertreters (→ § 84 Rn. 25 f.), der Art der vom Handelsvertreter vermittelten oder abgeschlossenen Geschäfte (→ § 84 Rn. 8 ff.)[29] und der rechtlichen Stellung des Handelsvertreters (→ § 84 Rn. 16 ff.). Ausgleichsberechtigt sind deshalb neben natürlichen Personen auch juristische Personen und Personenvereinigungen als Handelsvertreter. Des Weiteren ist grundsätzlich unerheblich, ob der Handelsvertreter als Warenvertreter, Versicherungsvertreter, Bausparkassenvertreter und Anzeigenvertreter handelt oder Geschäfte anderer Art vermittelt (→ § 84 Rn. 8 ff.). Ebenso spielt es für den Ausgleichsanspruch dem Grunde nach keine Rolle, ob der Handelsvertreter als Vermittlungs- oder Abschlussvertreter, Ein- oder Mehrfirmenvertreter oder als Bezirks- oder Alleinvertreter auftritt (→ § 84 Rn. 16 ff.). Ist der Handelsvertreter für den Unternehmer nicht nur als Handelsvertreter tätig, sondern auch im eigenen Namen und auf eigene Rechnung als Eigenhändler (wie zB der Tankstellenpächter, der im eigenen Namen und auf eigene Rechnung ein Waschgeschäft und/oder Shopgeschäft betreibt) oder Franchisenehmer, kann der Handelsvertreter einen Ausgleichsanspruch in Bezug auf seine Tätigkeit als Eigenhändler bzw. Franchisenehmer nur unter den sog. Analogievoraussetzungen (→ Rn. 15 ff., → Rn. 28) geltend machen.[30]

---

[22] Oetker/*Busche* Rn. 3; Baumbach/Hopt/*Hopt* Rn. 5; Heymann/*Herrmann* Rn. 4.

[23] *Thume* in Küstner/Thume VertriebsR-HdB II Kap. XV Rn. 3.

[24] OLG Hamm BB 1979, 1579 (1580) zur Offenbarungspflicht des Handelsvertreters bei der eidesstattlichen Versicherung; Staub/*Emde* Rn. 343; Palandt/*Grüneberg* BGB § 398 Rn. 11; Baumbach/Hopt/*Hopt* Rn. 5; Heymann/*Herrmann* Rn. 4; *Thume* in Küstner/Thume VertriebsR-HdB II Kap. XV Rn. 1 ff.

[25] BAG AP ZPO § 850 Nr. 3 m. zust. Anm. *Pohle*; nach BGHZ 96, 324 (327) ist für die Einordnung als Arbeitseinkommen von untergeordneter Bedeutung, dass es sich um eine Vergütung für eine Tätigkeit in einem freien Beruf handelt; Zöller/*Stöber* ZPO § 850 Rn. 9; s. auch Flohr/Wauschkuhn/*Wauschkuhn* Rn. 10; EBJS/*Löwisch* Rn. 21; Oetker/*Busche* Rn. 3.

[26] *Thume* in Küstner/Thume VertriebsR-HdB II Kap. XV Rn. 9; EBJS/*Löwisch* Rn. 21; Flohr/Wauschkuhn/*Wauschkuhn* Rn. 10.

[27] Baumbach/Hopt/*Hopt* Rn. 5.

[28] BGH NJW 2014, 625 Rn. 26; BGHZ 68, 163 (168 f.); Baumbach/Hopt/*Hopt* Rn. 5; Heymann/*Herrmann* Rn. 4.

[29] Baumbach/Hopt/*Hopt* Rn. 4.

[30] OLG Hamm ZVertriebsR 2016, 229 Rn. 69, 76 mAnm *Tischler/Koblitze* GWR 2016, 187; IHR 2016, 254.

b) Untervertreter. Dem Untervertreter (§ 84 Abs. 3, → § 84 Rn. 20, → § 84 Rn. 117 ff.) steht ebenfalls ein Ausgleichsanspruch zu, sofern er als selbständiger Vertreter iSd § 84 Abs. 1 anzusehen ist. Der Ausgleichsanspruch entsteht mit Beendigung des Untervertretervertrags[31] und kann bei der **echten Untervertretung** (→ § 84 Rn. 120 ff.) nur gegenüber dem Hauptvertreter geltend gemacht werden, da ein Vertretervertrag zwischen dem Untervertreter und dem vom Hauptvertreter vertretenen Unternehmer nicht besteht.[32] Bei der **unechten Untervertretung** (→ § 84 Rn. 118 f.) besteht dagegen zwischen dem Untervertreter und dem Unternehmer ein Vertretervertrag, wobei der Untervertreter einem anderen Vertreter (Hauptvertreter) des Unternehmers organisatorisch unterstellt ist.[33] Zwischen dem Hauptvertreter einerseits und dem Untervertreter andererseits besteht in diesem Fall kein Vertretervertrag. Dies gilt auch dann, wenn die Untervertreterprovision über den Hauptvertreter abgerechnet wird. Deshalb hat die Beendigung des Vertragsverhältnisses zwischen dem Hauptvertreter und dem Unternehmer keine Auswirkungen auf den unechten Untervertreter. Diesem steht nur bei Beendigung des unechten Untervertretervertrags ein Ausgleichsanspruch gegen den Unternehmer zu.[34] 10

c) Unselbständiger Handelsvertreter (§ 84 Abs. 2). Der „unselbständige Handelsvertreter" kann keinen Ausgleichsanspruch geltend machen,[35] da auf ihn nicht die §§ 85 ff., sondern arbeitsrechtliche Vorschriften anzuwenden sind. Die Abgrenzung zwischen selbständigem und unselbständigem Handelsvertreter bereitet oft Schwierigkeiten. Hier ist auf die Kommentierung zu § 84 zu verweisen (→ § 84 Rn. 28 ff. und 137 ff.). Die Rspr. hat beispielsweise einem Verkaufsleiter,[36] einem Toto-Lotto-Bezirksstellenleiter,[37] einem Reisebürobetreiber,[38] einem Tankstelleninhaber,[39] einem Tankstellenhalter,[40] einem Tankstellenpächter,[41] auch bei Selbstbedienung mit Treibstoff und Schmierstoffverkauf,[42] einem Einkaufsvertreter,[43] dem Werber eines Adressbuchverlags[44] und einem Reedereiagenten[45] einen Ausgleichsanspruch zugebilligt, weil sie als selbständige Handelsvertreter anzusehen waren. 11

d) Handelsvertreter im Nebenberuf ua. Dem Handelsvertreter im Nebenberuf (§ 92b) steht wegen der Sonderregelung des § 92 Abs. 1 S. 1 ebenfalls kein Ausgleichsanspruch zu (→ § 92b Rn. 17 ff.; → § 92b Rn. 28).[46] Ein Ausgleichanspruch besteht auch nicht für den Handlungsgehilfen[47] oder den Innengesellschafter mit Geschäftsvermittlungs- oder -abschlusspflicht,[48] den Pächter für den Goodwill des gepachteten Geschäfts, auch wenn der Verpächter stiller Gesellschafter des Pächters war[49] und den Künstler bei einem Vertrag mit seinem Manager und Promoter bzw. Repräsentanten.[50] Diese Personen sind keine Handelsvertreter iSd § 84, sodass § 89b keine direkte Anwendung findet. Einer analo- 12

31 BGH DB 1984, 2298; Küstner in Küstner/Thume VertriebsR-HdB II Kap. II Rn. 41 ff.
32 *Thume* in Küstner/Thume VertriebsR-HdB II Kap. II Rn. 42; EBJS/*Löwisch* Rn. 25.
33 *Thume* in Küstner/Thume VertriebsR-HdB II Kap. II Rn. 45.
34 *Thume* in Küstner/Thume VertriebsR-HdB II Kap. II Rn. 47 f.
35 BAG AP HGB § 65 Nr. 6 m. zust. Anm. *Herschel* = AR-Blattei Lohn XV Entsch. 10 mAnm *Söllner* = SAE 1974, 155 mAnm *Thiele*; BAG AP HGB § 89b Nr. 1 m. zust. Anm. *Hefermehl.*
36 BGHZ 56, 290 = NJW 1971, 1610 = LM § 84 Nr. 5 mAnm *Rietschel.*
37 BGHZ 59, 87 = NJW 1972, 1662 = LM Nr. 43 mAnm *Rietschel*; BGH BB 1975, 1409 (1410).
38 BGHZ 82, 219 (221) = NJW 1982, 377; BGH DB 1990, 2585.
39 BGHZ 42, 244 (245).
40 BGH BB 1985, 353.
41 BGH BB 1964, 1399; OLG Frankfurt BB 1985, 687.
42 BGH BB 1985, 353 = DB 1985, 748.
43 OLG Hamburg MDR 1967, 310.
44 OLG Nürnberg NJW 1957, 1720.
45 OLG Hamburg VersR 1973, 572 (573).
46 *Thume* in Küstner/Thume VertriebsR-HdB II Kap. II Rn. 104; EBJS/*Löwisch* Rn. 24; KKRD/*Roth* Rn. 2.
47 BAG BB 1958, 775.
48 BGH BB 1978, 422.
49 BGH NJW 1986, 2306.
50 BGH NJW 1983, 1191; OLG Hamburg GRUR 2006, 788; ausf. zu dieser Problematik *Martinek/Bergmann* WRP 2006, 1047.

gen Anwendung hat die Rspr. bisher nur beim Vertragshändler und Kommissionsagenten zugestimmt (→ Rn. 15 ff., → Rn. 29); beim Franchisenehmer (→ Rn. 28) und Markenlizenznehmer (→ Rn. 30) hat sie jedoch bereits skizziert, unter welchen Voraussetzungen ihr ein Ausgleichsanspruch möglich erscheint.

13 **2. Versicherungs- und Bausparkassenvertreter.** § 89b gilt auch für den **Versicherungsvertreter** (→ § 92 Rn. 5 f.), dh den Handelsvertreter der damit betraut ist, Versicherungsverträge zu vermitteln oder abzuschließen und den **Bausparkassenvertreter.** Dieser vermittelt als Handelsvertreter Bausparverträge (§ 1 Abs. 2 BauSparkG) oder schließt solche Verträge ab (→ § 92 Rn. 8). Jedoch wird der Ausgleichsanspruch des Versicherungs- und Bausparkassenvertreters durch Abs. 5 modifiziert (→ Rn. 291 ff.).

14 Dagegen steht dem **unselbständigen Versicherungsvertreter**[51] und dem Versicherungsmakler[52] kein Ausgleichsanspruch zu; das Maklerrecht (§§ 93–104) sieht einen Ausgleichsanspruch für den Makler nicht vor.

15 **3. Vertragshändler.** Im Gegensatz zum Handelsvertreter wird der Vertragshändler (→ Vor § 84 Rn. 13 ff.) im eigenen Namen und auf eigene Rechnung tätig.[53] Bei dem Vertragshändlervertrag handelt es sich deshalb um einen Dienstvertrag, der eine Geschäftsbesorgung zum Gegenstand hat und auf den die §§ 675, 611 BGB Anwendung finden. Eine unmittelbare Anwendung des § 89b kommt daher nicht in Betracht.

16 **a) Entsprechende Anwendung.** Nach der ständigen und gefestigten Rspr.[54] und hL[55] ist **§ 89b** jedoch unter bestimmten Voraussetzungen auf das Vertragsverhältnis eines Vertragshändlers **entsprechend anwendbar.** Zwar wird eine analoge Anwendbarkeit vereinzelt immer mal wieder generell abgelehnt.[56] Begründet wird dies vor allem mit der fehlenden Vergleichbarkeit von Vertragshändler und Handelsvertreter[57] und der fehlenden Schutzbedürftigkeit des Vertragshändlers.[58] Dagegen ist aber einzuwenden, dass bei Vorliegen der Analogievoraussetzungen für die entsprechende Anwendung des § 89b (→ Rn. 17 ff.) die erforderliche Vergleichbarkeit gegeben und die Schutzbedürftigkeit kein Kriterium des Ausgleichsanspruchs nach § 89b ist.[59] Die analoge Anwendung ist hiernach also gerechtfertigt.

17 **b) Voraussetzungen.** Voraussetzung für eine analoge Anwendung des § 89b auf den Vertragshändler ist dessen einem Handelsvertreter vergleichbare Eingliederung in die Absatzorganisation sowie die Vertragspflicht zur Überlassung des Kundenstamms.

---

[51] Vgl. *Bangert,* Der selbständige und der unselbständige Versicherungsvertreter, 1983, 97 ff.

[52] *Thume* in Küstner/Thume VertriebsR-HdB II Kap. II Rn. 96.

[53] *P. Ulmer,* Der Vertragshändler, 1969, 207.

[54] BGH NJW 2011, 848; NJW-RR 2010, 1263; NJW 1983, 1789; WM 1993, 1464 (1466); 1992, 825 (827); 1987, 542; NJW-RR 1988, 1305 = BB 1988, 1770 = DB 1988, 2404 = WM 1988, 1642; WM 1986, 530. Dies gilt auch für § 89b Abs. 3 Nr. 1 Alt. 2, Nr. 2 und Abs. 4 S. 1; BGH WM 1993, 1981; NJW 1984, 2101 (2102); 1985, 3076 = EWiR § 89b HGB 2/85, 491 m. Kurzkomm. *v. Westphalen.*

[55] Oetker/*Busche* Rn. 60 f.; *Küstner/Thume* II Kap. II Rn. 62 ff.; EBJS/*Löwisch* Rn. 259 ff.; *Niebling* BB 1997, 2389; *K. Schmidt* HandelsR § 28 III Rn. 45 ff.; Röhricht/Graf v. Westphalen/Haas/*Thume* Rn. 31 ff.; *Thume* BB 1994, 2358 (2359); Flohr/Wauschkuhn/*Wauschkuhn* Rn. 373 ff.; *Wauschkuhn* ZVertriebsR 2016, 79; zum Ausgleichsanspruch des Vertragshändlers im deutsch-schweizerischen Handelsverkehr vgl. *Müller-Feldhammer* RIW 1994, 926; zum Ausgleichsanspruch des Handelsvertreters in Frankreich vgl. Cour Cassation Chambre Commerciale RIW 1991, 69.

[56] ZB früher OLG Köln EWiR § 89b HGB 2/86, 1217 m. abl. Kurzkomm. *v. Hoyningen-Huene* für den Kfz-Eigenhändler; jedoch bejaht das OLG Köln nun in stRspr den Ausgleichsanspruch eines Kfz-Vertragshändlers; *Stumpf* NJW 1998, 12; *Kirsch* NJW 1999, 2779; *P. Ulmer,* Der Vertragshändler, 1969, 449 ff.; *Fröhlich* ZVertriebsR 2015, 280.

[57] *Fröhlich* ZVertriebsR 2015, 280; *Schmülling* GWR 2015, 224 zum Kfz-Vertragshändler; *Siegert* NJW 2007, 188 ebenfalls zum Kfz-Vertragshändler, jedoch noch zur alten und inzwischen außer Kraft getretenen VO (EG) 1400/2002; *Bechtold* NJW 1983, 1393 (1399).

[58] *P. Ulmer,* Der Vertragshändler, 1969, 456 f.

[59] BGH BB 1977, 511; NJW 1983, 1789.

aa) Eingliederung in Absatzorganisation. Zwischen dem Vertragshändler und dem Hersteller oder Lieferanten muss ein Rechtsverhältnis bestehen, das sich nicht in einer bloßen Käufer-Verkäufer-Beziehung erschöpft, sondern den Vertragshändler auf Grund vertraglicher Abmachungen so in die Absatzorganisation des Herstellers eingegliedert, dass er wirtschaftlich in erheblichem Umfang **dem Handelsvertreter vergleichbare Aufgaben** zu erfüllen hat.[60] Entscheidend ist, ob der Vertragshändler mit der Übernahme der Vertragspflichten sich eines bedeutenden Teils seiner unternehmerischen Freiheit begeben hat.[61] Ein Alleinvertretungsrecht oder ein Gebietsschutz sind hierfür weder erforderlich noch ausreichend.[62] Sie können aber ebenso wie das vereinbarte Konkurrenzverbot ein Indiz für die Eingliederung in die Absatzorganisation des Herstellers sein.[63] Ist der Händler unbeschränkt berechtigt, die Produkte des Unternehmers nach eigenen Bedürfnissen zu verändern (insbesondere weiterzuverarbeiten), diese – ggf. sogar unter eigener Marke – weiter zu verkaufen und Art und Umfang dieses Geschäfts selbst zu bestimmen, spricht dies gegen eine einem Handelsvertreter vergleichbare Einbindung in die Absatzorganisation des Unternehmers; der Händler hat dann nämlich eher die Stellung eines im eigenen Interesse auftretenden – bei Bedarf weiterverarbeitenden – Zwischenhändlers als diejenige eines im Interesse des Unternehmers tätigen Absatzmittlers.[64] Eine andere Frage ist indes, ob ein solches Recht die gesamte Vertragsbeziehung „infiziert", wenn dem Händler dieses Recht nur für einen bestimmten Teil der Produkte des Unternehmers eingeräumt worden ist und er den anderen Teil der Vertragsprodukte unverändert als Händler vertreiben soll; man wird in einem solchen Fall die Geschäftsfelder trennen und mithin die Analogievoraussetzungen gesondert prüfen können und müssen.[65] Es kann keinen Unterschied machen, ob der Vertrieb der jeweiligen Produkte in einem oder in zwei Verträgen geregelt wird. 18

Insbesondere folgende **Kriterien** sind bei der Beurteilung der Frage, ob eine einem Handelsvertreter vergleichbare Einbindung in die Absatzorganisation des Unternehmers vorliegt, relevant, wobei sie nicht kumulativ vorliegen müssen (die nachfolgende Aufzählung ist nicht abschließend):[66] Absatzförderungspflicht, Alleinvertriebsrecht, Wettbewerbsverbot, Zuweisung eines Vertragsgebiets, Vorhaltung eines Waren- und/oder Ersatzteillagers, Pflicht zur Erbringung von Kundendienstleitungen, Berichts- und Mitteilungspflicht, Weisungs-, Kontroll- und Überwachungsbefugnisse des Unternehmers, Pflicht zur Durchführung von Werbung, Verkaufswerbung nach den Richtlinien des Unternehmers, Mindestabnahmepflicht, Pflicht zur Einhaltung von Vorgaben zur sachlichen und personellen Ausstattung der Geschäftsräume. Ein besonders starkes Indiz ist die Vereinbarung von **Kontroll- und Überwachungsbefugnissen** zugunsten des Unternehmers,[67] wobei der BGH klargestellt hat, dass Kontrollbefugnisse in Gestalt eines Einsichtsrechts in Geschäftsunterlagen nicht erforderlich sind, sondern dass eine bis ins Einzelne gehende Berichtspflicht ausreicht.[68] Entscheidend ist aber nicht das Vorliegen einzelner bestimmter Kriterien, sondern das Gesamtbild der Rechte und Pflichten des Vertragshändlers. 19

bb) Vertragspflicht zur Überlassung des Kundenstamms. Zudem muss der Vertragshändler **vertraglich zur Überlassung des Kundenstamms an den Unternehmer** 20

[60] BGH NJW-RR 2004, 898; *Ostendorf* MDR 2008, 1377; Röhricht/Graf v. Westphalen/Haas/*Thume* Rn. 27; *Wauschkuhn* ZVertriebsR 2016, 79.

[61] BGH NJW-RR 1993, 678 (679); OLG München ZVertriebsR 2020, 72 Rn. 55; OLG Köln BeckRS 2013, 2968.

[62] Für das Alleinvertriebsrecht BGH MDR 2007, 1084 = EWiR § 89b HGB 5/07, 661 m. krit. Kurzkomm. *Emde*.

[63] *Thume* BB 1994, 2358 (2359); vgl. aber OLG Köln BB 1994, 1881.

[64] BGH NJW-RR 2007, 1327 Rn. 22; OLG München ZVertriebsR 2020, 72 Rn. 93 nrk, mAnm *Ayad* BB 2020, 1038, *Ehrhard* EWIR 2020, 433 und demnächst *Ströbl* in ZVertriebsR.

[65] Unklar insoweit OLG München ZVertriebsR 2020, 72 Rn. 88 ff. nrk, mAnm *Ayad* BB 2020, 1038, *Ehrhard* EWIR 2020, 433 und demnächst *Ströbl/Krebs* in ZVertriebsR.

[66] S. nur *Wauschkuhn* in Schultze/Wauschkuhn/Spenner/Dau, Der Vertragshändlervertrag, 5. Aufl. 2016, Rn. 779, 783.

[67] BGH BB 1992, 596; NJW-RR 1988, 1305; OLG Frankfurt ZVertriebsR 2017, 244 (249); OLG Köln IHR 2007, 200 (206); *Thume* in Küstner/Thume VertriebsR-HdB II Kap. II Rn. 65.

[68] BGH WM 1993, 1464.

verpflichtet sein, so dass sich dieser die Vorteile des Kundenstamms nach Vertragsbeendigung sofort und ohne weiteres nutzbar machen kann.[69] Zum Teil wird die Ansicht vertreten, dass es einer vertraglichen Verpflichtung zur Überlassung des Kundenstamms nicht bedarf, wenn der Unternehmer rein tatsächlich die Möglichkeit hat, den Kundenstamm des Vertragshändlers nach Vertragsbeendigung weiter zu nutzen.[70] Diese Diskussion ist jüngst wieder durch das Urteil des BGH vom 5.2.2015[71] zum Ausgleichsanspruch eines Franchisenehmers befeuert worden (→ Rn. 28). Der BGH hält jedoch nach wie vor zu Recht an dieser Analogievoraussetzung fest.[72] Ohne diese wäre eine Vergleichbarkeit zwischen einem Unternehmer, der einen Handelsvertreter einsetzt, und dem Unternehmer, der einen Vertragshändler eingebunden hat, nicht gegeben. Der Unternehmer, der einen Handelsvertreter eingesetzt hat, kann den vom Handelsvertreter geschaffenen Kundenstamm bei Vertragsbeendigung typischerweise sofort und ohne weiteres nutzen, weil er selbst Vertragspartner der Kunden ist. Das ist beim Vertrieb über Vertragshändler anders. Hier ist der Vertragshändler Vertragspartner der Kunden. Der Unternehmer kennt die Kundendaten des Vertragshändlers typischerweise nicht. Mithin kann bei Einsatz eines Vertragshändlers der Unternehmer nur dann dem Unternehmer eines Handelsvertreters vergleichbar den Kundenstamm des Vertragshändlers nach Vertragsbeendigung sofort und ohne weiteres nutzbar machen, wenn der Vertragshändler vertraglich verpflichtet ist, dem Unternehmer während des Vertragsverhältnisses oder bei Vertragsbeendigung den Kundenstamm zu überlassen. Eine bloße faktische Kontinuität des Kundenstamms kann daher eine entsprechende Anwendung des § 89b im Vertragshändlerrecht nicht rechtfertigen, weil der Unternehmer gerade nicht genauso wie der Unternehmer, der einen Handelsvertreter eingesetzt hat, den Kundenstamm und insbesondere die Kundendaten weiter für sich nutzen kann. Er kann zB nicht personalisiert werben. Die mitunter auch bei Handelsvertretern anzutreffende Ausnahmesituation, dass der Unternehmer im anonymen Massengeschäft die Kundendaten nicht kennt (weil er unter Umständen aufgrund einer eigenen unternehmerischen Entscheidung solche zB mittels eines Bezahlsystems mit Kundenkarten nicht erhebt), kann nicht dazu führen, dass die in Rede stehende Analogievoraussetzung im Vertragshändlerrecht generell aufgegeben wird (zum Franchiserecht → Rn. 28).

21 Auch wenn der Unternehmer (ausnahmsweise) die Kunden des Vertragshändlers **kennt,** ist nach dem BGH eine vertragliche Verpflichtung zur Überlassung des Kundenstamms erforderlich, weil diese den Händler daran hindert, den Kundenstamm nach Vertragsende als eigenen zu verwerten und gegen Zugriffe zu sichern.[73] Dazu auch → § 90 Rn. 26. Mithin spricht auch dieser Gesichtspunkt für die Erforderlichkeit einer Vertragspflicht zur Übermittlung von Kundendaten, um § 89b analog auf Vertragshändler anwenden zu können.

22 Auch ist ein **gesetzlicher Herausgabeanspruch** des Unternehmers in Bezug auf die Kundendaten des Vertragshändlers nach §§ 675, 667 BGB nach wohl hM zu Recht **nicht gegeben.**[74] § 675 BGB kommt auf das Recht des Vertragshändlers nicht uneingeschränkt

[69] StRspr des BGH, s. zuletzt nur BGH NJW 2016, 1885 mwN.

[70] ZB LG Nürnberg-Fürth ZVertriebsR 2019, 50 mAnm *Emde* und mAnm *Ayad* BB 2019, 1556; Baumbach/Hopt/*Hopt* § 84 Rn. 14; *Emde* ZVertriebsR 2020, 3 (5 ff.); Oetker/*Busche* Rn. 61; *Thume* BB 2016, 578 (579) mwN; *Peschke* ZVertriebsR 2016, 144 (145); *K. Schmidt* HandelsR § 28 III Rn. 46 ff.

[71] BGH BB 2015, 587.

[72] S. gerade in Bezug auf die faktische Kontinuität des Kundenstamms nur BGH NJW 2017, 475 Rn. 30 f. mwN; BB 2015, 587 Rn. 17 f. mwN, jeweils für Franchise; dazu auch schon grdl. BGH NJW-RR 1998, 390 (391); NJW 1996, 2159 (2160); s. auch OLG Hamm ZVertriebsR 2016, 229 Rn. 71 ff. mAnm *Tischler/Koblize* GWR 2016, 187; OLG Hamm IHR 2016, 254; *Rothermel/Schulz* BB 2019, 1609; Flohr/Wauschkuhn/*Wauschkuhn* Rn. 379 ff.; *Rauser* in Metzlaff Praxishandbuch Franchising § 16 Rn. 212 für Franchisenehmer; ähnlich auch *Canaris* HandelsR § 17 Rn. 25 ff.; EBJS/*Löwisch* Rn. 262 ff., die grds. von einer solchen zumindest konkludent vereinbarten Pflicht ausgehen, wenn nicht ausdrücklich etwas anderes vereinbart ist.

[73] BGH NJW-RR 2003, 894 (895); OLG Düsseldorf BeckRS 2013, 13370; s. auch OLG Hamm NJW-RR 1988, 550 (551).

[74] Vgl. Staub/*Emde* Vor § 84 Rn. 303; aA zB *Canaris* HandelsR § 17 Rn. 26; EBJS/*Löwisch* Rn. 262.

zur Anwendung, sondern nur insoweit als sich aus der Rechtsnatur des Vertragshändlervertrages nicht etwas anderes ergibt (→ Vor § 84 Rn. 14). So wirbt ein Händler grundsätzlich Kunden für sich, so dass er insoweit primär ein eigenes Geschäft und gerade kein fremdes Geschäft besorgt.[75] Auch ist die Weitergabe von Kundendaten an den Unternehmer zur Vertragserfüllung regelmäßig nicht notwendig; sie ist also kein typisches Merkmal eines Vertragshändlervertrages.[76] Schlussendlich wäre eine Herausgabepflicht personenbezogener Kundendaten nach §§ 675, 667 BGB datenschutzrechtlich gar nicht abbildbar, da die Kundenbeziehung des Vertragshändlers mit dem Kunden eine Weitergabe der personenbezogene Daten an den Unternehmer nicht erfordert (Art. 6 Abs. 1 S. 1 lit. b DS-GVO), die in §§ 675, 667 BGB normierte Verpflichtung sich nicht unmittelbar auf eine Datenverarbeitung bezieht (Art. 6 Abs. 1 S. 1 lit. c DS-GVO) und eine Legitimation der Kundendatenübermittlung an den Unternehmer im Rahmen einer Interessenabwägung (Art. 6 Abs. 1 S. 1 lit. f DS-GVO) schließlich an dem generell anzunehmenden überwiegenden Interesse des Kunden, dass eine solche Übermittlung unterbleibt, scheitert.

Bei Vereinbarung einer entsprechenden vertraglichen Verpflichtung ist unerheblich, zu 23
welchem **Zweck** der Unternehmer die Kundendaten nutzen möchte;[77] eine Nutzbarmachung liegt zB auch und gerade in der Verwendung der Kundendaten zu Marketingzwecken.[78] Die Wirksamkeit einer vertraglichen Regelung zur Überlassung des Kundenstamms wird durch einen Verstoß gegen datenschutzrechtliche Vorschriften nicht berührt;[79] der Vertragshändler muss jedoch seinerseits alles datenschutzrechtlich Notwendige veranlassen, damit die Kundendaten für den Unternehmer spätestens bei Vertragsbeendigung sofort und ohne weiteres nutzbar sind und insbesondere die ggf. erforderlichen Einwilligungserklärungen der Kunden einholen.[80] Eine Vertragspflicht kann auch konkludent begründet werden.[81] Es ist nicht erforderlich, dass von vornherein eine ganz oder im Wesentlichen lückenlose Übermittlung der Kundendaten an den Hersteller sichergestellt ist.[82] Vielmehr ist ausreichend, dass die vertragliche Vereinbarung **eine möglichst vollständige Übermittlung der Kundendaten zum Ziel hat und die gewählte Methode zur Erreichung dieses Ziels nicht ungeeignet ist.** An diesen Grundsätzen hat sich nichts durch die DS-GVO geändert.[83] Unerheblich ist, ob diese Verpflichtung erst im Zeitpunkt der Vertragsbeendigung oder schon während der Vertragszeit durch laufende Unterrichtung des Unternehmers zu erfüllen ist.[84] Sofern der Unternehmer die Kundendaten künftig weiter nutzen kann, steht selbst die Nichtigkeit des Vertragshändlervertrags dem Ausgleichsanspruch nicht entgegen (→ Rn. 38).[85] Erforderlich, aber auch ausreichend ist, dass der Unternehmer alle Daten erhält, die er für eine sofortige Übernahme und Nutzung des vom Händler geworbenen Kundenstamms benötigt.[86] Handelt es sich bei den Kunden um große Unternehmen, reicht daher die Mitteilung der Firma und der Anschrift für sich alleine regelmäßig nicht aus, weil der Unternehmer ohne Nennung des verantwortlichen Ansprechpartners den Kunden nicht sofort und ohne weiteres nach Vertragsbeendigung nutzbar machen kann.[87]

---

75 BGH NJW 2017, 475 Rn. 31 für Franchisenehmer; BB 2015, 587 Rn. 18 mwN für Franchisenehmer; OLG Düsseldorf BeckRS 2013, 13370; so früher auch noch *Thume* BB 2009, 1026 (1027); jetzt aber *Thume* BB 2016, 578 (579) mwN.

76 OLG Köln BB 1987, 148.

77 BGH NJW 2000, 1413; 1997, 1503; KKRD/*Roth* Vor § 84 Rn. 10a; Oetker/*Busche* Rn. 62; *Thume* in Küstner/Thume VertriebsR-HdB II Kap. II Rn. 69.

78 BGH WM 1982, 1225; *v. Hoyningen-Huene* Kurzkomm. zu BGH EWiR § 89b HGB 1/94, 67.

79 OLG Saarbrücken OLGR 2007, 668; *Beck/Kirschhöfer* ZVertriebsR 2019, 3 (4).

80 *Beck/Kirschhöfer* ZVertriebsR 2019, 3 (4).

81 *Wauschkuhn* ZVertriebsR 2016, 79; *Veltins* NJW 1984, 2063 ff.

82 BGH EWiR § 89b HGB 1/94, 67 m. Kurzkomm. *v. Hoyningen-Huene* = NJW-RR 1994, 99; *Wauschkuhn* ZVertriebsR 2016, 79.

83 Vgl. hierzu auch *Beck/Kirschhöfer* ZVertriebsR 2019, 3 (4 ff.); *Emde* ZVertriebsR 2020, 3 (14 f.).

84 BGH NJW 2000, 1413; NJW-RR 1993, 678.

85 BGH NJW 1997, 655.

86 Dazu auch BGH NJW 2017, 475 Rn. 41 f.

87 *Emde* ZVertriebsR 2020, 3 (9); 2012, 115 (117); ähnlich wohl auch EBJS/*Löwisch* Rn. 265.

Im anonymen Massengeschäft benötigt der Unternehmer hingegen unter Umständen nicht die Übermittlung vollständiger Kundendaten.[88]

24 Eine vertragliche Pflicht zur Überlassung des Kundenstamms **liegt nicht vor,** wenn der Hersteller die von einem Vertragshändler erbetene Gewährung von erhöhten **Rabatten** für die Belieferung von Großkunden des Händlers von der Bekanntgabe der betreffenden Kunden abhängig macht. Der hierin begründete indirekte Zwang zur Offenbarung der Kundendaten ist nämlich nicht mit einer vertraglichen Vereinbarung gleichzusetzen.[89] Zwar ist unerheblich, welchen Zweck der Hersteller mit einer vertraglich begründeten Verpflichtung des Händlers zur Offenbarung der Kundendaten verfolgt, jedoch muss eine Verpflichtung vorliegen. Allein das Interesse des Herstellers an einer Bekanntgabe der Kundendaten genügt hierfür nicht. Ferner fehlt es an einer vertraglichen Verpflichtung des Händlers, dem Hersteller den Kundenstamm zu überlassen, wenn er verpflichtet ist, mit einem **Marketingunternehmen** nach Wahl des Herstellers einen „Teilnahmevertrag“ abzuschließen und Kundendaten an dieses Unternehmen zu übermitteln und das Marketingunternehmen nicht berechtigt ist, die Kundendaten an den Hersteller zu übermitteln.[90] Muss nach der vertraglichen Vereinbarung der Unternehmer die Kundendaten **sperren, ihre Nutzung einstellen oder auf Verlangen des Vertragshändlers löschen,** scheidet eine analoge Anwendung des § 89b aus, weil dann der Unternehmer nicht in der Lage ist, den Kundenstamm sofort und ohne weiteres nach Vertragsbeendigung zu nutzen.[91]

25 Für den Anspruch dem Grunde nach ist es unerheblich, ob der Vertragshändler seine vertragliche Verpflichtung zur Überlassung des Kundenstamms **erfüllt** hat; ausreichend ist, dass der Unternehmer diese einfordern kann.[92] Daher spielt es für die Beurteilung der Frage, ob der Vertragshändler zur Überlassung des Kundenstamms vertraglich verpflichtet war, auch keine Rolle, ob er dafür gesorgt hat, dass die ggf. datenschutzrechtlich erforderlichen Einwilligungserklärungen der Kunden vorliegen;[93] diese Frage wird jedoch im Frage der Billigkeit nach Abs. 1 S. 1 Nr. 2 von Bedeutung sein. Kommt der Vertragshändler seiner Vertragspflicht zur Überlassung der Kundendaten an den Hersteller nach, so ist der Ausgleichsanspruch nicht von vorneherein ausgeschlossen, wenn der Vertragshändler sodann seine Kundenkartei auch **an einen Dritten weitergibt.**[94] Die Weitergabe der Kundendaten kann sich jedoch insoweit auf die Anspruchshöhe auswirken, als die Nutzung der Kundendaten durch den Dritten die Vorteile des Herstellers oder die Nachteile des Vertragshändlers voraussichtlich mindern wird.[95]

26 **cc) Kausalität.** Ein Ausgleichsanspruch des Vertragshändler wird bei Vorliegen der Analogievoraussetzungen (→ Rn. 17 ff.) auch dann gegeben sein, wenn der Unternehmer auf die Überlassung des Kundenstamms durch den Vertragshändler nicht angewiesen war, etwa weil er die Kunden kennt, da er auch selbst mit ihnen in Geschäftsverbindung steht. Dieser Umstand kann aber im Rahmen der Billigkeit zu berücksichtigen sein, weil der Absatzmittler leichter Waren an Kunden verkaufen kann, die mit dem Unternehmer bereits in Geschäftsverbindung stehen.[96] Ein Ausgleichsanspruch ist (erst recht) auch dann gegeben, wenn die Kunden des Vertragshändlers branchenbekannt sind. Denn allein der Umstand, dass es sich um branchenbekannte Kunden handelt, führt nicht typischerweise dazu, dass

---

88 Dazu BGH NJW 2017, 475 Rn. 44.

89 BGH DB 1994, 727 (728) = WM 1994, 548 = BB 1994, 241; OLG München ZVertriebsR 2020, 72 Rn. 102; LG Düsseldorf EWiR § 89b HGB 1/02, 683 m. abl. Kurzkomm. *v. Manteuffel/Evers.*

90 BGH NJW 1996, 2159; NJW-RR 1998, 390.

91 BGH BB 2015, 1357 mAnm *Ayad* und *Ehrhard/Bodungen* EWiR 2015, 379 und *Ostendorf* GWR 2015, 122 und *Wauschkuhn* ZVertriebsR 2015, 166 und *Voß* jurisPR-HaGesR 5/2015 Anm. 4.

92 BGH NJW 1997, 1503; Flohr/Wauschkuhn/*Wauschkuhn* Rn. 383.

93 AA *Beck/Kirschhöfer* ZVertriebsR 2019, 3 (7).

94 BGH NJW-RR 2006, 1692 = EWiR § 89b HGB 1/07, 203 m. Kurzkomm. *Klasen*; krit. hierzu *Ströbl* BB 2006, 2258.

95 BGH NJW-RR 2006, 1692 = EWiR § 89b HGB 1/07, 203 m. Kurzkomm. *Klasen.*

96 EuGH NJW 2016, 3782 Rn. 42; BGH NJW 2017, 475 (478).

der Unternehmer den Kundenstamm nach Vertragsbeendigung sofort und ohne weiteres nutzen kann; zentrale Ansprechpartner beim Kunden wird er beispielsweise nicht kennen.[97] Der etwaige Umstand, dass der Kundenstamm trotz Überlassung beim Händler bleibt, wird nach der Neufassung des Abs. 1 nur noch im Rahmen der Billigkeit zu berücksichtigen sein.

dd) Zurückbehaltungsrecht. Nach einer vereinzelt gebliebenen Entscheidung soll der Vertragshändler berechtigt sein, nach § 273 Abs. 1 BGB die Nutzung der Kundendaten durch den Unternehmer von der Zahlung des gesetzlichen Ausgleichs abhängig zu machen.[98] Diese Auffassung ist abzulehnen. Denn bei Ausübung eines solchen Zurückbehaltungsrechts wäre der Unternehmer gerade nicht in der Lage, den Kundenstamm des Vertragshändlers sofort und ohne weiteres bei Vertragsbeendigung zu nutzen. Im Gegenteil: Da sich Rechtsstreitigkeiten über den Ausgleichsanspruch oft über Jahre hinziehen, könnte der Unternehmer den Kundenstamm erst hiernach nutzen; dann dürfte er (nahezu) wertlos sein (s. auch → § 88a Rn. 9). 27

4. Franchisenehmer. Zwar hat der BGH bislang einem Franchisenehmer (→ Vor § 84 Rn. 17 ff.) einen Ausgleichsanspruch in entsprechender Anwendung des § 89b noch nicht zugesprochen. Jedoch dürfte sich aufgrund seiner Entscheidungspraxis immer mehr abzeichnen, unter welchen Voraussetzungen er einen solchen bejahen würde.[99] Hiernach dürfte letztendlich § 89b unter den gleichen Voraussetzungen wie im Vertragshändlerrecht analog zur Anwendung kommen. Daher kann auf die Kommentierung zur analogen Anwendung des § 89b auf Vertragshändler verwiesen werden (→ Rn. 15 ff.). Allerdings scheint sich der BGH noch eine Hintertür offen halten zu wollen, da er in seiner letzten Entscheidung zum Ausgleichsanspruch eines Franchisenehmers ausgeführt hat, dass im Streitfall nicht entschieden werden müsse, ob § 89b überhaupt im Franchiseverhältnis ebenso wie im Vertragshändlerverhältnis analog anwendbar ist, da im zu entscheidenden Fall die erforderlichen Analogievoraussetzungen nicht erfüllt seien.[100] Gleichwohl: Der Gleichlauf zum Vertragshändlerrecht erscheint richtig und konsequent.[101] Dies gilt auch und gerade für das Erfordernis der vertraglichen Verpflichtung zur Überlassung des Kundenstamms des Franchisenehmers. Auch der Franchisenehmer wirbt wie der Vertragshändler Kunden primär für sich und nicht für den Franchisegeber, so dass er insoweit ein eigenes und kein fremdes Geschäft besorgt. Ein Herausgabeanspruch in Bezug auf die Kundendaten besteht auch nach §§ 675, 667 BGB nicht.[102] Zu datenschutzrechtlichen Erwägungen → Rn. 22. Obgleich der BGH ausdrücklich entschieden hat, dass die faktische Kontinuität des Kundenstamms (wie sie häufig im anonymen Massengeschäft anzutreffen ist) – genauso wie im Vertragshändlerrecht (→ Rn. 20) – auch im Franchiserecht nicht ausreicht,[103] reißt die Kritik nicht ab; im Gegenteil, sie entzündet sich daran.[104] Dabei darf aber nicht verkannt 28

---

[97] Vgl. dazu nur *Emde* ZVertriebsR 2020, 3 (11).

[98] OLG München DB 2006, 1371.

[99] BGH BB 2015, 587 mAnm *Zipse* und *Pour Rafsendjani* ZVertriebsR 2015, 104; s. auch BGH NJW 2017, 475 Rn. 31; OLG Celle BB 2007, 1862 m. Kurzkomm. *Flohr*; LG Frankfurt a. M. EWiR § 89b HGB 1/04, 69 m. Kurzkomm. *Albicker/Pilger*; *Eckert* WM 1991, 1237 (1245 ff.) mwN; OLG Hamm ZVertriebsR 2016, 229; OLG Schleswig ZVertriebsR 2015, 48; Flohr/Wauschkuhn/*Wauschkuhn* Rn. 442; Röhricht/Graf v. Westphalen/Haas/*Thume* Rn. 33; *Latzel* ZVertriebsR 2015, 90; *Güntzel* jM 2015, 278; *Thume* in Küstner/Thume VertriebsR-HdB II Kap. II Rn. 90 f.; *Thume* BB 2016, 578 (580); *Köhler* NJW 1990, 1689 ff.; *Martinek*, Franchising, Grundlagen der zivil- und wettbewerbsrechtlichen Behandlung der vertikalen Gruppenkooperation beim Absatz von Waren und Dienstleistungen, 1987, 366 ff.; *Selzer*, Betriebsverfassungsrechtliche Mitbestimmung in Franchise-Systemen, 1994, 46 ff.; *Skaupy*, Franchising, 2. Aufl. 1995, 121 ff.; s. auch BGH DB 1987, 1039 (1040) zur analogen Anwendung des § 90a auf den Franchisenehmer.

[100] BGH BB 2015, 587 Rn. 17.

[101] So auch *Güntzel* jM 2015, 278 (279); *Latzel* ZVertriebsR 2015, 90.

[102] BGH NJW 2017, 475 Rn. 31; BB 2015, 587 Rn. 18 mwN.

[103] BGH BB 2015, 587 mAnm *Zipse*; daran festhaltend BGH NJW 2017, 475 Rn. 31; noch offengelassen von BGH NJW 1997, 3304.

[104] S. ua Oetker/*Busche* Rn. 67; *Niklas* ZVertriebsR 2016, 362.

werden, dass die Entscheidung des BGH in erster Linie in der Sonderkonstellation als unbefriedigend angesehen wird, in welcher der Franchisenehmer die Geschäftsräume vom Franchisegeber gemietet oder gepachtet oder mit dem Franchisegeber eine mietvertragliche Eintrittsoption zugunsten des Franchisegebers vereinbart und er infolgedessen bei Beendigung des Franchisevertrages die Geschäftsräume dem Franchisegeber zu überlassen hat, so dass der Franchisegeber aufgrund dessen im anonymen Massengeschäft die faktische Möglichkeit hat, den Kundenstamm weiter zu nutzen.[105] Ob diese „Ausnahmeerscheinung“[106] es indes rechtfertigt, generell auf die Voraussetzung einer vertraglichen Verpflichtung zur Überlassung des Kundenstamms zu verzichten, erscheint sehr fraglich. Dies gilt auch deshalb, weil vorliegend der Franchisegeber in erster Linie aufgrund der miet- bzw. pachtvertraglichen Vereinbarungen die Möglichkeit hat, das Ladenlokal fortzuführen und den Kundenstamm weiter zu nutzen, und nicht auf der Grundlage des Franchisevertrages. Dem Mieter/Pächter steht aber für den Goodwill des gemieteten/gepachteten Geschäfts kein Ausgleichsanspruch zu (→ Rn. 12). Näherliegend scheint es daher, dass – wie offenbar zum Teil praktiziert[107] – der Franchisenehmer sich bei Abschluss der jeweiligen Verträge für den Fall der Beendigung des Vertragsverhältnisses (und insbesondere des Miet- bzw. Pachtvertrages) entsprechend absichert, indem zB ein Übernahmepreis für den geschaffenen „good will“ vereinbart wird. Des Weiteren darf nicht übersehen werden, dass der BGH eine Verpflichtung zur Überlassung des Kundenstamms im Vertragshändlerrecht auch deshalb für erforderlich ansieht, weil diese den Händler daran hindert, den Kundenstamm nach Vertragsende als eigenen zu verwerten und gegen Zugriffe zu sichern (→ Rn. 21). Diese Erwägung gilt auch hier.

29 **5. Kommissionsagent.** § 89b gilt entsprechend für den Kommissionsagenten (§§ 383 ff.).[108] Dieser kauft oder verkauft gewerbsmäßig Ware im eigenen Namen aber für fremde Rechnung und steht damit dem Handelsvertreter rechtlich und wirtschaftlich näher als dem Vertragshändler, der im eigenen Namen und auf eigene Rechnung handelt (→ Vor § 84 Rn. 9 ff.). Soweit demnach der Kommissionsagent in die Absatzorganisation des Kommittenten entsprechend eingegliedert ist, steht ihm bei Beendigung des Vertragsverhältnisses ein Ausgleichsanspruch zu. Einer besonderen vertraglichen Verpflichtung zur Überlassung des Kundenstamms bedarf es wegen der gesetzlichen Regelung des § 384 Abs. 2 nicht.[109] So gehört die Namhaftmachung der Person des Kunden zur Verpflichtung des Kommissionärs zur Ausführungsanzeige (§ 384 Abs. 2 HS. 1). Außerdem ist es Aufgabe des Kommissionsagenten, ähnlich wie ein Handelsvertreter für den Unternehmer einen Kundenstamm zu werben; in dem Kundenstamm liegt mithin dasjenige, was er bei der Geschäftsbesorgung erlangt und nach § 384 Abs. 2 HS. 2 herauszugeben hat.[110] Der BGH deutet indes an, dass etwas anderes gelten könne, wenn die aus § 384 Abs. 2 resultierenden Verpflichtungen vertraglich abbedungen wurden.[111]

30 **6. Markenlizenznehmer.** Auch auf Markenlizenzverträge kann § 89b entsprechend anwendbar sein.[112]

---

[105] *Güntzel* jM 2015, 278 (279); *Niklas* ZVertriebsR 2016, 362 (365).
[106] *Güntzel* jM 2015, 278 (279).
[107] *Niklas* ZVertriebsR 2016, 362 (365).
[108] BGH NJW 2017, 475 Rn. 26 ff. m. krit. Anm. *Wauschkuhn* NJW 2017, 481, der jedoch übersieht, dass der BGH die Frage, ob ein gesetzliche Verpflichtung zur Überlassung des Kundenstamms bestand, gerade nicht offengelassen hat; der BGH hat auch nicht eine vertragliche Verpflichtung bejaht; dazu schon BGH BB 1964, 823; s. auch OLG München ZVertriebsR 2018, 27 Rn. 66 ff. mAnm *Muhl/Sokolowski* GWR 2018, 52; *Thume* in Küstner/Thume VertriebsR-HdB II Kap. II Rn. 92 ff.; Flohr/Wauschkuhn/*Wauschkuhn* Rn. 451.
[109] BGH NJW 2017, 475 Rn. 26 ff.; BGH BB 1964, 823.
[110] BGH NJW 2017, 475 Rn. 37 f.; BGH BB 1964, 823.
[111] BGH NJW 2017, 475 Rn. 38 f.; vgl. dazu auch OLG Frankfurt GRUR-RS 2020, 16302 mkritAnm demnächst *Ströbl* in EWiR.
[112] Dazu nur BGH GRUR 2010, 1107 Rn. 24.

B. Voraussetzungen des Ausgleichsanspruchs (Abs. 1)

Nach der Anpassung an die RL 86/653/EWG (Handelsvertreter-RL) vom 18.12.1986 durch Art. 6a Gesetz vom 31.7.2009 (→ Rn. 2) hängt die Entstehung eines Ausgleichsanspruchs nur noch von den in Abs. 1 aufgezählten drei (statt bisher vier) Voraussetzungen ab. Durch die Beendigung des Vertragsverhältnisses (Abs. 1 S. 1) müssen dem Unternehmer Vorteile (Abs. 1 S. 1 Nr. 1) entstehen, die aus Billigkeitsgründen (Abs. 1 S. 1 Nr. 2) die Zahlung eines Ausgleichsanspruchs erfordern. Diese Voraussetzungen müssen **kumulativ,** dh nebeneinander, vorliegen. Bei der Frage nach den Provisionsverlusten des Handelsvertreters handelt es sich nicht mehr um eine zwingende Tatbestandsvoraussetzung (wie noch in Abs. 1 S. 1 Nr. 2 aF), sondern nur noch um einen besonderen Aspekt der Billigkeitsprüfung (→ Rn. 92 ff.).[113] 31

Bei der **Prüfungsreihenfolge** ist zu beachten, dass eine Billigkeitsprüfung (Nr. 2) nur möglich ist, wenn nach Abs. 1 Nr. 1 die Unternehmervorteile feststehen.[114] Erst dann lässt sich beurteilen, ob und inwieweit ein Ausgleichsanspruch der Billigkeit entspricht. 32

I. Beendigung des Vertragsverhältnisses (Abs. 1 S. 1)

Erste **Voraussetzung** für den Ausgleichsanspruch ist die rechtliche Beendigung des Vertragsverhältnisses (nicht des konkreten Vertrages).[115] Dabei ist zunächst unerheblich aus welchem Grund das Vertragsverhältnis beendet worden ist.[116] Der Beendigungsgrund ist erst bei der Prüfung der Ausschlussgründe nach Abs. 3 und im Rahmen der Billigkeitserwägungen nach Abs. 1 S. 1 Nr. 2 zu berücksichtigen.[117] Die Beendigungsgründe sind im HGB nicht vollständig geregelt. 33

1. Beendigungsgründe. a) Kündigung. Die ordentliche und außerordentliche Kündigung stellt den in der Praxis am häufigsten auftretenden Beendigungsgrund (ergänzend → § 89 Rn. 7 ff.) dar. Auf wessen Veranlassung und von welcher Partei die Kündigung erfolgte, ist für die Feststellung der Beendigung des Vertragsverhältnisses unerheblich.[118] Dabei ist der Ausgleichsanspruch des Handelsvertreters nicht deshalb ausgeschlossen, weil die Beendigung des Handelsvertretervertrages während einer vereinbarten Probezeit erfolgt.[119] 34

b) Zeitablauf, auflösende Bedingung. Keine Schwierigkeiten bereitet auch die Beendigung durch Zeitablauf bei einem auf bestimmte Dauer abgeschlossenen Vertretervertrag (→ § 89 Rn. 9 f.). Kettenverträge, dh Verträge, die für eine bestimmte Laufzeit abgeschlossen und mit gleichem oder wesentlich identischem Inhalt jeweils für einen weiteren bestimmten Zeitraum verlängert werden, gelten als auf unbestimmte Zeit abgeschlossene Verträge (→ § 89 Rn. 34 ff.)[120] und begründen deshalb nicht laufend Ausgleichsansprüche. Ein solcher kann nur entstehen, wenn die Kette unterbrochen wird, indem nach Ablauf eines zunächst abgeschlossenen Vertrags kein weiterer Vertrag zustande kommt.[121] Bei auflösend bedingten Verträgen beendet der Eintritt der Bedingung das Handelsvertreterverhältnis (→ § 89 Rn. 11 f.). 35

---

113 EuGH DStR 2009, 759 (760 f.) = BB 2009, 729; dazu Kurzkomm. *Emde* EWiR § 89b HGB 1/09, 239 sowie *Evers* VW 2009, 956; ebenso Oetker/*Busche* Rn. 22.

114 So zur bis 31.7.2009 gültigen Fassung BGH WM 1993, 1681 (1683); NJW 1985, 58 (59).

115 BGH NJW 1990, 2889; EBJS/*Löwisch* Rn. 50; *Semler* in MSF VertriebsR-HdB § 22 Rn. 2; zum Ausgleichsanspruch in und nach der Corona-Pandemie *Korte* GWR 2020, 194.

116 BGHZ 52, 12 (13) = LM Nr. 34 mAnm *Rietschel*; EBJS/*Löwisch* Rn. 50.

117 BGH NJW 1989, 35 (36).

118 Zum Erfordernis der Kündigung beim Eintritt dauernder Arbeitsunfähigkeit OLG Braunschweig BB 1993, 2113.

119 EuGH EuZW 2018, 829 (830) mAnm *Kutscher-Puis* ZVertriebsR 2018, 173 und mAnm *Valdini* ZVertriebsR 2018, 173 und mAnm *Gramlich* ZVertriebsR 2018, 250; *Otz* BB 2018, 1037.

120 BGH VersR 1959, 129.

121 *Thume* in Küstner/Thume VertriebsR-HdB II Kap. V Rn. 68.

36 **c) Wegfall der Geschäftsgrundlage (§ 313 BGB).** Entfällt die Geschäftsgrundlage für den Vertretervertrag, in dem der Handelsvertreter sich verpflichtet hatte, seine Pflichten von einem bestimmten Dritten erbringen zu lassen, weil der Dritte nicht mehr zur Verfügung steht, hindert dies die Entstehung des Ausgleichsanspruchs nicht.[122]

37 **d) Aufhebungsvertrag.** Für die Beendigung durch Aufhebungsvertrag (→ § 89 Rn. 13 f.) ist unerheblich, von wem die Initiative zur Aufhebung des Vertrags ausgegangen ist.[123] Jedoch steht eine Vertragsaufhebung im Anschluss an eine Eigenkündigung dem Ausschlussgrund nach Abs. 3 Nr. 1 nicht entgegen (→ Rn. 184); ferner ist der Ausschlusstatbestand des Abs. 3 Nr. 2 auch dann verwirklicht, wenn der Unternehmer bei Vorliegen der sonstigen Voraussetzungen dieser Vorschrift von einer Kündigung absieht und die Parteien stattdessen eine Aufhebungsvereinbarung abschließen (→ Rn. 207).

38 **e) Anfechtung; Nichtigkeit.** Die Anfechtung (ausführlich → § 89 Rn. 15 ff.) des in Vollzug gesetzten Handelsvertreterverhältnisses führt nach wohl hM entgegen der allgemeinen Vorschrift des § 142 BGB nicht zur anfänglichen Nichtigkeit des Vertrags, sondern beendet diesen entsprechend den Grundsätzen zum fehlerhaften Arbeitsverhältnis[124] mit Zugang der Anfechtungserklärung (→ § 89 Rn. 17). Dem Handelsvertreter steht danach bei einem in Gang gesetzten nichtigen Vertrag ein Ausgleichsanspruch und nicht nur ein Ausgleich nach den Regeln über die ungerechtfertigte Bereicherung zu. Entsprechendes gilt bei Nichtigkeit des Vertrages aus anderen (zB kartellrechtlichen) Gründen.[125]

39 **f) Tod des Handelsvertreters.** Die Beendigung des Vertreterverhältnisses durch den Tod des Handelsvertreters kann ebenfalls zu einem Ausgleichsanspruch führen.[126] Dem steht nicht entgegen, dass § 673 BGB beim Tod des Beauftragten nicht von der Beendigung, sondern vom Erlöschen des Auftrags spricht. Vielmehr zeigen die Entstehungsgeschichte des Gesetzes und eine rechtsvergleichende Betrachtung eindeutig, dass auch der Tod des Handelsvertreters einen Ausgleichsanspruch auslöst.[127] Dieser Anspruch geht auf die Erben des Handelsvertreters über, kann jedoch im Einzelfall aus Billigkeitsgründen entfallen[128] (→ Rn. 96 f.).

40 Ausnahmsweise beendet der Tod des Handelsvertreters das Vertragsverhältnis nicht und begründet deshalb auch keinen Ausgleichsanspruch für die Erben. Dies gilt insbesondere bei einer Vereinbarung, die zwischen Unternehmer und dem Vertreter vor dessen Tod getroffen wurde, wonach die **Erben** des Vertreters nach dessen Tod das **Vertretergeschäft fortführen** sollen. Dann wird das Handelsvertreterverhältnis nicht beendet, sondern setzt sich in der Person der Erben fort.[129] Gleiches gilt, wenn das Vertragsverhältnis von den Erben aufgrund einer ihnen für den Fall des Todes des Handelsvertreters eingeräumten Option zur Fortsetzung des Vertragsverhältnisses fortgesetzt wird.[130]

41 **g) Tod des Unternehmers.** Das Vertreterverhältnis wird durch den Tod des Unternehmers nicht beendet (§§ 672, 675 BGB), sofern nicht ausdrücklich etwas anderes vereinbart wurde.

42 **h) Insolvenz. aa) Insolvenz des Unternehmers.** Die Insolvenz des Unternehmers führt gem. § 115 Abs. 1, § 116 InsO zur Beendigung des Handelsvertreterverhältnisses

---

[122] BGH BB 1998, 390 = EWiR § 89b HGB 1/98, 273 m. Kurzkomm. *v. Hoyningen-Huene.*

[123] BGH WM 1987, 1472; ZIP 1987, 1383 (1385); BGHZ 52, 12 (15) = LM Nr. 34 mAnm *Rietschel.*

[124] Vgl. dazu nur ErfK/*Preis* BGB § 611a Rn. 145 ff.

[125] BGH NJW 1995, 1958; 1997, 655 für einen ggf. nichtigen Vertragshändlervertrag; *Thume* in Küstner/Thume VertriebsR-HdB II Kap. V Rn. 118; EBJS/*Löwisch* Rn. 49; aA Heymann/*Herrmann* Rn. 22; *Evers* BB 1992, 1365 (1371).

[126] BGHZ 24, 214 = LM Nr. 2 mAnm *Selowsky*; BGHZ 24, 223 = LM Nr. 3 mAnm *Selowsky*; BGHZ 41, 129 = LM Nr. 18 mAnm *Rietschel.*

[127] BGHZ 24, 214 (217); Baumbach/Hopt/*Hopt* Rn. 9; Staub/*Emde* Rn. 54; *Thume* in Küstner/Thume VertriebsR-HdB II Kap. V Rn. 7 ff.; Heymann/*Herrmann* Rn. 14.

[128] BGHZ 45, 385 = LM Nr. 26 mAnm *Rietschel*; EBJS/*Löwisch* Rn. 51, 185.

[129] *Thume* in Küstner/Thume VertriebsR-HdB II Kap. V Rn. 17.

[130] Staub/*Emde* Rn. 54.

(→ § 89 Rn. 24 f.). Dem Handelsvertreter steht deshalb grundsätzlich ein Ausgleichsanspruch zu, soweit die Insolvenzmasse einen Vorteil aus dem vom Handelsvertreter geschaffenen Kundenstamm ziehen kann (→ Rn. 81 ff.). Ist ein Ausgleichsanspruch gegeben, stellt er aber nur eine **nicht vorzugsberechtigte Insolvenzforderung** dar.[131] Eine Masseforderung nach § 55 Abs. 1 Nr. 1 InsO liegt dagegen nicht vor, weil der Ausgleichsanspruch nicht erst durch die Fortführung des Handelsvertreterverhältnisses oder die Veräußerung des Unternehmens entsteht,[132] sondern nur ein im Grunde bereits geschaffener Anspruch realisiert wird. Zur Behandlung des Ausgleichsanspruchs im Insolvenzverfahren → Rn. 278.

Setzt der Handelsvertreter seine Tätigkeit aufgrund einer mit dem Insolvenzverwalter getroffenen Absprache unmittelbar **nach der Eröffnung des Insolvenzverfahrens** auf der Basis des bisherigen Handelsvertretervertrages oder zu im wesentlichen gleichen Konditionen **fort,** wird zwar ein neuer (Anschluss-)Vertrag abgeschlossen, aber das Vertragsverhältnis als solches wird fortgeführt, so dass ein Ausgleichsanspruch mangels Beendigung des Vertragsverhältnisses nicht gegeben ist (→ Rn. 33, → Rn. 53).[133] Ist hingegen aufgrund der Umstände des Einzelfalls bei Vorliegen der sonstigen Voraussetzungen ein Ausgleichsanspruch entstanden, muss dieser innerhalb der Ausschlussfrist des Abs. 4 S. 2 geltend gemacht werden, jedoch kann unter Umständen die Berufung des Insolvenzverwalters auf die Versäumung der Ausschlussfrist ein Verstoß gegen Treu und Glauben darstellen, wenn der Insolvenzverwalter selbst dazu beigetragen und Anlass gegeben hat, dass die in seinem Interesse liegende Frist für die Geltendmachung des Ausgleichsanspruchs nicht eingehalten wird; die bloße Bitte des Insolvenzverwalters, dass der Handelsvertreter weiter für ihn tätig werde, reicht dafür jedoch nicht aus.[134] Diskutiert wurde die Frage der Treuwidrigkeit, als noch eine dreimonatige Ausschlussfrist galt; aufgrund der heutigen Jahresfrist des Abs. 4 S. 2 hat sie an Bedeutung verloren. 43

bb) Insolvenz des Handelsvertreters. Die Insolvenz des Handelsvertreters beendet dagegen den Vertrag nicht automatisch (→ § 89 Rn. 26). Der Unternehmer kann aber das Vertragsverhältnis aus wichtigem Grund außerordentlich kündigen (→ § 89a Rn. 48 f.). Wird das Vertragsverhältnis infolge der Insolvenz des Handelsvertreters beendet, stellt sich die Frage, ob die Zahlung eines Ausgleichs der Billigkeit entspricht, weil etwaige Provisionsverluste unter Umständen nicht auf der Beendigung des Vertragsverhältnisses beruhen, sondern auf der Insolvenz des Handelsvertreters (→ Rn. 118 ff.). Des Weiteren kann der Ausgleichsanspruch ausgeschlossen sein, wenn der Unternehmer das Vertragsverhältnis wegen der vom Handelsvertreter schuldhaft herbeigeführten Insolvenz gekündigt hat (Abs. 3 Nr. 2; → Rn. 213). 44

Der Anspruch fällt in die Insolvenzmasse, da er seine Grundlage im bisherigen Vertragsverhältnis hat und somit keinen Neuerwerb des Schuldners nach Eröffnung des Insolvenzverfahrens darstellt.[135] Daran ändert auch nichts, dass der Ausgleichanspruch rein formal erst mit Beendigung des Handelsvertreterverhältnisses,[136] also ggf. erst nach Insolvenzeröffnung entsteht. Kündigt der Unternehmer den Vertrag wegen der Insolvenz des Handelsvertreters, kann er insolvenzrechtlich nicht wirksam mit Insolvenzforderungen gegen den Ausgleichsanspruch aufrechnen.[137] 45

i) Betriebseinstellung. Die **Betriebseinstellung durch den Unternehmer** beendet das Vertragsverhältnis nicht (→ § 89 Rn. 27). Dies gilt aber nur, soweit die Betriebseinstellung nicht direkte Folge der Eröffnung des Insolvenzverfahrens über das Vermögen des Unternehmers ist (dann gelten §§ 115, 116 InsO → § 89 Rn. 24), sondern auf einem 46

[131] *Emde/Kelm* ZIP 2005, 63; *Thume* in Küstner/Thume VertriebsR-HdB II Kap. V Rn. 80.
[132] Staub/*Emde* Rn. 356.
[133] Flohr/Wauschkuhn/*Wauschkuhn* Rn. 53; Westphalen/Haas/*Thume* Rn. 42; *Küstner* in Küstner/Thume VertriebsR-HdB II Kap. V Rn. 76.
[134] BGH BB 1987, 22; anders noch die Vorinstanz OLG Karlsruhe WM 1985, 235 (236).
[135] Staub/*Emde* Rn. 357; EBJS/*Löwisch* Rn. 23.
[136] BGH BB 1969, 862 (863).
[137] BGH NJW-RR 2013, 1142.

freiwilligen Entschluss des Unternehmers beruht. Der Handelsvertreter kann anlässlich der Betriebseinstellung das Vertragsverhältnis unter den üblichen Voraussetzungen bei rechtzeitiger Ankündigung durch den Unternehmer ordentlich und ansonsten außerordentlich kündigen. Ihm steht dann bei Vorliegen der sonstigen Voraussetzungen ein Ausgleichsanspruch zu; daran kann es aber fehlen: Zwar wird die Eigenkündigung des Handelsvertreters den Ausgleichsanspruch wegen des begründeten Anlasses nicht nach Abs. 3 Nr. 1 ausschließen; regelmäßig werden jedoch keine Unternehmervorteile iSv Abs. 1 S. 1 Nr. 1 gegeben sein (→ Rn. 80).

47 Stellt der **Handelsvertreter seinen Betrieb** einseitig und unabgestimmt ein, liegt darin in der Regel ein Vertragsverstoß, der den Unternehmer zur außerordentlichen Kündigung berechtigt mit der Folge, dass bei Kündigung des Vertrages durch den Unternehmer der Ausgleichsanspruch nach Abs. 3 Nr. 2 entfällt. Zur **insolvenzbedingten Betriebseinstellung durch den Handelsvertreter** vor bzw. nach Vertragsbeendigung → Rn. 44.

48 **j) Betriebsveräußerung.** Eine Betriebsveräußerung (→ § 89 Rn. 28) durch den Unternehmer führt nicht zu einer automatischen Beendigung des zwischen veräußerndem Unternehmer und Handelsvertreter bestehenden Vertrags.[138] Ebenso wenig tritt der erwerbende Unternehmer automatisch in das Vertragsverhältnis ein, da § 613a BGB auf den selbständigen Handelsvertreter nicht anwendbar ist.[139] Jedoch kann mit dem Handelsvertreter der Eintritt des Unternehmernachfolgers in das Vertragsverhältnis vereinbart werden, mit der Folge, dass sich das Vertragsverhältnis fortsetzt und ein Ausgleichsanspruch nicht entsteht.[140] Der erwerbende Unternehmer muss aber bei einem späteren Ausgleichsanspruch des Handelsvertreters die von diesem für den alten Unternehmer geschaffenen Geschäftsbeziehungen gegen sich gelten lassen. Dies gilt unabhängig davon, ob der Unternehmernachfolger ohne Neuabschluss eines Vertrags mit dem Handelsvertreter in den zwischen Handelsvertreter und Altunternehmer bestehenden Vertrag eintritt[141] oder ob zwischen Unternehmensnachfolger und Handelsvertreter ein neuer Vertrag geschlossen wird (→ Rn. 50 ff.). Zwar liegt nur beim Eintritt in einen bestehenden Vertrag keine Vertragsbeendigung vor,[142] jedoch kann auch die Fortsetzung des Handelsvertreterverhältnisses durch Abschluss eines neuen Vertrags mit dem Unternehmernachfolger keinen Ausgleichsanspruch gegenüber dem Betriebsveräußerer begründen. Denn aus Sicht des Handelsvertreters liegt ein einheitliches Vertragsverhältnis und damit keine Beendigung vor, da der Unternehmernachfolger in alle Rechte und Pflichten des Handelsvertretervertrages eintritt (→ Rn. 52). Anderenfalls würde der Ausgleichsanspruch alleine von der formellen Ausgestaltung der Vertragsfortsetzung abhängen.

49 **Fehlt** eine solche **Vereinbarung zur Vertragsfortsetzung,** kann das Handelsvertreterverhältnis sowohl von dem veräußernden Unternehmer als auch von dem Handelsvertreter gekündigt werden (s. auch → § 89 Rn. 28). Dem Handelsvertreter steht dann ein Ausgleichsanspruch zu, sofern die sonstigen Voraussetzungen erfüllt sind. Hierbei ist insbesondere zu prüfen, ob der Unternehmer Vorteile aus dem vom Handelsvertreter geworbenen Kundenstamm in Gestalt eines höheren Veräußerungsentgelts ziehen konnte (→ Rn. 84 ff.). Ein möglicher Ausgleichsanspruch ist gegen den veräußernden Unternehmer geltend zu machen.[143] Der Erwerber des Unternehmens ist nur unter den Voraussetzungen des § 25 oder aus einem speziellen Rechtsgrund (Schuldübernahme, Schuldbeitritt) Ausgleichsschuldner (→ Rn. 264 ff.).

50 **k) Auswechslung des Handelsvertreters.** Das Handelsvertreterverhältnis kann weiterhin durch Auswechslung des Handelsvertreters beendet werden (zum Ausschlusstatbestand des Abs. 3 Nr. 3 → Rn. 215 ff.). In der Praxis erfolgt die Auswechslung grundsätzlich

[138] EBJS/*Löwisch* Rn. 54.
[139] BGH NJW 1963, 101.
[140] AA *Schmitz* ZIP 2003, 59 (63).
[141] Eine Auswechslung der Vertragspartner unter Aufrechterhaltung der Identität des Vertrags ist möglich, BGHZ 95, 94 = NJW 1985, 2528.
[142] Vgl. *Thume* BB 1991, 490 (491 f.).
[143] *Schmitz* ZIP 2003, 59 (63).

durch Übertragung der Handelsvertretung an einen Nachfolger.[144] Diese geschieht in der Regel durch **Vertragsübernahme,** dh durch eine Übertragung des Schuldverhältnisses im Ganzen.[145] Dazu gibt es zwei Gestaltungsmöglichkeiten:[146]

Zum einen kann eine Vertragsübernahme durch Aufhebung des alten und Abschluss eines neuen Vertrages mit einem Dritten zu den (wesentlichen) Bedingungen des aufgehobenen Vertrages vollzogen werden.[147] Diese Variante wird häufig bei einer übertragenden Sanierung im Falle der Insolvenz des Handelsvertreters (Absatzmittlers) gewählt. Ob dem auf diese Art ausscheidenden Handelsvertreter ein Ausgleichsanspruch zusteht, beurteilt sich nach Abs. 3 Nr. 3 (→ Rn. 215 ff.). **51**

Andererseits kann auch ohne Neuabschluss unter **Aufrechterhaltung der vollen Identität** des bestehenden Handelsvertretervertrags eine Rechtsnachfolge in den alten Vertrag erfolgen.[148] Dann findet nur eine Auswechslung des Vertragspartners statt, und der Vertrag wird unverändert zwischen den neuen Vertragspartnern fortgesetzt.[149] Deshalb wird vertreten, dass ein Ausgleichsanspruch des ausscheidenden Handelsvertreters schon an der Voraussetzung der Vertragsbeendigung scheitere.[150] Richtigerweise ist aber bei der Auslegung dieser Vorschrift auf die Sichtweise des ausscheidenden Handelsvertreters abzustellen, so dass auch diejenigen Fälle erfasst sind, in denen das Vertragsverhältnis als solches zwar fortbesteht, aus Sicht des ausscheidenden Handelsvertreters jedoch eine Vertragsbeendigung vorliegt. Denn mit dem Ausscheiden des Handelsvertreters endet die Vertragsbeziehung zum Unternehmer.[151] Folglich liegt auch im Falle der Vertragsübernahme unter voller Aufrechterhaltung der Identität des Vertrages eine Beendigung iSd Abs. 1 S. 1 vor, welche die Ausgleichspflicht des Unternehmers grundsätzlich entstehen lässt. **52**

l) Umwandlung des Vertragsverhältnisses. Ein Beendigungstatbestand ist weiterhin gegeben, wenn das Vertragsverhältnis in ein anderes Rechtsverhältnis umgewandelt wird. Dies ist beispielsweise der Fall, wenn der Handelsvertreter nur noch als **angestellter Reisender** (§ 84 Abs. 2)[152] tätig werden soll. Das Gleiche gilt, wenn der Handelsvertreter in die Leitung des bisher vertretenen Unternehmens berufen wird.[153] Die Umwandlung kann dabei auf einer vertraglichen Vereinbarung oder im Wege einer konkludenten Vertragsänderung erfolgen.[154] Der Ausgleichsanspruch entsteht bei Vorliegen der übrigen Voraussetzungen des § 89b mit der Umwandlung des Vertrags. Dagegen beendet die bloße Ersetzung des bisherigen Handelsvertretervertrags durch einen neuen Vertrag das Handelsvertreterverhältnis nicht und begründet deshalb keinen Ausgleichsanspruch aus dem bisherigen Vertrag.[155] Entsprechendes gilt, wenn ein Handelsvertretervertrag durch einen **Kommissionsagenturvertrag, Vertragshändlervertrag oder Franchisevertrag** oder vice versa ersetzt wird. Auch ist ein Ausgleichsanspruch nicht gegeben, wenn der (echte) **Untervertreter** als Hauptvertreter tätig wird und als solcher weiter den von ihm geworbenen Kundenstamm nutzen und Provisionen aus diesem verdienen kann.[156] Das gilt auch umgekehrt im Falle der **Herabstufung eines Hauptvertreters zum (echten) Untervertreter.** § 89b gilt **53**

---

144 BGH BB 1988, 2201 = DB 1988, 1590 = EWiR § 89b HGB 1/88, 685 m. Kurzkomm. *Martinek.*
145 *Thume* BB 1991, 490 (491).
146 BGH NJW 1985, 2528 (2530); *Thume* in Küstner/Thume VertriebsR-HdB II Kap. XI Rn. 202; *Thume* BB 1991, 490 (491).
147 BGHZ 95, 88 (94 f.); *Thume* in Küstner/Thume VertriebsR-HdB II Kap. XI Rn. 202; Staub/*Emde* Rn. 242; *Wauschkuhn* BB 1996, 1517 (1519) mwN, jeweils zu § 89b Abs. 3 Nr. 3.
148 BGH NJW 1985, 2528 zur Vertragsübernahme im Allgemeinen.
149 Staudinger/*Busche,* 2017, BGB Einl. §§ 398 ff. Rn. 203.
150 So → 2. Aufl. 2005, Rn. 46; *Thume* BB 1991, 490 (491); offengelassen von BGH NJW 1985, 35.
151 So auch BGH NJW 1989, 35; Staub/*Emde* Rn. 239, 242; *Kiene* NJW 2006, 2007 – aber widersprüchlich NJW 2006, 2007 (2010); *Wauschkuhn* BB 1996, 1517 (1519); wohl auch Baumbach/Hopt/*Hopt* Rn. 68.
152 *v. Westphalen* ZIP 1999, 1083 zu den Auswirkungen des § 2 Nr. 9 SGB VI auf die Selbständigkeit des Handelsvertreters; *Thume* in Küstner/Thume VertriebsR-HdB II Kap. V Rn. 129.
153 Staub/*Emde* Rn. 54.
154 Staub/*Emde* § 84 Rn. 79.
155 BGH NJW 1967, 248.
156 BGHZ 52, 5; EBJS/*Löwisch* Rn. 160.

keinen Status bzw. unter Umständen im Vergleich zu einem Hauptvertreter geminderte Provisionssätze ab. Ferner steht einem **Reisebüro** kein Ausgleichsanspruch zu, wenn und soweit der Handelsvertretervertrag endet und es den Kundenstamm als Reisevermittler im Interesse der Kunden weiter nutzen und von diesen ein Entgelt für seine Tätigkeit verlangen kann.[157] Entgegen der hM liegt ein einen Ausgleichsanspruch auslösender Beendigungstatbestand auch dann nicht zwingend vor, wenn der hauptberufliche Handelsvertreter unter Berücksichtigung von § 92b Abs. 2 nur noch als **nebenberuflicher Handelsvertreter** (§ 92b) tätig werden soll und er als solcher weiterhin in der Lage ist, Provisionen aus dem von ihm geworbenen Kundenstamm zu erzielen.[158] Denn der Ausgleichsanspruch dient dem Zweck, die Unternehmervorteile und die Provisionsverluste nach Maßgabe der Billigkeit auszugleichen, die sich daraus ergeben, dass der Unternehmer voraussichtlich für einige Zeit noch Folgegeschäfte mit solchen Kunden (Stamm- oder Mehrfachkunden) abschließen wird, zu denen der inzwischen ausgeschiedene Handelsvertreter eine Geschäftsbeziehung hergestellt hat, der Handelsvertreter aber an dieser Spätwirkung seiner früheren Vermittlungstätigkeit nicht mehr in Form von Provisionen partizipiert. Kann der Handelsvertreter mithin auch im Nebenberuf seinen Kundenstamm ungeschmälert weiter nutzen und aus diesem Provisionen erzielen, steht ihm ein Ausgleichsanspruch nicht zu. Der Umstand, dass der im Nebenberuf tätige Handelsvertreter im Falle der Beendigung des Vertragsverhältnisses keinen Ausgleichsanspruch nach § 92b Abs. 1 hat, führt für sich alleine genommen nicht dazu, dass ein Ausgleichsanspruch bei Umwandlung des Vertragsverhältnisses in ein Handelsvertretervertragsverhältnis im Nebenberuf zwingend und von vorneherein bejaht werden müsste. Billigkeitserwägungen können einen Ausgleichsanspruch alleine nicht begründen.

54 Das Gleiche gilt bei der **Umwandlung der Handelsvertreterfirma in eine GmbH** mit Zustimmung des vertretenen Unternehmers, weil dann der Vertretervertrag zwischen Unternehmer und Handelsvertreter GmbH fortgeführt wird. Besteht der Vertrag mit einer zweigliedrigen Handelsvertreter OHG und wird diese anschließend im Wege der Gesamtrechtsnachfolge durch Anwachsung auf den einen Gesellschafter in ein einzelkaufmännisches Unternehmen umgewandelt, besteht der Vertrag ebenfalls fort.[159]

55 **2. Teilbeendigung.** Eine Beendigung des Handelsvertreterverhältnisses iSd Abs. 1 liegt unter Umständen auch dann vor, wenn das Vertragsverhältnis nicht in seinem gesamten Umfang, sondern nur teilweise beendet wird. Die Teilbeendigung muss **einvernehmlich** erfolgen. Eine einseitige, nicht vorbehaltene Teilkündigung ist unzulässig,[160] da die Kündigung nur das gesamte Rechtsverhältnis umfassen kann (→ § 89 Rn. 51).

56 Etwas anderes gilt nur, wenn das Recht zur Teilkündigung vereinbart wurde oder von zwei selbständigen, voneinander unabhängigen und nur formal zusammengefassten Verträgen einen Teil kündigt. Im zuletzt genannten Fall spricht man aber besser von der Kündigung eines rechtlich selbständigen Vertrags.[161]

57 Dem Handelsvertreter steht ein Ausgleichsanspruch zu, soweit die Teilbeendigung das **bisherige Vertragsverhältnis wesentlich ändert.**[162] Dies ist bei einer wesentlichen Bezirksverkleinerung[163] oder einer wesentlichen Einschränkung des Kundenkreises[164] der

[157] AG Charlottenburg BeckRS 2007, 12399.

[158] AA OLG Nürnberg BB 1958, 1151; Baumbach/Hopt/*Hopt* § 92b Rn. 5; EBJS/*Löwisch* Rn. 57; *Thume* in Küstner/Thume VertriebsR-HdB II Kap. V Rn. 100; KKRD/*Roth* Rn. 3; diff. Heymann/*Herrmann* Rn. 21.

[159] *Thume* BB 1994, 2358 (2359).

[160] BGH BB 1977, 964.

[161] Behält sich der Unternehmer das Recht zum Widerruf (Teilbeendigung) in AGB vor, darf der Vorbehalt nicht gegen § 307 BGB verstoßen: BGH NJW 1984, 1182.

[162] Oetker/*Busche* Rn. 6; Staub/*Emde* Rn. 54; Baumbach/Hopt/*Hopt* Rn. 10; EBJS/*Löwisch* Rn. 56 f.; offengelassen von BGH BB 1965, 434; BGHZ 142, 369; aA Heymann/*Herrmann* Rn. 20, die einen Ausgleichsanspruch bei einer teilweisen Beendigung ablehnen; *Müller-Stein* VersR 1990, 561 mwN.

[163] OLG Nürnberg BB 1958, 1151; offengelassen von BGH ZIP 1994, 31 (32) = BB 1994, 99; BB 1965, 434; aA *Müller-Stein* VersR 1990, 561. Eine Verkleinerung um 20% ist noch unerheblich; OLG Nürnberg BB 2001, 1169.

[164] *Thume* in Küstner/Thume VertriebsR-HdB II Kap. V Rn. 53 ff.

Fall. Dagegen begründet weder die Verkleinerung des Warensortiments[165] oder eine Provisionsherabsetzung[166] noch ein vertraglich vereinbarter Bezirkstausch einen Ausgleichsanspruch.[167] Auch die Sitzverlegung eines Kunden ist keine Teilbeendigung.[168] Entscheidend ist stets, ob der Handelsvertreter infolge der Teilbeendigung des Vertrages nicht mehr in der Lage ist, Provisionen aus einem wesentlichen Teil seines Kundenkreises zu verdienen.

Hat der **Versicherungsvertreter** dem Unternehmer Versicherungsverträge vermittelt 58
und wird später die Verwaltung einzelner Verträge auf einen Versicherungsmakler übertragen, ohne dass der Inhalt des Vertretervertrages geändert wird, liegt indes keine Teilbeendigung vor, weil die Voraussetzung der inhaltlichen Veränderung des Vertreterverhältnisses nicht gegeben ist.[169]

3. Besonderheiten bei Vertretergesellschaften. Wurde ein Vertretervertrag nicht 59
mit einem Handelsvertreter als Einzelkaufmann, sondern mit einer Personenmehrheit (BGB-Gesellschaft, OHG, KG, GmbH, AG, → § 84 Rn. 25 f.) abgeschlossen, gelten für die Entstehung des Ausgleichsanspruchs grundsätzlich die allgemeinen Regeln. Das Vertragsverhältnis wird aber nicht bereits mit der Auflösung der Vertretergesellschaft beendet, da die aufgelöste Gesellschaft zunächst noch als Liquidationsgesellschaft weiterbesteht und unter Umständen sogar wieder zur Vollgesellschaft erstarken kann.[170] Vielmehr bedarf es einer Kündigung durch den Liquidator der Auflösungsgesellschaft, wobei ein Ausgleichsanspruch wegen Abs. 3 Nr. 1 regelmäßig nicht entsteht.[171] Verzögert der Liquidator schuldhaft die Kündigung, kann der Unternehmer seinerseits das Vertragsverhältnis durch fristlose Kündigung beenden. Ein Ausgleichsanspruch ist hier wegen Abs. 3 Nr. 2 ebenfalls ausgeschlossen.[172]

II. Vorteile des Unternehmers (Abs. 1 S. 1 Nr. 1)

Der Unternehmer muss aus der Geschäftsverbindung mit den neuen Kunden, die der 60
Handelsvertreter geworben hat, auch nach Beendigung des Vertragsverhältnisses erhebliche Vorteile haben. Der **Werbung neuer Kunden** steht nach Abs. 1 S. 2 die wesentliche **Erweiterung der Geschäftsverbindung** mit einem alten Kunden gleich. Voraussetzung für einen Ausgleichsanspruch ist demnach, dass der Handelsvertreter neue Kunden wirbt und daraus eine Geschäftsverbindung entsteht, die dem Unternehmer auch nach Beendigung des Handelsvertreterverhältnisses erhebliche Vorteile bringt. Der Vorteil für den Unternehmer besteht in der Möglichkeit, die vom Handelsvertreter aufgebaute Geschäftsverbindung zu Neukunden oder einer dieser gleichstehenden wesentlichen Erweiterung einer bestehenden Geschäftsverbindung zu einem Kunden nach Beendigung des Handelsvertretervertrags zu weiteren Geschäftsabschlüssen zu nutzen (BGH Urt. v. 24.9.2020 – VII ZR 69/19). Dabei sind die nachvertraglichen Unternehmensvorteile umso größer, je größer der vom Handelsvertreter während des Vertrags neu geworbene Kundenstamm ist.[173]

1. Neue Kunden. a) Kunde. Kunde ist der Geschäftspartner des Unternehmers, der 61
die Erzeugnisse des Unternehmers erwirbt oder dessen Dienstleistungen in Anspruch nimmt.[174] Zur Begründung der Kundeneigenschaft muss mindestens ein Geschäft zwischen Unternehmer und dem Kunden abgeschlossen werden. Nicht ausreichend ist daher, wenn

---

165 Staub/*Emde* Rn. 54; Baumbach/Hopt/*Hopt* Rn. 10; *Thume* in Küstner/Thume VertriebsR-HdB II Kap. V Rn. 57 f.
166 *Thume* in Küstner/Thume VertriebsR-HdB II Kap. V Rn. 59.
167 Heymann/*Herrmann* Rn. 20.
168 OLG Nürnberg BB 2001, 1169; *Thume* in Küstner/Thume VertriebsR-HdB II Kap. V Rn. 56.
169 BGH ZIP 1994, 31 (32) = EWiR § 89b HGB 2/94, 69 m. abl. Kurzkomm. *Küstner/v. Manteuffel/Evers,* wonach eine Vertragsbeendigung nicht notwendigerweise eine Inhaltsänderung des Vertrages erfordert; *Müller-Stein* VersR 1990, 561 (562 ff.) mwN.
170 *Thume* in Küstner/Thume VertriebsR-HdB II Kap. V Rn. 31.
171 *Thume* in Küstner/Thume VertriebsR-HdB II Kap. V Rn. 31 f.
172 Staub/*Emde* Rn. 54.
173 Oetker/*Busche* Rn. 7; *Thume* BB 1990, 1645 (1647).
174 *Meyer* BB 1970, 780; EBJS/*Löwisch* Rn. 104.

ein vom Handelsvertreter geworbener Dritter seinerseits für das Produkt wirbt, ohne es selbst abzunehmen.[175] Eine vom Handelsvertreter geworbene ländliche Genossenschaft, die ihren bäuerlichen Genossen den Kauf von Produkten des Unternehmers empfiehlt, ist deshalb ebenso wenig neuer Kunde[176] wie die von Ärztepropagandisten geworbenen Ärzte und Heilpraktiker.[177] Hiervon zu unterscheiden ist der Fall, dass die vom Handelsvertreter geworbenen Kunden (Einzelhändler) die Produkte des Unternehmers über den Umweg eines zwischengeschalteten Großhändlers selbst erwerben, um sie ihren Kunden anbieten zu können; hier genügt ausnahmsweise die Werbung Dritter für die Anwendung des § 89b.[178] Kunde ist schließlich auch nicht ein anderer Händler oder Unterhändler des Unternehmers, an den der den Ausgleich geltend machende Händler das Vertragsprodukt im Rahmen des Querbezugs verkauft hat.[179]

62 Etwas anderes gilt ausnahmsweise dann, wenn die **Kaufentscheidung** wegen der besonderen Art der Produkte und ihres Vertriebs in aller Regel **entscheidend von einem Dritten bestimmt** wird, auf dessen Sachkunde sich der Vertragspartner des Unternehmers mangels eigener Fachkenntnisse verlassen muss. Wegen der eigenständigen Kaufentscheidung ist der Dritte in solchen Fällen als Kunde anzusehen,[180] auch wenn er formell das Geschäft nur im Namen und für Rechnung des Auftraggebers abschließt.[181] Dies ist bei einem Architekten, der in eigenverantwortlicher Entschließung und nicht nur als empfehlender Dritter für seinen Bauherrn Bestellungen aufgibt, der Fall.[182] Auch im Fall des durch **Leasing** finanzierten Kaufs eines Kfz ist der jeweilige Leasingnehmer und nicht die Leasinggesellschaft als Kunde des Kfz-Händlers anzusehen, da dieser die wirtschaftliche Entscheidung zur Anschaffung des Fahrzeuges trifft.[183] Obwohl das Gesetz von „Kunden" (Mehrzahl) spricht, kann auch die Werbung eines einzigen Kunden einen Ausgleichsanspruch begründen, wenn es sich um einen Großkunden handelt.

63 **b) Neu.** Neu sind solche Kunden, die bisher noch keine Geschäfte mit dem Unternehmer getätigt haben.[184] Dies gilt auch für Kunden, die der Handelsvertreter aus einer früheren Vertretung „mitbringt".[185] Hat der Handelsvertreter für den Unternehmer neue Kunden geworben und werden nach der Insolvenz des Unternehmers sowohl die Kunden als auch der Handelsvertreter von einem neuen Unternehmen übernommen, muss sich der neue Unternehmer die für den Schuldner geworbenen Kunden als eigene Neukunden zurechnen lassen.[186] Dies gilt auch für die Übernahme im Nichtinsolvenzfall. Dagegen sind Kunden, die der Handelsvertreter von seinem Vorgänger übernommen hat, nicht neu, selbst wenn im Einverständnis mit dem Unternehmer eine Abfindung an den Vorgänger gezahlt wird.[187] Das Gleiche gilt für Kunden, die der Handelsvertreter in seiner Zeit als Angestellter des Unternehmers geworben hat.[188] Verhindert der Handelsvertreter das Abspringen eines Kun-

[175] BGH WM 1991, 196 (198) = NJW-RR 1991, 156; *Semler* in MSF VertriebsR-HdB § 22 Rn. 9.
[176] BGH NJW 1959, 1677; krit. *Thume* in Küstner/Thume VertriebsR-HdB II Kap. VI Rn. 57 f.
[177] BGH BB 1991, 1210 = EWiR § 89b HGB 3/91, 799 m. Kurzkomm. *Haumann*; NJW 1984, 2695.
[178] OLG Bamberg EWiR § 89b HGB 1/09, 179 m. Kurzkomm. *Döpfer*.
[179] OLG Köln BeckRS 2012, 21192; 2009, 8498; 2010, 12721.
[180] Offengelassen von BGH WM 1991, 196 (198).
[181] OLG Hamm HVR (61) Nr. 321; OLG Düsseldorf HVR (77) Nr. 504; Staub/*Emde* Rn. 59; Heymann/*Herrmann* Rn. 26.
[182] Staub/*Emde* Rn. 59; offengelassen von BGH WM 1991, 196 (198); krit. BGH NJW 1984, 2695.
[183] BGH BB 2011, 208 Rn. 24 m. krit. Komm. *Steinhauer*; Flohr/Wauschkuhn/*Wauschkuhn* Rn. 65, 93; OLG Köln NJW-RR 1997, 101 (103); VersR 2003, 105 (106).
[184] BGH DB 2012, 512; EBJS/*Löwisch* Rn. 107; *Thume* in Küstner/Thume VertriebsR-HdB II Kap. VI Rn. 7; zur Werbung neuer Kunden durch den Tankstellenhandelsvertreter s. *Thume* in Küstner/Thume VertriebsR-HdB II Kap. VII Rn. 121 ff., durch den Anzeigen- und Verlagsvertreter s. *Thume* in Küstner/Thume VertriebsR-HdB II Kap. VII Rn. 141 ff.
[185] BGH DB 2012, 512; Staub/*Emde* Rn. 62; *Thume* in Küstner/Thume VertriebsR-HdB II Kap. VI Rn. 19.
[186] *Thume* in Küstner/Thume VertriebsR-HdB II Kap. VI Rn. 75 ff.; vgl. auch BGH DB 2012, 513; OLG München HVuHM 1988, 393.
[187] BGH NJW 1985, 58; Oetker/*Busche* Rn. 12a; Baumbach/Hopt/*Hopt* Rn. 12.
[188] *Thume* in Küstner/Thume VertriebsR-HdB II Kap. VI Rn. 17 f.

den, liegt ebenfalls keine Werbung eines Kunden vor.[189] Zum Fall der Einstandszahlung/Abwälzungsvereinbarung → Rn. 215, → Rn. 220.

Frühere Kunden, deren geschäftliche Beziehungen mit dem Unternehmer abgebrochen waren und die erst durch den Handelsvertreter wiederhergestellt worden sind, gelten ausnahmsweise als neue Kunden. Voraussetzung für eine solche **Reaktivierung der Geschäftsbeziehungen** ist, dass die ursprüngliche Geschäftsbeziehung infolge bestimmter Umstände wie Krieg[190] oder Aufgabe der Vertretung des Unternehmens durch den früheren Handelsvertreter[191] vollständig oder für einen Zeitraum von mehreren Jahren zum Erliegen gekommen war.[192] Hierfür reicht es aus, wenn ein Kunde nur wegen des eigenen Geschäftsrückgangs längere Zeit keine Bestellung mehr aufgeben konnte.[193] Wird dagegen ein früherer Kunde, der vor der Tätigkeit des Vertreters zu einem anderen Unternehmer gewechselt ist, wieder zurückgewonnen, liegt eine Reaktivierung der Geschäftsbeziehungen vor. 64

Weiterhin wirbt der Handelsvertreter neue Kunden, wenn der Unternehmer Artikel verschiedener Branchen herstellt und der Handelsvertreter Kunden gewinnt, die bisher nur in einer anderen Branche mit dem Unternehmer in Geschäftsverbindung standen. Der **Begriff** des neuen Kunden ist grundsätzlich **branchenbezogen.**[194] Allerdings genügt es nicht, wenn der Unternehmer im Rahmen der bisherigen Branche das Sortiment erweitert und der Kunde auch für Artikel des erweiterten Sortiments gewonnen wird.[195] Ob die neu angebotene Ware oder Dienstleistung noch in die gleiche Branche fällt, hängt davon ab, inwieweit ein Zusammenhang mit den bisherigen Erzeugnissen des Unternehmers besteht. Eine abweichende Betrachtungsweise, nämlich eine **produktbezogene,** kann jedoch aufgrund der **Vertriebsstruktur** des Unternehmens angebracht sein. Ist dem Handelsvertreter nicht die gesamte Produktpalette eines Unternehmens einer Branche zum Vertrieb anvertraut, sondern nur ein Teil derselben, sind nach der neuen Rspr. des EuGH und des BGH auch Kunden, die bereits andere Produkte des Unternehmens erworben haben, dann als Neukunden zu bewerten, wenn der Handelsvertreter diese auch für den ihm zugewiesen Teil der Produktpalette geworben hat und der Vertrieb der fraglichen Waren Vermittlungsbemühungen und eine besondere Verkaufsstrategie im Hinblick auf die Begründung einer speziellen Geschäftsverbindung erfordert hat.[196] Das unscharfe Erfordernis einer „speziellen Geschäftsverbindung“ war jedoch den besonderen Umständen des Einzelfalls geschuldet (gleiche Brillengestelle, jedoch unterschiedlicher Marken)[197] und ist wohl nicht verallgemeinerungsfähig; es muss jedenfalls kritisch hinterfragt werden.[198] Unterschiedliche Vertriebsstrukturen sind insbesondere beim Vertrieb von Produkten unterschiedlicher Marken oder unterschiedlicher Produktsegmente des Unternehmers anzutreffen. Der Umstand, dass es für den Handelsvertreter unter Umständen einfacher ist, neue Waren an Kunden zu veräußern, die mit dem Unternehmer bereits in Geschäftsverbindungen stehen, kann im Rahmen der Billigkeit zu berücksichtigen sein (→ Rn. 26). 65

2. Werbung durch den Handelsvertreter. Ein Ausgleichsanspruch besteht nur, wenn der Handelsvertreter die neuen Kunden geworben hat.[199] Der Abschluss eines 66

---

189 Heymann/*Herrmann* Rn. 27.
190 OLG Nürnberg NJW 1957, 1720.
191 OLG Nürnberg VW 1983, 549; *Thume* in Küstner/Thume VertriebsR-HdB II Kap. VI Rn. 30 f.
192 OLG Nürnberg BB 1964, 1400: bei neuneinhalbjähriger Unterbrechung.
193 Staub/*Emde* Rn. 79.
194 BGH NJW 1999, 2668 (2670); Staub/*Emde* Rn. 61; EBJS/*Löwisch* Rn. 107; *Fröhlich* GWR 2015, 313.
195 Staub/*Emde* Rn. 61; *Thume* in Küstner/Thume VertriebsR-HdB II Kap. VI Rn. 53.
196 BGH NJW 2016, 3782 (mAnm *Thume* BB 2016, 2772 und *Engelhoven/Düppenbecker* EWiR 2017, 111) im Anschluss an EuGH ZVertriebsR 2016, 172 mAnm *Bodungen* BB 2016, 912 und *Gräfe* EuZW 2016, 429 und *Heinicke* ZVertriebsR 2016, 175 und *Löwisch* IHR 2016, 137; s. dazu auch BGH ZVertriebsR 2016, 386; BeckRS 2014, 13047 zur Vorlagefrage; *Gräfe/Boerner* ZVertriebsR 2017, 282 (283); Oetker/*Busche* Rn. 12a.
197 S. EuGH ZVertriebsR 2016, 172 Rn. 36 f.
198 So zu Recht *Thume* BB 2016, 2772; aA *Gräfe* EuZW 2016, 429 (430); zur Auslegung dieses Kriteriums insbes. *Löwisch* IHR 2016, 137.
199 OLG Düsseldorf NJW 1965, 2352; EBJS/*Löwisch* Rn. 105.

Geschäfts zwischen dem Unternehmer und dem Kunden muss dabei auf die Tätigkeit des Handelsvertreters zurückzuführen sein.[200] Dabei gelten auch Kunden, die der Handelsvertreter über eine von ihm gegründete und mit ihm eine wirtschaftliche Einheit bildende Tochterfirma geworben hat, als vom Handelsvertreter neu geworbene Kunden.[201] Dagegen können Kunden, die bereits ohne Mitwirkung des Handelsvertreters fest zur Bestellung entschlossen sind und die den Handelsvertreter nur noch zur Weiterleitung der Bestellung einschalten, nicht vom Handelsvertreter geworben werden, da der Handelsvertreter hier nur noch als Bote bzw. Empfangsvertreter tätig wird.[202] Anders ist es hingegen, wenn der Handelsvertreter noch ein Rest an Überzeugungsarbeit leisten muss.[203]

67 **a) Mitursächlichkeit.** Jede – auch geringe – Mitursächlichkeit der Tätigkeit des Handelsvertreters genügt.[204] Dem Handelsvertreter steht deshalb ein Ausgleichsanspruch auch dann zu, wenn seine eigene Tätigkeit wegen der Sogwirkung der Marke[205] (→ Rn. 131) oder der Monopolstellung des Unternehmers[206] nur in geringem Maße mitursächlich ist. Eine bloß geringe Mitursächlichkeit des Vertreterhandelns ist aber im Rahmen der Billigkeitsprüfung des Abs. 1 Nr. 2 zu beachten.[207] Auch schließen eigene Maßnahmen des Unternehmers, wie zB eigene Werbung, die Mitursächlichkeit des Vertreterhandelns nicht aus.[208] Das Gleiche gilt, wenn der Handelsvertreter öffentliche Bauaufträge vermittelt hat, die aber letztlich im Wege der öffentlichen Ausschreibung vergeben wurden.[209] Dagegen liegt keine Mitursächlichkeit vor, wenn Kunden ohne Mitwirkung des Bezirksvertreters in dessen Bezirk geworben werden.[210] Der nach § 87 Abs. 2 entstehende Provisionsanspruch ist im Rahmen der Ermittlung des Ausgleichsanspruchs nach Abs. 1 demnach grundsätzlich nicht zu berücksichtigen, es sei denn der Bezirksvertreter hat den fraglichen Kunden als Stammkunden geworben.[211] Bei einem Bezirksvertreterteam auf einer Messe mit turnusmäßiger Ablösung der Vertreter wird allerdings ausnahmsweise die Mitursächlichkeit bejaht.[212]

68 **b) Beweislast.** Die Beweislast für die Werbung neuer Kunden trägt der Handelsvertreter.[213] Hierbei gilt der Beweis des ersten Anscheins, dass diejenigen Kunden, die während der Handelsvertretertätigkeit erstmalig Geschäftsbeziehungen zum Unternehmer aufgenommen haben, durch den Handelsvertreter geworben wurden.[214] Ist bei einem großen Kundenkreis streitig, ob und wie viele davon Neukunden des Handelsvertreters sind, kann das Gericht die Beweisaufnahme auch auf die Einholung schriftlicher Auskünfte bei einer repräsentativen Anzahl der Kunden beschränken, sofern diese Stichproben in hinreichendem Maße Rückschlüsse auf den Umsatz dieser Stammkunden zulassen.[215]

69 **3. Intensivierung der Altkundenbeziehung (Abs. 1 S. 2).** Der Werbung eines neuen Kunden steht es gleich, wenn der Handelsvertreter die Geschäftsverbindung mit

---

[200] *Meyer* BB 1970, 780.
[201] BGH NJW-RR 1991, 1050 (1051) = EWiR § 89b HGB 3/91, 799 m. zust. Kurzkomm. *Haumann*.
[202] BGH NJW 1996, 2302 (2304).
[203] Baumbach/Hopt/*Hopt* Rn. 14; *Emde* BB 2015, 1667, 1668); *Staub/Emde* Rn. 64; KKRD/*Roth* Rn. 6; Oetker/*Busche* Rn. 11; Flohr/Wauschkuhn/Wauschkuhn Rn. 76.
[204] BGH NJW 1985, 859 (860); DB 1986, 1069 = EWiR § 89b HGB 1/86, 599 m. Kurzkomm. *v. Hoyningen-Huene* für den Vertragshändler; NJW 1998, 66 (69); 1998, 71 (75) für den Tankstellenhalter; Röhricht/Graf v. Westphalen/Haas/*Thume* Rn. 64.
[205] BGH WM 1987, 1462 (1465); OLG Karlsruhe BB 1960, 381.
[206] OLG Nürnberg BB 1963, 1313.
[207] BGH NJW 1986, 1931; *v. Hoyningen-Huene* Kurzkomm. zu BAG EWiR § 89b HGB 1/86, 599 (600).
[208] BGHZ 73, 99 (104) = LM Nr. 55/56 mAnm *Alff.*
[209] BGH NJW 1980, 1793; *Thume* in Küstner/Thume VertriebsR-HdB II Kap. VI Rn. 67 f.
[210] Vgl. aber zur Werbung neuer Kunden im Rotationsvertriebssystem BGH NJW 1985, 859 (860).
[211] Baumbach/Hopt/*Hopt* Rn. 14; Staub/*Emde* Rn. 64, 131; EBJS/*Löwisch* Rn. 156.
[212] KG BB 1969, 1062.
[213] BGH NJW 1985, 859; BB 1988, 2199 (2200); Heymann/*Herrmann* Rn. 30; *Thume* BB 1990, 1645 (1647).
[214] Baumbach/Hopt/*Hopt* Rn. 22; *Emde* VersR 2006, 1592; *Semler* in MSF VertriebsR-HdB § 22 Rn. 44, § 77 Rn. 31.
[215] BGH NJW 1985, 860 (861).

einem Altkunden so wesentlich erweitert, dass dies wirtschaftlich der Werbung eines neuen Kunden entspricht. Die Erweiterung der Geschäftsverbindung kann sowohl quantitativ durch erhöhten Umsatz der bisher vertriebenen Produkte als auch qualitativ durch Ausweitung auf zusätzliche Erzeugnisse erfolgen.[216] Die Tätigkeit des Handelsvertreters muss für die Umsatzsteigerung mitursächlich sein.[217] Eine Intensivierung der Kundenbeziehung liegt daher nicht vor bei einer Umsatzsteigerung, die allein auf steigender Preisentwicklung beruht[218] oder auf dem Eintritt eines vom Handelsvertreter nicht beeinflussbaren Ereignisses. Dagegen schadet eine allgemeine Wirtschaftsbelebung als Mitursache nicht.[219]

Die **Erweiterung der Geschäftsverbindung** muss **wesentlich** sein, was durch einen 70 Vergleich der Umsätze jeder einzelnen Kundenbeziehung bei Vertragsbeginn und bei Vertragsende zu ermitteln ist.[220] Nach der bisherigen Rspr. soll eine wesentliche Erweiterung bei einer inflationsbereinigten Steigerung um mindestens 100% zu bejahen sein, weil erst dann die Erweiterung der Werbung eines neuen Kunden gleichsteht.[221] Zum Teil wird jedoch in der neueren Rspr. und Lit. angeführt, dass aufgrund einer richtlinienkonformen Auslegung – gegen den Wortlaut des Abs. 1 S. 2 – eine signifikante Umsatzsteigerung (weit) unterhalb von 100% ausreiche; Art. 17 Abs. 2 lit. a RL 86/653/EWG (Handelsvertreter-RL) spreche nur von einer „wesentlichen Erweiterung" und nicht davon, dass die Geschäftsverbindung mit den Altkunden so erweitert sein müsse, dass sie der Werbung eines Neukunden gleichstehe.[222] Vorzugswürdig erscheint indes folgende vermittelnde Lösung: Es spricht viel dafür, dass die Voraussetzungen für den Ausgleichsanspruch im Hinblick auf die wesentliche Erweiterung eines Altkunden nicht geringer sein dürfen als in Bezug auf die Werbung eines Neukunden. Für eine entsprechende Ungleichbehandlung gibt es keinen sachlich gerechtfertigten Grund. Abs. 1 S. 2 konkretisiert damit in angemessener Weise Art. 17 Abs. 2 lit. a RL 86/653/EWG (Handelsvertreter-RL). Allerdings kann es nicht allein darauf ankommen, inwiefern es dem Handelsvertreter gelungen ist, die Umsätze mit dem jeweiligen Kunden zu steigern. Stattdessen ist ein abstrakt-genereller Maßstab unter besonderer Berücksichtigung der Geschäftsverbindung (→ Rn. 72 ff.) anzusetzen; die Geschäftsentwicklung des betreffenden Kunden muss so sein, dass sie wirtschaftlich der Werbung eines neuen (anderen) Kunden entspricht. **Beispiel:** Regelmäßig können Kunden, die mindestens vier Mal im Jahr bei derselben Tankstelle tanken als Stammkunden des Tankstellenhalters angesehen werden (→ Rn. 73). Kunde A hat bislang viermal und Kunde B zehnmal im Jahr bei der betreffenden Tankstelle getankt. Der Tankstellenhalter hat die Geschäftsbeziehung mit den betreffenden Kunden so intensiviert, dass dies der Werbung eines neuen Kunden gleichkommt, wenn Kunde A achtmal (4 + 4) und Kunde B 14 Mal (10 + 4) bei ihm tankt. Ausnahmsweise liegt trotz Umsatzrückgang eine wesentliche Intensivierung der Altkundenbeziehung vor, wenn die erhebliche Steigerung des stückzahlmäßigen Umsatzes durch verstärkte Preisrückgänge aufgesaugt wurde.[223]

Der Handelsvertreter hat die **Kausalität,** dh dass die Umsatzsteigerung auf seine Tätig- 71 keit zurückzuführen ist, zu **beweisen.** Trägt aber der Unternehmer für die Umsatzsteigerung nichts Stichhaltiges vor, kann davon ausgegangen werden, dass sie auf die Bemühungen des Handelsvertreters zurückzuführen ist.[224]

---

216 BGH BeckRS 2014, 13047; BGHZ 56, 242 (245) = LM Nr. 40 mAnm *Rietschel* = NJW 1971, 1611.
217 BGH NJW 1971, 1611; EBJS/*Löwisch* Rn. 114; *Thume* in Küstner/Thume VertriebsR-HdB II Kap. VI Rn. 35.
218 OLG Celle BB 1970, 227; *Thume* in Küstner/Thume VertriebsR-HdB II Kap. VI Rn. 45.
219 OLG Celle BB 1970, 227.
220 Oetker/*Busche* Rn. 13; Staub/*Emde* Rn. 70.
221 S. nur BGH BB 1971, 843; OLG Celle NJW 1968, 1141 (1142); BB 1970, 227.
222 OLG Celle BB 2017, 1299 Rn. 50 f., das eine wesentliche Erweiterung ab einer Umsatzsteigerung von 50% bejaht, mAnm *Thume* BB 2017, 1300: 20% bzw. 30%; s. dazu auch *Korte* GWR 2017, 246: unter Umständen 10%; *Westphal* DB 2010, 1333 (1335); Baumbach/Hopt/*Hopt* Rn. 13; Oetker/*Busche* Rn. 13; *Emde/Valdini* ZVertriebsR 2017, 3 (10); aA *Gräfe/Boerner* ZVertriebsR 2017, 282 (286).
223 Staub/*Emde* Rn. 70; *Müller* NJW 1997, 3423; EBJS/*Löwisch* Rn. 114; aA *Thume* in Küstner/Thume VertriebsR-HdB II Kap. VI Rn. 42.
224 BGHZ 56, 242 (245) = LM Nr. 40 mAnm *Rietschel.*

72 **4. Geschäftsverbindung.** Die Werbung des neuen Kunden muss zu einer dauerhaften Geschäftsverbindung zwischen Unternehmer und Kunden führen. Diese ist bei Insolvenz des neu geworbenen Kunden zu verneinen. Eine dauerhafte Geschäftsverbindung ist gegeben, wenn **Stammkunden** (Mehrfachkunden) und nicht nur Laufkunden oder sonstige nur gelegentlich abschließende Kunden geworben wurden.[225] Oder in den Worten des BGH: Bei den vom Handelsvertreter neu geworbenen bzw. intensivierten Kunden muss es sich um Stammkunden handeln, weil nur mit diesen Kunden eine Geschäftsverbindung iSd Abs. 1 S. 1 Nr. 1 besteht.[226] Stammkunden sind diejenigen Kunden, die in einem überschaubaren Zeitraum, in dem üblicherweise mit Nachbestellungen zu rechnen ist, im Regelfall mindestens ein Nachfolgegeschäft mit dem Unternehmer abgeschlossen haben oder voraussichtlich abschließen werden.[227]

73 Im Allgemeinen können Kunden, die mindestens vier Mal im Jahr bei derselben **Tankstelle** tanken (Tankgeschäft), als Stammkunden dieses Tankstellenhalters angesehen werden.[228] Dies gilt trotz der Produktunterschiede auch im Shopbereich einer Tankstelle (Shopgeschäft) für diejenigen Kunden, die mindestens vier Mal im Jahr dort eingekauft haben.[229] Für die Ermittlung des Stammkundenumsatzes im Tankstellengeschäft lässt die Rspr. eine Schätzung nach § 287 Abs. 2 ZPO zu, wobei dem Tankstellenpächter die Beweisführung erleichtert ist, da er sich, anstatt Kundenlisten vorzulegen, auch auf statistisches Material stützen kann.[230] Mit fortschreitender elektronischer Erfassung der Zahlungsvorgänge wird jedoch die fallbezogene Schätzung des Stammkundenanteils einzelner Tankstellen erleichtert und daher auch zu verlangen sein, so dass die Heranziehung statistischen Materials dann nicht mehr geboten ist.[231] Eine Auswertung der an der Tankstelle elektronisch erfassten Zahlungsvorgänge kann jedenfalls dann verlangt werden, wenn dem Tankstellenhalter die geeignete Software zur Verfügung steht oder wenn diese ohne unverhältnismäßigen Aufwand zu beschaffen wäre.[232] Eine manuelle Auswertung der Zahlungsbelege ist hingegen unzumutbar.[233]

74 Ein von einem **Reisebüro** geworbener Stammkunde ist, wer in den letzten vier Vertragsjahren mindestens eine Reise des Reiseveranstalters bei dem Reisebüro gebucht und es insgesamt auf mindestens drei bei dem Reisebüro gebuchte Reisen des Reiseveranstalters in verschiedenen Urlaubsjahren gebracht hat, sofern er nicht nachher erkennbar anderen Reiseveranstaltern den Vorzug gegeben hat.[234]

75 Insbesondere **bei sehr langlebigen Wirtschaftsgütern** kann das Vorliegen einer Geschäftsverbindung zweifelhaft sein. Bei Waren, die nach der allgemeinen Lebenserfahrung nur einmal angeschafft werden, ist nicht mit dem Abschluss weiterer Geschäfte zu rechnen und eine Geschäftsverbindung demzufolge abzulehnen.[235] Fertighäuser, die direkt an den Endverbraucher vermittelt werden, sind einmalige Anschaffungen.[236] Auch Immobilienmaklergeschäfte im nicht gewerblichen Bereich ziehen regelmäßig keine Folgegeschäfte nach sich.[237]

---

225 EBJS/*Löwisch* Rn. 115.

226 StRspr, vgl. nur BGH IHR 2012, 78 Rn. 22f., 2012, 63, BB 2007, 2475, VersR 2003, 767; NJW 1999, 2668; 1998, 66.

227 BGH VersR 2003, 767; NJW 1998, 66; Oetker/*Busche* Rn. 9; Baumbach/Hopt/*Hopt* Rn. 12; EBJS/*Löwisch* Rn. 118.

228 BGH BB 2010, 1685; DB 2009, 341 = VersR 2009, 355; BB 2007, 2475.

229 BGH BB 2010, 1685 Rn. 19ff.

230 BGH NJW-RR 2003, 1340 (1341); 2003, 821 (823); 2002, 1548 (1549); NJW 1998, 66 (68) = EWiR § 89b HGB 3/97, 995 m. Kurzkomm. *v. Manteuffel/Evers.*

231 BGH NJW-RR 2003, 1340 (1341); 2003, 821 (823); 2002, 1548 (1550).

232 BGH BB 2007, 2475 (2476); NJW-RR 2002, 1548.

233 BGH BB 2007, 2475 (2476); NJW-RR 2002, 1548.

234 BGH NJW 1974, 1242; s. auch KG BeckRS 2010, 3000 für Flugbuchungen.

235 BGH NJW-RR 1990, 181 (182); NJW 1985, 859; 1959, 1677 mAnm *Schuler.*

236 *Thume* in Küstner/Thume VertriebsR-HdB II Kap. VII Rn. 15.

237 LG Hannover ZVertriebsR 2019, 318 (anders jedoch, wenn der Handelsvertreter mit einem von ihm geworbenen Großkunden eine Vertriebsvereinbarung zugunsten des Unternehmers für eine Vielzahl von Wohn- und/oder Gewerbeeinheiten abgeschlossen hat und Folgegeschäfte des Großkunden zu erwarten sind) mAnm *Dreyer/Haskamp* ZVertriebsR 2019, 321, die § 89b Abs. 5 entsprechend auf einen für einen Immobilienmakler tätigen Handelsvertreter anwenden wollen (zweifelhaft); LG Frankfurt NJW-RR 1990, 1181.

Dagegen kann die Vermittlung von Kraftfahrzeugen,[238] Gabelstaplern,[239] Elektrohaushaltsgeräten[240] oder Möbeln[241] eine Geschäftsverbindung mit dem neuen Kunden begründen, weil auch mehrjährige Pausen zwischen den einzelnen Geschäftsabschlüssen unschädlich sind, wenn mit dem Abschluss von Folgeaufträgen gerechnet werden kann.[242] So können auch bei sehr langlebigen Produkten, wie bei Industriefußböden mit rund 25 Jahren Lebensdauer, Folgeaufträge zu erwarten sein, zum Beispiel von expandierenden Unternehmen, die zusätzlichen Bedarf an Industriefußböden für Produktions- und Lagerflächen haben oder (ausnahmsweise) durch Reparaturaufträge (außerhalb von Gewährleistungs- und Garantiearbeiten).[243] Da sich aber der Markt und die Preissituation im Laufe der Jahre ändern, bedarf es im Einzelfall einer konkreten Darlegung der Gründe, die den Kunden auch in späterer Zeit veranlassen könnten, bei den Produkten des Unternehmers zu bleiben.[244] Entscheidend für das Vorliegen einer Geschäftsverbindung ist deshalb immer, ob nach dem Inhalt der Kundenbeziehung und der Art der vom Unternehmer hergestellten Erzeugnisse weitere Aufträge des Kunden zu erwarten sind.[245] Ob Folgeaufträge in Bezug auf Ersatzteile bzw. die Reparatur von Waren (außerhalb von Gewährleistungs- und Garantiearbeiten) die Stammkundeneigenschaft eines Kunden begründen oder gar das Ersatzteilgeschäft des Handelsvertreters per se ausgleichspflichtig ist, kann nicht pauschal beantwortet werden; maßgeblich sind die Umstände des Einzelfalls. Während der BGH einen Ausgleichsanspruch bereits zum Teil bejaht hat,[246] hat er den Ausgleichsanspruch eines Kfz-Vertragshändlers für den Verkauf von Originalersatzteilen stets abgelehnt – insbesondere deshalb, weil hier das Ersatzteilgeschäft lediglich ein Nebengeschäft zum Automobilvertrieb darstellt und der Händler – selbst wenn er vereinbarungsgemäß Aktivitäten als Groß- oder Zwischenhändler entfaltet – regelmäßig keine besonderen werblichen Leistungen dafür erbringt, Kunden gerade für den Einbau von Ersatzteilen, die der Kfz-Lieferant liefert, in Fahrzeugen zu gewinnen.[247]

Ist der Handelsvertreter mit dem **Vertrieb von Dauerschuldverhältnissen** (oder Dauerverträgen, zB Telefondienste-,[248] TV-, Kabelmiet-, Energielieferungs-, Abonnementverträge) betraut, besteht mit dem jeweiligen Kunden nicht schon deshalb eine Geschäftsverbindung iSd Abs. 1 S. 1 Nr. 1, weil der Kunde punktuell ein einziges Dauerschuldverhältnis abgeschlossen hat, das über die Beendigung des Handelsvertretervertrages hinaus fort gilt, und der Kunde nach der mit dem Unternehmer getroffenen Vereinbarung auch noch nach Beendigung des Handelsvertretervertrages Zahlungen an den Unternehmer zu leisten hat. Würde man die Zahlungen nach Beendigung des Handelsvertretervertrages als Vorteile iSd Abs. 1 S. 1 Nr. 1 genügen lassen, würde das Bestehen eines Ausgleichsanspruchs von Zufälligkeiten und insbesondere von der mit dem Kunden getroffenen Entgeltabrede abhängen: Hätte der Kunde bei Vertragsabschluss eine einmalige Vergütung zu leisten, wäre ein Ausgleichsanspruch mangels „Vorteile" zu verneinen; im Falle der Zahlung in einer Summe bei Vertragsende oder bei laufenden Zahlungen wäre indes ein Ausgleichsanspruch aufgrund **76**

[238] Zur Berechnung des Ausgleichsanspruche eines Kfz-Vertragshändlers s. insbes. BGH NJW-RR 1988, 42; NJW 1996, 2298; 1996, 2302; 1997, 1503; NJW-RR 2006, 1692; 2010, 1263; 2011, 389; NJW 2011, 3438; 2011, 848; *Schmülling* GWR 2015, 224.

[239] BGH NJW-RR 1991, 1050 (1052).

[240] BGH NJW 1985, 859.

[241] OLG Hamm DB 1979, 304.

[242] OLG Frankfurt BB 1973, 212.

[243] BGH NJW 2011, 1143 (1144) m. krit. Anm. *Möller.*

[244] BGH NJW 1985, 859.

[245] *Thume* in Küstner/Thume VertriebsR-HdB II Kap. VII Rn. 14; aA Oetker/*Busche* Rn. 9; Baumbach/Hopt/*Hopt* Rn. 12.

[246] Ausgleichsanspruch bejaht durch BGH NJW-RR 1991, 1050 (1052) = EWiR § 89b HGB 3/91, 799 m. zust. Kurzkomm. *Haumann*; NJW 2011, 1143 (1144) m. krit. Anm. *Möller.*

[247] BGH BeckRS 2008, 07111; 2007, 13321; s. auch OLG Frankfurt BeckRS 2006, 12472; 17.5.2005 – 11 U 55/04, nv; BGH NJW-RR 1988, 42; 1991, 1050 (1052) für Gabelstapler; NJW-RR 1989, 1310 (1312) für Frankiermaschinen; *Wendel* GRUR 2007, 748 ff.; aA *Emde* GRUR 2006, 997; *Horn* ZIP 1988, 137 (144); *v. Westphalen* BB-Beil. Heft 8/1988, 9.

[248] Zur Berechnung des Ausgleichsanspruchs eines Mobilfunkverträge vertreibenden Handelsvertreters OLG Düsseldorf ZVertriebsR 2020, 257; *Ströbl* BB 2013, 1027.

von „Vorteilen“ gegeben. Für das Bestehen des Ausgleichsanspruchs kann es nicht darauf ankommen, ob das vom Kunden geschuldete Entgelt in einer Summe bei Vertragsbeginn oder bei Vertragsbeendigung oder in bestimmten zeitlichen Abständen während der Laufzeit des Vertrages zu entrichten ist. Entscheidend ist vielmehr, dass allein aufgrund des Umstandes, dass der Kunde ein Dauerschuldverhältnis abgeschlossen hat, der Unternehmer keine Folgeaufträge des Kunden nach Vertragsbeendigung erwarten kann. Das ist – wie auch sonst – das entscheidende Kriterium. Denn der Ausgleichsanspruch dient auch nach der Neufassung des Abs. 1 dem Zweck, in erster Linie die Unternehmervorteile und in zweiter Linie die Provisionsverluste nach Maßgabe der Billigkeit auszugleichen, die sich daraus ergeben, dass der Unternehmer voraussichtlich für einige Zeit noch Folgegeschäfte mit solchen Kunden (Stamm- oder Mehrfachkunden) abschließen wird, zu denen der inzwischen ausgeschiedene Handelsvertreter eine Geschäftsbeziehung hergestellt hat, der Handelsvertreter aber an dieser Spätwirkung seiner früheren Vermittlungstätigkeit nicht mehr in Form von Provisionen partizipiert (→ Rn. 3). Dementsprechend hat der BGH kürzlich hervorgehoben, dass der Vorteil für den Unternehmer in der Möglichkeit besteht, die vom Handelsvertreter aufgebaute bzw. erweiterte Geschäftsbeziehung nach Beendigung des Handelsvertretervertrages zu weiteren Geschäftsabschlüssen zu nutzen (BGH Urt. v. 24.9.2020 VII ZR 69/19). Die bereits mit dem vermittelten Dauerschuldverhältnis einhergehenden Vorteile auf Seiten des Unternehmers (zB monatliche Entgeltleistungen) stellen damit gerade keine ausgleichspflichtigen Vorteile iSd Abs. 1 S. 1 Nr. 1 dar, weil diese Vorteile unmittelbar aus dem vermittelten bzw. abgeschlossenen Dauerschuldverhältnis resultieren.[249] Andernfalls würde die Vermittlung bzw. der Abschluss des Dauerschuldverhältnisses doppelt vergütet, einmal im Wege der Provision und ein anderes Mal über den Ausgleichsanspruch. Das entspricht nicht dem Sinn und Zweck des Ausgleichsanspruchs. Er dient nicht dazu, dem Handelsvertreter eine doppelte Vergütung exakt für die Vorteile zu gewähren, die bereits vollständig mit der Provision vergütet wurden. Ferner wäre jeder Kunde als Stammkunde zu bewerten, obgleich der Kunde – genauso wie der Kunde eines Warenvertreters – nach dem einmaligen Vertragsabschluss abspringen und keine Folgegeschäfte mehr tätigen und mithin bloßer Einfach- bzw. Laufkunde sein kann. Ein solches Ergebnis würde der Rspr. des BGH widersprechen, wonach es sich bei den vom Handelsvertreter neu geworbenen bzw. intensivierten Kunden um Stammkunden handeln muss, weil nur mit diesen Kunden eine Geschäftsverbindung iSd Abs. 1 S. 1 Nr. 1 besteht (→ Rn. 72). Eine Geschäftsverbindung iSd Abs. 1 S. 1 Nr. 1 liegt indes dann vor, wenn der Kunde während des Vertragsverhältnisses innerhalb des durchschnittlichen Nachkaufintervalls ein Folgegeschäft getätigt hat, das Dauerschuldverhältnis aktiv verlängert oder die erste Kündigungsmöglichkeit hat verstreichen lassen und sich damit das Dauerschuldverhältnis verlängert hat.[250] In diesem Fällen hat der Kunde seine Geschäftsbeziehungen zum Unternehmer so gefestigt, dass mit weiteren Folgegeschäften bzw. der Verlängerung des Vertragsverhältnisses gerechnet werden kann.

77 Der Handelsvertreter hat das **Vorliegen einer Geschäftsverbindung zu beweisen.**[251] Wurden in der Vergangenheit schon mehrfach Bestellungen getätigt, spricht ein Beweis des ersten Anscheins für das Vorliegen einer Geschäftsverbindung. Hat der Handelsvertreter den Beweis für das Bestehen einer Geschäftsverbindung erbracht, spricht eine widerlegbare Vermutung dafür, dass die hergestellten Geschäftsverbindungen auch nach der Vertragsbeendigung weiterbestehen werden.[252]

---

[249] OLG Köln BeckRS 2015, 19345 Rn. 32 ff.; so wohl auch schon OLG Köln BeckRS 2012, 19424 für Getränkebezugsverträge; *Ströbl/Wentzel* BB 2017, 390 (391 f.); *Ströbl* BB 2013, 1027 (1029 f.); Oetker/*Busche* Rn. 9; *Gräfe/Boerner* ZVertriebsR 2017, 282 (285); Flohr/Wauschkuhn/*Wauschkuhn* Rn. 87; aA OLG Düsseldorf ZVertriebsR 2020, 257 (258 f.); *Thume* BB 2015, 387; *Thume* BB 2017, 906; *Emde* BB 2017, 1289; *Emde* DStR 2009, 1478 (1481 f.); Baumbach/Hopt/*Hopt* Rn. 12; unklar OLG Stuttgart BeckRS 2013, 15236.

[250] *Ströbl/Wentzel* BB 2017, 390 (392); *Ströbl* BB 2013, 1027 (1029); EBJS/*Löwisch*, Rn. 121.

[251] BGH WM 1991, 196 (198).

[252] BGH NJW 1985, 859.

5. Erhebliche Vorteile des Unternehmers. Ein Ausgleichsanspruch entsteht nur, falls der Unternehmer aus der Geschäftsverbindung erhebliche Vorteile erzielt. 78

a) Vorteile. Der Vorteil des Unternehmers liegt in der Möglichkeit, die vom Handelsvertreter geschaffenen Geschäftsverbindungen auch nach der Beendigung des Handelsvertreterverhältnisses für weitere Geschäftsabschlüsse zu nutzen, ohne dafür Provisionen an den ausgeschiedenen Handelsvertreter zahlen zu müssen[253] (s. dazu → Rn. 60). Dass der Unternehmer möglicherweise **Provisionen** an einen **Nachfolge-Handelsvertreter** zahlen muss, ist **unerheblich.** Denn der Ausgleichsanspruch nach § 89b steht neben etwaigen Provisionsansprüchen des Nachfolgers nach §§ 87, 87a. Dass ein Unternehmer „doppelt belastet" wird, wenn er für die Umsätze mit Stammkunden nicht nur dem Handelsvertreter einen Ausgleich, sondern auch dessen Nachfolgern Provisionen zahlen muss, ist zwangsläufige Folge des Anspruchssystems. Mit der Provisionspflicht gegenüber etwaigen Nachfolge-Handelsvertretern können Unternehmervorteile mithin nicht verneint werden.[254] 79

aa) Abschluss weiterer Geschäfte. Regelmäßig erlangt der Unternehmer den Vorteil durch Abschluss weiterer Geschäfte mit dem vom Handelsvertreter geworbenen Kundenstamm. Ein Vorteil liegt daher nicht vor, wenn der **Unternehmer** seinen **Betrieb einstellt** oder **umstellt,** und den vom Handelsvertreter aufgebauten Kundenstamm nicht mehr nutzt.[255] Ein Vorteil ist jedoch dann noch gegeben, wenn der Unternehmer seinen Vertrieb dergestalt umstellt, dass er seine Waren nunmehr an den Großhandel vertreibt und die vom Handelsvertreter geworbenen Kunden die Waren des Unternehmers weiterhin, wenn auch nur mittelbar über den Großhandel, abnehmen.[256] Wegen seiner unternehmerischen Dispositionsfreiheit steht es dem Unternehmer grundsätzlich frei, seinen Betrieb einzustellen, auch wenn der Handelsvertreter dadurch einen möglichen Ausgleichsanspruch verliert.[257] Ob die organisatorische Maßnahme wirtschaftlich geboten oder unternehmerisch sinnvoll ist, hat der Unternehmer zu entscheiden. Die Maßnahme kann deshalb nicht auf ihre Notwendigkeit oder Zweckmäßigkeit überprüft werden.[258] Ist jedoch die unternehmerische Entscheidung willkürlich und offenbar unsachlich oder unvernünftig, hat der Handelsvertreter trotz fehlender tatsächlicher Nutzung des Kundenstamms einen Ausgleichsanspruch, da dann die fehlende Nutzung dem Handelsvertreter nicht angelastet werden darf.[259] Dies ergibt sich aus dem allgemeinen Verbot des Rechtsmissbrauchs.[260] 80

Bei **Insolvenz des Unternehmers** wird dieser regelmäßig keine Geschäfte mehr mit dem vom Handelsvertreter geworbenen Kundenstamm abschließen. Ein Vorteil ist deshalb regelmäßig zu verneinen. Dies gilt insbesondere bei insolvenzbedingter Einstellung des Geschäftsbetriebs. Aber auch wenn der Insolvenzverwalter das Unternehmen im Rahmen der Auflösung (Liquidation) weiterführt, ist das Unternehmen mit dem Übergang in das Stadium der Liquidation nicht mehr auf Erwerb, sondern nur noch auf Erlangung eines optimalen Liquidationserlöses und auf baldige Abwicklung ausgerichtet, so dass das Unterneh- 81

253 Zum Vorteil des Unternehmers von Selbstbedienungstankstellen BGH BB 1985, 353; *Thume* in Küstner/Thume VertriebsR-HdB II Kap. VII Rn. 82 ff.

254 BGH NJW 2011, 848 Rn. 21 mwN.

255 BGH NJW 1986, 1931 (1932); 1968, 394 = LM Nr. 30 mAnm *Rietschel*; NJW 1959, 1964 f.; OLG Karlsruhe ZIP 1985, 235 (236); Oetker/*Busche* Rn. 17; EBJS/*Löwisch* Rn. 141; *Semler* in MSF VertriebsR-HdB § 22 Rn. 38; Staub/*Emde* Rn. 54, 88.

256 BGH NJW 1984, 2695 (2696); vgl. *Bamberger* NJW 1984, 2670.

257 BGHZ 49, 39 (41) = NJW 1968, 394 = LM Nr. 30 mAnm *Rietschel.*

258 BGHZ 49, 39 (42) = NJW 1968, 394 = LM Nr. 30 mAnm *Rietschel*; so auch BAG AP KSchG 1969 § 1 Betriebsbedingte Kündigung Nr. 42 = SAE 1988, 206 mit iErg zust. Anm. *Peterek* zur Dispositionsfreiheit des Arbeitgebers bei der betriebsbedingten Kündigung; Baumbach/Hopt/*Hopt* Rn. 20; aA Heymann/*Herrmann* Rn. 35, welcher die Unternehmerentscheidung an sachliche wirtschaftliche Erwägungen bindet.

259 BGH NJW 1986, 1931 (1932); EBJS/*Löwisch* Rn. 141; Staub/*Emde* Rn. 54; *Thume* in Küstner/Thume VertriebsR-HdB II Kap. V Rn. 84.

260 Nach Staub/*Emde* Rn. 97 verletzt der Unternehmer seine nachvertragliche Loyalitätspflicht, so dass ein Schadensersatzanspruch des Handelsvertreters in Höhe des zu erwartenden Ausgleichsanspruchs (positives Interesse) entsteht.

men faktisch keinen Nutzen mehr zieht.[261] Betreibt jedoch der Insolvenzverwalter das Unternehmen für eine längere Zeit weiter und schließt er dabei weitere Geschäfte mit den vom Handelsvertreter geworbenen Kunden ab, oder erhöht der Kundenstamm bei einer Weiterveräußerung des Unternehmens den Verkaufserlös, kann hierin ein konkreter Vorteil des Unternehmers liegen.[262] Der Kundenstamm führt nämlich zu einem **mittelbaren Vorteil** des Unternehmers, wenn er bei einem Verkauf des Unternehmens den Erlös steigert oder der Insolvenzverwalter mit den Kunden weitere Geschäfte abschließt.[263] Denn dadurch erhöht sich der Wert der Insolvenzmasse und der Unternehmer kann seine Schuldner in höherem Maße befriedigen, als wenn er die vom Vertreter vermittelten Geschäftsverbindungen nicht hätte nutzen können. Ein mittelbarer Vorteil genügt für die Begründung eines Ausgleichsanspruchs; bei diesem handelt es sich dann um eine Insolvenzforderung (→ Rn. 42).

82 Ein Vorteil des Unternehmers wird nicht schon dann ausgeschlossen, wenn sich der **Unternehmer** nach dem Ausscheiden des Handelsvertreters in einer Verlustphase befindet und **keine Gewinne erwirtschaftet.** Der Vorteil des Unternehmers liegt dann darin, dass ohne die Umsätze aus Geschäften mit dem vom Handelsvertreter geschaffenen Kundenstamm die Verluste noch höher ausgefallen wären.[264]

83 Der **Vorteil** muss **in der Person des Unternehmers** konkret festgestellt werden. Stellt ein Unternehmer seine Vertriebstätigkeit ein und übernimmt ein im **Konzernverbund** stehendes Unternehmen (unentgeltlich) den Kundenstamm, bewirkt die wirtschaftliche Stärkung des Konzerns nicht zwangsläufig einen Vorteil für das Unternehmen. Das Gleiche gilt, wenn die Konzernmutter des in Liquidation gefallenen Unternehmens über den Kundenstamm verfügt. Denn die wirtschaftliche Stärkung des Konzerns kommt nicht in jedem Fall dem Unternehmer zugute.[265] Vertreibt jedoch die Schwestergesellschaft Waren, die das Unternehmen herstellt und vor der Betriebsumstellung selbst vertrieben hat, an die vom Handelsvertreter geworbenen Kunden, hat der Unternehmer einen konkreten Vorteil, weil er den bisherigen Kundenstamm weiterhin zum Absatz seiner Waren nutzen kann.[266] Setzt sich der Konzern bei der Umstrukturierung des Vertriebs auf andere Konzerngesellschaften ohne einen vertretbaren Grund über die schutzwürdigen Belange seiner Handelsvertreter hinweg, kann dem Handelsvertreter mit Blick auf den Verlust des Ausgleichsanspruchs ein Schadensersatzanspruch zustehen.[267] Denkbar wäre auch ein Ausgleichsanspruch nach Treu und Glauben (§ 242 BGB).

84 **bb) Sonstige Vorteile.** Ausnahmsweise können dem Unternehmer trotz fehlender weiterer Nutzung des Kundenstamms Vorteile entstehen. Der Vorteilsbegriff des § 89b setzt nämlich nicht voraus, dass der Unternehmer selbst die vom Handelsvertreter geschaffenen Geschäftsbeziehungen zu den Kunden fortsetzt und gerade daraus erhebliche Vorteile zieht. Vielmehr liegt ein **Vorteil des Unternehmers** auch vor, wenn dieser die vom Handelsvertreter geschaffenen **Geschäftsbeziehungen auf andere Weise** für sich nutzt.[268] Beispielsweise erlangt der Unternehmer einen Vorteil, wenn er für die Geschäftsaufgabe nationale bzw. EU-Stilllegungsprämien[269] oder eine Abfindung für vorzeitige Pachtgrundstücksräumung[270] erhält.

85 Schlägt sich der vom Handelsvertreter geworbene Kundenstamm in einem höheren Verkaufserlös oder in den Pachteinnahmen nieder, begründet auch die **Betriebsveräuße-**

[261] OLG München DB 1988, 2251.
[262] Vgl. BGH NJW 1986, 1931 (1932); OLG München DB 1988, 2251; OLG Karlsruhe ZIP 1985, 235, Staub/*Emde* Rn. 104.
[263] *Thume* in Küstner/Thume VertriebsR-HdB II Kap. V Rn. 79 f.; Staub/*Emde* Rn. 104.
[264] BGH NJW-RR 1992, 421; EWiR 1991, 591 m. zust. Anm. *Schwerdtner.*
[265] EuGH DStR 2009, 759 (761) = BB 2009, 729; BGH NJW 1986, 1931 (1932); OLG München DB 1988, 2251; vgl. OLG Braunschweig NJW 1976, 2022.
[266] BGH NJW 1986, 1931 (1932).
[267] Vgl. BGH NJW 1986, 1931 (1932).
[268] OLG Frankfurt BB 1985, 687; Staub/*Emde* Rn. 88 ff.
[269] Staub/*Emde* Rn. 87 m. Fn. 354; Baumbach/Hopt/*Hopt* Rn. 20.
[270] OLG Frankfurt BB 1985, 687; Baumbach/Hopt/*Hopt* Rn. 20.

rung[271] oder **-verpachtung**[272] einen Vorteil. Dass bei der Übertragung eines laufenden Geschäftsbetriebes die Übernahme des Kundenstamms bei der Kaufpreisfindung berücksichtigt wird, stellt eine lebensnahe Betrachtung dar.[273] Eine unentgeltliche Geschäftsveräußerung bringt dagegen keine Vorteile für den Unternehmer.[274] Allerdings kann die unentgeltliche Geschäftsveräußerung an einen Dritten, insbesondere an die Konzernmutter oder an ein Schwesterunternehmen im Konzern eine treuwidrige Pflichtverletzung gegenüber dem Handelsvertreter darstellen und einen Schadensersatz wegen positiver Vertragsverletzung (§ 280 BGB) begründen.[275] Außerdem kann dem Handelsvertreter ein Anspruch gegen den Dritten aus § 826 BGB zustehen.[276]

Ausgleichszahlungen an den Hauptvertreter können für diesen erhebliche Vorteile dar- 86
stellen, die einen Ausgleichsanspruch des **Untervertreters** gegen ihn rechtfertigen.[277] Der ausgleichspflichtige Vorteil des Hauptvertreters (als Unternehmer des Untervertreters) liegt darin, dass er infolge des vom Untervertreter mitgeschaffenen Kundenstamms einen höheren Ausgleichsanspruch erzielt hat. Darin ist eine Nutzung des vom Untervertreter geworbenen Kundenstamms zu sehen.

cc) Minderung des Vorteils. Der **Vorteil** des Unternehmers wird gemindert oder 87
entfällt, wenn die Kunden wegen des Vertreterwechsels abwandern, obwohl der Nachfolgeservice objektiv nicht schlechter war.[278] Das gilt auch für den Fall, dass der Handelsvertreter zur Konkurrenz geht und die geworbenen Kunden mitnimmt,[279] oder bei einem nicht willkürlich herbeigeführten Umsatzrückgang nach Ausscheiden des Handelsvertreters, wenn die Umstände dem Handelsvertreter nicht angelastet werden können.[280] Verkauft der Handelsvertreter seine Kundendaten an einen Dritten, kann dies die Unternehmervorteile mindern (→ Rn. 25).[281] Dagegen führen nur vorübergehende, geringfügige Geschäftsstörungen infolge des Ausscheidens des Handelsvertreters ebenso wenig zu einer Minderung des Vorteils,[282] wie die Vornahme umsatzfördernder Aufwendungen durch den Unternehmer.[283] Der Verlust alter Kunden neben der Gewinnung neuer Kunden ist bei der Bestimmung eines Vorteils unerheblich,[284] kann aber unter Umständen im Rahmen der Billigkeitsprüfung des Abs. 1 S. 1 Nr. 2 zu berücksichtigen sein.[285]

b) Erheblich. Die Vorteile des Unternehmers müssen erheblich sein. Die Erheblichkeit 88
richtet sich danach, welchen Umsatz und welchen Gewinn der Unternehmer aus den fortbestehenden Geschäftsverbindungen mit den neu geworbenen Kunden erzielen kann.[286] Ob der Unternehmer den Kundenstamm tatsächlich in dem ihm möglichen Umfang genutzt hat, ist unerheblich.[287] Jedoch kann die Erheblichkeit zu verneinen sein, wenn ein „größe-

---

271 BGH NJW 1996, 1752; VersR 1985, 265; BGHZ 49, 39 (43) = NJW 1968, 394 = LM Nr. 30 mAnm *Rietschel*; BGH NJW 1960, 1292;OLG Köln BeckRS 2016, 1977 Rn. 11; OLG Karlsruhe WM 1985, 235 (236) bei Betriebsveräußerung durch Konkursverwalter (jetzt Insolvenzverwalter); Baumbach/Hopt/*Hopt* Rn. 18; *Schröder* DB 1973, 217 (219 f.).

272 OLG Hamburg VersR 1958, 688.

273 BGH NJW 1996, 1752; OLG Köln BeckRS 2016, 1977 Rn. 11.

274 OLG München DB 1988, 251.

275 Vgl. BGH NJW 1986, 1931 (1932); einschr. OLG München DB 1988, 2251; *Schröder* DB 1973, 217 (223) gewährt dem Handelsvertreter einen Ausgleichsanspruch.

276 OLG München DB 1988, 2251.

277 BGHZ 52, 5 (10) = LM Nr. 34 mAnm *Rietschel.*

278 BGH BB 1989, 2199; NJW 1985, 860 (861).

279 BGH BB 1960, 605 (606); EBJS/*Löwisch* Rn. 141.

280 BGHZ 56, 242 (246 f.) = LM Nr. 40 mAnm *Rietschel.*

281 BGH NJW-RR 2006, 1692 = EWiR § 89b HGB 1/07, 203 m. krit. Kurzkomm. *Klasen.*

282 OLG Oldenburg BB 1973, 1281.

283 BGHZ 56, 242 (245) = LM Nr. 40 mAnm *Rietschel*; BGHZ 73, 99 (104) = LM Nr. 55/56 mAnm *Alff.*

284 BGH BB 1964, 1399 mAnm *Wittmann*; *Thume* in Küstner/Thume VertriebsR-HdB II Kap. VII Rn. 161.

285 Vgl. BGH ZIP 1990, 1197 (1199).

286 BGH BB 1991, 1210 = NJW-RR 1991, 1050 (1052); OLG Nürnberg BB 1962, 155; EBJS/*Löwisch* Rn. 135.

287 BGH NJW-RR 1991, 1050 (1052); 1988, 42.

rer" Unternehmer aus den vom Handelsvertreter neu geworbenen (und intensivierten) Stammkunden einen Umsatz oder Gewinn von weniger als 15000 Euro erzielen kann.[288] Das Verhältnis zwischen dem Gesamtumsatz des Unternehmers und dem vom Handelsvertreter vermittelten Umsatz spielt dabei keine Rolle.[289] Ebenso wenig die Größe des Kundenstamms oder die Anzahl der Wiederholungskäufe.[290] Ein Vorteil kann deshalb auch bei einer Minderung des Gesamtumsatzes vorliegen.[291] Das Abspringen von nicht vom Handelsvertreter nach Abs. 1 S. 2 intensivierten Altkunden bleibt bei der Ermittlung des erheblichen Vorteils ebenfalls unberücksichtigt. Allerdings kann dann dies im Rahmen der Billigkeit berücksichtigt werden (→ Rn. 139).

89 **c) Prognoseentscheidung.** Die **Vorteile** des Unternehmers aus dem Neukundenstamm liegen bei der Beendigung des Handelsvertreterverhältnisses noch nicht konkret vor, sondern verwirklichen sich erst in der Zukunft. Damit wird eine Prognoseentscheidung über die künftigen Geschäftsabschlüsse notwendig[292] (→ Rn. 149 f.). Zu prüfen ist, wie lange und in welchem Umfang die Geschäfte zwischen Unternehmer und den vom Handelsvertreter neugeworbenen bzw. intensivierten Stammkunden voraussichtlich fortgeführt werden.[293] Dabei sind die Besonderheiten der jeweiligen Branche, die Marktgegebenheiten, die Wettbewerbsbedingungen, die Kundenfluktuation (zur Abwanderung → Rn. 157 ff.) und die Art der Tätigkeit zu berücksichtigen.[294] Umstände, die erst nach Vertragsbeendigung eintreten, können nur berücksichtigt werden, wenn sie im Zeitpunkt der Vertragsbeendigung bereits abzusehen sind.[295] An der Absehbarkeit fehlt es, wenn ein unternehmensinterner Beschluss über eine Betriebseinstellung nach außen geheim gehalten wird.[296] Auch die Entwicklung der einzelnen Geschäftsverbindungen während des Handelsvertretervertrages können Anhaltspunkte für die zukünftige Entwicklung geben.[297] Unvorhergesehene tatsächliche Entwicklungen können dagegen die Höhe des bereits entstandenen Anspruchs grundsätzlich nicht mehr beeinflussen;[298] dies gilt aber nur im Hinblick auf die Unternehmervorteile nach Abs. 1 S. 1 Nr. 1 (und die Provisionsverluste nach Abs. 1 S. 1 Nr. 2), weil nach dem Wortlaut des Gesetzes nur diese der Prognoseentscheidung unterliegen. Da der Ausgleichsanspruch nach Abs. 1 S. 1 Nr. 2 auch von (weiteren) Billigkeitserwägungen geprägt ist, können alle Umstände, dh auch nachträgliche und bei Vertragsbeendigung noch nicht absehbare im Rahmen der Billigkeit berücksichtigt werden (→ Rn. 97).

90 Für die **Dauer des Prognosezeitraums** ist entscheidend, wie lange die Geschäftsbeziehungen unter Berücksichtigung aller Umstände erfahrungsgemäß andauern werden.[299] Dies hängt vom Einzelfall ab. Beim Warenvertrieb ist dabei vor allem der übliche Zeitraum bis zum Neubedarf der Ware, also das sog. typische Nachkaufintervall, heranzuziehen,[300] um zumindest die Folgeaufträge der im letzten Jahr vor Vertragsbeendigung geworbenen Kunden zu erfassen.[301] Zu berücksichtigen sind dabei auch die Besonderheiten der jeweili-

---

[288] OLG Köln BeckRS 2011, 29129 – ohne Differenzierung zwischen Umsatz oder Gewinn; *Ströbl* BB 2013, 1027 (1029).
[289] BGH NJW 1998, 71 (74); 1998, 66 (68); NJW-RR 1991, 1050 (1052); Oetker/*Busche* Rn. 16; Baumbach/Hopt/*Hopt* Rn. 15.
[290] BGH NJW-RR 1991, 1050 (1052).
[291] BGH NJW 1990, 2889 (2890).
[292] BGHZ 56, 242 (246) = LM Nr. 40 mAnm *Rietschel*; Baumbach/Hopt/*Hopt* Rn. 16; zur Prognoseentscheidung bei der Kündigung vgl. v. Hoyningen-Huene/Linck/*Krause* KSchG § 1 Rn. 191 ff.
[293] BGH NJW-RR 1993, 221 = BB 1992, 2385.
[294] BGH NJW-RR 1993, 221 = BB 1992, 2385.
[295] BGH NJW 1998, 71 (75); OLG Düsseldorf OLGR 2004, 275; Baumbach/Hopt/*Hopt* Rn. 20; *Wendel/Ströbl* WRP 2005, 999; krit. *Hübsch/Hübsch* WM-Sonderbeil. 1/2005 zu Heft 9, 1 (13).
[296] OLG Düsseldorf OLGR 2004, 275; Baumbach/Hopt/*Hopt* Rn. 20.
[297] BGHZ 60, 112 (113); BGH NJW-RR 1991, 1050 (1052).
[298] BGH NJW 1998, 71 (75); OLG Düsseldorf OLGR 2004, 275; Baumbach/Hopt/*Hopt* Rn. 16; *Wendel/Ströbl* WRP 2005, 999; krit. *Hübsch/Hübsch* WM-Sonderbeil. 1/2005 zu Heft 9, 1 (13).
[299] BGH WM 1993, 392 (393) = NJW-RR 1993, 221 = BB 1992, 2385.
[300] BGH NJW 1985, 859.
[301] BGH NJW 1985, 859.

gen Branche, die Marktgegebenheiten, die Wettbewerbsbedingungen, die Kundenfluktuation und die Art der Tätigkeit.[302] In der Regel beträgt der Prognosezeitraum zwei bis drei Jahre, bei **langlebigen Gütern** fünf Jahre.[303] Auch ein Prognosezeitraum von sechs Jahren kann als überschaubare und in ihrer Entwicklung noch einschätzbare Zeitspanne angemessen sein.[304] Beim Neuwagengeschäft wurde von der Rspr. bislang ein Prognosezeitraum von fünf Jahren zugrunde gelegt,[305] jedoch hat der BGH bei entsprechender Darlegung, dass das durchschnittliche Nachkaufintervall mittlerweile länger sei, auch einen Prognosezeitraum von sechs bis acht Jahren für möglich gehalten.[306] Beim Vertrieb von Gabelstaplern mit einer Lebensdauer von 13 Jahren kann deshalb der Prognosezeitraum ausnahmsweise auch 13 Jahre betragen,[307] weil sich erst nach Ablauf dieser Zeit ein Ersatzbedarf ergibt und sich erst dann herausstellt, ob der Kunde zum Stammkunden wird. Jedoch muss bei einem solch langen Prognosezeitraum auch mit einer Fluktuation gerechnet werden.[308]

d) Beweislast. Für die **Fortdauer der Geschäftsbeziehung** nach Beendigung des Handelsvertreterverhältnisses trägt der Handelsvertreter die Beweislast. Sofern es allerdings im Rahmen einer längeren Geschäftsbeziehung immer wieder zu Abschlüssen zwischen dem Unternehmer und dem Neukunden gekommen ist, besteht ein Anscheinsbeweis für das Fortbestehen der Geschäftsverbindung und damit für die künftigen Unternehmervorteile.[309] Erweist sich die Prognose später als unrichtig, hat der Unternehmer keinen Anspruch auf Rückerstattung des Ausgleichsanspruchs. 91

III. Billigkeit (Abs. 1 S. 1 Nr. 2)

1. Billigkeit als Anspruchsvoraussetzung. Die Zahlung eines Ausgleichsanspruchs muss unter Berücksichtigung aller Umstände des Einzelfalls der Billigkeit entsprechen.[310] Der Billigkeitsgrundsatz beinhaltet eine **selbständige** und zusätzliche **Anspruchsvoraussetzung,** die neben dem Tatbestandsmerkmal des Unternehmervorteils (Abs. 1 S. 1 Nr. 1) schon bei der Anspruchsbegründung zu prüfen ist.[311] Ein Ausgleichsanspruch entsteht demnach nicht, wenn er unter Berücksichtigung aller Umstände des Einzelfalls unbillig wäre. Der Billigkeitsgrundsatz wurde in das Gesetz aufgenommen, um allen Umständen, die bei der abstrakten Berechnung von Vorteilen des Unternehmers nicht verwertet werden können, Rechnung zu tragen.[312] Durch das Gesetz vom 31.7.2009 (→ Rn. 2) hat das Tatbestandsmerkmal der Billigkeit eine erhebliche Aufwertung erfahren. Es tritt als einziges Tatbestandsmerkmal neben das Merkmal des Unternehmervorteils. **Provisionsverluste** sind danach ausschließlich als **besonderer Aspekt der Billigkeit** zu berücksichtigen (→ Rn. 31). 92

Anders als bisher fungiert die Billigkeitsprüfung nun **nicht mehr** als **bloßes Auffangkriterium** zur Korrektur rein rechnerischer Ergebnisse, die sich aus einer Gegenüberstellung von Unternehmensvorteilen und Provisionsverlusten des Handelsvertreters ergeben.[313] Vielmehr stellt sich nun der größere Teil der Prüfung des Ausgleichsanspruchs als Teil der Billigkeitsprüfung dar (→ Rn. 148 ff.). Da die Neufassung des § 89b durch das Gesetz vom 93

---

302 BGH NJW 2017, 475 Rn. 65 mwN.
303 BGH NJW 1985, 859 (860); OLG Frankfurt BB 1973, 212; *Horn* ZIP 1988, 137 (142); *Küstner/v. Manteuffel* BB 1988, 1972 (1980).
304 BGH NJW 1999, 2668 (2670).
305 BGH BB 2011, 208 (209); WM 2006, 1403 (1405) mwN.
306 BGH NJW-RR 2006, 1328.
307 BGH NJW-RR 1991, 1050 (1052).
308 *Horn* ZIP 1988, 137 (142).
309 BGH WM 1991, 196 (198); NJW 1985, 859; krit. BGH DB 1970, 152 (153), der auf die Verhältnisse des Einzelfalls abstellt; anders beim Handelsvertreter mit kurzer Vertragsdauer *Matthies* DB 1986, 2063.
310 Hierzu grdl. *v. Hoyningen-Huene,* Die Billigkeit im Arbeitsrecht, 1978, 22 ff.
311 BGH NJW-RR 1993, 221 = WM 1993, 329; Baumbach/Hopt/*Hopt* Rn. 23; *v. Hoyningen-Huene,* Die Billigkeit im Arbeitsrecht, 1978, 60; Staub/*Emde* Rn. 155.
312 BGH NJW 1958, 23.
313 Vgl. zur alten Rechtslage nur EBJS/*Löwisch* Rn. 153.

31.7.2009 vor dem Hintergrund der Rspr. des EuGH zu Art. 17 Abs. 2a RL 86/653/EWG (Handelsvertreter-RL) erfolgte (→ Rn. 2),[314] wird deutlich, dass nach dem Willen des Gesetzgebers der Ausgleichsanspruch nicht mehr von vornherein durch die Höhe der Provisionsverluste begrenzt ist.

94 **2. Billigkeitsabwägung. a) Billigkeitsbegriff.** Die Generalklausel Billigkeit ist ein **unbestimmter Rechtsbegriff** und normativer Begriff, der zwar selbst keine Wertung enthält, aber eine Richtlinienfunktion hat.[315] Durch den Maßstab der Billigkeit soll im jeweiligen Einzelfall ein beiden Parteien gerecht werdender Ausgleich gefunden werden, wobei die Eigenarten des Sachverhalts wesentlich zu berücksichtigen sind.[316]

95 **b) Methode der Abwägung.** Ist eine Entscheidung nach Billigkeit zu treffen, müssen die **Abwägungs- und Wertungskriterien** deutlich **offengelegt** werden, damit die Billigkeitsentscheidung transparent und objektiv nachprüfbar ist.[317] Die Billigkeitsprüfung erfolgt in folgenden Schritten: Die einschlägigen Gesichtspunkte und Umstände, die für eine Abwägung erforderlich sind, sind aufzufinden. Diese Gesichtspunkte und Umstände sind sodann zu bewerten und abschließend gegeneinander abzuwägen.[318]

96 **3. Allgemeine Abwägungskriterien.** Die Billigkeitsprüfung hat unter Berücksichtigung **aller Umstände** des Einzelfalls stattzufinden. Als Abwägungskriterien sind deshalb nicht nur – wie zum Teil vertreten – die vertragsbezogenen,[319] sondern **auch vertragsfremde Umstände** heranzuziehen.[320] Somit sind die gesamten persönlichen und sachlichen Besonderheiten des Einzelfalles, insbesondere auch wirtschaftliche und soziale Verhältnisse der Parteien in die Billigkeitsprüfung einzubeziehen.[321] Dazu gehören also auch die persönlichen Verhältnisse des Vertreters, wie Alter, Gesundheitszustand, Erwerbsfähigkeit (und ggf. Anzahl der Kinder)[322] – zumal gerade Alter, Gesundheitszustand und (die wirtschaftliche) Erwerbsfähigkeit des Handelsvertreters in direktem Zusammenhang mit der Frage stehen, ob und inwieweit Umsatzrückgänge gegeben sind und der Handelsvertreter infolge der Vertragsbeendigung Provisionsverluste erleidet. In der Diskussion um die Berücksichtigung dieser Umstände darf nicht übersehen werden, dass es – wie bei den sonstigen Billigkeitskriterien auch – nicht um zwingend zu berücksichtigende Kriterien handelt, sondern stets in jedem Einzelfall zu prüfen ist, ob und inwieweit die Zahlung eines Ausgleichs unter Berücksichtigung der Belange des Handelsvertreters und des Unternehmers der Billigkeit entspricht. Es gibt daher keinen Anlass, vertragsfremden Kriterien von vorneherein die Berücksichtigungsfähigkeit abzusprechen.

97 Da nach dem Gesetzeswortlaut des Abs. 1 S. 1 Nr. 2 die Zahlung des Ausgleichs unter Berücksichtigung aller Umstände der Billigkeit entsprechen muss, sind – anders als bei der Beurteilung der Unternehmervorteile nach Abs. 1 S. 1 Nr. 1 im Rahmen der Prognoseentscheidung (→ Rn. 89) – **auch nachvertragliche** und bei Vertragsbeendigung nicht abseh-

[314] EuGH DStR 2009, 759 = BB 2009, 729; dazu Kurzkomm. *Emde* EWiR § 89b HGB 1/09, 239 sowie *Evers* VW 2009, 956 ff.

[315] *v. Hoyningen-Huene,* Die Billigkeit im Arbeitsrecht, 1978, 30 ff.

[316] *v. Hoyningen-Huene,* Die Billigkeit im Arbeitsrecht, 1978, 32.

[317] *v. Hoyningen-Huene,* Die Billigkeit im Arbeitsrecht, 1978, 126.

[318] *v. Hoyningen-Huene,* Die Billigkeit im Arbeitsrecht, 1978, 116.

[319] So aber Oetker/*Busche* Rn. 18; Staub/*Emde* Rn. 161; Baumbach/Hopt/*Hopt* Rn. 25; Heymann/*Herrmann* Rn. 47; Röhricht/Graf v. Westphalen/Haas/*Thume* Rn. 100.

[320] BGH NJW 2003, 1244 (1246); BGHZ 18, 149; 23, 90 (99); *v. Hoyningen-Huene,* Die Billigkeit im Arbeitsrecht, 1978, 117; *Semler* in MSF VertriebsR-HdB § 22 Rn. 72; Heymann/*Herrmann* Rn. 47; offengelassen von BGHZ 29, 275 (280) = NJW 1958, 1966 (1967).

[321] BGHZ 43, 154 (161 f.) = LM Nr. 23 mAnm *Rietschel* = NJW 1965, 1134 (1136); Röhricht/Graf v. Westphalen/Haas/*Thume* Rn. 102; *K. Schmidt* HandelsR § 27 V Rn. 78; str.

[322] BGHZ 43, 162 Rn. 40; BGH NJW 2003, 1244; OLG München WM 2007, 710 (712); OLG Düsseldorf HVR Nr. 504; Staub/*Emde* Rn. 161; aA Baumbach/Hopt/*Hopt* Rn. 25 und 43; Oetker/*Busche* Rn. 18; *Thume* in Küstner/Thume VertriebsR-HdB II Kap. IX Rn. 112; *Thume* in Küstner/Thume VertriebsR-HdB II Kap. VIII Rn. 35 ff.; Wauschkuhn/Flohr/*Wauschkuhn* Rn. 189 f.; s. auch → Rn. 118 ff. für den Fall der Insolvenz des Handelsvertreters vor Vertragsbeendigung.

bare Umstände berücksichtigungsfähig.[323] Die Billigkeit ist nicht Gegenstand der Prognoseentscheidung; daran hat auch die Entscheidung des BGH vom 6.8.1997[324] nichts geändert.

Die Beurteilungskriterien dürfen nur sinnvoll und zweckentsprechend herangezogen 98
werden. Die im Einzelnen zu berücksichtigenden Kriterien sind ungemein vielgestaltig. Ein **System von Billigkeitsgrundsätzen existiert** deshalb **nicht.**[325] Vielmehr konkretisieren sie sich in zahlreichen Einzelentscheidungen und ergeben sich vor allem aus der Art des Rechtsverhältnisses unter besonderer Berücksichtigung der jeweiligen Einzelumstände. Zu Provisionsverlusten als maßgebliches Billigkeitskriterium → Rn. 101 ff.; zu weiteren einzelnen Billigkeitskriterien → Rn. 123 ff.

4. Wertung und Abwägung. a) Wertung. Die aufgefundenen Billigkeitskriterien 99
bedürfen einer Wertung und müssen gegeneinander abgewogen werden.[326] Bei der Wertung der einschlägigen Kriterien ist ein objektiver Maßstab anzulegen, dh der Richter muss wie ein außenstehender Dritter das konkrete individuelle Rechtsverhältnis beurteilen.[327] Dabei ist zu prüfen, ob bestimmte Interessen überhaupt schutzwürdig sind oder nicht, ob ein Gesichtspunkt anspruchsmindernd oder -erhöhend wirkt und welches Gewicht dem jeweiligen Billigkeitskriterium beizumessen ist. Durch den im Gesetz vom 31.7.2009 in Abs. 1 S. 1 Nr. 2 gewählten Wortlaut („insbesondere") bringt der Gesetzgeber zum Ausdruck, dass Provisionsverluste des Handelsvertreters einen besonders gewichtigen Wertungsaspekt darstellen (→ Rn. 101 ff.).

b) Abwägung. Nach der Wertung der im Einzelfall anwendbaren Billigkeitskriterien 100
sind diese in einer Gesamtschau gegeneinander abzuwägen.[328] Unter Berücksichtigung der jeweiligen Vor- und Nachteile auf jeder Seite ist zu prüfen, ob die Interessen einer Partei so sehr überwiegen, dass sie eine Erhöhung oder Minderung des rein rechnerisch ermittelten Ausgleichsanspruchs aus sachlichen Gründen erfordern. Zur möglichen Erhöhung → Rn. 142.

5. Provisionsverluste. Das Vorliegen von Provisionsverlusten ist seit der Neufassung 101
des Abs. 1 S. 1 Nr. 2 durch das Gesetz vom 31.7.2009 (→ Rn. 2) nicht mehr als eigenes Tatbestandsmerkmal, sondern als besonders hervorgehobener Aspekt der Billigkeitsprüfung zu berücksichtigen (→ Rn. 92 f., → Rn. 107 f.). Dies bedeutet insbesondere, dass der Ausgleichsanspruch, anders als nach bisheriger Rechtslage, nicht mehr von vornherein durch die Höhe der Provisionsverluste begrenzt wird (→ Rn. 93).

a) Definition. Der Provisionsverlust des Handelsvertreters umfasst alle Provisionen, 102
die der Handelsvertreter bei unterstellter Vertragsfortsetzung infolge von Geschäften des Unternehmers mit dem von ihm geworbenen bzw. intensivierten Kundenstamm erzielt hätte. Sowohl aus Art. 17 Abs. 2 lit. a RL 86/653/EWG (Handelsvertreter-RL) als auch aus Abs. 1 S. 1 Nr. 2 ergibt sich, dass nicht sämtliche Provisionsverluste des Handelsvertreters maßgeblich sind, sondern nur solche aus Geschäften mit den neu geworbenen bzw. intensivierten Stammkunden. Das Gesetz unterschied dabei bislang zwischen Provisionsverlusten aus bereits abgeschlossenen Geschäften und Verlusten aus künftig zustande kommenden Geschäften. Diese Unterscheidung hat der Gesetzgeber mit der Reform vom 31.7.2009 aufgegeben. Abs. 1 S. 1 Nr. 2 spricht nur noch von „aus Geschäften mit diesen Kunden entgehenden Provisionen". Inhaltlich ändert sich durch die neue Formulierung praktisch jedoch nichts. Der neue Wortlaut umfasst sowohl den (seltenen) Fall bereits abgeschlossener

[323] BGH NJW-RR 2006, 1692 (Verkauf der Kundendatei nach Vertragsbeendigung); NJW 1997, 1503 (1506); 1996, 2302, 2304 (Konkurrenztätigkeit nach Vertragsbeendigung); Baumbach/Hopt/*Hopt* Rn. 25; *Westphal,* Bd. 1, Rn. 1037 f.; aA EBJS/*Löwisch* Rn. 151; Staub/*Emde* Rn. 161.

[324] BGH NJW 1998, 71 (75); dazu auch → Rn. 89.

[325] *v. Hoyningen-Huene,* Die Billigkeit im Arbeitsrecht, 1978, 118.

[326] *v. Hoyningen-Huene,* Die Billigkeit im Arbeitsrecht, 1978, 120 ff.

[327] BGH NJW 1954, 1101; *v. Hoyningen-Huene,* Die Billigkeit im Arbeitsrecht, 1978, 121.

[328] BAG AP BGB § 242 Ruhegehalt Nr. 97 mAnm *A. Hueck* = SAE 1966, 32 mAnm *Heissmann*; *v. Hoyningen-Huene,* Die Billigkeit im Arbeitsrecht, 1978, 123.

Geschäfte als auch den (Regel-)Fall zukünftiger Geschäfte. Die bisherige Unterscheidung soll jedoch weiterhin zur Verdeutlichung der beiden Fallgruppen verwendet werden.

103 **aa) Bereits abgeschlossene Geschäfte.** Ein Ausgleichsanspruch für bereits vor der Beendigung des Handelsvertreterverhältnisses abgeschlossene Geschäfte ist der Ausnahmefall und kann nur entstehen, wenn der Handelsvertreter entgegen dem gesetzlichen Regelfall des § 87 Abs. 1 keine Provision für das von ihm abgeschlossene oder vermittelte Geschäft erhält. Das ist nur möglich bei Provisionsansprüchen, die zum einen nach § 87a noch nicht fällig sind (zB Überhangprovisionen) und auf deren Geltendmachung der Handelsvertreter zum anderen für den Fall der Beendigung des Vertragsverhältnisses vertraglich im Voraus verzichtet hat.[329] Das Gleiche gilt bei Provisionsansprüchen aus **vorbereiteten Abschlüssen** nach § 87 Abs. 3, falls diese durch Vertrag ausgeschlossen werden.[330] Dem Handelsvertreter steht dann ein Ausgleichsanspruch zu, weil er trotz Vermittlung oder Abschluss des Geschäfts keine Provision erhalten hat.

104 **bb) Künftige Geschäfte.** Regelmäßig entstehen die Provisionsverluste des Handelsvertreters durch Einbußen von Provisionsansprüchen bei künftig zustande kommenden Geschäften. Darunter fallen alle nach Vertragsende geschlossenen Geschäfte des Unternehmers mit dem vom Handelsvertreter neu geworbenen bzw. intensivierten Kundenstamm (→ Rn. 66 ff.), soweit dem Handelsvertreter bei Fortsetzung des Vertrags hieraus Provisionsansprüche entstanden wären. Die Fortsetzung des Vertragsverhältnisses und eine gleich bleibende Tätigkeit des Handelsvertreters[331] wird für die Bestimmung der Provisionsverluste fingiert.[332] Es kommt deshalb nicht darauf an, ob der Handelsvertreter bei Fortsetzung des Vertragsverhältnisses überhaupt noch zur Vermittlung weiterer Geschäfte imstande gewesen wäre. Aus diesem Grunde ist auch unerheblich, ob der künftige Geschäftsabschluss nur durch eine weitere Tätigkeit des Handelsvertreters nach Vertragsbeendigung zustande gekommen wäre. Eine Änderung des Vertriebssystems kann die zu erwartenden Provisionsverluste des Vertragshändlers verringern. Allerdings gilt dies nur dann, wenn der Unternehmer zu der Änderung auch gegenüber dem ausgeschiedenen Vertragshändler berechtigt gewesen wäre.[333] Eine differenzierte und einschränkende Betrachtung ist indes geboten, wenn der Handelsvertreter schon vor oder bei Vertragsbeendigung seinen Geschäftsbetrieb insolvenzbedingt eingestellt hat oder bei Vertragsbeendigung zumindest absehbar war, dass er seinen Geschäftsbetrieb insolvenzbedingt einstellen wird; entsprechendes gilt, wenn der Handelsvertreter schon bei Vertragsbeendigung in seiner Erwerbsfähigkeit gemindert war (→ Rn. 118 ff.).

105 Bei **Versicherungs- und Bausparkassenvertretern (§ 92)** gelten Nachfolgeverträge des Unternehmers, die nach der Beendigung des Handelsvertreterverhältnisses abgeschlossen werden, ebenfalls als „aus Geschäften mit diesen Kunden" (Abs. 1 S. 1 Nr. 2) resultierende Verträge, sofern sie in einem engen Zusammenhang mit dem vom Handelsvertreter vermittelten früheren Vertrag stehen. Dies ist beispielsweise bei einer Summenerhöhung oder einer Verlängerung des alten Vertrags der Fall.[334] Dagegen reicht nicht aus, dass der Handelsvertreter durch das Vertragsende die Chance verliert, neue Kunden zu werben.[335] Auch der Abschluss einer unechten Gruppenversicherung, die Einzelabschlüsse mit den Gruppenmitgliedern nur vorbereitet, beinhaltet keine Werbung neuer Kunden und damit keinen Provisionsverlust iSd Abs. 1 S. 1 Nr. 2.[336]

---

[329] Staub/*Emde* Rn. 144; Röhricht/Graf v. Westphalen/Haas/*Thume* Rn. 85.

[330] Vgl. BGHZ 33, 92 = NJW 1960, 1996; BAG AP HGB § 87 Nr. 11 mAnm *v. Hoyningen-Huene*; BAG AP HGB § 65 Nr. 6 mAnm *Herschel* = AR-Blattei Lohn XVI Entsch. 10 mAnm *Söllner* = SAE 1974, 155 mAnm *Thiele*.

[331] BGH BB 2008, 2594.

[332] BGH BB 2008, 2594; NJW 1999, 2668; 1957, 1028.

[333] BGH BB 2008, 2594.

[334] BGHZ 34, 310; 59, 125; BGH BB 1970, 102; LG Heilbronn BB 1980, 1819; LG München BB 1981, 573 mAnm *Brysch*.

[335] BGHZ 24, 223 (228) = LM Nr. 3 mAnm *Selowsky*; BGHZ 34, 314 für Bausparkassenvertreter.

[336] BGH BB 1961, 189 f.

cc) Prognoseentscheidung. Wie bei den Vorteilen des Unternehmers verlangt die Beurteilung der Provisionsverluste eine Prognoseentscheidung über die künftigen Geschäftsabschlüsse des Unternehmers mit den vom Handelsvertreter neu geworbenen bzw. intensivierten Stammkunden (→ Rn. 89). Der Provisionsverlust des Handelsvertreters berechnet sich demnach nach dem Umfang der künftigen Geschäftsabschlüsse mit diesen Kunden, die innerhalb eines überschaubaren Prognosezeitraums zu erwarten sind[337] (ausführlich → Rn. 154 ff.). 106

b) Ausgleichsrelevante Provisionsverluste. Nach hM werden bei der Ermittlung des Ausgleichsanspruchs nur diejenigen Vergütungsbestandteile der Provision erfasst, die auf die **werbende Tätigkeit** des Handelsvertreters entfallen. Dazu gehören Abschluss- oder Vermittlungsprovisionen[338] und unabhängig von der Bezeichnung als Provision[339] alle weiteren Vergütungen, die als Entgelt für die Schaffung eines Kundenstamms gezahlt werden, also auch Festvergütungen.[340] 107

Provisionen für **verwaltende Tätigkeiten** sind dagegen kein Entgelt für die Schaffung eines Kundenstamms und sollen daher nach der Rspr. des BGH auch nach der Neufassung des Gesetzes grundsätzlich **nicht ausgleichsrelevant** sein.[341] Dogmatisch zwingend erscheint dies aber nicht.[342] Dieser Ansatz folgt nämlich aus der sog. herkömmlichen Berechnungsmethode, die die Rspr. vor der Neufassung des Abs. 1 vom 31.7.2009 entwickelt hat. Diese geht davon aus, dass die Unternehmervorteile des Abs. 1 S. 1 Nr. 1 den Provisionsverlusten in Bezug auf die werbende Tätigkeit des Handelsvertreters – mithin der Tätigkeit für die Werbung neuer bzw. die Intensivierung alter Stammkunden – der Höhe nach entsprechen (→ Rn. 150). Dementsprechend führt die Vermittlungs- und Abschlusstätigkeit des Handelsvertreters zur Schaffung eines Kundenstammes, von dem der Unternehmer auch nach Vertragsbeendigung profitiert; nur dafür soll dem Handelsvertreter mit dem Ausgleichsanspruch eine noch ausstehende Vergütung zuteilwerden.[343] Betrachtet man hingegen infolge der Neufassung des Abs. 1 die Tatbestandsmerkmale des S. 1 Nr. 1 einerseits und des S. 1 Nr. 2 andererseits isoliert und bewertet man mithin die Unternehmervorteile nach S. 1 Nr. 1 gesondert, besteht keine Notwendigkeit im Rahmen der Billigkeitskontrolle nach S. 1 Nr. 2 die Vergütungsbestandteile für verwaltende Tätigkeiten aus den Provisionen herauszurechnen. Auch ergibt sich aus Art. 17 Abs. 2 RL 86/653/EWG (Handelsvertreter-RL) eine solche Notwendigkeit nicht; denn Art. 17 Abs. 2 lit. a zweiter Spiegelstrich RL 86/653/EWG spricht nur allgemein und ohne Einschränkungen von Provisionen. Bei Anwendung der herkömmlichen Berechnungsmethode (→ Rn. 150) ist es jedoch nach wie vor sachgerecht, im Rahmen der Provisionsverluste nur die Vergütungsbestandteile für die werbende Tätigkeit bei der Ermittlung des Ausgleichsanspruchs zu berücksichtigen, weil nur so eine Vergleichbarkeit zwischen Unternehmervorteilen einerseits und Provisionsverlusten andererseits gewährleistet ist. Der BGH hält mithin zu Recht weiterhin an seiner Rspr. fest, wonach bei der Ermittlung der Höhe des Ausgleichsanspruchs nur solche Provisionen und Provisionsanteile zu berücksichtigen sind, die der Handelsvertreter für seine („werbende") Vermittlungs- und Abschlusstätigkeit erhält, nicht dagegen Provisionen für vermittlungsfremde („verwaltende") Tätigkeiten.[344] Auch ist zu berücksichtigen, dass der Handelsvertreter dadurch nicht benachteiligt wird, weil 108

[337] BGHZ 61, 112 (115).
[338] BGH BB 1988, 2199 (2200); NJW 1985, 860 (861); BGHZ 30, 98 = LM Nr. 12 mAnm *Haager* = NJW 1959, 1430 auch für den Versicherungsvertreter; BGHZ 34, 310 (313 ff.) = NJW 1961, 1059; BGHZ 59, 87 (94) = NJW 1972, 1662 = LM Nr. 43 mAnm *Rietschel* für den Bausparkassenvertreter; EBJS/*Löwisch* Rn. 156.
[339] BGHZ 30, 98 (104) = NJW 1959, 1430; OLG München NJW-RR 1993, 357.
[340] BGHZ 43, 154 (158) = LM Nr. 23 mAnm *Rietschel*; Baumbach/Hopt/*Hopt* Rn. 27.
[341] S. nur BGH NJW 2017, 475 Rn. 51; NJW-RR 2012, 678; NJW 2011, 848; NJW-RR 2011, 614; NJW-RR 2010, 1263; vgl. dazu auch Baumbach/Hopt/*Hopt* Rn. 26, 28; Flohr/Wauschkuhn/*Wauschkuhn* Rn. 152.
[342] EBJS/*Löwisch* Rn. 156; *Emde* DStR 2009, 1478 (1482); *Emde* WRP 2010, 844 (846 f.) und EWiR 2009, 239; *Evers* VW 2009, 1371; *Kindler/Menges* DB 2010, 1109 (1115); *Thume* in Küstner/Thume VertriebsR-HdB II Kap. IX Rn. 58 ff.; *Thume* VersR 2012, 665 (669).
[343] S. nur BGH NJW-RR 2002, 1548 (1551) mwN.
[344] So zB BGH NJW 2017, 475 Rn. 51.

es ihm unbenommen bleibt darzulegen, dass die Unternehmervorteile höher sind als die Vermittlungsprovisionen.[345] Welche Tätigkeiten als rein verwaltende einzustufen sind, bestimmt sich nach den vertraglichen Regelungen und den Besonderheiten der jeweiligen Betriebssparte.[346] Die steuerliche Einstufung von Provisionen kann für die Einordnung nicht herangezogen werden.[347] Im Vertrieb außerhalb des Tankstellenbereichs dürften Bestandspflege,[348] Delkredere, Inkasso,[349] Lagerhaltung (sofern der Kunde nicht eine sofortige Belieferung erwartet[350]), Warenauslieferung,[351] Regalpflegedienste,[352] Personalkosten[353] und Schadensregulierung regelmäßig[354] nicht Bedingung für die Schaffung eines Kundenstammes sein, so dass sie als verwaltende Tätigkeiten einzustufen und deshalb bei der Berechnung der Provisionsverluste nicht berücksichtigt werden sollten.[355]

109 Für den Tankstellenhalter gehören dagegen Lagerhaltung, Auslieferung und Inkasso[356] zur werbenden Tätigkeit, wie generell Tätigkeiten, die sich vor den Augen des Kunden abspielen oder deren Ergebnisse sich dem Kunden in Gestalt des Zustandes, der Ordnung und der Sauberkeit der Tankstelle darstellen.[357] Zur werbenden Tätigkeit gehört dann auch die bei dem Tankstellenhalter für Lagerung, Auslieferung und Inkasso anfallenden Personalkosten.[358] Die aufgeführten Tätigkeiten sind bei einem Tankstellenhalter essentiell für die Schaffung eines Kundenstammes.[359] Wird daneben ein Shop-Geschäft im eigenen Namen und auf eigene Rechnung betrieben, kann dem Tankstellenpächter auch dafür ein Ausgleichsanspruch zustehen, wenn die Analogievoraussetzungen zum Ausgleichsanspruch eines Vertragshändlers (→ Rn. 15 ff.) vorliegen.[360]

110 Erhält der Handelsvertreter eine **Gesamtprovision** und beinhaltet sein Aufgabenbereich **gemischte Tätigkeiten,** dh sowohl werbende als auch verwaltende Tätigkeiten, ist die Provision um die Vergütungsbestandteile für die verwaltende Tätigkeit zu bereinigen („Rückführungsschritt"). Der den Ausgleichsanspruch geltend machende Handelsvertreter trägt die Darlegungs- und Beweislast für dessen Voraussetzungen und damit auch dafür, dass der Berechnung des Ausgleichsanspruchs nur solche Provisionsanteile zu Grunde liegen, die auf seine werbende Tätigkeit entfallen.[361] Insoweit genügt indes ein schlüssiger (wahrheitsgemäßer) Vortrag, auch wenn dieser wenig wahrscheinlich erscheinen mag.[362] Der Unternehmer trägt die Darlegungs- und Beweislast für einen auf verwaltende Maßnahmen entfallenden, nicht ausgleichsfähigen Provisionsanteil dann, wenn er einen höheren als den vom Handelsvertreter angegebenen Anteil herausgerechnet wissen will. Denn er hat den Provisionssatz im Handelsvertretervertrag vorgegeben und müsste über Erfahrungswerte darüber verfügen, wie sich die Provision habe aufteilen sollen, wenn sie auch Vergütungsanteile für handelsver-

345 So auch *Westphal* DB 2010, 1333 (1337), der im Übrigen auch schon direkt aus der Richtlinie ableitet, dass nur Vermittlungsprovisionen berücksichtigungsfähig sind.
346 BGH NJW 1998, 66; 1998, 71.
347 BGH NJW-RR 2005, 1274.
348 Nach BAG AP HGB § 89b Nr. 10 = DB 1986, 919 sind jedoch auch Bestandspflegeprovisionen insoweit ausgleichspflichtig, als sie die Kundenbetreuung im Interesse künftiger Geschäftsabschlüsse vergüten, weil dann die Bestandspflegeprovision ein Entgelt für die Vermittlungstätigkeit darstellt. Zur Abgrenzung erfolgsabhängige Provision und Bestandspflegeprovision zB LAG Hamm BeckRS 2017, 125968.
349 BGHZ 30, 98 (104) = LM Nr. 12 mAnm *Haager* = NJW 1959, 1430; aA Oetker/*Busche* Rn. 20.
350 OLG München ZVertriebsR 2018, 27 Rn. 81 für Outlet-Center.
351 BGHZ 56, 242 = LM Nr. 40 mAnm *Rietschel.*
352 AA Oetker/*Busche* Rn. 20.
353 BGH BB 1989, 1075 = EWiR § 89b HGB 2/89, 693 m. Kurzkomm. *v. Hoyningen-Huene.*
354 *Thume* BB 1999, 2309 (2312) nennt weitere mögliche Sparten, auf die die Tankstellen-Rspr. übertragbar sein könnte, wie zB der Lebensmittelbereich.
355 *Küstner* BB 1999, 541 (547).
356 BGH NJW-RR 2003, 821 (824); 2002, 1548.
357 BGH NJW 1998, 66 (69); 1998, 71 (72 f.).
358 BGH NJW-RR 2003, 821 (824).
359 BGH NJW 1998, 71; 1998, 66.
360 Umkehrschluss aus BGH NJW-RR 2004, 898; aA noch OLG München NJW-RR 2003, 537.
361 StRspr des BGH, vgl. nur BGH BeckRS 2011, 3879; NJW-RR 2010, 1550 Rn. 15 jeweils mwN.
362 BGH IHR 2010, 154 Rn. 19.

treteruntypische Tätigkeiten enthält.[363] Ferner liegt auch dann die Darlegungs- und Beweislast für den Anteil der verwaltenden Tätigkeit beim Unternehmer, wenn vertraglich nicht (hinreichend) wirksam (→ Rn. 239) geregelt ist, in welchem Umfang mit den Provisionen bestimmte Tätigkeiten vergütet werden; es obliegt dann dem Unternehmer im Einzelnen darzutun, welche Aufteilung der Provision nach dem Vertrag angemessen ist, falls er von der Beurteilung des Handelsvertreters abweichen will.[364] Nach der höchstrichterlichen Rspr. wird der Unternehmer seiner Darlegungslast gerecht, wenn er darlegt, welcher Anteil der Tätigkeit bzw. Kosten des Handelsvertreters verwaltend bzw. werbend ist, weil anzunehmen ist, dass nach der Vorstellung der Parteien die Provisionsanteile dem tatsächlichen Verhältnis von werbender zu verwaltender Tätigkeit entsprechen sollen.[365] Ist der Unternehmer nicht in der Lage, die tatsächlichen Verhältnisse des klagenden Handelsvertreters zu ermitteln, genügt er seiner Darlegungslast dadurch, dass er Erfahrungswerte aus seiner Vertriebsorganisation ansetzt.[366] Der Rspr. des BGH ist mit einer Einschränkung beizupflichten: Unterhält der Unternehmer ein Vertriebsnetz bestehend aus mehreren Absatzmittlern und gilt in diesem einheitlich eine bestimmte Vergütungsstruktur, muss der Unternehmer die Möglichkeit haben, vorrangig auf die Erfahrungswerte in seinem Vertriebsnetz abzustellen; der individuellen Kostenstruktur des jeweiligen Absatzmittlers kann dann nicht der Vorrang gebühren. Ggf. kann der Richter im Rahmen seiner freien Beweiswürdigung nach § 287 ZPO feststellen, welcher Anteil der Vergütung auf die werbende Tätigkeit des Handelsvertreters entfällt und mithin bei der Verlustberechnung anzusetzen ist.[367]

Der BGH hat weiter in Bezug auf die Berechnung des Ausgleichsanspruchs eines Kfz- **111**
Vertragshändlers entschieden, dass auch über den Rabatt auf den Listenpreis hinaus gewährte Zusatzleistungen des Unternehmers **(Prämien, Boni) ausgleichspflichtig** sind. Anders als es nach dem Wortlaut des Abs. 1 S. 1 Nr. 2 erscheine, käme es nicht darauf an, ob der Unternehmer die vertragliche Verpflichtung übernommen habe, die zusätzlichen Vergünstigungen fortlaufend zu gewähren, und der Händler damit einen Rechtsanspruch auf diese Zusatzleistungen erworben habe. Es genüge, dass der Händler berechtigterweise erwarten konnte, auch in Zukunft vergleichbare Leistungen zu erhalten.[368] Zur Bereinigung um Vergütungsbestandteile für händlertypische und verwaltende Tätigkeiten → Rn. 115. Diese Rspr. erscheint bei vergleichbarem Sachverhalt auf die Berechnung des Ausgleichsanspruchs eines Handelsvertreters übertragbar.

Auch bei den **„Superprovisionen“**, durch die der Aufbau einer Vertriebsorganisation **112**
durch beispielsweise Aufnahme, Einarbeitung und Betreuung von Untervertretern honoriert wird (→ § 87 Rn. 16), stellt sich die Problematik der Aufteilung der Vergütungsbestandteile für vermittelnde und verwaltende Tätigkeiten. Die Superprovisionen können also ausgleichspflichtig sein, soweit die Tätigkeit des Hauptvertreters Voraussetzung für das Arbeiten der ihm unterstellten Vertreter und daher mitursächlich für die von diesen vermittelten Abschlüsse ist.[369]

Zu den ausgleichsrelevanten Provisionsverlusten zählt auch der **Wegfall von Unter- 113**
provisionen, die der Hauptvertreter vom Unternehmer erhält, um sie an seinen Untervertreter (→ § 84 Rn. 117 ff.) für dessen Vermittlungstätigkeit weiterzuleiten, weil anderenfalls außer Betracht bliebe, dass der Handelsvertreter dem Untervertreter bei der Beendigung des Untervertretervertrags ggf. ausgleichspflichtig ist.[370] Dies gilt aber nur, wenn ein Ausgleichsanspruch des Untervertreters überhaupt in Betracht kommt. Steht fest, dass dem

[363] BGH NJW 1997, 1503 (1506); 1996, 2298 (2300); NJW-RR 1988, 1061.
[364] StRspr des BGH, vgl. nur BGH BeckRS 2011, 3879; NJW-RR 2010, 1550 Rn. 15, jeweils mwN; Baumbach/Hopt/*Hopt* Rn. 33.
[365] StRspr des BGH, vgl. nur BGH NJW-RR 2010, 1550 Rn. 15; BeckRS 2011, 3879 Rn. 12, jeweils mwN.
[366] BGH NJW 1997, 1503, 1506.
[367] S. nur BGH BeckRS 2011, 3879 Rn. 15.
[368] BGH NJW 2010, 1263 Rn. 31 ff.; 2011, 848 Rn. 32.
[369] BGH IHR 2012, 63, 66.
[370] *Thume* in Küstner/Thume VertriebsR-HdB II Kap. IX Rn. 89.

Untervertreter ein Ausgleichsanspruch gegen den Hauptvertreter nicht zusteht, sind die Provisionen, die der Hauptvertreter zum Zwecke der Weiterleitung an den Untervertreter erhalten hat, nicht ausgleichspflichtig.[371]

114 Des Weiteren ist die Tätigkeit und der Umsatz von Untervertretern die der Handelsvertreter beschäftigt und mit denen er im eigenen Namen Handelsvertreterverträge abgeschlossen hat, dem Hauptvertreter zuzurechnen.[372] Das kann auch gelten, wenn der Hauptvertreter wirtschaftlich dem Erscheinungsbild eines echten **Generalvertreters** gleichkommt, obwohl die Verträge mit dem Untervertreter vom Unternehmer abgeschlossen worden waren.[373]

115 Bei der Berechnung des **Ausgleichsanspruchs eines Vertragshändlers** muss der Händlerrabatt nicht nur um die Vergütungsbestandteile für verwaltende Tätigkeiten des Händlers, sondern auch um die **Vergütungsbestandteile für die händlertypischen Tätigkeiten** des Vertragshändlers **„bereinigt"** werden (daher zwei „Rückführungsschritte"), um eine Vergleichbarkeit der ausgleichspflichtigen Händlerrabatte mit den ausgleichspflichtigen Provisionen eines Handelsvertreters zu erzielen. Es sind also auch diejenigen Teile des Rabattes herauszurechnen, die der Vertragshändler für Tätigkeiten erhält, die typischerweise ein Vertragshändler, nicht aber ein Handelsvertreter zu erbringen hat.[374] Auszugehen ist dabei von dem gesetzlichen Leitbild des Handelsvertreters, wie es in §§ 84 ff. zum Ausdruck kommt.[375] Die Bereinigung des Händlerrabatts um Vergütungsbestandteile für händlertypische und verwaltende Tätigkeiten kann auch in einem einzigen Rückführungsschritt erfolgen.[376] Der BGH hat beispielsweise folgende Tätigkeiten bzw. Kosten eines **Kfz-Vertragshändlers** als händlertypisch angesehen: Beschäftigung angestellter Verkäufer,[377] Preisnachlässe gegenüber Kunden,[378] Vorhalten eines Ausstellungsraums,[379] die Durchführung von Übergabedurchsichten,[380] die Kosten der Produktwerbung,[381] der Aufwand für das Halten von Vorführwagen[382] und die Lagerhaltung.[383] Sofern aber der Unternehmer einen Teil des Absatzrisikos übernimmt, indem er dem Vertragshändler verkaufsfördernde Zusatzleistungen gewährt, damit dessen Rohertrag nicht in Höhe des vollen Preisnachlasses geschmälert wird, sind diese Zusatzleistungen im Gegenzug dem Rohertrag hinzuzurechnen.[384] Auch vom Unternehmer zusätzlich zum Händlerrabatt gewährte **Prämien und Boni** sind um Vergütungsbestandteile für händlertypische und verwaltende Leistungen zu bereinigen, wobei der Unternehmer die Darlegungs- und Beweislast dafür trägt, ob und inwieweit solche enthalten sind.[385] Was die Darlegungs- und Beweislast anbelangt, gelten die gleichen Grundsätze wie bei der Bereinigung der Provision um Vergütungsbestandteile für verwaltende Tätigkeiten → Rn. 110.

116 **c) Ursächlichkeit der Vertragsbeendigung für die Provisionsverluste.** Die Provisionsverluste müssen gem. Abs. 1 S. 1 Nr. 2 dem Handelsvertreter gerade infolge der Vertragsbeendigung entstanden sein. Ausgleichsrelevant sind demnach nur solche Provisionen,

---

[371] *Westphal,* Vertriebsrecht I, Handelsvertreter, 1998, Rn. 993; aA EBJS/*Löwisch* Rn. 160.

[372] BGH ZIP 1987, 1383 (1387).

[373] BGHZ 59, 87 (92) = NJW 1972, 1662 = LM Nr. 43 mAnm *Rietschel*; *Horn* ZIP 1988, 137, 145; *v. Westphalen* DB 1988, Beilage 8 S. 11 f.

[374] StRspr des BGH, s. nur BGH NJW 2011, 3438 (3439); NJW-RR 2010, 1263 (1266); 2006, 1328 (1330); *Wauschkuhn* ZVertriebsR 2016, 79 (81 f.); Oetker/*Busche* Rn. 64; EBJS/*Löwisch* Rn. 269; Baumbach/Hopt/*Hopt* Rn. 28; *Thume* in Küstner/Thume VertriebsR-HdB II Kap IX Rn. 312; BGH NJW 1996, 2298 (2300); 1996, 2302 (2303).

[375] *Hollmann* BB 1985, 1023 (1033).

[376] BGH NJW-RR 2006, 1328 (1331); NJW 1996, 2302 (2303).

[377] BGH NJW-RR 2006, 1328 (1331); NJW 1996, 2298 (2300).

[378] BGH NJW 1996, 2302 (2303 f.); 1996, 2298 (2300) – die Darlegungslast dafür trägt der Händler.

[379] BGH NJW-RR 2006, 1328 (1331); NJW 1996, 2298 (2300) mwN.

[380] BGH NJW 1996, 2302 (2304).

[381] S. nur BGH NJW-RR 2010, 1263 Rn. 28.

[382] BGH NJW-RR 2006, 1328 (1331); NJW 1996, 2298, (2300); 1996, 2302 (2304).

[383] BGH NJW-RR 2006, 1328 (1331); NJW 1996, 2298, (2300); 1996, 2302 (2304).

[384] BGH BeckRS 2010, 2864 Rn. 41.

[385] BGH NJW 2011, 3438 Rn. 25; NJW-RR 2010 1263 Rn. 29 f.; EBJS/*Löwisch* Rn. 269; *Emde* MDR 2010, 537; Staub/*Emde* Rn. 278.

die der Handelsvertreter bei der hypothetischen Fortsetzung des Vertragsverhältnisses und der Fortsetzung der Vermittlertätigkeit erhalten hätte. Deshalb besteht grundsätzlich kein Ausgleichsanspruch, wenn der Provisionsanspruch des Handelsvertreters schon vor Vertragsende **vertraglich abbedungen** wurde. Dies kann insbesondere bei Provisionen iSd § 87 Abs. 1 S. 1 Alt. 2, dh für Geschäfte des Unternehmers mit Dritten, die der Handelsvertreter als Kunde für Geschäfte der gleichen Art geworben hat, der Fall sein, wenn Handelsvertreter und Unternehmer vereinbart haben, dass nur solche Geschäfte provisionspflichtig sein sollen, die unmittelbar auf die Tätigkeit des Handelsvertreters zurückzuführen sind.

aa) Keine Provisionsverluste infolge der Vertragsbeendigung. Entgehen dem Handelsvertreter infolge der Vertragsbeendigung **keine Provisionen,** kann die Zahlung eines Ausgleichs **unbillig** sein.[386] Allerdings stellt das Vorliegen von Provisionsverlusten beim Handelsvertreter seit der Gesetzesnovelle vom 31.7.2009 kein Tatbestandsmerkmal des Ausgleichsanspruchs mehr dar (→ Rn. 31, → Rn. 92 f.). Folglich verbietet sich eine schematische Lösung dahingehend, dass ein Ausgleichsanspruch in solchen Fällen per se ausgeschlossen ist.[387] Mithin kann es auch bei Fehlen von Provisionsverlusten der Billigkeit entsprechen, dem Handelsvertreter einen Ausgleichsanspruch zuzugestehen. Dies gilt jedoch nur, wenn dem Unternehmer Vorteile aus den vermittelten Geschäften verbleiben;[388] Billigkeitserwägungen alleine begründen indes keinen Ausgleichsanspruch.[389] Diese Problematik stellt sich insbesondere, wenn **Einmalprovisionen** vereinbart sind.[390] Allerdings müssen dann die Unternehmervorteile ohne Rückgriff auf die Provisionsverluste ermittelt werden, was erheblichen Schwierigkeiten begegnet (→ Rn. 149), die von der Rspr. bis heute nicht gelöst sind.[391] 117

bb) Insbesondere wegen Insolvenz des Handelsvertreters. Des Weiteren stellt sich die Frage, ob die Zahlung eines Ausgleichs der Billigkeit entspricht, wenn die Provisionsverluste des Handelsvertreters nicht auf der Beendigung des Vertragsverhältnisses beruhen, sondern auf dem Umstand, dass der Handelsvertreter bei unterstellter Fortsetzung des Vertragsverhältnisses nicht mehr in der Lage war, Provisionen aus dem Kreis des von ihm geschaffenen Kundenstamms zu erzielen, **und dieser Umstand bei Vertragsbeendigung bereits gegeben bzw. zumindest absehbar war.** Dies ist etwa der Fall, wenn der Handelsvertreter bereits vor oder bei Vertragsbeendigung seinen Geschäftsbetrieb insolvenzbedingt eingestellt hat oder die Fortführungsprognose bei Vertragsbeendigung negativ und daher bei Vertragsbeendigung absehbar ist, dass der Handelsvertreter seinen Geschäftsbetrieb kurz- bis mittelfristig einstellen wird (zum Ausschluss des Ausgleichsanspruch nach Abs. 3 Nr. 2 infolge einer insolvenzbedingten außerordentlichen Kündigung durch den Unternehmer → Rn. 213). Selbst wenn der Insolvenzverwalter das Unternehmen des Handelsvertreters im Rahmen der Auflösung (Liquidation) noch für eine gewisse Zeit weiterführt, ist es regelmäßig nicht mehr auf Erwerb, sondern nur noch auf Erlangung eines optimalen Liquidationserlöses und auf baldige Abwicklung ausgerichtet. Inwieweit der Handelsvertreter bei unterstellter Fortsetzung des Vertragsverhältnisses im Prognosezeitraum also noch Provisionen verdient hätte, ist damit selbst bei Fortführung des Unternehmens des Handelsvertreters durch den Insolvenzverwalter sehr fraglich. Der BGH scheint die Frage mit Urteil vom 6.10.2010 dahingehend geklärt zu haben, dass die insolvenzbedingte Einstellung des Geschäftsbetriebs durch den Handelsvertreter generell unbeachtlich ist.[392] In der Praxis wird dieses Urteil oft dahingehend verstanden, dass selbst eine insolvenzbedingte Einstellung 118

386 OLG Stuttgart BeckRS 2013, 15236; OLG Köln BeckRS 2015, 19345 Rn. 45; *Christoph* NJW 2010, 647 (648); *Emde* EWiR 2009, 239 (240); *Steinhauer* EuZW 2009, 887 (888 f.); *Koch* ZIP 1752 (1753 f.); *Pauly* MDR 2013, 694 (696); s. dazu auch schon BT-Drs. 11/3077, 9.

387 *Emde* WRP 2010, 844, 849; EBJS/*Löwisch* Rn. 153; aA OLG Stuttgart BeckRS 2013, 15236.

388 Insoweit wohl zweifelhaft OLG Köln BeckRS 2015, 19345 Rn. 43 ff.

389 BGH NJW 2010, 3226 Rn. 16; Baumbach/Hopt/*Hopt* Rn. 23.

390 Vgl. dazu OLG Stuttgart BeckRS 2013, 15236; OLG Köln BeckRS 2015, 19345 Rn. 45; Küstner/*Thume* II Kap. IX Rn. 50.

391 Dazu OLG Düsseldorf ZVertriebsR 2017, 111 Rn. 51 mwN.

392 BGH NJW 2011, 848 Rn. 24 für Vertragshändler.

des Geschäftsbetriebes vor oder bei Vertragsbeendigung bzw. eine bei Vertragsbeendigung zumindest absehbare insolvenzbedingte Einstellung des Geschäftsbetriebes keine Auswirkungen auf Grund oder Höhe des Ausgleichsanspruchs habe.

119 So einfach ist es indes nicht. Wie sich aus dem Urteil der Vorinstanz[393] ergibt, hat der BGH über einen Fall entschieden, in welchem das Insolvenzverfahren über das Vermögen des Vertragshändlers neun Monate *nach* Vertragsbeendigung eröffnet wurde. Den jeweiligen Urteilen des BGH und der Vorinstanz kann nicht entnommen werden, dass die insolvenzbedingte Einstellung des Geschäftsbetriebs schon bei Vertragsbeendigung absehbar war. Sieht man sich die Rechtslage genauer an, stellt sie sich noch **komplexer** dar, wobei die Entscheidungspraxis des BGH widersprüchlich erscheint: Einerseits soll es nach der stRspr des BGH **nicht darauf ankommen, ob der Handelsvertreter bei der gedachten Fortsetzung des Vertragsverhältnisses überhaupt noch zur Vermittlung weiterer provisionspflichtiger Geschäfte in der Lage war.**[394] Die Entwicklung solle so betrachtet werden, als hätte der Handelsvertreter seine Tätigkeit für den Unternehmer fortgesetzt. Es solle eine gleich bleibende Tätigkeit des Handelsvertreters (wie vor Vertragsbeendigung) unterstellt werden.[395] Ferner bestünde der Regelungszweck des § 89b darin, dem Handelsvertreter für einen auf seiner Tätigkeit beruhenden, ihm aber infolge der Beendigung des Vertragsverhältnisses nicht mehr vergüteten Vorteil des Unternehmers, wie er in der Schaffung des Kundenstamms liegt, eine Gegenleistung zu gewähren. Daher hat der BGH einen Ausgleichsanspruch bei einer Auflösung des Handelsvertreterverhältnisses durch Tod,[396] Selbsttötung des Handelsvertreters,[397] bei Betriebseinstellung des Handelsvertreters (allerdings nach Beendigung des Vertragsverhältnisses),[398] in einem Rotationssystem[399] sowie in einem Fall, in dem sich der Handelsvertreter verpflichtet hatte, seine Vertragspflichten ausschließlich durch einen Dritten erbringen zu lassen und das Vertragsverhältnis sodann infolge der Kündigung des Dritten beendet wurde,[400] bejaht. Andererseits hat der BGH in neueren und teils späteren Entscheidungen in Abweichung seiner früheren Rspr. betont, dass bei der Ermittlung der Unternehmervorteile und der Provisionsverluste des Handelsvertreters **eine Prognose über die künftige Entwicklung der Verhältnisse erforderlich ist und bei der Prognose alle Umstände einzubeziehen sind, die bei Vertragsbeendigung vorgelegen haben oder zumindest absehbar waren.**[401] Klar ist damit lediglich, dass eine bei Vertragsbeendigung noch nicht erfolgte und auch nicht absehbare insolvenzbedingte Einstellung des Geschäftsbetriebs für die vorzunehmende Prognoseentscheidung irrelevant ist. Zur Berücksichtigung von nachvertraglichen, bei Vertragsbeendigung noch nicht absehbaren Umständen im Rahmen der Billigkeit → Rn. 97.

120 Unklar ist demgegenüber, ob die zum Zeitpunkt der Vertragsbeendigung bereits erfolgte Einstellung des Geschäftsbetriebs bzw. die zu diesem Zeitpunkt zumindest absehbare insolvenzbedingte Einstellung des Geschäftsbetriebs durch den Handelsvertreter außer Acht (und mithin vor dieser die Augen zu verschließen) oder zu berücksichtigen ist. Dieses Spannungsverhältnis dürfte dahingehend zu lösen sein, dass sich **schematische Lösungen** auch hier **verbieten.** Kausal auf die Vertragsbeendigung zurückzuführende Provisionsverluste sind nicht generell und von vorneherein zu verneinen; stattdessen kommt es auf die **Umstände des Einzelfalls** an.[402] Diese Korrektur im Rahmen der Billigkeit ist notwendig.

---

[393] OLG Frankfurt BeckRS 2010, 26426.
[394] S. nur BGH NJW-RR 1988, 42 für Vertragshändler; NJW 1998, 1070; 1999, 2668, jeweils mwN.
[395] BGH NJW-RR 2009, 824 Rn. 23; NJW 1999, 2668.
[396] BGHZ 24, 214; 24, 223; 41, 129.
[397] BGHZ 45, 385.
[398] S. auch BGH NJW 2011, 848 Rn. 24 für Vertragshändler; NJW-RR 1988, 42 für Vertragshändler.
[399] BGH NJW 1999, 2668.
[400] NJW 1998, 1070.
[401] BGH NJW-RR 2000, 109; NJW 1998, 71 (75); s. auch OLG Düsseldorf OLGR 2004, 275; Baumbach/Hopt/*Hopt* Rn. 20; *Wendel/Ströbl* WRP 2005, 999; krit. *Hübsch/Hübsch* WM-Sonderbeil. 1/2005 zu Heft 9, 1 (13).
[402] Vgl. dazu auch *Wendel/Ströbl* WRP 2005, 999; *Stumpf/Ströbl* MDR 2004, 1209; Staub/*Emde* Rn. 104, 357; Brossette/Plagens/Schmidt, Das Autohaus in der Krise und Insolvenz, 2009, Rn. 990; aA OLG Frankfurt BeckRS 2010, 26426; *Wolff* ZVI 2008, 1 mwN.

Hat der Handelsvertreter schon vor Vertragsbeendigung seinen Geschäftsbetrieb eingestellt, beruhen etwaige Provisionsverluste nicht auf der Beendigung des Vertragsverhältnisses. Es ist also nicht wider die tatsächlichen Verhältnisse zu unterstellen, dass der Handelsvertreter nach Vertragsbeendigung plötzlich wieder ein solventes und prosperierendes Unternehmen geführt und unbeeinträchtigt Provisionen aus dem von ihm geworbenen Kundenstamm verdient hätte. Ein solches Ergebnis wäre nicht sachgerecht, weil es den insolventen Handelsvertreter beim Ausgleichsanspruch besser stellt als er stünde, wenn das Vertragsverhältnis fortgeführt worden wäre. Umgekehrt sind nur diejenigen Verluste an Provisionen zu berücksichtigen, die der Handelsvertreter bei unterstellter Fortsetzung des Vertragsverhältnisses und seiner Tätigkeit als Handelsvertreter bis zur absehbaren Betriebseinstellung noch erwirtschaftet hätte.[403]

Zu kurz greift indes die Argumentation, bei dem Ausgleich handele es sich um eine Vergütung für in der Vergangenheit erbrachte Leistungen, weshalb auch einem insolventen Handelsvertreter per se ein Ausgleichsanspruch zustünde.[404] Denn diese Argumentation lässt unberücksichtigt, dass Grund und Höhe des Ausgleichsanspruchs nicht nur von den Unternehmervorteilen nach Abs. 1 S. 1 Nr. 1 abhängen, sondern auch von Billigkeitskriterien nach Abs. 1 S. 1 Nr. 2 (wobei die Provisionsverluste ein maßgebliches Kriterium sind) und Abs. 3 (→ Rn. 3, → Rn. 4). 121

Diesem Ergebnis steht auch die Rspr. des BGH zum Ausgleichsanspruch des Handelsvertreters bei Tod desselben **nicht entgegen;** denn der Tod des Handelsvertreters beendet das Vertragsverhältnis nach §§ 675, 673 BGB automatisch; das ist bei der Insolvenz des Handelsvertreters nicht der Fall (→ § 89 Rn. 26). Mithin muss beim „toten Handelsvertreter" im Rahmen der zu fingierenden Fortsetzung des Vertragsverhältnisses das Fortleben des Handelsvertreters denklogisch hinzugedacht werden. Demgegenüber ist es beim insolventen Handelsvertreter nicht notwendig, dessen Solvenz zu fingieren, um das Fortbestehen des Vertragsverhältnisses unterstellen zu können. Indes bleibt es natürlich bei dem Grundsatz, dass der Ausgleichsanspruch nicht auf die Provisionsverluste des Handelsvertreters beschränkt ist und es mithin trotz fehlender Kausalität der Billigkeit entsprechen kann, dem Handelsvertreter einen Ausgleichsanspruch (unvermindert) zuzugestehen (→ Rn. 117). Für einen Handelsvertreter, der schon bei Vertragsbeendigung in seiner Erwerbsfähigkeit gemindert ist (Alter, Gesundheit), gilt nichts anderes (→ Rn. 96). 122

6. Weitere Einzelfälle. In einer umfangreichen Kasuistik hat die Rspr. weitere einzelne Umstände herausgearbeitet, die den Ausgleichsanspruch mindern, ausschließen oder erhöhen. Davon abzugrenzen sind Umstände, die keine Auswirkungen auf den Ausgleichsanspruch haben. 123

a) Anspruchsmindernde Umstände. Als **erhebliche Umstände** sind die im Folgenden dargestellten Einzelfälle bei der Billigkeitsprüfung **ausgleichsmindernd** zu berücksichtigen. 124

aa) Alters- und Hinterbliebenenversorgung. Leistungen des Unternehmers zum Zweck der Alters- und Hinterbliebenenversorgung des Handelsvertreters können in der Regel ganz oder teilweise auf den Ausgleichsanspruch angerechnet werden, da die Altersversorgung dazu dient, den praktischen Zweck einer Ausgleichszahlung zu übernehmen.[405] Es wäre daher unbillig, den Unternehmer doppelt zu belasten und andererseits dem Handelsvertreter neben der Rentenzahlung noch den vollen Ausgleich zu gewähren. Dies gilt auch, 125

[403] So dürfte auch BGH NJW-RR 1988, 42 (Vertragshändler) zu verstehen sein; iErg wohl auch Röhricht/Graf v. Westphalen/Haas/*Thume* Rn. 88 ff.

[404] So wohl BGH NJW 2011, 848 Rn. 24 für Vertragshändler.

[405] BGHZ 153, 6 = NJW 2003, 1241 = EWiR § 89b HGB 2/03, 231 m. Kurzkomm. *Emde*; BGH NJW 1994, 1350 = BB 1994, 594; BGHZ 45, 268 = LM Nr. 25 mAnm *Rietschel*; BGHZ 55, 45 (58) = NJW 1971, 462 = LM Nr. 38 mAnm *Rietschel*; BGH BB 1984, 168 mAnm *Honsell* BB 1984, 365; OLG München BB 1965, 345 f.; LG Düsseldorf VersR 1991, 184; ausf. zur Anrechnung dem Grunde nach *Thume* in Küstner/Thume VertriebsR-HdB II Kap. X Rn. 2 ff.; *Thume* BB 1999, 541 (548 ff.); *Thume* BB 2002, 1325; krit. *Evers/Kiene* DB 2002, 1309; *v. Westphalen* BB 2001, 1593.

wenn der Ausgleichsanspruch einer Personengesellschaft zusteht und die Versorgungsleistungen einem oder allen Gesellschaftern zufließen, weil auch hier Ausgleichsanspruch und Altersversorgung in unmittelbarem Zusammenhang stehen.[406] Ausschlaggebend ist der Kapitalwert der auf den Ausgleichsanspruch anzurechnenden Altersversorgung im Zeitpunkt der Vertragsbeendigung.[407] Die Höhe der Anrechnung bestimmt sich immer nach den Umständen des Einzelfalls.[408]

126 **Voraussetzung für eine Anrechnung** ist, dass der ausgeschiedene Handelsvertreter in angemessener Zeit nach Vertragsende in den Genuss der Rente kommt und dass die anzurechnende Rente aus Mitteln des Unternehmers finanziert und nicht vom Handelsvertreter selbst aufgebracht wurde.[409] Ausnahmsweise kann die Anrechnung auch ganz entfallen.[410] So sind freiwillige Leistungen des Unternehmers für die Altersversorgung des Handelsvertreters mangels entsprechender Vereinbarung jedenfalls dann nicht auf den Ausgleichsanspruch anzurechnen, wenn der Versorgungsanspruch erst 13[411] bzw. 21 Jahre nach dem Ende des Handelsvertreterverhältnisses fällig wird.[412] Allerdings soll eine Fälligkeitsdifferenz von elf[413] bzw. zwölf Jahren[414] eine Anrechnung nicht ausschließen. Auch eine Fälligkeitsdifferenz von 14 Jahren hindert die Anrechnung nicht, wenn sich der Handelsvertreter freiwillig für den Abschluss einer Lebensversicherung entschlossen hat und eine sofortige Veräußerung oder Beleihung der Lebensversicherung möglich ist.[415] Ist die Anrechnung der Altersvorsorge durch vorformulierte Vertragsklauseln generell und zwingend vorgesehen, ohne Raum für eine Einzelprüfung bei der Billigkeitsabwägung zu gewähren, so ist die Klausel wegen Verstoßes gegen § 307 BGB unwirksam.[416] Trotz Unwirksamkeit der Klausel ist die aufgebaute Altersversorgung bei einem nach den „Grundsätzen" berechneten Ausgleichsanspruch eines Versicherungsvertreters in Höhe des Kapitalwertes anzurechnen.[417]

127 **bb) Festvergütung, günstige Vertragsbedingungen.** Eine feste Mindestvergütung (Fixum), die der Handelsvertreter während des Vertragsverhältnisses bezogen hat, nimmt dem Handelsvertreter das unternehmerische Risiko und kann deshalb ebenfalls grundsätzlich anspruchsmindernd berücksichtigt werden.[418] Dies gilt insbesondere, wenn in der Festvergütung eine Vorwegerfüllung des Ausgleichsanspruchs liegt. Dagegen wird der Ausgleichsanspruch nicht ausgeschlossen, wenn der Handelsvertreter neben der Festvergütung keine oder nur unwesentliche Provisionsbezüge erhalten hat oder wenn der Festbetrag besonders niedrig war.[419] Aber auch bei einer hoch bemessenen Festvergütung braucht der Ausgleichsanspruch nicht vollständig zu entfallen, insbesondere wenn der Unternehmer aus der Tätigkeit des Handelsvertreters auch weiterhin erhebliche Vorteile zieht.[420]

---

406 BGH NJW 1982, 1814.
407 BGH WM 2006, 1788 (1790).
408 OLG Köln VersR 2001, 1377; BGH NJW 1981, 1814; BGHZ 55, 45 (58 f.) = NJW 1971, 462.
409 OLG Düsseldorf NJW-RR 1996, 225; EBJS/*Löwisch* Rn. 165.
410 BGH VersR 2003, 368; zur Höhe der Anrechnung vgl. insgesamt *Thume* in Küstner/Thume VertriebsR-HdB II Kap. X Rn. 39 ff.
411 OLG Köln VersR 1997, 615.
412 BGH NJW 1994, 1350 = BB 1994, 594 = EWiR § 89b HGB 3/94, 581 m. zust. Kurzkomm. *Küstner/v. Manteuffel/Evers*; vgl. aber BGH BB 1984, 168 mAnm *Honsell* BB 1984, 365.
413 OLG München WM 2007, 710.
414 BGH VersR 2003, 368.
415 OLG München VersR 2005, 687.
416 BGH NJW 2003, 1241 = EWiR § 89b HGB 2/03, 231 m. Kurzkomm. *Emde*; OLG Celle OLGR 2005, 166; VersR 2002, 976; OLG Köln VersR 2001, 1377; *Fuchs-Baumann* DB 2001, 2131; *v. Hoyningen-Huene* EWiR § 89b HGB 3/00, 1019.
417 BGH NJW-RR 2014, 928 mwN; OLG Köln BeckRS 2016, 117534.
418 BGH NJW 1967, 248 (249); OLG München BB 1961, 651; OLG Celle BB 1962, 156; OLG Nürnberg VersR 1976, 467 (468); *Thume* in Küstner/Thume VertriebsR-HdB II Kap. IX Rn. 100.
419 BGHZ 43, 154 (159) = LM Nr. 23 mAnm *Rietschel*.
420 BGHZ 43, 154 (159).

Ausgleichsmindernd zu berücksichtigen sind auch sonstige besonders **günstige,** dem Handelsvertreter eingeräumte **Vertragsbedingungen,**[421] wie ein aufgestockter Provisionssatz als Vorwegleistung auf den Ausgleich (→ Rn. 248 ff.) oder die Zusage von Provisionen für Geschäfte, die erst nach Vertragsbeendigung zustande kommen.[422] 128

Ebenso kann die Eigenschaft als **Mehrfirmenvertreter** anspruchsmindernd wirken, da der Handelsvertreter den Kundenstamm weiterhin nutzen kann.[423] Dies gilt aber nur bei einer Konkurrenzvertretung, nicht dagegen bei einer branchenfremden Vertretung.[424] 129

cc) Unkostenersparnis. Erspart der Handelsvertreter durch die Vertragsbeendigung Unkosten, kann dies den Ausgleichsanspruch mindern, soweit die Kostenersparnis besonders hoch ist,[425] was auch bei einer Ersparnis von 50% der Provisionseinnahmen nicht automatisch zu bejahen ist.[426] Dabei ist auch im Rahmen der Billigkeitserwägungen nicht auf den Reinverdienst des Handelsvertreters etwa in der Weise abzustellen, dass alle Betriebskosten abzusetzen wären.[427] 130

dd) Sogwirkung. Die sog. Sogwirkung der Marke kann ebenfalls zu einer Anspruchsminderung führen.[428] Insbesondere in der Automobilbranche kommt der Automarke für die Kaufentscheidung des Kunden eine erhebliche Bedeutung zu. Die Sogwirkung der Marke drängt damit oft die Werbetätigkeit des Handelsvertreters als Ursache für die Kaufentscheidung in den Hintergrund. Gleiches gilt für den Fall, dass günstige Kraftstoffpreise und Standorte von Tankstellen zu einer Sogwirkung führen, da in solchen Fällen für die Auswahl einer Tankstelle durch einen Kunden Gründe maßgebend sind, die nichts mit den Verkaufsbemühungen des Tankstelleninhabers zu tun haben.[429] Dies ist bei den Billigkeitserwägungen zu berücksichtigen.[430] Die Rspr. nimmt bei der Berechnung des Ausgleichsanspruchs eines Kfz-Vertragshändlers regelmäßig Billigkeitsabzüge wegen der Sogwirkung der Marke von ca. 20% bzw. 25% vor.[431] 131

ee) Rückgang Gesamtumsatz. Der Rückgang des Gesamtumsatzes trotz Werbung neuer Kunden kann den Ausgleichsanspruch mindern,[432] wenn der Rückgang vom Handelsvertreter hätte verhindert werden können.[433] Eine nachträgliche Provisionskürzung der beim Unternehmer verbliebenen Handelsvertreter ist beim Ausgleichsanspruch ebenfalls zu berücksichtigen.[434] Zum Verlust von Altkunden → Rn. 139. 132

ff) Konkurrenztätigkeit. Die Aufnahme einer Konkurrenztätigkeit nach Ende des Handelsvertretervertrags mindert den Ausgleichsanspruch auch ohne Wettbewerbsverbot, weil durch die Konkurrenztätigkeit Vorteile des Unternehmers beeinträchtigt werden.[435] 133

---

421 BGHZ 43, 154 (159).

422 Staub/*Emde* Rn. 162.

423 BGH DB 1981, 1772 (1773); 1960, 1305; aA EBJS/*Löwisch* Rn. 180.

424 OLG Köln VersR 1968, 966 (968).

425 BGH NJW 2017, 475 Rn. 60; NJW-RR 2003, 821 (825 f.); BGHZ 29, 83 (93); 41, 129 (134 f.) = LM Nr. 18 mAnm *Rietschel*; BGHZ 56, 242 (249) = LM Nr. 40 mAnm *Rietschel*; BGHZ 73, 99 = LM Nr. 55/56 mAnm *Alff* = NJW 1979, 651 (653); EBJS/*Löwisch* Rn. 175.

426 BGHZ 56, 242 (249); 41, 136; *Thume* in Küstner/Thume VertriebsR-HdB II Kap. IX Rn. 97 ff., insbes. Rn. 98.

427 BGH NJW 2017, 475 Rn. 60.

428 BGH NJW-RR 2003, 1340 = WM 2003, 2107; NJW-RR 2002, 1548 (1554).

429 BGH WRP 2007, 1480; BB 1985, 353; OLG München MDR 2009, 339= BB 2009, 298 mAnm *Dallmann*; Baumbach/Hopt/*Hopt* Rn. 35.

430 BGH NJW 1997, 1503 (1506); 1996, 2298 (2302); DB 1986, 1069 (1070); NJW 1982, 2819 (2820); 1983, 2877 (2879).

431 BGH NJW 2011, 848 Rn. 46 f. (Volvo: 25%); NJW-RR 2006, 1328 (Mitsubishi: 20%); OLG Köln BeckRS 2015, 3089 Rn. 49 („Durchschnittsmarke": 25%); OLG Köln BeckRS 2010, 12721 (Citroën: 25%).

432 BGHZ 42, 244 (247); BGH NJW 1990, 2889 (2890); NJW-RR 2003, 821 (823 ff.).

433 Heymann/*Herrmann* Rn. 66.

434 OLG Karlsruhe BB 1982, 274.

435 BGH NJW 1997, 655; DB 1981, 1772 (1773); NJW 1967, 248 (249); diff. Staub/*Emde* Rn. 162 und Heymann/*Herrmann* Rn. 49.

Jedoch führt die Übernahme einer Konkurrenzvertretung durch den ausgeschiedenen Handelsvertreter nicht notwendig zur vollen Versagung eines Ausgleichsanspruchs. Dessen Berechnung richtet sich vielmehr nach den jeweiligen Umständen, insbesondere nach dem Maß der Beeinträchtigungen des Unternehmers durch die Konkurrenztätigkeit.[436]

134 **gg) Schuldhafte Vertragsverletzung.** Eine vertragswidrige Konkurrenztätigkeit während des Vertreterverhältnisses führt ebenfalls zu einer Minderung des Ausgleichsanspruchs[437] wie sonstige schuldhafte Vertragsverletzungen des Handelsvertreters. Die Vertragsverletzung muss aber nicht zugleich einen wichtigen Kündigungsgrund enthalten.[438] Ausreichend ist auch eine zur ordentlichen Kündigung führende Vertragsverletzung.[439] Ebenso ist unerheblich, ob die Pflichtverletzung von dem Handelsvertreter oder seinem Angestellten verschuldet wurde.[440] Allerdings ist ein einmaliger Verstoß bei langjährigen vertraglichen Beziehungen in der Regel nicht ausreichend.[441] Auch der Aufbau eines Kundenstamms mit Hilfe von Schmiergeldern schließt bei einer Mitwirkung des Unternehmers den Ausgleichsanspruch nicht aus.[442]

135 **hh) Beendigung des Vertragsverhältnisses.** Auch sonstige Umstände der Beendigung des Vertragsverhältnisses sind zum Nachteil des Handelsvertreters grundsätzlich nur bei einer verschuldeten Vertragspflichtverletzung des Handelsvertreters oder seines Angestellten zu berücksichtigen.[443] Ein verschuldeter Verkehrsunfall, bei dem der Handelsvertreter ums Leben kam, ist deshalb nicht ausgleichsmindernd zu berücksichtigen,[444] weil hierin keine Vertragspflichtverletzung zu sehen ist. Das Gleiche gilt unter bestimmten Umständen, wenn das Vertragsverhältnis durch **Selbstmord** des Handelsvertreters beendet wurde.[445] Bei der Billigkeitsprüfung sind neben der Dauer des Vertretervertrages und dem Umfang der an den Unternehmer geleisteten Dienste insbesondere die Gründe und Umstände des Selbstmordes entscheidend.[446] Auch kann eine **besonders lange Kündigungsfrist,** die für den Handelsvertreter vorteilhaft ist und ihm noch für längere Zeit Provisionsansprüche erhält, anspruchsmindernd berücksichtigt werden.[447] Die Gründe, die einen Unternehmer zu einer **Änderungskündigung** veranlasst haben, sowie die Frage, ob die Vertragsänderung dem Handelsvertreter zumutbar war, können im Rahmen der Billigkeitsprüfung berücksichtigt werden.[448]

136 **ii) Wirtschaftliche Lage, persönliche Verhältnisse.** Die wirtschaftliche und soziale Lage sowie die persönliche Verhältnisse der Parteien sind zwar ein vertragsfremder Umstand, sind aber bei der Billigkeitsprüfung grundsätzlich ebenfalls zu berücksichtigen (→ Rn. 96).

137 **b) Unerhebliche Umstände.** Als unerheblich (neutral) gelten grundsätzlich folgende Umstände:

---

436 BGH NJW 1967, 248 (250); OLG Celle BB 1959, 1151.
437 BGH NJW 1997, 655 f.; 1995, 1958 f. mAnm *Herbert* = BB 1997, 1317; WM 1975, 858; VersR 1960, 846; NJW 1958, 1966 (1967).
438 BGH VersR 1985, 264 (265); vgl. BGH NJW 1958, 1966 (1967).
439 BGH DB 1981, 1772 (1773).
440 BGHZ 29, 275 (280); EBJS/*Löwisch* Rn. 189.
441 BGH WM 1985, 469; Heymann/*Herrmann* Rn. 58.
442 BGH NJW 1977, 671 (672).
443 BGHZ 41, 129 (132) = LM Nr. 18 mAnm *Rietschel*; *Thume* in Küstner/Thume VertriebsR-HdB II Kap. VIII Rn. 45 ff.
444 BGHZ 41, 129 (132) = LM Nr. 18 mAnm *Rietschel*.
445 BGHZ 45, 385 (388) = LM Nr. 25 mAnm *Rietschel* = VersR 1965, 754 (842) mAnm *Höft*; BGHZ 60, 350 (351) = LM Nr. 45 mAnm *Rietschel*; EBJS/*Löwisch* Rn. 185.
446 Küstner/*Thume* II Kap. VIII Rn. 129; Staub/*Emde* Rn. 162.
447 BGH WM 1970, 1513 (1515).
448 BGH NJW 2007, 3493 = EWiR § 89b HGB 2/07, 467 m. Kurzkomm. *Puszkajler*; BGHZ 142, 358 (369); ebenso OLG München MDR 2009, 339 = BB 2009, 298 mAnm *Dallmann*; OLG Frankfurt BeckRS 2008, 12981; WRP 2006, 377; BeckRS 2006, 12472; OLG Köln DB 2006, 1786; *Thume* in Küstner/Thume VertriebsR-HdB II Kap. VIII Rn. 47.

aa) Dauer des Handelsvertretervertrages. Die bisherige Dauer des Handelsvertretervertrags hat grundsätzlich **keine Auswirkungen auf den Ausgleichsanspruch.**[449] Dies gilt sowohl für eine besonders kurze[450] als auch für eine besonders lange[451] Vertragsdauer. Bei einem kurz andauernden Vertragsverhältnis hat der Handelsvertreter im Allgemeinen nicht die Möglichkeit, aus einer großen Vermehrung des Kundenstamms Nutzen zu ziehen.[452] Aber auch eine lange Vertragsdauer kann sich nicht mit der Begründung anspruchsmindernd auswirken, der Handelsvertreter habe während des Vertragsverhältnisses genügend Provisionen erhalten.[453] Umgekehrt wirkt sich eine lange Vertragsdauer auch nicht anspruchserhöhend aus, weil der Handelsvertreter von dieser schon aufgrund des Kundenstamms partizipiert, den er in dieser Zeit geschaffen hat. Die Höhe der Provisionseinnahmen, die der Handelsvertreter während des Handelsvertreterverhältnisses erhalten hat, spielt keine Rolle. 138

bb) Verlust von Altkunden. Der Verlust alter Kunden des Unternehmers während der Vertragszeit des Handelsvertreters führt nicht grundsätzlich zu einer Minderung,[454] da das Gesetz nur auf geworbene Neukunden abstellt und das Schicksal der Altkunden nicht berücksichtigt. Etwas anderes gilt aber dann, wenn der Handelsvertreter unter Verletzung seiner Vertragspflichten die alten Kunden schuldhaft vernachlässigt hat.[455] 139

cc) Werbung des Unternehmers. Aufwendungen des Unternehmers für Werbung und Umsatzförderung mindern den Ausgleichsanspruch nicht, da in der Regel davon auszugehen ist, dass der Unternehmer eigene Anstrengungen von vorneherein bei der Provisionshöhe berücksichtigt,[456] folglich der Arbeitseinsatz des Handelsvertreters, seine Provision und die Unterstützung durch den Unternehmer in einem ausgewogenen Verhältnis zueinanderstehen.[457] Außergewöhnliche Werbungsmaßnahmen, die das übliche Maß bei weitem übersteigen, können jedoch ausnahmsweise den Ausgleichsanspruch mindern.[458] 140

dd) Provisionen an den Nachfolger, Überhangprovisionen. Provisionszahlungen an den Nachfolger[459] und Überhangprovisionen[460] (→ Rn. 103, → Rn. 169) sind ebenfalls nicht ausgleichsmindernd zu berücksichtigen. 141

c) Anspruchserhöhende Umstände. Zwar führt die Billigkeitsprüfung grundsätzlich zu einer Anspruchsminderung, zu berücksichtigen sind aber auch anspruchserhöhende Kriterien.[461] So kann eine überraschende Kündigung zugunsten des Handelsvertreters berücksichtigt werden, wenn der Handelsvertreter aus besonderen Gründen mit einer längeren Fortdauer des Vertrages rechnen konnte und sich hierauf eingerichtet hat.[462] Streitig ist indes, ob Billigkeitserwägungen im Ergebnis sogar dazu führen können, dass der nach Abs. 1 zu ermittelnde Ausgleich nicht nur die Provisionsverluste des Handelsvertreters, sondern auch die Unternehmervorteile nach Abs. 1 S. 1 Nr. 1, S. 2 übersteigt. Dahingehend ist wohl der EuGH zu verstehen. Eine Auslegung, die eine solche Erhöhung von vorneherein 142

---

449 EBJS/*Löwisch* Rn. 176.
450 Vertragsdauer drei Monate: LG Freiburg NJW-RR 2000, 110.
451 Vgl. auch OLG Köln BeckRS 2015, 19345 Rn. 45 (nur im Einzelfall bei Vorliegen besonderer Umstände).
452 BGH NJW 1997, 655; BB 1957, 1161; OLG Hamburg DB 1963, 1161; LG Freiburg NJW-RR 2000, 110.
453 BGHZ 55, 45 (56) = NJW 1971, 462 = LM Nr. 38 mAnm *Rietschel.*
454 BGH NJW 1990, 2889 (2891); OLG Schleswig BB 1958, 246.
455 OLG Stuttgart DB 1957, 379; *Thume* in Küstner/Thume VertriebsR-HdB II Kap VIII Rn. 105 f.
456 BGH NJW 1979, 651 (652); WM 1975, 931; VersR 1957, 775 (776); OLG Köln VersR 1968, 966 (968); *Thume* in Küstner/Thume VertriebsR-HdB II Kap. VIII Rn. 90 ff.
457 BGH NJW 1979, 651 (65) = LM Nr. 55/56 mAnm *Alff.*
458 BGHZ 56, 242 (245) = LM Nr. 40 mAnm *Rietschel*; OLG Celle NJW 1968, 1141 (1142).
459 BGH NJW 2011, 848 Rn. 21; BB 2007, 2475 (2479); BGHZ 42, 244 (248).
460 *Thume* in Küstner/Thume VertriebsR-HdB II Kap. VIII Rn. 65.
461 Staub/*Emde* Rn. 156; nach OLG Bremen BB 1966, 877 ist eine Anspruchserhöhung aus Billigkeitsgründen nicht möglich.
462 BGH VersR 1961, 222 (223).

ausschließt, wird wohl mit RL 86/653/EWG (Handelsvertreter-RL) nicht vereinbart sein.[463]

C. Höhe des Ausgleichsanspruchs

I. Angemessener Ausgleich (Abs. 1 S. 1)

143 Nach Abs. 1 S. 1 kann der Handelsvertreter einen angemessenen Ausgleich verlangen.[464] Der **Begriff der Angemessenheit** wird zwar im Bereich des Zivilrechts vom Gesetzgeber häufig verwendet,[465] eine genaue Definition liegt aber nicht vor. Ebenso wie der Begriff der Billigkeit enthält der Begriff der Angemessenheit selbst keine Wertung, sondern nur die Anweisung, den jeweiligen Sachverhalt zu „messen“ und dadurch ein angemessenes Ergebnis zu bekommen.[466] Die Leerformel Angemessenheit muss daher mit Wertung ausgefüllt werden und stellt wie die Billigkeit ein regulatives Prinzip dar. Die Beurteilungsmaßstäbe sind jeweils aus der konkreten Lebenserscheinung zu entwickeln.

144 **1. Verhältnis von Angemessenheit und Billigkeit.** Das Verhältnis der Billigkeit der Ausgleichszahlung iSd Abs. 1 S. 1 Nr. 2 und der Angemessenheit des Ausgleichs ist unklar,[467] weil der Gesetzgeber, wie bei der betriebsverfassungsrechtlichen Norm des § 76 Abs. 5 S. 3 BetrVG,[468] zwei sich scheinbar deckende Kriterien verwendet.[469] Die **Billigkeit** stellt in erster Linie ein **Element des Anspruchsgrundes** dar, das aber mittelbar auch die Anspruchshöhe bestimmt.[470] Dagegen soll das Kriterium der **Angemessenheit** ermöglichen, die rechnerisch ermittelte **Höhe des Ausgleichs** zu korrigieren. Weil das Kriterium der Angemessenheit die Anweisung enthält, den jeweiligen Sachverhalt zu messen, um dadurch ein angemessenes Ergebnis zu bekommen,[471] liegt darin die Ermächtigung des Richters, sein Schätzungsermessen nach § 287 Abs. 2 ZPO auszuüben. Daneben dient das Angemessenheitskriterium der Bestimmung von Ort sowie Art und Weise der Ausgleichsleistung.[472]

145 **2. Rohausgleich und Ausgleichshöchstgrenze.** Die Höhe des Ausgleichsanspruchs wird auch nach der Gesetzesreform vom 31.7.2009 durch ein **zweistufiges Verfahren** bestimmt. Während in einem ersten Schritt der sog. „Rohausgleich“[473] zu berechnen ist, muss auf der zweiten Stufe geprüft werden, ob die Ausgleichshöchstgrenze des Abs. 2 den Rohausgleich reduziert.[474]

146 **a) Rohausgleich.** Als Berechnungsgrundlage für die Ermittlung der Höhe des Rohausgleichs dienen allein die Vorschriften des **Abs. 1** S. 1 Nr. 1 und 2.[475] Nachdem der

[463] EuGH BB 2009, 1607 Rn. 22 ff.; *Eckhoff* BB 2009, 1609; *Emde* WRP 2010, 844 (845, 848); *Evers* VW 2009, 1371; *Pauly* MDR 2013, 694 (696); *Steinhauer* EuZW 2009, 887 (889); so wohl auch *Balke/de Groot* NJOZ 2010, 1551 (1552 f.); aA *Koch* ZIP 2011, 1752 (1753); *Westphal* DB 2010, 1333 (1337).
[464] Zum Begriff der Angemessenheit *v. Hoyningen-Huene,* Die Billigkeit im Arbeitsrecht, 1978, 93 ff.
[465] Vgl. hierzu *v. Hoyningen-Huene,* Die Billigkeit im Arbeitsrecht, 1978, 96 f.
[466] *v. Hoyningen-Huene,* Die Billigkeit im Arbeitsrecht, 1978, 98.
[467] Baumbach/Hopt/*Hopt* Rn. 46.
[468] Hierzu *v. Hoyningen-Huene,* Die Billigkeit im Arbeitsrecht, 1978, 50 ff.
[469] Staub/*Emde* Rn. 159; EBJS/*Löwisch* Rn. 192.
[470] Staub/*Emde* Rn. 159.
[471] *v. Hoyningen-Huene,* Die Billigkeit im Arbeitsrecht, 1978, 98.
[472] KKRD/*Roth* Rn. 13.
[473] *Thume* in Küstner/Thume VertriebsR-HdB II Kap. XIX Rn. 4 ff. mit Berechnungsbeispiel; *Küstner/v. Manteuffel* BB 1988, 1972 (1975); *Westphal,* Neues Handelsvertreterrecht, 1991, 165.
[474] BGH NJW 2003, 1241 (1243); NJW-RR 1993, 221 = BB 1992, 2385 = DB 1993, 22; BGHZ 55, 45 = NJW 1971, 462 = LM Nr. 38 mAnm *Rietschel*; *Küstner/v. Manteuffel* BB 1988, 1972 (1975); *Westphal,* Neues Handelsvertreterrecht, 1991, 165 ff. mit Berechnungsbeispiel.
[475] BGH NJW 1999, 946 (948); NJW-RR 1993, 221; zu den Problemen des Ausgleichsanspruchs des Vertragshändlers vgl. *Küstner/v. Manteuffel* BB 1988, 1972; *v. Westphalen* DB-Beil. Heft 8/1988, 1 ff.; *Horn* ZIP 1988, 137.

Unternehmervorteil aus der Geschäftsverbindung mit vom Handelsvertreter neu geworbenen bzw. intensivierten Stammkunden betragsmäßig ermittelt wurde, ist festzustellen, ob die Zahlung eines Ausgleichs unter besonderer Berücksichtigung der Provisionsverluste des Handelsvertreters der Billigkeit entspricht.[476]

b) Ausgleichshöchstgrenze. Erst wenn die Berechnung des angemessenen Rohausgleichs festgestellt wurde, ist die Ausgleichshöchstgrenze **nach Abs. 2** zu ermitteln und mit dem Rohausgleich ins Verhältnis zu setzen. Die Berechnung des Ausgleichsanspruchs nach Abs. 1 hat also Vorrang vor der Berechnung der Höchstgrenze nach Abs. 2.[477] Dieses Stufenverhältnis hat auch der EuGH bestätigt.[478] Zur Bedeutung und Berechnung der Ausgleichshöchstgrenze → Rn. 166 ff. 147

II. Bemessungsgrundlage (Abs. 1 S. 1 Nr. 1 und 2)

Als **Berechnungskriterien** für die Bestimmung des Rohausgleichs sind die Unternehmervorteile (Abs. 1 S. 1 Nr. 1) zu ermitteln und einer Billigkeitsprüfung (Abs. 1 S. 1 Nr. 2) zu unterziehen. Das Vorliegen von Provisionsverlusten beim Handelsvertreter stellt seit der Gesetzesreform vom 31.7.2009 kein eigenes Tatbestandsmerkmal, sondern lediglich ein besonders wichtiges Kriterium der Billigkeitsprüfung dar (→ Rn. 92 ff.). Auf die Besonderheiten bei der Berechnung des Ausgleichsanspruchs eines **Vertragshändlers** wird im Nachfolgenden jeweils gesondert eingegangen.[479] 148

1. Berechnung der Unternehmervorteile. Die Vorteile, die der Unternehmer durch den Abschluss von Folgegeschäften mit dem vom Handelsvertreter neu geworbenen bzw. erweiterten Kundenstamm nach Vertragsbeendigung erlangt, sind durch eine **Prognose** zu ermitteln. Dabei ist das Gericht auf eine Schätzung gem. § 287 Abs. 2 ZPO angewiesen,[480] wobei die Schätzung, welchen Wert der vom Handelsvertreter geschaffene Kundenstamm für den Unternehmer nach Vertragsbeendigung hat (good will; s. dazu → Rn. 60), in tatsächlicher Hinsicht mit erheblichen Schwierigkeiten verbunden ist.[481] 149

Deshalb hatte die Praxis bis zur Gesetzesnovelle vom 31.7.2009 im Rahmen der Schätzung nach § 287 ZPO die **Faustregel** aufgestellt, dass die **Vorteile** des Unternehmers **zumindest** den **Provisionsverlusten** des Handelsvertreters mit von ihm neu geworbenen bzw. intensivierten Stammkunden **entsprechen.** Diese Faustregel kann als solche weiterhin Gültigkeit beanspruchen. Die Vorteile des Unternehmers an dem vom Handelsvertreter geschaffenen Kundenstamm müssen sich zwar nicht notwendig mit den Provisionsverlusten des Handelsvertreters aus diesem Kundenstamm decken. Zwischen dem Unternehmervorteil und dem Provisionsverlust des Handelsvertreters besteht aber ein so enger Zusammenhang, dass bei Fehlen dagegensprechender Anhaltspunkte grundsätzlich von einer betragsmäßigen Übereinstimmung von Unternehmervorteil und Provisionsverlust ausgegangen werden kann.[482] Daran ändert sich auch nichts dadurch, dass die Provisionsverluste kein 150

[476] BGH NJW-RR 1993, 221; WM 1986, 392 (393); 1981, 817 (819).

[477] BGH NJW-RR 1993, 221 f.; WM 1985, 469 = VersR 1985, 264.

[478] EuGH EuZW 2016, 221 Rn. 28 mAnm *Emde* EuZW 2016, 218; BB 2009, 1607 Rn. 19.

[479] Dazu auch *Wauschkuhn* ZVertriebsR 2016, 79. Zum Ausgleichsanspruch eines Kfz-Vertragshändlers s. insbes. BGH NJW-RR 1988, 42; NJW 1996, 2298; 1996, 2302; 1997, 1503; NJW-RR 2006, 1692; 2010, 1263; 2011, 389; NJW 2011, 3438; NJW 2011, 848; *Schmülling* GWR 2015, 224. Für den Ausgleichsanspruch des Kfz-Vertragshändlers war ein Berechnungsschema vorgeschlagen worden, die sog. „Münchner Formel“, *Kainz/Lieber/Puszkajler* BB 1990, 434. Diese war jedoch zu Recht auf Kritik gestoßen, zB OLG Saarbrücken NJW-RR 2003, 900 (902); EBJS/*Löwisch* Rn. 195; *Reufels/Lorenz* BB 2000, 1586; sie wird heute in der gerichtlichen Praxis regelmäßig nicht (mehr) angewandt.

[480] BGH NJW 1990, 2889 (2891); 1985, 860 (861).

[481] Nach dem Urteil EuGH BB 2009, 1607 wird alternativ auch eine Bewertung des Kundenstamms gemäß den Grundsätzen der Wirtschaftspraxis und der Unternehmensbewertung diskutiert. Zu etwaigen Berechnungsformen s. auch *Wauschkuhn* ZVertriebsR 2016, 14 (15) mwN.

[482] BGH NJW 1990, 2889 (2891); Staub/*Emde* Rn. 93; Baumbach/Hopt/*Hopt* Rn. 24, 47; Heymann/*Herrmann* Rn. 75; *Thume* in Küstner/Thume VertriebsR-HdB II Kap. IX Rn. 1 ff.; ähnlich auch *Korte* DB 2011, 2761 (2763) und GWR 2020, 194 (196), der die Provisionsabrede der Parteien als einen angemessenen Maßstab ansieht, die Unternehmervorteile zu verteilen.

eigenes Tatbestandsmerkmal mehr bilden, sondern jetzt nur noch Gegenstand der Billigkeitsprüfung sind. Auch hat der EuGH[483] lediglich der generellen Beschränkung des Ausgleichsanspruchs auf die Provisionsverluste des Handelsvertreters eine Absage erteilt; er hat aber nicht entschieden, dass die Unternehmervorteile nicht anhand der Provisionsverluste bestimmt werden können. Folgerichtig wendet die Rspr. auch nach der Neufassung des Gesetzes die vorgenannte Faustformel und damit die herkömmliche Berechnungsmethode gestützt auf § 287 ZPO weiter an, jedoch mit der Maßgabe, dass es dem Handelsvertreter frei steht, darzulegen und ggf. zu beweisen, dass die Unternehmervorteile größer sind als seine Provisionsverluste.[484] Diese Vorgehensweise ist praktikabel und sachgerecht. Sie trägt einerseits der Neufassung des Gesetzes Rechnung, wonach Unternehmervorteile und Provisionsverluste durch Abs. 1 S. 1 Nr. 2 nF insoweit stärker voneinander entkoppelt sind, als eine Begrenzung des Ausgleichsanspruchs durch die Höhe der Provisionsverluste nicht mehr anzunehmen ist (→ Rn. 92). Andererseits berücksichtigt sie den Umstand, dass die isolierte Ermittlung der Unternehmervorteile in der Praxis auf erhebliche Schwierigkeiten stößt, eine solche auch Folgefragen aufwürfe, weil Sinn und Zweck des Ausgleichsanspruchs nicht ist, die mit den neu geworbenen bzw. intensivierten Stammkunden zu erwartende Gewinne des Unternehmers vollständig abzuschöpfen, und schließlich der Handelsvertreter etwaige Unternehmervorteile in der Regel auch nicht kennt. Bei entsprechendem Vortrag des Handelsvertreters trifft den Unternehmer eine sekundäre Darlegungslast[485] (zu einem etwaigen Auskunftsanspruch des Handelsvertreters → Rn. 276). Indes kann ein Ausgleichsanspruch nun also auch in solchen Sonderkonstellationen zu bejahen sein, in welchen zwar Unternehmervorteile vorliegen, aber keine Provisionsverluste. Wie in einem solchen Fall allerdings die Unternehmervorteile ermittelt werden, ist offen (→ Rn. 117).

151 Gleichwohl ist sich vor Augen zu halten, dass der **EuGH** folgende Vorstellung hat, wie der Ausgleichsanspruch berechnet wird: Hiernach läuft die Berechnung in drei Stufen ab. Auf der ersten Stufe werden die Vorteile des Unternehmers aus den Geschäften mit den vom Handelsvertreter geworbenen Kunden quantifiziert. Auf der zweiten Stufe wird dann geprüft, ob der Betrag, der sich auf der Grundlage der genannten Kriterien ergeben hat, unter Berücksichtigung aller Umstände des Einzelfalls, insbesondere der dem Handelsvertreter entgangenen Provisionen, der Billigkeit entspricht. Schließlich wird auf der dritten Stufe der Ausgleichsbetrag an der Höchstgrenze gemessen.[486] Zum Teil wurden daher in der Lit. die bisherigen Berechnungsmethoden, die zur Ermittlung der Unternehmervorteile auf die Provisionsverluste des Handelsvertreters abstellen, als untauglich angesehen und neue Berechnungsmethoden, bei welchen die Unternehmervorteile isoliert von den Provisionsverluste ermittelt werden, gefordert.[487] Dem ist aber entgegen zu halten, dass der EuGH bereits entschieden hat, dass die Mitgliedsstaaten innerhalb des Rahmens des Art. 17 Abs. 2 RL 86/653/EWG (Handelsvertreter-RL) bei der Wahl der Methoden zur Berechnung des Ausgleichsanspruchs einen Gestaltungsspielraum haben, da die Richtlinie keine Einzelheiten zur Berechnungsmethode vorgebe.[488] Die Berechnungsmethode des BGH hält sich an das Stufenschema des EuGH; sie ermittelt lediglich im Rahmen einer Schätzung die Unternehmervorteile anhand der Provisionsverluste und lässt im Übrigen

[483] EuGH BB 2009, 1607.

[484] S. nur BGH NJW 2017, 475 Rn. 50; IHR 2012, 78 Rn. 14; BB 2010, 1685; NJW 2011, 848; BB 2011, 208; NJW-RR 2010, 1263; IHR 2010, 154 Rn. 15; OLG Düsseldorf ZVertriebsR 2017, 111 Rn. 38 ff.; s. auch Baumbach/Hopt/*Hopt* Rn. 24; *Christoph* NJW 2010, 647 (649); *Emde* WRP 2010, 844 (845, 848); hingegen noch eher zurückhaltend *Emde* DStR 2009, 1478 (1485); *Kindler/Menges* DB 2010, 1109 (1115); *Koch* ZIP 2011, 1752 (1754); *Korte* DB 2011, 2761; *Pauly* MDR 2013, 694 (695); *Semler* BB 2009, 2328; *Steinhauer* EuZW 2009, 887 (888); *Thume* BB 2009, 2490 (2492); *Wauschkuhn/Fröhlich* BB 2010, 524 (527); *Westphal* DB 2010, 1333 (1336 ff.).

[485] HM, s. nur Baumbach/Hopt/*Hopt* Rn. 22.

[486] EuGH EuZW 2016, 221 Rn. 28 mAnm *Emde* EuZW 2016, 218; BB 2009, 1607 Rn. 19.

[487] S. nur *Genzow* IHR 2014, 133 (134 f.); *Rebe* NWB 2010, 2973 (2976); einschr. nunmehr *Thume* BB 2015, 387 (389).

[488] S. nur EuGH EuZW 2016 Rn. 26 mwN.

eine Darlegung zu, dass die Unternehmervorteile im Einzelfall höher sind als die Provisionsverluste.

Zur Ermittlung der Unternehmervorteile anhand der Provisionsverluste → Rn. 154 ff. 152

2. Billigkeitsprüfung. Der ermittelte Unternehmervorteil ist anhand aller relevanten 153
Billigkeitskriterien zu überprüfen.[489] Zu den berücksichtigungsfähigen Umständen → Rn. 96 ff. Wichtigster Umstand der Billigkeit ist seit der Gesetzesreform vom 31.7.2009 das Vorliegen von Provisionsverlusten (→ Rn. 101), wobei den Provisionsverlusten nach der herkömmlichen Berechnungsmethode neben den Unternehmervorteilen regelmäßig keine eigenständige Bedeutung zukommt, da die Unternehmervorteile über den Umweg der Provisionsverluste ermittelt werden.

a) Provisionsverluste des Handelsvertreters. aa) Prognosebasis. Als **Bemes-** 154
sungsgrundlage oder Prognosebasis für die Ermittlung der Provisionsverluste sind die **Provisionen** heranzuziehen, die dem Handelsvertreter im Laufe der **letzten zwölf Monate** seiner Tätigkeit vor Beendigung des Handelsvertreterverhältnisses aus dem Kreis der von ihm neu geworbenen bzw. intensivierten Stammkunden (→ Rn. 60 ff.) zugeflossen sind.[490] Indem auf die Dauer eines Jahres abgestellt wird, wird vermieden, dass sich im Jahresverlauf eintretende Provisionsschwankungen bei der Ermittlung der Verluste zum Nachteil bzw. zum Vorteil des Handelsvertreters auswirken. Ausnahmsweise ist jedoch die Provision des letzten Vertragsjahres nicht maßgebend, wenn die Umsatzentwicklung mit neu geworbenen bzw. intensivierten Stammkunden in diesem Zeitraum atypisch verlaufen ist.[491] Entscheidend für die Beurteilung der Atypizität des letzten Vertragsjahres sind aber nicht die Gesamtumsätze, die der Handelsvertreter erzielt hat, sondern nur die Umsätze mit von ihm neu geworbenen bzw. intensivierten Stammkunden, da nach dem Gesetz nur diese für die Bemessung des Ausgleichsanspruchs relevant sind.[492] Ist anhand eines Vergleichs mit den Provisionsumsätzen der vorhergehenden Jahre festzustellen, dass das letzte Vertragsjahr insoweit atypisch verlaufen ist, muss auf einen längerfristigen Jahresdurchschnitt unter Einschluss des letzten Vertragsjahres zurückgegriffen werden.[493] Darauf, ob der Handelsvertreter die Umsatzrückgänge im letzten Vertragsjahr zu vertreten hat,[494] kommt es an dieser Stelle nicht an; dies kann jedoch im Rahmen der Billigkeit zu berücksichtigen sein (→ Rn. 132). Bei einer kürzeren Vertragsdauer als zwölf Monate sind nur die in diesem Zeitraum anfallen den Provisionen zu berücksichtigen. Bei der Berechnung des **Ausgleichsanspruchs eines Vertragshändlers** treten an die Stelle der Provisionsverluste mit neu geworbenen bzw. intensivierten Stammkunden die **Rohertragsverluste** mit solchen Kunden; der Rohertrag wird durch die Differenz der Ein- und Verkaufsumsätze des Händlers unter Berücksichtigung etwaiger Prämien und Boni ermittelt.[495] Zur Berechnung des Ausgleichsanspruchs eines Kfz-Vertragshändlers → Rn. 148 mwN.

bb) Abzugsposten. Die so ermittelte Prognosebasis ist durch bestimmte Abzugsposten 155
nach unten zu korrigieren:

(1) Provision für verwaltende Tätigkeit. Die Provisionen sind um Vergütungsbe- 156
standteile für **verwaltende Tätigkeiten** zu bereinigen (→ Rn. 108 ff.). Bei der Berechnung

---

[489] BGH NJW 1990, 2889 (2991); EBJS/*Löwisch* Rn. 146.

[490] BGH WM 1991, 825 (826); NJW 1983, 2877 (2879); *Horn* ZIP 1988, 137 (141 ff.); *Küstner/v. Manteuffel* BB 1988, 1972 (1980); *Thume* in Küstner/Thume VertriebsR-HdB II Kap. IX Rn. 118; Staub/*Emde* Rn. 124; *Westphal,* Neues Handelsvertreterrecht, 1991, 165 f. mit Berechnungsbeispiel S. 170 ff.; *v. Westphalen* DB-Beil. Heft 8/1988, 1 (6 ff.), jeweils für die Ermittlung der Provisionsverluste beim Vertragshändler.

[491] BGH BeckRS 2013, 08691; NJW-RR 1988, 42 (44); Staub/*Emde* Rn. 124; *Westphal,* Neues Handelsvertreterrecht, 1991, 166.

[492] BGH NJW 1997, 1503 (1505).

[493] BGH NJW 1997, 1503 (1505); OLG Frankfurt BeckRS 2004, 153184: 5 Jahre.

[494] AA *Intveen* BB 1999, 1881 (1882 f.).

[495] BGH NJW-RR 2011, 389 Rn. 30; 2010, 1263 Rn. 29; 2006, 1328 Rn. 25; NJW 1996, 2302, 2303.

des **Ausgleichsanspruchs eines Vertragshändlers** sind zusätzlich auch noch die **Vergütungsbestandteile für händlertypische Tätigkeiten** herauszurechnen (→ Rn. 115).

157 **(2) Abwanderungsquote.** Schließlich ist die Umsatzminderung, die durch die Abwanderung von neu geworbenen bzw. intensivierten Stammkunden im Prognosezeitraum bedingt wird, zu berücksichtigen.[496] Im Rahmen der Prognoseentscheidung ist eine Schätzung nach § 287 ZPO zulässig, wobei auf die Erfahrungswerte in der Vergangenheit abgestellt werden kann. Die sog **Abwanderungsquote** berechnet sich aus dem Verhältnis von Gesamtumsatz mit den ausgleichsfähigen, neu geworbenen bzw. intensivierten Stammkunden zu Jahresbeginn mit dem durch die Abwanderung verringerten Jahresumsatz zu Jahresende. Kann der Unternehmer detailliert darlegen, dass ein erhöhter Verlust von Stammkunden schon zum Zeitpunkt der Vertragsbeendigung abzusehen ist, kann eine höhere Abwanderungsquote zugrunde gelegt werden. Dies ist zB der Fall, wenn der Handelsvertreter bereits vor Vertragsbeendigung ein eigenes Konkurrenzunternehmen gegründet und Kunden **abgeworben** hat.[497] Nach dem Wortlaut des Abs. 1 S. 1 Nr. 2 nF ist dies aber auch dann der Fall, wenn die Kunden erst im Anschluss an die Beendigung des Handelsvertretervertrags abgeworben werden. Dann liegen „aus Geschäften mit diesen Kunden entgehende Provisionen" (Abs. 1 S. 1 Nr. 2) nämlich nicht vor. Liegen **keine ausreichenden Anhaltspunkte** für die tatsächlichen Kundenbewegungen während der Vertragszeit vor, unterliegt die Abwanderungsquote dem tatrichterlichen Schätzungsermessen.[498] Das Gericht darf dann pauschale Erfahrungswerte (meist in der Größenordnung von ca. 20% bzw. 25 % p.a.) ansetzen.

158 Auch wenn dies zu unterschiedlichen Ergebnissen führe, sei es nach der Rspr. des BGH sogar möglich, entweder eine **lineare Abwanderungsquote** (zB 80 % + 60 % + 40 % bei einem dreijährigen Prognosezeitraum) **oder** eine solche **bezogen auf das jeweils vorangegangene Prognosejahr** anzusetzen.[499] Die Grenzen des richterlichen Schätzungsermessens seien bei Annahme eines Gesamtverlustes von 80 % + 60 % + 40 % usw. der für die Berechnung des Ausgleichsanspruchs maßgeblichen Einkünfte im letzten Vertragsjahr jedenfalls dann gewahrt, wenn keine Anhaltspunkte dafür vorliegen, dass im Zeitpunkt der Beendigung des Vertragsverhältnisses aufgrund der Kundenbewegungen während der Vertragszeit oder anderer konkreter Umstände mit einer stärkeren oder geringeren Abwanderung der geworbenen Stammkunden zu rechnen ist.[500]

Beispiel:
Bei Anwendung einer linearen Abwanderungsquote von 20 % und einem Umsatz von 100.000 Euro würde diese zu einem Provisionsverlust von 80.000 Euro im ersten Prognosejahr, von Jahr 60.000 Euro im zweiten Prognosejahr und von 40.000 Euro im dritten Prognosejahr führen. Bei einem dreijährigen Prognosezeitraum ergäbe sich infolgedessen ein Provisionsverlust von 180.000 Euro. Setzt man hingegen einen Abzug von 20 % jeweils bezogen auf das vorangegangene Prognosejahr an, ergäbe dies im ersten Prognosejahr einen Provisionsverlust von 80.000 Euro, im zweiten Jahr von 64.000 Euro (20 % von 80.000 Euro) und im dritten Jahr von 51.200 Euro (20% von 64.000 Euro), insgesamt als von 195.200 Euro.

Der zuletzt genannten Alternative gebührt der Vorrang: Andernfalls würde sich die Abwanderungsquote mit zunehmender Prognosedauer überproportional erhöhen und damit die Provisionsverluste des Handelsvertreters in unzulässiger Weise verringern.

159 Im **Gegensatz zur Mehrfachkundenquote,** die Provisionen mit Einmalkunden ausschließt, bildet die Abwanderungsquote einen Abzugsposten für die Abwanderung von Kunden mit denen eine dauerhafte Geschäftsverbindung bestand. Deshalb führt die Kumu-

---

[496] BGH NJW-RR 2009, 824 (828); BB 2007, 2475; ZIP 1987, 1383 (1387) = EWiR § 89b HGB 2/87, 1109 m. Kurzkomm. *Assmann*; *Thume* in Küstner/Thume VertriebsR-HdB II Kap. IX Rn. 137 ff.
[497] BGH NJW-RR 2000, 109.
[498] BGH BB 2007, 2475 (2479).
[499] BGH BB 2008, 2594 Rn. 33.
[500] BGH BB 2008, 2594 Rn. 33 mwN.

lierung von Mehrfachkundenquote und Abwanderungsquote nicht zu einer unzulässigen doppelten Berücksichtigung der Abwanderungsquote.[501]

160 Bei der Berechnung des Ausgleichsanspruchs eines **Kfz-Vertragshändlers,** bei welcher ausnahmsweise aufgrund der Servicetätigkeit des Händlers, die zur Kundenbindung maßgeblich beiträgt, auch eine sog. Zuwanderungsquote berücksichtigt werden darf,[502] hat der BGH eine sog. einfachere Berechnungsmethode gebilligt, wonach der mit neu geworbenen bzw. intensivierten Stammkunden erzielte Rohertrag mit dem Prognosezeitraum ohne Berücksichtigung von konkreten Abwanderungs- und Zuwanderungsquoten multipliziert wird. Dabei hat der BGH ursprünglich noch eine Darlegung des Vertragshändlers vorausgesetzt, wonach sein Umsatz mit neu geworbenen bzw. intensivierten Stammkunden über einen längeren Zeitraum einen annähernd gleichbleibenden Anteil am gesamten Neuwagenumsatz ausgemacht hat.[503] In diesem Fall spreche nämlich viel dafür, dass dieser Anteil, wäre der Händlervertrag nicht beendet worden, auch innerhalb des durchschnittlichen Nachbestellungsintervalls von fünf Jahren konstant geblieben wäre. Der statistisch ermittelte Mehrfachkundenanteil sei dann nichts anderes als der Saldo zwischen der Abwanderung bisheriger und dem Gewinnen neuer Mehrfachkunden. Im weiteren Verlauf hat der BGH diese Voraussetzung aber – wenig nachvollziehbar – offenbar aufgegeben.[504] Dagegen ist bei der Berechnung des Ausgleichsanspruchs von Handelsvertretern oder Vertragshändlern, die keine Kfz-Handelsvertreter oder Kfz-Vertragshändler sind, die Multiplikation der ausgleichsrechtlich relevanten Provisionen mit dem Prognosezeitraum unzulässig, da die spezifischen Erwägungen, die zur Berücksichtigung einer Zuwanderungsquote geführt haben, nicht ohne weiteres generalisiert werden können.

161 Ersparte Geschäftsunkosten des Handelsvertreters mindern den Provisionsverlust nicht, da die **Bruttoprovisionen** ausgleichsfähig sind.[505] Erspart der Handelsvertreter aber Unkosten in großem Umfang, kann dies bei der Billigkeitsprüfung zu berücksichtigen sein (→ Rn. 130).

162 **cc) Prognosedauer.** Der durch die Kürzung der Prognosebasis errechnete Provisionsverlust ist für einen gewissen Prognosezeitraum zu zahlen. Zur Bestimmung des Prognosezeitraums → Rn. 90. Die Provisionsverluste in den jeweiligen Prognosejahren sind zu addieren (s. dazu die Beispiele → Rn. 158 und 175 ff.).

163 **b) Gesamtabwägung.** Die errechneten Provisionsverluste sind anschließend in einer Gesamtabwägung aller Billigkeitsaspekte zu berücksichtigen (→ Rn. 96 ff.). Die Billigkeitsgründe können den errechneten Ausgleichsbetrag **erhöhen**[506] **oder mindern,** wobei regelmäßig die Ausgleichshöhe nach unten korrigiert wird. Die Minderung erfolgt durch einen **pauschalen Billigkeitsabschlag,** der unter Berücksichtigung aller Umstände durch richterliche Schätzung zu ermitteln ist (→ Rn. 144). Dies ist insbesondere bei Abschlägen wegen der Sogwirkung der Marke der Fall.[507] Dagegen bedarf es insbesondere bei der Anrechnung einer vom Unternehmer gewährten Alters- oder Hinterbliebenenversorgung keines pauschalen Billigkeitsabschlags, weil der Kapitalwert der Altersversorgung des Handelsvertreters auf die ermittelte Ausgleichshöhe ohne Probleme angerechnet werden kann.[508]

---

[501] BGH ZIP 1987, 1383 (1386); *Horn* ZIP 1988, 137 (142).
[502] BGH NJW 1996, 2298 (2301); 2302 (2304); NJW 1997, 1503 (1504).
[503] BGH NJW 1997, 1503 (1504 f.); s. auch OLG Saarbrücken NJW-RR 2003, 900.
[504] BGH NJW-RR 2011, 389 Rn. 23; NJW 2011, 848 Rn. 26.
[505] BGHZ 61, 112; 29, 83 (92 ff.); Staub/*Emde* Rn. 126.
[506] Oetker/*Busche* Rn. 18; Baumbach/Hopt/*Hopt* Rn. 45; Flohr/Wauschkuhn/*Wauschkuhn* Rn. 133 f.; EBJS/*Löwisch* Rn. 146.
[507] BGH ZIP 1987, 1383 (1386 f.); NJW 1983, 2877 (2879); *Küstner/v. Manteuffel* BB 1988, 1972 (1982) warnen vor einer oberflächlichen Pauschalisierung des Abschlags und verlangen eine stärker einzelfallbezogene Beurteilung; ebenso *Horn* ZIP 1988, 137 (143).
[508] Vgl. *Thume* in Küstner/Thume VertriebsR-HdB II Kap. VIII Rn. 116.

164 **3. Abzinsung.** Von dem so errechneten Gesamtbetrag ist abschließend eine Abzinsung vorzunehmen. Denn durch den Ausgleichsanspruch werden die **Provisionsverluste im Voraus abgegolten,** während der Handelsvertreter die Provision erst innerhalb mehrerer Jahre verdient hätte.[509] Für die Abzinsung ist dabei ohne Bedeutung, zu welchem Zeitpunkt die Ausgleichszahlung erfolgt.[510] Dies gilt auch dann, wenn der Ausgleich erst nach einer langen, mehrjährigen Prozessdauer gezahlt wird. Der mit Beendigung des Handelsvertreterverhältnisses entstehende Ausgleichsbetrag wird nämlich **nicht dadurch verändert,** dass die tatsächliche Leistung erst zu einem späteren Zeitpunkt erfolgt.[511] Außerdem kann der Handelsvertreter dann Fälligkeitszinsen nach §§ 352, 353 (→ Rn. 263) und ggf. Verzugs- bzw. Prozesszinsen nach §§ 291, 288 Abs. 2 BGB[512] verlangen. Durch die Gewährung solcher Zinsen wird für den Unternehmer, der nur den abgezinsten Betrag schuldet, auch nicht der mit der Abzinsung verbundene Vorteil aufgehoben. Denn die Abzinsung betrifft nur den Umfang des geschuldeten Ausgleichsbetrags, während die Zubilligung von Fälligkeits- oder Verzugszinsen auf diesen geschuldeten Betrag allein die Folgen nicht fristgerechter Leistung ausgleicht.[513]

165 Für die Höhe der Abzinsung lässt sich **kein allgemeingültiger Prozentsatz** festlegen. Von der früheren Rspr. sind unterschiedliche Prozentsätze angenommen worden,[514] wobei insbesondere der Prognosezeitraum, der für die Entstehung der Provisionsverluste angenommen worden war, zur Begründung herangezogen wurde. Inzwischen bevorzugt die Rspr.[515] einen Zinssatz von vier bzw. fünf Prozent p.a. und eine Abzinsung nach streng mathematischen Grundsätzen nach *Hoffmann*[516] oder bei der Berechnung des Ausgleichsanspruchs eines Kfz-Vertragshändlers nach *Gillardon*.[517] Andere Berechnungsmethoden sind jedoch ebenfalls zulässig.[518] In Anlehnung an §§ 352, 353 erscheint ein Zinssatz von fünf Prozent p.a. gut vertretbar. In der aktuellen Niedrigzinsphase wird hingegen häufig vorgebracht, dass eine Abzinsung nicht gerechtfertigt sei bzw. allenfalls ein sehr geringer Prozentsatz angesetzt werden könne. Indes handelt es sich bei der Abzinsung um einen pauschalen Ausgleich. Aus diesem Grund wurde auch in Hochzinszeiten seitens der Rspr. pauschal ein Zinssatz von nur vier bzw. fünf Prozent p.a. vorgenommen. In der aktuellen Niedrigzinsphase kann daher nicht etwas anderes gelten. Dementsprechend haben auch in der jüngeren Vergangenheit verschiedene Oberlandesgerichte eine Abzinsung von fünf Prozent p.a. bei der Berechnung eines Ausgleichsanspruchs vorgenommen.[519]

III. Höchstgrenze (Abs. 2)

166 Nach Abs. 2 darf der Ausgleich **eine Jahresprovision** oder eine sonstige Jahresvergütung nicht überschreiten. Bei kürzerer Dauer des Vertragsverhältnisses ist der Durchschnitt während der Dauer der Tätigkeit maßgebend. Die Höchstgrenze des Abs. 2 erlangt daher nur dann Bedeutung, wenn der nach den Grundsätzen des Abs. 1 S. 1 Nr. 1 und Nr. 2 berechnete Ausgleich (Rohausgleich) die Höchstgrenze überschreitet. Dann wird dieser

[509] BGH NJW-RR 1991, 484 = EWiR § 89b HGB 2/91, 591 m. Kurzkomm. *Schwerdtner*; ZIP 1987, 1383 = WM 1987, 1465 = EWiR § 89b HGB 2/87, 1109 m. Kurzkomm. *Assmann*; Baumbach/Hopt/*Hopt* Rn. 48; *Thume* in Küstner/Thume VertriebsR-HdB II Kap. IX Rn. 147 ff.

[510] BGH NJW-RR 1991, 484 (485) = BB 1991, 368 = DB 1991, 1325; EBJS/*Löwisch* Rn. 200; krit. *Thume* in Küstner/Thume VertriebsR-HdB II Kap. IX Rn. 151 ff.

[511] BGH NJW-RR 1991, 484 (485) = EWiR § 89b HGB 2/91, 591 f. m. zust. Kurzkomm. *Schwerdtner*.

[512] Der Ausgleichsanspruch stellt eine Entgeltforderung iSd § 288 Abs. 2 BGB dar, BGH NJW 2010, 3226 Rn. 14; Staub/*Emde* Rn. 337; aA *Schnabl* NJW 2009, 955 (956).

[513] BGH NJW-RR 1991, 484 (485).

[514] OLG Celle BB 1970, 227: 10% über vier Jahre; OLG Köln VersR 1968, 966: 20 % über fünf Jahre.

[515] BGH NJW-RR 1991, 484 (485); ZIP 1987, 1383 (1387).

[516] Dazu EBJS/*Löwisch* Rn. 200.

[517] *Thume* in Küstner/Thume VertriebsR-HdB II Kap. IX Rn. 154 Fn. 225 f.

[518] BGH NJW 1998, 71 (75).

[519] OLG München BeckRS 2014, 10205 Rn. 60; OLG Celle ZVertriebsR 2017, 230 (234); OLG Karlsruhe BeckRS 2017, 133569 Rn. 121.

Ausgleichsbetrag auf die in Abs. 2 geregelte Höchstgrenze reduziert.[520] Die Höchstgrenze des Abs. 2 unterliegt keiner Billigkeitsprüfung.[521]

1. Berechnungszeitraum. Die Höhe der Jahresprovision oder der sonstigen Vergütung wird aus dem Durchschnitt der **letzten fünf Jahre** der Tätigkeit des Handelsvertreters berechnet.[522] Dabei sind die berücksichtigungsfähigen Provisionseinnahmen durch die Anzahl der Monate des Handelsvertreterverhältnisses zu teilen und mit zwölf zu multiplizieren. Auch wenn sich das Handelsvertreterverhältnis in den letzten fünf Jahren durch Verdoppelung des Provisionssatzes grundlegend geändert hat, kann nicht die kürzere Dauer mit dem erhöhten Provisionssatz zugrunde gelegt werden.[523] Dies würde dem klaren Wortlaut des Gesetzes und Art. 17 Abs. 2 lit. b) der Handelsvertreter-RL widersprechen. Hat das Vertragsverhältnis weniger als fünf Jahre, aber länger als ein Jahr bestanden, ist die Jahresprovision aus dem Durchschnitt der Provisionszahlungen während der gesamten Vertragsdauer zu berechnen. 167

Bei einer **kürzeren Vertragsdauer als ein Jahr** müssen die Provisionseinnahmen des Handelsvertreters auf ein Jahr hochgerechnet werden.[524] Soweit teilweise[525] vorgebracht wird, eine Hochrechnung der Provisionseinnahmen auf ein Jahr würde zu einer ungerechtfertigten Besserstellung des Handelsvertreters und im Extremfall zu einem Ausgleich führen, der die tatsächlich bezogenen Provisionen um ein vielfaches übersteigt, wird verkannt, dass die Höhe des Ausgleichsanspruchs zunächst nicht durch die Höchstgrenzen des Abs. 2, sondern durch die Berechnungskriterien des Abs. 1 S. 1 Nr. 1–3 bestimmt wird.[526] Vielmehr ist kein sachlicher Grund ersichtlich, der es rechtfertigt, die Höchstgrenze des Ausgleichs bei einem Handelsvertreter mit einer geringeren Vertragsdauer als ein Jahr anders zu berechnen als bei einem Handelsvertreter, der mehr als ein Jahr für den Unternehmer tätig war. 168

2. Berechnung der Jahresprovision. a) Alle Provisionseinnahmen. Während zur Ermittlung der Provisionsverluste nur die entgangenen Provisionen aus weiteren Geschäftsabschlüssen des Unternehmers mit den vom Handelsvertreter neu geworbenen bzw. intensivierten Stammkunden heranzuziehen sind (→ Rn. 102 ff.), müssen bei der Bestimmung der Höchstgrenze alle Provisionen und sonstigen Vergütungen berücksichtigt werden, die der Handelsvertreter im Bezugszeitraum verdient hat. Darunter fallen auch Provisionen, die kein Entgelt für die Vermittlungs- oder Abschlusstätigkeit darstellen, wie zB Provisionen und Vergütungen für Bestandspflege, Inkasso, Delkredere, Lagerhaltung, Warenauslieferung und andere Dienstleistungen.[527] Ebenso sind Geschäfte mit Altkunden des Unternehmers[528] und Bezirksprovisionen[529] einzubeziehen. Das Gleiche gilt für Schadensersatzansprüche des Handelsvertreters nach § 89 Abs. 2 für während der restlichen Vertragszeit entgangene Provisionen.[530] Auch Überhangprovisionen (→ § 87 Rn. 19) sind in die Berechnung der Jahresprovision einzubeziehen,[531] da der Handelsvertreter die 169

---

520 BGH NJW 1999, 946 (948); NJW-RR 1993, 221; *Thume* in Küstner/Thume VertriebsR-HdB II Kap. XII Rn. 1 ff.

521 BGH NJW 1999, 946 (948).

522 EBJS/*Löwisch* Rn. 202.

523 So wohl auch Baumbach/Hopt/*Hopt* Rn. 49; aA OLG Karlsruhe Justiz 1984, 340 = OLGZ 1984, 483; Oetker/*Busche* Rn. 28; EBJS/*Löwisch* Rn. 202; Heymann/*Herrmann* Rn. 79.

524 Oetker/*Busche* Rn. 28; Baumbach/Hopt/*Hopt* Rn. 49; *Semler* in MSF VertriebsR-HdB § 22 Rn. 78; Heymann/*Herrmann* Rn. 79; *Westphal,* Neues Handelsvertreterrecht, 1991, 167 f.; krit. *Thume* in Küstner/Thume VertriebsR-HdB II Kap. XII Rn. 5 ff.; aA EBJS/*Löwisch* Rn. 202.

525 EBJS/*Löwisch* Rn. 202; *Küstner*/Thume II Kap. XII Rn. 3.

526 Ebenso *Westphal,* Neues Handelsvertreterrecht, 1991, 168.

527 BGHZ 55, 45 (53) = NJW 1971, 462 = LM Nr. 38 mAnm *Rietschel*; OLG Karlsruhe BB 1982, 274 (275).

528 OLG Oldenburg DB 1964, 105 (106); Heymann/*Herrmann* Rn. 78; aA OLG Celle NJW 1968, 1141 (1142).

529 Staub/*Emde* Rn. 191; *Thume* in Küstner/Thume VertriebsR-HdB II Kap. XII Rn. 12.

530 Staub/*Emde* Rn. 191; *Westphal,* Neues Handelsvertreterrecht, 1991, 169.

531 BGH NJW 1997, 316 = EWiR § 89b HGB 1/97, 175 m. Kurzkomm. *v. Hoyningen-Huene* = JR 1997, 377 mAnm *Stoffels*; Staub/*Emde* Rn. 191; *Westphal,* Neues Handelsvertreterrecht, 1991, 169; krit. *Thume* in Küstner/Thume VertriebsR-HdB II Kap. XII Rn. 14 ff.

Provision bereits mit der Vermittlung oder dem Abschluss des Geschäfts verdient hat.[532] Allerdings sind solche (Überhang-)Provisionen, die im sechstletzten Vertragsjahr verdient und im fünftletzten abgerechnet und ausgezahlt wurden, nicht in die Berechnung mit einzubeziehen. Somit ist sichergestellt, dass nie mehr als ein Fünf-Jahres-Zeitraum in der Berechnung erfasst wird.[533]

170 **Unerheblich** ist, **ob** die **Provisionen** auch **tatsächlich gezahlt** wurden, weil alle Provisionen, die der Handelsvertreter im maßgeblichen Zeitraum verdient hat, zu berücksichtigen sind.[534] Auch Provisionen, die dem Handelsvertreter in unberechtigter Weise vorenthalten wurden, gehören zu den berücksichtigungsfähigen Provisionen.[535] Das Gleiche gilt für verjährte Provisionen.[536]

171 Dagegen sind **durchlaufende Kosten nicht** erfasst.[537] Darunter fallen Aufwendungen, die der Unternehmer dem Handelsvertreter erstattet, weil sie diesem bei der Erfüllung besonderer Vertragspflichten entstanden sind, wie zB die Mietkosten für die Unterhaltung eines Auslieferungslagers oder (echte) Werbekostenzuschüsse, sofern ihnen kein Entgeltcharakter zukommt.

172 Bei der Berechnung des **Ausgleichsanspruchs eines Vertragshändlers** sind indes die Vergütungsbestandteile für **händlertypische** Tätigkeiten herauszurechnen, da nur dann eine Vergleichbarkeit mit der Jahresvergütung des Handelsvertreters gegeben ist.[538] Die Vergütungsbestandteile für verwaltende Tätigkeiten sind jedoch – genauso wie bei der Berechnung des Höchstbetrages im Handelsvertreterrecht – nicht in Abzug zu bringen. In Bezug auf die Darlegungs- und Beweislast kann auf die Grundsätze zur Berechnung des Ausgleichsanspruchs nach Abs. 1 verwiesen werden (→ Rn. 110, → Rn. 115).

173 **b) Bruttoprovisionen.** Provisionen iSd Abs. 2 sind Bruttoprovisionen.[539] Deshalb müssen bei der Berechnung der Jahresprovision auch solche Provisionen miteinbezogen werden, die der Handelsvertreter zur Begleichung seiner Geschäftskosten aufwenden muss. Ebenso sind Mehrwertsteuerbeträge[540] und vom Hauptvertreter an den Untervertreter gezahlte Provisionen nicht abzuziehen.[541] Das Gleiche gilt für Spesenzuschüsse und Kostenerstattungspauschalen.[542]

174 **c) Darlegungs- und Beweislast.** Da die Höchstgrenze den Ausgleichsanspruch begrenzt, trägt der Unternehmer die **Darlegungs- und Beweislast für die Bestimmung des Höchstbetrages.**[543] Macht hingegen ein **Vertragshändler** einen Ausgleichsanspruch geltend, trägt er die Darlegungs- und Beweislast, weil der Unternehmer die Roherträge, die der Händler erzielt hat, regelmäßig nicht kennt.[544]

IV. Berechnungsbeispiel

175 Eine Methode für die Berechnung des Ausgleichsanspruchs des Handelsvertreters verdeutlicht folgendes **Beispiel** (zum Spezialfall der Berechnung des Ausgleichsanspruchs des

[532] BGH NJW 1997, 316 = EWiR § 89b HGB 1/97, 175 m. Kurzkomm. *v. Hoyningen-Huene* = JR 1997, 377 mAnm *Stoffels*; *Westphal*, Neues Handelsvertreterrecht, 1991, 169; krit. *Thume* in Küstner/Thume VertriebsR-HdB II Kap. XII Rn. 16.

[533] BGH NJW 1997, 316 f. = EWiR § 89b HGB 1/97, 175 m. Kurzkomm. *v. Hoyningen-Huene*.

[534] BGH NJW 1982, 235 (236) = BB 1982, 1415; Staub/*Emde* Rn. 190 f.; *Thume* in Küstner/Thume VertriebsR-HdB II Kap. XII Rn. 10; EBJS/*Löwisch* Rn. 203.

[535] *Thume* in Küstner/Thume VertriebsR-HdB II Kap. XII Rn. 10.

[536] BGH NJW 1982, 235 (236); Staub/*Emde* Rn. 191.

[537] BGHZ 61, 112 (114); Baumbach/Hopt/*Hopt* Rn. 51; *Thume* in Küstner/Thume VertriebsR-HdB II Kap. XII Rn. 26; Heymann/*Herrmann* Rn. 78.

[538] BGH NJW-RR 1992, 421, (423); OLG Düsseldorf BeckRS 2012, 8309; *Kümmel* DB 1998, 2407 (2409); *Reufels* BB 2000, 1586 (1589); *Kainz/Lieber/Puszkajler* BB 1999, 434 (435).

[539] BGHZ 61, 112; 56, 242 (250) = LM Nr. 40 mAnm *Rietschel*; BGHZ 41, 129 (134, 135) = LM Nr. 18 mAnm *Rietschel*.

[540] BGHZ 61, 112.

[541] Baumbach/Hopt/*Hopt* Rn. 51; Heymann/*Herrmann* Rn. 78.

[542] Baumbach/Hopt/*Hopt* Rn. 51.

[543] Baumbach/Hopt/*Hopt* Rn. 51.

[544] S. nur Staub/*Emde* Rn. 196; *Schmülling* GWR 2015, 224 (227).

Versicherungs- bzw. Bausparkassenvertreters → Rn. 308 f.),[545] wobei darauf hinzuweisen ist, dass es nicht eine einzige richtige Berechnungsmethode gibt. Die hier dargestellte „herkömmliche" Methode wird bislang von der höchstrichterlichen Rspr. angewandt bzw. akzeptiert.

1. Tatbestand. Das Handelsvertreterverhältnis, das den Vertrieb nicht langlebiger 176
Wirtschaftsgüter zum Inhalt hatte, wurde zum 30.6.2015 beendet. In den letzten zwölf Monaten seiner Tätigkeit (vom 1.7.2014 bis 30.6.2015) hat der Handelsvertreter insgesamt Provisionen in Höhe von 150.000 Euro (netto zzgl. Umsatzsteuer) erzielt. Dabei betrugen die Provisionen aus Geschäften mit vom Handelsvertreter neu geworbenen bzw. intensivierten Stammkunden 100.000 Euro (netto zzgl. Umsatzsteuer), wie sich aus der Kundenkartei des Handelsvertreters und den Unterlagen des Unternehmers ergibt. Ein vom Handelsvertreter neu geworbener Stammkunde fiel Ende 2014 in Insolvenz. In der Zeit vom 1.7.2014 bis zur Insolvenz hatte der Handelsvertreter mehrere Geschäfte mit diesem Kunden vermittelt und dafür 20.000 Euro (netto zzgl. Umsatzsteuer) an Provisionen erzielt. Im Vergleich zu den Vorjahren ist das letzte Vertragsjahr – was die Umsätze mit neu geworbenen und intensivierten Stammkunden unter Berücksichtigung insolventer Kunden – im Ergebnis nicht atypisch verlaufen. 15.000 Euro (netto zzgl. Umsatzsteuer), also mithin 10% der Provisionen erhielt der Handelsvertreter für seine verwaltenden Tätigkeiten. Ebenso ist eine durchschnittliche jährliche Umsatzminderung in Höhe von 20% gegenüber dem jeweils am Ende des Vorjahres erzielten Umsatzes wegen des Abspringens von Stammkunden ermittelt worden. Der Handelsvertreter erhält von dem Unternehmer seit dem 1.7.2015 eine monatliche Altersrente. Der Kapitalwert dieser Rente beläuft sich auf 80.000 Euro. In den letzten fünf Jahren seiner Tätigkeit erzielte der Handelsvertreter folgende Provisionseinnahmen (jeweils netto zzgl. Umsatzsteuer):

1.7.2010–30.6.2011	200.000 Euro
1.7.2011–30.6.2012	180.000 Euro
1.7.2012–30.6.2013	190.000 Euro
1.7.2013–30.6.2014	180.000 Euro
1.7.2014–30.6.2015	150.000 Euro.

2. Ausgleichsberechnung. a) Rohausgleich. Zuerst ist der sog. Rohausgleich zu 177
berechnen (→ Rn. 145 ff., insbesondere → Rn. 153); dabei wird unterstellt, dass der Unternehmer den Kundenstamm weiternutzen kann und mithin entsprechende Unternehmervorteile hat (→ Rn. 149 f.). Als wesentlicher Anhaltspunkt für die Unternehmervorteile sowie im Rahmen der Billigkeitsprüfung berechnen sich die **Provisionsverluste** des Handelsvertreters wie folgt:

(1)	Provisionseinnahmen der letzten zwölf Monate:	Euro	150.000
(2)	davon mit neu geworbenen bzw. intensivierten Stammkunden (→ Rn. 154):	Euro	100.000
	./. insolvente Kunden (→ Rn. 72)	Euro	20.000
	1. Zwischenergebnis:	Euro	80.000
(3)	./. Provisionen für verwaltende Tätigkeit, 10% (→ Rn. 156):		8.000
	2. Zwischenergebnis:	Euro	72.000
(4)	Prognosezeitraum; hier: drei Jahre (Abwanderungsquote 20% p.a.)		
	1. Prognosejahr: 72.000 ./. 20% (14.400)	= Euro	57.600
	2. Prognosejahr: 64.800 ./. 20% (11.520)	= Euro	46.080
	3. Prognosejahr: 51.840 ./. 20% (9.216)	= Euro	36.864
	3. Zwischenergebnis	Euro	140.544
(5)	(weitere) Billigkeitsaspekte		
	./. Sogwirkung der Marke 25%	Euro	35.136
	./. Kapitalwert der Altersversorgung (→ Rn. 125 f.)	Euro	80.000
	4. Zwischenergebnis	Euro	25.408

545 Weitere Berechnungsbeispiele bei *Westphal,* Neues Handelsvertreterrecht, 1991, 170 ff.

(5)	Nach Abzinsung; hier: nach Hoffmann, 5% p.a. (→ Rn. 164 f.)	= Euro	22.094
	zzgl. Umsatzsteuer 19%	Euro	4.198
	= Rohausgleich (brutto)	Euro	26.292

178 **b) Höchstbetragsberechnung. Höchstbetragsberechnung** (→ Rn. 166 ff.):

1.7.2010–30.6.2011:	200.000 Euro
1.7.2011–30.6.2012:	180.000 Euro
1.7.2012–30.6.2013:	190.000 Euro
1.7.2013–30.6.2014:	180.000 Euro
1.7.2014–30.6.2015:	150.000 Euro
	900.000 Euro : 5
= Höchstbetrag (netto)	180.000 Euro
zzgl. Umsatzsteuer 19%	34.200 Euro
= Höchstbetrag (brutto)	214.200 Euro

Da der Rohausgleich (26.292 Euro brutto) den Höchstbetrag (214.200 Euro brutto) nicht übersteigt, ergibt sich ein Ausgleichsanspruch in Höhe von 26.292 Euro brutto.

D. Ausschluss des Ausgleichsanspruchs (Abs. 3)

179 Der **Ausgleichsanspruch entfällt** nach Abs. 3 **in drei Fällen.** Ein Anspruch besteht nicht, wenn der Handelsvertreter das Vertragsverhältnis ohne begründeten Anlass gekündigt hat oder dem Handelsvertreter eine Fortsetzung seiner Tätigkeit wegen seines Alters oder wegen Krankheit nicht zugemutet werden kann (Abs. 3 Nr. 1), wenn der Unternehmer das Vertragsverhältnis gekündigt hat und hierfür ein wichtiger Grund wegen schuldhaften Verhaltens des Handelsvertreters vorlag (Abs. 3 Nr. 2) oder bei einem einverständlichen Eintritt eines Dritten anstelle des Handelsvertreters in das Vertragsverhältnis (Abs. 3 Nr. 3). Der letztgenannte Tatbestand wurde erst im Rahmen der Rechtsangleichung des Handelsvertreterrechts in der EU durch die Novelle vom 23.10.1989 (BGBl. 1989 I 1910) mit Wirkung zum 1.1.1990 neu eingefügt.[546]

180 Mit den drei Ausschlusstatbeständen **konkretisiert** der Gesetzgeber die in Abs. 1 S. 1 Nr. 2 geregelte **Billigkeit,**[547] indem er bei Vorliegen der Voraussetzungen des Abs. 3 einen Ausgleichsanspruch als unbillig ansieht und deshalb ausschließt. Bei der Auslegung der Vorschrift sind daher Billigkeitserwägungen maßgeblich heranzuziehen.[548]

181 Abs. 3 ist als **abschließende Ausnahmevorschrift** eng auszulegen[549] und nur begrenzt analogiefähig. Soweit Umstände der Vertragsbeendigung nicht zu einem Ausschlussgrund nach Abs. 3 führen, sind sie bei der Billigkeitsprüfung des Abs. 1 S. 1 Nr. 2 zu berücksichtigen.[550] Andererseits ist bei Vorliegen eines Ausschlussgrunds der Ausgleichsanspruch von vornherein nicht zur Entstehung gelangt, so dass auch keine weitere Billigkeitsprüfung nach Abs. 1 S. 1 Nr. 1 möglich ist.[551]

I. Eigenkündigung des Handelsvertreters (Abs. 3 Nr. 1)

182 Ein Ausgleichsanspruch besteht nicht, wenn der Handelsvertreter das Vertragsverhältnis gekündigt hat, es sei denn, dass ein Verhalten des Unternehmers hierzu begründeten

[546] Zur Novelle 1990 vgl. *Kindler* RIW 1990, 358; *Küstner/v. Manteuffel* BB 1990, 291 (297 f.); *Kuther* NJW 1990, 304 (305).

[547] BGHZ 45, 385 (386) = LM Nr. 26 mAnm *Rietschel*; Staub/*Emde* Rn. 199; Heymann/*Herrmann* Rn. 84.

[548] BGH NJW 1976, 671.

[549] BGH NJW 2000, 1866 (1868); 1998, 1070 f.; BGHZ 52, 12 (15) = LM Nr. 34 mAnm *Rietschel* = NJW 1969, 1023; BGHZ 41, 129 (131) = LM Nr. 18 mAnm *Rietschel*; BGH NJW 1989, 35 (36); WM 1988, 1208 = BB 1988, 2201 = EWiR § 89b HGB 1/88, 685 m. Kurzkomm. *Martinek*; EBJS/*Löwisch* Rn. 59; Röhricht/Graf v. Westphalen/Haas/*Thume* Rn. 123.

[550] BGHZ 41, 129 (131); BGH NJW 1989, 35 (36); NJW-RR 1988, 42.

[551] Oetker/*Busche* Rn. 31; Baumbach/Hopt/*Hopt* Rn. 69; Heymann/*Herrmann* Rn. 84.

Anlass gegeben hat oder dem Handelsvertreter eine Fortsetzung seiner Tätigkeit wegen seines Alters oder wegen Krankheit nicht zugemutet werden kann. Damit entfällt bei einer **Eigenkündigung des Handelsvertreters** grundsätzlich der Ausgleichsanspruch, soweit nicht begründete Ausnahmen, wie die Veranlassung der Kündigung durch den Unternehmer oder die Unzumutbarkeit der Vertragsfortsetzung infolge von Alter bzw. Krankheit des Handelsvertreters, vorliegen[552] (zur Verfassungsgemäßheit des Abs. 3 Nr. 1 → Rn. 5).

1. Grundsatz. Dem Handelsvertreter soll grundsätzlich kein Ausgleichsanspruch zustehen, wenn er die **Beendigung** des Vertragsverhältnisses selbst **durch einseitige Erklärung veranlasst** hat. Dabei ist unerheblich, ob das Handelsvertreterverhältnis durch ordentliche Kündigung nach § 89 oder durch außerordentliche Kündigung nach § 89a beendet wird. Es reicht aus, wenn der Handelsvertreter durch die Kündigung die Ursache für das Vertragsende gesetzt hat und die Vertragsbeendigung unmittelbar auf sein Verhalten zurückzuführen ist. Nicht erforderlich ist dagegen, dass das Vertragsverhältnis auch tatsächlich durch die Kündigung beendet wurde.[553] 183

Deshalb besteht ein Ausgleichsanspruch auch dann nicht, wenn **im Anschluss an die Kündigung** durch den Handelsvertreter dieser mit dem Unternehmer einen Aufhebungsvertrag schließt, um das Handelsvertreterverhältnis vor Ablauf der Kündigungsfrist zu beenden.[554] Das Gleiche muss gelten, wenn der Vertrag nach der Kündigung durch den Handelsvertreter, aber vor Ablauf der Kündigungsfrist durch den Tod des Handelsvertreters beendet wird, weil auch hier die Kündigung bereits die Ursache für die Vertragsbeendigung gesetzt hat und der Tod des Handelsvertreters nur der Vertragsbeendigung mit Ablauf der Kündigungsfrist zuvorgekommen ist.[555] Dementsprechend muss der Ausgleichsanspruch auch dann ausscheiden, wenn der Handelsvertreter das Vertragsverhältnis ordentlich kündigt, der Unternehmer aber seinerseits vor Ablauf der Kündigungsfrist fristlos kündigt, ohne dass ein schuldhaftes Verhalten des Handelsvertreters vorliegt.[556] Wäre eine außerordentliche Kündigung durch den Unternehmer nach der Eigenkündigung des Handelsvertreters für den Ausgleichsanspruch noch erheblich, könnte sich der Handelsvertreter dadurch in eine für ihn günstigere Lage versetzen, dass er den Unternehmer nach der Eigenkündigung mit seinem Verhalten zu einer außerordentlichen Kündigung veranlasst. Denn: Spricht der Unternehmer die außerordentliche Kündigung aus, würde es nicht mehr oder nur noch zweitrangig auf den Ausschlusstatbestand des Abs. 3 Nr. 1 ankommen; vorrangig käme es auf den Ausschlusstatbestand des Abs. 3 Nr. 2 an mit der Folge, dass der Unternehmer das Risiko trägt, dass ein wichtiger Grund wegen des schuldhaften Verhaltens des Handelsvertreters gegeben ist. 184

Da die Veranlassung der Vertragsbeendigung durch einseitige Erklärung des Handelsvertreters genügt, entspricht die **Ablehnung der Verlängerung** des Handelsvertretervertrags mit Verlängerungsoption der Kündigung. Denn auch hier hängt die Beendigung des Vertrags allein von der Erklärung des Handelsvertreters ab.[557] Das Gleiche gilt, wenn der Handelsvertreter eine auflösende Bedingung herbeiführt.[558] 185

Dagegen wird der Ausgleichsanspruch bei einer einvernehmlichen Beendigung des Vertragsverhältnisses durch **Aufhebungsvertrag nicht** ausgeschlossen.[559] Dies gilt auch, 186

---

552 Nach *Haas* BB 1991, 1441 f. und *Moritz* DB 1987, 875 verstoße Abs. 3 Nr. 1 gegen Art. 12 GG und sei deshalb verfassungswidrig; dies ist abzulehnen, so auch BVerfG NJW 1996, 381; *Saenger* DB 2000, 129 (134).

553 EBJS/*Löwisch* Rn. 63; aA OLG Frankfurt NJW 1961, 514 mAnm *Konow.*

554 BGHZ 56, 12 (14); OLG Hamm BB 1987, 1761; *Semler* in MSF VertriebsR-HdB § 22 Rn. 84.

555 Staub/*Emde* Rn. 234; aA OLG Frankfurt NJW 1961, 514 (515) mAnm *Konow*; Baumbach/Hopt/*Hopt* Rn. 53.

556 OLG Köln HVR (59) Nr. 292; aA Baumbach/Hopt/*Hopt* Rn. 53; Heymann/*Herrmann* Rn. 86.

557 BGH NJW 1996, 848; Baumbach/Hopt/*Hopt* Rn. 54; Heymann/*Herrmann* Rn. 87; krit. Staub/*Emde* Rn. 225; aA *Thume* BB 1998, 1425 (1429).

558 Heymann/*Herrmann* Rn. 87; Staub/*Emde* Rn. 225.

559 BGHZ 52, 12 (15) = LM Nr. 34 mAnm *Rietschel*; Baumbach/Hopt/*Hopt* Rn. 54; Staub/*Emde* Rn. 225.

wenn die Initiative für die Vertragsaufhebung vom Handelsvertreter ausgeht.[560] Als Ausnahmevorschrift ist Abs. 3 eng auszulegen. Deshalb ist für den Ausschluss des Ausgleichsanspruchs erforderlich, dass die Vertragsbeendigung allein auf einer einseitigen Erklärung des Handelsvertreters beruht, der Handelsvertreter den Vertrag also allein durch sein Verhalten und ohne Mitwirkung des Unternehmers beendet hat. Dies ist aber bei einem zweiseitigen Aufhebungsvertrag gerade nicht der Fall.

187 Auch bei der **Ablehnung** eines **späteren Verlängerungsangebots** des Unternehmers bei einem befristeten Vertrag beruht die Vertragsbeendigung **nicht** auf einer einseitigen Erklärung des Handelsvertreters. Vielmehr endet der Vertrag durch Zeitablauf. Die Nichtannahme des Verlängerungsangebots führt demnach nicht zur Beendigung des bestehenden Vertrages, sondern nur zum Nichtabschluss eines neuen Vertrags. Deshalb verliert der Handelsvertreter mit der Nichtannahme eines Verlängerungsangebots nicht den Ausgleichsanspruch.[561] Die Ablehnung eines (zumutbaren) Folgevertrages steht ausgleichsrechtlich einer Eigenkündigung des Handelsvertreters auch nicht gleich, eine analoge Anwendung des Abs. 3 Nr. 1 kommt nicht in Betracht.[562]

188 Ebenso wenig lässt der **Selbstmord** des Handelsvertreters oder der auf sonstigen Umständen aus seiner Sphäre beruhende Tod, wie beispielsweise ein selbstverschuldeter tödlicher Unfall, den Ausgleichsanspruch entfallen.[563] Hier fehlt es schon an einer Beendigung des Vertragsverhältnisses durch einseitige Gestaltungserklärung des Handelsvertreters.

189 **2. Ausnahmen.** Von dem Grundsatz, dass die Kündigung des Vertragsverhältnisses durch den Handelsvertreter den Ausgleichsanspruch ausschließt, macht Abs. 3 Nr. 1 zwei Ausnahmen, für die der Handelsvertreter die Darlegungs- und Beweislast trägt.

190 **a) Veranlassung der Kündigung durch Unternehmer (Abs. 3 Nr. 1 Fall 1).** Trotz der Eigenkündigung des Handelsvertreters entfällt der Ausgleichsanspruch nicht, wenn der Unternehmer durch sein Verhalten begründeten Anlass zur Kündigung gegeben hat.[564]

191 **aa) Begründeter Anlass.** Nach bislang hM gilt Folgendes: Begründeter Anlass bedeute entgegen dem Wortsinn nicht Ursächlichkeit.[565] Auch brauche das Verhalten des Unternehmers nicht das eigentliche Motiv für die Kündigung durch den Handelsvertreter gewesen zu sein. Ebenso wenig müsse der Handelsvertreter die Gründe für die Kündigung kennen oder beim Kündigungsausspruch nennen.[566] Vielmehr genüge das objektive Vorliegen einer Veranlassung der Kündigung durch den Unternehmer im Zeitpunkt der Kündigung, auch wenn dies dem Handelsvertreter unbekannt war.[567] Der Handelsvertreter müsse dann aber den begründeten Anlass als Kündigungsgrund nachschieben,[568] wobei er nicht an die Jahresfrist des Abs. 4 S. 2, sondern nur an die Schranken der Verwirkung (§ 242 BGB) gebunden sei.[569]

---

560 BGHZ 52, 12 (15); EBJS/*Löwisch* Rn. 62; aA LAG Frankfurt NZA 1992, 1034, wonach es bei § 89b Abs. 3 ebenso wie bei § 628 BGB und § 75 HGB nicht auf die Formen der Auflösung, sondern auf ihren Anlass ankommt.

561 OLG Köln BB 1997, 61; OLG Nürnberg VW 1983, 549; Staub/*Emde* Rn. 225 f.; Baumbach/Hopt/*Hopt* Rn. 54; aA *Schröder* DB 1962, 895 (896).

562 BGH NJW 2007, 3493 = EWiR § 89b HGB 2/07, 467 m. Kurzkomm. *Puszkajler*; OLG Frankfurt BeckRS 2008, 12081; WRP 2006, 377; OLG Köln DB 2006, 1786; *Bieder* NJW 2007, 3471; Baumbach/Hopt/*Hopt* Rn. 54; EBJS/*Löwisch* Rn. 62; zT aA OLG Saarbrücken OLGR 2007, 668.

563 BGHZ 60, 350 (352 f.) = LM Nr. 45 mAnm *Rietschel*; BGHZ 45, 385 (387) = LM Nr. 26 mAnm *Rietschel*; BGHZ 41, 129 (131) = LM Nr. 18 mAnm *Rietschel*; vgl. *Thume* in Küstner/Thume VertriebsR-HdB II Kap. VIII Rn. 129.

564 *Saenger* DB 2000, 129; *Semler* in MSF VertriebsR-HdB § 22 Rn. 85; Röhricht/Graf v. Westphalen/Haas/*Thume* Rn. 126.

565 Staub/*Emde* Rn. 210; Baumbach/Hopt/*Hopt* Rn. 56.

566 BGHZ 40, 13 = LM Nr. 17 mAnm *Rietschel* = NJW 1963, 2068; Staub/*Emde* Rn. 210.

567 *Semler* in MSF VertriebsR-HdB § 22 Rn. 88.

568 BGHZ 40, 13 (14); Röhricht/Graf v. Westphalen/Haas/*Thume* Rn. 128.

569 BGHZ 40, 13 (18), der im betreffenden Fall ein Nachschieben nach über zwei Jahren noch für zulässig hielt; EBJS/*Löwisch* Rn. 67; vgl. aber BGH NJW-RR 1993, 996 = BB 1989, 1076.

Diese Auffassung muss indes **kritisch hinterfragt** werden.[570] Sie stützt sich maßgeblich auf das Urteil des BGH vom 12.6.1963.[571] Dort hatte der BGH einen Vergleich zu Abs. 3 Nr. 2 gezogen und festgestellt, dass es für die Kündigung des Unternehmers genüge, dass der Kündigungsgrund im Zeitpunkt der Kündigung objektiv vorlag und es nicht erforderlich sei, dass der Unternehmer sich schon bei der Kündigung auf ihn berufen habe oder dass er ihm überhaupt bekannt war. Der BGH hat daraus die Konsequenz gezogen, dass es nicht einzusehen sei, warum für die Kündigung des Handelsvertreters insoweit eine für diesen ungünstigere Regelung gelten sollte. Die vom BGH zugrunde gelegten Prämissen liegen heute aber nicht mehr vor. Der BGH hat mit Urteil vom 16.2.2011[572] seine frühere Rspr. zu den Voraussetzungen des Abs. 3 Nr. 2 explizit aufgegeben. Nach heutiger Rechtslage muss der Unternehmer den Handelsvertretervertrag wegen des schuldhaften Verhaltens des Handelsvertreters kündigen und darauf seine Kündigung stützen, damit der Ausschlusstatbestand des Abs. 3 Nr. 2 verwirklicht ist (→ Rn. 205). Wenn man also auch für die Kündigung des Handelsvertreters fordert, dass er wegen des begründeten Anlasses kündigt und seine Kündigung darauf stützt, stellt man ihn nun nicht schlechter als den Unternehmer. Die zu Abs. 3 Nr. 2 geänderte Rspr. gibt mithin Grund und Anlass, die Voraussetzungen des Abs. 3 Nr. 1 neu zu überdenken. So sprechen Wortlaut des Abs. 3 Nr. 1 und des Art. 18 lit. b RL 86/653/EWG (Handelsvertreter-RL) eher dafür, dass ein begründeter Anlass **ursächlich** für die Kündigung des Handelsvertreters sein muss, soll der Ausgleichsanspruch nicht wegen der Eigenkündigung entfallen. Zudem ist auch nicht verständlich, wie ein Verhalten des Unternehmers dem Handelsvertreter einen begründeten Anlass zur Kündigung geben können soll, wenn der Handelsvertreter dieses noch nicht einmal kennt und es nicht ursächlich für die Kündigung war. In einem solchen Fall hat der Handelsvertreter völlig losgelöst von einem nur objektiv vorliegenden Grund für sich die unternehmerische Entscheidung getroffen, das Vertragsverhältnis zu kündigen und die Folgen dieser Entscheidung – den Verlust des Ausgleichsanspruchs – in Kauf genommen. Dann ist auch der Entfall des Ausgleichsanspruchs gerechtfertigt. Bei anderer Ansicht wäre es für den Handelsvertreter in einer solchen Situation ein „Glücksfall", wenn er nachträglich während des Laufs der Kündigungsfrist oder gar erst nach Vertragsbeendigung von einem begründeten Anlass erführe und ihn als Kündigungsgrund nachschieben könnte, obgleich er ihn zum Zeitpunkt der Kündigung noch nicht einmal kannte. Es spricht daher vieles dafür, den auch schon ursprünglich vom BGH gewollten Gleichlauf mit Abs. 3 Nr. 2 insoweit wieder herzustellen. Indes gebietet ein Vergleich mit Abs. 3 Nr. 2 nicht einen absoluten Gleichlauf in jeder Hinsicht. An Abs. 3 Nr. 1 können auch über die Abgrenzung der Tatbestandsmerkmale „wichtiger Grund" und „begründeter Anlass" hinaus weniger strenge Voraussetzungen geknüpft werden. So dürfte ein Nachschieben von Kündigungsgründen bei Abs. 3 Nr. 1 unschädlich sein, solange der Handelsvertreter darlegen und beweisen kann, dass der nachgeschobene Kündigungsgrund ursächlich für die Kündigung war. Immer ist aber erforderlich, dass der begründete Anlass in einem Verhalten des Unternehmers seinen Ursprung findet. 192

Besteht ein begründeter Anlass, entfällt der Ausgleichsanspruch nicht schon deshalb, weil der Handelsvertreter **fristlos gekündigt** hat, ihm aber nach den gesamten Umständen eine **Fortsetzung** des Vertragsverhältnisses bis zu einer ordentlichen Kündigung **zumutbar** war.[573] Der Handelsvertreter verliert hier seinen Ausgleichsanspruch nur dann, wenn der Unternehmer die unberechtigte fristlose Vertragsbeendigung durch den Handelsvertreter seinerseits zum Anlass nimmt, das Vertragsverhältnis außerordentlich zu kündigen.[574] 193

bb) Verhalten des Unternehmers. Der Anlass für die Kündigung muss in einem Verhalten des Unternehmers liegen. Der Begriff des Verhaltens des Unternehmers ist weit 194

[570] S. auch Staub/*Emde* Rn. 210.
[571] BGHZ 40, 13 (14).
[572] BGH BB 2011, 973 im Nachgang zu EuGH DB 2010, 2495.
[573] BGHZ 91, 321 = LM Nr. 71 mAnm *Alff* = NJW 1984, 2529 = BB 1984, 1574 = DB 1984, 2297.
[574] BGH BB 2006, 905 (906); NJW 1984, 2529.

auszulegen und erfasst nicht nur ein Tun oder Unterlassen, sondern auch eine aus dem betrieblichen Verhalten des Unternehmers entwickelte wirtschaftliche Lage.[575] Ein Verschulden des Unternehmers oder eine objektive Vertragswidrigkeit ist nicht erforderlich.[576] Auch braucht das Verhalten des Unternehmers das Handelsvertreterverhältnis nicht so schwerwiegend zu belasten wie ein wichtiger Kündigungsgrund iSd § 89a.[577] Verhält sich der Unternehmer jedoch vertragskonform und ist ihm die Situation des Handelsvertreters nicht zuzurechnen, dann liegt in der Regel kein durch das Unternehmerverhalten begründeter Anlass zur Kündigung vor.[578] Es entspricht nämlich nicht dem Sinn und Zweck des § 89b, das Risiko der unternehmerischen Tätigkeit des Handelsvertreters einseitig auf den Unternehmer zu verlagern. Der Handelsvertreter hat die wirtschaftlichen Konsequenzen seines Handelns grundsätzlich selbst zu tragen. Daher liegt ein begründeter Anlass nicht vor, wenn der Handelsvertreter einen neuen Vertrag mit geringeren Provisionen abgeschlossen hat und der Unternehmer einen freiwillig geleisteten Betriebskostenzuschuss nicht weiterzahlt,[579] der Unternehmer es unterlassen hat, dem Handelsvertreter von sich aus eine Reduzierung der Tankstellenpacht anzubieten oder eine Konkurrenztätigkeit zu ermöglichen, um dem Handelsvertreter die Erzielung eines ausreichenden Gewinns zu ermöglichen,[580] oder sich die Provisionsumsätze anders als erwartet entwickeln. Es ist entscheidend, dass aus der Sicht eines normalen Handelsvertreters bei gerechter und billiger Abwägung der Gegebenheiten die Gründe für eine Vertragsbeendigung überwiegen und dem Unternehmer deswegen deren Hinnahme eher zuzumuten wäre als dem Handelsvertreter eine Fortsetzung des Vertrags.[581] Es kommt nicht darauf an, ob dem Handelsvertreter die Fortsetzung des Vertragsverhältnisses nicht mehr zumutbar[582] oder der Handelsvertreter in eine für ihn nach Treu und Glauben nicht mehr haltbare Lage gekommen ist.[583] Auch eine schwere Existenzgefährdung ist nicht erforderlich.[584]

195 Die Vertragsfortsetzung ist **beispielsweise** unzumutbar bei der vertragswidrigen Aufnahme eines parallelen Direktvertriebs durch den Unternehmer mit der Folge, dass der Unternehmer dem Handelsvertreter faktisch einen wesentlichen Teil seines Geschäfts wegnimmt.[585] Bei der Prüfung der Unzumutbarkeit ist auch das Verhalten des Handelsvertreters zu berücksichtigen.[586] So kann sich aus der Tatsache, dass der Handelsvertreter während des Bestehens des Handelsvertreterverhältnisses keine Folgerungen aus dem Verhalten des Unternehmers gezogen hat und sich auf dieses Verhalten erst Jahre später in einem Rechtsstreit um den Ausgleichsanspruch beruft, ergeben, dass er dem Verhalten keine allzu große Bedeutung beigemessen hat.[587] Der Ausgleichsanspruch wäre in diesem Fall ausgeschlossen.[588]

196 **cc) Einzelfälle.** Nach der Rspr. kann in den folgenden Einzelfällen ein begründeter Anlass zur Eigenkündigung des Handelsvertreters vorliegen:[589]
– mangelhafte Vertragserfüllung durch den Unternehmer,[590]

---

575 BGHZ 52, 5 (8) = LM Nr. 31 mAnm *Rietschel*; BGH DB 2015, 2141 Rn. 34; NJW 1967, 2153; 1976, 671; Heymann/*Herrmann* Rn. 88; krit. Staub/*Emde* Rn. 207.
576 BGH NJW-RR 2006, 755; BB 1987, 221; BGHZ 52, 5 (8); Oetker/*Busche* Rn. 35.
577 BGH NJW-RR 2006, 755; NJW 1967, 2153; Baumbach/Hopt/*Hopt* Rn. 57.
578 OLG Köln OLGR 2007, 250 = DB 2007, 517.
579 OLG Köln OLGR 2007, 250 = DB 2007, 517.
580 OLG München ZVertriebsR 2017, 189 Rn. 19 ff. mAnm *Valdini* EWiR 2017, 337.
581 EBJS/*Löwisch* Rn. 64.
582 AA BGH NJW 1996, 848 f.; BGHZ 40, 13 (15) = LM Nr. 17 mAnm *Rietschel*; BGH NJW 1967, 2153; 1987, 778; *Thume* in Küstner/Thume VertriebsR-HdB II Kap. XI Rn. 25 ff.
583 AA BGH NJW-RR 2006, 755; NJW 1967, 2153; WM 1987, 292; Baumbach/Hopt/*Hopt* Rn. 57; Flohr/Wauschkuhn/*Wauschkuhn* Rn. 247.
584 BGH WM 1987, 292.
585 BGH DB 1993, 1031 (1032) = WM 1993, 1464 (1468).
586 BGH BB 1989, 1076 = NJW-RR 1989, 862 = DB 1989, 1327.
587 BGH BB 1989, 1076.
588 EBJS/*Löwisch* Rn. 67 nimmt Verwirkung nur unter sehr strengen Voraussetzungen an.
589 Vgl. auch die Aufzählung bei *Thume* in Küstner/Thume VertriebsR-HdB II Kap. XI Rn. 54 ff.
590 BGH WM 1986, 622.

- Eintritt einer wettbewerblichen Konfliktsituation auf Seiten des Handelsvertreters auf Grund einer Sortimentserweiterung durch den Unternehmer,[591]
- unberechtigte fristlose Kündigung durch den Unternehmer,[592]
- unberechtigte Provisionsabzüge durch den Unternehmer,[593]
- wirtschaftlich schwierige Lage des Unternehmers,[594] unberechtigte Verkleinerung des Bezirks durch den Unternehmer,[595]
- Wegfall des Hauptlieferanten des Unternehmers,[596]
- Verkürzung von Provisionschancen,[597]
- verspätete Zahlung der Provision,[598]
- Erschwerung der Tätigkeit und Beeinträchtigung der wirtschaftlichen Grundlage des Handelsvertreters,[599]
- unberechtigte Freistellung des Handelsvertreters (→ § 89 Rn. 73),
- rechtsmissbräuchliches Verlangen nach wöchentlichen Kundenberichten, um die Tätigkeit des Handelsvertreters zu kontrollieren,[600]
- unbegründete Vorwürfe durch den Unternehmer,[601]
- privates Verhalten eines Vorstandsmitglieds einer AG,[602] ultimatives Verlangen des Unternehmers nach einer Leistungssteigerung durch den Handelsvertreter,[603]
- mangelndes wirtschaftliches Entgegenkommen des Unternehmers,[604]
- unberechtigter Vollmachtswiderruf durch den Unternehmer,[605]
- Nichterfüllung des Anspruchs aus § 85 S. 1 trotz mehrfacher Aufforderung.[606]

Eine Änderung des Inkassosystems stellt dagegen in der Regel keinen begründeten Anlass für eine Kündigung dar.[607] 197

Bei der (echten) **Untervertretung** (→ § 84 Rn. 117 ff.) ist der Ausschluss des Ausgleichsanspruchs nach Abs. 3 zunächst im Verhältnis zum Hauptvertreter zu prüfen. Berechtigte Anlässe zur Kündigung können sich aber ebenso mittelbar aus der Rechtsbeziehung des Hauptvertreters zum Unternehmer ergeben. Bietet der Hauptvertreter nach Kündigung durch den Unternehmer seinem Untervertreter nicht eine Fortsetzung des Vertragsverhältnisses zu angemessenen Bedingungen, hat der Untervertreter begründeten Anlass zur Kündigung.[608] Die darauf folgende Eigenkündigung des Untervertreters schließt den Ausgleichsanspruch nicht aus. Dabei bleibt es selbst dann, wenn der Handelsvertreter zu der Kündigung durch die Absicht bestimmt worden ist, unmittelbar Handelsvertreter des Unternehmers zu werden. Denn er ist nicht gehindert, den Grund (das fehlende Angebot zur Weiterbeschäftigung durch den Hauptvertreter zu angemessenen Bedingungen) als begründeten Anlass für seine Kündigung heranzuziehen. Allerdings sind die Gründe für die Vertragsauflösung im Rahmen der Billigkeitserwägungen nach Abs. 1 S. 1 Nr. 2 mit zu berücksichtigen.[609] 198

---

591 BGH NJW 1987, 778 = BB 1987, 531; DB 1960, 1305.
592 BGH NJW 1999, 946 f.; NJW-RR 1991, 156 f.; NJW 1967, 248 = BB 1966, 1410.
593 BGH VersR 1960, 462.
594 BGH NJW 1967, 2153 = RVR 1968, 114 mAnm *Küstner* = BB 1967, 776; NJW 1976, 671.
595 OLG Bamberg NJW 1958, 1830; OLG Düsseldorf HVR Nr. 77.
596 OLG Köln VersR 2003, 642.
597 OLG Celle DB 1962, 94.
598 OLG Nürnberg RVR 1970, 19; LG Kaiserslautern HVR Nr. 81.
599 OLG Zweibrücken VW 1981, 1201.
600 OLG Oldenburg DB 1964, 105; vgl. hierzu WarnR 1966 Nr. 14.
601 OLG Karlsruhe HVR Nr. 472.
602 OLG Düsseldorf NJW 1964, 1963 = BB 1964, 1021.
603 OLG Nürnberg BB 1964, 866.
604 LG Hamburg VersR 1960, 557.
605 Vgl. OLG Stuttgart VersVerm 1972, 260.
606 BGH BB 2006, 905.
607 LG Düsseldorf VersR 1980, 1143.
608 BGHZ 52, 5 (8) = LM Nr. 33 mAnm *Rietschel*; BGH BB 1985, 226; vgl. auch BGH BB 1970, 101 = DB 1970, 152; Oetker/*Busche* Rn. 35; Baumbach/Hopt/*Hopt* Rn. 59.
609 BGH BB 1985, 226.

199 **b) Unzumutbarkeit der Vertragsfortsetzung (Abs. 3 Nr. 1 Fall 2).** Nach Abs. 3 Nr. 1 Alt. 2 entfällt der Ausgleichsanspruch trotz der Eigenkündigung des Handelsvertreters auch dann nicht, wenn dem Handelsvertreter die Fortsetzung seiner Tätigkeit wegen seines Alters oder wegen Krankheit nicht zugemutet werden kann.[610] Diese Ausnahme bei der Unzumutbarkeit der Vertragsfortsetzung wurde erst 1976 durch das Gesetz über die Kaufmannseigenschaft von Land- und Forstwirten und den Ausgleichsanspruch des Handelsvertreters eingefügt. Damit hat der Gesetzgeber im Wesentlichen die frühere Rspr. bestätigt.[611]

200 Wie bei Abs. 3 Nr. 1 Fall 1 (→ Rn. 191 f.) ist es nicht allein ausreichend, dass der ausgleichswahrende Grund bei Ausspruch der Kündigung **objektiv vorliegt.**[612] Die Unzumutbarkeit der Vertragsfortsetzung wegen des Alters oder der Krankheit muss ursächlich für die Kündigung sein.

201 Die alters- oder krankheitsbedingte Kündigung durch den Gesellschafter einer **Handelsvertretergesellschaft** (→ § 84 Rn. 25 f.) beseitigt den Ausgleichsanspruch der Personengesellschaft nur dann nicht, wenn die Gesellschaft mit der natürlichen Person ihres Gesellschafters „steht und fällt".[613] Das Gleiche gilt für den Fall, dass die Handelsvertretung als Firma eines Einzelkaufmanns betrieben wird.[614] Hingegen kann eine Handelsvertretergesellschaft nicht altern oder sterben.

202 **aa) Alter.** Die Unzumutbarkeit der Vertragsfortsetzung wegen des Alters des Handelsvertreters hängt von den Umständen des Einzelfalls ab, ist aber regelmäßig mit dem Erreichen des Rentenalters (zurzeit 65 bzw. 67 Jahre) zu bejahen.[615] Mit dem Gesetz zur Anpassung an die demografische Entwicklung und zur Stärkung der Finanzierungsgrundlagen der gesetzlichen Rentenversicherung vom 20.4.2007 wurde der Weg in die Altersrente von 65 auf 67 Jahre schrittweise angehoben. Jeder, der ab dem 1.1.1964 geboren wurde, darf erst mit dem Erreichen des 67. Lebensjahres eine Regelaltersrente ohne jegliche Abschläge beantragen. Die gesetzgeberische Wertung, dass der Arbeitnehmer mit Erreichen des 65. bzw. 67. Lebensjahres vom aktiven Arbeitsleben in den Ruhestand übergehen darf, findet auch auf den Handelsvertreter Anwendung. Vor Vollendung dieser Altersgrenze kommt eine ausgleichserhaltende Eigenkündigung wegen Alters nur bei Vorliegen besonderer Umstände, wie zB einer körperlichen Behinderung, in Betracht.[616] Da die Unzumutbarkeit der Vertragsfortsetzung mit Erreichen der Rentenaltersgrenze voraussehbar ist, darf die Eigenkündigung nicht als außerordentliche Kündigung ausgesprochen werden. Geschieht dies dennoch, wird dadurch der Ausgleichsanspruch aber nicht ausgeschlossen.[617]

203 **bb) Krankheit.** Macht eine Krankheit des Handelsvertreters die Vertragsfortsetzung unzumutbar, schließt die Eigenkündigung des Handelsvertreters den Ausgleichsanspruch ebenfalls nicht aus. Dies soll nach Auffassung des BGH auch dann gelten, wenn der Unternehmer seinerseits zur Kündigung des Vertrags aus wichtigem Grund wegen schuldhaften Verhaltens des Handelsvertreters berechtigt gewesen wäre.[618] Eine Krankheit iSd Abs. 3 Nr. 1 Fall 2 liegt nur vor, wenn die Störung des gesundheitlichen Zustands schwerwiegend und von nicht absehbarer Dauer ist und dadurch zu einer auch mit Ersatzkräften

---

[610] Zur analogen Anwendung auf den Vertragshändler s. BGH NJW-RR 1993, 996 = WM 1993, 1681 = BB 1993, 1312.

[611] Vgl. OLG Nürnberg BB 1969, 933; LG Berlin NJW 1969, 513 mAnm *Weiss*; Heymann/*Herrmann* Rn. 90.

[612] aA Staub/*Emde* Rn. 215; Baumbach/Hopt/*Hopt* Rn. 60; EBJS/*Löwisch* Rn. 76; Heymann/*Herrmann* Rn. 91.

[613] OLG München NJW-RR 2003, 541; *Thume* in Küstner/Thume VertriebsR-HdB II Kap. XI Rn. 131 ff. mwN; offengelassen von OLG München OLGR 2007, 387.

[614] OLG Hamburg HVuHM 1986, 788.

[615] Staub/*Emde* Rn. 217; Baumbach/Hopt/*Hopt* Rn. 61; EBJS/*Löwisch* Rn. 73; *Thume* in Küstner/Thume VertriebsR-HdB II Kap. XI Rn. 114 ff.

[616] *Westphal,* Neues Handelsvertreterrecht, 1991, 143.

[617] BGHZ 91, 321 = LM Nr. 71 mAnm *Alff.*

[618] BGH DB 1995, 1658, wonach jedoch der Kündigungsgrund des Unternehmers im Rahmen der Billigkeitsabwägung zu berücksichtigen ist.

nicht behebbaren nachhaltigen Verhinderung in der Vertretertätigkeit führt.[619] Die Anerkennung als schwerbehinderter Mensch kann hierbei nicht zwangsläufig als Indiz für die Unzumutbarkeit der Vertragsfortsetzung herangezogen werden, da sich die tatbestandlichen Voraussetzungen für die Bejahung der Schwerbehinderteneigenschaft und für die Bejahung der Unzumutbarkeit der Vertragsfortsetzung nicht decken.[620] Eine Krankheit liegt jedoch vor bei Gebrechen, wie vorzeitiger Demenz, Körperbehinderung oder unfallbedingter Berufsbehinderung.[621] Berufs- oder Erwerbsunfähigkeit ist dagegen nicht erforderlich.[622] Ebenso wenig kommt es darauf an, ob die Krankheit verschuldet oder unverschuldet ist. Liegt eine Krankheit vor, welche die Vertragsfortsetzung unzumutbar macht, schließt die Fortsetzung der Tätigkeit nach Kündigung des Vertragsverhältnisses den Ausgleichsanspruch nicht aus,[623] weil die tatsächliche Aufgabe der Tätigkeit bzw. deren erhebliche Reduzierung nach dem Gesetzeswortlaut nicht Voraussetzung für das Bestehen bleiben des Ausgleichsanspruchs ist.

II. Kündigung des Unternehmers aus wichtigem Grund (Abs. 3 Nr. 2)

Der **Ausgleichsanspruch** des Handelsvertreters entfällt ferner bei einer Kündigung 204
des Unternehmers aus wichtigem Grund, sofern der wichtige Grund auf einem schuldhaften Verhalten des Handelsvertreters beruht.

1. Kündigung durch den Unternehmer. Die **Kündigung** kann als **ordentliche** 205
(§ 89) oder als **außerordentliche** (§ 89a) ausgesprochen werden.[624] Jedoch muss auch bei der ordentlichen Kündigung ein wichtiger Grund iSd Abs. 3 Nr. 2 vorliegen.[625] Der Grund der Kündigung brauchte früher in der Kündigungserklärung weder genannt zu werden,[626] noch musste ihn der Unternehmer kennen,[627] da es keiner Ursächlichkeit des wichtigen Grundes für die Kündigung bedurfte.[628] Dies ist jedoch mit Art. 18 lit. a RL 86/653/EWG (Handelsvertreter-RL; → Rn. 1) nicht vereinbar, die vorsieht, dass ein Anspruch nicht besteht, wenn der Unternehmer den Vertrag wegen eines schuldhaften Verhaltens des Handelsvertreters beendet hat. Innerhalb des Anwendungsbereichs der Richtlinie, dh für Warenvertreter (Art. 1 Abs. 2 Handelsvertreter-RL),[629] sowie darüber hinausgehend für Vertragshändlerverhältnisse[630] verlangt die richtlinienkonforme Auslegung des § 89b Abs. 3 Nr. 2, dass der Ausgleichsanspruch nur dann ausgeschlossen ist, wenn zwischen dem schuldhaften Verhalten des Handelsvertreters und der Kündigung des Unternehmers ein **unmittelbarer Ursachenzusammenhang** besteht.[631] Dh die Kündigung muss tatsächlich auf den wichtigen Grund gestützt werden.[632] Der Unter-

---

619 BGH NJW-RR 1993, 996 (997) = WM 1993, 1681 (1682); Staub/*Emde* Rn. 218; EBJS/*Löwisch* Rn. 74.
620 BGH NJW-RR 1993, 996 (997); BVerwG NJW 1989, 601.
621 *Westphal,* Neues Handelsvertreterrecht, 1991, 143.
622 Heymann/*Herrmann* Rn. 91; *Thume* in Küstner/Thume VertriebsR-HdB II Kap. XI Rn. 121 f.
623 BGH NJW 1993, 996 (998).
624 BGH NJW 1958, 1966 (1967); WM 1975, 856.
625 BGH NJW 1958, 1966 (1967).
626 BGHZ 24, 30 (35); OLG Nürnberg VersR 1959, 307.
627 BGHZ 40, 13 (15) = LM Nr. 17 mAnm *Rietschel.*
628 BGHZ 40, 13 (16).
629 Staub/*Emde* Rn. 230.
630 BGH BB 2011, 973 unter Hinweis auf entsprechende Anwendbarkeit des Handelsvertreterrechts auf das Rechtsverhältnis der Vertragshändler nach deutschem Recht.
631 BGH BB 2011, 973 im Anschluss an EuGH DB 2010, 2495 m. krit. Kurzkomm. *Ayad* (das gilt auch für den Vertragshändler); Aufgabe von BGHZ 40, 13; 48, 222; OLG Koblenz NJW-RR 2007, 1044 = EWiR § 89b HGB 3/07, 525 m. Kurzkomm. *Döpfer;* Oetker/*Busche* Rn. 39; Staub/*Emde* Rn. 230; Baumbach/Hopt/*Hopt* Rn. 66; EBJS/*Löwisch* Rn. 82; KKRD/*Roth* Rn. 17; *Semler* in MSF VertriebsR-HdB § 22 Rn. 93; *Thume* in Küstner/Thume VertriebsR-HdB II Kap. XI Rn. 144 ff.
632 BGH BB 2011, 973 im Anschluss an EuGH DB 2010, 2495 m. krit. Kurzkomm. *Ayad;* s. auch OLG Rostock EWiR § 89b HGB 3/09, 385 m. krit. Kurzkomm. *Emde;* OLG Koblenz NJW-RR 2007, 1044 = EWiR § 89b HGB 3/07, 525 m. Kurzkomm. *Döpfer;* Oetker/*Busche* Rn. 39; zweifelnd noch BGH EuZW 2009, 667 = BB 2010, 335.

nehmer kann daher wichtige Kündigungsgründe nicht nachschieben.[633] Eine fristlose Kündigung auf Grund des (neuen) wichtigen Grundes ist jedoch möglich. Erfolgt diese Kündigung vor Vertragsende, ist der Ausgleichsanspruch ausgeschlossen.[634]

206 Hat der Unternehmer aus **wichtigem,** vom Handelsvertreter verschuldetem **Grund** gekündigt, entsteht der Ausgleichsanspruch auch dann nicht, wenn der Handelsvertreter seinerseits wegen des Verhaltens des Unternehmers begründeten Anlass zur Kündigung gehabt hätte.[635] Selbst wenn der Handelsvertreter schon aus begründetem Anlass fristgemäß gekündigt hat, die Kündigungsfrist aber noch nicht abgelaufen ist und nunmehr der Unternehmer seinerseits aus wichtigem, vom Handelsvertreter verschuldetem Grund kündigt, entfällt der Ausgleichsanspruch.[636]

207 Der Kündigung des Unternehmers gleichzustellen ist – sofern die Vertragsbeendigung in kausaler Weise von dem Handelsvertreter verschuldet worden ist – die **Nichtverlängerung eines Vertrags mit Verlängerungsklausel** durch den Unternehmer[637] oder die **einverständliche Aufhebung** des Vertrags unter Absehen von einer zulässigen Kündigung aus verschuldetem wichtigem Grund.[638] Zwar ist Abs. 3 als Ausnahmevorschrift eng auszulegen,[639] so dass zB die Eigenkündigung des Handelsvertreters nach Abs. 3 Nr. 1 nicht mit einem Aufhebungsvertrag gleichgesetzt werden darf (→ Rn. 186).[640] Jedoch ist bei der Auslegung zu beachten, dass § 89b den Handelsvertreter begünstigen und schützen will[641] und eine weite Auslegung des Kündigungsbegriffs bei Abs. 3 Nr. 2 nicht zu einer Benachteiligung des Handelsvertreters führt, sondern diesen vielmehr begünstigt. Das Erfordernis einer Kündigung würde nämlich den Unternehmer bei Vorliegen eines verschuldeten wichtigen Grundes immer zu einer Kündigung zwingen, um den Ausgleichsanspruch des Handelsvertreters zu vermeiden. Die Kündigung kann aber für den Handelsvertreter nachteiligere Folgen haben als der Aufhebungsvertrag. So mindert beispielsweise eine Kündigung die Chancen des Handelsvertreters bei einer neuen Bewerbung in weit größerem Umfang als ein Aufhebungsvertrag.[642]

208 Deshalb kommt es **nicht entscheidend auf die Form der Auflösung** an, sondern vielmehr auf das Vorliegen eines vom Handelsvertreter verschuldeten wichtigen Kündigungsgrundes. Dagegen muss nach Ansicht des BGH[643] der Unternehmer zum Ausschluss des Ausgleichsanspruchs auch bei Abs. 3 Nr. 2 grundsätzlich kündigen, da der Wortlaut eindeutig voraussetze, dass der Unternehmer das Handelsvertreterverhältnis gekündigt habe und nicht nur, dass er es wegen eines wichtigen Grundes hätte kündigen können. Nach Auffassung des BGH steht deshalb die Anfechtung des Handelsvertretervertrags durch den Unternehmer wegen arglistiger Täuschung dem Ausgleichsanspruch nicht entgegen. Ob von diesem Grundsatz Ausnahmefälle denkbar sind, hatte der BGH nicht abschließend zu entscheiden.[644] Diese Auffassung ist kritisch zu hinterfragen; es

---

633 BGH BB 2011, 973 im Anschluss an EuGH DB 2010, 2495 m. krit. Kurzkomm. *Ayad*; vgl. auch OLG Koblenz NJW-RR 2007, 1044 = EWiR § 89b HGB 3/07, 525 m. Kurzkomm. *Döpfer*; Oetker/*Busche* Rn. 39.

634 *Thume* in Küstner/Thume VertriebsR-HdB II Kap. XI Rn. 152.

635 OLG Hamburg JR 1961, 22.

636 OLG Hamburg JR 1961, 22 (23); Heymann/*Herrmann* Rn. 97; krit. Staub/*Emde* Rn. 236.

637 BGHZ 24, 30 (34) = LM Nr. 1 mAnm *Selowsky*; OLG München NJW 1958, 873; OLG Stuttgart BB 1960, 957; Oetker/*Busche* Rn. 40; aA Staub/*Emde* Rn. 228.

638 OLG Nürnberg BB 1959, 318; Baumbach/Hopt/*Hopt* Rn. 64; aA Oetker/*Busche* Rn. 40 unter Berufung auf den Wortlaut des Art. 18 lit. a Handelsvertreter-RL (→ Rn. 1).

639 BGHZ 52, 12 (14) = LM Nr. 34 mAnm *Rietschel*.

640 BGHZ 52, 12 (15).

641 BGHZ 40, 13 (15) = LM Nr. 17 mAnm *Rietschel*.

642 BGHZ 24, 30 (34) = LM Nr. 1 mAnm *Selowsky*.

643 BGHZ 91, 321 (323 f.) = LM Nr. 71 mAnm *Alff*; ebenso Oetker/*Busche* Rn. 40.

644 BGH DB 1995, 1657. Wird der Ausschluss des Ausgleichsanspruchs nach Abs. 3 Nr. 2 mangels einer Kündigung abgelehnt, muss das Vorliegen eines wichtigen Kündigungsgrundes jedenfalls bei der Billigkeitsprüfung (Abs. 1 S. 1 Nr. 2) berücksichtigt werden.

spricht vieles dafür, dass hier die Anfechtungserklärung der Kündigungserklärung gleichsteht.[645]

Dagegen schließt der **Tod des Handelsvertreters** den Ausgleichsanspruch nicht aus, auch wenn der Unternehmer das Handelsvertreterverhältnis aus wichtigem, vom Handelsvertreter verschuldetem Grund hätte kündigen können.[646] Denn die Ursache für die Beendigung des Vertragsverhältnisses liegt dann nicht in dem wichtigen Grund, sondern in dem Tod des Handelsvertreters. Jedoch ist der wichtige Kündigungsgrund bei der Billigkeitsprüfung zu berücksichtigen.[647] Hat jedoch der Unternehmer bereits ordentlich gekündigt und stirbt der Handelsvertreter vor Ablauf der Kündigungsfrist, dann stellt der Tod nur ein überholendes Zweitereignis für die Kündigung dar, das den Ausschluss des Ausgleichsanspruchs nicht mehr verhindern kann.[648] 209

2. Wichtiger Grund. Der Ausgleichsanspruch wird nur bei Vorliegen eines wichtigen Kündigungsgrundes ausgeschlossen. Der Begriff des **wichtigen Grundes** deckt sich mit dem des § 89a (→ § 89a Rn. 13 ff.). Es müssen demnach Tatsachen vorliegen, die eine Fortsetzung des Handelsvertreterverhältnisses bis zum Ablauf der ordentlichen Kündigungsfrist oder bis zum Ablauf der Befristung unzumutbar machen.[649] Ist die außerordentliche Kündigung des Unternehmers verfristet, ist der Ausschlusstatbestand des Abs. 3 Nr. 2 nicht gegeben, da zum Zeitpunkt der Kündigungserklärung kein Grund mehr vorlag, der den Unternehmer zu einer außerordentlichen Kündigung berechtigte.[650] 210

3. Schuldhaftes Verhalten des Handelsvertreters. Im Gegensatz zu § 89a muss der wichtige Grund nach § 89b Abs. 3 Nr. 2 in einem schuldhaften Verhalten des Handelsvertreters liegen. Deshalb führt nicht jede wirksame Kündigung aus wichtigem Grund zwangsläufig zum Verlust des Ausgleichsanspruchs.[651] Insbesondere schließen wichtige Kündigungsgründe, die aus der Sphäre des Unternehmers stammen, sowie eine Druckkündigung den Ausgleichsanspruch nicht aus.[652] Das **Verschulden** ist nach § 276 BGB zu beurteilen und liegt vor bei vorsätzlichem oder fahrlässigem Fehlverhalten.[653] Der Unternehmer muss im Streitfall das Vorliegen eines wichtigen Grundes und das Verschulden des Handelsvertreters **darlegen** und **beweisen.**[654] 211

Da das Gesetz nicht von „Vertretenmüssen" spricht und zudem auf ein Verhalten des Handelsvertreters abstellt, genügt das schuldhafte Verhalten von **Erfüllungsgehilfen** (zB Angestellten, Untervertretern) nicht.[655] Dieser Grundsatz gilt aber nicht, wenn der eigentliche Handelsvertreter nach dem übereinstimmenden Willen der Beteiligten nur als Strohmann vorgeschoben wurde und ein schuldhaftes Verhalten in der Person desjenigen vorliegt, der die Vertretertätigkeit als Hilfsperson tatsächlich ausübt.[656] Auch kann trotz Verschuldens des Erfüllungsgehilfen ein Eigenverschulden des Handelsvertreters vorliegen, sofern der Handelsvertreter seine Auswahl- oder Überwachungspflichten verletzt hat.[657] Dann scheidet der Ausgleichsanspruch aus. 212

---

645 Baumbach/Hopt/*Hopt* Rn. 64; so wohl auch EBJS/*Löwisch* Rn. 80, aA Oetker/*Busche* Rn. 40.

646 Staub/*Emde* Rn. 235; *Westphal,* Neues Handelsvertreterrecht, 1991, 144; Baumbach/Hopt/*Hopt* Rn. 54; offengelassen von BGHZ 41, 129 (131).

647 BGHZ 45, 385 (388) = LM Nr. 26 mAnm *Rietschel*; BGH NJW 1958, 1966 (1967); Staub/*Emde* Rn. 235.

648 Vgl. Staub/*Emde* Rn. 234.

649 BGH NJW 2000, 1866.

650 OLG Köln BeckRS 2012, 19424.

651 BGH NJW 2000, 1866 f.

652 Baumbach/Hopt/*Hopt* Rn. 67.

653 BGH VersR 1986, 1072; EBJS/*Löwisch* Rn. 81.

654 OLG München BB 1997, 1553; NJW-RR 1995, 1186.

655 BGH NJW 2007, 3068 m. zust. Anm. *v. Hoyningen-Huene*; BGHZ 29, 275 (278 f.); OLG Hamm MDR 1959, 1016; krit. hierzu *Hirsch* Jura 2008, 446.

656 BGH WM 2007, 1986 Rn. 8; BGH DB 1964, 582.

657 OLG Celle BB 1958, 894; EBJS/*Löwisch* Rn. 81; *Thume* in Küstner/Thume VertriebsR-HdB II Kap. XI Rn. 150.

213 Hat der Unternehmer das Vertragsverhältnis **wegen der Insolvenz des Handelsvertreters** gekündigt, stellt sich die Frage, ob der Ausgleichsanspruch nach Abs. 3 Nr. 2 ausgeschlossen und insbesondere, ob ein Verschulden des Handelsvertreters iSv Abs. 3 Nr. 2 gegeben ist (zur Kausalität etwaiger Provisionsverluste → Rn. 118 ff.). Eine Insolvenz muss nicht verschuldet sein. Teilweise wird die Anwendbarkeit des Abs. 3 Nr. 2 jedoch gänzlich abgelehnt, da die Vorschrift auf Fälle abziele, in denen wegen einer gegen den Unternehmer gerichteten Vertragsverletzung ein Ausgleichsanspruch unbillig erscheine. Unternehmerische Fehlentscheidungen des Handelsvertreters, die zur Insolvenz geführt haben, könnten daher die Annahme eines schuldhaften Herbeiführens des Kündigungsgrundes generell nicht rechtfertigen.[658] Demgegenüber wird vertreten, dass eine Vermutung dafür spreche, dass der Absatzmittler die eigene Insolvenz zu vertreten habe.[659] Richtig dürfte sein, dass Beweislasterleichterungen zugunsten des Unternehmers von vorneherein nur dann in Betracht kommen, wenn der Unternehmer nicht in der Lage ist, zu den Gründen, die zur Insolvenz des Handelsvertreters geführt haben, vorzutragen.[660] Ferner dürfte ein den Ausgleichsanspruch ausschließendes schuldhaftes Verhalten des Handelsvertreters nur im Falle eines krassen Missmanagements oder bei kaufmännisch unvertretbaren Entnahmen angenommen werden können.[661] Indes ist auch hier zu berücksichtigen, dass der Unternehmer gerade wegen des schuldhaften Verhaltens des Handelsvertreter den Handelsvertretervertrag gekündigt haben muss, um den Ausschlusstatbestand des Abs. 3 Nr. 2 zu begründen (→ Rn. 205); eine Kündigung nur wegen der Insolvenz des Handelsvertreters reicht mithin nicht aus.

214 Bei einer **Verdachtskündigung** ist zu differenzieren: Dass der Handelsvertreter in einen schwerwiegenden Verdacht geraten ist, kann dazu führen, dass für den Unternehmer die weitere Zusammenarbeit unzumutbar und die außerordentliche Kündigung des Handelsvertretervertrages gerechtfertigt ist. Das bedeutet jedoch in der Regel nicht, dass dem Handelsvertreter ein schuldhaftes Verhalten vorzuwerfen ist, es sei denn, die Umstände, die den Verdacht begründen, stellten selbst ein schuldhaftes Verhalten dar.[662] Entsprechendes muss gelten, wenn der Handelsvertreter einen begründeten Verdacht schuldhaft nicht ausräumt und mithin einen solchen aufrecht hält, etwa weil er auf eine Aufforderung zur Stellungnahme nicht oder nur sehr unzureichend reagiert.

III. Einverständlicher Eintritt eines Dritten (Abs. 3 Nr. 3)

215 **1. Zweck der Regelung.** Seit dem 1.1.1990 hat der Gesetzgeber den Abs. 3 um einen **zusätzlichen Ausschlusstatbestand** erweitert.[663] Nach Abs. 3 Nr. 3 besteht der Ausgleichsanspruch nicht, wenn der aus dem Vertragsverhältnis ausscheidende Handelsvertreter mit dem Unternehmer eine Vereinbarung getroffen hat, dass ein Dritter anstelle des Handelsvertreters in das Vertragsverhältnis eintritt. Der **Zweck** der Regelung liegt darin, eine doppelte Begünstigung des Handelsvertreters durch sein Ausscheiden aus dem Vertragsverhältnis zu vermeiden. Da sich der ausscheidende Handelsvertreter die Übertragung der Vertretung auf seinen Nachfolger regelmäßig vergüten lässt, soll er nicht noch zusätzlich einen Ausgleichsanspruch erhalten.[664] Jedoch kommt es nicht darauf an, ob sich der ausscheidende Handelsvertreter tatsächlich die Zahlung eines Ausgleichs zusichern lässt, weil dem Ausschlusstatbestand der Gedanke zugrunde liegt, dass der aus dem Vertragsverhältnis

---

658 *Preuß* KTS 2007, 364.

659 OLG Köln BeckRS 2015, 17429 m. zust. Anm. *Pütz* EWiR 2005, 601; *Emde/Kelm* ZVI 2004, 382, 384.

660 So OLG München NJOZ 2006, 3489 (3491 f.), das auf Informations- und Berichtspflichten des Vertragshändlers zu seiner finanziellen Situation (insbesondere „Betriebsvergleiche") abstellte.

661 OLG München NJOZ 2006, 3489 (3491 f.); OLGR 2005, 208; OLG Braunschweig 27.9.2005 – 2 U 126/04, nv.

662 BGHZ 29, 275 (276).

663 Vgl. *Küstner/v. Manteuffel* BB 1990, 1713 ff.; *Thume* BB 1991, 490 ff.

664 BT-Drs. 11/3077, 9.

ausscheidende Handelsvertreter seine Rechte und Pflichten aus dem Vertragsverhältnis nur dann im Einverständnis mit dem Unternehmer auf einen Dritten übertragen wird, wenn er von dem Dritten eine entsprechende Gegenleistung für die Übertragung der Vertretung erhält.[665]

2. Nachfolgevereinbarungen. Bei dem **Eintritt eines Dritten** in das Handelsvertreterverhältnis handelt es sich um die Übertragung eines Schuldverhältnisses im Ganzen (→ Rn. 50). Eine Vertragsübernahme kann sowohl im Wege eines dreiseitigen Vertrages zwischen dem ausscheidenden Handelsvertreter, dem übernehmenden Handelsvertreter und dem Unternehmer erfolgen, als auch durch Vertrag zwischen zwei dieser Parteien mit der jeweiligen Zustimmung der dritten Partei.[666] Auch wenn der Gesetzeswortlaut nur von einer **Vereinbarung zwischen** dem **Unternehmer** und dem ausscheidenden **Handelsvertreter** spricht und überdies Art. 18 lit. c RL 86/653/EWG (Handelsvertreter-RL) im Hinblick darauf, „wie" die Auswechslung zu erfolgen hat, unklar bzw. zumindest schwer mit dem deutschen Verständnis einer Vertragsübernahme in Einklang zu bringen ist,[667] ist davon auszugehen, dass die Auswechslung des Vertragspartners über den Wortlaut des Abs. 3 Nr. 3 hinaus auch durch Vereinbarung zwischen dem Handelsvertreter und dem Nachfolgevertreter mit Zustimmung des Unternehmers oder zwischen dem Unternehmer und dem Nachfolgevertreter mit Zustimmung des Handelsvertreters oder durch einen dreiseitigen Vertrag zwischen Unternehmer, Handelsvertreter und Drittem erfolgen kann.[668] Entscheidend kann nämlich nicht sein, auf welche Art und Weise die Auswechslung des Handelsvertreters geschieht; maßgeblich ist vielmehr, dass mit Zustimmung des Handelsvertreters ein Nachfolger in die Rechtsposition des Handelsvertreters eintritt und der Handelsvertreter die Gelegenheit hat, mit dem Nachfolger eine Vergütungsvereinbarung über die Übertragung der Vertretung zu treffen. Eine solche Gelegenheit hat der Handelsvertreter aber auch, wenn die Übertragung von seiner Zustimmung abhängig ist. 216

Das Vertragsverhältnis muss nicht in vollem Umfang unverändert weiterbestehen. Vielmehr können sich der Unternehmer und der Nachfolgevertreter einvernehmlich über **Vertragsänderungen** verständigen (→ Rn. 50). Jedoch dürfen die Änderungen nicht so gravierend sein, dass das Vertragsverhältnis inhaltlich seine Identität verliert, denn dann kann von einem Eintritt in den bestehenden Vertrag nicht mehr ausgegangen werden.[669] 217

Infolge der **Vertragsübernahme** tritt der Dritte in alle Rechte und Pflichten des bestehenden Handelsvertreterverhältnisses ein. Damit gehen auch die Ausgleichsanwartschaften auf den Nachfolgervertreter über. Das bedeutet, dass bei Ausscheiden des Nachfolgers der Unternehmer auch für diejenigen Kunden ausgleichspflichtig ist, die der Vorgängervertreter geworben hat.[670] Dies gilt unabhängig davon, ob die Vertragsübernahme unter Aufrechterhaltung der Identität oder durch Neuabschluss durchgeführt wurde. 218

---

665 BT-Drs. 11/3077, 9 vom 7.11.1988; *Küstner/v. Manteuffel* BB 1990, 1713 (1714); EBJS/*Löwisch* Rn. 86; *Thume* in Küstner/Thume VertriebsR-HdB II Kap. XI Rn. 203; *Westphal,* Neues Handelsvertreterrecht, 1991, 145; krit. *Thume* BB 1991, 490 (491); – aA *Kiene* RIW 2006, 344 (346), der bei einer rechtsgeschäftlichen Vertragsübernahme, bei der der Handelsvertreter keine Zahlung erhält dogmatisch gesehen keine Vertragsübernahme iSd Abs. 3 Nr. 3 annehmen will.

666 BGHZ 95, 88 (94 f.); *Thume* BB 1991, 490 (491); EBJS/*Löwisch* Rn. 89.

667 Hiernach müssten Unternehmer und Handelsvertreter zunächst eine Vereinbarung treffen, wonach der Handelsvertreter den Vertrag auf den Nachfolger überträgt („abtritt"); sodann müsste der Handelsvertreter mit dem Nachfolger die „Abtretung" des Vertrages vereinbaren.

668 EBJS/*Löwisch* Rn. 89; *Ensthaler/Würmann* BB 2008, 230 (232); Flohr/Wauschkuhn/*Wauschkuhn* Rn. 271; Giesler/*Emde* Rn. 956; Küstner/v. *Manteuffel* BB 1990, 1713 (1714); MSF/*Berscheid* Rn. 145; Oetker/*Busche* Rn. 41; *K. Schmidt* HandelsR § 27 V Rn. 82 f.; aA *Thume* BB 1991, 490 (491); und wohl auch Baumbach/Hopt/*Hopt* Rn. 69.

669 *Thume* in Küstner/Thume VertriebsR-HdB II Kap. XI Rn. 200.

670 *Küstner/v. Manteuffel* BB 1990, 1713 (1714 f.); *Semler* in MSF VertriebsR-HdB § 22 Rn. 97; *Kiene* VersR 2006, 1024 mwN; aA BGH NJW 1985, 58 zur Rechtslage vor Einführung des § 89 Abs. 3 Nr. 3; *Wauschkuhn* BB 1996, 1517 (1519).

219 **a) Identische Vertragsübernahme.** In diesem Fall (→ Rn. 52) besteht das Rechtsverhältnis unverändert fort, es wird lediglich der Vertragspartner ausgetauscht. Folglich übernimmt der Nachfolger die Rechte und Pflichten des Vertrages so, wie er sie zum Zeitpunkt seines Eintrittes vorfindet. Damit übernimmt er auch den vom Vorgänger erworbenen Kundenstamm sowie die vom Vorgänger diesbezüglich erworbenen Ausgleichsanwartschaften.[671] Sowohl dogmatisch als auch aus Sicht des Unternehmers handelt es sich um das bisherige Vertragsverhältnis. Dies ändert sich auch nicht dadurch, dass aus Sicht des Handelsvertreters eine Beendigung des Vertragsverhältnisses vorliegt (→ Rn. 52).

220 **b) Neuabschluss.** Bei einem Neuabschluss (→ Rn. 51) des Handelsvertretervertrags liegt formaljuristisch ein neuer, zweiter Vertrag vor. Es ist jedoch anerkannt, dass eine Vertragsübernahme auch durch Beendigung des Altvertrages und Abschluss eines neuen, gleichartigen Vertrages möglich ist (→ Rn. 51 f.). Damit müssen für diesen Fall die gleichen Rechtsfolgen gelten wie für die Rechtsnachfolge ohne Neuabschluss. Denn auch bei dieser Gestaltung der Vertragsübernahme tritt der Nachfolger in alle Rechte und Pflichten des Handelsvertretervertrages ein. Daraus folgt, dass auch die Ausgleichsanwartschaften hinsichtlich der vom Vorgänger geworbenen Kunden auf den Vertreternachfolger übergehen.[672] Dem steht auch nicht eine frühere Entscheidung des BGH[673] entgegen, da diese zur Abwälzungsvereinbarung erging[674] und auf die Vertragsübernahme nicht übertragen werden kann.

221 Ein typischer, wenn auch in der Praxis kaum beachteter und diskutierter Anwendungsfall des Abs. 3 Nr. 3 dürfte der Unternehmensverkauf in der Form des asset deals auf Seiten des Handelsvertreters an einen Nachfolge-Handelsvertreter, wie zB die **übertragende Sanierung** im Falle der Insolvenz des Handelsvertreters – und noch häufiger die des Vertragshändlers – sein, wenn der Vertrag nicht schon wegen der Insolvenz beendet wurde und es im Zuge der übertragenden Sanierung zum Austausch der Vertragspartner auf Seiten des Handelsvertreters kommt. Regelmäßig sind sich Unternehmer und Insolvenzverwalter einig, dass der Nachfolge-Handelsvertreter durch Neuabschluss eines identischen oder nahezu identischen Handelsvertreters in das Handelsvertreterverhältnis eintritt. Diese Einigung ist Grundlage und Voraussetzung dafür, dass der Insolvenzverwalter die assets an den Nachfolge-Handelsvertreter verkauft.

222 **c) Zeitliche Einschränkung.** In Anlehnung an Abs. 4 bestimmt Abs. 3 Nr. 3 im zweiten Halbsatz, dass die **Vereinbarung** zwischen dem Unternehmer, dem ausscheidenden Handelsvertreter und seinem Nachfolger **nicht vor** der **Beendigung des Vertragsverhältnisses** getroffen werden darf. Diese Einschränkung ist auf den ersten Blick nicht eingängig, weil die Nachfolgevereinbarung denklogisch vor Vertragsbeendigung getroffen werden muss; nach Vertragsbeendigung kann der Handelsvertretervertrag nicht mehr übergehen. Es ist jedoch gemeint, dass mit der Vereinbarung der Handelsvertretervertrag sofort beendet sein muss, damit der Ausgleichsanspruch entfällt. Insoweit kann ergänzend auf die Kommentierung zu dem identischen Abs. 4 S. 1 verwiesen werden (→ Rn. 229 ff.). Indes enthält Art. 18 lit. c RL 86/653/EWG (Handelsvertreter-RL) diese Einschränkung nicht. Sie ist in dieser weiten Ausgestaltung auch verfehlt. Eigentlich sollte mit ihr ein Ausschluss des Ausgleichsanspruchs durch AGB bei Abschluss des Handelsvertretervertrages verhindert werden, indem der Handelsvertreter schon zu diesem Zeitpunkt der Übertragung des Handelsvertretervertrages auf einen vom Unternehmer bestimmten Dritten im Falle der späteren Vertragsbeendigung zustimmt.[675] Jetzt führt die Einschränkung bei wortlautgemäßer Auslegung dazu, dass der Ausschlusstatbestand des Abs. 3 Nr. 3 quasi bedeutungslos ist und kein Anwendungsbereich verbleibt.[676] Denn ausscheidender Handelsvertreter, Nachfolgevertre-

---

[671] *Ensthaler/Würmann* BB 2008, 230 (233 f.); *Thume* BB 1991, 490 (492).
[672] *Küstner/v. Manteuffel* BB 1990, 1713 (1714 f.); *Semler* in MSF VertriebsR-HdB § 22 Rn. 97.
[673] BGH NJW 1985, 58 = DB 1984, 2507.
[674] S. auch *Kiene* VersR 2006, 1024.
[675] BT-Drs. 11/3077, 9; Baumbach/Hopt/*Hopt* Rn. 68.
[676] So auch schon *Thume* BB 2009, 1026 (1030).

ter und Unternehmer verständigen sich aus Planungs- und Praktikabilitätsgründen regelmäßig auf einen Zeitpunkt in der nahen Zukunft für den Übergang und nicht auf einen sofortigen Übergang. Gleichwohl hat der ausscheidende Handelsvertreter auch hier die Möglichkeit, sich die Übertragung der Vertretung auf seinen Nachfolger von diesem vergüten zu lassen, weshalb die Grunderwägung des Gesetzes – Vermeidung einer Doppelzahlung durch den Nachfolger einerseits und den Unternehmer andererseits – auch in diesem Fall vorliegt. Daher wird zu Recht bezweifelt, ob das zeitliche Moment entscheidendes Kriterium für die Frage der Anwendung des Ausschlusstatbestandes ist. Jedenfalls macht die ratio legis des Ausschlusstatbestandes eine einschränkende Auslegung des zeitlichen Moments in der Weise erforderlich, dass nur der von vorneherein, also bei Abschluss des Handelsvertretervertrages (etwa durch AGB) vereinbarte Ausschluss des Ausgleichsanspruchs nicht die Rechtsfolge des Abs. 3 Nr. 3 auslöst, nicht jedoch eine Vereinbarung über den Eintritt eines Dritten anlässlich des einvernehmlichen Ausscheidens des Handelsvertreters.[677] Dem kann auch nicht entgegengehalten werden, dass die Einschränkung des 2. HS. dem Schutz des Handelsvertreters auch insoweit diene, als er die Möglichkeit hat, sich den wirtschaftlichen Wert des Ausgleichsanspruchs, der erst nach Vertragsbeendigung entsteht, zu erhalten, indem er sich mit dem Nachfolger über einen zu zahlenden Betrag einigt.[678] Denn bliebe der Ausgleichsanspruch bestehen, wäre Schuldner des Ausgleichsanspruchs der Unternehmer und nicht der Nachfolger, wohingegen es dem ausscheidenden Handelsvertreter möglich ist, sich von dem Nachfolge-Vertreter die Überlassung des Kundenstamms vergüten zu lassen. Es ist also nicht so, dass der Erhalt des Ausgleichsanspruchs erforderlich dafür wäre, dass der ausscheidende Handelsvertreter ein Entgelt für die Überlassung des Kundenstamms von dem Nachfolger verlangen kann.

Selbst wenn man dieser Auffassung nicht folgt, ist jedenfalls die Vereinbarung über die 223
Auswechselung des Vertragspartners vor der Beendigung des Vertragsverhältnisses als solche indes nicht unwirksam. Abs. 3 Nr. 3 Hs. 2 stellt kein Verbotsgesetz iSd § 134 BGB dar. Rechtsfolge ist mithin lediglich, dass der Ausgleichsanspruch des ausscheidenden Handelsvertreters bestehen bleibt.[679]

d) Rechtsfolge. Liegt eine Nachfolgevereinbarung iSd Abs. 3 Nr. 3 vor (ohne dass 224
dessen Hs. 2 greift), ist der Ausgleichsanspruch des ausscheidenden Handelsvertreters ausgeschlossen. Er wird jedoch von seinem Nachfolger einen dem Ausgleichsanspruch annähernd entsprechenden Übernahmepreis verlangen und durchsetzen können, da letzterem die geworbenen Kunden als Neukunden zuzurechnen sind, ihm also ein entsprechender Gegenwert zufließt. Würde man hinsichtlich der vom Vorgänger geworbenen Kunden anders entscheiden, so würden sowohl der Vorgängervertreter durch den Ausschluss des Ausgleichsanspruches sowie der Nachfolger (Zahlung für die Vertragsübernahme ohne Anrechnung der vom Vorgänger übernommenen Kunden) unangemessen benachteiligt. Aus Sicht des Unternehmers handelt es sich bei beiden Varianten der Vertragsübernahme um ein einheitliches Rechtsgeschäft. Zudem müsste der Unternehmer, wollte man die vom Vorgänger geworbenen Kunden ausgleichsrechtlich als Altkunden werten, diese vom Vorgänger geworbenen Kunden niemals ausgleichen. Der Ausgleichsanspruch des ausscheidenden Handelsvertreters scheiterte an Abs. 3 Nr. 3, dem Nachfolger wäre nur der Bestand auszugleichen, der von ihm selbst vermittelt wurde.[680] Der Unternehmer würde also unangemessen bevorzugt und könnte seine Zahlungspflicht durch bloße Vertragsgestaltung umgehen.

---

677 FG Rheinland-Pfalz BeckRS 2004, 26017404; *Westphal* Vertriebsrecht, Bd 1 Handelsvertreter,1998 Rn. 1171; ähnlich auch EBJS/*Löwisch* Rn. 91: im Zweifel sei davon auszugehen, dass die Willenserklärungen der beteiligten aufschiebend bedingt zum Zeitpunkt der Vertragsbeendigung abgegeben werden sollen; ähnlich auch *Fröhlich* ZVertriebsR 2018, 207 (209) zu Abs. 4 S. 1.

678 So wohl Staub/*Emde* Rn. 248; *Kiene* NJW 2006, 2007 (2008).

679 EBJS/*Löwisch* Rn. 91; FG RhPf DStRE 2005, 1083 (1084); aA *Küstner/v. Manteuffel* BB 1990, 1713 (1714).

680 *Küstner/v. Manteuffel* BB 1990, 1713 (1715).

225 **3. Zahlungen bei Übernahme der Handelsvertretung.** Von der Eintrittsvereinbarung des Abs. 3 Nr. 3 sind die sog. **Abwälzungsvereinbarungen** und **Einstandszahlungen** abzugrenzen.

226 **a) Abwälzungsvereinbarungen.** Abwälzungsvereinbarungen sind interne Absprachen zwischen dem Unternehmer als Ausgleichsschuldner und dem Nachfolger des ausgeschiedenen Handelsvertreters, wonach dieser dem Unternehmer den an den ausscheidenden Handelsvertreter gezahlten Ausgleich erstattet bzw. ihn von einem solchen freistellt.[681] Im Gegensatz zur Vertragsübernahme tritt der Dritte nicht in die Rechte und Pflichten des alten Vertragsverhältnisses ein, so dass das Rechtsverhältnis zwischen Unternehmer und Handelsvertreter nicht berührt wird. Die Erstattung des Ausgleichsanspruchs erfolgt entweder durch Zahlung einer Summe bzw. in Raten an den Unternehmer oder durch Provisionsminderungen, bis der zu erstattende Betrag abgedeckt ist. Zur Wirksamkeit solcher Vereinbarungen → Rn. 237.

227 **b) Einstandszahlungen.** Einstandszahlungen sind Zahlungen des (nachfolgenden) Handelsvertreters an den Unternehmer, um die Handelsvertreterstelle überhaupt zu erhalten.[682] Sie soll die Chance des Handelsvertreters vergüten, Provisionseinnahmen zu erzielen.[683] Zur Wirksamkeit solcher Vereinbarungen → Rn. 235 ff. Bei wirksam vereinbarter Einstandszahlung kann der Handelsvertreter nur nach dem Grundsatz der ergänzenden Vertragsauslegung[684] bzw. nach den Vorschriften über den Wegfall der Geschäftsgrundlage[685] einen vertraglichen Rückzahlungsanspruch gegenüber dem Unternehmer haben, wenn die Parteien bei Vertragsschluss eine längere Bindung vorgesehen hatten, das Vertragsverhältnis aber nach kurzer Zeit wieder beendet wird, ohne dass der Handelsvertreter die erwartete Möglichkeit hatte, die übernommene Abfindung bzw. die Einstandszahlung durch Provisionsausnahmen auszugleichen (Amortisation).[686]

228 **c) Berücksichtigung von Altkunden.** Anders als im Falle der Vertragsübernahme iSd Abs. 3 Nr. 3 (→ Rn. 215 ff.) wird im Falle der Einstandszahlung/Abwälzungsvereinbarung mit dem neuen Handelsvertreters ein eigener, unabhängiger Vertrag geschlossen.[687] Damit sind die vom ausgeschiedenen Handelsvertreter geworbenen Kunden dem Unternehmer bei Abschluss des zweiten Vertrages bereits bekannt und damit „alt". Allein auf Grund der Einstandszahlung/Abwälzungsvereinbarung sind die dem Handelsvertreter übertragenen Kunden im Falle der Beendigung des Handelsvertretungsvertrags nicht als neu geworbene Kunden anzusehen.[688] Ließe man durch die Einstandszahlung/Abwälzungsvereinbarung die vom Vorgänger geworbenen Kunden als Neukunden des neuen Handelsvertreters gelten, so müsste der Unternehmer den gleichen Kundenstamm zweimal ausgleichen, wodurch solche Vereinbarungen für den Unternehmer wirtschaftlich uninteressant würden.[689]

---

681 Baumbach/Hopt/*Hopt* Rn. 68; *Kiene* NJW 2006, 2007; *Thume* BB 1991, 490.

682 Oetker/*Busche* Rn. 43; *Thume* in Küstner/Thume VertriebsR-HdB II Kap. III Rn. 15.

683 *Budde* DB 2005, 2177; Staub/*Emde* Rn. 257 mwN; *Kiene* NJW 2006, 2007 (2009); *Thume* in Küstner/Thume VertriebsR-HdB II Kap. III Rn. 16.

684 BGH NJW 1985, 58; OLG Koblenz NJW-RR 2007, 1046 = EWiR § 89b HGB 3/07, 525 m. Kurzkomm. *Döpfer*; OLG München NJW-RR 1997, 986; OLG Hamm OLGR 1997, 217; *Westphal,* Neues Handelsvertreterrecht, 1991, 147; *Kiene* VersR 2006, 1024 (1031).

685 OLG Düsseldorf OLGR 2003, 183; 2001, 317; Staub/*Emde* Rn. 268.

686 BGH NJW 1985, 58; OLG Düsseldorf OLGR 2001, 317; OLG Koblenz NJW-RR 2007, 1046 = EWiR § 89b HGB 3/07, 525 m. Kurzkomm. *Döpfer*; OLG München NJW-RR 1997, 986; OLG Hamm OLGR 1997, 217; *Westphal,* Neues Handelsvertreterrecht, 1991, 147; EBJS/*Löwisch* Rn. 15; *Kiene* VersR 2006, 1024; aA OLG Naumburg in einem Fall, in dem bei späterer Ausdehnung des Gebietes der Handelsvertretung nachträglich eine Einstandszahlung für das ursprünglich übernommene Gebiet vereinbart und gezahlt worden war, zitiert nach *Thume* in Küstner/Thume VertriebsR-HdB II Kap. III Rn. 42.

687 Vgl. auch *Kiene* VersR 2006, 1024.

688 BGH NJW 1985, 58; Staub/*Emde* Rn. 270; *Wauschkuhn* BB 1996, 1517 (1519); aA mittelbar OLG München BB 2005, 630 mAnm *Semler* BB 2005, 965 = EWiR § 89b HGB 1/05, 471 m. Kurzkomm. *Emde*; *Kiene* VersR 2006, 1024; EBJS/*Löwisch* Rn. 110.

689 *Budde* DB 2005, 2177 (2180); EBJS/*Löwisch* Rn. 87.

Umgekehrt kann sich der nachfolgende Handelsvertreter bei Eintritt in das Vertragsverhältnis durch eine Neukundenregelung absichern.[690] Eine solche kann die Vereinbarung einer Einstandszahlung wirksam werden lassen.[691]

E. Unabdingbarkeit (Abs. 4 S. 1)

Der Ausgleichsanspruch kann nach Abs. 4 S. 1 **nicht im Voraus ausgeschlossen** 229
werden, es sei denn, der Vertreter ist außerhalb der EU tätig (vgl. § 92c). Daher sind Vereinbarungen vor der Beendigung des Handelsvertreterverhältnisses, die den Ausgleich ausschließen oder der Höhe nach beschränken ebenso unwirksam[692] wie ein entgeltlicher oder unentgeltlicher Verzicht des Handelsvertreters auf den Ausgleichsanspruch.[693] Abweichungen sind zulässig, wenn und soweit ex ante feststeht, dass sie sich bei Beendigung des Vertragsverhältnisses nicht als für den Handelsvertreter nachteilig erweisen werden.[694]

Abs. 4 S. 1 **bezweckt** den Schutz des wirtschaftlich schwächeren Handelsvertreters, 230
indem er verhindert, dass der wirtschaftlich stärkere Unternehmer vor Beendigung des Vertragsverhältnisses eine Begrenzung des Ausgleichsanspruchs erreicht. Damit soll der Handelsvertreter vor der Gefahr bewahrt werden, sich auf Grund seiner wirtschaftlichen Abhängigkeit von dem Unternehmer auf ihn benachteiligende Abreden einzulassen.[695]

Liegen die Analogievoraussetzungen für eine entsprechende Anwendung des § 89b auf 231
das Vertragsverhältnis eines Vertragshändlers vor (→ Rn. 16 ff.), ist auch Abs. 4 entsprechend anwendbar.[696] Zur Abdingbarkeit des Ausgleichsanspruchs bei Anwendung deutschen Rechts, wenn der Vertragshändler außerhalb der Bundesrepublik Deutschland, aber innerhalb des EWR tätig zu werden hat, → Rn. 254.

I. Vertraglicher Ausschluss des Ausgleichsanspruchs

1. Ausschluss des Ausgleichsanspruchs. Zwar verbietet der Wortlaut des Abs. 4 S. 1 232
nur den Ausschluss des Ausgleichsanspruchs, aber nach dem Sinn und Zweck der Vorschrift sind auch solche Vereinbarungen unzulässig, durch die der Ausgleichsanspruch im Ergebnis mehr oder weniger eingeschränkt wird.[697]

2. Einschränkung des Ausgleichsanspruchs. Hierunter fallen insbesondere Verein- 233
barungen, welche die Höhe des Ausgleichsanspruchs beschränken. Dazu zählen auch vom Unternehmer oder von Verbänden aufgestellte Berechnungsgrundsätze, sofern diese von der gesetzlichen Berechnungsart abweichen und den Handelsvertreter benachteiligen.[698] Dagegen ist eine Klausel, die eine schematische Berechnung des Ausgleichsanspruchs vorsieht, rechtswirksam, wenn sie nicht zu einer Beschränkung des Ausgleichsanspruchs

[690] OLG München NJW-RR 1997, 986; mit eingehender Begr. *Kiene* VersR 2006, 1024.

[691] S. nur *Emde* Kurzkomm. zu OLG München EWiR § 89b HGB 1/05, 471 (472) mwN.

[692] OLG Köln VersR 2001, 1377; BGH WM 1975, 856; KG NJW 1961, 124; *Fröhlich* ZVertriebsR 2018, 207.

[693] *Thume* in Küstner/Thume VertriebsR-HdB II Kap. XIII Rn. 3; zur analogen Anwendbarkeit des § 89b Abs. 4 S. 1 auf den Vertragshändler s. BGH BB 1985, 1084 mAnm *Goll* = NJW 1985, 3076, wonach § 89b Abs. 4 S. 1 auch dann entsprechend auf den Vertragshändler anwendbar ist, wenn dieser im Einzelfall nicht schutzbedürftig ist.

[694] EuGH EuZW 2006, 341 (341 f.).

[695] BGH NJW 1996, 2867 f.; 1990, 2889 = EWiR § 89b HGB 1/90, 797 m. Kurzkomm. *Küstner/v. Manteuffel* = DB 1990, 2264 = BB 1990, 1366; NJW 1985, 3076 (3077); 1967, 248 (249); Oetker/*Busche* Rn. 51; Flohr/Wauschkuhn/*Wauschkuhn* Rn. 277; *Fröhlich* ZVertriebsR 2018, 207.

[696] S. nur BGH NJW 2016, 1885 Rn. 22 mwN (für Abs. 4 S. 1).

[697] BGH NJW 2003, 1241 f.; 2003, 1244 (1246); WM 1990, 196 (198); BGHZ 55, 124 (126) = LM Nr. 39 mAnm *Rietschel*; BGH NJW 1967, 248 (249); EBJS/*Löwisch* Rn. 206; *Fröhlich* ZVertriebsR 2018, 207.

[698] OLG Frankfurt NJW-RR 1986, 458 = BB 1986, 896 (1257); EBJS/*Löwisch* Rn. 209.

führt.[699] Dies ist bei der Vereinbarung einer Mindesthöhe des Ausgleichsanspruchs der Fall.[700]

234 Unwirksam sind aber Vereinbarungen, die den Ausgleichsanspruch in sonstiger Weise durch **vom Gesetz abweichende Vereinbarungen** einschränken. Hierzu zählt eine noch während der Vertragslaufzeit vereinbarte Übernahme der Ausgleichspflicht durch den zukünftigen Nachfolger des Handelsvertreters.[701] Selbst die Vereinbarung einer Pflicht des Handelsvertreters zur Vorweginanspruchnahme des Nachfolgers entsprechend § 771 BGB ist unzulässig.[702] Dagegen sind ein Schuldbeitritt oder die Erfüllungsübernahme (§ 329 BGB) durch den nachfolgenden Handelsvertreter möglich, da beide Institute den Unternehmer nicht befreien.[703]

235 **Einstandszahlungen** (→ Rn. 227) sind grundsätzlich zulässig.[704] An ihre Wirksamkeit werden unterschiedliche Voraussetzungen geknüpft (zur Vereinbarkeit mit § 89a → § 89a Rn. 89). Nach der Rspr. des BGH verstoßen derartige Abreden grundsätzlich auch dann nicht gegen den Unabdingbarkeitsgrundsatz des Abs. 4 S. 1, wenn die Einstandszahlung zunächst bis zur Vertragsbeendigung gestundet und sodann mit der Ausgleichszahlung verrechnet werden soll.[705] Etwas anderes soll jedoch dann gelten, wenn die Vertragspartner einen so **unangemessenen hohen Übernahmepreis** vereinbarten, dass dies auf eine Umgehung des unabdingbaren gesetzlichen Ausgleichsanspruchs hinausliefe.[706] Wann diese Grenze überschritten ist, wird uneinheitlich beurteilt.[707]

236 Die Unangemessenheit der Einstandszahlung lässt sich **nicht** an einer **allgemeingültigen starren Grenze** messen. Es kommt vielmehr darauf an, wie hoch der Gegenwert der Einstandszahlung ist, dh ob und inwiefern der Handelsvertreter einen **reellen Gegenwert bzw. einen geldwerten Vorteil** für die Zahlung des Einstandes erhält.[708] Ein reeller Gegenwert ist beispielsweise gegeben bei besonders langer Vertragsdauer,[709] unüblich hohen Provisionssätzen,[710] beim Kauf einer gut eingeführten Bezirksvertretung,[711] sowie einer Neukundenregelung, nach der die vom Vorgänger geworbenen Altkunden ausgleichsrechtlich als Neukunden des nachfolgenden Handelsvertreters gelten,[712] nicht aber bei Einräumung des bloßen Alleinvertriebsrechts.[713] Fehlt jedoch beispielsweise ein Kundenstamm[714]

---

699 *Thume* in Küstner/Thume VertriebsR-HdB II Kap. XIII Rn. 8, 30 ff.

700 BGH WM 1991, 196 (198) = NJW-RR 1991, 156; *Fröhlich* ZVertriebsR 2018, 207 (208).

701 BGH BB 1967, 935.

702 BGH BB 1967, 935; Baumbach/Hopt/*Hopt* Rn. 73.

703 BGH BB 1967, 935; DB 1968, 1486.

704 BGH NJW 1983, 1727; OLG Koblenz NJW-RR 2007, 1044; Staub/*Emde* Rn. 260 mwN.

705 BGH NJW 1983, 1727; OLG Düsseldorf OLGR 2003, 183; offengelassen von OLG Celle OLGR 2002, 86.

706 BGH NJW 1983, 1727.

707 Zahlung in Höhe einer Jahresdurchschnittsprovision wirksam: OLG Düsseldorf OLGR 2001, 317; so wohl auch *Kiene* VersR 2006, 1024; aA OLG Celle OLGR 2002, 86; 2001, 196, weil dann der Handelsvertreter ein Jahr lang umsonst arbeiten müsse; so auch *Thume* in Küstner/Thume VertriebsR-HdB II Kap. III Rn. 15, 19.

708 OLG Düsseldorf OLGR 2003, 183; 2001, 317; OLG München BB 1997, 222 (223); LG Karlsruhe NJW-RR 1989, 822; Staub/*Emde* Rn. 257, 260, 261 mwN; *Kiene* NJW 2006, 2007 (2009); zur Beweislast ausf. Staub/*Emde* Rn. 260.

709 OLG Düsseldorf OLGR 2003, 183; 2001, 317; Staub/*Emde* Rn. 262; *Westphal* MDR 2005, 421 (423) bei Inhaltskontrolle nach § 307 BGB.

710 OLG Düsseldorf OLGR 2003, 183; OLGR 2001, 317 Rn. 14; Staub/*Emde* Rn. 262; *Westphal* MDR 2005, 421 (423) bei Inhaltskontrolle nach § 307 BGB.

711 Staub/*Emde* Rn. 262.

712 OLG Düsseldorf OLGR 2003, 183; 2001, 317; OLG München NJW-RR 1997, 986; weitergehend OLG München BB 2005, 630 mAnm *Semler* 965, wonach die Vereinbarung einer Einstandszahlung nichtig sein soll, wenn es an einer Neukundenregelung fehlt = EWiR § 89b HGB 1/05, 471 m. Kurzkomm. *Emde*; Staub/*Emde* Rn. 262; aA *Westphal* MDR 2005, 421 (424), da ein Ausgleich wegen möglichen Abspringens von Kunden hierdurch nicht hinreichend gesichert sei.

713 Str.; wie hier OLG Celle OLGR 2002, 86; Staub/*Emde* Rn. 263; *Westphal* MDR 2005, 421 (423) bei Inhaltskontrolle nach § 307 BGB; aA OLG Stuttgart OLGR 1999, 51.

714 *Thume* in Küstner/Thume VertriebsR-HdB II Kap. III Rn. 20 m. Verweis auf OLG Schleswig 18.2.2000 – 14 U 18/99, HVR Nr. 998.

so fehlt ein adäquater Gegenwert für die Einstandszahlung. Ohne geldwerten Vorteil ist die Vereinbarung wegen Verstoßes gegen § 138 BGB[715] und als Umgehung des Abs. 4 unwirksam.[716]

Bei Vereinbarungen von Einstandszahlungen in **AGB** führt eine **Kontrolle nach § 307 Abs. 1 BGB** zu gleichartigen Ergebnissen. Denn eine unangemessene Benachteiligung des Handelsvertreters iSv § 307 Abs. 1 BGB liegt immer dann vor, wenn der Einstandszahlung keine reelle Gegenleistung gegenüber steht.[717] Eine Überprüfung anhand der §§ 307 ff. BGB scheitert auch nicht an § 307 Abs. 3 BGB.[718] Da die §§ 84 ff. keine Verpflichtung des Handelsvertreters vorsehen, sich mit einer Vorleistung in den Vertrag einzukaufen, sind Abreden über Einstandszahlungen kontrollfähige Preisnebenabreden.[719] Die für die Wirksamkeit von Einstandszahlungen geltenden Kriterien gelten auch für die Wirksamkeit von **Abwälzungsvereinbarungen** (→ Rn. 226).[720] 237

Unzulässig sind Abreden, die dem Unternehmer das Recht einräumen, ohne eine Billigkeitsprüfung im Einzelfall den Ausgleichsanspruch mit Ansprüchen des Handelsvertreters auf Alterssicherung zu verrechnen.[721] Als AGB ist eine solche Klausel gem. § 307 BGB unzulässig (→ Rn. 126).[722] Davon ist zu unterscheiden, dass eine betriebliche Altersversorgung im Rahmen der Billigkeitsprüfung nach Abs. 1 S. 1 Nr. 2 bei dem Ausgleichsanspruch berücksichtigt werden kann.[723] 238

Die **vollständige** vertragliche **Abbedingung des Anspruchs auf Vermittlungsprovision** und deren Ersetzung durch (echte) Verwaltungsprovision ist mit Abs. 4 S. 1 nicht vereinbar.[724] Unwirksam kann ferner eine Abrede darüber sein, welcher **Anteil der Vergütung auf verwaltende Tätigkeiten** des Handelsvertreters entfällt, wenn sie den Zweck verfolgt, den Ausgleichsanspruch im voraus einzuschränken. Unzulässig ist daher eine Aufteilung, die keine rechtliche Beurteilung mehr zulässt, ob die einzelnen Tätigkeiten und die auf sie entfallenden Vergütungsanteile bei der Berechnung des Ausgleichsanspruchs zu berücksichtigen sind, sondern diese Beurteilung – ohne Rücksicht auf den tatsächlichen Charakter der übernommenen Tätigkeiten – selbst vorwegnimmt und – der Sache nach – im Voraus festlegt, dass ein bestimmter Anteil der gezahlten Vergütung aus der Berechnung des Ausgleichsanspruchs ausgeklammert wird. Umgekehrt setzt die Zulässigkeit einer vertraglichen Aufteilung der Provision auf verschiedene Tätigkeiten voraus, dass diese konkret aufgeführt, dh gegenständlich umschrieben werden, damit auf dieser Grundlage geprüft werden kann, ob es sich bei den übernommenen Tätigkeiten um werbende oder um „verwaltende" handelt und ob – dementsprechend – die darauf nach dem Vertrag entfallenden Vergütungsanteile bei der Berechnung des Ausgleichsanspruchs zu berücksichtigen sind oder nicht.[725] 239

---

715 LG Karlsruhe NJW-RR 1989, 822; *Budde* DB 2005, 2177 (2181); Staub/*Emde* Rn. 260 mwN; *Kiene* NJW 2006, 2007 (2009).

716 OLG Celle OLGR 2002, 86; weitergehend OLG München BB 2005, 630 mAnm *Semler* BB 2005, 965, wonach die Vereinbarung einer Einstandszahlung nichtig sein soll, wenn es an einer Neukundenregelung fehlt = EWiR § 89b HGB 1/05, 471 m. Kurzkomm. *Emde*; Staub/*Emde* Rn. 260, 266 m. Verweis auf OLG Schleswig 18.2.2000 – 14 U 18/99, HVR Nr. 998.

717 Staub/*Emde* Rn. 267; s. auch *Westphal* MDR 2005, 421.

718 OLG München BB 2005, 630 mAnm *Semler* 965 = EWiR § 89b HGB 1/05, 471 m. Kurzkomm. *Emde*; OLG Frankfurt NJW-RR 1987, 548 (549); *Westphal* MDR 2005, 421 (423); aA BGH NJW 1993, 375 zum früheren AGBG.

719 OLG München BB 2005, 630 mAnm *Semler* 965 = EWiR § 89b HGB 1/05, 471 m. Kurzkomm. *Emde*; OLG Frankfurt NJW-RR 1987, 548 (549); *Westphal* MDR 2005, 421 (423); aA BGH NJW 1993, 375 zum früheren AGBG.

720 S. auch Staub/*Emde* Rn. 245.

721 BGH NJW 2003, 1241 (1243); OLG München WM 2007, 710 (712); Staub/*Emde* Rn. 251; EBJS/*Löwisch* Rn. 209.

722 Staub/*Emde* Rn. 251; *v. Westphalen* DB 2000, 2255 ff.

723 LG Düsseldorf VersR 1991, 1240.

724 BGH NJW-RR 2006, 1542; VersR 2003, 242.

725 BGH BeckRS 2011, 3879 Rn. 13; NJW-RR 2010, 1550 Rn. 15; BeckRS 2009, 88043 Rn. 16; NJW 2003, 290; NJW-RR 2002, 1548.

240 Eine Vereinbarung, welche die gesetzliche **Verjährungsfrist** des § 195 BGB auch hinsichtlich des Ausgleichsanspruchs **verkürzt,** ist zulässig[726] (→ Rn. 262). **Klauseln,** mit denen die **Fälligkeit** des Ausgleichsanspruchs **hinausgeschoben** wird, sind dagegen unzulässig. Deshalb verstößt die Vereinbarung von Ratenzahlungen ebenso gegen Abs. 4 S. 1[727] wie das Abhängigmachen der Fälligkeit des Ausgleichsanspruchs von einem Anerkenntnis des Unternehmers.[728] Auch kann der Unternehmer die Zahlung des Ausgleichsanspruchs nicht von der Abtretung eines Schadensersatzanspruchs des Handelsvertreters gegen einen Dritten abhängig machen, wenn der Handelsvertreter durch einen verschuldeten Unfall des Dritten so schwer verletzt wird, dass er seine bisherige Tätigkeit nicht mehr fortführen kann.[729] Klauseln, die im Falle des Todes des Handelsvertreters die Geltendmachung eines Ausgleichsanspruchs durch dessen Erben ausschließen, **beschränken** die **Vererblichkeit** des Ausgleichsanspruchs und verstoßen damit ebenfalls gegen den Unabdingbarkeitsgrundsatz.

241 Dagegen verstoßen Vereinbarungen, die sich nur **mittelbar** auf den Ausgleich **auswirken,** grundsätzlich **nicht** gegen Abs. 4 S. 1. Dementsprechend können Unternehmer und Handelsvertreter den Grund und die Höhe der Provision nach § 87 frei aushandeln, auch wenn diese sich – mittelbar – auf die Höhe des Ausgleichsanspruchs auswirkt.[730] Verzichtet beispielsweise der Handelsvertreter auf Provisionen für Nachbestellungen gem. § 87 Abs. 1 S. 1 HS. 2, wirkt sich dies wegen mangelnder Provisionsverluste bei der Beendigung des Handelsvertreterverhältnisses mittelbar auf die Ausgleichshöhe aus.[731] Dennoch liegt ein Verstoß gegen den Unabdingbarkeitsgrundsatz nur vor, wenn die den Ausgleichsanspruch mittelbar betreffende Vertragsgestaltung gerade den Zweck verfolgt, den Ausgleichsanspruch zu umgehen.[732] Auch durch die Festlegung von Rotationsvertriebssystemen durch den Unternehmer kann der Ausgleichsanspruch des Handelsvertreters mittelbar beschnitten werden. Bei einem solchen System wird dem Handelsvertreter nach einer gewissen Zeit jeweils ein neuer Bezirk zugewiesen, so dass ein Ausgleichsanspruch nur für das zuletzt betreute Gebiet entstehen kann.[733] Auch eine Vereinbarung über die Anwendung ausländischen Rechts kann mittelbar zum Ausschluss des Ausgleichsanspruchs führen (aber → Rn. 252 ff.).[734] Zulässig ist schließlich auch eine Vertragsklausel, die den Handelsvertreter bei Vertragsbeendigung vor die Wahl stellt, ob er seinen Ausgleichsanspruch geltend macht, oder Leistungen aus einer unternehmerfinanzierten Altersversorgung (Treuegeld) – oder sonstige Leistungen (→ Rn. 245) – erhält, denn sie berührt das Recht, den Ausgleichsanspruch zu verlangen, nicht.[735]

II. Vereinbarung vor Vertragsende

242 **1. Im Voraus.** Nach Abs. 4 S. 1 kann der Ausgleichsanspruch, der mit der rechtlichen Beendigung des Handelsvertreterverhältnisses entsteht,[736] nicht „im Voraus" ausgeschlossen werden. Daraus folgt, dass Abreden, durch die der Ausgleichsanspruch eingeschränkt oder ausgeschlossen wird, wirksam sind, wenn sie bei[737] oder nach Beendigung des Handelsver-

[726] *Thume* in Küstner/Thume VertriebsR-HdB II Kap. XIII Rn. 39; EBJS/*Löwisch* Rn. 35; aA OLG Celle VW 1979, 623; Heymann/*Herrmann* Rn. 102.
[727] Staub/*Emde* Rn. 255; Baumbach/Hopt/*Hopt* Rn. 71; aA OLG Oldenburg BB 1973, 1281; Heymann/*Herrmann* Rn. 102, sofern durch eine Verzinsung der Nachteil der fehlenden Einmalzahlung ausgeglichen wird.
[728] OLG Oldenburg BB 1973, 1281.
[729] Vgl. BGHZ 41, 292 (296 f.) = LM § 87 Nr. 8 mAnm *Rietschel.*
[730] S. nur BGH NJW-RR 2002, 1548 (1551).
[731] BGH NJW 2003, 1241 (1243); OLG München WM 2007, 710 (712); EBJS/*Löwisch* Rn. 211.
[732] Staub/*Emde* Rn. 252; *Westphal,* Neues Handelsvertreterrecht, 1991, 174.
[733] BGH NJW-RR 1999, 2668; *Thume* in Küstner/Thume VertriebsR-HdB II Kap. XIII Rn. 24 ff.; VIII Rn. 28 ff.; *Westphal,* Neues Handelsvertreterrecht, 1991, 174; krit. *Thume* BB 1999, 2309 (2313).
[734] BGH NJW 1961, 1061.
[735] BGH NJW-RR 2017, 229 Rn. 42 mAnm *Ehrhard* EWiR 2017, 273; NJW 2003, 3350 f.
[736] BGH NJW 1990, 2889 = DB 1990, 2264; VersR 1959, 669 (670).
[737] BGH NJW 1969, 504 (505).

tretervertrags oder in einer Aufhebungsvereinbarung,[738] die gleichzeitig den Vertrag beendet, getroffen werden.[739] Solche Vereinbarungen bei oder nach Vertragsende können auch konkludent getroffen werden.[740]

Entscheidend ist das **rechtliche Vertragsende** und nicht dessen Vereinbarung oder das Einstellen der Tätigkeit.[741] Trotz gleichzeitiger Vereinbarung von Ausschluss oder Einschränkung des Ausgleichsanspruchs und Vertragsende ist deshalb eine ausgleichsabträgliche Abrede unwirksam, wenn die Auflösung des Handelsvertretervertrags erst in einem späteren Zeitpunkt wirksam werden soll.[742] Dies ergibt sich aus dem Schutzzweck des Abs. 4 S. 1, der den Handelsvertreter vor der Gefahr bewahren will, sich auf Grund seiner wirtschaftlichen Abhängigkeit von dem Unternehmer auf ihn benachteiligende Abreden einzulassen.[743] Diese Gefahr besteht im Allgemeinen fort, solange das Vertragsverhältnis andauert. Aus Gründen der Rechtssicherheit gilt die zwingende Vorschrift des Abs. 4 S. 1 aber auch dann, wenn der Handelsvertreter im Einzelfall dieses gesetzlichen Schutzes nicht mehr bedarf.[744] **243**

Deshalb sind entgegen der Auffassung der älteren Rspr.[745] auch solche ausgleichseinschränkende **Vereinbarungen unzulässig,** die, **nachdem** der Handelsvertreter seine **Tätigkeit** für den Unternehmer im gegenseitigen Einvernehmen bereits endgültig **eingestellt** hat, noch vor dem rechtlichen Vertragsende getroffen werden.[746] Dies ergibt sich auch aus Art. 19 Handelsvertreter-RL (→ Rn. 1), der nunmehr zur Auslegung heranzuziehen ist[747] und wonach nachteilige Vereinbarungen über den Ausgleichsanspruch nicht „vor Ablauf des Vertrages" getroffen werden können. **244**

Aus den genannten Gründen stellt Abs. 4 S. 1 die Parteien regelmäßig bei der Gestaltung von Vereinbarungen zur Vertragsauflösung vor Herausforderungen, wenn Einvernehmen darüber besteht, dass das Vertragsverhältnis nicht mit sofortiger Wirkung, sondern **zu einem bestimmten Zeitpunkt in** naher **Zukunft** beendet werden soll, und sie ferner – wie regelmäßig – bestrebt sind, möglichst endgültig und umfassend die Rechtsbeziehungen nach Vertragsbeendigung zu regeln.[748] Unproblematisch sind Vereinbarungen, wonach der Handelsvertreter vor Beendigung des Vertragsverhältnisses an eine Verzichtserklärung auf den Ausgleichsanspruch nicht gebunden ist, etwa weil er aufgrund eines entsprechenden Widerrufsvorbehalts seine Erklärung bis zur Beendigung des Vertragsverhältnisses widerrufen kann. Zulässig dürfte es auch sein, wenn die Parteien vereinbaren, dass eine bestimmte Leistung des Unternehmers (zB eine gemeinsam festgelegte Abfindung) nur dann geschuldet ist, wenn der Handelsvertreter nach Vertragsbeendigung auf den Ausgleichsanspruch verzichtet. Denn der Handelsvertreter hat nach Vertragsbeendigung die Wahl, ob er auf den Ausgleichsanspruch verzichtet und die bedingt versprochene Leistung beansprucht oder den Ausgleichsanspruch geltend macht. Die Erwägungen zur Wahl zwischen einem Ausgleichsanspruch und einem Treuegeld (→ Rn. 241) dürften hier entsprechend gelten. Diese **245**

---

[738] OLG Köln NJOZ 2006, 1551; EBJS/*Löwisch* Rn. 208; *Fröhlich* ZVertriebsR 2018, 207 (208); *Mann* ZVertriebsR 2017, 25 (27).

[739] BGH NJW 1996, 2867 f.; 1990, 2889; 1989, 35 (36); BGHZ 51, 184 (188 f.).

[740] BGH NJW 1989, 35 (36).

[741] BGH NJW 2016, 3439 Rn. 28; *Küstner/v. Manteuffel* Kurzkomm. zu BGH EWiR § 89b HGB 1/90, 797 (798); EBJS/*Löwisch* Rn. 208.

[742] BGH NJW 2016, 3439 Rn. 28; 1996, 2867 f.; 1990, 2889 = BB 1990, 1366 = DB 1990, 2264; vgl. BGHZ 53, 89 (91) = NJW 1970, 420; Oetker/*Busche* Rn. 53; *Semler* in MSF VertriebsR-HdB § 22 Rn. 98; krit. *Fröhlich* ZVertriebsR 2018, 207 (209); *Mann* ZVertriebsR 2017, 25 (27 f.).

[743] BGH NJW 2016, 3439 Rn. 28; 1990, 2889; 1967, 248 (249).

[744] BGH NJW 2016, 3439 Rn. 28; 1990, 2889 (2890); 1985, 3076 (3077); für den Vertragshändler BGH BB 1985, 1084 mAnm *Goll*.

[745] BGHZ 55, 124 (126); ebenso Staub/*Emde* Rn. 253; Baumbach/Hopt/*Hopt* Rn. 74; Heymann/*Herrmann* Rn. 101.

[746] BGH NJW 1990, 2289 (2890) sieht dagegen keinen Anlass, diese ältere Rspr. aufzugeben und beruft sich auf unterschiedliche Sachverhalte; zu Recht krit. *Küstner/v. Manteuffel* Kurzkomm. zu BGH EWiR § 89b HGB 1/90, 797 (798).

[747] BGH NJW 1990, 2889 (2890).

[748] Dazu und zu etwaigen Gestaltungsoptionen auch *Fröhlich* ZVertriebsR 2018, 207, wobei dessen Vorschläge überwiegend unzulässig sein dürften.

Gestaltungsoption ist von einer solchen zu unterscheiden, in welcher der Handelsvertreter sich vor Vertragsbeendigung zum Verzicht auf den Ausgleichsanspruch nach Vertragsbeendigung verpflichtet; eine solche wäre unwirksam.[749] Ferner dürfte eine Vereinbarung wirksam sein, in welcher die Parteien vor Vertragsbeendigung (und insbesondere im Zuge einer einvernehmlich beabsichtigten Vertragsbeendigung) die Rechtsfolgen einer etwaigen Eigenkündigung des Handelsvertreters – unter Ausklammerung der Ausnahmetatbestände des Abs. 3 Nr. 1 – festlegen. Denn die Vereinbarung stellt den Handelsvertreter ausgleichsrechtlich besser als er ohne diese im Falle einer Eigenkündigung stünde; außerdem hat er die Wahl, ob er den Handelsvertretervertrag kündigt und sich damit die vereinbarten Rechtsfolgen verwirklichen.

246 **2. Form der Vereinbarung.** In welcher Form der Ausschluss oder die Einschränkung des Ausgleichsanspruchs vereinbart werden, ist **unerheblich;** jegliche Beschränkung vor Vertragsende ist unwirksam. Die Wirksamkeit einer AGB-Bestimmung, die bestimmte tatsächliche Voraussetzungen für die Berechtigung zur fristlosen Kündigung regelt, wird von der Unwirksamkeit des weiterhin vereinbarten Ausschlusses des Ausgleichsanspruchs nicht berührt.[750]

247 **3. Unzulässige Rechtsausübung.** Die Berufung des Handelsvertreters auf die Unwirksamkeit der getroffenen Abrede stellt selbst dann keine unzulässige Rechtsausübung dar, wenn der Handelsvertreter die Abrede in voller Freiheit getroffen hat und nicht durch die starke Stellung des Unternehmers hierzu bewogen wurde.[751] Denn sowohl die klare gesetzgeberische Entscheidung in Abs. 4 S. 1 als auch die Rechtssicherheit gebieten die Unwirksamkeit von ausgleichsausschließenden Abreden, die vor Vertragsende geschlossen wurden.

III. Vorauserfüllung

248 Vereinbarungen über die Vorauserfüllung des Ausgleichsanspruchs verstoßen nicht grundsätzlich gegen den Unabdingbarkeitsgrundsatz des Abs. 4 S. 1. Solche Abreden regeln die Anrechnung bestimmter Unternehmerleistungen auf den zukünftigen Ausgleich und bezwecken, die Ausgleichsbelastung des Unternehmers **zeitlich zu verteilen,** indem schon während der Vertragszeit zusätzliche Leistungen erbracht werden.[752]

249 Die Vorauserfüllung ist nur unter der **Voraussetzung** zulässig, dass die Zahlung für den Ausgleich zusätzlich zu den übrigen Provisionen, die der Handelsvertreter für seine Tätigkeit erhält, erbracht wird. Dies ist durch Auslegung zu ermitteln, wobei strenge Maßstäbe anzulegen sind.[753] Die Sonderzahlung muss eindeutig als Vorauszahlung für den Ausgleich gekennzeichnet sein[754] und die Gesamtvergütung deutlich über der üblichen Provision liegen. Zumindest muss der Unternehmer beweisen, dass auch ohne die Verrechnungsabrede keine höhere Provision vereinbart worden wäre, als der Betrag, der nach Abzug des zu verrechnenden Teils der Gesamtvergütung entspricht.[755] Ferner muss der Handelsvertreter zur Rückzahlung der Sondervergütung verpflichtet sein, wenn der Ausgleich bei der Beendigung des Vertragsverhältnisses nicht entsteht.[756] Eine bloße Aufspaltung der Gesamtvergütung des Handelsvertreters in der Weise, dass ein Teil davon auf

[749] *Fröhlich* ZVertriebsR 2018, 207 (209).
[750] BGH BB 1992, 1162.
[751] Oetker/*Busche* Rn. 51; aA KG NJW 1961, 124 (125); Staub/*Emde* Rn. 253; Baumbach/Hopt/*Hopt* Rn. 76; *Mann* ZVertriebsR 2017, 25 (28).
[752] BGHZ 58, 60 (63 ff.) = LM Nr. 42 mAnm *Rietschel*; vgl. OLG München NJW 1961, 1072; Staub/*Emde* Rn. 333; EBJS/*Löwisch* Rn. 212; *Thume* in Küstner/Thume VertriebsR-HdB II Kap. XIII Rn. 44 ff.
[753] BGH NJW 2016, 3439 Rn. 22 mAnm *Korte* BB 2016, 2129 und *Emde* EWiR 2016, 759 und *Lilje* ZVertriebsR 2016, 305 und *Backhaus* jurisPR-HaGesR 9/2016 Anm. 1; NJW 1972, 477 mAnm *Rietschel*.
[754] Staub/*Emde* Rn. 334; *Westphal,* Neues Handelsvertreterrecht, 1991, 175.
[755] BGH NJW 2016, 3439 Rn. 22; BGH NJW 1972, 477 (479).
[756] Vgl. BGH NJW 1972, 477 (478).

den künftigen Ausgleichsanspruch verrechnet werden soll, reicht für die Vorauserfüllung nicht aus, sondern erweckt vielmehr den Verdacht der Umgehung des Abs. 4 S. 1.[757]

Die **Beweislast** für das Vorliegen einer Vorauserfüllung trägt der Unternehmer,[758] da **250** bei der Verrechnungsabrede die Gefahr einer Umgehung der zwingenden Vorschrift des Abs. 4 S. 1 besteht und der Unternehmer diese Vermutung widerlegen muss.

Rechtsfolge der Nichtigkeit der Vertragsbestimmung über die Vorauserfüllung ist, dass **251** der Handelsvertreter einen Ausgleichsanspruch hat und der zur Anrechnung vorgesehene Teil der Vergütung als vom Unternehmer geschuldeter Teil der Gesamtvergütung anzusehen ist, den der Handelsvertreter behalten darf und der ebenfalls Bemessungsgrundlage des Ausgleichsanspruchs ist.[759]

IV. Internationale Unabdingbarkeit

In seiner Entscheidung vom 9.11.2000 (Ingmar GB)[760] hat der EuGH den Ausgleichs- **252** anspruch bzw. eines Schadensersatzanspruchs eines **Handelsvertreters,** der auf Art. 17 und 18 RL 86/653/EWG (Handelsvertreter-RL; → Rn. 1) beruht, für international zwingend erklärt, wenn der Sachverhalt einen **starken Gemeinschaftsbezug** aufweist. Kriterien für einen solchen Bezug sind beispielsweise die überwiegende Tätigkeit und Sitz des Handelsvertreters im Gebiet der EU. Dies gilt selbst dann, wenn der Unternehmer seinen Sitz in einem Drittland (zB Kalifornien) hat.[761] Die internationale Unabdingbarkeit bewirkt, dass Art. 17 und 18 RL 86/653/EWG (Handelsvertreter-RL) auch dann anzuwenden sind, wenn im Vertrag wirksam das Recht eines Drittstaates gewählt wurde, das keinen Ausgleichsanspruch nach Art. 17 Abs. 2 RL 86/653/EWG bzw. Schadensersatzanspruch nach Art. 17 Abs. 3 RL 86/653/EWG (Handelsvertreter-RL) kennt. Ob das Recht des Drittstaates einen solchen kennt, ist jedoch unerheblich. Es gebe zwar kein ausdrückliches kollisionsrechtliches Regelungsverbot in RL 86/653/EWG (Handelsvertreter-RL), ein solches könne jedoch durch Auslegung ermittelt werden. Dem EuGH ist zuzustimmen.[762] Die Frage nach dem – über die zwingende Wirkung innerhalb des europäischen Rechts hinausgehenden – international zwingenden Charakter muss aus der betreffenden Norm heraus geklärt werden. Eine teleologische Auslegung zeigt, dass bei einem starken Binnenmarktbezug des Falles ein Interesse an der Absicherung der einheitlichen Bedingungen auch auf kollisionsrechtlicher Ebene besteht.[763] § 89b ist demnach nunmehr in dieser Weise auszulegen und anzuwenden.[764] Der Ausgleichsanspruch nach § 89b ist daher als Eingriffsnorm iSv Art. 9 Rom I-VO anzusehen und so international materiellrechtlich geschützt. Gestützt auf diese Entscheidung des EuGH sollen nach der deutschen Rspr., die jedoch sehr umstritten ist, **Gerichtsstandsvereinbarungen** zugunsten der Gerichte eines Drittstaates unzulässig sein, weil die (abstrakte) Gefahr bestehe, dass die ausländischen Gerichte den Ausgleichsanspruch nicht als Eingriffsnorm beachten und mithin einen Ausgleichsanspruch nicht bejahen würden.[765]

Diese Grundsätze gelten indes nicht für **Handelsvertreter, die keine Warenvertreter** **253** sind. Denn die RL 86/653/EWG (Handelsvertreter-RL) gilt nach Art. 1 Abs. 2 RL 86/653/EWG nur für Warenvertreter. Folglich kann der internationale Geltungsanspruch auch

757 BGH NJW 1972, 477 (479).
758 BGH NJW 1972, 477 (478).
759 BGH NJW 2016, 3439 Rn. 22 f. mAnm *Korte* BB 2016, 2129; NJW 1972, 477.
760 EuGH NJW 2001, 2007 mAnm *Jayme* IPRax 2001, 225.
761 EuGH NJW 2001, 2007.
762 OLG München WM 2006, 1556; Oetker/*Busche* Rn. 52; *Jayme/Kohler* IPRax 2000, 454 f.; *Staudinger* NJW 2001, 1974 f.; *Semler* ZVertriebsR 2016, 139 (140, 144); aA *Freitag* EWiR § 89b HGB 4/00, 1061; krit. *Freitag/Leible* RIW 2001, 287 (290).
763 So auch *Staudinger* NJW 2001, 1974 f.
764 Zu Gestaltungsmöglichkeiten *Semler* ZVertriebsR 2016, 139 (140 ff.).
765 BGH BB 2012, 3103 m. krit. Anm. *Ayad/Schnell* und *Antomo* IHR 2013, 225; OLG München WM 2006, 1556; OLG Stuttgart IHR 2012, 163; weiterführend Baumbach/Hopt/*Hopt* § 92c Rn. 10a; krit. *Semler* ZVertriebsR 2016 139 (141 f.).

nur soweit reichen.[766] Die vorgenannten Grundsätze gelten auch nicht für **Vertragshändler** (selbst bei Vorliegen der Analogievoraussetzungen → Rn. 16 ff.): Erbringt der Vertragshändler seine Tätigkeit in der Bundesrepublik Deutschland für einen Unternehmer in einem Drittstaat und haben die Parteien die Anwendbarkeit des **Rechts dieses Drittstaates** vereinbart, steht dem Vertragshändler kein Ausgleichsanspruch in entsprechender Anwendung des § 89b zu (unabhängig davon, ob der Drittstaat einen Ausgleichsanspruch für Vertragshändler kennt).[767] Hintergrund dafür ist, dass die RL 86/653/EWG (Handelsvertreter-RL) nicht für Vertragshändler gilt und der Ausgleichsanspruch eines Vertragshändlers in Deutschland lediglich auf einer Analogie zu § 89b beruht. Eine Eingriffsnorm nach Art. 9 Rom I-VO kann somit nicht bejaht werden. Auch die Vermeidung einer gespaltenen Auslegung des Art. 17 Abs. 2 RL 86/653/EWG (Handelsvertreter-RL) für Handelsvertreter einerseits und Vertragshändler andererseits erfordert es nicht, einen Ausgleichsanspruch in diesem Fall zu bejahen. Aus diesem Grund steht dem Vertragshändler auch dann kein Ausgleichsanspruch in entsprechender Anwendung des § 89b zu, wenn der Unternehmer seinen Sitz im EWR, aber außerhalb der Bundesrepublik Deutschland hat und die Anwendbarkeit des Rechts am Sitz des Unternehmers vereinbart ist. Etwas anderes gilt indes wegen Abs. 4 S. 1 und Art. 3 Abs. 4 Rom I-VO, wenn der deutsche Vertragshändler und der deutsche Unternehmer die Anwendbarkeit eines ausländischen Rechts vereinbaren.

254 Umstritten war hingegen, ob der Ausgleichsanspruch eines **Vertragshändlers** bei Vorliegen der Analogievoraussetzungen des § 89b (→ Rn. 16 ff.) wirksam im Voraus ausgeschlossen werden kann, wenn **deutsches Recht** zur Anwendung kommt und dieser außerhalb der Bundesrepublik Deutschland, aber innerhalb des EWR tätig zu werden hat. Der BGH hat diese Frage verneint.[768] Dem ist im Ergebnis zuzustimmen, auch wenn die Begründung des BGH zweifelhaft ist, wonach der Gesetzgeber die Unabdingbarkeit des Ausgleichsanspruchs des Vertragshändlers genauso wie die des Handelsvertreters bei einer geschuldeten Tätigkeit außerhalb der Bundesrepublik Deutschland, aber innerhalb des EWR gewollt hätte und der außerhalb der Bundesrepublik Deutschland tätige Vertragshändler genauso schutzwürdig sei wie der innerhalb der Bundesrepublik Deutschland tätige Vertragshändler. Dabei hat der BGH übersehen, dass § 92c Abs. 1 nicht den Schutz der Auslandsvertreter, sondern – im Gegenteil – den Schutz der deutschen Exportwirtschaft bezweckt. Gleichwohl konnte der BGH wohl nicht anders entscheiden, ohne die Grenzen der richterlichen Rechtsfortbildung zu verletzen.[769] Die Unabdingbarkeit des Ausgleichsanspruchs folgt bei Anwendung des deutschen Rechts bereits aus Abs. 4 S. 1. Die Öffnungsklausel des § 92c Abs. 1 gilt nur bei einer Tätigkeit außerhalb des EWR, nicht bei einer solchen außerhalb der Bundesrepublik Deutschland, aber innerhalb des EWR. Von daher hätte im zu entscheidenden Fall eine analoge Anwendung des § 92c Abs. 1 überhaupt nicht geholfen, sondern nur eine extensive Anwendung des § 92c Abs. 1 über seinen Wortlaut hinaus. Es ist mithin (nun) Sache des Gesetzgebers, dies anders zu regeln. Ein entsprechendes Bedürfnis besteht. Es gelten ähnliche Erwägungen wie bei § 92c Abs. 1: Deutsche Unternehmen sollen bei Einsatz eines Vertragshändlers außerhalb der Bundesrepublik Deutschland keine Wettbewerbsnachteile erleiden. Solche erleiden sie aber bei Anwendung deutschen Rechts unter Umständen, weil viele Länder des EWR einen Ausgleichsanspruch eines Vertragshändlers nicht kennen. Es fehlt insoweit – im Gegensatz zu dem nach Maßgabe der RL 86/653/EWG (Handelsvertreter-RL) harmonisierten Handelsvertreterrecht – an einer Harmonisierung auf europäischer Ebene. Bei einer entsprechenden Regelung würde das deutsche Recht für in- und ausländische Unternehmen, die Vertragshändler außerhalb der Bundesrepublik Deutschland einsetzen, attraktiver. Jetzt muss bei der Beratung von Unternehmern indes auf die Möglichkeit hingewiesen werden, ganz oder

---

[766] *Semler* ZVertriebsR 2016, 139 (140).

[767] So zB auch OLG Frankfurt ZVertriebsR 2017, 244 (250); aA *Peschke* ZVertriebsR 2016, 144 (149 ff.).

[768] BGH NJW 2016, 1885 m. zust. Anm. *Thume* IHR 2016, 120 und m. krit. Anm. *Kindler* NJW 2016, 1855; *Mankowski* RIW 2016, 457; *Ströbl* BB 2016, 848; *Teichmann* ZVertriebsR 2016, 195; mAnm *Erhard/Bodungen* EWiR 2016, 597; ausführlich *Peschke* ZVertriebsR 2016, 144 (146 ff.).

[769] So auch *Thume* IHR 2016, 120. An der Auffassung in *Ströbl* BB 2016, 848 wird insoweit nicht festgehalten.

teilweise das Recht eines Staates zu wählen, das einen Ausgleichsanspruch eines Vertragshändlers nicht kennt,[770] will man nicht an den Analogievoraussetzungen zur entsprechenden Anwendung des § 89b „schrauben". Die Beratung des Vertragshändlers erfolgt freilich unter umgekehrten Vorzeichen.

F. Geltendmachung des Ausgleichsanspruchs

I. Frist (Abs. 4 S. 2)

255 **1. Zweck.** Nach Abs. 4 S. 2 ist der Ausgleichsanspruch **innerhalb eines Jahres** nach Beendigung des Vertragsverhältnisses **geltend zu machen.** Diese gesetzliche Ausschlussfrist hat den Zweck, die vertraglichen Beziehungen zwischen den Beteiligten nach der Beendigung des Handelsvertreterverhältnisses möglichst rasch zu klären.[771] Der Unternehmer soll alsbald Gewissheit haben, ob der Handelsvertreter einen Ausgleichsanspruch geltend macht.[772] 1990 wurde die Frist von drei auf 12 Monate angehoben, um Unbilligkeiten zu vermeiden, die sich vereinzelt beim Tod des Handelsvertreters aus der knapp bemessenen Frist ergeben haben.[773]

256 **2. Materielle Ausschlussfrist.** Bei der Frist des Abs. 4 S. 2 handelt es sich um eine materielle Ausschlussfrist, mit deren Ablauf der Ausgleichsanspruch erlischt.[774] Deshalb ist eine Wiedereinsetzung in den vorherigen Stand nach den Regeln der ZPO nicht möglich. Auch kann der Handelsvertreter bei Versäumung der Frist nicht mehr mit dem ausgeschlossenen Anspruch aufrechnen, da § 215 BGB nicht anwendbar ist.[775] Jedoch kann die Berufung auf die Fristversäumnis ausnahmsweise eine nach § 242 BGB unzulässige Rechtsausübung darstellen, wenn der Unternehmer oder der Insolvenzverwalter des Unternehmers[776] selbst zur Fristversäumnis beigetragen haben.[777] Dies ist jedoch nicht der Fall, wenn der Handelsvertreter aus eigenen wirtschaftlichen Überlegungen den Ausgleichsanspruch nicht geltend macht.[778]

257 Die Frist darf durch vertragliche Vereinbarung nicht verkürzt, aber verlängert werden.[779] Die **Frist beginnt** mit der rechtlichen Beendigung des Vertragsverhältnisses.[780] Für die Fristberechnung gelten die allgemeinen Vorschriften der §§ 186 ff. BGB.

258 Zur **Wahrung der Frist** genügt die Geltendmachung des Ausgleichsanspruchs im Voraus, wenn das Vertragsende wegen der Kündigung oder infolge von Aufhebungsvertragsverhandlungen absehbar ist.[781] Soweit der Ausgleich von Erben des Handelsvertreters angemeldet wird, greift zu deren Gunsten § 211 BGB ein, so dass ein Rechtsverlust erst ein Jahr nach Annahme der Erbschaft eintritt.[782] Dagegen finden die allgemeinen

---

770 *Ströbl* BB 2016, 848; ausf. dazu *Mankowski* RIW 2016, 457 f.

771 Heymann/*Herrmann* Rn. 104.

772 BGHZ 50, 86 (88) = LM Nr. 31 mAnm *Rietschel* = NJW 1968, 1419; BGH BB 1962, 1101; KG BB 1960, 1075.

773 *Ankele* DB 1989, 2211 (2213).

774 BGH ZIP 1986, 41; BGHZ 33, 332 (338); 50, 86 (88); Staub/*Emde* Rn. 181; *v. Hoyningen-Huene* Kurzkomm. zu BGH EWiR § 89b HGB 1/87, 59; Röhricht/Graf v. Westphalen/Haas/*Thume* Rn. 51.

775 OLG München BB 1958, 789; *Westphal,* Neues Handelsvertreterrecht, 1991, 172; KKRD/*Roth* Rn. 20.

776 OLG Karlsruhe WM 1985, 235.

777 Vgl. BGH NJW-RR 1987, 156 = EWiR § 89b HGB 1/87, 59 m. Kurzkomm. *v. Hoyningen-Huene.*

778 BGH NJW-RR 1987, 157 = EWiR § 89b HGB 1/87, 59 m. Kurzkomm. *v. Hoyningen-Huene.*

779 Baumbach/Hopt/*Hopt* Rn. 77; Staub/*Emde* Rn. 182; aA EBJS/*Löwisch* Rn. 93.

780 BGH NJW 1998, 71 (75); NJW-RR 1991, 484 f.; NJW 1959, 1677 = VersR 1959, 669 (670).

781 BGHZ 40, 13 (18) = LM Nr. 17 mAnm *Rietschel* für die Geltendmachung des Ausgleichsanspruchs im Kündigungsschreiben des Handelsvertreters; KG NJW 1960, 631 für die Geltendmachung in der Erwiderung auf die Kündigung des Unternehmers; BGHZ 50, 86 (88) = LM Nr. 31 mAnm *Rietschel* für die Geltendmachung in einem Anwaltsschreiben während der Verhandlungen, die zum Vertragsende führen.

782 BGHZ 73, 99 = LM Nr. 55/56 mAnm *Alff*; *Thume* in Küstner/Thume VertriebsR-HdB II Kap. V Rn. 124.

Vorschriften über die Hemmung der Verjährung gemäß den §§ 203–210 BGB keine Anwendung.[783]

259 **3. Form der Geltendmachung.** Die fristwahrende Geltendmachung des Ausgleichsanspruchs ist an **keine** besondere **Form** gebunden. Der Handelsvertreter muss sein Verlangen nur eindeutig und unmissverständlich gegenüber dem Unternehmer zum Ausdruck bringen.[784] Es reicht demnach jede schriftliche oder mündliche Erklärung. Eine gerichtliche Geltendmachung ist nicht erforderlich.[785] Auch muss der Handelsvertreter den von ihm geltend gemachten Anspruch nicht ausdrücklich als Ausgleichsanspruch bezeichnen. Vielmehr genügt, wenn der Unternehmer eindeutig erkennen kann, dass der Handelsvertreter seinen Ausgleich verlangt.[786] Dagegen reicht der Vorbehalt weiterer Schritte nicht aus.[787] Es ist nicht erforderlich, dass der Ausgleichsanspruch bei der Geltendmachung schon der Höhe nach beziffert wird.[788] Hat der Handelsvertreter ihn beziffert, ist er hieran nicht gebunden.[789] Bei der Geltendmachung des Ausgleichsanspruchs handelt es sich um eine geschäftsähnliche Handlung; die Vorschriften über Willenserklärungen und insbesondere über deren Auslegung nach §§ 133, 157 BGB finden entsprechende Anwendung.[790] Im Falle der Einreichung der Klage bei Gericht[791] wird die Frist analog § 167 ZPO auch dann gewahrt, wenn die Zustellung erst nach Fristablauf erfolgt.[792]

260 Die **Versäumung** der Frist hat das Gericht im Gegensatz zur Verjährung **von Amts wegen zu beachten,** und nicht erst wenn der Unternehmer sich hierauf beruft.[793] Die fristgerechte Geltendmachung ist Anspruchsvoraussetzung und muss daher vom Handelsvertreter **bewiesen** werden.[794]

II. Verwirkung

261 Die Verwirkung des Ausgleichsanspruchs kommt nur in Betracht, wenn der Handelsvertreter seinen Anspruch innerhalb der Jahresfrist des Abs. 4 S. 2 geltend gemacht hat und ihn dann aber nicht mehr verfolgt. Voraussetzung für eine Verwirkung ist, dass der **Handelsvertreter nach der erstmaligen Geltendmachung untätig bleibt** und der Unternehmer sich nach dem Gesamtverhalten des Handelsvertreters darauf einrichten konnte, dass der Anspruch nicht mehr realisiert wird. Ein solcher Vertrauensschutz des Unternehmers wird aber regelmäßig schon durch die erstmalige Geltendmachung des Ausgleichsanspruchs innerhalb der Jahresfrist ausgeschlossen. Deshalb reicht auch ein mehrmonatiger Zeitablauf nach der erstmaligen Geltendmachung nicht aus.[795] Hat das Unternehmen jedoch auf einen vor Vertragsende geltend gemachten Ausgleichsanspruch kurz nach der Vertragsbeendigung einen Ausgleich bezahlt und der Vertreter ihn widerspruchslos entgegengenommen, kann der Vertreter nach Ablauf der Ausschlussfrist keine weiteren Beträge fordern.[796]

---

[783] Dies gilt insbes. für die §§ 203 und 206 BGB; BGHZ 33, 360 (363); Staub/*Emde* Rn. 181; *Westphal,* Neues Handelsvertreterrecht, 1991, 173.

[784] BGHZ 50, 86 (88) = LM Nr. 31 mAnm *Rietschel*; EBJS/*Löwisch* Rn. 95.

[785] BGH NJW 1958, 23; BB 1962, 1001; KG NJW 1960, 631; OLG Frankfurt NJW 1960, 630; OLG Karlsruhe BB 1957, 561; Röhricht/Graf v. Westphalen/Haas/*Thume* Rn. 53.

[786] BGH DB 1968, 1060.

[787] BGH DB 1969, 2077.

[788] BGH DB 1962, 1404.

[789] OLG Celle BB 2017, 1299 Rn. 92.

[790] S. nur BGH NJW-RR 2017, 229 Rn. 44 mwN.

[791] BGHZ 53, 332 (338).

[792] BGH NJW 1980, 455 (456).

[793] Baumbach/Hopt/*Hopt* Rn. 79; Staub/*Emde* Rn. 178.

[794] EBJS/*Löwisch* Rn. 93, 291.

[795] OLG Karlsruhe BB 1957, 561: elf Monate; OLG Düsseldorf HVR (58) Nr. 184; OLG Nürnberg HVR (62) Nr. 342.

[796] LG Münster VersR 2002, 53; aA EBJS/*Löwisch* Rn. 95.

III. Verjährung

Soweit der Handelsvertreter die Ausschlussfrist des Abs. 4 S. 2 eingehalten hat, verjährt der Ausgleich gem. § 195 BGB innerhalb von drei Jahren. Die **Verjährungsfrist** beginnt im Gegensatz zur Ausschlussfrist nicht mit der Fälligkeit des Ausgleichsanspruchs, sondern mit dem Schluss des Kalenderjahres, in welchem der Anspruch fällig geworden ist (§ 199 Abs. 1 Nr. 1 BGB). Da der Ausgleichsanspruch weder vor noch nach der Vertragsbeendigung, sondern mit der Vertragsbeendigung fällig wird,[797] läuft die Verjährungsfrist von Handelsvertreterverträgen, die beispielsweise am 31.8.2020 enden, am 31.12.2023 ab.[798] Im Gegensatz zu Abs. 4 S. 2 ist die Verjährungsvorschrift des § 195 BGB **dispositiv** (§ 202 BGB). Deshalb kann die dreijährige gesetzliche Verjährungsfrist vertraglich abgekürzt werden, mit Ausnahme einer Haftung wegen Vorsatzes (§ 202 Abs. 1 BGB). Grenze ist jedoch die Jahresfrist des Abs. 4 S. 2, denn die Verjährungsfrist darf nicht ablaufen, solange die zwölfmonatige Ausschlussfrist des Abs. 4 S. 2 noch die Geltendmachung des Anspruchs erlaubt.[799] Auch darf die Verjährungsfrist nicht einseitig zu Lasten des Handelsvertreters abgekürzt werden.[800] 262

IV. Verzinsung

Der Ausgleichsanspruch ist nach den **§§ 352, 353** vom Tage seiner Fälligkeit an mit 5% zu verzinsen.[801] 263

V. Schuldner des Ausgleichsanspruchs

1. Unternehmer. Nach Abs. 1 S. 1 ist der **Unternehmer** als Vertragspartner des Handelsvertreters **Schuldner** des Ausgleichsanspruchs. Wird das Unternehmen in der Rechtsform einer Personengesellschaft (BGB-Gesellschaft, OHG, KG) geführt, richtet sich die ausgleichsrechtliche Haftung bei einem Gesellschafterwechsel nach den gesellschaftsrechtlichen Vorschriften.[802] Der Ausgleichsanspruch kann aber nicht ohne weiteres gegen andere Konzernunternehmen geltend gemacht werden, wenn das Unternehmen zu einem Konzern gehört.[803] Vielmehr ist dies nur auf der Grundlage besonderer konzernrechtlicher Haftungstatbestände möglich.[804] 264

2. Betriebsveräußerung durch Unternehmer. Die Betriebsveräußerung durch den Unternehmer führt nicht zu einer Änderung der Schuldnerstellung. Denn der erwerbende Unternehmer tritt nicht automatisch in das Vertragsverhältnis ein, da § 613a BGB auf den selbständigen Handelsvertreter keine Anwendung findet.[805] Deshalb steht dem Handelsvertreter der Ausgleichsanspruch weiterhin gegen den veräußernden Unternehmer zu, wenn das Vertreterverhältnis infolge der Betriebsveräußerung gekündigt wird. Geht das Handelsvertreterverhältnis (Versicherungsvertreterverhältnis) durch eine auf der Seite des (Versicherungs-Unternehmers erfolgte **Ausgliederung** auf einen anderen Unternehmer nach § 131 Abs. 1 Nr. 1 UmwG iVm § 123 Abs. 3 Nr. 1 UmwG über und wird die Beendigung des Handelsvertreterverhältnisses nach dem Wirksamwerden der Ausgliederung herbeigeführt, so handelt es sich bei der Verbindlichkeit nach § 89b gegenüber dem Handelsvertreter um 265

797 BFH BB 1969, 862; BGH NJW 1998, 71; 1990, 2889; aA EBJS/*Löwisch* Rn. 29 mwN; *Thume* in Küstner/Thume VertriebsR-HdB II Kap. XIV Rn. 8; wohl auch BGH NJW 1997, 316 (318).
798 AA OLG Hamm VW 1981, 203; *Thume* in Küstner/Thume VertriebsR-HdB II Kap. XIV Rn. 10 ff.
799 *Thume* in Küstner/Thume VertriebsR-HdB II Kap. XIV Rn. 26; aA EBJS/*Löwisch* Rn. 35.
800 BGH DB 2003, 2121.
801 *Thume* in Küstner/Thume VertriebsR-HdB II Kap. XIV Rn. 30 f.
802 Heymann/*Herrmann* Rn. 80.
803 OLG Düsseldorf VersR 1971, 857.
804 Zur Konzernhaftung vgl. BGHZ 115, 187 = NJW 1991, 3142; BGH NJW 1993, 1200; vgl. auch BGH DB 1987, 888 = EWiR § 87 HGB 1/87, 379 m. Kurzkomm. *v. Hoyningen-Huene* zum Provisionsanspruch des Handelsvertreters bei wirtschaftlicher Verflechtung.
805 BGH NJW 1963, 101; Staub/*Emde* Rn. 47.

eine Verbindlichkeit iSv § 133 Abs. 1 UmwG, für die der Unternehmer als übertragender Rechtsträger haftet.[806]

266 Jedoch **haftet** unter den Voraussetzungen des § 25 auch der **Betriebserwerber.** Das Gleiche gilt, wenn sich der Erwerber im Wege des Schuldbeitritts oder der Schuldübernahme zur Zahlung des Ausgleichs verpflichtet hat. Eine befreiende Schuldübernahme nach den §§ 414 ff. BGB kann aber nicht vor Beendigung des Vertragsverhältnisses vereinbart werden, weil anderenfalls gegen den Unabdingbarkeitsgrundsatz des Abs. 4 S. 1 verstoßen würde. Die Vereinbarung der befreienden Schuldübernahme erfolgt entweder durch dreiseitigen Vertrag zwischen Handelsvertreter, Betriebsveräußerer und Betriebserwerber oder durch zweiseitigen Vertrag mit Zustimmung des Handelsvertreters.[807]

267 **3. Schuldübernahme durch nachfolgenden Handelsvertreter.** Die Schuldübernahme durch den Nachfolger des Handelsvertreters mit der Folge, dass der Vertreternachfolger Ausgleichsschuldner wird, muss im Zusammenspiel mit Abs. 3 Nr. 3 gesehen werden. Tritt ein nachfolgender Handelsvertreter auf Grund einer Vereinbarung zwischen Unternehmer und Handelsvertreter an dessen Stelle in das Vertragsverhältnis ein, entsteht nach Abs. 3 Nr. 3 schon kein Ausgleichsanspruch, wenn die Vereinbarung nicht vor Beendigung des Vertragsverhältnisses getroffen wurde (Abs. 3 Nr. 3 Hs. 2). Deshalb kann der nachfolgende Handelsvertreter auch nicht die Schuldnerstellung durch Schuldübernahme übernehmen.

268 Sind jedoch die **Voraussetzungen** des Abs. 3 Nr. 3 – etwa wegen des Hs. 2 – nicht erfüllt, ist eine Schuldübernahme durch den nachfolgenden Handelsvertreter innerhalb der Grenzen des Unabdingbarkeitsgrundsatzes weiterhin möglich. Demnach kann eine Schuldübernahme ohne Auswirkungen auf den Ausgleichsanspruch erfolgen, wenn die Schuldübernahme nach Vertragsende vereinbart wird.[808]

269 Eine Schuldübernahme liegt nicht bei den sog. **Abwälzungsvereinbarungen** vor (→ Rn. 226), denn im Verhältnis zum Handelsvertreter bleibt hier der Unternehmer immer noch Ausgleichsschuldner. Das Gleiche gilt für Einstandszahlungen (→ Rn. 227).

G. Prozessuale Fragen

I. Gerichtsstand und Klageverfahren

270 **1. Gerichtsstand.** Je nach Streitwert ist bei einem Rechtsstreit über den Ausgleichsanspruch das **Amts-** oder **Landgericht** zuständig. Soweit bei dem zuständigen Landgericht eine Kammer für Handelssachen gebildet wurde, kann unter den Voraussetzungen der §§ 93 ff. GVG der Rechtsstreit auf Antrag des Klägers oder des Beklagten vor der **Kammer für Handelssachen** verhandelt werden.

271 Dagegen ist für Rechtsstreitigkeiten der Handelsvertreter iSd § 92a (→ § 92a Rn. 8 ff.) nach § 5 Abs. 3 AGG iVm § 2 Abs. 1 Nr. 3a ArbGG das **Arbeitsgericht** zuständig (→ § 92a Rn. 5).[809] Da der Einfirmenvertreter wegen seiner wirtschaftlichen Abhängigkeit eine arbeitnehmerähnliche Stellung hat, soll er in den Genuss der arbeitsgerichtlichen Zuständigkeit kommen. Sind aber die Voraussetzungen des § 5 Abs. 3 ArbGG nicht erfüllt, ist die Zuständigkeit der ordentlichen Gerichte begründet. Es kommt nicht darauf an, ob die Handelsvertreter als arbeitnehmerähnliche Personen iSd § 5 Abs. 1 S. 2 ArbGG angesehen werden können, da § 5 Abs. 3 ArbGG eine für den Handelsvertreter ausschließliche Zuständigkeitsregelung enthält.[810]

272 Da die Parteien des Handelsvertretervertrags regelmäßig Kaufleute sind, kann durch eine **Gerichtsstandsvereinbarung** nach § 38 ZPO die Zuständigkeit eines an sich sachlich oder

---

806 BGH DB 2015, 2141.
807 *Schröder* DB 1967, 2015; *Thume* in Küstner/Thume VertriebsR-HdB II Kap. III Rn. 49 ff.
808 *Thume* BB 1991, 490 (492).
809 GMPM/*Müller-Glöge* ArbGG § 5 Rn. 39; *Grunsky*, 7. Aufl. 1995, ArbGG § 5 Rn. 22.
810 BAG AP HGB § 92a Nr. 1 mAnm *Hefermehl* = SAE 1962, 38 mAnm *Neumann-Duesberg*; GMPM/*Müller-Glöge* ArbGG § 5 Rn. 39; aA *Grunsky* ArbGG § 5 Rn. 22.

örtlich unzuständigen Gerichts vereinbart werden (zu solchen im internationalen Verkehr → Rn. 252). Ansonsten gelten die allgemeinen Zuständigkeitsvorschriften der ZPO (§§ 12 ff. ZPO). Demnach ist grundsätzlich das für den Wohnsitz des Beklagten zuständige Gericht örtlich zuständig, alternativ kann auch am Erfüllungsort geklagt werden. Dies führte dazu, dass deutsche Handelsvertreter ausländischer Unternehmen bislang nicht in Deutschland klagen konnten. Dies hat sich seit dem 1.1.2002 durch Inkrafttreten der Brüssel I-VO geändert; diese Verordnung wurde durch die VO (EU) 1215/2012 (Brüssel Ia-VO) ersetzt.[811]

2. Klageerhebung. Die nach § 253 ZPO erforderliche Bestimmtheit des Klageantrags **273** ist auch durch einen **unbezifferten Klageantrag,** in dem die Höhe des beanspruchten Ausgleichs in das Ermessen des Gerichts gestellt und lediglich ein Mindestbetrag angegeben wird, gewahrt.[812] Jedoch muss der klagende Handelsvertreter in der Klageschrift zumindest die Tatsachengrundlagen angeben, die dem Gericht eine Schätzung der Ausgleichshöhe (§ 287 ZPO) oder zumindest eines Mindestausgleichs ermöglicht. Dazu gehört in erster Linie der Vortrag des darlegungs- und beweispflichtigen Handelsvertreters, welche Provisionen er im letzten Vertragsjahr mit von ihm neu geworbenen bzw. intensivierten Stammkunden verdient hat. Fehlt es an einem hinreichenden Vortrag dazu, liegen mangels greifbarer Anhaltspunkte noch nicht einmal die Voraussetzungen für die **Schätzung eines Mindestausgleichs** vor. Eine Schätzung würde nämlich vorliegend völlig in der Luft hängen. Bessert der Handelsvertreter nicht nach, ist die Klage abzuweisen.[813] Angesichts der tatsächlichen Schwierigkeiten, im anonymen Massengeschäft den Anteil der neu geworbenen bzw. intensivierten Stammkunden zu ermitteln, wird die Darlegung und Beweisführung dadurch erleichtert, dass eine Schätzung nach § 287 Abs. 2 ZPO und die Verwendung statistischen Materials zulässig ist.[814] Der Versicherungsvertreter hat die Möglichkeit, die von den Spitzenverbänden der Versicherungswirtschaft und des Versicherungsaußendienstes vereinbarten „Grundsätze zur Errechnung der Höhe des Ausgleichsanspruchs" (→ Rn. 308 ff.) als Grundlage für die Schätzung eines Mindestausgleichs heranzuziehen.[815]

Zur Bestimmung der Ausgleichshöhe kann der Handelsvertreter seine Zahlungsklage **274** im Wege der **Stufenklage** nach § 254 ZPO unter Umständen mit einer **Klage auf Erteilung eines Buchauszugs** nach § 87c Abs. 2 verbinden. Indes dienen die Kontrollrechte nach § 87c – auch der Auskunftsanspruch nach § 87c Abs. 3[816] – nicht der Vorbereitung eines Ausgleichsanspruchs, so dass eine solche Verbindung nur sinnvoll ist, wenn der Handelsvertreter sich Gewissheit darüber verschaffen möchte, ob die Provisionsabrechnungen des Unternehmers richtig und vollständig sind, ehe er gestützt auf die gewonnenen Erkenntnisse im Hinblick auf seine Provisionen/Provisionsverluste einen Ausgleichsanspruch geltend macht (→ § 87c Rn. 10).

Ausnahmsweise kann dem Handelsvertreter gem. § 242 BGB ein **Auskunftsanspruch** **275** in Bezug darauf, welcher Anteil der Provision auf von ihm neu geworbene bzw. intensivierte **Stammkunden** entfällt, zustehen, den der Handelsvertreter ggf. mit einer Stufenklage gem. § 254 ZPO gelten machen kann. Es gelten insoweit die üblichen Voraussetzungen, dh übertragen auf den Auskunftsanspruch zur Vorbereitung des Ausgleichsanspruchs: Ein Anspruch auf Auskunft kann sich aus Treu und Glauben ergeben, wenn der Handelsvertreter in entschuldbarer Weise über das Bestehen oder den Umfang seines Rechts im Ungewissen

---

811 Zur internationalen Zuständigkeit für Klagen aus grenzüberschreitenden Vertriebsverträgen s. nur *Dostal* EuZW 2018, 944 und 983 ff.

812 OLG Düsseldorf HVR (77) Nr. 504; *Thume* in Küstner/Thume VertriebsR-HdB II Kap. XVII Rn. 9; vgl. Zöller/*Greger,* 33. Aufl. 2020, ZPO § 253 Rn. 14.

813 BGH BeckRS 2013, 8691 Rn. 13; IHR 2012, 63 Rn. 61; NJW 2000, 1413; OLG München ZVertriebsR 2017, 194 Rn. 22; OLG Köln BeckRS 2015, 3089 Rn. 17; OLG Frankfurt 7.9.2004 – 5 U 106/02, nv; 23.6.2006 – 5 U 94/05, nv.

814 BGH NJW 2017, 475 Rn. 55 für Sonderpostenmärkte; zum Ausgleichsanspruch eines Tankstellenhalters → Rn. 73.

815 BGHZ 206, 332 Rn. 40 = NJW 2015, 3373; BGH NJW-RR 2012, 674 Rn. 33 ff.; OLG München ZVertriebsR 2017, 194 Rn. 23.

816 OLG Düsseldorf ZVertriebsR 2017, 111 Rn. 34.

ist, er sich die zur Vorbereitung seines Ausgleichsanspruchs notwendigen Auskünfte nicht auf zumutbare Weise selbst beschaffen kann und der Unternehmer sie unschwer zu geben vermag. Diese Voraussetzungen liegen zB vor, wenn der Handelsvertreter bei Vertragsende verpflichtet war, sämtliche Unterlagen an den Unternehmer herauszugeben, er diese Verpflichtung erfüllt hat, und sich aus den Provisionsabrechnungen die zur Geltendmachung des Ausgleichsanspruchs erforderlichen Informationen (ausnahmsweise) nicht ergeben.[817] Gleiches gilt, wenn der Unternehmer die Provisionen nicht abgerechnet hat und der Handelsvertreter infolgedessen keine konkreten Kenntnisse darüber hat, welche Geschäfte mit welchen Kunden auf Grund seiner Vermittlungstätigkeit zu Stande gekommen sind und welche Umsätze der Unternehmer insoweit getätigt hat.[818] Ferner kann dem Handelsvertreter ein Auskunftsanspruch zur Vorbereitung des Ausgleichsanspruchs zustehen, wenn der Handelsvertreter zur Stammkundenquote nicht schlüssig vortragen kann, weil er im anonymen Massengeschäft tätig war, der Unternehmer hingegen den Stammkundenanteil auf der Grundlage einer Auswertung der Kartenzahlungen (EC- und Kreditkarte) über sein Kassensystem schätzen kann.[819] Demgegenüber begründet allein die im Zuge der Vertragsbeendigung erfolgte Sperrung eines Online-Zugangs zu den EDV-Systemen des Unternehmers nicht einen Auskunftsanspruch des Handelsvertreters, wenn er anhand der Auswertung seiner Unterlagen (zB Provisionsabrechnungen) den Stammkundenanteil ermitteln kann; Bequemlichkeit oder ein größerer Zeit- und Kostenaufwand zur Substantiierung rechtfertigen keinen Auskunftsanspruch.

276 Umstritten ist, ob dem Handelsvertreter infolge des Urteils des EuGH vom 26.3.2009[820] und der Neufassung des Abs. 1 zur Vorbereitung des Ausgleichsanspruchs nach § 242 BGB ein **Auskunftsanspruch** gerichtet auf die **Vorteile des Unternehmers** nach Abs. 1 S. 1 Nr. 1 zusteht,[821] den der Handelsvertreter ggf. im Wege der Stufenklage nach § 254 ZPO mit dem Ausgleichsanspruch geltend machen kann. Befeuert wird die Diskussion dadurch, dass der Rspr. des EuGH offenbar die Vorstellung zugrunde liegt, der Ausgleichsanspruch werde in einem ersten Schritt auf der Grundlage der Unternehmervorteile berechnet und dieses Ergebnis werde dann in einem zweiten Schritt überprüft, ob es der Billigkeit entspricht (→ Rn. 130). Mangels Kenntnis könne der Absatzmittler aber regelmäßig nichts zu den Unternehmervorteilen vortragen. Während das OLG Frankfurt einen Auskunftsanspruch (gegen einen Generalimporteur) gerichtet auf die vom Unternehmer mit den vom Absatzmittler geworbenen bzw. intensivierten Kunden erzielten Deckungsbeiträgen bejaht hat,[822] hat das OLG Düsseldorf einen solchen für den Regelfall verneint, da es dem Absatzmittler weiterhin möglich sei, den Ausgleichsanspruch nach der herkömmlichen Berechnungsmethode, die zur Schätzung der Unternehmervorteile auf die Provisionsverluste des Handelsvertreters abstellt, zu berechnen (vgl. → Rn. 128 ff.); nur wenn der Handelsvertreter im Einzelfall plausibel darlege, dass die Unternehmervorteile die Provisionsverluste übersteigen, könne nach Treu und Glauben hierzu ausnahmsweise ein Auskunftsanspruch bestehen, nicht aber wegen einer bloß theoretischen Möglichkeit oder gar ins Blaue hinein als Druckmittel.[823] Mit Urteil vom 24.9.2020 hat der BGH die Entscheidung des OLG Frankfurt aufgehoben und einen Anspruch des Absatzmittlers auf Auskunft über die vom Unternehmer mit dem

---

[817] OLG München BeckRS 2009, 15554.

[818] OLG Oldenburg NJW-RR 2014, 814 (815).

[819] OLG München ZVertriebsR 2018, 27 Rn. 95 ff.

[820] EuGH BB 2009, 1607.

[821] Für einen solchen Auskunftsanspruch zB *Genzow* IHR 2014, 133 (135); *Koch* ZIP 2011, 1752 (1755); *Semler* BB 2009, 2327 (2328); *Thume* IHR 2015, 276; *Thume* BB 2009, 2490 (2495); KKRD/*Roth* § 87c Rn. 12; *Wauschkuhn* ZVertriebsR 2016, 14.

[822] OLG Frankfurt BeckRS 2019, 15476 – nrkr, beim BGH anhängig unter Az. VII ZR 69/19; s. auch Anm. *Fabig* jurisOR-HaGesR 7/2019 Anm. 4 und Anm *Thume* IHR 2019, 254; *Thume* BB 2019, 2260. Im Hinblick auf das Ersatzteilgeschäft gehen die vom OLG Frankfurt bejahten Auskunftsansprüche auf jeden Fall zu weit (→ Rn. 68).

[823] OLG Düsseldorf ZVertriebsR 2017, 111; zust. *Goßler* ZVertriebsR 2017, 188 und m. krit. Anm. *Thume* BB 2017, 468; gegen einen solchen Auskunftsanspruch auch Oetker/*Busche* Rn. 18; *Christoph* NJW 2010, 647 (650); krit. wohl auch *Eckhoff* BB 2009, 1609 (1610).

vom Absatzmittler geworbenen bzw. erweiterten Kundenstamm erzielten (bilanzrechtlichen) Deckungsbeiträge I (Roherträge) abgelehnt, weil sie für die Bemessung des Ausgleichsanspruchs nicht hinreichend aussagekräftig seien. Die vom Unternehmer erzielten Roherträge seien von dem Wert des vom Absatzmittlers geschaffenen Kundenstamms zu unterscheiden, auf welchen ausgleichsrechtlich abzustellen sei. Es sei auch kein Erfahrungssatz dahingehend ersichtlich, dass dem vom Absatzmittler geschaffenen Kundenstamm, den der Unternehmer nach Beendigung des Vertragsverhältnisses nutzen kann, ein objektiv zu ermittelnder, bestimmter prozentualer Bruchteil des vom Unternehmer mit dem vom Absatzmittler vertriebenen Produkt insgesamt erzielten Rohertrags zugeordnet werden könne.[824] Der BGH hat offen gelassen, ob in Ausnahmefällen ein Auskunftsanspruch bejaht werden könne, etwa wenn der Absatzmittler weitergehende Unternehmervorteile als Grundlage seines Ausgleichsanspruchs auf einen von ihm behaupteten höheren Wert des von ihm geschaffenen Kundenstamms stützt, der Unternehmer bei Veräußerung seines Unternehmens im Hinblick auf den vom Absatzmittler geworbenen Kundenstamm einen entsprechend höheren Übernahmepreis erzielt oder wenn kein Provisionsverlust oder Wegfall von Einkaufsrabatten in Rede steht – wie etwa bei Einmalprovisionen oder dem Vertrieb langlebiger Wirtschaftsgüter –, der Unternehmer aus dem vom Handelsvertreter oder Vertragshändler geschaffenen Kundenstamm nach Vertragsbeendigung jedoch weiter Vorteile zieht.[825] Mit seiner Entscheidung spricht der BGH also den vom Unternehmer erzielten Deckungsbeiträgen I (Roherträgen) die Fähigkeit ab, taugliche Schätzgrundlage für die Bewertung der Unternehmervorteile iS des § 89b zu sein.[826] Festzustellen ist damit, dass der BGH mit seiner Entscheidung keineswegs einen Schlusspunkt unter die Diskussion gesetzt hat, ob dem Absatzmittler in Vorbereitung des Ausgleichsanspruchs generell ein Auskunftsanspruch im Hinblick auf die Unternehmervorteile zusteht. Offen ist nach wie vor, wie die Unternehmervorteile und insbesondere der Wert des vom Absatzmittler geschaffenen bzw. erweiterten Kundenstamms (good will) ermittelt werden soll und welche Ansprüche dem Absatzmittler mit Blick auf die Ermittlung dieses Wertes gegen den Unternehmer zustehen sollen. Für die Beurteilung der Frage, welchen Wert der fragliche Kundenstamm für den Unternehmer nach Vertragsbeendigung hat, werden regelmäßig die vom Unternehmer während des Vertragsverhältnisses erzielten Roherträge von grundlegender Bedeutung sein, sofern es keine Anhaltspunkte dafür gibt, dass nach Vertragsende geringere Erträge zu erwarten sind. Richtig ist aber auch, dass der Ausgleichsanspruch nicht dazu dient, die Unternehmervorteile und mithin den Wert des Kundenstamms, den der Absatzmittler für den Unternehmer geschaffen hat, abzuschöpfen (→ Rn. 150), womit sich die Frage stellt, welcher Anteil dieses Wertes ausgleichspflichtig ist. Diese Frage ist allerdings bereits grundsätzlich in der Regelung des Abs. 1 angelegt; sie steht nicht in Zusammenhang mit der Frage, wie und auf welcher Basis die Unternehmervorteile ermittelt werden. So entspricht es weiter der Gesetzessystematik, dass die Frage, welcher Anteil der Unternehmervorteile ausgleichspflichtig ist, nicht einheitlich (etwa nach einer mathematischen Formel) zu beantworten ist. Vielmehr ist, nachdem die Unternehmervorteile auf einer ersten Stufe gemäß Abs. 1 S. 1 Nr. 1 ermittelt worden sind, auf einer zweiten Stufe eine wertende Betrachtung vorzunehmen, ob der ermittelte Betrag unter Berücksichtigung aller Umstände des Einzelfalls, insbesondere der Provisionsverluste, der Billigkeit entspricht, Abs. 1 S. 1 Nr. 2 (s. dazu auch → Rn. 150 f.), so dass im Ergebnis ein „angemessener" Ausgleich gewährt wird.

Der Handelsvertreter hat jedenfalls **keinen Auskunftsanspruch** in Bezug auf die **tatsächliche Entwicklung nach Vertragsbeendigung,** da der Ausgleichsanspruch auf einer bei Vertragsbeendigung zu treffenden **Prognose** beruht, für welche die tatsächliche Entwicklung nach Vertragsbeendigung grundsätzlich unerheblich ist.[827] 277

---

824 BGH Urt. v. 24.9.2020 – VII ZR 69/19 mAnm *Wentzel* demnächst in BB 2020.

825 BGH Urt. v. 24.9.2020 – VII ZR 69/19.

826 Gleiches dürfte damit auch für einen Auskunftsanspruch gerichtet auf die Deckungsbeitrag II gelten; vgl. dazu *Wauschkuhn* ZVertriebsR 2016, 14.

827 BGH NJW 1996, 2100 f.; OLG Köln BeckRS 2015, 19345 Rn. 55; aA wohl jetzt Baumbach/Hopt/*Hopt* Rn. 82; *Emde* BB 2010, 2448.

278 Im Falle der Insolvenz des Unternehmers kann der Handelsvertreter seine Ausgleichsforderung gem. § 174 InsO **zur Insolvenztabelle anmelden.**

279 Da es sich bei den Fragen, ob und unter welchen Voraussetzungen nach der Neufassung des § 89b die Gewährung eines Ausgleichs auch ohne Provisionsverluste des Handelsvertreters der Billigkeit entspricht und ob die Zubilligung eines Ausgleichs ohne feststellbare Provisionsverluste eine Ausnahme darstellt, bei der es auf eine umfassende Abwägung von Billigkeitskriterien nicht entscheidend ankommt, um höchstrichterlich noch nicht entschiedene, ungeklärte Rechtsfragen handelt (→ Rn. 117), dürfen diese im **Prozesskostenhilfeverfahren** nicht zu Lasten der bedürftigen Partei beantwortet werden.[828]

280 **3. Grundurteil; Revision.** Eine Vorabentscheidung über den Grund des Anspruchs ist zwar grundsätzlich zulässig,[829] beim Ausgleichsanspruch aber wegen des engen Zusammenhangs von Anspruchsgrund und Anspruchshöhe kaum durchführbar.[830] Deshalb ist ein Grundurteil über den Ausgleichsanspruch nur möglich, wenn sämtliche Voraussetzungen eines Handelsvertreterausgleichs positiv festgestellt sind, insbesondere wenn mit hoher Wahrscheinlichkeit dem Unternehmer nach Vertragsende erhebliche Vorteile aus der Tätigkeit des Handelsvertreters verbleiben und wenn feststeht, dass der Anspruch auch der Billigkeit entspricht.[831] Nicht hinreichend ist daher die Erwägung, dass der Unternehmer „aller Voraussicht nach" weitere Vorteile aus der beendeten Geschäftsbeziehung haben werde und diese „wahrscheinlich auch erheblich" sein werden.[832]

281 Die **Ausgleichsbemessung** im Urteil des Tatrichters ist durch das Revisionsgericht nur beschränkt nachprüfbar auf Verstöße gegen Erfahrungsgrundsätze, Außerachtlassung wesentlichen Parteivorbringens und Vorliegen eines Rechtsirrtums.[833] Inwieweit nähere Feststellungen des Tatrichters notwendig sind, hängt vom Parteivortrag ab.[834]

II. Beweislastverteilung

282 Der **Handelsvertreter** muss grundsätzlich alle Anspruchsvoraussetzungen **beweisen.**[835] Hierbei kommen ihm allerdings im Einzelfall gewichtige Beweiserleichterungen zugute.[836] Eine Ausnahme besteht jedoch insoweit, als der Unternehmer unter Umständen die Beweislast dafür trägt, welcher Anteil der Vergütung auf verwaltende Tätigkeiten entfällt (→ Rn. 110); außerdem ist er für den Höchstbetrag nach Abs. 2 darlegungs- und beweispflichtig (→ Rn. 174). Im Einzelnen ist die Beweislastverteilung bei den jeweiligen Anspruchsvoraussetzungen erörtert.

H. Steuerrechtliche Fragen

283 Der Ausgleichsanspruch wirft eine Reihe von steuerlichen Fragestellungen auf.[837] Dies gilt insbesondere für die steuerrechtliche Behandlung des Ausgleichsanspruchs bei der Einkommen- bzw. Körperschaftsteuer, Gewerbesteuer und Umsatzsteuer.

---

[828] OLG Düsseldorf BeckRS 2016, 15803.

[829] BGH NJW 2007, 3493 (3496).

[830] BGH NJW 1967, 2153 (2154); Baumbach/Hopt/*Hopt* Rn. 83; EBJS/*Löwisch* Rn. 284.

[831] BGH NJW 2015, 3373 Rn. 39 ff.; 2007, 3493 (3496); 1996, 848 (849 f.); 1982, 1757; BeckRS 1986 30399696; NJW 1967, 2153 (2154); OLG München ZVertriebsR 2018, 27 Rn. 70.

[832] OLG München ZVertriebsR 2018, 27 Rn. 73.

[833] BGHZ 41, 129 (135) = LM Nr. 18 mAnm *Rietschel*; BGHZ 73, 93 (103) = LM Nr. 55/56 mAnm *Alff.*

[834] BGH NJW 1967, 248 (249); WM 1981, 817 (818); NJW 1990, 2889 (2890).

[835] S. nur BGH NJW 2017, 475 Rn. 52.

[836] Ausf. zur Beweislastverteilung EBJS/*Löwisch* Rn. 290 ff.; *Schreiber* NJW 1998, 3737.

[837] Ausf. hierzu Kommentar-Lit. zu § 24 EStG: *Hermann/Heuer/Raupach,* Einkommensteuer- und Körperschaftsteuergesetz, 291. EL April 2019, EStG § 24 Anm. 60 ff.; *Kirchhof,* EStG Kompaktkommentar, 18. Aufl. 2019, EStG § 24 Rn. 21; *Otto* in Küstner/Thume VertriebsR-HdB II Kap. XXII Rn. 1 ff.; Schmidt/*Wacker,* 38. Aufl. 2019, EStG § 24 Rn. 44 ff.

I. Einkommen- und Körperschaftsteuer

1. Tarifbegünstigung. Die Ausgleichszahlungen werden in § 24 Nr. 1 lit. c EStG explizit als steuerpflichtige Einkünfte iSd § 2 Abs. 1 EStG aufgeführt. Als außerordentliche Einkünfte iSv § 34 Abs. 2 Nr. 2 EStG werden sie nach der sog. **Fünftel-Regelung** des § 34 Abs. 1 begünstigt besteuert, welche die Tarifprogression für diese Einkünfte vermindert. Technisch erfolgt dies dadurch, dass in einem ersten Schritt die Einkommensteuer der ordentlichen Einkünfte (dh ohne die Ausgleichszahlung) ermittelt wird. In einem zweiten Schritt wird die Steuerhöhe ermittelt, die sich ergeben würde, wenn die sonstigen Einkünfte um ein Fünftel der außerordentlichen Einkünfte erhöht würden. Der Differenzbetrag in der Steuerhöhe zwischen diesen beiden Rechnungen wird schließlich mit fünf multipliziert und die außerordentlichen Einkünfte mit diesem Endergebnis besteuert. Dies führt bei geringen sonstigen Einkünften zu einer deutlichen Steuerentlastung, während sich bei hohen Einkommen fast keine Entlastung ergibt.[838] 284

Handelt es sich bei der ausgleichberechtigten Handelsvertretung um eine **Körperschaft,** ist der Ausgleichsanspruch nicht steuerbegünstigt. Die Fünftel-Regelung läuft ins Leere, da Körperschaften linear mit 15% Körperschaftsteuer zzgl. Solidaritätszuschlag und Gewerbesteuer besteuert werden. 285

2. Aufgabegewinn. Die Ausgleichszahlung gilt **nicht** als **Aufgabegewinn iSd § 16 EStG,** sondern gehört zum laufenden Gewinn.[839] Dies gilt selbst dann, wenn die Ausgleichszahlung mit der Veräußerung oder Aufgabe des Betriebs zusammenfällt. Dagegen können Zahlungen, die ein Handelsvertreter von seinem Nachfolger für die Übertragung der Vertretung erhält, als Aufgabegewinn iSd § 16 EStG anzusehen sein.[840] 286

3. Zeitpunkt der steuerlichen Erfassung. Der bilanzierende Handelsvertreter hat den Ausgleich bei dessen Entstehung, also **mit Vertragsbeendigung, zu aktivieren.**[841] Bei der Beendigung des Handelsvertreterverhältnisses zum Ablauf eines Kalenderjahres muss der Handelsvertreter den Ausgleich somit noch in diesem Jahr in der Bilanz ertragswirksam ausweisen, selbst wenn die Zahlung später zufließt.[842] Ermittelt der Handelsvertreter seinen Gewinn mittels sog. Einnahme-/Überschussrechnung (§ 4 Abs. 3 EStG), kommt es für die Besteuerung hingegen auf den Zeitpunkt der Vereinnahmung der Ausgleichszahlung an. 287

4. Ausgleichsrückstellungen. Ein Unternehmen darf für künftige Ausgleichsansprüche seiner Handelsvertreter vor Beendigung der Vertreterverträge **keine Rückstellung** für ungewisse Verbindlichkeiten gem. § 249 Abs. 1 S. 1 bilden. Grund hierfür ist nach der BFH-Rspr., dass der gesetzliche Ausgleichsanspruch des Handelsvertreters erst mit der Vertragsbeendigung entsteht und auch wirtschaftlich nicht schon vorher verursacht ist. Letzteres hat der BFH vor allem daraus abgeleitet, dass § 89b den Anspruch sowohl dem Grunde als auch der Höhe nach von einem fortbestehenden wirtschaftlichen Vorteil des Geschäftsherrn abhängig macht. Er hat hieraus geschlossen, dass es vor allem dieser Vorteil ist, der mit dem Ausgleichsanspruch des Handelsvertreters abgegolten werden soll. Die Verpflichtung ist somit erst im Jahr der Vertragsbeendigung zu passivieren, und zwar als Verbindlichkeit, wenn die Höhe der Verpflichtung bereits feststeht bzw. als Rückstellung, sofern ihre Höhe noch nicht feststeht; im letzten Fall ist die Höhe der Rückstellung zu schätzen.[843] 288

---

838 *Otto* in Küstner/Thume VertriebsR-HdB II Kap. XXII Rn. 33 ff.

839 BFH BeckRS 2011, 95252; BeckRS 2016, 94680 mwN.

840 BFH BB 2007, 2284 = BStBl. II 2007, 959 mwN.

841 BFH BeckRS 1980, 22005479 mwN.

842 EBJS/*Löwisch* Rn. 280; *Otto* in Küstner/Thume VertriebsR-HdB II Kap. XXI Rn. 93 ff.; Schmidt/*Weber-Grellet,* 38. Aufl. 2019, EStG § 5 Rn. 270, Stichwort „Ausgleichsanspruch des Handelsvertreters (§ 89b HGB)".

843 BFH DStR 2001, 1024 mwN; BMF v. 21.6.2005 – IV B 2-S 2137-19/05, BStBl. I 2005, 802; Schmidt/*Weber-Grellet,* 38. Aufl. 2019, EStG § 5 Rn. 550, Stichwort „Ausgleichsverpflichtung"; *Hermann/Heuer/Raupach,* Einkommensteuer- und Körperschaftsteuergesetz, 290. EL Januar 2019, EStG § 5 Anm. 1506 mwN.

II. Gewerbesteuer

289 Der Handelsvertreter ist mit dem an ihn gezahlten Ausgleichsbetrag grundsätzlich **gewerbesteuerpflichtig,** da der Ausgleich selbst dann zum laufenden Gewinn des Handelsvertreters iSd § 7 GewStG zählt, wenn die Beendigung des Vertragsverhältnisses mit der Veräußerung oder Aufgabe des Betriebs des Handelsvertreters zusammenfällt.[844] Eine Ausnahme von dem Grundsatz der Gewerbesteuerpflicht gilt aber dann, wenn der Ausgleich nach dem Tod des Handelsvertreters an dessen alleinerbende Witwe gezahlt wird und der Handelsvertreter seinen Gewinn durch Einnahme-/Überschussrechnung, die von der Witwe beibehalten wird, ermittelt hat.[845] Bei natürlichen Personen ist die Gewerbesteuer nach den Vorschriften des § 35 EStG pauschaliert auf die Einkommensteuer anrechenbar mit der Folge, dass die effektive Steuerbelastung durch die Gewerbesteuer entsprechend abgemildert wird.

III. Umsatzsteuer

290 Ausgleichszahlungen stellen ein Leistungsentgelt und keinen nicht steuerbaren Schadenersatz dar. Es handelt sich um eine Gegenleistung für erlangte Vorteile aus der Tätigkeit als Handelsvertreter. Dies gilt auch dann, wenn der Ausgleichsanspruch durch den Tod des Handelsvertreters entsteht.[846] Damit unterliegt die Ausgleichszahlung grundsätzlich der deutschen Umsatzsteuer iHv 19% (§ 3a Abs. 1 UStG, § 12 Abs. 1 UStG). Dies gilt ausnahmsweise dann nicht, wenn die Ausgleichszahlung von einem ausländischen Unternehmer geleistet wird. In diesem Fall liegt der Leistungsort gem. § 3a Abs. 2 UStG im jeweiligen Ausland und unterliegt dort nach ausländischem Umsatzsteuerrecht der Besteuerung. Der Vorsteuerabzug des inländischen Handelsvertreters wird in diesem Fall nicht eingeschränkt, da die Ausgleichszahlung im Inlandsfall umsatzsteuerpflichtig wäre. Dies folgt im Umkehrschluss aus § 15 Abs. 2 S. 1 Nr. 2 UStG.

I. Besonderheiten für Versicherungs- und Bausparkassenvertreter (Abs. 5)

I. Unterschiede zum Warenvertreter

291 **Abs. 5 modifiziert** die auf den Warenvertreter zugeschnittene Regelung der Abs. 1–4 **für** den **Versicherungs- und Bausparkassenvertreter** gem. § 92 (→ § 92 Rn. 5 ff.) in zweifacher Hinsicht.[847] Zum einen gelten die Abs. 1, 3 und 4 für den Versicherungsvertreter mit der Maßgabe, dass anstelle der Geschäftsverbindung mit neuen Kunden, die der Handelsvertreter geworben hat, die Vermittlung neuer Versicherungsverträge durch den Versicherungsvertreter tritt. Dabei steht die wesentliche Erweiterung bestehender Versicherungsverträge, die wirtschaftlich der Vermittlung eines neuen Versicherungsvertrages entspricht, der Neuvermittlung gleich. Zum anderen beträgt nach Abs. 5 S. 2 die Ausgleichshöchstgrenze abweichend von Abs. 2 maximal drei Jahresprovisionen oder Jahresvergütungen. Diese Abweichungen gelten auch für den Bausparkassenvertreter (Abs. 5 S. 3).[848]

292 Die Regelung des Abs. 5 trägt den **besonderen Verhältnissen der Versicherungswirtschaft** Rechnung. Durch die Vermittlung konventioneller Versicherungsverträge kann nämlich dem Versicherer regelmäßig keine Kundschaft in dem Sinne zugeführt werden,

[844] BFH BeckRS 1990, 22009592; 2009, 25014867; 2009, 25016159; 2012, 95369; aA *Felix* BB 1987, 870 mwN.

[845] BFH BeckRS 1973, 22002209.

[846] Abschn. 1.3 Abs. 2 UStAE; BFH DStR 1998, 1789 mwN.

[847] BGH BeckRS 2011, 29800 Rn. 26 f.; *Thume* in Küstner/Thume VertriebsR-HdB II Kap. VII Rn. 156 ff.; Kap. IX Rn. 390, 431; Kap. XII Rn. 43 ff.; Oetker/*Busche* Rn. 55; Flohr/Wauschkuhn/*Sperling* Rn. 348.

[848] BGHZ 34, 311 (313); 59, 125 (131) = LM Nr. 44 mAnm *Rietschel.*

dass er allein auf Grund der einmal hergestellten Kundenbeziehung laufend gleichartige Folgegeschäfte („Nachbestellungen") erwarten könnte.[849] Der Abschluss eines neuen Versicherungsvertrages nach Ablauf des alten Vertrages erfordert vielmehr in der Regel neue Vermittlungsbemühungen von ähnlicher Intensität wie der erste Vertragsschluss, weil der Kunde auch hier wieder zu einem eigenständigen Entschluss auf veränderter sachlicher Grundlage und auf Grund neuer Überlegungen unter anderen Umständen veranlasst werden muss.[850] Der Versicherungsvertreter wirbt also regelmäßig keine Stammkunden, sondern schafft nur einen Bestand von neuen, meist langfristigen Versicherungsverträgen.[851] Diesen Umstand berücksichtigt schon § 92 Abs. 3 S. 1 iVm § 87 Abs. 1, indem er dem Versicherungsvertreter im Gegensatz zum Warenvertreter nur Provisionen für eigene Abschlüsse gewährt, nicht dagegen Provisionsansprüche für Geschäfte, die ohne seine Mitwirkung mit Dritten abgeschlossen worden sind, auch wenn er diese ursprünglich als Kunden für Geschäfte gleicher Art geworben hatte[852] (→ § 92 Rn. 12 ff.).

II. Zweck der Regelung

Die Ausgleichszahlung hat deshalb auch nicht den Zweck, entgangene Provisionen aus 293
neuen Geschäften des Unternehmers mit dem vom Handelsvertreter geworbenen neuen Kundenstamm abzugelten. Vielmehr soll der Versicherungsvertreter für die Folgeprovisionen aus den laufenden Versicherungsverträgen entschädigt werden, die ihm wegen der Beendigung des Vertreterverhältnisses entgehen. Der Ausgleichsanspruch des Versicherungsvertreters tritt damit **an die Stelle bereits verdienter Provisionsansprüche,** soweit deren Existenz infolge der Beendigung des Vertretervertrages vernichtet wird.[853] Der Ausgleichsanspruch betrifft mithin nicht wie beim Warenvertreter den Wegfall einer Verdienstchance, sondern den Verlust bereits entstandener Ansprüche. Während dem Warenvertreter mit dem Ausgleichsanspruch ein zusätzlicher Anspruch gewährt wird, der neben die bis zur Vertragsbeendigung verdienten Provisionen tritt,[854] stellt der Ausgleichsanspruch des Versicherungsvertreters ein Surrogat für bereits verdiente Provisionsansprüche dar, soweit diese mit der Vertragsbeendigung infolge vereinbarter **Provisionsverzichtsklauseln** entfallen (→ Rn. 300).[855]

III. Besonderheiten im Einzelnen

1. Vorteil des Versicherungs- oder Bausparkassenunternehmers. a) Neuer Ver- 294
sicherungs- und Bausparkassenvertrag. Für die Ermittlung der Unternehmervorteile iSd Abs. 1 S. 1 Nr. 1 tritt anstelle der Werbung neuer Kunden die Vermittlung neuer Versicherungs- oder Bausparverträge.[856] **Neu** ist dabei jeder Vertrag über ein gesondertes Risiko, für das bisher keine Versicherung bestand oder für das der alte Vertrag abgelaufen ist.[857] Dagegen reicht es nicht aus, dass sich der Altvertrag auf Grund einer Verlängerungsklausel automatisch verlängert. Jedoch schadet nicht, wenn mit dem Kunden bereits Versicherungsverträge über andere Risiken bestehen.

---

849 *Thume* in Küstner/Thume VertriebsR-HdB II Kap. XII Rn. 45 ff.; Kap. VII Rn. 159 ff.
850 *Höft* VersR 1976, 205 (207).
851 Staub/*Emde* Rn. 369.
852 BGH BB 1986, 2091.
853 BGH BeckRS 2011, 29800; OLG Frankfurt BB 1978, 728; Oetker/*Busche* Rn. 56; EBJS/*Löwisch* Rn. 219.
854 BGHZ 45, 268 = LM Nr. 25 mAnm *Rietschel* = VersR 1966, 754 (842) mAnm *Höft*; Flohr/Wauschkuhn/*Sperling* Rn. 351.
855 OLG Frankfurt BB 1978, 728.
856 Weiterführend *Lilje* ZVertriebsR 2016, 211 zur Ermittlung der Unternehmervorteile bei der Berechnung des Ausgleichsanspruchs im Versicherungsvertrieb; *Dreyer/Haskamp* ZVertriebsR 2016, 366 zur Ermittlung der Unternehmensvorteile bei der Berechnung des Ausgleichsanspruchs eines Bausparkassenvertreters.
857 BGHZ 59, 125 (131) = NJW 1972, 1664 = LM Nr. 44 mAnm *Rietschel*; Staub/*Emde* Rn. 377; EBJS/*Löwisch* Rn. 222; Heymann/*Herrmann* Rn. 112.

295 Der Vermittlung oder dem Abschluss eines neuen Versicherungsvertrags steht nach Abs. 5 S. 2 die **wesentliche Erweiterung** eines bestehenden Vertrags gleich, sofern die Erweiterung wirtschaftlich der Vermittlung eines neuen Vertrags entspricht. Eine wesentliche Erweiterung liegt beispielsweise vor bei der Einbeziehung verwandter Risiken oder bei einer erheblichen Aufstockung der Deckungssumme mit entsprechender Prämienerhöhung. Für die wesentliche Erweiterung gibt es keinen allgemeingültigen Grenzwert.[858] Entscheidend sind immer die Umstände des Einzelfalls.

296 **b) Erheblicher Vorteil.** Durch die Vermittlung neuer Versicherungs- und Bausparverträge erlangt der Unternehmer einen erheblichen Vorteil, weil sich seine Gewinnchancen durch den größeren Bestand an Versicherungsverträgen erhöhen. Entscheidend ist die Zahl der vermittelten Neuverträge, nicht dagegen das Verhältnis des Gesamtbestands von Versicherungsverträgen zu Beginn und Ende des Vertreterverhältnisses.[859] Deshalb wird ein Unternehmervorteil nicht ausgeschlossen, wenn trotz erfolgreicher Vermittlungstätigkeit des Versicherungsvertreters der Umfang des Gesamtbestands des Versicherers rückläufig ist.[860]

297 Da der Begriff des Unternehmervorteils weit zu fassen ist,[861] gehören hierzu nicht nur die auf Grund der Provisionsverzichtsklausel ersparten **Vermittlungsfolgeprovisionen,** sondern auch **Prämienerhöhungen,** die sich **aus nachvertraglichen Erweiterungen der vermittelten Verträge** ergeben. Hierzu zählen insbesondere Prämienerhöhungen infolge von Ergänzungsverträgen, die den vom Versicherungsvertreter vermittelten Vertrag nach Beendigung des Vertreterverhältnisses verlängern oder die Versicherungssumme erhöhen.[862] Dagegen sind Zweitabschlüsse nach Beendigung des Vertragsverhältnisses nicht zu berücksichtigen,[863] wenn diese nicht mehr demselben Versicherungs- und Bausparbedürfnis dienen (→ Rn. 304). Entscheidendes Abgrenzungskriterium zwischen Ergänzungsvertrag und Zweitvertrag ist nicht die äußere Form der Vertragsgestaltung, sondern das Vorliegen eines engen wirtschaftlichen Zusammenhangs.[864]

298 Ein **ungünstiger Schadensverlauf** mindert den Vorteil nur, wenn er speziell die vom Vertreter vermittelten Verträge betrifft und zudem der Schadensverlauf gerade darauf beruht, dass der Versicherungsvertreter entgegen seinen Vertragspflichten überwiegend Verträge mit schlechten Risiken vermittelt hat.[865] Dagegen kann ein ungünstiger Schadensverlauf, der sich auf den Gesamtbestand des Versicherers bezieht, den Vorteil nicht mindern.

299 **2. Provisionsverlust des Versicherungs- oder Bausparkassenvertreters.** Für die Berechnung der Provisionsverluste des Warenvertreters ist entscheidend, in welchem Umfang und auf welche Dauer mit weiteren Folgeaufträgen der vom Handelsvertreter geworbenen neuen Kunden zu rechnen ist. Demgegenüber ist beim Versicherungs- oder Bausparkassenvertreter auf den bis zum Zeitpunkt der Vertragsbeendigung vermittelten neuen Kundenbestand abzustellen und zu prüfen, inwieweit **vermittelte Verträge noch nicht voll vergütet** sind.[866]

300 **a) Verlust von Abschlussfolgeprovisionen.** Eine volle Vergütung fehlt, wenn bereits im Grunde verdiente Vermittlungs- oder Abschlussprovisionen durch die Vertragsbeendi-

[858] Staub/*Emde* Rn. 378; *Emde* FS K. Schmidt, 2009, 331 (338).
[859] OLG Stuttgart VersR 1957, 329 (330).
[860] *Thume* in Küstner/Thume VertriebsR-HdB II Kap. VII Rn. 162.
[861] BGHZ 34, 310 (317, 318) = NJW 1961, 1059; BGH BB 1971, 105; *Küstner* DB 1975, 493; aA *Lilje* ZVertriebsR 2016, 211 (213), der eine enge Auslegung des Tatbestandsmerkmals „Unternehmervorteile" fordert.
[862] BGHZ 34, 310 (313) = NJW 1961, 1059; BGHZ 55, 45 (52) = NJW 1971, 462 = LM Nr. 38 mAnm *Rietschel*; BGHZ 59, 125 (130) = NJW 1972, 1664 = LM Nr. 44 mAnm *Rietschel*; BB 1970, 102.
[863] BGHZ 34, 310 (319) = NJW 1961, 1059; BGHZ 59, 125 (130).
[864] BGHZ 34, 310 (319) = NJW 1961, 1059; BGHZ 59, 125 (130); *Emde* FS K. Schmidt, 2009, 331 (347).
[865] Staub/*Emde* Rn. 380; EBJS/*Löwisch* Rn. 225; *Thume* in Küstner/Thume VertriebsR-HdB II Kap. VII Rn. 165 ff.
[866] BGHZ 34, 310 (316) = NJW 1961, 1059; BGHZ 59, 125 (131).

gung entfallen.[867] Da nach § 92 Abs. 4 ein Provisionsanspruch erst mit der Zahlung der Prämie durch den Versicherungsnehmer entsteht, begründet der Abschluss oder die Vermittlung des Versicherungsvertrags nur einen aufschiebend bedingten Provisionsanspruch. Wird die Prämie ganz oder teilweise erst nach der Beendigung des Vertragsverhältnisses gezahlt, verliert der Versicherungs- oder Bausparkassenvertreter seine Provisionsansprüche nicht,[868] weil der Eintritt der aufschiebenden Bedingung nach Vertragsende das Entstehen des Anspruchs nicht verhindert. Deshalb treten Provisionsverluste nur auf, wenn die Parteien in einer **Provisionsverzichtsklausel** den **Verzicht** des Versicherungs- oder Bausparkassenvertreters **auf Abschlussfolgeprovisionen** vereinbart haben.[869]

Dagegen hat der Versicherungs- oder Bausparkassenvertreter **keine Provisionsverluste, wenn** eine **Einmalprovision** verabredet wird und diese bereits gezahlt wurde. Einmalprovisionsregelungen sind insbesondere in der Lebens- und Krankenversicherung, aber auch im Bausparwesen üblich.[870] Ebenso fehlt es an einem Provisionsverlust, wenn dem Vertreter infolge der Vertragsbeendigung Provisionen entgehen, die nicht erfolgs- sondern tätigkeitsbedingte und daher nicht ausgleichspflichtige **Verwaltungsentgelte** darstellen.[871] Der Unternehmer trägt allerdings die **Darlegungs- und Beweislast** dafür, dass und zu welchem Anteil die Provisionen Verwaltungsentgelte sind, wenn der vertraglichen Regelung eine Zweckbestimmung der Provisionen nicht eindeutig zu entnehmen ist.[872] 301

b) Abschlüsse nach Vertragsende. Zwar gewährt Abs. 5 dem Versicherungs- und Bausparkassenvertreter nur einen Ausgleichsanspruch bei Provisionsverlusten aus **bereits vermittelten Verträgen.** Daraus darf aber nicht gefolgert werden, dass Verträge, die nach Beendigung des Vertreterverhältnisses zustande kommen, niemals Grundlage eines Ausgleichsanspruchs sein können.[873] Vielmehr ist Abs. 5 weit auszulegen. 302

aa) Ergänzungsverträge. Dem Versicherungs- oder Bausparkassenvertreter ist demnach auch insoweit ein Ausgleich zu gewähren, als **nach** seinem **Ausscheiden zustande kommende Vertragsabschlüsse** sich bei natürlicher Betrachtungsweise lediglich als Fortsetzung (Verlängerung) oder Erweiterung (Summenerhöhung) der von ihm vermittelten Verträge darstellen.[874] Solche Ergänzungsverträge stehen mit den vom Vertreter vermittelten Erstverträgen in einem **engen wirtschaftlichen Zusammenhang** und müssen deshalb bei der Ausgleichsberechnung berücksichtigt werden. Dabei ist nicht erforderlich, dass die Ergänzungsverträge automatisch zustande kommen. Vielmehr reicht aus, wenn die frühere Tätigkeit des ausgeschiedenen Vertreters mitursächlich für den Vertrag war. Daher wird der enge wirtschaftliche Zusammenhang zwischen Erst- und Ergänzungsvertrag nicht dadurch ausgeräumt, dass der nachfolgende Vertreter sich um das Zustandekommen des Ergänzungsvertrages bemüht und dafür Provisionen erhält.[875] 303

---

[867] BGHZ 34, 310 (316) = NJW 1961, 1059; OLG Frankfurt BB 1978, 728 (729).

[868] Staub/*Emde* Rn. 383.

[869] OLG Frankfurt BB 1986, 697; 1978, 728 (729), das aber unzutr. vom Erlöschen noch nicht fälliger Abschlussprovisionen spricht. Vielmehr handelt es sich um aufschiebend bedingte Provisionen; Staub/*Emde* Rn. 383 f.; Baumbach/Hopt/*Hopt* Rn. 91.

[870] BGHZ 30, 98 (106) = NJW 1959, 1430; OLG Stuttgart VersR 1957, 329 (332).

[871] BGH NJW-RR 2004, 469; BGHZ 30, 98 (105) = NJW 1959, 1430; BGHZ 59, 125 (129 f.); BGH BB 1989, 1075 = EWiR § 89b HGB 2/89, 693 m. Kurzkomm. *v. Hoyningen-Huene,* wonach Zahlungen einer Bausparkasse an ihren Bezirksvertreter, die dieser an einen von ihm beschäftigten, mit der Bausparkasse nicht in vertraglicher Beziehung stehenden Mitarbeiter weiterzuleiten hat und die dessen Provisionsansprüche gegen den Bezirksleiter abgelten sollen, nicht zu den auszugleichenden Provisionsverlusten des Bezirksvertreters zählen; OLG Karlsruhe VW 1984, 998 verneint einen Provisionsverlust, wenn der Vertreter die Möglichkeit gehabt hätte, einen Teil der Versicherungsnehmer zu veranlassen, die Risiko-Lebensversicherung in eine Kapital-Lebensversicherung umzuwandeln; LG München I VW 1984, 1565 verneint einen Verlust, wenn der Vertreter die Möglichkeit gehabt hätte, mit Versicherungsnehmern weitere Verträge abzuschließen.

[872] BGH NJW-RR 2005, 1274.

[873] BGHZ 34, 310 (316 f.) = NJW 1961, 1059.

[874] BGHZ 34, 310 (317) = NJW 1961, 1059; BGHZ 55, 45 = NJW 1971, 462; BGHZ 59, 125 (126) = NJW 1972, 1664; BB 1970, 102; EBJS/*Löwisch* Rn. 230.

[875] BGH BeckRS 2011, 29800; BGHZ 59, 125 (127) = NJW 1972, 1664.

304 **bb) Zweitabschlüsse.** Dagegen sind Zweitabschlüsse eines Versicherungsnehmers, die nicht demselben Versicherungs- bzw. Bausparbedürfnis wie der während des Vertreterverhältnisses vermittelte Vertrag dienen, **nicht** zu berücksichtigen.[876] Die **Abgrenzung** zwischen Ergänzungsvertrag und Zweitabschluss bereitet im Einzelfall Schwierigkeiten. Entscheidend ist nicht die äußere Form (Zusatzvertrag oder selbständiger neuer Vertrag), sondern das Vorliegen eines engen wirtschaftlichen Zusammenhangs.[877] Dieser liegt dann vor, wenn sich der neue Vertragsabschluss bei natürlicher Betrachtungsweise lediglich als Fortsetzung oder Erweiterung des vom ausgeschiedenen Handelsvertreter vermittelten Vertrags darstellt.[878] Bei Zweitabschlüssen eines Bausparvertrags, die einem anderen Bauvorhaben desselben Sparers oder der Ablösung einer Hypothek auf dessen Grundstück dienen, fehlt ein enger wirtschaftlicher Zusammenhang.[879]

305 Der Versicherungs- oder Bausparkassenvertreter trägt die **Darlegungs- und Beweislast** für das Vorliegen eines Ergänzungsvertrags.[880] Die Darlegungs- und Beweislast wird jedoch durch die Verwendung von statistischem Material über die Anzahl der Ergänzungsverträge und durch richterliche Schätzung nach § 287 Abs. 2 ZPO erleichtert.

306 **3. Billigkeitsprüfung.** Die speziell in der Versicherungswirtschaft gewährten **Provisionsrenten** dienen der Altersversorgung und haben keinen Vergütungscharakter. Sie sind wie andere Versorgungsleistungen bei der Billigkeitsprüfung anspruchsmindernd zu berücksichtigen.[881]

307 **4. Höchstbetrag (Abs. 5 S. 2).** Im Gegensatz zum Warenvertreter beträgt der Höchstbetrag des Ausgleichsanspruchs bei Versicherungs- und Bausparkassenvertretern drei Jahresprovisionen oder Jahresvergütungen. Damit trägt der Gesetzgeber der typisch längeren Dauer von Versicherungsverträgen Rechnung. Für die Berechnung der Höchstgrenze gelten die für den Warenvertreter gemachten Ausführungen (→ Rn. 169 ff.). Zur Bestimmung des Höchstbetrags darf deshalb nicht einfach die Summe aller Bruttoprovisionen der letzten drei Jahre herangezogen werden. Vielmehr ist die Einjahresprovision nach dem Durchschnitt der letzten fünf Vertragsjahre zu verdreifachen, da nach Abs. 2 der Höchstbetrag aus dem Durchschnitt der in den letzten fünf Jahren der Tätigkeit des Vertreters erzielten Provisionen zu errechnen ist.[882]

308 **5. „Grundsätze" zur Errechnung der Höhe des Ausgleichsanspruchs.** Wegen der vielfältigen Schwierigkeiten bei der Berechnung des Ausgleichs haben die Spitzenvereinigungen der Versicherungswirtschaft und der selbständigen Versicherungskaufleute[883] die sog. „Grundsätze zur Errechnung der Höhe des Ausgleichsanspruchs (§ 89b HGB)" vereinbart.[884] Die in der Praxis sehr bedeutsamen „Grundsätze" wurden getrennt für Sachversicherungen („Grundsätze-Sach"), die dynamische Lebensversicherung („Grundsätze-Leben"), die private Krankenversicherung („Grundsätze-Kranken"), den Bausparbereich und die Vertrauensschaden- und Kautionsversicherung aufgestellt.[885]

---

876 BGHZ 34, 310 (318 f.) = NJW 1961, 1059; BGHZ 59, 125 (130 f.) = NJW 1972, 1664; LG München BB 1981, 573 mAnm *Brych*; vgl. *Küstner* BB-Beil. Heft 12/1981, 1 (5 ff.).

877 BGHZ 59, 125 (130) = NJW 1972, 1664; Baumbach/Hopt/*Hopt* Rn. 92.

878 BGHZ 34, 310 (317) = NJW 1961, 1059.

879 BGHZ 34, 310 (319) = NJW 1961, 1059.

880 BGHZ 59, 125 (130) = NJW 1972, 1664.

881 Baumbach/Hopt/*Hopt* Rn. 93; das gilt nach BGH DB 2014, 1425 nicht, wenn die sog. Grundsätze (→ Rn. 308) zugrunde gelegt werden; ausf. zur Anrechnung von unternehmerfinanzierten Versorgungsleistungen *Fuchs-Baumann* DB 2001, 2131 ff.

882 Staub/*Emde* Rn. 411; Baumbach/Hopt/*Hopt* Rn. 94.

883 Die Grundsätze zur Errechnung der Höhe des Ausgleichsanspruchs bei Sachversicherungen („Grundsätze-Sach") wurden zB von dem Gesamtverband der Versicherungswirtschaft e. V., Köln und Berlin, dem Bundesverband der Geschäftsstellenleiter der Assekuranz e. V. (VGA), Köln, dem Bundesverband Deutscher Versicherungskaufleute e. V. (BVK), Bonn, und dem Verband der Versicherungs-Kaufleute (VVK) e. V., Hamburg, abgeschlossen.

884 Der Wortlaut der „Grundsätze" mit Erläuterungen und Berechnungsbeispielen des Bundesverbandes Deutscher Versicherungskaufleute e. V., Stand 4/1998, ist bei *Hopt* HVR 2. Teil IV. B, S. 296 ff. abgedruckt.

885 Vgl. Baumbach/Hopt/*Hopt* Rn. 96; *Thume* in Küstner/Thume VertriebsR-HdB II Kap. XX Rn. 1 ff. mit Berechnungsbeispielen. S. auch *Emde* VersR 2020, 796 speziell zur „Grundsätze Sach".

Ihrem **Rechtscharakter** nach sind die „Grundsätze" unverbindliche Empfehlungen 309
der Spitzenverbände an ihre Mitglieder,[886] durch die die einzelnen Verbandsmitglieder in keiner Weise berechtigt oder verpflichtet werden können. Sie stellen keinen Handelsbrauch dar,[887] da nicht für die Zukunft generell festgelegt werden kann, was als angemessener Ausgleich anzusehen ist und was dementsprechend ein Handelsbrauch sein soll.[888] Ebenso scheidet eine Einordnung als Vertrag zugunsten Dritter aus, da sie nicht nur begünstigend wirken.[889] Jedoch können die „Grundsätze" ohne weiteres mit Vertragsbeendigung vereinbart werden.[890] Trotz Aushandelns unter den Verbänden besteht keine Vermutung für die Richtigkeit und Billigkeit der „Grundsätze".[891] Vielmehr unterliegen die „Grundsätze" der vollen gerichtlichen Überprüfung.[892] Vor Beendigung des Versicherungsvertreterverhältnisses vereinbarte Grundsätze, die gegen Abs. 4 S. 1 verstoßen, sind deshalb unwirksam.[893] Im Streitfall ist der Richter verpflichtet, selbst die angemessene Höhe eines Ausgleichsanspruchs festzustellen. Hierbei kann er sich allerdings der „Grundsätze" im Rahmen des § 287 ZPO bedienen.[894] Die „Grundsätze" haben insoweit Indizwirkung.[895] Will der Versicherungsvertreter einen Ausgleichsanspruch nach den „Grundsätzen" geltend machen, hat er auch deren Vorgaben anzuwenden und zu beachten. Abweichungen hiervon sind nicht möglich.[896]

§ 90 [Geschäfts- und Betriebsgeheimnisse]

Der Handelsvertreter darf Geschäfts- und Betriebsgeheimnisse, die ihm anvertraut oder als solche durch seine Tätigkeit für den Unternehmer bekanntgeworden sind, auch nach Beendigung des Vertragsverhältnisses nicht verwerten oder anderen mitteilen, soweit dies nach den gesamten Umständen der Berufsauffassung eines ordentlichen Kaufmannes widersprechen würde.

Schrifttum: *Höld,* Verwendung von Kundendaten durch ausgeschiedene Versicherungsvertreter, NJW 2016, 2774; *Mautz/Löblich,* Nachvertraglicher Verrat von Betriebs- und Geschäftsgeheimnissen, MDR 2000, 67; *Otte-Gräbener/Kutscher-Puis,* Handlungsbedarf durch das neue Geschäftsgeheimnisgesetz für Vertraulichkeitsvereinbarungen im Rahmen von Liefer- und Vertriebsverträgen, ZVertriebsR 2019, 288.

Übersicht

886 BAG AP HGB § 89b Nr. 10 = NJW 1986, 454; OLG Hamm VersR 2001, 1155; Baumbach/Hopt/*Hopt* Rn. 96; *Thume* in Küstner/Thume VertriebsR-HdB II Kap. XX Rn. 17 ff.; aA OLG München VersR 1974, 288.

887 OLG Frankfurt NJW-RR 1996, 548 f.; VersR 1986, 814; Baumbach/Hopt/*Hopt* Rn. 96; EBJS/*Löwisch* Rn. 235; aA OLG München VersR 1974, 288; OLG Nürnberg VersR 1976, 467.

888 BAG AP HGB § 89b Nr. 10 = NJW 1986, 454; DB 1986, 920; OLG Frankfurt NJW 1970, 814; VersR 1986, 814; OLG Köln BB 1974, 1093; LG Hannover BB 1976, 664 mAnm *Küstner.*

889 OLG Köln BB 1974, 1093.

890 BGH NJW 2003, 1245; OLG München VersR 2006, 1123; EBJS/*Löwisch* Rn. 240.

891 Baumbach/Hopt/*Hopt* Rn. 96; Heymann/*Herrmann* Rn. 116; aA OLG Düsseldorf VersR 1979, 837.

892 BGH BB 1991, 648; OLG Köln VersR 2001, 1379.

893 OLG Frankfurt BB 1986, 896.

894 BGH DB 2014, 1425; 2012, 459; OLG Düsseldorf BeckRS 2017, 151716 Rn. 68; OLG Frankfurt VersR 1986, 814; Baumbach/Hopt/*Hopt* Rn. 96; krit. OLG Frankfurt BB 1986, 896; nach LG München I VersR 1988, 1069 sind die „Grundsätze" als Erfahrungswerte zu berücksichtigen; Heymann/*Herrmann* Rn. 116; vgl. auch BAG DB 1986, 920.

895 BGH BB 1991, 648 zu Wettbewerbsrichtlinien der Versicherungswirtschaft für Versicherungsvertreter.

896 OLG Düsseldorf BeckRS 2017, 151716 Rn. 71 mwN; OLG München DB 2006, 1371.

I. Bedeutung

1 **1. Entstehungsgeschichte.** Eine der Regelung vergleichbare Bestimmung war in der ursprünglichen Fassung des HGB nicht enthalten. Die Vorschrift in der heutigen Fassung wurde durch das ÄndG 1953 in das HGB eingefügt.

2 **2. Inhalt und Zweck der Regelung.** Die Regelung verpflichtet den Handelsvertreter, auch nach Beendigung des Handelsvertreterverhältnisses, ihm anvertraute oder durch seine Tätigkeit für den Unternehmer als solche bekanntgewordene Geschäfts- und Betriebsgeheimnisse nicht zu verwerten oder anderen mitzuteilen, soweit dies nach den gesamten Umständen der Berufsauffassung eines ordentlichen Kaufmanns widersprechen würde. Die Regelung stellt klar, dass die Geheimhaltungspflicht nicht mit Beendigung der Hauptleistungspflichten aus dem Handelsvertreterverhältnis endet, sondern diese überdauert. Es handelt sich damit der Sache nach um eine ausdrückliche gesetzliche Regelung einer Nachwirkung aus dem Handelsvertreterverhältnis.

3 **3. Anwendungsbereich. a) Zeitlicher Anwendungsbereich.** Die Bestimmung regelt Verschwiegenheitspflichten nur in der Zeit nach Beendigung des Handelsvertreterverhältnisses. Während des Bestands des Rechtsverhältnisses ergeben sich die Geheimhaltungspflichten bereits aus § 86 Abs. 1 Hs. 2, wonach der Handelsvertreter die Interessen des Unternehmers wahrzunehmen hat. Danach muss der Handelsvertreter während der Vertragszeit auch außerhalb seiner Vermittlungstätigkeit die Geheimnisse des Unternehmers respektieren (→ § 86 Rn. 57).

4 **b) Unabhängigkeit vom Handelsvertreterverhältnis.** Die Bestimmung findet unabhängig davon Anwendung, ob das Vertreterverhältnis wirksam begründet wurde. Der Unternehmer soll nämlich nach dem Sinn und Zweck der Regelung vor missbräuchlicher Ausnutzung von Kenntnissen geschützt werden, die der Handelsvertreter im Rahmen einer Sonderverbindung durch seine Tätigkeit erlangt hat. Die Bestimmung knüpft nicht an die Verpflichtung aus dem Vertreterverhältnis, **sondern an das Tätigwerden als Handelsvertreter an.** Der Unternehmer wird daher auch dann geschützt, wenn es zwar zum Abschluss eines Handelsvertretervertrags gekommen ist, der Vertrag aber aus irgendwelchen Gründen von Anfang an nichtig ist, zB wegen Geschäftsunfähigkeit, Dissens (§§ 154 f. BGB), Anfechtung (§§ 119 f., 142 Abs. 1 BGB). Entsprechendes gilt, wenn der Handelsvertreter bereits **vor Vertragsschluss** im Hinblick auf das zu begründende Handelsvertreterverhältnis Kenntnis von Geschäfts- oder Betriebsgeheimnissen erlangt hat, und zwar auch dann, wenn die Vertragsverhandlungen scheitern, es also nicht zu einem Handelsvertretervertrag kommt.

5 **4. Ergänzende Regelungen.** Die Bestimmung regelt nur die Pflicht zur Verschwiegenheit in Bezug auf Betriebs- und Geschäftsgeheimnisse des Unternehmers, nicht hingegen die Rechtsfolgen einer Pflichtverletzung. Diese ergeben sich aus den allgemeinen Bestim-

mungen, insbesondere aus § 280 BGB. Die Bestimmung ist nicht abschließend. Außerhalb des Anwendungsbereichs des § 90 können sich weitergehende Geheimhaltungspflichten kraft Gesetzes (zB aus dem GeschGehG sowie aus der Interessenwahrnehmungspflicht nach § 86 Abs. 1 Hs. 2)[1] oder vertraglicher Abrede ergeben.[2]

6 **5. Analoge Anwendung.** Die Bestimmung findet auf Vertragshändler,[3] Franchisenehmer[4] und Kommissionsagenten[5] entsprechende Anwendung (→ Vor § 84 Rn. 12; → Vor § 84 Rn. 16; → Vor § 84 Rn. 21; → Rn. 26).

II. Geschützte Geschäfts- und Betriebsgeheimnisse

7 **1. Begriff. a) Definition.** Geschäfts- und Betriebsgeheimnisse sind Tatsachen, die im Zusammenhang mit einem Geschäftsbetrieb stehen, nur einem eng begrenzten Personenkreis bekannt, also nicht offenkundig sind, und die nach dem bekundeten Willen des Unternehmers geheim gehalten werden sollen.[6] Die Verschwiegenheitspflicht setzt voraus, dass die **Tatsache nach dem Willen des Unternehmers geheim zu halten** ist. Eine ausdrückliche Bekundung des Geheimhaltungswillens ist nicht erforderlich, vielmehr kann sich dieser Wille aus den gesamten Umständen ergeben.[7] Im Zweifel muss der Handelsvertreter davon ausgehen, dass die durch seine Tätigkeit für den Unternehmer erlangten Kenntnisse bezüglich des Betriebs geheim zu halten sind.

8 Die Geheimhaltungspflicht besteht trotz eines entgegenstehenden Willens des Unternehmers **nicht hinsichtlich offenkundiger Tatsachen.** Eine solche Offenkundigkeit ist gegeben, wenn ein beliebiger Dritter auf die Information Zugriff nehmen kann.[8] Ob eine innerbetriebliche Angelegenheit des Unternehmers noch Geschäfts- oder Betriebsgeheimnis ist oder diese Eigenschaft bereits dadurch verloren hat, dass sie anderen außenstehenden Personen bekanntgeworden ist, muss nach den Umständen des Einzelfalles beurteilt werden. So stellen zwar allgemein bekannte und in entsprechenden Unternehmen übliche Verfahren und Vorgänge, einschließlich der Namen und Anschriften von Personen, die in der Branche als potentielle Abnehmer branchenzugehöriger Waren allgemein bekannt sind, keine Geschäfts- und Betriebsgeheimnisse des Unternehmers dar; es kann aber ein Betriebs- oder Geschäftsgeheimnis des Unternehmers sein, dass dieser nach bestimmten Verfahren arbeitet, auch wenn diese grundsätzlich in der Branche bekannt sind.[9] Jedenfalls wird eine Tatsache nicht bereits dadurch offenkundig, dass sie einem zur Geheimhaltung verpflichteten Mitarbeiterkreis oder einem beschränkten Interessenkreis durch den Unternehmer zugänglich gemacht worden ist.

9 **b) Beispiele.** Zu den **Geschäfts- oder Betriebsgeheimnissen** können ua zählen:[10] Arbeitsmuster, Ausschreibungsunterlagen, Bezugsquellen, Computerprogramme (Software), betriebsintern aufgestellte Bilanzen, Handelsspannen, Fabrikationsverfahren, Kalkulationsunterlagen, Kapitalflussrechnungen, Preisangebote bei Submissionen, Verfahren zur Bearbeitung und zur Verarbeitung von Waren, Vertriebsverfahren, Vorlagen und Vorschriften technischer Art, Vertriebsstrategien und -wege, Provisionsvereinbarungen, Zahlungsbedingungen, Rohstoffzusammensetzungen, Warenprobeuntersuchungen, Reiseberichte, Musterkollektionen.

---

1 Staub/*Emde* Rn. 4; Flohr/Wauschkuhn/*Franke* § 86 Rn. 39.

2 Staub/*Emde* Rn. 4.

3 *Ulmer*, Der Vertragshändler, 1969, 397 Fn. 14; *Klasen* Kurzkomm. zu BGH EWiR § 89b HGB 1/07, 203 (204); EBJS/*Löwisch* Rn. 15.

4 EBJS/*Löwisch* Rn. 15; einschr. Oetker/*Busche* Rn. 22.

5 Oetker/*Busche* Rn. 22; EBJS/*Löwisch* Rn. 15; Staub/*Koller* § 383 Rn. 67.

6 BGH GRUR 1955, 424; OLG Koblenz NJW-RR 1987, 95 (97); EBJS/*Löwisch* Rn. 4; *Semler* in MSF VertriebsR-HdB § 23 Rn. 12; Röhricht/Graf v. Westphalen/Haas/*Thume* Rn. 2; aA Staub/*Emde* Rn. 5.

7 Baumbach/Hopt/*Hopt* Rn. 5; EBJS/*Löwisch* Rn. 5; Heymann/*Froitzheim* Rn. 4.

8 Vgl. nur Baumbach/Hopt/*Hopt* Rn. 5.

9 Oetker/*Busche* Rn. 3; Staub/*Emde* Rn. 6.

10 Staub/*Emde* Rn. 7; Baumbach/Hopt/*Hopt* Rn. 5; Röhricht/Graf v. Westphalen/Haas/*Thume* Rn. 2; Heymann/*Froitzheim* Rn. 5.

10 Im Einzelfall können auch **Kundenlisten** Schutzobjekt sein. Voraussetzung ist, dass der betreffende Kunde nicht zu dem Kreise derjenigen gehört, die schon wegen ihrer Zugehörigkeit zur Branche als potentielle Abnehmer allgemein für jeden Kundigen ersichtlich in Betracht kommen (→ Rn. 24).[11]

11 **c) Gesetz zum Schutz von Geschäftsgeheimnissen.** Abzuwarten bleibt, ob sich an diesen Wertungen etwas durch das GeschGehG ändert und insbesondere, ob und inwieweit das GeschGehG auf die Wertungen des § 90, dessen Wortlaut im Zuge des Inkrafttretens des GeschGehG nicht geändert wurde, ausstrahlt. Es dürfte manches dafür sprechen, dass die jeweiligen Gesetze autonom auszulegen sind und nebeneinander bestehen. Nach § 2 Nr. 1 lit. b GeschGehG liegt ein „Geschäftsgeheimnis" nur vor, wenn die Information ua Gegenstand von den Umständen nach angemessenen Geheimhaltungsmaßnahmen durch ihren rechtmäßigen Inhaber ist.[12] Das GeschGehG kennt nur noch ein „Geschäftsgeheimnis" anstelle eines „Geschäfts- und Betriebsgeheimnisses". Ohne eine entsprechende Geheimhaltungsmaßnahme besteht mithin kein Schutz nach dem GeschGehG. Die bislang hM verlangt hingegen für den Schutz nach § 90 keine angemessene Geheimhaltungsmaßnahme des Prinzipals.[13] Das GeschGehG kennt ferner nicht die in § 90 gezogene Grenze der Geheimhaltungspflicht „soweit dies nach den gesamten Umständen der Berufsauffassung eines ordentlichen Kaufmannes widersprechen würde". Zur Vermeidung von Risiken sollte der Unternehmer nun jedoch entsprechende Maßnahmen zum Geheimnisschutz ergreifen und mit dem Handelsvertreter eine Vertraulichkeitsvereinbarung abschließen, in welcher Umfang und Grenzen der Handelsvertreter die Geschäftsgeheimnisse des Unternehmers auch nach Vertragsbeendigung zu wahren hat.

12 **2. Geschützte Geheimnisse.** Die Verschwiegenheitspflicht besteht nur hinsichtlich solcher Geschäfts- oder Betriebsgeheimnisse, die dem Handelsvertreter anvertraut oder als solche durch seine Tätigkeit für den Unternehmer bekanntgeworden sind.

13 **a) Anvertrautsein.** Anvertraut sind solche Geschäfts- und Betriebsgeheimnisse, die dem Handelsvertreter von dem Unternehmer oder im Auftrage des Unternehmers mitgeteilt worden sind. Anvertraut sind dabei nicht nur die unmittelbar zur Erfüllung der Pflichten aus dem Handelsvertreterverhältnis dem Handelsvertreter mitgeteilten Geheimnisse, sondern auch Geschäfts- und Betriebsgeheimnisse, die aus anderem Grund oder Anlass, etwa im Gespräch über allgemeine Betriebsfragen, dem Handelsvertreter mitgeteilt wurden. Nicht erforderlich ist, dass dabei der Handelsvertreter besonders auf die Vertraulichkeit hingewiesen worden ist.[14] Vielmehr reicht es aus, wenn sich aus dem erklärten oder mutmaßlichen Willen des Unternehmers die Geheimhaltungsbedürftigkeit ergibt.

14 **b) Sonstige Kenntniserlangung.** Durch die Tätigkeit für den Unternehmer **bekanntgeworden** sind dem Handelsvertreter alle Geschäfts- und Betriebsgeheimnisse des Unternehmers, die ihm zwar nicht von dem Unternehmer oder in dessen Auftrag anvertraut sind, die der Handelsvertreter aber gerade durch seine Tätigkeit für den Unternehmer erfahren hat. Damit wird **jede Art der Kenntnisnahme** während der Vertragszeit erfasst.[15] Es kann sich dabei auch um Tatsachen handeln, die der Handelsvertreter selbst erst geschaffen hat, zB von ihm erstellte Reiseberichte und Kundenlisten. Unerheblich ist auch, ob der Handelsvertreter rechtmäßig oder rechtswidrig Kenntnis von den Geheimnissen erlangt hat.[16] Zu den durch die Tätigkeit des Handelsvertreters für den Unternehmer bekannt gewordenen Geschäfts- und Betriebsgeheimnissen gehören nicht nur die Geheimnisse, die

[11] Staub/*Emde* Rn. 8.
[12] Vgl. dazu nur Köhler/Bornkamm/Feddersen/*Alexander*, UWG, § 2 GeschGehG Rn. 51 ff.; *Dann/Markgraf* NJW 2019, 1774 (1775).
[13] Dafür, dass die Legaldefinition des Geschäftsgeheimnisses des § 2 GeschGehG auf § 90 durchgreift, *Otte-Gräbener/Kutscher-Puis* ZVertriebsR 2019, 288 (292).
[14] AA Staub/*Emde* Rn. 10; EBJS/*Löwisch* Rn. 7.
[15] Staub/*Emde* Rn. 10; EBJS/*Löwisch* Rn. 4; aA Baumbach/Hopt/*Hopt* Rn. 6.
[16] Staub/*Emde* Rn. 10; EBJS/*Löwisch* Rn. 4; GK-HGB/*Genzow* Rn. 7.

der Handelsvertreter durch die pflichtgemäße Erfüllung seiner Aufgaben erfahren hat, sondern auch solche, in deren Besitz er sich durch missbräuchliche Ausnutzung der ihm durch seine Tätigkeit für den Unternehmer gegebenen Möglichkeiten gesetzt hat. Voraussetzung ist lediglich, dass der Handelsvertreter die Geheimhaltungsbedürftigkeit der betreffenden Tatsache erkannt hat oder sie bei gehöriger Sorgfalt eines ordentlichen Kaufmanns hätte erkennen müssen.[17]

3. Beweislast. Die Beweislast dafür, dass es sich (noch) um Geschäfts- oder Betriebsgeheimnisse handelt und dass diese dem Handelsvertreter anvertraut oder als solche durch seine Handelsvertretertätigkeit für den Unternehmer bekanntgeworden sind, trägt der Unternehmer.[18] Den Handelsvertreter trifft die Beweislast dafür, dass der Unternehmer auf die Geheimhaltung keinen Wert gelegt hat oder dass es sich um offenkundige Tatsachen handelt.[19] Beruft sich der Handelsvertreter darauf, die Geheimhaltungspflicht sei nachträglich weggefallen, hat er diejenigen Umstände, aus denen sich ausnahmsweise die nicht mehr gegebene Geheimhaltungsbedürftigkeit, die Aufhebung oder das nachvertragliche Entfallen der Geheimhaltungspflicht ergeben sollen, konkret darzulegen; der Nachweis der dennoch fortbestehenden Geheimhaltungspflicht trifft den Unternehmer.[20] 15

III. Geheimhaltungspflicht

1. Beginn und Dauer. Die Geheimhaltungspflicht besteht nach Beendigung des Handelsvertreterverhältnisses, und zwar ohne konkrete zeitliche Beschränkung.[21] Die Verschwiegenheitspflicht entfällt erst dann, wenn die Tatsachen nicht mehr geheimhaltungsbedürftig sind, zB weil diese inzwischen allgemein bekanntgeworden sind. Allerdings kann der Zeitfaktor insoweit Bedeutung erlangen, als es um die Frage geht, ob eine Veröffentlichung der Berufsauffassung eines ordentlichen Kaufmanns widersprechen würde. 16

Unerheblich für die Pflicht zur Verschwiegenheit ist der **Grund der Beendigung des Vertreterverhältnisses.** Selbst wenn der Handelsvertreter aus einem wichtigen, vom Unternehmer zu vertretenden Grund das Vertragsverhältnis nach § 89a Abs. 1 gekündigt hat, ist er nach § 90 zur Verschwiegenheit verpflichtet.[22] 17

2. Inhalt des Schutzes. Der Handelsvertreter darf nach der Beendigung des Vertreterverhältnisses Geschäfts- und Betriebsgeheimnisse weder selbst verwerten noch anderen mitteilen, soweit dies nach den gesamten Umständen der Berufsauffassung eines ordentlichen Kaufmanns widersprechen würde. 18

a) Verwertung. Eine Verwertung ist gegeben, wenn der Handelsvertreter das Geheimnis für sich oder einen Dritten ohne Rücksicht auf den Beweggrund wirtschaftlich ausnutzt.[23] Eine Gewinnerzielungsabsicht ist dafür nicht erforderlich. In welcher Form die Verwertung geschieht, ist gleichgültig. In Betracht kommt insbesondere die Ausnutzung des Geschäfts- und Betriebsgeheimnisses für die eigene wirtschaftliche Betätigung des Handelsvertreters, unabhängig davon, ob dies in selbständiger oder in abhängiger Form geschieht. Deshalb liegt eine Verwertung zB dann vor, wenn der Handelsvertreter geheimhaltungsbedürftige Kundenlisten dazu benutzt, um als Lieferant diesen Kunden Waren, die bisher der Unternehmer geliefert hat, anzubieten. Entsprechendes gilt, wenn er diese Kundenlisten in seiner nunmehrigen Eigenschaft als Handelsvertreter oder Angestellter eines anderen Unternehmens ausnutzt. 19

[17] Oetker/*Busche* Rn. 7; Staub/*Emde* Rn. 10; EBJS/*Löwisch* Rn. 7.
[18] Staub/*Emde* Rn. 20; EBJS/*Löwisch* Rn. 21.
[19] Staub/*Emde* Rn. 20; Oetker/*Busche* Rn. 19; zur Darlegungs- und Beweislast für das nachträgliche Entfallen der Geheimhaltungspflicht s. EBJS/*Löwisch* Rn. 21.
[20] EBJS/*Löwisch* Rn. 21.
[21] Staub/*Emde* Rn. 12; Baumbach/Hopt/*Hopt* Rn. 4; EBJS/*Löwisch* Rn. 16.
[22] OLG Koblenz NJW-RR 1987, 95 (99); Staub/*Emde* Rn. 12; Heymann/*Froitzheim* Rn. 3.
[23] Baumbach/Hopt/*Hopt* Rn. 4.

20 Eine Verwertung zu Zwecken des Wettbewerbs ist, anders als in den §§ 3, 17 UWG aF, nicht zu fordern.[24] Vielmehr ist **jede Verwertung** schlechthin verboten.[25] Ohnehin stellt auch § 4 Abs. 2 und 3 GeschGehG nicht auf eine Verwertung zu Zwecken des Wettbewerbs ab.

21 **b) Mitteilung an andere.** Eine Mitteilung an andere liegt vor, wenn das Geschäfts- oder Betriebsgeheimnis in irgendeiner Form an einen anderen weitergegeben wird und dieser damit in die Lage versetzt wird, das Geheimnis entweder für sich selbst zu verwerten oder es seinerseits einem anderen mitzuteilen. Ob der andere diese Möglichkeit tatsächlich ausnutzt oder auch nur ausnutzen will, ist unerheblich.[26] Im Übrigen kann eine Mitteilung auch **durch Unterlassen** vorgenommen werden.[27] Dies ist zB dann der Fall, wenn der Handelsvertreter pflichtwidrig Unterlagen oder Dateien so aufbewahrt, dass ein anderer sich in deren Besitz setzen kann.

22 **3. Grenzen. a) Grundsatz.** Die Geheimhaltungspflicht besteht nur, soweit die Verwertung oder Mitteilung nach den gesamten Umständen der Berufsauffassung eines ordentlichen Kaufmanns widersprechen würde. Hierfür ist unter Berücksichtigung sämtlicher Umstände des Einzelfalls eine Abwägung des Geheimhaltungsinteresses des Unternehmers gegen das Interesse des Handelsvertreters an anderweitiger Betätigung nach dem Vertragsende nach Treu und Glauben vorzunehmen.[28] Dabei ist zu berücksichtigen, dass der Handelsvertreter mangels abweichender Vereinbarung nach Beendigung des Handelsvertreterverhältnisses in seiner Tätigkeit frei ist.

23 Daher widerspricht die Verwertung oder Mitteilung von Betriebs- oder Geschäftsgeheimnissen durch den Handelsvertreter dann nicht der Berufsauffassung ordentlicher Kaufleute, wenn dadurch die Belange des Unternehmers **nicht oder nur unwesentlich beeinträchtigt** werden, während andererseits die Bindung des Handelsvertreters an die Geheimhaltungspflicht eine ungerechtfertigte Beeinträchtigung seiner wirtschaftlichen Lage und seiner Fortkommensmöglichkeiten darstellen würde. In je geringerem Maße der Handelsvertreter aber auf die Preisgabe von Betriebs- oder Geschäftsgeheimnissen zur Sicherung seines Einkommens angewiesen ist, desto stärker wiegt das Interesse des Unternehmers an der weiteren Wahrung der Verschwiegenheitspflicht.

24 **b) Kundenlisten.** Besondere Probleme werfen in der Praxis die Fälle der Verwertung und Mitteilung von Kundenlisten des Unternehmers auf.[29] Hierbei ist nach der hier vertretenen Ansicht zu differenzieren: Hat der Handelsvertreter die Kundenliste seinerseits in das Vertragsverhältnis eingebracht, dann darf er diese sogar dann nach Vertragsende für eigene Zwecke verwenden, wenn sie während der Dauer des Handelsvertreterverhältnisses geheimhaltungsbedürftig war. Dem Handelsvertreter ist es lediglich verwehrt, anderen mitzuteilen, dass es sich hierbei um (ehemalige) Kunden des Unternehmers handelt.[30] Nach der höchstrichterlichen Rspr. darf der ausgeschiedene Handelsvertreter zudem Adressen verwenden, die ihm im Gedächtnis geblieben sind.[31] Eine hierüber hinausgehende Verwendung von Kundenlisten ist jedoch unzulässig. Dies gilt selbst dann, wenn die Adressen im Rahmen der geschäftlichen Tätigkeit in die persönlichen Unterlagen des Handelsvertreters gelangt sind.[32] Ferner soll der Handelsvertreter nach teils vertretener Ansicht Adressen von Kunden

---

[24] Staub/*Emde* Rn. 13.
[25] EBJS/*Löwisch* Rn. 17.
[26] Baumbach/Hopt/*Hopt* Rn. 4.
[27] EBJS/*Löwisch* Rn. 17.
[28] Begr. RegE, BT-Drs. 1/3856, 37.
[29] Dazu ausf. *Höld* NJW 2016, 2774.
[30] Staub/*Emde* Rn. 8; Heymann/*Froitzheim* Rn. 6.
[31] BGH BB 1999, 1452; Baumbach/Hopt/*Hopt* Rn. 7; GK-HGB/*Genzow* Rn. 14; Röhricht/v. Westphalen/*Thume* Rn. 7; aA Oetker/*Busche* Rn. 14; krit. Staub/*Emde* Rn. 8; *Oellers* Kurzkomm. zu BGH EWiR § 9 AGBGB 9/93, 421.
[32] BGH NJW-RR 2003, 833 = EWiR § 17 UWG 1/03, 731 m. Kurzkomm. *Dittmer*; Oetker/*Busche* Rn. 14; *Höld* NJW 2016, 2774 (2777).

verwenden dürfen, die keinen dauerhaften geschäftlichen Kontakt zu dem bisher vertretenen Unternehmen aufgenommen haben[33] oder keine Stammkunden des Unternehmers mehr oder ohne Zutun des Handelsvertreters entschlossen sind, die Geschäftsbeziehungen zu dem Unternehmer nicht mehr fortzusetzen.[34] Indes kann der Geheimnisschutz nicht auf (noch) aktive Stammkunden beschränkt werden, da es sich auch bei den sonstigen Kunden um Kunden des Unternehmers handelt.[35] Auch wären eine entsprechende Differenzierung und die damit verbundenen Abgrenzungsfragen kaum praktikabel und streitanfällig – zumal der Handelsvertreter die Intensität des Kundenkontakts des Unternehmers oft nicht kennt. Unabhängig hiervon kann sich der Handelsvertreter jedoch stets an solche Kunden wenden, die als Abnehmer der von dem Unternehmer angebotenen Ware ganz allgemein in Betracht kommen. Es handelt sich insoweit nämlich um allgemein zugängliche Informationen, so dass von vornherein ein Betriebs- oder Geschäftsgeheimnis nicht gegeben ist, auch wenn diese Namen auf der Kundenliste des früheren Unternehmers geführt werden.

Diese Grundsätze gelten auch für die von dem Handelsvertreter für den Unternehmer **25** **neu geworbenen Kunden.**[36] Die Begründung des BGH, die sich auf § 667 BGB stützt, wird mitunter angegriffen[37] – zu Unrecht, wenn man von einem eher sächlichen Grundverständnis des § 667 BGB ausgeht: Was herausgegeben worden ist, kann vom Herausgeber nicht weiter genutzt werden. Jedenfalls ist dem BGH im Ergebnis beizupflichten: Die Kundenwerbung gehört nämlich zu den Vertragspflichten eines Handelsvertreters und erfolgt daher für den Unternehmer. Es spielt daher auch keine Rolle, ob der Handelsvertreter die Daten nach Vertragsbeendigung branchenfremd oder branchengleich verwertet oder ob das Verwertungsinteresse des Handelsvertreters das Geheimnisschutzinteresse des Unternehmers überwiegt.[38] Unerheblich ist ferner, ob der ausgeschiedene Handelsvertreter eine Ausgleichszahlung nach § 89b erhalten hat oder ihm eine solche zusteht.[39]

Auf das Rechtsverhältnis des **Vertragshändlers** sind die vorbeschriebenen Grundsätze **26** indes nur entsprechend anwendbar, wenn der Vertragshändler zur Überlassung des Kundenstamms vertraglich verpflichtet ist, so dass der Unternehmer die Kundendaten nach Vertragsbeendigung sofort und ohne weiteres nutzen kann (→ § 89b Rn. 20). Andernfalls ist er berechtigt, die Daten der von ihm geworbenen Kunden – vorbehaltlich datenschutzrechtlicher Anforderungen – uneingeschränkt zu verwerten.[40] Für den **Franchise-Nehmer** kann nicht etwas anderes gelten.

IV. Rechtsfolgen einer Pflichtverletzung

1. Unterlassung und Beseitigung. Der Handelsvertreter kann vom Unternehmer **27** nach § 90 auf Unterlassung in Anspruch genommen werden, wenn er gegen seine Verschwiegenheitspflicht verstößt oder ein Verstoß gegen diese Pflichten droht.[41] Daneben bestehen Beseitigungsansprüche, zB bezüglich Aufzeichnungen des Handelsvertreters über Geschäfts- oder Betriebsgeheimnisse. Außerdem kann der Unternehmer die Geheimhaltung durch Vertragsstrafe sichern.[42] Liegt ein Verstoß gegen das GeschGehG vor, kann der Unter-

---

33 BGH BB 1999, 1452; Baumbach/Hopt/*Hopt* Rn. 7; *Semler* in MSF VertriebsR-HdB § 23 Rn. 14, a.A. Staub/*Emde* Rn. 8.

34 OLG Koblenz NJW-RR 1987, 95; EBJS/*Löwisch* Rn. 9; Baumbach/Hopt/*Hopt* Rn. 7; Heymann/*Froitzheim* Rn. 15.

35 Flohr/Wauschkuhn/*Sperling* Rn. 25 und wohl BGH NJW 2009, 1420 (1421).

36 BGH NJW 2009, 1420 (1421); OLG Koblenz NJW-RR 1987, 95 (97); GK-HGB/*Genzow* Rn. 11; Oetker/*Busche* Rn. 14; *Höld* NJW 2016, 2774 (2778); aA EBJS/*Löwisch* Rn. 10.

37 EBJS/*Löwisch* Rn. 10; *Oellers* EWiR 1993, 421 (422); Heymann/*Froitzheim* Rn. 12 f., 15 für eine Anwendung des Rechtsgedankens der §§ 950, 951 BGB; zweifelhaft.

38 So iErg auch BGH NJW 2009, 1420 (1421).

39 Staub/*Emde* Rn. 9, 12; Baumbach/Hopt/*Hopt* Rn. 7; *Semler* in MSF VertriebsR-HdB § 23 Rn. 14.

40 So wohl BGH NJW-RR 2003, 894 (895) mwN.; EBJS/*Löwisch* Rn. 15.

41 Staub/*Emde* Rn. 15; *Semler* in MSF VertriebsR-HdB § 23 Rn. 17; aA – § 1004 BGB analog – Oetker/*Busche* Rn. 15 f.; EBJS/*Löwisch* Rn. 18.

42 BGH NJW 1993, 1786 (1787); s. dazu auch *Semler* in MSF VertriebsR-HdB § 23 Rn. 17.

nehmer ferner Beseitigungs- und Unterlassungsansprüche nach § 6 GeschGehG geltend machen.

28 **2. Schadensersatz.** Wegen der dem Unternehmer aus der Verletzung der Verschwiegenheitspflicht entstehenden Schäden ist der Handelsvertreter nach § 280 Abs. 1 BGB zum Schadensersatz verpflichtet. Schadensersatzansprüche können sich insoweit auch aus Delikt, zB § 823 Abs. 1 BGB (Recht am Gewerbebetrieb), § 826 BGB, und aus § 10 GeschGehG ergeben.

29 **3. Gewinnherausgabe.** Hat der Handelsvertreter durch die verbotene Verwertung Gewinne erzielt, ist er unter den Voraussetzungen des § 687 Abs. 2 BGB zur Herausgabe des Erlangten an den Unternehmer verpflichtet. Ähnliches gilt nach § 13 GeschGehG.

30 **4. Ansprüche gegen den Mitteilungsempfänger.** Mangels Sonderrechtsbeziehung scheiden vertragliche Ansprüche gegen den Mitteilungsempfänger (Dritten) aus. Dieser ist dem Unternehmer jedoch aus unerlaubter Handlung zum Schadensersatz verpflichtet, wenn sich der Geheimnisverrat als unerlaubte Handlung des Handelsvertreters darstellt und der Dritte den Handelsvertreter hierzu angestiftet oder ihm dabei Beihilfe (etwa durch Versprechen eines wirtschaftlichen Vorteils für „mitgebrachte" Kunden)[43] geleistet hat. In diesem Fall haftet der Dritte wie der Handelsvertreter auf Schadensersatz, und zwar mit dem Handelsvertreter als Gesamtschuldner (§ 840 Abs. 1 BGB). Deliktische Ansprüche gegen den Dritten sind auch dann gegeben, wenn sich dessen Verhalten selbst als unerlaubte Handlung darstellt.

31 Erfüllt der Dritte seinerseits den Tatbestand des § 23 GeschGehG, dann ergeben sich Schadensersatzansprüche zusätzlich aus § 823 Abs. 2 BGB iVm § 23 GeschGehG.

V. Abweichende Vereinbarungen

32 Die Parteien können von dieser Bestimmung abweichende Vereinbarungen treffen. Dies gilt sowohl hinsichtlich des Umfangs der Geheimhaltungspflicht, die durch Vertrag erweitert, aber auch eingeschränkt werden kann, sowie hinsichtlich der Rechtsfolgen eines Verstoßes gegen die Geheimhaltungspflicht. Der Vereinbarung abweichender Regelungen in **AGB** werden allerdings durch § 307 BGB **Grenzen** gesetzt (→ § 84 Rn. 89). Eine abweichende Vereinbarung darf insbesondere nicht gegen wesentliche Grundgedanken der gesetzlichen Regelung verstoßen. Daher kann der Unternehmer durch von ihm verwendete AGB dem Handelsvertreter nicht generell untersagen, Geschäfts- und Betriebsgeheimnisse zu verwerten oder anderen mitzuteilen. Der Handelsvertreter wäre in diesen Fällen nämlich an einer Ausnutzung des Geschäfts- und Betriebsgeheimnisses auch dann gehindert, wenn dies der Berufsauffassung eines ordentlichen Kaufmanns entsprechen würde und der Unternehmer hieran kein eigenes berechtigtes Interesse hätte. Dies stünde im Widerspruch zum Grundgedanken der Regelung des Hs. 2. Hierdurch soll nämlich sichergestellt werden, dass der Handelsvertreter im Interesse seines beruflichen Fortkommens auf bestimmte Informationen dann zurückgreifen kann, wenn dies branchenüblich ist oder kein berechtigtes Interesse des Unternehmers an einer Geheimhaltung mehr besteht.[44]

§ 90a [Wettbewerbsabrede]

(1) [1]Eine Vereinbarung, die den Handelsvertreter nach Beendigung des Vertragsverhältnisses in seiner gewerblichen Tätigkeit beschränkt (Wettbewerbsabrede), bedarf der Schriftform und der Aushändigung einer vom Unternehmer unterzeichneten, die vereinbarten Bestimmungen enthaltenden Urkunde an den Handelsvertreter. [2]Die Abrede kann nur für längstens zwei Jahre von der Beendigung des Vertragsverhältnisses an getroffen werden; sie darf sich nur auf den dem Handelsvertreter zugewiesenen Bezirk oder Kundenkreis und nur auf die Gegenstände

---

[43] Vgl. dazu BGH NJW-RR 2003, 833 (834).

[44] BGH NJW 1993, 1786 (1787); OLG Koblenz NJW-RR 1987, 95 (97 f.); Oetker/*Busche* Rn. 21.

erstrecken, hinsichtlich deren sich der Handelsvertreter um die Vermittlung oder den Abschluß von Geschäften für den Unternehmer zu bemühen hat. [3]Der Unternehmer ist verpflichtet, dem Handelsvertreter für die Dauer der Wettbewerbsbeschränkung eine angemessene Entschädigung zu zahlen.

(2) Der Unternehmer kann bis zum Ende des Vertragsverhältnisses schriftlich auf die Wettbewerbsbeschränkung mit der Wirkung verzichten, daß er mit dem Ablauf von sechs Monaten seit der Erklärung von der Verpflichtung zur Zahlung der Entschädigung frei wird.

(3) Kündigt ein Teil das Vertragsverhältnis aus wichtigem Grund wegen schuldhaften Verhaltens des anderen Teils, kann er sich durch schriftliche Erklärung binnen einem Monat nach der Kündigung von der Wettbewerbsabrede lossagen.

(4) Abweichende für den Handelsvertreter nachteilige Vereinbarungen können nicht getroffen werden.

Schrifttum: *Emde/Kelm,* Der Handelsvertretervertrag in der Insolvenz des Unternehmers, ZIP 2005, 58; *Dück,* Zivil- und kartellrechtliche Grenzen eines nachvertraglichen Wettbewerbsverbots für Handelsvertreter, NJW 2016, 368; *Hermes,* Beendigung des Vertragshändlervertrags im deutschen und niederländischen Recht – Im Blickpunkt – Ausgleichsanspruch und Karenzentschädigung, RIW 1999, 81; *Küstner,* Zur Wirksamkeit eines Wettbewerbsverbots nach § 90a HGB, wenn kein Bezirk zugewiesen ist, BB 1997, 1753; *Westphal,* Neues Handelsvertreterrecht, 1991, 182 ff.

Übersicht

I. Entstehungsgeschichte

1 § 90a ist durch das **Änderungsgesetz von 1953** in das HGB **eingefügt** worden. Ursprünglich kannte das HGB keine Regelung über Wettbewerbsverbote gegenüber Handelsvertretern. Ihre Vereinbarung wurde jedoch grundsätzlich für zulässig angesehen. Die in der Praxis vereinbarten Wettbewerbsabreden wurden bis 1953 für ihre Wirksamkeit an den Grenzen des §§ 138, 142 BGB gemessen.[1] Entsprechend orientierte sich die **gesetzliche Neuregelung** des § 90a nicht am österreichischen Vorbild eines generellen Verbots von Wettbewerbsabreden (vgl. § 25 öHVertrG). Vielmehr wurde als Maßstab das schweizerische Recht zugrunde gelegt, wonach die Wirksamkeit von Wettbewerbsvereinbarungen mit Handelsvertretern von einschränkenden Voraussetzungen abhängt.[2] Im Detail erfolgte mit § 90a eine weitgehende Annäherung an die Vorschriften für Wettbewerbsverbote mit Handlungsgehilfen, ohne diese aber vollständig zu übernehmen.[3]

2 Durch das Gesetz zur Durchführung der Handelsvertreter-RL vom 23.10.1989 (BGBl. 1989 I 1910) ist § 90a nur in Hinblick auf den Umfang der Wettbewerbsbeschränkung neu gefasst worden. Nach **Abs. 1 S. 2 Hs. 2** darf sich die Wettbewerbsabrede nur noch auf den dem Handelsvertreter zugewiesenen Bezirk oder Kundenkreis und nur auf die Gegenstände erstrecken, hinsichtlich derer sich der Handelsvertreter um die Vermittlung oder den Abschluss von Geschäften für den Unternehmer zu bemühen hat. Durch diese Änderung wurde die vom BVerfG[4] festgestellte Verfassungswidrigkeit der Norm aber nicht beseitigt,[5] da Abs. 2 S. 2 zunächst unverändert blieb. Erst mit dem Handelsrechtsreformgesetz vom 22.6.1998 (BGBl. 1998 I 1474) wurde Abs. 2 S. 2, welcher dem Handelsvertreter, dem aus wichtigem Grund gekündigt wurde, die Karenzentschädigung absprach, vom Gesetzgeber **gestrichen.** Stattdessen gilt nun **Abs. 3** zur Lossagungsmöglichkeit von der Wettbewerbsabrede nach Kündigung aus wichtigem Grund für beide Vertragsparteien.

II. Regelungsgegenstand

3 Das **nachvertragliche Wettbewerbsverbot** des § 90a ist vom Wettbewerbsverbot während des Handelsvertreterverhältnisses abzugrenzen (ausführlich → § 86 Rn. 33 ff.). Es schützt den Unternehmer davor, dass der ausgeschiedene Handelsvertreter über die eigentlichen Betriebsgeheimnisse (§ 90) hinaus Kenntnisse, Fertigkeiten und Verbindungen für ein Konkurrenzunternehmen benutzt.[6] Da der Handelsvertreter nach seinem Ausscheiden grundsätzlich frei ist, bedarf eine nachvertragliche Beschränkung seiner gewerblichen Tätigkeit der vertraglichen Vereinbarung. Ohne eine Vereinbarung kann ein Wettbewerbsverbot auch nicht auf einen Schadensersatzanspruch gem. § 89a Abs. 2 gestützt werden.[7]

1 Staub/*Emde* Rn. 4; Baumbach/Hopt/*Hopt* Rn. 7; Heymann/*Froitzheim* Rn. 2.
2 Begr. RegE, BT-Drs. 1/3856, 37; Baumbach/Hopt/*Hopt* Rn. 2.
3 Staub/*Emde* Rn. 4; Heymann/*Froitzheim* Rn. 2.
4 BVerfG AP GG Art. 12 Nr. 65.
5 *Canaris* Anm. zu BVerfG AP GG Art. 12 Nr. 65; aA *Schwabe* DVBl. 1990, 477 (479).
6 Baumbach/Hopt/*Hopt* Rn. 2.
7 LG Krefeld NJW-RR 1988, 1063 f.; GK-HGB/*Genzow* Rn. 2.

Entsprechend den §§ 74 ff. für den Handlungsgehilfen geht auch § 90a vom **Grundsatz der bezahlten Karenz** (vgl. § 74 Abs. 2) aus. Nachvertragliche Wettbewerbsvereinbarungen des Handelsvertreters sind ebenso formgebunden (vgl. § 74 Abs. 1) und zeitlich zu befristen (vgl. § 74a Abs. 1 S. 3). Die Loslösung von der Wettbewerbsabrede ist gleichermaßen nur unter strengen Voraussetzungen möglich (vgl. §§ 75, 75a) und wie bei der Wettbewerbsvereinbarung gegenüber dem Handlungshilfen sind die Voraussetzungen des § 90a zu Lasten des Handelsvertreters unabdingbar (vgl. § 75d). 4

Die von § 90a geforderten Voraussetzungen beruhen auf einer **Abwägung der Interessen zwischen Unternehmer und Handelsvertreter.**[8] Einerseits ist das Interesse des Unternehmers an einem nachvertraglichen Konkurrenzschutz zu beachten. Andererseits darf die Position wirtschaftlicher Überlegenheit des Unternehmers nicht dazu führen, dass der Handelsvertreter seine berufliche Betätigungsfreiheit verliert. Die gesetzlich zulässigen Einschränkungen der Wettbewerbsfreiheit des Handelsvertreters sollen darüber hinaus durch eine Entschädigung ausgeglichen werden, die den Lebensbedarf des Handelsvertreters für die Dauer der Wettbewerbsbeschränkung sichert.[9] 5

III. Anwendungsbereich

1. Persönlicher Anwendungsbereich. § 90a betrifft alle Handelsvertreter iSd § 84 Abs. 1. Auf die Rechtsform, in der das Unternehmen betrieben wird, kommt es dabei nicht an. Auch Handelsvertreter, die **juristische Personen** sind (→ § 84 Rn. 25 f.), werden durch § 90a geschützt, obgleich die Karenzentschädigung in diesem Fall nicht der Sicherung des Lebensbedarfs (→ Rn. 5) dient, sondern bloßen Vergütungscharakter für die übernommenen Beschränkungen hat.[10] 6

Auf den **Vertragshändler**[11] (→ Vor § 84 Rn. 13 ff.), den **Franchisenehmer**[12] (→ Vor § 84 Rn. 17 ff.) und den **Kommissionsagenten**[13] (→ Vor § 84 Rn. 9 ff.) kann § 90a in Grenzen entsprechend angewandt werden. Zur kartellrechtlichen Zulässigkeit eines nachvertraglichen Wettbewerbsverbots in diesen Fällen → Rn. 11 ff. 7

Auf **andere selbständige Gewerbetreibende** (zB Pächter eines Unternehmens) ist § 90a nicht entsprechend anwendbar, weil es an der ständigen Tätigkeit für einen Unternehmer fehlt.[14] Auch fehlt das besondere Abhängigkeitsverhältnis zum Unternehmer, das die Grundlage für den durch § 90a gewährten Schutz bei Wettbewerbsvereinbarungen bildet. 8

2. Sachlicher Anwendungsbereich. a) Verhältnis zum Recht des Handlungsgehilfen (§§ 74 ff.). § 90a ist für Wettbewerbsvereinbarungen gegenüber Handelsvertretern als abschließende Regelung einzuordnen. Sie wurde zwar vom Gesetzgeber den Vorschriften über Wettbewerbsabreden des Handlungsgehilfen nachgebildet; eine Übernahme der Regelungsinhalte der **§§ 74 ff.** erfolgte aber nur zum Teil. Soweit daher § 90a keine den §§ 74 ff. entsprechende Regelung enthält, ist diese Regelungslücke vom Gesetzgeber bewusst gewollt. Daher ist eine **entsprechende Anwendung** von Vorschriften aus dem Recht des Handlungsgehilfen (ggf. über eine Anwendung der §§ 138, 242 BGB) **ausgeschlossen.**[15] 9

---

8 Heymann/*Froitzheim* Rn. 3; *Küstner* BB 1997, 1753.

9 BGHZ 59, 387 (390) = LM Nr. 5 mAnm *Rietschel* = JR 1973, 200 mAnm *Schwerdtner*; BGHZ 63, 353 (355) = LM Nr. 6 mAnm *Doerry*.

10 OLG München BB 1997, 1015 = EWiR § 74 HGB 1/97, 467 m. krit. Anm. *Zimmermann*; Staub/*Emde* Rn. 8; EBJS/*Löwisch* Rn. 7; Heymann/*Froitzheim* Rn. 4.

11 Staub/*Emde* Rn. 14; Baumbach/Hopt/*Hopt* Rn. 5; EBJS/*Löwisch* Rn. 7; Flohr/Wauschkuhn/*Spenner* Rn. 59.

12 BGH NJW-RR 1987, 612; OLG Celle BB 2007, 1862 (1865) mAnm *Flohr*; OLG München BB 2002, 2521; Staub/*Emde* Rn. 14; EBJS/*Löwisch* Rn. 7; Flohr/Wauschkuhn/*Spenner* Rn. 65.

13 Staub/*Emde* Rn. 14; EBJS/*Löwisch* Rn. 7.

14 BGHZ 24, 165 (168); Staub/*Emde* Rn. 14.

15 Baumbach/Hopt/*Hopt* Rn. 9; GK-HGB/*Genzow* Rn. 4; Heymann/*Froitzheim* Rn. 5; *Semler* in MSF VertriebsR-HdB § 23 Rn. 20; aA Staub/*Emde* Rn. 3.

Soweit jedoch Identität der Tatbestandsmerkmale besteht, ist ein Rückgriff auf Lit. und Rspr. zu den §§ 74 ff. möglich.[16]

10 Die gesetzlichen Voraussetzungen für Wettbewerbsabreden mit Handelsvertretern **unterscheiden** sich von denen mit **Handlungsgehilfen** im Wesentlichen in folgenden Punkten: Es besteht keine Mindestentschädigungspflicht (anders § 74 Abs. 2); die Wirksamkeit der Wettbewerbsabrede gegenüber dem Handelsvertreter ist nicht vom Bestehen eines berechtigten geschäftlichen Interesses des Unternehmers abhängig (anders § 74a Abs. 1 S. 1); auch kommt es nicht auf ein angemessenes Verhältnis zwischen Entschädigungshöhe und Fortkommenserschwerung des Handelsvertreters an (vgl. demgegenüber § 74a Abs. 1 S. 2);[17] Wettbewerbsabreden können auch mit minderjährigen Handelsvertretern wirksam geschlossen werden (anders § 74a Abs. 2 S. 1);[18] bei der Berechnung der fälligen Karenzentschädigung findet keine Anrechnung anderweitigen Erwerbs statt (vgl. demgegenüber § 74c Abs. 1 S. 1).[19]

11 **b) Verhältnis zum Kartell- und Wettbewerbsrecht.** Aus § 90a folgt **nicht,** dass ein nachvertragliches Wettbewerbsverbot **kartellrechtlich per se unbedenklich wäre** (→ Vor § 84 Rn. 32 ff.).[20] Bei der Beurteilung der Wirksamkeit eines nachvertraglichen Wettbewerbsverbots in kartellrechtlicher Hinsicht ist zwischen einem („echten") Handelsvertreter, der nicht unter Art. 101 Abs. 1 AEUV fällt, und einem („unechten") Handelsvertreter bzw. Kommissionsagenten (zu dieser Differenzierung → Vor § 84 Rn. 28 ff.) oder einem Vertragshändler bzw. Franchisenehmer zu unterscheiden. Kartellrechtlich macht es dabei keinen Unterschied, ob die jeweilige Vereinbarung zu Beginn des Vertragsverhältnisses, während oder erst nach Beendigung desselben abgeschlossen wird. Steht ein nachvertragliches Wettbewerbsverbot im Einklang mit dem Kartellrecht, müssen überdies die Voraussetzungen des § 90a gegeben sein, damit ein solches wirksam ist.

12 Ein mit einem **(„echten") Handelsvertreter (bzw. „echten" Kommissionsagenten)** vereinbartes nachvertragliches Wettbewerbsverbot kann unter Art. 101 Abs. 1 AEUV fallen, wenn es zur (kumulativen) Abschottung des relevanten Marktes führt, auf dem die Vertragswaren oder -dienstleistungen verkauft oder gekauft werden (Tz. 19 Vertikal-LL).[21] Möglicherweise kann die Wettbewerbsabrede unter den Voraussetzungen des Art. 5 Abs. 3 Vertikal-GVO bzw. Art. 101 Abs. 3 AEUV freigestellt sein (Tz. 19 und 129 ff. Vertikal-LL).

13 Mit einem **(„unechten") Handelsvertreter (bzw. „unechten" Kommissionsagenten), Vertragshändler oder Franchisenehmer** vereinbartes nachvertragliches Wettbewerbsverbot ist dagegen kartellrechtlich nur unter den sehr engen Voraussetzungen des Art. 5 Abs. 3 Vertikal-GVO bzw. Art. 101 Abs. 3 AEUV kartellrechtlich zulässig. Das bedeutet: Selbst wenn die Marktanteilsschwellen des Art. 3 Vertikal-GVO nicht erreicht sind, muss sich das nachvertragliche Wettbewerbsverbot auf Räumlichkeiten und Grundstücke, von denen aus der Absatzmittler während der Vertragslaufzeit seine Geschäfte betrieben hat, beziehen, es muss unerlässlich sein, um dem Absatzmittler vom Unternehmer übertragenes Know-how zu schützen und seine Dauer muss auf höchstens ein Jahr nach Beendigung des Vertragsverhältnisses begrenzt sein. Demgegenüber sieht Art. 5 Abs. 3 Vertikal-GVO eine Karenzentschädigung (kartellrechtlich) nicht vor. Nach § 2 S. 2 GWB gelten diese Voraussetzungen auch, soweit die Vereinbarung nicht geeignet ist, den Handel zwischen den Mitgliedstaaten der Europäischen Union zu beeinträchtigen. Liegen die Marktanteile des Unternehmers und/oder des Absatzmittlers über den Marktanteilsschwellen des Art. 3 Vertikal-GVO ist nur eine Einzelfreistellung nach § 2 Abs. 1 GWB, Art. 101 Abs. 3 AEUV

---

16 Staub/*Emde* Rn. 3.
17 Staub/*Emde* Rn. 4; Heymann/*Froitzheim* Rn. 6.
18 BAG AP HGB § 90a Nr. 1 mAnm *Hefermehl* = NJW 1964, 1641; Baumbach/Hopt/*Hopt* Rn. 9; Heymann/*Froitzheim* Rn. 6.
19 BGHZ 63, 353 (355) = LM Nr. 6 mAnm *Doerry.*
20 AA Heymann/*Froitzheim* Rn. 6; Staub/*Emde* Rn. 47.
21 Bestätigt auch durch EuGH EuZW 2007, 150 = NJW 2007, 3706 – CEPSA I.

möglich. Aufgrund dieser strengen Voraussetzungen spielt ein nachvertragliches Wettbewerbsverbot beispielsweise in Vertragshändlerverträgen in der Praxis kaum eine Rolle.

Zu beachten ist ferner, dass auch ein dem („echten") Handelsvertreter (bzw. „echten" 14
Kommissionsagenten), Vertragshändler oder Franchisenehmer **auferlegtes Verbot, nach Beendigung des Vertragsverhältnisses** solche **Waren oder Dienstleistungen,** bei welchen es sich **nicht um Konkurrenzwaren oder -dienstleistungen** handelt, **herzustellen, zu beziehen, zu verkaufen oder weiterzuverkaufen,** nach Art. 5 Abs. 1 lit. b Vertikal-GVO **nicht vom Kartellverbot des Art. 101 Abs. 1 AEUV freigestellt ist.** Mithin kann dem Absatzmittler regelmäßig nicht die Herstellung und der Vertrieb von Vertragswaren und sonstigen Waren und Dienstleistungen, die keine Konkurrenzwaren oder -dienstleistungen sind, nach Vertragsbeendigung untersagt werden. Die Ausnahmevorschrift des Art. 5 Abs. 3 Vertikal-GVO gilt für diesen Fall gerade nicht. UU kommt auch hier nur eine Einzelfreistellung nach Art. 101 Abs. 3 AEUV in Betracht.

c) Verhältnis zu zivilrechtlichen Generalklauseln. Ein Rückgriff auf §§ 138, 242 15
BGB zur Korrektur von Wettbewerbsverboten ist nur ausnahmsweise im Einzelfall zulässig, da § 90a eine Spezialregelung dieser Frage ist.[22] § 138 BGB verbietet beispielsweise, einem Handelsvertreter ein lebenslanges und umfassendes Wettbewerbsverbot aufzuerlegen;[23] bei so eindeutigen Fällen ist eine Prüfung der einzelnen Voraussetzungen des § 90a nicht mehr erforderlich. Jedoch darf auf diese Weise keine Gleichstellung mit dem Handlungsgehilfen erfolgen.[24]

3. Zeitlicher Anwendungsbereich. Wettbewerbsabreden iSd § 90a werden in der 16
Regel bereits mit Abschluss des Handelsvertretervertrags geschlossen. § 90a gilt aber gleichermaßen für Wettbewerbsverbote, die im Vorgriff auf einen solchen vereinbart oder **während des Bestehens des Handelsvertreterverhältnisses** durch ergänzende Vertragsänderung eingefügt werden.[25] Auch gilt § 90a für solche Wettbewerbsabreden, die im Zusammenhang mit einem **Aufhebungsvertrag** geschlossen werden, durch den die Beendigung des Handelsvertreterverhältnisses jedoch erst auf einen späteren Zeitpunkt hinausgeschoben ist.[26]

Umstritten ist hingegen, ob § 90a auch dann gilt, wenn die Wettbewerbsabrede **nach** 17
Beendigung des Vertragsverhältnisses oder in einer **Aufhebungsvereinbarung, die das Vertragsverhältnis mit sofortiger Wirkung beendet,** vereinbart wird. Die wohl hM verneint diese Frage.[27] Nach diesseitiger Ansicht kommt es nicht darauf an, wann die Wettbewerbsabrede vereinbart wird.[28] Art. 20 RL 86/653/EWG (Handelsvertreter-RL) stellt – anders als Art. 19 RL 86/653/EWG – nicht auf einen bestimmten Zeitpunkt ab. Da die Richtlinie (auch) dem Schutz des Handelsvertreters dient, worauf der EuGH in neueren Entscheidungen zur Auslegung derselben verstärkt hinweist (→ Vor § 84 Rn. 25), ergibt eine Auslegung des Art. 20 RL 86/653/EWG (Handelsvertreter-RL), dass einem Handelsvertreter, der in einer den Handelsvertretervertrag sofort beendenden Aufhebungsvereinbarung oder nach Vertragsbeendigung eine Wettbewerbsabrede vereinbart, der spezifische Schutz des Art. 20 RL 86/653/EWG (Handelsvertreter-RL) zukommt. Für § 90a kann dann aufgrund der gebotenen richtlinienkonformen Auslegung der Norm nichts anderes

---

22 BGH NJW 2013, 2027 Rn. 36; KG MDR 1997, 1041 f.; Staub/*Emde* Rn. 45; Baumbach/Hopt/*Hopt* Rn. 7.

23 OLG Köln VersR 1998, 97.

24 GK-HGB/*Genzow* Rn. 4.

25 BGHZ 53, 89 (91) = NJW 1970, 420.

26 BGHZ 53, 89 (91) NJW 1970, 420 = LM Nr. 4 mAnm *Rietschel*; EBJS/*Löwisch* Rn. 11; Röhricht/Graf v. Westphalen/Haas/*Thume* Rn. 5; *Semler* in MSF VertriebsR-HdB § 23 Rn. 21.

27 BFH BeckRS 2008, 25013589; BGHZ 51, 184 = NJW 1969, 504; BGH NJW 1969, 504; 1971, 465; 1973, 144; OLG Nürnberg BeckRS 2011, 03953; Baumbach/Hopt/*Hopt* Rn. 11; GK-HGB/*Genzow* Rn. 6; Heymann/*Froitzheim* Rn. 9; *Röhsler/Borrmann,* Wettbewerbsbeschränkungen für Arbeitnehmer und Handelsvertreter, 1981, 157; *Westphal,* Neues Handelsvertreterrecht, 1991, 182; *Semler* in MSF VertriebsR-HdB § 23 Rn. 21; einschr. Röhricht/Graf v. Westphalen/Haas/*Thume* Rn. 5.

28 So iErg auch Staub/*Emde* Rn. 12; EBJS/*Löwisch* Rn. 12.

gelten.[29] Es kommt weiter hinzu, dass auch nach dem Wortlaut des § 90a Abs. 4 abweichende für den Handelsvertreter nachteilige Vereinbarungen generell nicht getroffen werden können; eine zeitliche Beschränkung enthält diese Regelung – anders als § 89b Abs. 4 S. 1 – gerade nicht. Auch aus der Bestimmung des § 90a Abs. 2 kann nicht der zwingende Schluss gezogen werden, dass § 90a generell nur für vor Vertragsbeendigung getroffene Wettbewerbsabreden gilt.[30] Stattdessen ist § 90 Abs. 2 lediglich dann anwendbar, wenn die Wettbewerbsabrede vor Beendigung des Vertragsverhältnisses getroffen wird; andernfalls läuft sie schlicht leer.

18 Aufgrund der gebotenen abstrakt-generellen Auslegung der Norm kommt es auch nicht darauf an, ob der Handelsvertreter im Zeitpunkt der Vertragsbeendigung bzw. hiernach generalisierend oder unter Berücksichtigung der spezifischen Umstände im Einzelfall tatsächlich nicht mehr als **schutzbedürftig** angesehen wird. Zum Teil wird indes eine Schutzbedürftigkeit des Handelsvertreters mit bzw. nach Vertragsbeendigung grundsätzlich verneint.[31] Nach anderer Ansicht soll es darauf ankommen, ob der Handelsvertreter noch offene Ansprüche und nicht endgültige geregelte und bereinigte Recht hat.[32] Darauf kann es aber – wie gezeigt – nicht ankommen.[33]

19 Im Ergebnis ist § 90a also dann nicht mehr anwendbar, wenn mit der getroffenen Wettbewerbsabrede **ein innerer Zusammenhang** mit dem Handelsvertretervertrag **nicht mehr besteht.**

IV. Vereinbarung über nachvertragliche Wettbewerbsbeschränkung (Wettbewerbsabrede)

20 **1. Begriff der Wettbewerbsabrede.** Wettbewerbsabreden sind nur solche Vereinbarungen, die der Legaldefinition des Abs. 1 S. 1 entsprechen. Danach muss es sich um eine Vereinbarung handeln, die den Handelsvertreter nach Beendigung des Handelsvertretervertrages in seiner **gewerblichen Tätigkeit beschränkt** (zum Begriff der gewerblichen Tätigkeit → Rn. 27).

21 **2. Zustandekommen der Vereinbarung.** Die **Vereinbarung** über ein nachvertragliches Wettbewerbsverbot unterliegt den allgemeinen Regeln über das Zustandekommen von Verträgen (§§ 145 ff. BGB). Eine Anfechtung nach den §§ 119 ff. BGB ist grundsätzlich möglich. Eine Anfechtung wegen Inhalts- bzw. Erklärungsirrtums (§ 119 Abs. 1 BGB) kommt in Betracht, wenn der Handelsvertreter sich Wettbewerbsbeschränkungen nur für die Zeit des Bestehens des Vertragsverhältnisses, nicht aber für die Zeit danach unterwerfen wollte, tatsächlich aber zugleich eine nachvertragliche Wettbewerbsbeschränkung zustande gekommen ist.[34]

22 Wettbewerbsverbote sind grundsätzlich einer **Vertragsauslegung** zugänglich. Jedoch muss aus der Vereinbarung in der Regel klar hervorgehen, dass es sich um eine Wettbewerbsbeschränkung handelt, die nach Beendigung des Handelsvertreterverhältnisses in Kraft tritt.[35] Eine Wettbewerbsabrede, die für die Zeit des Bestehens des Handelsvertretervertrags geschlossen ist, kann ausnahmsweise im Einzelfall dahin ausgelegt werden, dass das Verbot auch nach dem Vertragsende fortbestehen soll.[36]

23 Im Unterschied zum Wettbewerbsverbot gegenüber Handlungsgehilfen (vgl. § 74a Abs. 2 S. 1) ist eine Wettbewerbsvereinbarung mit **minderjährigen Handelsvertretern**

[29] Wie hier OLG Hamburg BeckRS 2012, 09399.
[30] So auch OLG Hamburg BeckRS 2012, 09399; aA OLG Nürnberg BeckRS 2011, 03953.
[31] OLG Nürnberg BeckRS 2011, 03953; Oetker/*Busche* Rn. 15; Baumbach/Hopt/*Hopt* Rn. 11.
[32] EBJS/*Löwisch* Rn. 12.
[33] Staub/*Emde* Vor § 84 Rn. 29.
[34] Vgl. auch OLG Hamburg BeckRS 2012, 9399; Schlegelberger/*Schröder* Rn. 21b; Oetker/*Busche* Rn. 16.
[35] OLG Köln VersR 2003, 642 f.; Heymann/*Froitzheim* Rn. 8; *Westphal,* Neues Handelsvertreterrecht, 1991, 183.
[36] AA EBJS/*Löwisch* Rn. 15.

zulässig (→ Rn. 10), sofern die besonderen Voraussetzungen der §§ 106 ff. BGB eingehalten werden.

3. Höchstdauer der Vereinbarung (Abs. 1 S. 2). Die Dauer der Wettbewerbsabrede ist gem. Abs. 1 S. 2 begrenzt. Der Handelsvertreter darf in seiner Wettbewerbstätigkeit **höchstens zwei Jahre** ab Beendigung des Handelsvertretervertrags eingeschränkt werden. Die Zweijahresfrist ist absolut;[37] sie kann auch nicht dadurch verlängert werden, dass der Handelsvertreter der Wettbewerbsbeschränkung nur während bestimmter Zeitspannen (etwa während einer alljährlich stattfindenden Messe) unterworfen ist. Die Frist verlängert sich auch nicht durch Unterbrechungszeiträume, während derer der Handelsvertreter infolge Krankheit oder Arbeitslosigkeit oder sonstiger Hinderungsgründe zu einer Wettbewerbstätigkeit ohnehin nicht in der Lage ist. Eine aktive gewerbliche Tätigkeit des Handelsvertreters ist nämlich keine Voraussetzung für den Fristlauf.[38] 24

Überschreitet die Frist die zweijährige Höchstdauer, ist die Vereinbarung gem. Abs. 4 unwirksam; an ihre Stelle tritt im Falle einer Individualvereinbarung die gesetzliche Frist von zwei Jahren.[39] Im Falle einer AGB-Klausel ist die Wettbewerbsabrede insgesamt unwirksam, eine geltungserhaltende Reduktion findet nicht statt (→ Rn. 77). Eine **faktische Verlängerung** der gesetzlichen Frist durch Abschluss einer erneuten Wettbewerbsabrede ist regelmäßig nicht möglich, weil sie noch im inneren Zusammenhang mit dem Handelsvertretervertrag steht (→ Rn. 19). Die **Vereinbarung einer kürzeren Frist** ist zulässig. 25

Die Wettbewerbsabrede kann vor Ablauf der Zweijahresfrist **gegenstandslos** werden. Das gilt insbesondere bei Betriebseinstellung oder -umstellung durch den Unternehmer oder Tod (bzw. Krankheit) des Handelsvertreters.[40] Zur Frage der Fortgeltung der Wettbewerbsabrede bei Insolvenz des Unternehmers → Rn. 45. 26

V. Gegenstand der Vereinbarung

1. Grundsätzlicher Inhalt. Die Wettbewerbsabrede beschränkt nach der Legaldefinition des Abs. 1 S. 1 die gewerbliche Tätigkeit des Handelsvertreters. Diese Formulierung ist unscharf und bedarf der weiteren Konkretisierung, sowohl in funktionaler als auch gegenständlicher Hinsicht. Die Beschränkung in der „gewerblichen Tätigkeit" bezieht sich keineswegs nur auf die erwerbswirtschaftliche Betätigung als (selbständiger) Gewerbetreibender, sondern umfasst jegliche (Erwerbs-)Tätigkeit bei der Konkurrenz, einschließlich einer solchen in einem abhängigen Beschäftigungsverhältnis.[41] Verboten werden kann damit nicht nur eine anderweitige Tätigkeit als Handelsvertreter, sondern auch als selbständiger Unternehmer, als Vertragshändler bei einem anderen Unternehmen, als Teilhaber einer Personenhandelsgesellschaft, wohl auch als stiller Gesellschafter und sogar als Gesellschafter einer GmbH sowie als Mitglied des Leitungsorgans einer Kapitalgesellschaft.[42] 27

Wenn und soweit also eine „gewerbliche Tätigkeit" nach der getroffenen Abrede verboten ist, so ist dieses Verbot nach dem Gesetzeswortlaut umfassend zu verstehen. Erfasst werden regelmäßig **alle Konkurrenztätigkeiten** des ausscheidenden Handelsvertreters zu Lasten des Unternehmers. 28

Nicht erforderlich ist, dass die Wettbewerbsabrede dem Schutz berechtigter geschäftlicher Interessen des Unternehmers dient;[43] § 74a Abs. 1 S. 1 gilt weder direkt noch analog (→ Rn. 9 f.). Erst recht ist für eine Interessenabwägung kein Raum.[44] Es gilt der Grundsatz 29

[37] Staub/*Emde* Rn. 27; EBJS/*Löwisch* Rn. 27.
[38] Staub/*Emde* Rn. 27; Baumbach/Hopt/*Hopt* Rn. 16; Flohr/Wauschkuhn/*Spenner* Rn. 17.
[39] Staub/*Emde* Rn. 27; EBJS/*Löwisch* Rn. 27; Heymann/*Froitzheim* Rn. 12; *Schröder* in Küstner/Thume VertriebsR-HdB I Kap. X Rn. 67; *Westphal*, Neues Handelsvertreterrecht, 1991, 183.
[40] Röhricht/Graf von Westphalen/Haas/*Thume* Rn. 22 f.; aA Baumbach/Hopt/*Hopt* Rn. 16; Staub/*Emde* Rn. 59.
[41] Staub/*Emde* Rn. 18; Baumbach/Hopt/*Hopt* Rn. 12.
[42] Staub/*Emde* Rn. 18; EBJS/*Löwisch* Rn. 18.
[43] Oetker/*Busche* Rn. 8; aA BezG Dresden BB 1991, 2030; EBJS/*Löwisch* Rn. 20; Staub/*Emde* Rn. 20 unter Rückgriff auf § 74a Abs. 1 S. 2.
[44] So aber EBJS/*Löwisch* Rn. 20.

der Privatautonomie. Der Handelsvertreter ist durch die Karenzentschädigung (§ 90 Abs. 1 S. 3) hinreichend geschützt.

30 **2. Umfang der Wettbewerbsbeschränkung.** Durch Neufassung des § 90a durch das Gesetz vom 23.10.1989 (BGBl. 1989 I 1910) ist Abs. 1 S. 2 um einen **Hs. 2** erweitert worden. Danach darf sich die Wettbewerbsbeschränkung nur auf den dem Handelsvertreter zugewiesenen **Bezirk** oder **Kundenkreis** und nur auf die **Gegenstände** erstrecken, hinsichtlich derer sich der Handelsvertreter um die Vermittlung oder den Abschluss von **Geschäften für den Unternehmer** zu bemühen hat. Damit wird die Parteiautonomie beim Abschluss einer nachvertraglichen Wettbewerbsklausel in örtlicher, personeller und sachlicher Hinsicht eingeschränkt.

31 **a) Räumliche bzw. personelle Einschränkung.** Ist dem Handelsvertreter durch den Handelsvertretervertrag räumlich ein bestimmter **Bezirk** zugewiesen (zum Bezirksvertreter → § 87 Rn. 74 f.), darf sich die Wettbewerbsbeschränkung ausschließlich auf diesen Bezirk beziehen. Das Gleiche gilt, wenn sich die Tätigkeit des Handelsvertreters auf einen bestimmten **Kundenkreis** erstreckt. Dabei ist der Begriff des Bezirks weit zu fassen. Begrifflich muss nicht eine Bezirksvertretung nach Maßgabe des § 87 Abs. 2 vorliegen. Ist einem Handelsvertreter, der nicht Bezirksvertreter iSd § 87 Abs. 2 ist, ein bestimmtes räumlich abgrenzbares Gebiet zugewiesen, in dem er seine Vermittlungs- bzw. Abschlusstätigkeit zu entfalten hat, dann darf sich die Wettbewerbsbeschränkung nur auf das übertragene Arbeitsgebiet beziehen.[45] Soweit daher der Handelsvertreter lediglich in einem Bundesland tätig ist, kann die Wettbewerbsabrede nicht mehr wie früher auf das Gebiet der ganzen Bundesrepublik erstreckt werden.

32 Die räumliche Begrenzung der Wettbewerbsabrede kann dazu führen, dass im Einzelfall eine Wettbewerbsbeschränkung des ausscheidenden Handelsvertreters kaum erzielt werden kann. Dies gilt insbesondere für Handelsvertreterverhältnisse, die sich auf einen sehr kleinen Bezirk bzw. Kundenstamm beschränken. Denn der **Handelsvertreter** kann ohne weiteres **außerhalb dieses räumlich oder personell abgegrenzten Bereiches** nachvertragliche **Wettbewerbstätigkeit entfalten.** Umgekehrt kann die Neuregelung dazu führen, dass der Handelsvertreter, dessen Vertragsverhältnis nicht auf eine Bezirks- oder Alleinvertretung beschränkt ist, einem Wettbewerbsverbot im weitesten Umfang unterworfen werden kann.[46] Denn bedingt durch die fehlende geographische Einschränkung bezieht sich sein Tätigkeitsbereich praktisch auf das **Gebiet ganz Deutschlands;** entsprechendes gilt auch für Kunden und Interessenten, die zum Zwecke der Geschäftsvermittlung angesprochen werden können.[47]

33 Problematisch ist die Begrenzung der Wettbewerbsbeschränkung auf den betreffenden Bezirk dann, wenn der Handelsvertreter **im ständigen Wechsel in unterschiedlichen Bezirken** gearbeitet hat. Denn die Frage ist hier, ob für die notwendige Begrenzung der Wettbewerbsabrede auf den Bezirk abzustellen ist, in dem der Handelsvertreter zuletzt tätig war oder aber auf das Gesamtgebiet, das sich aus den verschiedenen Einsätzen und Einzeltätigkeiten ergibt. Hier dürfte die notwendige Interessenabwägung zwischen Konkurrenzschutz des Unternehmers und beruflicher Handlungsfreiheit des Handelsvertreters wohl dazu führen, die bezirksmäßige Einschränkung des Abs. 1 S. 2 Hs. 2 auf das addierte Gesamtgebiet zu beziehen.[48] Denn nicht nur der letzte Gebietseinsatz, sondern alle Einsätze insgesamt haben dem Handelsvertreter Kundenkontakte, Kenntnisse und sonstige Vorteile verschafft. Die bezirksmäßige Beschränkung der Wettbewerbsabrede will nur verhindern, dass

---

45 EBJS/*Löwisch* Rn. 28; *Schröder* in Küstner/Thume VertriebsR-HdB I Kap, X Rn. 60; *Westphal,* Neues Handelsvertreterrecht, 1991, 184.

46 *Schröder* in Küstner/Thume VertriebsR-HdB I Kap. X Rn. 61; aA Röhricht/Graf v. Westphalen/Haas/*Thume* Rn. 5, der das Wettbewerbsverbot auf das Gebiet, in dem der Handelsvertreter sich schwerpunktmäßig betätigt, begrenzen will.

47 *Schröder* in Küstner/Thume VertriebsR-HdB I Kap. X Rn. 61.

48 *Schröder* in Küstner/Thume VertriebsR-HdB I Kap. X Rn. 64; Flohr/Wauschkuhn/*Spenner* Rn. 20; aA Staub/*Emde* Rn. 31; EBJS/*Löwisch* Rn. 29: Beschränkung nur auf die Bezirke, welche der Handelsvertreter in den letzten beiden Jahren bereist hat.

die Wettbewerbsbeschränkung weiter geht, als an Konkurrenznachteilen für den Unternehmer deshalb zu befürchten ist, weil der Handelsvertreter die auf Grund seiner bisherigen Tätigkeit erworbenen Kenntnisse im Wettbewerb einsetzt.

b) Sachliche Einschränkung. Neben der räumlichen und personellen Einschränkung darf sich die Wettbewerbsabrede nur auf die **Gegenstände** erstrecken, **auf die sich** bis zur Vertragsbeendigung die **Vermittlungs- bzw. Abschlussvollmacht** des Handelsvertreters **bezog.** Auch der Begriff des Gegenstandes ist weit zu fassen. Darunter fallen alle Warengattungen und Dienstleistungen, bezüglich derer der Handelsvertreter vertragsmäßig seine Tätigkeit zu entfalten hatte.[49] Mithin kann sich die Wettbewerbsabrede auf die Vertragsprodukte bzw. Dienstleistungen, die der Handelsvertreter zu vertreiben hatte (zur kartellrechtlichen Beurteilung eines solchen Verbots → Rn. 14),[50] sowie auf Konkurrenzprodukte und -dienstleistungen beziehen. Eine besondere Konkretisierung ist bei Versicherungs- und Bausparkassenvertretern anzunehmen; hier ist als Gegenstand die Sparte zu verstehen, hinsichtlich derer der Vertreter Geschäftsabschlüsse zu vermitteln hatte.[51] 34

3. Rechtsfolgen eines Verstoßes gegen Abs. 1 S. 2. Ein Verstoß gegen Abs. 1 S. 2 führt über Abs. 4 grundsätzlich zur Nichtigkeit gem. § 134 BGB (→ Rn. 75). Im Falle einer Individualvereinbarung betrifft die Nichtigkeitsfolge aber nur die einzelne abweichende Vereinbarung, nicht die Wettbewerbsabrede insgesamt. An die Stelle der unwirksamen Abrede tritt die jeweils gesetzlich zulässige Regelung (→ Rn. 76). So vermindert sich ein unzulässig lange vereinbartes Wettbewerbsverbot automatisch auf die gesetzliche Höchstdauer von zwei Jahren.[52] Im Falle eines formularmäßig vereinbarten Wettbewerbsverbots ist die Wettbewerbsabrede insgesamt unwirksam; eine geltungserhaltende Reduktion findet nicht statt (→ Rn. 77). 35

VI. Formerfordernisse (Abs. 1 S. 1)

1. Schriftform (§ 126 BGB). Die Wirksamkeit der Wettbewerbsvereinbarung hängt auch von der Einhaltung der in Abs. 1 S. 1 vorgeschriebenen Formerfordernisse ab. Insbesondere muss die Wettbewerbsabrede in Schriftform (§ 126 BGB) erfolgen. Die Urkunde über die Abrede muss gem. § 126 Abs. 1 und Abs. 2 S. 1 BGB von beiden Seiten grundsätzlich durch **eigenhändige Unterschrift** unterzeichnet werden; die Unterschriftsleistung durch einen Stellvertreter ist zulässig.[53] Werden gleich lautende Urkunden aufgenommen, so ist gem. § 126 Abs. 2 S. 2 BGB genügend, dass jede Partei die für die andere Partei bestimmte Urkunde unterzeichnet. 36

Die Urkunde muss **sämtliche vereinbarten Absprachen** im Zusammenhang mit der Wettbewerbsvereinbarung enthalten und die notwendigen Unterschriftsleistungen müssen hierfür Abschlussfunktion haben. Daher genügt es nicht, wenn zwar der Handelsvertretervertrag von beiden Vertragspartnern unterzeichnet wird, die Wettbewerbsabrede dem Vertrag aber nur lose als Anhang beiliegt.[54] Allerdings ist eine feste Verbindung dieser Dokumente dann entbehrlich, wenn sie auf einander Bezug nehmen und jeweils beidseitig unterzeichnet sind.[55] Ein inhaltlich nicht konkretisiertes kaufmännisches Bestätigungsschrei- 37

---

49 Staub/*Emde* Rn. 30; BeckOK HGB/*Lehmann* Rn. 9; *Schröder* in Küstner/Thume VertriebsR-HdB I Kap. X Rn. 63.

50 EBJS/*Löwisch* Rn. 31.

51 *Schröder* in Küstner/Thume VertriebsR-HdB I Kap. X Rn. 63; *Ankele* DB 1989, 2211 (2213); aA Baumbach/Hopt/*Hopt* Rn. 17, der im Einzelfall gem. §§ 138, 242 BGB korrigieren will; weitergehend *Küstner* BB 1997, 1753, der auf den geografischen Schwerpunkt der Tätigkeit beschränken will.

52 Baumbach/Hopt/*Hopt* Rn. 31; EBJS/*Löwisch* Rn. 27, 32; Oetker/*Busche* Rn. 45.

53 Dazu OLG Düsseldorf BB 1962, 731; Baumbach/Hopt/*Hopt* Rn. 14; EBJS/*Löwisch* Rn. 23; Oetker/*Busche* Rn. 17; *Schröder* in Küstner/Thume VertriebsR-HdB I Kap. X Rn. 53.

54 LAG Hamm DB 1974, 1532; Staub/*Emde* Rn. 24; *Semler* in MSF VertriebsR-HdB § 23 Rn. 22; Heymann/*Froitzheim* Rn. 13.

55 Staub/*Emde* Rn. 24; *Schröder* in Küstner/Thume VertriebsR-HdB I Kap. X Rn. 54.

ben, das lediglich auf die vorangegangenen Vertragsverhandlungen Bezug nimmt, genügt dem Schriftformerfordernis nicht.[56]

38 **Nicht Bestandteil der schriftlichen Urkunde** muss die **Entschädigungsregelung** sein. Denn die Verpflichtung des Unternehmers zur Zahlung einer Wettbewerbsentschädigung ergibt sich zwingend und unmittelbar bereits aus dem Gesetz.[57] Daher sind individuell ausgehandelte Wettbewerbsvereinbarungen mit Handelsvertretern auch ohne ausdrückliche Entschädigungsvereinbarung wirksam. Bei deren Fehlen hat der Handelsvertreter einen gesetzlichen Anspruch auf eine angemessene Entschädigungsleistung. In diesem Fall sind weder die Regeln über den Dissens (§§ 154, 155 BGB) anwendbar, noch kann der Unternehmer die Wettbewerbsvereinbarung wegen Irrtums (§ 119 Abs. 1 BGB) anfechten.[58] Die Frage, ob in einer AGB-Klausel der Entschädigungsanspruch explizit aufgenommen werden muss, hat der BGH offengelassen.[59] Diese Frage ist zu verneinen; es ist auch in ABG-Klauseln nicht notwendig, gesetzlich bestehende Ansprüche zu erwähnen.[60]

39 Ist hingegen eine **Entschädigungsleistung** in der Vertragsurkunde ausdrücklich **ausgeschlossen,** so ist diese Klausel gem. Abs. 1 S. 3 iVm § 134 BGB nichtig bzw. im Falle eines AGB-Vertrages nach § 307 BGB unwirksam. Allerdings kann es sich hierbei im Verhältnis zur Gesamtregelung um einen Fall der **Teilnichtigkeit** gem. § 139 BGB handeln, wenn eine Individualvereinbarung vorliegt. Daher ist in diesem Fall zu prüfen, ob die Nichtigkeit des Entschädigungsausschlusses das gesamte Wettbewerbsverbot erfasst oder ob dieses mit der Maßgabe fortbesteht, dass gem. Abs. 1 S. 3 vom Zeitpunkt der Vertragsbeendigung an eine angemessene Entschädigung zu zahlen ist. Allerdings dürfte **im Zweifel Gesamtnichtigkeit** der Wettbewerbsklausel vorliegen, weil der Ausschluss der Entschädigung einerseits sowie Inhalt und Umfang des Wettbewerbsverbots andererseits als Einheit anzusehen sind. So kann zB der Entschädigungsausschluss deshalb vereinbart worden sein, weil der Handelsvertreter in nur ganz geringfügigem Umfang in seiner Tätigkeit eingeschränkt werden soll; hier wird der Unternehmer im Zweifel eher gänzlich auf die Abrede verzichten wollen, als dass es seinem Willen entsprechen würde, im Fall der Nichtigkeit der Entschädigungsausschlussklausel die Vereinbarung mit der entsprechenden Verpflichtung zur Zahlung einer angemessenen Wettbewerbsentschädigung aufrechtzuerhalten.

40 **2. Aushändigung der Urkunde. a) Rechtzeitige Aushändigung.** Die Urkunde (bzw. ein Exemplar) muss dem Handelsvertreter rechtzeitig ausgehändigt werden. Die Aushändigung der Urkunde ist **Wirksamkeitsvoraussetzung** für die Wettbewerbsabrede.[61] Denn der Handelsvertreter soll sich jederzeit völlige Klarheit über die Beschränkungen, die er eingegangen ist, verschaffen können. Dem Erfordernis der Aushändigung wird deshalb nicht dadurch genügt, wenn der Unternehmer dem Handelsvertreter die Urkunde zwecks Gegenzeichnung zuleitet und der Handelsvertreter die Urkunde auf Verlangen des Unternehmers zurückschickt.[62]

41 In Hinblick auf das Wirksamwerden der Wettbewerbsabrede ist zu fordern, dass die Aushändigung der Urkunde binnen **angemessener** Zeit nach Abschluss der Wettbewerbsvereinbarung erfolgen muss.[63] Denn durch ein mögliches Hinausschieben der Urkundenaus-

---

56 Heymann/*Froitzheim* Rn. 13; Röhricht/Graf v. Westphalen/Haas/*Thume* Rn. 9.

57 OLG Düsseldorf BB 1962, 731; OLG Nürnberg BB 1960, 1261; Staub/*Emde* Rn. 24; EBJS/*Löwisch* Rn. 25; Heymann/*Froitzheim* Rn. 11; *Schröder* in Küstner/Thume VertriebsR-HdB I Kap. X Rn. 56; Flohr/Wauschkuhn/*Spenner* Rn. 16.

58 Staub/*Emde* Rn. 33; Baumbach/Hopt/*Hopt* Rn. 18; Oetker/*Busche* Rn. 12.

59 BGH NJW 2016, 401 Rn. 20.

60 *Ostendorf* GWR 2016, 30; aA OLG Karlsruhe BeckRS 2015, 20911; *Dück* NJW 2016, 368.

61 Staub/*Emde* Rn. 26; EBJS/*Löwisch* Rn. 26; *Schröder* in Küstner/Thume VertriebsR-HdB I Kap. X Rn. 51; GK-HGB/*Genzow* Rn. 9; Röhricht/Graf v. Westphalen/Haas/*Thume* Rn. 11.

62 Staub/*Emde* Rn. 26; *Schröder* in Küstner/Thume VertriebsR-HdB I Kap. X Rn. 55; Röhricht/Graf v. Westphalen/Haas/*Thume* Rn. 11; *Emde* Rn. 27; diff. Flohr/Wauschkuhn/*Spenner* Rn. 15.

63 Heymann/*Froitzheimr* Rn. 13; Röhricht/Graf v. Westphalen/Haas/*Thume* Rn. 11; *Schröder* in Küstner/Thume VertriebsR-HdB I Kap. X Rn. 51; EBJS/*Löwisch* Rn. 26; einschr. *Westphal,* Neues Handelsvertreterrecht, 1991, 185: „jedenfalls vor Beendigung des Handelsvertreterverhältnisses"; aA Staub/*Emde* Rn. 26.

händigung könnte der Unternehmer einseitig und beliebig das Verbindlichwerden der Wettbewerbsabrede steuern. Im Ergebnis liefe eine solche Handhabung auf einen unzulässigen einseitigen Wirksamkeitsvorbehalt[64] der Abrede zugunsten des Unternehmers hinaus. Erfolgt die Urkundenübergabe daher nicht innerhalb angemessener Zeit, wird die gesamte Wettbewerbsabrede hinfällig.[65]

b) Annahmeverweigerung durch den Handelsvertreter. Da das Wirksamwerden der Wettbewerbsabrede an die Urkundenübergabe gebunden ist, ist der Handelsvertreter umgekehrt zur Entgegennahme der Urkunde verpflichtet. **Verweigert** der **Handelsvertreter** die Entgegennahme der **Urkunde** ungerechtfertigt, ist ihre Aushändigung an den Handelsvertreter als erfolgt zu unterstellen und die Abrede tritt ohne weiteres Zutun in Kraft.[66] 42

3. Rechtsfolgen von Formfehlern. Bei Nichteinhaltung der Formerfordernisse ist die Wettbewerbsabrede **nichtig** (§ 125 BGB). Die Wirksamkeit einer formgerecht vereinbarten Wettbewerbsabrede wird jedoch nicht dadurch berührt, dass der Handelsvertreter noch minderjährig ist. Der minderjährige Handelsvertreter wird durch die §§ 106 ff. BGB bereits ausreichend geschützt (→ Rn. 23).[67] 43

VII. Pflicht zur Zahlung einer Karenzentschädigung (Abs. 1 S. 3)

1. Entschädigungsvereinbarung. Das Gesetz verpflichtet den Unternehmer ausdrücklich, für die Dauer der Wettbewerbsbeschränkung eine angemessene **Entschädigung** zu zahlen. Der Wortlaut des Abs. 1 S. 3 unterscheidet sich deutlich von der Regelung für den Handlungsgehilfen (§ 74 Abs. 2), wonach die Gültigkeit der Wettbewerbsabrede von der Übernahme der Entschädigungspflicht abhängt. Die vom Gesetzgeber bei Kenntnis des § 74 Abs. 2 offenbar beabsichtigte abweichende Regelung in Abs. 1 S. 3 schließt eine entsprechende Anwendung der Unwirksamkeitsrechtsfolge des § 74 Abs. 2 auf Wettbewerbsabreden mit Handelsvertretern aus (→ Rn. 9 f.).[68] Für den Handelsvertreter ergibt sich der **Entschädigungsanspruch** vielmehr **unmittelbar aus dem Gesetz.**[69] Er muss daher nicht explizit im Vertrag aufgenommen werden (→ Rn. 38). 44

Die Entschädigungspflicht bleibt auch bestehen, wenn der Unternehmer sein Unternehmen aufgibt.[70] Streitig ist, ob bei **Insolvenz des Unternehmers** die nachvertragliche Wettbewerbsabrede und mithin die Entschädigungspflicht bestehen bleiben.[71] Nach diesseitiger Ansicht kommt es nicht darauf an, ob die nachvertragliche Wettbewerbsabrede objektiv (noch) dem Schutz berechtigter Interessen dient.[72] § 74a Abs. 1 S. 1 gilt weder direkt noch analog (→ Rn. 29). Vielmehr steht dem Insolvenzverwalter ein **Wahlrecht nach § 103 InsO** in Bezug auf die Erfüllung der nachvertraglichen Wettbewerbsabrede zu.[73] Es ist mithin an ihm, darüber zu entscheiden, ob die Erfüllung des nachvertraglichen Wettbewerbsverbots unter Berücksichtigung der Entschädigungspflicht für die Insolvenzmasse von Vorteil ist. Das Wahlrecht sorgt dafür, dass sachgerechte Ergebnisse gefunden werden. Unerheblich ist, ob der Vertrag durch die Eröffnung des Insolvenzverfahrens nach §§ 115, 116 InsO beendet wird mit der Folge, dass das nachvertragliche Wettbewerbsverbot dadurch entsteht, oder das Insolvenzverfahren nach Vertragsbeendigung eröffnet wird.[74] In beiden 45

---

64 Dazu LG Tübingen BB 1977, 671.

65 Heymann/*Froitzheim* Rn. 13; *Schröder* in Küstner/Thume VertriebsR-HdB I Kap. X Rn. 51.

66 Staub/*Emde* Rn. 26; *Schröder* in Küstner/Thume VertriebsR-HdB I Kap. X Rn. 52; EBJS/*Löwisch* Rn. 26; KKRD/*Roth* Rn. 5; GK-HGB/*Genzow* Rn. 9; *Westphal,* Neues Handelsvertreterrecht, 1991, 185.

67 BAG AP HGB § 90a Nr. 1 mAnm *Hefermehl* = NJW 1964, 1641.

68 BAG NJW 1964, 1641; Staub/*Emde* Rn. 33; EBJS/*Löwisch* Rn. 34.

69 Staub/*Emde* Rn. 33; *Semler* in MSF VertriebsR-HdB § 23 Rn. 23; GK-HGB/*Genzow* Rn. 15.

70 Staub/*Emde* Rn. 59; Baumbach/Hopt/*Hopt* Rn. 18.

71 Baumbach/Hopt/*Hopt* Rn. 16, 18: Wettbewerbsabrede bleibt bestehen; Röhricht/v. Westphalen/*Küstner* § 90a Rn. 23; *Schröder* in Küstner/Thume VertriebsR-HdB I Kap. X Rn. 146 ff.

72 AA *Schröder* in Küstner/Thume VertriebsR-HdB I Kap. X Rn. 148; Oetker/*Busche* Rn. 41.

73 EBJS/*Löwisch* Rn. 51.

74 AA *Emde/Kelm* ZIP 2005, 58 (62); Staub/*Emde* Rn. 61 ff.

Fällen steht dem Insolvenzverwalter das Wahlrecht nach § 103 InsO zu.[75] § 90a Abs. 2 hebelt nicht das Wahlrecht des Insolvenzverwalters nach § 103 InsO aus. Wählt der Insolvenzverwalter die Erfüllung der Wettbewerbsabrede, hat der Handelsvertreter Anspruch auf die Karenzentschädigung nach Abs. 1 S. 3; es handelt sich dann um Masseverbindlichkeiten, § 55 Abs. 1 Nr. 2 InsO. Wählt er die Nichterfüllung, ist der Handelsvertreter nicht (mehr) an die Wettbewerbsabrede gebunden und der Insolvenzverwalter schuldet keine Karenzentschädigung (mehr). Im Ergebnis ist es also nicht so, dass die Wettbewerbsabrede in der Insolvenz des Unternehmers grundsätzlich gegenstandslos oder grundsätzlich bestehen bleibt. Demgegenüber führt eine außerordentliche Kündigung des Handelsvertreters wegen Insolvenz des Unternehmers (vor Eröffnung des Insolvenzverfahrens über dessen Vermögen) **nicht per se** dazu, dass sich der Handelsvertreter nach **Abs. 3** von der Wettbewerbsabrede **lossagen** kann; die Kündigung müsste auf **ein schuldhaftes Verhalten des Unternehmers** gestützt werden.[76] Hier dürften sich unter umgekehrten Vorzeichen die gleichen Fragen stellen wie zu § 89b Abs. 3 Nr. 2 in Bezug auf einen etwaigen Wegfall des Ausgleichsanspruchs infolge einer außerordentlichen Kündigung durch den Unternehmer wegen der Insolvenz des Handelsvertreters (→ § 89b Rn. 213).

46 **2. Rechtsnatur der Wettbewerbsentschädigung.** Die Wettbewerbsentschädigung ist **Gegenleistung** für die geschuldete Unterlassung des Wettbewerbs durch den Handelsvertreter.[77] Sie hat keinen Schadensersatzcharakter.[78] Aus der Rechtsnatur der Karenzentschädigung als Gegenleistung für die Unterlassung von Wettbewerb folgt, dass ihr Zweck ein anderer ist als der des Ausgleichanspruchs nach § 89b. Dieser Anspruch will einen Ausgleich dafür schaffen, dass bei Ausscheiden des Handelsvertreters von diesem geknüpfte Kundenkontakte für die Zukunft nur noch dem Unternehmer zugutekommen. Der Anspruch auf Ausgleich und der auf Karenzentschädigung bestehen deshalb nebeneinander, ohne dass der eine Anspruch den anderen berührt.[79]

47 **3. Angemessenheit der Entschädigung. a) Unbestimmter Rechtsbegriff.** Während der Handlungsgehilfe einen Anspruch auf eine Entschädigung von mindestens der Hälfte der letzten vertraglichen Vergütung hat (§ 74 Abs. 2), ist die Höhe des Entschädigungsanspruchs des Handelsvertreters durch einen unbestimmten Rechtsbegriff gekennzeichnet. Ihre Festlegung ist in erster Linie Aufgabe der Parteien. Weicht die Vereinbarung in der Höhe von der gesetzlich „angemessenen" Entschädigung zugunsten des Handelsvertreters ab, bleibt es beim Vorrang des Parteiwillens. Bei einer Abweichung zu Lasten des Handelsvertreters oder bei gänzlich fehlender Parteivereinbarung über die Höhe der Wettbewerbsentschädigung tritt an deren Stelle die gesetzlich angemessene Entschädigung.[80] Die Höhe einer angemessenen Entschädigung ist ggf. gerichtlich nach § 287 ZPO zu bestimmen.

48 **b) Kriterien der Angemessenheit. Der unbestimmte Rechtsbegriff der „angemessenen Entschädigung"** beruht auf dem Grundgedanken, dass die Entschädigung nicht zu einem unangemessenen Gewinn für den Empfänger führen, sondern lediglich die mit dem Wettbewerbsverbot verbundenen beruflichen Nachteile in den vom Gesetz aufgestell-

---

75 Wie hier wohl EBJS/*Löwisch* Rn. 51.

76 AA EBJS/*Löwisch* Rn. 51; Staub/*Emde* Rn. 63.

77 BGHZ 59, 390 = JR 1973, 200 mAnm *Schwerdtner*; BAG AP HGB § 74 Nr. 21 mAnm *Hofmann* = SAE 1969, 5 mAnm *Simitis*; Staub/*Emde* Rn. 34; Baumbach/Hopt/*Hopt* Rn. 18; Heymann/*Froitzheim* Rn. 15; *Schröder* in Küstner/Thume VertriebsR-HdB I Kap. X Rn. 86; Röhricht/Graf v. Westphalen/Haas/*Thume* Rn. 13.

78 BGHZ 63, 353 (355) = NJW 1975, 388 (388 f.); Staub/*Emde* Rn. 34; EBJS/*Löwisch* Rn. 34; Oetker/*Busche* Rn. 21.

79 Staub/*Emde* Rn. 34; Baumbach/Hopt/*Hopt* Rn. 18; 20; Röhricht/Graf v. Westphalen/Haas/*Thume* Rn. 16; Oetker/*Busche* Rn. 26; *Schröder* in Küstner/Thume VertriebsR-HdB I Kap. X Rn. 94; BeckOK HGB/*Lehmann* Rn. 16.

80 BGHZ 63, 353 (355) = NJW 1975, 388; Staub/*Emde* Rn. 36; Baumbach/Hopt/*Hopt* Rn. 31; Oetker/*Busche* Rn. 25; GK-HGB/*Genzow* Rn. 14; Flohr/Wauschkuhn/*Spenner* Rn. 27.

ten Grenzen ausgleichen soll.[81] Daher ist eine **Abwägung erforderlich** zwischen den Nachteilen, die dem Handelsvertreter durch die Einhaltung des Wettbewerbsverbotes entstehen, und den Vorteilen, die der Unternehmer hieraus zieht.[82]

Für die Abwägung zur Beurteilung der Angemessenheit der Entschädigung sind verschiedene **Kriterien** maßgeblich.[83] Zu berücksichtigen sind die erforderliche wirtschaftliche Sicherung des Handelsvertreters, die Möglichkeiten einer anderweitigen, nicht dem Wettbewerbsverbot unterliegenden Erwerbstätigkeit, die wirtschaftliche Bedeutung des Wettbewerbsverbots für den Unternehmer sowie der materielle Verlust, den das Konkurrenzverbot für den Handelsvertreter (insbesondere durch Ablehnung einer unter Umständen besser vergüteten Stelle beim Konkurrenzunternehmer) bedeutet.[84] 49

c) Berücksichtigung anderweitigen Erwerbs des Handelsvertreters. Die Frage einer Anrechnung anderweitigen Erwerbs des Handelsvertreters auf die Entschädigung ist im Unterschied zum Recht des Handlungsgehilfen (§ 74c) in § 90a nicht geregelt. Eine analoge Anwendung der Anrechnungsregeln des § 74c wird zu Recht mit der Begründung abgelehnt, dass § 90a eine abschließende Regelung für Wettbewerbsverbote gegenüber Handelsvertretern enthält.[85] § 90a stellt insoweit eine vom Gesetzgeber beabsichtigte Regelungslücke dar. Der fehlende Schadensersatzcharakter des Entschädigungsanspruchs des Handelsvertreters (→ Rn. 46) zeigt, dass eine Anrechnung des während der Karenzzeit vom Handelsvertreter tatsächlich erzielten oder (fiktiv) erzielbaren anderweitigen Erwerbs nicht in entsprechender Anwendung des § 74c erfolgen kann.[86] Der Handelsvertreter kann die volle (angemessene) Entschädigung also grds. unabhängig davon beanspruchen, ob und inwieweit er zur Ausübung einer Wettbewerbstätigkeit im Laufe der Karenzzeit überhaupt in der Lage gewesen wäre.[87] 50

Ein **anderweitiger Erwerb** ist jedoch im Rahmen der Bemessung der Angemessenheit der Entschädigung **zu berücksichtigen.**[88] Einerseits kann als Maßstab für die Bemessung der Karenzentschädigung des Handelsvertreters zwar der für den Handlungsgehilfen geltende § 74c Abs. 1 S. 1 nicht direkt herangezogen werden (→ Rn. 50). Andererseits bedurfte es aber nach dem Gesetzeswortlaut des § 90a Abs. 1 S. 3 keiner gesonderten Anrechnungsvorschrift, da der Anspruch des Handelsvertreters von vornherein auf eine „angemessene Entschädigung" gerichtet ist. Dieser unbestimmte Rechtsbegriff ist auszulegen und begründet eine gewisse Rechtsunsicherheit, die bei der Entschädigungsregelung nach den §§ 74 ff. vermieden worden ist. Doch tragen § 74c und § 90a denselben Rechtsgedanken in sich. Beide sind auf eine „angemessene" Entschädigung gerichtet, wobei in § 74c die Grenzen der Angemessenheit gesetzlich festgelegt sind: Einmal durch die gesetzliche Mindestentschädigung und zum anderen durch die vorgegebenen Anrechnungsregeln. Im Rahmen des § 90a sind hingegen diese Grenzen durch Auslegung und inhaltliche Auffüllung 51

---

[81] BAG AP GewO § 133f Nr. 23 mAnm *Hofmann* = AR-Blattei, Wettbewerbsverbot, Entsch. 70 mAnm *Buchner* = SAE 1970, 181 mAnm *Pleyer*; *v. Hoyningen-Huene,* Die Billigkeit im Arbeitsrecht, 1978, 96 ff. mwN; Oetker/*Busche* Rn. 25.

[82] BGHZ 63, 353 (355 f.) = NJW 1975, 388 (389); Heymann/*Froitzheim* Rn. 18; *Ordemann* BB 1965, 932 (933); Röhricht/Graf v. Westphalen/Haas/*Thume* Rn. 14; EBJS/*Löwisch* Rn. 37; *Schröder* in Küstner/Thume VertriebsR-HdB I Kap. X Rn. 89; Oetker/*Busche* Rn. 25; Flohr/Wauschkuhn/*Spenner* Rn. 28.

[83] EBJS/*Löwisch* Rn. 37; *Schröder* in Küstner/Thume VertriebsR-HdB I Kap. X Rn. 88 ff. mwN; Flohr/Wauschkuhn/*Spenner* Rn. 28; GK-HGB/*Genzow* Rn. 16.

[84] Diff. Staub/*Emde* Rn. 36.

[85] BGHZ 63, 353 (355 f.) = NJW 1975, 388 (389); Staub/*Emde* Rn. 34; 37; Baumbach/Hopt/*Hopt* Rn. 9; 20; EBJS/*Löwisch* Rn. 38; *Schröder* in Küstner/Thume VertriebsR-HdB I Kap. X Rn. 96; Flohr/Wauschkuhn/*Spenner* Rn. 30; Röhricht/Graf v. Westphalen/Haas/*Thume* Rn. 14.

[86] BGHZ 63, 353 (355 f.) = NJW 1975, 388 (389); Staub/*Emde* Rn. 34; 37; Baumbach/Hopt/*Hopt* Rn. 20; EBJS/*Löwisch* Rn. 38.

[87] BGHZ 63, 353 = NJW 1975, 388; Baumbach/Hopt/*Hopt* Rn. 20.

[88] BGHZ 63, 353 (355 f.) = NJW 1975, 388 (389); BAG AP GewO § 133f Nr. 23; Oetker/*Busche* Rn. 26; Staub/*Emde* Rn. 34; Baumbach/Hopt/*Hopt* Rn. 20; Röhricht/Graf v. Westphalen/Haas/*Thume* Rn. 14; mit Einschränkungen EBJS/*Löwisch* Rn. 38; *Schröder* in Küstner/Thume VertriebsR-HdB I Kap. X Rn. 95.

des unbestimmten Rechtsbegriffs „Angemessenheit" zu bestimmen. Durch den Begriff der Angemessenheit soll ein unangemessener Gewinn des Handelsvertreters vermieden werden (→ Rn. 48). Daher ist neben den in → Rn. 49 genannten Kriterien ein anderweitiger Erwerb bei der Feststellung der Angemessenheit der Karenzentschädigung zu berücksichtigen.

52 **4. Art und Weise der Entschädigung.** Die Art und Weise der Entschädigung ist gesetzlich nicht vorgeschrieben und somit der **Parteivereinbarung,** ggf. der **gerichtlichen Feststellung** überlassen. Zwar hat nach dem Gesetzeswortlaut der Unternehmer eine Entschädigung zu „zahlen". Dieser Begriff braucht jedoch nicht im engsten Sinne verstanden zu werden; es muss sich nicht notwendig um eine Geldleistung handeln, sondern es genügt auch die Zuwendung anderer Vermögenswerte, die für den Handelsvertreter einen wirtschaftlichen Vorteil darstellen.[89]

53 Soweit eine **Geldleistung** erfolgt, sind bei der Bemessung der Entschädigung die Bruttoprovisionen zugrunde zu legen. Die Entschädigung ist ein Bruttoentgelt und enthält die Mehrwertsteuer.[90] Sofern keine Zahlungsvereinbarung erfolgt ist, ist – anders als beim Handlungsgehilfen (§ 74b) – die Entschädigung des Handelsvertreters grundsätzlich auf einmal zu zahlen (vgl. § 271 Abs. 1 BGB).[91] Denn der Handelsvertreter kann als selbständiger Kaufmann gerade auf die einmalige Vorauszahlung angewiesen sein, um sich für den Aufbau einer Existenz nach Ablauf der Karenzzeit vorbereiten zu können.[92]

54 Für eine **Ratenzahlung,** die in der Praxis weit verbreitet ist,[93] bedarf es daher der ausdrücklichen Vereinbarung – ggf. auch in AGB[94] – zwischen Unternehmer und Handelsvertreter; eine solche verstößt nicht gegen Abs. 4 (→ Rn. 74). Sie wird in der Regel schon deshalb erfolgen, um die Rechtsfolge des Abs. 2 auslösen zu können. Danach erlischt die Entschädigungspflicht des Unternehmers nach Ablauf von sechs Monaten nach Verzicht auf die Wettbewerbsabrede (→ Rn. 60).

55 **5. Entstehung, Fälligkeit und Verjährung der Wettbewerbsentschädigung.** Aus § 90a ergibt sich nicht zwingend, zu welchem Zeitpunkt der Anspruch auf die Entschädigungsleistung entsteht. Jedoch ist davon auszugehen, dass die **Entstehung** des Entschädigungsanspruchs an die Beendigung des Handelsvertretervertrags anknüpft.[95] Mit Beendigung des Handelsvertretervertrags ist gem. § 271 Abs. 1 BGB die gesamte Entschädigungssumme **fällig** (→ Rn. 53), sofern zwischen den Parteien eine Ratenzahlungsvereinbarung nicht getroffen wurde (→ Rn. 54, → Rn. 74).

56 Der Anspruch auf die monatliche Karenzentschädigung unterliegt der regelmäßigen dreijährigen **Verjährung** (§ 195 BGB). In der **Zwangsvollstreckung** besteht Pfändungsschutz nach § 850i ZPO; für eine analoge Anwendung des § 850 Abs. 3a ZPO besteht keine Notwendigkeit.

57 **6. Rechtsfolgen bei fehlender oder unangemessener Entschädigungszusage.** § 90a enthält keine dem § 74 Abs. 2 entsprechende Regelung, wonach die Gültigkeit der Wettbewerbsabrede von der Übernahme der Entschädigungspflicht abhängt. Eine entsprechende Anwendung des § 74 Abs. 2 auf die Wettbewerbsabrede zwischen Unternehmer und Handelsvertreter ist ausgeschlossen.

---

[89] BGH NJW 1962, 1346; Staub/*Emde* Rn. 38; *Schröder* in Küstner/Thume VertriebsR-HdB I Kap. X Rn. 105; Röhricht/Graf v. Westphalen/Haas/*Thume* Rn. 17; Oetker/*Busche* Rn. 22.

[90] BGHZ 63, 353 = NJW 1975, 388 (390); *Semler* in MSF VertriebsR-HdB § 23 Rn. 24; Oetker/*Busche* Rn. 25; BeckOK HGB/*Lehmann* Rn. 17; Röhricht/Graf v. Westphalen/Haas/*Thume* Rn. 17.

[91] Staub/*Emde* Rn. 42; EBJS/*Löwisch* Rn. 40; Heymann/*Froitzheim* Rn. 16.

[92] Staub/*Emde* Rn. 42.

[93] Staub/*Emde* Rn. 42; Röhricht/Graf v. Westphalen/Haas/*Thume* Rn. 18; Oetker/*Busche* Rn. 24; BeckOK HGB/*Lehmann* Rn. 17.

[94] Die formularmäßig vereinbarte Ratenzahlung ist nicht nach § 307 BGB unwirksam; vgl. dazu nur Heymann/*Froitzheim* Rn. 16.

[95] BFH DB 1970, 664 = BeckRS 1969, 21001102; EBJS/*Löwisch* Rn. 40; Oetker/*Busche* Rn. 23; BeckOK HGB/*Lehmann* Rn. 17; Heymann/*Froitzheim* Rn. 16; Flohr/Wauschkuhn/*Spenner* Rn. 31.

VIII. Verzicht des Unternehmers auf die Wettbewerbsabrede (Abs. 2)

Gem. **Abs. 2** kann der Unternehmer bis zum Ablauf des Handelsvertreterverhältnisses schriftlich auf die Wettbewerbsbeschränkung (ganz oder teilweise) **verzichten.** Die gesetzliche Möglichkeit des Verzichts knüpft an den Umstand an, dass der Unternehmer im Laufe des Handelsvertreterverhältnisses nachträglich sein Interesse an der Wettbewerbsbeschränkung verlieren kann. Vor Schaden durch einen (kurzfristigen) Verzicht des Unternehmers wird der Handelsvertreter dadurch geschützt, dass er erst mit Ablauf von sechs Monaten nach der Verzichtserklärung seinen Entschädigungsanspruch verliert.[96] 58

1. Voraussetzungen des Verzichts. Der Verzicht ist eine einseitige, empfangsbedürftige Willenserklärung; sie muss dem Handelsvertreter in **schriftlicher** Form (§ 126 BGB) zugehen. Der Unternehmer kann sich dabei gem. § 164 BGB durch Stellvertreter vertreten lassen. Der Verzicht ist **bedingungsfeindlich;** wegen seiner Gestaltungswirkung kann er nicht einseitig zurückgenommen, wohl aber nach §§ 119 ff. BGB angefochten werden.[97] Zulässig ist auch der Verzicht auf einen Teil der Wettbewerbsbeschränkung, soweit die Unterlassungspflicht teilbar ist und ein Teilverzicht nicht ausgeschlossen ist (zB ein Jahr statt zwei Jahre).[98] **Zeitlich** muss der Verzicht bis zum Vertragsablauf erklärt werden; daher ist die Erklärung auch noch während einer laufenden Kündigungsfrist wirksam. Ein grundsätzlich jederzeit widerruflicher **Ausschluss** des Verzichtsrechts kann vertraglich vereinbart werden. Eine solche Vereinbarung ist für den Handelsvertreter rechtlich nicht von Nachteil und daher nicht gem. Abs. 4 ausgeschlossen. Ein formungültiger oder verspäteter Verzicht kann als Angebot zum Abschluss eines Aufhebungsvertrags ausgelegt werden (→ Rn. 61). 59

2. Rechtsfolgen des Verzichts. Die Rechtsfolge des Verzichts auf die Wettbewerbsabrede ist eine doppelte. Der **Handelsvertreter** ist mit Zugang der Verzichtserklärung von seiner Wettbewerbsbeschränkung befreit, sofern der Unternehmer nicht erst ab einem bestimmten Zeitpunkt auf die Wettbewerbsabrede verzichtet. Der **Unternehmer** wird hingegen von seiner Verpflichtung zur Gegenleistung insofern eingeschränkt entbunden, als er noch für einen Zeitraum von sechs Monaten ab Zugang der Willenserklärung die vereinbarte Karenzentschädigung bezahlen muss. Da die Sechsmonatsfrist ab dem Zeitpunkt des Zugangs der Verzichtserklärung zu laufen beginnt, muss der Unternehmer die Karenzentschädigung über das Vertragsende hinaus zahlen, sofern er den Verzicht nicht bereits sechs Monate vor Ablauf des Handelsvertreterverhältnisses ausspricht.[99] Hat der Unternehmer nur zum Teil auf die Wettbewerbsabrede verzichtet, besteht die Entschädigungspflicht partiell für den übrigen Teil. 60

3. Aufhebungsvertrag. Gesetzlich geregelt ist nur der einseitige Verzicht des Unternehmers auf die Wettbewerbsbeschränkung. Aufgrund ihrer Vertragsfreiheit (§ 311 Abs. 1 BGB) können die Parteien jedoch auch beidseitig durch Aufhebungsvertrag auf die Wettbewerbsabrede verzichten. Da für einen solchen Aufhebungsvertrag weder der Formzwang noch die zeitliche Bindung an das Vertragsende des Abs. 2 besteht,[100] kann ein formwidriger oder nach Ablauf des Handelsvertretervertrags ausgesprochener einseitiger Verzicht des Unternehmers als Angebot zum Abschluss eines Aufhebungsvertrags ausgelegt werden; dieses Angebot bedarf aber – im Unterschied zum Fall des Abs. 2 – der zumindest konkludenten Annahme durch den Handelsvertreter.[101] 61

---

96 Begr. RegE, BT-Drs. 1/3856, 38.

97 Staub/*Emde* Rn. 52; Baumbach/Hopt/*Hopt* Rn. 23; EBJS/*Löwisch* Rn. 44; Heymann/*Froitzheim* Rn. 23; Oetker/*Busche* Rn. 31; *Emde* Rn. 54.

98 Baumbach/Hopt/*Hopt* Rn. 23; EBJS/*Löwisch* Rn. 44; Heymann/*Froitzheim* Rn. 23;; Flohr/Wauschkuhn/*Spenner* Rn. 36; Röhricht/Graf v. Westphalen/Haas/*Thume* Rn. 20; diff. *Emde* Rn. 54.

99 *Schröder* in Küstner/Thume VertriebsR-HdB I Kap. X Rn. 122; Röhricht/Graf v. Westphalen/Haas/*Thume* Rn. 20.

100 Baumbach/Hopt/*Hopt* Rn. 24; Röhricht/Graf v. Westphalen/Haas/*Thume* Rn. 21; Flohr/Wauschkuhn/*Spenner* Rn. 38.

101 *Schröder* in Küstner/Thume VertriebsR-HdB I Kap. X Rn. 125; Baumbach/Hopt/*Hopt* Rn. 23; Flohr/Wauschkuhn/*Spenner* Rn. 37; Oetker/*Busche* Rn. 33.

62 Die **Rechtsfolge** des Aufhebungsvertrags unterscheidet sich grundsätzlich von der des Abs. 2. Denn durch den Aufhebungsvertrag endet sowohl die Wettbewerbsbeschränkung als auch die Entschädigungspflicht zeitgleich zu dem im Aufhebungsvertrag vereinbarten Zeitpunkt.[102] Gegebenenfalls muss ein nicht unmittelbar festgelegter Beendigungszeitpunkt durch Auslegung ermittelt werden. Ausdrücklich kann auch ein unterschiedlicher Zeitpunkt für den Wegfall der Wettbewerbsbeschränkung und dem der Entschädigungspflicht vereinbart werden.

IX. Außerordentliche Kündigung des Handelsvertretervertrags durch einen Vertragsteil (Abs. 3)

63 Abs. 3 regelt seit der **Neufassung** durch das HRefG vom 22.6.1998 (→ Rn. 1) einheitlich für beide Parteien ein Lossagungsrecht von der Wettbewerbsabrede nach einer Kündigung aus wichtigem Grund. Beruht die Kündigung auf einem schuldhaften Verhalten des anderen Vertragsteils, kann sich der Kündigende unter Wegfall der Entschädigungspflicht binnen eines Monats nach Ausspruch der Kündigung von der Wettbewerbsabrede lossagen (Abs. 3). Die Ausübung des **Lossagungsrechts** führt also zu einem Wegfall der **beiderseitigen Pflichten** aus der Wettbewerbsvereinbarung.

64 **1. Kündigung aus wichtigem Grund.** Das Lossagungsrecht nach Abs. 3 besteht nur, wenn der eine Teil den Handelsvertretervertrag aus wichtigem Grund **wegen schuldhaften Verhaltens** seines Vertragspartners kündigt. Die Regelung will verhindern, dass der Kündigende bei schuldhaftem Verhalten des anderen Teils weiterhin auf dessen Interessen Rücksicht nehmen und sich deshalb Beschränkungen auferlegen muss.[103]

65 Es muss wegen eines **schuldhaften Verhaltens** der anderen Vertragspartei außerordentlich gekündigt worden sein. § 278 BGB ist anwendbar. Anders als bei § 89b Abs. 3 Nr. 2 ist also bei einer außerordentlichen Kündigung durch den Unternehmer für das Lossagungsrecht nicht erforderlich, dass der Handelsvertreter selbst schuldhaft gehandelt hat, ausreichend ist ein schuldhaftes Verhalten eines Erfüllungsgehilfen des Handelsvertreters. Ferner muss gerade wegen des schuldhaften Verhaltens außerordentlich gekündigt worden sein. Wie bei § 89b Abs. 3 Nr. 2 ist also ein Ursachenzusammenhang zwischen dem schuldhaften Verhalten der einen Vertragspartei und der außerordentlichen Kündigung durch die andere Vertragspartei erforderlich (→ § 89b Rn. 205).

66 Der Kündigung aus wichtigem Grund sind (entgegen dem Gesetzeswortlaut) die **ordentliche Kündigung und** die **einvernehmliche Vertragsauflösung** gleichzustellen, wenn ein nicht verfristeter wichtiger Kündigungsgrund vorliegt, von der Möglichkeit der außerordentlichen Kündigung jedoch kein Gebrauch gemacht wurde.[104] Gleiches gilt, wenn der Vertrag durch die Eröffnung des Insolvenzverfahrens über das Vermögen des Unternehmers nach §§ 115, 116 InsO beendet wird und die Voraussetzungen des Abs. 3 vorgelegen haben.[105] Denn nach dem Sinn und Zweck des Abs. 3 soll die Bindung einer Partei an eine Wettbewerbsabrede entfallen, sofern die Vertrauensgrundlage des Handelsvertretervertrags durch schuldhaftes Verhalten der anderen Partei zerstört wurde.[106] Lässt sich der zur Kündigung aus wichtigem Grund Berechtigte als Entgegenkommen gegenüber seinem Vertragspartner auf eine ordentliche Kündigung oder einvernehmliche Vertragsauflösung ein oder ist aufgrund der Einleitung des Insolvenzverfahrens eine Kündigung aus wichtigem Grund nicht mehr möglich, soll der Kündigungsberechtigte hierdurch nicht schlechter gestellt werden.

67 **2. Ausübung des Lossagungsrechts.** Der Kündigende muss binnen **eines Monats** nach Zugang der Kündigung erklären, dass er sich von der Wettbewerbsabrede lossagen

[102] Heymann/*Froitzheim* Rn. 25.
[103] Begr. RegE, BT-Drs. 1/3856, 38; Heymann/*Froitzheim* Rn. 26.
[104] Staub/*Emde* Rn. 56; EBJS/*Löwisch* Rn. 49; *Schröder* in Küstner/Thume VertriebsR-HdB I Kap. X Rn. 139; Flohr/Wauschkuhn/*Spenner* Rn. 40; Oetker/*Busche* Rn. 36.
[105] EBJS/*Löwisch* Rn. 49.
[106] Staub/*Emde* Rn. 54.

will. Mit der Möglichkeit, sich nicht sofort mit der Vertragskündigung für eine Ausübung des Lossagungsrechts entscheiden zu müssen, will das Gesetz dem Kündigenden Bedenkzeit einräumen. Der Handelsvertreter kann innerhalb dieser Frist abwägen, ob für seinen Existenzaufbau die Befolgung der Wettbewerbsbeschränkungen mit Empfang der Karenzentschädigung oder aber die Loslösung von der Konkurrenzbeschränkung günstiger ist; der Unternehmer kann prüfen, ob es sich für ihn lohnt, den Handelsvertreter am Wettbewerbsverbot festzuhalten. Die Frist ist jedoch auf der anderen Seite so kurz, dass der Gekündigte nicht ungebührlich lange auf eine Entscheidung warten muss.[107] In Hinblick auf diese Abwägung kann die Erklärungsfrist bei der gleichzustellenden **ordentlichen Kündigung** bzw. der **einvernehmlichen Vertragsauflösung** bzw. bei **Eröffnung des Insolvenzverfahrens** (→ Rn. 66) nicht erst mit dem (vereinbarten) Termin für die Vertragsbeendigung zu laufen beginnen. Vielmehr muss der Fristlauf an die rechtsgeschäftlichen Erklärungen zur Vertragsbeendigung bzw. an den Zeitpunkt der Eröffnung des Insolvenzverfahrens anknüpfen, weil anderenfalls die Wartezeit für den Gekündigten entgegen dem Gesetzeszweck unnötig verlängert würde. Die nur teilweise Ausübung des Lossagungsrechts ist möglich.

3. Rechtsfolgen der Lossagung. Die Erklärung, mit der sich der Kündigende von der Wettbewerbsvereinbarung (ganz oder teilweise) lossagt, ist eine einseitig empfangsbedürftige Willenserklärung, die des **Zugangs** (§ 130 BGB) bedarf. Die Erklärung muss **schriftlich** (§ 126 BGB) erfolgen. Unmittelbar ab dem Zeitpunkt des Zugangs der Erklärung endet die Wirkung der vereinbarten Wettbewerbsbeschränkungen,[108] soweit sich der Kündigende von der Wettbewerbsabrede losgesagt hat. Der Kündigende kann aber umgekehrt (insoweit) auch keine Karenzentschädigung[109] bzw. Unterlassung von Wettbewerb verlangen. 68

Diese Wirkung des beiderseitigen Wegfalls der Rechte und Pflichten aus der Wettbewerbsabrede tritt jedoch nur ein, wenn der Kündigende **berechtigt** von seinem **Lossagungsrecht** Gebrauch macht. Bei Fehlen der Voraussetzungen des Abs. 3 kann der Unternehmer die Einhaltung der Wettbewerbsabrede bzw. der Handelsvertreter Zahlung der Karenzentschädigung verlangen. Gegebenenfalls kann der kündigende Unternehmer bereits bei einem drohenden Wettbewerbsverstoß des Handelsvertreters eine einstweilige Verfügung beantragen.[110] Sagt sich der Unternehmer fristgerecht von der Wettbewerbsvereinbarung los, kann nach Ausspruch einer Wiederholungskündigung eine erneute Lösungserklärung entbehrlich sein.[111] 69

X. Verbot abweichender Vereinbarungen (Abs. 4)

Gem. Abs. 4 sind Vereinbarungen zwischen Unternehmer und Handelsvertreter, die zum Nachteil des Handelsvertreters von den Regelungsinhalten des § 90a abweichen, unwirksam. Die Vorschrift nimmt auf die wirtschaftlich **schwächere Stellung** des Handelsvertreters Rücksicht,[112] gilt aber unabhängig von der tatsächlichen wirtschaftlichen Situation des geschützten Handelsvertreters.[113] Sie entspricht im Wesentlichen der Regelung des § 75d, die für den Handlungsgehilfen gleichermaßen ein Abweichungsverbot von den Rechtsmaßstäben der §§ 74 ff. vorschreibt. 70

Abs. 4 findet **Anwendung** auf abweichende Wettbewerbsvereinbarungen auch dann, wenn diese erst **nach Beendigung des Handelsvertretervertrages** getroffen wurden (→ Rn. 17 ff.). 71

1. Nachteilige Abreden. a) Begriff. Von der Regelung des Abs. 4 werden grundsätzlich alle Abreden erfasst, welche die **Rechtsstellung des Handelsvertreters** im Ver- 72

[107] Begr. RegE, BT-Drs. 1/3856, 38.
[108] Oetker/*Busche* Rn. 39; Baumbach/Hopt/*Hopt* Rn. 26; EBJS/*Löwisch* Rn. 48.
[109] OLG Braunschweig NJW-RR 1996, 1316 f.
[110] Staub/*Emde* Rn. 54; Baumbach/Hopt/*Hopt* Rn. 26; Heymann/*Froitzheim* Rn. 27.
[111] BAG NJW 1999, 1885.
[112] Begr. RegE, BT-Drs. 1/3856, 38.
[113] EBJS/*Löwisch* Rn. 58; Oetker/*Busche* Rn. 42; Heymann/*Froitzheim* Rn. 28.

gleich zu den gesetzlichen Vorschriften in den Abs. 1–3 **verschlechtern.** Deshalb findet Abs. 4 keine Anwendung, wenn die Abrede für den Handelsvertreter dem Wortlaut nach zwar nachteilig ist, hierdurch aber im Vergleich zur gesetzlichen Regelung das Gleiche rechtliche Ergebnis erzielt wird.[114]

73 **b) Beispiele.** Typische Beispiele für eine nachteilige Abrede iSd Abs. 4 sind: Die Parteien vereinbaren, dass bei einer Konkurrenztätigkeit des Handelsvertreters ein erheblicher Teil der bereits gezahlten **Provision** (oder Inkassopauschale) **zurückzuzahlen** ist.[115] Der hierdurch ausgeübte wirtschaftliche Druck auf den Handelsvertreter hat wettbewerbsbeschränkenden Charakter und verstößt daher als Umgehungsversuch gegen Abs. 1 S. 3.[116] Gleiches gilt für eine Vereinbarung, in der sich der Unternehmer **vorbehält,** innerhalb einer bestimmten Zeitspanne vor der Vertragsbeendigung oder danach ein etwaiges **Wettbewerbsverbot** auszusprechen.[117] Vereinbarungen, die einen Verzicht auf die Karenzentschädigung enthalten, verstoßen stets gegen Abs. 1 S. 3, wenn sie vor Vertragsende getroffen werden.[118] Dies gilt auch dann, wenn die Verzichtsvereinbarung auf die Eigenkündigung des Handelsvertreters hin erfolgt. Für einen nach Vertragsende vereinbarten Verzicht auf die Karenzentschädigung kann nach diesseitiger Ansicht nichts anderes gelten → Rn. 16 ff.

74 **Nicht** in den Anwendungsbereich des Abs. 4 fallen zB folgende Abreden: Die Vereinbarung einer **Vertragsstrafe** für den Fall der Zuwiderhandlung,[119] auch wenn hierdurch der Handelsvertreter im Ergebnis einen Teil der empfangenen Provision zurückzahlen muss. Denn dies ist nur ein rechnerisches, nicht aber ein rechtliches Ergebnis. Dies gilt insbesondere für eine Vertragsstrafe wegen versuchter Vertreterabwerbung.[120] Keine unzulässige Abweichung ist auch der vertragliche **Ausschluss des Verzichtsrechts** des Unternehmers nach Abs. 2,[121] denn ein solcher ist für den Handelsvertreter nicht von Nachteil. Die Parteien können grundsätzlich auch im Voraus **eine angemessene Entschädigung** festlegen; ein vom Anwendungsbereich des Abs. 4 erfasster Verstoß gegen Abs. 1 S. 3 liegt jedoch bei einer unangemessen niedrigen Entschädigungsvereinbarung vor.[122] Hingegen findet Abs. 4 keine Anwendung, wenn für die Karenzentschädigung eine **Ratenzahlung** vereinbart wird.[123] Zulässig ist es auch, dass das Wettbewerbsverbot nur für bestimmte Fälle (zB für den Fall einer außerordentlichen Kündigung durch den Unternehmer wegen schuldhaften Verhaltens des Handelsvertreters) vereinbart wird, wenn und soweit ein Wettbewerbsverbot auch schlechthin vereinbart werden könnte. Eine etwaige Unsicherheit für den Handelsvertreter bzw. ein etwaiger Streit darüber, ob das vereinbarte Wettbewerbsverbot greift, steht der Wirksamkeit der Abrede nicht entgegen.[124]

75 **2. Rechtsfolge des Abs. 4. a) Unwirksamkeit der Vereinbarung.** Eine von den gesetzlichen Regeln der Abs. 1–3 abweichende Abrede verstößt gegen das gesetzliche Verbot des Abs. 4 und ist gem. § 134 BGB **nichtig.** Im Falle einer **Individualvereinbarung** betrifft die Nichtigkeitsfolge aber nur die einzelne abweichende Vereinbarung, nicht die

[114] Heymann/*Froitzheim* Rn. 29.

[115] BGHZ 59, 387 (390) m. abl. Anm. *Schwerdtner* JR 1973, 198; zust. Baumbach/Hopt/*Hopt* Rn. 28; Heymann/*Froitzheim* Rn. 29; Oetker/*Busche* Rn. 44; Flohr/Wauschkuhn/*Spenner* Rn. 49; abl. *v. Blomberg* VersR 1968, 328.

[116] Staub/*Emde* Rn. 71; Baumbach/Hopt/*Hopt* Rn. 28; *Schröder* in Küstner/Thume VertriebsR-HdB I Kap. X Rn. 75.

[117] LG Tübingen BB 1977, 671 mAnm *Küstner*; Heymann/*Froitzheim* Rn. 29; Röhricht/Graf v. Westphalen/Haas/*Thume* Rn. 30; Baumbach/Hopt/*Hopt* Rn. 28, 31; Oetker/*Busche* Rn. 44.

[118] Staub/*Emde* Rn. 71; EBJS/*Löwisch* Rn. 60.

[119] OLG Düsseldorf DB 1982, 181 (182); Baumbach/Hopt/*Hopt* Rn. 30; Heymann/*Froitzheim*Rn. 29; EBJS/*Löwisch* Rn. 59; Oetker/*Busche* Rn. 44.

[120] BGH BB 1983, 2136; Baumbach/Hopt/*Hopt* Rn. 30.

[121] Baumbach/Hopt/*Hopt* Rn. 29; Flohr/Wauschkuhn/*Spenner* Rn. 49.

[122] Baumbach/Hopt/*Hopt* Rn. 29; Oetker/*Busche* Rn. 44; EBJS/*Löwisch* Rn. 61; Flohr/Wauschkuhn/*Spenner* Rn. 49.

[123] Staub/*Emde* Rn. 42, 71; Baumbach/Hopt/*Hopt* Rn. 18, 29; Oetker/*Busche* Rn. 24, 44; Heymann/*Froitzheim* Rn. 16.

[124] BGH BB 1984, 235; EBJS/*Löwisch* Rn. 61.

Wettbewerbsabrede insgesamt. Auch die Wirksamkeit des Handelsvertretervertrags bleibt unberührt. Die Regel des § 139 BGB gilt (trotz etwaiger entgegenstehender Parteiabrede) zum Schutz des Handelsvertreters nicht.[125] Behält sich der Unternehmer vor, erst nach Vertragsende über die Geltendmachung der Wettbewerbsabrede zu entscheiden, gilt die Karenzvereinbarung als vorbehaltlos geschlossen und der Handelsvertreter hat einen uneingeschränkten Entschädigungsanspruch.[126] Bei einer **formularmäßig** vereinbarten Wettbewerbsabrede gilt: Enthält diese von § 90a abweichende Regelungen zum Nachteil des Handelsvertreters oder verstößt sie gegen das Transparenzgebot des § 307 Abs. 1 S. 2 BGB,[127] ist die Wettbewerbsabrede insgesamt unwirksam.[128] Der Handelsvertretervertrag bleibt nach § 306 Abs. 1 BGB bestehen.

b) Geltungserhaltende Reduktion. Für die Beurteilung der Frage, ob eine geltungserhaltende Reduktion stattfindet, ist zwischen einer individuell ausgehandelten und einer formularmäßig vereinbarten Wettbewerbsabrede zu unterscheiden: Bei einer **Individualvereinbarung** tritt an die Stelle der unwirksamen Abrede die jeweils gesetzlich zulässige Regelung. So vermindert sich ein unzulässig lang vereinbartes Wettbewerbsverbot automatisch auf die gesetzliche Höchstdauer von zwei Jahren (vgl. Abs. 1 S. 2).[129] Anstelle einer unangemessen niedrigen Entschädigung oder eines unwirksamen Ausschlusses der Entschädigungspflicht schuldet der Unternehmer einen Ausgleich in angemessener Höhe.[130] Bei Überschreitung der in Abs. 1 S. 2 genannten zeitlichen, örtlichen und/oder gegenständlichen Grenzen findet also eine Reduktion auf den gesetzlich zulässigen Gehalt statt.[131] 76

Im Falle einer **Wettbewerbsabrede in AGB** ist eine geltungserhaltende Reduktion gemäß § 306 Abs. 2 BGB ausgeschlossen. Ein gesetzliches nachvertragliches Wettbewerbsverbot, das an die Stelle der unwirksamen Abrede tritt, gibt es indes nicht.[132] Auch eine ergänzende Vertragsauslegung wird in der Regel nicht möglich sein, weil bei einer Vereinbarung eines nachvertraglichen Wettbewerbsverbots im Hinblick auf seine Reichweite unterschiedliche Gestaltungsmöglichkeiten in zeitlicher, örtlicher und gegenständlicher Hinsicht in Betracht kommen und mithin sich regelmäßig keine Anhaltspunkte dafür finden lassen, wie die Vertragsparteien den Vertrag gestaltet hätten, wenn ihnen die nicht bedachte Unwirksamkeit der Klausel bewusst gewesen wäre.[133] 77

XI. Zuwiderhandlung gegen die Wettbewerbsabrede

Das Wettbewerbsverbot tritt mit der Beendigung des Handelsvertretervertrags **in Kraft,** sofern für das Inkrafttreten nicht ein späterer Termin vereinbart ist. Ab diesem Zeitpunkt haben Unternehmer und Handelsvertreter die gegenseitigen Verpflichtungen aus der Wettbewerbsabrede zu erfüllen. Der Handelsvertreter hat sich der jeweilig vereinbarten Wettbewerbshandlungen zu enthalten und der Unternehmer ist zur Zahlung der Entschädigung verpflichtet. 78

1. Zuwiderhandlung des Handelsvertreters. a) Verstoß gegen die Vereinbarung. Die Wettbewerbsentschädigung ist Gegenleistung für die geschuldete Unterlassung (→ Rn. 46). Verstößt der Handelsvertreter gegen das Wettbewerbsverbot, so **entfällt** daher 79

[125] BGHZ 40, 235 (239) = NJW 1964, 350; Baumbach/Hopt/*Hopt* Rn. 31; Oetker/*Busche* Rn. 45.
[126] LG Tübingen BB 1977, 671 mAnm *Küstner*; Baumbach/Hopt/*Hopt* Rn. 31; Oetker/*Busche* Rn. 45.
[127] So zB im vom BGH NJW 2016, 401, entschiedenen Fall.
[128] BGH NJW 2016, 401.
[129] OLG München BB 1963, 1194; Baumbach/Hopt/*Hopt* Rn. 31; Oetker/*Busche* Rn. 45; Flohr/Wauschkuhn/*Spenner* Rn. 51; *Schröder* in Küstner/Thume VertriebsR-HdB I Kap. X Rn. 67.
[130] BAG AP HGB § 90a Nr. 1 mAnm *Hefermehl* = NJW 1964, 1641; OLG Nürnberg BB 1960, 1261; Baumbach/Hopt/*Hopt* Rn. 31; Oetker/*Busche* Rn. 45.
[131] BGH NJW 2013, 2027 Rn. 33; BGHZ 40, 235 (239) = NJW 1964, 350; Oetker/*Busche* Rn. 45; Baumbach/Hopt/*Hopt* Rn. 31; EBJS/*Löwisch* Rn. 58.
[132] BGH NJW 2016, 401 Rn. 28 mAnm *Ostendorf* GWR 2016, 30; *Dück* NJW 2016, 368; *Preis/Stoffels* ZHR 160 (96), 490 f.
[133] BGH NJW 2016, 401 Rn. 29 f.

für den Zeitraum der Zuwiderhandlung gem. § 320 BGB die **Verpflichtung** des Unternehmers **zur Zahlung der Karenzentschädigung.**[134] Von dieser Rechtsfolge bleibt das Recht des Unternehmers unberührt, **Schadensersatz** (positive Vertragsverletzung) zu verlangen oder eine vereinbarte **Vertragsstrafe** geltend zu machen.[135] Gem. § 325 BGB kann der Unternehmer gleichzeitig unter den Voraussetzungen des § 323 BGB vom Vertrag zurücktreten.[136] Der Unternehmer kann zudem seine Unterlassungsansprüche ggf. per **einstweilige Verfügung** durchsetzen.[137]

80 Im Allgemeinen liegt eine Zuwiderhandlung gegen das Wettbewerbsverbot dann vor, wenn der Handelsvertreter Kontakt mit dem in der Wettbewerbsabrede ausgeschlossenen (in der Regel bisherigen) Kundenkreis aufnimmt oder Vertriebsaktivitäten im fraglichen Bezirk und für die fraglichen Gegenstände entfaltet.[138] In Hinblick auf das durch die Wettbewerbsabrede geschützte Konkurrenzschutzinteresse des Unternehmers kommt es dabei nur auf **geschäftliche Kontakte** an. Ein bloßes Rundschreiben des Handelsvertreters an den bisherigen Kundenkreis, das Hinweise auf das (möglicherweise wieder aufhebbare) Wettbewerbsverbot enthält, genügt daher nicht.[139] Dagegen liegt ein Verstoß gegen das vereinbarte Konkurrenzverbot vor, wenn der Handelsvertreter eine Scheinfirma gründet und dieser Lieferungen des von ihm vertretenen Lieferanten zuführt.[140]

81 **b) Umgehung der Vereinbarung.** Einem Verstoß gegen das Wettbewerbsverbot gleichzustellen ist die Umgehung der Vereinbarung. Eine solche Umgehung liegt zB vor, wenn der Handelsvertreter Konkurrenzhandlungen durch seine Ehefrau ausführen lässt[141] oder sich an einem Konkurrenzunternehmen eines nahen Familienangehörigen beteiligt.[142]

82 **2. Zuwiderhandlung des Unternehmers.** Die Zuwiderhandlung des Unternehmers besteht in der Nichtleistung der vereinbarten Entschädigung. Dieser Vertragsverstoß entbindet den Handelsvertreter jedoch nicht von seiner Verpflichtung zur Einhaltung des Konkurrenzverbotes.[143] § 320 BGB gilt insoweit nicht. Denn mit einem Wettbewerbsverstoß würde der Handelsvertreter seine Leistung nicht lediglich zurückhalten, sondern im Ausmaß der Zuwiderhandlung unmöglich machen.[144]

83 Der Handelsvertreter kann aber **die Zahlung der Entschädigung** durch Klage und Vollstreckung durchsetzen. Unter den Voraussetzungen des § 286 BGB kann der Handelsvertreter den Unternehmer in Verzug setzen; nach entsprechender Fristsetzung mit der Androhung, die Karenzentschädigung nach Fristablauf nicht mehr anzunehmen, ist dem Handelsvertreter gem. § 323 BGB der **Rücktritt** von der Wettbewerbsabrede möglich.[145] Neben der Ausübung des Rücktrittsrechts kann der Handelsvertreter **Schadensersatz** gem. § 280 BGB verlangen (vgl. § 325 BGB). Als Schaden nicht erfasst ist jedoch dasjenige, was dem Handelsvertreter aus einer nicht wahrgenommenen besseren Verdienstmöglichkeit entgangen ist. Denn dieser Verlust ist kein auf das Erfüllungsinteresse aus der Wettbe-

---

[134] BAG AP HGB § 90a Nr. 1 mAnm *Hefermehl* = NJW 1964, 1641; Staub/*Emde* Rn. 69; Baumbach/Hopt/*Hopt* Rn. 21; *Semler* in MSF VertriebsR-HdB § 23 Rn. 25; Röhricht/Graf v. Westphalen/Haas/*Thume* Rn. 25.

[135] Flohr/Wauschkuhn/*Spenner* Rn. 53, 55; Staub/*Emde* Rn. 69; EBJS/*Löwisch* Rn. 54; Oetker/*Busche* Rn. 28.

[136] EBJS/*Löwisch* Rn. 55; Oetker/*Busche* Rn. 28; Flohr/Wauschkuhn/*Spenner* Rn. 54.

[137] Röhricht/Graf v. Westphalen/Haas/*Thume* Rn. 26; Oetker/*Busche* Rn. 28; *Schröder* in Küstner/Thume VertriebsR-HdB I Kap. X Rn. 154.

[138] Staub/*Emde* Rn. 69.

[139] OLG Nürnberg BB 1961, 729; Staub/*Emde* Rn. 69.

[140] OLG Hamm NJW-RR 1987, 1114; EBJS/*Löwisch* Rn. 53; Flohr/Wauschkuhn/*Spenner* Rn. 53.

[141] BGH BB 1970, 1374; OLG Celle DB 1971, 865; Flohr/Wauschkuhn/*Spenner* Rn. 53.

[142] Staub/*Emde* Rn. 69.

[143] Baumbach/Hopt/*Hopt* Rn. 22; EBJS/*Löwisch* Rn. 42; Flohr/Wauschkuhn/*Spenner* Rn. 56; GK-HGB/*Genzow* Rn. 26; aA OLG Karlsruhe VersR 1973, 857 m. abl. Anm. *Höft*; Staub/*Emde* Rn. 70; *Semler* in MSF VertriebsR-HdB § 23 Rn. 27.

[144] Baumbach/Hopt/*Hopt* Rn. 22; Heymann/*Froitzheim* Rn. 21; Oetker/*Busche* Rn. 29.

[145] EBJS/*Löwisch* Rn. 42; Flohr/Wauschkuhn/*Spenner* Rn. 56; *Schröder* in Küstner/Thume VertriebsR-HdB I Kap. X Rn. 151; BeckOK HGB/*Lehmann* Rn. 19; vgl. auch BAG BB 2018, 1465 (1466).

werbsabrede gerichteter Schaden.[146] Der Unternehmer kann sich im Übrigen nicht auf eine vereinbarte Vertragsstrafe berufen während er seinerseits der Verpflichtung zur Entschädigungszahlung nicht nachkommt, da dies eine unzulässige Rechtsausübung darstellen würde.[147]

XII. Beweislast

Der Unternehmer trägt die Beweislast sowohl dafür, dass die Wettbewerbsabrede wirksam vereinbart wurde als auch dafür, dass die Vereinbarung durch den Handelsvertreter verletzt wurde, wenn er gegen den Handelsvertreter aus einem nachvertraglichen Wettbewerbsverbot vorgehen will.[148] Wendet der Handelsvertreter hiergegen ein, dass die Wettbewerbsabrede nicht mehr gültig sei, hat er den Verzicht des Unternehmers, ein rechtzeitiges Lossagen vom Verbot bzw. andere zum Wegfall der Wettbewerbsabrede führenden Umstände zu beweisen.[149] Fordert der Handelsvertreter hingegen Entschädigung iSv Abs. 1 S. 3, trägt er die Beweislast für eine wirksame Wettbewerbsabrede und die Höhe der geforderten Leistung.[150] Den Unternehmer trifft in diesem Fall die Beweislast für Verzicht oder Lossagen nach Abs. 3 mit den jeweiligen Voraussetzungen sowie ggf. für einen sonstigen zum Wegfall der Entschädigungspflicht führenden Tatbestand.[151] 84

§ 91 [Vollmachten des Handelsvertreters]

(1) § 55 gilt auch für einen Handelsvertreter, der zum Abschluß von Geschäften von einem Unternehmer bevollmächtigt ist, der nicht Kaufmann ist.

(2) [1]Ein Handelsvertreter gilt, auch wenn ihm keine Vollmacht zum Abschluß von Geschäften erteilt ist, als ermächtigt, die Anzeige von Mängeln einer Ware, die Erklärung, daß eine Ware zur Verfügung gestellt werde, sowie ähnliche Erklärungen, durch die ein Dritter seine Rechte aus mangelhafter Leistung geltend macht oder sich vorbehält, entgegenzunehmen; er kann die dem Unternehmer zustehenden Rechte auf Sicherung des Beweises geltend machen. [2]Eine Beschränkung dieser Rechte braucht ein Dritter gegen sich nur gelten zu lassen, wenn er sie kannte oder kennen mußte.

Übersicht

146 AA nun Staub/*Emde* Rn. 70.
147 Staub/*Emde* Rn. 70; EBJS/*Löwisch* Rn. 42; *Schröder* in Küstner/Thume VertriebsR-HdB I Kap. X Rn. 152; Flohr/Wauschkuhn/*Spenner* Rn. 56; Baumbach/Hopt/*Hopt* Rn. 22; Oetker/*Busche* Rn. 29.
148 Oetker/*Busche* Rn. 30; EBJS/*Löwisch* Rn. 65; Staub/*Emde* Rn. 72; BeckOK HGB/*Lehmann* Rn. 28.
149 Oetker/*Busche* Rn. 30; EBJS/*Löwisch* Rn. 65; Staub/*Emde* Rn. 72.
150 EBJS/*Löwisch* Rn. 65; Oetker/*Busche* Rn. 30; Staub/*Emde* Rn. 72.
151 BAG AP HGB § 90a Nr. 1 mAnm *Hefermehl* = NJW 1964, 1641 (1643); EBJS/*Löwisch* Rn. 65; Oetker/*Busche* Rn. 30; Staub/*Emde* Rn. 72.

I. Bedeutung

1 **1. Systematische Stellung.** § 91 regelt in Ergänzung zu den §§ 55, 54 den Umfang der Vertretungsmacht von Handelsvertretern. **Abs. 1** erstreckt die allgemeinen Vollmachtsvorschriften der § 55 und § 54 auf **Handelsvertreter,** die von einem **nichtkaufmännischen Unternehmer** zum Abschluss von Geschäften bevollmächtigt sind. Die Sondervorschrift des Abs. 1 musste bei der Neufassung des Handelsvertreterrechts im Jahre 1953 ins Gesetz eingearbeitet werden, da die §§ 55, 54 nur für Vollmachten gelten, die im Rahmen eines Handelsgewerbes, also von einem Kaufmann iSd § 1, erteilt werden. Die Neufassung des § 84 Abs. 4 setzt jedoch die Kaufmannseigenschaft des vertretenen Unternehmers nicht mehr voraus, so dass auch nichtkaufmännische Unternehmer Handelsvertreter bestellen können (→ § 84 Rn. 80 f.). Ohne Abs. 1 würden deshalb die Vollmachten der Handelsvertreter von Nichtkaufleuten von der gesetzlichen Regelung der §§ 55, 54 nicht erfasst.[1]

2 **Abs. 2** regelt dagegen nicht die Vertretungsmacht von Abschlussvertretern nichtkaufmännischer Unternehmer, sondern den Umfang der Vertretungsmacht von **Vermittlungsvertretern,** unabhängig von der Kaufmannseigenschaft des Unternehmers. Abs. 2 entspricht im Wesentlichen den Bestimmungen der § 55 Abs. 4 iVm § 54 Abs. 3 und begründet für den Vermittlungsvertreter zum einen eine beschränkte passive Vertretungsmacht zur Entgegennahme von Mängelanzeigen und zum anderen eine noch engere aktive Vertretungsmacht zur Geltendmachung von Beweissicherungsrechten.

3 **2. Zweck.** Zweck der Regelung des **Abs. 1** ist, die Rechtsstellung der für einen Nichtkaufmann tätigen Handelsvertreter der Position von Handelsvertretern, die für einen Kaufmann Geschäfte abschließen, **anzugleichen.**[2] Für eine unterschiedliche Behandlung gegenüber Dritten besteht kein Grund, weil beide Gruppen von Handelsvertretern Dritten gegenüber in gleicher Weise auftreten.[3] Der Gesetzgeber hat deshalb im Interesse des Geschäftsverkehrs sowohl für den Abschlussvertreter eines Kaufmanns als auch für den Abschlussvertreter eines Nichtkaufmanns den Inhalt der Vollmacht festgelegt und damit einen standardisierten Ermächtigungsrahmen geschaffen.

4 **Abs. 2** dient ebenfalls der Angleichung der Rechtsstellung zweier verschiedener Arten von Handelsvertretern. Dem **Vermittlungsvertreter** wird bei der Entgegennahme von Mängelanzeigen und bei der Geltendmachung von Beweissicherungsrechten für den Unternehmer die gleiche Vertretungsmacht eingeräumt wie dem Abschlussvertreter.[4]

II. Vertretungsmacht des Abschlussvertreters

5 **1. Abschlussvertreter eines nichtkaufmännischen Unternehmers.** Abs. 1 regelt die Vertretungsmacht nur für den Abschlussvertreter von nichtkaufmännischen Unternehmern, während für Abschlussvertreter von Kaufleuten die §§ 55, 54 unmittelbar anzuwenden sind.

6 **Abschlussvertreter** sind solche Handlungsvertreter, die zum Abschluss von Geschäften im Namen und für Rechnung des vertretenen Unternehmers befugt sind. Der Vertreter ist dabei an dem Austausch der zum Geschäftsabschluss unmittelbar führenden rechtsgeschäftlichen Erklärungen unmittelbar beteiligt (→ § 84 Rn. 77). Im Gegensatz dazu fördert der Vermittlungsvertreter nur den konkreten Geschäftsabschluss, schließt das Geschäft aber nicht selbst ab (→ Rn. 12). Die Abschlussvollmacht muss dem Handelsvertreter von dem kaufmännischen bzw. **nichtkaufmännischen Unternehmer** eingeräumt worden sein; ansonsten ist er nicht Abschlussvertreter, sondern Vermittlungsvertreter. Die §§ 54, 55, 84 und 91 räumen einem Handelsvertreter – gleich ob er für einen kaufmännischen oder nichtkaufmännischen Unternehmer tätig ist – nicht per se eine Abschlussvollmacht ein.[5] Für den

---

[1] Baumbach/Hopt/*Hopt* Rn. 1; EBJS/*Löwisch* Rn. 2.
[2] Staub/*Emde* Rn. 1; EBJS/*Löwisch* Rn. 2; Heymann/*Froitzheim* Rn. 3.
[3] Begr. RegE, BT-Drs. 1/3856, 38.
[4] Begr. RegE, BT-Drs. 1/3856, 38.
[5] EBJS/*Löwisch* Rn. 1.

Anwendungsbereich des Abs. 1 muss indes dem Handelsvertreter Abschlussvollmacht von einem nichtkaufmännischen Unternehmer eingeräumt worden sein.

2. Umfang der Vertretungsmacht. Hinsichtlich des Umfangs der Vertretungsmacht **verweist Abs. 1** auf die Vorschriften des **§ 55,** der seinerseits auf **§ 54** Bezug nimmt (→ § 54 Rn. 1 ff.; → § 55 Rn. 1 ff.). 7

a) Inhalt und Umfang der Vollmacht. Bei der Bestimmung des Umfangs der Vollmacht kommt es darauf an, ob der Unternehmer dem Handelsvertreter Vertretungsmacht zur Vornahme einer bestimmten Art von Geschäften (Arthandlungsvollmacht) oder zur Vornahme bestimmter einzelner Geschäfte (Spezialhandlungsvollmacht oder Einzelhandlungsvollmacht) erteilt hat (§ 54 Abs. 1 Hs. 1). Die Generalhandlungsvollmacht, dh die Ermächtigung zum Betrieb eines Handelsgewerbes, spielt dagegen für den Handelsvertreter keine Rolle.[6] Von dem so abgesteckten **Inhalt** hängt der jeweilige Umfang **der Handlungsvollmacht** ab. Die Vollmacht erstreckt sich nach § 54 Abs. 1 Hs. 2 auf alle Geschäfte und Rechtshandlungen, die der Betrieb eines derartigen Handelsgewerbes oder die Vornahme derartiger Geschäfte mit sich bringt, also auf die branchenüblichen Geschäfte.[7] 8

b) Beschränkungen. Die Vertretungsmacht des Handelsvertreters wird durch § 54 Abs. 2 **gesetzlich** beschränkt. Danach deckt die Handlungsvollmacht nicht die Veräußerung und Belastung von Grundstücken, die Eingehung von Wechselverbindlichkeiten, die Aufnahme von Darlehen und die Prozessführung. Allerdings kann die Befugnis hierzu besonders erteilt werden. Für **rechtsgeschäftliche Beschränkungen** der Vollmacht regelt § 54 Abs. 3, dass diese nur dann gegenüber Dritten wirken, wenn der Dritte die Beschränkung kannte oder kennen musste. Der gutgläubige Dritte wird demnach von rechtsgeschäftlichen Beschränkungen geschützt. 9

c) Besonderheiten beim Abschlussvertreter. Die Regelung über den Umfang der Vertretungsmacht wird für den Abschlussvertreter nochmals durch **§ 55** modifiziert. § 55 Abs. 2 und 3 führt dabei zu **Beschränkungen** gegenüber § 54. Nach Abs. 2 wird der Abschlussvertreter durch die Vollmacht nicht ermächtigt, abgeschlossene Verträge zu ändern, insbesondere Zahlungsfristen zu gewähren. Ebenso wenig ist der Handelsvertreter zur Annahme von Zahlungen befugt, falls keine besondere Bevollmächtigung vorliegt. § 55 Abs. 4 dagegen **erweitert** die Rechte des Abschlussvertreters, indem dieser zur Entgegennahme von Erklärungen des Vertragspartners, die im Zusammenhang mit mangelhaften Leistungen des Unternehmers stehen, und zur Geltendmachung von Beweissicherungsrechten ermächtigt wird. 10

III. Vertretungsmacht des Vermittlungsvertreters

Auch der Vermittlungsvertreter, dh der Handelsvertreter ohne Abschlussvollmacht, hat aus Gründen des Verkehrsschutzes gewisse **Vollmachten.** 11

1. Vermittlungsvertreter. Als Vermittlungsvertreter werden diejenigen Handelsvertreter bezeichnet, die nur zur **Vermittlung von Geschäften** im Namen und auf Rechnung des Unternehmers bevollmächtigt sind. Sie sind nicht Träger einer Handlungsvollmacht iSd § 54 und ihre Tätigkeit kann sich nur auf die Vorbereitung von Geschäftsabschlüssen zwischen Unternehmer und Kunden beziehen, nicht dagegen auf Abschlüsse selbst. Eine Vermittlungstätigkeit wird entfaltet, wenn der Handelsvertreter den Abschluss von Geschäften durch Einwirkung auf den Dritten fördert, dh einen Geschäftsabschluss vorbereitet, ermöglicht oder herbeiführt (→ § 84 Rn. 72 ff.). Erforderlich ist dabei die Förderung eines konkreten Geschäftsabschlusses durch den Handelsvertreter. Es reicht nicht aus, wenn der Beauftragte für einen Unternehmer oder dessen Produkte nur allgemein wirbt, ohne einen 12

---

[6] Heymann/*Froitzheim* Rn. 5.

[7] Staub/*Emde* Rn. 5; EBJS/*Löwisch* Rn. 6.

konkreten Geschäftsabschluss anzustreben. Zur Einordung der Tätigkeit einer Online-Plattform → § 84 Rn. 13.

13 **2. Umfang der Vertretungsmacht.** Nach Abs. 2 S. 1 gilt der Vermittlungsvertreter als ermächtigt, Mängelrügen sowie die Erklärung, dass eine Ware zur Verfügung gestellt werde u ä. Erklärungen, durch die ein Dritter seine Rechte aus mangelhafter Leistung geltend macht oder sich vorbehält, entgegenzunehmen. Der Vermittlungsvertreter ist damit nicht Erklärungsbote des rügenden Kunden, sondern Empfangsvertreter des Unternehmers.[8] Dies gilt auch für ein selbständiges Reisebüro, das die Reise vermittelt hat (dazu nun auch § 651v Abs. 4 BGB für den Reisevermittler).[9] Die **beschränkte passive Vertretungsmacht** wird ergänzt durch eine ebenfalls stark **begrenzte aktive Vertretungsmacht,** indem dem Vermittlungsvertreter die Befugnis der Geltendmachung der dem Unternehmer zustehenden Rechte auf Sicherung des Beweises eingeräumt wird. Der Unternehmer hat dem Handelsvertreter gem. § 670 BGB die Kosten zu erstatten und ggf. nach § 669 BGB Vorschuss zu leisten.[10]

14 Es kommt nicht darauf an, ob der betreffende Vertreter das Geschäft **selbst vermittelt** hat.[11] Denn aus der Sicht des Kunden, der eine Leistung rügen will, ist entsprechend dem Zweck der Regelung jeder Vertreter des Unternehmers ein geeigneter Ansprechpartner.[12] Damit entspricht der Umfang der Vertretungsmacht inhaltlich den Bestimmungen des § 54 Abs. 4. Im Gegensatz zu § 55 Abs. 4 wird jedoch durch § 91 Abs. 2 eine **Vollmacht** für den Vermittlungsvertreter erst **neu begründet,** während bei § 55 Abs. 4 die bereits bestehende Abschlussvollmacht auf die dort genannten Rechte erweitert wird.[13]

15 Für **Versicherungsvertreter,** dh Vermittlungsvertreter in der Versicherungswirtschaft, greifen die Sonderregeln der §§ 69 ff. VVG ein.[14] Danach können Versicherungsvertreter auch ohne Abschlussvollmacht Vertragsanträge und alle das Versicherungsverhältnis betreffenden Erklärungen entgegennehmen (§ 69 VVG).

16 **3. Beschränkungen gegenüber Dritten.** Die Regelung des Abs. 2 S. 2 entspricht der für den Handelsvertreter mit Abschlussvollmacht geltenden Regelung des § 54 Abs. 3 iVm § 55 Abs. 1. Danach kann der gesetzlich bestimmte Umfang der Vertretungsmacht zwar **vertraglich beschränkt** werden. Ein Dritter muss aber die Beschränkungen nur gegen sich gelten lassen, wenn er sie kannte oder kennen musste. War dem Dritten also eine derartige Vollmachtsbeschränkung unbekannt und beruht diese Unkenntnis auch nicht auf einer Außerachtlassung der im Verkehr erforderlichen Sorgfalt, kann sich der Unternehmer nicht auf eine Vollmachtsbeschränkung berufen. Vertragliche Vollmachtsbeschränkungen im Innenverhältnis entfalten demnach im Außenverhältnis nur dann Wirkung, wenn der Dritte **bösgläubig** ist.[15]

17 **4. Erlöschen bzw. Widerruf der Vollmacht.** Das **Erlöschen der Vertretungsmacht** richtet sich nach den allgemeinen Regeln des BGB (§ 168 BGB). Das Recht zur Vermittlung von Geschäften kann einseitig nur mittels Kündigung des Handelsvertretervertrages entzogen werden, da dieses Recht Mindestvoraussetzung für die Erbringung der vom Handelsvertreter geschuldeten Tätigkeit ist.[16] Haben die Parteien vertraglich vereinbart, dass der Handelsvertreter als Abschlussvertreter tätig ist und hat sich der Unternehmer die Widerruflichkeit der Abschlussvollmacht nicht vorbehalten, ist davon auszugehen, dass die Parteien den Widerruf ausdrücklich oder zumindest konkludent ausgeschlossen haben. Auch hier kann dem Handelsvertreter die Abschlussvollmacht also nicht einseitig entzogen

[8] EBJS/*Löwisch* Rn. 11; Oetker/*Busche* Rn. 6.
[9] LG Frankfurt NJW 1985, 1167.
[10] EBJS/*Löwisch* Rn. 12.
[11] Baumbach/Hopt/*Hopt* Rn. 2; EBJS/*Löwisch* Rn. 11; Oetker/*Busche* Rn. 8.
[12] Heymann/*Froitzheim* Rn. 7.
[13] Heymann/*Froitzheim* Rn. 6.
[14] Dazu *Schwenger* NJW 1992, 343; EBJS/*Löwisch* Rn. 4.
[15] Oetker/*Busche* Rn. 9.
[16] *Schröder* in Küstner/Thume VertriebsR-HdB I Kap. II Rn. 166 f.

werden.[17] Vielmehr bedarf es auch hier der Kündigung des Handelsvertretervertrages; andernfalls läge eine unzulässige Teilkündigung vor.

IV. Beweislast

Derjenige, der Rechte aus § 91 bzw. aus einer Vertretungsmacht herleiten will, hat die Voraussetzungen und das Bestehen zu beweisen – dabei handelt es sich regelmäßig um den Kunden, der unter Berufung auf die Vertretungsmacht Rechte für sich herleiten will.[18] Den Unternehmer trifft hingegen die **Beweislast** für Tatsachen, aus denen sich eine Beschränkung der Vertretungsmacht des Handelsvertreters oder Kenntnis bzw. fahrlässige Unkenntnis des Kunden hinsichtlich der Beschränkung ergibt.[19] **18**

§ 91a [Mangel der Vertretungsmacht]

(1) Hat ein Handelsvertreter, der nur mit der Vermittlung von Geschäften betraut ist, ein Geschäft im Namen des Unternehmers abgeschlossen, und war dem Dritten der Mangel an Vertretungsmacht nicht bekannt, so gilt das Geschäft als von dem Unternehmer genehmigt, wenn dieser nicht unverzüglich, nachdem er von dem Handelsvertreter oder dem Dritten über Abschluß und wesentlichen Inhalt benachrichtigt worden ist, dem Dritten gegenüber das Geschäft ablehnt.

(2) Das gleiche gilt, wenn ein Handelsvertreter, der mit dem Abschluß von Geschäften betraut ist, ein Geschäft im Namen des Unternehmers abgeschlossen hat, zu dessen Abschluß er nicht bevollmächtigt ist.

Übersicht

I. Bedeutung

Die Vorschrift regelt die **Bindung des Unternehmers an Verträge, die** der von ihm beauftragte **Handelsvertreter** im Namen des Unternehmers, aber **ohne Vertretungsmacht abschließt.** Der Gesetzgeber unterscheidet dabei zwischen dem Vermittlungsvertreter (Abs. 1), dem jede Vollmacht zum Abschluss von Geschäften fehlt, und dem Abschlussvertreter (Abs. 2), der zwar Abschlussvollmacht hat, diese aber überschreitet. **1**

Abs. 1 entspricht im Wesentlichen § 85 der ursprünglichen Fassung, der nur das **Handeln des Vermittlungsvertreters ohne Vertretungsmacht** regelte.[1] Die heutige erweiterte Fassung berücksichtigt auch das Überschreiten der Vollmacht durch den Abschlussvertreter und beruht auf dem Änderungsgesetz von 1953 (BGBl. 1953 I 771). **2**

---

[17] AA *Schröder* in Küstner/Thume VertriebsR-HdB I Kap. II Rn. 166.
[18] Oetker/*Busche* Rn. 5; Staub/*Emde* Rn. 21; EBJS/*Löwisch* Rn. 17.
[19] Oetker/*Busche* Rn. 5; Staub/*Emde* Rn. 21; EBJS/*Löwisch* Rn. 17; BeckOK HGB/*Lehmann* Rn. 9.
[1] Begr. RegE, BT-Drs. 1/3856, 38.

3 § 91a ergänzt wie § 75h, der die gleiche Materie für den Handlungsgehilfen ohne Vertretungsmacht regelt, die allgemeinen Regeln über die Vertretungsmacht und schafft, in Abweichung von § 177 BGB, einen **besonderen handelsrechtlichen Vertrauenstatbestand.**[2] Im Interesse des Geschäftsverkehrs an einer sicheren Feststellung getätigter Abschlüsse soll der Dritte, der mit dem Handelsvertreter ohne Vertretungsmacht einen Vertrag geschlossen hat, darauf vertrauen dürfen, dass der Vertrag als genehmigt gilt, wenn der Unternehmer das Geschäft nach Benachrichtigung über den Vertragsschluss nicht unverzüglich ablehnt. § 91a beinhaltet einen Anwendungsfall des allgemeinen handelsrechtlichen Grundsatzes, wonach Schweigen ohne Rücksicht auf den Willen des Erklärungspflichtigen **als Zustimmung gilt,**[3] wenn Geschäftssitte und Treu und Glauben die Erklärung einer ablehnenden Antwort erfordern.[4] Dadurch wird verhindert, dass der Unternehmer ein Geschäft des Handelsvertreters mit der Begründung zurückweist, dem Vertreter habe die Vertretungsmacht gefehlt, obwohl der Dritte auf das Zustandekommen des Vertrages vertraut hat.[5] Der Unternehmer ist im Gegensatz zum Vertragspartner nicht schutzbedürftig, da er durch sein Schweigen die Vertragsbindung in zurechenbarer Weise herbeigeführt hat. Es wird vertreten, dass dieser handelsrechtliche Vertrauenstatbestand auch dann zur Anwendung kommen soll, wenn der Unternehmer kein Kaufmann ist.[6] Dann würde – ausnahmsweise – das Schweigen eines Nicht-Kaufmanns als Zustimmung gelten. Diese Folge erscheint hinnehmbar, da der Nicht-Kaufmann einen Kaufmann mit der Vermittlung bzw. den Abschluss von Geschäften für ihn beauftragt hat.

II. Vertragsschluss durch Vermittlungsvertreter (Abs. 1)

4 **1. Begriff des Vermittlungsvertreters.** Abs. 1 betrifft nur Geschäftsabschlüsse des Vermittlungsvertreters (→ § 84 Rn. 72 ff.; → § 91 Rn. 11 ff.). Darunter sind Handelsvertreter iSd § 84 zu verstehen, die von dem Unternehmer zur Vermittlung von Geschäften, nicht aber zu deren Abschluss ermächtigt sind (→ § 91 Rn. 12). Auf Kommissionsagenten, Vertragshändler und Franchisenehmer ist die Norm nicht analog anwendbar.[7] Bei Einsatz eines Untervertreters gilt § 91a mit der Maßgabe, dass der für den Handelsvertreter tätig gewordene Untervertreter durch Benachrichtigung des Unternehmers die Rechtsfolgen des § 91a herbeiführen kann.[8]

5 **2. Handeln ohne Vertretungsmacht.** Überschreitet der Handelsvertreter die Grenzen seiner Vollmacht, indem er neben der Vermittlung auch den Vertrag mit dem Dritten abschließt, handelt er als **Vertreter ohne Vertretungsmacht.** Ein Vertragsabschluss durch den Vermittlungsvertreter liegt nur vor, wenn er an dem Austausch der zum Geschäftsabschluss führenden rechtsgeschäftlichen Erklärungen unmittelbar beteiligt ist. Des Weiteren ist Abs. 1 auch dann anwendbar, wenn der Vermittlungsvertreter nicht nur einen Vertragsabschluss abschließt, obgleich er hierzu nicht bevollmächtigt ist, sondern auch dann, wenn er sogar zur Vermittlung des jeweiligen Geschäfts nicht berechtigt gewesen wäre (etwa über ein Produkt, das nicht Vertragsgegenstand ist; Geschäft außerhalb seines Vertragsgebiets, etc).[9]

6 Handeln ohne Vertretungsmacht liegt aber **nicht** vor, wenn der Vermittlungsvertreter lediglich ein Angebot des Dritten als Empfangsvertreter oder Bote entgegengenommen hat, ohne seinerseits namens des Unternehmers die Annahme des Angebots zu erklären.[10] Gleiches gilt für den Fall, dass der Vermittlungsvertreter das Angebot zwar namens des Unterneh-

---

2 Oetker/*Busche* Rn. 1.
3 Vgl. § 362, bei dem ebenfalls Schweigen als Zustimmung gilt.
4 Staub/*Emde* Rn. 2; EBJS/*Löwisch* Rn. 2.
5 Staub/*Emde* Rn. 2; Heymann/*Froitzheim* Rn. 3; Oetker/*Busche* Rn. 1.
6 EBJS/*Löwisch* Rn. 4; Staub/*Emde* Rn. 6.
7 EBJS/*Löwisch* Rn. 4; Flohr/Wauschkuhn/*Teichmann* Rn. 30; Oetker/*Busche* Rn. 14.
8 EBJS/*Löwisch* Rn. 4.
9 Staub/*Emde* Rn. 11, aA EBJS/*Löwisch* Rn. 8.
10 Heymann/*Froitzheim* Rn. 6; Staub/*Emde* Rn. 11.

mers angenommen hat, sich dabei aber für den Dritten klar erkennbar die Genehmigung des Unternehmers vorbehalten hat.[11]

Der vorbehaltlose Vertragsschluss muss sich auf **Geschäfte** beziehen, **die der Betrieb des Gewerbes gewöhnlich mit sich bringt.**[12] Durch § 91a soll das Vertrauen des Dritten auf die Vertretungsmacht des Handelsvertreters geschützt werden. Da der Aufgabenkreis des Abschlussvertreters nach den §§ 54, 55 auf Geschäfte beschränkt ist, die der Betrieb des Unternehmers gewöhnlich mit sich bringt, ist der Dritte erst recht dann nicht schutzwürdig, wenn der Vermittlungsvertreter Abschlüsse mit außergewöhnlichem Umfang und außergewöhnlichen Risiken tätigt. Auch hier musste der Dritte schon bei Abschluss des Geschäfts die fehlende Vertretungsmacht erkennen, und das Schweigen des Unternehmers konnte keinen Vertrauenstatbestand schaffen. 7

3. Unkenntnis des Dritten. Die fehlende Abschlussvollmacht des Vermittlungsvertreters darf dem Dritten nicht bekannt gewesen sein. Maßgebender Zeitpunkt ist der Abschluss des Geschäfts. Erfährt der Dritte erst später von der fehlenden Vollmacht des Vertreters, ist dies unbeachtlich. Dem Dritten schadet nach dem Wortlaut des Abs. 1 nur **positive Kenntnis;** dagegen reicht bloßes Kennenmüssen, auch grobe Fahrlässigkeit, nicht aus.[13] Positive Kenntnis des Dritten ist zB gegeben, wenn der Vermittlungsvertreter ein Geschäft unter Vorbehalt der Genehmigung durch den Unternehmer abschließt.[14] Kennt der Dritte das Fehlen der Vertretungsmacht und schließt er trotzdem im Vertrauen auf die Genehmigung des Unternehmers den Vertrag ab, greift § 91a ebenfalls nicht, jedoch kann der Vertrag nach § 177 BGB genehmigt werden (→ Rn. 20). 8

4. Benachrichtigung des Unternehmers. Abs. 1 setzt weiter voraus, dass der Unternehmer **von** dem **Vermittlungsvertreter oder** dem **Dritten** über den Abschluss und den wesentlichen Inhalt des Geschäfts benachrichtigt worden ist. Die Benachrichtigung durch sonstige, außenstehende Personen oder die Kenntniserlangung durch eigene Maßnahmen des Unternehmers reicht deshalb nicht aus.[15] Jedoch muss die Unterrichtung des Unternehmers nicht persönlich erfolgen, sowohl auf Seiten des Unternehmers als auch auf Seiten des Handelsvertreters oder Dritten können Boten oder Vertreter dazwischengeschaltet werden.[16] 9

Der Unternehmer muss über den **wesentlichen Inhalt des Geschäfts** informiert werden. Das Schweigen des Unternehmers kann nur bei Kenntnis aller wesentlichen Vertragsbedingungen als Zustimmung zum Geschäftsabschluss angesehen werden. Insoweit ist dem Schutz des Unternehmers Vorrang vor dem Vertrauen des Dritten auf das Zustandekommen des Vertrages einzuräumen. Wesentlich ist alles, was nach der Lage des Falles für die Entschließung des Unternehmers bedeutsam sein kann, insbesondere Leistung und Gegenleistung, unter Umständen aber auch relevante Einzelpunkte des Geschäftes wie zB Lieferfrist, Qualitätsanforderungen, Garantie- und Haftungsausschlüsse.[17] Eine unvollständige Benachrichtigung löst die Rechtsfolgen des Abs. 1 nicht aus.[18] Wird die Unterrichtung erst später vervollständigt oder nachgeholt und schweigt der Unternehmer weiterhin, kann jedoch die Rechtsfolge des Abs. 1 eintreten.[19] Die Unterrichtung des Unternehmers kann **formlos** erfolgen. Für den Zugang gelten die allgemeinen Regeln (§ 130 BGB).[20] 10

[11] Staub/*Emde* Rn. 11; *Schürr* in Küstner/Thume VertriebsR-HdB I Kap. I Rn. 5.

[12] Staub/*Emde* Rn. 11; Heymann/*Froitzheim* Rn. 6; EBJS/*Löwisch* Rn. 8; Oetker/*Busche* Rn. 5.

[13] Baumbach/Hopt/*Hopt* Rn. 3; Staub/*Emde* Rn. 13; EBJS/*Löwisch* Rn. 7; Flohr/Wauschkuhn/*Teichmann* Rn. 7.

[14] Heymann/*Froitzheim* Rn. 7; Oetker/*Busche* Rn. 6.

[15] Heymann/*Froitzheim* Rn. 8; Begr. RegE, BT-Drs. 1/3856, 39; Oetker/*Busche* Rn. 7.

[16] Baumbach/Hopt/*Hopt* Rn. 5.

[17] Baumbach/Hopt/*Hopt* Rn. 6; EBJS/*Löwisch* Rn. 11; *Emde* Rn. 17.

[18] Heymann/*Froitzheim* Rn. 8; EBJS/*Löwisch* Rn. 12; Oetker/*Busche* Rn. 7; Flohr/Wauschkuhn/*Teichmann* Rn. 9.

[19] Staub/*Emde* Rn. 16; Baumbach/Hopt/*Hopt* Rn. 6; EBJS/*Löwisch* Rn. 12.

[20] Baumbach/Hopt/*Hopt* Rn. 5; EBJS/*Löwisch* Rn. 11.

11 **5. Fehlen einer unverzüglichen Ablehnung. a) Form und Inhalt der Ablehnung.** Die unwiderlegliche Rechtsvermutung (→ Rn. 15) des Abs. 1 tritt nicht ein, wenn der Unternehmer das Geschäft unverzüglich ablehnt.

12 Die **Ablehnung** kann formlos und ohne Gründe,[21] aber nur dem Dritten, dh dem Vertragspartner gegenüber, erklärt werden. Sie wird wirksam, wenn sie dem Dritten zugeht (§ 130 BGB). Zur Übermittlung können auf beiden Seiten Vertreter oder Boten eingeschaltet werden.[22] Der Unternehmer kann auch die Entscheidung über die Ablehnung dem Handelsvertreter selbst übertragen. Der Vermittlungsvertreter entscheidet dann für den Unternehmer über die Ablehnung des Geschäfts. Insbesondere bei Veränderung der Umstände ist dann eine Ablehnung möglich.[23]

13 **b) Unverzüglich.** Der Unternehmer muss das Geschäft unverzüglich, dh ohne schuldhaftes Zögern nach dem Zugang der Benachrichtigung (§ 121 Abs. 1 S. 1 BGB), ablehnen. Es bedarf demnach keiner sofortigen Entscheidung des Unternehmers, vielmehr wird ihm eine angemessene Überlegungsfrist zugebilligt.[24] Er soll die Gelegenheit haben, über die Person, Leistungsfähigkeit und Kreditwürdigkeit des Dritten Erkundigungen einzuziehen. In der Regel ist eine Frist von zwei Wochen als Obergrenze ausreichend.[25] Insoweit ist eine Orientierung an der Zwei-Wochen-Frist des § 177 Abs. 2 S. 2 BGB zulässig. Jedoch verbietet der handelsrechtliche Vertrauenstatbestand eine starre analoge Anwendung des § 177 Abs. 2 S. 2 BGB. Entscheidend für die Fristbestimmung sind immer die Umstände des Einzelfalls.[26]

14 **c) Anfechtbarkeit der Ablehnung.** Die **Ablehnung der Genehmigung** ist zwar als rechtsgestaltender Akt **unwiderruflich;** sie unterliegt aber als einseitige empfangsbedürftige Willenserklärung den allgemeinen Vorschriften über die **Anfechtbarkeit** (§ 119 BGB).[27] Mit der Anfechtung der Ablehnungserklärung wird diese ex tunc beseitigt und der ursprüngliche Schwebezustand tritt wieder ein. Der Anfechtende kann nunmehr genehmigen oder die unwiderlegliche Rechtsvermutung durch Schweigen herbeiführen. Vielfach wird die Anfechtung der Ablehnungserklärung zugleich als die Genehmigung des Geschäfts auszulegen sein.[28] Das ist jedoch eine Frage der Auslegung im Einzelfall (§§ 133, 157 BGB). Das Recht des Unternehmers, nach der Anfechtung erneut über die Genehmigung des Geschäfts zu entscheiden, kann nicht mit der Begründung verneint werden, der Dritte dürfe auf die Versagung der Genehmigung vertrauen, weil diese den Schwebezustand endgültig vernichte.[29] Der Gesetzgeber hat bei Vorliegen eines Anfechtungsgrunds gerade den Interessen des Anfechtenden Vorrang vor den Interessen des Vertragsgegners eingeräumt.

III. Unwiderlegliche Rechtsvermutung

15 **1. Genehmigung des Unternehmers.** Das Geschäft gilt als vom Unternehmer genehmigt, wenn es nicht unverzüglich nach der Benachrichtigung dem Dritten gegenüber abgelehnt wird. Der Wortlaut der Vorschrift deutet zwar auf eine Fiktion der Genehmigung hin. Der Gesetzgeber verwendet aber das Wort „gilt" nicht nur für Fiktionen,

---

[21] Baumbach/Hopt/*Hopt* Rn. 7; EBJS/*Löwisch* Rn. 15; Oetker/*Busche* Rn. 8; *Emde* Rn. 20; Röhricht/Graf v. Westphalen/Haas/*Thume* Rn. 4.

[22] Staub/*Emde* Rn. 27; Baumbach/Hopt/*Hopt* Rn. 7; Oetker/*Busche* Rn. 8; Flohr/Wauschkuhn/*Teichmann* Rn. 10.

[23] Baumbach/Hopt/*Hopt* Rn. 7; Flohr/Wauschkuhn/*Teichmann* Rn. 10.

[24] EBJS/*Löwisch* Rn. 14; *Emde* Rn. 22; Oetker/*Busche* Rn. 9.

[25] Baumbach/Hopt/*Hopt* Rn. 8; Oetker/*Busche* Rn. 9; *Emde* Rn. 22; Röhricht/Graf v. Westphalen/Haas/*Thume* Rn. 4; BGH BB 2006, 405, 407 zu § 75h.

[26] Oetker/*Busche* Rn. 9; Staub/*Emde* Rn. 18 f.; Flohr/Wauschkuhn/*Teichmann* Rn. 13; Heymann/*Froitzheim* Rn. 10.

[27] Baumbach/Hopt/*Hopt* Rn. 7; Heymann/*Froitzheim* Rn. 10, 12; Oetker/*Busche* Rn. 8; Flohr/Wauschkuhn/*Teichmann* Rn. 11; analoge Anwendung vertritt KKRD/*Roth* Rn. 4; aA EBJS/*Löwisch* Rn. 17.

[28] Staub/*Emde* Rn. 29; Flohr/Wauschkuhn/*Teichmann* Rn. 11.

[29] So aber EBJS/*Löwisch* Rn. 17; wie hier nun auch Staub/*Emde* Rn. 23.

durch die ein der Wirklichkeit nicht entsprechender Tatbestand unterstellt wird, sondern auch für Vermutungen, die als Beweislastregelung eine Partei begünstigen.[30] Da das Schweigen hier auch einen echten Erklärungswert im Sinne einer Zustimmung zu dem Geschäftsabschluss haben kann, liegt es näher, in dieser Regelung eine **unwiderlegliche Rechtsvermutung** zu sehen.[31] Der Unternehmer kann deshalb nicht mit dem Einwand gehört werden, durch das Stillschweigen habe keine Genehmigung erklärt werden sollen.[32] Die Genehmigung hat die Beendigung des Schwebezustands zur Folge. Das Geschäft gilt als von Anfang an wirksam und wirkt mit dem vom Vermittlungsvertreter vereinbarten Inhalt in vollem Umfang für und gegen den Unternehmer.[33] Dieser muss alle Umstände gegen sich gelten lassen, die der Handelsvertreter kannte oder kennen musste, sofern es sich nicht um Umstände handelt, die außerhalb des Rahmens der Verhandlungen liegen, die zu dem vermittelnden Geschäft geführt haben.[34] Auf die Genehmigung kann sich neben dem Dritten auch der Unternehmer selbst berufen. Ein Wahlrecht des Dritten existiert also nicht.[35]

Umstritten ist, ob die fingierte Genehmigung anfechtbar ist. Obgleich es an einer 16 Willenserklärung fehlt und die Genehmigungsfiktion Rechtsfolge des § 91a ist, besteht dafür dann ein anerkennenswertes Interesse, wenn der Unternehmer die Genehmigung durch bewusstes Unterlassen der Ablehnungserklärung herbeigeführt hat.[36] Dann wollte der Unternehmer seinem Schweigen einen Erklärungswert zukommen lassen, weshalb es gerechtfertigt ist, eine Anfechtbarkeit nach den allgemeinen Regeln zu bejahen. Das Herbeiführen der Genehmigung durch unbewusstes Unterlassen der Ablehnungserklärung ist indes nicht anfechtbar.

2. Rechtsstellung des Vermittlungsvertreters. Die Genehmigung nach § 91a tritt 17 zwar im Interesse des Dritten ein und bezweckt nicht die Entlastung des Vertreters von einem gegen den Vertretervertrag verstoßenden Verhalten. Dennoch entsteht dem Vermittlungsvertreter aber für die Vermittlung des Geschäfts ein **Provisionsanspruch** nach den §§ 87 ff.,[37] da das Geschäft durch das Schweigen des Unternehmers zustande kommt.

Aus diesem Grund kann der Unternehmer auch grundsätzlich **keine Schadensersatzansprüche** aus Verletzung von Vertragspflichten (§ 280 BGB) gegen den Vermittlungsvertreter geltend machen.[38] Allerdings kann sich aus den gesamten Umständen des Einzelfalls eine andere Beurteilung ergeben. 18

3. Verhältnis des § 91a zu den §§ 177 ff. BGB. Sowohl § 91a als auch die Vorschrif- 19 ten der §§ 177 ff. BGB regeln die Vertretung ohne Vertretungsmacht. Im Gegensatz zu § 177 Abs. 2 S. 2 BGB gilt jedoch nach § 91a Abs. 1 das Schweigen des Unternehmers, nachdem er vom Dritten zu einer Erklärung über das vollmachtlose Handeln des Vertreters aufgefordert wurde, als Genehmigung.

Die allgemeinen Vorschriften der §§ 177 ff. BGB und § 91a sind **nebeneinander** 20 **anwendbar.**[39] Der Dritte hat demzufolge zwei Möglichkeiten, den Schwebezustand hinsichtlich des Geschäftsabschlusses zu beenden. Er kann den Unternehmer nach § 177 Abs. 2 BGB auffordern, sich über die Genehmigung zu erklären, oder er kann ihn nach § 91a

[30] Heymann/*Froitzheim* Rn. 11.
[31] Staub/*Emde* Rn. 22; EBJS/*Löwisch* Rn. 19; Oetker/*Busche* Rn. 10; Heymann/*Froitzheim* Rn. 11.
[32] Baumbach/Hopt/*Hopt* Rn. 10; KKRD/*Roth* Rn. 4; Flohr/Wauschkuhn/*Teichmann* Rn. 20.
[33] Staub/*Emde* Rn. 22; EBJS/*Löwisch* Rn. 19; KKRD/*Roth* Rn. 3; Oetker/*Busche* Rn. 10.
[34] *Schröder* in Küstner/Thume VertriebsR-HdB I Kap. II Rn. 156 ff.
[35] Baumbach/Hopt/*Hopt* Rn. 9; Oetker/*Busche* Rn. 10; KKRD/*Roth* Rn. 3.
[36] Schlegelberger/*Schröder* Rn. 16; Staub/*Emde* Rn. 23; Flohr/Wauschkuhn/*Teichmann* Rn. 21; aA Oetker/*Busche* Rn. 10, der allerdings eine Anfechtbarkeit auch bei unbewusster Unterlassung der Ablehnungserklärung annimmt; aA EBJS/*Löwisch* Rn. 19.
[37] Oetker/*Busche* Rn. 10; Baumbach/Hopt/*Hopt* Rn. 9; Röhricht/Graf v. Westphalen/Haas/*Thume* Rn. 5; EBJS/*Löwisch* Rn. 15.
[38] Oetker/*Busche* Rn. 10; KKRD/*Roth* Rn. 3; EBJS/*Löwisch* Rn. 19; aA Heymann/*Froitzheim* Rn. 12.
[39] Staub/*Emde* Rn. 32; Baumbach/Hopt/*Hopt* Rn. 2; EBJS/*Löwisch* Rn. 20; Oetker/*Busche* Rn. 2.

Abs. 1 benachrichtigen.[40] Je nachdem, welcher Regelung sich der Dritte bedient, führt das Schweigen des Unternehmers zum Geschäftsabschluss oder nicht. Der Dritte hat aber auch die Möglichkeit, den Unternehmer nach § 177 Abs. 2 BGB zur Erklärung über die Genehmigung aufzufordern und ihn gleichzeitig über den wesentlichen Inhalt des Geschäfts nach § 91a zu benachrichtigen. Dann hängt das Zustandekommen des Geschäfts davon ab, ob zuerst die Zweiwochenfrist des § 177 Abs. 2 S. 2 BGB oder der dem Unternehmer eingeräumte Zeitraum für ein unverzügliches Ablehnen des Geschäfts abläuft. Bei der Ablehnung des Geschäfts haftet der Vertreter dem Dritten nach § 179 Abs. 1 BGB.

21 Das **Widerrufsrecht des Dritten nach § 178 BGB** wird ebenso wenig ausgeschlossen. Der Dritte kann das Geschäft bis zur erfolgten Genehmigung widerrufen. Dabei ist unerheblich, ob die Genehmigung durch Erklärung des Unternehmers nach § 177 Abs. 1, Abs. 2 S. 1 BGB oder durch die Fiktion nach § 91a erfolgt.

IV. Vertragsschluss durch Abschlussvertreter (Abs. 2)

22 Gem. Abs. 2 gilt die Regelung des Abs. 1 auch, wenn der Handelsvertreter zwar mit Abschlussvollmacht handelt, diese aber überschreitet. Der Dritte ist hier in gleicher Weise schutzbedürftig wie beim Vertragsschluss eines vollmachtslosen Vermittlungsvertreters.

23 Eine **Vollmachtüberschreitung** liegt beispielsweise vor, wenn der Vertreter Geschäfte in einem anderen als dem übertragenen Vertretungsbezirk tätigt oder er Geschäfte nur bis zu einem gewissen Höchstwert abschließen darf und der Abschluss den Höchstwert übersteigt.[41] Eine solche liegt weiter bei Abschluss eines ungewöhnlichen Geschäfts nach § 55 iVm § 54 vor. Danach erstreckt sich die Handlungsvollmacht auf alle Geschäfte und Rechtshandlungen, die der Betrieb eines Handelsgewerbes oder die Vornahme derartiger Geschäfte gewöhnlich mit sich bringt.

24 Abs. 2 ist hingegen **nicht anwendbar,** wenn der Abschlussvertreter zwar die sich aus dem Innenverhältnis ergebenden Weisungen missachtet, aber seine Abschlussvollmacht nicht überschreitet.[42] Dies gilt selbst dann, wenn der Dritte das weisungswidrige Abschlussverhalten des Handelsvertreters kennt; in diesem Fall ist der Dritte nicht schutzwürdig.[43]

V. Missbrauch der Vertretungsmacht

25 Bei einem Missbrauch der Vertretungsmacht gelten die allgemeinen Regeln: Eine Absprache ist sittenwidrig und mithin nach § 138 BGB nichtig, wenn der Vertreter und sein Geschäftsgegner „hinter dem Rücken" des Vertretenen und zu dessen Schaden gehandelt haben.[44] Liegt auf Seiten des Vertreters ein Missbrauch der Vertretungsmacht vor und hat der Geschäftsgegner dies erkannt oder grob fahrlässig die Augen davor verschlossen, steht dem Vertretenen der Einwand aus Treu und Glauben (§ 242 BGB) gegen die Wirksamkeit des Geschäfts zu.[45] § 91a ist in diesen Fällen nicht einschlägig.

VI. Beweislast

26 Für das Vorliegen der Voraussetzungen des § 91a trägt derjenige die Beweislast, der Rechte aus dem nach § 91a zustande gekommenen Vertrag geltend machen will, also regelmäßig der Kunde.[46] Dieser muss zunächst den tatsächlichen Abschluss des Vertrages mit dem Handelsvertreter, nicht jedoch die fehlende Vertretungsmacht des Handelsvertreters beweisen.[47] Dabei hat er insbesondere zu beweisen, dass der Unternehmer geschwiegen

[40] Heymann/*Froitzheim* Rn. 5; EBJS/*Löwisch* Rn. 20; Oetker/*Busche* Rn. 2; Flohr/Wauschkuhn/*Teichmann* Rn. 3.
[41] *Schröder* in Küstner/Thume VertriebsR-HdB I Kap. II Rn. 157.
[42] KKRD/*Roth* Rn. 5.
[43] Oetker/*Busche* Rn. 13; aA *Schröder* in Küstner/Thume VertriebsR-HdB I Kap. II Rn. 160.
[44] BGH NJW-RR 2004, 247.
[45] BGH NJW-RR 2004, 247.
[46] Oetker/*Busche* Rn. 12.
[47] EBJS/*Löwisch* Rn. 23.

oder die Ablehnungserklärung zu spät abgegeben hat.[48] Ferner trifft den Kunden die Beweislast über eine inhaltlich ausreichende Benachrichtigung, das Fehlen einer rechtzeitigen Ablehnungserklärung des Unternehmers und seine Unkenntnis von der fehlenden Vertretungsmacht.[49] Der Unternehmer trägt demgegenüber die Beweislast für die Umstände, aus denen sich eine den Anspruch ausschließende Kenntnis des Kunden ergibt, und für die Rechtzeitigkeit der Ablehnungserklärung.[50]

§ 92 [Versicherungs- und Bausparkassenvertreter]

(1) Versicherungsvertreter ist, wer als Handelsvertreter damit betraut ist, Versicherungsverträge zu vermitteln oder abzuschließen.

(2) Für das Vertragsverhältnis zwischen dem Versicherungsvertreter und dem Versicherer gelten die Vorschriften für das Vertragsverhältnis zwischen dem Handelsvertreter und dem Unternehmer vorbehaltlich der Absätze 3 und 4.

(3) [1]In Abweichung von § 87 Abs. 1 Satz 1 hat ein Versicherungsvertreter Anspruch auf Provision nur für Geschäfte, die auf seine Tätigkeit zurückzuführen sind. [2]§ 87 Abs. 2 gilt nicht für Versicherungsvertreter.

(4) Der Versicherungsvertreter hat Anspruch auf Provision (§ 87a Abs. 1), sobald der Versicherungsnehmer die Prämie gezahlt hat, aus der sich die Provision nach dem Vertragsverhältnis berechnet.

(5) Die Vorschriften der Absätze 1 bis 4 gelten sinngemäß für Bausparkassenvertreter.

Schrifttum: *Bonvie,* Der Provisionsanspruch des ausscheidenden Versicherungsvertreters bei stornogefährdeten Verträgen, VersR 1986, 119; *Christoph/Effenberg,* Der Provisionsanspruch des Versicherungsvertreters bei Anfechtung des Versicherungsvertrags, VersR 2007, 593; *Hanau/Strick,* Die Abgrenzung von Selbständigen und Arbeitnehmern (Beschäftigten) im Versicherungsaußendienst, DB-Beil. Heft 14/1998; *Hase,* Der vertragliche Ausschluss der Bezirksprovision im Lichte des EU-Rechts, BuW 2003, 685; *Höft,* Die provisionsrechtlichen Sonderregelungen für die Versicherungswirtschaft – Gründe und Unverzichtbarkeit, VersR 1976, 205; *Mayer,* Selbständigkeit von Versicherungsvertretern, AiB 2001, 312; *Mecklenbrauck,* § 87a Abs. 3 HGB: Besteht eine Pflicht des Versicherers zur Versendung von Stornogefahrmitteilungen?, VersR 2006, 1157; *Müller,* Die Einklagung der Erstprovision in der Lebensversicherung, VersR 1974, 950; *Platz,* Schicksal der Provision bei der Stornierung von Versicherungsverträgen, VersR 1985, 621; *Thume,* Überhangprovisionen des Handelsvertreters bei der Akquisition von Dauergeschäften – zugleich eine Besprechung des BGH-Urteils vom 20.12.2018 – VII ZR 69/18, BB 2019, 835.

Übersicht

[48] Oetker/*Busche* Rn. 12.
[49] Oetker/*Busche* Rn. 12.
[50] Oetker/*Busche* Rn. 12; EBJS/*Löwisch* Rn. 23.

I. Bedeutung

1 **1. Entstehungsgeschichte.** In der ursprünglichen Fassung des HGB waren keine besonderen Regelungen über die Rechtsverhältnisse der Versicherungs- und Bausparkassenvertreter enthalten. Vielmehr galten insoweit die §§ 84 ff. ohne Einschränkung. Angesichts der wachsenden praktischen Bedeutung der Versicherungs- und Bausparkassenvertreter wurde die Bestimmung in ihrer jetzigen Fassung mit dem ÄndG 1953 neu in das HGB aufgenommen.[1]

2 **2. Inhalt und Zweck der Regelung.** Die Regelung schafft einerseits dadurch Rechtsklarheit, dass die Begriffe des Versicherungs- (Abs. 1) und Bausparkassenvertreters (Abs. 5) definiert werden und auf deren Rechtsverhältnisse zum Unternehmer (Versicherer, Bausparkasse) die Bestimmungen des Handelsvertreterrechts (deklaratorisch) für anwendbar erklärt werden (Abs. 2). Sie trifft andererseits Sonderregelungen, soweit es um den Umfang der provisionspflichtigen Geschäfte sowie das Erstarken der Provisionsanwartschaft zum unbedingten Provisionsanspruch geht. So beschränkt Abs. 3 den Anspruch des Versicherungsvertreters auf Tätigkeitsprovisionen. Folge-, Bezirks- und Kundenkreisprovisionen sind ausgeschlossen. Außerdem wird der Anspruch des Versicherungsvertreters auf Provision erst dann unbedingt, wenn der Versicherungsnehmer die Prämie gezahlt hat (Abs. 4). Damit sollte den besonderen Gepflogenheiten in der Versicherungswirtschaft und entsprechend im Bausparkassenwesen gesetzlich Rechnung getragen werden.[2]

3 **3. Ergänzende Regelungen.** Der Gesetzgeber hat davon Abstand genommen, eine eigene Regelung des Rechts der Versicherungsvertreter zu treffen, und hat den Versicherungsvertreter grundsätzlich dem Recht der Handelsvertreter unterstellt. Für den Versicherungsvertreter gelten jedoch bestimmte Besonderheiten, die allerdings nicht abschließend in dieser Norm zusammengefasst sind. Vielmehr treffen Abs. 3 und Abs. 4 nur Sonderregelungen hinsichtlich des Umfangs der provisionspflichtigen Geschäfte sowie der Entstehung des Provisionsanspruchs. Weitere, das Innenverhältnis zum Unternehmer betreffende Sonderregelungen finden sich in § 89b Abs. 5 (Ausgleichsanspruch), § 92a Abs. 2 (Mindestarbeitsbedingungen für arbeitnehmerähnliche Versicherungsvertreter) und § 92b Abs. 4 (Versicherungsvertreter im Nebenberuf). Von den allgemeinen Bestimmungen abweichende, das Außenverhältnis zum Kunden betreffende Regelungen ergeben sich für die Vertretungsmacht des Versicherungsvertreters aus §§ 69 ff. VVG.

4 **4. Abweichende Vereinbarungen.** Die Sonderregelungen in Abs. 3 und Abs. 4 sind nicht zwingender Natur. Vielmehr können Versicherungsvertreter und Unternehmer abweichende Vereinbarungen treffen, insbesondere auch die allgemeinen Vorschriften des Handelsvertreterrechts für anwendbar erklären. Grenzen werden der Vereinbarungsfreiheit allerdings durch § 87a Abs. 5 gesetzt (→ § 87a Rn. 67 f.).

[1] Zur Entstehungsgeschichte vgl. auch *Trinkhaus,* Handbuch der Versicherungsvermittlung, 1955, 2 ff.
[2] Begr. RegE, BT-Drs. 1/3856, 39; Heymann/*Froitzheim* Rn. 1; krit. hierzu *Höft* VersR 1976, 205; *Trinkhaus,* Handbuch der Versicherungsvermittlung, 1955, 4 ff.

II. Geltungsbereich

1. Persönlicher Geltungsbereich. Die Bestimmung trifft **ergänzende** Vorschriften für Versicherungs- und Bausparkassenvertreter. Anwendbar ist die Norm auch auf unselbständige, dh angestellte Vermittler, sofern sie Handlungsgehilfen sind und nicht etwas anderes vereinbart wurde. Denn der Verweis des § 65, der sich lediglich auf §§ 87 Abs. 1 und 3, 87a–87c bezieht, ist insoweit unvollständig.[3] 5

a) Versicherungsvertreter (Abs. 1). Nach der **Legaldefinition** des Abs. 1 ist **Versicherungsvertreter,** wer als Handelsvertreter damit betraut ist, Versicherungsverträge zu vermitteln oder abzuschließen. Der Versicherungsvertreter übt also die Tätigkeit eines Handelsvertreters iSv § 84 Abs. 1 S. 1 aus. Er hebt sich vom Handelsvertreter im Allgemeinen nur dadurch ab, dass Abschluss oder Vermittlung von Versicherungsverträgen iSv § 1 VVG zum Inhalt der Tätigkeit gemacht werden. Vertragspartner des Versicherungsvertreters ist daher in der Regel ein Versicherer, also ein Unternehmen, das den Betrieb von Versicherungsgeschäften zum Gegenstand hat und nicht Träger der Sozialversicherung ist (§ 1 Abs. 1 Nr. 1 VAG, § 7 Nr. 33 VAG). Die Bestimmung findet aber auch Anwendung im Verhältnis eines Versicherungsvertreters zu seinem Untervertreter.[4] Dagegen sind die Begriffsbestimmungen der § 59 Abs. 2 und 3 VVG, die das einzelne Versicherungsverhältnis zwischen Versicherer und Versicherungsnehmer im Blick haben, für die handelsrechtliche Einordnung unbeachtlich.[5] 6

Der Handelsvertreter muss von dem Versicherer mit dem Abschluss bzw. der Vermittlung von Versicherungsverträgen **ständig betraut sein.** Anderenfalls ist er – unabhängig von der Bezeichnung im Vertrag – nicht Versicherungsvertreter, sondern Versicherungsmakler (→ Vor § 84 Rn. 5 ff.). Durch die Eintragung in das Vermittlerregister nach §§ 34d, 11a GewO wandelt sich ein Vertretervertrag nicht in einen Maklervertrag um; die Eintragung ist für das Innenverhältnis zum Versicherer nicht konstitutiv.[6] Der Versicherungsvertreter iSv Abs. 1 muss ferner **selbständiger Gewerbetreibender** sein (zur Abgrenzung von selbständiger und unselbständiger Tätigkeit → § 84 Rn. 28 ff.). Der nicht selbständige Vertreter ist Arbeitnehmer, dessen Rechtsverhältnis sich nach §§ 59 ff. regelt (→ § 84 Rn. 137 ff.). Für die Abgrenzung ist nicht die Bezeichnung des Versicherungsvertreters (Agent, Unter-, Haupt-, Generalagent, Bezirksdirektor, Subdirektor, Generalvertreter usw.) entscheidend, sondern die Selbständigkeit iSv § 84 Abs. 1 S. 2.[7] Bei der Abgrenzung bleiben Pflichten, die nicht die geschuldete Tätigkeit, sondern das sonstige Verhalten des Handelsvertreters betreffen, außer Betracht.[8] Eine Arbeitnehmereigenschaft wird nicht dadurch begründet, dass Vorgaben aus § 86 oder aufsichts- und wettbewerbsrechtliche Vorschriften konkretisiert werden;[9] auch bei darüber hinausgehenden Vereinbarungen darf der Rahmen für die gem. § 675 BGB iVm § 665 BGB bei Selbständigen zulässigen Weisungen wegen des hohen Schwierigkeitsgrades und der Vielgestaltigkeit des Versicherungsrechts sowie der außergewöhnlich hohen finanziellen Risiken nicht zu eng gezogen werden.[10] 7

b) Bausparkassenvertreter (Abs. 5). Nach Abs. 5 gelten die Bestimmungen der Abs. 1–4 sinngemäß auch für **Bausparkassenvertreter.** Bausparkassenvertreter ist, wer als Handelsvertreter damit betraut ist, Bausparverträge zu vermitteln oder abzuschließen.[11] Vermittlungsgegenstand des Bausparkassenvertreter ist also der Bausparvertrag; das ist ein 8

---

3 BFH BeckRS 1998, 30014872.
4 Staub/*Emde* Rn. 7; EBJS/*Löwisch* Rn. 41.
5 S. nur OLG Düsseldorf ZVertriebsR 2016, 306 Rn. 36; LG Dortmund ZVertriebsR 2017, 240 Rn. 31.
6 LG Dortmund ZVertriebsR 2017, 240 Rn. 33.
7 BAG BB 2001, 48; 2000, 1469; 2000, 826; BAG AP HGB § 92 Nr. 1 und 2; BSG AP HGB § 92 Nr. 4; Staub/*Emde* Rn. 8; *Hanau/Strick* DB-Beil. Heft 14/1998; krit. zu den genannten Entscheidungen des BAG *Mayer* AiB 2001, 312.
8 BAG BB 2000, 1469.
9 BAG DB 2000, 1618; NZA 2000, 481 für vereinbartes Wettbewerbsverbot.
10 BAG BB 2001, 48 f.
11 Staub/*Emde* Rn. 71; Baumbach/Hopt/*Hopt* Rn. 2.

Vertrag zwischen einem Bausparer und einer Bausparkasse, durch den der Bausparer nach Leistung von Bauspareinlagen einen Rechtsanspruch auf Gewährung eines Bauspardarlehens erwirbt (§ 1 Abs. 2 BauSparkG). Dabei definiert § 1 Abs. 1 BauSparkG die Bausparkasse als Kreditinstitut, deren Geschäftsbetrieb darauf gerichtet ist, Einlagen von Bausparern entgegenzunehmen und aus den angesammelten Beträgen den Bausparern für wohnungswirtschaftliche Maßnahmen Gelddarlehen zu gewähren. Bausparkassenvertreter kann auch ein Bezirksdirektor einer Bausparkasse sein, wenn deren Vertrieb so organisiert ist, dass die Tätigkeit des Bezirksdirektors für die Arbeit der ihm unterstellten Vertreter notwendig und daher mitursächlich für die von diesen vermittelten Abschlüsse ist.[12] Hinsichtlich der **Abgrenzung** zum Makler und zum nicht selbständigen Bausparkassenvertreter gelten die Ausführungen zum Versicherungsvertreter entsprechend (→ Rn. 7).[13]

9 **2. Sachlicher Geltungsbereich. a) Anwendbares Recht (Abs. 2).** Nach Abs. 2 iVm Abs. 5 gelten für das Vertragsverhältnis zwischen dem Versicherungsvertreter und dem Versicherer bzw. dem Bausparkassenvertreter und der Bausparkasse die Vorschriften für das Vertragsverhältnis zwischen dem Handelsvertreter und dem Unternehmer vorbehaltlich der Abs. 3 und 4. Damit sind im Grundsatz die Vorschriften des allgemeinen Handelsvertreterrechts auch auf Versicherungs- und Bausparkassenvertreter anwendbar. Diese Rechtsfolge ergibt sich jedoch bereits aus der allgemeinen Eigenschaft von Versicherungs- und Bausparkassenvertreter als Handelsvertreter, so dass der Regelung des Abs. 2 eine bloße Klarstellungsfunktion zukommt.[14]

10 **b) Ausnahmeregelungen (Abs. 3 und Abs. 4).** Abs. 3 und Abs. 4 treffen **Sonderregelungen** für den Umfang der provisionspflichtigen Geschäfte sowie die Entstehung des Provisionsanspruchs. Die Bestimmung erfasst insoweit nur **Vermittlungs- bzw. Abschlussprovisionen,** nicht aber sonstige, erfolgsunabhängige Vergütungen, wie zB Verwaltungs-, Bestandspflege-, Inkasso- (§ 87 Abs. 4), Delkredereprovisionen (§ 86b).[15] Wird allerdings, wie in der Versicherungspraxis vielfach üblich, für die Vermittlungs- und Verwaltungstätigkeit eine Gesamtprovision gezahlt, dann finden Abs. 3 und Abs. 4 insoweit insgesamt Anwendung.

11 **3. Weitere Pflichten in der Versicherungsvermittlung.** Die GewO sowie das VVG enthalten weitere Sonderregelungen für den Bereich der Versicherungsvermittlung. Zu nennen sind insbesondere, erhöhte Beratungs-, Anzeige- und Informationspflichten des Vertreters gegenüber dem Kunden sowie das Erfordernis einer Gewerbeerlaubnis nach § 34d GewO. Die Erteilung einer Gewerbeerlaubnis hängt dabei unter anderem von besonderen Anforderungen an die beruflichen Kenntnisse und Fertigkeiten sowie den Leumund des Vertreters ab (keine laufenden oder abgeschlossenen Insolvenzverfahren und auch keine schwerwiegenden Straftaten im Bereich der Eigentums- und Finanzkriminalität). Darüber hinaus ist der Abschluss einer Berufshaftpflichtversicherung erforderlich. Werden Versicherungen im Wege des Fernabsatzes vermittelt, zB per Internet oder Telefon, so gelten die Regelungen über Fernabsatzverträge gem. §§ 312c ff. BGB. Demgemäß obliegen dem Versicherungsvermittler namentlich die besonderen Informationspflichten gem. § 312d BGB und dem Verbraucher ist ein Widerspruchsrecht gem. § 312g BGB einzuräumen.

III. Provisionspflichtige Geschäfte (Abs. 3)

12 **1. Norminhalt und Normzweck.** Der Handelsvertreter kann nach § 87 Abs. 1 S. 1 grundsätzlich nur für alle während des Vertretungsverhältnisses abgeschlossenen Geschäfte Provision beanspruchen, soweit die Geschäftsabschlüsse auf seine Tätigkeit zurückzuführen

---

[12] BFH DB 1999, 1988.

[13] BAG BB 2000, 932.

[14] Staub/*Emde* Rn. 2; Baumbach/Hopt/*Hopt* Rn. 3; Heymann/*Froitzheim* Rn. 4; aA *Bonvie* VersR 1986, 119 (120): Rechtsgrundverweisung.

[15] OLG Düsseldorf ZVertriebsR 2016, 100 mwN; Oetker/*Busche* Rn. 3; aA Staub/*Emde* Rn. 60.

sind. Darüber hinaus stehen dem Handelsvertreter unabhängig von der tatsächlichen Mitwirkung bei Nachbestellungen der von ihm geworbenen Kunden Provisionsansprüche zu. Dagegen hat der Versicherungsvertreter abweichend von dieser Regelung Anspruch auf **Provision nur für solche Geschäfte, die auf seine Tätigkeit zurückzuführen sind.** Das bedeutet, dass dem Versicherungsvertreter im Unterschied zu anderen Handelsvertretern **kein Provisionsanspruch für** solche **Folgevereinbarungen** zusteht, **an denen er nicht mitgewirkt hat.** Deshalb bestehen keine Provisionsansprüche des Versicherungsvertreters für solche Geschäfte, die ohne seine Mitwirkung mit Dritten abgeschlossen worden sind, auch wenn er diese ursprünglich als Kunden für Geschäfte gleicher Art geworben hatte.[16]

Diese Regelung will den **besonderen Verhältnissen der Versicherungswirtschaft** 13
Rechnung tragen. Durch die Vermittlung konventioneller Versicherungsverträge kann nämlich dem Versicherer regelmäßig keine Kundschaft in dem Sinne zugeführt werden, dass er allein auf Grund der einmal hergestellten Kundenbeziehung laufend gleichartige Folgegeschäfte („Nachbestellungen") erwarten könnte. Die Versicherung neuer Risiken erfordert wie die Verlängerung ablaufender und die Erweiterung laufender Versicherungsverträge in der Regel neue Vermittlungsbemühungen von ähnlicher Intensität wie der erste Vertragsschluss, weil der Kunde auch hier wieder zu einem eigenständigen Entschluss auf veränderter sachlicher Grundlage und auf Grund neuer Überlegungen unter anderen Umständen veranlasst werden muss.[17] Die den Anspruch auf **Folgeprovision** des Handelsvertreters tragenden Gründe liegen daher beim Versicherungsvertreter gerade nicht vor.

Auch ein **Bezirks- oder Kundenschutz** iSv § 87 Abs. 2 **besteht** für den Versiche- 14
rungsvertreter nach Abs. 3 S. 2 **nicht.** Die Zuweisung eines Bezirks an einen Versicherungsvertreter hat lediglich die Bedeutung, dass die Vollmacht des Versicherungsvertreters auf Geschäfts- und Rechtshandlungen, welche sich auf Versicherungsverträge über die im Bezirk befindlichen Sachen oder mit denen im Bezirk gewöhnlich sich aufhaltenden Personen beziehen, beschränkt ist (vgl. §§ 69 ff. VVG). Aus der Zuweisung folgt jedoch nicht, dass dem Versicherungsvertreter die Rechte eines Bezirksvertreters nach § 87 Abs. 2 zustehen sollen.[18] Diese Regelung rechtfertigt sich wiederum dadurch, dass der Versicherungsvertreter dem Versicherer keinen Kundenstamm im üblichen Sinne und keinen laufenden Zufluss gleichartiger Neugeschäfte erschließen kann. Deshalb und wegen der beliebigen Vermehrbarkeit des Versicherungsangebots und der fast unbegrenzten Zahl versicherbarer Risiken kann der Versicherungsvertreter dem Versicherer auch keine Gewähr für eine hinreichende Ausschöpfung der in einem bestimmten Bezirk für den Versicherer insgesamt liegenden Geschäftsmöglichkeiten bieten (→ Rn. 19).[19]

2. Kein Provisionsanspruch bei Nachbestellungen (Abs. 3 S. 1). a) Grundsatz. 15
In Abs. 3 S. 1 wird der Grundsatz aufgestellt, dass ein Versicherungsvertreter in Abweichung von § 87 Abs. 1 S. 1 Anspruch auf Provisionen nur für Geschäfte hat, die auf seine Tätigkeit zurückzuführen sind. Anders als bei Handelsvertretern im Allgemeinen (§ 87 Abs. 1 S. 1 Fall 2) haben Versicherungsvertreter keinen Anspruch auf Provision für Nachbestellungen und Folgeaufträge; vom Gesetz wird insoweit eine Fortwirkung der Ursächlichkeit seiner Tätigkeit beim Erstauftrag nicht unterstellt. Hintergrund dafür ist, dass die Tätigkeit des Versicherungsvertreters nicht auf die Werbung von Stammkunden gerichtet ist, sondern auf den Abschluss einzelner Versicherungsverträge. Folgegeschäfte der gleichen Art mit demselben Kunden gibt es regelmäßig nicht; mit demselben Kunden kommt ein andersartiger Vertrag über ein anderes zu versicherndes Risiko und ein gleichartiger Vertrag kommt nur mit anderen Kunden zustande. Der Versicherungsvertreter muss auch beim Abschluss

---

16 BGH BB 1986, 2091; Staub/*Emde* Rn. 50 ff.; Baumbach/Hopt/*Hopt* Rn. 4; EBJS/*Löwisch* Rn. 4; Oetker/*Busche* Rn. 4; Röhricht/Graf v. Westphalen/Haas/*Thume* Rn. 6.

17 *Höft* VersR 1976, 205 (207).

18 Begr. RegE, BT-Drs. 1/3856, 39; Baumbach/Hopt/*Hopt* Rn. 6; EBJS/*Löwisch* Rn. 11; Oetker/*Busche* Rn. 4; *Thume* in Küstner/Thume VertriebsR-HdB I Kap. V Rn. 216 f.

19 *Höft* VersR 1976, 205 (207).

des neuen oder der Änderung eines alten Vertrags fördernd mitgewirkt haben, wenn er Provision erhalten will.[20] Hierfür ist allerdings nicht erforderlich, dass der Versicherungsvertreter den Versicherungsantrag des Versicherungsnehmers mitunterzeichnet oder selbst an den Versicherer weitergeleitet hat. Es reicht vielmehr eine Ursächlichkeit iSv § 87 Abs. 1 S. 1 Fall 1 aus, dh der Handelsvertreter muss in dem Sinne kausal für das Zustandekommen des Geschäfts gewesen sein, dass das Geschäft ohne seine Mitwirkung nicht oder zumindest nicht in der abgeschlossenen Form zustande gekommen wäre (zur Ursächlichkeit → § 87 Rn. 35 ff.).

16 Dem Versicherungsvertreter steht daher nach Abs. 3 S. 1 kein Provisionsanspruch zu, wenn er an einer **nachträglichen Erhöhung von Versicherungssummen** oder an sonstigen prämienerhöhenden Änderungen ursprünglich von ihm vermittelter Versicherungsverträge nicht mitgewirkt hat.[21] Anders ist dies jedoch, wenn bereits der vom Versicherungsvertreter vermittelte Ursprungsvertrag die Erhöhung vorsieht und der Kunde zu einer solcher Erhöhung verpflichtet ist oder sich die Versicherungssumme nach dem Inhalt des Ursprungsvertrages in regelmäßigen Zeitabständen (dynamisch) erhöht und der Versicherungsnehmer der Erhöhung nicht widerspricht (wofür der Unternehmer die Darlegungs- und Beweislast trägt).[22] In diesen Fällen gehen die Erhöhungen auf die Vermittlungstätigkeit des Versicherungsvertreters zurück und sind – sofern nicht etwas anderes vereinbart ist[23] – bei Zahlung der erhöhten Prämien im Zweifel auch nach Vertragsende provisionspflichtig.[24] Ein Provisionsanspruch besteht dann nicht, wenn der vermittelte Versicherungsvertrag ordnungsgemäß gekündigt und alsdann ohne Mitwirkung des Versicherungsvertreters neu, sei es auch zu (im Wesentlichen) gleichen Konditionen, abgeschlossen wird;[25] s. dazu auch → Rn. 18.

17 **b) Ausnahmen.** Zum Teil wird vertreten, dass ein Provisionsanspruch ausnahmsweise auch für Anschlussgeschäfte im Nachgang zu einer vermittelten und abgeschlossenen Versicherung gegeben sein soll, wenn das **Geschäft** mit dieser Versicherung in **engem wirtschaftlichen Zusammenhang** steht. In diesem Sonderfall soll die Tätigkeit des Versicherungsvertreters für den Abschluss des ersten Geschäfts noch als ursächlich für die Anschlussgeschäfte angesehen werden.[26] Diese Auffassung ist abzulehnen, da der in Abs. 3 S. 1 verankerte Grundsatz, dass ein Versicherungsvertreter in Abweichung von § 87 Abs. 1 S. 1 Anspruch auf Provisionen nur für Geschäfte hat, die auf seine Tätigkeit zurückzuführen sind, verwässert wird – noch dazu mit einem wenig eindeutigem und aussagekräftigem Kriterium.[27] Zudem darf der BGH nicht missverstanden werden. Der BGH hat in seiner Grundsatzentscheidung gerade nicht entgegen Abs. 3 S. 1 eine Folgeprovision für Folgegeschäfte, an welchen der Versicherungsvertreter ***nicht*** beteiligt war, bejaht, sofern das Folgegeschäft in einem engen wirtschaftlichen Zusammenhang mit dem vom Versicherungsvertreter vermittelten Erstgeschäft steht. Er hat sich lediglich in Bezug auf den Ausgleichsanspruch nach § 89b mit der Frage beschäftigt, inwiefern der Versicherungsvertreter Provisionsverluste im Hinblick auf ***von ihm*** künftig abgeschlossene bzw. vermittelte Geschäfte erleidet.[28] Denn bei der Anwendung des § 89b sei die Fortsetzung des Vertragsverhältnisses zu unterstellen; führe man diese Unterstellung durch, so käme man zu dem Ergebnis, dass der Versicherungsvertreter bei weiteren Abschlüssen der von ihm geworbenen Kunden wiederum mitgewirkt

---

[20] BGH BB 1986, 2091; Flohr/Wauschkuhn/*Sperling* Rn. 24.
[21] BGH BB 1986, 2091; Baumbach/Hopt/*Hopt* Rn. 4; EBJS/*Löwisch* Rn. 6; Staub/*Emde* Rn. 53.
[22] BGH ZIP 2019, 275, s. dazu auch *Thume* BB 2019, 835.
[23] Zur zeitlichen Begrenzung der Pflicht zur Zahlung von Dynamikprovisionen nach Vertragsende BGH ZIP 2019, 275 Rn. 36; BAG VersR 1984, 897; VersR 1986, 251; OLG Frankfurt Urt. v. 3.12.2019 – 16 U 109/17 – juris; s. auch → Rn. 39.
[24] BGH ZIP 2019, 275; OLG Köln OLGR 2003, 326; Staub/*Emde* Rn. 57.
[25] OLG Köln VersR 1978, 511 f.; EBJS/*Löwisch* Rn. 7.
[26] Staub/*Emde* Rn. 53; *Emde* FS K. Schmidt, 2009, 331 (346); Oetker/*Busche* Rn. 4; BeckOK HGB/*Lehmann* Rn. 9; vgl. auch BGHZ 34, 310 (317 ff.) = NJW 1961, 1059.
[27] EBJS/*Löwisch* Rn. 7.
[28] BGH NJW 1961, 1059 (1060).

und dadurch Provision verdient haben würde.[29] Demzufolge würden diese Provisionsansprüche infolge der Beendigung des Vertretervertrages entfallen. Der BGH hat mithin bei seiner Betrachtung vorausgesetzt, dass der Versicherungsvertreter selbst bei unterstellter Fortsetzung des Vertragsverhältnisses weitere provisionspflichtige (Anschluss-)Geschäfte vermittelt hätte.[30] Die Erwägungen des BGH zum Ausgleichsanspruch können daher nicht ohne weiteres auf die Frage, ob dem Versicherungsvertreter Folgeprovisionen für Geschäfte, die er nicht geworben hat, zustehen, übertragen werden. Bei Einbeziehung eines neuen Gruppenmitglieds durch schlichte Nachmeldung seitens des Kunden ist bei einer echten Gruppenversicherung indes ein Provisionsanspruch gegeben; anders hingegen bei der unechten Gruppenversicherung, weil hier lediglich die Möglichkeit zur Vermittlung einer größeren Zahl von Einzelversicherungen eröffnet wird, die einzelnen Mitglieder aber in ihrem Entschluss frei bleiben, ob sie auf Grund des Gruppenversicherungsvertrags eine Einzelversicherung abschließen wollen oder nicht.[31]

Ein Provisionsanspruch des Versicherungsvertreters besteht auch dann, wenn der Versi- 18
cherer den vom Versicherungsvertreter vermittelten und betreuten Versicherungsvertrag kündigt und mit Kunden einen neuen Vertrag mit demselben oder einem nur geringfügig abweichenden Inhalt erneut abschließt und er dabei **rechtsmissbräuchlich** den Zweck verfolgt, den Versicherungsvertreter auszuschalten und/oder ihm eine Provision vorzuenthalten, auf die er ohne die Kündigung Anspruch hätte.[32] Ein solcher Fall liegt jedoch nicht vor, wenn der Versicherungsnehmer den Abbruch der gesamten Geschäftsverbindung angedroht und der Versicherer den gekündigten Versicherungsvertrag unter Ausschaltung des Vertreters erst neu abgeschlossen hat, nachdem dieser sich geweigert hatte, zur Erhaltung der Geschäftsverbindung einen eigenen zumutbaren Beitrag zu leisten.[33]

3. Keine Bezirks- oder Kundenprovision (Abs. 3 S. 2). Bei Zuweisung eines 19
bestimmten Bezirks oder Kundenkreises hat der Versicherungsvertreter gleichwohl keinen Anspruch auf Provision für solche Geschäfte, die ohne seine Mitwirkung mit Personen seines Bezirks oder seines Kundenkreises während des Vertragsverhältnisses abgeschlossen worden sind.[34] Der gesetzliche Bezirks- oder Kundenschutz nach § 87 Abs. 2 S. 1 besteht für den Versicherungsvertreter gerade nicht (zum Normzweck → Rn. 14). Für diesen gilt allgemein der Grundsatz, dass provisionspflichtig nur solche Geschäfte sind, die auf seine Tätigkeit zurückgeführt werden können. Die Übertragung des Bezirks hat daher nur Bedeutung für die Zuständigkeit des Versicherungsvertreters sowie den Umfang seiner Vertretungsmacht (§§ 69 ff. VVG).

4. Abweichende Vereinbarungen. Von der Bestimmung des Abs. 3 abweichende 20
Vereinbarungen können zwischen Versicherungsvertreter und Versicherungsunternehmen getroffen werden.[35] Insbesondere kann dem Versicherungsvertreter eine Bezirks- oder Kundenprovision iSv § 87 Abs. 2 vertraglich zugestanden werden. Auch die Vereinbarung eines Provisionsanspruchs für Nachbestellungen und Folgeaufträge ist zulässig.

IV. Entstehen eines unbedingten Provisionsanspruchs (Abs. 4)

1. Norminhalt und Normzweck. a) Norminhalt. Nach Abs. 4 hat der Versiche- 21
rungsvertreter Anspruch auf Provision, sobald der Versicherungsnehmer die **Prämie gezahlt** hat, aus der sich die Provision nach dem Vertragsverhältnis berechnet. Abs. 4 stellt

---

[29] BGH NJW 1961, 1059 (1060).

[30] BGH NJW 1961, 1059 (1061); vgl. auch BGH NJW 1971, 462; 1972, 1664; MDR 1996, 696; OLG Celle VersR 2002, 976; BGH VersR 2012, 483.

[31] BGH BB 1961, 189; EBJS/*Löwisch* Rn. 6; diff. Staub/*Emde* Rn. 54.

[32] OLG Köln VersR 1978, 511; EBJS/*Löwisch* Rn. 7.

[33] OLG Köln VersR 1978, 511 f.

[34] *v. Hase* BuW 2003, 685 (690) sieht diese Regelung als europarechtswidrig an, geht jedoch von einer zu weiten Auslegung des Begriffs „Zuweisung" eines Bezirkes in Art. 7 Abs. 2 Alt. 1 RL 86/653/EWG (Handelsvertreter-RL) aus.

[35] EBJS/*Löwisch* Rn. 10; Oetker/*Busche* Rn. 11.

entgegen § 87a Abs. 1 S. 1 also nicht auf die Ausführung des Geschäfts durch den Unternehmer, sondern entsprechend § 87a Abs. 1 S. 3 auf die Zahlung der Prämie durch den Dritten ab. § 87a Abs. 1 S. 1 wird durch die Sonderregelung des Abs. 4 ersetzt. Da für das **Unbedingtwerden** des Provisionsanspruchs die Prämienzahlung durch den Versicherungsnehmer maßgeblich ist, können auch § 87a Abs. 1 S. 2 und S. 3 keine Anwendung finden. Der Versicherungsvertreter hat weder einen Vorschussanspruch gem. § 87a Abs. 1 S. 2,[36] noch steht ihm nach § 87a Abs. 1 S. 3 ein Anspruch auf Teilprovision zu (zu letzterem → Rn. 26).[37]

22 **b) Normzweck.** Die Regelung trägt den **Besonderheiten des Versicherungsverhältnisses** Rechnung. Auf die allgemeine Regelung, wonach die Ausführung des Geschäfts durch den Unternehmer den Provisionsanspruch unbedingt entstehen lässt, kann nicht abgestellt werden, weil der Versicherer nach hM durch die Übernahme des Risikos eine Dauerleistung zu erbringen hat, sodass der Versicherungsvertrag mit dem Beginn der Gefahrtragung noch nicht ausgeführt ist.[38] Darüber hinaus sind verschiedene Ereignisse denkbar, durch die der Vertrag iSv § 87a Abs. 1 durch den Unternehmer oder den Dritten ausgeführt sein könnte: zB Zahlung der vollen ersten Jahresprämie durch den Versicherten, Leistung des Versicherers im ersten Versicherungsfall, volle Erfüllung der vertraglichen Leistungen durch den Versicherer, Zahlung der letzten Prämie durch den Versicherungsnehmer.[39]

23 **Abs. 4** schafft insoweit **Klarheit,** als ausschließlich auf die Prämienzahlung durch den Versicherungsnehmer abgehoben wird. Dies ist auch deswegen gerechtfertigt, weil die Einstandspflicht des Versicherers und die Fortführung des Vertrags von der Prämienzahlung durch den Versicherungsnehmer abhängig sind (§§ 33 f. VVG).

24 **2. Prämienzahlung. a) Maßgebliche Prämie.** Ausschlaggebend für die Entstehung eines unbedingten Provisionsanspruchs ist nach Abs. 4 die Zahlung derjenigen Prämie durch den Versicherungsnehmer, die im Vertrag als Bezugspunkt für die endgültige Entstehung des Provisionsanspruchs vereinbart worden ist. Die Prämie muss nicht Berechnungsgrundlage für die Provision sein.[40] Durch den Handelsvertretervertrag kann also festgelegt werden, welche Prämienzahlung durch den Versicherungsnehmer den Provisionsanspruch unbedingt entstehen lässt. Bei Zahlung einer Einmalprämie ist dies die volle Prämienzahlung, soweit die Parteien nichts anderes vereinbart haben. Bei laufenden Prämienzahlungen kann die erste, eine sonstige oder auch eine bestimmte Summe aus mehreren Prämienzahlungen als maßgeblich erklärt werden. Auch können die Parteien bei laufend zu leistenden Prämienzahlungen vereinbaren, dass der Vertreter mit Zahlung jeder Prämie einen entsprechenden Provisionsanspruch erwirbt.[41] Haben die Parteien keine ausdrückliche Regelung getroffen, muss im Wege ergänzender Vertragsauslegung geklärt werden, was sie bei vernünftiger Interessenabwägung nach Treu und Glauben vereinbart hätten.[42]

25 So hat zB bei der Vermittlung eines Lebensversicherungsvertrags mit laufenden Prämien, bei dem die erste Prämie gem. § 2 Abs. 1 AVB die **Jahresprämie** ist, der Versicherungsvertreter erst dann einen unbedingten Provisionsanspruch, wenn der Versicherungsnehmer die erste Jahresprämie voll gezahlt hat.[43] Dies gilt auch dann, wenn dem Versicherungsnehmer die Zahlung der Jahresprämie in Monatsraten gestattet ist.[44]

26 **b) Teilleistungen.** Teilleistungen auf die für die Provisionsberechnung maßgebliche Prämie reichen für die Entstehung eines unbedingten Provisionsanspruchs nicht aus.[45] Dies

36 *Höft* VersR 1976, 205 (206); aA EBJS/*Löwisch* Rn. 18.
37 Oetker/*Busche* Rn. 5; Baumbach/Hopt/*Hopt* Rn. 7; aA Staub/*Emde* Rn. 63.
38 *Höft* VersR 1976, 205 (208).
39 BAG AP HGB § 92 Nr. 3 = NJW 1968, 518; *Höft* VersR 1976, 205 (208).
40 BFH BeckRS 1998, 30014872.
41 EBJS/*Löwisch* Rn. 12.
42 OLG Stuttgart DB 1977, 565; Oetker/*Busche* Rn. 5; vgl. auch EBJS/*Löwisch* Rn. 12.
43 OLG Stuttgart NJW-RR 1998, 1192.
44 BAG AP HGB § 92 Nr. 3 = NJW 1968, 518.
45 BAG AP HGB § 92 Nr. 3 = NJW 1968, 518; aA EBJS/*Löwisch* Rn. 27; Staub/*Emde* Rn. 63.

gilt auch dann, wenn dem Versicherungsnehmer die Entrichtung der Prämie in Raten gestattet ist.[46] Ein Rückgriff auf § 87a Abs. 1 S. 3, der bei teilweiser Durchführung des Geschäfts einen Anspruch auf Teilprovision gewährt, ist nicht zulässig, weil Abs. 4 für das Unbedingtwerden des Provisionsanspruchs mangels abweichender Vereinbarung die Zahlung der vollen Prämie voraussetzt.[47]

3. Störungen im Versicherungsverhältnis. a) Ablehnung des Vertragsschlusses. 27
Inwieweit sich Störungen im Versicherungsverhältnis auf die Entstehung oder einen späteren Wegfall des Provisionsanspruchs auswirken, richtet sich nach **§ 87a Abs. 2 und 3.** Abs. 4 ersetzt nämlich nur § 87a Abs. 1, sodass § 87a Abs. 2–5 auch für den Versicherungsvertreter gilt.[48] Dabei ist zu beachten, dass Voraussetzung für das Entstehen einer **Provisionsanwartschaft** der Abschluss des Versicherungsvertrags zwischen Versicherer und Versicherungsnehmer ist.[49] Hierbei ist zu bedenken, dass der Unternehmer grundsätzlich frei darüber entscheiden kann, ob er vom Versicherungsvertreter vermittelte Anträge annehmen oder ablehnen will. Er hat allerdings die Interessen des Versicherungsvertreters zu berücksichtigen, so dass er sich schadensersatzpflichtig macht, wenn er den Abschluss eines Geschäfts ohne jeden sachlichen Grund, also willkürlich oder gar in der Absicht, den Versicherungsvertreter zu schädigen, ablehnt.[50]

b) Nichtzahlung der Prämie. Bleibt die Zahlung der Versicherungsprämie 28
durch den Versicherungsnehmer **aus,** dann kann die Provisionsanwartschaft nicht nach Abs. 4 zu einem unbedingten Provisionsanspruch erstarken. Ob der Versicherer gleichwohl zur Provisionszahlung an den Handelsvertreter verpflichtet ist, richtet sich in diesem Fall nach § 87a Abs. 3,[51] hängt also davon ab, ob die Nichtausführung auf Umständen beruht, die vom Versicherer zu vertreten sind. **§ 87a Abs. 2** kann daneben **keine Anwendung** finden, weil diese Bestimmung keine anspruchsbegründende, sondern eine anspruchsvernichtende Regelung beinhaltet (→ § 87a Rn. 26 ff.).[52] § 87a Abs. 2 setzt voraus, dass der Provisionsanspruch unabhängig von der Leistung oder der Nichtleistung des Kunden bereits unbedingt durch die Geschäftsausführung seitens des Unternehmers entstanden ist.[53] Demgegenüber stellt Abs. 4 klar, dass die Erstarkung der Provisionsanwartschaft zum unbedingten Provisionsanspruch von der Ausführung des Geschäfts durch den Versicherer unabhängig ist.

c) Vertretenmüssen durch Versicherer. aa) Grundsatz. Auch wenn der Versiche- 29
rungsnehmer die Prämie nicht zahlt, **entsteht daher der Provisionsanspruch** des Versicherungsvertreters als unbedingter, wenn feststeht, dass der Versicherer das Geschäft ganz oder teilweise nicht oder nicht so ausführt, wie es abgeschlossen worden ist (§ 87a Abs. 3 S. 1). Dies gilt nur dann nicht, wenn und soweit die Nichtausführung auf Umständen beruht, die vom Versicherer nicht zu vertreten sind (§ 87a Abs. 3 S. 2). Die Beweislast liegt insoweit beim Versicherer (zum Ganzen → § 87a Rn. 41 ff.).

bb) Nachbearbeitungspflicht. Den Versicherer trifft im Rahmen der Zumutbarkeit 30
eine Verpflichtung zur **Nachbearbeitung gefährdeter Verträge.**[54] Diese Verpflichtung

---

46 AA *Herzog* VersR 1979, 797.

47 Oetker/*Busche* Rn. 5; Heymann/*Froitzheim* Rn. 9; aA Staub/*Emde* Rn. 63; unklar Baumbach/Hopt/*Hopt* Rn. 7 und 8.

48 BGH NJW-RR 2005, 1196 (1197); LM § 87a Nr. 11; OLG Düsseldorf BeckRS 2012, 02248; Baumbach/Hopt/*Hopt* Rn. 10; *Stötter* MDR 1981, 269 (270).

49 Heymann/*Froitzheim* Rn. 8.

50 BGH BB 1960, 1221 (1222). Allg. zur unternehmerischen Entscheidungsfreiheit → § 86a Rn. 34.

51 *Bonvie* VersR 1986, 119 (121); *Thume* in Küstner/Thume VertriebsR-HdB I Kap. V Rn. 510; EBJS/*Löwisch* Rn. 20.

52 Oetker/*Busche* Rn. 6; EBJS/*Löwisch* Rn. 20; aA Staub/*Emde* Rn. 9; *Müller* VersR 1974, 950.

53 BGH LM § 87a Nr. 11; Heymann/*Froitzheim* Rn. 8.

54 BGH LM § 87a Nr. 11; BAG NZA 2015, 871 Rn. 49 ff.; AP HGB § 92 Nr. 3; OLG Brandenburg BeckRS 2013, 1597; OLG Köln NJW 1978, 327 (328); *Bonvie* VersR 1980, 119 (121); Baumbach/Hopt/*Hopt* Rn. 10; EBJS/*Löwisch* Rn. 23; *Platz* VersR 1985, 621 f.; Heymann/*Froitzheim* Rn. 18.

zur Nachbearbeitung ergibt sich aus § 87a Abs. 3 S. 2 und der dem Versicherer gegenüber dem Versicherungsvertreter obliegenden Pflicht, Rücksicht auf das Provisionsinteresse des Versicherungsvertreters zu nehmen.[55] Es handelt sich hierbei allerdings nicht um eine einklagbare Rechtspflicht, sondern um eine Obliegenheit des Unternehmers. Die Verletzung der Nachbearbeitungspflicht begründet daher keinen Schadensersatzanspruch des Handelsvertreters, sondern lässt den Provisionsanspruch bestehen.

31 Die **Grenzen der Nachbearbeitungspflicht** sind unter Berücksichtigung der Umstände des Einzelfalls und der Berücksichtigung der Regelung des § 87a Abs. 3 S. 2 festzulegen.[56] Der Versicherer darf sich insbesondere nicht damit begnügen, gem. § 37 Abs. 1 VVG bei Nichtzahlung der ersten Prämie ohne weiteres vom Vertrag zurückzutreten.[57] Mit einem solchen Verhalten werden die Belange des Vertreters jedenfalls dann in vom Unternehmer zu vertretender Weise beeinträchtigt, wenn ein Vorgehen gegen den Versicherungsnehmer nicht von vornherein hoffnungslos ist.

32 Der Versicherer ist grundsätzlich verpflichtet, zur Sicherung des Provisionsanspruchs seines Vertreters gegenüber einem säumigen Versicherungsnehmer in zumutbarer Weise aktiv tätig zu werden und den Versicherungsnehmer zur Erfüllung seiner Vertragspflicht ernstlich und nachdrücklich anzuhalten.[58] Von ihm kann im Allgemeinen verlangt werden, dass er alles Mögliche und zumutbare unternimmt, um den säumigen Versicherungsnehmer **zur Zahlung der Prämie zu veranlassen.** Der einmalige Versand bloßer Mahnschreiben erfüllt die Nachbearbeitungspflicht nicht.[59] Die Fragen, ob der Versicherer für eine ordnungsgemäße Nachbearbeitung gehalten ist, nach den Gründen für die Nichtzahlung zu forschen und nach einer gemeinsamen Lösung mit dem Versicherungsnehmer zu suchen, und ob dafür regelmäßig eine persönliche Rücksprache mit dem Schuldner erforderlich ist, hat der BGH ausdrücklich offengelassen.[60] Diese Fragen sind zu bejahen. Denn die Maßnahmen des Versicherungsunternehmens können bei einer eigenen Nachbearbeitung nicht hinter denjenigen zurückstehen, die ein wirtschaftlich denkender Versicherungsvertreter bei einer Stornogefahrmitteilung vernünftigerweise gewählt hätte; der Versicherungsvertreter wird indes üblicherweise seinen persönlichen Kontakt zum Kunden nutzen, um die Gründe der Nichtzahlung aufzuklären und Möglichkeiten der Abhilfe auszuloten. Genauso wie er den Versicherungsvertreter unverzüglich eine Stornogefahr mitteilen muss, muss er bei einer eigenen Nachbearbeitung unverzüglich Maßnahmen ergreifen, denn die Aussichten auf Rettung des Vertrags sinken auch bei einer Nachbearbeitung durch den Versicherer je mehr Zeit verstreicht.[61] Von seiner Pflicht zur Nachbearbeitung ist der Versicherer ausnahmsweise dann entbunden, wenn solche Versuche von vornherein aussichtslos erscheinen,[62] oder bei kleinen Versicherungsverträgen und somit geringen Provisionsansprüchen, weil auch ein wirtschaftlich denkender Handelsvertreter eine Nachbearbeitung bei Kleinverträgen/-beträgen vernünftigerweise nicht vornehmen, sondern sich auf die Vermittlung von Neuverträgen fokussieren würde.[63] Auch scheidet eine Nachbearbeitungspflicht aus, wenn

---

55 BGH LM § 87a Nr. 11; NJW-RR 2005, 1196; OLG Düsseldorf ZVertriebsR 2017, 191 mwN.

56 BGH NJW-RR 2005, 1196 (1197); VersR 1983, 371; OLG München IHR 2018, 86, speziell zur Nachbearbeitungspflicht in Fällen der betrieblichen Altersvorsorge; *Müller* VersR 1974, 950.

57 BAG AP HGB § 92 Nr. 3 = NJW 1968, 518; OLG Frankfurt VersR 1981, 480; Staub/*Emde* Rn. 12.

58 BGH NJW 2011, 1590; BAG AP HGB § 92 Nr. 3 = NJW 1968, 518; OLG Schleswig BeckRS 2011, 28743; OLG Köln VersR 1976, 87; Oetker/*Busche* Rn. 7.

59 OLG Düsseldorf BeckRS 2007, 14414; LG Itzehoe BeckRS 2012, 24034; Röhricht/Graf v. Westphalen/Haas/*Thume* Rn. 12; Oetker/*Busche* Rn. 7.

60 BGH NJW 2011, 1590; vgl. auch OLG München IHR 2018, 86; OLG Düsseldorf ZVertriebsR 2017, 191 jeweils mwN.

61 OLG Düsseldorf 23.5.2014 – I-16 U 133/13, nv.

62 BAG AP HGB § 92 Nr. 3 = NJW 1968, 518.

63 BGH MDR 1983, 728; OLG Zweibrücken BeckRS 2016, 15592; OLG Düsseldorf BeckRS 2015, 119205 mwN (Provisionshöhe bis 100 Euro); AG Karlsruhe VersR 2010, 626; OLG Celle OLGR 2001, 267 (268); aA OLG Düsseldorf ZVertriebsR 2017, 191 (bei einer festen Kundenbeziehung aufgrund mehrerer Versicherungsverträge); s. auch OLG Köln BeckRS 2016, 117533 krit. zu einer festen Wertgrenze.

der Kunde ein vertraglich vereinbartes oder gesetzliches Widerrufsrecht ausgeübt hat;[64] andernfalls würde die freie Ausübung des Widerrufsrechts untergraben. Eine Nachbearbeitungspflicht ist auch dann nicht gegeben, wenn der Versicherungsvertreter die Stornogefahr kennt.[65]

33 Im Rechtsstreit hat der Unternehmer darzulegen und ggf. zu beweisen, dass und mit welchem Inhalt eine ausreichende Nachbearbeitung durchgeführt worden, jedoch erfolglos geblieben ist, oder eine Nachbearbeitung ausnahmsweise entbehrlich gewesen ist, und zwar für jeden einzelnen rückabzuwickelnden Versicherungsvertrag.[66]

34 **cc) Klage.** Der Unternehmer ist allerdings im Regelfall nicht gehalten, wenn außergerichtliche Schritte gegen den Versicherungsnehmer nutzlos gewesen sind, im **Klagewege** gegen diesen vorzugehen.[67] Hierbei kommt es auch nicht darauf an, ob für die Klage Erfolgsaussichten gegeben wären. Gerade Versicherungsunternehmen haben im Regelfall ein berechtigtes Interesse daran, keinen Prozess zu führen, um den Ruf eines rücksichtslosen Prozessierers zu vermeiden.[68] Daher sind auch Klageverzichtsklauseln im Regelfall als zulässig anzusehen, soweit dem Versicherer hierdurch nicht die Möglichkeit zur willkürlichen Abstandnahme vom Vertrag gegeben wird.[69] Zumindest sind sie ohne rechtliche Bedeutung, weil eine ausnahmsweise gemäß § 87 Abs. 5 bestehende Obliegenheit zur Prämienklage vertraglich nicht abbedungen werden kann. Klageverzichtsklauseln haben daher allenfalls klarstellende, nicht aber rechtsbegründende Bedeutung.[70]

35 **dd) Stornogefahrmitteilung.** Den Versicherer trifft zwar grundsätzlich eine Nachbearbeitungspflicht (→ Rn. 30 ff.). Eine spezielle Obliegenheit oder gar Pflicht des Versicherers, dem Versicherungsvertreter Stornogefahrmitteilungen zukommen zu lassen, besteht aber nicht.[71] Denn Stornogefahrmitteilungen sind nur eines von mehreren zur Stornoabwehr in Betracht kommenden Mitteln, unter denen der **Versicherer die Wahl** hat, sofern eine Nachbearbeitungspflicht besteht. Der Versicherer kann sich daher entscheiden, ob er eigene Maßnahmen zur Stornoabwehr ergreift (die dann allerdings ausreichend und mit den Maßnahmen, die ein wirtschaftlich denkender Handelsvertreter vernünftigerweise infolge einer Stornogefahrmitteilung ergreifen würde, gleichwertig sein müssen) oder ob er sich auf eine Stornogefahrmitteilung beschränkt.[72] Durch die Stornogefahrmitteilung wird dem Versicherungsvertreter die Möglichkeit eingeräumt, seinerseits auf säumige Versicherungsnehmer einzuwirken, um den Vertrag zu retten.[73] Zu diesem Zweck ist der Versicherungsvertreter **unverzüglich** auf die Gefahr der Stornierung des betroffenen Versicherungsvertrags **hinzuweisen.**[74] Allerdings ist dem Versicherer eine angemessene Zeit zuzubilligen, in welcher er sich eine gewisse Klarheit darüber verschafft, ob Anhaltspunkte für eine Vertragsgefährdung vorliegen, und er die Entscheidung trifft, ob es eigene Nachbearbeitungsmaßnahmen ergreift oder sich darauf beschränkt, dem Versicherungsvertreter die

[64] OLG Celle OLGR 2001, 267; OLG Brandenburg 20.5.2009 – 3 U 20/09, juris-Rn. 51, BeckRS 2009, 15961; OLG Karlsruhe NJW-RR 1993, 1274; EBJS/*Löwisch* § 87a Rn. 31; aA OLG Köln BeckRS 2011, 4516; OLG München ZVertriebsR 2019, 194 (197) zur Nachbearbeitungspflicht eines nach § 8 VVG widerrufenen Versicherungsvertrages; an den Umfang und die Intensität der Nachbearbeitung sollen aber nur geringe Anforderungen zu stellen sein; zweifelhaft; dazu auch → § 87a Rn. 59.

[65] OLG Düsseldorf ZVertriebsR 2016, 306.

[66] S. nur BGH NJW 2012, 3305; OLG Karlsruhe ZVertriebsR 2017, 377; OLG Düsseldorf ZVertriebsR 2017, 191.

[67] BGH NJW-RR 2005, 1196.

[68] OLG Frankfurt DB 1983, 1591 (1592).

[69] OLG Frankfurt VersR 1960, 510 f.; OLG Karlsruhe VersR 1982, 267; OLG München VersR 1958, 599; Flohr/Wauschkuhn/*Sperling* Rn. 39; EBJS/*Löwisch* Rn. 28 mwN; aA Staub/*Emde* Rn. 15.

[70] EBJS/*Löwisch* Rn. 28.

[71] BGH NJW-RR 2005, 1196 (1197); Staub/*Emde* Rn. 17; EBJS/*Löwisch* Rn. 23; *Thume* in Küstner/Thume VertriebsR-HdB I Kap. V Rn. 522; *Mecklenbrauck* VersR 2006, 1157 (1159 ff.).

[72] BGH NJW-RR 2005, 1196 (1197); EBJS/*Löwisch* Rn. 22.

[73] OLG Köln NJW 1978, 327 (328); Staub/*Emde* Rn. 17.

[74] S. nur BGH BeckRS 2012, 16003 Rn. 19 ff.

sich abzeichnende Stornogefahr mitzuteilen.[75] Mit der Mitteilung an den Vertreter darf der Versicherer dann in der Regel nicht mehr als zwei Wochen zuwarten.[76] Ein ausnahmsweise eintretender Postverlust führt nicht dazu, dass die Stornierung des Versicherungsvertrags auf Umständen beruht, die das Versicherungsunternehmen zu vertreten hat.[77] Auch wenn der Versicherungsvertreter ausscheidet, hat der Unternehmer die Wahl, ob er selbst Maßnahmen zur Stornoabwehr ergreift oder dem ausgeschiedenen Versicherungsvertreter die Stornogefahr mitteilt; eine Verpflichtung zur Stornogefahrmitteilung besteht also auch hier nicht.[78] Bei einer Stornogefahrmitteilung darf der ausgeschiedene Versicherungsvertreter die entsprechenden Kenntnisse indes nach § 90 weder verwerten noch anderen mitteilen.[79] Hingegen reicht die bloße Versendung einer Stornogefahrmitteilung an den Nachfolger des ausgeschiedenen Versicherungsvertreters für die Darlegung einer ausreichenden Maßnahme der Stornogefahrabwehr regelmäßig nicht aus, da der Nachfolger den Schwerpunkt seiner Tätigkeit aufgrund seines eigenen Provisionsinteresses auf den Abschluss bzw. die Vermittlung von Neuverträgen und nicht auf die Erhaltung des Provisionsinteresses seines Vorgängers richten wird. Daher muss der Unternehmer weiter zur konkreten Nacharbeit durch den Nachfolger des ausgeschiedenen Versicherungsvertreters oder zur Aussichtslosigkeit der Nachbearbeitung vortragen.[80]

36 Für die Stornogefahrmitteilung kann im Einzelfall die Übersendung der **Kopie eines Mahnschreibens** genügen.[81] Demgegenüber reicht die bloße Mitteilung über nicht gezahlte Prämien noch nicht aus.[82] Mit der Stornogefahrmitteilung **entfällt die Pflicht** des Versicherers zur **eigenen Nachbearbeitung.** Der Handelsvertreter hat nämlich auf Grund dieser Mitteilung die Möglichkeit, alles seinerseits erforderliche zur Aufrechthaltung des Vertrags selbst zu veranlassen.[83]

37 **ee) Übertragbarkeit auf andere Branchen.** Die Grundsätze zur Nachbearbeitungspflicht des Versicherers können nicht ohne weiteres auf Unternehmer **anderer Branchen** übertragen werden.[84] Insoweit ist von entscheidender Bedeutung, dass nach Abs. 4 das Provisionsanwartschaftsrecht des Versicherungsvertreters mit Zahlung der Prämie durch den Versicherungsnehmer zum unbedingten Provisionsanspruch erstarkt. Für den Handelsvertreter, der nicht Versicherungsvertreter ist, bleibt es in der Regel bei den allgemeinen Grundsätzen des § 87a Abs. 2 und 3. Eine Nachbearbeitungspflicht kann allenfalls dann angenommen werden, wenn der Handelsvertreter ein entsprechendes Provisionsinteresse an der Fortsetzung des Vertragsverhältnisses hat, weil er von der Fortsetzung des Vertragsverhältnisses mittels Provisionen partizipiert (zB Beteiligung an den Umsätzen, die laufend generiert werden).[85] Dementsprechend ist der Unternehmer nicht zur Nachbearbeitung verpflichtet, wenn der Kunde das vom Handelsvertreter vermittelte Dauerschuldverhältnis kurz nach Abschluss desselben ordentlich kündigt, da die Fortsetzung des Vertragsverhältnisses über den erstmöglichen Kündigungstermin hinaus regelmäßig für die Abschlussprovision des Handelsvertreters unabhängig ist. Eine Nachbearbeitungspflicht scheidet indes jedenfalls dann aus, wenn der Kunde von seinen vertraglichen oder gesetzlichen Widerrufsrechten oder von seinem Kündigungsrecht berechtigterweise Gebrauch macht (dazu auch → § 87a Rn. 59).

75 BGH BeckRS 2012, 16003 Rn. 20.
76 BGH BeckRS 2012, 16003 Rn. 20; OLG Düsseldorf 23.5.2014 – I-16 U 133/13, nv.
77 BGH VersR 2011, 345.
78 BGH NJW-RR 2005, 1196 (1197); aA OLG München IHR 2018, 86, wonach eine Stornogefahrmitteilung ausscheiden soll, wenn der Handelsvertreter seine Tätigkeit eingestellt hat oder zu einer anderen Versicherungsgesellschaft gewechselt ist.
79 AA Staub/*Emde* Rn. 17.
80 BGH NJW 2012, 3305; OLG München ZVertriebsR 2019, 194 (196); OLG Karlsruhe ZVertriebsR 2017, 377; OLG Zweibrücken BeckRS 2016, 15592.
81 OLG Frankfurt VersR 1981, 480; Heymann/*Froitzheim* Rn. 18.
82 BGH LM § 87a Nr. 11.
83 *Bonvie* VersR 1986, 119 (121 f.).
84 Oetker/*Busche* § 87a Rn. 22 f.; so wohl auch Baumbach/Hopt/*Hopt* § 87a Rn. 27 f.; Staub/*Emde* § 87c Rn. 119 f.
85 Vgl. OLG Köln BeckRS 2011, 4516 für Energielieferungsverträge.

d) Vorzeitige Beendigung des Versicherungsverhältnisses. Wird das Versicherungsverhältnis **während seiner Laufzeit** durch Kündigung oder Rücktritt **beendet** oder aus sonstigen Gründen teilweise nicht ausgeführt, verbleibt dem Versicherungsvertreter die verdiente Provision.[86] Die Provision ist aber anteilig zurückzuzahlen, soweit die Beendigung des Versicherungsverhältnisses auf Umständen beruhte, die vom Unternehmer nicht zu vertreten gewesen sind.[87] Der Rückzahlungsanspruch ergibt sich in diesem Fall – sofern ein solcher nicht vertraglich vereinbart ist[88] – aus entsprechender Anwendung von § 87a Abs. 2 HS. 2,[89] nicht aber aus § 812 BGB.[90] Entsprechendes gilt, wenn das Versicherungsverhältnis durch Anfechtung des Versicherers wegen arglistiger Täuschung beendet wird, da gemäß § 39 Abs. 1 S. 2 VVG dem Versicherer in diesem Fall die Prämie bis zum Wirksamwerden der Anfechtungserklärung zusteht.[91] 38

4. Abweichende Vereinbarungen. Die Parteien können den Zeitpunkt, in dem die Provisionsanwartschaft zum unbedingten Provisionsanspruch erstarkt, abweichend von Abs. 4 regeln.[92] Namentlich kann festgelegt werden, dass der Provisionsanspruch bereits vor Zahlung der maßgeblichen Prämie durch den Versicherungsnehmer unbedingt entsteht. Darüber hinaus ist es zulässig, dem Versicherungsvertreter vertraglich einen Anspruch auf Vorschuss oder auf Teilprovision bei Teilleistungen des Versicherungsnehmers einzuräumen.[93] Auch können die Parteien vereinbaren, dass eine erworbene Provisionsanwartschaft erlischt, wenn der Anspruch bis Vertragsende nicht unbedingt geworden ist (sog. Provisionsverzichtsklausel); eine solche verstößt nicht gegen Abs. 4.[94] So ist anerkannt, dass auch der „normale" Handelsvertreter auf Überhangprovisionen, also auf Provisionen, die zum Zeitpunkt der Vertragsbeendigung noch nicht unbedingt entstanden sind, zumindest in einer Individualvereinbarung unter Beachtung des § 87a Abs. 3, Abs. 5 verzichten kann (s. dazu sowie zu einem formularmäßig vereinbarten Verzicht → § 87 Rn. 69). Für einen Versicherungsvertreter kann dann nicht etwas anderes gelten. Der Provisionsverzicht ist sodann ausgleichsrechtlich relevant (→ § 89b Rn. 300). Indes ist nach dem Rechtsgedanken des § 87a Abs. 1 S. 3 eine Vereinbarung unzulässig, wonach der Provisionsanspruch zu einem späteren Zeitpunkt als den Zeitpunkt, in welchem der Versicherungsnehmer die Prämie leistet, unbedingt wird.[95] 39

§ 92a [Mindestarbeitsbedingungen]

(1) [1]Für das Vertragsverhältnis eines Handelsvertreters, der vertraglich nicht für weitere Unternehmer tätig werden darf oder dem dies nach Art und Umfang der von ihm verlangten Tätigkeit nicht möglich ist, kann das Bundesministerium der Justiz und für Verbraucherschutz im Einvernehmen mit dem Bundesministerium für Wirtschaft und Energie nach Anhörung von Verbänden der Handelsvertreter und der Unternehmer durch Rechtsverordnung, die nicht der Zustimmung des

---

86 Staub/*Emde* Rn. 68; Flohr/Wauschkuhn/*Sperling* Rn. 43.

87 OLG Köln VersR 1974, 287; Flohr/Wauschkuhn/*Sperling* Rn. 43.

88 EBJS/*Löwisch* Rn. 18.

89 So ausdrücklich BGH NJW 2017, 3521 (3523); s. auch OLG Karlsruhe VersR 1982, 267; LAG Hamm VersR 1981, 1154; Baumbach/Hopt/*Hopt* Rn. 10; aA Staub/*Emde* Rn. 84; Flohr/Wauschkuhn/*Sperling* Rn. 43.

90 EBJS/*Löwisch* Rn. 18; aA OLG Köln VersR 1974, 287; Oetker/*Busche* Rn. 7; Staub/*Emde* Rn. 84; Heymann/*Froitzheim* Rn. 17.

91 *Christoph/Effenberger* VersR 2007, 593 noch zu § 40 Abs. 1 S. 1 VVG aF.

92 OLG Köln VersR 2001, 1377 f.; Baumbach/Hopt/*Hopt* Rn. 9.

93 Baumbach/Hopt/*Hopt* Rn. 9; Flohr/Wauschkuhn/*Sperling* Rn. 55; Heymann/*Froitzheim* Rn. 11.

94 AA Heymann/*Froitzheim* Rn. 12 f. Indes wird die Thematik oft zu Unrecht unter Abs. 3 verortet, obgleich sie nichts mit Folgeprovisionen zu tun hat, vgl. dazu nur Staub/*Emde* Rn. 76; Baumbach/Hopt/*Hopt* Rn. 5. Zur zeitlichen Beschränkung der Provisionspflicht bis zum Vertragsende s. auch BGH ZIP 2019, 275 Rn. 36; BAG VersR 1984, 897; VersR 1986, 251.

95 OLG Frankfurt DB 1986, 697; Heymann/*Froitzheim* Rn. 11; Staub/*Emde* Rn. 76; Baumbach/Hopt/*Hopt* Rn. 9.

Bundesrates bedarf, die untere Grenze der vertraglichen Leistungen des Unternehmers festsetzen, um die notwendigen sozialen und wirtschaftlichen Bedürfnisse dieser Handelsvertreter oder einer bestimmten Gruppe von ihnen sicherzustellen. [2]Die festgesetzten Leistungen können vertraglich nicht ausgeschlossen oder beschränkt werden.

(2) [1]Absatz 1 gilt auch für das Vertragsverhältnis eines Versicherungsvertreters, der auf Grund eines Vertrages oder mehrerer Verträge damit betraut ist, Geschäfte für mehrere Versicherer zu vermitteln oder abzuschließen, die zu einem Versicherungskonzern oder zu einer zwischen ihnen bestehenden Organisationsgemeinschaft gehören, sofern die Beendigung des Vertragsverhältnisses mit einem dieser Versicherer im Zweifel auch die Beendigung des Vertragsverhältnisses mit den anderen Versicherern zur Folge haben würde. [2]In diesem Falle kann durch Rechtsverordnung, die nicht der Zustimmung des Bundesrates bedarf, außerdem bestimmt werden, ob die festgesetzten Leistungen von allen Versicherern als Gesamtschuldnern oder anteilig oder nur von einem der Versicherer geschuldet werden und wie der Ausgleich unter ihnen zu erfolgen hat.

Schrifttum: *Paul,* Der nebenberufliche Vertreter als schutzbedürftiger Einfirmenvertreter nach § 92a Abs. 1 HGB, SAE 2007, 133; *Willemsen/Müntefering,* Begriff und Rechtsstellung arbeitnehmerähnlicher Personen: Versuch einer Präzisierung, NZA 2008, 193.

Übersicht

I. Bedeutung

1 **1. Entstehungsgeschichte.** In der ursprünglichen Fassung des HGB war eine dieser Bestimmung vergleichbare Regelung über Ein-Firmen-Vertreter bzw. Mehr-Firmen-Versicherungsvertreter nicht enthalten. Die Regelung wurde erst durch das ÄndG 1953 in das HGB aufgenommen. Als Vorbild diente das Gesetz über die Festsetzung von Mindestarbeitsbedingungen vom 11.1.1952 (BGBl. 1952 I 17), das unter besonderen Voraussetzungen ermöglicht, durch Rechtsverordnung Mindestarbeitsbedingungen für Arbeitsverhältnisse festzusetzen. 2006 erfolgte eine Zuständigkeitsanpassung in Abs. 1 S. 1 wegen der Neubezeichnung des Ministeriums.

2. Inhalt und Zweck der Regelung. a) Inhalt. Die Bestimmung normiert selbst keine Mindestarbeitsbedingungen für die Rechtsverhältnisse der Ein-Firmen-Vertreter. Vielmehr stellt sie eine Ermächtigungsgrundlage für den Erlass von Rechtsverordnungen dar. Danach kann durch Rechtsverordnung die untere Grenze der vertraglichen Leistungen des Unternehmers unabdingbar festgesetzt werden, um die notwendigen sozialen und wirtschaftlichen Bedürfnisse der Ein-Firmen-Vertreter oder einer bestimmten Gruppe von ihnen sicherzustellen. Bei Mehr-Firmen-Versicherungsvertretern kann darüber hinaus bestimmt werden, ob die festgesetzten Leistungen von allen Versicherern als Gesamtschuldner, anteilig oder nur von einem der Versicherer geschuldet werden und wie der Ausgleich unter diesen Versicherern zu erfolgen hat. 2

b) Zweck. Die Bestimmung bezweckt, solchen Handelsvertretern einen materiellrechtlichen Schutz zu gewähren, die wirtschaftlich ähnlich abhängig von einem Unternehmer sind wie Handlungsgehilfen. Für solche Handelsvertreter wird die Möglichkeit eingeräumt, durch Rechtsverordnung die untere Grenze der vertraglichen Leistungen der Unternehmer festzusetzen, um die notwendigen sozialen und wirtschaftlichen Bedürfnisse der wirtschaftlich schwachen Ein-Firmen-Vertreter sicherzustellen.[1] 3

3. Praktische Bedeutung. Auf Grund dieser Bestimmung sind bisher noch keine Mindestarbeitsbedingungen für Ein-Firmen-Vertreter durch Rechtsverordnung geregelt worden. Es ist zurzeit auch nicht damit zu rechnen, dass in absehbarer Zukunft von dieser Ermächtigung Gebrauch gemacht wird. Prüfungen des Bundesministers der Justiz unter Beteiligung der betroffenen Verbände der Handelsvertreter und der Unternehmer haben nämlich ergeben, dass allenfalls ein ganz kleiner Kreis von hauptberuflichen Ein-Firmen-Vertretern mit ihren Einkommen unter dem nach dieser Bestimmung zu sichernden Existenzminimum liegen dürfte. Ob diesen Handelsvertretern mit der Festsetzung einer Mindestvergütung gedient wäre, erscheint zweifelhaft, weil ein gesetzlich garantiertes Mindesteinkommen von Unternehmern zum Anlass genommen werden könnte, das Handelsvertreterverhältnis zu kündigen.[2] Die besondere praktische Bedeutung dieser Bestimmung ergibt sich zurzeit daraus, dass sie in anderen Rechtsnormen als Tatbestandsmerkmal zur Einordnung einer bestimmten Gruppe von Handelsvertretern dient (→ Rn. 5 ff.). 4

4. Ergänzende Sonderregelungen. a) § 5 Abs. 3 ArbGG. Die Regelung hat kraft Verweisung erhebliche praktische Bedeutung für den Rechtsweg bei Streitigkeiten zwischen Handelsvertreter und Unternehmer. Zwar sind für diese Rechtsstreitigkeiten grundsätzlich die ordentlichen Gerichte zuständig. § 5 Abs. 3 ArbGG begründet aber die **Zuständigkeit der Arbeitsgerichte,** wenn der Handelsvertreter zu dem Personenkreis gehört, für den nach § 92a die untere Grenze der vertraglichen Leistungen des Unternehmers festgesetzt werden kann, und wenn er während der letzten sechs Monate des Vertragsverhältnisses, bei kürzerer Vertragsdauer während dieser Zeit, im Durchschnitt monatlich nicht mehr als 1.000 Euro auf Grund des Vertragsverhältnisses an Vergütung einschließlich Provision und Ersatz für im regelmäßigen Geschäftsbetrieb entstandene Aufwendungen bezogen hat.[3] Provisionsvorschüsse, die dem Handelsvertreter nicht auf Dauer verbleiben, sind insoweit nicht zu berücksichtigen; sie sind aber dann als Vergütung anzurechnen, als sie nachträglich durch unbedingt entstandene Provisionsansprüche gedeckt werden.[4] Umgekehrt sind auch Provisionsrückforderungsansprüche maßgeblich, wenn sie in den letzten sechs Monaten vor Beendigung des Vertragsverhältnisses entstandene Provisionsansprüche oder in diesem Zeitraum gezahlte Provisionsvorschüsse, die nachträglich durch unbedingt entstandene Provisionsansprüche gedeckt werden, betreffen.[5] 5

---

1 Begr. RegE, BT-Drs. 1/3856, 39 f.; BGH DB 2014, 2708 Rn. 18.
2 Vgl. BT-Drs. 10/2954, 4.
3 Wegen der Einzelheiten zur Frage, ob die Verdienstgrenze des § 5 Abs. 3 S. 1 ArbGG eingehalten ist, vgl. BGH NJW-RR 2011, 1255; BAG NZA 2009, 1411 (1412); DB 2005, 728; GMP/*Müller-Glöge* ArbGG § 5 Rn. 42; Röhricht/Graf v. Westphalen/Haas/*Thume* Rn. 4.
4 BGH ZVertriebsR 2016, 23 Rn. 19 mwN und mAnm *Hilgard* BB 2015, 2958.
5 BGH ZVertriebsR 2016, 23 Rn. 24 mAnm *Hilgard* BB 2015, 2958; ZVertriebsR 2015, 116 Rn. 12.

6 Dabei kommt es auf den **Betrag** an, auf den der Handelsvertreter einen Anspruch hat. Damit sollen Manipulationen durch zu geringe bzw. zu hohe Provisionszahlung durch den Unternehmer ausgeschlossen werden.[6] Auch wenn es sich um selbständige Handelsvertreter handelt, ist also für den in dieser Bestimmung genannten Personenkreis das Arbeitsgericht zuständig, wenn die zusätzlichen Voraussetzungen des § 5 Abs. 3 ArbGG erfüllt sind. Liegen die Tatbestandsvoraussetzungen des § 5 Abs. 3 ArbGG nicht vor, dann bleibt es bei der Zuständigkeit der ordentlichen Gerichte, auch wenn der Handelsvertreter im Einzelfall eine arbeitnehmerähnliche Person iSv § 5 Abs. 1 ArbGG ist. § 5 Abs. 3 ArbGG enthält nämlich für Handelsvertreter eine in sich abgeschlossene Zuständigkeitsregelung.[7]

7 **b) Sonstige arbeitsrechtliche Regelungen.** Ansonsten finden arbeitsrechtliche Normen auf die in dieser Bestimmung genannten Ein-Firmen-Vertreter und Mehr-Firmen-Versicherungsvertreter **grundsätzlich keine Anwendung,** und zwar auch dann nicht, wenn es sich um sog. arbeitnehmerähnliche Handelsvertreter handelt (→ Rn. 15).[8] Bei diesen arbeitnehmerähnlichen Personen besteht zwar eine wirtschaftliche Abhängigkeit, die dazu führt, dass dieser Personenkreis sozial der Stellung der Arbeitnehmer angenähert ist. Da sie aber keine Arbeitnehmer sind, findet das Arbeitsrecht auf sie grundsätzlich keine Anwendung,[9] auch nicht das Mindestlohngesetz (MiLoG) vom 11.8.2014 (BGBl. 2014 I 1348). Etwas anderes gilt nur, soweit eine Gleichstellung ausdrücklich gesetzlich angeordnet ist, wie zB durch das Urlaubsrecht in § 2 S. 2 BUrlG.

II. Persönlicher Anwendungsbereich

8 **1. Ein-Firmen-Vertreter (Abs. 1). a) Überblick.** Abs. 1 ist die Ermächtigungsgrundlage für den Erlass von Rechtsverordnungen zur Regelung von Mindestarbeitsbedingungen für sog Ein-Firmen-Vertreter. Hierunter fallen diejenigen Handelsvertreter, die entweder vertraglich nicht für weitere Unternehmer tätig werden dürfen (sog Ein-Firmen-Vertreter kraft Vertrags, → Rn. 9 ff.) oder denen dies nach Art und Umfang der von ihnen verlangten Tätigkeit nicht möglich ist (sog. Ein-Firmen-Vertreter kraft Weisung, → Rn. 13 f.). Erfasst werden also nur diejenigen Handelsvertreter, denen es rechtlich untersagt (Abs. 1 S. 1 Alt. 1) oder auf Grund der von ihnen nach dem Vertrag verlangten Leistung tatsächlich unmöglich ist (Abs. 1 S. 1 Alt. 2), für weitere Unternehmer tätig zu sein.

9 **b) Vertraglicher Ausschluss.** Erfasst werden zunächst diejenigen Handelsvertreter, denen es vertraglich untersagt ist, für weitere Unternehmer tätig zu werden. Ist insoweit keine ausdrückliche Abrede getroffen, muss der Vertrag ggf. nach §§ 133, 157 BGB ausgelegt werden. Ist dem Handelsvertreter zB für die Zeit der Erkrankung ein Tagegeld eingeräumt worden, dann soll der Beweis des ersten Anscheins dafür sprechen, dass er die Rechtsstellung eines sog Ein-Firmen-Vertreters innehat.[10]

10 Ein **vertragliches Verbot** iSv Abs. 1 S. 1 Alt. 1 besteht auch in den Fällen, in denen die Aufnahme einer solchen Tätigkeit von der Genehmigung des Unternehmers abhängig und eine solche Genehmigung noch nicht erteilt ist.[11] Der Handelsvertreter ist in diesem Fall Ein-Firmen-Vertreter, solange er die Genehmigung nicht nachsucht. Er verliert hingegen den Schutz des Abs. 1, wenn er mit Genehmigung seines Unternehmers einen Zweiterwerb aufnimmt.[12] Liegt eine Vereinbarung vor, nach welcher der Handelsvertreter nicht

---

[6] OLG Düsseldorf OLGR Düsseldorf 2000, 454; EBJS/*Löwisch* Rn. 17.

[7] BAG AP HGB § 92a Nr. 1; HessLAG BeckRS 2014, 70900; EBJS/*Löwisch* Rn. 16; GMP/*Müller-Glöge* ArbGG § 5 Rn. 44.

[8] BAG DB 2003, 1633 f.

[9] Oetker/*Busche* Rn. 1; EBJS/*Löwisch* Rn. 16.

[10] LAG BW DB 1959, 307; sehr zweifelhaft.

[11] BAG DB 2005, 728; LAG Hamm BeckRS 2009, 55076; OLG Brandenburg VersR 2008, 1066; OLG Düsseldorf OLGR 2005, 540; *Emde* BB 2006, 1061 f.

[12] OLG Köln VersR 2001, 894 f.; Baumbach/Hopt/*Hopt* Rn. 3; Oetker/*Busche* Rn. 2; Flohr/Wauschkuhn/*Billing* Rn. 5; aA Staub/*Emde* Rn. 9 und EBJS/*Löwisch* Rn. 8, die auf den Zeitpunkt der Genehmigung abstellen.

für weitere Unternehmer tätig werden darf, so ist Abs. 1 auch dann anwendbar, wenn der Handelsvertreter vertragswidrig ohne das Einverständnis des Unternehmers für andere Unternehmer tätig geworden ist. Maßgebend ist allein, dass dem Handelsvertreter eine solche Tätigkeit ohne Zustimmung des Unternehmers nicht erlaubt ist. Ist dem Unternehmer allerdings die Tätigkeit des Handelsvertreters für einen anderen bekannt und wird dies vom Unternehmer gebilligt, dann kann hierin eine stillschweigende Genehmigung der Tätigkeit oder eine stillschweigende Einschränkung des Tätigkeitsverbots gesehen werden.[13]

Demgegenüber sind die persönlichen Voraussetzungen des Abs. 1 S. 1 Alt. 1 nicht erfüllt, wenn dem Handelsvertreter lediglich eine **Konkurrenztätigkeit untersagt** wird.[14] Dem Handelsvertreter wird nämlich dann nur das ausdrücklich untersagt, was er nach allgemeinen Regeln von vornherein nicht tun dürfte (→ § 86 Rn. 33). Ist dem Handelsvertreter die Tätigkeit für einen anderen Unternehmer nicht verboten, also gestattet, dann sind die Voraussetzungen des Abs. 1 S. 1 Alt. 1 auch dann nicht erfüllt, wenn der Handelsvertreter von dieser Möglichkeit tatsächlich keinen Gebrauch macht. Denn in diesem Fall fehlt eine Schutzbedürftigkeit iSd Abs. 1. Daher genügt auch eine Beschränkung der Vermittlungstätigkeit auf bestimmte Dienstleistungen und Produkte nicht.[15] Dasselbe gilt für Klauseln, welche die Aufnahme einer weiteren Tätigkeit erschweren, aber nicht ausschließen (wie zB Anzeige- und Wartepflichten); es darf indes kein Vetorecht des Unternehmers vereinbart sein.[16] 11

Nach der neueren Rspr. des BGH ist der Vereinbarung, dass der Handelsvertreter im **Hauptberuf** tätig wird, ein Tätigkeitsverbot iSd Abs. 1 zu entnehmen. Ein solcher Handelsvertreter sei zwar nicht völlig von diesem Unternehmer abhängig, sofern ihm eine nebenberufliche Tätigkeit gestattet sei; er sei jedoch einem Angestellten angenähert wie ein Handelsvertreter, dem vertraglich vollständig untersagt sei, für weitere Unternehmer tätig zu werden. Er könne die sich aus einer anderweitigen Tätigkeit ergebenden Chancen nicht in gleicher Weise nutzen wie ein nicht in den Anwendungsbereich des Abs. 1 fallender Mehrfachfirmenvertreter.[17] Dieser Auffassung ist zuzustimmen. 12

c) Faktischer Ausschluss. Von Abs. 1 werden auch diejenigen Handelsvertreter erfasst, denen es zwar vertraglich nicht untersagt ist, für weitere Unternehmer tätig zu werden, denen dies aber **nach Art und Umfang der von ihnen verlangten Tätigkeit nicht möglich** ist. Ausschlaggebend ist insoweit, dass der Handelsvertreter zwar nicht rechtlich, aber doch tatsächlich verhindert ist, für weitere Unternehmer tätig zu werden. Entscheidend ist insoweit nicht das Maß der Tätigkeit, dass der Vertreter von sich aus ohne entsprechendes Verlangen erbringt. Vielmehr ist die vom Handelsvertreter nach dem Vertrag verlangte Tätigkeit ausschlaggebend.[18] Hierbei ist auf den Pflichtenkreis des Handelsvertreters abzustellen, der in § 86 Abs. 1 allgemein umrissen und stets unter Berücksichtigung aller Umstände des Einzelfalles festzustellen ist.[19] 13

Für die Frage, ob nach der vom Handelsvertreter geschuldeten Tätigkeit die Möglichkeit besteht, für weitere Unternehmer tätig zu werden, ist auf einen **durchschnittlich befähigten und voll arbeitsfähigen Handelsvertreter** abzuheben.[20] Die subjektive Leis- 14

---

[13] OLG Stuttgart BB 1966, 1396; Staub/*Emde* Rn. 9.

[14] BGH DB 2013, 2143; OLG Köln BeckRS 2017, 132890; 2016, 117724; OLG Dresden BeckRS 2013, 14258; OLG Frankfurt BeckRS 2014, 3147; OLG Celle OLGR Celle 2008, 177 (178); Baumbach/Hopt/*Hopt* Rn. 3; Oetker/*Busche* Rn. 2.

[15] OLG Köln BeckRS 2017, 132890.

[16] BGH NJW-RR 2013, 1511 Rn. 23 mAnm *Erhard/v. Bodungen* ZVertriebsR 2013, 321; OLG Brandenburg BeckRS 2008, 9609; OLG Köln VersR 2001, 894; Staub/*Emde* Rn. 9; Baumbach/Hopt/*Hopt* Rn. 3; EBJS/*Löwisch* Rn. 8.

[17] BGH ZVertriebsR 2016, 23 Rn. 19 mAnm *Hilgard* BB 2015, 2958; BGH ZVertriebsR 2015, 117 Rn. 18; OLG Köln BeckRS 2016, 118319; aA noch OLG Hamm BeckRS 2011, 5387.

[18] Röhricht/Graf v. Westphalen/Haas/*Thume* Rn. 2; Oetker/*Busche* Rn. 2; *Willemsen/Müntefering* NZA 2008, 193 (197).

[19] *Trinkhaus* BB 1956, 593 (594).

[20] LAG Düsseldorf BB 1956, 593; Staub/*Emde* Rn. 10; Oetker/*Busche* Rn. 2; *Thume* in Küstner/Thume VertriebsR-HdB I Kap. I Rn. 264.

tungsfähigkeit, insbesondere Einschränkungen durch Alter, Gesundheit, persönliche Arbeitsweise, muss außer Betracht bleiben.[21] Die Auffassung, dass es für eine solche tatsächliche Einschränkung der Möglichkeit, für andere Unternehmer tätig zu werden, nicht ausreiche, wenn der Handelsvertreter nach dem Vertrag verpflichtet ist, „sein ganzes Wissen und Können und seine volle Arbeitskraft zur Verfügung zu stellen", wird mit der neuen Rspr. des BGH, wonach der Vereinbarung, dass der Handelsvertreter im Hauptberuf tätig wird, ein Tätigkeitsverbot iSv Abs. 1 zu entnehmen sein soll (→ Rn. 12), nicht mehr in Einklang zu bringen sein. Die Erwägungen des BGH greifen hier in gleicher Weise.[22]

15 **d) Nicht: Arbeitnehmerähnlichkeit. Keine Bedeutung** für die Anwendung des Abs. 1 hat, ob sich der Handelsvertreter in einer **arbeitnehmerähnlichen Stellung** befindet. Die Arbeitnehmerähnlichkeit ist nicht notwendige Bedingung, weil dieser Begriff für eine Abgrenzung ungeeignet ist. Ob ein Handelsvertreter wirtschaftlich selbständig oder unselbständig im Sinne des Begriffs ist, kann häufig nur schwer festgestellt werden.[23] Die Arbeitnehmerähnlichkeit ist auch nicht ausreichende Bedingung für die Anwendung des Abs. 1; dh Mindestarbeitsbedingungen können für Handelsvertreter nicht allein deswegen aufgestellt werden, weil sie eine arbeitnehmerähnliche Stellung haben. Zwar kann auch ein Handelsvertreter, der für mehrere Unternehmer tätig ist, sich in ungünstiger wirtschaftlicher Lage befinden; ihm kann aber kein Mindestschutz zugebilligt werden (→ Rn. 23). Er steht nicht in ausschließlicher Verbindung zu einem bestimmten Unternehmer und ist nicht auf die sich bei diesem bietenden Verdienstmöglichkeiten angewiesen. Er hat die Möglichkeit, durch Arbeit für mehrere Unternehmer mehr zu verdienen. Er kann alle Chancen, die sich ihm durch die Vertretung mehrerer Firmen bieten, ausnutzen. Das ist die typische Stellung eines selbständigen Kaufmanns, so dass er auch das Risiko, das mit der beruflichen Selbständigkeit verbunden ist, allein tragen muss.[24]

16 **2. Mehr-Firmen-Versicherungsvertreter (Abs. 2 S. 1). a) Überblick.** Abs. 1 gilt für Versicherungsvertreter, die als Ein-Firmen-Vertreter einzuordnen sind. Darüber hinaus wird die Ermächtigung, durch Rechtsverordnung Mindestarbeitsbedingungen zu regeln, nach Abs. 2 S. 1 auf solche Versicherungsvertreter erstreckt, die auf Grund eines Vertrags oder mehrerer Verträge damit betraut sind, Geschäfte für mehrere Versicherer zu vermitteln oder abzuschließen, die zu einem bestimmten Versicherungskonzern oder zu einer zwischen ihnen bestehenden Organisationsgemeinschaft gehören, sofern die Beendigung des Vertragsverhältnisses mit einem dieser Versicherer im Zweifel auch die Beendigung des Vertragsverhältnisses mit den anderen Versicherern zur Folge haben würde.

17 **b) Zusammengehörigkeit der Versicherer.** Abs. 2 S. 1 erstreckt die Berechtigung zur Regelung von Mindestarbeitsbedingungen durch Rechtsverordnung damit auch auf **Versicherungsvertreter,** die **für mehrere Versicherer** tätig sind. Unerheblich ist dabei, ob der Versicherungsvertreter auf Grund eines mit einem Versicherer abgeschlossenen Vertrags damit betraut ist, für mehrere Versicherer zu vermitteln oder abzuschließen, oder ob zu den verschiedenen Versicherern, für die er tätig werden soll, eigene selbständige Handelsvertreterverhältnisse bestehen. Entscheidend ist nur, dass mehrere Versicherer zu einem **Konzern** oder zu einer zwischen ihnen bestehenden Organisationsgemeinschaft gehören. Dabei bestimmt sich der Konzernbegriff nach §§ 15, 18 AktG. Eine **Organisationsgemeinschaft** liegt vor, wenn die Versicherer, mögen sie auch nicht zu einem Konzern gehören, in der Weise zusammenarbeiten, dass sie ihren Geschäftsbetrieb ganz oder teilweise in gemeinsamer Organisation führen (gemeinsamer Betrieb mehrerer Unternehmen, vgl.

---

[21] Vgl. auch LAG Schleswig-Holstein ZVertriebsR 2017, 55; LAG Düsseldorf BB 1956, 593; Staub/*Emde* Rn. 10; Röhricht/Graf v. Westphalen/Haas/*Thume* Rn. 2; einschr. *Trinkhaus* BB 1956, 593 (594).

[22] So iErg auch Staub/*Emde* Rn. 9; aA noch OLG Frankfurt DB 1979, 1178; Baumbach/Hopt/*Hopt* Rn. 3.

[23] Begr. RegE, BT-Drs. 1/3856, 40.

[24] Begr. RegE, BT-Drs. 1/3856, 40.

§ 1 Abs. 2 Nr. 1 BetrVG).[25] Hierbei ist insbesondere der Fall wichtig, dass sich mehrere selbständige Versicherer eines gemeinsamen Vertreterstabs im Außendienst bedienen.

c) Abhängigkeit der Vertreterverhältnisse. Schließlich ist Voraussetzung, dass die **Beendigung eines der Vertragsverhältnisse** im Zweifel auch die Beendigung der Vertragsverhältnisse mit den anderen Versicherern zur Folge hat. Für die Ausübung der Ermächtigung und das Eingreifen der Rechtsverordnung in die bestehenden Vertragsverhältnisse ist es ohne Bedeutung, ob bei späterer Beendigung eines der mehreren Vertragsverhältnisse auch die anderen tatsächlich beendet werden. Auch eine rechtliche Koppelung ist nicht erforderlich. Es reicht vielmehr aus, wenn nach den Umständen des Einzelfalls damit zu rechnen ist, dass die Beendigung des einen Vertragsverhältnisses tatsächlich auch die Beendigung der anderen Vertragsverhältnisse nach sich ziehen wird. Hiervon kann zB ausgegangen werden, wenn nach den bisherigen Erfahrungen die Kündigung des Vertragsverhältnisses durch einen der Versicherer von den anderen Versicherern zum Anlass genommen wird, das Vertreterverhältnis ebenfalls zu kündigen. 18

d) Analoge Anwendung. Abs. 2 S. 1 gilt unmittelbar nur **für Versicherungsvertreter.** Eine analoge Anwendung auf andere Handelsvertreter scheidet grundsätzlich aus. Wegen der Gleichstellung mit den Versicherungsvertretern durch § 92 Abs. 5 ist die Bestimmung aber auch auf Bausparkassenvertreter zu erstrecken.[26] 19

3. Einzelfälle. a) Handelsvertreter im Hauptberuf. Dazu → Rn. 12. 20

b) Handelsvertreter im Nebenberuf. In den persönlichen Anwendungsbereich dieser Vorschrift fallen auch **Handelsvertreter im Nebenberuf** iSv § 92b.[27] Dies folgt schon daraus, dass § 92b Abs. 1 S. 1 die Bestimmung des § 92a für Handelsvertreter im Nebenberuf bei der Anwendung nicht ausnimmt. Unerheblich ist demgegenüber, dass Handelsvertreter im Nebenberuf im Regelfall nicht sozial schutzbedürftig sind, weil dieses Kriterium für die Anwendung der Bestimmung ohne Bedeutung ist. Die fehlende Schutzbedürftigkeit hat im Regelfall nur Bedeutung für die Frage, ob in diesen Fällen auch die Notwendigkeit besteht, die sozialen und wirtschaftlichen Bedürfnisse durch Erlass einer Rechtsverordnung zu sichern.[28] 21

c) Handelsvertretergesellschaften. Der persönliche Anwendungsbereich der Bestimmung stellt nicht auf die **Rechtsform** ab, in welcher der Handelsvertreter sein Unternehmen betreibt. Daher können nicht nur natürliche Personen, sondern auch juristische Personen und Personengemeinschaften hierunter fallen.[29] 22

d) Nicht: Sozial schutzbedürftige Mehr-Firmen-Vertreter. Auf sozial **schutzbedürftige Mehr-Firmen-Vertreter** findet diese Bestimmung keine Anwendung. Die soziale Schutzbedürftigkeit ist weder notwendige noch ausreichende Bedingung dafür, dass eine Rechtsverordnung zur Regelung der Mindestarbeitsbedingungen nach Abs. 1 oder Abs. 2 erlassen werden kann (→ Rn. 15). 23

III. Sachlicher Regelungsbereich

1. Mindestarbeitsbedingungen (Abs. 1). Für die in Abs. 1 S. 1 und Abs. 2 S. 1 genannten Handelsvertreter kann durch Rechtsverordnung die untere Grenze der vertragli- 24

---

25 BAG NZA 2004, 618; Staub/*Emde* Rn. 14.

26 Staub/*Emde* Rn. 14; EBJS/*Löwisch* Rn. 10; Oetker/*Busche* Rn. 3; Flohr/Wauschkuhn/*Billing* Rn. 14; Baumbach/Hopt/*Hopt* Rn. 5.

27 BAG DB 2005, 728 = EWiR § 92a HGB 1/05, 505 m. Kurzkomm. *Emde*; Oetker/*Busche* Rn. 2; Baumbach/Hopt/*Hopt* Rn. 3; EBJS/*Löwisch* Rn. 12; Staub/*Emde* Rn. 11; Flohr/Wauschkuhn/*Billing* Rn. 15; Heymann/*Froitzheim* Rn. 9; aA LAG Frankfurt AP HGB § 92a Nr. 2; *Paul* SAE 2007, 133 (134 f.).

28 Begr. RegE, BT-Drs. 1/3856, 42; Staub/*Emde* Rn. 11; Heymann/*Froitzheim* Rn. 9.

29 Oetker/*Busche* Rn. 2; Staub/*Emde* Rn. 13; *Emde* GmbHR 1999, 1005 (1008); Baumbach/Hopt/*Hopt* Rn. 3; EBJS/*Löwisch* Rn. 12; GK-HGB/*Genzow* Rn. 5; Flohr/Wauschkuhn/*Billing* Rn. 16; Heymann/*Froitzheim* Rn. 9.

chen Leistungen des Unternehmers festgesetzt werden, um die notwendigen sozialen und wirtschaftlichen Bedürfnisse dieser Handelsvertreter oder einer bestimmten Gruppe von ihnen sicherzustellen. Hierunter ist insbesondere die Festsetzung einer bestimmten Mindestvergütung zu verstehen. Diese muss derart bemessen sein, dass sie dem Handelsvertreter nach Abzug der in seinem regelmäßigen Geschäftsbetrieb entstehenden Aufwendungen den Lebensunterhalt auf bescheidener Grundlage ermöglicht. Daneben kann die Verordnung weitere Mindestverpflichtungen des Unternehmers festlegen, wie zB Gewährung bezahlten Urlaubs, Zahlung einer Vergütung bei unverschuldeter Dienstverhinderung und Erteilung eines Zeugnisses.[30]

25 **2. Gesamtschuldnerische Haftung (Abs. 2 S. 2).** Für Mehr-Firmen-Versicherungsvertreter kann nach Abs. 2 S. 2 zusätzlich bestimmt werden, ob die festgesetzten Mindestleistungen von allen Versicherern als Gesamtschuldner, anteilig oder nur von einem der Versicherer geschuldet werden und wie der Ausgleich unter diesen Versicherern zu erfolgen hat. Insoweit kann durch die Rechtsverordnung auch der Schuldner der festgesetzten Leistungen bestimmt werden. Hierbei ist eine Gesamtschuldnerschaft aller beteiligten Versicherer, eine anteilsmäßige Haftung oder auch nur die Haftung eines der beteiligten Versicherer als Regelungsinhalt möglich. Insbesondere kann auch ein anderer als der im Vertrag vorgesehene Versicherer als Schuldner bestimmt werden, sofern der Versicherungsvertreter auch für diesen Versicherer tätig wird.

26 Auch der **Ausgleich** zwischen den beteiligten Versicherern kann durch die Rechtsverordnung geregelt werden. Hier wird also nicht nur das Vertreterverhältnis zwischen Versicherungsvertreter und Versicherer, sondern auch das Innenverhältnis zwischen mehreren beteiligten Versicherern geregelt.

IV. Erlass der Rechtsverordnung

27 **1. Verordnungsverfahren.** Die Ermächtigung wird durch Rechtsverordnung des **Bundesjustizministers** ausgeübt. Der Bundesjustizminister muss das Einvernehmen mit dem Bundesminister für Wirtschaft und Energie herstellen sowie die Verbände[31] der Handelsvertreter und der Unternehmer anhören. Die Zustimmung der Verbände ist jedoch nicht erforderlich. Die Verordnung bedarf nicht der Zustimmung des Bundesrats. Gem. Art. 80 GG muss in der Verordnung als Rechtsgrundlage die Bestimmung des § 92a angegeben werden.

28 **2. Wirkung der Verordnung. a) Unabdingbarkeit.** Die durch Rechtsverordnung festgesetzten Leistungen sind Mindestleistungen, die dem Handelsvertreter während der Dauer des Vertreterverhältnisses auf jeden Fall zugutekommen müssen, solange die persönlichen Voraussetzungen des Abs. 1 S. 1 oder Abs. 2 S. 1 vorliegen. Die durch die Verordnung festgelegten Mindestleistungen stehen dem Handelsvertreter **unabdingbar** zu (Abs. 1 S. 2). Daher ist während der Dauer des Vertragsverhältnisses nicht nur ein Ausschluss oder eine Beschränkung der Leistungen, sondern auch der Abschluss eines Erlassvertrags oder eines gerichtlichen bzw. außergerichtlichen Vergleichs unwirksam. Ist hingegen das Vertreterverhältnis beendet und hat der Handelsvertreter noch Ansprüche auf Leistungen gem. Abs. 1 S. 1 gegen den Unternehmer, kann er über diese verfügen, also auch ganz oder teilweise auf sie **verzichten.**[32]

29 **b) Keine nachteilig abweichenden Änderungen.** Auch eine Regelung über die Haftung für die Mindestleistungen beim Mehr-Firmen-Versicherungsvertreter nach Abs. 2 S. 2 gestaltet unmittelbar das Rechtsverhältnis zwischen dem Versicherungsvertreter und den Versicherern. Dabei kann die Haftungsfrage während der Dauer des Vertreterverhältnisses **nicht zum Nachteil des Versicherungsvertreters** abweichend vom Inhalt der

[30] Begr. RegE, BT-Drs. 1/3856, 41.
[31] Flohr/Wauschkuhn/*Billing* Rn. 22.
[32] Begr. RegE, BT-Drs. 1/3856, 41.

Rechtsverordnung geregelt werden.[33] Nur eine Besserstellung des Versicherungsvertreters ist zulässig. Demgegenüber steht es den Versicherern frei, die Frage des Innenausgleichs abweichend von der Verordnung zu bestimmen.[34]

§ 92b [Handelsvertreter im Nebenberuf]

(1) [1]Auf einen Handelsvertreter im Nebenberuf sind §§ 89 und 89b nicht anzuwenden. [2]Ist das Vertragsverhältnis auf unbestimmte Zeit eingegangen, so kann es mit einer Frist von einem Monat für den Schluß eines Kalendermonats gekündigt werden; wird eine andere Kündigungsfrist vereinbart, so muß sie für beide Teile gleich sein. [3]Der Anspruch auf einen angemessenen Vorschuß nach § 87a Abs. 1 Satz 2 kann ausgeschlossen werden.

(2) Auf Absatz 1 kann sich nur der Unternehmer berufen, der den Handelsvertreter ausdrücklich als Handelsvertreter im Nebenberuf mit der Vermittlung oder dem Abschluß von Geschäften betraut hat.

(3) Ob ein Handelsvertreter nur als Handelsvertreter im Nebenberuf tätig ist, bestimmt sich nach der Verkehrsauffassung.

(4) Die Vorschriften der Absätze 1 bis 3 gelten sinngemäß für Versicherungsvertreter und für Bausparkassenvertreter.

Schrifttum: *Baums,* Handelsvertreter im Nebenberuf, BB 1986, 891; *Küstner,* Nebenberufliche Vertretertätigkeit und Ausgleichsanspruch, BB 1966, 1212; *Jörres,* Der Handelsvertreter im Nebenberuf gemäß § 92b HGB, 2016; *Küstner,* Aktuelle Probleme des Vertriebsrechts, BB 1999, 541; *Thume,* Zur Wirksamkeit von Klauseln in Tankstellenpachtverträgen – Tankstellenpächter als Handelsvertreter im Nebenberuf, BB 2007, 1750.

Übersicht

I. Bedeutung

1. Entstehungsgeschichte. In der ursprünglichen Fassung enthielt das HGB keine Sonderregelungen über Handelsvertreter im Nebenberuf. Die Bestimmung ist erst durch das ÄndG 1953 in das HGB aufgenommen worden.[1] 1

[33] Heymann/*Froitzheim* Rn. 11.

[34] Staub/*Emde* Rn. 17; Flohr/Wauschkuhn/*Billing* Rn. 20.

[1] Ausf. zur Entstehungsgeschichte *Baums* BB 1986, 891 f.

2 **2. Inhalt und Zweck der Regelung. a) Inhalt.** Die Bestimmung enthält drei wichtige vom Handelsvertreterrecht abweichende Sonderregelungen für Handelsvertreter im Nebenberuf. Erstens werden die Bestimmungen über die ordentliche Kündigung in § 89 durch eine eigenständige Kündigungsregelung ersetzt. Zweitens wird ein Ausgleichsanspruch nach § 89b für den Handelsvertreter im Nebenberuf ausgeschlossen. Drittens wird den Parteien das Recht eingeräumt, die im Allgemeinen unabdingbare Vorschusspflicht des Unternehmers aus § 87a Abs. 1 S. 2 auszuschließen.

3 **b) Zweck.** Die Bestimmung will den **Besonderheiten des Handelsvertreters im Nebenberuf,** insbesondere dessen geringerer Schutzbedürftigkeit, Rechnung tragen und den Unternehmer insoweit entlasten. Bei den Vorschriften, von denen abgewichen wird, handelt es sich daher im Wesentlichen um Regelungen, in denen das Schutzbedürfnis des hauptberuflichen Handelsvertreters besonders zum Ausdruck kommt.[2]

4 **3. Ergänzende Regelungen.** Abs. 1 ordnet nur Ausnahmen von den allgemeinen Vorschriften des Handelsvertreterrechts an. Soweit diese nicht eingreifen, bleibt es bei den auch für den Handelsvertreter im Nebenberuf geltenden Regelungen der §§ 84–92a, 92c.[3]

II. Persönlicher Anwendungsbereich

5 **1. Handelsvertreter im Nebenberuf. a) Begriff.** Der Regierungsentwurf zum ÄndG 1953 sah noch eine Legaldefinition des Begriffs des Handelsvertreters im Nebenberuf vor. Danach sollte Handelsvertreter im Nebenberuf sein, „wer nicht überwiegend als Handelsvertreter tätig ist oder wer aus dieser Tätigkeit nicht den überwiegenden Teil seines Arbeitseinkommens bezieht".[4] Diese Formulierung wurde jedoch auf Vorschlag des Rechtsausschusses des Deutschen Bundestags nicht ins Gesetz übernommen; stattdessen wurde auf die Verkehrsauffassung verwiesen,[5] weil sich eine völlig befriedigende Begriffsbestimmung kaum finden lassen würde.[6] Gem. Abs. 3 bestimmt sich daher nach der Verkehrsauffassung, ob ein Handelsvertreter nur als Handelsvertreter im Nebenberuf tätig ist. Die Parteivereinbarung hat hierfür keine Bedeutung.[7] Der sog. **Gelegenheitsvertreter** fällt nicht unter § 92b, da er nicht ständig betraut ist (→ § 84 Rn. 71; → Vor § 84 Rn. 7).

6 **b) Überwiegensprinzip.** Nach der **Verkehrsauffassung** (Abs. 3) kann Handelsvertreter im Nebenberuf nur sein, wer zusätzlich einen weiteren Beruf, den Hauptberuf, ausübt oder sich in einer Situation befindet, die Einkommen ohne Tätigkeit bringt (zB Student, Rentner, Pensionär).[8] Unerheblich ist dabei, ob es sich bei dem Hauptberuf um eine selbständige oder unselbständige Tätigkeit handelt bzw. ob überhaupt Erwerbsabsichten damit verbunden werden.[9] Dabei ist für die Frage, was Haupt- und was Nebenberuf ist, darauf abzuheben, welche Tätigkeit überwiegt („sog. Übergewichtstheorie").[10]

7 **c) Zeitlicher Umfang der Tätigkeit.** Für die Frage, welche Tätigkeit überwiegt, kommt es in erster Linie darauf an, welche Tätigkeit die Arbeitskraft nach Zeit und Umfang zum überwiegenden Teil in Anspruch nimmt.[11] Ist dies die Tätigkeit als Handelsvertreter, dann ist diese Handelsvertretertätigkeit Hauptberuf. Überwiegt hingegen die daneben

---

2 Begr. RegE, BT-Drs. 1/3856, 42.
3 EBJS/*Löwisch* Rn. 1; Heymann/*Froitzheim* Rn. 6.
4 Vgl. BT-Drs. 1/3856, 7.
5 Verh. BT, 1. Wahlperiode, Stenographische Berichte, Bd. 17, 14208.
6 S. schon Begr. RegE, BT-Drs. 1/3856, 42.
7 BGH NJW-RR 2007, 1286 (1287); BB 1999, 71; Baumbach/Hopt/*Hopt* Rn. 2; Flohr/Wauschkuhn/*Billing* Rn. 4; KKRD/*Roth* Rn. 2.
8 BGH NJW-RR 2007, 1286 (1288); Baumbach/Hopt/*Hopt* Rn. 2; EBJS/*Löwisch* Rn. 5 ff.; aA KKRD/*Roth* Rn. 2.
9 Heymann/*Froitzheim* Rn. 3.
10 So wohl auch OLG Düsseldorf BeckRS 2017, 151716 Rn. 44; einschr. EBJS/*Löwisch* Rn. 5, der auf das Überwiegen nach Zeit, Art und Ausmaß abstellt.
11 Oetker/*Busche* Rn. 2; Staub/*Emde* Rn. 5; EBJS/*Löwisch* Rn. 5.

zusätzlich ausgeübte Tätigkeit, dann ist lediglich ein Handelsvertreter im Nebenberuf gegeben.

Demgegenüber kommt es **nicht** entscheidend darauf an, aus welcher Tätigkeit die **überwiegenden Einkünfte** bezogen werden.[12] Mit dem Bezug zur Tätigkeit wird nämlich die Leistung des Handelsvertreters zum Maßstab genommen, nicht aber eine etwa hieraus erzielte Gegenleistung. Dem entspricht die allgemeine Verkehrsanschauung, die im Hauptberuf jene Tätigkeit sieht, welche die Person zeitlich überwiegend in Anspruch nimmt. Nur ausnahmsweise wird die in lediglich geringem zeitlichen Umfang ausgeübte Vertretertätigkeit nicht Nebentätigkeit sein, wenn die Einnahmen aus ihr praktisch die Existenzgrundlage sicherstellen.[13] In diesen Fällen ist die Vertretertätigkeit existenzsichernde Einnahmequelle und daher nach der Verkehrsanschauung auch der Hauptberuf. 8

2. Einzelfälle. a) Handelsvertreter im Nebenberuf. Handelsvertreter im Nebenberuf sind:[14] 9

- **Rentner und Pensionäre,** die neben ihrem Ruhestand in geringerem Umfang Handelsvertretertätigkeiten ausüben, und zwar auch dann, wenn die Einnahmen aus der Vertretertätigkeit die Pension bzw. Rente übersteigen.[15] Die Höhe der Bezüge sagt nämlich nichts darüber aus, mit welcher Tätigkeit sich eine Person überwiegend befasst. Rentner und Pensionäre sind daher nur dann Handelsvertreter im Hauptberuf, wenn sie in größerem Umfang der Vermittlungstätigkeit nachgehen.
- **Hausfrauen (-männer) und Studenten,** die sich neben ihrer Haupttätigkeit durch Vertretungen eine zusätzliche Einnahme verschaffen, sind auch dann als nebenberufliche Vertreter anzusehen, wenn der Verdienst aus der Vertretertätigkeit ihr einziges selbst erwirtschaftetes „Arbeitseinkommen" darstellt. Sie sind nämlich nicht überwiegend als Vertreter tätig und daher nach der Verkehrsanschauung als bloßer Handelsvertreter im Nebenberuf anzusehen.[16]
- Beamte und Angestellte, die **nach Dienstschluss** nebenbei Versicherungsverträge vermitteln oder sonstigen Handelsvertretertätigkeiten nachgehen.[17]
- **Gelegentlich bei der Ausübung des Hauptberufs** wahrgenommene Vertretertätigkeiten, wie zB die Vermittlung von Versicherungsverträgen durch Kraftfahrzeughändler oder Reisebüros.[18]
- **Saisonarbeiter,** die in den Übergangsmonaten durch Handelsvertretertätigkeit einen Nebenerwerb erzielen.[19]

b) Handelsvertreter im Hauptberuf. Als Handelsvertreter im Hauptberuf sind einzustufen: 10

- Als Handelsvertreter tätige Personen, die neben dieser ausschließlichen Tätigkeit **erhebliche Einkünfte aus Kapitalvermögen** und Grundbesitz beziehen,[20] und zwar auch dann, wenn diese Einkünfte die aus der Handelsvertretertätigkeit bezogenen Einkünfte überwiegen.[21]

---

12 OLG Düsseldorf BeckRS 2017, 151716 Rn. 44; Flohr/Wauschkuhn/*Billing* Rn. 5; Oetker/*Busche* Rn. 2; aA Baumbach/Hopt/*Hopt* Rn. 2; *Schürr* in Küstner/Thume VertriebsR-HdB I Kap. I Rn. 201; Heymann/*Froitzheim* Rn. 3; Röhricht/Graf v. Westphalen/Haas/*Thume* Rn. 2, die für die Abgrenzung kumulativ auf die überwiegende Tätigkeit des Vertreters und sein aus dieser Tätigkeit erzieltes überwiegendes Arbeitseinkommen abstellen wollen.

13 Staub/*Emde* Rn. 5.

14 S. auch EBJS/*Löwisch* Rn. 8; Staub/*Emde* Rn. 6; Baumbach/Hopt/*Hopt* Rn. 2; Flohr/Wauschkuhn/*Billing* Rn. 8, jeweils mwN.

15 AA bei überwiegendem Einkommen aus der Vertretertätigkeit Begr. RegE, BT-Drs. 1/3856, 42; Röhricht/Graf v. Westphalen/Haas/*Thume* Rn. 3; Heymann/*Froitzheim* Rn. 3.

16 Begr. RegE, BT-Drs. 1/3856, 42; ähnlich Baumbach/Hopt/*Hopt* Rn. 2.

17 Staub/*Emde* Rn. 6; Baumbach/Hopt/*Hopt* Rn. 2; aA LG Dortmund NJOZ 2007, 1485.

18 Staub/*Emde* Rn. 6; Heymann/*Froitzheim* Rn. 3.

19 Staub/*Emde* Rn. 6; Heymann/*Froitzheim* Rn. 3.

20 *Küstner* BB 1966, 1212 (1213).

21 Abw. insoweit *Küstner* BB 1966, 1212 (1213).

– Handelsvertreter, die **für mehrere Unternehmen** tätig werden, sind grundsätzlich gegenüber jedem dieser Unternehmer Handelsvertreter im Hauptberuf.[22] Der Annahme, ein solcher Handelsvertreter sei für den einen Unternehmer Handelsvertreter im Hauptberuf, für den anderen aber nur Handelsvertreter im Nebenberuf, widerspricht die Erkenntnis, dass der Handelsvertreterberuf inhaltlich ein selbständiger Beruf ist und der Handelsvertreter in dieser Stellung grundsätzlich für mehrere Unternehmer tätig werden kann. Dies entspricht dem Grundsatz des § 344 Abs. 1, demzufolge die von einem Kaufmann vorgenommenen Rechtsgeschäfte im Zweifel als zum Betrieb seines Handelsgewerbes gehörig gelten. Da der Handelsvertreter Kaufmann ist (§ 1), handelt er im Betrieb seines Handelsgewerbes und damit grundsätzlich hauptberuflich, wenn er einen zusätzlichen Handelsvertretervertrag mit einem anderen Unternehmer eingeht. Eine **Ausnahme von diesem Grundsatz** ist dann anzuerkennen, wenn nach der Verkehrsanschauung eine vom Handelsvertreter übernommene weitere Handelsvertretertätigkeit nur als Nebenberuf anzusehen ist. Dies kann zB der Fall sein, wenn ein Warenvertreter nebenher noch in ganz geringem Umfang Versicherungsverträge vermittelt.[23] Den Nachweis einer solchen Verkehrsanschauung muss allerdings derjenige erbringen, der sich auf das Vorliegen eines bloßen Nebenberufs beruft.

11 Eine Vertretertätigkeit im Hauptberuf ist auch dann gegeben, wenn zwischen der Vertretertätigkeit und der sonstigen Berufs- oder Erwerbstätigkeit ein **enger wirtschaftlicher Zusammenhang** besteht.[24] Dies ist zB der Fall, wenn ein Großhändler nicht nur Waren seiner Branche verkauft, sondern zusätzlich deren Verkauf durch den Hersteller oder einen anderen Händler auch noch vermittelt. Ein untrennbarer wirtschaftlicher Zusammenhang besteht ebenso bei einem Tankstellenhalter, der durch ein von einem Mineralölunternehmen verwendetes vorformuliertes Vertragswerk dazu verpflichtet wird, auf einer von dem Mineralölunternehmen zu pachtenden Tankstelle Kraftstoffe und Motorenöle als Handelsvertreter für das Mineralölunternehmens zu verkaufen und zugleich – im eigenen Namen – einen „Shop" zu betreiben, in dem er auf der Grundlage eines von dem Mineralölunternehmen vorgegebenen Franchisesystems sonstige Waren und Dienstleistungen anzubieten hat.[25] Auch bei ausdrücklicher vertraglicher Betrauung nach Abs. 2 geschieht der Betrieb der Tankstelle hier nicht „im Nebenberuf". Eine Vertragsklausel dieses Inhalts ist unwirksam gem. § 307 Abs. 1 S. 1 und 2 BGB.[26]

12 **3. Rechtsform.** Keine besonderen Voraussetzungen ergeben sich aus dem Gesetz für die Rechtsform, in der das Unternehmen des Handelsvertreters im Nebenberuf betrieben wird. Daher können **nicht nur natürliche Personen, sondern auch juristische Personen und Personengesellschaften** Handelsvertreter im Nebenberuf sein.[27]

13 **4. Versicherungs- und Bausparkassenvertreter (Abs. 4).** Nach Abs. 4 gelten die Sonderregelungen über den Handelsvertreter im Nebenberuf auch für Versicherungs- und Bausparkassenvertreter. Für diese Tätigkeiten hat die Bestimmung sogar die weitaus größte praktische Bedeutung, weil die Mehrzahl der in der Versicherungsvermittlung tätigen Selbständigen, also die nicht bei dem vertretenen Versicherungsunternehmen angestellten Vermittler, nebenberuflich tätig sind.[28]

14 Abs. 4 hat gleichwohl **nur klarstellende Bedeutung,** weil sich die Anwendbarkeit der Regeln über den Handelsvertreter im Nebenberuf auf Versicherungs- und Bausparkas-

[22] OLG Karlsruhe BeckRS 2012, 24190; OLG Stuttgart VersR 1957, 329; Staub/*Emde* Rn. 9; Baumbach/Hopt/*Hopt* Rn. 2; Röhricht/Graf v. Westphalen/Haas/*Thume* Rn. 4; Oetker/*Busche* Rn. 2; Heymann/*Froitzheim* Rn. 4.

[23] *Baums* BB 1986, 891 (893); EBJS/*Löwisch* Rn. 7; aA Staub/*Emde* Rn. 9; Heymann/*Froitzheim* Rn. 4.

[24] Staub/*Emde* Rn. 10; Baumbach/Hopt/*Hopt* Rn. 2; EBJS/*Löwisch* Rn. 7.

[25] BGH NJW-RR 2007, 1286 (1286 ff.).

[26] BGH NJW-RR 2007, 1286 (1287 ff.); dazu *Döpfer* EWiR § 92b HGB 1/08, 17 (18 f.); *Thume* BB 2007, 1750 (1751).

[27] Baumbach/Hopt/*Hopt* Rn. 1; EBJS/*Löwisch* Rn. 2; Oetker/*Busche* Rn. 1; Heymann/*Froitzheim* Rn. 5.

[28] *Baums* BB 1986, 891.

senvertreter schon daraus ergibt, dass es sich auch bei diesen Tätigkeiten um Handelsvertretertätigkeiten handelt.

III. Sonderbestimmungen

15 **1. Kündigung (Abs. 1 S. 1 und 2).** Für die **ordentliche Kündigung** eines Handelsvertreterverhältnisses im Nebenberuf gilt die Bestimmung des § 89 gem. Abs. 1 S. 1 nicht. Das auf unbestimmte Zeit eingegangene Handelsvertreterverhältnis im Nebenberuf kann unabhängig von seinem bisherigen zeitlichen Bestand mit einer Frist von einem Monat für den Schluss eines Kalendermonats gekündigt werden (Abs. 1 S. 2 Hs. 1). Die Kündigungsfrist kann durch Parteivereinbarung verlängert[29] oder verkürzt werden bzw. ein anderer Kündigungstermin als das Monatsende bestimmt werden.[30] Allerdings muss die Kündigungsregelung nach Abs. 1 S. 2 Hs. 2 für **beide Teile gleich** sein. Diese einheitliche Bestimmung von Kündigungsfrist und -termin ist zwingend. Bei Vereinbarung ungleicher Fristen gilt nicht die längere oder kürzere Frist, sondern es verbleibt bei der gesetzlichen Regelung des Abs. 1 S. 2 Hs. 1. Bei der Vereinbarung ungleicher Kündigungstermine ist die Kündigung unter Beachtung der vereinbarten Frist nur für den Schluss eines Kalendermonats möglich.

16 Die von § 89 abweichende, **kürzere gesetzliche Kündigungsfrist** sowie die weitgehende Zulässigkeit abweichender Parteivereinbarungen lässt sich daraus rechtfertigen, dass für den Handelsvertreter im Hauptberuf die Handelsvertretertätigkeit die Existenzgrundlage darstellt. Er muss daher bei gravierenden Veränderungen eine zeitliche Übergangsfrist haben, in der er reagieren kann. Dagegen stellt beim Handelsvertreter im Nebenberuf die Handelsvertretertätigkeit nur einen Nebenerwerb dar, so dass eine Kündigung nicht in demselben Umfang eine seine Existenz gefährdende Wirkung wie bei einem hauptberuflichen Handelsvertreter hat.[31]

17 **2. Ausschluss des Ausgleichsanspruchs nach § 89b (Abs. 1 S. 1).** Ein Ausgleichsanspruch nach § 89b steht dem Handelsvertreter im Nebenberuf kraft Gesetzes nicht zu, weil Abs. 1 S. 1 die Anwendbarkeit dieser Vorschrift ausschließt. Ausgleichszahlungen werden dem Handelsvertreter im Nebenberuf also nur geschuldet, wenn dies besonders vereinbart ist. In diesem Falle ergibt sich die Höhe der Ausgleichszahlung aus der Vereinbarung, nicht nach den Grundsätzen des § 89b. Hiervon unberührt bleibt jedoch der Anspruch auf Provision aus jenen nachträglich geschlossenen Geschäften, für die nach § 87 Abs. 3 ein Provisionsanspruch besteht.

18 Die Regelung wird damit gerechtfertigt, dass § 89b den Handelsvertreter schützen will, der bei der Beendigung des Vertragsverhältnisses seinen Kundenstamm an den Unternehmer verliert und der sich deshalb eine neue Existenz aufbauen muss. Für den nebenberuflichen Handelsvertreter habe die Beendigung des Vertragsverhältnisses nicht dieselbe einschneidende Bedeutung.[32] Ob dieser Gedanke tatsächlich den **Ausschluss des Ausgleichsanspruchs nach § 89b** trägt, erscheint **zweifelhaft.** Der Ausgleichsanspruch dient dem Zweck, die Unternehmervorteile und Provisionsverluste auszugleichen, die sich daraus ergeben, dass der Unternehmer voraussichtlich für einige Zeit noch Folgegeschäfte mit solchen Kunden (Stamm- oder Mehrfachkunden) abschließen wird, zu denen der inzwischen ausgeschiedene Handelsvertreter eine Geschäftsbeziehung hergestellt hat, der Handelsvertreter aber an dieser Spätwirkung seiner früheren Vermittlungstätigkeit nicht mehr in Form von Provisionen partizipiert (→ § 89b Rn. 3).[33] Diese Erwägungen treffen auch auf einen Handelsvertreter im Nebenberuf zu. Es geht bei § 89b auch nicht um den sozialen Schutz des Handelsvertreters. Es erscheint daher unter Berücksichtigung des Gleichheitssatzes des Art. 3 Abs. 1 GG fragwürdig, ob der Ausschluss des Ausgleichsanspruchs bei Handelsvertretern

---

29 Zur Frage der Angemessenheit einer formularmäßig auf zwölf Monate verlängerten Kündigungsfrist BGH NJW 2013, 2111; Baumbach/Hopt/*Hopt* Rn. 7 mwN.

30 Staub/*Emde* Rn. 11; EBJS/*Löwisch* Rn. 18; KKRD/*Roth* Rn. 3.

31 Begr. RegE, BT-Drs. 1/3856, 42; BGH NJW 2013, 2111.

32 Begr. RegE, BT-Drs. 1/3856, 42; Heymann/*Froitzheim* Rn. 8.

33 BGH NJW 2011, 1143; s. auch BT-Drs. 11/3077, 9; Bericht der Kommission, KOM (96) 364 endg.

im Nebenberuf verfassungskonform ist;[34] die RL 86/653/EWG (Handelsvertreter-RL) steht dem Ausschluss wegen ihres Art. 2 Abs. 2 indes nicht entgegen.

19 **3. Abdingbarkeit des Vorschussanspruchs nach § 87a Abs. 1 S. 2 (Abs. 1 S. 3).** Der in § 87a Abs. 1 S. 2 bei Ausführung des Geschäfts durch den Unternehmer zwingend vorgeschriebene Anspruch auf Provisionsvorschuss kann für Handelsvertreter im Nebenberuf nach Abs. 1 S. 3 vertraglich ganz oder teilweise ausgeschlossen werden. Mangels abweichender Parteivereinbarung bleibt es jedoch auch für Handelsvertreter im Nebenberuf im Falle der Ausführung des Geschäfts durch den Unternehmer beim Vorschussanspruch nach § 87a Abs. 1 S. 2. Auch im Übrigen richtet es sich nach § 87a, wann die Provisionsanwartschaft zum unbedingten Provisionsanspruch erstarkt.

20 Die Möglichkeit der Abbedingung des Vorschussanspruchs **rechtfertigt** sich daraus, dass der Handelsvertreter im Hauptberuf in der Regel auf die Einnahmen aus seiner Geschäftstätigkeit zur Bestreitung seines Lebensunterhalts und zur Aufrechterhaltung seines Geschäftsbetriebs angewiesen ist. Für einen nebenberuflichen Handelsvertreter ist dagegen das Entgelt aus seiner Vertretertätigkeit nicht die einzige finanzielle Grundlage, so dass er nicht unbedingt auf einen Vorschuss angewiesen ist.[35]

21 **4. Geltendmachung der Sonderbestimmung. a) Überblick.** Voraussetzung für die Anwendbarkeit der Sonderregelungen des Abs. 1 ist zunächst, dass es sich tatsächlich um einen **Handelsvertreter im Nebenberuf** handelt. Dies bestimmt sich allein nach der Verkehrsauffassung, nicht aber nach einer mit der tatsächlichen Sachlage nicht in Einklang stehenden Parteibezeichnung.[36] Maßgeblich für die Frage, ob es sich um einen Handelsvertreter im Nebenberuf handelt, ist immer der nach allgemeinen Regelungen für die Rechtsbegründung oder Rechtsvernichtung maßgebliche **Zeitpunkt.** So kommt es für Kündigungsfrist und Kündigungstermin auf den Zeitpunkt des Zugangs der Kündigung an. War der Handelsvertreter zu diesem Zeitpunkt nebenberuflich tätig, dann richtet sich die Kündigungsfrist nach Abs. 1 S. 2 Hs. 1, auch wenn der Handelsvertreter nachträglich zum Handelsvertreter im Hauptberuf wird. Ob ein Ausgleichsanspruch nach § 89b besteht, ist davon abhängig, ob der Handelsvertreter zum Zeitpunkt seines Ausscheidens Handelsvertreter im Nebenberuf oder Handelsvertreter im Hauptberuf war. Der wirksam mit einem Handelsvertreter im Nebenberuf vereinbarte Ausschluss des Vorschussanspruchs wird unwirksam, sobald der Handelsvertreter zum Handelsvertreter im Hauptberuf wird.

22 **b) Durch den Unternehmer (Abs. 2).** Auch wenn tatsächlich der Handelsvertreter im maßgebenden Zeitpunkt Handelsvertreter im Nebenberuf ist, kann sich der Unternehmer auf Abs. 1 nur dann berufen, wenn er den Handelsvertreter **ausdrücklich als Handelsvertreter im Nebenberuf mit der Vermittlung oder dem Abschluss von Geschäften** betraut hat (Abs. 2). Hierzu bedarf es einer eindeutigen und unmissverständlichen Erklärung, wobei allerdings die Bezeichnung „Handelsvertreter im Nebenberuf" nicht verwendet werden muss. Es reicht aus, wenn der Handelsvertreter eindeutig als ein nur nebenberuflich tätig werdender Beauftragter gekennzeichnet wird. Die Betrauung als Handelsvertreter im Nebenberuf muss grundsätzlich Gegenstand der vertraglichen Vereinbarung sein. Eine spätere einseitige Erklärung des Unternehmers ist unbeachtlich, auch wenn sie der tatsächlichen Sachlage entspricht.[37] Haben sich die Verhältnisse in der Weise geändert, dass der ursprünglich im Hauptberuf tätige Handelsvertreter nebenberuflich tätig wird, muss also der Unternehmer für eine einvernehmliche Vertragsänderung sorgen, will er sich auf Abs. 1 berufen können. Ein Ausgleichsanspruch entsteht aufgrund der geänderten Umstände aber nicht zwingend (→ § 89b Rn. 53).

23 **c) Durch den Handelsvertreter.** Anders als der Unternehmer kann sich der Handelsvertreter immer darauf berufen, dass er in Wahrheit Handelsvertreter nur im Nebenberuf

[34] Zur Kritik vgl. auch *Baums* BB 1986, 891 (892); Oetker/*Busche* Rn. 6.
[35] Begr. RegE, BT-Drs. 1/3856, 42 f.; Oetker/*Busche* Rn. 7.
[36] BGH NJW-RR 2007, 1286 (1287 f.); Heymann/*Froitzheim* Rn. 12.
[37] Heymann/*Froitzheim* Rn. 11.

ist und deshalb die Sondervorschriften des Abs. 1 gelten. Dieses Recht hat er auch dann, wenn eine Vereinbarung nach Abs. 2 unterblieben oder seine Stellung anfänglich falsch bezeichnet worden ist.[38]

d) Änderung der tatsächlichen Verhältnisse. Auf Grund einer Änderung der tatsächlichen Verhältnisse während der Dauer des Vertragsverhältnisses kann sich ebenfalls die Qualität der Vertretertätigkeit ändern. Eine nebenberufliche Vertretertätigkeit kann zum Hauptberuf werden, wenn der Vertreter diese Tätigkeit ausweitet oder ggf. eine bisherige hauptberufliche Tätigkeit einschränkt oder einstellt. Der Hauptberuf kann zum Nebenberuf werden, wenn der Handelsvertreter eine neue Tätigkeit aufnimmt, der er überwiegend nachgeht oder eine schon ausgeübte Tätigkeit so ausweitet, dass diese nunmehr seine Haupttätigkeit ist. 24

Fraglich ist, ob sich diese Änderungen auch auf die Rechtsstellung des Handelsvertreters im Hinblick auf die Sonderregelungen des Abs. 1 auswirken können. Nach verbreiteter Auffassung soll der Handelsvertreter sich auf eine **veränderte Rechtsstellung** nur dann berufen können, wenn der Unternehmer sich hiermit ausdrücklich oder zumindest stillschweigend einverstanden erklärt hat.[39] Diese Auffassung vermag jedoch nicht zu überzeugen, weil sich die Frage, ob eine bestimmte Tätigkeit Haupt- oder Nebenberuf ist, nicht nach der Parteivereinbarung, sondern nach den tatsächlichen Umständen richtet.[40] Die Parteien können lediglich den Inhalt der vom Handelsvertreter geschuldeten Tätigkeiten bestimmen. Ob diese sich als Haupt- oder Nebenberuf darstellen, ist der Parteivereinbarung entzogen und allein nach der Verkehrsanschauung zu beurteilen (Abs. 3). 25

Der Handelsvertreter **verändert** daher entgegen verbreiteter Auffassung **nicht einseitig** in zustimmungspflichtiger bzw. treuwidriger Weise den Vertragsinhalt, wenn er eine bisher nebenberuflich ausgeübte Handelsvertretertätigkeit zum Hauptberuf ausweitet oder umgekehrt eine bisher hauptberuflich ausgeübte Handelsvertretertätigkeit nur noch im Nebenberuf betreibt.[41] Richtet sich die Stellung als Handelsvertreter im Haupt- oder im Nebenberuf kraft Gesetzes allein nach den tatsächlichen Umständen, verhält sich der Handelsvertreter weder vertrags- noch treuwidrig, wenn er sich auf die aus der tatsächlichen Einordnung erfolgende Qualifizierung auch beruft.[42] 26

Hierfür spricht zusätzlich, dass sich der Handelsvertreter nach verbreiteter Auffassung auf seine Rechtsstellung als **Handelsvertreter im Hauptberuf** auch dann **berufen** kann, wenn er im Vertrag ausdrücklich als Handelsvertreter im Nebenberuf bezeichnet worden ist. Den Parteien ist es also von vornherein verwehrt, die Rechtsstellung des Handelsvertreters als hauptberuflich oder nebenberuflich zu qualifizieren.[43] Insoweit kann sich dann eine solche Parteivereinbarung auch nicht gegenüber einer späteren Änderung der tatsächlichen Verhältnisse durchsetzen. 27

War der Handelsvertreter zunächst Handelsvertreter im Nebenberuf, **weitet er diese Tätigkeit aber zum Hauptberuf** aus, dann verlieren ab diesem Zeitpunkt die Ausnahmen vom regulären Handelsvertreterrecht ihre Kraft.[44] Es entsteht ab jetzt ein Ausgleichsanspruch, für eine nach diesem Zeitpunkt ausgesprochene Kündigung richten sich die Kündigungsfristen nach § 89, abbedungene Regelungen werden nunmehr unabdingbar, an ihre Stelle tritt die nach dem Gesetz maßgebliche Regelung. 28

e) Beweislast. Die Beweislast für diejenigen Umstände, auf Grund derer die Tätigkeit des Handelsvertreters nach der Verkehrsauffassung als eine solche im Neben- oder im Haupt- 29

[38] Baumbach/Hopt/*Hopt* Rn. 4.
[39] BGH NJW 1999, 639 (641); OLG Düsseldorf BeckRS 2017, 151716 Rn. 42; Röhricht/Graf v. Westphalen/Haas/*Thume* Rn. 10; Heymann/*Froitzheim* Rn. 13; *Schürr* in Küstner/Thume VertriebsR-HdB I Kap. I Rn. 238; Flohr/Wauschkuhn/*Billing* Rn. 14; Baumbach/Hopt/*Hopt* Rn. 5; *Küstner* BB 1999, 541 (543); EBJS/*Löwisch* Rn. 22.
[40] KKRD/*Roth* Rn. 2.
[41] Staub/*Emde* Rn. 21; aA Oetker/*Busche* Rn. 9; EBJS/*Löwisch* Rn. 22 ff.; Heymann/*Froitzheim* Rn. 13.
[42] Staub/*Emde* Rn. 21.
[43] BGH NJW-RR 2007, 1286 (1287 f.); BB 1999, 71.
[44] AA EBJS/*Löwisch* Rn. 26, der eine – zumindest schlüssige – Vertragsänderung fordert.

beruf erscheint, trägt derjenige, der sich hierauf beruft. So trägt der nebenberuflich betraute Handelsvertreter, der tatsächlich hauptberuflich tätig war und einen Ausgleich oder Vorschuss fordert, die Beweislast für die vorliegende Hauptberuflichkeit (also dass die Bestellung gemäß Abs. 2 falsch war oder sich die Verhältnisse nachträglich geändert haben), wenn der Handelsvertreter im Vertrag ausdrücklich als nebenberuflicher Handelsvertreter bezeichnet worden ist.[45] Kündigt der Handelsvertreter nach Abs. 1 S. 2, hat er seine Tätigkeit im Nebenberuf aus der Sicht der Verkehrsauffassung sowie ggf. eine entsprechende Veränderung seit Vertragsschluss zu beweisen.[46] Der nach Abs. 1 S. 2 kündigende Unternehmer muss beweisen, dass der Handelsvertreter nach der Verkehrsauffassung im Nebenberuf tätig und als solcher nach Abs. 2 bestellt worden ist.[47]

IV. Abweichende Vereinbarungen

30 Zwar sind kraft Gesetzes nach Abs. 1 S. 1 die allgemeine Kündigungsregelung des § 89 und der Ausgleichsanspruch nach § 89b ausgeschlossen; die Parteien können aber beide Vorschriften durch **entsprechende Vereinbarung** für anwendbar erklären. Auch die Kündigungsregelung nach Abs. 1 S. 2 Hs. 1 ist nicht zwingend, sondern dispositiv. Zu beachten ist allein, dass die Kündigungsfristen und Kündigungstermine für Handelsvertreter und Unternehmer gleich sein müssen (Abs. 1 S. 2 Hs. 2).

31 Demgegenüber ist **Abs. 2 als Schutzvorschrift** zugunsten des Handelsvertreters **zwingend.**[48] Es kann insbesondere nicht bestimmt werden, dass der Unternehmer sich auf Abs. 1 berufen kann, wenn nicht ausdrücklich nebenberufliche Tätigkeit vereinbart ist.

§ 92c [Handelsvertreter außerhalb der EU; Schiffahrtsvertreter]

(1) Hat der Handelsvertreter seine Tätigkeit für den Unternehmer nach dem Vertrag nicht innerhalb des Gebietes der Europäischen Gemeinschaft oder der anderen Vertragsstaaten des Abkommens über den Europäischen Wirtschaftsraum auszuüben, so kann hinsichtlich aller Vorschriften dieses Abschnittes etwas anderes vereinbart werden.

(2) Das gleiche gilt, wenn der Handelsvertreter mit der Vermittlung oder dem Abschluß von Geschäften betraut wird, die die Befrachtung, Abfertigung oder Ausrüstung von Schiffen oder die Buchung von Passagen auf Schiffen zum Gegenstand haben.

Schrifttum: *Bälz,* Der Ausschluß des Ausgleichsanspruchs in internationalen Handelsvertreterverträgen, NJW 2003, 1559; *Eberl,* Ausländische Handelsvertreter: Vertraglicher Ausschluß des Ausgleichsanspruchs nach § 92c HGB – Anm. zu OLG München, Urteil v. 11.1.2002 – 23 U 4416/01, RIW 2002, 319, RIW 2002, 305; *Emde,* Brexit und Vertrieb, ZVertriebsR 2018, 77; *Emde,* Handelsvertreterrecht – Relevante Vorschriften bei nationalen und internationalen Verträgen, MDR 2002, 190; *Freitag/Leible,* Internationaler Anwendungsbereich der Handelsvertreterrichtlinie – Europäisches Handelsvertreterrecht weltweit?, RIW 2001, 287; *Hagemeister,* Die Abdingbarkeit des Ausgleichsanspruchs bei ausländischen Handelsvertretern und Vertragshändlern, RIW 2006, 498; *Kindler,* Der lange Arm des deutschen Vertriebsrechts, NJW 2016, 1855; *Kindler,* Neues deutsches Handelsvertreterrecht auf Grund der EG-Richtlinie, RiW 1990, 358; *Küstner/v. Manteuffel,* Die Änderungen des Handelsvertreterrechts auf Grund der EG-Harmonisierungsrichtlinie vom 18.12.1986, BB 1990, 291; *Müller,* Ausschluß des Ausgleichsanspruchs des Handelsvertreters nach § 92c I HGB, NJW 1998, 17; *Peschke,* Der Vertragshändlerausgleich in internationalen Verträgen, ZVertriebsR 2016, 144; *Walter,* Die Abdingbarkeit zwingenden Handelsvertreterrechts und die Handelsvertreter-RL, RIW 2019, 570; *Wauschkuhn/Meese,* Die standardvertragliche Abdingbarkeit zwingender Vorschriften des Handelsvertreterrechts –

---

45 OLG Düsseldorf BeckRS 2017, 151716 Rn. 42; LAG Hamm BB 1971, 439; Oetker/*Busche* Rn. 11; EBJS/*Löwisch* Rn. 30; *Schürr* in Küstner/Thume VertriebsR-HdB I Kap. I Rn. 231 aE; aA Staub/*Emde* Rn. 30.

46 EBJS/*Löwisch* Rn. 30; Staub/*Emde* Rn. 30.

47 EBJS/*Löwisch* Rn. 30; Staub/*Emde* Rn. 30.

48 EBJS/*Löwisch* Rn. 14, 28; Oetker/*Busche* Rn. 8; Heymann/*Froitzheim* Rn. 15; Flohr/Wauschkuhn/*Billing* Rn. 12.

Insbesondere: Abdingbarkeit des Ausgleichsanspruchs in Verträgen mit außerhalb der EG und des EWR tätigen Handelsvertretern, RIW 2002, 301; *Wengler,* Zum internationalen Privatrecht des Handelsvertretervertrags, ZHR 146 (1982), 30.

Übersicht

I. Bedeutung

1. Entstehungsgeschichte. In der **ursprünglichen Fassung** enthielt das HGB keine Sonderregelungen über Auslands- und Schifffahrtsvertreter. Die Bestimmung ist erst durch das ÄndG 1953 in das HGB aufgenommen worden. Dabei erstreckte sich die Befugnis, auch von den zwingenden Vorschriften des allgemeinen Handelsvertreterrechts abweichende Vereinbarungen treffen zu dürfen, zunächst auf alle Fälle, in denen der Handelsvertreter keine Niederlassung im Inland hatte.[1] 1

Im Zuge der **Umsetzung der RL 86/653/EWG** (Handelsvertreter-RL) vom 18.12.1986 zur Koordinierung der Rechtsvorschriften der Mitgliedstaaten betreffend die selbständigen Handelsvertreter wurde die Abweichungsbefugnis auf solche Fälle beschränkt, in denen der Handelsvertreter außerhalb des Gebiets der EU tätig wird. Dabei sollte nach der Formulierung im Regierungsentwurf weiterhin darauf abgestellt werden, wo der Handelsvertreter seine Niederlassung hat.[2] Auf Vorschlag der Mehrheit des Rechtsausschusses des Deutschen Bundestags wurde jedoch abweichend auf den **Ort der Tätigkeit** abgehoben. Damit sollte deutlich gemacht werden, dass ein Handelsvertreter, der zwar eine Niederlassung in einem Mitgliedstaat der EU hat, dessen Tätigkeit nach dem Vertrag aber nicht innerhalb des Gebiets der EU auszuüben ist, nicht in die zwingenden Vorschriften des nationalen Rechts und ihren Schutz einbezogen wird, um hierdurch missbräuchliche Gründungen von Niederlassungen innerhalb der EU zu vermeiden.[3] Sowohl diese Regelung als auch § 92c insgesamt sind als **europarechtskonform** zu betrachten (→ Rn. 11, → Rn. 17).[4] Ein Verstoß gegen die Niederlassungs- bzw. Dienstleistungsfreiheit der Art. 49, 56, 57 AEUV liegt nicht vor, da dem Handelsvertreter eine grenzüberschreitende Tätigkeit nicht erschwert wird.[5] Derzeit fallen unter die Bestimmung die 27 EU-Mitgliedstaaten 2

[1] Begr. RegE, BT-Drs. 1/3856, 18.
[2] BT-Drs. 11/3077, 10.
[3] BT-Drs. 11/4559, 10.
[4] Oetker/*Busche* Rn. 3; Staub/*Emde* Rn. 5; Flohr/Wauschkuhn/*Wauschkuhn/Teichmann* Rn. 14; Baumbach/Hopt/*Hopt* Rn. 1; mittelbar die hM bestätigend EuGH RIW 2017, 225 (für einen in der Türkei tätigen Handelsvertreter, der sich sowohl auf die Handelsvertreter-RL als auf mit der Türkei bestehende Assoziierungsabkommen berief) mAnm *Rohrßen* ZVertriebsR 2017, 182 (187); aA *Hermes* RIW 1999, 81 (86); EBJS/*Löwisch* Rn. 52 f.; diff. *Walter* RIW 2019, 570, der darauf abstellt, ob der in einem Drittland tätige Handelsvertreter in der EU bzw. im EWR ansässig ist, und eine teleologische Reduzierung der Norm fordert; zweifelhaft.
[5] Staub/*Emde* Rn. 5; *Hagemeister* RIW 2006, 498 (503).

sowie die drei EWR-Staaten (Island, Liechtenstein, Norwegen); das Vereinigte Königreich war bis zum 31.1.2020 Mitglied der EU.

3 **2. Inhalt und Zweck der Regelung. a) Inhalt.** Die Bestimmung erklärt sämtliche Vorschriften des allgemeinen Handelsvertreterrechts für dispositiv, soweit der Handelsvertreter außerhalb des Gebiets des EWR tätig wird (Abs. 1) oder mit der Vermittlung bzw. dem Abschluss von Geschäften betraut ist, welche die Befrachtung, Abfertigung oder Ausrüstung von Schiffen oder die Buchung von Passagen auf Schiffen zum Gegenstand haben (Abs. 2). Die Bestimmung räumt damit die Möglichkeit ein, auch von zwingenden Vorschriften des allgemeinen Handelsvertreterrechts abweichende Regelungen zu treffen (→ Rn. 16). Soweit allerdings eine solche abweichende Vereinbarung nicht getroffen wurde, bleibt es bei den gesetzlichen Regelungen des Handelsvertreterrechts. Die Parteien können sich dabei darauf beschränken, bestimmte Regelungen des Handelsvertreterrechts schlicht abzubedingen. Sie haben aber auch die Möglichkeit, abweichende vertragliche Regelungen zu treffen, die an die Stelle der sonst zwingenden gesetzlichen Regelungen treten.

4 Zwingende **Regelungen außerhalb des Handelsvertreterrechts** behalten jedoch auch für Handelsvertreter, die außerhalb des Gebiets des EWR tätig werden, ihre Gültigkeit.

5 **b) Zweck.** Die Regelungen des Handelsvertreterrechts sind speziell auf die **deutschen Verhältnisse zugeschnitten** und brauchen daher auf Vertragsverhältnisse mit Auslandsvertretern, die außerhalb des Gebiets des EWR tätig werden, nicht zu passen. Die Regelung will folglich den Parteien die Möglichkeit eröffnen, das Vertragsverhältnis mit einem außerhalb des Gebiets des EWR tätigen Handelsvertreter den jeweiligen örtlichen Bedürfnissen anzupassen. Europäische Unternehmen sollen außerhalb des Binnenmarkts keine Wettbewerbsnachteile erleiden. Daher werden die zwingenden Beschränkungen der Vertragsfreiheit nach allgemeinem Handelsvertreterrecht für den Handelsvertreter außerhalb des Gebiets des EWR aufgehoben.[6]

6 **3. Verhältnis zum internationalen Handelsvertreterrecht.** Abs. 1 ist keine Kollisionsnorm über die Anwendung inländischen oder ausländischen Rechts.[7] Ob deutsches Handelsvertreterrecht überhaupt Anwendung findet oder das Vertragsverhältnis den Regelungen ausländischen Rechts unterliegt, richtet sich allein nach dem internationalen Handelsvertreterrecht (→ § 84 Rn. 127 ff.).

7 **4. Anwendbarkeit auf andere Absatzmittler.** § 92c ist auf andere Absatzmittler und insbesondere **Vertragshändler** bei einer einem Handelsvertreter vergleichbaren Einbindung in die Absatzorganisation des Unternehmers entsprechend anwendbar.[8] Mithin wird man die allgemeinen zwingenden Regelungen des Handelsvertreterrechts, wenn und soweit sie auf den Vertragshändler unter den jeweiligen Voraussetzungen analog anwendbar sind, **bei Anwendbarkeit deutschen Rechts** zwar wirksam abbedingen können, soweit der Vertragshändler nach dem Vertrag **außerhalb des Gebiets der Europäischen Union oder der anderen Vertragsstaaten des Abkommens über den Europäischen Wirtschaftsraums** tätig werden soll. Dies gilt aber **nicht,** wenn der der Vertragshändler nach dem Vertrag außerhalb der Bundesrepublik Deutschland, aber **innerhalb des Gebiets der Europäischen Union oder der anderen Vertragsstaaten des Abkommens über den Europäischen Wirtschaftsraums** tätig werden soll. Insoweit fehlt es an einer Rechtsnorm (→ § 89b Rn. 254).

II. Vertreter außerhalb des EWR (Abs. 1)

8 **1. Voraussetzungen. a) Anwendbarkeit deutschen Rechts.** Die Bestimmung findet nur Anwendung, wenn auf das Handelsvertreterverhältnis eines außerhalb des Gebiets

---

[6] Begr. RegE, BT-Drs. 1/3856, 18; *Neflin* DB 1956, 589.

[7] Baumbach/Hopt/*Hopt* Rn. 1; *Lakkis* in MSF VertriebsR-HdB § 57 Rn. 21; Heymann/*Froitzheim* Rn. 4; krit. Staub/*Emde* Rn. 7, 74 f.; für eine Änderung des § 92c in eine Kollisionsnorm sprechen sich *Freitag/Leible* RIW 2001, 295 und *Michaels/Kamann* EWS 2001, 301, 310 aus.

[8] Zur analogen Anwendung des § 92c auch Staub/*Emde* Rn. 6; Oetker/*Busche* Rn. 10; *Peschke* ZVertriebsR 2016, 144 (149); *Kindler* NJW 2016, 1855.

des EWR tätigen Handelsvertreters deutsches Recht anwendbar ist.[9] Ob dies der Fall ist, bestimmt sich nach den allgemeinen Regeln der Art. 1 ff. Rom I-VO (→ § 84 Rn. 127 ff.). Art. 8 Rom I-VO, der Arbeitsverträge betrifft, ist nicht analog auf Handelsvertreterverträge anwendbar.[10] Die Frage der Anwendbarkeit deutschen Rechts ist stets vorab zu prüfen. Eine (Teil-)Rechtswahl ist möglich.[11] Wird das Recht eines Nicht-EU-Staates gewählt, müssen über Art. 9 Rom I-VO die auf RL 86/653/EWG (Handelsvertreter-RL) beruhenden zwingenden Regeln des Handelsvertreterrechts angewendet werden, wenn der Handelsvertreter in Deutschland bzw. einem anderen EU-Staat tätig ist (→ Rn. 18).

b) Tätigkeit außerhalb des Gebiets des EWR. aa) Grundsatz. Für die Abdingbarkeit der nach allgemeinen Bestimmungen zwingenden Vorschriften des Handelsvertreterrechts ist nach Abs. 1 ausschlaggebend, wo der Handelsvertreter seine Tätigkeit für den Unternehmer nach dem Vertrag auszuüben hat; eine abweichende spätere Tätigkeit ist ein Indiz für eine konkludente Vertragsänderung.[12] Für die Bewertung als Tätigkeit außerhalb des EWR reicht es nicht aus, dass der Vertreter ausländische Kunden an deren Stammsitz begleitet.[13] Nur soweit er **nicht innerhalb des Gebiets des EWR** tätig werden soll, können die sonst zwingenden Vorschriften des deutschen Handelsvertreterrechts abbedungen werden. Maßgeblich ist insoweit die vertragliche Vereinbarung.[14] Demgegenüber ist es unerheblich, ob der Handelsvertreter abweichend von seinen vertraglichen Pflichten auch innerhalb des Gebiets des EWR tätig wird (aber → Rn. 12).[15] 9

bb) Niederlassungen innerhalb des EWR. Während nach der Rechtslage vor Inkrafttreten des Gesetzes zur Durchführung der Handelsvertreter-RL vom 23.10.1989 (BGBl. 1989 I 1910) für die Möglichkeit der Abbedingung zwingender Vorschriften des Handelsvertreterrechts entscheidend auf den Ort der Niederlassung des Handelsvertreters abgestellt wurde, kommt es nunmehr darauf an, **an welchem Ort** der Handelsvertreter seine **Tätigkeit erbringen soll.** Demgegenüber spielt der Ort der Niederlassung keine Rolle mehr. Hat also der Handelsvertreter zwar eine Niederlassung in einem Mitgliedstaat der europäischen Union, ist nach dem Vertrag aber dessen Tätigkeit nicht innerhalb dieses Gebiets auszuüben, dann ist der Handelsvertreter nicht in die zwingenden Vorschriften des nationalen Rechts und ihren Schutz einbezogen.[16] 10

Das Abstellen auf den **Ort der Tätigkeit** und nicht den Ort der Niederlassung verstößt nicht gegen die **Handelsvertreter-RL** (→ Vor Art. 84 Rn. 23 ff.).[17] Die Handelsvertreter-RL stellt nämlich nicht ausdrücklich auf den Ort der Niederlassung des Handelsvertreters ab, sondern will allein Bedingungen für einen Warenaustausch zwischen den Mitgliedstaaten schaffen, die denen eines Binnenmarkts entsprechen. Maßgeblich hierfür ist aber nicht der formale Ort der Niederlassung des Handelsvertreters, sondern als materieller Anknüpfungspunkt das ihm nach dem Vertrag zugewiesene Tätigkeitsgebiet. 11

cc) Tätigkeit sowohl innerhalb als auch außerhalb des EWR. Problematisch ist, inwieweit von den zwingenden Vorschriften des deutschen Rechts bei Anwendung deutschen Rechts abgewichen werden kann, wenn der Handelsvertreter nach dem Vertrag sowohl innerhalb als auch außerhalb des Gebiets des EWR tätig werden soll. Soweit es um die innerhalb 12

---

9 Staub/*Emde* Rn. 7; Baumbach/Hopt/*Hopt* Rn. 1; Heymann/*Froitzheim* Rn. 4; *Peschke* ZVertriebsR 2016, 144 (146); *Kindler* NJW 2016, 1855 (1855 f.); aA *Maier* NJW 1958, 1327.

10 Baumbach/Hopt/*Hopt* Rn. 1.

11 Näher dazu *Emde* MDR 2002, 190 (194 ff.); EBJS/*Kindler* Anh. § 92c Rn. 6 ff.

12 Staub/*Emde* Rn. 10; Baumbach/Hopt/*Hopt* Rn. 6.

13 OLG München NJW-RR 2003, 471 = EWiR § 92c HGB 1/02, 485 m. Kurzkomm. *Emde.*

14 EBJS/*Löwisch* Rn. 15; Baumbach/Hopt/*Hopt* Rn. 6; Oetker/*Busche* Rn. 5.

15 Baumbach/Hopt/*Hopt* Rn. 6; widersprüchlich Oetker/*Busche* Rn. 5; aA Staub/*Emde* Rn. 10.

16 Bericht des Rechtsausschusses, BT-Drs. 11/4559, 10; Staub/*Emde* Rn. 10; *Küstner/v. Manteuffel* BB 1990, 291 (299); *Kindler* NJW 2016, 1855.

17 EuGH RIW 2017, 225; Staub/*Emde* Rn. 5; *Hagemeister* RIW 2006, 498 ff.; Baumbach/Hopt/*Hopt* Rn. 6; KKRD/*Roth* Rn. 4; aA *Kindler* RIW 1990, 358 (363); *Kindler* BB 2001, 10 (12); EBJS/*Löwisch* Rn. 52; *Walter* RIW 2019, 570.

des Gebiets des EWR auszuübende Tätigkeit geht, greift Abs. 1 nicht ein, so dass von den zwingenden deutschen Vorschriften nicht abgewichen werden kann. Demgegenüber kann von den zwingenden Vorschriften des deutschen Handelsvertreterrechts bei einer vom Handelsvertreter geschuldeten Tätigkeit außerhalb des EWR abgewichen werden. Die Parteien können ohne weiteres entsprechend den Vertragsgebieten differenzierte Regelungen im Vertrag vereinbaren;[18] das gilt auch für die Kündigungsregelungen (zB Vereinbarung eines Teilkündigungsrechts oder unterschiedliche Kündigungsregelungen). So können die Parteien wirksam den Ausgleichsanspruch des Handelsvertreters für Tätigkeitsgebiete des Handelsvertreters außerhalb des EWR ausschließen, nicht aber für Tätigkeit innerhalb des EWR (zB *„Der Ausgleichsanspruch nach § 89b ist ausgeschlossen, soweit der Handelsvertreter außerhalb des Gebietes der Europäischen Gemeinschaft oder der anderen Vertragsstaaten des Abkommens über den Europäischen Wirtschaftsraum tätig wird“*).[19] Haben die Parteien solche Differenzierungen im Vertrag nicht vorgenommen, stellt sich die Frage, ob die Klauseln, die gegen zwingendes deutsches Handelsvertreterrecht verstoßen, für Tätigkeitsgebiete außerhalb des EWR aufrechterhalten werden können. Diese Frage ist wiederum nicht pauschal zu beantworten, vielmehr dürfte danach zu unterscheiden sein, ob ein Individualvertrag (dann Aufrechterhaltung für Tätigkeitsgebiete außerhalb des EWR) oder AGB-Vertrag (keine geltungserhaltende Reduktion, § 306 BGB) vorliegt.[20] Wollen die Parteien damit einhergehende Unsicherheiten vermeiden, müssen sie gem. Art. 3 Abs. 1 S. 3 Rom I-VO eine aufgesplittete Rechtswahl vornehmen oder am besten unterschiedliche Verträge vereinbaren.[21]

13 **c) Maßgeblicher Zeitpunkt. aa) Vertragsschluss.** Maßgebender Zeitpunkt dafür, ob von zwingenden Vorschriften des allgemeinen Handelsvertreterrechts nach Abs. 1 abgewichen werden kann, ist regelmäßig der Zeitpunkt des Abschlusses des Rechtsgeschäfts, mit dem von den zwingenden gesetzlichen Vorschriften abgewichen werden soll.[22] Soll der Handelsvertreter zu diesem Zeitpunkt seine Tätigkeit innerhalb des Gebiets des EWR ausüben oder ist dies nach den vertraglichen Vereinbarungen vorgesehen oder zumindest möglich, dann greift Abs. 1 nicht ein, so dass die vom zwingenden Recht abweichenden Bestimmungen unwirksam sind.

14 **bb) Spätere Änderungen.** Wird die Tätigkeit eines außerhalb des Gebiets des EWR tätigen Handelsvertreters nachträglich einvernehmlich auch auf ein Gebiet des EWR erstreckt, dann sind ab diesem Zeitpunkt vom deutschen zwingenden Handelsvertreterrecht abweichende Vereinbarungen nicht mehr möglich, soweit der Handelsvertreter im Gebiet des EWR tätig werden soll. Die ursprünglich wirksam vereinbarten Regelungen werden zumindest insoweit unwirksam.[23] Ob die Vereinbarung damit auch unwirksam wird, soweit sich auf die Tätigkeit des Handelsvertreters außerhalb des Gebiets des EWR erstreckt oder partiell aufrechterhalten werden kann, beurteilt sich nach den allgemeinen Regelungen. Im Zweifel wird eine auf das fragliche Gebiet des EWR bezogene partielle und stillschweigende Anpassung des Vertrages an das deutsche zwingende Recht als gewollt anzunehmen sein.[24] Um Unsicherheiten zu vermeiden, müssen die Parteien auch in diesem Fall gem. Art. 3 Abs. 1 S. 3 Rom I-VO eine aufgesplittete Rechtswahl vornehmen, im Vertrag entsprechend nach den Tätigkeitsgebieten differenzieren oder unterschiedliche Verträge vereinbaren.

15 Entsprechendes gilt, wenn **infolge anderer Gründe** als der Erweiterung oder Änderung des Tätigkeitsgebiets des Handelsvertreters das Vertragsverhältnis nicht mehr in den Anwen-

[18] *Müller* NJW 1998, 17.
[19] *Müller* NJW 1998, 17.
[20] AA Oetker/*Busche* Rn. 5; Staub/*Emde* Rn. 11; wohl auch Heymann/*Froitzheim* Rn. 7.
[21] Ebenso Staub/*Emde* Rn. 11; Baumbach/Hopt/*Hopt* Rn. 6; *Thume* in Küstner/Thume VertriebsR-HdB I Kap. XI Rn. 125; aA EBJS/*Löwisch* Rn. 16.
[22] Staub/*Emde* Rn. 13; Oetker/*Busche* Rn. 6; aA *Thume* in Küstner/Thume VertriebsR-HdB I Kap. XI Rn. 126.
[23] Oetker/*Busche* Rn. 6; Staub/*Emde* Rn. 13; EBJS/*Löwisch* Rn. 22; *Thume* in Küstner/Thume VertriebsR-HdB I Kap. XI Rn. 126; Flohr/Wauschkuhn/*Wauschkuhn/Teichmann* Rn. 22.
[24] Staub/*Emde* Rn. 13.

dungsbereich des Abs. 1 fällt, zB wenn der räumliche Anwendungsbereich durch den Beitritt weiterer Staaten zur EU oder dem EWR eingeschränkt wird. Auch in diesem Fall wird die zuvor zulässig vereinbarte Abbedingung zwingender Regeln des deutschen Handelsvertreterrechts durch den EU-Beitritt eines Staates, in dessen Gebiet der Handelsvertreter tätig wird, unwirksam.[25] Ein ursprünglich nach wirksam abbedingter Ausgleichsanspruch ist dann aber nur für Stammkunden geschuldet, die der Handelsvertreter ab dem Zeitpunkt neu geworben bzw. intensiviert hat, in welchem der Beitritt wirksam und mithin die Abbedingung nach § 89b Abs. 4 unwirksam wurde.[26] Umgekehrt wird bei einem Austritt eines Mitgliedsstaates aus der EU/des EWR (zB Brexit),[27] in welchem der Handelsvertreter tätig zu werden hat, ein zuvor unwirksam vereinbarter Ausschluss des Ausgleichsanspruchs wirksam. Der Handelsvertreter kann aber mangels Vertragsbeendigung einen Ausgleich nicht für bis dahin neu geworbene bzw. intensivierte Stammkunden gelten machen.

2. Rechtsfolgen. a) Dispositivität des gesamten Handelsvertreterrechts. Wird ein Handelsvertreter ausschließlich außerhalb des Gebiets des EWR tätig, dann kann in vollem Umfang von den zwingenden Vorschriften des allgemeinen Handelsvertreterrechts abgewichen werden. Dabei ist jedoch zu beachten, dass nicht automatisch, wenn Abs. 1 anwendbar ist, das zwingende allgemeine Handelsvertreterrecht (s. § 85, § 86 Abs. 1 und 2, § 86a, § 86b Abs. 1 (s. aber § 86b Abs. 3), § 87a, § 87c, § 88a Abs. 1, § 89 Abs. 1 und 2, § 89b Abs. 1–3, § 90a Abs. 1–3, § 92a Abs. 1 S. 2, § 92b Abs. 2) kraft Gesetzes abbedungen ist. Vielmehr bedarf es einer **entsprechenden ausdrücklichen Vereinbarung** der Parteien, durch welche die jeweiligen einzelnen gesetzlichen Vorschriften insgesamt ausgeschlossen oder durch eine abweichende vertragliche Regelung ersetzt werden. Ohne ausdrücklichen Ausschluss bleibt es bei den Regelungen der §§ 84 ff.[28] Es ist jedoch nicht erforderlich, dass die derogierten Vorschriften zitiert werden.[29] Eine Abweichung von zwingenden Vorschriften außerhalb des Abschnittes und außerhalb des HGB ermöglicht § 92c hingegen nicht.[30] 16

Der Ausschluss zwingender Vorschriften des deutschen Handelsvertreterrechts ist auch dann wirksam, wenn **nach dem ohne Rechtswahl anwendbaren Drittlandrecht** dem Handelsvertreter eine der abbedungenen deutschen Regelung **vergleichbare zwingende Vorschrift zugutekäme** (zur Frage der Vereinbarkeit mit Europarecht → Rn. 2).[31] Daher ist zB der Ausschluss des Ausgleichsanspruchs nach § 89b auch dann zulässig, wenn der Handelsvertreter nach dem ohne die Wahl des deutschen Rechts anwendbaren Drittlandrecht einen solchen Ausgleichsanspruch zwingend hätte.[32] Dies gilt auch für Vereinbarungen **in AGB,** da § 307 BGB allein auf das anzuwendende deutsche Recht und nicht auf das Recht des Tätigkeitslandes abstellt.[33] Jedoch ist fraglich, ob ein vollständiger Ausschluss des Ausgleichsanspruchs mit dieser Norm vereinbar ist;[34] mit Blick auf die Wertung des § 92c wird man dies aber bejahen müssen.[35] 17

25 Staub/*Emde* Rn. 15; *Thume* in Küstner/Thume VertriebsR-HdB I Kap. XI Rn. 127.

26 Staub/*Emde* Rn. 15; *Thume* in Küstner/Thume VertriebsR-HdB I Kap. XI Rn. 127; aA EBJS/*Löwisch* Rn. 24 (jedoch Einschränkungen im Rahmen der Berechnung des Ausgleichsanspruchs).

27 Zu etwaigen Auswirkungen des Brexit auf Vertriebsverträge *Emde* ZVertriebsR 2018, 77.

28 OLG Stuttgart BeckRS 2016, 4908 Rn. 30 f.; EBJS/*Löwisch* Rn. 28; Staub/*Emde* Rn. 18.

29 OLG Stuttgart BeckRS 2016, 4908 Rn. 29; Staub/*Emde* Rn. 18.

30 Flohr/Wauschkuhn/*Wauschkuhn/Teichmann* Rn. 28.

31 OLG München NJW-RR 2003, 201 = EWiR § 92c HGB 1/03, 527 m. abl. Kurzkomm. *Evers*; OLG München NJW-RR 2003, 471; *Eberl* RIW 2002, 305; Staub/*Emde* Rn. 20; *Hagemeister* RIW 2006, 498 (500); *Wauschkuhn/Meese* RIW 2002, 301 (303 f.); Baumbach/Hopt/*Hopt* Rn. 6; aA KKRD/*Roth* Rn. 4; *Thume* in Küstner/Thume VertriebsR-HdB I Kap. XI Rn. 121, der den Sinn der Norm in der Vermeidung von Wettbewerbsnachteilen sieht.

32 *Bälz* NJW 2003, 1559; aA *Kindler* RIW 1990, 358 (363 f.).

33 OLG München NJW-RR 2003, 201; 2003, 471; Baumbach/Hopt/*Hopt* Rn. 6; EBJS/*Löwisch* Rn. 28; *Semler* in MSF VertriebsR-HdB § 22 Rn. 108.

34 *Evers* Kurzkomm. zu OLG München EWiR § 92c HGB 1/03, 527 f.; diff. *Emde* Kurzkomm. zu OLG München EWiR § 92c HGB 1/02, 485 f.

35 So auch *Semler* in MSF VertriebsR-HdB § 22 Rn. 108; Flohr/Wauschkuhn/*Wauschkuhn/Teichmann* Rn. 36; Oetker/*Busche* Rn. 7.

18 **Schranken der Rechtswahl:** Nach der Rspr. des EuGH (Ingmar GB), sind Art. 17 und 18 RL 86/653/EWG (Handelsvertreter-RL) auch dann anzuwenden, wenn der Handelsvertreter seine Tätigkeit in einem Mitgliedstaat ausgeübt hat, der Unternehmer seinen Sitz aber in einem Drittland hat und der Vertrag vereinbarungsgemäß dem **Recht dieses Landes** unterliegt.[36] Demzufolge steht dem Handelsvertreter, der in der Bundesrepublik Deutschland für einen Unternehmer in einem Drittland (zB Kalifornien) tätig ist, auch dann ein Ausgleichsanspruch nach § 89b zu, wenn ausländisches Recht (zB das von Kalifornien) vereinbart ist (→ § 89b Rn. 252). Diese Grundsätze gelten indes nicht für einen **Vertragshändler bei Anwendbarkeit ausländischen Rechts** (→ § 89b Rn. 253). Bei Anwendbarkeit des deutschen Rechts hingegen → § 89b Rn. 254.

19 **b) Entschädigungsloses Wettbewerbsverbot. Umstritten** ist, ob nach Abs. 1 mit einem außerhalb des Gebiets des EWR tätigen Handelsvertreter eine abweichend von § 90a Abs. 1 S. 3 **entschädigungslose nachvertragliche Wettbewerbsabrede** getroffen werden kann. Zum Teil wird insoweit ein Verstoß gegen Art. 12 Abs. 1 GG angenommen und ein Ausschluss des Entschädigungsanspruchs in Parallele zu § 75b S. 1 als verfassungswidrig angesehen.[37] Die Regelung des § 75b S. 1 aF, wonach mit deutschen Arbeitnehmern, die im außereuropäischen Ausland tätig werden, ein entschädigungsloses Wettbewerbsverbot vereinbart werden konnte, hatte das BAG als vorkonstitutionelles Recht wegen eines Verstoßes gegen die Berufsfreiheit des Arbeitnehmers für unwirksam erklärt.[38]

20 Diese **Bedenken gegen die Verfassungsmäßigkeit** des Abs. 1 im Hinblick auf § 90a Abs. 1 S. 3 greifen aber hier nicht durch, weil der Handelsvertreter nicht gegen seinen Willen, sondern nur auf Grund konkreter vertraglicher Vereinbarung auf eine Entschädigung für ein nachvertragliches Wettbewerbsverbot verzichten kann. Eine solche Vereinbarung ist anzuerkennen und zu achten, weil der Handelsvertreter als selbständiger Gewerbetreibender, anders als der Handlungsgehilfe als unselbständiger Arbeitnehmer, eines sehr viel geringeren Schutzes gegenüber dem Unternehmer bedarf.[39]

III. Schifffahrtsvertreter (Abs. 2)

21 **1. Voraussetzungen.** Den Handelsvertretern mit Tätigkeitsgebiet außerhalb des Gebiets des EWR gleichgestellt sind solche Handelsvertreter, die mit der Vermittlung oder dem Abschluss von Geschäften betraut sind, welche die Befrachtung, Abfertigung oder Ausrüstung von Schiffen oder die Buchung von Passagen auf Schiffen zum Gegenstand haben (Schifffahrtsagenten). Hiervon zu unterscheiden sind die Schiffsmakler, die nur im Einzelfall tätig werden; auf diese findet von vornherein kein Handelsvertreterrecht, sondern die §§ 93 f. Anwendung (→ § 93 Rn. 10). Nach der Fassung des Gesetzes spielt es keine Rolle, ob es sich um See- oder Binnenschiffe handelt und ob die Geschäfte im Inland oder im Ausland abzuwickeln sind. Daher fällt zB jede Personenbeförderung zu Wasser unter den Begriff der Passage auf Schiffen iSv Abs. 2, auch wenn das Schiff als Ziel der Reise an seinen Abfahrtsort zurückkehrt. Weit zu verstehen ist ebenfalls der Begriff der Befrachtung, so dass auch die Vermittlung von Schleppverträgen hierunter zu rechnen ist.[40]

22 Demgegenüber scheidet die vereinzelt geforderte[41] analoge Anwendung auf den **Luftverkehr** aus.[42] Die Regelung trägt den Besonderheiten der Schifffahrtsvertreter Rechnung und kann daher nicht auf Luftfahrtsvertreter erstreckt werden.[43] Darüber hinaus müssten dann auch sonstige Formen der Reise- und Frachtvermittlung (Schienenverkehr, Straßen-

---

[36] EuGH NJW 2001, 2007.
[37] *Wengler* ZHR 146 (1982), 30 (42 ff.).
[38] BAG AP HGB § 75b Nr. 15 mAnm *Reuter.*
[39] Staub/*Emde* Rn. 4; Heymann/*Froitzheim* Rn. 3.
[40] Oetker/*Busche* Rn. 8; Staub/*Emde* Rn. 16.
[41] *Würdinger* JR 1953, 437 (438).
[42] Staub/*Emde* Rn. 16; KKRD/*Roth* Rn. 5; Heymann/*Froitzheim* Rn. 9.
[43] EBJS/*Löwisch* Rn. 17; Baumbach/Hopt/*Hopt* Rn. 13.

verkehr) in den Anwendungsbereich einbezogen werden, was der Intention des Gesetzes nicht entspricht.

2. Rechtsfolgen. a) Grundsatz. Abs. 2 enthält eine Rechtsfolgenverweisung auf Abs. 1. Die Parteien des Handelsvertreterverhältnisses können daher sämtliche zwingende Bestimmungen des allgemeinen Handelsvertreterrechts durch abweichende Vereinbarungen abbedingen. 23

b) Branchenübergreifende Vermittlertätigkeiten. Abs. 2 gilt nur für den Kreis der dort bezeichneten Vermittlungsgeschäfte. Auf **andere Vermittlungstätigkeiten** desselben Vertreters für denselben Unternehmer ist Abs. 2 nicht anwendbar. In diesen Fällen ist wegen der Abdingbarkeit zu unterscheiden: Soweit einzelne gesetzliche Regelungen auf verschiedene Tätigkeiten gesondert angewandt werden können (zB § 86a Abs. 2 S. 3, § 86b Abs. 1, § 87a Abs. 3 und 4, § 87c, § 88a, § 89b, § 90a), können diese Regelungen für die in den Anwendungsbereich des Abs. 2 fallenden Tätigkeiten abbedungen werden. Hier gelten die gleichen Erwägungen wie bei einem Handelsvertreter, der sowohl innerhalb als auch außerhalb des Gebiets des EWR tätig werden soll (→ Rn. 12).[44] 24

[44] Ähnlich auch Oetker/*Busche* Rn. 8; ausschließlich für Überwiegensprinzip Heymann/*Froitzheim* Rn. 9; EBJS/*Löwisch* Rn. 18; insgesamt abl. Staub/*Emde* Rn. 17.

Achter Abschnitt. Handelsmakler

§ 93 [Begriff]

(1) Wer gewerbsmäßig für andere Personen, ohne von ihnen auf Grund eines Vertragsverhältnisses ständig damit betraut zu sein, die Vermittlung von Verträgen über Anschaffung oder Veräußerung von Waren oder Wertpapieren, über Versicherungen, Güterbeförderungen, Schiffsmiete oder sonstige Gegenstände des Handelsverkehrs übernimmt, hat die Rechte und Pflichten eines Handelsmaklers.

(2) Auf die Vermittlung anderer als der bezeichneten Geschäfte, insbesondere auf die Vermittlung von Geschäften über unbewegliche Sachen, finden, auch wenn die Vermittlung durch einen Handelsmakler erfolgt, die Vorschriften dieses Abschnitts keine Anwendung.

(3) Die Vorschriften dieses Abschnittes finden auch Anwendung, wenn das Unternehmen des Handelsmaklers nach Art oder Umfang einen in kaufmännischer Weise eingerichteten Geschäftsbetrieb nicht erfordert.

Schrifttum (zu §§ 93 ff.): *Altmeppen,* Provisionsansprüche bei Vertragsauflösung, 1987; *Armbrüster,* Schadensregulierung durch Versicherungsmakler als erlaubnispflichtige Rechtsdienstleistung, ZIP 2017, 1; *Fischer,* Die wirtschaftliche Identität des Hauptvertrags im Maklerrecht, DB 2009, 887; *v. Grießenbeck,* Zur Anwendbarkeit des § 98 HGB auf Emissionsgehilfen beim Vertrieb von Anteilen einer Publikums-KG, BB 1988, 2188; *Keim,* Maklerprovision bei arglistbedingter Wandelung des Hauptvertrags, NJW 2001, 3168; *Knütel,* Die Provisionsteilung bei Mitwirkung mehrerer Makler oder Handelsvertreter, ZHR 144 (1980), 289; *Lutter,* Zur Haftung des Emissionsgehilfen im grauen Kapitalmarkt, FS Bärmann, 1975, 605; *Matusche-Beckmann,* Probleme bei der Abgrenzung des Versicherungsagenten vom Versicherungsmakler, VersR 1995, 1391; *Migsch,* Der Courtageanspruch des Versicherungsmaklers nach österreichischem Recht, VersR 1989, 321; *Migsch,* Der österreichische Versicherungsmakler, VersR 1989, 450; *Karsten Schmidt/Blaschczok,* Schiffsmaklerhaftung und Schiffsagentenhaftung im Spiegel der Rechtsprechung, VersR 1981, 393; *Werber,* Möglichkeiten einer Begrenzung der Versicherungsmaklerhaftung, VersR 1996, 917; *Zopfs,* Die Rechtsstellung des Versicherungsmaklers, VersR 1986, 747.

Übersicht

I. Überblick zum Achten Abschnitt

Der achte Abschnitt des ersten Buchs des HGB behandelt den Handelsmakler. Der Handelsmakler **unterscheidet** sich vom Zivilmakler des Bürgerlichen Rechts vor allem nach der **Art der vermittelten Vertragsobjekte;** diese müssen Gegenstände des Handelsverkehrs sein. Der Handelsmakler ist somit im Grunde ein besonderer Zivilmakler, für den die spezifischen Regeln seiner Berufsgruppe gelten. Von daher erklärt sich die lückenhafte Regelung der §§ 93 ff., die nur einige handelsrechtliche Besonderheiten für den Handelsmakler erfasst. Die Vorschriften der §§ 93 ff. sind also Sonderregelungen, die lediglich das allgemeine Maklerrecht (§§ 652 ff. BGB) ergänzen (vgl. § 2 Abs. 1 EGHGB). Insgesamt baut das spezielle Handelsmaklerrecht auf dem allgemeinen Zivilmaklerrecht auf. Ist der Handelsmakler **Kaufmann** nach § 1 (→ Rn. 44), gelten für ihn neben den §§ 93 ff. auch die sonstigen Vorschriften des HGB; ist der Zivilmakler Kaufmann, gelten hingegen die §§ 93 ff. für ihn nicht. 1

Wegen des Sonderrechtscharakters der §§ 93 ff. kann die Kommentierung des 8. Abschnitts nicht das gesamte Maklerrecht nach dem Bürgerlichen Recht darstellen. Vielmehr sind **nur die besonderen Regeln des Handelsmaklers** aufzugreifen und die dabei auftretenden rechtlichen Fragestellungen zu erläutern. Das allgemeine Zivilmaklerrecht soll deshalb nur insoweit behandelt werden, als es für das Verständnis und den Gesamtzusammenhang des Handelsmaklerrechts erforderlich ist. 2

II. Normzweck des § 93

1. Regelungszweck. § 93 enthält eine **Definition** des Handelsmaklers, die allein auf dessen Funktion abstellt. Die Funktion des Handelsmaklers ist nach dieser Legaldefinition durch vier verschiedene Merkmale gekennzeichnet: 1. Der Makler muss gewerbsmäßig für andere Personen tätig sein. 2. Seine Aufgabe ist die Vermittlung von Geschäften für andere Personen. 3. Mit der Geschäftsvermittlung darf er nicht ständig betraut sein. Und 4. müssen die Vertragsgegenstände die in Abs. 1 im Einzelnen angeführten oder sonstigen Gegenstände des Handelsverkehrs sein. Abs. 2 schließt eine Erweiterung auf andere Geschäftsgegenstände (insbesondere Immobilien) ausdrücklich aus. 3

4 Zugleich findet durch die Definition des Handelsmaklers mittelbar eine **Abgrenzung** zu ähnlichen Tätigkeiten im Handelsverkehr statt (→ Vor § 84 Rn. 1 ff.). Der Handelsmakler vermittelt wie der Zivilmakler (§ 652 BGB) Vertragsabschlüsse gegen (Makler-)Lohn. Im Unterschied zum Handelsvertreter (§§ 84, 86; → Rn. 29 ff.) ist er mit der Geschäftsvermittlung nicht ständig betraut. Vom Kommissionär (§§ 383, 384 Abs. 1; → Rn. 34 f.) unterscheidet sich der Handelsmakler durch die Freiheit der Vermittlungstätigkeit; er ist weder zu Vermittlungsbemühungen verpflichtet, noch schließt er die Verträge selbst oder im Namen des Auftraggebers ab. Seine Aufgabe ist nur, die Parteien des Geschäfts zusammenzuführen.

5 Über die Legaldefinition hinaus enthält § 93 eine gesetzliche **Rechtsfolge.** Makler, welche die Definitionsmerkmale erfüllen, haben die Rechte und Pflichten eines Handelsmaklers, die im Einzelnen in den §§ 94 ff. geregelt sind (→ Rn. 62). Weil aber die §§ 94 ff. die **Rechte und Pflichten** des Handelsmaklers nur in bestimmten **Besonderheiten** regeln, ist für allgemeine Fragen des Maklerrechts auf die §§ 652 ff. BGB zurückzugreifen (→ Rn. 14 ff.).

6 **2. Entstehungsgeschichte.** Im **ADHGB von 1861** wurde die erste einheitliche, ausführliche Regelung des Handelsmaklerrechts geschaffen. Hiernach hatte der Handelsmakler aber noch die Stellung eines amtlich bestellten Vermittlers für Handelsgeschäfte (Art. 66 ADHGB). Erst das revidierte Handelsgesetzbuch von 1897 beseitigt (außerhalb des Börsenverkehrs) den amtlich vereidigten Makler der alten Art, lässt aber zunächst noch parallel eine amtliche Bestellung und Vereidigung durch Landesgesetz zu. Seither hat mit den §§ 93 ff. die gesetzliche Verankerung des Privathandelsmaklers weitgehend Bestand. Durch das Handelsrechtsreformgesetz vom 22.6.1998 (BGBl. 1998 I 1474) wurde **§ 93 Abs. 3 eingefügt,** der festlegt, dass die Vorschriften über den Handelsmakler unabhängig von der Kaufmannseigenschaft anwendbar sind. Durch diese Regelung wurde die alte Rechtslage im Hinblick auf den Anwendungsbereich des Handelsmaklerrechts aufrechterhalten. Nach altem Recht war der Handelsmakler bereits gem. § 1 Abs. 2 Nr. 7 aF sog. Muss-Kaufmann.[1]

7 **3. Anwendungsbereich.** Der Anwendungsbereich der Vorschriften über den Handelsmakler ist weitgehend durch den **Gegenstand des zu vermittelnden Geschäfts** eingegrenzt. Nach dieser Eingrenzung sind als Handelsmakler-Typen zu unterscheiden: Warenmakler, Börsen- und Wertpapiermakler, Versicherungsmakler, Schiffsmakler. Die **Warenmakler** finden sich heute überwiegend an großen Handelsplätzen zB als Getreidemakler, Kaffeemakler, Baumwollmakler oder Südfrüchtemakler.

8 Bei den **Börsen- und Wertpapiermaklern** gab es früher Sonderregelungen für den amtlich bestellten und vereidigten Kursmakler (§§ 30 ff. BörsG aF), dessen Aufgabe es war, Wertpapierkurse an der Börse amtlich festzulegen. Diese Vorschriften sind jedoch durch das 4. Finanzmarktförderungsgesetz vom 21.6.2002 (BGBl. 2002 I 2010) weggefallen; die Feststellung von Börsenpreisen erfolgt nun nicht-amtlich durch Skontoführer (§ 27 BörsG).[2]

9 Im Unterschied zu den Versicherungsvertretern (§ 92 und §§ 59 ff. VVG) enthält das Gesetz für **Versicherungsmakler** keine Sondervorschriften. Die §§ 93 ff. mit Ausnahme der Vorschriften über die Tagebuchführung[3] und subsidiär die §§ 652 ff. BGB sind deshalb auf diese Maklergruppe uneingeschränkt anzuwenden. § 59 Abs. 3 S. 1 VVG enthält in Anlehnung an § 93 Abs. 1 eine Legaldefinition des Versicherungsmaklers. Danach ist Versicherungsmakler, wer gewerbsmäßig für den Auftraggeber die Vermittlung oder den Abschluss von Versicherungsverträgen übernimmt, ohne von einem Versicherer oder von einem Versicherungsvertreter damit betraut zu sein. Nach § 59 Abs. 3 S. 2 VVG gilt als Versicherungsmakler, wer gegenüber dem Versicherungsnehmer den Anschein erweckt, er erbringe seine Leistungen als Versicherungsmakler nach § 59 Abs. 3 S. 1 VVG. Der Versicherungsmakler bedarf für seine Tätigkeiten nach § 34d Abs. 1 GewO einer gewerbe-

[1] Baumbach/Hopt/*Roth* Rn. 15; EBJS/*Reiner* Rn. 7.
[2] Schwark/Zimmer/*Schwark* Kapitalmarktrecht, 4. Aufl. 2010, BörsG § 26 Rn. 1 ff.
[3] Beachte hierzu den mit Gesetz v. 23.10.1989 eingeführten § 104 S. 2.

rechtlichen Erlaubnis. Er vermittelt nach Beratung des Versicherungsnehmers den Auftrag an einen geeigneten Versicherer.[4] Der Versicherungsmakler wird regelmäßig vom Versicherungsnehmer beauftragt und ist im Gegensatz zum Versicherungsvertreter (→ § 92 Rn. 7) nicht an einen bestimmten Versicherer gebunden.[5] Daher ist Wissen des Versicherungsmaklers der Versicherung grundsätzlich nicht zuzurechnen.[6] Umgekehrt bestehen einige Unterschiede zwischen den gesetzlichen Leitbildern eines Handelsmaklers nach § 93 und eines Versicherungsmaklers nach § 59 Abs. 3 S. 1 VVG; insbesondere ist der Versicherungsmakler kein unparteiischer Mittler, sondern primär Interessenvertreter des Versicherungsnehmers.[7]

Nicht in ihrer eigentlichen Funktion, wohl aber in ihrer rechtlichen Bedeutung zurück- 10
gedrängt sind die **Schiffsmakler,**[8] die sich in drei Untergruppen gliedern: der mit der Aushandlung der Bedingungen von Seefrachtverträgen betraute **Befrachtungsmakler;** der **Chartermakler,** der das An- und Vermieten eines Schiffs für einen bestimmten Zeitraum oder Zweck (zB Reise) vermittelt; sowie der **An- und Verkaufsmakler,** der die Veräußerung gebrauchter Tonnage oder von Schiffsneubauten vermittelt. Diese Aufgaben werden jedoch heute zumeist von Agenten erfüllt, die **ständig** für bestimmte Reeder tätig sind. Sie werden als Handelsvertreter (§ 84) von § 93 nicht erfasst.

Nicht ausdrücklich in § 93 mit dem Geschäftsgegenstand genannt sind die **Finanzmak-** 11
ler,[9] die ebenfalls Handelsmakler sind. Ihre Aufgabe ist die Vermittlung von Geld-, insbesondere Kreditgeschäften.

4. Praktische Bedeutung. Die Aufstellung der verschiedenen Arten von Handels- 12
maklern weist bereits auf ihre praktische Bedeutung hin. Bedingt durch ihre Spezialisierung und die damit verbundenen besonderen Marktkenntnisse sind Handelsmakler auch bei schwer durchschaubaren Märkten in der Lage, **Marktfunktionen und Marktchancen** auszunutzen. Der Auftraggeber macht sich die Vorteile dieser Spezialisierung zu eigen. Er lässt sich mit geeigneten Handelspartnern zusammenführen und sich Geschäfte zu günstigen oder jedenfalls marktüblichen Konditionen vermitteln.[10]

Der Handelsmakler schafft eine größere **Markttransparenz,** fördert die Funktionsfä- 13
higkeit des Wettbewerbs und sorgt damit für den Ausgleich von Angebot und Nachfrage auf dem Markt.[11] Aus dieser gesamtwirtschaftlichen Funktion erklärt sich, dass dem Handelsmakler teilweise Aufgaben mit öffentlich-rechtlichem Charakter zugewiesen sind: so zB dem zu Käufen und Verkäufen öffentlich ermächtigten Handelsmakler (Recht zum Selbsthilfeverkauf, § 385 BGB; § 373 Abs. 2; Recht zum Deckungskauf/-verkauf, § 376 Abs. 3).[12]

III. Überblick über die allgemeinen Grundsätze des Maklervertrags (§§ 652 ff. BGB)

1. Vertragsschluss. Der Maklervertrag kann **ausdrücklich** oder **stillschweigend** 14
geschlossen werden. Auch kann er durch Schweigen auf ein kaufmännisches Bestätigungs-

---

[4] Dazu ausf. *Zopfs* VersR 1986, 747 mwN; rechtsvergleichend zum österreichischen Recht des Versicherungsmaklers *Migsch* VersR 1989, 321; *Migsch* VersR 1989, 450.

[5] BGH NJW 1985, 2595; OLG Düsseldorf NJW-RR 1998, 395; *Werber* VersR 1996, 917 (918).

[6] BGH NJW-RR 2000, 316.

[7] BGH NJW 1985, 2595; weiterführend *Matusche-Beckmann* VersR 1995, 1391; *Armbrüster* ZIP 2017, 1 (6).

[8] Vgl. hierzu *Hasselmann,* Der Schiffsmakler in Hamburg, 1913; *Kleemann,* Der Schiffsmakler im Seeverkehr, 1934; *Puttfarken,* Seehandelsrecht, 1997, Rn. 585 ff.; *Schaps/Abraham,* Das Seerecht, Bd. II, 4. Aufl. 1978, Anh. VI zu § 663b HGB; *Zander,* Die rechtliche Stellung des Schiffsmaklers, 1932; *K. Schmidt/Blaschczok* VersR 1981, 393.

[9] *Graue,* Die Rechtstellung des Finanzmaklers, Diss. Köln 1975.

[10] Vgl. auch Heymann/*Herrmann* Vor § 93 Rn. 6.

[11] Ähnlich Heymann/*Herrmann* Vor § 93 Rn. 6.

[12] Zu den Einzelheiten der Maklerbestellung vgl. Staub/*Thiessen* Vor § 93 ff. Rn. 7; s. hierzu auch Heymann/*Herrmann* Vor § 93 Rn. 7.

schreiben zustande kommen.[13] Für einen stillschweigenden Vertragsschluss ist erforderlich, dass der Vertragsabschlusswille erkennbar wird.[14] Dafür genügen Angebot und Entgegennahme der Maklerdienste in Kenntnis der Entgeltlichkeit.[15] Allerdings muss der Makler vorab deutlich zum Ausdruck bringen, dass der Auftraggeber Provision schulden werde.[16] Fehlt es an der Deutlichkeit, so gehen Unklarheiten über die Entgeltlichkeit und damit über einen stillschweigenden Vertragsschluss zu Lasten des Handelsmaklers.[17] Auch die ausdrückliche Erklärung, keine Provision zahlen zu wollen, verhindert einen stillschweigenden Vertragsschluss.[18]

15 **2. Wirksamkeit des Vertrags.** Der Handelsmaklervertrag ist **formfrei** wirksam. Ein Formzwang, wie er beim allgemeinen Maklervertrag bei der Vermittlung von Grundstücken gem. § 311b BGB bestehen kann,[19] kommt für den Vertrag eines Handelsmaklers nicht in Betracht. Hier tritt die subsidiäre Geltung des allgemeinen Maklerrechts auf Grund der Ausschlussregelung des Abs. 2 zurück. Danach ist die Vermittlung von unbeweglichen Sachen nicht Geschäftsgegenstand eines Handelsmaklervertrags. Umgekehrt ist der Makler, der Verträge über die Übermittlung von Immobilien abschließt, nicht Handelsmakler iSd §§ 93 ff. Auch der Wohnungsmakler (dazu WoVermittG) ist daher nicht Handelsmakler. Im Übrigen kann sich die Nichtigkeit des Handelsmaklervertrags nach allgemeinen Regeln ergeben (§§ 104 ff., 117, 134,[20] 138, 142 Abs. 1 BGB).

16 **3. Inhalt des Maklervertrags.** Der Makler ist entweder **Nachweis- oder Vermittlungsmakler.** Beim Nachweismaklervertrag verpflichtet sich der Makler gegenüber dem Auftraggeber, ihm die Gelegenheit zum Abschluss eines Vertrags nachzuweisen. Der Nachweis muss daher konkrete Angaben über Vertragsobjekt, Vertragspartner und Vertragsbedingungen enthalten,[21] wobei es bei einem Vertretergeschäft auch möglich ist, den Vertretenen erst nachträglich durch den Vertreter bestimmen zu lassen.[22] Wird der Makler als Vermittlungsmakler tätig, so ist der Inhalt des Maklervertrags auf die Herbeiführung der Abschlussbereitschaft des möglichen Vertragspartners gerichtet.[23] Kennzeichnend ist daher die Eigenschaft des Maklers als **Dritter** im Verhältnis zu dem nachgewiesenen oder vermittelten Vertrag. Daher ist zB bei Täuschungen des Maklers gegenüber einem Vertragspartner § 123 Abs. 2 BGB anzuwenden, wenn der Makler nicht ausnahmsweise Erfüllungsgehilfe iSd § 278 BGB ist.

17 **4. Beendigung des Vertrags.** Der Maklervertrag ist grundsätzlich frei widerruflich; Besonderheiten gelten nur beim Alleinauftrag (auch Festofferte genannt, → Rn. 22 f.). Auch der Tod des Maklers beendet den Auftrag (§ 673 BGB). Beim Tod des Auftraggebers können die Erben kündigen. Jedoch bleibt der Provisionsanspruch hiervon unberührt, wenn in diesen Fällen der Makler bereits ursächlich tätig geworden ist. Wird hingegen der Maklervertrag durch einvernehmlichen Aufhebungsvertrag beendet, so ist die jeweilige Folge für den (Makler-)Lohnanspruch durch Auslegung zu ermitteln.[24]

[13] OLG Bamberg AIZ 1975, 147; ebenso Heymann/*Herrmann* Vor § 93 Rn. 28; Baumbach/Hopt/*Roth* Rn. 16; Röhricht/Graf v. Westphalen/Haas/*Röhricht/Mock* Vor § 93 Rn. 4; Staub/*Thiessen* Rn. 23.
[14] Vgl. BGH NJW 1984, 232; Baumbach/Hopt/*Roth* Rn. 16.
[15] BGH NJW 2017, 1024 (Zivilmakler); NJW-RR 2007, 400; NJW 2000, 282; dazu BGH WM 1981, 495; 1971, 905; s. hierzu auch OLG München BeckRS 2019, 2334 Rn. 12 (Zivilmakler).
[16] BGH NJW 2017, 1024 (Zivilmakler); NJW-RR 2007, 400; zu den Einzelheiten MüKoBGB/*Roth* BGB § 652 Rn. 44 ff.
[17] BGH NJW 2005, 3779; 1984, 232; Heymann/*Herrmann* Vor § 93 Rn. 29; Baumbach/Hopt/*Roth* Rn. 16.
[18] BGH NJW-RR 1996, 114.
[19] Hierzu MüKoBGB/*Roth* BGB § 652 Rn. 58 mwN.
[20] Dazu zB BGH WM 1986, 943.
[21] Vgl. dazu BGH NJW 1987, 1628.
[22] BGH NJW 1998, 62 f.
[23] Vgl. BGH NJW-RR 1997, 884; NJW 1976, 1844.
[24] BGH NJW 1983, 1848.

5. Zusammenwirken mehrerer Makler. Der Handelsmakler darf im Zweifel den ihm erteilten Auftrag **nicht** ohne Einverständnis seines Auftraggebers vollständig an einen anderen Makler **weitergeben** (§ 664 Abs. 1 S. 1 BGB).[25] Der Maklervertrag hindert aber weder den Makler noch den Auftraggeber (Ausnahme beim Alleinauftrag, → Rn. 22 f.), weitere Makler mit unterschiedlicher Funktion einzuschalten.[26] 18

a) Untermakler. Beim Untermaklervertrag[27] schließt allein der zuerst beauftragte (Haupt-)Makler einen Maklervertrag mit dem Auftraggeber und schaltet seinerseits einen weiteren Makler ein. Letzterer steht nur zum Hauptmakler, nicht zum Auftraggeber in einer maklervertraglichen Beziehung. Der Hauptmakler haftet für den Untermakler nach § 278 BGB.[28] 19

b) Zubringergeschäft. Der Zubringermakler[29] vermittelt dem Auftraggeber einen anderen Makler als Hauptmakler, ohne von dem Auftraggeber dazu beauftragt zu sein. Er selbst steht daher nicht in Vertragsbeziehungen zum Auftraggeber. Vielmehr steht der Auftraggeber bezüglich des zu vermittelnden Geschäfts nur zu dem Makler in einem Vertragsverhältnis, der mit der tatsächlichen Vermittlung des Geschäfts beauftragt wird. Seinen Provisionsanteil oder eine anderweitige Vergütung erhält der Zubringermakler allein auf Grund seiner vertraglichen Beziehungen zum Hauptmakler. 20

c) Gemeinschaftsmakler. Mehrere von beiden Parteien (Auftraggeber und Hauptmakler) beauftragte Makler können ein oder mehrere Geschäfte als Gemeinschaftsgeschäfte behandeln.[30] Eine nur einmal anfallende Provision wird geteilt. Schulden beide Parteien Provision, so erhält jeder eingeschaltete Makler die Provision der Partei, zu der er in Vertragsbeziehung steht. 21

6. Alleinauftrag (Festofferte). a) Begriff. Beim Alleinauftrag[31] verpflichtet sich der Auftraggeber, keine weiteren Makler einzuschalten. Im Regelfall ist mit der Festofferte auch ein Verzicht auf den (grundsätzlich freistehenden) Widerruf des Auftrags verbunden. Der Auftraggeber behält seine volle Abschlussfreiheit,[32] insbesondere ist ihm grundsätzlich nicht das Recht auf Direktabschluss, dh auf Vertragsschluss ohne Einschaltung des Maklers, genommen.[33] Zweck des Alleinauftrags ist die Verminderung des Maklerrisikos, trotz erheblicher Aufwendungen und Bemühungen keine Provision zu verdienen. Umgekehrt ist der Makler beim Alleinauftrag zu einer Vermittlungstätigkeit verpflichtet.[34] 22

b) Vertragsschluss, Wirksamkeit, Beendigung. Bei einem grundsätzlich möglichen stillschweigenden Vertragsschluss muss der beiderseitige Wille zum Abschluss eines Alleinauftrags und der damit verbundenen vertraglichen Besonderheiten klar erkennbar sein. Dies gilt sowohl für das Kontrahierungsverbot zur Beauftragung eines anderen Maklers als auch für den Ausschluss der Widerruflichkeit des Auftrags. Ein zeitlich unbegrenzter Auftrag ist jedoch in der Regel gem. § 138 BGB nichtig.[35] Der Widerrufsverzicht muss sich viel- 23

---

25 Baumbach/Hopt/*Roth* Rn. 34.

26 Heymann/*Herrmann* Vor § 93 Rn. 33; Baumbach/Hopt/*Roth* Rn. 34; Röhricht/Graf v. Westphalen/Haas/*Röhricht/Mock* Vor § 93 Rn. 109 f.

27 Dazu BGH BB 1968, 729; GK-HGB/*Achilles* Vor §§ 93–104 Rn. 16; Heymann/*Herrmann* Vor § 93 Rn. 33; Baumbach/Hopt/*Roth* Rn. 19; MüKoBGB/*Roth* BGB § 652 Rn. 271.

28 OLG München JR 1961, 95; MüKoBGB/*Roth* BGB § 652 Rn. 271.

29 Dazu BGH BB 1963, 835; DB 1974, 1154; Heymann/*Herrmann* Vor § 93 Rn. 33; Baumbach/Hopt/*Roth* Rn. 20.

30 Dazu BGH BB 1963, 835; 1969, 1330; WM 1986, 1288; MüKoBGB/*Roth* BGB § 652 Rn. 267 ff.

31 S. hierzu BGH NJW 1967, 198; Heymann/*Herrmann* Vor § 93 Rn. 23 ff.; Baumbach/Hopt/*Roth* Rn. 59 ff.; Oetker/*Kotzian-Marggraf* Rn. 6; Röhricht/Graf v. Westphalen/Haas/*Röhricht/Mock* Vor § 93 Rn. 15 ff.

32 BGH NJW 1967, 1225; OLG Düsseldorf DB 1973, 2043; Heymann/*Herrmann* Vor § 93 Rn. 25; Baumbach/Hopt/*Roth* Rn. 62; aA OLG Hamburg BB 1955, 847.

33 BGH NJW 1961, 307; WM 1976, 533 (534).

34 BGHZ 60, 381; BGH NJW 1985, 2478.

35 BGH WM 1976, 534; Baumbach/Hopt/*Roth* Rn. 60.

mehr auf eine angemessene Zeit beziehen.[36] Eine Sechs-Monats-Bindung kann angemessen sein.[37] Indes ist die zulässige Länge der Bindungsdauer nach der jeweiligen Eigenart des Vermittlungsgegenstandes zu beurteilen.[38] Ist der Alleinauftrag auf längere Zeit eingegangen, ist er als Dauerschuldverhältnis aus wichtigem Grund (zB bei Untätigkeit des Maklers) gem. § 627 BGB vorzeitig kündbar.[39]

IV. Voraussetzungen der Handelsmaklereigenschaft

24 **1. Begriff der Vermittlung.** Aufgrund der ausdrücklichen Beschränkung in Abs. 1 auf eine Vermittlungstätigkeit ist im Unterschied zum Zivilmakler (vgl. § 652 Abs. 1 S. 1 Alt. 1 BGB) der Handelsmakler **nie bloßer Nachweismakler.** Seine Aufgabe ist vielmehr, für den Auftraggeber den Vertragsschluss mit einem Dritten zu vermitteln und nicht nur die Gelegenheit hierzu nachzuweisen. Für eine Nachweismaklertätigkeit würde genügen, dass der Auftraggeber Kenntnis von der Vertragsmöglichkeit erhält, zB durch Angaben über den Vertragsgegenstand und Namhaftmachung des anderen Vertragsteils.[40] Dabei muss der Inhalt des Nachweises so bestimmt sein, dass der Auftraggeber selbst eine Entscheidung über eine nähere Kontaktaufnahme mit dem möglichen Geschäftspartner treffen kann.[41]

25 Unter einer **Vermittlungstätigkeit** des Maklers versteht man hingegen die finale Einwirkung des Maklers auf einen möglichen – dem Auftraggeber nicht notwendigerweise unbekannten – Vertragspartner, um ihn zum Vertragsabschluss zu bewegen.[42] Daher gehört hierzu, dass der Handelsmakler auch mit der anderen Vertragspartei Verbindung aufnimmt[43] und durch Vorklärungen, Terminvereinbarungen und Verhandlungen zum Vertragsschluss beiträgt.[44] Für das Zustandekommen des Geschäfts muss die Maklertätigkeit allerdings nicht allein ursächlich sein. Es genügt für eine ausreichende **Mitursächlichkeit** der Vermittlungstätigkeit, dass die Parteien anschließend die entscheidenden Vertragsverhandlungen (in Abwesenheit des Maklers) selbst zu Ende führen.[45]

26 Die angeführten Kriterien lassen somit eine **Abgrenzung von Nachweis- und Vermittlungsmakler** zu (→ Rn. 16). Unzutreffend ist jedenfalls die in der älteren Lit. vertretene Auffassung, wonach – mangels sinnvoller Unterscheidbarkeit von Nachweis- und Vermittlungstätigkeit – eine Vermittlung durch den Handelsmakler auch dann vorliege, wenn auf Grund des Nachweises der Gelegenheit zum Vertragsschluss es tatsächlich zum Abschluss des Geschäfts komme.[46] Im Übrigen wäre eine bloße Nachweistätigkeit nicht mit den spezifischen Pflichten des Handelsmaklers zu vereinbaren. Denn ebenso wie für die Fertigung der Schlussnote nach § 94 als auch für eine mögliche Haftung gem. § 98 kann nicht genügen, dass der Handelsmakler seinem Auftraggeber gegenüber nur auf den Nachweis der Möglichkeit zum Vertragsschluss beschränkt ist.[47]

27 **2. Abgrenzung zu anderen (handelsrechtlichen) Geschäftsvermittlern.** Näher → Vor § 84 Rn. 1 ff.

---

36 BGH WM 1974, 254; 1976, 534; vgl. auch Heymann/*Herrmann* Vor § 93 Rn. 24; Baumbach/Hopt/*Roth* Rn. 60.

37 OLG Hamm NJW 1966, 887.

38 Heymann/*Herrmann* Vor § 93 Rn. 24 mwN.

39 BGH BB 1969, 850; vgl. auch BGH WM 1970, 1459.

40 BGH NJW 2007, 753; WM 1987, 23; Baumbach/Hopt/*Roth* Rn. 13; zu den Einzelheiten verschiedener Nachweistätigkeiten MüKoBGB/*Roth* BGB § 652 Rn. 95 ff.

41 OLG Hamm BB 1974, 202; OLG Frankfurt MDR 1975, 315; 1976, 664; Heymann/*Herrmann* Rn. 5.

42 BGH NJW 1986, 51; 1990, 2745.

43 S. dazu OLG Nürnberg BB 1960, 112.

44 BGH DB 1967, 1173; KG NJW 1968, 1783; Heymann/*Herrmann* Rn. 5; Baumbach/Hopt/*Roth* Rn. 13; MüKoBGB/*Roth* BGB § 652 Rn. 106 ff.; vgl. auch Staub/*Thiessen* Rn. 33 ff.

45 Heymann/*Herrmann* Rn. 5; Staub/*Thiessen* Rn. 33 ff.

46 So RGRK/*Brüggemann* Anm. 5; *v. Gierke/Sandrock* HandelsR § 29 II 1 b, S. 205; ebenso Schlegelberger/*Schröder* Rn. 6 (d).

47 IErg ebenso Staub/*Thiessen* Rn. 32; vgl. auch Heymann/*Herrmann* Rn. 5.

a) Nachweismakler. Ein Makler, der lediglich die Gelegenheit zum Abschluss eines Geschäfts über Gegenstände des Handelsverkehrs nachweist, ist Zivilmakler iSd § 652 BGB. Die Sonderregeln der §§ 93 ff. sind auf ihn nicht anwendbar. 28

b) Handelsvertreter. Der Handelsvertreter (§§ 84 ff.) ist im Unterschied zum Handelsmakler mit der Vermittlung von Geschäften vertraglich **ständig betraut.** Der Handelsvertreter hat mithin die Pflicht, sich um die Vermittlung und den Abschluss von einer unbestimmten Anzahl von Geschäften zu bemühen.[48] Handelsvertreterrecht ist daher grundsätzlich nicht auf den Handelsmakler anwendbar.[49] Dabei kann der Handelsvertreter zugleich für den jeweiligen Dritten als (echter) Handelsmakler tätig werden.[50] Im Unterschied zum Handelsmakler, dessen Provisionsanspruch schon mit dem Abschluss des vermittelten Vertrags fällig wird (→ Rn. 67 ff.), schuldet der Auftraggeber beim Handelsvertretervertrag die **Provision** erst, sobald und soweit der Unternehmer oder der Dritte das Geschäft ausgeführt hat (§ 87a Abs. 1). Umstritten ist jedoch, ob § 87a Abs. 3 S. 2 ausnahmsweise dann analog anzuwenden ist, wenn der Versicherungsmakler im Einzelfall genauso schutzwürdig ist wie ein Versicherungsvertreter (→ § 87a Rn. 5). Gibt der Handelsvertreter vor, Handelsmakler zu sein, ist wegen eines institutionalisierten Interessenkonflikts ein Maklerlohn nicht geschuldet.[51] 29

Auf der Grundlage dieser **Abgrenzung** bereiten die Fälle Schwierigkeiten, in denen zwar ein Handelsmaklervertrag geschlossen, die **Fälligkeit des Provisionsanspruchs** aber vertraglich von der **Ausführung des vermittelten Geschäfts** abhängig gemacht wurde. Während nämlich der Handelsvertreter bei einer vom Unternehmer verschuldeten Nichtausführung des Geschäfts seinen Provisionsanspruch behält (§ 87a Abs. 3 S. 2), fehlt es an einem vergleichbaren gesetzlichen Schutz für den Handelsmakler. Die ältere Rspr.[52] legte § 87a Abs. 1 und damit eine der Vorschrift entsprechende Geschäftsausführungsregelung im Handelsmaklervertrag als echte Bedingung iSd § 158 Abs. 1 BGB aus. Eine analoge Anwendung des § 87a Abs. 3 S. 2 auf die Maklervertragsregelung war damit mangels Regelungslücke ausgeschlossen. Denn für einen Provisionsanspruch des Handelsmaklers sei bei Nichtausführung des vermittelten Geschäfts die Vorschrift des § 162 Abs. 1 BGB über die treuwidrige Bedingungsvereitlung und ihre strengen Voraussetzungen anzuwenden.[53] 30

In der Rspr. und Lehre[54] wird demgegenüber eine Geschäftsausführungsregelung im Handelsmaklervertrag als **Fälligkeitsabrede** ausgelegt. Eine Provisionszahlungspflicht wird auch bei unterbliebenem Vertragsvollzug dann angenommen, wenn der Auftraggeber zumindest konkludent das Risiko unmöglicher oder unzumutbarer Geschäftsführung übernommen hat.[55] 31

Die Auslegung der Geschäftsausführungsabrede als **aufschiebende Bedingung** iSd § 158 Abs. 1 BGB oder aber als bloße Fälligkeitsvereinbarung hängt vom Willen der Parteien bei Abschluss des Maklervertrags ab. Ist die Entstehung des Maklerlohnanspruchs bereits mit Abschluss des vermittelten Vertrags gewollt, der Auftraggeber zur Zahlung aber erst bei Geschäftsvollzug verpflichtet, muss von einer reinen Fälligkeitsabrede ausgegangen werden. Die Zahlungspflicht tritt bei Nichtausführung des Geschäfts nach Ablauf der Zeit ein, in der die Ausführung zu erwarten war.[56] Demgegenüber ist nach Maßgabe des Parteiwillens 32

---

48 BGH VersR 1984, 534; OLG Düsseldorf ZVertriebsR 2016, 306 Rn. 36; s. auch BGH WM 1982, 272 (273); Heymann/*Herrmann* Vor § 93 Rn. 17, 19; Baumbach/Hopt/*Roth* Rn. 11, 14; Oetker/*Kotzian-Marggraf* Rn. 10; EBJS/*Reiner* Rn. 65.

49 Oetker/*Kotzian-Marggraf* Rn. 10; MüKoBGB/*Roth* BGB § 652 Rn. 19.

50 S. dazu BGHZ 62, 71 (78) = NJW 1974, 852; BGH BB 1972, 11; anders aber wohl BGH NJW 1974, 137.

51 BGH NJW 2012, 1504.

52 BGHZ 2, 281 (283) noch zu § 88 Abs. 2 aF; BGH DB 1960, 1359; BB 1966, 516 f.; WM 1975, 777.

53 BGHZ 2, 281 (283) noch zu § 88 Abs. 2 aF; BGH BB 1966, 516 f.; WM 1975, 777.

54 BGH DB 1980, 2283; Heymann/*Herrmann* Vor § 93 Rn. 19; Staub/*Thiessen* Rn. 81 ff.; diff. BGH WM 1985, 776 f.; Baumbach/Hopt/*Roth* Rn. 37.

55 Vgl. dazu BGH DB 1980, 2283; WM 1985, 776; Heymann/*Herrmann* Vor § 93 Rn. 19.

56 BGH DB 1980, 2283; Baumbach/Hopt/*Roth* Rn. 37; vgl. auch BGH NJW 1966, 1404.

die Auslegung der Maklervertragsklausel aber auch als echte Bedingung möglich, mit der Folge, dass eine Zahlungspflicht nur unter den Voraussetzungen des § 162 BGB besteht.

33 **Im Zweifel** wird man jedoch von einer (für den Makler günstigeren) bloßen Fälligkeitsvereinbarung auszugehen haben. Denn die Geschäftsausführungsregelung als solche ist bereits eine für den Auftraggeber zu seinen Gunsten verschärfte Sonderabrede seiner Zahlungspflicht. Regelmäßig wird der Makler bei einer solchen Vereinbarung zu Mehranstrengungen veranlasst. Er muss nicht nur ein Geschäft als solches vermitteln, sondern den Abschluss so weit vorbereiten, dass ein möglichst durchführungsbereites Geschäft vorliegt. Es wäre daher eine Treu und Glauben widersprechende einseitige Berücksichtigung der Interessen des Auftraggebers, würde der Makler bei jedem Desinteresse seines Vertragspartners am Vollzug des vermittelten abgeschlossenen Geschäfts seinen Provisionsanspruch nicht durchsetzen können. Dies wäre aber bei einer Auslegung der Geschäftsausführungsklausel als aufschiebende Bedingung regelmäßig das praktische Ergebnis, weil der Makler eine Treuwidrigkeit seines Auftraggebers iSd § 162 Abs. 1 BGB zumeist weder darlegen noch beweisen kann.[57]

34 **c) Kommissionär.** Im Vergleich zum Handelsmakler ist der Kommissionär nicht auf eine bloße Vermittlungstätigkeit beschränkt. Er übernimmt es vielmehr gewerbsmäßig, Waren oder Wertpapiere für Rechnung eines anderen (des Kommittenten) im **eigenen Namen** zu kaufen oder zu verkaufen (§ 383), dh das in Auftrag gegebene Geschäft in eigenem Namen abzuschließen.[58] Der Kommissionsvertrag, dh der Vertrag zwischen dem Kommissionär und dem Kommittenten, ist regelmäßig ein Dienstvertrag, der eine entgeltliche Geschäftsbesorgung zum Gegenstand hat (§ 675 BGB), gelegentlich auch ein Werkvertrag.[59]

35 Hingegen schließt der nur zur Vermittlung beauftragte Handelsmakler das Geschäft nur **in Ausnahmefällen selbst** ab. Voraussetzung ist, dass ihm neben dem eigentlichen Handelsmaklervertrag eine Abschlussvollmacht erteilt ist. Solche Mischformen kommen in der Praxis vornehmlich beim Schiffsmakler vor, der Dokumente in Vertretung des Reeders ausstellt und zeichnet, Schiffsfrachtverträge im Namen des Schifffahrtsunternehmers schließt usw.[60]

36 **d) Maklerdienst- und Maklerwerkvertrag.** Auch der Handelsmaklervertrag kann als Dienstvertrag oder Werkvertrag ausgestaltet sein. Dies ist eine Frage der Auslegung der jeweiligen Vertragsvereinbarung mit dem Auftraggeber. Hat sich der Handelsmakler vertraglich verpflichtet, einen **Vermittlungserfolg** herbeizuführen, findet auf diesen Vertrag **Werkvertrags- und Geschäftsbesorgungsrecht** Anwendung (§§ 631 ff., 675, 662 ff. BGB).[61] Die speziellen Vorschriften der §§ 93 ff. sowie das allgemeine Maklerrecht (§§ 652, 654 BGB) kommen daneben nur ergänzend zur Anwendung.[62] Dem Auftraggeber bleibt aber auch hier die Entscheidungsfreiheit, ob er den Vertrag mit dem vermittelten Dritten abschließen will.[63] Der Handelsmakler ist auf Grund des Maklervertrags zum Tätigwerden nicht verpflichtet. Wird aber eine **Tätigkeitspflicht ohne Erfolgseintritt** vereinbart, liegt regelmäßig ein **Dienstvertrag** vor, auf den die §§ 611 ff. BGB und nur ergänzend das Maklerrecht gem. §§ 93 ff. und §§ 652 ff. BGB anzuwenden sind.[64] Ein solcher Maklerdienstvertrag ist regelmäßig beim sog Alleinauftrag (Festofferte) gegeben (→ Rn. 22 f.).[65]

57 IErg ebenso Staub/*Thiessen* Rn. 84; diff. hingegen Baumbach/Hopt/*Roth* Rn. 37.

58 Zur Abgrenzung des Versteigerers als Handelsmakler einerseits oder Kommissionär andererseits vgl. *v. Hoyningen-Huene* NJW 1973, 1473 (1475).

59 Baumbach/Hopt/*Hopt* § 383 Rn. 6; EBJS/*Reiner* Rn. 68.

60 Vgl. Staub/*Thiessen* Vor § 93 Rn. 12 Fn. 49.

61 BGH WM 1971, 966 f.; NJW 1988, 967 (968); Oetker/*Kotzian-Marggraf* Rn. 5; ausf. Röhricht/Graf v. Westphalen/Haas/*Röhricht/Mock* Vor § 93 Rn. 12 ff.

62 BGH NJW 1988, 967 (969); Heymann/*Herrmann* Vor § 93 Rn. 18; Baumbach/Hopt/*Roth* Rn. 9 f.

63 BGH NJW 1966, 1404 (1405); Heymann/*Herrmann* Vor § 93 Rn. 18; Baumbach/Hopt/*Roth* Rn. 10.

64 BGHZ 87, 309 (312); Heymann/*Herrmann* Vor § 93 Rn. 21; Baumbach/Hopt/*Roth* Rn. 9; Oetker/*Kotzian-Marggraf* Rn. 5.

65 Vgl. Heymann/*Herrmann* Vor § 93 Rn. 21.

3. Vertragsgegenstand. a) Gegenstände des Handelsverkehrs. Handelsmakler kann nur derjenige sein, der Verträge über Gegenstände des Handelsverkehrs vermittelt. Diese Beschränkung des Vermittlungsgegenstandes steht (neben der Notwendigkeit einer Vermittlungstätigkeit) bei der Abgrenzung zum Zivilmakler im Vordergrund. Gegenstände des Handelsverkehrs sind nicht nur Sachen (körperliche Gegenstände, § 90 BGB), sondern alle **Vermögensobjekte,** die einen **Handelswert** darstellen[66] und die durch die Möglichkeit leichten Umschlags gekennzeichnet sind. Es kommt dabei nur auf den Geschäftsgegenstand an, nicht darauf, ob die Parteien des vermittelten Geschäfts Kaufleute im handelsrechtlichen Sinne sind. 37

Das Gesetz zählt selbst in § 93 Abs. 1 beispielhaft einige konkrete Gegenstände des Handelsverkehrs auf: **Waren** oder **Wertpapiere,** deren Anschaffung oder Veräußerung vermittelt wird, **Versicherungen, Güterbeförderungen** und **Schiffsmiete.** Darüber hinaus sind zu den „sonstigen Gegenständen des Handelsverkehrs" zu rechnen: gewerbliche Schutzrechte, Patente, Filmaufführungslizenzen, Beteiligungen an Publikumsgesellschaften[67] (nicht dagegen ganze Unternehmen), Bankkredite[68] und sonstige Bankgeschäfte, soweit sie nicht dingliche Sicherungsrechte (zB Hypothekengeschäfte) oder Immobilien zum Gegenstand haben (Abs. 2).[69] 38

b) Ausgeschlossene Vertragsgegenstände. Abs. 2 schließt Vermittlungsobjekte, die (üblicherweise) nicht Gegenstände des Handelsverkehrs sind, vom Anwendungsbereich der §§ 93 ff. aus. Die Rechtsfolge des Abs. 2 ist auf den ersten Blick verwirrend; denn sie besagt im Ergebnis, dass unter den genannten Voraussetzungen auf den Handelsmakler die Vorschriften des Handelsmaklerrechts nicht anwendbar seien. Der Gedanke des Gesetzgebers ist jedoch, dass derjenige Makler, welcher Verträge über gem. Abs. 2 ausgeschlossene Vertragsgegenstände vermittelt, in diesen Fällen kein Handelsmakler, sondern Zivilmakler ist; für diesen gelten daher die besonderen Vorschriften der §§ 93 ff. nicht, sondern ausschließlich die Regeln der §§ 652 ff. BGB. Daneben können aber auch in diesen Fällen die allgemeinen Vorschriften des HGB gelten, wenn der Makler Kaufmann ist (→ Rn. 44) und es sich nach § 344 im Zweifel um Handelsgeschäfte handelt. 39

Neben den ausdrücklich genannten **Immobilien** (betroffen sind sowohl die Veräußerung als auch die Belastung von Grundstücken, denen das Wohnungseigentum gleichsteht), zählen hierzu – im Unterschied zu den Wertpapieren (vgl. Abs. 1) – zB ganze **Unternehmen,**[70] weil mit ihnen nicht „gehandelt" wird.[71] Gleiches gilt – außerhalb ihrer wertpapiermäßigen Verbriefung – für Anteile an Unternehmen; insbesondere **Beteiligungen an Personengesellschaften** sind grundsätzlich nicht übertragbar (§ 719 BGB) und die Übertragbarkeit von Geschäftsanteilen einer GmbH ist meist durch Gesellschaftsvertrag beschränkt (§ 15 Abs. 5 GmbHG).[72] Obgleich nicht börsenfähig, dürfte hingegen die Vermittlung von Kommanditbeteiligungen an sog. Publikumsgesellschaften in der Praxis so zugenommen haben, dass von einer Umschlagsfähigkeit im Sinne eines Handelsgegenstandes gesprochen werden kann.[73] Die Vermittler solcher Beteiligungen, die sog Emissionsgehilfen, sind daher regelmäßig Handelsmakler.[74] Nicht unter Abs. 2 fallen hingegen Schiffe und Luftfahrzeuge jeder Art, sofern sie Gegenstände des Handelsverkehrs sind. Obwohl diese nach dem SchiffRG bzw. LuftRG teilweise ähnlich wie Grundstücke behandelt werden, handelt es sich demnach grundsätzlich um bewegliche Sachen.[75] 40

---

66 Heymann/*Herrmann* Rn. 1; Oetker/*Kotzian-Marggraf* Rn. 2; Staub/*Thiessen* Rn. 39, 51 ff.

67 Vgl. hierzu OLG Frankfurt WM 1979, 1393 (1396); *v. Grießenbeck* BB 1988, 2188 (2190) (Emissionsgehilfe als Handelsmakler, Haftung gem. § 98); diff. *Lutter* FS Bärmann, 1975, 605 (613 f.) (Emissionsgehilfe); offengelassen von BGH WM 1984, 667 (668).

68 OLG München NJW 1970, 1924 (1925); vgl. dazu auch RGZ 76, 250 (252).

69 Vgl. Heymann/*Herrmann* Rn. 1; Oetker/*Kotzian-Marggraf* Rn. 2; Staub/*Thiessen* Rn. 51 ff.

70 Heymann/*Herrmann* Rn. 2; Baumbach/Hopt/*Roth* Rn. 12; *K. Schmidt* HandelsR § 26 I Rn. 4.

71 *Lutter* FS Bärmann, 1975, 605 (613).

72 *Lutter* FS Bärmann, 1975, 605 (613); vgl. auch Heymann/*Herrmann* Rn. 2.

73 Vgl. OLG Frankfurt WM 1979, 1393; ausdrücklich offengelassen von BGH WM 1984, 667.

74 Heymann/*Herrmann* Rn. 2; *Lutter* FS Bärmann, 1975, 605 (614).

75 Palandt/*Ellenberger* BGB Vor § 90 Rn. 3; zum Schiffsmakler → Rn. 10.

41 Ausgeschlossen als Vermittlungsgegenstand eines Handelsmaklervertrags sind auch **Dienstverhältnisse.** Zwar ist seit dem 1.1.1994 die Vermittlung von Arbeitsverhältnissen auch privaten Vermittlern, die eine Erlaubnis dazu erhalten haben, möglich. Auch Berufsausbildungsverhältnisse dürfen seit 1998 mit Erlaubnis vermittelt werden. 2002 wurde der Erlaubnisvorbehalt für beide Formen der Vermittlung aufgehoben; eine Regelung zum Vermittlungsvertrag findet sich in § 296 SGB III (früher AFG). Aber selbst bei gewerblicher Arbeitsvermittlung nur für Unternehmen sind solche Personen keine Handelsmakler, weil Dienst- und insbesondere Arbeitsleistungen keine Gegenstände des Handelsverkehrs iSd § 93 Abs. 1 darstellen.[76] Vielmehr handelt es sich bei privaten Arbeitsvermittlern um Zivilmakler iSd §§ 652 ff. BGB, für die insbesondere die lange Zeit ohne konkreten Anwendungsbereich gebliebene Norm des § 655 BGB neue Bedeutung gewinnen kann. Aus dem gleichen Grund scheidet auch die Vermittlung von **Werkverträgen** oder **Dienstverträgen** über **freie Mitarbeiter** als Gegenstand des Handelsverkehrs aus. Auch Vermittler von **Artistenanstellungen**[77] sind ebenso Zivilmakler wie **Theater-** oder **Konzertagenten.**[78]

42 **c) Gemischter Vertragsgegenstand.** Vermittelt der Makler gemischte Verträge, dh solche sowohl über Gegenstände des Handelsverkehrs als auch über andere Gegenstände (zB über ein Grundstück mit darauf befindlichen Waren), ist für die Anwendung des maßgeblichen Rechts nach dem Geschäftsgegenstand zu differenzieren. Darin besteht ein Unterschied zum Kommissionsvertrag, bei dem auch für gemischte Geschäfte gem. § 406 Abs. 1 S. 1 generell das Recht des Kommissionärs (§§ 398 ff.) anzuwenden ist. Die §§ 93 ff. gelten demgegenüber nur für denjenigen Vertragsteil, der die Vermittlung eines Gegenstandes des Handelsverkehrs beinhaltet. So wäre im obigen Beispiel nur hinsichtlich der Waren, nicht jedoch des Grundstücks eine Schlussnote nach § 94 zu erteilen. Für die übrigen Vermittlungsgegenstände gilt hingegen ausschließlich das Recht des Zivilmaklers, unabhängig davon, ob die Beteiligten die Kaufmannseigenschaft besitzen.[79] Denn für die Zuordnung als Handelsmaklervertrag kommt es allein auf den Geschäftsgegenstand an (→ Rn. 37 ff.). Gleichwohl können für solche dem Zivilmaklerrecht unterliegenden Vermittlungsverträge die sonstigen handelsrechtlichen Regeln (außerhalb der §§ 93–104) anwendbar sein; denn im Zweifel ist die Zivilmaklertätigkeit des Handelsmaklers nach der Vermutung des § 344 Abs. 1 zum Betrieb des Handelsgewerbes iSd § 1 Abs. 2 zu rechnen.[80]

43 **4. Gewerbsmäßigkeit.** Der Handelsmakler muss die Vermittlung von Verträgen gewerbsmäßig übernehmen. Durch dieses Merkmal findet eine Abgrenzung zum Gelegenheitsmakler statt, auf den – als Zivilmakler – Handelsmaklerrecht unanwendbar ist. Für solche **Gelegenheitsvermittlungen** gelten ausschließlich die §§ 652 ff. BGB. Auch hier zeigt sich ein wesentlicher Unterschied zum Kommissionsrecht. Denn auf den **Gelegenheitskommissionär** sind im vollem Umfang die speziellen Vorschriften der §§ 383 ff. anwendbar (§ 406 Abs. 1 S. 2).

44 **a) Begriff.** Gewerbsmäßigkeit iSd § 93 liegt bei einem **auf Dauer** angelegten selbständigen Tätigwerden vor, das zum Zwecke der **Gewinnerzielung** betrieben wird (zum Begriff vgl. näher § 1). Dieses Merkmal der Gewerbsmäßigkeit kennzeichnet die Kaufmannseigenschaft des Handelsmaklers; er ist jedoch nicht automatisch immer Kaufmann (wie bis 1998 gem. § 1 Abs. 2 Nr. 7 aF). Unter den Voraussetzungen des § 1 Abs. 2 ist der Handelsmakler Istkaufmann, ansonsten erhält er die Kaufmannseigenschaft wie ein Zivilmakler nur durch Eintragung (§ 2).[81] Gem. Abs. 3 (neu eingefügt 1998) bleiben die §§ 93 ff.

[76] So auch *Rieble* DB 1994, 1776.
[77] Zu dieser Frage bei „Arbeitsvermittlung" durch Künstlerkataloge s. *v. Hoyningen-Huene* Anm. zu BSG SGb 1989, 311 (314 f.).
[78] S. auch Staub/*Brüggemann,* 4. Aufl. 1995 (2. EL 1982), Rn. 5.
[79] Vgl. Heymann/*Herrmann* Rn. 3.
[80] Heymann/*Herrmann* Rn. 3; Staub/*Thiessen* Rn. 61 ff.
[81] Baumbach/Hopt/*Roth* Rn. 15.

für den Handelsmakler auch dann anwendbar, wenn sein Unternehmen nach Art und Umfang keinen in kaufmännischer Weise eingerichteten Geschäftsbetrieb erfordert.

b) Gewerbliche Erlaubnis. Die Gewerbsmäßigkeit der Handelsmaklertätigkeit beurteilt sich also allein nach den tatsächlichen Umständen. Deshalb kommt es für die Kaufmannseigenschaft (§ 7) auf das Vorliegen einer gewerblichen Erlaubnis nicht an.[82] Eine für die konkrete Vermittlungstätigkeit nach § 34c GewO (oder § 34d GewO) erforderliche, aber fehlende Gewerbeerlaubnis lässt auch die Wirksamkeit des konkreten Maklervertrags unberührt, da kein Fall des § 134 BGB vorliegt.[83] 45

c) Standesrecht und Gewerbetätigkeit. Gleichermaßen bleiben auch standesrechtliche Schranken grundsätzlich ohne Einfluss auf die Wirksamkeit des Maklervertrags,[84] schließen aber eine gewerbsmäßige Tätigkeit aus. So dürfen Steuerberater[85] und Rechtsanwälte[86] das Maklergewerbe nicht betreiben;[87] hiervon unberührt bleibt aber die gelegentliche Vermittlung von Finanzierungsgeschäften im Rahmen ihrer rechts- oder steuerberatenden Tätigkeit.[88] Auf solche Gelegenheitsmaklertätigkeiten ist jedoch ausschließlich Zivilmaklerrecht (§§ 652 ff. BGB), nicht aber das Sonderrecht der §§ 93 ff. anzuwenden (→ Rn. 43). 46

5. Fehlen einer Dauerbeauftragung. Der Handelsmakler darf vom Auftraggeber nicht ständig mit der Geschäftsvermittlung betraut sein. Ist er das, schuldet er also, sich um die Vermittlung oder den Abschluss einer unbestimmten Anzahl von Geschäften zu bemühen, so ist er nicht Handelsmakler, sondern Handelsvertreter (→ Rn. 29 ff.). Das Merkmal einer fehlenden Dauerbeauftragung bedeutet daher keine Abgrenzung des Handelsmaklers vom Zivilmakler. 47

6. Vermittlung für andere Personen. a) Allgemeines. Der Handelsmakler muss die Geschäftsvermittlung für andere Personen vornehmen. Der Wortlaut des § 93 schließt eine Betätigung für **beide** Parteien des vermittelten Handelsgeschäfts nicht aus. Darin kann ein wesentlicher Unterschied zum Zivilmakler bestehen. 48

Der Zivilmakler verliert gem. § 654 BGB seinen Provisionsanspruch, wenn er dem Inhalt des Vertrags zuwider auch für den anderen Vertragspartner tätig geworden ist. Nach dem Inhalt des Vertrags muss eine **unparteiliche Interessenwahrnehmung** für beide Seiten durchführbar sein.[89] Im Zweifel ist für den Zivilmakler daher eine **Doppeltätigkeit** ausgeschlossen.[90] In der Regel wird dem Zivilmakler angesichts der typischen Vertragsgegenstände, auf die sich in der Praxis seine Vermittlungstätigkeit bezieht, eine für beide Seiten loyale, unparteiische Pflichterfüllung nur selten möglich sein. Dies gilt insbesondere für die Aushandlung des Preises des Geschäftsgegenstandes. Die Verhandlungstätigkeit kann hier nicht für beide Vertragsparteien gleichermaßen interessengerecht sein. So möchte zB der Verkäufer eines Grundstücks einen möglichst hohen Kaufpreis erzielen, der Käufer hingegen strebt nach einer Kaufpreisminimierung. Anderes gilt jedoch für den Handelsmakler. 49

b) Maklerdoppeltätigkeit. Die Vermittlungstätigkeit des Handelsmaklers beschränkt sich auf Gegenstände des Handelsverkehrs (→ Rn. 37 ff.). Solche haben typischerweise einen bestimmten, vielfach börsenmäßig festgelegten Marktpreis, der für beide Seiten des Geschäfts eine kontrollierbare Verhandlungsbasis bildet. Diese Basis ermöglicht es dem Han- 50

---

82 Heymann/*Herrmann* Rn. 4; EBJS/*Reiner* Rn. 64; Staub/*Thiessen* Rn. 8.

83 BGHZ 78, 269 (271); vgl. auch Heymann/*Herrmann* Rn. 4; Baumbach/Hopt/*Roth* Rn. 3.

84 BGH NJW 2000, 3067 f.; EBJS/*Reiner* Rn. 64, 74, der aber zumindest die Wirksamkeit an §§ 134, 138 BGB messen will; anders bei rechtswidriger, unter Umgehung des Standesrechts erfolgter Provisionsvereinbarung, BGHZ 95, 81 (85).

85 BGHZ 78, 263 (264).

86 BGH NJW 2000, 3067 f.

87 BGH BB 1976, 1102; dazu auch Heymann/*Herrmann* Rn. 4; Baumbach/Hopt/*Roth* Rn. 3.

88 BGHZ 95, 81 (85).

89 Vgl. iE MüKoBGB/*Roth* BGB § 654 Rn. 11 ff. mwN.

90 Vgl. auch Staub/*Thiessen* Rn. 157; MüKoBGB/*Roth* BGB § 654 Rn. 7 ff. (ausdrückliche Gestattung erforderlich) mN zum Meinungsstand.

delsmakler, grundsätzlich für beide Parteien des vermittelten Vertrags tätig zu werden, ohne seine Neutralitäts- und Loyalitätspflichten zu verletzen. Er ist als objektiver und unparteiischer Geschäftsvermittler „Schlichter zwischen den widerstreitenden Parteien“[91] bzw. **„getreuer Sachwalter der Parteien“.**[92] Im Unterschied zum Zivilmakler ist der Handelsmakler daher im Regelfall zu einer Doppeltätigkeit für beide Parteien berechtigt.[93] Mangels einer Treuwidrigkeit verliert der Handelsmakler daher üblicherweise im Falle der Doppeltätigkeit nicht nach § 654 BGB seinen Provisionsanspruch. Zu den sog Verflechtungsfällen → Rn. 52 f.

51 Die Annahme einer Doppeltätigkeit des Handelsmaklers als Umkehrung des Regel-/Ausnahmeverhältnisses wird durch die speziellen Vorschriften des Handelsmaklerrechts bestätigt. Gem. § 94 ist der Handelsmakler verpflichtet, **beiden Parteien** eine **Schlussnote** zu erstellen; er schuldet beiden Parteien die **Aufbewahrung von Proben** (§ 96); für Schäden, die auf seinem Verschulden beruhen, **haftet** der Handelsmakler beiden Parteien gegenüber (§ 98) und er muss beiden Parteien auf Verlangen **Auszüge aus dem Tagebuch** zur Verfügung stellen. Insbesondere die Regelung des § 99 geht offenbar von der grundsätzlichen Zulässigkeit der Doppelmaklertätigkeit aus. Nur so erklärt sich, weshalb der Makler – mangels anderweitiger Vereinbarung – von beiden Parteien die **Hälfte des Maklerlohns** verlangen kann.

52 **c) Verflechtungsfälle.** Eine Maklertätigkeit im eigentlichen Sinne liegt nicht vor, wenn auf Seiten des Gegenkontrahenten nicht ein bislang unbeteiligter Dritter, sondern eine **mit dem Makler** familiär,[94] gesellschaftsrechtlich[95] oder wirtschaftlich **eng verbundene natürliche oder juristische Person** steht. In diesen sog Verflechtungsfällen[96] kommt dem Makler wegen eines Interessenkonflikts keine wirtschaftlich neutrale Stellung zu, weshalb er mangels einer echten Vermittlungstätigkeit keinen Maklerlohn verdient. Ob eine wirtschaftliche Verflechtung zwischen Makler und Vertragspartner vorliegt, hängt nicht von den formellen gesellschaftsrechtlichen Gestaltungen, sondern von den tatsächlichen wirtschaftlichen Bindungen ab.[97] Bereits die Gefahr einer Interessenkollision steht dem Maklerlohn entgegen; auf deren tatsächliche Realisierung im Einzelfall kommt es nicht an.[98]

53 Der Verlust des Lohnanspruchs tritt selbst dann ein, wenn der Handelsmakler seinem Auftraggeber die **Umstände der Verflechtung** mit dem Gegenkontrahenten **bekannt** gibt.[99] Das muss insbesondere für den Handelsmakler[100] und seine (gesamtwirtschaftliche) Funktion hervorgehoben werden, aus der sich seine praktische Bedeutung ableitet. Seine neutrale Sachwalterstellung hat den Zweck, für eine größere Markttransparenz zu sorgen. Der Auftraggeber schaltet den Handelsmakler unter Ausnutzung von dessen besonderer Marktkenntnis gerade zur Transparenzverbesserung ein. Hierfür muss der Auftraggeber eine neutrale Interessenvertretung erwarten können. Diese ist zweifelhaft und lässt deshalb eine verlässliche Einschätzung der Vermittlungsangebote auch dann nicht zu, wenn der Auftraggeber die Gründe der Verflechtung des Handelsmaklers mit dem vorgeschlagenen Gegenkontrahenten kennt.[101]

---

91 BGHZ 48, 344 (350); Oetker/*Kotzian-Marggraf* Rn. 7.
92 OLG München NJW 1970, 1925.
93 OLG Hamburg OLGE 14, 348; vgl. auch Heymann/*Herrmann* Vor § 93 Rn. 44; Oetker/*Kotzian-Marggraf* Rn. 7; EBJS/*Reiner* Rn. 29, 38; eine Doppeltätigkeit des Versicherungsmaklers entspricht dagegen nicht dem gesetzlichen Leitbild nach § 59 Abs. 3 VVG, BGH NJW-RR 2016, 1056 Rn. 17.
94 BGH NJW 1987, 1008.
95 BGH NJW 1998, 1552 f.
96 MüKoBGB/*Roth* BGB § 652 Rn. 118 ff.; Oetker/*Kotzian-Marggraf* Rn. 33 f.; zu Verflechtungsfällen auf Seiten des Auftraggebers → Rn. 72.
97 Röhricht/Graf v. Westphalen/Haas/Röhricht/*Mock* Vor § 93 Rn. 55; Einzelfälle vgl. bei Palandt/*Sprau* BGB § 652 Rn. 29.
98 MüKoBGB/*Roth* BGB § 652 Rn. 119.
99 Heymann/*Herrmann* Vor § 93 Rn. 50; aA aber *Wank* NJW 1979, 190 (192); EBJS/*Reiner* Rn. 16.
100 Anders aber iErg für den Zivilmakler BVerfG NJW 1988, 2663; BGH NJW 1987, 1008; WM 1983, 42 (43); 1985, 946 (948).
101 Vgl. auch Heymann/*Herrmann* Vor § 93 Rn. 50.

V. Pflichten des Handelsmaklers

1. Allgemeine Pflichten. a) Genereller Maßstab. Für den generellen Maßstab der Pflichten des Handelsmaklers ist daran anzuknüpfen, dass dieser regelmäßig ein Handelsgewerbe iSd § 1 Abs. 2 betreibt und daher im Unterschied zum Zivilmakler Kaufmann ist. Er hat deshalb seine Vermittlungsgeschäfte mit der **Sorgfalt eines ordentlichen Kaufmanns** zu verrichten (§ 347) und dabei auf die im **Handelsverkehr geltenden Gewohnheiten und Gebräuche** Rücksicht zu nehmen (§ 346). 54

Was jeweils zum Handelsbrauch zählt, bestimmt sich nach der Art des zu vermittelnden Handelsgegenstandes sowie nach dem Niederlassungsort des Handelsmaklers. So haben zB die **Branchenverbände der Hansestädte** im Interesse der Klarheit und Publizität der Geschäftsbeziehungen für den **Importhandel** Geschäftsbedingungen entwickelt, ohne die der Massenumsatz im Einfuhrhandel nicht mehr denkbar ist. Diese Geschäftsbedingungen sind zwar nicht als allgemeinverbindliche Handelsbräuche anerkannt, wohl aber als Handelssitte und **Handelsgewohnheit.** Als echte **Handelsbräuche** gelten hingegen zB die zum **Hamburger Platzgeschäft** mit Gewürzen, getrockneten Früchten und Schalenobst geschaffenen Warenvereinsbedingungen, die zwischen Mitgliedsfirmen des Warenvereins der Hamburger Börse eV entwickelt worden sind. 55

b) Keine Tätigkeitspflicht. Den Handelsmakler trifft auf Grund des abgeschlossenen Handelsmaklervertrags keine Pflicht zum Tätigwerden.[102] Erst recht ist er nicht zur Herbeiführung eines Abschlusserfolgs verpflichtet. Diese Freiheit von einer **Hauptleistungspflicht**[103] fördert seine Unabhängigkeit und Flexibilität und erleichtert ihm, seiner Funktion gerecht zu werden und für die im Wettbewerb benötigte Markttransparenz zu sorgen.[104] Keineswegs ausgeschlossen ist – wenn nötig – eine stärkere Pflichtenbindung durch Parteivereinbarung. In Betracht kommen der Abschluss eines **Alleinauftrags** (→ Rn. 22 f.) oder – anstelle des reinen Handelsmaklervertrags – ein Makler**dienst**- bzw. Makler**werk**vertrag (→ Rn. 36). Für die letzten beiden Vertragsvarianten kommen die Regeln der §§ 93 ff. aber nur ergänzend zur Anwendung. 56

Anders ist die Rechtslage beim **Versicherungsmakler:** Der Versicherungsmakler ist gegenüber dem Versicherungsnehmer regelmäßig aufgrund des Geschäftsbesorgungsvertrags zur Tätigkeit – Abschluss des gewünschten Versicherungsvertrages – verpflichtet.[105] Dabei treffen ihn umfassende Pflichten in der laufenden Betreuung seines Kunden, wie die Einschätzung des Risikos, Prüfung des Objekts, den Versicherungsnehmer ungefragt über die für ihn wichtige Zwischen- und Endergebnisse seiner Bemühungen zu unterrichten.[106] Aufgrund dieser umfangreichen Pflichten wird der Versicherungsmakler auch als treuhandähnlicher Sachwalter für den Bereich der Versicherungsverhältnisse des von ihm betreuten Versicherungsnehmers bezeichnet.[107] 57

c) Beratungs-, Aufklärungs- und Informationspflichten. Der Handelsmakler hat bei der Ausführung der Geschäftsvermittlung eine Reihe von **Nebenpflichten** zu erfüllen, die ganz allgemein durch die Sorgfalt im Handelsverkehr (§ 347) geprägt sind. Dieser Maßstab bildet ein zusätzliches Abgrenzungskriterium des Handelsmaklers vom Zivilmakler. Eine wichtige **Beratungspflicht** ist die Pflicht zur Rechtsberatung.[108] Die Vermittlungstätigkeit des Handelsmaklers ist regelmäßig mit dem Vollzug rechtlicher Fragen verbunden. Der Handelsmakler darf seinen Auftraggeber **rechtlich** beraten, Vertragstexte entwerfen[109] und Rechtsangelegenheiten erledigen, die mit dem Handelsmaklergeschäft im Zusammenhang stehen (vgl. § 5 Abs. 1 RDG). Dies gilt grundsätzlich auch für schwierige Rechtsfra- 58

[102] Anders beim Alleinauftrag, BGHZ 60, 381; BGH NJW 1985, 2478; → Rn. 22.
[103] Vgl. auch Heymann/*Herrmann* Rn. 8; Baumbach/Hopt/*Roth* Rn. 23; Staub/*Thiessen* Rn. 70.
[104] Vgl. Heymann/*Herrmann* Rn. 8.
[105] BGH NJW 1985, 2595.
[106] BGH NJW 1985, 2595; *Werber* VersR 1996, 917.
[107] BGH NJW 1985, 2595.
[108] Zur Pflicht des Zivilmaklers, rechtlich bzw. steuerrechtlich zu beraten BGH VersR 2019, 813 Rn. 13 f.
[109] BGH NJW 1974, 1328.

gen,[110] obgleich hier die allgemeine Sorgfaltspflicht unter Umständen gebietet, dass der Handelsmakler kompetenten Rechtsrat einholt.[111] Außerdem muss er den Auftraggeber dann, wenn dieser hinsichtlich vertragsrelevanter Umstände erkennbar rechtlicher Belehrung bedarf, anraten, insoweit fachmännischen Rat einzuholen.[112] Die Schadensregulierung im Auftrag des Versicherers gehört indes – jedenfalls im Bereich der Textilhaftpflichtversicherung – nicht als Nebenleistung zum Berufs- oder Tätigkeitsbild eines Versicherungsmaklers.[113]

59 Von der Beratungspflicht, die eine eigene (sachliche) Stellungnahme des Maklers erfordert, sind die reinen **Aufklärungs- und Informationspflichten** zu unterscheiden. Zur Erfüllung dieser Nebenpflichten trifft den Handelsmakler nach allgemeiner Meinung aber keine Erkundungs- oder Nachprüfungspflicht.[114] Vielmehr schuldet der Makler nur Aufklärung über Umstände, die ihm bekannt sind; auch ist eine offenbare Aufklärungsbedürftigkeit des Auftraggebers erforderlich.[115] Die Aufklärungs- und Informationspflicht des Handelsmaklers erfasst die Pflicht zur **Wahrheit, Vollständigkeit, Klarheit** und zur **Berichtigung** unrichtiger Angaben.[116] Die Einzelheiten ergeben sich wiederum aus den allgemeinen Sorgfaltspflichten im Handelsverkehr (vgl. § 347) sowie aus der speziellen Funktion des jeweiligen Handelsmaklers.

60 Der **Finanzmakler** (→ Rn. 11) muss zB die auftraggebende Bank auf Finanzierungsgefahren oder alternative Kreditverwendungsmöglichkeiten hinweisen;[117] auch schuldet er Angaben über unrichtige Finanzierungsberechnungen, die für ihn auf Grund seiner besonderen Fachkunde erkennbar sind.[118] Zwischen **Anlagevermittler** und Interessenten besteht in der Regel ein Auskunftsvertrag, der den Vermittler zur Richtigstellung fehlerhafter Prospektangaben verpflichtet.[119] Allgemein ist der Makler zur Weitergabe von Informationen verpflichtet, die er auf Grund von Behördenauskünften erhalten hat.[120]

61 **d) Verschwiegenheitspflicht.**[121] Aus der allgemeinen Interessenwahrungs- und Treuepflicht folgt die Verschwiegenheitspflicht des Handelsmaklers. Er darf sich über den Auftraggeber betreffende, erkennbar geheimhaltungsbedürftige Umstände nicht Dritten, insbesondere dem Gegenkontrahenten gegenüber offenbaren. Dies gilt insbesondere für ungünstige Umstände, soweit seine Stellung als neutraler Sachwalter nicht ausnahmsweise eine Bekanntgabe erfordert oder wegen einer zulässigen Doppeltätigkeit (→ Rn. 50 f.) geboten ist.

62 **2. Spezielle Pflichten (§§ 94 ff.).** Den Handelsmakler treffen im Unterschied zum Zivilmakler die speziellen Pflichten der §§ 94 ff. Dazu gehören: Die Pflicht zur Fertigung und Zustellung der Schlussnote (§ 94); die Pflicht zur Aufbewahrung von Proben (§ 96) und die Pflicht zur Führung und Vorlage eines Tagebuchs (§§ 100 f.).

63 **3. Adressatenkreis.** Der Handelsmakler schuldet die Erfüllung vorgenannter Pflichten nicht nur dem **Auftraggeber,** sondern auch dem **Dritten** gegenüber. Im Unterschied zum

[110] Vgl. BGH NJW 1981, 2685 (2686).
[111] Vgl. BGH DB 1974, 1477; s. auch Heymann/*Herrmann* Rn. 10; Baumbach/Hopt/*Roth* Rn. 29.
[112] BGH NJW 2019, 1223 Rn. 14 (zum Zivilmakler).
[113] BGH NJW-RR 2016, 1056 Rn. 11 ff.; BeckRS 2016, 109935; *Armbrüster* ZIP 2017, 1.
[114] BGHZ 36, 323 (328) = NJW 1962, 734; BGH WM 1970, 1270 (1271); Heymann/*Herrmann* Rn. 11; Baumbach/Hopt/*Roth* Rn. 27; vgl. auch MüKoBGB/*Roth* BGB § 652 Rn. 258 mwN; einschr. aber BGH DB 1956, 794; NJW 1982, 1147 (bei besonderer Zusicherung oder Übernahme einer Auskunftspflicht).
[115] BGH NJW 1981, 2685.
[116] BGH NJW 2000, 3642; vgl. Baumbach/Hopt/*Roth* Rn. 27 sowie § 347 Rn. 23 ff.; OLG Düsseldorf VersR 2019, 758 (Haftung des Versicherungsmaklers für falsche Aussage über den Umfang des Versicherungsschutzes).
[117] BGH WM 1970, 1270 (1271).
[118] OLG Köln MDR 1972, 326 f.
[119] BGH NJW 1998, 448.
[120] BGH NJW 1982, 1147.
[121] S. hierzu auch Heymann/*Herrmann* Rn. 15; Baumbach/Hopt/*Roth* Rn. 25.

Zivilmakler wird somit beim Handelsmaklervertrag zum Gegenkontrahenten kraft Gesetzes ein vertragliches Schutz- und Nebenpflichtverhältnis begründet, das dem Vertrauensschutz des Dritten dient.[122] So ist der Handelsmakler zB beiden Parteien zur Verschwiegenheit verpflichtet und hat beide über wesentliche Punkte aufzuklären, die für ihre Willensbildung und -entschließung erheblich sind.[123]

4. Rechtsfolgen bei Pflichtverletzung. Verletzt der Handelsmakler Nebenpflichten aus dem Maklervertrag, kann dieser beiden Parteien gegenüber gem. § 98 haften. In Betracht kommt aber auch eine Schadensersatzhaftung gem. § 280 BGB, wenn der Handelsmakler mindestens leicht fahrlässig (§ 347)[124] gehandelt hat. Hat zB ein Makler eine verkehrswesentliche Eigenschaft des Geschäftsgegenstandes schuldhaft verschwiegen und hätte der Vertragspartner bei Kenntnis des wirklichen Sachverhalts den Vertrag nicht abgeschlossen, so haftet der Makler aus § 280 BGB auf Schadensersatz.[125] 64

Für beide Haftungsmöglichkeiten greifen daneben die allgemeinen Regeln ein. Dies gilt sowohl für die Haftung für **Hilfspersonen** gem. §§ 278, 831 BGB[126] als auch für die Anwendung der Mitverschuldensregeln gem. § 254 BGB.[127] 65

Schadensersatzansprüche gegen den Makler **verjähren** in drei Jahren (§ 195 BGB). § 88 wurde am 14.12.2004 durch das Gesetz zur Anpassung von Verjährungsvorschriften an das Gesetz zur Modernisierung des Schuldrechts (BGBl. 2004 I 3214) mit Wirkung vom 15.12.2004 aufgehoben. Die Diskussion um eine entsprechende Anwendung dieser Verjährungsvorschrift auch für Ansprüche gegen den Handelsmakler[128] ist damit obsolet. Ist dem Auftraggeber auf Grund der Pflichtverletzung des Handelsmaklers ein Schaden nicht entstanden, kann der Pflichtverstoß bei grober Fahrlässigkeit zu einer **Verwirkung** des Provisionsanspruchs (§ 654 BGB) führen.[129] Als Pflichtverletzungen kommen insbesondere die treuwidrige Doppeltätigkeit,[130] die Verheimlichung von Sonderabmachungen,[131] das eigene Kaufinteresse des Maklers[132] sowie die unredlich erreichte Provisionserhöhung[133] in Betracht. Keine Treuepflichtverletzung liegt dagegen bei bloßer Verwendung unzulässiger AGB vor.[134] 66

VI. Rechte des Handelsmaklers

1. Maklerlohn. a) Hauptpflicht des Auftraggebers. Im Unterschied zum Makler hat der Auftraggeber eine vertragliche Hauptpflicht: die Pflicht zur Zahlung des Maklerlohns. Der Provisionsanspruch des Handelsmaklers entsteht mit dem schuldrechtlichen Zustandekommen des von ihm vermittelten Geschäfts;[135] der bloße Geschäftsnachweis genügt hingegen nicht (→ Rn. 24, → Rn. 28). Dennoch ist die Verpflichtung zur Entrichtung des Maklerlohns keine synallagmatische Pflicht iSd §§ 320 ff. BGB, da eine entgegengesetzte Verpflichtung des Maklers zum Tätigwerden üblicherweise zu keinem Zeitpunkt besteht. Bei bloßem Geschäftsnachweis kann jedoch eine Verpflichtung zur Zahlung der Provision auf Grund Zivilmaklerrechts bestehen. Dann sind aber die §§ 93 ff. insgesamt nicht 67

[122] OLG München NJW 1970, 1924 (1925); Heymann/*Herrmann* Rn. 16; Baumbach/Hopt/*Roth* § 98 Rn. 1; diff. Staub/*Thiessen* Rn. 14 ff.; aA EBJS/*Reiner* Rn. 44 ff., der von einer rein vertraglichen Stellung ausgeht.
[123] BGH WM 1963, 433; GK-HGB/*Achilles* Rn. 8 ff.; Heymann/*Herrmann* Rn. 16.
[124] Baumbach/Hopt/*Roth* Rn. 36.
[125] BGH NJW 1982, 1145 (1146); Heymann/*Herrmann* Rn. 17.
[126] Vgl. BGH BB 1970, 863 sowie Heymann/*Herrmann* Rn. 17; Baumbach/Hopt/*Roth* Rn. 36.
[127] Vgl. BGH WM 1977, 943; Heymann/*Herrmann* Rn. 17; Baumbach/Hopt/*Roth* Rn. 36.
[128] Vgl. dazu BGH BB 1972, 11.
[129] Baumbach/Hopt/*Roth* Rn. 36, 52; Röhricht/Graf v. Westphalen/Haas/Röhricht/*Mock* Vor § 93 Rn. 37.
[130] BGHZ 36, 327; 48, 350.
[131] BGH NJW 1966, 1406; 1969, 1628.
[132] BGH NJW 1981, 280 und 2297; 1983, 1847.
[133] BGH NJW 1986, 2573.
[134] BGH NJW-RR 2005, 1423.
[135] BGH NJW 1997, 1581 f.

anwendbar.[136] Die Erfolgsabhängigkeit der Maklerprovision kann vertraglich ausgeschlossen werden;[137] ein Ausschluss auf Grund von AGB ist jedoch nicht wirksam.[138]

68 **b) Zustandekommen des vermittelten Geschäfts.** Obwohl die Entstehung des Provisionsanspruchs an das Zustandekommen des vermittelten Geschäfts gebunden ist, behält der Auftraggeber seine volle Abschlussfreiheit. **Volle Abschlussfreiheit** bedeutet nicht nur, vertragliche Entscheidungsfreiheit über das „Ob“ des Vertragsschlusses; vielmehr bleibt der **Auftraggeber** auch bezüglich des „Wie“ **Herr des Geschäfts.**

69 Die Provisionszahlungspflicht kann auch unter einer **aufschiebenden Bedingung oder** einer **Fälligkeitsabrede** vereinbart sein, wie zB die Vereinbarung von Courtagezeiträumen bei Versicherungsmaklern.[139] Ein in der Praxis häufiger Fall ist die Vereinbarung, dass der Lohn erst mit Ausführung des vermittelten Geschäfts verdient ist.[140] Bis zum Eintritt dieser aufschiebenden Bedingung bleibt der Auftraggeber im Verhältnis zum Makler frei.[141] Nur in den eher seltenen Fällen treuwidriger Bedingungsvereitelung (vgl. § 162 Abs. 1 BGB) besteht auch ohne Geschäftsausführung eine Provisionszahlungspflicht.[142] Ein vertraglich vereinbartes Rücktrittsrecht kann wie eine aufschiebende Bedingung wirken.[143] Hingegen ist eine entsprechende Anwendung der für den Handelsvertreter geltenden Sonderregelung (§ 87a Abs. 3 S. 2) ausgeschlossen (→ Rn. 30 ff.). Auftraggeber und Makler können auch vereinbaren, dass der Provisionsanspruch zwar bereits mit Abschluss des vermittelten Geschäfts entsteht, aber erst mit **Vertragsvollzug zur Zahlung fällig** ist. Hier tritt bei fehlender Geschäftsausführung Fälligkeit des Lohnanspruchs zu dem Zeitpunkt ein, zu dem die Ausführung zu erwarten war (→ Rn. 31).

70 **c) Sachliche Abweichungen des Hauptgeschäfts.** Bei sachlichen Abweichungen des Hauptgeschäfts vom erteilten Auftragsinhalt kommt es für die Entstehung des Provisionsanspruchs wesentlich darauf an, ob das Geschäft im Rahmen der erstrebten wirtschaftlichen Belastungen und Vorteile bleibt.[144] Wirtschaftliche Gleichwertigkeit ist zB anzunehmen bei einem Erwerb in der Zwangsvollstreckung,[145] allerdings muss zuvor grundsätzlich ein durchführbarer Kaufvertrag abgeschlossen oder eine Gleichstellungsabrede getroffen worden sein; die bloße Objektbekanntgabe durch den Makler reicht nicht.[146] Die wirtschaftliche Gleichwertigkeit ist von der Rspr. in den folgenden Fällen abgelehnt worden: Verpachtung statt Kauf, Teilkauf statt Kauf,[147] Kauf statt Miete oder Leasing und jeweils umgekehrt.[148] Jedoch kommt es bei der Vermittlung eines Darlehens, das unter der angestrebten Darlehenssumme bleibt, darauf an, ob der Auftraggeber beim Maklerauftrag ein einheitliches Darlehen mit festbestimmter Summe gewünscht hat.[149] Weil der Abschluss wirtschaftlich dem angestrebten entsprechen muss,[150] ist eine den Provisionsanspruch ausschließende Abweichung auch dann anzunehmen, wenn die Konditionen des vermittelten Geschäfts nicht unwesentlich schlechter sind.[151]

71 In Fällen sachlicher, dh wirtschaftlicher Abweichung vom Maklerauftrag entsteht ein Anspruch auf Zahlung der Provision jedoch dann, wenn der Auftraggeber das abweichende

[136] Ebenso Heymann/*Herrmann* Rn. 18.
[137] BGH DB 1976, 189; NJW 1977, 624; Baumbach/Hopt/*Roth* Rn. 37, 48.
[138] BGHZ 60, 385 (390); BGH BB 1976, 1100; NJW 1977, 624; 1984, 2163; dazu → Rn. 95.
[139] OLG Hamm NJW-RR 1997, 1482.
[140] So Handelsbrauch beim Schiffskauf, vgl. BGH NJW 1966, 502; OLG Hamburg MDR 1963, 839.
[141] Vgl. BGH WM 1985, 777.
[142] Vgl. BGHZ 2, 282 (283) noch zu § 88 Abs. 2 aF; BGH BB 1966, 516 f.; WM 1975, 777.
[143] BGH NJW-RR 2000, 1302 f.; 1996, 1205; OLG Karlsruhe NJW-RR 2005, 574.
[144] BGH NJW 1998, 2277 f.; vgl. hierzu ausf. *Fischer* DB 2009, 887 ff.
[145] BGH NJW 1999, 2271 f.; 1997, 1581; 1990, 2744.
[146] BGH BB 1969, 934; OLG Frankfurt NJW 1986, 2117.
[147] BGH NJW 1987, 1628.
[148] Vgl. BGH BB 1973, 1192; AIZ 1976, 117; anders aber BGH WM 1976, 28 (30); s. auch Heymann/*Herrmann* Rn. 22; Baumbach/Hopt/*Roth* Rn. 41.
[149] BGH NJW 1982, 2662 (2663); 1988, 967 (968 f.); vgl. krit. MüKoBGB/*Roth* BGB § 652 Rn. 150.
[150] BGH NJW 1982, 2662 (2663); WM 1983, 342.
[151] BGH NJW 1988, 968.

Geschäft genehmigt. Eine **Genehmigung** kann zB angenommen werden, wenn sich der Auftraggeber eine weitere Tätigkeit gefallen lässt, obwohl bereits feststeht, dass das ursprünglich beabsichtigte Geschäft nicht oder nicht unter den beabsichtigten Bedingungen zustande kommen kann. Die Verweigerung einer Provisionszahlung bedarf hingegen der ausdrücklichen Klarstellung durch den Auftraggeber.[152]

d) Personelle Abweichungen des Hauptgeschäfts. Das vom Makler vermittelte 72 Geschäft kann auch in personeller Hinsicht abweichen. Hierzu zählen zunächst die Fälle, in denen **statt des Auftraggebers** ein Familienangehöriger, Bekannter, ein gesellschaftsrechtlich verflochtenes Unternehmen oder eine sonstige, an den Geschäftsverhandlungen beteiligte Person den Vertrag abschließt.[153] Die Rspr. stellt für die Provisionszahlungspflicht des Auftraggebers darauf ab, ob der Auftraggeber bewusst vom Erwerber **vorgeschoben** wurde (Umgehungsfälle) oder sich das mit dem Dritten abgeschlossene Geschäft **wirtschaftlich wie ein eigenes Geschäft** des Auftraggebers darstellt. Es kommt also maßgeblich darauf an, ob der Auftraggeber eigene Vorteile aus dem Geschäft mit dem Erwerber zieht. Dann würde der Auftraggeber im Hinblick auf seine Beziehungen zum Erwerber gegen Treu und Glauben verstoßen, wenn er sich darauf beriefe, der ursprünglich von ihm erstrebte Vertrag sei nicht mit ihm, sondern mit dem Dritten abgeschlossen worden.[154] Der BGH hat dabei jüngst klargestellt, dass allein die verwandtschaftliche Beziehung zwischen dem Auftraggeber und dem Erwerber nicht ausreicht, um eine Provisionspflicht zu begründen.[155] Dementsprechend dürfte es auch nicht ausreichen, dass der Auftraggeber und der Erwerber gesellschaftsrechtlich verflochten sind.[156]

Des Weiteren zählen hierzu Fälle, in welchen der Makler für den Auftraggeber mit 73 einem Vorinteressenten verhandelt hat und der Vertrag mit einem Dritten zustande kommt. An einer provisionspflichtigen Vermittlungsleistung des Maklers fehlt es, wenn der Makler mit dem späteren Vertragsgegner des Auftraggebers überhaupt nicht verhandelt hat, sondern der Vertragsgegner durch Mitteilungen eines Erstinteressenten oder des Maklers selbst zum Vertragsschluss motiviert worden ist. Dann ist der Zusammenhang zwischen Vermittlungsleistung und Abschluss ein rein zufälliger und die Provision nicht verdient.[157] Etwas anderes gilt jedoch nach der Rspr. dann, wenn zwischen dem Vorinteressenten und dem späteren Vertragsgegner besonders enge persönliche (nahe Familienangehörige) oder besonders ausgeprägte wirtschaftliche Beziehungen (handels- oder gesellschaftsrechtlicher Art) bestehen. Denn in solchen Fällen habe der Makler auf den Erstinteressenten und hierdurch zugleich auf den Vertragsgegner selbst vermittelnd eingewirkt.[158] Voraussetzung für einen Provisionsanspruch in solchen Fällen ist aber, dass eine Vermittlungsleistung gegenüber dem Erstinteressenten erbracht wurde.[159]

Hierzu zählen ferner die Fälle, in denen auf Seiten des Vertragspartners eine mit dem 74 Makler familiär oder wirtschaftlich eng verbundene Person den Vertrag abschließt (sog. Verflechtungsfälle, → Rn. 52 f.).

e) Folgegeschäfte. Für Folgegeschäfte, die aus dem vermittelten Geschäft herrühren, 75 schuldet der Auftraggeber grundsätzlich keine Provision. Etwas anderes gilt nur bei ausdrücklicher Vereinbarung oder soweit im entsprechenden Geschäftsbereich ein anderweitiger Handelsbrauch besteht, wie zB im Holzhandel die sog „Tegernseer Gebräuche".[160]

[152] BGH BB 1973, 1192; aA Heymann/*Herrmann* Rn. 22: Klarstellungspflicht des Maklers über Provisionsbegehren trotz Abweichung.
[153] Vgl. Heymann/*Herrmann* Rn. 21.
[154] BGH NJW 2019, 1226 (1227).
[155] BGH NJW 2019, 1226 (1228); s. auch BGH NJW-RR 2004, 851; NJW 1984, 359.
[156] Vgl. dazu schon BGH MDR 1960, 283.
[157] So zB BGH NJW 1976, 1844 für den Abschluss eines Kaufvertrages über eine Eigentumswohnung zwischen dem Auftraggeber und dem Notar, der das Geschäft mit dem Vorinteressenten beurkunden sollte.
[158] BGH NJW 2019, 1803 (1805) mwN.
[159] BGH NJW 2019, 1803 (1805).
[160] Baumbach/Hopt/*Roth* Rn. 41; Baumbach/Hopt/*Roth* § 346 Rn. 15.

Auch der Versicherungsmakler kann unter Umständen einen Provisionsanspruch für Folgegeschäfte haben. Denn dessen Tätigkeit beschränkt sich nicht typisch auf die Herbeiführung des Versicherungsvertrags; vielmehr übernimmt er nicht selten auch die weitere Betreuung des Vertragsverhältnisses.[161]

76 **f) Nachträgliche Änderungen des Hauptgeschäfts.** Die Entstehung des Provisionsanspruchs setzt nur voraus, dass der vermittelte Vertrag einmal rechtlich wirksam zustande gekommen ist. Nachträgliche Änderungen[162] sind deshalb grundsätzlich unschädlich. Dies gilt sowohl für die **Wiederaufhebung** des Vertrags,[163] die **Kündigung**[164] bzw. den **Rücktritt** gem. §§ 323 ff. BGB,[165] die Ausübung eines vorbehaltenen Rücktrittsrechts[166] und den **auflösenden Bedingungseintritt.**[167]

77 Der Nichteintritt einer **aufschiebenden Bedingung** lässt jedoch auch den Anspruch auf Maklerlohn nicht zur Entstehung gelangen, da zu keinem Zeitpunkt ein vollständig wirksamer Vertragsschluss gegeben ist.[168] Da der Auftraggeber nicht zum Abschluss verpflichtet ist und Herr des Geschäfts bleibt (→ Rn. 68), braucht er die vereinbarte Bedingung nicht eintreten zu lassen.[169] Auch bei **Anfechtung** des vermittelten Vertrags oder bei einer Aufhebung oder einem Rücktritt, wenn stattdessen auch die Anfechtung möglich gewesen wäre,[170] kann der Handelsmakler keinen Lohn verlangen.[171] Gleiches gilt bei **Nichtigkeit** des vermittelten Vertrags.[172]

78 **g) Kausalität zwischen Vermittlung und vermitteltem Geschäft.** Die Vermittlungstätigkeit muss für den Geschäftsabschluss zumindest **mitursächlich** gewesen sein (vgl. § 652 Abs. 1 S. 1 BGB: „infolge“).[173] Der Handelsmakler braucht also nicht die einzige oder hauptsächliche Ursache gesetzt zu haben. Jedoch muss der Auftraggeber durch die Vermittlungstätigkeit den Anstoß zu konkreten Bemühungen um das Objekt bekommen haben.[174] Die zufällige Erfolgsherbeiführung genügt mangels wesentlicher Maklerleistung für die Entstehung des Provisionsanspruchs nicht.[175] An einer (Mit-)Ursächlichkeit fehlt es – ohne Unterschied zwischen Handelsmakler und Zivilmakler – in folgenden Fällen: Bei **Vorkenntnis** des Auftraggebers über Vertragsgegenstand oder Abschlussmöglichkeit ist die Maklervermittlung nicht ursächlich und ein Provisionsanspruch besteht nicht.[176]

79 Hat der Handelsmakler bereits auf den Interessenten seines Auftraggebers durch eine dem Grunde nach wesentliche Vermittlungstätigkeit eingewirkt und kommt es sodann zum Vertragsschluss mit dem Interessenten, sind an eine **Unterbrechung des Kausalzusammenhangs** strenge Anforderungen zu stellen. In der Regel dürfte erforderlich sein, dass sich die Vertragsabsicht des Interessenten gänzlich „zerschlagen“ hatte und der Vertragsabschluss durch neue Verhandlungen, auf völlig anderer Grundlage zustande gekommen ist.[177]

---

161 BGH DB 1986, 742 (746); vgl. auch BGHZ 94, 362.

162 S. insgesamt hierzu *Altmeppen,* Provisionsansprüche bei Vertragsauflösung, 1987, insbes. 63 ff., 79 ff., 189.

163 BGHZ 66, 270.

164 BGH NJW 2005, 1357 mAnm *Loritz* NJW 2005, 1757 sowie *Looschelders/Götz* JR 2006, 65.

165 BGH BB 1974, 716; WM 1977, 21 (2)3; NJW 1986, 1165 (1166).

166 BGH WM 1977, 21 (23); der Rücktrittsvorbehalt darf jedoch nicht einer aufschiebenden Bedingung gleichkommen, BGHZ 66, 270; BGH NJW 1974, 694; OLG Karlsruhe NJW-RR 2005, 574).

167 BGH WM 1971, 905.

168 BGH WM 1977, 21 (23); 1971, 905.

169 BGH DB 1971, 1857.

170 BGH NJW 2001, 966; zust. *Keim* NJW 2001, 3168; OLG Celle NJW-RR 1999, 128.

171 Hierzu auch Baumbach/Hopt/*Roth* Rn. 42 ff. mit weiteren Einzelheiten.

172 BGH NJW-RR 2005, 1572.

173 Vgl. nur BGH WM 1974, 257.

174 BGH NJW 1983, 1849.

175 BGH WM 1988, 1492.

176 Zu den Einzelheiten der Vorkenntnisproblematik MüKoBGB/*Roth* § 652 Rn. 179 ff. m. umfangreichen Nachw.; zur sog. Vorkenntnisklausel → Rn. 100.

177 Vgl. nur BGH NJW 2008, 651; OLG München BeckRS 2019, 2334.

Ein bloßes „Ruhen“ der Vertragsverhandlungen genügt hingegen nicht.[178] Auch genügt es nicht, dass sich aus Sicht des Maklerkunden die vom Makler nachgewiesene Vertragsgelegenheit zerschlagen hat; entscheidend ist vielmehr, ob der nachgewiesene Interessent seine Absicht, das Geschäft abzuschließen, aufgegeben hat. Nur eine vom nachgewiesenen Interessenten eingegangene endgültige vertragliche Bindung rechtfertigt die Annahme einer Aufgabe seiner Vertragsabsicht.[179] Nur ausnahmsweise führen Zweifel oder ein vorübergehender Sinneswandel des Interessenten zu einer Unterbrechung.[180] Auch eine kurze zeitliche Unterbrechung der Vertragsverhandlungen zwischen Vermittlung und Vertragsschluss steht der Ursächlichkeit der Vermittlung nicht entgegen.[181] Zur Beweislast und Vermutungsregeln s. → Rn. 84.

Bei **Maklermehrheit** ist zu unterscheiden: Da es nur auf eine Mitursächlichkeit 80
ankommt, kann an sich jede Vermittlungstätigkeit jedes einzelnen Maklers zur Entstehung eines Provisionsanspruchs führen. Dennoch ist maßgeblich auf die Vertragsbeziehung zum Auftraggeber und damit darauf abzustellen, ob der Auftraggeber sich möglicherweise nur zur Zahlung einer einzigen (im Innenverhältnis der mehreren Makler aufzuteilenden) Provision verpflichten wollte.[182] Die Rspr. nimmt hingegen in der Regel einen vollen Provisionsanspruch jedes einzelnen Maklers an, sofern der Vermittlungsbeitrag nicht völlig unbedeutender Natur ist.[183]

Schaltet der beauftragte Handelsmakler einen **Untermakler** ein, so steht nur ersterer 81
in einer vertraglichen Beziehung. Auch wenn die eigentliche Vermittlungstätigkeit vom Untermakler ausgeht, hat nicht dieser, sondern nur der Hauptmakler einen Provisionsanspruch gegenüber dem Auftraggeber (→ Rn. 19). Die Vermittlungstätigkeit des Untermaklers wird im Verhältnis zum Auftraggeber dem Hauptmakler zugerechnet (§ 278 BGB).

Liegt eine vertragsgemäße und ursächliche Vermittlungstätigkeit vor, ist dem Kausali- 82
tätserfordernis dennoch genüge getan, wenn der Abschluss des vermittelten Geschäfts zeitlich erst nach **Beendigung des Maklervertrags** erfolgt, so zB beim Tod des Maklers[184] oder beim zulässigen Widerruf des Maklerauftrags.[185]

Das gesetzliche Kausalitätserfordernis als Voraussetzung des Maklerlohns kann durch 83
ein sog **erfolgsunabhängiges Provisionsversprechen** vertraglich ausgeschlossen werden. In diesem Fall schuldet der Auftraggeber dem Makler auch dann Lohn, wenn dessen Vermittlung nicht zum Geschäftsabschluss geführt hat. Erforderlich ist, dass dieser Verpflichtungswille des Auftraggebers klar erkennbar ist und die Verhältnisse für die Entstehung des Lohnanspruchs präzise zwischen den Parteien geklärt werden.[186] Deshalb ist ein erfolgsunabhängiges Provisionsversprechen nur auf Grund **Individualvereinbarung** wirksam;[187] hingegen ist eine Vereinbarung in vorformulierten AGB des Maklers wirkungslos (→ Rn. 95).

Die **Beweislast** für die Kausalität der Vermittlungstätigkeit liegt beim Makler.[188] 84
Unproblematisch ist von einer solchen auszugehen, wenn der Nachweistätigkeit der Vertragsschluss in angemessenem Zeitabstand folgt.[189] Die Vermutung, dass die Maklerleistung ursächlich für den Vertragsschluss war, gilt nach der Rspr. des BGH dann, wenn zwischen dem Nachweis des Maklers und dem Vertragsschluss ein Zeitraum bis zu einem Jahr liegt. Beträgt der Zeitraum dagegen mehr als ein Jahr, streitet nicht mehr ein von sich selbst

[178] BGH 18.5.1969 – VII ZR 92/60, nv.
[179] BGH NJW 2020, 2792 mAnm *Würdinger.*
[180] BGH NJW 2019, 1226; 2008, 651; OLG München BeckRS 2019, 2334.
[181] Vgl. OLG Hamm NJW-RR 1998, 1070.
[182] Ausf. zur Problematik *Knütel* ZHR 1980, 289 ff.
[183] BGH WM 1974, 257 (258); NJW 1977, 41 (42); zur Gesamtproblematik auch Heymann/*Herrmann* Vor § 93 Rn. 40 ff. mwN.
[184] BGH BB 1965, 396.
[185] BGH 1966, 799; 1969, 934.
[186] BGH NJW 1975, 1215; 1981, 278; WM 1983, 42; NJW-RR 2007, 55.
[187] BGH WM 1986, 211; NJW 1977, 624.
[188] BGH NJW 2020, 2792 Rn. 14.
[189] BGH NJW 2020, 2792 Rn. 14 mwN.

ergebender Schluss auf den Ursachenzusammenhang für den Makler.[190] Im Falle einer Vermittlungstätigkeit kann nicht etwas anderes gelten. Besteht ein zeitlicher Zusammenhang zwischen der Maklertätigkeit sowie dem Geschäftsabschluss und beruft sich der Auftraggeber auf Vorkenntnis, so obliegt letzterem die Beweislast für die behauptete anderweitige Kenntnis.[191]

85 **h) Verwirkung.** Der Makler kann seinen Lohnanspruch bei **treuwidriger** Doppeltätigkeit[192] oder auch bei sonstigen Treuepflichtverletzungen (→ Rn. 66) verwirken (§ 654 BGB, → Rn. 49 ff.). Allerdings dürfte die Grenze zwischen treuwidriger und zulässiger Doppeltätigkeit beim Handelsmakler weiter gesteckt sein als beim Zivilmakler. Denn der Handelsmakler darf im Regelfall für beide Seiten tätig werden. Den Rahmen der erlaubten Doppeltätigkeit bilden die Neutralitäts- und Loyalitätspflichten und die Sachwaltereigenschaft des Handelsmaklers.

86 **i) Höhe und Fälligkeit des Provisionsanspruchs.** Dazu auch → § 99 Rn. 10.[193] Wie beim Zivilmakler ist auch beim Handelsmakler die **Höhe** der Provision durch vertragliche Vereinbarung bestimmt. Fehlt eine Abrede, ist die Provisionshöhe nach Taxe oder hilfsweise nach Üblichkeit zu beurteilen (§ 653 Abs. 2 BGB). Beim Handelsmakler dürften sich die Kriterien für die Provisionsbemessung aus dem Handelsverkehr ergeben. Kommen dennoch solche Beurteilungsmöglichkeiten nicht in Betracht, kann unter Berücksichtigung der Interessenlage nicht der Makler ein Leistungsbestimmungsrecht gem. § 316 BGB ausüben, sondern das Gericht ist analog § 315 Abs. 3 BGB zur billigen Preisbestimmung befugt.[194]

87 Der Provisionsanspruch ist mangels anderweitiger Vereinbarung mit Zustandekommen des Hauptvertrags **fällig.** Die Fälligkeit des Provisionsanspruchs kann aber von der Ausführung des Geschäfts abhängig gemacht werden. Kommt es nicht zur Ausführung, scheidet eine entsprechende Anwendung der für den Handelsvertreter maßgeblichen Regelung des § 87a Abs. 3 S. 2 aus (→ Rn. 30 ff., → Rn. 69). Unter den Voraussetzungen eines wirksamen erfolgsunabhängigen Provisionsversprechens kommt es für die Fälligkeit des Lohnanspruchs nicht auf das Zustandekommen des vermittelten Geschäfts an.

88 **2. Vertragliche Nebenansprüche. a) Verschwiegenheitspflicht des Auftraggebers.** In der Regel hat auch der Auftraggeber dem Handelsmakler gegenüber eine Verschwiegenheitspflicht (→ Rn. 61). Nach der überwiegenden Auffassung bezieht sich die Schweigepflicht auf alle vom Handelsmakler mitgeteilten Angebote, von denen der Auftraggeber keinen Gebrauch macht.[195]

89 **b) Informationspflicht des Auftraggebers.** Der Auftraggeber ist verpflichtet, dem Makler mitzuteilen, wenn er von Abschluss und Durchführung des zu vermittelnden Geschäfts Abstand nehmen will. Die Informationspflicht bezieht sich auch auf die Vornahme von Eigengeschäften. Insgesamt haben diese Pflichten den Zweck, den Makler vor unnötigen Maßnahmen oder Aufwendungen zu bewahren. Denn der Auftraggeber schuldet dem Makler – ohne ausdrückliche Vereinbarung – keinen Aufwendungsersatz (§ 652 Abs. 2 S. 1 BGB).[196]

VII. Verwendung von AGB

90 **1. Allgemeines.** Die gesetzlichen Vorschriften über den Handelsmakler (§§ 93 ff.) sowie ihre Ergänzung im allgemeinen Maklerrecht (§§ 652 ff. BGB) können grundsätzlich

---

[190] BGH NJW 2020, 2792 Rn. 14 mwN.

[191] BGH WM 1984, 63.

[192] BGH NJW-RR 2000, 430; BGHZ 36, 327; 48, 344 (350).

[193] Zu den Einzelfragen der Provisionshöhe MüKoBGB/*Roth* BGB § 652 Rn. 199 ff., 207 f.; vgl. auch Heymann/*Herrmann* Rn. 32, 35; Baumbach/Hopt/*Roth* Rn. 55.

[194] BGHZ 94, 98 (104); Heymann/*Herrmann* Rn. 32; Baumbach/Hopt/*Roth* Rn. 55.

[195] BGH NJW 1969, 1628; 1987, 2431; ebenso Heymann/*Herrmann* Rn. 40; Baumbach/Hopt/*Roth* Rn. 39; aA *Knieper* NJW 1970, 1293 (1296).

[196] Vgl. Heymann/*Herrmann* Rn. 41; Baumbach/Hopt/*Roth* Rn. 39.

vertraglich ausgeschlossen oder abgeändert werden. Dies ist sowohl durch Individualvereinbarung als auch durch **Verwendung von AGB** möglich. Der Handelsmakler ist Kaufmann gem. § 1 Abs. 2. Regelmäßig wird auch der Auftraggeber Kaufmann sein. In diesem Fall ist bei Verwendung von AGB zu beachten, dass die **Schutzvorschriften des AGB-Rechts** nur im eingeschränkten Maße gelten können (§ 310 Abs. 1 S. 1 BGB). Dies gilt insbesondere für die **Klauselverbote** gem. §§ 308, 309 BGB, die jedoch über die allgemeine Inhaltskontrolle (§ 307 BGB) wieder aufleben können.[197] Bei der Anwendung des § 307 BGB kann auch im Einzelfall die Gewerbeart und Unternehmensgröße des Vertragspartners eine Rolle spielen.[198]

2. Einzelne Klauseln. Im Folgenden wird die Wirksamkeit einzelner Klauseln beleuchtet, die vom Handelsmakler gegenüber dem Auftraggeber gestellt werden. 91

a) Abschlussbindungsklausel. Da der Auftraggeber die vollständige Abschlussfreiheit behält (→ Rn. 68), wird in Maklerverträgen vereinbart, dass eine Verweigerung des Geschäftsabschlusses ohne Angabe von Gründen unzulässig sei. Solche Abschlussbindungsklauseln sind zwar durch Individualvereinbarung wirksam,[199] nicht aber auf Grund von AGB.[200] Denn pauschalierte Abschlussbindungsklauseln veranlassen den Makler unter Umständen, die Sorgfalt bei der Auswahl von Geschäftsgegenständen und Partnern außer Acht zu lassen; dies würde jedoch seiner Funktion widersprechen, im übergeordneten Interesse für größere Markttransparenz zu sorgen. Daher steht der Wirksamkeit solcher Klauseln § 307 Abs. 2 Nr. 1 BGB entgegen.[201] 92

b) Alleinauftrag. Ein einfacher Makleralleinauftrag, mit dem sich der Makler zum Tätigwerden verpflichtet und durch den der Maklerkunde auf sein Recht verzichtet, einen weiteren Makler mit der Suche nach geeigneten Vertragspartnern zu beauftragen, kann grundsätzlich wirksam in AGB vereinbart werden.[202] Auch kann hier eine an dem Zeitbedarf für eine erfolgversprechende Tätigkeit orientierte Mindestlaufzeit vereinbart werden.[203] Entsprechendes gilt für eine Verlängerungsklausel im Grundsatz dann, wenn der verlängerte Zeitraum halb so lang ist wie der ursprüngliche Zeitraum.[204] Auch benachteiligt eine in AGB vorgesehene Kündigungsfrist vor vier Wochen den Maklerkunden bei Vereinbarung einer ersten Vertragslaufzeit von sechs Monaten und automatischen Verlängerungen von drei Monaten nicht unangemessen.[205] 93

c) Aufwandsentschädigungsklausel. Der Makler kann Aufwendungsersatz nur auf Grund ausdrücklicher Vereinbarung verlangen (§ 652 Abs. 2 S. 1 BGB). Eine vom Abschlusserfolg unabhängige Aufwandsentschädigung (vgl. § 652 Abs. 2 S. 2 BGB) kann jedoch nur auf Grund einer Individualabrede wirksam vereinbart werden, hingegen grundsätzlich nicht durch AGB.[206] Eine Ausnahme gilt nur bei geringfügigen Beträgen, soweit diese nicht durch Bruchteile der ausgefallenen Provision pauschaliert werden.[207] 94

d) Erfolgsunabhängiges Provisionsversprechen. Da der Maklerprovisionsanspruch nur bei Vermittlungserfolg zur Entstehung gelangt, ist der Handelsmakler an einem erfolgs- 95

---

[197] Vgl. *v. Hoyningen-Huene,* Die Inhaltskontrolle nach § 9 AGBG, 1991, Rn. 305; zu den vom Typ des gesetzlichen Maklervertrags abweichenden Klauseln s. die Aufstellung bei Ulmer/Brandner/Hensen/*Christensen* BGB § 310 Anh. Rn. 575 ff.

[198] Vgl. *v. Hoyningen-Huene,* Die Inhaltskontrolle nach § 9 AGBG, 1991, Rn. 307.

[199] KG NJW 1956, 1758; aA *Knieper* NJW 1970, 1293 (1295); zweifelnd wohl Heymann/*Herrmann* Vor § 93 Rn. 54; MüKoBGB/*Roth* BGB § 652 Rn. 249.

[200] BGH NJW 1967, 1225; DB 1979, 150; Heymann/*Herrmann* Vor § 93 Rn. 54; Baumbach/Hopt/*Roth* Rn. 66; Oetker/*Kotzian-Marggraf* Rn. 14.

[201] Zutr. Heymann/*Herrmann* Rn. 54.

[202] BGH WM 2020, 1356 (1358) mwN.

[203] BGH WM 2020, 1356 (1358 f.).

[204] BGH WM 2020, 1356 (1359 f.).

[205] BGH WM 2020, 1356 (1361).

[206] BGH NJW 1983, 1502.

[207] BGHZ 99, 374.

unabhängigen Provisionsversprechen des Auftraggebers interessiert. Ein solches kann – im eingeschränkten Maße – zwar durch Individualvereinbarung (→ Rn. 83), nicht aber durch Pauschalabrede vereinbart werden.[208] Denn es handelt sich hierbei um eine wesentliche Abweichung vom Leitbild des Maklervertrags (§ 307 Abs. 2 Nr. 1 BGB). Das gilt auch dann, wenn das erfolgsunabhängige Provisionsversprechen in die Form einer Dienstvertragsabrede gekleidet ist.[209] Denn Maklerdienstverträge können bereits individualvertraglich nur dadurch wirksam vereinbart werden, dass die Erfolgsunabhängigkeit des Maklerlohns eindeutig und unmissverständlich zum Ausdruck gebracht wird.[210]

96 **e) Fälligkeitsklausel.** Wie allgemein im Vertragsrecht kann die Vorverlegung[211] oder das Hinausschieben der Fälligkeit der Maklerprovision wirksam durch AGB vereinbart werden.[212]

97 **f) Folgegeschäftsklausel.** Die Vereinbarung, wonach die Maklerprovision auch bei Abschluss von solchen Geschäften anfällt, die sich an das eigentlich vermittelte Geschäft anschließen, ist nur auf Grund Individualvereinbarung, nicht auf Grund AGB zulässig.[213] Etwas anderes gilt jedoch dann, wenn ein anderweitiger Handelsbrauch besteht (→ Rn. 75).

98 **g) Hinzuziehungs- und Verweisungsklausel.** Mit Hinzuziehungs- und Verweisungsklauseln will der Makler sich die Provision auch dann sichern, wenn der Auftraggeber auf Vermittlung eines anderen oder direkt abschließt. Hier fehlt es zwar nicht am Abschlusserfolg, wohl aber an der Ursächlichkeit der Vermittlungstätigkeit des Maklers. Als Klauseln, die das Kausalitätserfordernis umgehen, sind sie – außerhalb eines bestehenden Handelsbrauchs[214] – unwirksam.[215]

99 **h) Vertragsstrafenklausel.** Die Vereinbarung von Pauschalen bei Vertragsverletzungen des Auftraggebers ist unwirksam. Hierbei handelt es sich um gem. § 309 Nr. 6 BGB unzulässige Vertragsstrafen.[216] Bei einem kaufmännischen Auftraggeber ergibt sich die Unzulässigkeit der Vertragsstrafenklausel aus § 307 Abs. 2 Nr. 1 BGB. Denn die gesetzliche Haftungsnorm ist bei Pflichtverletzungen des Auftraggebers durch die allgemeinen Regeln und die Grundsätze des Handelsverkehrs (§ 346) vorgegeben.

100 **i) Vorkenntnisklausel.** Näher → Rn. 78 ff. Solche Klauseln enthalten die Vertragspflicht des Auftraggebers, bei Vorkenntnis des Geschäftsgegenstandes den Makler unverzüglich oder binnen bestimmter Frist hiervon in Kenntnis zu setzen bzw. der Vermittlung zu widersprechen. Sie sind als bloße Beweislastregelung (das Kausalitätserfordernis betreffend) wirksam.[217] Hingegen sind sie – auch unter Kaufleuten – unwirksam, soweit ihre Auslegung ergibt, dass bei Nichtmitteilung durch den Auftraggeber das Fehlen der Vorkenntnis unwiderlegbar vermutet werde.[218]

101 **j) Weitergabeklausel.** Eine Klausel, wonach der Auftraggeber die Provision auch dann schuldet, wenn er die Information des Maklers an nicht provisionspflichtige Dritte weiter-

[208] BGHZ 60, 385 (390); BGH BB 1976, 1100; NJW 1977, 624; NJW 1984, 2163; vgl. dazu Röhricht/Graf v. Westphalen/Haas/*Röhricht/Mock* Vor § 93 Rn. 13.

[209] BGH WM 1985, 751 (752); einschr. BGH NJW 1965, 246.

[210] BGH DB 1976, 189; WM 1986, 209 (211).

[211] Vgl. dazu KG NJW 1961, 512.

[212] Vgl. auch BGH WM 1985, 776 zur Auslegung der Klausel „Zahlung der Maklerprovision bei Einlösung eines Akkreditivs".

[213] BGHZ 60, 343 (345); Baumbach/Hopt/*Roth* Rn. 41, 66; Oetker/*Kotzian-Marggraf* Rn. 13 f.

[214] Zu Einzelheiten s. GK-HGB/*Achilles* Vor §§ 93–104 Rn. 14.

[215] BGHZ 60, 377 (382); 88, 368; BGH NJW 1977, 624; BB 1981, 757; NJW 1984, 360; 1986, 1173; Baumbach/Hopt/*Roth* Rn. 66; Oetker/*Kotzian-Marggraf* Rn. 14; zweifelnd Heymann/*Herrmann* Vor § 93 Rn. 57.

[216] Vgl. BGHZ 49, 84 (88); Heymann/*Herrmann* Vor § 93 Rn. 58; Baumbach/Hopt/*Roth* Rn. 66; MüKoBGB/*Roth* BGB § 652 Rn. 255.

[217] BGH NJW 1971, 1173; Heymann/*Herrmann* Vor § 93 Rn. 60; Baumbach/Hopt/*Roth* Rn. 66; Oetker/*Kotzian-Marggraf* Rn. 14.

[218] BGH NJW 1971, 1133 (1135); BB 1976, 1100; Baumbach/Hopt/*Roth* Rn. 50, 66.

gibt, ist wirksam.[219] Denn der Auftraggeber kann bei Verstoß gegen die Verschwiegenheitspflicht dem Makler gegenüber auch bis zur Höhe der Provision nach § 280 BGB haften.

k) Widerrufsklausel. Eine Klausel, wonach bei vorzeitigem Widerruf des Auftrags 102
volle Provision geschuldet wird, ist unzulässig.[220] Solche Widerrufsvorbehalte können nur durch Individualabrede wirksam vereinbart werden.[221]

§ 94 [Schlussnote]

(1) Der Handelsmakler hat, sofern nicht die Parteien ihm dies erlassen oder der Ortsgebrauch mit Rücksicht auf die Gattung der Ware davon entbindet, unverzüglich nach dem Abschlusse des Geschäfts jeder Partei eine von ihm unterzeichnete Schlußnote zuzustellen, welche die Parteien, den Gegenstand und die Bedingungen des Geschäfts, insbesondere bei Verkäufen von Waren oder Wertpapieren deren Gattung und Menge sowie den Preis und die Zeit der Lieferung, enthält.

(2) Bei Geschäften, die nicht sofort erfüllt werden sollen, ist die Schlußnote den Parteien zu ihrer Unterschrift zuzustellen und jeder Partei die von der anderen unterschriebene Schlußnote zu übersenden.

(3) Verweigert eine Partei die Annahme oder Unterschrift der Schlußnote, so hat der Handelsmakler davon der anderen Partei unverzüglich Anzeige zu machen.

Übersicht

I. Begriff, Zweck und Bedeutung der Schlussnote

1. Begriff und Zweck. Die Schlussnote ist eine **privatrechtliche Beurkundung** 1
des Handelsmaklers für das abgeschlossene Geschäft. Sie soll allseits Klarheit über das Zustandekommen und den Inhalt des vermittelten Vertrags schaffen. Eine solche schriftliche Bestätigung ist im Handelsverkehr bei Einschaltung eines Handelsmaklers besonders zweckmäßig. Denn oftmals wird der Handelsmakler als Vermittler zwischen den Parteien eingeschaltet, ohne dass es zu einer direkten Kontaktaufnahme der Vertragsschließenden kommt. Er erhält von einer Seite ein verbindliches (Mindest-)Angebot zur Übermittlung als **Erklärungsbote;** gleichzeitig wird er zum Empfang einer Annahmeerklärung der Gegenseite bevollmächtigt. Erfolgt eine solche Annahmeerklärung sofort, wird der Makler von der Gegenseite in der Regel als Bote mit Empfangsvollmacht eingeschaltet.[1] Statt der Botenstellung kann

[219] BGH NJW 1987, 2341; Baumbach/Hopt/*Roth* Rn. 66; Oetker/*Kotzian-Marggraf* Rn. 14.
[220] BGH NJW 1967, 1225.
[221] Krit. MüKoBGB/*Roth* BGB § 652 Rn. 254; vgl. auch Baumbach/Hopt/*Roth* Rn. 66.
[1] Vgl. hierzu GK-HGB/*Achilles* Rn. 1; Heymann/*Herrmann* Rn. 1; Staub/*Thiessen* Rn. 4.

dem Handelsmakler aber auch jeweils eine echte **Stellvertreterstellung** auf Grund einer Vollmachtserteilung mit Wirkung iSd § 164 Abs. 1 BGB zukommen.[2]

2 Insgesamt zeigt dieser übliche Verlauf,[3] dass die Schlussnote für beide Parteien des Geschäfts eine wesentliche **Klarstellungsfunktion** hat. Entsprechend ist der Makler auch verpflichtet, unverzüglich, dh ohne schuldhaftes Zögern (§ 121 Abs. 1 S. 1 BGB), Gegenstand und Bedingungen des Geschäfts in der Schlussnote festzuhalten. Die Bestimmung gilt gem. § 104 S. 1 aber nicht für den sog. Krämermakler.

3 **2. Rechtliche Bedeutung.** Aus dieser Funktion folgt zugleich die rechtliche Bedeutung der Schlussnote. Durch die Schlussnote soll den Parteien für das abgeschlossene Geschäft ein **Beweismittel** gesichert werden.[4] Es handelt sich aber nur um ein Beweismittel für Abschluss und Inhalt des vermittelten Geschäfts. Die Schlussnote ist hingegen für das Zustandekommen und die Wirksamkeit des vermittelten Geschäfts (→ § 93 Rn. 68 f.) ohne Bedeutung.[5] Insbesondere führt das Fehlen oder eine fehlerhafte Form der Schlussnote nicht zur Nichtigkeit nach § 125 BGB.

4 Die Schlussnote hat – mit Ausnahme der in ihr niedergelegten Erklärung des Maklers – grundsätzlich **keine förmliche Beweiskraft iSd § 416 ZPO** für den Inhalt der von den Parteien getroffenen Vereinbarungen.[6] Dies muss jedenfalls dann gelten, wenn der Handelsmakler lediglich als Erklärungs- und Empfangsbote zwischen den Vertragsparteien eingeschaltet wird. Eine Ausnahme kann jedoch angenommen werden, wenn der Handelsmakler auf beiden Seiten des Geschäfts als echter **Stellvertreter** handelt. Da in diesem Fall seine Erklärungen für und gegen die vertretenen Vertragsparteien wirken (§ 164 Abs. 1 S. 1 BGB), kann auch der vom Handelsmakler ausgestellte Inhalt sowie die Unterschriftsleistung auf der Schlussnote den Parteien selbst zugerechnet werden. Die Schlussnote ist dann nicht nur ein einfaches Beweismittel, sondern eine Privaturkunde mit der Beweiskraft des § 416 ZPO.[7]

II. Entbehrlichkeit der Schlussnote

5 Weil die Schlussnote eine Klarstellungs- und Beweisfunktion zugunsten der Vertragsparteien hat, ist sie kraft Gesetzes (Abs. 1 Hs. 2 Alt. 1) entbehrlich, wenn **beide** Parteien dem Handelsmakler die Fertigung der Schlussnote erlassen. Der **Verzicht nur einer Partei** genügt hierfür nicht.[8] Denn jede Partei hat für sich ein Interesse, ob und mit welchem Inhalt der Gegner die Schlussnote erhält.[9] Der Verzicht einer Partei auf die Ausstellung der Schlussnote kann jedoch dahin ausgelegt werden, dass die verzichtende Partei sich den Inhalt der gegnerischen Schlussnote aneignen und für sich gelten lassen will.[10]

6 Die Pflicht zur unverzüglichen Fertigung der Schlussnote entfällt auch dann, wenn ein örtlich und gegenständlich einschlägiger **Handelsbrauch** den Handelsmakler hiervon entbindet.[11]

III. Inhalt und Förmlichkeiten der Schlussnote

7 **1. Inhalt der Schlussnote. a) Mindestinhalt.** Der Mindestinhalt der Schlussnote umfasst nach Abs. 1 Angaben über die **Parteien** (Ausnahme: § 95) sowie den **Gegenstand**

[2] Vgl. GK-HGB/*Achilles* Rn. 1; Staub/*Thiessen* Rn. 4.
[3] S. hierzu auch Heymann/*Herrmann* Rn. 1.
[4] BGH NJW 1955, 1916; OLG München BeckRS 2013, 11713; OLG Hamburg BB 1955, 847; GK-HGB/*Achilles* Rn. 2; Baumbach/Hopt/*Roth* Rn. 1; Oetker/*Kotzian-Marggraf* Rn. 1; Staub/*Thiessen* Rn. 2.
[5] So auch GK-HGB/*Achilles* Rn. 6; Heymann/*Herrmann* Rn. 2; Baumbach/Hopt/*Roth* Rn. 1; Oetker/*Kotzian-Marggraf* Rn. 1; Röhricht/Graf v. Westphalen/Haas/*Röhricht/Mock* Rn. 1.
[6] GK-HGB/*Achilles* Rn. 6; Heymann/*Herrmann* Rn. 9; Baumbach/Hopt/*Roth* Rn. 1; EBJS/*Reiner* Rn. 9.
[7] Ebenso EBJS/*Reiner* Rn. 9.
[8] Vgl. auch GK-HGB/*Achilles* Rn. 5; Baumbach/Hopt/*Roth* Rn. 4; Röhricht/Graf v. Westphalen/Haas/*Röhricht/Mock* Rn. 13; aA EBJS/*Reiner* Rn. 25.
[9] Staub/*Thiessen* Rn. 15.
[10] Staub/*Thiessen* Rn. 15.
[11] EBJS/*Reiner* Rn. 26; aA Baumbach/Hopt/*Roth* Rn. 4; Heymann/*Herrmann* Rn. 5; ohne Stellungnahme Staub/*Thiessen* Rn. 16.

und die **Bedingungen des Geschäfts.** Der Makler muss unverzüglich nach Abschluss des Geschäfts beiden Parteien auf der Basis dieses Mindestinhalts eine gleich lautende Schlussnote zustellen. Zu diesem Mindestinhalt gehören bei Waren- und Wertpapierverkäufen insbesondere: Preis, Warengattung, Menge, Lieferzeit sowie alle Nebenabreden der Geschäftsabwicklung.[12] Nicht sofort zu erfüllende Geschäfte sind als aufschiebend bedingte oder befristete Verträge kenntlich zu machen und unterliegen den besonderen Förmlichkeiten des Abs. 2 (→ Rn. 16). Dazu zählen auch regelmäßig Verträge mit Zahlungsfrist.[13] Insgesamt kann bei wiederholten Geschäftsbeziehungen für den Mindestinhalt der Schlussnote zur Vereinfachung auf den Inhalt früherer Schlussnoten Bezug genommen werden.

b) Sonderinhalt. Die Schlussnote kann den Vermerk enthalten, dass ihre **Übersendung** an eine der Vertragsparteien einstweilen noch **vorbehalten** werde (sog. Bestätigungsvorbehalt).[14] Ist zu diesem Zeitpunkt der Vertrag noch nicht endgültig geschlossen, so bedeutet dieser Vermerk, dass erst das Schweigen auf den späteren Zugang der vom anderen Vertragspartner ausgestellten Schlussnote Bindungswirkung entfaltet und zwar zu den Bedingungen des anderen Teils.[15] Dieser Fall kann aber unter Umständen auch dahin ausgelegt werden, dass die „Bestätigung" des Maklers noch keine Schlussnote darstellt. Dann ist nachfolgend eine (echte) Schlussnote im Rechtssinne zuzustellen.[16] 8

Darüber hinaus sind in der Praxis folgende **Sondervermerke** in Schlussnoten üblich:[17] „Kasse gegen Rechnung und Verladepapiere (Duplikatfrachtbrief)", „Kasse gegen Dokumente", „Kasse gegen Faktura"; durch diese Klauseln wird eine Aufrechnung zwischen Käufer und Verkäufer ausgeschlossen.[18] Durch die Klausel „Lieferfähigkeit vorbehalten" verpflichtet sich der Verkäufer zu Deckungskäufen – auch zu geringfügig höheren Preisen zu seiner Rechnung –, wenn ihm selbst eine Vertragserfüllung subjektiv unmöglich wird. Der Verkäufer muss dann seine Ansprüche aus dem Deckungskauf an den Käufer abtreten.[19] Zu den in der Praxis üblichen Sondervermerken in Schlussnoten gehören insbesondere auch internationale Handelsklauseln.[20] 9

c) Vermutung der Vollständigkeit. Auch auf die Schlussnote ist der Grundsatz anzuwenden, dass schriftliche Vertragsurkunden gegenüber mündlichen, vor oder bei Errichtung der Urkunde getroffenen Abreden eine Vollständigkeitsvermutung haben.[21] Das nicht in die Schlussnote Aufgenommene gilt daher als nicht vereinbart.[22] Dieser Grundsatz gilt jedoch nur für solche **Vereinbarungen, die üblicherweise in Schlussnoten der Handelsmakler aufgenommen werden** oder gar (zB auf Grund Handelsbrauchs) vorgeschrieben sind.[23] Die Vollständigkeitsvermutung folgt wiederum aus der Klarstellungsfunktion der Schlussnote. Beide Parteien müssen sich wechselseitig auf deren Inhalt ebenso verlassen können wie auf die eigene schriftliche Erklärung.[24] Eine **Widerlegung dieser Vermutung** setzt deshalb voraus, dass beide Parteien übereinstimmend zum Zeitpunkt der Erstellung der Schlussnote etwas anderes, mithin deren Inhalt Widersprechendes vereinbart haben. 10

[12] GK-HGB/*Achilles* Rn. 3; Heymann/*Herrmann* Rn. 6; Baumbach/Hopt/*Roth* Rn. 4; Oetker/*Kotzian-Marggraf* Rn. 2.
[13] S. auch Heymann/*Herrmann* Rn. 7.
[14] Formulierung in der Praxis: „Schlussschein des Verkäufers folgt", s. GK-HGB/*Achilles* Rn. 8; Oetker/*Kotzian-Marggraf* Rn. 3; EBJS/*Reiner* Rn. 22.
[15] BGH MDR 1956, 219 (220); einschr. RGZ 123, 97 (99) (bei Schlussnoten mit voneinander abweichendem Mindestinhalt); vgl. auch Heymann/*Herrmann* Rn. 4; Baumbach/Hopt/*Roth* Rn. 2; Oetker/*Kotzian-Marggraf* Rn. 3; EBJS/*Reiner* Rn. 22; Staub/*Thiessen* Rn. 26.
[16] S. dazu insgesamt Heymann/*Herrmann* Rn. 4 mwN.
[17] Dazu insgesamt GK-HGB/*Achilles/Schmidt* § 346 Rn. 32 ff. m. weit. Beispielen.
[18] Hierzu BGH MDR 1954, 536; OLG Hamburg MDR 1953, 240; BGH NJW 1997, 1775; 1987, 2453.
[19] BGH NJW 1958, 1628.
[20] Dazu GK-HGB/*Achilles/Schmidt* § 346 Rn. 32 ff. mit Beispielen.
[21] AllgM, s. nur Baumbach/Hopt/*Roth* Rn. 1; Oetker/*Kotzian-Marggraf* Rn. 2; EBJS/*Reiner* Rn. 10; Staub/*Thiessen* Rn. 28.
[22] Baumbach/Hopt/*Roth* Rn. 1.
[23] Baumbach/Hopt/*Roth* Rn. 1; Staub/*Thiessen* Rn. 29.
[24] Staub/*Thiessen* Rn. 29.

Umgekehrt **haftet** der Handelsmakler **für unrichtige und unvollständige Angaben** in der Schlussnote nach § 98.[25]

11 **2. Erfordernis der „Zustellung" der Schlussnote.** Das Gesetz verlangt die **„Zustellung"** der Schlussnote an beide Vertragsparteien. Nicht erforderlich ist aber eine förmliche Zustellung iSd §§ 166 ff. ZPO. Vielmehr genügt ein einfaches Übersenden in **formlosem Brief.**[26] Dies folgt bereits aus dem Regelungswortlaut des Abs. 2, der für die Fälle der durch Unterschriftsleistung erhöhten Beweiskraft der Schlussnote ein bloßes „Übersenden" genügen lässt.[27] Hierfür spricht darüber hinaus, dass die Schlussnote selbst[28] keine empfangsbedürftige Willenserklärung (§ 130 BGB) ist.[29] Der Handelsmakler hat jedoch die Pflicht, die Versendung mit der Sorgfalt eines ordentlichen Kaufmanns vorzunehmen (§ 347).[30] Mit dem Zeitpunkt der Kenntnis von einer nicht erfolgten Zustellung muss er die Versendung der Schlussnote unverzüglich wiederholen. Hiervon hat er die andere Partei in Kenntnis zu setzen.[31]

IV. Reaktion auf die Schlussnote

12 **1. Schweigen des Empfängers.** Vorbehaltlose Annahme durch die Parteien bedeutet nach Handelsbrauch Zustimmung zur Verbindlichkeit des Abschlusses mit dem in der Schlussnote angegebenen Inhalt, sofern die jeweilige Partei Kaufmannseigenschaft hat.[32] Das Schweigen auf die Schlussnote hat also eine **Genehmigungsfiktion.** Dies gilt auch bei Geschäften, die nicht sofort erfüllt werden sollen. Denn die gem. Abs. 2 erforderlichen Unterschriften auf der Schlussnote dienen nur der Beweissicherung.[33] Stellt der Handelsmakler vor Zustandekommen des Geschäfts eine sog. Kaufbestätigung aus, so kommt ein Schweigen hierauf nicht einem Schweigen auf eine Schlussnote gleich; dies gilt jedenfalls dann, wenn zum maßgeblichen Zeitpunkt eine von den Parteien gewollte Voraussetzung des Geschäftsabschlusses noch nicht eingetreten ist.[34]

13 **2. Widerspruch des Empfängers.** Will eine der Parteien die Genehmigungsfiktion vermeiden, muss sie der Schlussnote widersprechen. Der **Widerspruch,** eine empfangsbedürftige Willenserklärung (§ 130 BGB),[35] ist aber in der Regel nicht dem Makler gegenüber, sondern der anderen Vertragspartei direkt zu erklären.[36] Der Widerspruch bedarf keiner Form.[37] Bei Einverständnis der Parteien oder bei entsprechendem Handelsbrauch kann im Einzelfall auch ein dem Makler gegenüber erklärter Widerspruch genügen.[38] Im Übrigen ist ein nicht gegenüber der Gegenpartei ausgesprochener Widerspruch wirkungslos. Gleichwohl ist der Makler verpflichtet, den empfangenen Widerspruch sofort weiterzuleiten.

---

25 Vgl. nur GK-HGB/*Achilles* Rn. 11.

26 GK-HGB/*Achilles* Rn. 5; Heymann/*Herrmann* Rn. 8; Baumbach/Hopt/*Roth* Rn. 4; Oetker/*Kotzian-Marggraf* Rn. 3; EBJS/*Reiner* Rn. 2; Staub/*Thiessen* Rn. 11.

27 S. auch GK-HGB/*Achilles* Rn. 5; Staub/*Thiessen* Rn. 11.

28 Anders aber der Widerspruch des Schlussnotenempfängers (→ Rn. 15) und die Unterschriftsverweigerung einer Vertragspartei (→ Rn. 18).

29 Heymann/*Herrmann* Rn. 7; EBJS/*Reiner* Rn. 8; Oetker/*Kotzian-Marggraf* Rn. 3; Röhricht/Graf v. Westphalen/Haas/*Röhricht/Mock* Rn. 11.

30 Vgl. *Hübner* Handelsrecht, 5. Aufl. 2004, Rn. 463.

31 Baumbach/Hopt/*Roth* Rn. 6.

32 GK-HGB/*Achilles* Rn. 7; Oetker/*Kotzian-Marggraf* Rn. 4; Baumbach/Hopt/*Roth* Rn. 2; EBJS/*Reiner* Rn. 12; Röhricht/Graf v. Westphalen/Haas/*Röhricht/Mock* Rn. 2; iErg auch Heymann/*Herrmann* Rn. 2.

33 Baumbach/Hopt/*Roth* Rn. 2; Staub/*Thiessen* Rn. 24; zu Bedeutung und Erfordernis der Unterschriften noch → Rn. 16 f.

34 Baumbach/Hopt/*Roth* Rn. 2.

35 Oetker/*Kotzian-Marggraf* Rn. 5; Staub/*Thiessen* Rn. 20; aA EBJS/*Reiner* Rn. 15.

36 GK-HGB/*Achilles* Rn. 7; Baumbach/Hopt/*Roth* Rn. 3; Oetker/*Kotzian-Marggraf* Rn. 5; Röhricht/Graf v. Westphalen/Haas/*Röhricht/Mock* Rn. 6.

37 BGH WM 1983, 684.

38 Dazu BGH WM 1983, 684; s. auch GK-HGB/*Achilles* Rn. 7; Heymann/*Herrmann* Rn. 10; Baumbach/Hopt/*Roth* Rn. 3.

Eine unterbliebene Weiterleitung kann die Genehmigungsfiktion des Schweigens auf die Schlussnote auslösen und den Makler im Falle des Verschuldens gem. § 98 haftbar machen.[39]

Vom Widerspruch gegen die Schlussnote zu unterscheiden ist das **fehlende Einverständnis mit Einzelfragen** ihres Inhalts. Der Empfänger kann in diesem Fall vom Makler eine **Berichtigung** der Schlussnote verlangen. Voraussetzung ist aber, dass der Makler erkennt, sich in der beanstandeten Angabe im Text der Schlussnote geirrt zu haben.[40] Eine solche bloße Berichtigung kommt also nur in Betracht, wenn sich die Parteien über Inhalt und Bedingungen des Geschäfts (weiterhin) einig sind und lediglich in der äußeren Erklärung der Schlussnote ein Fehler unterlaufen ist. 14

3. Annahmeverweigerung. Nimmt die Partei die Schlussnote ohne Widerspruch an, tritt die Genehmigungsfiktion ein. Annahme bedeutet aber nicht nur körperliche Entgegennahme, sondern Einverständniserklärung.[41] Die Genehmigungsfiktion durch Schweigen auf die Schlussnote kann umgekehrt durch eine Annahmeverweigerung **verhindert** werden. Verweigert eine Partei die Annahme der Schlussnote, ist der Makler verpflichtet, unverzüglich dem anderen Teil davon Anzeige zu machen (Abs. 3). Zweck dieser Anzeige ist es, den Parteien die sofortige Möglichkeit zu verschaffen, das Zustandekommen des Geschäfts zu überprüfen.[42] Bei der Anzeige handelt es sich um eine geschäftsähnliche Handlung des Maklers (§ 130 BGB analog).[43] Der Makler ist verpflichtet, die Umstände darzulegen, weshalb er vom Geschäftsabschluss überzeugt war und daher an beide Vertragsteile die Schlussnote zugestellt hat. Eine Haftung des Handelsmaklers (§ 98) wegen fehlender oder unzulänglicher Informationsweiterleitung kommt jedoch nur bei Verschulden in Betracht (→ § 98 Rn. 5). 15

4. Unterschrift des Empfängers. a) Erforderlichkeit der Unterschrift. Eine Unterschriftsleistung der Parteien unter die Schlussnote verlangt das Gesetz nur bei solchen **Geschäften,** die – auch nur durch einen Teil – **nicht sofort erfüllt** werden sollen. Dazu gehören aufschiebend bedingte oder befristete Verträge, wie zB Zeitgeschäfte der Börse.[44] Auch Verträge, in denen eine Zug-um-Zug-Lieferung oder eine Stundung des Kaufpreises vereinbart wurde, zählen hierzu.[45] Der Handelsmakler muss daher gegenüber jeder Partei die entsprechenden Veranlassungen treffen. Ist die **Unterschrift** auf der Schlussnote geleistet, muss der Handelsmakler die unterzeichnete Note der jeweiligen anderen Partei **zustellen.** In den übrigen Fällen (Abs. 1) genügt hingegen das bloße Schweigen auf die Schlussnote, um die Genehmigungsfiktion für das Zustandekommen des Geschäfts auszulösen (→ Rn. 12). 16

b) Bedeutung der Unterschrift. Die nach Abs. 2 erforderliche Unterschrift dient nur der Stärkung der **Beweiskraft** der Schlussnote.[46] Daher sind die von der Rspr. zu § 126 BGB entwickelten strengen Anforderungen an eine **Unterzeichnung**[47] hier nicht anwendbar. Einfache Abzeichnung genügt. Für die Beweissicherung durch gegenseitige Unterschrift kann bei Geschäften, die nicht sofort vollzogen werden, sondern deren wechselseitige Erfüllung sich zeitlich hinauszieht, ein besonderes Bedürfnis bestehen. Dennoch wird die Regel des Abs. 2 in der Praxis häufig nicht angewendet. Denn eine Ausschließung der Unterschriftsregel des Abs. 2 auf Grund Handelsbrauchs ist möglich.[48] 17

c) Unterschriftsverweigerung. Ist die Unterschriftsleistung nicht durch Handelsbrauch ausgeschlossen oder besteht eine Partei gegenüber dem anderen Vertragsteil auf Unterzeichnung der Schlussnote, so muss der Handelsmakler bei Unterschriftsverweigerung 18

---

[39] GK-HGB/*Achilles* Rn. 11; Heymann/*Herrmann* Rn. 11; Baumbach/Hopt/*Roth* Rn. 3, 6.
[40] Dazu Heymann/*Herrmann* Rn. 10; Röhricht/Graf v. Westphalen/Haas/*Röhricht/Mock* Rn. 7.
[41] Heymann/*Herrmann* Rn. 2; Röhricht/Graf v. Westphalen/Haas/*Röhricht/Mock* Rn. 2.
[42] Baumbach/Hopt/*Roth* Rn. 6.
[43] EBJS/*Reiner* Rn. 18; Staub/*Thiessen* Rn. 21; aA Röhricht/Graf v. Westphalen/Haas/*Röhricht/Mock* Rn. 15.
[44] Staub/*Thiessen* Rn. 17.
[45] GK-HGB/*Achilles* Rn. 9; Baumbach/Hopt/*Roth* Rn. 5; Staub/*Thiessen* Rn. 17.
[46] Baumbach/Hopt/*Roth* Rn. 5; Oetker/*Kotzian-Marggraf* Rn. 2; Staub/*Thiessen* Rn. 18.
[47] Palandt/*Ellenberger* BGB § 126 Rn. 5 ff.
[48] Ebenso GK-HGB/*Achilles* Rn. 9; Staub/*Thiessen* Rn. 19.

(Abs. 3) wie beim Widerspruch gegen die Schlussnote verfahren. Der Handelsmakler muss dem anderen Vertragspartner unverzüglich hiervon Anzeige machen. Auch diese Anzeige ist eine empfangsbedürftige Willenserklärung (§ 130 BGB). Zweck der sofortigen Tätigkeitspflicht des Handelsmaklers ist es (ebenso wie bei der Anzeige der Annahmeverweigerung der Schlussnote, → Rn. 15), den anderen Geschäftspartner in die Lage zu versetzen, Bestand oder Nichtbestand des Geschäfts zu klären. Unterbleibende oder unzureichende Erfüllung der Mitteilungspflicht kann im Fall des Verschuldens des Handelsmaklers zu dessen Haftung gem. § 98 führen.[49]

V. Beispiel einer üblichen Schlussnote (Holzhandel)

19 **SCHLUSS-SCHEIN Nr. ......**
Über unsere Vermittlung wurde folgender Abschluss getätigt:
VERKÄUFER: ....
KÄUFER: ....
VERMITTLER: ....
Es gelten nachstehende Bedingungen:
Für unsere Maklertätigkeit mit inländischen und ausländischen Verkäufern und Käufern gelten die „Gebräuche für die Vermittlung von Holzgeschäften", notiert im Anhang der Tegernseer Gebräuche. Auf den uns zustehenden Kunden- und Lieferantenschutz weisen wir besonders hin.
(Hier werden die Tegernseer Gebräuche vom 24. März 1952 im Einzelnen aufgeführt).
MENGE: ....
WARENBESCHREIBUNG: ....
PREIS: ....
PREISSTELLUNG: ....
ZAHLUNG: ....
LIEFERZEIT: ....
MAKLERPROVISION: ....
Datum, Stempel, Unterschrift

Verkäufer:	Holzmakler:	Käufer:
....	....	....

§ 95 [Vorbehaltene Aufgabe]

(1) Nimmt eine Partei eine Schlußnote an, in der sich der Handelsmakler die Bezeichnung der anderen Partei vorbehalten hat, so ist sie an das Geschäft mit der Partei, welche ihr nachträglich bezeichnet wird, gebunden, es sei denn, daß gegen diese begründete Einwendungen zu erheben sind.

(2) Die Bezeichnung der anderen Partei hat innerhalb der ortsüblichen Frist, in Ermangelung einer solchen innerhalb einer den Umständen nach angemessenen Frist zu erfolgen.

(3) [1]Unterbleibt die Bezeichnung oder sind gegen die bezeichnete Person oder Firma begründete Einwendungen zu erheben, so ist die Partei befugt, den Handelsmakler auf die Erfüllung des Geschäfts in Anspruch zu nehmen. [2]Der Anspruch ist ausgeschlossen, wenn sich die Partei auf die Aufforderung des Handelsmaklers nicht unverzüglich darüber erklärt, ob sie Erfüllung verlange.

Übersicht

[49] Dazu insgesamt Baumbach/Hopt/*Roth* Rn. 6; Baumbach/Hopt/*Roth* § 93 Rn. 36; Oetker/*Kotzian-Marggraf* Rn. 7; Staub/*Thiessen* Rn. 21.

I. Regelungszweck

1. Definition. § 95 regelt Voraussetzungen und Rechtsfolgen der sog. **Schlussnote unter Annahmevorbehalt.** Hierbei handelt es sich um Schlussnoten, die mit dem Vermerk „Aufgabe vorbehalten", „in Aufgabe" oder „für Aufgabe" versehen sind. Abweichend von § 94 wird in der Schlussnote unter Annahmevorbehalt die **Bezeichnung des Geschäftsgegners** offengelassen. Im Übrigen muss auch diese besondere Schlussnote den Mindestinhalt gem. § 94 enthalten (→ § 94 Rn. 7 ff.). 1

2. Anwendungsbereich und Bedeutung. In der Praxis wird vom Makler eine Schlussnote unter Annahmevorbehalt verwendet, wenn eine abschlusswillige Partei mit dem Geschäftsschluss zu bestimmten Bedingungen einverstanden ist, der Geschäftsgegner aber noch nicht feststeht und vom Makler noch zu bestimmen ist. Der Auftraggeber ist nicht verpflichtet, die Schlussnote anzunehmen. Wird die Schlussnote jedoch von der Partei gebilligt, so hängt das Zustandekommen des Geschäfts nur noch von der Benennung des Dritten ab (Abs. 1). Mit der Mitteilung eines abschlussbereiten Dritten kommt der Vertrag unter der auflösenden Bedingung zustande, dass der Auftraggeber nicht unverzüglich begründete Einwendungen gegen die Person des Geschäftspartners erhebt. 2

§ 95 mit der Folge der Garantiehaftung gem. Abs. 3 (→ Rn. 15 ff.) findet nur Anwendung, wenn es dem Auftraggeber auf die **Person des noch zu suchenden Vertragspartners ankommt.** Unanwendbar ist die Regelung deshalb, wenn Auftraggeber und Makler darin einig sind, dass die Benennung des Geschäftspartners nicht zu erfolgen brauche, weil sie für den Auftraggeber ohne Bedeutung ist, zB wenn der Schiffsmakler nur die Durchführung der Verfrachtung durch wen auch immer vermitteln soll.[1] Eine entsprechende Anwendung des § 95 ist in diesen Fällen ebenso abzulehnen wie in solchen, in denen der Makler lediglich die Geschäftsverbindung zur Gegenpartei geheim halten will. Denn in beiden Varianten besteht kein Risiko des Maklers (mehr), eine geeignete Gegenpartei zu finden.[2] 3

Der Auftraggeber wird bei Anwendung des § 95 nicht in seiner **Abschlussfreiheit** eingeschränkt. Denn der Auftraggeber bleibt in der Annahme der Schlussnote frei, und die Ausübung der Abschlussfreiheit wird lediglich in zwei aufeinander folgende Entscheidungsakte aufgeteilt.[3] 4

3. Zweck. Der Zweck der Schlussnote unter Annahmevorbehalt besteht in einer **Risikobeschränkung** zugunsten des Handelsmaklers. Der Handelsmakler hat den Vorteil, hierdurch sein aus der Abschlussfreiheit des Auftraggebers folgendes Tätigkeits- und Geschäftsrisiko erheblich verringern zu können. Mit der Annahme der Schlussnote unter Vorbehalt durch den Auftraggeber steht der Geschäftsinhalt fest; die Aufgabe des Handelsmaklers beschränkt sich nur noch auf die Suche nach einem geeigneten Geschäftspartner, ohne dass der Vertragsinhalt selbst in Frage steht.[4] Die Auswahl des Geschäftspartners bleibt allein dem 5

[1] Vgl. hierzu OLG Hamburg MDR 1955, 363 und Staub/*Thiessen* Rn. 5.

[2] RGZ 97, 260; Heymann/*Herrmann* Rn. 3; Baumbach/Hopt/*Roth* Rn. 1; Staub/*Thiessen* Rn. 5.

[3] Zutr. Heymann/*Herrmann* Rn. 1.

[4] Heymann/*Herrmann* Rn. 2; Oetker/*Kotzian-Marggraf* Rn. 1; Staub/*Thiessen* Rn. 3; ähnlich Röhricht/Graf v. Westphalen/Haas/*Röhricht/Mock* Rn. 1 f., der den Vorteil der Auftragssicherung in den Vordergrund stellt.

Makler überlassen.[5] Zum Ausgleich dieser Begünstigung des Maklers steht dem Auftraggeber das Recht zu, vom Makler Erfüllung zu verlangen, falls dieser nicht oder nicht rechtzeitig einen geeigneten Geschäftspartner vermittelt (Abs. 3).

II. Schlussnote unter Annahmevorbehalt (Abs. 1)

6 **1. Vorbehalt der Parteibezeichnung.** Der Vorbehalt der Parteibezeichnung wird vom Makler regelmäßig in der Schlussnote formuliert durch die Zusätze: „Aufgabe vorbehalten", „in Aufgabe", „für Aufgabe".[6] Im Übrigen unterliegt die Schlussnote unter Annahmevorbehalt denselben inhaltlichen Anforderungen wie die Schlussnote gem. § 94 (→ § 94 Rn. 7 ff.).

7 **2. Annahme der Schlussnote.** Dem Auftraggeber steht es frei, eine solche Schlussnote anzunehmen. Mit der Annahme ist der Auftraggeber an das Geschäft mit dem in der Schlussnote bezeichneten Inhalt und mit der nachträglich bezeichneten Partei gebunden (Abs. 1). Annahme der Schlussnote bedeutet nicht körperliche Entgegennahme, sondern inhaltliche Billigung. Die Annahme unterliegt daher den Grundsätzen der Irrtumsanfechtung und sonstiger Willensmängel.[7] Ist der Auftraggeber Kaufmann, ist eine widerspruchslose Entgegennahme der Schlussnote als deren Annahme auszulegen; ein Kaufmann müsste die Zurückweisung unverzüglich erklären.[8] Bei Annahme durch Schweigen ist jedoch das Anfechtungsrecht eingeschränkt: Der auftraggebende Kaufmann kann nicht gem. § 119 Abs. 1 BGB geltend machen, das Schweigen sei Folge eines Sorgfaltspflichtverstoßes, denn der strenge Handelsbrauch mahnt den Kaufmann gerade zur Sorgfalt.[9]

8 **3. Bezeichnung des Geschäftspartners.** Wirksam zustande kommt das Geschäft aber erst mit der Benennung des Geschäftspartners. Hierdurch erlangt der Auftraggeber Kenntnis davon, dass der bisher unbekannte Geschäftspartner sein in der Schlussnote niedergelegtes Angebot angenommen hat.[10] Die Person des Vertragsgegners muss so genau bezeichnet sein, dass der Auftraggeber sich über mögliche personelle Einwendungen selbst informieren kann. Die Mitteilung des Geschäftspartners ist einerseits eine empfangsbedürftige Willenserklärung des Maklers, die der Erfüllung seiner Maklerpflichten, nämlich der namentlichen Benennung des Vertragspartners dient (§ 130 BGB).[11] Zum anderen liegt auch eine Annahmeerklärung des Vertragspartners vor, die der Makler entweder als Bote des Vertragspartners überbringt oder bereits als Empfangsvertreter des Auftraggebers annimmt. Bei einer Annahme unter Abweichungen durch den Vertragspartner kommt der Vertrag nicht zustande. Denn in diesem Fall decken sich die vom Makler als Erklärungsboten des Auftraggebers übermittelte und die an ihn als dessen Empfangsbevollmächtigten vom Dritten ausgesprochene Annahmeerklärung nicht (§ 150 Abs. 1 BGB).[12]

9 **4. Rechtsfolgen.** Ist die Parteibezeichnung ordnungsgemäß erfolgt, kommt der Vertrag unter der auflösenden Bedingung zustande, dass vom Auftraggeber keine personellen Einwendungen gegen den vermittelten Geschäftspartner vorgetragen werden. Umstritten ist, ob diese Wirkung bereits im Zeitpunkt der Einigung zwischen Makler und Geschäftspartner oder aber erst mit dem Zugang der Parteibezeichnung beim Auftraggeber eintritt.[13] Hier muss unterschieden werden: Ist der Makler lediglich Erklärungs- bzw. Empfangsbote, kann die Wirkung des auflösend bedingten Vertragsschlusses erst mit Übermittlung der

[5] Staub/*Thiessen* Rn. 3.
[6] EBJS/*Reiner* Rn. 7 geht davon aus, dass eine Schlussnote mit Freilassung des Namens der Gegenpartei bei einem Kaufmann ausreichend sei.
[7] Staub/*Thiessen* Rn. 22.
[8] Oetker/*Kotzian-Marggraf* Rn. 4; EBJS/*Reiner* Rn. 8; Staub/*Thiessen* Rn. 13.
[9] Baumbach/Hopt/*Hopt* § 362 Rn. 6.
[10] Vgl. GK-HGB/*Achilles* Rn. 3; EBJS/*Reiner* Rn. 9; Röhricht/Graf v. Westphalen/Haas/*Röhricht/Mock* Rn. 9.
[11] Heymann/*Herrmann* Rn. 4.
[12] Vgl. insgesamt Heymann/*Herrmann* Rn. 4.
[13] Vgl. Heymann/*Herrmann* Rn. 5 mwN.

Willenserklärung des Geschäftspartners durch den Makler eintreten.[14] Kommt dem Makler hingegen eine Stellung als bevollmächtigter Vertreter des Auftraggebers zu, so tritt die Rechtsfolge bereits mit Zugang der Erklärung des Geschäftspartners beim Makler ein (§ 164 Abs. 3 BGB).

III. Einhaltung der Bezeichnungsfrist (Abs. 2)

10 **1. Bezeichnungsfrist.** Der Makler muss innerhalb der **ortsüblichen** Frist dem Auftraggeber gegenüber den vermittelten Geschäftspartner bezeichnen; hilfsweise ist eine **angemessene** Bezeichnungsfrist aus den Umständen zu ermitteln. Die Ortsüblichkeit der Frist ergibt sich aus den örtlich vorgegebenen Handelsgebräuchen im Zusammenhang mit dem speziellen Geschäftsinhalt. So gilt zB im Hamburger Chartergeschäft eine **alsbaldige** Bezeichnungsfrist als ortsübliche.[15] Die Regelung des Abs. 2 ist **dispositiv.** Daher kann eine längere oder kürzere Frist als die ortsübliche zwischen Auftraggeber und Handelsmakler vereinbart werden.[16]

11 **2. Rechtsfolgen bei Nichteinhaltung der Frist.** Erfolgt die Parteibezeichnung verspätet, also ohne die jeweils ortsübliche bzw. nach den Umständen errechnete Frist zu wahren, treten die Rechtsfolgen gem. §§ 149, 150 Abs. 1 BGB ein.[17] Die Parteibezeichnung durch den Makler **gilt als neues Angebot** des Geschäftspartners, das gesondert durch den Auftraggeber angenommen werden muss. Der Auftraggeber ist an sein ursprüngliches Angebot nicht mehr gebunden. Er kann jedoch das neue Angebot des Geschäftspartners annehmen oder ablehnen. Nach anderer, im rechtlichen Gesamtergebnis aber identischer Auffassung kann der Auftraggeber eine verspätet zugegangene Parteibezeichnung ausdrücklich oder konkludent genehmigen; durch die Genehmigung wird das schwebend unwirksame Geschäft dann gleichermaßen unbedingt wirksam.[18]

IV. Einwendungen gegen die Person des benannten Geschäftspartners

12 Der Auftraggeber ist nicht an das in der angenommenen Schlussnote ausgewiesene Geschäftsangebot gebunden, wenn er gegen den benannten Geschäftspartner **begründete Einwendungen** vorträgt. Ihre Berechtigung ist vom Auftraggeber zu beweisen. Als Einwendungen kommen aber nur solche in Betracht, die sich auf die Person des Vertragspartners beziehen; zB seine Zahlungsfähigkeit, aber auch sonstige geschäftsrelevante Eigenschaften des Benannten.[19]

13 In der Schlussnote kann auch eine ganz **bestimmte personelle Eigenschaft** des Geschäftspartners vorbehalten werden, so zB eine bestimmte berufliche Qualifikation. Die vertragliche Bindung des Auftraggebers entfällt in diesem Fall dann, wenn dem vermittelten Geschäftspartner die konkret vorbehaltene Eigenschaft fehlt und der Auftraggeber sich hierauf beruft.[20] Bestehen zwar objektiv Einwendungen gegen die Person des Vertragspartners, werden diese aber vom Auftraggeber **nicht vorgetragen,** so kommt der Vertrag mit der Benennung des Dritten durch den Makler zustande. Denn die Bindung des Auftraggebers ist **auflösend bedingt** durch die Erhebung der Einwendungen.[21]

14 In Hinblick auf die im Handelsverkehr üblichen Zeiterfordernisse wird man eine **verzögerte Erhebung** von Einwendungen als **verspätet** zu behandeln und damit einer Nichterhebung der Einwendungen gleichzustellen haben. Denn bei einer verzögert vorgetragenen Ein-

[14] So aber generell Heymann/*Herrmann* Rn. 5; Staub/*Thiessen* Rn. 16.
[15] OLG Hamburg MDR 1955, 234; Baumbach/Hopt/*Roth* Rn. 2.
[16] Heymann/*Herrmann* Rn. 7; EBJS/*Reiner* Rn. 10.
[17] Ebenso GK-HGB/*Achilles* Rn. 4; Baumbach/Hopt/*Roth* Rn. 2; EBJS/*Reiner* Rn. 10; Staub/*Thiessen* Rn. 27.
[18] So Heymann/*Herrmann* Rn. 7.
[19] Vgl. dazu insgesamt EBJS/*Reiner* Rn. 12 ff.; Staub/*Thiessen* Rn. 11.
[20] Dazu RGZ 33, 131 (dort sollte der Vertragspartner ein „prima" Ablader sein); Staub/*Thiessen* Rn. 19 f.
[21] Vgl. Baumbach/Hopt/*Roth* Rn. 1; Röhricht/Graf v. Westphalen/Haas/*Röhricht/Mock* Rn. 8; Staub/*Thiessen* Rn. 19 f.

wendung können Makler und Auftraggeber zunächst auf Billigung schließen; eine Billigung des benannten Geschäftspartners hat aber die endgültige Wirksamkeit des Rechtsgeschäfts zur Folge.[22] Die schweigende Unterlassung von Einwänden kann auch bereits deshalb nicht angefochten werden, da sie keine Willenserklärung darstellt. Allerdings ist möglicherweise das gesamte Geschäft wegen nachteiliger Eigenschaften des Geschäftspartners nach § 119 Abs. 2 BGB anfechtbar. § 95 Abs. 3 wird hierbei nicht umgangen, da die Anfechtung nach § 121 BGB unverzüglich zu erklären ist und nach § 122 BGB eine Schadensersatzpflicht auslöst.[23]

V. Erfüllungshaftung des Maklers (Abs. 3)

15 **1. Bedeutung des Abs. 3 S. 1.** Durch die angenommene Schlussnote unter Vorbehalt der Parteibezeichnung ist der Auftraggeber auf ein Rechtsgeschäft festgelegt, ohne seinen Geschäftspartner zu kennen. In der Vermittlung des Vertragsgegners ist er vom Makler abhängig. Daher muss der Makler zum Ausgleich dafür einstehen, dass das Geschäft endgültig zustande kommt. Vermittelt der Makler eine Vertragspartei (Person oder Firma), gegen die der Auftraggeber begründete Einwendungen vortragen kann (Abs. 3), oder erfolgt die Parteibezeichnung nicht fristgemäß (Abs. 2), kann der Auftraggeber vom Makler selbst Erfüllung verlangen. Die Regelung des Abs. 3 S. 1 ist also ein Fall **gesetzlicher Garantiehaftung.**[24]

16 **2. Haftungsvoraussetzungen.** Die gesetzliche Garantiehaftung des Maklers tritt ein, wenn der Auftraggeber den vom Handelsmakler vermittelten **Geschäftspartner begründet ablehnt** (→ Rn. 12 ff.) oder der Makler die andere Vertragspartei **nicht fristgemäß bezeichnet** (→ Rn. 10 f.). Die Garantiehaftung wird jedoch dann nicht ausgelöst, wenn der Makler noch innerhalb der Frist des Abs. 2 einen geeigneten Vertragspartner anbietet, nachdem ein vorangegangenes frühzeitiges Angebot vom Auftraggeber wegen personeller Einwendungen zurückgewiesen wurde. Der rasch handelnde Makler soll nicht benachteiligt werden; auch ihm soll im Ergebnis die volle Frist des Abs. 2 zur Verfügung stehen. Auf ein Verschulden des Maklers kommt es nicht an.

17 Den Eintritt der Garantiehaftung des Maklers muss der Auftraggeber durch die (sinngemäße) **Erklärung** auslösen, dass er den Makler auf Erfüllung in Anspruch nehme. Die Erklärung des Auftraggebers ist eine empfangsbedürftige Willenserklärung (§ 130 BGB), die nach Aufforderung durch den Makler unverzüglich abzugeben ist (Abs. 3 S. 2). Sie steht im freien Willen der Partei; der Makler hat – sofern es ihm nicht vertraglich eingeräumt wurde – kein eigenes Selbsteintrittsrecht.[25]

18 **3. Haftungsfolge.** Mit der Erklärung des Auftraggebers, er werde den Makler in Anspruch nehmen, wird der **Abschluss des Geschäfts** zwischen Auftraggeber und Makler unter den in der Schlussnote bezeichneten Bedingungen **fingiert.** Der Makler wird mit allen Rechten und Pflichten als Vertragspartei behandelt. So ist der Makler zB auch an eine in dem gescheiterten Vertrag enthaltene Schiedsgerichtsvereinbarung nach § 1025 ZPO gebunden.[26] Auch die Verjährung des Erfüllungsanspruchs richtet sich nach den jeweils für den einzelnen Vertragstyp geltenden Fristen.[27]

19 Zugleich **entfällt** mit Eintritt der Haftungsvoraussetzungen der Provisionsanspruch des Maklers.[28] Anderenfalls könnte der Makler sich über diesen Weg ein ihm nicht zustehendes Selbsteintrittsrecht erzwingen und zugleich für den Vollzug dieses Selbsteintrittsrechts Provision fordern.

---

[22] IErg ebenso Staub/*Thiessen* Rn. 20; ähnlich Röhricht/Graf v. Westphalen/Haas/*Röhricht/Mock* Rn. 10, der auf Verkehrsüblichkeit und Handelsgebrauch abstellt.
[23] Heymann/*Herrmann* Rn. 10; Staub/*Thiessen* Rn. 22.
[24] GK-HGB/*Achilles* Rn. 6 ff.; Staub/*Thiessen* Rn. 28.
[25] GK-HGB/*Achilles* Rn. 8; Baumbach/Hopt/*Roth* Rn. 3; Oetker/*Kotzian-Marggraf* Rn. 8; EBJS/*Reiner* Rn. 21; Röhricht/Graf v. Westphalen/Haas/*Röhricht/Mock* Rn. 13; Staub/*Thiessen* Rn. 29.
[26] *So BGH* NJW 1977, 1397 abw. von der Rechtslage bei § 179 BGB.
[27] So BGHZ 73, 271 für den vergleichbaren Fall des § 179 BGB; aA EBJS/*Reiner* Rn. 19.
[28] GK-HGB/*Achilles* Rn. 8; Baumbach/Hopt/*Roth* Rn. 3; aA EBJS/*Reiner* Rn. 20.

4. Haftungsausschluss (Abs. 3 S. 2). Der Makler kann die Ungewissheit über seine Haftung ausschließen, indem er den Auftraggeber zur **Erklärung auffordert,** ob er Erfüllung verlange. Erklärt sich der Auftraggeber nicht unverzüglich (ohne schuldhaftes Zögern nach § 121 Abs. 1 BGB) auf eine Anforderung des Handelsmaklers, so ist der Erfüllungsanspruch ausgeschlossen. Unberührt von dieser gesetzlichen Möglichkeit des Haftungsausschlusses bleibt hingegen die Haftung des Maklers wegen Schlechtbenennung oder verspäteter Benennung.[29] 20

§ 96 [Aufbewahrung von Proben]

[1]Der Handelsmakler hat, sofern nicht die Parteien ihm dies erlassen oder der Ortsgebrauch mit Rücksicht auf die Gattung der Ware davon entbindet, von jeder durch seine Vermittlung nach Probe verkauften Ware die Probe, falls sie ihm übergeben ist, so lange aufzubewahren, bis die Ware ohne Einwendung gegen ihre Beschaffenheit angenommen oder das Geschäft in anderer Weise erledigt wird. [2]Er hat die Probe durch ein Zeichen kenntlich zu machen.

I. Pflicht zur Aufbewahrung und Rückgabe der Probe

1. Gegenstand der Aufbewahrungspflicht. Der Handelsmakler vermittelt häufig einen sog. Kauf nach Probe oder Muster iSd § 454 BGB. Wird ihm zu diesem Zweck eine **(Waren-)Probe** übergeben, so hat er die Probe grundsätzlich bis zur Erledigung des Geschäfts aufzubewahren. Eine Ausnahme gilt gem. § 96 nur dann, wenn dem Handelsmakler die Aufbewahrungspflicht von beiden Parteien erlassen wurde oder der Ortsgebrauch mit Rücksicht auf die Warengattung ihn davon entbindet. Die Aufbewahrungspflicht ist eine eigene, spezifische Verpflichtung des Handelsmaklers und ergibt sich aus dem Handelsmaklervertrag iVm der gesetzlichen Regelung gem. § 96. Der Handelsmakler hat daher (ohne besondere Parteivereinbarung) gegenüber dem Auftraggeber grundsätzlich **keinen Anspruch auf Vergütung** oder Kostenersatz für die Aufbewahrung der Probe.[1] 1

2. Ende der Aufbewahrungspflicht. Die Aufbewahrungspflicht endet in dem Zeitpunkt, in dem keine Einwendungen gegen die Beschaffenheit der Ware mehr zu erwarten sind, also eine **endgültige Erledigung** des Geschäfts gegeben ist. Dies gilt insbesondere bei Annahme der Ware durch den Käufer ohne Einwendungen gegen den Kaufgegenstand. Eine solche Geschäftserledigung liegt aber auch bei unterbliebener Mängelanzeige und dem Auslösen der Genehmigungsfiktion (§ 377) vor, dem Ablauf der Verjährungsfrist für Gewährleistungsansprüche sowie bei einvernehmlicher Vertragsauflösung.[2] Erforderlich ist demnach eine vertragliche Situation, in der es auf einen Rückgriff auf die Probe nicht mehr ankommt. Daher kann nicht genügen, dass der Käufer auf **Lieferung verzichtet** hat und Schadensersatz statt der Leistung (zB nach § 437 Nr. 3 BGB, §§ 280, 281 BGB) verlangt.[3] Denn in diesem Fall muss der Verkäufer zur Überprüfung der Berechtigung des vom Käufer geltend gemachten Anspruchs vergleichsweise auf die Probe zurückgreifen können. 2

3. Rückgabepflicht. Ist die Situation einer (endgültigen) Vertragserledigung eingetreten, darf und muss der Handelsmakler die Probe an die Partei **zurückgeben,** von der er sie erhalten hat. Handelt es sich um den Auftraggeber, so folgt die Rückgabepflicht unmittelbar aus den §§ 675, 667 BGB; bei der Probe des Geschäftspartners ist eine entsprechende Anwendung dieser Vorschriften geboten, soweit nicht bereits Ansprüche nach § 985 BGB eine Herausgabepflicht begründen. Gegen den Anspruch auf Rückgabe kann der Makler 3

[29] Baumbach/Hopt/*Roth* Rn. 4.
[1] IErg ebenso Heymann/*Herrmann* Rn. 3.
[2] GK-HGB/*Achilles* Rn. 2; Baumbach/Hopt/*Roth* Rn. 1; Oetker/*Kotzian-Marggraf* Rn. 3; Staub/*Thiessen* Rn. 9; Röhricht/Graf v. Westphalen/Haas/*Röhricht/Mock* Rn. 1.
[3] Zutr. Staub/*Thiessen* Rn. 9.

ein eventuelles Zurückbehaltungsrecht aus eigenen Ansprüchen aus dem Maklervertrag geltend machen, so zB wegen einer offenen Provisionsforderung.

4 Die **Rückgabepflicht entfällt** hingegen, wenn die Probe zwischenzeitlich wertlos geworden ist; in diesem Fall kann der Handelsmakler die Probe vernichten.[4] **Vernichtet** der Makler die Ware hingegen **pflichtwidrig,** haftet er nach §§ 283, 280 Abs. 1 BGB wegen verschuldeten Unvermögens zur Rückgabe der Probe. Für den Herausgabeanspruch nach § 985 BGB richtet sich die Haftung des Maklers nach §§ 987 ff. BGB.

5 **4. Verletzung der Aufbewahrungspflicht.** Der Makler verletzt seine Aufbewahrungspflicht, wenn er die Probe unsorgfältig aufbewahrt und dadurch eine Verschlechterung oder ein Untergang der Probe verursacht wird. Da die Aufbewahrungspflicht eine typische Pflicht des Handelsmaklers ist, **haftet der Makler** im Falle seines Verschuldens nach § 98.[5]

II. Pflicht zur Vorlegung der Probe

6 Nicht unmittelbar in § 96 geregelt, aber mit der Aufbewahrungspflicht notwendig verbunden, ist die Verpflichtung des Maklers, die Probe **auf Verlangen** den Parteien **vorzulegen.** Für den Auftraggeber folgt der Anspruch auf Vorlegung der Probe bereits aus dem Auftragsverhältnis; dem Geschäftsgegner gegenüber ist der Makler deshalb zur Vorlage verpflichtet, weil sein Tätigwerden diesem gegenüber auf einem vertragsähnlichen Verhältnis (→ § 93 Rn. 63)[6] beruht.[7]

7 Der Handelsmakler hat wegen seines ausnahmsweise bereits fälligen Provisionsanspruchs kein **Zurückbehaltungsrecht** bezüglich der Vorlegungspflicht. Denn bei der Aufbewahrung der Probe hat der Handelsmakler eine einem Treuhänder gleichkommende Stellung und darf nur in bestimmter, vorgegebener Weise damit verfahren.[8] Dazu gehört auch die Pflicht, die Probe jederzeit auf Verlangen vorzulegen. Anders die Rechtslage bei der Herausgabe der Probe nach Abschluss des Geschäfts (→ Rn. 3).

8 Ebenso wie die Vorlegungspflicht als solche ist auch deren **Inhalt** gesetzlich nicht im Handelsmaklerrecht geregelt. Ergänzend ist daher für **Ort, Gefahr** und **Kosten** der Vorlegung auf die Vorschrift des § 811 BGB zurückzugreifen.[9]

III. Kennzeichnungspflicht

9 Der Handelsmakler hat gem. § 96 S. 2 für die Dauer der Aufbewahrung die Probe zu **kennzeichnen.** Die Kennzeichnung dient der Individualisierung des Probengebers und soll zugleich sicherstellen, dass die Probe nach Beendigung des Geschäfts ordnungsgemäß an die Partei zurückgegeben wird, von der die Probe stammt. Für die **Verletzung der Kennzeichnungspflicht** haftet der Makler wiederum nach § 98.[10]

§ 97 [Keine Inkassovollmacht]

Der Handelsmakler gilt nicht als ermächtigt, eine Zahlung oder eine andere im Vertrage bedungene Leistung in Empfang zu nehmen.

I. Ausschluss einer Inkasso- oder Empfangsermächtigung

1 **1. Reine Vermittlungstätigkeit des Maklers.** § 97 regelt ausdrücklich, dass dem Handelsmakler keine gesetzliche Vollmacht zur Entgegennahme von Zahlungen oder zum

---

[4] Röhricht/Graf v. Westphalen/Haas/*Röhricht/Mock* Rn. 3; einschr. Staub/*Thiessen* Rn. 12, der die Einholung der Parteieinwilligung bzw. die vorherige Ankündigung der Vernichtung empfiehlt; aA EBJS/*Reiner* Rn. 6, der das Recht zur Vernichtung ablehnt.

[5] Vgl. auch GK-HGB/*Achilles* Rn. 4; Heymann/*Herrmann* Rn. 3; Staub/*Thiessen* Rn. 10.

[6] Röhricht/Graf v. Westphalen/Haas/*Röhricht/Mock* Rn. 1; Staub/*Thiessen* § 93 Rn. 14 ff.

[7] Staub/*Thiessen* Rn. 18.

[8] Ebenso Staub/*Thiessen* Rn. 20.

[9] Oetker/*Kotzian-Marggraf* Rn. 2; EBJS/*Reiner* Rn. 5; Staub/*Thiessen* Rn. 18.

[10] EBJS/*Reiner* Rn. 2, 7.

Empfang einer anderen im Vertrag vereinbarten Leistung zukommt. Damit wird klargestellt, dass sich die Tätigkeit des Maklers nach dem gesetzlichen Leitbild allein auf die **Vertragsvermittlung** beschränkt. Seine Funktion ist es, dem Auftraggeber seine Marktkenntnisse zur Verfügung zu stellen (→ § 93 Rn. 12 f.) und hierdurch Verbindungen zu anderen Vertragsinteressenten zu schaffen.[1] Daher kommt dem Handelsmakler nach dem Gesetz auch nur der Status einer zur Übermittlung verwendeten Person iSd § 120 BGB zu.[2] Hintergrund der gesetzlichen Regelung ist die **Unabhängigkeit des Handelsmaklers** von den Geschäftspartnern. Wie der ebenfalls grundsätzlich selbständige Handelsvertreter (§ 91 Abs. 1, § 55 Abs. 3) soll auch der Handelsmakler als selbständiger Kaufmann (§ 1) von Gesetzes wegen hinsichtlich Zahlungen keiner Partei zugerechnet werden. Anders hat sich der Gesetzgeber bei abhängig Beschäftigten entschieden (vgl. § 56).

2. Gesetzlicher Ausschluss der Inkassovollmacht. Entsprechend sind auch alle **Erklärungen,** wie Mängelanzeigen, Mängelrügen, Mahnungen, Anfechtungen und Widersprüche gegen Schlussnoten der anderen Partei gegenüber zu erklären; die Erklärung gegenüber dem Makler wäre wirkungslos.[3] Eine gesetzliche Inkassovollmacht läge außerhalb dieses Betätigungsfeldes. § 97 spricht daher ausdrücklich aus, dass der Handelsmakler **keine Inkassovollmacht** besitzt. 2

3. Gesetzlicher Ausschluss der Erfüllungsannahme. Entsprechend ist der Handelsmakler – ohne Parteivereinbarung (→ Rn. 4 f.) – gesetzlich auch nicht bevollmächtigt, sonstige Erfüllungsleistungen außer Zahlungen, also zB die Übereignung von Sachen oder die Übertragung von Forderungen, entgegenzunehmen. 3

II. Individualvertragliche Ermächtigungen

1. Grundsätzliche Zulässigkeit. § 97 ist **dispositives Recht,** das sich am gesetzlichen Leitbild des Handelsmaklers orientiert. Daher kann der Auftraggeber, aber auch der andere Vertragspartner, dem Handelsmakler abweichend von § 97 Vollmacht oder Botenmacht erteilen bzw. ihn nach § 362 Abs. 2 BGB, § 185 BGB zur Entgegennahme ermächtigen. Auch aus dem Handelsbrauch und der Verkehrssitte (§ 346) kann sich eine Bevollmächtigung des Handelsmaklers ergeben.[4] 4

2. Mögliche Sonderermächtigungen. Zu den zulässigen Sonderermächtigungen des Handelsmaklers gehören insbesondere die nach der gesetzlichen Regelung des § 97 ausgeschlossene **Abschluss- oder Inkassovollmacht.**[5] 5

§ 98 [Haftung gegenüber beiden Parteien]

Der Handelsmakler haftet jeder der beiden Parteien für den durch sein Verschulden entstehenden Schaden.

Übersicht

1 Heymann/*Herrmann* Rn. 1.
2 Staub/*Brüggemann,* 4. Aufl. 1995 (2. EL 1982), Rn. 1 (in der Neuauflage nicht mehr zitiert).
3 GK-HGB/*Achilles* Rn. 1.
4 Vgl. RG 97, 218; Heymann/*Herrmann* Rn. 1; Baumbach/Hopt/*Roth* Rn. 1; EBJS/*Reiner* Rn. 2 f.; Staub/*Thiessen* Rn. 7.
5 EBJS/*Reiner* Rn. 3.

I. Bedeutung der Haftungsregelung

1 Die für den Handelsmakler geltende besondere Haftungsregelung beruht auf dem spezifischen **Verhältnis** des Handelsmaklers **zu beiden Parteien.** Gegenüber dem Auftraggeber steht er in vertraglichen, gegenüber dem Dritten in vertragsähnlichen Beziehungen (→ § 93 Rn. 63).[1] Er hat dabei beiden Parteien gegenüber die Sorgfalt eines ordentlichen Kaufmanns (§ 347) anzuwenden[2] und auf die im Handelsverkehr geltenden Gewohnheiten und Gebräuche Rücksicht zu nehmen (→ § 93 Rn. 54 ff.). Entsprechend **haftet** der Handelsmakler auch **beiden Parteien** gegenüber, wenn er die ihm obliegenden Sorgfaltspflichten verletzt. Jedoch ist die Haftung gegenüber Auftraggeber und dessen Vertragspartner auf die spezifischen Pflichten der jeweiligen Partei gegenüber beschränkt.[3] Die Besonderheit der gesetzlichen Haftung gegenüber beiden Parteien kennzeichnet die spezielle Rechtsnatur des § 98: Es handelt sich um eine **gesetzliche Regelung** vertraglicher **Schutzwirkung zugunsten Dritter.**[4]

II. Haftungsvoraussetzungen

2 **1. Pflichtenverstoß.** Der Makler muss im Rahmen seiner Vermittlungstätigkeit gegen eine der ihm obliegenden Pflichten verstoßen haben. Zu diesen für die Haftung nach § 98 bedeutsamen Pflichten gehören insbesondere: die Beratungs-, Aufklärungs- und Informationspflichten (→ § 93 Rn. 58 ff.), die Verschwiegenheitspflicht (→ § 93 Rn. 61) sowie die speziellen Pflichten nach §§ 94 ff. (Zustellung einer Schlussnote, Aufbewahrung von Proben, Tagebuchführung).

3 Die Pflichtenverstöße müssen nicht notwendig bei einer im Ergebnis **erfolgreichen Vermittlungstätigkeit** begangen worden sein. Vielmehr ist ein Pflichtenverstoß für die Haftung des Maklers auch dann bedeutsam, wenn eine Vermittlung ausgeblieben ist. Das Ausbleiben eines Vermittlungserfolges als solcher genügt jedoch nicht, denn der Makler hat keine Tätigkeitspflicht (→ § 93 Rn. 56). In diesem Fall kann als haftungsbegründender Pflichtverstoß nur die Verletzung von Nebenpflichten anlässlich von Vermittlungsversuchen eine Haftung des Maklers auslösen.[5] Hat im Falle des § 95 Abs. 3 der Auftraggeber den Makler auf Erfüllung in Anspruch genommen und kommt mithin der Abschluss des Vertrags mit dem Makler selbst zustande, haftet der Makler für etwaige Pflichtverletzungen aus dem Vertrag (→ § 95 Rn. 18). Der in § 95 Abs. 3 beschriebenen Pflicht des Maklers zum Selbsteintritt liegt jedoch nicht die Verletzung irgendeiner Vertragspflicht des Maklers zugrunde.[6]

4 Der **Versicherungsmakler** ist dagegen üblicherweise gegenüber dem mit ihm durch einen Geschäftsbesorgungsvertrag verbundenen Versicherungsnehmer zur Tätigkeit und meist zum Abschluss des gewünschten Versicherungsvertrags verpflichtet.[7] Zu den einen Handelsmakler üblicherweise treffenden Beratungs-, Aufklärungs- und Informationspflich-

---

1 GK-HGB/*Achilles* Rn. 1; Heymann/*Herrmann* Rn. 1; offengelassen von Staub/*Thiessen* § 93 Rn. 16; Staub/*Thiessen* § 98 Rn. 5.

2 Vgl. auch OLG Hamburg VersR 2002, 1507; Baumbach/Hopt/*Roth* Rn. 1; GK-HGB/*Achilles* Rn. 2.

3 Speziell zur Schiffsmaklerhaftung *Schmidt/Blaschczok* VersR 1981, 393.

4 Heymann/*Herrmann* Rn. 1; *Lutter* FS Bärmann, 1975, 605 (615) Fn. 23; offengelassen von Röhricht/Graf v. Westphalen/Haas/*Röhricht/Mock* Rn. 1; aA Oetker/*Kotzian-Marggraf* Rn. 1 und EBJS/*Reiner* Rn. 1, die von einer rein vertraglichen Haftung ausgehen, wobei sie eine vertragliche Beziehung für beide Parteien gegeben halten.

5 Staub/*Thiessen* Rn. 7.

6 So auch EBJS/*Reiner* § 95 Rn. 18.

7 BGH NJW 1985, 2595.

ten kommen daher spezifische Pflichten hinzu: Nach dem BGH untersucht er von sich aus das Risiko, prüft das Objekt und unterrichtet den Versicherungsnehmer als seinen Auftraggeber ständig, unverzüglich und ungefragt über die für ihn wichtigen Zwischen- und Endergebnisse seiner Bemühungen, das aufgegebene Risiko zu platzieren.[8] Außerdem muss er auf etwaige Deckungslücken und die Möglichkeit der Abhilfe hinweisen. Wegen dieser „umfassenden Pflichten" kann laut dem BGH der Versicherungsmakler für den Bereich der Versicherungsverhältnisse des von ihm betreuten Versicherungsnehmers als „dessen treuhänderischer Sachwalter bezeichnet und insoweit mit sonstigen Beratern verglichen werden".[9] Daran ändert sich auch nichts dadurch, dass die Provision des Versicherungsmaklers vom Versicherer getragen wird.[10] Zum Pflichtenkreis des Versicherungsmaklers s. weiter §§ 59–66 VVG iVm §§ 11 ff. VersVermV (Versicherungsvermittlungsverordnung), vgl. auch § 6 Abs. 6 VVG.

2. Verschulden des Maklers und Schaden bei einer der Parteien. Der Makler muss den Pflichtenverstoß **verschuldet** und dadurch eine oder beide Parteien geschädigt haben. Dabei genügt **jedes Verschulden** iSd § 276 BGB. Hat der Makler für die Vermittlungstätigkeit Hilfspersonen eingeschaltet, muss er sich das Verschulden eines **Erfüllungsgehilfen** gem. § 278 BGB zurechnen lassen bzw. haftet er gem. § 831 BGB für den Verrichtungsgehilfen.[11] Dies gilt auch bei Einschaltung eines **Zwischenmaklers.**[12] Schaden iSd § 98 ist jeder auf einer Pflichtverletzung des Maklers beruhende Vermögensschaden einer Partei. Zu typischen Schadensfällen → Rn. 12 ff. 5

III. Rechtsfolgen

1. Haftungsumfang. Die Haftung ist dem Umfang nach grundsätzlich nicht nur auf Ersatz des negativen Interesses (dh des Vertrauensschadens) gerichtet. Dies gilt sowohl für den Ersatzanspruch des Auftraggebers als auch für den des Geschäftspartners. Ein Ersatz des positiven Interesses (dh des Erfüllungsinteresses) kommt insbesondere dann in Betracht, wenn der Makler den Geschäftsabschluss schuldhaft vereitelt hat.[13] 6

2. Mitverschulden. Auch bei der Haftung des Handelsmaklers ist mitwirkendes Verschulden des Auftraggebers oder des Geschäftspartners gem. § 254 BGB haftungsmindernd zu berücksichtigen,[14] zB Beachtlichkeit des Mitverschuldens der kreditgebenden Bank im Rahmen der Haftung des Kreditmaklers.[15] 7

3. Verjährung. Die Verjährung von Haftungsansprüchen gegen den Handelsmakler richtet sich nach allgemeinem bürgerlichen Recht; es gilt daher die Regelverjährungsfrist von drei Jahren (§ 195 BGB).[16] § 88 wurde am 14.12.2004 durch das Gesetz zur Anpassung von Verjährungsvorschriften an das Gesetz zur Modernisierung des Schuldrechts (BGBl. 2004 I 3214) mit Wirkung vom 15.12.2004 aufgehoben. Die Diskussion um eine entsprechende Anwendung dieser Verjährungsvorschrift auch für Ansprüche gegen den Handelsmakler[17] ist damit obsolet. 8

---

[8] BGH NJW 1985, 2595. Zur Pflichtverletzung des Versicherungsmaklers bei der Vermittlung von Lebensversicherungsverträgen OLG Hamm VuR 2019, 438.

[9] BGH NJW 1985, 2595.

[10] BGH NJW 1985, 2595.

[11] BGH BB 1970, 863.

[12] OLG Hamburg OLGE 36, 268: Heymann/*Herrmann* Rn. 1.

[13] Vgl. dazu auch Heymann/*Herrmann* Rn. 4; Oetker/*Kotzian-Marggraf* Rn. 4; Röhricht/Graf v. Westphalen/Haas/*Röhricht/Mock* Rn. 2.

[14] BGH WM 1977, 943; vgl. auch Heymann/*Herrmann* Rn. 4; Baumbach/Hopt/*Roth* Rn. 1; Oetker/*Kotzian-Marggraf* Rn. 4.

[15] Dazu OLG München NJW 1970, 1925.

[16] Oetker/*Kotzian-Marggraf* Rn. 4; Staub/*Thiessen* Rn. 13.

[17] Vgl. dazu BGH BB 1972, 11.

IV. Haftungsausschluss

9 **1. Grundsätzliche Zulässigkeit.** Die Haftung nach § 98 kann grundsätzlich durch Parteivereinbarung ausgeschlossen werden.[18] Möglich ist ein genereller Haftungsausschluss; bedeutsam im Zusammenhang mit § 98 ist aber vor allem eine Beschränkung der Haftung auf nur eine Partei.

10 **2. Haftungsausschluss im Verhältnis zum vermittelten Geschäftspartner.** Ein solcher Haftungsausschluss wird dann angenommen, wenn der Geschäftspartner die **Mitwirkung** des vom Auftraggeber hinzugezogenen Handelsmaklers **ablehnt**[19] oder beide Seiten unabhängig voneinander sich eines eigenen Handelsmaklers bedienen, der sich als alleiniger Interessenwahrer der beauftragenden Partei zu erkennen gibt.[20] Denn in beiden Varianten ist mit einem Bemühen des Handelsmaklers um einen „ehrlichen" Ausgleich der beiderseitigen Interessen nicht zu rechnen;[21] folglich besteht auch kein Grund für eine Haftung gegenüber beiden Parteien iSd § 98.

11 **3. Haftung trotz Haftungsausschluss.** Ein Haftungsausschluss der lediglich die Haftung abweichend von § 98 auf den Auftraggeber beschränkt, lässt jedoch andere Haftungsgründe unberührt. Daher kann der Handelsmakler auch dem Geschäftsgegner gegenüber weiterhin aus dem Gesichtspunkt der c.i.c. (§ 311 Abs. 2 BGB, § 280 BGB) oder gem. § 823 Abs. 2 BGB iVm §§ 94–96, 100 ff. schadensersatzpflichtig werden.[22] Denn hierbei handelt es sich um Haftungsgrundlagen, die nicht darauf abstellen, zu wessen Interessenwahrung der Handelsmakler beauftragt ist. Eine Auslegung des Haftungsausschlusses kann jedoch im Einzelfall auch ergeben, dass die allgemeine deliktische Haftung innerhalb der zulässigen Grenzen (§ 276 Abs. 1 S. 1 BGB bzw. § 309 Nr. 7 BGB) ebenfalls abbedungen ist.

V. Typische Haftungsfälle

12 Der Handelsmakler muss zwar ihm **bekannte Umstände,** die für die Willensbildung zum Geschäftsabschluss von Bedeutung sein können, der vermittelten Vertragspartei **mitteilen;** eine schuldhafte Verletzung dieser Informationspflicht kann ihn haftbar machen. Dies gilt insbesondere dann, wenn der Handelsmakler dem Auftraggeber solche Umstände nicht mitteilt, die geeignet sind, vom Vertragsschluss Abstand zu nehmen (zB Zahlungs- oder Leistungsfähigkeit der anderen Partei).[23] Allerdings ist er nicht verpflichtet, im Vorfeld von sich aus Erkundigungen über solche maßgeblichen Umstände einzuholen.

13 Der **Versicherungsmakler** (→ § 93 Rn. 9) muss dem Versicherer alle Umstände mitteilen, die für Abschluss und Bestand des Versicherungsvertrags erheblich sein können. Ein pflichtwidriges Unterlassen von Informationen kann den Versicherungsmakler sowohl gegenüber dem Versicherer als auch gegenüber dem Versicherungsnehmer schadensersatzpflichtig machen[24] (s. auch → Rn. 4).

14 Insbesondere der **Finanzmakler** (→ § 93 Rn. 11) hat die einschlägigen Steuervorschriften und die Praxis der im Einzelfall zuständigen Finanzämter zu beachten und sich deshalb regelmäßig bzw. im Einzelfall darüber zu informieren.[25]

15 Der **Kreditmakler** (→ § 93 Rn. 11), der bei der Kaufpreisfinanzierung die entgegengenommene Kreditsumme völlig unüblich dem Käufer anstelle des Verkäufers zuleitet, haftet

---

[18] Vgl. dazu Heymann/*Herrmann* Rn. 5; Baumbach/Hopt/*Roth* Rn. 2; Oetker/*Kotzian-Marggraf* Rn. 2; EBJS/*Reiner* Rn. 10; Staub/*Thiessen* Rn. 18; zur verbleibenden Haftung → Rn. 11.

[19] Heymann/*Herrmann* Rn. 5.

[20] Heymann/*Herrmann* Rn. 5; Oetker/*Kotzian-Marggraf* Rn. 2; Röhricht/Graf v. Westphalen/Haas/*Röhricht/Mock* Rn. 3; Staub/*Thiessen* Rn. 19.

[21] Ähnlich Heymann/*Herrmann* Rn. 5; Röhricht/Graf v. Westphalen/Haas/*Röhricht/Mock* Rn. 3; Staub/*Thiessen* Rn. 19.

[22] S. auch Heymann/*Herrmann* Rn. 5.

[23] GK-HGB/*Achilles* Rn. 2.

[24] Zu den Besonderheiten beim Versicherungsmakler BGH NJW 1985, 2595; Oetker/*Kotzian-Marggraf* Rn. 6; EBJS/*Reiner* Rn. 30 ff.; *Armbrüster* ZIP 2017, 1; *Werber* VersR 1996, 917.

[25] Vgl. OLG München NJW 1961, 1534 (pflichtwidriger Rat bei der Grunderwerbsteuerbefreiung).

dem Kreditinstitut, wenn er diese Praxis dem Kreditinstitut nicht zuvor mitteilt.[26] Auch hat der Kreditmakler die kreditgewährende Bank grundsätzlich über alle für den Kredit wesentlichen Umstände zu informieren, deren Aufklärung redlicher Weise zu erwarten ist.[27] Ein Verstoß gegen diese Aufklärungspflicht kann ebenfalls eine Haftung des Maklers gem. § 98 auslösen. Die Hinweispflicht entfällt jedoch bei mangelnder Aufklärungsbedürftigkeit. Dies kann dann der Fall sein, wenn der Bank sämtliche wertbildenden Faktoren, die für die Kreditvergabe wesentlich sind, bekannt sind.[28]

Der sog. **Emissionsgehilfe** (→ § 93 Rn. 40), der Anteile an Publikumsgesellschaften ver- 16
mittelt, ist als Handelsmakler einzuordnen. Er kann wegen schuldhaft pflichtwidriger Fehlinformationen und falscher Beratung gegenüber potentiellen Anlegern gem. § 98 haften; dies gilt insbesondere bei unterbliebener Mitteilung über Finanzierungslücken oder über dem Emissionsgehilfen bekannte besondere Risiken bei der Durchführung des Vorhabens.[29]

Umstritten ist, ob es zu den haftungsrechtlich bedeutsamen Sorgfaltspflichten des Emissi- 17
onsgehilfen gehört, **Prospektangaben,** mittels derer um Anleger geworben wird, eigenständig auf ihre sachliche Korrektheit zu **überprüfen.**[30] Zwar wird dem Emissionsgehilfen (wie allgemein dem Handelsmakler) durch die möglichen Anleger besonderes Vertrauen in seine Sachkunde und Marktkenntnis entgegengebracht. Dennoch wird man bei einer Schädigung des Anlegers auf Grund unterlassener Überprüfung der Prospektangaben eine Haftung des Emissionsgehilfen nicht annehmen können. Denn die dadurch deutlich verschobene Risikoverteilung zu Lasten des Handelsmaklers würde eine Überschreitung der Grenzziehung bei der c.i.c. (§ 311 Abs. 2 BGB, § 280 BGB) – Sachwalterhaftung bedeuten. Der Sachwalter haftet aber nur für das ihm **persönlich** entgegengebrachte Vertrauen; das Vertrauen des Anlegers dem Emissionsgehilfen gegenüber ist hingegen funktional-beruflicher Natur.[31]

§ 99 [Lohnanspruch gegen beide Parteien]

Ist unter den Parteien nichts darüber vereinbart, wer den Maklerlohn bezahlen soll, so ist er in Ermangelung eines abweichenden Ortsgebrauchs von jeder Partei zur Hälfte zu entrichten.

Übersicht

I. Regelungsinhalt

Die Vorschrift des § 99 regelt im Einzelnen, welche der Parteien zu welchem Anteil 1
„den Maklerlohn bezahlen" soll. Die Lösung dieser Frage richtet sich zunächst nach einer **möglichen Parteivereinbarung,** mangels einer solchen nach dem jeweiligen **Ortsgebrauch** und erst zuletzt nach der **gesetzlichen, subsidiären Auffangregelung** des § 99.

[26] OLG München NJW 1970, 1925; Baumbach/Hopt/*Roth* Rn. 1.
[27] BGH NJW 1981, 2685; 1982, 1145; 1983, 2483; 1987, 909.
[28] BGH WM 1988, 41; Baumbach/Hopt/*Roth* § 93 Rn. 28.
[29] LG Hamburg MDR 1959, 572; Heymann/*Herrmann* Rn. 6; *Lutter* FS Bärmann, 1975, 605 (616); wohl auch Baumbach/Hopt/*Roth* Rn. 1 und § 93 Rn. 12.
[30] BGH NJW 1993, 2433 nimmt eine solche Prospektprüfungspflicht für Banken an, die ausländische Wertpapiere in ihr Anlageprogramm aufgenommen haben.
[31] Ebenso Heymann/*Herrmann* Rn. 6 mwN.

Da jedoch abweichende vertragliche Regelungen bzw. Ortsgebräuche nur vor dem Hintergrund des dispositiven Gesetzesrechts beurteilt werden können, folgt die Kommentierung bei der Darstellung der Rechtsquellen der umgekehrten Reihenfolge.

2 Bereits die Auslegung des Regelungsgegenstandes der Vorschrift, nämlich die „Zahlung des Maklerlohns", bereitet erhebliche Schwierigkeiten. Denn dem Wortlaut des § 99 kann nicht eindeutig entnommen werden, ob die Vorschrift die Provisionszahlungspflicht lediglich im **Innenverhältnis** der Parteien betrifft und/oder das **Außenverhältnis** zum anspruchsberechtigten Makler regeln will. Die Formulierung „entrichten" legt aber nahe, dass § 99 die Zahlungsverpflichtung gegenüber dem Makler, also das Außenverhältnis der Parteien gegenüber dem Handelsmakler betrifft. Auch die Stellung des Handelsmaklers als unparteilicher Mittler, der im Interesse beider Parteien handelt und auch gegenüber beiden Parteien haftet (§ 98), spricht für diese Ansicht.

3 Durch die **widerspruchslose Entgegennahme** und wirtschaftliche Verwertung **der Maklerdienste** durch den Geschäftspartner wird auch diesem gegenüber ein im Ergebnis provisionspflichtiges Vertrauensverhältnis begründet. § 99 konkretisiert somit den allgemeinen handelsrechtlichen Rechtsgedanken, dass derjenige, der die Dienste eines Kaufmanns wissentlich in Anspruch nimmt, mit einem Entgelt rechnen muss (§ 354).[1] Daher ist im Ergebnis mit der hM[2] anzunehmen, dass § 99 die Provisionspflicht der Parteien im Außenverhältnis zum Makler regelt. Auch die Möglichkeit einer abweichenden Parteivereinbarung über die Zahlung des Maklerlohns steht dieser Auslegung nicht entgegen (→ Rn. 8).

II. Schuldner des Provisionsanspruchs

4 **1. Dispositive gesetzliche Regelung des § 99. a) Regelfall.** Aus den bisherigen Ausführungen ergibt sich, dass die Rechtsfolge des § 99 (hälftige Provisionszahlungspflicht beider Parteien) nur dann eintritt, wenn es an einer speziellen Parteivereinbarung oder einem besonderen Ortsgebrauch fehlt. Die Verpflichtung der Parteien zur Maklerlohnzahlung je zur Hälfte ist eine gesetzliche Schuld, die nur hilfsweise zur Entstehung gelangt; § 99 ist demnach eine reine **Auffangregelung** (→ Rn. 1).

5 Als Auffangregelung **weicht** § 99 von der bürgerlich-rechtlichen Grundregelung des **§ 652 BGB ab.** § 652 BGB sieht nämlich vor, dass allein der Auftraggeber dem Makler die volle Provision schuldet. Bei gleicher Sachlage nimmt § 99 demgegenüber auch den Gegenkontrahenten in die hälftige Verantwortung, so dass der Handelsmakler von Beginn an zwei Teilschuldner (§ 420 BGB) hat.[3]

6 **b) Alleinige Interessenvertretung.** Jedoch besteht kein Grund für die Auslösung der Rechtsfolge des § 99, wenn der Handelsmakler entgegen den handelsüblichen Gepflogenheiten allein zur Interessenwahrnehmung seines Auftraggebers tätig wird. Hier ist regelmäßig von einer stillschweigenden Provisionsvereinbarung mit der alleinigen Zahlungspflicht des Auftraggebers auszugehen.[4]

7 **2. Der abweichende Ortsgebrauch.** Fehlt es an einer Parteivereinbarung, so folgt die Provisionszahlungspflicht aus einem etwaigen, bestehenden Ortsgebrauch. So schuldet zB in der Seeversicherung der Versicherer gewohnheitsrechtlich die volle Provision.[5]

8 **3. Die abweichende Parteivereinbarung.** § 99 stellt in erster Linie für die Provisionszahlungspflicht auf eine Vereinbarung der Parteien ab. Besteht eine solche, geht sie der hälftigen

---

[1] Vgl. Baumbach/Hopt/*Hopt* § 354 Rn. 1.

[2] Heymann/*Herrmann* Rn. 1; Baumbach/Hopt/*Roth* Rn. 2; Staub/*Thiessen* Rn. 7.

[3] GK-HGB/*Achilles* Rn. 7; Oetker/*Kotzian-Marggraf* Rn. 1; Röhricht/Graf v. Westphalen/Haas/*Röhricht/Mock* Rn. 2; aA Baumbach/Hopt/*Roth* Rn. 1; *Hübner,* Handelsrecht, 5. Aufl. 2004, Rn. 465–469; *K. Schmidt* HandelsR § 26 II Rn. 21, nach denen § 99 teleologisch zu reduzieren und nur in den Fällen des echten Doppelauftrags anwendbar sei; sonst sei Schuldner des Provisionsanspruchs nur der Auftraggeber.

[4] GK-HGB/*Achilles* Rn. 8; Heymann/*Herrmann* Rn. 2; Röhricht/Graf v. Westphalen/Haas/*Röhricht/Mock* Rn. 1.

[5] OLG Hamburg VersR 1951, 261 (262); LG Hamburg MDR 1961, 945; vgl. auch Heymann/*Herrmann* Rn. 4; Staub/*Thiessen* Rn. 13.

Provisionspflicht des § 99 bzw. einem Ortsgebrauch vor. Die Parteivereinbarung iSd § 99 ist entgegen dem scheinbar eindeutigen Wortlaut keine Absprache allein zwischen Auftraggeber und dessen Vertragspartner. Vielmehr ist bei einer Parteivereinbarung iSd § 99 auch der **Makler einzubeziehen.** Ansonsten könnten die Parteien dem Makler entgegen dessen Willen einen seiner beiden Schuldner entziehen und die Provisionspflicht allein dem – möglicherweise zahlungsunfähigen – Auftraggeber oder Vertragspartner aufbürden. Dies wäre ein unzulässiger Vertrag zu Lasten Dritter. Daher muss der Makler beteiligt werden.[6]

Rechtstechnisch sind für die **Beteiligung des Maklers zwei Wege** gangbar: Entweder wird der Makler von Anfang an in die Parteivereinbarung einbezogen. Möglich ist aber auch, dass jede einzelne Partei individuell mit dem Makler eine Vereinbarung über den Provisionsanspruch trifft. Grundlage hierfür ist, dass der Makler zumeist nicht nur einen Maklervertrag mit dem Auftraggeber schließt, sondern zugleich in ein vertragsähnliches Tätigkeitsverhältnis zum Geschäftsgegner tritt.[7] Wird in solchen Fällen zugleich über den Maklerlohn gesprochen, so ist diese Situation der direkten Parteivereinbarung unter Hinzuziehung bzw. Zustimmung des Maklers gleichzustellen.[8] 9

III. Höhe und Verjährung des Provisionsanspruchs

1. Höhe. Die Höhe der Provision kann vertraglich geregelt werden. Eine Vereinbarung über die Provisionshöhe kommt nicht zwingend einer Vereinbarung über den oder die Schuldner des Provisionsanspruchs gleich. Eine Provisionsabsprache steht daher der Rechtsfolge des § 99 (hälftige Provisionspflicht) nicht entgegen.[9] Fehlt eine Vereinbarung über die Provisionshöhe, so bestimmt sich der Umfang des Anspruchs nach einer Taxe oder hilfsweise nach Üblichkeit (§ 653 Abs. 2 BGB; → § 93 Rn. 86). Dies gilt nach § 354 Abs. 1 sogar dann, wenn zwischen Makler und Auftraggeber bereits keine Vereinbarung über die Provisionspflichtigkeit der Vermittlung dem Grunde nach getroffen wurde, da vom Makler als Kaufmann kein unentgeltliches Handeln erwartet werden kann. Ob hingegen der Auftraggeber Kaufmann ist oder nicht, ist unbedeutend.[10] 10

Die **übliche Provision** nach § 653 Abs. 2 BGB bildet im Übrigen auch gleichzeitig den Höchstbetrag, an dem der Vertragspartner nach § 99 zur Hälfte beteiligt werden kann. Eine darüber hinausgehende, vertraglich vereinbarte Provision hat hingegen der Auftraggeber alleine zu tragen, da der Vertragspartner bei Inanspruchnahme der Maklerdienste mit ihr nicht zu rechnen brauchte und ansonsten in der Provisionsabrede ein unzulässiger Vertrag zu Lasten Dritter vorläge.[11] Dies kann indessen nicht gelten, wenn der Vertragspartner bei Kontaktaufnahme mit dem Makler die vertraglich vereinbarte höhere Provision kennt, da er dann nicht schutzwürdig ist. 11

2. Verjährung. Die Verjährung des Provisionsanspruchs tritt gem. §§ 195, 199 BGB nach drei Jahren ein. Darüber hinaus kann der Makler seinen Provisionsanspruch verwirken (§ 654 BGB), wenn er vorsätzlich oder grob fahrlässig wesentliche Vertragspflichten in schwerwiegender Weise verletzt.[12] 12

§ 100 [Tagebuch]

(1) [1]Der Handelsmakler ist verpflichtet, ein Tagebuch zu führen und in dieses alle abgeschlossenen Geschäfte täglich einzutragen. [2]Die Eintragungen sind nach der

---

[6] So auch Staub/*Brüggemann,* 4. Aufl. 1995 (2. EL 1982), Rn. 2; aA Staub/*Thiessen* Rn. 10.
[7] Zum Provisionsanspruch des Versicherungsmaklers gegenüber dem Versicherer in Abweichung zu § 99 s. nur *Armbrüster* ZIP 2017, 1 (3).
[8] Staub/*Brüggemann,* 4. Aufl. 1995 (2. EL 1982), Rn. 3; aA Staub/*Thiessen* Rn. 11.
[9] Heymann/*Herrmann* Rn. 3.
[10] Baumbach/Hopt/*Hopt* § 354 Rn. 2; abw. Heymann/*Herrmann* Rn. 5.
[11] Staub/*Thiessen* Rn. 14.
[12] OLG Hamburg NJW-RR 1998, 1206; OLG Düsseldorf NJW-RR 1999, 848; vgl. dazu GK-HGB/*Achilles* Rn. 10; Oetker/*Kotzian-Marggraf* Rn. 4 ff.

Zeitfolge zu bewirken; sie haben die in § 94 Abs. 1 bezeichneten Angaben zu enthalten. [3]Das Eingetragene ist von dem Handelsmakler täglich zu unterzeichnen oder gemäß § 126a Abs. 1 des Bürgerlichen Gesetzbuchs elektronisch zu signieren.

(2) Die Vorschriften der §§ 239 und 257 über die Einrichtung und Aufbewahrung der Handelsbücher finden auf das Tagebuch des Handelsmaklers Anwendung.

I. Pflicht zur Tagebuch- und kaufmännischen Buchführung

1 **1. Rechtliche Einordnung.** Bei dem für den Handelsmakler (nicht aber für Krämer-, Versicherungs- und Bausparvertragsmakler, vgl. § 104) vorgeschriebenen Tagebuch handelt es sich **nicht um ein Handelsbuch** iSd § 238 (vgl. §§ 38 ff. aF, aufgehoben durch Bilanzrichtlinien-Gesetz vom 19.12.1985, BGBl. 1985 I 2355), welches ausschließlich die Eintragungen eigener Geschäfte des Kaufmanns zum Gegenstand hat.[1] Das Tagebuch iSd § 100, das hingegen Eintragungen über fremde Geschäfte erfasst,[2] dient vielmehr in erster Linie **Beweisinteressen der Parteien** (vgl. § 101). Daneben sind auch gesamtwirtschaftliche und öffentliche Interessen (zB Abwehr von Missbrauchsgefahren auf Grund der besonderen Marktkenntnisse des Maklers) berührt.[3]

2 Entsprechend ist die Pflicht zur Tagebuchführung als solche **öffentlich-rechtlicher** Natur (vgl. auch § 103).[4] Im Unterschied zum Verzicht auf die Schlussnote (§ 94 Abs. 1) entbindet ein Verzicht der Parteien auf die Tagebuchführung den Makler daher nicht von dieser Verpflichtung.[5] Im Verhältnis zu den Parteien selbst hat die Verpflichtung nach § 100 privatrechtlichen Charakter.[6]

3 **2. Inhalt der Eintragungspflicht. a) Gegenstand der Eintragung.** Der Handelsmakler muss, sobald er hiervon Kenntnis erlangt, jeden von ihm **vermittelten Geschäftsabschluss** in das Tagebuch eintragen. Die Eintragungspflicht ist unabhängig von der Wirksamkeit des Rechtsgeschäfts oder von einer noch erforderlichen Genehmigung.[7] Die Verpflichtung zur Eintragung auch solcher Geschäfte folgt aus dem **Vollständigkeitsgrundsatz** gem. Abs. 2 iVm § 239 Abs. 2. Gleichgültig ist auch, ob der Makler aus der Geschäftsvermittlung Lohn beanspruchen kann oder nur von einer oder von beiden Parteien des Geschäfts beauftragt worden ist.[8] Erfolgt eine nachträgliche Vertragsauflösung noch vor der Durchführung des Geschäfts, kann jedoch eine Eintragung entfallen.[9] Denn in diesem Fall muss das Geschäft als nicht existent behandelt werden und unterliegt daher nicht dem Vollständigkeitsgrundsatz des Abs. 2 iVm § 239 Abs. 2.[10]

4 **b) Inhalt der Eintragung.** Die Eintragung muss die **Parteien,** den **Vertragsgegenstand** und die **Geschäftsbedingungen** beinhalten (Abs. 1 S. 2 iVm § 94 Abs. 1). Bei mehreren Geschäftsabschlüssen am selben Tag soll die Eintragung nach der Zeitfolge des Abschlusses vorgenommen werden (nicht notwendig mit Angabe der Uhrzeit), bei von dieser Folge abweichender Kenntnisnahme nach dem Zeitpunkt der Kenntnis.[11] Die Eintragung muss mit einer auf den Gesamtinhalt bezogenen **Unterschrift** des Handelsmaklers

---

1 Daher auch die ausdrückliche entsprechende Anwendung des § 239 durch Abs. 2.
2 Heymann/*Herrmann* Rn. 3; Oetker/*Kotzian-Marggraf* Rn. 1.
3 Heymann/*Herrmann* Rn. 1.
4 Baumbach/Hopt/*Roth* Rn. 1; EBJS/*Reiner* Rn. 1; Staub/*Thiessen* Rn. 2, 5; wohl auch Heymann/*Herrmann* Rn. 1.
5 Heymann/*Herrmann* Rn. 1: unabdingbar; Baumbach/Hopt/*Roth* Rn. 1.
6 Baumbach/Hopt/*Roth* Rn. 1.
7 GK-HGB/*Achilles* Rn. 3; Heymann/*Herrmann* Rn. 4; Oetker/*Kotzian-Marggraf* Rn. 2; Röhricht/Graf v. Westphalen/Haas/*Röhricht/Mock* Rn. 3.
8 EBJS/*Reiner* Rn. 3.
9 GK-HGB/*Achilles* Rn. 3; Staub/*Thiessen* Rn. 17; aA Röhricht/Graf v. Westphalen/Haas/*Röhricht/Mock* Rn. 3.
10 AA Heymann/*Herrmann* Rn. 4; Baumbach/Hopt/*Roth* Rn. 1; EBJS/*Reiner* Rn. 3; Staub/*Thiessen* Rn. 17.
11 Heymann/*Herrmann* Rn. 2; vgl. auch Baumbach/Hopt/*Roth* Rn. 1; Oetker/*Kotzian-Marggraf* Rn. 2.

unterzeichnet werden oder muss gem. § 126a Abs. 1 BGB elektronisch signiert werden (Abs. 1 S. 3 geändert durch das FormVAnpG vom 13.7.2001, BGBl. 2001 I 1542).[12] Die Unterschriftsleistung muss also nicht für jede einzelne Eintragung, sondern nur einmal täglich erfolgen.

c) Person des Eintragenden. Der Handelsmakler muss die Eintragungen nicht per- 5
sönlich vornehmen. Beim Einsatz von **Hilfspersonen** muss der Makler aber die Eintragungen täglich unterzeichnen. Die Unterzeichnungspflicht ist höchstpersönlicher Natur.[13] Bei einer Makler-Gesellschaft ist Unterzeichnung durch einen vertretungsberechtigten Gesellschafter bzw. ein Organmitglied erforderlich.[14] Erst durch die **Unterschriftsleistung** wird die durch eine Hilfsperson vorgenommene Eintragung dem Makler inhaltlich zurechenbar.

3. Wirkung der Buchführung. Die Eintragung in das Tagebuch hat **keinerlei kons-** 6
titutive Wirkung. Zweck der Eintragungspflicht ist in erster Linie die Beweissicherung (→ Rn. 1). Wirksamkeit und Bestand des von der Eintragung erfassten Rechtsgeschäfts beurteilen sich vielmehr unabhängig vom Inhalt der Eintragung.[15]

II. Pflicht zur Aufbewahrung des Tagebuchs

Der Handelsmakler ist verpflichtet, das Tagebuch zehn Jahre **aufzubewahren** (Abs. 2 7
iVm § 257 Abs. 4). Die **Aufbewahrungsfrist** beginnt mit Schluss des Kalenderjahres zu laufen, in welchem die letzte Eintragung erfolgt ist (Abs. 2 iVm § 257 Abs. 5). Ein Verstoß hiergegen ist eine Ordnungswidrigkeit gem. § 103 Abs. 1 Nr. 2. Die Aufbewahrungspflicht besteht auch dann fort, wenn der Handelsmakler sein Maklergewerbe aufgibt.[16] Entsprechend geht diese Pflicht auch auf seine Erben sowie auf sonstige **Rechtsnachfolger** über, selbst wenn diese kein Handelsmaklergewerbe betreiben.[17]

III. Haftung und Ordnungswidrigkeiten

Verstößt der Handelsmakler gegen die Verpflichtung zur Führung bzw. Aufbewahrung 8
des Tagebuchs, kann er privatrechtlich **haften.** Den Parteien gegenüber kommt eine Haftung gem. § 98 in Betracht. Dritten gegenüber kann er gem. § 823 Abs. 2 BGB iVm §§ 100, 103 schadensersatzpflichtig werden.[18] Daneben sind Verstöße gegen die Tagebuchführungs- und Aufbewahrungspflicht als **Ordnungswidrigkeiten** iSd § 103 bußgeldbewehrt (zu Einzelheiten → § 103 Rn. 1 ff.).

§ 101 [Auszüge aus dem Tagebuch]

Der Handelsmakler ist verpflichtet, den Parteien jederzeit auf Verlangen Auszüge aus dem Tagebuche zu geben, die von ihm unterzeichnet sind und alles enthalten, was von ihm in Ansehung des vermittelten Geschäfts eingetragen ist.

I. Anspruch auf Auszugserteilung

1. Inhalt und Rechtsnatur des Anspruchs. Der Handelsmakler ist verpflichtet, auf 1
Verlangen Tagebuchauszüge zu erteilen. Diese Pflicht geht über die allgemeine Verpflichtung eines Urkundenbesitzers nach § 810 BGB hinaus, lediglich Einsicht zu gewähren. Die Pflicht zur Auszugserteilung bezieht sich auf die **tatsächlichen Eintragungen,** nicht

---

12 Baumbach/Hopt/*Roth* Rn. 1; vgl. zu den neuen Formvorschriften *Hähnchen* NJW 2001, 2831 ff.; *Steinbeck* DStR 2003, 644 ff.

13 Heymann/*Herrmann* Rn. 2 aE; Röhricht/Graf v. Westphalen/Haas/*Röhricht/Mock* Rn. 4; EBJS/*Reiner* Rn. 5.

14 Staub/*Thiessen* Rn. 9.

15 Staub/*Thiessen* Rn. 2.

16 Heymann/*Herrmann* Rn. 3; Oetker/*Kotzian-Marggraf* Rn. 3; Staub/*Thiessen* Rn. 22.

17 Baumbach/Hopt/*Roth* Rn. 1; Oetker/*Kotzian-Marggraf* Rn. 3; Staub/*Thiessen* Rn. 22.

18 Heymann/*Herrmann* Rn. 5; Baumbach/Hopt/*Roth* Rn. 2; EBJS/*Reiner* Rn. 8.

darauf, was eingetragen hätte werden müssen.[1] Der Auszug ist vom Handelsmakler **persönlich zu unterzeichnen.**

2 Die Pflicht zur Auszugserteilung begründet einen **klagbaren Anspruch** der Parteien, der gem. § 887 ZPO vollstreckbar ist.[2] Hiervon ist die gerichtliche Anordnung der Tagebuchvorlegung gem. § 102 zu unterscheiden. Diese Anordnung dient nicht der Durchsetzung des materiellen Vorlageanspruchs nach § 101; § 102 ist lediglich eine spezielle Ausprägung der allgemeinen Regelung zur Urkundenvorlage gem. § 142 ZPO.

3 **2. Anspruchsberechtigter. a) Parteien.** Die Person des Anspruchsberechtigten ist in § 101 nicht ausdrücklich gesetzlich geregelt. Hat der Makler mit beiden Parteien des vermittelten Geschäfts einen Maklervertrag geschlossen, steht der Anspruch beiden Parteien zu. Aber auch dann, wenn nur zum Auftraggeber ein Vertragsverhältnis besteht, steht der Makler zum Gegenkontrahenten in vertragsähnlichen Beziehungen. Diese Beziehungen genügen, um auch einen Anspruch des Vertragspartners auf Tagebuchvorlage zu begründen. Denn der Makler ist verpflichtet, bei der Vermittlung auch dessen Interessen zu berücksichtigen.[3] Wird jede der beiden Vertragsparteien von einem eigenen Makler betreut, so ist im Zweifel von einer **einseitigen Interessenwahrnehmung** auszugehen. Diese Grundlage rechtfertigt es, jeder Partei einen Vorlageanspruch nur gegenüber dem eigenen Makler zuzubilligen.[4]

4 **b) Rechtsnachfolger.** Die Verpflichtung zur Vorlegung von Tagebuchauszügen geht auf den Rechtsnachfolger des Maklers über. Das können sowohl seine Erben als auch **Rechtsnachfolger** im Betrieb des Maklergewerbes sein. Der Übergang dieser Verpflichtung ergibt sich bereits daraus, dass auch die Pflicht zur Aufbewahrung des Tagebuchs auf den Rechtsnachfolger übergeht (→ § 100 Rn. 7).

5 **3. Rechtsfolge einer Pflichtverletzung.** Auch die Verletzung der Pflicht zur Vorlage von Tagebuchauszügen kann gegenüber beiden Vertragsparteien Schadensersatzansprüche aus § 98 auslösen (→ § 100 Rn. 8). Hingegen bezieht sich die Ordnungswidrigkeitenvorschrift des § 103 nur auf die Tagebuchführungs- und Aufbewahrungspflicht nach § 100, nicht aber auf die Vorlageverpflichtung aus § 101.

II. Anspruch auf Tagebucheinsicht

6 § 101 regelt nur den Anspruch auf Vorlage von **Tagebuchauszügen.** Hält der Anspruchsberechtigte den vorgelegten Auszug für nicht genügend oder unvollständig, kommt ergänzend ein Anspruch auf **Tagebucheinsicht** (§ 810 BGB) in Betracht.[5] Dieses Recht steht grundsätzlich beiden Parteien zu, nicht aber am Geschäftsverhältnis unbeteiligten Dritten.[6] Voraussetzung für eine Tagebucheinsicht ist, dass der Anspruchsteller substantiiert Tatsachen vorträgt, deren Nachweis durch die Einsicht erbracht werden soll.[7] Diese Abgrenzung ist zur Vermeidung einer unzulässigen Ausforschung erforderlich.[8]

§ 102 [Vorlegung im Rechtsstreit]

Im Laufe eines Rechtsstreits kann das Gericht auch ohne Antrag einer Partei die Vorlegung des Tagebuchs anordnen, um es mit der Schlußnote, den Auszügen oder anderen Beweismitteln zu vergleichen.

---

1 Heymann/*Herrmann* Rn. 1; Röhricht/Graf v. Westphalen/Haas/*Röhricht/Mock* Rn. 1.
2 Heymann/*Herrmann* Rn. 1; Baumbach/Hopt/*Roth* Rn. 1; Oetker/*Kotzian-Marggraf* Rn. 1; Röhricht/Graf v. Westphalen/Haas/*Röhricht/Mock* Rn. 1; Staub/*Thiessen* Rn. 4.
3 IErg auch Baumbach/Hopt/*Roth* Rn. 2; aA EBJS/*Reiner* Rn. 2.
4 Staub/*Thiessen* Rn. 6; aA Oetker/*Kotzian-Marggraf* Rn. 2.
5 AllgM; GK-HGB/*Achilles* Rn. 2; Heymann/*Herrmann* Rn. 2; Baumbach/Hopt/*Roth* Rn. 2; EBJS/*Reiner* Rn. 5, 6; Staub/*Thiessen* Rn. 9.
6 Oetker/*Kotzian-Marggraf* Rn. 2; aA EBJS/*Reiner* Rn. 5; Staub/*Thiessen* Rn. 9, die von einem Einsichtsrecht für Dritte ausgehen, sofern die Voraussetzungen des § 810 BGB erfüllt sind.
7 Vgl. GK-HGB/*Achilles* Rn. 2; Heymann/*Herrmann* Rn. 2.
8 Dazu BGHZ 93, 191; 109, 260.

I. Vorlageanordnung des Gerichts

§ 102 bestimmt ausdrücklich, dass das Gericht im Rechtsstreit die Vorlage des Tagebuchs anordnen kann. Voraussetzung ist aber, dass bereits andere Beweismittel, insbesondere Schlussnote und einzelne Tagebuchauszüge, bei den Akten liegen. Die Vorlegung dient lediglich dem Vergleich mit einem Beweismittel und ist selbst kein solches. Die Vorlegung darf also nicht dazu dienen, durch Ausforschung des Tagebuchs neue Beweismittel zu gewinnen. Sie ist daher eine bloße **Beweismittelkontrolle,** die von Amts wegen erfolgen kann.[1] 1

Ist der Makler selbst Prozesspartei, so greifen auch die §§ 422 ff. ZPO, § 810 BGB ein (auch → § 101 Rn. 6). Kommt der Makler der Vorlagepflicht nicht nach, kann die **Beweisfiktion** des § 427 ZPO eintreten.[2] Materiell kann der Makler den Parteien in diesem Fall gem. § 98 haften. 2

II. Vorlegungsanträge der Parteien

Auch die Vertragsparteien können einen Vorlegungsantrag für das Tagebuch auf § 102 stützen.[3] Das prozessuale Beweisantrittsrecht der Parteien bleibt von § 102 unberührt. 3

§ 103 [Ordnungswidrigkeiten]

(1) Ordnungswidrig handelt, wer als Handelsmakler
1. **vorsätzlich oder fahrlässig ein Tagebuch über die abgeschlossenen Geschäfte zu führen unterläßt oder das Tagebuch in einer Weise führt, die dem § 100 Abs. 1 widerspricht oder**
2. **ein solches Tagebuch vor Ablauf der gesetzlichen Aufbewahrungsfrist vernichtet.**

(2) Die Ordnungswidrigkeit kann mit einer Geldbuße bis zu fünftausend Euro geahndet werden.

I. Ordnungswidrigkeiten

Bestimmte Verletzungen der Tagebuchführungspflicht des Maklers werden durch § 103 zu Ordnungswidrigkeiten nach dem OWiG vom 19.2.1987 (BGBl. 1987 I 602) erhoben. Die **Anforderungen an das Verschulden** des Maklers sind – je nach Ordnungswidrigkeiten-Tatbestand – **unterschiedlich.** Für eine unterlassene bzw. pflichtwidrige Tagebuchführung genügt bereits Fahrlässigkeit (Nr. 1). Hingegen kann die Vernichtung des Tagebuchs vor Ablauf der gesetzlichen Aufbewahrungsfrist nur dann als Ordnungswidrigkeit geahndet werden, wenn sie vorsätzlich (§ 10 OWiG) begangen wird. 1

II. Geldbuße

Abs. 2 sieht zwar als Höchstbetrag eine Geldbuße von 5.000 Euro (geändert mWv 25.1.2001 durch das NaStraG vom 18.1.2001, BGBl. 2001 I 123) vor. Gem. § 17 Abs. 4 OWiG kann dieser Betrag jedoch überschritten werden. Bußgeldfällig ist der **Makler** als solcher, auch wenn für ihn eine Hilfsperson gehandelt hat.[1] Bei einer **Maklergesellschaft** wird grundsätzlich nur der ordnungswidrig handelnde Gesellschafter bußgeldfällig; bei einer Unterlassung iSd Abs. 1 Nr. 1 Alt. 1 trifft die Verantwortlichkeit jedoch jeden vertretungsberechtigten Gesellschafter. Außer gegen die einzelnen Gesellschafter kann nach § 30 OWiG 2

---

[1] Heymann/*Herrmann* Rn. 1; Oetker/*Kotzian-Marggraf* Rn. 1; Staub/*Thiessen* Rn. 4.

[2] Heymann/*Herrmann* Rn. 2; Oetker/*Kotzian-Marggraf* Rn. 1; Staub/*Thiessen* Rn. 7.

[3] Baumbach/Hopt/*Roth* Rn. 1; Röhricht/Graf v. Westphalen/Haas/*Röhricht/Mock* Rn. 1; Staub/*Thiessen* Rn. 6; GK-HGB/*Achilles* Rn. 2, der jedoch eine Vorlegungspflicht bei Rechtsstreitigkeiten mit Dritten verneint; aA EBJS/*Reiner* Rn. 3, der eine Vorlegungspflicht verneint, wenn der Handelsmakler nicht selbst Prozesspartei ist.

[1] Einschrä. EBJS/*Reiner* Rn. 2; Staub/*Thiessen* Rn. 6, die ein Verschulden bezüglich nicht ausreichender Überwachung fordern.

auch gegen die Gesellschaft selbst eine Geldbuße festgesetzt werden. Unter den Voraussetzungen des § 30 Abs. 4 OWiG kommt sogar ein selbständiges Ordnungswidrigkeitsverfahren ausschließlich gegen die Gesellschaft in Betracht, das eine parallele Ahndung der Gesellschafter nicht voraussetzt.

§ 104 [Krämermakler]

[1]Auf Personen, welche die Vermittlung von Warengeschäften im Kleinverkehre besorgen, finden die Vorschriften über Schlußnoten und Tagebücher keine Anwendung. [2]Auf Personen, welche die Vermittlung von Versicherungs- oder Bausparverträgen übernehmen, sind die Vorschriften über Tagebücher nicht anzuwenden.

I. Bedeutung

1 Der **Krämermakler** hat eine Sonderstellung unter den Handelsmaklern. Er ist von der gesetzlichen Pflicht zur Schlussnotenerstellung (§§ 94 f.) befreit und ist auch nicht verpflichtet, ein Tagebuch zu führen (§§ 100–103). Im Übrigen unterliegt der Krämermakler gleichermaßen den Regeln der §§ 93 ff. Lediglich eine **Befreiung von der Tagebuchführungspflicht** wurde durch Gesetz vom 23.10.1989 (BGBl. 1989 I 1910) für Versicherungs- und Bausparmakler (→ § 93 Rn. 9) eingeführt (jetziger S. 2). In diesem Bereich ist das Tagebuch zur Beweissicherung nicht in demselben Maße wie beim allgemeinen Handelsmakler erforderlich, da die vermittelten Versicherungs- und Bausparverträge bereits von den beteiligten Versicherungsunternehmen und Bausparkassen hinreichend dokumentiert werden. Außerdem ergibt sich bei Versicherungsverträgen aus § 3 Abs. 1 VVG eine Pflicht zur Dokumentation im Versicherungsschein. Im Übrigen stellte die tägliche Unterschriftsleistung nach § 100 Abs. 1 S. 3 insbesondere für Versicherungsmakler mit mehreren Niederlassungen im gesamten Bundesgebiet eine große bürokratische Belastung dar.[1]

II. Begriff des Krämermaklers

2 Ob ein Handelsmakler Krämermakler ist, bestimmt sich nicht nach den **Kriterien des Kaufmannsbegriffs.**[2] Entscheidend ist allein, dass die vom Makler vermittelten Geschäfte Warengeschäfte sind, die dem **Kleinverkehr** angehören, so zB bei Geschäftsvermittlern auf landwirtschaftlichen Viehmärkten. Ist der Handelsmakler unter dieser Voraussetzung zwar Krämermakler, aber zugleich Kaufmann, so braucht er kein Tagebuch zu führen; er ist aber dennoch zur Führung eines Handelsbuchs verpflichtet (vgl. § 238).

III. Freiwillige Schlussnotenerteilung und Tagebuchführung

3 § 104 S. 1 verbietet dem Krämermakler keineswegs, freiwillig Schlussnoten zu erteilen oder ein Tagebuch zu führen. Bei **vertraglicher Verpflichtung** des Krämermaklers zur Schlussnotenerteilung bzw. Tagebuchführung sind die §§ 94, 95 bzw. §§ 100, 102 entsprechend anzuwenden; denn die vertragliche Verpflichtung kommt der gesetzlichen gleich.[3] Dies gilt auch bei freiwilliger Übernahme ohne vertragliche Verpflichtung.[4] Unanwendbar ist hingegen § 103, da durch eine Parteivereinbarung keine öffentlich-rechtliche Pflicht als Voraussetzung einer Ordnungswidrigkeitensanktion ausgelöst werden kann.[5]

---

[1] Vgl. RegE, BR-Drs. 339/88.

[2] AllgM, GK-HGB/*Achilles* Rn. 1; Heymann/*Herrmann* Rn. 1; Baumbach/Hopt/*Roth* Rn. 1; Röhricht/Graf v. Westphalen/Haas/*Röhricht/Mock* Rn. 1; Staub/*Thiessen* Rn. 4.

[3] GK-HGB/*Achilles* Rn. 2; Heymann/*Herrmann* Rn. 2; Oetker/*Kotzian-Marggraf* Rn. 2; Röhricht/Graf v. Westphalen/Haas/*Röhricht/Mock* Rn. 2; Staub/*Thiessen* Rn. 3.

[4] GK-HGB/*Achilles* Rn. 2; Baumbach/Hopt/*Roth* Rn. 1; Röhricht/Graf v. Westphalen/Haas/*Röhricht/Mock* Rn. 2; aA EBJS/*Reiner* Rn. 5.

[5] lErg ebenso GK-HGB/*Achilles* Rn. 2; Heymann/*Herrmann* Rn. 2; Baumbach/Hopt/*Roth* Rn. 1; Röhricht/Graf v. Westphalen/Haas/*Röhricht/Mock* Rn. 2; Staub/*Thiessen* Rn. 3.

Neunter Abschnitt. Bußgeldvorschriften

§ 104a Bußgeldvorschrift

(1) [1]Ordnungswidrig handelt, wer vorsätzlich oder leichtfertig entgegen § 8b Abs. 3 Satz 1 Nr. 2 dort genannte Daten nicht, nicht richtig oder nicht vollständig übermittelt. [2]Die Ordnungswidrigkeit kann mit einer Geldbuße bis zu zweihunderttausend Euro geahndet werden.

(2) Verwaltungsbehörde im Sinne des § 36 Abs. 1 Nr. 1 des Gesetzes über Ordnungswidrigkeiten ist die Bundesanstalt für Finanzdienstleistungsaufsicht.

1 Die Einfügung des Neunten Abschnitts des Ersten Buchs geht auf das Transparenzrichtlinie-Umsetzungsgesetz (TUG) vom 5.1.2007 (BGBl. 2007 I 10) zurück. Die Vorschrift des § 104a trat am 20.1.2007 in Kraft und betrifft die **Übermittlung der Daten** nach § 8b Abs. 2 Nr. 9 und 10 an das **Unternehmensregister,** die gemäß der in Bezug genommenen Vorschrift des § 8b Abs. 3 S. 1 Nr. 2 den jeweiligen Informationspflichtigen obliegt. Sie soll diesbezüglich erreichen, die Vollständigkeit, Zuverlässigkeit und Aktualität des Unternehmensregisters sicherzustellen.[1]

2 **Zweck** der Ordnungswidrigkeit ist die Verwirklichung des Regelungsauftrags aus der europäischen **Transparenz-RL,**[2] wonach es gem. Art. 28 Abs. 1 S. 1 Transparenz-RL Aufgabe der Mitgliedstaaten ist, bei Verstößen gegen die vorgesehenen Veröffentlichungspflichten gegen die verantwortlichen Personen geeignete Verwaltungsmaßnahmen oder zivil- und/oder verwaltungsrechtliche Sanktionen zu ergreifen. Die Maßnahmen müssen nach Art. 28 Abs. 2 S. 2 Transparenz-RL wirksam, verhältnismäßig und abschreckend sein. Da sich einige Pflichten bereits aus den Vorschriften des **WpHG** ergeben und dort gem. § 39 Abs. 2 Nr. 6 WpHG und § 39 Abs. 2 Nr. 25 WpHG insbesondere im Fall eines Verstoßes gegen § 120 Abs. 1 WpHG iVm § 26 Abs. 1 und 2 WpHG gleichfalls als Ordnungswidrigkeiten behandelt werden, besteht eine an sich unnötige Doppelnormierung.[3]

3 **Adressaten** der Ordnungswidrigkeit sind die nach § 8b Abs. 3 Nr. 2 Veröffentlichungspflichten oder die mit der Veranlassung der Veröffentlichung beauftragten Dritten. Bei der Beauftragung eines Dritten bleibt gleichwohl der Veröffentlichungspflichtige selbst weiter für die Erfüllung seiner Aufgaben verantwortlich.[4] Unter Berücksichtigung des § 9 Abs. 1 OWiG sind ggf. die Vertreter der damit befassten Unternehmen verantwortlich. Ferner kann nach § 30 Abs. 1 OWiG zusätzlich die Geldbuße gegen die juristische Person festgesetzt werden.[5] In **subjektiver Hinsicht** erfordert § 104a vorsätzliches oder leichtfertiges Handeln, wobei hinsichtlich Letzterem keine strengen Anforderungen gestellt werden.[6]

4 Ausweislich der Begründung des Regierungsentwurfs wird erwartet, dass die **Höhe des angedrohten Bußgeldes** ausreicht, um eine effektive Durchsetzung der wichtigen kapitalmarktrechtlichen Pflicht zur Übermittlung der Daten nach § 8b Abs. 2 Nr. 9 und 10 an das Unternehmensregister zu gewährleisten.[7] Für die Bemessung des Bußgelds ist unter anderem der Verschuldensgrad zu berücksichtigen. Nach § 17 Abs. 2 OWiG kommt hierbei bei leichtfertiger, also fahrlässiger Begehungsweise nur die Hälfte des angedrohten Höchstbetrags als Höchstmaß in Betracht.

---

[1] EBJS/*Strohn* Rn. 1; BeckOGK/*Herresthal* Rn. 4.

[2] RL 2004/109/EG des Europäischen Parlaments und des Rates vom 15.12.2004 zur Harmonisierung der Transparenzanforderungen in Bezug auf Informationen über Emittenten, deren Wertpapiere zum Handel auf einem geregelten Markt zugelassen sind, und zur Änderung der RL 2001/34/EG (ABl. EG 2004 L 390, 38).

[3] Vgl. Oetker/*Preuß* Rn. 2; Röhricht/Graf v. Westphalen/Haas/*Ries* Rn. 3; BeckOK HGB/*Moussa* Rn. 3: „kein eigenständiger Unrechtsgehalt"; aA BeckOGK/*Herresthal* Rn. 8.

[4] BeckOK HGB/*Moussa* Rn. 8; BeckOGK/*Herresthal* Rn. 10.

[5] Vgl. BeckOK HGB/*Moussa* Rn. 2.

[6] BeckOK HGB/*Moussa* Rn. 8; BeckOGK/*Herresthal* Rn. 18.

[7] BT-Drs. 16/2498, 54.

5 Die in Abs. 2 beschriebene **Zuständigkeit** der Bundesanstalt für Finanzdienstleistungsaufsicht korrespondiert mit deren Überwachungsaufgabe nach § 8b Abs. 3 S. 3 und rundet die Möglichkeit der Ersatzvornahme der Mitteilung gem. § 8b Abs. 3 S. 4 ab.

Sachverzeichnis

Die fett gedruckten Zahlen bezeichnen die Paragraphen,
die mageren Zahlen die Randnummern.

Bearbeiterin: Dr. Martina Schulz

B

E

F

G

H

I

J

K

M

O

P

Q

R

S

T

U

V